KODEX

DES ÖSTERREICHISCHEN RECHTS

Herausgeber: Univ.-Prof. Dr. Werner Doralt

Redaktion: Dr. Veronika Doralt

STEUER-ERLÄSSE

BAND IV

Durchführungsrichtlinien und Erlässe des BMF zu den Abgabengesetzen

bearbeitet von

Dr. MICHAEL SCHILCHER

Bundesministerium für Finanzen

Rubbeln Sie Ihren persönlichen Code frei und laden Sie diesen Kodexband kostenlos in die Kodex App!

1386702

HIER

[redacted]

RUBBELN!

Linde

KODEX

DES ÖSTERREICHISCHEN RECHTS

VERFASSUNGSRECHT
EU-VERFASSUNGSRECHT
VÖLKERRECHT
EINFÜHRUNGSGESETZE ABGB UND B-VG
PARLAMENTSRECHT
BÜRGERLICHES RECHT
FAMILIENRECHT
UNTERNEHMENSRECHT
ZIVILGERICHTLICHES VERFAHREN
INTERNATIONALES PRIVATRECHT
WIRTSCHAFTSPRIVATRECHT
SCHIEDSVERFAHREN
STRAFRECHT
IT-STRAFRECHT
LEGAL TECH
IP-/IT-RECHT
GERICHTSORGANISATION
ANWALTS- UND GERICHTSTARIFE
NOTARIATSRECHT
JUSTIZGESETZE
WOHNUNGSGESETZE
FINANZMARKTRECHT
VERSICHERUNGSRECHT
WIRTSCHAFTSGESETZE
UWG
TELEKOMMUNIKATION
KARTELLRECHT
VERGABEGESETZE
COMPLIANCE FÜR UNTERNEHMEN
GLÜCKSSPIEL- UND WETTRECHT
ARBEITSRECHT
EU-ARBEITSRECHT
ARBEITNEHMERSCHUTZ
SOZIALVERSICHERUNG
SOZIALVERSICHERUNG DURCHFÜHRUNGSVORSCHRIFTEN
PERSONALVERRECHNUNG
STEUERGESETZE
STEUER-ERLÄSSE
EStG-RICHTLINIENKOMMENTAR
LSt-RICHTLINIENKOMMENTAR
KStG-RICHTLINIENKOMMENTAR
UmgrStG-RICHTLINIENKOMMENTAR
UStG-RICHTLINIENKOMMENTAR
GebG-RICHTLINIENKOMMENTAR
DOPPELBESTEUERUNGSABKOMMEN
VERRECHNUNGSPREISE
FINANZPOLIZEI
ZOLLRECHT UND VERBRAUCHSTEUERN
RECHNUNGSLEGUNG UND PRÜFUNG
INTERNATIONALE RECHNUNGSLEGUNG
VERBRAUCHERRECHT
VERKEHRSRECHT
WEHRRECHT
ÄRZTERECHT
KRANKENANSTALTENGESETZE
VETERINÄRRECHT
GESUNDHEITSBERUFE
UMWELTRECHT
EU-UMWELTRECHT
WASSERRECHT
ABFALLRECHT UND ÖKO-AUDIT
CHEMIKALIENRECHT
EU-CHEMIKALIENRECHT
LEBENSMITTELRECHT
SCHULGESETZE
UNIVERSITÄTSRECHT
ASYL- UND FREMDENRECHT
BESONDERES VERWALTUNGSRECHT
VERWALTUNGSVERFAHRENSGESETZE
INNERE VERWALTUNG
POLIZEIRECHT
LANDESRECHT TIROL
LANDESRECHT VORARLBERG
BAURECHT TIROL

ISBN 978-3-7073-4945-0
LINDE VERLAG Ges. m. b. H., 1210 Wien, Scheydgasse 24
Telefon: 01/24 630 Serie, Telefax: 01/24 630-23 DW

Satz und Layout: psb, Berlin

Druck: Czech Print Center a.s., Ostrava

Inhaltsverzeichnis

1. UMSATZSTEUERRICHTLINIEN 2000

AÖF 2000/233 idF

1 AÖF 2001/54	**2** AÖF 2001/55	**3** AÖF 2001/100
4 AÖF 2001/109	**5** AÖF 2001/110	**6** AÖF 2001/139
7 AÖF 2001/154	**8** AÖF 2001/155	**9** AÖF 2001/179
10 AÖF 2001/218	**11** AÖF 2001/258	**12** AÖF 2001/259
13 AÖF 2002/28	**14** AÖF 2002/29	**15** AÖF 2002/161
16 AÖF 2002/253	**17** AÖF 2003/45	**18** AÖF 2003/46
19 AÖF 2003/47	**20** AÖF 2003/160	**21** AÖF 2004/13
22 AÖF 2004/161	**23** AÖF 2004/193	**24** AÖF 2004/206
25 AÖF 2004/218	**26** AÖF 2004/229	**27** AÖF 2005/26
28 AÖF 2005/190	**29** AÖF 2005/191	**30** AÖF 2007/18
31 AÖF 2008/18	**32** AÖF 2009/56	**33** AÖF 2009/180
34 AÖF 2010/37	**35** AÖF 2010/243	**36** AÖF 2012/13
37 AÖF 2013/42	**38** AÖF 2014/7	**39** BMF-AV Nr. 2014/163
40 BMF-AV Nr. 2015/170	**41** BMF-AV Nr. 2016/212	**42** BMF-AV Nr. 2017/171
43 BMF-AV Nr. 2018/164	**44** BMF-AV Nr. 2019/165	**45** BMF-AV Nr. 2020/192
46 BMF-AV Nr. 2021/166	**47** BMF-AV Nr. 2022/154	**48** BMF-AV Nr. 2023/152

Umsatzsteuerrichtlinien 2000

(Erlass des BMF vom 14. November 2000, Z 09 4501/58 – IV/9/00)

Die UStR 2000 stellen einen Auslegungsbehelf zum Umsatzsteuergesetz 1994 dar, der im Interesse einer einheitlichen Vorgangsweise mitgeteilt wird. Über die gesetzlichen Bestimmungen hinausgehende Rechte und Pflichten können aus den Richtlinien nicht abgeleitet werden. Bei Erledigungen haben Zitierungen mit Hinweisen auf diese Richtlinien zu unterbleiben.

Die UStR 2000 behandeln Zweifelsfragen und Auslegungsprobleme von allgemeiner Bedeutung, um eine einheitliche Anwendung des geltenden Umsatzsteuerrechts durch die Finanzverwaltung sicherzustellen. Sie enthalten außerdem Regelungen, wie zur Verwaltungsvereinfachung in bestimmten Fällen zu verfahren ist. In die UStR 2000 wurden die weiter anwendbaren Teile des DE-Ust 1972 sowie die Mehrzahl der übrigen Erlässe zur USt übernommen.

Die UStR 2000 sind auf Umsätze und sonstige Sachverhalte anzuwenden, die nach dem 31. Dezember 2000 ausgeführt werden bzw. sich ereignen. Erlässe und Einzelerledigungen des BM für Finanzen sind – sofern sie den UStR 2000 nicht widersprechen – weiterhin zu beachten.

Neben den UStR 2000 sind insbesondere folgende Erlässe weiter zu beachten:

§	Titel	Datum	GZ	AÖF Nr.
§ 2	Umsatzsteuerliche Behandlung von Einrichtungen der katholischen Kirche, Orden und Kongregationen sowie der Diözesan-Caritas („Ordenserlass“)	2.7.1973	254.183-10a/73	221/1975
§ 2	Richtlinien zur Liebhabereibeurteilung (LiebhabereiRl 1997; ab 01.01.2012 LRL 2012)	23.12.1997 01.01.2012	14 0661/6-IV/14/97 BMF-010203/0599-VI/6/2011	47/1998 52/2012
§ 2	Richtlinien für die Besteuerung von Vereinen (VereinsRl; ab 20.12.2001 VereinsR 2001)	29.7.1982 20.12.2001	13 5202/15-IV/13/82 06 5004/10-IV/6/01	211/1982 65/2002

Die UStR 2000 sind in Abschnitte gegliedert. Die numerische Bezeichnung entspricht jener des jeweiligen Paragraphen des UStG 1994 (zB Abschnitt 1 enthält Erläuterungen zu § 1 UStG 1994). Dasselbe gilt für die Artikel des Binnenmarkts, wobei bei der entsprechenden Zahl jeweils um 100 erhöht wurde (zB Abschnitt 103 enthält Erläuterungen zu Art. 3 UStG 1994). Die Unterabschnitte entsprechen ebenso den Absätzen der behandelten Paragraphen bzw. Artikel (zB Abschnitt 14.3 enthält Erläuterungen zu § 14 Abs. 3 UStG 1994). Weitere Untergliederungen haben jedoch nur ausnahmsweise eine Entsprechung in etwaigen Untergliederungen eines Absatzes eines Paragraphen bzw. Artikels (zB Abschnitt 6.1.17 enthält Erläuterungen zu § 6 Abs. 1 Z 17 UStG 1994).

Die UStR 2000 enthalten ua. folgende Schwerpunkte:

1. Steuerbare Umsätze (§ 1 UStG 1994)
- Einzelfälle zum Leistungsaustausch
- Einzelheiten zum Schadenersatz (deliktischer Schadenersatz; Schadenersatz aufgrund gesetzlicher Vorschriften bzw. vertraglicher Vereinbarung)
- Zuschüsse, ua. zu Forschungsvorhaben
- Leistungsaustausch bei Gesellschaftsverhältnissen
- Sachzuwendungen an Arbeitnehmer

2. Unternehmer, Unternehmen (§ 2 UStG 1994)
- Unternehmerbegriff (zB Kostengemeinschaften, Miteigentumsgemeinschaften, Gesellschafter)
- Einzelfälle zur Nachhaltigkeit
- Beginn und Ende der Unternehmertätigkeit
- Organschaft

3. Lieferung (§ 3 UStG 1994)
- Einzelfälle zur Abgrenzung zur sonstigen Leistung
- ABC der einheitlichen Leistungen und unselbständigen Nebenleistung
- Lieferung von Bauwerken
- Zwangsvollstreckung
- Reihengeschäfte

3a. Sonstige Leistung (§ 3a UStG 1994)
- Vermittlungsleistungen

- Leistungsorte
- Telekommunikationsleistungen

4. **Bemessungsgrundlage (§ 4 UStG 1994)**
   - Einzelfälle zum Entgelt (zB Auslagen der Rechtsanwälte, Portospesen)
   - Sachzuwendungen an Arbeitnehmer
6. **Steuerbefreiungen (§ 6 UStG 1994)**
   - Grenzüberschreitende Güterbeförderungen und sonstige Leistungen, die mit der Einfuhr, Ausfuhr und Durchfuhr in Zusammenhang stehen
   - Grundstücksumsätze (Miteigentumsgemeinschaften, Eigenverbrauch, Option)
   - Vermietung und Verpachtung
7. **Ausfuhrlieferung (§ 7 UStG 1994)**
   - Ausländischer Abnehmer
   - Nachträgliche Bestätigung der Ausfuhr
8. **Lohnveredlung an Gegenständen der Ausfuhr (§ 8 UStG 1994)**
   - Einschaltung von Subunternehmern
9. **Umsätze für die Seeschifffahrt und für die Luftfahrt (§ 9 UStG 1994)**
   - Ausführungen auch für Umsätze für die Seeschifffahrt
10. **Steuersätze (§ 10 UStG 1994)**
    - Vermietung von Grundstücken für Wohnzwecke (zB Time-sharing, Garagenplätze)
    - Gemeinnützige Rechtsträger (zB Aufteilung der Vorsteuern)
    - Einzelfälle zur Personenbeförderung
11. **Ausstellung von Rechnungen (§ 11 UStG 1994)**
    - Rechnungsmängel
    - Beispiele für Vorauszahlungsrechnung und Endrechnung
    - Rechnungsberichtigung
    - Elektronischer Rechnungsdatenaustausch
12. **Vorsteuerabzug (§ 12 UStG 1994)**
    - Berechtigter Personenkreis
    - Maßgebende Verhältnisse für den Vorsteuerabzug
    - Abzug der EUSt
    - Einschränkungen des Vorsteuerabzugs
14. **Vorsteuerabzug nach Durchschnittssätzen (§ 14 UStG 1994)**
    - Berechung
    - Erleichterung der Aufzeichnungspflichten hinsichtlich der Vorsteuer
    - Vorsteuerpauschalierung aufgrund von Verordnungen (Gastwirte, Lebensmitteleinzelhandel, Drogisten, Handelsvertreter, Individualpauschalierung)
16. **Änderung der Bemessungsgrundlage (§ 16 UStG 1994)**
    - Skonto
    - Uneinbringlichkeit der Forderung
    - Insolvenzverfahren (zB halbfertige Bauten, Eigentumsvorbehalt)
17. **Besteuerung nach vereinnahmten Entgelten (§ 17 UStG 1994)**
    - Istbesteuerung für freiberufliche und entsprechende Tätigkeiten
    - Istbesteuerung für nichtbuchführungspflichtige Landwirte und Gewerbetreibende sowie für Unternehmer mit niedrigem Gesamtumsatz
18. **Aufzeichnungspflichten und buchmäßiger Nachweis (§ 18 UStG 1994)**
    - Erleichterungen für Spediteure und Beförderungsunternehmer
    - Verfahren zur erleichterten Trennung der Entgelte
    - Belege
19. **Steuerschuldner, Entstehung der Steuerschuld (§ 19 UStG 1994)**
    - Einzelfälle der Anzahlung
    - Teilleistungen der Bauwirtschaft
    - Dauerleistungen

20. Veranlagungszeitraum und Einzelbesteuerung (§ 20 UStG 1994)
- Abweichendes Wirtschaftsjahr
- Berechnung der Steuer
- Einzelbesteuerung

21. Voranmeldung und Vorauszahlung, Veranlagung (§ 21 UStG 1994)
- Verpflichtung zur Einreichung einer Voranmeldung
- Schätzungsrichtlinien, Eigenverbrauch

22. Besteuerung der Umsätze bei land- und forstwirtschaftlichen Betrieben (§ 22 UStG 1994)
- Vorsteuerberichtigung bei Änderung der Verhältnisse
- Zusatzsteuer

23. Besteuerung von Reiseleistungen (§ 23 UStG 1994)
- Vermittlungs- und Besorgungsleistungen
- Gemischte Reiseleistungen an Nichtunternehmer
- Sonderfälle (zB pauschalierte Land- und Forstwirte, Incentive Reisen, Betriebsausflug)
- Abnahmegarantien
- Vereinfachungen für Luftverkehr und Kreuzfahrten

24. Differenzbesteuerung (§ 24 UStG 1994)
- Eigenverbrauch
- Einzeldifferenz
- Anzahlungen im Rahmen der Differenzbesteuerung
- Gesamtdifferenz
- Rechnungslegung

27. Besondere Aufsichtsmaßnahmen zur Sicherung des Steueranspruchs (§ 27 UStG 1994)
- Abfuhrverpflichtung bei ausländischen Unternehmern
- Verordnung BGBl. Nr. 800/1974
- Fiskalvertreter

Binnenmarkt
- Innergemeinschaftliche Erwerbe
- Innergemeinschaftliche Güterbeförderung (zB gebrochene Güterbeförderung; Vor- und Nachläufe)
- UID (zB Antrag auf Erteilung, Sonder-UID der Spediteure, Bestätigungsverfahren)

INHALTSVERZEICHNIS

STICHWORTVERZEICHNIS

Erläuterungen:
Die fett gedruckten Zahlen betreffen die Paragraphen bzw. Artikel des UStG 1994, die nachgestellten Zahlen die dazugehörigen Randziffern der UStR.

1. Steuerbare Umsätze (§ 1 UStG 1994)

1.1. Steuergegenstand

1.1.1. Leistungsaustausch

Ein Leistungsaustausch setzt Leistung und Gegenleistung, das Vorliegen von zwei Beteiligten und die innere Verknüpfung zwischen Leistung und Gegenleistung voraus. Ein ursächlicher Zusammenhang zwischen Leistung und Gegenleistung fehlt zB beim echten Schadenersatz, beim echten Mitgliedsbeitrag oder beim echten Zuschuss. 1

Die Höhe der Gegenleistung ist hingegen ohne Bedeutung, Leistung und Gegenleistung müssen nicht gleichwertig sein (VwGH 12.12.1952, 2757/50). Ein Leistungsaustausch kann weder durch eine privatrechtliche Vereinbarung noch durch einen Hoheitsakt rückgängig gemacht werden (VwGH 8.9.1983, 81/15/0123). Im Bereich der USt gilt der Grundsatz der Unteilbarkeit der Leistung, wonach zu prüfen ist, ob zur Gänze Unentgeltlichkeit oder Entgeltlichkeit vorliegt (VwGH 11.9.1989, 88/15/0129). 2

Leistungsaustausch – Einzelfälle

1.1.1.1. Fruchtgenuss

Die unentgeltliche Übereignung eines Wirtschaftsgutes gegen Vorbehalt des Fruchtgenusses begründet mangels Vorliegens einer Gegenleistung keinen Leistungsaustausch. Die ertragsteuerliche Substanzabgeltung (EStR 2000 Rz 113a) ist Entgelt des Vorbehaltsfruchtgenussberechtigten für eine sonstige Leistung des zivilrechtlichen Eigentümers. 3

(BMF-AV Nr. 2017/171, BMF-AV Nr. 2020/192)

1.1.1.2. Gutscheine

Rechtslage für bis 31.12.2018 ausgestellte Gutscheine: 4

Die Veräußerung von Gutscheinen (Geschenkbons, Geschenkmünzen) durch Unternehmer, die zum späteren Bezug von Waren nach freier Wahl oder nicht konkretisierten Dienstleistungen des Gutscheinausstellers berechtigen, stellt noch keinen steuerbaren Vorgang dar. Das Entgelt für die Veräußerung eines solchen Gutscheines unterliegt nicht der Anzahlungsbesteuerung (siehe Rz 2607).

Rechtslage für ab 1.1.2019 ausgestellte Gutscheine:

Begriff Gutschein

Ein Gutschein im Sinne des Art. 30a MwSt-RL 2006/112/EG idF RL (EU) 2016/1065 ist ein Instrument, das den Unternehmer verpflichtet, es als Gegenleistung oder Teil einer Gegenleistung für eine

- Lieferung oder
- sonstige Leistung

anzunehmen, wenn

- die zu erbringende Leistung (Lieferung oder sonstige Leistung) oder
- die Identität der möglichen leistenden Unternehmer und
- die Einlösungsbedingungen

auf dem Gutschein selbst oder in damit zusammenhängenden Unterlagen angegeben sind.

Ob es sich bei einem Token um einen Gutschein handelt, ist nach seiner jeweiligen Qualifizierung und Verwendung im Einzelfall zu prüfen. Token, die als solche noch nicht Teil eines geregelten Marktes in der EU sind und deren Merkmale noch nicht endgültig festgelegt sind, sind grundsätzlich keine Gutscheine.

Einzweck- und Mehrzweckgutscheine

Ein „Einzweck-Gutschein" liegt vor, wenn

- der Ort der Leistungen, auf die er sich bezieht, und
- die dafür geschuldete Umsatzsteuer

bei der Ausstellung des Gutscheins feststehen.

Beispiele:

Gutschein eines Theaters für den Besuch einer Theatervorstellung.

Gutschein für ein bestimmtes Küchengerät, der in allen Filialen und bei Franchisenehmern in ganz Österreich eingelöst werden kann.

Ein „Mehrzweck-Gutschein" ist jeder Gutschein, bei dem es sich nicht um einen „Einzweck-Gutschein" handelt (siehe auch EuGH 28.4.2022, Rs C-637/20, *DSAB Destination Stockholm AB*).

Beispiele:

Gutschein einer Restaurantkette über 100 Euro.

Gutschein für Schreibwaren im Wert von 25 Euro, der sowohl in Österreich als auch in Deutschland in den Filialen des Gutscheinausstellers eingelöst werden kann.

Preiserstattungsgutscheine (Gutscheine, die zu einer nachträglichen Vergütung berechtigen) und Preisnachlassgutscheine (Gutscheine, die zum verbilligten Erwerb einer Leistung berechtigen) sind keine Einzweck- oder Mehrzweckgutscheine (zur Definition und zu deren Einlösung siehe Rz 2394 ff).

Handelt ein Unternehmer im eigenen Namen, ist bei der Übertragung eines Einzweck-Gutscheins bereits von der Erbringung der Leistung, auf die er sich bezieht, auszugehen.

Die tatsächliche Erbringung der im Einzweck-Gutschein bezeichneten Leistung gilt nicht als unabhängiger Umsatz. Einzweck-Gutscheine unterliegen somit auch dann der Umsatzsteuer, wenn sie später nicht eingelöst werden.

Handelt ein Unternehmer in fremdem Namen, ist bei der Übertragung eines Einzweck-Gutscheins bereits von der Erbringung der darin bezeichneten Leistung durch den Unternehmer, in dessen Namen der übertragende Unternehmer tätig wird, auszugehen.

Stellt ein Unternehmer (U1) einen Einzweck-Gutschein im eigenen Namen aus und wird die darin bezeichnete Leistung von einem anderen Unternehmer (U2) erbracht, dann wird davon ausgegangen, dass dieser (U2) seine Leistung an den Gutscheinaussteller (U1) erbringt.

Beispiel:

Ein Unternehmer (U1) stellt einen Gutschein für ein Elektrogerät an einen Privaten aus, der ihn zum Bezug beim Elektrohändler (U2) berechtigt. U1 erbringt eine Lieferung des Elektrogeräts an den Privaten. U2 erbringt wiederum eine Lieferung des Elektrogeräts an U1.

Die Übertragung (Veräußerung) von Mehrzweck-Gutscheinen (zB Geschenkbons, Geschenkmünzen) durch Unternehmer, die zum späteren Bezug von Waren nach freier Wahl oder nicht konkretisierten Dienstleistungen berechtigen, stellt noch keinen steuerbaren Vorgang dar. Das Entgelt für die Veräußerung eines solchen Gutscheines unterliegt nicht der Anzahlungsbesteuerung (siehe Rz 2607).

Bei Mehrzweck-Gutscheinen ist erst die tatsächliche Leistungserbringung steuerbar und führt zur Entstehung der Steuerschuld.

Wird ein Mehrzweck-Gutschein von einem anderen Unternehmer als dem Unternehmer, der den der Umsatzsteuer unterliegenden Umsatz erbringt, übertragen, so unterliegen alle bestimmbaren Dienstleistungen (zB Vertriebs- oder Absatzförderungsleistungen) der Umsatzsteuer.

Zur Bemessungsgrundlage bei Mehrzweckgutscheinen siehe Rz 683.

(BMF-AV Nr. 2018/164, BMF-AV Nr. 2022/154, BMF-AV Nr. 2023/152)

1.1.1.3. Habilitationsstipendien

5 Ein Stipendium, das nicht mit einer Gegenleistung verbunden ist, stellt kein umsatzsteuerbares Entgelt dar.

1.1.1.4. Zinsen vor Leistungserbringung

6 Zinsen für einen Zahlungsaufschub, die ein liefernder oder leistender Unternehmer von einem Kunden vor Leistungserbringung verlangt, sind kein Entgelt für einen Kredit, sondern Bestandteil des zu versteuernden Entgelts für die Lieferung oder sonstige Leistung (EuGH vom 27.10.1993, Rs C-281/91).

Bezüglich Zinsen nach Leistungserbringung siehe Rz 754 bis 765.

1.1.1.5. Einräumung eines Bierlieferungsrechtes

7 In der Gewährung von so genannten Abschreibungsdarlehen oder der Hingabe von Wirtschaftsgütern seitens der Brauerei gegen eine Bierabnahmeverpflichtung durch die Gastwirte wird ein Leistungsaustausch angenommen. Der Gastwirt muss den Gegenwert für das eingeräumte Bierlieferungsrecht der USt unterwerfen. Die Brauerei hat bei ordnungsgemäßer Rechnungslegung das Recht auf einen Vorsteuerabzug. Es liegt ein Erwerb im Tauschwege vor, wenn der Gastwirt von der Brauerei Anlagegüter als Gegenleistung für die Bezugsverpflichtung erhält (VwGH 16.3.1989, 88/14/0055, zur Einkommensteuer). Entgelt der Abnahmeverpflichtung ist der gemeine Wert des Zinsvorteils. Besteht die Leistung der Brauerei in der Zurverfügungstellung von Einrichtungsgegenständen, so erbringt auch sie eine steuerpflichtige Leistung. Entgelt ist die Bezugsverpflichtung, deren Wert sich indirekt aus dem Wert der Einrichtungsgegenstände ergibt.

1.1.1.6. Weitere Fälle zum Leistungsaustausch

- Abbauverträge: Entgelte, die für den Abbau von Bodensubstanz geleistet werden, werden für das Recht auf Materialentnahme gegeben und sind steuerbar (VwGH 23.10.1990, 89/14/0067). 8
- Anschlussgebühren: Der Wert eigener Grabungsarbeiten der Abnehmer (Anschlussinteressenten) ist bei der Herstellung eines Strom,- Wasser- und Gasanschlusses nicht Teil des Entgelts für die Einräumung der genannten Bezugsrechte, sofern es sich bei den Abnehmern nicht um Unternehmer handelt.
- Die Überlassung von Arbeitskräften gegen Erstattung der Lohnkosten ist steuerbar (VwGH 17.11.1966, 0125/66).
- Zahlungen für den Erwerb einer Dienstbarkeit der Duldung eines erhöhten Grundwasserstandes im Zusammenhang mit der Errichtung eines Kraftwerkes sind steuerbar (VwGH 14.6.1988, 87/14/0014).
- Entschädigungen für entgehende Einnahmen aus einem Fischereirecht sind nicht umsatzsteuerbar (VwGH 9.2.1962, 1266/61).
- Ab 1.1.2020: Ein im Vorhinein festgelegter Betrag, den ein Unternehmer im Fall der vorzeitigen Beendigung eines Dienstleistungsvertrags mit einer Mindestbindungsfrist durch seinen Kunden oder aus einem diesem zuzurechnenden Grund bezieht, ist als Gegenleistung für eine gegen Entgelt erbrachte Dienstleistung anzusehen und umsatzsteuerbar (vgl. EuGH 22.11.2018, Rs C-295/17, *MEO – Serviços de Comunicações e Multimédia SA*, und EuGH 11.6.2020, Rs C-43/19, *Vodafone Portugal*).
- Das Entgelt, das ein Grundeigentümer von einer Elektrizitätsgesellschaft für die Duldung der Führung von Leitungen im Luftraum über seiner Liegenschaft erhält (Leitungsdienstbarkeit) ist umsatzsteuerbar (VwGH 27.4.1972, 1698/71).
- Eine im Falle der Räumung eines Bestandobjektes vertraglich vereinbarte Entschädigung ist steuerbar (VwGH 22.2.1963, 1308/60). Dies gilt auch dann, wenn der Bestandnehmer auf Grund gesetzlicher Vorschriften zur Räumung gezwungen werden hätte können (VwGH 19.2.1970, 0544/68).
- Folgerechtsvergütungen gemäß § 16b UrhG, die bei der Weiterveräußerung eines Werks an den Urheber zu entrichten sind, um den Urhebern von Werken der bildenden Künste eine wirtschaftliche Beteiligung am Erfolg ihrer Werke zu garantieren, unterliegen nicht der Umsatzsteuer (vgl. EuGH 19.12.2018, Rs C-51/18, *Kommission/Republik Österreich*).
- Parkgebühren: Vertraglich vereinbarte Kontrollgebühren (erhöhte Parkgebühren, Bußgeld usw.), die beim Parken auf Privatgrundstücken für Verstöße gegen die allgemeinen Nutzungsbedingungen erhoben werden, sind Entgelt für einen steuerbaren Umsatz (vgl. EuGH 20.1.2022, Rs C-90/20, *Apcoa Parking Danmark A/S*).
- Preisgelder – außer platzierungsabhängige Preisgelder des Veranstalters (vgl. EuGH 10.11.2016, Rs C-432/15, *Bastova*) – für die erfolgreiche Teilnahme an Pferderennen sind steuerbar, da der Preis für eine konkrete Leistung gewährt wird.

  Tritt der Pferdeeigentümer dem Inhaber des Ausbildungsstalls das Preisgeld im Gegenzug für die Unterbringung, das Training und die Turnierteilnahme teilweise ab, stellt der abgetretene Anspruch auf das Preisgeld steuerbares Entgelt für diese vom Inhaber des Ausbildungsstalls erbrachten Leistungen dar (vgl. EuGH 9.2.2023, Rs C-713/21, *A gegen Finanzamt X*).
- Der Verzicht auf ein Wassernutzungsrecht gegen Entschädigung und Lieferung von elektrischer Energie ist steuerbar (vgl. VwGH 28.3.1958, 1405/57).
- Die entgeltliche Erfüllung einer Zeugenpflicht ist nicht steuerbar, auch dann nicht, wenn die Wahrnehmung, deren Schilderung von dem Zeugen vor Gericht erwartet wird, im Zusammenhang mit einer umsatzsteuerpflichtigen Tätigkeit gemacht worden sein sollte (VwGH 14.2.1986, 86/17/0023, VwGH 30.10.2014, 2011/15/0181).
- Das Entgelt für Flugscheine ist steuerbar, auch wenn die Fluggäste die ausgegebenen Flugscheine nicht benutzt haben und sie für diese keine Erstattung erhalten können. Der von den Fluggesellschaften einbehaltene Betrag dient nicht der Entschädigung für einen infolge des Nichtantritts eines Fluges durch einen Fluggast entstandenen Schaden, sondern es handelt sich dabei um ein Entgelt (vgl. EuGH 23.12.2015, verb. Rs C-250/14, *Air France-KLM* und Rs C-289/14, *Hop!-Brit Air SAS*). Zur allenfalls anwendbaren Steuerbefreiung gemäß § 6 Abs. 1 Z 3 lit. d UStG 1994 siehe Rz 727 ff.
- Züchterprämien, die ein Rennverein als eine Belohnung für die Herbeiführung eines Erfolges (Züchtung des siegreichen Pferdes im Inland) einem unbestimmten Personenkreis von Züchtern gewährt, sind nicht steuerbar (VwGH 4.12.1978, 2507/77).

- Die für die Errichtung von Nationalparks notwendigen Flächen werden entweder angepachtet oder angekauft (zB Art. VI Abs. 2 BGBl. I Nr. 75/1999, Art. 15a B-VG Vereinbarung Bund – Burgenland Erhaltung des Nationalparks Neusiedler See-Seewinkel) oder vom Grundeigentümer oder sonstigen Nutzungsberechtigten dem Bund bzw. Land gegen Zahlung einer Entschädigung oder Einlösung überlassen. Die aus dem Titel der Nationalparkerklärung an die Grundeigentümer und an sonstige Nutzungsberechtigte zu leistenden Zahlungen (zB Art. VII Abs. 2 und 3 BGBl. I Nr. 58/1998) stellen ein Leistungsentgelt dar (vgl. Protokoll über die Umsatzsteuertagung 2001, AÖFV Nr. 261/2001, Punkt 1). Ist die Nutzungsüberlassung als Vermietung und Verpachtung von Grundstücken zu beurteilen, kommt hierfür die Steuerbefreiung nach § 6 Abs. 1 Z 16 UStG 1994 zur Anwendung. In Rechnungen über derartige Umsätze ist ein gesonderter Steuerausweis nur zulässig, wenn gemäß § 6 Abs. 2 UStG 1994 zur steuerpflichtigen Behandlung optiert wurde (siehe Rz 899).

  Wurden die Jagd- und Fischereirechte verpachtet und werden dem Pächter Zahlungen für Beeinträchtigungen geleistet, die sich aus der Einschränkung der Jagd- und Fischereiausübungsrechte im Nationalparkgebiet ergeben (zB Art. VI Abs. 2 Z 3 BGBl. I Nr. 75/1999), so unterliegen diese Zahlungen als echte Subvention nicht der Umsatzsteuer.
- Kauft ein Factor Forderungen unter Übernahme des Ausfallrisikos auf und berechnet er dafür seinen Kunden Gebühren, übt er damit eine steuerbare Tätigkeit aus. Diese Tätigkeit stellt eine Einziehung von Forderungen dar, die gemäß § 6 Abs. 1 Z 8 lit. c UStG 1994 nicht steuerfrei ist (EuGH 26.06.2003, Rs C-305/01, *MKG-Kraftfahrzeuge-Factoring GmbH*). Eine steuerbare entgeltliche Tätigkeit liegt jedoch nicht vor, wenn der Unternehmer auf eigenes Risiko zahlungsgestörte Forderungen zu einem unter ihrem Nennwert liegenden Preis kauft und der Kaufpreis den tatsächlichen wirtschaftlichen Wert der betreffenden Forderungen zum Zeitpunkt ihrer Übertragung widerspiegelt (EuGH 27.10.2011, Rs C-93/10, *GFKL Financial Services AG*).

Beispiel:

Ein Forderungskäufer A erwirbt von einer Bank B fällig gestellte und gekündigte Kredite (Nominalwert von 1,0 Mio. Euro). Als realisierbarer Wert dieser Forderungen wurde nach Einschätzung der Parteien ein Betrag von 500.000 Euro ermittelt. B übernimmt keine Haftung für die Einbringlichkeit der Forderungen, führt aber weiterhin die Kreditverwaltung bzw. -einziehung durch. Als Kaufpreis wird der einvernehmlich ermittelte tatsächliche wirtschaftliche Wert der Forderungen in Höhe von 500.000 Euro vereinbart.

Lösung:

A erhält für die Übernahme des Ausfallsrisikos kein Entgelt, weil er den vereinbarten tatsächlichen Wert der Forderungen zahlen muss. Die Differenz zum Nennwert spiegelt den Wertverlust wider. Es liegt daher mangels einer Gegenleistung diesbezüglich keine unternehmerische Tätigkeit des A vor. Die Risikoübernahme ist somit nicht steuerbar. Das würde auch gelten, wenn A – ohne entsprechende Anpassung des Kaufpreises – die Einziehungsmaßnahmen selbst durchführt.

Die Bank B erbringt eine gemäß § 6 Abs. 1 Z 8 lit. c UStG 1994 steuerfreie Forderungsabtretung. Die vereinbarungsgemäß für A durchgeführten Einziehungsmaßnahmen stellen unselbständige Nebenleistungen zum steuerfreien Forderungsverkauf dar.

- Eine Personengesellschaft erbringt bei der Aufnahme eines Gesellschafters gegen Zahlung einer Bareinlage keine steuerbare Leistung (EuGH 26.6.2003, Rs C-442/01, *Kap-Hag Renditefonds 35*).
- Auch bei Kapitalgesellschaften stellt die erstmalige oder zusätzliche Ausgabe von Gesellschaftsanteilen (zB Aktien oder GmbH-Anteilen) zur Aufbringung von Kapital keinen steuerbaren Umsatz dar (EuGH 26.5.2005, Rs C-465/03, „Kretztechnik AG“).
- „Einmalzahlungen“ an Fernwärmegenossenschaften (zB Baukostenbeiträge, Anschlussgebühren, Beitrittsgebühren, nicht rückzahlbare Eigenkapitalzuschüsse), die mit einer Leistung der Genossenschaft an den einzelnen Genossenschafter in Zusammenhang stehen, sind steuerbare und steuerpflichtige Leistungsentgelte (zB VwGH 26.6.2007, 2004/13/0082, nicht rückzahlbarer Eigenkapitalzuschuss als Entgelt für die Verschaffung des Rechtes auf Fernwärmebezug).
- Zahlungsansprüche auf Grund des Marktordnungsgesetzes 2007, BGBl. I Nr. 55/2007: Die entgeltliche Übertragung (= Veräußerung) von Zahlungsansprüchen im Sinne des Marktordnungsgesetzes 2007, BGBl. I Nr. 55/2007, ist steuerbar und steuerpflichtig. Die Steuerbefreiung gemäß § 6 Abs. 1 Z 8 lit. c UStG 1994 kommt nicht zur Anwendung, da insoweit kein Umsatz im Geschäft mit Geldforderungen ausgeführt wird.

  Erfolgt die endgültige Übertragung (= Veräußerung) bzw. die Verpachtung (= vorübergehende Überlassung) von Zahlungsansprüchen im Sinne des Marktordnungsgesetzes

2007, BGBl. I Nr. 55/2007, im Zusammenhang mit Verkäufen bzw. Verpachtungen von land- und forstwirtschaftlichen Grundstücksflächen, stellen die Übertragung der Zahlungsansprüche und die Grundstückstransaktion jeweils eigenständige Hauptleistungen dar. Die Steuerbefreiungen gemäß § 6 Abs. 1 Z 9 lit. a und Z 16 UStG 1994 sind für die Übertragung der Zahlungsansprüche nicht anwendbar. Sofern für die Übertragung bzw. Verpachtung des Zahlungsanspruches kein gesonderter Entgeltsbestandteil vereinbart wurde, kann jedoch – aus Vereinfachungsgründen – von einer gesonderten umsatzsteuerlichen Erfassung der Übertragung bzw. Verpachtung der Zahlungsansprüche Abstand genommen werden.

Zur Behandlung der Zahlungsansprüche bei pauschalierten Landwirten siehe Rz 2885 und 2886.

- Zahlungen von Insolvenz-Ausfallgeld durch den Insolvenz-Ausfallgeld-Fonds an freie Dienstnehmer iSd § 4 Abs. 4 ASVG, BGBl. Nr. 189/1955, nach dem Insolvenz-Entgeltsicherungsgesetz, BGBl. Nr. 324/1977, unterliegen nicht der Umsatzsteuer.
- Die vom Bund gewährten COVID-19-Unterstützungen wie der Lockdown-Umsatzersatz oder der Ausfallsbonus sowie die Kurzarbeitsunterstützungen an freie Dienstnehmer gemäß § 37b Abs. 1 Z 3 AMSG unterliegen nicht der Umsatzsteuer.
- Die Reprographie- sowie Speichermedienvergütung gemäß § 42b UrhG durch Verpflichtete an Verwertungsgesellschaften unterliegt ab 1.1.2018 nicht der Umsatzsteuer (vgl. EuGH 18.1.2017, Rs C-37/16, *SAWP*). Der Verkauf durch den Verpflichteten an den Kunden und die Dienstleistung der Verwertungsgesellschaft an den Rechteinhaber sind hiervon nicht betroffen.
- Eine Verwertungsgesellschaft, die im eigenen Namen, aber für Rechnung der Inhaber von Urheberrechten an Musikwerken Vergütungen einzieht, erbringt damit einen steuerbaren Umsatz (vgl. EuGH 21.1.2021, Rs C-501/19, *UCMR – ADA*).
- Wird ein Dienstfahrrad einem Arbeitnehmer gegen Entgelt überlassen – weil der Arbeitnehmer bspw. einen Teil seiner Arbeitsleistung zum Bezug des Fahrrades aufwendet oder der Arbeitnehmer das Fahrrad als (zusätzliches) (Arbeits)Entgelt bezieht (dies trifft sowohl im Fall der Gehaltsumwandlung, der „Gehaltserhöhung" und der Vermietung zu) – liegt ein Leistungsaustausch vor, der eine Überlassung gegen Entgelt (Vermietung iSd § 3a Abs. 12 UStG 1994) darstellt. Diesfalls ist für die Frage, ob dem Arbeitgeber der Vorsteuerabzug für das Fahrrad zusteht, die 10%-Grenze des § 12 Abs. 2 Z 1 lit. a UStG 1994 zu prüfen. Wird das Fahrrad gegen Entgelt zur ausschließlich privaten Nutzung überlassen, ist die 10%-Grenze des § 12 Abs. 2 Z 1 lit. a UStG 1994 erfüllt und es liegt eine ausschließliche unternehmerische Nutzung (Vermietung) vor. Ebenso ist der Vorsteuerausschluss nach § 12 Abs. 3 UStG 1994 zu prüfen.

  Wird das Fahrrad neben Umsätzen, die zum Ausschluss vom Vorsteuerabzug führen (zB unecht steuerbefreite Tätigkeit), auch für Umsätze verwendet, bei denen ein solcher Ausschluss nicht eintritt (zB Vermietung des Fahrrades), hat der Unternehmer die Vorsteuerbeträge gemäß § 12 Abs. 4 UStG 1994 in abziehbare und nicht abziehbare Vorsteuerbeträge aufzuteilen.

  Die obigen Ausführungen gelten sinngemäß bei der Überlassung eines Elektrofahrzeuges an einen Arbeitnehmer, wobei bei der Prüfung des Vorsteuerabzugs zusätzlich auch § 12 Abs. 2 Z 2 lit. a UStG 1994 zu beachten ist.

  Zur unentgeltlichen Überlassung siehe Rz 75.

(BMF-AV Nr. 2019/165, BMF-AV Nr. 2020/192, BMF-AV Nr. 2021/166, BMF-AV Nr. 2022/154; BMF-AV Nr. 2023/152)

1.1.1.7. Schadenersatz

1.1.1.7.1. Allgemeines

Das UStG 1994 kennt den Begriff „Schadenersatz" nicht, er stammt aus dem bürgerlichen 9
Recht. Umsatzsteuerlich ist in jedem einzelnen Fall zu prüfen, ob ein Leistungsaustausch oder echter, nicht steuerbarer Schadenersatz vorliegt (VwGH 8.2.1963, 0162/62, 27.4.1972, 1698/71). Echter Schadenersatz wird auf Grund einer gesetzlichen oder vertraglichen Verpflichtung, für einen Schaden einstehen zu müssen, geleistet. Er ist nicht Entgelt für eine Lieferung oder sonstige Leistung.

1.1.1.7.2. Deliktischer Schadenersatz

Im Sinne des § 1295 ABGB haftet der „Beschädiger" für Vertragsverletzungen und für 10
deliktisches Verhalten. Er hat den aus Verschulden (Vorsatz/Fahrlässigkeit) zugefügten Schaden zu ersetzen. Als Schaden wird jeder Nachteil verstanden, der jemandem an Vermögen,

Rechten oder seiner Person zugefügt worden ist (§ 1293 ABGB). Die Schadensbehebung hat grundsätzlich durch Naturalrestitution zu erfolgen (= Zurückversetzung in den vorigen Stand im Sinne des § 1323 ABGB). Tatsächlich wird im Regelfall Geldersatz geleistet. Die Schuldform – grober Vorsatz (Absicht) bis leichte Fahrlässigkeit (Versehen) – bestimmt den Umfang der Ersatzpflicht des Schädigers (§ 1324 ABGB).

Beispiel:

Der Unternehmer M hat eine fehlerhafte Maschine an den Kunden K geliefert. Der Fehler ist auf eine mangelhafte Materialprüfung durch M zurückzuführen; er verursacht einen (Vermögens-)Schaden (an einem anderen Gegenstand; hinsichtlich des Liefergegenstandes siehe Rz 12) bei K in Höhe von 1.500 €.

Beseitigt der Unternehmer M den Schaden selbst, oder lässt er ihn durch einen Dritten beheben (Naturalrestitution), kommt es zu keinem Leistungsaustausch mit dem geschädigten Kunden K.

Leistet der Unternehmer M an den geschädigten Kunden K Geldersatz, liegt mangels Gegenleistung echter, nicht steuerbarer Schadenersatz vor.

Behebt der Geschädigte K den Schaden ohne Auftrag des M zunächst selbst, oder lässt er diesen durch einen Dritten beheben, kommt die Reparatur – wirtschaftlich gesehen – ihm selbst zugute. Die spätere Schadensvergütung durch den Schädiger M begründet nicht die nachträgliche Annahme eines Leistungsaustausches (VwGH 17.4.1989, 87/15/0083).

Wird der Geschädigte K jedoch im Auftrag des Schädigers M als Reparaturunternehmer gegen Entgelt tätig, wandelt er seine Schadenersatzansprüche in solche aus einem Werkvertrag um. Seine Leistung unterliegt ebenso der USt, wie die Leistung eines Dritten an den Schädiger (VwGH 30.4.1970, 0927/69).

1.1.1.7.3. Vertragliche Haftung

1.1.1.7.3.1. Annahmeverzug, Lieferverzug

11 Verzögert sich die Vertragserfüllung, weil der Gläubiger die Hauptleistung verspätet annimmt, oder der Schuldner verspätet leistet, können Vertragsstrafen (§ 1336 ABGB) oder Verzugszinsen (§ 1333 ABGB) anfallen. Diese teilen nicht das umsatzsteuerliche Schicksal der Hauptleistung. Sie treten neben die Hauptleistung und beruhen auf einem eigenen Rechtsgrund. Ihre Bezahlung stellt echten Schadenersatz dar (EuGH vom 1.7.1982, Rs C-222/81).

1.1.1.7.3.2. Gewährleistung

12
- Ist die gelieferte Ware mangelhaft und der Mangel behebbar, trifft den Gläubiger – bei rechtzeitiger Mängelrüge – eine verschuldensunabhängige Verpflichtung zur Mängelbehebung aus dem Titel der Gewährleistung (§ 932 in Verbindung mit § 933 ABGB). Behebt er den „Schaden“ selbst, kommt es – abgesehen vom ursprünglichen Umsatz – zu keinem Leistungsaustausch.
- Beauftragt er einen dritten Unternehmer mit der Behebung des Mangels, findet ein Leistungsaustausch zwischen dem Gläubiger und dem Dritten statt. Aus der Sicht des Gläubigers liegt Entgeltsverwendung vor. Eine vom Dritten in Rechnung gestellte USt ist – unter den Voraussetzungen des § 12 UStG 1994 – als Vorsteuer abzugsfähig.
- Der Leistungsempfänger kann – anstelle der genannten Verbesserung – auch Preisminderung verlangen (§ 932 ABGB). Gleiches gilt, wenn der Leistungsempfänger den Mangel behebt, oder ihn durch einen Dritten beheben lässt. Die zu ersetzenden Nachbesserungskosten mindern das ursprüngliche Entgelt des Gläubigers.
- Ist der Mangel der Ware unbehebbar, aber unwesentlich – hindert er somit nicht den ordentlichen, oder vertraglich festgelegten Gebrauch der Ware – kommt nach den Bestimmungen des bürgerlichen Rechts nur Preisminderung in Betracht.
- Bei wesentlichen, unbehebbaren Mängeln – diese sind mit wirtschaftlich vernünftigen Mitteln nicht zu beseitigen – kann der Leistungsempfänger die gänzliche Aufhebung des Vertrages fordern. Diese entspricht in ihrer Wirkung einem Rücktritt vom Vertrag. Es kommt zur Rückgängigmachung der Lieferung, der ursprüngliche Umsatz fällt rückwirkend weg. Die Berichtigung der Besteuerung ist jedoch – wie bei der Entgeltsminderung – für den Veranlagungszeitraum vorzunehmen, in dem die Änderung eingetreten ist (§ 16 Abs. 3 Z 3 UStG 1994).
- Begehrt ein Bauherr von einem Bauunternehmer wegen auftretender Gewährleistungsmängel Schadenersatz, und mindert sich dadurch der zivilrechtliche Preis, sind das Entgelt des Bauunternehmers und der Vorsteuerabzug des Bauherrn nach § 16 UStG 1994 zu berichtigen. Eine Rechnungsberichtigung ist nicht erforderlich. Zur Berechnung des

zu berichtigenden Entgelts ist die USt aus einem festgesetzten Bruttobetrag mit 20% herauszurechnen.

1.1.1.7.3.3. Garantieleistungen im Kfz-Handel

Führt ein KFZ-Händler (mit Vertragswerkstätte) für seine Abnehmer – in Erfüllung eines Garantieversprechens des Herstellers – kostenlose Reparaturen durch, erbringt er steuerbare Leistungen an den Hersteller. Die Vergütungen, die der Händler für seine Arbeitsleistung und das verwendete Material vom Hersteller erhält, sind kein Schadenersatz (VwGH 12.2.1965, 2179/63). Gleiches gilt für Gutschriften, die der Hersteller einem Vertragshändler für die Durchführung von Garantieleistungen gewährt, die bereits im Händlervertrag ausbedungen waren. Dass der KFZ-Händler mit der Gewährleistungsreparatur primär eine Verpflichtung gegenüber seinem Käufer erfüllt, die er durch die Ausstellung eines Garantiescheines übernommen hat, ändert nichts am Leistungsaustausch zwischen ihm und der Herstellerfirma (VwGH 08.11.1968, 0479, 0480, 0871/68; VwGH 27.1.1972, 1919/70, 0120/71). 13

Dagegen sind Kostenbeiträge eines ausländischen PKW-Herstellers zum Garantieaufwand des inländischen Generalimporteurs nicht steuerbar. Der Generalimporteur hat für die Gewährleistungsansprüche der Endabnehmer – durch den Ausbau eines Servicenetzes – vorzusorgen. Die Durchführung der Garantiearbeiten obliegt den Einzelhändlern (den Vertragswerkstätten); sie erbringen damit steuerpflichtige Leistungen an den Generalimporteur. Ein Leistungsaustausch zwischen dem Generalimporteur und dem Hersteller findet nicht statt (VwGH 21.1.1982, 1301/80). 14

1.1.1.7.3.4. Nichterfüllung

Zahlungen, die ein Vertragsteil (in der Regel der Käufer) auf Grund seines vorzeitigen Rücktritts vom Vertrag zu leisten hat, sind nicht umsatzsteuerbar. Unbeachtlich ist, ob sie bereits bei Vertragsabschluss – für den Fall der Nichterfüllung – vereinbart werden (Stornogebühren – zB wegen Nichtantritts eines Hotelaufenthalts –, Reuegelder nach § 909 ABGB und Vertragsstrafen nach § 1336 ABGB), oder im Zuge des Rücktritts als Entschädigung für entgangenen Gewinn zu leisten sind. 15

Beispiel:

Der Autohändler A schließt mit dem Kunden B einen Vertrag über die Lieferung eines Neuwagens ab; Lieferfrist: 2 Monate. Nach Ablauf der Lieferfrist erklärt sich B außer Stande, den abholbereiten Pkw zu bezahlen und zu übernehmen. Der Kunde B wird zur Zahlung einer Entschädigung von 4.000 Euro verpflichtet.

Der ursprünglich vereinbarte Kaufvertrag kommt nicht zustande. Es ist jedoch zu prüfen, ob der durch den Kunden wegen Nichterfüllung der Vertragspflichten zu entrichtenden Entschädigung eine Gegenleistung des Autohändlers gegenübersteht. Dies ist üblicherweise nicht der Fall; die Entschädigung ist somit nicht umsatzsteuerbar.

1.1.1.7.3.5. Versicherungsvertrag

Leistungen von Versicherungsgesellschaften für eingetretene Versicherungsfälle stellen in der Regel echten Schadenersatz dar. Der im Schadensfall an den Versicherten bezahlte Geldersatz ist weder eine Gegenleistung für die bezahlten Prämien, noch das Entgelt für eine Lieferung oder sonstige Leistung des Versicherten. Selbst wenn der zerstörte, beschädigte oder im Fall des Diebstahls später wieder gefundene Gegenstand dem Versicherer lt Versicherungsvertrag übereignet werden muss, liegt kein Leistungsaustausch vor. 16

Versichert sich der Leistungserbringer gegen das Risiko des Forderungsausfalls für den Fall der Zahlungsunfähigkeit des Abnehmers, ersetzt die Versicherung im Versicherungsfall vertragsgemäß den beim leistenden Unternehmer eingetretenen Vermögensschaden. Der im Schadensfall an den leistenden Unternehmer bezahlte Geldersatz ist Entgelt für die versicherten, steuerbaren Umsätze. Insoweit darf der leistende Unternehmer ab dem 1.1.2024 keine Berichtigung des geschuldeten Steuerbetrages nach § 16 Abs. 1 und 3 UStG 1994 vornehmen – korrespondierend zum Vorsteuerabzug des Abnehmers (vgl. EuGH 9.2.2023, Rs C-482/21, *Euler Hermes SA Magyarországi Fióktelepe*). 17

(BMF-AV Nr. 2023/152)

Nach Übergang der Gefahr ist der Käufer einer Ware verpflichtet, den vollen Entgeltsbetrag zu entrichten. Durch den Abschluss einer Transportversicherung versichert sich der Käufer gegen das Risiko der Beschädigung oder Zerstörung der Ware auf dem Transportweg. Bezahlt der Versicherer im Schadensfall – im Auftrag des Käufers – an den Verkäufer, liegt nicht Schadenersatz, sondern Entgelt vor. 18

1.1.1.7.3.6. Vorzeitige Auflösung eines Leasingvertrages

18a Wird der Leasingvertrag auf Grund der Vertragsbestimmungen durch den Leasinggeber infolge Konkurses des Leasingnehmers einseitig vorzeitig aufgelöst, so sind die vom Leasingnehmer für den verbleibenden Zeitraum der ursprünglichen Vertragsdauer noch zu leistenden Zahlungen echter Schadenersatz (VwGH vom 12.11.1990, Zl. 88/15/0081). Das Gleiche gilt bei Vertragsauflösungen infolge Totalschadens oder Diebstahls des Leasinggegenstandes.

1.1.1.7.4. Schadenersatz aufgrund besonderer gesetzlicher Vorschriften

19 Im Sinne des § 41 Abs. 1 ZPO hat die in einem Rechtsstreit unterliegende Partei ihrem Gegner, die durch die Prozessführung verursachten, vom Gericht als notwendig erkannten Prozesskosten zu ersetzen. Dieser Kostenersatz ist nicht Entgelt für eine Lieferung oder sonstige Leistung der obsiegenden Partei, sondern echter, nicht steuerbarer Schadenersatz. Dies gilt auch für den Prozesskostenersatz eines in eigener Sache tätigen Rechtsanwalts.

Prozesskosten sind: Anwaltskosten, Gerichtsgebühren, Stempelmarken sowie Pfändungs- und Exekutionsgebühren, die vom Gericht bestimmt werden.

Nach § 393a Abs. 1 StPO hat der Bund im Strafprozess – insbesondere im Falle eines Freispruches des Angeklagten – auf dessen Antrag, einen Beitrag zu den Kosten der Verteidigung zu leisten. Der Beitrag umfasst die nötig gewesenen und vom Angeklagten bestrittenen Barauslagen und in der Regel auch einen Pauschalbetrag zu den Kosten des Verteidigers des Angeklagten. Auch derartige Beiträge sind nicht umsatzsteuerbar.

Der Kostenersatz iZm einer Drittschuldnererklärung nach § 301 EO dient lediglich dazu, Aufwendungen (bzw. sonstige Nachteile), die dem von einem behördlichen Eingriff Betroffenen entstanden sind, (pauschaliert) zu ersetzen und ist daher nicht steuerbar. Das Gleiche gilt für Zeugengebühren (vgl. VwGH 30.10.2014, 2011/15/0181) sowie bspw. auch für Kostenersätze im Zusammenhang mit Auskunftserteilungen in strafbehördlichen und gerichtlichen Strafverfahren im Sinne des § 38 Abs. 2 Z 1 BWG (zu den verrechenbaren Auslagen vgl. zB VwGH 24.9.2002, 2000/14/0126).

(BMF-AV Nr. 2015/170)

20 Enteignungsentschädigungen nach § 365 ABGB auf Grund des Bescheides einer Verwaltungsbehörde sind Entgelte für die Aufhebung oder Einschränkung von Rechten; sie sind kein Schadenersatz im Sinne der §§ 1295 bis 1341 ABGB (VwGH 8.2.1963, 0126/62). Werden Gegenstände des Unternehmens enteignet, ist die Enteignung steuerbar. Es erfolgt ein Leistungsaustausch auf Grund einer gesetzlichen oder behördlichen Anordnung im Sinne des § 1 Abs. 1 Z 1 zweiter Satz UStG 1994.

1.1.1.8. Mahngebühren

21 Mahngebühren, die ein Unternehmer nach Ablauf des vereinbarten Zahlungszieles auf Grund seiner Geschäftsbedingungen oder anderer Unterlagen (zB Mahnschreiben) von säumigen Zahlern vereinnahmt, unterliegen als echter Schadenersatz nicht der USt. Auch die Erstattung der Kosten eines gerichtlichen Mahnverfahrens ist nicht Teil des Entgelts für eine steuerbare Leistung, sondern echter, nicht steuerbarer Schadenersatz. Dagegen stellen so genannte „Mahngebühren“ von Unternehmern, die sich gewerbsmäßig mit der Eintreibung von Forderungen beschäftigen, steuerbare Entgelte für ihre Inkassotätigkeit dar.

1.1.1.9. Subventionen

1.1.1.9.1. Allgemeines

22 Zahlungen, die als Subvention, Zuschuss, Zuwendung, Prämie, Ausgleichsbetrag, Förderungsbetrag, usw. bezeichnet werden, sind dahingehend zu untersuchen, ob sie

- Entgelt für eine Leistung des Unternehmers an den Zuschussgeber (direktes Leistungsentgelt),
- (zusätzliches) Entgelt des Zuschussgebers für eine Leistung an einen vom Zuschussgeber verschiedenen Leistungsempfänger (sog unechter Zuschuss) oder
- Zahlungen, die mangels Entgeltscharakter kein Leistungsentgelt (sog echter Zuschuss)

darstellen.

23 Indiz für die Einordnung ist, in wessen Interesse die Zuschussgewährung liegt und welche Zwecke der Zahlende verfolgt (BFH 9.12.1987, BStBl 1988 II 471).

1.1.1.9.2. Zuschuss als Entgelt für eine Leistung

24 Gewährt der Zahlende den Zuschuss deshalb, weil er vom Unternehmer (Zuschussempfänger) eine Leistung erhält, stellt die Zahlung steuerbares Entgelt dar. Dies ist der Fall,

wenn die Leistung ein eigenes wirtschaftliches Interesse des Zuschussgebers befriedigt oder dem Zuschussgeber ein eigener wirtschaftlicher Nutzen zukommt.

Ein direktes Leistungsentgelt und kein Entgelt von dritter Seite liegt auch dann vor, wenn der Leistungsempfänger der Zuschussberechtigte ist, der Zuschussgeber aber den Zuschuss zur Abkürzung des Zahlungsweges dem leistenden Unternehmer unmittelbar zuwendet.

Beispiele:

Der Zuschussgeber (Land bzw. Stadt) gewährt einem Verleger für die Erstellung und Lieferung von Büchern an den Zuschussgeber einen Zuschuss. Dass diese Bücher in der Folge vom Zuschussgeber an „ausgesuchte Personen" verschenkt wurden, ändert nichts an diesem konkreten Nutzen für den Zuschussgeber (VwGH 10.5.2016, Ra 2015/15/0049).

Eine Gemeinde gewährt dem Erwerber eines Gastronomiebetriebes einen Zuschuss dafür, dass sich dieser zur Herbeiführung eines bestimmten Standards sowie zur Betriebsführung auf einen längeren Zeitraum verpflichtet (VwGH 16.12.1997, 97/14/0100).

Ein Golfplatzbetreiber erhält von der Gemeinde einen Zuschuss dafür, dass er sich verpflichtet, den Golfplatz während bestimmter Zeiten zu betreiben und den Einwohnern sowie den Gästen zu besonderen Bedingungen zur Verfügung zu stellen (VwGH 23.1.1996, 95/14/0084).

Bundessozialamt und Land gewähren einer gemeinnützigen GmbH einen Zuschuss für die Durchführung bestimmter arbeitsmarktpolitischer Maßnahmen eines Sozialprojekts zur Förderung von Arbeitsmöglichkeiten für behinderte Menschen bzw. zum Zweck der Heranführung von Jugendlichen an den Arbeitsmarkt durch individuelle stabilisierende Maßnahmen sowie Arbeitstraining (VwGH 27.2.2019, Ro 2018/15/0022).

(BMF-AV Nr. 2019/165)

1.1.1.9.3. Zuschuss als Entgelt von dritter Seite

Zahlungen von dritter Seite sind Entgelt, wenn sie der Unternehmer dafür erhält, dass **25** er eine Leistung an eine vom Zuschussgeber verschiedene Person erbringt. Erforderlich ist ein unmittelbarer wirtschaftlicher Zusammenhang mit dem Leistungsaustausch. Der Zuschussgeber muss die Zahlung deshalb gewähren, damit oder weil der Unternehmer eine Leistung erbringt. Ein Einzelzusammenhang zwischen dem Zuschuss und einer bestimmten Leistung ist allerdings nicht erforderlich (VwGH 20.1.1992, 91/15/0055). Zuschüsse Dritter werden meist aus Gründen der Markt- und Preispolitik gewährt. Der Leistungsempfänger ist oft selbst nicht in der Lage, einen kostendeckenden Preis zu zahlen. Der Zuschussgeber hat ein Interesse am Zustandekommen des Leistungsaustausches.

Die Subvention muss unmittelbar mit dem Preis des betreffenden Umsatzes zusammenhängen. Das ist nur dann der Fall, wenn die Subvention an den Subventionsempfänger gerade für die Lieferung eines bestimmten Gegenstands oder die Erbringung einer bestimmten Dienstleistung gezahlt wird. Weiters muss die dem Subventionsempfänger gewährte Subvention dem Abnehmer des Gegenstands oder dem Dienstleistungsempfänger zugutekommen. Der vom Abnehmer oder Dienstleistungsempfänger zu zahlende Preis muss nämlich so festgesetzt sein, dass er sich entsprechend der dem Verkäufer des Gegenstands oder dem Dienstleistungserbringer gewährten Subvention ermäßigt, die damit in die Kalkulation des Preises einfließt, den der Letztgenannte verlangt. Die Zahlung der Subvention an den Verkäufer oder Dienstleistungserbringer muss diesem also objektiv gesehen den Verkauf des Gegenstands bzw. die Erbringung der Dienstleistung zu einem niedrigeren Preis als dem ermöglichen, den er ohne Subvention verlangen müsste. Schließlich muss die von der Subvention verkörperte Gegenleistung darüber hinaus zumindest bestimmbar sein (vgl. EuGH 9.10.2019, verb. Rs C-573/18 und C-574/18, *C GmbH & Co. KG*).

Beispiele:

Zuschuss der Wiener Handelskammer zur Kostenabdeckung an einen Verein, der Ausstellungsflächen vermietet (VwGH 20.1.1992, 91/15/0055).

Druckkostenbeitrag zur Herausgabe einer Zeitung (VwGH 26.4.1994, 93/14/0043).

Zuschuss der Landesregierung an einen Buchverleger, der eine jährlich wiederkehrende, auf das Bundesland bezogene Publikation herausgeben muss (VwGH 30.9.1992, 92/13/0128).

Ein Verkehrsverein erhält von der Gemeinde einen Zuschuss, der von der Anzahl der Nächtigungen bzw. vom Umfang der Werbemaßnahmen abhängig ist (VwGH 4.10.1995, 93/15/0117).

Abrechnung der Marktprämie iSd Erneuerbaren-Ausbau-Gesetzes (EAG).

(BMF-AV Nr. 2020/192, BMF-AV Nr. 2023/152)

1.1.1.9.4. Echter nicht umsatzsteuerbarer Zuschuss

26 Nicht umsatzsteuerbare Zuschüsse liegen vor, wenn Zahlungen nicht auf Grund eines Leistungsaustausches erfolgen oder nicht im Zusammenhang mit einem bestimmten Umsatz stehen. Dies ist der Fall, wenn

- ein Zuschuss zur Anschaffung oder Herstellung von Wirtschaftsgütern des Zuschussempfängers gewährt wird (zB Zuschuss zur Wohnbauförderung oder Wohnhaussanierung, zur Errichtung einer Erdgasversorgung, zur Errichtung einer Park-and-Ride-Anlage),
- ein Zuschuss zur Deckung von Unkosten des Zuschussempfängers gegeben wird (zB Bund zahlt Miete für eine gemeinnützige Organisation oder als Verlustabdeckung geleistete Zahlungen von Umlandgemeinden an die Betreibergemeinde eines Kindergartens zu den laufenden Betriebsausgaben),
- sich die Höhe des Zuschusses nach dem Geldbedarf des Zuschussempfängers richtet und die Zahlungen nicht mit bestimmten Umsätzen im Zusammenhang stehen (zB Zuschuss zur Sanierung eines Unternehmens, zu einem Verkehrsverbund).
- Ein echter nicht steuerbarer Zuschuss wird auch dann vorliegen, wenn die Zahlung einem Unternehmer gewährt wird, um ihn zu einem im öffentlichen Interesse gelegenen volkswirtschaftlich erwünschten Handeln anzuregen, bei dem keinem speziellen Leistungsempfänger ein verbrauchbarer Nutzen zukommt (zB Stilllegung von Betrieben oder Anbauflächen, Aufgabe von Produktionszweigen). Entschädigungen oder sonstige Zahlungen, die ein Unternehmer für ein solches Verhalten erhält, stellen umsatzsteuerrechtlich keine Gegenleistung (Entgelt) dar.

Beispiele:

Zuschüsse nach dem Programm zur Förderung einer umweltgerechten, extensiven und den natürlichen Lebensraum schützenden Landwirtschaft (ÖPUL) gemäß der VO (EWG) Nr. 2078/92.

Die Vergütung für die Verpflichtung zur Aufgabe der Milcherzeugung, die ein Landwirt im Rahmen der VO (EWG) Nr. 1336/86 erhält, ist nicht steuerpflichtig (EuGH 29.2.1996, Rs C-215/94, Jürgen Mohr).

Die Entschädigung für die Verpflichtung, angebaute Kartoffeln nicht zu ernten (EuGH 18.12.1997, Rs C-384/95, Landboden Agrardienste).

Beträge, die ein Unternehmer für die zusätzliche Zuteilung von Zuckerquoten nach der VO EG Nr. 318/2006 über die gemeinsame Marktorganisation für Zucker zahlt, unterliegen nicht der Umsatzsteuer.

Finanzielle Leistungen, die im Zusammenhang mit Maßnahmen nach § 32 Abs. 3 AMSG stehen (§ 34 AMSG), auch dann, wenn die Dienstleistungen nicht mehr aufgrund von Förder-, sondern (ab 1. Juli 2006) aufgrund von Werkverträgen erbracht werden.

Die „Garantie" gegenüber der Gemeinde, einen eigenen Museumsbetrieb auf längere Zeit zu führen, ohne die Verpflichtung, Dienstleistungen im Sinne einer Übernahme der Führung eines Betriebes für die Gemeinde zu erbringen, verschafft der Gemeinde keinen verbrauchsfähigen Nutzen (VwGH 21.9.2016, Ra 2015/13/0050).

Zuwendungen aus den Mitteln des Ausgleichstaxfonds auf der Grundlage von § 10a Abs. 1 iVm Abs. 8 Behinderteneinstellungsgesetz (BEinstG), BGBl. Nr. 22/1970 idgF.

Die Förderung der Familienberatungsstellen nach § 1 Familienberatungsförderungsgesetz, BGBl. Nr. 80/1974.

Subventionen, mit denen nicht ein Teil des erzielbaren Marktpreises vom Subventionsgeber übernommen und damit der Leistungsempfänger gefördert, sondern der Unternehmer dazu in die Lage versetzt wird, seine Produkte zum Marktpreis anzubieten, was eine Subvention der Produktion und nicht des Preises bedeutet, sind kein Entgelt von dritter Seite (VwGH 1.6.2016, 2013/13/0053).

(BMF-AV Nr. 2019/165, BMF-AV Nr. 2020/192)

27 Eine bloße Zweckbestimmung durch den Zuschussgeber reicht für sich allein nicht aus, einen ursächlichen Zusammenhang zwischen Zuschuss und Leistung herzustellen (zB Zuschuss nach dem Arbeitsmarktförderungsgesetz oder nach dem Forschungsorganisationsgesetz). Der Zuschussgeber verlangt vom Empfänger üblicherweise einen Nachweis über die Mittelverwendung oder einen Förderungsbericht. Die Vorlage dieser Nachweise begründet für sich allein keinen Leistungsaustausch.

Ebenso ist bei Subventionen die bloße Verpflichtung, die Subventionsbedingungen und -auflagen einzuhalten, keine Leistung. Die Grenze zur Leistung wird jedoch dort überschritten, wo der „Subventionsgeber" seine Leistung an Bedingungen knüpft, deren Erfüllung ihm selbst oder einem Dritten einen speziellen Nutzen verschafft, mag dieser auch im öffentlichen Interesse liegen, und der Empfänger diese Bedingungen erfüllt.

In Zweifelsfällen muss geprüft werden, ob die Zuwendung auch ohne Gegenleistung des Empfängers gegeben worden wäre (vgl. VwGH 17.9.1990, 89/14/0071). Ob eine solche Verknüpfung vorliegt oder nicht, kann an Hand des Förderungsansuchens, des Bewilligungsbescheides, aus den „Vergaberichtlinien" und einschlägigen Rechtsvorschriften beurteilt werden. Der Zuschuss ist nicht umsatzsteuerbar, wenn keine Verknüpfung vorliegt. **28**

Ohne Bedeutung ist, ob der Zuschuss an den Berechtigten selbst oder zwecks Abkürzung des Zahlungsweges an einen Dritten ausbezahlt wird (zB ein Zuschuss zur Errichtung eines Gebäudes wird an eine Arbeitsgemeinschaft ausbezahlt).

1.1.1.9.5. Finanzierung von Forschungsvorhaben

Bei Zahlungen im Zusammenhang mit Forschungstätigkeiten ist im Einzelfall anhand der Vereinbarung, der Vergaberichtlinien, usw. zu prüfen, ob ein direkter Leistungsaustausch, Entgelt von dritter Seite oder eine echte Subvention vorliegt. **29**

Ein direktes Leistungsentgelt liegt vor, wenn

- die Zahlung an bestimmte Forschungstätigkeiten des Empfängers gebunden ist,
- die Höhe des Zuschusses am Umfang der Tätigkeit oder an den dafür vorausberechneten Kosten bemessen wird,
- der Zuschussgeber ein eigenes konkretes Interesse an den Forschungsergebnissen hat,
- der Empfänger durch die Tätigkeit bestimmte Auflagen und Bedingungen erfüllen und dem Zuschussgeber ständig berichten muss,
- die Verwertungs- und Veröffentlichungsrechte an den Zuschussgeber übertragen werden.

Entscheidend ist somit, ob die Förderung gewährt wird, damit der Zahlende die Verfügungsmöglichkeit über ein bestimmtes Forschungsergebnis erlangt und die Durchführung der Forschung in seinem Interesse liegt. Demnach unterliegen zB Forschungsaufträge und sonstige wissenschaftliche Forschungen im Sinne des § 12 Forschungsorganisationsgesetz der USt (VwGH 20.9.1995, 92/13/0214). **30**

Erfolgt die Finanzierung des Vorhabens nicht im eigenen Interesse des Zahlenden, sondern besteht ein öffentliches Interesse an der Durchführung des Forschungsprojektes, so liegt ein echter, nicht steuerbarer Zuschuss vor (zB Zuschuss durch den Forschungsförderungsfonds, Förderung nach § 10 Forschungsorganisationsgesetz). Diesfalls ist es nicht schädlich, wenn sich der Finanzierende ein Veröffentlichungs- oder sonstiges Verwertungsrecht vorbehält.

Die EU erteilt österreichischen Forschungseinrichtungen im vermehrten Ausmaß Forschungsaufträge bzw. gewährt Förderungen zu Forschungsvorhaben. Diese Zahlungen können echte Subventionen darstellen und sind als solche nicht steuerbar. **31**

Handelt es sich bei den Zahlungen um ein Leistungsentgelt, so unterliegt dieses nicht der USt, wenn der Forschungseinrichtung keine Unternehmereigenschaft zukommt.

Sind die Förderungsgelder steuerbar, weil der Leistende als Unternehmer und die Erfüllung des Forschungsauftrages als Leistungsaustausch zu beurteilen ist, so kann die Steuerbefreiung des § 6 Abs. 1 Z 6 lit. c UStG 1994 zur Anwendung gelangen (siehe Rz 736 bis 747).

Im Rahmen des Aktionsprogramms zur Durchführung einer Berufsbildungspolitik der Europäischen Gemeinschaft – Leonardo da Vinci werden zwischen der EU und einzelnen Projektträgern Verträge über Pilotprojekte (zB Entwicklung neuer Ausbildungslehrgänge, Lehrinhalte, Lernmaterialien, Trainingsmethoden) oder Multiplikatorprojekte (zur Verbreitung von Ergebnissen und Produkten früherer Projekte) abgeschlossen. Die Projektträger sollen damit zu einem im öffentlichen Interesse gelegenen volkswirtschaftlich erwünschten Handeln angeregt werden. Die Zuschüsse der EU an die Projektträger sind daher nicht steuerbar. **32**

1.1.1.10. Mitgliedsbeiträge

„Echte" Mitgliedsbeiträge sind Beiträge, welche die Mitglieder einer Personenvereinigung nicht als Gegenleistungen für konkrete Leistungen, sondern für die Erfüllung des Gemeinschaftszwecks zu entrichten haben. Da in diesem Fall kein Leistungsaustausch vorliegt, stellen diese „echten" Mitgliedsbeiträge kein umsatzsteuerbares Entgelt dar. **33**

Bei den Mitgliedsbeiträgen an die land- und forstwirtschaftlichen Maschinenringe kann aus Vereinfachungsgründen davon ausgegangen werden, dass der vom einzelnen Mitglied zu leistende jährliche Mitgliedsbeitrag (der auch allfällige betriebsbezogene Zuschläge, zB Hektarzuschläge, umfassen kann), höchstens jedoch ein Betrag von jährlich 40 €, einen „echten", nicht steuerbaren Mitgliedsbeitrag darstellt.

34 Davon zu unterscheiden sind „unechte“ Mitgliedsbeiträge. Dabei handelt es sich – unabhängig von ihrer Bezeichnung – um Leistungen eines Mitglieds, denen eine konkrete Gegenleistung der Personenvereinigung gegenübersteht. Die Leistungen der Personenvereinigung, die für „unechte“ Mitgliedsbeiträge erbracht werden, sind steuerbar.

Besteht der Gemeinschaftszweck in der Erbringung besonderer Einzelleistungen gegenüber den einzelnen Mitgliedern, so sind die Beiträge des Mitglieds „unechte“ Mitgliedsbeiträge.

Die Jahresbeiträge der Mitglieder eines Sportvereins können die Gegenleistung für die von diesem Verein erbrachten Dienstleistungen darstellen, auch wenn diejenigen Mitglieder, die die Einrichtungen des Vereins nicht oder nicht regelmäßig nutzen, verpflichtet sind, ihren Jahresbeitrag zu zahlen. Die Leistungen des Vereins bestehen darin, dass er seinen Mitgliedern dauerhaft Sportanlagen und damit verbundene Vorteile zur Verfügung stellt (EuGH 21.3.2002, Rs C-174/00, „Kennemer Golf & Country Club“).

Die Sonderregelungen für gemeinnützige Sportvereinigungen (Liebhaberei, Steuerbefreiung) werden dadurch nicht berührt.

1.1.1.11. Leistungsaustausch bei Gesellschaftsverhältnissen

1.1.1.11.1. Allgemeines

35 Es gilt das Trennungsprinzip: Die Umsätze der Gesellschaft (vorausgesetzt diese ist Unternehmer) sind der Gesellschaft, die Umsätze der Gesellschafter den Gesellschaftern zuzurechen. Der Gesellschafter kann auch Unternehmer sein. Ein Leistungsaustausch zwischen Gesellschaft und Gesellschafter ist möglich.

1.1.1.11.2. Gründung von Gesellschaften

36 Bei der Gesellschaftsgründung leistet der Gesellschafter eine Einlage, die Gesellschaft gewährt Anteilsrechte. Eine Personen- oder Kapitalgesellschaft erbringt bei der Gründung oder der Aufnahme eines weiteren Gesellschafters gegen Zahlung einer Bareinlage keine steuerbare Leistung (EuGH 26.6.2003, Rs C-442/01, „KapHag Renditefonds 35“; EuGH 26.5.2005, Rs C-465/03, „Kretztechnik AG“). Auch bei der Ausgabe von (atypisch) stillen Beteiligungen einer Kapitalgesellschaft ist von nicht steuerbaren Umsätzen auszugehen (BFH 18.11.2004, BStBl II 2005, 503). Zum Vorsteuerabzug siehe Rz 1992.

37 Beim Einbringen von Vermögenswerten in eine Gesellschaft kann es sich um nicht steuerbare, um steuerfreie oder um steuerpflichtige Vorgänge handeln.

Die Leistung des Gesellschafters ist nur steuerbar, wenn es sich um eine Sacheinlage handelt, die im Rahmen seines Unternehmens erfolgt. Sacheinlagen des Gesellschafters aus dem Privatbereich sowie sämtliche Geldeinlagen sind nicht steuerbar.

Beispiel 1:

Der Nichtunternehmer A leistet im Zuge der Gründung einer Gesellschaft nach bürgerlichem Recht eine Sacheinlage und erhält dafür 50% der Gesellschaftsanteile.

Die Sacheinlage des A ist nicht steuerbar.

Die Einräumung der Gesellschaftsanteile durch die Gesellschaft ist nicht steuerbar.

Beispiel 2:

Der Unternehmer A leistet im Zuge der Gründung einer GesnbR eine Geldeinlage von 20.000 € im Rahmen seines Unternehmens und erhält dafür 50% der Gesellschaftsanteile.

Die Geldeinlage des A ist (unabhängig davon, dass sie durch einen Unternehmer im Rahmen seines Unternehmens erfolgt) nicht steuerbar.

Die Einräumung der Gesellschaftsanteile durch die Gesellschaft ist nicht steuerbar.

Beispiel 3:

Der Unternehmer A leistet im Zuge der Gründung einer Gesellschaft mit beschränkter Haftung im Rahmen seines Unternehmens eine Sacheinlage (zB Maschinen) und erhält dafür 50% der Gesellschaftsanteile.

Die Sacheinlage des A ist, da sie im Rahmen seines Unternehmens erfolgt steuerbar und (in der Regel) steuerpflichtig.

Die Einräumung der Gesellschaftsanteile durch die Gesellschaft ist nicht steuerbar.

1.1.1.11.3. Eintritt, Ausscheiden, Wechsel von Gesellschaftern

1.1.1.11.3.1. Eintritt

38 Zum Eintritt eines neuen Gesellschafters siehe Rz 35 bis 37.

1.1.1.11.3.2. Wechsel von Gesellschaftern

Tritt ein Gesellschafter seinen Gesellschaftsanteil (ganz oder teilweise) an einen neu eintretenden Gesellschafter ab, dann kommt es zu einem Leistungsaustausch zwischen dem neu eintretenden und dem ausscheidenden Gesellschafter (Geld- oder Sachleistung gegen Gesellschaftsrechte). Die erbrachten Leistungen sind, soweit sie von den Beteiligten im Rahmen ihres Unternehmens bewirkt werden, steuerbar, aber gemäß § 6 Abs. 1 Z 8 lit. f oder g UStG 1994 steuerfrei. Nicht steuerbar ist die Leistung des neu eintretenden Gesellschafters, falls es sich um eine Geldleistung handelt. **39**

Beispiel:

Der Gesellschafter A (Nichtunternehmer) veräußert seinen Kommanditanteil an der X-Kommanditgesellschaft um 100.000 € an den B, der den Anteil im Rahmen seines Unternehmens erwirbt.

Die Leistung des A ist nicht steuerbar, da A nicht Unternehmer ist. Die Gegenleistung des B ist nicht steuerbar, da es sich um die bloße Hingabe von Geld handelt.

Der Übergang des Gesellschaftsanteils vom Erblasser an den Erben stellt keinen steuerbaren Vorgang dar. Es fehlt diesbezüglich am Vorliegen eines Leistungsaustausches. **40**

1.1.1.11.3.3. Gleichzeitiger Wechsel sämtlicher Gesellschafter

Juristische Personen **41**

Bei juristischen Personen, wie zB Aktiengesellschaften oder Gesellschaften mit beschränkter Haftung, ist im gleichzeitigen Wechsel sämtlicher Gesellschafter kein Untergang des bisherigen und Entstehen eines neuen umsatzsteuerlichen Zurechnungssubjekts zu sehen. Der Träger der Unternehmereigenschaft, nämlich die juristische Person bleibt unverändert.

Personengesellschaften **42**

Auch wenn bei einer Personengesellschaft sämtliche Gesellschafter gleichzeitig wechseln, ist darin kein Unternehmerwechsel (in Sinne eines Untergehens der alten und Entstehens einer neuen Personengesellschaft) zu sehen. Es kommt mithin nicht zu einer Geschäftsveräußerung im Ganzen.

1.1.1.11.3.4. Ausscheiden von Gesellschaftern bei Personengesellschaften

Scheidet ein Gesellschafter aus der Gesellschaft aus und bleiben zumindest zwei Gesellschafter übrig, so bleibt die Gesellschaft bestehen. In der Rückgabe des Gesellschaftsanteils durch den Gesellschafter anlässlich des Ausscheidens aus der Gesellschaft ist ein Leistungsaustausch zwischen dem ausscheidenden Gesellschafter und der Gesellschaft zu sehen (Aufgabe der Gesellschaftsrechte gegen Abfindung). Die Leistung des ausscheidenden Gesellschafters ist, wenn sie im Rahmen seines Unternehmens gegen Entgelt erfolgt, steuerbar und gemäß § 6 Abs. 1 Z 8 lit. f oder g UStG 1994 unecht steuerbefreit (siehe Rz 766 bis 772). Die Gegenleistung der Gesellschaft ist, wenn die Abfindung in Sachwerten besteht, steuerbar, wenn sie in Geld erfolgt, nicht steuerbar. **43**

Bei den verbleibenden Gesellschaftern kommt es zu einem Anwachsen der zurückgegebenen Anteile. Darin ist kein steuerbarer Vorgang zu sehen. **44**

Beispiel:

Der Gesellschafter A gibt seinen im Rahmen seines Einzelunternehmens gehaltenen Komplementäranteil an die X-Kommanditgesellschaft gegen Abfindung in Sachwerten zurück.

Die Rückgabe der Gesellschaftsrechte durch A stellt einen steuerbaren und gemäß § 6 Abs. 1 Z 8 lit. g UStG 1994 unecht steuerbefreiten Umsatz dar.

Die Abfindung durch die X-Kommanditgesellschaft stellt einen steuerbaren und (in der Regel) steuerpflichtigen Umsatz dar.

Das Anwachsen der zurückgegebenen Gesellschaftsanteile bei den verbliebenen Gesellschaftern, die nunmehr über einen entsprechend größeren Anteil am Gesellschaftsvermögen verfügen, ist kein steuerbarer Vorgang.

1.1.1.11.3.5. Ausscheiden des vorletzten Gesellschafters

Das Ausscheiden des vorletzten Gesellschafters einer Personengesellschaft führt zur Beendigung der Personengesellschaft und zum Erlöschen der Unternehmereigenschaft. Die Verteilung des Gesellschaftsvermögens an die Gesellschafter stellt einen steuerbaren Vorgang, nämlich einen Leistungsaustausch zwischen der Gesellschaft (Leistung der Abfindung) und dem Gesellschafter (Aufgabe der Gesellschaftsrechte) dar. **45**

Verbleibt nur noch ein Gesellschafter, erlischt gemäß § 142 UGB bei einer offenen Gesellschaft (gleiches gilt nach § 161 Abs. 2 UGB für eine Kommanditgesellschaft) die Gesellschaft ohne Liquidation. Das Gesellschaftsvermögen geht im Wege der Gesamtrechtsnachfolge **46** auf den verbleibenden Gesellschafter über. Diesfalls bleibt die Unternehmerkontinuität gewahrt. Das Anwachsen der Gesellschaftsanteile beim verbleibenden Gesellschafter stellt umsatzsteuerlich keine Auflösung der Gesellschaft, somit auch keinen steuerbaren Vorgang zwischen ihm und der Gesellschaft dar.

Voraussetzung für ein nicht steuerbares Anwachsen ist, dass der verbleibende Gesellschafter das Unternehmen im Wesentlichen unverändert fortführt.

Die Leistung des ausscheidenden Gesellschafters ist, wenn sie im Rahmen seines Unternehmens gegen Entgelt erfolgt, steuerbar und gemäß § 6 Abs. 1 Z 8 lit. f oder g UStG 1994 unecht steuerbefreit (siehe Rz 766 bis Rz 772). Die Gegenleistung der Gesellschaft (Abfindung) ist, wenn die Abfindung in Sachwerten besteht, steuerbar und (in der Regel) steuerpflichtig, wenn sie in Geld erfolgt, nicht steuerbar.

47 Auch bei einer Gesellschaft nach bürgerlichem Recht kann vereinbart werden, dass bei Ausscheiden der übrigen Gesellschafter die Übernahme des Unternehmens durch den verbleibenden Gesellschafter ohne weiteren Übertragungsakt erfolgt. Auch hier bleibt also die Unternehmerkontinuität bestehen.

Gleiches gilt für land- und forstwirtschaftliche Besitzgemeinschaften, wenn einer der beiden Miteigentümer (zB Ehegatten) seine Besitzanteile in das Eigentum des anderen Miteigentümers überträgt. Voraussetzung ist aber, dass der land- und fortwirtschaftliche Betrieb nach der Übertragung der Besitzanteile im Wesentlichen unverändert fortgeführt wird.

Wenn – ohne Eigentumsübertragung – die Bewirtschaftung aufgrund einer Bewirtschaftungsvereinbarung auf einen Miteigentümer übergeht, der nach außen als alleiniger Betriebsführer auftritt, gilt das umsatzsteuerlich in der Regel als Übergang des wirtschaftlichen Eigentums, der als nicht steuerbarer Vorgang angesehen werden kann.

1.1.1.11.4. Auflösung von Gesellschaften

48 Die Auflösung einer Gesellschaft führt nicht zum Verlust der Unternehmereigenschaft, diese bleibt vielmehr bis zum Ende der Liquidation erhalten. In der Verteilung des Gesellschaftsvermögens im Zuge der Liquidation ist ein Leistungsaustausch zwischen den Gesellschaftern (Aufgabe der Gesellschaftsrechte) und der Gesellschaft (Leistung der Abfindung) zu sehen.

Beispiel:

Die Gesellschafter einer offenen Handelsgesellschaft vereinbaren die Auflösung der Gesellschaft und die Aufteilung des Gesellschaftsvermögens untereinander.

Die Aufgabe der Gesellschaftsrechte durch die Gesellschafter ist, wenn sie im Rahmen ihres jeweiligen Unternehmens erfolgt, steuerbar und gemäß § 6 Abs. 1 Z 8 lit. g UStG 1994 unecht steuerfrei. Die Abfindung durch die Gesellschaft ist, soweit sie in Sachwerten besteht, steuerbar und (in der Regel) steuerpflichtig, soweit sie in Geld besteht, nicht steuerbar.

1.1.1.11.5. Umwandlungen

1.1.1.11.5.1. Formwechselnde Umwandlung

49 Bei der formwechselnden Umwandlung kommt es lediglich zu einer Änderung der Rechtsform. Die Identität der Gesellschaft und ihres Unternehmens bleibt erhalten. Es kommt zu keiner Vermögensübertragung. Ein Leistungsaustausch findet nicht statt.

Beispiel:

Die Gesellschafter einer offenen Handelsgesellschaft beschließen die Umwandlung des Unternehmens in eine Kommanditgesellschaft.

Darin liegt kein steuerbarer Vorgang.

1.1.1.11.5.2. Übertragende Umwandlung

50 Bei übertragenden Umwandlungen kommt es zu einer Vermögensübertragung auf ein anderes Unternehmen unter gleichzeitiger Auflösung der bisherigen Gesellschaft.

Darin liegt ein steuerbarer Leistungsaustausch (Geschäftsveräußerung im Ganzen im Sinne des § 4 Abs. 7 UStG 1994). Der Leistungsaustausch besteht in der Übertragung des Unternehmens (Leistung) gegen den Erwerb von Gesellschaftsrechten (Gegenleistung).

51 Wird eine Personengesellschaft in eine Kapitalgesellschaft gegen Gewährung von Gesellschaftsrechten eingebracht, so ist in der Regel anzunehmen, dass die Personengesellschaft als solche ihr Vermögen unmittelbar auf die neue Kapitalgesellschaft überträgt. Es liegt damit nur ein einziger steuerbarer Leistungsaustausch vor, der in der Übertragung des Vermögens der Personengesellschaft auf die Kapitalgesellschaft gegen die gleichzeitige Gewährung von Gesellschaftsanteilen der Kapitalgesellschaft an die Gesellschafter der Personengesellschaft besteht.

Das Gleiche gilt, wenn das gesamte Betriebsvermögen einer Kapitalgesellschaft auf eine neu gegründete Personengesellschaft, der dieselben Personen als Gesellschafter angehören, übertragen und die Kapitalgesellschaft durch Beschluss der Gesellschafter aufgelöst wird. Es liegt weiters nur ein einziger Umsatz vor, wenn sich die Gesellschafter einer Personengesellschaft an einer anderen Personengesellschaft beteiligen und sie Gegenstände aus der ersten in die zweite Personengesellschaft einbringen.

1.1.1.11.5.3. Verschmelzung

Durch Verschmelzung vereinigen sich Körperschaften unter Ausschluss der Liquidation 52
im Wege der Gesamttrechtsnachfolge. Umsatzsteuerlich handelt es sich dabei um einen steuerbaren Vorgang. Leistung ist die Übertragung von Vermögen (Geschäftsveräußerung im Ganzen im Sinne des § 4 Abs. 7 UStG 1994). Gegenleistung ist die Gewährung von Mitgliedschaftsrechten an der aufnehmenden bzw. der neu gegründeten Gesellschaft.

Zum Entgelt für die Übertragung des Vermögens gehören übernommene Verbindlichkeiten, und zwar auch dann, wenn sie wegen der Übernahme durch Vereinigung von Schuld und Forderung in einer Person erlöschen (Konfusion im Sinne des § 1445 ABGB).

Maßgeblicher Zeitpunkt bezüglich des Erlöschens der Unternehmereigenschaft der über- 53
tragenden Gesellschaft ist die Anmeldung der Verschmelzung zur Eintragung im Firmenbuch, da damit die Leistungstätigkeit der übertragenden Gesellschaft abgeschlossen ist.

Beispiel:

Die A-GmbH als übertragende Gesellschaft wird auf die körperschaftssteuerlich steuerbefreite B-AG gegen Gewährung von (im Wege einer Kapitalerhöhung neu geschaffenen) Anteilen am Grundkapital verschmolzen. Die Verschmelzung fällt nicht unter die Bestimmungen des UmgrStG, da eine Besteuerung der stillen Reserven bei der B-AG nicht möglich ist.

Die Leistung der A-GmbH (Geschäftsveräußerung im Ganzen im Sinne des § 4 Abs. 7 UStG 1994) ist steuerbar und (soweit Sachwerte übergehen in der Regel steuerpflichtig). Die Gegenleistung der B-AG (Gewährung von Gesellschaftsrechten) ist steuerbar und gemäß § 6 Abs. 1 Z 8 lit. f UStG 1994 unecht steuerfrei.

1.1.1.11.5.4. Vorgänge nach dem UmgrStG

Die Vorschriften des UmgrStG sind zwingend auf die in diesem Gesetz geregelten Um- 54
gründungsvorgänge anzuwenden. Es besteht kein Wahlrecht dergestalt, dass auf die Anwendung des UmgrStG verzichtet werden könnte. Umgründungsvorgänge, die unter das UmgrStG fallen, gelten als nicht steuerbar.

Der Rechtsnachfolger (zB die übernehmende Körperschaft) tritt für den Bereich der USt unmittelbar in die Rechtsstellung des Rechtsvorgängers (zB der übertragenden Körperschaft) ein.

Im Einzelnen gilt dies für folgende Umgründungsvorgänge: 55

- Verschmelzungen (§ 1 UmgrStG) gemäß § 6 Abs. 4 UmgrStG,
- Umwandlungen (§ 7 UmgrStG) gemäß § 11 Abs. 3 UmgrStG,
- Einbringungen (§ 12 UmgrStG) gemäß § 22 Abs. 3 UmgrStG,
- Zusammenschlüsse (§ 23 UmgrStG) gemäß § 26 Abs. 1 Z 2 UmgrStG,
- Realteilungen (§ 27 UmgrStG) gemäß § 31 Abs. 1 Z 2 UmgrStG,
- Spaltungen (§ 32 UmgrStG) gemäß § 38 Abs. 3 UmgrStG,
- Steuerspaltungen (§ 38a UmgrStG) gemäß § 38f Abs. 2 UmgrStG.

Beispiel:

Die A-GmbH als übertragende Körperschaft wird auf die B-GmbH als übernehmende Körperschaft zum 31.12.2012 verschmolzen. Die Verschmelzung fällt unter das UmgrStG. Die A-GmbH überträgt ua. eine Liegenschaft, die unter Inanspruchnahme des Vorsteuerabzugs am 1.7.2010 erworben und in der Folge zu Wohnzwecken vermietet wurde.

Die B-GmbH veräußert die (von ihr nach der Verschmelzung weiterhin zu Wohnzwecken vermietete) Liegenschaft am 1.5.2015 ohne Inanspruchnahme der Optionsmöglichkeit des § 6 Abs. 2 UStG 1994.

Aufgrund des unmittelbaren Eintritts der B-GmbH in die umsatzsteuerliche Rechtsstellung der A-GmbH ist eine Vorsteuerberichtigung gemäß § 12 Abs. 10 UStG 1994 im Ausmaß von 5/10 des beim Erwerb der Liegenschaft durch die A-GmbH geltend gemachten Vorsteuerabzugs vorzunehmen.

Das UmgrStG sieht keine umsatzsteuerliche Rückwirkung vor.

(BMF-AV Nr. 2017/171)

56 Der Übergang der umsatzsteuerlichen Zurechnung kann mit dem der Anmeldung zur Eintragung im Firmenbuch bzw. – soweit handelsrechtlich keine Eintragung im Firmenbuch vorgesehen ist – mit dem der Meldung beim zuständigen Finanzamt folgenden Monatsersten angenommen werden.

1.1.1.11.6. Leistungen zwischen Gesellschaft und Gesellschafter

1.1.1.11.6.1. Allgemein

57 Ein Leistungsaustausch zwischen Gesellschafter und Gesellschaft ist möglich, wenn die Voraussetzungen dafür (insbesondere die Fremdüblichkeit) vorliegen. Von einem Leistungsaustausch wird auszugehen sein, wenn der Gesellschafter gegen Sonderentgelt und zu fremdüblichen Bedingungen an die Gesellschaft Leistungen erbringt. Dass die Verpflichtung zu einer solchen Leistung auf gesellschaftsvertraglicher und nicht auf einer besonderen schuldrechtlichen Grundlage beruht, schließt für sich allein nicht das Vorliegen eines Leistungsaustausches aus.

1.1.1.11.6.2. Unternehmereigenschaft des Gesellschafters

58 Die bloße Gesellschafterstellung allein begründet allerdings noch nicht die Unternehmerstellung. Mangels Nachhaltigkeit führen auch Sacheinlagen (zB die Einlage bei Gesellschaftsgründung) aus dem Privatvermögen nicht zur Erlangung der Unternehmereigenschaft. Demgegenüber bewirkt die entgeltliche Überlassung auch nur einzelner Wirtschaftsgüter eine unternehmerische Tätigkeit.

Beispiel:

A ist an der X-KG als Kommanditist beteiligt, war bisher aber nicht unternehmerisch tätig. Nunmehr erwirbt er ein Bürogebäude, um es der X-KG zur unternehmerischen Nutzung zur Verfügung zu stellen.

A schließt eine Mietvereinbarung mit der X-KG ab und vermietet ihr das Bürogebäude (und zwar mit Option zur Steuerpflicht im Sinne des § 6 Abs. 2 UStG 1994) gegen fremdübliches Entgelt.

A erlangt durch die Vermietung Unternehmereigenschaft. Er hat das Mietentgelt der USt zu unterziehen und ist zum Vorsteuerabzug aus den Anschaffungs- sowie den laufenden Betriebskosten des Bürogebäudes berechtigt (soweit die Betriebskosten von A an die Gesellschaft weiterverrechnet oder direkt an die Gesellschaft verrechnet werden, ist auch die Gesellschaft – unter Vorliegen der übrigen Voraussetzungen – zum Vorsteuerabzug aus den Betriebskosten berechtigt).

1.1.2. Eigenverbrauch

Siehe Rz. 79

1.1.2.1. Aufwandseigenverbrauch

59 Ausgaben, die keinen streng geschäftlichen Charakter haben, sollen nicht zum Vorsteuerabzug berechtigen bzw. nicht unbesteuert bleiben. Dabei sollen die ertragsteuerlichen Abzugsverbote gemäß § 20 Abs. 1 Z 1 bis 5 EStG 1988 und des § 12 Abs. 1 Z 1 bis 5 KStG 1988 (in der jeweils zum 1.1.1995 geltenden Fassung) auch für die Umsatzsteuer gelten (§ 1 Abs. 1 Z 2 lit. a UStG 1994).

Eine Eigenverbrauchsbesteuerung erfolgt in den Fällen des § 1 Abs. 1 Z 2 lit. a UStG 1994 nur dann, wenn der Gegenstand oder seine Bestandteile zu einem vollen oder teilweisen Vorsteuerabzug berechtigt haben.

Beispiel:

Die Anschaffungskosten eines Personenkraftwagens, der einen CO_2-Emissionswert von 0 Gramm pro Kilometer aufweist (ausschließliche Nutzung für steuerpflichtige Umsätze) und für den nach § 12 Abs. 2 Z 2 lit. b UStG 1994 der Vorsteuerabzug nicht geltend gemacht werden kann (zB kein Kleinbus iSd § 5 der Verordnung BGBl. II Nr. 193/2002), betragen am 2.1.2016 60.000 Euro (brutto).

Der Vorsteuerabzug steht nach § 12 Abs. 2 Z 2a UStG 1994 zur Gänze in Höhe von 10.000 Euro (60.000 Euro / 1,2) zu. Jener Teil der Aufwendungen, der ertragsteuerlichen Abzugsverboten unterliegt (60.000 Euro – 40.000 Euro = 20.000 Euro / 1,2 = 16.666,67 Euro netto), unterliegt im Jahr der Anschaffung der Eigenverbrauchsbesteuerung nach § 1 Abs. 1 Z 2 lit. a UStG 1994 (16.666,67 Euro x 20% = 3.333,33 Euro).

Hinsichtlich Geschäftsessen siehe Rz 1925 ff.

(BMF-AV Nr. 2015/170)

1.1.2.2. Den Lieferungen und sonstigen Leistungen gleichgestellter Eigenverbrauch

Hinsichtlich den Lieferungen gleichgestellter Eigenverbrauch siehe Rz 361 bis Rz 374. **60**

Hinsichtlich den sonstigen Leistungen gleichgestellter Eigenverbrauch siehe Rz 475 bis Rz 487.

Randzahlen 61 bis 65: *derzeit frei.*

1.1.2.2.1. Sachzuwendungen an Arbeitnehmer

Der Begriff der „Dienstleistungen gegen Entgelt" setzt das Bestehen eines unmittelbaren **66** Zusammenhangs zwischen der erbrachten Dienstleistung und dem empfangenen Gegenwert voraus (EuGH 16.10.1997, Rs C-258/95, *Julius Fillibeck Söhne GesmbH Co KG*, betreffend unentgeltliche Beförderung von Arbeitnehmern). Ein derartiger Zusammenhang liegt dann nicht vor, wenn der Arbeitnehmer für die Sachzuwendung nichts zu bezahlen hat und auch kein dem Wert dieser Sachzuwendung entsprechender Abzug vom Lohn erfolgt bzw. die auszuführende Arbeit und der bezogene Lohn nicht davon abhängen, ob der Arbeitnehmer die ihm vom Arbeitgeber gebotene Sachleistung in Anspruch nimmt. Steht hiernach fest, dass ein umsatzsteuerlicher Leistungsaustausch zu verneinen ist, erfolgt in einem nächsten Schritt die Prüfung, ob die Leistung primär der Deckung privater Bedürfnisse der Arbeitnehmer oder ihnen zurechenbarer Personen dient. Bejahendenfalls liegt ein steuerbarer und ggf. (dh. wenn keine Steuerbefreiung vorliegt) auch steuerpflichtiger Eigenverbrauch vor.

Zur Bemessungsgrundlage siehe Rz 672.

Bezüglich entgeltliche Sachzuwendungen an Arbeitnehmer siehe auch Rz 489.

1.1.2.2.1.1. Geringfügigkeitsgrenze

Weder Leistungsaustausch noch Eigenverbrauch liegt vor, wenn es sich bei den emp- **67** fangenen Leistungen um bloße Annehmlichkeiten oder Aufmerksamkeiten handelt (zB Bereitstellung von Getränken am Arbeitsplatz).

1.1.2.2.1.2. Freiwilliger Sozialaufwand

Erbringt der Arbeitgeber Leistungen, die unter der Kategorie „freiwilliger Sozialaufwand" **68** zu subsumieren sind (zB Gesundheitsleistungen, typische Berufskleidung, Aus- und Fortbildung im Betrieb, Zurverfügungstellung von Einrichtungen an die Gesamtheit oder für Gruppen von Arbeitnehmern), so ist darin kein umsatzsteuerbarer Tatbestand zu erblicken.

1.1.2.2.1.3. Beförderungsleistungen

Unentgeltliche Beförderungen der Arbeitnehmer zwischen Arbeitsstätte und Wohnort **69** stellen keinen Eigenverbrauch dar.

1.1.2.2.1.4. Beherbergung und Verköstigung

Im Falle einer unentgeltlichen Beherbergung und Verköstigung von Dienstnehmern durch **70** den Arbeitgeber handelt es sich um die Befriedigung persönlicher Bedürfnisse der Arbeitnehmer und sohin grundsätzlich um einen Eigenverbrauch gemäß § 3a Abs. 1a Z 2 UStG 1994, außer es überwiegen die betrieblichen Interessen des Arbeitgebers (VwGH 23.2.2010, 2007/15/0073). Ein Überwiegen der betrieblichen Interessen des Arbeitgebers liegt bei der Zurverfügungstellung von angemieteten Personalzimmern an Schilehrer grundsätzlich nicht vor (VwGH 23.1.2013, 2010/15/0051, VwGH 29.3.2017, Ra 2015/15/0083).

Ist die unentgeltliche Verpflegung durch den Arbeitgeber kein Lohnbestandteil und sind gewichtige betriebliche Gründe dafür gegeben, dass die Esseneinnahme am Arbeitsplatz bzw. – zur Aufrechterhaltung eines notwendigen Bereitschaftsdienstes – in dessen Nahbereich erfolgen muss (zB Lift- bzw. Seilbahnpersonal; technisches Überwachungspersonal, dessen Dienststelle sich in exponierter Lage befindet; medizinisches Bereitschaftspersonal usw.), kann hinsichtlich der kostenlosen Verpflegung von Dienstnehmern durch den Arbeitgeber in Ausnahmefällen ein nicht steuerbarer Vorgang vorliegen.

Gewährt der Unternehmer seinen Arbeitnehmern kostenlose Mahlzeiten, damit sie in der Mittagspause telefonisch erreichbar sind, so führt dieser Umstand für sich allein jedoch nicht dazu, dass kein Eigenverbrauch vorliegt.

Hat der Arbeitnehmer im Zusammenhang mit der Verpflegung am Arbeitsplatz einen Kostenbeitrag zu leisten, ist dieser umsatzsteuerpflichtig.

Bei der längerfristigen, das Wochenende mit einschließenden Unterbringung von Arbeitnehmern bei auswärtigen Arbeitseinsätzen (zB Montage von Anlagen, Autobahnbaustellen usw.) kann ein überwiegendes Interesse des Arbeitgebers insbesondere dann vorliegen, wenn im Hinblick auf die Entfernung oder die Arbeitszeit nicht zu erwarten ist, dass der Dienstnehmer an arbeitsfreien Tagen an seinen Wohnsitz zurückfährt, oder wenn der Dienstnehmer an seiner Unterkunft (zB im Rahmen eines „Kurzurlaubes“) keinen Besuch beherbergen darf. Ist hingegen der Wohnsitz des Dienstnehmers bloß in einer solchen Entfernung zum Ort der Hotelunterkunft gelegen, dass vom Arbeitnehmer die Rückkehr an seinen Wohnsitz an arbeitsfreien Tagen am Wochenende üblicherweise zu erwarten ist und ist der Arbeitnehmer zudem berechtigt, in der ihm unentgeltlich zur Verfügung gestellten Hotelunterkunft Besuch zu empfangen und zu beherbergen, dient diese Leistung primär der Deckung des privaten Bedarfes des Arbeitnehmers und ist als Eigenverbrauch im Sinn des § 3a Abs. 1a UStG 1994 zu beurteilen (vgl. VwGH 23.2.2010, 2007/15/0073).

(AÖF Nr. 2014/7, BMF-AV Nr. 2017/171)

71 Handelt es sich beim Arbeitgeber um ein Unternehmen des Gast-, Schank- oder Beherbergungsgewerbes, so stellt die unentgeltliche Beherbergung und Verköstigung von Dienstnehmern keinen Eigenverbrauch dar (vgl. VwGH 23.02.2010, 2007/15/0073).

Wird im Gast- Schank- und Beherbergungsgewerbe vom Arbeitnehmer ein Kostenbeitrag verlangt, so ist dieser Kostenbeitrag zur Umsatzsteuer heranzuziehen, unabhängig davon wie hoch dieser ist.

72 Im Falle der Zurverfügungstellung einer so genannten „Hausbesorgerwohnung“ überwiegt das Interesse des Dienstgebers an der Benutzung derselben das private Wohnbedürfnis des Hausbesorgers bei weitem, sodass das Vorliegen eines Eigenverbrauchs zu verneinen ist.

1.1.2.2.1.5. Garagierung

73 Stellt der Arbeitgeber einem Arbeitnehmer eine Garage oder einen Abstellplatz für sein privates Kfz zur Verfügung, so ist darin grundsätzlich ein umsatzsteuerbarer Eigenverbrauch zu erblicken, wenn der Arbeitnehmer dafür nichts zu bezahlen hat und auch kein dem Wert dieser Dienstleistung entsprechender Abzug vom Lohn erfolgt bzw. die auszuführende Arbeit und der bezogene Lohn nicht davon abhängen, ob die Arbeitnehmer die ihnen von ihrem Arbeitgeber gebotene Sachleistung in Anspruch nehmen.

Anders wäre der Fall zu beurteilen, wenn der persönliche Vorteil, den der Arbeitnehmer hat, gegenüber dem Bedarf des Unternehmers nur nebensächlich erscheint. Dies wird bei der unentgeltlichen Zurverfügungstellung einer Garage oder eines Parkplatzes zum Abstellen eines Fahrzeuges dann zu bejahen sein, wenn sich das Park- bzw. Abstellrecht auf die Dienstzeit beschränkt.

1.1.2.2.1.6. Jobticket

74 Die unentgeltliche Zurverfügungstellung von Jobtickets durch den Arbeitgeber an seinen Arbeitnehmer unterliegt der Eigenverbrauchsbesteuerung gemäß § 3a Abs. 1a Z 2 UStG 1994.

Beispiel:

Eine Arbeitgeberin erwirbt eine Monatskarte der Wiener Linien um 45 Euro (40,91 Euro zzgl. 10% Umsatzsteuer in Höhe von 4,09 Euro) und stellt diese einem Arbeitnehmer um 30 Euro zzgl. Umsatzsteuer zur Verfügung.

Da die Arbeitgeberin dem Arbeitnehmer das Recht auf Inanspruchnahme einer Beförderungsleistung entgeltlich überträgt, erbringt sie eine sonstige Leistung iSd § 3a iVm § 10 Abs. 2 Z 6 UStG 1994 (bis 31.12.2015: § 10 Abs. 2 Z 12 UStG 1994) zum ermäßigten Steuersatz. Da das Entgelt für die Monatskarte (30 Euro) unter dem Normalwert (40,91 Euro) liegt, der Arbeitnehmer nicht zum Vorsteuerabzug berechtigt ist und die „verbilligte“ Abgabe der Monatskarte im Beschäftigungsverhältnis begründet ist (vgl. § 4 Abs. 9 UStG 1994), ist der Normalwert als Bemessungsgrundlage für die Umsatzsteuer heranzuziehen. Die Arbeitgeberin hat Umsatzsteuer in Höhe von 4,09 Euro abzuführen.

Wird dem Arbeitnehmer durch den Arbeitgeber ein Jobticket entgeltlich zur Verfügung gestellt, so liegt gemäß § 3a iVm § 10 Abs. 2 Z 6 UStG 1994 (bis 31.12.2015: § 10 Abs. 2 Z 12 UStG 1994) eine steuerbare und dem ermäßigten Steuersatz unterliegende steuerpflichtige sonstige Leistung vor.

Beispiel:

Eine Arbeitgeberin erwirbt eine Monatskarte der Wiener Linien um 45 Euro (40,91 Euro zzgl. 10% Umsatzsteuer iHv 4,09 Euro) und stellt diese einem Arbeitnehmer um 30 Euro zzgl. Umsatzsteuer zur Verfügung.

Da die Arbeitgeberin dem Arbeitnehmer das Recht auf Inanspruchnahme einer Beförderungsleistung entgeltlich überträgt, erbringt sie eine sonstige Leistung iSd § 3a iVm § 10 Abs. 2 Z 12 UStG 1994 zum ermäßigten Steuersatz. Da das Entgelt für die Monatskarte (30 Euro) unter dem Normalwert (40,91 Euro) liegt, der Arbeitnehmer nicht zum Vorsteuerabzug berechtigt ist und die „verbilligte“ Abgabe der Monatskarte im Beschäftigungsverhältnis begründet ist (vgl. § 4 Abs. 9 UStG 1994), ist der Normalwert als Bemessungsgrundlage für die Umsatzsteuer heranzuziehen. Die Arbeitgeberin hat Umsatzsteuer iHv 4,09 Euro abzuführen.

(AÖF Nr. 2014/7, BMF-AV Nr. 2015/170, BMF-AV Nr. 2016/212)

1.1.2.2.1.7. Unentgeltliche Überlassung von Dienstfahrrädern

(BMF-AV Nr. 2023/152)

Werden Dienstfahrräder an Arbeitnehmer nicht gegen Entgelt für außerunternehmerische Zwecke überlassen (zB werden die Fahrräder nicht einzelnen Mitarbeitern zugeteilt, sondern in einer Art „Pool“ gehalten), liegt ein steuerbarer Verwendungseigenverbrauch gemäß § 3a Abs. 1a Z 1 UStG 1994 nur dann vor, wenn die Voraussetzungen des § 12 Abs. 2 Z 1 lit. a UStG 1994 erfüllt sind und auch der Vorsteuerausschluss nach § 12 Abs. 3 UStG 1994 keine Rechtswirkungen entfaltet. Ein „freiwilliger Sozialaufwand“ (siehe Rz 68) liegt hier nicht vor. **75**

Zur Überlassung gegen Entgelt siehe Rz 8.

(BMF-AV Nr. 2023/152)

Randzahlen 76 bis 100: *derzeit frei*

1.1.3. Einfuhr

1.1.3.1. Der steuerrechtliche Begriff der Einfuhr im System der Mehrwertsteuer

Die Einfuhr ist ein Ergänzungstatbestand. Für die Verwirklichung des Einfuhrtatbestands ist es ohne Bedeutung, auf welcher Rechtsgrundlage die Einfuhr erfolgt (Verkauf, Vermietung eines Gegenstandes usw.). Es soll sichergestellt werden, dass ein Verbrauch, der durch einen Import abgedeckt wird, mit inländischer Umsatzsteuer belastet ist. **101**

Dies geschieht in Form der so genannten Einfuhrumsatzsteuer. Die Einfuhrumsatzsteuer weist Besonderheiten gegenüber der allgemeinen Umsatzsteuer auf: Es wird die Warenbewegung erfasst, ein Leistungsaustausch muss damit nicht verknüpft sein.

(BMF-AV Nr. 2023/152)

1.1.3.2. Einfuhr von Gegenständen

Eine Einfuhr liegt vor, wenn **102**

- ein Gegenstand
- aus dem Drittlandsgebiet
- in das Inland, ausgenommen die Gebiete Jungholz und Mittelberg, gelangt und
- zum freien Verkehr abgefertigt wird.

Die Steuerschuld entsteht nach zollrechtlichen Vorschriften grundsätzlich gleichzeitig mit der Zollschuld durch die Entgegennahme der Zollanmeldung.

(BMF-AV Nr. 2021/166)

Beim Verbringen von Gegenständen aus einem Drittland in eine österreichische Zollfreizone oder ein Zolllager entsteht zunächst noch keine Steuerschuld. Lieferungen von Gegenständen, die sich in Zollfreizonen oder Zolllagern befinden, sind steuerbare Inlandslieferungen (siehe auch EuGH 8.11.2012, Rs C-165/11, *Profitube spol. s.r.o.*). **103**

Werden die Waren anschließend angemeldet, wird der Tatbestand der Einfuhr erfüllt. Die Tatbestände der Einfuhr und der Lieferung können nebeneinander bestehen (VwGH 10.7.2008, 2007/16/0025).

Der Tatbestand der Einfuhr ist ebenfalls erfüllt, wenn Waren, die in ein Zolllagerverfahren überführt worden sind, geraubt werden (EuGH 11.7.2013, Rs C-273/12, *Harry Winston SARL*).

Kommt es bei der Einfuhr von zollpflichtigen Gegenständen in die Union zu einem Verstoß gegen eine Verpflichtung aus unionsrechtlichen Zollvorschriften, so entsteht die Einfuhrumsatzsteuer in dem Mitgliedstaat, in dem ein Verstoß festgestellt wurde, sofern die fraglichen Waren in diesem Mitgliedstaat in den Wirtschaftskreislauf der Union eingetreten sind, auch wenn sie körperlich in einem anderen Mitgliedstaat in das Zollgebiet der Union gelangt sind (EuGH 3.3.2021, Rs C-7/20, *VS*).

Wird ein in einem Drittstaat zugelassenes Fahrzeug unter Verstoß gegen zollrechtliche Vorschriften in die Europäische Union verbracht und ist derjenige, der den zollrechtlichen Pflichtenverstoß begangen hat, in dem Mitgliedstaat ansässig, in dem das Fahrzeug tatsächlich genutzt wird, liegt der Ort der Einfuhr in diesem Mitgliedstaat (vgl. EuGH 8.9.2022, Rs C-368/21, *R. T. gegen Hauptzollamt Hamburg*).

(AÖF Nr. 2014/164, BMF-AV Nr. 2021/166, BMF-AV Nr. 2023/152)

Gegenstände sind alle körperlichen Sachen und jene unkörperlichen Sachen, die wie körperliche Sachen behandelt werden (zB elektrische Energie, Wärme, Kälte). Kein Gegen- **104** stand liegt vor, wenn bewegliche körperliche Sachen Bestandteile des menschlichen Körpers geworden sind (zB Zahnkronen).

1.1.3.3. Behörden und anzuwendende Rechtsvorschriften

105 Die EUSt ist eine Eingangsabgabe, die von den Zollbehörden erhoben wird.

Weitgehend sind daher die Vorschriften über Zölle heranzuziehen (zB Anmeldeverfahren, Formen der vorübergehenden Verwendung). Das UStG 1994 regelt die Bemessungsgrundlage (§ 5 UStG 1994), die EUSt-Befreiungen (§ 6 Abs. 4 bis 6 UStG 1994 sowie Art. 6 Abs. 3 UStG 1994; zur Befreiung von der Einfuhrumsatzsteuer bei Anwendung der Sonderregelung in § 25b UStG 1994 für den Import-One-Stop-Shop siehe insbesondere Rz 1024), den Steuersatz (§ 10 UStG 1994) und den Vorsteuerabzug (§ 12 UStG 1994) bei der Einfuhr autonom. Zu beachten sind weiters die Sondervorschriften des § 26 und des § 26a UStG 1994, die die Erhebung der Einfuhrumsatzsteuer im Allgemeinen regeln.

(BMF-AV Nr. 2019/165, BMF-AV Nr. 2021/166)

Randzahlen 106 bis 140: *derzeit frei.*

1.2. Inland, Ausland

141 Das Inland umfasst das Bundesgebiet der Republik Österreich. Gebäude ausländischer Botschaften, Gesandtschaften und Konsulate sowie Gebäude internationaler Organisationen zählen auch bei so genannter Exterritorialität zum Inland.

Seit Inkrafttreten des ZK gibt es nur ein Zollgebiet der Gemeinschaft. Die Gemeinden Jungholz und Mittelberg (vormals „Zollausschlussgebiete") sowie Zollfreizonen und Zolllager sind umsatzsteuerrechtlich Inland. Umsätze in diesen Gebieten – ausgenommen Einfuhren in Jungholz und Mittelberg – sind daher steuerbare Inlandsumsätze.

Ausland ist das Drittlandsgebiet und das übrige Gemeinschaftsgebiet.

(AÖF Nr. 2014/164)

Randzahlen 142 bis 145: *derzeit frei.*

1.3. Gemeinschaftsgebiet, Drittlandsgebiet

1.3.1. Gemeinschaftsgebiet

146 Das Gemeinschaftsgebiet umfasst das Inland und die Gebiete der übrigen Mitgliedstaaten, die nach dem Gemeinschaftsrecht zum Inland dieser Mitgliedstaaten zählen.

Rechtsgrundlagen des Gemeinschaftsrechts sind in dieser Hinsicht der EWG-Vertrag (Art. 227), der Vertrag über die Arbeitsweise der Europäischen Union, ABl. Nr. C 83 vom 30.03.2010 S. 47 (Art. 355) bzw. der Vertrag zur Gründung der Europäischen Gemeinschaft (Art. 299), anderes primäres Gemeinschaftsrecht (zB Beitrittsakte) sowie Art. 5 MwSt-RL 2006/112/EG (bzw. Art. 3 6. MwSt-RL). Das umsatzsteuerrechtliche Gemeinschaftsgebiet ist daher weder mit dem Anwendungsbereich des EWG-Vertrages noch mit dem Zollgebiet der EU ident.

Zum Gemeinschaftsgebiet gehören:

Belgien, Bulgarien, Dänemark, Deutschland, Estland, Finnland, Frankreich (einschließlich Monaco), Griechenland, Irland, Italien, Kroatien, Lettland, Litauen, Luxemburg, Malta, Niederlande, Österreich, Polen, Portugal (einschließlich Madeira und der Azoren), Rumänien, Schweden, Slowakei, Slowenien, Spanien (einschließlich Balearen), Tschechische Republik, Ungarn, Zypern und bis 31.12.2020 das Vereinigte Königreich (einschließlich Insel Man). Ab 1.1.2021 gilt Nordirland hinsichtlich der Bestimmungen zu Waren als Gemeinschaftsgebiet (siehe auch Rz 148). Warenlieferungen von Nordirland nach Österreich werden daher auch nach dem 31.12.2020 so behandelt, als ob sie von einem Mitgliedstaat geliefert worden wären und können zB zu innergemeinschaftlichen Erwerben führen; ebenso ist die Lieferung von Waren von Österreich nach Nordirland wie eine Lieferung in das übrige Gemeinschaftsgebiet zu behandeln und kann zB eine innergemeinschaftliche Lieferung sein (zur für diese Zwecke vorgesehenen nordirischen UID-Nummer siehe Rz 4343). Für innergemeinschaftliche Versandhandelslieferungen zwischen Nordirland und einem anderen Mitgliedstaat kann die Sonderregelung gemäß Art. 25a UStG 1994 angewandt werden. Zur Vorsteuererstattung siehe Rz 2836.

Die Anwendung des Besitzstandes in den Teilen Zyperns, in denen die Regierung der Republik Zypern keine tatsächliche Kontrolle ausübt, wird ausgesetzt bis der Rat auf Vorschlag der Kommission einstimmig über die Aufhebung der Aussetzung entscheidet (siehe Art. 1 des Protokolls Nr. 10 über Zypern der Beitrittsakte).

(AÖF Nr. 2014/7, BMF-AV Nr. 2020/192, BMF-AV Nr. 2021/166)

In einzelnen Mitgliedstaaten werden so genannte Freihäfen (bzw. Freizonen oder Freipunkte) in bestimmten Fällen als Ausland und zwar als Drittlandsgebiet behandelt. In Deutschland sind das die Seehäfen Bremerhaven und Cuxhaven (bis 31.12.2012: Hamburg (Alter Freihafen und Waltershof). Nach § 1 Abs. 1 Satz 1 dUStG 2005 iVm § 1 Abs. 2 Satz 1 des deutschen Zollverwaltungsgesetzes gehören sie als Freizonen des Kontrolltyps I (Art. 243 ff UZK) nicht zum umsatzsteuerlichen deutschen Inland. 147

In Art. 355 des Vertrages über die Arbeitsweise der Europäischen Union (Art. 227 EWG-Vertrag) werden diese Freihäfen weder vom Inland der jeweiligen Mitgliedstaaten noch vom Gemeinschaftsgebiet ausgenommen. Auch die MwSt-RL 2006/112/EG (6. MwSt-RL) sieht für Freihäfen keine Ausnahmeregelung vor. Aus der Sicht des Gemeinschaftsrechts liegt somit ein Freihafen, der sich im Hoheitsgebiet eines Mitgliedstaates befindet, im umsatzsteuerlichen Inland und somit im umsatzsteuerlichen Gemeinschaftsgebiet.

Zur Steuerfreiheit innergemeinschaftlicher Lieferungen in deutsche Freihäfen siehe Rz 3993.

(AÖF Nr. 2014/164, BMF-AV Nr. 2018/164)

1.3.2. Drittlandsgebiet

Das Drittlandsgebiet umfasst alle Gebiete, die nicht zum Gemeinschaftsgebiet gehören. Auch die internationalen Gewässer zählen zum Drittlandsgebiet. 148

Zum Drittlandsgebiet gehören:

Åland-Inseln, Andorra, Berg Athos, das Gebiet von Büsingen, Campione d'Italia, Ceuta, Färöer Inseln, Französisch-Guayana, Guadeloupe, Gibraltar, Grönland, Helgoland, Kanalinseln (Jersey und Guernsey), Kanarische Inseln, Livigno, der zum italienischen Gebiet gehörende Teil des Luganer Sees, Martinique, Mayotte, Melilla, Réunion, Saint-Barthélemy, Saint-Martin, San Marino, Vatikan sowie ab 1.1.2021 das Vereinigte Königreich (einschließlich Insel Man).

Nordirland gilt ab 1.1.2021 nur hinsichtlich sonstiger Leistungen als Drittland.

Insbesondere können die Sonderregelungen gemäß § 25a UStG 1994 und Art. 25a UStG 1994 daher nicht für in Nordirland ausgeführte sonstige Leistungen angewandt werden. Zur Erstattung von Vorsteuern aus Rechnungen über in Nordirland ausgeführte sonstige Leistungen siehe Rz 2850b.

(BMF-AV Nr. 2016/212, BMF-AV Nr. 2020/192)

Randzahlen 149 bis 163: *derzeit frei.*

1.4. Umsatzsteuerentlastung bei Hilfsgüterlieferungen ins Ausland

(BMF-AV Nr. 2022/154)

Nach der Verordnung des Bundesministers für Finanzen für eine Umsatzsteuerentlastung bei Hilfsgüterlieferungen ins Ausland, BGBl. Nr. 787/1992 idgF, sind unter bestimmten Voraussetzungen entgeltliche und unentgeltliche (Entnahmeeigenverbrauch) Hilfsgüterlieferungen im Rahmen von nationalen oder internationalen Hilfsprogrammen in Notstandsfällen nicht steuerbare Umsätze. Voraussetzungen hiefür sind: 164

- Der Bestimmungsort der Hilfsgüter liegt in einem Staat, der in § 5 der zitierten Verordnung genannt wird (zB Ukraine).
- Es wird der Nachweis der widmungsgemäßen Verbringung in den begünstigten Staat erbracht.
- Dem Finanzamt muss die Lieferung im Vorhinein angezeigt und die Erklärung abgegeben werden, dass dem Abnehmer keine Umsatzsteuer angelastet wird. Die Erklärung hat Art und Menge der Hilfsgüter sowie die genaue Bezeichnung und Anschrift des Abnehmers der Sachspende bzw. der entgeltlichen Lieferung zu enthalten.
- Im Falle der entgeltlichen Lieferung ist darüber hinaus Voraussetzung, dass die Lieferung an eine Körperschaft des öffentlichen Rechts oder an eine Körperschaft, Personenvereinigung oder Vermögensmasse, die gemeinnützige, mildtätige oder kirchliche Zwecke verfolgt (§§ 34 bis 47 BAO), erbracht wird und kein Recht auf Vorsteuerabzug besteht.

Solche Hilfsgüterlieferungen müssen im Rahmen von nationalen oder internationalen Hilfsprogrammen in Notstandsfällen erfolgen. Bei Lieferungen und Sachspenden an inländische karitative Organisationen (zB Nachbar in Not, Rotes Kreuz, Caritas, Diakonie, Volkshilfe, Ärzte ohne Grenzen, SOS-Kinderdorf, UNICEF, Arbeiter-Samariter-Bund) liegt ein solches inländisches Hilfsprogramm vor. Mit der Übergabe der Hilfsgüter an diese Organisationen für solche Notstandsfälle ist davon auszugehen, dass eine widmungsgemäße Verbringung ins Ausland vorliegt (Nachweisvorsorgepflicht).

(BMF-AV Nr. 2022/154)

Randzahlen 165 bis 180: *derzeit frei.*

2. Unternehmer, Unternehmen (§ 2 UStG 1994)

2.1. Begriff des Unternehmers

2.1.1. Allgemeines

181 Unternehmer kann jede natürliche Person und jedes Wirtschaftsgebilde sein, das nachhaltig, selbstständig gegen Entgelt Leistungen erbringt und nach außen hin in Erscheinung tritt (Maßgeblichkeit des Aussenverhältnisses). Nicht erforderlich ist Beteiligung am allgemeinen wirtschaftlichen Verkehr oder Handlungsfähigkeit: Auch Personen, die nur durch einen Vertreter tätig werden, können Unternehmer sein (VwGH 27.5.1998, 93/13/0052, zum Gemeinschuldner im Konkurs; OGH 12.4.1989, 3 Ob 10/89, zur Zwangsverwaltung). Unternehmereigenschaft kann auch durch Tätigwerden im Ausland erworben werden (VwGH 7.10.1955, 3206/53). Personenvereinigungen jeder Art können Unternehmer sein, wenn sie nach außen hin selbstständig auftreten. Zivilrechtliche Rechts- oder Geschäftsfähigkeit ist nicht erforderlich. Anderseits gibt es keine Unternehmereigenschaft kraft Rechtsform: Auch Personengesellschaften und juristische Personen sind nur Unternehmer, wenn sie mit Leistungen an Dritte im Wirtschaftsleben in Erscheinung treten (VwGH 17.3.1976, 999/75; 13.12.1977, 1550/77). Unternehmereigenschaft wird auch begründet, wenn eine Personenvereinigung nur gegenüber ihren Mitgliedern tätig wird (§ 2 Abs. 1 letzter Satz UStG 1994). Nicht unternehmerisch tätig sind aber Vereine, wenn sie nur in Erfüllung ihrer satzungsgemäßen Gemeinschaftsaufgaben tätig werden, ohne Einzelleistungen an die Mitglieder (oder Dritte) zu erbringen (VwGH 3.11.1986, 86/15/0003).

2.1.2. Kostengemeinschaften

182 Personenvereinigungen, die im eigenen Namen Waren und Dienstleistungen beziehen und diese ihren Mitgliedern weiterreichen (Kostengemeinschaften), sind Unternehmer. Gewinnerzielungsabsicht ist dabei nicht erforderlich, § 2 Abs. 5 Z 2 UStG 1994 ist nicht anwendbar (§ 6 Liebhabereiverordnung, BGBl. Nr. 33/1993).

Keine Unternehmereigenschaft haben hingegen Kostengemeinschaften, die nicht nach aussen hin auftreten sondern bloß Vorleistungen und deren Kosten intern aufteilen (VwGH 3.5.1968, 724/67).

Kostengemeinschaften im Bereich freier Berufe (Regie-, Kanzlei-, Büro-, Ordinationsgemeinschaften), die lediglich dem rationellen Bezug von Vorleistungen dienen, ändern nichts daran, dass die Umsätze aus den freiberuflichen Leistungen dem jeweils nach außen auftretenden Mitglied der Gemeinschaft zuzurechnen sind.

2.1.3. Miteigentumsgemeinschaften (Hausgemeinschaften)

183 Hausgemeinschaften werden unternehmerisch tätig, wenn sie als solche durch Vermietungstätigkeit nach außen hin in Erscheinung treten, wobei auch die Vermietung an einzelne Miteigentümer erfolgen kann (VwGH 20.9.1977, 0764/76). Im Falle der Befriedigung des eigenen Wohnbedürfnisses durch die Miteigentümer ist im Regelfall kein Mietvertrag, sondern eine bloße Vereinbarung über eine Gebrauchsüberlassung anzunehmen (VwGH 27.5.1998, 98/13/0084; VwGH 17.11.2022, Ra 2022/15/0023).

Bezüglich Errichtung von Gebäuden im Miteigentum siehe Rz 781 bis 784.

(BMF-AV Nr. 2023/152)

2.1.4. Gesellschafter

184 Die Gesellschafterstellung allein vermittelt keine Unternehmereigenschaft. Die Umsätze der Gesellschaft werden dieser und nicht den Gesellschaftern zugerechnet (EuGH 20.6.1996, Rs C-155/94 „Wellcome Trust“).

Der Gesellschafter-Geschäftsführer einer Personengesellschaft ist nicht Unternehmer; seine Leistungen werden in Ausübung einer gesellschaftsrechtlichen Funktion erbracht und bewirken keinen Leistungsaustausch, sondern eine Leistungsvereinigung. Die Rechtsform des Gesellschafter-Geschäftsführers ist hierbei nicht maßgebend (zB VwGH 13.12.1977, 1550/77, betreffend die Geschäftsführung durch eine Komplementär-GmbH einer GmbH & Co KG).

Der Vorsteuerabzug für Leistungen an eine geschäftsführende KomplementärGmbH einer GmbH & Co KG ist bei der KG auch dann anzuerkennen, wenn die Rechnung auf die GmbH ausgestellt wurde und die übrigen Voraussetzungen für den Vorsteuerabzug bei der GmbH & Co KG vorliegen.

Auch der Obmann des Vorstandes einer Erwerbs- und Wirtschaftsgenossenschaft, der Mitglied der Genossenschaft ist, ist in Ausübung seiner körperschaftsrechtlichen Funktion nicht Unternehmer (VwGH 5.4.1984, 83/15/0013).

Der Gesellschafter-Geschäftsführer einer GesmbH ist als selbständig und somit als Unternehmer anzusehen, wenn aufgrund der Höhe seines Geschäftsanteiles (50% oder mehr) oder aufgrund gesellschaftsrechtlicher Sonderbestimmungen (Sperrminorität) Gesellschafterbeschlüsse gegen seinen Willen nicht zustande kommen können (siehe zB VwGH 9.12.1980, 1666/79, 2223/79, 2224/79 und VwGH 18.9.1996, 96/15/0121). Aus Gründen der Verwaltungsvereinfachung kann jedoch auch ein Gesellschafter-Geschäftsführer einer GmbH hinsichtlich dieser Tätigkeit wie ein Gesellschafter-Geschäftsführer einer Personengesellschaft, somit als Nichtunternehmer, behandelt werden (vgl. EuGH 18.10.2007, Rs C-355/06 „van der Steen“).

2.1.5. Weitere Fälle

Anwaltsgemeinschaft: kann Unternehmer sein (VwGH 17.2.1992, 90/15/0100; GesBR). **185**

Aufsichtsräte einer Stiftung: Ein Mitglied des Aufsichtsrats einer Stiftung, das hinsichtlich der Ausübung seiner Tätigkeit als Aufsichtsratsmitglied zwar weder dem Vorstand noch dem Aufsichtsrat hierarchisch untergeordnet ist, aber nicht in eigenem Namen, für eigene Rechnung und in eigener Verantwortung, sondern für Rechnung und unter Verantwortung des Aufsichtsrats handelt und auch nicht das wirtschaftliche Risiko seiner Tätigkeit trägt, da es eine feste Vergütung erhält, die weder von der Teilnahme an Sitzungen noch von seinen tatsächlich geleisteten Arbeitsstunden abhängt, ist nicht selbständig (nicht unternehmerisch) tätig (vgl. EuGH 13.6.2019, Rs C-420/18, *IO*).

Ehegatten sind dann als Unternehmer anzusehen, wenn sie gemeinschaftlich (zB als GesBR) nach außen auftreten (VwGH 22.3.1972, 1459/71; VwGH 1.12.1986, 86/15/0009; VwGH 15.6.1988, 86/13/0082); die gemeinsame Bewirtschaftung einer Landwirtschaft durch die Ehegatten ist denkmöglich (VfGH 9.6.1984, B 652/80). Eine Ehegattengemeinschaft, die weder eine eigene Rechtspersönlichkeit noch eine eigenständige Handlungsbefugnis besitzt, und die neben dem gemeinsamen Erwerb eines Grundstückes und der gemeinschaftlichen Errichtung eines Gebäudes tatsächlich keine weiteren Tätigkeiten ausübt, ist kein Unternehmer. Bei Leistungsbezügen sind die Eheleute, die diese Gemeinschaft bilden, unmittelbar als Leistungsempfänger anzusehen (EuGH 21.4.2005, Rs C-25/03, „*HE*“).

Erbengemeinschaften können Unternehmer sein, auch wenn sie nicht auf Dauer angelegt sind.

Gesellschaft bürgerlichen Rechts: Unternehmer, wenn sie nach außen hin auftritt (VwGH 22.2.1977, 1187/76).

Holdinggesellschaft (Beteiligungsholding): Reine Holdinggesellschaften (beschränken sich auf den Erwerb und das Halten von Gesellschaftsanteilen) sind nicht Unternehmer. Greift jedoch eine Holdinggesellschaft in die Verwaltung von Unternehmen, an denen sie Beteiligungen erworben hat, ein, ist die Holdinggesellschaft Unternehmer.

Der Begriff „Eingriff einer Holding in die Verwaltung ihrer Tochtergesellschaft“ erfasst alle Umsätze, die eine wirtschaftliche Tätigkeit iSd MwSt-RL 2006/112/EG darstellen (dh. die Leistung muss nachhaltig und entgeltlich erbracht werden und es muss ein unmittelbarer Zusammenhang zwischen Leistung und Gegenleistung bestehen) und von der Holding für ihre Tochtergesellschaft erbracht werden. Dazu gehört ua. die Erbringung von administrativen, buchhalterischen, finanziellen, kaufmännischen, der Informatik zuzuordnenden und technischen Dienstleistungen, aber etwa auch die Vermietung eines Gebäudes an die Tochtergesellschaft. Dies gilt auch für die Besorgung solcher Leistungen (vgl. EuGH 27.9.2001, Rs C-16/00, *Cibo Participations*; EuGH 5.7.2018, Rs C-320/17, *Marle Participations*, und VwGH 21.11.2018, Ro 2017/13/0022).

Lichtbaugemeinschaften (Personenvereinigungen, die zur leichteren Geschäftsabwicklung zwischen einem Elektrizitätsversorgungsunternehmen und den Anschlussinteressenten gegründet werden): Unternehmer, wenn sie nach außen hin in Erscheinung treten.

Metagesellschaften (mehrere Personen verbinden sich zu dem Zweck, ein oder mehrere Geschäfte auf gemeinsame Rechnung durchzuführen, wobei aber jeder Metist im eigenen Namen auftritt): Sind nicht Unternehmer (BFH 21.12.1955, BStBl III 1956, 58).

Mittelstandsfinanzierungsgesellschaften im Sinne des § 6b KStG 1988 (vgl. KStR 2013 Rz 291 ff) besitzen Unternehmereigenschaft.

Stille Gesellschaften: Innengesellschaften und nicht Unternehmer (VwGH 14.12.1987, 86/15/0026).

Stiftungsvorstände: sind Unternehmer. Nur wenn die Weisungsfreiheit des Vorstandsmitglieds stark eingeschränkt und der Vorstand bei Ausübung seiner Tätigkeit organisatorisch in die Stiftung eingegliedert ist (zB wenn die volle oder überwiegende Arbeitskraft für die Tätigkeit in der Stiftung eingesetzt wird), liegt keine unternehmerische Tätigkeit vor (vgl. LStR 2002 Rz 983).

Syndikate und Kartelle: Unternehmer, wenn sie nach außen durch Leistungen in Erscheinung treten.

Vermietungsgemeinschaft („Mietenpool"): Überlassen Wohnungseigentümer ihre Eigentumswohnung einer Vermietungsgemeinschaft zwecks Vermietung durch die Vermietungsgemeinschaft im eigenen Namen an Dritte, so liegen zunächst Leistungsbeziehungen zwischen dem Bauträger (hinsichtlich der Veräußerung der Eigentumswohnung) bzw. der Wohnungseigentumsgemeinschaft (hinsichtlich der laufenden Betriebskosten) einerseits und den Wohnungseigentümern andererseits vor. Unternehmereigenschaft des Wohnungseigentümers ist gegeben, wenn die Nutzungsüberlassung der Eigentumswohnung durch den Wohnungseigentümer an die Vermietungsgemeinschaft entgeltlich erfolgt und nicht Liebhaberei im Sinne des § 1 Abs. 2 Z 3 der Liebhaberei-Verordnung vorliegt. Zur Wahrung des Neutralitätsprinzips der Umsatzsteuer ist von einer entgeltlichen Nutzungsüberlassung auch dann auszugehen, wenn der Wohnungseigentümer einen Anteil am Überschuss der Vermietungsgemeinschaft erhält. Dieser Anteil stellt das Entgelt für die Leistung (Nutzungsüberlassung) des Wohnungseigentümers dar.

Verpachtungsgemeinschaften: Unternehmer (VwGH 13.10.1983, 82/15/0066, betreffend zwei Personen, die gemeinsam ein Geschäft verpachten).

Wohnungseigentumsgemeinschaften: Unternehmer, auch wenn sie nur die anteiligen Kosten einheben (siehe auch LRL 2012 Rz 171).

(BMF-AV Nr. 2019/165, BMF-AV Nr. 2020/192, BMF-AV Nr. 2021/166)

2.1.6. Gewerbliche oder berufliche Tätigkeit

2.1.6.1. Allgemeines

186 Der Begriff der gewerblichen oder beruflichen Tätigkeit im Sinne des UStG 1994 geht über den Begriff des Gewerbebetriebes nach dem EStG 1988 hinaus. Eine gewerbliche oder berufliche Tätigkeit setzt voraus, dass Leistungen im wirtschaftlichen Sinne ausgeführt werden. Betätigungen, die sich nur als Leistungen im Rechtssinne, nicht aber zugleich als Leistungen im wirtschaftlichen Sinne darstellen, werden von der Umsatzsteuer nicht erfasst (BFH 31.7.1969, V – 94/65, BStBl II 1969, 637). Die bloße Kapitalhingabe durch Private ist daher keine gewerbliche oder berufliche Tätigkeit. Insbesondere vermitteln Geldeinlagen auf Bankkonten oder Sparbüchern dem Inhaber nicht die Unternehmereigenschaft (VwGH 11.9.1989, 88/15/0015; BFH 1.2.1973, V R 2/70, BStBl II 1973, 172). Dies gilt auch für den Erwerb und das Halten von Beteiligungen, den Erwerb von Wertpapieren, und für die Hingabe von Darlehen oder Krediten. Auch der EuGH verneint die Unternehmereigenschaft des bloßen Kapitalanlegers, wenn er zum Ausdruck bringt, dass die bloße Ausübung des Eigentums, wie sie in der Verwaltung des eigenen Vermögens zum Ausdruck kommt, nicht als wirtschaftliche (= unternehmerische) Tätigkeit anzusehen ist (EuGH 20.6.1996, Rs C-155/94 *Wellcome Trust* und EuGH 6.2.1997, Rs C-80/95 *Harnas & Helm*). Eine unternehmerische Betätigung kann aber dann vorliegen, wenn jemand durch geschäftsmäßigen An- und Verkauf von Kapital- oder Gesellschaftsbeteiligungen wie ein Händler auftritt und damit eine nachhaltige, auf Einnahmenerzielung gerichtete Tätigkeit entfaltet (BFH 15.1.1987, V R 3/77, BStBl II 1987, 512).

Bei der Überlassung der Nutzung eines Wohnhauses bzw. einer Wohnung durch eine Gesellschaft an den Gesellschafter muss zunächst geprüft werden, ob überhaupt eine unternehmerische Tätigkeit vorliegt. Für diese Beurteilung ist ein Vergleich der Umstände vorzunehmen, unter denen die Immobilie tatsächlich genutzt wird, sowie jener Umstände, unter denen die entsprechende wirtschaftliche Tätigkeit gewöhnlich ausgeübt wird (vgl. VwGH 7.7.2011, 2007/15/0255; EuGH 26.9.1996, Rs C-230/94, Enkler). Ausschlaggebend ist die Berücksichtigung aller Gegebenheiten, die für einen Einzelfall charakteristisch sind (vgl. VwGH 20.10.2021, Ra 2019/13/0041, VwGH 10.2.2016, 2013/15/0284). Zu prüfen ist die Fremdüblichkeit des Mietentgeltes, wobei ein moderates Abweichen vom fremdüblichen Entgelt die Unternehmereigenschaft nicht ausschließt (VwGH 10.2.2016, 2013/15/0284). Zusätzlich sind sämtliche Aspekte der Vertragsbeziehung in diese Prüfung miteinzubeziehen (zB Kündigungsmodalitäten, Vorhandensein bzw. Nichtanwendung von Indexklauseln, fremdunübliche Ausgestaltung des Mietvertrages, usw.). Eine nichtunternehmerische Vermietung liegt jedenfalls dann vor, wenn eine Immobilie an den Anteilsinhaber nicht zum Erzielen von Einnahmen überlassen wird, sondern um diesem einen Vorteil zuzuwenden (vgl. VwGH 16.5.2007, 2005/14/0083). Davon ist bei Zugehörigkeit einer Luxusimmobilie zur außerbetrieblichen Sphäre einer Körperschaft auszugehen. Erfolgt die Überlassung der Immobilien durch eine Privatstiftung an den Stifter oder an andere Begünstigte im Rahmen der Erfüllung ihrer satzungsmäßigen Zwecke, liegt im Lichte der Rechtsprechung keine unternehmerische Tätigkeit vor (vgl. VwGH 7.7.2011, 2007/15/0255).

Bei Vermietung und Verpachtung in der „Unternehmerkette" ist die Fremdüblichkeit – auch bei Nahebeziehungen zwischen den Parteien – für die Frage des Vorliegens einer wirtschaftlichen Tätigkeit unerheblich, sofern kein offensichtlicher Bezug zur Sphäre der privaten Lebensführung eines der Beteiligten vorliegt (vgl. VwGH 28.5.2019, Ra 2017/15/0062 mVa VwGH 29.6.2016, 2013/15/0308; zur Anwendung des Normalwerts siehe Rz 682).

Ist von einer unternehmerischen Vermietung einer Immobilie durch die Körperschaft auszugehen, muss in einem zweiten Schritt beurteilt werden, ob dieser Vorgang nach ertragsteuerlichen Grundsätzen eine verdeckte Gewinnausschüttung darstellt und daher ein Vorsteuerausschluss gemäß § 12 Abs. 2 Z 2 lit. a UStG 1994 zum Tragen kommen kann (siehe dazu Rz 1929 mVa VwGH 27.6.2018, Ra 2017/15/0019).

Zur Unternehmereigenschaft des Betreibers einer Photovoltaikanlage siehe den Erlass des BMF vom 24.2.2014, BMF-010219/0488-VI/4/2013, BMF-AV Nr. 8/2014.

(BMF-AV Nr. 2019/165, BMF-AV Nr. 2022/154)

Nicht maßgebend ist, ob die Tätigkeit gegen ein gesetzliches Verbot verstößt, strafbar ist oder den guten Sitten widerspricht (§ 23 Abs. 2 BAO). Auch der der 6. EG-Rl zugrundeliegende Gedanke der Wettbewerbsneutralität der Mehrwertsteuer verbietet eine allgemeine Differenzierung zwischen erlaubten und nicht erlaubten Geschäften (EuGH 2.8.1993, Rs C-111/92 „Lange"; EuGH 25.6.1997, Rs C-45/95, Kommission gegen Italien; EuGH 11.6.1998, Rs C-283/95, „Fischer"), ausgenommen Fälle, in denen auf Grund besonderer Vorschriften jeder Wettbewerb zwischen einem legalen und einem illegalen Wirtschaftssektor ausgeschlossen ist (EuGH 5.7.1988, Rs 289/86 „Happy Family" betreffend Importe von Drogen; EuGH 6.12.1990, Rs C-343/89, „Witzemann" betreffend Falschgeldimporte). 187

2.1.6.2. Nachhaltigkeit

2.1.6.2.1. Allgemeines

Nachhaltigkeit liegt vor, 188

- bei wiederholter Tätigkeit unter Ausnützung derselben Gelegenheit oder desselben dauernden Verhältnisses (VwGH 12.12.1988, 87/15/0107; 25.1.1995, 93/13/0084);
- bei einmaliger Tätigkeit, wenn aus den objektiven Umständen des Falles auf Wiederholungsabsicht geschlossen werden kann (VwGH 10.9.1979, 225/79 mit Hinweisen auf Vorjudikatur; VwGH 25.1.1995, 93/13/0084);
- wenn durch einmaligen Vertragsabschluss ein Dauerzustand zwecks Einnahmenerzielung geschaffen wird (VwGH 25.11.1970, 1538/69 betreffend Vermietung; VwGH 3.5.1968, 1081/66 betreffend Lizenzvergabe);
- wenn eine einmalige Leistung erbracht wird, die längere Zeit in Anspruch nimmt (VwGH 30.5.1958, 1423/57 betreffend Werklieferung einer Arbeitsgemeinschaft).

Verkäufe von Privatvermögen erfüllen das Kriterium der Nachhaltigkeit nicht, wenn sie nur gelegentlich erfolgen und es an einem inneren Zusammenhang fehlt (VwGH 31.3.1992, 90/15/0124). Keine Nachhaltigkeit ist daher gegeben, wenn aus Veranlagungsgründen angesammelte Sachwerte nach Maßgabe eines auftretenden Geldbedarfes verkauft werden (VwGH 28.1.1980, 3431/78). Von Bedeutung ist auch, ob die Verkäufe aus eigener Initiative erfolgen oder nur auf Drängen eines Interessenten (VwGH 22.3.1993, 91/13/0190). 189

Es reicht für die Annahme einer unternehmerischen Tätigkeit nicht aus, mit dem bloßen Hinweis auf den Umstand wiederholter Verkäufe eine nachhaltige Tätigkeit zu bejahen. Vielmehr ist auf das Gesamtbild des Marktauftritts der verkaufenden Person abzustellen, wobei etwa Dauer und Intensität des Tätigwerdens, die Höhe der Erlöse, die Beteiligung am Markt durch Werbung, die Zahl der ausgeführten Umsätze, das planmäßige Tätigwerden oder das Unterhalten eines Geschäftslokals zu würdigen sind (VwGH 30.6.2021, Ro 2019/15/0180 mVa BFH 27.1.2011, V R 21/09).

(BMF-AV Nr. 2022/154)

2.1.6.2.2. Einzelfälle (ABC)

Archäologische Fundgegenstände: Keine Unternehmereigenschaft bei einem Volksschullehrer, der zirka zehn Jahre lang mit einem Metalldetektor nach archäologischen Gegenständen gesucht hat und diese dann – auf Drängen der Museumsdirektoren – in drei Etappen an ein Museum veräußert hat (VwGH 22.3.1993, 91/13/0190 – Grenzfall!). 190

Ausgleichsfinanzierung in einem einzigen Fall: bei Tätigkeit über mehrere Jahre und einer Fülle von Einzelleistungen ist Nachhaltigkeit gegeben (VwGH 14.10.1981, 81/13/0050).

Bauauftrag: Keine Nachhaltigkeit bei Vermittlung eines einzigen Bauauftrages ohne Wiederholungsabsicht (VwGH 10.9.1979, 0225/79).

Berufskartenspieler: Nachhaltige Tätigkeit eines Berufskartenspielers, der sich täglich bis zu 14 Stunden in einem Spielsalon aufhält (BFH 26.8.1993, VR 20/91).

Briefmarkensammlung: Nachhaltigkeit bei zahlreichen Einzelverkäufen während eines Zeitraumes von fünf Jahren (VwGH 20.3.1980, 2598/77).

Erben: Nachhaltigkeit, wenn die Erbengemeinschaft nach einem Maler einem Galerieunternehmer 130 Bilder aus dem Nachlass zum Verkauf überlässt (VwGH 25.1.1995, 93/13/0084), oder wenn geerbte Zahngoldvorräte durch einen Zahntechniker über mehrere Jahre Gewinn bringend verwertet werden (VwGH 19.2.1985, 84/14/0112).

Gewerberechtlicher Geschäftsführer: Nachhaltig ist die Tätigkeit eines gewerberechtlichen Geschäftsführers für eine einzige GmbH (VwGH 13.10.1993, 91/13/0058).

Goldmünzen: Nachhaltigkeit, wenn en bloc gekaufte Goldmünzen in mehreren Einzelverkäufen wieder veräußert werden; keine Nachhaltigkeit, wenn die Münzen „angespart" wurden (VwGH 12.12.1988, 87/15/0107).

Jahreswagen: Keine Nachhaltigkeit bei Verkauf von „Jahreswagen" durch Angehörige von Automobilfabriken (BFH 18.7.1991, VR 86/87).

2.1.7. Erzielung von Einnahmen

191 Unternehmerisch sind nur (nachhaltige) Tätigkeiten zur Erzielung von Einnahmen.

Das Kriterium der Einnahmenerzielung bedeutet, dass

- nachhaltige Tätigkeiten, die nicht auf Einnahmenerzielung gerichtet sind, keine Unternehmereigenschaft begründen und
- Unternehmereigenschaft auch vorliegt, wenn keine Gewinnerzielungsabsicht gegeben ist.

Keine Tätigkeit zur Einnahmenerzielung liegt vor, wenn nur im eigenen Bereich Ausgaben gespart werden oder Dritten ermöglicht werden soll, Ausgaben zu sparen; Tätigkeiten, die nur der Selbstversorgung dienen, begründen daher nicht die Unternehmereigenschaft.

192 Gewinnerzielungsabsicht ist nach § 2 Abs. 1 UStG 1994 nicht erforderlich. Dies entspricht der MwSt-RL 2006/112/EG, nach der es nicht darauf ankommt, zu welchem Zweck der Steuerpflichtige seine wirtschaftliche Tätigkeit entfaltet. Selbst wenn das Entgelt für eine Leistung nur in der Weiterverrechnung von Kosten besteht, unterliegt es der Umsatzsteuer (VwGH 15.01.1991, 89/14/0105). Die Einnahmenerzielung muss nicht die primäre Motivation der Tätigkeit sein; auch ideelle, karitative und gemeinnützige Tätigkeiten können unternehmerisch sein (VwGH 12.12.1952, 2757/50). Hinsichtlich der Abgrenzung zur Liebhaberei siehe LRL 2012 Rz 159 ff.

2.1.8. Beginn der Unternehmereigenschaft

2.1.8.1. Vorbereitungshandlungen

193 Zur Begründung der Unternehmereigenschaft ist es nicht erforderlich, dass bereits tatsächlich Umsätze bewirkt werden, es genügt vielmehr ein Tätigwerden zum Zwecke des späteren Bewirkens von Umsätzen. Die ausgeübte Tätigkeit muss ernsthaft auf die Erbringung von entgeltlichen Leistungen angelegt sein und dies muss nach außen in Erscheinung treten (VwGH 3.5.1968, 1081/66).

194 Als Nachweis für die Ernsthaftigkeit sind Vorbereitungshandlungen anzusehen, wenn bezogene Gegenstände oder in Anspruch genommene Leistungen ihrer Art nach nur zur unternehmerischen Verwendung oder Nutzung bestimmt sein können oder in einem objektiven und zweifelsfrei erkennbaren Zusammenhang mit der beabsichtigten unternehmerischen Tätigkeit stehen (unternehmensbezogene Vorbereitungshandlungen). Solche Vorbereitungshandlungen können zB sein

- der Erwerb umfangreichen Inventars (Maschinen, Fuhrpark),
- Wareneinkauf,
- Anmieten von Büro- oder Lagerräumen,
- Erwerb eines Grundstückes,
- Auftrag zu einer Rentabilitätsstudie,
- Beauftragung eines Architekten,
- Durchführung einer größeren Anzeigenaktion.

195 Bei der Errichtung von Wohnraum muss, damit der Vorsteuerabzug vor Erzielung von Einnahmen gewährt werden kann, die Vermietungsabsicht in bindenden Vereinbarungen ihren Niederschlag finden oder aus sonstigen, über die Absichtserklärung hinausgehenden Umständen mit ziemlicher Sicherheit feststehen (VwGH 15.1.1981, 1817/79; 25.11.1986,

86/14/0045; 17.5.1988, 85/14/0106; 23.6.1992, 92/14/0037; 27.3.1996, 93/15/0210; 25.6.1997, 94/15/0227; 29.7.1997, 93/14/0132; 27.1.1998, 93/14/0234).

Bei Vorbereitungshandlungen, die ihrer Art nach sowohl zur unternehmerischen als auch zur privaten Verwendung bestimmt sein können (zB Anschaffung eines Computers oder Kfz), wird die Unternehmensbezogenheit und damit die Unternehmereigenschaft in der Regel nicht sofort abschließend beurteilt werden können. **196**

Sind Vorbereitungshandlungen ihrer Art nach typischerweise zur nichtunternehmerischen Nutzung bestimmt (zB Erwerb eines Wohnmobils, eines Segelbootes) und kann deren Unternehmensbezogenheit nicht nachgewiesen werden, ist in der Vorbereitungsphase nicht von der Unternehmereigenschaft auszugehen.

Wenn die unternehmerische Tätigkeit die aktive Phase nicht erreicht, sondern in der Phase der Vorbereitung stecken bleibt, kommt es entscheidend darauf an, ob in der Phase der Vorbereitung die erklärte Absicht bestand, in die aktive Phase einzutreten und damit steuerbare Umsätze zu erzielen. Die Unternehmereigenschaft kann auch durch Tätigkeiten begründet werden, die letztlich zu keiner Einnahmenerzielung führen (VwGH 30.9.1998, 96/13/0211, zu einer Trockenfuttergewinnungsanlage, die – vor Erzielung von Einnahmen – mangels Profitabilität eingestellt wurde), oder durch Tätigkeiten, die erst die Entscheidung ermöglichen sollen, ob eine Tätigkeit zur Einnahmenerzielung aufgenommen werden soll (EuGH 29.2.1996, Rs C-110/94 „INZO" zu einer Rentabilitätsstudie betreffend eine Meerwasserentsalzungsanlage). Durch die Vorbereitungshandlungen wird die Unternehmereigenschaft endgültig erlangt, dh. das Vorsteuerabzugsrecht kann später nicht mehr rückgängig gemacht werden, es sei denn es liegt ein Fall von Betrug oder Missbrauch vor. **197**

2.1.8.2. Vorgesellschaft

Eine GmbH wird bereits vor ihrer Eintragung in das Firmenbuch als Steuersubjekt angesehen (Vorgesellschaft), wenn der Gesellschaftsvertrag abgeschlossen ist und eine nach außen hin erkennbare Tätigkeit entfaltet wird. Die Gesellschaft muss als solche wirtschaftlich in Erscheinung treten, zB durch Eröffnung eines Bankkontos, das der künftigen Einzahlung des Stammkapitals und/oder anderen Geldtransaktionen der GmbH zu dienen bestimmt ist (VwGH 4.3.1987, 84/13/0239). Als Steuersubjekt ist in solchen Fällen nicht die Vorgesellschaft als von der in Gründung befindlichen GmbH verschiedener Rechtsträger, sondern die erst später existent werdende GmbH selbst anzusehen (VwGH 4.3.1987, 84/13/0239). Der Vorsteuerabzug steht auch zu, wenn Gesellschafter vor Eintragung der Gesellschaft im Namen der Gesellschaft Leistungen für die Gesellschaft in Anspruch nehmen (VwGH 31.3.1998, 95/13/0125). Auch Vorleistungen an die so genannte Vorgründungsgesellschaft (bis zum Abschluss des schriftlichen Gesellschaftsvertrages) können der künftigen GmbH zugerechnet werden, wenn sie innerhalb eines überschaubaren Zeitraumes vor dem Abschluss des Gesellschaftsvertrages erbracht wurden. **198**

Eine Personenhandelsgesellschaft (OG, KG) entsteht nach § 123 Abs. 1 UGB (bzw. § 161 Abs. 2 UGB) erst mit der Eintragung in das Firmenbuch. Vorerst besteht nach UGB eine GesbR, die als Unternehmer anzusehen ist, wenn sie nach außen hin auftritt und Vorleistungen zur Aufnahme der Geschäftstätigkeit der Personengesellschaft ausführt. Die von der GesbR bezogenen Leistungen werden für das Unternehmen der Personengesellschaft ausgeführt. Rz 198 gilt entsprechend. **198a**

2.1.8.3. Ende der Unternehmereigenschaft

2.1.8.3.1. Allgemeines

Die Unternehmereigenschaft endet nicht bereits mit der Einstellung der Leistungstätigkeit oder der Abmeldung des Betriebes. Sie umfasst noch alle Vorgänge und Handlungen, die der Liquidierung der ausgeübten gewerblichen oder beruflichen Tätigkeit dienen (VwGH 25.1.1995, 94/15/0023). Zur Unternehmertätigkeit gehören daher auch noch **199**

- die Geschäftsveräußerung (entgeltlich oder unentgeltlich),
- die Einzelveräußerung von Gegenständen des Betriebsvermögens,
- die Überführung des Betriebsvermögens in das Privatvermögen,
- der Empfang oder die Ausstellung von Rechnungen nach Einstellung des Betriebes, oder
- die nachträgliche Vereinnahmung von Entgelten.

Eine Personengesellschaft verliert ihre Unternehmereigenschaft solange nicht, bis alle gemeinsamen Rechtsbeziehungen unter den Gesellschaftern – auch das Rechtsverhältnis zum Finanzamt – beseitigt sind (VwGH 3.11.1983, 82/15/0177, BFH 21.5.1971, VR 117/67, BStBl. II 1971, 540). Werden im Zuge der Betriebsaufgabe Gegenstände des Unternehmens- **200** vermögens der Personengesellschaft in die Unternehmenssphäre eines Gesellschafters ohne Entgelt überführt, liegt Eigenverbrauch gemäß § 3 Abs. 2 UStG 1994 vor (VwGH 28.5.1998, 96/15/0009).

201 Die Unternehmereigenschaft einer Kapitalgesellschaft ist weder von ihrem Vermögensstand noch von ihrer Eintragung im Handelsregister abhängig; eine aufgelöste GmbH kann auch noch nach ihrer Löschung im Firmenbuch Umsätze im Rahmen ihres Unternehmens ausführen (BFH 9.12.1993, VR 108/91, BStBl II 1994, 483) oder durch ihre Liquidatoren Rechnungen ausstellen, die zum Vorsteuerabzug berechtigen (VwGH 17.12.1993, 92/15/0121). Das Unternehmen der Gesellschaft endet erst mit Abschluss der Liquidation (Vollbeendigung), wenn somit kein Abwicklungsbedarf mehr vorhanden ist (VwGH 17.12.1993, 92/15/0121).

202 Die bloße Unterbrechung der aktiven unternehmerischen Tätigkeit führt nicht zur Beendigung der Unternehmereigenschaft (VwGH 25.1.1995, 94/15/0023; 28.5.1998, 96/15/0009).

Beispiel:

Ein selbstständig tätiger Ingenieur beginnt ein Hochschulstudium in derselben Fachrichtung. Während des Studiums hält er sein Ingenieurbüro offen, ohne durchgehend entgeltliche Leistungen zu erbringen, und führt es nach Ende des Studiums weiter. Die Unternehmereigenschaft besteht während des Studiums fort (BFH 15.3.1993, VR 18/89, BStBl. II 1993, 561).

2.1.8.3.2. Tod des Unternehmers, Unternehmereigenschaft der Erben

203 Die Unternehmereigenschaft ist nicht vererblich, sie endet mit dem Tode des Unternehmers. Der Erbe kann nur durch eigene unternehmerische Tätigkeit Unternehmer werden (VwGH 18.9.1953, 414/52). Besteht das Unternehmen weiter, so werden die Umsätze ab dem Todestag dem (den) Erben zugerechnet. Dies gilt auch, wenn der Erbe in ein Dauerschuldverhältnis eintritt. Der Erbe erzielt dann Umsätze aus eigener Unternehmertätigkeit und kann allfällige persönliche Begünstigungen des Erblassers nicht für sich geltend machen (VwGH 19.11.1962, 1595/60 und VwGH 15.9.1986, 84/15/0186 zu einem Verlagsvertrag).

204 Der Erbe tritt aber – auch ohne eigene unternehmerische Tätigkeit – als Gesamtrechtsnachfolger in die Rechtsstellung des Erblassers ein (§ 19 BAO), mit der Wirkung, dass die umsatzsteuerlichen Verhältnisse des Rechtsnachfolgers aus der Person des Rechtsvorgängers zu beurteilen sind, soweit es sich nicht um höchstpersönliche Rechte und Pflichten handelt. Nicht vererbbar sind daher zB Erleichterungsbewilligungen, die ein Vertrauen der Behörde gegenüber bestimmten Personen voraussetzen (VwGH 8.11.1973, 0666/73). Daher gilt, dass

- eine beim Erblasser entstandene, nicht entrichtete USt-Schuld auf die Erben übergeht;
- bei Ist-Versteuerung nachträglich eingehende Entgelte aus Leistungen des Erblassers vom Erben zu versteuern sind, auch wenn er nicht durch eigene Tätigkeit Unternehmer ist (BFH 19.11.1970, BStBl II 1971, 121), wobei Steuerbefreiungen und Steuersatz von den Verhältnissen des Erblassers abhängen;
- vom Erblasser vereinnahmte und versteuerte Anzahlungen beim Erben als versteuerte Leistungsentgelte zu behandeln sind;
- Änderungen der Bemessungsgrundlage beim Erben zu berücksichtigen sind;
- der Erbe den Vorsteuerabzug aus nachträglich eingehenden Rechnungen geltend machen kann;
- Fristen, die vom Erblasser in Gang gesetzt wurden, beim Erben weiter laufen (zB Berichtigungszeitraum nach § 12 Abs. 10 UStG 1994); dies gilt jedoch nicht für Fristen, die durch Ausübung von Wahlrechten in Gang gesetzt wurden (zB Regelbesteuerungsantrag);
- der Erbe Rechnungen über Leistungen des Erblassers ausstellen kann;
- Veräußerungen und Entnahmen von Gegenständen des Unternehmens des Erblassers durch den nichtunternehmerischen Erben im Rahmen der Abwicklung des ererbten Unternehmensvermögens Lieferungen gemäß § 1 Abs. 1 Z 1 bzw. Eigenverbrauch gemäß § 3 Abs. 2 UStG 1994 darstellen, die vom Erben als Gesamtrechtsnachfolger des Erblassers zu versteuern sind (vgl. BFH 13.01.2010, V R 24/07).

Kommt es zu keiner Einantwortung, weil zB keine Erben vorhanden sind oder die Erben die Erbschaft ausschlagen, wird der Nachlass als eigenes Steuersubjekt (Körperschaft) angesehen, bei dem die Nachlassumsätze zu erfassen sind.

2.1.9. Unternehmen

2.1.9.1. Unternehmenseinheit

Das Unternehmen umfasst die gesamte gewerbliche oder berufliche Tätigkeit des Unternehmers (§ 2 Abs. 1 UStG 1994), dh. ein Unternehmer kann stets nur ein Unternehmen haben, auch wenn die Tätigkeiten einkommensteuerrechtlich verschiedenen Betrieben oder verschiedenen Einkunftsarten zuzurechnen sind (Grundsatz der Unternehmenseinheit). Daraus folgt, dass Leistungen zwischen verschiedenen Betrieben eines Unternehmens nicht zu steuerbaren Umsätzen führen können und die Verwendung von Gegenständen eines Betriebes in einem anderen Betrieb keinen Eigenverbrauch bewirken kann. **205**

2.1.9.2. Unternehmerische und nichtunternehmerische Sphäre

Eine nichtunternehmerische Sphäre gibt es nicht nur bei natürlichen sondern auch bei juristischen Personen. Bei Vereinen ist nichtunternehmerischer Bereich die Erfüllung der satzungsgemäßen Gemeinschaftsaufgaben (siehe auch Rz 1242 bis 1243), bei Kapitalgesellschaften zB die Geschäftsführung für eine Personengesellschaft (vgl. Rz 184) oder das Halten von Beteiligungen (vgl. Rz 185, Stichwort „Holdinggesellschaft“). **206**

Liegt eine unternehmerische Tätigkeit vor, so gehören zum Unternehmensbereich nicht nur die eigentliche Kerntätigkeit (Grundgeschäfte) sondern auch Hilfs- und Nebengeschäfte, auch wenn diese – isoliert betrachtet – mangels Nachhaltigkeit keine unternehmerische Tätigkeit darstellen würden. Dabei sind als Hilfsgeschäfte Geschäfte zu verstehen, die nicht zu den Grundgeschäften gehören, aber in deren Gefolge vorkommen und diese ermöglichen (zB Veräußerung von Anlagevermögen, von Abfällen), als Nebengeschäfte solche, die einem anderen Berufsbild oder Tätigkeitszweig angehören als die Grundgeschäfte, aber im Randbereich derselben vorkommen, ohne aber einen notwendigen Zusammenhang mit diesen aufzuweisen (zB gelegentliche Vermittlungstätigkeit eines Rechtsanwaltes). Hilfs- und Nebengeschäfte sind somit zwar steuerbar, wenn sie von einem Unternehmer gegen Entgelt ausgeführt werden, sie können aber nicht die Unternehmereigenschaft begründen. **207**

2.1.9.3. Unternehmereinheit

Personengesellschaften, an denen ausschließlich dieselben Personen beteiligt sind, können umsatzsteuerlich nur dann als einheitlicher Unternehmer angesehen werden, wenn das Beteiligungsverhältnis bei allen Gesellschaften gleich ist und die Einheitlichkeit der Willensbildung bei allen Gesellschaften gewährleistet ist. Die Gleichheit der Beteiligung ist dann nicht mehr gegeben, wenn bei einer Gesellschaft für einzelne Gesellschafter Vorweggewinne vereinbart sind (VwGH 27.11.1978, 2017/75, 2916 bis 2919/78). Eine Unternehmereinheit kann nur zwischen Personengesellschaften bestehen, nicht aber wenn eine der beteiligten Gesellschaften eine juristische Person ist oder an einer Personengesellschaft eine juristische Person beteiligt ist (VwGH 26.2.1979, 1955/75). Eine Unternehmereinheit ist ausnahmsweise auch zwischen einer Personengesellschaft (GmbH & CO KG) und einem Einzelunternehmer denkbar, wenn der Einzelunternehmer als Folge der umsatzsteuerlichen Unselbstständigkeit der Komplementär-GmbH (deren Alleingesellschafter er ist) selbst als Komplementär anzusehen wäre (VwGH 1.10.1979, 1239/76). **208**

Keine Unternehmereinheit liegt zwischen einer Kapitalgesellschaft – auch wenn es sich dabei um eine Einmanngesellschaft handelt – und dem Einzelunternehmen, bestehend aus dem Alleingesellschafter der Kapitalgesellschaft, vor (vgl. VwGH 21.11.2018, Ra 2018/13/0079). **209**

(BMF-AV Nr. 2019/165)

Randzahlen 210 bis 230: *derzeit frei.*

2.2. Selbstständigkeit, Organschaft

2.2.1. Unselbstständigkeit natürlicher Personen

Ob natürliche Personen und nicht rechtsfähige Personenvereinigungen selbstständig oder unselbstständig sind, ist nach dem Innenverhältnis und nicht nach dem Auftreten nach außen zu entscheiden (Maßgeblichkeit des Innenverhältnisses). In § 2 Abs. 2 Z 1 UStG 1994 wird die Unselbstständigkeit definiert als Eingliederung in ein Unternehmen dergestalt, dass Weisungsgebundenheit gegeben ist. Die Weisungsgebundenheit äußert sich in einem persönlichen Weisungsrecht des Arbeitgebers, das auf die Art der Ausführung der Arbeit, die Zweckmäßigkeit des Einsatzes der Arbeitsmittel, die zeitliche Koordination der zu verrichtenden Arbeiten, die Vorgabe des Arbeitsortes uä Einfluss nimmt. Davon ist eine sachliche oder technische Weisungsgebundenheit zu unterscheiden, die sich lediglich auf den Erfolg einer bestimmten Arbeitsleistung bezieht und für sich allein kein Dienstverhältnis begründet (VwGH 14.6.1988, 88/14/0024). Neben der Weisungsgebundenheit wird das Fehlen eines Unternehmerrisikos als wesentlichstes Kriterium der Unselbstständigkeit angesehen **231**

(VwGH 6.11.1990, 90/14/0141; 22.9.1992, 92/14/0047; 18.10.1995, 94/13/0121). Von einem Unternehmerrisiko ist dann auszugehen, wenn der Leistungserbringer die Möglichkeit hat, im Rahmen seiner Tätigkeit sowohl die Einnahmen- als auch die Ausgabenseite maßgeblich zu beeinflussen und solcherart den finanziellen Erfolg seiner Tätigkeit weitgehend selbst zu gestalten (VwGH 11.8.1993, 93/13/0022). Als weitere Indizien für Unselbstständigkeit kommen in Betracht:

- Form der Entlohnung (feste Bezüge, keine Abrechnung nach Stunden – VwGH 6.4.1988, 87/13/0202),
- Tätigkeit für einen Auftraggeber durch längere Zeit,
- keine Möglichkeit eigener Arbeits- und Zeiteinteilung (VwGH 3.5.1983, 82/14/0281),
- Ausübung der Tätigkeit gleich bleibend an einem bestimmten Ort (VwGH 15.7.1986, 83/14/0203),
- Urlaubsanspruch,
- Anspruch auf sonstige Sozialleistungen,
- Fortzahlung der Bezüge im Krankheitsfall,
- Überstundenvergütung,
- kein Kapitaleinsatz,
- keine Pflicht zur Beschaffung von Arbeitsmitteln,
- Notwendigkeit der engen ständigen Zusammenarbeit mit anderen Mitarbeitern,
- Schulden der Arbeitskraft und nicht eines bestimmten Arbeitserfolges,
- Einsatz von Hilfskräften nicht zulässig (VwGH 3.5.1983, 83/14/0281),
- Ausführung von einfachen Tätigkeiten, bei denen Weisungsabhängigkeit die Regel ist,
- die sozialversicherungsrechtliche Behandlung als Arbeitnehmer (VwGH 11.6.1979, 450/79).

232 Maßgebend ist immer das Gesamtbild der Verhältnisse (VwGH 18.10.1995, 94/13/0121). Daher kann nicht mit Rücksicht auf das Vorliegen nur eines der angeführten Merkmale die Selbstständigkeit eindeutig bejaht oder verneint werden. Auch kann es nicht darauf ankommen, wie die Tätigkeit oder die tätige Person im Einzelfall bezeichnet worden ist (BFH VI R 150 bis 152/82 vom 14.6.1985, BStBl II 1985, 661).

2.2.2. Organschaft

2.2.2.1. Allgemeine Voraussetzungen

233 Organschaft nach § 2 Abs. 2 Z 2 UStG 1994 liegt vor, wenn eine im Sinne des § 2 Abs. 1 UStG 1994 unternehmerisch tätige juristische Person nach dem Gesamtbild der tatsächlichen Verhältnisse finanziell, wirtschaftlich und organisatorisch in ein Unternehmen eingegliedert ist. Es ist nicht erforderlich, dass alle drei Eingliederungsmerkmale gleichermaßen ausgeprägt sind; Organschaft kann auch gegeben sein, wenn die Eingliederung auf einem dieser drei Gebiete weniger, dafür aber auf den anderen Gebieten stärker ausgeprägt ist. Maßgeblich ist das Gesamtbild der tatsächlichen Verhältnisse (VwGH 9.9.1980, 2595/80). Organschaft liegt nicht vor, wenn auch nur eines der Eingliederungskriterien fehlt (VwGH 15.4.1983, 82/17/0026).

Organträger kann jeder Unternehmer sein (juristische oder nicht juristische Person).

Organ (Organgesellschaft) kann jede juristische Person sein, bei der die Eingliederung möglich ist. Ab 1.1.2017 ist auch eine Personengesellschaft, bei der neben dem Organträger nur solche Personen Gesellschafter sind, die finanziell in den Organträger eingegliedert sind (kapitalistische Personengesellschaften), Organgesellschaft, wenn die sonstigen Voraussetzungen für die Organschaft vorliegen (vgl. BFH 2.12.2015, V R 25/13 unter Hinweis auf EuGH 16.7.2015, verb. Rs C-108/14 und Rs C-109/14, *Larentia + Minerva und Marenave Schiffahrt*). Eine finanzielle Eingliederung sämtlicher anderer Gesellschafter der Personengesellschaft in den Organträger ist dann nicht erforderlich, wenn nachgewiesen werden kann, dass der Organträger seinen Willen in der Personengesellschaft durch andere verbindliche Maßnahmen (zB Gewährleistung von Mehrheitsbeschlüssen aufgrund der mit den Anteilen verbundenen Stimmrechte) durchsetzen kann (vgl. EuGH 15.4.2021, Rs C-868/19, *M-GmbH*, Rn 48). Körperschaften öffentlichen Rechts können als solche nicht Organ sein, auch wenn sie insgesamt Unternehmereigenschaft haben (einen Betrieb gewerblicher Art bilden), weil die Eingliederung nicht gegeben sein kann. Betriebe gewerblicher Art von Körperschaften öffentlichen Rechts sind keine juristischen Personen und kommen daher nicht als Organe in Betracht.

(BMF-AV Nr. 2016/212, BMF-AV Nr. 2021/166, BMF-AV Nr. 2022/154)

2.2.2.2. Auswirkungen

Die Auswirkungen der Organschaft sind, dass das Organ die Stellung eines Betriebes im Unternehmen des Organträgers hat (vgl. EuGH 1.12.2022, Rs C-141/20, *Norddeutsche Gesellschaft für Diakonie mbH*, sowie EuGH 1.12.2022, Rs C-269/20, *Finanzamt T*, zur Zulässigkeit, den Organträger als einzigen Steuerpflichtigen zu bestimmen). Vorgänge zwischen Organträger und dem Organ (im Organkreis) sind nicht steuerbare Innenumsätze. Die Umsätze des Organs werden dem Organträger zugerechnet. Der Organträger kann Vorsteuern auch aus Rechnungen geltend machen, die auf das Organ lauten. „Rechnungen", die innerhalb des Organkreises erteilt werden, sind umsatzsteuerrechtlich nur unternehmensinterne Belege. Da der Organträger mit seinen Organgesellschaften ein einheitliches Unternehmen bildet, ist für den Umfang des Vorsteuerabzugs maßgebend, mit welchen Ausgangsumsätzen gegenüber Dritten die Eingangsleistungen im Zusammenhang stehen. Soweit die Eingangsleistungen in unecht befreite Ausgangsumsätze des Organkreises eingehen, kommt ein Vorsteuerabzug dafür nicht in Betracht (vgl. VwGH 21.12.2016, 2013/13/0047). **234**

Die formalen umsatzsteuerrechtlichen Pflichten sind vom Organträger zu erfüllen. Dies gilt insbesondere für die Erfüllung der Aufzeichnungspflichten (§ 18 UStG 1994), die Verpflichtung zur Abgabe von Steuererklärungen und für die Zahlungspflichten (siehe auch § 13 BAO).

(BMF-AV Nr. 2017/171, BMF-AV Nr. 2023/152)

Das Vorliegen einer Organschaft ist von Amts wegen wahrzunehmen (VwGH 22.02.1972, 1881/70). Für die Umsatzsteuer ist die Organschaft ab dem Zeitpunkt des Vorliegens sämtlicher Voraussetzungen zu beachten, somit auch ab einem Zeitpunkt innerhalb eines Veranlagungszeitraumes. Dies gilt auch für den Wegfall einer der Eingliederungsvoraussetzungen. Wird über das Vermögen der Organgesellschaft oder des Organträgers ein Insolvenzverfahren eröffnet, kommt es zum Wegfall zumindest der organisatorischen Eingliederung. Aus dem gleichen Grund kann während eines Insolvenzverfahrens auch kein neues Organschaftsverhältnis begründet werden (zB zum Zwecke der Abwicklung des insolventen Rechtsträgers). **235**

(BMF-AV Nr. 2022/154)

2.2.2.3. Die Eingliederungsvoraussetzungen im Einzelnen

2.2.2.3.1. Finanzielle Eingliederung

Finanzielle Unterordnung bedeutet kapitalmäßige Beherrschung. Entscheidend sind aber nicht nur die Höhe der Beteiligung, sondern grundsätzlich auch die mit den Anteilen verbundenen Stimmrechte. Die Willensdurchsetzung des Organträgers im wirtschaftlichen und organisatorischen Geschäftsbetrieb muss sichergestellt sein. Unter der Annahme, dass die Gesellschaftsverträge keine höhere als die gesetzlich geregelte Stimmrechtsquote enthalten, liegt eine finanzielle Beherrschung bei einer Beteiligung von 75% jedenfalls vor. Bei einer stimmrechtlichen Beteiligung von mehr als 50% und weniger als 75% kann bei besonders stark ausgeprägter wirtschaftlicher und organisatorischer Unterordnung ebenfalls eine finanzielle Unterordnung vorliegen, wobei auch gesellschaftsvertragliche Stimmrechtsbindungen unter Umständen zur Bejahung einer finanziellen Unterordnung führen können. Beträgt die stimmrechtliche Beteiligung 50%, kann eine finanzielle Unterordnung auch dann vorliegen, wenn die Willensdurchsetzung des Organträgers gegenüber der Organgesellschaft dadurch gesichert ist, dass der Organträger eine Mehrheitsbeteiligung am Kapital der Organgesellschaft hält und er deren einzigen Geschäftsführer stellt (vgl. BFH 18.1.2023, XI R 29/22, Nachfolgeentscheidung zu EuGH 1.12.2022, Rs C-141/20, *Norddeutsche Gesellschaft für Diakonie mbH*). Die finanzielle Eingliederung einer Enkel- in eine Großmuttergesellschaft kann – jedenfalls ab 1.1.2023 – auch über eine nicht-unternehmerisch tätige Tochtergesellschaft (zB eine Beteiligungsholding) erfolgen. Dabei ist die Tochtergesellschaft allerdings nicht in den Organkreis einzubeziehen (vgl. BFH 2.12.2015, V R 67/14). **236**

Das Kriterium der finanziellen Eingliederung ist zwischen zwei Schwesterngesellschaften nicht erfüllt, da die eine Schwesterngesellschaft nicht als Organgesellschaft in die andere Schwesterngesellschaft als Organträger finanziell eingegliedert ist, sondern sich nur die Anteile an beiden Schwesterngesellschaften in der Hand desselben Gesellschafters befinden (so nun auch BFH 1.12.2010, XI R 43/08). Schwesterngesellschaften können jedoch Teil eines Organkreises sein, wenn sie finanziell, wirtschaftlich und organisatorisch demselben Organträger eingegliedert sind. Finanzielle Beherrschung durch Darlehensgewährung ist keinesfalls ausreichend (VwGH 23.11.1959, 3069/55).

(BMF-AV Nr. 2022/154, BMF-AV Nr. 2023/152)

2.2.2.3.2. Wirtschaftliche Eingliederung

237 Um das Kriterium der wirtschaftlichen Eingliederung zu erfüllen, muss die Tochtergesellschaft im Rahmen des gesamten Unternehmens in engem wirtschaftlichen Zusammenhang mit der Muttergesellschaft stehen. Es bedarf keiner wirtschaftlichen „Unterordnung" (VwGH 23.11.2016, Ro 2014/15/0031 unter Hinweis auf EuGH 16.7.2015, verb. Rs C-108/14 und Rs C-109/14, *Larentia + Minerva und Marenave Schiffahrt*). Die Rechtsprechung setzt eine vernünftige betriebswirtschaftliche Verflechtung zwischen Organträger und Organ voraus, die Tätigkeiten müssen aufeinander abgestellt sein und sich gegenseitig ergänzen (VwGH 16.11.2021, Ra 2020/15/0101, VwGH 15.5.2020, Ra 2018/15/0113 ua. mVa VwGH 13.12.2007, 2006/14/0043). Wechselseitige Lieferungs- (Leistungs-) Beziehungen zwischen Organträger und Organgesellschaft wie zB zwischen einer Vertriebs- und Produktionsgesellschaft stellen eine gegenseitige Verflechtung nicht bloß kapitalistischer, sondern auch wirtschaftlicher Art dar. Die wirtschaftliche Eingliederung einer Organgesellschaft in den Organträger kann sich auch aus einer vernünftigen betriebswirtschaftlichen Verflechtung mit einer anderen Organgesellschaft ergeben, wenn diese in den Organträger wirtschaftlich eingegliedert ist (vgl. BFH 1.2.2022, V R 23/21 sowie BFH 20.8.2009, V R 30/06). Eine wirtschaftliche Eingliederung einer Leasinggesellschaft (in eine „klassische" Bankgesellschaft) könnte zB etwa dann vorliegen, wenn neben dem konzerninternen Verleasen von Bankräumlichkeiten durch die Leasinggesellschaft auch die Finanzierung der Bauvorhaben dritter Personen weitgehend durch die Bankgesellschaft erfolgt (VwGH 15.5.2020, Ra 2018/15/0113). Bei einer reinen Beteiligungsholding (vermögensverwaltende Holding) fehlt es sowohl an der wirtschaftlichen Eingliederung als auch an der Unternehmereigenschaft, weshalb sie weder Organträger noch Organgesellschaft sein kann.

(BMF-AV Nr. 2017/171, BMF-AV Nr. 2021/166, BMF-AV Nr. 2022/154)

238 Eine Organschaft zwischen einem Versicherungsunternehmen und einer Leasinggesellschaft wird regelmäßig nicht gegeben sein. In der Gebrauchsüberlassung an Mobilien oder Immobilien kann keine betriebswirtschaftliche Ergänzungsfunktion zur Tätigkeit eines Versicherungsunternehmens gesehen werden bzw. ist das Vermieten von Immobilien und Mobilien grundsätzlich keine Tätigkeit, die auf spezielle Aufgaben eines Versicherungsunternehmens abgestellt ist.

2.2.2.3.3. Organisatorische Eingliederung

239 Organisatorische Eingliederung ist gegeben, wenn die tatsächliche Durchsetzung des Willens des beherrschenden Unternehmers bei der beherrschten Gesellschaft durch organisatorische Maßnahmen gesichert ist (VwGH 16.11.2021, Ra 2020/15/0101). Die organisatorische Eingliederung kann in personellen Maßnahmen (zB eine natürliche Person ist in beiden Gesellschaften als Geschäftsführer, Vorstand oder Prokurist tätig) oder in organisatorischen Maßnahmen (zB Weisungsbefugnis des Organträgers gegenüber der Geschäftsführung der Organgesellschaft) zum Ausdruck kommen. Entscheidend ist, ob die durch die finanzielle Eingliederung latent mögliche Einheitlichkeit der Willensbildung durch organisatorische Vorkehrungen realisiert wird (vgl. zB VwGH 27.6.2013, 2010/15/0111). Maßnahmen wie etwa die Anstellung der Angestellten und Arbeiter bei dem beherrschenden Unternehmen, das Fehlen eigenen Büropersonals bei der Organgesellschaft und die daraus folgende Durchführung wesentlicher administrativer Aufgaben durch den beherrschenden Unternehmer können eine organisatorische Eingliederung bewirken, wenn sie dem Organträger ermöglichen, entscheidenden Einfluss auf die Organgesellschaft auszuüben und das Verhalten der Organgesellschaft mit den Vorgaben des Organträgers in Einklang zu bringen (VwGH 16.11.2021, Ra 2020/15/0101). Eine organisatorische Unterordnung kann auch vorliegen, wenn der Organträger wesentliche organisatorische Aufgaben zB in den Bereichen Beschaffung, Vertrieb oder Rechnungswesen für die Organgesellschaft besorgt.

Das der Obergesellschaft vorbehaltene Bestellungsrecht des Geschäftsführers der Untergesellschaft genügt für die organisatorische Eingliederung ebenso wenig wie die Möglichkeit, den Geschäftsführer der Untergesellschaft durch die von der Obergesellschaft beherrschte Generalversammlung wieder abzuberufen (VwGH 3.11.1966, 1884/65), oder durch die Aufsichtsratsbestellung Einfluss auf die Wahl des Vorstandes nehmen zu können (VwGH 15.4.1983, 82/17/0026). Die tatsächliche Willensdurchsetzung des Organträgers in der Organgesellschaft kann durch verbindliche Konzernrichtlinien, durch regelmäßige Berichterstattungspflichten, durch Protokolle über gemeinsame Organsitzungen usw. nachgewiesen werden.

(BMF-AV Nr. 2022/154)

2.2.2.4. Beschränkung der Wirkungen der Organschaft auf das Inland

Die Wirkungen der Organschaft sind auf Innenleistungen zwischen den im Inland gelegenen Unternehmensteilen beschränkt. 240

Im Inland gelegene Unternehmensteile sind

- der im Inland ansässige Organträger,
- im Inland ansässige Organgesellschaften eines inländischen oder ausländischen Organträgers,
- im Inland gelegene Betriebsstätten des Organträgers oder von Organgesellschaften, gleichgültig ob Organträger oder Organgesellschaften im Inland oder Ausland ansässig sind.

Diese Unternehmensteile sind als ein Unternehmen zu behandeln.

Der Begriff des Unternehmens im Sinne des § 2 Abs. 1 zweiter Satz UStG 1994 bleibt von der Beschränkung der Organschaft auf das Inland unberührt. Grenzüberschreitende Leistungen zwischen dem Organträger (oder der Organgesellschaft) und seinen Betriebsstätten sind (vom innergemeinschaftlichen Verbringen abgesehen) nicht steuerbare Innenumsätze, wenn diese mangels selbständiger Wirtschaftstätigkeit zum Unternehmen des Organträgers gehören (vgl. EuGH 11.3.2021, Rs C-812/19, *Danske Bank*, Rn 20 und 21). 241

Unabhängig davon sind grenzüberschreitende Leistungen ausländischer Organgesellschaften an den inländischen Organkreis steuerbar (vgl. EuGH 17.9.2014, Rs C-7/13, *Skandia America).*

(BMF-AV Nr. 2015/170, BMF-AV Nr. 2021/166)

2.2.2.4.1. Organträger im Inland

Zum Unternehmen gehören sämtliche zum Organkreis gehörende Unternehmensteile im Inland. 242

Zum Unternehmen des Organträgers gehören jedoch nur seine im Ausland gelegenen Betriebsstätten (nicht die der Organgesellschaft).

Beispiel 1:

Der Organträger O in Österreich hat eine Organgesellschaft T1 im Inland, eine Organgesellschaft T2 in Italien.

Weiters hat der Organträger O eine Betriebsstätte BO in der Schweiz und die Organgesellschaft T1 ebenfalls eine Betriebsstätte BT in der Schweiz. Lieferungen von O an T1 sind nicht steuerbare Innenumsätze, Lieferungen von

O an BO stellen ein nicht steuerbares Verbringen dar.

Lieferungen von O an T2 sind innergemeinschaftliche Lieferungen und an BT Ausfuhrlieferungen.

Erbringt T2 im Auftrag von T1 im Inland eine Werklieferung, so erbringt sie damit eine steuerbare Lieferung an O.

2.2.2.4.2. Organträger im Ausland

Zum Unternehmen gehören sämtliche zum Organkreis gehörende Unternehmensteile im Inland. Der Organträger und seine Organgesellschaften im Ausland bilden jeweils gesonderte Unternehmen. 243

Als Unternehmer im Inland gilt der wirtschaftlich bedeutendste Unternehmensteil im Inland. Soferne nicht andere Kriterien zutreffender sind, wird man diesen nach der Höhe des Umsatzes bestimmen.

Unterhalten die inländischen Organgesellschaften Betriebsstätten im Ausland, so sind diese nur der jeweiligen Organgesellschaft zuzurechnen, gehören aber nicht zur Gesamtheit der im Inland gelegenen Unternehmensteile. 244

Beispiel 2:

Der Organträger O in Deutschland hat in Österreich die Organgesellschaften T1 und T2 sowie die Betriebsstätte BO. In Italien hat er eine weitere Organgesellschaft T3.

T1, T2 und BO bilden das Unternehmen in Österreich (der wirtschaftlich bedeutendste Teil – zB T1 – gilt als Unternehmer).

T1 hat die Lieferungen von O und T3 an BO als innergemeinschaftlicher Erwerb zu versteuern.

Erbringt T3 an T2 eine Katalogleistung, ist diese im Inland steuerpflichtig und die Steuerschuld geht auf T1 über.

Beispiel 3:

Der Organträger O in Japan hat die Organgesellschaft T1 in Deutschland und die Organgesellschaft T2 in Italien. Im Inland hat er die Betriebsstätte B1 und B2. B1 ist der wirtschaftlich bedeutendere Unternehmensteil.

B1 und B2 bilden das Unternehmen.

Soweit B1 Waren an O versendet, liegen Innenumsätze vor. Lieferungen von B2 an T1 und T2 sind innergemeinschaftliche Lieferungen, die der B1 zuzurechnen sind.

Randzahlen 245 bis 260: *derzeit frei.*

2.3. Körperschaften des öffentlichen Rechts

2.3.1. Allgemeines

261 Körperschaften des öffentlichen Rechts sind im Rahmen ihrer Betriebe gewerblicher Art im Sinne des § 2 KStG 1988 und ihrer land- und forstwirtschaftlichen Betriebe gewerblich oder beruflich tätig.

262 Die Durchführung von in § 5 Z 12 KStG 1988 genannten Feste und geselligen und gesellschaftlichen Veranstaltungen fällt gemäß § 2 Abs. 3 UStG 1994 nicht in den Unternehmensbereich.

263 **Betrieb gewerblicher Art:**

Ob ein Betrieb gewerblicher Art vorliegt, ist gemäß dem in § 2 Abs. 3 UStG 1994 enthaltenen Hinweis nach § 2 KStG 1988 zu beurteilen. Die für das Gebiet der Körperschaftsteuer von der Rechtsprechung und Verwaltung entwickelten Grundsätze sind auch für den umsatzsteuerlichen Bereich maßgeblich (siehe KStR 2013 Rz 64 ff). Hinsichtlich des für das Vorliegen eines Betriebes gewerblicher Art erforderlichen Merkmals einer Tätigkeit von wirtschaftlichem Gewicht ist auf die jährliche Einnahmengrenze von 2.900 Euro (im Sinne einer durchschnittlichen Jahresbetrachtung) abzustellen (vgl. VwGH 29.1.2014, 2010/13/0006). Zur Ermittlung der Einnahmen siehe KStR 2013 Rz 70.

Wird ein Betrieb gewerblicher Art entgeltlich überlassen (verpachtet), gilt kraft der gesetzlichen Fiktion des § 2 Abs. 2 Z 2 KStG 1988 auch diese entgeltliche Überlassung (Verpachtung) als Betrieb gewerblicher Art (KStR 2013 Rz 85). Dabei ist es unerheblich, ob ein bereits bestehender Betrieb oder ein von der Trägerkörperschaft neu errichteter und nie selbst aktiv geführter Betrieb entgeltlich zur Nutzung überlassen wird. Es muss sich aber um einen dem Grunde nach betriebsbereiten Betrieb handeln. Es ist nicht erforderlich, dass sämtliche Betriebsgrundlagen übertragen werden. So kann auch die Überlassung einer unzureichenden oder veralteten Betriebsausstattung einen Betrieb gewerblicher Art begründen (KStR 2013 Rz 86).

Die Höhe des für die Anerkennung als Pachtverhältnis erforderlichen Pachtentgeltes richtet sich nach KStR 2013 Rz 70.

Die Verpachtung eines bestehenden Betriebes gewerblicher Art führt zu keiner Betriebsaufgabe, weil ein Betrieb gewerblicher Art bestehen bleibt.

Mischbetrieb:

Bei der entgeltlichen Überlassung (Verpachtung) von Mischbetrieben ist auf die überwiegende Zweckbestimmung des gesamten Betriebes abzustellen. Dienen die Tätigkeiten des Betriebes überwiegend der Erfüllung öffentlich-rechtlicher Aufgaben, ist der Betrieb in seiner Gesamtheit als Hoheitsbetrieb zu behandeln. Überwiegen die erwerbswirtschaftlichen Aufgaben, ist insgesamt ein Betrieb gewerblicher Art (BgA) anzunehmen. Als Kriterien zur Überprüfung des mengenmäßigen Verhältnisses zwischen hoheitlicher oder privatwirtschaftlicher Tätigkeit kommen das Umsatzverhältnis, der Umfang der zeitlichen Inanspruchnahme oder andere im Einzelfall geeignete Kriterien in Betracht (KStR 2013 Rz 75).

Umsatzsteuerlich hat jedoch im Falle einer sachlichen Trennbarkeit der Tätigkeitsbereiche (zB klare zeitliche Trennung) – unabhängig vom Überwiegen – eine Aufspaltung in einen Hoheitsbereich und einen unternehmerischen Bereich zu erfolgen (vgl. Rz 268 mVa VwGH 29.1.2014, 2010/13/0006).

Beispiele:

- *Eine Gemeinde vermietet eine Mehrzweckhalle inklusive Betriebseinrichtung (technische Anlagen) und Haustechniker an einen Verein für eine zweitägige Kongressveranstaltung. In der übrigen Zeit wird die Mehrzweckhalle von der Gemeinde überwiegend für erwerbswirtschaftliche Aufgaben als BgA verwendet. Es liegt – unabhängig vom Überwiegen – die entgeltliche Überlassung (Vermietung) eines BgA iSd § 2 Abs. 2 Z 2 KStG 1988 vor. Die Vermietung eines Grundstückes iSd § 6 Abs. 1 Z 16 UStG 1994 (Rz 265) wäre nur dann gegeben, wenn die Mehrzweckhalle ohne betrieblichen Hintergrund (zB ohne technische Anlagen und Betreuung) für eine Veranstaltung entgeltlich zur Verfügung gestellt wird.*

- *Eine Gemeinde vermietet eine Mehrzweckhalle mit allen Einrichtungen einem Verein zur Abhaltung eines Vereinsballes. Die an sich für betriebliche Zwecke geeignete Mehrzweckhalle wird von der Gemeinde überwiegend für hoheitliche Aufgaben verwendet. Es liegt – unabhängig vom Überwiegen – die Vermietung eines Grundstückes iSd § 6 Abs. 1 Z 16 UStG 1994 vor (unechte Steuerbefreiung oder Option zur Steuerpflicht nach § 6 Abs. 2 UStG 1994 mit Vorsteuerabzugsberechtigung im Ausmaß der unternehmerischen Nutzung – siehe Rz 265). Zur Einschränkung der Optionsmöglichkeit bei der Vermietung und Verpachtung von Grundstücken durch das 1. StabG 2012, BGBl. I Nr. 22/2012, siehe Rz 899a bis Rz 899c.*

(AÖF Nr. 2014/164)

Durch § 2 Abs. 3 letzter Satz und Abs. 4 UStG 1994 werden nach dem Körperschaftsteuergesetz hoheitliche Tätigkeiten in den Unternehmensbereich einbezogen. Bei den Wasserwerken ist dies unabhängig davon, ob sie der Trinkwasser- oder der Nutzwasserversorgung dienen. **264**

Die Vermietung und Verpachtung von Grundstücken durch Körperschaften des öffentlichen Rechts gilt auch als unternehmerische Tätigkeit, wenn sie nicht wirtschaftlich herausgehoben bzw. nicht von wirtschaftlichem Gewicht ist. Ob eine Vermietung und Verpachtung von Grundstücken im Sinne des § 2 Abs. 3 letzter Teilsatz UStG 1994 vorliegt, ist danach zu beurteilen, ob ein Bestandvertrag nach § 1090 ABGB gegeben ist (vgl. VwGH 3.9.2008, 2003/13/0086; VwGH 27.11.2014, 2012/15/0145). Zivilrechtliches Hauptkriterium eines Bestandvertrages ist seine Entgeltlichkeit. **265**

Eine Anerkennung als Bestandverhältnis setzt grundsätzlich neben der Deckung der (laufenden oder zeitlich anteiligen) Betriebskosten (§§ 21 bis 24 MRG) ein Entgelt für den Gebrauch des Grundstückes in Form einer jährlichen oder zeitlich anteiligen AfA-Komponente voraus. Als AfA-Komponente pro Jahr sind mindestens 1,5% der Anschaffungs- bzw. Herstellungskosten inklusive Grund und Boden einschließlich aktivierungspflichtiger Aufwendungen und Kosten von Großreparaturen anzusetzen.

Die angesprochene AfA-Komponente stellt lediglich eine Messgröße für das erforderliche Mindestentgelt eines anzuerkennenden Bestandverhältnisses dar, sodass weitere ertragsteuerliche Ableitungen zur AfA iSd §§ 7 ff EStG 1988 daraus nicht getroffen werden können. Subventionen bzw. Zuwendungen iSd § 3 Abs. 1 Z 6 EStG 1988 idgF kürzen die AfA-Bemessungsgrundlage nicht.

Sind historische Anschaffungs- bzw. Herstellungskosten oder Aufwendungen für Großreparaturen nicht mehr bekannt, so ist der Wert des Grundstückes im Schätzungswege zu ermitteln, wobei als AfA-Bemessungsgrundlage der gemeine Wert iSd § 10 BewG 1955 idgF herangezogen werden kann. Soweit glaubhaft gemacht werden kann, dass Grund und Boden unentgeltlich erworben wurde, kann dieser außer Ansatz gelassen werden.

Der vermietenden Körperschaft des öffentlichen Rechts entstandene Drittkosten wie zB Anmietungskosten, Leasingkosten oder Kosten eines Baurechtes sind an den Mieter ungekürzt weiterzuverrechnen.

Diese Kriterien sind bei jenen Miet- und Pachtverhältnissen zu beachten, die ab 1. Jänner 2008 begründet werden. Bestehende Bestandverhältnisse, die bereits vor dem 1. Jänner 2008 begründet wurden und den damaligen Richtlinien entsprochen haben (= zumindest Deckung der laufenden Betriebskosten), werden aufgrund der nunmehrigen Rechtsprechung des VwGH (zB VwGH 03.09.2008, 2003/13/0086) weiterhin als unternehmerische Tätigkeit anerkannt, wenn sie ab dem 1. Jänner 2011 an die bestehenden Richtlinien angeglichen werden.

Gebrauchsüberlassungen, die nicht auf Bestandverträgen beruhen, begründen keinen (fiktiven) Betrieb gewerblicher Art.

Zur Einschränkung der Optionsmöglichkeit bei gemäß § 6 Abs. 1 Z 16 UStG 1994 steuerfreien Umsätzen aus der Vermietung und Verpachtung von Grundstücken durch das 1. StabG 2012, BGBl. I Nr. 22/2012, siehe Rz 899a bis Rz 899c.

(BMF-AV Nr. 2015/170)

Die Überlassung einer Dienst- oder Naturalwohnung an einen Beamten oder Vertragsbediensteten einer Körperschaft des öffentlichen Rechts stellt nur dann einen in den Unternehmensbereich fallenden und somit umsatzsteuerpflichtigen Vorgang dar, wenn die Wohnung einem Dienstnehmer zugewiesen wird, der in einem Betrieb gewerblicher Art oder einem land- und forstwirtschaftlichen Betrieb der Körperschaft des öffentlichen Rechts tätig ist. **266**

2.3.2. Betriebe gewerblicher Art, die nur Eigenverbrauchszwecken dienen

267 Wenn Erzeugnisse eines Betriebes gewerblicher Art zur Gänze von der Körperschaft im Hoheitsbereich verwendet werden, weicht die umsatzsteuerliche Beurteilung von der des Körperschaftsteuerrechtes ab. Ein solcher ausschließlich für Eigenverbrauchszwecke arbeitender Betrieb ist zwar körperschaftsteuerpflichtig, nicht aber umsatzsteuerpflichtig.

2.3.3. Hoheitsbetriebe – Betriebe gewerblicher Art; Trennung

268 Die Vereinigung von Hoheitsbetrieben mit Betrieben gewerblicher Art von Körperschaften des öffentlichen Rechts ist grundsätzlich nicht mit steuerlicher Wirkung anzuerkennen. Vielmehr sind bei Bestehen einer sachlichen Trennungsmöglichkeit die hoheitlichen Tätigkeiten aus dem Unternehmensbereich der Körperschaft des öffentlichen Rechts auszuscheiden. Sind solche sachlichen Trennungskriterien gegeben (zB Vorliegen einer klaren zeitlichen Trennung), stehen einer Trennung des Hoheitsbetriebes vom unternehmerischen Bereich der Körperschaften des öffentlichen Rechts auch gemeinsame Faktoren (zB gemischt-genutztes Grundstück) nicht entgegen (vgl. VwGH 29.1.2014, 2010/13/0006, zur unternehmerischen Nachmittagsbetreuung der Volksschulkinder in den „Räumlichkeiten der Gemeindevolksschule"). Eine Trennung der Tätigkeiten einer Körperschaft des öffentlichen Rechts ist auch dann vorzunehmen, wenn die Tätigkeiten zugleich der Ausführung steuerpflichtiger Umsätze und der Erfüllung nichtunternehmerischer (satzungsmäßiger) Zwecke der Körperschaft des öffentlichen Rechts (Werbung und Öffentlichkeitsarbeit für die beruflichen Interessen ihrer Mitglieder) dienen (VwGH 30.6.2015, 2011/15/0163, zur Veranstaltung von Bällen, Modeschauen und Misswahlen usw. einer KöR sowie VwGH 27.2.2019, Ra 2017/15/0074, zur Verpachtung eines Gastronomiebetriebes samt einem öffentlich zugänglichen Abenteuerspielplatz durch eine Gemeinde).

(BMF-AV Nr. 2016/212, BMF-AV Nr. 2020/192)

2.3.4. Definition der Körperschaft des öffentlichen Rechts

269 Mangels einer bestehenden Legaldefinition der Körperschaft des öffentlichen Rechts muss anhand der die Verhältnisse eines Gebildes regelnden gesetzlichen Vorschriften im Einzelnen geprüft werden, ob eine Körperschaft des öffentlichen Rechts vorliegt. Sofern nicht ein Bundes- oder Landesgesetz bereits ausdrücklich darauf hinweist, ist diese Frage nach der Rechtsprechung und Lehre zum Verwaltungs- und Verfassungsrecht zu beurteilen. Eine Körperschaft des öffentlichen Rechts ist eine solche Körperschaft, Stiftung oder Anstalt, die entweder durch ein Gesetz oder durch eine gesetzesgleiche Rechtsnorm (zB einen Staatsvertrag) ausdrückliche als Rechtsperson des öffentlichen Rechts geschaffen oder anerkannt wird, oder eine solche, die kraft staatlichen Auftrages Aufgaben der öffentlichen staatlichen Verwaltung erfüllt (VwGH 2.5.1960, 1023/57).

270 Als Körperschaften des öffentlichen Rechts sind insbesondere anzusehen:

- Die Gebietskörperschaften: Das sind der Bund, die Länder, Gemeinden sowie Gemeindeverbände.
- Sonstige Körperschaften des öffentlichen Rechts: Die gesetzlich anerkannten Kirchen und Religionsgesellschaften, die nach den Grundsätzen der Selbstverwaltung eingerichteten Berufsvertretungen (Kammern), die Fachverbände im Sinne des § 47 Wirtschaftskammergesetz 1998, BGBl. I Nr. 103/1998, die einzelnen Sozialversicherungsträger und der Dachverband der Sozialversicherungsträger, die Österreichische Akademie der Wissenschaften, die Österreichische Hochschülerinnen- und Hochschülerschaft und die Hochschülerinnen- und Hochschülerschaften an den Universitäten und Hochschulen sowie die politischen Parteien, wenn ihnen gemäß § 1 Abs. 4 Parteiengesetz 2012, BGBl. I Nr. 56/2012, Rechtspersönlichkeit zukommt.
- Körperschaften des öffentlichen Rechts aufgrund landesgesetzlicher Regelungen: zB Fischereigenossenschaften und Fischereiverbände; Freiwillige Feuerwehren und Feuerwehrverbände; Jagdgenossenschaften und Landesjagdverbände; landesgesetzlich anerkannte Wasser- und Abwassergenossenschaften; Landesfremdenverkehrsverbände und -vereine; Müllbeseitigungsverbände.
- Selbständige öffentliche Anstalten und Fonds (zB Betriebsratsfonds).
- Das Österreichische Rote Kreuz wird als Körperschaft des öffentlichen Rechts behandelt (bis 31.12.2023).

(BMF-AV Nr. 2022/154, BMF-AV Nr. 2023/152)

271 Keine Körperschaften des öffentlichen Rechts sind

- die verstaatlichten Unternehmungen,
- die so genannteSondergesellschaften des Bundes,

- andere Kapitalgesellschaften, deren Anteile im Eigentum von Körperschaften öffentlichen Rechts stehen, insbesondere somit die so genannteausgegliederten Rechtsträger
- von Körperschaften des öffentlichen Rechts gegründete Vereine
- private Rechtsträger, die mit der Erfüllung öffentlich-rechtlicher Aufgaben betraut sind (beliehene Unternehmen)
- Stiftungen nach dem Bundes-Stiftungs- und Fondsgesetz.

2.3.5. Einzelfälle

Arbeitskräfteüberlassung: Bei der entgeltlichen Personalgestellung durch eine Kör- 272
perschaft des öffentlichen Rechts an einen ausgegliederten Rechtsträger ist die für das Vorliegen eines Betriebes gewerblicher Art erforderliche wirtschaftliche Selbstständigkeit im Sinne des § 2 Abs. 1 KStG 1988 anzunehmen, wenn sich diese durch einen eigenen Verrechnungskreis von der sonstigen Tätigkeit der Körperschaft des öffentlichen Rechts abhebt (Vorliegen exakter Ermittlung der Kosten für das überlassene Personal und eigener Inrechnungstellung dieser Personalkosten in im Wesentlichen monatlichen Abrechnungen gegenüber dem ausgegliederten Rechtsträger). Abgesehen von der Entgeltshöhe sprechen zudem auch die besonderen Aufgaben des ausgegliederten Rechtsträgers bzw. das solcherart gegebene spezifische Ausbildungserfordernis der überlassenen Dienstnehmer für die wirtschaftliche Selbstständigkeit der Personalgestellung (vgl. VwGH 25.11.2010, 2007/15/0101, unter Verweis auf VwGH 22.12.2004, 2001/15/0141 und VwGH 17.10.2001, 99/13/0002).

Betrieb gewerblicher Art: Die unentgeltliche Überlassung eines Betriebes gewerblicher Art, mit dem Zweck, der Gemeinde Kosten zu ersparen, stellt keinen Betrieb gewerblicher Art dar (VwGH 4.11.1998, 97/13/0133).

Internate und Schülerheime: Internate und Schülerheime, die öffentlichen Schulen oder Schulen mit Öffentlichkeitsrecht (zB land- und forstwirtschaftliche Fachschulen oder Schulen von kirchlichen Orden oder Kongregationen) angeschlossen sind, zählen zum Unternehmensbereich des jeweiligen Schulerhalters (Beherbergung und Verpflegung). Zur Steuerbefreiung siehe Rz 977 bis Rz 979, zur Optionsmöglichkeit Rz 988.

Maut-Vignette: Die Duldung der Benützung der Bundesautobahnen und Bundesschnellstraßen gegen Entgelt stellt eine unternehmerische Tätigkeit des Bundes im Sinne des § 2 Abs. 3 UStG 1994 dar.

Nutzungsüberlassung von Aufbahrungshallen, Einsegnungshallen oder Leichenhallen: Bei der Entscheidung, ob eine solche Tätigkeit im Rahmen einer öffentlich-rechtlichen Sonderregelung oder unter den gleichen rechtlichen Bedingungen wie von privaten Wirtschaftsteilnehmern ausgeübt wird, muss auf die nach der maßgeblichen landesgesetzlichen Regelung vorgesehenen Ausübungsmodalitäten und – bei gesetzlich vorgesehener Wahlmöglichkeit zwischen hoheitlicher oder privatrechtlicher Ausgestaltung der Nutzungsüberlassung – auf deren tatsächliche, gesetzeskonforme Umsetzung abgestellt werden. Die Ausübung der Tätigkeit im Rahmen der öffentlichen Gewalt ist jedenfalls dann anzunehmen, wenn die Ausübung dieser Tätigkeit das Gebrauchmachen von hoheitlichen Befugnissen umfasst. Dies ist zB der Fall bei bescheidmäßiger Vorschreibung der Aufbahrungsgebühren (VwGH 04.02.2009, 2006/15/0220) oder bei pauschaler Vorschreibung von „Hallengebühren" gemeinsam mit den sonstigen Friedhofsgebühren (VwGH 04.02.2009, 2008/15/0174).

Eine hoheitliche Tätigkeit liegt auch dann vor, wenn die Nutzungsüberlassung in einen allgemeinen (aus der Betrachtung des österreichischen Rechts nicht-unternehmerischen) Friedhofsbetrieb iSd § 2 Abs. 5 KStG 1988 eingebettet ist (VwGH 04.02.2009, 2008/15/0174 sowie VwGH 20.01.2005, 2000/14/0203).

Sollte sich nach den genannten Kriterien hingegen eine privatrechtliche Nutzungsüberlassung (Vermietung iSd § 6 Abs. 1 Z 16 UStG 1994) ergeben, ist zu beachten, dass ein Betrieb gewerblicher Art iSd § 2 Abs. 3 letzter Satz UStG 1994 nur dann vorliegt, wenn die zivilrechtlichen Voraussetzungen für das Vorliegen eines Bestandvertrages nach österreichischem Recht erfüllt werden (vgl. dazu UStR 2000 Rz 265). Fällt die Nutzungsüberlassung von Aufbahrungshallen usw. nicht unter diesen engeren Vermietungsbegriff, dann liegt auch keine unternehmerische Tätigkeit iSd § 2 Abs. 3 letzter Satz UStG 1994 vor (vgl. VwGH 04.02.2009, 2006/15/0220 sowie VwGH 03.09.2008, 2003/13/0086).

Photovoltaikanlage: Siehe dazu Abschnitt 2.2.2.5. des Erlasses des BMF vom 24.2.2014, BMF-010219/0488-VI/4/2013, BMF-AV Nr. 8/2014.

Politische Parteien: Tätigkeiten der Außenwerbung (zB Leistungen im Bereich der Öffentlichkeitsarbeit und Information; Weitergabe von Werbematerial an Bezirks- und Gemeindeorganisationen gegen Verrechnung; Veranstaltung eines Parteiballes usw.) der Unterorganisation einer politischen Partei stellen keinen Betrieb gewerblicher Art dar, da die Partei damit, ohne dass sie sich an einem Markt beteiligt, eine nach außen gerichtete

Aktivität im Rahmen der Verwirklichung ihrer politischen Ziele entfaltet, die die Verbreitung ihrer Anschauungen als politische Organisation und somit die politische Willensbildung bezweckt (vgl. EuGH 6.10.2009, Rs C-267/08, *SPÖ Landesorganisation Kärnten*).

Projekte einer Gemeinde, die nicht auf die nachhaltige Erzielung von Einnahmen gerichtet sind, stellen keine umsatzsteuerbaren Leistungen der Gemeinde dar (vgl. EuGH 30.3.2023, Rs C-612/21, *Gmina O*, sowie EuGH 30.3.2023, Rs C-616/21, *Gmina L*).

Regenwasser: Eine Kanalisationsanlage stellt unabhängig davon, in wie vielen Kreisen sie geführt wird, einen einheitlichen Betrieb dar. Wenn das Regenwasser aus den im Ortsbereich der Gemeinde gelegenen öffentlichen Straßen und Plätzen in die Kanalisationsanlage geleitet wird, liegt ein Tatbestand für eine Vorsteuerberichtigung nicht vor, wenn die Kanalisationsanlage in erster Linie dazu dient, gegen Entgelt Spülwasser und Abfälle zu beseitigen.

Tourismusverbände: Die Werbetätigkeit der Tourismusverbände und Fremdenverkehrsvereine ist unternehmerisch, wenn die Umsätze aus dieser Tätigkeit die für die Annahme eines Betriebes gewerblicher Art erforderliche 2.900 Euro – Grenze übersteigen.

Verpflegung und Nachmittagsbetreuung an öffentlichen Schulen: Die Verpflegung und Nachmittagsbetreuung von Schülern an öffentlichen Schulen unter der Verantwortung der Schule gegen Einhebung von Unkostenbeiträgen von den Eltern nach den jeweiligen bundes- bzw. landesgesetzlichen Regelungen begründet keinen Betrieb gewerblicher Art. Entscheidend für das Vorliegen einer hoheitlichen Tätigkeit ist, dass die Körperschaften des öffentlichen Rechts die Tätigkeiten im Rahmen einer öffentlich-rechtlichen Sonderregelung ausüben, was bei gesetzlich geregelter Verpflegung und Nachmittagsbetreuung von zB im Rahmen von ganztägig geführten Schulen nach den jeweiligen Schulorganisations- oder Pflichtschulgesetzen der Fall ist. Dagegen ist eine unternehmerische Tätigkeit (BgA) anzunehmen, wenn die Verpflegung oder Betreuung außerhalb einer solchen Sonderregelung bzw. außerhalb des Verantwortungsbereichs der Schule (zB in einem Schülerhort) erfolgt. Durch die allgemeine Zugänglichkeit eines Hortbetriebes allein wird eine Gemeinde noch nicht in Ausübung hoheitlicher Gewalt tätig (vgl. VwGH 29.1.2014, 2010/13/0006; VwGH 29.1.2014, 2009/13/0139, zu einem Hort nach dem NÖ Kinderbetreuungsgesetz 1996 (NÖ KBG, LGBl. 5065-1). Erbringt ein Unternehmer eine Tagesbetreuungsleistung iSd § 8 lit. j Schulorganisationsgesetz, die aus gegenstandsbezogener Lernzeit, individueller Lernzeit und Freizeit (inklusive Verpflegung) besteht, an eine Schule mit Tagesbetreuung im Sinne dieser Bestimmung, handelt es sich hierbei regelmäßig um eine einheitliche komplexe Leistung, bei der insgesamt der Betreuungs- und Aufsichtscharakter im Vordergrund steht und nicht die Vermittlung von Kenntnissen bzw. Unterrichtserteilung iSd § 6 Abs. 1 Z 11 UStG 1994. In solch einem Fall kann weder die Umsatzsteuerbefreiung nach § 6 Abs. 1 Z 11 lit. a noch nach lit. b UStG 1994 zur Anwendung gelangen.

(BMF-AV Nr. 2019/165, BMF-AV Nr. 2023/152)

273 Zwecks gleicher Behandlung von Tourismusverbänden, Fremdenverkehrsvereinen und Tourismusgemeinden sind Werbetätigkeiten im Zusammenhang mit der Tourismuswerbung nur insoweit unternehmerisch, als diese unmittelbar der Werbung für den Tourismus zuzuordnen sind und die Umsätze aus dieser Tätigkeit die für die Annahme eines Betriebes gewerblicher Art erforderliche 2.900 €-Grenze pro Jahr übersteigen (wobei bei der Ermittlung der 2.900 €-Grenze die als nicht umsatzsteuerbare Zuschüsse geltenden Zahlungen aus der Aufenthaltsabgabe an die Tourismusverbände bzw. Fremdenverkehrsvereine außer Ansatz bleiben).

Zum unternehmerischen Bereich zählen bzw. zum Vorsteuerabzug berechtigen demnach:

- **Druckwerke**, wie Prospekte, Plakate, Aufkleber, Zimmernachweise, Ortspläne, Wanderausweise, Gästekarten, Veranstaltungskalender, Filme und Fotos;
- **Gästeinformationssysteme**, wie Panoramakamera, Informator, TIS (Tourismus Informationssystem);
- **Einschaltungen in den Medien**, wie Annoncen, Radio- und TV-Spots;
- **überregionale Werbemaßnahmen**, wie Beiträge an Werbegemeinschaften, Sachaufwand für Werbung, Werbereisen, Vergabe von Werbeartikeln, Gästeehrungen, Repräsentationen, Gastgeschenke, Freiaufenthalte, Journalistenbetreuung;
- **Veranstaltungen des Tourismusverbandes**, wie Heimatabende und Tanzveranstaltungen, geführte Wanderungen, Gästeschirennen, Konzertveranstaltungen (Platzkonzerte), Dia- und Filmvorträge, Schlechtwetterprogramm, kulturelle Veranstaltungen.

Vorsteuern im Zusammenhang mit Maßnahmen zur Ortsgestaltung oder Infrastrukturmaßnahmen sind demgegenüber – soweit diese unentgeltlich erfolgen und damit keinem Betrieb gewerblicher Art iSd § 2 Abs. 3 UStG 1994 zuzuordnen sind – ab 1.1.2001 nicht mehr abzugsfähig.

Darunter fallen im Wesentlichen:

- **Ortsgestaltungen**, wie Wege, Markierungen, Panoramatafeln, Bänke, Ortsverschönerung und Blumenschmuck;
- **Errichtung und Betrieb infrastruktureller Einrichtungen**, wie Tourismusbüro, Eislaufplatz, Langlaufloipen, Rodelbahn, Schibus, Minigolf, Radwege, Kinderspielplatz, Fahrradverleih, Gästekindergarten, Funpark.

Ob ein Betrieb gewerblicher Art vorliegt oder nicht, ist für jeden Betrieb gesondert zu prüfen. Eine Zusammenfassung mehrerer Einrichtungen zu einem einheitlichen Betrieb ist nur dann anzuerkennen, wenn nach dem Gesamtbild der Verhältnisse objektiv zwischen den verschiedenen Betätigungen eine enge wechselseitige technisch-wirtschaftliche Verflechtung besteht (wirtschaftliche, personelle, finanzielle oder organisatorische Verknüpfung – VwGH 28.10.1997, 93/14/0224).

Hinsichtlich der Aufteilung von Vorsteuern, die sowohl den unternehmerischen als auch den nichtunternehmerischen Bereich eines Tourismusverbandes betreffen (gemischt genutzte Wirtschaftsgüter), können aus Vereinfachungsgründen aufgrund von Erfahrungssätzen pauschal 20% dem nichtunternehmerischen Bereich „Ortsgestaltung und Infrastruktur" und 80% dem unternehmerischen Bereich „unmittelbare Werbung" zugeordnet werden. Dem jeweiligen Verband bleibt es jedoch unbenommen, die tatsächliche unternehmerische Verwendung der gemischt genutzten Wirtschaftsgüter nachzuweisen, wobei die Aufteilung nach der zeitlichen Inanspruchnahme der Wirtschaftsgüter sich als eine geeignete Methode anbietet.

2.3.6. Vermietung von Grundstücken durch ausgegliederte Rechtsträger

2.3.6.1. Vermietung von Grundstücken durch ausgegliederte Rechtsträger von Gebietskörperschaften

Werden Liegenschaften einschließlich der als Einheit dazu gehörenden Betriebsvorrichtungen von Gemeinden, Gemeindeverbänden (oder anderen Gebietskörperschaften) in einen eigenen Rechtsträger des Privatrechts (zB KG, KEG, GmbH) ausgegliedert und wieder an die jeweilige Gebietskörperschaft oder an einen Dritten vermietet oder verpachtet, wird ein Miet(Pacht-) Verhältnis zwischen dem ausgegliederten Rechtsträger und der Gebietskörperschaft oder dem Dritten nur unter folgenden Voraussetzungen anerkannt: **274**

- Die Gebietskörperschaft ist am ausgegliederten Rechtsträger zu mehr als 50 % beteiligt;
- im Rahmen der Ausgliederung wird die Liegenschaft in das Eigentum des ausgegliederten Rechtsträgers übertragen;
- das Entgelt übersteigt die Betriebskosten im Umfang der §§ 21 bis 24 MRG zuzüglich einer jährlichen AfA-Komponente.

AfA-Bemessungsgrundlage:

- Als AfA-Komponente pro Jahr sind mindestens 1,5 % der Anschaffungs- oder Herstellungskosten des Gebäudes und der dazugehörigen Betriebsvorrichtungen einschließlich aktivierungspflichtige Aufwendungen und Kosten von Großreparaturen anzusetzen.
- Bei der Übertragung (Ausgliederung) eines bereits bestehenden Gebäudes (einschließlich Betriebsvorrichtung) sind pro Jahr mindestens 1,5% des Wertes anzusetzen, der einkommensteuerrechtlich (ohne § 3 Abs. 1 Z 6 EStG 1988) als AfA-Bemessungsgrundlage gilt.
- Soweit für die übertragene Liegenschaft kein Vorsteuerabzug geltend gemacht werden konnte, ist mindestens der gesamte Einheitswert der übertragenen Liegenschaft anzusetzen. Bei Anschaffungs- oder Herstellungskosten einschließlich aktivierungspflichtige Aufwendungen und Kosten von Großreparaturen, die dem Erwerber für diese übertragenen Gebäude entstehen, ist zusätzlich eine AfA-Tangente pro Jahr von mindestens 1,5% dieser Kosten bzw. Aufwendungen anzusetzen.
- Soweit ein Gebäude nur teilweise zum Vorsteuerabzug berechtigt hat (Gebäude beherbergt hoheitliche Volksschule und vorsteuerabzugsberechtigten Kindergarten), ist bei der Ermittlung des für die Berechnung der AfA-Komponente maßgeblichen Wertes eine Aufteilung vorzunehmen (soweit ein Vorsteuerabzug nicht vorgenommen werden konnte: Ansatz des anteiligen Einheitswertes; soweit ein Vorsteuerabzug in Anspruch genommen werden konnte: Ansatz des anteiligen einkommensteuerlich maßgeblichen Wertes).
- Eigenleistungen des Mieters oder Pächters (Gebietskörperschaft) anlässlich der Errichtung oder Sanierung des Gebäudes sind in die Bemessungsgrundlage mit einzubeziehen.

Von den auf diese Weise ermittelten Beträgen dürfen ausgegliederte Rechtsträger von Gemeinden neben den Bedarfzuweisungen der Länder nach § 12 Abs. 1 Finanzausgleichsgesetz 2001 bzw. § 11 Abs. 1 Finanzausgleichsgesetz 2005, die von den Gemeinden an die ausgegliederten Rechtsträger weitergeleitet werden, alle anderen öffentlichen Förderungen (Zuschüsse), die von den Ländern, vom Bund oder von der EU für ein bestimmtes Bauvorhaben gewährt werden, abziehen. Bei Zuschüssen öffentlichen Ursprungs, die an eine Gemeinde und von dieser an ihren ausgegliederten Rechtsträger weitergeleitet werden, ist Folgendes zu beachten (vgl. VwGH 27.6.2018, Ra 2017/15/0019): Ergibt sich aus den Subventionsbedingungen der öffentlichen Förderungen (gleich welchen öffentlichen Ursprungs), dass die von der Gemeinde an den ausgegliederten Rechtsträger weitergereichten Förderungen in ihren damit überbundenen Bedingungen als Auflage den Ansatz einer günstigeren Miete voraussetzen, können diese von den ermittelten Beträgen abgezogen werden, wenn sich eine solcherart reduzierte Miete – angesichts des durch die öffentliche Subvention insofern niedrigeren privaten Kapitaleinsatzes des Vermieters – als ihrerseits marktkonform in dem Sinne darstellt, dass ein wirtschaftlich agierender, (nur) am Mietertrag interessierter Investor bereit wäre, Objekte (mit vergleichbaren Kosten) zu errichten bzw. zu sanieren und am Markt unter den gegebenen Förderbedingungen gewinnbringend zu vermieten.

Weitervermietung:

Die Weitervermietung eines vom ausgegliederten Rechtsträger angemieteten Grundstückes an die jeweilige Gebietskörperschaft ist steuerrechtlich nur dann anzuerkennen, wenn die dem ausgegliederten Rechtsträger entstandenen Kosten zur Gänze weiterverrechnet werden.

Baurecht:

- Die Einräumung eines Baurechtes durch die Gebietskörperschaft an den ausgegliederten Rechtsträger mit anschließender Rückmiete oder -verpachtung wird steuerrechtlich nicht anerkannt.
- Die Einräumung eines Baurechtes durch einen Dritten an den ausgegliederten Rechtsträger und die anschließende Vermietung bzw. Verpachtung an die jeweilige Gebietskörperschaft ist zu einem kostendeckenden Entgelt zulässig.

Betriebsvorrichtung:

- Werden vom ausgegliederten Rechtsträger Gebäude samt Betriebsvorrichtungen (vgl. Rz 894a) neu errichtet bzw. angeschafft und in der Folge an die Gebietskörperschaft vermietet, können die auf die Betriebsvorrichtungen entfallenden Vorsteuerbeträge nur abgezogen werden, wenn diese eine wirtschaftliche Einheit mit dem vermieteten Grundstück bilden (zB Hauptschule mit im Freien befindlicher Sportanlage, Schulpark und internem Parkplatz für den Lehrkörper). Soweit sonstige öffentliche Flächen davon betroffen sind (zB öffentliche Zufahrtsstraßen oder Parkplätze) ist für diese ein Vorsteuerabzug nicht zulässig, außer sie sind unverzichtbarer Teil eines Gesamtkomplexes (zB Gemeindeamt mit dazugehörigem Parkplatz auf Gemeindegrund).
- Die bei einer Vermietung des Grundstücks auf die Betriebsvorrichtungen entfallenden Entgeltsteile fallen nicht unter die Steuerbefreiung des § 6 Abs. 1 Z 16 UStG 1994 (zwingend Normalsteuersatz).

Auf die Errichtung und Überlassung von öffentlichen Straßen, Plätzen, Kreisverkehren, Ortsbildgestaltungen und Ähnliches ist Rz 274 nicht anwendbar. Hinsichtlich der Errichtung von öffentlichen Straßen usw. durch ausgegliederte Rechtsträger und Übertragung an den öffentlichen Straßenerhalter siehe Rz 277.

Entspricht ein bereits bestehendes Miet- (Pacht-)Verhältnis nicht den Erfordernissen dieser geänderten Regelung, ist es dennoch anzuerkennen, wenn eine Anpassung an die aufgestellten Kriterien bis zum Ablauf des Jahres 2007 erfolgt.

Rz. 274 ist sinngemäß auch auf Fälle anzuwenden, in denen an der Gesellschaft mehrere Gebietskörperschaften zu insgesamt mehr als 50 % beteiligt sind (interkommunale Zusammenarbeit).

Änderungen durch das 1. StabG 2012, BGBl. I Nr. 22/2012

Nach dem 1. StabG 2012, BGBl. I Nr. 22/2012, ist eine Option zur Steuerpflicht bei Vermietung und Verpachtung von Grundstücken (§ 6 Abs. 1 Z 16 UStG 1994) nur zulässig, wenn der Mieter nahezu ausschließlich zum Vorsteuerabzug berechtigt ist. Die Bestimmung ist auf Miet- und Pachtverhältnisse anzuwenden, die nach dem 31. August 2012 beginnen, sofern mit der Errichtung des Gebäudes durch den Unternehmer nicht bereits vor dem 1. September 2012 begonnen wurde. Als Beginn der Errichtung des Gebäudes ist der Zeitpunkt zu verstehen, in dem bei vorliegender Baubewilligung mit der Bauausführung tatsächlich begonnen wird, also tatsächliche handwerkliche Baumaßnahmen erfolgen.

Für Miet- und Pachtverhältnisse, die nach dem 31. August 2012 beginnen, ist eine Option zur Steuerpflicht (weiterhin) nur möglich, wenn vor dem 1. September 2012 durch den ausgegliederten Rechtsträger (Unternehmer) mit der Errichtung des Gebäudes begonnen wurde. Erfolgt(e) die Errichtung nicht durch den ausgegliederten Rechtsträger selbst, sondern durch die Gemeinden, Gemeindeverbände (oder anderen Gebietskörperschaften), ist mangels Unternehmeridentität seitens des ausgegliederten Rechtsträgers eine Option zur Steuerpflicht nicht zulässig. Hinsichtlich weiterer Ausführungen zur Neuregelung ab 1. September 2012 siehe Rz 899a bis Rz 899c.

(BMF-AV Nr. 2019/165, BMF-AV Nr. 2023/152)

2.3.6.2. Vermietung von Grundstücken durch ausgegliederte Rechtsträger von Körperschaften des öffentlichen Rechts (ausgenommen Gebietskörperschaften)

Werden Liegenschaften einschließlich der als Einheit dazu gehörenden Betriebsvorrichtungen von Körperschaften des öffentlichen Rechts (ausgenommen Gebietskörperschaften) in einen eigenen Rechtsträger des Privatrechts (zB KG, KEG, GmbH) ausgegliedert und wieder an die jeweilige Körperschaft vermietet oder verpachtet, wird ein Miet-(Pacht-) Verhältnis zwischen dem ausgegliederten Rechtsträger und der Körperschaft nur unter folgenden Voraussetzungen anerkannt: **274a**

- Die Körperschaft ist am ausgegliederten Rechtsträger zu mehr als 50% beteiligt;
- im Rahmen der Ausgliederung wird die Liegenschaft in das Eigentum des ausgegliederten Rechtsträgers übertragen;
- das Entgelt übersteigt die vom Vermieter bzw. Verpächter zu tragenden Betriebskosten im Umfang der §§ 21 bis 24 MRG zuzüglich einer jährlichen AfA-Komponente.

AfA-Bemessungsgrundlage:

- Als AfA-Komponente pro Jahr sind mindestens 2,5% der Anschaffungs- oder Herstellungskosten des Gebäudes und der dazugehörigen Betriebsvorrichtungen einschließlich aktivierungspflichtige Aufwendungen und Kosten von Großreparaturen anzusetzen; außer der Rechtsträger weist nach, dass sich unter Zugrundelegung der betriebsgewöhnlichen Nutzungsdauer ein geringerer AfA-Satz (mindestens jedoch 1,5%) ergibt.
- Bei der Übertragung (Ausgliederung) eines bereits bestehenden Gebäudes (einschließlich Betriebsvorrichtung) ist der sich aus dem vorigen Punkt ergebende AfA-Satz auf jenen Wert anzusetzen, der einkommensteuerrechtlich (ohne Abzug von Zuwendungen aus öffentlichen Mitteln im Sinne des § 3 Abs. 1 Z 6 EStG 1988) als AfA-Bemessungsgrundlage gilt.
- Soweit für die übertragene Liegenschaft kein Vorsteuerabzug geltend gemacht werden konnte, ist mindestens der gesamte Einheitswert der übertragenen Liegenschaft anzusetzen. Bei Anschaffungs- oder Herstellungskosten einschließlich aktivierungspflichtige Aufwendungen und Kosten von Großreparaturen, die dem Erwerber für diese übertragenen Gebäude entstehen, ist zusätzlich eine aus dem ersten Punkt ermittelte AfA-Tangente pro Jahr dieser Kosten bzw. Aufwendungen anzusetzen.
- Soweit ein Gebäude nur teilweise zum Vorsteuerabzug berechtigt hat, ist bei der Ermittlung des für die Berechnung der AfA-Komponente maßgeblichen Wertes eine Aufteilung vorzunehmen (soweit ein Vorsteuerabzug nicht vorgenommen werden konnte: Ansatz des anteiligen Einheitswertes; soweit ein Vorsteuerabzug in Anspruch genommen werden konnte: Ansatz des anteiligen einkommensteuerlich maßgeblichen Wertes).
- Eigenleistungen des Mieters oder Pächters (Körperschaft) anlässlich der Errichtung oder Sanierung des Gebäudes sind in die Bemessungsgrundlage mit einzubeziehen.

Zur Einschränkung der Optionsmöglichkeit bei gemäß § 6 Abs. 1 Z 16 UStG 1994 steuerfreien Umsätzen aus der Vermietung und Verpachtung von Grundstücken durch das 1. StabG 2012, BGBl. I Nr. 22/2012, siehe Rz 274.

2.3.7. Vermietung von beweglichen körperlichen Gegenständen durch ausgegliederte Rechtsträger von Körperschaften des öffentlichen Rechts

Im Falle der Vermietung bzw. entgeltlichen Nutzungsüberlassung von beweglichen körperlichen Gegenständen durch den ausgegliederten Rechtsträger (zB Fahrzeuge, EDV-Anlagen, Mobiliar, Schuleinrichtung usw.) ist die Unternehmereigenschaft bzw. der Vorsteuerabzug ganz allgemein danach zu beurteilen, ob eine „gewerbliche oder berufliche“ Tätigkeit vorliegt. Wesentlich dafür ist somit, ob die Vermietung des beweglichen Anlagevermögens auf Einnahmenerzielung gerichtet ist. Dies kann angenommen werden, wenn das (jährliche) Mietentgelt zumindest jene AfA-Komponente erreicht, welche sich aus der betriebsgewöhnlichen Nutzungsdauer im Sinne der §§ 7, 8 EStG 1988 ergibt (siehe EStR 2000 Rz 3101 ff). Allfällige Zuschüsse bzw. Gesellschaftereinlagen sind bei der Kalkulation des Mietentgelts nicht zu berücksichtigen (Kostenkalkulation auf Basis der ungekürzten Anschaffungskosten). **275**

2.3.8. Sonderregelungen für die Ausgliederung von Aufgaben der Körperschaften öffentlichen Rechts, die Rückgängigmachung solcher Ausgliederungen und die Zusammenlegung von Gebietskörperschaften

276 Gemäß Art. 34 § 1 Abs. 1 Budgetbegleitgesetz 2001, BGBl. I Nr. 142/2000 idF BGBl. I Nr. 84/2002, gelten die Ausgliederung und Übertragung von Aufgaben der Körperschaften öffentlichen Rechts an juristische Personen des privaten oder öffentlichen Rechts sowie an Personenvereinigungen (Personengesellschaften), die unter beherrschendem Einfluss einer Körperschaft öffentlichen Rechts stehen, als nicht steuerbare Umsätze. Ist die juristische Person des privaten oder öffentlichen Rechts im Rahmen der Aufgabenerfüllung als Unternehmer tätig, gelten für Zwecke der Umsatzsteuer die Rechtsverhältnisse für diese Tätigkeit als Unternehmer weiter (zB Fortsetzung des beim Rechtsvorgänger begonnenen Fristenlaufs für den Berichtigungszeitraum gemäß § 12 Abs. 10 UStG 1994 beim Rechtsnachfolger).

Diese Sonderregelung ist nach Art. 34 § 2 Budgetbegleitgesetz 2001, BGBl. I Nr. 142/2000 idF BGBl. I Nr. 5/2013, sinngemäß auf alle durch die Rückgängigmachung von Ausgliederungen und Übertragungen, die von § 1 erfasst waren, unmittelbar veranlassten (anfallenden) Schriften, Rechtsvorgänge und Rechtsgeschäfte anzuwenden (anzuwenden für die Rückgängigmachung von Ausgliederungen ab 11.1.2013). Für Zwecke der Umsatzsteuer gilt dies jedoch erst nach Ablauf des Vorsteuerberichtigungszeitraumes gemäß § 12 Abs. 10 und Abs. 11 UStG 1994.

Weiters ist die Sonderregelung des Art. 34 § 1 Budgetbegleitgesetz 2001, BGBl. I Nr. 142/2000 idF BGBl. I Nr. 84/2002, sinngemäß auf alle auf Grund der Zusammenlegung von Gebietskörperschaften anfallenden Schriften, Rechtsvorgänge und Rechtsgeschäfte anzuwenden (gilt ab 11.1.2013).

(AÖF Nr. 2014/7)

2.3.9. Errichtung und Übertragung von öffentlichen Straßenanlagen durch ausgegliederte bzw. private Rechtsträger

277 Auch aus Aufwendungen, die aus der Errichtung öffentlicher Straßenanlagen (Zufahrtsstraßen, Abbiegespuren, Kreisverkehre usw.) resultieren, kann der Vorsteuerabzug unter den allgemeinen Voraussetzungen des § 12 UStG 1994 durch den (privaten) Straßenerrichter vorgenommen werden. Weder der Umstand, dass die Herstellung und Erhaltung öffentlicher Straßen in den Aufgabenbereich der Gebietskörperschaften fällt, noch der Umstand, dass eine errichtete Verkehrsfläche letztlich in das Eigentum des Straßeneigentümers übergeht, schließen einen Vorsteuerabzug eines die Bauleistungen in Auftrag gebenden Unternehmens bereits aus (vgl. VwGH 25.7.2013, 2011/15/0055). Dies gilt auch dann, wenn die Errichtung (bereits) auf öffentlichem Gut erfolgt. Es kann nämlich für einen Liegenschaftsverwalter durchaus im unternehmerischen Interesse liegen, seine Grundstücke durch Investitionen in (angrenzende) öffentliche Grundstücke besser zu erschließen, wobei Voraussetzung ist, dass die Errichtungs- und Ausbauarbeiten für den Betrieb des Unternehmers unerlässlich gewesen sind, nicht über das hinausgehen, was erforderlich ist, um es dem Unternehmer zu ermöglichen, seine unternehmerische Tätigkeit auszuüben, und die Kosten im Preis der von diesem Unternehmer getätigten Ausgangsumsätzen enthalten sind (vgl. VwGH 8.9.2021, Ro 2020/15/0011, mVa EuGH 16.9.2020, Rs C-528/19, *Mitteldeutsche Hartstein-Industrie AG*).

Werden im Zuge der Errichtung einer Straßenanlage andere Anlagen unentgeltlich übertragen und dienen diese in weiterer Folge nicht den unternehmerischen Bedürfnissen des Unternehmers, sondern vielmehr ausschließlich dem Bedarf der Gemeinde, so liegt – soweit die oben genannten Voraussetzungen für den Vorsteuerabzug vorliegen – ein Eigenverbrauch vor (vgl. zur unentgeltlichen Übertragung eines Sportplatzes an eine Gemeinde VwGH 8.9.2021, Ro 2020/15/0011).

Erfolgt die anschließende Übertragung an den öffentlichen Straßenerhalter im Rahmen einer entgeltlichen (Werk-) Lieferung, ist hinsichtlich der Lieferung des Grundstücks von einem steuerfreien Grundstücksumsatz nach § 6 Abs. 1 Z 9 lit. a UStG 1994 auszugehen (mit Option zur Steuerpflicht). Bis 31.12.2016 war die (Werk-) Lieferung der öffentlichen Straßenanlage dagegen jedenfalls (als Werklieferung oder als Betriebsvorrichtung) steuerpflichtig. Eine Lieferung iSd § 3 Abs. 1 UStG 1994 an den öffentlichen Straßenerhalter ist auch im Falle einer Weiterverrechnung der Errichtungskosten an kaufinteressierte Unternehmer im Erschließungsgebiet anzunehmen, wenn diese Zahlungen Entgelt von dritter arstellen.

Zahlungen der kaufinteressierten Unternehmer stellen ein Entgelt von dritter ar, wenn die Kosten der straßenbaulichen Maßnahmen vereinbarungsgemäß von den kaufinteressierten Unternehmern getragen und diesen (anteilig) weiterverrechnet werden (vgl. VwGH 25.10.2011, 2008/15/0299). Das Vorliegen einer solchen Weiterverrechnung schließt nicht aus, dass neben dem Entgelt von dritter uch ein (anteiliges) direktes Leistungsentgelt vorliegt (vgl. VwGH 30.4.2015, 2012/15/0163). Die Kaufinteressenten sind hinsichtlich der Kostenübernahme bzw. der in diesem Zusammenhang getätigten Zahlungen jedoch nicht zum Vorsteuerabzug berechtigt, weil nicht sie, sondern der öffentliche Straßenerhalter

Leistungsempfänger ist (vgl. VwGH 25.10.2011, 2008/15/0299). Ein einseitiger Hoheitsakt (zB Änderung der Flächenwidmung zum Zwecke der Errichtung eines Gewerbegebietes oder Erteilung einer Gewerbeberechtigung) stellt jedoch keine Gegenleistung für die Übertragung einer öffentlichen Straßenanlage dar (vgl. VwGH 8.9.2021, Ro 2020/15/0011, Rn 33 und 34 mVa EuGH 16.9.2020, Rs C-528/19, *Mitteldeutsche Hartstein-Industrie AG*, Rn 49).

Errichtet eine KöR eine Straßenanlage (zB eine Brücke samt Anbindung eines Gewerbegebietes) und verpflichtet sich ein Unternehmer (zB der Betreiber eines Gewerbegebietes) zur teilweisen oder gänzlichen Übernahme der Errichtungskosten, stellen die von der KöR weiterverrechneten Kostenanteile dann kein steuerbares Entgelt dar, wenn die Möglichkeit, diese Straßenteile öffentlich zu nutzen, hoheitlich (zB durch Verordnung des Landes) eingeräumt wird. Damit scheidet ein Vorsteuerabzug aus den weiter verrechneten Kostenanteilen (auch bloß quotal) aus (VwGH 8.9.2021, Ro 2020/15/0011, Rn 45).

(AÖF Nr. 2014/164, BMF-AV Nr. 2015/170, BMF-AV Nr. 2017/171, BMF-AV Nr. 2021/166)

Randzahlen 278 bis 290: *derzeit frei.*

2.4. Sozialversicherung

Randzahlen 291 bis 310: *derzeit frei.*

2.5. Fehlende Unternehmereigenschaft

2.5.1. Funktionsgebühren

Für das Vorliegen von nicht steuerbaren Funktionsgebühren gelten die für das Ertragsteuerrecht geltenden Auslegungsgrundsätze zum § 29 Z 4 EStG 1988 (vgl. EStR 2000 Rz 6613 bis Rz 6619) auch für die Umsatzsteuer. 311

Voraussetzung für die Nichtsteuerbarkeit ist, dass Unternehmer, die auch als Funktionäre einer Körperschaft des öffentlichen Rechts tätig sind, als Organe dieser Körperschaft des öffentlichen Rechts auftreten und innerhalb eines festgesetzten Gebietes bzw. Bereiches mit einer entsprechenden Macht- und Entscheidungsbefugnis (Imperium) ausgestattet sind (siehe zB die ständigen ärztlichen Beisitzer in den Patientenschiedsstellen der Ärztekammer (§ 66a Abs. 1 Z 6 ÄrzteG 1998), Fleischuntersuchungsorgane nach dem Lebensmittelsicherheits- und Verbraucherschutzgesetz (LMSVG), BGBl. I Nr. 13/2006, oder als Seuchentierärzte gemäß § 2a Abs. 1 des Tierseuchengesetzes, RGBl. Nr. 177/1909 idF BGBl. I Nr. 71/2003 bestellte Tierärzte). Eine bloß gutachterliche Tätigkeit ist jedenfalls als unternehmerisch anzusehen.

(BMF-AV Nr. 2015/170)

Hinsichtlich folgender Untersuchungen handeln Tierärzte nicht als Funktionäre einer Körperschaft des öffentlichen Rechts nach § 2 Abs. 5 Z 1 UStG 1994 in Verbindung mit § 29 Z 4 EStG 1988, da sich ihre diesbezüglichen Tätigkeiten im Wesentlichen als gutachterliche Tätigkeiten darstellen: 312

- Untersuchungen nach § 3 Abs. 1 Z 1 der jeweils geltenden BVD-Verordnung (Verordnung über ein Untersuchungsprogramm zur Bekämpfung der Bovinen, Virusdiarrhöe und der Mucosal Disease bei Rindern), derzeit BVD-Verordnung 2007, BGBl. II Nr. 178/2007 (siehe auch EStR 2000 Rz 6617a);

sowie bis 31.12.2013:

- Untersuchungen bzw. Probeziehungen nach § 3 Abs. 1 Rinderleukose-Untersuchungsverordnung 2008, BGBl. II Nr. 304/2007;
- Untersuchungen bzw. Probeziehungen nach § 3 Abs. 1 der Bangseuchen-Untersuchungsverordnung 2008, BGBl. II Nr. 305/2007;
- Untersuchungen und Probeziehungen nach § 3 Abs. 1 der IBR/IPV-Untersuchungsverordnung 2008, BGBl. II Nr. 306/2007.

(BMF-AV Nr. 2015/170)

2.5.2. Liebhaberei

Gemäß § 6 LVO, BGBl. Nr. 33/1993 idgF, welcher gemäß § 28 Abs. 5 Z 4UStG 1994 eine Legaldefinition zur Liebhaberei im Sinne des § 2 Abs. 5 Z 2 UStG 1994 darstellt (vgl. VwGH 16.02.2006, 2004/14/0082), kann Liebhaberei im umsatzsteuerlichen Sinn nur bei Betätigungen im Sinne des § 1 Abs. 2 LVO (Betätigungen mit Liebhabereivermutung) vorliegen. Siehe dazu im Detail LRL 2012 Rz 159 bis Rz 184. 313

Randzahlen 314 bis 325: *derzeit frei.*

2.6. Sondergebühren der Ärzte

Zu den Sondergebühren der Ärzte zählen die Entgelte der Ärzte für die Behandlung von Pfleglingen der Sonderklasse (einschließlich ambulatorischer Behandlung), soweit diese 326

Entgelte nicht von einer Krankenanstalt im eigenen Namen vereinnahmt werden (§ 22 Z 1 lit. b letzter Satz EStG 1988). Davon umfasst sind Fälle,

- in denen der Träger des Krankenhauses die Sondergebühren im Namen des Arztes eingehoben hat, oder
- in denen der Arzt die Sondergebühren unmittelbar von den Patienten eingefordert und erhalten hat (vgl. VwGH 18.3.2004, 2001/15/0034).

Auch mittelbare Ansprüche der Ärzte auf Sondergebühren können dann im Wege des § 2 Abs. 6 UStG 1994 dem Arzt zugerechnet werden, wenn der im Namen des Arztes eingehobene Anteil in der Abrechnung der Krankenanstalt – allenfalls in Ergänzung mit weiteren Unterlagen wie einem Rahmenvertrag – erkennbar ausgewiesen wird und in der Folge dem Arzt auch als solcher – allenfalls unter Abzug eines Bearbeitungsbeitrags – weitergeleitet wird (vgl. VwGH 31.1.2019, Ro 2017/15/0029).

Wird hingegen vom Krankenhausträger ein „Arztanteil" verrechnet, der dann als solcher gar nicht an den Arzt weitergeleitet wird (sondern allenfalls lediglich mit einem jährlichen Betrag diesem gegenüber pauschal abgegolten wird), so erweist sich der Hinweis auf den Namen des Arztes auf der Abrechnung lediglich als nähere Information über die von der Krankenanstalt erbrachte Leistung und es kann nicht von einem im Namen des Arztes eingehobenen gesonderten Entgelt gesprochen werden (vgl. VwGH 31.1.2019, Ro 2017/15/0029).

(BMF-AV Nr. 2019/165)

Randzahlen 327 bis 341: *derzeit frei.*

3. Lieferung (§ 3 UStG 1994)

3.1. Begriff der Lieferung

3.1.1. Liefergegenstand

Eine Lieferung liegt vor, wenn der Unternehmer jemand anderen befähigt, im eigenen Namen über einen Gegenstand zu verfügen. 342

Gegenstände sind

- körperliche Sachen oder
- andere Wirtschaftsgüter, die nach der Verkehrsauffassung wie körperliche Sachen behandelt werden [zB Energie, Gas, elektrischer Strom (VwGH 10.11.1995, 94/17/0219), Wärme oder Kälte (vgl. Art. 15 Abs. 1 MwSt-RL 2006/112/EG idF RL 2009/162/EU), Dampf, Wasserkraft, Tiere, Firmenwert].

Zum Ort der Lieferung von Gas oder Elektrizität siehe Rz 474a bis Rz 474e.

Zum Ort der Lieferung von Wärme oder Kälte siehe Rz 474a ff.

(BMF-AV Nr. 2019/165)

Auch Gesamtsachen (= Sachgesamtheiten) sind grundsätzlich als Gegenstände von Lieferungen anzusehen. Eine Gesamtsache ist eine Zusammenfassung mehrerer Sachen, die nach der Verkehrsauffassung als eine Sache anzusehen ist und mit einem gemeinschaftlichen Namen bezeichnet wird (§ 302 ABGB, zB Gestühl eines Vortragssaales, Bibliothek, Gemäldegalerie). Hinsichtlich Steuersatz siehe Rz 1169 bis 1173. 343

3.1.2. Abgrenzung zur sonstigen Leistung

Die Unterscheidung zwischen Lieferungen und sonstigen Leistungen ist für die Beurteilung des Leistungsortes, einer allfälligen Steuerbefreiung und des Steuersatzes von Bedeutung. 344

Es gibt einheitliche Leistungen, die sowohl Elemente einer Lieferung als auch einer sonstigen Leistung enthalten. Hiebei kommt es darauf an, ob die Leistung nach ihrer überwiegenden wirtschaftlichen Bedeutung als Erwerb eines Gegenstandes oder als ein Tun, Dulden, oder Unterlassen anzusehen ist. Dieses Überwiegen ist anhand der Verkehrsauffassung und nach der Absicht der Parteien zu ermitteln (VwGH 14.3.1980, 2045/79).

Abbauverträge: Bemisst sich das Entgelt für die Überlassung eines Grundstückes zur Gewinnung von Bodensubstanz nach der Menge des abgebauten Materials liegt eine Lieferung vor (VwGH 21.6.1977, 2420/76; VwGH 3.11.1986, 85/15/0098). 345

Devisengeschäft: Geschäfte, bei denen die eine Partei einen vereinbarten Betrag in einer Währung kauft und als Gegenleistung an die andere Partei einen vereinbarten Betrag in einer anderen Währung verkauft, wobei diese beiden Geldbeträge am gleichen Wertstellungstag zu zahlen sind, und bei denen sich beide Parteien über die betreffenden Währungen, die zu kaufenden und zu verkaufenden Beträge sowie darüber, welche Partei welche Währung kauft, und über den Tag der Wertstellung geeinigt haben, sind sonstige Leistungen (EuGH 14.7.1998, Rs C-172/96, „First National Bank of Chicago").

Grabpflege: Beschränkt sich die Leistung eines Gärtners darauf, Blumenschmuck auf einem Grabe auszusetzen, ohne eine weitere Betreuung des Grabes (zB Instandhaltung, Pflege) zu übernehmen, so ist seine Leistung nach ihrer überwiegenden wirtschaftlichen Bedeutung als Lieferung der Pflanzen anzusehen.

Herkunftsnachweise nach § 10 Ökostromgesetz 2012, BGBl. I Nr. 75/2011, und RECS Zertifikate: Die steuerbare Übertragung von Herkunftsnachweisen nach § 10 Ökostromgesetz 2012, BGBl. I Nr. 75/2011, und RECS Zertifikaten stellt eine sonstige Leistung dar, die unter § 3a Abs. 6 bzw. Abs. 14 UStG 1994 (bis 31.12.2009: § 3a Abs. 10 UStG 1994 – Katalogleistung) fällt. Sie ist nicht gemäß § 6 Abs. 1 Z 8 UStG 1994 steuerbefreit.

Leasing: Kommt es im Rahmen eines Leasingvertrags zur Verschaffung der Verfügungsmacht an den Leasingnehmer, liegt eine Lieferung vor. Eine Lieferung liegt bei einem Standard-Mietvertrag mit Kaufoption nur vor, wenn aufgrund der finanziellen Vertragsbedingungen davon ausgegangen werden kann, dass, wenn der Vertrag bis zum Ende seiner Laufzeit geführt wird, die Optionsausübung zum gegebenen Zeitpunkt als einzig wirtschaftlich rationale Möglichkeit für den Leasingnehmer erscheint (vgl. EuGH 4.10.2017, Rs C-164/16, *Mercedes-Benz Financial Services UK Ltd*; VwGH 30.4.2019, Ra 2017/15/0071).

Erfolgte die Zurechnung bei vor dem 1.1.2021 abgeschlossenen Leasingverträgen nach einkommensteuerlichen Grundsätzen, gilt Folgendes: Ist das Leasinggut nach einkommensteuerlichen Grundsätzen (EStR 2000 Rz 135 ff) dem Leasinggeber zuzurechnen, liegt eine sonstige Leistung, ist es dem Leasingnehmer zuzurechnen, liegt eine Lieferung vor (zum Vorliegen einer missbräuchlichen Praxis siehe Rz 1802a).

Meinungsumfrage: Die Überlassung von schriftlich dargestellten Ergebnissen einer Meinungsumfrage auf dem Gebiet der Marktforschung ist eine sonstige Leistung, weil die Weitergabe von Informationen im Vordergrund steht (BStBl II 1974, 259).

Reparaturen oder Verbesserungsarbeiten in Verbindung mit Lieferungen: Wird der Liefergegenstand vor dem Liefervorgang noch repariert oder verbessert, liegt eine einheitliche Leistung vor, die als Lieferung zu qualifizieren ist (VwGH 27.2.1990, 89/14/0197; VwGH 16.4.1991, 90/14/0012; VwGH 22.4.1998, 95/13/0144).

Restaurationsumsätze: Restaurationsumsätze sind als sonstige Leistung anzusehen (EuGH 02.05.1996, Rs C-231/94, *Faaborg – Gelting Linien A/S*), siehe näher Rz 641e und Art. 6 VO (EU) 282/2011, ABl. Nr. L 77 vom 23.03.2011 S. 1.

Software-Überlassung: Beim Verkauf von Standard-Software auf Diskette oder anderen Datenträgern liegt eine Lieferung vor (siehe auch Rz 642c). Bei der Überlassung nicht standardisierter Software, die speziell nach den Anforderungen des Anwenders erstellt wird oder die eine vorhandene Software den Bedürfnissen des Anwenders individuell anpasst, liegt eine sonstige Leistung vor. Auch die Übertragung von Standard-Software auf elektronischem Weg (zB Internet) ist eine sonstige Leistung.

Vertrag über die Verwaltung von Tankkarten: Bei der Verrechnung von Treibstoff unter Verwendung von Tankkarten durch einen Mineralölunternehmer an einen Unternehmer, der im Rahmen einer Vereinbarung über die Verwaltung von Tankkarten für den unmittelbaren Verwender der Tankkarte, Tankkarten lediglich organisiert und verwaltet, kommt es einerseits zu einer Lieferung von Treibstoff des Mineralölunternehmers an den unmittelbaren Verwender der Tankkarte sowie andererseits zu einer Dienstleistung des die Verwaltung der Tankkarten ausführenden Unternehmers an den unmittelbaren Verwender der Tankkarte. Diese Dienstleistung kann unter den Voraussetzungen des § 6 Abs. 1 Z 8 lit. a UStG 1994 steuerfrei sein (vgl. EuGH 15.5.2019, C-235/18, *Vega International Car Transport and Logistic*).

Bei Tankkartenverträgen, die den Einkauf und Verkauf von Treibstoffen regeln, ist hingegen von einer Lieferung in der Reihe auszugehen.

Theaterkarten: Der Verkauf durch den Betreiber eines Theaters ist noch keine Leistung. Diese wird erst durch die Theateraufführung erbracht. Zu den Gutscheinen siehe Rz 4. Zur Anzahlungsbesteuerung siehe Rz 2607.

Tonträger (Compact Discs, Musikkassetten, Schallplatten): Der Verkauf eines Tonträgers im Einzelhandel an einen Letztverbraucher ist eine Lieferung. Anders wäre der Fall zu beurteilen, wenn die Übertragung eines Rechtes der wesentliche wirtschaftliche Gehalt des Leistungsaustausches wäre.

Beispiel:

Der Unternehmer A verkauft dem Betreiber eines Rundfunkunternehmens R Tonträger mit Musik, die A selbst aufgenommen hat. A räumt dem R das Werknutzungsrecht ein, die Musikaufnahmen bei seinen Rundfunksendungen zu verbreiten, sowie die Tonträger bei Bedarf zu vervielfältigen. Der wesentliche wirtschaftliche Gehalt der Leistungen des A besteht in der Einräumung von Werknutzungsrechten im Sinne von §§ 24, 26 und 27 Urheberrechtsgesetz, BGBl. Nr. 111/1936. A hat daher eine sonstige Leistung erbracht, die unter § 3a Abs. 6 bzw. Abs. 14 Z 1 UStG 1994 (bis 31.12.2009: § 3a Abs. 10 Z 1 UStG 1994 – Katalogleistung) fällt (VwGH 05.06.1963, 1870/61).

Treibhausgasemissionszertifikate: Die steuerbare Übertragung von Treibhausgasemissionszertifikaten iSd Richtlinie 2003/87/EG stellt eine sonstige Leistung dar, die unter § 3a Abs. 6 bzw. Abs. 14 UStG 1994 fällt (EuGH 8.12.2016, Rs C-453/15, *A und B*).

Sie ist nicht gemäß § 6 Abs. 1 Z 8 UStG 1994 steuerbefreit.

Verlagsvertrag: Übergibt ein Autor dem Verleger ein Manuskript und räumt er diesem ein Werknutzungsrecht (§§ 24 und 26 Urheberrechtsgesetz, BGBl. Nr. 111/1936) daran ein, liegt im Unterschied zum Bücherverkauf eine sonstige Leistung vor, die unter § 3a Abs. 6 bzw. Abs. 14 Z 1 UStG 1994 (bis 31.12.2009: § 3a Abs. 10 Z 1 UStG 1994 – Katalogleistung) fällt, weil die Einräumung dieses Rechtes im Vordergrund steht (VwGH 29.06.1959, 2466/57; VwGH 15.09.1986, 84/15/0186, 84/15/0187).

Viehmastgeschäfte: Übernimmt ein Landwirt die Tiere eines anderen Landwirtes zur Aufütterung, so ist die Erzielung eines Masterfolges (sonstige Leistung) und nicht die Lieferung von Futter als Leistungsinhalt anzusehen.

Wildabschuss: Die dem Leistungsempfänger vom Unternehmer eingeräumte Möglichkeit, in einem dem Unternehmer gehörigen Gatterrevier Wild abzuschießen und sich die Trophäe sowie das Fleisch des Wildes zuzuwenden, ist eine einheitliche Leistung. Je nachdem, ob die Überlassung des Fleisches samt Trophäe einerseits oder das Dulden der Jagd und des

Abschusses andererseits als Leistungsinhalt überwiegt, liegt eine Lieferung oder sonstige Leistung vor. Ist der Verkehrswert der Trophäen und des ebenso überlassenen Fleisches niedriger als die Hälfte des vom Jagdgast aufzuwendenden Entgeltes, liegt eine sonstige Leistung vor (VwGH 14.03.1980, 2045/79; VwGH 13.05.1982, 81/15/0013), die unter § 3a Abs. 9 UStG 1994 (Grundstücksort; bis 31.12.2009: § 3a Abs. 6 UStG 1994) fällt.

Zeitschriftenherstellung: Die Herstellung von Zeitschriften unter Bereitstellung von Text und Bildmaterial durch den Auftraggeber ist als Lieferung von Zeitschriften zu behandeln.

(BMF-AV Nr. 2019/165, BMF-AV Nr. 2020/192)

3.1.3. Einheitlichkeit der Leistung

3.1.3.1. Allgemeines

Gegenstand der Umsatzsteuer ist grundsätzlich jede einzelne Leistung. Eine einheitliche Leistung liegt nur dann vor, wenn mehrere Leistungen erbracht werden, die so eng miteinander verbunden sind, dass sie in wirtschaftlicher Hinsicht objektiv ein Ganzes bilden, dessen Aufspaltung wirklichkeitsfremd wäre. Um festzustellen, ob der Steuerpflichtige dem Verbraucher mehrere selbständige Hauptleistungen oder eine einheitliche Leistung erbringt, ist das Wesen des fraglichen Umsatzes zu ermitteln, wobei auf die Sicht des Durchschnittsverbrauchers abzustellen ist. Eine einheitliche Leistung liegt insbesondere vor, wenn ein oder mehrere Teile die Hauptleistung, ein oder mehrere andere Teile aber Nebenleistungen darstellen, die das steuerliche Schicksal der Hauptleistung teilen (vgl. ua. EuGH 27.10.2005, Rs C-41/04, *Levob Verzekeringen*; EuGH 25.2.1999, Rs C-349/96, *Card Protection Plan Ltd*, EuGH 15.5.2001, Rs C-34/99, *Primback Ltd*, sowie VwGH 19.3.2008, 2005/15/0072 und VwGH 20.2.2008, 2006/15/0161). 346

Dies entspricht auch dem auf der wirtschaftlichen Betrachtungsweise (§ 21 BAO) beruhenden Grundsatz der Einheitlichkeit der Leistung. Demnach darf ein einheitlicher wirtschaftlicher Vorgang für Zwecke der Umsatzbesteuerung nicht in seine Bestandteile zerlegt werden. Einheitliche Leistungen sind somit umsatzsteuerlich einheitlich zu beurteilen; die Rechtsfolgen sind für alle Teile einer einheitlichen Leistung ident und hängen vom Hauptzweck der einheitlichen Leistung ab (vgl. VwGH 21.12.1966, 0937/66; VwGH 30.3.1992, 90/15/0158). Liegt zB der Hauptzweck der einheitlichen Leistung in einer bestimmten Lieferung, so treten für die gesamte Leistung nur die Rechtsfolgen dieser bestimmten Lieferung ein.

Es ist danach ua. nicht zulässig, den einheitlichen Wirtschaftsvorgang einer Werklieferung (zB bei Errichtung eines Bauwerkes) in eine Warenlieferung und eine sonstige Leistung (Arbeitsleistung) zu zerlegen (VwGH 14.1.1963, 1364/60; VwGH 24.6.1971, 0107/71). Dies gilt auch dann, wenn über die Lieferung und die Verarbeitung des Materials getrennte Aufträge erteilt und getrennte Rechnungen gelegt werden. Ähnliches gilt für Beförderungsleistungen, die in engem Zusammenhang mit Lieferungen stehen.

(BMF-AV Nr. 2015/170)

3.1.3.2. Unselbstständige Nebenleistungen

Unselbstständige Nebenleistungen teilen das umsatzsteuerliche Schicksal der Hauptleistung (Ort der Leistung, Steuerbarkeit, Steuerpflicht, Steuersatz). 347

Unselbstständige Nebenleistungen

- kommen üblicherweise im Gefolge der Hauptleistung vor,
- sind im Verhältnis zur Hauptleistung nach der Verkehrsauffassung von untergeordneter Bedeutung, zB weil sich das Interesse des Abnehmers regelmäßig auf die Hauptleistung konzentriert, und
- haben den Zweck, die Hauptleistung zu ergänzen, zu erleichtern, zu ermöglichen oder abzurunden. Sie haben also gegenüber der Hauptleistung eine dienende Funktion (VwGH 05.04.1984, 83/15/0045; VwGH 17.09.1990, 89/15/0048; VwGH 17.09.1990, 89/15/0051; VwGH 17.09.1996, 93/14/0055; VwGH 17.12.1996, 96/14/0016; EuGH 22.10.1998, Rs C-308/96 und Rs C-94/97, *The Howden Court Hotel*; EuGH 25.02.1999, Rs C-349/96, *Card Protection Plan*).

Das Verhältnis des Wertes der Leistungen ist hierbei nicht von ausschlaggebender Bedeutung, kann aber als Indiz herangezogen werden. Ob für alle Leistungen ein einheitlicher Preis verlangt wird oder ob alle Leistungen im Zuge eines einheitlichen Vertrages erbracht werden, ist unerheblich. Nicht erforderlich ist, dass eine der beiden Leistungen nur in Zusammenhang mit der anderen wirtschaftlich sinnvoll ist (VwGH 5.4.1984, 83/15/0045).

3.1.3.3. ABC der einheitlichen Leistungen und unselbstständigen Nebenleistungen

Anschluss an Strom-, Wasser- und Gasleitungen: Siehe Rz 1170. 348

Anschluss an das Kabelfernsehnetz: Siehe Rz 1284.

Aufladen eines Elektrofahrzeuges durch einen Mobilitätsanbieter: Beim Aufladen eines Elektrofahrzeuges ist die Durchführung des Ladevorganges unselbstständige Nebenleistung zur Lieferung von Elektrizität.

Beförderung als Nebenleistung: Ist die Beförderungsleistung im Vergleich zu einer anderen am Leistungsaustausch teilnehmenden Leistung von untergeordneter Bedeutung, kann sie eine unselbstständige Nebenleistung sein.

Bei einer Zufuhr des Liefergegenstandes darf idR der wirtschaftlich einheitliche Liefervorgang umsatzsteuerrechtlich nicht in die Lieferung der Ware und in eine Beförderungsleistung (Zustellung) zerlegt werden (VwGH 10.5.1957, 0426/55 zur Zustellung von Sand; VwGH 3.6.1964, 1437/62 zur Zustellung von Steinen zur Baustelle).

Der Transport von Kindern vom und zum Kindergarten, gleichgültig ob alle Kinder, die den Kindergarten besuchen, befördert werden, ist einen Nebenleistung zur Hauptleistung „Kindergartenbetrieb“ (VwGH 17.9.1996, 93/14/0055).

Rafting – Personenbeförderung tritt in den Hintergrund (siehe Rz 1313).

Sommerrodelbahn siehe Rz 1313.

Beförderungsnebenleistungen: Werden das Beladen, Entladen, Inkasso (EuGH 12.6.1979, Rs C-126/78, *N.V. Nederlandse Spoorwegen*), Umschlagen, Lagern, Besorgen der Versicherung, Entrichten des Zolls und/oder der EUSt (VwGH 29.1.1998, 96/15/0066), eine allfällige Transportbegleitung und ähnliche mit der Beförderung eines Gegenstandes im Zusammenhang stehende Leistungen vom befördernden Unternehmer erbracht, sind sie als Nebenleistungen der Güterbeförderung anzusehen.

Filmherstellung: Die (vertraglich vereinbarte) Herstellung eines Films iSd § 2 Abs. 1 und Abs. 2 der Richtlinie „Filmstandort Österreich“ stellt ein einheitliches komplexes Leistungsbündel dar, dessen Leistungsort – bei einem unternehmerischen Leistungsempfänger – gemäß § 3a Abs. 6 UStG 1994 am Empfängerort liegt.

Kreditgewährung: Siehe Rz 754 bis Rz 758.

Lehrtätigkeit: Die Überlassung von Büchern, Skripten und sonstigen schriftlichen Unterlagen, die in Zusammenhang mit der Lehrtätigkeit stehen, durch jenen Unternehmer, der diese Tätigkeit ausführt, ist als unselbstständige Nebenleistung zur Lehrtätigkeit anzusehen (VwGH 17.12.1996, 96/14/0016; vgl. VwGH 28.9.1976, 1545/74).

Die Überlassung eines Kurskonzeptes an ein auf dem Gebiet der Berufsbildung tätiges Unternehmen und die im Rahmen dieses Konzeptes erfolgende Lehrtätigkeit derselben Person stellen selbstständige Hauptleistungen dar (VwGH 27.8.1990, 89/15/0128).

Lottospielgemeinschaften/Tippgemeinschaften: Lottospielgemeinschaften erbringen an ihre Kunden eine einheitliche Leistung, die weder eine Vermittlungs- noch eine Besorgungsleistung ist. Die Serviceleistungen – wie Organisation und Durchführung der Spielgemeinschaften und Erstellung von Zahlenreihen – sind Teil dieser einheitlichen (umsatzsteuerpflichtigen) Leistung (vgl. VwGH 29.7.2010, 2008/15/0272; VwGH 24.10.2013, 2011/15/0053, sowie VwGH 18.12.2017, Ro 2016/15/0015). Siehe dazu auch Rz 657.

Messen und Ausstellungen – Leistungen der Veranstalter: Siehe Rz 640u bis Rz 640y.

Möblierte Wohnungen bzw. Geschäftsräumlichkeiten: Siehe Rz 888 und Rz 894.

Notar – Nebenleistungen in Verbindung mit der Beurkundung von Grundstückslieferungen: Siehe Rz 640b.

Portfolioverwaltung: Die entgeltliche Tätigkeit eines Unternehmers, der aufgrund eigenen Ermessens über den Kauf und Verkauf von Wertpapieren entscheidet und diese Entscheidung durch den Kauf und Verkauf der Wertpapiere vollzieht, stellt eine einheitliche sonstige Leistung dar (EuGH 19.07.2012, Rs C-44/11, *Deutsche Bank AG*). Zum Leistungsort siehe Rz 642d, zur Nichtanwendung der Steuerbefreiung siehe Rz 767 ff.

Rechtsanwalt – Prozessführung als einheitliche Leistung: Die Vertretungshandlungen eines Rechtsanwaltes in einem Prozess sind als einheitliche sonstige Leistung anzusehen, die im Zeitpunkt der rechtskräftigen Beendigung des Prozesses als ausgeführt gilt (VwGH 20.12.1996, 96/17/0451).

Reparaturen in Verbindung mit Lieferungen: Siehe Rz 345.

Restaurationsumsätze: Zur Beurteilung als einheitliche sonstige Leistung siehe Rz 345. Die Abgabe von Getränken im Rahmen eines Restaurationsumsatzes ist nicht als unselbstständige Nebenleistung der Abgabe von Speisen anzusehen. Auch kann die Abgabe von Speisen nicht als unselbstständige Nebenleistung der Abgabe von Getränken angesehen werden (VwGH 24.11.1998, 98/14/0055).

Seminarleistungen: Leistungen wie die Bereitstellung eines Seminarraumes samt Grundausstattung und Technik, Seminarbetreuung und Getränkeverabreichung stellen keine unselbstständigen Nebenleistungen zur Beherbergung dar (VwGH 20.02.2008, 2006/15/0161). Siehe auch Rz 1371.

Seminar- und Konferenzraumvermietung: Teil einer einheitlichen Leistung, die als Grundstücksvermietung angesehen wird, sind beispielsweise die Bereitstellung von

- Strom,
- Internet,
- Endreinigung,
- Bestuhlung,
- Projektor oder Beamer,

wenn dies in einer Art und einem Ausmaß passiert, wie es für Seminar- bzw. Konferenzräume üblich ist.

Wenn es die sinnvolle Nutzung des Grundstücks erfordert (zB aufgrund der Größe des Raumes), kann auch die Bereitstellung einer üblichen Ton- oder Lichttechnik (gegebenenfalls samt notwendigem Personal) noch als Teil der einheitlichen Leistung gesehen werden.

Selbständige Leistungen bilden grundsätzlich die Bereitstellung von

- besonderer Bühnentechnik
- Catering (auch nur die Bereitstellung von Getränken)
- Garderobe samt Personal
- Sicherheitspersonal (wenn dieses nicht im überwiegenden Interesse des Vermieters tätig wird).

Trainer: Trainings- und Wettkampfplanung sowie die Betreuung von Athleten auf Trainingskursen im In- und Ausland stellen eine einheitliche sonstige Leistung dar. Jener Teil der Tätigkeiten des Trainers, der der Werbung und Öffentlichkeitsarbeit dient, unterliegt keiner gesonderten Beurteilung (VwGH 25.1.2000, 94/14/0123).

Warenumschließungen (Flaschen, Kisten, Fässer, sonstige Verpackungen), die üblicherweise vom Lieferer beigestellt werden, und für die Pfandgelder vereinbart werden, teilen das umsatzsteuerliche Schicksal der Lieferung (vgl. VwGH 30.5.1988, 86/15/0119).

Wasserlieferungen, Wasserzähler: Siehe „Anschluss an Strom-, Wasser- und Gasleitungen".

Zahlungsbearbeitungsentgelt: Zusätzliche Entgelte, die der Erbringer einer Hauptleistung (zB Telekommunikationsdienstleistung) seinen Kunden bei der Wahl bestimmter Zahlungssysteme verrechnet, stellen keine Gegenleistung für eine eigenständige Zahlungsdienstleistung dar und teilen daher das Schicksal der Hauptleistung (vgl. EuGH 02.12.2010, Rs C-276/09, *Everything Everywhere Ltd*).

(AÖF Nr. 2014/7, AÖF Nr. 2014/164, BMF-AV Nr. 2015/170, BMF-AV Nr. 2018/164, BMF-AV Nr. 2020/192, BMF-AV Nr. 2021/166)

Keine einheitliche Leistung liegt vor: **349**

Menüs in (Schnell)restaurants: Bei der Aufteilung pauschaler Menüpreise auf die dem ermäßigten Steuersatz unterliegenden Speisenumsätze und die dem Normalsteuersatz unterliegenden Getränkeumsätze ist das Pauschalentgelt im Verhältnis der Einzelverkaufspreise aufzuteilen, weil diese bereits fest stehen und keine eigene Kalkulation erfordern („lineare Kürzung", VwGH 16.12.2009, 2008/15/0075; VwGH 20.12.2016, Ro 2014/15/0039, sowie VwGH 17.10.2017, Ra 2017/15/0056).

Versicherungsleistungen bei Leasingverträgen: Wird beim Abschluss eines Leasingvertrages auch ein Versicherungsvertrag abgeschlossen, so ist davon auszugehen, dass es sich bei der in der Versicherung des Leasingobjektes bestehenden sonstigen Leistung um eine – neben der Gebrauchsüberlassung des KFZ – eigenständige sonstige (Versicherungs-) Leistung handelt (EuGH 17.01.2013, Rs C-224/11, *BGZ Leasing*). Zur Steuerbefreiung von Versicherungsleistungen siehe Rz 851 bis Rz 853.

Zeitschriftenabonnements mit Online-Zugang (Rechtslage bis 31.12.2019): Die Aufteilung eines pauschalen Entgelts auf die dem ermäßigten Steuersatz unterliegende Lieferung von Zeitungen, Zeitschriften usw. und die dem Normalsteuersatz unterliegende Zurverfügungstellung einer Online-Version hat – sofern keine Einzelverkaufspreise vorliegen – nach den tatsächlichen Kosten zu erfolgen (siehe VwGH 16.12.2009, 2008/15/0075, unter Hinweis auf EuGH 22.10.1998, Rs C-308/96 und Rs C-94/97, *T. P. Madgett und R. M. Baldwin*). Die nicht direkt der Print-oder der Onlineproduktion zurechenbaren Kosten werden im selben Verhältnis wie die direkt zurechenbaren Kosten aufgeteilt.

Beispiel:

direkt zurechenbare Kosten:

Print: 9 Mio. €; Online: 1 Mio. €

nicht direkt zurechenbare Kosten: 10 Mio. €

Print: 90%, das sind 9 Mio. €; Online: 10%, das sind 1 Mio. €

Gesamtkosten Print: 18 Mio. € (90% der Gesamtkosten); Gesamtkosten Online: 2 Mio. € (10% der Gesamtkosten)

Erlöse Pauschalangebot: 30 Mio. €

90% der Umsätze unterliegen dem ermäßigten Steuersatz, 10% der Umsätze dem Normalsteuersatz

Erwächst dem Unternehmer jedoch durch die Zurverfügungstellung eines Online-Zugangs an seine Print-Abonnenten kein nennenswerter Aufwand und wird der Online-Zugang ohne Aufpreis (Gratis-Zugriff) eingeräumt, kann dieser Leistung (Online-Zugang) kein Teil des Printabonnementpreises zugerechnet werden (vgl. VwGH 22.11.2018, Ra 2017/15/0091).

Zur Anwendung des ermäßigten Steuersatzes für elektronische Publikationen ab 1.1.2020 siehe Rz 1339 ff.

Zusatzartikel bei Zeitungsabonnements: Bei der Abgabe von – in keinem Bezug zum Geschäftsgegenstand des Unternehmens stehenden – Gegenständen zu einem nicht kostendeckenden Preis bei gleichzeitigem Abschluss eines Abonnementvertrages, der zu denselben Bedingungen auch von Kunden abgeschlossen wird, die keinen Gegenstand erwerben, liegen zwei Leistungen gegen Entgelt vor. Als Entgelt für die Zugabe ist der nicht kostendeckende Preis entsprechend der Preisvereinbarung mit dem Kunden anzusetzen (vgl. VwGH 27.5.2015, 2012/13/0029).

(BMF-AV Nr. 2019/165)

Randzahlen 350 bis 360: *derzeit frei.*

3.2. Den Lieferungen gleichgestellter Eigenverbrauch

3.2.1. Allgemeines

361 Einer Lieferung gegen Entgelt gleichgestellt wird die Entnahme eines Gegenstands durch einen Unternehmer aus seinem Unternehmen

- für Zwecke, die außerhalb des Unternehmens liegen,
- für den Bedarf seines Personals, sofern keine Aufmerksamkeiten vorliegen, oder
- für jede andere unentgeltliche Zuwendung, ausgenommen Geschenke von geringem Wert und Warenmuster für Zwecke des Unternehmens.

Auch die unentgeltliche Übertragung eines Betriebes oder Teilbetriebes ist einer Lieferung gegen Entgelt gleichgestellt. Für jeden Gegenstand des übertragenen Betriebes, der ganz oder teilweise zum Vorsteuerabzug berechtigt hat, ist daher eine Eigenverbrauchsbesteuerung gemäß § 3 Abs. 2 UStG 1994 vorzunehmen. Bezüglich der Weiterverrechnung der auf den Eigenverbrauch entfallenden Steuer nach § 12 Abs. 15 UStG 1994 siehe Rz 2151 bis 2153.

362 Die für Zwecke außerhalb des Unternehmens entnommenen Gegenstände müssen dem Unternehmen dienen oder bisher gedient haben. Ob ein Gegenstand dem Unternehmen dient, richtet sich nach § 12 Abs. 2 UStG 1994 (siehe Rz 1901 bis 1952). Wurde ein gemischt genutzter Gegenstand dem Unternehmen nur insoweit zugeordnet, als er unternehmerischen Zwecken dient, kann eine Entnahme nur hinsichtlich dieses Teiles erfolgen.

3.2.2. Vorangegangener Vorsteuerabzug

363 Eine Eigenverbrauchsbesteuerung erfolgt in den Fällen des § 3 Abs. 2 UStG 1994 nur dann, wenn der Gegenstand oder seine Bestandteile zu einem vollen oder teilweisen Vorsteuerabzug berechtigt haben, wobei ein Vorsteuerabzug im Ausland oder die abstrakte Vorsteuerabzugsmöglichkeit ausreicht (VwGH 22.5.2014, 2011/15/0176).

(BMF-AV Nr. 2015/170, BMF-AV Nr. 2020/192)

364 Als Bestandteile gelten alle nicht selbständig nutzbaren Wirtschaftsgüter, die mit dem gelieferten Gegenstand in einem einheitlichen Nutzungs- und Funktionszusammenhang stehen, auch wenn sie in den Gegenstand erst später eingegangen sind (zB eine nachträglich in ein Kfz eingebaute Klimaanlage). Nicht zu einem Bestandteil führen Aufwendungen für den Gebrauch und die Erhaltung des Gegenstandes, die ertragsteuerlich sofort abziehbaren Erhaltungsaufwand darstellen (zB Aufwendungen für Reparatur-, Ersatz- oder Verschleißteile).

365 Um einerseits eine Doppelbesteuerung und andererseits einen unbesteuerten Endverbrauch zu vermeiden, ist eine partielle Eigenverbrauchsbesteuerung vorzunehmen.

Beispiel 1:

In ein ohne Möglichkeit eines Vorsteuerabzuges erworbenes Gebäude wird im Jahr 01 unter Geltendmachung des Vorsteuerabzuges ein Lift eingebaut. Im Jahr 02 wird das Grundstück entnommen.

Zu einer Eigenverbrauchsbesteuerung kommt es nur hinsichtlich des Grundstücksteils Lift.

Diese Beurteilung ist auch bei Großreparaturen an Gebäuden (zB Austausch der Fenster **366**
oder Türen; Erneuerung des Daches oder der Heizungsanlage; Trockenlegungsaufwand) vorzunehmen.

Beispiel 2:

An einem ohne Möglichkeit eines Vorsteuerabzuges erworbenen Gebäude wird im Jahr 01 unter Geltendmachung des Vorsteuerabzuges eine Großreparatur vorgenommen (zB Austausch der Fenster). Im Jahr 02 wird das Grundstück entnommen.

Zu einer Eigenverbrauchsbesteuerung kommt es nur hinsichtlich des Grundstücksteils Fenster.

Ein Vorsteuerabzug im Zusammenhang mit der laufenden Nutzung von Gebäuden (Wartung, Reparaturen, ausgenommen Großreparaturen) führt zu keiner Eigenverbrauchsbesteuerung im Falle der Entnahme.

3.2.3. Abgrenzung zu entgeltlichen Vorgängen

Werden Gegenstände des Unternehmens an Dritte zu einem nicht kostendeckenden Preis **367**
abgegeben, so ist zu prüfen, ob der Unternehmer diesen niedrigen Preis aus betriebswirtschaftlichen Gründen (zB Abverkauf; Lockangebot) oder aus außerbetrieblichen Motiven (familiäre oder freundschaftliche Nahebeziehungen; Gesellschafterstellung usw.) angesetzt hat. Liegen betriebliche Gründe vor, ist insgesamt von einem entgeltlichen Vorgang auszugehen. Erfolgt hingegen die Wertabgabe aus außerbetrieblichen Gründen unter dem Einstandspreis bzw. unter den Selbstkosten, so ist insgesamt von einem unentgeltlichen Vorgang auszugehen und eine Eigenverbrauchsbesteuerung gemäß § 3 Abs. 2 UStG 1994 vorzunehmen.

Beispiel:

Ein Möbelhändler überlässt seiner Tochter ein Möbelstück, das er um 500 Euro eingekauft hat und laut Preisliste um 700 Euro verkauft, um 400 Euro. Für diesen Preisnachlass finden sich keine betriebswirtschaftlichen Gründe.

Es liegt insgesamt eine unentgeltliche Entnahme gemäß § 3 Abs. 2 UStG 1994 vor. Die Bemessungsgrundlage bestimmt sich nach § 4 Abs. 8 lit. a UStG 1994 (idR der Einstandspreis).

Zur Anwendung des Normalwertes ab 1. Jänner 2013 siehe Rz 682.

3.2.4. Sachzuwendungen an das Personal

Siehe Rz 66 bis Rz 74. **368**

(AÖF Nr. 2014/164)

3.2.5. Andere unentgeltliche Zuwendungen

3.2.5.1. Allgemeines

Unentgeltliche Zuwendungen von Gegenständen, die nicht in der Entnahme von Gegen- **369**
ständen oder in Sachzuwendungen an das Personal bestehen, sind auch dann steuerbar, wenn der Unternehmer sie aus unternehmerischen Gründen zB zu Werbezwecken, zur Verkaufsförderung oder zur Imagepflege, tätigt. Darunter fallen insbesondere Sachspenden an Vereine, Warenabgaben anlässlich von Preisausschreiben, Verlosungen usw. zu Werbezwecken. Die Steuerbarkeit entfällt nicht, wenn der Empfänger die zugewendeten Gegenstände in seinem Unternehmen verwendet. Ausgenommen von der Besteuerung sind Geschenke von geringem Wert und die Abgabe von Warenmustern für Zwecke des Unternehmens. Geschenke von geringem Wert liegen vor, wenn die Anschaffungs- oder Herstellungskosten der dem Empfänger im Kalenderjahr zugewendeten Gegenstände insgesamt 40 € (ohne USt) nicht übersteigen. Aufwendungen bzw. Ausgaben für geringwertige Werbeträger (zB Kugelschreiber, Feuerzeuge, Kalender usw.) können hierbei vernachlässigt werden und sind auch nicht in die 40-€-Grenze miteinzubeziehen.

Nicht steuerbar ist die Gewährung unentgeltlicher **sonstiger Leistungen aus unternehmerischen Gründen**. Hierunter fällt zB die unentgeltliche Überlassung von Gegenständen, die im Eigentum des Zuwenders verbleiben und die der Empfänger dementsprechend später an den Zuwender zurückgeben muss.

3.2.5.2. Geschenke

370 Ein **Geschenk** setzt eine unentgeltliche Zuwendung an einen Dritten voraus. Die Unentgeltlichkeit ist nicht gegeben, wenn die Zuwendung als Entgelt für eine bestimmte Gegenleistung des Empfängers anzusehen ist. Ein Geschenk ist regelmäßig anzunehmen, wenn ein Unternehmer einem Geschäftsfreund oder dessen Beauftragten ohne rechtliche Verpflichtung und ohne zeitlichen oder sonstigen unmittelbaren Zusammenhang mit einer Leistung des Empfängers eine Sachzuwendung gibt (vgl. diesbezüglich EStR Rz 4813). Keine Geschenke sind zB Preise anlässlich einer Auslobung. Sie sind daher ohne Prüfung einer Geringfügigkeitsgrenze stets steuerbar.

3.2.5.3. Nicht steuerbare Abgabe von Warenmustern

371 **Warenmuster** sind ausdrücklich von der Steuerbarkeit ausgenommen. Hiebei handelt es sich um Gegenstände, die eine bestimmte Art bereits hergestellter Waren darstellen oder die Modelle von Waren sind, deren Herstellung vorgesehen ist; ausgenommen hievon sind jedoch gleichartige Erzeugnisse, die in solchen Mengen an denselben Empfänger abgegeben werden, dass sie insgesamt gesehen keine Muster im handelsüblichen Sinne darstellen.

Nach Art und Aussehen sollen Warenmuster einer vom Unternehmer angebotenen Ware entsprechen, potentielle Käufer von der Beschaffenheit der Ware überzeugen und damit den Kaufentschluss des Empfängers fördern. Die Abgabe eines „Warenmusters" soll dem Empfänger nicht den Kauf ersparen, sondern ihn gerade zum Kauf anregen.

Ohne Bedeutung ist, ob Warenmuster einem anderen Unternehmer für dessen unternehmerische Zwecke oder einem Letztverbraucher zugewendet werden. Nicht steuerbar ist somit auch die Abgabe so genannter Probierpackungen im Getränke- und Lebensmitteleinzelhandel (zB die kostenlose Abgabe von losen oder verpackten Getränken und Lebensmitteln im Rahmen von Verkaufsaktionen, Probepackungen usw.) an Letztverbraucher.

3.2.5.4. Verkaufskataloge, Werbedrucke, Anzeigenblätter usw.

372 Unentgeltlich abgegebene **Verkaufskataloge**, Versandhauskataloge, Reisekataloge, Werbeprospekte und -handzettel, Veranstaltungsprogramme und -kalender usw. dienen der Werbung, insbesondere der Anbahnung eines späteren Umsatzes. Eine (private) Bereicherung des Empfängers ist damit regelmäßig nicht verbunden. Dies gilt auch für Anzeigenblätter mit einem redaktionellen Teil (zB für Lokales, Vereinsnachrichten usw.), die an alle Haushalte in einem bestimmten Gebiet kostenlos verteilt werden. Bei der Abgabe derartiger Erzeugnisse handelt es sich nicht um unentgeltliche Zuwendungen im Sinne des § 3 Abs. 2 UStG 1994.

3.2.5.5. Verkaufshilfen, Verkaufsschilder, Displays usw.

373 Die unentgeltliche Abgabe von **Werbe- und Dekorationsmaterial**, das nach Ablauf der Werbe- oder Verkaufsaktion vernichtet wird oder bei dem Empfänger nicht zu einer (privaten) Bereicherung führt (zB Verkaufsschilder, Preisschilder, so genannte Displays), an andere Unternehmer (zB vom Hersteller an Großhändler oder vom Großhändler an Einzelhändler) dient ebenfalls der Werbung bzw. der Verkaufsförderung. Das Gleiche gilt für so genannte Verkaufshilfen oder -ständer (zB Suppenständer, Süßwarenständer), die zB von Herstellern oder Großhändlern an Einzelhändler ohne besondere Berechnung abgegeben werden, wenn beim Empfänger eine Verwendung dieser Gegenstände im nicht unternehmerischen Bereich ausgeschlossen ist. Bei der Abgabe derartiger Erzeugnisse handelt es sich nicht um unentgeltliche Zuwendungen im Sinne des § 3 Abs. 2 UStG 1994.

Dagegen handelt es sich bei der unentgeltlichen Abgabe auch nicht unternehmerisch verwendbarer Gegenstände, die nach Ablauf von Werbe- oder Verkaufsaktionen für den Empfänger noch einen Gebrauchswert haben (zB Fahrzeuge, Spielzeug, Sport- und Freizeitartikel), um unentgeltliche Zuwendungen im Sinne des § 3 Abs. 2 UStG 1994.

3.2.5.6. Abgrenzung entgeltlicher Lieferungen von unentgeltlichen Zuwendungen

374 Wenn der Empfänger eines scheinbar kostenlos abgegebenen Gegenstandes für den Erhalt dieses Gegenstandes tatsächlich eine Gegenleistung erbringt, ist die Abgabe dieses Gegenstandes nicht als unentgeltliche Zuwendung nach § 3 Abs. 2 UStG 1994, sondern als entgeltliche Lieferung steuerbar. Die Gegenleistung des Empfängers kann in Geld oder in Form einer Lieferung bzw. sonstigen Leistung bestehen (§ 3 Abs. 12 bzw § 3a Abs. 2 UStG 1994).

Beispiel:

- *Falls ein Unternehmer dem Abnehmer bei Abnahme einer bestimmten Menge bzw. Überschreiten einer bestimmen Auftragssumme* **zusätzliche Stücke desselben Gegenstandes** *ohne Berechnung zukommen lässt (zB 11 Stück zum Preis von 10 Stück),* *handelt es sich bei wirtschaftlicher Betrachtung auch hinsichtlich der zusätzlichen Stücke um eine insgesamt entgeltliche Lieferung. Ähnlich wie bei einer Staffelung des Preises nach Abnahmemengen hat in diesem Fall der Abnehmer mit dem Preis für die berechneten Stücke die unberechneten Stücke mitbezahlt.*

- *Wenn ein Unternehmer dem Abnehmer bei Abnahme einer bestimmten Menge bzw. Überschreiten einer bestimmen Auftragssumme* **außerdem andere Gegenstände** *ohne Berechnung zukommen lässt (zB bei Abnahme von 20 Kühlschränken wird ein Mikrowellengerät ohne Berechnung mitgeliefert), handelt es sich bei wirtschaftlicher Betrachtungsweise ebenfalls um eine insgesamt entgeltliche Lieferung.*
- *Eine insgesamt entgeltliche Lieferung ist zB auch die unberechnete Abgabe von Untersetzern (Bierdeckel), Saugdecken (Tropfdeckchen), Aschenbechern und Gläsern einer Brauerei oder eines Getränkevertriebes an einen Gastwirt im Rahmen einer Getränkelieferung, die unberechnete Abgabe von Autozubehörteilen (Fußmatten, Warndreiecke) und Pflegemitteln usw. eines Fahrzeughändlers an den Käufer eines Neuwagens oder die unberechnete Abgabe von Schuhpflegemitteln eines Schuhhändlers an einen Schuhkäufer.*
- *Weitere Fälle, in denen regelmäßig entgeltliche Lieferungen bzw. entgeltliche Leistungen vorliegen:*
  - *Unberechnete Übereignung eines Mobilfunk-Geräts (Handy) von einem Mobilfunk-Anbieter an einen neuen Kunden, der gleichzeitig einen längerfristigen Netzbenutzungsvertrag abschließt;*
  - *Sachprämien von Zeitungs- und Zeitschriftenverlagen an die Neuabonnenten einer Zeitschrift, die ein längerfristiges Abonnement abgeschlossen haben;*
- *Fälle, in denen regelmäßig ein tauschähnlicher Umsatz vorliegt:*
  - *Sachprämien an Altkunden für die Vermittlung von Neukunden: Der Sachprämie steht eine Vermittlungsleistung des Altkunden gegenüber (die Hingabe der Sachprämie stellt eine entgeltliche Lieferung dar);*
  - *Sachprämien eines Automobilherstellers an das Verkaufspersonal eines Vertragshändlers, wenn dieses Personal damit für besondere Verkaufserfolge belohnt wird (die Hingabe der Sachprämie stellt eine entgeltliche Lieferung dar).*

Randzahlen 375 bis 380: *derzeit frei.*

3.3. Kommissionsgeschäft

Der Kommissionär wird im eigenen Namen und für fremde Rechnung (nämlich des Kommittenten) tätig. Gemäß § 383 UGB kann das jede natürliche oder juristische Person (Personengesellschaft) sein, die es übernimmt, Waren oder Wertpapiere für Rechnung eines Auftraggebers im eigenen Namen zu kaufen oder zu verkaufen. Es gibt drei Arten von Kommissionsgeschäften: die Einkaufs- und Verkaufskommission (§ 383 UGB) sowie die Werklieferungskommission (§ 383 Abs. 1 zweiter Satz UGB). **381**

Bei Kommissionsgeschäften liegen zwischen dem Kommittenten und dem Kommissionär Lieferungen vor. Es gilt bei der Verkaufskommission der Kommissionär, bei der Einkaufskommission der Kommittent als Abnehmer. Bei der Verkaufskommission gilt die Lieferung des Kommittenten an den Kommissionär erst mit der Lieferung durch den Kommissionär als ausgeführt gilt. Diese Regelung bezieht sich jedoch nur auf den Zeitpunkt und nicht auch auf den Ort der Lieferung.

Hinsichtlich Kommissionsgeschäft im Binnenmarkt siehe Rz 3589.

(BMF-AV Nr. 2017/171)

3.3a. Handel über Plattformen und andere elektronische Schnittstellen

(BMF-AV Nr. 2019/165)

Ab 1.7.2021 werden Plattformen und andere elektronische Schnittstellen (in weiterer Folge: „Plattformen"), die Umsätze gemäß § 3 Abs. 3a UStG 1994 unterstützen, für umsatzsteuerliche Zwecke selbst zum Steuerschuldner. Dh. die Plattform wird behandelt, als hätte sie die Gegenstände vom Lieferanten selbst erworben und im eigenen Namen weiter geliefert (siehe § 3 Abs. 3a UStG 1994). **382**

Bei Umsätzen iSd § 3 Abs. 3a UStG 1994 handelt es sich um folgende Lieferungen:

- Einfuhr-Versandhandelsumsätze (§ 3 Abs. 8a UStG 1994; siehe Rz 451), bei denen der (zollrechtliche) Einzelwert der Waren je Sendung 150 Euro nicht übersteigt und
- Lieferungen innerhalb der Gemeinschaft (inklusive innerstaatliche Lieferungen) durch einen nicht im Gemeinschaftsgebiet niedergelassenen Unternehmer an einen Nichtunternehmer.

Beispiel 1:

Ein kanadischer Händler verkauft ein Paar Ohrringe über eine in Irland niedergelassene und zum IOSS (vgl. § 25b UStG 1994) registrierte Plattform um 120 Euro (brutto, inkl. Umsatzsteuer) an eine Privatperson in Österreich. Die Ware gelangt direkt von Kanada nach Österreich.

Lösung:

Ab 1.7.2021 wird gemäß § 3 Abs. 3a Z 1 UStG 1994 fingiert, dass der kanadische Unternehmer (nur) für umsatzsteuerliche Zwecke an die Plattform liefert und die Plattform wiederum eine Lieferung an den Endverbraucher durchführt. Damit wird ein Reihengeschäft begründet.

Da die Warenbewegung gemäß § 3 Abs. 15 Z 2 UStG 1994 der Lieferung durch die Plattform zugeordnet wird (bewegte Lieferung), befindet sich der Lieferort für die Lieferung durch den kanadischen Unternehmer (ruhende Lieferung) gemäß § 3 Abs. 15 Z 3 UStG 1994 in Kanada (vgl. auch Rz 474g). Dieser Umsatz ist somit in Österreich nicht steuerbar.

Die Lieferung der Plattform an den Endverbraucher gilt als Einfuhr-Versandhandelsumsatz gemäß § 3 Abs. 8a lit. b UStG 1994 in Österreich als ausgeführt. Die Plattform hat die österreichische Umsatzsteuer (20 Euro) über den IOSS in Irland zu erklären und abzuführen. Die Einfuhr ist bei Vorlage der IOSS-Identifikationsnummer der Plattform steuerfrei (§ 6 Abs. 4 Z 9 UStG 1994).

Beispiel 2:

Der chinesische Händler CN, ohne Niederlassung in der EU, lagert Waren in einem Fremdlager in Deutschland. Später veräußert er die Waren über eine Plattform eines anderen Unternehmers an einen Nichtunternehmer in Österreich.

Lösung (ab 1.7.2021):

Gemäß § 3 Abs. 3a Z 2 UStG 1994 liegt eine Lieferung von CN an die Plattform und eine Lieferung der Plattform an den Nichtunternehmer in Österreich vor. Damit wird ein Reihengeschäft begründet, bei dem die bewegte Lieferung der Lieferung der Plattform zuzurechnen ist (§ 3 Abs. 15 Z 2 UStG 1994). CN hat eine iSd Art. 136a MwSt-RL 2006/112/EG (entspricht Art. 6 Abs. 4 UStG 1994) echt steuerbefreite Lieferung in Deutschland. Die Plattform hat einen innergemeinschaftlichen Versandhandel nach Art. 3 Abs. 3 UStG 1994 im Inland zu versteuern. Die Plattform kann den EU-OSS (Art. 369a bis 369k MwSt-RL 2006/112/EG, entspricht Art. 25a UStG 1994) in Anspruch nehmen. Andernfalls muss die Plattform sich in Österreich steuerlich erfassen lassen.

(BMF-AV Nr. 2019/165, BMF-AV Nr. 2021/166)

383 § 3 Abs. 3a UStG 1994 findet nur bei Lieferungen an Nichtunternehmer bzw. bei Einfuhr-Versandhandelsumsätzen bei Lieferungen an Nichtunternehmer oder andere der in Art. 3 Abs. 4 UStG 1994 genannten Personen (Schwellenerwerber, siehe Rz 3626) Anwendung.

Die Plattform hat im Anwendungsbereich des § 3 Abs. 3a UStG 1994 davon auszugehen, dass der Lieferant ein Unternehmer und der Empfänger ein Nichtunternehmer ist, wenn ihr keine gegenteiligen Informationen (zB UID des Empfängers) bekannt sind (siehe Art. 5d VO (EU) 282/2011).

(BMF-AV Nr. 2019/165)

384 Wann die Plattform eine Lieferung „unterstützt", um gemäß § 3 Abs. 3a UStG 1994 als Lieferant fingiert zu werden, ergibt sich aus Art. 5b VO (EU) 282/2011:

Der Begriff „unterstützen" bezeichnet die Nutzung einer elektronischen Schnittstelle, um es einem Erwerber und einem Lieferer, der über eine elektronische Schnittstelle Gegenstände zum Verkauf anbietet, zu ermöglichen, in Kontakt zu treten, woraus eine Lieferung von Gegenständen über die elektronische Schnittstelle an diesen Erwerber resultiert.

Ein Unternehmer unterstützt die Lieferung von Gegenständen jedoch dann nicht, wenn alle folgenden Voraussetzungen erfüllt sind:

a) Der Unternehmer legt weder unmittelbar noch mittelbar irgendeine der Bedingungen für die Lieferung der Gegenstände fest;
b) der Unternehmer ist weder unmittelbar noch mittelbar an der Autorisierung der Abrechnung mit dem Erwerber bezüglich der getätigten Zahlung beteiligt;
c) der Unternehmer ist weder unmittelbar noch mittelbar an der Bestellung oder Lieferung (Zustellung) der Gegenstände beteiligt.

§ 3 Abs. 3a UStG 1994 findet auch keine Anwendung auf Unternehmer, die lediglich eine der folgenden Leistungen anbieten:

a) die Verarbeitung von Zahlungen im Zusammenhang mit der Lieferung von Gegenständen;

b) die Auflistung von Gegenständen oder die Werbung für diese;

c) die Weiterleitung oder Vermittlung von Erwerbern an andere elektronische Schnittstellen, über die Gegenstände zum Verkauf angeboten werden, ohne dass eine weitere Einbindung in die Lieferung besteht.

(BMF-AV Nr. 2019/165)

Die Steuerschuld der Lieferung entsteht im Anwendungsbereich des § 3 Abs. 3a UStG 1994 mit Ablauf des Kalendermonates, in dem die Zahlung angenommen wurde (siehe § 19 Abs. 2 Z 1a UStG 1994). Wann eine Zahlung als „angenommen" gilt, ergibt sich aus Art. 41a VO (EU) 282/2011. Dies gilt sowohl für die Lieferung der Plattform als auch – sofern steuerbar – für die Lieferung an die Plattform. **385**

Der Zeitpunkt, zu dem die Zahlung angenommen wurde, ist der Zeitpunkt, zu dem die Zahlung bestätigt wurde oder die Zahlungsgenehmigungsmeldung oder eine Zahlungszusage des Erwerbers beim Lieferer, der die Gegenstände über eine elektronische Schnittstelle verkauft, oder für dessen Rechnung eingeht, und zwar unabhängig davon, wann die tatsächliche Zahlung erfolgt, je nachdem, welcher Zeitpunkt der frühere ist.

(BMF-AV Nr. 2019/165)

Erklärt eine Plattform im Anwendungsbereich des § 3 Abs. 3a UStG 1994 einen zu niedrigen Steuerbetrag, weil der Lieferant ihr gegenüber falsche Angaben gemacht hat, schuldet sie den Mehrbetrag nicht, wenn sie auf diese Informationen für die korrekte Erklärung der Steuer angewiesen war und nachweisen kann, dass sie weder wusste, noch nach vernünftigem Ermessen wissen konnte, dass diese Informationen unrichtig waren (siehe Art. 5c VO (EU) 282/2011). **386**

(BMF-AV Nr. 2019/165)

Randzahlen 387 bis 390: *derzeit frei.*

3.4. Werklieferung

3.4.1. Begriff

Hat der Unternehmer die Bearbeitung oder die Verarbeitung eines vom Auftraggeber beigestellten Gegenstandes übernommen und verwendet er hiebei Stoffe, die er selbst beschafft, so liegen gleichzeitig Merkmale der Lieferung und einer sonstigen Leistung vor. Der Beistellung eines Gegenstandes ist gleichzuhalten, wenn die Stoffe mit dem Grund und Boden fest verbunden werden. **391**

§ 3 Abs. 4 UStG 1994 bestimmt, dass der Vorgang als Lieferung (Werklieferung) anzusehen ist, wenn der Unternehmer, der den Gegenstand be- oder verarbeitet, Hauptstoffe verwendet, die er selbst beschafft hat. Der vom Auftraggeber beigestellte Gegenstand nimmt am Leistungsaustausch nicht teil.

3.4.2. Voraussetzungen

3.4.2.2. Verwendung von Hauptstoffen

Ob eine Werklieferung oder eine sonstige Leistung vorliegt, hängt davon ab, ob der Unternehmer bei der Be- oder Verarbeitung des beigestellten Gegenstandes Stoffe verwendet, die er selbst beschafft und die nicht nur Zutaten oder sonstige Nebensachen sind. **392**

Bei der Unterscheidung, was unter einem Hauptstoff, einer Zutat oder sonstigen Nebensache zu verstehen ist, kommt es in erster Linie auf die Natur des Stoffes und in Zweifelsfällen auf die Verkehrsauffassung sowie auf den Vergleich der wirtschaftlichen Bedeutung der verwendeten Stoffe an.

Als „wesentlich" und damit als Hauptstoff ist jener Grundstoff anzusehen, der für die Herstellung des Werkes ausschlaggebend ist, wobei das Wertverhältnis, in dem die Stoffe zueinander stehen, in den Hintergrund zu treten hat (VwGH 23.12.1964, 418/63). Für die Frage, ob ein Stoff als Hauptstoff anzusehen ist, kann auch nicht maßgebend sein, ob der betreffende Stoff zur Herstellung des Gegenstandes unentbehrlich ist, denn in der Regel wird der Gegenstand auch ohne den Nebenstoff nicht hergestellt werden können (VwGH 12.9.1952, 1338/51). Nicht entscheidend ist weiters das Verhältnis zwischen dem Wert des Stoffes und dem Wert der Arbeit (VwGH 24.9.1958, 591/55) sowie das Wertverhältnis zwischen den vom Unternehmer und vom Auftraggeber beigestellten Stoffen.

Beim Binden von Büchern und Dissertationen liegt eine Werklieferung vor (Bucheinband als Hauptstoff; VwGH 13.12.1973, 231/73, 12.1.1978, 2005/77, 29.10.1979, 2259/77), wohingegen das Binden von Zeitschriften, Tätigkeitsberichten usw. eine Werkleistung darstellt (VwGH 29.11.1984, 83/15/0083; 14.11.1988, 86/15/0086). **393**

Eine Werklieferung liegt bereits vor, wenn der Unternehmer einen von mehreren Hauptstoffen selbst beschafft und die übrigen Hauptstoffe vom Auftraggeber beigestellt werden.

Beispiel:

Ein Goldschmied fertigt aus ihm vom Auftraggeber übergebenen Feingold einen Ring an, wobei der Goldschmied einen Edelstein aus eigenen Vorräten beistellt.

Randzahlen 394 bis 400: *derzeit frei.*

3.5. Gehaltslieferung

Randzahlen 401 bis 410: *derzeit frei.*

3.6. Be- und Verarbeitung

Randzahlen 411 bis 420: *derzeit frei.*

3.7. Verschaffung der Verfügungsmacht

3.7.1. Allgemeines

421 Ort der Lieferung ist dort, wo sich der Gegenstand zurzeit der Verschaffung der Verfügungsmacht befindet (und nicht dort, wo die Verfügungsmacht verschafft wird).

Bei körperlicher Übergabe ist das der Ort, an dem der Gegenstand der Lieferung dem Abnehmer oder in dessen Auftrag einem Dritten übergeben wird.

422 Wird die Verfügungsmacht durch Übergabe eines handelsrechtlichen Traditionspapieres (Ladeschein, Lagerschein, Konnossement) verschafft, so ist der Ort der Lieferung der Ort, an dem sich der Gegenstand der Lieferung zur Zeit der Übergabe des Traditionspapieres befindet. Der Ort, an dem das Traditionspapier übergeben wird, ist ohne Bedeutung.

Beispiel:

Über einen in Linz eingelagerten Gegenstand verfügt der Unternehmer in der Weise, dass dem Kunden in München der Lagerschein übergeben wird. Lieferort ist Linz.

Wasser wird dort geliefert, wo sich der Zähler befindet.

Dies gilt bis 31.12.2010 auch für die Lieferung von Wärme.

Zum Ort der Lieferung von Gas, Elektrizität, Wärme oder Kälte siehe Rz 474a bis Rz 474f.

(BMF-AV Nr. 2019/165)

423 Lieferzeitpunkt ist der Zeitpunkt, in dem die Verfügungsmacht verschafft wird (siehe dazu Rz 425 bis 426), sofern keine Sonderregelung eingreift.

Die Verschaffung der Verfügungsmacht besteht darin, dass der Lieferer den Abnehmer befähigt, im eigenen Namen über den Gegenstand der Lieferung zu verfügen (VwGH 3.7.1980, 1289/77, 1683/80). Die Verschaffung der Verfügungsmacht setzt die einvernehmliche, endgültige Übertragung von Substanz, Wert und Ertrag des Gegenstandes voraus (BFH 7.5.1987, BStBl II 582).

Die Verschaffung der Verfügungsmacht besteht meist in der Übertragung des Eigentums im Sinne des bürgerlichen Rechtes. Die Eigentumsübertragung ist jedoch keine unabdingbare Voraussetzung; der Begriff „Verfügungsmacht" ist vielmehr ein eigenständiger Begriff des Umsatzsteuerrechtes (VwGH 10.2.1976, 2159/74).

424 Überträgt der Unternehmer das Eigentum an einem Grundstück, besitzt er jedoch auf Grund des gleichzeitig vorbehaltenen Fruchtgenusses das Grundstück wie bisher und zieht er den Ertrag aus dem Grundstück durch Fortsetzung der bestehenden Mietverhältnisse (als Fruchtnießer) liegt noch keine Lieferung vor. Es ist auch kein Fall eines Eigenverbrauches gegeben.

Hinsichtlich Kommissionsgeschäft siehe Rz 381.

Eine Lieferung liegt auch vor, wenn ein Gegenstand unter Eigentumsvorbehalt verkauft und übergeben wird.

Voraussetzung für die Verschaffung der Verfügungsmacht ist in der Regel, dass der Abnehmer die tatsächliche Herrschaft über den Gegenstand auf Grund eines übereinstimmenden Willensentschlusses des Lieferers und des Abnehmers erhält. Das gilt nicht bei Lieferungen kraft gesetzlicher oder behördlicher Anordnung (§ 1 Abs. 1 Z 1 UStG 1994), zB bei Zwangsversteigerungen (VwGH 10.3.1983, 82/15/0006).

Zur Veräußerung von Gutscheinen siehe Rz 4.

3.7.2. Lieferung von Bauwerken

425 Ein Bauwerk wird geliefert, sobald dem Auftraggeber die Verfügungsmacht am fertigen Werk verschafft worden ist. In aller Regel setzt die Verschaffung der Verfügungsmacht die Übergabe und Abnahme des fertig gestellten Werkes voraus. In welcher Form die Abnahme erfolgt, ist hiebei nicht von ausschlaggebender Bedeutung. Eine Verschaffung der Verfügungsmacht ist insbesondere bereits dann anzunehmen, wenn der Auftraggeber das Werk durch schlüssiges Verhalten, zB durch Benützung abgenommen hat und eine förmliche Abnahme entweder gar nicht oder aber erst später erfolgen soll. Aus dem Umstand, dass der Bauführer – nachdem das Bauwerk vom Auftraggeber bereits in Benutzung genommen wurde – noch kleinere Abschlussarbeiten durchzuführen hat, um seinen vertraglichen Verpflichtungen bis ins letzte Detail ordnungsgemäß nachzukommen, kann jedenfalls nicht abgeleitet werden, dass die Lieferung des Bauwerkes erst dann anzunehmen ist, wenn die Schlussrechnung gelegt wird oder der Auftraggeber die ordnungsgemäße Erfüllung des Bauauftrages bestätigt (VwGH 9.6.1986, 84/15/0165; VwGH 19.10.1987, 86/15/0120; VwGH 7.5.1990, 89/15/0028; VwGH 24.10.1995, 91/14/0190; VwGH 24.4.1996, 93/13/0254; VwGH 24.3.1998, 97/14/0117).

Wird zwischen den Vertragsparteien vereinbart, dass an Stelle des ursprünglich vereinbarten fertigen Bauwerkes das bisher errichtete, halbfertige Bauwerk als Gegenstand der Leistung anzusehen ist, so ist die Verfügungsmacht mit Übergabe und Abnahme des bisher errichteten Werkes übergegangen. Dasselbe gilt für den Fall der Vertragsauflösung vor Fertigstellung: Das unfertige Werk wird mit Vertragsauflösung zum neuen Gegenstand der Lieferung (VwGH 11.9.1989, 88/15/0075).

Die Erklärung des Insolvenzverwalters, von einem Werklieferungsvertrag zurückzu- **426**
treten, bedeutet, dass der Besteller am bisher tatsächlich erbrachten Teil der Werklieferung bereits mit der Insolvenzeröffnung die Verfügungsmacht erlangt hat. Die auf Grund dieser Lieferung entstandene Umsatzsteuerforderung ist daher als Insolvenzforderung anzusehen (OGH 17.11.1987, 5 Ob 358/87).

Zu Teilleistungen in der Bauwirtschaft siehe Rz 2611 bis Rz 2618.

3.7.3. Kauf auf Probe

Der Ort der Lieferung bei einem Kauf auf Probe ist nach § 3 Abs. 7 UStG 1994 zu be- **427**
urteilen (in diesem Sinne BFH 06.12.2007, V R 24/05). Die Verfügungsmacht wird erst dann verschafft, wenn der Kaufvertrag genehmigt wird. Bei Vereinbarung einer Probezeit gilt der Kaufvertrag bei Stillschweigen des Käufers bis nach Ablauf der Probezeit jedenfalls als genehmigt (§ 1081 ABGB). Der Kaufvertrag kann aber bereits vor Ablauf der Probezeit ausdrücklich oder stillschweigend genehmigt werden. Diese Genehmigung der Ware muss dem Verkäufer bekannt werden.

3.7.4. Zwangsvollstreckung

Mit der Verwertung des Vollstreckungsobjektes im Zuge des verwaltungsbehördlichen **428**
oder gerichtlichen Exekutionsverfahrens bewirkt der Vollstreckungsschuldner eine Lieferung an den Ersteher. Diese Beurteilung betrifft alle Verwertungsarten der Fahrnisexekution (Versteigerung, Freihandverkauf oder Übernahme gemäß § 40 Abgabenexekutionsordnung). Eine Lieferung liegt darüber hinaus auch in sonstigen Fällen vor, in denen kraft obrigkeitlichen Eingreifens ein Eigentumsübergang auf einen Dritten bewirkt wird, wie zB bei der Verwertung von Ansprüchen auf Leistungen von Sachen, bezüglich derer der Leistungsanspruch gepfändet wurde, und bei der Verwertung von Sachen, die gemäß § 225 Abs. 1 BAO auf Grund geltend gemachter sachlicher Haftungen beschlagnahmt wurden. Dasselbe gilt auch für die freiwillige und die gerichtliche Veräußerung im Insolvenzverfahren (§§ 114, 116, 119 IO).

Bei der Versteigerung von beweglichen Sachen und Liegenschaften geht im Zeitpunkt **429**
des Zuschlages (§ 156 Abs. 1 und § 237 Abs. 1 Exekutionsordnung) die Verfügungsmacht vom Verpflichteten auf den Ersteher über (VwGH 10.3.1983, 82/15/0006; VwGH 22.2.1993, 91/15/0007).

Im Rahmen des finanzbehördlichen Vollstreckungsverfahrens kommt dem Dorotheum in seiner Eigenschaft als Gehilfe der Vollstreckungsbehörde umsatzsteuerrechtlich die Stellung eines Vermittlers zu.

Bei einem Verfall nach dem FinStrG sowie bei einer Preisgabe von Waren nach zollrechtlichen Vorschriften liegt mangels eines Leistungsaustausches kein steuerbarer Umsatz vor.

3.7.5. Kauf unter Eigentumsvorbehalt

Macht der Vorbehaltseigentümer von seinem Rücktrittsrecht Gebrauch und nimmt er **430**
den gelieferten Gegenstand zurück, so liegt eine Rückgängigmachung der Lieferung vor. Diese ist gemäß § 16 Abs. 3 Z 3 UStG 1994 wie eine Änderung der Bemessungsgrundlage zu behandeln (§ 16 Abs. 3 Z 3 UStG 1994). Die Berichtigung ist für den Voranmeldungszeitraum vorzunehmen, in welchem der Vorbehaltseigentümer vom seinem Rücktrittrecht

Gebrauch gemacht hat. Zudem muss der Verkäufer die Rechnung berichtigen, will er eine Steuerschuld kraft Rechnungslegung (§ 11 Abs. 14 UStG 1994) vermeiden.

Hinsichtlich des abgetretenen Eigentumsvorbehaltes siehe Rz 2409 bis 2411.

3.7.6. Sicherungsübereignung

431 An einem zur Sicherheit übereigneten Gegenstand wird durch die Übertragung des Eigentums noch keine Verfügungsmacht verschafft. Bei der Sicherungsübereignung erlangt der Sicherungsnehmer zu dem Zeitpunkt, in dem er von seinem Verwertungsrecht Gebrauch macht, auch die Verfügungsmacht an dem Gegenstand. Die Verwertung der zur Sicherheit übergebenen Gegenstände führt zu zwei Umsätzen und zwar zu einer Lieferung des Sicherungsgebers an den Sicherungsnehmer und zu einer Lieferung des Sicherungsnehmers an den Erwerber.

Randzahlen 432 bis 445: *derzeit frei.*

3.8. Beförderungs- und Versendungslieferung

3.8.1. Allgemeines

446 Wird der Gegenstand einer Lieferung durch den Lieferer oder den Abnehmer befördert oder versendet, so gilt die Lieferung dort als ausgeführt, wo die Beförderung oder Versendung beginnt.

447 Unter Beförderung ist ein Gütertransport, den der liefernde Unternehmer, der Abnehmer oder ein unselbstständiger Erfüllungsgehilfe des Lieferers oder Abnehmers mit eigenen, gemieteten oder geliehenen Beförderungsmitteln ausführt, zu verstehen. Der Beginn der Beförderung ist mit dem tatsäch,lichen Transportbeginn gleichzusetzen und nicht schon mit dessen Vorbereitungshandlungen wie etwa der Bereitstellung der Ware, deren Verpackung oder Verladung.

448 Versenden liegt vor, wenn der Unternehmer oder der Abnehmer den Gütertransport durch einen selbstständigen Unternehmer (Frachtführer; Gelegenheitsfrachtführer, Verfrachter von Seeschiffen) ausführen oder durch einen Spediteur (Gelegenheitsspediteur) besorgen lässt. Ein Besorgen von Beförderungsleistungen ist dann gegeben, wenn ein Unternehmer für Rechnung seines Auftraggebers (des Versenders) im eigenen Namen Güterversendungen durch Frachtführer oder Verfrachter ausführen lässt. Die Versendung beginnt mit der Übergabe des Gegenstandes an den Spediteur, Frachtführer oder Verfrachter.

Die Beförderung oder Versendung des Gegenstandes muss in Erfüllung eines Umsatzgeschäftes erfolgen.

(BMF-AV Nr. 2017/171, BMF-AV Nr. 2018/164)

449 Voraussetzung, dass die Lieferung mit Beginn der Beförderung bzw. mit der Übergabe an den Spediteur oder Frachtführer ausgeführt gilt, ist, dass zu Beginn der Beförderung oder Versendung der Abnehmer feststeht und dass es sich bei Beginn der Beförderung bereits um den Gegenstand der Lieferung handelt. Letztere Voraussetzung ist nicht gegeben, wenn der Gegenstand nach seiner Übergabe noch einer Be- oder Verarbeitung unterzogen wird. Bei der Lieferung von Einzelteilen ist daher zu unterscheiden:

- Wird das betriebsfertig hergestellte Werk nur zum Zweck des leichteren Transportes wieder in Einzelteile zerlegt, so gilt die Lieferung mit der Übergabe an den Beförderungsunternehmer als ausgeführt.
- Sind dagegen am Ort der Aufstellung noch umfangreiche Arbeiten vorzunehmen, durch die das Werk erst fertig gestellt wird (wie zB Montierungen von Anlagen, Fundamentierung usw.), so ist die Lieferung erst mit der Durchführung dieser Arbeiten ausgeführt (Montagelieferung).

Geht das Wirtschaftsgut während der Beförderung unter und trägt das Risiko des Untergangs der Lieferer, liegt keine Lieferung vor.

3.8.2. Reihengeschäfte (bis 31.12.2019)

(BMF-AV Nr. 2019/165)

450 Zur Regelung für Reihengeschäfte ab 1.1.2020 siehe Rz 474g ff. Für Umsätze, die bis 31.12.2019 ausgeführt wurden, gilt Folgendes:

Bei Umsatzgeschäften, die von mehreren Unternehmern über denselben Gegenstand abgeschlossen werden und bei denen dieser Gegenstand im Rahmen der Beförderung oder Versendung unmittelbar vom ersten Unternehmer an den letzten Abnehmer gelangen, ist zu beachten, dass die Umsätze (gedanklich) zeitlich hintereinander stattfinden, der Ort der einzelnen Umsätze jeder für sich bestimmt werden muss und nur für einen Umsatz in der Reihe der Ort der Lieferung gemäß § 3 Abs. 8 UStG 1994 bestimmt werden kann.

Beispiel 1:

Der Hersteller W in Wien verkauft eine Ware an den Großhändler K in Köln und dieser wiederum an seinen Kunden M in Deutschland. K holt die Ware von W ab und befördert sie zu seinem Kunden M.

Auch bei Beförderung oder Versendung durch den Abnehmer K gilt die Lieferung des W an den Abnehmer K gemäß § 3 Abs. 8 UStG 1994 mit dem Beginn der Beförderung (das ist in Wien) als ausgeführt. Für die nachfolgende Lieferung kommt – da die Beförderung bereits der ersten Lieferung zugerechnet wurde – nur mehr die Ortsbestimmung gemäß § 3 Abs. 7 UStG 1994 in Frage. Die Ware befindet sich in dem Zeitpunkt, in dem M die Verfügungsmacht verschafft wird, in München. Der Ort der zweiten Lieferung ist daher nicht in Österreich, sondern in Deutschland. Die so genannte bewegte Lieferung findet daher zwischen W und K statt.

Beispiel 2:

Der Hersteller M in München verkauft eine Ware an den Großhändler S in Salzburg und dieser wiederum an seinen Kunden W in Wien. S holt die Ware von M ab und befördert sie zu seinem Kunden W.

Die Lieferung des M an den Abnehmer S gilt gemäß § 3 Abs. 8 UStG 1994 mit dem Beginn der Beförderung als ausgeführt (Lieferort daher München). Für die nachfolgende Lieferung kommt – da die Beförderung bereits der ersten Lieferung zugerechnet wurde – nur mehr die Ortsbestimmung nach § 3 Abs. 7 UStG 1994 in Frage. Die Ware befindet sich in dem Zeitpunkt, in dem W die Verfügungsmacht verschafft wird, in Wien. Der Ort der zweiten Lieferung ist daher Wien. Die bewegte Lieferung findet daher zwischen M und S statt.

(BMF-AV Nr. 2019/165)

3.8a. Einfuhr-Versandhandelsumsätze (ab 1.7.2021)

(BMF-AV Nr. 2019/165)

Mit 1.7.2021 wird in § 3 Abs. 8a UStG 1994 eine Lieferortregel für Einfuhr-Versandhan- 451
delsumsätze eingeführt. Der Begriff „Einfuhr-Versandhandel" bezeichnet Lieferungen aus einem Drittland ins Gemeinschaftsgebiet, wobei der Abnehmer ein Nichtunternehmer oder eine andere in Art. 3 Abs. 4 UStG 1994 genannte Person ist. Die Beförderung oder Versendung hat durch den Lieferanten oder auf dessen Rechnung zu erfolgen. Hierfür genügt es, wenn der Lieferant indirekt an der Beförderung oder Versendung beteiligt ist (siehe hierzu Rz 3715). Lieferungen neuer Fahrzeuge oder Lieferungen verbrauchsteuerpflichtiger Waren an juristische Personen fallen nicht unter die Regelungen für Einfuhr-Versandhandelsumsätze.

Nach § 3 Abs. 8a UStG 1994 liegt der Lieferort bei Einfuhr-Versandhandelsumsätzen abweichend von § 3 Abs. 8 oder 9 UStG 1994 an jenem Ort, an dem die Warenbewegung endet. Diese Lieferortregel gilt in zwei Fällen:

- bei Waren, die in einem anderen Mitgliedstaat eingeführt werden als jenem, in dem die Warenbewegung endet;
- wenn der Unternehmer die Umsätze über den IOSS (§ 25b UStG 1994) erklärt.

In beiden Fällen schuldet der Unternehmer die Umsatzsteuer somit im Bestimmungsland. Zur Einfuhrumsatzsteuerbefreiung gemäß § 6 Abs. 4 Z 9 UStG 1994 im Einfuhrland bei Verwendung des IOSS siehe Rz 1024 und Rz 3434.

Beispiel 1:

Der chinesische Unternehmer CN verkauft Waren mit einem Einzelwert von 80 Euro aus China an Privatpersonen in Österreich. Die Waren werden in Luxemburg dem Zoll gestellt und anschließend zu den Privatpersonen in Österreich befördert. CN nimmt die Anmeldung zur Überführung in den freien Verkehr vor. CN ist nicht im IOSS registriert.

Lösung:

Nach Art. 221 Abs. 4 UZK-IA erfolgt die zollrechtliche Abfertigung von Waren zum freien Verkehr mit einem Einzelwert bis 150 Euro in dem Mitgliedstaat, in dem die Warenbewegung endet. Die Waren werden auf Grund der zollrechtlichen Vorgaben in einem „Versandverfahren" von Luxemburg nach Österreich befördert und von der zuständigen Zollstelle in Österreich zum freien Verkehr abgefertigt. Daher kommt nicht die spezielle Lieferortregelung in § 3 Abs. 8a lit. a UStG 1994, sondern § 3 Abs. 9 UStG 1994 zur Anwendung (vgl. Rz 466). Zusätzlich wird eine Einfuhr in Österreich verwirklicht.

Variante:

Wie Beispiel 1, nur, dass der Einzelwert der Sendung 180 Euro beträgt. CN lässt die Waren in Luxemburg zum freien Verkehr abfertigen und anschließend zu den Privatpersonen in Österreich befördern.

Lösung:

Da der Einzelwert der Sendung 150 Euro überschreitet, kommt Art. 221 Abs. 4 UZK-IA nicht zur Anwendung. Der Lieferort liegt nach § 3 Abs. 8a lit. a UStG 1994 am Ende der Beförderung. Die Lieferung des CN ist somit in Österreich steuerbar. CN muss sich in Österreich zur Umsatzsteuer registrieren lassen. Zusätzlich wird eine Einfuhr in Luxemburg verwirklicht. Der Vorsteuerabzug iZm der Einfuhr richtet sich nach luxemburgischem Recht.

Beispiel 2:

Der chinesische Unternehmer CN verkauft Waren mit einem Einzelwert von 80 Euro an Privatpersonen in Österreich. Die Waren werden in Österreich eingeführt. CN ist über einen Vertreter im IOSS registriert. CN lässt die Waren in Österreich zum freien Verkehr abfertigen und anschließend zu den Privatpersonen in Österreich befördern.

Lösung:

Der Lieferort liegt nach § 3 Abs. 8a lit. b UStG 1994 am Ende der Beförderung. Die Lieferung des CN ist in Österreich steuerbar und über den IOSS zu erklären.

Aufgrund der Inanspruchnahme des IOSS ist die Einfuhr gemäß § 6 Abs. 4 Z 9 UStG 1994 steuerfrei. Erfolgt die (zollrechtliche) Abfertigung zum freien Verkehr in einem anderen Mitgliedstaat, wird die Einfuhr in diesem Mitgliedstaat verwirklicht und die Befreiung von der Einfuhrumsatzsteuer richtet sich nach dem Recht dieses Mitgliedstaates.

(BMF-AV Nr. 2019/165, BMF-AV Nr. 2020/192, BMF-AV Nr. 2021/166)

Randzahlen 452 bis 465: *derzeit frei.*

3.9. Beförderungs- und Versendungslieferung aus dem Drittlandsgebiet

466 § 3 Abs. 9 UStG 1994 regelt den Lieferort in den Fällen, in denen der Gegenstand der Lieferung bei der Beförderung oder Versendung aus dem Drittlandsgebiet in das Inland gelangt und der Lieferer oder sein Beauftragter Schuldner der EUSt ist. Maßgeblich ist, unabhängig von den Lieferkonditionen, wer nach den zollrechtlichen Vorschriften Schuldner der EUSt ist.

Beispiel:

Der Drittlandsunternehmer D verkauft Gewürze an den österreichischen Unternehmer Ö. D befördert die Gewürze vom Drittland ins Inland.

Ö nimmt die Anmeldung zur Überführung in den freien Verkehr vor (Lieferung „unverzollt und unversteuert“).

Der Ort der Lieferung ist im Drittland (§ 3 Abs. 8 UStG 1994). Ö kann die österreichische EUSt als Vorsteuer geltend machen.

D nimmt die Anmeldung zur Überführung in den freien Verkehr vor (Lieferkondition „verzollt und versteuert“).

Ort der Lieferung des D an Ö ist Österreich, da der Lieferer D Schuldner der österreichischen EUSt ist (§ 3 Abs. 9 UStG 1994). D bewirkt eine in Österreich steuerbare und steuerpflichtige Lieferung an Ö und kann die entrichtete EUSt als Vorsteuer geltend machen.

Aus zollrechtlicher Sicht ist es auch bei der Lieferkondition „DDP unversteuert benannter Bestimmungsort“ oder der vertraglich vereinbarten nicht normierten Lieferkondition „frei Haus, verzollt und unversteuert“ möglich, dass der inländische Warenempfänger (Ö) bzw. der von ihm beauftragte Spediteur die Zollanmeldung vornimmt. Diesfalls wird – unabhängig von der Lieferkondition – nicht D als liefernder Drittlandsunternehmer, sondern der inländische Warenempfänger Ö Schuldner der EUSt, so dass es hier nicht gemäß § 3 Abs. 9 UStG 1994 zur Verlagerung des Lieferortes ins Inland kommt.

Der Ort der Lieferung des D liegt im Drittland (§ 3 Abs. 8 UStG 1994), da er nicht Schuldner der EUSt geworden ist. Ö war zum Zeitpunkt der Einfuhr bereits umsatzsteuerrechtlich über die Ware verfügungsberechtigt und kann die EUSt, deren Schuldner er geworden ist, als Vorsteuer geltend machen.

In den Fällen des Reihengeschäftes kann eine Verlagerung des Lieferortes nach § 3 Abs. 9 UStG 1994 nur für die Beförderungs- oder Versendungslieferung (§ 3 Abs. 8 UStG 1994) in Betracht kommen.

467 § 3 Abs. 13 und 14 UStG 1994 gilt auch im Verhältnis zum Drittlandsgebiet; die Anwendung des § 3 Abs. 9 UStG 1994 ist demgegenüber mangels Beförderung oder Versendung ausgeschlossen. Die Lieferung von Gas über ein Erdgasnetz im Gebiet der Gemeinschaft oder jedes an ein solches Netz angeschlossene Netz, von Elektrizität, von Wärme oder Kälte über Wärme- oder Kältenetze aus dem Drittlandsgebiet in das Inland ist damit im Inland

steuerbar und steuerpflichtig; die Steuerschuldnerschaft des Leistungsempfängers unter den Voraussetzungen des § 19 Abs. 1c UStG 1994 ist zu beachten (siehe dazu Rz 2604d).

Randzahlen 468 bis 470: *derzeit frei.*

3.10. Tausch

Ein Tausch liegt vor, wenn das Entgelt für eine Lieferung in einer Lieferung besteht. Zur Bemessungsgrundlage siehe Rz 671 bis 672. 471

Randzahlen 472 bis 473: *derzeit frei.*

Abschnitte 3.11. und 3.12.: *derzeit frei.*

3.13. Ort der Lieferung von Gas, Elektrizität, Wärme oder Kälte (§ 3 Abs. 13 und 14 UStG 1994)

Randzahl 474: *derzeit frei.*

3.13.1. Rechtslage ab 1.1.2011

Die Regelung findet Anwendung bei der Lieferung von 474a

- Gas über ein Erdgasnetz im Gebiet der Gemeinschaft oder jedes an ein solches Netz angeschlossene Netz
- Elektrizität
- Wärme oder Kälte über Wärme- oder Kältenetze.

Die Regelung findet in Bezug auf Gas für alle Druckstufen und in Bezug auf Elektrizität für alle Spannungsstufen Anwendung. Bezüglich der Lieferung von Gas ist die Anwendung der Sonderregelung nicht auf Lieferungen über das Erdgasnetz beschränkt, sondern umfasst auch die Lieferung von Gas über Rohrleitungen, die nicht Bestandteil des Verteilungsnetzes sind, wie zB über Rohrleitungen des Gas-Fernleitungsnetzes. Die Sonderregelung findet hingegen keine Anwendung auf Lieferungen von Flüssigerdgas mithilfe von Beförderungsmitteln wie LKW, Eisenbahnen oder Schiffen.

Bei der Lieferung dieser Gegenstände ist zu unterscheiden, ob diese Lieferung

- an einen Unternehmer, dessen Haupttätigkeit in Bezug auf den Erwerb dieser Gegenstände in deren Weiterlieferung besteht und dessen eigener Verbrauch dieser Gegenstände von untergeordneter Bedeutung ist (sogenannte Wiederverkäufer von Gas, Elektrizität, Wärme oder Kälte) oder
- an einen anderen Abnehmer erfolgt.

(BMF-AV Nr. 2016/212, BMF-AV Nr. 2022/154)

Die Haupttätigkeit des Unternehmers in Bezug auf den Erwerb von Gas über das Erdgasverteilungsnetz oder von Elektrizität besteht dann in deren Weiterlieferung, d.h. im Wiederverkauf dieser Gegenstände, wenn der Unternehmer mehr als die Hälfte der von ihm erworbenen Menge weiterveräußert. Der eigene Gas- bzw. Elektrizitätsverbrauch des Unternehmers ist von untergeordneter Bedeutung, wenn nicht mehr als 5% der erworbenen Menge zu eigenen (unternehmerischen sowie nichtunternehmerischen) Zwecken verwendet wird. 474b

Die Bereiche „Gas“ und „Elektrizität“ sind dabei getrennt, jedoch für das gesamte Unternehmen iSd § 2 UStG 1994 zu beurteilen. In der Folge werden grenzüberschreitende Leistungen zwischen Unternehmensteilen, die als nicht steuerbare Innenumsätze zu behandeln sind und die nach Art. 3 Abs. 1 lit. h UStG 1994 auch keinen Verbringungstatbestand erfüllen, in diese Betrachtung einbezogen. Außerdem ist damit ein Unternehmer, der z.B. nur im Bereich „Elektrizität“ mehr als die Hälfte der von ihm erworbenen Menge weiterveräußert und nicht mehr als 5% zu eigenen Zwecken verwendet, diese Voraussetzungen aber für den Bereich „Gas“ nicht erfüllt, nur für Lieferungen an ihn im Bereich „Elektrizität“ als Wiederverkäufer anzusehen.

Maßgeblich sind die Verhältnisse im vorangegangenen Kalenderjahr. Verwendet der Unternehmer zwar mehr als 5%, jedoch nicht mehr als 10%, der erworbenen Menge an Gas oder Elektrizität zu eigenen Zwecken, ist weiterhin von einer untergeordneten Bedeutung auszugehen, wenn die im Mittel der vorangegangenen drei Jahre zu eigenen Zwecken verbrauchte Menge 5% der in diesem Zeitraum erworbenen Menge nicht überschritten hat.

Im Unternehmen selbst erzeugte Mengen bleiben bei der Beurteilung unberücksichtigt.

(BMF-AV Nr. 2023/152)

Anderer Abnehmer ist demgegenüber ein Abnehmer, der nicht Wiederverkäufer ist. 474c

Bei der Lieferung von Gas oder Elektrizität an einen Wiederverkäufer gilt entweder der Ort, von dem aus dieser sein Unternehmen betreibt, oder – wenn die Lieferung an eine Betriebsstätte des Wiederverkäufers ausgeführt wird – der Ort dieser Betriebsstätte als Ort 474d der Lieferung. „Eine Lieferung erfolgt an eine Betriebsstätte, wenn sie ausschließlich oder überwiegend für diese bestimmt ist; die Rz 639c gilt sinngemäß." Es kommt nicht darauf an, wie und wo der Wiederverkäufer die gelieferten Gegenstände tatsächlich verwendet (vgl. § 3 Abs. 13 UStG 1994). Somit gilt diese Regelung auch für die für den eigenen Verbrauch des Wiederverkäufers gelieferte Menge. Dies ist insbesondere von Bedeutung bei der Verwendung für eigene Zwecke in eigenen ausländischen Betriebsstätten und ausländischen Betriebsstätten des Organträgers; auch insoweit verbleibt es bei der Besteuerung im Sitzstaat, soweit nicht unmittelbar an die ausländische Betriebsstätte geliefert wird.

(AÖF Nr. 2014/164)

474e Bei der Lieferung von Gas oder Elektrizität an einen anderen Abnehmer wird grundsätzlich auf den Ort des tatsächlichen Verbrauchs dieser Gegenstände abgestellt (vgl. § 3 Abs. 14 UStG 1994). Das ist regelmäßig der Ort, wo sich der Zähler des Abnehmers bzw., beim Aufladen eines Elektrofahrzeuges, der Ladeterminal befindet. Sollte der andere Abnehmer die an ihn gelieferten Gegenstände nicht tatsächlich verbrauchen (z.B. bei Weiterverkauf von Überkapazitäten), wird insoweit für die Lieferung an diesen Abnehmer der Verbrauch gem. § 3 Abs. 14 zweiter Satz UStG 1994 dort fingiert, wo dieser sein Unternehmen betreibt oder eine Betriebsstätte hat, an die die Gegenstände geliefert werden. Im Ergebnis führt dies dazu, dass im Falle des Weiterverkaufes von Gas über das Erdgasnetz oder Elektrizität für den Erwerb dieser Gegenstände stets das Empfängerortprinzip gilt. Da Gas und Elektrizität allenfalls in begrenztem Umfang gespeichert werden, steht regelmäßig bereits bei Abnahme von Gas über das Erdgasnetz oder Elektrizität fest, in welchem Umfang ein Wiederverkauf erfolgt.

Zur Lieferung von Gas oder Elektrizität aus dem Drittlandsgebiet siehe Rz 467.

(BMF-AV Nr. 2021/166)

474f Die Ausführungen in den Rz 474b bis Rz 474e gelten entsprechend bzw. sind sinngemäß auch für die Lieferung von Wärme oder Kälte über Wärme- oder Kältenetze anzuwenden.

Zur Steuerschuldnerschaft des Leistungsempfängers (§ 19 Abs. 1c UStG 1994) siehe Rz 2604d.

(BMF-AV Nr. 2016/212, BMF-AV Nr. 2021/166)

3.14. Reihengeschäfte ab 1.1.2020

(BMF-AV Nr. 2019/165)

3.14.1. Voraussetzungen für Reihengeschäfte

(BMF-AV Nr. 2019/165)

474g Ein Reihengeschäft liegt vor, wenn mehrere Unternehmer Umsatzgeschäfte über dieselben Gegenstände abschließen und diese Gegenstände unmittelbar vom ersten Lieferer an den letzten Abnehmer (Empfänger) in der Reihe befördert oder versandt werden. Nicht maßgeblich ist, wie viele Personen Teil des Reihengeschäfts sind und ob es sich um Warenlieferungen innerhalb des Gemeinschaftsgebiets oder mit Drittlandbezug handelt. Die Bestimmung kommt auch zur Anwendung, wenn die letzte Person in der Reihe ein Nichtunternehmer ist.

Bei Reihengeschäften ist zu beachten, dass die Umsätze (gedanklich) zeitlich hintereinander stattfinden und der Ort jedes Umsatzes für sich bestimmt werden muss. Hierbei gilt, dass die Warenbewegung nur einem Umsatz in der Reihe zugeordnet werden kann (bewegte Lieferung). Innerhalb eines Reihengeschäftes kann nur die bewegte Lieferung – unter den allgemeinen Voraussetzungen – als innergemeinschaftliche Lieferung oder Ausfuhrlieferung von der Steuer befreit bzw. als Versandhandelsumsatz behandelt werden. Die Zuordnung der Warenbewegung erfolgt nach Maßgabe der folgenden Regelungen:

- Befördert oder versendet der erste Lieferer die Gegenstände selbst, gilt seine Lieferung als bewegte Lieferung (§ 3 Abs. 15 Z 1 lit. a UStG 1994).
- Werden die Gegenstände durch einen Zwischenhändler (siehe Rz 474h) befördert oder versendet, ist die Lieferung an den Zwischenhändler die bewegte Lieferung (§ 3 Abs. 15 Z 1 lit. c UStG 1994). Tritt der Zwischenhändler jedoch gegenüber seinem Lieferer mit der UID des Ursprungsmitgliedstaates auf, gilt die Lieferung durch den Zwischenhändler als bewegte Lieferung (§ 3 Abs. 15 Z 1 lit. b UStG 1994).
- Werden die Gegenstände durch den letzten Abnehmer befördert oder versendet, ist die Lieferung an ihn die bewegte Lieferung (§ 3 Abs. 15 Z 1 lit. d UStG 1994).

Für die der bewegten Lieferung vor- und nachgelagerten Umsätze eines Reihengeschäftes (ruhende Lieferungen) wird in § 3 Abs. 15 Z 3 und Z 4 UStG 1994 der Leistungsort normiert. Lieferungen in der Reihe vor der bewegten Lieferung werden dort ausgeführt, wo die Beförderung oder Versendung beginnt. Lieferungen in der Reihe nach der bewegten Lieferung gelten dort als ausgeführt, wo die Beförderung oder Versendung endet.

Beispiel 1:

Der Hersteller Ö in Wien verkauft eine Ware an den Großhändler D1 in Köln. D1 wiederum verkauft die Ware weiter an seinen Kunden D2 in Deutschland.

D1 holt die Ware von Ö ab und befördert sie zum Kunden D2. D1 gibt bei seinem Lieferanten seine deutsche UID an.

Lösung:

D1 ist Zwischenhändler. Die Lieferung des Ö an D1 gilt gemäß § 3 Abs. 15 Z 1 lit. c iVm § 3 Abs. 8 UStG 1994 in Österreich als ausgeführt. Die Lieferung ist in Österreich als innergemeinschaftliche Lieferung – unter den allgemeinen Voraussetzungen – steuerfrei. In Deutschland wird D1 einen innergemeinschaftlichen Erwerb zu versteuern haben. Der Lieferort der zweiten Lieferung liegt, unabhängig davon ob D2 Unternehmer ist, gemäß § 3 Abs. 15 Z 4 UStG 1994 am Ende der Beförderung (dh. in Deutschland).

Beispiel 2:

Der Hersteller D1 in München verkauft eine Ware an den Großhändler D2 in Berlin und dieser wiederum an seinen Kunden Ö in Wien. D2 holt die Ware von D1 ab und befördert sie zu seinem Kunden Ö. D2 teilt D1 seine deutsche UID mit.

Lösung:

Die Lieferung durch den Zwischenhändler D2 an Ö ist gemäß § 3 Abs. 15 Z 1 lit. b UStG 1994 die bewegte Lieferung. Ist Ö Unternehmer, liegt der Lieferort nach § 3 Abs. 8 UStG 1994 zwar nicht im Inland, Ö verwirklicht in Österreich jedoch einen innergemeinschaftlichen Erwerb nach Art. 1 UStG 1994. Ist Ö eine Privatperson, liegt der Lieferort für die Lieferung an Ö aufgrund der innergemeinschaftlichen Versandhandelsregelung (Art. 3 Abs. 3 UStG 1994) in Österreich (bis 30.6.2021 ist die Lieferschwelle zu beachten). Der Lieferort für die Lieferung des D1 an den Zwischenhändler D2 liegt nach § 3 Abs. 15 Z 3 UStG 1994 in Deutschland.

Beispiel 3:

Der Hersteller D1 in München verkauft eine Ware an den Händler D2 in Berlin. D2 verkauft die Ware an den Großhändler Ö1 in Wien, der die Waren wiederum an seinen Kunden Ö2 in Wiener Neustadt verkauft. D2 holt die Waren von München ab und befördert sie direkt zum Kunden Ö2. D2 teilt D1 seine deutsche UID mit.

Lösung:

D2 ist Zwischenhändler iSd § 3 Abs. 15 Z 6 UStG 1994, da er die Waren befördert. Die Lieferung durch den Zwischenhändler D2 an Ö1 ist gemäß § 3Abs. 15 Z 1 lit. b UStG 1994 die bewegte Lieferung. Zwar liegt der Lieferort nach § 3 Abs. 8 UStG 1994 in Deutschland, in Österreich hat Ö1 jedoch einen innergemeinschaftlichen Erwerb nach Art. 1 UStG 1994 zu versteuern. Der Lieferort der Lieferung durch D1 an D2 liegt nach § 3 Abs. 15 Z 3 UStG 1994am Beginn der Beförderung (dh. in Deutschland). Der Lieferort für die Lieferung zwischen Ö1 und Ö2 liegt – unabhängig davon ob Ö2 Unternehmer ist – gemäß § 3 Abs. 15 Z 4 UStG 1994 in Österreich.

(BMF-AV Nr. 2019/165, BMF-AV Nr. 2021/166)

Zwischenhändler ist ein Lieferer innerhalb der Reihe, der die Gegenstände befördert oder versendet. Der erste Lieferer und der letzte Abnehmer können nicht Zwischenhändler sein. Die Gegenstände werden grundsätzlich durch jenen Unternehmer befördert oder versendet, auf dessen Rechnung die Beförderung oder Versendung erfolgt, das ist jener Unternehmer, der die Gefahr für den zufälligen Untergang der Gegenstände beim Transport trägt. **474h**

Beispiel 1:

Der österreichische Unternehmer Ö1 verkauft Waren an den österreichischen Unternehmer Ö2, der diese wiederum an den deutschen Unternehmer D verkauft. Ö2 beauftragt den Spediteur S, der die Waren direkt von Ö1 zu D nach Deutschland befördert.

Lösung:

Da die Güterbeförderung auf Rechnung des Ö2 erfolgt, ist ihm die Versendung zuzuschreiben. Dh. Ö2 ist Zwischenhändler. Tritt Ö2 mit seiner österreichischen UID-Nummer gegenüber Ö1 auf, liegt die bewegte Lieferung zwischen Ö2 und D vor. Diese ist in Österreich als innergemeinschaftliche Lieferung – unter den allgemeinen Voraussetzungen – steuerfrei. Der Lieferort der Lieferung von Ö1 an Ö2 liegt nach § 3 Abs. 15 Z 3 UStG 1994 am Beginn der Versendung (dh. in Österreich).

Beispiel 2:

Der österreichische Unternehmer Ö1 verkauft Waren an den österreichischen Unternehmer Ö2. Dieser verkauft die Waren an Ö3, der die Waren wiederum an D1 verkauft, welcher sie schlussendlich an D2 verkauft. Ö1, Ö2 und Ö3 verkaufen die Waren ab Werk, der Transport erfolgt nicht auf ihre Rechnung. D1 hingegen verkauft die Waren frei Haus, der Transport erfolgt auf seine Rechnung. D1 führt den Transport allerdings nicht selber durch, sondern beauftragt Ö1 mit der Beförderung. Ö1 transportiert die Waren auf Rechnung des D1 direkt zu D2 nach Deutschland.

Lösung:

Da die Güterbeförderung auf Rechnung des D1 erfolgt, ist die Versendung – auch wenn er einen Dritten in der Reihe beauftragt – D1 zuzuschreiben. Dh. D1 ist Zwischenhändler. Tritt D1 nicht mit seiner österreichischen UID-Nummer gegenüber Ö3 auf, liegt die bewegte Lieferung zwischen Ö3 und D1vor (§ 3 Abs. 15 Z 1 lit. c UStG 1994). Diese ist in Österreich als innergemeinschaftliche Lieferung – unter den allgemeinen Voraussetzungen – steuerfrei. Der Lieferort der Lieferung von Ö1 an Ö2 und von Ö2 an Ö3liegt nach § 3 Abs. 15 Z 3 UStG 1994 am Beginn der Versendung (dh. in Österreich). Die Lieferung von D1 an D2 liegt nach § 3 Abs. 15 Z 4 UStG 1994 am Ende der Versendung (dh. in Deutschland).

Teilen sich zwei Unternehmer in der Reihe die Gefahr für den zufälligen Untergang der Gegenstände beim Transport, wobei aber nur ein Unternehmer den Transport selbst durchführt oder den Versendungsauftrag an einen Dritten gibt, wird die Beförderung oder Versendung diesem Unternehmer zugeordnet.

Im Fall einer gebrochenen Beförderung oder Versendung (zur Definition siehe näher Rz 3982), hingegen, kann § 3 Abs. 15 UStG 1994 nur für jeden Teil der gebrochenen Beförderung oder Versendung isoliert zur Anwendung kommen.

Beispiel 3:

Der deutsche Hersteller D1 verkauft eine Ware an den deutschen Händler D2. D2 verkauft die Ware an den Großhändler Ö1 in Wien, der die Waren wiederum an seinen Kunden Ö2 in Wiener Neustadt verkauft. D1 befördert die Waren von Berlin nach München und übergibt sie dort dem von D2beauftragten Spediteur, der die Waren nach Wiener Neustadt weitertransportiert.

Lösung:

Das Reihengeschäft findet nur zwischen D2, Ö1 und Ö2 statt. Der erste Teilder gebrochenen Beförderung bzw. Versendung zwischen D1 und D2 ist isoliert zu behandeln. Auf diese Lieferung findet die Regelung fürReihengeschäfte keine Anwendung.

(BMF-AV Nr. 2019/165)

3.14.2. Reihengeschäfte bei Drittlandssachverhalten

(BMF-AV Nr. 2019/165)

474i Die Regelungen zu den Reihengeschäften kommen auch bei Drittlandssachverhalten zur Anwendung.

Beispiel 1:

Der Unternehmer K in Kanada verkauft Waren an den Unternehmer Ö1 in Wien (Lieferkondition: unverzollt und unversteuert). Ö1 wiederum verkauft die Waren an Ö2 in Linz. Ö1 befördert die Waren von Kanada direkt in das Lager von Ö2 in Linz.

Lösung:

Ö1 ist Zwischenhändler. Da er gegenüber K nicht mit einer UID des Ursprungslandes auftreten kann, ist die Lieferung von K an Ö1 die bewegte Lieferung (§ 3 Abs. 15 Z 1 lit. c UStG 1994). Der Lieferort liegt nach § 3 Abs. 8 UStG 1994 zwar nicht in Österreich, Ö1 hat in Österreich jedoch EUSt zu entrichten. Die Lieferung von Ö1 an Ö2 ist nach § 3 Abs. 15 Z 4 UStG 1994 in Österreich steuerbar.

Beispiel 2:

Der Unternehmer K in Kanada verkauft Waren an den Unternehmer Ö1 in Wien (Lieferkondition: verzollt und versteuert). Ö1 wiederum verkauft dieWaren an Ö2, ebenfalls in Wien. K beauftragt einen Spediteur, die Waren zur Übernahme in den freien Warenverkehr anzumelden und an Ö2 zu befördern. Ö1 tritt gegenüber K mit einer österreichischen UID auf.

Lösung:

Da Ö1 die Waren weder selbst noch auf seine Rechnung befördert oder versendet, ist er kein Zwischenhändler. Die Mitteilung der UID ist daher nicht relevant. Die Lieferung durch K ist nach § 3 Abs. 15 Z 1 lit. a UStG 1994die bewegte Lieferung. Nimmt K die Anmeldung zur Überführung in den freien Verkehr über den Spediteur als indirekten Vertreter vor und ist er somit Schuldner der EUSt, liegt der Lieferort nach § 3 Abs. 9

UStG 1994 in Österreich. Der Lieferort der nachgelagerten Lieferung durch Ö1 an Ö2 liegt nach § 3 Abs. 15 Z 4 UStG 1994 in Österreich.

Beispiel 3:

Ö in Österreich verkauft Waren an R1 in Russland. R1 verkauft die Waren an R2, ebenfalls in Russland. R1 beauftragt einen Spediteur, die Waren in Österreich abzuholen und nach Russland zu befördern. R1 tritt gegenüber Ö mit einer österreichischen UID auf.

Lösung:

Die Lieferung durch R1 an R2 ist nach § 3 Abs. 15 Z 1 lit. b UStG 1994 die bewegte Lieferung. Sie ist unter den Voraussetzungen des § 6 Abs. 1 Z 1 UStG 1994 iVm § 7 Abs. 1 Z 1 UStG 1994 in Österreich als Ausfuhr steuerfrei. Die Lieferung von Ö an R1 ist als vorgelagerter Umsatz nach § 3 Abs. 15 Z 3 UStG 1994 am Beginn der Beförderung (dh. in Österreich) steuerbar und steuerpflichtig.

(BMF-AV Nr. 2019/165, BMF-AV Nr. 2021/166)

3.14.3. Reihengeschäfte bei Verkauf über eine elektronische Schnittstelle

(BMF-AV Nr. 2019/165)

Mit 1.7.2021 treten die gesetzlichen Bestimmungen zum Fernverkauf über eine elektronische Schnittstelle in § 3 Abs. 3a UStG 1994 und die Sonderregelung für den Einfuhr-Versandhandel in § 25b UStG 1994 (Import-One-Stop-Shop; IOSS) in Kraft. Für Fernverkäufe iSd § 3 Abs. 3a UStG 1994 wird ein Reihengeschäft fingiert, wobei der Unternehmer an die elektronische Schnittstelle und diese an den Abnehmer liefert. Abweichend von § 3 Abs. 15 Z 1 UStG 1994 ist bei Reihengeschäften iSd § 3 Abs. 3a UStG 1994 die speziellere Zuordnungsregel nach § 3 Abs. 15 Z 2 UStG 1994 anwendbar. Die Warenbewegung ist der Lieferung durch die elektronische Schnittstelle zuzuordnen. **474j**

Beispiel 1:

Ein chinesischer Unternehmer C betreibt sein Unternehmen in China und hat im Gemeinschaftsgebiet keine Betriebsstätte. C veräußert Waren, die sich ineinem deutschen Lager befinden, über die Plattform des Unternehmers P an den Nichtunternehmer Ö in Österreich.

Lösung:

Gemäß § 3 Abs. 3a Z 2 UStG 1994 liegt eine Lieferung von C an P und eineLieferung von P an Ö vor. Damit wird ein Reihengeschäft begründet, bei dem die bewegte Lieferung gemäß § 3 Abs. 15 Z 2 UStG 1994 der Lieferung durch P zuzurechnen ist. P hat einen innergemeinschaftlichen Versandhandel nach Art. 3 Abs. 3 UStG 1994 in Österreich zu versteuern. C hat eine steuerbare Lieferung in Deutschland an P. Diese ist steuerfrei iSd Art. 136a MwSt-RL 2006/112/EG (entspricht Art. 6 Abs. 4 UStG 1994).

Beispiel 2:

Ein chinesischer Händler C veräußert Waren mit einem Einzelwert von 60 Euro über die Plattform des Unternehmers P, der die Sonderregelung für den Einfuhr-Versandhandel anwendet, an den Nichtunternehmer Ö in Österreich. Die Waren werden von China nach Österreich versendet.

Beispiel 3:

Der österreichische Unternehmer U veräußert Waren mit einem Einzelwert von 60 Euro über die Plattform des Unternehmers P, der die IOSS Sonderregelung für den Einfuhr-Versandhandel anwendet, an den Nichtunternehmer Ö in Österreich. Die Waren werden vom chinesischen Unternehmer CH produziert und von dessen Produktionsstätte in China direkt an Ö versendet.

Lösung:

Gemäß § 3 Abs. 3a Z 1 UStG 1994 liegt eine Lieferung von U an P und eine Lieferung von P an Ö vor. Damit wird ein Reihengeschäft zwischen CH, U, P und Ö begründet, bei dem die bewegte Lieferung gemäß § 3 Abs. 15 Z 2 UStG 1994 der Lieferung durch P zuzurechnen ist. Der Lieferort für die Lieferung durch P an Ö liegt nach § 3 Abs. 8a lit. b UStG 1994 am Ende der Versendung, dh. in Österreich. Die Lieferung von CH an U und die Lieferung von U an P gelten nach § 3 Abs. 15 Z 3 UStG 1994 am Beginn der Beförderung als ausgeführt (dh. in China) und sind somit in Österreich nicht steuerbar. Die Einfuhr der Waren ist unter den Voraussetzungen des § 6 Abs. 4 Z 9 UStG 1994 in Österreich von der EUSt befreit.

(BMF-AV Nr. 2019/165, BMF-AV Nr. 2020/192)

3a. Sonstige Leistung (§ 3a UStG 1994)

3a.1. Zeitpunkt der sonstigen Leistung

Siehe Rz 2608, 2610, 2618 und 2619 bis 2621.

3a.1a. Den sonstigen Leistungen gleichgestellter Eigenverbrauch

(BMF-AV Nr. 2022/154)

3a.1a.1. Allgemeines

475 Einer sonstigen Leistung gegen Entgelt werden gemäß § 3a Abs. 1a UStG 1994 gleichgestellt:

- Die Verwendung eines dem Unternehmen zugeordneten Gegenstandes, der zum vollen oder teilweisen Vorsteuerabzug berechtigt hat, durch den Unternehmer
  - für Zwecke, die außerhalb des Unternehmens liegen,
  - für den Bedarf seines Personals, sofern keine Aufmerksamkeiten vorliegen;

  Das gilt nicht für die Verwendung eines dem Unternehmen zugeordneten Grundstückes.
- Die unentgeltliche Erbringung von anderen sonstigen Leistungen durch den Unternehmer
  - für Zwecke, die außerhalb des Unternehmens liegen,
  - für den Bedarf seines Personals, sofern keine Aufmerksamkeiten vorliegen.

Die Bestimmung regelt den Verwendungs- und Leistungseigenverbrauch einschließlich der Besteuerung der unentgeltlichen sonstigen Leistungen an Arbeitnehmer, ausgenommen Aufmerksamkeiten. Beide Sachverhalte werden den sonstigen Leistungen gleichgestellt.

Die Verwendung des nichtunternehmerisch genutzten Teiles eines dem Unternehmen zugeordneten Grundstückes ist ein nicht steuerbarer Vorgang, der vom Vorsteuerabzug ausschließt (siehe Rz 481 und Rz 2000).

(BMF-AV Nr. 2022/154)

3a.1a.2. Verwendungseigenverbrauch

476 Die für Zwecke außerhalb des Unternehmens verwendeten Gegenstände müssen dem Unternehmen dienen oder bisher gedient haben. Ein Dienen liegt insoweit vor, als dem Unternehmer die Nutzung an einem Gegenstand zusteht, selbst wenn diese umfangmäßig oder zeitlich begrenzt sein sollte. Ob ein Gegenstand dem Unternehmen dient, richtet sich nach § 12 Abs. 2 UStG 1994. Siehe Rz 1901 bis 1952.

477 Der Unternehmer muss nicht zivilrechtlicher Eigentümer des Wirtschaftsgutes sein, sondern dieses dient auch dann seinem Unternehmen, wenn er es zB auf Grund eines Miet-, Pacht-, Leih- oder Leasingvertrages nutzt.

478 Die Verwendung eines Gegenstandes für Zwecke außerhalb des Unternehmens setzt nicht die Überführung des Gegenstandes in die Privatsphäre des Unternehmers voraus, so dass ein Eigenverbrauch auch bei solchen Unternehmern möglich ist, welche neben der Unternehmenssphäre keine private Sphäre besitzen (zB Personengesellschaften und Kapitalgesellschaften sowie andere Körperschaften).

(AÖF Nr. 2014/164)

479 Körperschaften öffentlichen Rechts und Vereine können neben dem unternehmerischen einen nichtunternehmerischen Bereich haben. Werden dem Unternehmensbereich dienende Gegenstände von der Körperschaft öffentlichen Rechts oder dem Verein für den nichtunternehmerischen Bereich verwendet, diesem zugeordnet oder die Verwendung dieser Gegenstände Dritten gestattet, ist innerhalb des Vorsteuerberichtigungszeitraums die geltend gemachte Vorsteuer gemäß § 12 Abs. 10 bis Abs. 13 UStG 1994 zu berichtigen (zum besonderen Fall des Eigenverbrauchs bei Verwendung für unternehmensfremde Zwecke vgl. EuGH 12.02.2009, Rs C-515/07, *VNLTO*). Dies gilt auch, wenn sich der Anteil der unternehmerischen Nutzung eines von Beginn an für unternehmerische Zwecke angeschafften Gegenstandes erhöht (vgl. EuGH 25.7.2018, Rs C-140/17, *Gmina Ryjewo*). Werden mit eingekauften Waren für einen Betrieb auch Mitglieder gratis verköstigt, muss ebenso eine anteilige Vorsteuerberichtigung vorgenommen werden. Keine Berichtigung ist vorzunehmen, wenn mithelfende Personen (Personal) im Gastgewerbe unentgeltlich verpflegt werden.

(BMF-AV Nr. 2019/165)

480 Bei der kostenlosen Zurverfügungstellung von Einrichtungen eines Unternehmens an Betriebsangehörige des Unternehmens liegt ein Eigenverbrauch gleichfalls nicht vor, soweit die Zurverfügungstellung aus betrieblichen Gründen und damit im Rahmen des Unternehmens erfolgt; eine Verwendung für Zwecke außerhalb des Unternehmens findet in einem solchen Fall nicht statt.

3a.1a.3. Ausnahme vom Verwendungseigenverbrauch (Rechtslage ab 1. Mai 2004)

Kein Eigenverbrauch liegt vor bei der Verwendung eines dem Unternehmen zugeordneten 481
Grundstückes hinsichtlich des nicht unternehmerisch genutzten Teiles. Diese Nutzung stellt einen nicht steuerbaren Vorgang dar. Das gilt auch für Grundstücksteile, die grundsätzlich für unternehmerische Zwecke bestimmt sind, und nur vorübergehend für private Zwecke verwendet werden. Auch in diesen Fällen erfolgt die Korrektur nicht über den Eigenverbrauch, sondern über eine Berichtigung der Vorsteuern.

Hinsichtlich der mit einem nicht steuerbaren Eigenverbrauch zusammenhängenden Vorsteuern siehe Rz 2000.

3a.1a.4. Eigenverbrauch durch sonstige Leistungen

3a.1a.4.1. Abgrenzung zum Verwendungseigenverbrauch

Zu den anderen sonstigen Leistungen für nichtunternehmerische Zwecke im Sinne des 482
§ 3a Abs. 1a Z 2 UStG 1994 gehören einerseits die unentgeltliche Erbringung reiner Dienstleistungen (zB Kantinenumsätze), andererseits aber auch die Verwendung eines unternehmerischen Gegenstandes für nichtunternehmerische Zwecke, wenn damit gleichzeitig ein Dienstleistungsanteil verknüpft ist, dem nicht bloß untergeordnete Bedeutung zukommt.

Beispiel:

Überlassung eines dem Unternehmen zugeordneten PKWsamt Fahrer an einen leitenden Angestellten für seine Privatfahrten.

Unabhängig davon, ob für das Fahrzeug ein Vorsteuerabzug in Anspruch genommen werden konnte, liegt ein Leistungseigenverbrauch gemäß § 3a Abs. 1a Z 2 UStG1994 vor (Beförderungsdienstleistung für den Bedarf des Personals). In die Bemessungsgrundlage sind sämtliche auf die Dienstleistung entfallenden Kosten miteinzubeziehen.

Bei Gratiseinschaltungen von Inseraten in Zeitungen zugunsten sozialer Einrichtungen kann davon ausgegangen werden, dass die Einschaltung im eigenen unternehmerischen Interesse des Medieninhabers liegt (zB Werbung, Imagepflege) und der unternehmerische Zweck ausreichend belegt ist, wenn im Rahmen der Einschaltung darauf hingewiesen wird.

3a.1a.4.2. Dienstnehmerverrichtungen für den Privatbereich des Unternehmers

Die Kosten für einen Arbeitnehmer brauchen nicht zwingend einheitlich dem Unternehmen 483
des Arbeitgebers zugeordnet werden, und zwar auch dann nicht, wenn die Arbeitsleistungen dem Unternehmen auf Grund des Arbeitsvertrages nach Art und Zeit der Leistungen und des dafür vom Unternehmen zu tragenden Arbeitslohnes zusteht. Eine Differenzierung in einen unternehmerischen und einen nicht unternehmerischen Bereich ist möglich. Insoweit der Arbeitnehmer für den nicht unternehmerischen Bereich eingesetzt wird, erfolgt der Leistungsbezug nicht für das Unternehmen und gehen die anteiligen (Lohn-)Kosten nicht zu Lasten des Unternehmens. Bezüglich des nicht unternehmerischen Teils der Arbeitsleistung kommt es damit zu keiner Eigenverbrauchsbesteuerung nach § 3a Abs. 1a Z 2 UStG 1994. Diese Beurteilung setzt eine von vornherein feststehende, klare und nachvollziehbare Trennung der Arbeitsleistung in einen unternehmerischen und in einen nicht unternehmerischen Teil (zB durch genaue Abreden über einen bestimmten Teil der Arbeitskraft und die Aufzeichnung der entsprechenden Lohnanteile) voraus.

Beispiel 1:

Eine Reinigungskraft reinigt die Kanzlei und die Privatwohnung eines Rechtsanwalts. Die aufgewendeten Stunden für die Reinigung der Kanzlei und Privatwohnung werden getrennt aufgeschrieben.

Die Lohnkosten können genau zugeordnet werden. Es liegt kein Eigenverbrauch vor.

Anders verhält es sich, wenn die sonstige Leistung Betriebsgegenstand ist. In diesem Fall 484
liegt steuerbarer Eigenverbrauch vor.

Beispiel 2:

Dienstnehmer eines Reinigungsunternehmers reinigen die Privatwohnung des Unternehmers.

Die Lohnkosten, die auf die Reinigung der Privatwohnung des Unternehmers entfallen, sind als Eigenverbrauch zu versteuern.

3a.1a.4.3. Leistungen für den Bedarf des Personals

485 Hinsichtlich Leistungen für den Bedarf des Personals siehe Rz 66 bis Rz 74.

(AÖF Nr. 2014/164)

3a.1a.4.4. Eigenleistungen des Unternehmers

486 Bemessungsgrundlage für den Eigenverbrauch nach § 3a Abs. 1a UStG 1994 sind die auf die Ausführung dieser Leistungen entfallenden Kosten (§ 4 Abs. 8 lit. b UStG 1994). Dabei ist grundsätzlich von den bei der Einkommensteuer zugrunde gelegten Kosten auszugehen, die den anteiligen Unternehmerlohn nicht miteinschließen. Da für „Eigenleistungen" des Unternehmers keine Kosten anfallen, sind sie nicht in die Bemessungsgrundlage für den Eigenverbrauch einzubeziehen.

3a.1a.5. Ort des Eigenverbrauches

487 Der Ort des Eigenverbrauches nach § 3a Abs. 1a Z 1 und Z 2 UStG 1994 bestimmt sich nach den Leistungsortregelungen, die für die sonstige Leistung bei Entgeltlichkeit anzuwenden wären.

Beispiel:

Die deutsche Unternehmerin überlässt ihrer Arbeitnehmerin als Prämie für besondere Arbeitsleistungen Konzertkarten für ein Konzert in Wien.

Es liegt eine unentgeltliche sonstige Leistung iSd § 3a Abs. 1a Z 2 UStG 1994 vor. Der Ort des Eigenverbrauchs liegt gemäß § 3a Abs. 11 lit. a UStG 1994 am Tätigkeitsort in Österreich.

(BMF-AV Nr. 2015/170, BMF-AV Nr. 2021/166)

3a.1a.6. Abgrenzung zu entgeltlichen Vorgängen

488 Für die vorübergehende Verwendung von Gegenständen sowie für die Erbringung sonstiger Leistungen gilt Rz 367 sinngemäß.

3a.2. Tauschähnlicher Umsatz

Bezüglich Sachzuwendungen an Arbeitnehmer siehe Rz 65 bis 73.

489 Gewährt der Unternehmer eine Sachzuwendung von eigenständigem wirtschaftlichen Gehalt und erhält er als Gegenleistung dafür vom Arbeitnehmer einen Teil seiner Arbeitsleistung, liegt ein tauschähnlicher Umsatz vor.

Beispiel:

Der österreichische Unternehmer stellt seiner in Österreich wohnhaften Arbeitnehmerin als Teil ihrer Entlohnung ein zum Unternehmensbereich gehöriges KFZ für Privatfahrten zur Verfügung. Die Überlassung des Fahrzeuges gegen einen Teil der Arbeitsleistung stellt einen tauschähnlichen Umsatz dar. Der Leistungsort für die langfristige Vermietung des Fahrzeuges durch den Unternehmer ist gemäß § 3a Abs. 12 Z 2 UStG 1994 am Empfängerort in Österreich.

Bezüglich unentgeltliche Sachzuwendungen an Arbeitnehmer siehe Rz 66 bis Rz 74.

Zur Bemessungsgrundlage siehe Rz 672.

Das Zurverfügungstellen von Autos zur Nutzung an einen Sportverband um ein bestimmtes Verhalten iZm Werbeaktivitäten zu erreichen, stellt einen tauschähnlichen Umsatz dar (VwGH 18.03.2004, 2003/15/0088).

Zum Sachsponsoring an gemeinnützige Sportvereine siehe Rz 886a.

(AÖF Nr. 2014/164, BMF-AV Nr. 2021/166)

3a.3. Werkleistung

Randzahlen 490 bis 637: *derzeit frei.*

Leistungsortregelungen ab 1.1.2010

638a Die zur Umsetzung der RL 2008/8/EG erforderlichen Änderungen der Leistungsortregelungen für sonstige Leistungen treten mit 1.1.2010 in Kraft (siehe Budgetbegleitgesetz 2009, BGBl. I Nr. 52/2009). Die neuen Leistungsortregelungen differenzieren nicht nur nach der Art der Leistung, sondern auch danach, ob der Leistungsempfänger ein Unternehmer oder Nichtunternehmer ist. § 3a Abs. 6 UStG 1994 enthält die Generalklausel für unternehmerische, § 3a Abs. 7 UStG 1994 jene für nichtunternehmerische Leistungsempfänger. § 3a Abs. 8 bis 16 UStG 1994 enthalten spezielle Leistungsortregelungen, die teilweise nur für nichtunternehmerische, teilweise auch für unternehmerische Leistungsempfänger gelten. Weiters sind die speziellen Leistungsortregelungen für Besorgungsleistungen (§ 3a Abs. 4 UStG 1994), den Binnenmarkt (Art. 3a UStG 1994) und für Reiseleistungen gemäß § 23 Abs. 3 UStG 1994 zu beachten.

Der Ort für Reiseleistungen gemäß § 23 UStG 1994 bestimmt sich gemäß § 23 Abs. 3 UStG 1994 stets nach § 3a Abs. 7 UStG 1994. Danach ist der Unternehmerort maßgebend. **638b**

Bedient sich der Unternehmer bei Ausführung einer sonstigen Leistung eines anderen Unternehmers als Erfüllungsgehilfen, der die sonstige Leistung im eigenen Namen und für eigene Rechnung ausführt, so ist der Ort der Leistung für jede dieser Leistungen für sich zu bestimmen. **638c**

Beispiel:

Die österreichische Körperschaft des öffentlichen Rechts P (mit UID) erteilt dem Unternehmer F in Frankreich den Auftrag, ein Gutachten zu erstellen, das P in ihrem Hoheitsbereich auswerten will. F vergibt bestimmte Teilbereiche an den Unternehmer U im Inland und beauftragt ihn, die Ergebnisse seiner Ermittlungen unmittelbar P zur Verfügung zu stellen.

Die Leistung des U wird nach § 3a Abs. 6 UStG 1994 dort ausgeführt, wo F sein Unternehmen betreibt und ist daher im Inland nicht steuerbar. Der Ort der Leistung des F an P ist ebenfalls nach § 3a Abs. 6 UStG 1994 zu bestimmen; die Leistung ist damit in Österreich steuerbar. Die Steuerschuld geht gemäß § 19 Abs. 1 UStG 1994 auf die österreichische Körperschaft des öffentlichen Rechts P über.

Die in § 3a Abs. 4 bis 15 UStG 1994 und Art. 3a UStG 1994 idF BGBl. I Nr. 52/2009 normierten Leistungsortregelungen gelten für Umsätze, die nach dem 31.12.2009 ausgeführt werden (vgl. § 28 Abs. 33 Z 1 UStG 1994). Maßgebend für die Anwendbarkeit der neuen Leistungsortregelungen ist der Zeitpunkt der Leistungserbringung. Wurden Anzahlungen vor dem 31.12.2009 für Umsätze geleistet, die erst nach dem 31.12.2009 ausgeführt werden, ist eine allfällige Korrektur im ersten Voranmeldungszeitraum 2010 vorzunehmen. **638d**

Beispiel:

Ein österreichischer Unternehmer hat von einem deutschen Leasinggeber einen PKW geleast, den der Unternehmer in Österreich unternehmerisch verwendet. Im Jahr 2009 leistet der Unternehmer Anzahlungen, die sich auf Leistungszeiträume ab 1.1.2010 beziehen.

Diese Anzahlungen sind aufgrund der Leistungsortregelung des § 3a Abs. 6 UStG 1994 in Österreich steuerbar und steuerpflichtig. Hinsichtlich der auf diese Anzahlungen entfallenden Umsatzsteuer (Steuersatz 20%) kommt es zum Übergang der Steuerschuld gemäß § 19 Abs. 1 UStG 1994 auf den österreichischen Unternehmer. Die Steuer ist in der ersten UVA des Jahres 2010 zu erklären. Ein Vorsteuerabzug steht gemäß § 12 Abs. 2 Z 2 lit. b UStG 1994 – von den dort genannten Ausnahmen abgesehen – für den PKW nicht zu, so dass der österreichische Unternehmer die übergegangene Steuer bis 15.3.2010 (bei vierteljährlichem Voranmeldungszeitraum bis 15.5.2010) entrichten muss.

Randzahlen 638e bis 638f: *derzeit frei.*

3a.4. Besorgungsleistung

Ein Besorgen liegt vor, wenn ein Unternehmer für Rechnung eines anderen im eigenen Namen Leistungen durch einen Dritten erbringen lässt oder wenn ein Unternehmer für Rechnung eines anderen im eigenen Namen Leistungen an Dritte erbringt. Bei der Dienstleistungskommission wird fingiert, dass der Auftraggeber im Fall des Leistungsverkaufs eine Dienstleistung an den Besorger erbringt, der in weiterer Folge an einen Dritten weiterleistet. Die Besorgungsleistung des Besorgers an den Auftraggeber geht in der Leistung des Auftraggebers an den Besorger auf. Dies gilt sinngemäß auch für den Leistungseinkauf (VwGH 29.02.2012, 2008/13/0068). **638g**

Das Handeln muss für fremde Rechnung erfolgen. Das bedeutet, dass das wirtschaftliche Risiko, das mit der besorgten Leistung verbunden ist, nicht vom Besorgenden getragen wird. Daher ist zB ein Handeln auf fremde Rechnung ausgeschlossen, wenn der Besorgende mehr aufwendet, als er von seinem Auftraggeber erhält. Neben dem Kostenersatz wird der Besorgende regelmäßig ein eigenes Besorgungsentgelt verrechnen (VwGH 27.8.1990, 89/15/0079; vgl. zB die Provision des Spediteurs gemäß § 409 UGB).

Damit eine Besorgungsleistung vorliegt, muss es einerseits einen Auftrag geben, aufgrund dessen der Besorger für Rechnung des Auftraggebers tätig wird, und andererseits muss Gleichartigkeit zwischen der besorgten Leistung und der Besorgungsleistung bestehen (vgl. EuGH 12.11.2020, Rs C-734/19, *ITH Comercial Timişoara SRL*).

Ist die (einheitlich zu beurteilende) Leistung nicht auf die Besorgung beschränkt, sondern umfasst sie auch weitere Leistungen mit eigenem wirtschaftlichen Gewicht, kann insgesamt nicht mehr von einer Besorgungsleistung gesprochen werden, sondern ist die Besorgungstätigkeit nur ein unselbstständiger Teil einer einheitlichen sonstigen Leistung. Dies ist etwa anzunehmen, wenn die weiteren, zusätzlichen Leistungen die Besorgungsleistung aus der Sicht der Beteiligten erst wirtschaftlich sinnvoll machen (VwGH 29.7.2010, 2008/15/0272).

Übernimmt der Käufer Verpflichtungen und damit zusammenhängende Kosten, die der Verkäufer im Zuge des Verkaufs per Gesetz zu übernehmen hätte, liegt eine eigene Leistung des Käufers vor, unabhängig davon, ob diese Kosten im Verkaufspreis direkt oder indirekt eingepreist sind (vgl. EuGH 19.12.2019, Rs C-707/18, *Amărăşti Land Investment*).

(BMF-AV Nr. 2020/192, BMF-AV Nr. 2021/166)

638h Die für die besorgte Leistung geltenden Vorschriften sind auf die Besorgungsleistung entsprechend anzuwenden. Danach sind die sachbezogenen umsatzsteuerlichen Merkmale der besorgten Leistung auch für die Besorgungsleistung maßgebend. Zur Bestimmung des Ortes der sonstigen Leistungen sind daher die Vorschriften anzuwenden, die für die Bestimmung des Ortes der besorgten Leistung gelten, soweit nicht für die Besorgungsleistung eine besondere Regelung besteht, zB für die Reisebüros in § 23 UStG 1994. Entsprechendes gilt für die Frage einer Steuerbefreiung und Steuerermäßigung.

Beispiel 1:

Der Spediteur A mit Sitz im Inland besorgt für den Unternehmer B mit Sitz im Inland die Beförderung eines Gegenstandes von Klagenfurt nach Zürich. Die Beförderung führt der Unternehmer C durch.

Bis 31.12.2018: Die grenzüberschreitende Beförderung des C ist gemäß § 3a Abs. 6 UStG 1994 in Österreich steuerbar und nach § 6 Abs. 1 Z 3 lit. a UStG 1994 steuerfrei. Das Gleiche gilt für die Besorgungsleistung des A.

Ab 1.1.2019 ist die grenzüberschreitende Beförderung des C gemäß § 3a Abs. 6 UStG 1994 in Österreich steuerbar und steuerpflichtig (vgl. EuGH 29.6.2017, C-288/16, „L.Č." IK). Die Besorgungsleistung des A ist gemäß § 6 Abs. 1 Z 3 lit. a UStG 1994 steuerfrei (vgl. Rz 712).

Beispiel 2:

Der Bauunternehmer A besorgt für den Bauherrn B die Leistung des Handwerkers C, dessen Umsätze nach § 6 Abs. 1 Z 27 UStG 1994 steuerfrei sind.

Diese persönliche Begünstigung der Kleinunternehmerregelung ist nicht auf den Bauunternehmer übertragbar. Die Besorgungsleistung des A ist daher nicht steuerfrei.

Beispiel 3:

Der Unternehmer W in Wien beauftragt den Unternehmer CH in der Schweiz, Werbemaßnahmen in Österreich zu besorgen. CH beauftragt seinerseits den österreichischen Unternehmer L in Linz mit der Durchführung.

Die Leistung des L an CH wird gemäß § 3a Abs. 6 UStG 1994 dort ausgeführt, wo der Empfänger der Leistung (CH) sein Unternehmen betreibt (Schweiz). Auf die Besorgungsleistung des CH an W sind dieselben Regeln über den Leistungsort anzuwenden. Gemäß § 3a Abs. 6 UStG 1994 wird die Leistung dort ausgeführt, wo der Empfänger (W) sein Unternehmen betreibt. Ort der Besorgungsleistung ist daher in Österreich. Die Steuerschuld für die Besorgungsleistung des CH geht nach § 19 Abs. 1 UStG 1994 auf W als Leistungsempfänger über.

Beispiel 4:

Der Konsument K, Wien, bringt ein defektes Bügeleisen zum Elektrohändler E, Wien. Dieser repariert es nicht selbst, sondern schickt es vereinbarungsgemäß gegen Kostenersatz zum Hersteller H nach München. Der Hersteller H repariert den Gegenstand, ohne Hauptstoffe beizustellen.

H erbringt an E eine Werkleistung an einem beweglichen körperlichen Gegenstand. Der Ort der Werkleistung liegt gemäß § 3a Abs. 6 UStG 1994 in Österreich. Die Steuerschuld für die Werkleistung des H geht gemäß § 19 Abs. 1 UStG 1994 auf E als Leistungsempfänger über.

Geht man von einer Besorgungsleistung des E aus, so sind die für die besorgte Leistung geltenden Rechtsvorschriften entsprechend auf die Leistung des E an K anzuwenden. E tätigt somit ebenfalls eine Werkleistung, deren Ort nach § 3a Abs. 11 lit. c UStG 1994 in Deutschland liegt.

Beispiel 5:

Wie Beispiel 4, jedoch tauscht der Hersteller H die Bodenplatte komplett aus. H tätigt damit eine innergemeinschaftliche (Werk)Lieferung an den Elektrohändler E; dieser tätigt einen innergemeinschaftlichen Erwerb. E tätigt im Sinne der Regelung über die Besorgungsleistung bei der Lieferung (Kommissionsgeschäft) seinerseits eine steuerbare und steuerpflichtige Lieferung in Österreich (Steuersatz 20%).

(BMF-AV Nr. 2018/164)

Randzahlen 638i bis 638j: *derzeit frei.*

3a.5. Abgrenzung der Begriffe Unternehmer/Nichtunternehmer

3a.5.1. Allgemeines

§ 3a Abs. 5 UStG 1994 normiert, wer für die neuen Leistungsortregelungen gemäß § 3a Abs. 6 bis 16 UStG 1994 und gemäß Art. 3a UStG 1994 als unternehmerischer bzw. nichtunternehmerischer Leistungsempfänger gilt. **638k**

Randzahlen 638l bis 638m: *derzeit frei.*

3a.5.2. Unternehmer

Der in § 3a Abs. 5 Z 1 und Z 2 UStG 1994 normierte Begriff des Unternehmers ist weiter als jener des § 2 UStG 1994 und gilt nur für den Leistungsempfänger, nicht für den die Leistung erbringenden Unternehmer. **638n**

Als unternehmerischer Leistungsempfänger gilt nach § 3a Abs. 5 Z 1 UStG 1994: **638o**

- ein Unternehmer iSd § 2 UStG 1994, der die sonstige Leistung für seine steuerbaren Tätigkeiten bezieht;
- ein Unternehmer iSd § 2 UStG 1994, der die sonstige Leistung ganz oder teilweise für seine nicht steuerbaren (nicht wirtschaftlichen) Tätigkeiten bezieht (vgl. EuGH 17.3.2021, Rs C-459/19, *Wellcome Trust Ltd*).

Beispiel 1:

Eine geschäftsleitende Holding, die nur gegenüber der Tochtergesellschaft A Verwaltungsleistungen erbringt und in die Verwaltung der Tochtergesellschaft B nicht eingreift, wird nur gegenüber der Tochtergesellschaft A unternehmerisch tätig. Bezieht sie eine Beratungsleistung für ihren nichtunternehmerischen Bereich, dh. für ihre Beteiligung an der B, gilt sie für die Bestimmung des Leistungsortes der Beratungsleistung dennoch als Unternehmer.

Beispiel 2:

Die österreichische Gemeinde G, die neben ihrer Hoheitstätigkeit auch unternehmerisch tätig ist, gibt eine Studie über Organisations- und Arbeitsabläufe der (hoheitlichen) Gemeindeverwaltung und deren Verbesserung in Auftrag. Der Auftragnehmer ist das deutsche Beratungsunternehmen D. Die Gemeinde G gilt für die Ermittlung des Leistungsortes der Beratungsleistung als Unternehmer. Der Leistungsort der Beratungsleistung des D liegt daher in Österreich. Die Steuerschuld geht gemäß § 19 Abs. 1 UStG 1994 auf die Gemeinde G über.

Beispiel 3:

Die Gesellschaft G übt im Rahmen ihrer Haupttätigkeit, der Vermögensverwaltung ihres gemeinnützigen Fonds, keine unternehmerische Tätigkeit aus. Im untergeordneten Bereich ist sie auch unternehmerisch tätig. Bezieht sie für ihren nichtunternehmerischen Bereich Verwaltungsdienstleistungen, gilt sie für die Ermittlung des Leistungsortes der (bezogenen) Verwaltungsdienstleistungen dennoch als Unternehmer (vgl. EuGH 17.3.2021, Rs C-459/19, Wellcome Trust Ltd).

Unecht befreite Unternehmer (zB Kleinunternehmer) und pauschalierte Land- und Forstwirte fallen unter den Unternehmerbegriff des § 2 UStG 1994 und sind daher jedenfalls von § 3a Abs. 5 Z 1 UStG 1994 erfasst. Die Erwerbsschwelle findet für sonstige Leistungen keine Anwendung.

(BMF-AV Nr. 2022/154)

Als unternehmerischer Leistungsempfänger gilt nach § 3a Abs. 5 Z 2 UStG 1994: **638p**

- eine nicht unternehmerisch tätige juristische Person, die über eine UID verfügt.

Beispiel:

Ein gemeinnütziger Verein, der nicht unternehmerisch tätig ist, aber zB wegen des Überschreitens der Erwerbsschwelle über eine UID verfügt, bezieht eine Beratungsleistung. Es kommen die Leistungsortregelungen für Unternehmer zur Anwendung.

Bezieht ein Unternehmer iSd § 3a Abs. 5 Z 1 und Z 2 UStG 1994 eine sonstige Leistung ausschließlich für seinen privaten Bedarf oder für den Bedarf seines Personals und steht dies bereits im Zeitpunkt des Leistungsbezugs fest, kommen die Leistungsortregelungen für Nichtunternehmer zur Anwendung. **638q**

Zu den Leistungen, die ihrer Art nach mit hoher Wahrscheinlichkeit für den privaten Bedarf bezogen werden, siehe Rz 638y.

(AÖF Nr. 2014/7)

Eine einheitliche Leistung kann für die Leistungsortbestimmung nicht in mehrere Leistungen aufgespalten werden. Das gilt auch dann, wenn sie einem gemischten Verwendungs- **638r** zweck dient. Wird die empfangene sonstige Leistung sowohl für steuerbare Tätigkeiten, als auch für nicht steuerbare Tätigkeiten, darunter auch für persönliche Zwecke des Unternehmers, verwendet, richtet sich der Leistungsort nach den zwischenunternehmerischen Leistungsortregelungen.

638s Die Unternehmerdefinition des § 3a Abs. 5 Z 1 und Z 2 UStG 1994 hat keine Auswirkungen auf die Berechtigung zum Vorsteuerabzug.

(BMF-AV Nr. 2022/154)

Randzahlen 638t bis 638u: *derzeit frei.*

3a.5.3. Nichtunternehmer

638v Als nichtunternehmerischer Leistungsempfänger gilt nach § 3a Abs. 5 Z 3 UStG 1994:

- ein Unternehmer iSd § 2 UStG 1994, der eine sonstige Leistung ausschließlich für rein private Zwecke bezieht;
- eine nicht unternehmerisch tätige juristische Person, die über keine UID verfügt;
- eine natürliche Person oder Personengemeinschaft, die nicht Unternehmer iSd § 2 UStG 1994 ist.

Randzahlen 638w bis 638x: *derzeit frei.*

3a.5.4. Identifizierung als Unternehmer/Nichtunternehmer

638y Der Nachweis, dass der Leistungsempfänger ein Unternehmer iSd § 3a Abs. 5 Z 1 und Z 2 UStG 1994 ist, kann durch die UID des Leistungsempfängers erbracht werden (zur Überprüfung der UID siehe Rz 4351 ff).

Hat ein Unternehmer iSd § 3a Abs. 5 Z 1 UStG 1994 keine UID (zB ein Drittlandsunternehmer), kann der Nachweis der Unternehmereigenschaft auch auf andere Weise erfolgen, zB durch eine Unternehmerbestätigung des Staates, in dem der Unternehmer ansässig ist und zur Umsatzsteuer erfasst ist.

Verfügt der Leistungsempfänger über eine Schweizer Unternehmens-Identifikationsnummer mit der UID-Ergänzung „MWST" und ist im UID-Register unter Mehrwertsteuerdaten der Status MWST Register: „aktiv" eingetragen, stellt auch ein entsprechender Ausdruck aus diesem UID-Register (https://www.uid.admin.ch) einen tauglichen Unternehmernachweis dar, wenn der Leistungserbringer neben der Gültigkeit der UID auch den Namen und die Anschrift des Leistungsempfängers auf ihre Richtigkeit überprüft und dies dokumentiert (vgl. analog dazu Rz 4358 zur UID-Abfrage über FinanzOnline). Dies gilt für Norwegen sinngemäß (Ausdruck aus dem norwegischen Handelsregister Brønnøyregistrene, https://www.brreg.no, aus dem die Eintragung in das Mehrwertsteuerregister hervorgeht).

Der Nachweis kann entfallen, wenn bei Leistungen an im Drittland ansässige Empfänger der Leistungsort unabhängig vom Status des Leistungsempfängers im Drittland liegt (zB Leistungen gemäß § 3a Abs. 14 UStG 1994).

Lässt sich nicht bereits aus der Art der Leistung erschließen, dass diese eindeutig für den unternehmerischen oder privaten Bereich bezogen wird (zB Leistungen, die ihrer Art nach mit hoher Wahrscheinlichkeit für den privaten Bedarf bestimmt sind), ist als Nachweis der unternehmerischen Verwendung dieser Leistung durch den Leistungsempfänger nicht ausreichend, wenn dieser gegenüber dem leistenden Unternehmer für diesen Umsatz seine UID verwendet bzw. seinen Status als Unternehmer nachweist. Der Nachweis, dass die Leistung nicht ausschließlich für rein private Zwecke erfolgt, kann durch Angabe der UID zusammen mit einer entsprechenden Bestätigung des Leistungsempfängers erbracht werden.

Sonstige Leistungen, die ihrer Art nach mit hoher Wahrscheinlichkeit nicht für das Unternehmen bestimmt sind, sind insbesondere:

- Krankenhausbehandlungen und ärztliche Heilbehandlungen,
- von Zahnärzten und Zahntechnikern erbrachte sonstige Leistungen;
- persönliche und häusliche Pflegeleistungen;
- sonstige Leistungen im Bereich der Sozialfürsorge und der sozialen Sicherheit;
- Betreuung von Kindern und Jugendlichen;
- Erziehung von Kindern und Jugendlichen, Schul- und Hochschulunterricht;
- Nachhilfeunterricht für Schüler oder Studierende;
- sonstige Leistungen im Zusammenhang mit sportlicher Betätigung einschließlich der entgeltlichen Nutzung von Anlagen wie Turnhallen und vergleichbaren Anlagen;
- Wetten, Lotterien und sonstige Glücksspiele mit Geldeinsatz;
- Herunterladen von Filmen und Musik;

- Bereitstellen von digitalisierten Texten einschließlich Büchern, ausgenommen Fachliteratur;
- Abonnements von Online-Zeitungen und -Zeitschriften, mit Ausnahme von Online-Fachzeitungen und -Fachzeitschriften;
- Online-Nachrichten einschließlich Verkehrsinformationen und Wettervorhersagen;
- Beratungsleistungen in familiären und persönlichen Angelegenheiten.

(BMF-AV Nr. 2019/165)

Randzahlen 638z bis 639a: *derzeit frei.*

3a.6. Generalklausel für unternehmerische Leistungsempfänger

§ 3a Abs. 6 UStG 1994 normiert als Generalklausel für sonstige Leistungen im zwischenunternehmerischen Bereich das Empfängerortprinzip. Eine sonstige Leistung, die an einen Unternehmer iSd § 3a Abs. 5 Z 1 und 2 UStG 1994 erbracht wird, wird an dem Ort ausgeführt, von dem aus der Empfänger sein Unternehmen betreibt. Dies ist dort, wo der Empfänger den Sitz seiner wirtschaftlichen Tätigkeit hat; in Ermangelung eines solchen Sitzes oder einer Betriebsstätte gilt als Ort, von dem aus der Empfänger sein Unternehmen betreibt, der Wohnsitz oder der gewöhnliche Aufenthalt (siehe näher Art. 12 f VO (EU) 282/2011). **639b**

Der Sitz der wirtschaftlichen Tätigkeit ist der Ort, an dem die Handlungen zur zentralen Verwaltung des Unternehmens vorgenommen werden; hierbei sind der Ort, an dem die wesentlichen Entscheidungen zur allgemeinen Leitung des Unternehmens getroffen werden, der Ort seines satzungsmäßigen Sitzes und der Ort, an dem die Unternehmensleitung zusammen kommt, zu berücksichtigen.

Kann anhand dieser Kriterien der Ort des Sitzes der wirtschaftlichen Tätigkeit nicht mit Sicherheit bestimmt werden, so wird der Ort, an dem die wesentlichen Entscheidungen zur allgemeinen Leitung des Unternehmens getroffen werden, zum vorrangigen Kriterium (vgl. Art. 10 VO (EU) 282/2011).

Allein aus dem Vorliegen einer Postanschrift kann nicht geschlossen werden, dass sich dort der Sitz der wirtschaftlichen Tätigkeit eines Unternehmens befindet.

Die sonstige Leistung kann auch an die Betriebsstätte (im Sinne des Art. 11 Abs. 1 VO (EU) 282/2011 sowie der Judikatur des EuGH zur festen Niederlassung) eines Unternehmers ausgeführt werden (§ 3a Abs. 6 zweiter Satz UStG 1994). Dies ist der Fall, wenn die Leistung ausschließlich oder überwiegend für die Betriebsstätte bestimmt ist. Die Regelung hat zur Folge, dass die sonstige Leistung nicht der Umsatzsteuer unterliegt, wenn sich der Ort der Betriebsstätte im Ausland befindet. Es ist nicht erforderlich, dass die Betriebsstätte den Auftrag an den die sonstige Leistung durchführenden Unternehmer, zB Verleger, Werbeagentur, Werbungsmittler, erteilt oder das Entgelt für die Leistung bezahlt. **639c**

Beispiel:

Eine Bank mit Sitz im Inland unterhält im Ausland Zweigniederlassungen. Durch Aufnahme von Werbeanzeigen in ausländische Zeitungen und Zeitschriften wird für die Zweigniederlassungen geworben. Die Erteilung der Anzeigenaufträge an die ausländischen Verleger erfolgt durch einen inländischen Werbungsmittler. Der inländische Werbungsmittler unterliegt mit seinen Leistungen für die im Ausland befindlichen Zweigniederlassungen nicht der österreichischen Umsatzsteuer.

Bei Werbeanzeigen in Zeitungen und Zeitschriften und bei Werbesendungen in Rundfunk und Fernsehen ist davon auszugehen, dass sie ausschließlich oder überwiegend für im Ausland gelegene Betriebsstätten bestimmt und daher nicht steuerbar sind, wenn einer der folgenden Sachverhalte vorliegt: **639d**

Es muss sich handeln um:

- Fremdsprachige Zeitungen und Zeitschriften oder um fremdsprachige Rundfunk- und Fernsehsendungen oder
- deutschsprachige Zeitungen und Zeitschriften oder um deutschsprachige Rundfunk- und Fernsehsendungen, die überwiegend im Ausland verbreitet werden.

Die im Ausland gelegenen Betriebsstätten müssen in der Lage sein, die Leistungen zu erbringen, für die geworben wird.

Lässt sich weder anhand der erbrachten Leistung noch ihrer Verwendung feststellen, ob die Leistung für die Betriebsstätte erbracht wird, hat dies der leistende Unternehmer insbesondere anhand des Vertrages, des Bestellscheins, der verwendeten UID-Nummer und der Bezahlung der Leistung zu ermitteln (vgl. Art. 22 Abs. 1 zweiter Unterabsatz VO (EU) 282/2011). **639e**

Lässt sich nicht feststellen, dass die sonstige Leistung ausschließlich oder überwiegend für eine Betriebsstätte bestimmt ist, so ist für die Bestimmung des Ortes dieser Leistung nicht der Ort der Betriebsstätte, sondern der Ort maßgebend, von dem aus der die Leistung empfangende Unternehmer sein Unternehmen betreibt. Bei einer einheitlichen sonstigen Leistung ist es nicht möglich, für einen Teil der Leistung den Ort der Betriebsstätte und für den anderen Teil den Sitz des Unternehmens als maßgebend anzusehen und die Leistung entsprechend aufzuteilen.

Die Erteilung des Rechts zur Fernsehübertragung von Fußballspielen durch Organisationen an Steuerpflichtige fällt gemäß Art. 26 VO (EU) 282/2011 unter die Grundregel für unternehmerische Leistungsempfänger. Die Aufzählung in Rz 639f wird daher entsprechend ergänzt.

639f Unter § 3a Abs. 6 UStG 1994 fallen ua. auch:

- Vermittlungsleistungen für Unternehmer, ausgenommen die Vermittlung beim Verkauf oder bei der Vermietung oder Verpachtung von Grundstücken oder bei der Begründung oder Übertragung dinglicher Rechte an Grundstücken;
- Güterbeförderungsleistungen für Unternehmer;
- Umschlag, Lagerung oder ähnliche Leistungen, die mit Beförderungsleistungen üblicherweise verbunden sind, für Unternehmer;
- Arbeiten an beweglichen körperlichen Gegenständen und die Begutachtung dieser Gegenstände für Unternehmer;
- Langfristige Vermietung von Beförderungsmitteln an Unternehmer (vor 1.1.2016: ausgenommen der Fälle des § 3a Abs. 15 Z 1 UStG 1994);
- Die in § 3a Abs. 14 UStG 1994 taxativ aufgezählten Katalogleistungen für Unternehmer;
- Die Einräumung des Rechts zur Fernsehübertragung von Fußballspielen an Unternehmer (Art. 26 VO (EU) 282/2011);
- Buchhaltungsleistungen (vgl. BFH 9.2.2012, V R 20/11);
- Die Einräumung des Rechts zur Aufstellung von Wett- oder Spielterminals in Lokalen samt damit verbundenen Service- und Administrationsleistungen für den Betrieb dieser Terminals (VwGH 23.11.2016, Ra 2014/15/0056).

(AÖF Nr. 2014/7, BMF-AV Nr. 2015/170, BMF-AV Nr. 2016/212, BMF-AV Nr. 2017/171)

639g Eine Vermittlungsleistung an einen Unternehmer wird (ausgenommen die Vermittlung beim Verkauf oder bei der Vermietung oder Verpachtung von Grundstücken oder bei der Begründung oder Übertragung dinglicher Rechte an Grundstücken) gemäß § 3a Abs. 6 UStG 1994 am Empfängerort ausgeführt. Das gilt auch für die Vermittlung der in § 3a Abs. 14 UStG 1994 genannten Katalogleistungen.

Beispiel:

Der Handelsvertreter M, München, vermittelt für den österreichischen Unternehmer W, Wien, den Verkauf von Waren an andere Händler in Österreich.

Leistungsort des M ist dort, wo der Leistungsempfänger W sein Unternehmen betreibt (Österreich). Die Leistung des M unterliegt daher der österreichischen Umsatzsteuer. Die Steuerschuld geht unter den Voraussetzungen des § 19 Abs. 1 zweiter Satz UStG 1994 auf W über. In diesem Fall haftet der leistende M für diese Steuer und hat den Umsatz in die ZM aufzunehmen.

(BMF-AV Nr. 2016/212)

639h Im Falle des Verkaufs von gebrauchten Landmaschinen wird eine Vermittlungsleistung bei der Einhaltung nachfolgender Vorgangsweise unter Verwendung der von der Wirtschaftskammer Österreich aufgelegten Vordrucke oder inhaltsgleicher Papiere angenommen werden können:

- Der Auftrag zum vermittlungsweisen Verkauf wird nach dem Vordruck „Übernahmevertrag zum vermittlungsweisen Verkauf“ (Formular: Landmaschine 1) erteilt.
- Der Kaufvertrag zwischen dem Veräußerer und dem Erwerber wird nach dem Muster „Kaufvertrag“ (Formular: Landmaschine 2) abgeschlossen.

639i Bei Reihenvermittlungs- und Minusgeschäften ist eine Vermittlungstätigkeit ausgeschlossen (VwGH 12.02.1970, 1277/68). An den zu vermittelnden gebrauchten Landmaschinen durchgeführte Reparaturen sind gesondert abzurechnen.

Formularmuster: Siehe Anhang 1 und Anhang 2.

639j Güterbeförderungsleistungen, die an Unternehmer erbracht werden, sind unabhängig von der Beförderungsstrecke und dem Abgangsort des Beförderungsmittels stets am Empfängerort, dh. dort, wo der die Leistung empfangende Unternehmer sein Unternehmen betreibt, steuerbar (§ 3a Abs. 6 UStG 1994). Keine Sonderregelungen bestehen für in- und ausländische Vor- und Nachläufe sowie für Umschlag, Lagerung oder ähnliche Leistungen, die üblicherweise mit Beförderungsleistungen verbunden sind. Der Leistungsort jeder einzelnen Leistung ist, soweit es sich nicht um eine unselbständige Nebenleistung zu einer Güterbeförderung handelt, gesondert zu ermitteln.

Beispiel 1:

Der österreichische Unternehmer U beauftragt den österreichischen Frachtführer F, Güter von Spanien nach Österreich zu befördern. F beauftragt den französischen Unternehmer N, die Güter in Frankreich umzuladen.

Die innergemeinschaftliche Güterbeförderung des F für den U ist gemäß § 3a Abs. 6 UStG 1994 am Empfängerort (Österreich) steuerbar. Das Umladen der Güter in Frankreich durch N für F ist ebenfalls gemäß § 3a Abs. 6 UStG 1994 am Empfängerort (Österreich) steuerbar. F schuldet als Leistungsempfänger unter den Voraussetzungen des § 19 Abs. 1 zweiter Satz UStG 1994 die Umsatzsteuer. In diesem Fall haftet der leistende Unternehmer N für diese Steuer und hat den Umsatz in die ZM aufzunehmen.

Beispiel 2:

Der in Frankreich ansässige Unternehmer U beauftragt den französischen Frachtführer F, Güter von Wien nach Frankreich zu befördern. F beauftragt den österreichischen Spediteur S, die Güter von Wien nach Salzburg zu befördern. Die Beförderung der Güter von Salzburg nach Frankreich erfolgt durch F.

Der innerösterreichische Transport der Güter von Wien nach Salzburg durch S für F ist gemäß § 3a Abs. 6 UStG 1994 am Empfängerort (Frankreich) steuerbar. Steuerschuldner der französischen Umsatzsteuer ist grundsätzlich der Leistungsempfänger F (vgl. Art. 196 MwSt-RL 2006/112/EG). In der Rechnung an F darf keine französische Umsatzsteuer enthalten sein.

Die Beförderungsleistung des F für U umfasst die Gesamtbeförderung von Wien nach Frankreich und ist gemäß § 3a Abs. 6 UStG 1994 am Empfängerort (Frankreich) steuerbar.

Randzahlen 639k bis 639m: *derzeit frei.*

3a.7. Generalklausel für nicht unternehmerische Leistungsempfänger

§ 3a Abs. 7 UStG 1994 normiert als Generalklausel für sonstige Leistungen, die an einen **639n** Nichtunternehmer iSd § 3a Abs. 5 Z 3 UStG 1994 erbracht werden, das Unternehmerortprinzip. Kommt keine Spezialbestimmung zur Anwendung, ist für die Bestimmung des Leistungsortes der Ort maßgeblich, an dem der leistende Unternehmer sein Unternehmen betreibt. Rz 639b ist sinngemäß anzuwenden.

Wird die sonstige Leistung von einer Betriebsstätte ausgeführt, gilt die Betriebsstätte als **639o** Ort der sonstigen Leistung. Der Begriff der Betriebsstätte ergibt sich aus der Judikatur des EuGH zur festen Niederlassung. Voraussetzung einer festen Niederlassung ist ein ständiges Zusammenwirken von Personal und Sachmitteln, die für die Erbringung der betreffenden Leistungen erforderlich sind, sowie ein hinreichender Grad an Beständigkeit und eine Struktur, die von der personellen und technischen Ausstattung her eine autonome Erbringung der Leistung ermöglicht (EuGH 04.07.1985, Rs C-168/84, „Berkholz", EuGH 28.06.2007, Rs C-73/06, „Planzer", ebenso VwGH 29.04.2003, 2001/14/0226).

Betriebsstätte kann auch eine Organgesellschaft im Sinne des § 2 Abs. 2 Z 2 UStG 1994 sein. Für die Bestimmung des Leistungsortes nach der Betriebsstätte ist Voraussetzung, dass der Umsatz von der Betriebsstätte ausgeführt worden ist, dh. die sonstige Leistung muss in tatsächlicher Hinsicht der Betriebsstätte zuzurechnen sein. Dies ist der Fall, wenn die für die sonstige Leistung erforderlichen einzelnen Arbeiten ganz oder überwiegend durch Angehörige oder Einrichtungen der Betriebsstätte ausgeführt werden. Es ist nicht erforderlich, dass die Betriebsstätte das Umsatzgeschäft selbst abgeschlossen hat. Wird ein Umsatz sowohl an dem Ort, von dem aus der Unternehmer sein Unternehmen betreibt, als auch von einer Betriebsstätte ausgeführt, ist der Leistungsort nach dem Ort zu bestimmen, an dem die sonstige Leistung überwiegend erbracht wird.

Demonstrative Aufzählung der Anwendungsfälle des § 3a Abs. 7 UStG 1994 an Nicht- **639p** unternehmer:

- Die in § 3a Abs. 14 Z 1 bis 12 UStG 1994 taxativ aufgezählten Katalogleistungen, wenn der Leistungsempfänger innerhalb der EU seinen Wohnsitz, Sitz oder gewöhnlichen Aufenthalt hat. Betreibt der leistende Unternehmer sein Unternehmen vom Drittland aus und ist der Leistungsempfänger eine juristische Person des öffentlichen Rechts, gilt § 3a Abs. 15 UStG 1994;
- Die in § 23 Abs. 1 UStG 1994 bezeichneten Reiseleistungen (§ 23 Abs. 3 UStG 1994);
- Die Leistungen der Ärzte, Vermögensverwalter, Testamentsvollstrecker;

- Die Leistungen von Notaren (ausgenommen Grundstücksleistungen, vgl. Rz 640b) und selbständige Beratungsleistungen (vgl. Rz 641w);
- Im Rahmen einer Bestattung erbrachte Dienstleistungen, soweit diese eine einheitliche Leistung darstellen (Art. 28 VO (EU) 282/2011);
- Buchhaltungsleistungen (zB das Erfassen und Kontieren von Belegen sowie die Vorbereitung der Abschlussarbeiten, nicht aber das Einrichten der Buchführung und die Aufstellung des Jahresabschlusses, vgl. BFH 9.2.2012, V R 20/11).

(BMF-AV Nr. 2016/212)

Randzahlen 639q bis 639r: *derzeit frei.*

3a.8. Vermittlungsleistung an Nichtunternehmer

639s Zur Vermittlungsleistung an einen Unternehmer siehe Rz 639f.

Eine Vermittlungsleistung im Sinne des Umsatzsteuerrechtes liegt vor, wenn ein Unternehmer durch Herstellung unmittelbarer Rechtsbeziehungen zwischen einem Leistenden und einem Leistungsempfänger einen Leistungsaustausch zwischen diesen Personen herbeiführt; der Vermittler wird im fremden Namen und auf fremde Rechnung tätig (VwGH 17.9.1990, 89/15/0070). Die Vermittlungstätigkeit ist eine Mittlertätigkeit, die ua. darin bestehen kann, einer Vertragspartei die Gelegenheiten zum Abschluss eines Vertrages nachzuweisen, mit der anderen Partei Kontakt aufzunehmen oder im Namen und für Rechnung des Kunden über die Einzelheiten der gegenseitigen Leistungen zu verhandeln, wobei Zweck dieser Tätigkeit ist, das Erforderliche zu tun, damit zwei Parteien einen Vertrag schließen, ohne dass der Vermittler ein Eigeninteresse an seinem Inhalt hat. Die Vermittlungsleistung beschränkt sich nicht auf die bloße Namhaftmachung potentieller Vertragspartner, sondern beinhaltet einen darüber hinausgehenden konkreten Beitrag, um den Vertragsabschluss zustande zu bringen (VwGH 23.11.2016, Ra 2014/15/0056). Eine Vermittlungsleistung kann auch durch vollautomatisierte Systeme erfolgen (zB mittels elektronischer Handelssysteme; vgl. idS VwGH 21.9.2016, 2013/13/0096).

Eine Vermittlungsleistung an einen Nichtunternehmer wird (ausgenommen die Vermittlung beim Verkauf oder bei der Vermietung oder Verpachtung von Grundstücken sowie bei der Begründung oder Übertragung dinglicher Rechte an Grundstücken) gemäß § 3a Abs. 8 UStG 1994 an dem Ort erbracht, an dem der vermittelte Umsatz ausgeführt wird. Das gilt auch für die Vermittlung der in § 3a Abs. 14 UStG 1994 genannten Katalogleistungen.

Beispiel 1 (Vermittlung einer Lieferung):

Der Handelsvertreter M, München, vermittelt für den österreichischen Privaten W, Wien, den Kauf einer Gartenschaukel von einem Händler in Österreich. M hat in Österreich weder Sitz noch seinen gewöhnlichen Aufenthalt oder eine Betriebsstätte. Leistungsort des M ist dort, wo die vermittelte Leistung ausgeführt wird. Die vermittelte Leistung (Lieferung) wird in Österreich ausgeführt. Die Leistung des M unterliegt daher der österreichischen Umsatzsteuer.

§ 19 Abs. 1 UStG 1994 (Übergang der Steuerschuld) kommt nicht zur Anwendung, da die Vermittlung für eine Privatperson erfolgt. M hat sich umsatzsteuerlich registrieren zu lassen und kann in Österreich einen Fiskalvertreter bestellen (§ 27 Abs. 7 UStG 1994). Eine ZM hat M nicht abzugeben.

Beispiel 2 (Vermittlung einer sonstigen Leistung):

Der Vermittler V mit Sitz in Österreich vermittelt für den Privaten P in Deutschland einen Dolmetscher mit Sitz im Drittland. Die Vermittlungsleistung des V ist dort steuerbar, wo der vermittelte Umsatz ausgeführt wird.

Die Leistung des Dolmetschers wird von einem Unternehmer im Drittland an einen Nichtunternehmer im Gemeinschaftsgebiet erbracht. Der Ort seiner Leistung richtet sich daher gemäß § 3a Abs. 7 UStG 1994 nach dem Sitz des Leistenden. Dieser liegt im Drittland. Auch die Vermittlungsleistung des V an P ist im Drittland steuerbar.

Beispiel 3 (Vermittlung eines Sportlers an einen Verein):

Ein österreichischer Vermittler vermittelt einen Sportler (Fußballspieler) an einen Verein und erhält dafür vom Sportler selbst eine Provision für seine Vermittlungsleistung. Der Sportler wird nach erfolgter Vermittlung vertraglich so in den Verein eingebunden, dass ein Dienstverhältnis vorliegt.

Eine Vermittlungsleistung an einen Nichtunternehmer wird gemäß § 3a Abs. 8 UStG 1994 an dem Ort erbracht, an dem der vermittelte Umsatz ausgeführt wird (vgl. EuGH 27.05.2004, Rs C-68/03, Lipjes). Der Leistungsort des Vermittlers richtet sich daher danach, wo der Sportler (wäre er selbstständig) seine Leistung an den Verein erbringt.

Die Leistungen eines (selbstständigen) Sportlers werden gemäß § 3a Abs. 11 lit. a UStG 1994 am Tätigkeitsort (ab 1.1.2011 am Empfängerort gemäß § 3a Abs. 6 UStG 1994 bzw. am Tätigkeitsort gemäß § 3a Abs. 11 lit. a UStG 1994) erbracht.

Gegenüber dem Verein erbringt der Sportler eine einheitliche Leistung (vgl. VwGH 30.03.2006, 2002/15/0075 zum Schitrainer), die am Tätigkeitsort, das ist üblicherweise dort, wo der Verein seinen Sitz hat, steuerbar ist. Ab 1.1.2011 bestimmt sich der Leistungsort nach § 3a Abs. 6 bzw. Abs. 11 lit. a UStG 1994.

(BMF-AV Nr. 2016/212, BMF-AV Nr. 2017/171)

Randzahlen 639t bis 639u: *derzeit frei.*

3a.9. Grundstücksort

3a.9.1. Leistungen im Zusammenhang mit einem Grundstück

Für den Ort einer sonstigen Leistung – einschließlich Werkleistung – im Zusammenhang mit einem Grundstück ist die Lage des Grundstücks entscheidend. Dieser Leistungsort findet auch Anwendung, wenn die Werkleistung (zB Montage bzw. Demontage von mit dem Grundstück fest verbundenen Rohrleitungen) durch einen oder mehrere Erfüllungsgehilfen (Subunternehmer) erbracht wird. In diesem Fall wird sowohl die Leistung des beauftragten Unternehmers als auch die der Subunternehmer an dem Ort, an dem das Grundstück liegt, erbracht. Dies gilt unabhängig davon, ob die sonstige Leistung an einen Nichtunternehmer oder an einen Unternehmer iSd § 3a Abs. 5 UStG 1994 erbracht wird. Unter Grundstück ist zu verstehen (Art. 13b VO (EU) Nr. 282/2011 idF VO (EU) Nr. 1042/2013): **639v**

a) ein bestimmter über- oder unterirdischer Teil der Erdoberfläche, an dem Eigentum und Besitz begründet werden kann,
b) jedes mit oder in dem Boden über oder unter dem Meeresspiegel befestigte Gebäude oder jedes derartige Bauwerk, das nicht leicht abgebaut oder bewegt werden kann,
c) jede Sache, die einen wesentlichen Bestandteil eines Gebäudes oder eines Bauwerks bildet, ohne die das Gebäude oder das Bauwerk unvollständig ist, wie zum Beispiel Türen, Fenster, Dächer, Treppenhäuser und Aufzüge,
d) Sachen, Ausstattungsgegenstände oder Maschinen, die auf Dauer in einem Gebäude oder einem Bauwerk installiert sind, und die nicht bewegt werden können, ohne das Gebäude oder das Bauwerk zu zerstören oder zu verändern.

Ein Gebäude ist eine (von Menschen errichtete) Konstruktion mit Dach und Wänden, zB ein Haus oder eine Fabrik.

Der Begriff „Bauwerk“ beinhaltet auch andere (von Menschen errichtete) Konstruktionen, die üblicherweise nicht als Gebäude gelten, wie zB Straßen, Eisenbahnstrecken, Brücken, Flughäfen, Häfen, Deiche, Gaspipelines, Wasser- und Abwassersysteme sowie Industrieanlagen wie Kraftwerke, Windturbinen, Raffinerien.

Gebäude und Bauwerke fallen nur unter den Begriff „Grundstück“, wenn sie am oder im Boden – über oder unter dem Meeresspiegel – befestigt sind und es nicht möglich ist, sie leicht abzubauen oder zu bewegen. Gleiches gilt auch für Superädifikate.

Für die Beurteilung, ob ein Gebäude oder Bauwerk unter den Begriff „Grundstück“ fällt, ist entscheidend, ob es leicht abgebaut oder bewegt werden kann. Es ist nicht nötig, dass es untrennbar mit dem Boden verbunden ist, sondern es ist zu prüfen, ob sich die Vorrichtungen zur Immobilisierung leicht, dh. ohne Aufwand und erhebliche Kosten, entfernen lassen. Indizien für diese Beurteilung können die Höhe des technischen, zeitlichen und finanziellen Aufwands sein.

Für die Beurteilung, ob Sachen, Ausstattungsgegenstände oder Maschinen bewegt werden können, ohne das Gebäude zu verändern, bedarf es einer Veränderung in erheblichem Umfang. Indizien für diese Beurteilung können die Höhe des technischen, zeitlichen und finanziellen Aufwands für die Reparatur des Gebäudes, des Bauwerks oder der Sache selbst sein.

Eigentlich bewegliche Sachen (zB Fertigteilhäuser, Kioske, Verkaufsstände, Boote, Wohnwagen) können, wenn sie auf Dauer genutzt werden sollen, so am Boden befestigt werden, dass sie unbeweglich werden. Selbst wenn es grundsätzlich möglich ist, sie aufgrund ihres „mobilen“ Charakters später wieder zu bewegen, sind sie als Grundstück anzusehen, solange sie immobilisiert sind und sich nicht leicht entfernen lassen. Gleiches gilt für Büro-, Sanitär- und andere Container. Sollen diese Container hingegen nur auf eine zeitlich begrenzte Dauer an einem bestimmten Ort genutzt werden und sind sie leicht zu entfernen, sind sie nicht Teil des Grundstücks.

(BMF-AV Nr. 2016/212, BMF-AV Nr. 2017/171)

639w Die sonstige Leistung muss nach Sinn und Zweck der Vorschrift in direktem Zusammenhang mit einem bestimmten Grundstück stehen. Ein hinreichend direkter Zusammenhang ist gegeben, wenn (Art. 31a Abs. 1 VO (EU) Nr. 282/2011 idF VO (EU) Nr. 1042/2013)

- die sonstige Leistung von einem Grundstück abgeleitet ist und das Grundstück einen wesentlichen Bestandteil der Dienstleistung darstellt und zentral und wesentlich für die erbrachte Dienstleistung ist, oder
- wenn die sonstige Leistung für das Grundstück selbst erbracht wird oder auf das Grundstück selbst gerichtet ist, und ihr Zweck in rechtlichen oder physischen Veränderungen an dem Grundstück besteht.

Die sonstige Leistung ist von dem Grundstück abgeleitet, wenn das Grundstück genutzt wird, um diese sonstige Leistung zu erbringen, vorausgesetzt das Grundstück ist der zentrale und wesentliche Bestandteil der erbrachten sonstigen Leistung. Die sonstige Leistung kann nicht ohne das zugrundeliegende Grundstück erbracht werden. Das Ergebnis der sonstigen Leistung muss sich aus diesem Grundstück ergeben.

Sonstige Leistungen gelten als in einem hinreichend direkten Zusammenhang mit einem Grundstück stehend, wenn sie für das Grundstück erbracht werden oder auf das Grundstück gerichtet sind und wenn damit rechtliche oder physische Veränderungen an dem Grundstück bezweckt werden. Sie müssen auf die Veränderung des rechtlichen Status und/oder der physischen Merkmale des betreffenden Grundstücks ausgerichtet sein.

Zur rechtlichen Veränderung eines Grundstücks zählt jede Änderung der rechtlichen Situation dieses Grundstücks. Die physische Veränderung eines Grundstücks ist nicht auf erhebliche Änderungen beschränkt. Auch geringfügige Veränderungen, die eine physische Veränderung des Grundstücks bewirken (ohne dass sich an der Grundstückssubstanz etwas ändert) sind umfasst (zB Instandhaltung oder Reinigung von Straßen, Tunnels, Brücken, Gebäuden usw.). Dies trifft auch auf sonstige Leistungen zu, durch die physische Veränderungen verhindert werden sollen.

(BMF-AV Nr. 2016/212)

639x Zu den sonstigen Leistungen (zur Abgrenzung von der Lieferung siehe Rz 391 ff) im Zusammenhang mit einem Grundstück gehören insbesondere:

- die Vermietung und Verpachtung von Grundstücken (mit Ausnahme der Bereitstellung von Werbung, selbst wenn diese die Nutzung eines Grundstücks einschließt), (Art. 31a Abs. 2 lit. h iVm Art. 31a Abs. 3 lit. c VO (EU) Nr. 282/2011 idF VO (EU) Nr. 1042/2013);
- die Beherbergung, die Vermietung von Wohn- und Schlafräumen, die Zurverfügungstellung von Unterkünften in Branchen mit ähnlicher Funktion wie der Hotelbranche, wie zB in Ferienlagern oder auf einem Campingplatz (Art. 31a Abs. 2 lit. i VO (EU) Nr. 282/2011 idF VO (EU) Nr. 1042/2013);
- die Umwandlung von Teilnutzungsrechten (Timesharing) und dergleichen für Aufenthalte an einem bestimmten Ort (Art. 31a Abs. 2 lit. i VO (EU) Nr. 282/2011 idF VO (EU) Nr. 1042/2013);
- die Vermietung von Plätzen für das Abstellen von Fahrzeugen;
- die Vermietung auf Campingplätzen;
- die Erstellung von Bauplänen für Gebäude oder Gebäudeteile für ein bestimmtes Grundstück, ungeachtet der Tatsache, ob dieses Gebäude tatsächlich errichtet wird oder nicht (Art. 31a Abs. 2 lit. a VO (EU) Nr. 282/2011 idF VO (EU) Nr. 1042/2013);
- Bauaufsichtsmaßnahmen oder grundstücksbezogene Sicherheitsdienste, die vor Ort erbracht werden (vgl. Art. 31a Abs. 2 lit. b VO (EU) Nr. 282/2011 idF VO (EU) Nr. 1042/2013) – unabhängig davon, ob sie durch vor Ort anwesende Personen oder aus der Ferne, dh. ohne persönliche Präsenz, etwa durch technische Anlagen, erbracht werden;
- die Errichtung eines Gebäudes, sofern keine Werklieferung vorliegt, sowie Bauleistungen und Abrissarbeiten, Wartungs-, Renovierungs- und Reparaturarbeiten an einem Gebäude oder Gebäudeteil einschließlich Reinigung, Verlegen von Fliesen und Parkett sowie Tapezieren (vgl. Art. 31a Abs. 2 lit. c und k VO (EU) Nr. 282/2011 idF VO (EU) Nr. 1042/2013) – davon umfasst sind auch sonstige Leistungen zur Vorbereitung und Koordinierung von Bauleistungen wie zB Leistungen der Architekten, Vermessungsingenieure, Bauträgergesellschaften, Sanierungsträger;
- die Errichtung anderer auf Dauer angelegter Konstruktionen sowie Bauleistungen und Abrissarbeiten, Wartungs-, Renovierungs- und Reparaturarbeiten an anderen auf Dauer angelegten Konstruktionen wie Leitungen für Gas, Wasser, Abwasser und dergleichen (vgl. Art. 31a Abs. 2 lit. d und l VO (EU) Nr. 282/2011 idF VO (EU) Nr. 1042/2013);

- die Installation oder Montage von Maschinen oder Ausstattungsgegenständen, die damit als Grundstück gelten (vgl. Art. 31a Abs. 2 lit. m VO (EU) Nr. 282/2011 idF VO (EU) Nr. 1042/2013);
- die Wartung und Reparatur sowie Kontrolle und Überwachung von Maschinen oder Ausstattungsgegenständen, die als Grundstück gelten (vgl. Art. 31a Abs. 2 lit. n VO (EU) Nr. 282/2011 idF VO (EU) Nr. 1042/2013);
- die Landbearbeitung (zB Erschließungsarbeiten wie Planieren vor Beginn der eigentlichen Bauarbeiten oder Gartengestaltung) einschließlich landwirtschaftlicher Dienstleistungen wie Landbestellung, Säen, Bewässerung und Düngung sowie Pflügen, Flächensanierung, Erntearbeiten und Holzschlägerungen (vgl. Art. 31a Abs. 2 lit. e VO (EU) Nr. 282/2011 idF VO (EU) Nr. 1042/2013);
- die Lagerung von Gegenständen (zB in einem Lager- oder Kühlhaus), wenn hierfür ein bestimmter Teil des Grundstückes der ausschließlichen Nutzung durch den Kunden gewidmet ist, unabhängig davon, auf welcher zivilrechtlichen Grundlage die Leistung erfolgt (zB Miet- oder Verwahrungsvertrag), (Art. 31a Abs. 2 lit. h VO (EU) Nr. 282/2011 idF VO (EU) Nr. 1042/2013);
- die Vermietung und Verpachtung von Maschinen und Vorrichtungen aller Art, die zu einer Betriebsanlage gehören, wenn sie wesentliche Bestandteile eines Grundstücks sind;
- die Vermittlung beim Verkauf oder bei der Vermietung oder Verpachtung von Grundstücken;
- die Vermessung und Begutachtung von Gefahr und Zustand von Grundstücken (Art. 31a Abs. 2 lit. f VO (EU) Nr. 282/2011 idF VO (EU) Nr. 1042/2013);
- die Bewertung von Grundstücken, auch zu Versicherungszwecken, zur Ermittlung des Grundstückswerts als Sicherheit für ein Darlehen oder für die Bewertung von Gefahren und Schäden in Streitfällen (Art. 31a Abs. 2 lit. g VO (EU) Nr. 282/2011 idF VO (EU) Nr. 1042/2013);
- die Hausverwaltung (mit Ausnahme von Portfolioverwaltung in Zusammenhang mit Eigentumsanteilen an Grundstücken), die sich auf den Betrieb von Geschäfts-, Industrie- oder Wohnimmobilien durch oder für den Eigentümer des Grundstücks bezieht (Art. 31a Abs. 2 lit. o VO (EU) Nr. 282/2011 idF VO (EU) Nr. 1042/2013); sowie
- die in den Rz 639y bis Rz 640b aufgezählten Tätigkeiten unter den dort genannten Voraussetzungen.

(BMF-AV Nr. 2016/212)

Die Vermietung von beweglichen Sachen, die als Grundstück anzusehen sind (vgl. **639y**
Rz 639v), stellt eine sonstige Leistung im Zusammenhang mit einem Grundstück gemäß § 3a Abs. 9 UStG 1994 dar.

(BMF-AV Nr. 2016/212)

Der Leistungsort von Vermittlungsleistungen bestimmt sich nach § 3a Abs. 9 UStG 1994, **639z**
wenn es sich um die Vermittlung einer der folgenden Leistungen handelt (Art. 31a Abs. 2 lit. p VO (EU) Nr. 282/2011 idF VO (EU) Nr. 1042/2013):

- des Kaufs oder Verkaufs von Grundstücken;
- der Vermietung oder Verpachtung von Grundstücken;
- der Übertragung von dinglichen Rechten an Grundstücken (unabhängig davon, ob diese Rechte einem körperlichen Gegenstand gleichgestellt sind).

Diese Vermittlungsleistungen sind nicht auf Leistungen von Sachverständigen und Grundstücksmaklern beschränkt. Entscheidend ist die Art der vom Vermittler tatsächlich erbrachten Dienstleistung und nicht sein Beruf.

Nicht in hinreichend direktem Zusammenhang mit einem Grundstück stehen hingegen die Vermittlung der Beherbergung in einem Hotel oder der Beherbergung in Branchen mit ähnlicher Funktion, wie zB in Ferienlagern oder auf einem Campingplatz (vgl. Art. 31a Abs. 3 lit. d VO (EU) Nr. 282/2011 idF VO (EU) Nr. 1042/2013).

Die Vermittlung von anderen (nicht unter den ersten Absatz fallenden) Leistungen an Unternehmer gemäß § 3a Abs. 5 Z 1 und 2 UStG 1994 fällt unter § 3a Abs. 6 UStG 1994 und an Nichtunternehmer gemäß § 3a Abs. 5 Z 3 UStG 1994 unter § 3a Abs. 8 UStG 1994, auch wenn sich der Leistungsort der vermittelten Leistung nach § 3a Abs. 9 UStG 1994 richtet.

Beispiel:

Der deutsche Unternehmer D vermittelt für den österreichischen Architekten A die Planung eines Geschäftsgebäudes in Deutschland.

Die Planungsleistung des A ist am Grundstücksort steuerbar (Deutschland). Die Vermittlungsleistung des D ist gemäß § 3a Abs. 6 UStG 1994 am Empfängerort (Österreich) steuerbar. Die Steuerschuld geht gemäß § 19 Abs. 1 UStG 1994 auf A über.

(BMF-AV Nr. 2016/212)

640a Wird einem Leistungsempfänger Ausrüstung zur Durchführung von Arbeiten an einem Grundstück zur Verfügung gestellt, so ist diese Leistung nur dann eine sonstige Leistung im Zusammenhang mit einem Grundstück, wenn der Leistungserbringer für die Durchführung der Arbeiten verantwortlich ist. Stellt der leistende Unternehmer dem Leistungsempfänger neben der Ausrüstung auch ausreichendes Bedienpersonal zur Durchführung von Arbeiten zur Verfügung, gilt die widerlegbare Vermutung, dass der Leistungserbringer für die Durchführung der Arbeiten verantwortlich ist. Diese Vermutung kann durch jegliche sachdienliche, auf Fakten oder Gesetz gestützte Mittel widerlegt werden (Art. 31b VO (EU) Nr. 282/2011 idF VO (EU) Nr. 1042/2013).

Beispiel:

A stellt B ein aufgebautes Gerüst (zB zur Errichtung, Reparatur oder Reinigung eines Gebäudes) zur Verfügung. Diese Leistung gilt nicht als sonstige Leistung iZm einem Grundstück. Ist A jedoch für die Durchführung der Arbeiten (zB den Bau, die Reparatur oder die Reinigung des Gebäudes) verantwortlich, insbesondere deshalb, weil er auch ausreichendes Bedienpersonal für die Durchführung der Arbeiten zur Verfügung gestellt hat, handelt es sich um eine sonstige Leistung iZm einem Grundstück gemäß § 3a Abs. 9 UStG 1994.

Bereitstellung von Personal für Bauarbeiten:

Diese sonstige Leistung gilt nur dann als im Zusammenhang mit dem Grundstück stehend, wenn derjenige, der das Personal bereitstellt, für die Durchführung der Arbeiten verantwortlich ist.

Zum Begriff der Bauleistung im Zusammenhang mit dem Übergang der Steuerschuld siehe Rz 2602c ff.

(BMF-AV Nr. 2016/212)

640b In hinreichend direktem Zusammenhang mit einem Grundstück stehen auch die Gewährung und Übertragung von Nutzungsrechten an einem Grundstück oder Grundstücksteil, einschließlich der Erlaubnis, einen Teil des Grundstücks zu nutzen, wie zB die Gewährung von Fischereirechten (Ausübung der Fischerei in Form einer entgeltlichen Übertragung von Fischereikarten [EuGH 7.9.2006, Rs C-166/05 *Heger*]) und Jagdrechten oder die Zugangsberechtigung zu Warteräumen in Flughäfen, oder die Nutzung von Infrastruktur, für die Maut gefordert wird, wie Brücken oder Tunnel (Art. 31a Abs. 2 lit. j VO (EU) Nr. 282/2011 idF VO (EU) Nr. 1042/2013). Auch die Einräumung dinglicher Rechte, zB Grunddienstbarkeiten, Fruchtgenussrecht, sowie sonstige Leistungen, die dabei ausgeführt werden, zB Beurkundungsleistungen eines Notars, fallen darunter. Das Festmachen, Ankern, Docken und die Bereitstellung von Liegeplätzen in Häfen oder auf Flughäfen sowie die Bereitstellung von Nutzungsrechten an bestimmten Hafen- oder Flughafenbereichen steht auch in hinreichend direktem Zusammenhang mit einem Grundstück, nicht jedoch Nebenleistungen, die von den gleichen Leistungserbringern separat angeboten werden (zB Reinigungs- und Wäschereidienste, die den Leistungsempfängern an den Liegeplätzen zusätzlich angeboten werden; Telekommunikations-, Restaurations- und Cateringdienstleistungen in VIP-Lounges auf Flughäfen; Instandhaltung von Booten an gemieteten Liegeplätzen).

In hinreichend direktem Zusammenhang mit einem Grundstück stehen ab 1.1.2017 auch juristische Dienstleistungen (zB von Rechtsanwälten, Notaren), die auf die Veränderung des rechtlichen Status eines bestimmten Grundstückes gerichtet sind. Sie fallen unter § 3a Abs. 9 UStG 1994, wenn sie mit der Übertragung eines Grundstücks oder mit der Begründung oder Übertragung dinglicher Rechte an Grundstücken zu tun haben. Sie stellen selbst dann eine Leistung iZm einem Grundstück dar, wenn die zugrunde liegende Transaktion, durch die der rechtliche Status des Grundstücks verändert würde, letztendlich nicht stattfindet.

Dazu zählen beispielsweise das Verfassen eines Kauf-, Miet- oder Pachtvertrages eines Grundstücks, die Beurkundungsleistungen eines Notars sowie Leistungen im Zusammenhang mit der Eintragung ins Grundbuch.

Bei selbstständigen Beratungsleistungen der Notare vgl. aber Rz 641w.

Nicht erfasst sind juristische Dienstleistungen (zB von Rechtsanwälten, Notaren), sofern sie nicht direkt mit der Begründung oder Übertragung von Eigentum oder Rechten an einem bestimmten Grundstück zusammenhängen. Zum Beispiel:

- Juristische Beratung über die Vertragsbedingungen (zB Grundstücksübertragungsvertrag) oder über die Streitbeilegung im Zusammenhang mit Eigentum;

- die Durchsetzung eines solchen Vertrags oder der Nachweis, dass ein solcher Vertrag besteht;
- Steuerberatung über Abschreibungsmöglichkeiten iZm einem Grundstück;
- Rechtsberatung in steuerlichen Fragen iZm Grundstücksveräußerungen;
- Juristische Dienstleistungen in Verbindung mit der Finanzierung eines Grundstückskaufs;
- Juristische Dienstleistungen iZm der Gewährung von Rechten iZm Bürgschaften und Hypotheken oder sonstige Leistungen bei Insolvenzverfahren;
- Anlageberatung.

Rechtslage bis 31.12.2016

Zu den juristischen Dienstleistungen im Zusammenhang mit einem Grundstück gehören zB sonstige Leistungen der Notare bei der Beurkundung von Grundstückskaufverträgen und die im Zusammenhang mit der Beurkundung erbrachte Beratung, soweit diese einen unselbständigen Teil der Beurkundungsleistung darstellt (zB Errichtung der entsprechenden Vertragsentwürfe oder die damit verbundenen Eintragungen im Grundbuch).

Nicht in engem Zusammenhang mit einem Grundstück stehen folgende juristische Leistungen, sofern sie selbständige Leistungen sind:

- der Verkauf von Anteilen und die Vermittlung der Umsätze von Anteilen an
- Grundstücksgesellschaften;
- die Finanzierungsberatung im Zusammenhang mit dem Erwerb eines Grundstücks und dessen Bebauung;
- die Rechts- und Steuerberatung in Grundstückssachen.

(BMF-AV Nr. 2016/212)

Nicht in hinreichend direktem Zusammenhang mit einem Grundstück stehen ua. folgende Leistungen, sofern sie selbständige Leistungen sind: **640c**

- die Erstellung von Bauplänen für Gebäude oder Gebäudeteile, die keinem bestimmten Grundstück zugeordnet sind (vgl. Art. 31a Abs. 3 lit. a VO (EU) Nr. 282/2011 idF VO (EU) Nr. 1042/2013);
- die Bereitstellung von Werbung, selbst wenn dies die Nutzung des Grundstücks einschließt (Art. 31a Abs. 3 lit. c VO (EU) Nr. 282/2011 idF VO (EU) Nr. 1042/2013), zB die Veröffentlichung von Immobilienanzeigen in Zeitungen;
- die Bereitstellung eines Standplatzes auf einem Messe- oder Ausstellungsgelände zusammen mit anderen ähnlichen sonstigen Leistungen, die dem Aussteller die Darbietung seines Angebots ermöglichen, wie die Aufmachung und Gestaltung des Standes, die Beförderung und Lagerung der Ausstellungsstücke, die Bereitstellung von Maschinen, die Verlegung von Kabeln, Versicherungen und Werbung (vgl. Art. 31a Abs. 3 lit. e VO (EU) Nr. 282/2011 idF VO (EU) Nr. 1042/2013), vgl. auch Rz 640t und 640u bis 640y;
- die Installation oder Montage, Wartung und Reparatur sowie Kontrolle und Überwachung von Maschinen oder Ausstattungsgegenständen, die kein fester Bestandteil des Grundstücks sind oder sein werden (vgl. Art. 31a Abs. 3 lit. f VO (EU) Nr. 282/2011 idF VO (EU) Nr. 1042/2013);
- die Portfolioverwaltung im Zusammenhang mit Eigentumsanteilen an Grundstücken (Art. 31a Abs. 3 lit. g VO (EU) Nr. 282/2011 idF VO (EU) Nr. 1042/2013);
- der Verkauf von Anteilen und die Vermittlung der Umsätze von Anteilen an Grundstücksgesellschaften;
- die Steuerberatung;
- die Finanzierung und Finanzierungsberatung im Zusammenhang mit dem Erwerb eines Grundstücks und dessen Bebauung;
- die Rechtsberatung in Grundstückssachen, die mit keiner Veränderung des rechtlichen Status des Grundstückes zu tun haben;
- Juristische Dienstleistungen in Verbindung mit der Finanzierung eines Grundstückskaufs oder die Anlageberatung, siehe auch Rz 640b;
- Landwirtschaftliche Dienstleistungen, bei welchen es sich nicht um die Bearbeitung von Land handelt, wie zB Viehhaltung; Sortieren, Verarbeiten, Verpacken, Etikettieren und Transportieren von geernteten Ackerfrüchten oder von gefällten Bäumen;
- die Lagerung von Gegenständen auf einem Grundstück, wenn dem Kunden kein bestimmter Teil des Grundstückes zur ausschließlichen Nutzung zur Verfügung gestellt wird (Art. 31a Abs. 3 lit. b VO (EU) Nr. 282/2011 idF VO (EU) Nr. 1042/2013);

- Hostingdienste in einem Rechenzentrum, die in der Überlassung von Geräteschränken zur Unterbringung von Servern bestehen und als Nebenleistung die Lieferung von Gütern und Erbringung von Dienstleistungen zur optimalen Nutzung der Server (wie zB Stromversorgung) beinhalten, sofern die Leistungsempfänger kein Recht auf ausschließliche Nutzung eines bestimmten Gebäudeteiles haben (vgl. EuGH vom 2.7.2020, Rs C-215/19, *Veronsaajien oikeudenvalvontayksikkö*);
- die Vermittlung der Beherbergung in einem Hotel oder einer Beherbergung in Branchenmit ähnlicher Funktion, wie zB in Ferienlagern oder auf einem Campingplatz (Art. 31a Abs. 3 lit. d VO (EU) Nr. 282/2011 idF VO (EU) Nr. 1042/2013), vgl. auch Rz 639z.

(BMF-AV Nr. 2016/212, BMF-AV Nr. 2021/166)

Randzahl 640d: *derzeit frei.*

3a.10. Ort der Beförderungsleistung

3a.10.1. Personenbeförderung

640e Eine Personenbeförderungsleistung wird dort ausgeführt, wo die Beförderung bewirkt wird, dh. der Leistungsort richtet sich nach der zurückgelegten Beförderungsstrecke. Bei grenzüberschreitenden Beförderungen ist nach dieser Regelung nur der inländische Teil im Inland steuerbar. Das gilt sowohl für unternehmerische als auch für nichtunternehmerische Leistungsempfänger.

3a.10.2. Güterbeförderung

640f Eine Güterbeförderungsleistung an einen Nichtunternehmer wird ebenfalls dort ausgeführt, wo die Beförderung bewirkt wird. Eine Sonderregelung besteht für innergemeinschaftliche Güterbeförderungsleistungen für Nichtunternehmer. Diese sind gemäß Art. 3a Abs. 1 UStG 1994 am Abgangsort des Beförderungsmittels steuerbar (siehe Rz 3912a ff).

Güterbeförderungsleistungen an Unternehmer sind stets nach der Generalklausel des § 3a Abs. 6 UStG 1994 am Empfängerort steuerbar. Das gilt auch für innergemeinschaftliche Güterbeförderungen (siehe Rz 639f).

Beispiel 1:

Der österreichischen Spediteur S befördert Waren für den deutschen Unternehmer D von Graz nach Wien.

Diese Beförderungsleistung ist unabhängig davon, wo die Beförderung stattfindet, gemäß § 3a Abs. 6 UStG 1994 am Empfängerort (Deutschland) steuerbar.

Beispiel 2:

Der österreichische Spediteur S besorgt für den Schweizer Unternehmer U die Beförderung eines Gegenstandes von Salzburg nach Zürich. Die Beförderung von Salzburg nach Bregenz führt der Frachtführer A, die Beförderung von Bregenz nach Zürich der Frachtführer B durch.

Sowohl die Beförderungsleistung des A als auch des B für den S sind nach § 3a Abs. 6 UStG 1994 am Empfängerort (Österreich) steuerbar (besorgte Leistung). Beide Leistungen sind bei Vorliegen der Voraussetzungen nach § 6 Abs. 1 Z 3 UStG 1994 steuerfrei. Auch die Besorgungsleistung des S für den U ist nach § 3a Abs. 6 UStG 1994 am Empfängerort (Schweiz) steuerbar.

Randzahlen 640g bis 640h: *derzeit frei.*

3a.10.3. Einschaltung eines Subunternehmers bei Personenbeförderungsleistungen

640i Der Ort einer Personenbeförderungsleistung liegt dort, wo die Beförderung tatsächlich bewirkt wird (§ 3a Abs. 10 UStG 1994). Hieraus folgt für diejenigen Beförderungsfälle, in denen der mit der Beförderung beauftragte Unternehmer (Hauptunternehmer) die Beförderung durch einen anderen Unternehmer (Subunternehmer) ausführen lässt, dass sowohl die Beförderungsleistung des Hauptunternehmers als auch diejenige des Subunternehmers dort ausgeführt werden, wo der Subunternehmer die Beförderung bewirkt. Die Sonderregelung über die Besteuerung von Reiseleistungen (§ 23 UStG 1994) bleibt jedoch unberührt.

Beispiel:

Der Reiseveranstalter A veranstaltet im eigenen Namen und für eigene Rechnung einen Tagesausflug für Senioren. Er befördert die teilnehmenden Reisenden jedoch nicht selbst, sondern bedient sich zur Ausführung der Beförderung des Omnibusunternehmers B. Dieser bewirkt an A eine Beförderungsleistung, indem er die Beförderung im eigenen Namen und für eigene Rechnung durchführt. Der Ort der Beförderungsleistung des B liegt dort, wo dieser die Beförderung bewirkt. Für A stellt die Beförderungsleistung des B eine Reisevorleistung dar. A führt deshalb umsatzsteuerlich keine Beförderungsleistung, sondern eine sonstige Leistung im Sinne des § 23 UStG 1994 aus. Diese sonstige Leistung wird dort ausgeführt, von wo aus A sein Unternehmen betreibt (§ 3a Abs. 7 UStG 1994 iVm § 23 Abs. 3 UStG 1994).

3a.10.4. Grenzüberschreitende Personenbeförderungen

Grenzüberschreitende Personenbeförderungen sind in einen steuerbaren und einen nicht steuerbaren Leistungsteil aufzuteilen (§ 3a Abs. 10 UStG 1994). **640j**

Besteht die Gegenleistung in einem Pauschalpreis für die Gesamtbeförderung, so hat die Ermittlung des steuerpflichtigen Entgeltsanteils stets im Verhältnis der im Inland zurückgelegten Wegstrecke zur Gesamtwegstrecke zu erfolgen. Eine andere Aufteilung – etwa nach Maßgabe der Dauer des Aufenthaltes oder im Verhältnis der auf das jeweilige Land entfallenden Kosten – ist unzulässig (EuGH 06.11.1997, Rs C-116/96, „Reisebüro Binder GmbH“). **640k**

3a.10.5. (Grenzüberschreitender) Tarifverbund von Seilbahnunternehmern

Inländische Seilbahn- bzw. Liftunternehmen bieten – auch zusammen mit ausländischen Liftbetreibern in einem grenzüberschreitenden Skigebiet – gemeinsame Liftkarten (Skipässe) an, die sich über Tages-, Mehrtages-, Wochen- bis hin zu Saison- und Ganzjahreskarten erstrecken und den Inhaber zur uneingeschränkten Benützung sämtlicher im jeweiligen Tarifverbund (Skiregion) zusammengefassten Liftanlagen berechtigen. Basis für die Verrechnung ist der Erlös der einzelnen verkauften Liftkarte. Die Aufteilung der Karten- bzw. Skipasserlöse erfolgt zB nach Zeiteinheiten oder Frequenzen der Inanspruchnahme des jeweiligen Skigebietes, die von einem elektronischen Kartenkontrollsystem automatisch ermittelt wird. So kann zB für jeden Skifahrer die tatsächliche Inanspruchnahme der einzelnen Seilbahnen und Lifte präzise ermittelt werden. **640l**

Mit dem Verkauf des Skipasses vereinnahmen sowohl der Tarifverbund als auch die einzelnen daran beteiligten Unternehmer (Liftunternehmer, Seilbahnunternehmer oder Liftkartenveräußerer) eine Anzahlung für eine Beförderungsleistung. Allerdings steht zu diesem Zeitpunkt noch nicht fest, welche Liftanlagen im Tarifverbund vom Liftkarten- bzw. Skipassinhaber benützt werden. Die Beförderungsleistung des jeweiligen Seilbahnunternehmers wäre daher erst dann erbracht, wenn der Skipassinhaber die jeweilige Liftanlage tatsächlich in Anspruch nimmt.

Aus Vereinfachungsgründen kann jedoch der bisherigen Praxis der Seilbahnwirtschaft gefolgt werden, dass von der steuerlichen Erfassung des Tarifverbundes abgesehen wird. Die einzelnen Seilbahnunternehmen unterziehen die von ihnen vereinnahmten Anzahlungen im Monat der Vereinnahmung (= Zeitpunkt des Skipassverkaufes) der Umsatzsteuer. Die in der Folge aufgrund des Kartenkontrollsystems (zB monatlich) ermittelten tatsächlichen Beförderungsleistungen und damit verbundenen Ausgleichszahlungen zwischen den einzelnen Liftgesellschaften sind Bruttobeträge, die vom einzelnen Seilbahnunternehmer als Entgeltsberichtigung (Minderung, Erhöhung) iSd des § 16 UStG 1994 im Monat der Zwischenabrechnung (Ausgleichszahlung) vorzunehmen sind. Dies gilt in gleicher Weise auch bei Ausgleichszahlungen von oder in Gemeinschaftsgebiete(n) (zB Slowenien, Italien, Deutschland) bzw. vom oder in das Drittland (Schweiz).

Eine Rechnungslegung mit Umsatzsteuerausweis hinsichtlich der Ausgleichszahlungen hat zu unterbleiben, da zwischen den einzelnen Liftunternehmen kein Leistungsaustausch erfolgt ist.

(BMF-AV Nr. 2017/171)

Randzahl 640m: *derzeit frei.*

3a.11. Tätigkeitsort

3a.11.1. Allgemeines

Die Regelung des § 3a Abs. 11 UStG 1994 gilt nur für sonstige Leistungen, die in einem positiven Tun (dazu gehört auch die Tätigkeit von Fotomodellen) bestehen. Bei diesen Leistungen bestimmt grundsätzlich die Tätigkeit selbst den Leistungsort (siehe aber § 3a Abs. 11 lit. a bis c UStG 1994, sowie Rz 640p bis Rz 641d). Der Ort, an dem der Erfolg eintritt oder die sonstige Leistung sich auswirkt, ist ohne Bedeutung (BFH 4.4.1974, BStBl II 1974, 532). Maßgebend ist, wo die entscheidenden Bedingungen zum Erfolg gesetzt werden (BFH 26.11.1953, BStBl III 1954, 63). Es kommt nicht entscheidend darauf an, wo der Unternehmer, zB Künstler, im Rahmen seiner Gesamttätigkeit überwiegend tätig wird, sondern es ist der einzelne Umsatz zu betrachten. Es ist nicht erforderlich, dass der Unternehmer im Rahmen einer Veranstaltung tätig wird. Bei einer sich auf das In- und Ausland erstreckenden Tätigkeit, zB Trainingstätigkeit eines Schitrainers, ist zu klären, wo diese ausschließlich oder zum wesentlichen Teil ausgeführt wird. Dafür sind in erster Linie qualitative Kriterien **640n** maßgeblich. Lässt sich eine qualitative Gewichtung nicht durchführen, so ist auf den Zeitaufwand abzustellen (VwGH 30.3.2006, 2002/15/0075). Wird die Leistung in verschiedenen Ländern erbracht, ohne dass der Zeitaufwand in einem Land absolut überwiegt, ist auf den relativ größeren Zeitaufwand abzustellen (VwGH 16.12.2009, 2007/15/0208).

Bei Veranstaltungen, die aus in Echtzeit über das Internet übertragenen interaktiven Darbietungen bestehen, liegt der Leistungsort am Tätigkeitsort, das ist der Ort, an dem der Dienstleistungsempfänger ansässig ist oder seinen Wohnsitz oder seinen gewöhnlichen Aufenthalt hat (zur Bestimmung des Tätigkeitsortes anhand der Ansässigkeit des Leistungsempfängers vgl. EuGH 12.5.2005, C-452/03, *RAL Ltd*, Rn 33; EuGH 8.5.2019, C-568/17, *Geelen*, Rn 49). Für die Bestimmung des Leistungsortes gelten Art. 23, 24, 24a, 24b, 24d, 24f und 25 der VO (EU) 282/2011 idgF sinngemäß (siehe zu diesen Vermutungsregelungen sinngemäß Rz 641n). Zum Leistungsort bei Veranstaltungen, die nicht in Echtzeit oder ohne interaktive Darbietungen erfolgen, siehe Rz 641n.

(BMF-AV Nr. 2021/166, BMF-AV Nr. 2022/154)

3a.11.2. Kulturelle, künstlerische, wissenschaftliche Leistungen usw.

640o Ab 1.1.2011 gilt § 3a Abs. 11 lit. a UStG 1994 nur mehr für Leistungen, die an Nichtunternehmer iSd § 3a Abs. 5 Z 3 UStG 1994 erbracht werden. Ist der Leistungsempfänger ein Unternehmer iSd § 3a Abs. 5 Z 1 und 2 UStG 1994, kommt die Generalklausel (§ 3a Abs. 6 UStG 1994) zur Anwendung. Nur die Eintrittsberechtigung und damit zusammenhängende sonstige Leistungen zu kulturellen, künstlerischen, wissenschaftlichen Veranstaltungen usw. sind ab 1.1.2011 nach § 3a Abs. 11a UStG 1994 am Veranstaltungsort steuerbar. Dazu siehe näher Rz 641f.

640p Tontechnische Leistungen, die im Zusammenhang mit künstlerischen oder unterhaltenden Leistungen im Sinne des § 3a Abs. 11 lit. a UStG 1994 unerlässlich sind, werden an dem Ort erbracht, an dem diese tatsächlich bewirkt werden (EuGH 26.09.1996, Rs C-327/94). Ab 1.1.2011 gilt dies nur, wenn der Leistungsempfänger ein Nichtunternehmer ist.

640q Auch Unterrichtserteilung (Unterricht – im weitesten Sinne – ist das planmäßige, aus dem Gesamtleben ausgegliederte, regelmäßige Lehren. Der Unterricht beschränkt sich im Gegensatz zur Lehre in der Regel nicht auf die Darbietung der Lehrinhalte, sondern bezieht auch die Sorge um deren Aneignung durch den Lernenden und die Erfolgskontrolle ein.) durch Fernschulen oder durch einen Lehrer über das Internet oder ein elektronisches Netzwerk (Web-Seminare) stellt eine unterrichtende Tätigkeit im Sinne des § 3a Abs. 11 lit. a UStG 1994 dar. Dabei kann es aus der Sicht der Umsatzsteuer keinen Unterschied machen, ob das zur Erreichung des Lehrzieles notwendige Wissen durch schriftliche Unterlagen (Broschüren usw.) oder im Wege des Internets übermittelt wird. Bei Web-Seminaren bestimmt sich der Leistungsort nach dem Leistungsempfänger (siehe Rz 640n bzw. 641n). Bis 31.12.2021 ist dies bei Web-Seminaren, bei denen sich der Leistungsort nach § 3a Abs. 11 lit. a UStG 1994 richtet der Ort, an dem der Lehrer ansässig ist, sofern dieser nicht nachweislich seine Dienste von einem anderen Ort aus erbringt.

Beispiel:

Der österreichische Unternehmer A bietet einen Online-Sprachkurs für Nichtunternehmer und Unternehmer innerhalb der EU an.

Lösung ab 1.1.2022:

Der Leistungsort für die Umsätze an die Nichtunternehmer liegt sowohl im Fall einer unterrichtenden Tätigkeit gemäß § 3a Abs. 11 lit. a UStG 1994 als auch einer elektronisch erbrachten sonstigen Leistung gemäß § 3a Abs. 13 UStG 1994 am Wohnsitz oder gewöhnlichen Aufenthalt des Nichtunternehmers. Für die Bestimmung des Leistungsortes ist die Vermutungsregelung in Art. 24b der VO (EU) 282/2011 idgF anzuwenden. Verwendet der Nichtunternehmer zB eine deutsche IP-Adresse und tätigt die Zahlung über ein deutsches Bankkonto, besteht die Vermutung, dass der Nichtunternehmer in Deutschland wohnt bzw. seinen gewöhnlichen Aufenthalt hat und der Leistungsort somit in Deutschland liegt. Die Besteuerung dieses Umsatzes richtet sich daher nach deutschem Recht. Um eine umsatzsteuerliche Registrierung in anderen Mitgliedstaaten zu vermeiden, kann sich A in Österreich zum EU-OSS registrieren.

Diesfalls kann A die Umsatzsteuer für die in anderen Mitgliedstaaten erbrachten Leistungen an die Nichtunternehmer über den EU-OSS erklären (siehe Rz 4297).

Der Leistungsort für die Umsätze an die Unternehmer liegt gemäß § 3a Abs. 6 UStG 1994 am jeweiligen Empfängerort. § 3a Abs. 11a UStG 1994 kommt mangels physischer Anwesenheit der Empfänger nicht zur Anwendung (vgl. Rz 641f).

(AÖF Nr. 2014/164, BMF-AV Nr. 2021/166, BMF-AV Nr. 2022/154)

Bei den Leistungen nach § 3a Abs. 11 lit. a UStG 1994 – insbesondere den künstlerischen und wissenschaftlichen Leistungen – ist zu beachten, dass sich im Falle der Übertragung von Nutzungsrechten an Urheberrechten und ähnlichen Rechten (Katalogleistungen) der Leistungsort nach § 3a Abs. 6 UStG 1994 bestimmt, wenn der Leistungsempfänger ein Unternehmer ist. **640r**

Beispiel:

Ein amerikanischer Sänger gibt auf Grund eines Vertrages mit einer deutschen Konzertagentur ein Konzert im Inland. Auf Grund eines anderen Vertrages mit dem Sänger zeichnet eine österreichische Schallplattengesellschaft das Konzert auf.

Der Ort der Leistung für das Konzert bestimmt sich ab 1.1.2011 nach § 3a Abs. 6 UStG 1994 (Deutschland). Bis 31.12.2010 liegt der Leistungsort für eine solche Leistung nach § 3a Abs. 11 lit. a UStG 1994 in Österreich, da es sich um eine künstlerische Leistung handelt. Mit der Aufzeichnung des Konzerts für eine Schallplattenproduktion überträgt der Sänger Nutzungsrechte an seinem Urheberrecht im Sinne des § 3a Abs. 14 Z 1 UStG 1994 (vgl. BFH 22.03.1979, BStBl II 1979, 598). Für den Ort dieser Leistung ist § 3a Abs. 6 UStG 1994 maßgeblich.

(AÖF Nr. 2014/164)

Die Frage, ob bei einem wissenschaftlichen Gutachten eine wissenschaftliche Leistung nach § 3a Abs. 11 lit. a UStG 1994 oder eine Beratung nach § 3a Abs. 14 Z 4 UStG 1994 vorliegt, ist nach dem Zweck zu beurteilen, den der Auftraggeber mit dem von ihm bestellten Gutachten verfolgt. Eine wissenschaftliche Leistung im Sinne des § 3a Abs. 11 lit. a UStG 1994 setzt voraus, dass das erstellte Gutachten nicht auf Beratung des Auftraggebers gerichtet ist. Dies ist der Fall, wenn das Gutachten nach seinem Zweck keine konkrete Entscheidungshilfe für den Auftraggeber darstellt. Ab 1.1.2011 verliert diese Unterscheidung weitgehend an Bedeutung, da sich der Leistungsort stets nach § 3a Abs. 6 UStG 1994 bestimmt, wenn der Leistungsempfänger ein Unternehmer ist. **640s**

Beispiel 1:

Ein Hochschullehrer hält im Auftrag eines Verbandes (Nichtunternehmer iSd § 3a Abs. 5 Z 3 UStG 1994) auf einem Fachkongress einen Vortrag. Inhalt des Vortrages ist die Mitteilung und Erläuterung der von ihm auf seinem Forschungsgebiet, zB Maschinenbau, gefundenen Ergebnisse. Zugleich händigt der Hochschullehrer allen Teilnehmern ein Manuskript seines Vortrages aus. Vortrag und Manuskript haben nach Inhalt und Form den Charakter eines wissenschaftlichen Gutachtens. Sie sollen allen Teilnehmern des Fachkongresses zur Erweiterung ihrer beruflichen Kenntnisse dienen. Es liegt eine Leistung im Sinne des § 3a Abs. 11 lit. a UStG 1994 vor.

Soll das Gutachten dem Auftraggeber als Entscheidungshilfe für die Lösung konkreter technischer, wirtschaftlicher oder rechtlicher Fragen dienen, so liegt eine Beratungsleistung im Sinne des § 3a Abs. 14 Z 4 UStG 1994 vor.

Beispiel 2:

Ein Wirtschaftsforschungsunternehmen erhält den Auftrag, in Form eines Gutachtens Struktur- und Standortanalysen für die Errichtung von Gewerbebetrieben zu erstellen. Auch wenn das Gutachten nach wissenschaftlichen Grundsätzen erstellt worden ist, handelt es sich um eine Beratung, da das Gutachten zur Lösung konkreter wirtschaftlicher Fragen verwendet werden soll.

Bei der Durchführung von Kongressen und Seminaren handelt es sich regelmäßig um Veranstaltungen wissenschaftlicher und/oder unterrichtender Natur. Wenn bei solchen Veranstaltungen den Teilnehmern gegenüber Beratungsleistungen auf wissenschaftlichem oder technischem Gebiet erbracht oder Informationen überlassen werden, so beziehen sich diese regelmäßig nicht – was schon die Vielzahl der Teilnehmer ausschließt – auf den konkreten Fall eines einzelnen Teilnehmers, sondern sind allgemeiner Natur. Anders wären die Veranstaltungen nur dann zu beurteilen, wenn sich die Beratung oder die Information auf konkrete wirtschaftliche oder technische Fragen des einzelnen Teilnehmers bezieht. **640t**

3a.11.2.1. Ort der sonstigen Leistung bei Messen und Ausstellungen

3a.11.2.1.1. Sonstige Leistungen der Veranstalter von Messen und Ausstellungen an die Aussteller

Bei der Überlassung von Standflächen auf Messen und Ausstellungen durch die Veranstalter an die Aussteller handelt es sich um sonstige Leistungen, die gemäß § 3a Abs. 11 lit. a UStG 1994 am Tätigkeitsort steuerbar sind. Ab 1.1.2011 gilt dies nur mehr für nicht- **640u** unternehmerische Leistungsempfänger. Ist der Leistungsempfänger ein Unternehmer, richtet sich der Leistungsort nach § 3a Abs. 6 UStG 1994.

Das gilt auch für folgende Leistungen der Veranstalter an die Aussteller:

- Überlassung von Räumen und ihren Einrichtungen auf dem Messegelände für Informationsveranstaltungen einschließlich der üblichen Nebenleistungen;
- Überlassung von Parkplätzen auf dem Messegelände.

Als Messegelände sind auch örtlich getrennte Kongresszentren anzusehen. Übliche Nebenleistungen sind zB die Überlassung von Mikrofonanlagen und Simultandolmetscheranlagen sowie Bestuhlungsdienste, Garderobendienste und Hinweisdienste.

640v Das gilt auch für damit im Zusammenhang stehende sonstige Leistungen, die der Werbung oder der Öffentlichkeitsarbeit dienen.

640w In der Regel erbringen die Veranstalter neben der Überlassung von Standflächen eine Reihe weiterer Leistungen an die Aussteller. Dieses zusätzliche, umfassende Leistungspaket wird dort ausgeführt, wo der Unternehmer ausschließlich oder zum wesentlichen Teil tätig wird (Tätigkeitsort gemäß § 3a Abs. 11 lit. a UStG 1994; vgl. EuGH 09.03.2006, Rs C-114/05, *Gillan Beach Ltd.*). Ab 1.1.2011 gilt dies nur mehr für nichtunternehmerische Leistungsempfänger. Ist der Leistungsempfänger ein Unternehmer, richtet sich der Leistungsort nach § 3a Abs. 6 UStG 1994. Es kann sich insbesondere um folgende sonstige Leistungen der Veranstalter handeln:

1) Technische Versorgung der überlassenen Stände. Hiezu gehören zB

- Herstellung der Anschlüsse für Strom, Gas, Wasser, Druckluft, Telefon, Telex, Internet-Anschluss und Lautsprecheranlagen,
- die Abgabe von Energie, zB Strom, Gas, Wasser und Druckluft, wenn diese Leistungen umsatzsteuerrechtlich unselbständige Nebenleistungen zur Hauptleistung der Überlassung der Standflächen darstellen.

2) Planung, Gestaltung sowie Aufbau, Umbau und Abbau von Ständen. Unter die „Planung“ fallen insbesondere Architektenleistungen, zB Anfertigung des Entwurfs für einen Stand. Zur „Gestaltung“ zählt zB die Leistung eines Gartengestalters oder eines Beleuchtungsfachmannes.

3) Überlassung von Standbauteilen und Einrichtungsgegenständen, einschließlich Miet-System-Ständen.

4) Standbetreuung und Standbewachung.

5) Reinigung von Ständen.

6) Überlassung von Garderoben und Schließfächern auf dem Messegelände.

7) Überlassung von Eintrittsausweisen einschließlich Eintrittsgutscheinen.

8) Überlassung von Fernsprechstellen und sonstigen Kommunikationsmitteln zur Nutzung durch die Aussteller und die Leistungen des Veranstalters im Fernschreibdienst.

9) Überlassung von Informationssystemen, zB von Bildschirmgeräten oder Lautsprecheranlagen, mit deren Hilfe die Besucher der Messen und Ausstellungen unterrichtet werden sollen.

10) Schreibdienste und ähnliche sonstige Leistungen auf dem Messegelände.

11) Beförderung und Lagerung von Ausstellungsgegenständen wie Exponaten und Standausrüstungen.

12) Übersetzungsdienste.

13) Eintragungen in Messekatalogen, Aufnahme von Werbeanzeigen usw. in Messekatalogen, Zeitungen, Zeitschriften usw., Anbringen von Werbeplakaten, Verteilung von Werbeprospekten und ähnliche Werbemaßnahmen.

3a.11.2.1.2. Sonstige Leistungen ausländischer Durchführungsgesellschaften

640x Im Rahmen von Messen und Ausstellungen werden auch Gemeinschaftsausstellungen durchgeführt, zB von Ausstellern, die in demselben ausländischen Staat ihren Sitz haben. Vielfach ist in diesen Fällen zwischen dem Veranstalter und den Ausstellern ein Unternehmen eingeschaltet, das im eigenen Namen die Gemeinschaftsausstellung organisiert (so genannte Durchführungsgesellschaft). In diesen Fällen erbringt der Veranstalter die in der Rz 640w bezeichneten sonstigen Leistungen an die zwischengeschaltete Durchführungsgesellschaft. Diese erbringt die sonstigen Leistungen an die an der Gemeinschaftsausstellung beteiligten Aussteller. Für die umsatzsteuerliche Behandlung der Leistungen der Durchführungsgesellschaft gelten die Ausführungen in Rz 640w entsprechend.

3a.11.2.1.3. Sonstige Leistungen anderer Unternehmer

Erbringen andere Unternehmer als die Veranstalter einzelne der oben angeführten sonstigen Leistungen an die Aussteller oder an Durchführungsgesellschaften, so gilt Folgendes: **640y**

Die in Rz 640w Punkt 1 bis 6 bezeichneten Leistungen sind als Leistungen im Zusammenhang mit Messen und Ausstellungen anzusehen (§ 3a Abs. 11 lit. a UStG 1994; ab 1.1.2011: § 3a Abs. 11 lit. a UStG 1994 für Nichtunternehmer, § 3a Abs. 6 UStG 1994 für Unternehmer).

Die Überlassung von Eintrittsausweisen einschließlich Eintrittsgutscheinen an Nichtunternehmer ist unter § 3a Abs. 11 lit. a UStG 1994 zu subsumieren. Die Erbringung solcher Leistungen an Unternehmer fällt ab 1. Jänner 2011 unter § 3a Abs. 11a UStG 1994.

Die in Rz 640w in Punkt 8 bis 13 bezeichneten sonstigen Leistungen fallen unter § 3a Abs. 6 bzw. Abs. 7 UStG 1994.

Randzahl 640z: *derzeit frei.*

3a.11.3. Umschlag, Lager usw.

§ 3a Abs. 11 lit. b UStG 1994 gilt nur für Leistungen an Nichtunternehmer. **641a**

Werden solche Leistungen an Unternehmer erbracht, richtet sich der Leistungsort nach § 3a Abs. 6 UStG 1994.

Die Regelung des § 3a Abs. 11 lit. b UStG 1994 gilt für Umsätze, die selbständige Leistungen sind. Sofern der Umschlag, die Lagerung oder eine andere sonstige Leistung unselbständige Nebenleistungen zu einer Güterbeförderung darstellen, teilen sie deren umsatzsteuerliches Schicksal (vgl. Rz 3912i). **641b**

3a.11.4. Arbeiten an beweglichen körperlichen Gegenständen

§ 3a Abs. 11 lit. c UStG 1994 gilt nur für Leistungen an Nichtunternehmer. **641c**

Werden solche Leistungen an Unternehmer erbracht, richtet sich der Leistungsort nach § 3a Abs. 6 UStG 1994.

Unter den Begriff „Arbeiten“ im Sinne des § 3a Abs. 11 lit. c UStG 1994 fallen zB Werkleistungen oder/und Wartungsleistungen an Anlagen, Maschinen und KFZ. Verwendet der Unternehmer bei der Be- oder Verarbeitung eines Gegenstandes selbst beschaffte Stoffe, die nicht nur Zutaten oder sonstige Nebensachen sind, ist keine Werkleistung, sondern eine Werklieferung gegeben (§ 3 Abs. 4 UStG 1994). Bei der Begutachtung beweglicher Gegenstände durch Sachverständige hat § 3a Abs. 11 lit. c UStG 1994 Vorrang vor § 3a Abs. 14 Z 3 UStG 1994. **641d**

3a.11.5. Restaurant- und Verpflegungsdienstleistungen

Restaurant- und Verpflegungsdienstleistungen zeichnen sich durch ein Bündel von Charakteristika und Tätigkeiten aus, bei denen Dienstleistungen bei weitem überwiegen und die Bereitstellung von Speisen und/oder Getränken lediglich ein Bestandteil ist (vgl. EuGH 02.05.1996, Rs C-231/94, *Faaborg-Gelting Linien A/S*). **641e**

Restaurantdienstleistungen bestehen aus der Lieferung von zubereiteten oder nicht zubereiteten Speisen und/oder Getränken zum menschlichen Verzehr in der Lokalität des Erbringers, die von einer ausreichenden unterstützenden Dienstleistung begleitet wird, welche den sofortigen Verzehr dieser Speisen und/oder Getränke ermöglicht.

Verpflegungsdienstleistungen umfassen dieselbe Leistung, werden jedoch an einem Ort außerhalb der Lokalität des Unternehmers erbracht (siehe dazu auch Art. 6 VO (EU) 282/2011).

Beispiel:

Der deutsche Private D beauftragt den Unternehmer S in Salzburg mit dem Catering für eine Hochzeitsfeier in München.

Die Cateringleistung des S ist gemäß § 3a Abs. 11 lit. d UStG 1994 in Deutschland steuerbar.

Zum Leistungsort bei Restaurant- und Verpflegungsdienstleistungen bei innergemeinschaftlichen Personenbeförderungen an Bord eines Schiffes, in einem Luftfahrzeug oder in einer Eisenbahn siehe Rz 3917a f.

3a.11.6. Eintrittsberechtigung zu Veranstaltungen

Sonstige Leistungen betreffend die Eintrittsberechtigung zu Veranstaltungen (§ 3a Abs. 11a UStG 1994) sind Leistungen, deren wesentliches Merkmal in der entgeltlichen Gewährung des Rechts auf Eintritt zu einer Veranstaltung besteht. Der Begriff Eintrittsberechtigung zu einer Veranstaltung erfordert die physische Anwesenheit des Leistungsempfängers. Keine **641f**

Eintrittsberechtigung für eine Veranstaltung liegt daher in den Fällen der Online-Teilnahme des Leistungsempfängers vor (siehe hierzu Rz 640q).

Unter den Begriff der Eintrittsberechtigung fallen insbesondere

- das Recht auf Eintritt zu Vorführungen, Theateraufführungen, Zirkusveranstaltungen, Messen, Unterhaltungsprogrammen, Konzerten, Ausstellungen und ähnlichen kulturellen Veranstaltungen, einschließlich des durch ein Abonnement abgedeckten Eintritts;
- das Recht auf Eintritt zu Sportveranstaltungen wie einem Spiel oder einem Wettkampf, einschließlich des durch eine Dauerkarte abgedeckten Eintritts;
- das Recht auf Eintritt zu bzw. Teilnahme an der Öffentlichkeit allgemein zugänglichen Veranstaltungen auf dem Gebiet des Unterrichts oder der Wissenschaft, wie Konferenzen und Seminaren. Der Öffentlichkeit allgemein zugängliche Veranstaltungen sind solche, bei denen der Zutritt im Wesentlichen jedermann freisteht, die Veranstaltung also nicht von vornherein auf einen in sich geschlossenen, nach außen begrenzten Kreis von Teilnehmern gerichtet ist.

Beispiel 1:

Der deutsche Unternehmer A besucht am 5.1.2011 ein Rechtsseminar beim österreichischen Seminarveranstalter B in Wien. Die Teilnahmegebühr ist gemäß § 3a Abs. 11a UStG 1994 am Veranstaltungsort (Wien) steuerbar, unabhängig von den Anmelde- und Zahlungsmodalitäten, die für dieses Seminar gelten (vgl. EuGH 13.3.2019, Rs C-647/17, Srf konsulterna AB, zum Leistungsort bei Teilnahme an Seminaren).

Beispiel 2:

Der deutsche Seminarveranstalter K erbringt im März 2011 ein „Inhouse-Seminar" in Deutschland an den österreichischen Unternehmer U mit Sitz in Wien. An diesem Seminar können nur Mitarbeiter des österreichischen Unternehmers teilnehmen.

Da das Seminar nicht für die Öffentlichkeit allgemein zugänglich ist, fällt die Teilnahmegebühr für dieses Seminar nicht unter § 3a Abs. 11a UStG 1994, sondern ist gemäß § 3a Abs. 6 UStG 1994 am Empfängerort in Wien steuerbar. Die Steuerschuld geht gemäß § 19 Abs. 1 zweiter Satz UStG 1994 auf U über.

Nicht unter den Begriff der Eintrittsberechtigung für eine Veranstaltung fällt das Recht zur Benutzung von Einrichtungen, wie zB einer Turnhalle, eines Schwimmbades usw., oder das Recht zur Teilnahme an Schikursen.

Die Vermittlung einer Eintrittsberechtigung zu einer Veranstaltung ist keine mit der Eintrittsberechtigung zusammenhängende sonstige Leistung iSd § 3a Abs. 11a UStG 1994. Der Leistungsort einer solchen Vermittlungsleistung bestimmt sich nach § 3a Abs. 6 UStG 1994.

Mit der Eintrittsberechtigung zusammenhängende sonstige Leistungen iSd § 3a Abs. 11a UStG 1994 sind zB das Recht zur Benützung der Garderobe oder der sanitären Einrichtungen, soweit es sich hierbei nicht bereits um unselbständige Nebenleistungen zur Eintrittsberechtigung handelt.

(BMF-AV Nr. 2020/192, BMF-AV Nr. 2021/166)

3a.12. Vermietung von Beförderungsmitteln

641g Der Leistungsort bestimmt sich bei der kurzfristigen Vermietung von Beförderungsmitteln (unabhängig davon, ob der Leistungsempfänger ein Unternehmer oder ein Nichtunternehmer iSd § 3a Abs. 5 UStG 1994 ist) danach, wo das Beförderungsmittel dem Leistungsempfänger tatsächlich zur Verfügung gestellt wird, dh. wo sich das Beförderungsmittel befindet, wenn der Leistungsempfänger tatsächlich die physische Kontrolle darüber erhält. Die rechtliche Kontrolle allein (Vertragsunterzeichnung, Schlüsselübergabe) reicht hierfür nicht aus. Wird das Fahrzeug im Drittland vor dem 1.1.2016 zur Verfügung gestellt und erfolgt die Nutzung oder Auswertung im Inland, liegt der Leistungsort gemäß § 3a Abs. 15 Z 1 UStG 1994 im Inland.

Bei der langfristigen Vermietung von Beförderungsmitteln bestimmt sich der Leistungsort im zwischenunternehmerischen Bereich nach § 3a Abs. 6 UStG 1994 (Empfängerort) bzw. bis 31.12.2015 nach § 3a Abs. 15 UStG 1994. Wird eine solche Leistung (langfristige Vermietung) an einen Nichtunternehmer erbracht, richtet sich der Leistungsort bis 31.12.2012 nach § 3a Abs. 7 UStG 1994 (Unternehmerort), ab 1.1.2013 nach § 3a Abs. 12 Z 2 erster Unterabsatz UStG 1994 (Empfängerort) bzw. bis 31.12.2015 auch nach § 3a Abs. 15 UStG 1994.

Der Unternehmer hat den Empfängerort nach § 3a Abs. 12 Z 2 erster Unterabsatz UStG 1994 auf Grundlage der vom Leistungsempfänger erhaltenen Informationen durch geeignete Maßnahmen zu überprüfen.

Es wird vermutet, dass der Leistungsempfänger an dem Ort ansässig ist, seinen Wohnsitz oder seinen gewöhnlichen Aufenthaltsort hat, der vom leistenden Unternehmer durch zwei einander nicht widersprechende Beweismittel als solcher bestimmt wird. Solche Beweismittel sind insbesondere (siehe Art. 24c VO (EU) Nr. 282/2011 idF VO (EU) Nr. 1042/2013):

- Rechnungsanschrift des Leistungsempfängers,
- Bankangaben wie der Ort, an dem das für die Zahlung verwendete Bankkonto geführt wird oder die der Bank vorliegende Rechnungsanschrift des Leistungsempfängers,
- Zulassungsdaten des gemieteten Beförderungsmittels, wenn dieses an dem Ort, an dem es genutzt wird, zugelassen sein muss,
- sonstige wirtschaftlich relevante Informationen.

Wird ein Sportboot langfristig an einen Nichtunternehmer vermietet, gilt ab 1.1.2013 als Leistungsort der Ort, an welchem dem Leistungsempfänger das Sportboot tatsächlich zur Verfügung gestellt wird (§ 3a Abs. 12 Z 2 zweiter Unterabsatz UStG 1994), wenn der Unternehmer an diesem Ort sein Unternehmen betreibt oder sich dort die Betriebsstätte befindet, die die Leistung erbringt. Liegt dieser Ort im Drittland und erfolgt die Nutzung oder Auswertung im Inland, liegt der Leistungsort bis 31.12.2015 gemäß § 3a Abs. 15 Z 1 UStG 1994 im Inland.

Beispiel 1:

Der österreichische Unternehmer Ö mit Sitz in Wien vermietet eine Yacht an einen österreichischen Privaten für die Dauer von 4 Monaten. Diese wird in Italien im Hafen von Genua übergeben. Ö hat keine Betriebsstätte in Italien. Der Leistungsort richtet sich gemäß § 3a Abs. 12 Z 2 erster Unterabsatz UStG 1994 nach dem Empfängerort (Österreich).

Beispiel 2:

Der italienische Unternehmer I mit Sitz in Rom vermietet ein Motorboot an einen österreichischen Privaten für die Dauer von 4 Monaten. Dieses wird in Italien im Hafen von Genua übergeben, wo I eine Betriebsstätte hat. Der Leistungsort richtet sich gemäß § 3a Abs. 12 Z 2 zweiter Unterabsatz UStG 1994 nach dem Ort, an dem das Sportboot dem Privaten tatsächlich zur Verfügung gestellt wird (Genua, Italien).

Beispiel 3:

Der deutsche Unternehmer D mit Sitz in München und einer Betriebsstätte in Rom vermietet ein Segelboot an einen österreichischen Privaten für die Dauer von 4 Monaten. Dieses wird in Italien im Hafen von Genua übergeben. Da D weder Sitz noch Betriebsstätte in Genua hat, bestimmt sich der Leistungsort gemäß § 3a Abs. 12 Z 2 erster Unterabsatz UStG 1994 nach dem Empfängerort (Österreich).

Als Beförderungsmittel gelten Fahrzeuge mit oder ohne Motor, sowie sonstige Ausrüstungen und Vorrichtungen, welche zur Beförderung von Personen oder Gegenständen von einem Ort an einen anderen konzipiert worden sind, von Fahrzeugen gezogen oder geschoben werden können und tatsächlich in der Lage sind, Gegenstände oder Personen zu befördern.

Zu den Beförderungsmitteln gehören auch Sattelzugmaschinen, Sattelanhänger, Auflieger, Fahrzeuganhänger, Eisenbahnwagen, Transportbetonmischer, Segelboote, Ruderboote, Paddelboote, Motorboote, Sportflugzeuge, Segelflugzeuge, Wohnmobile, Wohnwagen (vgl. jedoch Rz 639y), Fahrzeuge, die speziell für den Transport von Kranken oder Verletzten konzipiert sind, Traktoren und andere landwirtschaftliche Fahrzeuge, Fahrzeuge für militärische, Überwachungs- oder Zivilschutzzwecke (ausgenommen Kampffahrzeuge und Kampfflugzeuge), Rollstühle und ähnliche Fahrzeuge für Kranke und Körperbehinderte, mit Vorrichtungen zur mechanischen oder elektronischen Fortbewegung, Fahrräder und Dreiräder.

Keine Beförderungsmittel sind zB Bagger, Planierraupen, Bergungskräne, Schwertransportkräne, Baustellenlastenaufzüge, Transportbänder, Gabelstapler, Elektrokarren, Rohrleitungen, Ladekräne, Schwimmkräne, Container, militärische Kampffahrzeuge, Kampfflugzeuge, Maschinen, Apparate und Geräte zum Ernten oder Dreschen von landwirtschaftlichen Erzeugnissen. Unabhängig hievon kann jedoch mit diesen Gegenständen eine Beförderungsleistung ausgeführt werden.

(AÖF Nr. 2014/164, BMF-AV Nr. 2015/170)

Für die Abgrenzung von kurz- und langfristiger Vermietung ist die tatsächliche Nut- **641h**
zungsdauer des Beförderungsmittels maßgebend, auch wenn die vertraglich vereinbarte Laufzeit davon abweicht.

Werden nacheinander zwei oder mehrere Mietverträge für dasselbe Beförderungsmittel **641i**
mit einer zeitlichen Unterbrechung von bis zu zwei Tagen abgeschlossen, ist bei der Ermittlung der Laufzeit der auf den ersten Vertrag folgenden Verträge die Laufzeit des ersten Vertrages einzurechnen. Auf eine Neubewertung des ersten Vertrages kann – sofern keine Anhaltspunkte für Rechtsmissbrauch vorliegen – verzichtet werden.

641j Wird ein kurzfristiger Vertrag verlängert, sodass er die Laufzeit von 30 bzw. 90 Tagen (bei Wasserfahrzeugen) überschreitet, ist eine Neubewertung des Vertrages erforderlich. Das gilt nicht, wenn die Überschreitung aufgrund höherer Gewalt erfolgt (Art. 39 VO (EU) 282/2011).

641k Als Vermietung von Beförderungsmitteln gilt auch die Überlassung von KFZ, die dem Unternehmen dienen, durch Arbeitgeber an ihre Arbeitnehmer zur privaten Nutzung. Das gilt nicht für KFZ, die gemäß § 12 Abs. 2 Z 2 lit. b UStG 1994 nicht als für das Unternehmen angeschafft gelten.

641l Wird eine Segel- oder Motoryacht ohne Besatzung verchartert, so ist eine Vermietung eines Beförderungsmittels anzunehmen. Bei einer Vercharterung mit Besatzung ohne im Chartervertrag festgelegte Reiseroute ist ebenfalls eine Vermietung eines Beförderungsmittels anzunehmen. Das gilt auch dann, wenn die Vercharterung mit Besatzung an eine geschlossene Gruppe erfolgt, die mit dem Vercharterer vorher die Reiseroute festgelegt hat, diese Reiseroute aber im Verlauf der Reise ändern oder in anderer Weise auf den Ablauf der Reise Einfluss nehmen kann. Eine Beförderungsleistung ist dagegen anzunehmen, wenn nach dem Chartervertrag eine bestimmte Beförderung geschuldet wird und der Unternehmer diese unter eigener Verantwortung vornimmt, zB bei einer vom Vercharterer organisierten Rundreise mit Teilnehmern, die auf Ablauf und nähere Ausgestaltung der Reise keinen Einfluss haben.

641m Die Bergung von Autos und der Transport in eine nahe gelegene Werkstätte durch einen Unternehmer fällt unter die Generalklausel des § 3a Abs. 6 oder Abs. 7 UStG 1994.

3a.13. Leistungsort bei elektronisch erbrachten sonstigen Leistungen, Telekommunikations-, Rundfunk- und Fernsehdienstleistungen – Rechtslage ab 1.1.2015

3a.13.1. Elektronisch erbrachte sonstige Leistungen

641n

3a.13.1.1. Begriffsbestimmung

(BMF-AV Nr. 2022/154)

Eine auf elektronischem Weg erbrachte sonstige Leistung ist eine Leistung, die über das Internet oder ein elektronisches Netz, einschließlich Netze zur Übermittlung digitaler Inhalte, erbracht wird und deren Erbringung aufgrund der Merkmale der sonstigen Leistung in hohem Maße auf Informationstechnologie angewiesen ist. Das heißt, die Leistung ist im Wesentlichen automatisiert, wird nur mit minimaler menschlicher Beteiligung erbracht und wäre ohne Informationstechnologie nicht möglich.

Auf elektronischem Weg erbrachte Leistungen umfassen im Wesentlichen:

1. Digitale Produkte wie zB Software und zugehörige Änderungen oder Updates.
2. Dienste, die in elektronischen Netzen eine Präsenz zu geschäftlichen oder persönlichen Zwecken vermitteln oder unterstützen (zB Website, Webpage).
3. Von einem Computer automatisch generierte Dienstleistungen über das Internet oder ein ähnliches elektronisches Netz auf der Grundlage spezifischer Dateneingabe des Leistungsempfängers.
4. Einräumung des Rechts, gegen Entgelt eine Leistung auf einer Website, die als Online-Marktplatz fungiert, zum Kauf anzubieten, wobei die potenziellen Käufer ihr Gebot im Wege eines automatisierten Verfahrens abgeben und die Beteiligten durch eine automatische, computergenerierte E-Mail über das Zustandekommen eines Verkaufs unterrichtet werden.
5. Internet Service-Pakete, in denen die Telekommunikationskomponente ein ergänzender oder untergeordneter Bestandteil ist (dh. Pakete, die mehr ermöglichen als nur die Gewährung des Zugangs zum Internet) und die weiteren Elemente wie etwa Nachrichten, Wetterbericht, Reiseinformationen, Spielforen, Webhosting, Zugang zu Chatlines usw. umfassen.

Auf elektronischem Weg erbrachte sonstige Leistungen sind insbesondere:

1. Bereitstellung von Websites, Webhosting, Fernwartung von Programmen und Ausrüstungen. Hiezu gehören zB die automatisierte Online-Fernwartung von Programmen, die Fernverwaltung von Systemen, das Online-Data Warehousing (Datenspeicherung und -abruf auf elektronischem Weg), Online-Bereitstellung von Speicherplatz nach Bedarf.
2. Bereitstellung von Software und deren Aktualisierung. Hiezu gehören zB die Gewährung des Zugangs zu oder das Herunterladen von Software (wie zB Beschaffungs- oder Buchhaltungsprogramme, Software zur Virusbekämpfung) und Updates, Bannerblocker (Software zur Unterdrückung der Anzeige von Webbannern), Herunterladen von

Treibern (zB Software für Schnittstellen zwischen PC und Peripheriegeräten wie zB Drucker), automatisierte Online-Installation von Filtern auf Websites und automatisierte Online-Installation von Firewalls.

3. Bereitstellung von Bildern, wie zB die Gewährung des Zugangs zu oder das Herunterladen von Desktop-Gestaltungen oder von Fotos, Bildern und Bildschirmschonern.
4. Bereitstellung von Texten und Informationen. Hiezu gehören zB E-Books und andere elektronische Publikationen, Abonnements von Online-Zeitungen und Online-Zeitschriften, Web-Protokolle und Website-Statistiken, Online-Nachrichten, Online-Verkehrsinformationen und Online-Wetterberichte, Online-Informationen, die automatisch anhand spezifischer vom Leistungsempfänger eingegebener Daten etwa aus dem Rechts- und Finanzbereich generiert werden (zB regelmäßig aktualisierte Börsendaten), Bereitstellung von Werbeplätzen (zB Bannerwerbung auf Websites und Webpages).
5. Bereitstellung von Datenbanken, wie zB die Benutzung von Suchmaschinen und Internetverzeichnissen.
6. Bereitstellung von Musik (zB die Gewährung des Zugangs zu oder das Herunterladen von Musik auf PC, Mobiltelefone usw. und die Gewährung des Zugangs zu oder das Herunterladen von Jingles, Ausschnitten, Klingeltönen und anderen Tönen).
7. Bereitstellung von Filmen und Spielen, einschließlich Glücksspielen und Lotterien. Hiezu gehören zB die Gewährung des Zugangs zu oder das Herunterladen von Filmen, das Herunterladen von Spielen auf PC oder Mobiltelefone, und die Gewährung des Zugangs zu automatisierten Online-Spielen, die nur über das Internet oder ähnliche elektronische Netze laufen und bei denen die Spieler räumlich voneinander getrennt sind.
8. Bereitstellung von Sendungen und Veranstaltungen aus den Bereichen Politik, Kultur, Kunst, Sport, Wissenschaft und Unterhaltung. Hiezu gehört zB der Web-Rundfunk, der ausschließlich über das Internet oder ähnliche elektronische Netze verbreitet und nicht gleichzeitig auf herkömmlichen Weg ausgestrahlt wird. Jedoch liegt bei über das Internet in Echtzeit übertragenen Veranstaltungen, die in einer interaktiven Darbietung bestehen und somit nicht im Wesentlichen automatisiert erbracht werden, keine elektronisch erbrachte Leistung vor (zum Leistungsort siehe Rz 640n).
9. Erbringung von Fernunterrichtsleistungen. Hiezu gehört zB der automatisierte Unterricht, der auf das Internet oder ähnliche elektronische Netze angewiesen ist und dessen Erbringung wenig oder gar keine menschliche Beteiligung erfordert, auch so genannte virtuelle Klassenzimmer. Dazu gehören auch Arbeitsunterlagen, die vom Schüler online bearbeitet und anschließend ohne menschliches Eingreifen automatisch korrigiert werden.
10. Online-Versteigerungen (soweit es sich nicht bereits um Web-Hosting-Leistungen handelt) über automatisierte Datenbanken und mit Dateneingabe durch den Leistungsempfänger, die kein oder nur wenig menschliches Eingreifen erfordern (zB Online-Marktplatz, Online-Einkaufsportal).

3a.13.1.2. Abgrenzung gegenüber Lieferungen und anderen sonstigen Leistungen

(BMF-AV Nr. 2022/154)

Von den auf elektronischem Weg erbrachten sonstigen Leistungen sind die Leistungen zu unterscheiden, bei denen es sich um Lieferungen oder um andere sonstige Leistungen handelt.

Insbesondere in den folgenden Fällen handelt es sich um Lieferungen, so dass keine auf elektronischem Weg erbrachten sonstigen Leistungen vorliegen:

1. Lieferungen von Gegenständen, bei denen lediglich die Bestellung und Auftragsbearbeitung auf elektronischem Weg angebahnt und abgewickelt wurde.
2. Lieferungen von körperlichen Datenträgern (zB CD-ROM, Disketten, CD, DVD, Audiokassetten, Videokassetten).
3. Lieferung von Druckerzeugnissen wie Büchern, Newsletters, Zeitungen und Zeitschriften.
4. Lieferung von Spielen auf CD-ROM.

Insbesondere in den folgenden Fällen handelt es sich um andere als auf elektronischem Weg erbrachte sonstige Leistungen. Es sind sonstige Leistungen, die zum wesentlichen Teil durch Menschen erbracht werden, wobei das Internet oder ein elektronisches Netz nur als Kommunikationsmittel dient:

- Data-Warehousing – offline –, eine themenorientierte, integrierte, statische und nur zeitlich variable Sammlung von Daten, die so organisiert ist, dass sie die Bedürfnisse des Managements unterstützt (§ 3a Abs. 6 oder Abs. 7 UStG 1994).

- Versteigerungen herkömmlicher Art, bei denen Menschen direkt tätig werden, unabhängig davon, wie die Gebote abgegeben werden – zB persönlich, per Internet oder per Telefon (§ 3a Abs. 6 oder Abs. 7 UStG 1994).
- Nichtautomatisierter Fernunterricht, zB per Post oder Internet (bis 31.12.2010: § 3a Abs. 11 lit. a UStG 1994; ab 1.1.2011: § 3a Abs. 6 oder Abs. 11 lit. a UStG 1994).
- (Physische Offline) Reparatur von EDV-Ausrüstung (§ 3a Abs. 6 oder Abs. 11 lit. c UStG 1994).
- Zeitungs-, Plakat- und Fernsehwerbung (§ 3a Abs. 6 oder Abs. 14 Z 2 UStG 1994).
- Beratungsleistungen von Rechtsanwälten und Finanzberatern usw. per E-Mail (§ 3a Abs. 6 oder Abs. 14 Z 3 und Z 4 UStG 1994).
- Kommunikation wie zB E-Mail (bis 31.12.2014: § 3a Abs. 6 oder Abs. 14 Z 12 UStG 1994; ab 1.1.2015: § 3a Abs. 6 oder Abs. 13 UStG 1994).
- Telefon-Helpdesks, eine telefonische Sofort-Hilfe zur Lösung von EDV-Problemen (§ 3a Abs. 6 oder Abs. 7 UStG 1994).
- Videofonie, dh. Telefonie mit Video-Komponente (bis 31.12.2014: § 3a Abs. 6 oder Abs. 14 Z 12 UStG 1994; ab 1.1.2015: § 3a Abs. 6 oder Abs. 13 UStG 1994).
- Zugang zum Internet und World Wide Web (bis 31.12.2014: § 3a Abs. 6 oder Abs. 14 Z 12 UStG 1994; ab 1.1.2015: § 3a Abs. 6 oder Abs. 13 UStG 1994).
- Rundfunk- und Fernsehdienstleistungen über das Internet oder ein ähnliches elektronisches Netz (IP-Streaming) bei gleichzeitiger Übertragung der Sendung auf herkömmlichem Weg (bis 31.12.2014: § 3a Abs. 6 oder Abs. 14 Z 13 UStG 1994; ab 1.1.2015: § 3a Abs. 6 oder Abs. 13 UStG 1994).
- Unterrichtsleistungen, wobei ein Lehrer den Unterricht über das Internet oder ein elektronisches Netz, dh. über einen Remote Link, erteilt (bis 31.12.2010: § 3a Abs. 11 lit. a UStG 1994; ab 1.1.2011: § 3a Abs. 6 oder Abs. 11 lit. a UStG 1994).
- Über das Internet erbrachte Telefondienste einschließlich VoIP-Dienste (Voice over Internet Protocol; bis 31.12.2014: § 3a Abs. 6 oder Abs. 14 Z 12 UStG 1994; ab 1.1.2015: § 3a Abs. 6 oder Abs. 13 UStG 1994; Telekommunikationsdienstleistung).
- Online gebuchte Dienstleistungen wie zB online gebuchte Beherbergungsleistungen, Fahrkarten, Mietautos oder Eintrittskarten.

3a.13.1.3. Leistungsort

(BMF-AV Nr. 2022/154)

Zu von Kleinstunternehmern elektronisch erbrachten sonstigen Leistungen – Rechtslage ab 1.1.2019 – siehe Rz 3918.

Elektronisch erbrachte sonstige Leistungen an Nichtunternehmer iSd § 3a Abs. 5 Z 3 UStG 1994 werden an dem Ort erbracht, an dem der Leistungsempfänger seinen Wohnsitz, Sitz oder gewöhnlichen Aufenthalt hat.

Es gilt die widerlegbare Vermutung, dass der Leistungsempfänger dort ansässig ist, seinen Wohnsitz oder gewöhnlichen Aufenthalt hat und die Leistung dort ausgeführt wird:

- wo der Leistungsempfänger physisch anwesend ist, um diese Leistung zu empfangen, wenn die Leistung an Orten wie Telefonzellen, Kiosk-Telefonen, WLAN-Hot-Spots, Internetcafés, Restaurants oder Hotellobbys erbracht wird, wenn der Leistungsempfänger zum Bezug dieser Leistung an diesem Ort physisch anwesend sein muss (siehe näher Art. 24a VO (EU) Nr. 282/2011 idF VO (EU) Nr. 1042/2013),
- wo sich der Festnetzanschluss befindet, wenn die Leistung über den Festnetzanschluss des Leistungsempfängers erbracht wird (siehe Art. 24b lit. a VO (EU) Nr. 282/2011 idF VO (EU) Nr. 1042/2013),
- in dem Land, das durch den Ländercode der verwendeten SIM-Karte bezeichnet wird, wenn die Leistung über mobile Netze erbracht wird (siehe Art. 24b lit. b VO (EU) Nr. 282/2011 idF VO (EU) Nr. 1042/2013),
- an dem Ort, an dem sich die jeweiligen Geräte befinden, wenn die Leistung über Decoder oder Programm- oder Satellitenkarte bezogen wird oder, wenn dieser Ort unbekannt ist, an dem Ort, an den die Programm- oder Satellitenkarte zur Verwendung gesendet wird (siehe Art. 24b lit. c VO (EU) Nr. 282/2011 idF VO (EU) Nr. 1042/2013).

Diese Vermutungen können vom leistenden Unternehmer durch drei einander nicht widersprechende Beweismittel widerlegt werden (siehe Art. 24d VO (EU) Nr. 282/2011 idF VO (EU) Nr. 1042/2013). Als Beweismittel gelten insbesondere (Art. 24f VO (EU) Nr. 282/2011 idF VO (EU) Nr. 1042/2013):

- Rechnungsanschrift des Leistungsempfängers,
- Bankangaben wie der Ort, an dem das für die Zahlung verwendete Bankkonto geführt wird, oder die der Bank vorliegende Rechnungsanschrift des Leistungsempfängers,
- die Internet-Protokoll-Adresse (IP-Adresse) des von dem Leistungsempfänger verwendeten Geräts oder jedes Verfahren der Geolokalisierung,
- Mobilfunk-Ländercode der Internationalen Mobilfunk-Teilnehmerkennung, der auf der von dem Leistungsempfänger verwendeten SIM-Karte gespeichert ist,
- Ort des Festnetzanschlusses über den die Leistung erbracht wird,
- sonstige wirtschaftlich relevante Informationen.

In anderen Fällen gilt die Vermutung, dass die Leistung an dem Ort ausgeführt wird, der vom leistenden Unternehmer anhand von zwei einander nicht widersprechenden Beweismitteln ermittelt wurde.

Der Unternehmer braucht hingegen nur ein Beweismittel, wenn

- seine Umsätze nach § 3a Abs. 13 UStG 1994, die er vom Sitz der wirtschaftlichen Tätigkeit oder seiner festen Niederlassung in einem Mitgliedstaat erbringt, 100.000 Euro (ohne Umsatzsteuer) oder den Gegenwert in Landeswährung im laufenden und im vorangegangenen Kalenderjahr nicht übersteigt,
- es sich um ein Beweismittel gem. Art. 24f Buchstabe a bis e VO (EU) 282/2011 handelt (siehe dazu die vorgenannte Aufzählung; zB Ort, an dem das für die Zahlung verwendete Bankkonto geführt wird) und
- das Beweismittel von einer Person erbracht wird, die an der Leistungserbringung beteiligt ist, aber weder der Leistungserbringer noch der Leistungsempfänger ist (zB Payment Service Provider).

Wird dieser Schwellenwert in einem Kalenderjahr überschritten, gilt diese Vermutungsregel ab diesem Zeitpunkt und so lange nicht mehr, bis die Bedingungen wieder erfüllt sind. Werden Leistungen nicht in Euro abgerechnet, ist für Zwecke der Berechnung der Umsatzgrenze der von der Europäischen Zentralbank zum Tag der Annahme der Richtlinie (EU) 2459/2017 (dh. am 5.12.2017) veröffentlichte Wechselkurs anzuwenden.

Die zuständige Behörde kann alle Vermutungen widerlegen, wenn es Hinweise auf falsche Anwendung oder Missbrauch durch den Leistungserbringer gibt (siehe Art. 24d Abs. 2 VO (EU) Nr. 282/2011 idF VO (EU) Nr. 1042/2013). Keine falsche Anwendung oder Missbrauch wird bspw. vorliegen, wenn der Unternehmer den Empfängerort mit Hilfe des Ländercodes der bei Inanspruchnahme der sonstigen Leistung verwendeten SIM-Karte bezeichnet wird, ermittelt, selbst wenn im Einzelfall der Leistungsempfänger in einem anderen Mitgliedstaat seinen Wohnsitz, Sitz oder seinen gewöhnlichen Aufenthalt hat.

Werden diese Leistungen an einen Unternehmer erbracht, so bestimmt sich der Leistungsort nach § 3a Abs. 6 UStG 1994 (zur Identifizierung als Unternehmer/Nichtunternehmer, siehe Rz 638y). Ungeachtet gegenteiliger Informationen kann der Unternehmer davon ausgehen, dass ein innerhalb der Gemeinschaft ansässiger Leistungsempfänger ein Nichtunternehmer ist, solange der Leistungsempfänger ihm seine UID nicht mitgeteilt hat (Art. 18 Abs. 2 VO (EU) Nr. 282/2011 idF VO (EU) Nr. 1042/2013).

Bei elektronisch erbrachten sonstigen Leistungen und bei über das Internet erbrachten Telefondiensten (VoIP, Voice over Internet Protocol) wird vermutet, dass ein an der Leistungserbringung beteiligter Unternehmer im eigenen Namen aber für Rechnung eines Anderen („Anbieter") tätig wird und somit als Leistungserbringer gegenüber dem jeweiligen Kunden anzusehen ist, wenn die Leistung über ein Telekommunikationsnetz, eine Schnittstelle oder ein Portal (zB über einen Appstore) erbracht wird. Ein Unternehmer, der lediglich Zahlungen in Bezug auf diese Dienstleistung abwickelt, ist alleine dadurch noch nicht als ein an der Leistungserbringung beteiligter Unternehmer anzusehen. Erbringt der Unternehmer darüber hinaus zusätzliche Leistungen – zB ein Telekommunikationsunternehmen, welches einerseits die elektronisch erbrachte Dienstleistung gegenüber dem Endverbraucher abrechnet und ihm gleichzeitig ein Telekommunikationsnetz dafür zur Verfügung stellt – ist er an der Leistungserbringung beteiligt.

Diese Vermutung ist unter folgenden kumulativen Voraussetzungen widerlegbar (Art. 9a VO (EU) 282/2011 idF VO (EU) Nr. 1042/2013):

- auf allen Rechnungen/Quittungen, die von an der Leistungserbringung beteiligten Unternehmern ausgestellt werden, muss die betroffene Dienstleistung und ihr Leistungserbringer (Anbieter) angegeben sein;
- der an der Leistungserbringung beteiligte Unternehmer

  - autorisiert oder genehmigt weder die Erbringung dieser Dienstleistung noch die Abrechnung mit dem Leistungsempfänger und
  - legt nicht die allgemeinen Bedingungen der Erbringung fest;
- dies kommt in den vertraglichen Vereinbarungen zwischen den Parteien zum Ausdruck.

(AÖF Nr. 2014/164, BMF-AV Nr. 2018/164, BMF-AV Nr. 2022/154)

3a.13.2. Telekommunikationsdienstleistungen

641o Zu von Kleinstunternehmern erbrachten Telekommunikationsdienstleistungen – Rechtslage ab 1.1.2019 – siehe Rz 3918.

Telekommunikationsdienstleistungen an Nichtunternehmer iSd § 3a Abs. 5 Z 3 UStG 1994 werden an dem Ort erbracht, an dem der Leistungsempfänger seinen Wohnsitz, Sitz oder gewöhnlichen Aufenthalt hat. Zur Vermutung bzw. Feststellung dieses Leistungsortes siehe Rz 641n.

Werden diese Leistungen an einen Unternehmer erbracht, so bestimmt sich der Leistungsort nach § 3a Abs. 6 UStG 1994 (zur Identifizierung als Unternehmer/Nichtunternehmer, siehe Rz 638y). Ungeachtet gegenteiliger Informationen kann der Unternehmer davon ausgehen, dass ein innerhalb der Gemeinschaft ansässiger Leistungsempfänger ein Nichtunternehmer ist, solange der Leistungsempfänger ihm seine UID nicht mitgeteilt hat (Art. 18 Abs. 2 VO (EU) Nr. 282/2011 idF VO (EU) Nr. 1042/2013).

Im Zusammenhang mit Drittländern ist die Verordnung des BM für Finanzen, BGBl. II Nr. 383/2003 hinsichtlich der Verlagerung des Leistungsortes zu beachten. Siehe dazu Rz 643.

Telekommunikationsdienstleistungen sind Dienstleistungen, mit denen Übertragung, Ausstrahlung oder Empfang von Signalen, Schrift, Bild und Ton oder Informationen jeglicher Art über Draht, Funk, optische oder sonstige elektromagnetische Medien gewährleistet werden; dazu gehören auch die Abtretung und Einräumung von Nutzungsrechten an Einrichtungen zur Übertragung, Ausstrahlung oder zum Empfang.

Telekommunikationsdienstleistungen umfassen insbesondere (siehe Art. 6a VO (EU) Nr. 282/2011 idF VO (EU) Nr. 1042/2013)

- Festnetz- und Mobiltelefondienste zur wechselseitigen Ton-, Daten- und Videoübertragung einschließlich Telefondienstleistungen mit bildgebender Komponente (Videofonie),
- über das Internet erbrachte Telefondienste einschließlich VoIP-Diensten (Voice over Internet Protocol),
- Sprachspeicherungen (Voicemail), Anklopfen, Rufumleitung, Anrufkennung, Dreiweganruf und andere Anrufverwaltungsdienste
- Personenrufdienste (Paging-Dienste),
- Audiotextdienste,
- Fax, Telegrafie und Fernschreiben,
- den Zugang zum Internet einschließlich des World Wide Web,
- private Netzanschlüsse für Telekommunikationsverbindungen zur ausschließlichen Nutzung durch den Dienstleistungsempfänger.

Telekommunikationsdienstleistungen umfassen nicht

- elektronisch erbrachte sonstige Leistungen,
- Rundfunk- und Fernsehdienstleistungen.

(AÖF Nr. 2014/164, BMF-AV Nr. 2018/164, BMF-AV Nr. 2022/154)

3a.13.3. Rundfunk- und Fernsehdienstleistungen

641p Zu von Kleinstunternehmern erbrachten Rundfunk- und Fernsehdienstleistungen – Rechtslage ab 1.1.2019 – siehe Rz 3918.

Rundfunk- und Fernsehdienstleistungen an Nichtunternehmer iSd § 3a Abs. 5 Z 3 UStG 1994 werden an dem Ort erbracht, an dem der Leistungsempfänger seinen Wohnsitz, Sitz oder gewöhnlichen Aufenthalt hat. Zur Vermutung bzw. Feststellung dieses Leistungsortes siehe Rz 641n.

Werden diese Leistungen an einen Unternehmer erbracht, so bestimmt sich der Leistungsort nach § 3a Abs. 6 UStG 1994 (zur Identifizierung als Unternehmer/Nichtunternehmer siehe Rz 638y). Ungeachtet gegenteiliger Informationen kann der Unternehmer davon ausgehen, dass ein innerhalb der Gemeinschaft ansässiger Leistungsempfänger ein Nichtunternehmer ist, solange der Leistungsempfänger ihm seine UID nicht mitgeteilt hat (Art. 18 Abs. 2 VO (EU) Nr. 282/2011 idF VO (EU) Nr. 1042/2013).

Im Zusammenhang mit Drittländern ist die Verordnung des BM für Finanzen, BGBl. II Nr. 383/2003 hinsichtlich der Verlagerung des Leistungsortes zu beachten. Siehe dazu Rz 643.

Rundfunk- und Fernsehdienstleistungen umfassen Dienstleistungen in Form von Audio- und audiovisuellen Inhalten wie Rundfunk- oder Fernsehsendungen, die auf der Grundlage eines Sendeplans über Kommunikationsnetze durch einen Mediendiensteanbieter unter dessen redaktioneller Verantwortung der Öffentlichkeit zum zeitgleichen Anhören oder Ansehen zur Verfügung gestellt werden (siehe Art. 6b VO (EU) Nr. 282/2011 idF VO (EU) Nr. 1042/2013).

Darunter fallen insbesondere:

- Rundfunk- oder Fernsehsendungen, die über einen Rundfunk- oder Fernsehsender verbreitet oder weiterverbreitet werden,
- Rundfunk- oder Fernsehsendungen, die über das Internet oder ein ähnliches elektronisches Netzwerk (IP-Streaming) verbreitet werden, wenn sie zeitgleich zu ihrer Verbreitung oder Weiterverbreitung durch einen Rundfunk- oder Fernsehsender übertragen werden.

Rundfunk- und Fernsehdienstleistungen umfassen nicht:

- Telekommunikationsdienstleistungen,
- elektronisch erbrachte sonstige Leistungen,
- die Bereitstellung von Informationen über bestimmte auf Abruf erhältliche Programme,
- die Übertragung von Sende- oder Verbreitungsrechten,
- das Leasing von Geräten und technischer Ausrüstung zum Empfang von Rundfunkdienstleistungen,
- Rundfunk- oder Fernsehsendungen, die über das Internet oder ein ähnliches elektronisches Netz (IP-Streaming) verbreitet werden, es sei denn, sie werden zeitgleich zu ihrer Verbreitung oder Weiterverbreitung durch herkömmliche Rundfunk- oder Fernsehsender übertragen.

(AÖF Nr. 2014/164, BMF-AV Nr. 2018/164, BMF-AV Nr. 2022/154)

3a.14. Katalogleistungen

Leistungsort bei Katalogleistungen 641q

Ist der Leistungsempfänger einer solchen Leistung ein Nichtunternehmer iSd § 3a Abs. 5 Z 3 UStG 1994 mit Wohnsitz, Sitz oder gewöhnlichem Aufenthalt im Drittland, bestimmt sich der Leistungsort ab 1.1.2015 nach § 3a Abs. 14 UStG 1994 (bis 31.12.2014 nach § 3a Abs. 13 lit. a UStG 1994). In anderen Fällen gelten die Generalklauseln nach § 3a Abs. 6 bzw. Abs. 7 UStG 1994.

Im Zusammenhang mit Drittländern sind in bestimmten Fällen die dazu ergangenen Verordnungen zu beachten. Siehe dazu Rz 642z bis Rz 643b.

(AÖF Nr. 2014/164)

3a.14.1. Urheberrechtliche Vorschriften

Sonstige Leistungen im Sinne von § 3a Abs. 14 Z 1 UStG 1994 ergeben sich ua. auf Grund folgender Gesetze: 641r

- Urheberrechtsgesetz, BGBl. Nr. 111/1936,
- Verwertungsgesellschaftengesetz 2006, BGBl. I Nr. 9/2006,
- Patentgesetz 1970, BGBl. Nr. 259/1970,
- Markenschutzgesetz 1970, BGBl. Nr. 260/1970,
- Musterschutzgesetz 1990, BGBl. Nr. 497/1990.

Hinsichtlich der Leistungen auf dem Gebiet des Urheberrechts vgl. Rz 640r. Die Überlassung von Fernsehübertragungsrechten ist ebenfalls nach § 3a Abs. 14 Z 1 UStG 1994 zu beurteilen.

Hinsichtlich Treibhausgasemissionszertifikate siehe Rz 345.

(AÖF Nr. 2014/164)

3a.14.2. Werbung und Öffentlichkeitsarbeit

Unter dem Begriff „Leistungen, die der Werbung dienen“, sind die Leistungen zu verstehen, die bei den Werbeadressaten den Entschluss zum Erwerb von Gegenständen oder zur Inanspruchnahme von sonstigen Leistungen auslösen sollen (vgl. BFH 24.09.1987, BStBl II 1988, 303). Dazu gehören auch die von einer Werbeagentur im Rahmen von Veranstaltungen (zB Unterhaltungsveranstaltungen, Cocktails, Pressekonferenzen, Seminaren 641s usw.) erbrachten Leistungen, wenn diese entweder selbst eine Werbemitteilung enthalten oder aber mit der Übermittlung einer solchen unlösbar verbunden sind (EuGH 17.11.1993, Rs C-68/92). Unter den Begriff fallen auch die Leistungen, die bei den Werbeadressaten ein bestimmtes außerwirtschaftliches, zB politisches, soziales, religiöses Verhalten herbeiführen sollen. Es ist nicht erforderlich, dass die Leistungen üblicherweise und ausschließlich der Werbung dienen.

Zu den Leistungen, die der Werbung dienen, gehören insbesondere:

- die Werbeberatung. Hierbei handelt es sich um die Unterrichtung über die Möglichkeiten der Werbung;
- die Werbevorbereitung und die Werbeplanung. Bei ihr handelt es sich um die Erforschung und Planung der Grundlagen für einen Werbeeinsatz, zB die Markterkundung, die Verbraucheranalyse, die Erforschung von Konsumgewohnheiten, die Entwicklung einer Marktstrategie und die Entwicklung von Werbekonzeptionen;
- die Werbegestaltung. Hiezu zählen die grafische Arbeit, die Abfassung von Werbetexten und die vorbereitenden Arbeiten für die Film-, Funk- und Fernsehproduktion;
- die Werbemittelherstellung. Hiezu gehört die Herstellung oder Beschaffung der Unterlagen, die für die Werbung notwendig sind, zB Reinzeichnungen und Tiefdruckvorlagen für Anzeigen, Prospekte, Plakate usw., Druckstöcke, Bild- und Tonträger, einschließlich der Überwachung der Herstellungsvorgänge;
- die Werbemittlung. Der Begriff umfasst die Auftragsabwicklung in dem Bereich, in dem die Werbeeinsätze erfolgen sollen, zB die Erteilung von Anzeigenaufträgen an die Verleger von Zeitungen, Zeitschriften, Fachblättern und Adressbüchern sowie die Erteilung von Werbeaufträgen an Funk- und Fernsehanstalten und an sonstige Unternehmer, die Werbung durchführen;
- die Durchführung von Werbung. Hiezu gehören insbesondere die Aufnahme von Werbeanzeigen in Zeitungen, Zeitschriften, Fachblättern, auf Bild- und Tonträgern und in Adressbüchern, die sonstige Adresswerbung, zB Zusatzeintragungen oder hervorgehobene Eintragungen, die Beiheftung, Beifügung oder Verteilung von Prospekten oder sonstige Formen der Direktwerbung, das Anbringen von Werbeplakaten und Werbetexten an Anschlagstellen, Verkehrsmitteln usw., das Abspielen von Werbefilmen in Filmtheatern oder die Ausstrahlung von Werbesendungen im Fernsehen oder Rundfunk.

(AÖF Nr. 2014/164)

641t Zeitungsanzeigen von Unternehmern, die Stellenangebote enthalten, ausgenommen Chiffreanzeigen, und so genannte Finanzanzeigen, zB Veröffentlichung von Bilanzen, Emissionen, Börsenzulassungsprospekten usw., sind Werbeleistungen. Zeitungsanzeigen von Nichtunternehmern, zB Stellengesuche, Stellenangebote von Körperschaften des öffentlichen Rechts, Familienanzeigen, Kleinanzeigen, sind dagegen als nicht der Werbung dienend anzusehen.

Unter Leistungen, die der Öffentlichkeitsarbeit dienen, sind die Leistungen zu verstehen, durch die Verständnis, Wohlwollen und Vertrauen erreicht oder erhalten werden sollen. Es handelt sich hierbei in der Regel um die Unterrichtung der Öffentlichkeit über die Zielsetzungen, Leistungen und die soziale Aufgeschlossenheit staatlicher oder privater Stellen. Die obigen Ausführungen gelten entsprechend.

Werbungsmittler ist, wer Unternehmern, die Werbung für andere durchführen, Werbeaufträge für andere im eigenen Namen und für eigene Rechnung erteilt. Eine Werbeagentur ist ein Unternehmer, der neben der Tätigkeit eines Werbungsmittlers weitere Leistungen, die der Werbung dienen, ausführt. Bei den weiteren Leistungen handelt es sich insbesondere um Werbeberatung, Werbeplanung, Werbegestaltung, Beschaffung von Werbemitteln und Überwachung der Werbemittelherstellung.

(AÖF Nr. 2014/164)

3a.14.3. Leistungen bestimmter freier Berufe und Beratungsleistungen

641u Die Vorschrift des § 3a Abs. 14 Z 3 und 4 UStG 1994 ist bei sonstigen Leistungen anzuwenden, wenn sie Hauptleistungen sind. Sie findet keine Anwendung, wenn die Beratung nach den allgemeinen Grundsätzen des Umsatzsteuerrechts nur als unselbständige Nebenleistung, zB zu einer Werklieferung, zu beurteilen ist.

641v Bei Rechtsanwälten, Patentanwälten und Wirtschaftstreuhändern fallen die berufstypischen Leistungen unter die Vorschrift. Zur Beratungstätigkeit gehören daher zB bei einem Rechtsanwalt die Prozessführung, bei einem Wirtschaftsprüfer auch die im Rahmen von Abschlussprüfungen erbrachten Leistungen.

Die Vorschrift des § 3a Abs. 14 Z 4 UStG 1994 erfasst auch die selbständigen Beratungsleistungen der Notare, soweit diese nicht im Zusammenhang mit einer Beurkundung (§ 76 Abs. 1 Notariatsordnung) stehen. Das sind insbesondere die im § 5 der Notariatsordnung angeführten Tätigkeiten wie die Verfassung von Privaturkunden, die Beratung der Beteiligten und die Parteienvertretung im Außerstreit-, zum Teil auch im Streit-, im Exekutions- sowie im Verwaltungsverfahren. **641w**

Unter die Vorschrift des § 3a Abs. 14 Z 3 und 4 UStG 1994 fallen ferner die Beratungsleistungen von Sachverständigen. Hiezu gehören zB die Anfertigung von rechtlichen, wirtschaftlichen und technischen Gutachten, soweit letztere nicht im Zusammenhang mit einem Grundstück (§ 3a Abs. 9 UStG 1994) oder mit beweglichen Gegenständen (§ 3a Abs. 11 lit. c UStG 1994) stehen, sowie die Aufstellung von Finanzierungsplänen, die Auswahl von Herstellungsverfahren und die Prüfung ihrer Wirtschaftlichkeit. Ebenso sind Leistungen von Handelschemikern, die ausländische Auftraggeber neben der chemischen Analyse von Warenproben insbesondere in Kennzeichnungsfragen beraten, als Beratungsleistungen im Sinne des § 3a Abs. 14 Z 4 UStG 1994 zu beurteilen. Weiters ist die Investitions- und Anlageberatung für eine Investmentgesellschaft als Beratungsleistung im Sinne des § 3a Abs. 14 Z 4 UStG 1994 zu beurteilen. **641x**

Ingenieurleistungen sind alle sonstigen Leistungen, die zum Berufsbild eines Ingenieurs gehören, also nicht nur beratende Tätigkeiten. Es ist nicht erforderlich, dass der leistende Unternehmer zB Architekt ist. Nicht dazu gehören Ingenieurleistungen im Zusammenhang mit einem Grundstück (§ 3a Abs. 9 UStG 1994). **641y**

3a.14.4.

Randzahl 641z: *derzeit frei.*

(AÖF Nr. 2014/164)

3a.14.5. Datenverarbeitung

Datenverarbeitung im Sinne von § 3a Abs. 14 Z 5 UStG 1994 ist die Auswertung von Eingabedaten auf Datenverarbeitungsanlagen mit anschließender Übermittlung der Ergebnisse an den Auftraggeber. **642a**

3a.14.6. Überlassung von Informationen

§ 3a Abs. 14 Z 6 UStG 1994 behandelt die Überlassung von Informationen einschließlich gewerblicher Verfahren und Erfahrungen, soweit diese sonstigen Leistungen nicht bereits unter § 3a Abs. 14 Z 1, 4 und 5 UStG 1994 fallen. Gewerbliche Verfahren und Erfahrungen können im Rahmen der laufenden Produktion oder der laufenden Handelsgeschäfte gesammelt werden und daher bei einer Auftragserteilung bereits vorliegen, zB Überlassung von Betriebsvorschriften, Unterrichtung über Fabrikationsverbesserungen, Unterweisung von Arbeitern des Auftraggebers im Betrieb des Unternehmers. Gewerbliche Verfahren und Erfahrungen können auch auf Grund besonderer Auftragsforschung gewonnen werden, zB Analysen für chemische Produkte, Methoden der Stahlgewinnung, Formeln für die Automation. Es ist ohne Belang, in welcher Weise die Verfahren und Erfahrungen übermittelt werden, zB durch Vortrag, Zeichnungen, Gutachten oder durch Übergabe von Mustern oder Prototypen. Unter die Vorschrift fällt die Überlassung aller Erkenntnisse, die ihrer Art nach geeignet sind, technische oder wirtschaftliche Verwendung zu finden. Dies gilt zB auch für die Überlassung von Know-how und nicht standardisierter Software, wenn sie mittels körperlichen Datenträgern überlassen wird (im Falle der Überlassung von Software auf elektronischem Weg siehe Rz 641n; zum Begriff Standard-Software vgl. die nachstehenden Ausführungen), für die Übertragung von Ergebnissen einer Meinungsumfrage auf dem Gebiet der Marktforschung (BFH 22.11.1973, BStBl II 1974, 259) und für die Überlassung von Informationen durch Journalisten oder Pressedienste, soweit es sich nicht um die Überlassung urheberrechtlich geschützter Rechte handelt. Bei den sonstigen Leistungen der Erbenermittler, Detektive und Partnerwahlinstitute (VwGH 22.04.2004, 2001/15/0104) handelt es sich um Überlassung von Informationen im Sinne des § 3a Abs. 14 Z 6 UStG 1994. **642b**

(AÖF Nr. 2014/164, BMF-AV Nr. 2022/154)

Beim Verkauf von Standard-Software mittels körperlichen Datenträgern liegt eine Lieferung vor (im Falle der Übertragung auf elektronischem Weg siehe Rz 641n). Standard-Software sind serienmäßige hergestellte Gegenstände in Standardform, die von jedem beliebigen Käufer erworben und verwendet werden können. Hiezu gehören zB Software für Heimcomputer, Computerspiele und Standardpakete. Bei der Überlassung nicht standardisierter Software, die speziell nach den Anforderungen des Anwenders erstellt wird **642c** oder die eine vorhandene Software den Bedürfnissen des Anwenders individuell anpasst, liegt eine sonstige Leistung vor.

(BMF-AV Nr. 2022/154)

3a.14.7. Finanzumsätze

642d Der Verweis auf § 6 Abs. 1 Z 8 lit. a bis i und Z 9 lit. c UStG 1994 erfasst auch die dort als nicht steuerfrei bezeichneten Leistungen.

Umsätze im Zusammenhang mit Portfoliomanagement gelten als Finanzumsätze iSd § 3a Abs. 14 Z 7 UStG 1994 (vgl. EuGH 19.07.2012, Rs C-44/11, *Deutsche Bank AG*). Zur Nichtanwendbarkeit der Steuerbefreiung siehe Rz 767 ff.

Zur Verwaltung von Sondervermögen siehe Rz 772a.

(AÖF Nr. 2014/7)

3a.14.8. Gestellung von Personal

642e Die Gestellung von Personal umfasst auch die Gestellung von selbständigem, nicht beim leistenden Unternehmer beschäftigtem Personal (EuGH 26.01.2012, Rs C-218/10, *ADV Allround*).

Die Verordnung des BM für Finanzen über die Verlagerung des Ortes der sonstigen Leistung bei der Gestellung von Personal, BGBl. II Nr. 218/1998, ist zu beachten.

Der Ort der sonstigen Leistung bei der Gestellung von Personal wird vom Inland in das Drittlandsgebiet verlagert, wenn das gestellte Personal im Drittland eingesetzt wird.

3a.14.9. Verzichtsleistungen betreffend Rechte

Randzahl 642f: *derzeit frei.*

(AÖF Nr. 2014/164)

3a.14.10. Verzicht auf Ausübung einer gewerblichen oder beruflichen Tätigkeit

Randzahl 642g: *derzeit frei.*

(AÖF Nr. 2014/164)

3a.14.11. Vermietung beweglicher körperlicher Gegenstände, ausgenommen Beförderungsmittel

642h Die Verordnung des BM für Finanzen, BGBl. II Nr. 173/2010, hinsichtlich der Verlagerung des Ortes der sonstigen Leistung bei bestimmten Umsätzen ist zu beachten.

Randzahlen 642i bis 642q: *derzeit frei.*

3a.14.12. Gewährung des Zugangs zu Erdgas- und Elektrizitätsnetzen, Wärme- oder Kältenetzen (§ 3a Abs. 14 Z 12 UStG 1994 idF BGBl. I Nr. 40/2014)

(BMF-AV Nr. 2022/154)

642r Zu diesen Leistungen gehören die Gewährung des Zugangs zu Erdgas- und Elektrizitätsnetzen, die Fernleitung, die Übertragung oder die Verteilung über diese Netze sowie andere mit diesen Leistungen unmittelbar zusammenhängende Leistungen in Bezug auf Gas für alle Druckstufen und in Bezug auf Elektrizität für alle Spannungsstufen.

Ab 1.1.2011 fallen auch Dienstleistungen gleicher Art im Zusammenhang mit einem Fernleitungsnetz oder einem vorgelagerten Gasleitungsnetz darunter. Weiters sind ab 1.1.2011 auch alle Dienstleistungen, die mit der Gewährung des Zugangs zu Wärme- oder Kältenetzen verbunden sind, umfasst.

642s Zu den mit der Gewährung des Zugangs zu Erdgasnetzen und der Fernleitung, der Übertragung oder der Verteilung über diese Netze unmittelbar zusammenhängenden Umsätzen gehören insbesondere

- die Gewährung des Zugangs zu Erdgasspeichern sowie die Zwischenspeicherung von Gas in solchen Speichern,
- das Vorhalten von Speicher- und Transportkapazitäten für Erdgas im eigenen Netz, auch wenn diese tatsächlich nicht in Anspruch genommen werden,
- die Verpachtung von Leitungssegmenten und das Transportmanagement in fremden Netzen,
- Überwachung des Transports von Gas,
- die Bereitstellung von Arbeitsgasvolumen im Erdgasspeichersystem einschließlich der damit einhergehenden Einspeise- und Ausspeiseleistung,

- technische Dienstleistungen, wie Ausgleich von Mengen- und Druckschwankungen,
- Verdichterleistung, Gastrocknung, Überlassung bzw. Wartung von Mess-, Druck-, Druckregel- und Datenübertragungsanlagen und Gasbeschaffenheitsanalysen,
- Steuern von Gasflüssen (Dispatching) in eigenen und fremden Gasnetzen,
- sonstige Serviceleistungen wie Überwachung, Revision und Wartung fremder Netze oder Pipelines, Netzoptimierung, Notrufbereitschaften.

Zu den mit der Gewährung des Zugangs zu Elektrizitätsnetzen und der Fernleitung, der Übertragung oder der Verteilung über diese Netze unmittelbar zusammenhängenden Umsätzen gehören insbesondere **642t**

- der Anschluss an das Elektrizitätsnetz sowie die Netznutzung,
- die Netzführung sowie die Schaffung der Voraussetzungen für die Messung,
- die Spannungs- und Frequenzhaltung,
- der Wiederaufbau der Versorgung nach Störungseintritt oder Störungsabgrenzung,
- das Vorhalten von Übertragungskapazitäten, auch wenn diese tatsächlich nicht in Anspruch genommen werden,
- Überwachung des Transports von Strom,
- sonstige Serviceleistungen wie Überwachung, Revision und Wartung fremder Netze, Netzoptimierung, Notrufbereitschaften.

Der Ort der Vermittlung von unter § 3a Abs. 14 Z 12 UStG 1994 idF BGBl. I Nr. 40/2014 bzw. § 3a Abs. 14 Z 15 UStG 1994 idF BGBl. I Nr. 112/2012 fallenden Leistungen bestimmt sich nach § 3a Abs. 6 UStG 1994, wenn der Leistungsempfänger ein Unternehmer iSd § 3a Abs. 5 Z 1 und Z 2 UStG 1994 ist, bzw. nach § 3a Abs. 8 UStG 1994, wenn der Leistungsempfänger ein Nichtunternehmer iSd § 3a Abs. 5 Z 3 UStG 1994 ist. **642u**

(AÖF Nr. 2014/164)

3a.15. Sonderfälle des Ortes der sonstigen Leistungen

Die Sonderregelung des § 3a Abs. 15 UStG 1994 betrifft sonstige Leistungen, deren Leistungsort im Drittland läge und die im Inland genutzt oder ausgewertet werden. **642v**

(AÖF Nr. 2014/164)

Ab 1.1.2016 kommt es nicht mehr zur Verlagerung des Leistungsortes ins Inland. **642w**

Zur Rechtslage vor dem 1.1.2016: § 3a Abs. 15 Z 1 UStG 1994 erfasst Umsätze aus der Vermietung von Beförderungsmitteln durch Drittlandsunternehmer, wenn die Leistung im Inland genutzt oder ausgewertet wird. Dabei ist es gleichgültig, ob die Leistung einem Unternehmer oder Nichtunternehmer gegenüber erbracht wird. Das gilt sinngemäß, wenn die Leistung von einer im Drittlandsgebiet gelegenen Betriebsstätte des Unternehmers ausgeführt wird.

Beispiel:

Der amerikanische Private P least bei einem Schweizer Autovermieter einen Pkw für 3 Monate und nutzt den Pkw im Inland. Der Leistungsort bestimmt sich bei der langfristigen Vermietung von Beförderungsmitteln an Nichtunternehmer iSd § 3a Abs. 5 Z 3 UStG 1994 nach § 3a Abs. 12 Z 2 UStG 1994. Da der leistende Unternehmer sein Unternehmen vom Drittlandsgebiet aus betreibt und der Pkw im Inland genutzt wird, ist die Leistung jedoch nach § 3a Abs. 15 Z 1 UStG 1994 als im Inland ausgeführt zu behandeln.

Bei der Vermietung eines Beförderungsmittels hat § 3a Abs. 15 Z 1 UStG 1994 Vorrang gegenüber § 3a Abs. 12 UStG 1994 und § 3a Abs. 6 UStG 1994.

(AÖF Nr. 2014/7, BMF-AV Nr. 2015/170)

Die Regelung im § 3a Abs. 15 UStG 1994 erstreckt sich nur auf sonstige Leistungen iSd § 3a Abs. 14 UStG 1994 (bis 31.12.2014: § 3a Abs. 14 Z 1 bis 13 und Z 15 UStG 1994) an juristische Personen des öffentlichen Rechts, soweit diese Nichtunternehmer iSd § 3a Abs. 5 Z 3 UStG 1994 sind. Auch in diesem Fall kann es zum Übergang der Steuerschuld kommen (vgl. § 19 Abs. 1 zweiter Satz UStG 1994). **642x**

Beispiel:

Eine österreichische Gemeinde, die nichtunternehmerisch tätig ist und über keine UID verfügt, platziert im Wege der Öffentlichkeitsarbeit eine Fremdenverkehrsanzeige über einen Werbungsmittler mit Sitz in der Schweiz in einer österreichischen Zeitung.

Die Werbeleistung der österreichischen Zeitung an den Schweizer Werbungsmittler ist nach § 3a Abs. 6 UStG 1994 nicht in Österreich steuerbar. Die Leistung des Schweizer Werbungsmittlers an die Gemeinde unterliegt nach § 3a Abs. 15 UStG 1994 der öster-

reichischen Umsatzsteuer. Die österreichische Gemeinde schuldet die Steuer unter den Voraussetzungen des § 19 Abs. 1 zweiter Satz UStG 1994.

Sonstige Leistungen, die der Werbung oder der Öffentlichkeitsarbeit dienen (vgl. Rz 641s und Rz 641t), werden dort genutzt oder ausgewertet, wo die Werbung oder Öffentlichkeitsarbeit wahrgenommen werden soll. Wird eine sonstige Leistung sowohl im Inland als auch im Ausland genutzt oder ausgewertet, ist darauf abzustellen, wo die Leistung überwiegend genutzt oder ausgewertet wird.

(AÖF Nr. 2014/164, BMF-AV Nr. 2015/170)

3a.16. Verordnungsermächtigung

3a.16.1. Verlagerung des Ortes der sonstigen Leistung bei der Vermietung von Beförderungsmitteln

642y Nach der Verordnung des BM für Finanzen, BGBl. Nr. 5/1996 über die Verlagerung des Ortes der sonstigen Leistung bei der Vermietung von Beförderungsmitteln, bestimmt sich der Ort der sonstigen Leistung bei der Vermietung von Beförderungsmitteln unter folgenden Voraussetzungen danach, wo das Beförderungsmittel genutzt wird:

- Die Nutzung muss im Drittlandsgebiet erfolgen.
- Bei KFZ und Anhängern muss die kraftfahrrechtliche Zulassung im Drittlandsgebiet erfolgen (Kennzeichen eines Staates aus dem Drittlandsgebiet erforderlich).
- Handelt es sich bei dem Beförderungsmittel zunächst um eine Gemeinschaftsware, muss eine mit der zollrechtlichen Ausgangsbescheinigung versehene Ausfuhranmeldung vorliegen.

Bei der Vermietung von Eisenbahngüterwagen (einschließlich Eisenbahnkesselwagen) an Unternehmer in Staaten außerhalb der EU bestimmt sich der Ort der Leistung danach, wo die Eisenbahngüterwagen zum wesentlichen Teil genutzt werden, wenn diese Nutzung außerhalb des Gebiets der EU erfolgt.

(AÖF Nr. 2014/164)

3a.16.2. Verlagerung des Ortes der sonstigen Leistung bei der Gestellung von Personal

642z Bei der Gestellung von Personal wird nach der VO des BM für Finanzen, BGBl. II Nr. 218/1998 der Ort der sonstigen Leistung vom Inland in das Drittlandsgebiet verlagert, wenn das gestellte Personal im Drittland eingesetzt wird.

(AÖF Nr. 2014/164)

3a.16.3. Verlagerung des Ortes der sonstigen Leistung bei Telekommunikations-, Rundfunk- und Fernsehdienstleistungen

643 Liegt der Ort der Telekommunikationsdienstleistung, Rundfunk- oder Fernsehdienstleistung außerhalb des Gemeinschaftsgebietes, so wird sie nach der VO des BM für Finanzen, BGBl. II Nr. 383/2003 idgF im Inland ausgeführt, wenn sie dort genutzt oder ausgewertet wird, wenn dadurch eine Nichtbesteuerung in der Union vermieden wird, ohne dass es hierbei darauf ankommt, welcher steuerlichen Behandlung diese Leistungen nach dem nationalen Steuerrecht des Drittlands unterliegen (vgl. EuGH 15.4.2021, Rs C-593/19, *SK Telecom Co. Ltd*). Das gilt unabhängig davon, ob die Leistung an einen Unternehmer iSd § 3a Abs. 5 Z 1 und 2 UStG 1994 oder an einen Nichtunternehmer iSd § 3a Abs. 5 Z 3 UStG 1994 erbracht wird. Bis 31.12.2021 war zusätzliche Voraussetzung, dass die Leistung außerhalb des Gemeinschaftsgebietes keiner der inländischen Umsatzsteuerbelastung vergleichbaren Steuerbelastung unterlag.

Roamingleistungen, die von einem in einem Drittland ansässigen Mobilfunkbetreiber an seine Kunden, die ebenfalls in diesem Drittland ansässig sind bzw. dort ihren Wohnsitz oder gewöhnlichen Aufenthalt haben, erbracht werden und die es diesen Kunden ermöglichen, das nationale Mobilfunknetz des Mitgliedstaats, in dem sie sich vorübergehend aufhalten, zu nutzen, sind als Dienstleistungen anzusehen, deren „tatsächliche Nutzung oder Auswertung" im Gebiet dieses Mitgliedstaats erfolgt (vgl. EuGH 15.4.2021, Rs C-593/19, *SK Telecom Co. Ltd*).

Beispiel:

Ein österreichischer Mobilfunkbetreiber schließt mit einem Mobilfunkbetreiber mit Sitz im Drittland einen Vertrag ab, wonach die beiden Vertragsparteien den jeweils berechtigten Kunden der anderen Vertragspartei die Möglichkeit geben, Telekommunikationsleistungen auf dem von ihnen betriebenen Netz zu erhalten (Roaming-Vertrag). Der Kunde des Drittlandsunternehmers telefoniert in Österreich.

Der Ort der Leistung des österreichischen Unternehmers beurteilt sich zunächst nach § 3a Abs. 6 UStG 1994 und liegt nach dieser Bestimmung im Drittland, da die Leistung einem Unternehmer gegenüber erbracht wird. Da diese Leistung jedoch in Österreich genutzt wird, verlagert sich der Ort der Leistung auf Grund der Verordnung des BM für Finanzen, BGBl. II Nr. 383/2003 nach Österreich.

Der Ort der Leistung des Drittlandsunternehmers richtet sich nach § 3a Abs. 6 bzw. Abs. 13 UStG 1994. Erbringt er seine Leistung gegenüber einem Unternehmer im Gemeinschaftsgebiet, liegt der Ort der Leistung im Gemeinschaftsgebiet. Hat der Unternehmer seinen Sitz in Österreich, liegt der Ort der Leistung in Österreich. In diesem Fall kann es zum Übergang der Steuerschuld kommen.

Wird die Leistung einem Unternehmer im Drittland oder einem Nichtunternehmer im Drittland gegenüber erbracht, liegt der Ort der Leistung gemäß § 3a Abs. 6 oder Abs. 13 UStG 1994 jeweils im Drittland. Da diese Leistung jedoch in Österreich genutzt wird, verlagert sich der Ort der Leistung auf Grund der Verordnung des BM für Finanzen, BGBl. II Nr. 383/2003 nach Österreich.

(AÖF Nr. 2014/164, BMF-AV Nr. 2021/166)

3a.16.4. Verlagerung des Ortes der sonstigen Leistung bei bestimmten Umsätzen

Nach § 1 der Verordnung des BM für Finanzen über die Verlagerung des Ortes der sonstigen Leistung bei bestimmten Umsätzen, BGBl. II Nr. 173/2010, verlagert sich ab 1.7.2010 der Leistungsort bei der Vermietung von körperlichen Gegenständen, ausgenommen von Beförderungsmitteln, vom Drittland ins Inland, wenn diese Gegenstände tatsächlich im Inland genutzt werden. **643a**

Beispiel:

Der russische Tourist R mietet für seinen zweiwöchigen Schiurlaub in Ischgl eine Schiausrüstung im österreichischen Sportfachgeschäft Ö.

Die Vermietung des Ö an R wäre nach § 3a Abs. 14 Z 11 UStG 1994 idF BGBl. I Nr. 40/2014 (bis 31.12.2014: § 3a Abs. 14 Z 11 iVm § 3a Abs. 13 lit. a UStG 1994) in Russland steuerbar. Da der „Verbrauch" dieser Leistung in Österreich stattfindet, verlagert sich der Leistungsort nach § 1 der VO, BGBl. II Nr. 173/2010, nach Österreich, sodass Ö österreichische Umsatzsteuer in Rechnung zu stellen hat.

(AÖF Nr. 2014/164)

Nach § 2 Abs. 1 der Verordnung des BM für Finanzen über die Verlagerung des Ortes der sonstigen Leistung bei bestimmten Umsätzen, BGBl. II Nr. 173/2010, verlagert sich ab 1.7.2010 ein im Drittland gelegener Leistungsort bei Sportwetten und Ausspielungen gemäß § 2 GSpG ins Inland, wenn die tatsächliche Nutzung oder Auswertung dieser Leistung im Inland erfolgt. Gleiches gilt gemäß § 2 Abs. 2 der Verordnung für die Vermittlung (iSd GSpG) solcher Umsätze an im Drittland ansässige Unternehmer. **643b**

Beispiel:

Der in Österreich ansässige Unternehmer Ö vermittelt für den im Drittland ansässigen Unternehmer D den Abschluss von Glücksverträgen (zB Klassenlotterie) mit österreichischen Privaten. Die Vermittlungsleistung wäre nach § 3a Abs. 6 UStG 1994 im Drittland steuerbar, verlagert sich jedoch gemäß § 2 der VO, BGBl. II Nr. 173/2010, ins Inland, da hier der Vermittler dem Privaten die Möglichkeit einräumt, am Glücksspiel teilzunehmen.

(BMF-AV Nr. 2017/171)

4. Bemessungsgrundlage (§ 4 UStG 1994)

4.1. Entgelt

644 Bei Lieferungen und sonstigen Leistungen ist Bemessungsgrundlage das Entgelt. Die Umsatzsteuer selbst gehört nicht zum Entgelt, jedoch andere Abgaben, zB Verbrauchs-, Energie- und Vergnügungssteuern, Werbeabgabe sowie der Altlastenbeitrag.

Nicht zum Entgelt zählen Zuwendungen, die ohne Zusammenhang mit einem Leistungsaustausch gegeben werden und daher kein Leistungsentgelt darstellen, wie zB Schenkungen, Erbschaften, Spenden, Subventionen, Lotterie- und Spielgewinne, echte Mitgliedsbeiträge, Schadenersatzleistungen, Vertragsstrafen, durchlaufende Posten.

Die Normverbrauchsabgabe ist nicht Teil der Bemessungsgrundlage (EuGH 22.12.2010, Rs C-433/09, *Kommission/Österreich*; siehe auch BMF-010219/0001-VI/4/2011 vom 10.01.2011, BMF-010220/0023-IV/9/2011 vom 03.02.2011 und BMF-010220/0041-IV/9/2011 vom 21.03.2011).

Das Entgelt ist nicht um Aufwendungen des Unternehmers zu kürzen. Die Bemessungsgrundlage bildet vielmehr das ungekürzte Entgelt, weshalb auch weiterverrechnete Aufwendungen wie Porti, Grundsteuer oder Personalaufwand grundsätzlich nicht aus der Bemessungsgrundlage auszuscheiden sind, mag das Entgelt auch nur aus weiterverrechneten Auslagen bestehen (VwGH 24.02.2011, 2007/15/0129 zu den Leistungen einer Wohnungseigentumsgemeinschaft).

(AÖF Nr. 2014/164, BMF-AV Nr. 2021/166)

645 Erscheint es zweifelhaft, ob eine Zuwendung als Leistungsentgelt oder als eine echte Subvention anzusehen ist, muss geprüft werden, ob die Zuwendung auch ohne eine Gegenleistung des Zuwendungsempfängers gegeben worden wäre (vgl. Rz 22 bis 32). Beim Kautionsleasing führt eine erhöhte erste Leasingrate sowie die Vereinbarung degressiver Leasingraten nicht dazu, dass damit verbundene Zinseffekte dem Entgelt für Zwecke der USt zugeschlagen werden. Das Einkalkulieren von Zinseffekten aus der Leistung von Kautionszahlungen sollte daher solange keinen Einfluss auf die Ermittlung des umsatzsteuerlichen Entgelts haben, als sich die Kautionszahlungen im branchenüblichen Rahmen halten.

646 Hat der Unternehmer keine Rechnungen ausgestellt und den verschleierten Umsatz auch in keiner Steuererklärung angegeben, ist bei der Ermittlung der Bemessungsgrundlage davon auszugehen, dass die gezahlten und erhaltenen Beträge die Umsatzsteuer enthalten (vgl. EuGH 1.7.2021, Rs C-521/19, *CB*).

(BMF-AV Nr. 2022/154)

Randzahlen 647 bis 650: *derzeit frei.*

4.2. Zusätzliche Entgelte

4.2.1. Freiwillige Aufwendungen

651 Zum Entgelt gehört auch, was der Leistungsempfänger freiwillig aufwendet, wie Spenden für Ehrenkarten oder Zahlungen an den Unternehmer über das bedungene Entgelt hinaus wegen besonders zufrieden stellender Leistung (zB Trinkgelder).

Das tatsächlich Aufgewendete ist auch dann Bemessungsgrundlage, wenn es dem objektiven Wert der bewirkten Leistung nicht entspricht, insbesondere im Vergleich dazu unangemessen hoch oder niedrig ist. Es ist ohne Belang, ob es sich um rechtlich zulässiges oder verbotenes, verpöntes oder strafbares Verhalten handelt (vgl. VwGH 18.10.2018, Ra 2017/15/0085).

Doppel- oder Überzahlungen sind als Teil des Entgelts anzusehen, wenn bei derartigen Zahlungen der unmittelbare Zusammenhang zwischen Entgeltzahlung und Leistung gegeben ist, weil der Kunde (wenn auch irrtümlich) seine vermeintliche Kaufpreisschuld tilgen will und die Doppel- oder Überzahlung im Zusammenhang mit einem tatsächlichen Leistungsaustausch steht (vgl. VwGH 24.10.2019, Ro 2018/15/0013). Eine nachträgliche Doppel- oder Überzahlung führt somit zu einer Erhöhung der Bemessungsgrundlage iSd § 16 UStG 1994.

Wird eine Doppel- oder Überzahlung an den Leistungsempfänger rückerstattet, ist sie nicht mehr Teil des Entgelts; es kommt zu einer nachträglichen Minderung der Bemessungsgrundlage iSd § 16 UStG 1994.

(BMF-AV Nr. 2019/165, BMF-AV Nr. 2020/192)

4.2.2. Entgelt von dritter Seite

652 Zum Entgelt gehört grundsätzlich auch, was ein anderer als der Leistungsempfänger dem Unternehmer für die Lieferung oder sonstige Leistung gewährt. Dabei muss ein unmittelbarer wirtschaftlicher Zusammenhang mit dem Leistungsaustausch, der zwischen dem

Leistenden und dem Leistungsempfänger stattfindet, gegeben sein. In aller Regel besteht der Zweck derartiger Zuschüsse darin, das Entgelt auf eine nach Kalkulationsgrundsätzen erforderliche Höhe zu bringen (Preisauffüllung). Siehe Rz 25.

In den Fällen der Hingabe eines vom Hersteller ausgestellten Preisnachlassgutscheines an Zahlungs Statt ist der Nennwert des Gutscheines Teil der Gegenleistung für die Lieferung des Einzelhändlers an den Endverbraucher, wenn der Hersteller dem Einzelhändler den auf diesem Gutschein angegebenen Betrag erstattet (wirkt wie ein Entgelt von dritter Seite durch den Hersteller; vgl. EuGH 24.10.1996, C-288/94, „Argos Distributors", sowie 16.1.2003, C-398/99, „Yorkshire Co-operatives Ltd"). **653**

Randzahlen 654 bis 655: *derzeit frei.*

4.3. Durchlaufende Posten

4.3.1. Allgemeines

Nicht zum Entgelt gehören durchlaufende Posten. Das sind Beträge, die der Unternehmer im fremden Namen und für fremde Rechnung vereinnahmt und verausgabt. Voraussetzung für die Annahme eines durchlaufenden Postens ist ein äußerlich erkennbares Handeln im fremden Namen und für fremde Rechnung. Der Zahlende muss wissen, dass der Unternehmer die Zahlung nicht für sich, sondern für einen Dritten vereinnahmt. Es bedarf daher unmittelbarer Rechtsbeziehungen zwischen dem Zahlenden und dem Dritten. Was die Verrechnung betrifft, so brauchen durchlaufende Posten in der Rechnung (§ 11 UStG 1994) nicht angegeben werden. Werden sie angegeben, dürfen sie nur getrennt vom Entgelt angeführt werden (siehe auch Rz 1514). **656**

4.3.2. Einzelfälle

Begutachtungsplaketten gemäß § 57a KFG 1967: Die Einhebung der Kosten erfolgt im Namen und für Rechnung der Behörde. Die Kosten sind daher nicht Teil des Entgelts. **657**

Bestandvertragsgebühren, die unter § 33 TP 5 GebG fallen: Die weiterverrechnete Bestandvertragsgebühr gehört nicht zum Mietentgelt. Dies gilt auch, wenn eine Bestandvertragsgebühr nach § 33 TP 5 GebG im Wege der Selbstberechnung vom Bestandgeber an das für Gebühren, Verkehrssteuern und Glücksspiel zuständige Finanzamt abgeführt und vom Bestandgeber an den Bestandnehmer weiterverrechnet wird. Diese Beurteilung gilt auch bei kurzfristigen Mietverträgen (zB Leihwagengeschäft).

Flugabgabe gemäß § 5 Abs. 3 FlugAbgG: Die ab 1. Jänner 2011 zu erhebende Flugabgabe für Kurzstreckenflüge von einem inländischen Flughafen mit einem motorisierten Luftfahrzeug stellt keinen durchlaufenden Posten dar; siehe hierzu auch FlugAbgR Rz 21 ff.

Förderung von Ökostromanlagen (siehe insb. Ökostromgesetz, BGBl. I Nr. 149/2002):

- Hinsichtlich des An- und Verkaufs von Ökostrom besteht ein Leistungsaustausch zwischen den jeweiligen Ökostromerzeugern und der Abwicklungsstelle für Ökostrom AG (OeMAG) sowie zwischen der OeMAG und den jeweiligen Stromhändlern. Der An- und Verkauf von Ökostrom durch die OeMAG stellen Umsätze dar, welche der Umsatzsteuer unterliegen.
- Zahlungen zur Förderung von Photovoltaikanlagen, die vom jeweiligen Bundesland an die OeMAG geleistet werden, stellen einen echten (nicht umsatzsteuerbaren) Zuschuss dar. Die OeMAG kann den Vorsteuerabzug vom vollen Strompreis geltend machen, der vom Photovoltaik-Betreiber verrechnet wird.
- Das Zählpunktpauschale nach § 22 Ökostromgesetz ist als Förderbeitrag von allen an das öffentliche Netz angeschlossenen Verbrauchern zu leisten. Gegenüber den Verbrauchern unterliegt das Zählpunktpauschale im Rahmen der einheitlichen Leistung „Netzdienstleistung" als zusätzliches Entgelt der Umsatzsteuer. Gleichermaßen sind Beträge gemäß § 73 und § 75 EAG Entgelt für eine sonstige Leistung iZm dem Betrieb des Ökostromsystems. Die Einhebung des Zählpunktpauschales steht nicht iZm einem Leistungsaustausch der OeMAG an die Netzbetreiber und unterliegt bei dieser nicht der Umsatzsteuer.
- Die Auszahlung zur Förderung von neuen Kraft-Wärme-Kopplungsanlagen (KWK-Anlagen) sowie des Kostenersatzes für KWK-Energie (§§ 12 und 13 Ökostromgesetz), die Investitionszuschüsse für elektrische Energie aus mittleren Wasserkraftanlagen (§ 13a Ökostromgesetz) und die Auszahlung eines Anteils des Strom-Verrechnungspreises an die Länder zur Förderung von neuen Technologien zur Ökostromerzeugung (§ 22 Ökostromgesetz) unterliegen nicht der Umsatzsteuer.
- Ein von einem Stromhändler im Namen und für Rechnung der Ökostrombörse eingehobener „Förderaufschlag", zu dessen Entrichtung sich der Stromkunde gegenüber

der Ökostrombörse freiwillig vertraglich verpflichtet, stellt beim Stromhändler einen durchlaufenden Posten dar. Ein solcher „Förderaufschlag“ ist nicht Teil des Entgelts der Stromlieferung und unterliegt daher nicht der Umsatzsteuer. Die Weiterleitung dieses Aufschlags an die Ökostrombörse stellt keinen Umsatz der Ökostrombörse dar, da er nicht im Zusammenhang mit einer Leistung der Ökostrombörse an den Stromhändler oder an den Endkunden steht. Erhält der Stromhändler jedoch ein Entgelt für das Inkasso dieses Aufschlages, so unterliegt dieses als gesonderte Leistung der Umsatzsteuer.

Frachtführer und Spediteure – Auslagen: Inkasso und Nachnahmebeträge, Havariebeträge und Beträge für Reparaturen, die im Namen und auf Rechnung der Auftraggeber oder Eigentümer der Waren verausgabt werden. Die vom Spediteur dem Vertretenen weiterverrechneten Auslagen an Zoll, EUSt, Straßenbenützungsabgabe sowie sonstigen Eingangs- und Einfuhrabgaben gehören nicht zur Bemessungsgrundlage für die Abfertigungsleistung.

Lottospielgemeinschaften – Spieleinsätze: Im Rahmen der Organisation und Durchführung von Lottospielteilnahmen von der Organisatorin vereinnahmte Spieleinsätze stellen bei dieser keine durchlaufenden Posten dar (VwGH 18.12.2017, Ro 2016/15/0015; 24.10.2013, 2011/15/0053); siehe hierzu auch Rz 348.

Notare und Rechtsanwälte – Auslagen: Die von den Rechtsanwälten und Notaren weiterverrechneten Gerichtsgebühren sind durchlaufende Posten. Vollstreckernoten, Sachverständigengebühren, Schätzungs- und Ediktalkosten und Kosten der Drittschuldneräußerung sind durchlaufende Posten, wenn der Schuldner der Beträge gegenüber dem Gericht nur der Klient ist und ein Rechtsanwalt im Namen des Klienten die Beträge entrichtet.

Investitionsablösen: Beträge, die der Nachmieter dem Vermieter im Sinne des § 27 Abs. 1 Z 1 MRG zur teilweisen oder gänzlichen Deckung des vom Vermieter dem Vormieter geleisteten Ersatzes von Aufwendungen nach § 10 MRG leistet, können beim Vermieter wie Durchlaufposten behandelt werden.

Kühlgeräte: Die Abgabe eines Kühlgeräte-Entsorgungsgutscheines ist weder beim Händler noch bei der UFH-GmbH umsatzsteuerbar, sondern erst bei Rückgabe des Kühlgerätes zur Entsorgung.

Ortstaxen und Kurtaxen: Wird die Orts- oder Kurtaxe auf Grund einer gesetzlichen Regelung durch den Beherbergungsunternehmer im Namen und für Rechnung eines anderen vereinnahmt und verausgabt, stellt die Taxe beim Unternehmer einen durchlaufenden Posten kraft Gesetzes dar. In diesem Fall ist die gesonderte Darlegung der Taxe gegenüber dem Gast nicht zwingend (VwGH 4.10.1977, 364/77, betreffend Tiroler Aufenthaltsabgabegesetz – Vereinnahmung im Namen und für Rechnung des Landes, Verausgabung im Namen und für Rechnung des Gastes).

Portospesen: Bei einem Versandhandelsgeschäft zählen die Versendungskosten (Portospesen) zum Lieferentgelt.

Rezeptgebühren: Die von den Versicherten auf Grund der Bestimmungen des ASVG für den Bezug von Heilmitteln für Rechnung der Sozialversicherungsträger zu entrichtenden Rezeptgebühren werden von den Apotheken im Namen und für Rechnung der Sozialversicherungsträger vereinnahmt und gehören daher bei den Apotheken als durchlaufende Posten nicht zum Entgelt (VwGH 19.1.1984, 83/15/0035, VwGH 17.1.1989, 88/14/0010).

Sicherheitsentgelt: Nach § 11 Abs. 1 Luftfahrtsicherheitsgesetz 2011 (LSG 2011) steht dem Zivilflugplatzhalter für die Durchführung von Aufgaben nach dem LSG 2011 pro abfliegendem Passagier vom Luftfahrtunternehmen ein die Kosten seiner Tätigkeit deckendes angemessenes Sicherheitsentgelt zu. Schuldner des Sicherheitsentgelts nach § 11 Abs. 1 LSG 2011 ist der Luftfahrtunternehmer. Somit liegt kein durchlaufender Posten vor. Soweit die Luftfahrtunternehmen ihren Passagieren das Sicherheitsentgelt offen oder einkalkuliert weiter berechnen, ist es Teil des Entgelts für die Beförderungsleistung.

(AÖF Nr. 2014/7, BMF-AV Nr. 2016/212, BMF-AV Nr. 2018/164, BMF-AV Nr. 2021/166)

Randzahlen 658 bis 660: *derzeit frei.*

4.4. Differenzbesteuerung

Siehe Rz 3290 bis 3298.

Randzahlen 661 bis 665: *derzeit frei.*

4.5. Pfandschein und Spiel mit Gewinnmöglichkeit

666 Zur Bemessungsgrundlage bei Umsätzen aus Glücksspielautomaten und aus Video Lotterie Terminals siehe Rz 860.

Randzahlen 667 bis 670: *derzeit frei.*

4.6. Tausch, tauschähnlicher Umsatz

4.6.1. Allgemeines

Beim Tausch und beim tauschähnlichen Umsatz (§ 3 Abs. 10 UStG 1994) sowie bei Hingabe an Zahlungsstatt gilt der Wert jedes Umsatzes als Entgelt für den anderen Umsatz. Als Wert im Sinne dieser Bestimmung ist der gemeine Wert (§ 10 Abs. 2 BewG 1955) heranzuziehen. 671

Für den Wert wird daher die Wirtschaftsstufe des Belieferten von Bedeutung sein. Bei Lieferung eines Erzeugers an einen Großhändler ist somit der Erzeugerpreis (Einkaufspreis des Großhändlers), bei Lieferung eines Großhändlers an einen Einzelhändler der Großhandelspreis (Einkaufspreis des Einzelhändlers) und bei einer Lieferung eines Einzelhändlers der Einzelhandelspreis als gemeiner Wert für die Besteuerung maßgeblich.

(BMF-AV Nr. 2019/165)

4.6.2. Sachzuwendungen an Arbeitnehmer

Zur grundsätzlichen Problematik, insbesondere die Abgrenzung zum Eigenverbrauch, siehe Rz 66 bis Rz 74. Unabhängig davon, ob es sich um einen Eigenverbrauch oder einen tauschähnlichen Umsatz handelt, können aus Vereinfachungsgründen zur Ermittlung der Bemessungsgrundlage für Sachzuwendungen jene Werte herangezogen werden, die den Sachbezügen bei der Lohnsteuer zu Grunde gelegt werden. Werden in vom Unternehmer in eigener Regie geführten Kantinen verbilligte oder kostenlose Essen (insbesondere Mittagessen) an die Arbeitnehmer abgegeben, so kann zur Ermittlung der Bemessungsgrundlage von zwei Dritteln der lohnsteuerlichen Sachbezugswerte ausgegangen werden. Die hienach in Betracht kommenden Beträge sind als Bruttowerte anzusehen, aus denen die USt herauszurechnen ist. Sind die vom Arbeitnehmer für die Sachzuwendung geleisteten Zahlungen höher als die Sachbezugswerte (bei den vorgenannten Essensabgaben höher als zwei Drittel der Sachbezugswerte), sind diese Zahlungen zur Ermittlung der Bemessungsgrundlage heranzuziehen. 672

(AÖF Nr. 2014/164)

4.6.3. Weitere Einzelfälle

(BMF-AV Nr. 2019/165)

Abbruchvertrag: Wenn 673

- der Dienstleistungserbringer – ein Abbruchunternehmer – sich vertraglich verpflichtet, Abbrucharbeiten durchzuführen und
- der Abbruchunternehmer den beim Abbruch entstehenden Metallschrott weiterverkaufen darf und
- der Abbruchunternehmer dem Metallschrott einen Wert beimisst, den er in den Preis der Abbrucharbeiten einpreist,

liegen zwei Leistungen vor: Eine sonstige Leistung des Abbruchunternehmens und eine Lieferung von Metallschrott an das Abbruchunternehmen.

Hierbei unterliegt die Lieferung des Metallschrotts nur dann der Umsatzsteuer, wenn sie von einem Unternehmer als solchem erbracht wird. Die Steuerbemessungsgrundlage für die Leistung des Abbruchunternehmers ist der tatsächlich gezahlte Preis zuzüglich des Wertes, den der Abbruchunternehmer dem Rücklaufschrott beimisst. Dem steht nicht entgegen, wenn die Menge und der Wert des im Abfall möglicherweise enthaltenen Schrotts im Abbruchvertrag nicht vereinbart wird (vgl. EuGH 10.1.2019, Rs C-410/17, *A Oy*, auch zur Übernahme einer Demontageverpflichtung des Käufers eines Grundstückes).

Vermittlung von Neukunden: Bei Sachprämien für die Vermittlung von Neukunden (siehe Rz 374) besteht die Gegenleistung für die Hingabe der Sachprämie in der Vermittlungsleistung durch den Altkunden. Bemessungsgrundlage für die Lieferung der Sachprämie ist der Wert, den der Empfänger der Dienstleistung (= der Unternehmer) den Dienstleistungen beimisst, die er sich verschaffen will (= Vermittlung von Neukunden) und der dem Betrag entspricht, den er zu diesem Zweck aufzuwenden bereit ist. Das ist der Einkaufspreis des Unternehmers für den Gegenstand (EuGH 02.06.1994, Rs C33/93, *Empire Stores*). Fallen Versandkosten an, die vom Unternehmer getragen werden, sind diese in die Bemessungsgrundlage mit einzubeziehen (EuGH 03.07.2001, Rs C-380/99, *Bertelsmann*).

Werden als Gegenleistung für die Vermittlung von Neukunden Warengutscheine ausgegeben, kann im Fall der sofortigen Ausgabe eines Gegenstandes als Bemessungsgrundlage der Einkaufspreis des Unternehmers (zuzüglich allfälliger Versandkosten) angesetzt werden, wenn der Unternehmer den Nachweis erbringen kann, dass der eingelöste Gutschein für die Vermittlungsleistung des Altkunden hingegeben wurde. Ist dieser Zusammenhang nicht nachweisbar, ist als Bemessungsgrundlage der Nennwert des Gutscheines heranzuziehen.

(BMF-AV Nr. 2019/165)

Randzahlen 674 bis 675: *derzeit frei.*

4.7. Geschäftsveräußerung im Ganzen

676 Bemessungsgrundlage ist das Entgelt, wobei übernommene Schulden ebenfalls zum Entgelt zählen. Es handelt sich zwar bei der Geschäftsveräußerung um eine einheitliche Lieferung, bei der Berechnung der USt ist aber eine Aufteilung der Bemessungsgrundlage vorzunehmen, als ob der Unternehmer eine Mehrzahl von Einzelleistungen erbracht hätte.

Das Gesamtentgelt ist auf die einzelnen Leistungen (Besitzposten) aufzuteilen. Soweit nicht unmittelbar erkennbar ist wie hoch der auf den einzelnen Besitzposten entfallende Entgeltsteil ist, muss das Entgelt sachgerecht zugeordnet werden. Sachlich gerechtfertigter Aufteilungsmaßstab ist der Teilwert (§ 12 BewG 1955). Jede dieser Leistungen (Besitzposten) ist für sich umsatzsteuerlich zu beurteilen. So sind Entgeltsteile, die auf nicht steuerbare Vorgänge entfallen (zB Kfz, die nicht als für das Unternehmen angeschafft wurden), aus dem Gesamtentgelt auszuscheiden. Entgeltsteile, die auf steuerfreie Leistungen (zB Grundstücke) entfallen, sind entsprechend den Bestimmungen über die Steuerfreiheit zu behandeln. Der Firmenwert unterliegt dem Steuersatz von 20%.

Erfolgt die Übertragung eines Geschäftes im Ganzen ohne eine Gegenleistung, so liegt mangels eines Leistungsaustausches keine steuerbare Leistung vor. Der Tatbestand des Eigenverbrauches kann in einem solchen Fall jedoch Platz greifen.

(BMF-AV Nr. 2018/164)

Randzahlen 677 und 678: *derzeit frei.*

4.8. Bemessungsgrundlage beim Eigenverbrauch

4.8.1. Dauernde Entnahme

679 Der Einkaufspreis entspricht in der Regel dem Wiederbeschaffungspreis. Der Wiederbeschaffungspreis ist auch für selbst hergestellte Gegenstände heranzuziehen, wenn vergleichbare Gegenstände verfügbar sind. In diesem darf in keinem Fall ein Wert enthalten sein, auf den der Unternehmer bereits Umsatzsteuer entrichtet hat, ohne dass er sie anschließend hätte abziehen können (vgl. EuGH 23.4.2015, Rs C-16/14, *Property Development Company NV*). Die Selbstkosten umfassen alle Kosten, die der Herstellung zuzurechnen sind (zB Material- und Fertigungsgemeinkosten). Maßgeblich ist der Zeitpunkt der Entnahme.

Bei nach dem Lebensmittelgesetz nicht mehr verkehrsfähigen Waren ist die Bemessungsgrundlage Null.

(BMF-AV Nr. 2015/170)

4.8.2. Vorübergehende Nutzung

680 Bei der Nutzung von Gegenständen für Zwecke außerhalb des Unternehmens bilden die auf die nichtunternehmerische Nutzung des Gegenstandes entfallenden Kosten die Bemessungsgrundlage. Dazu zählen neben den laufenden Betriebskosten auch die anteilige Absetzung für Abnutzung. Die Kosten sind um Aufwendungen, bei denen kein Vorsteuerabzug möglich ist, zu kürzen.

4.8.3. Entnahme der sonstigen Leistung

681 Bemessungsgrundlage sind die Kosten, die auf die Ausführung dieser Leistungen entfallen. Ein anteiliger Unternehmerlohn ist nicht zu berücksichtigen (siehe auch Rz 485).

4.9. Normalwert als Bemessungsgrundlage ab 1. Jänner 2013

682 Basierend auf Art. 72 iVm Art. 80 der MwSt-RL 2006/112/EG ist der Normalwert als umsatzsteuerliche Bemessungsgrundlage für Lieferungen und sonstige Leistungen anzusetzen, wenn das Entgelt aus außerbetrieblichen Motiven (familiäre oder freundschaftliche Nahebeziehungen, Gesellschafterstellung oder gesellschaftliche Verflechtung, Bindungen aufgrund von Leitungsfunktionen oder Mitgliedschaften, Arbeitgeber-, Arbeitnehmerverhältnis, usw.) vom Normalwert abweicht (hinsichtlich der Abgrenzung der außerbetrieblichen Motive im Arbeitgeber-, Arbeitnehmerverhältnis siehe Rz 66 ff.). Der Normalwert ist allerdings nur anzusetzen, wenn

- der Empfänger nicht oder nicht zum vollen Vorsteuerabzug berechtigt ist und das Entgelt unter dem Normalwert liegt,

- der Umsatz unecht befreit ist (ausgenommen die Kleinunternehmerbefreiung nach § 6 Abs. 1 Z 27 UStG 1994) und das Entgelt unter dem Normalwert liegt, oder
- der leistende Unternehmer nicht oder nicht zum vollen Vorsteuerabzug berechtigt ist und das Entgelt über dem Normalwert liegt.

Beispiel 1:

P verkauft eine Ware um 30.000 Euro (Normalwert 40.000 Euro) an U. Der niedrige Verkaufspreis ist darauf zurückzuführen, dass P Gesellschafter der U ist. Beide Unternehmer sind voll vorsteuerabzugsberechtigt.

Lösung:

Da beide Unternehmer voll vorsteuerabzugsberechtigt sind, kommt der Normalwert nicht zur Anwendung.

Beispiel 2:

Der Fahrradhändler F verkauft seiner Tochter aus privaten Gründen ein Fahrrad um 300 Euro (normaler Verkaufspreis netto 600 Euro).

Lösung:

Da die Tochter als Privatperson nicht zum Vorsteuerabzug berechtigt ist, bildet der Normalwert (dh. 600 Euro) die Bemessungsgrundlage für die Umsatzsteuer.

Beispiel 3:

Ein Versicherungsvertreter erbringt steuerpflichtige Beratungsleistungen und davon unabhängig unecht steuerbefreite Versicherungsvermittlungsleistungen an ein Unternehmen, an dem er als Gesellschafter beteiligt ist. Das Entgelt für die steuerpflichtige Leistung beläuft sich auf 100.000 Euro (Normalwert 55.000 Euro). Das Entgelt für die steuerfreie Leistung wird mit 10.000 Euro festgesetzt (Normalwert 55.000 Euro).

Lösung:

Für beide Leistungen ist die Umsatzsteuerbemessungsgrundlage der Normalwert (jeweils 55.000 Euro). Bei Anwendung des Entgelts als Bemessungsgrundlage könnte es zu nicht gerechtfertigten Verschiebungen hinsichtlich der Aufteilung des Vorsteuerabzuges kommen.

Die Anwendung des Normalwerts setzt ein Entgelt voraus (für die Beurteilung außerhalb des Anwendungsbereiches von § 4 Abs. 9 UStG 1994 vgl. Rz 367). Auf die unentgeltliche Zuwendung eines Gegenstandes oder die unentgeltliche Erbringung einer sonstigen Leistung durch einen Unternehmer ist dagegen § 3 Abs. 2 bzw. § 3a Abs. 1a UStG 1994 (und nicht der Normalwert) anzuwenden.

Die Lieferung von Grundstücken sowie die Vermietung und Verpachtung von Grundstücken vor dem 1.1.2016 fällt nicht unter die Normalwertregelung. Der Normalwert kann als Bemessungsgrundlage nur herangezogen werden, wenn die Lieferung, Vermietung oder Verpachtung eines Grundstückes steuerbar ist. Für die Prüfung, ob ein solcher Umsatz bei Vorliegen eines Naheverhältnisses der involvierten Parteien umsatzsteuerlich anzuerkennen ist, hat der Normalwert keine Bedeutung.

Eine vergleichbare Lieferung oder sonstige Leistung für die Bestimmung des Normalwerts wird regelmäßig nur in den folgenden Fällen ermittelt werden können:

- Wenn ein direkter Preisvergleich möglich ist; ein direkter Preisvergleich ist grundsätzlich möglich, wenn der leistende Unternehmer vergleichbare Geschäfte auch mit Empfängern tätigt, zu denen er nicht in einem Naheverhältnis steht. Subsidiär können auch Marktpreise, wie man sie zB aus Börsennotierungen oder branchenüblichen Abschlüssen ermittelt oder aus Preisübersichten von Verbänden gewinnt, zum Vergleich herangezogen werden.
- Bei Sachzuwendungen des Arbeitgebers an den Arbeitnehmer werden aus Vereinfachungsgründen weiterhin die Werte als Normalwert herangezogen werden können, die den Sachbezügen bei der Lohnsteuer zu Grunde gelegt sind.
- Bei grenzüberschreitenden Sachverhalten kann auch ein für Ertragsteuerzwecke identifizierter transaktionsbezogener Fremdvergleichspreis als Normalwert herangezogen werden.
- In den Fällen der Rz 265, 274, 274a und 275 kann aus Vereinfachungsgründen das dort beschriebene Mindestentgelt als Normalwert herangezogen werden.

In allen übrigen Fällen wird regelmäßig keine vergleichbare Lieferung oder sonstige Leistung ermittelt werden können, mit der Konsequenz, dass der Normalwert unter sinngemäßer Anwendung von § 4 Abs. 8 lit. a und b UStG 1994 bestimmt werden muss.

Die Normalwertregelung des § 4 Abs. 9 UStG 1994 ist auch auf den innergemeinschaftlichen Erwerb anzuwenden (siehe Rz 3932).

(BMF-AV Nr. 2015/170)

4.10. Bemessungsgrundlage bei Mehrzweckgutscheinen im Zeitpunkt der Einlösung – Rechtslage für ab 1.1.2019 ausgestellte Gutscheine

683 Bei Mehrzweckgutscheinen, die für Lieferungen oder sonstige Leistungen eingelöst werden, entspricht die Bemessungsgrundlage der für den Gutschein gezahlten Gegenleistung.

Sind keine Informationen über die gezahlte Gegenleistung vorhanden, entspricht die Bemessungsgrundlage dem Wert, der auf dem Gutschein selbst angegeben ist oder sich aus den damit zusammenhängenden Unterlagen ergibt.

Die auf die Lieferungen oder sonstigen Leistungen entfallende Mehrwertsteuer gehört nicht zur Bemessungsgrundlage.

Beispiel:

Ein internationales Modeunternehmen (A) verkauft an einen Kunden (K) einen Warengutschein für ein bestimmtes Kleidungsstück um 50 Euro. Dieser kann in Filialen im ganzen EU-Raum oder online eingelöst werden. K schenkt den Gutschein seiner Tochter (T), die diesen in einem österreichischen Geschäft des A einlöst.

Lösung:

Da bei der Ausstellung des Warengutscheins durch A der Leistungsort nicht feststeht, handelt es sich um einen Mehrzweck-Gutschein, der erst mit der Einlösung zu einem steuerbaren Umsatz führt. Die Umsatzsteuer für den Warenverkauf des A an T ist aus dem Bruttobetrag von 50 Euro herauszurechnen (entspricht 8,33 Euro Umsatzsteuer).

Zu Gutscheinen im Sinne des Art. 30a MwSt-RL 2006/112/EG idF RL (EU) 2016/1065 im Allgemeinen siehe Rz 4.

(BMF-AV Nr. 2018/164)

Randzahlen 684 bis 687: *derzeit frei.*

5. Bemessungsgrundlage für die Einfuhr (§ 5 UStG 1994)

5.1. Zollwert als Bemessungsgrundlage

Bemessungsgrundlage für die Umsatzsteuer bei der Einfuhr (siehe Rz 101 ff) ist der Zollwert, soweit nicht ein Veredelungsentgelt heranzuziehen ist (siehe Rz 689). Die Ermittlung des Zollwertes ist unter Beachtung der Art. 69 bis 74 der Verordnung (EU) Nr. 952/2013 zur Festlegung des Unionszollkodex (UZK), ABl. Nr. L 269 vom 10.10.2013 S. 1 (bis 30.4.2016: Art. 28 bis 36 ZK) und Art. 127 bis 144 der Durchführungsverordnung (EU) 2015/2447 zum Unionszollkodex (UZK-IA) (bis 30.4.2016: Art. 141 bis 181a ZK-DVO) vorzunehmen, wobei nach folgender Reihenfolge vorzugehen ist: **688**

- Transaktionswert (Art. 70 iVm Art. 71 und 72 UZK; bis 30.4.2016: Art. 29 ZK) als Zollwert:

  In der Regel und unter weiteren, im ZK näher geregelten Voraussetzungen, ergibt sich als Transaktionswert der Preis, der tatsächlich bei der Ausfuhr (aus einem Drittland) in das Zollgebiet der Gemeinschaft gezahlt wird bzw. gezahlt werden soll, wobei hier noch Hinzurechnungen und Abzüge möglich sind;
- weitere Ermittlungsmethoden, falls der Transaktionswert nicht nach den vorstehenden Vorschriften ermittelt werden kann (Art. 74 Abs. 1 und 2 UZK; bis 30.4.2016: Art. 30 ZK);
  - der Transaktionswert gleicher Waren,
  - der Transaktionswert ähnlicher Waren,
  - der Verkaufspreis in der Gemeinschaft,
  - der errechnete Wert;
- andere gemeinschaftsrechtlich zulässige und zweckmäßige Methoden (Art. 74 Abs. 3 UZK; bis 30.4.2016: Art. 31 ZK).

(BMF-AV Nr. 2016/212)

5.2. Bemessungsgrundlage bei der Wiedereinfuhr veredelter Gegenstände

Werden Gegenstände ins Drittlandsgebiet ausgeführt, dort für den Ausführer veredelt und anschließend von dem Ausführer oder für ihn wieder eingeführt, ist das für die Veredlung zu zahlende Entgelt die Bemessungsgrundlage für die Einfuhrumsatzsteuer (§ 5 Abs. 2 UStG 1994). **689**

Dies gilt grundsätzlich für alle Waren, die im Drittlandsgebiet veredelt und wieder eingeführt werden, auch wenn dies im Rahmen des zollrechtlichen passiven Veredelungsverkehrs (siehe Rz 690) erfolgt.

Als Veredelung gelten Instandsetzungen, Umgestaltungen und Be- oder Verarbeitungen der betreffenden Gegenstände.

5.2.1. Passiver Veredelungsverkehr

Nach § 26 Abs. 1 UStG 1994 sind für die Einfuhrumsatzsteuer im Wesentlichen zollrechtliche Vorschriften anzuwenden, ausgenommen hiervon sind unter anderem die Vorschriften über den zollrechtlichen passiven Veredlungsverkehr. **690**

Im passiven Veredlungsverkehr ist vorgesehen, dass Gemeinschaftswaren, die zur Durchführung von Veredlungsvorgängen vorübergehend aus dem Zollgebiet der Gemeinschaft ausgeführt wurden, vollständig oder teilweise zollfrei wieder in dieses Gebiet eingeführt werden können.

Für die Ermittlung der Bemessungsgrundlage der Einfuhrumsatzsteuer im passiven Veredlungsverkehr hat die spezielle Regelung des § 5 Abs. 2 UStG 1994 (siehe Rz 689) Vorrang vor den zollrechtlichen Bestimmungen. Kann daher im passiven Veredelungsverkehr ein Gegenstand (teilweise) zollfrei wieder eingeführt werden, hat dies keine Auswirkung auf die Einfuhrumsatzsteuer.

Die Einfuhrumsatzsteuer ist daher auch in diesen Fällen grundsätzlich zu erheben; es sei denn, die Einfuhr kann auf Grund einer anderen Bestimmung steuerfrei bleiben.

5.2.2. Bemessungsgrundlage bei kostenlosen Veredelungen im Drittland

Wird kein Veredlungsentgelt bezahlt, richtet sich die Höhe der Einfuhrumsatzsteuer nach der durch die Veredlung eingetretenen Wertsteigerung; das ist die Differenz zwischen dem Wert der Ware vor ihrer Ausfuhr und ihrem Wert zum Zeitpunkt der Entstehung der Steuerschuld bei der Wiedereinfuhr. **691**

Aus gemeinschaftsrechtlicher Sicht ist bei solchen Veredelungen (Instandsetzungen, Umgestaltungen und Be- oder Verarbeitungen) sicherzustellen, dass die umsatzsteuerrechtliche **692**

Behandlung des endgültigen Gegenstandes derjenigen entspricht, die sich ergäbe, wenn der gleiche Vorgang im Inland stattgefunden hätte (Art. 88 RL 2006/112/EG).

Von einer Erhebung der Einfuhrumsatzsteuer bei der Wiedereinfuhr eines Gegenstandes nach einer kostenlosen Bearbeitung (zB Reparatur) im Drittland ist daher unter folgenden Voraussetzungen abzusehen:

- der Gegenstand war im Zeitpunkt seiner ersten Einfuhr schadhaft und der Sachmangel wurde nicht berücksichtigt, oder
- der Sachmangel ist nach der ersten Einfuhr entstanden, und der Gegenstand wurde auf Grund einer Gewährleistungspflicht ausgebessert und
- der vergleichbare Bearbeitungs- bzw. Reparaturvorgang wäre im Inland nicht umsatzsteuerbar.

Anstelle ausgebesserter Waren dürfen auch Waren, die diesen nachweislich nach Menge und Beschaffenheit entsprechen, oder – bei Gewährleistung – vergleichbare neue Waren eingeführt werden.

5.2.3. Lieferung des Gegenstandes vor der Wiedereinfuhr

693 Wurde der ausgeführte Gegenstand vor der (Wieder-)Einfuhr geliefert und ist diese Lieferung nicht der Umsatzsteuer unterlegen, erfolgt die Ermittlung der Bemessungsgrundlage nach dem Zollwert.

Beispiel:

Eine Ware wird vom Unternehmer ins Drittland zu einer Bearbeitung verbracht. Nach erfolgter Bearbeitung wird die Ware im Drittland geliefert, in dem der Unternehmer einem Spediteur einen Transportauftrag erteilt. Die Ware wird im Zuge dieser Lieferung wieder ins Inland zurück gebracht.

In diesem Fall wird als Bemessungsgrundlage für die Einfuhr der Zollwert und nicht das Veredelungsentgelt herangezogen, da es sonst bei fehlender oder eingeschränkter Vorsteuerabzugsberechtigung des Abnehmers zu ungerechtfertigten Steuervorteilen käme.

5.3. Hinzurechnungen

694 Zur Bemessungsgrundlage sind weiters noch folgende Beträge hinzuzurechnen, sofern sie bei der bisherigen Ermittlung nicht schon darin enthalten sind:

- Einfuhrabgaben, Steuern und sonstige Abgaben, die im Ausland (einschließlich der Gebiete Jungholz und Mittelberg) für den Gegenstand geschuldet werden;
- weitere Beträge an
  - Zoll,
  - Abschöpfung (zB bei der Einfuhr landwirtschaftlicher Erzeugnisse auf Grund gemeinschaftsrechtlicher Bestimmungen),
  - Verbrauchsteuern (zB Mineralölsteuer, Tabaksteuer),
  - Monopolabgaben (werden derzeit nicht erhoben), und
  - anderer Abgaben mit der gleichen Wirkung wie Zölle, soweit sie im Zusammenhang mit der Einfuhr vom Zollamt Österreich zu erheben sind,

  die im Zeitpunkt der Entstehung der Steuerschuld anfallen und zum Teil auch gleichzeitig mit der Einfuhrumsatzsteuer vorgeschrieben werden (zB Verbrauchsteuern);
- auf den Gegenstand entfallende Nebenkosten, zB
  - Beförderungskosten wie Frachtkosten, Hafengebühren, Zolllagerkosten, Postgebühren, usw., die üblicherweise dem Unternehmer, der die Beförderung oder deren Besorgung erbringt, in Rechnung gestellt werden,
  - Versicherungskosten,
  - Verpackungskosten,
  - Provisionen und Maklerlöhne

  bis zum ersten Bestimmungsort im Gebiet eines Mitgliedstaates;
- Nebenkosten aus einer Beförderung nach einem anderen Bestimmungsort im Gemeinschaftsgebiet, der im Zeitpunkt des Entstehens der Einfuhrumsatzsteuerschuld schon bekannt ist.

(BMF-AV Nr. 2020/192)

695 Die auf den eingeführten Gegenstand zu erhebende Einfuhrumsatzsteuer gehört nicht zur Bemessungsgrundlage (§ 5 Abs. 6 UStG 1994).

5.4. Umrechnung von Werten in fremder Währung

Für die Umrechnung von Werten in fremden Währungen sind die entsprechenden Vorschriften über den Zollwert der Waren heranzuziehen. Danach ist als Umrechnungskurs ein von der zuständigen Behörde jeweils ordnungsgemäß veröffentlichter Kurs anzuwenden. Zu diesem Zweck werden vom BM für Finanzen für die häufigsten ausländischen Währungen regelmäßig Zollwertkurse festgesetzt und veröffentlicht. 696

Randzahlen 697 bis 705: *derzeit frei.*

6. Steuerbefreiungen (§ 6 UStG 1994)

6.1. Steuerbefreiungen

6.1.1. Ausfuhrlieferungen und Lohnveredlung

Siehe Rz 1051 bis 1130.

6.1.2. Umsätze für die Seeschifffahrt und Luftfahrt

Siehe Rz 1131 bis 1160.

6.1.3. Grenzüberschreitende Beförderungsleistungen und Nebenleistungen

(BMF-AV Nr. 2022/154)

6.1.3.1. Grenzüberschreitende Güterbeförderungen und andere sonstige Leistungen, die sich auf Gegenstände der Einfuhr beziehen

706 Die Steuerbefreiung nach § 6 Abs. 1 Z 3 lit. a sublit. aa UStG 1994 kommt insbesondere für folgende sonstige Leistungen in Betracht:

- Für grenzüberschreitende Güterbeförderungen und Beförderungen im internationalen Eisenbahnfrachtverkehr bis zum ersten Bestimmungsort in der Gemeinschaft; steuerbefreit ist die Beförderung vom Drittland ins Gemeinschaftsgebiet, nicht jedoch die Beförderung von einem Drittland in ein anderes Drittland;
- für Güterbeförderungen, die nach solchen vorangegangenen Beförderungen nach einem weiteren Bestimmungsort in der Gemeinschaft durchgeführt werden, zB Beförderungen aufgrund einer nachträglichen Verfügung oder Beförderungen durch Rollfuhrunternehmer vom Flughafen, Binnenhafen oder Bahnhof zum Empfänger;
- für den Umschlag und die Lagerung von eingeführten Gegenständen;
- für handelsübliche Nebenleistungen, die bei grenzüberschreitenden Güterbeförderungen oder bei den in obigen Punkten bezeichneten Leistungen vorkommen, zB Wiegen, Messen, Probeziehen oder Anmelden zur Abfertigung zum freien Verkehr;
- für die Besorgung der oben angeführten Leistungen;
- für Vermittlungsleistungen, für die die Steuerbefreiung nach § 6 Abs. 1 Z 5 UStG 1994 nicht in Betracht kommt, zB für die Vermittlung von steuerpflichtigen Lieferungen, die von einem Importlager im Inland ausgeführt werden (vgl. die Beispiele 2 und 3);

Die Steuerbefreiung setzt nicht voraus, dass die Leistungen an einen ausländischen Auftraggeber bewirkt werden.

In folgenden weiteren Fällen sind Nebenleistungen iZm steuerfreien Einfuhren ebenfalls steuerfrei:

- Beförderungsleistungen, die mit einer Einfuhr beweglicher körperlicher Gegenstände anlässlich eines Wohnortwechsels verbunden sind (Art. 46 VO (EU) 282/2011);
- Nebenleistungen iZm steuerfreien Einfuhren
  - von Waren in Kleinsendungen nichtkommerzieller Art mit Herkunft aus Drittländern iSd § 6 Abs. 4 Z 4 lit. b UStG 1994 (Art. 1 der Richtlinie 2006/79/EG) oder
  - von Waren von geringem Wert iSd § 6 Abs. 4 Z 9 UStG 1994 (Art. 23 der Richtlinie 2009/132/EG)

  wenn die Kosten für die Nebenleistungen in der Bemessungsgrundlage für die Einfuhrumsatzsteuer enthalten sind.

(BMF-AV Nr. 2016/212)

707 Da die Steuerbefreiung für jede Leistung, die sich auf Gegenstände der Einfuhr bezieht, in Betracht kommen kann, braucht nicht geprüft zu werden, ob es sich um eine Beförderung, einen Umschlag oder eine Lagerung von Gegenständen der Einfuhr oder um handelsübliche Nebenleistungen dazu handelt.

Zur Vermeidung eines unversteuerten Letztverbrauchs ist Voraussetzung für die Steuerbefreiung, dass die auf diese Nebenleistungen entfallenden Kosten in der Bemessungsgrundlage für die Einfuhr enthalten sind.

Diese Voraussetzung ist in den Fällen erfüllt, in denen die Kosten einer Leistung nach § 5 Abs. 1 oder Abs. 2 bzw. Abs. 4 Z 3 UStG 1994 Teil der Bemessungsgrundlage für die Einfuhr geworden sind. Die Voraussetzung für die Steuerbefreiung ist nicht erfüllt, wenn keine EUSt anfällt, weil die Einfuhr steuerfrei ist. Im Fall einer steuerfreien Einfuhr gemäß Art. 6 Abs. 3 UStG 1994 kann die Steuerfreiheit gemäß § 6 Abs. 1 Z 3 lit. a sublit. aa UStG 1994 in Anspruch genommen werden, wenn nachgewiesen wird, dass die Kosten für die Nebenleistungen in der Bemessungsgrundlage für die Erwerbsteuer enthalten sind (zB durch den Nachweis der Lieferbedingung „frei Haus").

(BMF-AV Nr. 2016/212)

Materiell-rechtliche Voraussetzung für die Steuerbefreiung ist, dass der leistende Unternehmer buchmäßig nachweist, dass die Kosten für die Leistung in der Bemessungsgrundlage für die Einfuhr enthalten sind. Aus Vereinfachungsgründen wird jedoch bei Leistungen an ausländische Auftraggeber auf diesen Nachweis verzichtet, wenn das Entgelt für die einzelne Leistung weniger als 110 € beträgt und sich aus der Gesamtheit der beim leistenden Unternehmer vorhandenen Unterlagen keine berechtigten Zweifel daran ergeben, dass die Kosten für die Leistung Teil der Bemessungsgrundlage für die Einfuhr sind. **708**

Als Belege für den im vorherigen Absatz bezeichneten Nachweis kommen in Betracht: **709**

- Zollamtliche Belege, und zwar ein Exemplar der Zollanmeldung – auch Sammelzollanmeldung – mit der Festsetzung der Eingangsabgaben und ggf. auch der Zollquittung. Diese Belege können als Nachweise insbesondere in den Fällen dienen, in denen der leistende Unternehmer, zB der Spediteur, selbst die Abfertigung der Gegenstände, auf die sich seine Leistung bezieht, zum freien Verkehr beantragt;
- Andere Belege: In den Fällen, in denen die Kosten für eine Leistung nach § 5 Abs. 1 und 2 bzw. Abs. 4 Z 3 UStG 1994 Teil der Bemessungsgrundlage für die Einfuhr geworden sind, genügt der eindeutige Nachweis hierüber. Als Belege können in diesen Fällen insbesondere der schriftliche Speditionsauftrag, das im Speditionsgewerbe übliche Bordero, ein Doppel des Versandscheines, ein Doppel der Rechnung des Lieferers über die Lieferung der Gegenstände oder der vom Lieferer ausgestellte Lieferschein in Betracht kommen;
- Fotokopien: Diese können nur in Verbindung mit anderen beim leistenden Unternehmer vorhandenen Belegen als ausreichend anerkannt werden, wenn sich aus der Gesamtheit der Belege keine ernsthaften Zweifel an der Erfassung der Kosten bei der Besteuerung der Einfuhr ergeben.

(BMF-AV Nr. 2016/212)

Bei grenzüberschreitenden Beförderungen von einem Drittland in das Gemeinschaftsgebiet werden die Kosten für die Beförderung der eingeführten Gegenstände bis zum ersten Bestimmungsort im Gemeinschaftsgebiet in die Bemessungsgrundlage für die EUSt einbezogen (§ 5 Abs. 4 Z 3 UStG 1994). Beförderungskosten zu einem weiteren Bestimmungsort im Gemeinschaftsgebiet sind ebenfalls einzubeziehen, sofern dieser weitere Bestimmungsort im Zeitpunkt des Entstehens der EUSt bereits feststeht (§ 5 Abs. 4 Z 3 UStG 1994). Dies gilt auch für die auf inländische oder innergemeinschaftliche Beförderungsleistungen und andere sonstige Leistungen entfallenden Kosten in Zusammenhang mit einer Einfuhr. **710**

(BMF-AV Nr. 2016/212)

Beispiele zur Steuerbefreiung für sonstige Leistungen, die sich auf Gegenstände der Einfuhr beziehen und steuerbar sind: **711**

Beispiel 1:

Der Lieferer L aus dem Drittland liefert Gegenstände an den Abnehmer A in Graz zu der Lieferbedingung „ab Werk". Der in Österreich ansässige Spediteur S übernimmt im Auftrag des A die Beförderung der Gegenstände vom Abgangsort im Drittland bis Graz zu einem festen Preis (Übernahmesatz). S führt die Beförderung jedoch nicht selbst durch, sondern beauftragt auf seine Kosten (franco) den Binnenschiffer B mit der Beförderung vom Abgangsort im Drittland bis Wien und der Übergabe der Gegenstände an den Empfangsspediteur E. Dieser führt ebenfalls im Auftrag des S auf dessen Kosten den Umschlag aus dem Schiff auf dem LKW und die Übergabe an den Frachtführer F durch. F führt die Weiterbeförderung im Auftrag des S von Wien nach Graz durch. Der Abnehmer A beantragt in Graz die Abfertigung zum freien Verkehr und rechnet den Übernahmesatz unmittelbar mit S ab. Mit dem zwischen S und A vereinbarten Übernahmesatz sind auch die Kosten für die Leistungen des B, des E und des F abgegolten.

Lösung (ab 1.1.2010):

Bei der Leistung des S handelt es sich um eine Spedition zu festen Preisen. Der Endpunkt dieser Beförderung ist der erste Bestimmungsort im Gemeinschaftsgebiet im Sinne des § 5 Abs. 4 Z 3 UStG 1994. Nach dieser Vorschrift sind deshalb die Kosten für die Beförderung des S bis Graz in die Bemessungsgrundlage für die Einfuhr einzubeziehen. Die Leistung des S an A ist gemäß § 3a Abs. 6 UStG 1994 am Empfängerort (Österreich) steuerbar und gemäß § 6 Abs. 1 Z 3 lit. a sublit. aa UStG 1994 steuerfrei.

Die Beförderung des B vom Abgangsort im Drittland bis Wien ist gemäß § 3a Abs. 6 UStG 1994 am Empfängerort (Österreich) steuerbar und ebenfalls als grenzüberschreitende

Güterbeförderung nach § 6 Abs. 1 Z 3 lit. a sublit. aa UStG 1994 steuerfrei. Die Umschlagsleistung des E und die Beförderung des F von Wien bis Graz sind Leistungen, die sich auf Gegenstände der Einfuhr beziehen. Der für die Steuerbefreiung nach § 6 Abs. 1 Z 3 lit. a sublit. aa UStG 1994 erforderliche Nachweis muss sowohl von E als auch von F mittels Belegen geführt werden.

Beispiel 2:

Der im Inland ansässige Handelsvertreter H ist damit betraut, Lieferungen von Nichtgemeinschaftswaren für den im Inland ansässigen Unternehmer U zu vermitteln. Um eine zügige Auslieferung der vermittelten Gegenstände zu gewährleisten, hat U die Gegenstände bereits vor der Vermittlung in das Inland einführen und auf ein Zolllager des H bringen lassen. Nachdem H die Lieferung der Gegenstände vermittelt hat, entnimmt er sie aus dem Zolllager in den freien Verkehr und sendet sie dem Abnehmer zu.

Lösung (ab 1.1.2010):

Mit der Entnahme der Gegenstände aus dem Zolllager entsteht die EUSt. Die Vermittlungsprovision des H und die an H gezahlten Lagerkosten sind in die Bemessungsgrundlage für die Einfuhr (§ 5 Abs. 4 Z 3 UStG 1994) einzubeziehen. H weist dies durch einen zollamtlichen Beleg nach. Die Vermittlungsleistung des H ist gemäß § 3a Abs. 6 UStG 1994 am Empfängerort (Österreich) steuerbar. Gleiches gilt für die Lagerung. Die Vermittlungsleistung des H fällt nicht unter die Steuerbefreiung des § 6 Abs. 1 Z 5 UStG 1994, kann jedoch unter die Steuerbefreiung nach § 6 Abs. 1 Z 3 lit. a sublit. aa UStG 1994 fallen, sofern H den erforderlichen buchmäßigen Nachweis führt. Dasselbe gilt für die Lagerung.

Beispiel 3:

Sachverhalt wie im Beispiel 2, jedoch werden die Gegenstände nicht auf Zolllager verbracht, sondern sofort zum freien Verkehr abgefertigt und von H außerhalb eines Zolllagers gelagert.

Lösung (ab 1.1.2010):

Im Zeitpunkt der Abfertigung stehen die Vermittlungsprovision und die Lagerkosten des H noch nicht fest. Die Beträge werden deshalb nicht in die Bemessungsgrundlage für die Einfuhr einbezogen. Die Leistungen des H sind gemäß § 3a Abs. 6 UStG 1994 am Empfängerort (Österreich) steuerbar. Die Leistungen des H sind weder nach § 6 Abs. 1 Z 5 UStG 1994 noch nach § 6 Abs. 1 Z 3 lit. a sublit. aa UStG 1994 steuerfrei. Falls die erst nach der Abfertigung zum freien Verkehr entstehenden Kosten (Vermittlungsprovision und Lagerkosten) bereits bei der Abfertigung bekannt sind, sind diese Kosten in die Bemessungsgrundlage für die Einfuhr einzubeziehen (§ 5 Abs. 4 Z 3 UStG 1994). Die rechtliche Würdigung ist dann dieselbe wie in Beispiel 2.

(BMF-AV Nr. 2016/212)

6.1.3.2. Grenzüberschreitende Beförderungen und andere sonstige Leistungen, die sich unmittelbar auf Gegenstände der Ausfuhr oder der Durchfuhr beziehen

6.1.3.2.1. Umfang der Steuerbefreiung

712 Die Steuerbefreiung nach § 6 Abs. 1 Z 3 lit. a sublit. bb UStG 1994 setzt voraus, dass die sonstigen Leistungen ihrem Gegenstand nach zur tatsächlichen Durchführung einer Ausfuhr oder Durchfuhr beitragen, und dass diese unmittelbar an den Versender (zB den liefernden Unternehmer) oder den Empfänger der Gegenstände, auf die sich diese Bestimmung bezieht, erbracht werden (vgl. EuGH 29.6.2017, Rs C-288/16, *„L.Č." IK*).

Diese Steuerbefreiung kommt nur für solche sonstigen Leistungen in Betracht, die unmittelbar im Zusammenhang mit der Warenbewegung selbst stehen (vgl. VwGH 22.3.2010, 2007/15/0310). Ab 1.1.2019 gilt als zusätzliche Voraussetzung, dass diese Leistungen unmittelbar an den Versender oder den Empfänger der Waren erbracht werden (vgl. EuGH 29.6.2017, Rs C-288/16, *„L.Č." IK*).

Bis 31.12.2018 kann diese Steuerbefreiung auch dann angewendet werden, wenn diese Leistungen an Subunternehmer wie zB Unterfrachtführer erbracht werden.

Insbesondere kommt diese Steuerbefreiung für folgende sonstige Leistungen in Betracht:

- für grenzüberschreitende Güterbeförderungen und Beförderungen im internationalen Eisenbahnfrachtverkehr ins Drittlandsgebiet; steuerbefreit ist die Beförderung vom Gemeinschaftsgebiet ins Drittland, nicht jedoch die Beförderung von einem Drittland in ein anderes Drittland;
- für Vor- und Nachläufe zu solchen grenzüberschreitenden Güterbeförderungen, zB Beförderungen durch Rollfuhrunternehmer vom Absender zum Flughafen, Binnenhafen oder Bahnhof;

- für den Umschlag und die Lagerung von Gegenständen vor ihrer Ausfuhr oder während ihrer Durchfuhr;
- für die handelsüblichen Nebenleistungen, die bei Güterbeförderungen aus dem Inland in das Drittlandsgebiet oder durch das Inland oder bei den oben bezeichneten Leistungen vorkommen, zB Wiegen, Messen oder Probeziehen;
- für die Besorgung der oben angeführten Leistungen;
- für die Beschaffung von Genehmigungen, die sich unmittelbar auf den Ausfuhrgegenstand beziehen, zB Ausfuhrbewilligungen.

(BMF-AV Nr. 2017/171)

Die Steuerbefreiung hängt nicht davon ab, dass die Leistungen an ausländische Auftraggeber bewirkt werden. Die Leistungen müssen sich unmittelbar auf Gegenstände der Ausfuhr oder der Durchfuhr beziehen (VwGH 22.03.2010, 2007/15/0310). Der Begriff der Ausfuhr umfasst auch Vorgänge, die nicht gemäß § 7 UStG 1994 steuerfrei sind (zB rechtsgeschäftsloses Verbringen, Ausfuhr durch Nichtunternehmer). **713**

Es ist unbeachtlich, ob es sich um eine Beförderung, einen Umschlag oder eine Lagerung oder um eine handelsübliche Nebenleistung zu diesen Leistungen handelt.

Verrechnet der Transportunternehmer die Kosten für an ihn ausgegebene CARNET TIR (mit diesem übernimmt ein bürgender Verband die Haftung für bestimmte Abgaben bzw. Zölle, die dem Transportunternehmer vorgeschrieben werden) seinem Auftraggeber weiter, so handelt es sich dabei nicht um eine eigene Leistung des Unternehmers an den Auftraggeber, sondern um einen Teil des Entgelts, das der Transportunternehmer für seine Transportleistung erhält. **714**

Folgende sonstige Leistungen sind nicht als Leistungen anzusehen, die sich unmittelbar auf Gegenstände der Ausfuhr oder der Durchfuhr beziehen: **715**

- Vermittlungsleistungen im Zusammenhang mit der Ausfuhr oder der Durchfuhr von Gegenständen. Diese Leistungen können jedoch nach § 6 Abs. 1 Z 5 UStG 1994 steuerfrei sein;
- Leistungen, die sich im Rahmen einer Ausfuhr oder einer Durchfuhr von Gegenständen nicht auf diese Gegenstände, sondern auf die Beförderungsmittel beziehen, zB die Leistung eines Gutachters, die sich auf einen verunglückten LKW – und nicht auf seine Ladung – bezieht, oder die Überlassung eines Liegeplatzes in einem Binnenhafen. Für Leistungen, die für den unmittelbaren Bedarf von Seeschiffen oder Luftfahrzeugen, einschließlich ihrer Ausrüstungsgegenstände und ihrer Ladungen, bestimmt sind, kann jedoch die Steuerbefreiung nach § 6 Abs. 1 Z 2 in Verbindung mit § 9 Abs. 1 Z 4 oder Abs. 2 Z 4 UStG 1994 in Betracht kommen.
- Eine Transportbegleitung bezieht sich nicht unmittelbar auf den Ausfuhrgegenstand, sondern auf die Beförderung.
- Bei der Beschaffung von Genehmigungen ist zu unterscheiden, ob sie sich auf den Ausfuhrgegenstand beziehen (zB Ausfuhrbewilligung) oder nicht (zB Transportbewilligung).

Als Gegenstände der Ausfuhr oder der Durchfuhr sind auch solche Gegenstände anzusehen, die sich vor der Ausfuhr im Rahmen einer Bearbeitung oder Verarbeitung im Sinne des § 7 Abs. 1 UStG 1994 vorletzter Satz oder einer Lohnveredlung im Sinne des § 8 UStG 1994 befinden. Die Steuerbefreiung erstreckt sich somit auch auf sonstige Leistungen, die sich unmittelbar auf diese Gegenstände beziehen. **716**

Bei grenzüberschreitenden Güterbeförderungen und anderen sonstigen Leistungen, einschließlich Besorgungsleistungen, die sich unmittelbar auf Gegenstände der Ausfuhr oder der Durchfuhr beziehen, ist materiell-rechtliche Voraussetzung für die Steuerbefreiung, dass der leistende Unternehmer die Ausfuhr oder Wiederausfuhr der Gegenstände eindeutig und leicht nachprüfbar buchmäßig nachweist (§ 18 Abs. 8 UStG 1994). Bei grenzüberschreitenden Güterbeförderungen können insbesondere die vorgeschriebenen Frachturkunden (zB Frachtbrief, Konnossement), der schriftliche Speditionsauftrag, das im Speditionsgewerbe übliche Bordero oder ein Doppel des Versandscheins als Nachweisbelege in Betracht kommen. Bei anderen sonstigen Leistungen kommen als Ausfuhrbelege insbesondere Belege mit einer Ausfuhrbestätigung der den Ausgang aus dem Zollgebiet der Gemeinschaft überwachenden Grenzzollstelle, Versendungsbelege oder sonstige handelsübliche Belege in Betracht. Die sonstigen handelsüblichen Belege können auch von den Unternehmern ausgestellt werden, die für die Lieferung die Steuerbefreiung für Ausfuhrlieferungen (§ 6 Abs. 1 Z 1 in Verbindung mit § 7 UStG 1994) oder für die Bearbeitung oder Verarbeitung die Steuerbefreiung für Lohnveredlungen an Gegenständen der Ausfuhr (§ 6 Abs. 1 Z 1 in Verbindung mit § 8 UStG 1994) in Anspruch nehmen. Diese Unternehmer müssen für die Inanspruchnahme der vorbezeichneten Steuerbefreiungen die Ausfuhr der Gegenstände nachweisen. Anhand **717** der bei ihnen vorhandenen Unterlagen können sie deshalb einen sonstigen handelsüblichen Beleg, zB für einen Frachtführer, Umschlagbetrieb oder Lagerhalter, ausstellen.

718 Bei Vortransporten, die mit Beförderungen im Luftfrachtverkehr aus dem Inland in das Drittlandsgebiet verbunden sind, ist der Nachweis der Ausfuhr oder Wiederausfuhr als erfüllt anzusehen, wenn sich aus den Unterlagen des Unternehmers eindeutig und leicht nachprüfbar ergibt, dass im Einzelfall

- die Vortransporte aufgrund eines Auftrags bewirkt worden sind, der auch die Ausführung der nachfolgenden grenzüberschreitenden Beförderung zum Gegenstand hat,
- die Vortransporte als örtliche Rollgebühren oder Vortransportkosten abgerechnet worden sind und die Kosten der Vortransporte wie folgt ausgewiesen worden sind:
- im Luftfrachtbrief (bzw. im Sammelladungsverkehr im Hausluftfrachtbrief) – oder
- in der Rechnung an den Auftraggeber, wenn die Rechnung die Nummer des Luftfrachtbriefs – oder im Sammelladungsverkehr die Nummer des Hausluftfrachtbriefs – enthält.

719 Hat bei einer Beförderung im Eisenbahnfrachtverkehr, die einer grenzüberschreitenden Beförderung oder einer Beförderung im internationalen Eisenbahnfrachtverkehr vorausgeht, der Empfänger oder der Absender seinen Sitz (Wohnsitz) im Ausland und werden die Beförderungskosten von diesem Empfänger oder Absender bezahlt, so kann die Ausfuhr oder Wiederausfuhr aus Vereinfachungsgründen durch folgende Bescheinigung auf dem Frachtbrief nachgewiesen werden:

„Bescheinigung für Umsatzsteuerzwecke

Nach meinen Unterlagen bezieht sich die Beförderung unmittelbar auf Gegenstände der Ausfuhr oder der Durchfuhr (§ 6 Abs. 1 Z 3 lit. a sublit. bb UStG 1994).

Die Beförderungskosten werden von

____

(Name und Anschrift des ausländischen Empfängers oder Absenders)

bezahlt

____________________ ____________________

(Ort und Datum) (Unterschrift)“

Der in der vorbezeichneten Bescheinigung angegebene ausländische Empfänger oder Absender muss der im Frachtbrief angegebene Empfänger oder Absender sein.

720 Eine grenzüberschreitende Beförderung zwischen dem Inland und einem Drittland liegt auch vor, wenn die Güterbeförderung vom Inland über einen anderen Mitgliedstaat in ein Drittland durchgeführt wird. Befördert in diesem Fall ein Unternehmer die Güter auf einer Teilstrecke vom Inland in das übrige Gemeinschaftsgebiet, kann diese Leistung ab 1.1.2019 nur mehr dann nach § 6 Abs. 1 Z 3 lit. a sublit. bb UStG 1994 steuerfrei sein, wenn diese Beförderungsleistung unmittelbar an den Versender oder Empfänger (= Lieferer oder Abnehmer iSd § 3 Abs. 8 UStG 1994) der Güter erbracht wird (vgl. EuGH 29.6.2017, Rs C-288/16, *„L.Č.“ IK*). Der Unternehmer hat die Ausfuhr der Güter nachzuweisen (vgl. § 6 Abs. 1 Z 3 letzter Satz in Verbindung mit § 18 Abs. 8 UStG 1994). Wird der Nachweis nicht erbracht oder ab 1.1.2019 die Beförderungsleistung nicht unmittelbar an den Versender oder Empfänger ausgeführt, ist die Leistung nicht nach § 6 Abs. 1 Z 3 lit. a sublit. bb UStG 1994 befreit.

Beispiel 1:

Der österreichische Unternehmer U (= Versender) beauftragt den österreichischen Frachtführer F, Güter von Innsbruck nach Bern (Schweiz) zu befördern. F beauftragt den österreichischen Unterfrachtführer F1 mit der Beförderung von Innsbruck nach Bozen (Italien) und den italienischen Unterfrachtführer F2 mit der Beförderung von Bozen nach Bern. Dabei können F und F2 die Ausfuhr in die Schweiz durch Belege nachweisen, F1 nicht.

Lösung ab 1.1.2010 bis 31.12.2018:

Die Beförderungsleistung des F an U umfasst die Gesamtbeförderung von Innsbruck nach Bern. Diese ist gemäß § 3a Abs. 6 UStG 1994 am Empfängerort (Österreich) steuerbar und gemäß § 6 Abs. 1 Z 3 lit. a sublit. bb UStG 1994 von der Umsatzsteuer befreit.

Die Beförderungsleistung des Unterfrachtführers F1 an den Frachtführer F ist gemäß § 3a Abs. 6 UStG 1994 am Empfängerort (Österreich) steuerbar, jedoch nicht steuerfrei nach § 6 Abs. 1 Z 3 lit. a sublit. bb UStG 1994, da F1 keinen Nachweis erbringen kann, dass die Ausfuhr in einen Drittstaat erfolgte.

Die Beförderungsleistung des Unterfrachtführers F2 an den Frachtführer F ist ebenfalls gemäß § 3a Abs. 6 UStG 1994 am Empfängerort (Österreich) steuerbar und nach § 6 Abs. 1 Z 3 lit. a sublit. bb UStG 1994 steuerfrei, wenn er die Ausfuhr durch Belege nachweist.

Lösung ab 1.1.2019:

Die Beförderungsleistung des F an U von Innsbruck nach Bern ist gemäß § 3a Abs. 6 UStG 1994 am Empfängerort (Österreich) steuerbar und gemäß § 6 Abs. 1 Z 3 lit. a sublit. bb UStG 1994 steuerfrei.

Die Beförderungsleistung des Unterfrachtführers F1 an den Frachtführer F von Innsbruck nach Bozen ist gemäß § 3a Abs. 6 UStG 1994 am Empfängerort in Österreich steuerbar. Sie ist zwar Teil einer grenzüberschreitenden Güterbeförderung in die Schweiz, jedoch selbst bei Nachweis der Ausfuhr der Güter in die Schweiz nicht nach § 6 Abs. 1 Z 3 lit. a sublit. bb UStG 1994 befreit. Dies deshalb, weil die Beförderungsleistung nicht unmittelbar an den Unternehmer U erbracht wird. Gleiches gilt für die Beförderungsleistung des Unterfrachtführers F2, bei dem es zusätzlich zum Übergang der Steuerschuld auf F kommen kann.

Beispiel 2:

Wie Beispiel 1, jedoch weist F1 die Ausfuhr der Güter in die Schweiz nach.

Lösung ab 1.1.2010 bis 31.12.2018:

Die Beförderungsleistung des F an U von Innsbruck nach Bern ist gemäß § 3a Abs. 6 UStG 1994 in Österreich steuerbar und gemäß § 6 Abs. 1 Z 3 lit. a sublit. bb UStG 1994 steuerfrei.

Die Beförderungsleistung des Unterfrachtführers F1 an den Frachtführer F von Innsbruck nach Bozen ist gemäß § 3a Abs. 6 UStG 1994 am Empfängerort in Österreich steuerbar. Da der Unterfrachtführer F1 durch Belege die Ausfuhr der Güter in die Schweiz nachweist, ist seine Leistung nach § 6 Abs. 1 Z 3 lit. a sublit. bb UStG 1994 in Österreich von der Umsatzsteuer befreit. Gleiches gilt für die Beförderungsleistung des Unterfrachtführers F2.

Lösung ab 1.1.2019:

Wie Beispiel 1.

(BMF-AV Nr. 2016/212, BMF-AV Nr. 2017/171)

Beziehen sich die Leistungen auf Seetransportbehälter ausländischer Auftraggeber, so kann der Unternehmer den Nachweis der Ausfuhr oder Wiederausfuhr aus Vereinfachungsgründen dadurch erbringen, dass er Folgendes aufzeichnet: **721**

- Den Namen und die Anschrift des ausländischen Auftraggebers und des Verwenders, wenn dieser nicht Auftraggeber ist, und
- das Kennzeichen des Seetransportbehälters.

6.1.3.2.2. Ausnahmen von der Steuerbefreiung

Die Steuerbefreiung nach § 6 Abs. 1 Z 3 lit. a bis c UStG 1994 ist ausgeschlossen für die in § 6 Abs. 1 Z 8, 9 lit. c und 13 UStG 1994 bezeichneten Umsätze. Dadurch wird bei Umsätzen des Geld- und Kapitalverkehrs und bei Versicherungsumsätzen eine Steuerbefreiung mit Vorsteuerabzug in anderen als in den in § 12 Abs. 3 lit. a UStG 1994 bezeichneten Fällen vermieden. Die Regelung hat jedoch nur Bedeutung für umsatzsteuerrechtlich selbständige Leistungen. Eine selbständige Leistung liegt zB bei der Besorgung der Versicherung von zu befördernden Gegenständen nicht vor, wenn die Versicherung durch denjenigen Unternehmer besorgt wird, der auch die Beförderung der versicherten Gegenstände durchführt oder besorgt. Die Besorgung der Versicherung stellt hier vielmehr eine unselbständige Nebenleistung zu der Beförderung oder der Besorgung der Beförderung als Hauptleistung dar. Der Vorsteuerabzug beurteilt sich deshalb in diesen Fällen nach der Hauptleistung der Beförderung oder der Besorgung der Beförderung. **722**

Von der Steuerbefreiung nach § 6 Abs. 1 Z 3 lit. a bis c UStG 1994 sind ferner Bearbeitungen oder Verarbeitungen von Gegenständen einschließlich Werkleistungen im Sinne des § 3a Abs. 3 UStG 1994 ausgeschlossen. Diese Leistungen können jedoch zB unter den Voraussetzungen des § 6 Abs. 1 Z 1 in Verbindung mit § 8 UStG 1994 steuerfrei sein. **723**

Um eine Doppelbesteuerung zu vermeiden, kann in jenen Fällen, in denen ein Gegenstand vor der Einfuhr im Ausland be- oder verarbeitet wird, von einer Besteuerung der Be- oder Verarbeitungsleistung im Inland Abstand genommen werden, wenn die Kosten für diese Leistung in der Bemessungsgrundlage für die EUSt enthalten sind (vgl. Rz 707).

6.1.3.3. Sonstige Leistungen bei vorübergehender Einfuhr

6.1.3.3.1. Anwendungsbereich

Die Bestimmung ergänzt die Steuerbefreiung für die Einfuhr von Gegenständen, die zur vorübergehenden Verwendung abgefertigt worden sind (§ 6 Abs. 4 Z 7 UStG 1994). **724**

Befreit sind sonstige Leistungen, wenn sich die Leistungen auf

- eingeführte Gegenstände beziehen, für die zollamtlich eine vorübergehende Verwendung im Inland, ausgenommen die Gebiete Jungholz und Mittelberg, bewilligt worden ist, und
- der Leistungsempfänger ein ausländischer Auftraggeber (§ 8 Abs. 2 UStG 1994, siehe Rz 1059 bis 1062) ist.

725 Die Voraussetzungen der Befreiung müssen buchmäßig nachgewiesen werden (näheres siehe Rz 706 bis Rz 711).

(BMF-AV Nr. 2016/212)

6.1.3.3.2. Ausnahmen von der Steuerbefreiung

726 Nicht befreit sind sonstige Leistungen, die sich auf Beförderungsmittel, Paletten und Container beziehen, Umsätze im Sinne des § 6 Abs. 1 Z 8, 9 lit. c und 13 UStG 1994 (soweit es sich nicht um unselbständige Nebenleistungen handelt), die Bearbeitung oder Verarbeitung von Gegenständen einschließlich Werkleistungen im Sinne des § 3a Abs. 3 UStG 1994 (näheres siehe Rz 722 und 723).

6.1.3.4. Grenzüberschreitende Personenbeförderung

727 Befreit ist die grenzüberschreitende Beförderung von Personen mit Eisenbahnen (ab 1.1.2023), Schiffen und Luftfahrzeugen mit Ausnahme der Personenbeförderung auf dem Bodensee.

(BMF-AV Nr. 2022/154)

728 Die Steuerfreiheit der Besorgung (zum Begriff siehe Rz 638g und Rz 638h) grenzüberschreitender Personenbeförderungen ergibt sich aus § 3a Abs. 4 UStG 1994. Die Vermittlung grenzüberschreitender Personenbeförderungen mit Eisenbahnen (ab 1.1.2023), Schiffen und Luftfahrzeugen ist gemäß § 6 Abs. 1 Z 5 UStG 1994 befreit. Nicht unter die Steuerbefreiung fällt die grenzüberschreitende Personenbeförderung mit KFZ oder die Vermittlung von Inlandsflügen. Letztere unterliegen bei Steuerbarkeit im Inland dem Normalsteuersatz von 20%.

(AÖF Nr. 2014/164, BMF-AV Nr. 2020/192, BMF-AV Nr. 2022/154)

729 Zum Begriff der Personenbeförderung siehe Rz 1301 bis Rz 1312. Der Zweck der Beförderung ist nicht maßgeblich. Auch die grenzüberschreitende Beförderung von kranken oder verletzten Personen mit Eisenbahnen (ab 1.1.2023), Schiffen und Luftfahrzeugen (zB die Rückholung von Verletzten aus dem Ausland mittels Flugzeug) ist begünstigt. Die echte Steuerbefreiung des § 6 Abs. 1 Z 3 lit. d UStG 1994 hat Vorrang vor der gemäß § 6 Abs. 1 Z 22 UStG 1994 unecht befreiten Beförderung von kranken und verletzten Personen mit Fahrzeugen, die dafür besonders eingerichtet sind.

(BMF-AV Nr. 2022/154)

730 Die Beförderungsleistung muss sich auf das Inland und das Ausland erstrecken. Die Befreiung trifft auch auf den Transitverkehr zu – selbst dann, wenn die Reise unterbrochen wird (zB Zwischenlandung bei einem Flug). Maßgeblich ist stets der Inhalt des Beförderungsvertrages (Flug- oder Schiffskarte). Unter Ausland ist sowohl das Drittland als auch das übrige Gemeinschaftsgebiet zu verstehen. Liegen Anfangs- und Endpunkt der Personenbeförderung im Inland und wird ausländisches Gebiet nur durch- oder überquert, kommt die Steuerfreiheit nicht zum Zuge. Eine gemeinsame Buchung und Bezahlung von Hin- und Rückbeförderung ins bzw. aus dem Ausland ändert aber nichts an der Steuerfreiheit. Der Fährbetrieb auf einem Grenzfluss stellt eine grenzüberschreitende Personenbeförderung dar und ist somit steuerfrei.

731 Pauschalreisen stellen keine einheitliche Leistung des Reiseveranstalters dar, sondern selbständig zu beurteilende Hauptleistungen, sofern nicht § 23 UStG 1994 zur Anwendung gelangt. Bei einer Flugreise sind daher die Besorgung der Flugreise und die Besorgung von Quartier und Verpflegung umsatzsteuerrechtlich als selbständige Leistungen zu beurteilen. Es können jedoch unselbständige Nebenleistungen mit diesen Leistungen verbunden sein.

6.1.4. Lieferung von Gold an Zentralbanken

Derzeit frei.

6.1.5. Vermittlung

Derzeit frei.

6.1.6. Andere echte Steuerbefreiungen

6.1.6.1. Lieferung bei der Einfuhr zur vorübergehenden Verwendung

Befreit ist die Lieferung von eingeführten Gegenständen, 732

- soweit für die Gegenstände zollamtlich eine vorübergehende Verwendung im Inland bewilligt worden ist und diese Bewilligung auch nach der Lieferung gilt,
- die Lieferung an einen Abnehmer, der keinen Wohnsitz (Sitz) im Gemeinschaftsgebiet (siehe Rz 146 bis 148) hat, erfolgt und
- es sich nicht um Beförderungsmittel, Paletten und Container handelt.

Die Steuerbefreiung wird ergänzt durch die Befreiung nach § 6 Abs. 1 Z 3 lit. c UStG 1994 (siehe Rz 724) für sonstige Leistungen, die sich auf vorübergehend eingeführte Gegenstände beziehen. 733

Beispiel:

Der Zürcher Unternehmer Z hat Waren und diverse Ausrüstungsgegenstände zur Ausstattung seines Standes als Messegut zur vorübergehenden Verwendung in das Inland eingeführt. Nach Beendigung der Messe verkauft er seine Standausstattung an einen amerikanischen Unternehmer U.

Z verschafft dem U die Verfügungsmacht über die Standausstattung im Inland. Es liegt daher eine steuerbare Lieferung vor. Für diese Standausstattung war zollamtlich eine vorübergehende Verwendung bewilligt worden. Weiters handelt es sich bei dem Käufer um einen ausländischen Abnehmer, der keinen Wohnsitz (Sitz) im Gemeinschaftsgebiet hat. Die vorliegende Lieferung könnte daher unter der Voraussetzung, dass die Bewilligung zur vorübergehenden Verwendung auch nach der Lieferung gilt, gemäß § 6 Abs. 1 Z 6 lit. a UStG 1994 steuerfrei belassen werden.

Abgrenzung zu § 6 Abs. 4 Z 7 UStG 1994: Nach Art. 250 bis 253 UZK (bis 30.4.2016: Art. 137 bis 144 ZK) können Nichtgemeinschaftswaren, die zur Wiederausfuhr bestimmt sind, unter Befreiung von den Eingangsabgaben im Zollgebiet der Gemeinschaft verwendet werden. Sofern es sich um eine gänzliche Befreiung von den Eingangsabgaben handelt, erstreckt sich diese auch auf die EUSt wie zB bei Berufsausrüstung, Ausstellungsgut, Beförderungsmitteln. 734

(BMF-AV Nr. 2016/212)

6.1.6.2. Leistungen der Eisenbahnunternehmer für ausländische Eisenbahnen

Befreit sind die 735

- Lieferungen und sonstigen Leistungen der inländischen Eisenbahnunternehmer
- für ausländische Eisenbahnen
- in den Gemeinschaftsbahnhöfen, Betriebswechselbahnhöfen und Grenzbetriebsstrecken.

Grenzbetriebsstrecken sind jene Strecken, die zwischen der österreichischen Staatsgrenze und dem inländischen Grenzbahnhof liegen.

6.1.6.3. Leistungen an ausländische Vertretungsbehörden und ihre im diplomatischen und berufskonsularischen Rang stehenden Mitglieder sowie an NATO-bestimmte Streitkräfte

(BMF-AV Nr. 2022/154)

§ 6 Abs. 1 Z 6 lit. c UStG 1994 befreit unter bestimmten Voraussetzungen Lieferungen und sonstige Leistungen (ausgenommen die Lieferung neuer Fahrzeuge) an begünstigte Empfänger in einem anderen Mitgliedstaat und Streitkräfte, die an einer Verteidigungsanstrengung außerhalb ihres Mitgliedstaats teilnehmen, die zur Durchführung einer Tätigkeit der Union im Rahmen der Gemeinsamen Sicherheits- und Verteidigungspolitik (GSVP) unternommen wird. Diese Bestimmung entspricht Art. 151 MwSt-RL 2006/112/EG. 736

(BMF-AV Nr. 2022/154)

6.1.6.3.1. Begünstige Empfänger

(BMF-AV Nr. 2022/154)

Begünstigte Empfänger sind die im Gebiet eines anderen Mitgliedstaates errichteten 737

- ständigen diplomatischen Missionen,
- berufskonsularischen Vertretungen,
- zwischenstaatlichen Einrichtungen wie zB die Europäische Kommission, sowie
- die Mitglieder der genannten Einrichtungen; weiters

- die im Gebiet eines anderen Mitgliedstaates stationierten NATO-Streitkräfte, wobei es sich jedoch nicht um die Streitkräfte dieses Mitgliedstaates handeln darf (zB bei Lieferungen an in Deutschland stationierte NATO-Streitkräfte darf es sich nicht um deutsche NATO-Streitkräfte handeln),
- die Streitkräfte anderer Mitgliedstaaten, wenn diese Streitkräfte an einer Verteidigungsanstrengung teilnehmen, die zur Durchführung einer Tätigkeit der Union im Rahmen der GSVP unternommen wird und, wenn die Umsätze entweder für den Gebrauch oder Verbrauch durch die Streitkräfte anderer Mitgliedstaaten oder ihr ziviles Begleitpersonal oder für die Versorgung ihrer Kasinos oder Kantinen bestimmt sind, sowie
- die im Gebiet eines anderen Mitgliedstaates stationierten Streitkräfte eines Mitgliedstaates, wenn diese Streitkräfte an einer Verteidigungsanstrengung teilnehmen, die zur Durchführung einer Tätigkeit der Union im Rahmen der GSVP unternommen wird und, wenn die Umsätze für den Gebrauch oder Verbrauch durch die Streitkräfte eines anderen Mitgliedstaats als die des Bestimmungsmitgliedstaats selbst oder ihr ziviles Begleitpersonal oder für die Versorgung ihrer Kasinos oder Kantinen bestimmt sind.

(BMF-AV Nr. 2022/154)

6.1.6.3.2. Voraussetzungen für die Steuerbefreiung

738 Der Umfang der Befreiung richtet sich nach dem Recht des anderen Mitgliedstaates (Aufnahmemitgliedstaates). Zu diesem Zweck hat der Abnehmer dem leistenden Unternehmer eine Bescheinigung auf amtlichem Vordruck vorzulegen. Diese Bescheinigung wird von der zuständigen Behörde des Aufnahmemitgliedstaates ausgestellt und dient dem Unternehmer als Nachweis für die Qualifikation des Abnehmers und den Umfang der Befreiung. Zur Vereinfachung des Bestätigungsverfahrens können die Aufnahmestaaten bestimmte Einrichtungen von der Verpflichtung befreien, einen Sichtvermerk der zuständigen Behörde einzuholen. In diesem Fall tritt an die Stelle des Sichtvermerkes eine Eigenbestätigung der Einrichtung, in der auf die entsprechende Genehmigung (Datum und Aktenzeichen) hinzuweisen ist.

(AÖF Nr. 2014/164)

739 Die Mitgliedstaaten verwenden ein einheitliches Formular als amtlichen Vordruck. Im Anhang 3 findet sich ein Muster dieses Formulares samt Erläuterungen in deutscher Sprache.

Die gemäß § 6 Abs. 1 Z 6 lit. c UStG 1994 steuerfreien Umsätze sind nicht in die ZM aufzunehmen.

Beispiel:

Die amerikanische Botschaft in Madrid bestellt bei einem nur in Österreich niedergelassenen Händler Büromöbel. Die zuständige Behörde in Spanien bescheinigt auf amtlichem Vordruck, dass die Voraussetzungen für die Steuerbefreiung nach spanischem Recht vorliegen. Die Botschaft übermittelt diese Bestätigung dem österreichischen Unternehmer, der die Möbel nach Spanien versendet.

Lösung:

Unter den Voraussetzungen des Art. 3 Abs. 5 UStG 1994 ist die Lieferung in Österreich steuerbar. Dies setzt voraus, dass der österreichische Unternehmer weder die Umsatzgrenze iSd Art. 3 Abs. 5 UStG 1994 (bis 30.06.2021: spanische Lieferschwelle) überschreitet noch auf ihre Anwendung verzichtet. Die Lieferung kann jedoch gemäß § 6 Abs. 1 Z 6 lit. c UStG 1994 steuerfrei belassen werden. Bei Überschreiten der Umsatzgrenze iSd Art. 3 Abs. 5 UStG 1994 (bis 30.06.2021: Lieferschwelle) oder Verzicht auf deren Anwendung ist der Umsatz in Österreich nicht steuerbar.

(BMF-AV Nr. 2019/165, BMF-AV Nr. 2020/192)

740 Die Staatsbürgerschaft des begünstigten Empfängers ist für die Anwendung der Befreiungsbestimmung ohne Bedeutung. Es kann demnach auch ein österreichischer Botschafter, der in einem anderen Mitgliedstaat akkreditiert ist, Leistungen steuerfrei aus Österreich beziehen, wenn eine entsprechende Bescheinigung vorliegt.

Beispiel:

Der österreichische Botschafter in Paris kauft anlässlich eines Winterurlaubes in Österreich eine Schiausrüstung im Wert von 700 € und legt dem Unternehmer eine Bescheinigung vor, dass er zum steuerfreien Bezug dieser Gegenstände berechtigt ist. Die Lieferung kann gemäß § 6 Abs. 1 Z 6 lit. c UStG 1994 steuerfrei belassen werden.

741 Mitglieder internationaler Organisationen, die von den Behörden des Aufnahmelandes als solche anerkannt sind, können Lieferungen von Gegenständen und Dienstleistungen steuerfrei erhalten. Die Grenzen und Bedingungen dafür sind in den internationalen Übereinkommen über die Gründung dieser Einrichtung oder in den Sitzabkommen festgelegt.

Der Leistungsempfänger weist mit Aushändigung einer vom Sitzmitgliedstaat ausgestellten Bescheinigung dem leistenden Unternehmer nach, dass er zum steuerfreien Bezug der dort genannten Waren bzw. Dienstleistungen berechtigt ist.

6.1.6.3.3. Leistungen aus anderen Mitgliedstaaten an diplomatische und konsularische Einrichtungen sowie internationale Organisationen in Österreich

Grundlage für die Steuerbefreiung ist Art. 151 MwSt-RL 2006/112/EG (Art. 15 Abs. 10 6. MWSt-RL), der Umfang richtet sich nach österreichischem Recht. Die für den Nachweis der Steuerbefreiung im anderen Mitgliedstaat erforderliche Bescheinigung (Formular U 100) stellt das Bundesministerium für europäische und internationale Angelegenheiten aus. **742**

6.1.6.3.4. Leistungen an diplomatische und konsularische Einrichtungen sowie internationale Organisationen und deren Mitglieder im Drittland

Diese fallen nicht unter § 6 Abs. 1 Z 6 lit. c UStG 1994, sondern können nach § 7 UStG 1994 steuerfrei sein. **743**

6.1.6.3.5. Leistungen an diplomatische und konsularische Einrichtungen sowie internationale Organisationen und deren Mitglieder in Österreich sowie an sonstige völkerrechtlich Privilegierte

(BMF-AV Nr. 2021/166)

Diese Leistungen können ebenfalls nicht nach § 6 Abs. 1 Z 6 lit. c UStG 1994 steuerfrei belassen werden, sondern sind in Österreich steuerbar und steuerpflichtig. Bei der Lieferung von Kraftfahrzeugen und der Vermietung von Grundstücken siehe jedoch Rz 747a. Die begünstigten Empfänger haben jedoch die Möglichkeit, die Vergütung der Umsatzsteuer nach dem BGBl. I Nr. 71/2003 idgF (BG über die internationale Steuervergütung, Internationales Steuervergütungsgesetz – IStVG) zu beantragen. **744**

Ist aufgrund völkerrechtlicher Verpflichtung oder durch Einräumung von Vorrechten und Befreiungen durch Bundesgesetz oder Verordnung eine Steuervergütung erforderlich, kommt das IStVG sinngemäß zur Anwendung, insoweit dazu das Verfahren nicht geregelt ist. Internationale Einrichtungen im Sinne des Amtssitzgesetzes, BGBl. I Nr. 54/2021, werden dabei ausländischen Vertretungsbehörden gleichgestellt.

Zuständige Behörde ist das Finanzamt für Großbetriebe.

Ausländische Vertretungsbehörden im Sinne dieses Gesetzes sind diplomatische und berufskonsularische Vertretungen sowie ständige Vertretungen bei internationalen Organisationen, die ihren Amtssitz in Österreich haben.

(BMF-AV Nr. 2021/166)

Vergütet wird USt für Lieferungen und sonstige Leistungen an **745**

- ausländische Vertretungsbehörden, die sie ausschließlich für ihren amtlichen Gebrauch erhalten haben,
- die im diplomatischen oder berufskonsularischen Rang stehenden Mitglieder dieser Behörden, die für ihren persönlichen Gebrauch bestimmt sind,
- Internationale Einrichtungen im Sinne des Amtssitzgesetzes, BGBl. I Nr. 54/2021.

(BMF-AV Nr. 2022/154)

Für das einzelne Mitglied ist die Vergütung im Kalenderjahr mit 2.900 Euro begrenzt. Keinen Anspruch haben Personen, die Angehörige der Republik Österreich oder in ihr ständig ansässig sind. Das Entgelt zuzüglich der USt muss mindestens 73 Euro betragen. Werden mehrere Leistungen in einer Rechnung abgerechnet, so ist das Gesamtentgelt maßgeblich. **746**

In den Fällen des Zutreffens des § 6 Abs. 1 Z 6 lit. d (siehe Rz 747a) besteht kein Anspruch auf Vergütung nach dem IStVG.

Der Antrag auf Vergütung ist durch die ausländische Vertretungsbehörde bzw. durch die internationale Organisation auf dem amtlichen Vordruck (Formular U 41 bzw. U 43) beim Finanzamt für Großbetriebe einzureichen.

Für Diplomaten besteht die Möglichkeit einer pauschalen Vergütung.

(BMF-AV Nr. 2023/152)

6.1.6.3.6. Leistungen an Streitkräfte, die an einer Verteidigungsanstrengung außerhalb ihres Mitgliedstaats teilnehmen, die zur Durchführung einer Tätigkeit der Union im Rahmen der GSVP unternommen wird

(BMF-AV Nr. 2022/154)

Die Befreiungen gemäß § 6 Abs. 1 Z 6 lit. c dritter und vierter Teilstrich UStG 1994 gelten nur für Situationen, in denen die Streitkräfte Aufgaben wahrnehmen, die unmittelbar mit **746a** einer Verteidigungsanstrengung im Rahmen der GSVP verbunden sind. Sie finden keine Anwendung auf zivile Missionen im Rahmen der GSVP. Gegenstände oder Dienstleistungen, die für den Gebrauch oder Verbrauch durch Zivilpersonal bereitgestellt werden, fallen daher nur dann unter die Ausnahmen, wenn es sich um das zivile Begleitpersonal von Streitkräften handelt, die Aufgaben ausführen, welche unmittelbar mit einer Verteidigungsanstrengung im Rahmen der GSVP außerhalb ihres Mitgliedstaats zusammenhängen. Aufgaben, zu deren Erfüllung ausschließlich Zivilpersonal oder zivile Fähigkeiten eingesetzt werden, werden nicht als Verteidigungsanstrengungen betrachtet. Unter keinen Umständen gelten die Befreiungen auch für Gegenstände oder Dienstleistungen, die die Streitkräfte für den Gebrauch oder Verbrauch durch die Truppen oder das Zivilpersonal erwerben, das sie innerhalb ihres eigenen Mitgliedstaats begleitet.

Unter Verteidigungsanstrengungen, die zur Durchführung einer Tätigkeit der Union im Rahmen der GSVP unternommen werden, fallen militärische Missionen und Operationen, Tätigkeiten von Gefechtsverbänden, der gegenseitige Beistand, Projekte im Rahmen der Ständigen Strukturierten Zusammenarbeit sowie Tätigkeiten der Europäischen Verteidigungsagentur. Darunter fallen jedoch nicht Tätigkeiten im Rahmen der Solidaritätsklausel nach Art. 222 AEUV und andere bilaterale oder multilaterale Tätigkeiten der Mitgliedstaaten, die nicht mit Verteidigungsanstrengungen, die zur Durchführung einer Tätigkeit der Union im Rahmen der GSVP unternommen werden, in Zusammenhang stehen.

Die Bescheinigung über die Befreiung von der Mehrwertsteuer erfolgt entsprechend der unmittelbar anzuwendenden Durchführungsverordnung (EU) 2022/432.

(BMF-AV Nr. 2022/154)

6.1.6.3.7. Lieferungen neuer Kfz an begünstigte Einrichtungen und deren Mitglieder in anderen Mitgliedstaaten

(BMF-AV Nr. 2022/154)

747 Lieferungen neuer Kfz an begünstigte Empfänger in anderen Mitgliedstaaten fallen nicht unter die Steuerbefreiung des § 6 Abs. 1 Z 6 lit. c UStG 1994. Hier sind die allgemeinen Bestimmungen über die innergemeinschaftliche Lieferung neuer Fahrzeuge anzuwenden. Die innergemeinschaftliche Lieferung ist steuerfrei und der Erwerb im Bestimmungsland steuerbar.

6.1.6.4. Leistungen an ausländische Vertretungsbehörden und ihre im diplomatischen und berufskonsularischen Rang stehenden Mitglieder in Österreich

747a § 6 Abs. 1 Z 6 lit. d UStG 1994 befreit unter bestimmten Voraussetzungen die Lieferung von Kraftfahrzeugen und die Vermietung von Grundstücken an begünstigte Empfänger sowie die Vermittlung dieser Umsätze (§ 6 Abs. 1 Z 5 lit. a UStG 1994).

(BMF-AV Nr. 2015/170, BMF-AV Nr. 2016/212, BMF-AV Nr. 2022/154)

6.1.6.4.1. Begünstigte Empfänger

Zu den begünstigten Empfängern zählen

- diplomatischen Missionen,
- berufskonsularischen Vertretungen,
- internationale Einrichtungen im Sinne des Amtssitzgesetzes, BGBl. I Nr. 54/2021,
- ständige Vertretungen bei internationalen Organisationen, die ihren Amtssitz in Österreich haben, sowie
- die im diplomatischen oder berufskonsularischen Rang stehenden Mitglieder der genannten Einrichtungen.

(BMF-AV Nr. 2022/154)

6.1.6.4.2. Voraussetzung für die Steuerbefreiung

Die Voraussetzungen für die Steuerbefreiung müssen vom Unternehmer durch eine vom Bundesministerium für auswärtige Angelegenheiten nach amtlichem Vordruck ausgestellte, ihm vom Abnehmer (Käufer/Mieter) auszuhändigende Bescheinigung nachgewiesen werden (U 45 Antrag auf Steuerbefreiung für ein Kraftfahrzeug, U 46 Antrag auf Steuerbefreiung iZm Grundstücksvermietung).

6.1.6.4.3. Lieferung eines Kraftfahrzeuges

Der Begriff Kraftfahrzeug richtet sich nach dem Kraftfahrgesetz. Darunter fallen insbesondere PKW, Kombis und Motorräder. Nicht darunter fallen insbesondere Anhänger, Flugzeuge und Boote. Die Befreiung erstreckt sich nicht auf die Miete (Leasing) von Kraftfahrzeugen.

Im Falle der Anwendung der Differenzbesteuerung ist eine Steuerbefreiung nicht möglich.

Für Kraftfahrzeuge, die gemäß § 6 Abs. 1 Z 6 lit. d UStG 1994 steuerfrei geliefert wurden, gilt die jeweilige Sperrfrist nach § 93 Abs. 1 ZollR-DG, die mindestens zwei Jahre beträgt. Aus anderen diesbezüglichen Rechtsvorschriften oder aufgrund von Gegenseitigkeit können sich auch längere Sperrfristen ergeben.

Im Falle eines Verleihs, einer Verpfändung, Vermietung, Veräußerung oder Überlassung des steuerfrei gelieferten Kraftfahrzeuges innerhalb dieser Sperrfrist bleibt die Steuerbefreiung hinsichtlich des Lieferers zwar aufrecht, die Umsatzsteuer wird jedoch gemäß § 5 Abs. 2 IStVG beim begünstigten Empfänger (mittels Formular U47 Anmeldung der Entrichtung der Umsatzsteuer für ein Diplomaten-KFZ) nacherhoben.

6.1.6.4.4. Vermietung von Grundstücken

Der Begriff „Grundstücke“ entspricht dem des § 6 Abs. 1 Z 16 UStG 1994, der Begriff „Grundstücke für Wohnzwecke“ dem des § 10 Abs. 2 Z 3 lit. a UStG 1994. Die Steuerbefreiung nach § 6 Abs. 1 Z 6 lit. d UStG 1994 hat Vorrang gegenüber der Steuerbefreiung nach § 6 Abs. 1 Z 16 UStG 1994.

Zum Grundstücksbegriff ab 1.1.2017 siehe Rz 639v.

6.1.6.4.4.1. Die Vermietung von Grundstücken ohne Wohnzwecke

Die Vermietung von Grundstücken (ohne Wohnzwecke) umfasst auch die Vermietung von Räumlichkeiten und Plätzen für das Abstellen von Fahrzeugen aller Art (gleichgültig, ob sie mit dem Gebäude vermietet werden oder ob es sich zB um die Anmietung eines Garagenplatzes in einer Tiefgarage handelt).

6.1.6.4.4.2. Die Vermietung von Grundstücken für Wohnzwecke

Die Vermietung von Grundstücken für Wohnzwecke umfasst auch die Lieferung von Wärme. Nicht unter die Vermietung für Wohnzwecke fällt die mit der Wohnung mitvermietete Garage (siehe Rz 1191). Im Rahmen des § 6 Abs. 1 Z 6 lit. d UStG 1994 kann (zur Vermeidung eines Verwaltungsaufwandes, da die Umsatzsteuer sonst im Vergütungsverfahren geltend gemacht werden müsste) auch das Entgelt für die Garagenplätze, wenn diese mit der Wohnung mitvermietet werden, steuerfrei belassen werden. Das gilt jedoch nicht für Garagenplätze, die von Dritten angemietet werden.

6.1.6.4.4.3. Umfang der Befreiung

Befreit ist das Entgelt, das der Mieter für die Vermietung des Grundstückes an ihn aufzuwenden hat. Dazu gehören neben dem Hauptmietzins und den Betriebskosten auch Entgeltsteile, die auf unselbständige Nebenleistungen entfallen (zB Aufzugsbenützung und die vom Vermieter – nicht jedoch von einem Dritten – an ihn erbrachte Lieferung von Wärme).

Keine unselbständige Nebenleistung zur Vermietung von Grundstücken von Wohnzwecken sind vom Vermieter weiterverrechnete Kosten für Gas und Strom. Auch Entgeltsteile, die auf die mitvermieteten Einrichtungsgegenstände entfallen, sind grundsätzlich nicht von der Steuerbefreiung erfasst.

6.1.6.4.4.4. Dauer der Befreiung

Die Steuerbefreiung gilt nur für den in der Bescheinigung angegebenen Zeitraum, längstens jedoch für die Dauer des Mietverhältnisses mit der in der Bescheinigung genannten Einrichtung bzw. Person.

(BMF-AV Nr. 2021/166)

6.1.6.5. Leistungen an die Europäische Kommission oder eine nach dem Unionsrecht geschaffene Agentur oder Einrichtung iZm der Bekämpfung der COVID-19-Pandemie

(BMF-AV Nr. 2022/154)

§ 6 Abs. 1 Z 6 lit. e UStG 1994 befreit unter bestimmten Voraussetzungen Leistungen, die von der Europäischen Kommission oder von einer nach dem Unionsrecht geschaffenen Agentur oder Einrichtung eingeführt oder an diese geliefert werden, sofern die Kommission oder eine solche Agentur oder Einrichtung diese Gegenstände oder Dienstleistungen in Wahrnehmung der ihr durch das Unionsrecht übertragenen Aufgaben erwirbt, um auf die COVID-19-Pandemie zu reagieren. Voraussetzung ist, dass diese Gegenstände entweder unmittelbar oder zu einem späteren Zeitpunkt von der Europäischen Kommission oder einer solchen Agentur oder Einrichtung für Zwecke der unentgeltlichen Weiterlieferung verwendet werden. Gleiches gilt sinngemäß für sonstige Leistungen. 747b

Diese Bestimmung entspricht Art. 151 Abs. 1 Unterabsatz 1 lit. ab MwSt-RL 2006/112/EG.

Die Steuerbefreiung gilt für Umsätze, die nach dem 31.12.2020 erbracht oder ausgeführt werden.

(BMF-AV Nr. 2022/154)

6.1.7. Leistungen der Sozialversicherungs- und Fürsorgeträger

6.1.7.1. Begünstigte Unternehmer

748 Die Träger der Sozialversicherung (Krankenversicherung, Unfallversicherung, Pensionsversicherung) ergeben sich aus dem ASVG. Der Begriff ist in rechtlicher Betrachtungsweise zu interpretieren, umfasst daher bspw. nicht Wohlfahrtseinrichtungen der Kammern der freien Berufe (VwGH 7.12.1994, 93/13/0009).

Die Träger der öffentlichen Fürsorge (Träger der Sozialhilfe), ergeben sich aus den einschlägigen landesgesetzlichen Vorschriften. Es handelt sich entweder um Gebietskörperschaften oder um eigene Sozialhilfeverbände. Diese besitzen Unternehmereigenschaft in dem im § 2 Abs. 4 Z 1 UStG 1994 angeführten Rahmen. Die allgemeine Fürsorge (Sozialhilfe) umfasst die Hilfe zur Sicherung des Lebensbedarfes, die Hilfe in besonderen Lebenslagen und die sozialen Dienste. Für die Anwendung der Befreiung des § 6 Abs. 1 Z 7 UStG 1994 ist entscheidend, ob die Leistungen des öffentlichen Fürsorgeträgers den Empfängern als Hilfe im Sinne der einschlägigen fürsorgerechtlichen Bestimmungen gewährt worden sind, mag auf diese Hilfe ein Rechtsanspruch bestanden haben oder nicht (VwGH 26.2.1981, 2571/80 sowie VwGH 22.12.2004, 2001/15/0141).

Andere Rechtsträger, die die Voraussetzungen des Art. 132 Abs. 1 Buchstabe g MwSt-RL 2006/112/EG erfüllen, können die Befreiung anwenden, wenn sie eine anerkannte Einrichtung mit sozialem Charakter betreiben (siehe dazu EuGH 8.10.2020, Rs C-657/19, *Finanzamt D*) und es durch die Anwendung der Steuerbefreiung zu keinen Wettbewerbsverzerrungen gegenüber steuerpflichtigen Wirtschaftsteilnehmern kommt (vgl. VwGH 27.2.2019, Ro 2018/15/0022; VwGH 23.9.2005, 2005/15/0070).

(BMF-AV Nr. 2019/165, BMF-AV Nr. 2021/166)

6.1.7.2. Umfang der Befreiung

749 Die Umsatzsteuerbefreiung nach § 6 Abs. 1 Z 7 UStG 1994 umfasst alle Aufgaben der Sozialversicherungsträger und des Dachverbandes, die dem Zweck der gesetzlichen Sozialversicherung dienen. Leistungen im Zusammenhang mit Standardprodukten, Innovationsprojekten und der neuen Netzwerksstruktur der Sozialversicherung mit Kompetenzzentren und Dienstleistungszentren samt Leistungsverrechnungen zwischen den Sozialversicherungsträgern fallen gleichfalls unter § 6 Abs. 1 Z 7 UStG 1994.

Die Steuerbefreiung erstreckt sich nur auf jene Umsätze, die von den genannten Sozialversicherungs- und Fürsorgeträgern untereinander und gegenüber dem im Gesetz ausdrücklich genannten Personenkreis der Versicherten und Befürsorgten bewirkt werden. Wenn daher entgeltliche Leistungen auch an Personen erbracht werden, die nicht dem begünstigten Personenkreis angehören (zB die Abgabe von Medikamenten in einer dem Sozialversicherungsträger gehörigen Apotheke an Nichtversicherte), sind diese nicht befreit.

Hilfsgeschäfte von einer eigenen Einrichtung eines Sozialversicherungsträgers sind nach § 6 Abs. 1 Z 18 UStG 1994 befreit (vgl. Rz 928). Hilfsgeschäfte der Sozialversicherungsträger selbst sind nach § 6 Abs. 1 Z 7 UStG 1994 (soweit das Hilfsgeschäft zwischen begünstigten Personen iSd § 6 Abs. 1 Z 7 UStG 1994 getätigt wird) oder nach § 6 Abs. 1 Z 26 UStG 1994 befreit.

Die spezielleren Befreiungen nach § 6 Abs. 1 Z 9 lit. a und Z 16 UStG 1994 gehen den Befreiungen gemäß § 6 Abs. 1 Z 7 und Z 26 UStG 1994 vor. Bei Grundstücksumsätzen oder bei Vermietungen von Grundstücken zwischen begünstigten Personen iSd § 6 Abs. 1 Z 7 UStG 1994 besteht somit nach § 6 Abs. 2 UStG 1994 die Möglichkeit, auf die Steuerbefreiung gemäß § 6 Abs. 1 Z 9 lit. a bzw. Z 16 UStG 1994 zu verzichten. Zur Einschränkung der Optionsmöglichkeit bei gemäß § 6 Abs. 1 Z 16 UStG 1994 steuerfreien Umsätzen aus der Vermietung und Verpachtung von Grundstücken durch das 1. StabG 2012, BGBl. I Nr. 22/2012, siehe Rz 899a bis Rz 899c.

Auch die Umsätze der von den Sozialhilfeträgern betriebenen Alten- und Pflegeheime sind nach § 6 Abs. 1 Z 7 UStG 1994 unecht steuerbefreit. Hinsichtlich des Umfangs der Befreiung gilt Rz 932 sinngemäß.

(BMF-AV Nr. 2021/166, BMF-AV Nr. 2023/152)

Vom Dachverband der Sozialversicherungsträger und von den Sozialversicherungsträgern vereinnahmte Einhebevergütungen fallen unter die Steuerbefreiung nach § 6 Abs. 1 Z 7 UStG 1994. Betroffen sind insbesondere Vergütungen für die Mitwirkung an Aufgaben der 749a

- Arbeiterkammer (Einhebung der Arbeiterkammerumlage),
- Landarbeiterkammern (Einhebung der Landarbeiterkammerumlage),
- Wohnbauförderung,
- des Arbeitsmarktservice und im Rahmen der Mitarbeitervorsorge (Einhebung und Weiterleitung der MKV-Beiträge) sowie
- Vergütungen für die Einhebung von Beiträgen zum IESG-Fonds, der Schlechtwetterzulage und der Nacht-/Schwerarbeiterzulage.

(BMF-AV Nr. 2022/154)

Bewirkt ein Sozialversicherungsträger auf Grund entsprechender Abmachungen Leistungen an Versicherte anderer Sozialversicherungsträger, so handelt es sich um Umsätze von Sozialversicherungsträgern untereinander, die steuerbefreit sind. Unter die Befreiungsbestimmung können auch Leistungen eines Sozialversicherungsträgers an Versicherte ausländischer Krankenkassen subsumiert werden, wenn in den entsprechenden internationalen Abkommen eine Gleichstellung mit den inländischen Versicherten vorgesehen ist. 750

Hat ein Versicherter gegenüber dem Sozialversicherungsträger Anspruch auf Medikamente, so stellt deren Abgabe durch die Apotheke eine Lieferung an den Sozialversicherungsträger dar. Die Rezeptgebühr wird von der Apotheke für den Sozialversicherungsträger (durchlaufender Posten) eingehoben (VwGH 19.1.1984, 83/15/0034).

6.1.8. Geld- und Kapitalverkehr

6.1.8.1. Gewährung und Vermittlung von Krediten

Bei der Gewährung von Krediten (§ 6 Abs. 1 Z 8 lit. a UStG 1994) ist Gegenstand des Leistungsaustausches nicht die Hin- und Rückgabe des Kredites, sondern das Dulden der Kapitalnutzung gegen Entgelt. 751

Wertpapierdarlehen kommen wirtschaftlich einem Geldkredit gleich und sind steuerfrei. Ebenso die Kreditgewährung durch eine Bank als Treuhänder des ERP-Fonds.

Keine Kreditgewährung liegt vor, wenn die Kapitalhingabe (auch) mit einer Verlustbeteiligung verbunden ist (VwGH 6.4.1991, 90/14/0120).

Zum umsatzsteuerfreien Entgelt für die Kreditgewährung zählen neben den Kreditzinsen, Diskonten, Abschluss- und Zuteilungsgebühren, Provisionen und Gebühren auch die Auslagen- und Kostenersätze, die der Kreditnehmer im Zusammenhang mit der Kreditgewährung zu zahlen hat. Auch Kreditbereitstellungsprovisionen fallen unter die Steuerbefreiung der § 6 Abs. 1 Z 8 lit. a UStG 1994, und zwar auch dann, wenn der bereitgestellte Kredit nicht in Anspruch genommen wird. 752

Werden bei der Gewährung von Krediten Sicherheiten verlangt, müssen zur Ermittlung der Beleihungsgrenzen der Sicherungsobjekte deren Werte festgestellt werden. Die Tätigkeiten im Zusammenhang mit der Ermittlung der Beleihungsgrenze dienen dazu, die Kreditgewährung zu ermöglichen. Dieser unmittelbare, auf wirtschaftlichen Gegebenheiten beruhende Zusammenhang rechtfertigt es, in der Ermittlung des Wertes der Sicherungsobjekte eine Nebenleistung zur Kreditgewährung zu sehen und sie damit als steuerfrei zu behandeln. Werden für die Verwahrung des Pfandgegenstandes vom Kreditgeber Gebühren in Rechnung gestellt, stellen auch diese eine unselbständige Nebenleistung zur Kreditgewährung dar. Werden an den Kreditgeber Entgelte entrichtet, die im Zusammenhang mit der Duldung der Weiterbenützung belehnter KFZ stehen, können diese nicht als im unmittelbaren Zusammenhang mit der Kapitalnutzung stehend und daher nicht als unselbständige Nebenleistung zur Kreditgewährung angesehen werden (VwGH 16.3.1983, 3849/80). 753

Die Vermittlungstätigkeit ist eine Mittlertätigkeit, die ua. darin bestehen kann, einer Vertragspartei die Gelegenheiten zum Abschluss eines Vertrages nachzuweisen, mit der anderen Partei Kontakt aufzunehmen oder im Namen und für Rechnung des Kunden über die Einzelheiten der gegenseitigen Leistungen zu verhandeln, wobei Zweck dieser Tätigkeit ist, das Erforderliche zu tun, damit zwei Parteien einen Vertrag schließen, ohne dass der Vermittler ein Eigeninteresse an seinem Inhalt hat. 753a

Die Steuerbefreiung einer Kreditvermittlungsleistung hängt nicht davon ab, dass ein Vertragsverhältnis zwischen dem Erbringer der Vermittlungsleistung und einer Partei des Kreditvertrages besteht. Es können daher auch Untervertreter unter die Steuerbefreiung fallen. Weiters ist es auch nicht unbedingt erforderlich, dass der Vermittler als Untervertreter eines Hauptvertreters in unmittelbaren Kontakt mit den beiden Vertragsparteien tritt, um alle Klauseln des Vertrages auszuhandeln. Voraussetzung ist jedoch, dass sich seine

Tätigkeit als wesentlicher und spezifischer Bestandteil einer Vermittlungsleistung darstellt und sich nicht auf die Übernahme eines Teiles der mit dem Vertrag verbundenen Sacharbeit beschränkt (EuGH 21.06.2007, Rs C-453/05, „Ludwig“).

Unter die Kreditvermittlung fallen auch die Provisionen für die Vermittlung von Zwischenfinanzierungen durch Bausparkassen oder die Vermittlung von Schuldscheindarlehen.

753b Unter folgenden Voraussetzungen können die Analyse der Vermögenssituation eines potenziellen Kreditwerbers sowie dessen Beratung als unselbstständige Nebenleistungen zur steuerfreien Kreditvermittlung angesehen werden:

- Die vom Vermittler erbrachten Leistungen werden von den Kredit gebenden Finanzinstituten nur dann vergütet, wenn die akquirierten und beratenen Kunden einen Kreditvertrag abschließen und
- die Kreditvermittlung stellt sich für die Kreditnehmer und die Kredit gebenden Finanzinstitute als die entscheidende Leistung dar, da die Vermögensberatung nur in einem vorbereitenden Stadium geleistet wird und sich darauf beschränkt, dem Kunden dabei zu helfen, unter verschiedenen Finanzprodukten diejenigen zu wählen, die seiner Situation und seinen Bedürfnissen am besten entsprechen.

Gleiches gilt, wenn eine einheitliche Vermittlungsleistung in für eine Vermittlung spezifische und wesentliche Teilleistungen aufgeteilt wird, von denen der eine Leistungsteil vom Hauptvertreter im Rahmen der Verhandlung mit den Kredit gebenden Finanzinstituten und der andere vom Untervertreter in seiner Eigenschaft als Vermögensberater im Rahmen der Verhandlung mit den Kreditnehmern erbracht wird (vgl. EuGH 21.06.2007, Rs C-453/05, „Ludwig“).

6.1.8.2. Kreditgewährung im Zusammenhang mit anderen Umsätzen

754 Die Einräumung eines Zahlungszieles im Zusammenhang mit einer erbrachten Lieferung oder sonstigen Leistung (Leistungskredit) ist als selbständiges Kreditgeschäft anzusehen (EuGH 27.10.1993, Rs C-281/91). Voraussetzung der Steuerfreiheit ist die eindeutige Trennung zwischen Liefergeschäft (bzw. sonstiger Leistung) und dem Kreditgeschäft. Dazu ist erforderlich, dass

- die Lieferung bzw. sonstige Leistung mit den dafür aufzuwendenden Entgelten und die Kreditgewährung bei Abschluss der Rechtsgeschäfte gesondert vereinbart worden sind und
- die Entgelte für beide Rechtsgeschäfte getrennt abgerechnet werden.

Das für ein Umsatzgeschäft vereinbarte Entgelt kann nicht nachträglich in ein Entgelt für eine Lieferung oder sonstige Leistung und für eine Kreditgewährung aufgeteilt werden.

755 Vereinbarte Zinsen sind weiters:

- Stundungszinsen: Sie werden berechnet, wenn dem Leistungsempfänger, der bei Fälligkeit die Kaufpreisforderung nicht bezahlen kann, gestattet wird, die Zahlung zu einem späteren Termin zu leisten.
- Zielzinsen: Sie werden erhoben, wenn dem Leistungsempfänger zur Wahl gestellt wird, entweder bei kurzfristiger Zahlung den Barpreis oder bei Inanspruchnahme des Zahlungszieles einen höheren Zielpreis (zusätzlich zum Barpreis Zinsen) für die Leistung zu entrichten. Für die Annahme einer Kreditleistung reicht die bloße Gegenüberstellung von Barpreis und Zielpreis nicht aus.
- Zinsen im Zusammenhang mit Abzahlungsgeschäften (Teilzahlungsgeschäfte, Ratengeschäfte).
- Zinsen im Zusammenhang mit Finanzierungsleasing, wenn der Leasinggegenstand dem Leasingnehmer zuzurechnen ist (Mietkauf).

756 Kontokorrentzinsen sind stets Entgelt für eine Kreditgewährung, wenn zwischen den beteiligten Unternehmern ein echtes Kontokorrentverhältnis im Sinne des § 355 UGB vereinbart worden ist, bei dem die gegenseitigen Forderungen aufgerechnet werden und bei dem der jeweilige Saldo anstelle der einzelnen Forderungen tritt. Besteht kein echtes Kontokorrentverhältnis, so sind die Zinsen, wenn entsprechende Vereinbarungen vorliegen, als Entgelt für eine Kreditgewährung zu behandeln.

Entgeltsminderungen, die sowohl auf steuerpflichtige Umsätze als auch auf die damit im Zusammenhang erbrachten steuerfreien Kreditgewährungen entfallen, sind anteilig dem jeweiligen Umsatz zuzuordnen.

Gesetzliche Verzugszinsen und Prozesszinsen für die verspätete Entrichtung des Kaufpreises stellen einen Schadenersatz dar und sind daher nicht umsatzsteuerbar (EuGH 01.07.1982, Rs C-222/81).

Beim Kreditkartengeschäft liegt zwischen Kreditkartenunternehmen und Kunden eine Kreditgewährung oder zumindest eine Kreditbereitschaft vor. Das Entgelt hierfür besteht in der Kartengebühr und allfälligen sonstigen Gegenleistungen. 757

Beim Factoring liegt auch dann keine steuerfreie Kreditgewährung des Unternehmers (Factors) an den Anschlusskunden vor, wenn der Unternehmer in der zugrunde liegenden Kaufpreisvereinbarung und in den Abrechnungen neben den Factoringgebühren getrennt ein Entgelt für die Vorfinanzierung ausweist (vgl. auch BFH 15.05.2012, XI R 28/10 zum Kauf von Honorarforderungen von Ärzten gegen Verrechnung von Factoringgebühren und Vorfinanzierungszinsen). Die mit der Factoringleistung einhergehende Kreditgewährung stellt eine unselbständige Nebenleistung dar und teilt als solche das Schicksal der Hauptleistung. Abweichend davon kann die Kreditgewährung jedoch dann als eigenständige und gemäß § 6 Abs. 1 Z 8 lit. a UStG 1994 steuerfreie Hauptleistung zu beurteilen sein, wenn sie eine eigene wirtschaftliche Bedeutung hat. Hiervon ist insbesondere auszugehen, wenn die gesamte Forderung nicht vor Ablauf eines Jahres nach der Übertragung fällig ist oder die Voraussetzungen der Rz 754 für das Vorliegen eines selbständigen Kreditgeschäftes erfüllt sind.

Hinsichtlich des Vorsteuerabzuges siehe Rz 1997.

(AÖF Nr. 2014/7)

Nach § 6 Abs. 2 UStG 1994 kann der Unternehmer eine an sich steuerfreie Kreditgewährung, bei der er dem Leistungsempfänger den Preis für eine Lieferung oder sonstige Leistung kreditiert, als steuerpflichtig behandeln (Option zur Steuerpflicht). Behandelt der Unternehmer die Kreditgewährung als steuerpflichtig, unterliegt sie dem Steuersatz, der für die Leistung anzuwenden ist, deren Leistungspreis kreditiert wird. 758

6.1.8.3. Umsätze von gesetzlichen Zahlungsmitteln

Die Befreiung des § 6 Abs. 1 Z 8 lit. b UStG 1994 ist eingeschränkt auf Umsätze (einschließlich der Vermittlung), die sich auf Zahlungsmittel beziehen, denen auch eine entsprechende Funktion zukommt. Die Befreiung gilt dann nicht mehr, wenn die gesetzlichen Zahlungsmittel wegen ihres Metallgehaltes oder ihres Sammlerwertes umgesetzt werden. 759

Auch der Umtausch konventioneller Währungen in Einheiten der Kryptowährung „Bitcoin“ und umgekehrt ist steuerfrei (siehe auch EuGH 22.10.2015, Rs C-264/14, *Hedqvist*). Die Erzeugung, die Überprüfung und Validierung (Mining und Forging), die Ausgabe (Zurverfügungstellung) und das Ändern für den Eigengebrauch solcher Kryptowährungen (siehe EuGH 22.10.2015, Rs C-264/14, *Hedqvist*) sind wie folgt zu behandeln:

- Werden diese Tätigkeiten unentgeltlich erbracht, zB über „Airdrops“, sind sie nicht steuerbar.
- Werden diese Tätigkeiten gegen ein Entgelt erbracht, das unmittelbar mit dem betreffenden Umsatz in Zusammenhang steht, sind sie steuerbar, aber nach § 6 Abs. 1 Z 8 lit. b, c oder e UStG 1994 steuerfrei. Ist beim „Bitcoin-Mining“ kein Leistungsempfänger identifizierbar, liegt ein nicht steuerbarer Umsatz vor.

Die Speicherung und Übertragung von solchen Kryptowährungen, wie sie über die digitalen Geldbörsen erfolgen, und der Umtausch von solchen Kryptowährungen gegen Fiatwährungen und umgekehrt werden als steuerbar behandelt, sind aber nach § 6 Abs. 1 Z 8 lit. b UStG 1994 steuerfrei (siehe auch EuGH 22.10.2015, Rs C-264/14, *Hedqvist*).

Der Verkauf von gesetzlichen Zahlungsmitteln (zB 500 Schilling-Silbergedenkmünzen) ist auch steuerfrei, wenn für die besondere Qualität der Münze (handgehoben, polierte Platte) und/oder für die Verpackung ein Preisaufschlag (Aufgeld) bis zu 20% des Nennwertes erhoben wird. Der Verkauf der Silbermünzen der Millenium- bzw. IOC-Serie, und zwar auch der Silbermünzen, die im Rahmen dieser Serien ab 1995 ausgegeben werden, ist gemäß § 6 Abs. 1 Z 8 lit. b UStG 1994 befreit.

Die Umsätze von außer Kurs gesetzten Scheidemünzen (Schilling- und Groschen-Münzen), die nach § 10 Abs. 4 des Scheidemünzengesetzes 1988 idF BGBl. I Nr. 72/2000 unbefristet bei der Münze Österreich AG und an den Schaltern der Oesterreichischen Nationalbank gegen gesetzliche Zahlungsmittel umgewechselt werden können, können nach § 6 Abs. 1 Z 8 lit. b UStG 1994 steuerfrei belassen werden, sofern der Verkaufspreis um nicht mehr als 20% über dem Nennwert liegt (gilt für Umsätze, die nach dem 28. Februar 2002 ausgeführt werden).

(BMF-AV Nr. 2016/212, BMF-AV Nr. 2017/171, BMF-AV Nr. 2023/152)

6.1.8.4. Umsätze im Geschäft mit Geldforderungen

Auch die Vermittlung der Umsätze von Geldforderungen (§ 6 Abs. 1 Z 8 lit. c UStG 1994) ist in die Steuerbefreiung einbezogen. Befreit sind ua. auch die Optionsgeschäfte mit Geldforderungen. Gegenstand dieser Optionsgeschäfte ist das Recht, bestimmte Geldforderungen 760 innerhalb einer bestimmten Frist zu einem festen Kurs geltend zu machen oder veräußern zu können. Unter die Steuerbefreiung fallen auch die Optionsgeschäfte mit Devisen.

Von der Befreiung ausdrücklich ausgenommen sind die Umsätze aus der Einziehung von Forderungen, das sind finanzielle Transaktionen, die darauf gerichtet sind, die Erfüllung einer Geldschuld zu erwirken (EuGH 26.06.2003, Rs C-305/01, *MKG-Kraftfahrzeuge-Factoring GmbH*). Die Einziehung kann sich auch auf Forderungen beziehen, die noch nicht fällig sind, und muss nicht die Ergreifung von Zwangsmaßnahmen zum Zweck der Befriedigung der zu betreibenden Schulden umfassen (vgl. EuGH 28.10.2010, Rs C-175/09, *AXA UK plc*). Zur umsatzsteuerlichen Behandlung des Factoring siehe Rz 8 sowie Rz 757.

Mit der Forderungseinziehung untrennbar verbundene Dienstleistungen (zB Besorgung bestimmter Zahlungsdienstleistungen) stellen unselbstständige Nebenleistungen dar.

Überträgt eine Bank im Wege einer stillen Zession ihre Kreditforderungen im Innenverhältnis einem Dritten und betreibt sie in der Folge – gegen eine vom Dritten bezahlte Provision – weiterhin im eigenen Namen die Verwaltung und Einziehung dieser Kreditforderungen, so ist diese Provision nicht steuerbar (VwGH 29.02.2012, 2008/13/0068; siehe auch Rz 638g).

6.1.8.5. Umsätze von inländischen amtlichen Wertzeichen

761 Amtliche Wertzeichen sind auch Briefmarken, die von einem Universalpostdienstbetreiber aufgrund seiner Berechtigung gemäß § 18 Abs. 2 Postmarktgesetz, BGBl. I Nr. 123/2009, ausgegeben werden, die als Zeichen für die Entrichtung von Entgelten für Postdienste gelten und auf denen der Zusatz „Österreich“ oder „Republik Österreich“ angebracht ist. Der Verkauf derartiger Briefmarken zum aufgedruckten Wert ist nicht nur dann gemäß § 6 Abs. 1 Z 8 lit. d UStG 1994 steuerfrei, wenn er durch den Universaldienstbetreiber erfolgt, sondern auch bei Verkäufen durch andere Unternehmer, die Briefmarken im eigenen Namen verkaufen (zB Trafikanten).

Werden die Wertzeichen mit Aufschlägen zum aufgedruckten Wert gehandelt (Aufgeld), kommt die Befreiungsbestimmung des § 6 Abs. 1 Z 8 lit. d UStG 1994 nicht zur Anwendung; der Umsatz ist dann insgesamt (das gesamte Entgelt) steuerpflichtig. Werden die Briefmarken hingegen zu einem Preis veräußert, der unter ihrem aufgedruckten Wert liegt, so fallen diese Umsätze unter die angeführte Steuerbefreiung.

(BMF-AV Nr. 2018/164)

6.1.8.6. Umsätze im Einlagengeschäft und Kontokorrentverkehr

762 Die Befreiung gemäß § 6 Abs. 1 Z 8 lit. e UStG 1994 umfasst auch die Vermittlung der Umsätze.

6.1.8.6.1. Einlagengeschäft

763 Das Einlagengeschäft besteht nach § 1 Abs. 1 Z 1 Bankwesengesetz in der Entgegennahme fremder Gelder zur Verwaltung oder als Einlage. Zu den Umsätzen im Einlagengeschäft gehören ua. Überweisungsgebühren, Gebühren für Kontoabschriften und Kontoauszüge, Kontoauflösungsgebühr, Gebühren für Sperrungen und Stichworte oder für den Einzug von Spareinlagen, Verkauf von Heimsparbüchsen und sonstige mittelbar mit dem Einlagengeschäft zusammenhängende Umsätze.

6.1.8.6.2. Kontokorrentverkehr einschließlich Zahlungs- und Überweisungsverkehr

764 Die Anwendung der Befreiung setzt nicht voraus, dass die darunterfallenden Finanzgeschäfte von Banken oder Kreditinstituten erbracht werden müssen. Die Befreiung ist unabhängig vom Erbringer oder Empfänger der Leistung, sondern richtet sich vielmehr nach der Art der erbrachten Dienstleistungen (vgl. VwGH 20.2.2019, Ro 2018/13/0017; VwGH 22.3.2023, Ra 2022/13/0084, sowie EuGH 25.7.2018, Rs C-5/17, *DPAS Ltd.*).

Die Überweisung ist ein Vorgang, der in der Ausführung eines Auftrags zur Übertragung einer Geldsumme von einem Bankkonto auf ein anderes besteht und dadurch charakterisiert ist, dass sie zu einer Änderung der bestehenden rechtlichen und finanziellen Situation zwischen dem Auftraggeber und dem Empfänger auf der einen Seite und zwischen diesen und ihren jeweiligen Banken auf der anderen Seite sowie gegebenenfalls zwischen den Banken führt. Der Vorgang, der zu dieser Änderung führt, ist allein die Übertragung der Gelder zwischen den Konten, unabhängig von deren Grund. Da die Überweisung nur ein Mittel zur Übertragung der Gelder ist, sind die funktionellen Aspekte für die Frage entscheidend, ob ein Vorgang eine Überweisung im Sinne dieser Bestimmung darstellt. Eine Überweisung kann durch eine tatsächliche Übertragung von Geldern oder durch Buchungsvorgänge vorgenommen werden (VwGH 20.2.2019, Ro 2018/13/0017, mwV; VwGH 22.3.2023, Ra 2022/13/0084, mwV). Entscheidend ist, ob durch den betreffenden Umsatz tatsächlich oder potenziell das Eigentum an den in Rede stehenden Geldern übertragen wird oder ob er die spezifischen und wesentlichen Funktionen einer solchen Übertragung erfüllt (VwGH 15.12.2022, Ro 2022/13/0001, Rn 44 mHa EuGH 3.10.2019, Rs C-42/18, *Cardpoint*, Rn 22). Da ein Überweisungsvorgang aus verschiedenen gesonderten Dienstleistungen bestehen kann, können auch Umsätze Dritter steuerfreie Umsätze im Überweisungsverkehr darstellen, wenn sie ein im Großen und Ganzen eigenständiges Ganzes sind, das die spezifischen und wesentlichen Funktionen einer Überweisung erfüllt und damit die Übertragung von Geldern bewirkt und zu rechtlichen und finanziellen Änderungen führt (vgl. in diesem Sinne EuGH 5.6.1997, Rs C-2/95, *SDC*, Rn 66 bis 68, sowie EuGH 26.5.2016, Rs C-607/14, *Bookit Ltd.*, Rn 40).

Nicht befreit sind Umsätze aus rein materiellen, administrativen oder technischen Leistungen, aus Beratungsleistungen oder aus Dienstleistungen, die in der Beschaffung und Weitergabe von Informationen bestehen, durch Unternehmer, die nicht unmittelbar die Übertragung der Gelder bewirken, auch wenn diese die Voraussetzung für eine spätere Zahlungsanordnung bzw. einen späteren Überweisungsvorgang schaffen (zu administrativen und technischen Leistungen von E-Geldbörsen siehe Rz 764c). Zur Abgrenzung zwischen steuerpflichtigen und steuerfreien Leistungen ist insbesondere der Umfang der Verantwortung bzw. Haftung des Dienstleistungserbringers (Beschränkung auf rein technische bzw. administrative Aspekte oder Erstreckung auf die spezifischen und wesentlichen Funktionen des Übertragungsprozesses der Gelder) entscheidend (vgl. VwGH 20.2.2019, Ro 2018/13/0017, mit Verweis auf EuGH 25.7.2018, Rs C-5/17, *DPAS Ltd.*, Rn 36).

Ein Unternehmer, der Übertragungen oder die Verbuchung in den betreffenden Bankkonten nicht selbst vornimmt, sondern nur Kreditinstitute anweist, diese Übertragungen vorzunehmen, erbringt nur eine Vorstufe zum Umsatz im Überweisungs- oder Zahlungsverkehr (vgl. VwGH 20.2.2019, Ro 2018/13/0017, mit Verweis auf EuGH 25.7.2018, Rs C-5/17, *DPAS Ltd.*, Rn 40 bis 42).

Leistungen eines Unternehmers, die darin bestehen, Funktionen, Arbeitsschritte und Prozesse umfassend zu erbringen, um den mit dem Kreditkartengeschäft einhergehenden Verarbeitungsprozess der Zahlungen und Überweisungen reibungslos abzuwickeln, mit denen aber nicht der Kernbereich des Überweisungsvorgangs (Ausführung des Auftrags zur Übertragung einer Geldsumme von einem Bankkonto auf ein anderes; unmittelbare Belastungen und/oder Gutschriften auf einem Konto oder Umbuchungen zwischen den Konten) erbracht wird, betreffen nicht die Vornahme der Zahlungen und Überweisungen selbst, sondern deren „Verarbeitungsprozess“. Da diese Leistungen aber nicht durch den Geldtransfer geprägt sind, sondern es sich vielmehr um Leistungen handelt, die der Übertragung einer Geldsumme von einem Konto auf ein anderes unter Änderung der bestehenden rechtlichen und finanziellen Situation vor- oder nachgelagert sind oder diesen Vorgang lediglich unterstützend begleiten, sind sie nicht von der Befreiungsbestimmung erfasst (vgl. VwGH 22.3.2023, Ra 2022/13/0084, Rn 51 bis 54).

Die gleichen Grundsätze gelten auch für Umsätze im Zahlungsverkehr.

Zu Zahlungsdienstleistungen als unselbstständige Nebenleistungen siehe Rz 348.

(BMF-AV Nr. 2019/165, BMF-AV Nr. 2023/152)

Als steuerfreie Umsätze sind unter den in Rz 764 genannten Voraussetzungen anzusehen: **764a**
Buchungsgebühren, Scheckgebühren, Gebühren für Kontoauszüge, Überweisungsgebühren, Bankomat- und Kreditkartengebühren, der Firmeneindruck auf Zahlungs- und Überweisungsvordrucken, Gebühren für Daueraufträge und Lastschriftanzeigen.

Unter den Zahlungs-und Überweisungsverkehr fällt ua. die Lieferung von Formularen, die Vornahme von Buchungen, die Entgegennahme von Barbeträgen und ihre Weiterleitung, die Weiterleitung von Geldbeträgen im Verrechnungsweg, die Verwaltung von Daueraufträgen und Abbuchungsaufträgen.

(BMF-AV Nr. 2019/165)

Nicht unter die Befreiung fallen insbesondere Umsätze aus der Erbringung **764b**

- von Dienstleistungen im Zusammenhang mit dem Betrieb eines Geldausgabeautomaten, die darin bestehen, diese Automaten aufzustellen und zu warten, sie mit Bargeld zu befüllen und mit Hard- und Software zum Einlesen der Geldkartendaten auszustatten, Autorisierungsanfragen wegen Bargeldabhebungen an die Bank weiterzuleiten, die die verwendete Geldkarte ausgegeben hat, die gewünschte Bargeldauszahlung vorzunehmen und einen Datensatz über die Auszahlungen zu generieren (vgl. EuGH 3.10.2019, Rs C-42/18, *Cardpoint GmbH*),
- eines Bündels an Dienstleistungen iZm Kreditkartenzahlungen und Auszahlungen via Geldautomaten, die im Wesentlichen der Erstellung von den jeweiligen Vertragspartnern (Banken und Händlern) zur Verfügung gestellten Abrechnungsdateien dienen (vgl.

VwGH 20.2.2019, Ro 2018/13/0017, sowie BFH 10.12.2020, V R 4/19, zu administrativen und organisatorischen sowie technischen Dienstleistungen im Kreditkartengeschäft),

- von Dienstleistungen iZm der Abwicklung von Zahlungen im Rahmen von „Zahnbehandlungsplänen", die darin bestehen, dass der Unternehmer die betreffenden Kreditinstitute zum einen anweist, auf der Grundlage einer Einzugsermächtigung eine Geldsumme vom Bankkonto eines Patienten auf das des Unternehmers zu überweisen, und zum anderen, diese Summe anschließend nach Abzug der dem Unternehmer geschuldeten Vergütung von dessen Bankkonto auf die jeweiligen Bankkonten des Zahnarztes und des Versicherers des Patienten zu überweisen (vgl. EuGH 25.7.2018, Rs C–5/17, *DPAS Ltd.*),
- von Dienstleistungen zur lediglich technischen Bearbeitung von Schecks, Überweisungen und Lastschriften im Rahmen der Abwicklung des „beleghaften" Zahlungs- und Überweisungsverkehrs durch ein Kreditinstitut im Auftrag eines anderen Kreditinstituts (maschinelle bzw. händische Erfassung der sich auf den übergebenen Überweisungsträgern befindlichen Daten, Kontrolle der erfassten Daten, ggf. Ergänzung und Korrektur bei unvollständiger oder fehlerhafter Erfassung und schließlich Weiterleitung an ein Rechenzentrum zur Weiterbearbeitung; bei auch nur möglichen inhaltlichen Fehlern Rückgabe der Belege an den Auftraggeber; vgl. BFH 16.11.2016, XI R 35/14),
- von bestimmten Informationsdienstleistungen zum Zwecke der Abwicklung von Debit- oder Kreditkartenzahlungen von Kinokarten (vgl. EuGH 26.5.2016, Rs C-607/14, *Bookit Ltd.*),
- von Dienstleistungen im Bereich der elektronischen Nachrichtenübermittlung, mit denen Zahlungsanweisungen in geschützter und zuverlässiger Weise von einem Finanzinstitut an das andere übermittelt werden und deren einziger Zweck in der Übertragung von Daten besteht (vgl. EuGH 28.7.2011, Rs C-350/10, *Nordea Pankki Suomi*).

(BMF-AV Nr. 2019/165, BMF-AV Nr. 2020/192, BMF-AV Nr. 2021/166)

Elektronische Geldbörsen

764c Ein „Anbieter von elektronischen Geldbörsen" bzw. ein „E-Geld-Anbieter" ist ein zugelassener, regulierter Rechtsträger, der sowohl für Händler als auch für deren Kunden sonstige Leistungen im Rahmen von Zahlungsvorgängen erbringt.

Als „E-Geld" wird gemäß Art. 2 Nr. 2 RL 2009/110/EG jeder elektronisch – darunter auch magnetisch – gespeicherte monetäre Wert in Form einer Forderung gegenüber dem Emittenten, der gegen Zahlung eines Geldbetrags ausgestellt wird, um damit Zahlungsvorgänge im Sinne des Art. 4 Nr. 5 RL 2007/64/EG durchzuführen, und der auch von anderen natürlichen oder juristischen Personen als dem E-Geld-Emittenten angenommen wird, bezeichnet.

Ein Anbieter von elektronischen Geldbörsen, der in Ausführung eines Auftrags und gegen Entgelt direkt Last- und Gutschriften für E-Geld-Konten innerhalb seiner Infrastruktur veranlasst, um E-Geldbeträge vom E-Geld-Konto des Zahlers auf das E-Geld-Konto des Zahlungsempfängers zu übertragen, erbringt eine gemäß § 6 Abs. 1 Z 8 lit. c, e oder f UStG 1994 steuerfreie sonstige Leistung.

Ein Anbieter von elektronischen Geldbörsen, der in Ausführung eines Auftrags und gegen Entgelt ein E-Geld-Konto direkt belastet, um Geldbeträge von diesem Konto auf das Bankkonto desselben Inhabers zu überweisen, erbringt eine gemäß § 6 Abs. 1 Z 8 lit. e UStG 1994 steuerfreie sonstige Leistung.

Folgende Umsätze erfüllen nicht die spezifischen und wesentlichen Funktionen eines Umsatzes im Zahlungs- und Überweisungsverkehr im Sinne des § 6 Abs. 1 Z 8 lit. e UStG 1994 und sind daher nicht steuerfrei:

- Dashboard-Dienstleistungen, Beratungsdienste und Dienstleistungen im Zusammenhang mit einer Anwendungsprogrammierschnittstelle (API), die einem Händler von einem Anbieter von elektronischen Geldbörsen oder einem anderen Unternehmer gegen Entgelt angeboten werden, da sie keine Übertragung von Geldern bewirken und nicht zu einer Änderung der rechtlichen und finanziellen Situation der Parteien führen.
- Sonstige Leistungen, die eine mobile Geldbörse gegen Entgelt für einen Händler erbringt und die es den Kunden des Händlers ermöglicht, ihre Zahlungsinformationen so zu speichern, dass ihre Daten bei der Bezahlung automatisch ausgefüllt werden, wenn sie diese Geldbörse als Zahlungsoption wählen, da sie als Verwaltungsdienstleistungen gelten.

(BMF-AV Nr. 2023/152)

Zahlungsdienstleiter, die im eigenen Namen Geldbeträge einziehen und verwahren

764d Erbringen derartige Zahlungsdienstleister gegen Entgelt eine sonstige Leistung für einen Händler, die darin besteht, im Auftrag des Händlers mit mehreren Anbietern von Zahlungsmethoden Verträge zu schließen, Zahlungsdaten der Kunden des Händlers zu verarbeiten und zu übermitteln, im eigenen Namen Geldbeträge aus den Finanzierungsquellen dieser Kunden einzuziehen, sie in speziellen Konten zu konsolidieren und ihre anschließende Überweisung an den Händler zu veranlassen, gilt Folgendes:

Sofern diese sonstige Leistung als getrennt und unabhängig angesehen werden kann, ist sie kein gemäß § 6 Abs. 1 Z 8 lit. e UStG 1994 steuerfreier Umsatz im Zahlungs- und Überweisungsverkehr, wenn sich die Verantwortung des Anbieters darauf beschränkt, bei den betreffenden Finanzinstituten Zahlungsanträge einzureichen, wobei die Zahlungen letztlich von den Finanzinstituten ausgeführt werden. Durch die Aufforderung der betreffenden Finanzinstitute zur Ausführung solcher Übertragungen wird lediglich eine Tätigkeit ausgeübt, die einen Schritt vor den gemäß § 6 Abs. 1 Z 8 lit. e UStG 1994 befreiten Umsätzen im Zahlungs- und Überweisungsverkehr liegt.

Zur Einheitlichkeit der Leistung und zu unselbständigen Nebenleistungen siehe Rz 346 ff.

(BMF-AV Nr. 2023/152)

6.1.8.6.3. Inkasso von Handelspapieren

Handelspapiere sind Wechsel, Schecks, Quittungen oder ähnliche Dokumente im Sinne der „Einheitlichen Richtlinien für das Inkasso von Handelspapieren“ der Internationalen Handelskammer. Nicht als Handelspapiere gelten Karten, die die Inanspruchnahme einer bestimmten Anzahl von Waren oder Dienstleistungen zu Vorzugsbedingungen ermöglichen (EuGH 12.6.2014, Rs C-461/12, *Granton Advertising BV*). Für die Steuerfreiheit des Inkassogeschäftes ist es gleichgültig, ob die einzuziehende Forderung förmlich „abgetreten“ wird oder nur „zum Inkasso“ übergeben wird, ob also das Kreditinstitut im eigenen Namen oder im Namen des Inkassoauftraggebers einzieht. **765**

(AÖF Nr. 2014/164)

6.1.8.7. Wertpapiere

6.1.8.7.1. Umfang der Befreiung

Umsätze im Geschäft mit Wertpapieren iSd § 6 Abs. 1 Z 8 lit. f UStG 1994 sind sämtliche Umsätze einschließlich der Vermittlung, die sich auf Wertpapiere beziehen, ausgenommen die Verwahrung und Verwaltung von Wertpapieren. Von der Befreiung sind somit die Umsätze erfasst, die geeignet sind, Rechte und Pflichten der Parteien in Bezug auf Wertpapiere zu begründen, zu ändern oder zum Erlöschen zu bringen, sofern es sich nicht um rein materielle, technische oder administrative Leistungen handelt, die nicht zu Änderungen in rechtlicher oder finanzieller Hinsicht führen (vgl. EuGH 13.12.2001, Rs C-235/00, *CSC Financial Services*). Nicht befreit sind demnach auch: **766**

- eigenständige Informationstätigkeiten im finanzwirtschaftlichen Bereich;
- entscheidungsunterstützende Beratungsleistungen, durch welche nicht unmittelbar Rechte und Pflichten in Bezug auf Wertpapiere begründet, geändert oder zum Erlöschen gebracht werden;
- Karten, die die Inanspruchnahme einer bestimmten Anzahl von Waren oder Dienstleistungen zu Vorzugsbedingungen ermöglichen (EuGH 12.6.2014, Rs C-461/12, Granton Advertising BV).

Die Verwahrung und Verwaltung von Wertpapieren ist gemäß § 6 Abs. 1 Z 8 lit. f UStG 1994 nicht befreit.

Zu den Umsätzen im Geschäft mit Wertpapieren gehören auch die Optionsgeschäfte mit Wertpapieren. Gegenstand dieser Optionsgeschäfte ist das Recht, eine bestimmte Anzahl von Wertpapieren innerhalb einer bestimmten Frist jederzeit zu einem festen Preis fordern (Kaufoption) oder liefern (Verkaufsoption) zu können. Die Steuerbefreiung umfasst sowohl den Abschluss von Optionsgeschäften als auch die Übertragung von Optionsrechten.

Zu den Umsätzen im Geschäft mit Wertpapieren gehören auch die sonstigen Leistungen im Emissionsgeschäft, zB die Übernahme und Platzierung von Neuemissionen und die Börseneinführung von Wertpapieren.

Unter die Steuerbefreiung fallen weiters die Umsätze im Geschäft mit Investmentfondsanteilen und mit Immobilien-Investmentfondsanteilen sowie die Provisionen für die (Sub-)Vermittlung derartiger Umsätze (VwGH 22.04.2009, 2007/15/0099). Die Verwaltung der genannten Sondervermögen ist jedoch nur bei Erfüllung der Voraussetzungen des § 6 Abs. 1 Z 8 lit. i UStG 1994 steuerfrei (vgl. Rz 772a).

Steuerfrei ist auch die entgeltliche Abgabe von Übernahmegarantien durch Kreditinstitute an Emittenten anlässlich der Ausgabe von Wertpapieren (vgl. EuGH 10.03.2011, Rs C-540/09, *Skandinaviska Enskilda Banken AB Momsgrupp*).

Führt ein Vertriebs- bzw. Vermittlungsunternehmer im Zusammenhang mit der Einführung neuer Finanzprodukte für den Emittenten gegen gesondertes Entgelt eigenständige Marketingaktivitäten und Werbeaktivitäten durch, die der allgemeinen Produktinformation dienen (zB die Gestaltung der Emissionsprospekte, die Imagewerbung und die Kontaktpflege zu Journalisten und Verlagen sowie die Information und Schulung von Anlageberatern), liegt diesbezüglich mangels Handelns gegenüber individuellen Vertragsinteressenten keine steuerfreie Vermittlung und – wegen des eigenständigen Charakters derartiger Dienstleistungen – auch keine unselbstständige Nebenleistung zu einer (späteren) Vermittlung vor (vgl. BFH 06.12.2007, V R 66/05).

(AÖF Nr. 2014/164, BMF-AV Nr. 2018/164)

766a Zur Vermittlung bzw. Subvermittlung von Umsätzen im Geschäft mit Wertpapieren sowie zur Beratungsleistung als unselbstständige Nebenleistung der Vermittlung gelten die Ausführungen zur Kreditvermittlung sinngemäß (vgl. Rz 753a und Rz 753b).

Bestandsprovisionen für den dauerhaften Vermittlungserfolg können als Entgelt für eine steuerfreie Vermittlungsleistung angesehen werden, wenn derartige Zahlungen weiterhin einen unmittelbaren Zusammenhang mit der eigentlichen Vermittlungsleistung aufweisen und nicht an eine darüber hinausgehende Leistungsverpflichtung gebunden sind (vgl. BFH 19.4.2007, V R 31/05). Kommt es zur Übertragung durch Depotübergänge, können Bestandsprovisionen nur dann als Entgelt für eine steuerfreie Vermittlung gelten, wenn

- die Bestandsprovision ausschließlich auf der Grundlage der zwischen Emittent und aufnehmendem Kreditinstitut/Finanzdienstleister abgeschlossenen Vertriebsvereinbarung gezahlt wird,
- neben der Vertriebsleistung keine weitere Leistung zwischen Emittent und aufnehmendem Kreditinstitut/Finanzdienstleister erbracht wird,
- der Emittent auch nach Depotüberträgen bezogen auf den gesamten Bestand die gleiche Höhe an Bestandsprovisionen an die Kreditinstitute/Finanzdienstleister zahlt, mit denen eine Vertriebsvereinbarung besteht und
- der Zahlung der Bestandsprovisionen immer eine zuvor getätigte Vertriebsleistung eines Kreditinstituts/Finanzdienstleisters vorausgeht.

Nicht steuerfrei sind Bestandsprovisionen für „after sales"-Leistungen (zB laufende Betreuung und Beratung), da diese beim aufnehmenden Kreditinstitut/Finanzdienstleister keine unselbständige Nebenleistung zur vorangegangenen Vermittlungsleistung darstellen.

Drittprovisionen für bestimmte qualitätsverbessernde Maßnahmen des Finanzdienstleisters gegenüber den Kunden gemäß § 51 Abs. 3 Z 1 in Verbindung mit § 52 WAG 2018, BGBl. I Nr. 107/2017, sind steuerfrei, wenn diese Leistungen nach ihrer jeweiligen vertraglichen und tatsächlichen Ausgestaltung lediglich unselbständige Nebenleistungen zu der als Hauptleistung erbrachten Vermittlungsleistung sind. Erforderlich ist jedenfalls, dass die spezifischen und wesentlichen Funktionen einer Vermittlung neben der Qualitätsverbesserung für den Kunden (weiterhin) erfüllt werden.

(BMF-AV Nr. 2018/164)

6.1.8.7.2. Verwahrung und Verwaltung von Wertpapieren

767 Die Verwahrung und Verwaltung von Wertpapieren sind Leistungen iSd § 3a Abs. 14 Z 7 UStG 1994. Zur Bestimmung des Leistungsortes siehe Rz 642d (bis 31.12.2009: § 3a Abs. 9 iVm Abs. 10 Z 7 UStG 1994). Das gilt auch für die nachfolgend angeführten Bankumsätze.

Gebühren im Zusammenhang mit der Verwahrung und Verwaltung von Wertpapieren fallen nicht unter die Steuerbefreiung. Darunter fallen insbesondere Gebühren für

- Inkasso von Kupons/Tilgungserlöse,
- Besorgung von Zins- und Erträgnisscheinen (Bogenerneuerung),
- Verlosungskontrolle,
- Beschaffung von Ersatzurkunden,
- Ausstellung von Lieferbarkeitsbescheinigungen,
- Erlag, Behebung, Übertrag inkl. Versand, Versicherung, allfällige Namensumschreibung,
- Bearbeitung von Verlustfällen, Aufgebot, Sperren usw.,
- Depotprovision inklusive Evidenzgebühr für § 12-Depotgesetz-Geschäft,
- Erstellung von Depotauszügen, sonstige Übersichten und Aufstellungen, Erträgnisaufstellungen,
- Umschreiben von Namensaktien,

- sonstige Bearbeitungsgebühren, Gerichtssperren, Sperren zugunsten Dritter, Notariatsanfragen, Kosten im Zusammenhang mit KESt-Abgrenzung und -Aufrollung und ausländischen Quellensteuern, Finanzamtsbescheinigungen,
- Besorgung von Stimm-, Besucher-, Teilnehmerkarten,
- Ausbuchung wertlos gewordener Werte, Optionsscheine, Bezugsrechte, Nonvaleurs,
- Duplikatsbelege.

(AÖF Nr. 2014/7)

Portfolioverwaltung: 767a

Eine steuerpflichtige Verwahrung und Verwaltung von Wertpapieren liegt auch bei einer entgeltlichen Tätigkeit eines Unternehmers vor, der aufgrund eigenen Ermessens, dh. ohne vorhergehende Weisung des Kunden, über den Kauf und Verkauf von Wertpapieren entscheidet und diese Entscheidung durch den Kauf und Verkauf der Wertpapiere vollzieht (EuGH 19.07.2012, Rs C-44/11, *Deutsche Bank AG*). Dies gilt auch dann, wenn die Analyse und Beaufsichtigung des Vermögens sowie die durchgeführten Transaktionen jeweils getrennt abgerechnet werden.

Entscheidet der Kunde, ob und welche konkreten Transaktionen durchgeführt werden, liegen mehrere selbständige Hauptleistungen vor, die umsatzsteuerlich gesondert zu beurteilen sind.

Zum Leistungsort siehe Rz 642d.

(AÖF Nr. 2014/7)

Steuerfrei sind jedenfalls Gebühren im Zusammenhang mit 768

- dem Kauf/Verkauf von Wertpapieren (Börsespesen, Ordergebühren, Ausländerprovisionen, Lieferspesen, Devisenprovisionen, Ausübung von Bezugsrechten, Wandel- und Optionsrechten usw.),
- Optionsgeschäft mit Wertpapieren (in- und ausländische Börsespesen, Ordergebühr, Evidenz- bzw. Sperrgebühr für gedeckte Calls usw.),
- Ankauf fälliger Kupons/Stücke im Schaltergeschäft,
- Zahlungsprovision für Überweisungen ausländischer Erträge/Tilgungserlöse, Zahlstellenprovision.

Hievon ausgenommen sind Entgelte für Transaktionen im Rahmen einer Portfolioverwaltung iSd Rz 767a.

(AÖF Nr. 2014/7)

Nebenkosten (zB Kopien, Übersetzungen, Gutachten) und weiterbelastete Fremdkosten 769
(zB Porti, fremde Gebühren) sind der jeweiligen Leistung zuzuordnen und umsatzsteuerlich in gleicher Weise zu behandeln.

Bei der Vielzahl der im Wertpapierbereich existierenden Gebühren und Kostenarten kann bei der Unterscheidung, ob ein steuerfreies oder steuerpflichtiges (Depotgeschäft) Leistungsentgelt vorliegt, grundsätzlich darauf abgestellt werden, wem gegenüber die Entgeltsabrechnung erfolgt. Erfolgt die Entgeltsabrechnung gegenüber dem Emittenten kann davon ausgegangen werden, dass es sich um (allenfalls Folge-)Leistungen im Zusammenhang mit der Emission handelt, die als solche von der USt befreit ist.

Erfolgt die Entgeltsabrechnung gegenüber dem Kunden, so kann – ausgenommen es handelt sich um Kosten im Zusammenhang mit dem Erwerb oder der Veräußerung von Wertpapieren – im Regelfall davon ausgegangen werden, dass es sich um Leistungen im Depotgeschäft handelt. Dies gilt bei Leistungen im Rahmen einer Portfolioverwaltung iSd Rz 767a auch für die Transaktionskosten.

(AÖF Nr. 2014/7)

Die Ausgabe von Genussscheinen durch Beteiligungsfondsgesellschaften stellt einen 770
steuerfreien Wertpapierumsatz dar. Die treuhändige Übernahme und Verwaltung von Unternehmensbeteiligungen durch diese Gesellschaften (die Beteiligungen werden durch die Gesellschaft im eigenen Namen erworben und sind daher umsatzsteuerrechtlich dem Treuhänder zuzurechnen, solange sich kein weiterer Übertragungsakt an den Treugeber anschließt) ist steuerpflichtig.

6.1.8.8. Gesellschaftsanteile

Die Befreiung gemäß § 6 Abs. 1 Z 8 lit. g UStG 1994 erfasst auch Optionsgeschäfte mit 771
Gesellschaftsanteilen sowie die Vermittlung der Umsätze von Anteilen. Unter diese Steuerbefreiung fallen zB die entgeltliche Übertragung von Anteilen an Kapitalgesellschaften, Personenhandelsgesellschaften, Gesellschaften bürgerlichen Rechts, Erwerbsgesellschaf-

ten, Erwerbs- und Wirtschaftsgenossenschaften, Vereinen und Versicherungsvereinen auf Gegenseitigkeit. Auch Umsätze im Rahmen des Kapitalfinanzierungsgeschäftes (§ 1 Abs. 1 Z 15 BWG, BGBl. Nr. 532/1993) durch hierfür konzessionierte Unternehmer sowie die Veräußerung von Beteiligungen durch Mittelstandsfinanzierungsgesellschaften iSd § 6b KStG 1988 idgF oder Kommanditgesellschaften, die als „Investitionsplattformen" genützt werden, sind steuerfrei. Zur Gesellschaftsgründung und Aufnahme neuer Gesellschafter siehe Rz 36.

Die bloße Beschaffung von Informationen (zB über die Höhe der erforderlichen Bietersumme für den Erwerb von Geschäftsanteilen), mögen dafür auch umfangreiche Vorbereitungshandlungen notwendig gewesen sein, stellt keine steuerfreie Vermittlungsleistung dar (vgl. VwGH 2.10.2019, Ro 2016/13/0019). Erwirbt jemand treuhänderisch Gesellschaftsanteile und verwaltet diese gegen Entgelt, ist diese Tätigkeit grundsätzlich steuerpflichtig (BFH 29.01.1998, V R 67/96).

(BMF-AV Nr. 2018/164, BMF-AV Nr. 2020/192)

6.1.8.9. Übernahme von Verbindlichkeiten

772 Gemäß § 6 Abs. 1 Z 8 lit. h UStG 1994 ist auch die Vermittlung der Umsätze befreit.

Unter die Befreiung fallen – sofern nicht in der Übernahme eine Entgeltszahlung zu sehen ist – zB Schuldübernahmen, die Übernahme von Pensions- und Rentenverpflichtungen, von Einlagen bei der Zusammenlegung von Kreditinstituten und von Verbindlichkeiten aus Versicherungsverträgen. Auch Garantieverpflichtungen, Scheck- und Wechselbürgschaften sowie Zinsenhöchstbetragsgarantien fallen unter die Steuerbefreiung.

Die Übernahme von Verbindlichkeiten, die keinen Finanzcharakter haben (zB die Verpflichtung eine Immobilie zu renovieren), fällt nicht unter die Steuerbefreiung (EuGH 19.4.2007, C-455/05).

Beim Kreditkartengeschäft erbringt das Kreditkarteninstitut dem angeschlossenen Händler gegenüber eine Zahlungsgarantie (EuGH 25.5.1993, Rs C-18/92, Slg. I-2871). Nach § 6 Abs. 2 UStG 1994 kann der Kreditkartenunternehmer diesen Umsatz als steuerpflichtig behandeln.

6.1.8.10. Verwaltung von Sondervermögen

772a Die Steuerbefreiung für die Verwaltung von Sondervermögen soll den Zugang von Kleinanlegern zum Wertpapiermarkt fördern (vgl. EuGH 17.6.2021, Rs C-58/20 und C-59/20, *K und DBKAG*). Ziel der Befreiung der Umsätze im Zusammenhang mit der Verwaltung von Sondervermögen durch Kapitalanlagegesellschaften ist es, die steuerliche Neutralität in Bezug auf die Wahl zwischen unmittelbarer Geldanlage in Wertpapieren und derjenigen zu gewährleisten, die durch Einschaltung von Organismen für gemeinsame Anlagen erfolgt (EuGH 4.5.2006, Rs C-169/04, *Abbey National plc/Inscape Investment Fund*).

Begriff Sondervermögen

Sondervermögen iSd § 6 Abs. 1 Z 8 lit. i UStG 1994 sind Fonds, die dem ausschließlichen Zweck dienen, beim Publikum beschaffte Gelder für gemeinsame Rechnung in Wertpapieren anzulegen, das sind insbesondere Fonds, die Organismen für gemeinsame Anlagen in Wertpapieren im Sinne der Richtlinie 2009/65/EG, zur Koordinierung der Rechts- und Verwaltungsvorschriften betreffend bestimmte Organismen für gemeinsame Anlagen in Wertpapieren (OGAW) darstellen. Davon umfasst sind OGAW iSd § 2 Investmentfondsgesetz 2011 (InvFG 2011), BGBl. I Nr. 77/2011, Immobilienfonds iSd § 1 Immobilien-Investmentfondsgesetz, BGBl. I Nr. 80/2003, Alternative Investmentfonds (AIF) iSd Alternative Investmentfonds Manager-Gesetzes (AIFMG), BGBl. I Nr. 135/2013, die die Voraussetzungen gemäß § 3 Abs. 2 Z 31 InvFG 2011 erfüllen, sowie von anderen Mitgliedstaaten als solche definierte Sondervermögen. Dies gilt auch für Wagniskapitalfonds iSd Wagniskapitalfondsgesetzes (WKFG), BGBl. I Nr. 111/2023, da diese gemäß § 3 WKFG jedenfalls ein AIF im Sinne des AIFMG sind. Zum begünstigten Sondervermögen gehört darüber hinaus jedes einem ausländischen Recht unterstehende Vermögen, das ungeachtet der Rechtsform nach dem Gesetz, der Satzung oder der tatsächlichen Übung nach den Grundsätzen der Risikostreuung angelegt ist, sofern derartige Fonds dieselben Merkmale aufweisen wie Organismen für gemeinsame Anlagen im Sinne der OGAW-Richtlinie, 2009/65/EG, und somit dieselben Umsätze tätigen oder diesen zumindest soweit ähnlich sind, dass sie mit ihnen im Wettbewerb stehen (vgl. EuGH 7.3.2013, Rs C-424/11, *Wheels u.a.*, Rn 24 mVa, EuGH 4.5.2006, Rs C-169/04, *Abbey National plc/Inscape Investment Fund*, Rn 53 bis 56, sowie EuGH 28.6.2007, Rs C-363/05, *J.P. Morgan*, Rn 48 bis 51). Als Sondervermögen gelten nur solche Fonds, die von Gesellschaften verwaltet werden, die einer besonderen staatlichen Aufsicht unterliegen, die die Zulassung (Konzessionierung) und die Kontrolle der Verwaltungsgesellschaft durch die zuständige Aufsichtsbehörde insbesondere zum Schutz der Anleger umfasst (vgl. EuGH 9.12.2015, Rs C-595/13, *Fiscale Eenheid X NV cs*).

Ein Investmentfonds, in dem das Kapitalvermögen eines Altersversorgungssystems zusammengeführt wird, fällt nicht unter den Begriff „Sondervermögen", wenn die Mitglieder nicht die mit der Verwaltung dieses Fonds zusammenhängenden Risiken tragen und die Beiträge, die der Arbeitgeber an das Altersversorgungsystem zahlt, für ihn ein Mittel darstellen, seinen gesetzlichen Verpflichtungen gegenüber seinen Angestellten nachzukommen (vgl. EuGH 7.3.2013, Rs C-424/11, *Wheels ua.*). Wird hingegen ein solches Sondervermögen von den anspruchsberechtigten Arbeitnehmern bzw. in deren Namen und für deren Rechnung vom Arbeitgeber finanziert, werden die Einzahlungen nach dem Grundsatz der Risikostreuung angelegt und wird das Anlagerisiko von den Arbeitnehmern getragen, kann die Befreiung gemäß § 6 Abs. 1 Z 8 lit. i UStG 1994 zur Anwendung gelangen. Unerheblich ist in diesem Zusammenhang, ob die Beiträge auf kollektiven Vereinbarungen zwischen den Organisationen der Sozialpartner beruhen oder die wirtschaftlichen Modalitäten der Rückgewähr der Ersparnisse verschiedener Art sind (vgl. EuGH 13.3.2014, Rs C-464/12, *ATP PensionService A/S*).

Ausgelagerte Umsätze

Bei der Verwaltung von Sondervermögen kommt es gemäß EuGH 4.5.2006, Rs C-169/04, *Abbey National plc/Inscape Investment Fund*, weder auf die Person des Leistenden, noch auf die Person des Leistungsempfängers an. Es können daher auch die Leistungen eines außenstehenden Verwalters befreit sein, ungeachtet dessen, ob die Übertragung der Aufgaben gemäß § 28 Abs. 1 Investmentfondsgesetz 2011, BGBl. I Nr. 77/2011, oder gemäß § 3 Abs. 3 Immobilien-Investmentfondsgesetz, BGBl. I Nr. 80/2003, erfolgt und die dort angeführten Voraussetzungen erfüllt werden (vgl. auch EuGH 7.3.2013, Rs C-275/11, *GfBK*, zu Beratungsdienstleistungen für Wertpapieranlagen, die durch Dritte an eine Kapitalanlagegesellschaft erbracht werden). Dienstleistungen eines außenstehenden Verwalters fallen jedoch nur dann unter die Steuerbefreiung, wenn sie

- ein im Großen und Ganzen eigenständiges Ganzes bilden („Eigenständigkeit") und
- für die Verwaltung dieser Sondervermögen spezifisch und wesentlich

sind (EuGH 4.5.2006, Rs C-169/04, *Abbey National plc/Inscape Investment Fund*; EuGH 2.7.2020, Rs C-231/19, *BlackRock Investment Management (UK) Ltd*; EuGH 17.6.2021, verb. Rs C-58/20 und C-59/20, *K und DBKAG*).

Das Kriterium der „Eigenständigkeit" erfordert nicht, dass die Tätigkeit vollständig ausgelagert sein muss (EuGH 17.6.2021, verb. Rs C-58/20 und C-59/20, *K und DBKAG*).

Spezifisch und wesentlich sind im Lichte des Ziels der Befreiungsbestimmung die Verwaltungstätigkeiten, die nur mit einer mittelbaren, nicht aber auch mit einer unmittelbaren Geldanlage verbunden sind (zB bei der Fondsverwaltung das einzuhaltende Erfordernis der Rechnungslegung, der Führung des Anteilsinhaberregisters und der Ausgabe und Rückgabe von Anteilen). Spezifisch sind neben den Aufgaben der Anlageverwaltung die administrativen Aufgaben der Organismen für gemeinsame Anlagen selbst, wie sie in Anhang II der Richtlinie 2009/65/EG zur Koordinierung der Rechts- und Verwaltungsvorschriften betreffend bestimmte Organismen für gemeinsame Anlagen in Wertpapieren (OGAW) unter der Überschrift „Administrative Tätigkeiten" aufgeführt sind (zB Rechnungslegungsdienstleistungen, Bewertung von Fondsvermögen, Festsetzung der Ausgabepreise von Fondsanteilen, Überwachung der Einhaltung der Rechtsvorschriften, Beantwortung von Kundenanfragen).

Folgende Tätigkeiten sind spezifisch für die Verwaltung von Sondervermögen, vorausgesetzt sie weisen eine enge Verbindung mit der der Verwaltungsgesellschaft eigenen Tätigkeit auf und werden ausschließlich für Zwecke der Verwaltung von Sondervermögen erbracht:

- die Einräumung eines Nutzungsrechts an einer Software, die ausschließlich der Durchführung von für das Risikomanagement und die Performancemessung wesentlichen Berechnungen dient (vgl. EuGH 17.6.2021, verb. Rs C-58/20 und C-59/20, *K und DBKAG*)
- sowie – jedenfalls ab 1.1.2022 – die Übernahme steuerlicher Arbeiten, die die Besteuerung der Fondseinkünfte der Anteilsinhaber gemäß dem nationalen Recht sicherstellen (vgl. EuGH 17.6.2021, verb. Rs C-58/20 und C-59/20, *K und DBKAG*). Das sind ausgelagerte Dienstleistungen iZm der Meldung der steuerrelevanten Daten an die Österreichische Kontrollbank (ÖKB) gemäß § 186 Abs. 2 Z 2 lit. a InvFG 2011 sowie § 40 Abs. 2 Z 1 lit. a ImmoInvFG jeweils iVm der Fonds-Melde-Verordnung 2015, BGBl. II Nr. 167/2015.

Nicht spezifisch für die Verwaltung von Sondervermögen sind hingegen folgende Tätigkeiten:

- die tatsächliche Bewirtschaftung der in einem Immobilien-Investmentfonds gehaltenen Immobilien zum Zweck der Erhaltung und Vermehrung des angelegten Vermögens (vgl. EuGH 9.12.2015, Rs C-595/13, *Fiscale Eenheid X NV cs*, Rn 78). Dies betrifft zB die Hausverwaltung.

- Verwaltungsdienstleistungen, die durch die Softwareplattform eines Dritten an eine Fondsverwaltungsgesellschaft erbracht werden, wenn diese zum Zweck der Verwaltung von Anlagen unterschiedlicher Art konzipiert worden ist und gleichermaßen für die Verwaltung von Sondervermögen und die Verwaltung anderer Fonds verwendet wird. Dies gilt selbst dann, wenn die Softwareplattform überwiegend begünstigtes Sondervermögen verwaltet (vgl. EuGH 2.7.2020, Rs C-231/19, *Blackrock Investment Management (UK) Ltd*);
- Due Diligence Tätigkeiten für Kapitalanlagegesellschaften;
- die steuerliche Vertretung bzw. Beratung der Kapitalanlagegesellschaften;
- die Wirtschaftsprüfung von Kapitalanlagegesellschaften;
- Arbeiten iZm der Besteuerung von Fondseinkünften an andere Leistungsempfänger, beispielsweise direkt im Auftrag der Anteilseigner.

Sonstiges

Zur Bestimmung des Leistungsortes bei Kataloglеistungen siehe Rz 641q.

Umsätze aus Portfoliomanagementleistungen eines in Österreich ansässigen Wertpapierdienstleistungsunternehmens für Sondervermögen im Sinne des § 6 Abs. 1 Z 8 lit. i UStG 1994 mit Sitz im Drittland sind in Österreich nicht steuerbar und berechtigen gemäß § 12 Abs. 3 Z 3 UStG 1994 auch nicht zum Vorsteuerabzug.

(BMF-AV Nr. 2016/212, BMF-AV Nr. 2021/166, BMF-AV Nr. 2022/154, BMF-AV Nr. 2023/152)

6.1.8.11. Steuerbefreiung für Anlagegold

772b Mit Verordnung des BM für Finanzen wird jährlich bekannt gegeben, welche Goldmünzen die Kriterien für Anlagegold iSd § 6 Abs. 1 Z 8 lit. j sublit. bb UStG 1994 jedenfalls erfüllen.

Sind Münzen in diesem Verzeichnis angeführt, ist davon auszugehen, dass während des gesamten Zeitraumes, für den das Verzeichnis gilt, die Voraussetzungen für die Steuerfreiheit erfüllt sind. Die Aufzählung in dem Verzeichnis ist nicht abschließend. Ist eine Münze nicht in der Liste genannt, erfüllt sie aber nachweislich die oben angeführten Voraussetzungen, ist die Steuerbefreiung ebenfalls anwendbar.

Bei der Veräußerung

- von ideellen Miteigentumsanteilen an einem Bestand an Anlagegold,
- von Gewichtsguthaben an einem Goldbarrenbestand,
- von Anlagegoldzertifikaten, oder
- (Abtretung) von Ansprüchen auf Lieferung von Anlagegold,
- von Golddarlehen und Goldswaps, durch die ein Eigentumsrecht an Anlagegold oder ein schuldrechtlicher Anspruch auf Anlagegold begründet wird, und
- von Terminkontrakten und im Freiverkehr getätigten Terminabschlüssen mit Anlagegold, die zur Übertragung eines Eigentumsrechtes an Anlagegold oder eines schuldrechtlichen Anspruchs auf Anlagegold führen,

handelt es sich ebenfalls um Lieferungen, die unter die Befreiung fallen können, und nicht um sonstige Leistungen.

In diesen Fällen bestimmt sich der Ort der Lieferung gemäß § 3 Abs. 7 UStG 1994 danach, wo sich das Anlagegold im Zeitpunkt der Verschaffung der Verfügungsmacht befindet.

Die Einfuhr und der innergemeinschaftliche Erwerb von Anlagegold sind steuerfrei (vgl. Rz 1024 und Rz 3941).

Da die Lieferung von Anlagegold im Inland unecht steuerfrei ist, kann kein Vorsteuerabzug vorgenommen werden. Behandeln Unternehmer, die

- Anlagegold herstellen oder Gold in Anlagegold umwandeln, oder
- im Rahmen ihrer Tätigkeit üblicherweise Gold zu gewerblichen Zwecken liefern,

eine gemäß § 6 Abs. 1 Z 8 lit. j UStG 1994 steuerfreie Lieferung von Anlagegold an einen anderen Unternehmer als steuerpflichtig (Option zur Steuerpflicht; § 24a Abs. 5 und Abs. 6 UStG 1994), ist der Leistungsempfänger abweichend von § 12 Abs. 3 UStG 1994 zum Vorsteuerabzug berechtigt (§ 24a Abs. 1 lit. a UStG 1994).

Zu Umsätzen im Zusammenhang mit Anlagegold und einem allfälligen Vorsteuerabzug siehe auch § 24a Abs. 1 und Abs. 2 UStG 1994.

Bei Ausfuhrlieferungen und innergemeinschaftlichen Lieferungen von Anlagegold hat die unechte Steuerbefreiung Vorrang vor der echten Steuerbefreiung (siehe hierzu auch Rz 3986).

6.1.9. Umsätze, die auch anderen Steuern unterliegen

6.1.9.1. Grundstücksumsätze

6.1.9.1.1. Allgemeines

Gemäß § 6 Abs. 1 Z 9 lit. a UStG 1994 sind die Lieferungen von Grundstücken unecht **773** von der Steuer befreit. Die Umsatzsteuerfreiheit besteht auch, wenn eine Grundstückslieferung nicht unter das GrEStG 1987 fällt, ein unter das GrEStG 1987 fallender Vorgang von der GrESt befreit ist oder wenn die GrESt nicht erhoben oder aus Billigkeitsgründen erlassen wird. Vor 1.1.2017 war für die Befreiung der Grundstücksbegriff des § 2 GrEStG 1987 maßgeblich (siehe Rz 774 ff).

(BMF-AV Nr. 2017/171)

6.1.9.1.1a. Begriff des Grundstückes

Zum Grundstücksbegriff siehe Rz 639v. **773a**

Die Übertragung bestimmter Rechte (zB Realservitute oder Realrechte), die im Rahmen einer Grundstückslieferung erfolgt, wird in der Regel eine unselbständige Nebenleistung zur Lieferung des Grundstücks darstellen. Erfolgt die Einräumung solcher Rechte nicht im Gefolge einer Grundstückslieferung, fällt die Einräumung dieser Rechte nicht in den Anwendungsbereich des § 6 Abs. 1 Z 9 lit. a UStG 1994.

Die Einräumung oder Übertragung eines Baurechts (siehe Rz 779 und 801) ist einer Lieferung eines Grundstücks gleichgestellt und unterliegt daher der Steuerbefreiung gemäß § 6 Abs. 1 Z 9 lit. a UStG 1994.

Ist eine Betriebsvorrichtung (siehe Rz 894a) ein Grundstück, fällt die Lieferung dieser Betriebsvorrichtung ebenfalls unter die Steuerbefreiung.

Beispiele:

Ein Grundstück wird samt Rohrleitungen, Umzäunungen, Straßen- und Platzbefestigungen veräußert. Die steuerfreie Grundstückslieferung umfasst die Veräußerung als Gesamtes (zur Option zur Steuerpflicht siehe Rz 793 ff).

Ein Grundstück wird samt einer sich darauf befindlichen, mobilen, leicht entfernbaren Maschine verkauft. Die steuerfreie Grundstückslieferung erstreckt sich nicht auf den Verkauf der Maschine.

(BMF-AV Nr. 2017/171)

6.1.9.1.2. Begriff des Grundstücks bis 31.12.2016

Der Begriff Grundstück im Sinne des § 2 GrEStG 1987 bestimmt sich nach den Vor- **774** schriften des bürgerlichen Rechtes. Näheres siehe unter der nächstfolgenden Rz 775.

6.1.9.1.2.1. Grundstück im Sinne des bürgerlichen Rechts

Nach bürgerlichem Recht gehört zu einem Grundstück auch das Zugehör (vor allem Ge- **775** bäude) einschließlich der Bestandteile (§§ 294 bis 297a ABGB). Das ABGB kennt den Begriff des Zubehör nicht, sondern spricht von Zugehör (§ 294 ABGB). Darunter versteht es:

- die Bestandteile, das sind die unselbständigen oder selbständigen Teile einer zusammengesetzten Sache,
- die Nebensachen, das sind Sachen des Grundstückseigentümers, die von diesem oder durch Gesetz dem fortdauernden Gebrauch der Hauptsache gewidmet und mit ihr in eine diesem Zweck dienende Verbindung gebracht sind.

So sind zB Bäume Bestandteile des Grundstücks, solange sie nicht vom Grund und Boden abgesondert werden.

6.1.9.1.2.2. Abgrenzungsfragen (Betriebsvorrichtungen, Gewinnungsbewilligungen, Apothekengerechtigkeiten)

Zum Grundstück werden nach dem GrEStG 1987 jedoch nicht gerechnet: **776**

- Maschinen und sonstige Vorrichtungen aller Art, die zu einer Betriebsanlage gehören,
- Gewinnungsbewilligungen nach dem Berggesetz 1975 und
- Apothekengerechtigkeiten.

Das bedeutet, dass Maschinen und Vorrichtungen, auch wenn sie Bestandteile oder Zubehör eines Grundstückes sind, nicht als Grundstück im Sinne des § 2 Abs. 1 GrEStG 1987 anzusehen sind und daher auf sie auch nicht die Umsatzsteuerbefreiung angewendet werden kann. Näheres siehe unter Rz 894a.

(BMF-AV Nr. 2017/171)

777 Unter Gewinnungsbewilligungen versteht man die von der Berghauptmannschaft erforderliche Bewilligung zur Gewinnung grundeigener mineralischer Stoffe. Die Gewinnungsbewilligung hat dingliche Wirkung und ist übertragbar. Übertragungsvorgänge von Gewinnungsbewilligungen werden nicht als unecht befreiter Grundstücksumsatz eingestuft. Ebenso wird bei Verkauf von Apotheken (bei radizierten Apotheken) der auf die Apothekenberechtigung entfallende Kaufpreisanteil nicht als unecht befreiter Grundstücksumsatz eingestuft.

6.1.9.1.2.3. Abgrenzungsfragen (Baurecht, Gebäude auf fremden Grund und Boden)

778 Nach dem GrEStG 1987 werden wie Grundstücke behandelt:

- Baurechte,
- Gebäude auf fremdem Boden.

779 Unter Baurecht versteht man das dingliche, veräußerliche und vererbliche Recht, auf oder unter der Oberfläche eines fremden Grundstückes ein Bauwerk zu haben. Das auf Grund des Baurechts errichtete Bauwerk ist Zubehör des Baurechts; das Baurecht entsteht erst mit der bücherlichen Eintragung. Die Einräumung des Baurechts durch den Grundeigentümer ist eine sonstige Leistung; das dafür bezahlte Entgelt ist steuerfrei. Die entgeltliche Übertragung des Baurechts ist steuerfrei; die Steuerfreiheit umfasst auch das Gebäude, welches auf Grund des Baurechtes errichtet wurde.

Bauwerke, die auf fremden Grund und Boden in der Absicht aufgeführt werden, dass sie nicht stets darauf bleiben sollen (zB Superädifikate), sind nach § 435 ABGB als bewegliche Sachen anzusehen. Sie werden nicht Bestandteil der Liegenschaft. Auch der Umsatz von diesen Bauwerken ist von der Umsatzsteuer befreit.

(BMF-AV Nr. 2017/171)

Randzahl 780: *derzeit frei.*

6.1.9.1.3. Grundstücke im Miteigentum

6.1.9.1.3.1. Errichtung eines Gebäudes im Wohnungseigentum

781 Ist die Wohnungseigentümer-Errichtergemeinschaft Bauherr, so wird diese unternehmerisch tätig, indem sie das Gebäude errichtet und den einzelnen Miteigentümern das dingliche Nutzungsrecht an den einzelnen Wohnungen einräumt. Der Errichtergemeinschaft steht daher aus der Werklieferung des Gebäudes an sie der Vorsteuerabzug zu. Das dingliche Nutzungsrecht an der Wohnung oder sonstigen Räumlichkeit wird dem Wohnungseigentümer umsatzsteuerrechtlich mit der Übergabe der zugesagten Wohnung oder sonstigen Räumlichkeit seitens der Errichtergemeinschaft eingeräumt. Der Umsatz besteht in der Einräumung des Nutzungsrechtes, die Gegenleistung in den von den einzelnen Wohnungseigentümern zu leistenden Kosten. Die Einräumung des Nutzungsrechtes stellt eine steuerpflichtige Leistung dar, die dem Normalsteuersatz unterliegt.

6.1.9.1.3.2. Errichtung eines Gebäudes durch Miteigentümer ohne Begründung von Wohnungseigentum (im Falle Pkt. c auch bei Begründung von Wohnungseigentum)

782 a) Das Gebäude als solches wird unternehmerisch genutzt (Bauherr ist die Gemeinschaft)

Wird ein Gebäude errichtet (Gemeinschaft ist Bauherr), das die Gemeinschaft selbst in der Folge unternehmerisch nutzt (zB steuerpflichtige Vermietung), hat nur die Gemeinschaft bei Vorliegen der sonstigen Voraussetzungen den Vorsteuerabzug.

Bei schlichtem Miteigentum dienen die von den Miteigentümern aufgewendeten Beträge lediglich der Erfüllung der Gemeinschaftsaufgaben und bilden kein Entgelt für eine Leistung der Gemeinschaft an ihre Mitglieder. Die Zahlungen der Miteigentümer erfolgen somit nicht im Wege eines Leistungsaustausches.

783 b) Das Gebäude wird den Miteigentümern ohne ein besonderes Entgelt zur Nutzung überlassen (Bauherr ist die Gemeinschaft).

Im Falle der Errichtung eines Gebäudes durch eine Miteigentümergemeinschaft, die keine Unternehmereigenschaft besitzt (zB Ehegattengemeinschaft vgl. Rz 185), sind die Miteigentümer, die diese Gemeinschaft bilden, als unmittelbare Leistungsempfänger der Gebäudeerrichtung anzusehen. Nutzt ein Miteigentümer einen Teil des Gebäudes ausschließlich für eigene unternehmerische Zwecke, steht ihm der Vorsteuerabzug für die gesamten auf den unternehmerisch genutzten Gebäudeteil entfallenden Vorsteuern zu, sofern der Abzugsbetrag nicht über seinen Miteigentumsanteil hinausgeht (vgl. EuGH 21.4.2005, Rs C-25/03, „HE“). Eine an die Miteigentümergemeinschaft ausgestellte Rechnung ist für Zwecke des Vorsteuerabzuges anzuerkennen, wenn der Unternehmer dieser Rechnung eine leicht nachvollziehbare Darstellung der Ermittlung der auf den unternehmerisch genutzten

Teil entfallenden Vorsteuern anschließt. Da nach dem Urteil „HE" die die Gemeinschaft bildenden Miteigentümer als unmittelbare Leistungsempfänger anzusehen sind, ist in einer an die Miteigentümergemeinschaft adressierten Rechnung die UID des unternehmerisch tätigen Miteigentümers anzuführen (vgl. Rz 1554).

Beispiel:

Ein Architekt errichtet gemeinsam mit seiner Ehegattin ein Einfamilienhaus, das er zu 30% ausschließlich für unternehmerische Zwecke nutzt (Planungsbüro). Die Errichtungskosten betragen 300.000,- Euro zuzüglich 60.000 Euro (20%) USt. Die Ehegattengemeinschaft ist als solche nicht unternehmerisch tätig (keine Vermietung an Dritte). Der Miteigentümeranteil des Architekten beträgt

a) 50%

b) 25%.

Zu a)

Da der vom Unternehmer unternehmerisch genutzte Teil des Gebäudes (30%) seinen Miteigentumsanteil (50%) nicht überschreitet, kann er die gesamten, auf den unternehmerisch genutzten Teil entfallenden Vorsteuern geltend machen (30% von 60.000 Euro = 18.000 Euro).

Zu b)

Da der vom Unternehmer unternehmerisch genutzte Teil des Gebäudes (30%) seinen Miteigentumsanteil (25%) überschreitet, kann er maximal die bis zu dem seiner Miteigentumsquote entsprechenden Vorsteuern der gesamten Errichtungskosten geltend machen (25% von 60.000 Euro = 15.000 Euro).

Diese Regelung gilt auch für die laufenden Betriebskosten.

c) Errichtung des Gebäudes durch den einzelnen Miteigentümer/Wohnungseigentümer **784**

Bezüglich der einzelnen Gebäudeteile hat der Miteigentümer einen getrennten Werkvertrag mit dem Bauunternehmer abgeschlossen.

Leistungsempfänger kann auch der einzelne Grundstückseigentümer (Wohnungseigentümer) sein, wenn vereinbart ist, dass jeder Eigentümer bestimmte Gebäudeteile nutzt (das dingliche Nutzungsrecht erhält) und wenn jeder Miteigentümer bezüglich dieser einen getrennten Werkvertrag mit dem Bauunternehmer abgeschlossen hat.

Auch wenn der vom schlichten Miteigentümer erworbene Grundstücksanteil („Gebäudeteil") weiterveräußert wird, handelt es sich um einen grundsätzlich steuerfreien Grundstücksumsatz, der zu einer Änderung der Verhältnisse führen kann oder für den zur Steuerpflicht optiert werden kann.

6.1.9.1.3.3. Wechsel der Miteigentümer bei Miteigentumsgemeinschaften

Der Wechsel von Miteigentümern führt bei der Gemeinschaft grundsätzlich zu keiner Änderung der Unternehmereigenschaft. Wenn ein Miteigentümer wechselt, liegt kein steuerbarer Grundstücksumsatz der Gemeinschaft vor. Es könnte allenfalls ein unecht steuerfreier Umsatz des Miteigentümers vorliegen, wenn der Miteigentümer den Miteigentumsanteil ihm Rahmen seines Unternehmens hält. **785**

6.1.9.1.3.4. Miteigentumsgemeinschaft an bestehendem, unternehmerisch genutztem Gebäude – Begründung von Wohnungseigentum

In der unentgeltlichen Einräumung von Wohnungseigentum durch die Miteigentumsgemeinschaft an den jeweiligen Wohnungseigentümer ist keine umsatzsteuerbare Lieferung zu erblicken (VwGH 25.6.1998, 94/15/0087). Ist die schlichte Miteigentumsgemeinschaft bisher mit dem im Miteigentum stehenden Gebäude unternehmerisch tätig gewesen (zB das im Miteigentum stehende Gebäude wurde von der Gemeinschaft vermietet), scheidet das Gebäude aus dem Unternehmensbereich aus und es liegt ein grundsätzlich steuerfreier Eigenverbrauch gemäß § 6 Abs. 1 Z 9 lit. a UStG 1994 vor. Die Miteigentumsgemeinschaft kann hinsichtlich des Grundstückes (Grundstücksteiles) zur Steuerpflicht optieren. Der nunmehrige Wohnungseigentümer hat die Möglichkeit, die im Falle der Option in Rechnung gestellte Umsatzsteuer bei Zutreffen der Voraussetzungen des § 12 UStG 1994 – insbesondere der Unternehmereigenschaft – als Vorsteuer gemäß § 12 Abs. 15 UStG 1994 in Abzug zu bringen. **786**

6.1.9.1.3.5. Alleineigentum an bestehendem, unternehmerisch genutztem Gebäude – Begründung von Miteigentum und unternehmerische Nutzung durch die Miteigentumsgemeinschaft

a) Entgeltliche Begründung **787**

Veräußert der Alleineigentümer A einer bisher von ihm vermieteten Liegenschaft einen Liegenschaftsanteil an den neuen Miteigentümer B mit nachfolgender Vermietung durch die Gemeinschaft (A und B), liegt eine entgeltliche Lieferung an den neuen Unternehmer „Miteigentumsgemeinschaft" vor.

788 b) Schenkung eines Miteigentumsanteiles

Wird vom Alleineigentümer A schenkungsweise Miteigentum eingeräumt, so ist von einer entgeltlichen Veräußerung des gesamten Objektes an den neuen Unternehmer „Miteigentumsgemeinschaft" auszugehen (Gegenleistung ist die Einräumung von Rechten an dieser Gemeinschaft).

6.1.9.1.3.6. Alleineigentum an bestehendem, unternehmerisch genutztem Gebäude – Begründung von Wohnungseigentum

789 Der Alleineigentümer, der bisher das Gebäude unternehmerisch genutzt hat, tätigt einen unecht steuerfreien Grundstücksumsatz hinsichtlich des aus dem Unternehmen des bisherigen Alleineigentümer ausscheidenden Grundstücksanteiles. Hinsichtlich des verbleibenden Anteils (im Wohnungseigentum oder schlichten Miteigentum) bleibt der bisherige Alleineigentümer weiterhin unternehmerisch tätigt, sodass diesbezüglich er und nicht die Gemeinschaft Unternehmer ist. Hinsichtlich der Leistungen, die das gesamte Gebäude betreffen (zB Betriebskosten), ist die Miteigentumsgemeinschaft der Leistungsempfänger. In weiterer Folge überwälzt diese die Kosten anteilig auf den bisherigen Alleineigentümer (wenn dieser nicht Wohnungseigentümer wird) und auf den Wohnungseigentümer (die Wohnungseigentumsgemeinschaft).

6.1.9.1.4. Eigenverbrauch von Grundstücken

6.1.9.1.4.1. Allgemeines

790 Der Eigenverbrauch ist nur dann steuerbar, wenn der Gegenstand oder seine Bestandteile zu einem vollen oder teilweisen Vorsteuerabzug berechtigt haben.

Beispiel:

Der Unternehmer hat im Jahre 01 auf einem ohne Vorsteuerabzug erworbenen Grundstück ein Gebäude errichtet. Dieses wird im Jahre 03 entnommen.

Eine Eigenverbrauchsbesteuerung erfolgt nicht hinsichtlich des nackten Grund und Bodens.

6.1.9.1.4.2. Eigenverbrauch bei Nutzung

791 Der Eigenverbrauch bei vorübergehender Nutzung des Grundstückes bestimmt sich nicht nach § 6 Abs. 1 Z 9 lit. a UStG 1994.

6.1.9.1.4.3. Eigenverbrauch bei Entnahme

792 Auch beim Eigenverbrauch von Grundstücken durch Entnahme ist eine Option zur Steuerpflicht möglich (siehe nachstehenden Punkt).

6.1.9.1.5. Option zur Steuerpflicht

6.1.9.1.5.1. Zeitpunkt und Form der Optionsausübung

793 Voraussetzung für die Optionsausübung ist, dass der Unternehmer einen grundsätzlich unter § 6 Abs. 1 Z 9 lit. a UStG 1994 fallenden Umsatz tätigt. Der Verzicht auf die Steuerbefreiung ist an keine besondere Form oder Frist gebunden und erfordert auch keine eigene schriftliche Erklärung an das Finanzamt. Der Verzicht (ebenso wie die Rücknahme des Verzichtes) ist bis zur Rechtskraft des Steuerbescheides möglich. Der Verzicht ist auch im wieder aufgenommenen Verfahren möglich. Maßgeblich ist nicht der offene Ausweis in einer Rechnung oder Gutschrift, sondern die Behandlung als steuerpflichtig gegenüber dem Finanzamt. Stellt der Unternehmer zwar Umsatzsteuer in Rechnung, behandelt aber den Umsatz gegenüber dem Finanzamt (Voranmeldung, Steuererklärung) steuerfrei, schuldet er den ausgewiesenen Betrag gemäß § 11 Abs. 12 UStG 1994, ausgenommen er berichtigt die Rechnung.

Bei im Zwangsversteigerungsverfahren ausgeführten Umsätzen von Grundstücken (einschließlich Gebäuden auf fremdem Boden und Baurechten) ist der Verzicht auf die Steuerbefreiung gemäß § 6 Abs. 1 Z 9 lit. a UStG 1994 nur zulässig, wenn der Verpflichtete dem Gericht spätestens bis vierzehn Tage nach Bekanntgabe des Schätzwertes (§ 144 EO) ausdrücklich mitteilt, dass der Umsatz an den Ersteher gemäß § 6 Abs. 2 UStG 1994 steuerpflichtig behandelt wird. Diese gesetzliche Frist kann nicht verlängert werden (vgl. § 110 Abs. 1 BAO). Im Falle der fristgerechten Mitteilung der steuerpflichtigen Behandlung kommt es gemäß § 19 Abs. 1b lit. c UStG 1994 zum Übergang der Steuerschuld auf den Ersteher, wobei der Verpflichtete als leistender Unternehmer für diese Steuer haftet. Der Verpflichtete muss eine Rechnung gemäß § 11 Abs. 1a UStG 1994 ausstellen. Hinsichtlich des Vorsteuerabzugsrechtes des Erstehers vgl. Rz 1875 bis Rz 1876.

(AÖF Nr. 2014/164, BMF-AV Nr. 2017/171)

6.1.9.1.5.2. Berechtigung zur Option

Optionsberechtigt sind grundsätzlich alle Unternehmer, die Umsätze gemäß § 6 Abs. 1 Z 9 lit. a UStG 1994 ausführen, ausgenommen Kleinunternehmer und pauschalierte Landwirte. Diese müssten, um optieren zu können, zusätzlich auf die Anwendung der Kleinunternehmerregelung verzichten (§ 6 Abs. 3 UStG 1994) bzw. erklären, dass ihre Umsätze nach den allgemeinen Vorschriften besteuert werden sollen (§ 22 Abs. 6 UStG 1994). **794**

Beispiel:

Kleinunternehmer K veräußert seine Eigentumswohnung, die er bisher vermietete. Die Vermietungsumsätze lagen unter 35.000 Euro (bis 31.12.2019: 30.000 Euro). Die Eigentumswohnung wird um 150.000 Euro zuzüglich 20% USt veräußert.

Das Hilfsgeschäft des K (Veräußerung der Eigentumswohnung) bleibt bei der Ermittlung der Kleinunternehmergrenze von 35.000 Euro (bis 31.12.2019: 30.000 Euro) außer Ansatz. K muss, um für den Grundstücksumsatz optionsberechtigt zu sein, neben der Behandlung des Umsatzes gegenüber dem Finanzamt als steuerpflichtig zusätzlich auf die Kleinunternehmerregelung verzichten (Doppeloption). Die Inrechnungstellung der Umsatzsteuer allein würde zu einer Steuerschuld auf Grund der Rechnung führen.

Ob der leistende Unternehmer zur Besteuerung optiert, steht – aus der Sicht der Umsatzsteuer – in seinem freien Ermessen.

Der Erwerber hat umsatzsteuerlich weder Anspruch auf die Ausübung des Optionsrechtes noch muss er dieser zustimmen (vgl. VwGH 02.09.2009, 2005/15/0140).

(BMF-AV Nr. 2019/165)

Optionsberechtigt für die Lieferung von Grundstücken im Insolvenzverfahren ist der Insolvenzverwalter als gesetzlicher Vertreter des Schuldners. Dies gilt auch im Falle des Beitritts des Insolvenzverwalters in ein gegen den (Insolvenz)Schuldner im Zuge befindliches Zwangsvollstreckungsverfahren als betreibender Gläubiger. **794a**

6.1.9.1.5.3. Umfang der Option

Die Option kann für jeden einzelnen Umsatz ausgeübt werden (zB können in einem Gebäude Wohnungen bzw. Geschäftsräume im Wohnungseigentum steuerfrei und steuerpflichtig veräußert werden). **795**

Der USt unterliegt nur der Teil des Grundstückes, der zum Unternehmen gehört. Ob Lieferungen oder sonstige Leistungen im Zusammenhang mit der Anschaffung, Errichtung und Erhaltung von Gebäuden als für das Unternehmen ausgeführt gelten, richtet sich nach § 12 Abs. 2 Z 1 UStG 1994.

Bei der Veräußerung (Entnahme) eines Grundstückes kann die Option auf einen abgrenzbaren Teil des Grundstückes (Gebäudeteile) beschränkt werden. Eine Teiloption wird etwa bei unterschiedlichen Nutzungsarten (zB Wohnungen und Geschäftsräumlichkeiten) in Betracht kommen. Eine solche Aufteilung nach räumlichen Gesichtspunkten wird dann möglich sein, wenn an den einzelnen Grundstücksteilen grundsätzlich Wohnungseigentum begründet werden könnte. **796**

Beispiel:

Unternehmer U veräußert ein Gebäude an den Erwerber (Käufer) E. Im Gebäude befinden sich verschiedene Geschäftsräumlichkeiten und eine Arztpraxis.

Im gegenständlichen Fall kann vom U die Option auf die veräußerten Geschäftsräumlichkeiten beschränkt werden.

6.1.9.1.5.4. Eigenverbrauch

Auch bei einem gemäß § 6 Abs. 1 Z 9 lit. a UStG 1994 steuerfreien Entnahmeeigenverbrauch nach § 3 Abs. 2 UStG 1994 (vgl. Rz 790) ist eine Option zur Steuerpflicht möglich. **797**

Es besteht nicht die Möglichkeit, zu berichtigende oder nicht abzugsfähige Steuern gemäß § 12 Abs. 15 UStG 1994 in Rechnung zu stellen, wohl aber im Falle der Option die für den steuerpflichtigen Eigenverbrauch geschuldete Umsatzsteuer.

Beispiel:

Unternehmer U schenkt ein vermietetes Gebäude, welches unter Inanspruchnahme des Vorsteuerabzuges errichtet wurde, seinem Sohn S, der das Gebäude weiterhin vermietet.

Durch die Schenkung bewirkt der Unternehmer einen Eigenverbrauch gemäß § 3 Abs. 2 UStG 1994. Für den Unternehmer U besteht die Möglichkeit, für den Eigenverbrauch zur Steuerpflicht zu optieren. Damit entfällt eine Vorsteuerberichtigung gemäß § 12 Abs. 10 UStG 1994.

6.1.9.1.5.5. Bemessungsgrundlage im Zusammenhang mit der Grunderwerbsteuer

798 Bei der Berechnung der Bemessungsgrundlage für steuerpflichtige Grundstücksumsätze wäre für den Fall, dass nach den vertraglichen Vereinbarungen die Grunderwerbsteuer vom Erwerber allein zu tragen ist, die Hälfte der Grunderwerbsteuer zum Nettoentgelt hinzuzurechnen. Aus Vereinfachungsgründen wird vom Erfordernis der Hinzurechnung der Hälfte der Grunderwerbsteuer abgesehen.

6.1.9.1.5.6. Vorsteuerabzug im Hinblick auf eine zukünftige Option

799 Will der Unternehmer im Hinblick auf eine künftige Optionsausübung bereits vor der Ausführung des Umsatzes den Vorsteuerabzug in Anspruch nehmen, ist dies nur möglich, wenn er zweifelsfrei darlegen kann (zB durch entsprechende Vorvereinbarungen mit künftigen Käufern oder anhand anderer – über eine bloße Absichtserklärung hinausgehender – Umstände), dass bei Würdigung des vorliegenden Sachverhaltes am Maßstab des allgemeinen menschlichen Erfahrungsgutes und der Denkgesetze im Zeitpunkt des Bezuges der Vorleistung die Wahrscheinlichkeit einer bevorstehenden steuerpflichtigen Veräußerung mit größerer Sicherheit anzunehmen war als der Fall einer steuerbefreiten Veräußerung oder der Fall des Unterbleibens einer Veräußerung.

§ 6 Abs. 2 vorletzter Unterabsatz UStG 1994 regelt nur den Zeitpunkt der tatsächlichen Ausübung der Option und die steuerliche Behandlung einer „bis dahin" mangels entsprechender Optionsabsicht vom Vorsteuerabzug nach § 12 Abs. 3 UStG 1994 ausgeschlossenen oder nach § 12 Abs. 10 bis 12 UStG 1994 zu berichtigenden Vorsteuer (VwGH 20.10.2009, 2006/13/0193). Bei Absichtsänderungen ist Rz 901 sinngemäß anzuwenden.

Steht im Zeitpunkt der Vereinnahmung einer Anzahlung zweifelsfrei fest, dass der spätere Grundstücksumsatz steuerpflichtig behandelt werden wird, sind im Zusammenhang mit der späteren Grundstückslieferung vereinnahmte Anzahlungen gemäß § 19 Abs. 2 Z 1 lit. a und b UStG 1994 steuerpflichtig (Normalsteuersatz) und berechtigen den Erwerber unter den Voraussetzungen des § 12 UStG 1994 zum Vorsteuerabzug, wenn der Verkäufer in der Anzahlungsrechnung (vgl. Rz 1524) auf die spätere steuerpflichtige Behandlung des Grundstücksumsatzes hinweist.

Beispiel:

Eine Immobilien-Gesellschaft, die die Errichtung und Veräußerung von Gebäuden zum Unternehmensgegenstand hat, errichtet im Jahr 01 Vorsorge-Wohnungen und beabsichtigt diese nach Fertigstellung (voraussichtlich im Jahr 02) entsprechend ihrem Vorsorge-Wohnungs-Konzept an Anleger zu verkaufen, die die Wohnungen in der Folge an fremde Dritte für Wohnzwecke weitervermieten wollen. Die umsatzsteuerpflichtige Wohnungsvermietung und der damit verbundene Vorsteuerabzug für den Anleger sind zentraler Bestandteil der Konzeption. Noch im Jahr des Baubeginnes liegen verbindliche Kaufanbote von Anlegern vor, in denen festgelegt wird, dass der Miteigentumsanteil mit Umsatzsteuer verrechnet wird. In allen Werbeprospekten und -inseraten wird dies hervorgehoben. Auch bei vergleichbaren früheren Projekten ist die Gesellschaft nachweislich so vorgegangen. Als Voraussetzung für die Annahme des verbindlichen Kaufanbotes wird die Leistung von Anzahlungen vereinbart.

Im Hinblick auf den – durch die nach außen hin erkennbaren und verbindlichen Vereinbarungen bzw. die sonstigen Umstände – mit größter Wahrscheinlichkeit anzunehmenden Zusammenhang mit künftigen steuerpflichtigen Grundstücksveräußerungen an ihrerseits – durch Vermietung für Wohnzwecke – unternehmerisch tätige Anleger steht dem Unternehmer der Vorsteuerabzug für im Jahr 01 angefallene Errichtungs- und Planungskosten bereits im Voranmeldungs- bzw. Veranlagungszeitraum 01 zu. Gleichzeitig muss der Unternehmer im Jahr 01 (und später) vereinnahmte Anzahlungen nach Maßgabe des § 19 Abs. 2 Z 1 lit. a und b UStG 1994 versteuern. Bei Vorliegen einer ordnungsgemäßen Anzahlungsrechnung, die einen ausdrücklichen Hinweis auf die spätere steuerpflichtige Behandlung der Veräußerung enthält, kann der künftige Erwerber – unter den weiteren Voraussetzungen des § 12 UStG 1994 – die darin ausgewiesene Steuer abziehen.

6.1.9.1.5.7. Vorsteuerabzug für vor der Option empfangene Leistungen

Optiert der Unternehmer erst bei Lieferung des Grundstückes gemäß § 6 Abs. 2 UStG 1994 zur Steuerpflicht und war die diesbezügliche Absicht bisher zweifelhaft bzw. ändert er nachweislich bereits vorher nach außen erkennbar und zweifelsfrei seine ursprüngliche Absicht zur steuerfreien Veräußerung in Richtung steuerpflichtige Behandlung, so können – wie bei der Vermietung (vgl. Rz 901) – die bis dahin im Hinblick auf die Steuerfreiheit der Umsätze gemäß § 12 Abs. 3 UStG 1994 vom Vorsteuerabzug ausgeschlossenen Vorsteuern frühestens für den Voranmeldungs-(Veranlagungs-)zeitraum geltend gemacht werden, in dem der Unternehmer seine Absicht zur steuerpflichtigen Behandlung zweifelsfrei geändert (siehe Rz 799) bzw. in dem er den Umsatz tatsächlich gegenüber dem Finanzamt steuerpflichtig behandelt hat. **800**

6.1.9.1.6. Einzelfälle

Ausscheiden des vorletzten Miteigentümers: Ist beim Ausscheiden eines Miteigentümers aus einer zweipersonalen unternehmerischen Miteigentumsgemeinschaft vertraglich „Anwachsen" vereinbart, liegt eine nichtsteuerbare Anteilsvereinigung vor. **801**

Bauherrnmodell – Lieferung des Grundstückes und des Gebäudes durch verschiedene Unternehmer: Nach der ständigen Judikatur des VwGH ist der Begriff des „Bauherrn" für die Grunderwerbsteuer und die Umsatzsteuer einheitlich auszulegen. Das bedeutet jedoch umsatzsteuerrechtlich nicht, dass Leistungen des Grundstücksveräußerers und Leistungen Dritter zu einem einheitlichen Grundstückserwerb zusammengefasst werden können. Nur die Grundstückslieferung ist daher gemäß § 6 Abs. 1 Z 9 lit. a UStG 1994 von der Umsatzsteuer befreit (vgl. auch EuGH 27.11.2008, C-156/08, „Vollkommer", wonach beim Erwerb eines noch unbebauten Grundstückes künftige, umsatzsteuerpflichtige Bauleistungen in die Bemessungsgrundlage für die Berechnung von Verkehrsteuern wie die „Grunderwerbsteuer" einbezogen werden können, sofern diese nicht den Charakter einer Umsatzsteuer besitzen).

Baurecht, Bauzins: Es ist zwischen der Einräumung (Übertragung) eines Baurechtes und der Vermietung und Verpachtung von Baurechten zu unterscheiden. Die Einräumung eines Baurechtes fällt unter § 6 Abs. 1 Z 9 lit. a UStG 1994, wobei es gleichgültig ist, ob der vom Bauberechtigten entrichtete Bauzins als Einmalzahlung oder in wiederkehrenden Beträgen entrichtet wird; auch bei der Übertragung eines Baurechtes handelt es sich um ein Entgelt für die Lieferung eines Grundstücks.

Die Vermietung und Verpachtung von Baurechten (zB die Vermietung von Wohnungen in einem Gebäude, das Zugehör des Baurechts ist) ist als Vermietung und Verpachtung von Grundstücken zu beurteilen. Diesfalls kommt § 6 Abs. 1 Z 16 UStG 1994 bzw. § 10 Abs. 2 Z 3 lit. a UStG 1994 (bis 31.12.2015: § 10 Abs. 2 Z 4 UStG 1994) zur Anwendung.

Teilzeiteigentum

Die Veräußerung von Miteigentumsanteilen mit der Nebenabrede, dass dem jeweiligen Miteigentümer das ausschließliche, auf einen bestimmten Zeitraum eines jeden Jahres beschränkte Recht auf Benutzung eines bestimmten Appartements eingeräumt wird (so genanntes „Teilzeiteigentum"), stellt eine Lieferung von Grundstücken dar und ist daher gemäß § 6 Abs. 1 Z 9 lit. a UStG 1994 steuerfrei. Das Nutzungsrecht der Käufer stellt sich als Ausfluss der übertragenen ideellen Miteigentumsanteile und als zwischen den Miteigentümern getroffene „Benutzungsregelung" im Sinne des § 828 Abs. 2 ABGB auch dann dar, wenn die Nutzungsvereinbarung schon im Kaufvertrag betreffend die Übertragung der Miteigentumsanteile erfolgt ist (vgl. VwGH 20.10.2004, 2000/14/0185). Zur Einräumung eines Teilzeitnutzungsrechtes ohne gleichzeitige Miteigentumsübertragung (Time-Sharing) siehe Rz 1374 bis Rz 1377.

(BMF-AV Nr. 2017/171)

Randzahlen 802 bis 845: *Derzeit frei.*

6.1.9.2. Umsätze von Aufsichtsratsmitgliedern

Steuerfrei sind die Leistungen von Mitgliedern des Aufsichtsrates oder Verwaltungsrates oder von anderen mit der Überwachung der Geschäftsführung beauftragten Personen. Die – die Überwachung der Geschäftsführung bezweckenden – Aufgaben des begünstigten Personenkreises ergeben sich aus einschlägigen gesetzlichen Vorschriften (zB §§ 95–97 AktG, BGBl. Nr. 98/1965 idgF; § 24e Genossenschaftsgesetz, RGBl. Nr. 70/1873 idgF; §§ 30j bis 30l GmbHG, RGBl. Nr. 58/1906 idgF; § 25 Privatstiftungsgesetz, BGBl. Nr. 694/1993 idgF) oder aus (Gesellschafts-)Verträgen. Verwaltungsräte sind gesellschaftsvertraglich geschaffene Organe, die der Überwachung der Geschäftsführung dienen. **846**

Die Befreiung betrifft Vergütungen jeder Art einschließlich Reisekostenersätze (zB fixe „Gehälter"; gewinnabhängige Zuwendungen; sonstige Vorteile). Die Bezeichnung der **847**

Gegenleistung ist ohne Bedeutung, es muss sich aber inhaltlich jedenfalls um ein Entgelt für die Überwachung der Geschäftsführung handeln.

848 Nicht unter die Befreiung fallen Entgelte, die das Aufsichtsorgan für andere unternehmerische Tätigkeiten erhält, die nicht der Überwachung der Geschäftsführung dienen (zB Konsulententätigkeit).

Beispiel:

Ein dem Aufsichtsrat einer AG angehöriger Rechtsanwalt erstellt ein Rechtsgutachten für den Aufsichtsrat und erhält dafür neben seinen Aufsichtsratsvergütungen ein gesondertes Honorar. Insgesamt erzielt der Rechtsanwalt 70% seiner gesamten Umsätze aus seiner Anwaltstätigkeit und 30% aus diversen Aufsichtsratstätigkeiten.

Das Honorar für das Rechtsgutachten erhält der Rechtanwalt nicht für die Überwachung der Geschäftsführung, sondern für eine – vom Aufsichtsrat gesondert beauftragte – gutachterliche Tätigkeit. Die Voraussetzungen des § 6 Abs. 1 Z 9 lit. b UStG 1994 sind daher diesbezüglich nicht erfüllt. Hinsichtlich des Vorsteuerabzuges muss der Rechtsanwalt eine Aufteilung nach § 12 Abs. 4 bis 6 UStG 1994 vornehmen (vgl. Rz 2013 bis Rz 2038).

Vergütungen an Stiftungsprüfer (vgl. §§ 20 und 21 Privatstiftungsgesetz, BGBl. Nr. 694/1993 idgF) sind nicht steuerfrei, weil diese keine Überwachungskompetenz gegenüber der Geschäftsführung besitzen. Ihre Tätigkeiten stellen (gutachterliche) Prüfungstätigkeiten dar, wie sie von Wirtschafts- oder Buchprüfern im Rahmen ihrer berufstypischen Tätigkeiten erbracht werden.

Randzahlen 849 bis 850: *derzeit frei.*

6.1.9.3. Versicherungsverhältnisse

6.1.9.3.1. Versicherungsleistungen

851 Gemäß § 6 Abs. 1 Z 9 lit. c UStG 1994 sind die Umsätze steuerfrei, soweit dafür ein Versicherungsentgelt gemäß § 3 Versicherungssteuergesetz 1953 gezahlt wird. Versicherungsentgelt ist nach § 3 Versicherungssteuergesetz 1953 jede Leistung, die für die Begründung und zur Durchführung des Versicherungsverhältnisses an den Versicherer zu bewirken ist (zB Prämien, Beiträge, Vorbeiträge, Vor- und Nachschüsse, Umlagen, Unterjährigkeitszuschläge, Kosten für die Ausfertigung des Versicherungsscheines, Eintrittsgelder und sonstige Nebenkosten). Auch wenn eine Zahlung kein Versicherungsentgelt ist, unterliegt sie der Umsatzsteuer nur dann, wenn sie Entgelt für eine spezifische Leistung des Versicherers ist. Das trifft bei Mahnkosten nicht zu. Die Mahnkosten stellen nicht das Entgelt für einen selbständigen Leistungsaustausch dar und sind daher wie die Hauptleistung (Versicherungsschutz) befreit (VwGH 2.3.1992, 90/15/0143). Bei Mahngebühren sowie bei der Erstattung der Kosten eines gerichtlichen Mahnverfahrens handelt es sich grundsätzlich immer um einen nicht steuerbaren Schadenersatz.

Ein steuerfreier Versicherungsumsatz liegt vor, wenn der Versicherer sich verpflichtet, dem Versicherten gegen vorherige Zahlung einer Prämie beim Eintritt des Versicherungsfalls die bei Vertragsschluss vereinbarte Leistung zu erbringen. Er setzt seinem Wesen nach eine Vertragsbeziehung zwischen dem Erbringer der Versicherungsdienstleistung und der Person, deren Risiken von der Versicherung gedeckt werden, dh. dem Versicherten, voraus (vgl. EuGH 25.3.2021, Rs C-907/19, *Q-GmbH*, Rn 32, mVa EuGH 17.3.2016, Rs C-40/15, *Aspiro*, Rn 22 und 23). Die Gewährung einer Lizenz an einen Versicherer zur Verwendung eines Versicherungsprodukts kann demnach nicht als Versicherungsumsatz eingestuft werden, da der Lizenzgeber vertraglich nur an den Versicherer gebunden ist, der das fragliche Produkt gemäß dem Lizenzvertrag verwertet, und er im Regelfall auch nicht die Deckung der auf der Grundlage dieses Produkts versicherten Risiken übernimmt (EuGH 25.3.2021, Rs C-907/19, *Q-GmbH*, Rn 33).

Die entgeltliche Übertragung eines Bestands von (Rück-)Versicherungsverträgen auf ein anderes Versicherungsunternehmen, durch die dieses Unternehmen alle Rechte und Pflichten aus diesen Verträgen mit Zustimmung der Versicherungsnehmer übernommen hat, ist weder gemäß § 6 Abs. 1 Z 9 lit. c UStG 1994 (kein Versicherungs- oder Rückversicherungsumsatz) noch nach § 6 Abs. 1 Z 8 UStG 1994 (kein Finanzgeschäft) steuerfrei (EuGH 22.10.2009, Rs C-242/08, *Swiss Re Germany Holding GmbH*; vgl. auch Rz 991).

Umsätze, die ein Versicherungsunternehmen dadurch erzielt, dass es Unfallfahrzeugwracks aus von ihm versicherten Schadensfällen von seinen Versicherten erwirbt und anschließend an Dritte weiterveräußert, fallen nicht in den Geltungsbereich des § 6 Abs. 1 Z 9 lit. c UStG 1994 und sind daher steuerpflichtig. Die Steuerbefreiung gemäß § 6 Abs. 1 Z 26 UStG 1994 ist ebenfalls nicht anwendbar (EuGH 9.3.2023, Rs C-42/22, *Generali Seguros SA*). Siehe auch Rz 991.

(BMF-AV Nr. 2021/166, BMF-AV Nr. 2023/152)

Wenn durch den Erwerb einer von vornherein für eine bestimmte Zeit angelegten Mitgliedschaft bei einem Verein das Recht erworben wird, in einem medizinisch indizierten Notfall kostenlos medizinisch versorgt und mittels Flugrettung (bzw. auf sonstigen Transportwegen) nach Österreich rücktransportiert zu werden, so liegt ein umsatzsteuerlich relevantes Gegenleistungsverhältnis vor. Allerdings trägt dieses alle Merkmale eines Versicherungsverhältnisses, sodass die Steuerbefreiung für Umsätze von Versicherungsverhältnissen zum Tragen kommt (VwGH 11.9.1987, 95/15/0022). 852

6.1.9.3.2. Verschaffung von Versicherungsschutz

Die Verschaffung eines Versicherungsschutzes liegt vor, wenn der Unternehmer mit einem Versicherungsunternehmen einen Versicherungsvertrag zugunsten eines Dritten abschließt. Dies kann dadurch erfolgen, dass der Unternehmer den Versicherungsvertrag im eigenen Namen, aber für den Versicherungsberechtigten abschließt, oder die Rechte aus dem Vertrag, den er im eigenen Namen und auf eigene Rechnung mit der Versicherungsgesellschaft abgeschlossen hat, auf den Versicherungsberechtigten überträgt (vgl. EuGH 16.7.2015, Rs C-584/13, *Mapfre asistencia und Mapfre warranty*, Rn 38; zum Abschluss von Verträgen in fremdem Namen siehe Rz 881 f). Der Begriff Versicherungsschutz umfasst alle Versicherungsarten. Durch den Versicherungsvertrag muss der begünstigte Dritte – oder bei Lebensversicherungen auf den Todesfall der Bezugsberechtigte – das Recht erhalten, im Versicherungsfall die Versicherungsleistung zu fordern. Unerheblich ist es, ob dieses Recht unmittelbar gegenüber dem Versicherungsunternehmen oder mittelbar über den Unternehmer geltend gemacht werden kann. Bei der Frage, ob ein Versicherungsverhältnis vorliegt, ist von den Grundsätzen des Versicherungssteuergesetzes auszugehen. Ein Vertrag, der einem Dritten lediglich die Befugnis einräumt, einen Versicherungsvertrag zu günstigeren Konditionen abzuschließen, verschafft keinen unmittelbaren Anspruch des Dritten gegen das Versicherungsunternehmen und demnach keinen Versicherungsschutz, der unter diese Befreiungsbestimmung fällt. 853

(BMF-AV Nr. 2016/212)

6.1.9.4. Glücksspielumsätze – Rechtslage aufgrund der Glücksspielgesetz-Novelle 2008, BGBl. I Nr. 54/2010, ab 2011

6.1.9.4.1. Wetten und Ausspielungen

Unter die Befreiung des § 6 Abs. 1 Z 9 lit. d sublit. aa UStG 1994 fallen Wetten (§ 33 TP 17 Abs. 1 Z 1 GebG) und Ausspielungen (§ 2 Abs. 1 GSpG). Die Befreiung gilt auch für die mit dem Betrieb von konzessionierten Spielbanken unmittelbar verbundenen Umsätze. Die Umsätze mittels Glücksspielautomaten (§ 2 Abs. 3 GSpG) und Video-Lotterie-Terminals (VLT; § 12a Abs. 2 GSpG) sind jedoch – ungeachtet einer allfälligen Glücksspielabgabepflicht – von der Befreiung ausdrücklich ausgenommen. 854

Ausspielungen iSd § 2 Abs. 1 GSpG sind Glücksspiele, 855

- die ein Unternehmer veranstaltet, organisiert, anbietet oder zugänglich macht, und
- bei denen Spieler oder andere eine vermögenswerte Leistung in Zusammenhang mit der Teilnahme am Glücksspiel erbringen (Einsatz) und
- bei denen vom Unternehmer, von Spielern oder von anderen eine vermögenswerte Leistung in Aussicht gestellt wird (Gewinn).

Beispiele für Ausspielungen:

Roulette, Beobachtungsroulette, Poker, Black Jack, Two Aces, Bingo, Keno, Baccarat und Baccarat chemin de fer und deren Spielvarianten, Lotto, Toto, Zusatzsatzspiel, Sofortlotterien, Klassenlotterie, Zahlenlotto, Nummernlotterien, elektronische Lotterien.

Die Steuerbefreiung gemäß § 6 Abs. 1 Z 9 lit. d sublit. aa UStG 1994 knüpft an den Tatbestand der Ausspielung an und nicht an die Glückspielabgabepflicht (§§ 57 bis 59 GSpG) oder an die Anwendbarkeit des Glücksspielmonopols des Bundes (§ 4 GSpG). Demnach sind auch befreit

- Umsätze aus Glückshäfen, Juxausspielungen und Tombolaspiele iSd § 4 Abs. 5 GSpG zu anderen als Erwerbszwecken (zB bei einem steuerpflichtigen Vereinsfest eines gemeinnützigen Vereines) sowie
- Ausspielungen mit Kartenspielen in Turnierform zum bloßen Zeitvertreib durch Gastwirte (§ 4 Abs. 6 GSpG).

Nicht steuerfrei sind insbesondere folgende Umsätze: 856

- Umsätze aus Glücksspielautomaten und VLT (mit oder ohne Bewilligung bzw. Konzession; legal oder illegal);
- Umsätze aus der Vermittlung von Wett- und Glücksspielumsätzen;

- Call-Center-Leistungen zugunsten eines Organisators für Telefonwetten (EuGH 13.07.2006, Rs C-89/05, *United Utilities plc*);
- Umsätze aus der Duldung der Aufstellung eines Glücksspielautomaten oder VLT;
- Veranstaltung von Geschicklichkeitsspielen durch einen Unternehmer (weder Ausspielung noch Wette; zB Kegel- oder Schachturniere, Videospielturniere);
- Umsätze aus der Initiierung, Organisation und Verwaltung von Lottospielgemeinschaften (VwGH 29.07.2010, 2008/15/0272).

857 Eine Ausspielung mit Glücksspielautomaten iSd § 2 Abs. 3 GSpG liegt vor, wenn die Entscheidung über das Spielergebnis nicht zentralseitig, sondern durch eine mechanische oder elektronische Vorrichtung im Glücksspielautomaten selbst erfolgt.

Nicht befreit sind auch Warenausspielungen mit Glücksspielautomaten iSd § 4 Abs. 3 GSpG, bei denen die vermögenswerte Leistung den Gegenwert von 1 Euro nicht übersteigt und bei denen es sich um Schaustellergeschäfte des „Fadenziehens", „Stoppelziehens", „Glücksrades", „Blinkers", „Fische- oder Entenangelns", „Plattenangelns", „Fische- oder Entenangelns mit Magneten", „Plattenangelns mit Magneten", „Zahlenkesselspiels", „Zetteltopfspiels" sowie um diesen ähnliche Spiele handelt.

858 Video-Lotterie-Terminals sind zentralseitig vernetzte Terminals an ortsfesten, öffentlich zugänglichen Betriebsstätten, durch welche dem Spieler der Zugang zu elektronischen Lotterien ermöglicht wird. Unter elektronischen Lotterien versteht man Ausspielungen, bei denen die Spielteilnahme unmittelbar durch den Spieler über elektronische Medien erfolgt und die Entscheidung über das Spielergebnis zentralseitig herbeigeführt sowie über elektronische Medien zur Verfügung gestellt wird (vgl. § 12a Abs. 1 und 2 GSpG idgF).

859 Die Umsatzsteuer schuldet der Unternehmer, der gegenüber dem Spielteilnehmer als Anbieter des Glücksspiels auftritt. Maßgeblich ist, mit wem der Spielteilnehmer den Glücksvertrag (konkludent) abschließt. Das wird idR derjenige Unternehmer sein, auf dessen Risiko Glücksspielautomaten und VLTs betrieben werden. Von einem Unternehmerrisiko ist dann auszugehen, wenn der Leistungserbringer die Möglichkeit hat, im Rahmen seiner Tätigkeit sowohl die Einnahmen- als auch die Ausgabenseite maßgeblich zu beeinflussen und solcherart den finanziellen Erfolg seiner Tätigkeit weitgehend selbst zu gestalten. Die Beurteilung, wer das Risiko tatsächlich trägt, hat in wirtschaftlicher Betrachtungsweise (§ 21 BAO) unter Berücksichtigung der maßgeblichen vertraglichen Vereinbarungen zu erfolgen.

Automatenaufsteller betreiben ihre Geräte entweder auf eigenes Risiko oder überlassen sie einem anderen Betreiber (zB Gastwirt). Liegt das Unternehmerrisiko beim Geräteaufsteller, sind diesem die Glücksspielumsätze zuzurechnen und der Lokalinhaber hat lediglich seine Provision für die Duldung der Automatenaufstellung und die Gestattung der Nutzung dieser Automaten in seinen Geschäftsräumlichkeiten zu versteuern. Liegt das Unternehmerrisiko beim Lokalinhaber, tätigt dieser die steuerpflichtigen Glücksspielumsätze und die Leistung des Geräteaufstellers beschränkt sich auf die ebenfalls steuerpflichtige Nutzungsüberlassung der Automaten an den Lokalinhaber.

860 Sowohl bei Umsätzen aus Glücksspielautomaten als auch aus Video-Lotterie- Terminals sind als Bemessungsgrundlage die Jahresbruttospieleinnahmen, d.s. die Einsätze abzüglich der ausgezahlten Gewinne eines Kalenderjahres heranzuziehen (§ 4 Abs. 5 zweiter Unterabsatz UStG 1994 idFd GSpG-Novelle 2008, BGBl. I Nr. 54/2010).

Für die Berechnung der Umsatzsteuer und der Glücksspielabgabe gelten die Jahresbruttospieleinnahmen abzüglich der darin enthaltenen Umsatzsteuer als gemeinsame Bemessungsgrundlage.

Beispiel:

Jahreseinsätze	*220.000 €*	
Ausgezahlte Gewinne	*- 160.000 €*	
Jahresbruttospieleinnahmen	*60.000 €*	
abzgl. enthaltene USt (20%)	*- 10.000 €*	*= 60.000 : 120 x 20*
Bemessungsgrundlage für USt und GSpAbg	*50.000 €*	*= 60.000 : 120 x 100*

Für die Voranmeldung, Vorauszahlung, Fälligkeit und Veranlagung der Umsatzsteuer gelten die allgemeinen Vorschriften des § 21 UStG 1994.

6.1.9.4.2. Mitwirkungsvergütungen

861 Provisionen, die vom Konzessionär nach § 14 GSpG unmittelbar an seine Vertriebspartner (wie Geschäftsstellen der Klassenlotterien, Lottokollekturen, Trafikanten) im Vertrieb von umsatzsteuerfreien Lotterieprodukten gezahlt werden, sind gemäß § 6 Abs. 1 Z 9 lit. d sublit. bb UStG 1994 steuerfrei.

Hiervon ausdrücklich ausgenommen sind Vergütungen aufgrund von Ausspielungen mittels Video-Lotterie-Terminals. Nicht steuerfrei sind Vergütungen, die von Unternehmern ohne Konzession (zB illegale Glücksspielveranstalter) für die Mitwirkung an von ihnen abgehaltenen Glücksspielen gezahlt werden sowie Abgeltungen, die nicht direkt vom Konzessionär gezahlt werden.

6.1.9.4.3. Zuwendungen im Sinne des § 27 Abs. 3 GSpG

Steuerfrei sind Zuwendungen, die die Spielkunden für die Gesamtheit der Arbeitnehmer des Konzessionärs in besonderen, für diesen Zweck in den Spielsälen vorgesehenen Behältern hinterlegen. 862

Randzahlen 863 bis 870: *derzeit frei.*

6.1.10. Umsätze der Blinden und dem Postwesen dienende Umsätze

6.1.10.1. Blinde

6.1.10.1.1. Allgemeines

Befreit sind ausschließlich als Einzelunternehmer tätige natürliche Personen. 871

Das Tatbestandsmerkmal „drei sehende Arbeitnehmer" ist dahingehend auszulegen, dass es nicht auf die Anzahl der Arbeitnehmer schlechthin, sondern auf ihre zeitliche Arbeitsleistung ankommt. Dem Erfordernis ist somit Genüge getan, wenn die Summe der von allen sehenden Arbeitnehmern im Laufe eines Kalenderjahres geleisteten Arbeitsstunden insgesamt nicht höher ist als die kollektivvertragsmäßige Arbeitszeit von drei vollbeschäftigten Arbeitnehmern.

Die Steuerfreiheit gilt nicht für die Umsätze von Gegenständen, die einer Verbrauchsteuer unterliegen, wenn der Blinde Schuldner der Verbrauchsteuer ist. Ist also der Blinde zB selbst Schuldner der Mineralölsteuer, so fällt er mit seinen Umsätzen an Kraftstoffen und sonstigen der Mineralölsteuer unterliegenden Gegenständen nicht unter die Steuerbefreiung.

6.1.10.1.2. Verzichtsmöglichkeit

Der Unternehmer hat die Möglichkeit, jährlich bei Abgabe der Umsatzsteuererklärung auf die Befreiung zu verzichten (VfGH 23.10.1980, G 37/79). Der Verzicht hat keine Auswirkungen auf die Inanspruchnahme von einkommensteuerlichen Begünstigungen. 872

6.1.10.2. Postdienstleistungen

Nach der Judikatur des EuGH 23.04.2009, Rs C-357/07, *TNT Post UK*, fallen nur Universaldienstleistungen eines Universaldienstbetreibers unter die Steuerbefreiung, wobei Leistungen, deren Bedingungen individuell ausgehandelt worden sind, jedenfalls von der Befreiung ausgenommen sind. Der Begriff des Universaldienstbetreibers richtet sich in Österreich nach § 12 des Postmarktgesetzes (PMG), BGBl. I Nr. 123/2009. Danach ist derzeit nur die Österreichische Post AG als Universaldienstbetreiber bestimmt. Für andere Postdienstleister, auch wenn sie dem Grunde nach Universaldienstleistungen erbringen, kommt die Steuerbefreiung nicht zur Anwendung. Provisionen, die Postpartner für die im Namen und auf Rechnung des Universaldienstbetreibers erfolgende Erbringung von Postdienstleistungen im Rahmen der Übernahme der stationären Vertretung vor Ort erhalten, sind daher steuerpflichtig. Die im Namen und für Rechnung des Universaldienstbetreibers vereinnahmten Entgelte für Postdienste stellen beim Postpartner durchlaufende Posten dar (§ 4 Abs. 3 UStG 1994). Keine Universaldienstleister sind zB auch private Abhol-, Zustell- oder Kurierdienste, Frachtführer, Zeitungsausträger und dergleichen. 873

Inhalt und Umfang der Universalpostdienstleistungen bestimmen sich nach § 6 PMG. Demnach ist der Universaldienst ein Mindestangebot an Postdiensten, die allgemein zur Aufrechterhaltung der Grundversorgung der Nutzer als notwendig angesehen werden, die flächendeckend im gesamten Bundesgebiet angeboten werden und zu denen alle Nutzer zu einem erschwinglichen Preis Zugang haben. Der Universaldienst umfasst folgende Leistungen: 873a

1. Abholung, Sortierung, Transport und Zustellung von adressierten Postsendungen bis 2 kg;
2. Abholung, Sortierung, Transport und Zustellung von Postpaketen bis 10 kg sowie
3. Dienste für Einschreib- und Wertsendungen.

Vom Universaldienst mit umfasst sind entsprechende Postdienste, die Zeitungen, Zeitschriften, Bücher und Kataloge – jeweils bis 2 kg – betreffen. Auch im Inland steuerbare grenzüberschreitende Universaldienstleistungen fallen unter die Steuerbefreiung.

Nach § 6 Abs. 3 PMG zählen die genannten Leistungen jedoch nur dann zum Universaldienst, wenn die Postsendungen (Pakete) bei einer Post-Geschäftsstelle bzw. bei einem „Mobilen Postamt" oder bei einem „Landzusteller" aufgegeben oder in einen Postbriefkasten eingeworfen werden. Damit gelten alle Sendungen, die bei Verteilzentren eingeliefert werden, nicht als Universaldienstleistungen, ausgenommen es handelt sich um die Einlieferung von Zeitungen und Zeitschriften, da Leistungen betreffend diese Postsendungen stets Universaldienstleistungen sind.

873b Universalpostdienstleistungen, deren Bedingungen – entsprechend den besonderen Bedürfnissen bestimmter Wirtschaftsteilnehmer – individuell ausgehandelt werden, sind nicht nach § 6 Abs. 1 Z 10 lit. b UStG 1994 steuerfrei. Werden gemäß § 21 Abs. 3 PMG mit bestimmten Nutzern des Universaldienstes individuelle Preisabsprachen getroffen, kommt die Befreiung somit nicht zur Anwendung. Die Befreiung ist auch dann ausgeschlossen, wenn in der Vereinbarung bezüglich der Bedingungen auf allgemeine Geschäftsbedingungen verwiesen wird.

873c Erfolgt die Leistung nur aufgrund der allgemeinen Geschäftsbedingungen und sind hierin Sondertarife enthalten, die von den allgemeinen Tarifen abweichen, ist dies für die Anwendung der Steuerbefreiung gemäß § 6 Abs. 1 Z 10 lit. b UStG 1994 noch nicht schädlich, wenn folgende Voraussetzungen vorliegen:

- Die Rabatte werden pro einzelner Einlieferung gewährt werden (es sind somit keine Umsatzrabatte, Jahresbonifikationen und dergleichen vorgesehen),
- die Auflieferung ist österreichweit flächendeckend möglich und
- alle Bedingungen (einschließlich der Bedingungen für eine allfällige Stundungseinräumung) ergeben sich bereits aus den allgemeinen Geschäftsbedingungen.

6.1.11. Schulen, Privatlehrer

6.1.11.1. Private Schulen und ähnliche Einrichtungen

6.1.11.1.1. Allgemeines

874 Bei öffentlichen Schulen – dazu zählen auch Hochschulen und Universitäten – ist die Unterrichtstätigkeit grundsätzlich dem Hoheitsbereich zuzuordnen. Zur Vermeidung von Wettbewerbsverzerrungen sind Privatschulen befreit, wobei nicht nur die mit Öffentlichkeitsrecht ausgestatteten Privatschulen, sondern alle Privatschulen und andere allgemein bildende oder berufsbildende Einrichtungen von der Befreiung umfasst sind.

Voraussetzung ist allerdings, dass begünstigte Bildungsleistungen (vgl. Rz 874a) und eine Vergleichbarkeit mit öffentlichen Schulen (vgl. Rz 876) vorliegen.

(BMF-AV Nr. 2017/171, BMF-AV Nr. 2018/164)

875 Der Begriff „Schule" erfordert gemäß § 2 Privatschulgesetz, dass eine Mehrzahl von Schülern gemeinsam nach einem festen Lehrplan unterrichtet wird und in Zusammenhang mit der Vermittlung allgemein bildender oder berufsbildender Kenntnisse oder Fertigkeiten ein erzieherisches Ziel angestrebt wird.

Nach der Rechtsprechung des VwGH (bspw. VwGH 25.2.1997, 95/14/0126) ist unter einer allgemein bildenden oder berufsbildenden Einrichtung ein schulähnlicher Betrieb anzusehen, der über die organisatorischen Voraussetzungen (wie Schulräume, ein über längere Zeit feststehendes Bildungsangebot, in der Regel auch das erforderliche Personal nach Art eines Lehrkörpers und ein Sekretariat) verfügt, um laufend gegenüber einer größeren Anzahl von Interessenten eine Tätigkeit im Sinne des § 6 Abs. 1 Z 11 lit. a UStG 1994 auszuüben. Im Falle der Online-Unterrichtserteilung unter Nutzung elektronischer Kommunikationsmöglichkeiten kommt es auf das Vorhandensein körperlicher Schulräume dann nicht an, wenn die Unterrichtserteilung in gemeinschaftsbezogener Weise erfolgt. Eine Unterrichtserteilung in gemeinschaftsbezogener Weise liegt auch bei Online-Fernstudiengängen vor, die mittels individueller Zugangsberechtigung zeitlich unabhängig absolviert werden können. Für das Vorliegen einer Einrichtung im Sinne des § 6 Abs. 1 Z 11 lit. a UStG 1994 ist die Rechtsform des Unternehmens ohne Bedeutung (Verweis auf EuGH vom 7.9.1999, Rs C216/97, *Gregg*).

Für Zwecke der Mehrwertsteuerregelung verweist der Begriff des Schul- und Hochschulunterrichts allgemein auf ein integriertes System der Vermittlung von Kenntnissen und Fähigkeiten in Bezug auf ein breites und vielfältiges Spektrum von Stoffen sowie auf die Vertiefung und Entwicklung dieser Kenntnisse und Fähigkeiten durch die Schüler und Studenten je nach ihrem Fortschritt und ihrer Spezialisierung auf den verschiedenen dieses System bildenden Stufen (vgl. EuGH 14.3.2019, Rs C-449/17, *A & G Fahrschul-Akademie GmbH*, sowie EuGH 7.10.2019, Rs C-47/19, *HA*).

Neben der Lehrtätigkeit im eigentlichen Sinne können auch andere Tätigkeiten – wie Prüfungstätigkeiten oder die Organisation von Unterrichtseinheiten – steuerfrei sein, sofern diese Tätigkeiten im Wesentlichen im Rahmen der sich auf den Schul- und Hochschulunterricht beziehenden Vermittlung von Kenntnissen und Fähigkeiten an Schüler oder Studierende ausgeübt werden (vgl. EuGH 28.1.2010, Rs C-473/08, *Eulitz*). Nicht befreit sind hingegen Umsätze, die aus einer unterrichtsfremden Tätigkeit herrühren (Lieferung von gewerblichen Erzeugnissen oder Gegenständen des Anlagevermögens; Buffet- und Kantinenumsätze sowie sonstige Hilfsgeschäfte).

Die Gestellung von Lehrpersonal durch private Schulen und andere allgemeinbildende oder berufsbildende Einrichtungen iSd § 6 Abs. 1 Z 11 lit. a UStG 1994 an andere begünstigte Einrichtungen iSd Vorschrift sowie an öffentliche Schulen fällt dann unter die Steuerbefreiung, wenn

- es sich um eine mit der Hauptleistung der Bildungseinrichtung eng verbundene Tätigkeit handelt,
- das gleiche Niveau und die gleiche Unterrichtsqualität durch den Rückgriff auf gewerbliche Vermittlungsstellen nicht sichergestellt werden könnte und
- derartige Gestellungen nicht dazu bestimmt sind, der Bildungseinrichtung zusätzliche Einnahmen zu verschaffen, sofern sie hinsichtlich der Gestellung mit anderen nicht befreiten Unternehmen konkurriert (vgl. EuGH 14.6.2007, Rs C-434/05, *Horizon College*).

(BMF-AV Nr. 2019/165, BMF-AV Nr. 2020/192)

6.1.11.1.1a. Begünstigte Bildungsleistungen

Begünstigte Bildungsleistungen sind Leistungen allgemeinbildender oder berufsbildender Art bzw. Leistungen zum Erwerb von der Berufsausübung dienenden Fertigkeiten. Begünstigte Leistungen sind gemäß Art. 44 VO (EU) 282/2011 jedenfalls Schulungsmaßnahmen mit direktem Bezug zu einem Gewerbe oder einem Beruf sowie Schulungsmaßnahmen, die dem Erwerb oder der Erhaltung beruflicher Kenntnisse dienen. **875a**

Umsätze aus Unterrichtseinheiten, die den Charakter bloßer Freizeitgestaltung haben (zB Yoga-Kurse, Veranstaltungen mit esoterischem Inhalt, Kochkurse), sind nicht gemäß § 6 Abs. 1 Z 11 lit. a UStG 1994 steuerfrei (vgl. EuGH 14.6.2007, Rs C-445/05, *Haderer*, sowie EuGH 28.1.2010, Rs C-473/08, *Eulitz*).

(BMF-AV Nr. 2018/164)

6.1.11.1.2. Vergleichbarkeit mit öffentlichen Schulen

Rechtslage ab 1.1.2019 **876**

Eine Schule bzw. schulähnliche Einrichtung (vgl. Rz 875) muss eine vergleichbare Zielsetzung verfolgen, damit deren begünstigte Leistungen (vgl. Rz 875a) steuerfrei sind. Eine vergleichbare Zielsetzung liegt gemäß § 1 der Verordnung des Bundesministers für Finanzen über das Vorliegen einer vergleichbaren Zielsetzung bei Bildungsleistungen (Umsatzsteuer-Bildungsleistungsverordnung, BGBl. II Nr. 214/2018, UStBLV) vor, bei

- Privatschulen iSd Privatschulgesetzes, BGBl. Nr. 244/1962, oder des Land- und forstwirtschaftlichen Privatschulgesetzes, BGBl. Nr. 318/1975,
- Privathochschulen und Privatuniversitäten nach dem Privathochschulgesetz (PrivHG), BGBl. I Nr. 77/2020, und Privatuniversitäten, die unter den Voraussetzungen des Privatuniversitätengesetzes (PUG), BGBl. I Nr. 74/2011, oder des § 2 Universitäts-Akkreditierungsgesetz, BGBl. I Nr. 168/1999, akkreditiert wurden,
- Fachhochschulen nach dem Fachhochschulgesetz (FHG), BGBl. Nr. 340/1993 (bis 31.12.2020 auch Einrichtungen zur Durchführung von Fachhochschul-Studiengängen iSd Fachhochschul-Studiengesetz (FHStG), BGBl. Nr. 340/1993),
- privaten Pädagogischen Hochschulen iSd § 4 Hochschulgesetz 2005, BGBl. I Nr. 30/2006, sowie öffentlichen Pädagogischen Hochschulen im Rahmen der eigenen Rechtspersönlichkeit gemäß § 3 Hochschulgesetz 2005, BGBl. I Nr. 30/2006,
- anderen berufsbezogenen Ausbildungseinrichtungen privaten Rechts, die aufgrund einer speziellen gesetzlichen Ermächtigung als solche anerkannt sind,
- post-sekundären Bildungseinrichtungen, die im Rahmen einer Kooperation mit einer Universität oder Fachhochschule berufsbezogene post-graduale Aus- und Weiterbildungen durchführen (zB Doktorats-Studiengänge oder Universitätslehrgänge). Post-sekundäre Bildungseinrichtungen sind solche, die durch das Bundesministerium für Bildung, Wissenschaft und Forschung in der Gesamtliste der post-sekundären Bildungseinrichtungen in Österreich aufgezählt sind (abrufbar auf der Homepage des BMBWF unter „Themen/Hochschule & Universität/Hochschulsystem/Post-sekundäre Hochschuleinrichtungen"),

- einer aufrechten Zertifizierung als Erwachsenenbildungseinrichtung im Sinne der Vereinbarung gemäß Art. 15a B-VG zwischen dem Bund und den Ländern über die Anerkennung des Qualitätsrahmens für die Erwachsenenbildung Ö-Cert, BGBl. II Nr. 269/2012,
- Einrichtungen iSd Bundesgesetzes über die Förderung der Erwachsenenbildung und des Volksbüchereiwesens, BGBl. Nr. 171/1973 iVm der Kundmachung der Bundesministerin für Bildung, Wissenschaft und Kultur gemäß § 7 Abs. 1 des Bundesgesetzes über die Förderung der Erwachsenenbildung und des Volksbüchereiwesens aus Bundesmitteln, BGBl. II Nr. 228/2001, oder
- jeder anderen vergleichbaren behördlichen Zertifizierung (zB aufgrund landesgesetzlicher Regelungen).

Wird vom Unternehmer eine von der UStBLV umfasste Zertifizierung vor dem 1.1.2019 beantragt und wird diese erst nach dem 1.1.2019 vergeben, kann diesfalls bereits mit 1.1.2019 vom Vorliegen einer vergleichbaren Zielsetzung ausgegangen werden.

Die Dauer der Ausbildung, Fortbildung oder beruflichen Umschulung ist für die Vergleichbarkeit der Zielsetzung ebenso unbeachtlich wie der Inhalt und der Umfang des Lehrstoffes (vgl. VwGH 15.9.2016, Ra 2014/15/0003).

Zu den Voraussetzungen für die Anwendung der Steuerbefreiung gemäß § 6 Abs. 1 Z 12 UStG 1994 siehe Rz 880.

Rechtslage bis 31.12.2018

Liegt eine Schule bzw. schulähnliche Einrichtung vor (vgl. Rz 875) und werden in diesem Rahmen Leistungen ausgeführt, die gemäß Art. 44 VO (EU) 282/2011 als Schulungsmaßnahmen mit direktem Bezug zu einem Gewerbe oder einem Beruf sowie als Schulungsmaßnahme, die dem Erwerb oder der Erhaltung beruflicher Kenntnisse dient, zu qualifizieren sind, ist die Steuerbefreiung des § 6 Abs. 1 Z 11 lit. a UStG 1994 für den jeweiligen Umsatz unabhängig vom Vorliegen einer mit öffentlichen Schulen vergleichbaren Tätigkeit anzuwenden (vgl. VwGH 14.9.2017, Ro 2017/15/0017).

Die Dauer der Ausbildung, Fortbildung oder beruflichen Umschulung ist für die Vergleichbarkeit der Zielsetzung ebenso unbeachtlich wie der Inhalt und der Umfang des Lehrstoffes (vgl. VwGH 15.9.2016, Ra 2014/15/0003).

Außerhalb des Anwendungsbereichs des Art. 44 VO (EU) 282/2011 ist die Steuerbefreiung anzuwenden, wenn bei einer Schule bzw. schulähnlichen Einrichtung (vgl. Rz 875) eine mit öffentlichen Schulen vergleichbare Tätigkeit vorliegt.

(AÖF Nr. 2014/164, BMF-AV Nr. 2017/171, BMF-AV Nr. 2018/164, BMF-AV Nr. 2021/166)

876a Weist der Unternehmer nach, dass die Anwendung des § 1 Z 5 bis Z 9 UStBLV zu Wettbewerbsverzerrungen führen würde, liegt eine vergleichbare Zielsetzung gemäß § 6 Abs. 1 Z 11 lit. a UStG 1994 nicht vor (vgl. § 2 UStBLV). Eine derartige Wettbewerbsverzerrung kann bspw. vorliegen, wenn andere Unternehmer vergleichbare Leistungen anbieten, die mangels vergleichbarer Zielsetzung steuerpflichtig sind. Damit eine Wettbewerbsverzerrung nachgewiesen werden kann, müssen die Bildungsleistungen jedenfalls überwiegend an Unternehmer erbracht werden. Bei Vorliegen einer UID-Nummer kann davon ausgegangen werden, dass der Leistungsempfänger Unternehmer ist. Unmaßgeblich ist, ob die Leistungen für den Unternehmensbereich des Leistungsempfängers erbracht werden.

Wird eine Wettbewerbsverzerrung gemäß § 2 UStBLV nachgewiesen und liegt demnach keine vergleichbare Zielsetzung der Einrichtung vor, findet § 6 Abs. 1 Z 11 lit. a UStG 1994 für sämtliche Bildungsleistungen der Einrichtung keine Anwendung.

(AÖF Nr. 2014/164, BMF-AV Nr. 2017/171, BMF-AV Nr. 2018/164)

6.1.11.1.3. Einzelfälle

877 Die Steuerbefreiung ist – ausgenommen für Unterrichtseinheiten, die den Charakter bloßer Freizeitgestaltung haben (vgl. EuGH 14.6.2007, Rs C-445/05, *Haderer*, sowie EuGH 28.1.2010, Rs C-473/08, *Eulitz*) – nach Maßgabe von Rz 876 – anwendbar:

- Beamtenaufstiegsprüfung (VwGH 23.10.1980, 0202/79),
- Berufsförderungsinstitut (BFI),
- Einrichtungen zur Psychotherapeutenausbildung, wenn die Ausbildungseinrichtung nach Anhörung des Psychotherapiebeirates vom Bundeskanzler als propädeutische bzw. psychotherapeutische Ausbildungseinrichtung mit Bescheid anerkannt worden ist (§ 4 Abs. 1 und § 7 Abs. 1 Psychotherapiegesetz),
- Handels- oder Gewerbeschulen,
- Ländliche Fortbildungsinstitute (LFI),

- Lehrgänge universitären Charakters im Sinne des § 27 Universitäts-Studiengesetz, BGBl. I Nr. 48/1997 idF bis 31. Dezember 2003, die mit einem akademischen Grad abgeschlossen werden,
- Maturaschulen,
- Rechtskurse (VwGH 28.4.1976, 0559/75),
- Sprachschulen,
- Richteramts-, Rechtsanwalts- und Notariatsprüfungen (VwGH 28.4.1976, 0559/75),
- Vorbereitungskurse für die Baugewerbeprüfung (VwGH 21.6.1977, 1566/76),
- Wirtschaftsförderungsinstitut der Wirtschaftskammer (WIFI).

(BMF-AV Nr. 2017/171)

Die Steuerbefreiung ist – nach Maßgabe von Rz 876 – nicht anwendbar auf **878**

- Einzelunterricht (Unterrichtserteilung erfolgt nicht in gemeinschaftsbezogener Weise, VwGH 21.5.1990, 89/15/0040), auch wenn dieser Online erfolgt;
- Fahrschulen (bloße Vermittlung von technischen Fertigkeiten; vgl. auch EuGH 14.3.2019, Rs C-449/17, *A & G Fahrschul-Akademie GmbH*);
- Fernschulen, wenn die Unterrichtserteilung nicht in gemeinschaftsbezogener Weise erfolgt (vgl. VwGH 3.6.1987, 86/13/0184);
- Lernhilfekurse;
- Online-Unterrichtsleistungen, die nicht in gemeinschaftsbezogener Weise (siehe Rz 875) erfolgen (zB einzelne abrufbare Podcasts und Videos);
- Schischulen (bloße Unterweisung in einer sportlichen Fertigkeit, VwGH 22.4.1998, 95/13/0129);
- Schwimmunterricht (EuGH 21.10.2021, Rs C-373/19, *Dubrovin & Tröger GbR – Aquatics*);
- Surf- und Segelunterricht (EuGH 7.10.2019, Rs C-47/19, *HA*);
- Tanzschulen (bloße Vermittlung von Fertigkeiten, die im gesellschaftlichen Umgang nützlich sind).

(BMF-AV Nr. 2017/171, BMF-AV Nr. 2020/192, BMF-AV Nr. 2022/154)

6.1.11.2. Privatlehrer

Der Begriff Privatlehrer umfasst – unabhängig von der Rechtsform – Unternehmer, die mit **879** der Unterrichtserteilung an öffentlichen Schulen oder umsatzsteuerbefreiten Privatschulen und schulähnlichen Einrichtungen iSd § 6 Abs. 1 Z 11 lit. a UStG 1994 beauftragt werden. Die Vorschrift kann somit auch angewendet werden, wenn Personenzusammenschlüsse oder juristische Personen beauftragt werden, sofern die Unterrichtserteilung durch Personen erfolgt, die über die erforderlichen persönlichen und beruflichen Befähigungen für die Ausübung einer unterrichtenden Tätigkeit verfügen. Unter die Befreiung fallen auch Umsätze aus Prüfungsabnahmen bzw. begutachtungen, sofern diese Tätigkeiten im Wesentlichen im Rahmen der sich auf den Schul- und Hochschulunterricht beziehenden Vermittlung von Kenntnissen und Fähigkeiten an Schüler oder Studierende ausgeübt werden (vgl. EuGH 28.01.2010, Rs C-473/08, *Eulitz*).

Entscheidend ist, dass der Privatlehrer (zB auch in der Rechtsform einer GmbH) seine Tätigkeit auf eigene Rechnung und in eigener Verantwortung und deshalb „privat" ausübt, wobei nicht unbedingt das Bestehen einer unmittelbaren Vertragsbeziehung zwischen den Teilnehmern und dem Unterrichtenden Voraussetzung ist (vgl. VwGH 27.02.2008, 2004/13/0118).

Wird ein Unternehmer (der nicht selbst Vortragender ist, zB GmbH) durch öffentliche Schulen oder umsatzsteuerbefreite Privatschulen oder schulähnliche Einrichtungen iSd § 6 Abs. 1 Z 11 lit. a UStG 1994 mit der Unterrichtserteilung beauftragt und beauftragt dieser selbstständig tätige Vortragende mit der tatsächlichen Durchführung des Unterrichts an diesen Schulen, so sind – neben der Leistung des Unternehmers an seinen jeweiligen Auftraggeber – auch die diesbezüglichen (Vor-)Leistungen der Vortragenden an den Unternehmer unter die Steuerbefreiung gemäß § 6 Abs. 1 Z 11 lit. b UStG 1994 zu subsumieren, sofern die Vergütungen für die tatsächliche Unterrichtserteilung an der Schule gezahlt werden.

Bloße Personalgestellungsleistungen sowie die Vermittlung von Privatlehrern sind nicht steuerfrei (vgl. EuGH 14.06.2007, Rs C-434/05, *Horizon College*).

Psychotherapeuten, die von einer Ausbildungseinrichtung (vgl. Rz 877) im Rahmen der praktischen Berufsausbildung für Psychotherapeuten mit der Durchführung von Ausbildungssupervisionen beauftragt wurden, gelten insoweit als Privatlehrer, wobei es unmaßgeblich ist, ob die Honorare über die Ausbildungseinrichtung oder direkt vom Supervisor an den Ausbildungskandidaten verrechnet werden.

Privatlehrer, die gleichzeitig Träger einer Bildungseinrichtung sind, dh. nicht nur Unterricht erteilen, sondern in eigenem Namen Unterrichtseinheiten organisieren und veranstalten und in einer unmittelbaren Vertragsbeziehung zu den Teilnehmern stehen, unterliegen mit ihren diesbezüglichen Umsätzen – bei Erfüllung der dort genannten Voraussetzungen – der Steuerbefreiung gemäß § 6 Abs. 1 Z 11 lit. a UStG 1994.

6.1.12. Vorträge, Kurse, Filmvorführungen

880 Steuerbefreit sind gemäß § 6 Abs. 1 Z 12 UStG 1994 die Betriebe gewerblicher Art von Körperschaften öffentlichen Rechts, die derartige Veranstaltungen durchführen und Volksbildungsvereine (insbesondere Volkshochschulen).

Als Volksbildungsverein gilt ein Verein, der für eine breite Masse der Bevölkerung zu einem annehmbaren Preis Kurse anbietet, welche allgemein bildendes Wissen, technische und handwerkliche Fähigkeiten zur Ausübung praktischer Berufe vermitteln (vgl. VwGH 25.7.2013, 2010/15/0082).

Es kommt nicht darauf an, was unterrichtet wird. Es werden ua. Kurse für Maschinschreiben, EDV, Fremdsprachen, Esoterik, Kochen und Gymnastikkurse angeboten. Nicht begünstigt sind Veranstaltungen künstlerischer oder unterhaltender Art.

Die Einnahmen müssen so niedrig sein, dass sie zur Bestreitung der Regien gerade noch ausreichen und wesentliche Gewinne nicht zulassen.

Unter diesen Voraussetzungen sind auch solche Volksbildungsleistungen steuerfrei, die durch gemeinnützige Körperschaften privaten Rechts erbracht werden, sofern diese unter beherrschendem Einfluss einer Körperschaft des öffentlichen Rechts oder eines Volksbildungsvereines stehen.

(AÖF Nr. 2014/164)

6.1.13. Bausparkassen- und Versicherungsvertreter

881 Die Befreiung gemäß § 6 Abs. 1 Z 13 UStG 1994 erstreckt sich auf alle Leistungen, die in Ausübung der begünstigten Tätigkeiten erbracht werden. Unselbständige Nebenleistungen zu den Vermittlungsleistungen wie Inkasso, Kundenbetreuung und Beratung sind steuerbefreit. Die Begutachtung bzw. Bewertung von Schäden sowie Tätigkeiten zur Schadensregulierung sind keine berufstypischen Tätigkeiten von Versicherungsvertretern oder -maklern (vgl. EuGH 20.11.2003, Rs C-8/01, *Assurander-Societetet*; EuGH 17.3.2016, Rs C-40/15 , *Aspiro SA*). Eine steuerfreie unselbstständige Nebenleistung liegt diesbezüglich nur vor, wenn die Schadensbegutachtung bzw. -regulierung ohne gesondertes Entgelt im Zusammenhang mit vom Versicherungsvertreter oder -makler vermittelten Versicherungsverträgen erfolgt (siehe auch VwGH 16.12.1999, 96/15/0116).

Die von einem Versicherungsvertreter bzw. -maklerbüro den Versicherungsnehmern gesondert in Rechnung gestellten Entgelte für die An-, Ab- und Ummeldung von Kraftfahrzeugen sind nicht gemäß § 6 Abs. 1 Z 13 UStG 1994 von der Umsatzsteuer befreit. Diese Leistungen stellen keine unselbstständigen Nebenleistungen zur Vermittlung von Versicherungsverträgen dar und werden nur gegenüber dem Versicherungsnehmer erbracht. Leistungsempfänger ist in diesem Fall nicht der Versicherer (VwGH 01.03.2007, 2004/15/0090). Zur Beratungsleistung als unselbstständige Nebenleistung einer Versicherungsvermittlung gilt Rz 753b sinngemäß.

Hilfsgeschäfte sind nicht gemäß § 6 Abs. 1 Z 13 UStG 1994 befreit, können jedoch gemäß § 6 Abs. 1 Z 26 UStG 1994 befreit sein. Wird ein Kundenstock veräußert, sind die Nachfolgeprovisionen in den Leistungsaustausch eingebunden, den der Rechtsvorgänger durch den Abschluss verschiedener Versicherungsverträge begonnen hat. Der Erwerber unterliegt mit diesen der USt, die Umsätze sind gemäß § 6 Abs. 1 Z 13 UStG 1994 steuerbefreit (VwGH 20.1.1992, 91/15/0067).

Die Tätigkeit der Versicherungsmakler, der Vermittler von Pensionskassenverträgen sowie die Umsätze der Untervertreter fallen ebenfalls unter die Befreiung (vgl. EuGH 3.4.2008, Rs C-124/07, *J.C.M. Beheer BV*, zu den steuerfreien Leistungen eines für eine Versicherungsmaklergesellschaft tätigen Untervertreters). Die Befreiung ist weder an eine bestimmte Rechtsform gebunden, noch stellt sie darauf ab, dass die begünstigten Tätigkeiten im Rahmen der gesamten unternehmerischen Tätigkeit überwiegen. Unter die Befreiung fällt zB auch ein Kreditinstitut, das Bauspar- oder Versicherungsverträge vermittelt.

(BMF-AV Nr. 2016/212)

882 Voraussetzung für die Anwendung der Befreiungsvorschrift ist, dass eine Vermittlungstätigkeit vorliegt. Eine solche ist nicht gegeben, wenn sich die Tätigkeit des Unternehmens auf bloße Adressenbeschaffung und das Führen von Kontaktgesprächen beschränkt. Entscheidend für das Vorliegen einer Tätigkeit als Versicherungsvertreter oder -makler bzw. als Bausparkassenvertreter ist der Inhalt der Dienstleistung, nicht die formale Eigenschaft des Dienstleistungserbringers. In diesem Rahmen ist zu prüfen, ob zwei Kriterien erfüllt sind: Erstens muss der Dienstleistungserbringer sowohl mit dem Versicherer als auch mit dem Versicherten in Verbindung stehen, wobei diese Verbindung auch nur mittelbarer Natur sein kann, wenn der Dienstleistungserbringer ein Unterauftragnehmer des Versicherungsmaklers oder -vertreters ist. Zweitens muss seine Tätigkeit wesentliche Aspekte der Versicherungsvermittlungstätigkeit – wie Kunden im Hinblick auf den Abschluss von Versicherungsverträgen zu suchen und diese mit dem Versicherer zusammenzubringen – umfassen (vgl. EuGH 8.7.2021, Rs C-695/19, *Rádio Popular - Electrodomésticos SA*, Rn 36 mit Verweis auf EuGH 25.3.2021, Rs C-907/19, *Q-GmbH*, Rn 37; VwGH 24.1.2022, Ra 2021/13/0068).

Eine Vermittlungstätigkeit wird jedenfalls dann vorliegen, wenn der Vertreter auf Grund seiner Tätigkeit erreicht, dass der Kunde einen Antrag auf Abschluss eines Versicherungsvertrages unterzeichnet, und der Vertreter diesen Antrag weiterleitet. Auch die mittelbare Vermittlungstätigkeit im Rahmen eines „Strukturvertriebes" ist als berufstypische Tätigkeit eines Versicherungsvertreters anzusehen. Unter die Steuerbefreiung fallen daher alle Leistungen, die in Ausübung der begünstigten Tätigkeit erbracht werden, somit insbesondere auch die Abwicklung und laufende Betreuung der Verträge, die Werbetätigkeit, die Einstellung, Ausbildung und Überwachung von Untervertretern sowie ähnliche mit der Organisierung des Außendienstes im Zusammenhang stehende Tätigkeiten (VwGH 3.7.2003, 2000/15/0165, zur Steuerfreiheit von Provisionen in Form von Leitungsvergütungen).

Die konkrete Art der Leistungserbringung, ob im Wege der elektronischen Datenverarbeitung, automatisch oder manuell, ist für die Anwendbarkeit der Steuerbefreiung ohne Bedeutung. Auch die vollständige Leistungserbringung im Wege der elektronischen Datenverarbeitung (zB über eine Internetplattform) steht der Anwendung der Befreiung nicht entgegen, wenn die erbrachte Dienstleistung die spezifischen und wesentlichen Funktionen einer Versicherungsvermittlung erfüllt (vgl. sinngemäß EuGH 17.6.2021, Rs C-58/20 und C-59/20, *K und DBKAG*, Rn 53 und 55). Ein Leistungsbündel, das die Schaltung von Werbung durch den Dienstleistungserbringer für ein bestimmtes Versicherungsprodukt, die Ermöglichung der Voranmeldung der potentiellen Versicherungsnehmer auf der Internetseite des Dienstleistungserbringers und die automatische Weiterleitung nur von am Produkt interessierten Personen an den Versicherer umfasst, kann als einheitliche Vermittlungsleistung iSd § 6 Abs. 1 Z 13 UStG 1994 angesehen werden (vgl. VwGH 24.1.2022, Ra 2021/13/0068).

Der Annahme von Dienstleistungen, die von Versicherungsmaklern oder -vertretern erbracht werden, steht es nicht entgegen, wenn der Versicherungsmakler oder -vertreter beim Zustandekommen des von ihm initiierten Versicherungsvertrages von einer Vertragspartei bevollmächtigt gewesen ist (EuGH 3.4.2008, Rs C-124/07, *J.C.M. Beheer BV*). Hausverwalter, die selbst als direkte Stellvertreter der Hauseigentümer Versicherungsverträge abschließen, tätigen daher steuerfreie Vermittlungsleistungen.

Die an einen Versicherungsnehmer gezahlten „Provisionen" stellen hingegen keine Leistungsentgelte für Versicherungsvermittlungen dar, ihnen kommt vielmehr der Charakter von Prämiennachlässen oder Prämienrückzahlungen zu (VwGH 18.11.2008, 2006/15/0143).

Hagelberater der Österreichischen Hagelversicherung, die aufgrund der Satzung der Versicherung zwar keine Versicherungsanträge unterzeichnen können, sonst aber dieselben Tätigkeiten ausüben wie ein Versicherungsvertreter (insbesondere die Anbahnung von Hagelversicherungsverträgen), gelten als Versicherungsvertreter iSd § 6 Abs. 1 Z 13 UStG 1994.

(BMF-AV Nr. 2022/154)

6.1.14. Gemeinnützige Sportvereinigungen

6.1.14.1. Begriff Gemeinnützigkeit

Hinsichtlich des Begriffes „Gemeinnützigkeit" wird auf die VereinsR 2001 Rz 13 bis Rz 20 sowie Rz 72 verwiesen. Das Fehlen eines Gewinnstrebens setzt voraus, dass die jeweilige Sportvereinigung während ihres gesamten Bestehens und auch bei ihrer Auflösung für ihre Mitglieder keine Gewinne erwirtschaftet. Das Vermögen der Vereinigung muss daher fortwährend der Verwirklichung des von ihr verfolgten Zwecks dienen und darf nach ihrer Auflösung nicht auf ihre Mitglieder übertragen werden, soweit es die eingezahlten Kapitalanteile ihrer Mitglieder und den gemeinen Wert der von ihnen geleisteten Sacheinlagen übersteigt (EuGH 10.12.2020, Rs C-488/18, *Golfclub Schloss Igling e. V.*, Rn 50 und 51; siehe zum Erfordernis der ausschließlichen Förderung auch VereinsR 2001 Rz 113 ff zu 883

§ 39 BAO). Zur steuerlichen Behandlung eines Profibetriebes bei gemeinnützigen Sportvereinen im Mannschaftsspielsport siehe VereinsR 2001 Rz 878 ff.

(BMF-AV Nr. 2015/170, BMF-AV Nr. 2021/166)

6.1.14.2. Begriff Körpersport

884 • Satzungsmäßiger Zweck muss die Ausübung des Körpersportes sein, wobei dies der Hauptzweck der Vereinigung sein muss. Ist die Ausübung des Körpersportes bloß Nebenzweck, kommt die Befreiung nicht zur Anwendung. Ebenso kann die Befreiung nicht zur Anwendung kommen, wenn die Mitglieder einer Vereinigung zwar tatsächlich überwiegend Körpersport betreiben, dies aber nicht der satzungsmäßige Zweck der Vereinigung ist.

• Der Begriff Körpersport ist weit auszulegen, sodass darunter jede Art von sportlicher Betätigung verstanden wird. Neben den unmittelbar der körperlichen Ertüchtigung dienenden Sportarten, wie zB Leichtathletik, Turnen, Boxen, Ringen, Schwimmen, Rudern, Radfahren, Reiten, Tennis, Fußball, alle Wintersportarten, Handball und Bergsteigen zählen auch der Motorsport, Segelfliegen und Schießen zum Sportbegriff. Nicht zum Körpersport zählen die „Denksportarten", wie zB Schach, Skat oder Bridge, die lediglich durch eine unbedeutend erscheinende körperliche Komponente gekennzeichnet sind (vgl. EuGH 26.10.2017, Rs C-90/16, *The English Bridge Union Ltd.)*, aber im Übrigen gemeinnützig sein können.

(BMF-AV Nr. 2018/164)

6.1.14.3. Anwendungsbereich der Befreiungsbestimmung

885 Die Anwendbarkeit der Steuerbefreiung setzt nicht voraus, dass die sportliche Betätigung auf einem bestimmten Niveau oder in einer bestimmten Art und Weise, nämlich regelmäßig oder organisiert oder im Hinblick auf die Teilnahme an sportlichen Wettkämpfen, ausgeübt wird, soweit die Ausübung dieser Tätigkeit nicht rein im Rahmen von Erholung oder Unterhaltung stattfindet. Ziel der Befreiung ist die Förderung bestimmter, dem Gemeinwohl dienender Tätigkeiten, nämlich in engem Zusammenhang mit Sport und Körperertüchtigung stehender Dienstleistungen, die von Einrichtungen ohne Gewinnstreben an Personen erbracht werden, die Sport oder Körperertüchtigung ausüben. Sie zielt somit darauf ab, eine solche Betätigung durch breite Schichten der Bevölkerung zu fördern (EuGH 21.02.2013, Rs C-18/12, *Zamberk*). Daher fallen auch Umsätze aus Dienstleistungen in engem Zusammenhang mit Körpersport an Sportausübende, die nicht Mitglieder der gemeinnützigen Sportvereinigung sind, unter die Befreiung (vgl. EuGH 19.12.2013, Rs C-495/12, *Bridport and West Dorset Golf Club Limited*, zur Nutzung eines Golfclubplatzes durch Nichtmitglieder gegen Entrichtung eines Eintrittsgeldes (Greenfee)).

Es ist zu beachten, dass die Anwendung der Befreiungsbestimmung für gemeinnützige Sportvereinigungen nur einen eingeschränkten Wirkungsbereich hat. Für wirtschaftliche Geschäftsbetriebe gemäß § 45 Abs. 1 BAO (entbehrliche Hilfsbetriebe) und wirtschaftliche Geschäftsbetriebe gemäß § 45 Abs. 2 BAO (unentbehrliche Hilfsbetriebe) gilt die Liebhabereivermutung (siehe Rz 1239 und Rz 1240). Bei Betätigungen iSd § 1 Abs. 1 Liebhabereiverordnung, BGBl. Nr. 33/1993 idgF, kann diese Liebhabereivermutung jedoch nicht gegen den Willen des Unternehmers angewendet werden (siehe dazu VereinsR 2001 Rz 463 ff sowie Rz 520). Eine nichtunternehmerische Tätigkeit ist jedenfalls dann anzunehmen, wenn die Umsätze des wirtschaftlichen Geschäftsbetriebes jährlich regelmäßig unter 2.900 Euro liegen.

(AÖF Nr. 2014/164)

6.1.14.4. Verhältnis der Steuerbefreiung zu anderen Steuerbefreiungen

886 Die Steuerbefreiung nach § 6 Abs. 1 Z 16 UStG 1994 hat als die speziellere Bestimmung Vorrang gegenüber der Steuerbefreiung gemäß § 6 Abs. 1 Z 14 UStG 1994 (VwGH 25.06.2007, 2006/14/0001). Gleiches gilt für die Steuerbefreiung gemäß § 6 Abs. 1 Z 9 lit. a UStG 1994. Gemeinnützige Sportvereinigungen können demnach sowohl bei Vermietungen und Verpachtungen von Grundstücken, die ansonsten gemäß § 6 Abs. 1 Z 16 UStG 1994 steuerfrei wären, als auch bei Grundstücksumsätzen, die ansonsten gemäß § 6 Abs. 1 Z 9 lit. a UStG 1994 steuerfrei wären, gemäß § 6 Abs. 2 UStG 1994 zur Steuerpflicht optieren. Wäre die Kleinunternehmerbefreiung anzuwenden, müsste zusätzlich gemäß § 6 Abs. 3 UStG 1994 darauf verzichtet werden. Zur Einschränkung der Optionsmöglichkeit im Zusammenhang mit der Steuerbefreiung gemäß § 6 Abs. 1 Z 16 UStG 1994 durch das 1. StabG 2012, BGBl. I Nr. 22/2012, siehe Rz 899a bis Rz 899c.

6.1.14.5. Sachsponsoring

Im Hinblick auf die Regelung des Art. 13 Teil A Abs. 1 lit. m der 6. EG-RL und die mit § 6 Abs. 1 Z 14 UStG 1994 verfolgten Ziele kann von der Besteuerung der an gemeinnützige Sportvereine bzw. von gemeinnützigen Sportvereinen im Zusammenhang mit dem sog. Sachsponsoring erbrachten tauschähnlichen Umsätze Abstand genommen werden. Die Zurverfügungstellung von Ausrüstungsgegenständen, Leihe von Autos etc. an gemeinnützige Sportvereine bzw. die dafür von den gemeinnützigen Sportvereinen erbrachten Werbeleistungen brauchen daher weder als Leistungsaustausch noch als Eigenverbrauch erfasst werden. **886a**

6.1.15. Pflege- und Betreuungsleistungen

Gemäß § 6 Abs. 1 Z 15 UStG 1994 sind nur die Umsätze von natürlichen Personen befreit. Bei pflegebedürftigen Personen greift die Befreiung nur, wenn diese im Rahmen der Sozialhilfe bei Pflegefamilien untergebracht sind. **887**

Ziel der Sozialhilfe ist es, jenen Personen die Führung eines menschenwürdigen Lebens zu ermöglichen, die dazu der Hilfe der Gemeinschaft bedürfen. Es findet im Einzelfall eine Bedürftigkeitsprüfung statt, auf den Grund der Bedürftigkeit kommt es nicht an. Das Pflegegeld hat hingegen den Zweck, in Form eines Beitrages pflegebedingte Mehraufwendungen pauschal abzugelten. Auf die Bedürftigkeit der pflegebedürftigen Person kommt es im Gegensatz zu den Leistungen im Rahmen der Sozialhilfe (zB nach dem Stmk. Sozialhilfegesetz (SHG), LGBl. Nr. 29/1998 idgF) nicht an. Andere Leistungen als das pauschale Pflegegeld sieht das Bundespflegegeldgesetz (BPGG), BGBl. Nr. 110/1993 idgF nicht vor. Der Bezug von Pflegegeld nach den einschlägigen gesetzlichen Vorschriften des BPGG reicht daher für die Annahme einer „Unterbringung im Rahmen der Sozialhilfe“ nicht aus, weil diese die Übernahme der Kosten oder Restkosten einer Unterbringung in einer stationären Einrichtung (= Pflegefamilie) nicht vorsehen (VwGH 18.11.2008, 2006/15/0129).

(BMF-AV Nr. 2017/171)

6.1.16. Vermietung und Verpachtung von Grundstücken

6.1.16.1. Allgemeines

Zum Grundstücksbegriff siehe Rz 639v. Vor 1.1.2017 richtete sich der Grundstücksbegriff des § 6 Abs. 1 Z 16 UStG 1994 nach den Vorschriften des bürgerlichen Rechts (siehe Rz 775). **888**

Betriebsvorrichtungen (siehe Rz 894a) sind ausdrücklich von der Steuerbefreiung ausgenommen, selbst wenn sie Grundstücke sind.

Einrichtungsgegenstände sind nur dann dem Grundstück zugehörig, wenn sie derart eng damit verbunden sind, dass sie entweder gar nicht oder nur durch eine unwirtschaftliche Vorgangsweise abgesondert werden könnten (VwGH 24.2.1992, 90/15/0146).

(BMF-AV Nr. 2017/171, BMF-AV Nr. 2022/154)

Steuerfrei ist auch die Vermietung und Verpachtung von Baurechten (vgl. auch Rz 779 und 801). Vor 1.1.2017 erstreckte sich die Steuerbefreiung auch auf Berechtigungen, auf welche die Vorschriften des bürgerlichen Rechts über Grundstücke Anwendung finden (siehe auch Rz 776 bis Rz 779). Es handelte sich dabei um Rechte, die nicht Bestandteil von Grundstücken sind, wie zB Realapotheken und Mineralgewinnungsrechte. Das Jagd- und Fischereirecht und Leitungsdienstbarkeiten gehören nicht zu den grundstücksgleichen Rechten (zur Verpachtung von Fischereirechten vgl. VwGH 30.10.2014, 2011/15/0123 und EuGH 6.12.2007, Rs C-451/06, *Walderdorff*; zum Jagdrecht vgl. VwGH 22.7.2015, 2011/13/0104). **889**

(BMF-AV Nr. 2016/212, BMF-AV Nr. 2017/171)

6.1.16.2. Vermietung und Verpachtung

Die Vermietung von Grundstücken besteht darin, dass der Vermieter eines Grundstücks dem Mieter gegen Zahlung des Mietzinses für eine vereinbarte Dauer das Recht überträgt, ein Grundstück so in Besitz zu nehmen, als ob er dessen Eigentümer wäre, und jede andere Person von diesem Recht auszuschließen (EuGH 12.6.2003, Rs C-275/01, *Sinclair Collis Ltd*; EuGH 8.5.2003, Rs C-269/00, *Seeling*). Die Vermietung eines Grundstückes stellt normalerweise eine passive Tätigkeit dar, die allein an den Zeitablauf gebunden ist, und ist von anderen Tätigkeiten zu unterscheiden, die entweder gewerblichen Zwecken dienen oder einen Gegenstand haben, der eher durch die Erbringung einer Dienstleistung als durch die bloße Bereitstellung einer Sache charakterisiert wird (VwGH 23.2.2017, Ra 2016/15/0012). Die Dauer des Vertragsverhältnisses ist nicht von Bedeutung. Das ausschließliche Nutzungsrecht kann in der mit dem Vermieter geschlossenen Vereinbarung beschränkt werden (vgl. VwGH 23.2.2017, Ra 2016/15/0012 mVa EuGH 18.11.2004, Rs C-284/03 *Temco Europe SA*, Rn 24 f). Auch die Untervermietung von Räumlichkeiten ist als Grundstücksvermietung **890** zu betrachten. Weiters ist der Mietrechtsverzicht durch den Mieter gegen eine Abstandszahlung durch den Vermieter der Vermietung eines Grundstückes gleichzusetzen (EuGH 15.12.1993, Rs C-63/92, *Lubbock Fine*).

Bei der Übertragung der Rechte und Pflichten aus einem Mietvertrag (Nutzungsvertrag) auf einen Nachmieter ist zu unterscheiden, ob der Vor- oder der Nachmieter die sonstige Leistung zugunsten des jeweils anderen erbringt. Leistet der Vormieter dem Nachmieter ein Entgelt dafür, dass letzterer dem Übergang des Mietverhältnisses zustimmt (entgeltliche Übernahme des Mietverhältnisses), liegt keine Übertragung des Rechts auf Gebrauch eines Grundstückes vor (EuGH 9.10.2001, Rs C-108/99, *Cantor Fitzgerald International*). Erbringt der Vormieter die Leistung an den Nachmieter (dieser leistet ein Entgelt), so besteht die Leistung in der Übertragung des Rechts auf Gebrauch eines Grundstückes. In diesem Fall ist die sonstige Leistung als Vermietung und Verpachtung von Grundstücken anzusehen.

Bezieht sich die Leistung auf ein Grundstück für Wohnzwecke, kommt der ermäßigte Steuersatz gemäß § 10 Abs. 2 Z 3 lit. a UStG 1994 (bis 31.12.2015: § 10 Abs. 2 Z 4 lit. a UStG 1994) zur Anwendung (VwGH 20.3.2002, 99/15/0041). Die Vermietung eines Gebäudes, das dem Mieter (zB Reisebüro) zur Erzielung von Umsätzen aus der Beherbergung in eingerichteten Wohn- und Schlafräumen dient (zB Betrieb eines Hotels, einer Gästepension, eines Schüler- oder Studentenheimes), ist hingegen gemäß § 6 Abs. 1 Z 16 UStG 1994 steuerfrei (vgl. VwGH 23.9.2010, 2007/15/0245).

Mietkaufverträge, das sind Verträge die dem Mieter eine Kaufoption unter Anrechnung des Mietzinses oder von Baukostenbeiträgen einräumen, bleiben bis zur Ausübung der Option Bestandverträge. Leasingverträge sind, soweit sie als Gebrauchsüberlassung zu beurteilen sind, Bestandverträge (siehe Rz 344 und Rz 345).

Der Begriff der Vermietung von Grundstücken umfasst auch die Vermietung von Liegeplätzen für das Festmachen von Booten im Wasser sowie von Stellplätzen im Hafen für die Lagerung dieser Boote an Land (EuGH 3.3.2005, Rs C-428/02, *Fonden Marselisborg Lystbådehavn*) sowie die Vermietung und Verpachtung von landwirtschaftlichen Grundstücken, welche aus Rebflächen bestehen (vgl. EuGH 28.2.2019, Rs C-278/18, *Sequeira Mesquita*).

Zur Grundstücksvermietung durch Körperschaften des öffentlichen Rechts siehe Rz 265. Zur Ausnahme von der Steuerbefreiung siehe Rz 894 bis Rz 898.

(BMF-AV Nr. 2019/165)

6.1.16.3. Gemischte Verträge

891 Ein gemischter Vertrag liegt vor, wenn er sowohl die Merkmale einer Vermietung als auch die Merkmale anderer Leistungen aufweist, ohne dass ein so starkes Zurücktreten der Merkmale der einen oder anderen Gruppe gegeben ist, dass sie umsatzsteuerrechtlich nicht mehr zu beachten wären (VwGH 16.12.1991, 90/15/0081; VwGH 12.11.1990, 90/15/0043). Bei einem gemischten Vertrag ist das Entgelt in einen auf die Grundstücksvermietung und einen auf die Leistungen anderer Art entfallenden Teil – erforderlichenfalls durch Schätzung – aufzugliedern.

Wird eine gesamte Spiel- und Sportanlage (zB Tennisplatz-, Golfplatzanlage udgl.) „passiv" (ohne geschäftliche Aktivitäten wie Aufsicht, Verwaltung, ständige Unterhaltung) zB einem Verein oder einer Gesellschaft, der/die die Anlage in der Folge betreibt, zur Nutzung überlassen, so kann eine Aufteilung des Entgelts – erforderlichenfalls durch Schätzung – in einen auf die (unecht steuerfreie) Grundstücksvermietung entfallenden und einen auf die anderen (steuerpflichtigen) Leistungen (einschließlich Überlassung der Betriebsvorrichtungen) entfallenden Entgeltsteil erfolgen.

(BMF-AV Nr. 2019/165)

891a Bei Umsätzen aus dem Betrieb von Tennisplätzen, Golfplätzen, Minigolfanlagen und anderen Sport- und Spielanlagen kann keine auf die Grundstücksvermietung entfallende, unecht steuerfreie Umsatzkomponente angesetzt werden, da es sich um einen Vertrag sui generis handelt. Gegenstand dieses Vertrages ist die Benützung von Einrichtungen, die der Freizeitgestaltung, der körperlichen Ertüchtigung oder der Sportausübung dienen, und nicht die Miete von Grundstücksflächen und Betriebsvorrichtungen (VwGH 29.5.2018, Ro 2016/15/0030; EuGH 18.1.2001, Rs C-150/99, *Stockholm Lindöpark AB*).

(BMF-AV Nr. 2019/165)

6.1.16.4. Keine Grundstücksvermietung

892 Tritt die Grundstücksvermietung gegenüber der Hauptleistung vollkommen in den Hintergrund, so liegen keine Mietverträge vor und die Steuerbefreiung des § 6 Abs. 1 Z 16 UStG 1994 findet keine Anwendung. Dies trifft zB auf folgende Verträge zu:

Abbauverträge, wenn Entgeltsbemessung nach Umfang des abgebauten Materials (VwGH 3.11.1986, 85/15/0098) sowie Fitnesscenter (VwGH 12.11.1990, 90/15/0043 und VwGH 26.11.1990, 90/15/0062);

Überlassung von Büroarbeitsplätzen: Werden in einem Bürogebäude zeitlich befristet (tage-, wochen-, oder monatsweise) Büroarbeitsplätze (Coworking Spaces) ohne Anspruch auf einen bestimmten Arbeitsplatz zur Verfügung gestellt und in diesem Zusammenhang auch erhebliche Zusatzdienstleistungen (wie zB die Zurverfügungstellung von Büromobiliar und Büroutensilien, eines Netzwerkdruckers, eines Internetzuganges, eines Besprechungsraumes mit Ausstattung sowie die Reinigung des Arbeitsplatzes) erbracht, liegt ein Vertrag sui generis (siehe Rz 891a) vor;

Hostingdienstleistungen in einem Rechenzentrum, in deren Rahmen den Kunden zwecks Unterbringung von Servern Geräteschränke zur Verfügung gestellt werden und – als Nebenleistungen – weitere Dienstleistungen, mit denen die Nutzung dieser Server unter optimalen Bedingungen gewährleistet werden soll, erbracht werden, wenn zum einen der Dienstleistende seinen Kunden nicht eine Fläche oder einen Standort passiv überlässt und ihnen dabei das Recht zusichert, diese Fläche oder diesen Standort wie ein Eigentümer in Besitz zu nehmen, und zum anderen die Geräteschränke keinen wesentlichen Bestandteil des Gebäudes bilden, in dem sie stehen, und dort nicht auf Dauer installiert sind (EuGH 2.7.2020, Rs C-215/19, *Veronsaajien oikeudenvalvontayksikkö*). Zum Leistungsort siehe Rz 640c.

(BMF-AV Nr. 2021/166)

6.1.16.5. Nutzungsüberlassung

Die Überlassung der Nutzung an Geschäftsräumen und anderen Räumlichkeiten auf Grund von Nutzungsverträgen ist unter den in Rz 890 genannten Voraussetzungen eine Vermietung und Verpachtung von Grundstücken. Derartige Nutzungsverträge werden vor allem von Baugenossenschaften abgeschlossen. In diesen wird Genossenschaftsmitgliedern die entgeltliche Nutzung von Räumlichkeiten eingeräumt. Die Steuerbefreiung ist aber nicht auf die Nutzungsüberlassung von Räumlichkeiten beschränkt, sondern umfasst Grundstücke ganz allgemein (VwGH 12.11.1990, 90/15/0024; VwGH 22.2.1988, 86/15/0123). **893**

(BMF-AV Nr. 2017/171)

6.1.16.6. Ausnahmen von der Steuerbefreiung

- Die Vermietung oder Nutzungsüberlassung von Grundstücken für Wohnzwecke unterliegt dem ermäßigten Steuersatz (siehe Rz 1185 bis Rz 1188), der Eigenverbrauch ist vom 1. Jänner 2004 bis 30. April 2004 hingegen steuerpflichtig und unterliegt dem Normalsteuersatz. Ab 1. Mai 2004 ist der Eigenverbrauch nicht steuerbar. **894**
- Die Umsätze aus Beherbergung und Camping unterliegen, ausgenommen der Eigenverbrauch, dem ermäßigten Steuersatz (für Zeiträume ab 1.11.2018 siehe Rz 1218 bis 1229, für Zeiträume von 1.5.2016 bis 31.10.2018 siehe Rz 1368 bis Rz 1379).
- Die Vermietung von Betriebsvorrichtungen und die Garagierung sind mit dem Normalsteuersatz zu versteuern.
- Die kurzfristige Vermietung unter den in Rz 898a ff. genannten Voraussetzungen.

(BMF-AV Nr. 2019/165)

6.1.16.6a. Betriebsvorrichtungen

Der Begriff der „Maschinen und sonstigen Vorrichtungen aller Art, die zu einer Betriebsanlage gehören" (Betriebsvorrichtungen), ist für den Bereich der Umsatzsteuer in gleicher Weise auszulegen wie für das Bewertungsrecht. Die Betriebsvorrichtungen sind von Gebäuden abzugrenzen. Bei dieser Abgrenzung ist vom Gebäudebegriff iSd Bewertungsrechts auszugehen. Für die Frage, ob ein Bauwerk als Gebäude oder als Betriebsvorrichtung anzusehen ist, ist entscheidend, ob das Bauwerk die Merkmale eines Gebäudes aufweist oder nicht. Ein Bauwerk ist als Gebäude anzusehen, wenn es Menschen, Tieren oder Sachen durch räumliche Umschließung Schutz gegen Witterungseinflüsse gewährt, den Aufenthalt von Menschen gestattet, fest mit dem Grund und Boden verbunden und von einiger Standfestigkeit sowie Beständigkeit ist. Ist ein Bauwerk ein Gebäude im Sinne der Begriffsbestimmung, so kann es nicht mehr als Betriebsvorrichtung eingestuft werden. Unter einer Betriebsvorrichtung sind demgegenüber alle jene sonstigen Vorrichtungen zu verstehen, die von Menschenhand geschaffen wurden und, ohne Gebäude zu sein, dem Betrieb eines Unternehmens dienen. Darunter fallen auch Umzäunungen, Straßen- oder Platzbefestigungen (VwGH 21.2.1996, 94/16/0269). **894a**

(BMF-AV Nr. 2017/171)

6.1.16.7. Betriebsvorrichtungen bei der Vermietung von Sportanlagen

895 Bei der Nutzungsüberlassung von Sportanlagen ist die Leistung in einen steuerfreien Teil für die Vermietung des Grundstücks (falls diesbezüglich nicht zur Steuerpflicht optiert wird) und in einen steuerpflichtigen Teil für die Vermietung der Betriebsvorrichtungen aufzuteilen. Für Umsätze, die ab 1. Jänner 2004 ausgeführt werden, gilt dies nur im Falle der „passiven" Nutzungsüberlassung der Sportanlage (siehe Rz 891a).

Die vorstehenden Ausführungen stellen die Rechtsansicht des Bundesministeriums für Finanzen dar, die im Interesse einer bundeseinheitlichen Rechtsanwendung mitgeteilt werden. Über die gesetzlichen Bestimmungen hinausgehende Rechte oder Pflichten können daraus nicht abgeleitet werden.

6.1.16.8. Garagierung

896 Die Vermietung bzw. Nutzungsüberlassung von Räumlichkeiten oder Plätzen für das Abstellen von Fahrzeugen aller Art unterliegt dem Normalsteuersatz. Die Dauer des Abstellens (langfristig oder kurzfristig) ist ohne Bedeutung.

Unter den Begriff „Fahrzeuge aller Art" fallen sowohl Landfahrzeuge (zB Personen- und Kombinationskraftwagen, Rennwagen, Lkw, Busse, Spezialkraftfahrzeuge, Traktoren, Wohnmobile, Motorräder, Mopeds, Fahrräder und Anhänger jeder Art) als auch Wasserfahrzeuge (zB Boote, Yachten) sowie Luftfahrzeuge. Auch beschädigte und nicht fahrbereite Fahrzeuge sowie gebrauchte Fahrzeuge bzw. Fahrzeuge von historischem Wert („Oldtimer") gelten als Fahrzeuge im Sinne der gegenständlichen Bestimmung; nicht hingegen fallen schrottreife Fahrzeuge (Wracks) hierunter. Selbstfahrende Maschinen sind nicht als Fahrzeuge anzusehen.

897 Es ist gleichgültig, aus welchem Grunde und durch wen das Abstellen erfolgt. So unterliegt zB auch die Vermietung von Fahrzeugabstellplätzen an einen Unternehmer, der seinerseits andere Personen entgeltlich oder unentgeltlich (zB Kundenparkplatz) Fahrzeuge abstellen lässt, dem Normalsteuersatz. Ein „Abstellen von Fahrzeugen" liegt zB auch vor, wenn Fahrzeuge als Umlaufvermögen vom Fahrzeugimporteur vorübergehend auf einem Grundstück abgestellt werden. Tritt das Kriterium des „Abstellens von Fahrzeugen" gänzlich in den Hintergrund, wie zB bei Schauräumen von Autohändlern, Fahrradhändlern usw, Ausstellungsflächen von Gebrauchtwagenhändlern und dgl, so kommt die Steuerbefreiung zur Anwendung.

898 Für die Frage, ob eine vermietete (zur Nutzung überlassene) Räumlichkeit oder Grundfläche tatsächlich dem Abstellen von Fahrzeugen dient, ist nicht nur die vertragliche Vereinbarung, sondern auch die tatsächliche Nutzung maßgebend. Ist der Vertragsinhalt auf die Garagierung (Abstellung) von Fahrzeugen gerichtet, so ist grundsätzlich dieser Vertragsinhalt der umsatzsteuerrechtlichen Beurteilung zugrunde zu legen. Geht hingegen aus der vertraglichen Vereinbarung der Verwendungszweck der vermieteten Räumlichkeit (Grundfläche) nicht oder nicht eindeutig hervor oder scheint ein anderer Verwendungszweck als die Garagierung (Abstellung) von Fahrzeugen auf, dient aber die Räumlichkeit (Grundfläche) tatsächlich dem Abstellen von Fahrzeugen, so ist diese tatsächliche Verwendung maßgebend. Im Falle einer gemischten Nutzung ist eine Aufteilung des einheitlichen Entgeltes vorzunehmen, es sei denn, dass dem Abstellen von Fahrzeugen im Rahmen der Vermietung (Nutzungsüberlassung) der Räumlichkeit (Grundfläche) nur eine sehr untergeordnete Bedeutung zukommt.

6.1.16.8a. Kurzfristige Vermietung

898a Die Vermietung von Grundstücken während eines ununterbrochenen Zeitraumes von nicht mehr als 14 Tagen unterliegt zwingend dem Normalsteuersatz, wenn der Unternehmer das Grundstück sonst nur

- zur Ausführung von Umsätzen, die den Vorsteuerabzug nicht ausschließen,
- für kurzfristige Vermietungen oder
- zur Befriedigung eines Wohnbedürfnisses

verwendet.

Umsätze, die den Vorsteuerabzug nicht ausschließen, sind:

- steuerpflichtige Umsätze,
- echt steuerfreie Umsätze oder
- Umsätze, die gemäß § 15 UStG 1994 bei der Berechnung des Vorsteuerabzugs grundsätzlich außer Ansatz bleiben.

Da die kurzfristige Vermietung unter diesen Umständen steuerpflichtig ist, ist ein Verzicht auf die Steuerbefreiung gemäß § 6 Abs. 2 UStG 1994 weder erforderlich noch möglich.

Beispiel:

Ein Seminarhotelier A vermietet tageweise Seminarräume in seinem 2014 errichteten Hotel, auch an nicht zum Vorsteuerabzug berechtigte Gäste. Daneben erzielt er steuerpflichtige Beherbergungs- und Bewirtungsumsätze in Höhe von 1.000.000 Euro. Gelegentlich verkauft er im eigenen Namen Briefmarken an Gäste. Diese gemäß § 6 Abs. 1 Z 8 lit. d UStG 1994 steuerfreien (vgl. Rz 761) Umsätze betragen 250 Euro im Jahr. Da es sich bei der Veräußerung der Briefmarken um ein Hilfsgeschäft handelt, das gemäß § 15 Abs. 2 UStG 1994 nicht in den Umsatzschlüssel eingerechnet werden muss, sind alle kurzfristigen Vermietungen zwingend steuerpflichtig.

(BMF-AV Nr. 2017/171)

Verwendet der Unternehmer das Grundstück auch für Umsätze oder Zwecke, die den Vorsteuerabzug ausschließen (ausgenommen die Befriedigung eines Wohnbedürfnisses und gemäß § 15 UStG 1994 nicht in den Vorsteuerabzugsschlüssel einzubeziehende steuerfreie Umsätze), ist die kurzfristige Vermietung nach § 6 Abs. 1 Z 16 UStG 1994 steuerfrei, wenn der Unternehmer nicht gemäß § 6 Abs. 2 UStG 1994 unter den dort genannten Voraussetzungen auf die Steuerbefreiung verzichtet. Dies gilt für den gesamten Veranlagungszeitraum, in dem ein solcher, vom Vorsteuerabzug ausschließender Umsatz erzielt wird. **898b**

Beispiel:

Ein Seminarhotelier A vermietet tageweise Seminarräume in seinem 2014 errichteten Hotel, teilweise an nicht zum Vorsteuerabzug berechtigte Gäste. Im Mai 2017 vermietet A einen Seminarraum für 3 Wochen an einen Nichtunternehmer (mangels Verzichtsmöglichkeit gemäß § 6 Abs. 2 UStG 1994 zwingend steuerfrei gemäß § 6 Abs. 1 Z 16 UStG 1994). Da A das Grundstück auch für Umsätze verwendet, die den Vorsteuerabzug ausschließen, kommt im gesamten Veranlagungszeitraum die zwingende Steuerpflicht für die kurzfristige Vermietung nicht zur Anwendung. Das bedeutet, dass A nur unter den Voraussetzungen des § 6 Abs. 2 UStG 1994 hinsichtlich der durch ihn im Jahr 2017 ausgeführten gemäß § 6 Abs. 1 Z 16 UStG 1994 steuerfreien (lang- oder kurzfristigen) Vermietungen auf die Anwendung der Steuerbefreiung verzichten kann.

(BMF-AV Nr. 2017/171)

Für die Abgrenzung, ob eine kurzfristige Vermietung vorliegt, ist aufgrund des gleichen Wortlautes in § 3a Abs. 12 Z 1 UStG 1994 auf Art. 39 der VO (EU) 282/2011 idF VO (EU) 1042/2013 zurückzugreifen (siehe sinngemäß Rz 641h bis 641j). Somit ist für die Prüfung, ob es sich um eine kurzfristige Vermietung handelt, grundsätzlich jeder Mietumsatz separat zu beurteilen. **898c**

(BMF-AV Nr. 2017/171)

Die Umsatzsteuerbefreiung für Betätigungen gemäß § 1 Abs. 2 Z 3 Liebhabereiverordnung, BGBl. Nr. 33/1993 idF BGBl. II Nr. 15/1999, die als Liebhaberei zu beurteilen sind (vgl. ua. VwGH 16.2.2006, 2004/14/0082; 26.4.2012, 2011/15/0175; 30.4.2015, Ra 2014/15/0015), bleibt als speziellere gesetzliche Norm durch die kurzfristige Vermietung unberührt. **898d**

Beispiel:

A vermietet eine Ferienwohnung jeweils für eine Woche an Touristen. Ist die Tätigkeit der A als Liebhaberei iSd § 1 Abs. 2 LVO zu beurteilen, so ist diese zwingend steuerfrei ohne Vorsteuerabzug (siehe LRL 2012 Rz 184).

(BMF-AV Nr. 2017/171)

6.1.16.9. Option zur Steuerpflicht

Rechtslage bis 31. August 2012 **899**

Der Unternehmer kann gemäß § 6 Abs. 2 UStG 1994 einen steuerfreien Umsatz aus der Vermietung von Grundstücken als steuerpflichtig behandeln. Der Eigenverbrauch ist ab 1. Mai 2004 – da nicht steuerbar – von der Optionsmöglichkeit ausgenommen. Im Falle der Option zur Steuerpflicht kommt der Normalsteuersatz zur Anwendung.

Siehe auch Rz 793 bis Rz 800.

Allgemeines **899a**

Der leistende Unternehmer kann für jeden baulich abgeschlossenen, selbständigen Grundstücksteil, an dem Wohnungseigentum begründet werden könnte, auf die Anwendung der Steuerbefreiung verzichten, wenn der Mieter/Pächter das Grundstück/diesen Grundstücksteil nahezu ausschließlich (dh. zu mindestens 95%) für Umsätze verwendet, die dessen Berechtigung zum Vorsteuerabzug nicht ausschließen.

Beispiel 1:

V errichtet ein zweigeschossiges Gebäude und vermietet es wie folgt:

- *die Räume des Erdgeschosses an einen Arzt;*
- *die Räume im 1. Obergeschoss an einen Rechtsanwalt.*

Die Vermietungsumsätze des V sind von der Umsatzsteuer befreit (§ 6 Abs. 1 Z 16 UStG 1994). Die Geschosse des Gebäudes sind baulich abgeschlossene, selbständige Grundstücksteile. Die Frage der Option nach § 6 Abs. 2 UStG 1994 ist für jeden Grundstücksteil gesondert zu prüfen.

- *Erdgeschoss: V kann auf die Steuerbefreiung nicht verzichten, weil der Arzt den Gebäudeteil für steuerfreie Umsätze verwendet, die den Vorsteuerabzug ausschließen. Die laufenden Mietentgelte sind steuerbefreit.*
- *1. Obergeschoss: V kann auf die Steuerbefreiung verzichten, weil der Rechtsanwalt den Gebäudeteil für Umsätze verwendet, die zum Vorsteuerabzug berechtigen. In diesem Fall sind die laufenden Mietentgelte steuerpflichtig. Nutzt der Rechtsanwalt einen Teil des 1. Obergeschosses für private Wohnzwecke, unterliegt dieser gemäß § 10 Abs. 2 Z 3 lit. a UStG 1994 (bis 31.12.2015: § 10 Abs. 2 Z 4 lit. a UStG 1994) dem ermäßigten Steuersatz.*

Beispiel 2:

Verrichtet ein mehrgeschossiges Gebäude und vermietet es wie folgt:

- *die Räume des Erdgeschosses an eine KöR zum Betrieb einer Schule;*
- *die Räume im 1. Obergeschoss an dieselbe KöR zum Betrieb eines steuerpflichtigen Kindergartens;*
- *die Räume im 2. Obergeschoss an dieselbe KöR zur Nutzung als Amtsgebäude. In diesem wird auch ein Raum durch den steuerpflichtige Umsätze erzielenden Abwasserverband genutzt.*

Die Vermietungsumsätze des V sind von der Umsatzsteuer befreit (§ 6 Abs. 1 Z 16 UStG 1994). Die Geschosse des Gebäudes sind baulich abgeschlossene, selbständige Grundstücksteile. Die Frage der Option nach § 6 Abs. 2 UStG 1994 ist für jeden Grundstücksteil gesondert zu prüfen.

- *Erdgeschoss: V kann auf die Steuerbefreiung nicht verzichten, weil die KöR den Gebäudeteil für hoheitliche Zwecke verwendet. Die laufenden Mietentgelte sind steuerbefreit.*
- *1. Obergeschoss: V kann auf die Steuerbefreiung verzichten, weil die KöR den Gebäudeteil für Umsätze verwendet, die zum Vorsteuerabzug berechtigen. In diesem Fall sind die laufenden Mietentgelte steuerpflichtig.*
- *2. Obergeschoss: V kann auf die Steuerbefreiung nicht verzichten, weil die KöR den Gebäudeteil nicht nahezu ausschließlich für Umsätze verwendet, die zum Vorsteuerabzug berechtigen.*

Ein einmaliges Unterschreiten der 95%-Grenze auf bis zu 92,5% innerhalb eines Zeitraumes von 5 Jahren ist unbeachtlich. Hierbei ist vom Veranlagungszeitraum auszugehen.

Für die Vorsteueraufteilung durch den Leistungsempfänger (Mieter) gelten die allgemeinen Grundsätze. Bei Aufteilung der Vorsteuerbeträge gemäß § 12 Abs. 5 UStG 1994 können zur Berechnung der 95%-Grenze jedoch Umsätze, die nach § 15 UStG 1994 nicht einzurechnen sind, außer Ansatz gelassen werden.

Beispiel:

Ein Rechtsanwalt mietet seine Kanzleiräumlichkeiten vom Vermieter V. Der Anwalt veräußert eine seinem Unternehmen zugeordnete Liegenschaft (Zweitkanzleisitz) unecht steuerfrei (§ 6 Abs. 1 Z 9 lit. a UStG 1994) um 800.000 Euro. Seine Umsätze als Rechtsanwalt betragen 1.600.000 Euro.

Nach § 15 Abs. 3 UStG 1994 müssen bei der Aufteilung der Vorsteuerbeträge nach § 12 Abs. 5 Z 2 UStG 1994 auch steuerfreie Umsätze nach § 6 Abs. 1 Z 9 lit. a UStG 1994, wenn sie vom Unternehmer nur als Hilfsgeschäfte bewirkt werden, nicht in den Umsatzschlüssel einbezogen werden. Obwohl die Umsätze des Rechtsanwalts zu einem Drittel vom Vorsteuerabzug ausgeschlossen sind, kann der Vermieter weiterhin die Option nach § 6 Abs. 2 UStG 1994 in Anspruch nehmen.

Der Vermieter hat nachzuweisen, dass der Mieter/Pächter die gesetzlichen Voraussetzungen erfüllt. Dieser Nachweis ist an keine besondere Form gebunden. Er kann sich aus einer Bestätigung des Mieters, aus Bestimmungen des Mietvertrages oder aus anderen Unterlagen ergeben. Ständig wiederholte Bestätigungen des Mieters über die Verwendung des Grundstückes bzw. des Grundstücksteiles sind nicht erforderlich, solange beim Mieter keine Änderungen bei der Verwendung des Grundstückes zu erwarten sind.

Eine Option zur Steuerpflicht ist jedenfalls möglich, wenn der Leistungsempfänger das Grundstück für Umsätze verwendet, die ihn zum Bezug einer Beihilfe nach § 1, § 2 oder § 3 Abs. 2 des Gesundheits- und Sozialbereich-Beihilfengesetzes, BGBl. Nr. 746/1996, berechtigen (§ 28 Abs. 38 Z 1 UStG 1994 idF 1. Stabilitätsgesetz 2012).

(BMF-AV Nr. 2015/170)

Baulich abgeschlossener Grundstücksteil 899b

Ein baulich abgeschlossener, selbständiger Grundstücksteil ist ein solcher, an dem Wohnungseigentum begründet werden könnte.

Die Möglichkeit, Wohnungseigentum begründen zu können, ist dann nicht erforderlich, wenn das gesamte, vom Leistungsempfänger angemietete Grundstück (auch wenn es nicht parifiziert werden kann) nahezu ausschließlich (siehe Rz 899a) für steuerpflichtige Umsätze verwendet wird.

Beispiel 1:

V, der Eigentümer eines Einkaufszentrums, vermietet einen Standplatz in der Eingangshalle an einen voll vorsteuerabzugsberechtigten Unternehmer.

Obwohl eine Parifizierung des einzelnen Standplatzes nach WEG 2002 nicht möglich ist, kann der Vermieter hinsichtlich des konkreten Vermietungsumsatzes zur Steuerpflicht optieren, verwendet der Mieter den Standplatz doch ausschließlich zur Erzielung steuerpflichtiger Umsätze.

Beispiel 2:

Der Rechtsanwalt V untervermietet einen Raum seines von X angemieteten Bürogebäudes an einen anderen Unternehmer, der ausschließlich steuerpflichtige Umsätze ausführt. An diesem Raum kann Wohnungseigentum nicht begründet werden. Die Mieteinnahmen des V betragen 30% des gesamten, mit dem Büro erzielten Umsatzes.

V kann gemäß § 6 Abs. 2 UStG 1994 hinsichtlich der Vermietung zur Steuerpflicht optieren. Tut er dies nicht (und vermietet er den Raum gemäß § 6 Abs. 1 Z 16 UStG 1994 steuerfrei), so besteht wegen Unterschreitens der 95%-Grenze durch V auch für X nicht mehr die Möglichkeit, die Vermietung an V nach § 6 Abs. 2 UStG 1994 steuerpflichtig zu behandeln.

Anwendungsbereich der Neuregelung 899c

Die Neuregelung ist auf Miet- und Pachtverhältnisse anzuwenden, die nach dem 31. August 2012 beginnen. Maßgeblich ist nicht der Zeitpunkt des Vertragsabschlusses, sondern die faktische Begründung des Miet- bzw. Pachtverhältnisses, somit die tatsächliche Innutzungnahme des Gebäudes bzw. Gebäudeteiles. Ein Wechsel auf Mieter- oder Vermieterseite begründet für Umsatzsteuerzwecke ein neues Miet- bzw. Pachtverhältnis. Dies gilt mangels Unternehmeridentität auch dann, wenn der Wechsel im Zuge einer nicht steuerbaren Rechtsnachfolge erfolgt.

Das Vorliegen eines „neuen“ Miet- oder Pachtverhältnisses im Sinne des § 28 Abs. 38 Z 1 UStG 1994 kann auch nicht dadurch ausgeschlossen werden, dass es zivilrechtlich zu einem Eintritt einer anderen Person – auf Vermieter- oder auf Mieterseite – in den bestehenden Miet- oder Pachtvertrag kommt (VwGH 21.10.2021, Ra 2019/13/0084, zum gemäß § 1120 ABGB „zwingend“ erfolgenden Eintritt des Käufers in bestehende Bestandsverträge bei Erwerb eines vermieteten Grundstückes).

Kein Mieter- oder Vermieterwechsel liegt hingegen vor, wenn es zur Gesamtrechtsnachfolge kommt (vgl. zur Verschmelzung VwGH 3.4.2019, Ro 2018/15/0012) oder im Rahmen einer Umgründung die Unternehmeridentität erhalten bleibt. Die Unternehmeridentität bleibt insbesondere erhalten, wenn im Rahmen eines Zusammenschlusses neue Gesellschafter in eine bestehende Personengesellschaft aufgenommen werden, in deren Betriebsvermögen sich bereits das vermietete Grundstück befindet. Unternehmeridentität liegt auch vor bei einer Verschmelzung zur Aufnahme, wenn sich das vermietete Grundstück bereits im Betriebsvermögen der aufnehmenden Gesellschaft befindet, sowie bei einer Abspaltung oder Abteilung, wenn das vermietete Grundstück bei der abspaltenden/abteilenden Gesellschaft verbleibt. Unternehmeridentität und daher kein Vermieterwechsel liegt weiters vor, wenn die Änderung auf Vermieterseite innerhalb einer Organschaft stattfindet, die bei Begründung des Mietverhältnisses schon bestanden hat. Entsteht die Organschaft erst nach Begründung des Mietverhältnisses, kann ein Vermieterwechsel nur ausgeschlossen werden, wenn sich das Mietobjekt vor Entstehung der Organschaft bereits im Betriebsvermögen des Organträgers befand. Die dargestellte Wirkung der Organschaft gilt analog für die Prüfung des Vorliegens eines Wechsels auf Mieterseite. Ebenso liegt Unternehmeridentität und daher kein Vermieterwechsel vor, wenn eine Schenkung unter Vorbehalt des Fruchtgenusses erfolgt und die Vermietung durch den bisherigen Eigentümer und nunmehr Fruchtgenussberechtigten erfolgt. Wird ein Mietvertrag durch einseitige Willenserklärung oder durch zweiseitige Willenseinigung verlängert, liegt kein neues Miet- bzw. Pachtverhältnis vor, wenn die Vertragsverlängerung ohne zeitliche Unterbrechung erfolgt.

Unter die Neuregelung fallen – unabhängig vom Vorliegen eines aufrechten Miet- bzw. Pachtverhältnisses – nur jene Fälle, in denen mit der Errichtung des Gebäudes durch den Unternehmer nicht bereits vor dem 1. September 2012 begonnen wurde. Beginn der Errichtung ist der Zeitpunkt, in dem bei vorliegender Baubewilligung mit der Bauausführung tatsächlich begonnen wird, also tatsächliche handwerkliche Baumaßnahmen erfolgen (zB Ausheben der Baugrube). Da die tatsächliche Bauausführung erst mit am Objekt vorgenommenen Baumaßnahmen (zB erster – nicht bloß symbolischer – Spatenstich) beginnt, zählen vorgelagerte Planungs- und Projektierungsarbeiten nicht zur Errichtung des Gebäudes. Abbrucharbeiten können nur dann der Beginn einer Bauausführung sein, wenn es sich dabei um tatsächliche Baumaßnahmen handelt, die der Durchführung der Baubewilligung dienen (zB Entfernen von Zwischenwänden, die der baubewilligten Änderung der Raumeinteilung entgegenstehen; vgl. VwGH 31.5.2017, Ro 2016/13/0016).

Zur Errichtung zählt nicht nur der Beginn, sondern auch die fortgesetzte Bautätigkeit bis zum Abschluss der Bauarbeiten. Maßgeblich ist dabei, ob die Errichtung von Beginn bis zur Innutzungnahme als einheitlicher Vorgang betrachtet werden kann.

Beispiel:

V errichtet im Jahr 2013 ein Betriebsgebäude, welches er noch im gleichen Jahr an eine (nicht voll zum Vorsteuerabzug berechtigte) Versicherung vermietet.

V kann auf die Befreiung nicht verzichten, da weder das Mietverhältnis noch die Errichtung vor dem 1. September 2012 begonnen haben.

Dass ein Gebäude in mehreren Bauabschnitten errichtet wird, hindert die Annahme eines durchgängigen Errichtungsvorganges nicht von vornherein. Voraussetzung ist aber jedenfalls, dass für alle Bauabschnitte bereits vor dem 1. September 2012 eine Baubewilligung vorliegt und zumindest für den ersten Bauabschnitt bereits eine Errichtungshandlung gesetzt wurde. Zur Errichtung zählt nicht nur der Beginn, sondern auch die fortgesetzte Bautätigkeit bis zum Abschluss der Bauarbeiten. Maßgeblich ist dabei, ob die Errichtung von Beginn bis zur Innutzungnahme als einheitlicher Vorgang betrachtet werden kann.

Sanierungsmaßnahmen, die nach dem 31. August 2012 gesetzt werden, führen zu keiner Änderung des bestehenden Mietverhältnisses und zu keiner (Neu)Errichtung. Entsteht allerdings durch einen nach dem 31. August 2012 getätigten Herstellungsaufwand ein neuer oder ein neu nutzbar gemachter baulich abgeschlossener Gebäudeteil (zB Zu- oder Anbau; Gebäudeaufstockung), ist insoweit von einer Änderung des Mietverhältnisses und einer (Neu)Errichtung auszugehen, sodass für diese Aufwendungen der Vorsteuerabzug ausgeschlossen ist, wenn der Vermieter gemäß § 6 Abs. 2 letzter Satz UStG 1994 idF 1. StabG 2012 nicht zur Steuerpflicht optieren darf. Dasselbe gilt für Fälle, in denen nach dem Gesamtbild von einer Neuerrichtung auszugehen ist (zB Entkernung unter Erhalt der Fassade oder der Außenwände).

Hat der Vermieter das Gebäude nicht errichtet, sondern erworben, so gilt die Neuregelung für alle Miet- und Pachtverhältnisse, die ab dem 1. September 2012 beginnen. Dies gilt auch dann, wenn der Erwerb durch den Vermieter vor dem 1. September 2012 erfolgte.

Beispiel:

V erwirbt im Jahr 2004 ein Betriebsgebäude, welches er noch im gleichen Jahr an eine (nicht voll zum Vorsteuerabzug berechtigte) Versicherung steuerpflichtig vermietet. 2013 kommt es zu einem Mieterwechsel.

V kann auf die Befreiung hinsichtlich des neuen Mietverhältnisses nicht verzichten, da es nach dem 31. August 2012 begründet wurde und er selbst mit der Errichtung des Gebäudes nicht vor dem 1. September 2012 begonnen hat.

(BMF-AV Nr. 2019/165, BMF-AV Nr. 2022/154)

6.1.16.10. Vorsteuerabzug im Hinblick auf eine zukünftige Option

900 Hat ein Unternehmer in einem Veranlagungszeitraum keine steuerfreien Umsätze ausgeführt, sind aber Vorsteuern angefallen, die mit späteren Umsätzen dieser Art in Zusammenhang stehen, so hat der Vorsteuerabzug insoweit von vornherein zu unterbleiben. Umgekehrt können Vorsteuern, die den zum Abzug berechtigenden Umsätzen zuzurechnen sind, bei Vorliegen der sonstigen Voraussetzungen bereits abgezogen werden, bevor die entsprechenden Umsätze ausgeführt werden.

Will der Unternehmer im Hinblick auf eine von ihm vorzunehmende Option bereits vor der Ausführung des Umsatzes den Vorsteuerabzug in Anspruch nehmen, ist dies nur dann möglich, wenn er darlegen kann (zB durch entsprechende Vorvereinbarungen mit zukünftigen Mietern oder anhand anderer über eine bloße Absichtserklärung hinausgehende Umstände), dass im Zeitpunkt des Bezuges der Vorleistung die Wahrscheinlichkeit einer bevorstehenden steuerpflichtigen Vermietung mit größerer Sicherheit anzunehmen war als der Fall einer steuerbefreiten Vermietung oder der Fall des Unterbleibens einer Vermietung (VwGH 13.09.2006, 2002/13/0063). Dies gilt auch für den Umstand, dass der Mieter das Mietobjekt nahezu ausschließlich (siehe Rz 899a bis Rz 899c) für Umsätze verwenden wird, die seine Berechtigung zum Vorsteuerabzug nicht ausschließen.

Hinsichtlich der Gewährung des Vorsteuerabzuges ist jeder Veranlagungszeitraum für sich zu beurteilen. Ist im Zeitpunkt des Bezuges der Vorleistung der Zusammenhang noch nicht sicher, klären sich aber die Verhältnisse noch im Laufe des Veranlagungszeitraumes, so ist auf diese Verhältnisse abzustellen. Stellt sich in einem späteren Veranlagungszeitraum (aber vor dem Veranlagungszeitraum der tatsächlichen Leistung) heraus, dass der zukünftige Umsatz anders zu beurteilen ist (wird zB eine verbindliche Vereinbarung hinsichtlich der Ausübung der Option erst in einem späteren Veranlagungszeitraum geschlossen oder eine entsprechende Vereinbarung rückgängig gemacht), so ist der Vorsteuerabzug für eine Leistung dieses (und der folgenden) Veranlagungszeitraumes(-räume) nach der neuen Beurteilung zu gewähren oder zu versagen. Hinsichtlich des Vorsteuerabzuges des (bzw. der) vorangegangenen Veranlagungszeitraumes(-räume) tritt bereits im Voranmeldungs-(Veranlagungs-)Zeitraum der nach außen hin erkennbaren, klar bestimmten und verbindlichen Absichtsänderung eine Änderung der Verhältnisse iSd des § 12 Abs. 11 UStG 1994 ein und nicht erst im Voranmeldungs-(Veranlagungs-)Zeitraum des tatsächlichen Erzielens eines (Vermietungs-)Umsatzes (VwGH 11.11.2008, 2006/13/0070). 901

Beispiel:

Im Jahr 2008 errichtet der Unternehmer U ein Gebäude, in dem Geschäftslokale vermietet werden sollen.

Im Hinblick auf die steuerfreie Grundstücksvermietung steht U ein Vorsteuerabzug nicht zu.

Im Jahr 2009 (vor Ablauf des Veranlagungszeitraumes – ist das Kalenderjahr Veranlagungszeitraum: bis zum 31. Dezember) schließt U mit den zukünftigen Mietern die Vereinbarung, dass er zur Steuerpflicht optieren wird.

Im Hinblick auf den – durch die nach außen hin erkennbaren und verbindlichen Vereinbarungen – nunmehr gegebenen Zusammenhang mit einer zukünftigen steuerpflichtigen Vermietung steht dem Unternehmer der Vorsteuerabzug für Errichtungskosten, die das Jahr 2009 betreffen, schon im Voranmeldungs- bzw. Veranlagungszeitraum 2009 zu. Zudem liegt hinsichtlich der im Jahr 2008 angefallenen und diese Geschäftslokale betreffenden Vorsteuern bereits im Jahr 2009 und nicht erst im Jahr der Fertigstellung und Umsatzerzielung eine Änderung der Verhältnisse gemäß § 12 Abs. 11 UStG 1994 vor und kann eine Vorsteuerberichtigung somit zur Gänze bereits im Veranlagungsjahr 2009 vorgenommen werden.

Im Jahre 2010 ist das Gebäude fertig gestellt und es kommt zur steuerpflichtigen Vermietung. Dem Unternehmer steht der Vorsteuerabzug hinsichtlich der Vorsteuern des Jahres 2010 zu.

Randzahlen 902 bis 921: *derzeit frei.*

6.1.17. Wohnungseigentumsgemeinschaften

6.1.17.1. Allgemeines

Steuerfrei sind die Leistungen von Wohnungseigentumsgemeinschaften, ausgenommen für Wohnzwecke (siehe Rz 1214 bis Rz 1217). 922

Werden in einem Gebäude, an dem Wohnungseigentum besteht, ein Teil der Wohnungen zu Wohnzwecken und ein Teil zu anderen Zwecken, zB als Geschäftslokale, genutzt, so sind nur die Leistungen an die Wohnungseigentümer, die die Wohnungen zu anderen Zwecken nutzen, steuerfrei. Für die Leistungen an die Wohnungseigentümer, die die Wohnung für Wohnzwecke nutzen, kommt grundsätzlich der ermäßigte Steuersatz zur Anwendung.

Besteht an Garagen oder Abstellplätzen Wohnungseigentum, so sind die damit im Zusammenhang stehenden an die Wohnungseigentümer weiterverrechneten Kosten steuerfrei, weil diese Liegenschaftsteile nicht Wohnzwecken dienen. Ab 1.1.2016 entfällt durch das StRefG 2015/2016 die Steuerbefreiung für Garagen und Abstellplätze für Fahrzeuge aller

Art. Demnach sind die damit im Zusammenhang stehenden und an die Wohnungseigentümer weiterverrechneten Kosten mit dem Normalsteuersatz zu besteuern.

(BMF-AV Nr. 2015/170)

6.1.17.2. Option zur Steuerpflicht

923 Gemäß § 6 Abs. 2 UStG 1994 hat die Wohnungseigentumsgemeinschaft die Möglichkeit zur Steuerpflicht zu optieren. In diesem Fall kommt der Normalsteuersatz zur Anwendung.

Wird der Miteigentumsanteil, mit dem Wohnungseigentum untrennbar verbunden ist, nach dem 31. August 2012 erworben (wobei auf die Einverleibung im Grundbuch gemäß § 5 WEG 2002 abzustellen ist), kann die Wohnungseigentumsgemeinschaft von der Option nur Gebrauch machen, soweit der Leistungsempfänger das Grundstück oder einen baulich abgeschlossenen, selbständigen Teil des Grundstücks nahezu ausschließlich (siehe Rz 899a bis Rz 899c) für Umsätze verwendet, die den Vorsteuerabzug nicht ausschließen. Keine Optionsmöglichkeit besteht daher auch für Umsätze gemäß § 6 Abs. 1 Z 17 UStG 1994 im Zusammenhang mit im Wohnungseigentum stehenden privat genutzten Fahrzeugabstellplätzen.

6.1.18. Kranken- und Pflegeanstalten, Altersheime, Kuranstalten

6.1.18.1. Allgemeines

924 Befreit sind die im § 6 Abs. 1 Z 18 UStG 1994 genannten Leistungen soweit sie von Körperschaften des öffentlichen Rechts bewirkt werden. Die Befreiung gilt auch für gleichartige Umsätze, soweit sie von gemeinnützigen, mildtätigen oder kirchlichen Rechtsträgern gemäß §§ 34 – 47 BAO erbracht werden (§ 6 Abs. 1 Z 25 UStG 1994). Werden die Leistungen nicht von Körperschaften öffentlichen Rechts oder von den nach §§ 34 – 47 BAO begünstigten Rechtsträger betrieben, unterliegen sie dem ermäßigten Steuersatz gemäß § 10 Abs. 2 Z 8 UStG 1994 (bis 31.12.2015: § 10 Abs. 2 Z 15 UStG 1994) (siehe Abschn. 10.2.8.).

(BMF-AV Nr. 2015/170)

6.1.18.1.2. Option zur Steuerpflicht

925 Gemäß Art. XIV Z 1 des BGBl. Nr. 21/1995 idF BGBl. Nr. 756/1996, kann der Unternehmer, der gemäß § 6 Abs. 1 Z 18 UStG 1994 steuerfreie Umsätze ausführt, soweit sie sich auf Pflegeanstalten, Alters-, Blinden- und Siechenheime beziehen (nicht für Krankenanstalten und Kuranstalten), zur Steuerpflicht optieren. Voraussetzung ist, dass

- die Körperschaft, Personenvereinigung oder Vermögensmasse bei dem für die Erhebung der USt zuständigen Finanzamt eine schriftliche Erklärung abgibt, dass sie ihre Betätigung
  - in erheblichem Umfang privatwirtschaftlich organisiert und ausgerichtet hat und
  - die Steuerbefreiung zu größeren Wettbewerbsverzerrungen führen könnte, oder
- das Bundesministerium für Finanzen mit Bescheid feststellt, dass Umstände im Sinne des vorstehenden Punktes vorliegen.

Die schriftliche Erklärung sowie der Bescheid des BM für Finanzen können nur abgeändert oder aufgehoben werden, wenn nachgewiesen wird, dass sich die hiefür maßgeblichen Verhältnisse gegenüber jenen im Zeitpunkt der Abgabe der Erklärung oder der Erlassung des Bescheides verändert haben.

6.1.18.2. Kranken- und Pflegeanstalten

6.1.18.2.1. Begriff

926 Als Kranken- und Pflegeanstalten im Sinne dieser Bestimmung sind vor allem sämtliche Einrichtungen anzusehen, die unter das Krankenanstalten- und Kuranstaltengesetz (KAKuG), BGBl. Nr. 1/1957 idgF, fallen. Gemäß § 1 KAKuG sind unter Krankenanstalten (Heil- und Pflegeanstalten) Einrichtungen zu verstehen, die zur Feststellung und Überwachung des Gesundheitszustands durch Untersuchung, zur Vornahme operativer Eingriffe, zur Vorbeugung, Besserung und Heilung von Krankheiten durch Behandlung, zur Entbindung, für Maßnahmen medizinischer Fortpflanzungshilfe, zur Bereitstellung von Organen zum Zweck der Transplantation oder zur ärztlichen Betreuung und besonderen Pflege von chronisch Kranken bestimmt sind.

(BMF-AV Nr. 2016/212)

927 Im Einzelnen gehören dazu:

- allgemeine Krankenanstalten, das sind Krankenanstalten für Personen ohne Unterschied des Geschlechts, des Alters oder der Art der ärztlichen Betreuung iSd § 1 KAKuG einschließlich der Universitätskliniken;

- Sonderheilanstalten, das sind Anstalten für die Untersuchung und Behandlung von Personen mit bestimmten Krankheiten (zB Anstalten für Lungenkrankheiten, für psychische Krankheiten, für Nervenkrankheiten, Rehabilitationszentren oder Geburtenkliniken) oder von Personen bestimmter Altersstufen (zB Kinderspitäler, geriatrische Spitäler) oder für bestimmte Zwecke (zB Intensivspitäler, Unfallspitäler);
- Pflegeanstalten für chronisch Kranke, die ärztlicher Betreuung und besonderer Pflege bedürfen;
- Sanatorien, das sind Krankenanstalten, die durch ihre besondere Ausstattung höheren Ansprüchen hinsichtlich Verpflegung und Unterbringung entsprechen;
- selbständige Ambulatorien (Röntgeninstitute, Zahnambulatorien, Primärversorgungseinheiten iSd § 2 Abs. 5 Z 1 lit. b Primärversorgungsgesetz, BGBl. I Nr. 131/2017, und ähnliche Einrichtungen), das sind organisatorisch selbständige Einrichtungen, die der Untersuchung oder Behandlung von Personen dienen, die einer Aufnahme in Anstaltspflege nicht bedürfen. Ein selbständiges Ambulatorium kann auch über eine angemessene Zahl von Betten verfügen, die für eine kurzfristige Unterbringung zur Durchführung ambulanter diagnostischer und therapeutischer Maßnahmen unentbehrlich ist.

(BMF-AV Nr. 2019/165)

6.1.18.2.2. Begünstige Leistungen

Befreit sind nur solche Leistungen, die unmittelbar mit der Krankenbehandlung zu- 928
sammenhängen. Die Umsätze dürfen im Wesentlichen nicht dazu bestimmt sein, den Einrichtungen zusätzliche Einnahmen durch Tätigkeiten zu verschaffen, die in unmittelbarem Wettbewerb zu steuerpflichtigen Umsätzen anderer Unternehmer stehen. Zu den unter § 6 Abs. 1 Z 18 UStG 1994 fallenden Umsätze der Krankenanstalten gehören – unter den vorstehend angeführten Voraussetzungen – insbesondere

- die stationäre oder teilstationäre Aufnahme von Patienten, deren ärztliche und pflegerische Betreuung einschließlich der Lieferungen der zur Behandlung erforderlichen Medikamente;
- die Behandlung und Versorgung ambulanter Patienten;
- die auf ärztliche Anordnung erfolgende Vornahme von – der Untersuchung und der vorbeugenden Beobachtung der Patienten dienenden – medizinischen Analysen durch ein anstaltseigenes Labor;
- die Hauskrankenpflege, die von einer Kranken- bzw. Pflegeanstalt durchgeführt wird;
- die Lieferungen von Körperersatzstücken und orthopädischen Hilfsmitteln, soweit sie unmittelbar mit einer Heilbehandlung durch das Krankenhaus im Zusammenhang stehen;
- die Überlassung von medizinisch-technischen Geräten und damit verbundene Gestellungen von medizinischen Hilfspersonal, zB Computer-Tomograph an angestellte Ärzte für deren selbständige Tätigkeit an Krankenhäusern und an niedergelassene Ärzte zur Mitbenutzung;
- die Abgabe von ärztlichen Gutachten;
- die Gestellung von Ärzten und von medizinischem Hilfspersonal durch Krankenhäuser an andere Krankenhäuser oder an niedergelassene Ärzte zu zB Ausbildungszwecken;
- die Gewährung von Beherbergung, Verköstigung und sonstigen Naturalleistungen an das Personal; die Beherbergung von Personal nur insoweit, als es sich dabei um die Zurverfügungstellung von Bereitschaftsräumen oder Schlafstellen, nicht jedoch um die Vermietung von Wohnungen, eingerichteten Appartements oder die Zurverfügungstellung von Dienstwohnungen handelt. Das gilt auch dann, wenn die Leistungen nicht Vergütungen für geleistete Dienste sind;
- die Lieferungen von Gegenständen des Anlagevermögens, zB Röntgeneinrichtung, Krankenfahrstühle und sonstige Einrichtungsgegenstände.

Die folgenden – gegen gesondertes Entgelt erbrachten – Umsätze stellen nur dann mit der Krankenhausbehandlung und der ärztlichen Heilbehandlung eng verbundene Umsätze im Sinne dieser Vorschrift dar, wenn diese Leistungen zur Erreichung der mit der Krankenhausbehandlung und der ärztlichen Heilbehandlung verfolgten therapeutischen Ziele unerlässlich sind und nicht im Wesentlichen dazu bestimmt sind, ihrem Erbringer zusätzliche Einnahmen durch die Erzielung von Umsätzen zu verschaffen, die in unmittelbarem Wettbewerb mit Umsätzen der Mehrwertsteuer unterliegender gewerblicher Unternehmen getätigt werden (EuGH 1.12.2005, C-394/04 und C-395/04, „Ygeia"):

- die Zurverfügungstellung eines Telefons;

- die Vermietung von Fernsehgeräten an Krankenhauspatienten durch Einrichtungen im Sinne der Befreiungsvorschrift (zB Krankenanstalten) sowie
- die Unterbringung und Verpflegung von Begleitpersonen von Patienten durch derartige Einrichtungen.

(BMF-AV Nr. 2020/192)

929 Nicht unter die Befreiung des § 6 Abs. 1 Z 18 UStG 1994 fallen zB:

- Kantinenumsätze;
- die Beherbergung und Verköstigung von Personen, die Kranke besuchen. Unter § 6 Abs. 1 Z 18 UStG 1994 fällt jedoch die Unterbringung und Verköstigung der notwendigen Begleitperson eines Kranken unter den in Rz 928 genannten Voraussetzungen;
- die Lieferungen von Speisen und Getränken an Besucher;
- die Lieferungen von Arzneimitteln in anderen als den unter der Rz 928 genannten Fällen (nicht unter die Befreiung fallen zB Arzneimittellieferungen an Besucher oder von einer Krankenhausapotheke an Krankenhäuser anderer Träger).

6.1.18.2.3. Umfang der Befreiung – Nebenleistungen

930 Eng verbundene Leistungen und daher unter die Steuerbefreiung des § 6 Abs. 1 Z 18 in Verbindung mit Z 25 UStG 1994 zu subsumieren sind:

- Krankengeschichten – die (entgeltliche) Herstellung von Abschriften durch Krankenanstalten;
- Forschungsarbeiten, die von Krankenhäusern im Auftrag von Firmen, Vereinen oder öffentlichen Institutionen erbracht werden, können als „mit dem Betrieb von Krankenhäusern eng verbunden" angesehen werden;
- (zusätzliche) Entgelte, die von Firmen, Vereinen bzw. öffentlichen Institutionen für die bessere Patientenbetreuung geleistet werden.

931 Eine Krankenanstalt und eine an dieser errichteten Krankenpflegeschule mit Schwesternheim bilden einen einheitlichen Betrieb gewerblicher Art. Die Tätigkeit der einer Krankenanstalt angeschlossenen Krankenpflegeschule (mit Schwesternheim) kann nicht unter § 6 Abs. 1 Z 18 UStG 1994 subsumiert werden. Für diese Tätigkeit kommt bei Zutreffen der gesetzlichen Voraussetzungen (insbesondere der Gemeinnützigkeit) eine Besteuerung nach § 10 Abs. 2 Z 4 UStG 1994 in Betracht. Die Anwendbarkeit des § 6 Abs. 1 Z 11 lit. a UStG 1994 ist im jeweiligen konkreten Einzelfall zu prüfen.

Die Kostenersätze gemäß § 55 KAKuG („klinischer Mehraufwand") fallen nicht unter die Befreiungsbestimmung des § 6 Abs. 1 Z 18 UStG 1994. Diese Kostenersätze unterliegen gemäß § 10 Abs. 2 Z 4 UStG 1994 dem ermäßigten Steuersatz.

(BMF-AV Nr. 2016/212, BMF-AV Nr. 2023/152)

6.1.18.3. Alters-, Blinden- und Siechenheime

932 Neben den Kranken- und Pflegeanstalten fallen auch Alters-, Blinden- und Siechenheime, also Einrichtungen, in denen alte, blinde oder körperlich nachhaltig behinderte Menschen nicht nur vorübergehend aufgenommen und versorgt werden, unter die Begünstigung, wobei weder eine besondere Pflege oder ärztliche Betreuung der Patienten noch der Status der Gemeinnützigkeit Voraussetzung für die Befreiung sind. Der Umfang der Befreiung entspricht ebenso wie die Frage der unmittelbaren Verbundenheit mit den begünstigten Leistungen den bei den Krankenanstalten ausgeführten Grundsätzen.

6.1.18.4. Kuranstalten- und Kureinrichtungen

933 Unter Kuranstalten und Kureinrichtungen sind Einrichtungen zu verstehen, die der stationären oder ambulanten Anwendung medizinischer Behandlungsarten dienen, die sich aus den ortsgebundenen Heilvorkommen oder dessen Produkten ergeben. Sie bedürfen für ihre Inbetriebnahme der Bewilligung der Landesregierung. Als natürliche Heilvorkommen gelten insbesondere Heilquellen, Heilmoor, Heilschlamm und Heilschlick und die Heilfaktoren, wie Klima, Lage, Höhe und dgl., während unter Kurorten Gebiete verstanden werden, in denen behördlich anerkannte Heilvorkommen ortsgebunden genützt werden und die hiefür erforderlichen Kureinrichtungen bestehen. Unmittelbar mit der Kurbehandlung im Zusammenhang stehen auch Zusatztherapien unabhängig davon, ob sie ärztlich verordnet wurden.

Randzahlen 934 bis 940: *derzeit frei.*

6.1.19. Ärzte

6.1.19.1. Allgemeines

Befreit sind die Umsätze aus der Tätigkeit als 941

- Arzt (im Sinne des Ärztegesetzes 1998, BGBl. I Nr. 169/1998),
- Zahnarzt oder Dentist (im Sinne des Zahnärztegesetzes, BGBl. I Nr. 126/2005),
- Psychotherapeut (im Sinne des Psychotherapiegesetzes, BGBl. Nr. 361/1990; aber auch aus selbständig ausgeübter therapeutischer Tätigkeit als Gesundheitspsychologe und klinischer Psychologe im Sinne des Psychologengesetzes 2013, BGBl. I Nr. 182/2013),
- Hebamme (im Sinne des Hebammengesetzes, BGBl. Nr. 310/1994),
- freiberuflich Tätiger im Sinne des § 35 Abs. 1 iVm § 12 Gesundheits- und Krankenpflegegesetz (GuKG), BGBl. I Nr. 108/1997 idF BGBl. I Nr. 75/2016,
- freiberuflich Tätiger im Sinne des § 7 in Verbindung mit § 1 Z 1 bis 7 des Bundesgesetzes BGBl. Nr. 460/1992 (Bundesgesetz über die Regelung der gehobenen medizinisch-technischen Dienste – MTD-Gesetz). Die Steuerbefreiung umfasst alle im § 1 Z 1 bis 7 des MTD-Gesetzes genannten gehobenen medizinisch-technischen Dienste; das sind der physiotherapeutische Dienst, der medizinisch-technische Laboratoriumsdienst, der radiologisch-technische Dienst, der Diätdienst und ernährungsmedizinische Beratungsdienst, der ergotherapeutische Dienst, der logopädisch-phoniatrischaudiologische Dienst und der orthoptische Dienst,
- freiberuflich tätiger Heilmasseur im Sinne des § 45 Z 1 iVm § 29 Medizinischer Masseur- und Heilmasseurgesetz (MMHmG), BGBl. I Nr. 169/2002. Der Beruf des Heilmasseurs umfasst die eigenverantwortliche Durchführung von klassischer Massage, Packungsanwendungen, Thermotherapie, Ultraschalltherapie und Spezialmassagen zu Heilzwecken nach ausschließlich ärztlicher Anordnung. Nähere Regelungen zu den Voraussetzungen bzw. zur Ausübung der freiberuflichen Tätigkeit durch einen Heilmasseur enthält § 46 MMHmG.
- sonstige Leistungen von Gemeinschaften dieser Berufsgruppen an ihre Mitglieder (Praxisgemeinschaften).

Unter die ärztlichen Umsätze fällt nicht die Tätigkeit der Tierärzte. Diese Umsätze unterliegen dem Normalsteuersatz.

Die Steuerbefreiung für ärztliche und arztähnliche Leistungen ist von der Rechtsform des Unternehmers unabhängig (siehe dazu Rz 958).

(BMF-AV Nr. 2017/171)

6.1.19.2. Tätigkeit als Arzt

„Tätigkeit als Arzt" ist die Ausübung der Heilkunde unter der Berufsbezeichnung „Arzt" 942
oder „Ärztin". Die Ausübung des ärztlichen Berufes umfasst gemäß § 2 Abs. 2 Ärztegesetz 1998, BGBl. I Nr. 169/1998 idgF jede auf medizinisch-wissenschaftlichen Erkenntnissen begründete Tätigkeit, die unmittelbar am Menschen oder mittelbar für den Menschen ausgeführt wird. Die Tätigkeit als Arzt im Sinne des § 6 Abs. 1 Z 19 UStG 1994 umfasst auch die Tätigkeit der Gerichtsmediziner. Dasselbe gilt für die gemäß § 3 Abs. 3 Ärztegesetz 1998, BGBl. Nr. 169/1998, in Ausbildung zum Arzt für Allgemeinmedizin oder zum Facharzt befindlichen Ärzte (Turnusärzte), die in einem Dienstverhältnis zu einer Krankenanstalt stehen, soweit sie in Ausübung ihrer ärztlichen Tätigkeit Entgelte vereinnahmen, die gemäß § 22 Z 1 lit. b EStG 1988 zu den Einkünften aus selbständiger Arbeit zählen und hinsichtlich derer der in Ausbildung befindliche Arzt gemäß § 2 Abs. 6 UStG 1994 als Unternehmer gilt.

Hinsichtlich der Tätigkeiten der Betriebsärzte gelten die Ausführungen zu den arbeitsmedizinischen Leistungen in Rz 948 sinngemäß.

Die Tätigkeit als Arzt im Sinne des § 6 Abs. 1 Z 19 UStG 1994 umfasst auch die Tätigkeit der Gerichtsmediziner. Dasselbe gilt für die gemäß § 3 Abs. 3 Ärztegesetz 1998, BGBl. Nr. 169/1998, in Ausbildung zum Arzt für Allgemeinmedizin oder zum Facharzt befindlichen Ärzte (Turnusärzte), die in einem Dienstverhältnis zu einer Krankenanstalt stehen, soweit sie in Ausübung ihrer ärztlichen Tätigkeit Entgelte vereinnahmen, die gemäß § 22 Z 1 lit. b EStG 1988 zu den Einkünften aus selbständiger Arbeit zählen und hinsichtlich derer der in Ausbildung befindliche Arzt gemäß § 2 Abs. 6 UStG 1994 als Unternehmer gilt.

Die in der Heilbehandlung der Betriebsärzte bestehenden Leistungen sind nach § 6 Abs. 1 Z 19 UStG 1994 steuerbefreit.

Zur Tätigkeit als Arzt gehören auch ästhetisch-plastische Leistungen (Operationen und Behandlungen) mit medizinischer Indikation iSd § 3 Abs. 1 Z 4 ÄsthOpG, BGBl. I Nr. 80/2012, sowie Schwangerschaftsabbrüche, wenn ein therapeutisches Ziel im Vordergrund steht. Die

Beurteilung des Vorliegens dieser Voraussetzung obliegt dem behandelnden Arzt. Diese Beurteilung, die durch die Erklärung als steuerfreie Arztleistung dokumentiert wird, ist für die Finanzverwaltung bindend.

(AÖF Nr. 2014/164)

943 Die Tätigkeit eines Zahnarztes besteht in der berufsmäßigen Ausübung der Zahnheilkunde. Der zahnärztliche Beruf umfasst gemäß § 4 Abs. 2 Zahnärztegesetz, BGBl. I Nr. 126/2005 idgF jede auf zahnmedizinisch wissenschaftlichen Erkenntnissen begründete Tätigkeit einschließlich komplementär- und alternativmedizinischer Heilverfahren, die unmittelbar am Menschen oder mittelbar für den Menschen ausgeführt wird.

Als Dentist (§§ 57 ff Zahnärztegesetz, BGBl. I Nr. 126/2005), wird derjenige anzusehen sein, der auf Grund einer entsprechenden Ausbildung die Zahnheilkunde in ihren wesentlichen Erscheinungsformen ausübt.

943a Nicht unter die in § 6 Abs. 1 Z 19 UStG 1994 aufgezählten Berufsgruppen subsumierbar sind:

- Heilpraktiker und Homöopathen (ohne medizinisches Studium);
- Mental-Suggesteure oder Hypnotiseure (ohne eine Berufsbefugnis im Sinne des Psychotherapiegesetzes oder des Psychologengesetzes; VwGH 29.7.2010, 2008/15/0291);
- Musiktherapeuten (ohne eine Berufsbefugnis im Sinne des Psychotherapiegesetzes; VwGH 29.2.2012, 2008/13/0141);
- medizinische Masseure sowie gewerbliche Masseure (vgl. § 94 Z 48 GewO 1994);
- autodidaktische Chiropraktiker (ohne medizinisches Studium oder eine Berufsbefugnis iSd Medizinischer Masseur- und Heilmasseurgesetzes; VwGH 27.2.2014, 2009/15/0212).

(BMF-AV Nr. 2015/170)

6.1.19.2.1. Umsätze als Arzt

6.1.19.2.1.1. Heilbehandlung

944 Heilbehandlungen im Bereich der Humanmedizin sind Tätigkeiten, die zum Zweck der Vorbeugung, Diagnose, Behandlung, soweit möglich, der Heilung von Krankheiten oder Gesundheitsstörungen bei Menschen, sowie zum Schutz einschließlich der Aufrechterhaltung oder Wiederherstellung der menschlichen Gesundheit erbracht werden (vgl. EuGH 10.6.2010, Rs C-86/09, *Future Health Technologies Ltd*; EuGH 21.3.2013, Rs C-91/12, *PFC Clinic*). Diese können auch telefonisch erfolgen (siehe EuGH 5.3.2020, Rs C-48/19, *X-GmbH*). Darunter fallen insbesondere:

- die Untersuchung auf das Vorliegen oder Nichtvorliegen von körperlichen und psychischen Krankheiten oder Störungen, von Behinderungen oder Missbildungen und Anomalien, die krankhafter Natur sind;
- die Beurteilung dieser Zustände bei Verwendung medizinisch-diagnostischer Hilfsmittel;
- die Behandlung solcher Zustände; Die Verabreichung eines Medikamentes zur sofortigen Einnahme, die Verabreichung einer Injektion oder das Anlegen eines Verbandes im Rahmen einer ärztlichen Behandlungsleistung gehört als übliche Nebenleistung zur begünstigten ärztlichen Heiltätigkeit;
- die Vornahme operativer Eingriffe einschließlich der Entnahme oder Infusion von Blut;
- die Vorbeugung von Erkrankungen (dazu gehören auch Drogenpräventivvorträge);
- die Geburtshilfe sowie die Anwendung von Maßnahmen der medizinischen Fortpflanzungshilfe;
- die Schmerztherapie und Palliativmedizin;
- die Verordnung von Heilmitteln, von Heilbehelfen und medizinisch-diagnostischen Hilfsmitteln;
- die Vornahme von Leichenöffnungen (§ 2 Abs. 2 Ärztegesetz 1998, BGBl. Nr. 169/1998);
- Anpassung von Kontaktlinsen durch Augenärzte (VwGH 13.03.1997, 95/15/0124); Anpassung von Hörgeräten durch Hals-, Nasen-, Ohrenärzte;
- die Tätigkeit der Ärzte im Rahmen der gemäß § 69 Strahlenschutzgesetz 2020, BGBl. I Nr. 50/2020, durchzuführenden Untersuchungen;
- die fachärztliche Beratung im Sinne des § 69 Abs. 3 und 4 des Gentechnikgesetzes, BGBl. Nr. 510/1994 idF BGBl. I Nr. 127/2005, vor und nach Durchführung einer genetischen Analyse;

- der Einsatz eines freiberuflich tätigen Notarztes einschließlich des Bereitschaftsdienstes.

(BMF-AV Nr. 2019/165, BMF-AV Nr. 2020/192)

Der Angehörigen des zahnärztlichen Berufs vorbehaltene Tätigkeitsbereich umfasst insbesondere die in § 4 Abs. 3 und 4 Zahnärztegesetz, BGBl. I Nr. 126/2005, angeführten Tätigkeiten. 945

Die zahnärztliche Behandlungsleistung stellt insgesamt stets eine sonstige Leistung dar, auch wenn Elemente von Lieferungen in ihr enthalten sind. Es sind daher sowohl die Vornahme von Zahnfüllungen, Extraktionen und Wurzelbehandlungen als auch die mit der Eingliederung von Zahnersatz (einschließlich Stiftzähnen, Brücken, herausnehmbaren Zahnprothesen und dgl.) verbundenen Leistungen als sonstige Leistungen des Zahnarztes anzusehen. Die Verabreichung von schmerzstillenden Mitteln und Injektionen im Zuge der Zahnbehandlung gilt als Nebenleistung.

Der Dentistenberuf umfasst die in § 4 Abs. 3 und 4 Zahnärztegesetz, BGBl. I Nr. 126/2005, angeführten Tätigkeiten mit Ausnahme jener zahnmedizinischen Behandlungen, für die eine Vollnarkose durchgeführt wird oder erforderlich ist. Zur Tätigkeit eines Dentisten gehören insbesondere die Eingliederung von Zahnersatz (einschließlich des Einsetzens von Stiftzähnen und Brücken) sowie die Vornahme von Zahnfüllungen, Extraktionen und Wurzelbehandlungen.

6.1.19.2.1.2. Erstellung von Gutachten

Auch die Ausstellung von ärztlichen Zeugnissen und die Erstattung von ärztlichen Gutachten gehört zur Berufstätigkeit als Arzt (§ 2 Abs. 3 ÄrzteG 1998). Die Steuerbefreiung des § 6 Abs. 1 Z 19 UStG 1994 („Steuerfrei sind die Umsätze aus der Tätigkeit als Arzt") geht nicht dadurch verloren, dass der Auftrag zur Erstellung eines Gutachtens von einem Dritten erteilt wird (zB Gutachten über den Gesundheitszustand im Zusammenhang mit einer Versicherungsleistung). 946

Lediglich die Erstattung folgender ärztlicher Gutachten fällt – zum Teil gestützt auf die Judikatur des EuGH – nicht unter die Steuerbefreiung des § 6 Abs. 1 Z 19 UStG 1994:

- Die auf biologische Untersuchungen gestützte Feststellung einer anthropologisch-erbbiologischen Verwandtschaft (EuGH 14.9.2000, Rs C-384/98, *D. gegen W.*);
- Gutachten über die Altersbestimmung;
- ärztliche Untersuchungen über die pharmakologische Wirkung eines Medikaments beim Menschen und die dermatologische Untersuchung von kosmetischen Stoffen;
- psychologische Tauglichkeitstests, die sich auf die Berufsfindung erstrecken;
- psychologische Persönlichkeitstests sowie die diesbezügliche Begutachtung im Zusammenhang mit dem Erwerb bzw. der Beibehaltung waffenrechtlicher Bewilligungen gemäß § 8 Waffengesetz 1996, BGBl. I Nr. 12/1997 idgF iVm § 2 der 1. Waffengesetz-Durchführungsverordnung, BGBl. II Nr. 164/1997 (vgl. VwGH 12.6.2019, Ra 2018/13/0055);
- Ab 1.7.2021: Gutachten über verkehrspsychologische Untersuchungen und Stellungnahmen im Sinne der §§ 17 und 18 der Führerscheingesetz-Gesundheitsverordnung (FSG-GV), BGBl. II Nr. 322/1997 idgF);
- ärztliche Bescheinigungen für Zwecke eines Anspruches nach dem Kriegsopferversorgungsgesetz 1957 (KOVG 1957), BGBl. Nr. 152/1957 idgF (EuGH 20.11.2003, Rs C-307/01, *d'Ambrumenil und Dispute Resolution Services*)
- ärztliche Gutachten in laufenden Gerichtsverfahren bzw. im Rahmen einer außergerichtlichen Streitbeilegung, wie zB
  - ärztliche Gutachten für zivil- und strafrechtliche Haftungsfragen (EuGH 20.11.2003, Rs C-307/01, *d'Ambrumenil und Dispute Resolution Services*);
  - ärztliche Gutachten über ärztliche Kunstfehler (EuGH 20.11.2003, Rs C-307/01, *d'Ambrumenil und Dispute Resolution Services*) oder Behandlungsfehler;
  - ärztliche Gutachten im Zusammenhang mit Invaliditäts-, Berufs-, oder Erwerbsunfähigkeitspensionen sowie über Leistungen aus Unfallversicherungen (EuGH 20.11.2003, Rs C-212/01, *Unterpertinger*);
  - ärztliche Gutachten zur Feststellung des Grades einer Invalidität, Berufs- oder Erwerbsminderung.

Davon ausgenommen sind ärztliche Gutachten in laufenden Gerichtsverfahren, die dem Schutz der Gesundheit des Betreffenden dienen, wie zB Gutachten über die Vernehmungs- oder Verhandlungsfähigkeit oder Haftvollzugstauglichkeit.

(AÖF Nr. 2014/7, BMF-AV Nr. 2016/212, BMF-AV Nr. 2017/171, BMF-AV Nr. 2020/192)

6.1.19.2.2. Hilfsgeschäfte

947 Hilfsgeschäfte der Ärzte (Veräußerung und Entnahme von Anlagenvermögen, Veräußerung der Praxis) sind nicht nach § 6 Abs. 1 Z 19 UStG 1994 befreit, es kann jedoch die Steuerbefreiung des § 6 Abs. 1 Z 26 UStG 1994 in Betracht kommen.

6.1.19.2.3. Keine Umsätze aus ärztlicher Tätigkeit

948 Keine Heilbehandlungen im Sinne des § 6 Abs. 1 Z 19 UStG 1994 sind zB die folgenden Tätigkeiten:

- die schriftstellerische Tätigkeit, auch wenn es sich dabei um Berichte in einer ärztlichen Fachzeitschrift handelt;
- die Chefredaktionstätigkeit bei medizinischen Fachzeitschriften;
- die Vortragstätigkeit, auch wenn der Vortrag vor Ärzten im Rahmen der Fortbildung (Fachkongresse) gehalten wird;
- die Lehrtätigkeit;
- die Mitarbeit in Rundfunk- und Fernsehsendungen zu medizinischen Themen;
- die Mitarbeit bei EDV-Programmen für Ärzte;
- die Konsulententätigkeit in medizinischen Fachbeiräten (zB Arzneimittelbeirat);
- die Tätigkeiten der Arbeitsmediziner (§ 82 ArbeitnehmerInnenschutzgesetz, BGBl. Nr. 450/1994, bzw. § 78 Abs. 4 Bundes-Bedienstetenschutzgesetz, BGBl. I Nr. 70/1999); steuerfrei sind jedoch
  - die individuelle Beratung der Arbeitnehmer bzw. Bediensteten in Angelegenheiten des Gesundheitsschutzes, der auf die Arbeitsbedingungen bezogenen Gesundheitsförderung und der menschengerechten Arbeitsgestaltung,
  - die arbeitsmedizinische Untersuchung von Arbeitnehmern bzw. Bediensteten, ausgenommen Einstellungs- und berufliche Eignungsuntersuchungen,
  - die Durchführung von Schutzimpfungen, sowie die Dokumentation dieser Tätigkeiten

  Bei den genannten Tätigkeiten der Arbeitsmediziner ist im Falle einer Gesamtbetragsabrechnung aus Vereinfachungsgründen aufgrund von Erfahrungssätzen davon auszugehen, dass der Anteil der steuerpflichtigen 90% und der Anteil der steuerfreien Tätigkeiten 10% beträgt.
- die Lieferungen von Hilfsmitteln, zB Kontaktlinsen, Schuheinlagen; anders als die Anfertigung von Zahnprothesen, die schon seit jeher eine typische heilberufliche Tätigkeit des Zahnarztes oder Dentisten gewesen ist, gehört die Lieferung von Kontaktlinsen bzw. -schalen nicht zum typischen Berufsbild eines Augenarztes;
- die Lieferung von Medikamenten zur Einnahme außerhalb der Ordination;
- die Lieferung von Medikamenten aus einer Hausapotheke;
- Leistungen, die in der Erteilung von Auskünften über Erkrankungen oder Therapien bestehen, aber aufgrund ihres allgemeinen Charakters nicht geeignet sind, zum Schutz, zur Aufrechterhaltung oder zur Wiederherstellung der menschlichen Gesundheit beizutragen (EuGH 5.3.2020, Rs C-48/19, *X-GmbH*);
- Leistungen, die darin bestehen, im Auftrag einer Versicherung die Richtigkeit der Diagnose einer schweren Krankheit des Versicherten sowie die besten Behandlungsmöglichkeiten zu dessen Heilung zu überprüfen (vgl. EuGH vom 24.11.2022, Rs C-458/21, *CIG Pannónia Életbiztosító Nyrt.*);
- gesundheitsfördernde Dienstleistungen wie kombinierte Lebensstilinterventionen, die nicht direkt mit dem Ziel oder im Zusammenhang mit einer prophylaktischen oder therapeutischen Behandlung erbracht werden, sondern vielmehr darauf abzielen, die Lebensweise des Empfängers durch Anleitung oder Coaching in Bezug auf Ernährung, Bewegung und andere Aspekte zu verbessern. Im Gegensatz dazu ist die Bedingung, dass ein therapeutischer Zweck vorliegen muss, erfüllt, wenn Dienstleistungen der Ernährungsberatung im Rahmen der Ausübung der ärztlichen oder arztähnlichen Leistungen als Teil der Behandlung von Patienten erbracht werden und es medizinisch notwendig ist, diese hinsichtlich ihrer Ernährung zu beraten, um ihre Gesundheit zu schützen;
- Ernährungscoaching im Rahmen von Trainingsprogrammen eines Fitnessstudios (vgl. auch EuGH 4.3.2021, Rs C-581/19, *Frenetikexito – Unipessoal Lda*, Rn 30 und 31);
- die Tätigkeiten der „Community Nurses“, sofern sie keinen individuellen therapeutischen Zweck erfüllen (zB Datenerhebung sowie -analyse, Bedarfserhebung, Evaluierung der

Wirksamkeit von Betreuungsmaßnahmen sowie Erstellung von Berichten für Gemeinden oder andere öffentliche Einrichtungen). Soweit sie sich unmittelbar auf die zu betreuende Person beziehen, stellen die pflegerischen Kernkompetenzen iSd § 14 Abs. 1 GuKG mit Ausnahme der Pflegeforschung ebenso wie die in den §§ 14a, 15 und 15a GuKG genannten Tätigkeiten steuerfreie Heilbehandlungen iSd § 6 Abs. 1 Z 19 UStG 1994 dar;

- die entgeltliche Nutzungsüberlassung von medizinischen Groß- und Kleingeräten;
- die Vermietung von Räumlichkeiten durch Ärzte (zB an andere Ärzte).

Zur Überlassung von Räumlichkeiten im Rahmen einer Kostengemeinschaft siehe Rz 962 und 963.

Zur Aufteilung des Vorsteuerabzuges siehe Rz 2011 ff, zur Aufteilung der Vorsteuern bei Ärzten mit Hausapotheke siehe Rz 2020.

(AÖF Nr. 2014/7, BMF-AV Nr. 2020/192, BMF-AV Nr. 2021/166, BMF-AV Nr. 2022/154, BMF-AV Nr. 2023/152)

6.1.19.2.4. Abgrenzung ärztliche Tätigkeit – Krankenanstalt

Die Frage, ob medizinische Leistungen als Umsatz im Rahmen einer Krankenanstalt oder **949** als selbständige ärztliche Leistungen erbracht werden, ist für die Anwendung des ermäßigten Steuersatzes (bei Zuordnung zu den Umsätzen als Krankenanstalt) oder der unechten Steuerbefreiung (bei Zuordnung zu den Arztleistungen) von Bedeutung.

Betreibt ein Arzt eine Krankenanstalt im Sinne des Krankenanstalten- und Kuranstaltengesetzes (KAKuG), BGBl. Nr. 1/1957 idgF – wie zB Pflegeanstalten für chronisch Kranke, **950** Gebäranstalten und Entbindungsheime, Sanatorien und selbständige Ambulatorien (wozu Röntgeninstitute, Zahnambulatorien und ähnliche Einrichtungen, wie zB auch chemisch-diagnostische Laboratorien gehören) –, so liegen keine Umsätze einer Krankenanstalt vor, wenn die Einkünfte aus dieser Krankenanstalt den Einkünften aus freiberuflicher Tätigkeit im Sinne des § 22 Z 1 EStG 1988 (bzw. § 22 Z 3 EStG 1988 bei Personengesellschaften) zuzurechnen sind. Die Zuordnung der Einkünfte zu den Einkünften aus freiberuflicher Tätigkeit (mit der Folge der unechten Steuerbefreiung) oder zu den Einkünften aus Gewerbebetrieb (mit der Folge des ermäßigten Steuersatzes für Krankenanstalten) hängt davon ab, ob der Arzt aufgrund eigener Fachkenntnisse leitend und eigenverantwortlich tätig wird oder ob der Umsatz als Krankenanstalt im Vordergrund steht.

Der Umsatz als Krankenanstalt wird ua. dann im Vordergrund stehen, wenn sich bei wirtschaftlicher Betrachtungsweise die angebotenen und erbrachten Leistungen der jeweiligen Anstalt auch objektiv vom Leistungsangebot einer Facharztpraxis unterscheiden.

Bildet die Führung eines Sanatoriums oder eines selbständigen Ambulatoriums iS einer **951** Krankenanstalt durch einen Arzt eine Einheit mit der Praxis dieses Arztes, so ist zu prüfen, ob insgesamt Einkünfte aus selbständiger Arbeit oder Einkünfte aus Gewerbebetrieb vorliegen, da aufgrund des häufig vorliegenden engen wirtschaftlichen und sachlichen Zusammenhanges eine getrennte Beurteilung meist nicht möglich sein wird. Liegen insgesamt Einkünfte aus selbständiger Arbeit vor, so unterliegen die gesamten Umsätze der unechten Steuerbefreiung für ärztliche Leistungen. Die Anwendung des ermäßigten Steuersatzes für Umsätze als Krankenanstalt kommt nur dann in Frage, wenn insgesamt Einkünfte aus Gewerbebetrieb vorliegen oder eine eindeutige Trennung der Krankenanstalt als Gewerbebetrieb (keine leitende und eigenverantwortliche Tätigkeit des Arztes) möglich ist.

Weitere Ausführungen zur Abgrenzung der Einkunftsarten siehe Rz 5216 bis 5231 EStR 2000.

Unabhängig von der ertragsteuerlichen Einstufung liegen jedoch bei einer Krankenanstalt **951a** im Sinne des Krankenanstaltengesetzes Umsätze als Krankenanstalt auch im Sinne des UStG 1994 vor, wenn ua. folgende Voraussetzungen gegeben sind (vgl. VwGH 19.06.2002, 2000/15/0053, VwGH 30.07.2002, 98/14/0203 sowie VwGH 24.09.2008, 2006/15/0283 mit Verweis auf VfGH-Judikatur):

- Die Möglichkeit der gleichzeitigen Behandlung mehrerer Personen,
- das Bestehen einer Organisation, die jener einer Krankenanstalt entspricht,
- die Bestellung eines Stellvertreters des ärztlichen Leiters woraus sich die Notwendigkeit ergibt, dass mindestens zwei Ärzte der Krankenanstalt zur Verfügung stehen,
- eine Anstaltsordnung, der sowohl die Patienten als auch die Ärzte unterliegen,
- der (Behandlungs-)Vertrag wird nicht (nur) mit dem Arzt, sondern (auch) mit der Einrichtung, die unter sanitätsbehördlicher Aufsicht steht, abgeschlossen.

Die krankenanstaltenrechtliche Bewilligung kann ein (qualifiziertes) Indiz für das Vorliegen einer Krankenanstalt sein, reicht aber dann nicht, wenn die tatsächlich erbrachten

Leistungen nicht dem wirtschaftlichen Bild einer Krankenanstalt entsprechen. Das offenkundige Abstellen der Betriebszeiten eines Instituts auf die Arbeitsmöglichkeiten des Arztes spricht gegen das Vorliegen einer für eine Krankenanstalt typischen Organisation (VwGH 24.09.2008, 2006/15/0283).

6.1.19.3. Tätigkeit als Psychotherapeut

952 Psychotherapeutische Tätigkeit ist im Sinne des § 1 Abs. 1 des Psychotherapiegesetzes, BGBl. Nr. 361/1990, die nach einer allgemeinen und besonderen Ausbildung erlernte, umfassende, bewusste und geplante Behandlung von psychosozial oder auch psychosomatisch bedingten Verhaltensstörungen und Leidenszuständen mit wissenschaftlich-psychotherapeutischen Methoden in einer Interaktion zwischen einem oder mehreren Behandelten und einem oder mehreren Psychotherapeuten mit dem Ziel, bestehende Symptome zu mildern oder zu beseitigen, gestörte Verhaltensweisen und Einstellungen zu ändern und die Reifung, Entwicklung und Gesundheit des Behandelten zu fördern.

6.1.19.3.1. Umsätze als Psychotherapeut

953 Unter Bedachtnahme auf diese grundsätzlichen Ausführungen sind folgende Leistungen der Psychotherapeuten ab 1. Jänner 1997 unecht steuerbefreit:

- Die psychotherapeutische Behandlung einschließlich Diagnostik und Indikation unter Anwendung anerkannter wissenschaftlich-psychotherapeutischer Methoden;
- die psychotherapeutische Beratung unter Anwendung anerkannter wissenschaftlich-psychotherapeutischer Methoden, sofern der Schwerpunkt der Tätigkeit in der persönlichen Konfliktbearbeitung besteht. Hierunter fallen zB auch die individuellen Beratungen in Familienberatungsstellen, im Rahmen der Sozialhilfe, Lebenshilfe, Aids-Hilfe und dgl., die Beratung im Sinne des § 69 Abs. 4 des Gentechnikgesetzes, BGBl. Nr. 510/1994 idF BGBl. I Nr. 127/2005, die psychotherapeutische Betreuung gemäß § 5 Abs. 2 und § 7 Abs. 2 des Fortpflanzungsmedizingesetzes, BGBl. Nr. 275/1992; siehe auch Rz 957;
- die Erstellung von psychotherapeutischen Gutachten, Befunden und dgl., sofern sie sich auf eine konkrete Diagnostik gründet und der psychotherapeutischen Betreuung der betreffenden Person dient. In laufenden Gerichtsverfahren sind solche Gutachten jedoch steuerpflichtig (siehe Rz 946).

6.1.19.3.2. Keine Umsätze aus psychotherapeutischer Tätigkeit

954 Nicht zur Tätigkeit als Psychotherapeut gehören zB folgende Tätigkeiten von Psychotherapeuten, die nicht oder nicht primär Heilbehandlung sind:

- Die Vortragstätigkeit einschließlich der Abhaltung von Seminaren (zB Wirtschaftsseminare, Seminare auf dem Gebiet der Persönlichkeitsentwicklung) und der Fortbildung von Psychotherapeuten;
- Beratungen, die nicht unter Rz 953, Punkt 2 der Aufzählung fallen, wie zB Berufs-, Betriebs-, Organisations- und Managementberatung;
- die schriftstellerische Tätigkeit einschließlich Redaktionstätigkeit in Fachzeitschriften;
- die Mitarbeit in Rundfunk- und Fernsehsendungen;
- die Tätigkeit in Fachbeiräten, zB Psychotherapiebeirat;
- die Forschungstätigkeit;
- die Erstellung von Gutachten, ausgenommen sie fällt unter Rz 953, Punkt 3 der Aufzählung;
- die Supervision. Von der Selbsterfahrung und der psychotherapeutischen Behandlung unterscheidet sich die psychotherapeutische Supervision insbesondere dadurch, dass sie, im Gegensatz zu diesen, vom beruflichen Kontext ausgeht und bestimmte Probleme des beruflichen Handelns reflektiert. Sie strebt grundsätzlich keine Rekonstruktion oder Modifikation der gesamten Person bzw. ihres Verhaltens und ebenso wenig primär eine Behebung eines Leidenszustandes im Sinne des Psychotherapiegesetzes, BGBl. Nr. 361/1990, an. Bezüglich der Ausbildungssupervision siehe Rz 879.

(BMF-AV Nr. 2022/154)

6.1.19.4. Tätigkeit als Psychologe

955 Unter „Umsätze aus der Tätigkeit als Psychotherapeut" fallen in erster Linie die Umsätze der selbständig tätigen Psychotherapeuten im Sinne des Psychotherapiegesetzes. Unter die Befreiung sind aber auch entsprechende therapeutische Tätigkeiten von Psychologen subsu-

mierbar. Dies betrifft die selbständig ausgeübte Tätigkeit der Gesundheitspsychologen und der klinischen Psychologen im Sinne des Psychologengesetzes 2013, BGBl. I Nr. 182/2013.

(BMF-AV Nr. 2017/171)

6.1.19.4.1. Umsätze als Psychologe

Die Tätigkeit der Psychologen im Sinne des Psychologengesetzes 2013, BGBl. I Nr. 182/2013 – wie auch der Psychotherapeuten im Sinne des Psychotherapiegesetzes, BGBl. Nr. 361/1990 – wird jedoch nur dann unter die Steuerbefreiung gemäß § 6 Abs. 1 Z 19 UStG 1994 subsumierbar sein, wenn eine therapeutische Tätigkeit ausgeübt wird. Andere Leistungen dieser Berufsgruppe, wie zB die Beratungs-, Lehr- oder Forschungstätigkeit (zB die Durchführung psychologischer Tauglichkeitstests, die sich auf die Berufsfindung erstrecken, Firmenberatung etwa als Betriebs- oder Organisationspsychologe, Abhaltung von Seminaren, Fortbildungen, Supervision usw.) stellen selbst keine Heilbehandlung dar und fallen daher nicht unter die Steuerbefreiung nach § 6 Abs. 1 Z 19 UStG 1994. **956**

Hinsichtlich der Erstellung von psychotherapeutischen Gutachten gilt Rz 953 sinngemäß.

Zur Anwendbarkeit der Steuerbefreiung gemäß § 6 Abs. 1 Z 19 UStG 1994 bei der Erstellung von psychologischen Gutachten siehe auch Rz 946.

(BMF-AV Nr. 2017/171, BMF-AV Nr. 2020/192)

6.1.19.4.2. Beratungsleistungen durch Psychologen, Psychotherapeuten und andere Personen

Psychotherapeutische bzw. psychologische Beratungsleistungen, deren Schwerpunkt in der persönlichen Konfliktbearbeitung besteht, durch Psychotherapeuten im Sinne des Psychotherapiegesetzes und durch Psychologen im Sinne des Psychologengesetzes sind unecht umsatzsteuerbefreit. Hingegen sind Beratungsleistungen durch andere Berufsgruppen, wie zB Sozialarbeiter, Familienberater, Entwicklungshelfer nicht gemäß § 6 Abs. 1 Z 19 UStG 1994 umsatzsteuerfrei. **957**

(BMF-AV Nr. 2022/154)

6.1.19.5. Ärztliche Praxisgemeinschaften

6.1.19.5.1. Allgemeines

Entsprechend der gemeinschaftsrechtlichen Auslegung ist die Steuerbefreiung für ärztliche und arztähnliche Leistungen von der Rechtsform des Unternehmers unabhängig (EuGH 10.09.2002, Rs C-141/00, *Ambulanter Pflegedienst Kügler GmbH*). Auch Unternehmer in der Rechtsform von Personengesellschaften oder von Kapitalgesellschaften (zB arbeitsmedizinische GmbH) können daher die Steuerbefreiung für ärztliche oder arztähnliche Leistungen anwenden (vgl. EuGH 18.9.2019, Rs C-700/17, *Wolf-Henning Peters*). **958**

Voraussetzung ist aber, dass die unmittelbare Leistungsausführung durch Personen erfolgt, die über die erforderlichen beruflichen Befähigungsnachweise verfügen und die im Falle der selbstständigen Leistungserbringung die Steuerbefreiung gemäß § 6 Abs. 1 Z 19 UStG 1994 anwenden könnten. Dies gilt auch für Primärversorgungseinheiten iSd § 2 Primärversorgungsgesetz, BGBl. I Nr. 131/2017, in der Organisationsform einer Gruppenpraxis (§ 52a ÄrzteG 1998, BGBl. I Nr. 169/1998).

(BMF-AV Nr. 2019/165, BMF-AV Nr. 2020/192)

Die Zusammenarbeit von freiberuflich tätigen Ärzten im Sinne des § 49 Abs. 2 des Ärztegesetzes 1998, BGBl. I Nr. 169/1998 idgF, bzw. von Angehörigen des zahnärztlichen Berufes im Sinne des § 24 Abs. 1 Zahnärztegesetz, BGBl. I Nr. 126/2005, kann bei Wahrung der Eigenverantwortlichkeit eines jeden Arztes bzw. Zahnarztes aber auch in der gemeinsamen Nutzung von Ordinationsräumen (Ordinationsgemeinschaft) und/oder von medizinischen Geräten (Apparategemeinschaft) bestehen (§ 52 Abs. 1 Ärztegesetz 1998 bzw. § 25 Abs. 1 Zahnärztegesetz, BGBl. I Nr. 126/2005). Ordinations- und Apparategemeinschaften dürfen nur zwischen freiberuflich tätigen Ärzten oder zwischen freiberuflich tätigen Ärzten und einer ärztlichen Gruppenpraxis, die in der Rechtsform einer Offenen Gesellschaft geführt wird, begründet werden (§ 52 Abs. 3 ÄrzteG 1998). Bei Zahnärzten und Dentisten können solche Gemeinschaften auch mit selbstständig tätigen Angehörigen anderer Gesundheitsberufe eingegangen werden. **959**

Die Zusammenarbeit von Ärzten bzw. von Angehörigen des zahnärztlichen Berufes kann weiters als selbstständig berufsbefugte Gruppenpraxis in der Rechtsform einer offenen Gesellschaft im Sinne des § 105 UGB, BGBl. I Nr. 120/2005, oder einer Gesellschaft mit beschränkter Haftung (GmbH) im Sinne des GmbH-Gesetzes (GmbHG), RGBl. Nr. 58/1906, erfolgen (§ 52a Ärztegesetz 1998 idF BGBl. I Nr. 61/2010 bzw. § 26 Zahnärztegesetz,

BGBl. I Nr. 126/2005 idF BGBl. I Nr. 61/2010). Einer solchen ärztlichen bzw. zahnärztlichen Gruppenpraxis, die keine Organisationsdichte und -struktur einer Krankenanstalt in der Betriebsform eines selbstständigen Ambulatoriums gemäß § 2 Abs. 1 Z 5 KAKuG, BGBl. I Nr. 1/1957 idgF, aufweisen darf, dürfen nur zur selbstständigen Berufsausübung berechtigte Ärzte bzw. Angehörige des zahnärztlichen Berufs als Gesellschafter angehören.

6.1.19.5.2. Innengemeinschaften

960 Unter ärztlichen Praxisgemeinschaften sind vertragliche Zusammenschlüsse nach Art einer Mitunternehmerschaft zum Zwecke gemeinschaftlicher ärztlicher Betätigung zu verstehen, an denen ausschließlich Ärzte beteiligt sind. Die beteiligten Ärzte müssen insbesondere am Gewinn und Verlust, an den stillen Reserven der in der Gemeinschaft genutzten Wirtschaftsgüter sowie am gemeinsamen Firmenwert (Praxiswert) beteiligt sein. Eine weitere Voraussetzung für die Annahme einer Praxisgemeinschaft ist die gemeinschaftliche Anstellung allfälliger für die Ärzte tätiger Arbeitnehmer. Tritt eine derartige Ärztegemeinschaft nicht nach außen in Erscheinung, handelt es sich daher um eine so genannte Innengesellschaft. Mangels eines nach außen gerichteten Auftretens der Gemeinschaft kann diese nicht als Unternehmer im Sinne des § 2 UStG 1994 eingestuft werden. Unternehmer sind die an der Gemeinschaft beteiligten Ärzte, die jeweils die auf sie entfallenden Umsätze zu versteuern haben. Auf ertragsteuerlichem Gebiet sind reine Innengesellschaften in der Regel keine Mitunternehmerschaften (VwGH 20.3.1959, 1593, 2333/58). Mangels Vorliegens einer Mitunternehmerschaft findet keine einheitliche und gesonderte Feststellung von Einkünften im Sinne des § 188 BAO statt. Im Hinblick auf die enge wirtschaftliche Verflechtung zwischen den an der Praxisgemeinschaft beteiligten Ärzten sowohl bei den Einnahmen als auch bei den Ausgaben kann folgende vereinfachte Form der Umsatz- und Vorsteueraufteilung vorgenommen werden (hinsichtlich Gewinnaufteilung siehe EStR 2000).

961 Für Zwecke der USt sind den beteiligten Ärzten die Umsätze – soweit es sich um steuerpflichtige Umsätze handelt (Umsätze, die nicht aus der Tätigkeit als Arzt resultieren) – aus denjenigen Leistungen zuzurechnen, die sie als Unternehmer Dritten gegenüber erbracht haben. Über die Frage, welcher der beteiligten Ärzte jeweils als Unternehmer aufgetreten ist, entscheidet ausschließlich das Außenverhältnis. Der Gewinnverteilungsschlüssel ist daher in diesem Bereich unmaßgeblich.

Abziehbare Vorsteuerbeträge, die auf Gegenstände oder Leistungen entfallen, die von den an der Gemeinschaft beteiligten Ärzten gemeinsam genutzt werden, können ungeachtet dessen, ob die diesbezüglichen Rechnungen an den einzelnen Arzt oder an die Gemeinschaft als solche gerichtet sind, nach dem Gewinnverteilungsschlüssel aufgeteilt werden.

6.1.19.5.3. Außengemeinschaften

962 Tritt die Gemeinschaft als Unternehmer auf, fallen die sonstigen Leistungen der ärztlichen Praxisgemeinschaften, deren Mitglieder ausschließlich Angehörige der in § 6 Abs. 1 Z 19 UStG 1994 bezeichneten Berufe sind, unter die Steuerbefreiung des § 6 Abs. 1 Z 19 zweiter Satzteil UStG 1994.

- Unter die Befreiung fallen grundsätzlich alle sonstigen Leistungen, also zB auch die Gestellung von Personal von Praxisgemeinschaften an die beteiligten Ärzte oder Laboruntersuchungen, Röntgenaufnahmen und andere medizinisch-technische Leistungen, die von den Gemeinschaften mit eigenem medizinisch-technischen Personal für die Praxen ihrer Mitglieder ausgeführt werden.
- Aus Vereinfachungsgründen kann wenn eine sonstige Leistung der Praxisgemeinschaft auch dann nach § 6 Abs. 1 Z 19 UStG 1994 steuerfrei belassen wird, wenn der leistungsempfangende Arzt die Gemeinschaftsleistung zur Ausführung eines steuerpflichtigen Umsatzes verwendet. Nicht erforderlich ist es weiters, dass die Leistung unmittelbar gegenüber dem Patienten eingesetzt wird (so fällt zB auch die Buchführung oder die Tätigkeit einer ärztlichen Verrechnungsstelle unter die Befreiung).
- Obliegt der Praxisgemeinschaft die zentrale Beschaffung von Praxisräumen und ihre Überlassung zur Nutzung an die einzelnen Mitglieder, so handelt es sich um sonstige Leistungen, die in der Regel unter die Steuerbefreiung für die Vermietung von Grundstücken gemäß § 6 Abs. 1 Z 16 UStG 1994 fallen.
- Soweit eine Praxisgemeinschaft Umsätze an Personen erbringt, die nicht Mitglieder sind, sind diese Umsätze nicht nach § 6 Abs. 1 Z 19 UStG 1994 steuerfrei. Die Steuerfreiheit der Umsätze an die Mitglieder wird dadurch nicht berührt.

963 Wird eine Kostengemeinschaft mehrerer Ärzte in der Form geführt, dass nur ein Arzt die Anmietung der Ordination, die Anschaffung der Geräte, die Anstellung der Ordinationshilfe usw. vornimmt und die Kosten für die zeitweilige Überlassung der Ordination zur Nutzung dem anderen Arzt (den anderen Ärzten) weiterverrechnet, so kann die Nutzungsüberlassung (einschließlich Personalgestellung) – sofern nicht § 6 Abs. 1 Z 16 UStG 1994 zur Anwendung kommt – noch unter die Steuerbefreiung des § 6 Abs. 1 Z 19 UStG 1994 subsumiert werden. Voraussetzung hierfür ist, dass nur die anteiligen Kosten (ohne Aufschlag) weiterverrechnet werden und die Geräte, das Personal usw. vom anderen Arzt (von den anderen Ärzten) zur Ausführung von nach § 6 Abs. 1 Z 19 UStG 1994 steuerfreien Umsätzen verwendet werden.

Randzahlen 964 bis 970: *derzeit frei.*

6.1.20. Zahntechniker

6.1.20.1. Allgemeines

Erfolgt die Lieferung von Zahnersatz aus dem Gemeinschaftsgebiet im Rahmen von Versandhandelslieferungen (Art. 3 Abs. 3 UStG 1994) und ist im anderen Mitgliedstaat das Recht auf Vorsteuerabzug für die Lieferung von Zahnersatz nicht ausgeschlossen, so sind die Lieferungen steuerpflichtig. **971**

6.1.20.2. Ausfuhrlieferungen durch Zahntechniker

Rechtslage bis 31.12.2000 **972**

Bei der Lieferung von Zahnersatz, die eine Ausfuhrlieferung gemäß § 6 Abs. 1 Z 1 UStG 1994 darstellt, hat die echte Steuerbefreiung Vorrang.

Rechtslage ab 1.1.2001

Bei der Lieferung von Zahnersatz ins Ausland hat die unechte Steuerbefreiung Vorrang.

6.1.21. Lieferung von menschlichem Blut und Organen

6.1.21.1. Begriffsbestimmung

- Zum menschlichen Blut gehören folgende Erzeugnisse: Vollblutkonserven, Plasmakonserven und Konserven zellulärer Blutbestandteile. **973**
- Nicht hierunter fallen die aus Mischungen von humanem Blutplasma hergestellten Plasmapräparate. Dazu gehören insbesondere: Faktoren-Präparate, Humanalbumin, Fibrinogen, Immunglobuline.

Plasma, das ausschließlich zur industriellen Weiterverarbeitung und zur Erzeugung von Arzneispezialitäten verwendet wird, fällt nicht unter menschliches Blut im Sinne der genannten Befreiungen (EuGH 5.10.2016, Rs C-412/15, *TMD Gesellschaft für transfusionsmedizinische Dienste mbH*). Dieses Produkt muss bei der Lieferung bzw. bei der Einfuhr durch den Einführer durch einen geeigneten Hinweis, wie zB „Nur zur Verarbeitung bestimmt!" gekennzeichnet werden.

Menschliche Organe sind natürliche Organe, nicht hingegen Prothesen.

(BMF-AV Nr. 2017/171)

Die als Hauptleistung (zB an Krankenhäuser oder Laboratorien) durchgeführte Beförderung von menschlichen Organen und von dem menschlichen Körper entnommenen Substanzen fällt nicht unter die Steuerbefreiung (vgl. EuGH 3.6.2010, Rs C-237/09, *Nathalie De Fruytier* und EuGH 2.7.2015, Rs C-334/14, *Nathalie De Fruytier*). **973a**

(BMF-AV Nr. 2016/212)

6.1.22. Krankenbeförderung

6.1.22.1. Allgemeines

Die Beförderung muss durch Fahrzeuge (Land-, Wasser- oder Luftfahrzeuge) mit einer für den Krankentransport typischen Einrichtung erfolgen (zB Liegen, Spezialsitze). **974**

Ein Unternehmer, dem die Konzession zur Beförderung von Fluggästen, Post und Fracht im gewerblichen Luftverkehr erteilt wurde und der ua. Krankentransporte mit speziell dafür ausgerüsteten Luftfahrzeugen (zB Rettungshubschrauber) durchführt, fällt mit diesen Umsätzen unter die Steuerbefreiung und ist insoweit gemäß § 12 Abs. 3 UStG 1994 vom Vorsteuerabzug ausgeschlossen (VwGH 25.11.2009, 2005/15/0109).

6.1.22.2. Krankenbeförderung durch Luftfahrzeuge

Die grenzüberschreitende Beförderung von kranken oder verletzten Personen mit Fahrzeugen, die hiefür besonders eingerichtet sind, ist gemäß § 6 Abs. 1 Z 3 lit. d UStG 1994 steuerfrei. **975**

6.1.22.3. Krankenbeförderung mit Notarzt

976 Der Einsatz eines Notarztes im Zusammenhang mit der Beförderung von verletzten und kranken Personen ist nach § 6 Abs. 1 Z 22 UStG 1994 umsatzsteuerfrei.

6.1.23. Jugend-, Erziehungs-, Ausbildungs- und Erholungsheime

6.1.23.1. Allgemeines

977 Unter der Betreuung im Rahmen eines Heimes wird ein aus verschiedenen Leistungen bestehendes Leistungsbündel verstanden. Dabei setzt das Anbot derartiger Betreuungsleistungen das Vorhandensein entsprechender räumlicher Einrichtungen (Lern-, Spiel-, Aufenthalts- und Schlafräume, Speisesäle usw.) voraus (VwGH 22.11.2018, Ro 2016/15/0014, zum Fehlen solcher Einrichtungen bei der stundenweisen sozialpädagogischen Einzelbetreuung verhaltensauffälliger Jugendlicher vor Ort). Für die Anwendung der Steuerbefreiung für Jugendheime usw. ist es nicht entscheidend, dass das betreffende Heim tatsächlich eine der im Gesetz genannten Bezeichnungen führt. Es können daher auch Kinderheime, Kindergärten, Kinderhorte, Schülerheime, Jugendherbergen und Studentenheime diese Befreiung in Anspruch nehmen. Insbesondere sind auch Einrichtungen erfasst, die der Betreuung von Jugendlichen nur über Tag dienen (Kindergärten usw.).

(BMF-AV Nr. 2019/165)

6.1.23.2. Begriff Körperschaft öffentlichen Rechts

978 Hinsichtlich des Begriffes Körperschaft öffentlichen Rechts wird auf 2.3 verwiesen. Ausgegliederte Rechtsträger (zB Gesellschaften mit beschränkter Haftung, die im Eigentum von Körperschaften öffentlichen Rechts stehen), fallen nicht unter diese Befreiungsbestimmung (vgl. aber 6.1.25).

6.1.23.3. Anwendungsbereich

979 Zu den befreiten Leistungen gehören sowohl die Beherbergung und Verköstigung der Jugendlichen (samt den hiebei üblichen Nebenleistungen) als auch die Betreuungsleistungen, die in der Beaufsichtigung, Erziehung, Ausbildung und Fortbildung bestehen können. Als übliche Nebenleistungen kommen auch zB die Zurverfügungstellung von Spiel- und Sportplätzen, bzw. -einrichtungen in Betracht. Leistungen des Surf- und Segelunterrichts sowie damit verbundene Leistungen (zB für Schulgruppen) zählen nicht zu den begünstigten Kinder- und Jugendbetreuungsleistungen, da diese Leistungen eher in der Vermittlung einer Reihe praktischer und theoretischer Kompetenzen zwecks Ausübung einer sportlichen Tätigkeit bestehen (EuGH 7.10.2019, Rs C-47/19, *HA*).

Die Steuerbefreiung kommt allerdings nur für Leistungen an Personen, die das 27. Lebensjahr noch nicht vollendet haben, in Betracht. Werden Leistungen auch an Personen erbracht, die das 27. Lebensjahr vollendet haben, so scheiden diese Leistungen aus der Steuerbefreiung aus.

Auf Getränkeumsätze, Verkauf von Gebrauchsgegenständen, Ansichtskartenverkäufe und andere Hilfsgeschäfte, die nicht den begünstigten Leistungen zuzurechnen sind, kann die gegenständliche Steuerbefreiung keine Anwendung finden. Für diese Umsätze kommt auch nicht der ermäßigte Steuersatz gemäß § 10 Abs. 3 Z 10 UStG 1994 (bis 31.12.2015: § 10 Abs. 2 Z 14 UStG 1994) in Betracht.

Hinsichtlich der Nichtanwendung der unechten Steuerbefreiung gilt Rz 988.

(BMF-AV Nr. 2015/170, BMF-AV Nr. 2020/192)

Randzahl 980: *derzeit frei.*

6.1.24. Theater-, Musik- und Gesangsaufführungen, Konzerte, Museen etc.

6.1.24.1. Begriff Theater-, Musik- und Gesangsaufführungen, Konzerte, Museen etc.

981 Zu den Begriffen Theater, Musik- und Gesangsaufführungen, Museen usw. wird auf Rz 1398 ff verwiesen.

(BMF-AV Nr. 2015/170)

6.1.24.2. Musik- und Gesangsaufführungen durch Gebietskörperschaften

982 Eine Befreiung einer Gebietskörperschaft kommt nur dann zum Tragen, wenn ihr die Aufführung selbst zuzurechnen ist, nicht hingegen, wenn sie bloß als Veranstalter auftritt.

6.1.24.3. Begünstigte Rechtsträger

983 Im Gegensatz zur Befreiung gemäß § 6 Abs. 1 Z 23 UStG 1994 sind nur Umsätze von Bund, Ländern oder Gemeinden befreit und nicht auch von anderen Körperschaften des

öffentlichen Rechts. Eine Befreiung von Umsätzen hinsichtlich Theater-, Musik- und Gesangsaufführungen, Konzerten, Museen usw. von anderen Körperschaften öffentlichen Rechts ist nur unter den Voraussetzungen des § 6 Abs. 1 Z 25 UStG 1994 möglich.

Hinsichtlich Nichtanwendung der unechten Steuerbefreiung gilt Rz 988.

Randzahlen 984 und 985: *derzeit frei.*

6.1.25. Gemeinnützige Vereinigungen, die Jugend-, Erziehungs-, Ausbildungs- und Erholungsheime, Theater-, Musik- und Gesangsaufführungen, Konzerte, Museen usw. betreiben

6.1.25.1. Allgemeines

Die Leistungen der Jugend-, Erziehungs-, Ausbildungs-, Fortbildungs- und Erholungsheime an Personen, die das 27. Lebensjahr nicht vollendet haben (zB Kindergärten, Studentenheime), sind unecht steuerfrei, wenn diese von Körperschaften öffentlichen Rechts bewirkt werden (vgl. Abschnitt 6.1.23). Dasselbe gilt für Leistungen des Bundes, der Länder und Gemeinden, die im Zusammenhang mit dem Betrieb eines Theaters, von Musik- und Gesangsaufführungen, eines Museums, botanischen oder zoologischen Gartens oder Naturparks stehen (vgl. Abschnitt 6.1.24). Die angeführten Leistungen sind auch dann unecht steuerfrei, wenn sie von Körperschaften, Personenvereinigungen oder Vermögensmassen, die gemeinnützigen, mildtätigen oder kirchlichen Zwecken dienen, bewirkt werden. **986**

Hinsichtlich der Begriffe „gemeinnützige, mildtätige und kirchliche Zwecke“ wird auf die VereinsR 2001 Rz 13 bis 104 verwiesen.

6.1.25.2. Begünstigte Rechtsträger

Hinsichtlich der begünstigen Rechtsträger wird auf VereinsR 2001 Rz 9 verwiesen. **987**

6.1.25.3. Option zur Steuerpflicht

Gemäß Artikel XIV BG BGBl. Nr. 21/1995 idF BGBl. Nr. 756/1996, sind die Steuerbefreiungen für Jugendheime, Theater, Musik- und Gesangsaufführungen, Museen usw. sowie die Steuerbefreiung gemäß Z 25, soweit sie sich auf die vorgenannten Leistungen bezieht, nicht anzuwenden, wenn der Unternehmer zur Steuerpflicht optiert (Näheres siehe Rz 925). **988**

Körperschaften, Personenvereinigungen und Vermögensmassen können nur dann zur Steuerpflicht optieren, wenn für die jeweilige Tätigkeit (zB Studentenheim, Kindergarten, Theater, Museum, Musikaufführungen) die Umsätze jährlich regelmäßig 2.900 € übersteigen.

Die Erklärung ist bis zur Rechtskraft des Bescheides betreffend jenes Kalenderjahres abzugeben, für das die unechte Befreiung erstmals nicht angewendet werden soll.

Unterhält ein Unternehmer mehrere Jugendheime bzw. Theater, Museen usw., kann die Erklärung auf einzelne Jugendheime bzw. Theater, Museen usw. beschränkt werden.

Im Falle des Vorliegens der schriftlichen Erklärung oder des Bescheides unterliegen die Umsätze aus den angeführten Tätigkeiten, die die Voraussetzungen des § 6 Abs. 1 Z 25 UStG 1994 erfüllen, dem ermäßigten Steuersatz in Höhe von 10% gemäß § 10 Abs. 2 Z 4 UStG 1994 (bis 31.12.2015: § 10 Abs. 2 Z 8 bzw. Z 14 UStG 1994).

(BMF-AV Nr. 2015/170)

Randzahlen: 989 bis 990: *derzeit frei.*

6.1.26. Lieferung und Entnahme von Gegenständen

6.1.26.1. Lieferung und Entnahme

Nach § 6 Abs. 1 Z 26 UStG 1994 ist die Lieferung von Gegenständen, für die kein Vorsteuerabzug vorgenommen werden konnte, befreit, wenn sie der Unternehmer ausschließlich für Tätigkeiten verwendet hat, die nach § 6 Abs. 1 Z 7 bis 25 UStG 1994 steuerfrei sind. **991**

Beispiel:

Ein Versicherungsvertreter, dessen Umsätze nach § 6 Abs. 1 Z 13 UStG 1994 steuerfrei sind, stellt seine Tätigkeit ein und veräußert seinen Kundenstock. Die Übertragung des Kundenstockes ist steuerfrei.

Die entgeltliche Übertragung eines Bestands von (Rück-)Versicherungsverträgen ist nicht befreit (EuGH 22.10.2009, Rs C-242/08, *Swiss Re Germany Holding*; vgl. auch Rz 851).

Umsätze, die ein Versicherungsunternehmen dadurch erzielt, dass es Unfallfahrzeugwracks aus von ihm versicherten Schadensfällen von seinen Versicherten erwirbt und anschließend an Dritte weiterveräußert, fallen ebenfalls nicht in den Anwendungsbereich des § 6 Abs. 1 Z 26 UStG 1994 (EuGH 9.3.2023, Rs C-42/22, *Generali Seguros SA*). Siehe auch Rz 851.

(BMF-AV Nr. 2019/165, BMF-AV Nr. 2023/152)

992 Aus Vereinfachungsgründen kann die Steuerbefreiung nach § 6 Abs. 1 Z 26 UStG 1994 auch in den Fällen in Anspruch genommen werden, in denen der Unternehmer die Gegenstände in geringfügigem Umfang (höchstens 5%) für Tätigkeiten verwendet hat, die nicht nach § 6 Abs. 1 Z 7 bis 25 UStG 1994 befreit sind. Voraussetzung hierfür ist jedoch, dass der Unternehmer für diese Gegenstände darauf verzichtet, einen anteiligen Vorsteuerabzug vorzunehmen.

Beispiel:

Eine Bank erwirbt für den Bankbetrieb eine EDV-Ausstattung. Ein Vorsteuerabzug wird nicht vorgenommen. Die EDV-Ausstattung wird auch in geringfügigem Maße für steuerpflichtige Tätigkeiten verwendet (zB Depotgeschäft).

§ 6 Abs. 1 Z 26 UStG 1994 ist auf die Veräußerung anwendbar.

6.1.26.2. Nutzungseigenverbrauch

993 Die vorübergehende Verwendung von Gegenständen für Zwecke, die außerhalb des Unternehmens liegen, wenn diese Gegenstände ausschließlich für eine nach den Z 7 bis 25 steuerfreie Tätigkeit verwendet wurden, ist nicht steuerbar, da ein Vorsteuerabzug im Zusammenhang mit einer ausschließlich steuerfreien Tätigkeit nicht zulässig ist.

Beispiel:

Ein Versicherungsvertreter nutzt seinen im Unternehmen eingesetzten PC zu 40% privat.

Die Umsätze des Versicherungsvertreters sind unecht steuerfrei (§ 6 Abs. 1 Z 13 UStG 1994).

Die Privatnutzung des PC ist nicht steuerbar.

6.1.27. Kleinunternehmer

6.1.27.1. Allgemeines

994 Anwendbar ist die Regelung auf Unternehmer, die im Inland ihr Unternehmen betreiben und deren laufende Umsätze im Veranlagungszeitraum höchstens 35.000 Euro (bis 31.12.2019: 30.000 Euro) betragen.

Bis 31.12.2016 ist die Regelung auf Unternehmer anwendbar, die einen Wohnsitz oder Sitz in Österreich haben und deren laufende Umsätze im Veranlagungszeitraum höchstens 30.000 Euro betragen.

Hinsichtlich des Ortes, von dem aus der Unternehmer sein Unternehmen betreibt, siehe Rz 639b.

Erzielt ein im Ausland ansässiger Unternehmer Umsätze aus der Vermietung eines im Inland gelegenen Grundstückes, ist die Steuerbefreiung für Kleinunternehmer ebenfalls nur anwendbar, wenn er im Inland sein Unternehmen betreibt (vgl. EuGH 26.10.2010, Rs C-97/09, *Schmelz*). Ob dies der Fall ist, richtet sich nach Rz 639b. Der Sitz der wirtschaftlichen Tätigkeit ist nicht automatisch am Ort des Mietobjekts gegeben (vgl. VwGH 7.5.2021, Ra 2020/15/0115). Alleine der Umstand, dass eine inländische Immobilienverwaltungsfirma die Verwaltung der Immobilien vornimmt, führt nicht dazu, dass der Unternehmer sein Unternehmen im Inland betreibt.

Beispiel:

Eine in München lebende Angestellte, die in Deutschland Einkünfte aus nichtselbständiger Arbeit bezieht, vermietet eine Wohnung in Salzburg zu Wohnzwecken. Die Kleinunternehmerregelung ist nicht anwendbar.

Erzielt ein im Ausland ansässiger Unternehmer bis 31.12.2016 Umsätze aus der Vermietung eines im Inland gelegenen Grundstückes, ist die Steuerbefreiung für Kleinunternehmer nur bei Vorliegen eines inländischen Wohnsitzes oder Sitzes anwendbar (vgl. EuGH 26.10.2010, Rs C-97/09, *Schmelz*). Ob dies der Fall ist, richtet sich nach §§ 26 und 27 BAO. Von einem Wohnsitz im Inland (§ 26 BAO) ist zB auszugehen, wenn der Wohnungs- oder Hauseigentümer die Möglichkeit der jederzeitigen Benutzung der Wohnung oder (eines Teiles) des Gebäudes hat (VwGH 23.5.1990, 89/13/0015) oder wenn er bei bloß gelegentlichen Vermietungen (zB an Feriengäste) rechtlich und tatsächlich die Möglichkeit hat, nach seinem Willen die Zeit der Eigennutzung zu bestimmen (VwGH 4.11.1980, 3235/79, zu einer Ferienwohnung, die teils der Vermietung, teils der Eigennutzung dient).

Die Ansässigkeit im Inland muss im Zeitpunkt der Leistungserbringung gegeben sein, um die Steuerbefreiung in Anspruch nehmen zu können (vgl. VwGH 31.1.2019, Ra 2017/15/0034).

Beispiel:

Ein bis Ende September 2014 in Deutschland lebender Angestellter, der in Deutschland Einkünfte aus nichtselbständiger Arbeit bezog, vermietet zwei Wohnungen in Österreich.

Mit Oktober 2014 verlegte er seinen einzigen Wohnsitz nach Österreich und trat in Österreich ein neues Dienstverhältnis an. Die Kleinunternehmerreglung ist ab Oktober 2014 anwendbar.

Auch ein unter die unechte Befreiung des § 6 Abs. 1 Z 27 UStG 1994 fallender Unternehmer hat jedenfalls die Einfuhrumsatzsteuer und – soweit nicht die Erwerbsschwellenregelung nach Art. 1 Abs. 4 UStG 1994 anzuwenden ist – die Erwerbsteuer an das Finanzamt zu entrichten. Gleiches gilt für die Steuerbeträge, die sich durch die Anwendung des § 11 Abs. 12 und 14 UStG 1994, § 12 Abs. 10 bis 12 UStG 1994 und § 16 UStG 1994 ergeben, sowie für die von ihm infolge des Übergangs der Steuerschuld gemäß § 19 Abs. 1 zweiter Satz, Abs. 1a, 1b, 1c, 1d und 1e UStG 1994 geschuldeten Steuerbeträge.

(BMF-AV Nr. 2019/165, BMF-AV Nr. 2022/154)

6.1.27.2. Ermittlung der 35.000 Euro-Umsatzgrenze (bis 31.12.2019: 30.000 Euro)

(BMF-AV Nr. 2019/165)

Es sind alle Umsätze gemäß § 1 Abs. 1 Z 1 und 2 UStG 1994 – außer Hilfsgeschäfte **995**
(vgl. EuGH 9.7.2020, Rs C-716/18, *CT*) einschließlich Geschäftsveräußerungen – bei der Prüfung, ob die 35.000 Euro-Grenze (bis 31.12.2019: 30.000 Euro) überschritten wird, miteinzubeziehen. Dazu gehören auch die Umsätze, die unter die landwirtschaftliche Durchschnittssatzbesteuerung gemäß § 22 UStG 1994 fallen. Im Falle einer Schätzung können diese Umsätze mit 150% des Wertes des land- und forstwirtschaftlichen Betriebes (§ 125 Abs. 1 lit. b BAO) angesetzt werden.

Ebenfalls miteinzubeziehen ist eine als Liebhaberei qualifizierte kleine Vermietung gemäß § 1 Abs. 2 LVO, die verpflichtend steuerfrei ist (vgl. VwGH 30.4.2015, Ra 2014/15/0015). Außer Ansatz bleiben seit 1.1.2017 Umsätze, die nach § 6 Abs. 1 Z 8 lit. d und j, Z 9 lit. b und d, Z 10 bis 15, Z 17 bis 26 und Z 28 UStG 1994 steuerfrei sind.

Umsätze, für die der Kleinunternehmer auf Grund eines Übergangs der Steuerschuld Steuerschuldner geworden ist, und innergemeinschaftliche Erwerbe sind nicht zu berücksichtigen (siehe auch Rz 994). Bei der Ermittlung der 35.000 Euro-Grenze (bis 31.12.2019: 30.000 Euro) ist hinsichtlich der differenzbesteuerten Umsätze nicht von der nach § 24 Abs. 4 und 5 UStG 1994 errechneten Bemessungsgrundlage, sondern von der nach den allgemeinen Vorschriften des § 4 UStG 1994 zu ermittelnden Bemessungsgrundlage auszugehen (EuGH 29.7.2019, Rs C-388/18, B).

(BMF-AV Nr. 2019/165, BMF-AV Nr. 2021/166)

Für die Berechnung der Umsätze gemäß § 6 Abs. 1 Z 27 UStG 1994 ist nicht von der **996**
Steuerbefreiung für Kleinunternehmer, sondern von der Besteuerung nach den allgemeinen Regelungen auszugehen. Somit stellt die Umsatzgrenze des § 6 Abs. 1 Z 27 UStG 1994 auf die Bemessungsgrundlage bei unterstellter Steuerpflicht ab (VwGH 28.10.1998, 98/14/0057).

Beispiel:

Der Unternehmer erzielt im Veranlagungszeitraum Gesamteinnahmen von 31.860 Euro,die sich wie folgt zusammensetzen:

- *Einnahmen aus der Tätigkeit als selbständiger Yoga-Lehrer in Höhe von 17.400 Euro,*
- *Einnahmen aus einer Vortragstätigkeit als Privatlehrer an einer öffentlichen Schulein Höhe von 11.270 Euro und*
- *Einnahmen aus der Vermietung einer Wohnung in Höhe von 3.190 Euro.*

Weiters tätigt der Unternehmer durch die laufende 40-prozentige private Nutzung eines ansonsten unternehmerisch genutzten PCs einen Eigenverbrauch in Höhe von 750 Euro.

Für die Ermittlung der 35.000 Euro-Umsatzgrenze (bis 31.12.2019: 30.000 Euro) sind ab 1.1.2017 zuerst die Umsätze herauszurechnen, die für die Berechnung der Grenze nicht heranzuziehen sind:

- *Umsätze aus einer Vortragstätigkeit als Privatlehrer an einer öffentlichen Schule in Höhe von 11.270 Euro (gemäß § 6 Abs. 1 Z 11 lit. b UStG 1994 steuerfrei). Vor 1.1.2017 sind diese Umsätze bei der Ermittlung der 35.000 Euro-Umsatzgrenze (bis 31.12.2019: 30.000 Euro) zu berücksichtigen.*

Sodann ist von der Besteuerung der Leistungen unter Außerachtlassung der unechten Steuerbefreiung gemäß § 6 Abs. 1 Z 27 UStG 1994 auszugehen und die in den Einnahmen diesfalls enthaltene USt herauszurechnen. Es ergibt sich somit folgende für die Kleinunternehmerregelung maßgebliche Umsatzhöhe:

- *Umsätze aus der Tätigkeit als Yoga-Lehrer in Höhe von 14.500 Euro (Herausrechnung von 20% USt),*

- *Umsätze aus der Wohnungsvermietung in Höhe von 2.900 Euro (Herausrechnung von 10% USt) und*
- *Eigenverbrauch in Höhe von 750 Euro für die private Nutzung des PCs. Dies ergibt insgesamt maßgebliche Umsätze in Höhe von 18.150 Euro (bis 31.12.2016:*

Dies ergibt insgesamt maßgebliche Umsätze in Höhe von 18.150 Euro (bis 31.12.2016: 29.420 Euro). Die 35.000 Euro-Kleinunternehmergrenze (bis 31.12.2019: 30.000 Euro) ist somit nicht überschritten. Die Umsätze des Unternehmers sind gemäß § 6 Abs. 1 Z 27 UStG 1994 unecht steuerfrei.

(BMF-AV Nr. 2019/165)

6.1.27.3. Toleranzgrenze von 15%

997 Innerhalb eines Zeitraumes von fünf Kalenderjahren kann der Unternehmer – unter Beibehaltung der Anwendung der Befreiung des § 6 Abs. 1 Z 27 UStG 1994 – einmal die 35.000 Euro (bzw. bis 31.12.2019: 30.000 Euro) – Grenze um 15% überschreiten. Von der Tolesranzgrenze kann neuerlich erst wieder im fünften Jahr nach Anwendung der Toleranzgrenze Gebrauch gemacht werden (zB Anwendung der Toleranzgrenze im Jahr 2015, neuerliche Möglichkeit der Inanspruchnahme der Toleranzgrenze im Jahr 2020).

Abweichend davon, kann die ab 1.1.2020 geltende „neue“ Toleranzgrenze auch dann einmal in Anspruch genommen werden, wenn die vor dem 1.1.2020 gültige Toleranzregelung innerhalb der vorangegangenen vier Jahre bereits einmal ausgenutzt wurde.

Beispiel:

Der Unternehmer erzielt dem Normalsteuersatz unterliegende (Netto-) Umsätze in folgender Höhe:

Umsätze bis 2017:	*20.000 Euro*
Umsätze 2018:	*33.000 Euro*
Umsätze 2019:	*20.000 Euro*
Umsätze 2020:	*39.000 Euro*
Umsätze 2021:	*44.000 Euro*

Im Jahr 2020 kommt weiterhin die Kleinunternehmerbefreiung zur Anwendung, obwohl die bis 31.12.2019 geltende Toleranzregelung innerhalb des fünfjährigen Beurteilungszeitraumes bereits einmal (im Jahr 2018) beansprucht wurde. Die im Jahr 2020 erfolgte Überschreitung der „neuen“ Kleinunternehmergrenze von 35.000 Euro liegt innerhalb der 15-prozentigen Toleranz (maximal 40.250 Euro) und gilt als erstmaliges Überschreiten der Umsatzgrenze innerhalb von fünf Kalenderjahren. Erst im Jahr 2021 kommt es infolge neuerlicher Überschreitung der Umsatzgrenze zu einem „Herausfallen“ aus der Kleinunternehmerbefreiung.

(BMF-AV Nr. 2019/165)

998 Auch bei Ermittlung der Toleranzgrenze ist von den Einnahmen unter Herausrechnung der allenfalls hierin enthaltenen USt – wie in Rz 995 und 996 dargestellt – auszugehen. Bei der Prüfung, ob die Toleranzgrenze in früheren Veranlagungszeiträumen bereits überschritten wurde, ist bereits von der Netto-Umsatzgrenze im Sinne der VwGH-Judikatur auszugehen, auch wenn für die zu prüfenden Veranlagungszeiträume bereits rechtskräftige Bescheide vorliegen, die von einer Bruttoumsatzgrenze ausgegangen sind.

Beispiel:

Der Unternehmer, der für kein Veranlagungsjahr zur Steuerpflicht optiert hat, erzielte in den Jahren bis einschließlich 1996 Umsätze in Höhe von jeweils eindeutig unter 300.000 S. Im Jahr 1997 erzielte der Unternehmer Einnahmen aus schriftstellerischer Tätigkeit in Höhe von 348.000 S. In Folge der seinerzeitigen Berechnungsmethode der Kleinunternehmergrenze wurde diese um mehr als 15% überschritten. Unter Herausrechnung der 20%igen USt ergab sich ein steuerpflichtiger Umsatz von 290.000 S. Es liegt hierüber ein rechtskräftiger Umsatzsteuerbescheid für das Jahr 1997 vor, dessen Aufrollung nicht mehr möglich ist. Die Umsätze des Jahres 1998 lagen wieder eindeutig unter 300.000 S. Im (noch nicht veranlagten) Jahr 1999 erzielte der Unternehmer Einnahmen aus schriftstellerischer Tätigkeit in Höhe von 408.000 S. Die Umsätze unter Herausrechnung der 20%igen USt betrugen somit 340.000 S. Der Unternehmer fällt im Jahr 1999 unter die unechte Steuerbefreiung gemäß § 6 Abs. 1 Z 27 UStG 1994, da unter Berücksichtigung der VwGH-Judikatur die Kleinunternehmergrenze erstmals um nicht mehr als 15% überschritten wurde.

6.1.27.4. Abweichendes Wirtschaftsjahr

Im Falle eines vom Kalenderjahr abweichenden Wirtschaftsjahres findet die Befreiung des § 6 Abs. 1 Z 27 UStG 1994 keine Anwendung (§ 20 Abs. 1 letzter Satz UStG 1994). **999**

6.1.27.5. Überschreiten/Unterschreiten der Umsatzgrenze

Geht der Unternehmer zunächst von der Steuerfreiheit aus und überschreitet er im Laufe des Kalenderjahres die 35.000 Euro (bzw. bis 31.12.2019: 30.000 Euro)-Grenze (bzw. innerhalb von fünf Kalenderjahren einmal die jeweils geltende Toleranzgrenze, so werden sämtliche Umsätze dieses Jahres (somit auch die schon bewirkten Umsätze nachträglich) steuerpflichtig. In diesem Fall können die schon bewirkten Umsätze als in den Voranmeldungszeitraum fallend angesehen werden, in dem die maßgebliche Umsatzgrenze überschritten wird. Eine Berichtigung der Rechnung (mit Ausweis der Umsatzsteuer), die den Leistungsempfänger zum Vorsteuerabzug berechtigt, ist möglich. **1000**

(BMF-AV Nr. 2019/165)

Geht der Unternehmer zunächst von der Steuerpflicht aus und stellt er Rechnungen mit Ausweis der Umsatzsteuer aus und ergibt sich am Ende des Veranlagungszeitraumes, dass die 35.000 Euro (bzw. bis 31.12.2019: 30.000 Euro) Grenze nicht überschritten wurde, und gibt der Unternehmer keine Optionserklärung gemäß § 6 Abs. 3 UStG 1994 ab, so kann er die Rechnungen nachträglich berichtigen. Bis zur Berichtigung schuldet der Unternehmer die in den Rechnungen ausgewiesene Steuer gemäß § 11 Abs. 12 UStG 1994. **1001**

(BMF-AV Nr. 2019/165)

6.1.27.6. Innergemeinschaftliche Lieferung neuer Fahrzeuge durch Kleinunternehmer

Die persönliche unechte Steuerbefreiung des § 6 Abs. 1 Z 27 UStG 1994 geht den echten Befreiungen (zB Ausfuhrlieferungen gemäß 7 UStG 1994 und innergemeinschaftlichen Lieferung gemäß Art. 7 UStG 1994) vor. Lediglich hinsichtlich der innergemeinschaftlichen Lieferung neuer Fahrzeuge gilt gemäß Art. 6 Abs. 5 UStG 1994 die unechte Steuerbefreiung des § 6 Abs. 1 Z 27 UStG 1994 nicht; in diesem Fall liegt eine innergemeinschaftliche Lieferung vor. **1002**

Randzahlen 1003 bis 1010: *derzeit frei.*

6.1.28. Zusammenschlüsse von Banken, Versicherungen und Pensionskassen

6.1.28.1. Allgemeines

§ 6 Abs. 1 Z 28 UStG 1994 befreit Umsätze von Unternehmern, die überwiegend gemäß § 6 Abs. 1 Z 8 bzw. Z 9 lit. c UStG 1994 steuerfreie Bank-, Versicherungs- oder Pensionskassenumsätze tätigen (begünstige Unternehmer). Es handelt sich um folgende Befreiungen, wobei im ersten und im zweiten Fall Voraussetzung ist, dass die Leistungen unmittelbar zur Ausführung der genannten Umsätze verwendet werden (begünstigte Umsätze): **1011**

- Sonstige Leistungen von Zusammenschlüssen von begünstigten Unternehmern an ihre Mitglieder, soweit sie unmittelbar zur Ausführung begünstigter Umsätze verwendet werden,
- sonstige Leistungen von begünstigten Unternehmern untereinander, soweit sie unmittelbar zur Ausführung begünstigter Umsätze verwendet werden,
- Personalgestellung von begünstigten Unternehmern an Zusammenschlüsse begünstigter Unternehmer.

Bei den im § 6 Abs. 1 Z 28 UStG 1994 als Voraussetzung für die Steuerbefreiung geforderten Bank-, Versicherungs- oder Pensionskassenumsätzen muss es sich um steuerbare Umsätze handeln.

Für die Anwendbarkeit der Steuerbefreiung ist die gewerberechtliche Behandlung (Besitz einer entsprechenden Konzession) nicht maßgebend.

6.1.28.2. Zusammenschlüsse

Zusammenschlüsse im Sinne des § 6 Abs. 1 Z 28 UStG 1994 sind nur solche, an denen ausschließlich Unternehmer beteiligt sind, die überwiegend Bank-, Versicherungs- oder Pensionskassenumsätze tätigen. Die Tatbestandsvoraussetzung, dass überwiegend Bank-, Versicherungs- oder Pensionskassenumsätze getätigt werden, muss nicht beim Zusammenschluss, sondern bei den Unternehmern gegeben sein, die den Zusammenschluss bilden. **1012**

- Die Steuerfreiheit geht nicht verloren, wenn an dem Zusammenschluss ein Unternehmer beteiligt ist, an dem zB nur Banken beteiligt sind, der selbst aber keine Bankumsätze bewirkt (mittelbare Beteiligung).

- Die Befreiung gilt auch für Zusammenschlüsse in der Rechtsform einer GmbH.
- Die Befreiung gilt nicht für Zusammenschlüsse, an denen ein Unternehmer mit Sitz im Ausland beteiligt ist, da dieser regelmäßig nicht überwiegend steuerbare begünstigte Umsätze erbringt (siehe Rz 1011).
- Die Anwendung der Steuerbefreiung darf nicht jemandem zugutekommen, der nicht Mitglied des selbständigen Zusammenschlusses ist (vgl. EuGH 18.11.2020, Rs C-77/19, *Kaplan International Colleges UK Ltd*, Rn 48 und 49, zu Art. 132 Abs. 1 Buchst. f MwSt-RL 2006/112/EG).
- Die Befreiung in § 6 Abs. 1 Z 28 UStG 1994 gilt für sonstige Leistungen „von Zusammenschlüssen von Unternehmern". Wenn ein Unternehmer Mitglied des Zusammenschlusses ist, gilt dies für umsatzsteuerliche Zwecke für sein gesamtes Unternehmen. Gemäß § 2 Abs. 2 vorletzter Satz UStG 1994 sind Organgesellschaften als Unternehmensteil zu behandeln. Ist somit der Organträger Mitglied des Zusammenschlusses, gilt dies für sein gesamtes Unternehmen und somit auch für die Organgesellschaften.

(BMF-AV Nr. 2021/166)

6.1.28.3. Begünstigte Leistungen der Zusammenschlüsse

1013 Voraussetzung ist, dass diese Leistungen unmittelbar zur Ausführung von Bankumsätzen verwendet werden. Unmittelbar bedeutet hier, in einem funktionalen betriebswirtschaftlichen Zusammenhang mit den steuerfreien Bank-, Versicherungs- oder Pensionskassenumsätzen stehend. Unter die genannte Befreiungsbestimmung können demnach EDV-Leistungen, Beratungsleistungen, Personalausbildung und -schulung usw. subsumiert werden.

1014 Dienstleistungen, die von einem Zusammenschluss erbracht werden, dessen Mitglieder auch steuerpflichtige Tätigkeiten ausüben, sind nur dann unter die Befreiung subsumierbar, wenn sie unmittelbar für Zwecke der genannten steuerfreien Tätigkeiten dieser Mitglieder erbracht werden (vgl. EuGH 4.5.2017, Rs C-274/15, *Kommission/Luxemburg*). Können Dienstleistungen nicht oder nur mit unverhältnismäßig hohem Aufwand direkt zugeordnet werden, ist davon auszugehen, dass diese zu 1% steuerpflichtig sind.

Bis 31.12.2018 kann aus Vereinfachungsgründen eine sonstige Leistung auch dann nach § 6 Abs. 1 Z 28 UStG 1994 steuerfrei belassen werden, wenn die leistungsempfangende Bank, Versicherung oder Pensionskasse diese sonstige Leistung zur Ausführung steuerpflichtiger Umsätze verwendet (zB Verwahrung und Verwaltung von Wertpapieren durch eine Zwischenbank).

Unter die Befreiung fallen grundsätzlich alle sonstigen Leistungen (zB Vermietung von Geschäftsräumlichkeiten oder Gebäuden oder Gebäudereinigung). Aus Vereinfachungsgründen konnte bis 31. August 2012 bei der Vermietung von Grundstücken die Regelung des § 6 Abs. 2 UStG 1994 (Option zur Steuerpflicht) angewendet werden. In diesen Fällen kann, wenn bei der Vermietung von Grundstücken die Option zur Steuerpflicht gemäß § 6 Abs. 2 UStG 1994 idF des 1. Stabilitätsgesetzes 2012 zulässig ist (siehe Rz 899a bis 899c), die bereits ausgeübte Option weiterhin beibehalten werden.

(BMF-AV Nr. 2019/165)

1015 Es ist nicht Voraussetzung für die Steuerbefreiung, dass der Zusammenschluss überwiegend Leistungen an die Mitglieder erbringt. Die Steuerfreiheit für die Personalgestellung geht daher auch dann nicht verloren, wenn der Zusammenschluss keine oder nur geringfügige Leistungen an die Mitglieder erbringt. Der Umstand, dass der Zusammenschluss damit keine (oder nur im geringfügigen Umfang) nach § 6 Abs. 1 Z 28 UStG 1994 steuerfreie Leistungen erbringt, ist dabei unbeachtlich.

6.1.28.4. Kosten

1016 Unter Kosten sind sämtliche in der Gewinn- und Verlustrechnung nach den Rechnungslegungsbestimmungen des UGB im Ergebnis der gewöhnlichen Geschäftstätigkeit berücksichtigten Aufwendungen (einschließlich Steueraufwendungen) zu verstehen, soweit sie mit den unecht befreiten Leistungen im Zusammenhang stehen. Dazu zählen auch Fremdkapitalzinsen, welche von dem Zusammenschluss aufgewendet werden müssen, sowie die Amortisation immaterieller Wirtschaftsgüter, insbesondere von Firmenwerten oder Softwarepaketen, die vom Zusammenschluss erworben wurden. Auch Nebenkosten, wie zB die Kosten für die Personalverrechnung für jene Mitarbeiter, welche zur Ausführung der nach § 6 Abs. 1 Z 28 UStG 1994 benötigt werden, oder etwa die Abwicklung der Anlagenbuchhaltung, soweit sie sich auf Anlagegüter bezieht, die im Zusammenhang mit den befreiten Umsätzen stehen, fallen unter die Steuerbefreiung.

Voraussetzung für die Steuerbefreiung ist, dass die Zusammenschlüsse lediglich Kostenersatz fordern und dass die Befreiung nicht zu Wettbewerbsverzerrungen führt. Erforderlich ist nicht nur, dass der Zusammenschluss hinsichtlich der Leistungen an seine Mitglieder insgesamt keinen Gewinn erzielt, sondern auch eine verursachungsgerechte Aufteilung auf die einzelnen Mitglieder. Ist es aus praktischer Sicht nicht möglich, die Höhe der Kosten bereits bei der Fakturierung der Leistung festzustellen, wird es zweckmäßig sein, zunächst eine vorläufige und bei Feststehen der tatsächlichen Kosten eine endgültige Verrechnung vorzunehmen (VwGH 28.03.2012, 2008/13/0172).

Bei der Leistungsverrechnung bestehen keine Bedenken, wenn den Mitgliedern zunächst Sockelbeträge in Form einer Bereitstellungsgebühr in Rechnung gestellt werden und womit die Fixkosten (Amortisation und Verzinsung der Investitionen) abgedeckt werden. Diese Bereitstellungsprovision orientiert sich an der Anzahl der Mitglieder. Der verbleibende Restbetrag der (geschätzten) Kosten wird durch die erbrachten Leistungseinheiten dividiert, wodurch sich ein Preis pro Leistungseinheit ergibt. Dieser Preis wird den Mitgliedern nach Maßgabe der Inanspruchnahme der Leistung verrechnet. Ergibt sich nach Vorliegen der effektiven Kosten des Jahres eine Abweichung, erfolgt ein Ausgleich über entsprechende Gutschriften oder Nachbelastungen.

(AÖF Nr. 2014/7)

6.1.28.5. Leistungen zwischen den Unternehmen

Die genaue Kostenerstattung, wie sie für die Leistungen der Zusammenschlüsse an ihre Mitglieder gefordert wird, ist für die unter den zweiten Satz dieser Regelung fallenden Leistungen nicht Voraussetzung. **1017**

Die sonstigen Leistungen zwischen Zusammenschlüssen von Unternehmern, die überwiegend gemäß § 6 Abs. 1 Z 8 und Z 9 lit. c UStG 1994 steuerfreie Bank-, Versicherungs- oder Pensionskassenumsätze tätigen, können unter die Befreiungsbestimmung der § 6 Abs. 1 Z 28 UStG 1994 subsumiert werden.

§ 6 Abs. 1 Z 28 UStG 1994 gilt nicht, wenn die Umsätze zwischen Unternehmern erbracht werden, bei denen ein Unternehmer seinen Sitz im Ausland hat, da dieser regelmäßig nicht überwiegend steuerbare begünstigte Umsätze erbringt (siehe Rz 1011).

Rz 1014 erster Absatz gilt sinngemäß.

(BMF-AV Nr. 2018/164)

6.1.28.6. Einzelfälle

Depotgebühren **1018**

Die Verwahrung und Verwaltung von Wertpapieren durch Banken für die folgenden Institutionen und Einrichtungen ist befreit:

- Wohlfahrtsfonds der Ärztekammern
- Wohlfahrtseinrichtungen der Österreichischen Dentistenkammer
- Wohlfahrtseinrichtungen der Bundeskammer der Architekten und Ingenieurkonsulenten
- Versorgungs- oder Unterstützungseinrichtungen von Orden und Kongregationen
- Pensionsfonds von Kammern (zB Wirtschafts-, Arbeiter-, Landwirtschaftskammer) oder einer Diözese
- Gebietskrankenkassen

Gestionsprovisionen

Gestionsprovisionen, die an einen Konsortialführer für die Verwaltung der Kreditanteile der übrigen Konsorten gezahlt werden, sind steuerfrei. Das gilt auch für Gestionsprovisionen, die vom Kreditnehmer dem Kreditgeber bezahlt werden.

Landeshypothekenanstalt

Werden die von den Ämtern der Landesregierungen gewährten Darlehen (zB Landeswohnbauförderung) durch eine Landeshypothekenbank verwaltet, ist diese Verwaltung befreit.

Mittelstandsfinanzierungsgesellschaften gem. § 6b KStG 1988.

Mittelstandsfinanzierungsgesellschaften sind begünstigte Unternehmer iSd Rz 1011.

Verbundkosten

Die sonstige Leistung selbst muss nicht bank- oder versicherungstypisch sein. Daher kann auch die Weiterverrechnung von Verbundkosten im Bankenbereich befreit sein.

6.2. Option zur Steuerpflicht

Siehe Rz 758, 772, 793 bis 800, 899 und 923.

6.3. Kleinunternehmer, Option zur Steuerpflicht

6.3.1. Option zur Steuerpflicht (Verzichtserklärung)

1019 Der Unternehmer kann gemäß § 6 Abs. 3 UStG 1994 durch eine schriftliche, beim Finanzamt einzureichende Erklärung auf die Anwendung des § 6 Abs. 1 Z 27 UStG 1994 verzichten und damit zu der Besteuerung nach den allgemeinen Vorschriften des Umsatzsteuergesetzes optieren.

Eine Optionserklärung gemäß § 6 Abs. 3 UStG 1994 hat keine Auswirkung auf die unter die Durchschnittssatzbesteuerung gemäß § 22 UStG 1994 fallenden Umsätze.

Beispiel:

Ein unter die Durchschnittssatzbesteuerung gemäß § 22 UStG 1994 fallender Landwirt erzielt aus der Vermietung einer Eigentumswohnung im Veranlagungszeitraum Mieteinnahmen iHv 7.500 €. Die unter die Durchschnittssatzbesteuerung fallenden – allenfalls geschätzten – Einnahmen betragen im Veranlagungszeitraum 11.000 €.

Eine Optionserklärung gemäß § 6 Abs. 3 UStG 1994 bewirkt die Steuerpflicht der Mieteinnahmen. Die Durchschnittssatzbesteuerung gemäß § 22 UStG 1994 wird hierdurch nicht berührt.

6.3.2. Rücknahme der Verzichtserklärung

1020 Verzichtserklärungen gemäß § 6 Abs. 3 UStG 1994 können bis zur Rechtskraft des Umsatzsteuerbescheides wieder zurückgenommen werden.

Beispiel:

Der Unternehmer K erzielt jährliche Umsätze von rund 15.000 Euro. Der Umsatzsteuererklärung 2020 legt er eine Verzichtserklärung bei.

a) Noch vor Ergehen des Umsatzsteuerbescheides 2020 erklärt er schriftlich gegenüber seinem Finanzamt, dass er die Verzichtserklärung wieder zurücknimmt.

b) K wird erklärungsgemäß zur USt veranlagt. Er beruft gegen den Umsatzsteuerbescheid 2020 und nimmt dabei die Verzichtserklärung zurück.

In beiden Fällen wurde die Verzichtserklärung wirksam zurückgenommen.

Es tritt weder für 2020 noch für die vier Folgejahre bis einschließlich 2024 eine Bindungswirkung ein. K kann in diesen Jahren die unechte Steuerbefreiung für Kleinunternehmer in Anspruch nehmen.

(BMF-AV Nr. 2019/165)

6.3.3. Widerruf der Verzichtserklärung

1021 Hat ein Unternehmer eine Verzichtserklärung abgegeben und diese nicht bis zur Rechtskraft des Umsatzsteuerbescheides wieder zurückgenommen, so tritt die in § 6 Abs. 3 zweiter Satz UStG 1994 normierte Bindungswirkung ein, wenn die Verzichtserklärung Rechtswirksamkeit entfaltet hat (dh. zur steuerpflichtigen Behandlung der Umsätze aufgrund der tatsächlichen Verhältnisse in dem Veranlagungszeitraum, für den sie abgegeben wurde, erforderlich war).

Der Unternehmer ist danach für das Jahr, für das er die Verzichtserklärung abgegeben hat, und für mindestens noch vier darauf folgende Jahre (insgesamt also mindestens fünf Jahre) an die Regelbesteuerung gebunden, innerhalb der vier Folgejahre ist eine Rücknahme der Verzichtserklärung für eines dieser Jahre nicht mehr möglich.

Endet das Unternehmen (und geht damit die Unternehmereigenschaft verloren), so erlöschen damit auch die im § 6 Abs. 3 UStG 1994 festgelegten Folgen. Dies trifft etwa zu, wenn der Unternehmer seine unternehmerische Tätigkeit endgültig eingestellt hat. Wird danach später eine unternehmerische Tätigkeit vom früheren Unternehmer (wieder) aufgenommen, so leben die mit der vorangegangenen Beendigung der unternehmerischen Tätigkeit erloschenen Folgen nicht auf, weshalb der (neue) Unternehmer gegebenenfalls (neuerlich) die Erklärung nach § 6 Abs. 3 UStG 1994 abzugeben hat (VwGH 11.11.2008, 2006/13/0041). Ist hingegen von vornherein eine bloß zeitlich befristete Unterbrechung der aktiven unternehmerischen Tätigkeit beabsichtigt (vgl. Rz 202), die am Fortbestand der Unternehmereigenschaft nichts ändert, bleibt die Bindung an die Verzichtserklärung iSd § 6 Abs. 3 UStG 1994 aufrecht.

1022 Erst nach Ablauf des fünfjährigen Bindungszeitraumes kann gemäß § 6 Abs. 3 dritter und vierter Satz UStG 1994 die Verzichtserklärung bis zum Ablauf des ersten Monats eines Kalenderjahres widerrufen und die unechte Steuerbefreiung für Kleinunternehmer wiederum in Anspruch genommen werden.

Beispiel 1:

Sachverhalt zunächst wie Beispiel in Abschnitt 6.3.2., K gibt in weiterer Folge im Jahr 2022 neuerlich eine Verzichtserklärung ab, die er bis zur Rechtskraft des Umsatzsteuerbescheides für das Jahr 2022 nicht wieder zurücknimmt.

K ist für die Jahre 2022 bis einschließlich 2026 an seine Erklärung gebunden und hat seine Umsätze zu versteuern. Gibt er bis Ende Jänner 2027 eine Widerrufserklärung ab, so kann er frühestens ab dem Jahr 2027 seine Umsätze wieder steuerfrei behandeln.

Beispiel 2:

Ein Unternehmer hat für das Jahr 2018 „sicherheitshalber" eine Verzichtserklärung gemäß § 6 Abs. 3 UStG 1994 abgegeben.

Diese Verzichtserklärung entfaltet nur Wirkung, wenn der Unternehmer die für 2018 geltende Kleinunternehmergrenze von 30.000 Euro unterschritten hat bzw. in die 15-prozentige Toleranzregelung fallen würde. Nur in diesen Fällen wird die fünfjährige Bindungswirkung ausgelöst. Der Unternehmer könnte frühestens mit Wirkung für das Jahr 2023 die für das Jahr 2018 abgegebene Optionserklärung widerrufen. Die mit 1.1.2020 erfolgte Anhebung der Kleinunternehmergrenze auf 35.000 Euro (§ 6 Abs. 1 Z 27 UStG 1994 idF StRefG 2020, BGBl. I Nr. 103/2019) hat in diesem Zusammenhang keine Bedeutung.

Hätte der Unternehmer im Jahr 2018 die Kleinunternehmergrenze überschritten und käme auch die Toleranzregelung nicht zum Tragen, ist eine Verzichtserklärung gemäß § 6 Abs. 3 UStG 1994 nicht erforderlich, seine Umsätze sind jedenfalls steuerpflichtig.

Wird eine derartige Erklärung dennoch abgegeben, entfaltet sie keine Rechtswirkung, sodass die fünfjährige Bindungswirkung nicht ausgelöst wird.

(BMF-AV Nr. 2019/165)

6.4. Befreiungen bei der Einfuhr

6.4.1. Allgemeines

Die Steuerbefreiungen für die Einfuhr werden in § 6 Abs. 4, Abs. 5 und Abs. 6 UStG 1994 abschließend aufgezählt. **1023**

Das UStG 1994 enthält teilweise eigenständige Bestimmungen zu den Steuerbefreiungen bei der Einfuhr, teilweise entsprechen die Steuerbefreiungen bei der Einfuhr aber auch den Zollbefreiungen.

§ 6 Abs. 4 UStG 1994 verweist daher weitgehend auf zollrechtliche Befreiungsbestimmungen und enthält nur insoweit eigenständige Regelungen, als die Befreiungen von der Mehrwertsteuer von den Zollbefreiungen abweichen.

Die Steuerbefreiungen bei der Einfuhr können grundsätzlich von jedem Unternehmer oder Nichtunternehmer unter Berücksichtigung der gesetzlich genannten Voraussetzungen in Anspruch genommen werden.

Ist für bestimmte Waren eine Befreiung von der Umsatzsteuer bei der Einfuhr vorgesehen, ist auch der innergemeinschaftliche Erwerb befreit (siehe Rz 3941).

6.4.2. Im UStG 1994 gesondert geregelte Befreiungen von der Einfuhrumsatzsteuer

Steuerfrei ist nach § 6 Abs. 4 Z 1 UStG 1994 die Einfuhr folgender Gegenstände, deren Lieferung im Inland ebenfalls steuerfrei wäre: **1024**

- Wertpapiere iSd § 6 Abs. 1 Z 8 lit. f, g, h und i UStG 1994;
- Anlagegold iSd § 6 Abs. 1 Z 8 lit. j UStG 1994;
- Zahnersatz iSd § 6 Abs. 1 Z 20 UStG 1994;
- Menschliche Organe (keine Prothesen), menschliches Blut und Frauenmilch iSd § 6 Abs. 1 Z 21 UStG 1994.

Ebenfalls von der Steuer befreit ist nach § 6 Abs. 4 Z 2 UStG 1994 die Einfuhr folgender Gegenstände, sofern die im Gesetz ausdrücklich genannten Voraussetzungen für eine steuerfreie Lieferung der jeweiligen Gegenstände vorliegen:

- Gesetzliche Zahlungsmittel unter den Voraussetzungen des § 6 Abs. 1 Z 8 lit. b UStG 1994;
- Amtliche Wertzeichen unter den Voraussetzungen des § 6 Abs. 1 Z 8 lit. d UStG 1994;
- Luftfahrzeuge im Sinne des § 6 Abs. 1 Z 10 lit. c UStG 1994 (entfällt ab 1. Jänner 2011);
- Gegenstände für die Seeschifffahrt unter den Voraussetzungen des § 9 Abs. 1 Z 1, Z 2 und Z 3 UStG 1994;
- Gegenstände für die Luftfahrt unter den Voraussetzungen des § 9 Abs. 2 Z 1, Z 2 und Z 3 UStG 1994.

Auch die Einfuhr von Gold ist nach § 6 Abs. 4 Z 3 UStG 1994 steuerfrei, wenn sie durch Zentralbanken (zB österreichische Nationalbank) vorgenommen wird.

Steuerfrei ist nach § 6 Abs. 4 Z 3a UStG 1994 außerdem die Einfuhr von:

Rechtslage bis 31. Dezember 2010:

- Gas über das Erdgasverteilungsnetz und
- Elektrizität.

Rechtslage ab 1. Jänner 2011:

- Gas über ein Erdgasnetz oder jedes an ein solches Netz angeschlossene Netz oder
- Gas, das von einem Gastanker aus in ein Erdgasnetz oder ein vorgelagertes Gasleitungsnetz eingespeist wird,
- Elektrizität,
- Wärme über Wärmenetze oder
- Kälte über Kältenetze.

§ 6 Abs. 4 Z 6 UStG 1994 sieht die steuerfreie Einfuhr für die dort genannten amtlichen Veröffentlichungen und Drucksachen vor.

Bis 30.6.2021 kann nach § 6 Abs. 4 Z 9 UStG 1994 die Einfuhr von Gegenständen mit einem Gesamtwert bis 22 Euro ebenfalls steuerfrei erfolgen, ausgenommen sind jedoch Alkoholika, Parfums und Toilettewasser sowie Tabak und Tabakwaren. Ist die Einfuhr von Gegenständen innerhalb bestimmter Wertgrenzen oder Freimengen nach anderen Vorschriften befreit, ist dies bei der Berechnung des Gesamtwertes von 22 Euro zu berücksichtigen. Ab 1.7.2021 fällt die Befreiung für Einfuhren unter 22 Euro weg.

Seit 1.7.2021 sind Einfuhren, die im Rahmen der Sonderregelung des § 25b UStG 1994 über den IOSS zu erklären sind, nach § 6 Abs. 4 Z 9 UStG 1994 steuerfrei, wenn die IOSS-Identifikationsnummer des Lieferers (siehe Rz 3434) spätestens bei der Abgabe der Einfuhrzollanmeldung der zuständigen Zollstelle vorgelegt wurde.

Seit 1.1.2021 sind Einfuhren von Gegenständen durch die Europäische Kommission oder einer nach dem Unionsrecht geschaffenen Agentur oder Einrichtung nach § 6 Abs. 4 Z 10 UStG 1994 steuerfrei, sofern diese im Zuge der Wahrnehmung von Aufgaben in Reaktion auf die COVID-19-Pandemie erfolgen. Voraussetzung ist, dass diese Gegenstände entweder unmittelbar oder zu einem späteren Zeitpunkt von der Europäischen Kommission oder einer solchen Agentur oder Einrichtung für Zwecke der unentgeltlichen Weiterlieferung verwendet werden.

Seit 1.7.2022 sind Einfuhren von Gegenständen durch die Streitkräfte anderer Mitgliedstaaten für den eigenen Gebrauch oder Verbrauch oder für den ihres zivilen Begleitpersonals oder für die Versorgung ihrer Kasinos oder Kantinen, wenn diese Streitkräfte an einer Verteidigungsanstrengung teilnehmen, die zur Durchführung einer Tätigkeit der Union im Rahmen der GSVP unternommen wird (siehe Rz 746a), nach § 6 Abs. 4 Z 11 UStG 1994 steuerfrei. Die Einfuhr durch österreichische Streitkräfte ist nicht von der Befreiung umfasst.

(BMF-AV Nr. 2019/165, BMF-AV Nr. 2020/192, BMF-AV Nr. 2021/166, BMF-AV Nr. 2022/154)

6.4.3. Steuerbefreiungen in Anlehnung an Zollbefreiungen

1025 Steuerfrei ist nach § 6 Abs. 4 Z 4 lit. a bis lit. o UStG 1994 die Einfuhr folgender Gegenstände, für die eine Zollbefreiung vorliegt, für die aber gegebenenfalls ausdrücklich genannte umsatzsteuerrechtliche Sonderregelungen zu berücksichtigen sind:

- Übersiedlungsgut von natürlichen Personen, die ihren gewöhnlichen Wohnsitz aus einem Drittland in die Gemeinschaft verlegen;
- Heiratsgut;
- Erbschaftsgut;
- Ausstattung, Ausbildungsmaterial und Haushaltsgegenstände von Schülern und Studenten;
- Sendungen von Privatperson an Privatperson unter Beachtung der in § 6 Abs. 4 Z 4 lit. b UStG 1994 vorgesehenen Mengenbeschränkung für Kaffee, Kaffee-Extrakte und -Essenzen, Tee sowie Tee-Extrakte und -Essenzen;
- Investitionsgüter und andere Ausrüstungsgegenstände, die anlässlich einer Betriebsverlegung aus einem Drittland in die Gemeinschaft eingeführt werden, unter Berücksichtigung der in § 6 Abs. 4 Z 4 lit. c UStG 1994 angeführten Einschränkungen;
- Voraussetzung für die Einfuhrumsatzsteuerbefreiung ist außerdem die vorangegangene Anzeige der Betriebseröffnung beim zuständigen Finanzamt im Inland;

- von Landwirten der Gemeinschaft auf Grundstücken in einem Drittland erwirtschaftete Erzeugnisse sowie die in § 6 Abs. 4 Z 4 lit. d UStG 1994 angeführten Sonderfälle bei der Einfuhr reinrassiger Pferde;
- Saatgut, Düngemittel und andere Erzeugnisse zur Boden- oder Pflanzenbehandlung, die von Landwirten aus Drittländern zur Verwendung in grenznahen Betrieben eingeführt werden;
- Gegenstände erzieherischen, wissenschaftlichen oder kulturellen Charakters unter Berücksichtigung der in § 6 Abs. 4 Z 4 lit. a UStG 1994 und § 6 Abs. 4 Z 4 lit. g UStG 1994 genannten Einschränkungen für wissenschaftliche Instrumente und Apparate;
- die unentgeltliche Einfuhr von Tieren für Laborzwecke und biologische und chemische Stoffe für Forschungszwecke (§ 6 Abs. 4 Z 4 lit. h UStG 1994);
- Therapeutische Stoffe menschlichen Ursprungs sowie Reagenzien zur Bestimmung der Blut- und Gewebegruppen;
- Vergleichssubstanzen für die Arzneimittelkontrolle;
- pharmazeutische Erzeugnisse zur Verwendung bei internationalen Sportveranstaltungen;
- für Organisationen der Wohlfahrtspflege bestimmte Waren, Waren für Blinde und andere behinderte Personen; die Einfuhr „lebenswichtiger Waren" und die Einfuhr von Gegenständen für Blinde und andere Behinderte muss dabei aber unentgeltlich erfolgen und die Gegenstände dürfen nicht von den Blinden oder anderen Behinderten selbst eingeführt werden (§ 6 Abs. 4 Z 4 lit. i und j UStG 1994);
- Auszeichnungen und Ehrengaben;
- Geschenke im Rahmen zwischenstaatlicher Beziehungen;
- zum persönlichen Gebrauch von Staatsoberhäuptern bestimmte Waren;
- zur Absatzförderung eingeführte Waren (Warenmuster oder -proben von geringem Wert, Werbedrucke und Werbegegenstände, auf Ausstellungen oder ähnlichen Veranstaltungen ge- oder verbrauchte Waren) unter Berücksichtigung der in § 6 Abs. 4 Z 4 lit. k und l UStG 1994 vorgesehenen Erweiterungen, die über die zollrechtlichen Befreiungsbestimmungen hinausgehen;
- zu Prüfungs-, Analyse- oder Versuchszwecken eingeführte Waren;
- Sendungen an die für Urheberrechtsschutz oder gewerblichen Rechtsschutz zuständigen Stellen;
- Werbematerial für den Fremdenverkehr, wobei das Werbematerial gemäß § 6 Abs. 4 Z 4 lit. m UStG 1994 im Gegensatz zu den Zollvorschriften auch private Geschäftsreklame zugunsten von Gemeinschaftsfirmen enthalten darf;
- verschiedene Dokumente und Gegenstände, wie zB
  - bestimmte Dokumente an Dienststellen der Mitgliedstaaten oder Veröffentlichungen ausländischer Regierungen und offizieller internationaler Organisationen;
  - Stimmzettel für Wahlen;
  - Gegenstände, die vor Gerichten oder anderen Instanzen der Mitgliedstaaten als Beweisstücke oder zu ähnlichen Zwecken verwendet werden sollen;
  - Unterschriftsmuster;
  - an die Zentralbanken der Mitgliedstaaten gerichtete amtliche Drucksachen;
  - Informationsträger;
  - Entwürfe, technische Zeichnungen;
  - diverse Vordrucke;
  - Steuermarken und ähnliche Marken, die die Entrichtung von Abgaben in einem Drittland bestätigen;
- Verpackungsmittel zum Verstauen und Schutz von Waren während ihrer Beförderung sowie die in § 6 Abs. 4 Z 4 lit. n UStG 1994 genannten Behältnisse und Verpackungen, sofern der Wert der Verpackungsmittel in die Bemessungsgrundlage für die Einfuhr (§ 5 UStG 1994) einbezogen wird;
- Streu und Futter für Tiere während ihrer Beförderung;
- Treib- und Schmierstoffe in Straßenkraftfahrzeugen und Spezialcontainern, unter Berücksichtigung der sich aus § 6 Abs. 4 Z 4 lit. o UStG 1994 iVm § 97 Abs. 1 ZollR-DG allenfalls ergebenden Beschränkungen;
- Waren zum Bau, zur Unterhaltung oder Ausschmückung von Gedenkstätten oder Friedhöfen für Kriegsopfer;

- Särge, Urnen und Gegenstände zur Grabausschmückung.
- Von 30.1.2020 bis 31.12.2021 im Zusammenhang mit der COVID-19-Krise (Beschluss (EU) 2020/491 der Kommission vom 3. April 2020, C(2020) 2146, Beschluss (EU) 2020/1101 der Kommission vom 23. Juli 2020, C(2020) 4936, Beschluss (EU) 2020/1573 der Kommission vom 28. Oktober 2020, C(2020) 7511 sowie Beschluss (EU) 2021/660 der Kommission vom 19. April 2021, C(2021) 2693): die Einfuhr von Hilfsgütern, zB Schutzmasken (Textilschutzmasken, Papierschutzmasken, FFP2- und FFP3-Schutzmasken), Schutzkleidung, Schutzhandschuhen, Gesichtsschildern, Desinfektionsmitteln, zugunsten von Katastrophenopfern unter folgenden Voraussetzungen:
  1. Die Einfuhr erfolgt von staatlichen oder anderen von den zuständigen Behörden anerkannten Organisationen der Wohlfahrtspflege;
  2. die Gegenstände werden
     - unentgeltlich an die Opfer von Katastrophen, die das Gebiet eines oder mehrerer Mitgliedstaaten berühren, verteilt oder
     - den Opfern solcher Katastrophen unentgeltlich zur Verfügung gestellt und bleiben dabei im Eigentum der betreffenden Organisationen;
  3. es handelt sich nicht um Material und Ausrüstungen, die für den Wiederaufbau in Katastrophengebieten bestimmt sind.
- Von 24.2.2022 bis 31.12.2022 im Zusammenhang mit vor dem Krieg in der Ukraine fliehenden Personen und bedürftigen Personen in der Ukraine (Beschluss (EU) 2022/1108 der Kommission vom 1. Juli 2022, C(2022) 4469) die Einfuhr von Gegenständen, die die beiden folgenden Bedingungen erfüllen:
  1. die Gegenstände sind dazu bestimmt,
     - von den in Punkt 2 genannten Stellen oder Organisationen kostenlos an Personen verteilt zu werden, die vor dem Krieg in der Ukraine fliehen
       oder
     - kostenlos Personen zur Verfügung gestellt zu werden, die vor dem Krieg in der Ukraine fliehen, wobei die Gegenstände Eigentum der in Punkt 2 genannten Stellen oder Organisationen bleiben
       und
     - die Gegenstände erfüllen die in den Art. 75, 78, 79 und 80 der Verordnung (EG) Nr. 1186/2009 und in den Art. 52, 55, 56 und 57 der Richtlinie 2009/132/EG vorgesehenen Anforderungen für die eingangsabgaben- und umsatzsteuerfreie Einfuhr von Gegenständen zugunsten von Katastrophenopfern;
  2. die Gegenstände werden zur Überführung in den zollrechtlich freien Verkehr von oder im Auftrag von staatlichen Organisationen wie staatlichen Stellen, öffentlichen Stellen und sonstigen, dem öffentlichen Recht unterliegenden Stellen oder von bzw. im Auftrag von Organisationen der Wohlfahrtspflege eingeführt, die von den zuständigen Behörden der ersuchenden Mitgliedstaaten, in denen die Gegenstände verwendet werden sollen, anerkannt wurden.

  Die Regelung gilt für Einfuhren nach Estland, Finnland, Frankreich, Griechenland, Irland, Italien, Kroatien, Litauen, Luxemburg, Malta, in die Niederlande, nach Österreich, Polen, Rumänien, in die Slowakei, nach Slowenien, Tschechien und nach Ungarn.

  Die Gegenstände können auch in einem anderen Mitgliedstaat als dem, in dem die Gegenstände verwendet werden sollen, von Eingangsabgaben und von der Einfuhrumsatzsteuer befreit werden, sofern sie von einer staatlichen Organisation oder einer anderen Organisation der Wohlfahrtspflege, die in dem Mitgliedstaat, in dem die Gegenstände verwendet werden sollen, von den zuständigen Behörden anerkannt wurde und ähnliche Tätigkeiten ausübt, zur Überführung in den zollrechtlich freien Verkehr eingeführt werden.

  Voraussetzung dafür ist, dass eine anerkannte Organisation der Wohlfahrtspflege die zuständigen Behörden des Mitgliedstaats, der die Befreiung von den Eingangsabgaben und der Mehrwertsteuer gewährt, vorher darüber unterrichtet hat.

  Sofern die zuständigen Behörden des Mitgliedstaats, der die Befreiung gewährt, darüber informiert wurden, dürfen Organisationen, denen eine Befreiung von den Eingangsabgaben und der Mehrwertsteuer gewährt wird, die befreiten Gegenstände an staatliche Organisationen in der Ukraine oder an andere Organisationen der Wohlfahrtspflege, die von den zuständigen ukrainischen Behörden für die kostenlose Verteilung der Gegenstände an Bedürftige in der Ukraine anerkannt wurden, weitergeben.

Gegenstände, die von Hilfsorganisationen zur Deckung ihres Bedarfs während Hilfsaktionen für Personen, die vor dem Krieg in der Ukraine fliehen, zur Überführung in den zollrechtlich freien Verkehr eingeführt werden, sind beim Vorliegen der Voraussetzungen für die eingangsabgaben- und umsatzsteuerfreie Einfuhr zugunsten von Katastrophenopfern gemäß der Art. 75 bis 80 der Verordnung (EG) Nr. 1186/2009 sowie der Art. 52 bis 57 der Richtlinie 2009/132/EG ebenfalls von Eingangsabgaben und von der Einfuhrumsatzsteuer befreit.

(BMF-AV Nr. 2020/192, BMF-AV Nr. 2021/166, BMF-AV Nr. 2023/152)

Weiters ist nach § 6 Abs. 4 Z 5 UStG 1994 auch die Einfuhr folgender Gegenstände steuerfrei, die nach den §§ 89 bis 93 des ZollR-DG unter Beachtung einer in § 93 ZollR-DG vorgeschriebenen Verwendungspflicht zollfrei eingeführt werden können: **1026**

- Diplomaten- und Konsulargut (§ 89 ZollR-DG);
- Ausstattung ausländischer Dienststellen (§ 90 ZollR-DG);
- Bestimmte Bordvorräte (§ 91 ZollR-DG);
- Treib- und Schmierstoffe in Wasser- und Luftfahrzeugen.

Von der Einfuhrumsatzsteuer befreit ist unter Beachtung der in § 6 Abs. 4 Z 7 UStG 1994 hierzu vorgesehenen Einschränkungen auch die Einfuhr von Gegenständen, die nach Art. 250 bis 253 der Verordnung (EU) Nr. 952/2013 zur Festlegung des Unionszollkodex (UZK), ABl. Nr. L 269 vom 10.10.2013 S. 1 (bis 30.4.2016: Art. 137 bis 144 der Verordnung (EWG) Nr. 2913/92 des Rates vom 12. Oktober 1992 zur Festlegung des Zollkodex der Gemeinschaften, ABl. Nr. L 302 S. 1 [Zollkodex] in der jeweils geltenden Fassung) im Verfahren der vorübergehenden Verwendung von den Einfuhrabgaben befreit eingeführt werden können. **1027**

Von der Befreiung ausgenommen sind die Fälle der teilweisen Befreiung von den Einfuhrabgaben.

Die Steuerfreiheit gilt für Formen, Matrizen, Klischees, Zeichnungen, Modelle, Geräte zum Messen, Überprüfen oder Überwachen und ähnliche Gegenstände mit der Maßgabe, dass die hergestellten Gegenstände zur Gänze aus dem Zollgebiet der Union auszuführen sind.

(BMF-AV Nr. 2016/212)

Steuerfrei ist unter Berücksichtigung der in § 6 Abs. 4 Z 8 UStG 1994 genannten weiteren Bedingungen die Einfuhr von Gegenständen, die nach Art. 203 bis 207 UZK (bis 30.4.2016: Art. 185 bis 187 der Verordnung (EWG) Nr. 2913/92 des Rates vom 12. Oktober 1992 zur Festlegung des Zollkodex der Gemeinschaften, ABl. Nr. L 302 S. 1 [Zollkodex]) als Rückwaren frei von Einfuhrabgaben eingeführt werden können. **1028**

(BMF-AV Nr. 2016/212)

Randzahlen 1029 bis 1035: *derzeit frei.*

6.5. Steuerbefreiungen bei der Einfuhr von Waren im persönlichen Reisegepäck

6.5.1. Allgemeines

Waren im persönlichen Reisegepäck von Personen, die aus dem Drittland zurückkehren, können nur dann steuerfrei eingeführt werden, wenn die folgenden Voraussetzungen erfüllt sind: **1036**

- gesetzlich festgelegte Höchstmengen wurden eingehalten,
- die Waren befinden sich im persönlichen Reisegepäck,
- es handelt sich um eine nichtgewerbliche Einfuhr.

6.5.2. Einhaltung der gesetzlich festgelegten Höchstmengen

Jeder Reisende kann nur bis zu der in § 6 Abs. 5 UStG 1994 für die jeweilige Warengruppe genannten Höchstmenge Waren steuerfrei einführen. **1037**

Danach sind Beschränkungen für Tabakwaren im Allgemeinen, Tabakwaren aus dem Samnauntal, sowie Alkohol und alkoholische Getränke, ausgenommen nicht schäumender Wein und Bier, vorgesehen, wobei in diesen Fällen eine Kombination der verschiedenen Waren einer Warengruppe bis zur zulässigen Höchstmenge vorgenommen werden kann, sofern die Summe der Anteile insgesamt 100% nicht übersteigt.

Einer mengenmäßigen Beschränkung unterliegen weiters nicht schäumender Wein, Bier und der im Hauptbehälter bzw. tragbaren Behälter (maximal 10 Liter) eines Motorfahrzeuges befindliche Kraftstoff.

Andere als die soeben genannten Waren dürfen bis zu einem Gesamtwert von 300 Euro je Reisenden steuerfrei eingeführt werden, für Flugreisende beträgt dieser Schwellenwert

430 Euro. Für Reisende unter 15 Jahren verringert sich dieser Schwellenwert generell auf 150 Euro.

Weitere Bestimmungen zur Berechnung der Schwellenwerte sind in § 6 Abs. 5 UStG 1994 explizit angeführt.

Für Reisende unter 17 Jahren gelten die Bestimmungen über die steuerfreie Einfuhr von Tabakwaren und Alkoholika nicht, somit kommen für sie nur die Einfuhrbefreiungen für Kraftstoffe und andere Waren zur Anwendung.

Randzahlen 1038 bis 1044: *derzeit frei.*

6.6. Steuerbefreiungen bei der Einfuhr von Waren im persönlichen Reisegepäck eines bestimmten Personenkreises

1045 Für Personen mit gewöhnlichem Wohnsitz im Grenzgebiet, Grenzarbeitnehmer sowie Besatzungen von Verkehrsmitteln in bestimmten Fällen gelten gemäß § 6 Abs. 6 UStG 1994 von § 6 Abs. 5 UStG 1994 abweichende Höchstmengen.

1046 Neben den für diese Personen geltenden, in § 6 Abs. 6 UStG 1994 genannten geringeren Höchstmengen ist hier weiters eine prozentuelle Kombination der einzelnen Warensorten zur Ausnutzung nicht ausgeschöpfter Anteile nicht vorgesehen.

Andere Waren als jene, für die eine Höchstmenge vorgesehen ist, dürfen nur bis zu einem Gesamtwert von 40 Euro (bis 31.12.2016: 20 Euro, wovon 4 Euro auf Lebensmittel und nichtalkoholische Getränke entfallen durften) eingeführt werden.

Die Bestimmungen für die steuerfreie Einfuhr von Tabakwaren oder Alkoholika gelten nicht für Reisende unter 17 Jahren.

Weiters enthält § 6 Abs. 6 UStG 1994 für bestimmte Fälle Ausnahmen von den vorgenannten Einschränkungen.

(BMF-AV Nr. 2017/171)

Randzahlen 1047 bis 1050: *Derzeit frei.*

7. Ausfuhrlieferung (§ 7 UStG 1994)

Eine Ausfuhrlieferung ist unter folgenden Voraussetzungen steuerfrei: 1051

- der liefernde Unternehmer hat den Gegenstand in Erfüllung dieses Umsatzgeschäftes in das Drittlandsgebiet befördert oder versendet, oder
- der ausländische Abnehmer hat den Gegenstand in das Drittlandsgebiet versendet oder befördert,
- über die erfolgte Ausfuhr liegt ein Ausfuhrnachweis vor und
- die vorstehenden Voraussetzungen werden buchmäßig nachgewiesen (siehe Rz 2521 bis Rz 2593).

Die Ausfuhrbelege müssen sieben Jahre im Original aufbewahrt werden. Zur Möglichkeit der Aufbewahrung auf Datenträgern siehe Rz 4006a.

Wird die Ausfuhr im Rahmen des ECS (Export Control System) erbracht oder beim Touristenexport der Ausgang der Ware entsprechend der Zoll-Touristenexport-Informatikverordnung 2019 (Zoll-TE-Inf-V 2019), BGBl. II Nr. 344/2018, bestätigt, stellt der beim Zollamt befindliche elektronische Datensatz das Original des Ausfuhrnachweises dar. Diesfalls erstreckt sich die Aufbewahrungspflicht des liefernden Unternehmers für den Ausfuhrnachweis auf den Ausdruck des vom Zollamt übermittelten Datensatzes (pdf-File) bzw. ist insoweit auch eine elektronische Aufbewahrung möglich. Da der elektronische Datensatz die in der Anlage 1 der Zoll-TE-Inf-V 2019 angeführten Daten und somit auch die Daten des vom liefernden Unternehmer ausgestellten Tax-Free-Formulars im selben Umfang beinhaltet, ist es nicht erforderlich, zusätzlich das Tax-Free-Formular eingescannt als pdf-File aufzubewahren.

Zum Drittlandsgebiet im umsatzsteuerrechtlichen Sinne siehe Rz 146 bis Rz 148.

Die Steuerfreiheit entfällt, wenn die Lieferung von einem Unternehmer ausgeführt wurde, der wusste oder wissen musste, dass der von ihm bewirkte Umsatz mit einer Steuerhinterziehung des Erwerbers zum Nachteil des gemeinsamen Mehrwertsteuersystems verknüpft war (vgl. VwGH 18.12.2019, Ra 2019/15/0045, mVa EuGH 28.3.2019, Rs C-275/18, *Vins*, EuGH 8.11.2018, Rs C-495/17, *Cartrans Spedition*, und EuGH 17.10.2019, Rs C-653/18, *Unitel*).

(BMF-AV Nr. 2020/192, BMF-AV Nr. 2021/166, BMF-AV Nr. 2022/154)

Erfolgt vor dem 1. Juli 2013 die Lieferung eines Gegenstandes in das Gebiet des neuen Mitgliedstaates Kroatien, die Verbringung nach Kroatien jedoch erst nach dem 30. Juni 2013, wird eine zollamtliche Ausgangsbestätigung nicht mehr erteilt. In diesen Fällen gilt der Nachweis, dass der Gegenstand der Lieferung der Zollbehörde für Zwecke der Einfuhrumsatzsteuer gestellt wurde, als Ausfuhrnachweis. 1051a

(AÖF Nr. 2014/7)

Der Gegenstand der Lieferung kann durch einen Beauftragten oder mehrere Beauftragte des Abnehmers oder eines folgenden Abnehmer sowohl im Inland als auch in einem anderen EU-Mitgliedstaat bearbeitet oder verarbeitet worden sein. 1051b

Durch die spezielle Ortsregelung für die Lieferung von Gas, Elektrizität, Wärme oder Kälte gemäß der Bestimmung des § 3 Abs. 13 und 14 UStG 1994 wird klargestellt, dass Lieferungen dieser Gegenstände keine bewegten Lieferungen sind. Daraus folgt, dass keine Ausfuhrlieferung nach § 7 UStG 1994 vorliegen kann. 1051c

Randzahl 1051d: *entfällt*

7.1. Beförderung oder Versendung

7.1.1. Beförderung

Zum Begriff Beförderung siehe Rz 447. Im Falle der Beförderung durch den Abnehmer ist seine Eigenschaft als ausländischer Abnehmer zu beachten. 1052

(BMF-AV Nr. 2017/171)

7.1.2. Versendung

Zum Begriff Versenden siehe Rz 448. Im Falle der Versendung durch den Abnehmer ist dessen Eigenschaft als ausländischer Abnehmer zu beachten. 1053

(BMF-AV Nr. 2017/171)

7.1.3. Touristenexport

Ein solcher Touristenexport liegt vor, wenn 1054

- der Erwerb des Gegenstandes nicht für unternehmerische Zwecke erfolgt und
- der Abnehmer den Gegenstand im persönlichen Reisegepäck ausführt.

„Persönliches Reisegepäck“ sind Gegenstände, im Allgemeinen von kleiner Größe oder in kleiner Menge, die eine natürliche Person bei einer Reise mit sich führt, die sie während der Reise benötigt und die ihrem privaten Gebrauch oder dem ihrer Familie dienen. Sie können auch während der Reise erworben werden (vgl. EuGH 17.12.2020, Rs C-656/19, *Bakati plus Kereskedelmi és Szolgáltató Kft.*).

Zum persönlichen Reisegepäck gehören diejenigen Gegenstände, welche ein Reisender bei einem Grenzübertritt mit sich führt (zB das Handgepäck oder das im KFZ mitgeführte Gepäck). Als „im Reisegepäck mitgeführt“ gelten auch solche Gegenstände, die nicht im selben Beförderungsmittel wie der Reisende befördert werden (zB im Eisenbahnverkehr oder Flugverkehr aufgegebenes Gepäck). Ein PKW gilt nicht als persönliches Reisegepäck.

(BMF-AV Nr. 2021/166)

1055 Die zugrunde liegende Lieferung kann unter folgenden Voraussetzungen steuerfrei belassen werden:

- der Abnehmer darf keinen Wohnsitz oder gewöhnlichen Aufenthalt im Gemeinschaftsgebiet haben (Rz 1062 bis 1064);
- der Gegenstand muss vor Ablauf des dritten Kalendermonates, der auf den Monat der Lieferung folgt, ausgeführt werden;

der Gesamtbetrag der Rechnung für die von einem Unternehmer an den Abnehmer gelieferten Gegenstände muss 75 € übersteigen.

Randzahlen 1056 bis 1058: *derzeit frei.*

7.2. Ausländischer Abnehmer

1059 Im Falle der Beförderung bzw. Versendung durch den Abnehmer muss dieser ein ausländischer Abnehmer im Sinne der folgenden Ausführungen sein. Die Beurteilung als „ausländischer Abnehmer“ setzt zwingend voraus, dass die Person des Abnehmers bekannt ist. Erst wenn feststeht, welchem Rechtsträger die Lieferung des Unternehmers zuzuordnen ist, kann in einem weiteren Schritt festgestellt werden, ob der Abnehmer einen Sitz bzw. einen Wohnsitz im Inland hat oder nicht (vgl. VwGH 05.09.2012, 2008/15/0285).

(AÖF Nr. 2014/7)

7.2.1. Grundsatz

1060 Grundsätzlich liegt ein ausländischer Abnehmer nur dann vor, wenn dieser keinen Wohnsitz (Sitz) im Inland hat. Bei der Beurteilung ist von den tatsächlichen Verhältnissen auszugehen. Dasselbe gilt auch für ausländische Zweigniederlassungen, die das Umsatzgeschäft im eigenen Namen abgeschlossen haben.

1061 Botschaften und Konsulate ausländischer Staaten in Österreich bzw. internationale Organisationen mit Amtssitz in Österreich sind keine ausländischen Abnehmer, weil sie ihren Sitz im Bundesgebiet haben. Die österreichischen Botschaften, Konsulate und sonstigen Vertretungsbehörden im Ausland sind als ausländische Abnehmer im Sinne dieser Bestimmung anzusehen, sofern sie das Umsatzgeschäft mit dem inländischen Unternehmer im eigenen Namen abgeschlossen haben.

7.2.2. Touristenexport

1062 Im Falle des Touristenexportes (Rz 1054 bis Rz 1055) darf der Abnehmer keinen Wohnsitz oder gewöhnlichen Aufenthalt im Gemeinschaftsgebiet haben. Zu dessen Bestimmung ist der Ort, der im Reisepass oder sonstigen Grenzübertrittsdokument eingetragen ist, heranzuziehen.

Befindet sich im Reisepass keine Eintragung über einen Wohnsitz oder gewöhnlichen Aufenthalt, ist wie folgt zu unterscheiden:

- Bei Abnehmern, deren Reisepass von einer Behörde eines Mitgliedstaates ausgestellt wurde, ist davon auszugehen, dass ein Wohnsitz oder gewöhnlicher Aufenthalt im Gemeinschaftsgebiet vorliegt.
- In den übrigen Fällen ist von einem Wohnsitz im Gemeinschaftsgebiet auszugehen, wenn im Reisepass ein Aufenthaltstitel für die Republik Österreich (§ 2 Abs. 4 Z 14 Fremdenpolizeigesetz 2005, BGBl. I Nr. 100/2005 idgF) oder im übrigen Gemeinschaftsgebiet eingetragen ist. Die Voraussetzungen für eine steuerfreie Ausfuhrlieferung sind in diesen Fällen nicht erfüllt.
- Dasselbe gilt, wenn ein Aufenthaltstitel gemäß § 8 Niederlassungs- und Aufenthaltsgesetz – NAG, BGBl. I Nr. 100/2005 idgF, insbesondere in Form der Aufenthaltstitel „Daueraufenthalt – EU“ iSd § 8 Abs. 1 Z 7 NAG und „Aufenthaltsbewilligung für einen vorübergehenden befristeten Aufenthalt im Bundesgebiet zu einem bestimmten Zweck“ iSd § 8 Abs. 1 Z 12 NAG gegeben ist.

Die obigen Ausführungen gelten nicht für jene Fälle, in denen im Grenzübertrittsdokument lediglich ein Sichtvermerk („Visum" oder „Visa") iSd Schengener Grenzkodex (Verordnung (EU) Nr. 2016/399 des Europäischen Parlaments und des Rates vom 9. März 2016 über einen Gemeinschaftskodex für das Überschreiten der Grenzen durch Personen, ABl. Nr. L 77 vom 23.03.2016 S. 1) vermerkt ist, sofern dieses Visum nicht auch einen Aufenthaltstitel beinhaltet.

Erfolgt die Ausgangsbestätigung durch eine österreichische Zollbehörde, dann ist damit der Nachweis erbracht, dass es sich um einen ausländischen Abnehmer handelt, sofern sich aus der Ausfuhrbescheinigung nichts Gegenteiliges ergibt (zB Vermerk eines inländischen Wohnsitzes oder inländischen KFZ-Kennzeichens des Ausführenden).

(BMF-AV Nr. 2021/166)

Randzahlen 1063 bis 1064: *derzeit frei.*

7.3. Ausrüstung und Versorgung eines Beförderungsmittels

Ist der Gegenstand der Lieferung zur Ausrüstung oder Versorgung eines Beförderungsmittels bestimmt, so ist in Abholfällen die Steuerfreiheit grundsätzlich auf jene Fälle eingeschränkt, in denen **1065**

- ein ausländischer Abnehmer vorliegt und
- das Beförderungsmittel unternehmerischen Zwecken des Abnehmers dient.

Bei der Anwendung sind die folgenden Ausführungen zu beachten.

7.3.1. Gegenstände zur Ausrüstung eines KFZ

Dazu gehören Kfz-Bestandteile (Ersatzteile) und KFZ-Zubehörteile einschließlich Sonderausstattungen. **1066**

7.3.2. Werklieferungen

Werklieferungen fallen nicht unter die gegenständliche Einschränkung. Die Reparatur eines KFZ ist als Werklieferung anzusehen, wenn der auf die Bestandteile entfallende Entgeltsteil mehr als 50% des Gesamtentgelts beträgt. Im umgekehrten Fall ist zwingend von einer Werkleistung auszugehen. Unter Bestandteile fallen nicht Hilfsstoffe, Kleinmaterial oder Betriebsstoffe (zB Dichtungen, Ölfilter, Zündkerzen, Scheibenwischerblätter, Motoröl, Bremsflüssigkeit usw). Bei der Aufteilung des Entgelts müssen die im Unternehmen üblichen Entgelte angesetzt werden. **1067**

7.3.3. Feste Verbindung bzw. bestimmungsgemäße Verwendung

Unter die gegenständliche Einschränkung fallen – soweit nicht eine Werklieferung zur Anwendung kommt (diesbezüglich siehe den vorstehenden Rz 1067) – die gelieferten Ausrüstungsgegenstände nur, **1068**

- wenn sie bereits vor der Ausfuhr mit dem Fahrzeug fest verbunden werden (zB Montage der Reifen, der Stoßstange, der Zusatzscheinwerfer usw) oder
- wenn es sich um Gegenstände handelt, die nicht zur festen Verbindung mit dem KFZ bestimmt sind (zB Schonbezüge, Warnblinkleuchte, Reservereifen usw), und diese Gegenstände im Zeitpunkt der Ausfuhr schon im KFZ bestimmungsgemäß verwendet werden. Eine derartige Verwendung liegt nicht vor, wenn sich die Gegenstände noch in der Originalverpackung oder in einer Verpackung des liefernden Unternehmers befinden oder noch nicht in eine vorgesehene Halterung des Fahrzeuges eingefügt worden sind (zB Reservereifen).

Nicht im Rahmen einer Werklieferung erfolgende Lieferungen liegen vor, wenn keine Be- oder Verarbeitungsleistung des liefernden Unternehmers erbracht wird (zB bloßes Anschrauben des Ausrüstungsgegenstandes oder Montage nicht durch den Lieferer). **1069**

7.3.4. Versorgung eines KFZ

Dazu gehören zB Treibstoffe, die sich bei der Ausfuhr im Hauptbehälter oder Reservekanister des Fahrzeuges befinden, Motoröle, Bremsflüssigkeiten, Frostschutzmittel usw, die vor der Ausfuhr in das KFZ eingefüllt worden sind. **1070**

7.3.5. Entscheidungsbaum

Lieferung von Gegenständen zur Ausrüstung oder Versorgung eines Fahrzeuges an Nichtunternehmer in Abholfällen **1071**

Ausfuhrlieferung § 7 – Lohnveredlung § 8

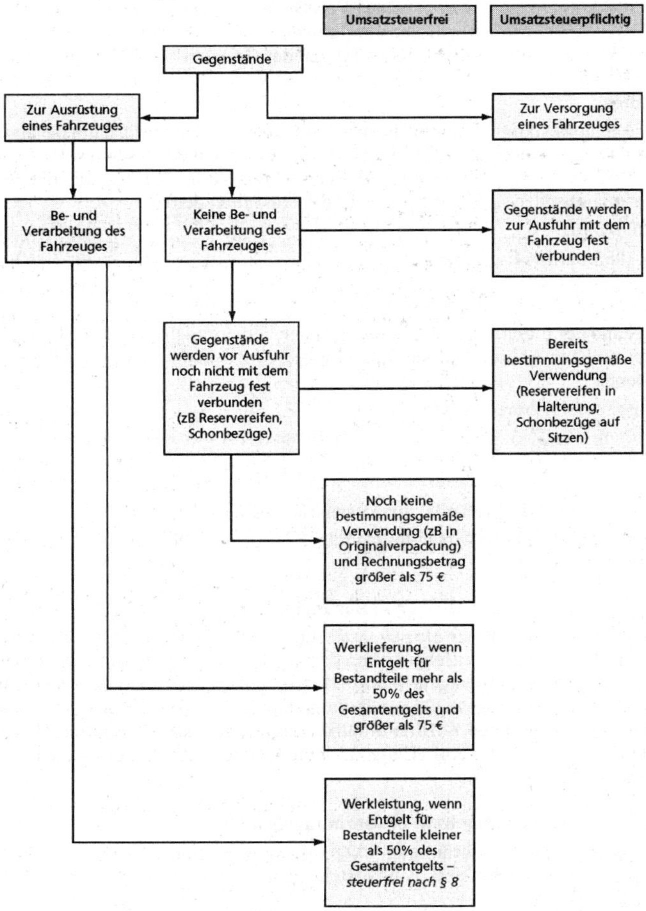

7.3.6. Andere Beförderungsmittel

1072 Die vorstehenden Ausführungen gelten für andere Beförderungsmittel als KFZ sinngemäß (zB Wasser- und Luftfahrzeuge).

Randzahlen 1073 bis 1074: *derzeit frei.*

7.4. Ausfuhrnachweis allgemein

1075 Über die erfolgte Ausfuhr muss ein Nachweis, dass der Liefergegenstand ins Drittland befördert oder versendet wurde, vorliegen. Wie der Unternehmer den Ausfuhrnachweis zu führen hat, regelt das Gesetz (§ 7 Abs. 5 und Abs. 6 UStG 1994). Sind die vorgelegten Ausfuhrnachweise mangelhaft oder liegt kein Ausfuhrnachweis iSd Gesetzes vor, dann ist die Steuerfreiheit nur zu gewähren, wenn (aufgrund anderer Belege und Nachweise) zweifelsfrei feststeht, dass der Liefergegenstand ins Drittland gelangt ist.

Im Falle des Touristenexports ist der Ausfuhrnachweis jedenfalls durch eine mit der zollamtlichen Ausgangsbestätigung versehene Ausfuhrbescheinigung (vgl. auch Art. 147 MwSt-RL 2006/112/EG) zu führen.

Im Hinblick darauf, dass der Unternehmer zur Abgabe von Voranmeldungen verpflichtet ist, muss er jeweils bei Abgabe der Voranmeldungen prüfen, für welche Ausfuhrlieferungen der Ausfuhrnachweis bereits erbracht worden ist. Nur bei Vorliegen der Ausfuhrnachweise kann die Steuerfreiheit geltend gemacht werden. In den übrigen Fällen müssen die Umsätze zunächst steuerpflichtig behandelt werden.

In jenen Fällen, in denen mehrere Unternehmer die Ausfuhr nachweisen müssen, jedoch nur ein Unternehmer über den (Original-)Ausfuhrnachweis verfügt (zB Be- oder Verarbeitung vor der Ausfuhr durch einen anderen Unternehmer), kann den anderen Unternehmern die Steuerfreiheit dann gewährt werden, wenn nachgewiesen werden kann, dass die Ausfuhr tatsächlich erfolgt ist.

(AÖF Nr. 2014/164)

§ 7 UStG 1994 sieht aus Vereinfachungsgründen vor, dass der Unternehmer bereits vor Erbringung des Ausfuhrnachweises die Steuerfreiheit in Anspruch nehmen kann, wenn dieser Nachweis innerhalb von sechs Monaten nach Bewirkung der Lieferung erbracht wird. Wird der Nachweis innerhalb dieses Zeitraumes nicht erbracht, so ist die diese Lieferung betreffende Voranmeldung (bzw Jahreserklärung) zu berichtigen (ex tunc). Langt der Ausfuhrnachweis nach der Berichtigung ein, kann die Steuerfreiheit wiederum in Anspruch genommen werden (ex tunc) und zwar bis zur Rechtskraft des Bescheides für jenen Zeitraum, in dem die Lieferung ausgeführt worden ist (von den Fällen einer Wiederaufnahme des Verfahrens abgesehen). **1076**

Nimmt der Unternehmer im Falle des Touristenexports die Steuerfreiheit stets erst nach Vorliegen des Ausfuhrnachweises in Anspruch, so kann die zunächst vorgenommene Versteuerung des Ausfuhrumsatzes in der UVA für jenen UVA-Zeitraum rückgängig gemacht werden, in dem der Ausfuhrnachweis beim Unternehmer einlangt (ex nunc). Dies erfolgt in der Jahreserklärung unter der Kennziffer 090. **1077**

Randzahlen 1078 bis 1082: *derzeit frei.*

7.5. Ausfuhrnachweis im Versendungsfall

Der Ausfuhrnachweis ist bei Versendung des Gegenstandes in das Drittland durch Versendungsbelege zu erbringen. Versendungsbelege sind **1083**

- Frachtbriefe, Postaufgabebescheinigungen, Konnossemente und dgl. oder deren Doppelstücke. Drittschriften oder lediglich der Schriftwechsel mit dem Beförderungsunternehmer oder dem ausländischen Abnehmer können in aller Regel nicht als Versendungsbelege anerkannt werden. In den Fällen, in denen der Unternehmer den Gegenstand ohne Einschaltung eines Spediteurs in das Ausland versendet und das Frachtbriefdoppel einem Dritten überlassen werden muss, wie dies insbesondere beim Dokumenteninkasso, Akkreditiv oder bei einem Remboursgeschäft üblich ist, kann der Ausfuhrnachweis in Form des Frachtbrieftriplikates oder einer Ablichtung bzw. bestätigten Abschrift des Frachtbriefdoppels in Verbindung mit den übrigen Aufzeichnungen der Finanzbuchhaltung erbracht werden.

Anstelle dieser Versendungsbelege darf der Unternehmer den Ausfuhrnachweis auch führen durch

- die Ausfuhrbescheinigung eines im Gemeinschaftsgebiet ansässigen Spediteurs oder
- durch eine Bescheinigung des Ausgangs der Waren im Sinne des Artikel 334 Durchführungsverordnung (EU) 2015/2447 der Kommission vom 24. November 2015 mit Einzelheiten zur Umsetzung von Bestimmungen der Verordnung (EU) Nr. 952/2013 des Europäischen Parlaments und des Rates zur Festlegung des Zollkodex der Union (UZK-IA) oder
- durch die schriftliche Anmeldung in der Ausfuhr, die mit der zollamtlichen Ausgangsbestätigung versehen ist.

Die Ausfuhrbescheinigung eines im Gemeinschaftsgebiet ansässigen Spediteurs (Spediteurbescheinigung) muss ab 1. Jänner 2007 folgende Angaben enthalten:

- Name und Anschrift des Ausstellers (Spediteur) sowie den Tag der Ausstellung
- Name und Anschrift des Unternehmers sowie des Auftraggebers, wenn dieser nicht der Unternehmer ist
- Datum der Übergabe des Gegenstandes an den Spediteur
- Handelsübliche Bezeichnung und Menge der Gegenstände
- Ort und Tag der Ausfuhr oder Ort und Tag der Versendung in das Drittlandsgebiet
- Name und Anschrift des Empfängers und den Bestimmungsort im Drittlandsgebiet
- Eine Versicherung des Ausstellers, dass die Angaben in dem Beleg auf Grund von Geschäftsunterlagen gemacht wurden, die im Gemeinschaftsgebiet nachprüfbar sind
- Unterschrift des Ausstellers

Die Ausfuhrbescheinigung eines im Gemeinschaftsgebiet ansässigen Spediteurs (Spediteurbescheinigung) muss vom Spediteur nicht eigenhändig unterschrieben worden sein, wenn das für den Spediteur zuständige Finanzamt die Verwendung des Unterschriftsstempels (Faksimile) oder einen maschinellen Unterschriftsausdruck genehmigt hat und auf der Bescheinigung auf die Genehmigungsverfügung des Finanzamtes unter Angabe des Ausstellungsdatums hingewiesen wird.

Zur Spediteurbescheinigung als Versendungsbeleg bei innergemeinschaftlichen Lieferungen siehe Rz 4006.

(BMF-AV Nr. 2016/212)

1084 Die Zollanmeldung in der Ausfuhr sowie die Bestätigung des Ausgangs der Ware einschließlich der Ausgangsbescheinigung im Sinne des Art. 334 UZK-IA regelt das Zollrecht (siehe auch ZK-2630, Arbeitsrichtlinie Verbringung aus dem Zollgebiet Abschnitt 7.).

Mit der Bescheinigung des Ausgangs der Ware im Sinne von Artikel 334 UZK-IA wird der Austritt der Waren im elektronischen Ausfuhrverfahren in e-zoll (ECS) bestätigt, die Ausgangsbescheinigung wird vom e-zoll-System im Feld 44 des Exemplars Nr. 3 eingedruckt. Zusätzlich zur Ausgangsbescheinigung werden auch die Ergebnisse beim Ausgang auf einem Zusatzblatt zum Exemplar Nr. 3 angedruckt und allfällige festgestellte Unregelmäßigkeiten auf diesem Zusatzblatt vermerkt.

Andere Anmeldeformen bestehen nur noch in Ausnahmefällen (zB Notfallverfahren, Warensendungen unter 1.000 Euro). Zur Abwicklung im Notfallverfahren siehe ZK-1580, Arbeitsrichtlinie Zollanmeldung – Standardverfahren, Abschnitt 3.1.2.

(BMF-AV Nr. 2016/212, BMF-AV Nr. 2023/152)

1085 Die Ausgangsbestätigung wird grundsätzlich von der Ausgangszollstelle erteilt. Dies ist die letzte Zollstelle vor dem Ausgang aus dem Zollgebiet der Gemeinschaft. Im Falle der Beförderung im Eisenbahn-, Post-, Luft- oder Schiffsverkehr ist dies jene Zollstelle, wo der Beförderer den Gegenstand zur durchgehenden Beförderung ins Drittland übernimmt. Bei Abfertigung zum Versandverfahren (Carnet TIR, oder gemeinschaftliches und gemeinsames Versandverfahren mit T1 oder T2) mit Bestimmung in ein Drittland übernimmt die Abgangsstelle die Aufgaben der Ausgangszollstelle und bestätigt den Ausgang der Waren auf dem Ausfuhrpapier bzw. im ECS-System. In diesem Fall wird der weitere Warenweg ab der Eröffnung des Versandverfahrens von der Abgangsstelle überwacht. Kommt es nicht zur ordnungsgemäßen Rückmeldung seitens der Bestimmungszollstelle im Drittland bzw. seitens der Ausgangszollstelle, führt die Abgangsstelle ein Suchverfahren durch. Nach einem erfolglos durchgeführten Suchverfahren fordert die Abgangsstelle den Versender auf, die Zollanmeldung zwecks Streichung der Ausgangsbestätigung vorzulegen. Daneben verständigt die Abgangsstelle das für den Unternehmer zuständige Finanzamt, dass die erteilte Ausgangsbestätigung zu Unrecht erfolgte. Kann die Ausgangsbestätigung nicht ungültig gemacht werden, wird dies unter Angabe des Grundes in der Kontrollmitteilung vermerkt. Erhält ein Finanzamt eine solche Kontrollmitteilung über die Ungültigkeit einer Ausgangsbestätigung, hat es festzustellen, ob die allenfalls zugrunde liegende Ausfuhrlieferung steuerpflichtig behandelt wurde.

1086 Bei der Ausfuhr von Zeitungen, Zeitschriften, Büchern und sonstigen Drucksachen, die bei einem Postamt aufgegeben werden, dient als Ausfuhrnachweis der Versendungsbeleg (Aufgabeschein, EMS-Formular oder Lieferschein) oder die Zollanmeldung der Post.

1087 Bei der Ausfuhr von Zeitungen, Zeitschriften, Büchern und sonstigen Drucksachen, die bei einem Postamt als einfacher Brief aufgegeben werden und für die durch das Postamt kein Versendungsbeleg ausgestellt wird, kann die Ausfuhr des Gegenstandes durch innerbetriebliche Unterlagen in Verbindung mit den Aufzeichnungen der Finanzbuchhaltung nachgewiesen werden.

Der Ausfuhrnachweis für die Ausfuhr solcher Gegenstände kann jedoch nur dann als erbracht angesehen werden, wenn jede der folgenden Voraussetzungen vorliegt:

- Die Bestellung des Gegenstandes durch den Abnehmer muss schriftlich erfolgt sein und nachgewiesen werden können (Bestellschreiben, Schriftverkehr).
- Die einzelnen Sendungen müssen in einem fortlaufend und lückenlos geführten Postversandbuch eingetragen sein; aus den Eintragungen müssen der Tag der Versendung, der Name des ausländischen Abnehmers und der Bestimmungsort der Sendung hervorgehen. Als Postversandbuch können auch Versandlisten oder ähnliche, für innerbetriebliche Zwecke eingerichtete Aufzeichnungen anerkannt werden, wenn aus diesen die oben geforderten Angaben hervorgehen.
- Der Ausfuhrvorgang muss buchmäßig nachgewiesen sein.

Bei der Versteuerung nach vereinnahmten Entgelten muss die Begleichung des Gegenwertes der Lieferung belegt werden können (Nachweis des Zahlungseinganges).

Randzahlen 1088 bis 1092: *derzeit frei.*

7.6. Ausfuhrnachweis im Touristenexport bzw. bei sonstiger Beförderung

7.6.1. Ausfuhrnachweis im Touristenexport

Im Falle des sog Touristenexports (dh der Gegenstand der Lieferung wird nicht für unternehmerische Zwecke erworben und im persönlichen Reisegepäck ausgeführt) ist der Ausfuhrnachweis durch eine vom liefernden Unternehmer ausgestellte und mit der zollamtlichen Ausgangsbestätigung versehenen Ausfuhrbescheinigung zu führen. **1093**

Was als Ausgangszollstelle gilt, bestimmt Art. 329 der Durchführungsverordnung (EU) 2015/2447 der Kommission vom 24. November 2015 (UZK-IA). Die Ausgangszollstelle ist grundsätzlich die Zollstelle, die für den Ort zuständig ist, von dem aus die Waren aus dem Zollgebiet der Union an einen Bestimmungsort außerhalb dieses Gebietes verbracht werden. Diese kann daher auch in einem anderen Mitgliedstaat als Österreich liegen. **1094**

(BMF-AV Nr. 2016/212)

Wird der Gegenstand der Ausfuhr dem Beförderer bereits in Österreich zur durchgehenden Beförderung ins Drittlandsgebiet übergeben (zB „durchgechecktes" Reisegepäck im Flugverkehr), kann die Bestätigung von der dortigen Zollstelle erteilt werden. **1095**

(BMF-AV Nr. 2020/192)

Wenn ein Abnehmer die zollamtliche Bestätigung der Ausgangszollstelle nicht erlangen konnte, so ist für die nachträgliche Bestätigung der Ausfuhr die Zollverwaltung des Mitgliedstaates, der ursprünglich die Ausgangsbestätigung erteilt hätte, zuständig. Wenn eine österreichische Ausgangsstelle zuständig ist, dann richten sich die Voraussetzungen für eine nachträgliche Ausgangsbescheinigung nach den zollrechtlichen Vorschriften. **1096**

(BMF-AV Nr. 2016/212)

Keine zollamtlichen Bestätigungen liegen jedenfalls vor, wenn österreichische Vertretungsbehörden im Ausland oder Finanzbehörden im Inland entsprechende Bestätigungen ausstellen. **1097**

Als Ausfuhrbescheinigung ist das Formular Lager Nr. U 34 oder ein inhaltlich entsprechendes anderes Formblatt zu verwenden. Auch eine Rechnung, die den Inhaltserfordernissen des § 11 UStG 1994 (abgesehen von dem auf das Entgelt entfallenden Steuerbetrag) entspricht, und die mit der zollamtlichen Ausgangsbestätigung versehen wurde, kann als Ausfuhrnachweis verwendet werden, sofern die Ausgangszollstelle bestätigt, dass die Angaben in Bezug auf den Abnehmer in der Rechnung mit jenen im Grenzübertrittsdokument übereinstimmen. **1098**

Wird vom Bewilligungsinhaber die Vorgangsweise entsprechend der Zoll-Touristenexport-Informatikverordnung 2019, BGBl. II Nr. 344/2018, eingehalten, so stellt die elektronische Bestätigung des Ausgangs der Waren durch den Bewilligungsinhaber eine zollamtliche Ausgangsbestätigung iSd § 7 Abs. 6 Z 1 UStG 1994 dar.

(BMF-AV Nr. 2016/212, BMF-AV Nr. 2021/166)

7.6.2. Ausfuhrnachweis bei sonstiger Beförderung

Im Falle der Beförderung des Gegenstandes in das Drittland (durch den Lieferer oder durch den Abnehmer), welche nicht im Rahmen des Touristenexportes erfolgt (zB weil der Gegenstand vom Lieferer befördert wird oder für unternehmerische Zwecke erworben oder nicht im persönlichen Reisegepäck ausgeführt wurde), ist der Ausfuhrnachweis zu führen **1099**

- durch eine Bescheinigung des Ausgangs der Waren im Sinne des Artikel 334 UZK-IA oder
- durch eine vom Unternehmer ausgestellte und mit der zollamtlichen Ausgangsbestätigung versehene Ausfuhrbescheinigung, wenn nach zollrechtlichen Vorschriften weder eine schriftliche noch eine elektronische Zollanmeldung erforderlich ist (zB es handelt sich um eine Ausfuhr zu kommerziellen Zwecken, deren Gesamtwert die statistische Wertschwelle von 1.000 Euro nicht übersteigt (siehe Rz 1093 bis Rz 1097) oder
- durch eine mit der zollamtlichen Ausgangsbestätigung versehene schriftliche Anmeldung in der Ausfuhr, die jedoch nur noch dann vorgesehen ist, wenn Ausfuhren nicht im Rahmen des ECS stattfinden können (zB Notfallverfahren).

(BMF-AV Nr. 2016/212)

Randzahlen 1100 bis 1102: *derzeit frei.*

7.7. Verordnungsermächtigung

Randzahlen 1103 bis 1105: *derzeit frei.*

7.8. Unselbständige Nebenleistungen

1106 Wird im Zusammenhang mit der Ausfuhr von Gegenständen auch der Auftrag erteilt, die zur Herstellung oder Bearbeitung notwendigen Formen, Modelle oder besonderen Werkzeuge herzustellen oder zu beschaffen, kann eine unselbständige Nebenleistung zur Ausfuhrlieferung vorliegen, wenn

- die Verfügungsmacht über die Formen, Modelle und Werkzeuge beim inländischen Unternehmer verbleibt, der sie nach Erfüllung des Auftrags ins Drittland versendet oder
- die Verfügungsmacht über die Formen, Modelle und Werkzeuge vom Hersteller dem ausländischen Abnehmer zwar sofort eingeräumt wird, aber nur um zu verhindern, dass sie vom Unternehmer auch für die Bearbeitung etc. von Gegenständen anderer Unternehmer verwendet werden, und dieser Umstand aus Vereinbarungen eindeutig ersichtlich ist.

Dabei ist es unerheblich, ob und in welchem Zustand die Formen nach der Auftragserfüllung in das Drittland gelangen, ob die Kosten getrennt verrechnet werden, und ob die Formen durch den inländischen Unternehmer selbst hergestellt wurden oder in seinem Auftrag durch einen anderen Unternehmer.

Von einer selbständigen Lieferung hinsichtlich der Formen, Modelle oder Werkzeuge ist hingegen auszugehen, wenn der Leistungsempfänger die Verfügungsmacht über sie erwirbt, um sie für eigene wirtschaftliche Zwecke zu verwenden, sein Hauptinteresse also auf die Beschaffung der Formen, Modelle oder Werkzeuge gerichtet ist (zB wenn der Abnehmer die Formen, Modelle oder Werkzeuge auch anderen Unternehmern zur Herstellung von Gegenständen zur Verfügung stellen will).

Dies gilt sinngemäß auch für innergemeinschaftliche Lieferungen (siehe Rz 3981).

Randzahlen 1107 bis 1110: *derzeit frei.*

8. Lohnveredlung an Gegenständen der Ausfuhr (§ 8 UStG 1994)

Die Steuerfreiheit für Lohnveredlungen ergänzt ua. jene für Ausfuhrlieferungen. Gegenstände der Ausfuhr können vor der Ausfuhr von einem anderen Unternehmer be- und verarbeitet werden. Auch diese Be- und Verarbeitung kann bei Vorliegen der Voraussetzungen steuerfrei belassen werden. **1111**

8.1. Voraussetzungen

8.1.1. Einfuhr oder Erwerb zum Zweck der Lohnveredlung

Eine steuerfreie Lohnveredlung liegt nur vor, wenn der Auftraggeber den Gegenstand zum Zweck der Lohnveredlung in das Gemeinschaftsgebiet eingeführt oder zu diesem Zweck im Gemeinschaftsgebiet erworben hat. Der Zweck der Lohnveredlung muss zum Zeitpunkt des Erwerbs bzw. der Einfuhr bereits gegeben sein, jedoch muss die Veredlung nicht der Hauptzweck oder der ausschließliche Zweck für die Einfuhr oder für den Erwerb sein. **1112**

Beispiel:

A mit Wohnsitz in der Schweiz erwirbt vom Privaten P in Wien ein Gemälde und lässt dies dort von U restaurieren, um es anschließend in die Schweiz zu exportieren. Hauptzweck des Erwerbs bildet zwar die Erlangung der Verfügungsmacht am Gegenstand, es liegt aber dennoch eine begünstigte Veredlung vor.

Die Voraussetzung der Einfuhr eines Gegenstandes zum Zweck seiner Bearbeitung oder Verarbeitung kann zB als erfüllt angesehen werden, wenn eine zollrechtliche Bewilligung über die aktive Lohnveredlung vorliegt. Wird zB ein Fahrzeug eines ausländischen Touristen während eines Aufenthaltes im Inland reparaturbedürftig, kann die Steuerbefreiung aufgrund der Lohnveredlung nicht zur Anwendung kommen. Dasselbe gilt, wenn ein ausländischer Abnehmer ein Fahrzeug im Inland erworben hat, dieses vor der Ausfuhr genutzt wurde und es während dieser Zeit wider Erwarten repariert werden musste. **1113**

8.1.2. Sonstige Voraussetzungen

Hinsichtlich der Voraussetzungen der Steuerfreiheit ist zu unterscheiden, ob der bearbeitete oder verarbeitete Gegenstand vom Unternehmer oder vom ausländischen Abnehmer in das Drittlandsgebiet befördert oder versendet wird. Wird der Gegenstand vom Auftraggeber befördert oder versendet, darf dieser keinen Wohnsitz (Sitz) im Inland haben. **1114**

Die mehrfache Bearbeitung oder Verarbeitung vor der Ausfuhr ist zulässig. Der bearbeitete oder verarbeitete Gegenstand kann durch weitere Beauftragte vor der Ausfuhr bearbeitet oder verarbeitet werden. Dabei sind folgende Fälle zu unterscheiden: **1115**

- Der Lohnveredler lässt die Arbeiten durch einen Subunternehmer durchführen. Die Leistung des inländischen Subunternehmers ist steuerpflichtig.

Beispiel:

U in Linz übernimmt für Z in Zürich (Schweiz) die Bearbeitung eines beigestellten Gegenstandes. U lässt diese aber von S in Salzburg durchführen, um anschließend den Gegenstand nach Zürich zu befördern. Der Umsatz U/Z ist eine steuerfreie Lohnveredlung. Der Umsatz S/U ist steuerpflichtig, da U kein ausländischer Auftraggeber ist.

- Die weitere Bearbeitung oder Verarbeitung erfolgt durch einen dritten Unternehmer im Auftrag des ausländischen Auftraggebers. Schaltet der Auftraggeber selbst nacheinander mehrere Unternehmer zur Bearbeitung oder Verarbeitung ein, können gegebenenfalls alle Umsätze steuerfrei behandelt werden.
- Hinsichtlich Reparatur, Ausrüstung und Versorgung eines Beförderungsmittels siehe Rz 1065 bis 1074.

Das Vorliegen der Voraussetzungen für die Steuerbefreiung ist buchmäßig nachzuweisen. Ist der Gegenstand durch mehrere Beauftragte nacheinander bearbeitet oder verarbeitet worden, muss jeder dieser Unternehmer die Voraussetzungen der Steuerbefreiung (einschließlich der Einfuhr oder des Erwerbs im Gemeinschaftsgebiet zum Zweck der Bearbeitung oder Verarbeitung) buchmäßig nachweisen. Die für den Buchnachweis bei Ausfuhrlieferungen maßgebenden Vorschriften sind entsprechend anzuwenden. **1116**

Randzahlen 1117 bis 1130: *derzeit frei.*

8.2. Ausländischer Abnehmer

Siehe Rz 1059 bis 1064.

8.3. Ausfuhrnachweis

Siehe Rz 1075 bis 1102.

9. Umsätze für die Seeschifffahrt und die Luftfahrt (§ 9 UStG 1994)

1131 Es handelt sich um eine Vorstufenbefreiung, dh. nicht die Umsätze der See- und Luftfahrt sind befreit, sondern die Umsätze für die Seeschifffahrt bzw. Luftfahrt.

Diese Steuerbefreiung kommt nur für solche Umsätze in Betracht, die unmittelbar an den begünstigten Unternehmer erbracht werden und ist auf Umsätze vorhergehender Stufen (Subunternehmer) nicht anzuwenden, außer die endgültige Bestimmung (Verwendung) der fraglichen Gegenstände oder sonstigen Leistungen für den begünstigten Zweck kann ohne Einführung zusätzlicher Kontroll- und Überwachungsmechanismen ihrem Wesen und ihrer Vereinbarung nach als sicher gelten (EuGH 19.7.2012, Rs C-33/11, *A Oy*; EuGH 4.5.2017, Rs C-33/16, *A Oy*).

Beispiel:

Der Unternehmer A, der einen Handel mit technischen Geräten betreibt, liefert Bordinstrumente an die Fluggesellschaft B.

(BMF-AV Nr. 2017/171)

9.1. Umsätze für die Seeschifffahrt

9.1.1. Betroffene Wasserfahrzeuge

1132 Unter Seeschifffahrt ist die Hochseeschifffahrt zu verstehen. Gemäß § 2 Z 2 Seeschifffahrtgesetz, BGBl. Nr. 174/1981 idF BGBl. Nr. 452/1992, versteht man unter „Seeschiff" ein Fahrzeug, das nach Größe, Bauart und Ausrüstung für Fahrten auf See verwendet werden kann. Betriebsvorrichtungen wie Bohrinseln, Schwimmkräne, Schwimmdocks sowie Schiffe, die zwar hochseetauglich sind, aber in der Flussschifffahrt eingesetzt werden (Donauschifffahrt), fallen nicht unter die Steuerbefreiung.

Die Schiffe müssen Erwerbszwecken dienen (Ausnahme: Rettungsschiffe). Die Befreiung bezieht sich somit weder auf Seeschiffe, die hoheitliche Aufgaben erfüllen (zB Kriegsschiffe), noch auf Ausbildungsschiffe, Forschungsschiffe, hochseetüchtige Segelyachten oder sonstige der Freizeitgestaltung dienende Seeschiffe.

9.1.2. Betroffene Leistungen

1133 Gemäß § 9 Abs. 1 UStG 1994 sind befreit:

- Z 1: Die Lieferungen, Umbauten, Instandsetzungen, Wartungen, Vermietungen und Vercharterungen von Seeschiffen (befreit ist auch Leasing).
- Z 2: Die Lieferungen, Instandsetzungen, Wartungen und Vermietungen von Ausrüstungsgegenständen für Seeschiffe, auch wenn diese nicht fest verbunden sind (etwa optische und nautische Geräte, Tauwerk, Rettungsboote und -ringe, Schwimmwesten, Werkzeug, Möbel, Geschirr, Wäsche, Seekarten, Handbücher, nicht aber Transportbehälter zB Container).
- Z 3: Die Lieferungen von Gegenständen zur Versorgung von Seeschiffen, wie zB Treibstoffe, Schmierstoffe, Farben sowie Proviant, Genussmittel, Wasser und Waren für Bordapotheken oder Bordläden. Die Befreiung bezieht sich nicht auf Lieferungen zur Versorgung von Schiffen, die auf einer vorhergehenden Handelsstufe erfolgen.
- Z 4: Die sonstigen Leistungen, die für den unmittelbaren Bedarf der Fahrzeuge, einschließlich ihrer Ausrüstungsgegenstände und ihrer Ladungen bestimmt sind (zB Leistungen der Schiffsmakler, Havariekommissare, Sachverständigen, Hafenbetriebe; das Schleppen, Lotsen, Bergen).

1134 Von der Befreiung sind Vermittlungsleistungen nicht umfasst. Diese können jedoch nach § 6 Abs. 1 Z 5 UStG 1994 steuerfrei sein.

Randzahlen 1135 bis 1140: *derzeit frei.*

9.2. Umsätze für die Luftfahrt

9.2.1. Betroffene Luftfahrzeuge

1141 Bei den Luftfahrzeugen muss es sich um solche handeln, die zur Verwendung durch Unternehmer bestimmt sind und die im entgeltlichen Luftverkehr eingesetzt werden. Entgeltlicher Luftverkehr im Sinne dieser Bestimmung ist die Personen- und Güterbeförderung gegen Entgelt im Luftverkehr. Entgeltlicher Luftverkehr muss nicht den alleinigen Betriebsgegenstand des Unternehmens ausmachen. Der Unternehmer muss jedoch im Rahmen des entgeltlichen Luftverkehrs überwiegend grenzüberschreitende Beförderungen oder Beförderungen auf reinen Auslandsstrecken durchführen. Maßstab dafür, ob im Rahmen des entgeltlichen Luftverkehrs der internationale oder der inländische Luftverkehr überwiegt, sind die Umsatzverhältnisse. Umsätze aus anderen Tätigkeiten, zB aus Treuhandtätigkeit, sind nicht in die für die Beurteilung maßgeblichen Umsatzverhältnisse, ob im Rahmen des entgeltlichen Luftverkehrs der internationale oder der inländische Luftverkehr überwiegt, miteinzubeziehen.

Erfüllt der Unternehmer die Voraussetzung des Überwiegens der grenzüberschreitenden Beförderungen bzw. der reinen Auslandsbeförderungen, gilt die Steuerbefreiung auch für die im § 9 Abs. 2 UStG 1994 genannten Leistungen betreffend Luftfahrzeuge, die der Unternehmer zum überwiegenden Teil oder ausschließlich für Inlandsflüge einsetzt (EuGH vom 16.9.2004, Rs C-382/02, *Cimber Air A/S*).

(BMF-AV Nr. 2020/192)

Das Vorliegen der Voraussetzungen für die Steuerbefreiung muss der leistende Unternehmer wie folgt prüfen: **1142**

Hat das Luftverkehrsunternehmen seinen Sitz im Ausland, kann davon ausgegangen werden, dass die Voraussetzungen erfüllt sind. Hat es seinen Sitz im Inland, prüft die Finanzverwaltung das Vorliegen der Voraussetzungen und veröffentlicht jährlich eine Liste der Unternehmer mit Sitz im Inland, bei denen davon ausgegangen werden kann, dass sie diese Voraussetzungen erfüllen.

Bis zur Aufnahme eines Unternehmers in die in Rz 1142 genannte Liste gilt Folgendes: **1142a** Hat das zuständige Finanzamt festgestellt, dass der Unternehmer im entgeltlichen Luftverkehr überwiegend internationalen Luftverkehr betreibt, erteilt das zuständige Finanzamt hierüber eine schriftliche Bestätigung, die bis zur Veröffentlichung einer neuen Liste gilt. Der Unternehmer kann anderen Unternehmern Kopien dieser Mitteilung übermitteln und sie auf diese Weise informieren. Die anderen Unternehmer sind berechtigt, diese Kopien bis zur Veröffentlichung einer neuen Liste für die Führung des buchmäßigen Nachweises zu verwenden.

(AÖF Nr. 2014/7)

Auch Fluggesellschaften, welche (auch) Beförderungen von kranken und verletzten **1143** Personen mit Fahrzeugen durchführen, die hiefür besonders eingerichtet sind, und gemäß § 6 Abs. 1 Z 22 UStG 1994 nicht zum Vorsteuerabzug berechtigt sind, fallen unter die Vorstufenbefreiung nach § 9 Abs. 2 UStG 1994 (vgl. VwGH 05.09.2012, 2009/15/0213).

Beispiel:

Das österreichische Unternehmen X verkauft Treibstoff an das österreichische Flugunternehmen Y. Y betreibt ein Flugunternehmen, das auch Krankenbeförderungen durchführt und ist mit den Krankenbeförderungen (unecht) steuerbefreit. Ihm kann – bei Vorliegen der Voraussetzungen des § 9 UStG 1994 – steuerfrei geliefert werden.

(AÖF Nr. 2014/7)

9.2.2. Betroffene Leistungen

Folgende Leistungen können befreit sein: **1144**

Z 1: Lieferungen, Umbauten, Instandsetzungen, Wartungen, Vercharterungen und Vermietungen von Luftfahrzeugen (ebenso Leasing von Luftfahrzeugen). Grundsätzlich steht es dem leistenden Unternehmen frei, bei Vorliegen der Voraussetzungen die Steuerbefreiung gemäß § 7 bzw. § 8 UStG 1994 oder nach § 9 Abs. 2 UStG 1994 in Anspruch zu nehmen. Für jede der genannten Befreiungen ist die Erbringung eines Buchnachweises Voraussetzung.

Z 2: Lieferungen, Instandsetzungen, Wartungen und Vermietungen von Ausrüstungsgegenständen für Luftfahrzeuge, wie zB Instrumente, Werkzeuge, Karten, Handbücher, Schwimmwesten.

Z 3: Lieferungen von Gegenständen zur Versorgung von Luftfahrzeugen. Das sind technische Verbrauchsgegenstände (zB Treibstoffe, Schmierstoffe), sonstige zum Verbrauch durch die Besatzungsmitglieder und Fluggäste bestimmte Gegenstände (zB Proviant, Genussmittel, Toiletteartikel, Zeitungen und Zeitschriften), Waren für Flugzeugapotheken und Waren (Genussmittel und Non-food-Artikel), die an Bord verkauft werden sollen, auch wenn sie nicht zum Verbrauch oder Gebrauch an Bord bestimmt sind.

Z 4: zu den anderen als den in Z 1 und 2 bezeichneten sonstigen Leistungen für den un- **1145** mittelbaren Bedarf von Luftfahrzeugen gehören insbesondere:

- Die Duldung der Benützung des Flughafens und seiner Anlagen (zB die Überlassung von Abstellflächen und Hallen zu Abstellzwecken; die Überlassung von Räumlichkeiten zu Abfertigungszwecken) einschließlich der Erteilung der Start- und Landeerlaubnis;
- die Reinigung und das Enteisen von Luftfahrzeugen;
- die Umschlagsleistungen im Zusammenhang mit dem Be- bzw. Entladen von Luftfahrzeugen;

- die Leistungen der Havariekommissare, soweit sie bei Beförderungen im Luftverkehr anlässlich von Schäden an den Beförderungsmitteln oder ihren Ladungen tätig werden. Ein Havariekommissar ist in der Regel als Schadensagent für Versicherer, Versicherungsnehmer, Versicherte oder Beförderungsunternehmer tätig. Er hat hauptsächlich die Aufgabe, die Interessen seines Auftraggebers wahrzunehmen, wenn bei Beförderungen Schäden an den Beförderungsmitteln oder an ihren Ladungen eintreten;
- die Abfertigung von Luftfahrzeugen, Fluggästen, Fracht und Luftpost, soweit es sich nicht um behördliche Aufgaben (zB Pass- und Zollabfertigung) handelt. Es sind dies Tätigkeiten, die insbesondere beim Ein- und Aussteigen von Fluggästen, beim Ein- und Ausladen von Fracht und Luftpost durchzuführen sind (zB Ladekontrolle, Gepäcksabfertigung, Dokumentenabfertigung, Postabfertigung, Beförderung von Passagieren, Fracht und Post zwischen Flugzeug und Flughafenabfertigungsgebäude bzw. im Flughafenabfertigungsgebäude);
- die mit dem Flugbetrieb zusammenhängenden sonstigen Leistungen von Luftfahrtunternehmen untereinander (zB Schleppen von Flugzeugen eines anderen Unternehmers).

1146 Nicht unter die Steuerbefreiung des § 9 UStG 1994 fallen sonstige Leistungen, die nur mittelbar dem Bedarf von Luftfahrzeugen dienen. Das sind insbesondere:

- Die Vermittlung von befreiten Umsätzen. Es kann jedoch die Steuerbefreiung nach § 6 Abs. 1 Z 5 UStG 1994 in Betracht kommen.
- Die Vermietung von Hallen für Werftbetriebe auf Flughäfen.
- Die Leistungen an eine Luftfahrtbehörde für Zwecke der Luftaufsicht.
- Die Beherbergung von Besatzungsmitgliedern eines Luftfahrzeuges.
- Die Beförderung von Besatzungsmitgliedern (zB mit einem Taxi, vom Flughafen zum Hotel und zurück).
- Die Beherbergung von Passagieren bei Flugunregelmäßigkeiten sowie die Beförderung von Passagieren und Fluggepäck (zB mit einem KFZ, zu einem Ausweichflughafen).
- Die Transporte von Luftfracht mit KFZ zum Zielflughafen (so genannte Luftfrachtersatztransporte).
- Die Überlassung von Räumlichkeiten des Flughafens zu Veranstaltungszwecken (zB für Pressekonferenzen).
- Die Überlassung von Piloten.

Randzahlen 1147 bis 1151: *derzeit frei.*

9.3. Buchnachweis

1152 Der Buchnachweis ist Voraussetzung für die Steuerbefreiung und bezieht sich auf Umstände, die in der Sphäre des Leistungsempfängers liegen.

(BMF-AV Nr. 2017/171)

Randzahlen 1153 bis 1160: *derzeit frei.*

10. Steuersätze (§ 10 UStG 1994)

10.1. Normalsteuersatz

Der Normalsteuersatz beträgt 20% und gilt für Lieferungen, sonstige Leistungen, Einfuhr, Eigenverbrauch und innergemeinschaftliche Erwerbe. Der Normalsteuersatz ist immer dann anzuwenden, wenn nicht Sondervorschriften wie Steuerbefreiung (zB § 6 UStG 1994), Steuerermäßigung (zB § 10 Abs. 2 UStG 1994) oder sonstige Ausnahmeregelungen (zB § 22 UStG 1994) in Betracht kommen. **1161**

Randzahlen 1162 bis 1165: *derzeit frei.*

10.2. Ermäßigter Steuersatz von 10%

10.2.1. Gegenstände der Anlage 1

10.2.1.1. Gegenstände der Anlage 1 Z 1 – Z 35

(BMF-AV Nr. 2021/166)

Die Gegenstände, deren Lieferung (einschließlich Werklieferung), Eigenverbrauch gemäß § 3 Abs. 2 und § 3a Abs. 1a UStG 1994, Einfuhr und innergemeinschaftlicher Erwerb dem ermäßigten Steuersatz von 10% unterliegen, sind in der Anlage 1 Z 1 bis Z 35 UStG 1994 erschöpfend aufgezählt. **1166**

(BMF-AV Nr. 2015/170, BMF-AV Nr. 2021/166)

Die Anwendung des ermäßigten Steuersatzes ist nicht von einem buchmäßigen Nachweis abhängig und hat auch im Falle einer Schätzung des Umsatzes zu erfolgen. **1167**

Die Zugehörigkeit der Gegenstände zu Anlage 1 richtet sich nach der Kombinierten Nomenklatur (KN, das ist der gemeinsame Zolltarif der EU). Maßgebend für die Einreihung von Waren in den Zolltarif sind der Wortlaut der Positionen bzw. Unterpositionen und die Anmerkungen zu den Abschnitten, nicht die Überschriften. Die für die Tarifierung maßgeblichen EU-Vorschriften sind im Österreichischen Gebrauchszolltarif und in den Erläuterungen zum Österreichischen Zolltarif enthalten. **1168**

(BMF-AV Nr. 2015/170)

Bei Lieferungen von Gegenständen der Anlage 1 ist der Grundsatz der Einheitlichkeit der Leistung anzuwenden, daher gilt der ermäßigte Steuersatz auch für unselbständige Nebenleistungen (zB Beförderung eines Gegenstandes, Verpackungen, Behältnisse, Warenumschließungen), auch wenn das Entgelt für die Nebenleistung gesondert in Rechnung gestellt wird. **1169**

(BMF-AV Nr. 2015/170)

Eine unselbständige Nebenleistung zur Lieferung von Wasser ist zB die Vermietung von Zählern, für die neben der laufenden Gebühr auch noch eine Grundgebühr eingehoben wird; ebenso eine Leistung, für die eine sog Anschlussgebühr verrechnet wird. Wird Obst oder Gemüse in Mehrweggebinden geliefert, so ist davon auszugehen, dass es sich um eine einheitliche Leistung handelt und das vom Käufer aufgewendete Pfandgeld Teil des Entgelts für die einheitliche Warenlieferung ist. Bei Rückerstattung des Pfandgeldes liegt eine Entgeltsminderung nach § 16 UStG 1994 vor. Daher ist für die Lieferung von Obst und Gemüse in Mehrweggebinden der ermäßigte Steuersatz anzuwenden. Werden Sachgesamtheiten geliefert (zB Geschenkkorb), die aus Waren bestehen, die verschiedenen Positionen der KN zuzuordnen sind, so ist das Entgelt – gegebenenfalls im Schätzungsweg – aufzuteilen, wenn verschiedene Steuersätze zur Anwendung kommen. **1170**

Wird für ein Frühstück ein einheitlicher Preis verlangt, so können die mit 20% zu versteuernden Entgeltsteile (insbesondere für Kaffee, Tee) mit 20% des einheitlichen Preises angesetzt werden. Die übrigen Entgeltsteile sind dem 10-prozentigen Steuersatz zu unterwerfen. Diese Pauschalregelung kann nur einheitlich für alle Frühstücksabgaben eines Betriebes während eines Voranmeldungszeitraumes angewendet werden. **1171**

(AÖF Nr. 2014/164)

Sonstige Leistungen im Zusammenhang mit Gegenständen der Anlage 1 Z 1 bis Z 35 UStG 1994 (zB im Zusammenhang mit Büchern oder anderen Druckerzeugnissen; ausgenommen die Vermietung von Druckerzeugnissen, siehe Rz 1177) fallen nicht unter den ermäßigten Steuersatz (zB die Herstellung von Fotokopien). Beim Binden von Zeitschriften nach Jahrgängen, Berichten, Patentschriften udgl. liegt eine Werkleistung vor, für die der Normalsteuersatz zur Anwendung kommt (VwGH 29.11.1984, 83/15/0083; VwGH 14.11.1988, 86/15/0086). Werden hingegen Zeitschriften, Bundesgesetzblätter udgl. mit festen Einbanddecken gebunden und zusätzlich mit einem Index (zB Inhaltsverzeichnis, Stichwortverzeichnis) versehen, liegt eine Werklieferung vor, die dem ermäßigten Steuersatz unterliegt. **1172**

(BMF-AV Nr. 2015/170, BMF-AV Nr. 2021/166)

1173 Das Binden von Büchern und Dissertationen ist als Werklieferung anzusehen und dem ermäßigten Steuersatz zu unterwerfen (VwGH 29.10.1979, 2259/77; 14.11.1988, 86/15/0086).

1173a Fotobücher sind in die Position 4901 9900 der KN einzureihen und daher von § 10 Abs. 2 Z 1 lit. a UStG 1994 iVm Z 33 der Anlage 1 erfasst. Nach der VO (EU) Nr. 2254/2015 fallen Fotobücher in die Position 4911 91 00 der KN. Es kommt daher ab 1.4.2016 der Steuersatz von 20% zur Anwendung, weil die Position 4911 91 00 der KN weder in Anlage 1 noch Anlage 2 genannt ist.

(BMF-AV Nr. 2016/212)

1173b Die gesonderte Verrechnung eines Gedecks in einem Speiselokal hat gegenüber der Hauptleistung Restaurationsumsatz eine dienende Funktion und wird als unselbstständige Nebenleistung zur Abgabe von Speisen gesehen.

1173c Sirupe der Unterpositionen 2106 90 der KN in Gebinden, die ausschließlich für den Ausschank durch eine Schankanlage vorgesehen sind, unterliegen ab 1.1.2016 unabhängig von der Lebensmittelzusammensetzung dem Normalsteuersatz (Z 21 der Anlage 1).

(BMF-AV Nr. 2015/170)

1173d Begünstigt sind Waren der monatlichen Damenhygiene, wie etwa hygienische Binden (Einlagen), Tampons aus Stoffen aller Art, Menstruationstassen, Menstruationsschwämmchen und Periodenhosen. Ebenso begünstigt sind Slipeinlagen.

(BMF-AV Nr. 2021/166)

Randzahl 1174: *derzeit frei.*

10.2.1.2. Umsätze von Arzneimitteln

1174a Für die Umsätze (Lieferungen, innergemeinschaftliche Erwerbe und Einfuhren) von Arzneimitteln kommt der ermäßigte Steuersatz von 10% zur Anwendung. Dies gilt für alle Arzneimittel, die unter das Arzneimittelgesetz, BGBl. Nr. 185/1983 idgF, fallen, sowohl im Bereich der Humanmedizin als auch der Veterinärmedizin.

Entsprechend der im Arzneimittelgesetz vorgenommenen Abgrenzung unterliegen hingegen Umsätze von Medizinprodukten im Sinne des Medizinproduktegesetzes 1996 weiterhin dem Normalsteuersatz von 20%.

Zuständig für die Einstufung von Waren als Arzneimittel ist die Österreichische Agentur für Gesundheit und Ernährungssicherheit GmbH (AGES).

Für jene Waren, die bereits bisher in der Anlage 1 zu § 10 Abs. 2 UStG 1994 aufgrund der zolltariflichen Erfassung in den jeweiligen Positionen der Kombinierten Nomenklatur (KN) enthalten sind, tritt keine Änderung ein. So unterliegen etwa Kräutertees oder verschiedene Lebensmittelzubereitungen nach Z 13 und Z 21 der Anlage 1 weiterhin dem ermäßigten Steuersatz von 10%.

Bei der Einfuhr von Arzneimitteln ist jedenfalls aus zollrechtlicher Sicht Kapitel 30 der KN (Pharmazeutische Erzeugnisse) zu beachten, das sowohl Arzneimittel als auch im geringen Umfang Medizinprodukte enthält. Der Anmelder muss daher bei Abgabe der Anmeldung entscheiden, um welche Art von Ware es sich jeweils handelt, damit auch im Rahmen der Einfuhrumsatzsteuer nur Arzneimittel dem ermäßigten Steuersatz von 10% unterliegen.

(BMF-AV Nr. 2015/170)

1174b Während die tierärztliche Heilbehandlung dem Normalsteuersatz von 20% unterliegt, ist gemäß § 10 Abs. 2 Z 1 lit. a UStG 1994 auf die Lieferung von Arzneimitteln – somit auch auf die Lieferung von Arzneimitteln für Tiere – der ermäßigte Steuersatz anzuwenden.

Bei der Lieferung von Arzneimitteln durch Tierärzte kann nur dann von einer unselbständigen Nebenleistung zu der in der tierärztlichen Leistung bestehenden Hauptleistung, die dem Normalsteuersatz von 20% unterliegt, gesprochen werden, wenn das Arzneimittel im Zuge einer Behandlung vom Tierarzt direkt am Tier oder unter Aufsicht des Tierarztes durch den Tierhalter selbst angewendet wird. In allen anderen Fällen ist von der Lieferung eines Arzneimittels auszugehen, die dem ermäßigten Steuersatz von 10% unterliegt.

(BMF-AV Nr. 2015/170)

Randzahlen 1175 bis 1176: *derzeit frei.*

10.2.2. Vermietung von Druckerzeugnissen

1177 Bei den in der Z 33 der Anlage 1 angeführten Gegenständen gilt der ermäßigte Steuersatz auch für die Vermietung. Darunter fällt die Vermietung von Büchern und Zeitschriften, Noten, kartographischen Erzeugnissen aller Art, wobei sich die Ermäßigung nicht nur auf die Benützungsgebühr beschränkt, sondern auch auf die Anmeldegebühren anzuwenden ist. Für die Vermietung von anderen Gegenständen der Anlagen 1 und 2 (zB Vermietung lebender Tiere) gilt der Normalsteuersatz.

(BMF-AV Nr. 2015/170)

Randzahlen 1178 bis 1183: *derzeit frei.*

10.2.3. Vermietung von Grundstücken; Wohnungseigentümergemeinschaften; Beherbergungs- und Campingplatzumsätze

10.2.3.1. Allgemeines

Die Vermietung und Verpachtung sowie die Nutzungsüberlassung von Grundstücken zu Wohnzwecken und die Leistungen von Wohnungseigentumsgemeinschaften im Zusammenhang mit Wohnungen unterliegen aufgrund der Ausnahmeregelung des Art. 117 Abs. 2 MwSt-RL 2006/112/EG dem ermäßigten Steuersatz. Der ermäßigte Steuersatz findet in unionsrechtskonformer Interpretation keine Anwendung auf eine als Liebhaberei beurteilte verlustträchtige Wohnraumvermietung. Diese ist zwingend unecht steuerbefreit ohne die Möglichkeit, nach § 6 Abs. 2 UStG 1994 zur Steuerpflicht zu optieren (VwGH 16.2.2006, 2004/14/0082; VwGH 30.4.2015, Ra 2014/15/0015; siehe LRL 2012 Rz 168 und 184). **1184**

(BMF-AV Nr. 2015/170, BMF-AV Nr. 2021/166)

10.2.3.2. Vermietung von Grundstücken für Wohnzwecke

Für die Frage, ob eine Vermietung (Nutzungsüberlassung) von Grundstücken für Wohnzwecke vorliegt, ist der tatsächliche letztliche Verwendungszweck des Mietgegenstandes maßgebend. So kommt der ermäßigte Steuersatz für den Vermieter einer Wohnung zB auch dann zur Anwendung, wenn die Wohnung (oder Teile hievon) nicht vom Mieter selbst für Wohnzwecke verwendet, sondern untervermietet wird. Wird ein Grundstück teils für Wohnzwecke und teils für andere Zwecke verwendet, ist für die Umsatzbesteuerung eine Aufteilung des Entgelts vorzunehmen (zB Vermietung eines Gebäudes, in dem sich teils Wohnungen und teils Geschäftslokale befinden). Es bestehen allerdings keine Bedenken, wenn in diesen Fällen einheitlich eine Versteuerung mit dem Normalsteuersatz vorgenommen wird. Diese Vorgangsweise würde sich etwa dann anbieten, wenn ein gemischt genutztes Gebäude (Gebäudekomplex) an einen einzigen Unternehmer vermietet wird und der letztliche Verwendungszweck der einzelnen Gebäudeteile von vornherein nicht feststeht. **1185**

Wird ein grundsätzlich als Wohnung dienender Mietgegenstand tw auch für andere Zwecke verwendet (zB Teile der Wohnung dienen als Arbeitszimmer, Kanzleiräume, Ordination, Verkaufslokal usw) und wird ein einheitliches Mietentgelt verrechnet, kann insgesamt von einer Vermietung für Wohnzwecke ausgegangen und der ermäßigte Steuersatz angewendet werden. Diese Vorgangsweise ist nicht möglich, wenn der Mietgegenstand „Wohnung“ zur Gänze anderen als Wohnzwecken dient (zB ausschließliche Nutzung als Kanzlei, Ordination, Geschäftsräume usw). **1186**

Verwendet der Mieter den Mietgegenstand als Gästehaus für Schüler, ist der letztliche Verwendungszweck nicht die Vermietung zu Wohnzwecken, sondern die Beherbergung in eingerichteten Wohn- und Schlafräumen, sodass der ermäßigte Steuersatz nicht zur Anwendung kommt. Dies gilt auch bei der Vermietung von Gebäuden, die dem Mieter zum Betrieb eines Hotels, Studentenheimes udgl. dienen (VwGH 23.09.2010, 2007/15/0245, zur Überlassung einer eingerichteten Gästepension an ein Reisebüro). **1187**

Bezieht sich ein Bestandvertrag auf ein unbebautes Grundstück und errichtet der Bestandnehmer selbst – etwa in der Rechtsform eines Superädifikats – ein Wohngebäude, so handelt es sich dabei um die Nutzungsüberlassung eines Grundstückes, das nicht Wohnzwecken dient. Das Wohngebäude ist in diesem Fall nicht Gegenstand des Leistungsaustausches, der ermäßigte Steuersatz kommt somit nicht zur Anwendung. **1188**

10.2.3.3. Nebenleistungen

10.2.3.3.1. Allgemeines

Der ermäßigte Steuersatz erstreckt sich auch auf unselbständige Nebenleistungen. Dazu zählen zB die Aufzugsbenützung, Reparaturen und Verbesserungen auf Wunsch des Mieters, Waschküchenbenützung, Endreinigung bei Ferienwohnungen und Appartements, Wasserversorgung, Flur- und Treppenreinigung, Treppenbeleuchtung. **1189**

Nicht begünstigt ist die Vermietung von beweglichen Einrichtungsgegenständen (zB im Rahmen der Vermietung einer möblierten Wohnung). Die als Nebenleistung erbrachte Lieferung von Wärme ist ausdrücklich von der ermäßigten Besteuerung ausgenommen (siehe Rz 1192 bis 1196). **1190**

10.2.3.3.2. Fahrzeugabstellplätze

1191 Werden im Zusammenhang mit einer Wohnungsvermietung den Mietern auch Garagen oder Plätze für das Abstellen von Fahrzeugen (siehe Rz 896 bis 898) überlassen, so ist darauf der Normalsteuersatz anzuwenden (vgl. VwGH 25.6.2014, 2010/13/0119 und 24.3.2015, 2012/15/0042). Diese Leistung kann nicht als unselbständige Nebenleistung zur Wohnungsvermietung angesehen werden. Dies gilt unabhängig davon, ob dem Mieter eine Garage, eine Garagenbox oder ein Abstellplatz in einer Garage oder im Freien zur Verfügung steht und ob die Garagierung (Abstellung) des Fahrzeuges auf einem fixen oder frei wählbaren Platz erfolgt. Auch kommt es nicht darauf an, ob für die Garagierung (Abstellung) ein gesondertes Entgelt verrechnet wird (was die Regel sein wird) oder ob ein einheitliches Entgelt für die Wohnungsvermietung einschließlich der Nutzungsüberlassung der Garage (des Abstellplatzes) verlangt wird. Im Falle eines einheitlichen Entgelts ist der auf die Nutzungsüberlassung der Garage (des Abstellplatzes) entfallende Entgeltsanteil – allenfalls im Schätzungswege – zu ermitteln. Dieser Entgeltsanteil wird neben den Errichtungskosten der Garage (des Abstellplatzes) jedenfalls die anteiligen Betriebskosten einschließlich Instandhaltungs- und Instandsetzungsaufwendungen, die anteiligen Verwaltungskosten und einen allfälligen Gewinnzuschlag zu umfassen haben.

(BMF-AV Nr. 2015/170)

10.2.3.4. Lieferung von Wärme

1192 Die als Nebenleistung erbrachte Lieferung von Wärme unterliegt dem Normalsteuersatz. Unter Wärme ist jene Form von Energie zu verstehen, die aus Kohle, Heizöl, Gas, Strom oder anderen Energieträgern gewonnen und für Zwecke der Regulierung der Raumtemperatur abgegeben wird. Auf welche Weise die Wärme gewonnen wird, ist hiebei ohne Belang. Es ist daher auch gleichgültig, ob sie beispielsweise in einer hauseigenen Zentralheizungs- oder Klimaanlage gewonnen oder von einem Fernheizwerk bezogen wird. Ohne Einfluss ist es auch, ob die Wärme durch Leitungen oder durch Strahlung übertragen wird bzw. ob die Regulierung der Raumtemperatur über Heizkörper oder durch Zuführung von Warmluft erfolgt.*)

*) Redaktionelle Anmerkung: Im Rahmen der Einarbeitung der mit Wartungserlass 2014 (Erlass des BMF vom 14.11.2014, BMF-010219/0495-VI/4/2014, BMF-AV Nr. 163/2014) geänderten Inhalte wurde der Wortlaut der Rz 1192 versehentlich durch den geänderten Wortlaut der Rz 1195 ersetzt. Im Rahmen einer Korrektur am 22. März 2019 wurde der korrekte Wortlaut wiederhergestellt.

(BMF-AV Nr. 2018/164)

1193 Keine Lieferung von Wärme liegt bei der Lieferung von Warmwasser für Gebrauchszwecke (zB für Reinigungs- oder Badezwecke) vor.

1194 Wird für die Lieferung der Wärme kein vom Mietentgelt (Nutzungsentgelt) abgesondertes Entgelt vereinbart, so ist der auf die Lieferung von Wärme entfallende Entgeltsteil aus dem einheitlichen Entgelt zu ermitteln.

1195 Bei der Ermittlung des auf die Wärmelieferung entfallenden Entgeltsteiles sind alle Kosten zu berücksichtigen, die mit der Gewinnung und Verteilung der Wärme in Zusammenhang stehen. Das sind vor allem jene Kosten, die regelmäßig unter der Bezeichnung „Heizkosten“ verrechnet werden.

Was unter den Begriff Heizkosten zu subsumieren ist und wie diese Kosten auf die einzelnen Mieter bzw. Eigentümer einer Wohnhausanlage zu verteilen sind, ist im Heizkostenabrechnungsgesetz (HeizKG), BGBl. Nr. 827/1992, geregelt. Nach § 2 Z 8 HeizKG werden die Heizkosten in Energiekosten und sonstige Kosten des Betriebes unterteilt. Energiekosten sind gemäß § 2 Z 9 leg. cit. die Kosten jener Energieträger, die zur Umwandlung in Wärme bestimmt sind, wie Kohle, Öl, Gas, Strom, Biomasse oder Abwärme, und die Kosten der sonst für den Betrieb der Wärmeversorgungsanlage erforderlichen Energieträger, wie etwa Stromkosten für die Umwälzpumpe, für den Brenner oder für die Regelung der Aggregate. Die sonstigen Kosten des Betriebes umfassen nach § 2 Z 10 leg. cit. alle übrigen Kosten des Betriebes, zu denen die Kosten für die Betreuung und Wartung einschließlich des Ersatzes von Verschleißteilen – insbesondere von Vorrichtungen zur Erfassung (Messung) der Verbrauchsanteile – und die Kosten der Abrechnung, nicht aber der Aufwand für Erhaltung oder Verbesserung der gemeinsamen Wärmeversorgungsanlage zählen (vgl. VwGH 29.01.2014, 2009/13/0220).

(AÖF Nr. 2014/164)

1196 Die Abschreibung der Heizanlage (AfA) und die Finanzierungskosten für die Anschaffung der Heizanlage zählen nicht zum Entgelt für die Wärmelieferung (VwGH vom 27.2.2003, Zl. 99/15/0128).

10.2.3.5. Eigenverbrauch

Ist ein zum Teil unternehmerisch, zum Teil privat (hoheitlich) genutztes Gebäude zur Gänze dem Unternehmensbereich zugeordnet, so stellt die Nutzung für nicht unternehmerische Zwecke ab 1. Mai 2004 einen nicht steuerbaren Vorgang dar. Die auf diesen Vorgang entfallenden Vorsteuern sind nicht abziehbar. **1197**

(BMF-AV Nr. 2015/170)

Randzahlen 1198 bis 1213: *derzeit frei.*

10.2.3.6. Wohnungseigentümergemeinschaften

Die Steuerermäßigung erstreckt sich nur auf Leistungen zur Erhaltung, Verwaltung oder zum Betrieb der im gemeinsamen Eigentum stehenden Teile und Anlagen einer Liegenschaft, an der Wohnungseigentum besteht. Dazu gehören insbesondere die Betriebs- und Verwaltungskosten und die Erhaltungskosten. Errichtungs- bzw. Herstellungskosten zählen nicht zu den Leistungen von Wohnungseigentümergemeinschaften. **1214**

Werden im Rahmen der Betriebskostenabrechnungen auch Annuitäten für Darlehen, die für die Errichtung der Eigentumswohnungen aufgenommen wurden, an die Wohnungseigentümer weiterverrechnet, so sind diese nicht steuerbar. Zur Abgrenzung zwischen Erhaltungs- und Herstellungsaufwand sind nicht die ertragsteuerlichen Grundsätze heranzuziehen, sondern die mietrechtlichen Bestimmungen (VwGH 12.4.1994, 93/14/0215).

Sind die Leistungen zur Erhaltung, Verwaltung oder zum Betrieb (zB Sanierungsaufwendungen) der WEG fremdfinanziert, werden die Finanzierungskosten (Zinsen) ebenfalls in die Bemessungsgrundlage der WEG-Leistung eingerechnet (vgl. VwGH 10.2.2016, 2013/15/0120).

Die Regelung des nach dem Miet- und Wohnungseigentumsrecht maßgeblichen Erhaltungsbegriffes findet sich im § 3 MRG. Danach stellt zB der Ersatz einer nur mit unwirtschaftlichem Aufwand reparierfähigen Liftanlage durch eine gleichartige neue Anlage noch Erhaltung dar. Die Funktionstüchtigkeit der Anlage ist im Zeitpunkt der Erneuerung nicht erforderlich, wohl aber im Zeitpunkt des Entstehens der Wohnungseigentümergemeinschaft. Erfasst sind daher nur solche Aufwendungen, die einen originären Erhaltungsbedarf der Wohnungseigentümergemeinschaft decken, nicht aber einen solchen, der aus der Zeit vor dem Entstehen der Unternehmereigenschaft der Wohnungseigentümergemeinschaft übernommen wurde. Entscheidend ist aber auch hier nicht der Zeitpunkt der grundbücherlichen Eintragung des Wohnungseigentums, sondern der Zeitpunkt der Erfüllung der Voraussetzungen für die Unternehmereigenschaft der Wohnungseigentümergemeinschaft unter der Voraussetzung, dass in der Folge tatsächlich Wohnungseigentum errichtet wird. Wird eine Liftanlage erstmals errichtet, kommt für die an die Wohnungseigentümer weiterverrechneten Kosten der Normalsteuersatz zur Anwendung.

(BMF-AV Nr. 2016/212)

Leistungen von Wohnungseigentumsgemeinschaften liegen auch im Falle der teilweise oder gänzlichen Wiederherstellung des Gebäudes infolge eines Schadensfalles vor. Der Wohnungseigentumsgemeinschaft steht daher diesbezüglich der Vorsteuerabzug zu. Dies auch dann, wenn der Schaden ganz oder tw durch eine Versicherung abgedeckt ist und daher nicht steuerbare Schadenersatzleistungen anfallen. Werden die Reparaturkosten zunächst den einzelnen Wohnungseigentümern in Rechnung gestellt, so tätigt die Wohnungseigentumsgemeinschaft damit einen steuerbaren Umsatz, der dem Normalsteuersatz unterliegt. Wenn die Wohnungseigentumsgemeinschaft dann infolge der Auszahlung der Versicherungssumme die den Wohnungseigentümern vorgeschriebenen Kosten wieder refundiert, liegt eine Minderung der Bemessungsgrundlage im Sinne des 16 UStG 1994 vor. **1215**

Die als Nebenleistung erbrachte Lieferung von Wärme ist vom ermäßigten Steuersatz ausdrücklich ausgenommen (siehe Rz 1192 bis Rz 1196). Handelt es sich beim Austausch einer reparaturunwürdigen Heizungsanlage um Erhaltungsaufwendungen im Sinne des § 3 MRG, so liegen keine Heizkosten vor. Aus umsatzsteuerlicher Sicht folgt daraus, dass es sich hierbei nicht um ein Entgelt für die als Nebenleistung erbrachte Lieferung von Wärme handelt (vgl. VwGH 29.1.2014, 2009/13/0220 mVa VwGH 27.2.2003, 99/15/0128) und zur Gänze der ermäßigte Steuersatz gemäß § 10 Abs. 2 Z 3 lit. b UStG 1994 (bis 31.12.2015: § 10 Abs. 2 Z 4 lit. d UStG 1994) zur Anwendung gelangen kann. **1216**

(BMF-AV Nr. 2015/170)

10.2.3.7. Garagen im Wohnungseigentum

In jenen Fällen, in denen die Wohnungseigentümer auch an der Garage (dem Abstellplatz) Wohnungseigentum erworben haben, kommt der ermäßigte Steuersatz nicht zur Anwendung, weil dieser ausdrücklich auf Liegenschaftsteile beschränkt ist, die Wohnzwecken dienen (vgl. VwGH 25.6.2014, 2010/13/0119 und 24.3.2015, 2012/15/0042). Die darauf entfallenden **1217** weiterverrechneten Kosten sind gemäß § 6 Abs. 1 Z 17 UStG 1994 steuerfrei, sofern nicht zur Steuerpflicht optiert wird. Ab 1.1.2016 unterliegen die darauf entfallenden weiterverrechneten Kosten jedenfalls dem Normalsteuersatz (siehe auch Rz 922).

Wird der Miteigentumsanteil, mit dem Wohnungseigentum untrennbar verbunden ist, nach dem 31. August 2012 erworben, besteht die Optionsmöglichkeit nur, soweit der Leistungsempfänger die Garage (den Abstellplatz) nahezu ausschließlich für Umsätze verwendet, die den Vorsteuerabzug nicht ausschließen.

Wurde hingegen an Garagen (Abstellplätzen) Wohnungseigentum nicht begründet, sondern erfolgt eine Vermietung (Nutzungsüberlassung) der Garagen (Abstellplätze) durch die Gemeinschaft der Wohnungseigentümer an alle oder einzelne Wohnungseigentümer oder an andere Personen, so unterliegt diese Leistung zwingend dem Normalsteuersatz. Zur Ermittlung der Bemessungsgrundlage, wenn kein gesondertes oder kein angemessenes Entgelt für die Garagierung (Abstellung) verrechnet wird, siehe Rz 1189 bis Rz 1191.

(BMF-AV Nr. 2015/170)

10.2.3.8. Beherbergungsleistungen

10.2.3.8.1. Allgemeines

1218 Begünstigt ist die Beherbergung in eingerichteten Wohn- und Schlafräumen samt den regelmäßig damit verbundenen Nebenleistungen (zB Beleuchtung, Beheizung, Bedienung). Es fallen sowohl die gewerbliche Beherbergung in Hotels, Gaststätten usw. als auch – wenn die Voraussetzungen der Beherbergung erfüllt sind – die Privatzimmervermietung und die Überlassung von Ferienwohnungen und -appartements unter den ermäßigten Steuersatz.

Beherbergung in eingerichteten Wohn- und Schlafräumen erfordert über die bloße Überlassung von Räumlichkeiten, einschließlich deren typischer Nebenleistungen, hinaus auch eine gewisse Betreuung der überlassenen Räumlichkeiten oder des Gastes. Dazu zählen zB die Reinigung der Räumlichkeiten oder die Zurverfügungstellung und Reinigung von Bettwäsche und Handtüchern sowie die Beheizung, Kühlung und Beleuchtung (vgl. VwGH 23.9.2010, 2007/15/0245). Die zusätzliche Erbringung von Dienstleistungen muss es dem Gast ermöglichen, ohne umfangreiche eigene Vorkehrungen an einem Ort vorübergehend Aufenthalt zu nehmen (vgl. VwGH 29.4.1992, 88/17/0184).

(BMF-AV Nr. 2015/170, BMF-AV Nr. 2018/164)

1219 Zu den mit der Beherbergung regelmäßig verbundenen Nebenleistungen zählt kraft gesetzlicher Fiktion auch die Verabreichung eines ortsüblichen Frühstücks, wenn der Preis hierfür im Beherbergungsentgelt enthalten ist. Alkoholische Getränke sind nicht Teil eines ortsüblichen Frühstücks.

(BMF-AV Nr. 2015/170, BMF-AV Nr. 2018/164)

1220 Die Zurverfügungstellung von Seminarräumen kann nicht als begünstigte Nebenleistung zur Beherbergung qualifiziert werden, dies schon deshalb, weil die Räume üblicherweise einem Veranstalter und nicht dem einzelnen Hotelgast überlassen werden (siehe VwGH 20.2.2008, 2006/15/0161).

(BMF-AV Nr. 2015/170, BMF-AV Nr. 2018/164)

10.2.3.8.2. All-Inclusive

1221 In der österreichischen Tourismusbranche kommt es vermehrt zu Packages- und All-Inclusive-Angeboten. „All-Inclusive" umfasst insbesondere die Benützung von Sporteinrichtungen und die Tischgetränke beim Abendessen. Daneben werden von Hoteliers für die Hotelgäste häufig Begrüßungscocktails gereicht oder mit den Hotelgästen Wanderungen (Skitouren) durchgeführt.

(BMF-AV Nr. 2015/170, BMF-AV Nr. 2018/164)

1222 Folgende Leistungen können als regelmäßig mit der Beherbergung verbundene Nebenleistungen angesehen werden, wenn dafür kein gesondertes Entgelt verrechnet wird:

- Begrüßungstrunk,
- Tischgetränke (einschließlich zwischen den Mahlzeiten oder an der Bar abgegebene Getränke) von untergeordnetem Wert (Einkaufswert liegt unter 5% des Pauschalangebotes),
- Vermietung von Parkplätzen, Garagenplätzen oder von Hotelsafes,
- Kinderbetreuung,
- Überlassung von Wäsche (zB Bademäntel),
- Zurverfügungstellung von Fernsehgeräten,

- Verleih von Sportgeräten,
- Zurverfügungstellung von Sauna, Solarium, Dampf- und Schwimmbad, Fitnessräumen,
- Verleih von Liegestühlen, Fahrrädern und Sportgeräten,
- geführte Wanderungen oder Skitouren,
- Zurverfügungstellung eines Tennis-, Golf- oder Eislaufplatzes, einer Kegelbahn oder Schießstätte usw.,
- die Bereitstellung von Tennis-, Ski-, Golf- oder Reitlehrern,
- die Abgabe von Liftkarten (zB Skilift), von Eintrittskarten (zB Theater), der Autobahnvignette oder – zB in Kärnten – der „Kärnten-Card",
- Animation,
- Wellness-Leistungen, ausgenommen hievon sind Beauty- bzw. Kosmetikbehandlungen sowie die Verabreichung von Massagen.

Wird allerdings im Rahmen einer so genannten „Golf(trainings)woche" annähernd täglich die Benützung eines Golfplatzes und dazu auch noch ein mehrmaliger Golfunterricht oder die Teilnahme an einem Golfturnier angeboten, so können diese zusätzlichen Leistungen aufgrund des Leistungsumfanges nicht mehr als üblicherweise mit der Beherbergung verbundene Nebenleistungen angesehen werden. Das Gleiche gilt für vergleichbare Sport- oder Freizeitkurse (zB Segel-, Tenniswochen, usw.).

(BMF-AV Nr. 2015/170, BMF-AV Nr. 2018/164)

10.2.3.8.3. Time-Sharing

Im Rahmen des Time-Sharing wird für einen längeren Zeitraum (zB 30 Jahre) oder auf Dauer das (übertragbare) Recht eingeräumt, alljährlich für einen im Vorhinein vertraglich vereinbarten Zeitraum ein möbliertes Appartement, Hotelzimmer, Ferienhaus oder eine sonstige Unterkunftseinheit samt allfälliger infrastruktureller Nebeneinrichtungen ausschließlich und uneingeschränkt zu nutzen. **1223**

(BMF-AV Nr. 2015/170, BMF-AV Nr. 2018/164)

Die vereinbarte Leistung steht im Zusammenhang mit einem konkreten Grundstück und ist nur steuerbar, wenn das Grundstück, an dem das Nutzungsrecht vereinbart wurde, im Inland gelegen ist (siehe Rz 639v bis Rz 640c). **1224**

(BMF-AV Nr. 2015/170, BMF-AV Nr. 2018/164)

Die Einräumung des Nutzungsrechtes erfolgt an Räumlichkeiten, die rasch wechselnden Benützern zu Erholungszwecken dienen. Die Umsätze unterliegen daher dem für die Beherbergung anzuwendenden ermäßigten Steuersatz. Zur Einräumung von Teilzeitnutzungsrechten im Zusammenhang mit der Übertragung eines ideellen Miteigentumsanteiles („Teilzeiteigentum") siehe Rz 801. **1225**

(BMF-AV Nr. 2015/170, BMF-AV Nr. 2018/164)

Wird vertraglich die Möglichkeit eingeräumt, im „Tauschwege" andere Räumlichkeiten zu nutzen, so ist ggf. die Umsatzbesteuerung zu berichtigen. **1226**

(BMF-AV Nr. 2015/170, BMF-AV Nr. 2018/164)

10.2.3.9. Camping

Neben der Überlassung der Stellfläche für das Zelt, den Wohnwagen, das KFZ usw. unterliegen auch die Zurverfügungstellung von sanitären Anlagen, von Gemeinschaftseinrichtungen, wie zB Aufenthaltsräumen, von Strom- und Wasseranschlüssen, von Koch- und Bügeleinrichtungen, die Nutzungsmöglichkeit eines Badestrandes usw. dem ermäßigten Steuersatz. In allen Fällen kommt der ermäßigte Steuersatz jedoch nur dann zur Anwendung, wenn ein einheitliches Benützungsentgelt, das sich häufig aus Stellplatz- und Personengebühr zusammensetzt, verrechnet wird. Nicht begünstigt ist zB die Zurverfügungstellung von Sporteinrichtungen oder Sportgeräten, von Stromanschlüssen von technischen Geräten usw., wenn für diese Leistungen ein gesondertes Entgelt verrechnet wird. **1227**

(BMF-AV Nr. 2018/164)

Die Überlassung von Campingplätzen zum Abstellen von Fahrzeugen außerhalb des Campingbetriebes (zB im Winter, wenn nicht campiert wird) fällt nicht unter die Begünstigung. **1228**

Die Vermietung von Bootsliegeplätzen kann nicht der Vermietung von Campingplätzen und Plätzen für das Abstellen von Wohnwagen gleichgestellt werden. Die Vermietung von Bootsliegeplätzen soll in erster Linie das sichere Festmachen von Booten am Liegeplatz ermöglichen und ist dem Begriff der Beherbergung nicht immanent (vgl. EuGH 19.12.2019, Rs C-715/18, *Segler-Vereinigung Cuxhaven e.V.*).

Für ab 1.5.2004 erbrachte Campingleistungen für nichtunternehmerische Zwecke gilt Rz 1197 sinngemäß.

(BMF-AV Nr. 2018/164, BMF-AV Nr. 2020/192)

10.2.3.10. Studenten-, Lehrlings-, Kinder-, und Schülerheime

1229 **Rechtslage von 1.1.2016 bis 31.10.2018:**

Umsätze aufgrund von Benutzungsverträgen gemäß § 5 Abs. 1 Studentenheimgesetz, BGBl. Nr. 291/1986 idF BGBl. I Nr. 24/1999, unterliegen dem ermäßigten Steuersatz von 10%. Benutzungsverträge sind Verträge hinsichtlich der Benutzung von Heimplätzen zwischen Studentenheimträger und Studierenden. Als Studentenheimträger gelten juristische Personen, insbesondere öffentlich-rechtliche Körperschaften, die nach ihrer Satzung oder ihrer sonstigen Rechtsgrundlage Heimplätze für Studierende zur Verfügung stellen (§ 3 Studentenheimgesetz). Studierende sind an österreichischen Universitäten und an Universitäten der Künste aufgenommene ordentliche Studierende sowie Studierende von Fachhochschul-Studiengängen, Pädagogischen Akademien, Berufspädagogischen Akademien, Akademien für Sozialarbeit oder ähnlichen Einrichtungen. Gleichgestellt sind außerordentliche Studierende, die sich durch die Absolvierung eines Universitätslehrganges auf ein ordentliches Studium oder die Studienberechtigungsprüfung vorbereiten sowie Empfänger von Stipendien öffentlich-rechtlicher Körperschaften.

Nicht begünstigt sind Gastverträge gemäß § 5a Studentenheimgesetz. Solche Gastverträge können abgeschlossen werden, wenn ein Studentenheim nicht ausgelastet ist. Diese Verträge können auch mit Personen abgeschlossen werden, die keine Studierenden sind.

Gemäß § 10 Studentenheimgesetz können Studentenheime in den Sommerferien ganz oder teilweise auch zu anderen Betriebszwecken verwendet werden (Sommerbetrieb). Umsätze aus dem Sommerbetrieb fallen nicht unter § 10 Abs. 2 Z 3 lit. c UStG 1994 idF BGBl. I Nr. 118/2015.

Mit dem ermäßigten Steuersatz von 10% begünstigt sind mit dem Studentenheimgesetz vergleichbare Umsätze aus Lehrlings-, Kinder- und Schülerheimen, die eine Beherbergung umfassen. Auch hier fallen vergleichbare Umsätze aus Gastverträgen sowie dem Sommerbetrieb nicht unter diese Bestimmung.

Rechtslage vor 1.1.2016 und ab 1.11.2018:

Umsätze aufgrund von Benutzungsverträgen gemäß § 5 Abs. 1 Studentenheimgesetz, BGBl. Nr. 291/1986 idgF, vergleichbare Umsätze von Lehrlingsheimen sowie Kinder- und Schülerheimumsätze, die eine Beherbergung umfassen, fallen vor 1.1.2016 unter § 10 Abs. 2 Z 4 lit. b UStG 1994 idF BGBl. I Nr. 112/2012 und ab 1.11.2018 unter § 10 Abs. 2 Z 3 lit. c UStG 1994 idF BGBl. I Nr. 12/2018. Der ermäßigte Steuersatz von 10% bleibt daher anwendbar.

(BMF-AV Nr. 2018/164, BMF-AV Nr. 2021/166)

Randzahlen 1230 bis 1232: *derzeit frei.*

10.2.4. Begünstigte Rechtsträger gemäß §§ 34 ff BAO

10.2.4.1. Begünstigte Rechtsträger

1233 Unter den Begriff Körperschaften, Personenvereinigungen und Vermögensmassen fallen alle im § 1 KStG 1988 angeführten juristischen Personen sowie Betriebe gewerblicher Art von Körperschaften öffentlichen Rechts.

1234 Zu den Begriffen „gemeinnützig, mildtätig oder kirchlich" siehe VereinsR 2001 Rz 13 bis 104.

10.2.4.2. Gemeinnützige Bauvereinigungen

1235 Hinsichtlich des Begriffes „Bauvereinigungen, die nach dem Wohnungsgemeinnützigkeitsgesetz (WGG), BGBl. Nr. 139/1979 idgF, als gemeinnützig anerkannt sind", siehe KStR 2013 Rz 210.

(AÖF Nr. 2014/7)

10.2.4.3. Umfang der Begünstigung

1236 Hinsichtlich der Abgrenzung der Leistungen, die von einem begünstigten Rechtsträger im Rahmen eines land- und forstwirtschaftlichen Betriebes, eines Gewerbebetriebes oder eines wirtschaftlichen Geschäftsbetriebes im Sinne des § 45 Abs. 3 BAO (begünstigungsschädliche Betriebe) ausgeführt werden, zu den übrigen (dem ermäßigten Steuersatz unterliegenden) Leistungen siehe VereinsR 2001 Rz 522 bis Rz 524. Zu den begünstigten Geschäften iSd § 7 Abs. 1 bis 3 WGG der gemeinnützigen Bauvereinigungen siehe KStR 2013 Rz 214 ff.

(AÖF Nr. 2014/7)

Nicht begünstigt sind auch die steuerpflichtigen Lieferungen von Gebäuden oder Gebäudeteilen, die Vermietung (Nutzungsüberlassung) von Räumlichkeiten oder Plätzen für das Abstellen von Fahrzeugen aller Art, eine als Nebenleistung erbrachte Lieferung von Wärme und die Lieferung von bestimmten in § 10 Abs. 2 Z 4 lit. a bis d UStG 1994 (bis 31.12.2015: § 10 Abs. 2 Z 7 lit. a bis d UStG 1994) aufgezählten Energieträgern. **1237**

(BMF-AV Nr. 2015/170)

Nicht begünstigt ist auch der Eigenverbrauch. Siehe zu möglichen Fällen des Eigenverbrauchs VereinsR 2001 Rz 452 ff. **1238**

(BMF-AV Nr. 2018/164)

Leistungen, die unter die Steuerbefreiungen nach § 6 Abs. 1 UStG 1994 fallen, können nicht nach § 10 Abs. 2 Z 4 UStG 1994 (bis 31.12.2015: § 10 Abs. 2 Z 7 UStG 1994) begünstigt sein (zB Leistungen, die nach § 6 Abs. 1 Z 9 lit. a, Z 14, Z 16, Z 17 oder Z 25 UStG 1994 befreit sind). Optiert der Unternehmer bei Leistungen nach § 6 Abs. 1 Z 25 UStG 1994 gemäß Art. XIV, BG BGBl. Nr. 21/1995 idF BGBl. Nr. 756/1996 zur Steuerpflicht (vgl. Rz 988 mit Verweis auf Rz 925), kommt die Steuerermäßigung von 10% zur Anwendung (zum Vorrang des 10%-Steuersatzes vor dem 13%-Steuersatz vgl. Rz 1351). **1238a**

Bei Optionen gemäß § 6 Abs. 2 UStG 1994 bezüglich der nach § 6 Abs. 1 Z 9 lit. a, Z 16 oder Z 17 UStG 1994 befreiten Umsätze kommt zwingend der Normalsteuersatz zur Anwendung.

(BMF-AV Nr. 2015/170)

10.2.4.4. Liebhabereivermutung

Bezüglich Liebhabereivermutung bei Körperschaften, Personenvereinigungen und Vermögensmassen, die gemeinnützigen, mildtätigen oder kirchlichen Zwecken dienen, bzw. deren Nichtanwendung siehe VereinsR 2001 Rz 463 bis Rz 467. **1239**

Eine nichtunternehmerische Tätigkeit ist bei wirtschaftlichen Geschäftsbetrieben iSd § 45 Abs. 1 und 2 BAO jedenfalls dann anzunehmen, wenn die Umsätze des wirtschaftlichen Geschäftsbetriebes jährlich regelmäßig unter 2.900 Euro liegen (vgl. VereinsR 2001 Rz 463). **1240**

10.2.4.5. Auswirkung einer Ausnahmegenehmigung nach der BAO

Erteilt das zuständige Finanzamt dem begünstigten Rechtsträger eine Ausnahmegenehmigung (gemäß § 44 Abs. 2 BAO), bzw. besteht eine automatische Ausnahmegenehmigung (gemäß § 45a BAO) für wirtschaftliche Geschäftsbetriebe gemäß § 45 Abs. 3 BAO, Gewerbebetriebe oder land- und forstwirtschaftliche Betriebe (vgl. VereinsR 2001 Rz 184 bis Rz 214), so entfällt dadurch die Abgabenpflicht grundsätzlich nicht. Hinsichtlich der ausgenommenen Betriebe kann daher auch in diesem Fall der ermäßigte Steuersatz gemäß § 10 Abs. 2 Z 4 UStG 1994 (bis 31.12.2015: § 10 Abs. 2 Z 7 UStG 1994) grundsätzlich nicht zur Anwendung kommen. Eine Ausnahmegenehmigung bewirkt somit, dass die Begünstigungen für die nicht schädlichen Betriebe nicht verloren gehen. **1241**

(BMF-AV Nr. 2015/170)

10.2.4.6. Umfang des betrieblichen Bereiches bei gemeinnützigen Vereinen

Neben dem betrieblichen können gemeinnützige Vereine auch einen außerbetrieblichen Bereich haben. Nur für den betrieblichen Bereich besteht Unternehmereigenschaft. Der betriebliche (= unternehmerische) Bereich umfasst alle im Rahmen eines Leistungsaustausches nachhaltig ausgeübten Tätigkeiten, während der außerbetriebliche (= nichtunternehmerische) Bereich alle jene Tätigkeiten umfasst, die ein Verein in Erfüllung seiner satzungsgemäßen Gemeinschaftsaufgaben zur Wahrnehmung der Gesamtbelange seiner Mitglieder bewirkt. Hilfsgeschäfte, wie zB der Verkauf von Vermögensgegenständen, sind dann dem unternehmerischen Bereich zuzurechnen, wenn die Gegenstände zuletzt im unternehmerischen Bereich Verwendung gefunden hatten. **1242**

Die Vereinseinnahmen sind dahingehend zu untersuchen, ob sie mit dem unternehmerischen oder dem nichtunternehmerischen Bereich im Zusammenhang stehen. Mit dem nichtunternehmerischen Bereich zusammenhängende Einnahmen sind zB echte Mitgliedsbeiträge, Spenden, Schenkungen, Erbschaften und Subventionen zur allgemeinen Förderung des Rechtsträgers. Keine echten Mitgliedsbeiträge liegen jedoch vor, wenn damit Sonderleistungen an Mitglieder abgegolten werden („unechte Mitgliedsbeiträge“). **1243**

Beispiele:

„Mitgliedsbeiträge“ für Eintrittskarten von Kulturvereinen, für Versorgung der Mitglieder mit Sportartikeln, für die Einschaltung eines Inserates in der Vereinszeitung sind unechte Mitgliedsbeiträge.

Randzahlen 1244 bis 1245: *derzeit frei.*

10.2.4.7. Aufteilung der Vorsteuern

1246 Hinsichtlich der Aufteilung der Vorsteuern bei nichtunternehmerischer, aber nicht unternehmensfremder Tätigkeit siehe VereinsR 2001 Rz 528 bis 533.

(BMF-AV Nr. 2018/164)

Randzahlen 1247 bis 1251: *derzeit frei.*

10.2.4.8. Vorsteuerberichtigung

1252 Zur Vorsteuerberichtigung bei nichtunternehmerischer, aber nicht unternehmensfremder Verwendung siehe Rz 479 sowie VereinsR 2001 Rz 533a bis 534.

(AÖF Nr. 2014/164, BMF-AV Nr. 2018/164)

Randzahl 1253: *derzeit frei.*

10.2.4.9. Sinngemäße Anwendung

1254 Die Ausführungen der Rz 1242 f. gelten analog für gemeinnützige Vereine im Sinne des § 6 Abs. 1 Z 14 UStG 1994 und auch für nicht gemeinnützige Vereine.

(BMF-AV Nr. 2015/170)

Randzahlen 1255 bis 1275: *derzeit frei.*

10.2.5. Rundfunk

10.2.5.1. Leistungen von Rundfunkunternehmen

1276 Die Ermäßigung gemäß § 10 Abs. 2 Z 5 erster Fall UStG 1994 (bis 31.12.2015: § 10 Abs. 2 Z 9 erster Fall UStG 1994) ist nicht auf öffentlich-rechtliche Rundfunkunternehmen beschränkt.

(BMF-AV Nr. 2015/170)

1277 Auch Rundfunkunternehmer, deren Programme nicht auf drahtlosem terrestrischen Weg sondern mittels Satelliten oder über Kabelnetze verbreitet werden, fallen – bei Vorliegen der übrigen Voraussetzungen – unter die Bestimmung.

1278 Begünstigt ist allerdings nur der „programmschöpfende" Rundfunk. Notwendig ist, dass es sich um eigene, dh. selbst hergestellte, Programme handelt. Die bloße Programmweiterleitung ist kein Anwendungsfall des § 10 Abs. 2 Z 5 erster Fall UStG 1994 (bis 31.12.2015: § 10 Abs. 2 Z 9 erster Fall UStG 1994). Der „passive" Kabelrundfunk ist daher nicht begünstigt, fällt allerdings – bei Vorliegen der entsprechenden Voraussetzungen – unter die Ermäßigung nach § 10 Abs. 2 Z 5 zweiter Fall UStG 1994 (bis 31.12.2015: § 10 Abs. 2 Z 9 zweiter Fall UStG 1994).

(BMF-AV Nr. 2015/170)

1279 Zu den Rundfunk- und Fernsehrundfunkentgelten gehört zB das Programmentgelt des ORF, nicht aber die Rundfunkgebühr auf Grund des Rundfunkgebührengesetzes, BGBl. I Nr. 159/1999. Eine von Rundfunkunternehmen zu leistende Vergütung für die Einhebung des Entgelts beim Kunden stellt keine Entgeltsminderung sondern eine Entgeltsverwendung dar.

Leistungen, die nicht durch Rundfunk- und Fernsehrundfunkentgelte abgegolten werden, unterliegen nicht der gegenständlichen Begünstigung.

1280 Nicht begünstigt sind zB:

- Umsätze aus Werbesendungen
- der Tausch von Programmen mit anderen Rundfunkunternehmen
- die Vergabe von Aufführungsrechten
- die Veranstaltung von Konzerten
- der Verkauf von Tonträgern, Videokassetten, Druckwerken.

10.2.5.2. Leistungen von Kabelfernsehunternehmen

1281 Damit sonstige Leistungen unter die Begünstigung des § 10 Abs. 2 Z 5 zweiter Fall UStG 1994 (bis 31.12.2015: § 10 Abs. 2 Z 9 zweiter Fall UStG 1994) fallen können, ist es nicht notwendig, dass „Kabelfernsehen" der einzige Betriebsgegenstand des Unternehmens ist.

(BMF-AV Nr. 2015/170)

1282 Die Verbreitung eigener Programme ist nicht begünstigt, kann aber unter § 10 Abs. 2 Z 5 erster Fall UStG 1994 (bis 31.12.2015: § 10 Abs. 2 Z 9 erster Fall UStG 1994) fallen.

(BMF-AV Nr. 2015/170)

1283 Gemeinschaftsantennen erfüllen erst bei mehr als 500 Teilnehmern das Erfordernis der „Allgemeinheit".

Bei der Anschlussgebühr für die Berechtigung an das Kabelnetz angeschlossen zu werden, handelt es sich um das Entgelt für eine unselbständige Nebenleistung zur Hauptleistung (der Verbreitung von Rundfunk- und Fernsehen mittels Kabelnetz). Diese Nebenleistung unterliegt daher ebenfalls dem ermäßigten Steuersatz. 1284

Nicht unter die Begünstigung des § 10 Abs. 2 Z 5 zweiter Fall UStG 1994 (bis 31.12.2015: § 10 Abs. 2 Z 9 zweiter Fall UStG 1994) fallen zB: 1285

- Entgelte für das Schaffen der technischen Voraussetzungen beim einzelnen Empfänger (zB Verlegung von Leitungen innerhalb der Wohnung oder des Grundstücks des Empfängers, Installation von Geräten),
- Lieferung von Gegenständen,
- Vermietung von Geräten,
- Entgelte für Werbesendungen.

(BMF-AV Nr. 2015/170)

Randzahlen 1286 bis 1300: *derzeit frei.*

10.2.6. Personenbeförderung

10.2.6.1. Allgemeines

Soweit es sich bei steuerbaren Beförderungsleistungen um grenzüberschreitende Personenbeförderungen mit Eisenbahnen (ab 1.1.2023), Schiffen oder Luftfahrzeugen (ausgenommen auf dem Bodensee) handelt, fallen sie unter die Steuerbefreiung gemäß § 6 Abs. 1 Z 3 lit. d UStG 1994 (siehe dazu Rz 727 bis Rz 731). Ab 1.1.2016 fallen Inlandsflüge unter den Steuersatz in Höhe von 13% (vgl. Rz 1439). Inlandsfahrten mit der Eisenbahn fallen unter den Steuersatz in Höhe von 10% (§ 10 Abs. 2 Z 6 UStG 1994). 1301

(BMF-AV Nr. 2015/170, BMF-AV Nr. 2022/154)

Die Beförderung von kranken und verletzten Personen mit Fahrzeugen, die dafür besonders eingerichtet sind, ist gemäß § 6 Abs. 1 Z 22 UStG 1994 steuerfrei (siehe dazu Rz 974 bis 976). 1302

Unter Personenbeförderung ist eine Leistung zu verstehen, deren Hauptzweck auf eine der Raumüberwindung dienende Fortbewegung von Personen gerichtet ist. 1303

Bei einer Beförderung in Schlafwagen bewirkt neben dem Eisenbahnunternehmen auch die Schlafwagengesellschaft eine Beförderungsleistung. Die gegenständliche Begünstigung ist daher auch auf die Zurverfügungstellung von Schlafgelegenheiten in Eisenbahnschlafwagen anzuwenden. 1304

Leistungen, die (zumindest überwiegend) der Unterhaltung bzw. der sportlichen oder Abenteuer vermittelnden Betätigung dienen, stellen keinen Anwendungsfall des § 10 Abs. 2 Z 6 UStG 1994 (bis 31.12.2015: § 10 Abs. 2 Z 12 UStG 1994) dar. 1305

(BMF-AV Nr. 2015/170)

Die bloße Vermietung eines Verkehrmittels ist keine Personenbeförderung. 1306

Ein Mietvertrag wird in all jenen Fällen vorliegen, in welchen das Beförderungsmittel ohne Bedienungspersonal überlassen wird. Der Vermieter ist in den eigentlichen Beförderungsvorgang nicht eingeschaltet. Das Mietentgelt unterliegt daher dem Normalsteuersatz. Dies gilt auch dann, wenn der Vermieter Leistungen erbringt, die über den Rahmen eines gewöhnlichen Mietvertrages hinausgehen, aber nicht den unmittelbaren Beförderungsvorgang betreffen (zB Pflege, Reinigung, Instandsetzung, Auftanken, Versicherung und Unterstellen des Fahrzeuges). 1307

Keine Personenbeförderung liegt auch dann vor, wenn das Beförderungsmittel samt Bedienungspersonal überlassen wird und der Mieter für die Dauer der Überlassung uneingeschränkt über das Beförderungsmittel und das Bedienungspersonal verfügen kann. Der Mieter erhält für die Dauer der Überlassung des Beförderungsmittels die unmittelbare Weisungsbefugnis gegenüber dem Fahrer eingeräumt. In diesen Fällen liegt ein so genannter Gestellungsvertrag vor. In der Beistellung des Fahrers ist nur eine unselbständige Nebenleistung zur Vermietung des Beförderungsmittels zu sehen. Eine vertragliche Bindung an eine bestimmte Fahrtstrecke oder an bestimmte Fahrziele ist diesfalls nicht gegeben. Das auf eine bestimmte Dauer abgestellte Mietverhältnis endet auch nicht schon mit der Erbringung einer Beförderungsleistung, sondern erst mit Ablauf der für den Gebrauch des Beförderungsmittels vereinbarten Zeit. 1308

Demgegenüber liegt ein den Werkverträgen zuzurechnender Beförderungsvertrag in allen jenen Fällen vor, in welchen zwischen dem Auftraggeber und dem Beförderungsunternehmer eine Einigung über die Beförderung von Personen (oder Gütern) von einem bestimmten Ort zu einem anderen bestimmten Ort erzielt wird. Bei einem Beförderungsvertrag erhält daher der Auftraggeber kein unmittelbares Weisungsrecht über den Fahrer und das Fahrzeug; er 1309 muss vielmehr dem Beförderungsunternehmer einen bestimmten Beförderungsauftrag erteilt haben, in dem einerseits der Ausgangs- und Endpunkt der Beförderung und andererseits das Beförderungsobjekt umschrieben ist. Diesen Erfordernissen wird allerdings schon Genüge getan sein, wenn der Ausgangs- und Endpunkt der Fahrt einem vom Beförderungsunternehmer zur Entgegennahme dieses Auftrags ermächtigten Fahrer bekannt gegeben wird. Was das Beförderungsobjekt betrifft, so werden nicht unbedingt alle seine Eigenschaften genau umschrieben sein müssen. Ein Beförderungsvertrag wird daher auch schon angenommen werden können, wenn sich die Charakterisierung des Beförderungsobjektes auf allgemeine Bezeichnungen wie „Reisegesellschaft" oder „Schulklasse" beschränkt. In welcher Form das Beförderungsentgelt vereinbart wird, ist für die Frage des Vorliegens eines Beförderungsvertrages nicht von ausschlaggebender Bedeutung. Es wird daher in aller Regel gleichgültig sein, ob das Beförderungsentgelt nach der Zahl der gefahrenen Kilometer (Personenkilometer) oder nach der Zeit oder pauschal bemessen wird.

1310 Es wird von einem Gestellungsvertrag auszugehen sein, wenn ein Omnibusunternehmer die Beförderung von Personen für Namen und Rechnung des Inhabers einer Kraftfahrlinie durchführt. Der Omnibusunternehmer vermietet den Omnibus mit Fahrer an den Linieninhaber und der Linieninhaber erbringt die Beförderungsleistung.

1311 Benützt ein Beförderungsunternehmer ein dem Unternehmen dienendes Verkehrsmittel für Zwecke außerhalb des Unternehmens, so unterliegt dieser Eigenverbrauch dem Normalsteuersatz.

1312 Unter die Begünstigung fallen auch die unmittelbar mit der Personenbeförderung im Zusammenhang stehenden Nebenleistungen, wie zB die Beförderung von Reisegepäck (nicht jedoch die Gepäckaufbewahrung). Fahrpreiszuschläge (zB Schnellzugszuschlag, Platzkarten, Liegewagen- oder Schlafwagenzuschlagskarten usw) stellen kein Entgelt für selbständige Leistungen dar, sondern sind Entgeltsteile für die Beförderungsleistungen, mit denen ihre Zahlung im Zusammenhang steht.

10.2.6.2. Einzelfälle

1313 **Aufzüge:** Fest in Gebäude eingebaute Aufzüge stellen keine Verkehrsmittel im Sinne des § 10 Abs. 2 Z 6 UStG 1994 (bis 31.12.2015: § 10 Abs. 2 Z 12 UStG 1994) dar (VwGH 22.6.1987, 87/15/0022, VwGH 16.2.1994, 93/13/0266).

Bergbahnen, Seilbahnen, Sessel- und Schilifte: Die Personenbeförderung mit diesen Verkehrsmitteln fällt unter den ermäßigen Steuersatz.

Gas- und Heißluftballonfahrten: Bei Gas- und Heißluftballons handelt es sich nicht um Verkehrsmittel im Sinne des § 10 Abs. 2 Z 6 UStG 1994 (bis 31.12.2015: § 10 Abs. 2 Z 12 UStG 1994), da sie ihrer Art oder Funktion nach nicht den im seinerzeitigen Beförderungssteuergesetz genannten gleichen. Es ist daher der Normalsteuersatz anzuwenden.

Rafting: Beim Rafting (Wildwasserfahrten) steht nicht die Personenbeförderung sondern die (Abenteuer vermittelnde) Sportausübung im Vordergrund. Die Voraussetzungen für die Anwendung des ermäßigten Steuersatzes liegen daher nicht vor (VwGH 30.3.1992, 90/15/0158).

Sommerrodelbahnen: Umsätze aus dem Betrieb von Sommerrodelbahnen fallen, da es sich nicht um eine Personenbeförderung handelt, nicht unter den ermäßigten Steuersatz (VwGH 23.9.1985, 84/15/0073, VwGH 23.9.1985, 84/15/0049).

(BMF-AV Nr. 2015/170)

Randzahlen 1314 bis 1320: *derzeit frei.*

10.2.7. Müllbeseitigung und Abfuhr von Spülwasser und Abfällen

10.2.7.1. Allgemeines

1321 Die Anwendung der Bestimmung ist nicht auf Körperschaften des öffentlichen Rechts beschränkt.

10.2.7.2. Müllbeseitigung

1322 Der Begriff „Müll" ist eine Sammelbezeichnung für feste Abfallstoffe wie zB Hausmüll, Gewerbemüll, Industriemüll, Bauschutt und Straßenkehricht (VwGH 18.09.1978, 2416/77), aber auch Sperrmüll, Sondermüll, Autoreifen, Autowracks, Biomüll, Altpapier, Altglas, Tierkörper uÄ.

Unter Müllbeseitigung ist die Übernahme von Müll, die Verwertung von übernommenen Müllbestandteilen mit und ohne Bearbeitung, die Lagerung und Deponierung auf ordnungsgemäß errichteten Deponien, aber auch die Sortierung von Müll zu verstehen.

Der Verkauf von aus dem Müll gewonnenen neu verwertbaren Produkten unterliegt nicht dem ermäßigten Steuersatz.

Unter den ermäßigten Steuersatz fällt aber der Verkauf von Mülltonnen und Müllsäcken, sowie die Vermietung von Müllcontainern durch den Müllbeseitigungsbetrieb, wenn diese Behältnisse für den Abtransport des Mülls durch diesen Betrieb bestimmt sind. **1323**

Die Beseitigung von Altpapier unterliegt dem ermäßigten Steuersatz, nicht aber die Lieferung von Altpapier (zB Verkauf an Papierfabrik). **1324**

Die Altlastensanierungsabgabe ist Bestandteil des Entgelts, welches der Deponiebetreiber von seinem Kunden einhebt, und unterliegt somit der Umsatzsteuer (ermäßigter Steuersatz). **1325**

Die Elektroaltgeräteverordnung – EAG-VO, BGBl. II Nr. 121/2005, verpflichtet die Hersteller von Elektro- und Elektronikgeräten zur Rücknahme von Altgeräten (§ 7 EAG – VO). Unabhängig davon, ob die Kosten der Sammlung und Behandlung (dazu zählt auch die Entsorgung) vom Hersteller getrennt ausgewiesen werden oder nicht (§ 9 EAG – VO), unterliegt die „Altgeräteabgabe" als Teil des Entgelts für die Lieferung des Neugerätes dem Normalsteuersatz von 20%.

10.2.7.3. Abfuhr von Spülwasser und Abfällen

Unter dem Begriff „Abfuhr von Spülwasser" ist der Abtransport von Abwässern mittels Kanalanlagen oder durch Fahrzeuge zu subsumieren. **1326**

Der begünstigte Steuersatz erstreckt sich auch auf die Kanalanschlussgebühren (VwGH 24.6.2004, Zl. 2000/15/0140). **1327**

10.2.7.4. Entsorgung von Klärschlamm

Bei kontaminiertem Klärschlamm, der einer Entsorgung (zB Verbrennung, Kompostierung usw.) zugeführt werden muss, handelt es sich idR um Müll iSd § 10 Abs. 2 Z 7 UStG 1994 (bis 31.12.2015: § 10 Abs. 2 Z 13 UStG 1994). **1327a**

Transport, Verbrennung und Kompostierung dieses Klärschlamms sind jeweils Tätigkeiten, die unter den Anwendungsbereich des § 10 Abs. 2 Z 7 UStG 1994 (bis 31.12.2015: § 10 Abs. 2 Z 13 UStG 1994) fallen. Dabei ist es auch nicht schädlich, wenn nicht der Unternehmer selbst, sondern von ihm beauftragte Dritte die eigentliche Transport- bzw. Verbrennungs- oder Kompostierungstätigkeit vornehmen.

Bringt ein Landwirt im Rahmen bodenschutzrechtlicher Vorgaben Klärschlamm auf seine Felder gegen Entgelt auf, so stellt dies ebenfalls eine Entsorgungsleistung dar, die grundsätzlich von § 10 Abs. 2 Z 7 UStG 1994 (bis 31.12.2015: § 10 Abs. 2 Z 13 UStG 1994) erfasst ist. Von einem tauschähnlichen Umsatz ist nicht auszugehen, wenn eine gesonderte Verrechnung des Materialwerts (Klärschlamm als Dünger) gegenüber der Entsorgungsleistung des Landwirts nicht erfolgt. Zur Entsorgung von Klärschlamm durch pauschalierte Landwirte siehe Rz 2900.

(BMF-AV Nr. 2015/170)

Randzahlen 1328 bis 1335: *derzeit frei.*

10.2.8. Kranken- und Pflegeanstalten, Altersheime, Kuranstalten usw.

10.2.8.1. Allgemeines

Nach § 6 Abs. 1 Z 18 in Verbindung mit Z 25 UStG 1994 sind die Umsätze der Kranken- und Pflegeanstalten, der Alters-, Blinden-, und Siechenheime sowie der Kuranstalten und Kureinrichtungen unecht steuerfrei, wenn sie von Körperschaften öffentlichen Rechts bzw. von gemeinnützigen Rechtsträgern bewirkt werden (siehe Rz 924 bis 940). **1336**

10.2.8.2. Abgrenzung zu § 6 Abs. 1 Z 18 und Z 25

Krankenanstalten usw., die nicht unter die Befreiung fallen, unterliegen gemäß § 10 Abs. 2 Z 8 UStG 1994 (bis 31.12.2015: § 10 Abs. 2 Z 15 UStG 1994) dem ermäßigten Steuersatz. Die Ermäßigung betrifft einerseits die genannten Einrichtungen, soweit sie nicht von Körperschaften öffentlichen Rechts oder gemeinnützigen Rechtsträgern bewirkt werden, andererseits an sich befreite Einrichtungen, bei denen gemäß Art. XIV Z 1, BGBl. Nr. 21/1995 auf die Steuerbefreiung verzichtet wurde (siehe Rz 925). **1337**

Der persönliche und sachliche Anwendungsbereich der Bestimmung stimmt mit dem im § 6 Abs. 1 Z 18 UStG 1994 überein.

(BMF-AV Nr. 2015/170)

10.2.8.3. Abgrenzung zur ärztlichen Leistung

Siehe Rz 949 bis Rz 951a. **1338**

10.2.9. Elektronische Publikationen

(BMF-AV Nr. 2019/165)

10.2.9.1. Allgemeines

(BMF-AV Nr. 2019/165)

1339 Für die Anwendung des ermäßigten Steuersatzes ist es ohne Bedeutung, ob die elektronische Publikation im Rahmen einer sonstigen Leistung oder einer Lieferung – auch auf physischen Trägern (zB CD, DVD oder USB-Stick) – überlassen wird. Ebenso ist es unmaßgeblich, ob es sich um eine dauerhafte oder vorübergehende Überlassung handelt und ob die elektronische Publikation auch tatsächlich in einer physischen Version erhältlich ist.

(BMF-AV Nr. 2019/165)

10.2.9.2. Voraussetzungen und Abgrenzung

(BMF-AV Nr. 2019/165)

1340 Maßgebend für die Anwendung des ermäßigten Steuersatzes ist, dass die elektronische Publikation im Wesentlichen die gleiche Funktion wie das physische Druckwerk im Sinne der Anlage 1 Z 33 UStG 1994 erfüllt. Elektronische Bücher, Broschüren, Zeitungen usw. sind demnach nur dann begünstigt, wenn sie – wären sie auf Papier gedruckt – in der herkömmlichen Form dem ermäßigten Steuersatz unterliegen würden.

Die elektronisch publizierten Inhalte müssen somit für die Anwendung des ermäßigten Steuersatzes – ebenso wie Druckwerke im Sinne der Anlage 1 Z 33 UStG 1994 – grundsätzlich aus schriftlichen bzw. lesbaren Inhalten bestehen, also vorwiegend text- bzw. bildbasiert sein und dürfen grundsätzlich keine interaktive Funktion haben. Sie haben ihrem Wesen nach und somit im Kern der Funktion eines physischen Druckwerks zu entsprechen. Eine Recherchedatenbank ist daher keine elektronische Publikation im Sinne der Anlage 1 Z 33 UStG 1994, da diesfalls eine andere Dienstleistung – nämlich der Zugang zu Recherche-Archiven – im Vordergrund steht.

Der Bezug der gesamten elektronischen Publikation (zB Buch, Zeitung) ist für die Anwendung des ermäßigten Steuersatzes nicht erforderlich. Auch elektronische Publikationen, die nur Teile der (gesamten) elektronischen Publikation oder des physischen Druckwerks darstellen (zB Artikel einer Zeitung), unterliegen dem ermäßigten Steuersatz.

Beispiel:

Auf der Homepage einer Zeitung sind gewisse Artikel gegen Bezahlung eines Entgelts einsehbar.

Lösung:

Der Download des Artikels unterliegt ab Inkrafttreten dem ermäßigten Steuersatz in Höhe von 10%.

(BMF-AV Nr. 2019/165)

1341 Die Begünstigung ist nicht anzuwenden, wenn das elektronische Medium vollständig oder im Wesentlichen (audio)visuelle Inhalte (zB Videos) aufweist oder eine Interaktionsmöglichkeit hat (zB Routenplanfunktion einer elektronischen Karte), die physischen Druckwerken originär nicht zukommen können. Folgende Funktionen von elektronischen Publikationen sind für die Anwendung des ermäßigten Steuersatzes jedoch unschädlich:

- Kommentar-Funktion von Artikeln im Rahmen eines Online-Forums;
- Suchfunktion in elektronischen Zeitschriften;
- begleitende Videoinhalte (zB Interviews im Rahmen von Artikeln einer elektronischen Zeitschrift) oder begleitende interaktive Grafiken;
- Verlinkungen innerhalb eines elektronischen Buches;
- Verlinkungen zu Internetadressen;
- die Möglichkeit, am Text Notizen vorzunehmen.

(BMF-AV Nr. 165/2019) (BMF-AV Nr. 2019/165)

1342 Im Gegensatz zu Videozeitungen oder Podcasts unterliegen Hörbücher, die im Wesentlichen inhaltsgleich zu gedruckten Büchern iSd Anlage 1 Z 33 lit. a UStG 1994 sind, dem ermäßigten Steuersatz.

(BMF-AV Nr. 2019/165)

10.2.9.3. Leistungszeitpunkt

(BMF-AV Nr. 2019/165)

1343 Der anzuwendende Steuersatz richtet sich nach dem Zeitpunkt der Leistungserbringung. Bei elektronischer Zurverfügungstellung von Publikationen bspw. in Form des (temporären) Downloads, ist dies der Zeitpunkt der Zugriffsmöglichkeit auf die publizierten Inhalte (vgl. EuGH 23.12.2015, verb. Rs C-250/14, *Air France-KLM* und Rs C-289/14, *Hop!-Brit Air SAS*). Die Gewährung der Zugriffsmöglichkeit unterliegt somit bis zum 31.12.2019 dem Normalsteuersatz – ab 1.1.2020 dem ermäßigten Steuersatz.

Beispiel 1:

Ein Kunde erwirbt am 30.12.2019 das Recht, eine digitale Einzelausgabe einer Zeitung (vom 19.11.2019) herunterzuladen. Die Bezahlung erfolgt umgehend – der tatsächliche Download erfolgt erst am 2.1.2020.

Lösung:

Der Download unterliegt dem Normalsteuersatz, weil der Leistungszeitpunkt am 30.12.2019 und somit vor Inkrafttreten des ermäßigten Steuersatzes liegt.

Beispiel 2:

Ein Kunde erwirbt am 30.1.2020 das Recht, eine digitale Zeitschrift herunterzuladen. Weiters erhält der Kunde das Recht, nicht nur auf die neuen Ausgaben dieser Zeitschrift, sondern auch auf ältere Ausgaben dieser Zeitschrift zuzugreifen.

Lösung:

Der Download der neuen und älteren Ausgaben der digitalen Zeitschrift unterliegt dem ermäßigten Steuersatz, weil der Leistungszeitpunkt –nämlich die Gewährung der Zugriffsmöglichkeit – nach dem 31.12.2019 liegt.

Beispiel 3:

Ein Kunde erwirbt am 30.1.2020 das Recht, auf Inhalte einer digitalen Recherchedatenbank zuzugreifen.

Lösung:

Die Nutzung der Recherchedatenbank unterliegt dem Normalsteuersatz (siehe Rz 1340), weil keine elektronische Publikation im Sinne der Anlage 1 Z 33 UStG 1994 vorliegt, sondern eine andere Dienstleistung – nämlich der Zugang zu Recherche-Archiven – im Vordergrund steht.

Hinsichtlich der Änderung des Steuersatzes und Anzahlungen siehe Rz 1476.

(BMF-AV Nr. 2019/165)

10.2.10. Reparaturdienstleistungen

(BMF-AV Nr. 2021/166)

Seit 1.1.2021 unterliegen Reparaturdienstleistungen (einschließlich Ausbesserung und Änderung) betreffend Fahrräder, Schuhe, Lederwaren, Kleidung oder Haushaltswäsche dem ermäßigten Steuersatz in Höhe von 10%. Nicht begünstigt sind hingegen Lieferungen inklusive Werklieferungen. **1344**

Von der Begünstigung sind auch Elektrofahrräder umfasst, nicht jedoch andere Krafträder (zur Definition des Kraftrades siehe Rz 1937).

Unter Lederwaren sind jedenfalls Waren im Sinne des Kapitels 42 der Kombinierten Nomenklatur zu verstehen.

Haushaltswäsche ist ein Sammelbegriff, der zB Bettwäsche, Polsterbezüge, Geschirrtücher, Handtücher, Tischdecken, Tischsets, Vorhänge umfasst. Polstermöbel gelten hingegen nach dem allgemeinen Begriffsverständnis nicht als Haushaltswäsche.

Der Begriff Kleidung ist unabhängig vom Material, aus dem diese besteht. Die Reinigung von Kleidung fällt nicht unter den ermäßigten Steuersatz von 10%, da die Reinigung keine Reparaturleistung im Sinne des § 10 Abs. 2 Z 10 UStG 1994 darstellt.

Eine begünstigte Reparatur betreffend Fahrräder, Schuhe, Lederwaren, Kleidung oder Haushaltswäsche wird jedenfalls dann angenommen, wenn der Entgeltsanteil, welcher auf das bei der Reparatur verwendete Material entfällt, weniger als 50% des für die Reparatur geleisteten Gesamtentgelts beträgt.

Beispiel:

Ein Änderungsschneider verrechnet für Arbeiten (Kürzen und Erneuerung eines Reißverschlusses) an einem Kleid 40 Euro. Der Entgeltsanteil, der auf das verwendete Material entfällt, beträgt 5 Euro.

Die Arbeiten am Kleid unterliegen zur Gänze dem ermäßigten Steuersatz iHv 10%.

Beispiel:

Eine Fahrradwerkstätte verrechnet für Arbeiten (Service inklusive Austausch von Bremsbelägen) an einem Fahrrad 70 Euro. Der Entgeltsanteil, der auf das verwendete Material entfällt, beträgt 10 Euro.

Die Arbeiten am Fahrrad unterliegen zur Gänze dem ermäßigten Steuersatz iHv 10%.

(BMF-AV Nr. 2021/166)

Randzahlen 1345 bis 1350: *derzeit frei.*

(BMF-AV Nr. 2021/166)

10.3. Ermäßigter Steuersatz von 13%

10.3.1. Gegenstände der Anlage 2

1351 Der ermäßigte Steuersatz von 13% kommt nur zur Anwendung, wenn Umsätze nicht vom ermäßigten Steuersatz nach § 10 Abs. 2 UStG 1994 erfasst sind.

Vor 1.1.2016 bzw. 1.5.2016 war auf die unter Abschnitt 10.3. erfassten Gegenstände der Anlage und Umsätze der ermäßigte Steuersatz von 10% anzuwenden. Dies galt nicht für Umsätze, die nunmehr unter § 10 Abs. 3 Z 11 und Z 12 UStG 1994 (Wein ab Hof und Eintrittsberechtigungen zu sportlichen Veranstaltungen) fallen.

Rz 1167 ist zu beachten.

(BMF-AV Nr. 2015/170)

10.3.1.1. Gegenstände der Anlage 2 Z 1 bis Z 9

1352 Die Gegenstände, deren Lieferung (einschließlich Werklieferung), Eigenverbrauch gemäß § 3 Abs. 2 und § 3a Abs. 1a UStG 1994, Einfuhr und innergemeinschaftlicher Erwerb dem ermäßigten Steuersatz von 13% unterliegen, sind in der Anlage 2 Z 1 bis Z 9 UStG 1994 abschließend aufgezählt.

Die Ausführungen in Rz 1168, 1169 und 1172 gelten sinngemäß.

(BMF-AV Nr. 2015/170)

10.3.1.2. Gegenstände der Anlage 2 Z 10 bis 13

1353 Der ermäßigte Steuersatz ist auf die Einfuhr dieser Gegenstände beschränkt (Ausnahme siehe Rz 1354). Soweit die Umsätze von grundsätzlich dem ermäßigten Steuersatz unterliegenden Münzen (zB Sammlungsstücke von münzkundlichem Wert) gemäß § 6 UStG 1994 unecht steuerbefreit sind (zB Goldmünzen), geht die Steuerbefreiung vor.

Bis 31.12.2015 ermäßigt sich die Steuer für die Lieferung und die Einfuhr von Münzen und Medaillen aus Edelmetallen auf 10%, wenn die Bemessungsgrundlage für die Umsätze dieser Gegenstände mehr als 250% des unter Zugrundelegung des Feingewichts berechneten Metallwerts ohne Umsatzsteuer beträgt (aus Position 7118 sowie aus Unterpositionen 9705 00 00 und 9706 00 00 der KN).

Die Ausführungen in Rz 1168, 1169 und 1172 gelten sinngemäß.

(BMF-AV Nr. 2015/170)

10.3.1.3. Gegenstände der Anlage 2 Z 10 (Kunstgegenstände)

1354 Unter den im § 10 Abs. 3 Z 1 lit. c UStG 1994 (bis 31.12.2015: § 10 Abs. 2 Z 1 lit. c UStG 1994) genannten Voraussetzungen kann der ermäßigte Steuersatz auch für die Lieferungen und den Eigenverbrauch gemäß § 3 Abs. 2 und § 3a Abs. 1a UStG 1994 dieser Gegenstände zur Anwendung kommen.

Wenn ein Unternehmer die Differenzbesteuerung gemäß § 24 UStG 1994 nicht anwendet, ist er kein Wiederverkäufer im Sinn dieser Bestimmung und der ermäßigte Steuersatz kann zur Anwendung gelangen.

(BMF-AV Nr. 2015/170)

Randzahlen 1355 bis 1360: *derzeit frei.*

10.3.2. Tierzucht, Anzucht von Pflanzen und unmittelbar der Tierzucht dienende Leistungen

10.3.2.1. Tierzucht (Aufzucht, Mästen und Halten von Tieren)

1361 Zu den Tieren der Z 1 der Anlage 2 zählen insbesondere Pferde zum Schlachten, weiters Esel, Maultiere und Maulesel, Rinder, Schweine, Schafe, Ziegen und Hausgeflügel. Nicht dazu gehören Hasen, Kaninchen, Rehe, Hirsche, Pelztiere, Raubtiere, Fasane, Rebhühner,

Schwäne, Tauben, Wildenten und Wildgänse, Katzen, Hunde, Singvögel, Zierfische, Schlangen, Mäuse, Ratten und Meerschweinchen.

(BMF-AV Nr. 2015/170)

Begünstigt ist die Aufzucht, das Mästen und Halten dieser Tiere, wenn diese Leistungen als Hauptleistungen entgeltlich einem anderen gegenüber erbracht werden. Darunter fällt die entgeltliche Duldung der Mitbenützung von Wiesen durch fremdes Vieh oder die Inpflegenahme von Weidevieh sowie die Unterbringung, Fütterung und Pflege (Pensionsviehhaltung) und die Aufzucht und das Mästen von Vieh für andere (Lohnmast). **1362**

(BMF-AV Nr. 2015/170)

10.3.2.2. Anzucht von Pflanzen

Die Anzucht von Pflanzen ist als sonstige Leistung zu qualifizieren und liegt vor, wenn ein Pflanzenzüchter junge Pflanzen (Sämlinge, Setzlinge) einem Unternehmer überlässt, damit dieser sie auf seinem Grundstück einpflanzt, pflegt und dem Pflanzenzüchter auf Abruf zurückgibt. Eine Lieferung und Rücklieferung wäre bei Überlassung von Samen, Wurzeln oder Knollen und Rückgabe der gezogenen Pflanzen anzunehmen und dem Normalsteuersatz zu unterziehen. Ebenso ist die Pflege von fremden Pflanzen keine Anzucht und unterliegt daher auch dem Normalsteuersatz. **1363**

(BMF-AV Nr. 2015/170)

10.3.2.3. Vatertierhaltung, Förderung der Tierzucht und künstliche Besamung

Vatertierhaltung: Begünstigt sind Deckgelder, Umlagen, die nach der Zahl der deckfähigen Tiere bemessen werden, Zuschüsse, die nach Maßgabe der gedeckten Tiere bemessen werden. **1364**

(BMF-AV Nr. 2015/170)

Förderung der Tierzucht: Unter Tierzucht sind die Maßnahmen zu verstehen, die auf eine Verbesserung der erblich bedingten Anlagen von Tieren gerichtet sind. Begünstigt sind Entgelte für Abstammungsnachweise und Stallbücher, Körgebühren, Standgelder, Provisionen für die Vermittlung des An- und Verkaufes von Zuchttieren oder der Durchführung von Zuchttierversteigerungen, Entgelte, die von Tierzüchtern oder ihren Angestellten für die Teilnahme an Ausstellungen erhoben werden. **1365**

(BMF-AV Nr. 2015/170)

Künstliche Tierbesamung: Auch die Verabreichung von Tiersamen und von Arzneimitteln im Rahmen der künstlichen Besamung fällt hierunter. **1366**

(BMF-AV Nr. 2015/170)

Randzahl 1367: *derzeit frei.*

10.3.3. Beherbergung – Rechtslage von 1.5.2016 bis 31.10.2018

10.3.3.1. Allgemeines

Zur Rechtslage ab 1.11.2018 siehe die Rz 1218 bis 1229. **1368**

Begünstigt ist die Beherbergung in eingerichteten Wohn- und Schlafräumen samt den regelmäßig damit verbundenen Nebenleistungen (zB Beleuchtung, Beheizung, Bedienung). Es fallen sowohl die gewerbliche Beherbergung in Hotels, Gaststätten usw. als auch – wenn die Voraussetzungen der Beherbergung erfüllt sind – die Privatzimmervermietung und die Überlassung von Ferienwohnungen und -appartements unter den ermäßigten Steuersatz.

Beherbergung in eingerichteten Wohn- und Schlafräumen erfordert über die bloße Überlassung von Räumlichkeiten, einschließlich deren typischer Nebenleistungen, hinaus auch eine gewisse Betreuung der überlassenen Räumlichkeiten oder des Gastes. Dazu zählen zB die Reinigung der Räumlichkeiten oder die Zurverfügungstellung und Reinigung von Bettwäsche und Handtüchern sowie die Beheizung, Kühlung und Beleuchtung (vgl. VwGH 23.9.2010, 2007/15/0245). Die zusätzliche Erbringung von Dienstleistungen muss es dem Gast ermöglichen, ohne umfangreiche eigene Vorkehrungen an einem Ort vorübergehend Aufenthalt zu nehmen (vgl. VwGH 29.4.1992, 88/17/0184).

(BMF-AV Nr. 2016/212, BMF-AV Nr. 2018/164)

10.3.3.2. Aufteilung eines pauschalen Entgelts

Die Aufteilung eines pauschalen Entgelts, das Beherbergung und Verköstigung beinhaltet (zB Halbpension), erfolgt bei Vorliegen von Einzelverkaufspreisen für die Leistungsteile im Verhältnis der Einzelverkaufspreise. **1369**

Beispiel:

Preis Beherbergung 70 Euro (brutto); Preis Halbpension 90 Euro (brutto);

Aufteilung Halbpension: Beherbergung 61,95 Euro (= 70 Euro / 1,13) sind mit 13% zu besteuern, Restauration 18,18 Euro (=20 Euro / 1,1) sind mit 10% zu besteuern. Somit fallen 9,87 Euro Umsatzsteuer an. Getränke (ausgenommen Getränke im Rahmen der Verabreichung eines ortsüblichen Frühstücks iZm der Beherbergung) sind separat zu behandeln und unterliegen dem Normalsteuersatz.

Für die Aufteilung eines pauschalen Entgelts bei Vorliegen von Einzelverkaufspreisen kann vom Unternehmer alternativ auch auf die entsprechenden durchschnittlichen Einzelverkaufspreise (des Hotels bzw. bei Reisebüros oder Reiseveranstaltern aller Hotels) des vorangegangenen Veranlagungszeitraums zurückgegriffen werden.

Beispiel:

Im Jahr 2015 wurden pauschale Entgelte für Frühstücks- und Halbpension (Beherbergung und Verköstigung) verrechnet. Gleichzeitig wurde die Beherbergung auch ohne Verköstigung angeboten, der Einzelverkaufspreis für die Beherbergung ohne Verköstigung variierte zwischen 60 Euro (brutto) und 90 Euro (brutto). Bei 541 Beherbergungsleistungen ohne Verköstigung betrug der Gesamtumsatz 42.739 Euro (brutto). Durchschnittlich ergibt sich ein Einzelverkaufspreis für die Beherbergung in Höhe von 79 Euro (brutto). Dieser durchschnittliche Einzelverkaufspreis kann im Jahr 2016 für die Aufteilung der pauschalen Entgelte herangezogen werden.

Liegen keine Einzelverkaufspreise vor, weil bspw. ausschließlich Halbpension angeboten wird oder weil es sich um keine vergleichbaren Einzelverkaufspreise handelt (zB Mahlzeiten werden externen Gästen nicht in gleichem Umfang oder Inhalt – zB à la carte – angeboten und sind somit der Verköstigung von Hotelgästen im Rahmen eines pauschalen Entgelts nicht vergleichbar; zB Frühstück wird externen Gästen à la carte angeboten, Hotelgästen jedoch in Buffetform; die Konsumation von Frühstücksgetränken ist für externe Gäste im Frühstück nicht inkludiert und wird gesondert verrechnet), ist nach den Kosten aufzuteilen.

Diese Aufteilung der Kosten bei Nichtvorliegen von Einzelverkaufspreisen kann vom Unternehmer aufgrund von Erfahrungswerten im Bereich der Beherbergung differenziert nach Preiskategorien (brutto) wie folgt festgesetzt werden:

Preis pro Person und Nacht bis 140 Euro:

Zimmer (13%)/Frühstück (10%)	= Verhältnis 80% / 20%
Zimmer (13%)/Halbpension (10%)	= Verhältnis 60% / 40%
Zimmer (13%)/Vollpension (10%)	= Verhältnis 50% / 50%

Preis pro Person und Nacht bis 180 Euro:

Zimmer (13%)/Frühstück (10%)	= Verhältnis 82,5% / 17,5%
Zimmer (13%)/Halbpension (10%)	= Verhältnis 65% / 35%
Zimmer (13%)/Vollpension (10%)	= Verhältnis 55% / 45%

Preis pro Person und Nacht bis 250 Euro:

Zimmer (13%)/Frühstück (10%)	= Verhältnis 85% / 15%
Zimmer (13%)/Halbpension (10%)	= Verhältnis 70% / 30%
Zimmer (13%)/Vollpension (10%)	= Verhältnis 60% / 40%

Preis pro Person und Nacht über 250 Euro:

Zimmer (13%)/Frühstück (10%)	= Verhältnis 90% / 10%
Zimmer (13%)/Halbpension (10%)	= Verhältnis 80% / 20%
Zimmer (13%)/Vollpension (10%)	= Verhältnis 70% / 30%

Beispiel:

Der Verkaufspreis eines Halbpensionszimmers liegt bei 130 Euro (brutto) pro Person und Nacht. Da keine Einzelverkaufspreise für die Beherbergung bzw. Verköstigung vorliegen, kann der Verkaufspreis im Verhältnis 60% / 40% aufgeteilt werden. 69,03 Euro (= 130 Euro x 60% / 1,13) sind mit 13% zu besteuern; 47,27 Euro (= 130 Euro x 40% / 1,1) sind mit 10% zu besteuern. Somit fallen 13,7 Euro Umsatzsteuer an.

Für die Zuordnung zu den jeweiligen Preiskategorien kann vom Unternehmer alternativ auch auf die entsprechenden durchschnittlichen Umsätze (des Hotels bzw. bei Reisebüros oder Reiseveranstaltern aller Hotels) des vorangegangenen Veranlagungszeitraums je Angebotsumfang (zB Umsatz des vorangegangenen Veranlagungszeitraums aus Halbpension dividiert durch die Anzahl an Beherbergungen aus Halbpension des gleichen Zeitraums) zurückgegriffen werden.

Beispiel:

Im Jahr 2015 wurden im Bereich der Halbpension Umsätze iHv 96.000 Euro brutto (1.200 Beherbergungsleistungen), im Bereich der Vollpension Umsätze iHv 156.000 Euro brutto (1.600 Beherbergungsleistungen) erzielt. Der durchschnittliche Preis der Halbpension hat somit 80 Euro (brutto), jener der Vollpension 97,5 Euro (brutto) betragen. Die Entgelte der Beherbergungsleistungen im Bereich der Halbpension können im Jahr 2016 im Verhältnis 60% / 40% aufgeteilt werden, jene im Bereich der Vollpension im Verhältnis 50% / 50% (jeweils Preiskategorie bis 140 Euro).

Getränke (ausgenommen Getränke im Rahmen der Verabreichung eines ortsüblichen Frühstücks im Zusammenhang mit der Beherbergung) sind separat zu behandeln und unterliegen grundsätzlich dem Normalsteuersatz.

Da hinsichtlich des Alters der beherbergten Person nicht zu differenzieren ist, ist auch ein pauschales Entgelt für die Beherbergung und Verköstigung von Kindern aufzuteilen. Somit ist hinsichtlich der Zuordnung zu den jeweiligen Preiskategorien bzw. der Zuordnung zu den jeweiligen Preiskategorien mittels durchschnittlichen Umsätzen keine unterschiedliche Behandlung aufgrund des Alters der beherbergten Person erforderlich. Werden jedoch bspw. Kleinkinder unentgeltlich beherbergt (zB Zurverfügungstellung von Zusatzbetten), weil die Kosten bereits in der Kalkulation der Beherbergung (zB der Eltern) enthalten sind, liegt auch kein gesondertes Entgelt vor, das aufzuteilen ist.

Zu Getränken im Rahmen von All-Inclusive-Angeboten siehe Rz 1373.

(BMF-AV Nr. 2016/212)

Wird die Verköstigung in Form der sogenannten ¾-Pension (Frühstück, „Jause" und Abendessen) erbracht, ist für Zwecke der Aufteilung im Sinne der Rz 1369 von einer Verköstigung in Form der Vollpension auszugehen, wenn die Verköstigungsleistung („Jause") in einem Umfang angeboten wird, die eine „volle" Mahlzeit ersetzt und somit grundsätzlich keine eigene selbständige Verköstigung erforderlich macht. **1369a**

(BMF-AV Nr. 2016/212)

Die Verabreichung eines ortsüblichen Frühstücks, wenn sie zusammen mit der Beherbergung erbracht wird, fällt gemäß § 10 Abs. 2 Z 1 lit. c UStG 1994 unter den ermäßigten Steuersatz von 10%. Alkoholische Getränke sind nicht Teil eines ortsüblichen Frühstücks. **1370**

(BMF-AV Nr. 2015/170)

Die Zurverfügungstellung von Seminarräumen kann nicht als begünstigte Nebenleistung zur Beherbergung qualifiziert werden, dies schon deshalb, weil die Räume üblicherweise einem Veranstalter und nicht dem einzelnen Hotelgast überlassen werden (siehe VwGH 20.2.2008, 2006/15/0161). **1371**

(BMF-AV Nr. 2015/170)

10.3.3.3. All-Inclusive

In der österreichischen Tourismusbranche kommt es vermehrt zu Packages- und All-Inclusive-Angeboten. „All-Inclusive" umfasst insbesondere die Benützung von Sporteinrichtungen und die Tischgetränke beim Abendessen. Daneben werden von Hoteliers für die Hotelgäste häufig Begrüßungscocktails gereicht oder mit den Hotelgästen Wanderungen (Skitouren) durchgeführt. **1372**

(BMF-AV Nr. 2015/170)

Folgende Leistungen können als regelmäßig mit der Beherbergung verbundene Nebenleistungen angesehen werden, wenn dafür kein gesondertes Entgelt verrechnet wird: **1373**

- Begrüßungstrunk,
- Vermietung von Parkplätzen, Garagenplätzen oder von Hotelsafes,
- Kinderbetreuung,
- Überlassung von Wäsche (zB Bademäntel),
- Zurverfügungstellung von Fernsehgeräten,
- Verleih von Sportgeräten,
- Zurverfügungstellung von Sauna, Solarium, Dampf- und Schwimmbad, Fitnessräume,
- Verabreichung von Massagen,
- Verleih von Liegestühlen, Fahrrädern und Sportgeräten,
- geführte Wanderungen oder Skitouren,
- Zurverfügungstellung eines Tennis-, Golf- oder Eislaufplatzes, einer Kegelbahn oder Schießstätte usw.,
- die Bereitstellung von Tennis-, Ski-, Golf- oder Reitlehrern,

- die Abgabe von Liftkarten (zB Skilift), von Eintrittskarten (zB Theater), der Autobahnvignette oder – zB in Kärnten – der „Kärnten-Card“,
- Animation,
- Wellness-Leistungen, ausgenommen hievon sind Beauty- bzw. Kosmetikbehandlungen,
- Tischgetränke (einschließlich zwischen den Mahlzeiten oder an der Bar abgegebene Getränke) von untergeordnetem Wert (Einkaufswert liegt unter 5% des Pauschalangebotes); in diesem Fall erhöhen sich die in Rz 1369 festgesetzten Prozentsätze für die Beherbergung (Zimmer) um 5 Prozentpunkte. Liegt der Verkaufspreis eines Vollpensionszimmers bspw. bei 130 Euro (brutto) pro Person und Nacht, kann dieser somit, wenn keine Einzelverkaufspreise vorliegen, im Verhältnis 55% / 45% aufgeteilt werden. 63,27 Euro (= 130 Euro x 55% / 1,13) sind mit 13% zu besteuern; 53,18 Euro (= 130 Euro x 45% / 1,1) sind mit 10% zu besteuern. Somit fallen 13,54 Euro Umsatzsteuer an.

Wird allerdings im Rahmen einer so genannten „Golf(trainings)woche“ annähernd täglich die Benützung eines Golfplatzes und dazu auch noch ein mehrmaliger Golfunterricht oder die Teilnahme an einem Golfturnier angeboten, so können diese zusätzlichen Leistungen aufgrund des Leistungsumfanges nicht mehr als üblicherweise mit der Beherbergung verbundene Nebenleistungen angesehen werden. Das Gleiche gilt für vergleichbare Sport- oder Freizeitkurse (zB Segel-, Tenniswochen, usw.).

(BMF-AV Nr. 2015/170, BMF-AV Nr. 2016/212)

10.3.3.4. Time-Sharing

1374 Im Rahmen des Time-Sharing wird für einen längeren Zeitraum (zB 30 Jahre) oder auf Dauer das (übertragbare) Recht eingeräumt, alljährlich für einen im Vorhinein vertraglich vereinbarten Zeitraum ein möbliertes Appartement, Hotelzimmer, Ferienhaus oder eine sonstige Unterkunftseinheit samt allfälliger infrastruktureller Nebeneinrichtungen ausschließlich und uneingeschränkt zu nutzen.

(BMF-AV Nr. 2015/170)

1375 Die vereinbarte Leistung steht im Zusammenhang mit einem konkreten Grundstück und ist nur steuerbar, wenn das Grundstück, an dem das Nutzungsrecht vereinbart wurde, im Inland gelegen ist (siehe Rz 639v bis Rz 640c).

(BMF-AV Nr. 2015/170)

1376 Die Einräumung des Nutzungsrechtes erfolgt an Räumlichkeiten, die rasch wechselnden Benützern zu Erholungszwecken dienen. Die Umsätze unterliegen daher dem für die Beherbergung anzuwendenden ermäßigten Steuersatz. Zur Einräumung von Teilzeitnutzungsrechten im Zusammenhang mit der Übertragung eines ideellen Miteigentumsanteiles („Teilzeiteigentum“) siehe Rz 801.

(BMF-AV Nr. 2015/170)

1377 Wird vertraglich die Möglichkeit eingeräumt, im „Tauschwege“ andere Räumlichkeiten zu nutzen, so ist ggf. die Umsatzbesteuerung zu berichtigen.

(BMF-AV Nr. 2015/170)

10.3.3.5. Camping

1378 Neben der Überlassung der Stellfläche für das Zelt, den Wohnwagen, das KFZ usw. unterliegen auch die Zurverfügungstellung von sanitären Anlagen, von Gemeinschaftseinrichtungen, wie zB Aufenthaltsräumen, von Strom- und Wasseranschlüssen, von Koch- und Bügeleinrichtungen, die Nutzungsmöglichkeit eines Badestrandes usw. dem ermäßigten Steuersatz. In allen Fällen kommt der ermäßigte Steuersatz jedoch nur dann zur Anwendung, wenn ein einheitliches Benützungsentgelt, das sich häufig aus Stellplatz- und Personengebühr zusammensetzt, verrechnet wird. Nicht begünstigt ist zB die Zurverfügungstellung von Sporteinrichtungen oder Sportgeräten, von Stromanschlüssen von technischen Geräten usw., wenn für diese Leistungen ein gesondertes Entgelt verrechnet wird.

(BMF-AV Nr. 2015/170)

1379 Die Überlassung von Campingplätzen zum Abstellen von Fahrzeugen außerhalb des Campingbetriebes (zB im Winter, wenn nicht campiert wird) fällt nicht unter die Begünstigung.

In der Zeit vom 1.1.2004 bis 30.4.2004 erbrachte Campingleistungen für nichtunternehmerische Zwecke unterliegen dem Normalsteuersatz.

Für ab 1.5.2004 erbrachte Campingleistungen für nichtunternehmerische Zwecke gilt Rz 1197 sinngemäß.

(BMF-AV Nr. 2015/170)

Bis 30.4.2016 ist auf die Beherbergung in eingerichteten Wohn- und Schlafräumen gemäß § 10 Abs. 3 Z 3 lit. a UStG 1994 sowie die Vermietung (Nutzungsüberlassung) von Grundstücken für Campingzwecke gemäß § 10 Abs. 3 Z 3 lit. b UStG 1994 der ermäßigte Steuersatz von 10% anzuwenden. Wurde eine Buchung und An- oder Vorauszahlung vor dem 1.9.2015 vorgenommen und der Umsatz zwischen 1.5.2016 und 31.12.2017 ausgeführt, unterliegen diese Leistungen nach § 28 Abs. 42 Z 2 UStG 1994 weiterhin dem ermäßigten Steuersatz von 10%. § 28 Abs. 42 Z 2 UStG 1994 stellt nicht auf die Vereinnahmung der An- oder Vorauszahlung, sondern lediglich auf die Buchung und die Leistung einer An- oder Vorauszahlung ab (zur Abrechnung mit Kreditkarte siehe Rz 1403). **1380**

Beispiel:

Folgende Beherbergungsumsätze werden erbracht am:

- *15.3.2016, mit oder ohne Buchung und An- bzw. Vorauszahlung vor dem 1.9.2015;*
- *29.10.2016, ohne Buchung und An- bzw. Vorauszahlung vor dem 1.9.2015;*
- *19.11.2017, mit Buchung und An- bzw. Vorauszahlung vor dem 1.9.2015.*

Unabhängig davon, ob für die Beherbergungsleistung am 15.3.2016 eine Buchung und An- bzw. Vorauszahlung vor dem 1.9.2015 vorgenommen wurde, unterliegt der Umsatz dem ermäßigten Steuersatz in Höhe von 10%. Ebenfalls ist die Beherbergungsleistung am 19.11.2017 mit 10% zu besteuern, weil eine Buchung und An- bzw. Vorauszahlung vor dem 1.9.2015 stattgefunden hat. Der Beherbergungsumsatz am 29.10.2016 ist mangels Buchung und An- bzw. Vorauszahlung vor dem 1.9.2015 mit 13% zu besteuern.

(BMF-AV Nr. 2015/170)

Randzahlen 1381 bis 1385: *derzeit frei.*

10.3.4. Künstler

10.3.4.1. Begriff Künstler

Der Begriff „Künstler" im § 10 Abs. 3 Z 4 UStG 1994 (bis 31.12.2015: § 10 Abs. 2 Z 5 UStG 1994) entspricht dem des § 22 Z 1 lit. a EStG 1988. Für Auslegungsfragen wird daher auf die EStR 2000 Abschn. 16.2.6 verwiesen. **1386**

(BMF-AV Nr. 2015/170)

10.3.4.2. Begriff Tätigkeit als Künstler

Begünstigt sind nur die Umsätze aus der Tätigkeit als Künstler, nicht also allfällige Hilfsgeschäfte (zB der Verkauf eines beruflich verwendeten Computers) bzw. Umsätze aus nichtkünstlerischer Tätigkeit. Der Eigenverbrauch gemäß § 3 Abs. 2 und § 3a Abs. 1a UStG 1994 (zB von selbst hergestellten Kunstwerken für private Zwecke) unterliegt aber dem begünstigten Steuersatz. **1387**

(BMF-AV Nr. 2015/170)

Eine Personenvereinigung (ohne Rechtspersönlichkeit), die als solche nach außen in Erscheinung tritt und somit Unternehmereigenschaft besitzt, kann die Begünstigung für sich in Anspruch nehmen, sofern jeder Beteiligte (wenn auch im Zusammenhang mit den anderen Mitgliedern) eine künstlerische Leistung erbringt (VwGH 26.11.1985, 83/14/0249; VwGH 20.11.1989, 89/14/0142). **1388**

(BMF-AV Nr. 2015/170)

10.3.4.3. Einräumung und Übertragung von urheberrechtlich geschützten Rechten

Bei Einräumung und Übertragung von Rechten, die sich aus urheberrechtlichen Vorschriften ergeben, kann der ermäßigte Steuersatz gemäß § 10 Abs. 3 Z 4 UStG 1994 (bis 31.12.2015: § 10 Abs. 2 Z 5 UStG 1994) dann zur Anwendung kommen, wenn es sich um die Einräumung (Übertragung) der Rechte an künstlerischen Werken durch den Künstler handelt. **1389**

(BMF-AV Nr. 2015/170)

10.3.4.4. Autoren

Unter „Umsätze aus der Tätigkeit als Künstler" fallen neben den Umsätzen der künstlerisch tätigen Komponisten auch die Umsätze der künstlerisch tätigen Literaten und Textautoren. Nicht künstlerisch tätig sind Fach- und Sachbuchautoren. **1390**

(BMF-AV Nr. 2015/170)

Randzahlen 1391 bis 1392: *derzeit frei.*

10.3.5. Schwimmbäder, Thermalbehandlung

10.3.5.1. Begünstigte Umsätze von Schwimmbädern

1393 Die Begünstigung wird unabhängig vom Rechtsträger des Bades gewährt. Betroffen sind somit Hallen- oder Freibäder öffentlich-rechtlicher Körperschaften (= Betriebe gewerblicher Art), ebenso wie Vereins- und Privatbäder. Dies gilt unabhängig davon, ob es sich um Natur- oder Kunstbäder handelt. Nicht umfasst sind die Umsätze von Reinigungsbädern.

(BMF-AV Nr. 2015/170)

1394 Begünstigt sind nur die unmittelbar mit dem Betrieb von Schwimmbädern verbundenen Umsätze. Darunter fallen insbesondere Entgelte für die Benützung der Schwimmbäder (durch Einzelpersonen, Gruppen oder Vereine), Zuschläge für ergänzende Nebenleistungen (zB für die Benützung von Einzelkabinen), Entgelte für die Erteilung von Schwimmunterricht und Nebeneinnahmen aus unmittelbar notwendigen Hilfsleistungen (zB die Aufbewahrung der Garderobe, die Vermietung von Schwimmgürteln, Badekleidung, Handtüchern oder Haartrocknern).

Nicht unmittelbar mit dem Betrieb von Schwimmbädern verbunden sind ua. die Umsätze aus dem Betrieb von Kiosken, Restaurants und Buffets, die Vermietung von Parkplätzen und Fahrradabstellflächen und die Nutzungsüberlassung zusätzlicher Sportanlagen und -geräte (Minigolf, Tischtennis oder Wasserrutsche gegen gesondertes Entgelt). Nicht begünstigt sind ferner die Vermietung von Liegestühlen, Strandkörben oder Sonnenschirmen und Solarienumsätze (VwGH 31.3.1998, 93/13/0073).

(BMF-AV Nr. 2015/170)

10.3.5.2. Begünstigte Umsätze im Rahmen der Thermalbehandlung

1395 Nach der Verkehrsauffassung wird unter Thermalbehandlung die medizinische Nutzung von Temperaturänderungen, im Besonderen von Wärme zu therapeutischen Zwecken verstanden. Die Begünstigung erstreckt sich somit auf Dampf-, Heißluft-, und Kneippbäder, auf Thermalbäder im engeren Sinn und den Saunabetrieb.

(BMF-AV Nr. 2015/170)

1396 Die Thermalbehandlung umfasst ua. nicht die Verabreichung von Mineralbädern, Heilmassagen oder physikalischer Therapie.

(BMF-AV Nr. 2015/170)

1397 Die Entgelte so genannter Pauschalbadekuren (für die Beherbergung und Verköstigung von Kurgästen und die Verabreichung von Thermalbehandlungen) können zur Gänze mit dem ermäßigten Steuersatz versteuert werden.

(BMF-AV Nr. 2015/170)

10.3.6. Theater-, Musik- und Gesangsaufführungen, Konzerte, Museen usw.

10.3.6.1. Theateraufführungen

10.3.6.1.1. Begriff Theater

1398 Ein Theater im Sinne des § 10 Abs. 3 Z 6 lit. a UStG 1994 (bis 30.4.2016: § 10 Abs. 2 Z 8 lit. a UStG 1994) liegt vor, wenn so viele künstlerische und technische Kräfte und die zur Aufführung von Theaterveranstaltungen notwendigen technischen Voraussetzungen unterhalten werden, dass die Durchführung eines Spielplanes aus eigenen Kräften möglich ist. Es genügt, dass ein Theater die künstlerischen und technischen Kräfte nur für die Spielzeit eines Stückes verpflichtet. Ein eigenes oder gemietetes Theatergebäude braucht nicht vorhanden zu sein. Bei Auslegung des Begriffes Theater wird im Hinblick auf § 10 Abs. 3 Z 8 UStG 1994 (bis 31.12.2015: § 10 Abs. 2 Z 11 UStG 1994) ein nicht allzu strenger Maßstab anzuwenden sein, wobei aber ein gewisser Mindeststandard der Darbietung gegeben sein muss. So sind zB auch die Vorführungen der Spanischen Hofreitschule nach dieser Bestimmung begünstigt.

(BMF-AV Nr. 2015/170)

10.3.6.1.2. Beispiele

1399 Begünstigt sind demnach zB Schauspiel-, Opern-, Operettenaufführungen, ferner Kabarett, Tanzkunst, Kleinkunst und Varieté, Pantomime und Ballett, Puppen- und Marionettenspiele, Eisrevuen, sowohl durch Berufsdarbietende, als auch durch Laien. Als Theater sind nicht nur Schauspiel- und Opernhäuser, Keller- und Kaffeehaustheater, sondern auch Freilichttheater, Wanderbühnen, Tourneetheater usw. anzusehen. Begünstigt sind auch Theateraufführungen in einem Fernsehstudio, und zwar unabhängig davon, ob die Theatervorführung unmittelbar übertragen oder lediglich aufgezeichnet wird.

(BMF-AV Nr. 2015/170)

Nicht begünstigt sind hingegen die Zusammenstellung von Balleröffnungen und Schautänzen durch Debütanten (VwGH 4.3.1987, 85/13/0195), eine „Peep Show" (VwGH 14.10.1991, 91/15/0069, 91/15/0070) oder Diavorträge oder Diashows (VwGH 23.11.1992, 91/15/0133) und Filmvorführungen (diesbezüglich siehe aber Rz 1423 bis Rz 1426). **1400**

(BMF-AV Nr. 2015/170)

10.3.6.1.3. Umfang der Begünstigung

Begünstigt sind die eigentlichen Theaterleistungen einschließlich der damit verbundenen Nebenleistungen. Als Theaterleistungen sind auch solche Leistungen anzusehen, die gegenüber einem gastgebenden Theater ausgeführt werden, zB Zurverfügungstellung eines Ensembles, nicht hingegen die Leistungen von Agenturen. Veranstalter im Sinne dieser Bestimmung ist jeder, der – ohne selbst ein Theater zu betreiben – Theaterleistungen selbständig organisiert und im eigenen Namen anbietet. Werden bei Theatervorführungen mehrere Veranstalter tätig, so kann bei Zutreffen der gesetzlichen Voraussetzungen jeder Veranstalter den ermäßigten Steuersatz in Anspruch nehmen. Die Begünstigung kann daher bei Tourneeveranstaltungen sowohl dem Tourneeveranstalter als auch dem örtlichen Veranstalter zustehen. **1401**

(BMF-AV Nr. 2015/170)

10.3.6.1.4. Nebenleistungen

Zu den regelmäßig mit dem Betrieb eines Theaters verbundenen – und somit begünstigten – Nebenleistungen gehören insbesondere die Aufbewahrung der Garderobe, der Verkauf von Programmen und die Vermietung von Theatergläsern. Nicht unter diese Begünstigung fällt zB die Führung eines Buffets oder die Aufnahme von Inseraten in die Programmhefte. Ebenso fallen nicht unter diese Begünstigung die Leistungen der Kostüm- und Textbücherverleiher an den Veranstalter. Für den Verleih von Textbüchern kann allerdings § 10 Abs. 2 Z 2 UStG 1994 zur Anwendung kommen. **1402**

(BMF-AV Nr. 2015/170)

Bis 30.4.2016 unterliegen Leistungen gemäß § 10 Abs. 3 Z 6 UStG 1994 dem ermäßigten Steuersatz von 10%. Werden An- oder Vorauszahlungen vor dem 1.9.2015 vorgenommen und die Umsätze zwischen 1.5.2016 und 31.12.2017 ausgeführt, unterliegen diese Umsätze weiterhin dem ermäßigten Steuersatz von 10%. § 28 Abs. 42 Z 3 UStG 1994 stellt nicht auf die Vereinnahmung der An- oder Vorauszahlung, sondern lediglich auf die Leistung einer An- oder Vorauszahlung ab. Demnach ist der Zufluss des Entgelts beim Leistungserbringer irrelevant und es kommt nur auf den Erwerb der Eintrittsberechtigung durch den Kunden an, sofern hierbei gleichzeitig zumindest eine An- oder Vorauszahlung geleistet wird. Dies wird bei Kreditkartenzahlung dann der Fall sein, wenn die Überprüfung der Kreditkarten- bzw. Zahlungsdaten positiv verläuft und in unmittelbarer Folge der Auftrag zur Belastung der Karte erfolgt. **1403**

(BMF-AV Nr. 2015/170)

Randzahlen 1404 bis 1405: *derzeit frei.*

10.3.6.2. Musik- und Gesangsaufführungen usw. (§ 10 Abs. 3 Z 6 lit. b UStG 1994; bis 30.4.2016: § 10 Abs. 2 Z 8 lit. b UStG 1994)

10.3.6.2.1. Begriffe

- Unter Musik wird sowohl die Instrumentalmusik (Orchester-, Kammer- und Salonmusik), als auch Vokalmusik, wie reine A-cappella-Musik, bzw. die von Instrumenten begleitete Gesangsmusik, in Chor und Sologesang verstanden. Auf die Art der Musik kommt es nicht an. Auch Musikgruppen aus der Unterhaltungsbranche können demnach unter den ermäßigten Steuersatz fallen. **1406**
- Orchester ist eine größere Gruppe von Instrumentalisten, die ein in sich differenziertes, musikalisch sinnvolles Klangensemble bilden, das in der Regel unter der Leitung eines Dirigenten steht. Es umfasst alle Musiksparten, bzw. alle instrumentalen Klangkörper der unterschiedlichen Musizierformen, auch außereuropäische Instrumentengruppen. Es werden darunter zB auch Volks-, Blas-, Marsch- und Militärmusik, große und kleine Unterhaltungsorchester und Jazzorchester (Bigband) verstanden. Ebenfalls begünstigt sind Kammermusikensembles (Trio, Quartett, Quintett).

- Gesang ist ein Singen, das in der Regel an Worte oder Texte mit deutlich geprägtem Sinnzusammenhang gebunden ist. Es ist aber auch möglich, sinnleere Laute oder Silben zu singen (zB Jodeln, Vocalise oder Scat).
- Chor ist eine Vereinigung von Sängern, die ein Gesangsstück gemeinsam vortragen, wobei jede Stimme mehrfach besetzt ist.

(BMF-AV Nr. 2015/170)

10.3.6.2.2. Umfang der Begünstigung

1407 Musik- und Gesangsaufführungen aus der Konserve (Tonband, Schallplatte oder elektronische Tonträger) sind nicht begünstigt. In Bezug auf Musik- und Gesangsaufführungen durch andere Unternehmer (zB Konzerte von Musikgruppen, Orchestern, Chören, Solisten, DJs) gilt das für die Theater Gesagte sinngemäß.

(BMF-AV Nr. 2015/170, BMF-AV Nr. 2022/154)

10.3.6.2.3. Zusammentreffen mit anderen Leistungen

1408 Werden in Verbindung mit Theater-, Musik- und Gesangsaufführungen auch Leistungen anderer Art erbracht, und sind diese nicht von untergeordneter Bedeutung, wird dadurch der Charakter der Veranstaltung als Theater-, Musik- und Gesangsaufführung beeinträchtigt. Dies wird etwa bei zB gesanglichen, kabarettistischen oder tänzerischen Darbietungen im Rahmen einer Tanzbelustigung, einer sportlichen Veranstaltung oder zur Unterhaltung der Besucher von Gaststätten der Fall sein. In diesem Fall geht die Begünstigung für den Veranstalter verloren, die Leistungen an den Veranstalter (zB von Musikgruppen und Solisten) fallen jedoch unter die Ermäßigung.

(BMF-AV Nr. 2015/170)

Randzahl 1409: *derzeit frei.*

10.3.6.3. Museen usw.

10.3.6.3.1. Begriff Museum allgemein

1410 Museen sind Einrichtungen, die der Sammlung und systematischen Aufbewahrung von Gegenständen von kultureller Bedeutung dienen. Die Begünstigung erstreckt sich somit vor allem auf wissenschaftliche Sammlungen, Kunstsammlungen, aber auch auf Ausstellungen zu besonderen Anlässen (Landesausstellungen). Des Weiteren werden auch Denkmäler der Bau- und Gartenkunst als Museen gewertet.

(BMF-AV Nr. 2015/170)

10.3.6.3.2. Begriff wissenschaftliche Sammlung und Kunstsammlung

1411 Wissenschaftliche Sammlungen und Kunstsammlungen sind vor allem Gemäldegalerien, Volkskunde- und Heimatmuseen, kunst- und naturhistorische Museen. Als Kunstausstellungen können auch Kunstsammlungen in Betracht kommen. Hiebei muss es sich um Kunstsammlungen handeln, die ausgestellt und dadurch der Öffentlichkeit zum Betrachten und den damit verbundenen kulturellen und bildenden Zwecken zugänglich gemacht werden. Kunstausstellungen, die Verkaufszwecken dienen und damit gewerbliche Zwecke verfolgen, sind keine Museen (zB Verkaufsausstellungen wie Antiquitätenmessen oder Galerien).

(BMF-AV Nr. 2015/170)

10.3.6.3.3. Begriff Denkmäler der Baukunst

1412 Denkmäler der Baukunst sind Bauwerke, die nach denkmalpflegerischen Gesichtspunkten als schützenswerte Zeugnisse der Architektur anzusehen sind. Hiezu gehören zB Kirchen, Schlösser, Burgen und Burgruinen. Auf eine künstlerische Ausgestaltung kommt es nicht an.

(BMF-AV Nr. 2015/170)

10.3.6.3.4. Begriff Denkmäler der Gartenbaukunst

1413 Zu den Denkmälern der Gartenbaukunst gehören zB Parkanlagen mit künstlerischer Ausgestaltung.

(BMF-AV Nr. 2015/170)

10.3.6.3.5. Umfang der Begünstigung

1414 Begünstigt sind insbesondere die Leistungen der Museen, für die als Entgelt Eintrittsgelder erhoben werden, und zwar auch insoweit, als es sich um Sonderausstellungen, Führungen und Vorträge handelt. Zu den regelmäßig mit dem Betrieb eines Museums verbundenen Nebenleistungen gehören der Verkauf von Museumsführern und Katalogen sowie von Ansichtskarten, Fotografien, Diapositiven usw., wenn es sich um Darstellungen von Objekten des betreffenden Museums handelt, das Museum diese Abbildungen selbst herstellt oder herstellen lässt und diese Gegenstände ausschließlich in diesem Museum – nicht auch im gewerblichen Handel – vertrieben werden. Zu den üblichen Nebenleistungen gehört auch das Dulden der Anfertigung von Reproduktionen, Abgüssen und Nachbildungen sowie die Erlaubnis zu fotografieren. Nicht begünstigt sind der Betrieb von Restaurants oder Buffets sowie der Verkauf von Ansichtskarten, Fotos und Broschüren, die zum Museum selbst in keinerlei Beziehung stehen.

(BMF-AV Nr. 2015/170)

10.3.6.3.6. Begriff botanische Gärten

Unter dem Begriff botanischer Garten ist eine Anlage für Forschung und Unterricht in **1415** Pflanzenkunde zu verstehen. Eine große Anzahl von ausländischen Bäumen und Gewächsen (in Parkanlagen) ist noch kein botanischer Garten im Sinne des § 10 Abs. 3 Z 6 lit. c UStG 1994 (bis 30.4.2016: § 10 Abs. 2 Z 8 lit. c UStG 1994), kann aber als Denkmal der Gartenkunst unter den Museumsbegriff fallen.

(BMF-AV Nr. 2015/170)

10.3.6.3.7. Begriff zoologische Gärten

Zu den zoologischen Gärten zählen neben den Tiergärten (Menagerien) und Tierparks **1416** auch Aquarien und Terrarien. Bezüglich der üblichen Nebenleistungen gelten die Ausführungen zu den Museen sinngemäß. Der Verkauf von Tieren kann begünstigt sein, wenn er den Aufgaben des zoologischen Gartens dient oder mit dem Betrieb zwangsläufig im Zusammenhang steht. Dies ist insbesondere beim Verkauf zum Zweck der Zurschaustellung in einem anderen zoologischen Garten, oder beim Verkauf zum Zwecke der Zucht oder Verjüngung des Tierbestandes gegeben.

(BMF-AV Nr. 2015/170)

10.3.6.3.8. Begriff Naturpark

Naturparks sind Landschafts- oder Naturschutzgebiete oder Teile von solchen, die für **1417** die Erholung und für die Vermittlung von Wissen über die Natur besonders geeignet sind, allgemein zugänglich sind und durch entsprechende Einrichtungen eine Begegnung des Menschen mit dem geschützten Naturgut ermöglichen. Bei der Beurteilung, ob ein Naturpark vorliegt, wird in erster Linie auf die jeweiligen landesgesetzlichen Vorschriften abzustellen sein. Naturdenkmäler (zB Wasserfälle, Seen, Klammen) oder Naturhöhlen (Schauhöhlenbetriebe, Karsterscheinungen) sind – auch wenn diese unter Denkmalschutz gestellt sind – keine Naturparks und fallen nicht unter diese Begünstigung.

(BMF-AV Nr. 2015/170)

Randzahlen 1418 bis 1422: *derzeit frei.*

10.3.7. Filmvorführungen

10.3.7.1. Begriff Film

Unter „Film" ist eine den Eindruck eines bewegten Bildes vermittelnde Bildfolge bzw. **1423** Bild-Tonfolge zu verstehen, wobei es auf das bei der Bildaufzeichnung bzw. Bild-Tonaufzeichnung verwendete Trägermaterial nicht ankommt; auch auf „Videokassetten" oder auf elektronischen Datenträgern gespeicherte bewegte Bild-Tonfolgen sind unter den Begriff „Film" zu subsumieren (VwGH 8.10.1990, 89/15/0080).

(BMF-AV Nr. 2015/170)

10.3.7.2. Begriff Vorführung

Unter „Vorführungen" (VwGH 8.10.1990, 89/15/0080) sind öffentliche Aufführungen **1424** (Vorführungen) zu verstehen. Eine Aufführung ist nach dem herrschenden Öffentlichkeitsbegriff dann öffentlich, wenn der Zutritt im Wesentlichen jedermann freisteht, die Aufführung also nicht von vornherein auf einen in sich geschlossenen, nach außen begrenzten Kreis von Teilnehmern abgestimmt ist. Begünstigt sind daher auch Großprojektionen von Fernsehsendungen. Filmvorführungen liegen nicht vor, wenn zentral abgespielte Videofilme den Kunden eines „Sexshop" bzw. einer „Videopeepshow" nach Münzeinwurf auf Vorführgeräten in Einzelkabinen über Drahtleitungen sichtbar gemacht werden (EuGH 18.3.2010, Rs C-3/09, *Erotic Center BVBA*).

(BMF-AV Nr. 2015/170)

1425 Keine begünstigten Filmvorführungen sind Diavorträge, Diashows oder Tonbildschauen (VwGH 23.11.1992, 91/15/0133) und die Leistungen der Film- und Videoverleiher (VwGH 29.4.1991, 90/15/0088). Die Vorführung von Werbefilmen ist eine Filmvorführung und daher begünstigt; nicht begünstigt sind hingegen die Entgelte, die der vorführende Unternehmer vom werbenden Unternehmer für die Werbeleistung erhält.

(BMF-AV Nr. 2015/170)

10.3.7.3. Umfang der Begünstigung

1426 Entgelte für die Filmvorführungen sind die Eintrittsgelder. Die Aufbewahrung der Garderobe und der Verkauf von Programmen unterliegen als Nebenleistungen ebenfalls dem ermäßigten Steuersatz, nicht hingegen der Verkauf von Getränken an die Besucher.

(BMF-AV Nr. 2015/170)

Randzahl 1427: *derzeit frei.*

10.3.8. Zirkusvorführungen und Schausteller

10.3.8.1. Begriff Zirkusvorführung

1428 Als Zirkusvorführung wird die Vorführung eines Programms anzusehen sein, das sich in aller Regel aus artistischen und komischen Darbietungen sowie aus Dressurleistungen (zB mit Pferden, Raubtieren, Elefanten) und ähnlichen Leistungen zusammensetzt und musikalisch umrahmt wird.

Die Vorführungen finden üblicherweise in einem ortsfesten Gebäude oder in einem transportablen Großzelt (Wanderzirkus) mit einer in der Mitte befindlichen Manege statt.

(BMF-AV Nr. 2015/170, BMF-AV Nr. 2022/154)

10.3.8.2. Umfang der Begünstigung

1429 Auch die mit den Zirkusveranstaltungen üblicherweise verbundenen Nebenleistungen (zB Aufbewahrung der Garderobe, Verkauf von Programmen, Tierschauen) fallen unter die Begünstigung. Ebenso fällt das Entgelt, das der Zirkusunternehmer von Fernseh- oder Filmunternehmungen für die Übertragung von Zirkusvorführungen erhält, unter diese Ermäßigung.

(BMF-AV Nr. 2015/170)

10.3.8.3. Nicht begünstigte Nebenleistungen

1430 Nicht begünstigt ist nach dieser Bestimmung die Vermietung des Zirkuszeltes, der Betrieb von Gaststätten oder der Verkauf von Erfrischungen und Getränken. Hilfsumsätze, wie der Verkauf von Inventar oder lebenden Tieren, unterliegen grundsätzlich dem Normalsteuersatz, sofern es sich nicht um Tiere handelt, die unter die Z 1 der Anlage 2 zum UStG 1994 fallen (zB Pferde, Maultiere, Rinder).

(BMF-AV Nr. 2015/170)

10.3.8.4. Begriff Schausteller

1431 Schausteller sind Personen, die gewerbsmäßig Jahrmärkte und Volksfeste mit ihrem der Unterhaltung und Belustigung dienenden Unternehmen beschicken. Für die Tätigkeit als Schausteller ist maßgebend, ob die Leistungen entweder auf gelegentlich stattfindenden Jahrmärkten, Volksfesten, Messen oder aber im Rahmen von ortsgebundenen festen Rummelplätzen erbracht werden. Erst die Vielfalt der bei solchen Anlässen gebotenen Schaustellungen, Belustigungen und Fahrgeschäften aller Art macht jene Personen, die bei einer solchen Veranstaltung Schaustellungsleistungen erbringen, zu Schaustellern gemäß § 10 Abs. 3 Z 8 UStG 1994 (bis 31.12.2015: § 10 Abs. 2 Z 11 UStG 1994) (vgl. VwGH 27.7.1994, 93/13/0263). Leistungen von Schaustellern sind unabhängig davon vom ermäßigten Steuersatz erfasst, ob sie von einem oder von mehreren Unternehmern (Schaustellern) erbracht werden (vgl. VwGH 27.11.2014, 2011/15/0079). In aller Regel üben sie ihr Gewerbe nicht in einer ortsgebundenen festen Anlage aus, doch gibt es Ausnahmen, wie etwa der Wiener Prater, oder auch Themen- und Freizeitparks (Westerncitys, Erlebniswelten usw.).

(BMF-AV Nr. 2015/170)

10.3.8.5. Umfang der Begünstigung

1432 Zu den Leistungen aus der Tätigkeit als Schausteller gehören Belustigungsgeschäfte und Fahrgeschäfte aller Art, wie Ringelspiele, Schaukeln, Grotten- und Geisterbahnen, Schießbuden, Geschicklichkeitsspiele, Ausspielungen usw., wobei es gleichgültig ist, ob es sich um sesshafte oder nicht sesshafte Schausteller handelt. Ebenso begünstigt ist das

Betreiben einer Schau für Auto- und Motorradakrobatik bei ständigem Ortswechsel im Rahmen größerer Veranstaltungen und in eigener Regie, bzw. auch das Aufstellen von nicht ortsfesten Kinderreitautomaten (zB „Bullenreiten" bei diversen Festen), bzw. auch bei diesen Gelegenheiten typisch anzutreffenden Automaten, wie etwa den „Watschenmann". Auch gewerbliche Leistungen, die grundsätzlich nicht begünstigt sind, können unter den angeführten Voraussetzungen unter diese Begünstigung fallen (Bauchredner, Conférenciers, Stimmenimitatoren, Zauberer, Wahrsager).

(BMF-AV Nr. 2015/170)

10.3.8.6. Nicht begünstigte (Neben-)Leistungen

Nicht begünstigt sind Warenlieferungen, sofern es sich nicht um Waren handelt, die unter die Anlage zum UStG 1994 fallen, sowie Hilfsgeschäfte der Schausteller (zB Verkauf von Betriebseinrichtungen). Ebenso nicht unter die gegenständliche Begünstigung fällt zB auch die Aufstellung und der Betrieb von Musik- und (Glücks-)Spielautomaten (VwGH 3.11.1986, 85/15/0117), wie etwa Flipper, Aufrechner und auch Videospiele in Gaststätten und in anderen Räumlichkeiten (zB Spielhallen), der Betrieb eines Spielsalons (VwGH 9.2.1987, 87/15/0004), oder einer Sommerrodelbahn (VwGH 23.9.1985, 84/15/0073) sowie eine „Peep Show" (VwGH 14.10.1991, 91/15/0069, 91/15/0070). Das Aufstellen von Kinderreitautomaten im örtlichen Bereich von Kaufhäusern, Einkaufszentren, Supermärkten und Sparkassen ist nicht begünstigt (VwGH 27.7.1994, 93/13/0263). **1433**

(BMF-AV Nr. 2015/170)

Randzahlen 1434 bis 1438: *derzeit frei.*

10.3.9. Personenbeförderung mit Luftfahrzeugen

Soweit es sich bei steuerbaren Beförderungsleistungen um grenzüberschreitende Personenbeförderungen mit Eisenbahnen (ab 1.1.2023), Schiffen oder Luftfahrzeugen (ausgenommen auf dem Bodensee) handelt, fallen sie unter die Steuerbefreiung gemäß § 6 Abs. 1 Z 3 lit. d UStG 1994 (siehe dazu Rz 727 bis Rz 731). Rz 1303 bis 1312 mit den darin enthaltenen allgemeinen Ausführungen zur Personenbeförderungsleistung gelten sinngemäß auch für den Anwendungsbereich des ermäßigten Steuersatzes von 13%. **1439**

(BMF-AV Nr. 2015/170, BMF-AV Nr. 2022/154)

Randzahlen 1440 bis 1443: *derzeit frei.*

10.3.10. Jugendheime

Nach § 6 Abs. 1 Z 23 in Verbindung mit Z 25 UStG 1994 sind die genannten Leistungen der Jugend-Erziehungsheime usw. unecht steuerfrei, wenn sie von Körperschaften öffentlichen Rechts oder gemeinnützigen Rechtsträgern erbracht werden. **1444**

(BMF-AV Nr. 2015/170)

Auf die Steuerbefreiung kann gemäß Art. XIV Z 1, BGBl. Nr. 21/1995 verzichtet werden. Unter den Voraussetzungen des § 10 Abs. 2 Z 4 UStG 1994 kommt der ermäßigte Steuersatz in Höhe von 10% zur Anwendung (zB Leistungen von gemeinnützigen Körperschaften). In den übrigen Fällen kommt der ermäßigte Steuersatz in Höhe von 13% gemäß § 10 Abs. 3 Z 10 UStG 1994 zur Anwendung. **1445**

Bis 31.12.2015 fielen alle derartigen Umsätze unter § 10 Abs. 2 Z 14 UStG 1994 und unterlagen dem ermäßigten Steuersatz in Höhe von 10%.

(BMF-AV Nr. 2015/170)

Randzahlen 1446 bis 1447: *derzeit frei.*

10.3.11. Lieferungen (und der den Lieferungen gleichgestellte Eigenverbrauch) von Wein und anderen gegorenen Getränken

Nicht unter Wein aus frischen Weintrauben (Unterpositionen 2204 21 und 2204 29 der Kombinierten Nomenklatur) fällt Schaumwein. **1448**

Unter andere gegorene Getränke aus der Position 2206 der Kombinierten Nomenklatur fallen zB Apfel-, Birnen- und Ribiselwein sowie Met. Gebrannte Getränke fallen nicht hierunter.

(BMF-AV Nr. 2015/170)

Voraussetzungen für die Begünstigung nach § 10 Abs. 3 Z 11 UStG 1994 sind die Erzeugung des Getränkes aus eigenen Weintrauben oder eigenem Obst und die Lieferung innerhalb des eigenen landwirtschaftlichen Betriebes im Inland. **1449**

Schädlich ist auch der Verkauf im Wege eines Gewerbebetriebes desselben Unternehmers (zB Gastwirtschaft).

(BMF-AV Nr. 2016/212)

10.3.11.1. Selbsterzeugter Wein

1450 Lässt sich nicht feststellen, ob und inwieweit der vom Landwirt verkaufte Wein aus selbst geernteten oder zugekauften Trauben erzeugt wurde, so geht deshalb die Begünstigung nicht zur Gänze verloren. In derartigen Fällen wird vielmehr unter Berücksichtigung des Zukaufes und der üblichen Ausbeutesätzen das Ausmaß der Begünstigung im Schätzungswege ermittelt werden müssen.

(BMF-AV Nr. 2015/170)

10.3.11.2. Lieferung von Wein, der im Rahmen der Übergabe des Betriebes an nahe Angehörige mitübergeben wurde

1451 Unter Betriebsübergabe ist die unentgeltliche Betriebsübergabe unter Lebenden (etwa im Zuge der vorweggenommenen Erbfolge), der Übergang im Erbweg als auch der entgeltliche Betriebsübergang erfasst. Die Begünstigung kann auch im Fall der Verpachtung angewendet werden, sofern davon ausgegangen werden kann, dass der Verpächter den Betrieb nie mehr wieder auf eigene Rechnung und Gefahr führen wird.

(BMF-AV Nr. 2015/170)

Randzahlen 1452 bis 1453: *derzeit frei.*

10.3.12. Eintrittsberechtigungen für sportliche Veranstaltungen

1454 Zum Begriff des Sports siehe VereinsR 2001 Rz 72.

Zur Definition der Eintrittsberechtigungen zu Veranstaltungen, vgl. Rz 641f.

Ermäßigt sind die Eintrittsberechtigungen für sportliche Veranstaltungen. Nicht unter die Begünstigung fällt daher die Berechtigung zur Teilnahme an einer Veranstaltung, wie Nenngelder, Startgelder udgl. zu sportlichen Wettkämpfen (zB Radrennen, Marathon usw.).

Die Zurverfügungstellung von „VIP-Karten“ für sportliche Veranstaltungen, die neben der Eintrittsberechtigung zur sportlichen Veranstaltung (Sitzplatz auf der VIP-Tribüne) weitere Leistungen wie zB Zutritt zum VIP-Bereich, Inanspruchnahme von Cateringleistungen und Zurverfügungstellung von Abstellplätzen für Kfz beinhaltet, stellt eine einheitliche komplexe Dienstleistung dar (vgl. EuGH 22.1.2015, Rs C-55/14, Régie communale autonome du stade Luc Varenne), die mangels Begünstigung dem Normalsteuersatz in Höhe von 20% unterliegt.

Von einer „VIP-Karte“ wird im Vergleich zu einer „normalen“ Eintrittskarte auszugehen sein, wenn der Preis der „VIP-Karte“ mehr als doppelt so hoch als jener der teuersten „normalen“ Eintrittskarte zu einer sportlichen Veranstaltung ist.

(BMF-AV Nr. 2015/170, BMF-AV Nr. 2016/212)

Randzahlen 1455 bis 1475: *derzeit frei.*

10.4. Änderung des Steuersatzes und Anzahlungen

1476 Ändert sich der Steuersatz, regelt grundsätzlich § 28 UStG 1994 ab welchem Zeitpunkt der neue Steuersatz zur Anwendung gelangt. Dabei wird grundsätzlich auf den Leistungszeitpunkt bzw. Zeitpunkt der Einfuhr oder des ig. Erwerbs abgestellt.

Werden Anzahlungen geleistet, sind diese zunächst nach der Rechtslage im Zeitpunkt der Vereinnahmung zu versteuern. Ändert sich bis zum Leistungszeitpunkt die steuerrechtliche Lage, ist die Besteuerung der Anzahlung nach Maßgabe der Rechtslage im Zeitpunkt der Leistung zu korrigieren. Diese Korrektur erfolgt im ersten Voranmeldungszeitraum nach Wirksamwerden der Änderung. Es hat eine Berichtigung bereits ausgestellter Anzahlungsrechnungen zu erfolgen, die Ausstellung der Schlussrechnung richtet sich in jedem Fall nach der Rechtslage zum Zeitpunkt der Leistungserbringung.

Davon abweichend kann der Unternehmer aus Praktikabilitätsgründen die Anzahlung in der Rechnung bereits mit jenem Steuersatz ausweisen und versteuern, der zum Zeitpunkt der Leistungserbringung gelten wird. Diesfalls ist bei Inkrafttreten der Steuersatzänderung keine Rechnungsberichtigung und in den Fällen der Erhöhung des Steuersatzes (zB von 10% auf 13%) auch keine Korrektur in der Steuererklärung erforderlich.

Beispiel 1: Erhöhung des Steuersatzes von 10 auf 13%

Der Unternehmer A veranstaltet ein Konzert im Juni 2016. Er verkauft die Eintrittskarten für dieses Konzert im September 2015 zum Preis von 55 Euro inklusive Umsatzsteuer.

Variante 1 (Besteuerung der Anzahlung nach Rechtslage zum September 2015)

A verrechnet dem Kunden B für eine Karte 10% Umsatzsteuer (§ 10 Abs. 2 Z 8 lit. b UStG 1994 idF vor StRefG 2015/2016) und stellt eine Vorauszahlungsrechnung über 55 Euro (brutto, dh. inklusive 5 Euro USt) aus. B bezahlt im September 2015.

Lösung:

A erklärt in der UVA 9/2015 den Umsatz von 50 Euro mit einem Steuersatz von 10% (Kennzahlen: 000 und 029 jeweils 50).

Mit Mai 2016 kommt es zur Anhebung des Steuersatzes für Konzerteintritte auf 13% (§ 10 Abs. 3 Z 6 lit. b iVm § 28 Abs. 42 Z 3 UStG 1994 idF StRefG 2015/2016). Daher erfolgt eine Korrektur der erhaltenen Vorauszahlung in der UVA 5/2016 unter der Kennzahl 090 (sonstige Berichtigungen).

Der zu berichtigende Betrag ergibt sich aus der Differenz der Umsatzsteuer aus geleistetem Bruttobetrag unter Anwendung des Steuersatzes von 13% (55 – 55/1,13 = 6,33 Euro) und der bereits entrichteten Umsatzsteuer (5 Euro). Die Differenz ist somit 1,33 Euro.

Der in der Kennzahl 090 zu erfassende Berichtigungsbetrag ist daher +1,33. Gegenüber Unternehmern hat eine Berichtigung der Rechnung mit 1.5.2016 zu erfolgen.

Variante 2 (Besteuerung der Anzahlung nach künftiger Rechtslage)

A verrechnet dem Kunden B für eine Karte 13% Umsatzsteuer (§ 10 Abs. 3 Z 6 lit. b iVm § 28 Abs. 42 Z 3 UStG 1994 idF StRefG 2015/2016) und stellt eine Vorauszahlungsrechnung über 55 Euro (brutto, dh. inklusive 6,33 Euro USt) aus. B bezahlt im September 2015.

Lösung:

Da A auf der Rechnung einen USt-Betrag von 6,33 Euro ausgewiesen hat, schuldet er den zu hoch ausgewiesenen Betrag (1,33 Euro) gemäß § 11 Abs. 12 UStG 1994 aufgrund der Inrechnungstellung.

A erklärt in der UVA 9/2015 daher 50 Euro Umsatz (der aus 55 Euro herausgerechnete Nettobetrag) mit einem Steuersatz von 10% und 1,33 Euro Steuerschuld gemäß § 11 Abs. 12 UStG 1994 (Kennzahlen: 000 und 029 jeweils 50; 056: 1,33).

Bei Inkrafttreten der Neuregelung (1.5.2016) sind keine weiteren Berichtigungen (weder der Rechnung noch der Steuererklärung) erforderlich.

Der Kunde B kann aus der im September 2015 ausgestellten Vorauszahlungsrechnung bei Vorliegen der allgemeinen Voraussetzungen des § 12 UStG 1994 den vollen Vorsteuerabzug unter den Bedingungen der Rz 1825 für die ausgewiesenen 13% Umsatzsteuer geltend machen. Eine Berichtigung des Vorsteuerabzugs im Mai 2016 ist daher nicht erforderlich.

Beispiel 2: Minderung des Steuersatzes von 20 auf 13%

Der Profi-Fußballverein C veranstaltet ein Fußballspiel im März 2016. Er verkauft die Eintrittskarten für dieses Spiel im September 2015 zum Preis von 24 Euro inklusive Umsatzsteuer.

Variante 1 (Besteuerung der Anzahlung nach aktueller Rechtslage)

C verrechnet dem Kunden D für eine Karte 20% Umsatzsteuer (§ 10 Abs. 1 UStG 1994) und stellt eine Vorauszahlungsrechnung aus. D bezahlt im September 2015.

Lösung:

C erklärt in der UVA 9/2015 den Umsatz von 20 Euro mit einem Steuersatz von 20% (Kennzahlen: 000 und 022 jeweils 20).

Mit Jänner 2016 kommt es zur Minderung des Steuersatzes für Eintrittsberechtigungen für sportliche Veranstaltungen auf 13% (§ 10 Abs. 3 Z 12 iVm § 28 Abs. 42 Z 1 UStG 1994 idF StRefG 2015/2016). Daher erfolgt eine Korrektur der Umsatzsteuer aus der erhaltenen Vorauszahlung in der UVA 1/2016 unter der Kennzahl 090 (sonstige Berichtigungen).

Der zu berichtigende Betrag ergibt sich aus der Differenz der Umsatzsteuer aus dem geleistetem Bruttobetrag unter Anwendung des Steuersatzes von 13% (24 – 24/1,13 = 2,76 Euro) und der bereits entrichteten Umsatzsteuer (4 Euro). Die Differenz ist somit -1,24 Euro.

Der in der Kennzahl 090 zu erfassende Berichtigungsbetrag ist daher -1,24.

Gegenüber dem Kunden hat eine Berichtigung der Rechnung mit 1.1.2016 zu erfolgen, ansonsten schuldet C die zu hoch ausgewiesene Steuer (1,24 Euro) weiterhin aufgrund der Rechnung.

Der Kunde D kann aus der im September 2015 ausgestellten Vorauszahlungsrechnung bei Vorliegen der allgemeinen Voraussetzungen des § 12 UStG 1994 den Vorsteuerabzug für die ausgewiesenen 20% USt geltend machen. Eine Berichtigung (Minderung) des Vorsteuerabzugs im Jänner 2016 ist erforderlich (siehe auch oben zur Rechnungsberichtigung).

Variante 2 (Inrechnungstellung der Anzahlung nach künftiger Rechtslage)

C verrechnet dem Kunden D für eine Karte 13% Umsatzsteuer (§ 10 Abs. 3 Z 12 iVm § 28 Abs. 42 Z 1 UStG 1994 idF StRefG 2015/2016) und stellt eine Vorauszahlungsrechnung über 24 Euro inklusive 13% Umsatzsteuer aus. B bezahlt im September 2015.

Lösung:

Wie Variante 1. Eine Rechnungsberichtigung ist jedoch nicht erforderlich.

Der Kunde D kann aus der im September 2015 ausgestellten Vorauszahlungsrechnung bei Vorliegen der allgemeinen Voraussetzungen des § 12 UStG 1994 den Vorsteuerabzug für die ausgewiesenen 13% Umsatzsteuer geltend machen.

(BMF-AV Nr. 2015/170)

Randzahlen 1477 bis 1500: *derzeit frei.*

11. Ausstellung von Rechnungen (§ 11 UStG 1994)

11.1. Rechnungslegung

11.1.1. Verpflichtung bzw. Anspruchsberechtigung

Bei Ausführung von Umsätzen gemäß § 1 Abs. 1 Z 1 UStG 1994 ist der Unternehmer 1501
zur Ausstellung von Rechnungen berechtigt. Sofern der Unternehmer Umsätze an einen anderen Unternehmer für dessen Unternehmen oder an eine juristische Person, soweit sie nicht Unternehmer ist, ausführt, ist er zur Ausstellung einer Rechnung verpflichtet (siehe aber Rz 1501a und Rz 1501b). Ein ausdrückliches Verlangen des Leistungsempfängers ist keine Voraussetzung für die Verpflichtung zur Rechnungsausstellung. Eine Verpflichtung zur Rechnungsausstellung besteht auch dann, wenn der Unternehmer eine steuerpflichtige Werklieferung oder Werkleistung im Zusammenhang mit einem Grundstück an einen Nichtunternehmer ausführt. Seit 1.7.2021 haben Unternehmer zudem Rechnungen für Einfuhr-Versandhandelsumsätze auszustellen. Die Pflicht zur Ausstellung der Rechnung richtet sich bei Anwendung des IOSS (§ 25b UStG 1994) nach den Vorschriften des Mitgliedstaats der Identifizierung. Ist der Unternehmer nicht im IOSS registriert, ist die Rechnung nach dem Recht des Mitgliedstaates auszustellen, in dem die Lieferung ausgeführt wird. Für nicht zum IOSS registrierte Drittlandsunternehmer, die innerhalb der EU weder einen Wohnsitz, gewöhnlichen Aufenthalt, einen Sitz der wirtschaftlichen Tätigkeit noch eine feste Niederlassung haben, besteht seit 1.1.2022 auch dann eine Pflicht zur Ausstellung einer Rechnung für Einfuhr-Versandhandel, wenn die Lieferung zwar nicht im Inland ausgeführt wird, die Beförderung oder Versendung jedoch im Inland endet. Ist der Unternehmer verpflichtet, eine Rechnung für Einfuhr-Versandhandelsumsätze auszustellen, kann er die Erleichterungen für Kleinbetragsrechnungen nach § 11 Abs. 6 UStG 1994 nicht anwenden.

Die Verpflichtung zur Rechnungslegung gilt grundsätzlich auch für pauschalierte Land- und Forstwirte (siehe Rz 2858) und für den Fall der Erbringung von steuerbefreiten Leistungen sowie von solchen Leistungen, bei denen die Steuerschuld auf den Leistungsempfänger übergeht. Unternehmer, die überwiegend Umsätze gemäß § 6 Abs. 1 Z 8 und 9 lit. c UStG 1994 (Banken- bzw. Versicherungsumsätze) ausführen, sind ab 1.1.2004 aufgrund der VO des BM für Finanzen, VO des BM für Finanzen, BGBl. II Nr. 279/2004, hinsichtlich dieser Umsätze von der Rechnungslegungsverpflichtung ausgenommen (siehe Rz 1543).

Anspruch auf Ausstellung einer Rechnung hat nur

- der Unternehmer, für dessen Unternehmen die Leistung ausgeführt wird,
- die juristische Person, die Nichtunternehmer ist,
- der Nichtunternehmer, für den die steuerpflichtige Werklieferung oder Werkleistung im Zusammenhang mit einem Grundstück ausgeführt wird und
- der Nichtunternehmer, für den Einfuhr-Versandhandelsumsätze ausgeführt werden.

Das gilt auch dann, wenn Leistungsempfänger und Zahlungsverpflichteter auseinander fallen (Entgelt von dritter Seite). Ob eine Leistung für das Unternehmen bestimmt ist, richtet sich nach § 12 UStG 1994. Wenn nach § 12 Abs. 2 Z 2 UStG 1994 bestimmte Leistungen wie zB für einen PKW oder Repräsentationsaufwendungen als nicht für das Unternehmen ausgeführt gelten, hat dies auch für § 11 Abs. 1 UStG 1994 Bedeutung. Nach § 2 Abs. 1 IStVG, BGBl. I Nr. 71/2003, sind auch ausländische Vertretungsbehörden und deren im diplomatischen oder berufskonsularischen Rang stehende Mitglieder, denen unter bestimmten Voraussetzungen ein Anspruch auf Vergütung der Umsatzsteuer für die an sie erbrachten Lieferungen oder sonstige Leistungen zusteht, berechtigt, vom leistenden Unternehmer eine Rechnung mit gesondertem Steuerausweis zu verlangen.

(BMF-AV Nr. 2019/165, BMF-AV Nr. 2020/192, BMF-AV Nr. 2022/154)

Rechnungsausstellung bei nicht steuerbaren Auslandsleistungen 1501a

In bestimmten Fällen besteht eine Verpflichtung zur Rechnungsausstellung auch bei nicht steuerbaren Umsätzen:

- Eine Verpflichtung zur Rechnungsausstellung besteht unter den Voraussetzungen des § 11 Abs. 1 Z 2 UStG 1994 für bestimmte vom Inland aus erbrachte, im übrigen Gemeinschaftsgebiet ausgeführte steuerpflichtige Leistungen, für die es am Empfängerort zum Übergang der Steuerschuld kommt. Die Regelung über die Kleinbetragsrechnung (§ 11 Abs. 6 UStG 1994) kommt in diesen Fällen nicht zur Anwendung. Wird mittels Gutschrift abgerechnet, so entfällt die Verpflichtung zur Rechnungsausstellung. Schuldet der Leistungsempfänger die Steuer entsprechend Art. 196 MwSt-RL 2006/112/EG idgF (zwingender Übergang der Steuerschuld), so ist die Rechnung spätestens am fünfzehnten Tag des auf die Leistungserbringung folgenden Kalendermonats auszustellen. Diese Leistungen sind auch mittels Zusammenfassender Meldung bekannt zu geben (siehe auch Rz 4154 f).

Beispiel 1:

Ein österreichischer Rechtsanwalt erbringt eine Beratungsleistung im Mai an einen spanischen Unternehmer. Der Leistungsort richtet sich nach der Generalklausel des § 3a Abs. 6 UStG 1994 und liegt daher in Spanien.

Gemäß § 11 Abs. 1 Z 2 UStG 1994 hat der Rechtsanwalt eine Rechnung nach dem UStG 1994 auszustellen, es sei denn, die Abrechnung erfolgt durch den spanischen Leistungsempfänger mittels Gutschrift. Bei einem Rechnungsgesamtbetrag von nicht mehr als 400 (bis 28.2.2014: 150 Euro) kommt die Regelung über die Kleinbetragsrechnung iSd § 11 Abs. 6 UStG 1994 nicht in Betracht. Da es nach Art. 196 MwSt-RL 2006/112/EG idgF zwingend zum Übergang der Steuerschuld auf den Leistungsempfänger in Spanien kommt, hat der Rechtsanwalt die Rechnung spätestens bis 15. Juni auszustellen.

- Eine Verpflichtung zur Rechnungsausstellung nach dem UStG 1994 besteht auch, wenn sich das Unternehmen oder die Betriebsstätte, von dem bzw. der aus die Leistung erbracht wird, im Inland befindet und die Leistung im Drittlandsgebiet an einen anderen Unternehmer für dessen Unternehmen oder an eine juristische Person, soweit sie nicht Unternehmer ist, erbracht wird. Die Rechnungsausstellungsvorschriften nach dem UStG 1994 gelten auch, wenn mittels Gutschrift abgerechnet wird. Die Frist, wonach die Rechnung spätestens am fünfzehnten Tag des auf die Leistungserbringung folgenden Kalendermonats auszustellen ist, gilt in diesen Fällen nicht.

Beispiel 2:

Ein österreichischer Rechtsanwalt erbringt eine Beratungsleistung an einen Schweizer Unternehmer. Der Leistungsort richtet sich nach der Generalklausel des § 3a Abs. 6 UStG 1994 und liegt daher in der Schweiz.

Gemäß § 11 Abs. 1 Z 2 UStG 1994 hat der Rechtsanwalt eine Rechnung nach dem UStG 1994 auszustellen.

Beispiel 3:

Der österreichische Unternehmer A erbringt eine Werbeleistung an den Schweizer Unternehmer CH. Die Leistung wird von der deutschen Betriebsstätte des A erbracht. Der Leistungsort richtet sich nach der Generalklausel des § 3a Abs. 6 UStG 1994 und liegt daher in der Schweiz.

Da die Leistung von der ausländischen Betriebsstätte des A erbracht wird, richtet sich die Rechnungsausstellung nicht nach dem UStG 1994.

Beispiel 4:

Der russische Unternehmer R bestellt beim österreichischen Unternehmer A eine Ware, die A nicht lagernd hat. A bezieht die Ware vom niederländischen Produzenten N, der sie vereinbarungsgemäß direkt an R versendet. Die ruhende Lieferung des A ist in Russland ausgeführt. Da A die Lieferung von seinem Unternehmen im Inland aus erbringt, hat er die Rechnung nach österreichischem Recht auszustellen.

Allfällige steuerliche Verpflichtungen in Russland bleiben hiervon unberührt.

- Seit 1.1.2022 besteht eine Verpflichtung zur Rechnungsausstellung für Drittlandsunternehmer, die nicht zum IOSS registriert sind, auch dann, wenn diese einen Einfuhr-Versandhandel ausführen, bei dem die Beförderung oder Versendung im Inland endet (siehe Rz 1501). Dies gilt unabhängig davon, ob die Lieferung im Inland steuerbar ist.
- Wird die Umsatzsteuer über einen One-Stop-Shop (§ 25a, § 25b oder Art. 25a UStG 1994) erklärt und abgeführt, ist das Recht des Mitgliedstaates der Identifizierung für die Rechnungsausstellung maßgeblich (zum EU-OSS siehe auch Rz 4300b; zum IOSS siehe Rz 3434).

(BMF-AV Nr. 2019/165, BMF-AV Nr. 2022/154)

1501b **Entfall der Rechnungsausstellungsverpflichtung in bestimmten Fällen des Übergangs der Steuerschuld ab 1. Jänner 2013**

Zur Rechnungsausstellung beim Übergang der Steuerschuld allgemein siehe Rz 2602.

Beim Übergang der Steuerschuld nach § 19 Abs. 1 zweiter Satz UStG 1994 und § 19 Abs. 1c UStG 1994 ist der Unternehmer zur Rechnungsausstellung nach den Vorschriften des Mitgliedstaates verpflichtet, von dem aus er die Leistung erbracht hat (siehe Art. 219a Z 2 lit. a MwSt-RL 2006/112/EG), wenn sich das Unternehmen oder die Betriebsstätte, von dem bzw. der aus die Leistung erbracht wird, im übrigen Gemeinschaftsgebiet befindet. Dies gilt nicht, wenn der Leistungsempfänger mittels Gutschrift abrechnet. Bei Vorliegen der Voraussetzungen des § 19 Abs. 1 zweiter Satz UStG 1994 oder § 19 Abs. 1c UStG 1994 können die Erleichterungen für Kleinbetragsrechnungen gemäß § 11 Abs. 6 UStG 1994 (auch im Fall der Gutschrift) nicht angewendet werden.

Erfolgt die Abrechnung für eine nach § 3a Abs. 6 UStG 1994 im Inland steuerbare sonstige Leistung (zwingender Übergang der Steuerschuld nach Art. 196 MwSt-RL 2006/112/EG idgF) nach dem UStG 1994, ist diese spätestens am fünfzehnten Tag des auf die Leistungserbringung folgenden Kalendermonats vorzunehmen. Dies gilt auch, wenn die Leistung vom Drittlandsgebiet aus erbracht wird.

Beispiel 1:

Ein deutscher Rechtsanwalt erbringt im Mai eine Beratungsleistung an einen österreichischen Unternehmer. Der Leistungsort richtet sich nach der Generalklausel des § 3a Abs. 6 UStG 1994 und liegt daher in Österreich. Gemäß § 19 Abs. 1 zweiter Satz UStG 1994 kommt es zum Übergang der Steuerschuld auf den Leistungsempfänger.

Für den deutschen Rechtsanwalt besteht gemäß § 11 Abs. 1a letzter Unterabsatz UStG 1994 keine Verpflichtung, eine Rechnung auszustellen.

Erfolgt die Abrechnung jedoch mittels Gutschrift durch den österreichischen Leistungsempfänger, so richtet sich diese nach dem UStG 1994. Sie ist bis spätestens 15. Juni auszustellen. Bei einem Gutschriftsgesamtbetrag von nicht mehr 400 (bis 28.2.2014: 150) Euro gelten hierbei nicht die Erleichterungen des § 11 Abs. 6 UStG 1994.

Befindet sich das Unternehmen oder die Betriebsstätte, von dem bzw. der aus die Leistung erbracht wird, nicht im übrigen Gemeinschaftsgebiet, sind weiterhin für alle im Inland steuerbaren Umsätze die Rechnungsausstellungsvorschriften des § 11 UStG 1994 anzuwenden.

Beispiel 2:

Ein Schweizer Rechtsanwalt erbringt im Mai eine Beratungsleistung an einen österreichischen Unternehmer. Der Leistungsort richtet sich nach der Generalklausel des § 3a Abs. 6 UStG 1994 und liegt daher in Österreich. Gemäß § 19 Abs. 1 zweiter Satz UStG 1994 kommt es zum Übergang der Steuerschuld auf den Leistungsempfänger.

Der Rechtsanwalt hat eine dem § 11 Abs. 1a UStG 1994 entsprechende Rechnung bis spätestens 15. Juni auszustellen (siehe Rz 2602). Die Frist gilt auch, wenn durch den Leistungsempfänger mittels Gutschrift abgerechnet wird.

(AÖF Nr. 2014/164)

11.1.2. Zivilrechtliche Vereinbarung

Ist nach den zivilrechtlichen Vereinbarungen der Leistungsempfänger abrechnungsverpflichtet, so kann eine solche Abrechnung (Gutschrift) auch umsatzsteuerrechtlich die Abrechnung durch den Leistenden ersetzen. Der zivilrechtliche Anspruch auf Rechnungslegung nach § 11 Abs. 1 UStG 1994 wird dann durch die vertragliche Vereinbarung überlagert (OGH 15.2.1979, 8, Ob 607/78, JBl 1980, 375). Ob das Entgelt vertraglich vereinbart oder gesetzlich festgelegt ist, ist unerheblich. **1502**

11.1.3. Durchsetzung des Anspruchs

Der Anspruch auf Erteilung einer Rechnung mit gesondertem Steuerausweis ist ein zivilrechtlicher und daher vor den ordentlichen Gerichten geltend zu machen (OGH 19.12.1975, 6, Ob 142/75, EvBl 1976/140). Ein entsprechend erwirktes Urteil ersetzt jedoch nicht die fehlende oder formgerechte Rechnung. **1503**

11.1.4. Zeitpunkt der Rechnungserteilung

Die Verpflichtung zur Erteilung einer Rechnung nach § 11 UStG 1994 besteht – soweit nichts anderes vereinbart – ab dem Zeitpunkt der Leistungserbringung bzw. bei einer Anzahlung für eine noch nicht ausgeführte steuerpflichtige Lieferung oder sonstige Leistung ab dem Zeitpunkt der Vereinnahmung (zu Anzahlung und Vorauszahlung siehe Rz 1521 bis 1524). Eine zunächst unterlassene Rechnungsausstellung bzw. eine unvollständige oder unrichtige Rechnung kann nachgeholt oder berichtigt werden. Bei einer Erhöhung der Bemessungsgrundlage ist eine Berichtigung der Rechnung erforderlich, wenn der Leistungsempfänger den auf die Erhöhung entfallenden Steuerbetrag als Vorsteuer gelten machen will. **1504**

11.1.5. Rechnungsmerkmale

11.1.5.1. Rechnungserteilung durch Dritte

Als Aussteller einer Rechnung kommt nur der leistende Unternehmer oder dessen gesetzlicher Vertreter (zB Ausstellung der Rechnung durch den Insolvenzverwalter im Insolvenzverfahren) in Betracht. Im Rahmen einer Organschaft kann eine Rechnung auch vom zivilrechtlich leistenden Organ ausgestellt werden. Rechnet der Leistungsempfänger über eine Leistung ab, so handelt es sich um eine Gutschrift (§ 11 Abs. 7 und 8 UStG 1994). Der zur Abrechnung über den Leistungsaustausch Verpflichtete kann sich im Abrechnungsver- **1505** fahren dritter Personen bedienen. Das gilt für Rechnungen des leistenden Unternehmers als auch für Abrechnungen des Leistungsempfängers. Hinsichtlich der Rechnungslegung durch Vermittler siehe Rz 1530 bis Rz 1532. Ist die Rechnungsausstellung nicht der als leistender Unternehmer genannten Person zuzurechnen, entsteht für den Aussteller eine Steuerschuld nach § 11 Abs. 14 UStG 1994.

11.1.5.2. Rechnungsmängel

1506 Ist die Leistung ausgeführt worden, scheint aber in der Rechnung als leistender Unternehmer eine Firma auf, die unter dieser Adresse nicht existiert, so fehlt es an der Angabe des leistenden Unternehmers. Es liegt daher keine Rechnung vor, die zum Vorsteuerabzug berechtigt (VwGH 24.4.1996, 94/13/0133). Die wirtschaftliche Tätigkeit muss an der angegebenen Anschrift aber nicht zwangsläufig ausgeübt werden (vgl. EuGH 15.11.2017, verb. Rs C-374/16 und C-375/16, *Geissel und Butin*). Erforderlich ist, dass der auf den Rechnungen aufscheinende Leistungserbringer die Leistung tatsächlich erbracht hat und mit der in der Rechnung angegebenen Anschrift für umsatzsteuerrechtliche Zwecke greifbar ist (vgl. in diesem Sinne VwGH 23.12.2015, 2012/13/0007).

Bei Fehlen von Angaben über den Namen und die Adresse des leistenden Unternehmers steht der Vorsteuerabzug auch dann nicht zu, wenn dem Leistungsempfänger Name und Anschrift bekannt sind und die USt unstrittig an das Finanzamt abgeführt wurde (VwGH 20.11.1996, 96/15/0027).

Die Verwendung eines Scheinnamens (Scheinfirma) entspricht ebenfalls nicht den Erfordernissen einer Rechnung. Eine Rechnungslegung nach Löschung im Firmenbuch ist nicht schädlich, da die Löschung nicht die Rechtssubjektseigenschaft der juristischen Person beendet (VwGH 20.11.1996, 95/15/0179).

(BMF-AV Nr. 2016/212, BMF-AV Nr. 2018/164)

11.1.5.3. Name und Anschrift des Leistungsempfängers

1507 Werden die Rechnungen nicht an den Leistungsempfänger selbst oder an seinen Bevollmächtigten adressiert (Rechtsanwalt, Wirtschaftstreuhänder, Hausverwalter), so muss aus der Rechnung hervorgehen, für wen die Leistung bestimmt war. Stimmt der angegebene Leistungsempfänger nicht mit dem tatsächlichen Leistungsempfänger überein (zB Gesellschafter statt Gesellschaft), so führt dies neben der Steuerschuld auf Grund des Umsatzes zu einer Steuerschuld auf Grund der Inrechnungstellung. Ein Unternehmen, das an mehreren Standorten umsatzsteuerliche Betriebsstätten unterhält, ist insgesamt als ein Unternehmen anzusehen. Die Standortadressen gelten als Adressen des Unternehmers. Die Angabe des richtigen Firmenwortlautes und einer Standortadresse ist bei Erfüllung der übrigen Voraussetzungen für den Vorsteuerabzug ausreichend. Die Angabe der Geschäftsanschrift laut Firmenbuch ist nicht erforderlich, aber ausreichend, wenn an dieser Anschrift tatsächlich eine Geschäftstätigkeit ausgeübt wird. Hinsichtlich Rechnungsberichtigung siehe Rz 1771 bis Rz 1800.

11.1.5.4. Menge und handelsübliche Bezeichnung der Ware

11.1.5.4.1. Art und Umfang der Leistung

1508 Bloße Sammelbegriffe oder Gattungsbezeichnungen, wie zB Speisen, Getränke, Lebensmittel, Textil-, Reinigungs- und Putzmittel, Büromaterial, Eisenwaren, Bekleidung, Fachliteratur, Wäsche, Werkzeuge usw., stellen keine handelsübliche Bezeichnung dar und reichen daher nicht aus, um von einer zum Vorsteuerabzug berechtigenden Rechnung im Sinne des § 11 UStG 1994 sprechen zu können. Es bedarf in derartigen Fällen einer den tatsächlichen Gegebenheiten entsprechenden Ergänzung der Rechnung durch den Lieferer. Die Bezeichnung Geschenkkorb wird hingegen als handelsüblich angesehen (siehe Rz 1623 und Rz 1624). Bei sonstigen Leistungen müssen Art und Umfang der Leistung ersichtlich gemacht werden. Bezeichnungen wie Reparaturen, Lohnarbeit, Fuhrleistungen ohne weitere Angaben sind nicht ausreichend. Unselbständige Nebenleistungen, die das Schicksal der Hauptleistung teilen, müssen nicht gesondert angeführt werden.

Der Vorsteuerabzug aus einer Rechnung mit einer grundsätzlich unzureichenden Beschreibung der Leistung ist jedoch dann zulässig, wenn die Behörde aus vom Leistungsempfänger beigebrachten Unterlagen über alle notwendigen Informationen verfügt, um zu prüfen, ob die materiellen Voraussetzungen für die Ausübung dieses Rechts vorliegen (vgl. VwGH 29.5.2018, Ra 2016/15/0068, mVa EuGH 15.9.2016, Rs C-516/14, *Barlis 06 – Investimentos Imobiliários e Turísticos SA*).

(BMF-AV Nr. 2019/165)

Besteht zwischen der tatsächlich gelieferten und der in der Rechnung ausgewiesenen Ware keine Übereinstimmung, steht der Vorsteuerabzug auch dann nicht zu, wenn die Bezeichnung als handelsüblich angesehen werden kann. Von fehlender Übereinstimmung wird dabei auch dann ausgegangen, wenn die in der Rechnung gewählte Bezeichnung eine solche Vorstellung vom Liefergegenstand hervorruft, die mit dem tatsächlich gelieferten Gegenstand nicht in Einklang zu bringen ist (zB anstatt teurer Parfumöle billige Riechstoffe – VwGH 28.5.1998, 96/15/0132). An der erforderlichen Übereinstimmung zwischen Rechnung und geliefertem Gegenstand fehlt es auch dann, wenn es sich bei den tatsächlich gelieferten, weitgehend wertlosen Produkten auf Grund ihrer Minderwertigkeit offensichtlich um anders geartete Gegenstände handelt als die in der Rechnung ausgewiesenen (VwGH 28.5.1998, 96/15/0220). Die Gutgläubigkeit des Leistungsempfängers ist dabei ohne Bedeutung (VwGH 25.6.1998, 97/15/0019). **1509**

11.1.5.4.2. Versorgungsunternehmen

Gemäß § 17 Abs. 1 UStG 1994 gelten bei Versorgungsunternehmen Teilzahlungsanforderungen für Gas-, Wasser-, Elektrizitäts- und Wärmelieferungen auch dann als Rechnung im Sinne des § 11 UStG 1994, wenn sie keine Angaben über Menge und Bezeichnung der Lieferung enthalten. **1510**

11.1.5.5. Zeitpunkt und Zeitraum

Eine Rechnung muss sowohl das Ausstellungsdatum, als auch den Tag der Lieferung oder sonstigen Leistung oder den Leistungszeitraum enthalten. Sofern der Zeitpunkt der Rechnungsausstellung mit dem Tag der Lieferung oder sonstigen Leistung zusammenfällt, kann die gesonderte Angabe des Leistungszeitpunktes entfallen, wenn die Rechnung den Vermerk „Rechnungsdatum ist Liefer- bzw. Leistungsdatum“ enthält. **1511**

Der Vorsteuerabzug aus einer Rechnung mit einer grundsätzlich unzureichenden Angabe des Tages der Lieferung oder sonstigen Leistung oder des Leistungszeitraumes ist jedoch dann zulässig, wenn die Behörde aus vom Leistungsempfänger beigebrachten Unterlagen über alle notwendigen Informationen verfügt, um zu prüfen, ob die materiellen Voraussetzungen für die Ausübung dieses Rechts vorliegen (vgl. EuGH 15.9.2016, Rs C-516/14, *Barlis 06 – Investimentos Imobiliários e Turísticos SA*).

(BMF-AV Nr. 2016/212)

11.1.5.6. Entgelt

11.1.5.6.1. Wert der Gegenleistung

Es ist die getrennte Angabe des Entgeltes und des auf das Entgelt entfallenden Steuerbetrages erforderlich. Der Hinweis auf den Steuersatz ist weder ausreichend, wenn das Entgelt allein, noch wenn Entgelt und Steuer in einer Summe ausgewiesen werden. Der Ausweis eines Bruttobetrages im Zusammenhang mit einer Rechnung im Sinne des § 11 UStG 1994 ist nur bei Kleinbetragsrechnungen (siehe Rz 1625 bis 1637) und Fahrausweisen (siehe Rz 1691 bis 1710) zulässig. **1512**

Zum Entgelt gehört nach § 4 UStG 1994 auch, was der Leistungsempfänger freiwillig aufwendet, um die Lieferung oder sonstige Leistung zu erhalten sowie was ein anderer als der Leistungsempfänger dem Unternehmer gewährt (Entgelt von dritter Seite). Voraussetzung für den Vorsteuerabzug ist, dass der leistende Unternehmer in der Rechnung auch die auf das zusätzliche Entgelt entfallende USt ausweist. **1513**

Beispiel:

Werkleistung	*60.000 Euro*
zuzüglich Entgelt von dritter Seite	*10.000 Euro*
	70.000 Euro
zuzüglich 20% USt	*14.000 Euro*
	84.000 Euro
abzüglich Zuschuss von dritter Seite	*10.000 Euro*
noch zu begleichen	*74.000 Euro*

11.1.5.6.2. Durchlaufende Posten

Nicht zum Entgelt gehören die Beträge, die der Unternehmer im Namen und für Rechnung eines anderen vereinnahmt und verausgabt (durchlaufende Posten). Diese sind – soweit sie in der Rechnung angeführt werden – entsprechend kenntlich zu machen. Werden Entgelt **1514** und durchlaufende Posten in einer Summe angegeben und hievon die USt berechnet, entsteht die Steuerschuld für die auf die durchlaufenden Posten entfallende USt auf Grund der Bestimmung des § 11 Abs. 12 UStG 1994.

11.1.5.6.3. Tausch

1515 Beim Tausch (tauschähnlichen Umsatz) zwischen zwei Unternehmern gilt der Wert jedes Umsatzes zugleich als Entgelt für den anderen Umsatz (§ 4 Abs. 6 UStG 1994; siehe Rz 671 bis 675). Als Entgelt ist somit der gemeine Wert der erhaltenen Gegenleistung anzugeben. Eine Saldierung mit dem Wert der eigenen Leistung ist nicht zulässig. Wird über den Tausch – mit oder ohne Baraufzahlung – nur in einer Urkunde (Gegenrechnung) abgerechnet, hat diese alle geforderten Angaben des § 11 UStG 1994 für beide Umsätze zu enthalten.

11.1.5.6.4. Auf- und Abrundung

1516 Über die Auf- oder Abrundung der USt bei der Rechnungserteilung enthält das Steuerrecht keine besonderen Vorschriften. Die USt muss daher vom Unternehmer für die von ihm ausgeführten steuerpflichtigen Leistungen genau berechnet werden. Soweit in einer Rechnung der Steuerbetrag oder der Rechnungsendbetrag (der zivilrechtliche Preis) auf- oder abgerundet wurde, hat dies für die Höhe der Steuerschuld keine Bedeutung bzw. ist § 11 Abs. 12 UStG 1994 sinngemäß anzuwenden

Siehe auch EURO-Einführungserlass, AÖF 19/1999.

11.1.5.7. Gesonderter Steuerausweis

11.1.5.7.1. Entgelt und Steuerbetrag

1517 Nicht von Bedeutung ist es, ob der ausgewiesene Steuerbetrag als „USt" oder als „Mehrwertsteuer" bezeichnet wird.

Enthält eine Rechnung entgegen § 11 Abs. 1 Z 3 lit. f UStG 1994 weder die Angabe des Steuerbetrags in Euro, noch – soweit dieser nicht feststeht – die Angabe der Umrechnungsmethode gemäß § 20 Abs. 6 UStG 1994, kann der Leistungsempfänger auch ohne Berichtigung der Rechnung den Vorsteuerabzug aus jenem Euro-Betrag vornehmen, der sich bei Anwendung der Umrechnungsmethoden gemäß § 20 Abs. 6 UStG 1994 als Mindestbetrag ergibt.

11.1.5.7.2. Unterschiedliche Steuersätze

1518 Werden in einer Rechnung Leistungen abgerechnet, die unterschiedlichen Steuersätzen unterliegen, so ist bei der Rechnungsausstellung darauf Bedacht zu nehmen.

Beispiel:

Bestell Nr.	*Bezeichnung*	*Menge*	*Einzelpreis*	*Steuersatz*	*Betrag*	*Steuer*
24	*Ware A*	*100 kg*	*0,60 €*	*10%*	*60 €*	*6 €*
33	*Ware B*	*50 Lt*	*2,00 €*	*10%*	*100 €*	*10 €*
44	*Ware C*	*40 St*	*2,50 €*	*20%*	*100 €*	*20 €*
96	*Ware D*	*20 Fl*	*3,00 €*	*20%*	*60 €*	*12 €*
					320 €	*48 €*
	+ Mehrwertsteuer				*48 €*	
	Gesamtrechnungsbetrag				*368 €*	

1519 Unselbständige Nebenleistungen unterliegen dem gleichen Steuersatz wie die Hauptleistungen. Werden in einer Rechnung Leistungen zu unterschiedlichen Steuersätzen abgerechnet, so sind auch die unselbständigen Nebenleistungen entsprechend aufzuteilen.

11.1.5.8. Organschaft

1520 Rechnungen innerhalb eines Unternehmens (zB zwischen dem Hauptbetrieb und den Filialen, innerhalb der Gesellschaften eines Organkreises im Inland) gelten nicht als Rechnungen im Sinne des § 11 Abs. 1 UStG 1994. Derartige Rechnungen stehen mit keinen steuerbaren Umsätzen im Zusammenhang und lösen als bloße Innenumsätze keine Steuerpflicht aus; sie berechtigen auch nicht zum Vorsteuerabzug.

11.1.5.9. Rechnung bei Voraus- oder Anzahlungen

11.1.5.9.1. Allgemein

1521 Die Vorschrift über Rechnungslegung im Zusammenhang mit Voraus- oder Anzahlungen gelangt sowohl bei der Sollbesteuerung als auch in den Fällen der Istbesteuerung zur

Anwendung. Über die vereinnahmten Voraus- oder Anzahlungen kann auch mittels Gutschrift abgerechnet werden.

11.1.5.9.2. Zeitpunkt der Rechnungserteilung

Voraussetzung für die Berechtigung bzw. Verpflichtung zur Begebung einer Voraus- oder Anzahlungsrechnung ist, dass die Anforderung bzw. Vereinnahmung des Entgelts bzw. Teilentgelts für eine bestimmte, unbedingte, steuerpflichtige und in Zukunft auszuführende Leistung erfolgt. **1522**

Rechnungen mit gesondertem Steuerausweis können schon erteilt werden, bevor eine Voraus- oder Anzahlung vereinnahmt wurde. Ist das im Voraus vereinnahmte Teilentgelt niedriger als in der Rechnung angegeben, so entsteht die Umsatzsteuerschuld nur insoweit, als sie auf das tatsächlich vereinnahmte Entgelt oder Teilentgelt entfällt. Einer Berichtigung der Rechnung bedarf es in diesem Falle nicht. Der Unternehmer kann für jede einzelne Voraus- oder Anzahlung eine separate Abrechnungsurkunde mit gesondertem Steuerausweis erteilen. Es besteht aber auch die Möglichkeit, mittels einer Abrechnungsurkunde über mehrere oder alle im Zusammenhang mit einer Leistung stehenden Voraus- oder Anzahlungen abzurechnen. **1523**

11.1.5.9.3. Angaben in der Vorauszahlungs- oder Anzahlungsrechnung

§ 11 Abs. 1 UStG 1994 gilt sinngemäß. Hinsichtlich des Zeitpunktes der Lieferung oder sonstigen Leistung ist der (vereinbarte) voraussichtliche Zeitpunkt oder Zeitraum anzugeben. Sollte der Zeitpunkt oder Zeitraum der Leistung noch nicht feststehen, genügt der Hinweis, dass diesbezüglich noch keine Vereinbarung getroffen wurde. An die Stelle des Entgelts und des darauf entfallenden Steuerbetrages für die Leistung tritt das vor der Ausführung der Leistung vereinnahmte oder angeforderte Entgelt (Teilentgelt) sowie der darauf entfallende Steuerbetrag. Erteilt der Unternehmer losgelöst von einer Voraus- oder Anzahlung über eine noch nicht erbrachte Leistung eine Rechnung mit gesondertem Steuerausweis („Vorausrechnung"), so schuldet er den ausgewiesenen Steuerbetrag auf Grund der Inrechnungstellung, ohne dass der Empfänger dieser Rechnung das Recht hätte, die ausgewiesene Steuer als Vorsteuer geltend zu machen. Um eine Steuerschuld auf Grund der Inrechnungstellung hintanzuhalten, muss aus der vor Ausführung der Leistung erstellten Abrechnungsurkunde zweifelsfrei ersichtlich sein, dass damit über eine Voraus- oder Anzahlung abgerechnet wird. Um diesem Erfordernis zu entsprechen, empfiehlt sich eine entsprechende Bezeichnung der Abrechnungsurkunde (zB „Anzahlungsrechnung über den am … vereinnahmten Teilbetrag", „1. Teilrechnung über die vereinbarte und am … fällig werdende Abschlagszahlung") unter Angabe des Ausstellungsdatums sowie eine ergänzende und klarstellende Formulierung (zB Hinweis auf einen erst in der Zukunft liegenden Leistungszeitpunkt) im eigentlichen Abrechnungstext der Vorauszahlungs- oder Anzahlungsrechnung. **1524**

11.1.5.9.4. Rechnungen für künftige Miet-, Pacht-, Wartungs- oder ähnliche Leistungen

Werden bei Miet-, Pacht-, Wartungs- oder ähnlichen Leistungen Entgelte und die darauf entfallenden Steuerbeträge für zukünftige Leistungen in Rechnung gestellt, kann der Vorsteuerabzug abweichend vom allgemeinen Grundsatz, dass nach der Leistungserbringung begrifflich keine Anzahlungen mehr möglich sind, entsprechend den geleisteten Zahlungen in sinngemäßer Anwendung des § 12 Abs. 1 Z 1 lit. b UStG 1994 vorgenommen werden. Ein Vorsteuerabzug ohne Zahlung aufgrund einer solchen Rechnung ist in diesen Fällen nicht zulässig. Weiters kann bei Anzahlungsrechnungen betreffend die genannten Leistungen die Angabe des Leistungszeitraumes auch in der Weise erfolgen, dass der Beginn des Leistungszeitraumes mit dem Zusatz angeführt wird, dass die Vorschreibung (= Anzahlungsrechnung) bis zum Ergehen einer neuen Vorschreibung gilt. **1524a**

(AÖF Nr. 2014/7, BMF-AV Nr. 2015/170)

11.1.5.10. Endrechnung

Wird über die bereits tatsächlich erbrachte Leistung insgesamt abgerechnet („Endrechnung"), so sind in ihr die vor Ausführung der Leistung vereinnahmten Teilentgelte und die auf sie entfallenden Steuerbeträge abzusetzen, wenn über diese Teilentgelte Voraus- oder Anzahlungsrechnungen mit gesondertem Steuerausweis erteilt worden sind (§ 11 Abs. 1 vierter Satz UStG 1994). Der Vorschrift ist entsprochen, wenn die einzelnen vereinnahmten Teilentgelte mit den jeweils darauf entfallenden Steuerbeträgen in der Endrechnung abgesetzt werden. Es genügt aber auch, wenn der Gesamtbetrag der vorausgezahlten Teilentgelte und die hierauf entfallenden Steuerbeträge in einer Summe abgesetzt werden. **1525**

Beispiel 1:

Absetzung der einzelnen vereinnahmten Teilentgelte und der hierauf entfallenden Steuerbeträge:

Endrechnung über die Errichtung einer Seilbahntalstation

Lieferung und Abnahme: 13. Oktober 2000

	Entgelt	*USt (20%)*	*brutto*
Endrechnungsbetrag	*9,000.000 €*	*1,800.000 €*	*10,800.000 €*
Abschlagszahlungen			
5.6.2000	*– 1,500.000 €*	*– 300.000 €*	*– 1,800.000 €*
8.7.2000	*– 2,000.000 €*	*– 400.000 €*	*– 2,400.000 €*
3.8.2000	*– 3,000.000 €*	*– 600.000 €*	*– 3,600.000 €*
Restforderung	*2,500.000 €*	*500.000 €*	*3,000.000 €*

Beispiel 2:

Absetzung des Gesamtbetrags der vereinnahmten Teilentgelte und der hierauf entfallenden Steuerbeträge in einer Summe:

Endrechnung über die Errichtung einer Seilbahntalstation

Lieferung und Abnahme: 13. Oktober 2000

	Entgelt	*USt (20%)*	*brutto*
Endrechnungsbetrag	*9,000.000 €*	*1,800.000 €*	*10,800.000 €*
Abschlagszahlungen *5.6., 8.7. und 20.8.2000*	*– 6,500.000 €*	*– 1,300.000 €*	*– 7,800.000 €*
Restforderung	*2,500.000 €*	*500.000 €*	*3,000.000 €*

1526 Unterbleibt in der Endrechnung die Absetzung der vereinnahmten Teilentgelte und der darauf entfallenden Steuerbeträge, schuldet der Unternehmer diese Beträge nach § 11 Abs. 12 UStG 1994 auf Grund der Rechnung. Die Steuerschuld besteht bis zum Zeitpunkt der Berichtigung der Endrechnung (ex nunc-Wirkung der Rechnungsberichtigung).

Keine Steuerschuld aufgrund der Rechnungslegung im Sinne des § 11 Abs. 12 UStG 1994 entsteht, wenn in der Endrechnung die Umsatzsteuer nicht vom Gesamtentgelt, sondern nur hinsichtlich des Restentgelts ausgewiesen wird.

Beispiel:

Endrechnung über die Errichtung einer Seilbahntalstation

Lieferung und Abnahme: 13. Oktober 2000

Gesamtentgelt netto	*9.000.000 Euro*
Abschlagszahlungen netto 5.6, 8.7. und 3.8.2000	*–6.500.000 Euro*
Restentgelt netto	*2.500.000 Euro*
Umsatzsteuer	*500.000 Euro*
Restforderung	*3.000.000 Euro*

Bei Unterlassung der geforderten Absetzung der vereinnahmten Teilentgelte und der darauf entfallenden Steuerbeträge in der Schlussrechnung ist eine Vorsteuerabzugsberechtigung hinsichtlich des gesamten ausgewiesenen Umsatzsteuerbetrages (bestehend aus den bereits geltend gemachten Steuerbeträgen aus den entrichteten Voraus- oder Anzahlungen und dem restlichen Mehrwertsteuerbetrag) wegen offensichtlicher Unrichtigkeit (siehe auch Rz 1825) nicht gegeben.

Die Ausstellung einer Endrechnung kann entfallen, wenn das gesamte Entgelt und der hierauf entfallende Steuerbetrag durch die bereits ausgehändigten Voraus- oder Anzahlungsrechnungen abgedeckt sind und die Beträge vor Leistungserbringung vereinnahmt wurden. Nach Leistungserbringung ist begrifflich eine Anzahlung nicht mehr möglich. Für Beträge nach Leistungserbringung ist für Zwecke des Vorsteuerabzuges eine Schluss- oder Restrechnung erforderlich.

11.1.5.11. Duplikat

1527 Der leistende Unternehmer darf in Bezug auf einen Umsatz nur eine Rechnung (mit gesondertem Steuerausweis) ausstellen. Hat der Unternehmer über einen Umsatz (zB Lieferung) eine Rechnung erteilt, darf er grundsätzlich eine zweite Rechnung für denselben Umsatz nicht mehr erteilen. Stellt er eine zweite Rechnung für denselben Umsatz aus, so kann sich daraus eine Steuerschuld auf Grund des unberechtigten Steuerausweises ergeben.

Davon zu unterscheiden ist die Anfertigung von Duplikaten oder Abschriften von Rechnungen. Soll es zu keiner Steuerschuld auf Grund des unberechtigten (nochmaligen) Steuerausweises kommen, muss die Rechnung eindeutig als „Duplikat", „Zweitschrift" und dgl. gekennzeichnet sein. **1528**

11.1.5.12. Mautgebühren

Automationsunterstützt erstellte Maut-Rechnungsausdrucke über 400 (bis 28.2.2014: 150 Euro) enthalten vielfach keine Angaben über den Namen und die Anschrift des Leistungsempfängers und werden daher auch ohne diese Angaben gespeichert. **1529**

Es ist dabei regelmäßig vorgesehen, dass in den Beleg der Leistungsempfänger seinen Namen und seine Anschrift einsetzt. Automationsunterstützt erstellte Rechnungen, die in einer Mautkabine abgegeben werden und alle im § 11 Abs. 1 UStG 1994 geforderten Angaben, mit Ausnahme der Angabe des Namens und der Anschrift des Leistungsempfängers enthalten, und die der Leistungsempfänger durch Eintragung seines Namens und seiner Anschrift ergänzt, berechtigen den Leistungsempfänger zum Vorsteuerabzug.

Die obigen Ausführungen gelten sinngemäß im Falle eines Beleges über die Vorschreibung einer Ersatzmaut und über die Ausgabe einer Pre-Pay Go-Box gemäß Bundesstraßen-Mautgesetz 2002, sofern in den Belegen überdies das KFZ-Kennzeichen angegeben ist.

(AÖF Nr. 2014/164)

11.1.5.13. Rechnungslegung durch Vermittler

Der Unternehmer kann sich zur Abrechnung grundsätzlich Dritter bedienen (siehe Rz 1505). **1530**

Beispiel:

Die Tankstelle Herbert Stremayer, 3243 St. Leonhard 11, vermittelt am 17. Jänner 2004 die Lieferung von 300 Liter Diesel vom Unternehmer Treibstoff AG, 1234 Wien, Heidemariestraße 12, an den Unternehmer Robert Grabner, 3243 Thal 1, um 270 € (brutto).

Rechnung nach § 11 Abs. 1 UStG 1994:

Herbert Stremayer
Tankstelle *St. Leonhard, am 17. Jänner 2004*
3243 St. Leonhard 11 *Rechnung Nr. 76/2004*
UID-Nr.: ATU12345678
vermittelt für
Treibstoff AG
Heidemariestraße 12
1234 Wien
UID-Nr.: ATU87654321
An
Robert Grabner
Steinbruch
3243 Thal 1
Liefertag: 17. Jänner 2004

300 Liter Diesel	*netto à 0,75 € =*	*225 €*
+20% USt		*45 €*
		270 €

oder

Herbert Stremayer *St. Leonhard, am 17. Jänner 2004*
Tankstelle
3243 St. Leonhard 11 *Rechnung Nr. 76/2004*
UID-Nr.: ATU12345678

An
Robert Grabner
Steinbruch
3243 Thal 1
Liefertag: 17. Jänner 2004

300 Liter Diesel	*netto à 0,75 € =*	*225 €*
+20% USt		*45 €*
		270 €

Die Lieferung erfolgte im Namen und für Rechnung der Treibstoff AG, 1234 Wien, Heidemariestraße 12 (UID-Nr.: ATU87654321).

1531 Ist der Dritte (Vermittler) nicht zur Ausstellung von Rechnungen oder Gutschriften mit gesondertem Ausweis der USt bevollmächtigt und legt er trotzdem eine Rechnung, so schuldet er nach § 11 Abs. 14 UStG 1994 die in der Rechnung ausgewiesene USt (VwGH 22.2.2000, 99/14/ 0062).

1532 Erbringt der Unternehmer gegenüber seinem Auftraggeber eigene Umsätze und wird er daneben zugleich als Vermittler für einen oder mehrere Unternehmer tätig, so kann er die eigenen und fremden Umsätze zusammen auf einem Schriftstück abrechnen. Derartige Schriftstücke sind als Rechnungen im Sinne des § 11 UStG 1994 anzusehen, wenn

- der Unternehmer von dem anderen Unternehmer zur Ausstellung von Rechnungen bevollmächtigt ist und
- aus dem Schriftstück klar zu ersehen ist, welche Umsätze einem anderen Unternehmer zuzurechnen sind.

Beispiel:

Rechnung der Tankstelle Herbert Stremayer, 3243 St. Leonhard 11, über die Lieferung von Zeitschriften um 6,6 € (USt 10%) und der Vermittlung von 30 Liter Diesel für die Treibstoff AG, 1234 Wien, Heidemariestraße 12, um 22,5 € (USt 20%) an den Unternehmer Robert Grabner, 3243 Thal 1, am 17. Jänner 2004.

Rechnung nach § 11 Abs. 1 UStG 1994:

Herbert Stremayer	*St. Leonhard, am 17. Jänner 2004*
Tankstelle	*Rechnung Nr. 76/2004*
3243 St. Leonhard 11	

UID-Nr.: ATU12345678
An
Robert Grabner
Steinbruch
3243 Thal 1
Tag der Lieferung 17. Jänner 2004

Zeitschrift „Motorjournal"		*6,00 €*
+10% USt		*0,60 €*
** 30 Liter Diesel*	*netto à 0,75 =*	*22,50 €*
+20% Ust		*4,50 €*
		33,60 €

**) Die Lieferung erfolgte im Namen und für Rechnung der Treibstoff AG*
1234 Wien, Heidemariestraße 12 (UID-Nr.: ATU87654321)

Rechnung nach § 11 Abs. 6 UStG 1994:

Herbert Stremayer *St. Leonhard, am 17. Jänner 2004*

Tankstelle
3243 St. Leonhard 11
Tag der Lieferung 17. Jänner 2004

Zeitschrift „Motorjournal“		*6,60 €*	*(inklusive 10% USt)*
** 30 Liter Diesel,*	*netto à 0,75 =*	*27,00 €*	*(inklusive 20% USt)*
		33,60 €	

**) Die Lieferung erfolgte im Namen und für Rechnung der Treibstoff AG, 1234 Wien, Heidemariestraße 12*

11.1.5.14. Berichtigung von Rechnungen

Die vom leistenden Unternehmer vorzunehmende Berichtigung oder Ergänzung einer Rechnung kann in der Weise erfolgen, dass unter Hinweis auf die ursprüngliche Rechnung die notwendigen Ergänzungen oder Berichtigungen vorgenommen werden oder eine berichtigte Rechnung zur ursprünglichen Rechnung ausgestellt wird. Der Unternehmer muss nachweisen, dass die berichtigte Rechnung dem Leistungsempfänger zugekommen ist. Stellt der Unternehmer eine zweite Rechnung für einen Umsatz aus, über den er bereits eine Rechnung gelegt hat, so kann sich eine Steuerschuld nach § 11 Abs. 14 UStG 1994 ergeben. Um die Rechtsfolgen einer zweiten Rechnungslegung zu vermeiden, muss der Unternehmer in der berichtigten Rechnung auf die ursprüngliche Rechnung hinweisen. **1533**

Da aufgrund der in § 16 Abs. 1 UStG 1994 ausdrücklich angeordneten ex nunc-Wirkung der Rechnungsberichtigung die ursprüngliche Steuerfestsetzung unberührt bleibt, kann eine Berichtigung auch dann erfolgen, wenn für die ursprüngliche Steuerfestsetzung bereits Festsetzungsverjährung eingetreten ist (VwGH 15.12.2022, Ro 2019/13/0034).

(BMF-AV Nr. 2023/152)

Für die Frage der Ordnungsmäßigkeit von Rechnungen (auch im Rahmen von Berichtigungen) ist es nicht erforderlich, dass über jeden Einzelumsatz eine gesonderte Rechnung ausgestellt wird. In einer Rechnung kann durchaus über mehrere Lieferungen oder Leistungen mit unterschiedlichem Liefer- oder Leistungsdatum abgerechnet werden. Demgemäß sind auch Berichtigungen oder Ergänzungen im Wege von Sammelberichtigungen oder -ergänzungen zulässig. **1534**

11.1.5.15. Rechnungsberichtigung Touristenexport

Wurden in den Fällen des Touristenexportes Rechnungen mit offenem Steuerausweis gelegt, kann eine Rechnungsberichtigung unterbleiben, ohne dass eine Steuerschuld nach § 11 Abs. 12 UStG 1994 entsteht, wenn der Unternehmer die Rechnung, in der die Steuer offen ausgewiesen wurde, zurückerhalten hat. Die Rechnung muss der Unternehmer bei seinen Unterlagen über den maßgeblichen Umsatz aufbewahren und in seinen Aufzeichnungen darauf hinweisen. **1535**

(BMF-AV Nr. 2022/154)

11.1.5.16. Rechnungslegung bei Leistungen aus Stromlieferungsverträgen und Netzanschluss- und Netznutzungsverträgen

Beauftragt bzw. bevollmächtigt der Netzbetreiber den Stromlieferanten für ihn seine Leistung an den Endkunden abzurechnen und wird dieses Auftragsverhältnis bzw. Vollmachtsverhältnis dem Endkunden gegenüber offen gelegt, dann kann der Stromlieferant für den Netzbetreiber auch dessen Leistung an den Endverbraucher im Sinne des § 11 UStG 1994 abrechnen. Die Ausstellung einer Rechnung für den Netzbetreiber führt dabei zu einer Rechung des Netzbetreibers. Der Kunde ist unter den allgemeinen Voraussetzungen des § 12 UStG 1994 zum Vorsteuerabzug berechtigt. Der Stromlieferant versteuert die Stromlieferung, der Netzbetreiber versteuert das Entgelt für die Netzbereitstellung. Rz 1505, 1530 bis 1532 gelten sinngemäß. Der Stromlieferant hat dem Netzbetreiber die Rechnungsdaten in geeigneter Form (Rechnungsduplikate, elektronischer Datenträger usw.) zu übermitteln, wobei die Daten der vom Rechnungssaussteller selbst erbrachten Leistung abgedeckt werden können bzw. nicht enthalten sein müssen. **1536**

Abweichend von den zivilrechtlichen Verhältnissen wird für umsatzsteuerliche Zwecke die Leistung des Netzbetreibers als für den Stromlieferanten erbracht angesehen, wenn eine vertragliche Vereinbarung zwischen Stromlieferanten, Netzbetreiber und Kunden über die Anwendung dieser Vereinfachungsmöglichkeit getroffen wird. In diesem Fall legt der Netzbetreiber seine Rechnung im Sinne des § 11 UStG 1994 an den Stromlieferanten, welcher seinerseits eine Rechnung über Stromlieferung und die Netzbereitstellung an den Endkunden ausstellt. Dabei ist es ausreichend, wenn der Netzbetreiber die für Kunden eines Stromlieferanten erbrachten Netzdienstleistungen in einer Sammelrechnung im Sinne des § 11 Abs. 1 Z 3 lit. d UStG 1994 oder durch elektronischen Rechnungsdatenaustausch gemäß Rz 1561 bis Rz 1563 abrechnet. Hinsichtlich der Netzbereitstellung hat der Lieferant den Vorsteuerabzug. Der Stromlieferant versteuert seinerseits sowohl die Stromlieferung als auch die Netzbereitstellung. Der Endkunde hat nach Maßgabe des § 12 UStG 1994 den Vorsteuerabzug aus der vom Stromlieferanten ausgestellten Rechnung. Diese Vorgangsweise kann nur solange angewendet werden, als eine Vereinbarung über ihre Anwendung zwischen dem Stromlieferanten, dem Netzbetreiber und dem Kunden besteht. Die Anwendung der Vereinfachungsregelung setzt voraus, dass die Leistung des Netzbetreibers an den Endkunden gemäß § 3a UStG 1994 im Inland steuerbar ist. Diese Vereinfachungsregelung gilt nur für die Rechnungsausstellung und den Vorsteuerabzug, führt jedoch zu keiner Änderung des Leistungsortes.

Beauftragt ein Endkunde den Energielieferanten mit der Administration und Bezahlung von Netzrechnungen (Jahresrechungen oder Teilzahlungsrechnungen), ohne dass es zu einer Änderung der Rechtsbeziehung mit dem Netzbetreiber kommt, kann wie folgt vorgegangen werden, vorausgesetzt, dass diesbezüglich Einvernehmen mit dem Netzbetreiber hergestellt wird:

Der Netzbetreiber kann die Originalrechnung betreffend die Netzbereitstellung an den Energielieferanten übermitteln. Die Originalrechung verbleibt beim Energielieferanten. Die in dieser Rechnung ausgewiesene Umsatzsteuer berechtigt den Energielieferanten nicht zum Vorsteuerabzug. Der Energielieferant legt an den Endkunden eine Rechnung über die Stromlieferung und teilt dem Endkunden die Daten der Rechnung des Netzbetreibers mit. Der Energielieferant versteuert nur die Energielieferung. Die Bekanntgabe der Netzbereitstellung-Rechungsdaten führt beim Energielieferanten zu keiner Steuerschuld auf Grund der Rechnung. Der Endkunde kann den in der Rechnung des Energielieferanten für die Stromlieferung ausgewiesenen bzw. für die Netzbereitstellung genannten Steuerbetrag nach Maßgabe des § 12 UStG 1994 als Vorsteuer abziehen.

1536a Rz 1536 gilt sinngemäß auch für Gaslieferungen.

11.1.6. Änderungen der Rechnungslegung auf Grund des zweiten Abgabenänderungsgesetzes 2002

11.1.6.1. Allgemeines

1537 Auf Grund des 2. AbgÄG 2002 hat der § 11 Abs 1 UStG 1994 folgende Änderungen erfahren:

- Werden Leistungen an juristische Personen erbracht, haben auch diese einen Anspruch auf Ausstellung einer Rechnung im Sinne des § 11 UStG 1994.
- Es besteht auch ein Anspruch auf Ausstellung einer Rechnung, wenn der Umsatz steuerfrei ist.
- Die Rechnung hat den anzuwendenden Steuersatz bzw. einen Hinweis auf die Steuerbefreiung zu enthalten.
- Die Rechnung hat das Ausstellungsdatum,
- eine fortlaufende Nummer und
- die dem Unternehmer erteilte UID zu enthalten.

1538 Diese Bestimmungen gelten auch für Anzahlungsrechnungen und Gutschriften, nicht jedoch für Kleinbetragsrechnungen, Fahrausweise und Belege im Reisegepäckverkehr. Auf Grund der seit 1. Jänner 2004 geltenden Rechtslage haben aber auch Kleinbetragsrechnungen, Fahrausweise und Belege im Reisegepäckverkehr jedenfalls ein Ausstellungsdatum zu enthalten. Hinsichtlich der Fahrausweise siehe weiters Rz 1691.

1539 Das Vorliegen dieser Merkmale ist Voraussetzung für den Vorsteuerabzug. Hinsichtlich der fortlaufenden Nummer ist durch den Leistungsempfänger keine Überprüfung vorzunehmen.

(AÖF Nr. 2014/7)

1540 Die Bestimmungen über die Ausstellung von Rechnungen betreffen nur solche über steuerbare Vorgänge. In den Fällen, in denen die Steuerpflicht auf den ausländischen Unternehmer im Binnenmarkt übergeht, ist jedoch zu beachten, dass die übrigen Mitgliedstaaten – jedenfalls ab 1.1.2004 – die gleiche Rechtslage wie Österreich haben und überdies die Anführung der UID in der Rechnung dem leistenden Unternehmer ua als Nachweis dienen wird, dass die Steuerschuld auf den Leistungsempfänger übergegangen ist.

1541 Wird eine Rechnung berichtigt und wird dieselbe Rechnungsnummer verwendet, so muss ein Hinweis erfolgen, dass es sich um eine berichtigte Rechnung handelt. Wird eine neue Rechnungsnummer verwendet, muss auf die ursprüngliche Rechnung und deren Nummer verwiesen werden.

Randzahl 1542: *derzeit frei.*

11.1.6.2. Erleichterungen

Unternehmer, die überwiegend Umsätze gemäß § 6 Abs. 1 Z 8 und Z 9 lit. c UStG 1994 ausführen, sind für die genannten Umsätze im Jahre 2003 von der Verpflichtung der zusätzlichen Rechnungsmerkmale nach dem 2. AbgÄG 2002 befreit. Auf Grund der Verordnung des BM für Finanzen BGBl. II Nr. 279/2004 sind Unternehmer, die überwiegend Umsätze gemäß § 6 Abs. 1 Z 8 und Z 9 lit. c UStG 1994 ausführen, für Zeiträume nach dem 31. Dezember 2003 nicht mehr verpflichtet, für derartige Umsätze Rechnungen gemäß § 11 Abs. 1 UStG 1994 auszustellen. **1543**

(BMF-AV Nr. 2016/212)

Randzahl 1544: *derzeit frei*

11.1.6.3. Anspruch auf Ausstellung einer Rechnung

Auf Grund der seit 1. Jänner 2004 geltenden Rechtslage hat Anspruch auf Ausstellung einer Rechnung **1545**

- jeder Unternehmer, wenn Umsätze für sein Unternehmen ausgeführt werden sowie
- jede juristische Person, auch soweit sie nicht Unternehmer ist.

Von der unter Rz 1543 genannten Ausnahme abgesehen, besteht ein Anspruch auf Ausstellung einer Rechnung auch dann, wenn der Umsatz steuerfrei ist oder wenn die Steuerschuld auf den Leistungsempfänger übergegangen ist (siehe auch Rz 1503).

11.1.6.4. Steuersatz und Steuerbefreiung

Es genügt der Hinweis auf den Steuersatz und die Steuerbefreiung. Die Anführung der gesetzlichen Bestimmung ist nicht erforderlich. Die Verpflichtungen gemäß Art 11 UStG 1994 bleiben jedoch aufrecht. **1546**

11.1.6.5. Ausstellungsdatum

Randzahl 1547: *derzeit frei.*

11.1.6.6. Fortlaufende Nummer

Die Rechnung hat eine fortlaufende Nummer mit einer oder mehreren Zahlenreihen, die zur Identifizierung einmalig vergeben werden, zu enthalten. Im Rahmen der fortlaufenden Nummer sind auch Buchstaben zulässig, sofern das Erfordernis der fortlaufenden Bezeichnung gewährleistet ist. **1548**

Das Erfordernis der Rechnungsnummer gilt sowohl für die Ausstellung von Rechnungen als auch für die Ausstellung von Gutschriften. Die Rechnungsnummern können für Gutschriften auch getrennt erteilt werden. Gutschriften benötigen keine fortlaufende Nummer beim Empfänger der Gutschrift. **1549**

In die fortlaufende Nummerierung können auch die Kleinbetragsrechnungen einbezogen werden. **1550**

Der Zeitpunkt des Beginnes der laufenden Nummer kann frei gewählt werden, muss jedoch systematisch sein (auch täglicher Nummernbeginn ist zulässig). **1551**

Es sind verschiedene Rechnungskreise zulässig (zB Filialen, Betriebsstätten, Bestandobjekte, Registrierkassen), die Zuordnung muss jedoch eindeutig sein. Es können auch verschiedene Vertriebssysteme, Warengruppen oder Leistungsprozesse (zB Safe oder Depotleistungen bei Kreditinstituten) als eigene Rechnungskreise angesehen werden. **1552**

Bei ausländischen Unternehmern ist für inländische Umsätze ein eigener Nummernkreis erforderlich. Ebenso ist bei Konzernunternehmen (die keine Organschaft sind) für jeden Unternehmer ein eigener Nummernkreis erforderlich. **1553**

11.1.6.7. Umsatzsteuer-Identifikationsnummer

Die Verpflichtung zur Angabe der UID des leistenden Unternehmers in der Rechnung besteht nur, soweit der Unternehmer im Inland Lieferungen und sonstige Leistungen erbringt, die ihn zum Vorsteuerabzug berechtigen. **1554**

Ist in den Fällen des Übergangs der Steuerschuld ein ausländischer Unternehmer im Inland nicht zur Umsatzsteuer zu erfassen, ist bei einem Unternehmer im Gemeinschaftsgebiet die ausländische UID anzugeben, bei einem Drittlandsunternehmer entfällt die Anführung einer UID.

Bei Rechnungen, deren Gesamtbetrag 10.000 Euro übersteigt (maßgebend ist der in der Rechnung angeführte Gesamtbetrag, dh. Entgelt zuzüglich Umsatzsteuer), ist als zusätzliches Rechnungsmerkmal auch die dem Leistungsempfänger vom Finanzamt erteilte Umsatzsteuer-Identifikationsnummer (UID) anzuführen, wenn der leistende Unternehmer im

Inland einen Wohnsitz (Sitz), seinen gewöhnlichen Aufenthalt oder eine Betriebsstätte hat und der Umsatz für das Unternehmen des Leistungsempfängers ausgeführt wird.

Kann der leistende Unternehmer auf der Rechnung die UID des Kunden nicht anführen, weil dieser über keine gültige UID verfügt (zB erteilt das Finanzamt Unternehmern, die ausschließlich unecht befreite Umsätze ausführen oder pauschalierten Landwirten nicht automatisch eine UID) oder diese nicht angibt, hat das für den leistenden Unternehmer keine Konsequenzen. In den genannten Fällen genügt der Hinweis „Keine UID angegeben". Verfügt der Leistungsempfänger nur über eine ausländische UID, ist diese anzugeben.

Die Richtigkeit der UID muss vom Rechnungsaussteller nicht überprüft werden.

Der Leistungsempfänger seinerseits ist nur dann zum Vorsteuerabzug berechtigt, wenn die Rechnung alle erforderlichen Merkmale (dh. auch seine eigene UID) aufweist. Eine Rechnungsberichtigung (zB fehlende UID) kann nur vom Rechnungsaussteller vorgenommen werden.

(BMF-AV Nr. 2015/170)

1555 Die UID muss im Zeitpunkt der Vornahme des Vorsteuerabzuges vorliegen (zur späteren Ergänzung siehe Rz 1831).

(BMF-AV Nr. 2016/212)

1556 Unternehmer, die nur Umsätze bewirken, für die die Steuer nach § 22 Abs. 1 UStG 1994 mit 10% bzw. 13% (bis 31.12.2015: 12%) der Bemessungsgrundlage festgesetzt wird, erhalten in der Regel keine Umsatzsteuer-Identifikationsnummer (UID-Nummer, siehe aber auch den letzten Absatz) und können daher in ihren Rechnungen auch die „dem Unternehmer vom Finanzamt erteilte UID-Nummer" (§ 11 Abs. 1 Z 3 lit. i UStG 1994) nicht angeben. Derartige Rechnungen berechtigen trotz Fehlens der UID-Nummer des leistenden Unternehmers zum Vorsteuerabzug, vorausgesetzt der leistende Unternehmer weist in der Rechnung an einen anderen Unternehmer darauf hin, dass der Umsatz nach § 22 Abs. 1 UStG 1994 dem Durchschnittssteuersatz von 13% (bis 31.12.2015: 12%) unterliegt (Vermerk: „Durchschnittssteuersatz 13%" (bzw. bis 31.12.2015: „Durchschnittssteuersatz 12%"). Wird mit Gutschrift gegenüber pauschalierten Land- und Forstwirten abgerechnet, ist der oben geforderte Hinweis auf der Gutschrift erforderlich.

Diese Vereinfachung gilt auch für Rechnungen an Unternehmer betreffend Lieferungen von bestimmten Getränken und alkoholischen Flüssigkeiten, die gemäß § 22 Abs. 2 UStG 1994 der Zusatzsteuer in Höhe von 7% (bis 31.12.2015: 8%) unterliegen (siehe Rz 2871 und Rz 2872; zB Ausschank von Schnaps und Obstsäften im Buschenschank), wenn die Rechnung bzw. Gutschrift den Vermerk „Durchschnittssteuersatz 13% zzgl. Zusatzsteuer 7%" (bis 31.12.2015: „Durchschnittssteuersatz 12% zzgl. Zusatzsteuersatz 8%") enthält.

Auch Rechnungen über Pferdeeinstellungsleistungen (vgl. Rz 2877) oder Verkäufe von Produkten im Rahmen einer „gewerblichen" Direktvermarktung (vgl. Rz 2893) oder andere nicht der Durchschnittssatzbesteuerung unterliegende Umsätze müssen – sofern nicht eine Kleinbetragsrechnung iSd § 11 Abs. 6 UStG 1994 vorliegt – die UID des leistenden Unternehmers enthalten, da ansonsten eine materiell-rechtliche Voraussetzung für den Vorsteuerabzug nicht erfüllt ist.

(BMF-AV Nr. 2015/170)

11.2. Rechnungsarten

11.2.1. Urkundenprinzip

1557 Als Rechnung gilt jede Urkunde, mit der ein Unternehmer über eine Lieferung oder sonstige Leistung abrechnet (siehe jedoch Rz 1561 betreffend elektronisch übermittelte Rechnung). Es ist nicht erforderlich, dass diese Urkunde die Bezeichnung „Rechnung" trägt.

Um als Rechnung anerkannt werden zu können, muss ein Dokument die Mehrwertsteuer ausweisen und jene Angaben enthalten („Rechnungsangaben"), die erforderlich sind, um feststellen zu können, ob die materiellen Voraussetzungen für das Recht auf Vorsteuerabzug erfüllt sind (vgl. EuGH 29.9.2022, Rs C-235/21, *Raiffeisen Leasing*).

Hingegen gilt ein Vertrag nicht als Rechnung iSd § 11 UStG 1994, wenn dies in diesem Vertrag ausdrücklich festgehalten wird. Weiters gilt Rz 1528 singemäß.

(BMF-AV Nr. 2023/152)

1558 Erfolgt über eine erbrachte Leistung eine Gebührenabrechnung in Form eines Bescheides (zB Wassergebühren), so gilt dieser Bescheid als Rechnung, wenn in ihm alle jene Angaben enthalten sind, die § 11 UStG 1994 vorsieht.

1559 Als Urkunde kann nur ein Schriftstück verstanden werden. Nach der Judikatur des VwGH muss jedoch der Beweis darüber, dass dem Unternehmer eine Rechnung zugekommen ist, nicht ausschließlich durch Vorlage der Originalrechnungen (Schriftstücke) erbracht werden. Vielmehr ist auch, wenn diese Rechnungen nicht mehr vorhanden sind (aber vorhanden waren), ein anderer Beweis zulässig. Dieser Beweis kann zB durch mikroverfilmte Rechnungen erbracht werden. Dasselbe gilt für die optische Speicherplatte, wenn die mittels Scanner erfassten und urschriftgetreu auf der optischen Speicherplatte gespeicherten Rechnungen nicht mehr verändert werden können.

Eine urschriftgetreue Speicherung setzt voraus, dass auch beschriebene oder bedruckte Rückseiten der Belege eingescannt werden. Eine farbgetreue Wiedergabe ist dann erforderlich, wenn beim Einscannen in Schwarz-Weiß Informationen oder Zusammenhänge, die nur auf Grund der farblichen Gestaltung erkennbar sind, verloren gehen würden.

11.2.2. Sammelrechnungen

Die Erleichterung betreffend Sammelrechnungen (§ 11 Abs. 1 Z 3 lit. d UStG 1994) **1560**
kann von jedem Unternehmer in Anspruch genommen werden, sie ist nicht auf bestimmte Branchen beschränkt (VwGH 24.6.1985, 84/15/0170).

(BMF-AV Nr. 2015/170)

11.2.3. Elektronisch übermittelte Rechnung (Rechtslage bis 31. Dezember 2012; für Umsätze ab 1. Jänner 2013 siehe Abschnitt 11.2.3a, Rz 1564c bis Rz 1564l)

11.2.3.1. Grundsätze

Rechnungen können – vorbehaltlich der Zustimmung des Empfängers – auch auf elek- **1561**
tronischem Weg übermittelt werden (§ 11 Abs. 2 zweiter Unterabsatz UStG 1994).

Die Zustimmung des Empfängers der elektronisch übermittelten Rechnung bedarf keiner besonderen Form; es muss lediglich Einvernehmen zwischen Rechnungsaussteller und Rechnungsempfänger darüber bestehen, dass die Rechnung elektronisch übermittelt werden soll. Die Zustimmung kann zB in Form einer Rahmenvereinbarung erklärt werden. Sie kann auch nachträglich erklärt werden. Es genügt aber auch, dass die Beteiligten diese Verfahrensweise tatsächlich praktizieren und damit stillschweigend billigen.

Nach § 11 Abs. 2 zweiter Unterabsatz UStG 1994 gilt eine auf elektronischem Weg übermittelte Rechnung nur dann als Rechnung im Sinne des § 11 UStG 1994, wenn die Echtheit der Herkunft und die Unversehrtheit des Inhalts gewährleistet sind. Dies kann gemäß § 1 der Verordnung des BM für Finanzen, BGBl. II Nr. 583/2003 idF BGBl. II Nr. 175/2010 auf zwei Arten erfolgen:

- Mit elektronischer Signatur gemäß § 1 Z 1 der Verordnung des BM für Finanzen, BGBl. II Nr. 583/2003 idF BGBl. II Nr. 175/2010 (im Folgenden als „fortgeschrittene Signatur" bezeichnet) und
- Im EDI-Verfahren gemäß § 1 Z 2 der Verordnung des BM für Finanzen, BGBl. II Nr. 583/2003 idF BGBl. II Nr. 175/2010.

Gemäß § 2 Z 1 und Z 2 der Verordnung des BM für Finanzen, BGBl II Nr. 583/2003 idF BGBl. II Nr. 175/2010 erfüllt die Anforderungen an eine auf elektronischem Weg übermittelte Rechnung auch

- eine über FinanzOnline an den Bund als Leistungsempfänger übermittelte Rechnung sowie
- ab 1.1.2011 auch eine über das Unternehmensserviceportal an den Bund als Leistungsempfänger übermittelte Rechnung.

Der Aufbau und der Ablauf des bei der elektronischen Übermittlung einer Rechnung angewandten Verfahrens müssen leicht nachprüfbar sein. Vor allem muss überprüft werden können, auf welche Daten sich die elektronische Signatur bezieht, wer der Signator ist und ob die Möglichkeit besteht, bereits signierte Daten zu verändern. Dies setzt für jede neue Programmversion eine Verfahrensdokumentation voraus, die all jene Informationen enthält, die die Erforschung der tatsächlichen und rechtlichen Verhältnisse durch die Abgabenbehörde (zB Betriebsprüfer) ohne Erschwernisse innerhalb angemessener Frist ermöglicht (zB bei Standardsoftware eine Ablaufbeschreibung des Herstellers einschließlich Datenformat der Rechnung und Signaturformat).

Fordert das Finanzamt den Unternehmer zur Vorlage der Rechnung auf, ist es nicht zu beanstanden, wenn der Unternehmer als vorläufigen Nachweis einen Ausdruck der elektronisch übermittelten Rechnung vorlegt. Dies entbindet den Unternehmer allerdings nicht von der Verpflichtung, auf Anforderung nachzuweisen, dass die elektronisch übermittelte Rechnung die Voraussetzungen des § 11 Abs. 2 UStG 1994 erfüllt.

11.2.3.2. Elektronische Signatur

1562 Gemäß § 1 Z 1 der Verordnung des BM für Finanzen, BGBl. II Nr. 583/2003 idF BGBl. II Nr. 175/2010 ist eine elektronisch übermittelte Rechnung mit einer Signatur zu versehen, die den Erfordernissen des § 2 Z 3 lit. a bis d Signaturgesetz entspricht und auf einem Zertifikat eines Zertifizierungsdiensteanbieters im Sinne des Signaturgesetzes beruht (fortgeschrittene Signatur). Die von österreichischen Zertifizierungsdiensteanbietern angebotenen Dienste werden auf der Website der Aufsichtsstelle für elektronische Signaturen (http://www.signatur.rtr.at/) veröffentlicht.

Es ist zulässig, dass eine oder mehrere natürliche Personen im Unternehmen bevollmächtigt werden, für den Unternehmer zu signieren. Eine Verlagerung der dem leistenden Unternehmer oder dem von diesem beauftragten Dritten obliegenden steuerlichen Verpflichtungen ist damit jedoch nicht verbunden.

Es ist zulässig, mehrere Rechnungen an einen Rechnungsempfänger in einer Datei zusammenzufassen und diese Datei mit nur einer fortgeschrittenen Signatur an den Empfänger zu übermitteln. Der Rechnungsaussteller kann die Rechnungen auch in einem automatisierten Massenverfahren signieren.

11.2.3.3. Elektronischer Datenaustausch (EDI-Rechnungen)

1563 Gemäß § 1 Z 2 der Verordnung des BM für Finanzen, BGBl. II Nr. 583/2003 idF BGBl. II Nr. 175/2010 ist es zulässig, eine Rechnung im EDI-Verfahren zu übermitteln, wenn zusätzlich eine zusammenfassende Rechnung (Sammelrechnung) in Papierform oder in elektronischer Form, wenn diese mit einer elektronischen Signatur versehen wurde (siehe oben), übermittelt wird. Voraussetzung für die Anerkennung der im EDI-Verfahren übermittelten Rechnungen ist, dass über den elektronischen Datenaustausch eine Vereinbarung nach Artikel 2 der Empfehlung 94/820/EG der Kommission vom 19. Oktober 1994 über die rechtlichen Aspekte des elektronischen Datenaustausches (ABl. Nr. L 338 vom 28.12.1994 S. 98) besteht, in der der Einsatz von Verfahren vorgesehen ist, die die Echtheit der Herkunft und die Unversehrtheit der Daten gewährleisten.

Hinsichtlich der Sammelrechnung ist es ausreichend, wenn die Entgelte und die darauf entfallenden Steuerbeträge für die einzelnen Umsätze eines Datenübertragungszeitraumes gesondert oder in einer Summe zusammengefasst angeführt sind, sofern folgende Voraussetzungen vorliegen:

- Die in der Sammelrechnung fehlenden Merkmale (insbesondere § 11 Abs. 1 Z 3 und 4 UStG 1994 müssen beim Leistungsempfänger aus den gespeicherten Einzelabrechnungen oder aus den Unterlagen, auf die in diesen Einzelabrechnungen verwiesen wird, eindeutig hervorgehen.
- Es muss erkennbar sein, dass die schriftliche Sammelabrechnung der leistende Unternehmer erstellt hat (zB Bestätigung des Leistenden durch Stempelaufdruck und Unterschrift darüber, dass er der Rechnungsaussteller ist).
- In der Sammelrechnung wird auf diese Einzelabrechnungen hingewiesen. Grundlage für den Vorsteuerabzug ist die Sammelrechnung. Der Vorsteuerabzug ist daher, wenn die Rechnungsausstellung in einem der Leistung folgenden Voranmeldungszeitraum erfolgt, für den Voranmeldungszeitraum vorzunehmen, in dem die Sammelrechnung ausgestellt worden ist.

Zur Verfahrensdokumentation siehe Rz 1561.

11.2.3.4. Per Telefax oder E-Mail übermittelte Rechnung

1564 Auch bei Rechnungen, die per Telefax oder E-Mail übermittelt werden, handelt es sich um elektronisch übermittelte Rechnungen. Elektronische übermittelte Rechnungen gelten nur als Rechnungen, wenn sie mit einer fortgeschrittenen Signatur versehen sind oder im Rahmen des EDI-Verfahrens übermittelt werden.

Bis zum Ende des Jahres 2012 können Rechnungen weiterhin mittels Fernkopierer (Telefax) übermittelt werden.

11.2.3.5. Elektronisch übermittelte Gutschriften

1564a Eine Gutschrift auf elektronischem Weg ist zulässig. Dabei ist die Gutschrift durch den Leistungsempfänger mit einer elektronischen Signatur zu versehen. Bei Abrechnung durch Gutschrift im EDI-Verfahren hat der Leistungsempfänger zusätzlich eine zusammenfassende Rechnung (Gutschrift) nach Maßgabe der Z 2 der Verordnung BGBl. II Nr. 583/2003 zu erstellen und zu übermitteln (siehe oben).

11.2.3.6. Erstellung und elektronische Übermittlung von Rechnungen durch Dritte

Eine Rechnung kann im Namen und für Rechnung des Unternehmers von einem Dritten ausgestellt werden (Rz 1505). Dies gilt auch für elektronisch übermittelte Rechnungen. 1564b

Bei der Einschaltung von Dritten werden eine oder mehrere natürliche Personen beim Dritten bevollmächtigt, für den leistenden Unternehmer oder im Fall der Gutschrift für den Leistungsempfänger Rechnungen mit einer elektronischen Signatur zu versehen.

Die Anforderungen des § 11 Abs. 2 zweiter Unterabsatz UStG 1994 gelten nicht für die Übermittlung der Daten vom leistenden Unternehmer oder vom Leistungsempfänger zum Zweck der Rechnungserstellung an den Dritten. Der Dritte ist nach § 143 BAO verpflichtet, dem Finanzamt die Prüfung des Verfahrens durch Erteilung von Auskünften und Vorlage von Unterlagen zu gestatten.

Der Empfänger einer elektronisch übermittelten Rechnung, die mit einer fortgeschrittenen Signatur versehen wurde, kann die Prüfung der Signatur auch auf einen Dritten übertragen. Dies gilt insbesondere für die entsprechende Prüfung einer elektronisch übermittelten Rechnung in Form einer Gutschrift mit einer elektronischen Signatur.

(BMF-AV Nr. 2016/212)

11.2.3a. Elektronische Rechnung (Rechtslage für Umsätze ab 1. Jänner 2013; § 11 idF AbgÄG 2012, BGBl. I Nr. 112/2012, Verordnung des BM für Finanzen, BGBl. II Nr. 583/2003 idF BGBl. II Nr. 382/2016)

11.2.3a.1. Begriff

Rechnungen können – vorbehaltlich der Zustimmung des Empfängers – auch elektronisch ausgestellt werden (§ 11 Abs. 2 zweiter Unterabsatz UStG 1994). Eine elektronische Rechnung ist eine Rechnung, die in einem elektronischen Format ausgestellt und empfangen wird. Sie kann zB mittels E-Mail, als E-Mail-Anhang oder Web-Download, in einem elektronischen Format (zB als PDF- oder Textdatei), aber auch in einem strukturierten Dateiformat (zB xml) ausgestellt werden. Eine spezielle Form der elektronischen Übertragung ist nicht vorgeschrieben. 1564c

Wird eine auf Papier ausgestellte Rechnung vom Leistenden eingescannt und elektronisch versendet, so gilt dies als Ausstellung im elektronischen Format. Die Papierrechnung selbst darf nur dann ausgefolgt werden, wenn darin auf die erfolgte elektronische Übermittlung Bezug genommen wird. Mittels Telefax übermittelte Rechnungen sind, unabhängig von der verwendeten Telefax-Technologie, als elektronische Rechnungen anzusehen.

11.2.3a.2. Echtheit der Herkunft, Unversehrtheit des Inhalts und Lesbarkeit

Die elektronische Rechnung gilt nur unter der Voraussetzung als Rechnung im Sinne des § 11 Abs. 1 und Abs. 1a UStG 1994, dass die Echtheit ihrer Herkunft, die Unversehrtheit ihres Inhalts und ihre Lesbarkeit gewährleistet sind. Dies haben Leistungserbringer und Leistungsempfänger unabhängig voneinander in ihrem Verfügungsbereich zu gewährleisten. 1564d

Echtheit der Herkunft bedeutet die Sicherheit der Identität des Leistungserbringers oder Rechnungsausstellers. Unversehrtheit des Inhalts bedeutet, dass die nach dem UStG 1994 erforderlichen Angaben nicht geändert wurden. Aus der Unversehrtheit des Inhalts folgt jedoch nicht, dass die Rechnung inhaltlich (zB Anschrift des Leistenden) tatsächlich richtig ist oder bei Rechnungsausstellung richtig war.

Das Format, in das der Inhalt der Rechnung eingebettet ist, darf in andere Formate konvertiert werden, wenn Echtheit der Herkunft und Unversehrtheit des Inhalts weiterhin durch eine der in § 1 der Verordnung des BM für Finanzen, BGBl. II Nr. 583/2003 idF BGBl. II Nr. 382/2016, genannten Verfahren oder Technologien gewährleistet sind.

Die Rechnung muss von Menschen lesbar sein, also mit Hilfe von vorhandener technischer Ausrüstung so dargestellt werden, dass sie vom Menschen inhaltlich erfasst und verstanden werden kann. Es muss überprüft werden können, dass das vorgelegte lesbare Format gegenüber der Ausgangsdatei inhaltlich nicht verändert wurde. Die Echtheit der Herkunft der Rechnung, die Unversehrtheit ihres Inhalts und ihre Lesbarkeit müssen vom Zeitpunkt der Ausstellung bis zum Ende der Aufbewahrungsdauer gewährleistet werden.

Jeder Unternehmer kann selbst bestimmen, in welcher Weise er die Echtheit der Herkunft, die Unversehrtheit des Inhalts und die Lesbarkeit des Inhalts gewährleistet. Echtheit der Herkunft und Unversehrtheit des Inhalts der Rechnung sind nach § 1 der Verordnung des BM für Finanzen, BGBl. II Nr. 583/2003 idF BGBl. II Nr. 382/2016, gewährleistet, wenn eines der dort genannten Verfahren bzw. Technologien angewendet wird:

- Anwendung eines innerbetrieblichen Steuerungsverfahrens, durch das ein verlässlicher Prüfpfad zwischen der Rechnung und der Leistung geschaffen wird (siehe Rz 1564f);

- Übermittlung der Rechnung über das Unternehmensserviceportal oder über PEPPOL (Pan-European Public Procurement OnLine; siehe Rz 1564h);
- Versehen der Rechnung mit einer qualifizierten elektronischen Signatur oder einem qualifizierten elektronischen Siegel (siehe Rz 1564i);
- Übermittlung der Rechnung im EDI-Verfahren gemäß Artikel 2 des Anhangs 1 der Empfehlung 94/820/EG der Kommission über die rechtlichen Aspekte des elektronischen Datenaustausches (ABl. Nr. L 338 vom 28.12.1994 S. 98; siehe Rz 1564j)

(AÖF Nr. 2014/7)

11.2.3a.3. Zustimmung zur elektronischen Rechnung

1564e Die Zustimmung des Empfängers der elektronischen Rechnung bedarf keiner besonderen Form; es muss lediglich Einvernehmen zwischen Rechnungsaussteller und Rechnungsempfänger darüber bestehen, dass die Rechnung elektronisch ausgestellt werden soll. Die Zustimmung kann zB in Form einer Rahmenvereinbarung, aber auch nachträglich erklärt werden. Es genügt auch, dass die Beteiligten diese Verfahrensweise tatsächlich praktizieren und damit stillschweigend billigen.

11.2.3a.4. Innerbetriebliches Steuerungsverfahren

1564f Die Echtheit der Herkunft und die Unversehrtheit des Inhalts können durch die Anwendung eines innerbetrieblichen Steuerungsverfahrens gewährleistet werden, wenn dadurch ein verlässlicher Prüfpfad zwischen der Rechnung und der Leistung geschaffen wird. Es sind keine speziellen technischen Übermittlungsverfahren vorgegeben, die der Unternehmer verwenden müsste.

Ein innerbetriebliches Steuerungsverfahren ist ein Kontrollverfahren, das der leistende Unternehmer zum Abgleich der Rechnung mit seinem Zahlungsanspruch oder der die Leistung empfangende Unternehmer zum Abgleich der Rechnung mit seiner Zahlungsverpflichtung einsetzt. Der Leistungsempfänger wird schon im eigenen Interesse insbesondere überprüfen, ob die Rechnung inhaltlich korrekt ist, dh. ob die in Rechnung gestellte Leistung tatsächlich in der dargestellten Qualität und Quantität erbracht wurde, der Rechnungsaussteller also tatsächlich den Zahlungsanspruch hat, die vom Rechnungsaussteller angegebene Kontoverbindung korrekt ist und ähnliches, um zu gewährleisten, dass er nur Rechnungen bezahlt, zu deren Begleichung er auch verpflichtet ist. Jeder Unternehmer kann das für ihn geeignete Verfahren frei wählen. Dies kann im Rahmen eines entsprechend eingerichteten Rechnungswesens geschehen, aber zB auch durch einen manuellen Abgleich der Rechnung mit den vorhandenen geschäftlichen Unterlagen (zB Bestellung, Auftrag, Kaufvertrag, Lieferschein).

Ein Prüfpfad kann als verlässlich angesehen werden, wenn die Verbindung zwischen dem abgewickelten Umsatz und der Rechnung leicht nachzuvollziehen ist (mit Hilfe ausreichender Details, um die Dokumente miteinander zu verknüpfen) und wenn er die dokumentierten Verfahren einhält und die tatsächlichen Abläufe widerspiegelt. Dies lässt sich zum Beispiel auch anhand von Dokumenten wie Kontoauszügen, Dokumenten des Empfängers oder des Lieferers bzw. Dienstleistungserbringers (des Geschäftspartners) und internen Kontrollen wie der Aufgabentrennung erreichen.

Mit dem innerbetrieblichen Kontrollverfahren soll lediglich die korrekte Übermittlung der Rechnung sichergestellt werden. Eine inhaltlich richtige Rechnung (richtige Rechnungsmerkmale) kann ein Indiz dafür sein, dass bei der Übermittlung keine die Echtheit und Unversehrtheit beeinträchtigenden Fehler aufgetreten sind.

Bei Anwendung eines innerbetrieblichen Steuerungsverfahrens gemäß § 1 Z 1 der Verordnung des BM für Finanzen, BGBl. II Nr. 583/2003 idF BGBl. II Nr. 382/2016, ist die Überprüfung und Archivierung einer auf einer Rechnung angebrachten qualifizierten elektronischen Signatur nicht erforderlich.

Auch bei Rechnungen, die per Telefax übermittelt werden, handelt es sich um elektronische Rechnungen (siehe Rz 1564c). Sie können – vorausgesetzt, sie sind in ein entsprechendes innerbetriebliches Steuerungsverfahren eingebunden – den Leistungsempfänger zum Vorsteuerabzug berechtigen.

(AÖF Nr. 2014/7)

1564g In welcher Weise der Unternehmer das innerbetriebliche Steuerungsverfahren samt dem verlässlichen Prüfpfad einrichtet, bleibt ihm selbst überlassen. Das Finanzamt schreibt weder eine bestimmte Methode vor, noch kann es eine solche im Einzelfall akkreditieren. Die innerbetrieblichen Steuerungsverfahren sollten der Größe, Tätigkeit und Art des Unternehmers angemessen sein und Zahl und Wert der Umsätze sowie Zahl und Art der Leistenden und Kunden berücksichtigen. Der Unternehmer braucht daher keine Verfahren und Technologien einzusetzen, die von einem Unternehmer dieser Art und Größe üblicherweise nicht zu erwarten sind. Zu erwarten ist jedenfalls der Einsatz jener technischen und organisatorischen Verfahren, die dem Unternehmer tatsächlich zur Verfügung stehen. Ein KMU wird in der Regel andere Verfahren zur Rechnungsprüfung einsetzen als zB ein Konzernunternehmer.

Zu Nachweiszwecken hat der Unternehmer das von ihm angewendete Verfahren seinen Verhältnissen entsprechend zu dokumentieren. Die Dokumentation des Verfahrensdurchlaufs hinsichtlich jeder einzelnen Rechnung ist nicht notwendig, wenn die generelle Anwendung des dokumentierten Verfahrens gewährleistet ist.

Beispiel für innerbetriebliche Steuerungsverfahren bzw. Technologien bei einem KMU

1. *Die Rechnung langt als PDF-Datei im Anhang eines E-Mails beim Unternehmer A ein. Die Datei ist mit einer qualifizierten elektronischen Signatur versehen. A nimmt seine Einkünfteermittlung ohne (EDV-) Buchführung als Einnahmen/Ausgabenrechner nach § 4 Abs. 3 EStG 1988 vor. Die Besteuerung erfolgt nach vereinnahmten Entgelten gemäß § 17 Abs. 2 Z 1 UStG 1994.*

   Da die Signatur den Anforderungen des § 1 Z 3 der Verordnung des BM für Finanzen, BGBl. II Nr. 583/2003 idF BGBl. II Nr. 382/2016, entspricht, sind Echtheit der Herkunft und Unversehrtheit des Inhalts gewährleistet. A hat die Lesbarkeit zu gewährleisten und die Rechnung samt Signaturprüfprotokoll zu archivieren. Es steht der Vorsteuerabzug aus der Rechnung nach Maßgabe des § 12 UStG 1994 zu. Insbesondere muss die Rechnung auch inhaltlich (Vorliegen der in § 11 UStG 1994 geforderten Rechnungsmerkmale) korrekt sowie die Leistung für das Unternehmen des A ausgeführt sein.

   graphische Darstellung:

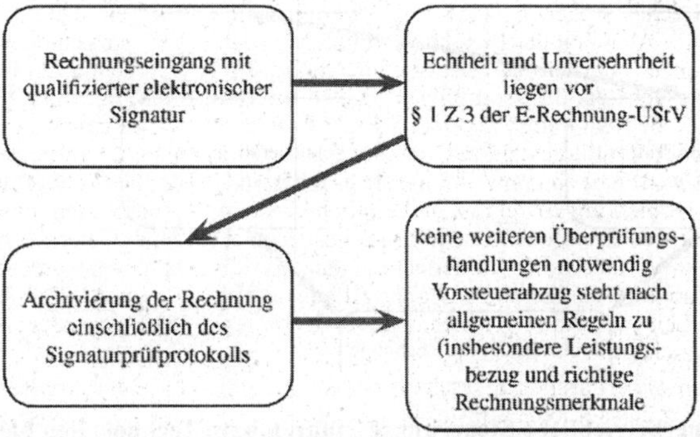

2. *Die Rechnung langt als Text-Datei mittels E-Mail mit oder ohne qualifizierte Signatur beim Unternehmer A ein. A nimmt seine Einkünfteermittlung ohne (EDV-) Buchführung als Einnahmen/Ausgabenrechner nach § 4 Abs. 3 EStG 1988 vor. Die Besteuerung erfolgt nach vereinnahmten Entgelten gemäß § 17 Abs. 2 Z 1 UStG 1994. A gleicht die Rechnung mit den vorhandenen Unterlagen (Bestellung, Lieferschein, erhaltene Leistung, E-Mail-Adresse des Lieferers, Geschäftspapieren usw.) manuell ab.*

   Die Echtheit der Herkunft, die Unversehrtheit des Inhalts und die Lesbarkeit der Rechnung können durch die Anwendung eines innerbetrieblichen Steuerungsverfahrens (§ 1 Z 1 der Verordnung des BM für Finanzen, BGBl. II Nr. 583/2003 idF BGBl. II Nr. 382/2016) gewährleistet werden, wenn dadurch ein verlässlicher Prüfpfad zwischen der Rechnung und der Leistung geschaffen wird.

   Der manuelle Abgleich der Unterlagen ist ausreichend. Eine spezielle technische Verfahrensweise ist nicht vorgeschrieben. Die Rechnung (Text-Datei) und das innerbetriebliche Steuerungsverfahren müssen archiviert werden. Es steht der Vorsteuerabzug nach Maßgabe des § 12 UStG 1994 zu.

   Die Rechnung muss auch inhaltlich korrekt sowie die Leistung für das Unternehmen des A ausgeführt sein.

graphische Darstellung:

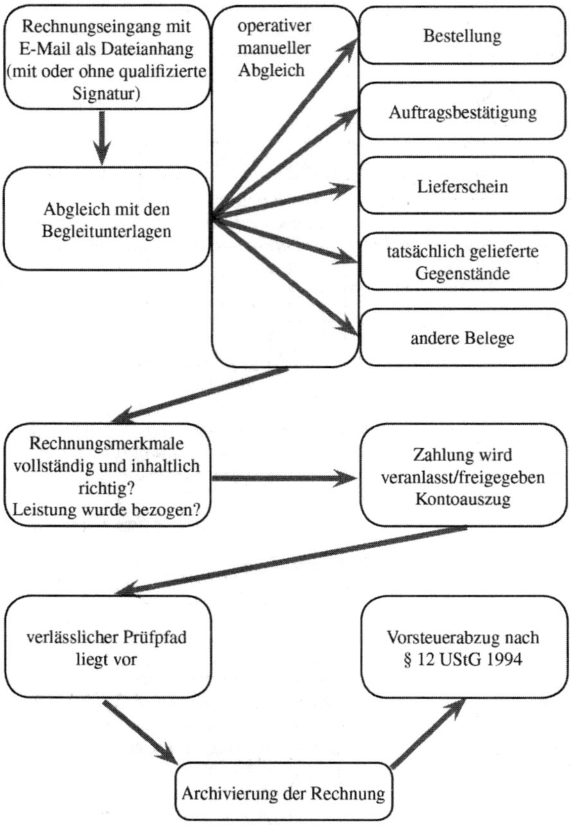

Beispiel für innerbetriebliche Steuerungsverfahren bzw. Technologien bei einem größeren Unternehmer (Bilanzierer) inklusive Archivierung

Die Rechnung gelangt in die Mailbox einer (extern bekanntgegebenen) Rechnungsmailadresse beim empfangenden Unternehmen.

Wird fälschlicherweise eine Rechnung an eine andere E-Mailadresse desselben Unternehmens gesendet, so ist diese Rechnung vom Inhaber der Adresse an die Rechnungsmailadresse weiterzuleiten.

Die sodann in der Rechnungsmailadresse befindlichen Dokumente werden von einer fachkundigen Person als Rechnung identifiziert (Spam aussortiert), als Eingangsrechnung im elektronischen Archiv erfasst und einem Verantwortlichen zugeordnet. Im gleichen elektronischen Archiv werden allenfalls auch gescannte Papierrechnungen erfasst. Das elektronische Archiv wurde herstellerseitig auf Unveränderbarkeit und Unlöschbarkeit eingerichtet.

Beim Freigabevorgang wird die Richtigkeit der Rechnung (Bestellung, Lieferung, Leistungserhalt) geprüft.

Nach Freigabe durch den Sachbearbeiter erfolgt die Verbuchung in der EDV-Finanzbuchhaltung. Ein Ausdruck von sortierten Kontrolljournalen ist möglich.

Die verbuchten Rechnungen gelangen in die Offene-Postenliste und werden dort mittels Zahlung oder Gegenverrechnung oder Gutschrift offen abgestattet. Dadurch ist der Abgleich der Rechnungen mit den Zahlungsverpflichtungen gewährleistet.

Die per E-Mail erhaltenen Rechnungen sind im elektronischen Archiv unveränderbar gespeichert, wiedergebbar und können elektronisch zur Verfügung gestellt werden.

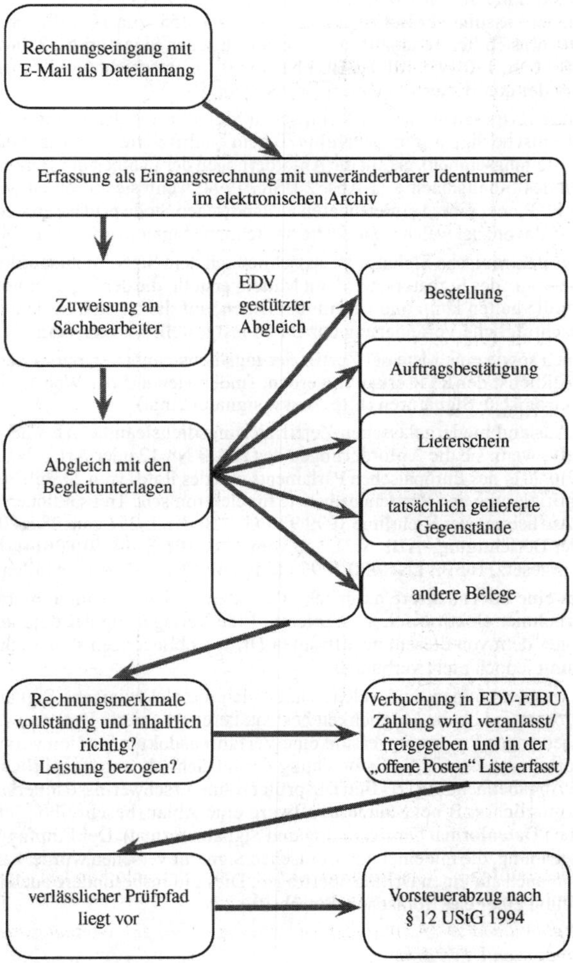

(BMF-AV Nr. 2016/212)

11.2.3a.5. Rechnungen über das Unternehmensserviceportal oder über PEPPOL (Pan-European Public Procurement OnLine)

Die Echtheit der Herkunft und die Unversehrtheit des Inhalts einer elektronischen Rechnung werden gewährleistet, wenn eine elektronische Rechnung über das Unternehmensserviceportal oder über PEPPOL (Pan-European Public Procurement OnLine) übermittelt wird (§ 1 Z 2 Verordnung des BM für Finanzen, BGBl. II Nr. 583/2003 idF BGBl. II Nr. 382/2016). Derzeit ist die Übermittlung einer elektronischen Rechnung über das Unternehmensserviceportal oder über PEPPOL (Pan-European Public Procurement OnLine) nur an den Bund als Leistungsempfänger möglich. 1564h

(BMF-AV Nr. 2016/212)

11.2.3a.6. Elektronische Signatur

Gemäß § 1 Z 3 der Verordnung des BM für Finanzen, BGBl. II Nr. 583/2003 idF BGBl. II Nr. 382/2016, ist die Echtheit der Herkunft und die Unversehrtheit des Inhalts einer elektronischen Rechnung gewährleistet, wenn die Rechnung mit einer Signatur oder einem Siegel des Ausstellers versehen ist, die den Erfordernissen des Art. 3 Nr. 12 oder Art. 3 Nr. 27 Verordnung (EU) Nr. 910/2014 des Europäischen Parlaments und des Rates vom 23. Juli 2014 über elektronische Identifizierung und Vertrauensdienste für elektronische Trans- 1564i aktionen im Binnenmarkt und zur Aufhebung der Richtlinie 1999/93/EG, ABl. Nr. L 257 vom 28.8.2014 S. 73 in der Fassung der Berichtigung, ABl. Nr. L 155 vom 14.6.2016 S. 44 (910/2014) (bis 30.6.2016 hinsichtlich der qualifizierten elektronischen Signatur: § 2 Z 3a des Signaturgesetzes, BGBl. I Nr. 190/1999 idF BGBl. I Nr. 75/2010), entspricht (qualifizierte elektronische Signatur oder qualifiziertes elektronisches Siegel).

Die Verwendung einer fortgeschrittenen elektronischen Signatur, die die Kriterien für eine qualifizierte elektronische Signatur nicht erfüllt (zB kein qualifiziertes Zertifikat oder keine sichere Signaturerstellungseinheit), erfüllt die Anforderungen der Echtheit der Herkunft und der Unversehrtheit des Inhalts nach § 11 Abs. 2 UStG 1994, wenn sie auf einem vom Signaturprüfdienst der RTR oder einer vergleichbaren ausländischen Stelle prüfbaren Zertifikat beruht, unabhängig davon, bei welcher Stelle die tatsächliche Signaturprüfung erfolgt.

Eine fortgeschrittene elektronische Signatur ist ausschließlich dem Signator zugeordnet, ermöglicht die Identifizierung des Signators, wird mit Mitteln erstellt, die der Signator unter seiner alleinigen Kontrolle halten kann und ist mit den Daten, auf die sie sich bezieht, so verknüpft, dass jede nachträgliche Veränderung der Daten festgestellt werden kann.

Weitere Informationen sowie eine Liste der Zertifizierungsdiensteanbieter, deren Zertifikate vom Signaturprüfdienst der RTR erkannt werden, finden sich auf der Website der Aufsichtsstelle für elektronische Signaturen (http://www.signatur.rtr.at).

Zertifikate von im Ausland niedergelassenen Zertifizierungsdiensteanbietern sind inländischen gleichgestellt, wenn sie die Anforderungen des Art. 3 Nr. 12 oder Art. 3 Nr. 27 Verordnung (EU) Nr. 910/2014 des Europäischen Parlaments und des Rates vom 23. Juli 2014 über elektronische Identifizierung und Vertrauensdienste für elektronische Transaktionen im Binnenmarkt und zur Aufhebung der Richtlinie 1999/93/EG, ABl. Nr. L 257 vom 28.8.2014 S. 73 in der Fassung der Berichtigung, ABl. Nr. L 155 vom 14.6.2016 S. 44 (910/2014) (bis 30.6.2016: § 24 Signaturgesetz, BGBl. I Nr. 190/1999 idF BGBl. I Nr. 75/2010), erfüllen.

Es ist zulässig, dass eine oder mehrere natürliche Personen im Unternehmen betraut werden, für den Unternehmer elektronisch zu signieren. Eine Verlagerung der dem leistenden Unternehmer oder dem von diesem beauftragten Dritten obliegenden steuerlichen Verpflichtungen ist damit jedoch nicht verbunden.

Es muss überprüft werden können, auf welche Daten sich die elektronische Signatur bezieht, wer der Signator ist und ob die Möglichkeit besteht, bereits signierte Daten zu verändern. Dies setzt für jede neue Programmversion eine Verfahrensdokumentation voraus, die all jene Informationen enthält, die die Erforschung der tatsächlichen und rechtlichen Verhältnisse durch die Abgabenbehörde (zB Betriebsprüfer) ohne Erschwernisse innerhalb angemessener Frist ermöglicht (zB bei Standardsoftware eine Ablaufbeschreibung des Herstellers einschließlich Datenformat der Rechnung und Signaturformat). Der Empfänger einer elektronischen Rechnung, die mit einer elektronischen Signatur versehen wurde, kann die Prüfung der Signatur auch auf einen Dritten übertragen. Dies gilt insbesondere auch für die entsprechende Prüfung einer elektronischen Gutschrift.

(BMF-AV Nr. 2016/212)

11.2.3a.7. Elektronischer Datenaustausch (EDI-Rechnungen)

1564j Gemäß § 1 Z 4 der Verordnung des BM für Finanzen, BGBl. II Nr. 583/2003 idF BGBl. II Nr. 382/2016 (bis 31.12.2016 BGBl. II. Nr. 516/2012) können die Echtheit der Herkunft und die Unversehrtheit des Inhalts einer elektronischen Rechnung auch im elektronischen Datenaustausch (EDI-Verfahren) gewährleistet werden. Voraussetzung dafür ist, dass über den elektronischen Datenaustausch eine Vereinbarung nach Artikel 2 des Anhangs 1 der Empfehlung 94/820/EG der Kommission über die rechtlichen Aspekte des elektronischen Datenaustausches (ABl. Nr. L 338 vom 28.12.1994 S. 98) besteht, in der der Einsatz von Verfahren vorgesehen ist, die die Echtheit der Herkunft und die Unversehrtheit der Daten gewährleisten. Dies wird dann anzunehmen sein, wenn eine der Empfehlung 94/820/EG entsprechende Vereinbarung zwischen den Beteiligten besteht, die auch tatsächlich eingehalten wird. Auch eine Vereinbarung mit einem als Netzwerkknoten fungierenden Unternehmer kann diese Voraussetzungen erfüllen.

Nach Art. 2 Z 2.2. des Anhangs 1 der Empfehlung 94/820/EG wird als elektronischer Datenaustausch die elektronische Übertragung kommerzieller und administrativer Daten zwischen Computern nach einer vereinbarten Norm zur Strukturierung einer EDI-Nachricht bezeichnet.

Als EDI-Nachricht gilt eine Gruppe von Segmenten, die nach einer vereinbarten Norm strukturiert, in ein rechnerlesbares Format gebracht wird und sich automatisch und eindeutig verarbeiten lässt.

Nach Art. 6 des Anhangs 1 der Empfehlung 94/820/EG besteht die Verpflichtung, Sicherheitsverfahren und –maßnahmen durchzuführen und aufrechtzuerhalten, um EDI-Nachrichten vor unbefugtem Zugriff, Veränderung, Verzögerung, Zerstörung oder Verlust zu schützen. Dazu gehören auch die Überprüfung des Ursprungs, die Überprüfung der Integrität, die Nichtabstreitbarkeit von Ursprung und Empfang sowie die Gewährleistung der Vertraulichkeit von EDI-Nachrichten.

Nach Art. 8 des Anhangs 1 der Empfehlung 94/820/EG ist ein vollständiges und chronologisches Protokoll aller während einer geschäftlichen Transaktion ausgetauschten EDI-Nachrichten unverändert und sicher zu speichern. Die Protokolle müssen zugänglich und bei Bedarf les- und druckbar sein. Die EDI-Nachrichten werden grundsätzlich in dem Format gespeichert, in dem sie empfangen werden.

Nach Anhang 2 der Empfehlung 94/820/EG sind in der EDI-Vereinbarung jedenfalls Spezifikationen zu folgenden Punkten vorzusehen:

- Spezifikationen in Bezug auf die Betriebsanforderungen mit
  - den erforderlichen Spezifikationen in Zusammenhang mit Software und Übersetzungssoftware für den EDI-Austausch
  - Kommunikationsprotokollen und Diensten dritter Parteien
  - UN/EDIFACT-Nachrichtennormen und -Empfehlungen, einschließlich der Liste von Nachrichten und ihren Referenzen
  - gegebenenfalls bedingten Komponenten
  - Leitlinien für den Nachrichtenaufbau
  - Implementierungsleitlinien
  - Verzeichnissen
  - Codelisten
  - Verweis auf die Dokumentation
  - Versionen und Programmaktualisierungen
- für die Verarbeitung und Bestätigung von Nachrichten erforderliche Spezifikationen
- Spezifikationen in Bezug auf Sicherheitsmaßnahmen für Nachrichten
- Spezifikationen in Bezug auf die Aufzeichnung und Speicherung
- Fristen
- Test- und Versuchsverfahren

Die zusätzliche Übermittlung einer Sammelrechnung im Rahmen des EDI-Verfahrens ist nicht erforderlich, aber zulässig, wenn auf den Umstand, dass es sich um eine bloße Zusammenfassung bereits abgerechneter Umsätze und keine Rechnungsneuausstellung handelt, hingewiesen wird. Werden im Rahmen des elektronischen Datenaustausches Dokumente übermittelt, die nicht alle Rechnungsmerkmale gemäß § 11 UStG 1994 enthalten, ist für die Geltendmachung des Vorsteuerabzugs eine Sammelrechnung erforderlich.

Hinsichtlich dieser Sammelrechnung ist es ausreichend, wenn die Entgelte und die darauf entfallenden Steuerbeträge für die einzelnen Umsätze eines Datenübertragungszeitraumes gesondert oder in einer Summe zusammengefasst angeführt sind, sofern folgende Voraussetzungen vorliegen:

- Die in der Sammelrechnung fehlenden Merkmale (insbesondere § 11 Abs. 1 Z 3 lit. c und d UStG 1994) müssen beim Leistungsempfänger aus den gespeicherten Einzelabrechnungen oder aus den Unterlagen, auf die in diesen Einzelabrechnungen verwiesen wird, eindeutig hervorgehen.
- Es muss erkennbar sein, dass die schriftliche Sammelabrechnung der leistende Unternehmer erstellt hat (zB Bestätigung des Leistenden durch Stempelaufdruck und Unterschrift darüber, dass er der Rechnungsaussteller ist).
- In der Sammelrechnung wird auf diese Einzelabrechnungen hingewiesen. Grundlage für den Vorsteuerabzug ist die Sammelrechnung. Der Vorsteuerabzug ist daher, wenn die Rechnungsausstellung in einem der Leistung folgenden Voranmeldungszeitraum erfolgt, für den Voranmeldungszeitraum vorzunehmen, in dem die Sammelrechnung ausgestellt worden ist.

(BMF-AV Nr. 2016/212)

11.2.3a.8. Elektronische Gutschriften

Die Abrechnung mittels elektronischer Gutschrift ist grundsätzlich zulässig. Sie muss **1564k**
die Anforderungen des § 1 der Verordnung des BM für Finanzen, BGBl. II Nr. 583/2003 idF BGBl. II Nr. 382/2016, erfüllen. Zulässig ist daher zB, dass der Leistungsempfänger

die Gutschrift mit einer qualifizierten elektronischen Signatur versieht. Auch eine elektronische Gutschrift muss als solche bezeichnet werden (siehe § 11 Abs. 8 Z 3 UStG 1994).

(BMF-AV Nr. 2016/212)

11.2.3a.9. Erstellung elektronischer Rechnungen durch Dritte

1564l Eine Rechnung kann im Namen und für Rechnung des Unternehmers von einem Dritten ausgestellt werden (Rz 1505). Dies gilt auch für elektronische Rechnungen.

Die vom Dritten ausgestellten Rechnungen haben den Anforderungen der Verordnung des BM für Finanzen, BGBl. II Nr. 583/2003 idF BGBl. II Nr. 382/2016, zu entsprechen.

Die Anforderungen des § 11 Abs. 2 zweiter Unterabsatz UStG 1994 gelten nicht für die Übermittlung der Daten vom leistenden Unternehmer oder vom Leistungsempfänger zum Zweck der Rechnungserstellung an den Dritten. Der Dritte ist nach § 143 BAO verpflichtet, dem Finanzamt die Prüfung des Verfahrens durch Erteilung von Auskünften und Vorlage von Unterlagen zu gestatten.

(BMF-AV Nr. 2016/212)

11.2.4. Aufbewahrungspflicht

11.2.4.1. Durchschriften und Abschriften von Rechnungen

1565 Durchschriften werden gleichzeitig mit dem Original hergestellt. Abschriften sind zeitlich nachfolgende Ausfertigungen einer Urkunde, die inhaltlich mit dem Original übereinstimmen. Durchschriften und Abschriften sind, so sie vom Rechnungsersteller ausgegeben werden, ausdrücklich als solche zu kennzeichnen, widrigenfalls der Aussteller die ausgewiesene Steuer wegen Inrechnungstellung schuldet. Dasselbe gilt, wenn ein und dieselbe elektronische Rechnung vom Unternehmer in mehreren Formaten ausgestellt (zB als PDF-Datei und xml-Datei) wird (vgl. auch Rz 1564c). Dies gilt nicht, wenn hinsichtlich der Rechnungsmerkmale inhaltlich identische Mehrfachausfertigungen derselben Rechnung gemeinsam versandt werden (zB gemeinsamer Versand einer PDF-Datei und einer xml-Datei; gleichzeitiger Versand an mehrere E-Mailadressen desselben Unternehmens bzw. gleichzeitiger Versand an eine E-Mailadresse des Leistungsempfängers und an eine E-Mailadresse eines die Rechnung für den Leistungsempfänger empfangenden Dritten, wie etwa der Steuerberater des Unternehmers).

(AÖF Nr. 2014/7)

1566 Papierrechnungen können auf Datenträgern aufbewahrt werden, wenn die vollständige, geordnete, inhaltsgleiche und urschriftgetreue Wiedergabe bis zum Ablauf der gesetzlichen Aufbewahrungsfrist jederzeit gewährleistet ist (§ 132 Abs. 2 BAO). Diesfalls ist eine körperliche Aufbewahrung der Papierrechnung nicht erforderlich.

Die Sicherstellung der Unveränderbarkeit kann durch technische Maßnahmen wie zum Beispiel durch Mikroverfilmung, Erfassen auf einer optischen Speicherplatte, oder durch Scannen und Speichern auf WORM-Datenträgern erfolgen, sofern die elektronisch aufbewahrten Daten im Nachhinein nicht verändert werden können (zur Aufbewahrung elektronischer Rechnungen siehe Rz 1570). Die Sicherstellung der Unveränderbarkeit der gespeicherten Rechnungen kann auch durch das Zusammenwirken von systemtechnischen und organisatorischen Maßnahmen gewährleistet werden. Dies erfordert jedoch das Vorliegen eines revisionssicher eingerichteten Archivs (Zusammenwirken von Hard-, Software und Systemadministration), das bereits herstellerseitig keine Eingriffe des Unternehmers bezüglich der Unveränderbarkeit und Unlöschbarkeit der Daten zulässt. Kann der Aufbewahrungspflichtige Echtheit der Herkunft und Unversehrtheit des Inhalts der aufbewahrten Rechnungen mit einem innerbetrieblichen Steuerungsverfahren, durch das ein verlässlicher Prüfpfad zwischen Rechnung und Leistung geschaffen wird, sicherstellen, entfällt das Erfordernis eines revisionssicheren Archivs (siehe Rz 1564f und 1564g).

Die Ausführungen zur Aufbewahrung der Rechnung (Rz 1565 bis Rz 1570) gelten auch für den Leistungsempfänger (vgl. § 18 Abs. 10 UStG 1994 und § 132 BAO).

(AÖF Nr. 2014/7)

11.2.4.2. Kleinbetragsrechnungen

1567 Die Aufbewahrungspflicht gilt grundsätzlich auch für Kleinbetragsrechnungen (§ 11 Abs. 6 UStG 1994).

(AÖF Nr. 2014/164)

1568 Es ist jedoch nicht zu beanstanden, wenn Unternehmer, die in der Regel Kleinumsätze bewirken (zB Tankstellen, Fremdenverkehrsbetriebe, Beförderungsunternehmer hinsichtlich der Beförderung von Personen), von Rechnungen, deren Gesamtbetrag 75 Euro nicht übersteigt, keine Durchschriften oder Abschriften anfertigen, soweit sie hiezu nicht nach anderen Vorschriften verpflichtet sind.

11.2.4.3. Grundstücke

Aufzeichnungen und Unterlagen, die Grundstücke im Sinne des § 6 Abs. 1 Z 9 lit. a UStG **1569**
1994 betreffen, die der Unternehmer nach dem 31.3.2012 erstmals in seinem Unternehmen als Anlagevermögen (wobei § 12 Abs. 12 UStG 1994 zu beachten ist) verwendet oder nutzt und wenn bei der Vermietung (Nutzungsüberlassung) von Grundstücken für Wohnzwecke der Vertragsabschluss über die Vermietung (Nutzungsüberlassung) nach dem 31.3.2012 erfolgt, sind zweiundzwanzig Jahre aufzubewahren (§ 18 Abs. 10 UStG 1994). Für nachträgliche Eigentumsübertragungen – ausgenommen von Geschäftsräumen – aufgrund eines Anspruches gemäß § 15c WGG, die nach dem 31.3.2022 ausgeführt werden, gilt eine Aufbewahrungspflicht von 12 Jahren. Für Grundstücke, die nicht in den Anwendungsbereich des 1. StabG 2012, BGBl. I Nr. 22/2012, fallen, gilt eine Aufbewahrungsfrist von 12 Jahren (bzw. von zweiundzwanzig Jahren, gemäß § 12 Abs. 10a UStG 1994 idF BGBl. I Nr. 76/2011).

Zum Grundstücksbegriff ab 1.1.2017 siehe Rz 639v.

(BMF-AV Nr. 2016/212, BMF-AV Nr. 2022/154)

11.2.4.4. Aufbewahrungspflichten hinsichtlich elektronischer Rechnungen

Die Echtheit der Herkunft der Rechnung, die Unversehrtheit ihres Inhalts und ihre Les- **1570**
barkeit müssen vom Zeitpunkt der Ausstellung bis zum Ende der Aufbewahrungsdauer (§ 11 Abs. 2, § 18 Abs. 10 UStG 1994 bzw. § 132 BAO) durch den Leistungserbringer und den Leistungsempfänger gewährleistet werden. Gemäß § 132 Abs. 2 letzter Satz BAO ist eine urschriftgetreue Wiedergabe nicht erforderlich. Die in Rz 1566 genannten technischen Verfahren zur Aufbewahrung sind auch für elektronische Rechnungen ausreichend. Das gleiche gilt für elektronische Rechnungen, die vom Aussteller mit einer qualifizierten elektronischen Signatur oder einer fortgeschrittenen elektronischen Signatur, wenn sie auf einem vom Signaturprüfdienst der RTR oder einer vergleichbaren ausländischen Stelle prüfbaren Zertifikat beruht (siehe Rz 1564i), versehen sind oder die im Rahmen eines zulässigen EDI-Verfahrens (siehe Rz 1564j) gespeichert werden.

Elektronische Rechnungen können auch in Papierform (als Ausdruck) aufbewahrt werden, wenn das Vorliegen der Echtheit der Herkunft, Unversehrtheit des Inhalts und Lesbarkeit über die gesamte Aufbewahrungsfrist gewährleistet wird (zB durch Anwendung eines innerbetrieblichen Steuerungsverfahren gemäß § 1 der Verordnung des BM für Finanzen, BGBl. II Nr. 583/2003 idF BGBl. II Nr. 382/2016). Diesfalls müssen die elektronischen Rechnungen nicht zusätzlich elektronisch aufbewahrt werden.

Wurde die elektronische Rechnung in ein anderes Format konvertiert, so muss aus den aufbewahrten Daten zweifelsfrei hervorgehen, dass gegenüber der Originaldatei keine inhaltlichen Änderungen erfolgt sind. Andere Aufbewahrungspflichten außerhalb des UStG 1994 bleiben unberührt.

Da eine elektronische Rechnung nur unter der Voraussetzung als Rechnung gilt, dass die Echtheit der Herkunft und die Unversehrtheit des Inhalts und ihre Lesbarkeit gewährleistet sind, haben sowohl der Rechnungsaussteller als auch der Leistungsempfänger auch die Nachweise über die Echtheit und die Unversehrtheit der Daten als Teil der Rechnung aufzubewahren (zB elektronische Signatur, Signaturprüfprotokoll und Vereinbarung betreffend EDI-Verfahren; innerbetriebliches Steuerungsverfahren).

Werden Rechnungen elektronisch gespeichert und fordert das Finanzamt den Unternehmer zur Vorlage einer elektronischen Rechnung auf, ist es nicht zu beanstanden, wenn der Unternehmer als vorläufigen Nachweis einen Ausdruck der elektronischen Rechnung vorlegt. Dies entbindet den Unternehmer allerdings nicht von der Verpflichtung, nachzuweisen, dass die elektronische Rechnung die Voraussetzungen des § 11 Abs. 2 UStG 1994 erfüllt.

(BMF-AV Nr. 2016/212)

Randzahlen 1571 bis 1585: *derzeit frei.*

11.3. Erleichterung bei der Erstellung von Rechnungen

Randzahlen 1586 bis 1590: *derzeit frei.*

11.4. Schlüsselzahlen und Symbole

Randzahlen 1591 bis 1620: *derzeit frei.*

11.5. Getrennte Ausweise

11.5.1. Maschinelle Ermittlung des Steuerbetrages

1621 Wird in einer Rechnung der Steuerbetrag für Lieferungen oder sonstige Leistungen, die verschiedenen Steuersätzen unterliegen, durch Maschinen (zB Fakturierautomaten, Datenverarbeitungsanlagen) automatisch ermittelt und durch diese in der Rechnung angegeben, so ist der Ausweis des Steuerbetrages in einer Summe zulässig, wenn für die einzelnen Posten der Rechnung der maßgebliche Steuersatz angegeben wird. Dabei kann an Stelle des Steuersatzes eine Kennziffer oder ein Symbol verwendet werden, falls auf der Rechnung eine entsprechende Erläuterung erfolgt. Der angewendete Steuersatz ist in der Erläuterung ausdrücklich anzuführen.

Beispiel:

Ware A	*10.000 € 1*
Ware B	*5.000 € 2*
	15.000 €
USt	*2.500 €*
Gesamtrechnungsbetrag	*17.500 €*

1 = 20% USt
2 = 10% USt

11.5.2. Nichtsteuerbare oder steuerfreie Umsätze

1622 Wenn in einer Rechnung neben steuerpflichtigen Umsätzen, die verschiedenen Steuersätzen unterliegen, auch nichtsteuerbare oder steuerfreie Umsätze abgerechnet werden, so kann die Kennzeichnung der nichtsteuerbaren oder der steuerfreien Umsätze gleichfalls durch Kennziffern oder Symbole erfolgen, wenn diese auf der Rechnung übersichtlich erläutert werden.

11.5.3. Geschenkkörbe

1623 Geschenkkörbe, die insbesondere von Feinkost- und Delikatessengeschäften geliefert werden, enthalten in der Regel neben Waren, die dem allgemeinen Steuersatz von 20% unterliegen, auch Erzeugnisse, die mit dem ermäßigten Steuersatz von 10% zu versteuern sind. In diesen Fällen kann in den Rechnungen als handelsübliche Bezeichnung des Liefergegenstandes lediglich „Geschenkkorb" angegeben werden. Die Mengen und die handelsüblichen Bezeichnungen der im Geschenkkorb enthaltenen Gegenstände brauchen in der Rechnung nicht genannt zu werden. Enthält der Geschenkkorb Waren, auf deren Lieferung teils der allgemeine und teils der ermäßigte Steuersatz anzuwenden ist, müssen in der Rechnung die anteiligen Entgelte und die darauf entfallenden Steuerbeträge angegeben werden. Bei Rechnungen, deren Gesamtbetrag 400 (bis 28.2.2014: 150) Euro nicht übersteigt, genügt es, den Verkaufspreis (Entgelt und Steuerbetrag) nach den Anteilen an begünstigten und nichtbegünstigten Waren aufzuteilen und neben den Verkaufspreisen den jeweiligen Steuersatz anzugeben.

Beispiel:

1 Geschenkkorb	
Anteil begünstigter Waren (10% USt)	*22 €*
Anteil nicht begünstigter Waren (20% USt)	*48 €*
Gesamtrechnungsbetrag	*70 €*

1624 Das Gleiche gilt sinngemäß auch für Sachgesamtheiten anderer Art, bei denen die einzelnen Waren mit verschiedenen Steuersätzen zu versteuern sind.

Erlangt der Pensionsgast bei Pauschalangeboten mit Bezahlung des Halbpensionspreises ua. einen Anspruch auf die Konsumation bestimmter Getränke während des Abendessens, muss in wirtschaftlicher Betrachtungsweise von einem Zusammenhang zwischen der Berechtigung zum Konsum von bestimmten Getränken zum Abendessen und der Entgeltleistung der Letztverbraucher für die Halbpension gesprochen werden. Eine Verknüpfung zwischen dem Leistungspaket des Unternehmers und den dafür von den Pensionsgästen geleisteten Entgelten liegt auch dann vor, wenn aus Werbegründen kein gesonderter Ausweis der auf die einzelnen Leistungen entfallenden Entgeltteile erfolgt. Das Pauschalentgelt ist daher auf sämtliche Leistungskomponenten zu verteilen: Dabei wäre die Bewertung einer einzelnen Komponente mit dem Einkaufspreis nur dann sachgerecht, wenn auch alle anderen

Leistungskomponenten zu „Einkaufswerten“ dem Konsumenten weiterverrechnet werden (VwGH 27.6.2000, 95/14/0108). Siehe auch Rz 1373 zu All Inklusive.

(BMF-AV Nr. 2015/170)

11.6. Kleinbetragsrechnungen

Die Regelung über die Ausstellung einer Kleinbetragsrechnung (§ 11 Abs. 6 UStG 1994) kommt nicht zur Anwendung bei innergemeinschaftlichen Lieferungen, Lieferungen, die gemäß Art. 3 Abs. 3 UStG 1994 im Inland ausgeführt werden (Versandhandel), Dreiecksgeschäften, Rechnungen (Gutschriften) gemäß § 11 Abs. 1 Z 2 UStG 1994 (vgl. Rz 1501a) über Leistungen im übrigen Gemeinschaftsgebiet oder Rechnungen (Gutschriften) über Leistungen, für die es gemäß § 19 Abs. 1 zweiter Satz oder Abs. 1c UStG 1994 zum Übergang der Steuerschuld auf den Leistungsempfänger kommt (vgl. Rz 1501b). Es bleibt dem Unternehmer unbenommen, auch bei Rechnungen, deren Gesamtbetrag 400 (bis 28.2.2014: 150) Euro nicht übersteigt, Entgelt und Steuerbetrag gesondert auszuweisen. Auch in Rechnungen, deren Gesamtbetrag 400 (bis 28.2.2014: 150) Euro nicht übersteigt, ist die Trennung der Entgelte nach Steuersätzen zu beachten, wenn die gelieferten Gegenstände oder die ausgeführten sonstigen Leistungen verschiedenen Steuersätzen unterliegen. Auf Rz 1623 und Rz 1624 wird in diesem Zusammenhang hingewiesen. **1625**

(AÖF Nr. 2014/164, BMF-AV Nr. 2015/170)

Einheitliche Leistungen, denen ein Rechnungsbetrag von mehr als 400 (bis 28.2.2014: 150) Euro entspricht, können nicht in mehreren Rechnungen abgerechnet werden. Werden jedoch – auch zum selben Zeitpunkt – mehrere Leistungen erbracht, können auch mehrere Kleinbetragsrechnungen ausgestellt werden, wenn die einzelne Rechnung den maßgeblichen Gesamtbetrag nicht überschreitet. **1626**

(AÖF Nr. 2014/164)

Randzahlen 1627 bis 1637: *derzeit frei.*

11.7. Gutschriften als Rechnung

Die Möglichkeit der Abrechnung per Gutschrift ist nicht auf bestimmte Branchen eingeschränkt. **1638**

11.7.1. Berechtigung zum gesonderten Steuerausweis

Der Unternehmer, der die Lieferungen oder sonstigen Leistungen ausführt (Empfänger der Gutschrift), muss zum gesonderten Ausweis der Steuer in einer Rechnung im Sinne des § 11 Abs. 1 UStG 1994 berechtigt sein. **1639**

Ist der Unternehmer nicht zum gesonderten Ausweis der Steuer berechtigt, steht dem Leistungsempfänger kein Vorsteuerabzug zu (EuGH vom 13.12.1989, Rs C-342/87, Genius, VwGH vom 25.2.1998, Zl. 97/14/0107). Bezüglich Ausnahmen von diesem Grundsatz siehe Rz 1825 ff. **1640**

11.7.2. Einverständnis

Ob das Einverständnis vorliegt, ist unter Rückgriff auf die zivilrechtlichen Regeln über Rechtsgeschäfte zu beurteilen. Auf welche Art und Weise das Einverständnis hergestellt wird, ist unmaßgeblich. Zur Vermeidung von Zweifeln ist einer schriftlichen Vereinbarung der Vorzug zu geben. Die Unterwerfung unter die Allgemeinen Geschäftsbedingungen ist als Einverständnis zu werten (VwGH 23.6.1983, 82/15/0023). Stillschweigen des leistenden Unternehmers wird in aller Regel kein Einverständnis bewirken. Insbesondere ist Einverständnis auch dann erforderlich, wenn die vom leistenden Unternehmer übermittelte Rechnungsurkunde unvollständig oder fehlerhaft ist und im Hinblick auf den Vorsteuerabzug vom Leistungsempfänger ergänzt oder berichtigt wird. Verweigert der leistende Unternehmer die Ausfertigung einer Rechnung nach § 11 Abs. 1 UStG 1994 überhaupt, vermittelt die Erstellung und Zusendung einer Gutschrift jedenfalls keinen Anspruch auf den Vorsteuerabzug. **1641**

11.7.3. Zuleitung

Die Gutschrift muss dem Unternehmer, der die steuerpflichtige Lieferung oder sonstige Leistung ausgeführt hat, zugeleitet worden sein. Die Beweislast über diesen Umstand trifft den Leistungsempfänger (Aussteller der Gutschrift). **1642**

11.7.4. Widerspruch

Nach § 11 Abs. 7 dritter Satz UStG 1994 verliert die Gutschrift die Wirkung einer Rechnung, soweit der leistende Unternehmer (Empfänger der Gutschrift) dem in ihr enthaltenen Steuerbetrag widerspricht. Dadurch wird der leistende Unternehmer von den Rechtsfolgen **1643** einer abstrakten Steuerschuld nach § 11 Abs. 12 und 14 UStG 1994 (VwGH 23.6.1983, 82/15/0026; 16.3.1987, 85/15/0329) bewahrt. Das Erfordernis der Erhebung eines Widerspruchs setzt zwangsläufig eine dem Grunde nach wirksame Gutschrift („soweit") voraus, insbesondere das Vorliegen eines rechtswirksamen Einverständnisses. Eine (rechtswirksame) Gutschrift liegt etwa auch dann vor, wenn eine als „Rechnung" bezeichnete Abrechnung auf Grund des Datenmaterials des Leistungsempfängers mittels dessen EDV-Anlage erstellt wird und der Leistende an der Erstellung der Abrechnung in keiner Weise mitwirkt oder gar nicht mitwirken kann, weil er die erforderlichen Daten nicht besitzt. Die Bezeichnung der Abrechnung als „Rechnung" ändert nichts am Vorliegen einer Gutschrift. Auch eine allfällige Unterschriftsleistung des Leistenden auf der Abrechnung führt nicht zur Umwandlung von einer Gutschrift in eine Rechnung, sondern kann als Bestätigung gewertet werden, dass der Leistende der Gutschrift nicht widerspricht. Der Empfänger der Gutschrift kann dem in der Gutschrift angeführten Steuerbetrag zur Gänze oder nur hinsichtlich eines Teilbetrages widersprechen. Im Ausmaß des erhobenen Widerspruchs gilt der davon betroffene Steuerbetrag als nicht mehr gesondert ausgewiesen. Ein erhobener Widerspruch entfaltet nur dann seine Wirksamkeit, wenn er dem Leistungsempfänger (Aussteller der Gutschrift) zugegangen ist (Wirkung ex nunc).

Randzahlen 1644 bis 1663: *derzeit frei.*

11.8. Voraussetzungen für Gutschriften als Rechnung

1664 Gutschriften über Umsätze, die ab dem 1.1.2013 ausgeführt werden, müssen gemäß § 11 Abs. 8 Z 3 UStG 1994 ausdrücklich als solche bezeichnet werden. Neben der Bezeichnung „Gutschrift" ist auch jede andere in den geltenden Sprachfassungen der MwSt-RL 2006/112/EG idF der RL 2010/45/EU genannte Bezeichnung zulässig (zB englisch: „Self-billing", französisch: „Autofacturation", italienisch: „Autofatturazione").

(AÖF Nr. 2014/7)

Randzahlen 1665 bis 1690: *derzeit frei.*

11.9. Fahrausweise als Rechnung

11.9.1. Fahrausweise allgemein

1691 Unter Fahrausweisen sind Urkunden zu verstehen, die zur Inanspruchnahme von Personenbeförderungsleistungen berechtigen, also einen Beförderungsanspruch des Inhabers dokumentieren. Als Fahrausweise sind ua. Fahrscheine und Fahrkarten für Einzelfahrten, Flugscheine, Mehrfahrtenblocks, Monats- oder Jahreskarten, Kilometerbanken, Bahnkontokarten, Zuschlagskarten, Platzkarten, Liege- und Schlafwagenkarten anzusehen. Keine Fahrausweise sind dagegen Belege, die mit der Beförderung selbst nichts zu tun haben. Dazu gehören bloße Quittungen über die Bezahlung des Kaufpreises. Fahrausweise haben neben den in § 11 Abs. 9 UStG 1994 genannten Angaben jedenfalls ein Ausstellungsdatum sowie in allen Fällen (auch im Eisenbahn-Personenverkehr, ab 1.1.2023 mit Ausnahme des grenzüberschreitenden Personenverkehrs mit Eisenbahnen, siehe § 6 Abs. 1 Z 3 lit. d UStG 1994) die Angabe des Steuersatzes zu enthalten. Fehlt es an diesen Mindestangaben, gelten Fahrausweise nicht als Rechnungen im Sinne des § 11 Abs. 1 UStG 1994 und berechtigen daher auch nicht zum Vorsteuerabzug gemäß § 12 UStG 1994. Flugscheine für Inlandsflüge, die mittels elektronischer Bereitstellung im Internet (Online-Verfahren) abgerufen bzw. erworben werden, gelten als Rechnungen, wenn gewährleistet ist, dass eine Belastung auf einem Kunden- oder Kreditkonto erfolgt und systemmäßig sichergestellt ist, dass ein Doppelausdruck von Flugscheinen unterbunden ist bzw. allenfalls angeforderte Duplikate als solche gekennzeichnet werden. Auf Grundlage des ausgedruckten „Original"-Flugscheines kann der Vorsteuerabzug vorgenommen werden.

(BMF-AV Nr. 2022/154)

11.9.2. Eisenbahn-Personenverkehr

1692 Eine Beförderung im Eisenbahn-Personenverkehr liegt vor, wenn die Personenbeförderung durch Eisenbahnen im Sinne des EisbG 1957, BGBl. Nr. 60/1957, erfolgt. Zu den Eisenbahnen im Sinne dieses Gesetzes zählen neben den Eisenbahnen im engeren Sinne die Haupt- und Nebenbahnen, Straßenbahnen sowie Standseilbahnen, Seilschwebebahnen und Sessellifte, nicht hingegen Schlepplifte.

(BMF-AV Nr. 2022/154)

11.9.3. Zuschlagskarten

Für Zuschlagskarten, Platz-, Liege- und Schlafwagenkarten usw. gelten die für Fahrausweise aufgestellten Grundsätze sinngemäß. Als Fahrausweise, die das Anrecht auf eine Beförderung zum Ausdruck bringen (Berechtigungsausweise), gelten auch Flugscheine. 1693

11.9.4. Taxifahrten

Belege über die Benutzung von Platz- und Mietwagen (Taxi) gelten nicht als Fahrausweise im Sinne des § 11 Abs. 9 UStG 1994. 1694

11.9.5. Liftkarten oder Skipässe

Liftkarten bzw. Skipässe (auch im Tarifverbund) enthalten in der Regel nicht alle Merkmale einer Rechnung iSd § 11 UStG 1994. Darüber hinaus werden Skipässe immer mehr in Form von Chipkarten mit Pfandeinsatz ausgegeben, die nach Ablauf der Gültigkeitsperiode wieder dem Liftbetreiber gegen Pfandrückersatz zurückgegeben werden. Die Liftunternehmen haben daher gegenüber vorsteuerabzugsberechtigten Unternehmern (zB Hotelbetreiber) Rechnungen iSd § 11 UStG 1994 auszustellen. 1695

Randzahlen 1696 bis 1710: *derzeit frei.*

11.10. Grenzüberschreitender Personenverkehr

Fahrausweise im grenzüberschreitenden Personenverkehr gelten nur dann als Rechnung im Sinne des § 11 Abs. 1 UStG 1994, wenn durch den Beförderungsunternehmer oder seinen Beauftragten bescheinigt wird, welcher Anteil des Beförderungspreises auf die inländische Strecke entfällt. Neben der Angabe des Beförderungspreises für die inländische Strecke (Beförderungsentgelt einschließlich USt) hat die Bescheinigung auch eine Angabe über die Höhe des Steuersatzes zu enthalten. Der Reisende, der Unternehmer ist und die Beförderungsleistung für sein Unternehmen in Anspruch nimmt, hat auf die Erteilung einer solchen Bescheinigung einen Rechtsanspruch (§ 11 Abs. 10 UStG 1994). 1711

Die Bescheinigung ist vom Beförderungsunternehmer oder seinem Beauftragten zu erteilen. Es können derartige Bescheinigungen auch von allen jenen Stellen ausgestellt werden, die von einem Beförderungsunternehmer zur Ausgabe von Fahrausweisen für eine grenzüberschreitende Personenbeförderung berechtigt sind (zB Reisebüros). 1712

(BMF-AV Nr. 2022/154)

Ab dem 1.1.2023 unterliegt der inländische Streckenteil einer grenzüberschreitenden Beförderung von Personen mit Eisenbahnen der Steuerbefreiung gemäß § 6 Abs. 1 Z 3 lit. d UStG 1994, es hat keine Angabe eines Steuersatzes auf dem Fahrausweis zu erfolgen. 1713

(BMF-AV Nr. 2022/154)

Randzahlen 1714 bis 1720: *derzeit frei.*

11.11. Reisegepäck

Die Beförderung von Reisegepäck stellt im Zusammenhang mit einer Personenbeförderung eine Nebenleistung dar und teilt daher umsatzsteuerrechtlich das Schicksal der Hauptleistung. Für die Beförderung von Reisegepäck gelten daher die gleichen Bestimmungen wie für die Personenbeförderung. Die für Fahrausweise getroffene Regelung (auch bezüglich des grenzüberschreitenden Verkehrs) ist sinngemäß auch für Belege im Reisegepäckverkehr anzuwenden (§ 11 Abs. 11 UStG 1994). 1721

Randzahlen 1722 bis 1732: *derzeit frei.*

11.12. Unrichtiger Steuerausweis

11.12.1. Erhöhter Steuerausweis

Der Unternehmer schuldet für einen Umsatz grundsätzlich jenen Steuerbetrag, der sich bei Heranziehung des Entgeltes unter Anwendung des entsprechenden Steuersatzes ergibt. Hat der Unternehmer jedoch in einer Rechnung für eine Lieferung oder sonstige Leistung einen höheren Steuerbetrag ausgewiesen, so schuldet er diesen Betrag auf Grund der Rechnung. Das Gleiche gilt auch für Gutschriften, soweit der Gutschriftempfänger hinsichtlich des ausgewiesenen Steuerbetrages der Gutschrift nicht widerspricht. 1733

Zu einer Steuerschuld auf Grund der Rechnungslegung kommt es auch bei Kleinbetragsrechnungen (§ 11 Abs. 6 UStG 1994) mit unrichtiger (= überhöhter) Steuersatzangabe. Die Angabe des Bruttoentgeltes in Verbindung mit dem Steuersatz hat bei Kleinbetragsrechnungen die Wirkung eines gesondert ausgewiesenen Steuerbetrages.

1734 Unter bestimmten Voraussetzungen wird der vom Unternehmer zu Unrecht in Rechnung gestellte Umsatzsteuerbetrag nicht geschuldet.

Voraussetzung für den Entfall der Steuerschuld ist, dass keine Gefährdung des Steueraufkommens vorliegt, weil die Leistung im betreffenden Steuerjahr ausschließlich an Endverbraucher erbracht wurde, die hinsichtlich der ihnen in Rechnung gestellten Mehrwertsteuer nicht zum Vorsteuerabzug berechtigt sind (vgl. EuGH 8.12.2022, Rs C-378/21, *P GmbH*). In einem solchen Fall ist eine Berichtigung der Rechnung für den Entfall der Steuerschuld nicht erforderlich.

(BMF-AV Nr. 2023/152)

11.12.2. Berichtigungsmöglichkeit bei erhöhtem Steuerausweis

1735 Der Unternehmer hat das Recht, eine Rechnung (Gutschrift) hinsichtlich des ausgewiesenen Steuerbetrages zu berichtigen. Eine allenfalls zu einem späteren Zeitpunkt vorgenommene Berichtigung einer Rechnung ändert jedoch nichts daran, dass der zu hoch ausgewiesene Steuerbetrag gemäß § 11 Abs. 12 UStG 1994 geschuldet wird. Im Falle der Berichtigung kommt es hinsichtlich des berichtigten Betrages gemäß § 11 Abs. 12 UStG 1994 zu einer Gutschrift in jenem Veranlagungszeitraum (Voranmeldungszeitraum), in dem die Berichtigung der Rechnung vorgenommen wurde (§ 11 Abs. 12 in Verbindung mit § 16 Abs. 1 UStG 1994).

11.12.3. Verminderter Steuerausweis

1736 Hat ein Unternehmer in einer Rechnung einen geringeren Steuerbetrag ausgewiesen, als dem Leistungsumfang entspricht, so hat dies keinen Einfluss auf seine tatsächliche Steuerschuld. Es ist dabei ohne Bedeutung, ob der unrichtige Steuerausweis auf einen Rechenfehler zurückzuführen ist oder ob ein zu niedriger Steuersatz angewendet wurde. Das Entgelt – als Basis für die Ermittlung der Steuerschuld – leitet sich aus dem Gesamtbetrag (Bruttobetrag) ab.

Beispiel:

Entgelt	*2.000 €*
+ 10% USt (statt richtigerweise 20%)	*200 €*
Gesamtrechnungsbetrag, der auch bezahlt wird	*2.200 €*

1737 Der Unternehmer schuldet den aus dem Bruttobetrag herausgerechneten Normalsteuersatz von 366,66 € (2.200 € x 0,166666). Der Rechnungsempfänger kann bei Zutreffen der Voraussetzungen gemäß § 12 UStG 1994 nur den ausgewiesenen Steuerbetrag (200 €) als Vorsteuer geltend machen.

11.12.4. Berechtigung zur Rechnungsberichtigung

1738 Der Rechnungsempfänger ist grundsätzlich nicht berechtigt, eine erhaltene Rechnung, die zum Nachweis des Vorsteuerabzuges dient, selbst zu berichtigen. Die Berichtigung einer hinsichtlich des Steuerbetrages unrichtig ausgestellten Rechnung kann nur der Rechnungsaussteller vornehmen. Eine einseitige Berichtigung der Angaben in einer Rechnung durch den Leistungsempfänger im Allgemeinen und hinsichtlich des ausgewiesenen Steuerbetrages im Besonderen hat nicht die Wirkung einer Berichtigung der Rechnung im Sinne des Umsatzsteuergesetzes (§ 11 Abs. 12 in Verbindung mit § 16 Abs. 1 UStG 1994). Aus anderen Gründen erforderliche Rechnungskorrekturen (zB bei Rückwaren oder nicht vertragsgemäßer Lieferung) können jedoch durch den Leistungsempfänger mit einer entsprechenden Belastungsnote erfolgen. Derartige Belege können jedoch nur unter den für die Erteilung von Gutschriften vorgesehenen Bedingungen als Rechnungen (Gutschriften) anerkannt werden.

11.12.5. Berichtigung einer Rechnung mit Steuerausweis im Zusammenhang mit Liebhaberei

1739 Die Beurteilung der Frage, ob im Zusammenhang mit einer Tätigkeit auf Dauer gesehen Gewinne oder Einnahmenüberschüsse erzielt werden, ist oft erst nach einem mehrjährigen Beobachtungszeitraum möglich. Zunächst ist es häufig noch ungewiss, ob die Tätigkeit im Rahmen eines Unternehmens ausgeübt wird und die Einnahmen daher umsatzsteuerbar sind oder ob die Tätigkeit im Sinne des § 2 Abs. 5 Z 2 UStG 1994 als nicht unternehmerisch gilt und die Einnahmen daher nicht der Umsatzsteuer unterliegen. Werden in einem solchen Fall bis zur endgültigen Klärung der Unternehmereigenschaft Rechnungen mit Steuerausweis ausgestellt, so können diese Rechnungen in sinngemäßer Anwendung des § 11 Abs. 12 UStG 1994 nachträglich berichtigt werden (VwGH 16.12.1980, 1641/79, 1805/79; 19.01.1984, 83/15/0010). Diese Berichtigung wirkt nicht zurück (siehe LRL 2012 Rz 181).

Hinsichtlich der Berichtigung von Rechnungen im Allgemeinen und im Touristenexport wird auf die Rz 1533 bis 1556 verwiesen. 1740

Randzahlen 1741 bis 1755: *derzeit frei.*

11.13. Nachträgliche Entgeltsminderung – Wechseldiskontierung

Der in einer Rechnung ausgewiesene Steuerbetrag wird auf Grund der Rechnung nicht geschuldet, wenn das Entgelt sich wegen Zahlungsabzügen jeder Art vermindert hat (zB Skonto, Rabatte, Nachlässe). Nach § 11 Abs. 13 UStG 1994 ist die Berichtigung einer Rechnung wegen einer Entgeltsminderung zur Vermeidung einer Steuerschuld auf Grund der Rechnung nach § 11 Abs. 12 UStG 1994 nur erforderlich, wenn sich das Entgelt wegen des Abzuges von Wechselvorzinsen (Diskontzinsen) vermindert hat. Die Berichtigung der Steuer aus diesem Grunde setzt voraus, dass der Unternehmer seinem Abnehmer eine berichtigte Rechnung erteilt. Ohne Rechnungsberichtigung darf der Unternehmer seine Steuerschuld im Zusammenhang mit einer Wechseldiskontierung nicht mindern. Es kann jedoch im Falle der Wechseldiskontierung von der Berichtigung der Rechnung absichtlich Abstand genommen werden, um dem Abnehmer nicht die näheren Umstände der Rechnungsberichtigung mitteilen zu müssen. Eine Berichtigung der Steuerschuld darf dabei nicht erfolgen; demgemäß ist dann auch eine Kürzung des Vorsteuerabzuges beim Abnehmer nicht erforderlich. 1756

Randzahlen 1757 bis 1770: *derzeit frei.*

11.14. Unberechtigter Steuerausweis

Die Steuerschuld nach § 11 Abs. 14 UStG 1994 hat zur Voraussetzung, dass eine solche Rechnung erstellt wird, die formal die Voraussetzungen des § 11 Abs. 1 UStG 1994 erfüllt (siehe Rz 1505 ff). Der Zweck der Regelung liegt darin, einem unberechtigten Vorsteuerabzug – eine Rechnung ist Voraussetzung für den Vorsteuerabzug – vorzubeugen (VwGH vom 26.6.2001, 2001/14/0023). 1771

Eine zu Unrecht in Rechnung gestellte Mehrwertsteuer kann berichtigt werden, wenn der Aussteller der Rechnung die Gefährdung des Steueraufkommens rechtzeitig und vollständig beseitigt hat, ohne dass eine solche Berichtigung vom guten Glauben des Ausstellers der betreffenden Rechnung abhängig gemacht werden darf (EuGH vom 19.9.2000, Rs. C-454/98, *Schmeink & Cofreth und Strobel*, oder EuGH 8.5.2019, Rs C-712/17, *EN.SA. Srl*).

(BMF-AV Nr. 2020/192)

Ist eine Anzahlung für eine in weiterer Folge nicht ausgeführte Leistung entrichtet worden und hat der Unternehmer darüber eine (Anzahlungs-) Rechnung mit Ausweis der Umsatzsteuer ausgestellt, schuldet er den ausgewiesenen Betrag gemäß § 11 Abs. 14 UStG 1994, solange er die Rechnung nicht berichtigt. Das gilt zB auch dann, wenn die Anzahlung als Stornogebühr verfällt. 1772

Beispiel:

Ein Hotelier erhält eine Anzahlung über 100 Euro für eine insgesamt 150 Euro teure Nächtigung und stellt eine Rechnung mit 13% ausgewiesener Umsatzsteuer aus. Der Gast storniert und der Hotelier behält die Anzahlung ein.

Bei dem einbehaltenen Betrag handelt es sich zwar um nicht steuerbaren echten Schadenersatz, der Hotelier schuldet den ausgewiesenen Steuerbetrag jedoch aufgrund der Rechnung. Berichtigt er die Rechnung gegenüber dem Gast, kann er die erfolgte Besteuerung der Anzahlung rückgängig machen.

Zur Vermeidung der Steuerschuld aufgrund der Rechnungslegung in anderen Fällen von Abrechnungen über Anzahlungen siehe Rz 1524.

(BMF-AV Nr. 2016/212, BMF-AV Nr. 2017/171)

Randzahlen 1773 bis 1800: *Derzeit frei.*

12. Vorsteuerabzug (§ 12 UStG 1994)

12.1. Allgemeines

1801 Abgezogen werden darf nur eine USt, die nach österreichischem Umsatzsteuergesetz geschuldet wird (VwGH 26.11.1996, 92/14/0078).

1802 Der Vorsteuerabzug ist grundsätzlich bei allen für das Unternehmen ausgeführten Umsätzen und bei der Einfuhr jeder Art von Gegenständen für das Unternehmen zulässig. Im Allgemeinen ist nicht zu unterscheiden, für welche Zwecke der für das Unternehmen bezogene Gegenstand oder die für das Unternehmen in Anspruch genommene sonstige Leistung verwendet wird (Ausnahmen siehe Rz 1914 bis Rz 2005). Der Vorsteuerabzug bleibt auch dann bestehen, wenn ein für das Unternehmen bezogener oder eingeführter Gegenstand unter dem Einkaufspreis veräußert wird oder weder mittelbar noch unmittelbar der Ausführung eigener Umsätze (zB bei Untergang der Ware) dient, oder wenn der Unternehmer sonstige Leistungen zur Ausführung seiner steuerpflichtigen Umsätze in Anspruch nimmt, letztlich jedoch diese Umsätze nicht ausführt (zB „versunkene Kosten").

Das Recht auf Vorsteuerabzug bleibt auch dann bestehen, wenn eine für das Unternehmen bezogene Leistung mit einem oder mehreren steuerpflichtigen Ausgangsumsätzen oder der gesamten wirtschaftlichen Tätigkeit des Steuerpflichtigen als allgemeine Aufwendungen in einem direkten und unmittelbaren Zusammenhang steht, auch wenn der Preis der bezogenen Leistung überhöht ist (Ausnahmen siehe § 12 Abs. 2 Z 2 UStG 1994) oder diese Leistung nicht zu einer Steigerung des Umsatzes geführt hat (vgl. EuGH 25.11.2021, Rs C-334/20, *Amper Metal Kft.*, Rn 40).

Der Vorsteuerabzug ist jedoch zu versagen, wenn der Unternehmer Vorleistungen zur Ausführung seiner steuerpflichtigen Umsätze in Anspruch nimmt, letztlich jedoch damit Umsätze bewirkt, die nicht zum Vorsteuerabzug berechtigen (vgl. EuGH 12.11.2020, Rs C-42/19, *Sonaecom SGPS SA*). Für von Dritten bezogene Dienstleistungen, die eine Holdinggesellschaft gegen Gewährung einer Beteiligung am allgemeinen Gewinn in die Tochtergesellschaften einlegt, steht kein Vorsteuerabzug zu, wenn erstens die bezogenen Eingangsleistungen nicht in direktem und unmittelbarem Zusammenhang mit den eigenen Ausgangsumsätzen der Holdinggesellschaft, sondern mit den weitgehend steuerfreien Tätigkeiten der Tochtergesellschaften stehen, zweitens diese Eingangsleistungen in den Preis der an die Tochtergesellschaften erbrachten steuerpflichtigen Umsätze keinen Eingang finden und drittens diese Leistungen nicht zu den allgemeinen Kostenelementen der eigenen wirtschaftlichen Tätigkeit der Holdinggesellschaft gehören (siehe EuGH 8.9.2022, Rs C-98/21, *Finanzamt R*).

Ebenso entspricht es der ständigen Rechtsprechung des Verwaltungsgerichtshofes, dass der Vorsteuerabzug gewährt wird, wenn die materiellen Voraussetzungen erfüllt sind, selbst wenn der Steuerpflichtige bestimmten formellen Anforderungen nicht genügt. Das Recht auf Vorsteuerabzug darf in einem solchen Fall nicht verweigert werden, wenn die Finanzverwaltung über sämtliche Daten verfügt, um zu prüfen, ob die für dieses Recht geltenden materiellen Voraussetzungen erfüllt sind. Anders verhält es sich, wenn der Verstoß gegen die formellen Anforderungen den sicheren Nachweis verhindert, dass die materiellen Anforderungen erfüllt wurden. Ebenso ist das Recht auf Vorsteuerabzug zu verweigern, wenn aufgrund der objektiven Sachlage feststeht, dass dieses Recht in betrügerischer Weise oder missbräuchlich geltend gemacht wird (VwGH 19.5.2020, Ro 2019/13/0030).

(BMF-AV Nr. 2021/166, BMF-AV Nr. 2022/154)

1802a Der Vorsteuerabzug ist zu versagen, wenn er mit Hilfe einer missbräuchlichen Gestaltung geltend gemacht werden soll, zB kein Vorsteuerabzug aus Scheinrechnungen (VwGH 27.6.2017, Ra 2017/13/0026) oder im Falle eines missbräuchlichen Immobilienleasings (VwGH 15.5.2020, Ra 2018/15/0113). Eine missbräuchliche Gestaltung ist gegeben, wenn die fraglichen Umsätze trotz formaler Anwendung der einschlägigen Gesetzesbestimmungen einen Steuervorteil zum Ergebnis haben, dessen Gewährung dem mit dem UStG 1994 verfolgten Ziel zuwiderläuft und aus einer Reihe objektiver Anhaltspunkte ersichtlich ist, dass mit den fraglichen Umsätzen im Wesentlichen ein Steuervorteil bezweckt wird (siehe EuGH 21.2.2008, Rs C-425/06, *Part Service*, EuGH 22.11.2017, Rs C-251/16, *Cussens ua.*). Die Behörde hat den durch die gewählte Konstruktion konkret angestrebten Steuervorteil (auf dem Gebiet der Umsatzsteuer) festzustellen, was eine Vorläufigkeit iSd § 200 Abs. 1 BAO rechtfertigen kann (VwGH 31.3.2011, 2008/15/0115).

Im Fall der missbräuchlichen Praxis sind die Umsätze in der Weise neu zu definieren, dass auf die Lage abgestellt wird, die ohne die diese Umsätze bestanden hätte (EuGH 21.2.2006, Rs C-255/02, *Halifax*).

(BMF-AV Nr. 2018/164, BMF-AV Nr. 2021/166)

12.1.1. Zum Vorsteuerabzug berechtigter Personenkreis

Zum Vorsteuerabzug nach § 12 UStG 1994 sind alle Unternehmer im Sinne des § 2 UStG 1994 (siehe Rz 181 bis Rz 326) im Rahmen ihrer unternehmerischen Tätigkeit berechtigt. 1803

(BMF-AV Nr. 2021/166)

Betreffend Unternehmereigenschaft von Kostengemeinschaften siehe Rz 182. Vorsteuern, die auf Gegenstände oder Leistungen entfallen, die von den an einer Kanzlei- oder Ordinationsgemeinschaft beteiligten Unternehmern gemeinsam genutzt werden, dürfen ungeachtet dessen, ob die diesbezüglichen Rechnungen an den einzelnen Unternehmer oder an die Gemeinschaft als solche gerichtet sind, nach dem Gewinnverteilungsschlüssel aufgeteilt werden. 1804

Bezüglich Vorsteuerabzug bei Vereinen, die sowohl einen unternehmerischen als auch einen nichtunternehmerischen Bereich haben, siehe Rz 1246 bis 1254.

Abgezogen werden dürfen auch Vorsteuerbeträge, die einer nachfolgenden oder vorherigen (nicht unecht befreiten) unternehmerischen Tätigkeit zuzurechnen sind. Wird daher eine unternehmerische Tätigkeit begonnen, so dürfen die bis dahin angefallenen Vorsteuern abgezogen werden, wenn sie auf Umsätze für das Unternehmen entfallen. Die Vorsteuerbeträge können selbst dann abgezogen werden, wenn die unternehmerische Tätigkeit letztlich nicht ausgeübt wurde, sofern diese Ausgaben ausschließlich in der beabsichtigten unternehmerischen Tätigkeit begründet sind (vgl. EuGH 17.10.2018, Rs C-249/17, *Ryanair*). 1805

(BMF-AV Nr. 2020/192)

Hat ein Unternehmer seine Unternehmertätigkeit (zB durch Geschäftsaufgabe) beendet, so steht ihm das Recht des Abzuges von Vorsteuern für Lieferungen oder sonstige Leistungen für sein Unternehmen auch noch in einem Veranlagungs-(Voranmeldungs-)Zeitraum zu, in dem er keine Umsätze mehr bewirkt. 1806

Zum Beginn und Ende der Unternehmereigenschaft siehe Rz 193 bis 204.

Die Zuführung von Gegenständen aus dem nichtunternehmerischen Bereich (Einlage aus dem Privatvermögen oder Überführung eines Gegenstandes vom nichtunternehmerischen Bereich einer Körperschaft in deren unternehmerischen Bereich) führt weder zu einem nachträglichen Vorsteuerabzug noch zu einer positiven Vorsteuerberichtigung (vgl. EuGH 11.7.1991, Rs C-97/90, *Lennartz*; VwGH 23.11.2022, Ro 2021/15/0017). Zu Körperschaften öffentlichen Rechts und Vereinen siehe Rz 479. 1807

(BMF-AV Nr. 2019/165, BMF-AV Nr. 2023/152)

Unternehmer, die ihre Vorsteuerbeträge nach Durchschnittssätzen (§ 14 UStG 1994) ermitteln, haben die Vorsteuern mit den sich danach ergebenden Beträgen anzusetzen. Der Durchschnittssatz des § 22 UStG 1994 umfasst alle dem land- und forstwirtschaftlichen Betrieb zuzurechnenden Vorsteuern. Ein weiterer Abzug von Vorsteuerbeträgen ist nicht mehr zulässig. Dies gilt auch dann, wenn der Land- oder Forstwirt eine zusätzliche Steuer nach § 22 Abs. 2 UStG 1994 zu entrichten hat. 1808

Im Ausland ansässige Unternehmer dürfen den Vorsteuerabzug grundsätzlich auch dann beanspruchen, wenn sie im Inland keine Lieferungen und sonstigen Leistungen ausführen bzw. ausgeführt haben. Auch ihnen steht aber der Vorsteuerabzug nur insoweit zu, als die Vorsteuerbeträge ihrer unternehmerischen Tätigkeit zuzurechnen sind. Das gilt auch für Vorsteuern, die mit nicht steuerbaren Umsätzen in Zusammenhang stehen, soweit diese Umsätze, wären sie im Inland ausgeführt worden, steuerpflichtig oder echt steuerbefreit wären. Um als Unternehmer zu gelten, müssen jedoch auch bei einem ausländischen Unternehmer die Unternehmerkriterien nach österreichischem Recht (siehe Rz 181 bis Rz 209) erfüllt sein. 1809

(BMF-AV Nr. 2021/166)

Randzahlen 1810 bis 1814: *derzeit frei.*

12.1.2. Vorsteuerabzug auf Grund der Rechnung

12.1.2.1. Rechnung mit gesondertem Steuerausweis

Nur eine gesondert in Rechnung gestellte USt darf als Vorsteuer abgezogen werden (siehe Rz 1505 bis Rz 1556). Zur Gutschrift als Rechnung siehe Rz 1638 bis 1664. 1815

(BMF-AV Nr. 2023/152)

Maßgeblich ist der Zeitpunkt der Rechnungsausstellung. Langt eine im Veranlagungszeitraum ausgestellte Rechnung so verspätet beim Leistungsempfänger ein, dass er sie bei der Erklärung für den Veranlagungszeitraum nicht mehr berücksichtigen kann, ist es nicht zu beanstanden, nach Anmerkung des Datums des Einlangens auf der Rechnung den Vorsteuerabzug für den Veranlagungszeitraum des Einlangens zu berücksichtigen. 1816

Eine Rückdatierung der Rechnung ist unwirksam; ein derartiges Datum gilt nicht als Zeitpunkt der Rechnungsausstellung. 1817

1818 Fallen Empfang der Leistung und Rechnungsausstellung zeitlich auseinander, so ist der Vorsteuerabzug erst für den Besteuerungszeitraum zulässig, in dem beide Voraussetzungen erfüllt sind.

1819 Für Umsätze, die vor dem 1.1.2013 an Unternehmer, die ihre Umsätze nach vereinnahmten Entgelten versteuern, ausgeführt worden sind, ist es nicht zu beanstanden, wenn die Vorsteuerbeträge später, nämlich für jenen Besteuerungszeitraum geltend gemacht werden, in welchem die Bezahlung der Rechnung erfolgt. Unzulässig ist diese Vorgangsweise jedoch dann, wenn sie zu einem Nachteil für den Fiskus führt.

Für Umsätze, die nach dem 31.12.2012 an Istbesteuerer ausgeführt werden, gilt als zusätzliche Voraussetzung für den Vorsteuerabzug, dass die Zahlung geleistet worden ist. Ausgenommen davon sind:

- Versorgungsunternehmen im Sinne des § 17 Abs. 1 zweiter Satz UStG 1994,
- Unternehmer, deren Umsätze nach § 1 Abs. 1 Z 1 und 2 UStG 1994 im vorangegangenen Veranlagungszeitraum 2.000.000 Euro überstiegen haben. Bei der Berechnung dieser Grenze bleiben die Umsätze aus Hilfsgeschäften einschließlich der Geschäftsveräußerungen außer Ansatz, und
- ab 15.8.2015 Umsätze, bei denen eine Überrechnung gemäß § 215 Abs. 4 BAO in Höhe der gesamten auf die Lieferung oder die sonstige Leistung entfallenden Umsatzsteuer auf das Abgabenkonto des Leistungserbringers stattfindet (siehe näher Rz 1819a).

Wird eine Lieferung oder eine sonstige Leistung von einem der von § 12 Abs. 1 Z 1 lit. a zweiter Satz UStG 1994 erfassten Istbesteuerer in Raten bezahlt, steht der Vorsteuerabzug entsprechend der bereits entrichteten Teilzahlungen zu. Zum Vorsteuerabzug bei Überrechnung gemäß § 215 BAO siehe Rz 1819a.

Beispiel:

Der Unternehmer A erwirbt einen zum Vorsteuerabzug berechtigenden Kleinbus um 36.000 Euro inkl. USt, zahlbar in 30 Monatsraten je 1.200 Euro. Die Rechnung erhält der Unternehmer bei Übergabe des Fahrzeugs.

A kann im Voranmeldungszeitraum der Bezahlung der jeweiligen Monatsrate den Vorsteuerabzug in Höhe von 200 Euro geltend machen.

Zur Auswirkung des Wechsels der Besteuerungsart auf den Vorsteuerabzug siehe Rz 2481.

(AÖF Nr. 2014/7, BMF-AV Nr. 2015/170)

1819a Zur Übertragung (Umbuchung, Überrechnung; § 215 Abs. 4 bzw. § 211 Abs. 1 Z 4 BAO) siehe RAE Rz 110 ff.

Für einen Istbesteuerer iSd § 12 Abs. 1 Z 1 lit. a zweiter Satz UStG 1994 (siehe Rz 1819 zweiter Absatz) steht der Vorsteuerabzug grundsätzlich nur zu, soweit dieser die Leistung tatsächlich bezahlt hat.

Beispiel:

Der Istbesteuerer A bezieht eine Leistung um 1.000 Euro zuzüglich 200 Euro Umsatzsteuer vom Unternehmer B, der dem A eine ordnungsgemäße Rechnung nach § 11 UStG 1994 ausstellt. A bezahlt dem B 1.000 Euro.

Aus der Zahlung des A kann ein Vorsteuerabzug von höchstens 166,67 Euro geltend gemacht werden.

Für Umsätze, die ab dem 15.8.2015 an Istbesteuerer ausgeführt werden, ist der Istbesteuerer im Falle der Überrechnung einem Sollbesteuerer gleichgestellt und die Vorsteuer steht unabhängig von der Zahlung zu.

Beispiel:

Ein Istbesteuerer erhält eine Lieferung samt Rechnung im Sinne des § 11 UStG 1994 im September 2015. Der Preis beträgt 1.000 Euro zuzüglich 200 Euro Umsatzsteuer. Der Unternehmer überweist dem Lieferer 1.000 Euro und stellt mit der UVA für September 2015 einen Antrag auf Überrechnung gemäß § 215 Abs. 4 BAO beim zuständigen Finanzamt. Der Überrechnungsempfänger stimmt der Überrechnung zu und auf dem Abgabenkonto des Unternehmers befindet sich nach Berücksichtigung aller für den Voranmeldungszeitraum relevanten Vorgänge ein Guthaben in Höhe von mindestens 200 Euro. Somit kann die gesamte Vorsteuer in der UVA für September 2015 geltend gemacht und auf das Konto des Lieferers überrechnet werden.

Gleiches würde gelten, wenn der Unternehmer dem Lieferer nur einen Teilbetrag (zB 500 Euro) überweist und den Restbetrag später, weil auch hier bei Vorliegen aller Voraussetzungen (insbesondere das Stattfinden der Überrechnung) das Recht auf Vorsteuerabzug zur Gänze bei Lieferung entsteht.

Kommt es nicht zur vollständigen Überrechnung, hat der Unternehmer die UVA entsprechend zu berichtigen, weil der Vorsteuerabzug nicht in voller Höhe entstanden ist. Ist schon ein Bescheid ergangen, liegt ein rückwirkendes Ereignis vor, das gegebenenfalls durch eine Bescheidänderung gemäß § 295a BAO zu berücksichtigen ist.

Beispiel (Fortsetzung):

Aufgrund mangelnder Deckung auf dem Abgabenkonto des Unternehmers kommt es schlussendlich nicht zur Überrechnung. Somit ist die Vorsteuer nur in Höhe von 166,67 Euro entstanden (= 1.000 Euro / 1,2). Mangels Überrechnung hat der Istbesteuerer somit nur insoweit ein Recht auf Vorsteuerabzug, als er die Zahlung geleistet hat. Eine entsprechende Berichtigung der UVA für September 2015 durch den Unternehmer oder gegebenenfalls eine Bescheidänderung gemäß § 295a BAO ist notwendig.

Ist der leistende Unternehmer ein Istbesteuerer, entsteht bei ihm die Steuerschuld mit Ablauf des Kalendermonats, in dem die Entgelte vereinnahmt worden sind (§ 19 Abs. 2 Z 1 lit. b UStG 1994). Dies gilt auch für den Teil des Entgelts, den er im Rahmen der Überrechnung vereinnahmt.

Für Umsätze, die vor dem 15.8.2015 an Istbesteuerer ausgeführt werden, erfordert eine vollständige Bezahlung des (restlichen) Leistungsentgelts durch den Istbesteuerer mittels Überrechnung eine Zahlung an den Leistenden, die über dem Nettobetrag liegt. Bei voller Vorsteuerabzugsberechtigung und Anwendung des Normalsteuersatzes ist die Zahlung von sechs Siebentel (ca. 85,71%) des Bruttoentgelts erforderlich, bei Anwendbarkeit des ermäßigten Steuersatzes von 10% beträgt die notwendige Zahlung elf Zwölftel (ca. 91,67%) des Bruttoentgelts.

Beispiel:

Der Istbesteuerer A bezieht eine Leistung um 100 Euro zuzüglich 20 Euro USt von Unternehmer B, der dem A eine ordnungsgemäße Rechnung nach § 11 UStG 1994 ausstellt. A bezahlt dem B 102,86 Euro.

Aus der Zahlung des A kann ein überrechenbares Guthaben von höchstens 17,14 Euro resultieren. Mit Überrechnung dieses Betrags auf das Finanzamtskonto des B hat A dem B den vollen Betrag von 120 Euro bezahlt. A kann den Vorsteuerabzug für den mit Überrechnung gezahlten Teilbetrag (17,14 Euro; enthaltene USt: 2,86 Euro) in jenem Vormeldungszeitraum geltend machen, in dem die Überrechnung wirksam geworden ist (vgl. § 21 Abs. 1 letzter Satz UStG 1994, siehe auch RAE Rz 111).

(AÖF Nr. 2014/7, BMF-AV Nr. 2015/170, BMF-AV Nr. 2023/152)

Eine amtswegige Wiederaufnahme zwecks Aberkennung von Vorsteuern, die für ein anderes Jahr zustehen, ist rechtswidrig, wenn eine (amtswegige) Wiederaufnahme für das Jahr, in dem der Vorsteuerabzug zusteht, unterbleibt (VfGH 5.3.1988, B 70/87 und VfGH 8.10.1990, B 181/89). **1820**

Ein gesonderter Steuerausweis erfordert, dass in der Rechnung der auf das Entgelt für die Lieferung oder sonstige Leistung entfallende Steuerbetrag getrennt angeführt ist (§ 11 Abs. 1 Z 3 lit. f UStG 1994). Fehlt dieses Merkmal, so ist der Vorsteuerabzug auch dann unzulässig, wenn der Rechnungsaussteller den Rechnungsempfänger durch einen Zusatz auf der Rechnung ermächtigt, den Steuerbetrag aus dem angegebenen Bruttopreis zu errechnen. Für Kleinbetragsrechnungen, Fahrscheine und Reisekosten gibt es Erleichterungen (siehe Rz 1625 f, Rz 1691 bis Rz 1695). **1821**

(BMF-AV Nr. 2021/166)

Wird eine Lieferung oder sonstige Leistung an den Unternehmer rückgängig gemacht oder ändert sich der in der Rechnung ausgewiesene Steuerbetrag nachträglich, so ist der Vorsteuerabzug entsprechend zu berichtigen (siehe Rz 2381 bis 2400). **1822**

Steuern, die gemäß § 11 Abs. 14 UStG 1994 geschuldet werden, dürfen vom Empfänger nicht als Vorsteuer abgezogen werden. **1823**

Auch eine gemäß § 11 Abs. 12 UStG 1994 geschuldete Steuer ist vom Leistungsempfänger von vornherein nicht als Vorsteuer abziehbar (vgl. EuGH 13.12.1989, Rs C-342/87, *Genius*; VwGH 25.2.1998, 97/14/0107, VwGH 15.12.2022, Ro 2019/13/0034). **1824**

Eine zu Unrecht geltend gemachte Vorsteuer ist ex tunc richtig zu stellen und erfordert keine Rechnungsberichtigung (vgl. VwGH 8.9.2022, Ro 2020/15/0025, Rn 23 mVa VwGH 23.4.2008, 2005/13/0115).

(BMF-AV Nr. 2023/152)

Bis 31.12.2023 darf aus Gründen der Rechtssicherheit für die Leistungsempfänger und um Wirtschaftsabläufe nicht in systemwidriger Weise zu behindern, eine gemäß § 11 Abs. 12 UStG 1994 geschuldete Steuer vom Leistungsempfänger als Vorsteuer abgezogen werden, wenn die Steuer in einer vom Leistenden erstellten Rechnung im Sinne des § 11 Abs. 1 UStG **1825**

1994 ausgewiesen ist. Dies gilt nicht, wenn dem Leistungsempfänger Umstände vorliegen, aus denen er schließen muss, dass die in der Rechnung ausgewiesene Umsatzsteuer vom Leistenden bewusst nicht an das Finanzamt abgeführt wird oder wenn für den Leistungsempfänger erkennbar ist, dass die ausgewiesene Steuer höher ist, als sie dem Normalsteuersatz (§ 10 Abs. 1 UStG 1994) entspricht.

Eine in den Fällen des Überganges der Steuerschuld zu Unrecht ausgewiesene Umsatzsteuer berechtigt den Leistungsempfänger nicht zum Vorsteuerabzug (siehe Rz 2602). Dies gilt auch dann, wenn diese Umsatzsteuer vom Leistungsempfänger bezahlt wurde und die Berichtigung der fehlerhaften Rechnung wegen der Insolvenz des Leistungserbringers unmöglich ist (siehe auch EuGH 6.2.2014, Rs C-424/12, *SC Fatorie SRL*).

(AÖF Nr. 2014/164, BMF-AV Nr. 2023/152)

1826 Weiters gilt diese Erleichterung nicht für Gutschriften. Wird mit Gutschriften abgerechnet, so darf eine in der Gutschrift zu Unrecht ausgewiesene USt vom Leistungsempfänger nicht als Vorsteuer abgezogen werden. Dies gilt auch in jenen Fällen, in denen der Steuerausweis in gutem Glauben erfolgt ist.

1827 Eine Gutschrift ist eine als solche bezeichnete (für Umsätze nach dem 31.12.2012: siehe Rz 1664) Urkunde, die vom Leistungsempfänger ausgestellt wird (siehe § 11 Abs. 7 UStG 1994).

(AÖF Nr. 2014/7, BMF-AV Nr. 2023/152)

1828 Wurde für eine an den Unternehmer bewirkte Lieferung oder sonstige Leistung ein Beleg ausgestellt, der grundsätzlich als Rechnung zu qualifizieren ist, aber Mängel (zB unvollständige Angabe des Abnehmers) aufweist, so berechtigt diese Abrechnung nur nach entsprechender Rechnungsberichtigung durch den Leistenden, oder wenn die Finanzverwaltung über sämtliche Daten für den Nachweis der materiellen Voraussetzungen verfügt, zum Vorsteuerabzug (vgl. EuGH 29.9.2022, C-235/21, *Raiffeisen Leasing*, EuGH 15.9.2016, C-516/14, *Barlis 06*, sowie VwGH 19.5.2020, Ro 2019/13/0030). Eine eigenmächtige Änderung der Angaben in der Rechnung durch den Empfänger ist nicht zulässig. Der Vorsteuerabzug darf im Fall der Rechnungsberichtigung erst in dem Veranlagungs-(Voranmeldungs-)zeitraum vorgenommen werden, in dem die Berichtigung der mangelhaften Rechnung erfolgt (keine Rückwirkung).

(BMF-AV Nr. 2023/152)

1829 Die vom leistenden Unternehmer vorzunehmende Berichtigung kann in der Weise erfolgen, dass unter Hinweis auf die ursprüngliche Rechnung die notwendigen Ergänzungen oder Berichtigungen vorgenommen werden (Berichtigungsnote) oder eine komplette berichtigte Rechnung unter Hinweis auf die ursprüngliche Rechnung ausgestellt wird. Auch Sammelberichtigungen sind möglich (siehe auch Rz 1533 und 1534).

1830 Wurde über eine an den Unternehmer bewirkte Lieferung oder sonstige Leistung keine Rechnung oder nur ein Beleg ausgestellt, der nicht als Rechnung im Sinne des § 11 UStG 1994 zu qualifizieren ist (zB Lieferschein), setzt ein Vorsteuerabzug eine (nachträgliche) Rechnungslegung durch den liefernden oder leistenden Unternehmer voraus. Der Vorsteuerabzug darf erst in dem Veranlagungs-(Voranmeldungs-)Zeitraum vorgenommen werden, in dem die erstmalige, ordnungsgemäße Rechnung ausgestellt wird (keine Rückwirkung).

1831 Wird im Verlauf einer finanzbehördlichen Überprüfung festgestellt, dass der Vorsteuerabzug auf Grund einer fehlerhaften oder mangelhaften Rechnung vorgenommen wurde, so kann der Mangel innerhalb einer vom Prüfer festzusetzenden angemessenen Frist behoben werden. Die Frist hat im Regelfall einen Monat nicht zu überschreiten. Wird die Rechnung innerhalb dieses Zeitraumes berichtigt, so ist der ursprünglich vorgenommene Vorsteuerabzug zu belassen (vgl. VwGH 1.6.2017, Ro 2015/15/0039). Bei einem unrichtigen (ursprünglich zu niedrigen) Steuerausweis ist diese Vorgangsweise jedoch nicht zulässig.

Der Begriff „finanzbehördliche Überprüfung“ umfasst Überprüfungsmaßnahmen des Außendienstes (zB Betriebsprüfungen, Umsatzsteuersonderprüfungen, usw.) und des Innendienstes (zB Vorbescheidkontrollen, Nachbescheidkontrollen, Vorhalte, usw.), die in einer ausdrücklichen Aufforderung seitens der Behörde zur Vorlage der Rechnung bestehen.

Nicht erfasst sind daher jene Fälle, in denen eine Rechnung bereits dem Antrag beigelegt werden muss (zB im Rahmen des Vorsteuererstattungsverfahrens).

(BMF-AV Nr. 2018/164)

Randzahl 1832: *entfällt.*

12.1.2.2. Innenumsätze, Organschaft

Siehe Rz 1520.

12.1.2.3. Unrichtiger Steuerausweis

Ist in der Rechnung (Gutschrift) ein zu niedrigen Steuerbetrag ausgewiesen, so darf der Leistungsempfänger nur den zu niedrig ausgewiesenen Steuerbetrag als Vorsteuer abziehen. 1833

Bezüglich Vorsteuerabzug bei einem in der Rechnung zu hoch ausgewiesenen Steuerbetrag siehe Rz 1822 bis 1831. 1834

(BMF-AV Nr. 2023/152)

12.1.2.4. Maßgebende Verhältnisse für den Vorsteuerabzug

Maßgebend für den Vorsteuerabzug sind – auch beim Vorsteuerabzug nach § 12 Abs. 1 Z 1 lit. a zweiter Satz UStG 1994 – die Verhältnisse im Zeitpunkt des Umsatzes an den Unternehmer. 1835

Beispiel 1:

Ein pauschalierter Landwirt bezieht eine Leistung, die Rechnung hierüber erhält er aber erst im nächsten Jahr, in dem er nicht mehr pauschaliert ist.

Der Vorsteuerabzug ist nicht zulässig (VwGH 11.9.1987, 86/15/0067).

Beispiel 2:

Der Istbesteuerer A bezieht im Jahr 2013 eine Leistung um 1.500 Euro zuzüglich 300 Euro USt vom Unternehmer B, der dem A eine ordnungsgemäße Rechnung nach § 11 UStG 1994 ausstellt. Im Jahr 2013 führt A ausschließlich steuerpflichtige Umsätze aus. A bezahlt die Leistung erst im Jahr 2014. Im gleichen Jahr unterschreitet A die Umsatzgrenze des § 6 Abs. 1 Z 27 UStG 1994 und führt als Kleinunternehmer nur unecht steuerfreie Umsätze aus.

A kann nach Bezahlung der Leistung im Jahr 2014 den Vorsteuerabzug entsprechend den Verhältnissen bei Leistungsbezug (2013) voll geltend machen. Hinsichtlich einer allfälligen Vorsteuerberichtigung nach § 12 Abs. 10 ff UStG 1994 siehe Rz 2071 ff.

(AÖF Nr. 2014/7, BMF-AV Nr. 2015/170)

12.1.2.4.1. Vertretbare Sachen

Bei der Lieferung vertretbarer (teilbarer) Sachen ist die darauf entfallende Steuer entsprechend dem Verwendungszweck in einen abziehbaren und in einen nicht abziehbaren Anteil aufzuteilen. Dies gilt insbesondere auch für Körperschaften des öffentlichen Rechts sowie für Vereine, bei denen neben dem unternehmerischen noch ein nichtunternehmerischer Bereich besteht. 1836

Handelt es sich aber bei den erworbenen Gegenständen um solche, die der Unternehmer üblicherweise im Rahmen seines Unternehmens weiterliefert (zB Kohle bei einem Kohlenhändler oder Lebensmittel bei einem Lebensmittelhändler), steht der volle Vorsteuerabzug zu. Eine spätere Verwendung derartiger Gegenstände für Zwecke außerhalb des Unternehmens ist als Eigenverbrauch im Sinne des § 3 Abs. 2 und § 3a Abs. 1a UStG 1994 zu versteuern. Wenn die bezogenen Gegenstände von vornherein nicht zur Gänze für das Unternehmen bestimmt sind, kann jedoch auch in diesem Fall die USt entsprechend dem Verwendungszweck in einen abziehbaren und in einen nicht abziehbaren Anteil aufgeteilt werden. 1837

12.1.2.4.2. Einheitliche Gegenstände

Bezüglich des Vorsteuerabzuges bei gemischt genutzten einheitlichen (nicht vertretbaren) Gegenständen siehe Rz 1902 bis 1912b. 1838

(BMF-AV Nr. 2023/152)

12.1.2.5. Schätzung von Vorsteuern

Die Rechnung im Sinne des § 11 Abs. 1 UStG 1994 stellt eine materiellrechtliche Voraussetzung des Vorsteuerabzuges dar. Sofern eine Rechnung nicht ausgestellt und zugeleitet worden ist, ist eine Schätzung der Vorsteuern nicht zulässig. 1839

Waren jedoch ursprünglich Rechnungen vorhanden, die aber später beim Leistungsempfänger in Verlust geraten sind, so dürfen die Vorsteuern entsprechend der Judikatur des VwGH geschätzt werden. Voraussetzung dafür ist, dass als erwiesen angenommen werden kann, dass dem Unternehmer Rechnungen im Sinne des § 11 Abs. 1 UStG 1994 ausgestellt worden sind (VwGH 15.6.1988, 84/13/0279). Die Beweislast trifft den Unternehmer. 1840

12.1.2.6. Anzahlungen

12.1.2.6.1. Vorsteuerabzug vor Leistungserbringung

1841 Die Berechtigung zum Vorsteuerabzug bei Anzahlungen ist bereits vor der Lieferung oder sonstigen Leistung – bei Zutreffen der sonstigen Voraussetzungen des § 12 UStG 1994 – gegeben, wenn über die Anzahlung eine Rechnung mit Umsatzsteuerausweis gelegt und die Anzahlung tatsächlich geleistet worden ist. Der Vorsteuerabzug darf frühestens für den Voranmeldungszeitraum geltend gemacht werden, in dem alle Voraussetzungen erfüllt sind. Die Einzahlung eines Käufers auf ein Treuhandkonto nach dem Bauträgervertragsgesetz (BTVG, BGBl. I Nr. 7/1997) ist keine Zahlung, da das Konto ihm und nicht dem Bauträger zuzurechnen ist. Von einer Zahlung des Käufers kann erst dann ausgegangen werden, wenn die entsprechenden Baufortschritte (vgl. § 13 BTVG) über das Treuhandkonto abgewickelt und der von der Auszahlung betroffene Kaufpreisteil dem Bauträger überwiesen wird. Ein Vorsteuerabzug seitens des Käufers ist nur zulässig, soweit eine derartige Zahlung bereits erfolgt ist.

Bei der Übertragung (Umbuchung, Überrechnung; § 215 Abs. 4 bzw. § 211 Abs. 1 Z 4 BAO) eines aus dem Vorsteuerabzug aus einer Anzahlung entstandenen Guthabens sind die Ausführungen in Rz 1819a betreffend Umsätze, die vor dem 15.8.2015 ausgeführt werden, sinngemäß anzuwenden.

(AÖF Nr. 2014/7, BMF-AV Nr. 2015/170, BMF-AV Nr. 2023/152)

12.1.2.6.2. Höhe des Vorsteuerabzuges

1842 Ist der in der Rechnung (§ 11 Abs. 1 dritter Satz UStG 1994) gesondert ausgewiesene Steuerbetrag höher als die Steuer, die auf die Zahlung vor Umsatzausführung entfällt, so darf nur der Steuerbetrag abgezogen werden, der in der im Voraus geleisteten Zahlung enthalten ist. Das gilt auch, wenn vor der Ausführung des Umsatzes über die gesamte Leistung abgerechnet wird, die Gegenleistung aber in Teilbeträgen gezahlt wird. In diesen Fällen hat daher der Unternehmer den insgesamt ausgewiesenen Steuerbetrag auf die einzelnen Teilbeträge aufzuteilen.

Beispiel:

Der Unternehmer hat bereits im März eine Gesamtrechnung für einen im Juli zu liefernden Gegenstand über 10.000 € zuzüglich gesondert ausgewiesener USt von 2.000 €, insgesamt = 12.000 € erhalten. Er leistet in den Monaten März, April und Mai Anzahlungen von jeweils 2.400 €. Die Restzahlung von 4.800 € überweist er einen Monat nach Empfang der Leistung.

Der Unternehmer darf für die Voranmeldungszeiträume März, April und Mai den in der jeweiligen Anzahlung enthaltenen Steuerbetrag von 400 € als Vorsteuer abziehen. Die in der Restzahlung von 4.800 € enthaltene Vorsteuer von 800 € darf für den Voranmeldungszeitraum Juli (Zeitpunkt der Umsatzausführung) abgezogen werden.

12.1.3. Abzug der EUSt (§ 12 Abs. 1 Z 2 UStG 1994)

1843 Der Unternehmer darf die entrichtete oder auf dem Finanzamtskonto verbuchte (siehe Rz 1874a bis Rz 1874e) EUSt für Gegenstände, die für sein Unternehmen eingeführt wurden, als Vorsteuer abziehen.

Der eingeführte Gegenstand muss dabei entweder zum Gebrauch, zum Verbrauch oder zum Verkauf bestimmt sein. Entscheidend ist, ob die eingeführten Gegenstände für die Zwecke der besteuerten Umsätze des Steuerpflichtigen verwendet wurden. Diese Voraussetzung ist nur erfüllt, wenn die Kosten der Eingangsleistungen Eingang in den Preis der Ausgangsumsätze oder in den Preis der Gegenstände oder Dienstleistungen finden, die der Unternehmer im Rahmen seiner wirtschaftlichen Tätigkeiten liefert bzw. erbringt (VwGH 27.8.2020, Ro 2019/13/0001; 18.10.2018, Ro 2017/15/0022 mHa VwGH 24.3.2015, 2013/15/0238, und EuGH 8.10.2020, Rs C-621/19, *Weindel Logistik Service SR spol. s r.o*; EuGH 25.6.2015, Rs C-187/14, *DSV Road A/S*). Siehe hierzu auch Rz 1848, zu den Ausnahmen siehe Rz 1854 bis 1859a.

(BMF-AV Nr. 2019/165, BMF-AV Nr. 2021/166)

Randzahl 1844: *derzeit frei*

(BMF-AV Nr. 2023/152)

12.1.3.1. Persönliche Abzugsberechtigung

1845 Grundsätzlich darf nur jener Unternehmer, für dessen Unternehmen die Gegenstände eingeführt worden sind, die (entrichtete) EUSt als Vorsteuer abziehen. Die Abgrenzungsvorschrift des § 12 Abs. 2 UStG 1994 gilt sinngemäß auch für die EUSt.

Diese Voraussetzungen müssen im Zeitpunkt der Einfuhr vorliegen. Daher darf nur der Unternehmer die EUSt als Vorsteuer geltend machen, der in diesem Zeitpunkt die umsatzsteuerrechtliche Verfügungsmacht über den eingeführten Gegenstand hatte (siehe auch VwGH 25.9.1978, 856/78). **1846**

Entscheidend ist dabei nicht das Entstehen der EUSt-Schuld sondern das körperliche Verbringen in das Inland. Daher darf auch in Fällen, in denen etwa ein späterer Abnehmer durch zollrechtliche Anmeldung zum EUSt-Schuldner wird, nur der bei der Einfuhr umsatzsteuerrechtlich Verfügungsberechtigte die EUSt als Vorsteuer abziehen. **1847**

Personen, die lediglich bei der Einfuhr mitgewirkt haben, ohne umsatzsteuerrechtlich verfügungsberechtigt zu sein (zB Spediteure, Frachtführer, Handelsvertreter), sind daher auch dann nicht abzugsberechtigt, wenn sie den eingeführten Gegenstand vorübergehend entsprechend den Weisungen ihres Auftraggebers auf Lager nehmen oder Schuldner der Einfuhrumsatzsteuer aufgrund einer zollrechtlichen Unregelmäßigkeit geworden sind (siehe hierzu auch EuGH 8.10.2020, Rs C-621/19, *Weindel Logistik Service SR spol. s r.o*; EuGH 25.6.2015, Rs C-187/14, *DSV Road A/S*, und VwGH 27.8.2020, Ro 2019/13/0001; 24.3.2015, 2013/15/0238). Siehe auch Rz 1843. **1848**

(BMF-AV Nr. 2019/165, BMF-AV Nr. 2021/166)

Werden die eingeführten Gegenstände bereits im Ausland geliefert (§ 3 Abs. 8 UStG 1994), so gelten sie als für den Abnehmer eingeführt. Zum Abzug der Einfuhrumsatzsteuer ist somit der Abnehmer berechtigt, sofern er auch die übrigen Voraussetzungen des § 12 UStG 1994 erfüllt (Ausnahme siehe Rz 1854). **1849**

(AÖF Nr. 2014/164)

Aus den dargestellten Grundsätzen ergibt sich, dass sich die Vorschriften des § 12 Abs. 1 Z 1 UStG 1994 und des § 12 Abs. 1 Z 2 UStG 1994 gegenseitig ausschließen. Es darf somit beim Bezug eines Gegenstandes nicht zugleich eine gesondert in Rechnung gestellte USt und EUSt abgezogen werden. **1850**

Wird ein Gegenstand von einem Kommittenten aus dem Drittland an einen inländischen Verkaufskommissionär versendet oder befördert, dann ist zu unterscheiden: **1851**

- diese Lieferung erfolgt grundsätzlich nach § 3 Abs. 3 in Verbindung mit § 3 Abs. 8 UStG 1994 bereits im Ausland und der Kommissionär ist im Zeitpunkt der Einfuhr über die eingeführten Gegenstände umsatzsteuerrechtlich verfügungsberechtigt. Auch die Fiktion des § 3 Abs. 3 UStG 1994 ändert daran nichts, weil sich diese nur auf den Zeitpunkt und nicht auf den Ort der Lieferung bezieht.
- abweichend davon erfolgt diese Lieferung nach § 3 Abs. 3 in Verbindung mit § 3 Abs. 9 UStG 1994 im Inland, wenn der Kommittent Schuldner der Einfuhrumsatzsteuer wird. Im Zeitpunkt der Einfuhr der eingeführten Gegenstände ist der Kommittent noch umsatzsteuerrechtlich über den eingeführten Liefergegenstand verfügungsberechtigt und kann beim Vorliegen der weiteren Voraussetzungen allenfalls den Vorsteuerabzug aus der Einfuhrumsatzsteuer geltend machen (siehe hierzu auch Rz 1852).

Dies gilt unabhängig davon, ob der Kommittent oder der Kommissionär die Warenbewegung vornimmt oder vornehmen lässt.

(AÖF Nr. 2014/7)

12.1.3.2. Sonderfall bei Beförderungs- und Versendungslieferungen

In den Fällen des § 3 Abs. 9 UStG 1994 wird der Ort der Lieferung in das Einfuhrland verlegt, wenn der Lieferer oder sein Beauftragter Schuldner der EUSt ist. Dies ist der Fall, wenn die Lieferkondition „verzollt und versteuert" lautet und somit die Anmeldung durch den Lieferer oder dessen Beauftragten erfolgt. Zum Abzug der EUSt ist diesfalls der Lieferer berechtigt. **1852**

Randzahl 1853: *derzeit frei.*

12.1.3.3. EUSt-Abzug bei Werklieferungen ausländischer Unternehmer

Bei Werklieferungen durch ausländische Unternehmer ist im Zeitpunkt der Einfuhr der Bestandteile noch der leistende ausländische Unternehmer verfügungsberechtigt. Dieser wäre somit nach allgemeinen Grundsätzen zum Abzug der auf die eingeführten Bestandteile entfallenden EUSt berechtigt. **1854**

Randzahl 1855: *derzeit frei.*

Nach § 2 der VO des BMF, BGBl. II Nr. 584/2003, kann statt des ausländischen Werklieferers der Empfänger der Werklieferung den Abzug der Einfuhrumsatzsteuer als Vorsteuer unter folgenden Voraussetzungen geltend machen: **1855a**

- Ein Unternehmer, der im Inland weder Wohnsitz (Sitz) noch seinen gewöhnlichen Aufenthalt oder eine Betriebsstätte hat,
- erbringt im Inland eine Werklieferung (§ 3 Abs. 4 UStG 1994),
- führt Bestandteile des herzustellenden Werkes aus dem Drittlandsgebiet in das Inland ein,
- legt über diese Bestandteile eine gesonderte Rechnung ohne Umsatzsteuer-Ausweis und
- die Einfuhrumsatzsteuer wurde vom Leistungsempfänger oder für dessen Rechnung entrichtet.

Da die Bestandteile auf Grund der Fiktion des § 2 der VO des BMF, BGBl. II Nr. 584/2003, bereits als für das Unternehmen des Empfängers der Werklieferung eingeführt gelten, umfasst die Rechnung des ausländischen Unternehmers über die Werklieferung nicht die eingeführten Bestandteile. Hinsichtlich dieser Werklieferung (Restlieferung: Werklieferung abzüglich eingeführter Bestandteile) kommt es gemäß § 19 Abs. 1 zweiter Unterabsatz UStG 1994 zum Übergang der Steuerschuld, nicht jedoch hinsichtlich des auf die eingeführten Bestandteile entfallenden Entgeltes.

(AÖF Nr. 2014/164)

12.1.3.4. Reihengeschäft bzw. inländische Lohnveredler und Werklieferer

12.1.3.4.1. Reihengeschäft

Randzahl 1856: *derzeit frei.*

1856a Nach § 1 der VO des BMF, BGBl. II Nr. 584/2003 darf bei Lieferungen im Rahmen eines Reihengeschäftes aus dem Drittland in das Inland nicht der bei der Einfuhr Verfügungsberechtigte die Einfuhrumsatzsteuer als Vorsteuer abziehen, sondern der letzte Abnehmer, wenn er Schuldner der Einfuhrumsatzsteuer ist. Folgende Voraussetzungen müssen vorliegen:

Es liegt ein Reihengeschäft mit drei Beteiligten vor, das in der Weise erfüllt wird, dass der erste Unternehmer oder der erste Abnehmer dem letzten Abnehmer in der Reihe unmittelbar die Verfügungsmacht an dem Gegenstand verschafft.

Die Lieferung ist gemäß § 1 Abs. 2 der zitierten VO steuerfrei. Das ist dann der Fall, wenn

- der erste Abnehmer in der Reihe im Inland weder einen Wohnsitz (Sitz) noch seinen gewöhnlichen Aufenthalt oder eine Betriebsstätte hat und im Inland nicht zur Umsatzsteuer erfasst ist,
- der letzte Abnehmer in der Reihe hinsichtlich einer für diese Lieferung in Rechnung gestellten Umsatzsteuer gemäß § 12 UStG 1994 zum vollen Vorsteuerabzug berechtigt wäre und
- über diese Lieferung keine Rechnung ausgestellt wird, in der die Umsatzsteuer gesondert ausgewiesen ist.

Die Steuerbefreiung schließt vom Vorsteuerabzug aus.

Ändert sich nachträglich eine der oben geforderten Voraussetzungen, so entfällt die Steuerfreiheit. Die Steuerpflicht tritt für jenen Veranlagungszeitraum ein, in dem die Voraussetzung für die Steuerfreiheit weggefallen ist. Auch der Vorsteuerabzug ist in diesem Veranlagungszeitraum zu berichtigen.

Beispiel:

Ö in Österreich bestellt Waren bei CH1 in der Schweiz, der diese bei CH2 in der Schweiz bezieht. Vereinbarungsgemäß versendet CH2 „unversteuert" direkt an Ö.

CH2 liefert an CH1 in der Schweiz (§ 3 Abs. 8 UStG 1994). CH1 liefert an Ö gemäß § 3 Abs. 7 UStG 1994 steuerpflichtig in Österreich. CH1 hat in Österreich weder einen Wohnsitz (Sitz) noch seinen gewöhnlichen Aufenthalt oder eine Betriebsstätte und ist auch nicht zur Umsatzsteuer erfasst. Ö wird Schuldner der EUSt. Liefert CH1 ohne USt-Ausweis an Ö, so ist nicht CH1, sondern Ö als Schuldner der EUSt zum Vorsteuerabzug berechtigt.

(AÖF Nr. 2014/164)

12.1.3.4.2. EUSt-Abzug durch inländische Lohnveredler und Werklieferer

1857 Wenn ein ausländischer Auftraggeber (im Sinne des § 8 Abs. 2 UStG 1994) einem inländischen Unternehmer einen Gegenstand zur Be- oder Verarbeitung oder zur Ausführung einer Werkleistung oder Werklieferung überlässt, wäre nach allgemeinen Grundsätzen der ausländische Unternehmer bei der Einfuhr über den beigestellten Gegenstand verfügungsberechtigt. Ihm stünde im Fall des Entstehens einer EUSt-Schuld der Vorsteuerabzug zu.

Unter folgenden Voraussetzungen darf der inländische Unternehmer die auf die beigestellten Gegenstände entfallende und von ihm oder auf seine Rechnung entrichtete EUSt als Vorsteuer abziehen: 1858

- Wiederausfuhr des Gegenstandes nach erfolgter Be- oder Verarbeitung (ausgenommen die üblicherweise anfallenden Abfälle).
- Ausfuhrnachweis darüber im Sinne des § 7 Abs. 2 bis 5 UStG 1994.
- Getrennte Aufzeichnung der für die beigestellten Gegenstände entrichteten EUSt.
- Der Beleg über die Entrichtung der EUSt muss beim inländischen Unternehmer bleiben.
- Nachweis der genannten Voraussetzungen durch den inländischen Unternehmer.
- Mitteilung an das zuständige Finanzamt anlässlich der erstmaligen Anwendung dieser Regelung.
- Der inländische Unternehmer hat auf dem Beleg über die Entrichtung der EUSt anzumerken, dass er von dieser Regelung Gebrauch macht und für welchen Voranmeldungszeitraum die EUSt als Vorsteuer abgezogen wurde.

Sollte der beigestellte Gegenstand in weiterer Folge im Inland verbleiben, ist ein eventuell bereits vorgenommener EUSt-Abzug vom inländischen Unternehmer rückgängig zu machen. Diesfalls darf der ausländische Unternehmer bei Vorliegen der Voraussetzungen des § 12 UStG 1994 die EUSt als Vorsteuer abziehen. 1859

12.1.3.4.3. EUSt-Abzug bei kostenpflichtigen Reparaturen in fremdem Auftrag

Lässt ein Unternehmer auftragsgemäß Gegenstände, über die er umsatzsteuerrechtlich nicht verfügungsberechtigt ist, in einem Drittland kostenpflichtig reparieren, kann er die bei der Wiedereinfuhr anfallende EUSt dann als Vorsteuer abziehen, wenn folgende Voraussetzungen erfüllt sind: 1859a

- die Weiterverrechnung der Reparaturkosten unterliegt der (inländischen oder ausländischen) Umsatzsteuer
- über das Vorliegen dieses Umstandes wird ein Nachweis erbracht
- es liegt ein Reparaturauftrag vor
- über die entrichtete EUSt liegen getrennte Aufzeichnungen vor
- der Beleg über die Entrichtung der EUSt muss beim inländischen Unternehmer bleiben
- der Unternehmer vermerkt auf dem Beleg über die Entrichtung der EUSt, dass er von dieser Regelung Gebrauch macht und für welchen Voranmeldungszeitraum die EUSt als Vorsteuer abgezogen wurde
- das Vorliegen sämtlicher Voraussetzungen wird durch diesen Unternehmer nachgewiesen
- anlässlich der erstmaligen Anwendung dieser Regelung erfolgt eine Mitteilung an das zuständige Finanzamt.

12.1.3.5. Entrichtung der EUSt

Nur die auf Grund des § 1 Abs. 1 Z 3 UStG 1994 entrichtete Einfuhrumsatzsteuer darf als Vorsteuer abgezogen werden. Der Abzug anderer Eingangsabgaben oder Nebenansprüche ist nicht zulässig. 1860

Zum Abzug einer auf dem Finanzamtskonto verbuchten Einfuhrumsatzsteuer siehe Rz 1874a bis Rz 1874e.

Entrichtet ist die EUSt, wenn sie die Zollbehörde erhalten hat. Eine gestundete EUSt ist nicht entrichtet und eine Sicherheitsleistung ist nicht ausreichend. 1861

Gleichgültig ist, wer die EUSt entrichtet hat. Der Abzug der EUSt ist auch zulässig, wenn der Vorlieferer oder ein Beauftragter Schuldner der EUSt ist. 1862

12.1.3.6. Nachweisführung und erforderliche Belege

Der Unternehmer muss grundsätzlich neben der Bemessungsgrundlage der eingeführten Gegenstände und der entrichteten EUSt auch den Tag der Entrichtung fortlaufend aufzeichnen (siehe § 18 Abs. 2 Z 6 UStG 1994). Es ist ausreichend, wenn der Unternehmer die EUSt unter Hinweis auf die Belege aufzeichnet, aus denen sich die Bemessungsgrundlage, die EUSt und der Zeitpunkt der Entrichtung ergibt. 1863

Der Nachweis der Höhe der Bemessungsgrundlage und der festgesetzten Einfuhrumsatzsteuer muss mittels eines zollamtlichen Originalbeleges (zB Abgabenbescheid, Beschwerdevorentscheidung udgl.) erfolgen. 1864

(BMF-AV Nr. 2016/212)

1865 Hinsichtlich des Nachweises des Entrichtungstages kommen zB ein zollamtlicher Quittungsvermerk, ein Einzahlungsbeleg mit MRN (= Movement Reference Number) bzw. dem erfassten Zeitraum oder ein Abgabenbescheid (zB Mitteilung nach Art. 102 der Verordnung (EU) Nr. 952/2013 zur Festlegung des Unionszollkodex (UZK), ABl. Nr. L 269 vom 10.10.2013 S. 1; [bis 30.4.2016: Mitteilung nach Art. 221 ZK], in welcher der Abgabenbetrag detailliert ausgewiesen wird) mit Entrichtungsvermerk des Spediteurs in Betracht.

(BMF-AV Nr. 2016/212)

1866 Die Mitteilung nach Art. 102 UZK (bis 30.4.2016: Mitteilung nach Art. 221 ZK) erhält der Anmelder (bei Anmeldung/indirekt ist dies der Spediteur) mit der Buchungsmitteilung (aus der der Tag der Entrichtung hervorgeht). Da nur eine entrichtete Einfuhrumsatzsteuer abgezogen werden kann, benötigt der Empfänger der Lieferung eine Erklärung des Spediteurs, der über ein Zahlungsaufschubkonto verfügt bzw. der Post, dass die geschuldete Einfuhrumsatzsteuer bis zum 15. des Folgemonats beim Zollamt Österreich entrichtet wird. Der Leistungsempfänger kann sich die Einfuhrumsatzsteuer dann für den Monat der tatsächlichen Entrichtung abziehen.

(BMF-AV Nr. 2016/212, BMF-AV Nr. 2020/192)

1867 Ein Beleg, in dem die gesamten Eingangsabgaben in einem pauschalierten Satz in einer Summe angegeben sind, reicht für die Vornahme des Vorsteuerabzuges nicht aus.

(BMF-AV Nr. 2016/212)

1868 In bestimmten Fällen werden durch das Zollamt auch Ersatzbelege ausgestellt, die diesfalls als Nachweis gelten.

Randzahl 1869: *derzeit frei.*

12.1.3.7. Nachträgliche Korrekturen der EUSt

1870 Eine zusätzlich vorgeschriebene EUSt ist nach allgemeinen Grundsätzen abzugsfähig.

1871 Bei einer Minderung der EUSt ist ein Anwendungsfall des § 16 Abs. 4 UStG 1994 gegeben. Die Korrektur ist für den Voranmeldungs-Zeitraum vorzunehmen, in dem der Unternehmer wieder über die EUSt-Beträge verfügen kann.

12.1.3.8. Pauschalierung bei land- und forstwirtschaftlichen Betrieben

1872 Die in § 22 UStG 1994 vorgesehenen Pauschal-Steuersätze für Umsätze von nichtbuchführungspflichtigen Unternehmen, die Umsätze im Rahmen eines land- und forstwirtschaftlichen Betriebes ausführen, gelten nicht für die Einfuhr. Die Einfuhr zählt zwar zu den in § 1 UStG 1994 aufgezählten Umsätzen, wirtschaftlich handelt es sich aber um einen Umsatz an den land- und forstwirtschaftlichen Betrieb. Die EUSt wird nach allgemeinen Kriterien festgesetzt. Ein Abzug der EUSt als Vorsteuer kommt auf Grund der Pauschalierung nicht in Betracht.

12.1.3.9. Nichtannahme des Liefergegenstandes

1873 Wird ein Gegenstand durch Beförderung oder Versendung aus dem Drittland in das Inland geliefert, geht grundsätzlich gemäß § 3 Abs. 8 UStG 1994 die umsatzsteuerrechtliche Verfügungsmacht auf den Abnehmer am Abgangsort im Drittland über. Voraussetzung hiefür ist, dass es überhaupt zu einer Lieferung kommt. Verweigert der vorgesehene Abnehmer aber in weiterer Folge die Annahme des eingeführten Gegenstandes (zB wegen Lieferverzugs oder Qualitätsmängel) kommt es zu keiner Lieferung (VwGH 4.10.1973, 351/73). Verfügungsberechtigt bleibt der Versender und nur dieser darf die entrichtete EUSt als Vorsteuer abziehen.

1874 Eine andere Beurteilung ergibt sich, wenn der Abnehmer den eingeführten Gegenstand zunächst angenommen und erst in weiterer Folge zurückgewiesen hat. In diesem Fall war der Abnehmer bei der Einfuhr über den Gegenstand verfügungsberechtigt.

12.1.3.10. Einfuhrumsatzsteuer – Entrichtung über das Abgabenkonto

1874a Bei Vorliegen folgender Voraussetzungen (§ 26 Abs. 3 Z 2 UStG 1994) kann die geschuldete und auf dem Abgabenkonto verbuchte Einfuhrumsatzsteuer als Vorsteuer abgezogen werden:

- Die Einfuhrumsatzsteuerschuld ist nach Art. 77 UZK (bis 30.4.2016: Art. 201 Zollkodex) entstanden. Bei diesen Fällen handelt es sich um die ordnungsgemäße Überführung einer einfuhrabgabenpflichtigen Ware in den zollrechtlich freien Verkehr. Entsteht die Einfuhrumsatzsteuerschuld nach Art. 79 UZK (bis 30.4.2016: Art. 202 ff. Zollkodex) (zB eine einfuhrabgabenpflichtige Ware wird vorschriftswidrig in das Zollgebiet der Gemeinschaft verbracht oder eine einfuhrabgabenpflichtige Ware wird der zollamtlichen Überwachung entzogen), ist die Entrichtung über das Abgabenkonto ausgeschlossen.

- Es darf sich um keine nachträgliche Berichtigung handeln, auch wenn hier die Steuerschuld nach Art. 77 UZK (bis 30.4.2016: Art. 201 Zollkodex) entstanden ist. Nachträgliche Berichtigungen (zB EUSt-Schuld erhöht sich aufgrund einer zollrechtlichen Überprüfung oder vermindert sich aufgrund eines Rechtsmittelverfahrens) sind wie bisher abzuwickeln.
- Der Schuldner der Einfuhrumsatzsteuer ist Unternehmer (§ 2 UStG 1994), im Inland zur Umsatzsteuer erfasst und die Gegenstände werden für sein Unternehmen eingeführt. Ob die Gegenstände „für sein Unternehmen eingeführt werden", richtet sich nach § 12 UStG 1994. Siehe hierzu auch Rz 1843.
- Für Gegenstände, die nicht für das Unternehmen eingeführt werden (zB der Unternehmer führt Gegenstände für den privaten Bedarf ein), ist die Entrichtung über das Abgabenkonto nicht möglich (siehe auch Rz 1874e).
- Gelten die Gegenstände hingegen gemäß § 12 UStG 1994 für das Unternehmen eingeführt (zB ein Gegenstand wird [auch] für unecht befreite Umsätze verwendet oder ein Gegenstand wird teilweise privat genutzt), ist die Entrichtung über das Abgabenkonto zulässig.

Der Schuldner der Einfuhrumsatzsteuer muss bereits bei Einreichung der Zollanmeldung die Entrichtung über das Abgabenkonto erklären.

(BMF-AV Nr. 2019/165)

Liegen die unter Rz 1874a genannten Voraussetzungen vor, ist für die Einhebung und **1874b**
zwangsweise Einbringung der Einfuhrumsatzsteuer nicht mehr das Zollamt, sondern das Finanzamt zuständig, und zwar jenes Finanzamt, das für die Erhebung der Umsatzsteuer des Unternehmers zuständig ist.

Diese Zuständigkeitsverlagerung betrifft nicht das Festsetzungsverfahren, dh. für die Annahme der Zollanmeldung und für die Festsetzung der Einfuhrumsatzsteuer ist auch bei der Entrichtung über das Abgabenkonto das Zollamt zuständig.

Die Einbuchung der Einfuhrumsatzsteuer-Schuld erfolgt jedoch nicht auf dem Zollamtskonto, sondern monatsweise auf dem Finanzamtskonto des Unternehmers. Es werden alle Einfuhrumsatzsteuerschuldigkeiten, die in einen Kalendermonat fallen, zusammengefasst in einem Betrag eingebucht. Die Einfuhrumsatzsteuer wird am 15. des Kalendermonates, der dem Tag der Verbuchung auf dem Abgabenkonto folgt, fällig.

Beispiel:

Der Unternehmer tätigt je eine Einfuhr von Waren am 5., am 12., und am 25. Oktober, wobei als Anmelder drei verschiedene Spediteure als indirekte Vertreter auftreten. Es entstehen Einfuhrumsatzsteuerschuldigkeiten in Höhe von 200 Euro, 300 Euro und 40 Euro. In den Zollbescheiden (Mitteilungen nach Art. 102 UZK [bis 30.4.2016: Mitteilungen nach Art. 221 Zollkodex]) wird diese EUSt zwar ausgewiesen, sie ist jedoch im zu entrichtenden Gesamtbetrag an Eingangsabgaben nicht enthalten.

Auf dem Finanzamtskonto des Unternehmers wird der EUSt-Gesamtbetrag für den Kalendermonat Oktober in Höhe von 900 Euro Ende November/Anfang Dezember eingebucht. Dieser Betrag ist am 15. Dezember fällig. Zum gleichen Zeitpunkt wird auch die als Vorsteuer abziehbare EUSt für Oktober wirksam. Bei voller Vorsteuerabzugsberechtigung des Unternehmers kann dieser somit einen EUSt-Vorsteuerabzug in Höhe von 900 Euro geltend machen, sodass sich im Ergebnis keine EUSt-Belastung ergibt.

Damit der Unternehmer die auf seinem Abgabenkonto jeweils für einen Monat eingebuchte Einfuhrumsatzsteuer-Schuld nachvollziehen kann, wird ihm von der Zollverwaltung monatlich eine Aufstellung übermittelt, in der unter Hinweis auf die jeweiligen Einfuhrabfertigungen bzw. Sammelanmeldungen die in einem Monat entstandenen Einfuhrumsatzsteuer-Schuldigkeiten detailliert angeführt sind.

Bei einem vierteljährlichen Voranmeldungszeitraum wird die Einfuhrumsatzsteuer trotz monatlicher Verbuchung auf dem Abgabenkonto quartalsweise fällig.

(BMF-AV Nr. 2016/212, BMF-AV Nr. 2018/164)

Die Vorsteuer betreffend die Einfuhrumsatzsteuer, die über das Abgabenkonto entrichtet **1874c**
wird, wird zum gleichen Zeitpunkt wirksam, in dem die Einfuhrumsatzsteuer fällig wird. Die zB in den Kalendermonat Oktober fallenden Einfuhrumsatzsteuer-Schuldigkeiten werden Ende November/Anfang Dezember auf dem Finanzamtskonto eingebucht und am 15. Dezember fällig. Die entsprechende Einfuhrumsatzsteuer-Vorsteuer wird somit am 15. Dezember wirksam. Dies gilt – im Gegensatz zu den übrigen Vorsteuern – auch, wenn die UVA zu einem früheren Zeitpunkt (zB bereits am 2. November) beim Finanzamt eingereicht wird.

(BMF-AV Nr. 2016/212)

1874d Nach den zollrechtlichen Bestimmungen sind bei der indirekten Vertretung sowohl der Anmelder (Spediteur) als auch der Vertretene Schuldner der Einfuhrabgaben. In den Fällen des § 26 Abs. 3 Z 2 UStG 1994 geht jedoch die gesamte Gebarung auf das Finanzamtskonto über, sodass der Anmelder keine Kontrollmöglichkeit über die Entrichtung der EUSt mehr hat. Es gilt daher Folgendes: Im Falle der indirekten Vertretung wird der Anmelder nicht als Schuldner der Einfuhrumsatzsteuer herangezogen, wenn dem Anmelder ein schriftlicher Auftrag des Vertretenen zur Anwendung der Regelung des § 26 Abs. 3 Z 2 UStG 1994 vorliegt.

Gibt der zur Anwendung der Regelung des § 26 Abs. 3 Z 2 UStG 1994 beauftragte indirekte Vertreter seinerseits einem anderen Unternehmer, der als indirekter Vertreter auftritt, den Auftrag zur Anwendung des § 26 Abs. 3 Z 2 UStG 1994 weiter (zB ein Spediteur beauftragt die ÖBB zur Abfertigung der Ware), so wird auch dieser nicht als Schuldner der EUSt herangezogen, wenn er die Beauftragung mit seinen Unterlagen belegen kann.

Diese Sonderregelung gilt nicht, wenn der Zollanmeldung unrichtige Angaben zugrunde liegen und der Anmelder wusste oder vernünftigerweise hätte wissen müssen, dass die Angaben unrichtig sind.

1874e In der Regel ist der Einfuhrumsatzsteuer-Schuldner auch derjenige, für dessen Unternehmen der Gegenstand eingeführt wird und somit der Vorsteuerabzugsberechtige hinsichtlich der Einfuhrumsatzsteuer. Die Vereinfachungsregelung des § 26 Abs. 3 Z 2 UStG 1994 (Entrichtung der EUSt über das Abgabenkonto) kann daher zur Anwendung gelangen.

Ist hingegen in Sonderfällen der Einfuhrumsatzsteuer-Schuldner nicht derjenige, für dessen Unternehmen nach umsatzsteuerrechtlichen Grundsätzen der Gegenstand eingeführt wird, kann die Vereinfachungsregelung des § 26 Abs. 3 Z 2 UStG 1994 (Entrichtung der EUSt über das Abgabenkonto) nicht zur Anwendung kommen.

Beispiel:

Der Unternehmer S, Salzburg, bestellt Ware bei W, Wien, und dieser bei B, Bern. Die Ware wird direkt von B, Bern, zu S, Salzburg, versendet.

S lässt die Maschine in Österreich zum freien Verkehr abfertigen und ist daher Schuldner der EUSt.

Der Ort der Lieferung des B an W ist gemäß § 3 Abs. 8 UStG 1994 Bern. Der Ort der Lieferung des W an S ist gemäß § 3 Abs. 7 UStG 1994 Salzburg. W ist bei Zutreffen der Voraussetzungen zum Vorsteuerabzug hinsichtlich der EUSt berechtigt (W hat im Zeitpunkt des Grenzübertritts die umsatzsteuerrechtliche Verfügungsmacht).

Die Vereinfachungsregelung des § 26 Abs. 3 Z 2 UStG 1994 kann nicht zur Anwendung kommen, da nicht derselbe Unternehmer, der die EUSt schuldet, vorsteuerabzugsberechtigt ist.

Bei Anwendung der §§ 1 und 2 der VO BGBl. II Nr. 584/2003 kann der vorsteuerabzugsberechtigte Unternehmer als derjenige Unternehmer im Sinne des § 26 Abs. 3 Z 2 UStG 1994 angesehen werden, für dessen Unternehmen die Gegenstände eingeführt werden (siehe Rz 1854, Rz 1855a und Rz 1856a). Die Entrichtung der EUSt über das Abgabenkonto ist daher möglich. Dasselbe gilt bei Vorliegen der Voraussetzungen der Rz 1858 für den inländischen Lohnveredler und Werklieferer sowie bei Vorliegen der Voraussetzungen der Rz 1859a für den Unternehmer, der Reparaturen im Drittland durchführen lässt (jeweils ausgenommen der Voraussetzungen, die sich auf die Entrichtung der Einfuhrumsatzsteuer beziehen).

(BMF-AV Nr. 2016/212, BMF-AV Nr. 2023/152)

12.1.4. Übergang der Steuerschuld

1875 Beim Übergang der Steuerschuld schuldet der Leistungsempfänger die Umsatzsteuer (siehe Rz 2606 bis Rz 2624). Der Leistungsempfänger darf – bei Vorliegen der weiteren Voraussetzungen – zum selben Zeitpunkt (für denselben Voranmeldungszeitraum, in dem die Steuerschuld entsteht) diese Umsatzsteuer als Vorsteuer abziehen, sodass es bei zu vollem Vorsteuerabzug berechtigten Unternehmern zu keiner (auch nicht zu einer vorübergehenden) Umsatzsteuerbelastung kommt. Dies gilt auch, wenn die Steuer nachträglich, zB im Zuge einer finanzbehördlichen Prüfung, festgesetzt wird.

In den Fällen des Übergangs der Steuerschuld steht auch bei Versteuerung nach vereinnahmten Entgelten (§ 17 UStG 1994) der Vorsteuerabzug für denselben Voranmeldungszeitraum zu, in dem die Steuerschuld entsteht, unabhängig vom Zeitpunkt der Bezahlung der Leistung.

1876 Eine Rechnung mit gesondertem Ausweis der Umsatzsteuer (diese würde auf Grund der Rechnungslegung geschuldet; siehe Rz 2602 bis Rz 2605) ist hiefür nicht erforderlich.

In den Fällen des Übergangs der Steuerschuld ist der Leistungsempfänger zum Vorsteuerabzug unabhängig davon berechtigt, ob die Rechnung ordnungsgemäß ausgestellt oder ob überhaupt eine Rechnung ausgestellt wurde (EuGH 01.04.2004, Rs C-90/02, *Bockemühl*), so wie auch Aufzeichnungs- und Erklärungsfehler den Vorsteuerabzug nicht hindern können (EuGH 08.05.2008, Rs C-95/07, Rs C-96/07, *Ecotrade*).

12.1.5. Verlust des Vorsteuerabzugs bei Umsatzsteuerhinterziehungen

Gemäß § 12 Abs. 1 Z 1 UStG 1994 bzw. ab 15.8.2015 gemäß § 12 Abs. 14 UStG 1994 **1877** entfällt das Recht auf Vorsteuerabzug, wenn die Lieferung oder die sonstige Leistung an einen Unternehmer ausgeführt wurde, der wusste oder wissen musste, dass der betreffende Umsatz im Zusammenhang mit Umsatzsteuerhinterziehungen oder sonstigen, die Umsatzsteuer betreffenden Finanzvergehen steht. Die Bösgläubigkeit des Unternehmers muss in diesen Fällen nicht erwiesen sein, um ihm das Recht auf Vorsteuerabzug zu versagen (vgl. EuGH 14.4.2021, Rs C-108/20, *Finanzamt Wilmersdorf*, Rn 35). Auch die Feststellung einer Gefährdung des Steueraufkommens ist keine Voraussetzung für eine solche Versagung (vgl. EuGH 11.11.2021, Rs C-281/20, *Ferimet SL*).

Der Vorsteuerabzug ist auch im Fall der Nichtabgabe von Erklärungen zu versagen, wenn dies im Zusammenhang mit einer Umsatzsteuerhinterziehung erfolgt (vgl. EuGH 7.3.2018, Rs C-159/17, *Întreprinderea Individuală Dobre M. Marius*).

Das Recht auf Vorsteuerabzug entfällt auch, wenn:

- ein die Umsatzsteuer betreffendes Finanzvergehen einen vor- oder nachgelagerten Umsatz betrifft, oder
- nicht der direkte Lieferant, sondern ein Vorlieferant den Umsatzsteuerbetrug begangen hat (vgl. VwGH 26.3.2014, 2009/13/0172; EuGH 24.11.2022, Rs C-596/21, *A gegen Finanzamt M*), oder
- der Leistungsempfänger, der eine Reverse-Charge-Leistung abrechnet, bewusst nicht den wahren Lieferer in der Gutschrift angegeben hat, sofern die für die Prüfung, wer der wahre Lieferer war, erforderlichen Angaben fehlen (vgl. EuGH 11.11.2021, Rs C-281/20, *Ferimet SL*, Rn 60).

Der Vorsteuerabzug für den Erwerb eines Gegenstandes, mit dem ein betrügerischer Umsatz bewirkt wurde, ist auch dann zur Gänze zu versagen, wenn der Betrug nur einen Teil der Mehrwertsteuer betraf (vgl. EuGH 24.11.2022, Rs C-596/21, *A gegen Finanzamt M*).

(BMF-AV Nr. 2015/170, BMF-AV Nr. 2018/164, BMF-AV Nr. 2022/154, BMF-AV Nr. 2023/152)

Randzahlen 1878 bis 1900: *derzeit frei.*

12.2. Leistungen für Zwecke des Unternehmens

Eine Leistung wird grundsätzlich an den erbracht, der aus dem schuldrechtlichen Ver- **1901** tragsverhältnis, das dem Leistungsverhältnis zu Grunde liegt, berechtigt oder verpflichtet ist. Wird in der Rechnung ein anderer bezeichnet als der Leistungsempfänger, ist grundsätzlich kein Vorsteuerabzug zulässig (Ausnahme: siehe § 13 UStG 1994).

12.2.1. Allgemeines

Leistungen gelten zur Gänze als für das Unternehmen ausgeführt, wenn sie zu mindestens **1902** 10% unternehmerischen Zwecken dienen. Davon abweichend kann auch nur der unternehmerisch genutzte Teil dem Unternehmen zugeordnet werden (außer die Geringfügigkeitsgrenze von 10% wird nicht erreicht) bzw. ein gemischt genutzter Gegenstand zur Gänze dem nichtunternehmerischen Bereich zugeordnet werden.

Ordnet der Unternehmer nur den tatsächlich unternehmerisch genutzten Teil eines Gegenstandes dem Unternehmen zu, ist diese Tatsache dem Finanzamt bis zum Ablauf des Veranlagungszeitraumes, in dem die Vorleistungen angefallen sind, schriftlich mitzuteilen. Erfolgt die Innutzungnahme des Gegenstandes (zB Gebäude) erst in einem späteren Veranlagungszeitraum, verlängert sich die Frist bis zum Ablauf dieses Veranlagungszeitraumes. Eine spätere Änderung der Zuordnung ist nicht zulässig.

Beispiel:

Ein Unternehmer verwendet einen PC zu 60% unternehmerisch und zu 40% privat. Er hat die Möglichkeit, den PC zur Gänze (100% Vorsteuerabzug, 40% Eigenverbrauch), zu 60% (60% Vorsteuerabzug, kein Eigenverbrauch), dem Unternehmensbereich oder zur Gänze dem nichtunternehmerischen Bereich (kein Vorsteuerabzug, kein Eigenverbrauch, kein Hilfsgeschäft) zuzuordnen.

Wird der PC nur zB zu 5% unternehmerisch genutzt, ist eine Zuordnung zum Unternehmensbereich und somit ein Vorsteuerabzug nicht zulässig.

Zur Privatnutzung von Gebäuden siehe Rz 1919a ff.; zu Körperschaften siehe Rz 1912b.

(BMF-AV Nr. 2015/170)

1903 Zu beachten ist, dass im Falle der Zuordnung entsprechend der tatsächlichen Verwendung eine nachträgliche Verwendungsänderung zu keiner positiven Vorsteuerkorrektur berechtigt.

Beispiel:

Der Unternehmer nutzt den zu 60% dem Unternehmensbereich zugeordneten PC im Folgejahr zu 80% unternehmerisch. Eine Vorsteuerkorrektur zu Gunsten des Unternehmers (§ 12 Abs. 10 UStG 1994) ist nicht zulässig.

Randzahlen 1904 bis 1912: *derzeit frei.*

12.2.2. (entfallen)

Randzahl 1912a: *derzeit frei.*

12.2.3. Körperschaften

1912b Körperschaften des öffentlichen Rechts darf der Vorsteuerabzug insoweit nicht gewährt werden, als Leistungen dem hoheitlichen Bereich dienen (vgl. VwGH 30.6.2015, 2011/15/0163 bzw. VwGH 24.6.2009, 2007/15/0192 zu Gebäuden). Für die Vorsteueraufteilung ist ein Maßstab zu wählen, der im Einzelfall zu einem möglichst sachgerechten Ergebnis führt, wie zB in Anlehnung an das Hallenschwimmbaderkenntnis (VwGH 24.4.1980, 2730/77; vgl. auch VwGH 29.1.2014, 2010/13/0006) das zeitliche Nutzungsverhältnis bzw. bei räumlicher Trennbarkeit nach dem Verhältnis der Nutzflächen. Zulässig ist jede Methode, die eine wirtschaftlich zutreffende Zuordnung der Vorsteuerbeträge zum Hoheitsbereich bzw. zum unternehmerischen Bereich der Körperschaften des öffentlichen Rechts gewährleistet (EuGH 12.2.2009, Rs C-515/07, *VNLTO*, mit Verweis auf EuGH 13.3.2008, Rs C-437/06, *Securenta*).

Soweit eine Körperschaft eine Leistung teilweise für nicht unternehmerische, aber nicht unternehmensfremde Zwecke (zB satzungsmäßige Zwecke eines Vereines oder seelsorgerischer Bereich einer Pfarre) und teilweise für unternehmerische Zwecke bezieht, ist der Vorsteuerabzug aufzuteilen und steht daher nur für den unternehmerischen Teil zu. Ein Eigenverbrauch liegt insoweit nicht vor (vgl. EuGH 12.2.2009, Rs C-515/07, *VNLTO*; EuGH 10.9.2014, Rs C-92/13, *Gemeente 's-Hertogenbosch*, sowie VwGH 30.6.2015, 2011/15/0163 und VwGH vom 21.3.2022, Ra 2019/15/0158).

Zur Behandlung einer verdeckten Gewinnausschüttung im Zusammenhang mit einer „privaten“ Gebäudenutzung vgl. Rz 1929.

(BMF-AV Nr. 2016/212, BMF-AV Nr. 2023/152)

Randzahl 1913: *derzeit frei.*

12.2.4. Ertragsteuerlich nicht abzugsfähige Aufwendungen

1914 Kraft gesetzlicher Fiktion gelten die in § 12 Abs. 2 Z 2 UStG 1994 genannten Lieferungen, sonstigen Leistungen und Einfuhren nicht als für das Unternehmen ausgeführt, auch wenn sie tatsächlich für das Unternehmen erfolgen.

1915 Diese Leistungsbezüge sind somit nicht dem Unternehmensbereich zuzuordnen. Die Lieferung derartiger Gegenstände ist nicht steuerbar und ihre Verwendung für nichtunternehmerische Zwecke löst keine Eigenverbrauchsbesteuerung aus.

12.2.4.1. Allgemeines, Anwendungsbereich, Überwiegen, vertretbare und teilbare Sachen, Verhältnis zum Eigenverbrauch

1916 Von § 12 Abs. 2 Z 2 lit. a UStG 1994 sind nur jene Aufwendungen erfasst, die zwar für Zwecke des Unternehmens erfolgen, aber auf Grund der genannten ertragsteuerlichen Vorschriften vom Abzug ausgeschlossen sind.

1917 Der Vorsteuerabzug ist zur Gänze ausgeschlossen, wenn im Zeitpunkt der Leistung (Einfuhr) an den Unternehmer bereits feststeht, dass das Entgelt für die Leistung überwiegend nichtabzugsfähig im Sinne der genannten ertragsteuerlichen Vorschriften ist.

1918 Nur bei der Lieferung oder Einfuhr vertretbarer oder teilbarer Sachen hat eine Aufteilung der Vorsteuer nach Maßgabe der ertragsteuerlichen Abzugsfähigkeit des Entgeltes zu erfolgen.

1919 Soweit die Aufwendungen zum Zeitpunkt des Leistungsbezuges (der Einfuhr) noch nicht als nichtabzugsfähige Aufwendungen qualifiziert werden können und sich erst nachträglich die Nichtabzugsfähigkeit herausstellt, liegt Eigenverbrauch vor.

12.2.4.2. Ertragsteuerliche Bestimmungen

12.2.4.2.1. Aufwendungen für die private Lebensführung (§ 20 Abs. 1 Z 1 bzw. Z 2 lit. a EStG 1988 idF zum 1. Jänner 1995)

1919a Aufwendungen des Unternehmers für die seinen privaten Wohnzwecken dienende Wohnung stellen nicht abzugsfähige Aufwendungen der Lebensführung dar (VwGH 26.03.2007,

2005/14/0091) und sind so hin vom Vorsteuerabzug ausgeschlossen. Dies gilt auch für Gebäude, bei welchen einzelne Bereiche (Räume) überwiegend Wohnzwecken des Unternehmers gewidmet sind („klassische Privatnutzung“) und andere Bereiche unternehmerischen Zwecken dienen (VwGH 28.05.2009, 2009/15/0100, VwGH 24.06.2009, 2009/15/0104). Die Bestimmung ist im gesamten Geltungsbereich des UStG 1994, also auch ab 2004, anzuwenden (siehe VwGH 28.06.2012, 2009/15/0222).

Die 10%-Grenze des § 12 Abs. 2 Z 1 UStG 1994 für den Anteil der unternehmerischen Nutzung am Gesamtgebäude ist bei Anwendbarkeit des § 12 Abs. 2 Z 2 lit. a UStG 1994 nicht anzuwenden (siehe VwGH 28.06.2012, 2009/15/0217).

Beispiel:

Ein Unternehmer errichtet im Jahr 2006 ein Einfamilienhaus mit Büroraum. Der Büroraum beträgt 7% der Nutzfläche des Gebäudes und wird ausschließlich zur Erzielung von steuerpflichtigen Umsätzen genutzt. Der Rest des Gebäudes dient privaten Wohnzwecken.

Der Vorsteuerabzug für die privat genutzten Räume ist ausgeschlossen (zur Berechnung siehe Rz 1919b). Der Vorsteuerabzug für den Büroraum (7%) steht – trotz Nichterreichens der 10%-Grenze des § 12 Abs. 2 Z 1 UStG 1994 – zu.

Auf Gebäude, die nicht unter den Anwendungsbereich des § 12 Abs. 2 Z 2 lit. a UStG 1994 fallen, ist die 10%-Grenze des § 12 Abs. 2 Z 1 UStG 1994 anwendbar (siehe Rz 1902).

Zum Vorsteuerausschluss wegen eines nicht steuerbaren Verwendungseigenverbrauchs bei Gebäuden ab 1.5.2004 siehe Rz 481.

Zur „klassischen Privatnutzung“ durch einen Gesellschafter, der den privaten Wohnraum von einer Kapitalgesellschaft zur Verfügung gestellt bekommt, siehe Rz 1929.

Für die Aufteilung eines solcherart gemischt genutzten Gebäudes ist zunächst jeder **1919b**
Raum als betrieblicher oder als privater Raum einzustufen. Diese Einstufung erfolgt nach dem Überwiegen der betrieblichen oder privaten Nutzung des Raumes. Eine für private Wohnzwecke gewidmete Wohnung ist nicht dem Unternehmensbereich zuzuordnen (vgl. VwGH 17.11.2022, Ra 2022/15/0023). Die Aufteilung des Gebäudes ergibt sich sodann aus dem Verhältnis der Summe der Nutzflächen der auf diese Weise ermittelten betrieblichen Räume zur Summe der Nutzflächen der auf diese Weise ermittelten privaten Räume. Räume, die von vornherein gemeinschaftlichen Zwecken dienen (zB Heizraum, Tankraum, Stiegenhaus), beeinflussen das Aufteilungsverhältnis nicht. Der Vorsteuerabzug wird nach dem so gewonnenen Verhältnis aufgeteilt, sodass die von vornherein gemeinschaftlichen Zwecken dienenden Räume anteilig in den betrieblichen Bereich fallen (VwGH 28.05.2009, 2009/15/0100).

Wird ein Gebäude nur zum Teil vermietet und zum anderen Teil für eigene Wohnzwecke genutzt, richtet sich die Ermittlung des zu nicht abziehbaren Aufwendungen führenden Anteils grundsätzlich wie im betrieblichen Bereich nach der anteiligen Nutzfläche.

Beispiel:

Ein Unternehmer errichtet ein Einfamilienwohnhaus samt Schwimmbad mit der Absicht zwei Zimmer (11% der Nutzfläche) des Einfamilienhauses zu Bürozwecken steuerpflichtig zu vermieten. Die vermieteten Zimmer werden ausschließlich (oder überwiegend) unternehmerisch genutzt, die restlichen Räume werden ausschließlich (oder überwiegend) privat genutzt.

Die Aufteilung der Vorsteuern hat nach dem Verhältnis der vermieteten zur privaten Nutzfläche zu erfolgen.

(BMF-AV Nr. 2023/152)

12.2.4.2.1a. Untergeordnete Privatnutzung von Gebäuden des Betriebsvermögens

Ein zu 80% oder mehr betrieblich genutztes Gebäude gehört zur Gänze zum ertragsteuer- **1919c**
lichen Betriebsvermögen. Ab dem 1.1.2011 steht der Vorsteuerabzug für privat genutzte Gebäudeteile auch in diesen Fällen von vornherein nicht mehr zu. Vor dem 1.1.2011 wird jedoch in einem solchen Fall der Vorsteuerabzug für das gesamte Betriebsgebäude zuerkannt (siehe VwGH 19.3.2013, 2010/15/0085).

Beispiel:

Eine KG betreibt ein Ferienhotel. In den Jahren 2005 bis 2007 erweiterte sie das Hotel und errichtete dabei auch zwei Wohnungen für die Kommanditisten und Geschäftsführer. Der Anteil der beiden Wohnungen an der Gesamtnutzfläche beträgt 6,21%. Die im Zusammenhang mit der Erweiterung des Hotels angefallenen Umsatzsteuern sind zur Gänze als Vorsteuern abziehbar.

Für die private Nutzung solcher, zum Vorsteuerabzug berechtigender Gebäude, hat bis 31.12.2010 eine Besteuerung mit dem Normalsteuersatz nach § 3a Abs. 1a UStG 1994 zu erfolgen. Mit 1.1.2011 (Inkrafttreten des Art. 168a MwSt-RL 2006/112/EG) liegt für diese bereits privat genutzten Teile eine Änderung der Verhältnisse iSd § 12 Abs. 10 UStG 1994 vor und kommt es daher zu einer jahresweisen negativen Vorsteuerberichtigung (zum Vorsteuerberichtigungszeitraum siehe Rz 2081).

Für Gebäude, die nicht dem Betriebsvermögen angehören (bei Einkünften aus Vermietung und Verpachtung gemäß § 28 EStG 1988) steht der Vorsteuerabzug bei untergeordneter Privatnutzung auch vor 2011 nur für den unternehmerisch genutzten Teil zu. Hinsichtlich dieser Gebäude war schon zum UStG 1972 der Vorsteuerabzug für die private Nutzung ausgeschlossen.

(AÖF Nr. 2014/7, BMF-AV Nr. 2015/170)

12.2.4.2.1b. Unangemessen hohe, unternehmerisch veranlasste Aufwendungen für bestimmte Wirtschaftsgüter, die auch die Lebensführung betreffen (§ 20 Abs. 1 Z 2 lit. b EStG 1988 idF zum 1. Jänner 1995)

1920 Die Angemessenheit ist sowohl dem Grunde als auch der Höhe nach zu überprüfen. Bei Unangemessenheit dem Grunde nach gilt der Aufwand insgesamt als nicht unternehmerisch veranlasst und ein Vorsteuerabzug ist ausgeschlossen. Ist ein Aufwand dem Grunde nach angemessen, überwiegt aber der Höhe nach die unangemessene Komponente des § 20 EStG 1988, darf die Vorsteuer insgesamt nicht abgezogen werden, auch nicht hinsichtlich des angemessenen Teils.

1921 Überwiegt der unternehmerisch veranlasste angemessene Teil, steht der volle Vorsteuerabzug zu. Hinsichtlich des unangemessenen Teils liegt Eigenverbrauch vor. Eine vereinfachte Form der sofortigen Aufteilung der Vorsteuer in einen abzugsfähigen und nicht abzugsfähigen Teil ist nicht zulässig.

Beispiel:

Ein Unternehmer schafft einen Barockschrank an. Nach den ertragsteuerlichen Bestimmungen sind betrieblich genutzte Antiquitäten dem Grunde nach angemessen. Es ist im gegenständlichen Fall davon auszugehen, dass nach ertragsteuerlichen Bestimmungen 12.000 € Anschaffungskosten angemessen sind.

a) Anschaffungskosten des Barockschranks in Höhe von 20.000 €: Die Anschaffungskosten sind überwiegend angemessen. Sowohl aus den Anschaffungskosten als auch aus allfälligen Reparaturen steht der volle Vorsteuerabzug zu. Hinsichtlich des nicht angemessenen Teiles (8.000 €; 40%) ist Eigenverbrauch zu versteuern. Im Fall eines Verkaufs unterliegt der Erlös zu 100% der USt.

b) Anschaffungskosten in Höhe von 36.000 €: Da die Anschaffungskosten überwiegend unangemessen sind, steht weder aus diesen noch aus allfälligen Reparaturen ein Vorsteuerabzug zu. Der Schrank gilt nicht als für das Unternehmen angeschafft, sodass auch bei einem Verkauf keine USt anfällt.

Randzahl 1922: *derzeit frei.*

12.2.4.2.2. Arbeitszimmer (§ 20 Abs. 1 Z 2 lit. d EStG 1988)

1923 Hinsichtlich der Frage, wann Leistungen im Zusammenhang mit einem Arbeitszimmer gemäß § 12 Abs. 2 Z 2 lit. a UStG 1994 iV mit § 20 Abs. 1 Z 2 EStG 1988 als für das Unternehmen ausgeführt gelten, ist von der Rechtslage des EStG 1988 zum 1.1.1995 auszugehen (VwGH 24.9.2002, 98/14/0198). Im Geltungsbereich des § 20 Abs. 1 Z 2 EStG 1988 idF zum 1.1.1995 können Aufwendungen (Ausgaben) für ein im Wohnungsverband gelegenes Arbeitszimmer steuerlich dann berücksichtigt werden, wenn das Arbeitszimmer tatsächlich ausschließlich oder nahezu ausschließlich betrieblich bzw. beruflich genutzt wird und die ausgeübte Tätigkeit ein ausschließlich betrieblichen bzw. beruflichen Zwecken dienendes Arbeitszimmer notwendig macht (vgl. VwGH 24.6.1999, 97/15/0070).

Randzahl 1924: *derzeit frei.*

12.2.4.2.3. Repräsentationsaufwendungen, Bewirtungskosten (§ 20 Abs. 1 Z 3 EStG 1988)

1925 Hinsichtlich der Frage, wann Leistungen im Zusammenhang mit einem Geschäftsessen gemäß § 12 Abs. 2 Z 2 lit. a UStG 1994 iV mit § 20 Abs. 1 Z 3 EStG 1988 als für das Unternehmen ausgeführt gelten, ist von der Rechtslage des EStG 1988 zum 1.1.1995 auszugehen (vgl VwGH 24.9.2002, 98/14/0198 hinsichtlich der Abzugsfähigkeit der Leistungen im Zusammenhang mit einem Arbeitszimmer). Im Geltungsbereich des § 20 Abs. 1 Z 3 EStG 1988 idF zum 1.1.1995 waren derartige Aufwendungen oder Ausgaben entweder zur Gänze vorsteuerabzugsberechtigt, wenn diese der Werbung dienten und die betriebliche oder berufliche Veranlassung bei weitem überwog, oder – bei Fehlen dieser Voraussetzung – zur

Gänze von der Vorsteuerabzugsberechtigung ausgeschlossen. Bezüglich des Nachweises des Werbezwecks und der überwiegenden betrieblichen bzw. beruflichen Veranlassung siehe Rz 4823 der EStR 2000.

Wenn die Bewirtung durch einen Dritten (zB Gastwirt) erfolgt und im Zeitpunkt des Leistungsbezuges die Nichtabzugsfähigkeit der Aufwendungen bereits feststeht, kann von vornherein kein Vorsteuerabzug geltend gemacht werden. **1926**

Steht dagegen im Zeitpunkt der Leistung an den Unternehmer noch nicht fest, zu welchem konkreten Zweck die Leistungen bezogen werden (zB bei Lieferungen an die betriebseigene Kantine), steht der Vorsteuerabzug zur Gänze zu. Anlässlich der Bewirtung ist dann ein Eigenverbrauch nach § 1 Abs. 1 Z 2 lit. a UStG 1994 idF BGBl. I Nr. 134/2003 zu versteuern, sofern nicht die betriebliche Veranlassung bei weitem überwiegt und die Bewirtung der Werbung dient. **1927**

Kommt es auf Grund der Abzugsfähigkeit der Bewirtungskosten zur Kürzung der ertragsteuerlich zu berücksichtigenden Tagesdiäten, ist insofern die Grundlage für die Berechnung des Vorsteuerabzuges nach § 13 UStG 1994 zu vermindern. **1928**

12.2.4.2.4. Verdeckte Ausschüttung (§ 8 Abs. 2 KStG 1988)

Betroffen von dieser Bestimmung sind vor allem Leistungen, die die Gesellschaft von einem Dritten bezieht und bezahlt und die nicht (überwiegend) für das Unternehmen der Körperschaft bestimmt sind, sondern einem Gesellschafter im Wege einer verdeckten Gewinnausschüttung zu Gute kommen. In diesen Fällen ist bei Überwiegen des nichtabzugsberechtigten Teils der Aufwendung ein Vorsteuerabzug nicht zulässig. **1929**

Bei Körperschaften können unternehmensfremde Zwecke – die einen Vorsteuerabzug mit anschließender Besteuerung eines Verwendungseigenverbrauchs möglich machen würden – im Wesentlichen bloß in jenem Bereich vorkommen, der ertragsteuerlich als verdeckte Gewinnausschüttung qualifiziert wird („klassische Privatnutzung" bei Körperschaften; vgl. VwGH 24.6.2009, 2007/15/0192).

In diesen Fällen besteht allerdings der Vorsteuerausschluss gemäß § 12 Abs. 2 Z 2 lit. a UStG 1994 in Verbindung mit § 8 Abs. 2 KStG 1988 (vgl. bereits VwGH 26.3.2007, 2005/14/0091) und die Leistung an den Gesellschafter unterliegt nicht der Umsatzsteuer (vgl. VwGH 27.6.2018, Ra 2017/15/0019).

- Nach der Rechtsprechung des Verwaltungsgerichtshofes kann es im Zusammenhang mit der Nutzungsüberlassung eines Wohngebäudes an eine der Körperschaft nahestehende Person in drei Fällen zu einer Versagung des Vorsteuerabzuges kommen. Beim ersten Fall handelt es sich um die bloße Gebrauchsüberlassung, bei der keine unternehmerische Betätigung vorliegt (s. dazu Rz 186). Der zweite Fall erfasst die nicht fremdübliche Nutzungsüberlassung an besonders repräsentativen Wohngebäuden, welche schon ihrer Erscheinung nach bloß für die private Nutzung durch den Gesellschafter bestimmt sind (verdeckte Ausschüttung „an der Wurzel"). Der dritte Fall betrifft die Vermietung von im betrieblichen Geschehen einsetzbaren Gebäuden um weniger als 50% der Renditemiete („klassische" verdeckte Ausschüttung) (vgl. VwGH 8.9.2022, Ra 2020/15/0026 mVa VwGH 7.12.2020, Ra 2020/15/0004; 7.12.2020, Ra 2020/15/0067; 17.12.2021, Ra 2019/13/0063). In Bezug auf den zweitgenannten Fall ist entscheidend, dass solche Wirtschaftsgüter einer Körperschaft, deren Anschaffung allein gesellschaftsrechtlich veranlasst ist und die ein sorgfältiger, nur auf die wirtschaftlichen Interessen der Körperschaft bedachter Geschäftsleiter gar nicht angeschafft hätte, (hinsichtlich der laufenden Besteuerung) steuerneutrales Vermögen der Körperschaft bilden. Erreicht die tatsächliche Miete bei der Überlassung solcher nicht dem steuerlichen Betriebsvermögen zuzuordnender Gebäude nicht eine (nahezu) fremdübliche Höhe (die Hälfte einer fremdüblichen Miete wäre hier nicht ausreichend), wird eine mit der Vermietung im Zusammenhang stehende Vorleistung vom Vermieter zur Gänze für verdeckte Ausschüttungen iSd § 8 Abs. 2 KStG 1988 bezogen und tritt damit der Vorsteuerausschluss des § 12 Abs. 2 Z 2 lit. a UStG 1994 ein (vgl. VwGH 7.12.2020, Ra 2020/15/0004). Für den Fall der „klassischen" verdeckten Ausschüttung gilt: Beträgt die tatsächliche Miete weniger als die Hälfte der fremdüblichen Miete, wird eine mit der Vermietung in Zusammenhang stehende Vorleistung vom Vermieter „überwiegend" für verdeckte Ausschüttungen bezogen und tritt damit der Vorsteuerausschluss des § 12 Abs. 2 Z 2 lit. a UStG 1994 ein (vgl. VwGH 8.9.2022, Ra 2020/15/0026 mVA VwGH 23.2.2010, 2007/15/0003; VwGH 27.6.2018, Ra 2017/15/0019).

Zur Überlassung der Nutzung eines Wohnhauses bzw. einer Wohnung durch eine Gesellschaft an den Gesellschafter siehe Rz 186. Zur Vorsteueraufteilung bei Körperschaften öffentlichen Rechts siehe Rz 1912b.

(BMF-AV Nr. 2019/165, BMF-AV Nr. 2023/152)

1930 Die Bestimmung (Überwiegensregel) ist nicht anzuwenden, wenn eine Kapitalgesellschaft für eine Leistung des Gesellschafters eine überhöhte Gegenleistung gewährt und dies ihre Ursache im Gesellschaftsverhältnis hat. Für die auf den angemessenen Teil der Gegenleistung entfallende Umsatzsteuer steht der Vorsteuerabzug zu. Für den Mehrbetrag ist der Vorsteuerabzug ausgeschlossen (VwGH 27.05.1999, 97/15/0067, 97/15/0068).

Beispiel:

Für eine von einem Gesellschafter an die Gesellschaft gelieferte Maschine (objektiver Wert: 10.000 Euro) wird aus Gründen, die ihre Ursache im Gesellschaftsverhältnis haben, ein Betrag von 40.000 Euro plus 20% USt bezahlt. Der Gesellschaft steht ein Vorsteuerabzug in Höhe von 20% von 10.000 Euro zu. Der Mehrbetrag wurde nicht als Gegenleistung für die Maschine aufgewendet, sondern um (in verdeckter Form) Gewinn auszuschütten.

Normalwert als Bemessungsgrundlage ab 1. Jänner 2013

Weicht das Entgelt für eine Lieferung oder sonstige Leistung der Gesellschaft an Dritte aus außerbetrieblichen Motiven (Gesellschafterstellung oder gesellschaftliche Verflechtung, Bindungen aufgrund von Leitungsfunktionen oder Mitgliedschaften, Arbeitgeber-, Arbeitnehmerverhältnis, usw.) vom Normalwert ab, ist der Normalwert als umsatzsteuerliche Bemessungsgrundlage anzusetzen. Der Normalwert ist allerdings nur anzusetzen, wenn

- der Empfänger nicht oder nicht zum vollen Vorsteuerabzug berechtigt ist und das Entgelt unter dem Normalwert liegt,
- der Umsatz unecht befreit ist (ausgenommen die Kleinunternehmerbefreiung nach § 6 Abs. 1 Z 27 UStG 1994) und das Entgelt unter dem Normalwert liegt, oder
- der leistende Unternehmer nicht oder nicht zum vollen Vorsteuerabzug berechtigt ist und das Entgelt über dem Normalwert liegt.

Beispiel:

Eine Gesellschaft G verkauft eine Ware um 30.000 € (Normalwert 40.000 €) an P. Der niedrige Verkaufspreis ist darauf zurückzuführen, dass P Gesellschafter der G ist. Der Gesellschafter P ist nicht zum vollen Vorsteuerabzug berechtigt.

Lösung:

Da der Gesellschafter P nicht zum vollen Vorsteuerabzug berechtigt ist, kommt die Normalwertregel gemäß § 4 Abs. 9 UStG 1994 zur Ermittlung der Bemessungsgrundlage zur Anwendung.

Zum Normalwert siehe auch Rz 682.

12.2.5. Kraftfahrzeuge

12.2.5.1. Allgemeines

1931 Unabhängig vom Ausmaß der unternehmerischen Verwendung sind die von § 12 Abs. 2 Z 2 lit. b UStG 1994 betroffenen Kraftfahrzeuge nicht Bestandteil des Unternehmens. Eine Privatnutzung stellt daher keinen Eigenverbrauch dar und eine Veräußerung ist nicht steuerbar. Die Überlassung eines derartigen Fahrzeuges an einen Arbeitnehmer für Fahrten zwischen Wohnung und Arbeitsstätte oder für Privatfahrten unterliegt ebenfalls nicht der Umsatzsteuer.

(BMF-AV Nr. 2015/170)

12.2.5.2. Kreis der betroffenen Fahrzeuge

1932 Das Vorliegen eines Pkw oder Kombinationskraftwagens ist in wirtschaftlicher Sichtweise zu beurteilen. Es kommt auf den optischen Eindruck und die darauf beruhende Verkehrsauffassung an (VwGH 16.12.1980, 1681/80, 2817/80, 2818/80). Die kraftfahrrechtliche Einordnung der Fahrzeuge kann zwar ein Indiz für die steuerliche Beurteilung darstellen, sie ist aber ebenso wenig bindend wie etwa die zollrechtliche Tarifierung als Lastkraftwagen. Nicht der Verwendungszweck im Einzelfall ist entscheidend, sondern der Zweck, dem das Fahrzeug nach seiner typischen Beschaffenheit und Bauart von vornherein und allgemein zu dienen bestimmt ist. Personenkraftwagen im Sinne des § 12 Abs. 2 Z 2 lit. b UStG 1994 liegen vor bei Fahrzeugen, die werkseitig als Personenkraftwagen für die Nutzung im Straßenverkehr bestimmt sind und diese Eigenschaft selbst durch den nachträglichen Umbau in Rallyefahrzeuge nicht verlieren (VwGH 16.12.2015, 2012/15/0216). Ein Rennwagen, welcher nach seiner wirtschaftlichen Zweckbestimmung nur für den Einsatz bei Rennsportveranstaltungen auf speziell für den Motorsport konzipierten Rennstrecken gebaut wird und eine andere Verwendungsmöglichkeit auf Grund der auf den Rennsport ausgerichteten technischen Ausstattung nicht besteht, unterscheidet sich wesentlich von den üblichen Typen von Personen- und Kombinationskraftwagen. Scheidet eine Verwendung des Rennwagens im allgemeinen Straßenverkehr nach seiner Beschaffenheit und der Bauart aus, ist eine kraftfahrrechtliche Zulassung für den öffentlichen Straßenverkehr nicht möglich und besteht keine Umbaumöglichkeit, das Rennauto straßentauglich und zulassungsfähig zu machen, ist kein Personenkraftwagen iSd § 12 Abs. 2 Z 2 lit. b UStG 1994 anzunehmen (VwGH 28.10.2009, 2007/15/0222).

Wohnmobile sind Spezialfahrzeuge, die überwiegend für Schlaf- oder Aufenthaltszwecke ausgestattet sind. Da sie weder „ausschließlich" noch „vorwiegend" der Beförderung von Personen dienen und auch keine „Mischform zwischen Lastwagen und Personenwagen" sind, werden Wohnmobile von der für Personenkraftwagen und Kombinationskraftwagen (sowie Krafträder) geltenden Vorschrift des § 12 Abs. 2 Z 2 lit. b UStG 1994 nicht erfasst (VwGH 17.10.2018, Ra 2017/13/0045).

(BMF-AV Nr. 2019/165)

Der Bundesminister für Finanzen ist ermächtigt, die Begriffe Pkw und Kombinations- **1933** kraftwagen durch Verordnung näher zu bestimmen. Derzeit ist die Verordnung des BM für Finanzen über die steuerliche Einstufung von Fahrzeugen als Kleinlastkraftwagen und Kleinbusse, BGBl. II Nr. 193/2002, maßgebend. Danach sind bestimmte Fahrzeugkategorien, und zwar insbesondere Kastenwagen, Pritschenwagen und Klein-Autobusse, als Fahrzeuge definiert, die nicht als Personen- bzw. Kombinationskraftwagen anzusehen sind und für die daher der Vorsteuerabzug zulässig ist. Die maßgeblichen Voraussetzungen für die Einstufung eines Fahrzeuges unter diese Fahrzeugkategorien lassen sich unmittelbar aus der Verordnung des BM für Finanzen, BGBl. II Nr. 193/2002, ableiten. Der Nachweis, ob diese Voraussetzungen für ein bestimmtes Fahrzeug zutreffen, wäre daher grundsätzlich vom Steuerpflichtigen, der für ein bestimmtes Fahrzeug den Vorsteuerabzug in Anspruch nimmt, zu erbringen. Im Interesse der Rechtssicherheit und einer Verwaltungsvereinfachung anerkennt das Bundesministerium für Finanzen konkrete Fahrzeugtypen als Kastenwagen, Pritschenwagen oder Klein-Autobusse iSd Verordnung des BM für Finanzen, BGBl. II Nr. 193/2002. Für diese Fahrzeugtypen entfällt die Nachweispflicht durch den Steuerpflichtigen. Werden jedoch Fahrzeuge unter derselben Modellbezeichnung in unterschiedlichen Ausstattungsvarianten angeboten, ist zu beachten, dass für das konkrete Fahrzeugmodell sämtliche in der Verordnung enthaltenen Kriterien erfüllt sein müssen (zB kein Vorsteuerabzugsrecht gemäß § 3 Z 2 der VO BGBl. II Nr. 193/2002 für ein Modell, das zB mit zwei Sitzreihen ausgestattet ist; dagegen zB Vorsteuerabzug für eine alternative Modellvariante, wenn das konkrete Fahrzeug bei Vorliegen der sonstigen Voraussetzungen mit nur einer Sitzreihe für Fahrer und Beifahrer ausgestattet ist).

Nach § 5 der zitierten Verordnung des BM für Finanzen ist unter einem Kleinbus ein Fahrzeug zu verstehen, das ein kastenwagenförmiges Äußeres sowie Beförderungsmöglichkeiten für mehr als sechs Personen (einschließlich des Fahrzeuglenkers) aufweist. Der Begriff des „kastenwagenförmigen Äußeren" wird nach der ständigen Rechtsprechung des Verwaltungsgerichtshofs dahin ausgelegt, dass es auf eine annähernd flache Dachlinie, ein annähernd senkrechtes Heck sowie annähernd senkrechte Seitenwände des Fahrzeuges ankommt (siehe VwGH 17.10.2017, Ra 2017/15/0069). Nach der Rechtsprechung des VwGH (VwGH 24.9.2008, 2007/15/0161, und VwGH 25.11.2009, 2009/15/0184) sind unter einer Beförderungsmöglichkeit für (zumindest) sieben Personen Sitze in dieser Anzahl für Erwachsene mit einem dem Stand der Technik entsprechenden Komfort und Sicherheitsstandard zu verstehen. Weiters müssen die Sitzmöglichkeiten dafür geeignet sein, Erwachsene über einen längeren Zeitraum und damit über eine längere Distanz mit dem Fahrzeug zu befördern. Soweit ein Fahrzeug bloß Raum für Hilfs- oder Notsitze bietet, liegt nach der Verkehrsauffassung die Möglichkeit der Beförderung auf Sitzplätzen in Bussen im Allgemeinen nicht vor. Nach Ansicht des VwGH ist dem Begriff des „(Klein-)Busses" zudem immanent, dass im Fahrzeug die räumlichen Voraussetzungen dafür bestehen, in einem Mindestausmaß Gepäckstücke der beförderten Personen mitbefördern zu können. Nach Ansicht des VwGH ist die rechtliche Beurteilung, ob ein vorsteuerabzugsberechtigter Kleinbus vorliegt, (zusammengefasst) anhand folgender entscheidungswesentlicher Kriterien vorzunehmen:

- Merkmal der äußeren Form eines Kastenwagens durch annähernd flache Dachlinie, annähernd senkrechtes Heck und annähernd senkrechte Seitenwände;
- Merkmal der nach der Verkehrsauffassung für einen Bus erforderlichen Fahrzeuginnenhöhe;
- Merkmal der erforderlichen Beförderungskapazität von zumindest sieben Personen mit einem dem Stand der Technik entsprechenden Komfort und Sicherheitsstandard, und
- Merkmal der zusätzlichen räumlichen Voraussetzung zur Mitbeförderung eines Mindestausmaßes von Gepäckstücken für die zugelassene Beförderungskapazität.

Zudem ist der Kleinbus seiner äußeren Form nach auch von solchen Fahrzeugen abzugrenzen, die äußerlich den üblichen Typen von Geländefahrzeugen entsprechen und als solche stets den Personenkraftwagen zugeordnet worden sind (VwGH 24.09.2008, 2007/15/0161 unter Hinweis auf VwGH 21.09.2006, 2006/15/0185). Unter Personenfahrzeuge fallen daher auch so genannte Sport Utility Vehicle (SUV), Cross-over-Fahrzeuge und dergleichen, die optische Anleihen an ein Geländefahrzeug nehmen (VwGH 08.07.2009, 2009/15/0114 sowie VwGH 02.02.2010, 2008/15/0290).

(BMF-AV Nr. 2015/170, BMF-AV Nr. 2018/164)

1934 Das Anbringen von Vorrichtungen und Geräten für einen speziellen Arbeitseinsatz (zB Schneepflug) ändert nichts an der steuerrechtlichen Einstufung eines Fahrzeuges selbst.

(BMF-AV Nr. 2015/170)

1935 Spezielle Vorrichtungen und Geräte größeren Umfangs (zB Schneepflug) sind allerdings gesondert zu beurteilen. Für die Anschaffung, Montage und Wartung dieser Vorrichtungen und Geräte steht der Vorsteuerabzug zu.

(BMF-AV Nr. 2015/170)

1936 Im Falle der Begleitung von Sonder- und Schwertransporten werden Umsätze unmittelbar durch den Einsatz des Fahrzeuges erzielt. Wird ein Pkw, Kombinationskraftwagen oder Kraftrad zu mindestens 80% zur Begleitung von Schwer- oder Sondertransporten eingesetzt, dürfen daher Vorsteuern im Zusammenhang mit der Anschaffung, Miete oder Betrieb solcher Fahrzeuge abgezogen werden.

(BMF-AV Nr. 2015/170)

1937 Zu den Krafträdern gehören auch Motorfahrräder, Motorräder mit Beiwagen, Quads, Elektrofahrräder und Selbstbalance-Roller. Auch der Umstand, dass Motorräder, die auf Grund ihrer Beschaffenheit und Bauart von vornherein und allgemein zur Personenbeförderung bestimmt gewesen sind, in einem Museum ausgestellt werden, ändert nichts an deren charakteristischen Eigenschaften, die zu einer Beurteilung als Kraftrad führen (VwGH 15.9.2016, Ra 2016/15/0060). Krafträder fallen dann nicht unter die steuerlichen Beschränkungen, wenn sie nach ihrer Bauart und Ausstattung zur Beförderung von Gütern bestimmt sind (zB Fahrzeuge von Reinigungsanstalten).

(BMF-AV Nr. 2015/170, BMF-AV Nr. 2017/171)

12.2.5.2.1. Fahrschulkraftfahrzeuge

1938 Unter einem Fahrschulkraftfahrzeug iSd § 12 Abs. 2 Z 2 lit. b UStG 1994 ist ein Fahrzeug zu verstehen, das in einer Fahrschule zu Unterrichtszwecken verwendet wird. Es genügt nicht, dass sich das Fahrzeug im Betriebsvermögen der Fahrschule befindet und dort zu welchen Zwecken auch immer in Verwendung steht. Es reicht eine mindestens 80%ige Verwendung zu Fahrschulunterrichtszwecken aus. Eine bis zu 20-prozentige Nutzung für andere betriebliche oder private Zwecke schließt somit den Vorsteuerabzug nicht aus.

(BMF-AV Nr. 2015/170)

1939 Die Verwendung des Fahrzeuges für Fahrten, die für den Betrieb oder die Erhaltung des Fahrzeuges unbedingt erforderlich sind (zB Fahrten zur Tankstelle oder zur Werkstätte) oder mit den Unterrichtszwecken in unmittelbarem Zusammenhang stehen (zB Prüfungsfahrten), sind als Verwendungen für Fahrschulunterrichtszwecke anzusehen.

(BMF-AV Nr. 2015/170)

12.2.5.2.2. Vorführkraftfahrzeuge

1940 Das sind Kraftfahrzeuge, die überwiegend Vorführzwecken dienen. Damit ist gemeint, dass mit Hilfe dieses Fahrzeuges einem potentiellen Kunden die Vorzüge eines derartigen Fahrzeuges vorgeführt werden sollen. Daraus ergibt sich, dass ein Vorführkraftfahrzeug nur ein Fahrzeug sein kann, das einer bestimmten Type entspricht, von der der Händler eine größere Anzahl verkaufen kann und will. Ein Einzelstück kann daher definitionsgemäß kein Vorführfahrzeug sein. Fahrzeuge des Betriebsinhabers oder von Angestellten, die von diesen überwiegend privat oder für sonstige betriebliche Zwecke verwendet und nur gelegentlich für Vorführzwecke eingesetzt werden, sind keine Vorführkraftfahrzeuge. Weiters sind keine Vorführfahrzeuge so genannte Pool-, Direktions- und Testfahrzeuge (VwGH 21.09.2006, 2004/15/0072). Fahrzeuge, die an Unternehmer, juristische Personen oder Privatpersonen entgeltlich oder unentgeltlich überlassen werden, sind keine Vorführkraftfahrzeuge, auch wenn mit der Fahrzeugüberlassung Werbezecke verfolgt werden. Ist in diesen Fällen ein tauschähnlicher Umsatz anzunehmen, kann bei Vorliegen der sonstigen Voraussetzungen eine gewerbliche Vermietung gegeben sein. Vorführfahrzeuge sind in aller Regel dem Umlaufvermögen zuzurechnen, weil sie grundsätzlich nicht dazu bestimmt sind, dem Geschäftsbetrieb dauernd zu dienen. Nach der Rechtsprechung des VwGH handelt es sich bei Vorführkraftfahrzeugen um „zum alsbaldigen Verkauf“ bestimmte Kraftfahrzeuge (VwGH 31.03.1995, 93/17/0393). Demnach muss ein Zusammenhang mit einer beabsichtigten

Weiterveräußerung jedenfalls noch erkennbar sein. Handelt es sich bei den Vorführkraftfahrzeugen um „gängige" Modelle, können diese in durchschnittlicher Betrachtungsweise in kürzerer Zeit (ca. 6 Monate) weiterveräußert werden. Wenn trotz Verkaufsbemühungen innerhalb von 6 Monaten keine Weiterveräußerung erfolgt, kann bis zu einer Dauer von maximal 12 Monaten (noch) von einer „Bestimmung zum alsbaldigen Verkauf" ausgegangen werden. Ausnahmsweise kann bei Vorführfahrzeugen der Luxusklasse ein längerer Zeitraum akzeptiert werden (maximal zwei Jahre), da diese generell schwerer verkäuflich sind.

Ob ein Vorführkraftfahrzeug vorliegt, ist für jeden Einzelfall eigens zu untersuchen (VwGH 12.12.1988, 87/15/0094 zur gewerblichen Weiterveräußerung). Die Voraussetzungen hat der Unternehmer durch geeignete Unterlagen (Fahrtenbuch bzw. sonstige Nutzungsaufzeichnungen) nachzuweisen.

(BMF-AV Nr. 2015/170)

Wird ein Vorführkraftfahrzeug für Zwecke außerhalb des Unternehmens eingesetzt, liegt 1941
Eigenverbrauch gemäß § 3a Abs. 1a Z 1 UStG 1994 vor. Für die Beurteilung dieser Zwecke „außerhalb des Unternehmens" kann § 12 Abs. 2 Z 2 lit. b UStG 1994 ausgeklammert bleiben, dh. die Verwendung zu anderen (nicht begünstigten) betrieblichen Zwecken führt zu keiner Eigenverbrauchsbesteuerung. Eigenverbrauch nach § 3a Abs. 1a Z 1 UStG 1994 ist gegeben, wenn ein Vorführkraftfahrzeug einem Arbeitnehmer für Fahrten zwischen Wohnung und Arbeitsstätte oder für Privatfahrten überlassen wird. Wird die Beistellung des Vorführkraftfahrzeuges als Teil des Arbeitsentgeltes geschuldet, liegt ein tauschähnlicher Umsatz gemäß § 3a Abs. 2 UStG 1994 vor (siehe Rz 66).

(BMF-AV Nr. 2015/170)

Die Veräußerung eines Vorführkraftfahrzeuges unterliegt der Umsatzsteuer. Wird ein 1942
zunächst als Vorführkraftfahrzeug verwendetes Fahrzeug bereits im Anschaffungsjahr anderen (nicht begünstigten) „unternehmerischen" Zwecken (Anlagevermögen) gewidmet, ist eine volle Vorsteuerberichtigung vorzunehmen. Wird das Fahrzeug später veräußert, unterliegt der Verkauf nicht der Umsatzsteuer (vgl. VwGH 27.08.2008, 2006/15/0127). Wird ein Vorführfahrzeug in einem späteren Jahr als dem Anschaffungsjahr anderen (nicht begünstigten) „unternehmerischen" Zwecken (Anlagevermögen) gewidmet, ist eine negative Vorsteuerberichtigung iSd § 12 Abs. 11 UStG 1994 vorzunehmen (volle Vorsteuerberichtigung). Voraussetzung ist, dass hinsichtlich des Fahrzeugs tatsächlich eine Änderung hinsichtlich der Vorsteuerabzugsberechtigung erfolgt ist (dies ist nicht der Fall, dh. es erfolgt keine Vorsteuerberichtigung, wenn zB ein Vorführkraftfahrzeug nach Ablauf des oben angeführten Zeitraumes ausschließlich zum Verkauf angeboten wird – Abmeldung bzw. keine sonstige betriebliche (Weiter)Nutzung). Der spätere Verkauf unterliegt auch in diesem Fall nicht der Umsatzbesteuerung.

(BMF-AV Nr. 2015/170)

12.2.5.2.3. Kraftfahrzeuge, die ausschließlich zur gewerblichen Weiterveräußerung bestimmt sind

Der An- und Verkauf eines Personen- oder Kombinationskraftwagens durch einen Unter- 1943
nehmer, der nicht Autohändler ist, fällt nur dann nicht in den außerunternehmerischen Bereich, wenn auch die mit dem Fahrzeug in Zusammenhang stehende Betätigung – isoliert betrachtet – eine gewerbliche und insofern nachhaltige Tätigkeit darstellt (VwGH 29.4.1996, 95/13/0178). Bei einem einmaligen An- und Verkauf muss geprüft werden, ob Wiederholungsabsicht vorliegt, die für die Annahme einer nachhaltigen Betätigung ausreichen würde.

(BMF-AV Nr. 2015/170)

Wird ein KFZ unentgeltlich übertragen, so liegt keine gewerbliche Weiterveräußerung 1944
vor. Dies ist zB bei der Verlosung eines Kraftfahrzeuges im Rahmen eines Preisausschreibens der Fall (VwGH 12.12.1988, 87/15/0094).

(BMF-AV Nr. 2015/170)

Das KFZ muss „ausschließlich", das bedeutet ohne jede, auch nur die geringste Ausnahme, 1945
der gewerblichen Weiterveräußerung dienen (VwGH 10.6.1991, 90/15/0111).

(BMF-AV Nr. 2015/170)

12.2.5.2.4. Kraftfahrzeuge, die zu mindestens 80% dem Zweck der gewerblichen Personenbeförderung oder der gewerblichen Vermietung dienen

Die Beförderung unternehmensfremder Personen muss den eigentlichen Unternehmens- 1946
zweck bilden (Taxis, Mietwagen) oder in den Rahmen des Unternehmens fallen (zB Hotelwagen). Unter Miet-, Taxi- und Gästewagen sind Fahrzeuge iSd § 3 Abs. 1 Z 2 bis 4 Gelegenheitsverkehrsgesetz, BGBl. Nr. 112/1996 (GelverkG), zu verstehen (VwGH 19.10.1981,

1321/79). Eine private oder anderweitige unternehmerische (zB Einkaufsfahrten) Verwendung des Fahrzeuges bis zu einem Ausmaß von 20% berührt das Recht auf Vorsteuerabzug nicht.

(BMF-AV Nr. 2015/170)

1947 Nach § 3 Abs. 1 Z 4 GelverkG darf die Konzession betreffend Gästewagen-Gewerbe („Hotelwagen") ua. nur für die Beförderung der Wohngäste (Pfleglinge) und der Bediensteten von Gastgewerbebetrieben mit Beherbergung von Gästen, von Heilanstalten, von Erholungsheimen und dergleichen durch die Kraftfahrzeuge dieser Unternehmen vom eigenen Betrieb zu Aufnahmestellen des öffentlichen Verkehrs und umgekehrt (Gästewagen-Gewerbe) erteilt werden.

Für die Beurteilung als Hotelwagen können auch sonstige Fahrten mit Hotelgästen, wie Ausflugsfahrten mit Hotelgästen, die Beförderung der Hotelgäste zu Schiliften, Bädern usw. in die 80%-Grenze eingerechnet werden. Sonstige betriebliche Fahrten (zB Einkaufsfahrten) zählen nicht zu den begünstigten Fahrten.

Für die Anerkennung als Hotelwagen ist nicht erforderlich, dass den Hotelgästen für die Beförderung ein gesondertes Entgelt in Rechnung gestellt wird.

(BMF-AV Nr. 2015/170)

1948 Zu den Fahrzeugen, die zu mindestens 80% dem Zweck der gewerblichen Vermietung dienen, gehören Leasingfahrzeuge und Fahrzeuge, die sprachüblich als „Leihfahrzeuge" bezeichnet werden (kurzfristige Vermietung). Unter gewerblicher Vermietung ist auch die Zurverfügungstellung eines Leihwagens durch eine Kfz-Werkstätte an Kunden für die Zeit der Durchführung der Reparaturarbeiten am Kfz des Kunden zu verstehen. Nicht erforderlich ist dabei, dass für die Zurverfügungstellung des Leihwagens ein gesondertes Entgelt in Rechnung gestellt wird.

(BMF-AV Nr. 2015/170)

12.2.5.3. Leistungen im Zusammenhang mit Kraftfahrzeugen

1949 Mit dem Betrieb in ursächlichem Zusammenhang stehen alle Leistungen, die bei der widmungsgemäßen Benützung anfallen. Es sind nicht nur Leistungen betroffen, die mit dem „Fahrbetrieb" des Fahrzeuges in Zusammenhang stehen, wie zB Treibstoffe, Schmierstoffe, Wartung, Pflege, Reparaturen, Maut oder Bahnverladung, sondern auch Leistungen im Zusammenhang mit dem Halten des Fahrzeuges, wie etwa Garagierungskosten (VwGH 22.4.1991, 90/15/0011). Nicht zum Betrieb gehören Leistungen, die mit der Errichtung und Erhaltung von betriebseigenen Garagen, Tankstellen oder Reparaturwerkstätten in Zusammenhang stehen.

(BMF-AV Nr. 2015/170)

1950 Aufwendungen für Sondereinrichtungen, die mit dem Betrieb eines KFZ nicht typischerweise verbunden sind und einkommensteuerlich eigenständige Wirtschaftsgüter darstellen, fallen nicht in den Anwendungsbereich des § 12 Abs. 2 Z 2 lit. b UStG 1994. Als eigene Wirtschaftsgüter sind ua. Autotelefone, Taxameter, Funkeinrichtungen und dgl. anzusehen.

(BMF-AV Nr. 2015/170)

1951 Der Begriff der Miete bestimmt sich nach den Vorschriften des bürgerlichen Rechts.

(BMF-AV Nr. 2015/170)

1952 Nicht vom Vorsteuerabzug ausgeschlossen sind jene Vorsteuern, die auf Leistungen auf Grund eines Beförderungsvertrages entfallen. Der Vorsteuerabzug für unternehmerisch bedingte Taxifahrten steht daher zu.

(BMF-AV Nr. 2015/170)

Randzahlen 1953 bis 1979: *derzeit frei.*

12.2.6. Vorsteuerabzug bei einem Bestandvertrag (Leasingvertrag) über Kraftfahrzeuge oder Krafträder im Falle der Beschädigung des Bestandobjektes durch Unfall oder höhere Gewalt

1980 Nach den Erläuterungen zum BG BGBl. I Nr. 29/2000 (87 der Beilagen zu den Stenographischen Protokollen des NR XXI. GP) soll die Neuregelung des § 12 Abs. 2 Z 4 UStG 1994 eine Vereinfachung der Abwicklung in den Fällen bewirken, in denen nach der Vertragslage der Bestandnehmer (Leasingnehmer) alle Risken aus dem Leistungsverhältnis voll zu tragen hat. Wird somit in einem Mietvertrag (Leasingvertrag) über Kraftfahrzeuge (einschließlich Krafträder) die Verpflichtung zur Wiederinstandsetzung des Fahrzeuges dem Mieter (Leasingnehmer) auferlegt, so gilt § 12 Abs. 2 Z 4 UStG 1994 und der Vorsteuerabzug bezüglich einer vom Vermieter (Leasinggeber) in Auftrag gegebenen Reparaturleistung ist beim Vermieter (Leasinggeber) ausgeschlossen.

(BMF-AV Nr. 2015/170)

Trifft hingegen nach der Vertragslage den Vermieter (Leasinggeber) die Verpflichtung 1981
zur Wiederinstandsetzung des Fahrzeuges (zB bei Haftungsausschluss des Mieters bei Schäden oder Verlust des Mietfahrzeuges gegen Bezahlung einer Gebühr oder bei Full-Service-Leasingverträgen), so kommt die Regelung des § 12 Abs. 2 Z 4 UStG 1994 nach ihrem Sinn und Zweck nicht zur Anwendung. Dies bedeutet, dass in diesem Fall dem Vermieter (Leasinggeber) der Vorsteuerabzug hinsichtlich einer von ihm beauftragten Reparaturleistung zusteht und das durch diese Vertragslage bedingte zusätzliche (höhere) Mietentgelt (Leasingentgelt) der Umsatzsteuer unterliegt.

(BMF-AV Nr. 2015/170)

Das gleiche gilt bei einem nicht gänzlichen Haftungsausschluss durch Vereinbarung eines 1982
Selbstbehaltes des Mieters (Leasingnehmers). In diesem Fall steht dem Vermieter (Leasinggeber) der Vorsteuerabzug hinsichtlich einer von ihm beauftragten Reparaturleistung zu und das Entgelt für den teilweisen Haftungsausschluss sowie ein allfällig zu leistender Selbstbehalt unterliegen der Umsatzsteuer.

(BMF-AV Nr. 2015/170)

In den Fällen der kurzfristigen Vermietung von Kraftfahrzeugen mit häufig wechselnden 1983
Mietern kommt es vor, dass von mehreren Mietern am selben Auto verursachte Schäden zwar mit den Mietern gesondert abgerechnet werden, jedoch nur ein Reparaturauftrag für diese Beschädigungen erteilt wird. Hier können sich Schwierigkeiten in der Abwicklung dadurch ergeben, dass eine Reparatur sowohl Mietern mit als auch Mietern ohne Haftungsausschluss zuzurechnen ist. Um diese Schwierigkeiten zu vermeiden, kann ein Unternehmer, dessen unternehmerische Tätigkeit die kurzfristige Vermietung von Kraftfahrzeugen ist und bei dem die Möglichkeit besteht, Fahrzeuge sowohl mit als auch ohne Haftungsausschluss zu mieten, bei Zutreffen der übrigen Voraussetzungen des § 12 UStG 1994 für sämtliche von ihm beauftragten Reparaturleistungen an den Mietfahrzeugen den Vorsteuerabzug geltend machen. Dies gilt jedoch nur unter der Voraussetzung, dass sämtliche den Mietern weiterverrechneten Reparaturkosten und Beträge aus dem Titel Selbstbehalt der Umsatzsteuer unterworfen werden.

(BMF-AV Nr. 2015/170)

12.2.7. Vorsteuerabzug bei Personen-, Kombinationskraftwagen oder Krafträdern mit einem CO_2-Emissionswert von 0 Gramm pro Kilometer

(BMF-AV Nr. 2019/165)

Ab 1.1.2016 ist gemäß § 12 Abs. 2 Z 2a UStG 1994 bei Personenkraftwagen oder Kom- 1984
binationskraftwagen mit einem CO_2-Emissionswert von 0 Gramm pro Kilometer (zB Personenkraftwagen oder Kombinationskraftwagen mit ausschließlich elektrischem oder elektrohydraulischem Antrieb) ein Vorsteuerabzug unter den allgemeinen Voraussetzungen des § 12 UStG 1994 möglich.

Andere Personenkraftwagen oder Kombinationskraftwagen, zB Hybridfahrzeuge, die sowohl mit Elektromotor als auch mit Verbrennungsmotor angetrieben werden können, berechtigen nicht zum Vorsteuerabzug. Dies gilt unabhängig von der Art des Hybridfahrzeuges – also zB Vollhybrid, elektrischer Antrieb und Aufladung der Batterie durch Verbrennungsmotor (sogenannte „Range Extender“).

Gleiches gilt ab 1.1.2020 für Krafträder mit einem CO_2-Emissionswert von 0 Gramm pro Kilometer. Da unter dem Begriff des Kraftrades ein Fahrzeug zu verstehen ist, dessen Fortbewegung nicht ausschließlich durch mechanische Umsetzung der Muskelkraft, sondern ganz oder teilweise durch Motoreneinsatz bewirkt wird, berechtigen bspw. Motorfahrräder, Motorräder mit Beiwagen, Quads, Elektrofahrräder und Selbstbalance-Roller mit ausschließlich elektrischem oder elektrohydraulischem Antrieb – bei Vorliegen der allgemeinen Voraussetzungen des § 12 UStG 1994 – zum Vorsteuerabzug.

Berechtigen Kraftfahrzeuge nach § 12 Abs. 2 Z 2 lit. b UStG 1994 zum Vorsteuerabzug (zB Fahrschulkraftfahrzeuge, Kleinbus im Sinne des § 5 der Verordnung BGBl. II Nr. 193/2002), kann der Vorsteuerabzug im Zusammenhang mit diesen Fahrzeugen unabhängig vom CO_2-Ausstoß geltend gemacht werden, weil die Antriebsform keine Voraussetzung des § 12 Abs. 2 Z 2 lit. b UStG 1994 ist.

(BMF-AV Nr. 2019/165)

Da für Personenkraftwagen oder Kombinationskraftwagen § 20 Abs. 1 Z 2 lit. b EStG 1988 1985
bzw. § 12 Abs. 1 Z 2 KStG 1988 in Verbindung mit der Verordnung BGBl. II Nr. 466/2004

zu beachten ist, berechtigen Personenkraftwagen und Kombinationskraftwagen mit einem CO_2-Emissionswert von 0 Gramm pro Kilometer, deren Anschaffungskosten 40.000 Euro nicht übersteigen, unter den allgemeinen Vorschriften des § 12 UStG 1994, (uneingeschränkt) nach § 12 Abs. 2 Z 2a UStG 1994 zum Vorsteuerabzug. Gleiches gilt für Fahrzeuge, deren Anschaffungskosten über 40.000 Euro liegen und höchstens 80.000 Euro betragen. In diesen Fällen kommt jedoch § 1 Abs. 1 Z 2 lit. a UStG 1994 zur Anwendung (vgl. Rz 59). Im Zusammenhang mit Personenkraftwagen und Kombinationskraftwagen, deren Anschaffungskosten überwiegend keine abzugsfähigen Ausgaben (Aufwendungen) darstellen (Anschaffungskosten über 80.000 Euro), kann aufgrund § 12 Abs. 2 Z 2 lit. a UStG 1994 kein Vorsteuerabzug geltend gemacht werden (vgl. VwGH 19.5.2020, Ra 2018/13/0091).

Beispiel:

Ein Unternehmer erwirbt ein E-Auto mit reinem Elektroantrieb um 45.000 Euro inkl. USt. Bei diesem Rechnungsbetrag hat der Händler bereits den Händleranteil der Umweltförderung (E-Mobilitätsbonus) in Abzug gebracht. Der Unternehmer erhält zusätzlich eine Umweltförderung von 2.000 Euro sowie eine Investitionsprämie in Höhe von 5.250 Euro für den Autokauf. Der Unternehmer kann den Vorsteuerabzug von 7.500 Euro geltend machen und hat eine Eigenverbrauchsbesteuerung von 833,33 Euro (45.000 Euro – 40.000 Euro = 5.000 Euro/1,2 = 4.166,67 Euro; davon 20 % ergibt eine Umsatzsteuer iHv 833,33 Euro) vorzunehmen. Weder die Umweltförderung noch die Investitionsprämie wirken sich auf den Vorsteuerabzug oder die (Höhe der) Eigenverbrauchsbesteuerung aus.

Für die umsatzsteuerliche Beurteilung, ob Entgelte überwiegend keine abzugsfähigen Ausgaben (Aufwendungen) im Sinne des § 20 Abs. 1 Z 2 lit. b EStG 1988 oder des § 12 Abs. 1 Z 2 KStG 1988 sind, ist die tatsächliche ertragsteuerliche Behandlung nicht maßgeblich. Entscheidend ist nur, dass die Ausgaben (Aufwendungen) ihrer Art nach (objektiv) unter die ertragsteuerlichen Bestimmungen fallen. Zahlungen der öffentlichen Hand, die als unechte Zuschüsse (zB Zuschuss als Entgelt von dritter Seite oder Zuschuss als Entgelt des Leistungsempfängers, vgl. Rz 22 ff.) zu beurteilen sind, fließen somit in die Beurteilung der Entgelte bzw. der (Nicht)Abzugsfähigkeit von Ausgaben (Aufwendungen) nach § 12 Abs. 2 Z 2 lit. a UStG 1994 ein. Für die Beurteilung der Höhe der Ausgaben (Aufwendungen) im Sinne des § 12 Abs. 2 Z 2 lit. a UStG 1994 ist es irrelevant, ob ein Teil des Entgelts als unechter Zuschuss zu qualifizieren ist.

(BMF-AV Nr. 2015/170, BMF-AV Nr. 2016/212, BMF-AV Nr. 2021/166)

Randzahlen 1986 bis 1990: *derzeit frei.*

12.3. Ausschluss vom Vorsteuerabzug

12.3.1. Vorsteuerausschluss für unecht befreite Umsätze und bestimmte Auslandsumsätze

1991 Für welche Umsätze Leistungen in Anspruch genommen werden, ist an Hand des wirtschaftlichen Zusammenhangs im Zeitpunkt der Leistungserbringung zu beurteilen.

Hinsichtlich des Zusammenhanges mit unecht steuerbefreiten Umsätzen bzw. mit Umsätzen, die aus einem anderen Grund vom Vorsteuerabzug ausschließen (vgl. Rz 2000), ist die Rechtslage im Zeitpunkt der Erbringung der Vorleistungen beachtlich und nicht jene im Zeitpunkt der tatsächlichen Ausführung der Umsätze (VwGH 24.9.2003, Zl. 99/14/0232). Kommt es in den Folgejahren zu einer Änderung der Rechtslage, kann ein Anwendungsfall der Vorsteuerberichtigung gemäß § 12 Abs. 10 bis 12 UStG 1994 vorliegen.

1992 Nach ständiger Rechtsprechung des EuGH ist der Unternehmer nur dann zum Vorsteuerabzug berechtigt, wenn grundsätzlich ein direkter und unmittelbarer Zusammenhang zwischen einem bestimmten Eingangsumsatz und einem oder mehreren Ausgangsumsätzen, die das Recht auf Vorsteuerabzug eröffnen, besteht. Auch bei Fehlen eines derartigen Zusammenhangs wird ein Recht auf Vorsteuerabzug dann angenommen, wenn die Kosten für die fraglichen Dienstleistungen zu den allgemeinen Aufwendungen des Unternehmers gehören und – als solche – Kostenelemente der von ihm gelieferten Gegenstände oder erbrachten Dienstleistungen sind. Derartige Kosten hängen nämlich direkt und unmittelbar mit der wirtschaftlichen Gesamttätigkeit des Unternehmers zusammen. Wenn hingegen von einem Steuerpflichtigen bezogene Gegenstände oder Dienstleistungen mit steuerbefreiten Umsätzen zusammenhängen oder nicht vom Anwendungsbereich der Mehrwertsteuer erfasst werden, kann es weder zur Erhebung der Steuer auf der folgenden Stufe noch zum Abzug der Vorsteuer kommen. Ein direkter und unmittelbarer Zusammenhang mit einem steuerfreien oder nicht steuerbaren Ausgangsumsatz liegt vor, wenn die bezogenen Gegenstände oder Dienstleistungen diesem Umsatz direkt zuordenbar sind (zB Vorleistungen, die der Vorbereitung oder laufenden Unterstützung der steuerfreien bzw. nicht steuerbaren Tätigkeit dienen) und für die Bewirkung dieses Umsatzes unerlässlich sind. In solchen Fällen sind

Feststellungen darüber, ob und inwieweit diese auf die letztgenannten Ausgangsumsätze (zB Beteiligungsveräußerungen) entfallenden Kosten auf den Leistungsempfänger (zB Käufer der Beteiligung) überwälzt werden konnten, nach der Rechtsprechung des EuGH nicht erforderlich (vgl. VwGH 28.6.2017, Ro 2015/15/0014, Rn 14 und 15). Kein direkter und unmittelbarer Zusammenhang besteht in der Regel zwischen einem Ausgangsumsatz und Dienstleistungen, die der Unternehmer als Folge und nach Abwicklung dieses Umsatzes verwendet hat (vgl. RS zu VwGH 28.6.2017, Ro 2015/15/0014, mit Verweis auf EuGH 29.10.2009, Rs C-29/08, *SKF* sowie EuGH 16.2.2012, Rs C-118/11, *Eon Aset Menidjmunt OOD* sowie EuGH 8.6.2000, C-98/98, *Midland Bank plc*).

Allgemeine Aufwendungen (auch aus Vorbereitungshandlungen), die im Falle eines direkten und unmittelbaren Zusammenhanges mit der steuerpflichtigen Gesamttätigkeit des Unternehmers nicht vom Vorsteuerabzug ausschließen, können Kosten im Zusammenhang mit

- der Gründung von Personen- und Kapitalgesellschaften (Ausgabe von Gesellschaftsanteilen),
- der Aufnahme neuer Gesellschafter (Kapitalerhöhung),
- dem „Börsegang" eines Unternehmens

sein (vgl. EuGH 22.2.2001, Rs C-408/98, *Abbey National plc*; EuGH 26.5.2005, Rs C-465/03, *Kretztechnik AG*).

Bei Depotgebühren, welche im Zusammenhang mit einer unternehmerisch bedingten Wertpapierhaltung anfallen (zB mit der gesetzlich gebotenen Wertpapierdeckung nach § 14 Abs. 5 und 7 EStG 1988 für Abfertigungs- und Pensionsrückstellungen), handelt es sich um allgemeine Kosten des Unternehmers. Die für solche Depotgebühren in Rechnung gestellte Umsatzsteuer kann als Vorsteuer abgezogen werden, sofern es sich bei den Umsätzen, die der Unternehmer im Rahmen seiner wirtschaftlichen Tätigkeit bewirkt, um steuerpflichtige Umsätze handelt.

Vorsteuern für Aufwendungen, welche im Vorfeld der Bestellung von Aufsichtsräten anfallen (zB Kosten für die Ausschreibung eines Aufsichtsratspostens oder für die Vertragsgestaltung), sind dann abzugsfähig, wenn die Gesellschaft steuerpflichtige oder echt steuerbefreite Umsätze bewirkt.

(BMF-AV Nr. 2018/164)

Gegenstände, die der Unternehmer zur Ausführung einer Einfuhr verwendet, oder sonstige Leistungen, die er dafür in Anspruch nimmt, sind den Umsätzen zuzurechnen, für die der eingeführte Gegenstand verwendet wird. Die Einfuhr ist somit ihrer wirtschaftlichen Bedeutung entsprechend nicht als Umsatz des Unternehmers, sondern als Umsatz an den Unternehmer anzusehen. Damit werden in jenen Fällen Verzerrungen vermieden, in denen die Einfuhr umsatzsteuerrechtlich anders behandelt wird als die unter Verwendung der eingeführten Gegenstände bewirkten Umsätze. **1993**

Beispiel:

1. *Ein Versicherungsunternehmen importiert für den unecht befreiten Versicherungsbetrieb eine EDV-Anlage. Im Rahmen dieser Einfuhr fällt (nicht abzugsfähige) EUSt und Vorsteuern aus sonstigen Leistungen, die im Zusammenhang mit dieser Einfuhr erforderlich waren, an. Diese sonstigen Leistungen sind ebenso wie die eingeführte EDV-Anlage den unecht befreiten Versicherungsumsätzen zuzurechnen, weshalb ein Vorsteuerabzug nicht in Betracht kommt. Entsprechendes gilt, wenn die EDV-Anlage innergemeinschaftlich erworben wird.*
2. *Eine Arzneimittelfabrik, die ausschließlich steuerpflichtige Umsätze bewirkt, führt Gegenstände EUSt-frei ein. Die mit dem Transport zusammenhängenden Vorsteuern dürfen trotz der steuerfreien Einfuhr abgezogen werden, weil sie im wirtschaftlichen Zusammenhang mit den steuerpflichtigen Umsätze stehen.*

Ist zunächst unklar, ob angefallene Umsatzsteuerbeträge mit echt oder unecht befreiten Umsätzen in Zusammenhang stehen, muss die wahrscheinlichste Lösung getroffen werden. Die für die Vorleistungen eines vom Leistungsempfänger nicht selbst genutzten Gebäudes in Rechnung gestellte USt darf nur dann als Vorsteuer abgezogen werden, wenn mit ziemlicher Sicherheit feststeht, dass das Gebäude steuerpflichtig vermietet werden wird. Eine bloße diesbezügliche Absichtserklärung reicht hiefür nicht aus. Vielmehr muss die Absicht in bindenden Vereinbarungen ihren Niederschlag finden oder aus sonstigen, über die Absichtserklärung hinausgehenden Umständen zu erschließen sein. **1994**

Ändern sich während des Veranlagungszeitraumes die für den Vorsteuerabzug maßgebenden Verhältnisse, ist der Vorsteuerabzug zu berichtigen. Tritt die Änderung in einem folgenden Veranlagungszeitraum ein, kommt § 12 Abs. 10 oder Abs. 11 UStG 1994 zur Anwendung. **1995**

1996 Hat ein Unternehmer in einem Veranlagungszeitraum keine nach § 6 Abs. 1 Z 7 bis 28 UStG 1994 steuerfreien Umsätze ausgeführt, sind aber Vorsteuern angefallen, die mit späteren Umsätzen dieser Art in Zusammenhang stehen, so hat der Vorsteuerabzug insoweit von vornherein zu unterbleiben (zB bei Vorsteuern für die Errichtung von Eigentumswohnungen, die erst im folgenden Kalenderjahr nach § 6 Abs. 1 Z 9 lit. a UStG 1994 steuerfrei geliefert werden). Umgekehrt dürfen Vorsteuern, die den zum Abzug berechtigenden Umsätzen zuzurechnen sind, bei Vorliegen der sonstigen Voraussetzungen bereits abgezogen werden, bevor die entsprechenden Umsätze ausgeführt werden (zB vor einer Geschäftseröffnung anfallende Vorsteuern). Eine unter Umständen notwendige Aufteilung der Vorsteuerbeträge ist nach den Grundsätzen des § 12 Abs. 4 UStG 1994 vorzunehmen.

1997 Die Vorleistungen müssen eine direkte und unmittelbare Verbindung mit den nicht unecht befreiten Umsätzen aufweisen. Dienstleistungen im Zusammenhang mit dem Verkauf von Gesellschaftsanteilen sind auch dann vom Vorsteuerabzug ausgeschlossen, wenn die Kernumsätze der Gesellschaft steuerpflichtig sind (siehe VwGH 28.6.2017, Ro 2015/15/0014, zu Beratungsleistungen im Zusammenhang mit einer Beteiligungsveräußerung sowie EuGH 6.4.1995, Rs C-4/94, BLP Group und BFH 27.1.2011, V R 38/09).

Die im Rahmen des Factoring-Geschäftes dem Anschlusskunden verrechneten Gebühren stehen nicht mit der vom Anschlusskunden vorgenommenen Forderungsabtretung an den Factor, sondern mit der sonstigen unternehmerischen Tätigkeit des Unternehmers im Zusammenhang. Liegt beim Kauf zahlungsgestörter Forderungen keine entgeltliche Leistung an den Forderungsverkäufer vor (siehe Rz 8), ist der Forderungserwerber aus Eingangsleistungen für den Forderungserwerb und den Forderungseinzug nicht zum Vorsteuerabzug berechtigt (vgl. BFH 26.01.2012, V R 18/08).

(AÖF Nr. 2014/7, BMF-AV Nr. 2018/164)

12.3.2. Kein Vorsteuerausschluss bei bestimmten Bank- und Versicherungsgeschäften

1998 In den Fällen des § 12 Abs. 3 Z 3 lit. b UStG 1994 ist es ohne Bedeutung, ob eine steuerfreie Ausfuhrlieferung nach § 7 UStG 1994 vorliegt. Maßgeblich ist, dass der Gegenstand nachweislich und endgültig in das Drittland gelangt.

Beispiel:

In das Drittland ausgeführte Gegenstände (Ausfuhrlieferung oder zB Verbringen) werden gegen Transportschäden versichert; der Versicherer ist insoweit nicht vom Vorsteuerabzug ausgeschlossen.

1999 In den Fällen des § 12 Abs. 3 Z 3 lit. c UStG 1994 sind jene Umsätze iSd § 3a Abs. 14 Z 7 UStG 1994 betroffen, die nach § 3a Abs. 14 bzw. Abs. 6 UStG 1994 als im Drittland ausgeführt gelten.

Beispiel:

Eine Bank gewährt einem Unternehmer mit Sitz in Zürich einen Kredit. Die Bank ist insoweit nicht vom Vorsteuerabzug ausgeschlossen.

(BMF-AV Nr. 2021/166)

12.3.3. Vorsteuerausschluss bei Gebäuden

2000 Gemäß § 12 Abs. 3 Z 4 UStG 1994 ist die Steuer für Lieferungen und sonstige Leistungen sowie die Einfuhr von Gegenständen vom Vorsteuerabzug ausgeschlossen, soweit sie im Zusammenhang mit der Verwendung eines dem Unternehmen zugeordneten Grundstückes für die in § 3a Abs. 1a Z 1 UStG 1994 genannten Zwecke steht. Im § 3a Abs. 1a Z 1 UStG 1994 genannte Zwecke sind solche, die außerhalb des Unternehmens liegen, und solche für den Bedarf des Personals des Unternehmers, soweit keine Aufmerksamkeiten vorliegen.

Beispiel:

Ein Rechtsanwalt errichtet im Februar 2011 ein Haus, das ab 1. März 2011 als Anlagevermögen verwendet wird. 50% werden privat genutzt. Das Grundstück ist zur Gänze dem Unternehmen zugeordnet. Die Vorsteuern betrugen insgesamt 240.000 Euro.

Im Jahr 2011 Vorsteuerabzug 50%.

Im Jahr 2012 wird das Haus verkauft/entnommen:

Keine Option: Steuerfreier Grundstücksumsatz. Vorsteuerberichtigung hinsichtlich des unternehmerisch genutzten Teiles (9/10 von 120.000 Euro = 108.000 Euro zu Lasten des Unternehmers).

Option: Steuerpflichtiger Grundstücksumsatz. Vorsteuerberichtigung hinsichtlich des privat genutzten Teiles (9/10 von 120.000 Euro = 108.000 Euro zu Gunsten des Unternehmers).

Im Zeitraum vom 1.5.2004 bis 31.12.2010 ist davon auszugehen, dass in dessen Anwendungsbereich § 12 Abs. 2 Z 2 lit. a UStG 1994 dem § 12 Abs. 3 Z 4 UStG 1994 als die speziellere Bestimmung vorgeht (VwGH 19.3.2013, 2010/15/0085 mVa VwGH 28.5.2009, 2009/15/0100). **2001**

Ab 1.1.2011 (Inkrafttreten des Art. 168a MwSt-RL 2006/112/EG) sind beide Bestimmungen nebeneinander anzuwenden. Wenn daher bei Anwendung des § 12 Abs. 2 Z 2 lit. a UStG 1994 der Vorsteuerabzug nicht zur Gänze ausgeschlossen wird, kann dieser bei Vorliegen der sonstigen Voraussetzungen nur nach Maßgabe des § 12 Abs. 3 Z 4 UStG 1994 vorgenommen werden.

Beispiel 1:

A erwirbt 2011 ein Ferienappartement, das im zeitlichen Ausmaß von 60% steuerpflichtig vermietet und zu 40% privat genutzt wird. Der Vorsteuerabzug ist nach § 12 Abs. 2 Z 2 lit. a UStG 1994 nicht ausgeschlossen. Es steht bei Vorliegen der sonstigen Voraussetzungen des § 12 UStG 1994 der Vorsteuerabzug nach § 12 Abs. 3 Z 4 UStG 1994 nur im Ausmaß von 60% zu.

Spätere Änderungen im Ausmaß der privaten Nutzung sind im Rahmen von Vorsteuerberichtigungen gemäß § 12 Abs. 10 UStG 1994 zu berücksichtigen.

Beispiel 2:

B vermietet ein Zimmer (12% der Gesamtfläche des Gebäudes) seines Wohnhauses regelmäßig steuerpflichtig an Fremde. Insgesamt wird der Raum zu 55% unternehmerisch und 45% privat genutzt. Nach § 12 Abs. 3 Z 4 UStG 1994 kann der Vorsteuerabzug im Ausmaß von 55% geltend gemacht werden. Bei einer privaten Nutzung von mehr als 50% wäre der Vorsteuerabzug gemäß § 12 Abs. 2 Z 2 lit. a UStG 1994 zur Gänze ausgeschlossen. Spätere Änderungen des Nutzungsausmaßes sind im Rahmen der (positiven oder negativen) Vorsteuerberichtigungen gemäß § 12 Abs. 10 UStG 1994 zu berücksichtigen.

(BMF-AV Nr. 2015/170)

Randzahlen 2002 bis 2004: *derzeit frei.*

12.3.4. Kein Vorsteuerausschluss bei Verzicht auf die Steuerfreiheit bei bestimmten im Ausland ausgeführten Umsätzen

Gem. § 12 Abs. 3 Z 3 UStG 1994 ist die Steuer für Leistungen sowie für die Einfuhr von Gegenständen vom Vorsteuerabzug ausgeschlossen, soweit sie mit Umsätzen im Zusammenhang steht, die der Unternehmer im Ausland ausführt und die – wären sie im Inland steuerbar – steuerfrei sein würden. **2005**

Unter folgenden Voraussetzungen kann der Ausschluss vom Vorsteuerabzug unterbleiben (vgl. auch BFH 6.5.2004, BStBl II 856):

- Der Unternehmer hat einen Umsatz im übrigen Gemeinschaftsgebiet ausgeführt, den er bei Ausführung im Inland gem. § 6 Abs. 2 UStG 1994 steuerpflichtig behandeln könnte (zB Vermietung eines im anderen Mitgliedstaat gelegenen Geschäftslokales).
- Entsprechend dem innerstaatlichen Recht des anderen Mitgliedstaates ist eine wahlweise steuerpflichtige Behandlung dieses Umsatzes zulässig.
- Der Unternehmer weist nach, dass er diesen Umsatz tatsächlich gegenüber der zuständigen Abgabenbehörde des anderen Mitgliedstaates steuerpflichtig behandelt hat.

Randzahlen 2006 bis 2010: *derzeit frei.*

12.4. Aufteilung des Vorsteuerabzuges

12.4.1. Allgemeines

Die Vorschriften über die Aufteilung der Vorsteuerbeträge gelten nicht nur für die Berechnung der Steuer eines Veranlagungszeitraumes sondern auch für die Berechnung der Steuer eines Voranmeldungszeitraumes. Der Aufteilung der Vorsteuerbeträge sind jeweils die Verhältnisse des in Betracht kommenden Veranlagungs- oder Voranmeldungszeitraumes zu Grunde zu legen. Es ist jedoch auch möglich, dass der Unternehmer aus Vereinfachungsgründen den gesamten Vorsteuerabzug erst in der Erklärung für den Veranlagungszeitraum geltend macht. **2011**

Aus Vereinfachungsgründen ist auch nicht zu beanstanden, wenn der Unternehmer für die Voranmeldungszeiträume die Vorsteuerbeträge nach den Verhältnissen (zB dem Umsatzschlüssel) eines vorangegangenen Veranlagungszeitraumes oder nach den voraussichtlichen Verhältnissen des laufenden Veranlagungszeitraumes aufteilt. Voraussetzung hiefür ist, dass der Unternehmer das Finanzamt vorher darüber unterrichtet und keine gewichtigen Bedenken (zB Gefährdung des Steueranspruchs) gegen diese Handhabung bestehen. Bei **2012** der Veranlagung sind in jedem Falle die Verhältnisse des in Betracht kommenden Veranlagungszeitraumes zu Grunde zu legen.

12.4.2. Aufteilung nach Maßgabe der Zurechenbarkeit

2013 Nach der Grundnorm des § 12 Abs. 4 UStG 1994 sind die Vorsteuern grundsätzlich nach Maßgabe ihrer Zurechenbarkeit aufzuteilen, dh. sie sind danach aufzuteilen, wie sie den unecht steuerfreien Umsätzen und den übrigen Umsätzen bei wirtschaftlicher Betrachtung ganz oder teilweise zuzurechnen sind. Eine bestimmte Form der Aufteilung ist nicht vorgeschrieben. Es ist daher jede Methode, die im Einzelfall eine wirtschaftlich zutreffende Zuordnung der Vorsteuerbeträge ermöglicht, zulässig.

2014 Bei der Aufteilung der Vorsteuerbeträge nach § 12 Abs. 4 UStG 1994 sind drei Gruppen von Vorsteuerbeträgen zu unterscheiden:

12.4.2.1. Voll abziehbare Vorsteuern

2015 Diese können ausschließlich Umsätzen zugerechnet werden, die zum Vorsteuerabzug berechtigen. Das sind zB in einem Fertigungsbetrieb die Vorsteuern, die bei der Anschaffung von Material oder Anlagegütern anfallen. Bei einem Handelsbetrieb kommen vor allem die Vorsteuern aus Wareneinkäufen in Betracht.

12.4.2.2. Voll nicht abziehbare Vorsteuern

2016 Diese sind ausschließlich Umsätzen zuzurechnen, die zur Versagung des Vorsteuerabzuges führen. Hiezu gehören zB bei Grundstücksumsätzen, die nicht steuerpflichtig behandelt werden, die Vorsteuern, die für die Leistungen des Maklers und des Notars sowie für Inserate anfallen.

12.4.2.3. Übrige Vorsteuern

2017 In diese Gruppe fallen alle Vorsteuerbeträge, die sowohl mit Umsätzen, die den Vorsteuerabzug ausschließen, als auch mit Umsätzen, die zum Vorsteuerabzug berechtigen, in wirtschaftlichem Zusammenhang stehen. Hiezu gehören zB die Vorsteuerbeträge, die mit den Verwaltungsgemeinkosten eines Wohnungsunternehmens in Verbindung stehen, das sowohl Wohnungen steuerpflichtig vermietet als auch Eigentumswohnungen steuerfrei verkauft.

2018 Die Aufteilung der einer Umsatzgruppe nicht ausschließlich zurechenbaren Vorsteuern hat nach dem Prinzip der wirtschaftlichen Zurechnung zu erfolgen. Hiebei ist die betriebliche Kostenrechnung (Betriebsabrechnungsbogen, Kostenträgerrechnung) oder die Aufwands- und Ertragsrechnung in der Regel als geeigneter Anhaltspunkt heranzuziehen. Wird die Kostenrechnung zu Grunde gelegt, ist jedoch zu beachten, dass die verrechneten Kosten und der verrechnete Aufwand nicht mit den Werten (Vorumsätzen) übereinstimmen, über deren Vorsteuern zu entscheiden ist. Denn die Kostenrechnung erfasst nur die für die Erstellung einer Leistung notwendigen Kosten und die Aufwands- und Ertragsrechnung nur den in einer Abrechnungsperiode entstandenen Aufwand. Das betrifft insbesondere die Wirtschaftsgüter des Anlagevermögens, die in der Kostenrechnung wie in der Aufwands- und Ertragsrechnung nur mit den Abschreibungen angesetzt werden. Der Unternehmer kann diese Unterlagen daher nur als Hilfsmittel verwenden.

2019 Die nicht ausschließlich zurechenbaren Vorsteuerbeträge können auch schätzungsweise aufgeteilt werden. Dabei kommt es auf die Verhältnisse des Einzelfalles an, wie bei der Schätzung eine wirtschaftlich sachgerechte Aufteilung dieser Vorsteuerbeträge vorzunehmen ist. Unbedenklich erscheint zB bei einem Kreditunternehmen die Aufteilung der mit dem Betrieb einer EDV-Anlage zusammenhängenden Vorsteuern nach Betriebsstunden, wenn die Anlage sowohl eigenen Zwecken des Kreditunternehmens dient als auch vermietet wird.

2020 Die Aufteilung der Vorsteuern aus der Errichtung eines Ordinationsgebäudes samt Räumlichkeiten für die Hausapotheke ist in der Regel nach einem Flächenschlüssel vorzunehmen. Hiebei kommt es lediglich auf die Flächen an, die unmittelbar dem Bewirken der Umsätze der Hausapotheke oder der Tätigkeit als praktischer Arzt dienen.

Für die Ordinationsräumlichkeiten steht daher kein (anteiliger) Vorsteuerabzug zu (VwGH 23.02.2010, 2007/15/0289).

Für gemischt genutzte Räumlichkeiten wie zB Heizräume ist ein anteiliger Vorsteuerabzug zu gewähren. Die Aufteilung hat sachgerecht zu erfolgen. Sie ist nicht nach dem Umsatzschlüssel vorzunehmen, wenn dieser zu keinem möglichst sachgerechten Ergebnis führt (vgl. VwGH 31.1.2018, Ra 2016/15/0001).

(BMF-AV Nr. 2019/165)

Randzahlen 2021 bis 2030: *derzeit frei.*

12.5. Aufteilung nach dem Umsatzverhältnis – Ermittlung des Umsatzschlüssels

An Stelle einer Aufteilung nach § 12 Abs. 4 UStG 1994 kann der Unternehmer die Vorsteuerbeträge nach dem Verhältnis der zum Ausschluss vom Vorsteuerabzug führenden Umsätze zu den übrigen Umsätzen in nicht abziehbare und abziehbare Vorsteuerbeträge aufteilen. Diese Methode ist aus Vereinfachungsgründen zusätzlich zu der Grundnorm des § 12 Abs. 4 UStG 1994 vorgesehen; sie macht eine exakte Zuordnung der Vorsteuern zu bestimmten Umsätzen entbehrlich. Bei dieser Aufteilungsmethode sind alle Vorsteuern des Unternehmens nach dem Umsatzverhältnis des jeweiligen Voranmeldungs- bzw. Veranlagungszeitraumes aufzuteilen. Auf die wirtschaftliche Zurechenbarkeit kommt es daher nicht an. 2031

Umsätze von festen Niederlassungen in anderen Mitgliedstaaten oder im Drittland dürfen bei der Ermittlung der abzugsfähigen Vorsteuer nicht berücksichtigt werden (vgl. EuGH 12.09.2013, Rs C-388/11, *Le Crédit Lyonnais*). Umgekehrt dürfen für die Ermittlung der abzugsfähigen Vorsteuern einer solchen festen Niederlassung die Umsätze des Sitzes der wirtschaftlichen Tätigkeit und von festen Niederlassungen in anderen Mitgliedstaaten oder im Drittlandsgebiet nicht berücksichtigt werden. 2031a

(AÖF Nr. 2014/164)

Bietet der Unternehmer keine ausreichenden Anhaltspunkte für die Aufteilung der Vorsteuern nach Maßgabe der Zurechenbarkeit, so kann von der Behörde subsidiär die Methode der Aufteilung nach dem Umsatzverhältnis angewendet werden (VwGH 11.11.1987, 85/13/0197). Eine Aufteilung der Vorsteuern nach der Wertschöpfung (bei steuerpflichtigen Umsätzen einerseits und bei unecht steuerbefreiten Umsätzen andererseits) findet im Gesetz keine Deckung (VwGH 6.3.1989, 87/15/0087). Die Berechnungsweise des Pachtschillings (zB steuerfreie Umsätze werden bei dessen Berechnung nicht oder nur tw berücksichtigt) hat auf die Vorsteueraufteilung keinen Einfluss (VwGH 3.7.1996, 96/13/0057). 2032

Bei der Ermittlung des Umsatzschlüssels zur Aufteilung der Vorsteuern sind die folgenden beiden Umsatzgruppen zu unterscheiden: 2033

12.5.1. Unecht steuerfreie Umsätze und bestimmte Auslandsumsätze

Das sind die zum Ausschluss vom Vorsteuerabzug führenden Umsätze (siehe Rz 1991 bis 1996). 2034

12.5.2. Übrige Umsätze

Diese berechtigen zum vollen Vorsteuerabzug. 2035

Einfuhren und innergemeinschaftliche Erwerbe sind nicht Umsätze im Sinne des § 12 Abs. 5 UStG 1994. Sie sind daher beim Umsatzschlüssel nicht anzusetzen. 2036

12.5.3. Aufteilung nach Mischmethode

Die dritte im Gesetz vorgesehene Aufteilungsmethode (§ 12 Abs. 5 Z 2 UStG 1994) besteht darin, dass nur jene Vorsteuerbeträge, die den zum Ausschluss vom Vorsteuerabzug nach § 12 Abs. 3 UStG 1994 führenden Umsätzen oder den übrigen Umsätzen nicht ausschließlich zuzurechnen sind, nach dem Umsatzverhältnis aufgeteilt werden. Die Vorsteuern, welche einer der beiden Umsatzgruppen ausschließlich zugeordnet werden können, sind nach Maßgabe ihrer wirtschaftlichen Zugehörigkeit im Sinne des § 12 Abs. 4 UStG 1994 in abziehbare und nicht abziehbare Vorsteuern aufzuteilen. Die einer bestimmten Umsatzgruppe nicht ausschließlich zuzuordnenden Vorsteuern werden nicht nach dem Prinzip der wirtschaftlichen Zurechnung aufgeteilt sondern schematisch nach dem Umsatzverhältnis. 2037

12.5.4. Wahl der Aufteilungsmethode

Die Wahl sowie die Änderung der Aufteilungsmethode bedürfen weder eines Antrages des Unternehmers noch einer Bewilligung durch das Finanzamt. Es ist dem Unternehmer freigestellt, die für sein Unternehmen zweckmäßigste Aufteilungsmethode zu wählen und wieder davon abzugehen (Ausnahme siehe Rz 2046 bis 2050). 2038

Randzahlen 2039 bis 2045: *derzeit frei.*

12.6. Ausschluss der Aufteilungsmethode nach § 12 Abs. 5 UStG 1994

Wenn die gänzliche oder teilweise Aufteilung der Vorsteuern nach dem Umsatzverhältnis (§ 12 Abs. 5 Z 1 und 2 UStG 1994) zu einem ungerechtfertigten Steuervorteil im Sinne des § 12 Abs. 6 UStG 1994 führt, ist die Aufteilung der Vorsteuerbeträge nach dem Umsatzverhältnis ausgeschlossen. Sinn und Zweck dieser Vorschrift ist es, zu verhindern, dass durch eine rein schematische Aufteilung nach dem Umsatzverhältnis ein krass unrichtiges Ergebnis zu Stande kommt. Dies würde zB der Fall sein, wenn ein Bauunternehmer in einem 2046

Veranlagungszeitraum Gebäude errichtet, die er zum überwiegenden Teil erst im darauf folgenden Veranlagungszeitraum steuerfrei (§ 6 Abs. 1 Z 9 lit. a UStG 1994) verkauft. Hat dieser Unternehmer im Jahr der Errichtung dieser Gebäude sonst nur steuerpflichtige Umsätze aus der übrigen Tätigkeit als Bauunternehmer, so könnte er nach der Aufteilungsmethode des § 12 Abs. 5 Z 1 UStG 1994 in diesem Fall einen Großteil der mit der Errichtung der Gebäude zusammenhängenden Vorsteuern abziehen, was ein völlig unrichtiges Ergebnis der Aufteilung bedeuten würde. In einem derartigen Fall muss die Aufteilung der Vorsteuern daher nach § 12 Abs. 4 oder Abs. 5 Z 2 UStG 1994 vorgenommen werden.

Randzahlen 2047 bis 2050: *derzeit frei.*

12.7. Gesondert geführter Betrieb

2051 Nach § 12 Abs. 7 UStG 1994 hat das Finanzamt für Zwecke der Aufteilung der Vorsteuerbeträge auf Antrag zu gestatten, dass ein in der Gliederung des Unternehmens gesondert geführter Betrieb wie ein selbstständiges Unternehmen behandelt wird.

2052 Diese Vorschrift hat nur für den Vorsteuerabzug Bedeutung. Der Begriff des Unternehmens wird durch sie nicht berührt.

2053 Die Anwendung der Vorschrift setzt einen in der Gliederung des Unternehmens gesondert geführten Betrieb voraus (§ 4 Abs. 7 UStG 1994). Darunter ist in aller Regel ein wirtschaftlich selbstständiger Betrieb zu verstehen, der einen für sich selbstständigen Organismus bildet, unabhängig von anderen Betrieben des Unternehmens nach Art eines selbstständigen Unternehmens betrieben wird und auch nach Außen hin ein selbstständiges, in sich geschlossenes Wirtschaftsgebilde darstellt.

Randzahlen 2054 bis 2060: *derzeit frei.*

12.8. Auflagen bei Bewilligung nach § 12 Abs. 7 UStG 1994

2061 Die Bewilligung nach § 12 Abs. 7 UStG 1994 kann zwecks Vermeidung eines ungerechtfertigten Steuervorteiles im Sinne des § 12 Abs. 6 UStG 1994 mit Auflagen verbunden werden. Insbesondere ist durch eine entsprechende Auflage sicherzustellen, dass Vorsteuerbeträge eines Betriebes, die den unecht steuerfreien Umsätzen eines anderen Betriebes des Unternehmers zuzurechnen sind, nicht abgezogen werden dürfen.

Beispiel:

Ein Bauunternehmer betreibt im Rahmen eines gesondert geführten Betriebes im Sinne des § 12 Abs. 7 UStG 1994 Grundstücksgeschäfte, die Umsätze daraus werden nach § 6 Abs. 1 Z 9 lit. a UStG 1994 zur Gänze steuerfrei behandelt. Für Reparaturen an bebauten Grundstücken vor deren Veräußerung verwendet er Material aus dem Baubetrieb. Hier würde die Anwendung des § 12 Abs. 7 UStG 1994 bei Gewährung des vollen Vorsteuerabzuges ungerechtfertigte Steuervorteile ergeben. Der Unternehmer darf daher den Vorsteuerabzug für das zur Ausführung der Reparaturen verwendete Material nicht vornehmen.

Randzahlen 2062 bis 2065: *derzeit frei.*

12.9. Vorsteuerberechnung, wenn Steuerbetrag nicht ausgewiesen

Randzahlen 2066 bis 2070: *derzeit frei.*

12.10. Änderung der Verhältnisse beim Anlagevermögen

2071 § 12 Abs. 10 und 11 UStG 1994 sehen eine Berichtigung des Vorsteuerabzuges vor, wenn sich die Verhältnisse ändern, die für den Vorsteuerabzug maßgebend waren. Dadurch sollen sowohl ungerechtfertigte Steuervorteile wie auch steuerliche Nachteile, die sich durch eine nachträgliche Änderung des Verwendungszweckes für den Unternehmer ergeben könnten, vermieden werden.

Die Zuführung von Gegenständen aus dem nichtunternehmerischen Bereich (Einlage aus dem Privatvermögen oder Überführung eines Gegenstandes vom nichtunternehmerischen Bereich einer Körperschaft in deren unternehmerischen Bereich) führt weder zu einem nachträglichen Vorsteuerabzug noch zu einer positiven Vorsteuerberichtigung (VwGH 23.11.2022, Ro 2021/15/0017).

(BMF-AV Nr. 2023/152)

12.10.1. Begriff

2072 Wie sich schon aus dem Gesetzeswortlaut ergibt, muss die Änderung der Verhältnisse im Unternehmensbereich eingetreten sein. Eine solche Änderung wird vorliegen, wenn der Unternehmer zwar ursprünglich Umsätze ausgeführt hat, die ihn zum Vorsteuerabzug berechtigten, in weiterer Folge aber Umsätze ausführt, die ihn vom Vorsteuerabzug ausschließen oder umgekehrt.

Eine Änderung der für den Vorsteuerabzug maßgeblichen Verhältnisse nach § 12 Abs. 10 UStG 1994 kann einerseits in tatsächlichen Änderungen etwa hinsichtlich des Verwendungszwecks eines Gegenstandes bestehen. Sie kann aber andererseits auch in einer Änderung der für den Vorsteuerabzug maßgeblichen Rechtslage bestehen (VwGH 28.5.2019, Ro 2019/15/0002, mVa VwGH 18.12.2017, Ra 2016/15/0084).

Eine bloß geänderte rechtliche Beurteilung eines unveränderten Sachverhalts nach einer ursprünglichen rechtlichen Fehlbeurteilung der Vorsteuerabzugsberechtigung stellt keine Änderung der Verhältnisse dar, die zu einer Vorsteuerberichtigung in den Folgejahren nach § 12 Abs. 10 bis 11 UStG 1994 führt (VwGH 28.5.2019, Ro 2019/15/0002).

(AÖF Nr. 2014/7, BMF-AV Nr. 2020/192)

Dies wäre etwa dann der Fall, wenn ein bisheriger (unecht befreiter) Kleinunternehmer zur Regelbesteuerung optiert oder ein bisher regelbesteuerter Unternehmer zum (unecht befreiten) Kleinunternehmer wird. Eine Änderung der Verhältnisse liegt auch vor, wenn sich das Ausmaß der Verwendung eines Gegenstandes zur Ausführung steuerpflichtiger (echt befreiter) oder unecht befreiter Umsätze ändert. Eine Vorsteuerkorrektur ist daher vorzunehmen, wenn ein Gegenstand, der bisher zB je zur Hälfte zur Ausführung steuerpflichtiger und unecht steuerfreier Umsätze verwendet wurde, nunmehr nur noch zu 20% zur Ausführung steuerpflichtiger und zu 80% zur Ausführung unecht steuerfreier Umsätze verwendet wird, aber auch wenn zB bei diesem Gegenstand die steuerpflichtige Nutzung zur Gänze wegfällt und der Gegenstand nunmehr ausschließlich zur Ausführung unecht steuerfreier Umsätze verwendet wird (vgl. EuGH 9.7.2020, Rs C-374/19, *HF*). **2073**

Weiters ist eine Berichtigung des Vorsteuerabzuges zB dann vorzunehmen, wenn sich bei einem Gebäude, das teilweise unternehmerisch (vorsteuerabzugsfähiger Bereich) und teilweise privat (nicht vorsteuerabzugsfähiger Bereich) verwendet wird, das Verhältnis der Nutzung ändert (betrifft zur Gänze dem Unternehmensbereich zugeordnete Gebäude).

Beispiel:

Ein Rechtsanwalt errichtet im August 2005 ein Haus, das ab 1. September 2005 als Anlagevermögen genutzt wird. 50% werden privat genutzt. Das Grundstück ist zur Gänze dem Unternehmen zugeordnet. Die Vorsteuern betrugen insgesamt 240.000 Euro.

- *Im Jahr 2005 Vorsteuerabzug 50% (120.000 Euro).*

Im Jahr 2006 erhöht sich der unternehmerisch genutzte Anteil auf 60%.

- *Es ist eine Vorsteuerberichtigung im Ausmaß von 2.400 Euro (10% von 24.000) zu Gunsten des Unternehmers vorzunehmen.*

Im Jahr 2007 verringert sich der unternehmerisch genutzte Anteil auf 40%.

- *Es ist eine Vorsteuerberichtigung im Ausmaß von 2.400 Euro (10% von 24.000) zu Lasten des Unternehmers vorzunehmen.*

Im Jahr 2008 wird das Haus verkauft/entnommen.

- *Keine Option: Steuerfreier Grundstücksumsatz. Vorsteuerberichtigung hinsichtlich des unternehmerisch genutzten Teiles (7/10 von 120.000 Euro = 84.000 Euro zu Lasten des Unternehmers).*
- *Option: Steuerpflichtiger Grundstücksumsatz. Vorsteuerberichtigung hinsichtlich des privat genutzten Teiles (7/10 von 120.000 Euro = 84.000 Euro zu Gunsten des Unternehmers).*

Zur Verlängerung des Berichtigungszeitraums für Fälle ab 1. April 2012 auf Grund des 1. StabG 2012, BGBl. I Nr. 22/2012, siehe Rz 2081.

Eine Änderung der Verhältnisse, die für den Vorsteuerabzug maßgebend sind, liegt ab dem Veranlagungsjahr 2014 auch bei einem Wechsel zwischen der Anwendung der allgemeinen Vorschriften und jenen des § 22 UStG 1994 vor (vgl. VwGH 28.5.2019, Ro 2019/15/0002). Zu Einzelheiten und Inkrafttreten siehe Rz 2857a ff.

Zur allfälligen Vorsteuerberichtigung im Zusammenhang mit einer verlustträchtigen Wohnraumvermietung siehe LRL 2012 Rz 184.

(AÖF Nr. 2014/7, BMF-AV Nr. 2018/164, BMF-AV Nr. 2020/192, BMF-AV Nr. 2021/166, BMF-AV Nr. 2023/152)

Keine Änderung der Verhältnisse liegt demnach vor: **2074**

- bei Entnahmen, es sei denn, es liegt ein unecht steuerfreier Eigenverbrauch vor (zB Gebäude(teil), für das (den) bisher der Vorsteuerabzug zustand, wird ohne Option zur Steuerpflicht in den Privatbereich übergeführt),
- bei Einlagen aus dem Privatvermögen oder Überführung eines Gegenstandes vom nichtunternehmerischen Bereich einer Körperschaft in deren unternehmerischen Be-

reich (vgl. VwGH 23.11.2022, Ro 2021/15/0017). Zu Körperschaften öffentlichen Rechts und Vereinen siehe Rz 479,

- bei nicht steuerbaren Vorgängen (zB Umgründungen im Sinne des UmgrStG),
- bei Gesamtrechtsnachfolgen,
- bei Leerstehen einer Immobilie (auch bei längerem Leerstehen, zB mehr als 2 Jahre), wenn der Unternehmer noch immer die Absicht hat, die erworbenen Gegenstände und Dienstleistungen zur Ausführung besteuerter Umsätze zu verwenden und nachweislich aktive Schritte setzt (zB durch Werbemaßnahmen), um seine steuerpflichtig behandelte Vermietungs- oder Verpachtungstätigkeit fortzusetzen (vgl. EuGH 12.11.2020, Rs C-734/19, *ITH Comercial Timişoara SRL*; EuGH 28.2.2018, Rs C-672/16, *Imofloresmira – Investimentos Imobiliários SA*),
- und – bis einschließlich Veranlagungsjahr 2013 – bei Übergang von oder zu der landwirtschaftlichen Pauschalierung (siehe Rz 2857).

Lag – beispielsweise infolge Liebhaberei – niemals eine unternehmerische Betätigung vor, kann auch keine Änderung der Verhältnisse iSd § 12 Abs. 10 oder 11, jeweils iVm § 12 Abs. 3 UStG 1994, eintreten (vgl. VwGH 18.12.2017, Ra 2016/15/0084).

(BMF-AV Nr. 2019/165, BMF-AV Nr. 2021/166, BMF-AV Nr. 2023/152)

12.10.2. Zeitpunkt der Änderung

2075 Eine Änderung der Verhältnisse liegt nicht bereits dann vor, wenn die Absicht besteht, das Wirtschaftsgut zur Ausführung unecht steuerfreier bzw. anderer (zB steuerpflichtiger) Umsätze zu verwenden, sondern erst mit der tatsächlich geänderten Verwendung. Ändert sich die Verwendung noch im Jahr der Anschaffung und der erstmaligen Verwendung, liegt kein Anwendungsfall des § 12 Abs. 10 UStG 1994 vor. Der Vorsteuerabzug ist zur Gänze im Voranmeldungszeitraum, in dem die Änderung erfolgt, richtig zu stellen.

Beispiel

Im Jänner erfolgt die Anschaffung eines Gebäudes mit Vorsteuerabzug. Das Gebäude wird bis Dezember steuerpflichtig vermietet und in diesem Monat sodann steuerfrei verkauft. Der Vorsteuerabzug wurde für Jänner zu Recht geltend gemacht. Durch die Verwendungsänderung im Dezember des gleichen Kalenderjahres ist in diesem Voranmeldungszeitraum der Vorsteuerabzug zur Gänze wieder rückgängig zu machen. Würde der steuerfreie Verkauf erst im Jänner des nächsten Jahres erfolgen, wäre der Vorsteuerabzug im Ausmaß von 19/20 (bzw. 9/10 siehe Rz 2081) zu berichtigen.

2076 Fallen hingegen das Jahr des Leistungsbezuges (der Anschaffung) und das Jahr der erstmaligen Verwendung auseinander und ändert sich die ursprünglich beabsichtigte Verwendung vor der Inverwendungnahme, ist ein Anwendungsfall des § 12 Abs. 11 UStG 1994 gegeben (siehe Rz 2101 bis Rz 2105).

Beispiel:

Im Jahr 1999 wird ein Betriebsgebäude errichtet und der Vorsteuerabzug geltend gemacht. Im Jahr 2000 erfolgt entgegen der ursprünglichen Absicht keine betriebliche Verwendung, sondern das Gebäude wird steuerfrei verkauft. Der Vorsteuerabzug ist im Jahr 2000 zur Gänze nach § 12 Abs. 11 UStG 1994 zu berichtigen.

(BMF-AV Nr. 2021/166)

12.10.3. Anlagevermögen

2077 Der Begriff Anlagevermögen ist nach ertragsteuerlichen Grundsätzen auszulegen.

12.10.3.1. Ausmaß der Berichtigung

2078 Eine positive Vorsteuerberichtigung ist nur zulässig, wenn auch ansonsten die Voraussetzungen für den Vorsteuerabzug (zB ordnungsgemäße Rechnung) vorliegen. Ist auf einer Rechnung über eine Lieferung an einen Kleinunternehmer keine UID-Nummer des Empfängers angegeben (§ 11 Abs. 1 Z 3 lit. i UStG 1994), weil diesem im Zeitpunkt der Anschaffung eines Gegenstands gemäß Art. 28 UStG 1994 noch keine UID-Nummer vom Finanzamt zu erteilen war, so kann aus einer derartige Rechnung bei Vorliegen der sonstigen Voraussetzungen eine positive Vorsteuerberichtigung gemäß § 12 Abs. 10 UStG 1994 vorgenommen werden, wenn die Rechnung bei Ausstellung allen Anforderungen des § 11 UStG 1994 entsprochen hat. Eine negative Vorsteuerberichtigung ist nur vorzunehmen, soweit die zu berichtigende Vorsteuer tatsächlich abgezogen wurde. Siehe aber Rz 2086 zur Vorsteuerberichtigung bei Unternehmern iSd § 12 Abs. 1 Z 1 lit. a zweiter Satz UStG

1994. Ein nicht geltend gemachter Vorsteuerabzug darf im Wege der Berichtigung nicht nachgeholt werden.

(AÖF Nr. 2014/7, BMF-AV Nr. 2015/170)

12.10.3.2. Nachträgliche Anschaffungs- oder Herstellungskosten, aktivierungspflichtige Aufwendungen

Diese Begriffe sind nach ertragsteuerlichen Grundsätzen auszulegen. **2079**

Instandsetzungsaufwendungen, die nach § 4 Abs. 7 EStG 1988 bzw. § 28 Abs. 2 EStG 1988 bloß zu verteilen sind, fallen nicht darunter. Bei Instandsetzungsaufwendungen wird es sich allerdings in der Regel um Großreparaturen handeln (siehe Rz 2080).

12.10.3.3. Großreparaturen bei Gebäuden

Eine „Großreparatur" im Sinne des § 12 Abs. 10 UStG 1994 ist ein nicht aktivierungs- **2080**
pflichtiger (zum Berichtigungszeitpunkt nicht vollständig verbrauchter) Aufwand, der nicht „regelmäßig" erwächst und von dem sich sagen lässt, er falle „ins Gewicht". Das ist auch dann zu bejahen, wenn der Aufwand, in Relation zum „gesamten Anschaffungswert" des Grundstücks bzw. Gebäudes nur gering ist (vgl. VwGH 24.11.2016, Ro 2014/13/0036 zu 2% Wertrelation von Großreparatur zu Gebäude).

(BMF-AV Nr. 2017/171)

12.10.3.4. Berichtigungszeitraum

Der Berichtigungszeitraum beträgt 4 Jahre bei beweglichen Gegenständen bzw. 19 **2081**
Jahre bei Grundstücken (einschließlich Gebäuden) und beginnt mit dem auf das Jahr der erstmaligen Verwendung folgenden Kalenderjahr. Auf den Zeitpunkt der Anschaffung des Wirtschaftsgutes bzw. der Geltendmachung des Vorsteuerabzuges kommt es daher nicht an.

Der Berichtigungszeitraum von 19 Jahren bei Grundstücken (einschließlich Gebäuden) ist auf Berichtigungen von Vorsteuerbeträgen anzuwenden, die Leistungen im Zusammenhang mit Grundstücken betreffen, die der Unternehmer nach dem 31. März 2012 erstmals in seinem Unternehmen als Anlagevermögen verwendet oder nutzt. Maßgebend ist die tatsächliche Innutzungnahme des Grundstücks (1. StabG 2012, BGBl. I Nr. 22/2012).

Bei Vermietung von Grundstücken zu Wohnzwecken gilt ein Vorsteuerberichtigungszeitraum von 19 Jahren unter der Voraussetzung, dass neben der erstmaligen Verwendung oder Nutzung des Grundstückes/des Gebäudes im Anlagevermögen des Vermieters auch der Mietvertrag nach dem 31. März 2012 abgeschlossen wird.

Der Vorsteuerberichtigungszeitraum ist für jeden eigenständig behandelten Gebäudeteil (zB jede Mietwohnung) getrennt zu ermitteln.

Beispiel 1:

Der Möbelproduzent M errichtet im Jahr 2000 ein Betriebsgebäude und verwendet es ab demselben Jahr zur Ausführung steuerpflichtiger Umsätze (Möbelproduktion). M macht aus den Errichtungskosten den Vorsteuerabzug geltend. Im Jahr 2013 verkauft er das Gebäude unecht steuerbefreit.

Da das Gebäude bereits vor dem 1. April 2012 im Anlagevermögen des Unternehmers verwendet wurde, ist ein Vorsteuerberichtigungszeitraum von 10 Jahren anwendbar. Dieser ist im Zeitpunkt des Verkaufs schon abgelaufen, weshalb keine Vorsteuerberichtigung vorzunehmen ist.

Beispiel 2:

V vermietet 2013 ein im selben Jahr errichtetes Gebäude zu Wohnzwecken. Der Vertragsabschluss mit dem Mieter erfolgt

a. am 1. Jänner 2012.

b. am 1. Jänner 2012. 2015 erfolgt ein Mieterwechsel. c. am 1. Jänner 2013.

d. am 1. Jänner 2013. 2015 erfolgt ein Mieterwechsel.

2017 verkauft V das Gebäude unecht steuerbefreit.

a. 2017 hat V eine Vorsteuerberichtigung in Höhe von 6/10 vorzunehmen (§ 12 Abs. 10 UStG 1994 idF BGBl. I Nr. 76/2011), da der Vertragsabschluss über die Vermietung bereits vor dem 1. April 2012 erfolgt ist.

b. 2017 hat V eine Vorsteuerberichtigung in Höhe von 16/20 vorzunehmen (§ 12 Abs. 10 UStG 1994 idF BGBl. I Nr. 22/2012), da der zum Zeitpunkt des Verkaufs maßgebliche Mietvertrag nach dem 31. März 2012 abgeschlossen wurde und V das Gebäude nicht bereits vor dem 1. April 2012 als Anlagevermögen genutzt hat.

c. 2017 hat V eine Vorsteuerberichtigung in Höhe von 16/20 vorzunehmen (§ 12 Abs. 10 UStG 1994 idF BGBl. I Nr. 22/2012), da der Vertragsabschluss über die Vermietung nach dem 31. März 2012 erfolgt ist und V das Gebäude nicht bereits vor dem 1. April 2012 als Anlagevermögen genutzt hat.

d. wie c.

Beispiel 3:

V errichtet 2012 als Alleineigentümer ein Zinshaus, in dem er 10 Wohnungen vermietet. Acht Mietverträge werden im Februar 2012 abgeschlossen, zwei hingegen erst im Juni 2012. Alle Wohnungen werden im Monat des Mietvertragsabschlusses bezogen.

Hinsichtlich der im Juni 2012 bezogenen Wohnungen liegen sowohl die erstmalige Verwendung als auch der Mietvertragsschluss nach dem 31.3.2012. Es gilt daher ein Vorsteuerberichtigungszeitraum von 19 Jahren. Für die übrigen 8 Wohnungen kommt der Vorsteuerberichtigungszeitraum von 9 Jahren zur Anwendung.

Für Gebäude, die nicht unter die Berichtigungsfrist von 19 Jahren fallen, ist nach § 12 Abs. 10 UStG 1994 idF BGBl. I Nr. 76/2011 (vor dem 1. StabG 2012, BGBl. I Nr. 22/2012) ein Berichtigungszeitraum von 9 Jahren (bzw. 19 Jahren bei Gebäuden, die nicht ausschließlich unternehmerischen Zwecken dienen und bei denen hinsichtlich des nicht unternehmerisch genutzten Teiles ein Vorsteuerabzug in Anspruch genommen werden konnte; § 12 Abs. 10a UStG 1994 idF BGBl. I Nr. 76/2011) vorgesehen.

Seit 31.3.2022 beträgt der Vorsteuerberichtigungszeitraum bei einer nachträglichen Eigentumsübertragung aufgrund eines Anspruches gemäß § 15c WGG zehn Jahre. In § 18 Abs. 10 UStG 1994 ist eine entsprechende Verkürzung der Aufbewahrungsdauer der Aufzeichnungen und Unterlagen für diese Fälle normiert.

Beispiel 4:

Ein Unternehmer iSd WGG errichtet ein Wohngebäude und vermietet die Wohnungen seit dem Jahr 2018. Im Jahr 2023 werden die Wohnungen gemäß § 15c WGG an die Mieter steuerfrei gemäß § 6 Abs. 1 Z 9 lit. a UStG 1994 übertragen.

Lösung:

Da die Übertragung der Wohnungen nach dem 31.3.2022 ausgeführt wird, beträgt der Vorsteuerberichtigungszeitraum zehn Jahre. Aufgrund des steuerfreien Verkaufs der Wohnungen tritt eine Änderung der Verhältnisse ein, die zu einer Vorsteuerberichtigung im Ausmaß von 5/10 führt (statt bisher 15/20).

Beispiel 5:

Ein Unternehmer iSd WGG errichtet ein Wohngebäude und vermietet die Wohnungen seit dem Jahr 2013. Im Jahr 2023 werden die Wohnungen gemäß § 15c WGG an die Mieter steuerfrei gemäß § 6 Abs. 1 Z 9 lit. a UStG 1994 übertragen.

Lösung:

Da die Übertragung der Wohnungen nach dem 31.3.2022 ausgeführt wird, beträgt der Vorsteuerberichtigungszeitraum zehn Jahre. Der steuerfreie Verkauf der Wohnungen findet außerhalb des Vorsteuerberichtigungszeitraums statt und es kommt aufgrund des steuerfreien Verkaufs zu keiner Vorsteuerberichtigung (statt bisher 10/20).

(BMF-AV Nr. 2017/171, BMF-AV Nr. 2022/154)

2081a Der Vorsteuerberichtigungszeitraum von 19 Jahren kommt bei allen Gegenständen des Anlagevermögens zur Anwendung, die den Grundstücksbegriff des UStG 1994 (siehe Rz 639v) erfüllen. Dies gilt auch für Gegenstände, die vor 2017 erstmals in Verwendung genommen wurden und die bei der ersten Inverwendungnahme einer Vorsteuerberichtigungsfrist von 4 Jahren unterlagen (Gegenstände, die zwar den Grundstücksbegriff des Art. 13b VO (EU) 282/2011 idF VO (EU) 1042/2013 erfüllen, nicht aber Grundstücke iSd § 2 GrEStG 1987 sind). Diesfalls sind die auf die vor 2017 bereits abgelaufenen Fünftel-Zeiträume entfallenden Vorsteuerbeträge abzuziehen und der Restbetrag der Vorsteuer auf die vom 19-Jahreszeitraum verbleibenden Kalenderjahre aufzuteilen. Ist der ursprüngliche 5-Jahreszeitraum bereits abgelaufen, dann kommt es zu keiner Berichtigung mehr.

Beispiel 1:

Eine 2013 angeschaffte, fest eingebaute Windturbine wird 2017 gemäß § 6 Abs. 1 Z 9 lit. a UStG 1994 steuerfrei veräußert. Da die Turbine als Betriebsvorrichtung bis einschließlich 2016 einer 5-Jahresberichtigung unterlag, sind die bereits abgelaufenen vier Fünftel abzuziehen. Der Restbetrag (ein Fünftel der gesamten Vorsteuern) wird aufgeteilt auf die noch offenen 16 Jahre berichtigt. Da der Gegenstand geliefert wird, kommt es 2017 zu einer Berichtigung des gesamten noch offenen Vorsteuerbetrags.

Beispiel 2:

Ein 2016 errichteter und in Verwendung genommener Silo (20.000 Euro Vorsteuer) wird 2018 gemäß § 6 Abs. 1 Z 9 lit. a UStG 1994 steuerfrei an einen Landwirt veräußert. Da der Silo als Betriebsvorrichtung bis einschließlich 2016 einer 5-Jahresberichtigung unterlag, ist das bereits abgelaufene Fünftel abzuziehen. Der Restbetrag (4 Fünftel der gesamten Vorsteuern) wird auf 19 Jahre aufgeteilt. Da der Gegenstand im Jahre 2018 geliefert wird, kommt es zu einer Vorsteuerberichtigung des gesamten noch offenen (auf 18 Jahre entfallenden) Berichtigungsbetrags:

*20.000 Euro*4/5 = 16.000 Euro/19 = 842,11 Euro*18 = 15.157,98 Euro*

Variante: Wurde der Silo bereits 2012 in Verwendung genommen, unterbleibt die Berichtigung.

(BMF-AV Nr. 2017/171)

Für nachträgliche Anschaffungs- oder Herstellungskosten, aktivierungspflichtige Aufwendungen oder Großreparaturen besteht ein eigener Berichtigungszeitraum. Er beginnt mit dem Jahr, das dem Jahr der erstmaligen Verwendung der diesen Kosten zu Grunde liegenden Leistungen folgt. Dabei kann der Berichtigungszeitraum für das betreffende Wirtschaftsgut selbst schon abgelaufen sein. **2082**

12.10.3.5. Laufende Änderung

Die Änderung der Verhältnisse wird wie folgt berücksichtigt: **2083**

Es ist von 1/5 (1/20 bzw. 1/10) der gesamten auf den Gegenstand entfallenden Vorsteuer auszugehen. Von diesem Betrag ist im Jahr der Änderung der nunmehr zustehende Vorsteuerbetrag zu ermitteln.

Dieser Betrag ist 1/5 (1/20 bzw. 1/10) des im ersten Jahr tatsächlich vorgenommenen Vorsteuerabzuges gegenüberzustellen. Der Differenzbetrag stellt die Rückforderung bzw. die zusätzliche Vorsteuer dar. **2084**

Beispiel:

Es wird eine Maschine (darauf entfallende Vorsteuer 10.000 Euro) angeschafft, welche im Jahr der Anschaffung ausschließlich zur Ausführung unecht steuerfreier Umsätze verwendet wird. Im nächsten Jahr wie auch in den Folgejahren wird diese Maschine zu 50% zur Ausführung steuerpflichtiger und zu 50% zur Ausführung unecht steuerfreier Umsätze verwendet. Die zu Gunsten des Unternehmers zu berichtigende Vorsteuer beträgt im zweiten Jahr und in den folgenden drei Jahren 1/5 von 10.000 Euro, davon 50%, somit je 1.000 Euro. Es kommt daher insgesamt zu einer Vorsteuerberichtigung von 4.000 Euro.

Wäre diese Maschine im Jahr der Anschaffung ausschließlich zur Ausführung steuerpflichtiger Umsätze verwendet worden, wäre die Vorsteuerberichtigung zu Lasten des Unternehmers wie folgt durchzuführen: Der im Jahr der Änderung zustehende Vorsteuerbetrag beträgt 1.000 Euro (50% von 1/5 von 10.000 Euro). Dieser Betrag ist 1/5 des im Jahr der Anschaffung tatsächlich geltend gemachten Vorsteuerabzuges gegenüberzustellen, das sind 2.000 Euro. Der für vier Jahre zu Lasten des Unternehmers zu berichtigende Vorsteuerabzug beträgt daher jährlich 1.000 Euro, insgesamt daher 4.000 Euro.

Ändern sich die für den Vorsteuerabzug maßgeblichen Verhältnisse eines im Unternehmen verbleibenden Gegenstands unterjährig im Laufe eines Veranlagungszeitraums, so ist die Vorsteuerberichtigung entsprechend der sich aufgrund der tatsächlichen Nutzung im laufenden Veranlagungszeitraum ergebenden Verhältnisse vorzunehmen (zur Berichtigung bei Veräußerung oder Entnahme siehe Rz 2085).

Die unterjährige Berichtigung hat spätestens in der letzten Voranmeldung des betreffenden Veranlagungszeitraumes zu erfolgen (siehe Rz 2085).

Beispiel 1:

Ein Unternehmer U erzielt steuerpflichtige Umsätze als Immobilienmakler und gemäß § 6 Abs. 1 Z 13 UStG 1994 steuerfreie Umsätze als Bausparkassenvertreter. 2016 schafft U eine neue IT-Infrastruktur (darauf entfallende Vorsteuer: 6.000 Euro) an, die er ausschließlich für unternehmerische Zwecke nutzt. Gemäß seinem Umsatzverhältnis macht U im Jahr der Anschaffung und Innutzungnahme einen Vorsteuerabzug im Ausmaß von 60% geltend.

*Im Jahr 2017 erzielt U 75% steuerpflichtige und 25% steuerfreie Umsätze. Die für die IT-Infrastruktur vorzunehmende Vorsteuerberichtigung ist anhand der Nutzung des Gegenstands im gesamten Jahr (und nicht nach der letzten Nutzung des Jahres 2017) vorzunehmen. Es kommt demnach zu einer Berichtigung von 180 Euro zugunsten des U (6.000 Euro/5 = 1.200 Euro * 15% = 180 Euro).*

Bei Gebäuden berechnet sich das Nutzungsausmaß grundsätzlich nach dem Flächenschlüssel kombiniert mit der Nutzungsdauer.

Beispiel 2:

A errichtet im Jahr 2013 ein Gebäude (Geschäftsräumlichkeiten) und nutzt es für steuerpflichtige Umsätze. Er zieht die Vorsteuer in Höhe von 100.000 Euro im Jahr 2013 zur Gänze ab.

Am 10.10.2017 schließt A einen Mietvertrag mit einem nicht zum Vorsteuerabzug berechtigten Mieter ab. A kann gemäß § 6 Abs. 2 iVm § 28 Abs. 38 Z 1 UStG 1994 nicht auf die Anwendung der Steuerbefreiung des § 6 Abs. 1 Z 16 UStG 1994 verzichten. Die Vermietung erfolgt daher unecht steuerfrei. Der Mieter bezieht das Objekt vertragsgemäß am 21.10.2017.

Es kommt zu einer Änderung der Verhältnisse, die für den Vorsteuerabzug maßgebend waren. Die Vorsteuerberichtigung für das Jahr 2017 berechnet sich nach der Nutzung des Gebäudes im Jahr 2017. Diese erfolgte an 72 von 365 Tagen steuerfrei. Die steuerpflichtige Nutzung erstreckt sich bis 20.10.2017 (293 Tage). Das entspricht einer steuerfreien Nutzung im Ausmaß von 19,73% im Jahr 2017 (72 von 365 Tagen steuerfreie Nutzung).

Es ist eine Vorsteuerkorrektur zu Lasten des A im Ausmaß von 986,50 Euro (1/20 von 100.000 Euro x 19,73%) spätestens in der Voranmeldung 12/2017 vorzunehmen.

(BMF-AV Nr. 2017/171)

12.10.3.6. Veräußerung oder Entnahme

2085 Liegt in der Veräußerung oder Entnahme selbst eine Änderung der Verhältnisse, so ist die Vorsteuerberichtigung für den gesamten restlichen Berichtigungszeitraum spätestens in der letzten Voranmeldung des Veranlagungszeitraumes vorzunehmen, in dem die Veräußerung oder Entnahme erfolgt. Die Berichtigung kann jedoch auch bereits in der Voranmeldung des Voranmeldungszeitraumes erfolgen, in dem die Veräußerung oder Entnahme erfolgt. Die im Jahr der Veräußerung bzw. Entnahme getätigten laufenden Umsätze sind nicht zu berücksichtigen.

Beispiel 1:

Eine Maschine (darauf entfallende Vorsteuer 10.000 Euro) wird bis zu deren Veräußerung zu 25% zur Ausführung unecht steuerfreier Umsätze verwendet. Es wird ein Vorsteuerabzug in Höhe von 7.500 Euro vorgenommen. Im Mai des dem Jahr der Anschaffung und Inverwendungsnahme folgenden Jahres wird sie steuerpflichtig verkauft. Es kann in der Voranmeldung für Mai eine Vorsteuerkorrektur zu Gunsten des Unternehmers im Ausmaß von 2.000 Euro (4/5 von 10.000 Euro x 25%) vorgenommen werden.

Beispiel 2:

Ein Gebäude (darauf entfallende Vorsteuer 100.000 Euro) wird bis zu dessen Veräußerung nur zur Ausführung steuerpflichtiger Umsätze verwendet. Im Mai des dem Jahr der Anschaffung und Inverwendungnahme folgenden Jahres wird die Liegenschaft samt Gebäude steuerfrei verkauft.

Es ist in der Voranmeldung für Mai eine Vorsteuerkorrektur zu Lasten des Unternehmers im Ausmaß von 95.000 Euro (19/20 von 100.000 Euro) vorzunehmen.

12.10.3.7. Berichtigung beim Anlagevermögen von Istbesteuerern iSd § 12 Abs. 1 Z 1 lit. a zweiter Satz UStG 1994 (Rechtslage ab 1.1.2013)

2086 Im Ergebnis darf sich das Ausmaß des geltend zu machenden Vorsteuerabzugs nach vollständiger Bezahlung nicht von jenem beim Sollbesteuerer unterscheiden. Es gelten daher die Ausführungen der Rz 2071 ff. grundsätzlich auch für Istbesteuerer iSd § 12 Abs. 1 Z 1 lit. a zweiter Satz UStG 1994.

Beispiel 1:

Der Istbesteuerer A erwirbt und bezahlt 2013 eine Maschine um 10.000 Euro zzgl. 20% USt. Im Jahr 2013 nutzt A die Maschine zu 50% für umsatzsteuerpflichtige Zwecke. In den folgenden vier Jahren ändert sich die Nutzung für umsatzsteuerpflichtige Zwecke auf 100%, 25%, 75% und 0%.

Jahr	*2013*	*2014*	*2015*	*2016*	*2017*
Pflicht	*50%*	*100%*	*25%*	*75%*	*0%*
VSt	*-1.000*			*0*	*0*
§ 12/10	*0*	*-200*	*+100*	*-100*	*+200*

Beispiel 2:

Der Istbesteuerer A erwirbt eine Maschine um 12.000 Euro zzgl. 20% USt. Die Bezahlung erfolgt im Jahr 2014. Im Jahr 2013 nutzt A die Maschine zu 100% für umsatzsteuerpflichtige

Zwecke. In den folgenden vier Jahren ändert sich die Nutzung für umsatzsteuerpflichtige Zwecke auf 50%, 25%, 75% und 0%.
Der Vorsteuerabzug richtet sich nach den Verhältnissen des Jahres 2013 (siehe Rz 1835).

Jahr	*2013*	*2014*	*2015*	*2016*	*2017*
Pflicht	*100%*	*50%*	*25%*	*75%*	*0%*
VSt		*-2.400*		*0*	*0*
§ 12/10	*0*	*+240*	*+360*	*+120*	*+480*

Beispiel 3:

Der Istbesteuerer A erwirbt 2013 eine Maschine um 12.000 Euro zzgl. 20% USt, zahlbar in 3 Jahresraten à 4.000 Euro zzgl. 20% USt. Im Jahr der erstmaligen Verwendung nutzt A die Maschine zu 100% für umsatzsteuerpflichtige Zwecke. In den folgenden vier Jahren ändert sich die Nutzung für umsatzsteuerpflichtige Zwecke auf 50%, 25%, 75% und 0%.

Jahr	*2013*	*2014*	*2015*	*2016*	*2017*
Rate	*4.800*	*4.800*	*4.800*	*0*	*0*
Pflicht	*100%*	*50%*	*25%*	*75%*	*0%*
VSt	*-800*	*-800*	*-800*	*0*	*0*
§ 12/10	*0*	*+240*	*+360*	*+120*	*+480*

Beispiel 4:

Der Istbesteuerer A erwirbt 2013 eine Maschine um 12.000 Euro zzgl. 20% USt, zahlbar in 3 Jahresraten à 4.000 Euro zzgl. 20% USt. Im Jahr der erstmaligen Verwendung nutzt A die Maschine zu 0% für umsatzsteuerpflichtige Zwecke. In den folgenden vier Jahren ändert sich die Nutzung für umsatzsteuerpflichtige Zwecke auf 50%, 25%, 75% und 100%.

Jahr	*2013*	*2014*	*2015*	*2016*	*2017*
Rate	*4.800*	*4.800*	*4.800*	*0*	*0*
Pflicht	*0%*	*50%*	*25%*	*75%*	*100%*
VSt	*0*	*0*	*0*	*0*	*0*
§ 12/10	*0*	*-240*	*-120*	*-360*	*-480*

(AÖF Nr. 2014/7, BMF-AV Nr. 2015/170)

12.10.4. Qualifikation des Rückforderungsanspruches im Insolvenzverfahren

Siehe Rz 2404 und Rz 2405. **2087**

(AÖF Nr. 2014/7)

Randzahlen 2088 bis 2100: *derzeit frei.*

12.11. Änderung der Verhältnisse beim Umlaufvermögen und sonstigen Leistungen

Als Anwendungsbereich der Bestimmung des § 12 Abs. 11 UStG 1994 kommt in Betracht: **2101**

- Umlaufvermögen,
- sonstige Leistungen,
- in Bau befindliche Anlagen,
- noch nicht in Verwendung genommene Gegenstände des Anlagevermögens.

Die Berichtigung nach dieser Vorschrift sieht weder eine zeitliche Begrenzung noch eine **2102** Aliquotierung noch eine Limitierung vor.

Die Berichtigung ist für den Veranlagungszeitraum vorzunehmen, in dem die Änderung **2103** eingetreten ist. Mit Ablauf dieses Jahres beginnt daher auch die Verjährungsfrist zu laufen, wobei es gleichgültig ist, ob die Berichtigung zu Gunsten oder zu Lasten des Unternehmers zu erfolgen hat.

Eine Änderung der Verhältnisse iSd § 12 Abs. 11 UStG 1994 tritt bereits in jenem Voranmeldungs- bzw. Veranlagungszeitraum ein, in dem der Unternehmer seine Absicht, einen Gegenstand oder eine sonstige Leistung zur Ausführung unecht steuerfreier bzw. steuerpflichtiger oder echt steuerfreier Umsätze zu verwenden, nach außen hin erkennbar, klar bestimmt und verbindlich geändert hat (zB durch Abschluss von verbindlichen Nutzungsverträgen dahingehend, zu errichtende Wohnungen nunmehr steuerpflichtig vermieten zu wollen), und nicht erst im Zeitpunkt des erstmaligen Bewirkens von Umsätzen (vgl. VwGH 11.11.2008, 2006/13/0070; siehe auch Rz 901).

Beispiel:

Eine gemeinnützige Bauaktiengesellschaft beginnt im Jahr 2007 mit der Errichtung einer Wohnhausanlage. Ursprünglich ist der nach § 6 Abs. 1 Z 9 lit. a UStG 1994 unecht steuerfreie Verkauf von Eigentumswohnungen geplant. Ein Vorsteuerabzug aus den Errichtungskosten wird daher für das Jahr 2007 nicht geltend gemacht. Im Jahr 2008 beschließt die Gesellschaft „wegen grundlegender Änderung der Marktsituation infolge des gesunkenen Interesses für Wohnungseigentumsobjekte", die Wohnungen nach Fertigstellung zu vermieten (steuerpflichtig zum ermäßigten Steuersatz gemäß § 10 Abs. 2 Z 3 lit. a UStG 1994 – bis 31.12.2015: § 10 Abs. 2 Z 4 lit. a UStG 1994). Noch im Jahr 2008 schließt sie mit zukünftigen Mietern Nutzungsverträge ab, in denen ua. vereinbart wird, dass die Hälfte des Grundkostenbeitrages einen Monat nach Unterfertigung des Vertrages, der Restbetrag vier Wochen vor Wohnungsübergabe und das Nutzungsentgelt ab Fertigstellung zu leisten ist. Im Herbst des Jahres 2009 wird das Bauobjekt schließlich fertig gestellt und erfolgt die Wohnungsübergabe an die Mieter. Im Hinblick auf den – nunmehr gegebenen – Zusammenhang mit einer zukünftigen steuerpflichtigen Vermietung für Wohnzwecke steht dem Unternehmer der Vorsteuerabzug für Errichtungskosten betreffend die jeweiligen, den Nutzungsvereinbarungen unterliegenden Eigentumswohnungen, die im Jahr 2008 angefallen sind, schon für den Voranmeldungs- bzw. Veranlagungszeitraum 2008 zu.

Zudem liegt hinsichtlich der im Jahre 2007 angefallenen und diese Eigentumswohnungen betreffenden Vorsteuern bereits im Jahr 2008 und nicht erst im Jahr der Fertigstellung und Umsatzerzielung eine nach außen hin erkennbare, klar bestimmte und verbindliche Änderung der Verhältnisse gemäß § 12 Abs. 11 UStG 1994 vor und kann eine Vorsteuerberichtigung somit zur Gänze bereits im Veranlagungsjahr 2008 vorgenommen werden.

Im Jahre 2009 ist das Gebäude fertig gestellt und es kommt zur steuerpflichtigen Vermietung. Dem Unternehmer steht der Vorsteuerabzug hinsichtlich der laufenden Vorsteuern des Jahres 2009 zu. Einer Vorsteuerberichtigung betreffend das Jahr 2007 bedarf es nicht mehr.

(BMF-AV Nr. 2015/170)

2104 Ein Anwendungsfall dieser Bestimmung ist auch gegeben, wenn die Änderung der Verhältnisse im Jahr der erstmaligen Verwendung erfolgt und die Anschaffung in einem vorangegangenen Jahr liegt (siehe Rz 2075 und 2076).

Beispiel:

Im Jahr 1999 erfolgt die Errichtung eines Gebäudes, das zur steuerpflichtigen Vermietung bestimmt ist. Im Jahr 2000 wird das Gebäude zwar steuerpflichtig vermietet, es erfolgt jedoch im gleichen Jahr eine steuerfreie Veräußerung. Die Bestimmung des § 12 Abs. 10 UStG 1994 setzt voraus, dass sich die Verhältnisse in den dem Jahr der erstmaligen Verwendung folgenden Jahren ändern. Im gegenständlichen Fall ändern sich die Verhältnisse aber noch im Jahr der erstmaligen Verwendung. Es ist daher nach § 12 Abs. 11 UStG 1994 der Vorsteuerabzug zur Gänze zu berichtigen.

12.11.1. Besonderheiten iZm der Berichtigung bei Istbesteuerung beim Umlaufvermögen und sonstigen Leistungen (Rechtslage ab 1.1.2013)

2105 Für Anwendungsfälle siehe Rz 2101. Zur allgemeinen Systematik siehe Rz 2086.

Beispiel 1:

Im Umlaufvermögen des Kleinunternehmers A befinden sich Gegenstände, die er im Jahr 2019 angeschafft hat. Den Kaufpreis von 500 Euro bezahlt er im Jahr 2020. Im selben Jahr verzichtet er auf die Anwendung der Kleinunternehmerbefreiung. Seine Umsätze sind zur Gänze steuerpflichtig.

Es kommt zu einer Änderung der Verhältnisse nach § 12 Abs. 11 UStG 1994. A kann die positive Vorsteuerberichtigung im Jahr 2020 vollständig geltend machen.

Beispiel 2:

Im Umlaufvermögen des Unternehmers A befinden sich Gegenstände, die er im Jahr 2019 angeschafft hat. Den Kaufpreis von 500 Euro bezahlt er im Jahr 2020.

Im selben Jahr betragen seine Umsätze nicht mehr als 35.000 Euro und es kommt zur Anwendung der Kleinunternehmerbefreiung.

Es kommt zu einer Änderung der Verhältnisse nach § 12 Abs. 11 UStG 1994. A muss die Vorsteuerberichtigung im Jahr 2020 vornehmen, muss also die grundsätzlich abziehbare Vorsteuer gegenüber dem Finanzamt berichtigen. Im Voranmeldungszeitraum, in dem A die Lieferung der Gegenstände bezahlt, kann er den Vorsteuerabzug gemäß den Verhältnissen des Jahres 2019 vollständig vornehmen.

(BMF-AV Nr. 2019/165)

Randzahlen 2106 bis 2115: *derzeit frei.*

12.12. Änderung der Verhältnisse bei nicht zum Betriebsvermögen gehörenden Gegenständen

Durch § 12 Abs. 12 UStG 1994 wird klargestellt, dass die Berichtigungsbestimmungen des § 12 Abs. 10 und 11 UStG 1994 sinngemäß auch für Gegenstände, die nicht zu einem Betriebsvermögen gehören, Geltung haben. Die Berichtigungsvorschriften sind also insbesondere auch auf Gegenstände anwendbar, die der Erzielung von Einkünften aus Vermietung und Verpachtung dienen. **2116**

Randzahlen 2117 bis 2120: *derzeit frei.*

12.13. Bagatellregelung

Gemäß § 12 Abs. 13 UStG 1994 ist eine Berichtigung des Vorsteuerabzuges bei Gegenständen des Anlagevermögens nicht durchzuführen, wenn der Betrag, um den der Vorsteuerabzug für einen Gegenstand für das Kalenderjahr zu berichtigen ist, 60 Euro nicht übersteigt. **2121**

Durch das Abstellen auf den jährlich zu berichtigenden Vorsteuerbetrag in Höhe von 60 Euro entfällt eine laufende Vorsteuerberichtigung, wenn die auf den Gegenstand entfallende Vorsteuer 300 Euro bzw. bei Grundstücken 1.200 Euro (bei Anwendung des zwanzigjährigen Betrachtungszeitraums) nicht überstieg.

Zudem ist die Vorsteuerberichtigung in Zukunft auch bei Gegenständen, auf die eine höhere Vorsteuer entfällt, nicht vorzunehmen, wenn sich die Verhältnisse im Vergleich zum Kalenderjahr der erstmaligen Verwendung nur in geringem Ausmaß ändern.

Beispiel 1:

Ein Unternehmer erwirbt einen Computer um 1.500 Euro zuzüglich 300 Euro Umsatzsteuer und nutzt den Gegenstand im Jahr der Anschaffung ausschließlich für steuerpflichtige Umsätze.

Wird der Gegenstand in den folgenden Jahren während des Vorsteuerberichtigungszeitraumes für unecht steuerbefreite Umsätze verwendet, hat keine Berichtigung zu erfolgen, weil der jährliche (maximale) Berichtigungsbetrag 60 Euro (300 Euro / 5 Jahre = 60 Euro) nicht übersteigt.

Beispiel 2:

Ein Unternehmer erwirbt einen Computer um 3.000 Euro zuzüglich 600 Euro Umsatzsteuer und nutzt den Gegenstand im Jahr der Anschaffung zu 40% für steuerpflichtige und zu 60% für steuerbefreite Umsätze.

Wird der Gegenstand in den folgenden Jahren während des Vorsteuerberichtigungszeitraumes zur Gänze für unecht steuerbefreite Umsätze verwendet, hat keine Berichtigung zu erfolgen, weil der jährliche (maximale) Berichtigungsbetrag 60 Euro (600 Euro x 40% / 5 Jahre = 48 Euro) nicht übersteigt.

Wird der Gegenstand in den folgenden Jahren während des Vorsteuerberichtigungszeitraumes zur Gänze für steuerpflichtige Umsätze verwendet, hat eine jährliche Berichtigung in Höhe von 72 Euro (600 Euro x 60% / 5 Jahre = 72 Euro) zu erfolgen.

Beispiel 3:

Ein Unternehmer erwirbt ein Gebäude um 100.000 Euro zuzüglich 20.000 Euro Umsatzsteuer und nutzt den Gegenstand im Jahr der Anschaffung zu 60% für steuerpflichtige und zu 40% für unecht steuerbefreite Umsätze.

Ändert sich das Verhältnis der Umsätze im Vergleich zum Jahr der erstmaligen Verwendung in diesem Fall um weniger als 6%, hat eine Berichtigung des Vorsteuerabzugs gemäß § 12 Abs. 13 UStG 1994 zu unterbleiben (20.000 Euro x 6% / 20 Jahre = 60 Euro).

Bis einschließlich 2016 gilt: Eine Vorsteuerberichtigung nach § 12 Abs. 10 UStG 1994 (nicht auch nach Abs. 11) unterbleibt, wenn die auf den einzelnen Gegenstand entfallende Vorsteuer 220 Euro nicht übersteigt. Maßgebend ist daher die im Zusammenhang mit der Anschaffung oder Herstellung angefallene Vorsteuer und nicht der Berichtigungsbetrag oder der tatsächlich als Vorsteuer abgezogene Betrag. Die Vorschrift wirkt sowohl zu Gunsten als auch zu Lasten des Unternehmers. Nachträgliche Anschaffungskosten, Großreparaturen usw. sind jeweils gesondert zu beurteilen.

(BMF-AV Nr. 2017/171)

Randzahlen 2122 bis 2125: *Derzeit frei.*

12.14. Derzeit frei.

Randzahlen 2126 bis 2150: *derzeit frei.*

12.15. Vorsteuerabzug bei Eigenverbrauch

2151 Der leistende Unternehmer darf die für den Eigenverbrauch gemäß § 3 Abs. 2 und § 3a Abs. 1a geschuldete USt gesondert in Rechnung stellen und der Leistungsempfänger darf diese als Vorsteuer abziehen. An Stelle des Entgelts ist in der Rechnung die Bemessungsgrundlage für den Eigenverbrauch anzugeben. Wird in der Rechnung eine nicht geschuldete Steuer ausgewiesen, entsteht die Steuerschuld auf Grund der Rechnungslegung nach § 11 Abs. 12 UStG 1994.

2152 Eine Vorsteuerberichtigung, die wegen steuerfreiem Eigenverbrauch bzw. ab 1. Mai 2004 wegen einem nicht steuerbaren Eigenverbrauch eines vorher zur Ausführung nicht unecht befreiter Umsätze verwendeten Grundstückes vorzunehmen ist, darf nicht nach § 12 Abs. 15 UStG 1994 in Rechnung gestellt werden, weil diese nicht für, sondern nur mittelbar wegen des Eigenverbrauches geschuldet wird.

Randzahlen 2153 bis 2200: *derzeit frei.*

13. Vorsteuerabzug bei Reisekosten (§ 13 UStG 1994)

Vom 1.5.2016 bis zum 31.10.2018 ist für die Beherbergung der Umsatzsteuersatz von 13% § 10 Abs. 3 Z 3 lit. a UStG 1994 idF StRefG 2015/2016) vorgesehen. 2201

Für die Aufteilung des Pauschbetrags von 15 Euro auf die anzuwendenden Steuersätze (13% für die Beherbergung, 10% für das Frühstück) kann das in Rz 1369 vorgesehene Aufteilungsverhältnis nach Erfahrungswerten für einen Preis pro Person und Nacht bis 140 Euro herangezogen werden.

Der Vorsteuerabzug gemäß § 13 UStG 1994 berechnet sich diesfalls wie folgt:

Zimmer: 15 Euro * 0,80 = 12 Euro; 12 * 13/113	= 1,38 Euro
Frühstück: 15 Euro * 0,20 = 3 Euro; 3 * 10/110	= 0,27 Euro
gesamte Vorsteuern für die Nächtigung nach § 13:	= 1,65 Euro

Alternativ können hinsichtlich der Nächtigungskosten auch die tatsächlichen Vorsteuerbeträge aus der zu Grunde liegenden Rechnung geltend gemacht werden.

Rechtslage vor dem 1.5.2016 und nach dem 31.10.2018:

Die pauschal ermittelte Vorsteuer aus Nächtigungskosten beträgt 1,36 Euro. Alternativ können hinsichtlich der Nächtigungskosten auch die tatsächlichen Vorsteuerbeträge aus der zu Grunde liegenden Rechnung geltend gemacht werden.

(BMF-AV Nr. 2016/212, BMF-AV Nr. 2018/164)

Randzahlen 2202 bis 2225: *derzeit frei.*

14. Vorsteuerabzug nach Durchschnittssätzen (§ 14 UStG 1994)

14.1. Vorsteuerpauschalierungen

14.1.1. Allgemein

2226 Die Inanspruchnahme von Pauschalierungen kann für Zwecke der ESt und der USt jeweils unabhängig voneinander erfolgen.

2227 Sind die Anwendungsvoraussetzungen mehrerer Pauschalierungsverordnungen erfüllt, kann der Steuerpflichtige frei wählen, welche der in Betracht kommenden Pauschalierungen er in Anspruch nimmt.

2228 Die Pauschalermittlung der Vorsteuern betrifft die für den jeweiligen Betrieb zu ermittelnden Vorsteuern. Das Wahlrecht kann für jeden von mehreren Betrieben eigenständig ausgeübt werden. Ob mehrere Betätigungen insgesamt einen einheitlichen Betrieb darstellen, ist nach der Verkehrsauffassung zu beurteilen.

(AÖF Nr. 2014/164)

2229 Bei Betriebseröffnung können die Vorsteuerpauschalierungen angewendet werden, wenn im ersten Jahr die Umsatzgrenzen der zu wählenden Pauschalierung voraussichtlich nicht überschritten werden. Aufgrund der ab 1.1.2016 geltenden Rechtslage ist zusätzliche Voraussetzung für die Vorsteuerpauschalierungen, dass weder eine Buchführungspflicht besteht noch freiwillig Bücher geführt werden.

(BMF-AV Nr. 2015/170)

2230 Wurde die Tätigkeit im Vorjahr nicht das ganze Jahr hindurch ausgeübt, ist bei der Pauschalierung keine Umrechnung auf das volle Jahr vorzunehmen.

2231 Eine unentgeltliche Betriebsübertragung im Beobachtungs- oder Pauschalierungszeitraum führt in Fällen einer Gesamtrechtsnachfolge (zB Erbfolge, Erbschaftskauf, Erbschaftsschenkung) zu einer weiteren Berücksichtigung der Verhältnisse des Rechtsvorgängers beim Rechtsnachfolger (§ 19 Abs. 1 BAO). In Fällen einer (entgeltlichen oder unentgeltlichen) Einzelrechtsnachfolge (zB Kauf, Schenkung, Vermächtnis) im Beobachtungs- oder Pauschalierungszeitraum kommt eine Anwendung einer Pauschalierung für den Rechtsnachfolger nur in Betracht, wenn die in den Verordnungen jeweils vorgesehenen Anwendungsvoraussetzungen vom Rechtsnachfolger erfüllt werden.

2232 Die Pauschalierung kann im Rahmen der Besteuerung nach vereinnahmten bzw. vereinbarten Entgelten im Sinne des § 17 UStG 1994 angewendet werden.

14.1.2. Berechnung der pauschalen Vorsteuer

2233 Die pauschale Vorsteuer beträgt 1,8% oder einen nach den Verordnungen festgesetzten Prozentsatz des Gesamtumsatzes mit Ausnahme der Umsätze aus Hilfsgeschäften. Im Fall der gesetzlichen Basispauschalierung gemäß § 14 Abs. 1 Z 1 UStG 1994 darf die pauschal berechnete, abziehbare Vorsteuer ab dem Veranlagungszeitraum 2004 höchstens 3 960 € pro Jahr betragen.

Der Gesamtumsatz ist im § 17 Abs. 5 UStG 1994 definiert. Darunter sind die steuerbaren Lieferungen und sonstigen Leistungen (bei der Istbesteuerung die vereinnahmten Entgelte) und der Eigenverbrauch zu verstehen. Außer Ansatz bleiben die unecht befreiten Umsätze und die Geschäftsveräußerung im Ganzen nach § 4 Abs. 7 UStG 1994. Maßgeblich ist jener Betrag (Teilbetrag) am Gesamtumsatz, der dem betreffenden Betrieb bzw. der betreffenden Tätigkeit zuzuordnen ist.

2234 Beim Wechsel von der Vorsteuerpauschalierung (§ 14 UStG 1994) zum Vorsteuerabzug nach § 12 UStG 1994 ist für die Zuordnung der Vorsteuer zur Pauschalierung der Zeitpunkt der Leistung bzw. der Einfuhr des Gegenstandes maßgebend und nicht der Zeitpunkt der Ausstellung der Rechnung oder der Entrichtung der EUSt. Dies gilt sinngemäß, wenn von einer Vorsteuer nach § 12 UStG 1994 auf eine Vorsteuerpauschalierung (§ 14 UStG 1994) übergegangen wird (VwGH 11.9.1987, 86/15/0067).

14.1.3. Zusätzlich abziehbare Vorsteuer

2235 Zusätzlich abziehbar ist die Vorsteuer für die Lieferung von abnutzbaren Wirtschaftsgütern des Anlagevermögens, wenn die Anschaffungskosten 1 100 € übersteigen, sowie – ohne Bagatellbegrenzung – für die Lieferung von Grundstücken des Anlagevermögens. Dies gilt auch für die EUSt, wenn die Anschaffungskosten des eingeführten abnutzbaren Wirtschaftsgutes des Anlagevermögens 1 100 € übersteigen. Die Eigenschaft als Anlagevermögen sowie die Höhe der Anschaffungskosten sind jeweils nach ertragsteuerlichen Grundsätzen zu beurteilen.

Abziehbar ist weiters die Vorsteuer für sonstige Leistungen bei der Herstellung von abnutzbaren Wirtschaftsgütern des Anlagevermögens, wenn die Herstellungskosten 1.100 € übersteigen. 2236

In den Verordnungen wird jeweils auch auf den Abzug von Vorsteuern gemäß § 14 Abs. 1 Z 1 lit. b UStG 1994 Bezug genommen. Diese Bestimmung lässt den gesonderten Vorsteuerabzug für sonstige Leistungen im Zusammenhang mit der Herstellung von abnutzbaren Wirtschaftsgütern des Anlagevermögens zu, deren Herstellungskosten 1.100 € übersteigen. Die Vorschrift ist in ganzheitlicher Betrachtung in Wechselbeziehung mit § 14 Abs. 1 Z 1 lit. a UStG 1994 so zu verstehen, dass im Rahmen einer Herstellung eines Anlagegutes auch für Lieferungen anfallende Vorsteuerbeträge abzugsfähig sind, wenn die Einzellieferung bis zu 1.100 € beträgt, die gesamten Herstellungskosten aber über diesem Betrag liegen (zB Ankauf von Baumaterial bis zu 1.100 €, das für die Herstellung eines abnutzbaren Wirtschaftsgutes des Anlagevermögens mit Gesamtherstellungskosten von mehr als 1.100 € eingesetzt wird). 2237

Abziehbar ist auch die Vorsteuer für die Lieferung von Waren, Rohstoffen, Halberzeugnissen, Hilfsstoffen, Zutaten und für Fremdlöhne. Die Regelung gilt weiters sinngemäß für die entrichtete EUSt, wenn Gegenstände eingeführt werden. Siehe Rz 4117 und 4118, 4124 und 4125 EStR 2000. 2238

14.1.4. Erleichterung der Aufzeichnungspflichten hinsichtlich der Vorsteuer

Soweit die Vorsteuer pauschal errechnet wird, ist der Unternehmer von den Aufzeichnungspflichten des § 18 Abs. 2 Z 5 und 6 UStG 1994 befreit (§ 18 Abs. 9 UStG 1994) und die dazugehörenden Belege sind nach § 132 BAO nicht aufzubewahren. Soweit die tatsächlichen Vorsteuern geltend gemacht werden, sind die Aufzeichnungspflichten des § 18 Abs. 2 Z 4 und 5 UStG 1994 zu beachten und aufzubewahren sind Belege, die die Grundlage für Eintragungen in das Wareneingangsbuch darstellen (zur vereinfachten Führung des Wareneingangsbuches nach den Verordnungen betreffend Gaststätten- und Beherbergungsgewerbe siehe Rz 437 und 4308 EStR 2000 und Lebensmitteleinzel- oder Gemischtwarenhändler siehe Rz 4321 und 4322 EStR 2000). 2239

(BMF-AV Nr. 2020/192)

14.1.5. Vorsteuerberichtigung

Ändern sich die für den Vorsteuerabzug maßgeblichen Verhältnisse (zB Übergang von der steuerpflichtigen Vermietung eines Geschäftslokals zur unecht befreiten Vermietung), so kommt es auch bei aufrechter Pauschalierung zu einer Vorsteuerberichtigung gemäß § 12 Abs. 10 und 11 UStG 1994. Vorsteuern im Sinne des § 12 Abs. 10 und 11 UStG 1994 sind nur für solche Vorgänge zu berichtigen, die vor dem Pauschalierungszeitraum oder innerhalb dessen tatsächlich zum Vorsteuerabzug berechtigten, nicht jedoch für solche, die durch die Vorsteuerpauschalierung abgegolten waren. 2240

Wechselt ein Unternehmer hingegen von der Pauschalierung gemäß § 14 Abs. 1 Z 1 oder Z 2 UStG 1994 zur unechten Steuerbefreiung gemäß § 6 Abs. 1 Z 27 UStG 1994 oder umgekehrt, so ändern sich die für den Vorsteuerabzug maßgeblichen Verhältnisse. Eine Vorsteuerberichtigung gemäß § 12 Abs. 10 und 11 UStG 1994 ist daher unter Beachtung der Bagatellregelung des § 12 Abs. 13 UStG 1994 durchzuführen. 2241

Sollten pauschalierungsrelevante Umsätze nachträglich wesentlich durch Betriebsprüfungsergebnisse oder durch andere Verfahren geändert werden und dadurch die jeweils in Betracht kommende Umsatzgrenze überschritten werden, fällt die Anwendungsvoraussetzung der jeweiligen Verordnung (nachträglich) weg. Vorsteuern stehen in diesem Falle aber insoweit zu, als den Rechnungserfordernissen entsprochen wird (siehe Rz 1815 bis 1832). 2242

14.1.6. Basispauschalierung

Die Pauschalierung gemäß § 14 Abs. 1 Z 1 UStG 1994 (Basispauschalierung) können nur Unternehmer in Anspruch nehmen, die die Voraussetzungen gemäß § 17 Abs. 2 Z 1 und 2 EStG 1988 erfüllen. Vor 1.1.2016 waren die in § 17 Abs. 2 Z 1 EStG 1988 normierten Voraussetzungen (keine Buchführungspflicht und keine freiwillige Buchführung) für die umsatzsteuerliche Pauschalierung ohne Bedeutung. Es konnte daher zB auch eine Kapitalgesellschaft von der Pauschalierung gemäß § 14 Abs. 1 Z 1 UStG 1994 Gebrauch machen. 2243

(BMF-AV Nr. 2015/170, BMF-AV Nr. 2017/171)

Randzahlen 2244 bis 2250: *Derzeit frei.*

14.2. Verordnungsermächtigung

14.2.1. Vorsteuerpauschalierung auf Grund von Verordnungen

2251 Auf Grund folgender Verordnungen können Vorsteuern pauschaliert werden:

- Bestimmte Berufsgruppen, VO des BM für Finanzen, BGBl. Nr. 627/1983, anwendbar ab 1984;
- Lebensmitteleinzel- oder Gemischtwarenhändler, VO des BM für Finanzen, BGBl. II Nr. 228/1999;
- Drogisten, VO des BM für Finanzen, BGBl. II Nr. 229/1999;
- Handelsvertreter, VO des BM für Finanzen, BGBl. II Nr. 95/2000;
- Künstler und Schriftsteller, VO des BM für Finanzen, BGBl. II Nr. 417/2000;
- Einstellen fremder Pferde (Pferdepauschalierungsverordnung), VO des BM für Finanzen, BGBl. II Nr. 48/2014.

(AÖF Nr. 2014/164, BMF-AV Nr. 2021/166)

2252 Die Inanspruchnahme der Pauschalierungen ist idR an das Nichtüberschreiten von Umsatzgrenzen gebunden. Für die Ermittlung der Umsatzgrenze ist idR § 125 Abs. 2 BAO anzuwenden. Durchlaufende Posten stellen keine Umsätze im Sinne des § 125 Abs. 2 BAO dar.

Die maßgebenden Umsatzgrenzen sind:

- Bestimmte Berufsgruppen, VO des BMF, BGBl. Nr. 627/1983: Die Umsätze für freiberuflich tätige Unternehmer dürfen im vorangegangenen Kalenderjahr nicht mehr als 255.000 Euro betragen haben. Für nichtbuchführungspflichtige Handels- und Gewerbetreibende gelten die jeweiligen Grenzen zur Buchführung. Für die angeführten Tätigkeiten gemeinnütziger Einrichtungen gelten keine Umsatzgrenzen.
- Verordnung betreffend Drogisten (BGBl. II Nr. 229/1999): Der Betrieb darf weder buchführungspflichtig sein noch dürfen freiwillig Bücher geführt werden.
- Verordnung betreffend Lebensmitteleinzel- oder Gemischtwarenhändler (BGBl. II Nr. 228/1999): Der Betrieb darf weder buchführungspflichtig sein noch dürfen freiwillig Bücher geführt werden.
- Verordnung betreffend Künstler und Schriftsteller (BGBl. II Nr. 417/2000): Der Betrieb darf weder buchführungspflichtig sein noch dürfen freiwillig Bücher geführt werden.
- Verordnung betreffend das Einstellen fremder Pferde (BGBl. II Nr. 48/2014 idF BGBl. II Nr. 159/2014): Der Unternehmer darf weder buchführungspflichtig sein noch dürfen freiwillig Bücher geführt werden. Liegen Umsätze vor, die ertragsteuerlich zu Einkünften gemäß § 21 EStG 1988 führen, ist die Verordnung nur anwendbar, wenn eine Umsatzgrenze von 400.000 Euro nicht überschritten wird. Zur Berechnung der Grenze und dem Eintritt der Folgen des Über- oder Unterschreitens ist § 125 Abs. 2 BAO sinngemäß anzuwenden.

Keine Umsatzgrenze: Verordnung betreffend Handelsvertreter (BGBl. II Nr. 95/2000).

(AÖF Nr. 2014/7, AÖF Nr. 2014/164, BMF-AV Nr. 2021/166)

2253 Steigt der Umsatz eines Unternehmers, dessen Tätigkeit in einer der Verordnungen zu § 14 Abs. 1 Z 2 UStG 1994 angeführt ist und der bisher die Pauschalierung gemäß § 14 Abs. 1 Z 1 UStG 1994 in Anspruch genommen hat, über die Grenze von 220.000 Euro, sind aber die Voraussetzungen gemäß VO des BMF, BGBl. Nr. 627/1983 (bestimmte Berufsgruppen), VO des BMF, BGBl. II Nr. 228/1999 (Lebensmitteleinzel- oder Gemischtwarenhändler), VO des BMF, BGBl. II Nr. 229/1999 (Drogisten) oder VO des BMF, BGBl. II Nr. 417/2000 (Künstler und Schriftsteller) erfüllt, so kann der Unternehmer auf die Pauschalierung nach der VO überwechseln. In diesen Fällen ist dies auch ohne Einhaltung der Bindungsfrist von zwei Jahren möglich.

(BMF-AV Nr. 2021/166)

14.2.2. Verhältnis der Verordnungen untereinander

2254 Im Verhältnis der Verordnungen betreffend Lebensmitteleinzel- oder Gemischtwarenhändler, Verordnung des BM für Finanzen, BGBl. II Nr. 228/1999, und Drogisten, Verordnung des BM für Finanzen, BGBl. II Nr. 229/1999, gilt Folgendes:

Treffen auf einen Betrieb sowohl die Voraussetzungen der Verordnung betreffend Lebensmitteleinzel- oder Gemischtwarenhändler als auch die Voraussetzungen der Verordnung betreffend Drogisten zu, kommt nur die Anwendung der Verordnung betreffend Lebensmitteleinzel- oder Gemischtwarenhändler in Betracht.

Randzahlen 2255 bis 2265: *derzeit frei.*

14.3. Auflagen im Zusammenhang mit der Verordnungsermächtigung

14.3.1. Verordnung des BM für Finanzen BGBl. II Nr. 227/1999 – Gaststätten- und Beherbergungsgewerbe

Die Gaststättenpauschalierungs-Verordnung, VO BGBl. II Nr. 227/1999, ist mit 31.12.2012 außer Kraft getreten. Sie war letztmalig bei der Veranlagung 2012 anzuwenden. **2266**

(BMF-AV Nr. 2021/166)

Randzahlen 2267 bis 2268: *derzeit frei.*

(BMF-AV Nr. 2021/166)

14.3.2. Verordnung des BM für Finanzen BGBl. II Nr. 228/1999 – Lebensmitteleinzel- oder Gemischtwarenhändler

Ob ein Lebensmitteleinzel- oder Gemischtwarenhändler vorliegt siehe Rz 4311 bis 4319 EStR 2000. **2269**

14.3.3. Verordnung des BM für Finanzen, BGBl. II Nr. 229/1999 – Drogisten

Siehe Rz 4324 bis 4326 EStR 2000. **2270**

Randzahlen 2271 bis 2276: *derzeit frei.*

14.3.4. Verordnung des BM für Finanzen, BGBl. II Nr. 417/2000 – Künstler und Schriftsteller

Rz 4361 bis 4369 EStR 2000 gelten sinngemäß. **2277**

14.3.5. Verordnung des BM für Finanzen, BGBl. II Nr. 418/2000 – Sportler

Die Verordnung betreffend die Sportlerpauschalierung ist nur zur Einkommensteuer ergangen und kann für die Bereiche der Umsatzsteuer nicht angewendet werden. Die Umsätze von Sportlern unterliegen bis 31.12.2010 nur dann der österreichischen Umsatzsteuer, wenn der Sportler seine Leistung in Österreich erbringt. Die Bestimmung des Leistungsortes erfolgt dabei nach § 3a UStG 1994. Das bedeutet: **2278**

- Preisgelder, die ein Sportler für die Teilnahme an einem Wettkampf in Österreich erhält, sind in Österreich zu versteuern. Der Ort dieser Leistung (Teilnahme am Wettkampf) bestimmt sich bis 31.12.2010 nach § 3a Abs. 11 lit. a UStG 1994 (bis 31.12.2009: § 3a Abs. 8 lit. a UStG 1994 (Tätigkeitsort)).
- Preisgelder für die Teilnahme an einem Wettkampf im Ausland unterliegen bis 31.12.2010 nicht der österreichischen Umsatzbesteuerung.
- Ab 1.1.2011 sind Preisgelder für die Teilnahme an einem Wettkampf gemäß § 3a Abs. 6 UStG 1994 dort steuerbar, wo der unternehmerische Leistungsempfänger (idR der Veranstalter des Wettkampfs) ansässig ist. Ist der Veranstalter ein Nichtunternehmer, bestimmt sich der Leistungsort weiterhin nach § 3a Abs. 11 lit. a UStG 1994.
- Einnahmen, die ein Sportler für Werbeleistungen für einen österreichischen Unternehmer erhält, unterliegen in Österreich zur Gänze der Umsatzsteuer. Dass für den österreichischen Unternehmer (Auftraggeber) auch anlässlich von Wettkämpfen im Ausland geworben wird, ist dabei unerheblich. Der Leistungsort für Werbeleistungen an Unternehmer bestimmt sich gemäß § 3a Abs. 6 UStG 1994 nach dem Empfängerortprinzip (bis 31.12.2009: § 3a Abs. 9 lit. a UStG 1994 iVm Abs. 10 Z 2 UStG 1994).
- Umgekehrt unterliegen Werbeleistungen, die ein Sportler im Auftrag eines Unternehmers mit Sitz außerhalb Österreichs erbringt, nicht der österreichischen Umsatzbesteuerung. Dass für den ausländischen Unternehmer auch anlässlich von Wettkämpfen in Österreich geworben wird, ist unerheblich.

Die Besteuerung von Schirennläufern entsprechend diesen Ausführungen ist jedenfalls für Leistungen durchzuführen, die nach dem 31. Dezember 2000 ausgeführt werden. Für die Leistungen von Schirennläufern, die vor dem 1. Jänner 2001 ausgeführt wurden, ist es nicht zu beanstanden, wenn die Besteuerung noch analog der „alten" Schirennläufer-Erlassregelung (Erlass des BMF vom 22. März 1977, 261.500-IV/6/76) erfolgt.

14.3.6. Verordnung des BM für Finanzen, BGBl. II Nr. 48/2014 idF BGBl. II Nr. 247/2020 – Einstellen fremder Pferde (Pferdepauschalierungsverordnung)

(BMF-AV Nr. 2020/192)

Unter die Verordnung fallende Umsätze sind, ungeachtet der ertragsteuerlichen Beurteilung, Umsätze aus dem Einstellen fremder Pferde (Pensionshaltung von Pferden), die von ihren Eigentümern zur Ausübung von Freizeitsport, selbständigen oder gewerblichen, nicht **2279** land- und forstwirtschaftlichen Zwecken genutzt werden. Die Anwendung der Verordnung setzt voraus, dass zumindest die Grundversorgung der Pferde (Unterbringung, Zurverfügungstellung von Futter und Mistentsorgung oder -verbringung) abgedeckt ist. Sämtliche mit Leistungen im Rahmen der Pensionshaltung von Pferden (zB Pflege) verbundene Kosten und somit auch die Kosten der Grundversorgung sind vom Durchschnittssatz abgedeckt.

Die mit diesen Umsätzen zusammenhängenden Vorsteuerbeträge können mittels eines Durchschnittssatzes in Höhe von 27 Euro (vom 1.1.2014 bis 31.3.2020: 24 Euro) pro Pferd und Kalendermonat abgezogen werden. Wird das Pferd nicht den ganzen Monat eingestellt, so ist der Durchschnittssatz zu aliquotieren.

Beispiel:

Im Monat April 2020 sind bei einem nichtbuchführenden Pferdeeinstellbetrieb 15 fremde Pferde (Pensionshaltung von Pferden) eingestellt, die von ihren Eigentümern zur Ausübung von Freizeitsport genutzt werden. Pro Pferd und Monat verrechnet der Unternehmer 300 Euro exklusive 20% Umsatzsteuer (360 Euro inklusive 20% Umsatzsteuer) an Einstellgebühren. Am 16. April wird ein sechzehntes Pferd aufgenommen. Der Unternehmer verrechnet für den Monat April eine Einstellgebühr in Höhe von 150 Euro exklusive 20% Umsatzsteuer (180 Euro inklusive 20% Umsatzsteuer).

Bei Anwendung der Verordnung können für den Monat April 2020 418,50 Euro an Vorsteuern pauschal geltend gemacht werden (15 Pferde x 27 Euro; 1 Pferd x 13,50 Euro). Die auf die Umsätze (15 Pferde x 300 Euro; 1 Pferd x 150 Euro) entfallende Umsatzsteuer beträgt 930 Euro, woraus sich für den Monat April 2020 eine Zahllast von 511,50 Euro ergibt.

Nicht im Durchschnittssatz enthalten sind Vorsteuerbeträge, die aus der Lieferung von ertragsteuerlich als Anschaffungs- oder Herstellungskosten zu qualifizierendem unbeweglichen Anlagevermögen (zB Stallgebäude) stammen, insoweit es der Pensionshaltung von Pferden dient. Diese Vorsteuerbeträge können bei Vorliegen der Voraussetzungen des § 12 UStG 1994 gesondert abgezogen werden.

(AÖF Nr. 2014/164)

Randzahlen 2280 bis 2287: *derzeit frei.*

14.4. Erklärung

2288 Bei der USt bedarf es einer schriftlichen Erklärung auf Anwendung einer Pauschalierung nach § 14 Abs. 1 Z 1 und 2 UStG 1994 bis zur Rechtskraft des Bescheides des betreffenden Jahres, in dem erstmals der Vorsteuerabzug pauschaliert werden soll.

Diese schriftliche Erklärung kann auch in der Form erfolgen, dass die jeweilige Kennzahl in der Umsatzsteuererklärung ausgefüllt wird, da die entsprechenden Kennzahlen jeweils einer Pauschalierung zugeordnet sind.

(BMF-AV Nr. 2018/164)

2289 Die Erklärung des Unternehmers an das Finanzamt, die Pauschalierung gemäß § 14 Abs. 1 Z 1 UStG 1994 anzuwenden, bindet ihn für mindestens zwei Jahre. Nach Ablauf dieser Frist kann der Unternehmer seine Erklärung widerrufen und falls die in der Verordnung des BM für Finanzen, BGBl. Nr. 627/1983 genannten Voraussetzungen zutreffen auf die Pauschalierung gemäß § 14 Abs. 1 Z 2 UStG 1994 übergehen oder die Vorsteuern nach den allgemeinen Vorschriften ermitteln. Entscheidet sich der Unternehmer für die Vorsteuerpauschalierung nach § 14 Abs. 1 Z 2 UStG 1994, so ist er daran für zwei Jahre gebunden, entscheidet er sich für die Vorsteuerermittlung nach den allgemeinen Vorschriften, so ist er daran fünf Jahre gebunden.

Ausnahme: Siehe Rz 2251 bis 2253.

Randzahlen 2290 bis 2300: *derzeit frei.*

14.5. Widerruf und Wechsel der Vorsteuerpauschalierung

2301 Wechselt der Unternehmer von der Pauschalierung gemäß § 14 Abs. 1 Z 1 UStG 1994 zur Pauschalierung gemäß § 14 Abs. 1 Z 2 UStG 1994 oder umgekehrt oder geht der Unternehmer von einer der beiden Pauschalierungen auf die Vorsteuerermittlung nach den allgemeinen Vorschriften über oder umgekehrt, so löst diese Änderung keine Berichtigung der Vorsteuer gemäß § 12 Abs. 10 und 11 UStG 1994 aus, da in allen Fällen ein Vorsteuerabzug, wenn auch in unterschiedlicher Form zusteht.

Der Wechsel aus der Durchschnittssatzbesteuerung nach § 22 UStG 1994 zur Pauschalierung gemäß § 14 Abs. 1 Z 1 UStG 1994 oder § 14 Abs. 1 Z 2 UStG 1994 führt grundsätzlich zur Berichtigung der Vorsteuer gemäß § 12 Abs. 10 und 11 UStG 1994 (vgl. § 12 Abs. 12 UStG 1994). Vorsteuerberichtigungen für Gegenstände, die der Unternehmer in seinem Unternehmen erstmals vor dem 1.1.2014 als Anlagevermögen in Verwendung genommen hat, sind aufgrund der Übergangsregel gemäß § 28 Abs. 39 Z 4 UStG 1994 nicht vorzunehmen. Vorsteuerkorrekturen für im Wege der Durchschnittssatzbesteuerung nach § 22 UStG 1994 bemessene Vorsteuern iZm beweglichen Gegenständen des Anlagevermögens, die der Unternehmer für seinen Pferdeeinstellbetrieb nach dem 1.1.2014 angeschafft hat, sowie übrige Gegenstände (zB Umlaufvermögen, Treibstoff- oder Mineralstoffvorräte) sind durch den Pauschalsatz des § 14 Abs. 1 Z 2 UStG 1994 iVm § 3 PferdePauschV abgedeckt.

(AÖF Nr. 2014/164)

Die Bindungswirkungen des § 14 Abs. 4 und 5 UStG 1994 sind zu beachten. Ein Über- **2302** steigen der für die Anwendung relevanten Grenzen gilt nicht als Widerruf im Sinne des § 14 Abs. 5 UStG 1994. Es tritt daher bei einem späteren Abfallen unter die Anwendungsgrenzen nicht die Sperrfrist im Sinne des § 14 Abs. 5 lit. b UStG 1994 in Kraft, sondern die Vorsteuern sind pauschal abzuziehen. Soll eine Pauschalierungsverordnung nicht mehr in Anspruch genommen werden, müsste ein Widerruf nach § 14 Abs. 5 UStG 1994 erfolgen.

Wurde eine Vorsteuerpauschalierung nach § 14 Abs. 1 Z 1 oder Z 2 UStG 1994, die nicht **2303** auf Grund der Verordnung aus dem Jahre 1999 (VO des BMF, BGBl. II Nr. 228/1999, VO des BMF, BGBl. II Nr. 229/1999 und VO des BMF, BGBl. II Nr. 230/1999 idF BGBl. II Nr. 500/1999) erfolgte, vor dem Jahr 2000 widerrufen, steht der Inanspruchnahme der Pauschalierungsverordnungen aus dem Jahre 1999 die Frist nach § 14 Abs. 5 lit. b UStG 1994 nicht entgegen.

(BMF-AV Nr. 2021/166)

Randzahlen 2304 bis 2350: *derzeit frei.*

15. Erleichterungen bei Aufteilung der Vorsteuerbeträge (§ 15 UStG 1994)

Randzahlen 2351 bis 2380: *derzeit frei.*

16. Änderung der Bemessungsgrundlage (§ 16 UStG 1994)

16.1. Minderung, Erhöhung

16.1.1. Allgemeines

2381 Voraussetzung für die Berichtigungspflicht ist das Vorliegen eines steuerpflichtigen Umsatzes. Ein steuerfreier Umsatz löst mangels eines Steuer- bzw. Vorsteuerbetrages keine Berichtigungspflicht aus, gleichgültig, ob mit dem steuerfreien Umsatz der Verlust des Vorsteuerabzuges verbunden ist oder nicht (vgl. EuGH 11.3.2021, Rs C-802/19, *Z gegen Finanzamt Y*). Hingegen bleibt die Verpflichtung zur Vornahme der Berichtigung bei einem steuerpflichtigen Umsatz auch dann bestehen, wenn dieser an einen nicht zum Vorsteuerabzug berechtigten Unternehmer ausgeführt wird. Für den leistenden Unternehmer ist somit allein die Tatsache maßgebend, dass sich die Bemessungsgrundlage für seinen (steuerpflichtigen) Umsatz geändert hat. Der Berichtigungspflicht des leistenden Unternehmers steht die Verpflichtung des Leistungsempfängers gegenüber, eine Vorsteuerberichtigung vorzunehmen (vgl. EuGH 28.5.2020, Rs C-684/18, *World Comm Trading Gfz SRL*). Die Verpflichtung zur Vorsteuerkorrektur trifft allerdings nur den Leistungsempfänger, der ganz oder teilweise zum Vorsteuerabzug berechtigt ist.

(BMF-AV Nr. 2021/166)

2382 Die häufigsten Fälle für eine Änderung der Bemessungsgrundlage sind die Zurückgewährung von Entgelten (zB bei teilweiser Rückgängigmachung des dem Umsatz zu Grunde liegenden Rechtsgeschäftes), Entgeltsminderungen (zB Skonti, Rabatte), Entgeltserhöhungen (zB aufgrund einer Wertsicherungsklausel) und die Uneinbringlichkeit des Entgelts. Auch ein Forderungsverzicht führt zu einer Minderung der Bemessungsgrundlage im Sinne des § 16 Abs. 1 UStG 1994 und löst eine Verpflichtung des Leistungsempfängers zur Vorsteuerkorrektur aus (vgl. VwGH 26.2.2014, 2009/13/0254). Die lediglich Nichtbezahlung des Entgelts führt hingegen nicht zur Minderung der Bemessungsgrundlage im Sinne des § 16 Abs. 1 UStG 1994 (vgl. EuGH 15.5.2014, Rs C-337/13, *Almos Agrárkülkereskedelmi kft*).

Erstattet der erste Unternehmer in einer Leistungskette dem letzten Abnehmer einen Teil des von diesem gezahlten Leistungsentgelts oder gewährt er ihm einen Preisnachlass, ändert sich die Bemessungsgrundlage für den Umsatz des ersten Unternehmers (an seinen Abnehmer der nächsten Stufe). Der erste Unternehmer hat deshalb den für seinen Umsatz geschuldeten Steuerbetrag zu berichtigen, auch wenn die Erstattung oder der Preisnachlass nicht in der unmittelbaren Leistungsbeziehung gewährt wird (vgl. EuGH 24.10.1996, Rs C-317/94, *Elida Gibbs*; EuGH 15.10.2002, Rs C-427/98, *Kommission/Deutschland*; BFH 13.7.2006, V R 46/05).

Während es bei weiteren Unternehmern in einer solchen Leistungskette weder zu einer Änderung der Bemessungsgrundlage der Umsätze noch zu einer Vorsteuerkorrektur kommt, hat der letzte Abnehmer, sofern er zum Vorsteuerabzug berechtigt war, diesen ebenfalls zu berichtigen (siehe Rz 2396).

Handelt es sich bei der Lieferung des ersten Unternehmers in der Leistungskette um eine von einem anderen Mitgliedstaat ausgehende innergemeinschaftliche Lieferung, ist davon abweichend Folgendes zu berücksichtigen: Da die innergemeinschaftliche Lieferung idR steuerfrei ist, kann die Gewährung des Rabattes zwar nach Maßgabe der im jeweiligen Mitgliedstaat geltenden Vorschriften zu einer Änderung der Bemessungsgrundlage führen, dies hat aber mangels Steuerpflicht der Lieferung keine weitere Auswirkung auf das Steueraufkommen. Demzufolge besteht keine Veranlassung für den letzten Abnehmer in der Kette, den Vorsteuerabzug – sofern er einen solchen vornehmen konnte – zu berichtigen.

Gewährt ein Reisebüro als Vermittler dem Endverbraucher aus eigenem Antrieb und auf eigene Kosten einen Nachlass auf den Preis der vermittelten Leistung, die von einem Reiseveranstalter erbracht wird, sind die oben genannten Grundsätze nicht anzuwenden und ist eine Änderung (Minderung) der Bemessungsgrundlage beim Vermittler nicht zulässig (vgl. EuGH 16.1.2014, Rs C-300/12, *Ibero Tours GmbH*).

(AÖF Nr. 2014/164, BMF-AV Nr. 2015/170)

2383 Wird ein Skonto in Anspruch genommen, so ergeben sich unterschiedliche Auswirkungen, je nachdem, ob der Skontoabzug vom Gesamtpreis einschließlich USt (Bruttomethode) oder nur vom Entgelt (Nettomethode) vorgenommen wird.

Beispiel:

Es wird ein Gegenstand um 100 € plus 20 € USt, also um insgesamt 120 € geliefert. Bei Zahlung innerhalb von zwei Wochen ist ein Skonto von 3% vereinbart.

1. *Bruttomethode:*

   Der Leistungsempfänger zahlt 116,40 € (120 € abzüglich 3,60 € Skonto).

Der Leistende hat das Lieferentgelt auf 97 € (116,40 € x 0,166) und den für die Lieferung geschuldeten Steuerbetrag auf 19,40 € (20% von 97 €) zu berichtigen.

Der Leistungsempfänger hat den Vorsteuerabzug auf 19,40 € zu berichtigen.

2. *Nettomethode:*

Der Skonto (3%) wird von 100 € berechnet. Der Leistungsempfänger zahlt somit nicht 120 €, sondern 117 €.

Der Leistende hat das Lieferentgelt auf 97,50 € (117 € x 0,166) und den Steuerbetrag auf 19,50 € (20% von 97,50 €) zu berichtigen.

Der Leistungsempfänger hat den Vorsteuerabzug auf 19,50 € zu berichtigen.

Die Erstattung der Normverbrauchsabgabe nach § 12 NoVAG 1991 durch das Finanzamt **2384** an den Erwerber stellt weder für den Veräußerer noch für den Erwerber des KFZ eine Entgeltsminderung nach § 16 UStG 1994 dar.

Grundlage für die Berichtigung des Entgelts ist jeweils der Minderungs-(Erhöhungs-) **2385** Betrag und der Steuersatz, dem der betreffende Umsatz unterzogen wurde.

Eine Verpflichtung zur Belegerteilung besteht nur in jenen Fällen, in welchen das Gesetz **2386** ausdrücklich eine solche vorsieht. So ist zB im § 11 Abs. 13 UStG 1994 eine Berichtigung der Rechnung vorgesehen, wenn sich das Entgelt wegen des Abzuges von Wechselvorzinsen vermindert hat und in den Fällen des § 16 Abs. 5 UStG 1994.

Die Berichtigung hat jeweils für den Veranlagungszeitraum (Voranmeldungszeitraum) zu erfolgen, in dem die Änderung der Bemessungsgrundlage eingetreten ist.

Ist vereinbart, dass der leistende Unternehmer einen Rabatt gewährt und den hierfür vorgesehenen Geldbetrag auf ein separates, aber in seinem eigenen Verfügungsbereich stehendes Konto bucht, ist eine Minderung der Bemessungsgrundlage beim leistenden Unternehmer erst dann gegeben, wenn dem Kunden ein Teil des ursprünglichen Entgelts von diesem Konto ausbezahlt wurde oder dieser tatsächlich anderweitig darüber verfügen kann (vgl. EuGH 29.05.2001, Rs C-86/99, „Freemans plc").

Die gegenständliche Bestimmung ist nur für nachträgliche Änderungen der Bemes- **2387** sungsgrundlage von Bedeutung. Änderungen, die noch vor der Versteuerung eingetreten sind, lassen sich bereits bei der Steuerberechnung für den jeweiligen Voranmeldungs- bzw. Veranlagungszeitraum berücksichtigen und stellen daher keinen Anwendungsfall des § 16 UStG 1994 dar.

Die Bestimmung des § 16 Abs. 3 Z 2 UStG 1994 stellt – neben der Besteuerung nach **2387a** vereinnahmten Entgelten – auf die Anzahlungsbesteuerung ab, bei welcher die Umsatzsteuerschuld bereits dann entsteht, wenn die Anzahlung vereinnahmt, die Lieferung oder sonstige Leistung aber noch nicht ausgeführt wurde. Der die Anzahlung Leistende hat das Recht auf Vorsteuerabzug, wenn eine Rechnung vorliegt und die Zahlung geleistet wurde. Unterbleibt in weiterer Folge die Leistung, so sind der vom Anzahlungsempfänger aufgrund der Anzahlung geschuldete Umsatzsteuerbetrag und der vom Anzahlenden in Anspruch genommene Vorsteuerbetrag zu berichtigen (VwGH 8.9.2022, Ra 2020/15/0102).

(BMF-AV Nr. 2023/152)

16.1.2. Entgeltsänderung infolge Uneinbringlichkeit

Eine Berichtigung von Steuer und Vorsteuer ist auch dann vorzunehmen, wenn das ver- **2388** einbarte Entgelt für eine steuerpflichtige Lieferung oder sonstige Leistung uneinbringlich geworden ist. Ob und wann eine Forderung als uneinbringlich angesehen werden kann, wird nach den Umständen des Einzelfalles zu entscheiden sein (vgl. VwGH 4.8.2022, Ra 2022/13/0070). Ist die Einbringlichkeit einer Forderung bloß zweifelhaft, kann noch nicht von einer Uneinbringlichkeit gesprochen werden (VwGH vom 3.9.2008, 2003/13/0109). Die Bildung einer Delkrederepost wegen Zweifelhaftigkeit einer Forderung berechtigt daher noch nicht zu einer Entgeltsberichtigung im Sinne dieser Bestimmung. Erst die Zahlungsunfähigkeit des Schuldners oder die Minderung des Entgelts auf Grund eines Gerichtsurteiles oder Vergleiches usw. stellen echte Fälle von Uneinbringlichkeit dar (vgl. VwGH 29.1.2015, 2012/15/0012). Im Zweifel wird das Finanzamt den Nachweis der Uneinbringlichkeit einer Forderung verlangen müssen.

(BMF-AV Nr. 2016/212, BMF-AV Nr. 2023/152)

Ein Belegaustausch ist in der gegenständlichen Bestimmung nicht vorgesehen. Der Unter- **2389** nehmer, dessen Forderung ganz oder teilweise uneinbringlich geworden ist, kann daher in Höhe des Forderungsausfalles eine Entgeltsminderung vornehmen, ohne den Schuldner hievon verständigen zu müssen. Das Finanzamt des berichtigenden Unternehmers (Gläubigers) hat jedoch das Finanzamt des zahlungsunfähigen Unternehmers (Schuldners) auf die Uneinbringlichkeit der Forderung im Wege einer Kontrollmitteilung hinzuweisen.

16.1.3. Nachträgliche Änderung der EUSt

2390 Durch diese Bestimmung wird die Berichtigung des Vorsteuerabzuges in jenen Fällen geregelt, in welchen die als Vorsteuer abgezogene EUSt nachträglich herabgesetzt, erlassen oder erstattet worden ist.

16.1.4. Nachträgliche Entgeltsänderungen bei unterschiedlich besteuerten Leistungen

2391 Durch diese Bestimmung wird eine Belegerteilungspflicht für jene Fälle statuiert, in welchen Entgelte für unterschiedlich besteuerte Lieferungen oder sonstige Leistungen eines bestimmten Zeitabschnittes gemeinsam geändert werden. Aus dem Beleg, den der Unternehmer dem Leistungsempfänger zu erteilen hat, muss zu ersehen sein, wie sich die Änderung der Entgelte auf die unterschiedlich besteuerten Umsätze verteilt.

2392 Dieser Bestimmung wird insbesondere in allen jenen Fällen Bedeutung zukommen, in welchen Jahresboni oder Jahresrückvergütungen gewährt werden, was vor allem bei Genossenschaften sehr häufig vorkommt. Die Aufteilung der Entgeltsminderungen auf die Steuersätze kann für den Unternehmer allerdings oft mit großen Schwierigkeiten verbunden sein. Aus Vereinfachungsgründen können Unternehmer, denen auf Grund des § 18 Abs. 7 UStG 1994 vom Finanzamt die nachträgliche Trennung der Entgelte nach Steuersätzen gestattet worden ist, nachträgliche Entgeltsminderungen (zB durch Skonti, Rabatte oder sonstige Preisnachlässe) nach dem Verhältnis zwischen den Umsätzen, die verschiedenen Steuersätzen unterliegen, sowie den steuerfreien und nichtsteuerbaren Umsätzen eines Voranmeldungszeitraumes aufteilen. Die Finanzämter können auch anderen Unternehmern, die in großem Umfang Umsätze ausführen, die verschiedenen Steuersätzen unterliegen, auf Antrag gegen jederzeitigen Widerruf Erleichterungen für die Trennung nachträglicher Entgeltsminderungen gewähren. Diesen Unternehmern kann ebenfalls gestattet werden, die Entgeltsminderungen eines Voranmeldungszeitraumes in dem gleichen Verhältnis aufzuteilen, in dem die nichtsteuerbaren, steuerfreien und die verschiedenen Steuersätzen unterliegenden Umsätze des gleichen Zeitraumes zueinander stehen. Voraussetzung für die Zulassung dieses Verfahrens ist, dass die Verhältnisse zwischen den Umsatzgruppen innerhalb der einzelnen Voranmeldungszeiträume keine nennenswerten Schwankungen aufweisen.

16.1.5. Pfandgeld für Warenumschließungen

2393 Die Lieferung der Waren und die Überlassung der Warenumschließung bilden in der Regel eine einheitliche Leistung im Sinne von Haupt- und Nebenleistung. Der Käufer erhält die Ware nur dann, wenn er außer dem Kaufpreis auch das Pfandgeld für die Warenumschließung (zB Flaschenpfand, „Kaution" für Gasflaschen und Gastanks) entrichtet. Das vom Abnehmer aufgewendete Pfandgeld für die Warenumschließung ist Teil des Entgelts für die einheitliche Warenlieferung. Die Rückerstattung des Pfandgelds stellt regelmäßig eine Entgeltsminderung dar. (VwGH 30. Mai 1988, 86/15/0119).

Da die Beurteilung, ob nach diesen Grundsätzen die Leergutrücknahme bzw. die Rückgewährung des Pfandgeldes zu einer Entgeltsminderung führt, nur über einen längeren Zeitraum möglich ist, ist aus Vereinfachungsgründen ein Überhang an zurückgegebenem Leergut von bis zu 20% der im selben Jahr veräußerten Leergutmenge zu tolerieren.

16.1.6. Änderung der Bemessungsgrundlage bei der Ausgabe von Gutscheinen

2394 Die Ausgabe eines Gutscheins im Rahmen einer Werbemaßnahme, der einen Endabnehmer in die Lage versetzt, eine Leistung um den Nennwert des Gutscheins verbilligt zu erwerben, kann zu einer Minderung der Bemessungsgrundlage führen. Dies gilt unabhängig davon, ob die mit dem Gutschein verbundene Vergütung auf allen Stufen der Leistungskette vom Hersteller bis zum Endabnehmer erfolgt. Die Minderung der Bemessungsgrundlage ist von dem Unternehmer geltend zu machen, der den Umsatz ausführt und den finanziellen Aufwand für die Vergütung des Gutscheins trägt (= Gutscheinaussteller, zB Hersteller), während bei dem Unternehmer, an den dieser Umsatz ausgeführt worden ist, der Vorsteuerabzug unverändert bleibt (vgl. EuGH 24.10.1996, C-317/94, „Elida Gibbs", sowie 15.10.2002, C-427/98, „Kom/Deutschland").

Eine Minderung der Bemessungsgrundlage kommt nicht in Betracht, wenn der mit dem eingelösten Gutschein verbundene finanzielle Aufwand vom Unternehmer aus allgemeinem Werbeinteresse getragen wird und nicht einem nachfolgenden Umsatz in der Leistungskette (Hersteller – Endabnehmer) zugeordnet werden kann.

Beispiel 1:

Das Kaufhaus K verteilt Gutscheine an Kunden zum Besuch eines in dem Kaufhaus von einem fremden Unternehmer F betriebenen Frisiersalons. K will mit der Maßnahme er-

reichen, dass Kunden aus Anlass der Gutscheineinlösung bei F das Kaufhaus aufsuchen und dort Waren erwerben.

K kann keine Minderung der Bemessungsgrundlage seiner Umsätze vornehmen.

Beispiel 2:

Der Automobilhersteller A erwirbt bei einem Mineralölkonzern M Gutscheine, die zum Bezug sämtlicher Waren und Dienstleistungen berechtigen, die in den Tankstellen des M angeboten werden. Diese Gutscheine gibt A über Vertragshändler an seine Kunden beim Erwerb eines neuen Autos als Zugabe weiter.

A kann keine Minderung der Bemessungsgrundlage seiner Umsätze vornehmen. Der Kunde erhält das Auto nicht billiger, sondern lediglich die Möglichkeit, bei einem dritten Unternehmer – hier M – Leistungen zu beziehen, deren Entgelt bereits von dritter Seite entrichtet wurde.

Das Einlösen des Gutscheins kann in der Weise erfolgen, dass der Endabnehmer den Gutschein beim Erwerb der Leistung an Zahlungs Statt einsetzt und der Zwischenhändler sich den Nennwert des Gutscheins vom Unternehmer, der den Gutschein ausgegeben hat, oder in dessen Auftrag von einem anderen vergüten lässt (Preisnachlassgutschein) oder dass der Endabnehmer direkt vom Unternehmer, der den Gutschein ausgegeben hat, oder in dessen Auftrag von einem anderen eine nachträgliche Vergütung erhält (Preiserstattungsgutschein). **2395**

Bei Preisnachlassgutscheinen und Preiserstattungsgutscheinen handelt es sich nicht um Einzweck- oder Mehrzweckgutscheine im Sinne des Art. 30a MwSt-RL 2006/112/EG idF RL (EU) 2016/1065. Zu Einzweck- und Mehrzweckgutscheinen siehe Rz 4.

(BMF-AV Nr. 2018/164)

Wird die Leistung an einen voll oder teilweise zum Vorsteuerabzug berechtigten Unternehmer als Endabnehmer bewirkt, der den Gutschein einlöst, mindert sich bei diesem Endabnehmer der Vorsteuerabzug aus der Leistung um den im Nennwert des Gutscheins enthaltenen Umsatzsteuerbetrag, ohne dass es bei dem Unternehmer, der diesen Umsatz ausgeführt hat, (zB Einzelhändler) zu einer Berichtigung seiner Bemessungsgrundlage kommt. Die Minderung der Bemessungsgrundlage beim Unternehmer, der den Gutschein ausgegeben und vergütet hat (zB Hersteller), kommt auch in diesen Fällen in Betracht. **2396**

Wird bei einer Leistung eines Unternehmers einem Kunden ein Rückgewährungsanspruch im Rahmen eines von einem Dritten betriebenen Rabattsystems gewährt, den der Kunde durch Bezug einer Leistung eines anderen Unternehmers, der ebenfalls an dem Rabattsystem teilnimmt, auslösen kann, kann der den Rückgewährungsanspruch gewährende Unternehmer zu dem Zeitpunkt, in dem der Anspruch ausgelöst wird, eine Minderung der Bemessungsgrundlage seiner Leistung vornehmen, selbst wenn der Anspruch durch einen Umsatz ausgelöst wird, der nicht einem nachfolgenden Umsatz in der Leistungskette (Hersteller – Endabnehmer) zugeordnet werden kann (vgl. BFH 16.1.2020, V R 42/17). **2396a**

(BMF-AV Nr. 2020/192)

Für die Minderung der Bemessungsgrundlage beim Unternehmer, der den Gutschein ausgegeben und vergütet hat (= Gutscheinaussteller zB Hersteller), ist Voraussetzung, dass: **2397**

1. der Gutscheinaussteller eine im Inland steuerpflichtige Leistung erbracht hat,
2. der Gutscheinaussteller einem Abnehmer, der nicht unmittelbar in der Leistungskette nachfolgen muss, den Nennwert eines ausgegebenen Gutscheins vergütet hat,
3. die Leistung an den Endabnehmer, der den Gutschein einlöst, im Inland steuerpflichtig ist und
4. der Gutscheinaussteller das Vorliegen der vorstehenden Voraussetzungen nachweisen kann.

Die Minderung der Bemessungsgrundlage hängt nicht davon ab, ob der Unternehmer seine Leistung unmittelbar an den Einzelhändler oder an einen Großhändler oder Zwischenhändler bewirkt.

Die Bemessungsgrundlage beim Unternehmer, der den Gutschein ausgegeben und vergütet hat, wird um den Vergütungsbetrag abzüglich der Umsatzsteuer gemindert, die sich nach dem Umsatzsteuersatz berechnet, der auf den Umsatz Anwendung findet, für den der Gutschein eingelöst wird. Der Unternehmer kann entsprechend § 16 Abs. 1 letzter Satz UStG 1994 die Minderung der Bemessungsgrundlage frühestens für den Besteuerungszeitraum vornehmen, in dem die Änderung der Bemessungsgrundlage eingetreten ist, d.h. für den Besteuerungszeitraum, in dem der Unternehmer den Gutschein vergütet hat. Eine Berichtigung der Rechnung an den unmittelbaren Abnehmer des Gutscheinausstellers (zB Großhändler) hat nicht zu erfolgen. Ebenso wenig kommt es zu einer Änderung des Vorsteuerabzuges bei diesem Abnehmer und bei allen weiteren Unternehmern in der Lieferkette ausgenommen den Endabnehmer. **2398**

In den Fällen des Preisnachlassgutscheines ist der Nennwert des Gutscheines Teil der Gegenleistung für die Lieferung des Einzelhändlers an den Endverbraucher (wirkt wie ein Entgelt von dritter Seite durch den Hersteller; vgl. EuGH 24.10.1996, C-288/94, „Argos Distributors", sowie 16.1.2003, C-398/99, „Yorkshire Co-operatives Ltd"). Die Hingabe des Gutscheines an Zahlungs Statt führt somit zu keiner Minderung der Bemessungsgrundlage des Einzelhändlers. Für Unternehmer, die auf den Produktions- und Vertriebsstufen vor der Endverbrauchsstufe tätig sind (Zwischenhändler, Großhändler), muss die Umsatzbesteuerung im Ergebnis neutral sein.

2399 Im Falle der Minderung der Bemessungsgrundlage infolge Vergütung eines Gutscheines hat der Unternehmer, der diesen Gutschein ausgegeben und vergütet hat, den Nachweis regelmäßig wie folgt zu führen:

Preisnachlassgutschein:

1. Durch einen Beleg über Datum und Höhe der Vergütung an den Einzelhändler; der Beleg soll außerdem folgende Angaben enthalten:
   a) Bezeichnung (zB Registriernummer) des Gutscheins,
   b) Name und Anschrift des Endabnehmers,
   c) Angaben zur Vorsteuerabzugsberechtigung des Endabnehmers und
2. durch Vorlage eines Beleges des Einzelhändlers, aus dem sich ergibt, dass die Leistung an den Endabnehmer im Inland steuerpflichtig ist; aus dem Beleg müssen sich der maßgebliche Steuersatz und der Preis, aufgegliedert nach dem vom Endabnehmer aufgewendeten Betrag und Nennwert des Gutscheins, den der Endabnehmer an Zahlungs Statt hingibt, ergeben.

Preiserstattungsgutschein:

1. Durch eine Kopie der Rechnung des Einzelhändlers, aus der sich eindeutig der steuerpflichtige Umsatz ergibt, für den die Vergütung geleistet wurde, und
2. durch einen Beleg über Datum und Höhe der Vergütung (zB Überweisung oder Barzahlung) des Nennwerts des Gutscheins gegenüber dem Endabnehmer; der Beleg soll außerdem folgende Angaben enthalten:
   a) Bezeichnung (zB Registriernummer) des Gutscheins,
   b) Name und Anschrift des Endabnehmers,
   c) Angaben zur Vorsteuerabzugsberechtigung des Endabnehmers.

Die Nachweise können sich auch aus der Gesamtheit anderer beim Unternehmer, der den Gutschein ausgegeben und vergütet hat, vorliegender Unterlagen ergeben, wenn sich aus ihnen leicht und eindeutig nachprüfen lässt, dass die Voraussetzungen für eine Minderung der Bemessungsgrundlage vorgelegen haben.

2400 **Beispiel 1:**

Hersteller A verkauft an den Zwischenhändler B ein Möbelstück für 1.000 Euro zuzüglich 200 Euro gesondert ausgewiesener USt. B verkauft dieses Möbelstück an den Einzelhändler C für 1.500 Euro zuzüglich 300 Euro gesondert ausgewiesener USt. C verkauft dieses Möbelstück an den Endabnehmer D für 2.000 Euro zuzüglich 400 Euro gesondert ausgewiesener USt. D zahlt C einen Barbetrag in Höhe von 2040 Euro und übergibt C einen von A ausgegebenen Warengutschein mit einem Nennwert von 360 Euro an Zahlungs Statt. C legt den Warengutschein A vor und erhält von diesem eine Vergütung in Höhe von 360 Euro (Preisnachlassgutschein).

Hersteller A kann die Bemessungsgrundlage seiner Lieferung um 300 Euro mindern (360 Euro 1,2). Die geschuldete USt des A vermindert sich um 60 Euro. Einer Rechnungsberichtigung bedarf es nicht.

Zwischenhändler B hat in Höhe des in der Rechnung des A ausgewiesenen Umsatzsteuerbetrages – unter den weiteren Voraussetzungen des § 12 UStG 1994 – einen Vorsteuerabzug in Höhe von 200 Euro.

Die Bemessungsgrundlage für die Lieferung des C an D ermittelt sich aus der Barzahlung des D in Höhe von 2.040 Euro und dem von A gezahlten Erstattungsbetrag in Höhe von 360 Euro abzüglich der in diesen Beträgen enthaltenen USt (2.040 Euro + 360 Euro = 2.400 Euro : 1,2 = 2.000 Euro). Im Endergebnis fallen insgesamt 340 Euro USt an (Abführung von 400 Euro durch C abzüglich der Minderung in Höhe von 60 Euro bei A); dies entspricht dem Umsatzsteuerbetrag, der in dem vom Endabnehmer D tatsächlich aufgewendeten Betrag enthalten ist, mit dem D also tatsächlich wirtschaftlich belastet ist (2040 Euro : 1,2 x 20%). Ist D ein vorsteuerabzugsberechtigter Unternehmer, darf er nur einen Vorsteuerabzug in Höhe von 340 Euro geltend machen.

Beispiel 2:

Wie Beispiel 1, aber D zahlt C den gesamten Kaufpreis in Höhe von 2.400 Euro und legt den Gutschein A vor. A zahlt eine Vergütung in Höhe von 360 Euro. (Preiserstattungsgutschein).

Hersteller A kann die Bemessungsgrundlage seiner Lieferung um 300 Euro mindern (360 Euro : 1,2). Die geschuldete USt des A vermindert sich um 60 Euro. Einer Rechnungsberichtigung bedarf es nicht. Beim Zwischenhändler B tritt in der Höhe seines Vorsteuerabzuges keine Änderung ein, ebenso beim Einzelhändler C. Die Bemessungsgrundlage für die Lieferung des C an D setzt sich aus der Barzahlung des D abzüglich der darin enthaltenen USt zusammen. Wäre D ein vorsteuerabzugsberechtigter Unternehmer, müsste er im Voranmeldungszeitraum der Gutscheinerstattung seinen Vorsteuerabzug um 60 Euro berichtigen.

16.2. Insolvenzverfahren

16.2.1. Allgemeines

Die Einleitung des Insolvenzverfahrens berührt nicht die Unternehmereigenschaft des (Insolvenz)Schuldners. Der (Insolvenz)Schuldner bleibt Zurechnungssubjekt der von der bzw. an die Masse ausgeführten Leistungen und Steuerschuldner (VwGH 27.5.1998, 93/13/0052). 2401

Der im Sanierungsverfahren bestellte Treuhänder wird als gesetzlicher Vertreter für den Unternehmer tätig; Umsätze sind weiterhin diesem zuzurechnen.

(AÖF Nr. 2014/7, BMF-AV Nr. 2021/166)

Der Voranmeldungs- bzw. Veranlagungszeitraum wird durch die Insolvenzeröffnung weder unterbrochen noch beendet. Ein laufendes Veranlagungsverfahren wird ebenfalls nicht unterbrochen. Die Insolvenzeröffnung ist aber entscheidende Zäsur für die insolvenzrechtliche Qualifikation der USt-Forderungen. 2402

Maßgeblich für das Vorliegen einer privilegierten Forderung (Masseforderung) ist, dass es sich um Steuern handelt, die die Masse bzw. das unter Eigenverwaltung stehende Vermögen treffen und dass der die Abgabepflicht auslösende Sachverhalt während des Insolvenzverfahrens (Sanierungsverfahrens) verwirklicht wird (§ 46 Z 2 IO, § 174 IO). 2403

16.2.2. Berichtigung des Vorsteuerabzuges gemäß § 16 UStG 1994

Werden im Insolvenzverfahren Verbindlichkeiten für Leistungen an das Unternehmen, für die der Vorsteuerabzug in Anspruch genommen worden ist, uneinbringlich, ergibt sich die Verpflichtung zur Vorsteuerberichtigung (VwGH 29.1.2015, 2012/15/0012). Den Rückforderungsanspruch hat das Finanzamt als Gläubiger im Insolvenzverfahren geltend zu machen. 2404

Um einen Anspruch auf Erstattung von zu Unrecht als Mehrwertsteuer bezahlten Beträgen durchzusetzen, muss der Leistungsempfänger grundsätzlich eine Klage gegen den Leistungserbringer erheben. Ist jedoch eine solche Klage unmöglich oder übermäßig erschwert, insbesondere im Fall der Zahlungsunfähigkeit des Leistungserbringers, kann der Leistungsempfänger seinen Antrag auf Erstattung unmittelbar an die Abgabenbehörde richten. Ein unmittelbarer Anspruch des Leistungsempfängers gegenüber den Abgabenbehörden ist jedoch nicht in jenen Fällen gegeben, in denen die Mehrwertsteuer nicht an die Abgabenbehörde abgeführt worden ist. Der Steuerverwaltung darf kein Steuerausfall entstehen. In allen Fällen, in denen die Mehrwertsteuer nicht an die Abgabenbehörde abgeführt wurde, ist ein Rückzahlungsanspruch somit von vornherein ausgeschlossen (vgl. VwGH 8.9.2022, Ra 2020/15/0102).

(BMF-AV Nr. 2015/170, BMF-AV Nr. 2023/152)

Für die insolvenzrechtliche Einordnung der Umsatzsteuerforderung ist davon auszugehen, dass die Uneinbringlichkeit im Sinne des § 16 Abs. 3 UStG 1994 in der Regel vor der Eröffnung des Insolvenzverfahrens eintritt und dieser Rückforderungsanspruch somit eine Insolvenzforderung darstellt. Die Vorsteuerberichtigung ist daher als Steuer des letzten Voranmeldungszeitraumes vor der Eröffnung des Insolvenzverfahrens durchzuführen bzw. festzusetzen. 2405

Die Höhe der Vorsteuerberichtigung ist entsprechend dem voraussichtlichen Ausmaß der Uneinbringlichkeit (der voraussichtlichen Quote) zu ermitteln. Davon ausgehend ist der Vorsteuerberichtigungsbetrag und in weiterer Folge der Vorsteuerrückforderungsanspruch (Insolvenzforderung) zu errechnen.

Wenn für den UVA-Zeitraum des letzten Voranmeldungszeitraumes vor Eröffnung des Insolvenzverfahrens eine Veranlagung im laufenden Insolvenzverfahren durchzuführen ist, so hat der Umsatzsteuerjahresbescheid vorläufig iSd § 200 BAO zu ergehen, wenn die Quotenhöhe und somit der Vorsteuerberichtigungsbetrag bis dahin noch ungewiss ist. Sollte sich die ursprüngliche Vorsteuerberichtigung der Höhe nach als nicht richtig erweisen, ist diese nach Ermittlung der Quote im Gerichtsverfahren neuerlich und umgehend zu berichtigen. Allfällige Differenzen sind als Mehr- oder Minderbetrag hinsichtlich der angemeldeten Insolvenzforderung des Finanzamtes geltend zu machen.

Sollte die Quote nicht oder nicht zur Gänze entrichtet werden, wäre unter Umständen die berichtigte Vorsteuerberichtigung ein weiteres Mal zu berichtigen.

(BMF-AV Nr. 2016/212, BMF-AV Nr. 2021/166)

16.2.3. Vorsteuerrückforderung gemäß § 12 Abs. 10 und 11 UStG 1994

2406 Wird im Zuge eines Insolvenzverfahrens Masse verwertet, so kann eine steuerfreie Veräußerung (zB ein steuerfreier Grundstücksumsatz) eine Vorsteuerberichtigung gemäß § 12 Abs. 10 UStG 1994 auslösen. Die Vorsteuerberichtigung nach § 12 Abs. 10 UStG 1994 führt im Insolvenzverfahren (OGH 25.02.2000, 8 Ob 144/99f) zu einer Insolvenzforderung (anders VwGH 19.10.1999, 98/14/0143) und im Sanierungsverfahren nicht zu einer bevorrechteten Forderung.

16.2.4. Halbfertige Bauten – Rücktritt vom Vertrag

2407 Ist ein Vertrag von dem (Insolvenz)Schuldner und dem anderen Teil zur Zeit der Insolvenzeröffnung noch nicht oder nicht vollständig erfüllt worden, so kann der Insolvenzverwalter gemäß § 21 Abs. 1 IO entweder an Stelle des Schuldners den Vertrag erfüllen und vom anderen Teil Erfüllung verlangen oder vom Vertrag zurücktreten.

Tritt der Insolvenzverwalter vom Vertrag zurück, so ist die Verfügungsmacht am tatsächlich erbrachten Teil der Werklieferung bereits mit der Insolvenzeröffnung verschafft worden. Die für die Lieferung geschuldete Umsatzsteuer ist daher Insolvenzforderung (EvBl 1988, 86).

16.2.5. Halbfertige Bauten – Erfüllung des Vertrages

2408 Erfüllt der Insolvenzverwalter (Unternehmer) den Vertrag, gelten die allgemeinen Vorschriften betreffend den Zeitpunkt der Lieferung, wobei der Zeitpunkt der Verschaffung der Verfügungsmacht maßgeblich ist. Eine Zweiteilung der Lieferung (vor und nach der Insolvenzeröffnung) ist nicht zulässig. Es handelt sich um ein einheitliches Ganzes und die Umsatzsteuer stellt zur Gänze eine Masseforderung dar.

16.2.6. Eigentumsvorbehalt im Insolvenzverfahren

2409 Macht der Vorbehaltseigentümer vom Rücktritt Gebrauch, kommt es zur Rückgängigmachung der ursprünglichen Lieferung. Die nicht steuerbare Rückgabe des Liefergegenstandes führt zur Berichtigung des seinerzeit vom (Insolvenz)Schuldner geltend gemachten Vorsteuerabzuges. Diese Vorsteuerrückforderung ist eine Insolvenzforderung.

2410 Erfolgt der Rücktritt durch den Vorbehaltskäufer (durch den Insolvenzverwalter gemäß § 21 IO), ist der wirtschaftliche Erfolg kein anderer als bei Geltendmachung des Eigentumsvorbehaltes durch den Gläubiger. Die Vorsteuerrückforderung stellt ebenfalls eine Insolvenzforderung dar.

2411 Im Falle des abgetretenen Eigentumsvorbehaltes liegt bei der Geltendmachung des Eigentumsvorbehaltes eine Lieferung des Abnehmers [(Insolvenz)Schuldners] an den Vorbehaltseigentümer vor (vgl. VwGH 27.06.2000, 97/14/0147).

16.2.7. Verwertung der Konkursmasse insbesondere von Sicherungsgut im Konkurs

2412 Die Veräußerung des Massevermögens durch den Insolvenzverwalter führt zu steuerpflichtigen Umsätzen, die dem (Insolvenz)Schuldner zuzurechnen sind (vgl. VwGH 27.05.1998, 93/13/0052).

Keine Rolle spielt, ob einzelne Wirtschaftsgüter aus der Insolvenzmasse durch freihändigen Verkauf, gerichtliche Versteigerung auf Antrag des Insolvenzverwalters veräußert werden oder ob das gesamtschuldnerische Unternehmen im Ganzen veräußert wird. Die aus diesen Umsätzen resultierende Steuerschuld ist insolvenzrechtlich eine Masseforderung.

2413 Bezüglich des Sicherungsgutes (Sicherungseigentum, Pfandrechte, Zurückbehaltungsrechte), das Teil der Insolvenzmasse ist, hat der Gläubiger im Insolvenzverfahren so genannte Absonderungsrechte, dh. Rechte auf abgesonderte Befriedigung aus bestimmten Sachen (Rechten) des Schuldners. Bei der Veräußerung von Gegenständen, die zu einer Sondermasse gehören, ist zu unterscheiden:

2414 Bei Veräußerung des Sicherungsgutes durch den Insolvenzverwalter sind die Umsatzsteuerforderungen gemäß § 49 Abs. 1 IO Sondermassekosten, die vor Befriedigung der Absonderungsgläubiger zu entrichten sind (vgl. OGH 27.04.1989, 8 Ob 29/88, SZ 62/81).

Veräußert der Sicherungsnehmer (Gläubiger) das Sicherungsgut, fallen zwei Lieferungen an. Der (Insolvenz)Schuldner liefert an den Gläubiger und dieser an den Dritten. Bei der Lieferung des Sicherungsguts durch den (Insolvenz)Schuldner (Sicherungsgeber) an den Gläubiger (Sicherungsnehmer) geht die Steuerschuld auf den Leistungsempfänger über, wenn es sich bei diesem um einen Unternehmer oder eine juristische Person des öffentlichen Rechts handelt (§ 19 Abs. 1b lit. a UStG 1994). 2415

16.2.8. Istbesteuerung und Vorsteuerabzug bei Anzahlungen im Insolvenzverfahren

16.2.8.1. Istbesteuerung (Mindest-Istbesteuerung) des leistenden (nachmaligen) Gemeinschuldners

Die Leistung wird erbracht: 2416

Maßgeblich für die insolvenzrechtliche Beurteilung ist stets der Zeitpunkt der Leistung. Das bedeutet:

- Vor Insolvenzeröffnung wurde geleistet, nach Insolvenzeröffnung erfolgt die Vereinnahmung: Die Umsatzsteuer ist eine Insolvenzforderung.
- Vereinnahmung vor Insolvenzeröffnung (wurde nicht versteuert), Leistung nach Insolvenzeröffnung (Insolvenzverwalter tritt nicht zurück): Die Umsatzsteuer ist eine Masseforderung.

Die Leistung wird nicht erbracht (Der Insolvenzverwalter tritt vom Vertrag zurück). 2417

- Vereinnahmung vor Insolvenzeröffnung: Die Steuerschuld fällt weg.
- Vereinnahmung vor Insolvenzeröffnung, der (Insolvenz)Schuldner hat die Zahlung versteuert.

Die Umsatzsteuerschuld fällt weg. Die Versteuerung ist rückgängig zu machen (im Voranmeldungszeitraum der Änderung).

Der Rückforderungsanspruch aus der Umsatzsteuerberichtigung ist mit den Insolvenzforderungen des Finanzamtes aufrechenbar.

16.2.8.2. Vorsteuerabzug des zahlenden (nachmaligen) Gemeinschuldners

Der Insolvenzverwalter tritt vom Vertrag nicht zurück [die Leistung wird an den (Insolvenz)Schuldner erbracht], vor Insolvenzeröffnung hat der [nachmalige (Insolvenz)Schuldner] bezahlt, aber vor Insolvenzeröffnung keinen Vorsteuerabzug vorgenommen. 2418

Die Vorsteuer aus der Anzahlungsrechnung wird mit Insolvenzforderungen aufrechenbar sein, sofern sie nicht schon geltend gemacht wurde (auch wenn die Anzahlungsrechnung durch den Vertragspartner erst nach Eröffnung des Insolvenzverfahrens ausgestellt wird). Die Vorsteuer aus der Schlussrechnung (oder aus weiteren Anzahlungen nach Insolvenzeröffnung) ist hingegen nur mit Masseforderungen des Finanzamtes verrechenbar.

Der Insolvenzverwalter tritt vom Vertrag zurück, der (Insolvenz)Schuldner hat vor Insolvenzeröffnung eine Anzahlung geleistet und den Vorsteuerabzug vorgenommen. Es kommt zu einer Rückgängigmachung des geltend emachten Vorsteuerabzuges. Die Vorsteuerrückforderung stellt eine Insolvenzforderung des Fiskus dar. 2419

16.2.9. Uneinbringlichkeit von Forderungen des Gemeinschuldners

Im Falle der Uneinbringlichkeit von Forderungen des (Insolvenz)Schuldners betreffend Leistungen, die er noch vor Insolvenzeröffnung erbracht hat, ist die Umsatzsteuer des (Insolvenz)Schuldners zu berichtigen. Für die insolvenzrechtliche Qualifikation des sich daraus ergebenden Umsatzsteuer-Rückforderungsanspruches des (Insolvenz)Schuldners gegenüber dem Finanzamt ist der Zeitpunkt des Eintritts der Uneinbringlichkeit maßgeblich. Wurde die Forderung des (Insolvenz)Schuldners erst nach der Insolvenzeröffnung uneinbringlich, ist dieser Umsatzsteuer-Rückforderungsanspruch grundsätzlich mit Masseforderungen des Finanzamtes aufrechenbar. Nur in den Fällen, in denen die Umsatzsteuer nicht abgeführt wurde, ist der Rückforderungsanspruch zur Vermeidung einer ungerechtfertigten Bereicherung der Masse mit Insolvenzforderungen des Finanzamtes aufzurechnen. 2420

(AÖF Nr. 2014/7, BMF-AV Nr. 2016/212)

Randzahlen 2421 bis 2430: *derzeit frei.*

16.3. Zentralregulierer

Als Zentralregulierer wird ein Unternehmer bezeichnet, der den Abrechnungsverkehr zwischen in der Regel mehreren Abnehmern und deren Lieferanten durchführt. Der Zentralregulierer zahlt – unabhängig davon, wann der jeweilige Abnehmer an ihn zahlt – in der Regel innerhalb der vom Lieferanten gesetzten Skontofrist und nimmt daher den größtmög- 2431 lichen Skontoabzug vor. Dieser Abzug stellt beim Lieferanten eine Entgeltsminderung dar. Die somit beim Abnehmer erforderliche Berichtigung des Vorsteuerabzuges kann jedoch auf erhebliche praktische Schwierigkeiten stoßen. § 16 Abs. 2 UStG 1994 bestimmt , dass die Berichtigung des Vorsteuerabzuges beim Abnehmer unterbleiben kann, so weit der auf die Entgeltsminderung entfallende Steuerbetrag von einem dritten Unternehmer entrichtet wird. Der Zentralregulierer ist diesfalls Steuerschuldner; die Steuerschuld entsteht für den Veranlagungszeitraum (Voranmeldungszeitraum), in dem die Minderung des Entgelts eingetreten ist.

Beispiel:

Die Einkaufgenossenschaft E (Zentralregulierer) ist in den Abrechnungsverkehr für Warenlieferungen zwischen A und B eingeschaltet. Sie zahlt für B den Kaufpreis an A unter Inanspruchnahme von Skonto. B zahlt an E den Kaufpreis ohne Inanspruchnahme von Skonto.

Nach § 16 Abs. 1 Z 2 UStG 1994 hat A seine Steuer zu berichtigen. B braucht gemäß § 16 Abs. 2 UStG 1994 seinen Vorsteuerabzug nicht zu berichtigen, so weit E die auf den Skontoabzug entfallende Steuer an das Finanzamt entrichtet.

Randzahlen 2432 bis 2450: *derzeit frei.*

17. Besteuerung nach vereinnahmten Entgelten – Istbesteuerung (§ 17 UStG 1994)

17.1. Soll-Istbesteuerung

Die Sollbesteuerung (Besteuerung nach vereinbarten Entgelten) ist die grundsätzliche Besteuerungsart. Die Istbesteuerung ist nur für die im § 17 UStG 1994 angeführten Fälle vorgesehen. 2451

17.1.1. Istbesteuerung für freiberufliche und entsprechende Tätigkeiten

Unternehmer, die der Art nach eine Tätigkeit im Sinne des § 22 Z 1 des Einkommensteuergesetzes 1988 ausüben, haben die Steuer für die mit diesen Tätigkeiten zusammenhängenden Umsätze nach den vereinnahmten Entgelten zu berechnen (Istbesteuerung). 2452

Bei den im ersten Satz des § 17 Abs. 1 UStG 1994 genannten Unternehmern unterliegen sämtliche mit ihrer Berufstätigkeit zusammenhängenden Umsätze, auch die so genannten Umsätze aus Hilfsgeschäften, der Istbesteuerung. Dies gilt auch, wenn die Grundgeschäfte steuerfrei sind. Führt zB ein Arzt auch eine Hausapotheke oder veräußert ein Rechtsanwalt ein Anlagegut, so sind alle diese Umsätze in die Istbesteuerung einzubeziehen.

(BMF-AV Nr. 2017/171, BMF-AV Nr. 2018/164)

Das Finanzamt hat jedoch auf Antrag zu gestatten, dass der Unternehmer die Steuer für die mit diesen Tätigkeiten zusammenhängenden Umsätze nach vereinbarten Entgelten (Sollbesteuerung) berechnet. Ein Antrag auf Sollbesteuerung muss spätestens zum Termin der Abgabe (Erstellung) der ersten Voranmeldung für diesen Veranlagungszeitraum gestellt werden. 2453

17.1.2. Istbesteuerung für Versorgungsunternehmen

Für die im § 17 Abs. 1 zweiter Satz UStG 1994 genannten Versorgungsunternehmen, die ihre Leistungen in aller Regel auf Grund von Dauerleistungsverträgen erbringen und große Schwierigkeiten hätten, die in den einzelnen Kalendermonaten ausgeführten Leistungen festzustellen, ist zwingend die Istbesteuerung vorgesehen. 2454

Durch die Anknüpfung an die Rechnungslegung sind in dieser Art der Istbesteuerung auch Elemente der Sollbesteuerung enthalten. Auf Grund der gesetzlichen Fiktion, dass das Entgelt mit der Rechnungslegung (wobei auch Teilzahlungsanforderungen als Rechnungen anzusehen sind, auch wenn sie bestimmte Rechnungsangaben gemäß § 11 UStG 1994 nicht enthalten) als vereinnahmt anzusehen ist, hat das Versorgungsunternehmen – unabhängig von der tatsächlichen Vereinnahmung des Entgeltes – die Versteuerung bereits auf Grund der Teilzahlungsanforderung für einen bestimmten Zeitabschnitt vorzunehmen. Durch die weitere gesetzliche Fiktion, dass die Lieferungen oder sonstigen Leistungen mit der Rechnungslegung als ausgeführt gelten (dies gilt auch für die jährliche Abrechnung der Marktprämie iSd EAG), wird der vorsteuerabzugsberechtigte Empfänger der Teilzahlungsanforderung in die Lage versetzt, den Vorsteuerabzug geltend zu machen, und zwar unabhängig davon, ob die verrechneten Leistungen schon tatsächlich ausgeführt sind. 2455

(BMF-AV Nr. 2023/152)

Bei Rechnungslegung im Wege einer Teilzahlungsanforderung und der damit verbundenen fiktiven Vereinnahmung des Entgeltes bzw. fiktiven Ausführung der Leistung ist im Interesse einer gleichmäßigen Vorgangsweise davon auszugehen, dass die Rechnungslegung nicht schon im Zeitpunkt der Zustellung der Teilzahlungsanforderung an den Leistungsempfänger erfolgt ist, sondern erst mit Beginn jenes Zeitraumes, für den die Teilzahlungsanforderung gilt. 2456

Für den Fall, dass von den der Istbesteuerung unterliegenden Versorgungsunternehmen überhaupt keine Rechnung gelegt wird, hat die Besteuerung nach Maßgabe der tatsächlichen Entgeltsvereinnahmung zu erfolgen. Bei den Versorgungsunternehmen ist ein Antrag auf Sollbesteuerung nicht möglich. 2457

Teilzahlungsanforderungen für Gas-, Wasser-, Elektrizitäts- und Wärmelieferungen gelten auch dann als Rechnungen im Sinne des § 11 UStG 1994, wenn sie die im § 11 Abs. 1 Z 3 lit. c und d UStG 1994 (bis 31. Dezember 2012: § 11 Abs. 1 Z 3 und 4 UStG 1994) geforderten Angaben nicht enthalten (§ 17 Abs. 1 UStG 1994). 2458

Teilzahlungsanforderungen im Sinne des § 17 Abs. 1 UStG 1994 müssen darüber hinaus weder fortlaufend nummeriert sein noch brauchen sie bis 31. Dezember 2006 die UID des leistenden Unternehmers oder (ab 1. Juli 2006) bei Rechnungen, deren Gesamtbetrag 10.000 Euro übersteigt, die UID des Leistungsempfängers enthalten. Derartige Rechnungen berechtigen bis 31. Dezember 2006 daher trotz Fehlens einer laufenden Rechnungsnummer bzw. der UID des Leistenden sowie (ab 1. Juli 2006) des Leistungsempfängers bei Vorliegen der übrigen Voraussetzungen des § 12 UStG 1994 zum Vorsteuerabzug.

Für Zeiträume ab 1. Jänner 2007 ist es weiterhin nicht zu beanstanden, wenn Teilzahlungsanforderungen nicht fortlaufend nummeriert sind.

Randzahlen 2459 bis 2460: *derzeit frei.*

17.2. Istbesteuerung für nichtbuchführungspflichtige Landwirte und Gewerbetreibende sowie für Unternehmer mit niedrigem Gesamtumsatz

2461 Die im § 17 Abs. 2 UStG 1994 genannten Unternehmer unterliegen grundsätzlich der Istbesteuerung.

2462 Das Finanzamt hat jedoch auf Antrag zu gestatten, dass der Unternehmer die Steuer für die mit diesen Tätigkeiten zusammenhängenden Umsätze nach vereinbarten Entgelten (Sollbesteuerung) berechnet. Ein Antrag auf Sollbesteuerung muss spätestens zum Termin der Abgabe (Erstellung) der ersten Voranmeldung für diesen Veranlagungszeitraum gestellt werden.

2463 Unter die Unternehmer mit niedrigem Gesamtumsatz (bis 110.000 €) fallen insbesondere solche, die Einkünfte aus sonstiger selbständiger Arbeit (§ 22 Z 2 EStG 1988) oder aus Vermietung und Verpachtung (§ 28 EStG 1988) erzielen.

Randzahlen 2464 bis 2475: *derzeit frei.*

17.3. Wegfall der Istbesteuerung

2476 Der Wegfall der Istbesteuerung und Übergang zur Sollbesteuerung in den in § 17 Abs. 3 UStG 1994 genannten Fällen bedarf keines Bescheides des Finanzamtes.

Randzahlen 2477 bis 2479: *derzeit frei.*

17.4. Wechsel in der Besteuerungsart

2480 Beim Übergang von der Soll- zur Istbesteuerung sind Entgelte für die vor dem Übergang zur Istbesteuerung bewirkten Umsätze, die erst nach dem Übergang vereinnahmt werden (Außenstände im Zeitpunkt des Übergangs), in dem auf den Übergang folgenden Voranmeldungszeitraum wieder abzusetzen.

(AÖF Nr. 2014/7)

17.4.1. Vorsteuerabzug

2481 Kommt es bei einem Unternehmer, der den Vorsteuerabzug gemäß § 12 Abs. 1 Z 1 lit. a zweiter Satz UStG 1994 geltend macht, zu einem Wechsel von der Istbesteuerung in die Sollbesteuerung, so liegen für eine bereits im Zeitraum der Istbesteuerung bezogene Leistung, bei Erfüllung aller sonstigen Anforderungen, ab dem Zeitpunkt des Wechsels, unabhängig von der Bezahlung, die Voraussetzungen für den Vorsteuerabzug vor. Das Recht auf Vorsteuerabzug kann somit im Veranlagungszeitraum des Wechsels ausgeübt werden, soweit es nicht schon geltend gemacht wurde (zB Ratenzahlung).

Beispiel:

Der Unternehmer A (Istbesteuerer) kauft im Jahr 2013 eine Maschine um 10.000 Euro zuzüglich 2.000 Euro USt. Er bezahlt die Maschine vorerst noch nicht. Mit 1.1.2014 wechselt A die Besteuerungsart und es gelangt die Sollbesteuerung zur Anwendung.

A kann den Vorsteuerabzug unabhängig von der Bezahlung im ersten Voranmeldungszeitraum des Jahres 2014 geltend machen.

Kommt es bei einem Unternehmer, der den Vorsteuerabzug gemäß § 12 Abs. 1 Z 1 lit. a zweiter Satz UStG 1994 geltend macht, zu einem Wechsel von der Sollbesteuerung in die Istbesteuerung, dürfen bereits abgezogene Vorsteuern für im Zeitraum der Sollbesteuerung bezogene, noch nicht bezahlte Leistungen im Zeitpunkt der Zahlung nicht nochmals abgezogen werden. Eine Rückzahlung bereits zu Recht abgezogener Vorsteuern iZm im Zeitraum der Sollbesteuerung bezogener noch nicht bezahlter Leistungen im Veranlagungszeitraum des Wechsels der Besteuerungsart ist diesfalls nicht erforderlich.

Beispiel:

Der Unternehmer A (Sollbesteuerung) kauft 2013 eine Maschine um 10.000 Euro zuzüglich 2.000 Euro USt. Er bezahlt die Maschine in Raten von je 2.500 Euro pro Jahr und macht 2013 den vollen Vorsteuerabzug geltend. Mit 1.1.2014 wechselt A die Besteuerungsart und es gelangt die Istbesteuerung zur Anwendung. Eine Rückzahlung bereits zu Recht abgezogener Vorsteuern ist nicht erforderlich.

(AÖF Nr. 2014/7, BMF-AV Nr. 2015/170)

Randzahlen 2482 bis 2483: *derzeit frei.*

17.5. Gesamtumsatz

Randzahlen 2484 bis 2494: *derzeit frei.*

17.6. Vereinnahmte Entgelte

Randzahlen 2495 bis 2505: *derzeit frei.*

17.7. Geschäftsveräußerung im Ganzen

Für die Geschäftsveräußerung im Ganzen ist von Gesetzes wegen stets die Sollbesteuerung vorgesehen (§ 17 Abs. 7 UStG 1994). Für die übrigen Umsätze des Unternehmers, also auch für die Veräußerung von zurückbehaltenen, nicht in die Geschäftsveräußerung einbezogenen Wirtschaftsgütern, gilt weiterhin die Istbesteuerung. **2506**

Randzahlen 2507 bis 2520: *derzeit frei.*

18. Aufzeichnungspflichten und buchmäßiger Nachweis

18.1. Allgemeines

2521 Die umsatzsteuerrechtlichen Aufzeichnungspflichten sind eine lex specialis zu den Bestimmungen der BAO und es sind bei der Führung der Aufzeichnungen auch die Formvorschriften des § 131 BAO und die Aufbewahrungsvorschriften des § 132 BAO zu beachten.

2522 Nicht aufzuzeichnen sind

- die Umsätze ausländischer Unternehmer, die nach der Verordnung des BM für Finanzen über die umsatzsteuerliche Behandlung der Lieferungen und des Vorsteuerabzuges (Einfuhrumsatzsteuer) ausländischer Unternehmer, BGBl. II Nr. 584/2003, ihre Umsätze umsatzsteuerfrei belassen,
- Vorsteuern, wenn ein Unternehmer die Vorsteuerbeträge nach § 14 Abs. 1 Z 1 und 2 UStG 1994 nach Durchschnittssätzen ermittelt,
- der Eigenverbrauch, wenn er nach der Verordnung des BM für Finanzen über die Aufstellung von Schätzungsrichtlinien für die Ermittlung der Höhe des Eigenverbrauchs bei bestimmten Unternehmern und über die Fälligkeit der auf den Eigenverbrauch entfallenden USt, BGBl. Nr. 628/1983 idF BGBl. Nr. 499/1985, ermittelt wird, und
- die Umsätze und Vorsteuern nicht buchführungspflichtiger Land- und Forstwirte, die nach § 22 Abs. 1 UStG 1994 versteuern. Diese Land- und Forstwirte haben jedoch die Umsätze, nach denen sich eine zusätzliche Steuer nach § 22 Abs. 2 letzter Satz UStG 1994 ergibt, die geschuldeten Steuerbeträge nach § 11 Abs. 12 und 14 UStG 1994 sowie nach § 16 Abs. 2 UStG 1994, die Bemessungsgrundlagen für Leistungen, für die die Steuerschuld auf den Land- und Forstwirt übergeht, sowie die innergemeinschaftlichen Lieferungen und innergemeinschaftlichen Erwerbe aufzuzeichnen.

Hinsichtlich der Führung von Büchern im Ausland wird auf § 131 BAO verwiesen.

Randzahlen 2523 bis 2533: *derzeit frei.*

18.2. Aufzeichnungspflichten

18.2.1. Erleichterungen für Spediteure und Beförderungsunternehmer

2534 Spediteuren und Beförderungsunternehmen kann vom Finanzamt gestattet werden, dass durchlaufende Posten, nichtsteuerbare Umsätze und die gemäß § 6 Abs. 1 Z 3 UStG 1994 umsatzsteuerfreien Umsätze nicht getrennt aufgezeichnet werden. Alle übrigen Umsätze sind nach § 18 Abs. 2 UStG 1994 aufzuzeichnen. Voraussetzung für die Genehmigung der Erleichterung ist für Unternehmer, die auch unecht umsatzsteuerbefreite Umsätze ausführen, dass die Vorsteuerbeträge den Umsätzen, die zum Ausschluss vom Vorsteuerabzug führen, und den übrigen Umsätzen gemäß § 12 Abs. 4 UStG 1994 direkt zugeordnet werden.

18.2.2. Erleichterungen für unecht befreite Unternehmen

2535 Bewirkt der Unternehmer nur Umsätze, für die nach § 12 Abs. 3 UStG 1994 der Vorsteuerabzug ausgeschlossen ist, so entfällt die Aufzeichnung der Entgelte und Steuerbeträge für die an das Unternehmen ausgeführten Leistungen.

Randzahlen 2536 bis 2546: *derzeit frei.*

18.3. Aufzeichnung der vereinbarten bzw. vereinnahmten Entgelte in einer Summe

Randzahlen 2547 bis 2550: *derzeit frei.*

18.4. Aufzeichnung der geleisteten bzw. geschuldeten Entgelte in einer Summe

Randzahlen 2551 bis 2555: *derzeit frei.*

18.5. Aufzeichnungen der Vorsteuern

Randzahlen 2556 bis 2562: *derzeit frei.*

18.6. Gesonderte Aufzeichnungen für jeden Betrieb

Randzahlen 2563 bis 2568: *derzeit frei.*

18.7. Trennung der Entgelte nach dem Wareneingang

18.7.1. Allgemeines

2569 Der Unternehmer kann eine erleichterte Trennung der Entgelte nach dem Wareneingang nur nach vorheriger Genehmigung durch das Finanzamt vornehmen. Das Finanzamt hat die Genehmigung unter dem Vorbehalt des jederzeitigen Widerrufes schriftlich zu erteilen. Die zugelassenen Erleichterungen sind genau zu bezeichnen.

Randzahlen 2570 und 2571: *derzeit frei.*

Die Zulassung zur Trennung der Entgelte unter Berücksichtigung des Wareneinganges 2572
setzt voraus, dass dem Unternehmer nach Art und Umfang seines Unternehmens eine genaue Trennung der Entgelte nach Steuersätzen nicht zumutbar ist. Dies wird dann der Fall sein, wenn entsprechende Einrichtungen, die eine Trennung der Entgelte nach Steuersätzen möglich machen, fehlen. Dies wird insbesondere auf Einzelhandelsgeschäfte zutreffen, die über keine entsprechend ausgestattete Registrierkasse verfügen oder keine entsprechenden Abrechnungen in Form von Paragonblocks vornehmen und die idR auch nur Inklusivpreise (Entgelt einschließlich Umsatzsteuer) verrechnen.

Ist eine Scannerkasse vorhanden, ist die ordnungsgemäße Trennung der Entgelte nach Steuersätzen jedenfalls zumutbar.

18.7.2. Verfahren zur erleichterten Trennung der Entgelte

Die unecht umsatzsteuerfreien Umsätze oder die mit dem ermäßigten Umsatzsteuersatz 2573
von 10% oder mit dem Normalsteuersatz zu versteuernden Umsätze sind aufgrund des Wareneinganges zu ermitteln. Eine Umsatzgruppe (unecht steuerbefreite Umsätze oder Umsätze mit einem ermäßigten Steuersatz oder Umsätze mit dem Normalsteuersatz zu versteuern) ist rechnerisch zu ermitteln.

Beispiel:

Die Einnahmen eines Trafikanten für einen Voranmeldungszeitraum betragen 56.000 €. Aufgrund des Wareneinganges wurde ermittelt, dass die unecht umsatzsteuerbefreiten Umsätze Brief- und Stempelmarken 10.000 € und die Einnahmen für den Verkauf von Gegenständen, die dem ermäßigten Umsatzsteuersatz unterliegen, 22.000 € betragen.

Einnahmen	*56.000*	
unecht umsatzsteuerbefreite Umsätze	*– 10.000*	*10.000*
– Umsätze zu 10%	*– 22.000*	*20.000*
= Umsätze zu 20%	*24.000*	*20.000*
Steuerbare Umsätze		*50.000*

Zur Ermittlung der Umsätze für einzelne Umsatzgruppen sind folgende Verfahren zu- 2574
gelassen:

- Ermittlung der Umsätze auf Grund der Wareneingänge unter Heranziehung der tatsächlichen oder üblichen Aufschläge:

  Die erworbenen Gegenstände einer Umsatzgruppe sind im Wareneingangsbuch oder auf dem Wareneinkaufskonto getrennt von den übrigen Waren aufzuzeichnen. Auf der Grundlage der Wareneingänge sind entweder die Umsätze der Gegenstände unter Heranziehung des Verkaufspreises oder der tatsächlichen oder üblichen Aufschläge zu ermitteln.

- Ermittlung der Umsätze auf Grund der Wareneingänge unter Heranziehung eines gewogenen Durchschnittsaufschlages.

  Die erworbenen Gegenstände einer Umsatzgruppe sind im Wareneingangsbuch, auf dem Wareneinkaufskonto oder in einem besonderen Buch getrennt von den übrigen Waren aufzuzeichnen. Die Umsätze der Gegenstände sind unter Berücksichtigung des gewogenen Durchschnittsaufschlagssatzes für die betreffende Umsatzgruppe rechnerisch zu ermitteln. Der gewogene Durchschnittsaufschlagssatz ist vom Unternehmer zu ermitteln. Bei der Feststellung des gewogenen Durchschnittsaufschlagssatzes ist von den tatsächlichen Verhältnissen eines Kalendervierteljahres auszugehen. Der Unternehmer ist – sofern sich die Umsatzstruktur seines Unternehmens nicht ändert und das Finanzamt in der Bewilligung keinen kürzeren Zeitraum festlegt – berechtigt, nach dem ermittelten gewogenen Durchschnittsaufschlagssatz für die Dauer von drei Jahren die Trennung der Entgelte vorzunehmen. Nach Ablauf dieser Frist oder im Falle einer Änderung der Umsatzstruktur des Unternehmens ist der Durchschnittsaufschlagssatz neu zu ermitteln.

- Die FÄ sind berechtigt, neben den in diesem Abschnitt aufgezeigten Verfahren auf Antrag auch andere Verfahren zuzulassen, wenn deren steuerliches Ergebnis nicht wesentlich von dem Ergebnis einer Aufzeichnung der Entgelte, getrennt nach Steuersätzen, abweicht.

2575 Die Aufzeichnungen können nach einem Brutto- oder Nettosystem erfolgen.

Eine Berücksichtigung der Warenbestände hat weder bei der Aufteilung für den einzelnen Voranmeldungszeitraum noch bei der Aufteilung für die Jahressteuererklärung zu erfolgen.

2576 Die Verfahren zur erleichterten Trennung der Entgelte nach Steuersätzen können vor allem von Unternehmern beantragt werden, die nur erworbene Waren liefern, wie zB Lebensmitteleinzelhändler, Milchhändler, Drogisten, Buchhändler, Tabaktrafiken. Sie können aber auch von Unternehmern geltend gemacht werden, die neben erworbenen Waren auch hergestellte Erzeugnisse liefern (zB Fleischhauer). Voraussetzung ist jedoch, dass diese Unternehmer, sofern sie für die von ihnen hergestellten Waren die Verkaufsentgelte oder die Verkaufspreise rechnerisch ermitteln, darüber entsprechende Aufzeichnungen führen.

18.7.3. Erleichterte Trennung nachträglicher Entgeltsminderungen

2577 Unternehmer, für die gemäß § 18 Abs. 7 UStG 1994 ein Verfahren zur erleichterten Trennung der Entgelte nach Steuersätzen zugelassen worden ist, sind berechtigt, nachträgliche Entgeltsminderungen (zB durch Skonti, Rabatte und sonstige Preisnachlässe) für umsatzsteuerliche Zwecke nach dem Verhältnis zwischen den Umsätzen, die verschiedenen Steuersätzen unterliegen, aufzuteilen. Einer besonderen Bewilligung durch das Finanzamt bedarf es in diesen Fällen nicht.

Randzahlen 2578 bis 2580: *derzeit frei.*

18.8. Buchmäßiger Nachweis

18.8.1. Allgemeines

2581 Nach dem UStG 1994 ist ein buchmäßiger Nachweis in folgenden Fällen vorgesehen:

- § 6 Abs. 1 Z 3 lit. a bis c UStG 1994: Die Beförderung von Gegenständen und sonstige Leistungen, die sich auf die eingeführten Gegenstände beziehen;
- § 6 Abs. 1 Z 5 UStG 1994: Steuerfreie Vermittlung von steuerfreien Umsätzen;
- § 7 Abs. 1 UStG 1994 : Steuerfreie Ausfuhrlieferung;
- § 8 Abs. 1 UStG 1994: Steuerfreie Lohnveredlung an Gegenständen der Ausfuhr;
- § 9 Abs. 3 UStG 1994: Steuerfreie Umsätze für die Seeschifffahrt und für die Luftfahrt;
- § 12 Abs. 17 UStG 1994: Vorsteuerabzug bei Lieferung von gebrauchten Fahrzeugen ins Drittland;
- § 23 Abs. 6 UStG 1994: Steuerfreie Reiseleistungen ins Drittland;
- Art. 6 Abs. 3 UStG 1994: Steuerfreie Einfuhr von Gegenständen mit anschließender innergemeinschaftlicher Lieferung;
- Art. 7 Abs. 3 UStG 1994: Steuerfreie innergemeinschaftliche Lieferung.

2582 Der buchmäßige Nachweis ist Voraussetzung für die Steuerfreiheit.

Im Erkenntnis vom 12. Dezember 2003, B 916/02, ist der Verfassungsgerichtshof jedoch zu der Auffassung gelangt, dass die strenge Erfüllung des buchmäßigen Nachweises im Einzelfall überschießend sein kann. Das traf zB auf den Anlassfall zu, in dem der Unternehmer in zwei Jahren überhaupt nur drei Ausfuhrumsätze getätigt hatte, die Umsätze dem Unternehmer in wirtschaftlicher Betrachtungsweise erst nachträglich zugerechnet worden sind (und der Unternehmer keine Bücher geführt hat und zur Zeit der Zurechnung den Buchnachweis überhaupt nicht mehr hätte erbringen können) und die belangte Behörde sowohl von der Tatsache des Abschlusses eines Umsatzgeschäftes mit einem ausländischen Abnehmer als auch davon ausgegangen war, dass der Ausfuhrnachweis über die in Erfüllung dieses Umsatzgeschäftes erfolgte Beförderung des Gegenstandes in das Ausland erbracht worden war.

Diese Rechtsprechung des VfGH wird auch in vergleichbaren Fällen Anwendung finden können.

In den meisten Veranlagungsfällen mit Ausfuhrlieferungen liegt jedoch eine Vielzahl von Umsätzen vor und es erfolgt keine nachträgliche Zurechnung der Umsätze an einen anderen Unternehmer. In diesen Fällen wird ohne entsprechenden buchmäßigen Nachweis der Voraussetzungen der Ausfuhrlieferung die Steuerfreiheit nach wie vor nicht gewährt werden können.

Hinsichtlich des Zeitpunktes des Vorliegens des Buchnachweises siehe Rz 2584.

(AÖF Nr. 2014/7)

2583 **Rechtslage bis 31.12.2015:**

Die dem buchmäßigen Nachweis dienenden Bücher oder Aufzeichnungen sind im Inland zu führen und mit den dazugehörigen Unterlagen (zB Ausfuhrnachweise im Original) im Inland aufzubewahren. Eine allfällige Bewilligung zur Führung von Büchern und Aufzeichnungen im Ausland nach § 131 BAO kann sich nicht auf die Erbringung des buchmäßigen Nachweises beziehen.

Rechtslage ab 1.1.2016:

Die dem buchmäßigen Nachweis dienenden Bücher oder Aufzeichnungen können auch im Ausland geführt und mit den dazugehörigen Unterlagen (zB Ausfuhrnachweise im Original) im Ausland aufbewahrt werden. Diesfalls kommt subsidiär § 131 BAO zur Anwendung.

(BMF-AV Nr. 2015/170)

18.8.2. Zeitpunkt des Vorliegens des Buchnachweises

Die für den buchmäßigen Nachweis erforderlichen Aufzeichnungen sind unmittelbar nach Ausführung des Umsatzgeschäftes vorzunehmen (vgl. VwGH 15.09.1986, 84/15/0043 und VwGH 13.11.1989, 87/15/0101). Das schließt aber nicht aus, dass einzelne Angaben innerhalb des Buchnachweises, die irrtümlich oder unrichtig aufgezeichnet waren oder fehlten, berichtigt oder ergänzt werden können (zB um die im Zeitpunkt der Lieferung noch nicht bekannte UID des Abnehmers). Der vollständige Buchnachweis muss grundsätzlich zu Beginn einer Umsatzsteuernachschau oder einer Betriebsprüfung vorliegen. Dem Unternehmer ist jedoch nach Beginn einer Umsatzsteuernachschau oder einer Betriebsprüfung unter Setzung einer Nachfrist von ca. einem Monat die Möglichkeit einzuräumen, einzelne fehlende Teile des buchmäßigen Nachweises nachzubringen. **2584**

Der Nachweis der materiellen Voraussetzungen der Steuerfreiheit ist vom Unternehmer, der die Steuerfreiheit in Anspruch nehmen will, zu erbringen. Nach VwGH 20.12.2012, 2009/15/0146, iVm EuGH 27.09.2007, Rs C-146/05, *Albert Collée,* ist im Bereich der Nachweisführung jedoch nicht auf bloß formelle Belange, insbesondere den Zeitpunkt der Nachweiserbringung, abzustellen, sondern auch eine spätere Nachweisführung im Abgabenverfahren ausreichend. Entscheidend ist, dass dem liefernden Unternehmer der Nachweis gelingt, dass die materiellen Voraussetzungen der Steuerfreiheit zweifelsfrei vorliegen.

(AÖF Nr. 2014/7)

18.8.3. Belege

Der Buchnachweis ist durch Bücher oder Aufzeichnungen in Verbindung mit den dazugehörenden Belegen zu führen. Eine Belegsammlung reicht für sich allein nicht aus. **2585**

Beispiel zum Buchnachweis (umsatzsteuerfreie Ausfuhr):

Ein Abnehmer (Nichtunternehmer) aus der Schweiz kauft im Inland bei einem Kunstschmied einen geschmiedeten Beleuchtungskörper. Der zivilrechtliche Preis beträgt 2.400 Euro der Nettopreis (ohne USt) 2.000 Euro. Der Abnehmer begehrt Umsatzsteuerfreiheit. Der Unternehmer legt folgende Rechnung

Herbst Franz — *Knetzersdorf, am 12.12.2000*
Kunstschmiede — *Rechnungsdatum = Lieferdatum*

3384 Knetzersdorf 12
UID-Nr.: ATU12345678
Rechnung Nr. 1212
für
Georg Sprüngli

Bahnhofstrasse 123
CH – 8000 Zürich
1 geschmiedeter sechsarmiger Leuchter — *2.400 Euro*
im Preis sind 400 € USt enthalten

Der Unternehmer fertigt eine Ausfuhrbescheinigung für Umsatzsteuerzwecke, Lager Nr. U 34, als Ausfuhrnachweis aus, versieht diese mit der fortlaufenden Nr. 24 und übergibt diese zum Zwecke der Bestätigung der Ausfuhr durch die Grenzzollstelle dem Abnehmer aus dem Drittland. Das Konto „Steuerfreie Ausfuhrlieferungen" soll auch zur Erbringung des Buchnachweises dienen. Der Unternehmer verbucht daher die Rechnung am Konto „Steuerfreie Ausfuhrlieferungen" und vermerkt am Konto die fortlaufende Nr. 24 des Ausfuhrnachweises.

Der Abnehmer lässt die Ausfuhrbescheinigung bei der Ausgangszollstelle Mäder am Tag der Lieferung (= Ausfuhr) abstempeln und sendet diese unmittelbar danach an den

Unternehmer zurück. Der Unternehmer legt diese in einem Ordner unter der fortlaufenden Nr. 24 ab.

Fortlaufende Nummer	*Rechnungsnummer*		*Ausfuhrnachweis*
23	...		...
24	...		...
25	*1212*	*Buchungstext*	*24*

Aus dem einlangenden Ausfuhrnachweis ist der Tag der Ausfuhr zu entnehmen.

Aus dem so geführten Buchnachweis sind die Voraussetzungen für die Umsatzsteuerfreiheit zu entnehmen: Der Abnehmer hat keinen Wohnsitz im Gemeinschaftsgebiet, der Gegenstand der Lieferung wird vor Ablauf des dritten Kalendermonats, der auf den Monat der Lieferung folgt, ausgeführt, der Gesamtbetrag der Rechnung übersteigt 75 Euro.

Der Unternehmer hat zu überprüfen, ob die Ausfuhrnachweise rechtzeitig innerhalb der Sechsmonatsfrist ab Lieferung einlangen. Sollte dies nicht der Fall sein, ist der Umsatz für den Zeitpunkt der Lieferung auf steuerpflichtig umzubuchen.

Der Buchnachweis kann auch in Aufzeichnungen außerhalb der Buchhaltung vorgenommen werden.

(BMF-AV Nr. 2020/192)

Randzahlen 2586 bis 2588: *derzeit frei.*

18.9. Vorsteuerabzug nach Durchschnittssätzen

2589 Optieren Unternehmer zu einer Vorsteuerpauschalierung nach § 14 Abs. 1 Z 1 oder 2 UStG 1994 so entfällt die Aufzeichnung der Vorsteuerbeträge und der EUSt.

Randzahlen 2590 bis 2592: *derzeit frei.*

18.10. Aufbewahrungspflicht

2593 Zur Aufbewahrung von Rechnungen siehe Rz 1565 bis Rz 1570.

18.11. Aufzeichnungs- und Mitwirkungspflichten für Plattformen und andere elektronische Schnittstellen (im Folgenden: Plattformen)

(BMF-AV Nr. 2019/165)

18.11.1. Plattformen, die Steuerschuldner sind

(BMF-AV Nr. 2019/165)

2594 Ab 1.7.2021 gelten die allgemeinen Aufzeichnungspflichten (siehe Rz 2521 bis 2593) auch für Plattformen, die nach Maßgabe des § 3 Abs. 3a UStG 1994 Steuerschuldner sind (siehe Rz 382 ff). Ist die Plattform in einem One-Stop-Shop registriert, gelten die Aufzeichnungspflichten nach den Bestimmungen für den jeweiligen One-Stop-Shop (siehe Rz 4300b und Rz 3437 ff.).

(BMF-AV Nr. 2019/165, BMF-AV Nr. 2020/192)

18.11.2. Plattformen, die nicht Steuerschuldner sind

(BMF-AV Nr. 2019/165)

2595 Ab 1.1.2020 haben Plattformen gemäß § 18 Abs. 11 UStG 1994 Aufzeichnungen über Lieferungen zu führen, wenn

- die Lieferungen an die in Art. 3 Abs. 4 UStG 1994 genannten Personen ausgeführt werden,
- die Beförderung oder Versendung im Inland endet und
- die Plattform die Lieferungen unterstützt, ohne dadurch selbst zum Steuerschuldner zu werden.

Die gleichen Aufzeichnungspflichten gelten für Plattformen, die sonstige Leistungen im Inland an Nichtunternehmer unterstützen, ohne selbst Steuerschuldner für diese Umsätze zu sein. Zur „Unterstützung" durch eine Plattform siehe Rz 384 (zu § 3 Abs. 3a UStG 1994) und Art. 54b VO (EU) 282/2011.

Beispiel:

Eine Plattform vermittelt Beherbergungsumsätze und Einfuhr-Versandhandelsumsätze mit einem Einzelwert von 60 Euro. Der Leistungsort bzw. das Ende der Beförderung liegen in Österreich. Ab 1.1.2020 hat die Plattform die vermittelten Beherbergungs- und Versandhandelsumsätze aufzuzeichnen (§ 18 Abs. 11 UStG 1994).

Lösung:

Ab 1.7.2021 wird die Plattform unter den Voraussetzungen des § 3 Abs. 3a UStG 1994 für die Einfuhr-Versandhandelsumsätze selbst zum Steuerschuldner (siehe Rz 382 ff). Diesfalls hat die Plattform dieallgemeinen Aufzeichnungspflichten zu beachten (siehe Rz 2594). Hinsichtlich der Beherbergungsumsätze gilt weiterhin § 18 Abs. 11 UStG 1994.

Die Aufzeichnungspflichten bestehen hinsichtlich jener Leistungserbringer (Unternehmer und Nichtunternehmer), die die zugrundeliegenden Umsätze an Nichtunternehmer im eigenen Namen erbringen. Nicht von der Aufzeichnungspflicht umfasst sind Umsätze, von denen die Plattform weiß, dass sie nicht steuerbar oder echt steuerbefreit sind. Aufzeichnungsverpflichtet ist nur jene Plattform, über die die Erbringung der Leistung erfolgt. Dies wird grundsätzlich die Plattform sein, über die das Angebot gemacht und der Vertrag mit dem Nichtunternehmer abgeschlossen wird.

Die Plattform hat im Anwendungsbereich des § 18 Abs. 11 und 12 UStG 1994 sowie des § 27 Abs. 1 UStG 1994 davon auszugehen, dass der Lieferant oder Erbringer der sonstigen Leistung ein Unternehmer und der Empfänger ein Nichtunternehmer ist, wenn ihr keine gegenteiligen Informationen (zB UID des Empfängers) bekannt sind (vgl. Rz 383).

(BMF-AV Nr. 2019/165, BMF-AV Nr. 2020/192)

Die Aufzeichnungen haben die in der Sorgfaltspflichten-UStV genannten Informationen **2596**
zu enthalten. Dies beinhaltet jedenfalls

1. Name, Postadresse und E-Mail-, Website- oder andere elektronische Adresse des Lieferanten oder Erbringers der sonstigen Leistung;
2. Mehrwertsteuer-Identifikationsnummer oder nationale Steuernummer des Lieferanten oder Erbringers der sonstigen Leistung, falls erhältlich;
3. Bankverbindung oder Nummer des virtuellen Kontos des Lieferanten oder Erbringers der sonstigen Leistung, falls erhältlich;
4. im Fall einer Lieferung
   a. eine Beschreibung der Gegenstände,
   b. das dafür bezahlte Entgelt bzw. den Wert der Gegenstände,
   c. den Ort, an dem die Beförderung oder Versendung endet,
   d. den Zeitpunkt, an dem die Lieferung ausgeführt wird oder, falls nicht vorhanden, den Zeitpunkt der Bestellung und
   e. falls erhältlich, eine einmalig vergebene Transaktionsnummer;
5. im Fall einer sonstigen Leistung
   a. eine Beschreibung der sonstigen Leistung,
   b. das dafür bezahlte Entgelt bzw. deren Wert,
   c. die Informationen zur Feststellung des Ortes der sonstigen Leistung,
   d. den Zeitpunkt, an dem die sonstige Leistung ausgeführt wird oder, falls nicht vorhanden, den Zeitpunkt der Bestellung und
   e. falls erhältlich, eine einzigartige Transaktionsnummer.

Die Plattform muss die oben genannten Informationen aufzeichnen. Stellt sich nachträglich heraus, dass die Informationen unrichtig sind, hat dies für die Plattform grundsätzlich keine Konsequenzen, wenn sie von der Unrichtigkeit der Angaben weder wusste, noch davon hätte wissen können (Art. 5c der VO (EU) 282/2011). Zur Haftung bei Verstoß gegen die Aufzeichnungspflicht nach § 18 Abs. 11 UStG 1994 siehe Rz 3461 ff.

Unterstützt eine Plattform die Vermietung von Grundstücken für Wohn- oder Campingzwecke oder die Beherbergung in eingerichteten Wohn- und Schlafräumen, ist zusätzlich Folgendes aufzuzeichnen:

- die Aufenthalts- bzw. Mietdauer und die Anzahl der Personen, die übernachten oder, falls nicht erhältlich, die Anzahl und Art der gebuchten Betten und
- die Postadresse des Grundstücks.

Nicht maßgeblich ist bspw., ob es sich um eine Privatzimmervermietung oder eine Beherbergung im Rahmen eines Hotels handelt. Nicht maßgeblich ist grundsätzlich auch, ob die Unterkunft bspw. gemeinsam mit anderen Eigenleistungen des Leistungserbringers (zB Verpflegung) angeboten wird. Bei Reiseleistungen nach § 23 UStG 1994 sind die zusätzlichen Angaben iSd § 5 der Sorgfaltspflichten-UStV nicht erforderlich.

Beispiel 1:

Eine Website vermittelt die Ferienwohnung des Unternehmers A. Nach den Angaben von A und der Beschreibung auf der Website bietet die Ferienwohnung zwei Doppelbetten und ein Schlafsofa. Auf Anfrage kann bei A vor Ort ein Zustellbett hinzugebucht werden. Eine Privatperson bucht die Ferienwohnung für zwei Wochen und gibt bei der Buchung an, dass vier Personen die Ferienwohnung nutzen. Vor Ort bucht der Kunde ein Zustellbett für eine weitere Person und verlängert seinen Aufenthalt um eine Woche. Der Plattform sind die Buchung des Zustellbetts und die Aufenthaltsverlängerung nicht bekannt.

Lösung:

Nach § 5 der Sorgfaltspflichten-UStV ist zusätzlich die Postadresse der Ferienwohnung sowie die der Website bekannte Aufenthaltsdauer von zweiWochen und die ihr bekannte Anzahl der übernachtenden Personen aufzuzeichnen. Gibt der Kunde bei Buchung der Ferienwohnung gegenüber der Website an, dass diese von vier Personen zwei Wochen genutzt wird,obwohl letztlich sechs Personen drei Wochen dort übernachten, hat die Website die ihr bekannte Anzahl an übernachtenden Personen sowie die ihr bekannte Mietdauer nach § 5 Z 1 der Sorgfaltspflichten-UStV aufzuzeichnen. Voraussetzung ist, dass die Website von der Unrichtigkeit der Angabenweder wusste, noch davon hätte wissen können.

Beispiel 2:

Wie Beispiel 1, nur kann der Kunde bei der Buchung des Ferienhauses über die Website die Anzahl der übernachtenden Personen nicht angeben.

Lösung:

Nach § 5 der Sorgfaltspflichten-UStV ist die Postadresse der Ferienwohnung sowie die der Website bekannte Aufenthaltsdauer von zwei Wochen und die ihr bekannte Anzahl der übernachtenden Personen aufzuzeichnen. Hat die Website keine Informationen zur Anzahl der übernachtenden Personen, muss sie die ihr bekannte Anzahl und Art der gebuchten Betten in die Beschreibung der Leistung aufnehmen, dh. zwei Doppelbetten und ein Einzelbett (das Schlafsofa).

(BMF-AV Nr. 2019/165)

2597 Die Aufzeichnungen sind ab Ende des Jahres, in dem die Umsätze bewirkt wurden, zehn Jahre lang aufzubewahren und auf Verlangen der Abgabenbehörde elektronisch zur Verfügung zu stellen. Dem Unternehmer ist für die Übermittlung jedenfalls eine Frist von einem Monat einzuräumen. Übersteigt der Gesamtwert der Umsätze, für die eine Aufzeichnungspflicht nach § 18 Abs. 11 UStG 1994 besteht, im Kalenderjahr 1.000.000 Euro, sind die Aufzeichnungen auch ohne Aufforderung bis zum 31. Jänner des auf die Ausführung der Umsätze folgenden Jahres dem zuständigen Finanzamt elektronisch zu übermitteln. Für diese Grenze sind nur jene Umsätze miteinzuberechnen, für die eine Aufzeichnungspflicht nach § 18 Abs. 11 UStG 1994 besteht.

Zum Verfahren der elektronischen Übermittlung bzw. Zurverfügungstellung von Aufzeichnungen gemäß § 18 Abs. 12 UStG 1994 siehe Verordnung BGBl. II Nr. 377/2019.

(BMF-AV Nr. 2019/165)

2598 Die Aufzeichnungen nach § 18 Abs. 11 UStG 1994 müssen den Finanzbehörden eine automatisierte Auswertung, ob die Steuer korrekt berücksichtigt wurde, ermöglichen.

(BMF-AV Nr. 2019/165)

18a. Aufzeichnungs-, Mitteilungs- und Aufbewahrungspflichten für Zahlungsdienstleister (§ 18a UStG 1994)

(BMF-AV Nr. 2023/152)

18a.1. Allgemeines

(BMF-AV Nr. 2023/152)

Ab 1.1.2024 besteht für Zahlungsdienstleister die Verpflichtung, hinreichend detaillierte Aufzeichnungen über bestimmte grenzüberschreitende Zahlungen zu führen, aufzubewahren und solche Zahlungen an die Verwaltungen der Mitgliedstaaten zu melden. Dies gilt für Zahlungsdienstleister, deren Herkunfts- oder Aufnahmemitgliedstaat Österreich ist. Die Mitgliedstaaten haben die gesammelten Informationen an eine europäische Datenbank, das zentrale elektronische Zahlungsverkehrssystem (Central Electronic System of Payment Information – CESOP), zu übermitteln, wo sie zentralisiert gespeichert, aggregiert und mit anderen europäischen Datenbanken abgeglichen werden. **2599**

(BMF-AV Nr. 2023/152)

18a.2. Begriffs- und Ortsbestimmungen

(BMF-AV Nr. 2023/152)

18a.2.1. Begriffsbestimmungen

(BMF-AV Nr. 2023/152)

Für die nähere Bestimmung der unter die Aufzeichnungs-, Aufbewahrungs- und Mitteilungspflichten fallenden Vorgänge ist primär auf Begriffe, die im Zahlungsdienstegesetz 2018 (ZaDiG 2018), BGBl. I Nr. 17/2018 idgF, definiert werden, zurückzugreifen. Für Zwecke des § 18a UStG 1994 gilt gemäß § 18a Abs. 2 UStG 1994 Folgendes: **2599a**

- Zahlungsdienstleister iSv § 18a UStG 1994 iVm § 1 Abs. 3 Z 1 bis 4 ZaDiG 2018 sind Kreditinstitute, Zahlungsinstitute, E-Geld-Institute und die Österreichische Post AG sowie natürliche oder juristische Personen, für die eine Ausnahme gemäß Art. 32 der Richtlinie (EU) 2015/2366 über Zahlungsdienste im Binnenmarkt gilt. Auch Zahlungsdienstleister, die den Verkauf und Kauf von Waren oder Dienstleistungen sowohl im Namen des Zahlers als auch im Namen des Zahlungsempfängers aushandeln und abschließen, unterliegen den Verpflichtungen nach § 18a UStG 1994. Nicht als Zahlungsdienstleister gemäß § 1 Abs. 3 Z 1 bis 4 ZaDiG 2018 einzustufen und somit auch keine Verpflichteten iSv § 18a UStG 1994 sind die in § 3 Abs. 1 ZaDiG 2018 genannten Rechtsträger, für welche das ZaDiG 2018 ex lege gesamthaft nicht zur Anwendung kommt, mangels Anwendbarkeit des § 1 ZaDiG 2018. Zahlungsdienstleister können aus allen Mitgliedstaaten sowie den EWR-Staaten Island, Liechtenstein und Norwegen Zahlungsdienste im Inland erbringen. Zahlungsdienstleister mit Sitz bzw. Hauptverwaltung in Nordirland sind als in einem Drittland ansässig zu beurteilen.
- Zahlungsdienst ist eine Tätigkeit gemäß § 1 Abs. 2 Z 3 bis 6 ZaDiG 2018; der Meldepflicht unterliegen daher nur Zahlungsdienstleister, die die folgenden Zahlungsdienste erbringen:
  - Ausführung von Zahlungsvorgängen und Geldtransfers auf Zahlungskonten;
  - Ausführung von Zahlungsvorgängen, die durch eine Kreditlinie gesichert sind;
  - Ausgabe von Zahlungsinstrumenten und Annahmen und Abrechnung („Acquiring") von Zahlungsvorgängen;
  - Finanztransfers.

  Dienstleistungen iZm der Führung eines Zahlungskontos, Bareinlagen und -abhebungen, Zahlungsauslösediensten und Kontoinformationsdiensten fallen nicht unter die Meldepflicht.

  Zahlungsmethoden wie bspw. Gutscheine in Papierform, Barzahlungen und Schecks fallen ebenfalls nicht unter die Meldepflicht.
- Eine Zahlung gemäß § 18a Abs. 2 Z 3 UStG 1994 ist ein Zahlungsvorgang gemäß § 4 Z 5 ZaDiG 2018 oder ein Finanztransfer gemäß § 1 Abs. 2 Z 6 ZaDiG 2018; dieser Begriff umfasst auch Zahlungserstattungen, die vom Zahlungsempfänger ausgelöst werden. Aufzeichnungen sollen grundsätzlich Informationen über die Zahlung des ursprünglichen Zahlers an den endgültigen Zahlungsempfänger enthalten.
- Zahler: siehe Definition in § 4 Z 8 ZaDiG 2018.
- Zahlungsempfänger: siehe Definition in § 4 Z 9 ZaDiG 2018.

- Eine grenzüberschreitende Zahlung ist eine Zahlung, bei der sich der Ort des Zahlers in einem Mitgliedstaat und der Ort des Zahlungsempfängers in einem anderen Mitgliedstaat oder einem Drittland befindet (zu Ortsbestimmungen siehe Rz 2599b).
- Herkunftsmitgliedstaat ist der Mitgliedstaat, in dem sich der Sitz des Zahlungsdienstleisters befindet oder, wenn der Zahlungsdienstleister nach dem für ihn geltenden nationalen Recht keinen Sitz hat, der Mitgliedstaat, in dem sich die Hauptverwaltung befindet.
- Aufnahmemitgliedstaat ist der Mitgliedstaat, in dem ein Zahlungsdienstleister einen Agenten oder eine Zweigstelle hat oder Zahlungsdienste erbringt und der nicht Herkunftsmitgliedstaat dieses Zahlungsdienstleisters ist.
- Zahlungskonto ist ein auf den Namen eines oder mehrerer Zahlungsdienstnutzer lautendes Konto, das für die Ausführung von Zahlungsvorgängen genutzt wird.
- IBAN (International Bank Account Number) ist eine internationale Nummer eines Zahlungskontos, die ein Zahlungskonto in einem Mitgliedstaat eindeutig identifiziert und deren Elemente durch die Internationale Organisation für Normung (ISO) spezifiziert sind.
- BIC (Bank Identifier Code) ist eine internationale Bankleitzahl, die einen Zahlungsdienstleister eindeutig identifiziert und deren Elemente durch die ISO spezifiziert sind.

(BMF-AV Nr. 2023/152)

18a.2.2. Ortsbestimmungen

(BMF-AV Nr. 2023/152)

2599b Die Beurteilung der Frage, ob eine Zahlung eine grenzüberschreitende Zahlung ist und somit unter die Aufzeichnungs-, Aufbewahrungs- und Mitteilungspflichten fällt, richtet sich ausschließlich nach den Ortsbestimmungen gemäß § 18a Abs. 3 UStG 1994 (Ort des Zahlers) bzw. § 18a Abs. 4 UStG 1994 (Ort des Zahlungsempfängers). Die Regelungen betreffend den Ort der Lieferung gemäß § 3 UStG 1994 bzw. der sonstigen Leistung gemäß § 3a UStG 1994 sind für die Anwendung des § 18a UStG 1994 unmaßgeblich.

Der Ort des Zahlers (§ 18a Abs. 3 UStG 1994) bzw. des Zahlungsempfängers (§ 18a Abs. 4 UStG 1994) ist anhand eines Kennzeichens des Zahlungskontos des Zahlers bzw. des Zahlungsempfängers oder anhand anderer Kennzeichen, die eindeutig den Zahler bzw. Zahlungsempfänger identifizieren und ihren Ort angeben (zB IBAN), zu ermitteln. Sind solche Kennzeichen nicht verfügbar, kann der Ort des Zahlers bzw. des Zahlungsempfängers auch mittels eines Geschäftskennzeichens des Zahlungsdienstleisters (zB BIC), der im Namen des Zahlers oder des Zahlungsempfängers handelt, ermittelt werden.

(BMF-AV Nr. 2023/152)

18a.3. Ausnahmen

(BMF-AV Nr. 2023/152)

2599c Zahlungsdienstleister sind nur verpflichtet, Aufzeichnungen über jene grenzüberschreitenden Zahlungen zu führen, die auf wirtschaftliche Tätigkeiten hindeuten. Dies ist der Fall, wenn ein Schwellenwert von 25 grenzüberschreitenden Zahlungen pro Kalendervierteljahr an denselben Zahlungsempfänger überschritten wird.

Verfügt ein Zahlungsdienstleister über die Information, dass der Zahlungsempfänger mehrere Kennzeichen gemäß § 18a Abs. 4 UStG 1994 hat, ist dies bei der Berechnung des Schwellenwertes zu berücksichtigen. Hiefür sind bspw. die Umsatzsteuer-Identifikationsnummer, der Name, die Adresse oder andere Informationen heranzuziehen.

Der Schwellenwert von 25 grenzüberschreitenden Zahlungen ist pro Mitgliedstaat zu berechnen. Nicht für die Berechnung des Schwellenwertes zusammenzurechnen sind Zahlungskonten mit gleichem Namen, aber unterschiedlichen UID-Nummern.

Beispiel 1:

X erhält 20 grenzüberschreitenden Zahlungen in einem bestimmten Kalendervierteljahr an das Zahlungskonto 1 bei der A-Bank im Inland und 23 grenzüberschreitende Zahlungen im selben Kalendervierteljahr an das Zahlungskonto 2 bei derselben Bank.

Lösung:

Die A-Bank hat für die Berechnung des Schwellenwertes alle grenzüberschreitenden Zahlungen an X zusammenzurechnen. Daher unterliegt die A-Bank bezüglich dieser Zahlungen den Pflichten nach § 18a Abs. 1 UStG 1994. Sollte ein Zahlungskonto mehreren Zahlungsinhabern zuzurechnen sein, sollen die Zahlungen nur mit Zahlungen an andere

Zahlungskonten aggregiert werden, die dieselbe Inhaberstruktur aufweisen. Dies gilt bspw. für Franchiseunternehmen, Personen- oder Tochtergesellschaften.

Beispiel 2:

X und Y erhalten grenzüberschreitende Zahlungen an ihr gemeinsames Konto. X erhält weiters grenzüberschreitende Zahlungen an ein weiteres Konto mit Z und an ein alleiniges Konto.

Lösung:

Es hat keine Zusammenrechnung der Zahlungskonten für die Ermittlung des Schwellenwertes zu erfolgen.

(BMF-AV Nr. 2023/152)

Nur die Zahlungsdienstleister des Zahlungsempfängers sollen Aufzeichnungen führen, übermitteln und aufbewahren, wenn sowohl die Zahlungsdienstleister des Zahlers als auch mindestens einer der Zahlungsdienstleister des Zahlungsempfängers in Mitgliedstaaten der Europäischen Union ansässig sind. **2599d**

Für diese Zwecke gilt ein Zahlungsdienstleister als in einem Mitgliedstaat ansässig, wenn sich seine internationale Bankleitzahl (BIC) oder sein einheitliches Geschäftskennzeichen auf diesen Mitgliedstaat bezieht.

Beispiel 3:

Der Ort des Zahlers und seines Zahlungsdienstleisters ist in Italien. Der Ort des Zahlungsempfängers und seines Zahlungsdienstleisters ist im Inland.

Lösung:

Die Aufzeichnungs-, Mitteilungs- und Aufbewahrungspflichten nach § 18a UStG 1994 finden nur auf den Zahlungsdienstleister des Zahlungsempfängers Anwendung.

Beispiel 4:

Der Ort des Zahlers und seines Zahlungsdienstleisters ist im Inland. Der Ort des Zahlungsempfängers und seines Zahlungsdienstleisters ist in der Schweiz.

Lösung:

Die Aufzeichnungs-, Mitteilungs- und Aufbewahrungspflicht nach § 18a UStG 1994 findet nur auf den Zahlungsdienstleister des Zahlers Anwendung.

Beispiel 5:

Der Ort des Zahlers und seines Zahlungsdienstleisters ist in Deutschland. Der Zahlungsempfänger ist in der Schweiz ansässig und der Ort seines Zahlungsdienstleisters ist im Inland.

Lösung:

Die Aufzeichnungs-, Mitteilungs- und Aufbewahrungspflicht nach § 18a UStG 1994 findet nur auf den Zahlungsdienstleister des Zahlungsempfängers Anwendung, weil nach § 18a Abs. 4 Z 1 UStG 1994 als Ort des Zahlungsempfängers der Ort gilt, dem die IBAN seines Zahlungskontos zugeordnet werden kann. Deshalb gilt als Ort des Zahlungsempfängers in diesem Fall das Inland.

Sind auf Seiten des Zahlungsempfängers bzw. des Zahlers mehrere Zahlungsdienstleister an einer einzelnen Zahlung beteiligt (bspw. im Rahmen von Kartenzahlungen die Bank des Zahlers, der Kreditkartenemittent [Netzbetreiber], der Betreiber des Drei-Parteien-Netzwerks [Kartensystemanbieter], der Kreditkartenacquirer [Netzbetreiber] sowie die Bank des Zahlungsempfängers), unterliegen grundsätzlich alle beteiligten Zahlungsdienstleister den Aufzeichnungs-, Mitteilungs- und Aufbewahrungspflichten. Hiebei sind jedoch die Ausnahmen nach § 18a Abs. 5 und 6 UStG 1994 zu berücksichtigen.

(BMF-AV Nr. 2023/152)

18a.4. Aufzeichnungs-, Übermittlungs- und Aufbewahrungspflichten

(BMF-AV Nr. 2023/152)

Folgende Informationen sind aufzuzeichnen, zu übermitteln und aufzubewahren: **2599e**

1. der BIC oder ein anderes Geschäftskennzeichen, das den Zahlungsdienstleister eindeutig identifiziert;
2. der Name oder die Bezeichnung des Unternehmens des Zahlungsempfängers gemäß den Aufzeichnungen des Zahlungsdienstleisters;
3. falls vorhanden, jegliche Umsatzsteuer-Identifikationsnummer oder sonstige nationale Steuernummer des Zahlungsempfängers;

4. die IBAN oder, falls diese nicht vorhanden ist, jedes andere Kennzeichen, das eindeutig den Zahlungsempfänger identifiziert und seinen Ort angibt;
5. der BIC oder ein anderes Geschäftskennzeichen, das eindeutig den Zahlungsdienstleister, der im Namen des Zahlungsempfängers handelt, identifiziert und seinen Ort angibt, wenn der Zahlungsempfänger Geldmittel erhält, jedoch kein Zahlungskonto hat;
6. falls vorhanden, die Adresse des Zahlungsempfängers gemäß den Aufzeichnungen des Zahlungsdienstleisters;
7. genaue Angaben zu allen grenzüberschreitenden Zahlungen sowie genaue Angaben zu allen als mit diesen grenzüberschreitenden Zahlungen zusammenhängend ermittelten Zahlungserstattungen. Folgende Angaben sind davon umfasst:
   a) Datum und Uhrzeit der Zahlung oder der Zahlungserstattung;
   b) Betrag und Währung der Zahlung oder der Zahlungserstattung;
   c) Mitgliedstaat, aus dem die vom Zahlungsempfänger oder in seinem Namen erhaltene Zahlung stammt, sowie der Mitgliedstaat, in dem die Zahlungserstattung erfolgt, sowie die Informationen, die zur Ermittlung des Ursprungs oder des Bestimmungsortes der Zahlung oder der Zahlungserstattung gemäß § 18a Abs. 3 und 4 UStG 1994 notwendig sind;
   d) jede Bezugnahme, die die Zahlung eindeutig ausweist;
   e) gegebenenfalls die Angabe, dass die Zahlung in den Räumlichkeiten des leistenden Unternehmers eingeleitet wird.

Das Kontokennzeichen des Zahlungsempfängers gemäß § 18a Abs. 7 Z 4 UStG 1994 ist verpflichtend anzugeben, wenn Geldmittel auf ein Zahlungskonto des Zahlungsempfängers überwiesen werden. Der BIC bzw. das Geschäftskennzeichen des Zahlungsdienstleisters des Zahlungsempfängers gemäß § 18a Abs. 7 Z 5 UStG 1994 ist verpflichtend anzugeben, wenn Geldmittel an einen Zahlungsempfänger ohne Zahlungskonto transferiert werden. Unter „jeder Bezugnahme, die die Zahlung eindeutig ausweist“ gemäß § 18a Abs. 7 Z 7 lit. d UStG 1994 ist die Transaktionskennung zu verstehen.

(BMF-AV Nr. 2023/152)

2599f Zahlungsdienstleister haben die elektronische Übermittlung bzw. Zurverfügungstellung von Aufzeichnungen gemäß § 18a Abs. 7 UStG 1994 im CESOP-Portal in Finanz-Online (https://finanzonline.bmf.gv.at/fon/) im Weg eines Webservices bzw. mittels manuellen Hochladens (siehe Verordnung des Bundesministers für Finanzen über die elektronische Übermittlung von Aufzeichnungen gemäß § 18a des Umsatzsteuergesetzes 1994, BGBl. II Nr. 265/2023) spätestens bis zum Ende des Kalendermonats, das auf das Kalendervierteljahr folgt, auf das sich die Informationen beziehen, durchzuführen.

Korrekturen sind, sofern der Zahlungsdienstleister im Nachhinein erkennt, dass die übermittelten Informationen unrichtig oder unvollständig sind, innerhalb eines Monats ab Erkennen, zu berichtigen oder zu vervollständigen.

Für die Übermittlung kann sich der Zahlungsdienstleister auch einer Übermittlungsstelle bedienen (§ 2 der Verordnung des Bundesministers für Finanzen über die elektronische Übermittlung von Aufzeichnungen gemäß § 18a des Umsatzsteuergesetzes 1994, BGBl. II Nr. 265/2023).

Die Übermittlungen (§ 18a Abs. 8 Z 2 und Z 3 UStG 1994) gelten als Abgabenerklärungen.

(BMF-AV Nr. 2023/152)

2599g Die Kontrolle der Einhaltung der Vorschriften des § 18a UStG 1994 obliegt dem zuständigen Finanzamt. Sofern ein Zahlungsdienstleister nicht in die Zuständigkeit des Finanzamtes für Großbetriebe fällt, ist aufgrund der Generalklausel des § 60 Abs. 1 BAO das Finanzamt Österreich für die Kontrolle der Aufzeichnungs-, Mitteilungs- und Aufbewahrungspflichten und Meldeverpflichtungen gemäß § 18a UStG 1994 zuständig. Für Zahlungsdienstleister, die ihr Unternehmen vom Ausland aus betreiben und im Inland weder eine Betriebsstätte haben noch Umsätze erzielen, ist das Finanzamt Österreich zuständig.

(BMF-AV Nr. 2023/152)

Randzahl 2600: *derzeit frei.*

19. Steuerschuldner, Entstehung der Steuerschuld (§ 19 UStG 1994)

19.1. Steuerschuldner – Übergang der Steuerschuld (Reverse Charge)

(BMF-AV Nr. 2022/154)

19.1.1. Übergang der Steuerschuld gemäß § 19 Abs. 1 zweiter Satz UStG 1994

(BMF-AV Nr. 2022/154)

19.1.1.1. Allgemeines

(BMF-AV Nr. 2022/154)

Umsätze, für die die Steuerschuld übergeht 2601

Erbringt ein Unternehmer, der im Inland weder sein Unternehmen betreibt noch eine an der Leistungserbringung beteiligte Betriebsstätte im Inland hat,

- sonstige Leistungen (ausgenommen die entgeltliche Duldung der Benutzung von Bundesstraßen, sonstige Leistungen iSd § 3a Abs. 11a UStG 1994 sowie die Vermietung von Grundstücken) oder
- Werklieferungen

an einen Unternehmer iSd § 3a Abs. 5 Z 1 und Z 2 UStG 1994 oder eine juristische Person des öffentlichen Rechts, die Nichtunternehmer iSd § 3a Abs. 5 Z 3 UStG 1994 ist, wird die Steuer vom Leistungsempfänger geschuldet (sogenanntes „Reverse Charge").

Der Übergang betrifft sowohl Umsätze für den unternehmerischen als auch für den nichtunternehmerischen Bereich des Leistungsempfängers, der ein Unternehmer oder eine juristische Person ist (hinsichtlich Ausnahmen siehe Rz 2602f letzter Absatz sinngemäß).

Der Bestimmung des § 19 Abs. 1 zweiter Satz UStG 1994 kommt Vorrang vor den übrigen Tatbeständen des Übergangs der Steuerschuld (§ 19 Abs. 1a bis 1e UStG 1994) zu.

Die allgemeinen Ausführungen in Rz 2602i bis Rz 2602k zu den Aufzeichnungspflichten und zur Entstehung der Steuerschuld gelten sinngemäß auch für § 19 Abs. 1 zweiter Satz UStG 1994.

Ausnahmen vom Übergang der Steuerschuld

Wird die Benutzung von Bundesstraßen entgeltlich geduldet oder werden sonstige Leistungen iSd § 3a Abs. 11a UStG 1994 oder die Vermietung von Grundstücken von einem Unternehmer, der im Inland weder sein Unternehmen betreibt noch eine an der Leistungserbringung beteiligte Betriebsstätte hat, ausgeführt, geht die Steuerschuld nicht auf den unternehmerischen Leistungsempfänger über. Der Leistungsempfänger ist nicht nach § 27 Abs. 4 UStG 1994 zur Einbehaltung und Abfuhr der Umsatzsteuer verpflichtet (siehe Rz 3491 f).

Beispiel 1:

Ein amerikanischer Unternehmer ohne Sitz oder Betriebsstätte in Österreich veranstaltet im Juni 2022 einen Kongress in Wien. Ein deutscher und ein Schweizer Arzt besuchen den Kongress und entrichten dafür eine Teilnahmegebühr.

Der amerikanische Veranstalter erbringt dem deutschen und dem Schweizer Arzt gegenüber sonstige Leistungen iSd § 3a Abs. 11a UStG 1994, die in Österreich der Besteuerung unterliegen. Auch wenn es sich beim Veranstalter um einen ausländischen Unternehmer und bei den Leistungsempfängern ebenfalls um Unternehmer handelt, geht hier die Steuerschuld nicht auf die teilnehmenden Ärzte über.

Beispiel 2:

Ein britischer Unternehmer vermietet 2023 in Österreich ein Grundstück für das Abstellen von Fahrzeugen an österreichische Unternehmer (ohne hierbei eine Betriebsstätte zu begründen).

Auch wenn es sich beim Vermieter um einen Unternehmer ohne Sitz und ohne Betriebsstätte im Inland und bei den Leistungsempfängern ebenfalls um Unternehmer handelt, geht die Steuerschuld nicht auf die österreichischen Unternehmer über. Der britische Unternehmer hat die Umsätze im Veranlagungsverfahren zu erklären. Die österreichischen Unternehmer sind nicht gemäß § 27 Abs. 4 UStG 1994 zur Einbehaltung und Abfuhr der Umsatzsteuer verpflichtet. Für den britischen Vermieter besteht jedoch gemäß § 27 Abs. 7 UStG 1994 die Verpflichtung zur Bestellung eines Fiskalvertreters.

Zu den sonstigen Leistungen iSd § 3a Abs. 11a UStG 1994 siehe Rz 641f.

Zur Rechtslage bei der Vermietung von Grundstücken bis 19.7.2022 siehe Rz 2601b.

Leistender Unternehmer

Voraussetzung für den Übergang der Steuerschuld ist, dass der leistende Unternehmer im Inland weder sein Unternehmen betreibt noch eine an der Leistungserbringung beteiligte

Betriebsstätte im Inland hat. Maßgebend für die Beurteilung dieser Voraussetzung ist der Zeitpunkt, zu dem die Leistung ausgeführt wird.

Die Tatsache, dass ein Unternehmer beim Finanzamt Österreich im Inland umsatzsteuerlich geführt wird, ist kein Merkmal dafür, dass er im Inland sein Unternehmen betreibt oder eine Betriebsstätte hat.

Betriebsstätte im Inland

Eine im Inland gelegene Betriebsstätte (im Sinne des Art. 53 Abs. 1 VO (EU) 282/2011 sowie im Sinne der Judikatur des EuGH zur festen Niederlassung) des Leistenden ist dann nicht schädlich für den Übergang der Steuerschuld, wenn sie an der Leistungserbringung nicht beteiligt ist. Das ist der Fall, wenn die technische oder personelle Ausstattung der Betriebsstätte in keiner Hinsicht für die Ausführung der Leistung genutzt wird. Eine Beteiligung an der Leistungserbringung liegt vor, wenn die Betriebsstätte die Leistung erbringt oder in anderer Weise durch Personal und Sachgüter zur Auftragsabwicklung beiträgt, zB durch die Übernahme von Gewährleistungsverpflichtungen oder durch Bereitstellung eines zum vereinbarten Leistungsumfang gehörenden Kundendienstes. Unmaßgeblich ist der Umfang der Nutzung der technischen oder personellen Mittel.

Wird die technische oder personelle Ausstattung der Betriebsstätte nur für verwaltungstechnische unterstützende Aufgaben, wie zB Buchhaltung, Rechnungsstellung und Eintreibung von Schulden genutzt, gilt die Betriebsstätte nicht bereits als an der Leistungserbringung beteiligt. Enthält die Rechnung die UID der Betriebsstätte, gilt die widerlegbare Vermutung, dass diese an der Leistungserbringung beteiligt ist.

Hinsichtlich der Möglichkeit einer Betriebsstättenbescheinigung siehe Rz 3494.

Beispiel 3:

Der deutscher Unternehmer D hat eine Betriebsstätte in Salzburg und erbringt an den österreichischen Unternehmer Ö eine sonstige Leistung in Österreich.

a) Die Betriebsstätte ist an der Leistungserbringung nicht beteiligt.

b) Die Betriebsstätte hat die Geschäftsanbahnung übernommen.

Im Fall a) geht die Steuerschuld auf Ö über, im Fall b) nicht.

Beispiel 4:

Das französische Beratungsunternehmen F mit einer Betriebsstätte in Wien erbringt – ohne Einschaltung der Wiener Betriebsstätte – eine Beratungsleistung an den österreichischen Unternehmer Ö.

Die Steuerschuld geht trotz umsatzsteuerrechtlicher Erfassung der Betriebsstätte in Österreich mangels Beteiligung am Umsatz auf Ö über.

Steuerschuld und Haftung

Die Steuerschuld entsteht – unabhängig vom Zeitpunkt der Rechnungsausstellung – mit Ablauf des Kalendermonates, in dem die Leistung erbracht worden ist (§ 19 Abs. 2 Z 1 lit. a und b UStG 1994).

Die Steuerschuld geht zB trotz inländischen Wohnsitzes des Leistungserbringers auf den Leistungsempfänger über, wenn der leistende Unternehmer den Sitz seiner wirtschaftlichen Tätigkeit im Ausland und keine an der Leistungserbringung beteiligte Betriebsstätte im Inland hat.

Der leistende Unternehmer haftet für die auf den Leistungsempfänger übergegangene Steuer. Diese Haftung wird nur dann von Bedeutung sein, wenn der Leistungsempfänger hinsichtlich der übergegangenen Steuerschuld nicht oder nicht zur Gänze zum Vorsteuerabzug berechtigt ist.

Im Falle des Übergangs der Steuerschuld auf den Leistungsempfänger ist § 27 Abs. 4 UStG 1994 gegenstandslos.

Abgabe von Umsatzsteuererklärungen

Eine Steuererklärung haben auch juristische Personen im Nichtunternehmerbereich abzugeben, soweit sie als Leistungsempfänger eine nach § 19 Abs. 1 zweiter Satz UStG 1994 auf sie übergegangene Steuer schulden.

Zur Erklärungspflicht durch Unternehmer, die im Inland weder ihren Sitz noch eine Betriebsstätte haben und

- keine Umsätze im Inland ausgeführt haben oder
- nur sonstige Leistungen oder Werklieferungen erbracht haben, für die der Leistungsempfänger die Steuer schuldet,

siehe Rz 2795.

Veranlagung

Zur Veranlagung von nicht im Inland ansässigen Unternehmen siehe Rz 2796 sowie Rz 2822 bis 2827.

(BMF-AV Nr. 2022/154)

19.1.1.2. Vorsteuerabzug des ausländischen Leistungsempfängers bei Reverse Charge

(BMF-AV Nr. 2022/154)

Die Steuer für Leistungen im Sinne des § 19 Abs. 1 zweiter Satz UStG 1994 berechtigt **2601a**
den Leistungsempfänger, auf den die Steuerschuld übergegangen ist, nach Maßgabe des § 12 UStG 1994 zum Vorsteuerabzug. Soweit die Steuer auf eine Zahlung vor Ausführung dieser Leistung entfällt, kann sie aus Vereinfachungsgründen (abweichend von Rz 1875) abgezogen werden, wenn die Zahlung geleistet worden ist.

In den Fällen des Überganges der Steuerschuld ist der Leistungsempfänger zum Vorsteuerabzug unabhängig davon berechtigt, ob die Rechnung ordnungsgemäß ausgestellt oder ob überhaupt eine Rechnung ausgestellt wurde.

Zum anzuwendenden Verfahren (Veranlagungs- oder Erstattungsverfahren) für die Geltendmachung des Vorsteuerabzugs durch nicht in Inland ansässige Unternehmer siehe Rz 2822 bis 2827.

(BMF-AV Nr. 2022/154)

19.1.1.3. Besonderheiten bei der Vermietung von Grundstücken

(BMF-AV Nr. 2022/154)

Für Umsätze bis 31.12.2021 wurde davon ausgegangen, dass ausländische Unternehmer, **2601b**
die ein im Inland gelegenes Grundstück besitzen und steuerpflichtig vermieten, eine Betriebsstätte begründen. Die Steuerschuld ging nicht auf den Leistungsempfänger über und die Umsätze waren im Veranlagungsverfahren zu erklären.

Seit 1.1.2022 begründen Unternehmer, die ein im Inland gelegenes Grundstück besitzen und steuerpflichtig vermieten, hingegen mit diesem Grundstück nur dann eine Betriebsstätte, wenn sie im Inland bzw. bei der Immobilie über eigenes Personal für die Leistungserbringung im Zusammenhang mit der Vermietung verfügen, das zu autonomem Handeln befähigt (siehe EuGH 3.6.2021, Rs C-931/19, *Titanium Ltd.*). Ist ein im Inland nicht ansässiger Unternehmer bei seinen Vermietungsumsätzen aufgrund unionsrechtskonformer Rechtsauslegung schon vor dem 1.1.2022 tatsächlich nicht von einer Betriebsstätte und somit vom Übergang der Steuerschuld ausgegangen, ist dies – von Fällen des Rechtsmissbrauchs abgesehen – nicht zu beanstanden.

Seit 20.7.2022 ist für die Vermietung von Grundstücken eine Ausnahme vom Übergang der Steuerschuld gesetzlich vorgesehen. Die Umsätze sind im Veranlagungsverfahren gemäß § 20 Abs. 1 UStG 1994 zu erklären (siehe Rz 2794 sowie Beispiel 2 in Rz 2601).

Beispiel:

Der ausländische Unternehmer A vermietet im Kalenderjahr 2022 durchgehend ein im Inland gelegenes Grundstück, das keine feste Niederlassung darstellt, an einen Unternehmer. Als Erstattungszeitraum wurde das Kalenderhalbjahr gewählt.

Lösung:

Da A im Erstattungszeitraum (Jänner bis Juni 2022) nur Umsätze gemäß § 1 Abs. 1 Z 1 UStG 1994 ausgeführt hat, für die es zum Übergang der Steuerschuld kommt, kommt das Erstattungsverfahren für seine in diesem Zeitraum bezogenen Eingangsleistungen zur Anwendung. Da es für die Vermietungsumsätze des A ab Juli 2022 nicht mehr zum Übergang der Steuerschuld kommt (siehe Rz 2619 zum Leistungszeitpunkt bei Dauerleistungen), sind die Umsätze ab diesem Zeitpunkt im Veranlagungsverfahren zu erfassen, in dem auch allfällige Vorsteuern geltend zu machen sind. Hiebei sind gemäß § 4 Abs. 1 der Verordnung BGBl. Nr. 279/1995 idgF Vorsteuerbeträge nicht zu berücksichtigen, die nach § 1 Abs. 1 der zitierten Verordnung bereits erstattet worden sind.

(AÖF Nr. 2014/7, BMF-AV Nr. 2017/171, BMF-AV Nr. 2018/164, BMF-AV Nr. 2020/192, BMF-AV Nr. 2021/166, BMF-AV Nr. 2022/154)

19.1.1.4. Rechnungslegung

Der leistende Unternehmer ist verpflichtet eine Rechnung auszustellen. Er hat in der **2602**
Rechnung die Umsatzsteuer-Identifikationsnummer des Leistungsempfängers anzugeben und auf die Steuerschuld des Leistungsempfängers hinzuweisen.

In den Fällen des Überganges der Steuerschuld darf der leistende Unternehmer in der Rechnung keine Umsatzsteuer gesondert ausweisen. Eine trotzdem gesondert ausgewiesene Steuer wird vom Unternehmer gemäß § 11 Abs. 12 UStG 1994 geschuldet und berechtigt den Leistungsempfänger nicht zum Vorsteuerabzug.

Ob eine Rechnung ausgestellt wird und ob in dieser auf die Steuerschuldnerschaft des Leistungsempfängers hingewiesen wird, hat auf den Übergang der Steuerschuld keinen Einfluss.

Bei steuerfreien Umsätzen, für die eine Option zur Steuerpflicht möglich ist (zB eine Vermietung zu Geschäftszwecken), kann in Fällen des Übergangs der Steuerschuld die Option auch durch entsprechende Hinweise in der Rechnung ausgeübt werden. Aus diesen Hinweisen haben die Option zur Steuerpflicht, Art und der Umfang der Leistung und der Übergang der Steuerschuld auf den Leistungsempfänger hervorzugehen.

Zur Änderung der Rechnungsausstellungsverpflichtung in bestimmten Fällen beim Übergang der Steuerschuld ab 1. Jänner 2013 siehe Rz 1501b.

(BMF-AV Nr. 2021/166)

19.1.2. Übergang der Steuerschuld in der Bauwirtschaft

2602a § 19 Abs. 1a UStG 1994 (angefügt durch das 2. Abgabenänderungsgesetz 2002) sieht vor, dass es zum Übergang der Steuerschuld auf den Empfänger der Leistung kommt, wenn

- Bauleistungen
- an einen Unternehmer erbracht werden,
- der seinerseits mit der Erbringung dieser Bauleistungen beauftragt ist oder
- der seinerseits üblicherweise Bauleistungen erbringt.

19.1.2.1. Allgemeines

2602b Die Bestimmung betreffend Übergang der Steuerschuld stellt nicht darauf ab, ob der leistende Unternehmer oder der Leistungsempfänger inländischer Unternehmer ist. Wird die Bauleistung einem ausländischen Unternehmer gegenüber erbracht, der seinerseits zur Erbringung der Bauleistung beauftragt worden ist, kommt es daher zum Übergang der Steuerschuld.

Die Bestimmungen betreffend den Übergang der Steuerschuld bei Bauleistungen sind auf pauschalierte Landwirte, die Bauleistungen erbringen (zB Erdaushub), nach dem Sinn und Zweck der Bestimmung nicht anzuwenden, da dies zu einer Kürzung des pauschalierten Vorsteuerabzuges führen würde.

19.1.2.2. Bauleistungen (§ 19 Abs. 1a dritter Unterabsatz UStG 1994)

2602c Bauleistungen sind alle Leistungen, die der Herstellung, Instandsetzung, Instandhaltung, Änderung, Beseitigung oder Reinigung von Bauwerken dienen (vgl. EuGH 13.12.2012, Rs C-395/11, BLV Wohn- und Gewerbebau GmbH).

Der Begriff des Bauwerks ist weit auszulegen und umfasst nicht nur Gebäude, sondern darüber hinaus sämtliche mit dem Erdboden verbundene oder infolge ihrer eigenen Schwere auf ihm ruhende, aus Baustoffen oder Bauteilen mit baulichem Gerät hergestellte Anlagen. Zu den Bauwerken zählen daher sämtliche Hoch- und Tiefbauten (zB Straßen, Tunnels) und mit dem Erdboden fest verbundene Anlagen wie Kraftwerke und Silos. Weiters gehören zu den Bauwerken Fenster und Türen sowie Bodenbeläge und Heizungsanlagen, aber auch Einrichtungsgegenstände, wenn sie mit einem Gebäude fest verbunden sind, zB Ladeneinbauten, Schaufensteranlagen, Gaststätteneinrichtungen oder Einbauküchen.

Folgende Leistungen sind, wenn sie als selbständige Hauptleistungen zu beurteilen sind, **keine** Bauleistungen:

- Ausschließlich planerische Leistungen (zB von Statikern, Architekten, Garten- und Innenarchitekten, Vermessungs- und Bauingenieuren).
- Beförderungsleistungen einschließlich des Be- und Entladens. Ebenso das Abholen von Bauschutt, auch wenn der Auftrag auf (anschließende) Entsorgung des Bauschutts lautet.
- Die Vermietung von Geräten (Beistellung ohne Personal), sowie die Durchführung von Reparatur- und Wartungsarbeiten eines Baugerätes, auch wenn die Arbeiten auf der Baustelle erfolgen.
- Reine Wartungsarbeiten an Bauwerken oder Teilen von Bauwerken, solange nicht Teile verändert, bearbeitet oder ausgetauscht werden. Untergeordnete Änderungen (zB Austausch der Sicherungen oder Lampen bei der Wartung von Aufzugsanlagen) führen noch nicht zu einer Bauleistung.

- Materiallieferungen zB durch Baustoffhändler oder Baumärkte. Das gilt auch bei der Lieferung von Asphalt oder Beton, die auf Weisung des Leistungsempfängers auf der Baustelle „abgeladen“ werden (siehe Beispiel 3). Ohne Bedeutung ist auch, ob es sich um Auftragsfertigungen handelt, die am Standort des leistenden Unternehmers oder auf der Baustelle erbracht und anschließend geliefert, jedoch nicht montiert werden (zB Maßfenster, Betonfertigteile; siehe Beispiele 4, 5 und 6). Sind mit der Lieferung untergeordnete Arbeiten am Bauwerk verbunden (siehe Beispiel 2), liegt noch keine Bauleistungen vor.

Auch die Überlassung von Arbeitskräften ist auf Grund der ausdrücklichen gesetzlichen Anordnung als Bauleistung anzusehen, wenn die überlassenen Arbeitskräfte für den Entleiher Bauleistungen erbringen.

Bestehen im Einzelfall Zweifel, ob eine Bauleistung vorliegt (zB Einbau von Küchen, Ladeneinrichtungen), kann vom Leistenden und vom Leistungsempfänger einvernehmlich davon ausgegangen werden, dass eine Bauleistung vorliegt. Ist jedoch inhaltlich das Vorliegen einer Bauleistung von vornherein ausgeschlossen, kommt es auch dann nicht zum Übergang der Steuerschuld, wenn die am Leistungsaustausch Beteiligten einvernehmlich davon ausgehen (siehe auch VwGH 25.4.2018, Ro 2017/13/0003).

Beispiele zur Abgrenzung der Bauleistungen:

Beispiel 1:

Die von einem Generalunternehmer für einen Gastwirt bestellte Theke ist vom beauftragten Unternehmer individuell nach den Wünschen des Auftraggebers geplant, gefertigt, geliefert und vor Ort montiert worden. Bei der Montage handelt es sich um eine Bauleistung. Demgegenüber sind Planung, Fertigung am Standort des leistenden Unternehmers und Transport durch den Unternehmer nicht als Bauleistung anzusehen. Da die Theke durch die Montage fest mit dem Gebäude verbunden wird, ist insgesamt von einer Bauleistung auszugehen.

Beispiel 2:

Einem Generalunternehmer wird eine Maschine geliefert. Der Lieferant nimmt die Maschine beim Auftraggeber in Betrieb. Zu diesem Zweck muss beim Auftraggeber eine Steckdose versetzt werden, was durch einen Arbeitnehmer des Lieferanten erfolgt. Die Lieferung der Maschine stellt keine Bauleistung dar. Bei dem Versetzen der Steckdose handelt es sich zwar um eine Bauleistung, die jedoch gegenüber der Lieferung der Maschine geringfügig ist und eine Nebenleistung zur Lieferung der Maschine darstellt. Ist dagegen im Zusammenhang mit der Lieferung der Maschine die Verlegung von Rohren erforderlich, wird von einer getrennt zu beurteilenden Bauleistung auszugehen sein.

Beispiel 3:

Bei der Lieferung von Transportbeton, der vom leistenden Unternehmer mittels Auto-Betonpumpe in den ersten Stock eines Rohbaues gepumpt wird, handelt es sich um eine Materiallieferung.

Beispiel 4:

Ein Unternehmer liefert nach Maß angefertigte Fenster:

- *Die Fenster werden auf die Baustelle geliefert – keine Bauleistung.*
- *Die Fenster werden auf die Baustelle geliefert und dort in die bestehenden Vorrichtungen eingehängt, ohne dass weitere Montagearbeiten erfolgen – keine Bauleistung.*
- *Die Fenster werden vom liefernden Unternehmer montiert – es liegt eine Bauleistung vor.*

Beispiel 5:

Der Unternehmer liefert 50 Fenster. 45 Fenster werden auf die Baustelle ohne weitere Arbeiten geliefert. 5 Fenster werden montiert – jede Lieferung ist für sich zu beurteilen. Hinsichtlich der 5 montierten Fenster liegt eine Bauleistung vor.

Beispiel 6:

Verpflichtet sich ein Unternehmer zur Durchführung einer Bauleistung (zB Einbau von Fenstern) und bedient er sich zur Durchführung seiner Leistung Subunternehmer, ist seine Leistung als Bauleistung zu beurteilen, auch wenn er selbst unmittelbar keine Leistung erbringt. Bei den Subunternehmern ist bei jeder einzelnen Leistung zu prüfen, ob eine Bauleistung vorliegt (zB der Hauptauftragnehmer beauftragt einen Tischler mit der Herstellung der Fenster, der seinerseits einen Glaser mit dem Einbau der Scheiben beauftragt. Anschließend werden die Fenster vom Tischler eingebaut – der Tischler führt eine Bauleistung durch, der Glaser nicht).

Einzelfälle:

- **Anschlussgebühren** siehe Rz 2602d.
- **Bauaufsicht** und **Rechnungskontrolle** sind keine Bauleistungen.
- **Einbauküchen:** Die Lieferung von Einbauküchen stellt regelmäßig eine Bauleistung dar. Das gilt jedoch nicht für mitgelieferte Geräte wie Herd, Kühlschrank, Geschirrspüler etc., ausgenommen, die Küche wird zu einem Pauschalpreis angeboten und gekauft.
- **Feuerlöscher:** Lieferung von Feuerlöschern, die an einer Wandaufhängung befestigt werden, ist keine Bauleistung.
- **Gartenarbeiten:** Kommt es bei Landschaftsgärtnern zu Arbeiten, die über das Pflanzen von Blumen, Sträuchern und Bäumen hinausgehen (zB Aufschütten von Hügeln und Böschungen, Errichtung von Wegen, Anlegen eines Teiches, Einbau von Beleuchtung, Bau eines Abwasserkanals), so liegt insgesamt eine Bauleistung vor.
- **Gerüst:** Im Falle des Auf- und Abbaus von Gerüsten durch den „Vermieter" liegt insgesamt (dh Auf-, Abbau und Miete, auch wenn darüber gesondert abgerechnet wird) eine einheitliche Bauleistung vor (anders wäre es zu beurteilen, wenn das Gerüst durch den Mieter oder in dessen Auftrag von einem Dritten aufgestellt wird).
- **Inbetriebnahme** von Anlagen: Werden Anlagen geliefert, diese vom Leistungsempfänger installiert/montiert und in der Folge vom Lieferer in Betrieb genommen, liegt keine Bauleistung vor (zB der Unternehmer liefert an den Bauunternehmer Gegensprechanlagen, die von diesem installiert werden. Nach der Installation durch den Leistungsempfänger wird die Gegensprechanlage vom Lieferer in Betrieb genommen).
- **Maschinen:** Werden bei der Lieferung von Maschinen diese mit dem Grund und Boden verbunden (zB Vorrichtungen, die Teil des Grundstückes werden wie etwa Heizungsanlagen, Lüftungsanlagen; ebenso die Montage von Maschinenanlagen oder der Einbau von Turbinen), liegt eine Bauleistung vor.
- **Restaurateure:** Soweit sich ihre Tätigkeit auf Gebäude bezieht (zB Restaurierung von Fresken), liegt eine Bauleistung vor.
- **Tribünenbau** (zB Theater-, Konzert- und Kinotribünen, Tribünen für die Zuschauer für Veranstaltungen im Freien) ist eine Bauleistung.
- **Vermietung**
  - **Container:** Die Vermietung von Containern (zB Büro-, Wohn- oder Sanitärcontainer), die vom Vermieter aufgestellt und mit Grund und Boden verbunden werden (Anschrauben; Fundamentierung), ist eine Bauleistung.
  - **Autokran:** Der Verleih eines Autokrans mit Personal an einen Bauunternehmer stellt eine Bauleistung dar (Vermietung von Geräten mit Beistellung von Personal). Keine Bauleistung liegt vor, wenn der Autokran an den Lieferer von Baumaterial überlassen wird, der diesen zum Abladen seiner Lieferung benötigt (Materiallieferungen einschließlich des Abladens).
  - **Kran:** Die Vermietung eines Krans ohne Personal, der vom Vermieter aufgestellt wird, stellt insgesamt eine Bauleistung dar.
- **Unterschiedliche Leistungen** in einer Rechnung

  Werden umsatzsteuerrechtlich selbständige Leistungen erbracht, die teilweise Bauleistungen (Grabungsarbeiten), teilweise keine Bauleistungen (Transporte, Materiallieferungen) sind, können diese nicht einheitlich als Bauleistung betrachtet werden (siehe auch vorstehendes Beispiel 5).
- **Gestellung von Arbeitskräften**

  Beschäftigt ein Unternehmer im Rahmen einer von ihm zu erbringenden Bauleistung entliehene Arbeitskräfte, so ist bei der Beantwortung der Frage, ob diese eine Bauleistung erbringen, nicht nach der von diesen tatsächlich erbrachten Leistung auszugehen, sondern, ob sie im Rahmen einer Bauleistung tätig werden (zB eine geliehene Arbeitskraft übt die Bauaufsicht aus; ein Leihtechniker führt im Rahmen der Bauführung technische Zeichnungen aus). Anders wäre der Fall zu beurteilen, wenn es sich nicht um entliehene Arbeitskräfte handelt, sondern um selbständige Unternehmer, die die genannten Leistungen erbringen.
  - Werden bei **Arbeitsgemeinschaften**, die mit der Erbringung von Bauleistungen beauftragt sind, für die Geschäftsführung (Federführung) durch einen Bauunternehmer, der Mitglied der ARGE ist, Federführungsgebühren an die ARGE verrechnet, so kann davon ausgegangen werden, dass es sich dabei um Bauleistungen handelt. Ebenso im Falle der Personalgestellung (zB des Bauleiters) durch einen ARGE-Partner an die ARGE.

- Bei der Gestellung von Arbeitskräften ist es gleichgültig, ob die Arbeitskräfte einem Unternehmer gestellt werden, der **üblicherweise Bauleistungen** erbringt. Maßgeblich ist, ob die Arbeitskräfte vom Entleiher tatsächlich im Rahmen einer Bauleistung eingesetzt werden. Dies müsste dem Verleiher entsprechend bekannt gegeben werden.
- Aus Vereinfachungsgründen kann bei der Beurteilung, ob die geliehene Arbeitskraft Bauleistungen erbringt, vom Überwiegen ausgegangen werden. Wird die Arbeitskraft zu mehr als 50% der Gesamttätigkeit (zeitlich gesehen) im Rahmen von Bauleistungen eingesetzt, kann insgesamt von einer Bauleistung ausgegangen werden; im umgekehrten Fall liegt insgesamt keine Bauleistung vor. In Grenzfällen (zB es steht noch nicht fest, ob letztlich eine Bauleistung bewirkt wird) kann von einer Bauleistung ausgegangen werden.
- Beauftragt ein (General)Unternehmer einen anderen Unternehmer mit der Gestellung von Arbeitskräften zur Erbringung von Bauleistungen und beauftragt dieser Unternehmer seinerseits einen weiteren (dritten) Unternehmer mit der Gestellung von Arbeitskräften zur Erbringung dieser Bauleistungen (mehrstufige Personalgestellung), handelt es sich auch bei der Leistung des dritten Unternehmers an seinen Auftraggeber um eine Bauleistung.

• **Reinigung von Bauwerken**

Erfasst ist nicht nur die Bauendreinigung, sondern jede Säuberung von Räumlichkeiten oder Flächen, die Teil eines Bauwerks sind. Zu den Bauleistungen zählt daher zB die Reinigung von Gebäuden, Fassaden, Fenstern, Swimmingpools, Kanälen (Behebung von Verstopfungen, Kanalspülung usw.), Straßen und Parkplätzen (Schneeräumung, Kehrleistungen, Straßenwaschung usw.).

Bei einer einheitlichen Leistung ist maßgebend, ob die Reinigungsleistung die Hauptleistung darstellt oder lediglich eine unselbstständige Nebenleistung zu einer nicht als Bauleistung zu qualifizierenden Hauptleistung ist. So ist zB das Ausbringen von Streumitteln regelmäßig als unselbstständige Nebenleistung zur Schneeräumung zu qualifizieren. Bei der Büroreinigung (Reinigung von Böden, Büromöbel, Stiegenhäusern, Gängen, WC-Anlagen usw.) ist insgesamt von einer Bauleistung auszugehen.

Die Grünflächenbetreuung (Schneiden von Bäumen und Sträuchern, Mähen des Rasens, Entfernen des Laubs usw.) ist nicht als Reinigung eines Bauwerks zu qualifizieren. Gleiches gilt für die Textilreinigung (Reinigung von Hotelwäsche, Bekleidung, Vorhänge, lose liegende Teppiche usw.), sowie für die Schädlingsbekämpfung und die Wohnungsentrümpelung.

Beispiel 1:

Die EDV-Firma A beauftragt den Reinigungsunternehmer B mit der Fensterreinigung des Bürogebäudes. B führt die Fensterreinigung nicht selbst durch, sondern beauftragt damit den Reinigungsunternehmer C. C erbringt an B eine Bauleistung, für die die Steuerschuld gemäß § 19 Abs. 1a UStG 1994 auf B übergeht. Für die Leistung des B an A kommt es nicht zum Übergang der Steuerschuld, da A weder mit der Erbringung dieser Bauleistung beauftragt wurde noch üblicherweise Bauleistungen erbringt.

Beispiel 2:

Der Baumeister A beauftragt den Reinigungsunternehmer B mit der Reinigung seines Bürogebäudes. Die Steuerschuld geht gemäß § 19 Abs. 1a UStG 1994 auf A über, da dieser üblicherweise Bauleistungen erbringt.

Nehmen der Leistende und der Leistungsempfänger im Zweifelsfall an, dass eine Bauleistung nicht vorliegt, obwohl sich dies nachträglich als falsch erweist, bleibt es dabei, wenn es dadurch endgültig zu keinem Steuerausfall gekommen ist (zB die Umsatzsteuer für diese Leistung wurde an das Finanzamt abgeführt). Diesen Umstand hat der Unternehmer nachzuweisen.

(BMF-AV Nr. 2019/165, BMF-AV Nr. 2021/166)

19.1.2.3. Bauleistungen an einen Unternehmer, der seinerseits mit der Erbringung von Bauleistungen beauftragt ist (§ 19 Abs. 1a erster Unterabsatz UStG 1994)

Die Leistung muss einem Unternehmer gegenüber erbracht werden. Zum Übergang der **2602d**
Steuerschuld kommt es jedoch grundsätzlich nur dann, wenn der Leistungsempfänger seinerseits hinsichtlich dieser Vorleistung beauftragt worden ist, Bauleistungen zu erbringen (Ausnahme siehe weiter unten: der Leistungsempfänger erbringt seinerseits üblicherweise Bauleistungen). Der zugrunde liegende Gedanke ist, dass die Steuerschuld nicht auf den ersten Auftraggeber übergehen soll.

Beispiel:

Der Unternehmer A, der Maschinen herstellt, beauftragt den Generalunternehmer B, auf seinem Grundstück eine Fabrikshalle zu errichten. Der Generalunternehmer bedient sich seinerseits Subunternehmer.

Die Steuerschuld geht nur bis zum Generalunternehmer B, aber nicht mehr auf den Unternehmer A über.

- **Anschlussgebühren** (zB Hausanschlüsse von Gas-, Wasser- oder Stromversorgungsunternehmern, Heizungsanschlüsse), die dem Kunden weiterverrechnet werden, führen dazu, dass die Versorgungsunternehmen ihrerseits zu den dazu allenfalls erforderlichen Bauleistungen beauftragt wurden (das gilt jedoch nicht für Leitungen, die außerhalb des Grundstückes des Anschlusswerbers liegen). Aus Vereinfachungsgründen kann davon ausgegangen werden, dass bei Anschlussgebühren das Versorgungsunternehmen nicht zur Ausführung von Bauleistungen beauftragt worden ist.
- Werden bei **Telefonanschlüssen oder Glasfaseranschlüssen** nur geringfügige Arbeiten (Befestigung der „Telefonkästen", Verlegung der Leitungen außer Putz oder in bereits vorgegebene Rohre) gegen eine pauschale Anschlussgebühr erbracht, so liegt keine Bauleistung vor.
- Die Montage von Strom-, Gas- und Wasserzählern stellt, sofern nicht weitere Bauleistungen hinzutreten, für sich allein keine Bauleistung dar.
- **Wohnungseigentümergemeinschaften:** Siehe Rz 2602f.

(AÖF Nr. 2003/45, BMF-AV Nr. 2022/154, BMF-AV Nr. 2023/152)

19.1.2.4. Nachweis der Beauftragung des Leistungsempfängers (§ 19 Abs. 1a erster Unterabsatz UStG 1994)

2602e Damit der Unternehmer, der die Bauleistung erbringt, weiß, dass der Leistungsempfänger seinerseits zur Erbringung dieser Bauleistungen beauftragt worden ist, und dass nicht er, sondern der Leistungsempfänger die Steuer schuldet, hat der Leistungsempfänger den leistenden Unternehmer auf diesen Umstand hinzuweisen (zB in Form einer schriftlichen Bestätigung auf dem Auftragsschreiben, dass er seinerseits von der Firma XX zur Durchführung der gegenständlichen Leistung beauftragt worden ist).

Behauptet der Leistungsempfänger zu Unrecht, dass er seinerseits zur Erbringung der an ihn erbrachten Bauleistungen beauftragt worden ist, bleibt es bei der Steuerschuld des leistenden Unternehmers (es kommt nicht zum Übergang der Steuerschuld), doch schuldet in diesem Fall auch der Leistungsempfänger die auf den Umsatz entfallende Steuer (Gesamtschuldner gemäß § 6 BAO).

Weist der Leistungsempfänger nicht darauf hin, dass er seinerseits zur Erbringung der Bauleistungen beauftragt wurde, kommt es trotzdem zum Übergang der Steuerschuld. Der leistende Unternehmer schuldet den in der Rechnung ausgewiesenen Steuerbetrag gemäß § 11 Abs. 12 UStG 1994, der Leistungsempfänger kann diesen in der Rechnung ausgewiesenen Steuerbetrag nicht als Vorsteuer abziehen.

19.1.2.5. Bauleistungen an einen Unternehmer, der seinerseits üblicherweise Bauleistungen erbringt (§ 19 Abs. 1a zweiter Unterabsatz UStG 1994)

2602f Wird die Leistung an einen Unternehmer erbracht, der seinerseits üblicherweise Bauleistungen erbringt (zB Baumeister, Maurermeister), so wird stets die Umsatzsteuer vom Empfänger der Bauleistung geschuldet, dh. auch dann, wenn dieser nicht seinerseits zur Erbringung dieser Bauleistungen beauftragt worden ist.

Beispiel:

Der Bauunternehmer A lässt auf einem ihm gehörigen Grundstück Einfamilienhäuser errichten, um diese später zu verkaufen.

Obwohl A seinerseits nicht zu Bauleistungen beauftragt worden ist, kommt es zum Übergang der Steuerschuld.

Da der Übergang der Steuerschuld bei Leistungen an Unternehmer, die ihrerseits üblicherweise Bauleistungen erbringen, stets eintritt, entfällt in einem Großteil der Fälle der Hinweis des Leistungsempfängers, dass er seinerseits zu Bauleistungen beauftragt worden ist. Es wird daher zu dem Hinweis auf die Beauftragung regelmäßig nur in den Fällen kommen, in denen es zweifelhaft ist, ob es sich um einen Unternehmer handelt, der üblicherweise Bauleistungen erbringt.

Im Falle der Organschaft richtet sich die Beurteilung, ob der Unternehmer üblicherweise Bauleistungen erbringt, nach der Tätigkeit der einzelnen Gesellschaften bzw. des Organträgers und nicht nach der Tätigkeit des Organkreises.

Es ist gleichgültig, ob die Bauleistung für den unternehmerischen oder den privaten Bereich des Leistungsempfängers ausgeführt wird.

Ein Unternehmer, der Arbeitskräfte verleiht, ist nicht als Unternehmer anzusehen, der üblicherweise Bauleistungen erbringt, selbst wenn diese Arbeitskräfte für den Entleiher Bauleistungen erbringen.

Bei den in Anhang 4 angeführten Unternehmen kann davon ausgegangen werden, dass sie üblicherweise Bauleistungen erbringen.

Unternehmer, die insbesondere die im Abschnitt F, Unterabschnitt FA, Abteilung 45, der ÖNACE 1995 angeführten Tätigkeiten ausüben, sind als solche anzusehen, die üblicherweise Bauleistungen erbringen.

Die Aufzählung der Tätigkeiten ist eine beispielsweise. Es könne auch andere Tätigkeiten eines Unternehmers dazu führen, dass er als Unternehmer anzusehen ist, der üblicherweise Bauleistungen erbringt.

„Insbesondere" bedeutet in diesem Zusammenhang, dass die Bauleistungen mehr als 50% des Umsatzes betragen. Werden die Tätigkeiten von einem Unternehmer im Rahmen eines (nach außen hin erkennbar) gesondert geführten Betriebes ausgeführt, ist dieser Betrieb für sich zu beurteilen. In diesem Fall sind (außerhalb der Beauftragung durch einen anderen) nur Leistungen an den gesondert geführten Betrieb vom Übergang der Steuerschuld erfasst.

Betragen die Bauleistungen weniger als 50% des Umsatzes, handelt es sich nicht um einen Unternehmer, der üblicherweise Bauleistungen erbringt. Nimmt der Unternehmer Bauleistungen in Anspruch, zu deren Erbringung er seinerseits nicht beauftragt worden ist, bleibt es bei der Steuerschuld des leistenden Unternehmers.

Ist es für den leistenden Unternehmer nicht erkennbar, dass der Leistungsempfänger üblicherweise bzw. nicht üblicherweise Bauleistungen erbringt, wird es zweckmäßig sein, wenn der Auftraggeber dies seinem Auftragnehmer mitteilt.

Erfolgt keine entsprechende Mitteilung, bleibt es trotzdem bei den im § 19 Abs. 1a UStG 1994 vorgesehenen Rechtsfolgen bzw. bei der Steuerschuld des Leistenden. Eine Besteuerung hat somit in der Form zu erfolgen, wie sie auf Grund des tatsächlich verwirklichten Sachverhaltes richtigerweise vorgenommen werden muss. Das bedeutet, dass es bei Bauleistungen an einen Leistungsempfänger, der üblicherweise Bauleistungen erbringt, auch ohne Mitteilung zum Übergang der Steuerschuld kommt, bei Bauleistungen an einen Leistungsempfänger, der üblicherweise nicht Bauleistungen erbringt, der Leistende Steuerschuldner bleibt. Nur in jenen Fällen, in denen der Unternehmer seinem Auftragnehmer mitteilt, dass er üblicherweise Bauleistungen im Sinne der obigen Ausführungen erbringt, bleibt es beim Übergang der Steuerschuld, auch wenn die Mitteilung unrichtig war.

Bei der Beurteilung, ob überwiegend Bauleistungen erbracht werden, wird grundsätzlich von einer Durchschnittsbetrachtung der Umsätze der vorangegangenen drei Jahre auszugehen sein. In Grenzfällen (zB ist es nicht eindeutig, inwieweit in vergangenen Zeiträumen Bauleistungen ausgeführt worden sind) kann der Unternehmer davon ausgehen, dass er ein Unternehmer ist, der üblicherweise Bauleistungen erbringt. Ist eine Durchschnittsbetrachtung nicht möglich (zB Beginn der Unternehmertätigkeit), hat der Unternehmer eine Vorausbetrachtung anzustellen (teilt er diese dem Finanzamt mit, bleibt es bei der Vorausbetrachtung, auch wenn sich diese nach Ablauf des Veranlagungszeitraumes als unrichtig herausstellt).

Einzelfälle:

- **Bauträger:** Die Tätigkeit des Bauträgers umfasst die Abwicklung von Bauvorhaben auf eigene oder fremde Rechnung. Verkauft oder saniert der Bauträger eigene Grundstücke, handelt es sich nicht um Bauleistungen. Wird er für fremde Rechnung tätig, handelt es sich um Bauleistungen. Der Bauträger ist nur dann ein Unternehmer, der üblicherweise Bauleistungen erbringt, wenn die Bauleistungen überwiegen.

  Verkauft der Bauträger vor der Fertigstellung (zB während der Bauphase) bereits Wohnungen bzw Gebäude, so wird er damit regelmäßig nicht über Auftrag des neuen Grundstückseigentümers tätig, da er weiterhin Bauherr bleibt.
- **Hausverwaltung:** Hausverwalter werden regelmäßig als direkte Stellvertreter der Grundstückseigentümer (Alleineigentümer, Hausgemeinschaften, Wohnungseigentümergemeinschaften) tätig. Sie werden weder zur Bauleistung beauftragt, noch erbringen sie üblicherweise Bauleistungen.
- **Wohnbauvereinigungen:** Wohnbauvereinigungen (auch gemeinnützige) erbringen üblicherweise keine Bauleistungen (sie vermieten – überlassen zur Nutzung – bzw verkaufen üblicherweise von ihnen errichtete Räumlichkeiten).

- **Wohnungseigentumsgemeinschaften:** Sie werden grundsätzlich nicht im Auftrag der einzelnen Wohnungseigentümer tätig (auch wenn von diesen die anteilig angefallenen Kosten ersetzt werden).
- Leistungen für den **nichtunternehmerischen Bereich:** Wird die Leistung für den nichtunternehmerischen Bereich des Unternehmers erbracht und tritt der Unternehmer beim Auftrag zur Bauleistung nicht als Unternehmer auf, kann vom Übergang der Steuerschuld Abstand genommen werden (zB der Unternehmer empfängt für sein zur Gänze privat genutztes Ferienhaus oder für seine private, gemietete Wohnung eine Bauleistung). Dies unter der weiteren Voraussetzung, dass der leistende Unternehmer dem Leistungsempfänger die Umsatzsteuer in der Rechnung gesondert ausweist und der Leistungsempfänger diese dem Leistenden auch entrichtet.

19.1.2.6. *enfällt*

(BMF-AV Nr. 2020/192)

Randzahl 2602g: *entfällt*

(BMF-AV Nr. 2020/192)

19.1.2.7. Vorsteuerabzug (§ 12 Abs. 1 Z 3 UStG 1994)

2602h Die Steuer für Leistungen im Sinne des § 19 Abs. 1a UStG 1994 berechtigt nach Maßgabe des § 12 UStG 1994 zum Vorsteuerabzug. Soweit die Steuer auf eine Zahlung vor Ausführung dieser Leistung entfällt, kann sie aus Vereinfachungsgründen (abweichend von Rz 1875) abgezogen werden, wenn die Zahlung geleistet worden ist.

In den Fällen des Überganges der Steuerschuld ist der Leistungsempfänger zum Vorsteuerabzug unabhängig davon berechtigt, ob die Rechnung ordnungsgemäß ausgestellt oder ob überhaupt eine Rechnung ausgestellt wurde.

(BMF-AV Nr. 2017/171)

19.1.2.8. Aufzeichnungspflichten (§ 18 Abs. 2 UStG 1994)

2602i

- Leistender Unternehmer (§ 18 Abs. 2 Z 1 und 2 UStG 1994)

  Der leistende Unternehmer hat die Entgelte für Umsätze, bei denen die Steuer vom Empfänger der Leistung geschuldet wird, gesondert aufzuzeichnen.
- Leistungsempfänger (§ 18 Abs. 2 Z 4 UStG 1994)

  Der Leistungsempfänger hat die Bemessungsgrundlagen für die Bauleistungen (Lieferungen und sonstigen Leistungen), für die die Steuer auf ihn übergegangen ist, getrennt nach Steuersätzen, und die hierauf entfallenden Steuerbeträge aufzuzeichnen.

19.1.2.9. Entstehung der Steuerschuld bei Sollbesteuerung (§ 19 Abs. 2 lit. a UStG 1994)

2602j Die Steuerschuld entsteht mit Ablauf des Kalendermonates, in dem die Lieferung oder sonstige Leistung ausgeführt worden ist. Dieser Zeitpunkt verschiebt sich um einen Kalendermonat, wenn die Rechnungsausstellung erst nach Ablauf des Kalendermonates erfolgt, in dem die Lieferung oder sonstige Leistung erbracht worden ist.

Dies gilt nicht für Bauleistungen, die von Unternehmern, die ihr Unternehmen weder im Inland betreiben noch eine an der Leistungserbringung beteiligte Betriebsstätte im Inland haben, erbracht werden, und für die die Steuerschuld bereits auf Grund des § 19 Abs. 1 zweiter Unterabsatz UStG 1994 auf den Leistungsempfänger übergeht (siehe Rz 2601). In diesen Fällen entsteht die Steuerschuld immer mit Ablauf des Kalendermonates, in dem die Leistung erbracht worden ist § 19 Abs. 2 Z 1 lit. a UStG 1994).

Wird das Entgelt oder ein Teil des Entgeltes vereinnahmt, bevor die Leistung ausgeführt worden ist, so entsteht insoweit die Steuerschuld mit Ablauf des Voranmeldungszeitraumes, in dem das Entgelt vereinnahmt worden ist. Aus Vereinfachungsgründen ist es nicht zu beanstanden, wenn der Leistungsempfänger die Steuer bereits in den Voranmeldungszeitraum aufnimmt, in dem die Beträge von ihm verausgabt werden.

Zum Übergang der Steuerschuld kommt es auch, wenn der Leistungsempfänger Kleinunternehmer ist. Erbringen Kleinunternehmer ihrerseits Bauleistungen, kommt es nicht zum Übergang der Steuerschuld auf den Leistungsempfänger, da die Leistungen der Kleinunternehmer steuerfrei sind.

Wurde die Beurteilung, ob eine Bauleistung vorliegt oder nicht bzw. ob ein Unternehmer üblicherweise Bauleistungen erbringt, unrichtig vorgenommen und in der Folge die Besteuerung richtig gestellt (es liegt richtigerweise kein Übergang der Steuerschuld vor – nachträgliche Versteuerung des Umsatzes beim leistenden Unternehmer; es liegt richtigerweise ein

Übergang der Steuerschuld vor – nachträgliche Streichung des Vorsteuerabzuges), ist von der Verhängung eines Säumniszuschlages abzusehen.

(BMF-AV Nr. 2018/164, BMF-AV Nr. 2022/154)

19.1.2.10. Entstehung der Steuerschuld bei Istbesteuerung (§ 19 Abs. 2 lit. b UStG 1994)

Versteuert der leistende Unternehmer nach vereinnahmten Entgelten und wird die Steuer vom Empfänger der Leistung geschuldet, so entsteht die Steuerschuld für vereinbarte, im Zeitpunkt der Leistungserbringung noch nicht vereinnahmte Entgelte, mit Ablauf des Kalendermonates, in dem die Lieferung oder sonstige Leistung ausgeführt worden ist. **2602k**

Beispiel:

Für eine Bauleistung wird ein Entgelt von 100.000 Euro vereinbart. Die Bauleistung wird am 20. Mai erbracht. Folgende Zahlungen werden durchgeführt:

Zeitpunkt	*Zahlung*	*Steuerschuld*	*Fälligkeit*
15. April	*25.000 €*	*Ende April*	*15. Juni*
15. Mai	*25.000 €*	*Ende Mai*	*15. Juli*
15. Juni	*25.000 €*	*Ende Mai*	*15. Juli*
15. Juli	*25.000 €*	*Ende Mai*	*15. Juli*

Dies gilt nicht für Bauleistungen, die von Unternehmern, die ihr Unternehmen weder im Inland betreiben noch eine an der Leistungserbringung beteiligte Betriebsstätte im Inland haben, erbracht werden, und für die die Steuerschuld bereits auf Grund des § 19 Abs. 1 zweiter Unterabsatz UStG 1994 auf den Leistungsempfänger übergeht (siehe Rz 2601). In diesen Fällen entsteht die Steuerschuld immer mit Ablauf des Kalendermonates, in dem die Leistung erbracht worden ist § 19 Abs. 2 Z 1 lit. b UStG 1994).

(BMF-AV Nr. 2022/154)

19.1.3. Übergang der Steuerschuld bei Lieferungen im Sicherungseigentum, Vorbehaltseigentum und Zwangsversteigerungsverfahren

Lieferung von Sicherungseigentum **2603**

Bei der Sicherungsübereignung geht das zivilrechtliche Eigentum am Sicherungsgut auf den Sicherungsnehmer (Kreditgeber) über, das Sicherungsgut selbst bleibt in der Regel in der Verfügungsmacht des Sicherungsgebers (Kreditnehmers). Die Sicherungsübereignung selbst sowie eine Rückübereignung nach Wegfall des Sicherungsgrundes führen nicht zu einer Lieferung.

Beim Verfall kommt es mit der Verwertung des Sicherungsgutes durch den Sicherungsnehmer im Wege der Veräußerung an einen Dritten zu einer Doppellieferung (siehe Rz 431). Für die Feststellung des Zeitpunktes der Lieferung durch den Sicherungsgeber an den Sicherungsnehmer wird in der Regel auf den tatsächlichen Zeitpunkt der Veräußerung durch den Sicherungsnehmer an den Dritten abgestellt.

Nur die Lieferung des Sicherungsgutes durch den Sicherungsgeber an den Sicherungsnehmer führt zum Übergang der Steuerschuld, bei der Lieferung im Insolvenzverfahren durch einen Masseverwalter als Sicherungsgeber an einen Dritten ist kein Umsatz zwischen Sicherungsgeber und Sicherungsnehmer gegeben.

Beispiel:

Eine Bank finanziert für den Unternehmer A die Anschaffung einer Maschine, die ihr sicherungsübereignet wird. Da A das Darlehen nicht bezahlen kann, verwertet die Bank die Maschine und veräußert sie an den Unternehmer B. Es kommt zu einer Lieferung des Unternehmers A als Sicherungsgeber an die Bank als Sicherungsnehmerin und einer Lieferung der Bank an den Unternehmer B. Die Steuerschuld für die Lieferung des Unternehmers A geht auf die Bank als Leistungsempfängerin über.

Lieferung von Vorbehaltseigentum bei vorangegangener Übertragung des Eigentumsvorbehalts

Wurde die Anschaffung eines Wirtschaftsgutes durch einen Dritten (zB Kreditinstitut) finanziert und dabei vom Veräußerer des Wirtschaftsgutes der Eigentumsvorbehalt zusammen mit seiner Kaufpreisforderung an den Dritten abgetreten, kommt es bei der Lieferung des Vorbehaltskäufers (Erwerber des Wirtschaftsgutes) an den Vorbehaltseigentümer (zB Kreditinstitut) im Zuge der Verwertung zum Übergang der Steuerschuld (siehe hierzu auch Rz 2411). Macht der Veräußerer selbst einen Eigentumsvorbehalt geltend, ist von der Rückgängigmachung der Lieferung auszugehen (siehe Rz 430 und Rz 2409), so dass hier mangels Umsatz ein Übergang der Steuerschuld nicht möglich ist.

Beispiel:

Eine Bank finanziert für den Unternehmer A die Anschaffung einer Maschine. Der Veräußerer V der Maschine tritt der Bank den Eigentumsvorbehalt sowie die Kaufpreisforderung ab. Da A das Darlehen nicht bezahlen kann, macht die Bank den Eigentumsvorbehalt geltend und veräußert die von A herausgegebene Maschine an den Unternehmer B. Es kommt zu einer Lieferung des Unternehmers A als Vorbehaltskäufer an die Bank als Vorbehaltseigentümerin und einer Lieferung der Bank an den Unternehmer B. Die Steuerschuld für die Lieferung des Unternehmers A geht auf die Bank als Leistungsempfängerin über.

Lieferung von Grundstücken im Rahmen der Zwangsversteigerung

Betroffen vom Übergang der Steuerschuld sind Lieferungen von Grundstücken als Vollstreckungsobjekt im Zwangsversteigerungsverfahren.

Zum Grundstücksbegriff siehe Rz 639v und 773a.

Damit es bei der Lieferung eines Grundstücks im Sinne des § 6 Abs. 1 Z 9 lit. a UStG 1994 im Rahmen eines Zwangsversteigerungsverfahrens zum Übergang der Steuerschuld kommen kann, muss auf die Steuerbefreiung verzichtet werden. Ein solcher Verzicht ist nur zulässig, wenn hierüber spätestens bis vierzehn Tage nach Bekanntgabe des Schätzwertes (§ 144 EO) eine Mitteilung an das Exekutionsgericht erfolgt (siehe Rz 793).

Vor dem 1.1.2017 bezog sich die Bestimmung auf Grundstücke im zivilrechtlichen Sinn, Gebäude auf fremdem Boden und Baurechte. Anders als Grundstücke im Sinne des § 6 Abs. 1 Z 9 lit. a UStG 1994 (siehe Rz 774 ff) waren hier vom Grundstücksbegriff auch Maschinen und sonstige Vorrichtungen aller Art, die zu einer Betriebsanlage gehören, erfasst. Soweit zu einem Grundstück gehörende Maschinen und sonstige Vorrichtungen aller Art, die zu einer Betriebsanlage gehören, zwangsversteigert wurden, lag immer eine steuerpflichtige Lieferung vor.

(BMF-AV Nr. 2017/171)

19.1.4. Übergang der Steuerschuld bei Gas-, Strom-, Wärme- und Kältelieferungen über Verteilungsnetze (§ 19 Abs. 1c UStG 1994)

(BMF-AV Nr. 2021/166)

Randzahlen 2604 bis 2604c: *derzeit frei.*

(BMF-AV Nr. 2021/166)

2604d Die Steuerschuld für Lieferungen

- von Gas über Erdgasnetze im Allgemeinen (nicht nur über das Erdgasverteilungsnetz),
- von Elektrizität,
- von Wärme über Wärmenetze und
- von Kälte über Kältenetze

geht auf den Leistungsempfänger über, wenn

- dieser im Inland zur Mehrwertsteuer erfasst ist und
- der Lieferer im Inland nicht ansässig (Rz 2604f) ist.

Der Lieferer haftet für die Steuer.

(BMF-AV Nr. 2021/166)

2604e Vom Übergang der Steuerschuld erfasst sind neben Stromlieferungen und Gaslieferungen, die über das Erdgasverteilungsnetz erfolgen, auch Erdgaslieferungen über andere Netze, die zwar an das Erdgasverteilungsnetz angeschlossen, nicht aber dessen Bestandteil sind, zB Rohrleitungen des Gas-Fernleitungsnetzes.

Darüber hinaus geht die Steuerschuld für Wärmelieferungen über Wärmenetze und Kältelieferungen über Kältenetze auf den Empfänger über, sofern dieser Unternehmer ist.

2604f Zum Übergang der Steuerschuld kommt es nur, wenn der Leistende ein Unternehmer ist, der im Inland weder sein Unternehmen betreibt noch eine an der Leistungserbringung beteiligte Betriebsstätte hat.

Zur Betriebsstätte und deren Beteiligung an der Leistungserbringung siehe auch Rz 2601.

(BMF-AV Nr. 2021/166, BMF-AV Nr. 2022/154)

19.1.5. Übergang der Steuerschuld bei durch Verordnung zu bestimmenden Umsätzen an Unternehmer

Mit Verordnung des BM für Finanzen, BGBl. II Nr. 129/2007 (Schrott-Umsatzsteuerverordnung), und mit Verordnung der BM für Finanzen, BGBl. II Nr. 369/2013 (Umsatzsteuerbetrugsbekämpfungsverordnung), wurde von der in § 19 Abs. 1d UStG 1994 vorgesehenen Ermächtigung, für bestimmte, in Art. 198, in Art. 199 und in Art. 199a der MwSt-RL 2006/112/EG angeführte Umsätze, den Übergang der Steuerschuld vorzusehen, Gebrauch gemacht. 2605

(AÖF Nr. 2014/164)

19.1.5.1. Verordnung des BM für Finanzen, BGBl. II Nr. 129/2007 (Schrott-Umsatzsteuerverordnung)

Allgemeines (zu § 1 der Verordnung) 2605a

Die Steuerschuld geht bei bestimmten Umsätzen, die in dieser Verordnung genannt sind, auf den Leistungsempfänger über.

Bei diesen Umsätzen kommt es zum Übergang der Steuerschuld unabhängig davon, ob ein inländischer oder ausländischer leistender Unternehmer vorliegt und ob ein inländischer oder ausländischer Unternehmer Leistungsempfänger ist.

Zu einem Übergang der Steuerschuld kann es allerdings nur kommen, wenn eine im Inland steuerbare und steuerpflichtige Leistung erbracht wird.

Entsteht keine Steuerschuld, kann auch keine Steuerschuld übergehen. Dies ist zB der Fall bei

- im Ausland ausgeführten Umsätzen,
- innergemeinschaftlichen Lieferungen,
- Ausfuhrlieferungen oder
- Umsätzen von Kleinunternehmern.

Erbringt ein pauschalierter Land- oder Forstwirt Umsätze im Sinne der Verordnung (zB er liefert unbrauchbare Maschinen an einen Schrotthändler), kommt es nicht zum Übergang der Steuerschuld auf den Leistungsempfänger, da dies zu einer Kürzung des pauschalen Vorsteuerabzuges führen würde. Der pauschalierte Landwirt kann 13% (bis 31.12.2015: 12%) Umsatzsteuer in Rechnung stellen (analog zu den Bauleistungen, siehe Rz 2602b).

Lieferung von in der Anlage aufgezählten Gegenständen (zu § 2 Z 1) und von in § 2 Z 3 der Verordnung aufgezählten Gegenständen

Bei der Lieferung von in dieser Verordnung abschließend aufgezählten Gegenständen wird die Steuer vom Leistungsempfänger geschuldet, wenn dieser Unternehmer ist.

Dies gilt auch für die Lieferung von Zusammensetzungen aus diesen Gegenständen, soweit das Entgelt überwiegend für die Lieferung eines oder mehrerer dieser Gegenstände geleistet wird.

Die Auflistung der vom Übergang der Steuerschuld erfassten Gegenstände erfolgt zwecks weitgehender Vermeidung von Abgrenzungs- und Vollziehungsschwierigkeiten nach Zolltarifpositionen.

Beispiel 1:

Ein Schrotthändler veräußert Abfälle und Schrott aus Metallen (Z 10 bis Z 32 der Anlage zur Verordnung) an ein Stahlwerk und erhält hiefür ein Entgelt in Höhe von 1000 Euro (netto). In der Rechnung des Schrotthändlers (bzw. – bei Abrechnung mittels Gutschrift – in der Gutschrift des Stahlwerks) darf keine Umsatzsteuer ausgewiesen sein; es ist nur der Nettobetrag in Rechnung zu stellen. Es kommt zum Übergang der Steuerschuld in Höhe von 200 Euro (20% von 1000 Euro) auf das Stahlwerk, das diesen Betrag bei Zutreffen der Voraussetzungen als Vorsteuer abziehen kann.

Werden nicht mehr gebrauchsfähige Gegenstände geliefert, die sich aus mehreren Stoffen zusammensetzen (Verbundstoffe), so kommt es zum Übergang der Steuerschuld, wenn das Entgelt überwiegend für einen oder mehrere im Gegenstand enthaltene Stoffe, die in der Anlage zur Verordnung genannt sind, geleistet wird. Es kommt hier insgesamt zum Übergang der Steuerschuld, auch wenn für andere Teile des Gegenstandes, die in der Verordnung nicht genannt sind, ebenfalls ein Entgelt geleistet wird.

Bei durch Bruch, Verschleiß oder aus ähnlichen Gründen nicht mehr gebrauchsfähigen Maschinen, Elektro- und Elektronikgeräten, Heizkesseln und bei Autowracks ist davon auszugehen, dass sie unter die von der Verordnung erfassten Gegenstände fallen.

Sonstige Leistungen (zu § 2 Z 2 der Verordnung)

Von den sonstigen Leistungen sind die in der Verordnung taxativ aufgezählten Leistungen (Sortieren, Zerschneiden, Zerteilen einschließlich Demontage, und Pressen) im Zusammenhang mit in der Anlage zur Verordnung genannten Gegenständen erfasst.

Nicht erfasst von der Verordnung sind daher zB folgende Leistungen:

- Containervermietung
- Sammlung von Altstoffen
- Beförderung von Altstoffen
- Entgegennahme von Altstoffen (Entsorgung)

Beispiel 2:

Altelektrogeräte, Altpapier, Altglas, gebrauchte Getränkedosen oder andere in der Verordnung genannte Gegenstände werden zu einem Unternehmer U (Entsorgungsunternehmer, Deponie, Betreiber einer Schredderanlage usw.) gebracht, wobei die Verfügungsmacht über diese Gegenstände auf den Unternehmer U übergeht. Für die Entgegennahme der Gegenstände wird vom Unternehmer U eine Gebühr verrechnet. Diese Leistung (Entgegennahme der Gegenstände zwecks ordnungsgemäßer Behandlung, Entsorgung usw.) ist vom Übergang der Steuerschuld nicht betroffen. Der entgegennehmende Unternehmer U muss Umsatzsteuer in Rechnung stellen, wobei der ermäßigte Steuersatz gemäß § 10 Abs. 2 Z 7 UStG 1994 (bis 31.12.2015: § 10 Abs. 2 Z 13 UStG 1994) zur Anwendung kommen kann.

Auf welche Weise der Unternehmer die Abfallstoffe behandelt (zB Zerteilen, Zerschneiden), entsorgt (Verbrennen, Deponieren usw.) oder zur Entsorgung weitergibt bzw. ob die Gegenstände einer Wiederverwertung zugeführt werden, ist hierbei unerheblich.

Anders ist der Fall dann gelagert, wenn von der Verordnung erfasste Abfallstoffe einem anderen Unternehmer (Auftragnehmer) mit dem Auftrag übergeben werden, eine oder mehrere in § 2 Z 2 der Verordnung genannte Leistungen zu erbringen und die Verfügungsmacht über diese Gegenstände weder vor noch nach der Erbringung der sonstigen Leistungen auf den Auftragnehmer übergeht.

Beispiel 3:

Ein Abfallbeseitigungsunternehmer übergibt einem Schredderunternehmer Altmetalle mit dem Auftrag, diese zu sortieren und zu zerschneiden (oder Altpapier zu schreddern). Nach dieser Bearbeitung wird das in der Verfügungsmacht des Abfallbeseitigungsunternehmers verbleibende Material von diesem veräußert. Die Leistungen des Schredderunternehmers fallen unter § 2 Z 2 der Verordnung (Übergang der Steuerschuld auf den Abfallbeseitigungsunternehmer).

Werden in der Verordnung genannte sonstige Leistungen betreffend überwiegend von der Verordnung erfasste Gegenstände erbracht, kommt es insgesamt zum Übergang der Steuerschuld (zB Sortieren von überwiegend von der Verordnung erfassten Verpackungsabfällen).

Wird für mehrere sonstige Leistungen, die nur teilweise unter § 2 Z 2 der Verordnung fallen, ein einheitliches Entgelt verrechnet, so kann von einer einheitlichen Leistung ausgegangen werden. Zum Übergang der Steuerschuld kommt es in diesen Fällen, wenn die in § 2 Z 2 der Verordnung genannten Leistungen wertmäßig überwiegen.

Bei Beförderungsleistungen im Zusammenhang mit der Lieferung von in der Anlage zur Verordnung genannten Gegenständen bzw. im Zusammenhang mit von der Verordnung erfassten sonstigen Leistungen handelt es sich in der Regel um unselbständige Nebenleistungen.

Wird von einem zB Entsorgungsunternehmer für die Entgegennahme von Abfallstoffen ein (Entsorgungs-)Entgelt verlangt und von diesem Unternehmer andererseits für die Abfallstoffe ein Entgelt bezahlt (der Materialwert vergütet), liegen grundsätzlich getrennte Leistungen vor.

Beispiel 4:

Für die Entgegennahme zur Entsorgung von unter die Verordnung fallenden Gegenständen (zB nicht mehr gebrauchsfähige Maschinen oder Altpapier) verrechnet der Entsorgungsunternehmer, in dessen Verfügungsmacht die Gegenstände übergehen, dem Übergeber (zB Industrieunternehmen oder Druckerei) ein Entgelt in Höhe von 1000 Euro (netto). Diese Leistung des Entsorgungsunternehmers ist von der Verordnung nicht erfasst. Der Entsorgungsunternehmer stellt 1000 Euro zuzüglich 100 Euro USt (10% von 1000 Euro) in Rechnung. Für das in den entgegengenommenen Gegenständen enthaltene Material (im Beispielsfall Eisen oder Papier) leistet der Entsorgungsunternehmer (unter Umständen zu einem späteren Zeitpunkt) ein Entgelt in Höhe von 200 Euro (netto). Dieses Entgelt wird für die Lieferung von unter die Verordnung fallenden Gegenständen geleistet (Lieferer ist das Industrieunternehmen/die Druckerei) und es kommt diesbezüglich zum Übergang der Steuerschuld (in Höhe von 40 Euro) vom Industrieunternehmen bzw. von der Druckerei auf den Entsorgungsunternehmer.

Werden diese Leistungen nicht gesondert verrechnet, sondern erfolgt von vornherein eine (pauschale) Gegenverrechnung bzw. wird für das entgegengenommene Material überhaupt kein Entgelt geleistet, kann von einer einzigen Leistung ausgegangen werden.

Beispiel 5:

Für die Entgegennahme zur Entsorgung von unter die Verordnung fallenden Gegenständen verrechnet der Entsorgungsunternehmer, in dessen Verfügungsmacht die Gegenstände übergehen, dem Übergeber ein Entgelt in Höhe von 800 Euro (netto). Eine gesonderte Vergütung des Materialwertes der übergebenen Gegenstände erfolgt nicht. Es kommt zu keinem Übergang der Steuerschuld. Der Entsorgungsunternehmer stellt 800 Euro zuzüglich 80 Euro USt (10% von 800 Euro) in Rechnung.

Getrennte Leistungen werden jedenfalls bei Containervermietung und Abtransport der Abfallstoffe einerseits (normale Umsatzbesteuerung) und Entgeltzahlung für die Abfallstoffe andererseits (Übergang der Steuerschuld) vorliegen.

Lieferung von Bruchgold (zu Nr. 9 der Anlage bzw. zu § 2 Z 3 der VO idF BGBl. II Nr. 320/2012)

Für Lieferungen von Bruchgold, das offensichtlich nicht mehr dem ursprünglichen Zweck entsprechend wieder verwendet werden soll, sowie Lieferungen von aus solchem Bruchgold hergestellten Barren oder Granulaten geht die Steuerschuld auf den Leistungsempfänger über, wenn dieser Unternehmer ist.

Auch die sonstigen Leistungen in Form des Sortierens, Zerschneidens, Zerteilens (einschließlich der Demontage) und des Pressens von Bruchgold fallen in den Anwendungsbereich der Schrott-UStV. Die Umwandlung von Bruchgold in anderes Gold (zB in Barren oder Granulate sowie Anlagegold) ist ebenfalls vom Übergang der Steuerschuld erfasst, da dabei regelmäßig eine Trennung (Zerteilung) des Goldes von anderen Materialien (auch beim Einschmelzen) vorgenommen wird.

Unter Bruchgold ist jeglicher Goldschmuck sowie sonstige Objekte aus Gold, die zerbrochen, zerstört oder beschädigt sind und somit nicht mehr für ihren ursprünglichen Zweck verwendet werden können, zu verstehen, wie beispielsweise alte Ketten, Ringe und andere nicht mehr getragene Schmuckgegenstände, Besteck, Münzen, goldene Federspitzen, defekte Goldbarren, aber auch Zahngoldabfälle (Dentallegierungen) oder sonstige Edelmetallreste in jeder Form.

Dies gilt sinngemäß auch für andere Edelmetalle (beispielsweise Silber oder Platin).

Bruchgold, das offensichtlich nicht mehr dem ursprünglichen Zweck entsprechend wieder verwendet werden soll, liegt insbesondere dann vor, wenn es von diversen Unternehmern, ua. auch Scheideanstalten, als so genanntes „Scheidgut" angekauft, nach dem entsprechenden Tagespreis vergütet und nach dem Ankauf eingeschmolzen und recycelt wird.

Kein Bruchgold ist gegeben, wenn nachgewiesen werden kann, dass es sich um Waren handelt, die – mit oder ohne Reparatur oder Aufarbeiten – für ihren ursprünglichen Zweck brauchbar sind oder – ohne Anwendung eines Verfahrens zum Wiedergewinnen des Edelmetalls – zu anderen Zwecken gebraucht werden können.

Ebenfalls nicht als Bruchgold gelten neu angefertigte, für konservierende Zahnbehandlungen bestimmte Dentallegierungen (zB Goldkronen, Goldinlays); diese fallen idR unter die Position 7108 13 80 der Kombinierten Nomenklatur.

Steuersatz

Grundsätzlich kommt für die vom Übergang der Steuerschuld erfassten Umsätze der Normalsteuersatz zur Anwendung. In Ausnahmefällen kann es im Bereich der von der Verordnung erfassten sonstigen Leistungen zur Anwendung des ermäßigten Steuersatzes kommen.

Beispiel 6:

Ein Entsorgungsunternehmer A sortiert und zerkleinert (schreddert) für einen anderen mit der Abfallentsorgung befassten Unternehmer B Altmetalle, die in der Verfügungsmacht des B verbleiben. Der Unternehmer A erbringt eine im Sinne der Judikatur des VwGH als Müllbeseitigung im Sinne des § 10 Abs. 2 Z 7 UStG 1994 (bis 31.12.2015: § 10 Abs. 2 Z 13 UStG 1994) zu qualifizierende Leistung, für die der ermäßigte Steuersatz angewendet werden kann. Es kommt zum Übergang der Steuerschuld von A auf B. In der Rechnung darf keine Umsatzsteuer ausgewiesen sein und es wäre – zusätzlich zu den sonstigen Rechnungsmerkmalen (siehe Punkt 5) – auf die Anwendung des ermäßigten Steuersatzes hinzuweisen.

Es bestehen keine Einwände, wenn auch in diesen Fällen im Interesse der leichteren (buchhalterischen) Handhabung die übergegangene Steuer mit dem Normalsteuersatz berechnet wird.

Zur **Rechnungslegung** siehe Rz 2602.

Vorsteuererstattung

Hat ein ausländischer Unternehmer nur sonstige Leistungen ausgeführt, für die der Leistungsempfänger die Steuer schuldet, hat er seine Vorsteuern im Erstattungsverfahren geltend zu machen, ausgenommen, wenn er selbst als Leistungsempfänger eine übergegangene Steuer schuldet (analog zu den Bauleistungen, siehe Rz 2601).

Beispiel 7:

Ein Unternehmer, der weder Sitz noch Betriebsstätte in Österreich hat, demontiert und zerschneidet maschinelle Anlagen für ein österreichisches Industrieunternehmen. Die Leistung fällt unter § 2 Z 2 der Verordnung (Übergang der Steuerschuld auf das Industrieunternehmen). Allfällige Vorsteuern sind vom ausländischen Unternehmer im Erstattungsverfahren (gemäß der Verordnung BGBl. Nr. 279/1995 in der geltenden Fassung) geltend zu machen.

Zweifelsfragen zu den in der Anlage zur Verordnung aufgezählten Gegenständen

Zu Nr. 3 (Schlacken, Aschen und Rückstände [ausgenommen solche der Eisen- und Stahlherstellung], die Metalle, Arsen oder deren Verbindungen enthalten):

Rückstände aus der Verbrennung von Siedlungsabfällen fallen auch dann nicht unter diese Ziffer, wenn sie Metalle enthalten; sie gehören in die Position 2621 der Kombinierten Nomenklatur und sind somit von der Verordnung nicht erfasst. Der Metallgehalt solcher Aschen und Rückstände ist für eine wirtschaftliche Wiedergewinnung der Metalle oder Metallverbindungen zu gering. Als Siedlungsabfälle gelten solche Abfälle, die von Haushalten, Hotels, Restaurants, Krankenhäusern, Geschäften, Büros usw. entsorgt werden, und auch Abfälle der Straßenreinigung, sowie auch Abfälle von Bau- und Abbrucharbeiten.

Anmerkung: Bezüglich Schlacken aus der Eisen- und Stahlherstellung siehe Nr. 1 und 2 der Anlage zur Verordnung.

Zu Nr. 4 (Abfälle, Schnitzel und Bruch von Kunststoffen):

Hierunter fallen auch Styropor sowie gebrauchte (leere) Tonerkartuschen und Tintenpatronen.

Zu Nr. 5 (Abfälle, Bruch und Schnitzel von Weichkautschuk, auch zu Pulver oder Granulat zerkleinert):

Hierunter fallen auch zum Runderneuern ungeeignete, gebrauchte Reifen sowie Granulate aus Altreifen.

Zu Nr. 7 (Lumpen, aus Spinnstoffen; Bindfäden, Seile, Taue und Waren daraus, aus Spinnstoffen, in Form von Abfällen oder unbrauchbar gewordenen Waren):

Altkleider, die noch verwendet werden können, fallen nicht hierunter.

Zu Nr. 9 (Abfälle und Schrott von Edelmetallen oder Edelmetallplattierungen; andere Abfälle und Schrott, Edelmetalle oder Edelmetallverbindungen enthaltend, von der hauptsächlich zur Wiedergewinnung von Edelmetallen verwendeten Art):

Bruchgold:

Zur Beurteilung von Lieferungen und sonstigen Leistungen im Zusammenhang mit Bruchgold, die vor dem 1.10.2012 ausgeführt wurden, siehe Abschnitt „Lieferung von Bruchgold".

Zu Nr. 33 (Abfälle und Schrott von elektrischen Primärelementen, Primärbatterien und Akkumulatoren; ausgebrauchte elektrische Primärelemente, Primärbatterien und Akkumulatoren):

Hierunter fallen nicht mehr gebrauchsfähige Batterien und nicht mehr aufladbare Akkus.

(BMF-AV Nr. 2015/170, BMF-AV Nr. 2017/171)

19.1.5.2. Verordnung der BM für Finanzen, BGBl. II Nr. 369/2013 (Umsatzsteuerbetrugsbekämpfungsverordnung) idF BGBl. II Nr. 120/2014

2605b **Zu § 1 der Verordnung, Allgemeines**

Die Steuerschuld geht bei den in § 2 UStBBKV genannten Umsätzen, die nach dem 31. Dezember 2013 ausgeführt werden, auf den Leistungsempfänger über.

Bei diesen Umsätzen kommt es zum Übergang der Steuerschuld unabhängig davon, ob ein inländischer oder ausländischer leistender Unternehmer vorliegt und ob ein inländischer oder ausländischer Unternehmer Leistungsempfänger ist.

Zu einem Übergang der Steuerschuld kann es allerdings nur kommen, wenn eine im Inland steuerbare und steuerpflichtige Leistung erbracht wird.

Bestehen im Einzelfall Zweifel, ob eine Leistung im Sinne des § 2 UStBBKV vorliegt, kann vom Leistenden und vom Leistungsempfänger einvernehmlich davon ausgegangen werden, dass es zum Übergang der Steuerschuld auf den Leistungsempfänger kommt.

Beziehen Körperschaften des öffentlichen Rechts, wenn diese Unternehmer sind, Leistungen iSd § 2 UStBBKV, kommt es zum Übergang der Steuerschuld auf die Körperschaften des öffentlichen Rechts und zwar unabhängig davon, ob die Leistungen für den unternehmerischen oder nichtunternehmerischen (hoheitlichen) Bereich des Leistungsempfängers erbracht werden. Werden jedoch derartige Leistungen für den nichtunternehmerischen (hoheitlichen) Bereich bezogen und tritt die Körperschaft des öffentlichen Rechts beim Auftrag zur Leistung nicht als Unternehmer auf (zB ohne UID-Nummer), kann vom Übergang der Steuerschuld Abstand genommen werden, wenn der leistende Unternehmer dem Leistungsempfänger die Umsatzsteuer in der Rechnung gesondert ausweist und die Körperschaft des öffentlichen Rechts diese dem Leistenden auch entrichtet (vgl. sinngemäß Rz 2602f).

Zu § 2 Z 1 der Verordnung, Lieferungen von Videospielkonsolen (aus Position 9504 der Kombinierten Nomenklatur), Laptops und Tablet-Computern (aus Unterposition 8471 30 00 der Kombinierten Nomenklatur)

Unter Videospielkonsolen sind, neben Videospielkonsolen, bei denen das Bild auf einem Fernsehempfangsgerät, einem Monitor oder einem anderen externen Bildschirm dargestellt wird, oder Videospielgeräten mit eigenem Videomonitor (auch tragbar), auch Videospielkonsolen oder -geräte zu verstehen, die durch Einwurf eines Geldstücks, einer Banknote, einer Bankkarte, einer Spielmarke oder jedes anderen Zahlungsmittels in Gang gesetzt werden (siehe hierzu Unterposition 9504 30 und Unterposition 9504 50 00 der Kombinierten Nomenklatur).

Als Tablet-Computer und Laptops (aus Unterposition 8471 30 00 der Kombinierten Nomenklatur) sind tragbare digitale automatische Datenverarbeitungsmaschinen, deren Gewicht nicht mehr als 10 kg beträgt, zu verstehen. Diese mit einem flachen Bildschirm ausgestatteten Geräte können auch ohne externe elektrische Energiequelle betrieben werden und besitzen häufig die Möglichkeit zur Herstellung einer Netzwerkverbindung. Das Vorliegen einer Tastatur ist nicht maßgeblich. Tablet-Computer, die im Wesentlichen durch Bedienung des berührungsempfindlichen Bildschirms (Touchscreen-Display) funktionieren, können Daten verarbeiten, Programme ausführen und drahtlos ans Internet angeschlossen werden (siehe hierzu Positionserläuterungen zu Unterposition 8471 30 00 der Kombinierten Nomenklatur).

Voraussetzung für den Übergang der Steuerschuld ist, dass das in der Rechnung ausgewiesene Entgelt für die genannten Gegenstände mindestens 5.000 Euro (netto) beträgt. Hinsichtlich der nachträglichen Minderung des Entgelts (zB Rabatte, Preisnachlässe, Jahresboni, Retouren), des einheitlichen Liefervorganges (zB Produktbundle), der Abrechnung über mehrere Liefervorgänge mit einer Rechnung und Anzahlungen siehe sinngemäß Rz 2605d.

Zu § 2 Z 2 der Verordnung, Lieferungen von Gas und Elektrizität an einen Wiederverkäufer

Bei Lieferungen von Gas und Elektrizität kommt es zum Übergang der Steuerschuld, wenn die Lieferungen an einen Unternehmer erfolgen, dessen Haupttätigkeit in Bezug auf den Erwerb dieser Gegenstände in deren Weiterlieferung besteht und dessen eigener Verbrauch dieser Gegenstände von untergeordneter Bedeutung ist (siehe sinngemäß sogenannter Wiederverkäufer von Gas oder Elektrizität, Rz 474b). Die Bereiche Gas und Elektrizität sind hierbei getrennt, jedoch für das gesamte Unternehmen iSd § 2 UStG 1994 zu beurteilen. Folglich ist die gesamte Organschaft, also Organträger und Organgesellschaft(en), hinsichtlich der Beurteilung der Wiederverkäufereigenschaft heranzuziehen.

Werden überschüssige Kapazitäten von Elektrizität mit einer Zuzahlung überlassen, um eigene Kosten zu vermeiden, da bspw. keine eigenen Speichermöglichkeiten bestehen oder eine Reduktion der erzeugten Menge mit erheblichen Kosten verbunden ist bzw. überhaupt nicht möglich ist, so liegt keine Lieferung von Elektrizität durch den abgebenden Unternehmer vor, sondern eine sonstige Leistung (Abnahmeleistung) des elektrizitätsempfangenden Unternehmers.

Vom Übergang der Steuerschuld erfasst sind neben Gaslieferungen, die über Verteilungsnetze und über Rohrleitungen, die nicht Bestandteil des Verteilungsnetzes sind, erfolgen, auch die Lieferungen von Gas auf anderem Weg (zB mittels Gasflaschen). Der Aggregatszustand des Gases ist nicht maßgeblich. Die Lieferungen von Gas und die Überlassung der Gasflaschen und Gastanks (Warenumschließung) bilden in der Regel eine einheitliche Leistung im Sinne von Haupt- und Nebenleistung. Hinsichtlich der Rückgabe von Warenumschließungen (zB „Kaution“ für Gasflaschen und Gastanks) siehe Rz 2393.

Bestehen im Einzelfall Zweifel hinsichtlich der Eigenschaft des Leistungsempfängers als Wiederverkäufer, ist eine schriftliche Erklärung des Leistungsempfängers als Nachweis ausreichend.

Erbringt ein pauschalierter Land- oder Forstwirt im Rahmen seiner pauschalierten Tätigkeit Umsätze im Sinne der Verordnung (zB Lieferung von Elektrizität an einen Wiederverkäufer), kommt es nicht zum Übergang der Steuerschuld auf den Leistungsempfänger (siehe zu Bauleistungen und Schrott-UStV, Rz 2602b und Rz 2605a).

Zu § 2 Z 3 der Verordnung, Übertragungen von Gas- und Elektrizitätszertifikaten

Die steuerbare Übertragung von Gas- und Elektrizitätszertifikaten, wie bspw. die steuerbare Übertragung von Herkunftsnachweisen iSd § 10 Ökostromgesetz 2012, stellt eine sonstige Leistung dar (siehe Rz 345). Unabhängig davon, ob diese Zertifikate an Energiebörsen oder Over-the-counter gehandelt werden, kommt es zum Übergang der Steuerschuld auf den Leistungsempfänger.

Sind Ökostromzertifikate (Herkunftsnachweise) nicht gesondert handel- oder einsetzbar, weil die Übertragung der Ökostromnachweise auf einer Wirtschaftsstufe (zB aufgrund bestehender Kontrahierungspflichten, vgl. § 10 Abs. 8 Ökostromgesetz 2012) immer gemeinsam mit der Zuweisung der jeweiligen Menge an Ökostrom (vgl. § 37 Abs. 1 Z 3 Ökostromgesetz 2012) erfolgt, stellt die Übertragung der Herkunftsnachweise eine unselbständige Nebenleistung zur Lieferung der Elektrizität dar. Für die einheitliche Lieferung der Elektrizität ist § 2 Z 2 UStBBKV zu beachten.

Zu § 2 Z 4 der Verordnung idF BGBl. II Nr. 120/2014, Lieferungen von Metallen

Bei Lieferungen der von § 2 Z 4 lit. a erfassten Metalle kommt es grundsätzlich zum Übergang der Steuerschuld auf den Empfänger der Lieferung. Beträgt das in der Rechnung ausgewiesene Entgelt (für Waren iSd § 2 Z 4 lit. a UStBBKV) nicht mindestens 5.000 Euro, kann der liefernde Unternehmer gemäß § 2 Z 4 lit. b UStBBKV auf die Anwendung des § 1 in Verbindung mit § 2 Z 4 lit. a UStBBKV verzichten. Diesfalls ist der liefernde Unternehmer Schuldner der Umsatzsteuer.

Der Umfang der von § 2 Z 4 lit. a UStBBKV erfassten Waren ergibt sich aufgrund der Einreihung der Metalle in die Kombinierte Nomenklatur. Kommt es aufgrund der Abgrenzung auf Positionsebene der Kombinierten Nomenklatur dazu, dass auch Produkte erfasst sind, die auf der betreffenden Produktionsstufe (Wirtschaftsstufe) ausschließlich für die Endnutzung bestimmt sind (zB Lieferungen von Aluminiumfolie für Nahrungsmittel, Metallklebebänder usw.), kommt es in unionsrechtskonformer Interpretation (vgl. Art. 199a Abs. 1 lit. j MwSt-RL 2006/112/EG) des § 2 Z 4 lit. a UStBBKV nicht zum Übergang der Steuerschuld. Bestehen im Einzelfall Zweifel, ob eine Lieferung von Metallen im Sinne des § 2 Z 4 lit. a UStBBKV vorliegt, kann vom Leistenden und vom Leistungsempfänger einvernehmlich davon ausgegangen werden, dass es zum Übergang der Steuerschuld auf den Leistungsempfänger kommt. Eine schriftliche Vereinbarung ist nicht zwingend erforderlich.

Beträgt das in der Rechnung ausgewiesene Entgelt für Waren, die von § 2 Z 4 lit. a UStBBKV erfasst sind, weniger als 5.000 Euro, kann der liefernde Unternehmer gemäß § 2 Z 4 lit. b UStBBKV auf die Anwendung des Übergangs der Steuerschuld verzichten.

Beispiel:

Der Unternehmer A liefert an den Unternehmer B Handsägen (Position 8202 der KN), Roheisen (Position 7201 der KN) und Kupferkathoden (Unterposition 7403 11 00 der KN). Das in der Rechnung ausgewiesene Entgelt für die Handsägen beträgt 6.000 Euro, jenes des Roheisens und der Kupferkathoden beträgt 1.000 Euro.

Unternehmer A kann gemäß § 2 Z 4 lit. b UStBBKV auf die Anwendung des § 1 in Verbindung mit § 2 Z 4 lit. a UStBBKV verzichten, weil das in der Rechnung ausgewiesene Entgelt für das Roheisen und die Kupferkathoden weniger als 5.000 Euro beträgt. Verzichtet der Unternehmer A auf die Anwendung des § 1 in Verbindung mit § 2 Z 4 lit. a UStBBKV, hat er über sämtliche Bestandteile der Lieferung (Handsägen, Roheisen und Kupferkathoden) eine Rechnung auszustellen, die den allgemeinen Bestimmungen zur Rechnungslegung nach § 11 Abs. 1 Z 3 UStG 1994 zu entsprechen hat.

Beträgt das in der Rechnung ausgewiesen Entgelt für Waren, die von § 2 Z 4 lit. a UStBBKV erfasst sind, mindestens 5.000 Euro, kann der liefernde Unternehmer gemäß § 2 Z 4 lit. b UStBBKV auf die Anwendung des Übergangs der Steuerschuld nicht verzichten.

Beispiel:

Der Unternehmer A liefert an den Unternehmer B Handsägen (Position 8202 der KN), Roheisen (Position 7201 der KN) und Kupferkathoden (Unterposition 7403 11 00 der KN). Das in der Rechnung ausgewiesene Entgelt für die Handsägen beträgt 1.000 Euro, jenes des Roheisens beträgt 3.000 Euro, jenes der Kupferkathoden beträgt 4.000 Euro.

Unternehmer A kann gemäß § 2 Z 4 lit. b UStBBKV auf die Anwendung des § 1 in Verbindung mit § 2 Z 4 lit. a UStBBKV nicht verzichten, weil das in der Rechnung ausgewiesene Entgelt des Roheisens und der Kupferkathoden insgesamt 7.000 Euro beträgt. Für die Lieferung des Roheisens und der Kupferkathoden kommt es somit gemäß § 2 Z 4 lit. a UStBBKV zum Übergang der Steuerschuld auf den Leistungsempfänger. Der Unter-

nehmer hat in der Rechnung auf den Übergang der Steuerschuld für diese Lieferungen hinzuweisen und die UID-Nummer des Leistungsempfängers anzugeben (§ 11 Abs. 1a UStG 1994). Die Umsatzsteuer für die Lieferung des Roheisens und der Kupferkathoden ist nicht gesondert auszuweisen (siehe Rz 2602).

Werden Waren geliefert (in einem einheitlichen Liefervorgang) von denen nur einige Gegenstände unter § 2 Z 4 lit. a UStBBKV fallen, ist es zulässig, dass Unternehmer nur eine Rechnung über die Lieferung der Waren ausstellt. Aus der Rechnung muss jedoch ersichtlich sein, für welche Gegenstände der liefernde Unternehmer die Steuer schuldet (§ 11 Abs. 1 Z 3 UStG 1994 bzw. § 11 Abs. 6 UStG 1994) und bei welchen Gegenständen es zum Übergang der Steuerschuld auf den Leistungsempfänger (falls der Unternehmer nicht auf die Anwendung des § 1 in Verbindung mit § 2 Z 4 lit. a UStBBKV verzichtet oder wegen Überschreitens der 5.000-Euro-Grenze nicht verzichten kann) kommt (§ 11 Abs. 1a UStG 1994).

Hinsichtlich nachträglicher Minderung des Entgelts (zB Rabatte, Preisnachlässe, Jahresboni, Retouren), Abrechnung über mehrere Liefervorgänge mit einer Rechnung und Anzahlungen siehe sinngemäß Rz 2605d.

Werden im Rahmen der Lieferung von Waren, von denen nur einige von § 2 Z 4 lit. a UStBBKV erfasst sind, unselbständige Nebenleistungen (zB Beförderung, Verpackung) erbracht, hat grundsätzlich eine betragsmäßige Aufteilung (Zuordnung) der unselbständigen Nebenleistungen (sowie deren Entgelte) zu den Lieferungsbestandteilen zu erfolgen. Ist diese nicht möglich oder zweifelhaft, so kann eine Zuordnung der unselbständigen Nebenleistung zur Lieferung nach § 2 Z 4 lit. a UStBBKV erfolgen. Gleiches gilt für unselbständige Nebenleistungen, über die vom leistenden Unternehmer im Voraus pauschal abgerechnet wird (Vorauszahlung des Leistungsempfängers).

Beispiel:

Der Unternehmer A liefert an den Unternehmer B Handsägen (Position 8202 der KN) und Roheisen (Position 7201 der KN). Für die Beförderung der Gegenstände (Transport) werden 100 Euro verrechnet, für das Verpackungsmaterial der Handsägen werden 10 Euro in Rechnung gestellt, für jenes des Roheisens 30 Euro.

Da Unternehmer A die Entgelte für die Verpackungsmaterialen eindeutig den jeweiligen Gegenständen zuordnen kann, sind 10 Euro (Verpackung Handsägen) der Lieferung der Handsägen (kein Übergang der Steuerschuld) und 30 Euro (Verpackung Roheisen) der Lieferung des Roheisens (Übergang der Steuerschuld) zuzuordnen. Sofern die Aufteilung des Transportentgelts zweifelhaft ist, kann eine gesamte Zuordnung (100 Euro) zum Umsatz nach § 2 Z 4 lit. a UStBBKV (Roheisen) erfolgen.

(AÖF Nr. 2014/164, BMF-AV Nr. 2015/170, BMF-AV Nr. 2017/171)

19.1.6. Übergang der Steuerschuld bei der Übertragung von Treibhausgasemissionszertifikaten und der Lieferung von Mobilfunkgeräten und integrierten Schaltkreisen (§ 19 Abs. 1e UStG 1994)

Die Richtlinie 2003/87/EG über ein System für den Handel mit Treibhausgasemissionszertifikaten in der Gemeinschaft (ABl. Nr. L 275 vom 25.10.2003 S. 32) idF der Richtlinie 2009/29/EG (ABl. Nr. L 140 vom 05.06.2009 S. 63) legt fest, unter welchen Bedingungen mit Treibhausgasemissionszertifikaten gehandelt werden kann. **2605c**

Werden Treibhausgasemissionszertifikate im Sinne des Art. 3 dieser Richtlinie (zB EUAs, ERUs, CERs) oder andere Einheiten, die genutzt werden können, um den Auflagen dieser Richtlinie nachzukommen, übertragen, wird die Steuer vom Empfänger der Leistung geschuldet, wenn dieser Unternehmer ist.

Der leistende Unternehmer haftet für diese Steuer.

Die Übertragung von Treibhausgasemissionszertifikaten an einen unternehmerischen Leistungsempfänger ist eine steuerpflichtige sonstige Leistung, deren Leistungsort sich nach der Generalklausel des § 3a Abs. 6 UStG 1994 bestimmt.

Die Übertragung von Treibhausgasemissionszertifikaten an einen unternehmerischen Leistungsempfänger ist somit am Empfängerort steuerbar und nicht gemäß § 6 Abs. 1 Z 8 UStG 1994 steuerbefreit (siehe Rz 345).

Hat der leistende Unternehmer im Inland weder einen Wohnsitz (Sitz) noch seinen gewöhnlichen Aufenthalt oder eine an der Leistungserbringung beteiligte Betriebsstätte, geht die Steuerschuld schon gemäß § 19 Abs. 1 zweiter Satz UStG 1994 auf den unternehmerischen Leistungsempfänger über (siehe auch Rz 2601).

(AÖF Nr. 2014/164, BMF-AV Nr. 2022/154)

Bei der Lieferung von Mobilfunkgeräten und integrierten Schaltkreisen kommt es zum Übergang der Steuerschuld, wenn **2605d**

- es sich um eine im Inland steuerpflichtige Lieferung handelt,
- der Leistungsempfänger Unternehmer ist und
- das in der Rechnung ausgewiesene Entgelt mindestens 5.000 Euro beträgt.

Zum Übergang der Steuerschuld kommt es unabhängig davon, ob der Lieferer und der Leistungsempfänger im In- oder Ausland ansässig sind.

Der leistende Unternehmer haftet für diese Steuer.

Mobilfunkgeräte sind Geräte, die zum Gebrauch mittels eines zugelassenen Netzes und auf bestimmten Frequenzen hergestellt oder hergerichtet wurden, unabhängig von etwaigen weiteren Nutzungsmöglichkeiten. Die Abgrenzung der Mobilfunkgeräte, für deren Lieferung die Steuerschuld übergeht, erfolgt in Anlehnung an die Kombinierte Nomenklatur (Zolltarif).

Betroffen sind ausschließlich

- Waren der Unterposition 8517 12 00 der Kombinierten Nomenklatur: Telefone für zellulare Netzwerke oder andere drahtlose Netzwerke und
- Waren der Unterposition 8517 18 00: andere, zB „Walkie-Talkies", CB-Funkgeräte, Satellitentelefone.

Integrierte Schaltkreise sind Mikroprozessoren und Zentraleinheiten für die Datenverarbeitung vor Einbau in Endprodukte. Auch hier wird in Anlehnung an die Kombinierte Nomenklatur (Zolltarif) festgelegt, für welche Liefergegenstände es zum Übergang der Steuerschuld kommt.

Betroffen sind ausschließlich

- Waren der Unterposition 8542 31 90: Prozessoren und Steuer- und Kontrollschaltungen,
- Waren der Unterposition 8473 30 20: zusammengesetzte elektronische Schaltungen (Baugruppen),
- Waren der Unterposition 8473 30 80: andere (Prozessormodule),
- Waren der Unterposition 8471 50 00: Verarbeitungseinheiten (Zentraleinheiten).

Nicht betroffen sind zB

- Teile von Mobiltelefonen, Antennen (Unterposition 8517 70)
- USB-Sticks, Datensticks, Flashcards, Simcards, usw. (Unterposition 8523 51)
- Smart cards (Unterposition 8523 52)
- Modems (Unterposition 8517 62 00)
- Navigationsgeräte (Unterposition 8526 91)
- Notebooks, Ipads, Palms, Tablets (Unterposition 8471 30)
- Faxgeräte (Unterposition 8543 31)
- MP3-Player (Position 8519)
- VoIP-Geräte (drahtgebunden), Pager, Videophone (Unterposition 8517 69)
- Fernsehgeräte, Monitore (Position 8528)

Bestehen im Einzelfall Zweifel, ob ein Mobilfunkgerät oder ein integrierter Schaltkreis in eine der Tarifpositionen fällt, die vom Übergang der Steuerschuld betroffen sind, kann vom Leistenden und vom Leistungsempfänger einvernehmlich davon ausgegangen werden, dass es zum Übergang der Steuerschuld kommt.

Voraussetzung für den Übergang der Steuerschuld ist, dass das in der Rechnung ausgewiesene Entgelt für die genannten Mobilfunkgeräte und integrierten Schaltkreise mindestens 5.000 Euro (netto) beträgt. Die Lieferung von kombinierten Produkten (sog. Produktbundle), bei der neben dem Mobilfunkgerät auch Zubehör (zB Mobilfunkgerät mit Tasche und Freisprecheinrichtung) zu einem einheitlichen Preis geliefert wird, fällt insgesamt unter die Regelung.

Eine Aufspaltung von Rechnungsbeträgen, die einen einheitlichen Liefervorgang betreffen, ist unzulässig. In diesem Fall sind die Rechnungsbeträge für die Ermittlung der 5.000-Euro-Grenze zusammenzurechnen. Wird in einer Rechnung über mehrere Liefervorgänge abgerechnet, ist das in der Rechnung ausgewiesene Gesamtentgelt für die Ermittlung der 5.000-Euro-Grenze maßgeblich.

Nachträgliche Minderungen des Entgelts (zB Rabatte, Preisnachlässe, Jahresboni, Retouren) führen nicht zu einer Änderung der ursprünglich ermittelten 5.000-Euro-Grenze. Hinsichtlich dieser Entgeltsminderung gelangt § 16 Abs. 5 UStG 1994 zur Anwendung. Ist im Einzelfall eine Zuordnung iSd § 16 Abs. 5 UStG 1994 nicht möglich oder nicht zumutbar, kann im Einvernehmen mit dem Leistungsempfänger eine Zuordnung zu jenen Umsätzen erfolgen, bei denen es zum Übergang der Steuerschuld gekommen ist.

Werden Anzahlungen geleistet, kommt es für die Anwendung der Betragsgrenze auf das Gesamtentgelt und nicht auf die in den Anzahlungs- und Endrechnungen angegebenen Teilentgelte an.

(AÖF Nr. 2014/164, BMF-AV Nr. 2020/192)

19.2. Entstehung der Steuerschuld

19.2.1. Lieferungen und sonstige Leistungen

19.2.1.1. Anzahlungen

Zahlungen, die vor Ausführung der Leistung entrichtet werden, sind auch bei der Soll- 2606
versteuerung jedenfalls im Zeitpunkt ihrer Vereinnahmung zu versteuern (Mindest – Istbesteuerung). Dies gilt auch für Tauschgeschäfte oder tauschähnliche Umsätze, bei denen die Gegenleistung nicht in einer Geldzahlung, sondern einer Sachleistung besteht (siehe hierzu auch EuGH 19.12.2012, Rs C-549/11, *Orfey Balgaria EOOD*).

Diese Regelung ist nicht anzuwenden, wenn die Zahlung des Entgeltes auf einem Vertrag beruht, der vor dem 1. Jänner 1995 abgeschlossen worden ist und keine Rechnung mit gesondertem Ausweis der Steuer erteilt wurde.

(AÖF Nr. 2014/7)

Anzahlungen sind nur zu versteuern, wenn diese mit einer konkreten Leistung im Zu- 2607
sammenhang stehen. Sie sind auch dann steuerbar, wenn keine Rechnung vorliegt.

Anzahlungen – Einzelfälle:

- Beherbergungsgewerbe: Die Umsatzversteuerung der Anzahlungen kann unterbleiben, wenn diese im Beherbergungsgewerbe 35% des zu versteuernden Leistungspreises nicht überschreiten. Betragen die Anzahlungen mehr als 35%, so sind die Anzahlungen zur Gänze zu versteuern.

Beispiel:

Endgültiger Hotelpreis 490 Euro, Anzahlung 50 Euro.

Anzahlung unter 35% des endgültigen Beherbergungspreises und somit nicht zu versteuern.

- Grund- und Baukostenbeiträge, die vom Nutzungsberechtigten zur Finanzierung eines Bauvorhabens vereinnahmt werden (zB Finanzierungsbeiträge nach § 14 WGG oder § 69 WWSFG 89), sind nicht als Anzahlung anzusehen, wenn im Falle der Auflösung des Vertrages nicht verwohnte Beiträge zurückzuzahlen sind (§ 17 Abs. 4 WGG).
- Gutschein:

  Rechtslage für bis 31.12.2018 ausgestellte Gutscheine

  Das Entgelt für die Veräußerung eines Gutscheines ist keine Anzahlung.

  Ausnahme: Die Veräußerung des Gutscheines erfolgt in Bezug auf eine konkrete Leistung.

Beispiele für keine Anzahlung:

Gutschein einer Handelskette über 100 Euro für zukünftigen Wareneinkauf.

Gutschein eines Reisebüros über 1.000 Euro für eine noch auszusuchende Reise.

Gutschein für ein beliebiges Hotel einer Hotelkette.

Beispiele für Anzahlung:

Gutschein eines Theaters für den Besuch einer am Gutschein genau bezeichneten Theatervorstellung.

Gutschein für ein bestimmtes Hotel einer Hotelkette (VwGH 22.3.2010, 2005/15/0117).

  Rechtslage für ab 1.1.2019 ausgestellte Gutscheine

  – Einzweckgutschein: Die entgeltliche Übertragung eines Einzweckgutscheins gilt bereits als Erbringung der darin bezeichneten Leistung und unterliegt der Besteuerung nach den allgemeinen Besteuerungsvorschriften (Soll- oder Istbesteuerung).

  – Mehrzweckgutschein: Die entgeltliche Übertragung eines Mehrzweckgutscheins stellt keinen steuerbaren Vorgang dar und unterliegt deshalb weder der Anzahlungsbesteuerung noch der Besteuerung nach den allgemeinen Besteuerungsvorschriften (Soll- oder Istbesteuerung).

  Zu Gutscheinen im Sinne des Art. 30a MwSt-RL 2006/112/EG idF RL (EU) 2016/1065 im Allgemeinen sowie zur Bemessungsgrundlage siehe Rz 4 und Rz 683.

- Kautionen, die als Sicherheitsleistung im Hinblick auf die Erfüllung vertraglicher Verpflichtungen hingegeben werden, insbesondere bei Leasingverträgen (Mietverträgen) sind nicht umsatzsteuerbar, weil diese noch nicht im Zusammenhang mit einer konkreten Leistung stehen.

- Rücklage zum Instandhaltungsfonds bei Wohnungseigentümergemeinschaften: Die Zahlungen zu dieser Rücklage sind keine Anzahlungen.

(BMF-AV Nr. 2018/164, BMF-AV Nr. 2021/166)

19.2.1.2. Zeitpunkt der Leistungserbringung (Leistungsabgrenzung)

2608 Der Frage, wann eine Lieferung oder sonstige Leistung erbracht ist, kommt insbesondere wegen des Entstehens der Steuerschuld Bedeutung zu.

2609 Die Lieferung einer Maschine und die nachfolgende in dem Aufstellen der Maschine bestehende Bearbeitung ist umsatzsteuerrechtlich als eine Lieferung zu betrachten, die erst mit der Übergabe des fertigen Werkes erfüllt ist. Eine andere rechtliche Beurteilung kann nur für Fälle vertreten werden, in denen der Wille des Bestellers von vornherein nur auf die Lieferung, nicht auch auf die nachfolgende Bearbeitung des gelieferten Gegenstandes gerichtet ist und die nachfolgende Bearbeitung der gelieferten Ware durch den Lieferer erst auf einem späteren, nach Erbringung der Lieferung gefassten Willensentschluss des Bestellers beruht (VwGH 22. Juni 1967, 153/65, Slg. 3632/F ua.).

2610 Eine besondere Stellung nehmen Leistungen aus einem Bestandvertrag ein, die über einen längeren Zeitraum erbracht werden. Bei derartigen Leistungen ist davon auszugehen, dass sie anteilig in allen Voranmeldungszeiträumen erbracht werden, in denen die Benützung des Bestandobjektes geduldet wird.

Grund- und Baukostenbeiträge (Finanzierungsbeiträge), die nicht als Anzahlungen anzusehen sind (siehe Rz 2607 zweiter Pkt), sind nicht bereits im Zeitpunkt der Entrichtung, sondern erst nach Maßgabe der Verwohnung zu versteuern. Das Ausmaß der jährlichen Verwohnung richtet sich nach der aufgrund der Wohnrechtsgesetzgebung vorgesehenen jährlichen Abschreibung der Finanzierungsbeiträge.

Durch die Wohnrechtsnovelle 2000, BGBl I Nr. 36/2000, wurde eine Änderung der jährlichen Abschreibung der Finanzierungsbeiträge nach dem WGG von 2% auf 1% vorgenommen. Weiters wurde für den Fall der Auflösung des Miet- (oder sonstige Nutzungs-) Verhältnisses ein unbedingter Anspruch des ausscheidenden Mieters auf Rückzahlung der von ihm geleisteten Finanzierungsbeiträge abzüglich Abschreibung gegenüber der Bauvereinigung geschaffen. Umsatzsteuerrechtlich ergeben sich dadurch folgende Auswirkungen:

- **Neumieten**

  Aufgrund der Wohnrechtsnovelle 2000 wurde der jährliche Abschreibungssatz für Miet- (oder sonstige Nutzungs-)Verhältnisse in Baulichkeiten, die ab 1. Juli 2000 bezogen worden sind, mit 1% festgesetzt (§ 17 Abs. 4 WGG). Eine Aufwertung der Finanzierungsbeiträge für Zwecke des Mieterwechsels hat nicht mehr zu erfolgen. Daraus ergibt sich, dass für solche Mietverhältnisse eine jährliche Verwohnung und somit Versteuerung der Finanzierungsbeiträge in Höhe von 1% zu erfolgen hat. Im Falle einer Auflösung des Mietverhältnisses hat der ausscheidende Mieter Anspruch auf die von ihm geleisteten Finanzierungsbeiträge abzüglich der jährlichen 1%igen Abschreibung. Vom Neumieter darf dieser Betrag verlangt werden (§ 17 Abs. 1 und 2 WGG). Die Rückzahlung dieser nicht verwohnten Finanzierungsbeiträge hat – da sie bisher nicht versteuert wurden – keine umsatzsteuerliche Konsequenz. Die vom Neumieter in derselben Höhe bezahlten Finanzierungsbeiträge sind nach Maßgabe der jährlichen 1%igen Verwohnung zu versteuern (1% vom ursprünglichen Finanzierungsbeitrag).

- **Altmieten**

  Für Mietverhältnisse in Baulichkeiten, die vor dem 1.7.2000 bezogen worden sind, ist nach der Wohnrechtsnovelle 2000 wie folgt vorzugehen:

  Gemäß § 39 Abs. 27 WGG hat der bisherige Mieter im Falle der Auflösung des Mietverhältnisses bis 31.12.2000 Anspruch auf Rückzahlung der von ihm geleisteten Finanzierungsbeiträge abzüglich der bisher vorgesehenen jährlichen 2%igen Abschreibung zuzüglich eines Aufwertungsbetrages nach § 17 Abs. 4 WGG in der Fassung vor der Wohnrechtsnovelle 2000. Im Falle der Auflösung des Mietverhältnisses ab 1.1.2001 vermindert sich der so ermittelte Betrag um eine jährliche Abschreibung von 1%. Vom Neumieter darf dieser Betrag verlangt werden.

  Die auch buchmäßig von der Bauvereinigung darzustellende Aufwertung hat, solange kein Mieterwechsel stattfindet, keinen Einfluss auf die Ermittlung des jährlich zu versteuernden Anteils des Finanzierungsbeitrages. Da jedoch ab 1.1.2001 auch für diese Altmieten eine Umstellung auf die 1%ige Abschreibung des noch nicht abgeschriebenen (noch nicht verwohnten) Finanzierungsbeitrages erfolgt, ist auch umsatzsteuerlich auf die jährlich 1%ige Versteuerung des zum 1.1.2001 noch nicht abgeschriebenen (noch nicht verwohnten) Finanzierungsbeitrages (ohne Aufwertung) umzustellen.

Kommt es zur Auflösung des Mietverhältnisses und Begründung eines Mietverhältnisses mit einem neuen Mieter ist für die Umsatzversteuerung des Finanzierungsbeitrages (nach Maßgabe der Verwohnung) nunmehr von dem vom Neumieter verlangten Betrag (also einschließlich Aufwertung) auszugehen. Der Aufwertungsbetrag ist deshalb in die Besteuerung einzubeziehen, weil dieser Betrag vom Nachfolgemieter an die Bauvereinigung tatsächlich zu entrichten ist (§ 17 Abs. 2 WGG).

Beispiel:

Erstbezug Anfang Jänner 1991, Mieterwechsel Ende Dezember 2010.

Der ursprüngliche Mieter leistete im Jahr des Erstbezuges 1991 einen Finanzierungsbeitrag von 275.206 S (umgerechnet 20.000 €). Zum 1.1.2001 waren bereits 55.041,20 S (umgerechnet 4.000 €) verwohnt (2% jährlich); ergibt einen noch nicht verwohnten Wert von 220.164,80 S (umgerechnet 16.000 €) zuzüglich die zum 1.1.2001 vorzunehmende Aufwertung von angenommen 41.280,90 S (umgerechnet 3.000 €). Die Bauvereinigung hat in den Jahren 2001 bis 2010 eine Umsatzversteuerung nach Maßgabe der Verwohnung in Höhe von je 1% von 16.000 € vorzunehmen.

Ab dem Jahr 2011 (also nach dem Mieterwechsel) hat die Bauvereinigung eine Versteuerung von jährlich 1% von 19.000 € für die verbleibende Abschreibungsdauer von 90 Jahren (also bis zum Jahr 2100) vorzunehmen.

Veräußert der Insolvenzverwalter Grundstücke im Rahmen eines freihändigen Verkaufs **2610a** und wird für die Steuerpflicht dieser Lieferungen optiert, so entsteht die Steuerschuld bei Sollbesteuerung mit Ablauf des Kalendermonates, in dem die Genehmigung des Kaufvertrages durch das Insolvenzgericht erfolgt, bzw. bei späterer Rechnungslegung mit Ablauf des darauf folgenden Monates, bei Istbesteuerung mit Ablauf des Monates der Vereinnahmung des Entgelts, auch wenn insoweit Verfügungsbeschränkungen bestehen.

19.2.1.3. Teilleistungen in der Bauwirtschaft

Eine Werklieferung in der Bauwirtschaft, die auf dem Grund und Boden des Auftrag- **2611** gebers als Gesamtleistung geschuldet wird, ist bewirkt, wenn der Auftraggeber die Verfügungsmacht am fertigen Werk erhält.

Wird das Werk nicht im Ganzen, sondern in Teilen geschuldet und geliefert, so unter- **2612** liegen die ausgeführten Teillieferungen der USt.

Teillieferungen können angenommen werden, wenn **2613**

1. die geschuldete Werklieferung nach wirtschaftlicher Betrachtung teilbar ist,
2. die Teile der Werklieferung abgenommen worden sind,
3. vor der Abnahme vereinbart worden ist, dass für die Teile der Werklieferung ein entsprechendes Teilentgelt zu zahlen ist,
4. das Teilentgelt gesondert und endgültig abgerechnet wird; die Teilabrechnung kann auch nach der Abnahme erfolgen.

Zeitpunkt der Teillieferung ist der Zeitpunkt der Abnahme.

Ist als Gesamtentgelt für eine Werklieferung (zB die Fliesenlegerarbeiten an einem Wohn- **2614** block) eine Pauschalsumme vereinbart, so ist im allgemeinen davon auszugehen, dass die Werklieferung nicht in Teilen, sondern im ganzen geschuldet wird.

Setzt sich der Pauschalpreis für eine Bauanlage aus verschiedenen Einzelpauschalpreisen **2615** zusammen (zB der Pauschalpreis für eine Wohnanlage aus Pauschalpreisen für die einzelnen Wohngebäude der Anlage), so können Teillieferungen angenommen werden.

Der Annahme von Teillieferungen steht grundsätzlich nicht entgegen, dass die Gewähr- **2616** leistungsfristen zu unterschiedlichen Zeitpunkten jeweils bei der Abnahme der einzelnen Teile beginnen, jedoch zu einem besonders vereinbarten einheitlichen Zeitpunkt enden.

Teillieferungen liegen nicht vor, wenn das Gesamtwerk abgenommen, jedoch auf die **2617** Abnahme der Teile verzichtet wird.

Beispiele zur Teilbarkeit von Werklieferungen:

Beispiel 1:

Ein Unternehmer wird beauftragt, in einem Wohnhaus Parkettfußböden zu legen. In der Auftragsbestätigung sind die Materialkosten getrennt ausgewiesen. Der Auftragnehmer versendet die Materialien vor dem 1. Jänner zum Bestimmungsort und führt die Parkettarbeiten im nächsten Jahr aus.

Gegenstand der Werklieferung ist der fertige Parkettfußboden. Die Werklieferung bildet eine wirtschaftliche Einheit, die nicht in eine vor dem 1. Jänner ausgeführte Materiallieferung und in eine nach dem 31. Dezember zu erbringende Werkleistung zerlegt werden kann.

Beispiel 2:

Ein Bauunternehmer hat sich als Generalunternehmer verpflichtet, 15 nacheinander zu errichtende Wohnhäuser schlüsselfertig zu liefern. Für die einzelnen Wohnhäuser sind Pauschalpreise vereinbart. Vier Wohnhäuser werden noch im selben Jahr fertiggestellt und abgenommen. Sie werden getrennt abgerechnet.

Es handelt sich um Teillieferungen, die im Jahr der Fertigstellung der USt unterliegen.

Um Teillieferungen handelt es sich im Beispielsfalle auch, wenn der Unternehmer für sämtliche Wohnhäuser lediglich bestimmte Arbeiten übernommen hat (zB Maurer- und Betonarbeiten, Außenputzarbeiten, Zimmererarbeiten, Dachdeckerarbeiten, Zentralheizungs- und Lüftungsbauarbeiten, Spenglerarbeiten, Putz- und Stuckateurarbeiten, Fliesen- und Plattenarbeiten, Schlosserarbeiten, Glaserarbeiten). Das gilt auch, wenn die einzelnen Arbeiten nicht zu Pauschalpreisen, sondern zu Einheitspreisen vergeben werden.

Beispiel 3:

Ein Bauunternehmer hat an einem Einfamilienhaus folgende Arbeiten übernommen: Herstellung des Rohbaues sowie Innen- und Außenputz. Nach Fertigstellung des Rohbaues im Jahr 2000 wird dieser abgenommen und abgerechnet. Erfolgt die Abnahme im Jahr 2000 und liegt eine entsprechende Teilentgeltsvereinbarung vor, so ist die Teillieferung im Jahr 2000 zu versteuern.

Eine nach wirtschaftlicher Betrachtung teilbare Werklieferung wäre im Beispielsfall nicht gegeben, soweit der Bauunternehmer seine Arbeiten im Jahr 2000 lediglich am Kellergeschoß und teilweise am Erdgeschoß vollendet hat.

Beispiel 4:

Ein Bauunternehmer hat an einem zu errichtenden Wohnhaus mit 24 Wohnungen die Bäder und Küchen zu kacheln. Die Arbeiten in 18 Küchen und 19 Bädern werden im Jahr 2000 vollendet. Sie werden im Jahr 2000 abgenommen und abgerechnet.

Die Teillieferung unterliegt der USt.

Nicht teilbar wäre die Werklieferung einer Zentralheizungsanlage für das Wohnhaus.

2618 Beispiele zur Teilbarkeit von Werkleistungen:

Beispiel 1:

Ein Bauunternehmer wird beauftragt, zu Einheitspreisen 500 m Kabelgraben auszuheben und zu verfüllen. Die Kabel werden vom Auftraggeber gestellt. Die Arbeiten werden im Jahr 2000 für 150 m beendet, abgenommen und abgerechnet.

Die Teilleistung unterliegt der USt.

Beispiel 2:

Ein Zimmermeister hat zu Einheitspreisen die Dachstuhlarbeiten an fünf freistehenden Wohnblöcken auszuführen. Das Material wird vom Auftraggeber gestellt. Im Jahr 2000 schließt der Zimmermeister die Arbeiten an zwei Wohnblöcken ab und vereinbart für sie die Zahlung eines entsprechenden Teilentgelts. Die Arbeiten werden im Jahr 2000 gesondert abgenommen und abgerechnet.

Sie unterliegen im Jahr 2000 der USt.

Um eine wirtschaftlich teilbare Werkleistung handelt es sich nicht, soweit der Zimmermeister im Beispielsfall die Dachstuhlarbeiten an einem Wohnblock nur zum Teil ausgeführt hat.

Beispiel 3:

Ein Bauunternehmer hat sich verpflichtet, zu Einheitspreisen die Ausschachtungs- und Verfüllungsarbeiten sowie die Maurer- und Betonarbeiten an einem Wohnblock auszuführen. Im Jahr 2000 werden die Ausschachtungsarbeiten vollendet, abgenommen und abgerechnet.

Diese Arbeiten unterliegen der USt.

19.2.1.4. Sollbesteuerung bei Dauerleistungen

2619 Bei einer Anzahl von Leistungen, die über einen längeren Zeitraum erbracht werden und die in größeren Zeitabständen abgerechnet werden, ist die genaue Feststellung des Zeitpunktes der einzelnen Leistungen und damit eine exakte Steuerabrechnung nach dem Sollsystem jeweils für den Voranmeldungszeitraum, in dem die Steuerschuld entsteht, mit erheblichen Schwierigkeiten verbunden. Leistungen, die zu aufeinanderfolgenden Zahlungen Anlass geben, gelten als mit Ablauf des Zeitraums ausgeführt, auf den sich diese Zahlungen beziehen (vgl. EuGH 29.11.2018, Rs C-548/17, *baumgarten sports & more GmbH*).

Unbeschadet des Rechtes der leistenden Unternehmer, ihre Leistungen jeweils für den Voranmeldungszeitraum zu versteuern, in dem die Steuerschuld entsteht, kann zwecks Vermeidung von Abgrenzungsschwierigkeiten davon ausgegangen werden, dass die nachstehend angeführten Leistungen mit der Rechnungslegung (Abrechnung) ausgeführt sind:

- Leistungen auf Grund von Abonnementverträgen,
- Leistungen auf Grund von Wartungsverträgen,
- die Einräumung, Übertragung und Wahrnehmung von Urheberrechten (zB Lizenzverträge, Verlagsverträge usw.),
- Leistungen von Handelsvertretern und anderen Vermittlern,
- Leistungen von Schulen, soweit sie steuerpflichtig sind (zB Fahrschulen),
- sonstige Leistungen, die in Teilen innerhalb eines Jahres bewirkt werden, wobei ein einheitliches Entgelt verrechnet wird (zB Leistungen der Rauchfangkehrer),
- Telekomleistungen.

(BMF-AV Nr. 2019/165)

Diese Leistungen können somit nach Maßgabe der Abrechnung versteuert werden, wobei jedoch auch in der Einhebung eines Entgeltes (auch Teilentgeltes, Anzahlung usw) eine Teilabrechnung zu erblicken ist; die auf das abgerechnete oder das eingehobene Entgelt entfallende Steuer ist für den Voranmeldungszeitraum zu entrichten, in dem die Abrechnung bzw. Vereinnahmung erfolgt. **2620**

Soweit der leistende Unternehmer die Steuer nach diesem Verfahren entrichtet, ist er auch berechtigt, dem Leistungsempfänger die Steuer zum Zwecke des Vorsteuerabzuges in der Abrechnung gesondert auszuweisen. Der Leistungsempfänger kann den Vorsteuerabzug in diesem Falle ohne Rücksicht darauf vornehmen, ob er die abgerechnete Leistung bereits zur Gänze erhalten hat oder nicht. **2621**

19.2.1.5. Sollbesteuerung bei unbestimmtem Entgelt

Wenn im Zeitpunkt der Lieferung oder sonstigen Leistung die genaue Höhe des Entgeltes nicht feststeht (zB bei Übernahme von Getreide oder Weintrauben nach der Ernte durch eine Genossenschaft gegen spätere Abrechnung), so kann aus Vereinfachungsgründen die Versteuerung auf Basis des vorläufig abgerechneten Entgeltes erfolgen, auch wenn mit Sicherheit anzunehmen ist, dass bei der Endabrechnung noch eine weitere Zahlung erfolgen wird. Sollten bis zur Endabrechnung weitere Zahlungen erfolgen, so sind diese gleichfalls laufend zu versteuern. Die endgültige Versteuerung ist anlässlich der Endabrechnung vorzunehmen. **2622**

Wird bei der Übernahme der Waren überhaupt kein Entgelt gezahlt, so kann die Versteuerung zunächst nach Maßgabe des voraussichtlichen Entgeltes erfolgen, das erforderlichenfalls zu schätzen ist. **2623**

19.2.1.6. Besteuerung der Leistungen von Wohnungseigentümergemeinschaften

Im Zusammenhang mit dem Wohnungseigentumsgesetz 1975 geht die Finanzverwaltung davon aus, dass die Gemeinschaft der Wohnungseigentümer einzelne Leistungen für den Wohnungseigentümer besorgt und die Besorgung an die Wohnungseigentümer weiterverrechnet. Bei Umsatzversteuerung nach vereinbarten Entgelten ist für den Monat der jeweiligen Erbringung der Besorgungsleistung zu versteuern, bei Umsatzversteuerung nach vereinnahmten Entgelten (§ 17 Abs. 2 UStG 1994) im Monat der Bezahlung. Akontozahlungen für Beträge für die Erhaltung, Verwaltung oder zum Betrieb der im Wohnungseigentum bestehenden Teile und Anlagen einer Liegenschaft sind auch bei der Sollversteuerung im Voranmeldungszeitraum der Akontozahlungen zu versteuern (Erlass vom 7.2.1995, GZ. 09 4501/3-IV/9/95, AÖF Nr. 87/1995). Damit Zivilrecht und Umsatzsteuerrecht übereinstimmen, bestehen keine Bedenken, auch bei einer Sollversteuerung die auf die Betriebskosten entfallenden Abschlusszahlungen oder Gutschriften im Zeitraum der zivilrechtlichen Fälligkeit zu versteuern. **2624**

19.2.1.7. Lieferungen durch Plattformen oder bei Verwendung eines One-Stop-Shops

(BMF-AV Nr. 2019/165)

Zur Entstehung der Steuerschuld von Plattformen nach § 3 Abs. 3a UStG 1994 siehe Rz 385. Für solche Plattformen gelten die untenstehenden Regelungen zur Steuerschuld bei Verwendung des EU-OSS oder IOSS hinsichtlich der Umsätze iSd § 3 Abs. 3a UStG 1994 nicht. **2625**

Zur Entstehung der Steuerschuld bei Verwendung des EU-OSS siehe Rz 4300b.

Zur Entstehung der Steuerschuld bei Verwendung des Nicht-EU-OSS siehe Rz 3432.

Zur Entstehung der Steuerschuld bei Verwendung des IOSS siehe Rz 3437.

(BMF-AV Nr. 2019/165)

Randzahlen 2626 bis 2640: *derzeit frei.*

19.2.2. Eigenverbrauch

Randzahlen 2641 bis 2650: *derzeit frei.*

19.3. Zu hoher und unberechtigter Steuerausweis

2651 Im Fall des zu hohen Steuerausweises (§ 11 Abs. 12 UStG 1994) und des unberechtigten Steuerausweises (§ 11 Abs. 14 UStG 1994) wird die Umsatzsteuer auf Grund der Rechnung geschuldet (ausgenommen die Leistungen des Unternehmers wurden im betreffenden Steuerjahr ausschließlich an Endverbraucher erbracht, vgl. Rz 1734). Die Steuerschuld entsteht mit Ablauf des Kalendermonates, in dem die Rechnung ausgefolgt worden ist (§ 19 Abs. 3 UStG 1994).

Die Steuerschuld auf Grund der Rechnung entfällt nur dann, wenn der unzutreffende Steuerausweis korrigiert wurde. Zur Rechnungskorrektur im Allgemeinen siehe Rz 1533 f, zur Rechnungskorrektur beim überhöhten Steuerausweis siehe Rz 1735 und Rz 1738, zur Rechnungskorrektur beim unberechtigten Steuerausweis siehe Rz 1771 f.

Durch den Verweis in § 11 Abs. 12 letzter Satz UStG 1994 auf § 16 Abs. 1 UStG 1994 ergibt sich, dass für den Aussteller der Rechnung die Steuerschuld aufgrund der Rechnung zu dem Zeitpunkt (in jenem Voranmeldungszeitraum) wegfällt, in dem die Rechnung berichtigt wird. Für den Aussteller der Rechnung wirkt die Rechnungsberichtigung somit ex nunc, dh. die Steuerschuld des Rechnungsausstellers entfällt durch die spätere Rechnungsberichtigung, nicht etwa rückwirkend auf den Zeitpunkt der Steuerentstehung (VwGH 15.12.2022, Ro 2019/13/0034, mVa VwGH 8.9.2022, Ro 2020/15/0025, und zur insoweit vergleichbaren Regelung des § 14c Abs. 1 iVm § 17 Abs. 1 dUStG mVa BFH 31.5.2017, V B 5/17; 12.10.2016, XI R 43/14).

(BMF-AV Nr. 2023/152)

Randzahlen 2652 bis 2660: *derzeit frei.*

19.4. Minderung des Entgeltes

Randzahlen 2661 bis 2670: *derzeit frei.*

19.5. Einfuhrumsatzsteuer

Randzahlen 2671 bis 2680: *derzeit frei.*

20. Veranlagungszeitraum und Einzelbesteuerung (§ 20 UStG 1994)

20.1. Veranlagungszeitraum

20.1.1. Kalenderjahr als Veranlagungszeitraum

Veranlagungszeitraum ist grundsätzlich das Kalenderjahr. Zu den hievon bestehenden Ausnahmen siehe Rz 2682 bis 2684 und Rz 2711. **2681**

(BMF-AV Nr. 2023/152)

20.1.2. Vom Kalenderjahr abweichendes Wirtschaftsjahr als Veranlagungszeitraum

Der Unternehmer kann dieses unter den Voraussetzungen des § 20 Abs. 1 UStG 1994 durch eine gegenüber dem Finanzamt abgegebene schriftliche Erklärung als Veranlagungszeitraum wählen (zur Erklärung siehe Rz 2685 und 2686). **2682**

Hat sich der Unternehmer für ein abweichendes Wirtschaftsjahr auch auf dem Gebiet der USt entschieden, so ist es ihm nicht möglich, wieder auf das Kalenderjahr als Veranlagungszeitraum für die USt überzugehen, solange die Gewinnermittlung nach einem vom Kalenderjahr abweichenden Wirtschaftsjahr erfolgt **2683**

Fallen die besonderen umsatzsteuerlichen Voraussetzungen für ein abweichendes Wirtschaftsjahr weg (zB der Unternehmer geht mit Zustimmung des Finanzamtes vom 31.3. auf den 15.3. als Bilanzstichtag über), dann kommt es auf dem Gebiet der USt zu einem Übergang auf das Kalenderjahr als Veranlagungszeitraum, während die Gewinnermittlung weiterhin nach einem abweichenden Wirtschaftsjahr erfolgt. **2684**

20.1.3. Verpflichtung zur Abgabe einer Erklärung

Bezüglich des Verpflichtungsgrundes siehe Rz 2682 bis 2684.

Eine zur Zustimmung betreffend den Gewinnermittlungszeitraum hinzutretende weitere Zustimmung des Finanzamtes zur Wahl des Wirtschaftsjahres als Veranlagungszeitraum für die USt ist nicht erforderlich. **2685**

Eine Erklärung, ein vom Kalenderjahr abweichendes Wirtschaftsjahr als Veranlagungszeitraum zu wählen, kann lediglich am Beginn eines Veranlagungszeitraumes für die Zukunft abgegeben werden. **2686**

Beispiel:

Wird ein Unternehmen am 31.10.2000 gemäß § 13 UmgrStG rückwirkend zum 31.3.2000 in eine Kapitalgesellschaft eingebracht, die anlässlich der Einbringung auf ein vom Kalenderjahr abweichendes Wirtschaftsjahr (zB vom 1.4. bis 31.3.) übergeht, kann ein Antrag auf Übergang auf ein vom Kalenderjahr abweichendes Wirtschaftsjahr erst mit Wirkung ab 1.4.2001 (spätestens am 15.6.2001) gestellt werden. Wird ein solcher Antrag gestellt, schließt bei der Kapitalgesellschaft an das Rumpfwirtschaftsjahr vom 1.1. bis 31.3.2001 das abweichende Wirtschaftsjahr vom 1.4.2001 bis 31.3.2002 an.

20.1.4. Berechnung der Steuer

Bei Berechnung der Steuer ist von der Summe der nach § 1 Abs. 1 Z 1 und 2 UStG 1994 steuerbaren Umsätze auszugehen, für welche die Steuerschuld im Laufe eines Veranlagungszeitraumes entstanden ist (siehe Rz 2606 bis Rz 2625). Hinzuzurechnen bzw. zu berücksichtigen sind folgende im Veranlagungszeitraum geschuldete Steuerbeträge bzw. Berichtigungen gemäß **2687**

- § 11 Abs. 12 und 14 UStG 1994 (Steuerschuld auf Grund der Rechnung),
- § 11 Abs. 13 in Verbindung mit § 16 Abs. 1 UStG 1994 (Rechnungsberichtigungen),
- § 12 Abs. 10 und 11 UStG 1994 (Berichtigung der Vorsteuer),
- § 16 Abs. 1 und 3 UStG 1994 (Entgeltsberichtigungen),
- § 16 Abs. 2 UStG 1994 (Zentralregulierer),
- § 17 Abs. 4 UStG 1994 (Wechsel der Besteuerungsart),
- § 19 Abs. 1, Abs. 1a, 1b, 1c, 1d und 1e UStG 1994 (Übergang der Steuerschuld),
- Berichtigungen bei der Besteuerung von Anzahlungen im Falle von Steuersatzänderungen.

Sonstige Leistungen, die in einem anderen Mitgliedstaat steuerpflichtig sind und für die der Leistungsempfänger die Steuer nach Art. 196 MwSt-RL 2006/112/EG idF Richtlinie 2008/8/EG schuldet, sind mangels Steuerbarkeit im Inland weder in die Umsatzsteuervoranmeldung (U 30) noch in die Umsatzsteuerjahreserklärung (U 1) aufzunehmen, sondern nur in der ZM zu erfassen (siehe Rz 4166).

(BMF-AV Nr. 2023/152)

2688 Abzuziehen sind die in den Veranlagungszeitraum fallenden, nach § 12 UStG 1994 abziehbaren Vorsteuerbeträge (siehe unten Rz 2701 bis 2703).

(BMF-AV Nr. 2023/152)

2689 Nach dem Grundsatz der Einheit des Unternehmens (§ 2 Abs. 1 zweiter Satz UStG 1994) sind die in allen Betrieben eines Unternehmers ausgeführten Umsätze zusammenzurechnen. Es sind daher auch die Umsätze von Gesellschaften, die in Form der Organschaft oder der Unternehmereinheit zusammengeschlossen sind, entsprechend zusammenzufassen.

Randzahl 2690: *derzeit frei.*

2691 Hinsichtlich der Berücksichtigung weiterer Rechengrößen bei Vorgängen im Binnenmarkt siehe Rz 4121 bis 4123.

(BMF-AV Nr. 2023/152)

Randzahlen 2692 bis 2700: *derzeit frei.*

20.2. Vorsteuerabzug für den Veranlagungszeitraum

20.2.1. Umfang des Vorsteuerabzugs

2701 Der Vorsteuerabzug nach § 20 Abs. 2 UStG 1994 umfasst gemäß

- § 12 Abs. 1 Z 1 lit. a UStG 1994 die Steuer aufgrund einer Rechnung für Leistungen (siehe Rz 1815 bis Rz 1842),
- § 12 Abs. 1 Z 1 lit. b UStG 1994 die Steuer aufgrund von Anzahlungen für Leistungen (siehe Rz 1841 und Rz 1842),
- § 12 Abs. 1 Z 2 UStG 1994 die EUSt (siehe Rz 1843 bis Rz 1874e),
- § 12 Abs. 1 Z 3 UStG 1994 die Steuer bei Übergang der Steuerschuld (siehe Rz 1875 bis Rz 1876),
- § 12 Abs. 15 UStG 1994 die Steuer beim Eigenverbrauch (siehe Rz 2151 bis Rz 2152).

Hinsichtlich der Berücksichtigung weiterer Rechengrößen bei Vorgängen im Binnenmarkt siehe Rz 4056 bis Rz 4063, Rz 4071 und Rz 4077.

(BMF-AV Nr. 2015/170, BMF-AV Nr. 2022/154, BMF-AV Nr. 2023/152)

20.2.2. Abziehbare Vorsteuern

2702 Abziehbar sind gemäß § 20 Abs. 2 UStG 1994 die in den Veranlagungszeitraum fallenden Vorsteuern. Die Vorsteuern fallen in den Veranlagungs- bzw. Voranmeldungszeitraum, in dem sämtliche Voraussetzungen für den Vorsteuerabzug erfüllt sind.

(BMF-AV Nr. 2016/212)

20.2.3. Vorsteuerabzug bei Versteuerung nach vereinnahmten Entgelten

2703 Für Umsätze, die nach dem 31.12.2012 an Unternehmer, die ihre Umsätze nach vereinnahmten Entgelten versteuern (§ 17 UStG 1994), erbracht werden, gilt als zusätzliche Voraussetzung für den Vorsteuerabzug, dass die Zahlung geleistet worden ist. Erst in diesem Voranmeldungszeitraum kann der Vorsteuerabzug geltend gemacht werden (siehe Rz 1819).

Ausgenommen von der Neuregelung sind Unternehmen im Sinne des § 17 Abs. 1 zweiter Satz UStG 1994 und Unternehmer, deren Umsätze nach § 1 Abs. 1 Z 1 und 2 UStG 1994 im vorangegangenen Veranlagungszeitraum 2.000.000 Euro überstiegen haben. Bei der Berechnung dieser Grenze bleiben die Umsätze aus Hilfsgeschäften einschließlich der Geschäftsveräußerungen außer Ansatz. Die Neuregelung betrifft nicht Umsätze, für die die Steuerschuld auf den Leistungsempfänger übergegangen ist. Hier steht der Vorsteuerabzug für denselben Voranmeldungszeitraum zu, in dem die Steuerschuld entsteht, unabhängig vom Zeitpunkt der Bezahlung der Leistung (siehe auch Rz 1875). Ausgenommen sind auch Umsätze, die ab dem 15.8.2015 erbracht werden, bei denen eine Überrechnung gemäß § 215 Abs. 4 BAO in Höhe der gesamten auf die Lieferung oder sonstige Leistung entfallenden Umsatzsteuer auf das Abgabenkonto des Leistungserbringers stattfindet (siehe näher Rz 1819a).

Für Leistungen, die vor dem 1.1.2013 bezogen werden, ist es grundsätzlich nicht zu beanstanden, wenn Unternehmer, die ihre Umsätze nach vereinnahmten Entgelten versteuern (§ 17 UStG 1994), die nach § 12 UStG 1994 abziehbaren Vorsteuerbeträge erst für jenen Besteuerungszeitraum geltend machen, in welchem die Bezahlung der Rechnung erfolgt. Es muss allerdings sichergestellt sein, dass der Vorsteuerabzug nicht bereits zu einem früheren Zeitpunkt (etwa anlässlich der Rechnungslegung) vorgenommen wurde. Von der Vereinfachungsregelung kann nicht Gebrauch gemacht werden, wenn mit der späteren Geltendmachung von Vorsteuern ein Nachteil für den Fiskus (zB im Falle eines

Insolvenzverfahrens oder bei Anwendung des Umsatzschlüssels gemäß § 12 Abs. 4 und 5 UStG 1994) verbunden ist.

(BMF-AV Nr. 2015/170)

Randzahlen 2704 bis 2710: *derzeit frei.*

20.3. Kürzerer Veranlagungszeitraum

An die Stelle eines Veranlagungszeitraumes von zwölf Monaten tritt ein kürzerer Ver- **2711**
anlagungszeitraum bei Beginn der unternehmerischen Tätigkeit (siehe Rz 193 bis 198), bei Einstellung der unternehmerischen Tätigkeit (siehe Rz 183), beim Übergang vom Kalenderjahr zu einem hievon abweichenden Wirtschaftsjahr und umgekehrt sowie beim Übergang von einem abweichenden Wirtschaftsjahr zu einem anderen abweichenden Wirtschaftsjahr.

Randzahlen 2712 bis 2730: *derzeit frei.*

20.4. Umrechnung von Werten in einer anderen Währung

Die Durchschnittskurse für die Umrechnung solcher Werte auf Euro werden vom BMF **2731**
im „Amtsblatt zur Wiener Zeitung" monatlich als Zollwertkurse kundgemacht und auch im AÖF veröffentlicht.

Ab 1. Jänner 2013 kann der Unternehmer auch den letzten, von der Europäischen Zentralbank veröffentlichten Umrechnungskurs anwenden. Maßgeblich ist der Zeitpunkt der Leistungserbringung oder – wenn das Entgelt oder ein Teil des Entgeltes vor Ausführung der Leistung (§ 19 Abs. 2 Z 1 lit. a UStG 1994) vereinnahmt wird sowie bei der Besteuerung nach vereinnahmten Entgelten (§ 17 UStG 1994) – der Zeitpunkt der Vereinnahmung.

Randzahlen 2732 bis 2735: *derzeit frei.*

20.5. Einfuhrumsatzsteuer

Randzahlen 2736 bis 2750: *derzeit frei.*

21. Voranmeldung und Vorauszahlung, Veranlagung (§ 21 UStG 1994)

21.1. Voranmeldung, Vorauszahlung

21.1.1. Verpflichtung zur Einreichung einer Voranmeldung

2751 Gemäß § 21 Abs. 1 erster und zweiter Unterabsatz UStG 1994 in Verbindung mit § 1 der Verordnung des BM für Finanzen, BGBl. II Nr. 206/1998 idF BGBl. II Nr. 313/2019 entfällt für Unternehmer, deren Umsätze gemäß § 1 Abs. 1 Z 1 und 2 UStG 1994 im vorangegangenen Kalenderjahr 35.000 Euro netto (bis 31.12.2019: 30.000 Euro; bis 31.12.2010: 100.000 Euro netto) nicht überstiegen haben, die Verpflichtung zur Einreichung der Voranmeldung, wenn die nach Maßgabe der gesetzlichen Bestimmungen (§ 21 Abs. 1 UStG 1994) errechnete Vorauszahlung zur Gänze spätestens am Fälligkeitstag entrichtet wird oder sich für einen Voranmeldungszeitraum keine Vorauszahlung ergibt. Bei dieser Umsatzgrenze bleiben Umsätze, die nach § 6 Abs. 1 Z 7 bis 28 UStG 1994 steuerfrei sind, außer Ansatz, sofern sich für den Voranmeldungszeitraum weder eine Vorauszahlung noch ein Überschuss ergibt. Wurde die genannte Umsatzgrenze hingegen überschritten, besteht die Verpflichtung zur Abgabe von Voranmeldungen.

Beispiel:

Ein Arzt, dessen Umsätze im Jahr 2020 600.000 Euro betrugen, tätigt im Voranmeldungszeitraum 01/2021 Umsätze gemäß § 6 Abs. 1 Z 19 UStG 1994 in Höhe von 40.000 Euro. Daneben tätigt er keine anderen Umsätze. Da er nur steuerbefreite Umsätze ausführt, ergibt sich keine Verpflichtung zur Abgabe einer Umsatzsteuervoranmeldung.

Im Voranmeldungszeitraum 02/2021 tätigt der Arzt neben seinen Umsätzen gemäß § 6 Abs. 1 Z 19 UStG 1994 in Höhe von 48.000 Euro auch steuerpflichtige Umsätze (zB Vorträge, schriftstellerische Tätigkeit unter Verzicht auf die Kleinunternehmerbefreiung) in Höhe von 3.000 Euro. Da der Arzt nichtausschließlich steuerfreie Umsätze tätigt und seine Umsätze im vorangegangenen Kalenderjahr 35.000 Euro überstiegen haben, ist er verpflichtet, für den Voranmeldungszeitraum 02/2021 eine Umsatzsteuervoranmeldung abzugeben.

Im Voranmeldungszeitraum 03/2021 erwirbt der Arzt ein medizinisches Gerät um 15.000 Euro aus Deutschland. Der Erwerb muss in Österreich versteuert werden. Aus diesem Grund ergibt sich eine Vorauszahlung und der Unternehmer ist verpflichtet, für den Voranmeldungszeitraum 03/2021 eine Umsatzsteuervoranmeldung abzugeben.

(BMF-AV Nr. 2019/165)

2752 Eine Verpflichtung zur Einreichung einer Umsatzsteuervoranmeldung besteht gemäß § 21 Abs. 1 erster und zweiter Unterabsatz UStG 1994 in Verbindung mit § 2 der Verordnung des BM für Finanzen, BGBl. II Nr. 206/1998 idF BGBl. II Nr. 313/2019 auch dann, wenn der Unternehmer vom Finanzamt zur Einreichung von Voranmeldungen aufgefordert wird.

(BMF-AV Nr. 2019/165)

2753 Ein Grund für die Aufforderung ist gegeben, wenn der Unternehmer

- eine gemäß § 21 Abs. 1 UStG 1994 zu leistende Vorauszahlung nicht oder nicht zur Gänze bis zum Fälligkeitstag entrichtet oder
- einen Überschuss in unrichtig errechneter Höhe voranmeldet oder
- die Aufzeichnungspflichten gemäß § 18 UStG 1994 nicht erfüllt.

Zur Einreichung einer UVA als Voraussetzung für die Geltendmachung eines Überschusses siehe unten Rz 2763 und 2764.

21.1.2. Voranmeldung als Steuererklärung

2754 Da die Voranmeldung als Steuererklärung gilt, sind auf sie alle Vorschriften anzuwenden, die sich auf die Steuererklärung beziehen. Die verspätete Abgabe der auf Grund einer bestehenden Verpflichtung einzureichenden Voranmeldung führt daher nach Maßgabe der Bestimmung des § 135 BAO zur Auferlegung eines Verspätungszuschlages.

2755 Die Übermittlung der Voranmeldungen hat elektronisch über Finanz-Online (https://finanzonline.bmf.gv.at) zu erfolgen, es sei denn, die elektronische Übermittlung ist dem Unternehmer mangels technischer Voraussetzungen unzumutbar (§ 21 Abs. 1 vierter und fünfter Unterabsatz UStG 1994 iVm mit § 1 der VO des BM für Finanzen, BGBl. II Nr. 512/2006 und FinanzOnline-Verordnung 2006, BGBl. II Nr. 97/2006 idgF).

Von Unzumutbarkeit mangels technischer Voraussetzungen ist nur dann auszugehen, wenn der Unternehmer nicht über einen Internet-Anschluss verfügt. Wird die Voranmeldung durch einen inländischen berufsmäßigen Parteienvertreter eingereicht, so besteht die Verpflichtung zur elektronischen Übermittlung dennoch, wenn dieser Parteienvertreter über einen Internet-Anschluss verfügt und wegen Überschreitens der Umsatzgrenze (siehe Rz 2751) zur Abgabe von Voranmeldungen verpflichtet ist.

In den Fällen der Unzumutbarkeit der elektronischen Übermittlung ist zwingend der amtliche Vordruck U 30 (Druckversion oder die besorgte Internetversion) zu verwenden. Eigendrucke müssen der auf der Homepage des BMF unter „Service – Formulare – zur Formulardatenbank“ dargebotenen Internetversion nicht nur inhaltlich, sondern auch bildlich entsprechen.

Von den Voranmeldungen sind Durchschriften (Zweitschriften) anzufertigen, die zu den Aufzeichnungen im Sinne des § 18 Abs. 1 UStG 1994 gehören (§ 21 Abs. 1 UStG 1994). Dieser Verpflichtung kann gemäß § 131 Abs. 3 BAO durch Speichern der elektronisch übermittelten UVA-Daten entsprochen werden.

(BMF-AV Nr. 2017/171)

21.1.3. Wegfall der Verpflichtung zur Einreichung einer Voranmeldung

In anderen als den in Rz 2751 bis Rz 2753 angeführten Fällen besteht keine Verpflichtung zur Einreichung einer UVA. Zu den Erklärungspflichten von Nichtunternehmern siehe Rz 2768. 2756

(BMF-AV Nr. 2019/165)

21.1.4. Interne Voranmeldung

Unternehmer, die für einen Voranmeldungszeitraum keine Voranmeldung einzureichen haben, sind verpflichtet, für diesen Voranmeldungszeitraum unter Verwendung des amtlichen Vordruckes für Voranmeldungen (U 30) eine Aufstellung der Besteuerungsgrundlagen (interne Voranmeldung) anzufertigen. Die Aufstellung gehört zu den Aufzeichnungen im Sinne des § 18 Abs. 1 UStG 1994. 2757

Bei Unternehmen, die ihre Aufzeichnungen (§ 18 UStG 1994) mit Hilfe elektronischer Datenverarbeitungssysteme führen, sind in diesen Fällen die Ausdrucke der Besteuerungsgrundlagen als amtliche Vordrucke anzuerkennen. Bedingung dafür ist, dass diese Ausdrucke inhaltlich und dem Aufbau nach dem Formular U 30 entsprechen. Es müssen nur die jeweils zutreffenden Angaben ausgedruckt werden. 2758

Keine Verpflichtung zur Erstellung einer UVA besteht, wenn sich für den Voranmeldungszeitraum weder eine Vorauszahlung noch ein Überschuss ergibt. Für Unternehmer, die unter die Durchschnittssatzbesteuerung des § 22 UStG 1994 fallen, besteht die Verpflichtung zur Erstellung einer UVA insoweit, als sie eine zusätzliche Steuer (siehe dazu Rz 2871 bis 2875) zu entrichten haben. In den Fällen des § 27 Abs. 4 UStG 1994 (siehe Rz 3491 bis 3500) trifft die Verpflichtung zur Erstellung einer UVA den leistenden ausländischen Unternehmer und nicht den inländischen Leistungsempfänger. 2759

Randzahl 2760: *derzeit frei.*

21.1.5. Vorauszahlung

Ob und in welcher Höhe für den Voranmeldungszeitraum eine Vorauszahlung zu entrichten ist bzw. ein allfälliger Überschuss geltend gemacht werden kann, ergibt sich aus § 20 Abs. 1 und 2 sowie Art. 20 UStG 1994 (siehe Rz 2681 bis Rz 2691, Rz 2701 bis Rz 2703, Rz 4056 bis Rz 4063, Rz 4071, Rz 4077, Rz 4121 bis Rz 4123). 2761

Randzahl 2762: *derzeit frei.*

21.1.6. Entrichtung der Umsatzsteuer, Geltendmachung eines Überschusses

Bei Mietshauseigentümern und Wohnungseigentumsgemeinschaften gelten die Umsatzsteuervorauszahlungen als rechtzeitig entrichtet, wenn sie spätestens gleichzeitig mit der Einbringung der Umsatzsteuererklärung für das betreffende Kalenderjahr an das Finanzamt abgeführt werden und wenn die im Rahmen des gesamten Unternehmens für das vorangegangene Kalenderjahr zu entrichtende Steuer 580 Euro nicht überstiegen hat. Diese Erleichterung gilt unabhängig von der Höhe des Vorjahresumsatzes. Gibt der Unternehmer für einen der Voranmeldungszeiträume eine UVA ab, so gilt diese Regelung nicht. 2763

Auch wenn eine Verpflichtung zur Einreichung einer UVA (vgl. Rz 2751 bis Rz 2753) nicht besteht, können Überschüsse nur durch Abgabe einer UVA geltend gemacht werden. Wird eine UVA lediglich zur Geltendmachung eines Überschusses eingereicht, wird damit die Anwendbarkeit der Vereinfachungsregelung nach Rz 2763 nicht ausgeschlossen. 2764

21.1.7. Fälligkeit der Umsatzsteuer

Zu der neben den gesetzlichen Fälligkeitstagen geltenden Fälligkeit der USt gemäß § 2 Abs. 2 der Verordnung des BM für Finanzen, BGBl. Nr. 628/1983, idF BGBl. Nr. 499/1985 über die Aufstellung von Schätzungsrichtlinien für die Ermittlung der Höhe des Eigenverbrauches bei bestimmten Unternehmern und über die Fälligkeit der auf den Eigenverbrauch entfallenden USt siehe unten Rz 2821 bis 2827. 2765

2766 Wird die Vorauszahlung nicht spätestens an ihrem Fälligkeitstag entrichtet, so tritt die Verpflichtung zur Entrichtung eines 1. Säumniszuschlages ein, soweit der Eintritt dieser Verpflichtung nicht kraft gesetzlicher Anordnung hinausgeschoben wird (§ 217 Abs. 4 BAO). Gemäß § 217 Abs. 10 BAO sind Säumniszuschläge, die den Betrag von 50 Euro nicht erreichen, nicht festzusetzen.

21.1.8. Wirksamwerden eines Überschusses

2767 Hinsichtlich eines nicht vorangemeldeten Überschusses bzw. Teiles des Überschusses wird die Gutschrift mit der Bekanntgabe des Festsetzungsbescheides wirksam.

21.1.9. Nichtunternehmer

2768 Schulden Nichtunternehmer Umsatzsteuer aufgrund von § 11 Abs. 14 UStG 1994, unterliegen sie den gleichen Erklärungspflichten wie Unternehmer. Im Übrigen siehe Rz 4131 und Rz 4141.

(BMF-AV Nr. 2019/165)

Randzahlen 2769 bis 2775: *derzeit frei.*

21.2. Kalendervierteljahr als Voranmeldungszeitraum

2776 Voranmeldungszeitraum ist grundsätzlich der Kalendermonat. Für einen Unternehmer, dessen Umsätze nach § 1 Abs. 1 Z 1 und 2 UStG 1994 im vorangegangenen Kalenderjahr 100.000 Euro netto (bis 31. Dezember 2010: 30.000 Euro netto bzw. bis 31. Dezember 2009: 22.000 Euro) nicht überstiegen haben, gilt das Kalendervierteljahr als Voranmeldungszeitraum. Durch die rechtzeitige Abgabe der Voranmeldung für den ersten Kalendermonat des Veranlagungszeitraumes kann dieser Unternehmer den Kalendermonat als Voranmeldungszeitraum wählen. Ist der Unternehmer nicht zur Einreichung von Voranmeldungen verpflichtet (siehe Rz 2751 bis Rz 2753), kann dieses Wahlrecht auch durch rechtzeitige Entrichtung der Vorauszahlung ausgeübt werden.

2777 Für neu beginnende Unternehmer kommt bereits im ersten Jahr ihrer unternehmerischen Tätigkeit das Kalendervierteljahr als Voranmeldungszeitraum in Betracht, wobei auch in diesen Fällen die 100.000 Euro-Grenze (bis 31.12.2010: 30.000 Euro-Grenze bzw. bis 31.12.2009: 22.000 Euro-Grenze) maßgebend ist. Mangels Vorliegens eines Vorjahresumsatzes ist vom voraussichtlichen Umsatz im Jahr des Beginnes der unternehmerischen Tätigkeit auszugehen. Ist der Veranlagungszeitraum kürzer als ein Kalenderjahr, ist dieser Umsatz in einen Jahresumsatz umzurechnen (§ 17 Abs. 5 letzter Satz UStG 1994). Im Falle einer Geschäftsübergabe kann der vom übergebenden Unternehmer im vorangegangenen Kalenderjahr erzielte Jahresumsatz zur Beurteilung herangezogen werden, wenn der neue Unternehmer die Geschäftstätigkeit in gleicher Weise fortführt.

2778 Das Kalendervierteljahr kann gemäß § 20 Abs. 1 Z 2 UStG 1994 nicht Voranmeldungszeitraum sein, wenn der Unternehmer einen vom Kalenderjahr abweichenden Veranlagungszeitraum gewählt hat.

Randzahlen 2779 bis 2785: *derzeit frei.*

21.3. Festsetzung der USt

2786 Jahresbescheide treten an die Stelle von Umsatzsteuerfestsetzungsbescheiden nach § 21 Abs. 3 UStG 1994. Daher ist für solche Bescheide § 253 BAO (bis 31.12.2013: § 274 BAO) anwendbar. Eine noch unerledigte Bescheidbeschwerde betreffend die Umsatzsteuerfestsetzung gilt somit als gegen den Jahresbescheid gerichtet. § 300 BAO hindert nicht die Erlassung des Umsatzsteuerjahresbescheides, auch wenn ein Rechtsmittel gegen einen Festsetzungsbescheid, dessen Zeitraum im Zeitraum des Jahresbescheides beinhaltet ist, beim BFG anhängig ist (vgl. VwGH 22.10.2015, Ro 2015/15/0035).

Bindungswirkung: Hat das BFG über die Festsetzung von Umsatzsteuervorauszahlungen für bestimmte (einzelne) Monate bereits entschieden, ist das Finanzamt nach § 279 Abs. 3 BAO in Bezug auf diese Monate bei einer weiteren Festsetzung von Umsatzsteuervorauszahlungen, die einen längeren Zeitraum (zusätzliche Monate/Quartal) betreffen, gebunden. Keine Bindungswirkung besteht jedoch zwischen einem Erkenntnis des BFG betreffend die Festsetzung von Umsatzsteuervorauszahlungen einerseits und dem durch das Finanzamt erlassenen Umsatzsteuerjahresbescheid andererseits (VwGH 26.1.2017, Ra 2014/15/0040).

Stellt eine bescheidmäßig festgesetzte Umsatzsteuervorauszahlung die Bemessungsgrundlage für eine andere Abgabe (insbesondere 1. Säumniszuschlag) dar, so ist im Jahresbescheid über die Höhe dieser Umsatzsteuervorauszahlung abzusprechen (siehe Erlass des BMF vom 14. Dezember 1995, Z 05 0801/1-IV/5/95, AÖF Nr. 5/1996).

(AÖF Nr. 2014/164, BMF-AV Nr. 2016/212, BMF-AV Nr. 2017/171)

Randzahlen 2787 bis 2793: *Derzeit frei.*

21.4. Veranlagung

Im Zusammenhang mit der Veranlagung steht die grundsätzliche Verpflichtung des Unternehmers zur Abgabe einer Umsatzsteuererklärung für das abgelaufene Kalenderjahr. Nicht hiezu verpflichtet sind 2794

- Kleinunternehmer im Sinne des § 21 Abs. 6 UStG 1994,
- Unternehmer, die unter die Durchschnittssatzbesteuerung des § 22 UStG 1994 fallen und keine zusätzliche Steuer (siehe dazu Rz 2871 bis Rz 2873) zu entrichten haben,
- ausländische Unternehmer, die nur steuerfreie Umsätze gemäß § 1 Abs. 2 der VO des BMF, BGBl. II Nr. 584/2003 über die umsatzsteuerliche Behandlung der Lieferungen und des Vorsteuerabzuges (Einfuhrumsatzsteuer) ausländischer Unternehmer bewirken (§ 1 Abs. 3 Z 3 dieser VO),
- Unternehmer ohne Sitz und ohne Betriebsstätte im Inland, die im Inland keine Umsätze oder nur Umsätze ausführen, bei denen die Steuerschuld gemäß § 19 Abs. 1 UStG 1994 auf den Leistungsempfänger übergeht (Ausnahmen siehe Rz 2795 und Rz 2796).

Zu den möglichen Folgen der Veranlagung siehe Rz 2798 bis Rz 2807.

(BMF-AV Nr. 2022/154)

Hat der Unternehmer, der im Inland weder seinen Sitz noch eine Betriebsstätte hat, keine Umsätze im Inland ausgeführt (ausgenommen er wendet eine Sonderregelung nach § 25a, Art. 25a, § 25b UStG 1994 oder eine vergleichbare Regelung gemäß Art. 358 bis 369k RL 2006/112/EG an) oder nur sonstige Leistungen oder Werklieferungen, für die der Leistungsempfänger die Steuer gemäß § 19 Abs. 1 zweiter Satz UStG 1994 schuldet, hat er eine Umsatzsteuererklärung nur abzugeben, wenn 2795

- er selbst als Leistungsempfänger eine Steuer schuldet,
- er eine Steuer auf Grund einer Inrechnungstellung gemäß § 11 Abs. 12 und Abs. 14 UStG 1994 schuldet (siehe zur weiteren Vorgehensweise Rz 2830) oder
- er vom Finanzamt zur Abgabe aufgefordert wird.

(BMF-AV Nr. 2022/154)

Hat der Unternehmer, der im Inland weder sein Unternehmen betreibt noch eine an der Leistungserbringung beteiligte Betriebsstätte hat, im Inland keine Umsätze ausgeführt oder nur Umsätze, für die der Leistungsempfänger die Steuer schuldet, und schuldet er selbst als Leistungsempfänger eine Umsatzsteuer, dann kommt es zu keiner Veranlagung, 2796

- wenn er hinsichtlich der auf ihn übergegangenen Steuer zum vollen Vorsteuerabzug berechtigt ist und
- er nicht auf Grund einer Inrechnungstellung gemäß § 11 Abs. 12 und Abs. 14 UStG 1994 Umsatzsteuer schuldet.

Das gilt nicht, wenn dieser Unternehmer ausdrücklich eine Veranlagung beantragt. Das gilt weiters nicht für nicht im Inland ansässige Unternehmer, die neben der Vorsteuer für die übergegangene Steuerschuld weitere Vorsteuern geltend machen. In diesem Fall sind die Vorsteuern im Veranlagungsverfahren geltend zu machen.

(BMF-AV Nr. 2022/154)

Randzahl 2797: *derzeit frei.*

21.5. Fälligkeit bei Nachforderungen

Da das UStG 1994 nur eine Fälligkeit für Vorauszahlungen (siehe hiezu Rz 2765 und 2766), nicht aber auch eine eigene Fälligkeit für Abschlusszahlungen auf Grund eines Jahresbescheides kennt, ist für die Nachforderungen auf Grund einer Veranlagung stets nur jene Fälligkeit maßgebend, die für die Vorauszahlung vorgesehen ist. 2798

Randzahlen 2799 bis 2805: *derzeit frei.*

21.6. Wegfall der Verpflichtung zur Abgabe einer Steuererklärung für Kleinunternehmer

Übersteigen die Umsätze eines Kleinunternehmers im Veranlagungszeitraum die Grenze von 35.000 Euro netto (bis 31.12.2010: 7.500 Euro netto; bis 31.12.2019: 30.000 Euro netto) nicht, entfällt die Verpflichtung zur Abgabe einer Steuererklärung. 2806

Voraussetzung hiefür ist ua. weiters, dass der Kleinunternehmer für den Veranlagungszeitraum keine Steuer zu entrichten hat. Dies ist der Fall, wenn der Kleinunternehmer keinen der in Rz 2687 bis Rz 2700, Rz 4121 bis Rz 4130 aufgelisteten Tatbestände (zB innergemeinschaftliche Erwerbe) erfüllt hat.

(BMF-AV Nr. 2019/165)

21.7. Erklärungs-, Zahlungs- und Meldepflichten – Übersicht

2807

Umsatz	UVA Abgabe (Umsätze des Vorjahres)	Jahreserklärung (Umsätze des laufenden Jahres)	Zahlung	ZM (**)
0 € – 35.000 €*** (Kleinunternehmer)	Nein	Nein (*)	Nein (*)	Quartal
0 € – 35.000 €*** (Verzicht auf Kleinunternehmerbefreiung)	Nein	Ja	Quartal	Quartal
35.000 €*** – 100.000 €	Quartal	Ja	Quartal	Quartal
Über 100.000 €	Monat	Ja	Monat	Monat

* Ein Kleinunternehmer ist zur Zahlung der Umsatzsteuer und Abgabe einer Jahreserklärung verpflichtet, wenn eine Steuerschuld auf ihn übergeht, er die Erwerbsschwelle überschreitet oder auf sie verzichtet, bei Steuerschuld kraft Rechnungslegung und bei Anwendung der Differenzbesteuerung, siehe Rz 994.

** Eine Zusammenfassende Meldung ist nur erforderlich, wenn ein meldepflichtiger Umsatz erbracht wurde; Meldezeitraum für einen meldepflichtigen Kleinunternehmer ist das Quartal; Leermeldungen sind nicht einzureichen, siehe auch Rz 4151 ff.

*** Bis 31.12.2019: 30.000 Euro.

(BMF-AV Nr. 2019/165)

Randzahlen 2808 bis 2815: *derzeit frei.*

21.8. Schätzungsrichtlinien, Eigenverbrauch

21.8.1. Allgemeines

2816 Auf Grund der Verordnung des BM für Finanzen, BGBl. Nr. 628/1983, idF BGBl. Nr. 499/1985, Schätzungsrichtlinien für die Ermittlung der Höhe des Eigenverbrauches ist die USt für den Eigenverbrauch, der nach § 1 Z 2 dieser Verordnung ermittelt wird und die USt für den Eigenverbrauch gemäß § 1 Abs. 1 Z 2 lit. a UStG 1994 erst in der für den letzten Voranmeldungszeitraum eines Veranlagungszeitraumes abzugebenden Voranmeldung zu berechnen.

Hinsichtlich weiterer Inhalte der Verordnung siehe Rz 2522.

Randzahlen 2817 bis 2820: *derzeit frei.*

21.8.2. Fälligkeit

2821 Auf Grund der Verordnung des BM für Finanzen, BGBl. Nr. 628/1983, idF BGBl. Nr. 499/1985, über die Aufstellung von Schätzungsrichtlinien für die Ermittlung der Höhe des Eigenverbrauches bei bestimmten Unternehmern und über die Fälligkeit der auf den Eigenverbrauch entfallenden USt ist die USt für den Eigenverbrauch, der nach § 1 Z 2 dieser Verordnung ermittelt wird, und die USt für den Eigenverbrauch gemäß § 1 Abs. 1 Z 2 lit. a UStG 1994 am zehnten Tag des zweiten Monates nach Ablauf des Veranlagungszeitraumes fällig. Im Hinblick auf die seit der Erlassung der Verordnung des BM für Finanzen, BGBl. Nr. 628/1983, idF BGBl. Nr. 499/1985, geänderte und derzeit gültige Rechtslage kann als Fälligkeitstag der 15. Tag des zweiten Monats nach Ablauf des Veranlagungszeitraumes angesehen werden.

(AÖF Nr. 2014/164)

21.9. Vorsteuererstattung an ausländische Unternehmer – Allgemeines

(BMF-AV Nr. 2022/154)

21.9.1. Vorsteuerabzug des nicht im Inland ansässigen Unternehmers – Anzuwendendes Verfahren

(BMF-AV Nr. 2022/154)

21.9.1.1. Vorsteuerabzug des Unternehmers ohne Sitz und ohne Betriebsstätte im Inland

(BMF-AV Nr. 2022/154)

Umsätze eines Unternehmers ohne Sitz und ohne Betriebsstätte im Inland, für die er selbst die Steuer schuldet (ausgenommen die Umsätze fallen unter eine Sonderregelung nach § 25a, Art. 25a, § 25b UStG 1994 oder eine Regelung gemäß Art. 358 bis 369k RL 2006/112/EG), sind im Veranlagungsverfahren zu erklären und die für ihre Vorleistungen in Rechnung gestellte Steuer ist ebenfalls im Veranlagungsverfahren geltend zu machen. **2822**

Beispiel:

Ein amerikanischer Unternehmer ohne Sitz oder Betriebsstätte im Inland veranstaltet im Juni 2022 einen Kongress in Wien. Ein deutscher und ein Schweizer Arzt besuchen den Kongress und entrichten dafür eine Teilnahmegebühr.

Der amerikanische Veranstalter erbringt dem deutschen und dem Schweizer Arzt gegenüber sonstige Leistungen iSd § 3a Abs. 11a UStG 1994, die in Österreich der Besteuerung unterliegen. Die Steuerschuld geht nicht auf die teilnehmenden Ärzte über. Der amerikanische Unternehmer hat die Umsätze im Veranlagungsverfahren zu erklären und seine Vorsteuern im Veranlagungsverfahren geltend zu machen. Die teilnehmenden Ärzte sind nicht gemäß § 27 Abs. 4 UStG 1994 zur Einbehaltung und Abfuhr der Umsatzsteuer verpflichtet. Für den amerikanischen Veranstalter besteht jedoch gemäß § 27 Abs. 7 UStG 1994 die Verpflichtung zur Bestellung eines Fiskalvertreters.

Auch steuerbefreite Umsätze, ausgenommen steuerfreie Umsätze im Sinne des § 6 Abs. 1 Z 3 UStG 1994, führen zur Anwendung des Veranlagungsverfahrens.

Zur Erklärungspflicht siehe Rz 2795.

(BMF-AV Nr. 2022/154)

Hat der Unternehmer ohne Sitz oder Betriebsstätte im Inland keine Umsätze oder nur sonstige Leistungen oder Werklieferungen ausgeführt, für die der Leistungsempfänger die Steuer gemäß § 19 Abs. 1 zweiter Satz UStG 1994 schuldet, hat er seine Vorsteuern im Erstattungsverfahren geltend zu machen, ausgenommen, wenn er selbst als Leistungsempfänger eine Steuer schuldet. **2823**

Das gilt auch dann, wenn ein Unternehmer ohne Sitz oder Betriebsstätte Bauleistungen iSd § 19 Abs. 1a UStG 1994 oder andere sonstige Leistungen ausgeführt hat, für die primär nach § 19 Abs. 1 zweiter Satz UStG 1994 und subsidiär nach einer anderen Vorschrift die Steuerschuld auf den Leistungsempfänger übergeht (zB die Übertragung von Treibhausgasemissionszertifikaten iSd § 19 Abs. 1e lit. a UStG 1994 durch einen nicht im Inland ansässigen Unternehmer).

Basiert der Übergang der Steuerschuld nicht auf § 19 Abs. 1 zweiter Satz UStG 1994, hat der Unternehmer ohne Sitz und ohne Betriebsstätte im Inland seine Vorsteuern im Veranlagungsverfahren geltend zu machen. Zur Erklärungspflicht siehe Rz 2795.

(BMF-AV Nr. 2022/154)

Soweit an Unternehmer ohne Sitz oder Betriebsstätte im Inland Umsätze ausgeführt werden, für die diese die Steuer schulden, haben sie die für ihre Vorleistungen in Rechnung gestellte Steuer ebenfalls im Veranlagungsverfahren geltend zu machen. **2824**

Beispiel:

Der in Frankreich ansässige Unternehmer F baut Fenster in ein neu zu errichtendes Wohnhaus in Wien ein. Der in Deutschland ansässige Generalunternehmer D ist mit der Errichtung dieses Bauwerkes beauftragt worden. Nach Fertigstellung liefert D das Gebäude seinem Auftraggeber A, einer Privatperson.

F erbringt eine sonstige Leistung an seinen deutschen Auftraggeber, die in Österreich steuerbar und steuerpflichtig ist. Da D ein Unternehmer ist, geht die Steuerschuld für die sonstige Leistung des F auf ihn über. D erbringt im Inland eine steuerbare und steuerpflichtige Werklieferung an seinen Auftraggeber A. Die Umsatzsteuer für diese Leistungen schuldet D. Bei Zutreffen der Voraussetzungen des § 12 UStG 1994 kann D im Veranlagungsverfahren die gemäß § 19 Abs. 1 zweiter Satz UStG 1994 geschuldete Steuer und allenfalls weitere für Vorleistungen an ihn in Rechnung gestellte Steuern als Vorsteuer abziehen.

Zur Erklärungspflicht siehe Rz 2795.

Zur Veranlagung nicht im Inland ansässiger Unternehmer siehe Rz 2796.

(BMF-AV Nr. 2022/154)

2825 Zu den Besonderheiten bei der Vermietung von Grundstücken durch nicht im Inland ansässige Unternehmer siehe Rz 2601b.

(BMF-AV Nr. 2022/154)

21.9.1.2. Vorsteuerabzug des Unternehmers ohne Sitz jedoch mit Betriebsstätte im Inland, die nicht an der Leistungserbringung beteiligt ist

(BMF-AV Nr. 2022/154)

2826 Zur Betriebsstätte, die an der Leistungserbringung beteiligt ist, siehe Rz 2601.

Hat der nicht im Inland ansässige Unternehmer im Inland nur Leistungen (sonstige Leistungen oder Werklieferungen), für die es zum Übergang der Steuerschuld kommt, ohne Beteiligung seiner inländischen Betriebsstätte erbracht, sind allfällige Vorsteuern des Leistenden trotz Übergangs der Steuerschuld im Veranlagungsverfahren geltend zu machen.

(BMF-AV Nr. 2022/154)

21.9.1.3. Vorsteuerabzug des Unternehmers ohne Sitz, jedoch mit einer an der Leistungserbringung beteiligten Betriebsstätte im Inland

(BMF-AV Nr. 2022/154)

2827 Zur Betriebsstätte, die an der Leistungserbringung beteiligt ist, siehe Rz 2601.

Da es hier zu keinem Übergang der Steuerschuld kommt, ist Steuerschuldner der leistende Unternehmer, der diese Steuer beim zuständigen Finanzamt zu erklären und allenfalls abzuführen hat. Angefallene Vorsteuern sind beim zuständigen Finanzamt im Veranlagungsverfahren geltend zu machen.

(BMF-AV Nr. 2022/154)

Randzahlen 2828 bis 2829: *derzeit frei*

21.9.2. Steuerschuld auf Grund der Inrechnungstellung

2830 Eine Steuerschuld gemäß § 11 Abs. 12 UStG 1994 oder § 11 Abs. 14 UStG 1994 führt für sich allein nicht zu einer Veranlagung. Dh. sofern keine sonstigen Umsätze vorliegen, die zu einer Veranlagung führen, hat der Unternehmer im Falle des § 11 Abs. 12 UStG 1994 oder § 11 Abs. 14 UStG 1994 eine Steuererklärung einzureichen (siehe dazu auch Rz 2795 und Rz 2796). Die Steuer ist festzusetzen.

(BMF-AV Nr. 2022/154)

Randzahlen 2831 bis 2835: *derzeit frei*

21.10. Vorsteuererstattung an ausländische Unternehmer – Verfahren

(BMF-AV Nr. 2022/154)

21.10.1. Vorsteuererstattung an Unternehmer mit Sitz in anderen EU-Mitgliedstaaten

21.10.1.1. Voraussetzungen

2836 Die Vorsteuererstattung für im übrigen Gemeinschaftsgebiet ansässige Unternehmer, die im Inland weder einen Sitz noch eine Betriebsstätte haben, ist nur in den in § 1 Abs. 1 der Verordnung des BM für Finanzen, BGBl. Nr. 279/1995 idgF genannten Fällen zulässig. Hat der im übrigen Gemeinschaftsgebiet ansässige Unternehmer in Österreich eine Betriebsstätte nach § 29 BAO und ist diese als feste Niederlassung zu qualifizieren, von der aus keine Umsätze bewirkt werden (siehe EuGH 25.10.2012, Rs C-318/11, *Daimler*), soll die Vorsteuererstattung durch das Finanzamt Österreich, Dienststelle Graz-Stadt, durchgeführt werden. Die der Betriebsstätte zugeordnete Dienststelle des Finanzamtes Österreich hat die Dienststelle Graz-Stadt entsprechend zu informieren. Das Finanzamt für Großbetriebe hat in diesen Fällen die Vorsteuererstattung mittels Bescheid an das Finanzamt Österreich zu delegieren.

Im übrigen Gemeinschaftsgebiet ansässige Unternehmer, die andere als die in § 1 Abs. 1 Z 2 bis Z 4 der Verordnung des BM für Finanzen, BGBl. Nr. 279/1995 idgF genannten Umsätze im Inland erzielen, werden gemäß § 60 Abs. 2 Z 2 BAO idF BGBl. I Nr. 104/2019 (FORG) beim Finanzamt Österreich, Dienststelle Graz-Stadt, zur Umsatzsteuer veranlagt. Zur Vermietung von Grundstücken durch nicht im Inland ansässige Unternehmer siehe Rz 2601 sowie zur Rechtslage vor dem 20.7.2022 siehe Rz 2601b.

Dies gilt insbesondere nicht für Unternehmer, die einer Sonderregelung gemäß Art. 369a bis 369k MwSt-RL 2006/112/EG im Inland oder in einem anderen Mitgliedstaat unterliegen, und die nicht verpflichtet sind, gemäß § 21 Abs. 4 UStG 1994 eine Steuererklärung abzugeben (vgl. Art. 25a Abs. 15 UStG 1994 idgF).

Beispiel:

Ein in Frankreich zur Sonderregelung gemäß Art. 369a bis 369k MwSt-RL 2006/112/EG (EU-OSS, vgl. Rz 4297 ff.) registrierter IT-Unternehmer hat im Jahr 2015 Aufwendungen im Zusammenhang mit der Sonderregelung unterliegenden Umsätzen für die er in Österreich gemäß § 12 UStG 1994 vorsteuerabzugsberechtigt ist. Die Vorsteuer ist im Rahmen des Vorsteuererstattungsverfahrens geltend zu machen, auch wenn der Unternehmer steuerpflichtige Umsätze in Österreich ausführt, die unter die Sonderregelung fallen.

Führt der Unternehmer jedoch in Österreich darüber hinaus auch Umsätze aus, für die er gemäß § 21 Abs. 4 UStG 1994 verpflichtet ist (zB steuerpflichtige Lieferungen im Inland), eine Steuererklärung abzugeben, muss die Vorsteuer im Rahmen des Veranlagungsverfahrens geltend gemacht werden.

Nordirland gilt hinsichtlich der Bestimmungen zu Waren auch nach 31.12.2020 als übriges Gemeinschaftsgebiet (vgl. Rz 146 ff).

(BMF-AV Nr. 2019/165, BMF-AV Nr. 2020/192, BMF-AV Nr. 2021/166, BMF-AV Nr. 2022/154)

21.10.1.2. Erstattungszeitraum

Der Erstattungszeitraum kann wahlweise mindestens drei Monate bis höchstens ein **2837** Kalenderjahr betragen. Der Erstattungszeitraum kann kürzer als drei Monate sein, wenn sich der Antrag auf die letzten Monate des Kalenderjahres bezieht (zB November und Dezember oder nur Dezember).

In einem vom Unternehmer gemäß § 2 der VO des BM für Finanzen, BGBl. Nr. 279/1995 idgF einmal gewählten Erstattungszeitraum kann nur ein (zusammengefasster) Antrag für ein und denselben Zeitraum gestellt werden. Nur in Nordirland ansässige Unternehmer können neben einem Antrag für Lieferungen zusätzlich für denselben Zeitraum einen Vorsteuererstattungsantrag für sonstige Leistungen nach den Vorgaben für Drittlandsunternehmer stellen (vgl. Rz 148).

In einem Antrag können jedoch auch abziehbare Vorsteuern enthalten sein, die in vorangegangene Erstattungszeiträume des Antragsjahres fallen, soweit diese noch nicht geltend gemacht worden sind und die Frist zur Abgabe des Erstattungsantrages für diese Erstattungszeiträume (30. September des Folgejahres) noch nicht abgelaufen ist.

Zusätzliche Erstattungsanträge im Rechtsmittelverfahren können nur dann berücksichtigt werden, wenn diese noch in der Einreichungsfrist erfolgen.

(BMF-AV Nr. 2021/166)

21.10.1.3. Verfahrensbestimmungen

21.10.1.3.1. Antragstellung

Der Antragsteller hat den Erstattungsantrag ausnahmslos auf elektronischem Weg über **2838** das von seinem Ansässigkeitsstaat eingerichtete elektronische Portal zu übermitteln.

Der Ansässigkeitsstaat überprüft die Vollständigkeit und Zulässigkeit des Antrages (zB Vorliegen der Unternehmereigenschaft) und leitet diesen bei Vorliegen der entsprechenden Voraussetzungen an den Erstattungsstaat weiter. Der Antragsteller wird vom Ansässigkeitsstaat über die Weiterleitung oder die nicht erfolgte Weiterleitung in Kenntnis gesetzt.

Eine Antragstellung beim für die Durchführung des Erstattungsverfahrens in Österreich zuständigen Finanzamt Österreich, Dienststelle Graz-Stadt, ist unzulässig.

Originale oder Durchschriften von Rechnungen oder Einfuhrdokumenten sind nicht gemeinsam mit dem Antrag einzureichen, können aber im Rahmen des Vorhalteverfahrens (auch per E-Mail) angefordert werden. Darüber hinaus ist auch die Einholung weiterer, für die Erledigung des Antrages notwendiger Informationen zulässig.

21.10.1.3.2. Frist

Die Frist zur Abgabe des Erstattungsantrages endet am 30. September des Folgejahres (§ 3 Abs. 1 der VO des BM für Finanzen, BGBl. Nr. 279/1995 idgF).

Diese Frist ist in der Richtlinie 2008/9/EG, ABl. Nr. L 44 vom 12.02.2008 S. 23 als Fallfrist vorgesehen und daher nicht nach den Vorschriften der nationalen BAO erstreckbar (weder durch Fristverlängerungsansuchen noch durch Aufnahme in die Fristenliste, siehe hierzu auch EuGH 21.06.2012, Rs C-294/11, *Elsacom NV*).

Erstattungsanträge für vor 1.1.2021 anfallende Vorsteuern eines im Gebiet des Vereinigten Königreichs ansässigen Unternehmers sind spätestens am 31. März 2021 zu stellen.

21.10.1.3.3. Erstattungsbetrag

Der zu erstattende Betrag für einen Antragszeitraum muss mindestens 400 Euro betragen, es sei denn, der Erstattungszeitraum ist das Kalenderjahr oder der letzte Zeitraum eines Kalenderjahres; in diesen Fällen muss der zu erstattende Betrag mindestens 50 Euro betragen.

21.10.1.3.4. Bescheidzustellung

Der Bescheid wird an die Finanzverwaltung des Ansässigkeitsstaates auf demselben elektronischen Weg übermittelt, wie der Erstattungsantrag bei der Finanzverwaltung im Erstattungsstaat eingelangt ist.

Über die Art der Zustellung (über das elektronische Portal des Ansässigkeitsstaates oder in Papierform) entscheidet der Ansässigkeitsstaat. Die Zustellung gilt mit dem Einlangen im elektronischen Portal des Mitgliedstaates, in dem der Unternehmer ansässig ist, als bewirkt, wenn der Ansässigkeitsstaat eine elektronische Zustellung (mittels elektronischem Postfach) vorsieht (§ 3 Abs. 3 der VO des BM für Finanzen, BGBl. Nr. 279/1995 idF BGBl. II Nr. 16/2021; anzuwenden ab dem Kalenderjahr 2021).

Jene Unternehmer, deren Ansässigkeitsstaaten es ablehnen, die Bescheide der österreichischen Finanzverwaltung zuzustellen, erhalten den Bescheid direkt an die im Erstattungsantrag angegebene E-Mail-Adresse zugestellt. Die Zustellung der E-Mail gilt mit deren Absendung als bewirkt, ausgenommen, der Antragsteller weist nach, dass ihm die E-Mail nicht zugestellt wurde (vgl. § 3 Abs. 3 iVm § 3 Abs. 1 der Verordnung des BM für Finanzen, BGBl. Nr. 279/1995 idgF).

21.10.1.3.5. Säumnisabgeltung

Erfolgt die Erstattung nicht innerhalb der vorgesehenen Frist, hat der Antragsteller Anspruch auf Zahlung einer Säumnisabgeltung (§ 3 Abs. 4 bis 11 der VO des BM für Finanzen, BGBl. Nr. 279/1995 idgF).

Kann der Antrag ohne zusätzliche Informationen des Antragstellers erledigt werden, entsteht der Anspruch auf eine Säumnisabgeltung, wenn die Zahlung des Erstattungsbetrages nicht spätestens vier Monate und zehn Werktage nach Eingang des Erstattungsantrages bei der Erstattungsbehörde erfolgt ist.

Hat die Erstattungsbehörde zusätzliche Informationen angefordert, entsteht der Anspruch auf eine Säumnisabgeltung, wenn die Zahlung des Erstattungsbetrages nicht nach zehn Werktagen nach Ablauf von zwei Monaten ab Eingang der entsprechenden Informationen erfolgt ist; frühestens jedoch nach zehn Werktagen nach Ablauf von sechs Monaten ab Eingang des Erstattungsantrages.

Sind darüber hinaus noch weitere Informationen erforderlich, entsteht der Anspruch auf eine Säumnisabgeltung mit Ablauf von zehn Werktagen nach Ablauf von acht Monaten ab Eingang des Erstattungsantrages.

Die Zahlung gilt mit Ablauf von zehn Werktagen nach dem Tag der Bekanntgabe des Erstattungsbescheides als erfolgt, soweit nicht der Unternehmer den Nachweis einer späteren Zahlung erbringt.

Auch eine Pfändung des Erstattungsbetrages oder dessen Verwendung zur Tilgung fälliger Abgabenschulden des Antragstellers gegenüber dem Bund gelten als Zahlung.

(AÖF Nr. 2014/7, BMF-AV Nr. 2020/192, BMF-AV Nr. 2021/166)

21.10.1.4. Von der Erstattung ausgeschlossene Vorsteuern

2839 Das Erstattungsverfahren ist nicht anwendbar auf

- fälschlich in Rechnung gestellte Mehrwertsteuerbeträge, sowie
- auf in Rechnung gestellte Mehrwertsteuerbeträge für Ausfuhrlieferungen (Abholfall) oder innergemeinschaftliche Lieferungen, die steuerfrei sind oder von der Steuer befreit werden können (Art. 4 Richtlinie 2008/9/EG, ABl. Nr. L 44 vom 12.02.2008 S. 23).

In diesen Fällen muss sich der Leistungsempfänger um eine Rechnungsberichtigung beim Rechnungsaussteller bemühen.

Steht jedoch endgültig fest, dass eine Lieferung von Gegenständen nicht steuerfrei erfolgen kann (zB mangels Beförderungs- oder Versendungsnachweis, Näheres hierzu siehe Rz 4006), bleibt die VorsteuererstattungsVO bei Vorliegen aller weiteren Voraussetzungen grundsätzlich anwendbar. Dies gilt nicht, wenn der Erwerber seine Pflicht nach Art. 55 VO (EU) 282/2011 verletzt, indem er seinem Lieferer seine UID nicht mitteilt.

(BMF-AV Nr. 2019/165)

21.10.1.5. Erstattungsfähige Vorsteuern

Erstattungsfähig sind österreichische Vorsteuern nach Maßgabe des § 12 UStG 1994. Die Abzugsmöglichkeit im Ausland hat keinen Einfluss auf die Erstattung in Österreich. So können Vorsteuern im Zusammenhang mit Aufwendungen für PKW auch dann nicht erstattet werden, wenn im Sitzstaat dafür ein Vorsteuerabzug zulässig ist. Hotelleistungen an ein Unternehmen, das für verdiente Mitarbeiter Incentivereisen durchführt, sind Reisevorleistungen im Sinne des § 23 Abs. 4 UStG 1994. Der Unternehmer, der diese Incentivereisen durchführt, ist nicht berechtigt, die ihm für diese Reisevorleistungen gesondert in Rechnung gestellten Steuerbeträge als Vorsteuer geltend zu machen (§ 23 Abs. 8 UStG 1994). Aus diesem Grunde kann die Umsatzsteuer für die Hotelkosten der Reisenden nicht refundiert werden. 2840

Nach § 13 Abs. 3 UStG 1994 können Unternehmer, die nicht der inländischen Einkommensbesteuerung unterliegen oder deren Arbeitnehmer im Inland nicht unter den Steuerabzug von Arbeitslohn fallen, aus Anlass einer Geschäfts- oder Dienstreise nur jene Vorsteuerbeträge abziehen, die in einer Rechnung an sie gesondert ausgewiesen werden. Vorsteuern betreffend Reisekosten der Arbeitnehmer von nicht der inländischen Einkommenbesteuerung unterliegenden Unternehmern können auch dann nicht aus einkommensteuerrechtlichen Pauschbeträgen errechnet werden, wenn die Einkünfte dieser Arbeitnehmer dem Steuerabzug vom Arbeitslohn im Inland unterliegen (VwGH 26.2.2015, 2012/15/0067).

Ein Anspruch auf Vorsteuererstattung besteht nur, wenn der Unternehmer Umsätze bewirkt, die ihm in seinem Ansässigkeitsstaat das Recht zum Vorsteuerabzug vermitteln.

Einem Unternehmer, der im Gemeinschaftsgebiet ansässig ist und Umsätze ausführt, die zum Teil den Vorsteuerabzug ausschließen, wird die Vorsteuer höchstens in der Höhe erstattet, in der er in dem Mitgliedstaat, in dem er ansässig ist, zum Vorsteuerabzug berechtigt wäre.

Umsatzsteuer, die von pauschalierten Land- und Forstwirten (§ 22 UStG 1994) für Ausfuhrlieferungen bzw. innergemeinschaftliche Lieferungen wegen der Nichtanwendbarkeit des § 7 UStG 1994 bzw. des Art. 7 UStG 1994 in Rechnung gestellt wird, ist erstattungsfähig.

(BMF-AV Nr. 2016/212)

Randzahlen 2841 und 2842: *derzeit frei.*

(BMF-AV Nr. 2021/166)

21.10.2. Vorsteuererstattung an Unternehmer mit Sitz im Drittlandsgebiet

21.10.2.1. Voraussetzungen

Die Vorsteuererstattung für im Drittlandsgebiet ansässige Unternehmer, die im Inland weder einen Sitz noch eine Betriebsstätte haben, ist nur in den in § 1 Abs. 1 der Verordnung des BM für Finanzen, BGBl. Nr. 279/1995 idgF genannten Fällen zulässig. Hat der im Drittlandsgebiet ansässige Unternehmer in Österreich eine Betriebsstätte nach § 29 BAO und ist diese als feste Niederlassung zu qualifizieren, von der aus keine Umsätze bewirkt werden, soll die Vorsteuererstattung durch das Finanzamt Österreich, Dienststelle Graz-Stadt, durchgeführt werden. Die der Betriebsstätte zugeordnete Dienststelle des Finanzamtes Österreich hat die Dienststelle Graz-Stadt entsprechend zu informieren. Das Finanzamt für Großbetriebe hat in diesen Fällen die Vorsteuererstattung mittels Bescheid an das Finanzamt Österreich zu delegieren (vgl. auch Rz 2836). 2843

Im Drittlandsgebiet ansässige Unternehmer, die andere als die in § 1 Abs. 1 Z 2 bis Z 4 der Verordnung des BM für Finanzen, BGBl. Nr. 279/1995 idgF genannten Umsätze im Inland erzielen, werden gemäß § 60 Abs. 2 Z 2 BAO idF BGBl. I Nr. 104/2019 (FORG) beim Finanzamt Österreich, Dienststelle Graz-Stadt, zur Umsatzsteuer veranlagt. Zur Vermietung von Grundstücken durch nicht im Inland ansässige Unternehmer siehe Rz 2601 sowie zur Rechtslage vor dem 20.7.2022 siehe Rz 2601b.

(AÖF Nr. 2014/164, BMF-AV Nr. 2020/192, BMF-AV Nr. 2021/166, BMF-AV Nr. 2022/154)

21.10.2.2. Erstattungszeitraum

Der Erstattungszeitraum kann wahlweise mindestens drei Monate bis höchstens ein Kalenderjahr betragen. Der Erstattungszeitraum kann kürzer als drei Monate sein, wenn sich der Antrag auf die letzten Monate des Kalenderjahres bezieht (zB November und Dezember oder nur Dezember). In diesem Antrag können auch abziehbare Vorsteuern enthalten sein, die in vorangegangene Erstattungszeiträume des Antragsjahres fallen. 2844

In einem vom Unternehmer gemäß § 2 der VO des BM für Finanzen, BGBl. Nr. 279/1995 idgF, einmal gewählten Erstattungszeitraum kann nur ein (zusammengefasster) Antrag für ein und denselben Zeitraum gestellt werden. Sollte ein ergänzender Antrag noch vor Ablauf der Einreichungsfrist (30. Juni des Folgejahres, siehe die folgende Rz 2845) eingereicht werden, ist dieser nur dann zu berücksichtigen, wenn der Unternehmer gleichzeitig nachweist, dass es sich hierbei um keine Doppelerstattung handelt. Zusätzliche Erstattungsanträge im Rechtsmittelverfahren können nur dann berücksichtigt werden, wenn diese noch in der Einreichungsfrist erfolgen.

(BMF-AV Nr. 2021/166)

21.10.2.3. Verfahrensbestimmungen

21.10.2.3.1. Antragstellung

2845 Der Antragsteller hat den Erstattungsantrag mit dem hierfür vorgesehenen Formular U 5 ausnahmslos schriftlich (weder elektronisch noch per FAX) bei dem für die Durchführung des Erstattungsverfahrens in Österreich zuständigen Finanzamt Österreich, Dienststelle Graz-Stadt, einzubringen. Der Antrag ist vom Steuerpflichtigen selbst oder von dessen Bevollmächtigten zu unterschreiben (EuGH 3.12.2009, Rs C-433/08, *Yaesu Europe BV*).

21.10.2.3.2. Unternehmerbescheinigung

Um eine Vorsteuererstattung nach der VO des BM für Finanzen, BGBl. Nr. 279/1995 idgF, zu erhalten, muss der (ausländische) Unternehmer, der im Inland keine Umsätze erzielt, durch eine Bescheinigung des Staates, in dem er ansässig ist, den Nachweis erbringen, dass er als Unternehmer unter einer Steuernummer eingetragen ist (§ 3a Abs. 1 der VO des BM für Finanzen, BGBl. Nr. 279/1995 idgF). Auf dieses formale Erfordernis des Vorliegens einer Bescheinigung über die Unternehmereigenschaft kann nicht verzichtet werden.

21.10.2.3.3. Vorlage von Originaldokumenten

Weiters müssen dem Antrag zwingend die Originale der Rechnungen oder Einfuhrdokumente, für die die Erstattung der darin ausgewiesenen Mehrwertsteuer beantragt wird, sowie eine diesbezügliche Aufstellung beigelegt werden.

Kopien können nicht akzeptiert werden, die Nachreichung von Originalbelegen kann nur dann zu einer Erstattung führen, wenn sie noch innerhalb der Antragsfrist (siehe den nachfolgenden Punkt) erfolgt.

21.10.2.3.4. Antragsfrist zur Abgabe von Erstattungsanträgen

Die Frist zur Abgabe des Erstattungsantrages endet am 30. Juni des Folgejahres. Diese Frist ist in der 13. Richtlinie 86/560/EWG, ABl. Nr. L 326 vom 21.11.1986 als Fallfrist vorgesehen und daher nicht nach den Vorschriften der nationalen BAO erstreckbar (weder durch Fristverlängerungsansuchen noch durch Aufnahme in die Fristenliste, siehe hierzu auch EuGH 21.06.2012, Rs C-294/11, *Elsacom NV*).

(AÖF Nr. 2014/7, BMF-AV Nr. 2020/192, BMF-AV Nr. 2021/166)

21.10.2.4. Von der Erstattung ausgeschlossene Vorsteuern

2846 Von der Erstattung ausgeschlossen sind die Vorsteuerbeträge, die auf den Bezug von Kraftstoff nach dem 14.1.2021 entfallen (§ 3a Abs. 2 der VO des BM für Finanzen, BGBl. Nr. 279/1995 idF BGBl. II Nr. 16/2021). Der Ausschluss gilt für alle Arten von Kraftstoffen und umfasst daher zB auch Kraftstoffe für Schiffe, nicht jedoch zB Mittel zur Abgasnachbehandlung.

Das Erstattungsverfahren ist nicht anwendbar für Lieferungen von Gegenständen, die

- von der Steuer befreit sind oder
- nach Art. 7 UStG 1994 (innergemeinschaftliche Lieferung) befreit werden können, wenn die gelieferten Gegenstände vom Erwerber oder für dessen Rechnung versandt oder befördert werden (Art. 171 Abs. 3 MwSt-RL 2006/112/EG).

In diesen Fällen muss sich der Leistungsempfänger um eine Rechnungsberichtigung beim Rechnungsaussteller bemühen.

Steht jedoch endgültig fest, dass eine Lieferung von Gegenständen nicht steuerfrei erfolgen kann (zB mangels Beförderungs- oder Versendungsnachweis, Näheres hierzu siehe Rz 4006), bleibt die VorsteuererstattungsVO bei Vorliegen aller weiteren Voraussetzungen grundsätzlich anwendbar.

Entsprechend der Rechtsprechung des EuGH sind weiters auch nur Vorsteuern, die auf Grund einer Leistung im Inland geschuldet werden (EuGH 13.12.1989, Rs C-342/87, „Genius Holding") erstattungsfähig.

Wird daher fälschlich für einen im Inland nicht steuerbaren Umsatz österreichische Mehrwertsteuer in Rechnung gestellt, so ist eine Erstattung insoweit ebenfalls ausgeschlossen.

(BMF-AV Nr. 2021/166)

21.10.2.5. Erstattungsfähige Vorsteuern

Siehe sinngemäß Rz 2840. **2847**

(BMF-AV Nr. 2016/212)

21.10.2.6. Fiskalvertreter, Zustellungsbevollmächtigter, Vertreter von Personenvereinigungen

Der im Drittland ansässige Unternehmer benötigt für das Erstattungsverfahren keinen Fiskalvertreter oder sonstigen Parteienvertreter. Allenfalls kann vom im Drittland ansässigen Unternehmer die Namhaftmachung eines (inländischen) Zustellungsbevollmächtigten verlangt werden (§ 10 Zustellgesetz). **2848**

Kommen bei einer Personenvereinigung (Personengemeinschaft) zur Erfüllung der abgabenrechtlichen Pflichten mehrere Personen in Betracht, so haben diese hierfür eine Person aus ihrer Mitte oder einen gemeinsamen Bevollmächtigten (zB berufsmäßiger Parteienvertreter) der Abgabenbehörde gegenüber als vertretungsbefugte Person namhaft zu machen, die solange als zur Empfangnahme von Schriftstücken der Abgabenbehörde ermächtigt gilt, als nicht eine andere Person als Zustellungsbevollmächtigter namhaft gemacht wird.

Wurde kein solcher Zustellungsbevollmächtigter genannt, kann die Abgabenbehörde eine der hierfür in Betracht kommenden Personen als Vertreter mit Wirkung für die Gesamtheit bestellen (siehe auch § 81 BAO).

Randzahl 2849: *derzeit frei.*

(BMF-AV Nr. 2021/166)

21.11. Vorsteuererstattung an österreichische Unternehmer

21.11.1. Vorsteuererstattung an österreichische Unternehmer durch andere EU-Mitgliedstaaten (Rechtslage für ab 1.1.2010 gestellte Erstattungsanträge)

21.11.1.1. Vorsteuererstattungsverfahren in Österreich

21.11.1.1.1. Antragstellung

Ein im Inland ansässiger Unternehmer, der einen Antrag auf Erstattung von Vorsteuerbeträgen in einem anderen Mitgliedstaat stellt, hat diesen Antrag ausnahmslos elektronisch über Finanz-Online einzureichen. **2850**

Für jeden Mitgliedstaat, in dem eine Rückerstattung von Vorsteuern beantragt werden soll, ist ein gesonderter Antrag einzubringen.

(AÖF Nr. 2014/7)

21.11.1.1.2. Frist

Die Frist zur Abgabe des Erstattungsantrages endet am 30. September des Folgejahres (Artikel 15 der Richtlinie 2008/9/EG, siehe hierzu auch das Urteil des EuGH 21.06.2012, Rs C-294/11, *Elsacom NV*, nach dem diese Frist nicht erstreckbar ist).

21.11.1.1.3. Inkrafttreten

§ 21 Abs. 11 UStG 1994 gilt für Erstattungsanträge, die nach dem 31.12.2009 gestellt werden. Der Zeitraum, auf den sich der Erstattungsantrag bezieht, ist somit nicht ausschlaggebend.

21.11.1.2. Vorsteuererstattungsverfahren im Erstattungsmitgliedstaat

Das Recht auf Vorsteuerabzug richtet sich danach, wie dies der jeweilige Erstattungsmitgliedstaat innerstaatlich geregelt hat. **2850a**

Vorsteuern, die in Österreich abzugsfähig sind, können in anderen Mitgliedstaaten gänzlich oder zum Teil vom Abzug ausgeschlossen sein (zB Reise-oder Hotelkosten).

Darüber hinaus sind die – neben dem eigentlichen Vorsteuererstattungsverfahren – geltenden allgemeinen Verfahrensbestimmungen (zB hinsichtlich der Frist zur Einbringung von Rechtsmitteln) in den übrigen Mitgliedstaaten nicht einheitlich geregelt.

Über folgende Internetseite können die von den Mitgliedstaaten bei der EU hinterlegten allgemeinen Informationen abgerufen werden:

http://ec.europa.eu/taxation_customs/taxation/vat/traders/vat_refunds/index_de.htm

21.11.2. Vorsteuererstattung an österreichische Unternehmer durch Drittlandsstaaten

2850b In diesen Fällen gelten für eine Vorsteuererstattung an in Österreich ansässige Unternehmer – wie bisher – die im jeweiligen Erstattungsstaat vorgesehenen Vorschriften.
(BMF-AV Nr. 2015/170)

22. Besteuerung der Umsätze bei land- und forstwirtschaftlichen Betrieben (§ 22 UStG 1994)

§ 22 UStG 1994 regelt die Besteuerung bei nichtbuchführungspflichtigen Unternehmern, deren im Rahmen eines land- und forstwirtschaftlichen Betriebes ausgeführte Umsätze 600.000 Euro (400.000 Euro für Veranlagungszeiträume bis 2022) nicht übersteigen (siehe Rz 2853), abschließend, sodass die anderen Vorschriften des UStG 1994 nur anwendbar sind, soweit § 22 UStG 1994 darauf verweist oder erkennbar ihren Inhalt voraussetzt. **2851**

Geht bei Leistungsbezügen für den land- und forstwirtschaftlichen Betrieb die Steuerschuld auf den pauschalierten Land- und Forstwirt als Leistungsempfänger über (zB gemäß § 19 Abs. 1 zweiter Satz oder Abs. 1b UStG 1994), kommt § 22 UStG 1994 nicht zur Anwendung und muss die geschuldete Steuer daher an das Finanzamt abgeführt werden (zB Errichtung eines Wirtschaftsgebäudes durch einen ausländischen Unternehmer). Dies gilt auch für die im Zusammenhang mit innergemeinschaftlichen Erwerben gemäß Art. 1 UStG 1994 anfallende Steuer (zB Kauf eines Traktors aus dem EU-Ausland). In beiden Fällen ist ein zusätzlicher Vorsteuerabzug nicht möglich, weil dieser im Rahmen der Durchschnittssatzbesteuerung berücksichtigt wird. Hinsichtlich der Aufzeichnungs- und Erklärungspflichten gelten die allgemeinen Vorschriften (Verpflichtung zur Abgabe einer Steuererklärung bei innergemeinschaftlichen Erwerben und Umsätzen, bei denen es zum Übergang der Steuerschuld kommt).

Zur Einbehaltungs- und Abfuhrverpflichtung gemäß § 27 Abs. 4 UStG 1994 bei Erwerben aus dem übrigen Gemeinschaftsgebiet, die der Versandhandelsregelung iSd Art. 3 Abs. 3 UStG 1994 unterliegen und bei denen der leistende Unternehmer die Besteuerung nicht nach der Sonderregelung gemäß Art. 25a UStG 1994 (EU-OSS-Verfahren) vornimmt, siehe Rz 3491 ff.

(BMF-AV Nr. 2022/154)

22.1. Durchschnittssatzbesteuerung

§ 22 Abs. 1 UStG 1994 sieht vor, dass für die im Rahmen eines land- und forstwirtschaftlichen Betriebes ausgeführten Umsätze die Umsatzsteuer unter Anwendung eines bestimmten Durchschnittssteuersatzes festgesetzt wird, und ordnet diesen Umsätzen Vorsteuerbeträge in gleicher Höhe zu. Daraus ergibt sich, dass nur die im Pauschalierungszeitraum bewirkten („ausgeführten") Umsätze der Pauschalbesteuerung unterliegen. Die Pauschalierung nach § 22 UStG 1994 ist daher dem Grunde nach eine Besteuerung nach vereinbarten Entgelten und knüpft nicht an die im Pauschalbesteuerungszeitraum vereinnahmten Entgelte an. Umsätze, die in Zeiträumen ausgeführt wurden, für welche der Landwirt zur Regelbesteuerung optiert hatte, fallen demzufolge auch dann nicht unter die Pauschalbesteuerung, wenn das Entgelt hiefür nach Übergang zur Pauschalbesteuerung vereinnahmt wurde (vgl. VwGH 24.10.2019, Ro 2018/15/0021). **2852**

Die Regelung ist auch dann anwendbar, wenn ein nicht buchführungspflichtiger Land- und Forstwirt freiwillig Bücher oder Aufzeichnungen führt, sofern die Umsatzgrenze von 600.000 Euro (400.000 Euro für Veranlagungszeiträume bis 2022) nicht überschritten wird.

(BMF-AV Nr. 2015/170, BMF-AV Nr. 2020/192, BMF-AV Nr. 2022/154)

Ob für den Unternehmer für einen land- und forstwirtschaftlichen Betrieb Buchführungspflicht besteht, richtet sich nach den §§ 124 und 125 BAO. Für Veranlagungszeiträume bis einschließlich 2014 bestimmt sich die Anwendbarkeit des § 22 Abs. 1 UStG 1994 allein nach der Buchführungspflicht. Nach der ab 1.1.2015 geltenden Rechtslage ist für die Anwendung der Durchschnittssatzbesteuerung gemäß § 22 Abs. 1 UStG 1994 idF BudBG, BGBl. I Nr. 40/2014, durch nichtbuchführungspflichtige Unternehmer weitere Voraussetzung, dass die im Rahmen des land- und forstwirtschaftlichen Betriebes ausgeführten Umsätze höchstens 400.000 Euro betragen. Bis 31.12.2019 galt dies – im Unterschied zu der vor dem 1.1.2015 geltenden Rechtslage – auch dann, wenn der nach § 125 Abs. 1 lit. b BAO idF vor dem KonStG, BGBl. I Nr. 96/2020, für die Buchführungspflicht alternativ maßgebliche Einheitswert von 150.000 Euro unter Berücksichtigung der Ver- und Zupachtungen nicht überschritten wurde. Wurde diese Wertgrenze hingegen überschritten, bestand nach Maßgabe des § 125 Abs. 3 BAO idF vor dem KonStG Buchführungspflicht und es war § 22 Abs. 1 UStG 1994 unabhängig von der Umsatzhöhe nicht anwendbar. Mit Wirkung ab 1.1.2020 ist die Einheitswertgrenze als Beurteilungskriterium für die Buchführungspflicht entfallen. **2853**

Für Veranlagungszeiträume, die nach dem 31.12.2022 beginnen, wurde die Umsatzgrenze für nichtbuchführungspflichtige Unternehmer, die im Rahmen eines land- und forstwirtschaftlichen Betriebes Umsätze ausführen, hinsichtlich der Anwendung der land- und forstwirtschaftlichen Pauschalregelung auf 600.000 Euro angehoben.

Für die Ermittlung der Umsatzgrenze von 600.000 Euro (400.000 Euro für Veranlagungszeiträume bis 2022) und für den Zeitpunkt des Eintritts der aus der Über- oder Unterschreitung dieser Betragsgrenze resultierenden Rechtsfolgen ist § 125 BAO sinngemäß anzuwenden. Übersteigen demnach bei bisher unter die Durchschnittssatzbesteuerung fallenden land- und forstwirtschaftlichen Betrieben die Umsätze in zwei aufeinanderfolgenden Jahren jeweils die Umsatzgrenze, so ist § 22 Abs. 1 UStG 1994 mit Beginn des darauf zweitfolgenden Kalenderjahres nicht mehr anwendbar. Betragen die Umsätze des land- und forstwirtschaftlichen Betriebes in zwei aufeinander folgenden Kalenderjahren höchstens 600.000 Euro (400.000 Euro für Veranlagungszeiträume bis 2022), fällt der Land- und Forstwirt bereits ab Beginn des darauf folgenden Kalenderjahres in die Durchschnittssatzbesteuerung zurück, es sei denn der Unternehmer gibt fristgerecht eine Optionserklärung gemäß § 22 Abs. 6 UStG 1994 ab. Durch den damit verbundenen Wechsel der Besteuerungsart kann es gemäß § 12 Abs. 12 iVm § 22 Abs. 1 UStG 1994 zu Vorsteuerberichtigungen kommen (siehe Rz 2857a ff.).

Beispiel 1:

Der bisher unter die land- und forstwirtschaftliche Pauschalierung fallende Landwirt A führt im Kalenderjahr (Veranlagungszeitraum) 2023 Umsätze iHv 630.000 Euro aus. Im Kalenderjahr 2024 betragen seine Umsätze 670.000 Euro.

Lösung:

Landwirt A kann die Pauschalregelung des § 22 UStG 1994 gemäß § 22 Abs. 1a UStG 1994 iVm § 125 Abs. 3 BAO ab dem Veranlagungsjahr 2026 nicht in Anspruch nehmen.

Beispiel 2:

Der bisher unter die land- und forstwirtschaftliche Pauschalierung fallende Landwirt A führt im Kalenderjahr (Veranlagungszeitraum) 2023 Umsätze iHv 510.000 Euro aus. Im Kalenderjahr 2024 betragen seine Umsätze 620.000 Euro.

Lösung:

Landwirt A kann die Pauschalregelung des § 22 UStG 1994 jedenfalls in den Veranlagungsjahren 2023 bis 2026 in Anspruch nehmen, weil die jeweilige maßgebliche Umsatzgrenze (2022: 400.000 Euro, 2023 und 2024: 600.000 Euro) nicht in zwei aufeinanderfolgenden Jahren überschritten wurde.

Zur Rechnungslegung siehe Rz 2858.

(AÖF Nr. 2014/7, BMF-AV Nr. 2015/170, BMF-AV Nr. 2017/171, BMF-AV Nr. 2020/192, BMF-AV Nr. 2022/154)

2853a Der Durchschnittssteuersatz beträgt für im Rahmen des land- und forstwirtschaftlichen Betriebes ausgeführte Umsätze iSd § 22 Abs. 1 UStG 1994 10% bzw., soweit diese Umsätze an einen Unternehmer für dessen Unternehmen erbracht werden, 13% (bis 31.12.2015: 12%) der Bemessungsgrundlage. Der Pauschalsteuersatz von 13% kommt auch für ab 1.1.2016 ausgeführte Umsätze an Letztverbraucher zur Anwendung, wenn – bei Regelbesteuerung – gemäß § 10 Abs. 3 UStG 1994 idF StRefG 2015/2016, BGBl. I Nr. 118/2015, der ermäßigte Steuersatz von 13% anzuwenden ist (bis 31.12.2015: Durchschnittssteuersatz 10%).

Beispiel 1:

Ein pauschalierter Landwirt liefert im Juni 2016 Rindfleisch an einen Privaten und an einen Gastwirt für dessen Unternehmen.

Der Durchschnittssteuersatz für die an den Privaten ausgeführte Fleischlieferung beträgt 10%, jener für die an den Gastwirt ausgeführte Lieferung 13%.

Beispiel 2:

Ein pauschalierter Land- und Forstwirt liefert im August 2016 Brennholz an einen Hotelier für dessen Unternehmen und an einen privaten Eigenheimbesitzer.

In beiden Fällen beträgt der Durchschnittssteuersatz 13%, für den Umsatz an den Privaten deshalb, weil die Lieferung von Brennholz seit 1.1.2016 gemäß § 10 Abs. 3 Z 1 lit. a iVm Anlage 2 Z 9 UStG 1994 dem ermäßigten Steuersatz von 13% unterliegt. Gleiches würde zB auch für die Lieferung von selbst erzeugtem Wein aus eigenen Weintrauben gelten (ermäßigter Steuersatz von 13% unter den Voraussetzungen des § 10 Abs. 3 Z 11 UStG 1994).

(BMF-AV Nr. 2016/212)

22.1.1. Steuerfreie Umsätze im Rahmen eines land- und forstwirtschaftlichen Betriebes

22.1.1.1. Echt steuerbefreite Umsätze (Ausfuhrlieferung und innergemeinschaftliche Lieferung)

2854 Die Anwendung der echten Befreiungsbestimmungen des § 6 Abs. 1 Z 1 bis 6 und Art. 7 UStG 1994 ist im Rahmen der Sondervorschrift des § 22 UStG 1994ö ausgeschlossen, sodass solche Umsätze zum gesonderten Steuerausweis in den Rechnungen berechtigen bzw. verpflichten (zu innergemeinschaftlichen Lieferungen siehe Rz 3988; zur ZM-Abgabeverpflichtung Rz 4154; zur Beantragung einer UID siehe Rz 4339). Die in Rechnung gestellte Umsatzsteuer kann an ausländische Unternehmer erstattet werden.

Zur Zusatzsteuer siehe Rz 2873, zum innergemeinschaftlichen Versandhandel siehe Rz 3714 ff sowie zum auch für pauschalierte Land- und Forstwirte anwendbaren EU-OSS-Verfahren gemäß Art. 25a UStG 1994 siehe Rz 4297 ff.

(BMF-AV Nr. 2015/170, BMF-AV Nr. 2021/166, BMF-AV Nr. 2022/154)

22.1.1.2. Unecht steuerbefreite Umsätze

Die unechten Umsatzsteuerbefreiungen nach § 6 Abs. 1 Z 8 bis 26 UStG 1994 sind anzuwenden. In Rechnungen über diese Umsätze ist ein gesonderter Steuerausweis unzulässig. Eine Option nach § 6 Abs. 2 UStG 1994 ist nicht vorgesehen (zB Lieferung von Gebäuden). Gemäß § 6 Abs. 1 Z 16 UStG 1994 steuerfreie Umsätze aus der Vermietung und Verpachtung von Grundstücken (zB Gebäude), die nicht in den Anwendungsbereich des § 22 UStG 1994 fallen (siehe Rz 2881), können hingegen nach § 6 Abs. 2 UStG 1994 steuerpflichtig behandelt werden (zu den Voraussetzungen siehe Rz 899a bis 899c). **2855**

(BMF-AV Nr. 2015/170)

22.1.1.3. Vorsteuerberichtigung bei Änderung der Verhältnisse

Wird im Rahmen der Regelbesteuerung ein Vorsteuerabzug geltend gemacht, so ist bei einem später – auch bei Anwendung der Pauschalbesteuerung – gegebenen Zusammenhang mit unecht steuerbefreiten Umsätzen, zB bei einer Vermietung oder Veräußerung eines Gebäudes oder unentgeltlichen Übergabe innerhalb von 19 Jahren (bzw. 9 Jahren; siehe Rz 2081) nach der erstmaligen Verwendung, eine Berichtigung des im Rahmen der Regelbesteuerung vorgenommenen Vorsteuerabzuges durchzuführen. **2856**

Beispiel:

Ein regelbesteuernder Landwirt errichtet im Jahr 2014 für Zwecke des land- und forstwirtschaftlichen Betriebes eine Maschinenhalle und nimmt diese noch im selben Jahr in Verwendung. Der im Jahr 2014 vorgenommene Vorsteuerabzug beträgt insgesamt 10.000 Euro. Ab 2020 reduziert der Landwirt seine betriebliche Tätigkeit und vermietet die Lagerhalle steuerfrei an die angrenzende Gemeinde zwecks Nutzung für Zwecke ihres zur Gänze dem Hoheitsbereich zuzuordnenden Bau- und Wirtschaftshofs. Im Jänner 2021 widerruft der Landwirt seine seinerzeit abgegebene Optionserklärung und wechselt mit Beginn des Jahres zur Pauschalbesteuerung gemäß § 22 UStG 1994 zurück. Im Jahr 2023 verkauft der Landwirt schließlich die Maschinenhalle steuerfrei an die Gemeinde.

Hinsichtlich der ab 2020 erfolgenden Vermietung der Maschinenhalle an die Gemeinde kann nicht gemäß § 6 Abs. 2 UStG 1994 zur Steuerpflicht optiert werden, da die Mieterin die Halle ausschließlich für Umsätze nutzt, die sie nicht zum Vorsteuerabzug berechtigen. Die Vermietung ist daher gemäß § 6 Abs. 1 Z 16 UStG 1994 zwingend steuerfrei und führt zu einer anteiligen jährlichen Berichtigung des Vorsteuerabzuges gemäß § 12 Abs. 10 UStG 1994 in Höhe von 500 Euro (1/20 von 10.000 Euro).

Durch den Rückwechsel in die Pauschalbesteuerung ab 2021 kommt es zu keiner neuerlichen Änderung der Verhältnisse in Bezug auf die Maschinenhalle, da die Vermietung der Maschinenhalle nicht im Rahmen des land- und forstwirtschaftlichen Betriebes bewirkt wird (siehe Rz 2881). Es ist weiterhin eine jährliche Vorsteuerberichtigung in Höhe von 500 Euro vorzunehmen.

Der im Jahre 2023 erfolgende Verkauf des Grundstückes samt Maschinenhalle ist gemäß des auch im Rahmen der Pauschalbesteuerung anzuwendenden § 6 Abs. 1 Z 9 lit. a UStG 1994 unecht umsatzsteuerbefreit. Im Jahre 2023 ist daher eine Berichtigung des Vorsteuerabzuges in Höhe von 11/20, das sind 5.500 Euro, vorzunehmen.

(AÖF Nr. 2014/7, BMF-AV Nr. 2021/166)

Gegenstände, die vor dem 1.1.2014 erstmals als Anlagevermögen in Verwendung genommen wurden: **2857**

Der Übergang von der Regelbesteuerung zur Besteuerung nach § 22 UStG 1994 und umgekehrt ist keine Änderung der Verhältnisse iSd § 12 Abs. 10 und Abs. 11 UStG 1994. Das gilt für Gegenstände, die vor dem 1.1.2014 erstmals als Anlagevermögen in Verwendung genommen wurden, sowie damit zusammenhängende Vorgänge nach dem 31.12.2013.

Wird ein Gegenstand, der zunächst für den land- und forstwirtschaftlichen Betrieb angeschafft wurde, in der Folge im Gewerbebetrieb des Unternehmers verwendet, so ist keine

Vorsteuerkorrektur vorzunehmen, denn der Gegenstand wird weiterhin zur Ausführung steuerpflichtiger Umsätze verwendet.

(AÖF Nr. 2014/7)

2857a **Gegenstände, die nach dem 31.12.2013 erstmals als Anlagevermögen in Verwendung genommen wurden:**

Hinsichtlich der Vorsteuerberichtigung gemäß § 12 Abs. 10 und Abs. 11 UStG 1994 zB iZm der Veräußerung und Entnahme von Gegenständen siehe Rz 2856.

Kommt es nach dem 31.12.2013 zu einem Wechsel in der Anwendung der allgemeinen Vorschriften und der Vorschriften des § 22 UStG 1994 für den Vorsteuerabzug (Wechsel von der Durchschnittssatzbesteuerung zur Regelbesteuerung bzw. (Rück-)Wechsel zur Pauschalierung), liegt gemäß § 12 Abs. 12 zweiter Satz UStG 1994 ab dem Veranlagungsjahr 2014 eine Änderung der Verhältnisse iSd § 12 Abs. 10 und Abs. 11 UStG 1994 vor, die zu einer Vorsteuerberichtigung führen kann. Bei Gegenständen des Anlagevermögens ist die Übergangsregelung gemäß § 28 Abs. 39 Z 4 UStG 1994 zu beachten.

Zu einer Änderung der Verhältnisse iSd § 12 Abs. 12 UStG 1994 kommt es auch bei einem Wechsel des Besteuerungsverfahrens infolge Überschreitung oder Unterschreitung der Buchführungsgrenzen oder der Umsatzgrenze von 600.000 Euro (400.000 Euro für Veranlagungszeiträume bis 2022). Gleiches gilt im Zusammenhang mit Nebentätigkeiten, die nach der LuF-PauschVO 2015, BGBl. II Nr. 125/2013 bzw. – vor deren Anwendungsbereich – LuF-PauschVO 2011, BGBl. II Nr. 471/2010 idgF, nicht mehr oder wiederum als land- und forstwirtschaftlicher Nebenbetrieb oder Nebenerwerb zu beurteilen sind (zB Be- oder Verarbeitung von eigenen oder zugekauften Urprodukten iSd Rz 2893 f. bei Über- oder Unterschreitung der Einnahmengrenze von 40.000 [vor 1.1.2020: 33.000] Euro).

Eine Vorsteuerberichtigung ist in diesen Fällen allerdings nur dann vorzunehmen, wenn nicht von der Vorsteuerpauschalierung gemäß Rz 2894 Gebrauch gemacht wurde.

Die Bestimmung kommt auch bei Änderungen der Verwendung oder des Nutzungsausmaßes von Wirtschaftsgütern zur Anwendung (zB ein ursprünglich ausschließlich als landwirtschaftliche Maschinenhalle verwendetes Gebäude wird in der Folge ausschließlich als Garage für die Hotelgäste des Unternehmers genutzt; ein Traktor wird zunächst zu je 50% in der Land- und Forstwirtschaft und im Gewerbebetrieb, in der Folge nur mehr zu 20% im Gewerbebetrieb und zu 80% in der Land- und Forstwirtschaft eingesetzt).

(AÖF Nr. 2014/7, BMF-AV Nr. 2015/170, BMF-AV Nr. 2021/166, BMF-AV Nr. 2022/154)

2857b **Gegenstände des Anlagevermögens – Rechtslage ab 1.1.2014**

Betroffen sind beim Anlagevermögen Vorsteuerbeträge im Zusammenhang mit Anschaffungs- und Herstellungskosten, nachträglichen Anschaffungs- und Herstellungskosten, aktivierungspflichtigen Aufwendungen und Großreparaturen (siehe dazu im Detail Rz 2077 ff). Der Berichtigungszeitraum beträgt bei beweglichen Gegenständen des Anlagevermögens vier bzw. bei Grundstücken neunzehn Jahre (siehe Rz 2081).

Gemäß § 12 Abs. 10 UStG 1994 hat die Berichtigung des Vorsteuerabzugs jeweils für den Besteuerungszeitraum zu erfolgen, in dem sich die für den Vorsteuerabzug maßgebenden Verhältnisse geändert haben. Somit ist für jedes Jahr der Änderung eine positive oder negative Fünftel- bzw. – bei Grundstücken – Zwanzigstelberichtigung vorzunehmen.

Bei Gegenständen des Anlagevermögens ist zusätzliche Voraussetzung für die Anwendung der Vorsteuerberichtigung gemäß § 12 Abs. 12 UStG 1994, dass die erstmalige Verwendung oder Nutzung durch den Unternehmer in seinem Unternehmen als Anlagevermögen nach dem 31.12.2013 erfolgt.

Beispiel 1:

Der Landwirt L hat mit Wirkung ab 1.1.2010 zur Regelbesteuerung optiert. Mit Wirkung ab 1.1.2015 widerruft L seine Optionserklärung und wendet ab diesem Zeitpunkt wieder die Pauschalbesteuerung an.

Im Jahr 2012 hat L mit der Errichtung eines Wirtschaftsgebäudes begonnen, das im Frühjahr 2013 fertiggestellt und in Verwendung genommen wurde. In diesem Zusammenhang wurden Vorsteuern in Höhe von 90.000 Euro geltend gemacht. Im Frühjahr 2014 schaffte L einen Traktor an (Vorsteuerabzug 12.000 Euro), den er sofort nach Anlieferung in Betrieb genommen hat.

Zum 1.1.2015 sind Treibstoffvorräte im Wert von 3.000 Euro (einschließlich 20% USt) vorhanden, die im Herbst 2014 angeschafft wurden.

Mit Wirkung ab 1.1.2017 wechselt L neuerlich zur Regelbesteuerung.

Für vor dem 1.1.2014 erworbene und als Anlagevermögen in Verwendung genommene Gegenstände des Anlagevermögens (hier: Wirtschaftsgebäude) hat gemäß § 28 Abs. 39 Z 4 UStG 1994 keine Vorsteuerberichtigung zu erfolgen.

Da der Traktor erstmals im Jahr 2014 als Anlagevermögen in Verwendung genommen wurde, ist aufgrund des Rückwechsels in die Pauschalbesteuerung eine Änderung der Verhältnisse eingetreten und daher ab dem Jahr 2015 eine negative Vorsteuerberichtigung iHv jeweils 2.400 Euro (1/5 von 12.000 Euro) pro Jahr vorzunehmen. Aufgrund des neuerlichen Wechsels zur Regelbesteuerung mit Wirkung ab 1.1.2017 entfällt diese Vorsteuerberichtigung ab diesem Zeitpunkt wieder.

Hinsichtlich der mit Vorsteuerabzug erworbenen Treibstoffvorräte tritt zum 1.1.2015 eine Änderung der Verhältnisse gemäß § 12 Abs. 11 iVm Abs. 12 UStG 1994 ein (einmalige negative Vorsteuerberichtigung im Jahr 2015 in Höhe von 500 Euro; siehe auch Rz 2857c).

Beispiel 2:

Der pauschalierte Landwirt L optiert gemäß § 22 Abs. 6 UStG 1994 mit Wirkung ab 1.1.2015 zur Regelbesteuerung. Im Herbst 2013 hat L ein landwirtschaftliches Kleingerät um 10.000 Euro zzgl. 20% USt erworben und in Verwendung genommen. Im Frühjahr 2014 schaffte L einen Traktor an (Vorsteuer 12.000 Euro), den er sofort nach Anlieferung in Betrieb genommen hat.

Zum 1.1.2015 sind Treibstoffvorräte im Wert von 3.000 Euro (einschließlich 20% USt) vorhanden, die im Herbst 2014 angeschafft wurden.

Mit Wirkung ab 1.1.2020 wechselt L zur Pauschalbesteuerung.

Der Wechsel zur Regelbesteuerung stellt gemäß § 12 Abs. 10 iVm Abs. 12 UStG 1994 eine Änderung der für den Vorsteuerabzug maßgeblichen Verhältnisse dar. Dies gilt jedoch für Gegenstände des Anlagevermögens nur dann, wenn diese nach dem 31.12.2013 in Verwendung genommen wurden. L kann daher iZm dem landwirtschaftlichen Kleingerät keine positive Vorsteuerberichtigung vornehmen. Der Traktor wurde hingegen erstmals im Jahr 2014 als Anlagevermögen in Nutzung genommen. L kann daher für die Veranlagungszeiträume 2015 bis einschl. 2018 eine positive Vorsteuerberichtigung in Höhe von jeweils 2.400 Euro (1/5 von 12.000 Euro) pro Jahr vornehmen. Da der Vorsteuerberichtigungszeitraum bereits abgelaufen ist, löst der neuerliche Wechsel zur Pauschalbesteuerung mit 1.1.2020 keine negative Vorsteuerberichtigung aus. Hinsichtlich der Treibstoffvorräte tritt zum 1.1.2015 eine Änderung der Verhältnisse gemäß § 12 Abs. 11 iVm Abs. 12 UStG 1994 ein. Daher ist eine einmalige positive Vorsteuerberichtigung im Jahr 2015 in Höhe von 500 Euro (siehe auch Rz 2857c) vorzunehmen.

L kann die positiven Vorsteuerberichtigungen jedoch nur geltend machen, wenn auch ansonsten die Voraussetzungen für den Vorsteuerabzug (zB ordnungsgemäße Rechnung) vorliegen (vgl. Rz 2078).

Im Falle der Einzelrechtsnachfolge (zB unentgeltliche Betriebsübergabe an einen nahen Angehörigen) wirkt der noch durch den Betriebsübergeber verwirklichte Tatbestand der erstmaligen Verwendung als Anlagevermögen nicht auf den Betriebsübernehmer weiter.

Beispiel 3:

Der Land- und Forstwirt L optiert im Jahr 2012 zur Regelbesteuerung. Er beginnt im Frühjahr 2013 mit der Errichtung eines Stallgebäudes (geltend gemachte Vorsteuern: 50.000 Euro) und nimmt dieses noch im selben Jahr in Verwendung. Mit Wirkung vom 1.2.2015 übergibt er den Betrieb unentgeltlich an seinen Sohn und stellt diesem gemäß § 12 Abs. 15 UStG 1994 die für den steuerpflichtig behandelten Entnahmeeigenverbrauch des Wirtschaftsgebäudes gemäß § 3 Abs. 2 UStG 1994 geschuldete Steuer in Höhe von 47.000 Euro in Rechnung.

Um sich die Vorsteuern aus dieser Rechnung abziehen zu können, gibt der Sohn eine Optionserklärung gemäß § 22 Abs. 6 UStG 1994 mit Wirkung ab dem Jahr 2015 ab (neuerliche Auslösung der fünfjährigen Bindung). Ab 2020 wechselt der Sohn zur Pauschalbesteuerung gemäß § 22 UStG 1994.

Bei Weiterverrechnung der vom Übergeber geschuldeten „Eigenverbrauchs-Umsatzsteuer" nach § 12 Abs. 15 UStG 1994 kann der Hofübernehmer im Falle der (neuerlich zu erklärenden Option) zur Regelbesteuerung gemäß § 22 Abs. 6 UStG 1994 – bei Erfüllung der Voraussetzungen des § 12 Abs. 1 UStG 1994 – zunächst den in Rechnung gestellten Steuerbetrag in Höhe von 47.000 Euro zur Gänze im Veranlagungszeitraum 2015 abziehen. Gleichzeitig beginnt jedoch mit dem ersten Jahr der Betriebsübernahme der zwanzigjährige Beobachtungszeitraum neu zu laufen. Da der Sohn als übernehmender Land- und Forstwirt den Gegenstand nicht vor dem 1.1.2014 als Anlagevermögen erstmalig in Verwendung genommen hat, kommt die Übergangsregelung des § 28 Abs. 39 Z 4 UStG 1994 nicht zur Anwendung. Infolge des mit Wirkung ab 1.1.2020 erfolgten Wechsels zur Pauschalbesteuerung hat der Sohn daher für die Jahre 2020 bis einschließlich 2034 eine jährliche negative Vorsteuerberichtigung iHv 2.350 Euro vorzunehmen (1/20 von 47.000 Euro; insgesamt 35.250 Euro bzw. 15/20).

Bei Gesamtrechtsnachfolge durch Erbfolge (vgl. Rz 204), Umgründungen nach dem UmgrStG (vgl. Rz 54 ff) oder nicht steuerbares Anwachsen (vgl. Rz 47 und Rz 2917) läuft hingegen der noch vom Betriebsübergeber ausgelöste Vorsteuerberichtigungszeitraum nach § 12 Abs. 10 UStG 1994 beim Hofübernehmer weiter.

Beispiel 4:

Angabe wie Beispiel 3, jedoch Betriebsübergang auf den Sohn im Wege der gesetzlichen Erbfolge (Vater im Jänner 2015 verstorben; Einantwortung im April 2015). Der Sohn gibt mit Wirkung ab 2015 neuerlich eine Optionserklärung ab. Ab 2020 Wechsel zur Pauschalbesteuerung.

Der Erbe muss ab dem Jahr 2020 hinsichtlich der auf das Wirtschaftsgebäude entfallenen Vorsteuern keine negative Vorsteuerberichtigung vornehmen. Bedingt durch die Gesamtrechtsnachfolge ist die noch im Jahr 2013 erfolgte erstmalige Verwendung/Nutzung als Anlagevermögen durch den Erblasser auch für den Erben maßgeblich. Der Zeitpunkt der erstmaligen Inverwendungnahme durch den Erblasser muss vom Erben durch zweckdienliche Unterlagen nachgewiesen werden können.

(AÖF Nr. 2014/7)

2857c **Umlaufvermögen und sonstige Leistungen – Rechtslage ab 1.1.2014**

Der Anwendungsbereich des § 12 Abs. 11 UStG 1994 (vollständige Vorsteuerberichtigung) umfasst Gegenstände des Umlaufvermögens, in Bau befindliche Anlagen, noch nicht in Verwendung genommene Gegenstände des Anlagevermögens sowie sonstige Leistungen (siehe dazu Rz 2101 ff).

Für unter § 12 Abs. 11 UStG 1994 fallende Berichtigungstatbestände (zB bei Düngemittel-, Saatgut- oder Treibstoffvorräten) gilt die Übergangsregelung nicht. Daher kann es diesbezüglich bei einem Wechsel des Besteuerungsverfahrens bereits ab dem Veranlagungsjahr 2014 zu Vorsteuerberichtigungen kommen.

Eine Vorsteuerberichtigung hat jedoch generell nur in jenen Fällen zu erfolgen, in denen Gegenstände zugekauft wurden. Für selbst erzeugte Produkte ist die Vorsteuerberichtigung grundsätzlich nicht durchzuführen. Eine Vorsteuerberichtigung ist darüber hinaus für zugekaufte Gegenstände des Umlaufvermögens nur dann vorzunehmen, wenn im Zeitpunkt der Änderung der Verhältnisse die körperliche und wirtschaftliche Grundfunktion der Gegenstände durch die land- und forstwirtschaftliche Nutzung nicht bereits endgültig verloren gegangen ist.

Beispiel:

Ein bislang pauschalierter Land- und Forstwirt (§ 22 UStG 1994) wechselt mit 1.1.2014 in die Regelbesteuerung. Im Jahr 2013 hat er folgende Gegenstände zugekauft:

- *100 Leergebinde (Weinflaschen);*
- *50 kg Düngemittel;*
- *70 Ferkel für die Schweinemast.*

Folgende Geschäftsvorgänge erfolgten bis zum 31.12.2013:

- *80 leere Weinflaschen werden gefüllt, davon werden 75 gefüllte Weinflaschen verkauft;*
- *45 kg Düngemittel werden verbraucht, 5 kg verbleiben im Lager;*
- *von den mittlerweile zu Jungsauen herangewachsenen Ferkeln werden 60 geschlachtet und verkauft.*

Daraus ergeben sich folgende Konsequenzen:

- *Leergebinde/gefüllte Weinflaschen:*

  Die Flaschen verlieren durch das Füllen mit Flüssigkeiten ihre körperliche und wirtschaftliche Grundfunktion nicht endgültig. Der Landwirt kann eine positive Vorsteuerberichtigung für 25 Leergebinde geltend machen.
- *Düngemittel:*

  Der Landwirt kann für die unverbrauchten 5 kg Düngemittel eine positive Vorsteuerberichtigung vornehmen. Die übrigen 45 kg Düngemittel verlieren durch den Verbrauch endgültig ihre körperliche und wirtschaftliche Grundfunktion (auch wenn sie Eingang in ein zum 1.1.2014 im Betrieb noch vorhandenes land- und forstwirtschaftliches Erzeugnis gefunden haben) und unterliegen daher keiner Vorsteuerberichtigung.

§§ 17–30

- *Ferkel/Jungsauen:*
  Der Landwirt kann für die im Betrieb verbleibenden 10 Jungsauen eine positive Vorsteuerberichtigung vornehmen, da sich die körperliche und wirtschaftliche Grundfunktion der herangewachsenen Jungferkel nicht endgültig geändert hat.

(AÖF Nr. 2014/164)

Besteuerungsverfahren – Rechtslage ab 1.1.2014 **2857d**

Für die aus einer Vorsteuerberichtigung gemäß § 12 Abs. 10 bis Abs. 12 UStG 1994 entstandene Steuerschuld oder -gutschrift gelten auch dann die allgemeinen Vorschriften des UStG 1994 (Berechnung, Entrichtung, Erklärung, Aufzeichnungspflicht usw.), wenn die Berichtigung im Zusammenhang mit dem Wechsel von der Regelbesteuerung zur Pauschalbesteuerung vorzunehmen sind.

Hinsichtlich des Erfordernisses einer ordnungsgemäßen Rechnung (§ 11 UStG 1994) bei einer positiven Vorsteuerberichtigung siehe Rz 2078.

Hinsichtlich der Vorsteuerberichtigung bei Anwendung der Istbesteuerung während des Regelbesteuerungszeitraumes gelten die Ausführungen in Rz 2086 und Rz 2105 sinngemäß:

Beispiel 1 – Einmalzahlung:

Kauf eines Traktors (50.000 Euro + 10.000 Euro USt) im Jahr 2014 (letztes Jahr der Regelbesteuerung, Vorsteuerabzug nach „Ist-Grundsätzen"); Lieferung, Rechnung und erstmalige Verwendung als Anlagevermögen im Jahr 2014; Bezahlung im Jahr 2015; Übergang zur Pauschalierung mit 1.1.2015

	2014 (Option)	*2015 (Pauschal)*	*2016 (P)*	*2017 (P)*	*2018 (P)*	*2019 (P)*
Zahlung	*0*	*60.000*				
VSt-Abzug		*-10.000*				
VSt-Berichtigung		*+2.000 *)*	*+2.000*	*+2.000*	*+2.000*	*0*

**) 1/5 von 10.000 Euro*

Beispiel 2 – Ratenzahlung:

Kauf eines Traktors (50.000 Euro + 10.000 Euro USt) im Jahr 2014 (letztes Jahr der Regelbesteuerung, Vorsteuerabzug nach „Ist-Grundsätzen"); Lieferung, Rechnung und erstmalige Verwendung als Anlagevermögen im Jahr 2014; Bezahlung in zwei Raten (25.000 Euro + 5.000 Euro USt) jeweils 2014 und 2015; Übergang zur Pauschalierung mit 1.1.2015

	2014 (Option)	*2015 (Pauschal)*	*2016 (P)*	*2017 (P)*	*2018 (P)*	*2019 (P)*
Zahlung	*30.000*	*30.000*				
VSt-Abzug	*-5.000*	*-5.000*				
VSt-Berichtigung	*0*	*+2.000 *)*	*+2.000*	*+2.000*	*+2.000*	*0*

**) 1/5 von 10.000 Euro*

(AÖF Nr. 2014/7)

22.1.1.4. Ausstellung von Rechnungen bei land- und forstwirtschaftlichen Betrieben

Gemäß § 22 Abs. 1 UStG 1994 ist § 11 UStG 1994 anzuwenden. Der nichtbuchführungs- **2858** pflichtige Land- und Forstwirt darf daher für die Lieferungen und sonstigen Leistungen im Rahmen seines Betriebes Umsatzsteuer in Rechnung stellen. Bei Lieferungen und sonstigen Leistungen an einen anderen Unternehmer für dessen Unternehmen bzw. an eine juristische Person auch für ihren nichtunternehmerischen Bereich besteht eine Verpflichtung zur ordnungsgemäßen Rechnungsausstellung. Es gelten die allgemeinen Regeln zur Rechnungslegung. Zum Erfordernis der Angabe einer UID in von pauschalierten Land- und Forstwirten ausgestellten Rechnungen siehe Rz 1556. Von den ausgestellten Rechnungen für steuerpflichtige Lieferungen und sonstige Leistungen ist eine Durchschrift oder Abschrift anzufertigen und sieben Jahre aufzubewahren. Zu Form und Dauer der Aufbewahrungspflicht siehe Rz 1565 bis 1570.

(BMF-AV Nr. 2020/192)

22.1.2. Landwirtschaft und Liebhaberei

Im Regelfall sind land- und forstwirtschaftliche Betriebe unter § 1 Abs. 1 der Verord- **2859** nung des BM für Finanzen über das Vorliegen von Einkünften, über die Annahme einer gewerblichen oder beruflichen Tätigkeit und über die Erlassung vorläufiger Bescheide (Liebhabereiverordnung), BGBl. Nr. 33/1993 idgF (LVO) einzureihen und es liegt nach § 6 LVO Liebhaberei nicht vor (vgl. VwGH 16.11.2009, 2008/15/0059).

2860 Wird eine land- und forstwirtschaftliche Tätigkeit entfaltet, die auf einer besonderen in der Lebensführung begründeten Neigung beruht (§ 1 Abs. 2 LVO; zB Nutzung für Freizeitzwecke und/oder zur Ausübung von Hobbytätigkeiten wie Jagen oder Reiten) und sich bei objektiver Betrachtung nicht zur Erzielung von Gewinnen eignet, liegt keine unternehmerische Tätigkeit vor (zB VwGH 21.10.2003, 97/14/0161, zur Verpachtung einer landwirtschaftlichen Liegenschaft). Zu besonderen Ausnahmefällen siehe LRL 2012 Rz 170. Zur Steuerschuld aufgrund der Rechnungslegung bei Rechnungen mit Steuerausweis sowie zur allfälligen Rechnungsberichtigung siehe LRL 2012 Rz 180 und 181.

(AÖF Nr. 2014/164)

Randzahlen 2861 bis 2870: *derzeit frei.*

22.2. Zusatzsteuer

2871 Für die im Rahmen eines land- oder forstwirtschaftlichen Betriebes ausgeführten Lieferungen (und für den, den Lieferungen gleichgestellten Eigenverbrauch) der weder unter die Begünstigung des § 10 Abs. 3 Z 11 UStG 1994 noch unter die – für nach dem 30.6.2020 und vor dem 1.1.2022 ausgeführte Umsätze geltenden – „coronabedingten" Begünstigungen gemäß § 28 Abs. 51 Z 1 und Abs. 52 Z 1 lit. a UStG 1994 (siehe dazu im Detail Rz 3543) fallenden, noch in den Anlagen angeführten Getränke und alkoholischen Flüssigkeiten (zB im Rahmen eines Buschenschanks ausgeschenkter Wein, selbstgebrannte Spirituosen, Fruchtsäfte) ist eine zusätzliche Steuer von 10%, soweit der Umsatz an einen Unternehmer für dessen Unternehmen erbracht wird, von 7% (bis 31.12.2015: 8%) der Bemessungsgrundlage zu entrichten, ohne dass ein weiterer Vorsteuerabzug möglich wäre. Für die Zusatzsteuer gelten die allgemeinen Vorschriften des Umsatzsteuergesetzes, somit auch die Vorschriften über die Steuerbefreiungen, die Aufzeichnungspflichten, die Umsatzsteuervoranmeldung und die Umsatzsteuererklärung. Da die Zusatzbesteuerung eine Ergänzung der Durchschnittssatzbesteuerung darstellt, ist die Anwendung der Kleinunternehmerbefreiung gemäß § 6 Abs. 1 Z 27 UStG 1994 jedoch auch für diese im Rahmen eines land- und forstwirtschaftlichen Betriebes ausgeführten Umsätze ausgeschlossen.

Beispiel:

Verkauf von 1 Stamperl Marillenbrand um 3,6 Euro an einen

a) Nichtunternehmer

b) Unternehmer

Die Bemessungsgrundlage beträgt 3 Euro (3,6 / 1,20)

Die Zusatzsteuer beträgt für die Lieferung an

a) 0,3 Euro (3 x 10%) und an

b) 0,21 Euro (3 x 7%) bzw. bei Verkauf vor dem 1.1.2016: 0,24 Euro (3 x 8%)

(BMF-AV Nr. 2016/212, BMF-AV Nr. 2021/166)

2872 Bis 31.12.2015 fiel für die nunmehr in § 10 Abs. 3 Z 11 UStG 1994 („Ab-Hofverkauf von Wein") geregelten Umsätze eine Zusatzsteuer von 2% an, die aber gemäß § 22 Abs. 8 UStG 1994 idF vor StRefG 2015/2016 entfiel.

(BMF-AV Nr. 2015/170)

2873 Bei der Ausfuhr von in § 22 Abs. 2 UStG 1994 genannten Getränken und alkoholischen Flüssigkeiten bleibt es bei der Pauschalbesteuerung gemäß § 22 Abs. 1 UStG 1994 (keine Abfuhr). Das gilt auch für den „Touristenexport" iSd § 7 Abs. 1 Z 3 UStG 1994 sowie für innergemeinschaftliche Lieferungen an Unternehmer (vgl. Rz 3988 und Rz 4154). Die Zusatzsteuer (zB bei der Lieferung von Traubensaft oder Schnaps) unterliegt unter den dort genannten Voraussetzungen der Steuerbefreiung gemäß § 7 bzw. Art. 7 UStG 1994. In der Rechnung darf in diesen Fällen nur die pauschale Steuer, nicht jedoch eine Zusatzsteuer ausgewiesen werden, ansonsten entsteht eine Steuerschuld aufgrund der Rechnungslegung gemäß § 11 Abs. 12 UStG 1994, die der pauschalierte Landwirt an das Finanzamt entrichten muss. Werden die Voraussetzungen für die Steuerbefreiung nicht erfüllt (zB fehlender Nachweis der Beförderung oder Versendung), ist die Zusatzsteuer an das Finanzamt abzuführen und in Rechnung zu stellen.

Bei der Beförderung oder Versendung von verbrauchsteuerpflichtigen Waren (zB Wein oder Schnaps) an Nichtunternehmer in anderen Mitgliedstaaten obliegt die Besteuerung gemäß Art. 3 Abs. 3, 4 und 7 UStG 1994 dem Bestimmungsmitgliedstaat (keine Anwendung der Umsatzgrenze in Art. 3 Abs. 5 UStG 1994 bzw. – bis 30.6.2021 – der Lieferschwelle). Bei der Beförderung und Versendung von anderen unter § 22 Abs. 2 UStG 1994 fallenden

Getränken (zB Traubensaft) an Nichtunternehmer in anderen Mitgliedstaaten gilt dies, wenn die Umsatzgrenze in Art. 3 Abs. 5 UStG 1994 überschritten wurde (bis 30.6.2021 bei Überschreiten der Lieferschwelle). Zur Anwendung des EU-OSS-Verfahrens gemäß Art. 25a UStG 1994 siehe Rz 4297 ff. Bei Unterschreitung der Umsatzgrenze in Art. 3 Abs. 5 UStG 1994 (bis 30.6.2021: bei Unterschreiten der Lieferschwelle) sowie bei der Abholung durch den privaten Abnehmer bleibt es entsprechend dem Ursprungslandprinzip bei der Besteuerung im Inland und § 22 Abs. 2 UStG 1994 ist anzuwenden (Entrichtung der Zusatzsteuer, außer es handelt sich um Lieferungen, die unter § 10 Abs. 3 UStG 1994 fallen).

(BMF-AV Nr. 2019/165, BMF-AV Nr. 2020/192, BMF-AV Nr. 2022/154)

Randzahlen 2874 bis 2875: *derzeit frei.*

22.3. Land- und forstwirtschaftlicher Betrieb

Die Besteuerung nach Durchschnittssätzen erstreckt sich auf alle Umsätze des im Inland gelegenen land- und forstwirtschaftlichen Betriebes einschließlich der Umsätze der land- und forstwirtschaftlichen Nebenerwerbe und der Nebenbetriebe. Der Durchschnittssatzbesteuerung unterliegen die Umsätze für Lieferungen und sonstige Leistungen, der Eigenverbrauch, die Hilfsgeschäfte, die Veräußerung und die Entnahme eines Betriebes. Abweichend davon gilt die entgeltliche oder unentgeltliche Übertragung von land- und forstwirtschaftlichen Betrieben oder Teilbetrieben ab Inkrafttreten der diesbezüglichen Änderungen durch das StRefG 2020, BGBl. I Nr. 103/2019, als nicht steuerbarer Vorgang. **2876**

Beispiel:

Ein Unternehmer iSd § 22 UStG 1994 schenkt seiner Tochter im Kalenderjahr 2020 seinen land- und forstwirtschaftlichen Betrieb.

Variante:

Der land- und forstwirtschaftliche Betrieb wird im Kalenderjahr 2020 um 600.000 Euro an einen anderen Unternehmer (iSd § 22 UStG 1994)veräußert.

Lösung:

Die Veräußerung ist keine steuerbare Lieferung, die Schenkung keine einer Lieferung gleichgestellte Entnahme. In beiden Fällen ist die Übertragung des land- und forstwirtschaftlichen Betriebes somit nicht steuerbar.

Hat der Land- und Forstwirt die Option zur Regelbesteuerung ausgeübt, während dieses Zeitraums Vorsteuern geltend gemacht und wechselte er wieder zur Pauschalierung, kommt es bei der Übertragung des Betriebes zur Vorsteuerberichtigung hinsichtlich dieser Vorsteuern, insoweit der Vorsteuerberichtigungszeitraum noch nicht abgelaufen ist.

Bewirtschaftet ein pauschalierter Land- und Forstwirt von seiner inländischen Hofstelle aus landwirtschaftliche Flächen, die in einem anderen Mitgliedstaat gelegen sind, und verbringt er die geernteten Feldfrüchte zur weiteren Verwertung in das Inland, ist dieses innergemeinschaftliche Verbringen gemäß Art. 6 Abs. 2 Z 3 UStG 1994 von der Erwerbsteuer befreit, wenn auch die Einfuhr derartiger Gegenstände aus dem Drittland nach den für die Einfuhrumsatzsteuer geltenden Vorschriften steuerfrei wäre. Die aus diesen Ernteerträgen im Inland erzielten Umsätze unterliegen der Durchschnittssatzbesteuerung gemäß § 22 UStG 1994. Dies gilt dann nicht, wenn im Hinblick auf das Trennungsprinzip zwischen dem inländischen, pauschalierten Landwirt und seiner die im Ausland gelegenen Flächen bewirtschaftenden Kapitalgesellschaft keine Unternehmereinheit besteht (vgl. VwGH 22.11.2018, Ra 2018/13/0079).

(BMF-AV Nr. 2019/165)

22.3.1. Tierzucht und Tierhaltung

Siehe EStR 2000 Rz 5139 bis Rz 5148. **2877**

Ungeachtet der ertragsteuerlichen Beurteilung fallen Umsätze aus der Pensionshaltung von Pferden, die von ihren Eigentümern zur Ausübung von Freizeitsport oder selbständigen oder gewerblichen, nicht land- und forstwirtschaftlichen Zwecken genutzt werden, nicht unter die Durchschnittssatzbesteuerung (vgl. auch VwGH 28.5.2019, Ro 2019/15/0002, sowie BFH 13.1.2011, V R 65/09, jeweils mit Verweis auf Art. 295 Abs. 1 Z 5 MwSt-RL 2006/112/EG). Dies gilt entsprechend für die Vermietung von eigenen Pferden zu Reitzwecken. Zur Möglichkeit des pauschalen Vorsteuerabzuges im Zusammenhang mit der Pensionspferdehaltung nach der Pferdepauschalierungsverordnung, BGBl. II Nr. 48/2014 idgF, siehe Rz 2279.

(BMF-AV Nr. 2015/170, BMF-AV Nr. 2020/192)

22.3.2. Abgrenzung landwirtschaftliche und gewerbliche Gärtnerei

Siehe Rz 5110 bis 5115 EStR 2000. **2878**

22.3.3. Bienenzucht – Imkerei

2879 Siehe EStR 2000 Rz 5123. Die Imkerei gilt als land- und forstwirtschaftlicher Betrieb. Die Feststellung von Einheitswerten erfolgt jedoch erst ab einem Bestand von 50 Bienenvölkern (bis 31.12.2014: von 40 Ertragsvölkern). Auch wenn keine Einheitswertfeststellung erfolgt, liegen Umsätze aus Land- und Forstwirtschaft vor, die unter § 22 UStG 1994 fallen. Auch diese Imker sind berechtigt Rechnungen mit Umsatzsteuerausweis auszustellen.

(BMF-AV Nr. 2015/170)

22.3.4. Fischereirechte

2879a Die Verpachtung von Fischereirechten (siehe EStR 2000 Rz 5122) ist kein Umsatz im Rahmen eines land- und forstwirtschaftlichen Betriebes im Sinne des § 22 Abs. 1 UStG 1994. Die Besteuerung hat daher nach den allgemeinen Bestimmungen des Umsatzsteuerrechts zu erfolgen. Zur Nichtanwendbarkeit der Steuerbefreiung gemäß § 6 Abs. 1 Z 16 UStG 1994 siehe Rz 889.

22.3.5. Jagd

2879b Siehe EStR 2000 Rz 5124 bis Rz 5129.

Umsätze aus einer Jagd (Wildabschüsse; Wildbret usw.) sind dem land- und forstwirtschaftlichen Betrieb zuzurechnen, wenn die Jagdausübung auf land- und forstwirtschaftlich genutzten Flächen dieses Betriebes bzw. im Zusammenhang mit diesem Betrieb erfolgt. Umsätze aus einer gepachteten Jagd, die nicht im Zusammenhang mit dem land- und forstwirtschaftlichen Betrieb des Jagdpächters stehen, unterliegen nicht der Durchschnittssatzbesteuerung gemäß § 22 UStG 1994.

Die Verpachtung einer Eigenjagd ist kein Umsatz im Rahmen eines land- und forstwirtschaftlichen Betriebes im Sinne des § 22 Abs. 1 UStG 1994. Die Besteuerung hat daher nach den allgemeinen Bestimmungen des Umsatzsteuerrechts zu erfolgen (vgl. EuGH 26.5.2005, Rs C-43/04, Stadt Sundern). Zur Nichtanwendbarkeit der Steuerbefreiung gemäß § 6 Abs. 1 Z 16 UStG 1994 siehe Rz 889. Zum Pachtentgelt gehören auch die weiterverrechneten Jagdbetriebskosten (zB Aufwendungen des Verpächters für Jagdpersonal, Futter und Jagdverwaltung (Abschusspläne usw.) sowie der pauschale Ersatz von eventuellen Wildschäden (vgl. VwGH 22.7.2015, 2011/13/0104).

(BMF-AV Nr. 2016/212)

22.3.6. Verkauf von Milcheinzelrichtmengen

2880 Umsätze aus dem Verkauf von Milcheinzelrichtmengen fallen unter die Land- und Forstwirtschaft und sind bei pauschalierten Landwirten mit der Durchschnittssatzbesteuerung abgegolten.

22.3.7. Verpachtung von land- und forstwirtschaftlichen Flächen; Betriebs- oder Teilbetriebsverpachtung

2881 Wird der gesamte land- und forstwirtschaftliche Betrieb auf Dauer verpachtet und somit überhaupt keine land- bzw. forstwirtschaftliche Tätigkeit mehr entfaltet (Betriebsaufgabe), liegen keine Umsätze im Rahmen eines land- und forstwirtschaftlichen Betriebes mehr vor und § 22 UStG 1994 ist nicht anwendbar. Die Pachtentgelte sind nach den allgemeinen Bestimmungen des UStG 1994 zu versteuern.

Verpachtet ein Land- und Forstwirt einzelne land- und forstwirtschaftliche Flächen oder wesentliche, selbstständig bewirtschaftbare Teile seines land- und forstwirtschaftlichen Betriebes (zB Ackerbau samt zugehörigen Maschinen und Gebäuden), stellen die Verpachtungsumsätze grundsätzlich keine Umsätze im Rahmen seines land- und forstwirtschaftlichen Betriebes mehr dar und unterliegen daher auch dann nicht der Durchschnittssatzbesteuerung, wenn er neben der Verpachtung weiterhin als Land- oder Forstwirt tätig ist (vgl. EuGH 15.7.2004, Rs C-321/02, *Harbs*).

Die Pachtentgelte sind nach den allgemeinen Bestimmungen des UStG 1994 zu versteuern. Für die auf die Verpachtung der Grundstücksflächen und Gebäude entfallenden Entgeltsteile gilt die unechte Steuerbefreiung gemäß § 6 Abs. 1 Z 16 UStG 1994 mit Optionsmöglichkeit nach § 6 Abs. 2 UStG 1994. Das gilt auch für die Vermietung und Verpachtung von Rebflächen (vgl. EuGH vom 28.2.2019, Rs C-278/18, *Sequeira Mesquita*). Für die Nutzungsüberlassung von landwirtschaftlichen Maschinen und anderen landwirtschaftlichen Betriebsvorrichtungen und Betriebsmitteln kommt der Normalsteuersatz zur Anwendung. Die Kleinunternehmerregelung gemäß § 6 Abs. 1 Z 27 UStG 1994 ist zu beachten (vgl. Rz 995).

Außerhalb einer Verpachtung fällt die Vermietung (= Überlassung zur Nutzung) von Gebäuden und Betriebsvorrichtungen, die dem land- und forstwirtschaftlichen Betrieb dienen, jedenfalls unter die Durchschnittssatzbesteuerung, wenn sie kurzfristig (nicht für ein gesamtes Wirtschaftsjahr) und nur für land- und forstwirtschaftliche Zwecke des Mieters bzw. Nutzers erfolgt (vgl. Rz 2898 zu Vermietungen und Dienstleistungen im Rahmen der überbetrieblichen Zusammenarbeit). Ob das überlassene land- und forstwirtschaftliche Wirtschaftsgut zu land- und forstwirtschaftlichen Zwecken genutzt wird, ist aus der Sicht des Leistungsempfängers zu beurteilen. Die kurzfristige Vermietung von Maschinen an Nichtlandwirte (zB Vermietung eines Traktors an einen Maschinenring für Zwecke der Schneeräumung) ist als Nebenerwerb dann noch von der Durchschnittssatzbesteuerung erfasst, wenn die Verwendung der Maschine durch den Vermieter überwiegend für land- und forstwirtschaftliche Zwecke erfolgt.

Bezüglich der Überlassung von land- und forstwirtschaftlichen Grundstücken zur Nutzung für sportliche Zwecke, für die Aufstellung von Handymasten oder sonstige Anlagen siehe Rz 2882 und Rz 2884.

(BMF-AV Nr. 2019/165)

22.3.8. Die Überlassung von Grundstücken für Schipisten und Langlaufloipen

Die Überlassung von Grundstücken zur Nutzung für Sport- und Freizeiteinrichtungen **2882**
(zB Schilifte und Schipisten) stellt keinen Umsatz im Rahmen eines land- und forstwirtschaftlichen Betriebes im Sinne des § 22 UStG 1994 dar, sofern sie nicht als bloße land- und forstwirtschaftliche Nebentätigkeit zu qualifizieren ist (VwGH 30.10.2003, 2000/15/0109; hinsichtlich Hilfs- und Nebentätigkeit siehe VwGH 23.10.1990, 89/14/0067).

Bezüglich des Vorliegens einer Vermietung/Verpachtung siehe Rz 890.

Die Einräumung des Rechts, auf einem Grundstück Wintersport ausüben zu lassen, einschließlich der in diesem Zusammenhang vertraglich vereinbarten Dienstbarkeiten und Rechteeinräumungen (zB Einräumung des Rechts zur Durchführung von Werbung auf dem überlassenen Grundstück), stellt grundsätzlich eine Grundstücksvermietung im Sinne des § 6 Abs. 1 Z 16 UStG 1994 dar (vgl. VwGH 23.2.2017, Ra 2016/15/0012, zur Überlassung von Grundstücken zur Nutzung als Schipisten, permanente Rennstrecken, Lifttrassen sowie zum Zwecke der Veranstaltung eines internationalen Schirennens). Die Leistung des pauschalierten Landwirtes ist daher (falls nicht zur Steuerpflicht optiert wird) unecht steuerfrei. Der Landwirt braucht keine Umsatzsteuer entrichten, wenn in der Rechnung (Gutschrift) keine Umsatzsteuer ausgewiesen ist.

Diese Rechtsansicht ist für ab 1.7.2018 erbrachte Leistungen anzuwenden.

Rechtsansicht bis 30.6.2018 betreffend Überlassung von Grundstücken zur Nutzung als Schipisten und Langlaufloipen:

Bei der Überlassung von Grundstücken zur Nutzung als Schipisten, Lifttrassen, Langlaufloipen und dergleichen liegen hingegen grundsätzlich Dienstbarkeiten vor. Sofern nicht die Kleinunternehmerbefreiung anzuwenden ist, unterliegen diese Umsätze des pauschalierten Landwirtes der Regelbesteuerung. Der Landwirt muss daher in diesen Fällen die 20-prozentige Umsatzsteuer an das Finanzamt entrichten. Aus Gründen der Verwaltungsökonomie wird allerdings bei Nutzungsentgelten bis zu einem Gesamtbetrag von 2.000 Euro jährlich pro Leistungsempfänger von einer Besteuerung Abstand genommen, wenn in der Rechnung (Gutschrift) keine Umsatzsteuer ausgewiesen ist.

(BMF-AV Nr. 2017/171)

22.3.9. Einräumung anderer Dienstbarkeiten

Auf an pauschalierte Land- und Forstwirte gezahlte Abgeltungen bzw. Servitutsentgelte **2883**
im Zusammenhang mit der Errichtung von ober- und unterirdischen Versorgungsleitungen (Erdöl-, Erdgas-, Strom-, Wärme-, Wasser-, Abwasser- und Datenleitungen) einschließlich der zu den oberirdischen Leitungen gehörigen Tragwerken auf landwirtschaftlich genutzten Flächen ist die Durchschnittssatzbesteuerung nach § 22 UStG 1994 anzuwenden. Dies gilt auch für die Einräumung von Grunddienstbarkeiten im Zusammenhang mit der Errichtung von öffentlichen Verkehrswegen und Eisenbahntrassen.

Andere Grunddienstbarkeiten bzw. Servituten für nicht-land- und forstwirtschaftliche Zwecke fallen nicht unter die Pauschalbesteuerung nach § 22 UStG 1994. Der Landwirt muss daher in diesen Fällen, falls nicht die Kleinunternehmerbefreiung zum Zug kommt, die 20-prozentige Umsatzsteuer an das Finanzamt entrichten. Die Bagatellregelung für die Einräumung von Grunddienstbarkeiten iZm der Überlassung von Grundstücken zur Nutzung als Schipisten, Lifttrassen usw. (vgl. 2000 Euro-Grenze in Rz 2882) ist jedoch anwendbar.

Auch Abgeltungen iZm der Duldung der Durchführung von seismischen Messungen zum Zwecke der Auffindung von Bodenschätzen auf land- und forstwirtschaftlichen Flächen fallen nicht unter die Pauschalbesteuerung. Bei derartigen Umsätzen kann aus verwaltungsökonomischen Gründen – unabhängig von der Betragshöhe – von der Besteuerung Abstand genommen werden, sofern keine Rechnungen bzw. Gutschriften ausgestellt werden, die den Leistungsempfänger zum Vorsteuerabzug berechtigen. Diese Rechtsauslegung hinsichtlich der seismischen Messungen ist für solche Umsätze anzuwenden, die ab dem 1. Jänner 2009 ausgeführt worden sind bzw. ausgeführt werden.

2884 Bei der Überlassung von Grundstücksflächen durch pauschalierte Land- und Forstwirte für eingezäunte Sondenplätze, sonstige Betriebsanlagen (zB Transformatorstationen, Gasdruckregelstationen), Windkraftanlagen oder das Aufstellen von Handymasten liegt Vermietung und Verpachtung iSd § 6 Abs. 1 Z 16 UStG 1994 vor, die nicht in den Anwendungsbereich des § 22 UStG 1994 fällt (vgl. Rz 2881). Bei der Verpachtung landwirtschaftlicher Flächen zum Zwecke der Errichtung und des Betriebs von Photovoltaikanlagen gilt dies auch dann, wenn sich der Landwirt vertraglich die Nutzung der darunterliegenden Flächen für landwirtschaftliche Zwecke (zB Hühnerhaltung) vorbehalten hat (vgl. EuGH 18.11.2004, Rs C-284/03, *Temco Europe SA*).

(BMF-AV Nr. 2017/171, BMF-AV Nr. 2021/166)

22.3.10. Übertragung bzw. vorübergehende Überlassung von Zahlungsansprüchen auf Grund des Marktordnungsgesetz 2007, BGBl. I Nr. 55/2007

2885 Die entgeltliche Übertragung (=Veräußerung) von Zahlungsansprüchen iSd Marktordnungsgesetzes 2007, BGBl. I Nr. 55/2007, ohne gleichzeitige Übertragung des dazu gehörigen Grund und Bodens fällt bei pauschalierten Landwirten unter die Durchschnittssatzbesteuerung (Steuersatz 13% [bis 31.12.2015: 12%]). Die Steuerbefreiung gemäß § 6 Abs. 1 Z 8 lit. c UStG 1994 kommt nicht zur Anwendung, da insoweit kein Umsatz im Geschäft mit Geldforderungen ausgeführt wird.

(BMF-AV Nr. 2015/170)

2886 Erfolgt die endgültige Übertragung (= Veräußerung) bzw. die Verpachtung (= vorübergehende Überlassung) von Zahlungsansprüchen iSd Marktordnungsgesetzes 2007, BGBl. I Nr. 55/2007, im Zusammenhang mit Verkäufen bzw. Verpachtungen von land- und forstwirtschaftlichen Grundstücksflächen, stellen die Übertragung der Zahlungsansprüche und die Grundstückstransaktion jeweils eigenständige Hauptleistungen dar. Die Steuerbefreiungen gemäß § 6 Abs. 1 Z 9 lit. a und Z 16 UStG 1994 sind für die Übertragung der Zahlungsansprüche nicht anwendbar, sodass dieser Umsatz – unabhängig von der umsatzsteuerlichen Behandlung des Grundstücksumsatzes bzw. des Verpachtungsumsatzes – bei pauschalierten Landwirten dem Durchschnittssteuersatz von 13% (bis 31.12.2015: 12%) unterliegt.

Sofern für die Übertragung bzw. Verpachtung des Zahlungsanspruches kein gesonderter Entgeltsbestandteil vereinbart wurde, kann aus Vereinfachungsgründen von einer gesonderten umsatzsteuerlichen Erfassung der Übertragung bzw. Verpachtung der Zahlungsansprüche Abstand genommen werden.

(BMF-AV Nr. 2015/170)

Randzahlen 2887 bis 2890: *derzeit frei.*

22.4. Nebenbetriebe

2891 Nebenbetriebe sind Betriebe, die grundsätzlich als Gewerbebetriebe einzustufen wären und lediglich infolge ihres inneren betriebswirtschaftlichen Zusammenhangs mit dem land- und forstwirtschaftlichen Betrieb für steuerrechtliche Zwecke als Nebenbetriebe und damit als unselbständige Teile des land- und forstwirtschaftlichen Hauptbetriebes behandelt werden.

Siehe auch EStR 2000 Rz 4221 bis 4230 und die dort angeführten Beispiele für Nebenbetriebe.

22.4.1. Verarbeitungsbetriebe

2892 Verarbeitungsbetriebe sind einem land- und forstwirtschaftlichen Betrieb angeschlossene Einrichtungen zur Verarbeitung und Verwertung der im land- und forstwirtschaftlichen Betrieb gewonnenen Erzeugnisse. Diese Betriebe dienen dem land- und forstwirtschaftlichen Betrieb dadurch, dass sie dessen Erzeugnisse veredeln, wodurch sein Ertrag gesteigert wird, und in vielen Fällen noch dazu, Rückstände oder Abfälle dem Hauptbetrieb zuzuführen und dadurch zB eine verstärkte Viehhaltung zu ermöglichen.

22.4.1.1. Be- oder Verarbeitung von eigenen oder zugekauften Urprodukten

2893 Nach § 7 Abs. 3 und 4 der Verordnung des BM für Finanzen, BGBl. II Nr. 125/2013 idgF, über die Aufstellung von Durchschnittssätzen für die Ermittlung des Gewinnes aus Land- und Forstwirtschaft (LuF-PauschVO 2015) bzw. – für Veranlagungszeiträume vor 2015 – gemäß § 6 Abs. 4 LuF-PauschVO 2011, BGBl. II Nr. 471/2010, wird die Be- oder Verarbeitung von

Urprodukten durch einen Land- und Forstwirt unter den dort aufgezählten Kriterien (insbesondere bei Überschreitung der Einnahmengrenze von 40.000 [vor 1.1.2020: 33.000] Euro) mangels wirtschaftlicher Unterordnung im Verhältnis zum land- und forstwirtschaftlichen Hauptbetrieb nicht den Einkünften aus Land- und Forstwirtschaft zugeordnet. Umsätze aus der Be- oder Verarbeitung von land- und forstwirtschaftlichen Urprodukten, die einkommensteuerrechtlich nicht den Einkünften aus Land- und Forstwirtschaft zuzuordnen sind (siehe EStR 2000 Rz 4215 bis Rz 4220a sowie – zur wirtschaftlichen Unterordnung bei einer Mehrzahl von Nebenbetrieben und/oder Nebenerwerben – EStR 2000 Rz 4208a und 4208b), sind auch umsatzsteuerrechtlich nicht den Umsätzen aus Land- und Forstwirtschaft zuzurechnen. Diese Umsätze sind für den gesamten Veranlagungszeitraum, in dem die wirtschaftliche Unterordnung nach den ertragsteuerrechtlichen Grundsätzen nicht gegeben ist, nach den allgemeinen Regeln des UStG 1994 zu versteuern. Das Vorliegen eines land- und forstwirtschaftlichen Be- und Verarbeitungsbetriebes ist für jeden Veranlagungszeitraum gesondert zu beurteilen. Die gleichen Grundsätze gelten auch für den Almausschank iSd § 7 Abs. 1 LuF-PauschVO 2015.

Die Be- und Verarbeitung von landwirtschaftlichen Urprodukten zum Zweck der Verabreichung im hofeigenen Buschenschank ist kein Nebenbetrieb, sondern unmittelbarer Bestandteil des landwirtschaftlichen Hauptbetriebes. Die diesbezüglichen Umsätze unterliegen daher der Durchschnittssatzbesteuerung sowie nach Maßgabe des § 22 Abs. 2 UStG 1994 der Zusatzsteuer. Die damit im Zusammenhang stehenden Vorsteuern werden im Rahmen der Pauschalbesteuerung berücksichtigt. Rz 2894 ist in diesen Fällen nicht anzuwenden. Zur ertragsteuerlichen Behandlung sowie zur Abgrenzung zum Gewerbebetrieb siehe EStR 2000 Rz 4231 bis Rz 4241. Gleiches gilt für den Mostbuschenschank (Buschenschank im Rahmen des Obstbaues einschließlich alkoholfreier Getränke und Speisen) iSd § 6 LuF-PauschVO 2015 (siehe auch EStR 2000 Rz 4240).

Zur Abgrenzung der Urproduktion von der Be- und Verarbeitung ist für steuerliche Zwecke die Urprodukteverordnung, BGBl. II Nr. 410/2008 idgF, maßgeblich (vgl. EStR 2000 Rz 4220, 4220a sowie Rz 5123). Die Be- und/oder Verarbeitung von Produkten, die keine Urprodukte sind, stellt keine land- und forstwirtschaftliche Nebentätigkeit dar. Für Zwecke der Zusatzbesteuerung bestimmter Getränkelieferungen (§ 22 Abs. 2 UStG 1994) hat die Urprodukte-Verordnung keine Bedeutung.

Beispiel:

Die Erzeugung von Met gilt nach der Urprodukte-Verordnung als Urproduktion.

Die diesbezüglichen Umsätze sind daher für Zwecke der Berechnung der 40.000- [vor 1.1.2020: 33.000-]Euro-Grenze nicht zu berücksichtigen. Diese Tätigkeit ist unmittelbar dem land- und forstwirtschaftlichen Hauptbetrieb zuzurechnen und die Umsätze fallen somit unter die Pauschalbesteuerung. Die Zusatzsteuer gemäß § 22 Abs. 2 UStG 1994 in Höhe von 7% (bis 31.12.2015: 10 bzw. 8%) ist zu entrichten, wenn das Getränk am Hof (zB in einem Buschenschank) konsumiert wird (zum vorübergehenden „coronabedingten" Wegfall der Zusatzsteuer gemäß § 22 Abs. 2 iVm § 28 Abs. 52 Z 2 UStG 1994 siehe Rz 3543). Beim Ab-Hofverkauf von selbst erzeugtem Met fällt keine Zusatzsteuer an (vgl. Rz 2872).

(BMF-AV Nr. 2019/165, BMF-AV Nr. 2021/166)

22.4.1.2. Vorsteuerabzug

Die dem Be- oder Verarbeitungsbetrieb zuzuordnenden Vorsteuern können mit einem **2894**
Durchschnittssatz von 6% des auf das jeweilige Veranlagungsjahr entfallenden Gesamtumsatzes (iSd § 17 Abs. 5 UStG 1994) des Be- und Verarbeitungsbetriebes berechnet werden. Die der Durchschnittssatzbesteuerung unterliegenden land- und forstwirtschaftlichen Umsätze dürfen in diese Berechnung nicht miteinbezogen werden.

Der Unternehmer kann bis zur Rechtskraft des Veranlagungsbescheides mit Wirkung für den gesamten Veranlagungszeitraum entscheiden, ob er den Vorsteuerabzug entsprechend der Durchschnittssatzermittlung oder in der tatsächlich angefallenen Höhe geltend macht. Da jedoch mit dem 6-prozentigen Pauschalsatz sämtliche auf die „gewerbliche" Direktvermarktung entfallenden Vorsteuern eines Veranlagungszeitraumes abgegolten sind, ist eine Kombination der beiden Vorsteuerermittlungsmethoden eben so wenig zulässig wie ein unterjähriger Wechsel.

Beim Wechsel von der Vorsteuerpauschalierung zum Vorsteuerabzug nach § 12 Abs. 1 UStG 1994 und umgekehrt ist für die Zuordnung der Vorsteuer der Zeitpunkt der Leistung maßgeblich (vgl. auch Rz 2234).

Ab dem Veranlagungszeitraum 2007 sind bei Inanspruchnahme der Vorsteuerpauschalierung die Bestimmungen des § 14 Abs. 4 und 5 UStG 1994 sinngemäß zu beachten (Erfordernis einer schriftlichen Erklärung bzw. eines schriftlichen Widerrufs; mindestens zweijährige

Bindungswirkung für die Pauschalermittlung; mindestens fünfjährige Bindungswirkung beim Übergang auf die Vorsteuerermittlung nach den allgemeinen Vorschriften). Siehe Rz 2288 bis Rz 2289 sowie Rz 2301 bis Rz 2303.

22.4.2. Substanzbetriebe

2895 Substanzbetriebe sind Betriebe, in denen die Substanz des Bodens als solche gewonnen und – verarbeitet oder unverarbeitet – in dem land- und forstwirtschaftlichen Betrieb verwendet oder veräußert wird (zB Sand- und Lehmgruben, Schottergruben, Torfstiche). Ob ein land- oder forstwirtschaftlicher Nebenbetrieb oder ein Gewerbebetrieb vorliegt, ist nach den oben angeführten einkommensteuerlichen und bewertungsrechtlichen Auslegungsgrundsätzen zu beurteilen. Zur Abgrenzung zum Gewerbebetrieb siehe Rz 4226 bis 4228 EStR 2000.

22.4.3. Nebenerwerbe und Nebentätigkeiten

2896 Den landwirtschaftlichen Nebenbetrieben werden andere Nebentätigkeiten gleichgestellt, das sind Tätigkeiten, die wegen ihres engen Zusammenhanges mit der Haupttätigkeit und wegen ihrer untergeordneten Bedeutung in dieser gleichsam aufgehen. Die Beurteilung des Vorliegens einer land- und forstwirtschaftlichen Nebentätigkeit hat nach dem Gesamtbild der Verhältnisse zu erfolgen, wobei nicht nur die Umsatzverhältnisse, sondern auch das Verhältnis von eingesetztem Kapital und Arbeitszeit, die Ertragslage sowie die absolute Höhe der Umsätze und Gewinne zu berücksichtigen sind (vgl. VwGH 21.12.2010, 2009/15/0001, zur Betreuung öffentlicher Grünanlagen). Die gewerberechtliche Beurteilung ist nicht entscheidend. Zu den land- und forstwirtschaftlichen Nebentätigkeiten kann zB unter den genannten Voraussetzungen die Erbringung von Fuhrwerksleistungen, Holzschlägerungen für Dritte oder die Erbringung von Dienstleistungen im Rahmen der zwischenbetrieblichen Zusammenarbeit (Nachbarschaftshilfe) gehören. Hiezu siehe EStR 2000 Rz 4201 bis Rz 4208b.

Umsätze aus der Tätigkeit als Obmann einer landwirtschaftlichen Genossenschaft fallen nicht unter die Durchschnittssatzbesteuerung (kein enger Zusammenhang mit der land- und fortwirtschaftlichen Tätigkeit; VwGH 29.07.2010, 2006/15/0217).

(BMF-AV Nr. 2021/166)

22.4.3.1. Privatzimmervermietung

2897 Auch Einnahmen von Land- und Forstwirten, die aus Privatzimmervermietungen (mit oder ohne Frühstück) erzielt werden, sind als Umsätze aus land- und forstwirtschaftlichen Nebenerwerben zu behandeln, wenn die Zimmervermietung als wirtschaftlich untergeordnet angesehen werden kann. Die Frage der wirtschaftlichen Unterordnung wird sich nach den jeweiligen Verhältnissen des Einzelfalles richten. Eine Zimmervermietung, die sich auf mehr als zehn Fremdenbetten erstreckt, wird nicht mehr als untergeordnet angesehen werden können (siehe EStR 2000 Rz 4193 sowie – zur Ermittlung der Zehn-Bettengrenze – Rz 4193a und [für Veranlagungszeiträume ab 2021] Rz 5073). Hinsichtlich der von 1.5.2016 bis 31.10.2018 anzuwendenden Durchschnittssteuersätze siehe Rz 2853a iVm Rz 1368 bis 1370 sowie – zur Übergangsregelung für Beherbergungsleistungen bis einschließlich 31.12.2017 – Rz 1403.

(BMF-AV Nr. 2016/212, BMF-AV Nr. 2018/164, BMF-AV Nr. 2021/166)

22.4.3.2. Dienstleistungen und Vermietungen im Rahmen der zwischenbetrieblichen Zusammenarbeit

2898 Zur Abgrenzung zum Gewerbebetrieb siehe EStR 2000 Rz 4204 sowie 4206 bis Rz 4208.

(BMF-AV Nr. 2016/212)

Randzahl 2899: *derzeit frei.*

22.4.3.3. Entsorgung und Verwertung von organischen Abfällen

(BMF-AV Nr. 2021/166)

2900 Bringt ein Landwirt im Rahmen bodenschutzrechtlicher Vorgaben organische Abfälle (zB Klärschlamm) auf seine Felder gegen Entgelt auf (siehe Rz 1327a), stellt die Entsorgungsleistung des Landwirts keine landwirtschaftliche, sondern grundsätzlich eine gewerbliche Tätigkeit dar. Es kann darin aber eine landwirtschaftliche Nebentätigkeit gesehen werden, wenn das Sammeln und Kompostieren von fremden, kompostierbaren Abfällen mit den in der Land- und Forstwirtschaft üblichen Methoden erfolgt und nach ertragsteuerlichen Grundsätzen (§ 7 Abs. 2 und 4 LuF-PauschVO 2015, BGBl. II Nr. 125/2013 idgF [bis 31.12.2014: § 6 Abs. 2 und 4 LuF-PauschVO 2011, BGBl. II Nr. 471/2010 idgF]) im Verhältnis zum land- und forstwirtschaftlichen Hauptbetrieb von wirtschaftlicher Unterordnung auszugehen ist. Sind diese Voraussetzungen erfüllt, kann die Entsorgungsleistung des Landwirts von der Pauschalierungsregelung des § 22 UStG 1994 erfasst sein.

Der Verkauf von aus dem Müll gewonnenen neu verwertbaren Produkten ist gesondert zu betrachten (Rz 1322). Dazu gehört auch der Verkauf des durch die Kompostieranlage gewonnenen Komposts.

(BMF-AV Nr. 2015/170, BMF-AV Nr. 2021/166)

22.4.3.4. Energieerzeugung

Für die Erzeugung von Energie mittels Biomasseanlagen, Hackschnitzelheizungen oder mithilfe von alternativen Energieerzeugnisanlagen (zB Wind-, Solar-, oder Wasserkraftwerke) sind für die Beurteilung, ob ein land- und forstwirtschaftlicher Nebenbetrieb oder eine gewerbliche Tätigkeit vorliegt, die ertragsteuerlichen Grundsätze sinngemäß anzuwenden (vgl. EStR 2000 Rz 4221 und Rz 4222). **2901**

(AÖF Nr. 2014/164)

Zur umsatzsteuerlichen Behandlung der Energieerzeugung mittels Photovoltaikanlagen durch pauschalierte Land- und Forstwirte siehe Erlass vom 24.2.2014, BMF-010219/0488-VI/4/2013, BMF-AV Nr. 8/2014, Abschnitt 2.1.2. (zur Volleinspeisung) sowie 2.2.2.4. (zur Überschusseinspeisung). Der Erlass ist in allen Fällen anzuwenden, in denen eine Photovoltaikanlage nach dem 28.2.2014 erstmalig in Betrieb genommen wurde und der Kaufvertragsabschluss für die Anlage nach dem 28.2.2014 erfolgt. In allen anderen Fällen (Altfälle) gilt – sofern sich der Unternehmer nicht auf die Anwendung des angeführten Erlasses beruft – weiterhin Folgendes: **2902**

Der Betrieb einer Photovoltaikanlage (oder eines Wind- oder Wasserkraftwerkes), deren erzeugte Strommenge nicht über dem Eigenbedarf des Betreibers für Zwecke des land- und forstwirtschaftlichen Betriebes liegt, ist – in wirtschaftlicher Betrachtungsweise – dem land- und forstwirtschaftlichen Betrieb zuzuordnen, unabhängig davon, ob der erzeugte Strom ganz (Volleinspeiser) oder teilweise (Überschusseinspeiser) in das öffentliche Stromnetz eingespeist wird und anschließend entsprechend dem jeweiligen Bedarf vom öffentlichen Netz rückbezogen wird. Der Vorsteuerabzug ist gemäß § 22 UStG 1994 zur Gänze abgegolten. Die Umsätze aus der Einspeisung unterliegen dem Pauschalsteuersatz von 13% (bis 31.12.2015: 12%).

Dasselbe gilt, wenn der erzeugte Strom auch für private Zwecke verwendet wird, sofern die Stromerzeugung überwiegend für land- und forstwirtschaftliche Zwecke erfolgt.

Wird der erzeugte Strom überwiegend für private Zwecke verwendet, ist die Energieerzeugungsanlage dem nichtunternehmerischen Bereich zuzuordnen und ein Vorsteuerabzug nicht zulässig. Die Umsätze aus der Einspeisung unterliegen nicht der Umsatzsteuer.

Erzeugte Strommenge liegt über dem Eigenbedarf des Betreibers (regelmäßige Mehrproduktion):

- Wird der erzeugte Strom überwiegend für private und land-/forstwirtschaftliche Zwecke verwendet, ist der Vorsteuerabzug nach § 22 UStG 1994 abpauschaliert. Die Umsätze aus der Einspeisung unterliegen dem Pauschalsteuersatz von 13% (bis 31.12.2015: 12%), sofern im Rahmen des Eigenbedarfes der land- und forstwirtschaftliche Verbrauch überwiegt. Dies gilt unabhängig davon, ob der erzeugte Strom ganz (Volleinspeiser) oder teilweise (Überschusseinspeiser) in das öffentliche Netz eingespeist wird und anschließend entsprechend dem jeweiligen Bedarf vom öffentlichen Stromnetz rückbezogen wird.
- Wird der erzeugte Strom nicht überwiegend für private und land-/forstwirtschaftliche Zwecke verwendet, liegt zur Gänze ein Gewerbebetrieb vor. Die Umsätze aus der Einspeisung unterliegen dem Normalsteuersatz. Bei Volleinspeisung steht der volle Vorsteuerabzug für die Anschaffung und den laufenden Betrieb der Anlage, bei Überschusseinspeisung der anteilsmäßige Vorsteuerabzug zu und zwar soweit die Anlage für die Mehrproduktion verwendet wird (vgl. Rz 2908).

(AÖF Nr. 2014/164, BMF-AV Nr. 2015/170)

Randzahlen 2903 bis 2905: *derzeit frei.*

22.5. Land- und Forstwirtschaft als gesondert geführter Betrieb

Führt ein Unternehmer neben Umsätzen im Rahmen seines land- und forstwirtschaftlichen Betriebes auch noch andere Umsätze (zB im Rahmen eines Gewerbebetriebes, einer selbständigen Arbeit oder einer Vermietung und Verpachtung) aus, so sind die land- oder forstwirtschaftlichen Umsätze bei Zutreffen der Voraussetzungen des § 22 UStG 1994 nach Durchschnittssätzen, die übrigen Umsätze hingegen nach den allgemeinen Vorschriften zu versteuern. **2906**

2907 Soweit demnach in den einzelnen umsatzsteuerrechtlichen Vorschriften auf den Unternehmer, das Unternehmen, den Gesamtumsatz usw. abgestellt wird, ist zu berücksichtigen, dass der land- oder forstwirtschaftliche Betrieb so wie jeder andere Betrieb des Unternehmers bloß einen Teil seines einheitlichen Unternehmens bildet. Demgemäß können somit zwischen dem land- oder forstwirtschaftlichen und einem anderen Betrieb des Unternehmers keine Umsätze, sondern nur Innenumsätze getätigt werden, für die keine zum Vorsteuerabzug berechtigenden Rechnungen im Sinne des § 11 UStG 1994 ausgestellt werden können (vgl. VwGH 25.2.2015, 2010/13/0189). Bei der Ermittlung des Gesamtumsatzes oder des Umsatzes eines Kalenderjahres sind auch die nach Durchschnittssätzen zu versteuernden Umsätze – die ggf. zu schätzen sind – einzubeziehen. Im Falle einer Schätzung können diese Umsätze mit 150% des Wertes des land- und forstwirtschaftlichen Betriebes (im Sinne von § 125 Abs. 1 lit. b BAO idF vor dem 1.1.2020) in seiner zuletzt maßgeblichen Höhe angesetzt werden. Bei einer Teilpauschalierung iSd LuFPauschVO 2015, BGBl. II Nr. 125/2013 idgF (bis 31.12.2014: LuF-PauschVO 2011, BGBl. II Nr. 471/2010 idgF), ist bei der Schätzung jedenfalls von den aufgezeichneten, tatsächlichen Betriebseinnahmen (ohne Umsatzsteuer) auszugehen (zB Weinbuschenschank oder Forstwirtschaft, wenn der forstwirtschaftliche Einheitswert mehr als 15.000 [vor 1.1.2020: 11.000] Euro beträgt). Die restlichen land- und forstwirtschaftlichen Umsätze können in Höhe von 150% des – entsprechend gekürzten – Einheitswertes angesetzt werden.

Beispiel:

Ein ertragsteuerlich teilpauschalierter Landwirt (Einheitswert: 30.000 Euro, davon entfallen auf die Forstwirtschaft 16.000 Euro) erzielt im Jahr 2020 Einnahmen aus Holzverkäufen an Unternehmer in Höhe von 16.950 Euro sowie aus der Vermietung von Eigentumswohnungen in Höhe von 11.000 Euro (jeweils inkl. USt).

Für Zwecke der Ermittlung des Gesamtumsatzes kann die Schätzung des land- und forstwirtschaftlichen Umsatzes wie folgt vorgenommen werden:

150% des EW von 14.000 €	*21.000 €*
[= geschätzter landwirtschaftlicher Umsatz (netto)]	
Aufgezeichnete Umsätze aus Holzverkäufe	*15.000 €*
(13% USt herausgerechnet)	
(Teil-)geschätzter land- und forstwirtschaftlicher Gesamtumsatz	*36.000 €*
Umsätze aus der Vermietung (ohne USt)	*10.000 €*
Maßgeblicher Umsatz des Jahres 2020	*46.000 €*

Da die Kleinunternehmergrenze gemäß § 6 Abs. 1 Z 27 UStG 1994 insgesamt überschritten wird, sind die Vermietungsumsätze steuerpflichtig. Die Holzumsätze werden gemäß § 22 UStG 1994 besteuert.

(BMF-AV Nr. 2015/170, BMF-AV Nr. 2021/166)

2908 Hinsichtlich der Aufteilung der Vorsteuern in abziehbare und nichtabziehbare ist der land- und/oder forstwirtschaftliche Betrieb als ein gesondert geführter Betrieb im Sinne des § 12 Abs. 7 UStG 1994 zu behandeln (zB ein Landwirt betreibt neben seiner pauschalierten Landwirtschaft eine „gewerbliche" Direktvermarktung).

Die Vorsteueraufteilung hat umsatzbezogen (nicht betriebsbezogen) zu erfolgen, da durch § 22 Abs. 1 UStG 1994 nur solche Vorsteuern pauschal berücksichtigt werden, die mit den im Rahmen eines land- und forstwirtschaftlichen Betriebs ausgeführten Umsätzen in Zusammenhang stehen. Führt ein Unternehmer daher neben einem der Regelbesteuerung unterliegenden gewerblichen Betrieb (zB gewerbliches Heurigenbuffet) einen land- und forstwirtschaftlichen Betrieb (zB Weinbaubetrieb), für den er die Pauschalierungsregelung des § 22 UStG 1994 in Anspruch nimmt, hat er die von ihm bezogenen Eingangsleistungen ganz oder teilweise einem der beiden Unternehmensteile zuzuordnen und damit die Vorsteuerbeträge in die nach § 12 Abs. 1 und Art. 12 Abs. 1 UStG 1994 abziehbaren und in die bereits im Rahmen der Vorsteuerpauschalierung berücksichtigten aufzuteilen. Es kommt nicht darauf an, in welchem Unternehmensteil die Verwendung der bezogenen Eingangsleistungen zunächst erfolgt. Vielmehr ist darauf abzustellen, ob der Unternehmer die bezogenen Eingangsleistungen für die der Durchschnittssatzbesteuerung nach § 22 UStG 1994 oder für die der Regelbesteuerung unterliegenden Umsätze verwendet (vgl. VwGH 25.2.2015, 2010/13/0189). Sind Vorsteuern teilweise den land- und forstwirtschaftlichen Umsätzen und teilweise den nach den allgemeinen Vorschriften zu besteuernden Umsätzen zuzurechnen, wie etwa beim gemeinsamen Einkauf von Betriebsmitteln oder bei unteilbaren Gegenständen wie Maschinen, Kraftfahrzeugen oder gemischt genutzten Gebäuden, so sind die Vorsteuern entsprechend der vorgesehenen bzw. tatsächlichen Verwendung aufzuteilen (vgl. VwGH 25.2.2015, 2010/13/0189 sowie VwGH 24.5.1993, 92/15/0009). Zur Möglichkeit einer (vorerst) vereinfachten Vorsteueraufteilung siehe Rz 2011 und 2012).

(BMF-AV Nr. 2015/170)

Hinsichtlich des Vorsteuerabzuges im Zusammenhang mit nicht unter § 22 UStG 1994 fallenden Umsätzen müssen sämtliche Voraussetzungen des § 12 UStG 1994 erfüllt sein (insbesondere auch das Vorliegen einer ordnungsgemäßen Rechnung iSd § 11 UStG 1994). Auch sind für diese Vorsteuern die Aufzeichnungspflichten gemäß § 18 und Art. 18 UStG 1994 zu beachten. **2909**

Sollte es in Folge zu Verwendungsänderungen kommen (zB ein teilweise mit Vorsteuerabzug erworbenes Wirtschaftsgut fließt in Folge ausschließlich in pauschalierte Umsätze ein), ist eine Vorsteuerberichtigung vorzunehmen. Bei pauschaler Geltendmachung des Vorsteuerabzuges iZm Umsätzen aus der Pensionspferdehaltung für nicht landwirtschaftliche Zwecke nach der PferdePauschV, BGBl. II Nr. 48/2014 idgF, können im Hinblick auf die umsatzbezogene Vorsteueraufteilung neben dem Pauschalbetrag von 27 [bis 31.3.2020: 24] Euro pro Pferd und Monat sowie den zusätzlich abziehbaren Vorsteuern nach § 2 Abs. 2 der VO keine weiteren Vorsteuern geltend gemacht werden, weil im – auf kalkulatorischer Basis ermittelten – Pauschalsatz sämtliche Vorsteuern, also auch jene, die im Rahmen der land- und forstwirtschaftlichen Erzeugung (zB von Heu oder Stroh) angefallen sind, berücksichtigt wurden. Gleiches gilt bei Inanspruchnahme des 6-prozentigen Pauschalsatzes für Vorsteuern iZm der „gewerblichen" Be- oder Verarbeitung von eigenen oder zugekauften Urprodukten (vgl. Rz 2894).

(BMF-AV Nr. 2015/170, BMF-AV Nr. 2021/166)

Bewirkt der Unternehmer im Rahmen seines land- und forstwirtschaftlichen Betriebes neben seinen nach § 22 Abs. 1 UStG 1994 pauschal besteuerten Umsätzen auch solche, die unter die Versandhandelsregelung gemäß Art. 3 Abs. 3 bis 7 UStG 1994 fallen (siehe dazu Rz 3714 ff) und daher aufgrund der Verlagerung des Leistungsortes nach den Vorschriften des Bestimmungsmitgliedstaates zu besteuern sind (zB Weinlieferungen an Letztverbraucher in einem anderen Mitgliedstaat), sind die damit im Zusammenhang stehenden Vorsteuern bei Erfüllung sämtlicher Voraussetzungen des § 12 UStG 1994 abzugsfähig bzw. in die umsatzbezogene Vorsteueraufteilung (vgl. Rz 2908) miteinzubeziehen. **2910**

(BMF-AV Nr. 2017/171)

Randzahlen 2911 bis 2915: *Derzeit frei.*

22.6. Option zur Regelbesteuerung

Durch Erklärung bis zum Ablauf des betroffenen Kalenderjahres – dies gilt für Veranlagungszeiträume, die vor dem 1.1.2019 enden – gegenüber dem zuständigen Finanzamt, dass die Umsätze eines land- oder forstwirtschaftlichen Betriebes nach den allgemeinen Vorschriften des UStG 1994 besteuert werden sollen, kann der Unternehmer die Durchschnittssatzbesteuerung ausschließen. Eine bereits abgegebene Optionserklärung kann bis zum Ablauf des betroffenen Veranlagungszeitraumes zurückgenommen werden. **2916**

Bei Veranlagungszeiträumen, die nach dem 31.12.2018 beginnen, besteht die Möglichkeit, durch Erklärung bis zum Ablauf des folgenden Veranlagungszeitraumes die Umsätze vom Beginn des Kalenderjahres nach den allgemeinen Vorschriften des UStG 1994 zu versteuern. Wird von dieser Möglichkeit Gebrauch gemacht, hat der Unternehmer – zeitgleich mit der Erklärung der Option zur Regelbesteuerung – eine Steuererklärung für das Kalenderjahr abzugeben.

Beispiel:

Ein Unternehmer iSd § 22 UStG 1994 gibt am 5.5.2020 gegenüber dem Finanzamt die Erklärung ab, seine Umsätze von Beginn des vorangegangenen Kalenderjahres (2019) an nach den allgemeinen Vorschriften des UStG 1994 zu versteuern.

Lösung:

Aufgrund der Änderungen durch das StRefG 2020, BGBl. I Nr. 103/2019,kann der Unternehmer seine Umsätze ab Beginn des vorangegangenen Kalenderjahres (2019) und nicht erst ab dem laufenden Kalenderjahr (2020)nach den allgemeinen Vorschriften des UStG 1994 versteuern. Der Unternehmer hat am 5.5.2020 eine Steuererklärung für das vorangegangeneKalenderjahr (2019) einzureichen. Hat er bereits eine Steuererklärung aufgrund von § 22 Abs. 2 UStG 1994 abgegeben, ist diese zu berichtigen. Die Erklärung bindet den Unternehmer für mindestens fünf Kalenderjahre (bis 31.12.2023).

Ein Übergang zur Regelbesteuerung ist nur mit dem Beginn eines Kalenderjahres möglich. Die an keine besondere Form gebundene Erklärung ist im Sinne von § 85 Abs. 1 und § 86a BAO schriftlich oder per Fax einzureichen oder kann auch elektronisch über Finanz-Online (https://finanzonline.bmf.gv.at) übermittelt werden. Die Frist zur Abgabe der Erklärung ist nicht verlängerbar. Gibt der Unternehmer eine solche Erklärung ab, so ist er daran durch fünf Kalenderjahre ab Beginn der Regelbesteuerung gebunden. Die Wirkung des Widerrufes einer solchen Erklärung tritt immer nur mit dem Beginn eines Kalenderjahres ein, doch muss der Widerruf jeweils spätestens bis zum Ablauf des ersten Kalendermonats nach Beginn dieses Kalenderjahres erfolgen, um noch mit dem Beginn dieses Kalenderjahres wirksam werden zu können. Bezüglich der Form des Widerrufes gelten die oben getroffenen Feststellungen.

(BMF-AV Nr. 2019/165, BMF-AV Nr. 2020/192)

2917 Die Option zur Regelbesteuerung ist ein höchstpersönliches Recht des Unternehmers und wirkt bei Einzel- oder Gesamtrechtsnachfolge nicht automatisch auf den Betriebsübernehmer weiter (vgl. auch Rz 204). Will der Betriebsübernehmer zB bei unentgeltlicher Betriebsübergabe oder bei einem Erbanfall weiterhin die Regelbesteuerung anwenden, muss er innerhalb der im § 22 Abs. 6 UStG 1994 vorgesehenen Frist neuerlich eine Optionserklärung beim zuständigen Finanzamt abgeben. Die fünfjährige Bindefrist beginnt ab Beginn der neuerlich erklärten Regelbesteuerung neu zu laufen.

In den Fällen des nichtsteuerbaren „Anwachsens" (vgl. Rz 47) wirkt eine von einer Personengesellschaft, GesbR, Miteigentümer- bzw. Besitzgemeinschaft abgegebene Optionserklärung beim verbleibenden Gesellschafter, Miteigentümer, Bewirtschafter weiter, weil dieser die Entscheidung zur Regelbesteuerung mitgetragen hat. Ein Widerruf des Verzichtes auf die Pauschalierung kann daher frühestens nach Ablauf der fünfjährigen Bindung erfolgen.

Beispiel:

Ein Ehepaar führt eine Landwirtschaft als GesbR, deren Umsätze gemäß § 22 UStG 1994 pauschaliert sind. Anfang 2009 wurde für die Veranlagungszeiträume ab 2009 eine Optionserklärung gemäß § 22 Abs. 6 UStG 1994 und in der Folge Umsatzsteuervoranmeldungen mit Vorsteuerüberhängen aus der Anschaffung von Traktoren und der Errichtung eines Stalles abgegeben.

Im März 2010 erfolgt das Anwachsen (zB wegen Pensionierung oder Todes eines Ehegatten). Der verbleibende Ehegatte führt den LuF-Betrieb in gleicher Weise allein weiter, möchte aber für Zeiträume ab dem Anwachsen wieder in die Pauschalierung wechseln.

Das Ausscheiden des vorletzten Gesellschafters einer GesbR führt zur Beendigung der Gesellschaft und zum Erlöschen ihrer Unternehmereigenschaft (spätestens zum Zeitpunkt der Beendigung der Abwicklung), es sei denn, der verbleibende Gesellschafter übernimmt die Anteile des ausgeschiedenen Gesellschafters und das Unternehmen wird unverändert fortgeführt.

Da der verbleibende Ehegatte als Mitgesellschafter für die GesbR den Entschluss zum Wechsel in die Regelbesteuerung mitgetragen hat, ist dieser – im Falle der alleinigen und unveränderten Fortsetzung der unternehmerischen Tätigkeit der Gesellschaft – weiterhin an die durch die Optionserklärung der GesbR ausgelöste fünfjährige Frist gebunden. Ein rechtswirksamer Widerruf der Optionserklärung wäre daher frühestens für den Veranlagungszeitraum 2014 möglich (Abgabe bis zum Ablauf des ersten Kalendermonates).

2918 Beim Wechsel von der Besteuerung nach Durchschnittssätzen zur Besteuerung nach den allgemeinen Bestimmungen kommt es in Veranlagungszeiträumen bis einschließlich 2013 zu keiner Änderung der Verhältnisse gemäß § 12 Abs. 10 und 11 UStG 1994. Zur Rechtslage ab 1.1.2014 siehe Rz 2857a ff. Umsätze, die noch im Pauschalierungszeitraum bewirkt wurden, deren Entgelt aber erst im Regelbesteuerungszeitraum vereinnahmt wird, gelten als bereits besteuert (vgl. VwGH 24.10.2019, Ro 2018/15/0021, mit Verweis auf VwGH 22.4.2009, 2007/15/0143). Ein Vorsteuerabzug kann nur für Vorleistungen geltend gemacht werden, die tatsächlich im Regelbesteuerungszeitraum ausgeführt wurden. Die Rechnungslegung bzw. Bezahlung im Regelbesteuerungszeitraum reicht nicht aus. Zur allfälligen positiven Vorsteuerberichtigung nach der ab 1.1.2014 geltenden Rechtslage siehe Rz 2857a ff.

Widerruft ein Land- und Forstwirt, der während der Regelbesteuerung nach vereinnahmten Entgelten versteuert hat, nach Ablauf der fünfjährigen Bindungswirkung seine Optionserklärung, so hat er jene Umsätze, die noch im Regelbesteuerungszeitraum bewirkt, deren Entgelte aber noch nicht vereinnahmt wurden, auf der Grundlage der Bestimmung des § 17 Abs. 4 UStG 1994 im ersten auf den Wechsel folgenden Voranmeldungszeitraum nachzuversteuern (vgl. VwGH 24.10.2019, Ro 2018/15/0021).

Beispiel:

Ein Landwirt unterlag auf Grund einer Optionserklärung gemäß § 22 Abs. 6 UStG 1994 von 1. Jänner 2015 bis 31. Dezember 2020 mit den im Rahmen seines land- und forstwirtschaftlichen Betriebes erzielten Umsätzen der Regelbesteuerung (Istbesteuerung) und wendet ab 1. Jänner 2021 infolge des Widerrufs der Optionserklärung wieder die

Pauschalbesteuerung nach § 22 UStG 1994 an. Die Entgelte für seine Milchlieferungen im Dezember 2020 vereinnahmt der Landwirt erst im Jänner 2021.

Mit 1. Jänner 2021 ist ein Übergang von der Besteuerung nach vereinnahmten Entgelten auf die (wenn auch pauschalierte) Besteuerung nach vereinbarten Entgelten eingetreten, weil die Durchschnittssatzbesteuerung gemäß § 22 UStG 1994 im Hinblick auf die umsatzbezogene Betrachtungsweise nur für Umsätze gilt, die im Pauschalierungszeitraum ausgeführt wurden. Die im Jänner 2021 vereinnahmten und bislang noch nicht besteuerten Umsätze aus den im Dezember 2020 ausgeführten Milchlieferungen unterliegen somit weiterhin der Regelbesteuerung und sind daher auf der Grundlage des § 17 Abs. 4 UStG 1994 im Voranmeldungszeitraum Jänner 2021 zu versteuern. Die darauf entfallende Steuer ist an das Finanzamt zu entrichten.

Gleichzeitig können Vorsteuern für Vorleistungen, die noch im Regelbesteuerungszeitraum ausgeführt, aber noch nicht abgerechnet wurden, geltend gemacht werden, wenn alle Voraussetzungen des § 12 Abs. 1 UStG 1994 erfüllt sind.

Zu einer allfälligen Vorsteuerberichtigung nach dem neuerlichen Übergang zur Besteuerung nach Durchschnittssätzen vgl. Rz 2856 f bzw. zur Rechtslage ab 1.1.2014 Rz 2857a ff.

(AÖF Nr. 2014/7, BMF-AV Nr. 2020/192)

Hat ein pauschalierter Land- und Forstwirt Rechnungen mit einem Steuerausweis ausgestellt, der sich aus der Anwendung des Durchschnittssatzes gemäß § 22 Abs. 1 UStG 1994 ergibt, und geht er später mit Wirkung für diese Voranmeldungszeiträume gemäß § 22 Abs. 6 UStG 1994 zur Regelbesteuerung über, so hat der Unternehmer ggf. zur Vermeidung der Rechtsfolgen des § 11 Abs. 12 UStG 1994 Rechnungsberichtigungen vorzunehmen bzw. die Berichtigung von Gutschriften zu veranlassen. Eine Sammelberichtigung sämtlicher an einen Leistungsempfänger ausgestellter Rechnungen bzw. Gutschriften ist zulässig, wenn dem Sammelbeleg der jeweilige Berichtigungsbetrag pro ausgestellter Rechnung oder Gutschrift entnommen werden kann (= exakte Zuordnung zur jeweils zu berichtigenden Rechnung oder Gutschrift). **2919**

Unterbleibt die Rechnungsberichtigung, hat der Unternehmer den zu hoch ausgewiesenen Steuerbetrag spätestens in der letzten Voranmeldung des Veranlagungszeitraumes, für den auf die Regelbesteuerung übergegangen wurde, als Steuerschuld aufgrund der Rechnungslegung zu erklären bzw. abzuführen. Hinsichtlich des Vorsteuerabzuges beim Leistungsempfänger siehe Rz 1825 und Rz 1826.

Beispiel:

Ein pauschalierter Landwirt stellt an einen Lebensmittelhändler im Voranmeldungszeitraum Juli 2021 eine Rechnung über einen Gemüseverkauf in Höhe von 1.100 Euro zuzüglich 143 Euro USt (Steuersatz 13%) aus. Im Dezember 2021 reicht der Unternehmer für 2021 die Optionserklärung gemäß § 22 Abs. 6 UStG 1994 ein.

Der Unternehmer hat die Rechnung an den Lebensmittelhändler hinsichtlich des Steuerbetrages und des Steuersatzes wie folgt zu berichtigen:

Entgelt 1.100 Euro zuzüglich 110 Euro USt (Steuersatz 10%). Der Lebensmittelhändler muss den Vorsteuerabzug entsprechend berichtigen.

Unterlässt der Landwirt die Rechnungsberichtigung, muss er im Voranmeldungszeitraum für Dezember 2021 eine Steuerschuld aufgrund der Rechnungslegung gemäß § 11 Abs. 12 UStG 1994 in Höhe von 33 Euro erklären. Unter den Voraussetzungen der Rz 1825 tritt in der Höhe des ursprünglichen Vorsteuerabzuges des Lebensmittelhändlers keine Änderung ein.

Hätte der Lebensmittelhändler an den Landwirt eine Gutschrift ausgestellt, müsste diese jedenfalls berichtigt werden. Unterbleibt die Berichtigung, kommt es beim Landwirt zur Steuerschuld gemäß § 11 Abs. 12 UStG 1994. Dem Lebensmittelhändler stünde aber nur ein Vorsteuerabzug in Höhe von 110 Euro zu (vgl. Rz 1826).

(BMF-AV Nr. 2021/166)

Randzahl 2920: *derzeit frei.*

22.7. Land- und forstwirtschaftlicher Betrieb von Körperschaften öffentlichen Rechts

Land- und forstwirtschaftliche Betriebe von Körperschaften öffentlichen Rechts können dann von den Pauschalierungsbestimmungen des § 22 UStG 1994 Gebrauch machen, wenn die Umsätze aller land- und forstwirtschaftlichen Betriebe der Körperschaft öffentlichen Rechts gemäß § 1 Abs. 1 Z 1 und der diesen Umsätzen gleichgestellte Eigenverbrauch gemäß § 3 Abs. 2 und § 3a Abs. 1a UStG 1994 in einem der dem Veranlagungsjahr vorangegangenen drei Kalenderjahre 600.000 Euro (400.000 Euro für Veranlagungszeiträume bis **2921**

2022) nicht überstiegen haben. Die Durchschnittssatzbesteuerung kann jedoch nur für jene Betriebe in Anspruch genommen werden, bei denen der Wert der selbst bewirtschafteten Fläche unter Berücksichtigung von Zu- und Verpachtungen 150.000 Euro nicht übersteigt.

(BMF-AV Nr. 2015/170, BMF-AV Nr. 2022/154)

Randzahlen 2922 bis 2940: *derzeit frei.*

23. Besteuerung von Reiseleistungen

Rechtslage ab 1.1.2022

23.1. Voraussetzungen

Reiseleistungen in Form von Besorgungsleistungen sind den Sondervorschriften des § 23 UStG 1994 zu unterziehen. 2941

(BMF-AV Nr. 2021/166)

Hingegen sind nach den allgemeinen Bestimmungen des Umsatzsteuergesetzes zu versteuern: 2942

Reiseleistungen eines Unternehmers in Form von

- Eigenleistungen an Unternehmer und Nichtunternehmer,
- Vermittlungsleistungen an Unternehmer und Nichtunternehmer.

(BMF-AV Nr. 2021/166)

§ 23 UStG 1994 gilt für alle Unternehmer, die Reiseleistungen erbringen, ohne Rücksicht darauf, ob es sich um einen Reiseveranstalter, ein Reisebüro oder einen Unternehmer mit einer anderen Betätigung handelt. 2943

Die gesetzliche Bestimmung des § 23 Abs. 1 UStG 1994 ist von Bedeutung für Erbringer von Reiseleistungen und Pauschalreisen. Diese werden in § 2 Abs. 8 und Abs. 9 der Pauschalreiseverordnung definiert (Verordnung der Bundesministerin für Digitalisierung und Wirtschaftsstandort über Pauschalreisen und verbundene Reiseleistungen (Pauschalreiseverordnung – PRV), BGBl. II Nr. 260/2018). 2944

(BMF-AV Nr. 2021/166)

Für das Vorliegen einer Reiseleistung ist es grundsätzlich erforderlich, dass der Unternehmer ein Bündel von Einzelleistungen erbringt, welches zumindest eine Beförderungs- oder Beherbergungsleistung enthält. Eine einzelne Leistung genügt für die Anwendung des § 23 Abs. 1 UStG 1994 nur dann, wenn es sich um eine von einem Dritten erbrachte Beherbergungsleistung handelt und maßgeblicher Leistungsinhalt die Durchführung (Veranstaltung) einer Reise ist (siehe zB EuGH 29.6.2023, Rs C-108/22, *C. sp. z o.o. (in Liquidation)*). Gemäß der Judikatur des EuGH ist dies in jenen Fällen gegeben, in denen die einzelne Leistung durch zusätzliche, üblicherweise von Reiseunternehmen getätigte Leistungselemente, wie zB Beratungsleistungen oder das Anbieten verschiedener Reiseformen, ergänzt wird (vgl. EuGH 12.11.1992, Rs C-163/91, *Ginkel*, EuGH 9.12.2010, Rs C-31/10, *Minerva Kulturreisen*, EuGH 19.12.2018, Rs C-552/17, *Alpenchalets Resorts GmbH*). 2945

(BMF-AV Nr. 2021/166, BMF-AV Nr. 2023/152)

Die Besteuerung nach § 23 UStG 1994 ist unabhängig vom Zweck der Reise und ist zB auch auf Sprach- und Studienreisen (EuGH 13.10.2005, Rs C-200/04, „iSt“) oder Betriebsausflüge anzuwenden. 2946

23.1.1. Reiseleistungen

Als Reiseleistungen sind insbesondere anzusehen: 2947

- Unterbringung (in Hotels, Pensionen, Ferienhäusern), Vermietung von Unterkünften,
- Beförderung der Reisenden (zu und von den einzelnen Reisezielen, Transfer, Rundreisen, Stadtrundfahrten, Ausflugsfahrten) mit Beförderungsmitteln jeder Art,
- Verpflegung,
- Nebenleistungen (Reisebegleitung, Besichtigungen, Führungen, Rundfahrten, Sportveranstaltungen, Sprachkurse usw.).

Ein Unternehmer kann gegenüber dem Leistungsempfänger eine Eigenleistung, Vermittlungsleistung oder Besorgungsleistung erbringen.

§ 23 UStG 1994 findet keine Anwendung auf die Einräumung von Eintrittsberechtigungen für Messen und Kongresse und damit im Zusammenhang erbrachte Beförderungs-, Verpflegungs- und Beherbergungsleistungen, die von einem Unternehmer als einheitliche Leistung angeboten oder weiterverkauft (zB von Agenturen) werden, da in diesem Fall der maßgebliche Leistungsinhalt nicht die Durchführung einer Reise betrifft (vgl. EuGH 9.12.2010, Rs C-31/10, *Minerva Kulturreisen*, Rn 15).

Wird eine Beförderungsleistung als Nebenleistung besorgt, kommt § 23 UStG 1994 nicht zur Anwendung, wenn die vom Dritten bezogene Leistung keinen eigenen Zweck erfüllt, sondern nur das Mittel darstellt, um die nicht § 23 UStG 1994 unterliegende Hauptleistung optimal nutzen zu können (vgl. EuGH 22.10.1998, Rs C-308/96 und Rs C-94/97, *T. P. Madgett und R. M. Baldwin (The Howden Court Hotel)* Rn 24 f). Dies ist zB bei einer innerstädtischen Personenbeförderung zu einem Galadiner durch ein zugekauftes Busunternehmen der Fall (zur Reisevorleistung siehe hingegen Rz 2997).

(BMF-AV Nr. 2021/166, BMF-AV Nr. 2022/154)

23.1.1.1. Eigenleistung

2948 Der Unternehmer tritt im eigenen Namen und für eigene Rechnung auf. Es handelt sich somit um eigene Leistungen, dh. um Leistungen, die nicht von Dritten bezogen, sondern vom Reisebüro selbst erbracht werden (siehe EuGH 19.12.2018, Rs C-552/17, *Alpenchalets Resorts GmbH*, Rn 23).

Der Umsatzsteuer unterliegt jede einzelne Leistung (zB Busunternehmer erbringt eine Beförderungsleistung, Hotelier vermietet ein Hotelzimmer und verköstigt die Gäste). Die Bemessungsgrundlage (der Buspreis, der Zimmerpreis, der Umsatz an Speisen und Getränken) ist nach den allgemeinen Bestimmungen des UStG 1994 zu ermitteln und zu versteuern. Ein Vorsteuerabzug steht zu.

(BMF-AV Nr. 2021/166)

2949 Bei Reisen, die sich auch auf das Ausland erstrecken, unterliegen der Besteuerung die jeweiligen im Inland erbrachten Einzelleistungen.

Eigenleistungen sind auch dann gegeben, wenn der Unternehmer einen Bus ohne Fahrer oder im Rahmen eines Gestellungsvertrages ein bemanntes Beförderungsmittel anmietet (siehe Rz 1308). Gleiches gilt, wenn eine komplette Unterkunft wie zB ein Hotel von einem Reiseunternehmer angemietet wird, um mit eigenem Personal und eigenen Betriebsmitteln eine Beherbergungs- und Verpflegungsleistung an Kunden zu erbringen (vgl. Rz 1187).

(BMF-AV Nr. 2021/166)

2950 Der Unternehmer erbringt hingegen keine Reiseleistung unter Einsatz eigener Mittel, wenn er sich zur Ausführung einer Beförderung eines Busunternehmers bedient, der die Beförderung in eigenem Namen, unter eigener Verantwortung und für eigene Rechnung ausführt. Der Busunternehmer bewirkt in diesem Falle eine Beförderungsleistung an den Unternehmer, die als Reisevorleistung anzusehen ist.

23.1.1.2. Vermittlungsleistung

2951 Der Unternehmer wird im fremden Namen und für fremde Rechnung tätig. Der vermittelnde Unternehmer (Reisevermittler) stellt eine unmittelbare Vertragsbeziehung zwischen dem Kunden (Reisenden) und dem Anbieter einer Reiseleistung (zB Reiseveranstalter, Beförderungsunternehmen, Hotelier) her.

Bemessungsgrundlage ist die Vermittlungsprovision. § 23 UStG 1994 kommt nicht zur Anwendung.

Beispiel:

Ein österreichisches Reisebüro A vermittelt für einen österreichischen Reiseveranstalter X einem Kunden eine Kulturreise nach Italien. A verrechnet dem Reiseveranstalter X eine Vermittlungsprovision und dem Kunden eine Buchungsgebühr.

Die Vermittlungsleistung ist gemäß § 3a Abs. 6 UStG 1994 in Österreich steuerbar (siehe auch Rz 2988). Die Vermittlungsprovision und die Buchungsgebühr unterliegen als Entgelt für die Vermittlung dem Normalsteuersatz von 20% (zur Rechnungslegung durch Vermittler siehe Rz 1530 bis 1532).

(BMF-AV Nr. 2021/166)

2952 Linienflüge, Bahnfahrten und Reiseversicherungen (mit Ausnahme einer Reiserücktrittskostenversicherung) können sowohl an Unternehmer als auch an Nichtunternehmer vermittelt werden. Es können auch einzelne Reiseleistungen im Rahmen einer Reise, insbesondere Linienflüge und fahrplanmäßige Bahnfahrten, vermittelt und einzelne Reiseleistungen wie Unterkunft, Führungen usw. besorgt werden. In diesen Fällen muss aus dem Abrechnungsbeleg klar ersichtlich sein, ob und welche Leistung vermittelt oder besorgt wird (Rz 1530 bis Rz 1532 sowie Rz 2957).

Beispiel 1:

Ein deutscher Kunde bucht bei einem österreichischen Reisebüro ein Hotelzimmer in Wien und ersucht dabei zusätzlich um Vermittlung eines Leihautos für die Zeit des einwöchigen Aufenthalts. Das Reisebüro verrechnet dem Kunden neben dem Preis für das Hotelzimmer einen Zuschlag für die Vermittlungstätigkeit im Zusammenhang mit dem Mietwagen.

Die Vermittlungsleistung, bei der das Reisebüro im Namen und für Rechnung des Kunden tätig wird, ist gemäß § 3a Abs. 8 UStG 1994 iVm § 3a Abs. 12 UStG 1994 in Österreich steuerbar. Die Vermittlungsprovision in Form des Zuschlages unterliegt als Entgelt für die Vermittlung dem Normalsteuersatz von 20% (zur Rechnungslegung durch Vermittler siehe Rz 1530 bis 1532).

Das Entgelt für die kurzfristige Vermietung des Beförderungsmittels wird von dem Autoverleihunternehmen direkt dem Kunden verrechnet und unterliegt gemäß § 3a Abs. 12 UStG 1994 in Österreich ebenfalls dem Normalsteuersatz von 20%.

Die Besorgung des Hotels ist nach § 23 UStG 1994 zu versteuern.

Beispiel 2:

Ein Kunde bucht bei einem Reisebüro einen Flug nach Rom um 400 Euro und ein Hotelzimmer in Rom zum Preis von 258 Euro. Der Unternehmer vermittelt den Flug und besorgt das Hotel. Er stellt je einen Beleg über die Vermittlung des Fluges und die Besorgung des Hotels aus. Für den Flug erhält er 32 Euro an Provision und für das Hotelzimmer werden ihm 210 Euro in Rechnung gestellt.

Die Vermittlungsprovision von 32 Euro ist nach § 6 Abs. 1 Z 5 lit. a UStG 1994 umsatzsteuerfrei. Die Besorgung des Hotels ist nach § 23 UStG 1994 zu versteuern.

Die steuerpflichtige Bemessungsgrundlage beträgt 40 Euro (258 minus 210 = 48 : 1,2 = 40).

(BMF-AV Nr. 2021/166)

23.1.1.3. Besorgungsleistung

Randzahl 2953: *derzeit frei.*

(BMF-AV Nr. 2015/170, BMF-AV Nr. 2021/166)

Der Unternehmer tritt im eigenen Namen aber für fremde Rechnung auf. **2954**

Der Umsatzsteuer unterliegt jede einzelne Leistung (zB Besorgung einer Beförderungsleistung mit einem Autobus, eines Hotelzimmers; Bemessungsgrundlage ist das mit dem Leistungsempfänger vereinbarte Entgelt für den Autobus, das Hotelzimmer).

Die Besteuerung nach § 23 Abs. 1 UStG 1994 ist anzuwenden.

Beispiel 1:

Ein Reiseunternehmer besorgt am 1.6.2022 für seinen Kunden einen Hotelaufenthalt in Innsbruck zum Preis von 1.130 Euro (inklusive USt). Das Reiseunternehmen hat den Hotelaufenthalt um 1.017 Euro (netto 900 Euro) eingekauft.

Auf Reisebesorgungsleistungen ist § 23 UStG 1994 anzuwenden (siehe § 23 Abs. 1 UStG 1994). Es kommt zur Margenbesteuerung, wobei die aus der Differenz von 113 Euro (1.130 Euro abzüglich 1.017 Euro) errechnete USt aufgrund der Bemessungsgrundlage (113 Euro /1,200 =94,17 Euro) 18,83 Euro ergibt.

Beispiel 2:

Ein Reiseunternehmer verkauft an seinen Kunden einen Hotelaufenthalt in Italien zum Preis von 1.130 Euro. Der Reiseunternehmer hat den Hotelaufenthalt um 1.017 Euro eingekauft.

Lösung wie Beispiel 1

Beispiel 3:

Ein Reiseunternehmer besorgt zu obigen Bedingungen einen Hotelaufenthalt in den USA.

Die Bemessungsgrundlage von 113 Euro ist nach § 23 Abs. 5 UStG 1994 steuerfrei.

Beispiel 4:

Reiseunternehmer A besorgt für den Reiseunternehmer B einen „All-Inclusive" Aufenthalt (Hotelaufenthalt mit Vollpension) in Deutschland.

Auf Reisebesorgungsleistungen gegenüber Unternehmern ist § 23 UStG 1994 anzuwenden (siehe § 23 Abs. 1 UStG 1994). Der Leistungsort bestimmt sich nach § 23 Abs. 3 UStG 1994.

Beispiel 5:

Der österreichische Reiseunternehmer A besorgt für den Rechtsanwalt B für dessen Geschäftsreise einen Hotelaufenthalt in Italien.

Bei den Beispielen 4 und 5 wäre die Bemessungsgrundlage analog wie bei den Beispielen 1 und 2 zu ermitteln.

(BMF-AV Nr. 2015/170, BMF-AV Nr. 2021/166)

23.1.1.4. Unterscheidung zwischen Vermittlungs- und Besorgungsleistung

Damit ein Tätigwerden im fremden Namen und für fremde Rechnung vorliegt, müssen **2955**
einerseits das Innenverhältnis (Rechtsbeziehung zum Auftraggeber) als auch das Außenverhältnis (Auftreten gegenüber dem Leistungsempfänger) entsprechend gestaltet sein. Die Rechtsbeziehungen zu dem Auftraggeber allein sind nicht ausreichend.

Entscheidend dafür, ob ein Unternehmer im fremden oder im eigenen Namen tätig wird, ist sein Auftreten gegenüber dem Leistungsempfänger (VwGH 15.1.1990, 87/15/0157; VwGH 27.4.1994, 94/13/0023) (zur Vermittlungsleistung siehe auch Rz 639s).

(BMF-AV Nr. 2021/166)

2956 Die Rechtsbeziehungen zum Auftraggeber werden sich insbesondere aus dem Vertrag des Unternehmers (zB Reisebüros) mit dem Auftraggeber (zB Reiseveranstalters) ergeben.

2957 Das Auftreten im fremden Namen wird sich regelmäßig aus dem Abrechnungsbeleg ergeben. Geht aus der Abrechnung klar hervor, dass der Unternehmer (zB Reisebüro) für einen anderen Unternehmer (zB Reiseveranstalter) als Vermittler tätig ist, dann ist nur die Provision zu versteuern. Weist sich ein Unternehmer (Reisebüro) gegenüber seinem Kunden als Erbringer der Leistung aus, so wird er im eigenen Namen tätig und es liegt – soweit er nicht eine Eigenleistung erbringt – eine Besorgungsleistung vor.

23.1.1.5. Gemischte Reiseleistungen

(BMF-AV Nr. 2021/166)

2958 Gemischte Reiseleistungen liegen vor, wenn der Unternehmer sowohl Eigenleistungen erbringt als auch Reisevorleistungen in Anspruch nimmt. Für die Eigenleistungen gelten die allgemeinen Vorschriften des Umsatzsteuergesetzes. § 23 UStG 1994 ist nur insoweit anwendbar, als der Unternehmer Reisevorleistungen in Anspruch nimmt. Der einheitliche Reisepreis muss auf Eigenleistungen und Fremdleistungen aufgeteilt werden. Für Aufteilungszwecke können die eigenen Leistungen mit den dafür aufgewendeten Kosten einschließlich Umsatzsteuer und die Fremdleistungen mit dem für diese Leistungen aufgewendeten Leistungsentgelt einschließlich Umsatzsteuer angesetzt werden.

Beispiel:

Im Rahmen einer Pauschalreise befördert der Unternehmer die Reisenden im eigenen Bus. Unterbringung und Verpflegung erfolgen in einem fremden Hotel.

In diesem Falle unterliegt die Beförderungsleistung der Besteuerung nach den allgemeinen Vorschriften; die Unterbringungs- und Verpflegungsleistung unterliegt der Besteuerung nach § 23 UStG 1994. Zur Ermittlung der Bemessungsgrundlagen vgl. Rz 3055 und Rz 3061.

(BMF-AV Nr. 2021/166)

23.1.2. Leistungsempfänger

2959 Leistungsempfänger ist der Besteller der Reiseleistung. Der Leistungsempfänger und der Kunde brauchen nicht ident zu sein, zB ein Vater schenkt seiner Tochter eine Pauschalreise.

(BMF-AV Nr. 2021/166)

Abschnitte 23.1.2.1. und 23.1.2.2.: *entfallen*

(BMF-AV Nr. 2021/166)

Randzahlen 2960 bis 2962: *derzeit frei.*

(BMF-AV Nr. 2021/166)

23.1.2.3. Sonderfälle

23.1.2.3.1. Pauschalierte Land- und Forstwirte

Randzahlen 2963 bis 2964: *derzeit frei.*

(BMF-AV Nr. 2021/166)

2965 Reisleistungen sind keine land- und forstwirtschaftlichen Tätigkeiten und fallen beim pauschalierten Landwirt nicht unter die Pauschalierung nach § 22 Abs. 1 UStG 1994.

23.1.2.3.2. Incentive Reisen

2966 Eine vom Arbeitgeber gewährte Incentive-Reise wird in der Regel als Belohnung für besonderen Arbeitseinsatz in Aussicht gestellt und gewährt. Der Arbeitnehmer erbringt die besondere Leistung, um an der Reise teilnehmen zu können. Ein Leistungsaustausch liegt in solchen Fällen vor. Es ergibt sich keine umsatzsteuerbare Differenz und Vorsteuern aus Reisevorleistungen sind nicht abziehbar (siehe Rz 3091).

Beispiel:

Ein Unternehmer kauft bei einem Reisebüro einen mehrtägigen Aufenthalt in einem Erlebnispark in Frankreich. Der Reisepreis umfasst auch die Anreise mit dem Bus und die Nächtigungen. Die Reise dient als Belohnung für besondere Arbeitsleistungen eines Arbeitnehmers des Unternehmers.

Die Besteuerung der einzelnen Reiseleistungen erfolgt sowohl beim Reisebüro als auch bei der Leistung des Unternehmers an seinen Dienstnehmer nach § 23 UStG 1994.

Es ergibt sich jedoch keine Marge, wenn man davon ausgeht, dass die Bemessungsgrundlage für den Sachbezug und die Höhe der Aufwendungen des Unternehmers für die Reise gleich sind. Die materielle Auswirkung besteht darin, dass die vom Reisebüro für den Bus-Inlandsanteil im Reisepreis enthaltene und nicht in der Rechnung ausgewiesene USt bei dem die Reise einkaufenden Unternehmer nicht abzugsfähig ist.

(BMF-AV Nr. 2021/166)

23.1.2.3.3. Betriebsausflug

Der Betriebsausflug fällt grundsätzlich in den Anwendungsbereich des § 23 UStG 1994. **2967**
Da auch hier eine Reiseleistung eines Unternehmers an einen Nichtunternehmer (Dienstnehmer) vorliegt, es aber im Regelfall an einer Marge fehlt, ergeben sich dieselben Konsequenzen wie im Beispiel in Rz 2966. Ist der Betriebsausflug gegen Entgelt, so ist eine sich ergebende Marge umsatzsteuerbar. Hinsichtlich Vorsteuerabzug siehe Rz 3091.

(BMF-AV Nr. 2021/166)

Randzahlen 2968 bis 2980: *derzeit frei.*

23.2. Reiseleistung ist eine sonstige Leistung

Die Reiseleistung im Sinne des § 23 UStG 1994 ist stets als sonstige Leistung anzusehen. **2981**
Mehrere Reiseleistungen (zB Beförderung, Unterkunft, Verpflegung) gelten dabei stets als einheitliche sonstige Leistung (vgl. EuGH 25.10.2012, Rs C-557/11, *Kozak*, Rn 23 f).

(BMF-AV Nr. 2021/166)

Randzahlen 2982 bis 2985: *derzeit frei.*

23.3. Ort der Reiseleistungen

Je nach Art der Erbringung der Reiseleistungen ergeben sich die folgenden Ortsbestimmungen: **2986**

23.3.1. Ort der Reiseleistungen bei Eigenleistungen

Für Eigenleistungen richtet sich der Ort nach den allgemeinen Vorschriften, zB **2987**

- Personenbeförderungsleistungen § 3a Abs. 10 UStG 1994,
- Beherbergung § 3a Abs. 9 lit. b UStG 1994,
- Verpflegung § 3a Abs. 11 lit. d UStG 1994,
- Betreuung durch eigene – angestellte – Reiseleiter § 3a Abs. 6 oder Abs. 7 UStG 1994.

(BMF-AV Nr. 2021/166)

23.3.2. Ort der Reiseleistungen bei Vermittlung von Reiseleistungen

Wird eine Reiseleistung vermittelt, richtet sich der Ort der Vermittlungsleistung danach, **2988**
ob der Leistungsempfänger ein Unternehmer iSd § 3a Abs. 5 Z 1 und 2 UStG 1994 oder ein Nichtunternehmer iSd § 3a Abs. 5 Z 3 UStG 1994 ist. Im ersten Fall ist gemäß § 3a Abs. 6 UStG 1994 der Empfängerort maßgebend, im zweiten Fall bestimmt sich der Leistungsort gemäß § 3a Abs. 8 UStG 1994 nach dem Ort der vermittelten Leistung.

(BMF-AV Nr. 2021/166)

23.3.3. Ort der Reiseleistungen bei Besorgung von Reiseleistungen

Randzahl 2989: *derzeit frei.*

(BMF-AV Nr. 2021/166)

Im Falle der Besorgung von Reiseleistungen durch einen Unternehmer ist die Reiseleistung **2990**
dort zu besteuern, wo der Reiseunternehmer sein Unternehmen (oder seine Betriebstätte) betreibt (§ 23 Abs. 3 UStG 1994).

(BMF-AV Nr. 2021/166)

Randzahlen 2991 bis 2995: *derzeit frei.*

23.4. Reisevorleistungen

Reisevorleistungen sind alle Leistungen, die von einem Dritten erbracht werden und dem **2996**
Kunden unmittelbar zugutekommen.

(BMF-AV Nr. 2021/166)

23.4.1. Als Reisevorleistungen sind insbesonders anzusehen:

2997
- Beförderung zu den einzelnen Reisezielen durch fremde Beförderungsunternehmer,
- Beherbergung in fremden Hotels,
- Verpflegung,
- Durchführung von Veranstaltungen im Rahmen einer Reise (zB Opernbesuche, Festspielaufführungen, Autorennen);
- Betreuung durch selbstständige Reiseleiter,
- Reiserücktrittsversicherung: Eine im Reisepreis enthaltene Reiserücktrittsversicherung ist Bestandteil der einheitlichen Reiseleistung, die darauf entfallende Marge ist daher steuerpflichtig. Wird hingegen das Versicherungsentgelt neben dem Reisepreis gesondert in Rechnung gestellt, liegt diesbezüglich eine nach den allgemeinen Bestimmungen des UStG 1994 zu beurteilende Leistung vor, die nicht der Margensteuer unterliegt (ggf. steuerfrei gemäß § 6 Abs. 1 Z 13 UStG 1994),
- Die Leistungen von Zielgebietsagenturen sind zur Gänze als Reisevorleistungen anzusehen, wenn dabei die Betreuung der Reisenden vor Ort im Vordergrund steht (zB Organisation des Transfers, Animation der Reisenden, Arrangements von Ausflügen und Besichtigungen), wobei die damit zusammenhängend erbrachten Verwaltungsleistungen unselbstständige Nebenleistungen darstellen.

Erwirbt ein Unternehmer von einem anderen Unternehmer eine nach § 23 Abs. 1 UStG 1994 einheitliche Reiseleistung (Kettengeschäft), sind Reisevorleistungen die einzelnen Bestandteile und nicht die einheitliche Reiseleistung.

Beispiel:

Reiseveranstalter B verkauft die von Reiseveranstalter A erworbene Pauschalreise im eigenen Namen an das Reisebüro von C.

Reisevorleistungen sind die einzelnen Bestandteile (Beförderung, Unterbringung und Verpflegung der Reisenden).

(BMF-AV Nr. 2021/166)

23.4.2. Abnahmegarantien

2998 Um Reisevorleistungen handelt es sich auch, wenn ein Reiseunternehmer mit einem Beförderungsunternehmen bestimmte Beförderungskapazitäten vereinbart und auch bezahlt, diese jedoch nicht ausnützt; oder er einem Hotel die Abnahme einer bestimmten Anzahl von Zimmern garantiert hat und den dafür vereinbarten Preis entrichten muss, aber die gebuchten Zimmer nicht zur Gänze belegen kann. Eine anstatt des vereinbarten Preises verrechnete Leerbettengebühr – insbesondere wenn sich das Hotel zu über die Zurverfügungstellung von Betten hinausgehenden weiteren Leistungen verpflichtet hat – steht in kausalem Zusammenhang mit der erbrachten Leistung des Hotels und ist zur Gänze der Umsatzsteuer zu unterwerfen (VwGH 24.02.2004, 2004/14/0008).

23.4.3. Traveller Cards, Gästekarten und Parkplätze

(BMF-AV Nr. 2022/154)

2999 Beim Verkauf von Traveller Cards, Gästekarten und Parkplatzgebühren in Zusammenhang mit Pauschalreisen handelt es sich um Reisevorleistungen, die ggf. nach § 23 UStG 1994 zu versteuern sind. Werden Traveller Cards, Gästekarten und Parkplätze nicht in Zusammenhang mit anderen Reisevorleistungen verkauft, so sind diese nach den allgemeinen Bestimmungen des UStG 1994 zu versteuern.

(BMF-AV Nr. 2022/154)

23.4.4. Keine Reisevorleistungen

3000 Keine Reisevorleistungen sind:
- Reiseprospekte,
- Vermittlungsleistungen,
- Aufwendungen für das Büro wie Miete, Strom und sonstige Bürowaren,
- Anlagenkauf (Autobus),
- Anmietung von Beförderungsmitteln, einer kompletten Unterkunft (zB Hotel) ohne Personal (siehe Rz 2949) usw.

Soweit der Unternehmer selbst infolge der Stornierung einer Reise durch den Kunden bereits bestellte Reisevorleistungen (zB Hotelzimmer) gegen Gebühr stornieren muss, liegen insoweit keine Reisevorleistungen vor.

(BMF-AV Nr. 2021/166)

23.4.5. Gestellung von Bussen

Die Überlassung eines Omnibusses an einen Unternehmer für Fahrten im Gelegenheitsverkehr oder im Linienverkehr kann aufgrund eines Miet- oder Beförderungsvertrages erfolgen. Nur wenn ein Beförderungsvertrag vorliegt, kann es sich um eine Reisevorleistung im Sinne des § 23 UStG 1994 handeln. **3001**

Zur Unterscheidung ob Beförderungs- oder Gestellungsvertrag siehe Rz 1308.

Von einem Gestellungsvertrag kann ausgegangen werden, wenn ein Omnibusunternehmer die Beförderung von Personen für Namen und Rechnung des Inhabers einer Kraftfahrlinie durchführt. Der Omnibusunternehmer vermietet den Omnibus mit Fahrer an den Linieninhaber und der Linieninhaber erbringt die Beförderungsleistung. **3002**

Gleichfalls kann von einem Gestellungsvertrag ausgegangen werden, wenn im Rahmen einer Personenbeförderung ein Omnibus schadhaft wird und es wird bis zur Reparatur von einem anderen Unternehmer einen Omnibus mit Fahrer zur Beförderung der Personen gestellt. **3003**

Liegt ein Gestellungsvertrag vor, so hat der den Omnibus gestellende Unternehmer das Entgelt mit dem Normalsteuersatz (§ 10 Abs. 1 UStG 1994) zu versteuern. Der die Personenbeförderung durchführende Unternehmer kann die vom gestellenden Unternehmer in einer Rechnung über die Miete ausgewiesene Umsatzsteuer als Vorsteuer abziehen. Die Personenbeförderungsleistung ist, soweit diese im Inland erbracht wird, nach § 10 Abs. 2 Z 6 UStG 1994 (bis 31.12.2015: § 10 Abs. 2 Z 12 UStG 1994) mit dem ermäßigten Umsatzsteuersatz zu versteuern. **3004**

(BMF-AV Nr. 2015/170)

Randzahlen 3005 bis 3015: *derzeit frei.*

23.5. Steuerbefreiungen

23.5.1. Steuerbefreiung bei Eigenleistungen

Da generell bei der Besteuerung von Eigenleistungen – gleichgültig, ob für Unternehmer oder Nichtunternehmer erbracht – die allgemeinen Bestimmungen des UStG 1994 anzuwenden sind, gilt dies auch für die Steuerbefreiungen. **3016**

Beispiel:

Ein Schifffahrtsunternehmen befördert Reisende von Wien nach Budapest.

Das auf den Inlandsanteil entfallende Entgelt ist gemäß § 6 Abs. 1 Z 3 lit. d UStG 1994 umsatzsteuerbar aber steuerfrei.

23.5.2. Steuerbefreiung bei Vermittlungen

Die allgemeinen Bestimmungen des UStG 1994 sind anzuwenden. Gemäß § 6 Abs. 1 Z 5 lit. a UStG 1994 ist die Vermittlung der unter Z 1 bis 4 fallenden Umsätze, somit auch die Vermittlung der Beförderung von Personen mit Eisenbahnen (ab 1.1.2023), Schiffen und Luftfahrzeugen, umsatzsteuerfrei. **3017**

Beispiel:

Ein Reisebüro vermittelt für eine österreichische Fluggesellschaft einen Flug von Wien nach London.

Lösung:

Die Vermittlungsprovision ist gemäß § 3a Abs. 6 UStG 1994 am Empfängerort (Österreich) umsatzsteuerbar, jedoch nach § 6 Abs. 1 Z 3 lit. d UStG 1994 im Zusammenhang mit § 6 Abs. 1 Z 5 lit. a UStG 1994 steuerfrei.

(BMF-AV Nr. 2021/166, BMF-AV Nr. 2022/154)

Umsatzsteuerfrei ist auch die Vermittlung von Versicherungen (§ 6 Abs. 1 Z 13 UStG 1994, siehe Rz 881 und 882). **3018**

23.5.3. Steuerbefreiung bei Besorgungen

Abschnitte 23.5.3.1. und 23.5.3.2.: *entfallen*

(BMF-AV Nr. 2021/166)

Randzahl 3019: *derzeit frei.*

(BMF-AV Nr. 2021/166)

3020 Die Marge ist steuerfrei, insoweit die Reisevorleistungen im Drittlandsgebiet bewirkt werden.

3021 Nimmt ein Unternehmer im Rahmen einer Reise sowohl Reisevorleistungen im Drittlandsgebiet als auch in einem Mitgliedstaat der EU (einschließlich Inland) in Anspruch, so ist die Marge im Verhältnis der Reisevorleistungen ins Drittlandsgebiet bzw. in die Mitgliedstaaten in einen steuerfreien und steuerpflichtigen Teil aufzuteilen (siehe Rz 3022 bis Rz 3027).

(BMF-AV Nr. 2021/166)

23.5.3.3. Aufteilung der Reisevorleistungen

(BMF-AV Nr. 2022/154)

23.5.3.3.1. Beförderung von Personen mit Eisenbahnen (ab 1.1.2023), Schiffen und Luftfahrzeugen

(BMF-AV Nr. 2022/154)

3022 Erstreckt sich die Beförderung sowohl auf das Drittlandsgebiet als auch auf das Gemeinschaftsgebiet, so hat der Unternehmer die gesamte Beförderungsleistung in einen auf das Drittlandsgebiet und in einen auf das Gemeinschaftsgebiet entfallenden Anteil aufzuteilen. Diese Aufteilung wird in der Regel nur im Schätzungswege möglich sein. Es ist üblich, bei Landfahrzeugen nach den gefahrenen Kilometern, bei Flugleistungen nach der Flugzeit und bei Schiffsreisen ebenfalls nach der Reisezeit zu schätzen.

(BMF-AV Nr. 2022/154)

23.5.3.3.2. Vereinfachung bei Personenbeförderung im Luftverkehr

3023 Bei Personenbeförderung im Luftverkehr (als Reisevorleistung) kann der Unternehmer aus Vereinfachungsgründen abweichend wie folgt verfahren:

- liegt der Zielort der Personenbeförderung im Drittlandsgebiet, gilt die Beförderungsleistung (Vorleistung) insgesamt im Drittland erbracht;
- liegt hingegen der Zielort der Personenbeförderung im Gemeinschaftsgebiet, gilt die Beförderungsleistung (Vorleistung) insgesamt im Gemeinschaftsgebiet erbracht.

3024 Hin- und Rückflug sind bei der Anwendung der Vereinfachungsregel als eine Reisevorleistung anzusehen. Der Zielort bestimmt sich nach dem Hinflug.

3025 Zwischenlandungen aus flugtechnischen Gründen berühren die Anwendung der Vereinfachungsregel nicht.

3026 Macht der Reiseveranstalter von der Vereinfachungsregel Gebrauch, so muss er diese Regelung bei allen von ihm veranstalteten Reisen in einem Veranlagungszeitraum anwenden. Der Wechsel von der Aufteilung nach den Streckenanteilen zur Vereinfachungsregel kann nur zu Beginn eines Veranlagungszeitraumes vorgenommen werden.

Beispiel 1:

Ein Unternehmer bietet eine Flugreise von Schwechat nach Bangkok zu einem Pauschalpreis an.

Der Zielort liegt im Drittlandsgebiet und die Beförderungsleistung gilt insgesamt als im Drittlandsgebiet erbracht. Erfolgen auch alle übrigen Reisevorleistungen im Drittlandsgebiet, ist die Reiseleistung des Unternehmers zur Gänze steuerfrei.

Beispiel 2:

Der Unternehmer bietet eine Flugreise von Schwechat nach Marseille an. Die Flugroute führt über die Schweiz.

Der Zielort der Reise liegt im Gemeinschaftsgebiet und die Beförderungsleistung gilt im Gemeinschaftsgebiet als erbracht. Werden auch die übrigen Reisevorleistungen im Gemeinschaftsgebiet erbracht, ist die Reiseleistung des Unternehmers zur Gänze steuerpflichtig.

(BMF-AV Nr. 2021/166)

23.5.3.3.3. Vereinfachungsregelungen für Kreuzfahrten

3027 Im Regelfall ist die Aufteilung der Reisevorleistungen im Zusammenhang mit Kreuzfahrten auf Gemeinschaftsgebiet und Drittlandsgebiet nach der Reisezeit vorzunehmen. Erfolgt die Personenbeförderung im Zusammenhang mit Kreuzfahrten auf Schiffen im Seeverkehr und erstreckt sich die Personenbeförderung sowohl auf das Drittland als auch auf das Gemeinschaftsgebiet so gilt die gesamte Beförderungsleistung als im Drittland erbracht.

Beispiel:

Ein Reiseveranstalter bietet eine Mittelmeerkreuzfahrt mit Beginn und Ende in Triest an. Die in der Beförderung der Reisenden bestehenden Reisevorleistungen sind im Drittlandsgebiet als erbracht anzusehen. Die Reiseleistung des Unternehmers ist steuerfrei.

Randzahlen 3028 bis 3040: *derzeit frei.*

23.6. Voraussetzungen für die Steuerfreiheit

Hinsichtlich Buchnachweis siehe Rz 2581 bis Rz 2585.

(BMF-AV Nr. 2021/166)

Randzahlen 3041 bis 3050: *derzeit frei.*

23.7. Bemessungsgrundlage

23.7.1. Bemessungsgrundlage bei Besorgungsleistungen

Bemessungsgrundlage ist die Differenz zwischen dem Betrag, den der Leistungsempfänger aufwendet, und dem Betrag, den der Unternehmer für die Reisevorleistungen aufwendet, abzüglich der in der Differenz enthaltenen Umsatzsteuer von 20%. Grundsätzlich ist hier auf die einzelne Reiseleistung abzustellen (vgl. EuGH 27.1.2021, Rs C-787/19, *Kommission/Österreich*, und EuGH 8.2.2018, Rs C-380/16, *Kommission/Deutschland*). **3051**

Beispiel 1:

Vom Leistungsempfänger aufgewendeter Betrag	*1.000 €*
minus Reisevorleistungen	*– 880 €*
Differenz	*120 €*
minus darin enthaltene USt von 20%	*– 20 €*
Bemessungsgrundlage	*100 €*

Beispiel 2:

Ein Reisebüro A mit Sitz in Wien verkauft im eigenen Namen eine Österreich-Busreise, bei der 50 Personen mitreisen. Der Preis beträgt 750 Euro pro Person.

Für die Reisevorleistungen einschließlich Umsatzsteuer fallen folgende Kosten an:

für die Beförderungsleistung durch einen fremden Busunternehmer	*14.500 Euro*
für die Unterbringung in Hotels und Pensionen	*16.000 Euro*

Die Marge für die Leistung des Reisebüros ist für jeden einzelnen Reiseteilnehmer zu ermitteln, soweit nicht einzelne Leistungsempfänger im eigenen Namen für weitere Reiseteilnehmer auftreten:

Reisepreis pro Teilnehmer		*750 Euro*
Reisevorleistungen:		
für die Busfahrt	*14.500 Euro / 50 = 290 Euro*	
für die Beherbergung	*16.000 Euro / 50 = 320 Euro*	*610 Euro*
Marge		*140 Euro*
enthaltene Umsatzsteuer von 20%		*23,33 Euro*
Bemessungsgrundlage		*116,67 Euro*

Kann die Höhe der Bemessungsgrundlage für einen im Voranmeldungszeitraum bewirkten Umsatz oder vereinnahmten Reisepreis noch nicht endgültig berechnet werden, zB wegen Garantieverträgen für Reisevorleistungen oder zeitraum- und umsatzabhängiger Boni, ist sie auf Basis der Kalkulation der einzelnen Reise zu schätzen (vgl. EuGH 19.12.2018, Rs C-422/17, *Skarpa Travel*). Sobald die für die Berechnung erforderlichen Informationen dem Unternehmer vorliegen, ist die Margenermittlung im betreffenden Voranmeldungszeitraum zu berichtigen. Liegen die benötigten Informationen erst am Ende des Veranlagungszeitraums vor, so kann die Berichtigung auch im Rahmen der Umsatzsteuerjahreserklärung erfolgen.

Der Unternehmer kann aus Vereinfachungsgründen bei Dritten erworbene Übernachtungs- oder Beförderungskontingente vollständig als Reisevorleistungen behandeln, auch wenn diese Kontingente nicht vollumfänglich abgerufen werden.

Macht ein Unternehmer hiervon Gebrauch, muss er diese Regelung bei allen von ihm veranstalteten Reisen in einem Veranlagungszeitraum anwenden. Ergeben sich negative Einzelmargen, sind diese nicht mit positiven Einzelmargen verrechenbar. Macht ein Unternehmer von der Vereinfachungsregelung keinen Gebrauch, sind die nicht abgerufenen Kontingente keine Reisevorleistungen. Der Vorsteuerabzug steht ihm insoweit unter den übrigen Voraussetzungen des § 12 UStG 1994 zu.

Beispiel 3:

Der Reiseveranstalter A mit Sitz in Salzburg hat vertraglich mit einem italienischen Hotel die Belegung von 100 Zimmern jeweils für eine Woche zu einem Einzelübernachtungspreis von 45 Euro vereinbart. Das dafür vorgesehene Entgelt in Höhe von 31.500 Euro muss auch dann von A bezahlt werden, wenn er nicht alle gebuchten Zimmer belegen kann.

Die Kalkulation wird mit einer 100-prozentigen Zimmerauslastung vorgenommen, die aber letztendlich nur zu 70% erzielt wird. A hat pro Reise, gegebenenfalls pro Reiseteilnehmer, zunächst 315 Euro als Reisevorleistung zu berücksichtigen.

Sobald A alle Informationen über die tatsächliche Belegung der gebuchten Zimmer vorliegen, sind die damit zusammenhängenden Margenermittlungen im maßgeblichen Voranmeldungszeitraum zu korrigieren.

Die Berichtigung der Umsatzsteuer kann in einem Betrag vorgenommen werden.

Die Berechnung sieht wie folgt aus:

Geplante Beherbergungsleistungen pro Reise (45 Euro x 7 Tage)	*315 Euro*
Tatsächliche Beherbergungsleistungen pro Reise (31.500 Euro / 70)	*450 Euro*
Erhöhung der Reisevorleistung = Minderung der Marge pro Reise	*135 Euro*
Summe der Margenminderung (135 Euro x 70 oder 31.500 Euro x 30%)	*9.450 Euro*
./. darin enthaltene Umsatzsteuer (Steuersatz 20%)	*1.575 Euro*
Minderung Bemessungsgrundlage	*7.875 Euro*

Ergibt sich ein Minus bei der Margenberechnung, so ist die Bemessungsgrundlage für die betreffende einzelne Reiseleistung Null Euro.

Beispiel 4:

Für eine Wien-Reise bucht ein Reiseunternehmer auch einen Ausflug in die Wachau für 20 Teilnehmer zu 100 Euro pro Person, so dass sich Kosten in Höhe von 2000 Euro ergeben. Es melden sich aber nur 15 Teilnehmer an, denen ein Ticket für 125 Euro verkauft wird. Den Ausgaben für den Ausflug steht ein Umsatz von 1.875 Euro gegenüber, womit sich eine negative Marge für den Reiseunternehmer von 125 Euro ergibt.

Die sich dadurch ergebende Umsatzsteuer in Höhe von -20,83 Euro kann nicht im betreffenden Voranmeldungszeitraum geltend gemacht werden, vielmehr ist hier der Umsatz mit Null Euro vom Unternehmer zu vermerken.

(BMF-AV Nr. 2021/166)

3052 Zu dem vom Leistungsempfänger aufgewendeten Betrag (Reisepreis) gehören ua.:

- Katalogpreis für die Reise,
- Zusätzliche Leistungen im Rahmen der Reise wie Rundfahrten, Besichtigungen, Eintrittskarten für Opernbesuche und Sportveranstaltungen,
- Buchungsgebühren,
- Vorverkaufsgebühren,
- Verrechnete Telefon-, Telex-, Telegramm- und Telefaxspesen,
- Kosten der Visabesorgung.

3053 Nicht zum steuerpflichtigen Reisepreis gehören:

- Durchlaufende Posten wie Kurtaxe oder eine ähnliche Fremdenverkehrsabgabe,
- als Schadenersatz anzusehende Stornogebühren. Reisebüros verrechnen ihren Kunden für den Fall des Rücktrittes von einer bestellten Reise häufig so genannte Stornogebühren. Diese können mangels Vorliegens eines Leistungsaustausches grundsätzlich als nicht steuerbarer Schadenersatz behandelt werden.

Randzahl 3054: *derzeit frei.*

(BMF-AV Nr. 2021/166)

23.7.2. Ermittlung bei gemischten Reiseleistungen

3055 Bei gemischten Reiseleistungen (ein Unternehmer erbringt sowohl Eigenleistungen und nimmt auch Reisevorleistungen in Anspruch) ist § 23 UStG 1994 nur insoweit anzuwenden, als Reisevorleistungen in Anspruch genommen werden; für die Eigenleistungen gelten die allgemeinen Bestimmungen des UStG 1994.

Beispiel für Busunternehmer:

Ein Unternehmer (Sitz Melk) führt mit eigenem Bus eine Dreitagesreise zum Oktoberfest nach München durch. Der Preis pro Person beträgt 300 Euro. An der Reise nehmen 38 Personen teil. Die für den Bus aufgewendeten Kosten einschließlich Umsatzsteuer betragen 2.000 Euro. Im Inland werden 600 km, im Ausland 400 km zurückgelegt. Die Hotelrechnung beträgt 8.000 Euro.

Berechnung Besorgungsleistung:

Kosten der Eigenleistung (Bus)	*2.000 Euro*	*20%*
Kosten der Reisevorleistungen (Hotel)	*8.000 Euro*	*80%*
Summe	*10.000 Euro*	*100%*
Preis der Reiseteilnehmer (300 Euro x 38 =)	*11.400 Euro*	
minus Eigenleistung (20% von 11.400 Euro)	*– 2.280 Euro*	
	9.120 Euro	
minus Reisevorleistungen	*– 8.000 Euro*	
Differenz	*1.120 Euro*	
Bemessungsgrundlage nach § 23 Abs. 7 (1.120 : 1,20)	*933,33 Euro*	

Bemessungsgrundlage für Eigenleistung – Bus:

Berechnung des Entgelts pro Kilometer unter Berücksichtigung des Steuersatzes für Personenbeförderungsleistungen in Deutschland von 19% und in Österreich von 10%.

600 km x 1,10 =	*660,00*
400 km x 1,19 =	*476,00*
	1.136,00
Entgelt je Kilometer (2.280 Euro : 1.136 =)	*2,0070423*
Steuerbares Entgelt im Inland (600 km x 2,0070423 =)	*1.207,23*

Bemessungsgrundlage:

§ 23 Abs. 7 UStG 1994	*933,33 x 20% =*	*186,67*
Bus	*1.207,23 x 10% =*	*120,42*
Umsatzsteuer		*307,09*

Die Eigenleistungen können auch auf andere Weise ermittelt werden, wenn dies zu einem 3056
sachgerechten Ergebnis führt.

Die Aufteilung kann auch nach dem Verhältnis des Marktpreises der Eigenleistung, sofern 3057
dieser Wert bestimmt werden kann, zum Marktpreis der nach § 23 UStG 1994 zu versteuernden Reiseleistungen erfolgen (EuGH 22.10.1998, Rs C-308/96 und Rs C-94/97, *T. P. Madgett und R. M. Baldwin (The Howden Court Hotel)*, und EuGH 6.10.2005, Rs C-291/03, *My Travel*).

Beispiel:

Wie oben.

Eigenleistung Bus 2.280 Euro; Besorgungsleistung 9.120 Euro.

(BMF-AV Nr. 2021/166)

Abschnitt 23.7.3.: *entfällt*

(BMF-AV Nr. 2021/166)

Randzahlen 3058 und 3059: *derzeit frei.*

(BMF-AV Nr. 2021/166)

23.7.4. Anzahlungen

23.7.4.1. Allgemein

(BMF-AV Nr. 2021/166)

Soweit der Unternehmer vor Ausführung einer hinreichend bestimmten Reiseleistung 3060
(Datum und Ziel der Reise stehen bereits fest) vom Kunden eine Anzahlung erhält, ist eine

Anzahlungsbesteuerung nach § 19 Abs. 2 Z 1 lit. a UStG 1994 vorzunehmen (vgl. auch EuGH 19.12.2018, Rs C-422/17, *Skarpa Travel*).

(BMF-AV Nr. 2021/166)

23.7.4.2. Anzahlungen bei gemischten Reiseleistungen

3061 Anzahlungen sind im Verhältnis der Reiseleistungen, die dem § 23 UStG 1994 unterliegen, zu denen, die nach den allgemeinen Bestimmungen zu versteuern sind, aufzuteilen. Soferne die Marge noch nicht feststeht, ist sie zu schätzen und auf den margensteuerpflichtigen Teil der Anzahlung anzuwenden.

23.7.5. Bemessungsgrundlage in Sonderfällen

3062 Umbuchungs- und Änderungsgebühren, die der Reisende bei Änderung eines bestehen bleibenden Reisevertrags zu entrichten hat, erhöhen das Entgelt für die Reiseleistung und teilen dessen Schicksal.

23.7.6. Änderung der Bemessungsgrundlage

3063 Für den Fall der nachträglichen Änderung der Bemessungsgrundlage enthält § 23 UStG 1994 keine besondere Regelung, es gelten daher die allgemeinen Grundsätze des § 16 UStG 1994.

Randzahlen 3064 bis 3090: *derzeit frei.*

23.8. Vorsteuerabzug

23.8.1. Nicht abzugsfähige Vorsteuern

3091 Abweichend von § 12 UStG 1994 dürfen Vorsteuern im Zusammenhang mit Reisevorleistungen nicht abgezogen werden. Gibt ein Unternehmer eine Reise ohne Aufschlag weiter (zB Betriebsausflug), so ist keine steuerpflichtige Marge zu versteuern; ein Vorsteuerabzug aus den Reisevorleistungen ist jedoch nicht möglich (vgl. Rz 2967).

(BMF-AV Nr. 2021/166)

23.8.2. Abzugsfähige Vorsteuern

Randzahl 3092: *derzeit frei.*

(BMF-AV Nr. 2021/166)

3093 Vorsteuern, die dem Unternehmer für andere Leistungen im Inland an das Unternehmen als für Reisevorleistungen in Rechnung gestellt werden, sind zur Gänze nach § 12 UStG 1994 abzugsfähig. Bei der Steuerbefreiung nach § 23 Abs. 5 UStG 1994 handelt es sich um eine echte Steuerbefreiung. Hierzu gehören alle Vorsteuern, die mit Ausgaben im Zusammenhang stehen, die keine Reisevorleistungen sind, wie zB auch Vorsteuern, die bei Geschäftsreisen des Unternehmers oder Dienstreisen seiner Angestellten bzw. beim Erwerb oder der Reparatur von Anlagegütern anfallen, oder beim Ankauf von Werbematerial (Reisekataloge) in Rechnung gestellt werden.

Randzahlen 3094 bis 3110: *derzeit frei.*

23.9. Aufzeichnungspflichten

3111 Unternehmer, die nicht nur Reiseleistungen im Sinne des § 23 UStG 1994 ausführen, müssen in den Aufzeichnungen die Umsätze für diese Reiseleistungen von den übrigen Umsätzen getrennt aufzeichnen.

(BMF-AV Nr. 2021/166)

Randzahlen 3112 bis 3250: *derzeit frei.*

24. Differenzbesteuerung (§ 24 UStG 1994)

24.1. Voraussetzungen

Der Differenzbesteuerung unterliegen nach Art. 311 MwSt-RL 2006/112/EG Gebrauchtgegenstände, Kunstgegenstände, Sammlungsstücke und Antiquitäten. Der Begriff Gebrauchtgegenstände wird im UStG nicht verwendet, sondern es wird auf Gegenstände abgestellt, für die der Liefernde Umsatzsteuer nicht schuldet oder die Differenzbesteuerung vorgenommen hat und somit der erwerbende Wiederverkäufer keinen Vorsteuerabzug vornehmen kann. Es können daher in Grenzfällen von der Differenzbesteuerung auch neue Gegenstände (KFZ) erfasst sein (zB ein Privater gewinnt ein KFZ, das er gleich an einen Händler weiterverkauft). Kommt es zur Differenzbesteuerung, sind die Regelungen des § 3 Abs. 8a UStG 1994 nicht anwendbar. Diesfalls sind auch die Verwendung des IOSS (§ 25b UStG 1994) und die Steuerbefreiung nach § 6 Abs. 4 Z 9 UStG 1994 ausgeschlossen. 3251

Sind die in § 24 Abs. 1 UStG 1994 genannten Voraussetzungen für die Differenzbesteuerung gegeben, dann ist diese Besteuerungsform anzuwenden. Eine Option zur Besteuerung nach den allgemeinen Besteuerungsvorschriften ist in diesem Fall die Ausnahme und nur zulässig, wenn die in § 24 Abs. 12 UStG 1994 vorgesehenen Voraussetzungen erfüllt sind (siehe auch Rz 3366).

(BMF-AV Nr. 2019/165)

24.1.1. Gegenstände

Der Differenzbesteuerung unterliegen nur die nachfolgenden taxativ aufgezählten Gegenstände:

24.1.1.1. Kunstgegenstände nach Z 10 der Anlage 2 (bis 31.12.2015: Z 44 der Anlage) zum UStG 1994

a) Gemälde (zB Ölgemälde, Aquarelle, Pastelle) und Zeichnungen, vollständig mit der Hand geschaffen, ausgenommen Zeichnungen der Position 4906 00 00 der Kombinierten Nomenklatur (zB Baupläne und Bauzeichnungen) und handbemalte oder handverzierte gewerbliche Erzeugnisse; Collagen und ähnliche dekorative Bildwerke (Position 9701 der Kombinierten Nomenklatur); 3252

b) Originalstiche, -schnitte und -steindrucke (Position 9702 00 00 der Kombinierten Nomenklatur);

c) Originalerzeugnisse der Bildhauerkunst, aus Stoffen aller Art (Position 9703 00 00 der Kombinierten Nomenklatur); dazu gehören nicht Bildhauerarbeiten, die den Charakter einer Handelsware haben (Serienerzeugnisse, Abgüsse und handwerkliche Erzeugnisse);

d) Tapisserien handgewebt, nach Originalentwürfen von Künstlern, jedoch höchstens acht Kopien je Werk (aus Position 5805 00 00 der Kombinierten Nomenklatur);

e) Textilwaren für Wandbekleidung nach Originalentwürfen von Künstlern, jedoch höchstens acht Kopien je Werk (aus Position 6304 der Kombinierten Nomenklatur).

(BMF-AV Nr. 2016/212)

24.1.1.2. Sammlungsstücke nach Z 11 der Anlage 2 (bis 31.12.2015: Z 45 lit. a der Anlage) zum UStG 1994

Briefmarken, Stempelmarken, Steuerzeichen, Ersttagsbriefe, Ganzsachen und dergleichen, entwertet oder nicht entwertet, jedoch im Bestimmungsland weder gültig noch zum Umlauf vorgesehen (Position 9704 00 00 der Kombinierten Nomenklatur). 3253

(BMF-AV Nr. 2016/212)

24.1.1.2a. Sammlungsstücke nach Z 12 der Anlage 2 (bis 31.12.2015: Z 45 lit. b der Anlage) zum UStG 1994

Zoologische, botanische, mineralogische oder anatomische Sammlungsstücke und Sammlungen; Sammlungsstücke von geschichtlichem, archäologischem, paläontologischem, völkerkundlichem oder münzkundlichem Wert (Position 9705 00 00 der Kombinierten Nomenklatur). Sammlerkraftfahrzeuge von geschichtlichem oder völkerkundlichem Wert, die sich in ihrem Originalzustand befinden, mindestens 30 Jahre alt sind und einem nicht mehr hergestellten Modell oder Typ entsprechen, fallen ebenfalls in Position 9705 der Kombinierten Nomenklatur). 3253a

(BMF-AV Nr. 2016/212)

24.1.1.3. Antiquitäten nach Z 13 der Anlage 2 (bis 31.12.2015: Z 46 der Anlage) zum UStG 1994

3254 Antiquitäten sind andere Gegenstände als Kunstgegenstände und Sammlungsstücke, die mehr als hundert Jahre alt sind (Position 9706 00 00 der Kombinierten Nomenklatur).

(BMF-AV Nr. 2016/212)

24.1.1.4. Andere bewegliche körperliche Gegenstände

3255 Andere bewegliche körperliche Gegenstände ausgenommen Edelsteine (aus Position 7102 und 7103 der Kombinierten Nomenklatur; zB rohe oder bearbeitete Diamanten, Rubine, Saphire, Smaragde) oder Edelmetalle (aus Positionen 7106, 7108, 7110 und 7112 der Kombinierten Nomenklatur; zB Gold, Silber, Platin, Iridium, Osmium, Palladium, Rhodium und Ruthenium; Edelmetalllegierungen und Edelmetallplattierungen gehören grundsätzlich nicht dazu).

Unter die Differenzbesteuerung fallen jedoch aus Edelsteinen oder Edelmetallen hergestellte Gegenstände, wie Schmuckwaren, Gold- und Silberschmiedewaren. Nicht anwendbar ist die Differenzbesteuerung hingegen auf gebrauchte Gegenstände, die Edelmetalle oder Edelsteine enthalten, ihre ursprüngliche Funktion nicht mehr erfüllen können und nur wegen der diesen Metallen und Steinen innewohnenden Funktionen gehandelt werden (vgl. EuGH 11.7.2018, Rs C-154/17, *SIA „E LATS“*).

(BMF-AV Nr. 2019/165)

24.1.1.5. Verbesserung, Wartung und Reparatur der Gegenstände

3256 Der Differenzbesteuerung unterliegen der Einkauf und die nachfolgende Veräußerung des erworbenen Gegenstandes. Eine Verbesserung, Wartung oder Reparatur des erworbenen Gegenstandes ist für die Differenzbesteuerung nicht hinderlich. Dadurch wird die Identität des Gegenstandes nicht verändert. Hinsichtlich des Vorsteuerabzuges siehe Rz 3333 bis 3339.

24.1.1.6. Zusammenstellung und Teilung von Gegenständen

3257 Wird aus mehreren Einzelgegenständen, die jeweils für sich die Voraussetzung der Differenzbesteuerung erfüllen, ein einheitlicher Gegenstand hergestellt oder zusammengestellt, unterliegt die anschließende Lieferung dieses „neuen“ Gegenstandes nicht der Differenzbesteuerung. Ebenfalls unterliegt ein Gegenstand, der grundsätzlich der Differenzbesteuerung unterliegt, dieser nicht mehr, wenn aus dem Gegenstand ein anderer Gegenstand hergestellt wurde. Die Differenzbesteuerung bleibt hingegen anwendbar, wenn von einem erworbenen Gebrauchtgegenstand anschließend lediglich einzelne Teile geliefert oder entnommen werden (wie zB beim Ausschlachten eines Autos; EuGH 18.1.2017, Rs C-471/15, *Sjelle Autogenbrug I/S*). Außerdem muss sich die Steuerbemessungsgrundlage, die nach der Differenzbesteuerungsregelung bestimmt wurde, aus Aufzeichnungen ergeben, die es ermöglichen, zu überprüfen, ob sämtliche Voraussetzungen für die Anwendung dieser Regelung erfüllt sind. Eine Versteuerung nach der Gesamtdifferenz kann auch in Betracht kommen, siehe hierzu Rz 3306 bis Rz 3308.

(BMF-AV Nr. 2017/171)

24.1.2. Wiederverkäufer

3258 Die Lieferung der Gegenstände hat durch einen Wiederverkäufer zu erfolgen. Ein steuerpflichtiger Wiederverkäufer ist jeder Unternehmer, der im Rahmen seiner gewerblichen Tätigkeit üblicherweise Kunstgegenstände, Sammlungsstücke, Antiquitäten oder andere bewegliche körperliche Gegenstände erwirbt und diese anschließend, gegebenenfalls nach Verbesserungen, Reparaturen oder Wartungen im eigenen Namen wieder verkauft (zB Antiquitätenhändler, Briefmarkenhändler, Münzhändler, Kfz-Händler). Unerheblich ist somit, ob der Unternehmer auf eigene oder fremde Rechnung tätig wird. Auch ein Kommissionär kann Wiederverkäufer sein.

3259 Wiederverkäufer ist auch ein Veranstalter von öffentlichen Versteigerungen, der unter die Differenzbesteuerung fallende Gegenstände im eigenen Namen versteigert.

Der An- und Verkauf der Gebrauchtgegenstände kann auf einen Teil- oder Nebenbereich des Unternehmens beschränkt sein.

Beispiel:

Ein Kreditinstitut veräußert die von Privatpersonen sicherungsübereigneten Gebrauchtgegenstände.

Der Verkauf der Gegenstände unterliegt der Differenzbesteuerung. Das Kreditinstitut ist insoweit als Wiederverkäufer anzusehen.

Der Gegenstand kann Anlagevermögen (zB gebrauchtes, von einem Nichtunternehmer im Inland von einem KFZ-Händler erworbenes Kfz wird dem Anlagevermögen zugeführt und nach einiger Zeit veräußert) oder Umlaufvermögen des Unternehmers (Wiederverkäufers) sein. 3260

Nicht unter die Differenzbesteuerung fallen Hilfsgeschäfte (zB Steuerberater veräußert eine von einem Nichtunternehmer erworbene Büroeinrichtung). Die Lieferung ist im Regelfall umsatzsteuerbar und auch umsatzsteuerpflichtig. Auch die Lieferung von zuvor in das Unternehmen eingebrachten Gegenständen unterliegt, weil nicht erworben, nicht der Differenzbesteuerung, sondern den allgemeinen Regeln des Umsatzsteuergesetzes. 3261

24.1.2.1. Lieferung und Eigenverbrauch

24.1.2.1.1. Lieferung

Randzahl 3262: *derzeit frei.*

24.1.2.1.2. Eigenverbrauch

Die Differenzbesteuerung ist nur anzuwenden, wenn vom Wiederverkäufer für die Lieferung an ihn kein Vorsteuerabzug vorgenommen werden konnte. In der Regel kommt daher beim Entnahmeeigenverbrauch eine Differenzbesteuerung nicht in Betracht, weil der Unternehmer für den Gegenstand selbst nicht zum Vorsteuerabzug berechtigt war und somit keine Eigenverbrauchsbesteuerung erfolgt. 3263

Werden nach dem Erwerb für den Gegenstand (zB KFZ) Vorleistungen in Anspruch genommen, die zu einem Vorsteuerabzug geführt haben, so ist der Eigenverbrauch steuerbar und kommt § 24 UStG 1994 zur Anwendung. Dies wäre dann der Fall, wenn nach dem Erwerb vorsteuerentlastete Bestandteile in den Gegenstand (zB KFZ) eingegangen sind (zB in einen von einem Privaten angeschafften PKW wird von einem Gebrauchtwagenhändler ein Austauschmotor eingebaut).

Beispiel:

Ein KFZ-Händler hat von einem Privaten im April ein KFZ um 5.000 € erworben und Spenglerarbeiten in Höhe von 2.000 € zuzüglich 20% USt sowie Lackierarbeiten in Höhe von 1.000 € zuzüglich 20% USt durchführen lassen. Im Juli wird das KFZ für private Zwecke entnommen.

Die Wiederbeschaffungskosten betragen im Zeitpunkt der Entnahme 8.600 €. Die Bemessungsgrundlage beträgt 3.600 €. Davon ist die USt herauszurechnen, sodass sich eine steuerpflichtige Bemessungsgrundlage von 3.000 € (3.600 : 1,2) ergibt.

24.1.2.2. Vermittlung

Nicht unter die Differenzbesteuerung fällt die Vermittlung von Gegenständen. Der vermittelte Umsatz kann jedoch wiederum der Differenzbesteuerung unterliegen. 3264

24.1.3. Lieferung an den Wiederverkäufer

Der Ort der Lieferung der Gegenstände (§ 3 Abs. 7 und 8 UStG 1994) an den Wiederverkäufer muss im Inland oder im übrigen Gemeinschaftsgebiet gelegen sein. Gegenstände, die aus einem Drittland eingeführt werden, fallen nicht unter die Differenzbesteuerung nach § 24 Abs. 1 UStG 1994, unabhängig davon, ob anlässlich der Einfuhr USt geschuldet wurde oder nicht. Es besteht jedoch nach § 24 Abs. 2 UStG 1994 die Möglichkeit, für eingeführte Kunstgegenstände, Sammlungsstücke oder Antiquitäten zur Differenzbesteuerung zu optieren (siehe Rz 3272 bis 3279). 3265

Im Zusammenhang mit der Lieferung der angeführten Gegenstände an den Wiederverkäufer darf für den Wiederverkäufer kein Recht auf Vorsteuerabzug bestehen. Dies ist der Fall, wenn anlässlich des Verkaufs an den Wiederverkäufer eine USt nicht geschuldet oder die Differenzbesteuerung vorgenommen wurde. Die Differenzbesteuerung ist somit nur auf Lieferungen und den Eigenverbrauch von steuerpflichtigen Wiederverkäufern im Gemeinschaftsgebiet anzuwenden, die im Anschluss an die Lieferungen von 3266

- Privatpersonen oder einer juristischen Person, die nicht Unternehmer ist,
- aus dem nichtunternehmerischen Bereich eines Unternehmers (zB PKW),
- von steuerbefreiten Unternehmern ohne Vorsteuerabzugsrecht (zB Kleinunternehmer, blinder Unternehmer),
- von anderen Unternehmern, die selbst die Differenzbesteuerung angewendet haben, (zB bei Verkäufen von Händler zu Händler) durchgeführt werden.

Die Differenzbesteuerung nach § 24 Abs. 1 UStG 1994 greift nicht, wenn der vorhergehende Umsatz den allgemeinen Besteuerungsregeln unterworfen wurde (zB steuerfreie 3267

Lieferung aus dem Gemeinschaftsgebiet, steuerpflichtige Lieferung nach Option gemäß § 24 Abs. 12 UStG 1994 oder Lieferung gebrauchter Landmaschinen durch einen pauschalierten Landwirt).

Bei der Lieferung oder dem Eigenverbrauch gebrauchter Landmaschinen durch nichtbuchführungspflichtige Land- und Forstwirte wird die Steuer für diese Umsätze mit 10% oder 13% (bis 31.12.2015: 12%) der Bemessungsgrundlage festgesetzt (§ 22 Abs. 1 UStG 1994). Es wird somit grundsätzlich Umsatzsteuer geschuldet. Für die Lieferung und den Eigenverbrauch gebrauchter Landmaschinen durch nichtbuchführungspflichtige Land- und Forstwirte ist daher die Differenzbesteuerung nicht zulässig.

(BMF-AV Nr. 2016/212)

Randzahlen 3268 bis 3271: *derzeit frei.*

24.2. Option zu Differenzbesteuerung nach § 24 Abs. 2 UStG 1994

24.2.1. Voraussetzungen

3272 Der Wiederverkäufer kann, obwohl USt geschuldet wurde, für die Lieferung der in § 24 Abs. 2 UStG 1994 aufgezählten Gegenstände (nicht für den Eigenverbrauch) zur Differenzbesteuerung optieren.

24.2.2. Gegenstände

3273 Der Wiederverkäufer kann daher für nachfolgende Gegenstände zur Differenzbesteuerung optieren:

- Kunstgegenstände, Sammlungsstücke und Antiquitäten, die er selbst eingeführt hat, oder
- vom Urheber oder dessen Rechtsnachfolger gelieferte Kunstgegenstände oder
- Kunstgegenstände, die nicht von einem Wiederverkäufer unter Anwendung des ermäßigten Umsatzsteuersatzes nach § 10 Abs. 3 Z 1 lit. c UStG 1994 (bis 31.12.2015: § 10 Abs. 2 Z 1 lit. c UStG 1994) an den Wiederverkäufer geliefert werden.

(BMF-AV Nr. 2016/212)

24.2.3. Rechtsfolgen

3274 In den in Rz 3273 angeführten Fällen ist sowohl die Lieferung an den Unternehmer (Wiederverkäufer) als auch die Einfuhr durch den Unternehmer (Wiederverkäufer ist Schuldner der Einfuhrumsatzsteuer) mit dem ermäßigten Umsatzsteuersatz iHv 13% (bis 31.12.2015: 10%) zu versteuern. Die Veräußerung der Gegenstände durch den Wiederverkäufer wäre mit dem Normalsteuersatz zu versteuern. Durch die Option ist nur die Differenz zwischen Verkaufspreis und Einkaufspreis zuzüglich der Umsatzsteuer mit dem Normalsteuersatz zu versteuern. Der Wiederverkäufer ist aber nicht berechtigt, die entrichtete Einfuhrumsatzsteuer oder die gesondert ausgewiesene Steuer für die an ihn ausgeführte Lieferung als Vorsteuer abzuziehen (siehe Rz 3333 bis Rz 3334).

(BMF-AV Nr. 2016/212)

Randzahlen 3275 bis 3279: *derzeit frei.*

24.3. Vornahme der Option

24.3.1. Form und Frist

3280 Die Differenzbesteuerung nach § 24 Abs. 2 UStG 1994 ist von einer schriftlichen Erklärung abhängig. Die Erklärung ist dem Finanzamt innerhalb der Frist zur Abgabe der Voranmeldung für den Voranmeldungszeitraum eines Kalenderjahres, in dem erstmals eine Lieferung gemäß § 24 Abs. 2 UStG 1994 getätigt worden ist, vorzulegen.

3281 In der Erklärung müssen die Gegenstände (Kunstgegenstände, Sammlungsstücke oder Antiquitäten) bezeichnet werden, auf die sich die Differenzbesteuerung erstrecken soll. Dabei kann zur Differenzbesteuerung für eine oder mehrere Gruppen, zB nur für Kunstgegenstände oder nur für Sammlungsstücke oder nur für Antiquitäten oder nur für Sammlungsstücke und Antiquitäten oder für alle drei Gruppen optiert werden.

24.3.2. Widerruf der Option

3282 Ein Widerruf ist erst nach zwei Kalenderjahren möglich. Die Erklärung kann nur mit Wirkung vom Beginn eines Kalenderjahres an widerrufen werden. Der Widerruf ist innerhalb der Frist zur Abgabe der Voranmeldung für den Voranmeldungszeitraum des Kalenderjahres, in dem erstmals eine Lieferung im Sinne des § 24 Abs. 2 UStG 1994 getätigt worden ist, gegenüber dem Finanzamt schriftlich zu erklären.

Randzahlen 3283 bis 3289: *derzeit frei.*

24.4. Bemessungsgrundlage

Die Bemessungsgrundlage kann für jeden einzelnen Gegenstand im Rahmen einer sogenannten Einzeldifferenzbesteuerung oder bei Gegenständen, deren Einkaufspreis 220 € nicht überstiegen hat, nach der Gesamtdifferenz ermittelt werden. **3290**

24.4.1. Einzeldifferenz

Bemessungsgrundlage ist für Lieferungen im Falle des § 24 Abs. 1 UStG 1994 die Differenz zwischen Verkaufspreis und Einkaufspreis. Nebenkosten, die nach dem Einkauf des Gegenstandes anfallen und demnach nicht im Einkaufspreis enthalten sind, erhöhen nicht den Einkaufspreis. Wird auf Grund einer Lieferung eines (Gebraucht-)Fahrzeuges durch einen befugten Fahrzeughändler in das Ausland die Normverbrauchsabgabe an diesen nach § 12a NoVAG 1991 vergütet, ist weder von einer Minderung des Einkaufspreises noch von einer Erhöhung des Verkaufspreises nach § 24 Abs. 4 Z 1 UStG 1994 auszugehen (keine Änderung der Umsatzsteuer-Bemessungsgrundlage). **3291**

Im Falle des Eigenverbrauches bestimmt sich die Bemessungsgrundlage nach dem Betrag, um den der Wert nach § 4 Abs. 8 lit. a UStG 1994 (einschließlich allfälliger durch den Einbau von Bestandteilen begründeter Wertsteigerungen) den Einkaufspreis für den Gegenstand übersteigt. **3292**

Im Falle der Option nach § 24 Abs. 2 UStG 1994 wird die Differenz durch Gegenüberstellung von Verkaufspreis und Einkaufspreis inklusive Umsatzsteuer ermittelt bzw. im Falle des § 24 Abs. 4 Z 3 UStG 1994 entspricht der für die Berechnung der Differenz zu Grunde zu legende Einkaufspreis der gemäß § 5 UStG 1994 ermittelten Bemessungsgrundlage bei der Einfuhr zuzüglich der geschuldeten oder entrichteten Einfuhrumsatzsteuer. **3293**

Aus der so ermittelten Bemessungsgrundlage ist die Umsatzsteuer herauszurechnen.

Beispiel:

Bei einer Auktion, die der Auktionär in eigenem Namen durchführt, handelt es sich um ein Kommissionsgeschäft. Der Wiederverkäufer (Auktionär) ist Kommissionär. Einkaufspreis für den Kommissionär ist der Betrag, den der Kommittent erhält, das ist der Verkaufspreis an den Abnehmer abzüglich der Provision und der Aufwendungen des Kommissionärs (§ 396 UGB).

Ist nun anlässlich der Versteigerung eines Gegenstandes (zB Kunstwerkes) § 24 Abs. 4 UStG 1994 anzuwenden, so ist Bemessungsgrundlage die Differenz zwischen Verkaufspreis und Einkaufspreis, das ist die Verkäuferprovision zuzüglich des Abbildungskostenbeitrages und der sonstigen Kosten. Zur Ermittlung des umsatzsteuerbaren Entgelts ist aus dem Betrag die Umsatzsteuer herauszurechnen.

Nimmt ein Wiederverkäufer beim Verkauf eines Neugegenstandes einen Gebrauchtgegenstand in Zahlung und leistet der Käufer in Höhe der Differenz eine Zuzahlung, ist im Rahmen der Differenzbesteuerung als Einkaufspreis der tatsächliche Wert des Gebrauchtgegenstandes anzusetzen. **3294**

Nur die Summe der steuerbaren Entgelte (Differenz ohne USt) eines Voranmeldungszeitraumes ist in die Umsatzsteuervoranmeldung bzw. die Summe der Entgelte eines Veranlagungszeitraumes in die Umsatzsteuererklärung aufzunehmen. Die Einkaufspreise sind weder in der Umsatzsteuervoranmeldung noch in der Umsatzsteuererklärung auszuweisen. **3295**

Beispiel:

Ein KFZ-Händler erwirbt einen Gebrauchtwagen um 2.400 €. Er veräußert diesen um 3.000 €.

Bemessungsgrundlage ist die Differenz zwischen dem Verkaufspreis von 3.000 € und dem Einkaufspreis von 2.400 €. Die Differenz beträgt 600 €. Aus dem Differenzbetrag ist die USt herauszurechnen.

Verkaufspreis	*3.000 €*
Einkaufspreis	*2.400 €*
Differenz	*600 €*
Bemessungsgrundlage (600 : 1,2)	*500 €*

Kosten, die nach dem Erwerb des Gegenstandes angefallen sind, mindern nicht die Bemessungsgrundlage (zB Reparaturen). **3296**

Beispiel:

Angabe wie oben, jedoch wird vor der Veräußerung ein Service um 300 € durchgeführt. Lösung wie oben. Das Service ist unbeachtlich.

3297 Die Bemessungsgrundlage ist vorbehaltlich der Besteuerung nach der Gesamtdifferenz für jeden einzelnen Gegenstand zu ermitteln (Einzeldifferenz). Ein positiver Unterschiedsbetrag zwischen Verkaufspreis oder dem an seine Stelle tretenden Wert und dem Einkaufspreis eines Gegenstandes kann für die Berechnung der zu entrichtenden Steuer nicht mit einer negativen Einzeldifferenz aus dem Umsatz eines anderen Gegenstandes oder einer negativen Gesamtdifferenz verrechnet werden. Bei einem negativen Unterschiedsbetrag beträgt die Bemessungsgrundlage null.

24.4.2. Anzahlungen im Rahmen der Differenzbesteuerung

3298 Der Wiederverkäufer kann im Einzelfall nach vereinbarten Entgelten versteuern. In diesem Fall sind auch im Rahmen der Differenzbesteuerung Anzahlungen zu versteuern. Die Anzahlung ist im Verhältnis Verkaufspreis zu Einkaufspreis und Differenz aufzuteilen. Der Teil, der auf die Differenz entfällt, ist als Anzahlung zu versteuern. Eine Anzahlungsrechnung mit Steuerausweis darf nicht gelegt werden.

Beispiel:

Ein KFZ-Händler (Wiederverkäufer) verkauft einen gebrauchten Pkw, wobei der Käufer eine Anzahlung leistet.

Verkaufspreis	*4.800 €*
Einkaufspreis	*3.600 €*
Differenz	*1.200 €*
Anzahlung	*2.400 €*

Vom Verkaufspreis entfallen 75% (3.600 : 4.800 x 100) auf den Einkaufspreis und 25% auf die Differenz (1.200 : 4.800 x 100). Daher sind 25% von 2.400 € als Anzahlung zu versteuern. Die Bemessungsgrundlage für die zu versteuernde Anzahlung beträgt daher 500 € (2.400 x 25% = 600 : 1,2).

24.5. Gesamtdifferenz

3299 Bei Gegenständen, deren Einkaufspreis 220 € nicht übersteigt, kann die Bemessungsgrundlage anstatt nach der Einzeldifferenz nach der Gesamtdifferenz ermittelt werden. Die Gesamtdifferenz ist der Betrag, um den die Summe der Verkaufspreise und der Entnahmewerte die Summe der Einkaufspreise, jeweils bezogen auf einen Besteuerungszeitraum (Veranlagungszeitraum, Voranmeldungszeitraum), übersteigt. Aus dem Differenzbetrag ist die USt herauszurechnen. Die Ermittlung der Bemessungsgrundlage nach der Gesamtdifferenz darf nur auf Gegenstände angewendet werden, deren Einkaufspreis 220 € nicht übersteigt. Besteuert der Unternehmer nach der Gesamtdifferenz, so hat er Gegenstände, deren Einkaufspreis 220 € übersteigt, nach der Einzeldifferenz zu versteuern.

3300 Wendet der Wiederverkäufer für eine Mehrheit von Gegenständen einen Gesamtkaufpreis auf (zB beim Ankauf von Sammlungen oder Nachlässen) und werden die Gegenstände später einzeln verkauft, so kann bei der Aufteilung auf unter die Einzeldifferenz entfallende und nach der Gesamtdifferenz zu versteuernde Gegenstände wie folgt vorgegangen werden:

- Beträgt der Gesamtkaufpreis bis zu 220 €, so kann aus Vereinfachungsgründen von der Ermittlung der auf die einzelnen Gegenstände entfallenden Einkaufspreise abgesehen werden.
- Übersteigt der Gesamtkaufpreis den Betrag von 220 €, so ist der auf die einzelnen Gegenstände entfallende Einkaufspreis grundsätzlich im Wege einer sachgerechten Schätzung zu ermitteln. In diesem Fall ist die Schätzung der einzelnen mit einem Gesamtkaufpreis erworbenen Gegenstände so lange vorzunehmen, bis der Gesamtbetrag der restlichen Gegenstände 220 € oder weniger beträgt. Der geschätzte Einkaufspreis für die nach der Einzeldifferenz zu versteuernden Gegenstände darf bis zur Veräußerung nicht geändert werden.

Beispiel:

Ein Antiquitätenhändler kauft eine Verlassenschaft um 2.000 €.

Er hat die Werte der erworbenen Gegenstände zu ermitteln. Vom

Einkaufspreis	*2.000 €*	*entfallen auf*
die Schlafzimmereinrichtung	*– 1.200 €*	
ein Bild	*– 510 €*	
einen Fernseher	*– 80 €*	
die übrigen Gegenstände	*210 €*	

Da der Wiederverkäufer nach der Gesamtdifferenz versteuert, erübrigt sich eine Bewertung der übrigen Gegenstände. Schlafzimmereinrichtung und Bild unterliegen der Einzelbesteuerung. Alle übrigen Gegenstände sind nach der Gesamtdifferenz zu versteuern.

- Der Einkaufspreis sämtlicher Gegenstände liegt bei Einzelbewertung unter 220 €. Sämtliche Gegenstände können der Besteuerung nach der Gesamtdifferenz unterzogen werden.

Es können bei der Besteuerung nach der Gesamtdifferenz Teile eines einzelnen Gegenstandes, dessen Einkaufspreis 220 € nicht überstiegen hat, differenzbesteuert veräußert werden (zB Ausschlachten eines Autowracks). Gedanklich wird der eingekaufte Gegenstand in einzelne Teile zerlegt, die dann tatsächlich einzeln veräußert werden. 3301

Beispiel:

Ein Unternehmer versteuert nach der Gesamtdifferenz. Die nach der Gesamtdifferenz zu versteuernden Einnahmen für den Monat Mai betragen 270 €.

Ein Autowrack wird im Mai von einem Nichtunternehmer im Gemeinschaftsgebiet um 210 € eingekauft. Im Juni wird der Motor des Wracks um 480 €, im Juli wird der Kühler des Autowracks um 120 € veräußert. Andere Geschäfte, die der Differenzbesteuerung unterliegen, werden in diesen Zeiträumen nicht getätigt.

Voranmeldung Mai

Einnahmen	*270 €*
Einkäufe (Autowrack)	*– 210 €*
Differenz	*60 €*
Bemessungsgrundlage (60 : 1,20)	*50 €*

Voranmeldung Juni

Einnahmen (Motor)	*480 €*
Einkäufe	*0 €*
Differenz	*480 €*
Bemessungsgrundlage (480 : 1,20)	*400 €*

Voranmeldung Juli

Einnahmen (Kühler)	*120 €*
Einkäufe	*0 €*
Differenz	*120 €*
Bemessungsgrundlage (120 : 1,20)	*100 €*

Die Bemessungsgrundlage für die Lieferung und den Eigenverbrauch von Gegenständen, deren Einkaufspreis 220 € überstiegen hat, ist, auch wenn der Unternehmer die Versteuerung nach der Gesamtdifferenz gewählt hat, nach der Einzeldifferenz zu ermitteln. Negative Einzeldifferenzen dürfen auch in diesem Fall nicht mit einer positiven Gesamtdifferenz ausgeglichen werden. 3302

Die Berechnung der Besteuerungsgrundlagen ist für die einzelnen Voranmeldungszeiträume und den Veranlagungszeitraum vorzunehmen. Eine negative Gesamtdifferenz eines Voranmeldungszeitraumes darf nicht mit einer positiven Differenz eines anderen Voranmeldungszeitraumes ausgeglichen werden. Zu einem Ausgleich kommt es jedoch durch die Jahresveranlagung. Ein Ausgleich über den Veranlagungszeitraum hinaus ist nicht vorgesehen. 3303

Die Inanspruchnahme der Versteuerung nach der Gesamtdifferenz ist an keine ausdrückliche Erklärung gebunden. Der Wechsel zwischen Besteuerung nach der Einzeldifferenz oder Gesamtdifferenz ist formlos. Die Wahlmöglichkeit besteht für jeden Besteuerungszeitraum. 3304

Ein Wechsel von der Ermittlung nach der Einzeldifferenz zur Ermittlung nach der Gesamtdifferenz und umgekehrt ist nur zu Beginn eines Veranlagungszeitraumes zulässig. 3305

24.5.1. Übergangsregelungen

Im Zusammenhang mit dem Übergang von der Besteuerung der Einzeldifferenz zur Gesamtdifferenz bzw. von der Gesamtdifferenz zur Einzeldifferenz ist zu beachten, dass kein Umsatz doppelt besteuert wird bzw. kein Umsatz unbesteuert bleibt. Außerdem wird auf die vorhandenen Aufzeichnungen Rücksicht zu nehmen sein. 3306

24.5.2. Wechsel von der Einzel- zur Gesamtdifferenz

3307 Die Einkaufspreise der auf Lager liegenden Gegenstände bis 220 € können aus den Aufzeichnungen entnommen werden. Die Summe der Einkaufspreise dieser Gegenstände kann im ersten Voranmeldungszeitraum bzw. im Jahr des Überganges als Einkaufspreis berücksichtigt werden.

24.5.3. Wechsel von der Gesamt- zur Einzeldifferenz

3308 Hier ist davon auszugehen, dass die Gegenstände mit einem Einkaufspreis bis zu 220 € im Zeitpunkt der Besteuerung nach der Gesamtdifferenz nicht einzeln aufgezeichnet, jedoch die Einkaufspreise im Zusammenhang mit der Besteuerung nach der Gesamtdifferenz bereits abgezogen wurden. Daraus folgt, dass in diesem Fall die Verkaufspreise der Gegenstände ohne Abzug von Einkaufspreisen zu versteuern sind.

Randzahlen 3309 bis 3315: *derzeit frei.*

24.6. Steuersatz, Steuerbefreiung

3316 Lieferungen eines Wiederverkäufers in ein Drittland sind unter den Voraussetzungen des § 7 UStG 1994 umsatzsteuerfrei. Bei der Differenzbesteuerung unterliegt die Bemessungsgrundlage dem Normalsteuersatz nach § 10 Abs. 1 und 4 UStG 1994.

Steuersatz für Kunstgegenstände siehe Rz 1354.

Zur Steuerfreiheit innergemeinschaftlicher Lieferungen siehe Rz 4251.

(BMF-AV Nr. 2015/170)

Randzahlen 3317 bis 3320: *derzeit frei.*

24.7. Rechnungslegung

3321 Erfolgt die Umsatzversteuerung nach § 24 UStG 1994 so darf in einer Rechnung die USt nicht gesondert ausgewiesen werden. Dies auch dann nicht, wenn der Gegenstand an einen Unternehmer geliefert wird, der eine gesondert ausgewiesene Steuer als Vorsteuer abziehen könnte.

3322 Gemäß § 11 Abs. 1 UStG 1994 müssen Rechnungen – soweit in den nachfolgenden Absätzen des § 11 UStG 1994 nichts anderes bestimmt ist – ua. den auf das Entgelt entfallenden Steuerbetrag enthalten (§ 11 Abs. 1 Z 3 lit. f bis i UStG 1994). Nach § 11 Abs. 6 Z 4 und 5 UStG 1994 genügen bei Rechnungen, deren Gesamtbetrag 400 Euro (bis 28.2.2014: 150 Euro) nicht übersteigt (Kleinbetragsrechnung), die Angabe des Entgeltes und Steuerbetrags für die Lieferung in einer Summe und des Steuersatzes.

(AÖF Nr. 2014/164)

3323 Es darf daher in Zusammenhang mit einer differenzbesteuerten Lieferung (§ 24 UStG 1994) in einer Rechnung im Sinne des § 11 Abs. 1 UStG 1994 kein Steuerbetrag und in einer Rechnung nach § 11 Abs. 6 UStG 1994 nicht Entgelt und Steuerbetrag in einer Summe (zivilrechtlicher Preis) und der Steuersatz ausgewiesen werden.

Weiters hat die Rechnung einen Hinweis zu enthalten, dass die Differenzbesteuerung angewendet wurde. Dies kann beispielsweise durch die Angabe

- „Kunstgegenstände/Sonderregelung“,
- „Sammlungsstücke und Antiquitäten/Sonderregelung“, oder
- „Gebrauchtgegenstände/Sonderregelung“ bei anderen beweglichen körperlichen Gegenständen im Sinne des § 24 Abs. 1 UStG 1994 erfolgen.

3324 Liegen die Voraussetzungen für eine Differenzbesteuerung vor und weist ein Wiederverkäufer bei Lieferung eines Gegenstandes die auf die Differenz entfallende Steuer gesondert aus, so schuldet er den ausgewiesenen Steuerbetrag nach § 11 Abs. 12 UStG 1994. Eine derartige Rechnung kann jedoch berichtigt werden.

3325 Bei Option nach § 24 Abs. 12 UStG 1994 kann eine Rechnung ausgestellt werden. Ob eine Rechnung nach den allgemeinen Bestimmungen des Umsatzsteuergesetzes oder nach einer Versteuerung nach § 24 UStG 1994 gelegt wird, ist im Regelfall aus der ausgewiesenen USt zu ersehen. Auf Grund einer Option im Einzelfall ist in der Rechnung der auf das gesamte Entgelt entfallende Steuerbetrag auszuweisen. Im Falle der Differenzbesteuerung wird die Steuer vom Differenzbetrag errechnet, darf aber in einer Rechnung nicht ausgewiesen werden.

Randzahlen 3326 bis 3332: *derzeit frei.*

24.8. Vorsteuerabzug

3333 Unterliegt die Lieferung eines Gegenstandes der Differenzbesteuerung (§ 24 Abs. 1 und 2 UStG 1994) so ist der Unternehmer (Wiederverkäufer) nicht berechtigt, eine ihm für den

Gegenstand gesondert in Rechnung gestellte USt oder eine entrichtete EUSt als Vorsteuer abzuziehen. Alle übrigen für Lieferungen oder sonstige Leistungen an das Unternehmen in Rechnung gestellte Umsatzsteuern sind als Vorsteuer abzugsfähig (Vorsteuern für Anlagegüter, sonstiges Umlaufvermögen, Betriebsausgaben, Verbesserung, Wartung oder Reparatur der Gebrauchtgegenstände usw.).

Bei gleichzeitiger Anwendung der Differenzbesteuerung und einer Vorsteuerpauschalierungsbestimmung ist für die Berechnung der abziehbaren Vorsteuer die Summe der Bemessungsgrundlagen der differenzbesteuerten Umsätze, somit die Summe der Differenzen zwischen den jeweiligen Verkaufs- und Einkaufspreisen heranzuziehen und daraus die Vorsteuer unter Berücksichtigung des nach § 14 UStG 1994 bzw. einer der dazu ergangenen Verordnungen vorgesehenen Prozentsatzes herauszurechnen (Näheres zur Vorsteuerpauschalierung siehe auch Rz 2226 ff). 3334

Randzahlen 3335 bis 3339: *derzeit frei.*

24.9. Ausschluss vom Vorsteuerabzug

Randzahlen 3340 bis 3349: *derzeit frei.*

24.10. Vorsteuerabzug bei Option

Optiert der liefernde Unternehmer (Wiederverkäufer) zur Regelbesteuerung im Sinne des § 24 Abs. 12 UStG 1994, so kann der liefernde Unternehmer (Wiederverkäufer) die entrichtete EUSt oder die für den Gegenstand in Rechnung gestellte USt in der Voranmeldung für den Voranmeldungszeitraum, in dem die Lieferung des Gegenstandes erfolgt, in Abzug bringen. 3350

Beispiel:

Der Unternehmer hat ab 2000 nach § 24 Abs. 2 UStG 1994 zur Differenzbesteuerung optiert. Im Jahre 2000 führte er eine altgriechische Vase (4. Jhdt vor Chr.) ein. An die Zollverwaltung entrichtete er anlässlich der Einfuhr am 2. Mai 2000 10.000 € an EUSt. Am 2. Feber 2001 veräußert er die Vase um 84.000 € und optiert er nach § 24 Abs. 12 UStG 1994 zur Regelbesteuerung.

Der Unternehmer hat für Antiquitäten zur Differenzbesteuerung optiert (§ 24 Abs. 2 UStG 1994). Die EUSt ist für Mai 2000 nicht abzugsfähig (§ 24 Abs. 9 UStG 1994). Anlässlich der Veräußerung im Feber 2001 optiert der Unternehmer zur Regelbesteuerung (§ 24 Abs. 12 UStG 1994). Der Umsatz ist für Feber 2001 mit dem Normalsteuersatz zu versteuern und die am 2. Mai 2000 entrichtete EUSt ist im Voranmeldungszeitraum Feber 2001 abzugsfähig (§ 24 Abs. 10 UStG 1994).

Randzahlen 3351 bis 3355: *derzeit frei.*

24.11. Aufzeichnungspflichten

24.11.1. Allgemein

Der Wiederverkäufer hat Aufzeichnungen im Sinne des § 18 UStG 1994 zu führen. Im Zusammenhang mit der Differenzbesteuerung sind besondere Aufzeichnungen vorgesehen. Die besonderen Aufzeichnungspflichten gelten als erfüllt, wenn sich die aufzeichnungspflichtigen Angaben aus den Buchführungsunterlagen entnehmen lassen. Wendet der Wiederverkäufer neben der Differenzbesteuerung die Besteuerung nach den allgemeinen Vorschriften an, so hat er die Aufzeichnungen für die Differenzbesteuerung getrennt von den übrigen Aufzeichnungen zu führen. 3356

24.11.2. Einzeldifferenz

Der Wiederverkäufer hat für jeden Gegenstand den Verkaufspreis oder den Entnahmewert, den Einkaufspreis und die Bemessungsgrundlage aufzuzeichnen. 3357

24.11.3. Gesamtdifferenz

Versteuert der Unternehmer nach der Gesamtdifferenz, so hat er die Einkaufspreise der im Voranmeldungs- bzw. im Veranlagungszeitraum eingekauften und die Verkaufspreise der im Voranmeldungs- bzw. im Veranlagungszeitraum veräußerten Gegenstände aufzuzeichnen. 3358

Aus Vereinfachungsgründen kann der Wiederverkäufer in den Fällen, in denen lediglich ein Gesamteinkaufspreis für mehrere Gegenstände vorliegt, den Gesamteinkaufspreis aufzeichnen, 3359

- wenn dieser den Betrag von 220 € nicht übersteigt oder
- soweit er nach Abzug der Einkaufspreise einzelner Gegenstände den Betrag von 220 € nicht übersteigt.

Randzahlen 3360 bis 3365: *derzeit frei.*

24.12. Option

3366 Der Wiederverkäufer kann für jeden im Rahmen der Einzeldifferenz zu versteuernden Gegenstand und auch dann, wenn er nach § 24 Abs. 2 UStG 1994 optiert, insofern der Verkauf nicht nach der Gesamtdifferenz zu versteuern ist, nach § 24 Abs. 12 UStG 1994 auf die Differenzbesteuerung verzichten und den Umsatz nach den allgemeinen Regeln des Umsatzsteuergesetzes versteuern. Die Option wird durch Umsatzversteuerung der Lieferung wahrgenommen. Eine Rechnung im Sinne des § 12 Abs. 1 UStG 1994 kann gelegt werden. Zum Vorsteuerabzug siehe Rz 3350 bis 3355.

3367 Der Empfänger der Lieferung hat kein Recht auf eine Option zur Regelbesteuerung.

Randzahlen 3368 bis 3380: *derzeit frei.*

24a. Sonderregelung für Anlagegold (§ 24a UStG 1994)

Randzahlen 3381 bis 3400: *derzeit frei.*

24b. Zoll- und Steuerlager (§ 24b UStG 1994)

Randzahlen 3401 bis 3420: *derzeit frei.*

25. Besondere Besteuerungsformen (§ 25 UStG 1994)

Randzahlen 3421 bis 3430: *derzeit frei.*

25a. Sonderregelung für Drittlandsunternehmer, die sonstige Leistungen (bis 30.6.2021 nur anwendbar auf sonstige Leistungen gemäß § 3a Abs. 13 UStG 1994) an Nichtunternehmer im Gemeinschaftsgebiet erbringen (§ 25a UStG 1994)

(BMF-AV Nr. 2019/165, BMF-AV Nr. 2020/192)

25a.1. Voraussetzungen

Im Drittland ansässige Unternehmer, die sonstige Leistungen an Nichtunternehmer iSd § 3a Abs.5 Z 3 UStG 1994 im Gemeinschaftsgebiet ausführen, können sich – unter bestimmten Bedingungen – dafür entscheiden, nur in einem EU-Mitgliedstaat erfasst zu werden. Entscheidet sich der Unternehmer dafür, sich in Österreich erfassen zu lassen, gilt die Sonderregelung des § 25a UStG 1994. Die Umsätze sind dann elektronisch über den Nicht-EU-OSS (https://non-eu-moss-evat.bmf.gv.at) zu erklären. Bis 30.6.2021 können im Drittland ansässige Unternehmer den Nicht-EU-OSS nur für elektronisch erbrachte sonstige Leistungen, Telekommunikations-, Fernsehund Rundfunkleistungen, die an im Gemeinschaftsgebiet ansässige Nichtunternehmer erbracht werden, verwenden. **3431**

Für einen Überblick über die verschiedenen One-Stop-Shop-Sonderregelungen ab 1.7.2021 nach Leistungserbringer (EU-Unternehmer und Drittlandsunternehmer) und Umsatz siehe Rz 4300d.

Ist ein Unternehmer in einem anderen Mitgliedstaat für den Nicht-EU-OSS registriert (Art. 358 bis 369 MwSt-RL 2006/112/EG), gelten die Sonderregelungen in § 25a UStG 1994 für die unter den Nicht-EU-OSS fallenden Umsätze sinngemäß (zB Steuerschuld, Erklärungszeitraum, keine Verpflichtung zur Abgabe von Voranmeldungen).

Voraussetzung für die Inanspruchnahme des Nicht-EU-OSS ist, dass der Unternehmer im Gemeinschaftsgebiet

- weder sein Unternehmen betreibt noch eine Betriebsstätte hat,
- sonstige Leistungen an Nichtunternehmer iSd § 3a Abs. 5 Z 3 UStG 1994 erbringt (bis 30.6.2021 sind nur Umsätze nach § 3a Abs. 13 UStG 1994 umfasst),
- keiner Sperrfrist nach § 25a Abs. 10 UStG 1994, § 25b Abs. 8 UStG 1994, Art. 25 Abs. 8 UStG 1994 oder einer vergleichbaren Sperrfrist in einem anderen Mitgliedstaat unterliegt,
- für Zwecke der Umsatzsteuer nicht erfasst ist und auf elektronischem Weg (Internetadresse: (https://non-eu-moss-evat.bmf.gv.at) beim Finanzamt Österreich, Dienststelle Graz-Stadt, die Option zur Sonderregelung beantragt.

Mit 1.1.2019 entfällt die Voraussetzung, dass der Unternehmer in der EU nicht zur Umsatzsteuer registriert sein darf.

Wird der Antrag zur Inanspruchnahme des Nicht-EU-OSS genehmigt, erhält der Unternehmer mittels E-Mail seine EU-Identifikations-Nummer (zB EU040123456) sowie seinen Benutzernamen und sein Passwort an die bekannt gegebene E-Mail-Adresse zugesandt. Er ist dann verpflichtet, alle Umsätze, die unter die Sonderregel des § 25a UStG 1994 fallen, auf elektronischem Wege über die oben angeführte Internetadresse zu erklären.

Der Unternehmer kann die Inanspruchnahme des Nicht-EUOSS unter Einhaltung der Frist des § 25a Abs. 8 UStG 1994 widerrufen.

(BMF-AV Nr. 2019/165, BMF-AV Nr. 2020/192)

25a.2. Sonderregelung für den Nicht-EU-OSS

(BMF-AV Nr. 2019/165)

Insbesondere folgende Regelungen gelten bei Verwendung des Nicht-EU-OSS: **3432**

- Das Kalendervierteljahr ist Erklärungszeitraum (§ 25a Abs. 3 UStG 1994).
- Die Steuerschuld für die im Erklärungszeitraum ausgeführten Leistungen entsteht mit Ablauf des Erklärungszeitraumes (§ 25a Abs. 14 UStG 1994).
- Die Steuer ist am letzten Tag (bis 30.6.2021: 20. Tag) des auf den Erklärungszeitraum folgenden Kalendermonats fällig (§ 25a Abs. 7 UStG 1994).
- Die Unternehmer haben vierteljährliche Steuererklärungen bis zum letzten Tag (bis 30.6.2021: 20. Tag) des auf den Erklärungszeitraum folgenden Kalendermonats auf elektronischem Weg abzugeben (§ 25a Abs. 3 UStG 1994). Für das Kalenderjahr ist keine Erklärung abzugeben.
- In der Steuererklärung sind sämtliche Umsätze im Gemeinschaftsgebiet
  - getrennt nach Mitgliedstaaten,
  - unter Angabe des anzuwendenden Steuersatzes,
  - und der zu entrichtenden Steuer sowie die

– insgesamt zu entrichtende Steuer

anzugeben (§ 25a Abs. 4 UStG 1994 idF BGBl. I Nr. 40/2014).

- Vorsteuern können nur im Erstattungsverfahren gemäß § 21 Abs. 9 UStG 1994 geltend gemacht werden (Verordnung des BM für Finanzen mit der ein eigenes Verfahren für die Erstattung der abziehbaren Vorsteuern an ausländische Unternehmer geschaffen wird, BGBl. II Nr. 279/1995 idF BGBl. II Nr. 158/2014).
- Ein Steuerbescheid hinsichtlich der in Österreich ausgeführten Umsätze ergeht nur, wenn der Unternehmer die Abgabe der Erklärung pflichtwidrig unterlässt, diese unvollständig ist oder die Selbstberechnung unrichtig ist (§ 25a Abs. 13 UStG 1994 idF BGBl. I Nr. 40/2014).

(BMF-AV Nr. 2019/165, BMF-AV Nr. 2020/192)

25a.3. Umrechnung von Werten in fremder Währung, Aufzeichnungspflichten und Wegfall der Sonderregelung

3433 Zum Umrechnungskurs siehe Rz 4300

Zu den Aufzeichnungspflichten siehe Rz 4300b

Zum Ausschluss siehe Rz 4300a

(AÖF Nr. 2014/164)

25b. Sonderregelung für Einfuhr-Versandhandel (IOSS)

(BMF-AV Nr. 2019/165)

25b.1. Voraussetzungen

(BMF-AV Nr. 2019/165)

Unternehmer, die Einfuhr-Versandhandelsumsätze (siehe § 3 Abs. 8a UStG 1994) von Drittlandswaren in das Gemeinschaftsgebiet tätigen, können sich – unter bestimmten Bedingungen – dafür entscheiden, sich in nur einem Mitgliedstaat erfassen zu lassen und dort die Steuer über den Import-One-Stop-Shop (IOSS) zu erklären und abzuführen. Die Umsatzsteuer wird über den IOSS in die jeweiligen Mitgliedstaaten, in denen die Steuer geschuldet wird, weitergeleitet. Betroffen sind Einfuhr-Versandhandelsumsätze, bei denen der Einzelwert je Sendung 150 Euro nicht übersteigt. Die Sonderregelung für den IOSS gilt nicht für verbrauchsteuerpflichtige Waren. **3434**

Für einen Überblick über die verschiedenen One-Stop-Shop-Sonderregelungen ab 1.7.2021 nach Leistungserbringer (EU-Unternehmer und Drittlandsunternehmer) und Umsatz siehe Rz 4300d.

Die Inanspruchnahme des IOSS ist optional. Entscheidet sich der Unternehmer, die Steuer über den IOSS abzuführen, ist die Einfuhr der betroffenen Gegenstände bei Vorliegen aller Voraussetzungen gemäß § 6 Abs. 4 Z 9 UStG 1994 von der EUSt befreit. Bei Inanspruchnahme hat der Unternehmer alle Einfuhr-Versandhandelsumsätze, bei denen der Einzelwert der Waren je Sendung 150 Euro nicht übersteigt, über den IOSS zu erklären. Der IOSS kann nicht auf einzelne Mitgliedstaaten beschränkt werden.

Beispiel:

Ein österreichischer Händler verkauft über seine Website Kleidungsstücke an Privatpersonen in unterschiedlichen Mitgliedstaaten. Die Kleidungsstücke werden direkt aus seiner Produktionsstätte im Drittstaat an die Privatpersonen versendet. Der Unternehmer hat sich in Österreich zum IOSS (§ 25b UStG 1994) registriert. Der Einzelwert der Sendungen übersteigt 150 Euro nicht.

Lösung:

Der Lieferort der Versendungen liegt gemäß § 3 Abs. 8a lit. b UStG 1994 im jeweiligen Bestimmungsmitgliedstaat. Der österreichische Händler kann die Umsatzsteuer für die jeweiligen Mitgliedstaaten in seiner monatlichen IOSS-Erklärung über FinanzOnline erklären und durch eine monatliche Überweisung auf sein IOSS-Konto abführen. Die jeweilige Einfuhr ist, bei Vorliegen aller Voraussetzungen, steuerfrei (§ 6 Abs. 4 Z 9 UStG 1994).Dafür hat der Händler dem von ihm beauftragten Transporteur seine IOSS-Identifikationsnummer mitzuteilen, damit dieser sie der zuständigen Zollstelle bei der Einfuhr bekanntgeben kann.

Der IOSS steht im Wesentlichen Unternehmern zur Verfügung, die

- ihr Unternehmen oder eine Betriebsstätte im Gemeinschaftsgebiet haben; oder
- sich durch einen im Gemeinschaftsgebiet niedergelassenen Unternehmer (Vertreter) vertreten lassen (zum Vertreter siehe Rz 3438).

Der Mitgliedstaat der Identifizierung (MSI) ist jener Staat, in dem der Unternehmer (bzw. der Vertreter) zum IOSS registriert ist. Dies ist der Staat, in dem der Unternehmer seinen Sitz der wirtschaftlichen Tätigkeit hat. Befindet sich dieser im Drittlandsgebiet, kann der Unternehmer (bzw. der Vertreter) einen Staat als MSI wählen, in dem er eine Betriebsstätte hat. Hat er mehrere Betriebstätten in unterschiedlichen Mitgliedstaaten, kann er einen dieser Staaten als MSI wählen. Der Unternehmer (bzw. Vertreter) ist an die Wahl des MSI für das betroffene Jahr und die beiden darauffolgenden Kalenderjahre gebunden.

Zum Wechsel des MSI bei Sitz- oder Betriebsstättenverlegung siehe Art. 57f Abs. 2 VO (EU) 282/2011.

Die Verwendung des IOSS muss auf elektronischem Weg beim zuständigen Finanzamt beantragt werden. Ist Österreich der MSI, muss der Antrag über FinanzOnline gestellt werden. Voraussetzung ist eine gültige UID-Nummer. Wird der Antrag genehmigt, erhält der Unternehmer eine IOSS-Identifikationsnummer (zB IM0401234567).

Bei Inanspruchnahme der Sonderregelung hat der Unternehmer eine Rechnung auszustellen (siehe Rz 1501). Die Rechnungsausstellung richtet sich nach dem Recht des MSI (siehe Rz 1501a).

(BMF-AV Nr. 2019/165, BMF-AV Nr. 2020/192, BMF-AV Nr. 2021/166, BMF-AV Nr. 2022/154)

25b.2. Erklärung

(BMF-AV Nr. 2019/165)

3435 In die Erklärung sind die IOSS-Identifikationsnummer und alle Einfuhr-Versandhandelsumsätze aufzunehmen, die unter die Sonderregelung für den IOSS fallen (inklusive derjenigen Einfuhr-Versandhandelsumsätze, die im MSI enden). Die Umsätze sind getrennt nach Mitgliedstaaten unter Angabe des anzuwendenden Steuersatzes und der zu entrichtenden Steuer in die Erklärung aufzunehmen (§ 25b Abs. 4 UStG 1994). Steuerfreie Umsätze dürfen nicht angeführt werden. Der Erklärungszeitraum ist der Kalendermonat, wobei ab Erteilung der IOSS-Identifikationsnummer in jedem Monat zwingend eine Erklärung abzugeben ist. Hat der Unternehmer in einem Monat keine Umsätze erbracht, muss er eine Nullerklärung abgeben.

Beendet ein Unternehmer die Anwendung des IOSS, wird vom IOSS ausgeschlossen oder wechselt den MSI (siehe Rz 3436), hat der Unternehmer eine abschließende IOSS-Erklärung abzugeben (vgl. näher Art. 61a VO (EU) 282/2011).

Führt ein Unternehmer Einfuhr-Versandhandelsumsätze in Österreich aus, die er über den IOSS erklärt, sind diese weder in eine UVA, noch in eine Steuererklärung nach § 21 Abs. 4 UStG 1994 aufzunehmen.

Zur Umrechnung von Werten in fremder Währung siehe Rz 4300.

(BMF-AV Nr. 2019/165)

25b.3. Beendigung, Ausschluss und Sperrfrist

(BMF-AV Nr. 2019/165)

3436 Der Unternehmer kann die Inanspruchnahme des IOSS jederzeit freiwillig beenden. Wenn die Meldung der Beendigung gegenüber dem MSI mindestens fünfzehn Tage vor dem Ende eines Kalendermonats erfolgt, wirkt die Beendigung mit dem ersten Tag des nächsten Kalendermonats (siehe Art. 57g Abs. 2 VO (EU) 282/2011). Das bedeutet, dass für die Wirksamkeit der Beendigung mit 1.1., 1.2., 1.3., usw. die Meldung jeweils bis 16.12., 16.1., 13.2. (oder 14.2. in einem Schaltjahr), usw. zu erfolgen hat. Meldet der Unternehmer die Beendigung bspw. am 17.3., so ist sie mit 1.5. wirksam.

Ein Unternehmer wird gemäß § 25a Abs. 7 UStG 1994 von der Inanspruchnahme der Sonderregelung ausgeschlossen, wenn er:

- mitteilt, keine Umsätze, die unter den IOSS fallen, mehr zu erbringen;
- während 24 aufeinanderfolgenden Kalendermonaten keine derartigen Umsätze erbringt;
- die Voraussetzungen für die Inanspruchnahme des IOSS nicht mehr erfüllt oder
- wiederholt gegen die Vorschriften einer der OSS-Sonderregelungen (§ 25a, § 25b oder Art. 25a UStG 1994) verstößt.

Ein wiederholter Verstoß liegt jedenfalls in den in Art. 58b Abs. 2 VO (EU) 282/2011 angeführten Fällen vor (vgl. auch Rz 4300a). Im Falle eines Ausschlusses aufgrund eines wiederholten Verstoßes kann der Unternehmer den IOSS 24 Monate lang nicht mehr nutzen, es sei denn, es handelt sich um einen wiederholten Verstoß des Vertreters, von dem der Unternehmer nichts wusste oder wissen hätte müssen. Bei einer Beendigung oder einem Ausschluss, bei dem kein wiederholter Verstoß vorliegt, tritt keine Sperrfrist ein.

Der Ausschluss ist ab dem ersten Tag des Monats wirksam, der auf die Übermittlung der Ausschlussentscheidung folgt. Davon abweichend gilt Folgendes (siehe Art. 58 Abs. 3 VO (EU) 282/2011):

- Ist der Ausschluss auf eine Änderung des Sitzes der wirtschaftlichen Tätigkeit oder der festen Niederlassung zurückzuführen, ist der Ausschluss ab dem Tag dieser Änderung wirksam.
- Wird der Ausschluss wegen eines wiederholten Verstoßes gegen die Vorschriften einer OSS-Sonderregelung vorgenommen, ist der Ausschluss ab dem Tag wirksam, der auf den Tag folgt, an dem die Entscheidung über den Ausschluss dem Steuerpflichtigen elektronisch übermittelt worden ist.

Beendet ein Unternehmer die Anwendung des IOSS oder wird er vom IOSS ausgeschlossen (außer bei Ausschluss aufgrund eines wiederholten Verstoßes), bleibt die IOSS-Identifikationsnummer zwei Wochen nach Wirksamkeit der Beendigung bzw. des Ausschlusses gültig. Dieser Zeitraum kann auf Antrag des Unternehmers auf bis zu zwei Monate verlängert werden, wenn der Unternehmer darlegen kann, dass ein längerer Zeitraum für die Einfuhr von Gegenständen, die vor Wirksamkeit der Beendigung geliefert wurden, notwendig ist.

(BMF-AV Nr. 2019/165)

25b.4. Sondervorschriften

(BMF-AV Nr. 2019/165)

Insbesondere folgende Sondervorschriften gelten nach § 25b UStG 1994: 3437

- Der Erklärungszeitraum ist der Kalendermonat (§ 25b Abs. 3 UStG 1994).
- Die Unternehmer haben monatliche Steuererklärungen bis zum letzten Tag des auf den Erklärungszeitraum folgenden Kalendermonats auf elektronischem Weg (bei Österreich als MSI: FinanzOnline) abzugeben (Art. 25b Abs. 3 UStG 1994). Für das Kalenderjahr ist keine zusätzliche Erklärung abzugeben.
- Zur Steuererklärung siehe Rz 3435.
- Die Steuerschuld für Lieferungen, die unter den IOSS fallen, entsteht im Zeitpunkt der Zahlungsannahme (§ 25b Abs. 13 UStG 1994). Wann die tatsächliche Zahlung erfolgt, ist für die Bestimmung des Zeitpunkts der Zahlungsannahme nicht relevant. Als Zeitpunkt der Zahlungsannahme gilt gemäß Art. 61b VO (EU) 282/2011
  - der Zeitpunkt, zu dem die Zahlung bestätigt wurde oder
  - die Zahlungsgenehmigungsmeldung oder eine Zahlungszusage des Erwerbers beim Steuerpflichtigen, der die Einfuhrregelung in Anspruch nimmt, oder auf dessen Rechnung eingegangen ist, je nachdem, welcher Zeitpunkt der frühere ist.
- Die Steuer ist spätestens am letzten Tag des auf den Erklärungszeitraum folgenden Kalendermonats zu entrichten (§ 25b Abs. 13 UStG 1994).
- Zu den Berichtspflichten siehe § 25b Abs. 9 UStG 1994; Art. 57h VO (EU) 282/2011.
- Gemäß § 25b Abs. 10 UStG 1994 hat der Unternehmer (bzw. gegebenenfalls der Vertreter) die IOSS-Umsätze getrennt nach den Mitgliedstaaten aufzuzeichnen, in denen die Umsätze ausgeführt wurden (Mitgliedstaaten des Verbrauchs). Die Aufzeichnungen sind zehn Jahre aufzubewahren und über Aufforderung des Finanzamtes bzw. der zuständigen Behörde auf elektronischem Weg zur Verfügung zu stellen. Andernfalls ist ein Ausschluss möglich (vgl. Rz 3436). Die Aufzeichnungen haben die in Art. 63c Abs. 3 VO (EU) 282/2011 genannten Informationen zu enthalten:
  a. den Mitgliedstaat des Verbrauchs, in den die Gegenstände geliefert werden;
  b. die Beschreibung und die Menge der gelieferten Gegenstände;
  c. das Datum der Lieferung der Gegenstände;
  d. die Bemessungsgrundlage unter Angabe der verwendeten Währung;
  e. jede anschließende Erhöhung oder Senkung der Bemessungsgrundlage;
  f. den anzuwendenden Steuersatz;
  g. den Betrag der zu zahlenden Steuer unter Angabe der verwendeten Währung;
  h. das Datum und den Betrag der erhaltenen Zahlungen;
  i. falls eine Rechnung ausgestellt wurde, die darin enthaltenen Informationen;
  j. die zur Bestimmung des Ortes, an dem die Versendung oder Beförderung der Gegenstände zum Käufer beginnt und endet, verwendeten Informationen;
  k. Nachweise über etwaige Rücksendungen von Gegenständen, einschließlich der Bemessungsgrundlage und des anzuwendenden Steuersatzes;
  l. die Bestellnummer oder die eindeutige Transaktionsnummer und
  m. die eindeutige Sendungsnummer, falls der Unternehmer unmittelbar an der Lieferung beteiligt ist.

  Der Unternehmer (bzw. gegebenenfalls der Vertreter) hat diese Informationen so zu erfassen, dass sie unverzüglich und für jede einzelne ausgeführte Lieferung auf elektronischem Weg zur Verfügung gestellt werden können (siehe Art. 63c Abs. 2 VO (EU) 282/2011). Von einer unverzüglichen Zurverfügungstellung ist für Österreich als anfragenden Mitgliedstaat jedenfalls dann auszugehen, wenn sie innerhalb von 20 Tagen erfolgt. Nimmt ein Unternehmer die Sonderregelung durch einen Vertreter in Anspruch, entbindet ihn das nicht von seiner Verpflichtung, diese Informationen zur Verfügung zu stellen, falls dies nicht durch den Vertreter passiert.
- Änderungen der Bemessungsgrundlage von Umsätzen, die unter den IOSS fallen, sind innerhalb von drei Jahren ab dem Tag, an dem die ursprüngliche Erklärung abzugeben war, in eine spätere Erklärung aufzunehmen. Dabei ist auf den Steuerzeitraum und den Steuerbetrag, für den die Änderungen erforderlich sind, zu verweisen.
- Ein Steuerbescheid über die in Österreich ausgeführten Umsätze ergeht nur, wenn der Unternehmer die Abgabe der Erklärung pflichtwidrig unterlässt, diese unvollständig ist oder die Selbstberechnung unrichtig ist (§ 25b Abs. 14 UStG 1994).

- Vorsteuern können nur in der UVA bzw. im Erstattungsverfahren gemäß § 21 Abs. 9 UStG 1994 geltend gemacht werden (§ 25b Abs. 15 UStG 1994; Verordnung des Bundesministers für Finanzen, mit der ein eigenes Verfahren für die Erstattung der abziehbaren Vorsteuern an ausländische Unternehmer geschaffen wird, BGBl. II Nr. 279/1995).

(BMF-AV Nr. 2019/165)

25b.5. Nutzung des IOSS über einen Vertreter

(BMF-AV Nr. 2019/165)

3438 Ein Unternehmer kann den IOSS auch über einen Vertreter in Anspruch nehmen, sofern der Unternehmer keine aktive IOSS-Identifikationsnummer in einem anderen Mitgliedstaat hat. Für Drittlandsunternehmer, die in keinem Mitgliedstaat niedergelassen sind und ihr Unternehmen auch nicht in Norwegen betreiben (§ 25b Abs. 1 Z 1 lit. b UStG 1994 und Art. 1 Durchführungsbeschluss 2021/942 der Europäischen Kommission), ist die Vertretung die einzige Möglichkeit, den IOSS in Anspruch zu nehmen. Diesfalls müssen alle Einfuhr-Versandhandelslieferungen über den Vertreter im IOSS erklärt und abgeführt werden.

Als Vertreter kommen nur im Gemeinschaftsgebiet niedergelassene Unternehmer in Frage, die von einem anderen Unternehmer für Einfuhr-Versandhandel als Steuerschuldner und zur Erfüllung der IOSS-Verpflichtungen gemäß dieser Sonderregelung im Namen und für Rechnung des anderen Unternehmers benannt werden (§ 25b Abs. 1 Z 2 UStG 1994). Der Vertreter darf in keinem anderen Mitgliedstaat eine aktive IOSS-Identifikationsnummer als Vertreter haben oder als Vertreter einer Sperrfrist unterliegen. Außerdem muss der Vertreter die Voraussetzungen des § 27 Abs. 8 UStG 1994 (Fiskalvertreter) erfüllen, wobei eine Betriebstätte hinsichtlich des zweiten Satzes dieser Bestimmung reicht. Der MSI des Vertreters (und somit auch der MSI aller von ihm vertretenen Personen) richtet sich nach den gleichen Grundsätzen wie bei Unternehmern, die den IOSS direkt in Anspruch nehmen (vgl. Rz 3434).

Wird der IOSS über einen Vertreter genutzt, treffen den Vertreter sämtliche Verpflichtungen aus dem IOSS (zB Erklärungs-, Berichts- oder Aufzeichnungspflichten) für jeden Vertretenen separat. Die Verpflichtungen des Vertretenen bleiben davon unberührt. Der Vertreter und der Vertretene sind Gesamtschuldner.

Dem Vertreter ist in folgenden Fällen das Vertretungsrecht zu entziehen (Ausschluss des Vertreters):

- der Vertreter war während eines Zeitraums von sechs aufeinanderfolgenden Kalendermonaten nicht als Vertreter im Auftrag eines diese Sonderregelung in Anspruch nehmenden Steuerpflichtigen tätig;
- der Vertreter erfüllt die Voraussetzungen für ein Tätigwerden als Vertreter nicht mehr;
- der Vertreter verstößt wiederholt gegen die Vorschriften dieser Sonderregelung.

Die Entscheidung über den Ausschluss als Vertreter ist diesem und den Personen, die er vertritt, elektronisch zu übermitteln. Der Ausschluss wirkt ab dem ersten Tag des Kalendermonates, der auf die Übermittlung der Entzugsentscheidung folgt. Zum Ausschluss bei Verlegung des Sitzes oder der Niederlassung siehe Rz 3436 sinngemäß. Erfolgt der Ausschluss wegen wiederholten Verstoßes, ist der Ausschluss hingegen ab dem Tag wirksam, der auf den Tag folgt, an dem die Entscheidung über den Ausschluss an den Vertreter und die von ihm vertretenen Unternehmer elektronisch übermittelt worden ist. Zum wiederholten Verstoß siehe Art. 58b Abs. 2 VO (EU) 282/2011 und Rz 3436. Kommt es zum Ausschluss als Vertreter wegen eines wiederholten Verstoßes, kann der Vertreter für zwei Jahre nach dem Monat, in dem der Entzug wirksam wurde, nicht mehr als Vertreter tätig werden. Diese Sperrfrist gilt grundsätzlich nur für den Vertreter und hat keine Auswirkungen auf den Vertretenen, wenn dieser von dem ihn betreffenden wiederholten Verstoß nichts wusste oder wissen hätte müssen. Bei anderen Fällen der Beendigung oder des Ausschlusses tritt keine Sperrfrist ein.

Wird der Vertreter ausgeschlossen, werden auch alle durch den ihn vertretenen Unternehmer aus dem IOSS ausgeschlossen (Art. 58 VO (EU) 282/2011). Der Zeitpunkt der Wirksamkeit des Ausschlusses für die vertretenen Unternehmer richtet sich nach der Wirksamkeit des Ausschlusses des Vertreters. Der vertretene Unternehmer kann sich nach Ausschluss seines Vertreters durch einen neuen Vertreter oder, wenn er die Voraussetzungen dafür erfüllt, selber wieder zum IOSS registrieren.

(BMF-AV Nr. 2019/165, BMF-AV Nr. 2021/166)

Randzahlen 3439 bis 3440: *Derzeit frei*

26. Sondervorschriften für die Einfuhrumsatzsteuer (§ 26 UStG 1994)

Für die Einfuhrumsatzsteuer gelten die Rechtsvorschriften für Zölle sinngemäß, wenn im UStG 1994 nicht ausdrücklich etwas Anderes bestimmt wird. **3441**

Vollständig ausgenommen sind demnach

- die zollrechtlichen Vorschriften über die passive Veredlung gemäß Art. 259 bis 262 Verordnung (EU) Nr. 952/2013 zur Festlegung des Unionszollkodex (UZK), ABl. Nr. L 269 vom 10.10.2013 S. 1, da in § 5 Abs. 2 UStG 1994 eine gesonderte Regelung für die Ermittlung der Bemessungsgrundlage bei der Wiedereinfuhr von im Drittland bearbeiteten (veredelten) Gegenständen vorgesehen ist und
- ab 1.1.2024 die sinngemäße Anwendbarkeit des in Art. 124 Abs. 1 lit. e UZK vorgesehenen Erlöschens einer Zollschuld, da im Mehrwertsteuerrecht ein Erlöschen der Steuerschuld nicht vorgesehen ist (vgl. EuGH 7.4.2022, Rs C-489/20, *UB*).

Die Vorschriften zum Erlass oder der Erstattung nach Art. 116 bis 123 UZK sind für die Einfuhrumsatzsteuer insoweit eingeschränkt anzuwenden, als die Einfuhrumsatzsteuer nicht erlassen oder erstattet wird, wenn der Antragsteller in vollem Umfang zum Abzug der Einfuhrumsatzsteuer als Vorsteuer berechtigt ist. Eine Ausnahme davon ist nur dann möglich, wenn ein Anwendungsfall des Art. 116 Abs. 1 lit. a UZK vorliegt, nach dem eine Erstattung oder ein Erlass eines zu hoch bemessenen Einfuhrabgabenbetrages vorgesehen ist, und die Erstattung oder der Erlass der Einfuhrumsatzsteuer ausdrücklich beantragt wird.

Zu den Voraussetzungen für die Verbuchung der Einfuhrumsatzsteuer auf das Finanzamtskonto und die weitere Vorgangsweise siehe Rz 1874a ff.

(BMF-AV Nr. 2017/171, BMF-AV Nr. 2023/152)

Randzahlen 3442 bis 3445: *Derzeit frei.*

26a. Sonderregelung für die Erklärung und Entrichtung der Steuer bei der Einfuhr (§ 26a UStG 1994)

(BMF-AV Nr. 2019/165)

3446 Ab 1.7.2021 besteht die Möglichkeit, für Einfuhren die Sonderregelung in § 26a UStG 1994 in Anspruch zu nehmen, und zwar durch Abgabe einer Zollanmeldung mit super-reduziertem Datensatz (vgl. Artikel 143a Delegierte Verordnung (EU) 2015/2446) bzw. bis zum Einsatz der Zollanmeldung mit super-reduziertem Datensatz durch Abgabe einer Standardzollanmeldung, in der die Kurznummer „9990 9000 20“ sowie der zusätzliche Informationen-Code „26000“ anzugeben sind (vgl. ZollAnm-V 2016, BGBl. II Nr. 110/2016 idF BGBl. II Nr. 175/2021). Diese Sonderregelung kann nur angewendet werden, wenn der Einzelwert der Waren 150 Euro nicht übersteigt und die Waren nicht über den IOSS (§ 25b UStG 1994) zu erklären sind. Bei Anwendung der Regelung in § 26 Abs. 3 Z 2 UStG 1994 ist die Inanspruchnahme der Sonderregelung ausgeschlossen.

Werden die Waren unter Anwendung der Sonderregelung in § 26a UStG 1994 beim Zoll angemeldet, kommt zwingend der Normalsteuersatz zur Anwendung. Möchte der Unternehmer die Waren zum ermäßigten Steuersatz versteuern, hat er eine Standardzollanmeldung unter Verwendung der entsprechenden Warennummer oder – bis zum Einsatz der Zollanmeldung mit super-reduziertem Datensatz – der entsprechenden Kurznummer sowie des Informationen-Codes für den ermäßigten Steuersatz abzugeben.

Der Abfuhrverpflichtete hat geeignete Maßnahmen zu ergreifen, um sicherzustellen, dass der richtige Steuerbetrag entrichtet wird (siehe auch Art. 15 UZK). Bspw. kann der Abfuhrverpflichtete von der Person, für die die Waren bestimmt sind, die Originalrechnung verlangen. Zudem hat der Abfuhrverpflichtete Aufzeichnungen über die Einfuhren, die der Sonderregelung unterliegen, zu führen. Die Aufzeichnungen müssen eine Überprüfung, ob die Steuer korrekt erklärt wurde, ermöglichen. Sie sind ab dem Zeitpunkt der Erklärung sieben Jahre lang aufzubewahren und bei Aufforderung der Behörden diesen elektronisch zu übermitteln.

Beispiel:

Eine Privatperson in Österreich kauft Bücher mit einem Wert von 100 Euro von einem Drittlandsunternehmer, der nicht im IOSS ist. Die Waren werden vom Drittland nach Österreich eingeführt, wobei die Versendung durch einen Universaldienstbetreiber erfolgt.

Lösung (ab 1.7.2021):

Entscheidet sich der Universaldienstbetreiber (Abfuhrverpflichtete) für die Abgabe einer Zollanmeldung mit super-reduziertem Datensatz bzw. bis zum Einsatz der Zollanmeldung mit super-reduziertem Datensatz für die Abgabe einer Standardzollanmeldung, in der die Kurznummer „9990 9000 20“ und der zusätzliche Informationen-Code „26000“ angegeben sind, kommt die Sonderregelung in § 26a UStG 1994 und somit der Normalsteuersatz zur Anwendung. In diesem Fall ist das Verfahren gemäß § 26 Abs. 3 Z 2 UStG 1994 nicht zulässig.

Möchte der Universaldienstbetreiber den ermäßigten Steuersatz anwenden, muss er eine Standardzollanmeldung mit vollem Datensatz unter Angabe der entsprechenden Warennummer oder bis zum Einsatz der Zollanmeldung mit super-reduziertem Datensatz unter Angabe der entsprechenden Kurznummer sowie des Informationen-Codes für den ermäßigten Steuersatz abgeben.

(BMF-AV Nr. 2019/165, BMF-AV Nr. 2020/192, BMF-AV Nr. 2021/166)

Randzahlen 3447 bis 3460: *Derzeit frei.*

27. Besondere Aufsichtsmaßnahmen zur Sicherung des Steueranspruches (§ 27 UStG 1994)

27.1. Haftung bei Sorgfaltsverletzung

(BMF-AV Nr. 2019/165)

27.1.1. Plattformen und andere elektronische Schnittstellen

(BMF-AV Nr. 2019/165)

Ab 1.1.2020 haften Plattformen und andere elektronische Schnittstellen (im Folgenden: Plattformen), für die Umsatzsteuer auf bestimmte Lieferungen oder sonstige Leistungen, die durch diese unterstützt werden (zur Unterstützung siehe Rz 2595). Betroffen sind einerseits Lieferungen von Gegenständen, deren Beförderung oder Versendung im Inland endet, und andererseits sonstige Leistungen im Inland, jeweils wenn der Empfänger ein Nichtunternehmer (bzw. Abnehmer gemäß Art. 3 Abs. 4 UStG 1994) ist. **3461**

Die Haftung für solche Lieferungen oder sonstige Leistungen greift nur,

- wenn es zu einer Sorgfaltspflichtverletzung kommt (siehe § 27 Abs. 1 UStG 1994),
- die Plattform nicht selber Steuerschuldner für die Lieferungen oder sonstigen Leistungen ist (vgl. Rz 382 ff) und
- der Gesamtwert dieser Umsätze zusammen mit den Umsätzen, für die die Plattform gemäß § 3 Abs. 3a UStG 1994 selber zum Steuerschuldner wird, 1.000.000 Euro übersteigt (§ 3 Z 1 Sorgfaltspflichten-UStV)

(BMF-AV Nr. 165/2019) (BMF-AV Nr. 2019/165)

Eine Sorgfaltspflichtverletzung gemäß § 27 Abs. 1 UStG 1994 liegt vor, wenn die Plattform ihren Aufzeichnungs- oder Meldeverpflichtungen nach § 18 Abs. 11 und 12 UStG 1994 nicht oder nicht rechtzeitig nachkommt. **3462**

Darüber hinaus liegt eine Sorgfaltspflichtverletzung der Plattform vor, wenn der Unternehmer, der die durch die Plattform unterstützten Umsätze ausführt, bestimmte Schwellenwerte (bei sonstigen Leistungen 35.000 Euro pro Kalenderjahr; bei Lieferungen 10.000 Euro pro Kalenderjahr) überschreitet und der Unternehmer der Plattform keine der folgenden Informationen oder Nachweise übermittelt:

- seine inländische UID;
- Informationen über den Mitgliedstaat der Identifikation, in dem der Leistungserbringer einen One-Stop-Shop in Anspruch nimmt, samt UID aus diesem Staat (vgl. § 25a, § 25b UStG 1994 bzw. Art. 25a UStG 1994);
- bei Einfuhr-Versandhandelsumsätzen: Informationen über den Mitgliedstaat der Identifikation, in dem der IOSS in Anspruch genommen wird, und die IOSS Identifikationsnummer des Unternehmers (vgl. § 25b UStG 1994);
- andere Nachweise (zB Steuernummer bei Kleinunternehmern), die belegen, dass er seinen steuerlichen Verpflichtungen nachkommt.

Das Überschreiten der Schwellenwerte ist von der Plattform zumindest einmal im Kalenderquartal zu überprüfen.

Bekommt die Plattform die notwendigen Informationen oder Nachweise (zB inländische UID-Nummer) von dem zugrundeliegenden Lieferanten oder Erbringer der sonstigen Leistung nicht innerhalb eines Monats ab Überprüfung, haftet die Plattform für die Steuer auf die zugrundeliegenden Umsätze nach Ablauf dieses Monats.

Beispiel:

Eine Plattform unterstützt die Überlassung von Grundstücken für Wohn- oder Campingzwecke und die Beherbergung in eingerichteten Wohn- und Schlafräumen an Nichtunternehmer. Unternehmer A, der seine Beherbergungsleistungen im Inland über diese Plattform anbietet, bezahlt der Plattform 2% der über die Plattform abgewickelten Umsätze als Vermittlungsprovision. Die Plattform vereinnahmt von A 1.000 Euro (Umsätze von A iZm der Nutzung der Plattform: 1.000 Euro / 2 x 100 = 50.000 Euro). A teilt der Plattform seine österreichische UID mit. DiePlattform erfüllt ihre Aufzeichnungspflicht gemäß § 18 Abs. 11 UStG 1994 in Verbindung mit § 4 und § 5 der Sorgfaltspflichten-UStV.

Lösung:

Die Plattform ist Unternehmer iSd § 18 Abs. 11 UStG 1994. Da die Plattform ihren Aufzeichnungspflichten gemäß § 18 Abs. 11 UStG 1994 iVm § 4 und § 5 der Sorgfaltspflichten-UStV nachgekommen ist und A seine österreichische UID mitgeteilt hat, hat die Plattform ihre Sorgfaltspflicht gemäß § 3 Z 1 Sorgfaltspflichten-UStV ausreichend erfüllt und es kann zu keiner Haftung gemäß § 27 Abs. 1 Z 1 UStG 1994 kommen.

Hätte A seine UID nicht mitgeteilt (und keine anderen Nachweise erbracht), sollte die Plattform ihn von der Nutzung der Plattform ausschließen, wenn sie von ihm nicht innerhalb eines Monats die notwendigen Nachweise erhält. Andernfalls haftet die Plattform für die Steuer hinsichtlich der genanntenUmsätze von A ab diesem Zeitpunkt (§ 3 der Sorgfaltspflichten-UStV iVm §27 Abs. 1 Z 1 UStG 1994).

(BMF-AV Nr. 2019/165)

27.1.2. Beteiligte Unternehmer

(BMF-AV Nr. 2019/165)

3463 Neben Plattformen, die Umsätze iSd § 18 Abs. 11 UStG 1994 unterstützen, sieht § 27 Abs. 1 UStG 1994 eine Verordnungsermächtigung vor, mit der auch für beteiligte Unternehmer bei Vorliegen einer Sorgfaltspflichtverletzung eine Haftung vorgesehen werden kann. Die Haftung ist auf Versandhandelsumsätze und sonstige Leistungen an Nichtunternehmer beschränkt.

Die Sorgfaltspflichten-UStV sieht eine solche Haftung nur für jene Plattformen (zB Suchmaschine, Preisvergleichsseite) vor, die lediglich in den Webshop oder auf die Webseite eines Leistungserbringers weiterleiten (vgl. §§ 1 und 2 der Sorgfaltspflichten-UStV). Die Haftung setzt voraus, dass die Plattform für ihre Leistung vom Leistungserbringer eine (zumindest teilweise) Umsatzbeteiligung erhält und die Summe (insgesamt für alle zugrundeliegenden Lieferanten und Leistungserbringer) dieser vermittelten Umsätze 1.000.000 Euro übersteigt.

Beispiel 1:

Eine Suchmaschine leitet Kunden auf die Website von Lieferanten weiter. Die Lieferanten haben pro weitergeleitetem Kunden –egal ob dieser in Österreich, dem übrigen Gemeinschaftsgebiet oder in einem Drittland ansässig ist –, der im Zuge der Weiterleitung Waren bestellt, 1% der Bemessungsgrundlage der Lieferung an die Suchmaschine als Vermittlungsentgelt zu bezahlen. Aufgrund dieser Vereinbarungen vereinnahmt die Suchmaschine von den Lieferanten insgesamt 40.000 Euro.

Lösung:

Da die über die Suchmaschine zustande gekommenen Umsätze der Lieferanten 4.000.000 Euro (40.000 Euro x 100 = 4.000.000 Euro) betragen, gilt die Suchmaschine als beteiligter Unternehmer iSd § 27 Abs. 1 Z 2 UStG 1994 iVm § 1 Sorgfaltspflichten-UStV. Daher ist zu überprüfen, ob die Suchmaschine ausreichend sorgfältig iSd § 3 Z 2 der Sorgfaltspflichten-UStV ist (siehe Beispiel 2).

Die Sorgfaltspflichtverletzung der Plattform setzt voraus, dass der Unternehmer, der die zugrundeliegenden Umsätze an Personen mit österreichischer IP-Adresse ausführt, bestimmte Schwellenwerte (bei sonstigen Leistungen 35.000 Euro pro Kalenderjahr; bei Lieferungen 10.000 Euro pro Kalenderjahr) überschreitet und der Unternehmer der Plattform keine der folgenden Informationen oder Nachweise übermittelt:

- seine inländische UID,
- Informationen über den Mitgliedstaat der Identifikation, in dem der Leistungserbringer einen One-Stop-Shop in Anspruch nimmt, samt UID aus diesem Staat (vgl. § 25a, § 25b UStG 1994 bzw. Art. 25a UStG 1994),
- bei Einfuhr-Versandhandelsumsätzen: Informationen über den Mitgliedstaat der Identifikation, in dem der IOSS in Anspruch genommen wird, und die IOSS Identifikationsnummer des Unternehmers,
- andere Nachweise, die belegen, dass er seinen steuerlichen Verpflichtungen nachkommt.

Beispiel 2:

Wie Beispiel 1. Die Suchmaschine leitet Personen, die mit österreichischer IP-Adresse auftreten, in den Webshop eines deutschen Lieferanten weiter. Aufgrund dieser Weiterleitungen generiert der deutsche Lieferant Umsätze in Höhe von 15.000 Euro an diese Personen. Der deutsche Lieferant teilt der Suchmaschine seine österreichische Umsatzsteuer-Identifikationsnummer (UID-Nummer) mit.

Lösung:

Da der deutsche Lieferant der Suchmaschine seine österreichische UID-Nummer mitgeteilt hat, hat die Suchmaschine ihre Sorgfaltspflicht ausreichend erfüllt und es kann zu keiner Haftung gemäß § 27 Abs. 1 Z 2 UStG 1994 kommen.

Bekommt der beteiligte Unternehmer die notwendigen Informationen oder Nachweise (zB inländische UID-Nummer) nicht innerhalb eines Monats von dem zugrundeliegenden

Lieferanten oder Erbringer der sonstigen Leistung, haftet der beteiligte Unternehmer für die Steuer auf die zugrundeliegenden Umsätze ab diesem Zeitpunkt.

(BMF-AV Nr. 2019/165, BMF-AV Nr. 2021/166)

Randzahlen 3464 bis 3490: *Derzeit frei.*

27.4. Haftung für die Abfuhr der USt

27.4.1. Abfuhrverpflichtung

In § 27 Abs. 4 UStG 1994 ist aus Gründen der Sicherung des Steueranspruches ein Steuerabzugsverfahren vorgesehen, und zwar für jene Fälle, in welchen der leistende Unternehmer im Inland weder einen Wohnsitz (Sitz) noch seinen gewöhnlichen Aufenthalt oder eine Betriebsstätte (§ 29 BAO) hat. Zur Abfuhr verpflichtet sind: **3491**

- juristische Personen des öffentlichen Rechts sowie
- (in- und ausländische) Unternehmer, und zwar unabhängig davon, ob sie nach § 6 UStG 1994 steuerbefreit sind, besonderen Besteuerungsformen (§§ 23 und 24 UStG 1994) unterliegen oder pauschaliert (§§ 14, 22 oder 25 UStG 1994) sind.

Abzuführen ist die Umsatzsteuer, die vom ausländischen Unternehmer aufgrund einer steuerpflichtigen Lieferung oder bis 19.7.2022 aufgrund der entgeltlichen Duldung der Benutzung von Bundesstraßen gegen Entgelt im Inland geschuldet wird (dh. keine Abfuhrverpflichtung bei Steuerschuld kraft Rechnungslegung). Keine Abfuhrverpflichtung besteht für Leistungen, bei denen es zum Übergang der Steuerschuld auf den Leistungsempfänger kommt und bei Leistungen nach § 3a Abs. 11a UStG 1994 (Eintrittsberechtigungen), bei der Vermietung von Grundstücken sowie ab 20.7.2022 bei der entgeltlichen Duldung der Benutzung von Bundesstraßen (siehe hiezu auch die Ausnahmen vom Übergang der Steuerschuld in Rz 2601). Der Übergang der Steuerschuld (Reverse-Charge) hat Vorrang vor der Haftung nach § 27 Abs. 4 UStG 1994. **3492**

Keine Abfuhrverpflichtung besteht für Leistungen, bei denen es zum Übergang der Steuerschuld auf den Leistungsempfänger kommt und bei Leistungen nach § 3a Abs. 11a UStG 1994 (Eintrittsberechtigungen). Der Übergang der Steuerschuld (Reverse-Charge) hat Vorrang vor der Haftung nach § 27 Abs. 4 UStG 1994.

(BMF-AV Nr. 2022/154)

Auch im Reihengeschäft kann eine Abfuhrverpflichtung für den letzten Abnehmer bestehen, wenn ihm von einem ausländischen Lieferer geliefert wurde und der Gegenstand der Lieferung vom ersten Lieferer nach Österreich versendet oder befördert wurde. **3493**

Weist der ausländische Unternehmer in einer Rechnung über eine Lieferung oder bei der Duldung der Benutzung von Mautstraßen gegen Entgelt keine Umsatzsteuer aus, und ist der Leistungsempfänger ein Unternehmer oder eine juristische Person des öffentlichen Rechts, so ist dieser Leistungsempfänger dennoch verpflichtet, die auf den Umsatz entfallende Umsatzsteuer abzuführen. **3494**

In Einzelfällen ist es für den Leistungsempfänger vielfach unklar, ob der leistende Unternehmer im Inland eine Betriebsstätte hat. Es ist daher zur Erleichterung folgendes Verfahren vorgesehen:

Der leistende Unternehmer kann bei dem für ihn für die Erhebung der Umsatzsteuer zuständigen Finanzamt beantragen, dass dieses eine Bescheinigung über das Vorliegen einer Betriebsstätte im Inland ausstellt. Während des in der Bescheinigung genannten Zeitraumes kann der Leistungsempfänger davon ausgehen, dass eine Betriebsstätte im Inland vorliegt und die Voraussetzungen für die Einbehaltung und Abfuhr gemäß § 27 Abs. 4 UStG 1994 nicht gegeben sind. In dem Antrag hat der leistende Unternehmer erforderlichenfalls darzulegen, dass eine inländische Betriebsstätte vorliegt. Die Bescheinigung ist grundsätzlich für ein Jahr auszustellen. Ist nicht auszuschließen, dass der leistende Unternehmer nur für eine begrenzte Dauer eine Betriebsstätte im Inland hat, hat das Finanzamt die Gültigkeit der Bescheinigung entsprechend zu befristen.

Die Bescheinigung ist vom zuständigen Finanzamt mittels Formular U 71 zu erstellen. Dieses Formular ist auf der Homepage des BMF (http://www.bmf.gv.at) abrufbar.

27.4.2. Steuerabfuhr

Der Leistungsempfänger, für dessen Unternehmen die Leistung im Inland erbracht wird, hat die Umsatzsteuer einzubehalten und im Namen und für Rechnung des Leistenden an das für diesen zuständige Finanzamt abzuführen. Zuständiges Finanzamt ist in diesen Fällen regelmäßig das Finanzamt Österreich, Dienststelle Graz-Stadt. Auf dem Zahlschein sind der genaue Name und die Adresse des ausländischen Unternehmers sowie – falls bekannt **3495**

– dessen StNr. anzugeben. Die Abfuhr muss spätestens für den Voranmeldungszeitraum erfolgen, in dem das Entgelt entrichtet wird.

(BMF-AV Nr. 2020/192)

27.4.3. Haftung

3496 Sofern der Leistungsempfänger seiner Verpflichtung nicht nachkommt, haftet er für den dadurch entstehenden Steuerausfall. Die Haftung wird mittels Haftungsbescheid (§ 224 Abs 1 BAO) geltend gemacht und zwar unabhängig davon, ob die USt beim ausländischen Unternehmer einbringlich ist oder nicht. Der Haftung kann sich der Unternehmer nur durch Zahlung des USt-Betrages entziehen.

Randzahlen 3497 bis 3515: *derzeit frei.*

27.5. Aufsichtsmaßnahmen

3516 Zur Sicherung des Umsatzsteueraufkommens räumt § 27 Abs. 5 UStG 1994 den Finanzämtern das Recht zur Besichtigung von in Transportmitteln oder Transportbehältnissen beförderten, abgeholten oder verbrachten Gegenständen sowie zur Einsichtnahme in die diese Gegenstände begleitenden Geschäftspapiere wie Frachtbriefe, Lieferscheine, Rechnungen und dergleichen ein.

Soweit es sich um Vorgänge im Zusammenhang mit dem grenzüberschreitenden Warenverkehr handelt, stehen auch dem Zollamt Österreich diese Befugnisse zu.

Zuständig für die Durchführung solcher Besichtigungen und Einsichtnahmen sind ab 1.1.2021 das Zollamt Österreich und die Finanzämter.

(BMF-AV Nr. 2015/170, BMF-AV Nr. 2016/212, BMF-AV Nr. 2018/164, BMF-AV Nr. 2020/192)

Randzahlen 3517 bis 3523: *derzeit frei.*

27.6. Auskunftspflicht im grenzüberschreitenden Warenverkehr

3524 Um eine effektive Überwachung der Einhaltung der Versandhandelsregelung zu ermöglichen, normiert § 27 Abs. 6 UStG 1994 eine Auskunftsverpflichtung für Postdienstleister iSd Postmarktgesetzes, BGBl. I Nr. 123/2009, gegenüber der Abgabenbehörde. Die Auskunftsverpflichtung besteht nur auf Verlangen der Abgabenbehörde und erfasst nur jene Daten, die sich aus den Unterlagen der Postdienstleister ergeben. Diese Daten dürfen ausschließlich von der Abgabenbehörde als Beweismittel gegenüber dem liefernden Unternehmer für seine Versandhandelsumsätze verwendet werden.

(BMF-AV Nr. 2015/170, BMF-AV Nr. 2018/164)

Randzahl 3525: *derzeit frei.*

27.7. Fiskalvertreter

27.7.1. Fiskalvertreterpflicht

3526 Ein Unternehmer, der

- im Gemeinschaftsgebiet weder Wohnsitz noch Sitz oder Betriebsstätte hat und
- steuerpflichtige Umsätze im Inland tätigt (ausgenommen Leistungen, für die der Leistungsempfänger gemäß § 27 Abs. 4 UStG 1994 haftet),

hat einen zugelassenen Bevollmächtigten (Fiskalvertreter), der auch Zustellungsbevollmächtigter sein muss, zu beauftragen und dem Finanzamt bekannt zu geben. Weiters ist ein Fiskalvertreter zu bestellen, wenn der Unternehmer innergemeinschaftliche Lieferungen und innergemeinschaftliche Erwerbe ausführt oder die Sonderregelung in Art. 25a UStG 1994 in Anspruch nimmt.

Unternehmer mit Sitz im übrigen Gemeinschaftsgebiet können einen Fiskalvertreter bestellen, wenn sie im Inland innergemeinschaftliche Lieferungen, innergemeinschaftliche Erwerbe oder andere steuerpflichtige Umsätze ausführen.

(BMF-AV Nr. 2022/154)

27.7.2. Ausnahmen von der Fiskalvertreterpflicht

3527 Kein Fiskalvertreter ist gemäß UStG 1994 zu bestellen, wenn der ausländische Unternehmer

- steuerfreie Umsätze (zB gemäß § 1 VO des BMF, BGBl. II Nr. 584/2003), ausgenommen innergemeinschaftliche Lieferungen und innergemeinschaftliche Erwerbe (Art. 27 Abs. 4 UStG 1994), ausführt;
- steuerpflichtige Leistungen an Unternehmer oder an eine juristische Person des öffentlichen Rechts tätigt, bei denen die Haftungsbestimmung des § 27 Abs. 4 UStG 1994 zur Anwendung gelangt (Näheres hierzu siehe Rz 3491 ff);

- steuerpflichtige Umsätze tätigt, für welche die Steuerschuld gemäß
  - § 19 Abs. 1 UStG 1994 oder
  - Art. 25 Abs. 5 UStG 1994 (betrifft das Dreiecksgeschäft)

  auf den Leistungsempfänger übergeht oder
- eine Sonderregelung gemäß Art. 369a bis 369k der Richtlinie 2006/112/EG in einem anderen Mitgliedstaat in Anspruch nimmt und dort eine Fiskalvertreterpflicht besteht.

Darüber hinaus ist bei sonstigen Leistungen kein Fiskalvertreter gemäß § 27 Abs. 7 UStG 1994 zu bestellen, wenn der Leistungsempfänger gemäß § 27 Abs. 4 UStG 1994 zur Abfuhr der Steuer verpflichtet ist. Daher ist bei der entgeltlichen Duldung der Benutzung von Bundesstraßen, bei sonstigen Leistungen iSd § 3a Abs. 11a UStG 1994 sowie bei der Vermietung von Grundstücken in jedem Fall ein Fiskalvertreter zu bestellen.

(BMF-AV Nr. 2022/154)

Ein Fiskalvertreter ist daher grundsätzlich nur in jenen Fällen zu bestellen, in denen der ausländische Unternehmer Lieferungen oder sonstige Leistungen an Nichtunternehmer (ausgenommen Körperschaften öffentlichen Rechts) erbringt bzw. innergemeinschaftliche Lieferungen oder innergemeinschaftliche Erwerbe tätigt. Darüber hinaus ist ein Fiskalvertreter zu bestellen, wenn der ausländische Unternehmer eine entgeltliche Duldung der Benützung von Bundesstraßen, die in § 3a Abs. 11a UStG 1994 genannten Leistungen bzw. eine Vermietung von Grundstücken erbringt, weil die Abfuhrverpflichtung nach § 27 Abs. 4 UStG 1994 nicht zur Anwendung kommt. **3528**

(BMF-AV Nr. 2022/154)

27.7.3. Besonderheiten bei Nutzung des EU-OSS

(BMF-AV Nr. 2022/154)

Nimmt ein Drittlandsunternehmer die Sonderregelung für den EU-OSS in Anspruch, richten sich die Anforderungen an einen Fiskalvertreter nach den Regelungen des Mitgliedstaates der Identifizierung und nur subsidiär nach denen des Bestimmungslandes. **3529**

Nimmt ein Unternehmer die Sonderregelung gemäß Art. 369a bis 369k der Richtlinie 2006/112/EG in einem anderen Mitgliedstaat in Anspruch und besteht in diesem Mitgliedstaat eine Pflicht zur Bestellung eines Fiskalvertreters, unterliegt der Unternehmer hinsichtlich der unter die Sonderregelung für den EU-OSS fallenden Lieferungen im Inland keiner Fiskalvertreterpflicht.

Beispiel 1:

Ein Drittlandsunternehmer registriert sich in einem anderen Mitgliedstaat zur Sonderregelung für den EU-OSS.

Der Unternehmer hat für seine innergemeinschaftlichen Versandhandelsumsätze nach Österreich einen Fiskalvertreter in Österreich zu bestellen. Besteht im Mitgliedstaat der Identifizierung jedoch eine Verpflichtung, einen Steuervertreter im Sinne des Art. 204 der Richtlinie 2006/112/EG zu bestellen, genügt es, wenn der Steuervertreter die entsprechenden Vorschriften dieses Mitgliedstaates erfüllt.

Bei Inanspruchnahme der Sonderregelung nach Art. 25a UStG 1994 mit Österreich als Mitgliedstaat der Identifizierung besteht für Drittlandsunternehmer die Pflicht zur Bestellung eines Fiskalvertreters unabhängig davon, ob Lieferungen im Inland ausgeführt werden.

Beispiel 2:

Ein Drittlandsunternehmer, der über keine Niederlassung im Gemeinschaftsgebiet verfügt (und auch nicht nach § 27 Abs. 7 vorletzter Satz UStG 1994 von der Verpflichtung ausgenommen ist), ist in Österreich zur Sonderregelung für den EU-OSS gemäß Art. 25a UStG 1994 registriert.

Der Unternehmer hat für seine innergemeinschaftlichen Versandhandelsumsätze einen Fiskalvertreter zu bestellen, der die Anforderungen des § 27 Abs. 8 UStG 1994 erfüllt.

(BMF-AV Nr. 2022/154)

Randzahlen 3530 bis 3535: *derzeit frei.*

27.8. Zugelassene Fiskalvertreter, Bestellung zum Fiskalvertreter

Die Bestellung zum Fiskalvertreter erfolgt für Wirtschaftstreuhänder, Rechtsanwälte, Notare sowie für Spediteure, die Mitglieder des Fachverbandes der Wirtschaftskammer sind, dadurch, dass der ausländische Unternehmer dies gegenüber dem Finanzamt formlos bekannt gibt. Andere Unternehmer, die als Fiskalvertreter für einen bestimmten ausländischen Unternehmer zugelassen werden wollen, müssen überdies beim Finanzamt Österreich, Dienststelle Graz-Stadt, einen formlosen Antrag auf Zulassung stellen, der Name und **3536**

StNr. enthalten muss. Dieser Antrag wird bescheidmäßig erledigt. Es ist eine schriftliche Vollmacht des ausländischen Unternehmers erforderlich, die bei Wirtschaftstreuhändern, Rechtsanwälten und Notaren durch die Berufung auf die Vollmacht ersetzt werden kann.

(BMF-AV Nr. 2020/192)

Randzahlen 3537 bis 3540: *derzeit frei.*

28. Allgemeine Übergangsvorschriften (§ 28 UStG 1994)

28.1. Lieferungen und innergemeinschaftliche Erwerbe von Schutzmasken (§ 28 Abs. 50 und 54 UStG 1994)

(BMF-AV Nr. 2021/166)

Abweichend von § 10 UStG 1994 ermäßigt sich die Steuer gemäß § 28 Abs. 50 und 54 UStG 1994 auf 0% für die Lieferungen und die innergemeinschaftlichen Erwerbe von Schutzmasken, die nach dem 13.4.2020 und vor dem 1.8.2020 sowie nach dem 22.1.2021 und vor dem 1.7.2023 ausgeführt werden bzw. sich ereignen. Unter Schutzmasken sind auch Stoffmasken (und insbesondere Masken aus Positionen 6307 90 10, 6307 90 98, 4818 90 10 und 4818 90 90 der Kombinierten Nomenklatur) zu verstehen. Gesichtsschilder sind keine Schutzmasken im Sinne dieser Bestimmung. 3541

Zur Steuerfreiheit der Einfuhr sowie des innergemeinschaftlichen Erwerbs von Hilfsgütern, zB Schutzmasken (Textilschutzmasken, Papierschutzmasken, FFP2- und FFP3-Schutzmasken), Schutzkleidung, Schutzhandschuhen, Gesichtsschildern, Desinfektionsmitteln siehe Rz 1025 sowie Rz 3941.

(BMF-AV Nr. 2020/192, BMF-AV Nr. 2021/166, BMF-AV Nr. 2022/154)

28.2. Gastronomie, Beherbergung, Kultur und Publikationen (§ 28 Abs. 52 UStG 1994)

28.2.1. Gastronomie

Im Bereich der Gastronomie gilt gemäß § 28 Abs. 52 Z 1 lit. a UStG 1994 im Zeitraum von 1.7.2020 bis 31.12.2021 der Steuersatz iHv 5% abweichend von § 10 UStG 1994 für die Verabreichung von Speisen und den Ausschank von Getränken (alkoholische und nichtalkoholische Getränke) iSd § 111 Abs. 1 GewO 1994. Diese Tätigkeiten sind somit dann begünstigt, wenn sie ihrer Art nach eine Gewerbeberechtigung für das Gastgewerbe erforderlich machen. Unter Verabreichung und unter Ausschank ist jede Vorkehrung oder Tätigkeit zu verstehen, die darauf abstellt, dass die Speisen oder Getränke an Ort und Stelle genossen werden und die über eine bloße Handelstätigkeit (zB Verkauf von handelsüblich verpackter Ware) hinausgeht. 3542

Das Vorliegen einer aufrechten Gewerbeberechtigung nach § 111 GewO 1994 oder eines entsprechenden Befähigungsnachweises ist keine Voraussetzung für die Anwendbarkeit der Ermäßigung. Vielmehr kommt es darauf an, ob die Verabreichung von Speisen und der Ausschank von Getränken der Art nach eine solche iSd § 111 Abs. 1 Z 2 GewO 1994 ist. Ist diese Voraussetzung erfüllt, kommt daher der Steuersatz iHv 5% bspw. selbst dann zur Anwendung, wenn nach § 111 Abs. 2 GewO 1994 kein Befähigungsnachweis erforderlich ist (zB Würstelstände und Schutzhütten), die Tätigkeit aufgrund von § 2 GewO 1994 vom Anwendungsbereich des § 111 GewO 1994 ausgenommen (zB Buschenschank) oder von anderen gewerberechtlichen Bestimmungen (zB Bäcker gemäß § 150 Abs. 1 GewO 1994, Fleischer gemäß § 150 Abs. 4 GewO 1994 oder Konditoren gemäß § 150 Abs. 11 GewO 1994) abgedeckt ist. Gleiches gilt, wenn die Tätigkeit mangels Gewerbsmäßigkeit (siehe § 1 GewO 1994) nicht unter die GewO 1994 fällt (zB bei manchen Betriebskantinen), von älteren bzw. außerkraftgetretenen gewerberechtlichen Bestimmungen (zB Gewerbeordnung 1973, BGBl. Nr. 50/1974) erfasst ist oder durch einen Unternehmer im Rahmen seiner gewerberechtlichen Nebenrechte (§ 32 GewO 1994) erfolgt (zB Lebensmittelhändler in seinem „Gastrobereich"), solange es sich um eine Verabreichung von Speisen und den Ausschank von Getränken iSd § 111 Abs. 1 GewO 1994 handelt. Tätigkeiten, die hingegen nicht auf den sofortigen Verzehr an Ort und Stelle ausgerichtet sind (zB Verkauf von Semmeln, Kipferln, Krapfen, Fleisch, Wurstsemmeln oder Torten zum Mitnehmen, Lebensmitteln und handelsüblich verpackten Waren) fallen nicht unter die Begünstigung.

Nicht nur die Abgabe zum Verzehr im eigenen „Gastrobereich" fällt unter die Begünstigung. Auch Catering, also ein umfangreiches Dienstleistungspaket, das zB die Abgabe der Speisen und Getränke durch Köche oder Servicepersonal, die Zurverfügungstellung von Platten, Geschirr, Besteck, Gläsern, Tischen, Sesseln, etc. beinhaltet, ist mit der Verabreichung in einem Restaurant vergleichbar und stellt für Zwecke der Ermäßigung eine Verabreichung von Speisen und den Ausschank von Getränken im Sinne des § 111 Abs. 1 GewO 1994 dar. Selbiges gilt bei vergleichbarem Leistungsumfang auch bei „Roomservice" (zB in einem Hotel).

Darüber hinaus ist auch die Zustellung oder Bereitstellung zur Abholung (Mitnahme) von warmen Speisen, angerichteten kalten Speisen (zB angemachte Salate) und offenen Getränken für Zwecke der Ermäßigung als eine Verabreichung von Speisen bzw. als ein Ausschank von Getränken iSd § 111 Abs. 1 GewO 1994 zu sehen. Darunter fällt auch der

Gassenverkauf von Speiseeis in Stanitzel oder Becher. Nicht begünstigt sind hingegen die Zustellung und Abholung von nicht angerichteten kalten Speisen wie Imbissen und Zwischenmahlzeiten sowie handelsüblich verpackten Speisen und Getränken. Der Verkauf von Speisen und Getränken mit Automaten ist – unabhängig davon, wo diese aufgestellt sind – analog zu behandeln. Dies bedeutet, dass nur warme Speisen, angerichtete kalte Speisen (zB angemachte Salate) und offene Getränke aus Automaten dem Steuersatz iHv 5% unterliegen. § 28 Abs. 52 UStG 1994 geht § 28 Abs. 51 UStG 1994 vor.

(BMF-AV Nr. 2020/192, BMF-AV Nr. 2021/166)

28.2.1.1. Landwirtschaftliche Gastronomie

3543 Im Bereich der landwirtschaftlichen Gastronomie (Almausschank, Buschenschank), die von § 22 UStG 1994 umfasst ist und dem Pauschalsteuersatz gemäß § 22 Abs. 1 UStG 1994 unterliegt, ist gemäß § 22 Abs. 2 UStG 1994 auch bei dem von § 28 Abs. 52 Z 1 lit. a UStG 1994 erfassten Ausschank von Getränken – wie bei Getränken, die unter § 10 Abs. 3 Z 11 UStG 1994 fallen, in den Anlagen zum UStG 1994 angeführt oder in § 28 Abs. 51 Z 1 UStG 1994 genannt sind – im Zeitraum von 1.7.2020 bis 31.12.2021 keine zusätzliche Steuer zu entrichten (siehe Rz 2871 ff).

Bei einem Landwirt, der nicht unter § 22 UStG 1994 fällt, sondern den allgemeinen umsatzsteuerlichen Regeln unterliegt, kann der ermäßigte Steuersatz iHv 5% – unter den Voraussetzungen des § 28 Abs. 52 Z 1 lit. a UStG 1994 – Rechtswirkungen entfalten.

(BMF-AV Nr. 2020/192, BMF-AV Nr. 2021/166)

28.2.2. Beherbergung

3544 Abweichend von § 10 Abs. 2 Z 3 lit. c und d UStG 1994 kommt gemäß § 28 Abs. 52 Z 1 lit. b UStG 1994 im Zeitraum von 1.7.2020 bis 31.12.2021 für die Beherbergung in eingerichteten Wohn- und Schlafräumen und die regelmäßig damit verbundenen Nebenleistungen (einschließlich Beheizung) sowie die Vermietung (Nutzungsüberlassung) von Grundstücken für Campingzwecke und die regelmäßig damit verbundenen Nebenleistungen, soweit hiefür ein einheitliches Benützungsentgelt entrichtet wird, der ermäßigte Steuersatz iHv 5% zur Anwendung. Sofern Gäste im Juni anreisen und erst im Juli abreisen, ist die Rechnung auf die Steuersätze aufzuteilen und es sind Übernachtungen bis zum 1.7.2020 mit 10% und ab dem 1.7.2020 mit 5% zu versteuern.

Der Leistungsumfang bzw. Regelungsinhalt der begünstigten Umsätze wurde von der Steuersatzsenkung nicht berührt (zu Beherbergungsleistungen siehe Rz 1218 ff, zu Camping Rz 1227 f).

§ 28 Abs. 52 Z 1 lit. b UStG 1994 ist in den Fällen des § 22 Abs. 1 iVm Abs. 4 UStG 1994 (siehe Rz 2897) nicht anwendbar.

(BMF-AV Nr. 2020/192, BMF-AV Nr. 2021/166)

28.2.2.1. Vorsteuerabzug bei Reisekosten

3545 § 10 Abs. 2 UStG 1994 ist für den Vorsteuerabzug bei Reisekosten gemäß § 13 Abs. 1 UStG 1994 auch für den Zeitraum von 1.7.2020 bis 31.12.2021 maßgeblich (zur Rechtslage vor dem 1.5.2016 und nach dem 31.10.2018 siehe Rz 2201). Die Vorsteuer aus pauschalen Tages- und Nächtigungsgeldern errechnet sich daher auch im Zeitraum der vorübergehenden Senkung des Umsatzsteuersatzes im Gastgewerbe- und Beherbergungsbereich auf 5% weiterhin mit dem ermäßigten Steuersatz von 10%.

(BMF-AV Nr. 2020/192, BMF-AV Nr. 2021/166)

28.2.3. Kultur

3546 Abweichend von § 10 UStG 1994 kommt für die von § 10 Abs. 3 Z 1 lit. b (ausgenommen der in Anlage 2 Z 11 bis 13 aufgezählten Gegenstände) und lit. c (siehe Rz 1352 ff), Z 4 (siehe Rz 1386 ff) und Z 6 bis 8 (siehe Rz 1398 bis Rz 1433) UStG 1994 erfassten Lieferungen, sonstigen Leistungen, Einfuhren oder innergemeinschaftlichen Erwerbe, für den Zeitraum von 1.7.2020 bis 31.12.2021, der ermäßigte Steuersatz iHv 5% gemäß § 28 Abs. 52 Z 1 lit. b UStG 1994 zur Anwendung. In diesen Bereichen gab es hinsichtlich des Umfanges der begünstigten Leistungen keine Änderungen. Waren die Umsätze bisher mit 13% zu versteuern, kommt gemäß § 28 Abs. 52 Z 1 lit. b UStG 1994 befristet der ermäßigte Steuersatz iHv 5% zur Anwendung.

Die Anwendung des ermäßigten Steuersatzes iHv 5% ist unabhängig von einer allenfalls vorliegenden abgabenrechtlichen Begünstigung gemäß §§ 34 bis 47 BAO anwendbar und geht hinsichtlich des Steuersatzes § 10 Abs. 2 Z 4 UStG 1994 vor. Auch bspw. gemeinnützige

Vereine mit den entsprechenden Tätigkeiten (§ 28 Abs. 52 Z 1 UStG 1994) kommen in den Genuss des Steuersatzes iHv 5%, wenn diese nicht steuerfrei sind.

(BMF-AV Nr. 2020/192, BMF-AV Nr. 2021/166)

28.2.3.1. Vom Künstler aufgenommene Fotografien

Neben den bereits bisher begünstigen Umsätzen im Bereich der Kunst und Kultur (siehe Rz 3546) sind gemäß § 28 Abs. 52 Z 1 lit. c UStG 1994 im Zeitraum von 1.7.2020 bis 31.12.2021 vom ermäßigten Steuersatz iHv 5% erfasst: **3547**

- Einfuhren von vom Künstler aufgenommenen Fotografien, die von ihm oder unter seiner Überwachung abgezogen wurden und signiert sowie nummeriert sind, sofern die Gesamtzahl der insgesamt existierenden Abzüge (alle Formate und Trägermaterialien zusammengenommen) 30 nicht überschreitet, sowie
- Lieferungen (bzw. sinngemäß innergemeinschaftliche Erwerbe; vgl. § 29 Abs. 8 UStG 1994 iVm Art. 94 Abs. 1 der Richtlinie 2006/112/EG) solcher Fotografien, wenn sie vom Urheber oder dessen Rechtsnachfolger bewirkt werden oder von einem Unternehmer bewirkt werden, der kein Wiederverkäufer (siehe Rz 1354 sowie 3251 ff) ist, wenn dieser den Gegenstand entweder selbst eingeführt hat, ihn vom Urheber oder dessen Rechtsnachfolger erworben hat oder er für den Erwerb zum vollen Vorsteuerabzug berechtigt war.

Unter diesen Voraussetzungen sind künstlerische Fotografien nicht nur in den von § 10 Abs. 3 Z 4 UStG 1994 erfassten Fällen, sondern auch bspw. bei Weiterveräußerung durch andere Unternehmer (zB Galerie) mit dem ermäßigten Steuersatz iHv 5% gemäß § 28 Abs. 52 Z 1 lit. c UStG 1994 begünstigt.

(BMF-AV Nr. 2020/192, BMF-AV Nr. 2021/166)

28.2.4. Publikationen

Abweichend von § 10 UStG 1994 kommt für Publikationen, die bisher von § 10 Abs. 2 Z 1 lit. a iVm Anlage 1 Z 33 UStG 1994 (siehe Rz 1166 ff) und § 10 Abs. 2 Z 9 UStG 1994 (siehe Rz 1339 ff) erfasst sind, für den Zeitraum von 1.7.2020 bis 31.12.2021 der ermäßigte Steuersatz iHv 5% gemäß § 28 Abs. 52 Z 1 lit. b UStG 1994 zur Anwendung. Ausgenommen hievon sind Zeitungen und andere periodische Druckschriften in physischer und elektronischer Form (siehe § 10 Abs. 2 Z 1 lit. a iVm Anlage 1 Z 33 lit. b und § 10 Abs. 2 Z 9 iVm Anlage 1 Z 33 lit. b UStG 1994). Für diese kommt der ermäßigte Steuersatz lediglich im Zeitraum von 1.7.2020 bis 31.12.2020 zur Anwendung. Der Umfang der bereits bisher begünstigten Leistungen wurde von der Einführung des ermäßigten Steuersatzes iHv 5% nicht berührt. **3548**

(BMF-AV Nr. 2020/192, BMF-AV Nr. 2021/166)

28.3. COVID-19-In-vitro-Diagnostika und COVID-19-Impfstoffe sowie damit eng zusammenhängende sonstige Leistungen (§ 28 Abs. 53 Z 3 UStG 1994)

(BMF-AV Nr. 2021/166)

Allgemeines **3549**

Unabhängig von § 6 und Art. 6 UStG 1994 sind im Zeitraum von 1.1.2021 bis 30.6.2023 die Lieferung, der innergemeinschaftliche Erwerb und die Einfuhr von COVID-19-In-vitro-Diagnostika und COVID-19-Impfstoffen, sowie eng mit diesen Diagnostika oder Impfstoffen zusammenhängende sonstige Leistungen steuerfrei. Bei diesen Umsätzen tritt der Ausschluss vom Vorsteuerabzug nicht ein. Die unter § 28 Abs. 53 Z 3 UStG 1994 fallenden Umsätze sind in die Berechnung der Kleinunternehmergrenze miteinzubeziehen.

Begünstigte Umsätze

Unter „eng mit diesen Diagnostika und Impfstoffen zusammenhängende sonstige Leistungen" sind Dienstleistungen zu verstehen, die spezifisch und wesentlich für die Tests bzw. die Impfung sind. Davon umfasst sind Maßnahmen zur Durchführung von Testungen oder Impfungen, wie etwa sonstige Leistungen im Zusammenhang mit der Einhaltung der notwendigen Hygiene- und Schutzmaßnahmen, der Sicherstellung einer nach einer Impfung auftretenden Notfallbehandlung vor Ort, der Kühlung, dem Transport und der Lagerung der Impfstoffe sowie mit der Testung oder der Impfung eng zusammenhängende organisatorische Dienstleistungen, wie zB die Erhebung des Impfstoffbedarfs, die Festlegung von Impfterminen, die Durchführung notwendiger Dokumentationen, die Einteilung der impfenden Ärzte oder die Aufbereitung von Test- oder Impfstraßen sowie die softwaremäßige Erstanbindung von Ärzten an den E-Impfpass (nicht jedoch die Wartungs- und Instandhaltungsleistungen in Zusammenhang mit dieser Software). Befreit ist auch die Bereitstellung von Personal zur Ausführung begünstigter sonstiger Leistungen iSd § 28 Abs. 53 Z 3 UStG 1994.

Hingegen sind Catering-Leistungen für das Personal der Impfstraßen sowie die Reinigung von Räumlichkeiten, die zur Testung bzw. Impfung verwendet werden, keine eng mit der Impfung zusammenhängenden sonstige Leistungen. Nicht begünstigt sind weiters die Entwicklung von COVID-19-Diagnostika oder COVID-19-Impfungen, weil diese nicht mit der Durchführung der Testung bzw. Impfung eng in Zusammenhang stehen, sowie die Testung von Abwasser auf COVID-19.

Verzicht

Der Unternehmer kann auf die Anwendung von § 28 Abs. 53 Z 3 UStG 1994 verzichten. Der Verzicht kann einmalig ausgeübt werden und wirkt generell, dh. für alle unter diese Bestimmung fallenden Umsätze des Unternehmers in einem Veranlagungszeitraum. Der Verzicht kann bis zur Rechtskraft des Umsatzsteuerjahresbescheides ausgeübt bzw. widerrufen werden. Kein Verzicht auf die Steuerbefreiung liegt vor, wenn der Unternehmer in einer Rechnung einen Steuerbetrag für die unter § 28 Abs. 53 Z 3 UStG 1994 fallenden Leistungen ausweist. Diesfalls wird der Betrag jedoch gemäß § 11 Abs. 12 UStG 1994 geschuldet (zur Berichtigung siehe Rz 1735).

Verzichtet der Unternehmer auf die Anwendung von § 28 Abs. 53 Z 3 UStG 1994, können diese Leistungen unter den Voraussetzungen des § 6 Abs. 1 Z 19 UStG 1994 unecht steuerbefreit sein.

(BMF-AV Nr. 2021/166, BMF-AV Nr. 2022/154, BMF-AV Nr. 2023/152)

Randzahl 3550: *derzeit frei.*

(BMF-AV Nr. 2020/192, BMF-AV Nr. 2021/166)

29. Zeitlich begrenzte Fassung einiger Gesetzesvorschriften (§ 29 UStG 1994)

Randzahlen 3551 bis 3560: *derzeit frei.*

30. Umstellung langfristiger Verträge (§ 30 UStG 1994)

Randzahlen 3561 bis 3570: *derzeit frei.*

101. Innergemeinschaftlicher Erwerb (Art. 1 UStG 1994)

101.1. Innergemeinschaftlicher Erwerb – allgemein

Ein innergemeinschaftlicher Erwerb liegt nur vor, wenn der Gegenstand anlässlich der Lieferung an den Erwerber aus dem Gebiet eines Mitgliedstaates in das Gebiet eines anderen Mitgliedstaates gelangt. Die Durchfuhr durch weitere Mitgliedstaaten oder durch Drittländer ist unschädlich. Ein innergemeinschaftlicher Erwerb liegt auch vor, wenn die Beförderung oder Versendung im Drittlandsgebiet beginnt und der Gegenstand im Gebiet eines Mitgliedstaates der dortigen Einfuhrumsatzsteuer unterworfen wird, bevor er in einen anderen Mitgliedstaat gelangt. 3571

Beispiel:

Der Unternehmer L aus Linz kauft Kohle beim Händler R in Russland. Die Kohle wird per Bahn nach Linz befördert. R lässt die Kohle in Ungarn abfertigen und der ungarischen EUSt unterwerfen. Durch diesen Vorgang gilt die Lieferung des R an L als im Einfuhrmitgliedstaat Ungarn ausgeführt (§ 3 Abs. 9 UStG 1994). Es liegt somit eine innergemeinschaftliche Lieferung von Ungarn nach Österreich vor.

Wird hingegen der Gegenstand vom Drittlandsgebiet im Wege der Durchfuhr durch einen oder mehrere Mitgliedstaaten in das Bestimmungsland befördert oder versendet und erst im Bestimmungsland der EUSt unterworfen, liegt kein innergemeinschaftlicher Erwerb vor. Ein innergemeinschaftlicher Erwerb liegt ebenfalls nicht vor, wenn der Gegenstand im Gebiet eines Mitgliedstaates verbleibt. 3572

Beispiel:

Der Grazer Unternehmer G bestellt beim deutschen Unternehmer M in München eine Maschine und lässt sie in sein Auslieferungslager in Köln bringen. Dort verkauft er die Maschine. Die Lieferung des M an G führt zu keiner innergemeinschaftlichen Warenbewegung, da der Gegenstand in Deutschland verbleibt.

Bei verbrauchsteuerpflichtigen Waren wird der innergemeinschaftliche Erwerb von dem Abnehmer bewirkt, an den die innergemeinschaftliche Lieferung und die damit verbundene grenzüberschreitende Warenbewegung ausgeführt wird. Für das Vorliegen des innergemeinschaftlichen Erwerbs verbrauchsteuerpflichtiger Waren ist nicht Voraussetzung, dass dieser Abnehmer auch Schuldner der im Bestimmungsland anfallenden Verbrauchsteuer ist (vgl. EuGH 19.12.2018, Rs C-414/17, *AREX CZ a.s.*). 3573

(BMF-AV Nr. 2019/165)

Randzahlen 3574 bis 3580: *derzeit frei.*

101.2. Voraussetzungen für den innergemeinschaftlichen Erwerb

101.2.1. Erwerber

Erwerber ist der Empfänger der Lieferung. Dieser muss bereits bei Beginn der Beförderung oder Versendung feststehen und nicht erst, wenn der Gegenstand bereits in den anderen Mitgliedstaat gelangt ist. 3581

Ein innergemeinschaftlicher Erwerb liegt jedoch nur vor, wenn der Erwerber einem bestimmten Personenkreis angehört (siehe dazu Rz 3583 bis 3588) und sofern nicht eine Ausnahme von der Erwerbsbesteuerung vorliegt (Rz 3626). 3582

101.2.1.1. Unternehmer

Der Unternehmer tätigt einen innergemeinschaftlichen Erwerb nur, wenn er den Gegenstand für sein Unternehmen erwirbt. Die Qualifikation des Erwerbes als für das Unternehmen richtet sich nach § 12 Abs. 2 UStG 1994 (siehe hiezu Rz 1901 bis 1990). 3583

Die Bestimmung des § 12 Abs. 2 Z 2 UStG 1994, wonach bestimmte Lieferungen nicht als für das Unternehmen ausgeführt gelten, gilt gemäß Art. 12 Abs. 4 nicht für den innergemeinschaftlichen Erwerb (die sich auf Grund des Abs. 4 ergebende Erwerbsteuer ist jedoch gemäß Art. 12 Abs. 1 Z 1 UStG 1994 nicht abzugsfähig). 3584

101.2.1.2. Juristische Person

Der Erwerbsteuerpflicht sind neben Unternehmern auch juristische Personen unterworfen, die keine Unternehmereigenschaft besitzen oder nicht für ihr Unternehmen erwerben. 3585

Zur diesfalls anzuwendenden Erwerbsschwellenregelung wird auf Rz 3626 verwiesen. 3586

Bei juristischen Personen, die sowohl einen unternehmerischen als auch einen nichtunternehmerischen Bereich besitzen, sind getrennte Betrachtungen durchzuführen (siehe Rz 3583 und 3584 und 3626 bis 3635). 3587

3588 Die juristische Person tritt grundsätzlich mit einer einzigen UID auf. Lediglich Körperschaften öffentlichen Rechts – vor allem große Gebietskörperschaften – können mehrere UID haben.

101.2.2. Lieferung an den Erwerber

3589 Gelangt beim Kommissionsgeschäft das Kommissionsgut bei der Zurverfügungstellung an den Kommissionär vom Ausgangs- in den Bestimmungsmitgliedstaat, kann abweichend vom § 3 Abs. 3 UStG 1994 die Lieferung des Kommittenten an den Kommissionär bereits zum Zeitpunkt der Zurverfügungstellung des Gegenstandes an den Kommissionär als ausgeführt angesehen werden. Der Kommissionär tätigt dann zu diesem Zeitpunkt einen innergemeinschaftlichen Erwerb.

3590 Die Lieferung an den Erwerber muss durch einen Unternehmer im Rahmen seines Unternehmens erfolgen. Der liefernde Unternehmer darf nach dem Steuerrecht des für die Besteuerung seiner Lieferung zuständigen Mitgliedstaates nicht als Kleinunternehmer behandelt werden.

101.2.3. Erwerb im Inland

3591 Erfolgt nach Art. 1 UStG 1994 ein innergemeinschaftlicher Erwerb von Gegenständen im Inland, wird die Besteuerungskompetenz im Inland unabhängig von der mehrwertsteuerlichen Behandlung des Umsatzes im Mitgliedstaat des Beginns des Versands oder der Beförderung der Gegenstände wahrgenommen (Art. 16 VO (EU) 282/2011).

Zum Ort des innergemeinschaftlichen Erwerbes wird auf Rz 3776 bis Rz 3805 verwiesen.

(AÖF Nr. 2014/7)

Randzahlen 3592 bis 3600: *derzeit frei.*

101.3. Innergemeinschaftliches Verbringen

101.3.1. Voraussetzungen

101.3.1.1. Allgemeine Voraussetzungen

3601 Durch Art. 1 Abs. 3 Z 1 UStG 1994 wird das Verbringen eines Gegenstandes des Unternehmens aus dem übrigen Gemeinschaftsgebiet in das Inland durch den Unternehmer zu seiner Verfügung dem innergemeinschaftlichen Erwerb gegen Entgelt gleichgestellt.

Ausgenommen von dieser Regelung ist das Verbringen zur vorübergehenden Verwendung (siehe hiezu Rz 3606 bis 3617) oder im Rahmen einer Konsignationslagerregelung (siehe hiezu Rz 3691 bis 3695).

(BMF-AV Nr. 2020/192)

3602 Für die innergemeinschaftliche Verbringung müssen folgende Voraussetzungen vorliegen:

- Beförderung oder Versendung eines Gegenstandes aus dem übrigen Gemeinschaftsgebiet in das Inland.
- Die Verbringung des Gegenstandes erfolgt durch den Unternehmer zu seiner Verfügung.
- Es handelt sich um keinen Fall der vorübergehenden Verwendung.

Hinsichtlich der Bemessungsgrundlage für das innergemeinschaftliche Verbringen wird auf Rz 3931 iVm Rz 679 verwiesen.

(BMF-AV Nr. 2018/164)

101.3.1.2. Konsignationslager (bis 31.12.2019)

(BMF-AV Nr. 2019/165)

3603 Zur Konsignationslagerregelung für Lieferungen von Waren, deren Transport ab 1.1.2020 beginnt, siehe Rz 3691 ff. Für Umsätze, bei denen der Transport der Waren vor dem 1.1.2020 beginnt, gilt Folgendes:

Ein Konsignationslager liegt vor, wenn ein Unternehmer bei einem Abnehmer ein Lager unterhält und der Abnehmer aus diesem Lager bei Bedarf Waren entnimmt. Zur Lieferung (Verschaffung der Verfügungsmacht über die Ware) kommt es erst bei Entnahme aus diesem Lager. Die Versendung oder Beförderung in das Lager stellt ein innergemeinschaftliches Verbringen dar.

Entgegen dieser Rechtslage werden von verschiedenen Mitgliedstaaten (derzeit Belgien, Finnland, Irland, die Niederlande, das Vereinigte Königreich, sowie Frankreich und Italien) anderslautende Verwaltungsübungen gehandhabt. Die abweichenden Regelungen bestehen darin, dass diese Mitgliedstaaten nicht von einem innergemeinschaftlichen Verbringen in das Konsignationslager ausgehen (siehe oben), sondern unter bestimmten (von einander abweichenden) Voraussetzungen von einer innergemeinschaftlichen Lieferung an den dortigen Abnehmer.

Folgende Erleichterungen können hinsichtlich dieser Mitgliedstaaten angewendet werden:

1. Verbringen in ein Konsignationslager in einen anderen Mitgliedstaat

Verbringt ein Unternehmer, der im Inland einen Wohnsitz, seinen Sitz oder eine Betriebsstätte hat, seine Waren in sein in einem anderen Mitgliedstaat gelegenes Konsignationslager, so kann der Unternehmer den Tatbestand der Warenentnahme aus dem ausländischen Konsignationslager – parallel zur Erwerbsbesteuerung des Leistungsempfängers im anderen Mitgliedstaat – als innergemeinschaftliche Lieferung behandeln. Dementsprechend ist nicht das Verbringen beim Transport der Waren in das Konsignationslager, sondern die innergemeinschaftliche Lieferung im Zeitpunkt der Entnahme aus dem Lager in die Zusammenfassende Meldung aufzunehmen.

Wenn der Lieferer im anderen Mitgliedstaat einen Erwerb auf Grund eines Verbringens zu versteuern hat (zB wenn im anderen Mitgliedstaat der Gegenstand über die vorgesehene Zeit gelagert wird), tätigt er zu diesem Zeitpunkt eine innergemeinschaftliche Lieferung (Verbringen).

Voraussetzung für die Anwendung der Erleichterung ist, dass der Unternehmer

- dem Finanzamt, das für die Erhebung der Umsatzsteuer des Abnehmers der Gegenstände zuständig ist, schriftlich die Inanspruchnahme dieser Regelung mitteilt,
- und weiters mitteilt, dass der Ausgangsmitgliedstaat bei Entnahme der Gegenstände innerhalb der oben genannten Frist von einer innergemeinschaftlichen Lieferung ausgeht, und

2. Verbringen in ein Konsignationslager im Inland

Verbringt ein Unternehmer, der im Inland weder einen Wohnsitz noch seinen Sitz hat und im Inland nicht zur Umsatzsteuer erfasst ist, seine Waren in sein im Inland gelegenes Konsignationslager (wobei die Regelung eingeschränkt ist auf Lager, die nur einem einzigen Abnehmer zur Verfügung stehen – „Call-off-stock"), so kann der Abnehmer des ausländischen Unternehmers den Tatbestand der Warenentnahme aus dem inländischen Konsignationslager – entsprechend zur Behandlung durch den Lieferer als innergemeinschaftliche Lieferung im anderen Mitgliedstaat – als innergemeinschaftlichen Erwerb behandeln.

Die Regelung kann auch von ausländischen Unternehmern angewendet werden, die im Inland zur Umsatzsteuer erfasst sind, aber die nur Umsätze tätigen, die solchen Konsignationslagern zuzurechnen sind. Wird von der Vereinfachungsregelung Gebrauch gemacht, muss sie für sämtliche Vorgänge, für die die Voraussetzungen zutreffen, angewendet werden.

Diese Regelung gilt nur für Waren, die innerhalb der im anderen Mitgliedstaat maßgeblichen Frist, spätestens jedoch innerhalb von sechs Monaten ab der Einlagerung, entnommen werden.

Hinsichtlich der innerhalb dieses Zeitraumes nicht entnommenen Waren liegt im Zeitpunkt des Überschreitens der Frist ein steuerpflichtiger Erwerb des ausländischen Unternehmers vor.

Wird der Gegenstand in der Folge vom Abnehmer aus dem Lager entnommen, kommt es zu einer Lieferung des ausländischen Lieferers an den Abnehmer im Inland.

Voraussetzung für die Anwendung der Erleichterung ist, dass der ausländische Unternehmer

- dem Finanzamt, das für die Erhebung der Umsatzsteuer des Abnehmers der Gegenstände zuständig ist, schriftlich die Inanspruchnahme dieser Regelung mitteilt,
- und weiters mitteilt, dass der Ausgangsmitgliedstaat bei Entnahme der Gegenstände innerhalb der oben genannten Frist von einer innergemeinschaftlichen Lieferung ausgeht, und
- hinsichtlich der ein- und ausgelagerten Gegenstände und dem Lagerbestand Aufzeichnungen führt (bzw. für ihn der inländische Abnehmer), die der Finanzverwaltung eine Überprüfung der Richtigkeit der Versteuerung ermöglichen.

3. Erstmalige Anwendung

Die Vereinfachungen sind erstmals auf die Verbringung von Gegenständen anzuwenden, die nach dem Einlangen der Mitteilung beim Finanzamt getätigt wird.

Wird in anderen als den hier genannten Mitgliedstaaten nach den dort allgemein geltenden Regelungen ebenfalls die Vereinfachung für Konsignationslager angewendet, ist auch bei Warenverbringungen aus Österreich in Konsignationslager in diesen Mitgliedstaaten oder Warenverbringungen von diesen Mitgliedstaaten in Konsignationslager in Österreich die in den Punkten 1 bis 3 beschriebene Vorgangsweise unter den dort genannten Voraussetzungen möglich.

(BMF-AV Nr. 2019/165)

101.3.1.3. Vereinfachung bei größerer Abnehmerzahl

3604 Steht der Abnehmer der Lieferung im Bestimmungsmitgliedstaat bei Beginn des Transportes im Ausgangsmitgliedstaat bereits fest, so liegt grundsätzlich kein innergemeinschaftliches Verbringen sondern eine innergemeinschaftliche Lieferung vor. Aus Vereinfachungsgründen kann jedoch unter folgenden Voraussetzungen ein innergemeinschaftliches Verbringen angenommen werden:

- Die Lieferungen werden regelmäßig an eine größere Anzahl von Abnehmern im Bestimmungsland ausgeführt.
- Bei entsprechenden Lieferungen aus dem Drittlandsgebiet wären die Voraussetzungen für eine Verlagerung des Ortes der Lieferung in das Gemeinschaftsgebiet nach § 3 Abs. 9 UStG 1994 erfüllt.
- Der liefernde Unternehmer behandelt die Lieferung im Bestimmungsmitgliedstaat als steuerbar. Er wird bei einem Finanzamt des Bestimmungsmitgliedstaates für Umsatzsteuerzwecke geführt. Er gibt in den Rechnungen seine UID des Bestimmungsmitgliedstaates an.
- Die beteiligten Steuerbehörden im Ausgangs- und im Bestimmungsmitgliedstaat sind mit dieser Behandlung einverstanden.

3605 Diese Regelung gilt sowohl für Lieferungen aus dem übrigen Gemeinschaftsgebiet in das Inland als auch umgekehrt.

Beispiel:

Der deutsche Großhändler D beliefert im grenznahen österreichischen Raum eine Vielzahl von Kleinabnehmern (zB Imbissstuben, Gaststätten) mit Pommes frites. D verpackt und portioniert die Waren bereits in Deutschland nach den Bestellungen der Abnehmer und liefert sie an diese mit eigenem Lkw aus.

D kann die Gesamtsendung als innergemeinschaftliches Verbringen behandeln und alle Lieferungen als Inlandslieferungen beim zuständigen inländischen Finanzamt versteuern, sofern er in den Rechnungen seine österreichische UID angibt und die zuständigen Finanzämter in Österreich und Deutschland diesem Verfahren zustimmen.

101.3.2. Vorübergehende Verwendung

3606 Eine innergemeinschaftliche Verbringung liegt nicht vor, wenn der Gegenstand nur zur vorübergehenden Verwendung ins Inland gelangt. Eine vorübergehende Verwendung liegt in den in Rz 3608 und 3609, Rz 3616 bis 3618 genannten Fällen vor.

(BMF-AV Nr. 2023/152)

3607 Ist ein Gegenstand zu einer vorübergehenden Verwendung in das Inland verbracht worden und fallen die Voraussetzungen für eine vorübergehende Verwendung weg, so gilt die Verbringung in dem Zeitpunkt als ausgeführt, in dem die Bedingungen wegfallen.

101.3.2.1. Werklieferungen

3608 Werden Gegenstände zur Ausführung einer anschließenden Werklieferung von einem anderen Mitgliedstaat in das Inland befördert oder versendet und liegt der Ort der Werklieferung im Inland, liegt kein steuerbares Verbringen (kein steuerbarer Erwerb) vor. Von einer Werklieferung kann insbesondere dann gesprochen werden, wenn die Gegenstände mit der Absicht ins Inland gebracht werden, um sie hier fest mit dem Grund und Boden zu verbinden (zB Bauvorhaben, Anlagenbau).

3609 Die Bestimmung umfasst nicht nur das verbrauchte Material, sondern auch Maschinen, Werkzeuge usw. zur Ausführung der Werklieferung.

Beispiel:

Der deutsche Bauunternehmer D errichtet in Salzburg ein Hotel. Er verbringt zu diesem Zweck Baumaterial und einen Baukran an die Baustelle. Der Baukran gelangt nach Fertigstellung des Hotels nach Deutschland zurück.

Sowohl die Verbringung des Baumaterials als auch des Baukrans sind als vorübergehende Verwendung in Österreich nicht steuerbar.

101.3.2.2. Innergemeinschaftlicher Versandhandel und Einfuhr-Versandhandel

(BMF-AV Nr. 2019/165, BMF-AV Nr. 2022/154)

Eine vorübergehende Verwendung ist anzunehmen, wenn der Gegenstand zur Ausführung 3610

- eines innergemeinschaftlichen Versandhandelsumsatzes (Rz 3717 bis Rz 3720) oder
- eines Einfuhr-Versandhandels, bei dem sich der Lieferort nach § 3 Abs. 8a lit. a oder lit. b UStG 1994 bestimmt,

ins Inland befördert oder versendet wird.

Beispiel 1:

Das Unternehmen M in München beliefert österreichische private Abnehmer mit Modelleisenbahnen. Die Liefergegenstände werden mittels Katalog bestellt und mit der Post versendet. M überschreitet die Umsatzgrenze in Art. 3 Abs. 5 UStG 1994 (bis 1.7.2021: österreichische Lieferschwelle), wodurch sich der Lieferort nach Österreich verlagert. Die Lieferungen sind in Österreich steuerbar und steuerpflichtig.

Beispiel 2:

Der chinesische Unternehmer CN ist zum IOSS registriert und verkauft Waren mit einem Einzelwert von 80 Euro aus China an Privatpersonen in Österreich. Die Waren werden in Luxemburg zum freien Verkehr abgefertigt und anschließend zu den Privatpersonen in Österreich befördert.

Lösung:

Der Lieferort des Einfuhr-Versandhandels liegt gemäß § 3 Abs. 8a lit. b UStG 1994 am Ende der Versendung. Es liegt kein innergemeinschaftliches Verbringen vor.

(BMF-AV Nr. 2019/165, BMF-AV Nr. 2020/192, BMF-AV Nr. 2022/154, BMF-AV Nr. 2023/152)

101.3.2.3. Lieferungen an Bord von Beförderungsmitteln

Bei Lieferungen von Gegenständen an Bord von Schiffen, in Luftfahrzeugen oder Eisenbahnen während einer Beförderung im Gemeinschaftsgebiet ist als Lieferort der Abgangsort des Personenbeförderungsmittels anzusehen (§ 3 Abs. 11 UStG 1994). Das Verbringen von Gegenständen zur Ausführung solcher Lieferungen ist nicht steuerbar. Steuerbar ist nur die tatsächliche Lieferung, und zwar am Abgangsort. 3611

Beispiel:

In Deutschland wird ein Donauschiff vor der Fahrt nach Budapest mit Souvenirartikeln für den Verkauf an Bord beladen. Sowohl in Deutschland wie auch in Österreich gibt es mehrere Zustiegs- bzw. Ausstiegsorte. Die Verbringung der Souvenirartikel von Deutschland nach Österreich ist nicht steuerbar.

101.3.2.4. Ausfuhrlieferungen und innergemeinschaftliche Lieferungen

Werden Gegenstände von einem Mitgliedstaat ins Inland befördert oder versendet, um mit ihnen eine steuerfreie Ausfuhrlieferung oder eine steuerfreie innergemeinschaftliche Lieferung auszuführen, so liegt kein innergemeinschaftliches Verbringen vor. Die Bestimmung setzt voraus, dass der Abnehmer im Zeitpunkt der Verbringung bereits feststeht. 3612

Beispiel:

Der Händler P aus Paris liefert Stoffe an R in Russland. Die Stoffe werden vom Frachtführer A nach Salzburg befördert. Anschließend erteilt P dem Frachtführer B den Auftrag, die Stoffe nach Russland zu befördern. Das Verbringen der Stoffe von Paris nach Salzburg ist nicht steuerbar.

101.3.2.5. Sonstige Leistungen am verbrachten Gegenstand

Werden Gegenstände verbracht, damit an diesen durch einen anderen Unternehmer eine sonstige Leistung erbracht wird, liegt nur dann kein innergemeinschaftliches Verbringen vor, wenn der Gegenstand nach der Erbringung der sonstigen Leistung wieder zur Verfügung des Auftraggebers in den Mitgliedstaat gelangt, von dem aus der Gegenstand befördert oder versendet worden ist. (vgl. EuGH 06.03.2014, verb. Rs C-606/12 und C-607/12, *Dresser-Rand SA*). 3613

Auch bei der Verbringung von Gegenständen in einen anderen Mitgliedstaat, um sie dort begutachten zu lassen, liegt eine vorübergehende Verwendung vor, wenn diese Gegenstände anschließend wieder in den Ausgangsmitgliedstaat zurück gelangen.

(AÖF Nr. 2014/164)

Die Mitgliedstaaten haben sich im Rahmen des Mehrwertsteuerausschusses auf Vereinfachungsmaßnahmen dahingehend geeinigt, dass dieses Erfordernis auch dann als erfüllt 3614 gilt, wenn der Gegenstand nicht unmittelbar in den Ursprungsmitgliedstaat zurückgelangt, sondern vorher in Österreich oder in einem anderen Mitgliedstaat Gegenstand einer sonstigen Leistung ist (siehe Beispiel 1). Ebenso, wenn der Auftragnehmer mit der sonstigen Leistung einen selbständigen Erfüllungsgehilfen beauftragt (siehe Beispiel 2).

Beispiel 1:

Der Unternehmer F in Frankreich versendet Garn an einen Unternehmer Ö in Österreich, damit dieser Stoffe daraus herstellt. In der Folge gibt er einem weiteren Unternehmer D in Deutschland den Auftrag, aus den Stoffen einen Anzug herzustellen. Die Anzüge gelangen anschließend zu F in Frankreich. Der Versand nach Österreich stellt in Österreich und in Deutschland keinen steuerbaren Erwerb dar. Hinsichtlich Ort der sonstigen Leistung und Aufzeichnungspflichten siehe Beispiel 2.

Beispiel 2:

Der französische Unternehmer P versendet einen Generator von Paris zum Unternehmer W in Wien, damit dieser eine Reparaturleistung daran erbringt. W repariert den Generator nicht selbst, sondern erteilt D in Deutschland den Auftrag, den Generator zu reparieren und nach erfolgter Reparatur zu P nach Frankreich zu versenden.

Lösung bis 31.12.2009:

Die Versendung des Generators nach Österreich stellt für P keinen innergemeinschaftlichen Erwerb in Form des Verbringens dar, da der Gegenstand nach erfolgter Reparatur nach Frankreich zurückgelangt. Die Leistung des W ist gemäß Art. 3a Abs. 6 UStG 1994 in Österreich nicht steuerbar, wenn P ihm gegenüber mit seiner französischen UID auftritt. W hat gemäß Art. 18 Abs. 3 UStG 1994 die Gegenstände, die er aus einem anderen Mitgliedstaat zur Ausführung einer sonstigen Leistung iSd Art. 3a Abs. 6 UStG 1994 erhält, aufzuzeichnen.

Lösung ab 1.1.2010:

Die Versendung des Generators nach Österreich stellt für P keinen innergemeinschaftlichen Erwerb in Form des Verbringens dar, da der Gegenstand nach erfolgter Reparatur nach Frankreich zurückgelangt. Die Leistung des W ist gemäß § 3a Abs. 6 UStG 1994 am Empfängerort (Frankreich) steuerbar. W hat gemäß Art. 18 Abs. 3 UStG 1994 diese Gegenstände aufzuzeichnen.

101.3.2.6. Ausführung von sonstigen Leistungen

3615 Befördert oder versendet ein Unternehmer Gegenstände vorübergehend zur Ausführung einer sonstigen Leistung ins Inland, so wird der Tatbestand des innergemeinschaftlichen Verbringens nicht erfüllt. Voraussetzung ist, dass der Unternehmer in dem Mitgliedstaat, von dem aus die Gegenstände verbracht werden, einen Wohnsitz oder Sitz hat.

Beispiel:

Ein Techniker des Unternehmens L in London fährt nach Wien, um beim Unternehmer W eine Großrechenanlage zu reparieren. Er nimmt dabei verschiedene Messgeräte und Werkzeuge mit. Die Beförderung dieser Gegenstände erfüllt in Österreich nicht den Tatbestand des innergemeinschaftlichen Erwerbes in Form des Verbringens. Der Rücktransport ist ebenfalls kein Verbringen.

101.3.2.7. Zeitlich befristete Verwendung

3616 Eine vorübergehende Verwendung liegt bei folgenden Voraussetzungen vor:

- Der Gegenstand wird im Bestimmungsland höchstens 24 Monate genutzt.
- Im Bestimmungsland würde für die Einfuhr des gleichen Gegenstandes aus einem Drittland im Hinblick auf die vorübergehende Verwendung die Regelungen über die vollständige Befreiung von Eingangsabgaben gelten.

In diesen Fällen ist die zollrechtliche Beurteilung Vorfrage für das Vorliegen einer vorübergehenden Verwendung. Je nach Einordnung können verschiedene Verwendungsdauern gelten (6 bis 24 Monate).

Werden die Fristen überschritten, ist im Zeitpunkt des Überschreitens ein innergemeinschaftlicher Erwerb gegeben.

101.3.2.8. Vorübergehende Verwendung bei der Verbringung von Gas, Elektrizität, Wärme oder Kälte

3617 Eine vorübergehende Verwendung liegt vor, wenn der Unternehmer den Gegenstand zur Ausführung einer Lieferung von Gas über ein Erdgasnetz im Gebiet der Gemeinschaft oder ein an ein solches Netz angeschlossenes Netz, von Elektrizität oder von Wärme oder Kälte über Wärme- oder Kältenetze, wenn sich der Ort dieser Lieferungen nach § 3 Abs. 13 oder 14 UStG 1994 bestimmt, verwendet.

Durch die Bestimmungen wird ausdrücklich klargestellt, dass bei Lieferungen von Erdgas über Gasnetze, von Elektrizität, von Wärme oder Kälte, deren Lieferort sich nach § 3 Abs. 13 und 14 UStG 1994 bestimmt, kein innergemeinschaftliches Verbringen vorliegt. Ohne diese Bestimmung käme es zu einer Doppelbesteuerung, da gemäß § 3 Abs. 13 und 14 UStG 1994 der Ort der Lieferung ohnedies in dem Mitgliedstaat ist, in den die genannten Wirtschaftsgüter „verbracht“ werden.

101.3.2.9. Verbringen von Gegenständen, die steuerfrei im Rahmen der GSVP erworben wurden, durch inländische Streitkräfte

(BMF-AV Nr. 2022/154)

Seit 1.7.2022 ist das Verbringen von Gegenständen durch inländische Streitkräfte, die von **3618** diesen gemäß der Richtlinie (EU) 2019/2235 steuerfrei erworben oder eingeführt wurden, gemäß Art. 1 Abs. 3 Z 2 UStG 1994 einem innergemeinschaftlichen Erwerb gleichgestellt. Hiedurch wird ein unversteuerter Verbrauch vermieden (siehe Rz 746a). Die Bestimmung beruht auf Art. 22 erster Unterabsatz der MwSt-RL 2006/112/EG.

Die Bemessungsgrundlage für das Verbringen bestimmt sich nach Art. 4 Abs. 2 UStG 1994 (siehe Rz 3931).

(BMF-AV Nr. 2022/154)

Randzahlen 3619 bis 3625: *derzeit frei.*

101.4. Erwerbsschwelle

101.4.1. Schwellenerwerber

Bei folgenden Unternehmern liegt ein innergemeinschaftlicher Erwerb nicht vor, wenn **3626** die Erwerbsschwelle nicht überschritten wird:

- Unternehmer, die nur unecht steuerbefreite Umsätze ausführen,
- pauschalierte Land- und Forstwirte,
- juristische Personen, die den Gegenstand nicht für ihr Unternehmen erwerben.

Wurde einem Schwellenerwerber wegen meldepflichtiger sonstiger Leistungen eine UID erteilt (siehe Rz 4339), hat er trotz UID keine innergemeinschaftlichen Erwerbe zu versteuern, solange seine Erwerbe die Erwerbsschwelle nicht überschritten haben oder er auf die Erwerbsschwelle nicht verzichtet hat (siehe aber Rz 3636).

101.4.2. Ermittlung der Erwerbsschwelle

Zur Beurteilung, ob die Schwelle überschritten wird, werden die Erwerbe aus allen Mit- **3627** gliedstaaten zusammengerechnet. Maßgebend sind die Nettoentgelte. Die Erwerbe neuer Fahrzeuge und verbrauchsteuerpflichtiger Waren sind bei der Schwellenberechnung außer Ansatz zu lassen.

101.4.3. Konsequenzen des Überschreitens der Erwerbsschwelle

101.4.3.1. Überschreiten im vorangegangenen Kalenderjahr

Liegen die innergemeinschaftlichen Erwerbe im vorangegangenen Kalenderjahr über **3628** 11.000 €, dann hat im laufenden Kalenderjahr jedenfalls eine Besteuerung der innergemeinschaftlichen Erwerbe stattzufinden, auch wenn die Schwelle nicht erreicht wird.

101.4.3.2. Überschreiten während des laufenden Kalenderjahres

Ab dem Entgelt für den Erwerb, mit dem im laufenden Kalenderjahr die Erwerbsschwelle **3629** überschritten wird, unterliegt der Erwerb der Besteuerung.

Beispiel 1:

Der Unternehmer U tätigt im Jahr 2001 folgende innergemeinschaftliche Erwerbe:

10.1.:	*6.000 Euro*
17.2.:	*4.000 Euro*
3.3.:	*3.000 Euro*

a. *Die Erwerbe 2000 betrugen 10.000 Euro. Diesfalls ist der am 3. März 2001 stattfindende und jeder weitere Erwerb der Erwerbsbesteuerung zu unterwerfen.*

b. *Die Erwerbe 2000 betrugen 20.000 Euro. Diesfalls sind sämtliche Erwerbe des Jahres 2001 der Erwerbsbesteuerung zu unterwerfen.*

Werden von einem Unternehmer, der unecht steuerbefreite Umsätze tätigt (Schwellenerwerber) während des laufenden Kalenderjahres auch steuerpflichtige Umsätze ausgeführt, so sind die Erwerbe erst ab dem Zeitpunkt, in dem die steuerpflichtigen Umsätze ausgeführt worden sind, der Erwerbsbesteuerung im Inland zu unterwerfen.

Beispiel 2:

Ein österreichischer Arzt, der nur unecht steuerbefreite Umsätze ausführt, kauft am 3. Februar 2008 eine EDV-Anlage in Deutschland um 5.000 Euro. Ab September 2008 erstellt er zusätzlich laufend (auch in den Folgejahren) steuerpflichtige Gutachten. Am 3. Oktober 2008 kauft der Arzt noch einen Büroschreibtisch in Deutschland um 500 Euro. Im Jahr 2007 fanden keine innergemeinschaftlichen Erwerbe statt.

Im Zeitpunkt des Kaufes der EDV-Anlage war der Arzt Schwellenerwerber. Schwellenerwerber sind ua. solche Unternehmer, die ausschließlich steuerfreie, den Vorsteuerabzug ausschließende Umsätze tätigen. Durch das Ausführen von steuerpflichtigen Umsätzen ab September 2008 verliert der Arzt die Eigenschaft als Schwellenerwerber. Da die Umsätze jedoch erst ab dem Zeitpunkt, in dem die steuerpflichtigen Umsätze ausgeführt worden sind, der Erwerbsbesteuerung im Inland zu unterwerfen sind, ist für den Ankauf der EDV-Anlage keine Erwerbsbesteuerung im Inland vorzunehmen.

Im Zeitpunkt des Ankaufes des Büroschreibtisches ist hingegen keine Ausschließlichkeit unecht befreiter Umsätze mehr gegeben. Der Kauf des Büroschreibtisches (und jeder weitere Erwerb) ist daher der Erwerbsbesteuerung zu unterwerfen.

Randzahlen 3630 bis 3635: *derzeit frei.*

101.5. Verzicht auf die Erwerbsschwelle

3636 Tritt ein Schwellenerwerber (zB pauschalierter Landwirt), der die Erwerbsschwelle nicht überschreitet, gegenüber einem Lieferer in einem anderen Mitgliedstaat mit seiner UID auf, um steuerfrei Waren einkaufen zu können, gilt dies als Verzicht auf die Erwerbsschwelle.

Beispiel:

Der pauschalierte Landwirt Ö nimmt im März des Jahres 01 eine Beratungsleistung eines deutschen Steuerberaters D in Anspruch. Die sonstige Leistung des D ist gemäß § 3a Abs. 6 UStG 1994 in Österreich steuerbar, die Steuerschuld geht gemäß § 19 Abs. 1 zweiter Unterabsatz UStG 1994 auf Ö über. D muss diese sonstige Leistung in seine Zusammenfassende Meldung aufnehmen. Ö erhält aus diesem Grund eine österreichische UID.

Im August 01 erwirbt Ö Saatgut im Wert von 5.000 € aus Deutschland und gibt dem Lieferanten seine UID bekannt. Dieser liefert steuerfrei nach Österreich.

Die Bekanntgabe der UID durch Ö gilt als Verzicht auf die Erwerbsschwelle, Ö hat daher den Erwerb des Saatguts zu versteuern, es steht ihm kein Vorsteuerabzug zu.

Ö ist mindestens zwei Kalenderjahre an den Verzicht auf die Erwerbsschwelle gebunden, wobei die Zweijahresfrist vom Beginn des ersten Kalenderjahres zu berechnen ist, für das der Verzicht gilt.

Bezieht Ö auch im Jahr 02 Waren aus dem übrigen Gemeinschaftsgebiet, so hat er die in Österreich damit verbundenen innergemeinschaftlichen Erwerbe zu versteuern, auch wenn sie unter der Erwerbsschwelle liegen.

Im Jahr 03 kann Ö den Verzicht auf die Erwerbsschwelle widerrufen. Dieser Widerruf ist innerhalb der Frist zur Abgabe der Voranmeldung für den Voranmeldungszeitraum dieses Kalenderjahres, in dem erstmals ein Erwerb getätigt worden ist, gegenüber dem Finanzamt schriftlich zu erklären.

Randzahlen 3637 bis 3642: *derzeit frei.*

101.6. Neue Fahrzeuge; verbrauchsteuerpflichtige Waren

3643 Verbrauchsteuerpflichtige Waren im Sinne des Art. 1 Abs. 6 UStG 1994 sind Alkohol, alkoholische Getränke, Tabakwaren und Energieerzeugnisse, jeweils im Sinne der geltenden Gemeinschaftsvorschriften, nicht jedoch über das Erdgasverteilungsnetz oder an ein solches Netz angeschlossenes Netz geliefertes Gas. Zu den Energieerzeugnissen zählen neben den Mineralölen insbesondere Kohle und Koks, nicht jedoch Elektrizität. Die Erwerbsschwellenregelung findet auf den Erwerb dieser Waren und auf den Erwerb neuer Fahrzeuge keine Anwendung. Der innergemeinschaftliche Erwerb solcher Waren ist daher auch von einem Schwellenerwerber zu versteuern.

(BMF-AV Nr. 2021/166)

Randzahlen 3644 bis 3650: *derzeit frei.*

101.7. Erwerb neuer Fahrzeuge

Der Erwerb neuer Fahrzeuge ist stets ein innergemeinschaftlicher Erwerb. Dies gilt unabhängig vom Status des Lieferers und des Erwerbers. Zum Begriff des neuen Fahrzeuges vgl. Rz 3667 bis 3675. 3651

Randzahlen 3652 bis 3657: *derzeit frei.*

101.7.1. Erwerb für das Unternehmen

Bei Unternehmern gilt der Erwerb neuer Fahrzeuge jedenfalls als für das Unternehmen ausgeführt (gem Art. 12 Abs. 4 UStG 1994 keine Anwendung des § 12 Abs. 2 Z 2 UStG 1994; eine sich auf Grund des Abs. 4 ergebende Steuer für den Erwerb ist gemäß Art. 12 Abs. 1 Z 1 UStG 1994 nicht abzugsfähig). 3658

101.7.2. Erwerb durch Schwellenerwerber

Unabhängig von der Erwerbsschwelle liegt auch beim Erwerb neuer Fahrzeuge durch Schwellenerwerber jedenfalls ein innergemeinschaftlicher Erwerb vor. 3659

101.7.3. Erwerb durch Nichtunternehmer

Erwirbt ein Nichtunternehmer ein neues Fahrzeug, so liegt in jedem Fall ein innergemeinschaftlicher Erwerb vor. Der Erwerb durch einen Nichtunternehmer hat Entgeltlichkeit zur Voraussetzung. Die Übersiedlung vom übrigen Gemeinschaftsgebiet ins Inland unter Mitnahme eines neuen Fahrzeuges (Art. 1 Abs. 8 und 9 UStG 1994) führt daher grundsätzlich zu keiner Erwerbsbesteuerung. 3660

Die Steuer wird im Falle des Erwerbs durch Nichtunternehmer im Wege der Fahrzeugeinzelbesteuerung erhoben.

Randzahlen 3661 bis 3666: *derzeit frei.*

101.8. Begriff „Fahrzeug“

Fahrzeuge sind die in Art. 1 Abs. 8 UStG 1994 genauer umschriebenen Land-, Wasser- und Luftfahrzeuge. 3667

101.8.1. Begriff „motorbetriebenes Landfahrzeug“

Unter „motorbetriebene Landfahrzeuge“ fallen nur solche, die zur Personen- oder Güterbeförderung bestimmt sind mit einem Hubraum von mehr als 48 Kubikzentimetern oder einer Leistung von mehr als 7,2 Kilowatt. Hiezu gehören Pkw, Lkw, Motorräder, Wohnmobile und dergleichen. Nicht hierunter fallen zB Wohnwagenanhänger und andere Anhänger sowie selbstfahrende Arbeitsmaschinen und land- und forstwirtschaftliche Zugmaschinen (zB Traktoren). 3668

101.8.2. Begriff „Wasserfahrzeug“

Unter „Wasserfahrzeuge“ fallen nur solche, die zur Personen- oder Güterbeförderung bestimmt sind und deren Länge 7,5 Meter (über dem Rumpf) übersteigt. Auf eine Motorisierung wird nicht abgestellt. Daher fallen auch Segeljachten ab der genannten Größe unter diese Bestimmung. 3669

101.8.3. Begriff „Luftfahrzeug“

Unter „Luftfahrzeuge“ fallen nur solche, die zur Personen- oder Güterbeförderung bestimmt sind und deren Starthöchstmasse mehr als 1.550 Kilogramm beträgt. Die Starthöchstmasse ist das zulässige Gesamtgewicht beim Aufstieg. 3670

Randzahlen 3671 bis 3675: *derzeit frei.*

101.9. Begriff „neu“

Ein Fahrzeug unterliegt nur dann den Bestimmungen des Art. 1 Abs. 7 UStG 1994, wenn es als neu im Sinne des Art. 1 Abs. 9 UStG 1994 gilt. Es ist dies abhängig vom Zeitpunkt der ersten Inbetriebnahme bzw. vom Ausmaß der bisherigen Nutzung. 3676

Für die Beurteilung als neues Fahrzeug ist auf den Zeitpunkt der Lieferung des betreffenden Gegenstandes vom Verkäufer an den Käufer abzustellen (EuGH 18.11.2010, Rs C-84/09, *X*).

Die Beurteilung, in welchem Mitgliedstaat der Endverbrauch eines Fahrzeuges (und damit der innergemeinschaftliche Erwerb) stattfindet, hat auf einer umfassenden Abwägung aller objektiven tatsächlichen Umstände zu beruhen. Zu diesen im Rahmen des Gesamtbildes der Verhältnisse zu berücksichtigenden Umständen gehören ua. der Ort der gewöhnlichen Verwendung des Gegenstandes, seine Registrierung, der Wohnort des Erwerbers sowie das

Bestehen oder Fehlen von Verbindungen des Erwerbers zu einzelnen Mitgliedstaaten. Auch die (spätere) tatsächliche Nutzung des Fahrzeuges kann als Indiz auf die beim Erwerb vorgelegene Verwendungsabsicht herangezogen werden (VwGH 26.1.2012, 2009/15/0177 unter Hinweis auf EuGH 18.11.2010, Rs C-84/09, *X*, Rn 44 f; VwGH 22.10.2015, 2013/15/0277).

Wird ein Fahrzeug aus verschiedenen Bestandteilen, von denen einzelne die Voraussetzungen für ein Neufahrzeug nicht mehr erfüllen, hergestellt und entsteht dadurch ein bisher noch nicht existentes, eigenständiges Wirtschaftsgut, das eine andere Verkehrsgängigkeit als seine Bestandteile aufweist, kann dieses neue Wirtschaftsgut nicht bereits vor seiner Inbetriebnahme in einer Weise verwendet worden sein, dass es seine Eigenschaft als Neufahrzeug verloren hätte (vgl. VwGH 29.5.2018, Ra 2017/15/0027).

(BMF-AV Nr. 2019/165)

101.9.1. Neues Landfahrzeug

3677 Ein Kfz (motorbetriebenes Landfahrzeug) gilt dann als neu, wenn die erste Inbetriebnahme im Zeitpunkt des Erwerbs nicht mehr als sechs Monate zurückliegt. Dies ist unabhängig davon, wie viele Kilometer das Fahrzeug in dieser Zeit zurückgelegt hat. Liegt die erste Inbetriebnahme jedoch mehr als sechs Monate zurück, so gilt das Fahrzeug dennoch als neu, solange es nicht mehr als 6.000 Kilometer zurückgelegt hat.

Beispiel:

Pkw 1 wurde vor 5 Monaten erstmals in Betrieb genommen, es wurden jedoch bereits 20.000 km zurückgelegt. Bei Pkw 2 liegt die erste Inbetriebnahme 3 Jahre zurück, jedoch sind erst 5.000 km zurückgelegt worden: Beide Fahrzeuge gelten als neu.

101.9.2. Neues Wasserfahrzeug

Randzahlen 3678 bis 3679: *derzeit frei.*

101.9.3. Neues Luftfahrzeug

Randzahlen 3680 bis 3685: *derzeit frei.*

101.10. Diplomatische Missionen und zwischenstaatliche Einrichtungen und Streitkräfte im Rahmen der Gemeinsamen Sicherheits- und Verteidigungspolitik

(BMF-AV Nr. 2022/154)

3686 Nach Art. 1 Abs. 10 UStG 1994 liegt ein innergemeinschaftlicher Erwerb nicht vor, wenn ein Gegenstand bei einer Lieferung aus dem Gebiet eines anderen Mitgliedstaates in das Inland gelangt und die Erwerber folgende Einrichtungen sind:

- Im Inland ansässige ständige diplomatische Missionen und berufskonsularische Vertretungen,
- im Inland ansässige zwischenstaatliche Einrichtungen oder
- Streitkräfte anderer Mitgliedstaaten, die im Inland an einer Verteidigungsanstrengung teilnehmen, die zur Durchführung einer Tätigkeit der Union im Rahmen der GSVP unternommen wird (siehe Rz 746a).

Dies gilt jedoch nur, wenn diese Leistungsempfänger nicht unternehmerisch tätig sind.

(BMF-AV Nr. 2022/154)

3687 Für den Erwerb neuer Fahrzeuge durch die genannten Einrichtungen gilt diese Ausnahme nicht. Diesbzgl liegt zwar ein innergemeinschaftlicher Erwerb vor, doch ist dieser in vielen Fällen (siehe Rz 3689 bis 3696) steuerfrei.

101.10.1. Folgen der Regelung des Art. 1 Abs. 10 UStG 1994

3688 Die Regelung des Art. 1 Abs. 10 UStG 1994 bewirkt:

- dass den genannten Einrichtungen grundsätzlich keine UID zu erteilen ist,
- bei Lieferungen aus anderen Mitgliedstaaten an diese Einrichtungen der Ort der Lieferung im Falle der Beförderung oder Versendung durch den Lieferer nach der Versandhandelsregelung gemäß Art. 3 Abs. 3 UStG 1994 (siehe Rz 3714 bis 3730) zu bestimmen ist und
- diese Einrichtungen nur beim innergemeinschaftlichen Erwerb eines neuen Fahrzeuges der Erwerbsteuer unterliegen.

101.10.2. Erwerb neuer Fahrzeuge

3689 Der Erwerb neuer Fahrzeuge (siehe Rz 3651 bis 3666) unterliegt auch für die von Art. 1 Abs. 10 UStG 1994 erfassten Einrichtungen der Erwerbsteuer.

Diesfalls kann bei Vorliegen der entsprechenden Voraussetzungen allerdings die Befreiung nach Art. 6 Abs. 2 Z 3 UStG 1994 zur Anwendung kommen. Die Steuerfreiheit richtet sich dann nach § 6 Abs. 4 Z 5 UStG 1994, welcher Bezug auf die §§ 89 bis 93 Zollrechts-Durchführungsgesetz, BGBl. Nr. 659/1994 nimmt. 3690

101a. Konsignationslagerregelung (Art. 1a UStG 1994)

(BMF-AV Nr. 2019/165)

101a.1. Konsignationslagerregelung (ab 1.1.2020)

(BMF-AV Nr. 2019/165)

3691 Mit 1.1.2020 treten die gesetzlichen Bestimmungen zur Konsignationslagerregelung in Kraft. Die Bestimmungen gelten nur für Verbringungen von Waren, deren Beförderung oder Versendung nach dem 31.12.2019 beginnt. Durch diese Vereinfachungsregel soll verhindert werden, dass sich der Lieferer bei einer Verbringung in einem anderen Mitgliedstaat registrieren lassen muss. Sie bewirkt, dass die Besteuerung im Zeitpunkt der Verbringung ins Konsignationslager aufgeschoben wird und erst bei der Lieferung an den Erwerber erfolgt. Liegen die Voraussetzungen für die Anwendung der Konsignationslagerregelung vor, ist die Verbringung eines Gegenstandes in einen Mitgliedstaat (Konsignationslagerstaat) nicht steuerbar. Die grenzüberschreitende Warenbewegung ist der tatsächlichen Lieferung an den „geplanten Erwerber" zuzurechnen. Diese Lieferung ist dann unter den allgemeinen Voraussetzungen im Ursprungsland als innergemeinschaftliche Lieferung steuerfrei. Gleichzeitig bewirkt der geplante Erwerber im Zeitpunkt der Lieferung einen innergemeinschaftlichen Erwerb im Konsignationslagerstaat.

Die Konsignationslagerregelung ist unter folgenden Voraussetzungen anwendbar:

- Die Gegenstände werden vom Unternehmer oder auf seine Rechnung von einem Dritten in den Konsignationslagerstaat befördert oder versendet, um zu einem späteren Zeitpunkt an einen anderen Unternehmer (geplanter Erwerber) geliefert zu werden.
- Der geplante Erwerber ist gemäß einer bestehenden Vereinbarung mit dem Lieferer zum Erwerb des Eigentums an den Gegenständen berechtigt.
- Der liefernde Unternehmer betreibt im Konsignationslagerstaat weder sein Unternehmen noch eine Betriebstätte. Ob eine Betriebsstätte vorliegt, ist nach Art. 11 Abs. 2 der VO (EU) 282/2011 zu beurteilen.
- Dem Unternehmer sind die Identität und die UID des geplanten Erwerbers im Konsignationslagerstaat zum Zeitpunkt des Beginns der Beförderung oder Versendung bekannt.
- Der Unternehmer nimmt die Identität und die UID des geplanten Erwerbers im Konsignationslagerstaat in die Zusammenfassende Meldung gemäß Art. 21 Abs. 3 UStG 1994 auf.
- Der Unternehmer trägt die Verbringung der Gegenstände in das Register gemäß Art. 1a Abs. 6 UStG 1994 ein. Das Register muss die in Art. 54a VO (EU) 282/2011 genannten Informationen enthalten.

Sind die oben angeführten Voraussetzungen erfüllt, ist das Verbringen eines Gegenstandes sowohl im Ursprungsland als auch im Konsignationslagerstaat nicht steuerbar. Die Beförderung oder Versendung in das Konsignationslager ist in die Zusammenfassende Meldung mit dem Hinweis auf die Konsignationslagerregelung (KL-Code 1) aufzunehmen. Wird der Gegenstand innerhalb von 12 Monaten ab Ankunft im Konsignationslager an den geplanten Erwerber geliefert, verwirklicht der Erwerber zu diesem Zeitpunkt einen innergemeinschaftlichen Erwerb im Konsignationslagerstaat. Im Ursprungsland liegt in diesem Zeitpunkt eine innergemeinschaftliche Lieferung nach Art. 7 Abs. 1 UStG 1994 vor, für die erneut eine Zusammenfassende Meldung (ohne Hinweis auf die Konsignationslagerregelung) abzugeben ist.

Beispiel:

Der Unternehmer V, der nur in Deutschland niedergelassen ist, verbringt Waren in ein Konsignationslager in Österreich, um sie zu einem späteren Zeitpunkt an Ö zu liefern. Der geplante Erwerber Ö tritt mit einer österreichischen UID auf. Zehn Monate nach Ankunft der Waren im Konsignationslager werden die Waren an Ö geliefert.

Lösung:

Liegen die Voraussetzungen für die Konsignationslagerregelung vor, ist die Beförderung in das Lager nicht steuerbar. V hat die Beförderung in die Zusammenfassende Meldung mit Hinweis auf die Konsignationslagerregelung (KL-Code 1) aufzunehmen. Im Zeitpunkt der Lieferung an Ö verwirklicht dieser einen innergemeinschaftlichen Erwerb in Österreich. In Deutschland ist der Vorgang als innergemeinschaftliche Lieferung von der Steuer befreit. V hat die Lieferung in dieZusammenfassende Meldung (ohne Hinweis auf die Konsignationslagerregelung) aufzunehmen.

Liegt eine der Voraussetzungen für die Konsignationslagerregelung nicht vor (bspw., weil der Unternehmer die Lieferung nicht in das Register gemäß Art. 1a Abs. 6 UStG 1994 aufnimmt), hat der Unternehmer eine Verbringung nach Art. 1 Abs. 3 Z 1 UStG 1994 zu versteuern. Kommt hingegen der geplante Erwerber seiner Pflicht zur Eintragung in das Register nicht nach(Art. 243 Abs. 3 letzter Satz MwSt-RL 2006/112/EG), ist dies für die Anwendung der Konsignationslagerregelung nicht schädlich.

Werden die Waren nicht innerhalb von 12 Monaten ab Ankunft im Konsignationslager an den geplanten Erwerber geliefert, liegt am Tag nach Ablauf der 12 Monate eine steuerbare Verbringung (Art. 1 Abs. 3 UStG 1994) vor. Der liefernde Unternehmer muss sich im Konsignationslagerstaat für Umsatzsteuerzwecke registrieren lassen und die (nun steuerpflichtige) Verbringung in eine neue Zusammenfassende Meldung (ohne Hinweis auf die Konsignationslagerregelung) aufnehmen.

BMR

Zur Bestimmung der 12-Monatsfrist kann das FIFO-Verfahren („First In – First Out") angewendet werden. Das FIFO-Verfahren ist nicht auf Massenwaren beschränkt. Auch bei Waren, die einzeln erfasst und identifiziert werden können, kann das FIFO-Verfahren zur Berechnung der 12-Monatsfrist angewandt werden, sofern es sich um idente Gegenstände handelt. Das FIFO-Verfahren kann auch angewandt werden, wenn die Waren von verschiedenen Lieferern stammen und in ein und demselben Lager gelagert werden. Diesfalls ist das FIFO-Verfahren separat für den Bestand jedes Lieferers anzuwenden.

Wird irrtümlich eine Zusammenfassende Meldung über eine Lieferung in ein Konsignationslager (KL-Code 1) abgegeben, kann die Zusammenfassende Meldung auch nachträglich noch korrigiert werden. Diesfalls ist der KL-Code 1 durch den KL-Code 2 (gleiche Zeile) zu ersetzen.

(BMF-AV Nr. 2019/165, BMF-AV Nr. 2020/192, BMF-AV Nr. 2021/166)

101a.2. Rücksendung

(BMF-AV Nr. 2019/165)

Wird der Gegenstand innerhalb von 12 Monaten in den Mitgliedstaat, aus dem er befördert oder versendet wurde, rückversendet, und trägt der Unternehmer den Rückversand in das Register gemäß Art. 1a Abs. 6 UStG 1994 ein, wird durch die Rücksendung keine Besteuerung ausgelöst. Im Falle der Rückversendung ist die ursprüngliche Verbringung in den Konsignationslagerstaat auch nach Ablauf der 12 Monate nicht zu besteuern. Wird nur ein Teil der Waren, für die die Konsignationslagerregelung in Anspruch genommen wird, rückversendet, wird hierdurch ebenfalls keine Besteuerung ausgelöst. Für jene Waren, die im Konsignationslager verbleiben, bleibt die Konsignationslagerregelung weiter aufrecht. 3692

Die Rücksendung gilt mit dem Zeitpunkt als erfolgt, an dem die Gegenstände in das Hoheitsgebiet des Mitgliedstaats gelangen, aus dem sie ursprünglich versandt oder befördert wurden. Dies ist jener Zeitpunkt, an dem die Gegenstände im Lager des Lieferers eintreffen.

Die Rücksendung ist in die Zusammenfassende Meldung (neue Zeile mit KL-Code 2) für jenen Meldezeitraum aufzunehmen, in dem der auf die Rücksendung folgende Monat endet.

(BMF-AV Nr. 2019/165, BMF-AV Nr. 2021/166)

101a.3. Ersetzen des Erwerbers

(BMF-AV Nr. 2019/165)

Wird der geplante Erwerber durch einen anderen Erwerber ersetzt und sind die Voraussetzungen der Konsignationslagerregelung weiterhin sinngemäß erfüllt, löst die Ersetzung keine Besteuerung aus. Die Frist von 12 Monaten wird durch die Ersetzung nicht verlängert. Voraussetzung ist, dass der liefernde Unternehmer die Ersetzung des Erwerbers in das Register nach Art. 1a Abs. 6 UStG 1994 einträgt und in die Zusammenfassende Meldung aufnimmt. Dies erfolgt durch Angabe der UID des ursprünglichen Erwerbers und des neuen geplanten Erwerbers in einer neuen Zeile mit KL-Code 3. Wird der Gegenstand innerhalb von 12 Monaten ab Ankunft der Waren im Konsignationslager an den neuen Erwerber geliefert, hat dieser die Lieferung als innergemeinschaftlichen Erwerb zu versteuern. 3693

Beispiel 1:

Der Unternehmer B, der nur in Deutschland niedergelassen ist, befördert Gegenstände in ein Konsignationslager in Österreich. Geplanter Erwerber ist T. Nach 5 Monaten wird T durch einen anderen Erwerber ersetzt. Die Gegenstände werden 10 Monate nach Ankunft der Waren imKonsignationslager an den neuen Erwerber geliefert.

Lösung:

Bei Vorliegen der Voraussetzungen der Konsignationslagerregelung ist die Verbringung der Waren nicht steuerbar. Auch die Ersetzung des Erwerbers löst keine Besteuerung aus. B hat die Ersetzung im Register einzutragen und unter Hinweis auf die Konsignationslagerregelung (neue Zeile mit KL-Code 3) in die Zusammenfassende Meldung aufzunehmen. Im Zeitpunkt der Lieferung an den neuen Erwerber hat dieser einen innergemeinschaft-

lichen Erwerb zu versteuern. B hat den Verkauf an den neuen Erwerber in die Zusammenfassende Meldung (ohne Hinweis auf die Konsignationslagerregelung) aufzunehmen.

Beispiel 2:

Der Unternehmer V, der nur in Deutschland niedergelassen ist, verbringt Waren in ein Konsignationslager in Österreich. Geplanter Erwerber ist Ö. Fünf Monate nach Ankunft der Waren im Konsignationslager entscheidet sich V, die Waren in ein Lager in Italien zu befördern, um sie an einen Erwerber in Italien zu veräußern.

Lösung:

Im Zeitpunkt der Beförderung in das italienische Lager sind die Voraussetzungen für die Konsignationslagerregelung in Österreich nicht mehr erfüllt. Unmittelbar vor der Beförderung nach Italien (dh. am selbenTag) liegt eine Verbringung durch V von Deutschland nach Österreich vor. Diese Verbringung ist von V in die Zusammenfassende Meldung inDeutschland aufzunehmen und in Österreich als innergemeinschaftlicherErwerb zu versteuern. Die Verbringung in das italienische Lager ist bei sinngemäßer Anwendung der Konsignationslagerregelung in Österreich nicht steuerbar und in die Zusammenfassende Meldung mit dem Hinweis auf die Konsignationslagerregelung (KL-Code 1) aufzunehmen. Liegen die Voraussetzungen für die Konsignationslagerregelung nicht sinngemäß vor, ist die Beförderung in das italienische Lager in Österreich als steuerfreieVerbringung in die Zusammenfassende Meldung (ohne Hinweis auf die Konsignationslagerregelung) aufzunehmen.

Ein mehrfacher Wechsel des Erwerbers sowie ein Rückwechsel zum geplanten Erwerber löst bei sinngemäßer Erfüllung der Voraussetzungen keine Besteuerung aus. Der Unternehmer kann den geplanten Erwerber auch durch mehrere Erwerber ersetzen. Jeder Erwerberwechsel ist in das Register einzutragen und in der Zusammenfassenden Meldung mit dem Hinweis auf die Konsignationslagerregelung (jeweils neue Zeile mit KL-Code 3) aufzunehmen.

Wird an einen Erwerber, der nicht in das Register eingetragen ist, geliefert, sind die Voraussetzungen für die Konsignationslagerregelung nicht mehr erfüllt. Unmittelbar vor der Lieferung an den Erwerber (dh. am selben Tag) hat der liefernde Unternehmer eine Verbringung im Konsignationslagerstaat zu versteuern. Die Lieferung an den Erwerber ist dann nach § 1 Abs. 1 Z 1 UStG 1994 zu versteuern.

(BMF-AV Nr. 2019/165)

101a.4. Zerstörung, Verlust und Diebstahl

(BMF-AV Nr. 2019/165)

3694 Bei Zerstörung, Verlust oder Diebstahl eines Gegenstandes, der unter Anwendung der Konsignationslagerregelung verbracht wurde, hat der liefernde Unternehmer mit dem Tag, an dem die Gegenstände abhandenkamen oder zerstört wurden, im Konsignationslagerstaat eine Verbringung zu versteuern. Der Unternehmer hat die Verbringung in die Zusammenfassende Meldung (ohne Hinweis auf die Konsignationslagerregelung) aufzunehmen.

Bei Zerstörung, Verlust oder Diebstahl von weniger als 5% des Wertes oder der Menge der Gegenstände, die im Rahmen der Konsignationslagerreglung verbracht wurden, hat der Unternehmer für diese Gegenstände keine Verbringung zu versteuern.

(BMF-AV Nr. 2019/165, BMF-AV Nr. 2020/192)

101a.5. Zusammenfassende Meldung bei Inanspruchnahme der Konsignationslagerregelung

(BMF-AV Nr. 2020/192)

3695

Sachverhalt iZm Waren, die unter Anwendung der KL[2]-Regelung verbracht wurden	ZM im Abgangsstaat	Meldezeitraum (MZR)
Ig. Warenbewegung[1] der Waren in das KL	ZM mit KL-Code 1	MZR, in dem der auf die Warenbewegung der Gegenstände folgende Monat endet (Art. 21 Abs. 7 zweiter Satz iVm Abs. 6 Z 2a UStG 1994)

BMR

Fristgerechte Lieferung der Waren aus dem KL an den geplanten Erwerber	ZM für ig. Lieferung ohne KL-Code	MZR, in dem die Rechnung für die ig. Lieferung ausgestellt wird, spätestens für den MZR, in dem der auf die Ausführung der ig. Lieferung folgende Monat endet (Art. 21 Abs. 7 erster Satz iVm Abs. 6 Z 1 UStG 1994; vgl. auch Rz 4189 f)
Innerhalb von 12 Monaten nach der ig. Warenbewegung erfolgt keine fristgerechte Lieferung an den Abnehmer → steuerbares Verbringen des liefernden Unternehmers im KL-Staat (Art. 7 Abs. 2 UStG 1994)	ZM für Verbringen	MZR, in dem der auf die Ausführung des Verbringens folgende Monat endet (Art. 21 Abs. 7 erster Satz iVm Abs. 6 Z 2 UStG 1994, siehe auch Rz 3691 und 4191)
Wegfall der Voraussetzungen der Konsignationslagerregelung (zB fehlendes Register) → steuerbares Verbringen des liefernden Unternehmers im KL-Staat	ZM für Verbringen iSd Art. 7 Abs. 2 UStG 1994	MZR, in dem der auf die Ausführung des Verbringens folgende Monat endet (Art. 21 Abs. 7 erster Satz iVm Abs. 6 Z 2 UStG 1994, siehe auch Rz 4191)
Rücksendung innerhalb von 12 Monaten	ZM mit KL-Code 2 in neuer Zeile	MZR, in dem der auf die Änderung folgende Monat endet (Art. 21 Abs. 7 zweiter Satz iVm Abs. 6 Z 2a UStG 1994)
Ersetzen des (ursprünglichen) Erwerbers	ZM mit KL-Code 3 und Angabe der UID des ursprünglichen Erwerbers sowie des neuen geplanten Erwerbers	MZR, in dem der auf die Änderung folgende Monat endet (Art. 21 Abs. 7 zweiter Satz iVm Abs. 6 Z 2a UStG 1994)
Zerstörung, Verlust oder Diebstahl im KL → steuerbares Verbringen des liefernden Unternehmers im KL-Staat (je nach Rechtslage im KL-Staat kann eine Toleranzgrenze zu beachten sein)	ZM für Verbringen iSd Art. 7 Abs. 2 UStG 1994	MZR, in dem der auf den Ausfall folgende Monat endet (Art. 21 Abs. 7 erster Satz iVm Abs. 6 Z 2 UStG 1994, siehe auch Rz 4191)
Irrtümliche ZM mit KL-Code 1, zB obwohl keine ig. Warenbewegung erfolgt ist	Korrektur der fehlerhaften ZM durch Ersetzen des KL-Codes 1 durch KL-Code 2	Korrektur der ursprünglichen ZM innerhalb eines Monats (Rz 4203)

[1] Innergemeinschaftliche Beförderung oder Versendung

[2] Konsignationslager

Randzahl 3696: *derzeit frei*

(BMF-AV Nr. 2020/192)

102. Fahrzeuglieferer (Art. 2 UStG 1994)

3697 Die Tatsache, dass im Inland ein neues Fahrzeug geliefert wird und dieses im Rahmen der Lieferung in das übrige Gemeinschaftsgebiet gelangt, begründet bzgl der Fahrzeuglieferung die Unternehmereigenschaft des Lieferers. Die Lieferung findet stets im Rahmen des Unternehmens statt und fällt gem Art. 6 Abs. 5 UStG 1994 nicht unter die Befreiungsbestimmung für Kleinunternehmer. Bzgl der Definition „neues Fahrzeug“ siehe Rz 3667 bis 3675, 3676 bis 3685.

3698 Der Fahrzeuglieferer hat gemäß Art. 21 UStG 1994 für den Voranmeldungszeitraum, in dem er die steuerfreie innergemeinschaftliche Lieferung tätigt, eine UVA abzugeben, in der er einerseits die steuerfreie innergemeinschaftliche Fahrzeuglieferung und andererseits die nach Art. 12 Abs. 3 UStG 1994 zustehenden Vorsteuern anzuführen hat.

Bezüglich der innergemeinschaftlichen Lieferung neuer Fahrzeuge siehe Rz 3658.

Betreffend die Steuerfreiheit der Fahrzeuglieferung nach Art. 6 Abs. 1 UStG 1994 siehe Rz 3651 bis 3657.

Hinsichtlich der Rechnungsausstellung durch den Fahrzeuglieferer siehe Rz 4046 bis 4055.

Bezüglich des Vorsteuerabzuges für den Fahrzeuglieferer siehe Rz 4077 bis 4085.

Hinsichtlich der Meldepflicht bei Lieferung neuer Fahrzeuge siehe die Verordnung des BMF betreffend die Meldepflicht der innergemeinschaftlichen Lieferung neuer Fahrzeuge, BGBl. II Nr. 308/2003.

Randzahlen 3699 bis 3705: *derzeit frei.*

103. Lieferung (Art. 3 UStG 1994)

103.1. Verbringen als Lieferung gegen Entgelt

Siehe Rz 3601 bis Rz 3617.

(BMF-AV Nr. 2021/166)

Randzahlen 3706 bis 3712: *derzeit frei.*

103.2. Konsignationslagerregelung

(BMF-AV Nr. 2021/166)

Für Verbringungen von Waren in Konsignationslager in anderen Mitgliedstaaten ist Art. 1a UStG 1994, der die Regelungen für Verbringungen in Konsignationslager in Österreich enthält, sinngemäß anzuwenden. Siehe hierzu daher Rz 3691 bis 3695. **3713**

(BMF-AV Nr. 2021/166)

103.3. Innergemeinschaftlicher Versandhandel

103.3.1. Motive

Die Versandhandelsregelung stellt sicher, dass bei der Versendung oder Beförderung der Ware durch den Lieferer an private Abnehmer in andere Mitgliedsstaaten die Besteuerung im Bestimmungsland erfolgt. Infolge der unterschiedlichen Steuersätze könnte es sonst zu Wettbewerbsverzerrungen kommen. Zum Einfuhr-Versandhandel siehe Rz 451. **3714**

(BMF-AV Nr. 2019/165)

103.3.2. Voraussetzungen

103.3.2.1. Beförderung oder Versendung

Der liefernde Unternehmer befördert oder versendet die Gegenstände selbst oder ist zumindest indirekt an der Beförderung oder Versendung beteiligt. Siehe auch Rz 446 bis Rz 449. **3715**

Eine indirekte Beteiligung (siehe Art. 5a VO (EU) 282/2011) des liefernden Unternehmers liegt bspw. vor, wenn dieser

- im Unterauftrag einen Dritten beauftragt, die Gegenstände an den Erwerber zu befördern,
- zumindest teilweise die Verantwortung für die Versendung oder Beförderung der Gegenstände trägt, auch wenn der tatsächliche Transport durch einen Dritten erfolgt,
- dem Erwerber die Transportkosten für die Versendung in Rechnung stellt, diese einzieht und an einen Dritten weiterleitet, der den Transport durchführt oder
- gegenüber dem Erwerber Zustelldienste bewirbt oder den Kontakt zu diesen herstellt oder einem Dritten auf andere Weise Informationen, die dieser für die Zustellung der Gegenstände an den Erwerber benötigt, übermittelt.

Hingegen liegt keine indirekte Beteiligung durch den liefernden Unternehmer vor, wenn der Erwerber die Gegenstände selbst befördert oder versendet und der Lieferer noch nicht einmal mittelbar die Organisation der Beförderung oder Versendung übernimmt oder unterstützt.

(BMF-AV Nr. 2019/165)

103.3.2.2. Warenbewegung

Der Gegenstand der Lieferung muss von einem Mitgliedstaat in den anderen Mitgliedstaat gelangen. Bis 30.6.2021 kommt die Versandhandelsregelung auch zur Anwendung, wenn der Lieferer den Gegenstand der Lieferung in das Gemeinschaftsgebiet einführt und die Abfertigung in einem anderen Mitgliedstaat als dem Bestimmungsmitgliedstaat erfolgt. Ab 1.7.2021 liegt in solchen Fällen ein Einfuhr-Versandhandel vor (siehe Rz 451). **3716**

Beispiel 1:

Der russische Unternehmer R liefert Waren aus Moskau an den Privaten W nach Wien (Lieferkondition „verzollt und versteuert") und lässt den Transport durch einen von ihm beauftragten Spediteur besorgen. Dieser lässt die Waren in Deutschland zum freien Verkehr abfertigen. Der Einzelwert der Sendung beträgt 180 Euro.

Lösung:

Ab 1.7.2021 hat R einen Einfuhr-Versandhandel in Österreich zu versteuern, weil der Ort der Lieferung gemäß § 3 Abs. 8a lit. a UStG 1994 im Inland liegt. Die Regelungen für den innergemeinschaftlichen Versandhandel (Art. 3 Abs. 3 UStG 1994) kommen – unabhängig von der Höhe der Umsätze des Unternehmers – nicht zur Anwendung. Bis 30.6.2021 bestimmt sich der Lieferort nach Art. 3 Abs. 3 UStG 1994: Hat R die Lieferschwelle in

Höhe von 35.000 Euro entweder im Vorjahr oder im laufenden Jahr überschritten oder auf deren Anwendung verzichtet, liegt der Ort der Lieferung in Österreich.

Beispiel 2:

Angabe wie Beispiel 1, allerdings beträgt der Einzelwert der Sendung 50 Euro und die Ware wird gemäß Art. 221 Abs. 4 UZK-IA (zollrechtliches „Versandverfahren") in Österreich zum freien Verkehr abgefertigt.

Lösung:

In diesem Fall wird in Österreich ein Einfuhrtatbestand gesetzt. Der Ort der Lieferung liegt gemäß § 3 Abs. 9 UStG 1994 in Österreich. Die innergemeinschaftliche Versandhandelsregelung sowie § 3 Abs. 8a lit. a UStG 1994 kommen in beiden Fällen nicht zur Anwendung (vgl. auch Rz 451).

Nimmt R ab 1.7.2021 den IOSS in Anspruch und erklärt den Umsatz über diesen, liegt ein Einfuhr-Versandhandel gemäß § 3 Abs. 8a lit. b UStG 1994 vor und die Lieferung ist in Österreich steuerbar. Diesfalls ist die Einfuhr gemäß § 6 Abs. 4 Z 9 UStG 1994 steuerfrei.

(BMF-AV Nr. 2019/165, BMF-AV Nr. 2020/192, BMF-AV Nr. 2021/166)

103.3.3. Rechtsfolgen

3717 Die Lieferung gilt dort als ausgeführt, wo die Versendung oder Beförderung endet. Die Lieferung ist im jeweiligen Bestimmungsmitgliedstaat steuerbar und steuerpflichtig. Der inländische Lieferer muss die entsprechenden umsatzsteuerlichen Bestimmungen des anderen Mitgliedstaates erfüllen. Der Lieferer muss sich somit im anderen Mitgliedstaat erfassen lassen und benötigt in den meisten Mitgliedstaaten auch einen Fiskalvertreter (siehe Rz 3526 bis Rz 3536). Ab 1.7.2021 besteht unter gewissen Voraussetzungen die Möglichkeit, alle innergemeinschaftlichen Versandhandelsumsätze über den EU-OSS (Art. 25a UStG 1994) in einem einzigen Mitgliedstaat zu erklären. Diesfalls fällt die Registrierungsverpflichtung in anderen Mitgliedstaaten weg. Siehe Rz 4297 ff.

(BMF-AV Nr. 2019/165, BMF-AV Nr. 2021/166)

3718 Ausländische Lieferer, die unter die Regelung für innergemeinschaftlichen Versandhandel fallen, müssen sich in Österreich steuerlich erfassen lassen. Alternativ können die Umsätze ab 1.7.2021– bei Vorliegen der Voraussetzungen – über den EU-OSS (Art. 25a UStG 1994) erklärt werden. Siehe Rz 4297 ff.

(BMF-AV Nr. 2019/165, BMF-AV Nr. 2020/192)

103.3.4. Besonderheiten

3719
- Handelt es sich beim Lieferer um einen ausländischen Unternehmer im Sinne des § 27 Abs. 4 UStG 1994 und tätigt er innergemeinschaftliche Versandhandelsumsätze an Schwellenerwerber, die Unternehmer sind (Kleinunternehmer, pauschalierte Landwirte, Unternehmer mit unecht befreiten Umsätzen) oder an juristische Personen des öffentlichen Rechts, die ihrerseits die Erwerbsschwelle nicht überschritten oder auf die Erwerbsschwelle nicht verzichtet haben, so haben diese Empfänger die auf die Lieferung entfallende Umsatzsteuer einzubehalten und an das für den Lieferer zuständige Finanzamt (Dienststelle Graz-Stadt) abzuführen (siehe auch Rz 3731). Dies gilt seit 1.7.2021 nicht, wenn eine Sonderregelung gemäß § 25b UStG 1994 oder Art. 25a UStG 1994 oder eine vergleichbare Sonderregelung in einem anderen Mitgliedstaat in Anspruch genommen wird.
- Gemäß Art. 11 Abs. 1 UStG 1994 hat der liefernde Unternehmer für innergemeinschaftliche Versandhandelsumsätze Rechnungen auszustellen, wenn der Umsatz im Inland als ausgeführt gilt. Die Möglichkeit zur Ausstellung von Kleinbetragsrechnungen ist ausgeschlossen (Art. 11 Abs. 5 UStG 1994).
- Die Kleinunternehmerregelung (siehe Rz 994) ist nicht auf ausländische Unternehmer anzuwenden.
- Der ausländische Unternehmer hat Aufzeichnungen gemäß § 18 UStG 1994 zu führen und benötigt – sofern er im Gemeinschaftsgebiet weder Wohnsitz, Sitz oder Betriebsstätte hat und die Umsätze auch nicht über den EU-OSS erklärt – einen Fiskalvertreter (siehe Rz 3526 bis Rz 3536).

(BMF-AV Nr. 2019/165, BMF-AV Nr. 2020/192, BMF-AV Nr. 2022/154)

103.3.5. Verlagerung des Lieferortes

3720 Die Versandhandelsregelung sieht eine besondere, von § 3 UStG 1994 abweichende Bestimmung des Ortes der Lieferung für die Fälle vor, in denen der Lieferer

- Gegenstände in einen anderen Mitgliedstaat befördert oder versendet und

- der Abnehmer einen innergemeinschaftlichen Erwerb nicht zu versteuern hat.

Die Lieferung gilt in den von Art. 3 Abs. 3 bis 7 UStG 1994 erfassten Fällen dann dort ausgeführt, wo die Beförderung oder Versendung endet.

Randzahlen 3721 bis 3730: *derzeit frei.*

103.4. Abnehmerkreis im innergemeinschaftlichen Versandhandel

(BMF-AV Nr. 2019/165)

Die Bestimmung kommt dann zur Anwendung, wenn der Abnehmer 3731

- nicht Unternehmer ist (außer der Abnehmer ist eine juristische Person, die die Erwerbsschwelle überschreitet oder auf ihre Anwendung verzichtet), oder
- Unternehmer ist, der den Gegenstand nicht für sein Unternehmen erwirbt.

Die Bestimmung kommt weiters zur Anwendung, wenn der Abnehmer

- Unternehmer ist und nur unecht befreite Umsätze (zB Banken und Ärzte) ausführt, oder
- Kleinunternehmer (nach den Vorschriften des Bestimmungsstaates) oder
- pauschalierter Landwirt ist,

und weder die Erwerbsschwelle überschreitet noch auf ihre Anwendung verzichtet.

103.5. Lieferort bei Versand durch Kleinstunternehmer (seit 1.7.2021)

(BMF-AV Nr. 2019/165, BMF-AV Nr. 2020/192, BMF-AV Nr. 2022/154)

Für Kleinstunternehmer iSd Art. 3 Abs. 5 UStG 1994 gilt die innergemeinschaftliche 3732
Versandhandelsregelung nur, wenn sich dieser für deren Anwendung entscheidet. Nimmt der Kleinstunternehmer die innergemeinschaftliche Versandhandelsregelung nicht in Anspruch, entfällt die Registrierung im Bestimmungsland, weil die Umsätze im Ursprungsland zu versteuern sind.

Die Kleinstunternehmerregelung gilt für Unternehmer, die

- ihr Unternehmen in einem Mitgliedstaat betreiben und außerhalb dieses Mitgliedstaats keine Betriebsstätte haben,
- Waren in einen anderen Mitgliedstaat liefern und
- die maßgebliche Umsatzgrenze für bestimmte Lieferungen und sonstige Leistungen in Höhe von 10.000 Euro nicht überschreiten.

(BMF-AV Nr. 2019/165, BMF-AV Nr. 2021/166)

Die Umsatzgrenze berechnet sich aus dem Gesamtbetrag der innergemeinschaftlichen 3733
Versandhandelsumsätze ins übrige Gemeinschaftsgebiet zuzüglich der Umsätze für elektronisch erbrachte sonstige Leistungen, Telekommunikations-, Rundfunk- und Fernsehdienstleistungen an Nichtunternehmer im übrigen Gemeinschaftsgebiet (Art. 3a Abs. 5 UStG 1994).

Beispiel 1:

Die Unternehmerin U betreibt ihr Unternehmen im Inland und verfügt über keine Betriebsstätten in anderen Mitgliedstaaten. Im Jahr 2021 führt U nur Lieferungen innerhalb von Österreich aus. Von Jänner bis August 2022 erzielt U innergemeinschaftliche Versandhandelsumsätze, bei denen der Beginn der Beförderung oder Versendung im Inland liegt, in folgender Höhe:

- *nach Deutschland: 5.000 Euro*
- *nach Frankreich: 4.900 Euro*

Am 4.11.2022 führt U zusätzlich einen innergemeinschaftlichen Versandhandel iHv 200 Euro an einen Konsumenten in Frankreich aus.

Lösung:

Im Jahr 2021 erzielte U nur Umsätze innerhalb von Österreich und überschreitet die Umsatzgrenze für Kleinstunternehmer daher nicht. Im Jahr 2022 ist U bis zum Überschreiten der Umsatzgrenze noch als Kleinstunternehmer gemäß Art. 3 Abs. 5 UStG 1994 zu behandeln. Der Lieferort für die bis zum Überschreiten der Umsatzgrenze ausgeführten innergemeinschaftlichen Versandhandelsumsätze liegt gemäß § 3 Abs. 8 UStG 1994 am Beginn der Beförderung bzw. Versendung, dh. in Österreich.

Mit dem Verkauf der Ware um 200 Euro am 4.11.2022 überschreitet U die Umsatzgrenze und ist für die ab diesem Zeitpunkt ausgeführten Umsätze nicht mehr als Kleinstunternehmer zu behandeln. Der Lieferort für die ab dem Zeitpunkt des Überschreitens der Umsatzgrenze ausgeführten innergemeinschaftlichen Versandhandelsumsätze liegt daher gemäß Art. 3 Abs. 3 UStG 1994 in jenem Mitgliedstaat, in dem die Beförderung bzw. Ver-

sendung endet. Dies gilt auch für den im November ausgeführten innergemeinschaftlichen Versandhandelsumsatz iHv 200 Euro.

Beispiel 2:

Im Jahr 2021 erzielt der österreichische Versandhändler V innergemeinschaftliche Versandhandelsumsätze iHv 200.000 Euro. Im Jahr 2022 führt V innergemeinschaftliche Versandhandelsumsätze nach Deutschland aus.

Lösung:

V ist im Jahr 2022 nicht als Kleinstunternehmer zu behandeln, weil die Umsatzgrenze in Art. 3 Abs. 5 lit. c UStG 1994 bereits im vorangegangenen Jahr überschritten wurde. Der Lieferort aller im Jahr 2022 ausgeführten innergemeinschaftlichen Versandhandelsumsätze liegt daher gemäß Art. 3 Abs. 3 UStG 1994 am Ende der Beförderung bzw. Versendung, dh. in Deutschland.

Art. 3 Abs. 5 UStG 1994 gilt nicht für Lieferungen, bei denen der Beginn der Beförderung oder Versendung in einem anderen Mitgliedstaat liegt als jenem, in dem der Unternehmer ansässig ist. Lieferungen, die aus einem anderen Mitgliedstaat als dem Ansässigkeitsstaat befördert oder versendet werden, sind daher nicht bei der Berechnung der Kleinstunternehmergrenze zu berücksichtigen.

Beispiel 3:

Der nur in Österreich niedergelassene Unternehmer B führt im Jahr 2022 innergemeinschaftliche Versandhandelslieferungen in folgender Höhe aus:

- *von Österreich in andere Mitgliedstaaten: 9.000 Euro,*
- *von seinem Fremdlager in Deutschland nach Österreich: 3.000 Euro und*
- *von einem Fremdlager in Deutschland nach Frankreich: 5.000 Euro.*

Im vorangegangenen Jahr führte B keine Umsätze aus.

Lösung:

Für Zwecke der Berechnung der Umsatzgrenze nach Art. 3 Abs. 5 UStG 1994 sind nur die Umsätze von Österreich in andere Mitgliedstaaten zu berücksichtigen, dh. in Höhe von insgesamt 9.000 Euro. B ist daher Kleinstunternehmer. Sofern B nicht auf die Anwendung der Regelung für Kleinstunternehmer verzichtet, liegt der Lieferort der innergemeinschaftlichen Versandhandelslieferungen von Österreich in die anderen Mitgliedstaaten gemäß § 3 Abs. 8 UStG 1994 am Beginn der Beförderung oder Versendung, dh. in Österreich.

Der Lieferort der innergemeinschaftlichen Versandhandelslieferungen vom deutschen Fremdlager nach Österreich bzw. nach Frankreich liegt gemäß Art. 3 Abs. 3 UStG 1994 am Ende der Beförderung oder Versendung.

Der Unternehmer kann innerhalb der Frist zur Abgabe der Voranmeldung für den Voranmeldungszeitraum, in dem erstmals ein Versandhandel bewirkt wurde, auf die Anwendung des Art. 3 Abs. 5 UStG 1994 verzichten. Siehe sinngemäß Rz 3919.

Zum Ausschluss der Versandhandelsregelung bei Anwendung der Differenzbesteuerung siehe Rz 4251.

(BMF-AV Nr. 2021/166, BMF-AV Nr. 2022/154)

Randzahlen 3734 bis 3740: *derzeit frei.*

(BMF-AV Nr. 2021/166)

103.5a. Lieferschwelle (bis 30.6.2021)

(BMF-AV Nr. 2019/165, BMF-AV Nr. 2020/192)

103.5a.1. Lieferschwellen der Mitgliedstaaten (Stand 1. Juli 2019)

(BMF-AV Nr. 2019/165, BMF-AV Nr. 2020/192)

3741

Mitgliedstaat	Währung	Lieferschwelle (Euroäquivalent)[1]
Belgien	Euro	35.000,00
Bulgarien	BGN	70.000,00 (35.791,00 €)
Dänemark	DKK	280.000,00 (37.510,00 €)
Deutschland	Euro	100.000,00
Estland	Euro	35.000,00
Finnland	Euro	35.000,00

Frankreich	Euro	35.000,00
Griechenland	Euro	35.000,00
Irland	Euro	35.000,00
Italien	Euro	100.000,00
Kroatien	HRK	270.000,00 (36.501,00 €)
Lettland	Euro	35.000,00
Litauen	Euro	35.000,00
Luxemburg	Euro	100.000,00
Malta	Euro	35.000,00
Niederlande	Euro	100.000,00
Österreich	Euro	35.000,00 (bis 31.12.2010: 100.000,00)
Polen	PLN	160.000,00 (37.712,00 €)
Portugal	Euro	35.000,00
Rumänien	RON	118.000,00 (25.305,00 €)
Schweden	SEK	320.000,00 (30.346,00 €)
Slowakei	Euro	35.000,00
Slowenien	Euro	35.000,00
Spanien	Euro	35.000,00
Tschechien	CZK	1,140.000,00 (44.744,00 €)
Ungarn	HUF	35.000,00 €[2]
Vereinigtes Königreich[3]	GBP	70.000,00 (78.022,00 €)
Zypern	Euro	35.000,00

[1] Euroäquivalente iHd von der Europäischen Zentralbank für 1. Juli 2019 veröffentlichten Euro-Umrechnungskurse

[2] Angabe in Euro aufgrund ausdrücklicher Regelung in Ungarn

[3] Die Übergangsfrist für den Austritt des Vereinigten Königreichs aus der EU endet am 31.12.2020. Siehe hierzu Rz 146 und 148.

(BMF-AV Nr. 2016/212, BMF-AV Nr. 2017/171, BMF-AV Nr. 2018/164, BMF-AV Nr. 2020/192)

103.5a.2. Überschreiten der Lieferschwelle

Die Lieferschwelle wird in Österreich überschritten, wenn **3742**

- im Vorjahr der Gesamtbetrag der Entgelte eines Lieferers die Lieferschwelle überschritten hat oder
- im laufenden Jahr mit einer Lieferung die Lieferschwelle überschritten wird, und zwar mit dieser Lieferung (siehe auch Rz 3628 bis 3635 zur Erwerbsschwelle).

Für Versandhandelslieferungen österreichischer Unternehmer ist die Lieferschwelle des **3743** jeweiligen Bestimmungslandes maßgeblich, wobei die Berechnung für jeden Mitgliedstaat gesondert vorzunehmen ist.

103.5a.3. Berechnung der Lieferschwelle

103.5a.3.1. Allgemein

Die maßgebliche Lieferschwelle berechnet sich nach dem Gesamtbetrag der Entgelte (siehe **3744** Rz 643 bis 650) ohne USt, bezogen auf die Lieferungen in dem jeweiligen Mitgliedstaat.

Die Berechnung der Lieferschwelle ist für jeden Mitgliedsstaat gesondert vorzunehmen.

Es sind allerdings nur die Umsätze nach der Versandhandelsregelung zu berücksichtigen. Innergemeinschaftliche Lieferungen bleiben daher außer Ansatz. Ebenfalls nicht einzubeziehen sind die Entgelte für die Lieferung neuer Fahrzeuge und für die Lieferung verbrauchsteuerpflichtiger Waren.

Ob die Lieferschwelle nach den vereinbarten oder den vereinnahmten Entgelten zu berechnen ist, richtet sich nach den Voraussetzungen beim liefernden Unternehmer, es hängt also davon ab, ob dieser Ist- oder Sollversteuerer ist (siehe Rz 2451 bis 2506).

103.5a.3.2. Differenzbesteuerung

3745 Unterliegt die Lieferung der Differenzbesteuerung gemäß § 24 UStG 1994, ist die Anwendung der Versandhandelsregelung ausgeschlossen (Art. 24 Abs. 3 UStG 1994). Auch für die Berechnung der Lieferschwelle sind daher die Umsätze aus differenzbesteuerten Umsätzen außer Ansatz zu lassen.

Randzahlen 3746 bis 3755: *derzeit frei.*

103.6. Verzicht auf Lieferschwelle (bis 30.6.2021)

(BMF-AV Nr. 2019/165, BMF-AV Nr. 2020/192)

3756 Der Unternehmer kann innerhalb der Frist zur Abgabe der Voranmeldung für den Voranmeldungszeitraum, in dem erstmals eine Versandhandelslieferung bewirkt wurde, auf die Anwendung der Lieferschwelle verzichten. Der Unternehmer hat den Verzicht bei Versandhandelsumsätzen von Österreich in das übrige Gemeinschaftsgebiet schriftlich bei seinem österreichischen Finanzamt einzubringen. Der Verzicht kann für jeden Mitgliedstaat gesondert abgegeben werden.

Durch den Verzicht verlagert sich der Ort der Lieferung unabhängig von der Höhe der ausgeführten Umsätze bereits ab dem ersten Umsatz in das Bestimmungsland.

Randzahlen 3757 bis 3765: *derzeit frei.*

103.7. Neue Fahrzeuge; verbrauchsteuerpflichtige Waren

103.7.1. Lieferung neuer Fahrzeuge

3766 Nach Art. 3 Abs. 7 UStG 1994 gilt die Versandhandelsregelung nicht für die Lieferung neuer Fahrzeuge. Bei diesen kommt es in allen Fällen zur Besteuerung im Bestimmungsland, weil auch private Abnehmer und Schwellenerwerber ohne Beachtung der Erwerbsschwelle innergemeinschaftliche Erwerbe verwirklichen (siehe Rz 3651 und 3697 bis 3698).

(BMF-AV Nr. 2021/166)

103.7.2. Verbrauchsteuerpflichtige Waren

3767 Bei verbrauchsteuerpflichtigen Waren (siehe Rz 3643), die Gegenstand einer innergemeinschaftlichen Versendung oder Beförderung sind, kommt stets das Bestimmungslandprinzip zur Anwendung. Das wird bei Privaten durch die Versandhandelsregelung (keine Anwendung der Kleinstunternehmerregelung in Art. 3 Abs. 5 UStG 1994 bzw. bis 30.6.2021: der Lieferschwelle), bei Unternehmern und juristischen Personen über die Erwerbsbesteuerung (keine Erwerbsschwelle, siehe Rz 3643) erreicht.

Beispiel:

Ein Weinhändler I in Italien versendet 15 Karton Wein per Bahn

a) an einen Privaten in Klagenfurt.

b) an einen Verein in Villach.

ad a) auch wenn I die Kleinstunternehmergrenze in Österreich (bis 30.6.2021: Lieferschwelle in Österreich) nicht überschreitet, liegt der Ort der Lieferung in Österreich.

ad b) I liefert in Italien. Unabhängig davon, ob die innergemeinschaftliche Lieferung in Italien steuerfrei ist, hat der Verein jedenfalls einen innergemeinschaftlichen Erwerb in Österreich zu versteuern, auch wenn er die Erwerbsschwelle nicht überschritten hat.

(BMF-AV Nr. 2019/165, BMF-AV Nr. 2020/192, BMF-AV Nr. 2021/166)

Randzahlen 3768 bis 3775: *derzeit frei.*

103.8. Ort des innergemeinschaftlichen Erwerbs

3776 Der innergemeinschaftliche Erwerb wird in dem Gebiet jenes Mitgliedstaates bewirkt, in dem sich der Gegenstand am Ende der Beförderung oder Versendung befindet. Das gilt auch, wenn der Gegenstand nach Ausführung der Lieferung im Auftrag des Abnehmers im Ursprungsland von einem anderen Unternehmer noch be- oder verarbeitet wird. Die Mitgliedstaaten haben sich im Rahmen des Mehrwertsteuerausschusses als Vereinfachungsmaßnahme darauf geeinigt, dass auch eine Be- oder Verarbeitung in einem anderen Mitgliedstaat als dem des Lieferers unschädlich ist. Dadurch wird eine steuerliche Erfassung des Auftraggebers in diesem Mitgliedstaat vermieden.

Beispiel:

Der Unternehmer F in Frankreich liefert einen Gegenstand an den Unternehmer Ö in Österreich. Ö lässt diesen Gegenstand, bevor er nach Österreich kommt, durch den Unternehmer D in Deutschland bearbeiten.

F tätigt eine innergemeinschaftliche Lieferung an Ö. Ö versteuert einen innergemeinschaftlichen Erwerb in Österreich. Es liegt kein Erwerb in Deutschland vor.

Endet die Warenbewegung in Österreich und ist ein innergemeinschaftlicher Erwerb gegeben, dann unterliegt er – unabhängig davon, wie der Ausgangsmitgliedstaat der Warenbewegung die Lieferung beurteilt – der Besteuerung.

Zur Beurteilung von Be- oder Verarbeitungen des Liefergegenstandes, die im Auftrag des Lieferers erfolgen, siehe Rz 3983.

(BMF-AV Nr. 2018/164)

Verwendet der Erwerber gegenüber dem Lieferer eine ihm von einem anderen Mitgliedstaat erteilte UID, so gilt der Erwerb zusätzlich in dem Gebiet dieses Mitgliedstaates als bewirkt. In diesem Fall ist der Erwerber nicht zum Abzug der auf den innergemeinschaftlichen Erwerb entrichteten Mehrwertsteuer als Vorsteuer berechtigt (EuGH 22.4.2010, Rs C-536/08 und Rs C-539/08, *X und Facet BV/Facet Trading BV*). **3777**

Dies gilt in jedem Fall, in dem die UID eines anderen Mitgliedstaates verwendet wird als jene des Mitgliedstaates, in dem die Warenbewegung tatsächlich endet, somit auch dann, wenn der Erwerber dem Lieferer die UID des Ausgangsmitgliedstaates der Warenbewegung bekannt gibt (vgl. EuGH 7.7.2022, Rs C-696/20, *B gegen Dyrektor Izby Skarbowej w W.*, Rn 43).

Beispiel:

Der österreichische Unternehmer A bestellt beim österreichischen Unternehmer B Waren und weist ihn an, diese an ein Lager in Frankreich zu versenden. Der Unternehmer A gibt dem Unternehmer B seine österreichische UID bekannt. B versendet die Waren auftragsgemäß nach Frankreich.

A bewirkt einen innergemeinschaftlichen Erwerb in Frankreich, da dort die Warenbewegung an ihn endet und nach Art. 3 Abs. 8 zweiter Satz UStG 1994 einen weiteren innergemeinschaftlichen Erwerb in Österreich, da er die UID dieses Mitgliedstaates verwendet hat. Dieser Erwerb besteht solange, bis A die Besteuerung seines innergemeinschaftlichen Erwerbs in Frankreich nachweist.

Weist der Erwerber die Erwerbsbesteuerung im Bestimmungsmitgliedstaat nach, kann die zusätzliche Erwerbsteuer berichtigt werden (vgl. Art. 3 Abs. 8 letzter Satz UStG 1994).

(BMF-AV Nr. 2023/152)

Der Nachweis der Besteuerung im Bestimmungsland kann durch Vorlage der entsprechenden Erklärung (UVA), des Zahlungsbeleges sowie zusätzlich einer Aufstellung der innergemeinschaftlichen Erwerbe dieses Zeitraumes erbracht werden. **3778**

Beispiel:

Der österreichische Unternehmer Ö erwirbt in Mailand Lampen und lässt diese direkt an seine Betriebsstätte in Augsburg schicken. Er tritt dabei unter seiner österreichischen UID auf.

Ö tätigt einen innergemeinschaftlichen Erwerb in Deutschland, da sich dort der Gegenstand am Ende der Beförderung oder Versendung befindet (Art. 3 Abs. 8 erster Satz UStG 1994), und in Österreich, weil er unter seiner österreichischen UID aufgetreten ist (und nicht unter der UID des Mitgliedstaates, in dem sich der Gegenstand am Ende der Beförderung oder Versendung befindet (Art. 3. Abs. 8 zweiter Satz UStG 1994). Die Besteuerung in Österreich kann er vermeiden, indem er die Besteuerung des Erwerbes in Deutschland nachweist (Art. 3 Abs. 8 dritter Satz UStG 1994).

Zu den Besonderheiten bei Dreiecksgeschäften siehe Rz 4291 bis 4296a.

(AÖF Nr. 2014/164, BMF-AV Nr. 2020/192)

Randzahlen 3779 bis 3912: *derzeit frei.*

103a. Leistungsortregelungen

(BMF-AV Nr. 2019/165)

Zum zeitlichen Geltungsbereich siehe Rz 638a.

Zur Unterscheidung des unternehmerischen und nichtunternehmerischen Leistungsempfängers siehe Rz 638n ff.

103a.1. Innergemeinschaftliche Güterbeförderung an Nichtunternehmer

3912a Ist der Leistungsempfänger einer innergemeinschaftlichen Güterbeförderung ein Nichtunternehmer iSd § 3a Abs. 5 Z 3 UStG 1994, richtet sich der Leistungsort nach Art. 3a Abs. 1 UStG 1994 (Abgangsort des Beförderungsmittels).

Für innergemeinschaftliche Güterbeförderungen kommt im zwischenunternehmerischen Bereich die Generalklausel des § 3a Abs. 6 UStG 1994 zur Anwendung (Empfängerort).

103a.1.1. Empfänger der Güterbeförderungsleistung

3912b Als Leistungsempfänger im umsatzsteuerlichen Sinne ist grundsätzlich derjenige zu behandeln, in dessen Auftrag die Leistung ausgeführt wird. Bezüglich des Leistungsempfängers im Falle der unfreien Versendung wird auf Rz 3915a verwiesen.

103a.1.2. Beförderungsleistung

3912c Eine innergemeinschaftliche Güterbeförderung liegt nach Art. 3a Abs. 1 UStG 1994 vor, wenn sie in dem Gebiet eines Mitgliedstaates beginnt (Abgangsort) und in dem Gebiet eines anderen Mitgliedstaates endet (Ankunftsort). Eine Anfahrt des Beförderungsunternehmers zum Abgangsort ist unmaßgeblich. Entsprechendes gilt für den Ankunftsort. Die Voraussetzungen einer innergemeinschaftlichen Güterbeförderung sind für jeden Beförderungsauftrag gesondert zu prüfen; sie müssen sich aus dem Frachtbrief – sofern ein solcher ausgestellt wurde – ergeben. Für die Annahme einer innergemeinschaftlichen Güterbeförderung ist es unerheblich, ob die Beförderungsstrecke ausschließlich über Gemeinschaftsgebiet oder auch über Drittlandsgebiet führt (vgl. Beispiel 2).

Beispiel 1:

Die Privatperson P aus Österreich beauftragt den österreichischen Frachtführer F, Güter von Spanien nach Österreich zu befördern.

Der Ort der Beförderungsleistung liegt in Spanien, da die Beförderung der Güter in Spanien beginnt (Art. 3a Abs. 1 UStG 1994). F ist Steuerschuldner in Spanien (Art. 193 MwSt-RL 2006/112/EG). Die Abrechnung richtet sich nach den Regelungen des spanischen Umsatzsteuerrechts (vgl. Rz 3912n). Für ab 1.7.2021 ausgeführte Beförderungsleistungen an Nichtunternehmer kann F die Sonderregelung für den EU-OSS in Art. 25a UStG 1994 verwenden (zu den Voraussetzungen siehe Rz 4297 ff.; zur Rechnungsausstellung siehe Rz 1501a).

Beispiel 2:

Die Privatperson P aus Italien beauftragt den in der Schweiz ansässigen Frachtführer F, Güter von Österreich über die Schweiz nach Italien zu befördern. Bei der Beförderungsleistung des F handelt es sich um eine innergemeinschaftliche Güterbeförderung, weil der Transport in zwei verschiedenen Mitgliedstaaten beginnt und endet. Der Ort dieser Leistung bestimmt sich nach dem inländischen Abgangsort (Art. 3a Abs. 1 UStG 1994). Die Leistung ist in Österreich steuerbar und steuerpflichtig. Unbeachtlich ist dabei, dass ein Teil der Beförderungsstrecke auf das Drittland Schweiz entfällt. Der leistende Unternehmer F ist Steuerschuldner und hat den Umsatz im Rahmen des allgemeinen Besteuerungsverfahrens zu versteuern. Für ab 1.7.2021 ausgeführte Beförderungsleistungen an Nichtunternehmer kann F die Sonderregelung für den Nicht-EU-OSS in § 25a UStG 1994 verwenden (zu den Voraussetzungen siehe Rz 3431; zur Rechnungsausstellung siehe Rz 1501a).

(BMF-AV Nr. 2020/192)

103a.1.3. Gebrochene innergemeinschaftliche Güterbeförderung

3912d Wird einem Beförderungsunternehmer für eine Güterbeförderung über die gesamte Beförderungsstrecke ein Auftrag erteilt, wirken jedoch bei der Durchführung der Beförderung mehrere Beförderungsunternehmer nacheinander mit, liegt eine gebrochene Güterbeförderung vor. Liegen Beginn und Ende der gesamten Beförderung in den Gebieten verschiedener Mitgliedstaaten, ist eine gebrochene innergemeinschaftliche Güterbeförderung gegeben. Dabei ist jede Beförderungsleistung für sich zu beurteilen.

Beispiel:

Der spanische Private P beauftragt den in Spanien ansässigen Frachtführer S, Güter von Wien nach Madrid zu befördern. S beauftragt den österreichischen Unterfrachtführer F mit der Beförderung der Güter von Wien nach Salzburg. Die Beförderung von Salzburg nach Madrid führt S selbst durch.

Die Beförderungsleistung des S an seinen Auftraggeber P umfasst die Gesamtbeförderung von Wien nach Madrid und ist gemäß Art. 3a Abs. 1 UStG 1994 am Abgangsort (Österreich) steuerbar. Steuerschuldner in Österreich ist S (vgl. Art. 193 MWSt-RL 2006/112/EG).

Die Beförderungsleistung des F von Wien nach Salzburg an seinen Auftraggeber S ist gemäß § 3a Abs. 6 UStG 1994 am Empfängerort (Spanien) steuerbar. Die Steuerschuld geht jedenfalls auf den spanischen Unternehmer S über, da es sich um einen Fall des zwingenden Überganges der Steuerschuld gemäß Art. 196 MWSt-RL 2006/112/EG handelt. In der Rechnung an S darf keine spanische Umsatzsteuer enthalten sein. F hat diesen Umsatz in seine ZM aufzunehmen.

103a.1.4. Grenzüberschreitende Beförderungen an Nichtunternehmer, die keine innergemeinschaftlichen Güterbeförderungen sind

Grenzüberschreitende Beförderungen an Nichtunternehmer, die keine innergemeinschaftlichen Güterbeförderungen sind, sind in einen steuerbaren und einen nicht steuerbaren Leistungsteil aufzuteilen. **3912e**

103a.1.5. Güterbeförderungen in einen Freihafen eines anderen Mitgliedstaates für einen Nichtunternehmer

Gemäß Art. 3a Abs. 1 UStG 1994 liegt eine innergemeinschaftliche Güterbeförderung vor, wenn die Beförderung eines Gegenstandes in dem Gebiet eines Mitgliedstaates beginnt und in dem Gebiet eines anderen Mitgliedstaates endet. Das gilt auch bei Güterbeförderungen in einen so genannten Freihafen (siehe Rz 147). Voraussetzung für die Anwendbarkeit des Art. 3a Abs. 1 UStG 1994 ist, dass der Leistungsempfänger einer innergemeinschaftlichen Güterbeförderung ein Nichtunternehmer iSd § 3a Abs. 5 Z 3 UStG 1994 ist. Dies ist auch bei den folgenden Randzahlen zu beachten. **3912f**

Aus der Sicht des österreichischen UStG 1994 liegt bei einer Güterbeförderung, die in Österreich beginnt und die beispielsweise in einem deutschen Freihafen endet, eine innergemeinschaftliche Güterbeförderung gemäß Art. 3a Abs. 1 UStG 1994 vor. Diese unterliegt dem Umsatzsteuerrecht jenes Mitgliedstaates, in dessen Gebiet die Beförderung beginnt. **3912g**

Beginnt also eine Güterbeförderung für einen Nichtunternehmer in Österreich und endet sie in einem deutschen Freihafen, so ist sie in Österreich gemäß Art. 3a Abs. 1 UStG 1994 steuerbar und steuerpflichtig (20%). **3912h**

103a.1.6. Leistungen im Zusammenhang mit innergemeinschaftlichen Güterbeförderungen für Nichtunternehmer

Werden das Beladen, Entladen, Umschlagen, Lagern und ähnliche mit der Beförderung eines Gegenstandes im Zusammenhang stehende Leistungen vom befördernden Unternehmer erbracht, sind sie als Nebenleistung zur Güterbeförderung anzusehen, da diese Leistungen im Vergleich zur Güterbeförderung nebensächlich sind, mit ihr eng zusammenhängen und üblicherweise bei Beförderungsleistungen vorkommen. Nebenleistungen zu einer Güterbeförderung teilen deren umsatzsteuerliches Schicksal (vgl. Beispiel 3). Für Umsätze, die mit einer Güterbeförderung im Zusammenhang stehen und selbständige Leistungen sind, gelten dagegen die Regelungen des § 3a Abs. 11 lit. b UStG 1994 (vgl. Rz 641a und Rz 641b). **3912i**

Beispiel 1:

Der österreichische Private P beauftragt den österreichischen Frachtführer F, Güter von Spanien nach Österreich zu befördern. F beauftragt den französischen Unternehmer N, die Güter in Frankreich umzuladen.

Das Umladen der Güter in Frankreich durch N für F ist nach § 3a Abs. 6 UStG 1994 am Empfängerort (Österreich) steuerbar.

F schuldet als Leistungsempfänger gemäß § 19 Abs. 1 UStG 1994 die Umsatzsteuer, wenn der leistende Unternehmer N im Inland weder einen Wohnsitz (Sitz) noch seinen gewöhnlichen Aufenthalt oder eine an der Leistungserbringung beteiligte Betriebsstätte hat. Der leistende N haftet für diese Steuer.

Die innergemeinschaftliche Güterbeförderungsleistung des F an P ist gemäß Art. 3a Abs. 1 UStG 1994 am Abgangsort (Spanien) steuerbar.

Beispiel 2:

Der spanische Private P beauftragt den in Spanien ansässigen Frachtführer F, Güter von Österreich nach Spanien zu befördern, und den österreichischen Unternehmer Ö mit dem Verladen der Güter in Österreich.

Die Leistung des Ö für P ist gemäß § 3a Abs. 11 lit. b UStG 1994 dort steuerbar, wo der leistende Unternehmer ausschließlich oder überwiegend tätig wird (Österreich). Die innergemeinschaftliche Güterbeförderungsleistung des F an P ist gemäß Art. 3a Abs. 1 UStG 1994 am Abgangsort (Österreich) steuerbar.

Beispiel 3:

Der französische Private P beauftragt den österreichischen Frachtführer F, sowohl eine Güterbeförderung von Frankreich nach Wien als auch das Entladen der Güter in Wien durchzuführen.

Der Ort der innergemeinschaftlichen Güterbeförderung liegt in Frankreich (Art. 3a Abs. 1 UStG 1994). Das Entladen der Güter ist als unselbständige Nebenleistung zur Güterbeförderung anzusehen. Sie wird wie die Hauptleistung (innergemeinschaftliche Güterbeförderung) behandelt, sodass sich der Ort der Gesamtleistung in Frankreich befindet (Art. 3a Abs. 1 UStG 1994).

Die Vorschriften des § 3a Abs. 11 lit. b UStG 1994 finden keine Anwendung.

103a.1.7. Vermittlung und Besorgung von innergemeinschaftlichen Güterbeförderungen für Nichtunternehmer

103a.1.7.1. Vermittlung von innergemeinschaftlichen Güterbeförderungen für Nichtunternehmer

3912j Eine Vermittlung liegt vor, wenn der Vermittler den Beförderungsvertrag im Namen und für Rechnung seines Auftraggebers abschließt. Die Vermittlung einer innergemeinschaftlichen Güterbeförderung für einen Nichtunternehmer iSd § 3a Abs. 5 Z 3 UStG 1994 wird an dem Ort erbracht, an dem der vermittelte Umsatz ausgeführt wird (§ 3a Abs. 8 UStG 1994). Der Ort der Vermittlung einer innergemeinschaftlichen Güterbeförderung für einen Unternehmer iSd § 3a Abs. 5 Z 1 und Z 2 UStG 1994 richtet sich nach § 3a Abs. 6 UStG 1994.

Beispiel:

Die Privatperson P aus Österreich beauftragt den österreichischen Vermittler V, die Beförderung eines Gegenstandes von Brüssel nach Paris zu vermitteln. Die Beförderung wird durch den französischen Frachtführer F ausgeführt.

Die innergemeinschaftliche Güterbeförderungsleistung des F für P ist nach Art. 3a Abs. 1 UStG 1994 am Abgangsort des Beförderungsmittels (Brüssel) steuerbar. Die Vermittlungsleistung des V für P ist nach § 3a Abs. 8 UStG 1994 dort steuerbar, wo der vermittelte Umsatz ausgeführt wird (Brüssel).

Der österreichische Vermittler V und der französische Frachtführer F sind für ihre Leistung Steuerschuldner in Belgien (vgl. Art. 193 MWSt-RL 2006/112/EG). Die Abrechnung richtet sich nach den Regelungen des belgischen Umsatzsteuerrechtes (vgl. hiezu Rz 3912n).

103a.1.7.2. Besorgung von innergemeinschaftlichen Güterbeförderungen für Nichtunternehmer

3912k Eine Besorgungsleistung liegt vor, wenn ein Unternehmer für Rechnung eines anderen im eigenen Namen eine sonstige Leistung bei einem Dritten in Auftrag gibt. Der Dritte erbringt diese sonstige Leistung an den besorgenden Unternehmer.

3912l Bei den Unternehmern, die Güterbeförderungen besorgen, handelt es sich insbesondere um Spediteure (vgl. § 407 ff UGB). Die Besorgungsleistung des Unternehmers wird umsatzsteuerrechtlich so angesehen wie die besorgte Leistung selbst (§ 3a Abs. 4 UStG 1994). Die Speditionsleistung wird also wie eine Güterbeförderung behandelt. Besorgt der Unternehmer eine innergemeinschaftliche Güterbeförderung für einen Nichtunternehmer, richtet sich der Ort der Besorgungsleistung infolgedessen nach Art. 3a Abs. 1 UStG 1994.

Beispiel:

Die Privatperson P aus Österreich beauftragt den österreichischen Spediteur S, die Beförderung eines Gegenstandes von Brüssel nach Paris zu besorgen. Die Beförderung wird durch den belgischen Frachtführer F ausgeführt.

Der Ort der Beförderungsleistung des F von Brüssel nach Paris an seinen Auftraggeber S bestimmt sich gemäß § 3a Abs. 6 UStG 1994 nach dem Empfängerort (Österreich). S schuldet als Leistungsempfänger gemäß § 19 Abs. 1 UStG 1994 die Umsatzsteuer, wenn der leistende Unternehmer F im Inland weder einen Wohnsitz (Sitz) noch seinen gewöhn-

lichen Aufenthalt oder eine an der Leistungserbringung beteiligte Betriebsstätte hat. Der leistende F haftet für diese Steuer.

Der Ort der Besorgungsleistung des S an seinen Auftraggeber P ist nach dem Abgangsort der innergemeinschaftlichen Güterbeförderung, dh. Brüssel, zu bestimmen (Art. 3a Abs. 1 UStG 1994). Steuerschuldner der belgischen Umsatzsteuer ist der österreichische Spediteur S (vgl. Art. 193 MWSt-RL 2006/112/EG).

Die Abrechnung richtet sich nach den Regelungen des belgischen Umsatzsteuerrechtes. (vgl. Rz 3912n).

103a.1.7.3. Besteuerungsverfahren bei innergemeinschaftlichen Güterbeförderungen für Nichtunternehmer

103a.1.7.3.1. Besteuerungsverfahren in Österreich

Wird in Rechnungen über sonstige Leistungen iSd Art. 3a Abs. 1 UStG 1994 abgerechnet, so hat der leistende Unternehmer seine UID anzugeben. **3912m**

103a.1.7.3.2. Besteuerungsverfahren in den anderen Mitgliedstaaten

Grundsätzlich ist der leistende Unternehmer, der eine innergemeinschaftliche Beförderungsleistung an einen Nichtunternehmer, die in einem anderen Mitgliedstaat steuerbar ist, ausführt, in diesem Mitgliedstaat Steuerschuldner der Umsatzsteuer (Art. 193 MWSt-RL 2006/112/EG). **3912n**

Randzahlen 3912o bis 3915: *derzeit frei.*

103a.2. Leistungsempfänger im Falle der unfreien Versendung

Aus Vereinfachungsgründen sieht Art. 3a Abs. 2 UStG 1994 für innergemeinschaftliche Beförderungen vor, dass im Falle einer unfreien Versendung (§ 12 Abs. 2 Z 3 UStG 1994) die Beförderung als für das Unternehmen des Empfängers der Sendung ausgeführt gilt, wenn diesem die Rechnung über die Beförderung erteilt wird. Hierdurch wird erreicht, dass durch die Bestimmungen über den Leistungsort der Güterbeförderungsleistung an Unternehmer (§ 3a Abs. 6 UStG 1994) die Leistung in dem Staat besteuert wird, in dem der Rechnungsempfänger steuerlich geführt wird. Damit wird vielfach ein Erstattungsverfahren in einem anderen Mitgliedstaat vermieden. **3915a**

Beispiel:

Der österreichische Unternehmer U versendet Güter per Frachtnachnahme an den Empfänger A in Dänemark.

Bei Frachtnachnahmen wird regelmäßig vereinbart, dass der Beförderungsunternehmer die Beförderungskosten dem Empfänger der Sendung in Rechnung stellt und dieser die Beförderungskosten zahlt. Der Rechnungsempfänger A der innergemeinschaftlichen Güterbeförderung ist gemäß Art. 3a Abs. 2 UStG 1994 als Empfänger der Beförderungsleistung (Leistungsempfänger) anzusehen, auch wenn er den Transportauftrag nicht erteilt hat.

(BMF-AV Nr. 2018/164)

Randzahlen 3915b bis 3916: *derzeit frei.*

103a.3. Restaurant- und Verpflegungsdienstleistungen an Bord von Schiffen, Flugzeugen oder Eisenbahnen

Zur Definition der Begriffe Restaurantdienstleistungen und Verpflegungsdienstleistungen siehe Rz 641e. **3917a**

Art. 3a Abs. 3 und Abs. 4 UStG 1994 bewirken, dass Restaurant- und Verpflegungsdienstleistungen, die an Bord von Schiffen, Flugzeugen oder Eisenbahnen während einer Personenbeförderung innerhalb des Gemeinschaftsgebietes erbracht werden, wie die Lieferung von Gegenständen in derartigen Fällen (vgl. § 3 Abs. 11 und Abs. 12 UStG 1994) am Abgangsort des Beförderungsmittels steuerbar sind. **3917b**

103a.3.1. Beförderung innerhalb des Gemeinschaftsgebietes

Für die Bestimmung des Teiles einer Personenbeförderung, die innerhalb des Gemeinschaftsgebietes erfolgt, sind der Abgangsort und der Ankunftsort des Beförderungsmittels maßgebend (Art. 3a Abs. 4 UStG 1994), unabhängig davon, wo der die Restaurant- und Verpflegungsdienstleistung in Anspruch nehmende Passagier in das Beförderungsmittel ein- bzw. aussteigt. **3917c**

Bei Restaurant- und Verpflegungsdienstleistungen, die während des außerhalb der Gemeinschaft (iSd Art. 3a Abs. 4 UStG 1994) stattfindenden Teiles einer Personenbeförderung erbracht werden, bestimmt sich der Leistungsort nach § 3a Abs. 11 lit. d UStG 1994. Das **3917d** gilt auch, wenn sich das Beförderungsmittel im Zeitpunkt der Leistungserbringung noch im Hoheitsgebiet eines Mitgliedstaates befindet.

Beispiel:

Der Schweizer Private P fährt mit dem Zug von Prag nach Zürich. Während der Zug Wien passiert, frühstückt P im Speisewagen. In Altstätten (Schweiz) nimmt P das Abendessen im Speisewagen ein.

Der Abgangsort des Beförderungsmittels ist gemäß Art. 3a Abs. 4 UStG 1994 Prag, da dies der erste Ort innerhalb des Gemeinschaftsgebietes ist, an dem Reisende in das Beförderungsmittel einsteigen können. Bregenz ist der Ankunftsort iSd Art. 3a Abs. 4 UStG 1994, da dies der letzte Ort innerhalb des Gemeinschaftsgebietes ist, an dem Reisende das Beförderungsmittel verlassen können. Das Entgelt für das Frühstück des P ist gemäß Art. 3a Abs. 3 UStG 1994 am Abgangsort des Beförderungsmittels (Prag) steuerbar. Das Entgelt für das Abendessen ist im Gemeinschaftsgebiet nicht steuerbar (§ 3a Abs. 11 lit. d UStG 1994).

(BMF-AV Nr. 2018/164)

103a.4. Leistungsort bei elektronisch erbrachten sonstigen Leistungen, Telekommunikations-, Rundfunk- und Fernsehdienstleistungen von Kleinstunternehmern – Rechtslage ab 1.1.2019

(BMF-AV Nr. 2019/165)

103a.4.1. Allgemeines

3918 Art. 3a Abs. 5 UStG 1994 sieht eine besondere, von § 3a Abs. 13 UStG 1994 abweichende Bestimmung des Ortes der sonstigen Leistung für elektronisch erbrachte sonstige Leistungen, Telekommunikations-, Rundfunk- und Fernsehdienstleistungen vor. Solche Leistungen sind dort steuerbar, wo der leistende Unternehmer sein Unternehmen betreibt (Unternehmerort), wenn folgende Voraussetzungen kumulativ vorliegen (Kleinstunternehmer):

- Der leistende Unternehmer betreibt sein Unternehmen in einem Mitgliedstaat und hat außerhalb dieses Mitgliedstaates keine Betriebsstätte,
- die Leistung wird an einen Nichtunternehmer iSd § 3a Abs. 5 Z 3 UStG 1994 erbracht, der in einem anderen Mitgliedstaat seinen Wohnsitz, Sitz oder gewöhnlichen Aufenthalt hat und
- der Gesamtbetrag der Entgelte für sonstige Leistungen iSd § 3a Abs. 13 UStG 1994 und für Lieferungen gemäß Art. 3 Abs. 5 UStG 1994 hat im vergangenen Kalenderjahr 10.000 Euro nicht und im laufenden Kalenderjahr noch nicht überstiegen. Bis 30.6.2021 sind für diese Umsatzgrenze nur sonstige Leistungen iSd § 3a Abs. 13 UStG 1994 zu berücksichtigen.

Die maßgebliche Umsatzgrenze von 10.000 Euro berechnet sich aus dem Gesamtbetrag der Entgelte (ohne Umsatzsteuer) für elektronisch erbrachte sonstige Leistungen, Telekommunikations-, Rundfunk- und Fernsehdienstleistungen, die an Nichtunternehmer iSd § 3a Abs. 5 Z 3 UStG 1994 erbracht werden, die im übrigen Gemeinschaftsgebiet ihren Wohnsitz, Sitz oder gewöhnlichen Aufenthalt haben, zuzüglich der Entgelte für Versandhandelsumsätze iSd Art. 3 Abs. 5 UStG 1994. Umsätze aus anderen Lieferungen oder anderen sonstigen Leistungen bleiben außer Ansatz. Außer Ansatz bleiben auch elektronisch erbrachte sonstige Leistungen, Telekommunikations-, Rundfunk- und Fernsehdienstleistungen, die an Unternehmer erbracht werden, oder die an Nichtunternehmer erbracht werden, die im Drittland ihren Wohnsitz, Sitz oder gewöhnlichen Aufenthalt haben. Bis 30.6.2021 sind für die maßgebliche Umsatzgrenze von 10.000 Euro nur elektronisch erbrachte sonstige Leistungen, Telekommunikations-, Rundfunk- und Fernsehdienstleistungen, die an Nichtunternehmer iSd § 3a Abs. 5 Z 3 UStG 1994 erbracht werden, zu berücksichtigen.

Werden elektronisch erbrachte sonstige Leistungen, Telekommunikations-, Rundfunk- und Fernsehdienstleistungen an Unternehmer iSd § 3a Abs. 5 Z 1 und 2 UStG 1994 erbracht, so bestimmt sich der Leistungsort nach § 3a Abs. 6 UStG 1994 (Empfängerort). Zur Identifizierung als Unternehmer/Nichtunternehmer siehe Rz 638y. Werden solche Leistungen an einen Nichtunternehmer iSd § 3a Abs. 5 Z 3 UStG 1994 mit Wohnsitz, Sitz oder gewöhnlichem Aufenthalt im Drittland erbracht, bestimmt sich der Leistungsort nach § 3a Abs. 13 UStG 1994 (Empfängerort).

Wurde diese Umsatzgrenze im Vorjahr überschritten, sind diese Leistungen weiterhin am Empfängerort steuerbar. Wird diese Umsatzgrenze im laufenden Kalenderjahr überschritten, ist die Leistung ab dem Umsatz, mit dem die Umsatzgrenze überschritten wird, am Empfängerort steuerbar.

Werden Leistungen nicht in Euro abgerechnet, ist für Zwecke der Berechnung der Umsatzgrenze der von der Europäischen Zentralbank zum Tag der Annahme der Richtlinie (EU) 2455/2017 (dh. am 5.12.2017) veröffentlichte Wechselkurs anzuwenden.

(BMF-AV Nr. 2019/165, BMF-AV Nr. 2020/192)

103a.4.2. Verzicht auf die Sonderregelung des Leistungsortes

Der Unternehmer kann auf die Anwendung dieser Bestimmung innerhalb der Frist zur Abgabe der Voranmeldung für den Voranmeldungszeitraum eines Kalenderjahres, in dem erstmals eine solche Leistung getätigt worden ist, verzichten. Der Unternehmer hat den Verzicht schriftlich bei seinem Finanzamt einzubringen. Diese schriftliche Erklärung kann auch durch Aufnahme der Umsätze in die MOSS-Erklärung (iSd § 25a Abs. 3 und Art. 25a Abs. 3 UStG 1994) erfolgen. **3919**

BMR

Durch den Verzicht bestimmt sich der Ort dieser sonstigen Leistung unabhängig von der Höhe der ausgeführten Umsätze ab dem ersten Umsatz nach § 3a Abs. 13 UStG 1994, nach dem Ort, an dem der nichtunternehmerische Leistungsempfänger seinen Wohnsitz, Sitz oder gewöhnlichen Aufenthalt hat (siehe dazu Rz 641n, Rz 641o bzw. Rz 641p).

Der Verzicht bindet den Unternehmer für mindestens zwei Kalenderjahre.

Der Verzicht kann nur mit Wirkung vom Beginn eines Kalenderjahres an widerrufen werden. Der Widerruf ist innerhalb der Frist zu Abgabe der Voranmeldung für den Voranmeldungszeitraum dieses Kalenderjahres, in dem erstmals eine Leistung iSd Art. 3a Abs. 5 UStG 1994 getätigt worden ist, gegenüber dem Finanzamt schriftlich zu erklären.

(BMF-AV Nr. 2018/164)

Randzahl 3920: *derzeit frei.*

104. Bemessungsgrundlage (Art. 4 UStG 1994)

104.1. Innergemeinschaftlicher Erwerb

3921 Der innergemeinschaftliche Erwerb wird grundsätzlich nach dem Entgelt bemessen. Verbrauchsteuern, die nicht im Entgelt enthalten sind, aber vom Erwerber geschuldet oder entrichtet werden, sind in die Bemessungsgrundlage einzubeziehen. Nach § 1 Z 2 NoVAG 1991 idF BGBl. I Nr. 34/2010, unterliegt ab 1.7.2010 der Normverbrauchsabgabe der innergemeinschaftliche Erwerb (Art. 1 UStG 1994) von Fahrzeugen, ausgenommen der Erwerb durch befugte Fahrzeughändler zur Weiterlieferung. Die NoVA ist beim innergemeinschaftlichen Erwerb nicht Teil der Bemessungsgrundlage (vgl. EuGH 22.12.2010, Rs C-433/09, *Kommission/Österreich*).

Die ausländische Umsatzsteuer gehört nicht zur Bemessungsgrundlage, unabhängig davon, ob sie im Ausland als Vorsteuer geltend gemacht wurde oder werden konnte.

(BMF-AV Nr. 2021/166)

Randzahlen 3922 bis 3930: *derzeit frei.*

104.2. Innergemeinschaftliches Verbringen

3931 Die Bemessungsgrundlage für das Verbringen eines Gegenstandes ist nach den gleichen Grundsätzen wie beim Entnahmeeigenverbrauch zu ermitteln. Siehe auch Rz 679.

(BMF-AV Nr. 2018/164)

104.3. Normalwert

3932 Die Normalwertregelung des § 4 Abs. 9 UStG 1994 ist auf den innergemeinschaftlichen Erwerb (einschließlich des Erwerbs neuer Fahrzeuge) anzuwenden.

Randzahlen 3933 bis 3935: *derzeit frei.*

106. Steuerbefreiungen (Art. 6 UStG 1994)

106.1. Steuerfreiheit der innergemeinschaftlichen Lieferungen

siehe Rz 3981 bis 4020.

(BMF-AV Nr. 2021/166)

Randzahlen 3936 bis 3940: *derzeit frei.*

106.2. Steuerfreiheit des innergemeinschaftlichen Erwerbs

Steuerfrei ist der innergemeinschaftliche Erwerb von Gegenständen 3941

- die im Art. 6 Abs. 2 Z 1 und 2 UStG 1994 ausdrücklich genannt sind. Es handelt sich dabei um Gegenstände, deren Lieferung auch im Inland steuerfrei wäre;
- deren Einfuhr nach den für die Einfuhrumsatzsteuer geltenden Vorschriften steuerfrei wäre (Art 6 Abs. 2 Z 3 UStG 1994, siehe auch Rz 1023 ff); darüber hinaus ist auch die Einfuhr von Zahnersatz steuerfrei (VwGH 28.09.2000, 99/16/0302), woraus sich die Steuerfreiheit des innergemeinschaftlichen Erwerbs von Zahnersatz ergibt. Die Bestimmung ist für Unternehmer bedeutsam, die nicht oder nur teilweise zum Vorsteuerabzug berechtigt sind;
- die zur Ausführung von steuerfreien Umsätzen verwendet werden, für die der Ausschluss vom Vorsteuerabzug nach § 12 Abs. 3 UStG 1994 nicht eintritt. Das betrifft im Wesentlichen Erwerbe von Gegenständen, die zur Ausführung steuerfreier innergemeinschaftlicher Lieferungen oder steuerfreier Ausfuhrlieferungen vorgesehen sind. Eine trotzdem durchgeführte Erwerbsbesteuerung ist unschädlich.
- Von 30.1.2020 bis 31.12.2021 kann im Zusammenhang mit der COVID-19-Krise (Beschluss (EU) 2020/491 der Kommission vom 3. April 2020, C(2020) 2146, Beschluss (EU) 2020/1101 der Kommission vom 23. Juli 2020, C(2020) 4936, Beschluss (EU) 2020/1573 der Kommission vom 28. Oktober 2020, C(2020) 7511 sowie Beschluss (EU) 2021/660 der Kommission vom 19. April 2021, C(2021) 2693) die Einfuhr von Hilfsgütern, zB Schutzmasken (Textilschutzmasken, Papierschutzmasken, FFP2- und FFP3-Schutzmasken), Schutzkleidung, Schutzhandschuhen, Gesichtsschildern, Desinfektionsmitteln, zugunsten von Katastrophenopfern unter bestimmten Voraussetzungen steuerfrei erfolgen (siehe hierzu im Detail Rz 1025). In diesen Fällen ist auch der innergemeinschaftliche Erwerb steuerfrei (zum Steuersatz von 0% für den innergemeinschaftlichen Erwerb von Schutzmasken im Zeitraum nach dem 13.4.2020 bis einschließlich 31.7.2020 sowie nach dem 22.1.2021 und vor dem 1.1.2022 siehe Rz 3541).

(BMF-AV Nr. 2020/192, BMF-AV Nr. 2021/166)

Randzahlen 3942 bis 3950: *derzeit frei.*

106.3. Steuerfreiheit der Einfuhr bei anschließender innergemeinschaftlicher Lieferung

Geregelt werden die Fälle, in denen Drittlandswaren eingeführt werden, die im Inland zum freien Verkehr abgefertigt werden und bei denen bereits im Zeitpunkt der Einfuhr feststeht, dass sie im Anschluss an die Einfuhr vom Anmelder in einen anderen Mitgliedsstaat gem Art. 7 UStG 1994 steuerfrei geliefert oder verbracht werden. Das Vorliegen der Voraussetzungen der innergemeinschaftlichen Lieferung ist vom Anmelder buchmäßig nachzuweisen. 3951

Von 1.3.2020 bis 31.7.2020 (im Zusammenhang mit der COVID-19-Krise): Hat sich der Empfänger – obwohl er die Ware übernommen hat –, geweigert, den CMR-Frachtbrief oder vergleichbaren Versendungsbeleg entgegenzunehmen bzw. dem Frachtführer den Empfang der Ware auf diesem zu bestätigen, kann dennoch vom Vorliegen einer innergemeinschaftlichen Lieferung ausgegangen werden, wenn nachgewiesen wird, dass die materiellen Voraussetzungen des Art. 6 Abs. 3 UStG 1994 erfüllt sind und die grenzüberschreitende Warenbewegung im Zuge der Lieferung stattgefunden hat (siehe Rz 3981).

Zum Nachweis dieser Voraussetzungen können neben den Dokumenten und Erklärungen, die schon bei der Einfuhr für die zollrechtliche Abwicklung vorhanden gewesen sein mussten – insbesondere ordnungsgemäß unterschriebene Versendungsbelege (zB CMR-Frachtbrief), die Rechnung des Lieferers, eine Bestätigung der Gültigkeit der UID des Abnehmers und die Zusammenfassende Meldung (via E-Zoll bei Verwendung der Sonder-UID, siehe Rz 3953 ff) –, als Ersatz für die verweigerte Empfangsbestätigung bzw. Unterschrift des Empfängers zum Nachweis der unmittelbar auf die Einfuhr folgenden innergemeinschaftlichen Lieferung ergänzend auch andere Belege, die dem Empfänger oder dem Transportunternehmer zugerechnet werden können, vorgelegt werden, zB

- die Rechnung über die Transportkosten
- der Transportauftrag

- Zahlungsnachweise
- andere nach Artikel 45a Durchführungsverordnung (EU) Nr. 282/2011 idF Durchführungsverordnung (EU) 2018/1912 zugelassene Belege.

(BMF-AV Nr. 2020/192)

3952 Ist der Lieferant im Ausland ansässig und im Inland nicht zur USt erfasst, so benötigt er zur Inanspruchnahme der Befreiung eine inländische Steuernummer sowie eine inländische UID; überdies kann es wegen der anschließenden innergemeinschaftlichen Lieferung erforderlich sein, einen Fiskalvertreter zu bestellen (siehe Rz 3526). Es besteht folgende Möglichkeit einer vereinfachten Abwicklung:

3953 Besitzt ein ausländischer Lieferer keine österreichische UID (und ist er nicht zur Umsatzsteuer erfasst), so kann dem österreichischen Spediteur, der die Verzollung durchführt, eine Sonder-UID erteilt werden, unter der seine Kunden innergemeinschaftliche Lieferungen durchführen und die Befreiung für die Einfuhr in Anspruch nehmen können.

Verfügt ein ausländischer Lieferer über eine österreichische UID, so muss die innergemeinschaftliche Lieferung unter dieser UID durchgeführt werden.

Die Vereinfachungsregelung, nach der innergemeinschaftliche Lieferungen unter einer Sonder-UID eines österreichischen Spediteurs vorgenommen werden können, ist in diesem Fall nicht zulässig.

3954 Der Antrag zur Erteilung einer Sonder-UID ist vom Spediteur an das für ihn zuständige Finanzamt zu stellen. Im Bescheid, mit dem über die Vergabe der Sonder-UID abgesprochen wird, werden der Name (Firma) des Spediteurs und die Sonder-UID bekanntgegeben, wobei bei dieser der Zusatz „(nur für Zoll)“ angebracht wird.

(BMF-AV Nr. 2015/170)

3955 Für die unter der Sonder-UID durchgeführten Lieferungen ist die Abgabe einer gesonderten ZM nicht erforderlich, da die Daten aufgrund der Zollanmeldung von der Zollbehörde erfasst und der ZM-Datenbank automatisch zugespielt werden. Weiters besteht weder für den Spediteur noch für den liefernden Unternehmer eine Erklärungspflicht (keine Voranmeldung, keine Jahreserklärung) für die unter der Sonder-UID durchgeführten Lieferungen.

(BMF-AV Nr. 2015/170)

3956 Die Verwendung einer „Sonder-UID“ für Spediteure und die weiteren damit verbundenen Nachweispflichten sind in der Arbeitsrichtlinie ZK-4200 vorgesehen. Hinsichtlich der zollrechtlichen Vorgangsweise bei der Geltendmachung der Steuerfreiheit siehe diese Dienstanweisung.

3957 Die Vereinfachung ist nur dann möglich, wenn der Spediteur im eigenen Namen und für fremde Rechnung handelt (nicht bei einer direkten Stellvertretung).

3958 Bei einer dementsprechenden Abwicklung ist die Bestellung eines Fiskalvertreters nicht erforderlich. Eine der Arbeitsrichtlinie ZK-4200 entsprechende Geschäftsabwicklung erfüllt grundsätzlich die Voraussetzung des in Art. 6 Abs. 3 in Verbindung mit Art. 7 UStG 1994 geforderten Buchnachweises.

3959 Auf die Rechnungslegung hat die vereinfachte Abwicklung keinen Einfluss. Der Unternehmer hat in der Rechnung auf die Umsatzsteuerfreiheit der innergemeinschaftlichen Lieferung hinzuweisen und die Sonder-UID sowie die UID des Leistungsempfängers anzuführen.

3960 Die Vereinfachungsregelung mit Sonder-UID kann nicht angewendet werden, wenn die UID des umsatzsteuerrechtlichen Erwerbers im anderen Mitgliedstaat nicht von jenem Mitgliedstaat ausgestellt wurde, in dem sich der Gegenstand am Ende der Beförderung oder Versendung befindet (Art. 3 Abs. 8 erster Satz UStG 1994), ausgenommen in der Zollanmeldung wird auch der Name und die Anschrift oder die EORI Nummer zur eindeutigen Identifikation des Warenempfängers in dem Mitgliedstaat, in dem die Beförderung oder Versendung endet, sowie die von diesem Mitgliedstaat ausgestellte UID dieses Warenempfängers angeführt.

Diese Regelung gilt ab 1. Oktober 2006.

3961 Ist die an die Einfuhr anschließende innergemeinschaftliche Lieferung oder Verbringung nicht steuerfrei, weil der liefernde Unternehmer gewusst hat oder hätte wissen müssen, dass der von ihm bewirkte Umsatz mit einer Steuerhinterziehung des Erwerbers verknüpft war, und er nicht alle ihm zu Verfügung stehenden zumutbaren Maßnahmen ergriffen hat, um dies zu verhindern, so ist auch eine Voraussetzung für die Einfuhrumsatzsteuerbefreiung nach Art. 6 Abs. 3 UStG 1994 nicht gegeben. Für die eingeführten Waren entsteht die Einfuhrumsatzsteuerschuld nach § 26 Abs. 1 UStG 1994 iVm § 2 Abs. 1 ZollR-DG und Art. 79 UZK (bis 30.4.2016: Art. 204 Abs. 1 ZK). Art. 7 Abs. 4 UStG 1994 kann nicht analog angewendet werden, da in Einfuhrfällen ein allfälliger Vertrauensschutz über die Bestimmungen des

§ 26 Abs. 1 UStG 1994 iVm Art. 120 UZK (bis 30.4.2016: Art. 239 ZK und § 83 ZollR-DG) gewährt werden könnte (siehe auch VwGH 25.4.2017, Ra 2016/16/0059).
(BMF-AV Nr. 2017/171)

106.3.1. Einzelfälle aus der Judikatur

(BMF-AV Nr. 2019/165)

Änderung des Empfängers: Dem liefernden Unternehmer, der als Importeur die Einfuhrumsatzsteuer schuldet, wird die Steuerbefreiung für die Einfuhr nur allein deswegen nicht versagt, weil die Waren nach der Einfuhr auf Grund geänderter Umstände an einen anderen Unternehmer geliefert werden als den, dessen UID in der Zollanmeldung angegeben war, wenn **3962**

- der liefernde Unternehmer dem zuständigen Finanzamt immer sämtliche Informationen über die Identität des neuen Erwerbers mitgeteilt hat (zB in der monatlichen ZM) und
- zweifelsfrei nachgewiesen ist, dass die materiellen Voraussetzungen für die Steuerbefreiung der nachfolgenden innergemeinschaftlichen Lieferung tatsächlich erfüllt sind (EuGH 20.6.2018, Rs C-108/17, *„Enteco Baltic" UAB)*.

Hinsichtlich der materiell-rechtlichen Voraussetzungen für die Steuerbefreiung der innergemeinschaftlichen Lieferung ab 1.1.2020 siehe Rz 3981 ff.
(BMF-AV Nr. 2019/165)

Kommt es zur Steuerhinterziehung des Erwerbers im Bestimmungsland, wird dem liefernden Unternehmer die Einfuhrumsatzsteuerbefreiung nicht versagt, wenn **3963**

- die Voraussetzungen für die Befreiung der/des nachfolgenden innergemeinschaftlichen Lieferung/innergemeinschaftlichen Verbringens wegen einer vom Erwerber begangenen Steuerhinterziehung nicht erfüllt sind und
- der liefernde Unternehmer nachweislich nicht wusste oder hätte wissen müssen, dass der Umsatz im Zusammenhang mit einer vom Erwerber begangenen Steuerhinterziehung stand, und
- der liefernde Unternehmer, der die Zollanmeldung vornimmt, alle ihm zur Verfügung stehenden zumutbaren Maßnahmen ergriffen hat, um seine Beteiligung an dieser Steuerhinterziehung zu verhindern (vgl. EuGH 20.6.2018, Rs C-108/17, *„Enteco Baltic" UAB*, und EuGH 14.2.2019, Rs C-531/17, *Vetsch Int. Transporte GmbH)*.

Sind diese Voraussetzungen nicht erfüllt und ist die Einfuhr steuerpflichtig, ist Rz 3961 zu beachten, wonach für einen Vertreter, der die Zollanmeldung vorgenommen hat, ein allfälliger Vertrauensschutz nach zollrechtlichen Bestimmungen besteht.
(BMF-AV Nr. 2019/165)

Randzahlen 3964 bis 3965: *derzeit frei.*

106.4. Art. 6 Abs. 4 UStG 1994

(BMF-AV Nr. 2019/165)

Wird eine Plattform oder elektronische Schnittstelle (in weiterer Folge: Plattform) nach § 3 Abs. 3a Z 2 UStG 1994 behandelt, als ob sie die Gegenstände selbst erhalten und geliefert hätte, ist die Lieferung durch den Unternehmer an die Plattform echt steuerbefreit. Siehe Rz 382. **3966**
(BMF-AV Nr. 2019/165)

Randzahlen 3967 bis 3970: *derzeit frei.*

106.5. Kleinunternehmer und neue Fahrzeuge

Randzahlen 3971 bis 3980: *derzeit frei.*

107. Innergemeinschaftliche Lieferung (Art. 7 UStG 1994)

107.1. Allgemeine Voraussetzungen für die Steuerfreiheit

3981 Eine innergemeinschaftliche Lieferung ist steuerfrei, wenn folgende Voraussetzungen erfüllt sind:

- Der Gegenstand der Lieferung muss von einem Mitgliedstaat in das übrige Gemeinschaftsgebiet, dh. in einen anderen Mitgliedstaat, befördert oder versendet werden (Warenbewegung).
- Der Abnehmer ist ein Unternehmer, der den Gegenstand der Lieferung für sein Unternehmen erworben hat, oder eine juristische Person (Abnehmerqualifikation).
- Der Abnehmer hat dem liefernden Unternehmer seine von einem anderen Mitgliedstaat erteilte UID mitgeteilt (ab 1.1.2020).
- Die Lieferung muss steuerbar sein.
- Der Erwerb des Gegenstandes der Lieferung ist beim Abnehmer in einem anderen Mitgliedstaat steuerbar (Erwerbsbesteuerung).
- Der liefernde Unternehmer ist seiner Verpflichtung zur Abgabe der Zusammenfassenden Meldung nachgekommen oder hat sein Versäumnis zur Zufriedenheit der zuständigen Behörden ordnungsgemäß begründet (ab 1.1.2020).
- Die genannten Voraussetzungen müssen buchmäßig nachgewiesen werden (Buchnachweis). Dazu gehört auch die Aufzeichnung der UID des Abnehmers der Lieferung.
- Werden innergemeinschaftliche Lieferungen nach dem 30.6.2013 und vor dem 1.1.2014 in den neuen Mitgliedstaat Kroatien bewirkt, wird die fehlende Aufzeichnung der UID nicht beanstandet, wenn
  - der Abnehmer gegenüber dem liefernden Unternehmer schriftlich erklärt, dass er die Erteilung der UID beantragt hat und dass die Voraussetzungen für die Erteilung vorliegen und
  - die noch fehlende Aufzeichnung der UID des Abnehmers bis zum gesetzlichen Termin zur Abgabe der Umsatzsteuererklärung nachgeholt wird. Rz 2584 bleibt unberührt.
- Bei der Lieferung dürfen nicht die Vorschriften über die Differenzbesteuerung zur Anwendung gelangen.

Die innergemeinschaftliche Lieferung ist nicht steuerfrei, wenn der Unternehmer wusste oder wissen musste, dass die betreffende Lieferung im Zusammenhang mit Umsatzsteuerhinterziehungen oder sonstigen, die Umsatzsteuer betreffenden Finanzvergehen steht (Art. 6 Abs. 1 UStG 1994; siehe auch EuGH 18.12.2014, Rs C-131/13, *Schoenimport „Italmoda" Mariano Previti vof*; siehe auch Rz 1877).

Zum Vorliegen von unselbständigen Nebenleistungen zu innergemeinschaftlichen Lieferungen im Zusammenhang mit der Herstellung oder Bearbeitung von Formen, Modellen oder besonderen Werkzeugen siehe Rz 1106.

(BMF-AV Nr. 2019/165)

107.1.1. Warenbewegung

3982 Erste Voraussetzung der innergemeinschaftlichen Lieferung ist, dass der gelieferte Gegenstand von einem Mitgliedstaat in das übrige Gemeinschaftsgebiet, dh. in einen anderen Mitgliedstaat, gelangt. Dabei kommt es nicht darauf an, wer den Gegenstand befördert oder versendet. Es können daher auch Lieferungen, bei denen der Abnehmer den Gegenstand abholt, als innergemeinschaftliche Lieferungen steuerfrei sein. Möglich ist aber auch, dass sowohl der Lieferer als auch der Abnehmer in den Transport des Liefergegenstandes eingebunden sind, weil sie zB übereingekommen sind, sich – unabhängig von der Frage, wer Kosten und Gefahr trägt – den Transport des Liefergegenstandes an den Bestimmungsort zu teilen (sog. gebrochene Beförderung oder Versendung). Bei Zweiparteien-Geschäften sind – jedenfalls ab 1.1.2019 – sowohl bloß tatsächliche Unterbrechungen des Transports im Rahmen eines Transportvorgangs als auch eine gebrochene Beförderung oder Versendung für die Annahme einer Beförderung oder Versendung im Sinne des Art. 7 Abs. 1 Z 1 UStG 1994 unschädlich, wenn der Abnehmer zu Beginn des Transports feststeht und der liefernde Unternehmer nachweist, dass ein zeitlicher und sachlicher Zusammenhang zwischen der Lieferung des Gegenstands und seiner Beförderung sowie ein kontinuierlicher Ablauf des Transportvorgangs gegeben sind (vgl. VwGH 27.4.2017, Ro 2015/15/0026). Ein zeitlicher Zusammenhang ist jedenfalls als gegeben anzusehen, wenn die Beförderung oder der Versand nicht mehr als 14 Tage unterbrochen (zB Zwischenlagerung aus logistischen Gründen) wird. Zum sachlichen Zusammenhang siehe Rz 3983.

Eine innergemeinschaftliche Lieferung liegt auch vor, wenn die Beförderung oder Versendung im Drittland beginnt und der Gegenstand im Inland durch den Lieferer der Einfuhrumsatzsteuer unterworfen wird, bevor er in das Gebiet eines anderen Mitgliedstaates gelangt. In diesem Fall liegt gemäß § 3 Abs. 9 UStG 1994 der Ort der Lieferung im Inland. Kein Fall einer innergemeinschaftlichen Lieferung liegt dagegen vor, wenn die Ware aus dem Drittlandsgebiet im Wege der Durchfuhr durch Österreich in das Gebiet eines anderen Mitgliedstaates gelangt und erst dort zum freien Verkehr abgefertigt wird.

(BMF-AV Nr. 2017/171)

Die Beförderung oder Versendung muss sich grundsätzlich auf den gelieferten Gegenstand **3983**
beziehen. Unschädlich ist es aber, wenn der Gegenstand der Lieferung durch Beauftragte des Abnehmers vor der Beförderung oder Versendung in das übrige Gemeinschaftsgebiet bearbeitet oder verarbeitet wird.

Bei Vorliegen aller weiteren Voraussetzungen des Art. 7 UStG 1994 kann auch dann eine steuerfreie innergemeinschaftliche Lieferung vorliegen, wenn der Lieferer den Liefergegenstand im Auftrag des Abnehmers zunächst zu einem anderen Unternehmer im Inland befördert oder versendet, damit dieser den Gegenstand ebenfalls im Auftrag des Abnehmers im Rahmen einer Werklieferung iSd § 3 Abs. 4 UStG 1994 bearbeitet und anschließend zu diesem befördert oder versendet. Zu den Voraussetzungen für die Steuerfreiheit bei einer gebrochenen Warenbewegung siehe Rz 3982. Auch die Werklieferung kann bei Vorliegen aller Voraussetzungen eine steuerfreie innergemeinschaftliche Lieferung iSd Art. 7 UStG 1994 sein.

Beispiel:

Ein deutscher Unternehmer (D) kauft bei dem österreichischen Unternehmer (Ö1) in Wien eine Ware. D beauftragt Ö1, die Ware zum österreichischen Unternehmer (Ö2) nach Salzburg zu befördern. Ö2 wird wiederum von D beauftragt, die Ware im Rahmen einer Werklieferung iSd § 3 Abs. 4 UStG 1994 zu verarbeiten und anschließend direkt nach Deutschland zu befördern.

Lösung:

Lieferung des Ö1 an D:

Der Lieferort liegt nach § 3 Abs. 8 UStG 1994 am Beginn der Beförderung, dh. in Österreich. Bei Vorliegen sämtlicher Voraussetzungen des Art. 7 UStG 1994 (insbesondere auch der Beförderungsnachweise) ist diese Lieferung steuerfrei. Eine Be- oder Verarbeitung durch Ö2 ist gemäß Art. 7 Abs. 1 letzter Satz UStG 1994 nicht schädlich. Ebenso ist es nicht schädlich, dass die Beförderung nicht allein durch Ö1 erfolgt, sondern Ö2 die Ware im Auftrag von D nach Deutschland befördert. Voraussetzung ist jedoch, dass der liefernde Unternehmer (Ö1) nachweist, dass ein zeitlicher und sachlicher Zusammenhang zwischen seiner Lieferung und der Beförderung nach Deutschland vorliegt. Die Besteuerung des innergemeinschaftlichen Erwerbs durch D in Deutschland richtet sich nach deutschem Recht.

Lieferung des Ö2 an D:

Auf die Werklieferung des Ö2 sind gemäß § 3 Abs. 4 UStG 1994 grundsätzlich die allgemeinen Regelungen für Lieferungen anzuwenden. Dementsprechend kann die Werklieferung des Ö2 bei Vorliegen aller Voraussetzungen des Art. 7 UStG 1994 in Österreich steuerfrei sein. Auch hier richtet sich die Besteuerung des innergemeinschaftlichen Erwerbs durch D in Deutschland nach deutschem Recht.

Bei Beauftragung durch den Lieferer liegt der Liefergegenstand erst nach der Be- oder Verarbeitung vor. Erfolgt eine solche Be- oder Verarbeitung im Auftrag des Lieferers erst im Mitgliedstaat des Abnehmers, liegt der Ort der Lieferung im Bestimmungsland (vgl. EuGH 2.10.2014, Rs C-446/13, *Fonderie 2A*).

(BMF-AV Nr. 2015/170, BMF-AV Nr. 2020/192)

Eine steuerfreie innergemeinschaftliche Lieferung liegt bei einer Lieferung von Treib- **3984**
stoff zwecks Betankung von Kraftfahrzeugen (zB LKW) oder von gewerblichen Schiffen (zB Donauschiffe) schon deshalb nicht vor, weil nicht nachgewiesen werden kann, dass der erworbene Treibstoff in den anderen EU-Mitgliedstaat ausgeführt wurde.

(BMF-AV Nr. 2018/164)

Randzahlen 3984a und 3984b: *entfallen*

Das Gemeinschaftsgebiet im Sinne des UStG 1994 umfasst das Inland und die Gebiete **3985**
der übrigen Mitgliedstaaten der EU, die nach dem Gemeinschaftsrecht als Inland dieser Mitgliedstaaten gelten (§ 1 Abs. 3 erster Satz UStG 1994). Aus der Sicht des Gemeinschafts-

rechts liegen auch Freihäfen, die sich im Hoheitsgebiet eines Mitgliedstaates befinden, im umsatzsteuerlichen Gemeinschaftsgebiet, auch wenn sie vom jeweiligen Mitgliedstaat für bestimmte Zwecke wie Drittland behandelt werden.

Zur Steuerfreiheit innergemeinschaftlicher Lieferungen in deutsche Freihäfen siehe Rz 3993.

107.1.2. Lieferung

3986 Eine innergemeinschaftliche Lieferung liegt nur bei einer steuerbaren Lieferung im Sinne des § 1 Abs. 1 UStG 1994 (siehe Rz 1 bis 58) vor. Die unechten Steuerbefreiungen haben Vorrang vor den echten Steuerbefreiungen.

3987 Die persönliche unechte Steuerbefreiung eines Kleinunternehmers geht ebenfalls den echten Befreiungen des § 7 und des Art. 7 UStG 1994 vor. Das gilt nicht für die innergemeinschaftliche Lieferung neuer Fahrzeuge durch Kleinunternehmer (Art. 6 Abs. 5 UStG 1994).

3988 Pauschalierte Land- und Forstwirte können die Steuerfreiheit nicht in Anspruch nehmen. Der Landwirt kann daher für innergemeinschaftliche Lieferungen Umsatzsteuer in Rechnung stellen, die für den ausländischen unternehmerischen Erwerber eine im Inland erstattungsfähige Vorsteuer darstellt.

Beispiel:

L, ein niederösterreichischer Weinbauer, der unter § 22 UStG 1994 fällt, liefert Wein an deutsche Restaurants, den er an diese versendet.

L kann von der Steuerbefreiung nach Art 7 UStG 1994 nicht Gebrauch machen und daher USt in Rechnung stellen. Die deutschen Abnehmer haben in Deutschland einen innergemeinschaftlichen Erwerb zu versteuern. Die österreichische Vorsteuer können sie im Erstattungswege zurückerhalten.

Zu innergemeinschaftlichen Lieferungen durch pauschalierte Land- und Forstwirte siehe auch Rz 2858 und Rz 4154.

3989 Die Lieferung muss jedenfalls im Inland ausgeführt werden. Ob die Lieferung im Inland ausgeführt wird, richtet sich nach § 3 Abs. 7 und Abs. 8 UStG 1994 bzw Art. 3 Abs. 3 UStG 1994 (siehe Rz 421 bis 450).

Beispiel:

Der Hersteller W in Wien verkauft eine Ware an den Großhändler K in Köln und dieser wiederum an seinen Kunden M in Deutschland. K holt die Ware ab und befördert sie zu seinem Kunden M.

Im Fall der Abholung und anschließenden Beförderung oder Versendung der Ware durch den Abnehmer K gilt die Lieferung von W an den Abnehmer K gem § 3 Abs. 8 UStG 1994 mit Beginn der Beförderung als ausgeführt. W kann daher eine (steuerfreie) innergemeinschaftliche Lieferung an K ausführen. K liefert an M gem § 3 Abs. 7 UStG 1994 in Deutschland.

(BMF-AV Nr. 2023/152)

3990 Gem § 3 Abs. 3 UStG 1994 gilt bei der Verkaufskommission die Lieferung des Kommittenten erst mit der Lieferung durch den Kommissionär als ausgeführt. Gelangt bei der Verkaufskommission das Kommissionsgut bei der Zurverfügungstellung an den Kommissionär vom Ausgangs- in den Bestimmungsmitgliedstaat, kann abweichend von § 3 Abs. 3 UStG 1994 die Lieferung bereits zu diesem Zeitpunkt als erbracht angesehen werden.

107.1.3. Abnehmerqualifikation

3991 Die Abnehmereigenschaften in Art. 7 Abs. 1 Z 2 lit. a und b UStG 1994 korrespondieren mit den Erwerberqualifikationen in Art. 1 Abs. 2 Z 2 UStG 1994. Die Ausführungen zum Erwerber beim innergemeinschaftlichen Erwerb gelten sinngemäß (siehe Rz 3581 bis 3588). Ob ein Gegenstand für das Unternehmen des Abnehmers bestimmt ist, richtet sich nach den Vorschriften des Bestimmungslandes. Bei der Lieferung eines neuen Fahrzeuges werden gem Art. 7 Abs. 1 Z 2 lit. c UStG 1994 in Entsprechung zu Art. 1 Abs. 7 UStG 1994 keine besonderen Eigenschaften für den Abnehmer verlangt. Es können daher auch private Abnehmer die Voraussetzungen für die Steuerfreiheit erfüllen.

3992 Weitere Qualifikationen sind nicht vorgesehen, insbesondere muss der Abnehmer auch im Abholfall nicht ausländischer Abnehmer sein. Eine weitere Einschränkung des Abnehmerkreises wird allerdings durch das Erfordernis der Erwerbsteuerbarkeit (siehe Rz 3993) bewirkt. Damit scheiden Lieferungen an Schwellenerwerber, die unter der Erwerbsschwelle liegen und auf ihre Anwendung nicht verzichtet haben, aus der Steuerfreiheit aus.

BMR

107.1.4. UID

(BMF-AV Nr. 2019/165)

Eine innergemeinschaftliche Lieferung ist nur steuerfrei, wenn der Abnehmer dem liefernden Unternehmer die von einem anderen Mitgliedstaat erteilte UID mitgeteilt hat. **3992a**

Wird die UID nicht mitgeteilt ist die Lieferung nicht steuerfrei und dem Abnehmer steht für die Lieferung kein Vorsteuerabzug zu (siehe Rz 2839).

Wird dem liefernden Unternehmer vom Erwerber eine von einem anderen Mitgliedstaat erteilte UID nachträglich mitgeteilt, ist jedoch eine Rechnungsberichtigung möglich. Dafür muss der Erwerber dem liefernden Unternehmer nachweisen, dass er im Zeitpunkt des Erwerbes Unternehmer war und als solcher gehandelt hat. Weiters dürfen keine Hinweise auf Betrug oder Missbrauch vorliegen.

Zur Steuerschuld kraft Rechnungslegung siehe Rz 1733.

(BMF-AV Nr. 2019/165)

107.1.5. Erwerbsteuerbarkeit

Die Steuerfreiheit einer innergemeinschaftlichen Lieferung setzt die Steuerbarkeit des Erwerbes beim Abnehmer in einem anderen Mitgliedstaat voraus. Die Steuerbarkeit des Erwerbes ist nach den Vorschriften des Staates zu beurteilen, der für die Besteuerung des Erwerbes zuständig ist. Der Ort des innergemeinschaftlichen Erwerbs richtet sich nach Art. 3 Abs. 8 UStG 1994 (siehe Rz 3776 bis Rz 3778). Es genügt, wenn der Erwerb im anderen Mitgliedstaat steuerbar ist, Steuerpflicht ist nicht erforderlich. Den Nachweis der Erwerbsteuerbarkeit erbringt der Unternehmer durch die UID des Abnehmers. Damit gibt dieser zu erkennen, dass er im anderen Mitgliedstaat der Erwerbsbesteuerung unterliegt. Ob dieser die Erwerbsbesteuerung tatsächlich durchführt, braucht nicht nachgewiesen werden. **3993**

Innergemeinschaftliche Lieferungen in deutsche Freihäfen können beim Vorliegen aller sonstigen Voraussetzungen und Bekanntgabe einer deutschen UID steuerfrei bleiben, da nach § 1a Abs. 1 Z 1 dUStG ein innergemeinschaftlicher Erwerb auch dann vorliegt, wenn ein Gegenstand aus dem übrigen Gemeinschaftsgebiet in die in § 1 Abs. 3 dUStG bezeichneten Zollfreigebiete (Freihäfen ua.) gelangt. Der Umstand, dass in deutschen Freihäfen eine Erwerbsbesteuerung nicht generell vorgenommen wird, steht dieser Beurteilung nicht entgegen.

Zur Sonderstellung deutscher Freihäfen siehe auch Rz 147.

(BMF-AV Nr. 2023/152)

107.1.6. Zusammenfassende Meldung

(BMF-AV Nr. 2019/165)

Eine innergemeinschaftliche Lieferung ist nur steuerfrei, wenn der liefernde Unternehmer seiner Pflicht zur Abgabe einer Zusammenfassenden Meldung innerhalb der in Art. 21 Abs. 3 UStG 1994 angeführten Frist nachgekommen ist. **3994**

Wird keine oder nur eine unvollständige oder unrichtige Zusammenfassende Meldung für die Lieferung abgegeben, ist die innergemeinschaftliche Lieferung steuerpflichtig. Zum Vorsteuerabzug siehe Rz 2839. Abweichend davon ist die Steuerbefreiung dennoch zu gewähren, wenn der liefernde Unternehmer sein Versäumnis (Nichtabgabe, Unvollständigkeit oder Unrichtigkeit) zur Zufriedenheit der zuständigen Steuerbehörde ordnungsgemäß begründet und die Zusammenfassende Meldung entsprechend berichtigt bzw. nachträglich abgibt (siehe Rz 4203).

Eine ordnungsgemäße Begründung kann bspw. in Fällen vorliegen, wenn bei erfolgter Umgründung des Erwerbers versehentlich dessen alte UID Nummer verwendet wurde.

Es ist anzunehmen, dass eine ordnungsgemäße Begründung gemäß Art. 7 Abs. 1 Z 5 UStG 1994 jedenfalls vorliegt, solange es keinen begründeten Verdacht gibt, dass die Lieferung im Zusammenhang mit Umsatzsteuerhinterziehungen oder sonstigen, die Umsatzsteuer betreffenden Finanzvergehen steht.

(BMF-AV Nr. 2019/165, BMF-AV Nr. 2020/192)

Randzahlen 3995 bis 4000: *derzeit frei.*

107.2. Innergemeinschaftliches Verbringen

Als innergemeinschaftliche Lieferung gilt auch das unternehmensinterne Verbringen eines Gegenstandes. Voraussetzung ist, dass es sich um einen nach Art. 3 Abs. 1 Z 1 UStG 1994 einer Lieferung gleichgestellten Vorgang handelt. **4001**

Ein Verbringen iSd Art. 3 Abs. 1 UStG 1994 zur bloß vorübergehenden Verwendung erfüllt nicht den Tatbestand der (fiktiven) Lieferung. Die Beförderung oder Versendung von Gegenständen unter sinngemäßer Anwendung der Konsignationslagerregelung ist im Ursprungsland gemäß Art. 3 Abs. 2 UStG 1994 nicht steuerbar. Siehe Rz 3691.

Die Ausführungen zu den Tatbeständen der vorübergehenden Verwendung in Art. 1 Abs. 3 Z 1 UStG 1994 sind sinngemäß anzuwenden. Siehe auch Rz 3601 bis 3617.

(BMF-AV Nr. 2019/165)

Randzahlen 4002 bis 4005: *derzeit frei.*

107.3. Nachweispflichten

4006 Die Voraussetzungen der (steuerfreien) innergemeinschaftlichen Lieferung müssen vom Unternehmer buchmäßig nachgewiesen werden. Wie der Unternehmer den Nachweis der Beförderung oder Versendung und den Buchnachweis zu führen hat, regelt die Verordnung des BMF über den Nachweis der Beförderung oder Versendung und den Buchnachweis bei innergemeinschaftlichen Lieferungen, BGBl. Nr. 401/1996.

Ein Muster, das der Unternehmer zum Nachweis der Beförderung bei innergemeinschaftlichen Lieferungen (§ 2 Z 3 der VO BGBl. Nr. 401/1996 idgF) verwenden kann, findet sich im Anhang 5 (Verbringungserklärung) bzw. im Anhang 6 (Empfangsbestätigung). Zulässig sind auch Sammelbestätigungen im Rahmen der Nachweisführung gemäß § 2 Z 3 der VO, BGBl. Nr. 401/1996, wobei Umsätze bis zu einem Monat zusammengefasst werden können.

Sind die vorgelegten Beförderungsnachweise iSd § 2 der VO, BGBl. Nr. 401/1996, mangelhaft (zB Fehlen der original unterschriebenen Empfangsbestätigung des Abnehmers oder seines Beauftragten bzw. – in Abholfällen – Fehlen einer original unterschriebenen Erklärung des Abnehmers oder seines Beauftragten, dass er den Gegenstand in das übrige Gemeinschaftsgebiet befördern wird), wurde der Nachweis nicht erbracht, dass der Liefergegenstand in das übrige Gemeinschaftsgebiet befördert wurde und aufgrund dieser Beförderung den Liefermitgliedstaat physisch verlassen hat (vgl. EuGH 27.9.2007, Rs C-409/04, *Teleos plc. ua.*, Rn 42).

Auch eine eidesstattliche Erklärung einer Begleitperson ist kein Beförderungsnachweis iSd § 2 der VO, BGBl. Nr. 401/1996.

Eine vollständig und ordnungsgemäß erstellte Spediteurbescheinigung (allenfalls auch mit entsprechend genehmigtem Unterschriftsstempel bzw. maschinellem Unterschriftsausdruck) gilt auch bei innergemeinschaftlichen Lieferungen als Versendungsbeleg. Näheres zur Spediteurbescheinigung siehe auch Rz 1083.

Liegen die Nachweise iSd VO, BGBl. Nr. 401/1996, nicht vor, kann nicht von der Steuerfreiheit der innergemeinschaftlichen Lieferung ausgegangen werden (vgl. BFH 6.12.2007, V R 59/03, Nachfolgeentscheidung zu EuGH 27.9.2007, Rs C-146/05, *Albert Collée*). Etwas Anderes gilt ausnahmsweise nur dann, wenn trotz der Nichterfüllung der formellen Nachweispflichten aufgrund der objektiven Beweislage feststeht, dass die Voraussetzungen für die Steuerfreiheit vorliegen (siehe hierzu auch Rz 2584). Entscheidend ist, dass dem liefernden Unternehmer der Nachweis gelingt, dass die materiellen Voraussetzungen der Steuerfreiheit zweifelsfrei vorliegen. Diese beinhalten ab 1.1.2020 die Abgabe einer Zusammenfassenden Meldung und den Nachweis über die Mitteilung der UID (siehe Rz 3992a und 3994).

Beachtet der Unternehmer die in der Verordnung BGBl. Nr. 401/1996 vorgezeichneten Beweisvorsorgemaßnahmen nicht, liegt es an ihm, gleichwertige Nachweise für die Beförderung in das übrige Unionsgebiet vorzulegen, die der Beweiswürdigung unterliegen. Die nachträgliche Erstellung von Dokumenten kann die Beweiskraft des Nachweises in Frage stellen (vgl. VwGH 27.11.2014, 2012/15/0192).

Der Nachweis der Beförderung oder Versendung in das übrige Gemeinschaftsgebiet ist gemäß der VO BGBl. Nr. 401/1996 idgF zu erbringen, wobei die Nachweisführung nicht nur in Papierform, sondern auch in elektronischer Form, zB durch Übermittlung eines pdf-Files, erfolgen kann. Bei der Durchschrift oder Abschrift der Rechnung gemäß § 2 Z 1 und § 3 Abs. 1 Z 1 der VO, BGBl. Nr. 401/1996, kann es sich auch um eine Sammelrechnung (siehe Rz 1560) handeln.

Zusätzlich besteht die Möglichkeit der Nachweisführung der Beförderung oder Versendung ins übrige Gemeinschaftsgebiet gemäß Art. 45a VO (EU) 282/2011. Art. 45a VO (EU) 282/2011 normiert eine widerlegbare Vermutung.

Beispiel:

Der Unternehmer Ö in Wien liefert Waren an den Unternehmer D in München. Ö beauftragt einen Spediteur, die Waren nach München zu befördern.

Lösung:

Für die Vermutung der Warenbewegung in einen anderen Mitgliedstaat nachArt. 45a VO (EU) 282/2011 muss Ö angeben, dass die Waren auf seine Rechnung versendet wurden.

Zudem muss Ö im Besitz zweier in der Verordnung aufgezählter Nachweise sein, die von verschiedenen,voneinander unabhängigen dritten Personen stammen. Als Nachweis für die Warenbewegung kann der Lieferant bspw. die Rechnung (iSd § 11 UStG 1994) des Spediteurs sowie die Versicherungspolizze über die Versendung vorlegen.

(BMF-AV Nr. 2019/165, BMF-AV Nr. 2022/154, BMF-AV Nr. 2023/152)

Die Nachweise können auf Datenträgern aufbewahrt werden, wenn die vollständige, geordnete, inhaltsgleiche und urschriftgetreue Wiedergabe bis zum Ablauf der gesetzlichen Aufbewahrungsfrist jederzeit gewährleistet ist (§ 132 Abs. 2 erster Satz BAO). Diesfalls ist eine körperliche Aufbewahrung nicht erforderlich. Rz 1566 und Rz 1570 sind sinngemäß anzuwenden. **4006a**

(BMF-AV Nr. 2022/154)

Der in den §§ 6 bis 8 der Verordnung des BM für Finanzen, BGBl. Nr. 401/1996 normierten Aufzeichnungspflicht für den Buchnachweis wird auch dann entsprochen, wenn in den Aufzeichnungen auf Belege hingewiesen wird, in denen die für den Buchnachweis weiters vorgeschriebenen Angaben enthalten sind (zB Hinweis auf die Rechnung hinsichtlich der zum Abnehmer aufzuzeichnenden Umstände; Hinweis auf den Lieferschein hinsichtlich des Tages der Lieferung und des Bestimmungsortes im Gemeinschaftsgebiet, usw). **4007**

Die für den buchmäßigen Nachweis erforderlichen Aufzeichnungen sind grundsätzlich unmittelbar nach Ausführung des Umsatzes vorzunehmen; dies schließt aber nicht aus, dass Angaben berichtigt oder ergänzt werden können (zB um die im Zeitpunkt der Lieferung noch nicht bekannte UID), sofern diese Berichtigung oder Ergänzung vor einer Betriebsprüfung oder Umsatzsteuernachschau gemacht wird. Dem Unternehmer ist jedoch nach Beginn einer Umsatzsteuernachschau oder einer Betriebsprüfung unter Setzung einer Nachfrist von zirka einem Monat die Möglichkeit einzuräumen, einzelne fehlende Teile des buchmäßigen Nachweises nachzubringen (siehe Rz 2584). **4008**

Die Angabe der UID des Abnehmers ist gemäß § 5 der Verordnung des BM für Finanzen, BGBl. Nr. 401/1996 11), Bestandteil des Buchnachweises.

Auch bei der Lieferung von neuen Fahrzeugen an Private hat der Unternehmer die Voraussetzungen der (steuerfreien) innergemeinschaftlichen Lieferung nachzuweisen. Die kraftfahrrechtliche Anmeldung in einem anderen Mitgliedstaat ist weder Voraussetzung für die Steuerfreiheit der innergemeinschaftlichen Lieferung nach Art. 7 UStG 1994, noch kann sie den nach der Verordnung BGBl. Nr. 401/1996 zu führenden Nachweis ersetzen. Die Zulassung zum Verkehr in einem anderen Mitgliedstaat ist bloß ein Beweismittel und kann „im Rahmen einer alternativen Nachweisführung“ für sich allein betrachtet (als einziger Nachweis) nicht als zweifelsfreier „materieller Nachweis“ für das Vorliegen sämtlicher materieller Tatbestandsvoraussetzungen iSd Art. 7 UStG 1994 (zB Abnehmereigenschaft bzw. Verschaffung der Verfügungsmacht an diesen Abnehmer, physisches Verlassen des Liefermitgliedstaates ua.) anerkannt werden (vgl. VwGH 19.12.2013, 2012/15/0006). **4009**

(BMF-AV Nr. 2015/170)

Bei der Lieferung von Fahrzeugen im Sinne des § 2 des Normverbrauchsabgabegesetzes, BGBl. Nr. 695/1991, ist als weiterer Nachweis, dass das Fahrzeug in das übrige Gemeinschaftsgebiet befördert oder versendet wird, die Sperre des Fahrzeuges in der Genehmigungsdatenbank nach § 30a KFG 1967 erforderlich. **4010**

Der Nachweis wird erbracht:

- im Falle der Lieferung durch einen befugten Fahrzeughändler durch einen unmittelbar im Anschluss an die Lieferung über FinanzOnline erstellten Ausdruck, aus dem die Sperre in der Genehmigungsdatenbank ersichtlich ist; ist eine Sperre über Finanz-Online aus technischen Gründen vorübergehend nicht möglich, kann der Nachweis wie bei der Lieferung durch einen nicht befugten Fahrzeughändler erbracht werden (vgl. nächster Punkt),
- im Falle der Lieferung durch einen nicht befugten Fahrzeughändler durch
  - eine Ausfertigung eines mit dem Eingangsvermerk versehenen Exemplars des Formulars NOVA 2, mit dem die Vergütung der NoVA im Finanzamt beantragt wurde, oder
  - eine Ausfertigung eines mit dem Eingangsvermerk versehenen Exemplars des Formulars NOVA 4, mit dem die Sperre in der Genehmigungsdatenbank im Finanzamt beantragt wurde,

  wobei die Formulare NOVA 2 bzw. NOVA 4 auch per Fax an das zuständige Finanzamt übermittelt werden können,
- im Falle der Lieferung eines neuen Fahrzeuges durch einen Privaten durch

- eine Ausfertigung eines mit dem Eingangsvermerk versehenen Exemplars des Formulars NOVA 2, mit dem die Vergütung der NoVA im Finanzamt beantragt wurde, oder
- eine Ausfertigung eines mit dem Eingangsvermerk versehenen Exemplars des Formulars NOVA 4, mit dem die Sperre in der Genehmigungsdatenbank im Finanzamt beantragt wurde.

Ist das Fahrzeug in der Genehmigungsdatenbank nicht enthalten, erübrigt sich die Durchführung der Sperre (zB ein Fahrzeug wird importiert und anschließend ohne im Inland zum Verkehr zugelassen zu werden, innergemeinschaftlich geliefert).

Randzahlen 4011 bis 4015: *derzeit frei.*

107.4. Sorgfaltspflichten und Vertrauensschutz

4016 Mit der in Art. 7 Abs. 4 UStG 1994 enthaltenen Vertrauensschutzregelung wird dem Unternehmer bei einer innergemeinschaftlichen Lieferung die Steuerbefreiung trotz fehlender Voraussetzung belassen, wenn er bei Beachtung der einem ordentlichen Kaufmann obliegenden Sorgfalt die unrichtigen Angaben des Abnehmers nicht erkennen konnte. Was der Sorgfalt eines ordentlichen Kaufmanns entspricht, kann nicht generell gesagt werden, sondern ist im Einzelfall zu entscheiden. Maßgebend sind nicht die persönlichen Eigenschaften, Gewohnheiten und Kenntnisse des Unternehmers, sondern ein objektiver Maßstab, das Verhalten eines ordentlichen, gewissenhaften Kaufmannes, wobei der Sorgfaltsmaßstab nach Geschäftszweigen differieren kann.

Die Frage des Gutglaubensschutzes stellt sich erst dann, wenn der Unternehmer seinen Nachweispflichten nachgekommen ist (BFH 21.1.2015, XI R 5/13; 14.11.2012, XI R 8/11; 25.4.2013, V R 28/11; 8.11.2007, V R 26/05). So ersetzt zB die zeitgerechte Überprüfung der UID des Abnehmers auf ihre Gültigkeit für sich allein nicht die darüber hinaus geforderten Nachweispflichten.

Im Fall einer innergemeinschaftlichen Verbringung iSd Art. 7 Abs. 2 Z 1 UStG 1994 ist die Vertrauensschutzregelung mangels Abnehmer, der unrichtige Angaben gemacht haben kann, nicht anwendbar (siehe VwGH 28.3.2014, 2012/16/0009).

Die Nichtaufzeichnung der Identität des Abholenden stellt nur dann eine Verletzung der Sorgfaltspflicht iSd Art. 7 Abs. 4 letzter Satz UStG 1994 dar, die zum Verlust des Vertrauensschutzes führt, wenn die Kenntnis des Abholenden zur Durchsetzung des Abgabenanspruchs gegenüber dem tatsächlichen Abnehmer erforderlich ist (VwGH 27.4.2016, 2013/13/0051).

(BMF-AV Nr. 2016/212, BMF-AV Nr. 2017/171)

4017 Zum Nachweis der Unternehmereigenschaft des Abnehmers wird der Sorgfaltspflicht des Unternehmers im Regelfall dadurch genügt, dass er sich die UID des Abnehmers nachweisen lässt. Die Inanspruchnahme des Bestätigungsverfahrens des Art. 28 Abs. 2 UStG 1994 ist bei ständigen Geschäftsbeziehungen nur in Zweifelsfällen erforderlich. Holt ein dem Unternehmer unbekannter Abnehmer aus einem anderen Mitgliedstaat unter Ausweis einer UID Waren ab, wird hingegen regelmäßig eine Abfrage nach Stufe zwei des Bestätigungsverfahrens erforderlich sein.

4018 In Abholfällen hat der liefernde Unternehmer gem Art. 7 Abs. 4 UStG 1994 die Identität des Abholenden festzuhalten. Wie die Identität des Abholenden festgehalten wird, bleibt dem Unternehmer überlassen. Zweckmäßigerweise wird er sich einen geeigneten Ausweis (Reisepass, Führerschein) vom Abholenden zeigen lassen und dann die maßgebenden Daten schriftlich festhalten.

Randzahl 4019: *entfällt*

4020 Liegen die Voraussetzungen der Vertrauensschutzregelung vor, schuldet der Abnehmer die entgangene (österreichische) Steuer. Bemessungsgrundlage ist der in der Rechnung über die Lieferung ausgewiesene Betrag. Die Steuerschuld gemäß Art. 7 Abs. 4 UStG 1994 stellt eine Umsatzsteuerschuld eigener Art dar, die Unternehmer und Nichtunternehmer treffen kann (VwGH 30.6.2021, Ra 2019/15/0125).

(BMF-AV Nr. 2022/154)

Randzahlen 4021 bis 4030: *derzeit frei.*

108.–110. (Art. 8 bis Art. 10 UStG 1994 nicht vergeben)

111. Rechnungslegung im Binnenmarkt (Art. 11 UStG 1994)

111.1. Anwendungsbereich

111.1.1. Rechnungen im Zusammenhang mit innergemeinschaftlichen Lieferungen

Der Unternehmer ist zur Ausstellung einer Rechnung im Sinne des § 11 Abs. 1 UStG 1994 verpflichtet, wenn er eine steuerfreie innergemeinschaftliche Lieferung ausführt. Anstelle des Steuerbetrages bzw. des Steuersatzes ist in der Rechnung ist ausdrücklich auf die Steuerfreiheit der innergemeinschaftlichen Lieferung hinzuweisen. Aufgrund der seit 1. Jänner 2004 geltenden Rechtslage gelten die Vereinfachungsbestimmungen für Kleinbetragsrechnungen (§ 11 Abs. 6 UStG 1994) nicht für Rechnungen über innergemeinschaftliche Lieferungen. **4031**

BMR

Ab 1. Jänner 2013 hat die Rechnungsausstellung spätestens am 15. des auf die Ausführung der steuerfreien innergemeinschaftlichen Lieferung folgenden Kalendermonates zu erfolgen.

111.1.2. Rechnungen im Zusammenhang mit innergemeinschaftlichem Versandhandel

(BMF-AV Nr. 2019/165)

Ein Unternehmer, der Lieferungen im Sinne des Art. 3 Abs. 3 UStG 1994 ausführt, ist verpflichtet, Rechnungen mit gesondertem Ausweis der Steuer auszustellen. Der Ausweis dient nicht dem Vorsteuerabzug, sondern gibt dem Abnehmer bekannt, dass die Lieferung mit inländischer Umsatzsteuer belastet ist. Die Erleichterungen für Kleinbetragsrechnungen gemäß § 11 Abs. 6 UStG 1994 können im innergemeinschaftlichen Versandhandel nicht angewendet werden. **4032**

Seit 1.1.2022 besteht keine Pflicht zur Ausstellung einer Rechnung gemäß Art. 11 Abs. 1 Z 4 UStG 1994 im Zusammenhang mit innergemeinschaftlichem Versandhandel, wenn der Unternehmer die Sonderregelung gemäß Art. 25a UStG 1994 oder eine vergleichbare Sonderregelung in einem anderen Mitgliedstaat in Anspruch nimmt (siehe Rz 4300b).

Zum Einfuhr-Versandhandel vgl. Rz 1501.

Werden Lieferungen über den IOSS (§ 25b UStG 1994) erklärt, ist die Rechnung für diese Umsätze nach dem Recht des Mitgliedstaats der Identifizierung auszustellen. Siehe Rz 1501a.

(BMF-AV Nr. 2019/165, BMF-AV Nr. 2022/154)

111.1.3. Rechnungen im Zusammenhang mit sonstigen Leistungen

Führt der Unternehmer im Inland sonstige Leistungen im Sinne des Art. 3a Abs. 1 UStG 1994 (bis 31.12.2009: Art. 3a Abs. 1 bis 4 und Abs. 6 UStG 1994) aus, ist er zur Ausstellungen von Rechnungen mit gesondertem Ausweis der Steuer verpflichtet. Dies gilt auch dann, wenn die Voraussetzungen für eine Kleinbetragsrechnung im Sinne des § 11 Abs. 6 UStG 1994 vorliegen. **4033**

(BMF-AV Nr. 2015/170)

Randzahlen 4034 bis 4040: *derzeit frei.*

111.2. UID in Rechnungen

Rechnungen über innergemeinschaftliche Lieferungen (bis 31.12.2009: und über sonstige Leistungen gemäß Art. 3a Abs. 1 bis 4 und Abs. 6 UStG 1994) müssen die UID des Unternehmers und des Abnehmers enthalten. Dies gilt sei 1. Jänner 2004 jedenfalls auch für Kleinbetragsrechnungen. **4041**

Randzahlen 4042 bis 4045: *derzeit frei.*

111.3. Rechnungen im Zusammenhang mit Fahrzeuglieferungen

Bei der innergemeinschaftlichen Lieferung neuer Fahrzeuge an private Abnehmer ist der Unternehmer (das kann auch ein privater Fahrzeuglieferer im Sinne des Art. 2 UStG 1994 sein) verpflichtet eine Rechnung auszustellen, in der auf die Steuerfreiheit der innergemeinschaftlichen Lieferung hinzuweisen ist. In dieser Rechnung sind darüber hinaus die Merkmale gem Art. 1 Abs. 8 und 9 UStG 1994 anzuführen. Aus diesen Angaben ist ersichtlich, dass es sich um ein neues Fahrzeug handelt. **4046**

Randzahlen 4047 bis 4050: *derzeit frei.*

111.4. Rechnungen im Zusammenhang mit Anzahlungen für innergemeinschaftliche Lieferungen

Werden Entgelte vor Ausführung einer steuerfreien innergemeinschaftlichen Lieferung vereinnahmt, besteht keine Verpflichtung zur Ausstellung einer Anzahlungsrechnung. Zur **4051** allgemeinen Rechnungslegungsverpflichtung bei der Vereinnahmung von Entgelten vor Ausführung der Leistung siehe Rz 1521.

Randzahlen 4052 bis 4055: *derzeit frei.*

112. Vorsteuerabzug bei innergemeinschaftlichen Erwerben, Dreiecksgeschäften und beim Übergang der Steuerschuld (Art. 12 UStG 1994)

112.1. Voraussetzungen für den Vorsteuerabzug im Binnenmarkt

112.1.1. Erwerbsteuer als Vorsteuer

112.1.1.1. Allgemeine Voraussetzungen

Unternehmer sind berechtigt, die Steuer für innergemeinschaftliche Erwerbe (Erwerbsteuer) als Vorsteuer abzuziehen, wenn diese Erwerbe für ihr Unternehmen erfolgt sind und die sonstigen Voraussetzungen des § 12 UStG 1994 gegeben sind (siehe dazu Rz 1901 bis Rz 1985). **4056**

BMR

Der Vorsteuerabzug ist nicht zulässig, wenn der Unternehmer wusste oder wissen musste, dass der betreffende innergemeinschaftliche Erwerb im Zusammenhang mit Umsatzsteuerhinterziehungen oder sonstigen, die Umsatzsteuer betreffenden Finanzvergehen steht (EuGH 18.12.2014, Rs C-131/13, *Schoenimport „Italmoda" Mariano Previti vof*; siehe auch Rz 1877).

(BMF-AV Nr. 2015/170)

Im Gegensatz zu § 12 Abs. 1 Z 1 UStG 1994 ist das Vorliegen einer Rechnung für den Abzug der Erwerbsteuer als Vorsteuer nicht erforderlich. **4057**

(BMF-AV Nr. 2019/165)

Gem Art. 1 Abs. 3 UStG 1994 gilt eine innergemeinschaftliche Verbringung auch als innergemeinschaftlicher Erwerb gegen Entgelt und unterliegt daher – mit Ausnahme der Verbringung zur bloß vorübergehenden Verwendung – der Erwerbsteuer. Eine derartige Erwerbsteuer kann ebenfalls abgezogen werden. **4058**

112.1.1.2. Zeitpunkt des Vorsteuerabzuges

Die Berechtigung zum Vorsteuerabzug entsteht gleichzeitig mit der Entstehung der Erwerbsteuerpflicht. Im Falle einer nachträglichen Vorschreibung von Erwerbsteuer durch das Finanzamt entsteht ein allfälliger Anspruch auf Vorsteuerabzug im selben Voranmeldungszeitraum. Ebenso ist bei nachträglicher Änderung der Bemessungsgrundlage sowohl die Erwerbsteuer als auch der entsprechende Vorsteuerabzug zu berichtigen. **4059**

Im Fall des Art. 3 Abs. 8 zweiter Satz UStG 1994 (zusätzliche Erwerbsteuer) ist ein Vorsteuerabzug nicht zulässig (siehe auch Rz 3777).

112.1.1.3. Ausschluss vom Vorsteuerabzug

Nach Art. 12 Abs. 4 UStG 1994 gilt die Fiktion des § 12 Abs. 2 Z 2 UStG 1994 nicht für innergemeinschaftliche Erwerbe. Das bedeutet, dass auch Erwerbe, deren Entgelte nach ertragsteuerlichen Vorschriften überwiegend nicht abzugsfähig sind oder die im Zusammenhang mit der Anschaffung, Miete oder den Betrieb von bestimmten Kfz stehen, als für das Unternehmen ausgeführt gelten, wenn sie zumindest zu 10% unternehmerischen Zwecken dienen. Derartige innergemeinschaftliche Erwerbe sind gem Art. 1 UStG 1994 der Erwerbsteuer zu unterziehen. **4060**

Eine solche Erwerbsteuer darf zufolge des Art. 12 Abs. 1 Z 1 zweiter Satz UStG 1994 nicht als Vorsteuer abgezogen werden. Derartige Gegenstände werden nicht zu Gegenständen des Unternehmens. Deren Weiterveräußerung ist daher nicht steuerbar. **4061**

Beispiel:

Ein österreichischer Unternehmer bezieht von einem deutschen Unternehmer einen antiken Teppich um 30.000 € und nutzt diesen ausschließlich unternehmerisch. Angemessen wären 10.000 €.

Der innergemeinschaftliche Erwerb gilt als für das Unternehmen ausgeführt und ist steuerpflichtig. Die Erwerbsteuer darf jedoch nicht als Vorsteuer abgezogen werden.

112.1.2. Dreiecksgeschäfte

Liegt ein Dreiecksgeschäft im Sinne des Art. 25 UStG 1994 vor, schuldet der Empfänger die auf die umsatzsteuerpflichtige Lieferung des Erwerbers entfallende USt. Diese USt kann der Empfänger gemäß Art. 12 Abs. 1 Z 2 UStG 1994 als Vorsteuer abziehen. In diesem Falle muss eine Rechnung, die den Vorschriften des Art. 25 Abs. 4 UStG 1994 entspricht, vorliegen. In dieser Rechnung darf keine USt ausgewiesen werden. Die abziehbare Vorsteuer ist vom Empfänger selbst zu berechnen. Zum Dreiecksgeschäft siehe Rz 4291 bis 4296a. **4062**

(BMF-AV Nr. 2020/192)

112.1.3. Übergang der Steuerschuld

Siehe Rz 1875 f. **4063**

Randzahlen 4064 bis 4070: *derzeit frei.*

112.2. Kein Ausschluss des Vorsteuerabzuges bei innergemeinschaftlichen Lieferungen und bei befreiten Lieferungen an Plattformen oder andere elektronische Schnittstellen

(BMF-AV Nr. 2019/165)

4071 Eine steuerfreie innergemeinschaftliche Lieferung schließt den Vorsteuerabzug für damit zusammenhängende Vorleistungen nicht aus (echte Steuerbefreiung). Dies gilt auch für Lieferungen an Plattformen oder andere elektronische Schnittstellen, die nach Art. 6 Abs. 4 UStG 1994 steuerfrei sind.

(BMF-AV Nr. 2019/165)

Randzahlen 4072 bis 4076: *derzeit frei.*

112.3. Einschränkungen der Vorsteuer für Fahrzeuglieferer

4077 Fahrzeuglieferer im Sinne des Art. 2 UStG 1994 (siehe Rz 3697 bis 3698) gelten in Hinblick auf die Fahrzeuglieferung als Unternehmer. Damit ist auch die grundsätzliche Berechtigung zum Vorsteuerabzug gegeben. Dieses Recht wird in Art. 12 Abs. 3 UStG 1994 jedoch mehrfach eingeschränkt.

- Nur jene Vorsteuern dürfen erstattet werden, die auf die Lieferung, die Einfuhr oder den innergemeinschaftlichen Erwerb des Fahrzeuges selbst entfallen. Steuerbeträge, die für Aufwendungen zwischen der Anschaffung und dem Verkauf oder nur anlässlich der Anschaffung angefallen sind (zB Reparaturkosten, Vertragserrichtungskosten, nachträgliche Zusatzausstattungen), sind nicht abzugsfähig.
- Die abzugsfähige Vorsteuer ist in ihrer Höhe begrenzt. Sie darf nicht mehr betragen als die USt, die sich bei einem steuerpflichtigen Weiterverkauf des Fahrzeuges ergeben würde. Bei dieser Berechnung ist vom zivilrechtlichen Verkaufspreis als Nettobetrag auszugehen (siehe Beispiel).
- Die Vorsteuer darf erst dann abgezogen werden, wenn die innergemeinschaftliche Fahrzeuglieferung tatsächlich ausgeführt wird.

Beispiel:

Ein österreichischer Privater kauft im Jänner 2002 bei einem inländischen Fahrzeughändler einen fabriksneuen Pkw um 30.000 € zuzüglich 20% USt in Höhe von 6.000 €. Im März 2002 verkauft er dieses Fahrzeug nach Italien um 20.000 €.

Der österreichische Fahrzeuglieferer kann im März 2002 die sich aus der ursprünglichen Lieferung des Fahrzeuges an ihn ergebende USt als Vorsteuer abziehen, jedoch eingeschränkt auf die sich aus dem Verkaufspreis ergebende fiktive USt in Höhe von 4.000 € (20% von 20.000 €).

(BMF-AV Nr. 2020/192)

Randzahlen 4078 bis 4085: *derzeit frei.*

112.4. Innergemeinschaftlicher Erwerb von neuen Fahrzeugen

Randzahlen 4086 bis 4095: *derzeit frei.*

118. Aufzeichnungspflichten (Art. 18 UStG 1994)

Randzahlen 4096 bis 4104: *derzeit frei.*

119. Steuerschuldner, Entstehung der Steuerschuld (Art. 19 UStG 1994)

Randzahlen 4105 bis 4110: *derzeit frei.*

120. Veranlagungszeitraum und Einzelbesteuerung (Art. 20 UStG 1994)

120.1. Berechnung der Steuer

Randzahlen 4111 bis 4120: *derzeit frei.*

120.2. Fahrzeugeinzelbesteuerung

Beim innergemeinschaftlichen Erwerb neuer Fahrzeuge (bezüglich der Definition „neues Fahrzeug“ siehe Rz 3667 bis Rz 3677) durch natürliche Personen im Nichtunternehmensbereich (siehe Rz 3660) kommt es nicht zur Veranlagung, sondern zur Fahrzeugeinzelbesteuerung. Der innergemeinschaftliche Erwerb neuer Fahrzeuge durch andere als die angesprochenen Erwerber ist Gegenstand der Veranlagung und ist in die Voranmeldung und in die Steuererklärung aufzunehmen. **4121**

(BMF-AV Nr. 2021/166)

Bemessungsgrundlage ist das Entgelt, zu dem nicht die Normverbrauchsabgabe gehört. **4122**

Siehe auch Rz 3921.

(BMF-AV Nr. 2021/166)

Bezüglich des Verfahrens siehe Rz 4141. **4123**

(BMF-AV Nr. 2021/166)

Randzahlen 4124 bis 4130: *derzeit frei.*

121. Erklärungen (Art. 21 UStG 1994)

121.1. Nichtunternehmer

4131 Gemäß Art. 21 UStG 1994 gelten die Vorschriften des § 21 UStG 1994 betreffend UVA, Vorauszahlung und Veranlagung (Steuererklärung) auch

- für juristische Personen, die ausschließlich eine Erwerbsteuer (siehe Rz 3585 bis Rz 3588) oder eine gemäß Art. 25 Abs. 5 UStG 1994 übergegangene Steuer beim Dreiecksgeschäft (siehe Rz 4291 bis Rz 4296a) zu entrichten haben und
- für Personen, die keine Unternehmer sind und Steuerbeträge nach Art. 7 Abs. 4 zweiter Satz UStG 1994 schulden (Vertrauensschutzregelung; siehe Rz 4016 bis Rz 4020).

(BMF-AV Nr. 2019/165, BMF-AV Nr. 2020/192)

Randzahlen 4132 bis 4140: *derzeit frei.*

121.2. Fahrzeugeinzelbesteuerung

4141 Die Erklärung betreffend Wasserfahrzeuge, Luftfahrzeuge und jene motorbetriebene Landfahrzeuge, die nicht normverbrauchsabgabepflichtig sind, erfolgt mit dem amtlichen Vordruck U 10; in allen übrigen Fällen mit dem Vordruck NoVA 2.

Randzahlen 4142 bis 4150: *derzeit frei.*

121.3. Zusammenfassende Meldung (ZM)

121.3.1. Allgemeines

4151 Als Ersatz für die seit dem 1. Jänner 1993 in der EU (mit Wirkung in Österreich ab dem 1. Jänner 1995) entfallenen steuerlichen Kontrollen an den Binnengrenzen wurde zwischen den EU-Mitgliedstaaten ein EDV-gestütztes Informationssystem über innergemeinschaftliche Warenlieferungen und Warenbewegungen geschaffen (MIAS). Die Daten des MIAS basieren auf den ZM, die jeder Unternehmer, der innergemeinschaftliche Lieferungen durchführt, in den EU-Mitgliedstaaten abzugeben hat (vgl. Art. 262 bis 271 MWSt-RL 2006/112/EG). Ab 1.1.2010 sind auch sonstige Leistungen, für die die Steuerschuld gemäß Art. 196 MWSt-RL 2006/112/ EG zwingend auf den Leistungsempfänger übergeht, in die ZM aufzunehmen. Die Finanzbehörden sollten damit in die Lage versetzt werden, die Besteuerung der innergemeinschaftlichen Erwerbe und der Umsätze, für die die Steuerschuld übergeht, im Bestimmungsland zu kontrollieren. Die Einzelheiten des MIAS enthält die Verordnung (EU) Nr. 904/2010 des Rates vom 7. Oktober 2010 über die Zusammenarbeit der Verwaltungsbehörden und die Betrugsbekämpfung auf dem Gebiet der Mehrwertsteuer idgF.

(BMF-AV Nr. 2017/171)

121.3.2. Rechtliche Grundlagen für die ZM

4152
- Verordnung (EU) Nr. 904/2010 des Rates vom 7. Oktober 2010 über die Zusammenarbeit der Verwaltungsbehörden und die Betrugsbekämpfung auf dem Gebiet der Mehrwertsteuer idgF
- Art. 262 bis Art. 271 MwSt-RL 2006/112/EG
- Art. 21 Abs. 3 bis 10 UStG 1994
- Verordnung des BM für Finanzen, BGBl. II Nr. 512/2006 idgF, betreffend die elektronische Übermittlung von Steuererklärungen sowie von Jahresabschlüssen und anderen Unterlagen anlässlich der Steuererklärung (FinanzOnline-Erklärungsverordnung – FOnErklV).

Im Zusammenhang mit der ZM ist ferner Folgendes zu beachten:

- die ZM gilt als Steuererklärung (Art. 21 Abs. 9 UStG 1994);
- die ZM ist ein Anbringen zur Erfüllung von Verpflichtungen iSd § 85 BAO;
- die Einreichung der ZM kann nach § 111 BAO mit Zwangsstrafe erzwungen werden;
- bei Nichtabgabe der ZM kann ein Verspätungszuschlag gemäß § 135 BAO verhängt werden.

(BMF-AV Nr. 2017/171)

121.3.3. Betroffene Unternehmer

4153 Gemäß Art. 21 Abs. 10 UStG 1994 in Verbindung mit § 1 der VO des BM für Finanzen, BGBl. II Nr. 512/2006 idgF (FOnErklV), hat die Übermittlung der Zusammenfassenden Meldung elektronisch im Verfahren FinanzOnline (https://finanzonline.bmf.gv.at) zu erfolgen, ausgenommen die elektronische Übermittlung ist dem Unternehmer mangels technischer Voraussetzungen unzumutbar oder er bzw. die Gesellschaft oder Gemeinschaft ist wegen

Unterschreitens der Umsatzgrenze nicht zur Abgabe von Umsatzsteuervoranmeldungen verpflichtet (siehe dazu Rz 2755 bzw. § 2 FOnErklV, BGBl. II Nr. 512/2006 idgF). Im Fall der Unzumutbarkeit der elektronischen Übermittlung ist der diesbezügliche amtliche Vordruck U13 bis zum Ablauf des auf den Meldezeitraum (= Kalendermonat oder Kalendervierteljahr in Abhängigkeit vom Voranmeldungszeitraum für die Umsatzsteuervoranmeldung) folgenden Kalendermonates beim zuständigen Finanzamt abzugeben.

(BMF-AV Nr. 2017/171, BMF-AV Nr. 2021/166)

Meldepflichtig sind Unternehmer (§ 2 UStG 1994), die während eines Meldezeitraumes **4154** innergemeinschaftliche Lieferungen (innergemeinschaftliche Verbringungen) und im übrigen Gemeinschaftsgebiet steuerpflichtige sonstige Leistungen, für die der Leistungsempfänger nach Art. 196 MwSt-RL 2006/112/EG idF Richtlinie 2008/8/EG die Steuer schuldet, ausgeführt haben. Eine ZM haben auch Unternehmer abzugeben, die als Erwerber bei einem Dreiecksgeschäft gemäß Art. 25 UStG 1994 steuerpflichtige Lieferungen im Meldezeitraum getätigt haben. Als Unternehmer gelten auch nichtselbständige juristische Personen iSd § 2 Abs. 2 Z 2 UStG 1994 (Organgesellschaften), sofern sie eine eigene UID haben (siehe Rz 4342). Führen pauschalierte Land- und Forstwirte innergemeinschaftliche Lieferungen aus, so müssen diese ebenfalls eine ZM abgeben, obwohl diese Umsätze nicht steuerbefreit sind (siehe hierzu auch Rz 2858 und Rz 3988).

Im übrigen Gemeinschaftsgebiet steuerpflichtige sonstige Leistungen, für die der Leistungsempfänger nach Art. 196 MwSt-RL 2006/112/EG idF Richtlinie 2008/8/EG die Steuer schuldet, liegen vor, wenn ein Unternehmer in einem anderen Mitgliedstaat eine Dienstleistung im Sinne des Art. 44 MwSt-RL 2006/112/EG erbracht hat.

Es handelt sich hier um sonstige Leistungen, bei denen - soweit keine Sonderregelung zur Anwendung gelangt - der Leistungsort sich danach richtet, wo der Leistungsempfänger, der Unternehmer ist, den Sitz seiner wirtschaftlichen Tätigkeit hat oder wo sich eine feste Niederlassung befindet, an die diese Dienstleistung erbracht wurde.

Diese Vorschrift betrifft demnach sonstige Leistungen, bei denen für die Bestimmung des Leistungsortes das Empfängerortprinzip als Grundregel zum Tragen kommt.

Im österreichischen UStG 1994 ist diese Regelung inhaltlich in § 3a Abs. 6 UStG 1994 enthalten.

Folgende Leistungen sind nicht in die ZM aufzunehmen:

- Grundstücksleistungen
- Personenbeförderungsleistungen
- Restaurant- und Verpflegungsdienstleistungen
- Kurzfristige Vermietung von Beförderungsmitteln

sowie

- sonstige Leistungen betreffend die Eintrittsberechtigung sowie die damit zusammenhängenden sonstigen Leistungen für kulturelle, künstlerische, wissenschaftliche, unterrichtende, sportliche, unterhaltende oder ähnliche Veranstaltungen, wie Messen und Ausstellungen.

Unternehmer und nichtsteuerpflichtige juristische Personen sind dazu verpflichtet, ihre UID den jeweiligen Leistenden mitzuteilen. Liegt die UID zum Zeitpunkt des Leistungsempfangs noch nicht vor, ist diese unverzüglich nachträglich bekannt zu geben (Art. 55 VO (EU) 282/2011).

Zur Meldepflicht bei Inanspruchnahme der Konsignationslagerregelung gemäß Art. 3 Abs. 2 iVm Art. 1a UStG 1994 siehe Rz 3691 bis 3695.

(BMF-AV Nr. 2021/166)

Für Meldezeiträume, in denen keine innergemeinschaftlichen Lieferungen oder im übrigen **4155** Gemeinschaftsgebiet steuerpflichtige sonstige Leistungen, für die der Leistungsempfänger nach Art. 196 MWSt-RL 2006/112/EG idF Richtlinie 2008/8/EG die Steuer schuldet, ausgeführt wurden, sind keine ZM abzugeben, außer der Unternehmer wird von der Abgabenbehörde zur Abgabe einer ZM aufgefordert. Die ZM ist bei dem für die Veranlagung zur Umsatzsteuer zuständigen Finanzamt einzureichen. Sind festsetzendes und einhebendes Finanzamt nicht ident, so ist die ZM beim festsetzenden Finanzamt (bei dem also auch die Steuererklärungen einzureichen sind) abzugeben. Die Organtöchter haben die ZM bei dem für die Erhebung der Umsatzsteuer des Organträgers zuständigen Finanzamt einzureichen.

(BMF-AV Nr. 2021/166)

Randzahlen 4156 bis 4160: *derzeit frei.*

121.4. Innergemeinschaftliche Warenlieferung

121.4.1. Innergemeinschaftliche Lieferungen

4161 Bei innergemeinschaftlichen Lieferungen im Sinne des Art. 7 Abs 1 UStG 1994, mit Ausnahme der Lieferungen neuer Fahrzeuge an Abnehmer ohne UID, muss angegeben werden:

- die UID eines jeden Erwerbers, unter der an diesen die innergemeinschaftlichen Lieferungen ausgeführt wurden;
- für jeden Erwerber die Summe der Bemessungsgrundlagen der an ihn ausgeführten innergemeinschaftlichen Lieferungen.

121.4.2. Innergemeinschaftliche Verbringungen

4162 Bei innergemeinschaftlichen Verbringungen iSd Art. 7 Abs. 2 Z 1 UStG 1994, die innergemeinschaftlichen Lieferungen gleichgestellt sind, muss angegeben werden:

- Die UID des Unternehmers in den Mitgliedstaaten, in die er die Gegenstände unternehmensintern verbracht hat und
- die hierauf entfallende Summe der Bemessungsgrundlagen.

Verbringt ein Unternehmer Gegenstände unter Anwendung der Konsignationslagerregelung (siehe Rz 3691 ff), hat der liefernde Unternehmer gemäß Art. 21 Abs. 3 iVm Art. 21 Abs. 6 UStG 1994 die UID des geplanten Erwerbers sowie jede Änderung der gemeldeten Angaben in der Zusammenfassenden Meldung anzugeben. Bei Unterlassung der Angaben oder Falschangaben ist die Verbringung im Bestimmungsland steuerpflichtig. Im Ursprungsland ist die Verbringung steuerfrei.

(BMF-AV Nr. 2019/165)

121.4.3. Dreiecksgeschäfte – Unternehmer ist Lieferer

4163 Beim liefernden Unternehmer (erster Unternehmer in der Reihe) an den zweiten Unternehmer (Erwerber) ist kein Hinweis auf das Vorliegen eines Dreiecksgeschäftes (Spalte Dreiecksgeschäft im Vordruck U 13 bzw. U 14) vorzunehmen, da es sich beim liefernden Unternehmer um eine „normale" innergemeinschaftliche Lieferung handelt (siehe Ausführungen zu Rz 4161).

121.4.4. Dreiecksgeschäfte – Unternehmer ist Erwerber

4164 Bei Dreiecksgeschäften hat der zweite Unternehmer in der Kette (der so genannte Erwerber) folgende Angaben zu machen:

- die UID des Empfängers, die der Empfänger vom Bestimmungsmitgliedstaat erhalten hat,
- für jeden einzelnen dieser Empfänger die Summe der Entgelte der Lieferungen, die der Erwerber im Bestimmungsmitgliedstaat an den Empfänger bewirkt hat,
- Hinweis auf das Vorliegen eines Dreiecksgeschäftes (Z 1 in der Spalte „Dreiecksgeschäfte" des amtlichen Vordruckes U 13 bzw. U 14).

4165 Kommt der Unternehmer dieser Erklärungspflicht nach, gilt der innergemeinschaftliche Erwerb im Sinne des Art. 3 Abs. 8 zweiter Satz UStG 1994 als besteuert.

121.4.5. Übergang der Steuerschuld gemäß Art. 196 MWSt-RL 2006/112/EG idF Richtlinie 2008/8/EG (Rechtslage ab 1.1.2010)

4166 Bei sonstigen Leistungen, die in einem anderen Mitgliedstaat steuerpflichtig sind, und für die der Leistungsempfänger die Steuer nach Art. 196 MwSt-RL 2006/112/EG idF Richtlinie 2008/8/EG schuldet, muss angegeben werden:

- die UID eines jeden Leistungsempfängers, unter der an diesen die steuerpflichtigen sonstigen Leistungen erbracht wurden;
- für jeden Leistungsempfänger die Summe der Bemessungsgrundlagen dieser sonstigen Leistungen.

Diese sonstigen Leistungen sind mangels Steuerbarkeit im Inland weder in die Umsatzsteuervoranmeldung (U 30) noch in die Umsatzsteuerjahreserklärung (U 1) aufzunehmen (siehe Rz 2687).

121.5. (Art. 21 Abs. 5 UStG 1994 aufgehoben)

Randzahlen 4167 bis 4170: *derzeit frei.*

BMR

121.6. Angaben in der ZM

Die ZM ist gemäß Art. 21 Abs. 10 UStG 1994 in Verbindung mit § 1 der VO des BM für Finanzen, BGBl. II Nr. 512/2006 idgF (FOnErklV), elektronisch im Verfahren FinanzOnline (https://finanzonline.bmf.gv.at) zu übermitteln. Nur in Ausnahmefällen (Näheres hierzu siehe Rz 4153) kann die ZM auch auf amtlichem Vordruck abgegeben werden (Vordruck U 13). Für den Fall, dass die auf der ZM vorgesehenen 10 Zeilen nicht ausreichen, wurde ein Fortsetzungsblatt (Vordruck U 14) aufgelegt. Selbst hergestellte Vordrucke dürfen nicht verwendet werden. Werden für den einzelnen Meldezeitraum mehrere Vordrucke benötigt, sind diese zusammenzuheften. Die Anzahl der angeschlossenen Fortsetzungsblätter ist auf dem Vordruck U 13 einzutragen. Die Fortsetzungsblätter sind mit einer laufenden Nummer zu versehen. **4171**

Hinsichtlich Länderkennzeichen siehe Rz 4343 bis Rz 4344. **4172**

(BMF-AV Nr. 2021/166)

Die ZM muss nicht unterschrieben sein, wenn sie automationsunterstützt übermittelt wird. **4173**

Randzahlen 4174 bis 4185: *derzeit frei.*

121.7. Zeitlicher Bezug der ZM

Meldepflichtige Unternehmer haben bis zum Ablauf des auf den Meldezeitraum (Kalendermonat oder Kalendervierteljahr) folgenden Kalendermonats eine ZM elektronisch (Ausnahmen siehe Rz 4153) einzureichen. Der Meldezeitraum umfasst – abhängig vom Voranmeldungszeitraum für die Umsatzsteuervoranmeldung – einen Kalendermonat oder ein Kalendervierteljahr. Die Zusammenfassung mehrerer Meldezeiträume (Monate oder Quartale) zu einer ZM ist nicht zulässig. **4186**

(BMF-AV Nr. 2021/166)

Die ZM ist bei dem für die Erhebung der Umsatzsteuer zuständigen Finanzamt einzureichen, sofern die Datenübermittlung nicht über FinanzOnline erfolgt. **4187**

In die ZM sind für den Meldezeitraum folgende Umsätze aufzunehmen: **4188**

Sämtliche innergemeinschaftlichen Lieferungen an einen Erwerber/Unternehmer innerhalb desselben Meldezeitraumes sind unter dessen UID in einer Zeile zusammenzufassen.

Sämtliche sonstigen Leistungen, für die der Leistungsempfänger die Steuer nach Art. 196 MWSt-RL 2006/112/EG idF Richtlinie 2008/8/EG schuldet, an einen Leistungsempfänger innerhalb desselben Meldezeitraumes sind unter dessen UID in einer Zeile zusammenzufassen.

Zur Meldepflicht des Erwerbers bei Dreiecksgeschäften gemäß Art. 25 UStG 1994 siehe Rz 4192, zur Meldepflicht bei Inanspruchnahme der Konsignationslagerregelung gemäß Art. 3 Abs. 2 iVm Art. 1a UStG 1994 siehe Rz 3691 bis 3695.

(BMF-AV Nr. 2021/166)

Sonderbestimmungen für die vierteljährliche Abgabe der ZM

Innergemeinschaftliche Lieferungen, die in den ersten beiden Monaten des Meldezeitraumes ausgeführt worden sind, sind in der ZM für diesen Zeitraum zu melden, unabhängig vom Zeitpunkt der Rechnungsausstellung. **4189**

Bei innergemeinschaftlichen Lieferungen, die im letzten Monat des Meldezeitraumes ausgeführt worden sind, ist auf den Zeitpunkt der Ausstellung der Rechnung abzustellen. Wird die Rechnung für diese Lieferung noch in diesem Monat ausgestellt, so ist die Meldung in diesem Meldezeitraum vorzunehmen. Wird die Rechnung für diese Lieferung erst nach Ablauf des Meldezeitraumes ausgestellt, so hat die Meldung im nächsten Meldezeitraum zu erfolgen. **4190**

Da bei den innergemeinschaftlichen Lieferungen gleichgestellten Verbringungen keine Rechnungen gelegt werden können, sind bei innergemeinschaftlichen Verbringungen, die im letzten Monat des Meldezeitraumes ausgeführt werden, die Angaben für den nächsten Meldezeitraum zu machen. **4191**

Beim Dreiecksgeschäft sind die Lieferungen des Erwerbers an den Empfänger in den Meldezeitraum aufzunehmen, in dem die Steuerschuld für diese Lieferungen entstanden ist. **4192**

Sonstige Leistungen, für die der Leistungsempfänger die Steuer nach Art. 196 MWSt-RL 2006/112/EG idF Richtlinie 2008/8/EG schuldet, sind in die ZM jenes Meldezeitraums aufzunehmen, in dem die Leistungen ausgeführt worden sind. **4193**

Randzahlen 4194 bis 4200: *derzeit frei.*

121.8. Änderung der Bemessungsgrundlage im Zusammenhang mit der ZM

Nachträgliche Änderungen der umsatzsteuerlichen Bemessungsgrundlage für meldepflichtige Umsätze, zB durch Rabatte, Uneinbringlichkeit, sind in der ZM für den Melde- **4201** zeitraum zu berücksichtigen, in dem die nachträgliche Änderung der Bemessungsgrundlage eingetreten ist. Entsprechend ist zu verfahren, wenn meldepflichtige Umsätze ganz oder teilweise rückgängig gemacht werden (Rechnungsstornierungen). Es ist der Änderungsbetrag mit der Summe der Bemessungsgrundlagen für die jeweiligen meldepflichtigen Umsätze, die im maßgeblichen Zeitraum ausgeführt wurden, zu saldieren. Die zu meldenden Bemessungsgrundlagen können negativ sein. Negative Beträge sind mit einem Minuszeichen zu kennzeichnen. Die zu meldende Summe der Bemessungsgrundlagen kann ausnahmsweise auf Grund von Saldierungen 0 Euro betragen. In diesem Fall ist als Summe der Bemessungsgrundlagen 0 zu melden.

4202 Eine nachträgliche Änderung der Bemessungsgrundlage ist von der Berichtigung wegen unrichtiger bzw. unvollständiger Angaben zu unterscheiden (siehe nachfolgende Ausführungen zu Rz 4203).

121.8.1. Berichtigung der ZM

4203 Wird nachträglich erkannt, dass eine abgegebene ZM unrichtig oder unvollständig ist, so ist die ursprüngliche ZM innerhalb eines Monats (gerechnet ab Erkennen des Fehlers) zu berichtigen. Betroffen sind vor allem ursprüngliche Fehler, dh. Fehler, die bereits bei Abgabe der ZM objektiv vorhanden waren (zB falsche UID, Fehlen von Lieferungen). Im Falle einer Berichtigung ist das Ausstellungsdatum der ursprünglichen Meldung anzuführen.

121.8.2. Berichtigungsmeldung

4204 Jeder zu berichtigende Meldezeitraum ist in einer gesonderten Berichtigungsmeldung zu erfassen.

Zusammenfassende Meldungen, die über FinanzOnline übermittelt wurden, dürfen nur über FinanzOnline berichtigt werden (keine Papier-Vordrucke). Über FinanzOnline ist immer die korrigierte Gesamt-Meldung – und nicht nur die betroffenen Meldezeilen – als Berichtigung zu übermitteln. Wurde die Erst-Meldung mittels Vordruck (U 13 bzw. U 14) abgegeben, sind für die Berichtigungsmeldungen ebenfalls die Vordrucke U 13 bzw. U 14 zu verwenden. In diesem Fall bleibt es dem Unternehmer überlassen, die gesamte ZM eines Meldezeitraumes neu auszufertigen oder nur die fehlerhaften Zeilen zu melden und zu berichtigen.

Eine Berichtigung einer ZM in einer ZM für einen der folgenden Zeiträume ist unzulässig.

Randzahlen 4205 bis 4210: *derzeit frei.*

121.9. ZM als Steuererklärung – Verspätungszuschlag

4211 Die ZM gilt als Steuererklärung. Bei verspäteter Einreichung kann ein Verspätungszuschlag in Höhe von bis zu 1% der Summe aller zu meldenden Bemessungsgrundlagen festgesetzt werden (Höchstbetrag 2.200 Euro). Ist die Summe negativ (zB bei einer Minderung der Bemessungsgrundlage), kommt ein Verspätungszuschlag nicht in Betracht. Die Abgabe von ZM kann durch Festsetzung einer Zwangsstrafe (Höchstbetrag 5.000 Euro) erzwungen werden.

Randzahlen 4212 bis 4215: *derzeit frei.*

121.10. Elektronische Übermittlung der Daten

4216 Die Daten sind ab dem 1. Quartal 2004 elektronisch über FinanzOnline (https://finanzonline.bmf.gv.at) zu übermitteln (Ausnahmen siehe Rz 4153). Die Datenübermittlung kann weiters auch durch den Steuerberater oder Fiskalvertreter erfolgen.

Inhalt und Meldung der Verfahren sind in Art. 21 Abs. 10 UStG 1994, in der VO des BM für Finanzen, BGBl. II Nr. 512/2006 idgF (FOnErklV) über die elektronische Übermittlung von Steuererklärungen sowie von Jahresabschlüssen und anderen Unterlagen anlässlich der Steuererklärung (FinanzOnline-Erklärungsverordnung) und in der VO des BM für Finanzen, BGBl. II Nr. 97/2006, über die Einreichung von Anbringen, die Akteneinsicht und die Zustellung von Erledigungen in automationsunterstützter Form (FinanzOnline-Verordnung 2006) geregelt.

4217 Unternehmen, die an der elektronischen Datenübermittlung nicht teilnehmen können, müssen daher für die Abgabe beim Finanzamt das amtliche Formular verwenden.

Randzahlen 4218 bis 4225: *derzeit frei.*

121.11. Gesonderte Erklärung von innergemeinschaftlichen Lieferungen

4226 Gemäß Art. 21 Abs. 11 UStG 1994 hat der Unternehmer die Bemessungsgrundlagen seiner innergemeinschaftlichen Lieferungen auch in der UVA und in der Steuererklärung gesondert zu erklären. Die gesonderte Erklärung der innergemeinschaftlichen Lieferungen hat in dem Voranmeldungszeitraum zu erfolgen, in dem die Rechnung für die innergemeinschaftliche

Lieferung ausgestellt wird, spätestens in dem Voranmeldungszeitraum, in dem der auf die Ausführung der innergemeinschaftlichen Lieferung folgendem Monat endet.

Beim Dreiecksgeschäft sind die Lieferungen des Erwerbers an den Empfänger lediglich in die Zusammenfassende Meldung für den Meldezeitraum aufzunehmen, in dem die Steuerschuld für diese Lieferungen entstanden ist (siehe Rz 4164).

(AÖF Nr. 2014/7)

Randzahlen 4227 bis 4235: *derzeit frei.*

124. Differenzbesteuerung im Binnenmarkt (Art. 24 UStG 1994)

124.1. Ausschluss der Differenzbesteuerung

4236 Die Differenzbesteuerung ist auch bei Lieferungen vom Inland in das übrige Gemeinschaftsgebiet anzuwenden. Die Steuerbefreiung für innergemeinschaftliche Lieferungen findet keine Anwendung. Es darf keine Rechnung mit einem Hinweis auf die Steuerfreiheit gelegt werden.

4237 Für folgende Vorgänge ist die Anwendung der Differenzbesteuerung ausgeschlossen:

- Die Lieferung und den Eigenverbrauch eines Gegenstandes, den der Wiederverkäufer innergemeinschaftlich erworben hat oder innergemeinschaftlich verbracht hat, wenn auf die Lieferung des Gegenstandes an den Wiederverkäufer oder das innergemeinschaftliche Verbringen die Steuerbefreiung für innergemeinschaftliche Lieferungen im übrigen Gemeinschaftsgebiet angewendet worden ist.
- Die innergemeinschaftliche Lieferung neuer Fahrzeuge im Sinne des Art. 1 Abs. 8 und 9 UStG 1994. Siehe Rz 3667 bis Rz 3677.

Beispiel 1:

Der Kraftfahrzeughändler G in Graz veräußert ein KFZ an einen belgischen Privaten, der das Fahrzeug nach Belgien verbringt, um 32.000 €.

G hat das KFZ mit einem Kilometerstand von 5.000 km von einem Privaten um 26.000 € erworben.

Die Differenzbesteuerung kommt nicht zur Anwendung, da eine innergemeinschaftliche Lieferung eines neuen Kraftfahrzeuges vorliegt (Art. 24 Abs. 1 lit. b UStG 1994). Die Lieferung des G kann gemäß Art. 7 Abs. 1 Z 2 lit. c UStG 1994 steuerfrei sein.

Beispiel 2:

Angabe wie Beispiel 1. G hat aber ein 11 Monate altes KFZ mit einem Kilometerstand von 9.000 km von einem Privaten um 26.000 Euro erworben.

Die Differenzbesteuerung (5.000 Euro zuzüglich 20% USt) kommt zur Anwendung, da es sich nicht um eine neues KFZ handelt.

Abweichend davon kann die Differenzbesteuerung ab 1.1.2020 jedoch von einem Wiederverkäufer angewendet werden, wenn er Kunstgegenstände im Rahmen einer steuerbefreiten innergemeinschaftlichen Lieferung vom Urheber oder dessen Rechtsnachfolgern erwirbt (siehe EuGH 29.11.2018, Rs C-264/17, *Harry Mensing*).

Beispiel 3:

Der Kunsthändler K aus Wien erwirbt Kunstgegenstände vom Urheber F aus Frankreich und Kunstgegenstände vom Kunsthändler S aus Spanien. F und S behandeln ihre Lieferungen als steuerfreie innergemeinschaftliche Lieferungen an K. K versteuert die Anschaffungen als innergemeinschaftliche Erwerbe. K veräußert die Kunstgegenstände im Rahmen seines Unternehmens an private Abnehmer.

K kann die Differenzbesteuerung auf die Weiterlieferung der Kunstgegenstände, die er im Rahmen einer innergemeinschaftlichen Lieferung vom Kunsthändler S aus Spanien erworben hat, nicht anwenden (Art. 24 Abs. 1 lit. a iVm § 24 Abs. 1 UStG 1994). Er kann aber die angefallene Erwerbsteuer als Vorsteuer – beim Vorliegen aller übrigen Voraussetzungen – abziehen.

Für die Weiterlieferung der Kunstgegenstände, die K innergemeinschaftlichvom Urheber F aus Frankreich erworben hat, ist die Differenzbesteuerung zulässig, wenn K die Erwerbsteuer nicht als Vorsteuer abzieht (Art. 24 Abs. 1 lit. a letzter Satz iVm § 24 Abs. 2 UStG 1994).

(BMF-AV Nr. 2019/165)

Randzahlen 4238 bis 4245: *derzeit frei.*

124.2. Keine Erwerbsteuer bei Differenzbesteuerung

4246 Wird bei einer Lieferung vom übrigen Gemeinschaftsgebiet in das Inland die Differenzbesteuerung angewendet, so entfällt eine Erwerbsbesteuerung im Inland (Art. 24 Abs. 2 UStG 1994). Die Weiterlieferung eines solchen im übrigen Gemeinschaftsgebiet differenzbesteuert angeschafften Gegenstandes im Inland unterliegt ebenfalls § 24 UStG 1994.

(AÖF Nr. 2014/7)

Randzahlen 4247 bis 4250: *derzeit frei.*

124.3. Ausschluss der innergemeinschaftlichen Versandhandelsregelung und der Steuerbefreiung für innergemeinschaftliche Lieferungen

(BMF-AV Nr. 2019/165)

Die Versandhandelsregelung ist bei Anwendung der Differenzbesteuerung ausgeschlossen (Art. 24 Abs. 3 UStG 1994). Werden Gegenstände von einem Wiederverkäufer aus einem Mitgliedstaat zB an Nichtunternehmer in einen anderen Mitgliedstaat befördert oder versendet und erfolgt die Lieferung durch den Wiederverkäufer differenzbesteuert, so verlagert sich der Ort der Leistung nicht in den anderen Mitgliedstaat. Bei der Berechnung der Umsatzgrenze in Art. 3 Abs. 5 UStG 1994 (bis 30.6.2021: Lieferschwelle) sind Lieferungen, die unter Anwendung der Differenzbesteuerung getätigt werden, nicht zu beachten. **4251**

BMR

Werden bei Anwendung der Differenzbesteuerung Waren in einen anderen Mitgliedstaat geliefert, so ist die Steuerbefreiung für innergemeinschaftliche Lieferungen nicht anwendbar. In der Rechnung darf keine Umsatzsteuer ausgewiesen werden und ist auf die Differenzbesteuerung hinzuweisen.

Unter der Voraussetzung, dass keine Besteuerung nach der Gesamtdifferenz vorgenommen wird, kann der Unternehmer bei jedem einzelnen Umsatz auf die Differenzbesteuerung verzichten und zur Anwendung der normalen Besteuerungsvorschriften optieren. In diesem Fall kann für eine innergemeinschaftliche Lieferung die Steuerbefreiung zur Anwendung gelangen.

Ein solcher Verzicht auf die Anwendung der Differenzbesteuerung wird durch eine Rechnungslegung im Sinne des Art. 11 UStG 1994 nach außen dokumentiert.

(BMF-AV Nr. 2019/165, BMF-AV Nr. 2020/192)

Randzahlen 4252 bis 4260: *derzeit frei.*

124a. Sonderregelung für Anlagegold (Art. 24a UStG 1994)

Randzahlen 4261 bis 4275: *derzeit frei.*

124b. Zoll- und Steuerlager (Art. 24b UStG 1994)

Randzahlen 4277 bis 4290: *derzeit frei.* **4276**

125. Dreiecksgeschäft (Art. 25 UStG 1994)

125.1. Allgemeines

(BMF-AV Nr. 2022/154)

4291 Art. 25 UStG 1994 enthält eine Vereinfachungsregelung für die Besteuerung von innergemeinschaftlichen Dreiecksgeschäften. An einem Dreiecksgeschäft im Sinne des Art. 25 UStG 1994 sind drei Unternehmer beteiligt, die in drei verschiedenen Mitgliedstaaten über denselben Gegenstand Umsatzgeschäfte abschließen (zur Definition eines Reihengeschäfts siehe § 3 Abs. 15 UStG 1994 und Rz 474g).

Für Zwecke der Dreiecksgeschäftsregelung wird jener mittlere Unternehmer, der den innergemeinschaftlichen Erwerb verwirklicht, als Erwerber und jener Unternehmer, an den dieser Erwerber liefert, als Abnehmer bezeichnet (Art. 25 Abs. 2 und 3 UStG 1994). Der Abnehmer kann auch eine juristische Person sein, die nicht Unternehmer ist oder den Gegenstand nicht für ihr Unternehmen erwirbt.

Ein Dreiecksgeschäft ist ab 1.1.2023 auch innerhalb eines Reihengeschäftes mit mehr als drei Beteiligten möglich. Die Vereinfachungsregelung kann dabei bei Vorliegen sämtlicher Voraussetzungen an jeder Stelle des Reihengeschäftes angesiedelt sein. Es ist nicht erforderlich, dass der erste oder der letzte Unternehmer in der Reihe in das Dreiecksgeschäft involviert ist.

(BMF-AV Nr. 2022/154)

4292 Die Vereinfachung besteht darin, dass die umsatzsteuerliche Registrierung des Erwerbers im Empfangsstaat vermieden wird. Die Vereinfachung kann auch angewendet werden, wenn der Erwerber im Empfangsstaat der Waren zur Umsatzsteuer registriert ist, aber die UID eines anderen Mitgliedstaats als des Abgangs- und des Empfangsstaats der Waren verwendet. Wenn der Erwerber seinen Sitz oder eine feste Niederlassung im Empfangsstaat der Waren hat, kann die Vereinfachung nicht angewendet werden (siehe auch VwGH 15.12.2021, Ro 2020/15/0003, und VwGH 22.12.2021, Ro 2020/15/0013).

(BMF-AV Nr. 2022/154)

125.2. Voraussetzungen

(BMF-AV Nr. 2022/154)

4293 Die Voraussetzungen für das Vorliegen eines Dreiecksgeschäftes ergeben sich aus Art. 25 Abs. 1 bis 4 UStG 1994. Ein Dreiecksgeschäft liegt vor, wenn bei einem Reihengeschäft (§ 3 Abs. 15 UStG 1994) die folgenden Voraussetzungen erfüllt werden:

- Der Erwerber
  - betreibt im Inland weder sein Unternehmen, noch hat er im Inland eine Betriebsstätte,
  - verwendet für den Erwerb weder eine inländische UID-Nummer noch die UID-Nummer des Ursprungsmitgliedstaates,
- der Erwerb erfolgt für Zwecke einer anschließenden Lieferung des Erwerbers im Inland an einen Abnehmer,
- der Abnehmer ist Unternehmer oder eine juristische Person, der bzw. die für Zwecke der Umsatzsteuer im Inland erfasst ist und
- die Steuer für die anschließende Lieferung wird gemäß Art. 25 Abs. 5 UStG 1994 vom Abnehmer geschuldet.

(BMF-AV Nr. 2022/154)

4294 Voraussetzung für das Vorliegen eines Dreiecksgeschäftes im Sinne des Art. 25 UStG 1994 ist ua., dass der Erwerber im Inland weder sein Unternehmen betreibt noch eine Betriebsstätte hat.

Nicht schädlich für das Vorliegen eines Dreiecksgeschäftes ist die umsatzsteuerrechtliche Registrierung oder Ansässigkeit des Erwerbers im Abgangsstaat der Waren, wenn der Erwerber die UID eines anderen Mitgliedstaates verwendet (EuGH 19.4.2018, Rs C-580/16, *Firma Hans Bühler KG*; VwGH 29.5.2018, Ra 2015/15/0017).

Beispiel:

Der italienische Unternehmer I bestellt Waren beim österreichischen Unternehmer Ö und dieser seinerseits beim deutschen Unternehmer D. Es wird vereinbart, dass D die Waren direkt an den Abnehmer I nach Italien versendet. I und D treten unter der UID ihres Ansässigkeitsstaates auf.

Ö hat zwar seinen Sitz in Österreich, ist aber auch in Deutschland umsatzsteuerrechtlich erfasst und verfügt daher über eine österreichische und eine deutsche UID. Tritt Ö bei diesem Geschäft unter seiner österreichischen UID auf, ist die Dreiecksgeschäftsregelung iSd Art. 25 UStG 1994 bei Vorliegen aller weiterer Voraussetzungen zulässig.

(BMF-AV Nr. 2015/170, BMF-AV Nr. 2018/164, BMF-AV Nr. 2022/154)

Die Voraussetzungen für ein Dreiecksgeschäft im Sinne des Art. 25 UStG 1994 liegen nur vor, wenn der Lieferer oder der Erwerber den Gegenstand zum Abnehmer befördert oder versendet. **4295**

BMR

Beispiel 1:

Der Unternehmer W aus Wien bestellt Waren bei M in München und dieser seinerseits bei P in Paris. W, M und P treten unter der UID ihres Sitzstaates auf.

a) P versendet die Waren direkt an W.

b) Die Ware wird von M bei P abgeholt und an W versendet.

c) Die Ware wird von W bei P abgeholt.

Lösung:

Zu a) Die Voraussetzungen für ein Dreiecksgeschäft können vorliegen.

Die Lieferung des P an M erfolgt gemäß § 3 Abs. 15 Z 1 lit. a iVm Abs. 8 UStG 1994 in Frankreich (und ist unter den Voraussetzungen des französischen Rechts eine steuerfreie innergemeinschaftliche Lieferung). Die Lieferung des M an W wird in Österreich ausgeführt (§ 3 Abs. 15 Z 4 UStG 1994).

Zu b) Die Voraussetzungen für ein Dreiecksgeschäft können vorliegen.

Auch beim Versenden durch den Erwerber erfolgt gemäß § 3 Abs. 15 Z 1 lit. c iVm Abs. 8 UStG 1994 die Lieferung des P an M in Frankreich und die Lieferung des M an W gemäß § 3 Abs. 15 Z 4 UStG 1994 in Österreich.

Zu c) Die Voraussetzungen für ein Dreiecksgeschäft liegen nicht vor.

Sowohl P als auch M liefern gemäß § 3 Abs. 15 Z 3 bzw. § 3 Abs. 8 UStG 1994 in Frankreich (der Erwerb erfolgt somit nicht für Zwecke einer anschließenden Lieferung des Erwerbers im Inland; Art. 25 Abs. 3 lit. b UStG 1994).

Die Lieferung des P an M unterliegt der französischen USt. Die Lieferung des M an W kann als innergemeinschaftliche Lieferung nach französischem Recht steuerfrei sein.

W tätigt in Österreich einen innergemeinschaftlichen Erwerb.

Beispiel 2:

Der Unternehmer Ö aus Wien bestellt beim Unternehmer D aus München dort nicht vorrätige Werkzeugteile. D gibt die Bestellung weiter an F in Frankreich mit der Bitte, sie direkt zu Ö nach Österreich auszuliefern. Weil auch F die Werkzeugteile nicht auf Lager hat, bestellt er sie beim spanischen Unternehmer SP und befördert sie auf seine Rechnung an Ö. F tritt mit seiner spanischen UID Nummer auf, alle anderen Unternehmer jeweils unter der UID Nummer ihres Landes.

Lösung:

Zwischen SP, F, D und Ö liegt ein Reihengeschäft gemäß § 3 Abs. 15 Z 5 UStG 1994 vor. Da F als Zwischenhändler mit seiner spanischen UID Nummer auftritt, wird die Beförderung gemäß § 3 Abs. 15 Z 1 UStG 1994 seiner Lieferung an D zugeordnet, womit D einen innergemeinschaftlichen Erwerb in Österreich verwirklicht. Liegen die Voraussetzungen des Art. 25 Abs. 3 UStG 1994 vor, ist dieser innergemeinschaftliche Erwerb von D in Österreich steuerfrei und die Steuerschuld für die Lieferung von D an Ö geht auf Ö über.

Beispiel 3:

Wie Beispiel 2, nur tritt D mit seiner österreichischen UID Nummer auf und alle anderen Unternehmer jeweils unter der UID Nummer ihres Landes.

Lösung:

Zwischen SP, F, D und Ö liegt ein Reihengeschäft gemäß § 3 Abs. 15 Z 5 UStG 1994 vor. Da F als Zwischenhändler nicht mit einer UID Nummer des Abgangsmitgliedstaates auftritt, wird die Beförderung gemäß § 3 Abs. 15 Z 1 UStG 1994 der Lieferung von SP an ihn zugeordnet, womit F einen innergemeinschaftlichen Erwerb in Österreich verwirklicht. Liegen die Voraussetzungen des Art. 25 Abs. 3 UStG 1994 vor, ist dieser innergemeinschaftliche Erwerb von F in Österreich steuerfrei und die Steuerschuld für die Lieferung von F an D geht auf D über.

(BMF-AV Nr. 2022/154)

125.3. Rechnung

(BMF-AV Nr. 2022/154)

Die vom Erwerber gemäß Art. 25 Abs. 4 UStG 1994 auszustellende Rechnung hat neben **4296** den zusätzlichen Erfordernissen auch den Vorschriften des § 11 UStG 1994 zu entsprechen. Die Umsatzsteuer darf jedoch nicht in Rechnung gestellt werden.

Seit 1.1.2013 richtet sich für den Erwerber die Rechnungsausstellung an den Abnehmer nach dem UStG 1994, wenn er in Österreich sein Unternehmen betreibt.

Dies gilt jedoch nicht, wenn

- die Lieferung von einer in einem anderen Mitgliedstaat gelegenen Betriebsstätte des österreichischen Erwerbers ausgeführt wird:

  hier ist das Recht des Mitgliedstaates maßgebend, in dem sich die Betriebsstätte befindet;
- der Abnehmer, auf den die Steuerschuld übergeht, mittels Gutschrift abrechnet:

  hier richtet sich die Rechnungsausstellung nach den Vorschriften des Mitgliedstaates, in dem die Lieferung ausgeführt wird.

Wurde eine den Vorschriften des Art. 25 Abs. 4 iVm § 11 UStG 1994 entsprechende Rechnung nicht fristgerecht ausgestellt, wobei der ausdrückliche Hinweis auf das Vorliegen eines innergemeinschaftlichen Dreiecksgeschäftes und die Steuerschuldnerschaft des Abnehmers auch bspw. in englischer Sprache erfolgen kann, liegt kein Dreiecksgeschäft vor (Art. 25 Abs. 3 lit. d UStG 1994, vgl. EuGH 8.12.2022, Rs C-247/21, *Luxury Trust Automobil GmbH*; VwGH 15.12.2022, Ro 2020/13/0016).

(BMF-AV Nr. 2015/170, BMF-AV Nr. 2022/154, BMF-AV Nr. 2023/152)

125.4. Zusammenfassende Meldung

(BMF-AV Nr. 2022/154)

4296a Für das Vorliegen eines Dreiecksgeschäfts hat auch der Erwerber, der als mittlerer Unternehmer im Mitgliedstaat des Abnehmers steuerpflichtige Lieferungen getätigt hat, eine ZM abzugeben, die den Vorschriften des Art. 25 Abs. 6 UStG 1994 entspricht.

Bei verspäteter Abgabe einer den Vorgaben des Art. 25 Abs. 6 UStG 1994 entsprechenden ZM gilt der innergemeinschaftliche Erwerb im Sinne des Art. 3 Abs. 8 zweiter Satz UStG 1994 als besteuert, wenn die ZM eingebracht wurde und alle materiellen Voraussetzungen für das Dreiecksgeschäft vorliegen. Das ist dann der Fall, wenn neben der Einreichung der korrekten ZM der Nachweis erbracht worden ist, dass der innergemeinschaftliche Erwerb im Sinne des Art. 3 Abs. 8 zweiter Satz UStG 1994 für die Zwecke einer anschließenden Lieferung getätigt wurde, die im Gebiet des Bestimmungsmitgliedstaats der Liefergegenstände bewirkt worden ist, und dass der Abnehmer der Lieferung als Steuerschuldner bestimmt wurde (EuGH 19.4.2018, Rs C-580/16, *Firma Hans Bühler KG*; zur Bestimmung des Abnehmers als Steuerschuldner siehe Rz 4296).

(BMF-AV Nr. 2018/164, BMF-AV Nr. 2022/154)

125a. Sonderregelung für EU-Unternehmer, die sonstige Leistungen an Nichtunternehmer erbringen, für innergemeinschaftlichen Versandhandel und innerstaatliche Lieferungen durch Plattformen oder andere elektronische Schnittstellen (Art. 25a UStG 1994)

(BMF-AV Nr. 2019/165)

125a.1. Voraussetzungen für im Gemeinschaftsgebiet niedergelassene Unternehmer

(BMF-AV Nr. 2019/165)

Unternehmer, die sonstige Leistungen an Nichtunternehmer gemäß § 3a Abs. 5 Z 3 UStG 1994 oder bestimmte Lieferungen in der EU erbringen, können sich unter gewissen Voraussetzungen dazu entscheiden, Umsätze über den EU-One-Stop-Shop (EU-OSS; bis 30.6.2021: MOSS) zu erklären. Der Unternehmer wird somit nur in einem EU-Mitgliedstaat (MSI) umsatzsteuerlich erfasst und kann die in anderen Mitgliedstaaten – bzw. in manchen Fällen sogar die im MSI – geschuldete Umsatzsteuer von dort aus im EU-OSS erklären und abführen. **4297**

Der EU-OSS kann seit 1.7.2021 für die folgenden Umsätze verwendet werden:

- Sonstige Leistungen an Nichtunternehmer gemäß § 3a Abs. 5 Z 3 UStG 1994, die in einem Mitgliedstaat ausgeführt werden, in dem der Unternehmer weder den Sitz der wirtschaftlichen Tätigkeit noch eine Betriebsstätte hat (dh. nicht niedergelassen ist).
- Innergemeinschaftliche Versandhandelsumsätze.
- Innerstaatliche Lieferungen einer Plattform, deren Beginn und Ende im selben Mitgliedstaat liegen, und für die die Plattform nach § 3 Abs. 3a Z 2 UStG 1994 Steuerschuldner ist.

Auch Lieferungen verbrauchsteuerpflichtiger Waren durch eine Plattform im Rahmen von § 3 Abs. 3a Z 2 UStG 1994 und der innergemeinschaftliche Versandhandel verbrauchsteuerpflichtiger Waren können über den EU-OSS erklärt werden.

Bis 30.6.2021 können nur elektronisch erbrachte sonstige Leistungen, Telekommunikations-, Fernseh- und Rundfunkleistungen, die an in der EUansässige Nichtunternehmer erbracht werden, über die Sonderregelung in Art. 25a UStG 1994 erklärt werden.

Für einen Überblick über die verschiedenen One-Stop-Shop-Sonderregelungen nach Leistungserbringer (EU-Unternehmer und Drittlandsunternehmer) und Umsatz siehe Rz 4300d.

Der EU-OSS kann grundsätzlich von allen im Gemeinschaftsgebiet niedergelassenen Unternehmern verwendet werden. Drittlandsunternehmer, die im Gemeinschaftsgebiet nicht niedergelassen sind, können den EU-OSS nur für innergemeinschaftliche Versandhandelsumsätze – bzw. als Plattform auch für innerstaatliche Lieferungen iSd § 3 Abs. 3a Z 2 UStG 1994 – verwenden (zu den Voraussetzungen siehe Rz 4300c).

Für im Gemeinschaftsgebiet niedergelassene Unternehmer erfolgt die Registrierung zum EU-OSS in jenem Mitgliedstaat, in dem der Unternehmer seinen Sitz der wirtschaftlichen Tätigkeit bzw. seine Betriebsstätte hat (Mitgliedstaat der Identifizierung, MSI). Voraussetzung ist eine gültige UID-Nummer. Diese alleine – ohne den Sitz der wirtschaftlichen Tätigkeit oder eine Betriebsstätte im Gemeinschaftsgebiet zu haben – begründet keine Ansässigkeit und ist für die Inanspruchnahme des EU-OSS als im Gemeinschaftsgebiet niedergelassener Unternehmer nicht ausreichend.

Hat ein Unternehmer seinen Sitz der wirtschaftlichen Tätigkeit im Drittland und mehrere Betriebsstätten in unterschiedlichen Mitgliedstaaten, besteht ein Wahlrecht, in welchem Betriebsstätten-Mitgliedstaat sich der Unternehmer registriert (vgl. Art. 369a MwSt-RL 2006/112/EG). An diese Wahl ist der Unternehmer für das betreffende und die beiden darauffolgenden Kalenderjahre gebunden. Wählt der Unternehmer einen anderen MSI, kommt bis 30.6.2021 eine Sperrfrist von zwei Kalenderquartalen zum Tragen.

Als Betriebsstätte gilt jede Niederlassung mit Ausnahme des Sitzes der wirtschaftlichen Tätigkeit, die einen hinreichenden Grad an Beständigkeit sowie eine Struktur aufweist, die es ihr von der personellen und technischen Ausstattung her erlaubt, Dienstleistungen, die für den eigenen Bedarf dieser Niederlassung erbracht werden, zu empfangen und dort zu verwenden oder Dienstleistungen zu erbringen.

Entscheidet sich ein Unternehmer, den EU-OSS zu nutzen, muss er sämtliche Umsätze, die darunterfallen, über den EU-OSS deklarieren und kann die Anwendung nicht auf einzelne Länder beschränken. Sonstige Leistungen, die in einem Mitgliedstaat erbracht werden, in dem der Unternehmer seinen Sitz der wirtschaftlichen Tätigkeit oder eine Betriebsstätte hat, können nicht im EU-OSS, sondern müssen im jeweiligen Mitgliedstaat erklärt werden. Hingegen können unter die Sonderregelung fallende Lieferungen auch dann über den EU-OSS erklärt werden, wenn sie im MSI steuerpflichtig sind. Der Unternehmer kann die Ausübung des Wahlrechtes unter Einhaltung der Frist des Art. 25a Abs. 6 UStG 1994 widerrufen.

Beispiel 1:

Der nur in Österreich niedergelassene Unternehmer A führt Lieferungen und sonstige Leistungen an Privatpersonen in Österreich und Frankreich aus.

Lösung:

Ab 1.7.2021 kann sich A in Österreich für den EU-OSS registrieren. Diesfalls hat A die innergemeinschaftlichen Versandhandelsumsätze und sonstigen Leistungen, deren Leistungsort im übrigen Gemeinschaftsgebiet liegt, über dieses Portal zu erklären. Nicht umfasst sind jedoch sonstige Leistungen, deren Leistungsort in Österreich liegt, oder innerstaatliche Lieferungen.

Beispiel 2:

Der nur in Österreich niedergelassene Unternehmer A führt Lieferungen und sonstige Leistungen an Privatpersonen in Österreich von seinem in Deutschland befindlichen Fremdlager aus.

Lösung:

A verwirklicht Versandhandelsumsätze, deren Lieferort gemäß Art. 3 Abs. 3 UStG 1994 in Österreich liegt. Diese Umsätze sind bei Inanspruchnahme des EU-OSS über diesen zu erklären.

Beispiel 3:

Eine Plattform ist nur in Österreich niedergelassen. Die Plattform vermittelt Waren des Drittlandsunternehmers CH. Die Waren werden zum Teil von Österreich und zum Teil von einem Fremdlager aus Frankreich an österreichische Privatpersonen geliefert. Die Plattform ist in Österreich zum EU-OSS registriert.

Lösung:

Ab 1.7.2021 wird die Plattform nach § 3 Abs. 3a Z 2 UStG 1994 für sämtliche Lieferungen von CH an Privatpersonen behandelt, als hätte sie die Umsätze selbst ausgeführt. Dh. die Plattform wird zum Steuerschuldner für die Umsätze an die Privatpersonen (siehe Rz 474j). Die Plattform hat die österreichische Umsatzsteuer für die innerstaatlichen Umsätze und die innergemeinschaftlichen Versandhandelsumsätze über den EU-OSS zu erklären.

CH führt gemäß § 3 Abs. 3a Z 2 UStG 1994 Lieferungen an die Plattform aus. Der Lieferort liegt nach § 3 Abs. 15 Z 3 UStG 1994 an jenem Ort, an dem die Beförderung oder Versendung beginnt (F bzw. Ö) und ist nach Art. 6 Abs. 4 UStG 1994 (bzw. der vergleichbaren Regelung in F) echt steuerfrei.

(BMF-AV Nr. 2019/165, BMF-AV Nr. 2020/192, BMF-AV Nr. 2022/154)

4298 Voraussetzung für die Inanspruchnahme des EU-OSS durch einen in der EU niedergelassenen Unternehmer ist, dass dieser im Gemeinschaftsgebiet

- sonstige Leistungen, innergemeinschaftliche Versandhandelsumsätze oder innerstaatliche Lieferungen gemäß § 3 Abs. 3a Z 2 UStG 1994 als Plattform tätigt (bis 30.6.2021: beschränkt auf Umsätze gemäß § 3a Abs. 13 UStG 1994) und
- die Inanspruchnahme auf elektronischem Weg beim zuständigen Finanzamt beantragt (Österreich als MSI: FinanzOnline).

Ein Wechsel des MSI ist möglich, wenn der Sitz der wirtschaftlichen Tätigkeit oder die Betriebsstätte verlegt wird. Der Unternehmer hat die jeweilige Änderung den beiden betroffenen Mitgliedstaaten rechtzeitig, dh. bis spätestens am 10. Tag des auf die Änderung folgenden Monats, mitzuteilen. Diesfalls kann der Unternehmer den EU-OSS bereits mit dem Tag der Änderung im neuen MSI in Anspruch nehmen. Bei verspäteter Meldung wird der Unternehmer im ehemaligen Mitgliedstaat mit dem Tag der Änderung vom EU-OSS ausgeschlossen. Im neuen Mitgliedstaat ist die Inanspruchnahme in diesem Fall nicht mit dem Tag der Änderung möglich, sondern erst mit dem ersten Tag des Kalenderquartals, das auf die Antragstellung folgt.

Beispiel:

Ein in Frankreich ansässiger Unternehmer hat sich in Frankreich für die Inanspruchnahme des EU-OSS ab 1. Januar 2015 registrieren lassen. Nach einer Umstrukturierung verlegt er das Unternehmen ab 21. März 2017 nach Österreich. Um den EU-OSS weiter nutzen zu können, muss sich der Unternehmer in Frankreich abmelden und sich in Österreich registrieren lassen. Das Datum der Abmeldung in Frankreich und der Registrierung in Österreich ist der 21. März 2017. Der Unternehmer muss beide Mitgliedstaaten spätestens am 10. April 2017 über den Wechsel informieren. Am 21. März 2017 erbrachte Dienstleistungen sind in der über den EU-OSS in Österreich eingereichten Erklärung anzugeben.

(AÖF Nr. 2014/164)

125a.2. Erklärung

In die Erklärung für den EU-OSS sind alle unter die Sonderregel fallenden Umsätze aufzunehmen. 4299

Die Umsätze sind getrennt nach Lieferungen und sonstigen Leistungen und im Weiteren getrennt nach Mitgliedstaaten, unter Angabe des anzuwendenden Steuersatzes und der zu entrichtenden Steuer, anzugeben. Weiters ist die insgesamt zu entrichtende Steuer in die Erklärung aufzunehmen (Art. 25a Abs. 4 UStG 1994). Steuerfreie Umsätze dürfen nicht angeführt werden. Hat der Unternehmer in einem Quartal keine Umsätze erbracht, so muss er eine Nullerklärung abgeben.

Bei Inanspruchnahme der Sonderregelung in Art. 25a oder einer vergleichbaren Sonderregelung in einem anderen Mitgliedstaat, sind die unter die Sonderregelung fallenden Umsätze in Österreich weder in die UVA, noch in die Umsatzsteuererklärung aufzunehmen (Art. 25a Abs. 13 UStG 1994).

(BMF-AV Nr. 2019/165, BMF-AV Nr. 2021/166)

125a.3. Umrechnung von Werten in fremder Währung

Die Unternehmer müssen bei der Umrechnung von Werten in fremder Währung einheitlich den von der Europäischen Zentralbank festgestellten Umrechnungskurs des letzten Tages des Besteuerungszeitraumes bzw., falls für diesen Tag kein Umrechnungskurs festgelegt wurde, den für den nächsten Tag festgelegten Umrechnungskurs anwenden. Die Anwendung eines monatlichen Durchschnittskurses entsprechend § 20 Abs. 6 UStG 1994 ist ausgeschlossen. 4300

(AÖF Nr. 2014/164)

125a.4. Beendigung, Ausschluss und Sperrfrist

Ein Unternehmer kann die Inanspruchnahme der OSS-Sonderregelung freiwillig beenden (Art. 25a Abs. 6 UStG 1994). Bis 30.6.2021 löst dies eine Sperrfrist aus und der Unternehmer kann den EU-OSS zwei Kalendervierteljahre ab Wirksamkeit der Beendigung nicht in Anspruch nehmen (Art. 25a Abs. 8 UStG 1994). Ab 1.7.2021 entfällt diese Sperrfrist. 4300a

Ein Unternehmer wird gemäß Art. 25a Abs. 7 UStG 1994 von der Inanspruchnahme der Sonderregelung ausgeschlossen:

- wenn er mitteilt keine Umsätze, die unter den EU-OSS fallen, mehr zu erbringen;
- wenn er während acht aufeinanderfolgenden Kalenderquartalen keine derartigen Leistungen erbringt;
- wenn er die Voraussetzungen für die Inanspruchnahme nicht mehr erfüllt;
- wenn er wiederholt gegen die Vorschriften des EU-OSS verstößt oder aufgrund eines solchen Verstoßes aus einem anderen One-Stop-Shop ausgeschlossen wird.

Artikel 58b Abs. 2 VO (EU) 282/2011 legt fest, was jedenfalls als wiederholter Verstoß, der einen Ausschluss zur Folge hat, zu verstehen ist:

a) Dem Unternehmer wurden vom MSI für drei unmittelbar vorhergehende Kalenderquartale Erinnerungen gemäß Artikel 60a VO (EU) 282/2011 erteilt und die Erklärung wurde für jedes dieser Kalenderquartale nicht binnen zehn Tagen, nachdem die Erinnerung erteilt wurde, abgegeben.

b) Vom MSI wurden ihm für drei unmittelbar vorhergehende Kalenderquartale Erinnerungen gemäß Artikel 63a VO (EU) 282/2011 erteilt und der Gesamtbetrag der erklärten Steuer ist von ihm nicht binnen zehn Tagen, nachdem die Erinnerung erteilt wurde, für jedes dieser Kalenderquartale gezahlt, außer wenn der ausstehende Betrag weniger als 100 Euro für jedes dieser Kalenderquartale beträgt.

c) Er hat nach einer Aufforderung des MSI oder des Mitgliedstaats des Verbrauchs und einen Monat nach einer nachfolgenden Erinnerung des MSI die in den Artikeln 369 und 369k MwSt-RL 2006/112/EG genannten Aufzeichnungen nicht elektronisch zur Verfügung gestellt (zur Erinnerung siehe Art. 63c Abs. 3 VO (EU) 282/2011).

Auch bei anderen wiederholten Verstößen ist der Unternehmer vom MSI auszuschließen.

Im Falle eines Ausschlusses wegen wiederholten Verstoßes sind die etwaigen Sperrfristen nach Art. 25a Abs. 8 UStG 1994 zu beachten. Der Ausschluss wegen wiederholten Verstoßes wirkt ab dem Tag, der auf den Tag folgt, an dem die Entscheidung über den Ausschluss dem Unternehmer elektronisch übermittelt wurde. Unterliegt ein Unternehmer im EU-OSS einer Sperrfrist, ist er auch von den anderen One-Stop-Shops auszuschließen und umgekehrt.

(BMF-AV Nr. 2019/165, BMF-AV Nr. 2020/192, BMF-AV Nr. 2022/154)

125a.5. Sondervorschriften

4300b Insbesondere folgende Sondervorschriften gelten nach Art. 25a UStG 1994:

- Der Erklärungszeitraum ist das Kalendervierteljahr (Art. 25a Abs. 3 UStG 1994).
- Die Unternehmer haben vierteljährliche Steuererklärungen bis zum letzten Tag (bis 30.6.2021: 20. Tag) des auf den Erklärungszeitraum folgenden Kalendermonats auf elektronischem Weg (bei Österreich als MSI: FinanzOnline) abzugeben (Art. 25a Abs. 3 UStG 1994). Für das Kalenderjahr ist keine zusätzliche Erklärung abzugeben.
- Zur Steuererklärung siehe Rz 4299.
- Die Steuerschuld für die im Erklärungszeitraum erbrachten Leistungen, die unter den EU-OSS fallen, entsteht grundsätzlich in dem Zeitpunkt, in dem die Lieferung oder sonstige Leistung ausgeführt wird (Art. 25a Abs. 13 UStG 1994). Zu den Plattformen siehe Rz 385.
- Die Steuer ist spätestens am letzten Tag (bis 30.6.2021: 20. Tag) des auf den Erklärungszeitraum folgenden Kalendermonats zu entrichten (Art. 25a Abs. 13 UStG 1994).
- Für die Rechnungsausstellung ist das Recht des MSI maßgeblich (siehe Rz 1501a). Ist Österreich der MSI, besteht keine Pflicht zur Ausstellung von Rechnungen für innergemeinschaftliche Versandhandelslieferungen, wenn diese nach dem 31.12.2021 ausgeführt werden (siehe Rz 4032).
- Zu den Berichtspflichten siehe Art. 25a Abs. 9 UStG 1994; Artikel 57h VO (EU) 282/2011.
- Gemäß Art. 25a Abs. 10 UStG 1994 haben die Aufzeichnungen über die EU-OSS-Umsätze getrennt nach den Mitgliedstaaten zu erfolgen, in denen die Umsätze ausgeführt wurden (Mitgliedstaaten des Verbrauchs).
- Die Aufzeichnungen sind zehn Jahre aufzubewahren und über Aufforderung des Finanzamtes bzw. der zuständigen Behörde auf elektronischem Weg zur Verfügung zu stellen. Um Einsicht in die Aufzeichnungen zu erhalten, richtet der Mitgliedstaat des Verbrauchs auf elektronischem Weg ein Ersuchen an den MSI (gemäß Art. 47i VO (EU) 904/2010). Werden die Aufzeichnungen nicht innerhalb von 20 Tagen nach dem Datum der Aufforderung übermittelt, erinnert der MSI den Unternehmer an die Übermittlung der Aufzeichnungen (Art. 63c VO (EU) 282/2011). Werden die Aufzeichnungen trotz Erinnerung nicht übermittelt, ist ein Ausschluss möglich (vgl. Rz 4300a). Um hinreichend ausführlich zu sein, müssen die Aufzeichnungen die in Art. 63c VO (EU) 282/2011 genannten Informationen enthalten:
  - a) Mitgliedstaat des Verbrauchs, in den die Gegenstände geliefert oder in dem die Dienstleistungen erbracht werden;
  - b) die Beschreibung und die Menge der gelieferten Gegenstände oder die Art der erbrachten Dienstleistung;
  - c) Datum der Lieferung oder der Dienstleistungserbringung;
  - d) Steuerbemessungsgrundlage unter Angabe der verwendeten Währung;
  - e) jede anschließende Erhöhung oder Senkung der Steuerbemessungsgrundlage;
  - f) anzuwendender Mehrwertsteuersatz;
  - g) Betrag der zu zahlenden Mehrwertsteuer unter Angabe der verwendeten Währung;
  - h) Datum und Betrag der erhaltenen Zahlungen;
  - i) alle vor Lieferung der Gegenstände oder Erbringung der Dienstleistung erhaltenen Vorauszahlungen;
  - j) falls eine Rechnung ausgestellt wurde, die darin enthaltenen Informationen;
  - k) bei Lieferungen: die Informationen, die zur Bestimmung des Ortes verwendet werden, an dem die Beförderung oder Versendung beginnt und endet; bei Dienstleistungen: die Informationen zur Bestimmung des Orts, an dem der Dienstleistungsempfänger ansässig ist oder seinen Wohnsitz oder gewöhnlichen Aufenthalt hat;
  - l) Nachweise über Rücksendungen, einschließlich der Steuerbemessungsgrundlage und des anwendbaren Steuersatzes.
- Änderungen der Bemessungsgrundlage von Umsätzen, die unter den EU-OSS fallen, sind innerhalb von drei Jahren ab dem Tag, an dem die ursprüngliche Erklärung abzugeben war, elektronisch über den EU-OSS vorzunehmen. Die Berichtigung ist in eine spätere Erklärung aufzunehmen. Dabei ist auf den Steuerzeitraum und den Steuerbetrag, für den Änderungen erforderlich sind, zu verweisen. Bis 30.6.2021 hat eine Berichtigung der ursprünglichen Erklärung zu erfolgen und wirkt auf den ursprünglichen

Erklärungszeitraum zurück (ex tunc). Berichtigungen von Erklärungen für Umsätze, die vor dem 1.1.2021 erbracht wurden und im Vereinigten Königreich steuerbar sind, können nur bis einschließlich 31.12.2021 vorgenommen werden.

- Ein Steuerbescheid hinsichtlich der in Österreich ausgeführten Umsätze ergeht nur, wenn der Unternehmer die Abgabe der Erklärung pflichtwidrig unterlässt, diese unvollständig ist oder die Selbstberechnung unrichtig ist (Art. 25a Abs. 14 UStG 1994).
- Vorsteuern können im Wege der Veranlagung geltend gemacht werden, wenn eine Verpflichtung zur Abgabe einer Erklärung iSd § 21 Abs. 4 UStG 1994 besteht. Besteht keine Verpflichtung nach § 21 Abs. 4 UStG 1994, können Vorsteuern nur im Erstattungsverfahren gemäß § 21 Abs. 9 UStG 1994 -geltend gemacht werden (Art. 25a Abs. 15 UStG 1994; Verordnung des BM für Finanzen, mit der ein eigenes Verfahren für die Erstattung der abziehbaren Vorsteuern an ausländische Unternehmer geschaffen wird, BGBl. II Nr. 279/1995 idF BGBl. II Nr. 158/2014).
- Im Falle einer Organschaft sind für Zwecke des EU-OSS sämtliche österreichische Organgesellschaften sowie alle österreichischen Betriebsstätten von ausländischen Organgesellschaften im Registrierungsantrag als Betriebsstätten mitsamt allen ihren in-und ausländischen UIDs anzugeben.
- Hat ein Mitglied einer Organschaft eine Betriebsstätte in einem anderen Mitgliedstaat, wird für Zwecke der EU-OSS-Registrierung die Betriebsstätte als eigener Unternehmer gesehen. Leistungen, die diese Betriebsstätte erbringt, können nicht in die EU-OSS-Umsatzsteuererklärung der Organschaft aufgenommen werden. Dagegen sind Leistungen, die die Organschaft im Mitgliedstaat der Betriebsstätte erbringt, in die EU-OSS-Umsatzsteuererklärung aufzunehmen und nicht in die inländische Umsatzsteuererklärung dieser Betriebsstätte.

BMR

Diese Ausführungen zur Organschaft gelten nur für die Abgrenzung, welche Umsätze in die EU-OSS-Erklärung aufzunehmen sind und haben keinerlei Auswirkung auf die sonstige umsatzsteuerliche Beurteilung der Organschaft und ihrer Umsätze.

(BMF-AV Nr. 2019/165, BMF-AV Nr. 2020/192, BMF-AV Nr. 2021/166, BMF-AV Nr. 2022/154)

125a.6. Drittlandsunternehmer, die im Gemeinschaftsgebiet weder den Sitz der wirtschaftlichen Tätigkeit noch eine Betriebsstätte haben

(BMF-AV Nr. 2019/165)

Ab 1.7.2021 können auch Drittlandsunternehmer, die im Gemeinschaftsgebiet weder **4300c** ihren Sitz der wirtschaftlichen Tätigkeit noch eine Betriebsstätte haben (dh. nicht niedergelassen sind), den EU-OSS für innergemeinschaftliche Versandhandelsumsätze verwenden. Plattformen können zusätzlich zu innergemeinschaftlichen Versandhandelsumsätzen auch innerstaatliche Lieferungen, für die die Plattform nach § 3 Abs. 3a Z 2 UStG 1994 Steuerschuldner ist, über den EU-OSS erklären. Nicht möglich ist hingegen die Verwendung des EU-OSS durch einen Drittlandsunternehmer für sonstige Leistungen. Diese sind über den Nicht-EU-OSS zu erklären (siehe Rz 3431).

Drittlandsunternehmer können sich in jenem Mitgliedstaat für den EU-OSS registrieren, in dem

- die Warenbewegung all jener Lieferungen, die unter die Sonderregel fallen, beginnt oder
- die Warenbewegung zumindest für einen Teil dieser Lieferungen beginnt, wenn der Unternehmer sich dafür entscheidet, den EU-OSS in diesem Mitgliedstaat in Anspruch zu nehmen und sich in den vorangegangenen zwei Kalenderjahren in keinem anderen Mitgliedstaat zum EU-OSS registriert hat.

Ein Wechsel des MSI ist möglich, wenn

- keine unter den EU-OSS fallenden Lieferungen, deren Warenbewegung im Mitgliedstaat der (ursprünglichen) Registrierung beginnt, mehr erbracht werden oder
- ein Drittlandsunternehmer seinen Sitz der wirtschaftlichen Tätigkeit oder seine Betriebsstätte in einen anderen Mitgliedstaat verlegt oder dort eine Betriebsstätte begründet (Art. 25a Abs. 2 Z 2 lit. a UStG 1994).

Der Unternehmer hat die Änderung den beiden betroffenen Mitgliedstaaten bis spätestens am 10. Tag des auf die Änderung folgenden Monats mitzuteilen. Zur Inanspruchnahme im neuen MSI und zur verspäteten Meldung siehe Rz 4299.

Voraussetzung für die Inanspruchnahme des EU-OSS durch Drittlandsunternehmer ist, dass

- die unter die Sonderregel fallenden Beförderungen oder Versendungen zumindest zum Teil im Inland beginnen und sich der Unternehmer in den vorangegangenen zwei Kalenderjahren in keinem anderen Mitgliedstaat, in dem der andere Teil der Lieferungen beginnt, zum EU-OSS registriert hat,

- der Unternehmer innergemeinschaftliche Versandhandelsumsätze tätigt oder bei innerstaatlichen Umsätzen nach § 3 Abs. 3a Z 2 UStG 1994 zum Steuerschuldner fingiert wird,
- der Drittlandsunternehmer einen Fiskalvertreter gemäß § 27 Abs. 7 UStG 1994 hat und
- die Nutzung des EU-OSS auf elektronischem Weg (Österreich als MSI: FinanzOnline) beim zuständigen Finanzamt (in Österreich: Finanzamt Österreich, Dienststelle Graz-Stadt) beantragt wird. Hierfür ist eine Registrierung in Österreich und die Beantragung einer UID für den Drittlandsunternehmer notwendig.

Drittlandsunternehmer, die sich für die Inanspruchnahme des EU-OSS entscheiden, haben alle innergemeinschaftlichen Versandhandelsumsätze über den EU-OSS zu erklären. Wird eine Plattform für innerstaatliche Lieferungen gemäß § 3 Abs. 3a UStG 1994 zum Steuerschuldner, hat sie auch diese Lieferungen über den EU-OSS zu erklären.

Beispiel 1:

Der Schweizer Unternehmer CH hat in der EU weder seinen Sitz der wirtschaftlichen Tätigkeit noch eine Betriebsstätte. Er verkauft Waren überein Fremdlager in Österreich und über ein Fremdlager in Deutschland an Privatpersonen in der EU. Zusätzlich führt er Dienstleistungen an Privatpersonen in der EU aus.

Lösung:

CH kann den EU-OSS nach Art. 25a Abs. 1 Z 2 lit. a UStG 1994 für innergemeinschaftliche Versandhandelsumsätze in Anspruch nehmen. NachArt. 25a Abs. 1 Z 2 lit. bb UStG 1994 ist eine Registrierung in einem der Mitgliedstaaten, in denen die Warenbewegung zumindest eines Teils der Versandhandelsumsätze beginnt, möglich. CH kann wählen, ob er sich in Österreich oder in Deutschland zum EU-OSS registriert. Er kann über den EU-OSS nur Versandhandelsumsätze iSd Art. 3 Abs. 3 UStG 1994, nicht aber Dienstleistungen oder Lieferungen aus einem Fremdlager an Privatpersonenim Mitgliedstaat dieses Fremdlagers (zB aus dem österreichischen Lager anösterreichische Privatpersonen) erklären. Die Dienstleistungen anPrivatpersonen kann CH über den Nicht-EU-OSS (§ 25a UStG 1994) erklären. Jene Umsätze, die nicht über einen One-Stop-Shop erklärt werden, muss er über die UVA und die Erklärung nach § 21 Abs. 4 UStG 1994 erklären.

Beispiel 2:

Wie Beispiel 1. Die Plattform P unterstützt den Verkauf der Waren durch CH. Auch P ist im Gemeinschaftsgebiet nicht niedergelassen.

Lösung:

Ab 1.7.2021 wird P nach § 3 Abs. 3a Z 2 UStG 1994 für sämtliche Lieferungen von CH an Privatpersonen behandelt, als hätte er die Umsätze selbst ausgeführt, dh. P wird zum Steuerschuldner für die Umsätze an die Privatpersonen. Die Fiktion umfasst neben Versandhandelsumsätzen aus dem Fremdlager an Privatpersonen im übrigen Gemeinschaftsgebiet auch die innerstaatlichen Lieferungen, dh. Lieferungen vom Fremdlager in Österreich an Privatpersonen in Österreich.

Durch die Fiktion wird ein Reihengeschäft begründet, wobei die Lieferung durch die Plattform an die Privatpersonen die bewegte Lieferung ist (§ 3Abs. 15 Z 2 UStG 1994). Der Lieferort der innergemeinschaftlichen Versandhandelsumsätze durch P liegt nach Art. 3 Abs. 3 UStG 1994 im jeweiligen Bestimmungsland. Bei Lieferungen vom österreichischen Fremdlager an österreichische Privatpersonen befindet sich der Lieferort der innerstaatlichen Umsätze nach § 3 Abs. 8 UStG 1994 in Österreich.

P kann sich zum EU-OSS registrieren, um die Umsatzsteuer, die in den Bestimmungsländern und in Österreich anfällt, über dieses Portal zu erklären. Da die Lieferungen im österreichischen Fremdlager beginnen, kannsich P in Österreich zum EU-OSS registrieren (Art. 25a Abs. 1 Z 2 lit. b iVm lit. bb TS 1 UStG 1994). Bieten auch andere Unternehmer Waren über die Plattform an und beginnt die Beförderung oder Versendung dieser Warenzumindest zum Teil auch in anderen Mitgliedstaaten, kann P wählen, inwelchem dieser Mitgliedstaaten er sich zum EU-OSS registriert.

(BMF-AV Nr. 2019/165, BMF-AV Nr. 2020/192)

125a.7. Überblick über die One-Stop-Shops nach Leistungserbringer und Umsatz in der EU

(BMF-AV Nr. 2019/165)

4300d

	Nicht-EU-OSS (§ 25a UStG 1994)	IOSS (§ 25b UStG 1994)	EU-OSS (Art. 25a UStG 1994)
EU-Unternehmer:	Registrierung nicht möglich	Einfuhr-Versandhandelsumsätze bis maximal 150 Euro (wahlweise über einenVertreter)	Dienstleistungen an Nichtunternehmer* Innergemeinschaftliche Versandhandelsumsätze Innerstaatliche Lieferungen durch Plattformen (§ 3 Abs. 3a Z 2 UStG 1994)
Drittlandsunternehmer:	Dienstleistungen an Nichtunternehmer	Einfuhr-Versandhandelsumsätze bis maximal 150 Euro (nur mit Vertreter)	Innergemeinschaftliche Versandhandelsumsätze Innerstaatliche Lieferungen durch Plattformen (§ 3 Abs. 3a Z 2 UStG 1994)

*** Dienstleistungen können nur im EU-OSS erklärt werden, wenn der Unternehmer im Mitgliedstaat, in dem die Leistung erbracht wird, nicht niedergelassen ist.**

(BMF-AV Nr. 2019/165)

127. Maßnahmen zur Sicherung des Steueranspruchs (Art. 27 UStG 1994)

127.1. Bescheinigungsverfahren

4301 Die Zulassung von motorbetriebenen Landfahrzeugen und Schiffen bzw. die Eintragung in das Luftfahrzeugregister von aus dem übrigen Gemeinschaftsgebiet stammenden neuen Fahrzeugen wird nach den einschlägigen gesetzlichen Vorschriften (§ 30a Abs. 9a KFG 1967, § 102 Abs. 6 Schifffahrtsgesetz und § 7 Abs. 2 Z 8 Zivilluftfahrzeug- und Luftfahrtgerät-Verordnung 2010 – ZLLV 2010, BGBl. II Nr. 143/2010) von der Vorlage einer Bescheinigung der Finanzbehörde abhängig gemacht, dass gegen die Zulassung aus umsatzsteuerlicher Hinsicht keine Bedenken bestehen.

Liegen die Voraussetzungen für die Erteilung einer solchen Bescheinigung vor, ist eine bestehende Zulassungssperre in der Genehmigungsdatenbank (§ 30a Abs. 9a KFG 1967) aufzuheben. In diesem Fall entfällt die Ausstellung der Bescheinigung und finden die Rz 4302 bis Rz 4304 und Rz 4306 keine Anwendung.

(BMF-AV Nr. 2016/212)

4302 Die Bescheinigung enthält das Finanzamt, die Bezeichnung der Zulassungsbehörde, die Bezeichnung der Fahrzeugart/des Fahrzeugtyps und des Fahrzeugherstellers, die Fahrgestellnummer/Motornummer/Herstellernummer sowie Name bzw. Firmenbezeichnung und Anschrift des Zulassungswerbers/der Zulassungswerberin. Die Bescheinigung ist nur zu erteilen, wenn der Erwerber die gem Art. 27 Abs. 1 Z 2 bis 4 UStG 1994 erforderlichen Angaben macht.

4303 Bundeseinheitlich ist dafür ein amtlicher Vordruck mit der Lagernummer Verf 11 in Verwendung.

4304 Diese Bescheinigungen werden im Regelfall vom zuständigen Finanzamt ausgestellt. Handelt es sich bei dem Antragsteller um einen Unternehmer, wird die Bescheinigung vom für die Umsatzsteuer zuständigen Finanzamt ausgestellt.

(BMF-AV Nr. 2016/212, BMF-AV Nr. 2020/192)

4305 Die Freischaltung in der Genehmigungsdatenbank oder die Erteilung der Bescheinigung ist bei natürlichen Personen im Nichtunternehmensbereich an die Entrichtung der Steuer gebunden.

4306 Durch § 40a KFG 1967 (idF BGBl. I Nr. 103/1997) wurden die gesetzlichen Grundlagen für die Beleihung von Versicherern als Zulassungsstellen zum Zwecke der Zulassung geschaffen. Demnach treten gem § 40b KFG 1967 die beliehenen Zulassungsstellen an die Stelle der Behörde und haben die ihnen übertragenen Aufgaben wahrzunehmen. Diese Zulassungsstellen werden daher wie die Behörden die Zulassung von aus dem übrigen Gemeinschaftsgebiet stammenden neuen motorbetriebenen Landfahrzeugen von der Vorlage der Bescheinigung abhängig machen.

Randzahlen 4307 bis 4315: *derzeit frei.*

127.2. Meldepflicht bei Lieferung neuer Fahrzeuge

Randzahlen 4316 bis 4325: *derzeit frei.*

127.3. Vorlage von Urkunden

Randzahlen 4326 bis 4330: *derzeit frei.*

127.4. Fiskalvertreter

Siehe Rz 3526 bis 3540.

Randzahlen 4331 bis 4335: *derzeit frei.*

128. UID (Art. 28 UStG 1994)

128.1. Allgemeines

128.1.1. Erteilung der UID von Amts wegen und auf Antrag

Rechtslage von 1.1.2015 bis 30.6.2021 4336

Unternehmern, die

- im Inland Lieferungen und sonstige Leistungen erbringen, die sie zum Vorsteuerabzug berechtigen, oder
- die Sonderregelung gemäß Art. 25a UStG 1994 in Anspruch nehmen, erteilt das Finanzamt von Amts wegen eine UID.

Rechtslage seit 1.7.2021

Unternehmern, die

- im Inland Lieferungen und sonstige Leistungen erbringen, die sie zum Vorsteuerabzug berechtigen, oder
- innergemeinschaftliche Erwerbe bewirken, oder
- den IOSS (§ 25b UStG 1994) oder den EU-OSS (Art. 25a UStG 1994) in Anspruch nehmen,

erteilt das Finanzamt von Amts wegen eine UID.

Schwellenerwerber (siehe Rz 4339) erhalten eine UID über Antrag. Der Antrag ist schriftlich (auch per Telefax oder Telegramm) unter Angabe von Name, Firma, Anschrift und Steuernummer an das für die Erhebung der Umsatzsteuer zuständige Finanzamt zu richten. Fallen festsetzendes und einhebendes Finanzamt auseinander, ist das festsetzende Amt zuständig.

Zur Vergabe einer UID an ausländische Unternehmer siehe Rz 4340.

(BMF-AV Nr. 2019/165, BMF-AV Nr. 2020/192, BMF-AV Nr. 2022/154)

Jeder Unternehmer erhält nur eine UID, auch wenn er mehrere Betriebe hat bzw. Tätigkeiten ausübt (Ausnahmen siehe Rz 4341 und 4342). 4337

128.1.2. Anspruchsberechtigung

Anspruch auf Erteilung haben alle Unternehmer (§ 2 UStG 1994) und juristische Personen, die nicht Unternehmer sind (siehe jedoch Schwellenerwerber Rz 4339). 4338

Von den so genannten „Schwellenerwerbern“ erhalten 4339

- Unternehmer, die ausschließlich von der land- und forstwirtschaftlichen Pauschalierung des § 22 UStG 1994 erfasste Umsätze tätigen und
- Unternehmer, die ausschließlich unecht steuerfreie Umsätze ausführen eine UID nur dann, wenn sie die UID für innergemeinschaftliche Lieferungen bzw. innergemeinschaftliche Erwerbe benötigen,
- juristische Personen im nichtunternehmerischen Bereich eine UID nur dann, wenn sie diese für innergemeinschaftliche Erwerbe benötigen.

Weiters erhalten

- Unternehmer, die ausschließlich von der land- und forstwirtschaftlichen Pauschalierung des § 22 UStG 1994 erfasste Umsätze tätigen, sowie
- Unternehmer, die ausschließlich unecht steuerfreie Umsätze ausführen auch dann eine UID, wenn sie
- diese für im Inland ausgeführte steuerpflichtige sonstige Leistungen, für die sie als Leistungsempfänger die Steuer entsprechend Art. 196 der MwSt-RL 2006/112/EG idF der Richtlinie 2008/8/EG schulden (ab 1.1.2010) oder
- diese zur Abgabe einer ZM für von ihnen in einem anderen Mitgliedstaat ausgeführte sonstige Leistungen, für die die Steuerschuld entsprechend Art. 196 der MwSt-RL 2006/112/EG idF der Richtlinie 2008/8/EG auf den Leistungsempfänger dort übergeht (ab 1.1.2010),

benötigen.

In diesen Fällen muss der Antrag eine entsprechende Erklärung enthalten. Dabei genügt es, glaubhaft zu machen, dass solche Umsätze in Zukunft getätigt werden. Keine UID ist zu vergeben, wenn diese lediglich aus Gründen der Rechnungslegung begehrt wird.

BMR

128.1.3. Sonderfälle der UID-Vergabe

128.1.3.1. Ausländische Unternehmer

4340 Die UID-Vergabe an Unternehmer, die ihr Unternehmen vom Ausland aus betreiben und im Inland weder eine Betriebsstätte haben noch Umsätze aus der Nutzung im Inland gelegener Grundstücke erzielen, obliegt dem Finanzamt Österreich, Dienststelle Graz-Stadt.

Der Antrag ist schriftlich unter Angabe der Gründe, aus denen die Vergabe einer UID begehrt wird und unter Beilage einer Unternehmerbestätigung im Original zu stellen.

Nicht im Inland ansässigen Unternehmern wird keine UID erteilt, wenn diese ausschließlich folgende Umsätze erbringen:

- Umsätze, für die die Steuerschuld auf den Leistungsempfänger übergeht (Art. 214 Abs. 1 lit. a der MwSt-RL 2006/112/EG).
- Umsätze, die über eine Sonderregelung gemäß Art. 358 bis 369 der Richtlinie 2006/112/EG, gemäß Art. 369a bis 369k der Richtlinie 2006/112/EG oder gemäß Art. 369l bis 369x der Richtlinie 2006/112/EG in einem anderen Mitgliedstaat erklärt werden.

(AÖF Nr. 2014/7, BMF-AV Nr. 2020/192, BMF-AV Nr. 2022/154)

128.1.3.2. Körperschaften öffentlichen Rechts

4341 Diese erhalten über Antrag eine UID für den unternehmerischen Bereich, für den sie zur USt erfasst sind. Bei größeren Gebietskörperschaften können mehrere Umsatzsteuernummern vergeben werden. In diesem Fall ist parallel dazu auch jeweils die Vergabe einer UID möglich.

128.1.3.3. Organgesellschaften

4342 Bei Organschaften wird über Antrag des Unternehmers (Organträger) auch jeweils eine gesonderte UID für jede einzelne Organgesellschaft (Organtochter) erteilt, soweit diese im eigenen Namen innergemeinschaftliche Umsätze ausführen oder innergemeinschaftliche Erwerbe bewirken. Bloße Filialbetriebe oder Zweigniederlassungen erhalten keine eigene UID.

128.1.3.4. Sonder-UID für Spediteure

Siehe Rz 3951 bis 3965.

128.1.4. Übersicht über Bezeichnung und Aufbau der UID der EU-Mitgliedstaaten und Nordirland (Stand 1. Jänner 2021)

(BMF-AV Nr. 2020/192, BMF-AV Nr. 2021/166)

4343

Mitgliedstaat	Aufbau	Ländercode	Format
Belgien	BE0123456789	BE	Block mit 10 Ziffern
Bulgarien	BG123456789(0)	BG	Block mit 9 Ziffern oder 1 Block mit 10 Ziffern
Dänemark	DK12 34 56 78	DK	1 Block mit 8 Ziffern (vier Blöcke mit je zwei Ziffern)
Deutschland	DE123456789	DE	1 Block mit 9 Ziffern
Estland	EE123456789	EE	1 Block mit 9 Ziffern
Finnland	FI12345678	FI	1 Block mit 8 Ziffern
Frankreich	FRXX345678901	FR	1 Block mit 2 Zeichen und 1 Block mit 9 Ziffern
Griechenland	EL123456789	EL	1 Block mit 9 Ziffern
Irland	IE9S99999L IE9999999WI	IE	1 Block mit 8 Zeichen oder 1 Block mit 9 Zeichen (vgl. Anm. 1)
Italien	IT12345678901	IT	1 Block mit 11 Ziffern
Kroatien	HR12345678901	HR	1 Block mit 11 Ziffern
Lettland	LV12345678901	LV	1 Block mit 11 Ziffern
Litauen	LT123456789 oder LT123456789012	LT	1 Block mit 9 Ziffern oder 1 Block mit 12 Ziffern
Luxemburg	LU12345678	LU	1 Block mit 8 Ziffern
Malta	MT12345678	MT	1 Block mit 8 Ziffern

BMR

Niederlande	NL123456789B12	NL	1 Block mit 12 Zeichen (vgl. Anm. 2 und Anm. 8)
Nordirland (ab 1.1.2021, vgl. Anm. 10)	XI999 9999 99 oder XI999 9999 99 999 (vgl. Anm. 11) oder XIGD9996 (vgl. Anm. 12) oder XIHA9997 (vgl. Anm. 13)	XI	1 Block mit 3 Ziffern, 1 Block mit 4 Ziffern und 1 Block mit 2 Ziffern; oder wie oben gefolgt von einem Block mit 3 Ziffern; oder 1 Block mit 6 Zeichen
Österreich	ATU12345678	AT	1 Block mit 9 Zeichen (vgl. Anm. 3)
Polen	PL1234567890	PL	1 Block mit 10 Ziffern
Portugal	PT123456789	PT	1 Block mit 9 Ziffern
Rumänien	RO1234567890	RO	1 Block mit mindestens 2 und maximal 10 Ziffern
Schweden	SE123456789012	SE	1 Block mit 12 Ziffern
Slowakei	SK1234567890	SK	1 Block mit 10 Ziffern
Slowenien	SI12345678	SI	1 Block mit 8 Ziffern
Spanien	ESX1234567X	ES	1 Block mit 9 Zeichen (vgl. Anm. 1)
Tschechien	CZ12345678 CZ123456789 CZ1234567890	CZ	1 Block mit 8, 9 oder 10 Ziffern
Ungarn	HU12345678	HU	1 Block mit 8 Ziffern
Vereinigtes Königreich (bis 31.12.2020 vgl. Anm. 9)	GB123 1234 12 oder GB123 1234 12 123 (vgl. Anm. 4) oder GBGD123 (vgl. Anm. 5) oder GBHA123 (vgl. Anm. 6)	GB	1 Block mit 3 Ziffern, 1 Block mit 4 Ziffern und 1 Block mit 2 Ziffern; oder wie oben gefolgt von einem Block mit 3 Ziffern; oder 1 Block mit 5 Zeichen
Zypern	CY12345678L	CY	1 Block mit 9 Zeichen (vgl. Anm. 7)

Anmerkungen:

1) In den weiteren Stellen nach dem Ländercode können Buchstaben enthalten sein.

2) An der zehnten Stelle steht immer der Buchstabe „B".

3) An erster Stelle nach dem Ländercode steht immer ein „U" und anschließend 8 Ziffern.

4) Unterscheidet Unternehmen in Gruppen (ähnlich Organschaft)

5) Unterscheidet Abteilungen von Verwaltungen (GD: Government Departments)

6) Unterscheidet Gesundheitsbehörden (HA: Health Authorities)

7) An letzter Stelle muss ein Buchstabe stehen.

8) Mit 1.1.2020 haben alle niederländischen Einzelunternehmer eine neue UID-Nummer erhalten.

9) Die Übergangsfrist für den Austritt des Vereinigten Königreichs aus der EU endet am 31.12.2020. Ab 1.1.2021 gilt das Vereinigte Königreich mit Ausnahme des Gebietes Nordirland nicht mehr als EU-Mitgliedstaat. Siehe Rz 146 und 148.

10) Gemäß Artikel 8 des Protokolls zu Irland/Nordirland, das Bestandteil des Austrittsabkommens zwischen der EU und Großbritannien ist, gelten in Nordirland für Warenlieferungen die Bestimmungen der MwSt-RL 2006/112/EG auch nach dem Austritt Großbritanniens weiter; daher wurden für Nordirland gesonderte UID-Nummern mit dem spezifischen Präfix XI eingeführt. Siehe Rz 146 und 148.

11) Für Niederlassungen.

12) Für Ministerien (GD: Government Departments)

13) Für Einrichtungen des Gesundheitswesens (HA: Health Authorities).

(AÖF Nr. 2014/7, BMF-AV Nr. 2020/192, BMF-AV Nr. 2021/166)

Im Drittland ansässige Unternehmer, die sonstige Leistungen (bis 30.6.2021: elektronische Leistungen) an in der EU ansässige Nichtunternehmer erbringen, können sich – unter **4343a** bestimmten Bedingungen – dafür entscheiden, nur in einem EU-Mitgliedstaat erfasst zu werden (vgl. Rz 3431 ff). In diesen Fällen erhält der Unternehmer anlässlich der Registrierung eine EU-Identifikations-Nummer (zB EU040123456).

Zur IOSS-Identifikationsnummer (IM-Nummer) siehe Rz 3434 ff.

(BMF-AV Nr. 2021/166)

128.1.5. Begrenzung der UID

4344 Die UID ist durch das Finanzamt mit Bescheid zurück zu nehmen (zu begrenzen),

- wenn sich die Voraussetzungen für ihre Vergabe geändert haben (zB bei Beendigung der unternehmerischen Tätigkeit) oder
- sich nachträglich herausstellt, dass die Voraussetzungen für die Vergabe einer UID nicht gegeben waren (zB der Unternehmer erbringt keine Lieferungen oder sonstige Leistungen im Inland mit Recht auf Vorsteuerabzug).

Der Unternehmer ist dazu verpflichtet, den Wegfall der Voraussetzungen, die zur Vergabe der UID geführt haben, dem Finanzamt innerhalb eines Monates zu melden.

Randzahlen 4345 bis 4350: *derzeit frei.*

128.2. Bestätigungsverfahren

128.2.1. Allgemeines

4351 Jeder Inhaber einer österreichischen UID ist berechtigt, die ihm von seinem Geschäftspartner bekannt gegebene ausländische UID auf ihre Gültigkeit überprüfen zu lassen. Durch diese Bestätigung soll dem Unternehmer die korrekte Anwendung der umsatzsteuerlichen Regelungen erleichtert werden. Der österreichische Leistungserbringer lässt sich somit in Österreich die Gültigkeit einer UID des Leistungsempfängers bestätigen. Die Bestätigung der Gültigkeit einer österreichischen UID kann nicht durch eine österreichische Behörde erfolgen, sondern nur durch eine hierfür zuständige Behörde des anderen Mitgliedstaates oder im Rahmen von Finanz-Online (siehe dazu Rz 4353) bzw. im Rahmen einer elektronischen MIAS-Selbstabfrage bei der EU (siehe dazu Rz 4352a).

128.2.2. Zuständigkeit

4352 Ab 1.7.2011 hat jeder Unternehmer die UID-Abfrage verpflichtend über FinanzOnline durchzuführen. Nur soweit ihm dies mangels technischer Voraussetzungen (zB mangels Internetzugangs) unzumutbar ist, können Bestätigungsanfragen an das für den Unternehmer zuständige Finanzamt gerichtet werden.

4352a Daneben besteht aber auch die Möglichkeit einer elektronischen MIAS-Selbstabfrage bei der EU (http://ec.europa.eu/taxation_customs/vies). Über die MIAS-Selbstabfrage bei der EU kann sowohl die einfache Bestätigungsanfrage „Stufe 1" als auch die qualifizierte Bestätigungsanfrage „Stufe 2" (siehe jedoch Rz 4356 und Rz 4358) online durchgeführt werden.

4353 Im Rahmen von Finanz-Online kann von den teilnehmenden Parteien (von Unternehmern selbst bzw. von Parteienvertretern für durch sie vertretene österreichische Lieferanten) sowohl die einfache Bestätigungsanfrage „Stufe 1" als auch die qualifizierte Bestätigungsanfrage der „Stufe 2" (siehe jedoch Rz 4356 und Rz 4358) Online durchgeführt werden.

128.2.3. Form und Inhalt der Anfrage

4354 Bestätigungsanfragen im Rahmen von Finanz-Online können nur elektronisch, Bestätigungsanfragen an das für den Unternehmer zuständige Finanzamt schriftlich, telefonisch oder mit Telefax eingereicht werden.

4355 Die Anfrage (einfache Bestätigungsanfrage – Stufe 1) an das Finanzamt hat folgende Angaben zu enthalten:

- die UID, den Namen (Firma) und die Anschrift des anfragenden Unternehmers,
- die von einem anderen Mitgliedstaat erteilte UID des Empfängers der innergemeinschaftlichen Lieferung oder der sonstigen Leistung, für die der Leistungsempfänger nach Art. 196 MwSt-RL 2006/112/EG die Steuer schuldet.

Die Daten des Geschäftspartners müssen in der Anfrage so bekannt gegeben werden, wie sie bei dessen Finanzverwaltung zum Zwecke des Bestätigungsverfahrens gespeichert sind. Die Daten der handelsrechtlichen Registrierung oder der Aufdruck auf den Geschäftspapieren können davon abweichen.

4356 Der anfragende Unternehmer kann zusätzlich zu der zu überprüfenden UID auch den Namen und die Anschrift des Inhabers der ausländischen UID über Finanz-Online oder im Rahmen der elektronischen MIAS-Selbstabfrage selbst überprüfen bzw. vom Finanzamt überprüfen lassen (qualifizierte Bestätigungsanfrage – Stufe 2). Die qualifizierte Bestätigungsanfrage über Finanz-Online sowie im Rahmen der elektronischen MIAS-Selbstabfrage ist jedoch nur dann wirksam, wenn Name und Anschrift des Inhabers der UID angezeigt werden.

128.2.4. Form und Inhalt der Bestätigung

Bei einer Bestätigungsanfrage im Rahmen von Finanz-Online bzw. im Rahmen der MIAS-Selbstabfrage wird die Antwort elektronisch mitgeteilt. Das Finanzamt teilt das Ergebnis der Bestätigungsanfrage in jedem Fall schriftlich mit. Bei telefonischen Anfragen wird vorweg eine telefonische Bestätigung erteilt. Die jeweilige Mitteilung gilt als Beleg und ist als Ausdruck oder in elektronischer Form gemäß § 132 BAO aufzubewahren. **4357**

Die Antwort des Finanzamtes kann (sowohl in Stufe 1 als auch in Stufe 2) lauten: **4358**

- „Die UID ist gültig!“
- „Die UID ist nicht gültig!“
- „Die UID des Anfragenden ist nicht gültig!“

Im Rahmen von Finanz-Online oder im Rahmen der elektronischen MIAS-Selbstabfrage werden die Daten des Inhabers der UID angezeigt (qualifizierte Abfrage – Stufe 2). Diesfalls hat der Anfragende selbst die angezeigten Daten mit den ihm vorliegenden Daten des Inhabers der UID zu vergleichen und auf ihre Richtigkeit zu überprüfen.

128.2.5. Vertrauensschutzregelung

Die Vertrauensschutzregelung des Art. 7 Abs. 4 UStG 1994 (siehe Rz 4016 bis 4030) bezieht sich nicht auf die Richtigkeit der UID. Das Bestätigungsverfahren dient der Prüfung, ob die Nummer gültig und dem Abnehmer erteilt ist. **4359**

Die Häufigkeit der Nutzung des Bestätigungsverfahrens zur Überprüfung der Gültigkeit der UID ist gesetzlich nicht vorgeschrieben. **4360**

Eine Anfrage nach Stufe 2 wird dann angebracht sein, wenn Zweifel an der Richtigkeit der Angaben des Warenempfängers bestehen, wenn mit einem Geschäftspartner erstmals Geschäftsbeziehungen aufgenommen werden, bei Gelegenheitskunden und bei Abholfällen. **4361**

Randzahlen 4362 bis 4370: *derzeit frei.*

128.3. Stempelgebührenbefreiung

Randzahlen 4371 bis 4380: *derzeit frei.*

Anhang 1

Übernahmevertrag zum vermittlungsweisen Verkauf

Ich

Name
Anschrift

beauftrage die

Firma

mit dem vermittlungsweisen Verkauf meines Fahrzeuges/landwirtschaftlichen Gerätes

Marke und Type	Bj.

zu folgenden Bedingungen:

1. Der Mindestpreis beträgt inkl. MWSt.

S	€

Ein allfälliger Mehrerlös ergeht an die

Firma

2. Ich beauftrage Sie hiermit, an meinem Verkaufsgegenstand auf meine Rechnung die Reparaturen vorzunehmen, die für die Betriebs- und Verkehrssicherheit, sowie für den Verkauf notwendig sind.

3. Ich berechtige Sie, Probe-, Vorführungs- und Überstellungsfahrten selbst vorzunehmen oder von Dritten durchführen zu lassen. Mit der Einschaltung von Weitervermittlern bin ich einverstanden.

4. Ich bestätige, dass oben genannter Verkaufsgegenstand mein ausschließliches unbelastetes Eigentum ist.

5. Mündliche Vereinbarungen bedürfen einer schriftlichen Bestätigung, um Rechtsgültigkeit zu erlangen.

Vorversicherung

Typenschein übergeben ja ☐ nein ☐

Ort	Datum

Mit Vorstehendem einverstanden

Der Auftraggeber (Unterschrift) Der Vermittler (Unterschrift)

U 21 Bundesministerium für Finanzen 03/2001 v3

BMR

Anhang 2

Kaufvertrag

Name
Adresse

verkauft durch Vermittlung der

Firma

am heutigen Tage mit allen Rechten und Pflichten an

Name
Adresse

das Kraftfahrzeug/Gerät

Marke und Type	Bj.
Fahrgestell-Nr.	
Motor-Nr.	
mit folgender Sonderausstattung	

im Zustand wie besichtigt und probegefahren, unter Ausschluss jeglicher Haftung für Rechts- und Sachmängel, zum vereinbarten Preis von

S	€

mit folgenden Zahlungsbedingungen

Eine Haftung für Rechts- und Sachmängel wird nur insoweit vom Verkäufer übernommen, als dies gesetzlich zwingend vorgesehen ist.

Bis zur Erledigung eines allfälligen Kreditansuchens ist der Verkäufer zum Rücktritt von diesem berechtigt, wenn ein anderer Kaufinteressent das Fahrzeug gegen Barzahlung erwerben will. Der Rücktritt wird durch schriftliche Mitteilung an den Käufer vollzogen.
Bei Vertragsstornierung durch den Käufer wird eine Stornogebühr in der Höhe von 10 % des vereinbarten Kaufpreises - mindestens jedoch 1.000,- S / 72,673.- € zur Zahlung an den Vermittler fällig.
Bis zur Bezahlung des gesamten Kaufpreises bleibt der Kaufgegenstand Eigentum des Verkäufers. Nebenabreden, nachträgliche Änderungen des Vertrages sowie das Kaufobjekt betreffende Zusicherungen bedürfen zu ihrer Gültigkeit der Schriftform.

Liefertermin
Besondere Vereinbarung

Beide Teile verzichten auf das Recht, diesen Vertrag wegen allfälliger Verletzung über die Hälfte des wahren Wertes anzufechten.

Erfüllungsort und Gerichtsstand

Ort	Datum

Mit Vorstehendem einverstanden

Verkäufer (Unterschrift)	Käufer (Unterschrift)

http://www.bmf.gv.at

U 20 Bundesministerium für Finanzen 03/2001 v3

Anhang 3

EUROPÄISCHE UNION

Bescheinigung über die Befreiung von

☐ **der Mehrwertsteuer und/oder** ☐ **der Verbrauchsteuer**

Richtlinie 2006/112/EG Artikel 151 und Richtlinie 2008/118/EG Artikel 13

Zutreffendes bitte ankreuzen !

Laufende Nummer (nicht zwingend)

1. Antragstellende Einrichtung bzw. Privatperson

Bezeichnung/Name

Straße | Hausnummer

Postleitzahl | Ort

(Aufnahme-)Mitgliedstaat

2. Für das Anbringen des Dienststempels zuständige Behörde (Bezeichnung, Anschrift und Rufnummer)

3. Erklärung der antragstellenden Einrichtung oder Privatperson

Der Antragsteller ☐ Einrichtung ☐ Privatperson erklärt hiermit,

a) dass die in Feld 5 genannten Gegenstände und/oder Dienstleistungen bestimmt sind

☐ für amtliche Zwecke

- ☐ einer ausländischen diplomatischen Vertretung
- ☐ einer ausländischen berufskonsularischen Vertretung
- ☐ einer europäischen Einrichtung, auf die das Protokoll über die Vorrechte und Befreiungen der Europäischen Union Anwendung findet
- ☐ einer internationalen Organisation
- ☐ der Streitkräfte eines der NATO angehörenden Staates
- ☐ der auf Zypern stationierten Streitkräfte des Vereinigten Königreichs

☐ zur privaten Verwendung durch

- ☐ einen Angehörigen einer ausländischen diplomatischen Vertretung
- ☐ einen Angehörigen einer ausländischen berufskonsularischen Vertretung
- ☐ einen Bediensteten einer internationalen Organisation

Bezeichnung der Einrichtung (siehe Feld 4)

b) dass die in Feld 5 genannten Gegenstände und/oder Dienstleistungen mit den Bedingungen und Beschränkungen vereinbar sind, die in dem in Feld 1 genannten Aufnahmemitgliedstaat für die Freistellung gelten, und

c) dass die obigen Angaben richtig und vollständig sind.

Der Antragsteller (Einrichtung/Privatperson) verpflichtet sich hiermit, an den Mitgliedstaat, aus dem die Gegenstände versandt wurden oder von dem aus die Gegenstände geliefert oder die Dienstleistungen erbracht wurden, die Mehrwertsteuer und/oder Verbrauchsteuer zu entrichten, die fällig wird, falls die Gegenstände und/oder Dienstleistungen die Bedingungen für die Befreiung nicht erfüllen oder nicht für die beabsichtigten Zwecke verwendet werden bzw. nicht den beabsichtigten Zwecken dienen.

Ort, Datum | Name und Stellung des Unterzeichnenden, Unterschrift

4. Dienststempel der Einrichtung (bei Freistellung zur privaten Verwendung)

Ort, Datum | Dienststempel | Name und Stellung des Unterzeichnenden, Unterschrift

www.bmf.gv.at

BMF BUNDESMINISTERIUM FÜR FINANZEN

U 100 Bundesministerium für Finanzen - 11/2011 (Neuaufl.)

U 100, Seite 1, Version vom 14.11.2011

5. Bezeichnung der Gegenstände und/oder Dienstleistungen, für die die Befreiung von der Mehrwertsteuer und/oder Verbrauchsteuer beantragt wird

A. Angaben zu dem Unternehmer/zugelassenen Lagerinhaber:

1. Name und Anschrift

2. Mitgliedstaat

3. Mehrwertsteuer-Identifikationsnummer oder Steuerregisternummer/Verbrauchsteuernummer

B. Angaben zu den Gegenständen und/oder Dienstleistungen:

Nr.	Ausführliche Beschreibung der Gegenstände und/oder Dienstleistungen [1] (oder Verweis auf beigefügten Bestellschein)	Menge oder Anzahl	Preis ohne Mehrwertsteuer oder Verbrauchsteuer		Währung
			Preis pro Einheit	Gesamtpreis	
		Gesamtbetrag			

6. Bescheinigung der zuständigen Behörde(n) des Aufnahmemitgliedstaates

Die Versendung/Lieferung bzw. Erbringung der in Feld 5 genannten Gegenstände und/oder Dienstleistungen entspricht

☐ in vollem Umfang ☐ in folgendem Umfang (Menge bzw. Anzahl) [2] ________

den Bedingungen für die Befreiung von der Mehrwertsteuer und/oder Verbrauchsteuer.

Ort, Datum	Dienststempel	Name und Stellung des Unterzeichnenden, Unterschrift

7. Verzicht auf Anbringung des Dienststempelabdrucks in Feld 6 (nur bei Freistellung für amtliche Zwecke)

Mit Schreiben Nr.	vom (TT.MM.JJJJ)

wird für (Bezeichnung der antragstellenden Einrichtung)

auf die Anbringung des Dienststempelabdrucks in Feld 6 verzichtet, durch (Bezeichnung der zuständigen Behörde des Aufnahmemitgliedstaates)

Ort, Datum	Dienststempel	Name und Stellung des Unterzeichnenden, Unterschrift

1) *Nicht benutzte Felder durchstreichen. Dies gilt auch, wenn ein Bestellschein beigefügt ist.*

2) *Gegenstände und/oder Dienstleistungen, für die keine Befreiung gewährt werden kann, sind in Feld 5 oder auf dem Bestellschein durchzustreichen.*

U 100, Seite 2, Version vom 14.11.2011

Erläuterungen

1. Dem Unternehmer und/oder zugelassenen Lagerinhaber dient diese Bescheinigung als Beleg für die Steuerbefreiung von Gegenständen oder Dienstleistungen, die an Einrichtungen bzw. Privatpersonen im Sinne von Artikel 151 der Richtlinie 2006/112/EG und Artikel 13 der Richtlinie 2008/118/EG versendet und/oder geliefert werden. Dementsprechend ist für jeden Lieferer/Lagerinhaber eine Bescheinigung auszufertigen. Der Lieferer/Lagerinhaber hat die Bescheinigung gemäß den in seinem Mitgliedstaat geltenden Rechtsvorschriften in seine Buchführung aufzunehmen.
2. a) Die allgemeinen Hinweise hinsichtlich des zu verwendenden Papiers und der Abmessungen der Felder sind dem Amtsblatt der Europäischen Gemeinschaften C 164 vom 1.7.1989, S. 3, zu entnehmen.

   Für alle Exemplare ist weißes Papier im Format 210 × 297 mm zu verwenden, wobei in der Länge Abweichungen von -5 bis + 8 mm zulässig sind.

   Bei einer Befreiung von der Verbrauchsteuer ist die Befreiungsbescheinigung in zwei Exemplaren auszufertigen:

   – eine Ausfertigung für den Versender;
   – eine Ausfertigung, die die Bewegungen der der Verbrauchsteuer unterliegenden Produkte begleitet.

   b) Nicht genutzter Raum in Feld 5B ist so durchzustreichen, dass keine zusätzlichen Eintragungen vorgenommen werden können.

   c) Das Dokument ist leserlich und in dauerhafter Schrift auszufüllen. Löschungen oder Überschreibungen sind nicht zulässig. Die Bescheinigung ist in einer vom Aufnahmemitgliedstaat anerkannten Sprache auszufüllen.

   d) Wird bei der Beschreibung der Gegenstände und/oder Dienstleistungen (Feld 5 Buchstabe B der Bescheinigung) auf einen Bestellschein Bezug genommen, der nicht in einer vom Aufnahmemitgliedstaat anerkannten Sprache abgefasst ist, so hat der Antragsteller (Einrichtung/Privatperson) eine Übersetzung beizufügen.

   e) Ist die Bescheinigung in einer vom Mitgliedstaat des Lieferers/Lagerinhabers nicht anerkannten Sprache verfasst, so hat der Antragsteller (Einrichtung/Privatperson) eine Übersetzung der Angaben über die in Feld 5 Buchstabe B aufgeführten Gegenstände und Dienstleistungen beizufügen.

   f) Unter einer anerkannten Sprache ist eine der Sprachen zu verstehen, die in dem betroffenen Mitgliedstaat amtlich in Gebrauch ist, oder eine andere Amtssprache der Union, die der Mitgliedstaat als zu diesem Zwecke verwendbar erklärt.
3. In Feld 3 der Bescheinigung macht der Antragsteller (Einrichtung/Privatperson) die für die Entscheidung über den Freistellungsantrag im Aufnahmemitgliedstaat erforderlichen Angaben.
4. In Feld 4 der Bescheinigung bestätigt die Einrichtung die Angaben in den Feldern 1 und 3 Buchstabe a des Dokuments und bescheinigt, dass der Antragsteller – wenn es sich um eine Privatperson handelt – Bediensteter der Einrichtung ist.
5. a) Wird (in Feld 5 Buchstabe B der Bescheinigung) auf einen Bestellschein verwiesen, so sind mindestens Bestelldatum und Bestellnummer anzugeben. Der Bestellschein hat alle Angaben zu enthalten, die in Feld 5 der Bescheinigung genannt werden. Muss die Bescheinigung von der zuständigen Behörde des Aufnahmemitgliedstaates abgestempelt werden, so ist auch der Bestellschein abzustempeln.

   b) Die Angabe der in Artikel 22 Absatz 2 Buchstabe a der Verordnung (EG) Nr. 2073/2004 des Rates vom 16. November 2004 über die Zusammenarbeit der Verwaltungsbehörden auf dem Gebiet der Verbrauchsteuern genannten Registriernummer ist nicht zwingend; die Mehrwertsteuer-Identifikationsnummer oder die Steuerregisternummer ist anzugeben.

   c) Währungen sind mit den aus drei Buchstaben bestehenden Codes der internationalen ISOIDIS-4127-Norm zu bezeichnen, die von der Internationalen Normenorganisation festgelegt wurde(1).

(1) Die Codes einiger häufig benutzter Währungen lauten: EUR (Euro), BGN (Leva), CZK (Tschechische Kronen), DKK (Dänische Kronen), GBP (Pfund Sterling), HUF (Forint), LTL (Litai), PLN (Zloty), RON (Rumänische Lei), SEK(Schwedische Kronen), USD (US-Dollar).

6. Die genannte Erklärung einer antragstellenden Einrichtung/Privatperson ist in Feld 6 durch die Dienststempel der zuständigen Behörde(n) des Aufnahmemitgliedstaates zu beglaubigen. Diese Behörde(n) kann/können die Beglaubigung davon abhängig machen,

dass eine andere Behörde des Mitgliedstaats zustimmt. Es obliegt der zuständigen Steuerbehörde, eine derartige Zustimmung zu erlangen.

7. Zur Vereinfachung des Verfahrens kann die zuständige Behörde darauf verzichten, von einer Einrichtung, die eine Befreiung für amtliche Zwecke beantragt, die Erlangung des Dienststempels zu fordern. Die antragstellende Einrichtung hat diese Verzichterklärung in Feld 7 der Bescheinigung anzugeben.

(DVO (EU) Nr. 282/2011)

Anhang 4: Unternehmer, die üblicherweise Bauleistungen erbringen

1. Allgemeines

Zur Beurteilung, ob ein Unternehmer üblicherweise Bauleistungen erbringt, kann der Abschnitt F „Bauwesen" der SYSTEMATIK DER WIRTSCHAFTSTÄTIGKEITEN – (ÖNACE 1995), basierend auf der Verordnung (EWG) Nr. 3037/90 des Rates vom 9. Oktober 1990 betreffend die statistische Systematik der Wirtschaftszweige in der Europäischen Gemeinschaft, herausgegeben von der Statistik Austria, herangezogen werden (Internetadresse: http://www.statistik.at/oenace).

Unternehmer, die insbesondere die im Abschnitt F, Unterabschnitt FA, Abteilung 45, der SYSTEMATIK DER WIRTSCHAFTSTÄTIGKEITEN – (ÖNACE 1995) angeführten Tätigkeiten ausüben, sind als solche anzusehen, die üblicherweise Bauleistungen erbringen, wobei für die Beurteilung folgende Abweichungen von der Liste zu beachten sind:

- Die nach den Erläuterungen zu Punkt 45.21-01 ausgenommene „Errichtung vollständiger Fertigteilbauten aus selbstgefertigten Teilen, soweit nicht aus Beton", gehört zu den Tätigkeiten, die zur Annahme führen, dass der Unternehmer üblicherweise Bauleistungen erbringt.
- Punkt 45.43-04 „Raumausstattung ohne ausgeprägten Schwerpunkt" gehört nicht zu den Tätigkeiten, die zur Annahme führen, dass der Unternehmer üblicherweise Bauleistungen erbringt.
- Punkt 45.45-01 „Fassadenreinigung" gehört ab 1. Jänner 2011 zu den Tätigkeiten, die zur Annahme führen, dass der Unternehmer üblicherweise Bauleistungen erbringt.

2. Abschnitt F Bauwesen gemäß Systematik der Wirtschaftstätigkeiten (ÖNACE 1995)

F **Bauwesen**

FA **Bauwesen**

45 **Bauwesen**

Diese Abteilung umfasst:

- Neubau, Renovierung und gewöhnliche Instandsetzung

45.1 **Vorbereitende Baustellenarbeiten**

45.11 **Abbruch-, Spreng- und Erdbewegungsarbeiten**

45.11-00 **Abbruch-, Spreng- und Erdbewegungsarbeiten**

Diese Unterklasse umfasst:

- Abbruch von Gebäuden und anderen Bauwerken
- Enttrümmerung von Baustellen
- Erdbewegungen: Ausschachtung, Erdauffüllung, Einebnung und Planierung von Baugelände, Grabenaushub, Felsabbau, Sprengen usw.
- Erschließung von Lagerstätten: Auffahren von Grubenbauen, Abräumen des Deckgebirges und andere Aus- und Vorrichtungsarbeiten
- Meliorationsarbeiten

Diese Unterklasse umfasst ferner:

- Baustellenentwässerung
- Entwässerung von land- und forstwirtschaftlichen Flächen

45.12 **Test- und Suchbohrung**

45.12-00 **Test- und Suchbohrung**

Diese Unterklasse umfasst:

- Test-, Such- und Kernbohrung für bauliche, geophysikalische, geologische oder ähnliche Zwecke

Diese Unterklasse umfasst nicht:

- Erdöl- und Erdgasbohrungen zu Förderzwecken auf Vertragsbasis (s. 11.20-00)
- Brunnen- und Schachtbau (s. 45.25-00)

- Exploration von Erdöl- und Erdgasfeldern, geophysikalische, geologische und seismische Messungen (s. 74.20-02)

45.2 Hoch- und Tiefbau

45.21 Hochbau, Brücken- und Tunnelbau u.ä.

45.21-01 Wohnungs- und Siedlungsbau

Diese Unterklasse umfasst:

- Errichtung von Wohngebäuden, inklusive solcher aus Fertigteilen

Diese Unterklasse umfasst nicht:

- Bauinstallation (s. 45.3)
- sonstiges Baugewerbe (s. 45.4)
- Tätigkeiten von Architekturbüros (s. 74.20-01)
- Tätigkeiten von Ingenieurbüros (s. 74.20-02)
- Projektleitung (s. 74.20-02)

45.21-02 Industrie- und Ingenieurbau

Diese Unterklasse umfasst:

- Errichtung von Industrie- und Ingenieurhochbauten
- Errichtung von Kraftwerken, Bergwerken und industriellen Produktionsanlagen

Diese Unterklasse umfasst nicht:

- Erbringung von Dienstleistungen bei der Erdöl- und Erdgasförderung (s. 11.20-00)
- Schornstein-, Feuerungs- und Industrieofenbau (s. 45.25-00)
- Bauinstallation (s. 45.3)
- sonstiges Baugewerbe (s. 45.4)
- Tätigkeiten von Architekturbüros (s. 74.20-01)
- Tätigkeiten von Ingenieurbüros (s. 74.20-02)
- Projektleitung (s. 74.20-02)

45.21-03 Sonstiger Hochbau

Diese Unterklasse umfasst:

- Errichtung von Geschäftsbauten
- Errichtung von Gebäuden für Sport- und Freizeitanlagen
- Errichtung von Gebäuden a.n.g.

Diese Unterklasse umfasst nicht:

- Bau von Sportplätzen, Stadien, Schwimmbädern, Sporthallen und anderen Sportanlagen (ohne Gebäude) (s. 45.23-00)
- Bauinstallation (s. 45.3)
- sonstiges Baugewerbe (s. 45.4)
- Tätigkeiten von Architekturbüros (s. 74.20-01)
- Tätigkeiten von Ingenieurbüros (s. 74.20-02)
- Projektleitung (s. 74.20-02)

45.21-04 Adaptierungsarbeiten im Hochbau

Diese Unterklasse umfasst:

- Bauarbeiten im Zusammenhang mit Renovierung und Adaptierungen im Hochbau

Diese Unterklasse umfasst nicht:

- Bauinstallation (s. 45.3)
- sonstiges Baugewerbe (s. 45.4)
- Tätigkeiten von Architekturbüros (s. 74.20-01)
- Tätigkeiten von Ingenieurbüros (s. 74.20-02)

- Projektleitung (s. 74.20-02)

45.21-05 Brücken- und Hochstraßenbau

Diese Unterklasse umfasst nicht:
- Tätigkeiten von Architekturbüros (s. 74.20-01)
- Tätigkeiten von Ingenieurbüros (s. 74.20-02)
- Projektleitung (s. 74.20-02)

45.21-06 Tunnelbau

Diese Unterklasse umfasst:
- Errichtung von Tunneln, Viadukten und Unterführungen

Diese Unterklasse umfasst nicht:
- Tätigkeiten von Architekturbüros (s. 74.20-01)
- Tätigkeiten von Ingenieurbüros (s. 74.20-02)
- Projektleitung (s. 74.20-02)

45.21-07 Rohrleitungs- und Kabelnetzleitungstiefbau

Diese Unterklasse umfasst:
- Errichtung von Rohrfernleitungen, Fernmelde- und Hochspannungsleitungen
- Errichtung von städtischen Rohrleitungs- und Kabelnetzen einschließlich zugehöriger Arbeiten

Diese Unterklasse umfasst nicht:
- Installation von Kabeln (s. 45.34-00)
- Installation von Freileitungskabeln (s. 45.34-00)
- Tätigkeiten von Architekturbüros (s. 74.20-01)
- Tätigkeiten von Ingenieurbüros (s. 74.20-02)
- Projektleitung (s. 74.20-02)

45.22 Zimmerei, Dachdeckerei, Bauspenglerei und Isolierer

45.22-01 Zimmerei

Diese Unterklasse umfasst:
- Errichtung von Dachstühlen

45.22-02 Dachdeckerei

Diese Unterklasse umfasst:
- Dachdeckungs- und Dachanstricharbeiten

45.22-03 Bauspenglerei

45.22-04 Isolierer

Diese Unterklasse umfasst:
- Abdichtung gegen Wasser und Feuchtigkeit

45.23 Straßenbau und Eisenbahnoberbau

45.23-00 Straßenbau und Eisenbahnoberbau

Diese Unterklasse umfasst:
- Bau von Autobahnen, Straßen und Wegen
- Bau von Bahnverkehrsstrecken
- Bau von Rollbahnen
- Bau von Sportplätzen, Stadien, Schwimmbädern, Tennis- und Golfplätzen (ohne Gebäude)
- Markierung von Fahrbahnen und Parkplätzen

Diese Unterklasse umfasst nicht:
- vorbereitende Erdbewegungen (s. 45.11-00)
- Installation von Beleuchtungs- und Signalanlagen für Straßen, Eisenbahnen, Flughäfen und Häfen (s. 45.34-00)

45.24 Wasserbau

45.24-00 Wasserbau

Diese Unterklasse umfasst:

- Bau von:

  Wasserstraßen, Häfen (einschließlich Yachthäfen), Flussbauten, Schleusen usw.

  Talsperren und Deiche
- Nassbaggerei
- Unterwasserarbeiten

45.25 Spezialbau und sonstiger Tiefbau

45.25-00 Spezialbau und sonstiger Tiefbau

Diese Unterklasse umfasst:

- spezielle Tätigkeiten im Hoch- und Tiefbau, die besondere Fachkenntnisse bzw. Ausrüstungen erfordern:

  Herstellen von Fundamenten einschließlich Pfahlgründung

  Brunnen- und Schachtbau

  Montage von fremdbezogenen Stahlkonstruktionen

  Eisenbiegerei und -flechterei

  Mauer- und Pflasterarbeiten

  Schornstein-, Feuerungs- und Industrieofenbau

  Gebäudetrocknung
- Auf- und Abbau von Gerüsten und beweglichen Arbeitsbühnen einschließlich deren Vermietung

Diese Unterklasse umfasst nicht:

- Vermietung von Gerüsten ohne Auf- und Abbau (s. 71.32-00)

45.3 Bauinstallation

45.31 Elektroinstallation

45.31-01 Installation von Aufzügen und Rolltreppen

Diese Unterklasse umfasst:

- Installation von Aufzügen und Rolltreppen in Gebäuden und anderen Bauwerken

Diese Unterklasse umfasst nicht:

- Wartung von Aufzügen und Rolltreppen (s. 29.22-00)

45.31-02 Elektroinstallationen a.n.g. (anderweitig nicht genannt)

Diese Unterklasse umfasst:

- Installation von:

  elektrischen Leitungen und Armaturen

  Kommunikationssystemen

  Elektroheizungen

  Rundfunk- und Fernsehantennen (für Wohngebäude)

  Feuermeldeanlagen

  Einbruchsicherungen

  Blitzableitern usw. in Gebäuden und anderen Bauwerken

45.32 Wärme-, Kälte, Schall- und Branddämmung

45.32-00 Wärme-, Kälte-, Schall- und Branddämmung

Diese Unterklasse umfasst:

- Dämmung gegen Wärme, Kälte, Schall, Brand und Erschütterung in Gebäuden und anderen Bauwerken

Diese Unterklasse umfasst nicht:

- Abdichtung gegen Wasser und Feuchtigkeit (s. 45.22-04)

45.33 Gas-, Wasser-, Heizungs- und Lüftungsinstallation

45.33-00 Gas-, Wasser-, Heizungs- und Lüftungsinstallation

Diese Unterklasse umfasst:

- Gas-, Wasser- und Sanitärinstallation
- Installation von Lüftungs-, Kühl- und Klimaanlagen
- Einbau von Lüftungskanälen
- Installation von Heizungsanlagen
- Installation von Sprinkleranlagen

Diese Unterklasse umfasst nicht:

- Installation von Elektroheizungen (s. 45.31-02)

45.34 Sonstige Bauinstallation

45.34-00 Sonstige Bauinstallation

Diese Unterklasse umfasst:

- Installation von Beleuchtungs- und Signalanlagen für Straßen, Eisenbahnen, Flughäfen und Häfen
- Installation von Ausrüstungen und Befestigungselementen a.n.g. in Gebäuden und anderen Bauwerken
- Installation von Kabeln (auch verbunden mit Verlegen)
- Montage von Frei- und Fahrleitungen
- Installation von Jalousien und Markisen
- Errichtung von Zäunen und Geländern

45.4 Ausbau- und Bauhilfsgewerbe

45.41 Stuckaturgewerbe, Gipserei und Verputzerei

45.41-00 Stuckaturgewerbe, Gipserei und Verputzerei

Diese Unterklasse umfasst:

- Stuck-, Gips- und Verputzarbeiten innen und außen einschließlich damit verbundener Lattenschalung in Gebäuden und anderen Bauwerken

45.42 Bautischlerei und Bauschlosserei

45.42-01 Bautischlerei

Diese Unterklasse umfasst:

- Einbau von fremdbezogenen Türen, Toren, Fenstern, Rollläden, Rahmen und Zargen, Einbauküchen, Treppen, Ladeneinrichtungen u.ä.
- Einbau von nichtmetallischen Decken, Wandvertäfelungen, beweglichen Trennwänden u.ä. Innenausbauarbeiten

Diese Unterklasse umfasst nicht:

- Installation von Jalousien und Markisen (s. 45.34-00)
- Verlegen von Parkett- und anderen Holzböden (s. 45.43-01)

45.42-02 Bauschlosserei

Diese Unterklasse umfasst:

- Einbau von fremdbezogenen Türen, Toren, Fenstern, Rollläden, Rahmen und Zargen, Treppen, Ladeneinrichtungen u.ä. aus Metall

Diese Unterklasse umfasst nicht:

- Errichtung von Zäunen und Geländern (s. 45.34-00)
- Installation von Jalousien und Markisen (s. 45.34-00)

45.43 Fußboden-, Fliesen- und Plattenlegerei, Raumausstattung

45.43-01 Fußbodenleger

Diese Unterklasse umfasst:

- Estrichlegerei

- Verlegen von:
  Parkett-, Schiefer- und anderen Holzböden
  Teppich- und Linoleumböden sowie Bodenbelägen aus Gummi oder synthetischem Material
  Terrazzo-, Marmor- oder Granitböden sowie Wandverkleidungen aus diesen Materialien

BMR

45.43-02 Fliesenleger

Diese Unterklasse umfasst:

- Verlegen von:
  Wand- und Bodenfliesen oder -platten aus Keramik, Beton, Kunststein oder Stein

45.43-03 Tapezierer

Diese Unterklasse umfasst:

- Tapetenkleberei

Diese Unterklasse umfasst nicht:

- Bespannung und Polsterung von Stühlen und Möbeln (s. 36.1)

45.43-05 Ofensetzerei

Diese Unterklasse umfasst:

- Ofen- und Herdsetzerei, Kaminofenbau, Hafnerei

45.44 Malerei und Anstreicherei, Glaserei

45.44-01 Malerei und Anstreicherei

Diese Unterklasse umfasst:

- Innen- und Außenanstrich von Gebäuden
- Anstrich von Hoch- und Tiefbauten
- Entrostungsarbeiten

45.44-02 Glaserei

Diese Unterklasse umfasst:

- Ausführung von Glaserarbeiten einschließlich Einbau von Glasverkleidungen, Spiegeln usw.

Diese Unterklasse umfasst nicht:

- Fenstereinbau (s. 45.42)

45.45 Sonstiges Ausbau- und Bauhilfsgewerbe

45.45-01 Fassadenreinigung

45.45-02 Sonstiges Ausbau- und Bauhilfsgewerbe (anderweitig nicht genannt)

Diese Unterklasse umfasst:

- Einbau von Swimmingpools
- sonstige Baufertigstellung und Ausbauarbeiten (anderweitig nicht genannt)

45.5 Vermietung von Baumaschinen und -geräten mit Bedienungspersonal

45.50 Vermietung von Baumaschinen und -geräten mit Bedienungspersonal

45.50-00 Vermietung von Baumaschinen und -geräten mit Bedienungspersonal

Diese Unterklasse umfasst nicht:

- Vermietung von Baumaschinen und -geräten ohne Bedienungspersonal (s. 71.32-00)

Anhang 5
Innergemeinschaftliche Lieferung iSd Art. 7 UStG 1994
Erklärung über die Beförderung von Waren in das übrige Gemeinschaftsgebiet
(§ 2 Z 3 VO, BGBl. Nr. 401/1996 in der geltenden Fassung)

(Erläuterung: diese Verbringungserklärung sollten Sie verwenden, wenn der/die Kunde/Kundin die Ware selbst mit eigenen oder gemieteten Fahrzeugen an den Bestimmungsort befördert oder durch eine/n von ihm/ ihr beauftragte/n Angestellte/n an den Bestimmungsort befördern lässt.)

Ich, ...

Inhaber/in, Mitarbeiter/in, sonstige(r) Beauftragte(r)* des Unternehmens

....,

(Name und Adresse des Unternehmens [Straße, Hausnummer, Postleitzahl, Ort])

bestätige, am heutigen Tag, ...,

(Datum)

die Waren laut Rechnungsnummer/Lieferscheinnummer* ....

in ....

(Angabe der Adresse des Übernahmeortes und des Mitgliedstaates)

übernommen zu haben und erkläre, sie nach ....

....

(Angabe des Bestimmungsmitgliedstaates und der Adresse des Bestimmungsortes)

in meiner Funktion als

Empfänger/in der Lieferung,

Mitarbeiter/in, sonstige(r) Beauftragte(r) des/der Empfänger/in der Lieferung, weiter/e Empfänger/in einer Lieferung im Rahmen eines Reihengeschäfts*

zu befördern.

Datum .... Unterschrift ....

Hinweis:

Zur Sicherung der Identität des (der) Abholenden sollten Sie eine Fotokopie eines amtlichen Ausweises (zB Reisepass, Führerschein) und seines/ihres Beauftragungsnachweises (zB Vollmacht) anfertigen und aufbewahren.

---

* nicht zutreffendes streichen

Anhang 6
Innergemeinschaftliche Lieferung iSd Art. 7 UStG 1994
Erklärung über den Empfang von Waren (§ 2 Z 3 VO, BGBl. Nr. 401/1996 in der geltenden Fassung)

(Erläuterung: diese Empfangsbestätigung sollten Sie vom Kunden bestätigen lassen, wenn Sie die Waren selbst mit eigenen oder gemieteten Fahrzeugen befördern oder durch eine/n von Ihnen beauftragte/n Angestellte/n befördern lassen.)

Ich, ...

Inhaber/in, Mitarbeiter/in, sonstige(r) Beauftragte(r)* des Unternehmens

....,

(Name und Adresse des Unternehmens [Straße, Hausnummer, Postleitzahl, Ort])

bestätige, am heutigen Tag, ...,

(Datum)

die Waren laut Rechnungsnummer/Lieferscheinnummer* ....

in ....

(Angabe der Adresse des Übernahmeortes und des Mitgliedstaates)

in meiner Funktion als

Empfänger/in der Lieferung,

Mitarbeiter/in, sonstige(r) Beauftragte(r) des/der Empfänger/in der Lieferung, weiter/e Empfänger/in einer Lieferung im Rahmen eines Reihengeschäfts*

übernommen zu haben.

Datum ....   Unterschrift ....

---

* nicht zutreffendes streichen

2. Umsatzsteuer-Erlässe

2/1. Allgemeine Erlässe

2/1/1.

AÖF 1975/221

Umsatzsteuerliche Behandlung von Einrichtungen der katholischen Kirche, Orden und Kongregationen sowie der Diözesan-Caritas

(Erlass des BMF vom 2. Juli 1973, Z. 254.183-10a/73)

Die katholische Kirche und sämtliche ihrer Einrichtungen, die mit Rechtswirksamkeit für den staatlichen Bereich kanonisch errichtet worden sind, gehören zu den Körperschaften des öffentlichen Rechts. Danach kommt insbesondere folgenden Einrichtungen Rechtspersönlichkeit zu:

Der Österreichischen Bischofskonferenz, der Superiorenkonferenz der männlichen Ordensgemeinschaften, der Vereinigung der Frauenorden, der Kirchenprovinz, der Diözese, dem Bischöflichen Stuhl, dem Kapitel, der Pfarrkirche (Kirchenfabrik), dem Pfründen- oder Benefizialvermögen, den Orden und Kongregationen, der Religiösen Gesellschaft, dem Weltlichen Institut, der Kirchlichen Vereinigung, der Selbständigen Stiftung, der Caritas der einzelnen Diözesen und den sonstigen vom Ordinarius errichteten und von ihm mit Rechtspersönlichkeit ausgestatteten Instituten.

Soweit den einzelnen Einrichtungen der katholischen Kirche die Stellung von Körperschaften öffentlichen Rechts zukommt, erstreckt sich nach § 2 Abs. 3 UStG 1972 der Bereich, innerhalb dessen sie als Unternehmer tätig werden und dadurch steuerbare Umsätze im Sinne des § 1 Abs. 1 UStG 1972 bewirken können, ausschließlich auf solche Tätigkeiten, die im Rahmen eines Betriebes gewerblicher Art oder eines land- und forstwirtschaftlichen Betriebes ausgeübt werden. Umsätze, die außerhalb der genannten Betriebe bewirkt werden, unterliegen selbst dann nicht der Umsatzsteuer, wenn sie nicht der Erfüllung öffentlicher Aufgaben dienen. Es ist jedoch zu beachten, daß durch § 2 Abs. 3 letzter Satz UStG 1972 die Vermietung und Verpachtung von Grundstücken durch öffentlich-rechtliche Körperschaften in den Unternehmensbereich einbezogen wurde, auch wenn sie nicht im Rahmen eines Betriebes gewerblicher Art oder eines land- und forstwirtschaftlichen Betriebes ausgeübt wird (vgl. Abschnitt 6 Abs.1 DE-USt, AÖFV Nr. 283/1972).

Die mit den Einrichtungen der katholischen Kirche verbundenen Tätigkeiten haben eine Reihe von umsatzsteuerrechtlichen Zweifelsfragen entstehen lassen, zu denen nachstehend die Rechtsauffassung des Bundesministeriums für Finanzen bekanntgegeben wird:

1.1. Unter die Ausübung der öffentlichen Gewalt fällt die Seelsorge in allen ihren Erscheinungsformen, sowohl in mündlicher Predigt als auch durch schriftliche Publikationen, welche die göttliche Lehre verbreiten und vertiefen. Die Unterbringung und Verpflegung von Exerzitienteilnehmern kann aber nur dann als eine mit der Hoheitstätigkeit untrennbar verbundene Nebentätigkeit angesehen werden, wenn sie ausschließlich im Rahmen eines Exerzitienkurses erfolgt. Trifft dies nicht zu, wird es im Einzelfall davon abhängen, ob noch eine Vermögensverwaltung in Form der Vermietung von Räumen oder schon ein Betrieb gewerblicher Art vorliegt.

1.2. Den Einnahmen aus einer hoheitlichen Tätigkeit sind ferner zuzurechnen die Meßstipendien, Stolgebühren, Matrikengebühren, Friedhofsgebühren (Grabstellen-, Erneuerungs-, Beerdigungs- und Enterdigungsgebühren sowie die Benützungsgebühr für die Aufbahrungshalle) sowie die Aufsichtsgebühren der Diözesen für die Verwaltung des Grundbesitzes der dem Ordinarius unterstellten kirchlichen Rechtsträger. Weiters gehören dazu auch die auf Grund obrigkeitlicher kirchlicher Gewalt erhobenen Abgaben, wie kirchliche Steuern, Abgaben im engeren Sinn (tributa) und Gebühren (taxae) sowie die Gebühren, die nach Zusatzprotokoll zu Art. XIII § 2 des Konkordates vom 5. Juni 1933 für die von den Diözesanordinarien auf Urkunden über intabulationspflichtige Rechtsgeschäfte beizusetzenden Klauseln zu leisten sind.

1.3. Wie bereits in dem ho. Erlaß vom 1. April 1952, Z. 14.556-10/52 (AÖVF Nr. 93/1952), im Zusammenhang mit dem ho. Erlaß vom 31. Mai 1955, Z. 54.649-9 a/55, ausgeführt, sind die von den katholischen Orden und Kongregationen geführten Schulen mit Öffentlichkeitsrecht in Ausübung öffentlicher Gewalt tätig. Das gleiche gilt, wenn derartige Schulen von anderen kirchlichen Rechtsträgern (z.B. Diözesan-Caritas) geführt werden. Die Schulart ist hiebei unbeachtlich, weshalb auch die von den Diözesan-Caritasstellen geführten Vorschulen für Familie und Beruf sowie die Familienhelferinnenschulen darunterfallen.

Wie in den genannten Erlässen bereits festgestellt wurde, erfüllen auch die mit solchen Schulen verbundenen Schülerheime und Internate desselben Rechtsträgers Hoheitsaufgaben, wenn sie wie die Bundeskonvikte nach dem Prinzip der wirtschaftlichen Selbsterhaltung geführt werden und keine auf Gewinnerzielung gerichtete Tätigkeit ausüben. Auf die Bezeichnung kommt es dabei ebensowenig an, sodaß grundsätzlich auch Kinderdörfer darunterfallen können.

1.4. Zu den Hostienbäckereien, Kirchenwäschereien und Paramentenstickereien wird bereits in dem ho. Erlaß vom 31. Mai 1955, Z. 54.649-9 a/55, ausgeführt, daß diese insoweit, als die bloße Nebenleistungen zur Erfüllung von Hoheitsaufgaben erbringen, nicht als Betriebe gewerblicher Art anzusehen sind. Als Nebenleistung zur Erfüllung von Hoheitsaufgaben kann bei Kirchenwäschereien nur die Reinigung der sogenannten liturgischen Wäsche gelten. Bei Paramentenstickereien zählen nur die nicht für private Auftraggeber erbrachten Leistungen zu den Nebenleistungen.

1.5. Mit der Herausgabe von Kirchenzeitungen, Broschüren und ähnlichen Publikationen werden dann öffentlich-rechtliche Aufgaben in Form der Seelsorge erfüllt, wenn die darin enthaltenen Erzählungen und ähnlichen Beiträge auf die Erweiterung des religiösen Wissens, die Stärkung des Charakters und die moralische und religiöse Standfestigkeit des Lesers gerichtet sind, wenn diese Art der Belehrung auch deutlich als Hauptzweck in Erscheinung tritt und wenn darüber hinaus der für den kommerziellen Pressebetrieb typische Inhalt (z.B. Annoncen, Todesanzeigen usw.) von untergeordneter Bedeutung ist; von einer untergeordneten Bedeutung wird in diesem Zusammenhang dann gesprochen werden können, wenn die Anzeigen einen Raum von nicht mehr als 10% der Druckseiten einnehmen. Das gleiche gilt für kirchliche Amts- und Verordnungsblätter. Keine Erfüllung öffentlich-rechtlicher Aufgaben liegt hingegen vor, wenn Druckwerke anderen Inhaltes, wie sie auch andere Verlage herstellen, im Selbstverlag herausgebracht werden.

1.6. Der Erfüllung öffentlich-rechtlicher Aufgaben dienen auch die Priester- und Knabenseminare. Denn nach Art. V des Konkordates vom 5. Juni 1933 kann die wissenschaftliche Heranbildung des Klerus nicht nur an den vom Staate erhaltenen katholisch-theologischen Fakultäten, sondern auch an den von den zuständigen kirchlichen Stellen errichteten theologischen Lehranstalten erfolgen. Zur Erreichung dieses Zwecks sollen in jeder Diözese ein sogenanntes großes Seminar und möglichst ein oder mehrere kleine Seminare (Konvikte) für die Heranbildung von Knaben für das spätere theologische Studium bestehen.

2.1. Wie der Verwaltungsgerichtshof in seinem Erkenntnis vom 9. Juni 1960, Z. 195/59, zum Ausdruck bringt, sind unter Fürsorgeträgern jene öffentlichen Einrichtungen zu verstehen, welche auf Grund gesetzlicher Verpflichtung zur Unterstützung Hilfsbedürftiger berufen sind (z.B. Bezirks- und Landesfürsorgeverbände). Die gesetzliche Unterstützungsverpflichtung ergibt sich aus den einzelnen fürsorgerechtlichen Vorschriften. Nachdem der Caritas keine derartige gesetzliche Verpflichtung auferlegt ist, kann sie schon aus diesem Grund nicht als Träger des öffentlichen Fürsorgewesens angesehen werden.

3.1. Der von den Diözesan-Caritasstellen oder anderen Trägern aus erfolgende Einsatz von Familienhelferinnen sowie die Tätigkeit der Bahnhofsmission erfüllen in der Regel nicht die für einen Betrieb gewerblicher Art im § 2 KStG 1966 geforderten Voraussetzungen. Zur Tätigkeit der Bahnhofsmission wäre zu bemerken, daß die Vermietung und Verpachtung von Grundstücken (Grundstücksteilen, Räume usw.) zwar nicht körperschaftsteuerrechtlich, wohl aber umsatzsteuerrechtlich nach § 2 Abs. 3 UStG 1972 stets als Betrieb gewerblicher Art gilt.

3.2. Die Gestellung von Ordensschwestern, anderen Ordensangehörigen oder Priestern für Dienstleistungen in weltlichen und kirchlichen Einrichtungen (z.B. Kranken-, Heil- und Pflegeanstalten, Alters-, Blinden- und Siechenheimen, Kindergärten, Kinderheimen, Schulen und Pfarren) bildet ebenfalls keinen Betrieb gewerblicher Art im Sinne des § 2 KStG 1966.

3.3. Hinsichtlich der entgeltlich durchgeführten Führungen in Kirchen, Klöstern und Stiften kann davon ausgegangen werden, daß zwar eine wirtschaftliche Betätigung vorliegt, die aber infolge des Umstandes, daß diese Führungen nur zu bestimmten Tageszeiten und von Personen oder Ordensangehörigen durchgeführt werden, die nicht ausschließlich damit beschäftigt, sondern daneben auch mit dem Hoheitsbereich zuzurechnenden Aufgaben betraut sind, sachlich nicht abspaltbar ist. Aus diesem Grund muß daher auf das Überwiegen abgestellt werden, wobei dieses allein schon bei Berücksichtigung der Beschätigungszeiten und der Verwendungszwecke der zu besichtigenden Objekte auf seiten des Hoheitsbereiches gegeben ist.

4.1. Betriebe gewerblicher Art im Sinne des § 2 KStG 1966 bilden insbesondere folgende Einrichtungen:

4.1.1. die von den katholischen Orden, Kongregationen und anderen kirchlichen Rechtsträgern geführten Schulen ohne Öffentlichkeitsrecht sowie die mit solchen Schulen verbundenen Schülerheime, Konvikte und Internate (vgl. ho. Erlaß vom 31. Mai 1955, Z. 54.649-9/55). Die Schulart ist hiebei unbeachtlich. Auf die Umsätze von derlei Einrichtungen ist die unechte Befreiung des § 6 Z. 11 UStG 1972 anwendbar, soweit es sich um die Vermittlung von Kenntnissen allgemeinbildender oder berufsbildender Art oder der Berufsausübung dienenden Fertigkeiten handelt und nachgewiesen werden kann, daß eine den öffentlichen Schulen vergleichbare Tätigkeit ausgeübt wird. Auf die Umsätze der Schülerheime, Konvikte und Internate ist der ermäßigte Steuersatz nach § 10 Abs. 2 Z. 10 UStG 1972 anwendbar, soweit die Leistungen in der Betreuung, Beherbergung, Verköstigung und den hiebei üblichen Nebenleistungen bestehen und an Personen erbracht werden, die das 27. Lebensjahr noch nicht vollendet haben. Hinsichtlich des Umfanges der begünstigten Leistungen wird auf Abschnitt 64 DE-USt verwiesen Auf die nicht unter § 6 Z. 11 bzw. § 10 Abs. 2 Z. 10 UStG 1972 fallenden Leistungen ist der ermäßigte Steuersatz nach § 10 Abs. 2 Z. 12 UStG 1972 anwendbar, sofern die dort genannten Voraussetzungen erfüllt werden;

4.1.2. die nicht an Schulen angeschlossenen Schülerheime. Dies gilt auch dann, wenn alle Heiminsassen öffentliche oder mit dem Öffentlichkeitsrecht ausgestattete Schulen besuchen. Hinsichtlich der Anwendung des ermäßigten Steuersatzes nach § 10 Abs. 2 Z. 10 und 12 gelten die Ausführungen zu 4.1.1.;

4.1.3. die beschützenden Werkstätten für körperlich oder geistig behinderte erwachsene Menschen. Solche werden von einigen Diözesan-Caritasstellen geführt. Hinsichtlich der Anwendung des ermäßigten Steuersatzes nach § 10 Abs. 2 Z. 12 UStG 1972 gelten die Ausführungen zu 4.1.1.;

4.1.4. die Caritasherbergen für Obdachlose. Auf die Übernachtungseinnahmen ist der ermäßigte Steuersatz nach § 10 Abs. 2 Z. 5 UStG 1972 anwendbar. Hinsichtlich der Anwendung des für die übrigen Umsätze in Betracht kommenden ermäßigten Steuersatzes nach § 10 Abs. 2 Z. 12 UStG 1972 gelten die Ausführungen zu 4.1.1.;

4.1.5. die Kindergärten. Auf die Kindergärten ist die unechte Befreiungsbestimmung des § 6 Z. 11 UStG 1972 aus dem Titel „vorschulische Einrichtungen" nicht anwendbar. Die Aufgaben der Kindergärten bestehen in der Erziehung und Beaufsichtigung der untergebrachten Kinder und nicht in deren schulmäßigen Ausbildung, auch wenn die Kinder pädagogisch auf den künftigen Schulbesuch vorbereitet werden. Hinsichtlich der Anwendung des ermäßigten Steuersatzes nach § 10 Abs. 2 Z. 10 und 12 UStG 1972 gelten die Ausführungen zu 4.1.1.

Sind Übungskindergärten einer von demselben Rechtsträger geführten Schule mit Öffentlichkeitsrecht zum Zwecke lehrplanmäßig vorgesehener Übungen eingegliedert (vgl. Art. 14 Abs. 5 lit. a BVG), sind diese in Erfüllung öffentlich-rechtlicher Aufgaben tätig;

4.1.6. die Saison-Kindergärten (z.B. während der Erntezeit), Ferienlager und Kindererholungsaktionen in Heimen erfüllen dann die im § 2 KStG 1966 für einen Betrieb gewerblicher Art geforderten Voraussetzungen, wenn sie regelmäßig wiederkehrend abgehalten werden. Hinsichtlich der Anwendung des ermäßigten Steuersatzes nach § 10 Abs. 2 Z. 10 und 12 UStG 1972 gelten die Ausführungen zu 4.1.1.

5.1. Zuwendungen, die ohne jeden Zusammenhang mit einem Leistungstausch gegeben werden, bilden kein Leistungsentgelt und gehören damit nicht zur Bemessungsgrundlage. Dies trifft vor allem auf Spenden und die von den Ländern und Gemeinden gewährten echten Subventionen (einschließlich von Personalkostenzuschüssen und Betriebsabgangsdeckungen) zu, wie sie z.B. bei den Krankenanstalten, den Kindergärten, der Familienhilfe, dem Sozialmedizinischen Dienst und den beschützenden Werkstätten vorkommen.

5.2. Bei Weihnachtskarten- und Kalenderaktionen kommt es wiederholt vor, daß ein Empfänger einen weitaus größeren Betrag zur Einzahlung bringt, als er dem Wert der Weihnachtskarten oder Kalender entsprechen würde. Es ist zwar offenkundig, daß seitens des Einzahlers auch die Hingabe einer Spende beabsichtigt war, doch kommt dies in der Regel nicht zum Ausdruck. Das äußere Erscheinungsbild deutet überwiegend vielmehr auf eine in einem ursächlichen Zusammenhang mit der erbrachten Leistung stehende freiwillige Gegenleistung hin, die zufolge der Bestimmung des § 4 Abs. 2 Z. 1 UStG 1972 in das Entgelt und damit in die Bemessungsgrundlage einzubeziehen wäre. Von einer Besteuerung der in den Einzahlungen enthaltenen Spendenanteile könnte demnach nur dann abgesehen werden, wenn der Spendencharakter eindeutig zum Ausdruck kommt. Dies könnte z.B. in der Weise erfolgen, daß auf der Rückseite der Einzahlungsbestätigung (Erlagschein, Kassaquittung usw.) das auf die Weihnachtskarten oder Kalender entfallende Entgelt gesondert vorgedruckt und darunter eine Zeile für den Ausweis eines Spendenanteiles vorgesehen wird. Eine eventuelle Nichtausfüllung der Spendenzeile durch den Einzahler wäre dann noch nicht steuerschädlich, wenn in den nach § 18 UStG 1972 zu führenden Aufzeichnungen eine Trennung in Entgelt und Spendenanteile vorgenommen wird.

5.3. Werden Zuwendungen im Zusammenhang mit einer konkret erbrachten Leistung gewährt, liegt keine Subvention, sondern ein zusätzliches Entgelt von dritter Seite vor. Entgelte von dritter Seite sind z.B. Zuschüsse für bestimmte Kindergartenkinder und Heiminsassen oder für bestimmte Kindergarten- oder Heimplätze. Derartige Zuwendungen sind nach § 4 Abs. 2 Z. 2 UStG 1972 nur dann vom Entgelt ausgenommen, wenn es sich um bundesgesetzlich geregelte Zuschüsse handelt, die dem Unternehmer als Zuchußberechtigten aus öffentlichen Kassen (Kassen von Gebietskörperschaften) oder aus Mitteln bundesgesetzlich errichteter Fonds gewährt werden. Landesgesetzlich oder durch einen Gemeinderatsbeschluß geregelte Zuschüsse können hingegen der Ausnahme nicht teilhaftig werden,

6.1. Die Besteuerung nach Durchschnittssätzen auf Grund de § 22 UStG 1972 erstreckt sich auf alle Umsätze des land- und forstwirtschaftlichen Betriebes einschließlich von Nebenbetrieben. Insbesondere wird auch die Vermietung und Verpachtung von Grundstücken davon umfaßt, wenn sie im Rahmen einer Land- oder Forstwirtschaft erfolgt. Sind nicht zu einem land- oder forstwirtschaftlichen Betrieb gehörige Grundstücke vermietet oder verpachtet, ist nach Abschnitt 138 DE-USt vorzugehen.

7.1. Zu der Anwendbarkeit des ho. Erlasses vom 19. Dezember 1972, Z. 263.618-10 a/72 (AÖFV Nr. 330/1972) über die Sonderregelung für im Bau befindliche Wohnbauten auf Altersheime ist festzustellen, daß unter dem verwendeten Begriff „Wohnbauten" alle Mietwohngrundstücke und Einfamilienhäuser im Sinne des § 54 Abs. 1 BewG 1955) fallen. Die gemischtgenutzten Grundstücke und sonstigen bebauten Grundstücke sind dann als Wohnbauten anzusehen, wenn sie zu mehr als 80% Wohnzwecken im Sinne einer dauernden oder zumindest auf längere Zeit gedachten Unterkunftsmöglichkeit dienen, wozu auch Alters- und Pflegeheime zählen. Geschäftsgrundstücke hingegen fallen nicht unter den Begriff „Wohnbauten".

8.1. Wird in einem ordenseigenen Betrieb gewerblicher Art Ordensangehörigen – gleichgültig, ob diese beschäftigt sind oder nicht – volle oder teilweise freie Station gewährt, so tätigt der Orden als Unternehmer damit einen Eigenverbrauch nach § 1 Abs. 1 Z. 2 UStG 1972, da er in Erfüllung seiner den Ordensangehörigen gegenüber bestehenden Unterhaltspflicht seinem Unternehmensbereich dienende Gegenstände für Zwecke verwendet oder verwenden läßt, die außerhalb seines Unternehmensbereiches liegen. Nach § 4 Abs. 9 UStG

1972 gelten als Bemesssungsgrundlage der Teilwert des entnommenen oder unentgeltlich zugewendeten Gegenstandes oder die auf die Nutzung des Gegenstandes entfallenden Kosten. Als Teilwert bzw. Nutzungskosten können bei Gewährung der vollen oder teilweisen freien Station einschließlich Unterkunft, Beheizung und Beleuchtung jene Werte herangezogen werden, die für lohnsteuerliche Zwecke als Sachbezugswerte nach § 15 Abs. 2 EStG 1972 festgesetzt werden und welche die Umsatzsteuer einschließen.

2/1/2.

BMF-AV Nr. 2023/149

Liste der Unternehmer mit Sitz im Inland, die im entgeltlichen Luftverkehr überwiegend grenzüberschreitende Beförderungen oder Beförderungen auf ausschließlich im Ausland gelegenen Strecken durchführen (§ 9 Abs. 2 Z 1 UStG 1994) – Stand 1. Jänner 2024

(Erlass des BMF vom 15.12.2023, 2023-0.887.707, BMF-AV Nr. 149/2023)

Name des Luftverkehrsunternehmers	**Sitz des Unternehmers**
ABC Bedarfsflug GmbH	6020 Innsbruck
AFS Alpine Flightservice GmbH	6850 Dornbirn
Air Link LuftverkehrsGmbH	5035 Salzburg – Flughafen
Alpi Jets GmbH	1010 Wien
Altenrhein Luftfahrt GmbH	Office Park 3 Top 312 1300 Wien-Flughafen
Austrian Airlines AG	Office Park 2 Postfach 100 1300 Wien-Flughafen
Avcon Jet AG	Wohllebengasse 12–14/3. Stock 1040 Wien
B.A.C.H. FlugbetriebsGmbH	1160 Wien
BAIRLINE Fluggesellschaft m.b.H & CoKG	5020 Salzburg
DHL Air (Austria) GmbH	Office Park 4/Objekt 683/Top B.31 1300 Wien-Flughafen
easyJet Europe Airline GmbH	Wagramer Straße 19 1220 Wien
Eurosystems Trade Warenhandels GesmbH (Euro Flight Aviation Services)	Hermann Gebauerstraße 22a 1220 Wien
Global Jet Austria GmbH	Wasagasse 6/8 1090 Wien
GlobeAir AG	Polytec-Straße 1 4063 Hörsching
Glock Aviation GmbH	Flughafenstraße 60-64 9020 Klagenfurt
Goldeck Flug GmbH	Ortenburgerstraße 27 9800 Spittal/Drau
International Jet Management GmbH	Maderstraße 1/Top 9 1040 Wien
JETFLY Airline GmbH	4063 Hörsching
Jet Pool Network Luftverkehrs GmbH	Office Park 3, Top 565, 566 1300 Wien-Flughafen
JetView GmbH	6060 Hall in Tirol
Jet 24 GmbH	Concorde Business Park C1/D16 2320 Schwechat
Magna Air Luftfahrtges.m.b.H	Technologiestraße 8 1120 Wien
Mali Air Luftverkehr GmbH	8763 Möderbrugg
MJet GmbH	Dorotheergasse 6-8/R/011 1010 Wien
MS Aviation GmbH	8074 Raaba-Grambach
Pink Sparrow GmbH	6020 Innsbruck
Porsche Air Service GmbH	Louise-Piech-Straße 2 5020 Salzburg
Premium Jet GesmbH	Office Park 1 Top B09 1300 Wien-Flughafen

RP Aircraft Management GmbH	1010 Wien
Salzburg JetAviation GmbH	5020 Salzburg
Skyside GmbH	Garnisongasse 3/1/6 1090 Wien
Smartline Luftfahrt GmbH	6900 Bregenz
SPARFELL Luftfahrt GmbH	Niki Lauda Allee 1/Obj.140 1300 Wien-Flughafen
Transair Bedarfsflugunternehmen GmbH	1010 Wien
Tyrol Air Ambulance GmbH	Fürstenweg 180 6020 Innsbruck
Tyrolean Jet Services GmbH	6020 Innsbruck
Zimex Aviation Austria AG	5020 Salzburg

2/1/3.

Liste der vorsteuerabzugsberechtigten Kleinlastkraftwagen, Kastenwagen, Pritschenwagen und Kleinbusse (Klein-Autobusse)

Eine aktuelle Information der Steuersektion – Die Listen werden laufend aktualisiert.

Im Folgenden werden die Fahrzeugtypen angeführt, die vom Bundesministerium für Finanzen als vorsteuerabzugsberechtigte Kleinlastkraftwagen, Kastenwagen, Pritschenwagen und Kleinbusse bzw. Klein-Autobusse gemäß der Verordnung BGBl. Nr. 273/1996 und der Verordnung BGBl. II Nr. 193/2002 eingestuft wurden.

1. Kastenwagen gemäß § 5 der Verordnung aus 1996

Die Anerkennung dieser Fahrzeuge als vorsteuerabzugsberechtigt bleibt auch im Geltungsbereich der Verordnung BGBl. II Nr.193/2002 unverändert aufrecht.

Bezüglich neu anerkannter Kleinlastkraftwagen siehe *„Kleinlastkraftwagen gemäß § 3 der Verordnung aus 2002“*.

Bis 1996 ausgelaufene Modelle sind *kursiv* gedruckt.

- Chevrolet Astro Cargo
- Chevrolet G Van Cargo
- Chrysler Grand Voyager 4Cargo Doppelkabine (mit zwei Sitzreihen)
- *Chrysler Voyager Van (bis Modelljahr 1995)*
- Citroen Berlingo Kastenwagen
- Citroen C 15
- Citroen Jumper Kastenwagen (auch mit zwei Sitzreihen)
- Citroen Jumpy Kastenwagen (auch mit zwei Sitzreihen)
- *Citroen C 25 Kastenwagen (auch mit zwei Sitzreihen)*
- Daihatsu Hijet Van
- Fiat Doblò Cargo
- Fiat Doblò MaxiCargo
- Fiat Ducato Kastenwagen (auch mit zwei Sitzreihen)
- Fiat Fiorino Kastenwagen
- Fiat Scudo Kastenwagen (auch mit zwei Sitzreihen)
- Ford Escort Kastenwagen (Lieferwagen)
- Ford Fiesta Courier Kastenwagen
- Ford Transit Kastenwagen (auch mit zwei Sitzreihen)
- Hyundai H-1 Kastenwagen (auch mit zwei Sitzreihen)
- Hyundai H-100 Kastenwagen (auch mit zwei Sitzreihen)
- Iveco Daily Kastenwagen und Iveco Turbo-Daily Kastenwagen
- KIA Pregio 3Van und 6Van (6Van mit zwei Sitzreihen)
- Land Rover Defender 110 Hard Top (ohne Fenster)
- Mazda E2200 Kastenwagen (auch mit zwei Sitzreihen)
- Mercedes Sprinter Kastenwagen (auch mit zwei Sitzreihen)
- Mercedes Vito Kastenwagen (auch mit zwei Sitzreihen)
- Mitsubishi L300 Kastenwagen und Transporter (Transporter auch mit zwei Sitzreihen)
- Mitsubishi L400 Kastenwagen und Transporter (Transporter mit zwei Sitzreihen)
- Nissan Trade (auch mit zwei Sitzreihen)
- Nissan Urvan (auch mit zwei Sitzreihen)
- Nissan Vanette Cargo (auch mit zwei Sitzreihen)
- *Nissan Sunny Van Hochdach*
- *Nissan Vanette (auch mit zwei Sitzreihen)*
- Opel Astra Lieferwagen, 3türig
- Opel Combo
- *Opel Kadett Combo, Modell 38*
- *Opel Kadett Delivery Van, Modell 37*
- Opel Movano Kastenwagen (auch mit zwei Sitzreihen)
- *Opel Rekord Delivery Van, Modell 65*
- Opel Vivaro Kastenwagen (auch mit zwei Sitzreihen)
- Peugeot Boxer Kastenwagen (auch mit zwei Sitzreihen)
- Peugeot Expert Kastenwagen (auch mit zwei Sitzreihen)
- *Peugeot J5/J9/J7 Kastenwagen (J5 auch mit zwei Sitzreihen)*
- Peugeot Partner Kastenwagen
- Piaggio Porter Kastenwagen
- Puch G Kastenwagen (Baumuster 4)
- Renault Espace J66 DK (mit zwei Sitzreihen)
- Renault Express Kastenwagen
- Renault Kangoo FC
- Renault Kangoo Grande FC
- Renault Master FD
- Renault Master Kastenwagen
- Renault Master Kasten – JD (mit zwei Sitzreihen)
- Renault Trafic – DK (mit zwei Sitzreihen)
- Renault Trafic Kastenwagen
- Seat Inca Van
- Seat Terra LKW
- Skoda 795 Van Plus
- *Skoda Foman Praktik 135 Ausf. 785L 136B-Hochdach*
- Subaru Domingo Van
- Suzuki Carry Van
- Talbot City-Laster
- Toyota Hi Ace Kastenwagen

USt-E

- *Toyota Lite Ace Kastenwagen*
- VW Caddy Kastenwagen
- VW LT Kasten- und Hochraum-Kastenwagen (auch mit zwei Sitzreihen)
- VW Transporter Kasten- und Hochraum-Kastenwagen (auch mit zwei Sitzreihen)
- VW Transporter Winner
- VW TransVan (mit zwei Sitzreihen)

2. Kleinlastkraftwagen gemäß § 3 der Verordnung aus 2002

Es handelt sich hiebei um Fahrzeuge, die ab dem Jahr 2002 aufgrund der Verordnung BGBl. II Nr. 193/2002 unter Bedachtnahme auf die Entscheidung des EuGH vom 8. Jänner 2002, RS C-409/99, als vorsteuerabzugsberechtigte Kleinlastkraftwagen anerkannt wurden.

Fahrzeuge, die schon unter *„Kastenwagen gemäß § 5 der Verordnung aus 1996“* angeführt sind, sind unverändert vorsteuerabzugsberechtigt.

- Chevrolet Kalos (2 Seitentüren)
- Chrysler Voyager Cargo (4 Seitentüren)
- Citroen C1 Profi (2 Seitentüren)
- Citroen C2 Profi (2 Seitentüren)
- Citroen C5 Profi (4 Seitentüren)
- Citroen Nemo (2, 3 oder 4 Seitentüren)
- Citroen Picasso Profi (4 Seitentüren)
- Citroen Saxo Profi (2 Seitentüren)
- Citroen Xsara Profi (4 Seitentüren)
- Dacia Dokker Van (3 Seitentüren)
- Dacia Duster Van (4 Seitentüren)
- Dacia Duster (4tg)
- Dacia Logan MCV Fiskal (4 Seitentüren)
- Dacia Logan Van (4 Seitentüren)
- Dacia Sandero Fiskal (2 Seitentüren)
- Dodge Nitro Cargo (4 Seitentüren)
- Fiat 356 Tipo Hatchback (5-türige Karosserievariante mit Schrägheck)
- Fiat 356 Tipo Kombi
- Fiat Panda Van 4x4
- Fiat Punto 188 (2 Seitentüren)
- Fiat Punto 199 (2 Seitentüren)
- Fiat Sedici Type FY
- Fiat Stilo (2 Seitentüren)
- Ford Fiesta Van (2 Seitentüren)
- Ford Focus Van (2 oder 4 Seitentüren)
- Ford Focus Van Traveller (4 Seitentüren)
- Ford Transit Connect (kurzer und langer Radstand) (2, 3 oder 4 Seitentüren)
- Hyundai H350 Kastenwagen
- Hyundai i30 (Hatchback) LKW (2 oder 4 Seitentüren)
- Hyundai Santa Fe LKW (4 Seitentüren)
- Hyundai Terracan LKW (4 Seitentüren)
- Iveco Massif LKW (2 oder 4 Seitentüren)
- Jeep Cherokee Cargo (4 Seitentüren)
- Jeep Commander Cargo (4 Seitentüren)
- Jeep Grand Cherokee Cargo (4 Seitentüren)
- Jeep Wrangler Cargo (2 Seitentüren)
- Jeep Wrangler Cargo Unlimited (4 Seitentüren)
- Jeep Wrangler 3-türig (Version 2019)
- Jeep Wrangler 5-türig (Version 2019)
- KIA Carens LKW (4 Seitentüren)
- KIA cee‘d Typ ED SW (4 Seitentüren)
- KIA cee‘d Typ JD SW (2 Seitentüren)
- KIA cee‘d Typ JD SW (4 Seitentüren)
- KIA Sorento JC (4 Seitentüren)
- KIA Soul EV/5-türig (4 Seitentüren)
- KIA Sportage JE (4 Seitentüren)
- KIA Sportage QL
- KIA Sportage Typ SLS (4 Seitentüren)
- LADA 111 Rabota (4 Seitentüren)
- LADA Niva Taiga (2 Seitentüren)
- Land Rover Defender 90 Hard Top (HT)-LKW (2 Seitentüren)
- Land Rover Freelander Td4 3DR-LKW (2 Seitentüren)
- Land Rover LA (Discovery) LKW (4 Seitentüren)
- Land Rover LF/LKW (Freelander 2 LKW) (4 Seitentüren)
- Land Rover Type Discovery N1G (LR)
- Land Rover Type LE 90 Hard Top (3-türige Version mit Heckklappe)
- Mahindra Type M 540 SU4BU THAR – LKW geschlossener Aufbau
- Mazda Premacy Van (4 Seitentüren)
- Mega Multitruck Kastenwagen (2 Seitentüren)
- Mercedes-Benz Citan (415)
- Mercedes-Benz Citan Kastenwagen Line Base oder Line Pro (420, Länge Standard- 4498 mm)
- Mercedes-Benz G Kastenwagen (2 oder 4 Seitentüren)
- Mercedes-Benz Sprinter 907/910 Kastenwagen
- Mercedes-Benz Vaneo Company (4 Seitentüren)
- Mitsubishi Colt Van (2 Seitentüren)
- Mitsubishi i-MiEV Van (2 Seitentüren)
- Mitsubishi Outlander LKW (4 Seitentüren)
- Mitsubishi Pajero MT LKW (2 Seitentüren)
- Mitsubishi Pajero MT Van (2 Seitentüren)
- Mitsubishi Pajero Pinin LKW (2 Seitentüren)
- Mitsubishi Pajero WG LKW (4 Seitentüren)
- Mitsubishi Pajero WG Van (4 Seitentüren)
- Mitsubishi Space Star LKW (4 Seitentüren)
- Nissan Almera-N16 (2 Seitentüren)
- NISSAN e-NV200 (3 Seitentüren)
- Nissan Note-E11 (4 Seitentüren)
- Nissan NV 250 W

- Nissan Pathfinder R51 (4 Seitentüren)
- Nissan Patrol Y61 (2 oder 4 Seitentüren)
- Nissan Terrano R20 (2 oder 4 Seitentüren)
- Nissan Townstar Typ NFK[1]

[1] Es handelt sich um die durch den Generalimporteur umgebauten Fahrzeuge, die eine vernietete und nicht verschraubte Trennwand aufweisen.

- Nissan X-Trail – T30 (4 Seitentüren)
- Nissan X-Trail – T31 (4 Seitentüren)
- Opel Corsa Van (2 Seitentüren)
- Opel Corsa F Van (2 Seitentüren)
- Opel Zafira Van (4 Seitentüren)
- Peugeot Bipper (2, 3 oder 4 Seitentüren)
- Peugeot iON LKW (Elektromotor) (2 Seitentüren)
- Peugeot 206 XA (2 Seitentüren)
- Peugeot 208 XA (2 Seitentüren)
- Peugeot 307 Break XA (4 Seitentüren)
- Peugeot 307 XA (2 Seitentüren)
- PT Cruiser Cargo (4 Seitentüren)
- Renault Clio-SB (2 Seitentüren)
- Renault Clio-SR (2 Seitentüren)
- Renault Clio V Fiskal (2 Seitentüren)
- Renault Express Euro 6d-TEMP[2]

[2]) Es handelt sich um die durch den Generalimporteur umgebauten Fahrzeuge, die eine vernietete und nicht verschraubte Trennwand aufweisen.

- Renault Kangoo LKW (3 oder 4 Seitentüren)
- Renault Laguna K74 SOC (4 Seitentüren)
- Renault Megane CM – SOC (2 Seitentüren)
- Renault Megane Ka Societe (4 Seitentüren)
- Renault Megane Km Societe (4 Seitentüren)
- Renault Megane Kz Societe (4 Seitentüren)
- Renault ZOE Van (2 Seitentüren)
- Seat Altea XL/Freetrack Cargo 5P-N1 (4 Seitentüren)
- Seat Ibiza-Cargo 6J-N1 (2 Seitentüren)
- Seat Mii Cargo (2 Seitentüren)
- Skoda 1U – LKW (Octavia) (4 Seitentüren)
- Skoda 5J – LKW (2 Seitentüren)
- Skoda 6Y – LKW (Fabia) (2 Seitentüren)
- Skoda Oktavia 1Z „Praktik“ (4 Seitentüren)
- SsangYong Korando LKW (2 Seitentüren)
- SsangYong Kyron LKW (4 Seitentüren)
- SsangYong Rexton LKW (4 Seitentüren)
- Suzuki Grand Vitara JT (Modell 2005) (2 oder 4 Seitentüren)
- Suzuki Grand Vitara XL7 2,0 TD (LKW) Type HT (4 Seitentüren)
- Suzuki Ignis 1,3 DDiS (LKW) Type MH (4 Seitentüren)
- Suzuki Jimny N1 – Type HJ
- Suzuki Jimny VU Type FJ (2 Seitentüren)
- Suzuki SX4 (LKW) Type EY (4 Seitentüren)
- Suzuki SX4 S-Cross LKW
- Suzuki Vitara 2,0 TD VU (Type ET-V04V.S) (2 Seitentüren)
- Think City Van (Elektromotor) (2 Seitentüren)
- Toyota Aygo VAN (Type Aygo AB1N)
- Toyota Corolla Van Type E12 (2 Seitentüren)
- Toyota Land Cruiser 300 Van Type J12 (2 oder 4 Seitentüren)
- Toyota Land Cruiser J15 Van (2 oder 4 Seitentüren)
- Toyota Proace (3 oder 4 Seitentüren)
- Toyota RAV 4 Van Type A2 (2 oder 4 Seitentüren)
- Toyota RAV4 Van Type XA3 (4 Seitentüren)
- Toyota Verso Van (Type AR2N – 4 Seitentüren)
- Toyota Yaris Verso Van (Type P2 – 4 Seitentüren)
- Volvo C30 City Van (2 Seitentüren)
- Volvo V40 Van (bis Modelljahr 2004) (4 Seitentüren)
- Volvo V50 Van (4 Seitentüren)
- Volvo V70 Van (bis Modelljahr 2010) (4 Seitentüren)
- Volvo XC 70 Fiskal (bis Modelljahr 2010) (4 Seitentüren)
- Volvo XC90 Van (bis Modelljahr 2010) (4 Seitentüren)
- VW 1K-LKW (Golf V) (2 Seitentüren)
- VW Fox City Van (VW 5Z-LKW) (2 Seitentüren)
- VW Golf City Van (2 Seitentüren)
- VW Golf Variant City Van (4 Seitentüren)
- VW ID. Buzz Cargo
- VW Lupo City Van (2 Seitentüren)
- VW Polo City Van (2 Seitentüren)
- VW Up City Van (2 Seitentüren)

3. Pritschenwagen gemäß § 7 der Verordnung aus 1996 und zugleich gemäß § 4 zweiter Gedankenstrich der Verordnung aus 2002

- Aixam Pro Pritsche
- Aixam Pro Van
- Chevrolet C/K (Silverado)
- Chevrolet Colorado
- Chevrolet S 10
- Dacia Logan Pick-Up
- Daewoo Pick Up Truck
- Daihatsu Hijet Pick Up und Kipper
- DFSK K01
- DFSK K01H
- DFSK K02
- DFSK V21
- DFSK V22
- Dodge Dakota

USt-E

- Dodge Ram Pick Up[1]

[1]) Vom Doppelkabinen-Pritschenwagen erfüllen die Fahrzeuge mit kurzer Ladefläche die Voraussetzungen für das Vorliegen eines Pritschenwagens nicht.

- Fiat Fiorino Pick Up
- Fiat Fullback
- Fiat Strada
- Ford F 150 Pick Up[2]
- Ford Ranger Pick Up[3]

[2]) Vom Doppelkabinen-Pritschenwagen (Modell „Super-Crew") erfüllen die Fahrzeuge mit kurzer Ladefläche die Voraussetzungen für das Vorliegen eines Pritschenwagens nicht.
[3]) Vom Doppelkabinen-Pritschenwagen des Modells ab 2012 erfüllen nur die für den österreichischen Markt durch den Generalimporteur eingeführten Fahrzeuge die Voraussetzungen für das Vorliegen eines Pritschenwagens.

- Ford Ranger Pick Up (USA)
- Ford Ranger, ab Modelljahr 2019.75 (alle Modelle)
- Ford Ranger (P703)[4]

[4]) Nicht jedoch in der Ausstattungsvariante „Raptor".

- Ford Transit (Modellvarianten Einzelkabine und Doppelkabine)
- Hyundai H350 (Pritschenwagen)
- Isuzu D-Max
- Land Rover Defender 90, 110 und 130 Pick Up
- Mahindra Type BX5 SR 4 BU Bolero Doppel Kabine – offene Ladepritsche
- Mahindra Type BX5 SR 4 BU Bolero Single Kabine – offene Ladepritsche
- Mahindra GOA Doppel Kabine
- Mahindra GOA Single Kabine
- MAN TGE (Pritschenwagen)
- Mazda B2200
- Mazda B2500
- Mazda BT-50
- Mazda UN
- Mega Multitruck Pick Up, Kipper, Muldenkipper und Alu Pritsche
- Mercedes Benz G Pick Up
- Mercedes Benz G 6x6 Pick Up
- Mercedes-Benz Sprinter 907/910 Pritschenwagen
- Mercedes Benz X-Klasse (470) Pick-Up
- Mitsubishi L200 Pick Up
- Nissan Navara
- Nissan NP300 Navara (Typ D231) Single Kabine
- Nissan NP300 Navara (Typ D231) Doppel Kabine
- Nissan Pick Up
- Opel Campo
- *Peugeot 504 Pick Up*
- Piaggio Ape 50
- Piaggio Ape Classic
- Piaggio Ape TM
- Piaggio Porter Pick Up, Kipper und Muldenkipper
- Puch G Pick Up (Baumuster 5)
- Renault Alaskan
- Renault Express Pick Up
- Skoda Pick Up 797 Pritsche oder mit Kastenaufbau
- *Skoda Pick Up 135 Pritsche oder mit Kastenaufbau*
- SsangYong Actyon Sports
- SsangYong FJP D4 – Musso Sports
- SsangYong Musso Grand, Varianten BETL-EEA13, BETL-EEA23 und BETL-DEA21
- Suzuki Jimny (LKW) Type FJ
- Suzuki Samurai Pick Up
- Tata Xenon Single Kabine
- Tata Xenon Doppel Kabine lang[5]

[5]) Es handelt sich um die durch den Generalimporteur umgebauten Fahrzeuge mit längerer Pritsche.

- Toyota Hi Lux
- Toyota Landcruiser Pick Up
- VW Amarok Pick Up
- VW Amarok (ab Baujahr 2023)
- VW Caddy

Anmerkung:

Soweit die angeführten Pritschenwagen mit Doppelkabine erhältlich sind, erfüllen sie ebenfalls die Voraussetzungen der Verordnungen (siehe jedoch den nachstehend angeführten Erlass des BMF, GZ BMF-010219/0265-VI/4/2007). Pritschenwagen, die sich von einem Klein-Autobus bzw. Kleinbus im Sinne der Verordnungen herleiten, sind generell als Lastkraftwagen einzustufen und sind daher in der Liste der Pritschenwagen nicht angeführt.

4. Klein-Autobusse gemäß § 10 Z 1 der Verordnung aus 1996

Siehe jedoch auch *„Kleinbusse gemäß § 5 der Verordnung aus 2002"*.

- Citroen Jumpy Kombi
- Fiat Scudo Kombi
- Hyundai H-100 Bus
- Hyundai Starex
- Mitsubishi L300 Bus
- Mitsubishi L400 Bus
- Mitsubishi Space Gear
- Peugeot Expert Kombi

5. Klein-Autobusse gemäß § 10 Z 2 der Verordnung aus 1996

Siehe jedoch auch *„Kleinbusse gemäß § 5 der Verordnung aus 2002"*.

Bis 1996 ausgelaufene Modelle sind *kursiv* gedruckt.

- Chevrolet Astro Van

- Chevrolet Sport Van
- Chevrolet Trans Sport
- Chrysler Grand Voyager
- Citroen Jumper Kombi
- *Citroen C 25 Kombi*
- Fiat Ducato Kombi
- Fiat Ducato Panorama
- Ford Transit Kombi und Busse
- GMC/Savanna
- Hyundai H-100 Bus (8-Sitzer, älteres Modell)
- Hyundai Starex (7-Sitzer)
- Hyundai Trajet Business
- Iveco Daily Combi und Iveco TurboDaily Combi
- KIA Carnival Super Station (ST)
- Mercedes Sprinter Kombi
- Mercedes Vito Kombi
- Mercedes V-Klasse
- Nissan Urvan
- Nissan Vanette Cargo Combi 8
- *Nissan Vanette*
- Opel Movano Combi
- Opel Vivaro Combi
- Peugeot Boxer Kombi und Luxusbus
- *Peugeot J5/J9/J7 Bus*
- Renault Grand Espace mit den Verankerungspunkten am Fahrzeugboden für die hinteren Sitze (nicht mit Gleitschienen)
- Renault Master JD – Kombi
- Renault Trafic Kombi
- Toyota Hi Ace Bus
- Toyota Previa
- *Toyota Lite Ace Bus*
- VW Caravelle, VW Caravelle GL, VW Caravelle Coach
- VW Combi CL
- VW FamilyVan
- VW LT Kombi
- VW Transporter Kombi
- VW Multivan

6. Kleinbusse gemäß § 5 der Verordnung aus 2002

Im Folgenden werden die Fahrzeugtypen angeführt, die nach Ansicht des Bundesministeriums für Finanzen unter Bedachtnahme auf die Entscheidung des EuGH vom 8. Jänner 2002, RS C-409/99, als vorsteuerabzugsberechtigte Kleinbusse anzusehen sind.

Bis 2002 ausgelaufene Modelle sind *kursiv* gedruckt.

- *Chevrolet Astro Van*
- *Chevrolet Sport Van*
- Chevrolet Trans Sport
- Chevrolet Uplander
- *Chrysler Ram Van*
- Chrysler Voyager
- Chrysler Grand Voyager
- Chrysler Pacifica
- Citroen Berlingo (Modelle ab 2009)
- Citroen C8
- *Citroen C 25*
- Citroen Evasion
- Citroen Jumper
- Citroen Jumpy
- Citroen Spacetourer
- DFSK V27
- Fiat Doblo (ab Modelljahr 2006)
- Fiat Ducato
- Fiat Scudo
- Fiat Talento
- Fiat Ulysse
- *Ford Aerostar*
- Ford Galaxy
- Ford Mercury Villager
- Ford Tourneo Connect (alle Modelle)
- Ford Tourneo Custom (alle Modelle)
- Ford Transit (alle Modelle)
- Ford Transit Connect (alle Modelle)
- Ford Transit Custom (alle Modelle)
- GAZ Gazelle
- *GMC/Savanna*
- *Honda Shuttle*
- Hyundai H-100
- Hyundai Starex
- Hyundai Staria
- Hyundai Trajet
- *Isuzu WFR, WFS 53 und Midi*
- Iveco Daily
- KIA Carnival
- Lancia Phedra
- Lancia Voyager
- Lancia Z
- MAN TGE
- Mazda E2000
- Mazda E2200
- Mazda MPV
- Mercedes-Benz Citan extralang (415)
- Mercedes Sprinter
- Mercedes-Benz Sprinter 907/910
- Mercedes Viano
- Mercedes Vito
- Mercedes- Benz EQV (447)
- Mercedes- Benz eVito Tourer (447)
- Mercedes-Benz Vito (447)
- Mercedes V-Klasse

USt-E

- *Mercedes 207, 208, 209, 210, 307, 309, 310 und MB 100*
- Mercedes-Benz V-Klasse (447)
- Mitsubishi Grandis
- Mitsubishi L 300
- Mitsubishi L 400
- Mitsubishi Space Gear
- Mitsubishi Space Wagon ab Modelljahr 1999
- Nissan e-NV200
- Nissan Interstar
- Nissan NV200
- Nissan NV400
- Nissan Primastar / Nissan NV300
- *Nissan Serena C23*
- *Nissan Urvan*
- *Nissan Vanette*
- Nissan Vanette Cargo
- Opel Combo (Modelle ab 2012)
- Opel Movano
- *Opel Sintra*
- Opel Vivaro
- Opel Vivaro Kombi
- Opel Vivaro Life
- Opel Zafira Life
- Peugeot Boxer
- Peugeot Expert
- Peugeot Expert Tepee
- Peugeot Partner Tepee (Modelle ab 2009)
- Peugeot Rifter
- Peugeot Traveller
- *Peugeot J5/J9/J7*
- Peugeot 806
- Peugeot 807
- *Pontiac TransSport*
- Renault Espace (Modelle bis 2014)
- Renault Grand Espace
- Renault Grand Kangoo und Kangoo Maxi (Modelle ab 2012)
- Renault Grand Kangoo (Modelle ab 2023)
- Renault Master
- Renault Trafic
- Seat Alhambra
- SsangYong Rodius
- Toyota Avensis Verso
- Toyota Hi Ace
- *Toyota Lite Ace*
- Toyota Previa
- Toyota Proace
- Toyota Proace City Verso
- Toyota Sienna
- VW Caddy (alle Modelle)
- VW Caravelle
- VW Crafter
- VW Der neue VW Multivan
- VW Eurovan
- VW LT
- VW Multivan
- VW Sharan
- VW Transporter, TransVan, Combi CL
- VW Type 70

Wurde für ein Fahrzeug im Hinblick auf die mangelnde Kleinbus-Eigenschaft nach der Verordnung BGBl. Nr. 273/1996 hinsichtlich der Anschaffungskosten ein Vorsteuerabzug nicht geltend gemacht, können die Veräußerung und die dauernde Entnahme des Fahrzeuges sowie auch die Überlassung eines solchen Fahrzeuges an eine Arbeitnehmerin/einen Arbeitnehmer für Privatfahrten einschließlich Fahrten zwischen Wohnung und Arbeitsstätte ohne Betriebskostenbeiträge der Arbeitnehmerin/des Arbeitnehmers als nicht steuerbare Vorgänge behandelt werden. Die Bemessungsgrundlage für einen laufenden Eigenverbrauch ist bei diesen Fahrzeugen ohne Afa-Tangente anzusetzen.

2/1/4.

Auswirkungen des EuGH-Urteils vom 8. Jänner 2002, Rs C-409/99, betreffend Kleinbusse

(Erlass des BMF vom 24. Jänner 2002, Z 09 1202/4-IV/9/02)

Mit Urteil vom 8. Jänner 2002, Rs C-409/99, hat der EuGH aus Anlass der Prüfung der Vorsteuerabzugsberechtigung der Kraftfahrzeuge Pontiac TransSport und Fiat Ulysse entschieden, dass es einem Mitgliedstaat nach Artikel 17 Abs. 6 Unterabs. 2 der 6. EG-Richtlinie verwehrt ist, die Ausgaben für bestimmte Kraftfahrzeuge nach dem Inkrafttreten dieser Richtlinie (für Österreich ist das der Zeitpunkt des Beitritts zur EU, somit der 1. Jänner 1995) vom Recht auf Vorsteuerabzug auszuschließen, wenn zum Zeitpunkt des Inkrafttretens dieser Richtlinie für Ausgaben das Recht auf Vorsteuerabzug nach ständiger auf einem Ministerialerlass beruhender Praxis der Verwaltungsbehörden dieses Staates gewährt wurde.

Dies bedeutet, dass die Abgrenzung von vorsteuerabzugsberechtigten Kleinbussen gegenüber nicht vorsteuerabzugsberechtigten Personen- und Kombinationskraftwagen wieder nach der Erlassregelung, wie sie zum 1. 1. 1995 bestanden hat (AÖFV Nr. 330/1987), vorzunehmen ist. Nach dieser Regelung gilt Folgendes:

„Unter einem Kleinbus ist ein Fahrzeug zu verstehen, das ein kastenwagenförmiges Äußeres sowie Beförderungsmöglichkeiten für mehr als sechs Personen (einschließlich des Fahrzeuglenkers) aufweist. Bei der Beurteilung der Personenbeförderungskapazität ist nicht auf die tatsächlich vorhandene Anzahl der Sitzplätze, sondern auf die aufgrund der Bauart und Größe des Fahrzeuges maximal zulässige Personenbeförderungsmöglichkeit abzustellen. Es ist auch unmaßgebend, ob ein nach diesen Kriterien als Kleinbus anerkanntes Fahrzeug Zwecken des Personentransportes oder des Lastentransportes dient oder kombiniert eingesetzt wird.“

Auch bei den Kleinlastkraftwagen ist die zum 1. 1. 1995 in Geltung gestandene Verwaltungspraxis zu beachten. Kleinlastkraftwagen galten zum 1. 1. 1995 dann nicht als Personen- bzw. Kombinationskraftwagen, wenn sie die in der Verordnung BGBl. Nr. 134/1993 festgelegten Kriterien erfüllten. Diese Kriterien sind für die Anerkennung eines Fahrzeuges als vorsteuerabzugsberechtigter Kleinlastkraftwagen wieder maßgebend.

Zur Frage der Anwendbarkeit der EuGH-Judikatur für Zeiträume vor der Veröffentlichung des EuGH-Urteils ist Folgendes zu bemerken:

Nach ständiger Rechtsprechung des EuGH können Erstattungen von gemeinschaftswidrig erhobenen Abgaben mangels einer einschlägigen gemeinschaftsrechtlichen Regelung nur unter Beachtung der in den verschiedenen nationalen Rechtsordnungen festgelegten materiellen und formellen Voraussetzungen verlangt werden, wobei diese jedoch nicht ungünstiger gestaltet werden dürfen als bei entsprechenden Klagen, die nur innerstaatliches Recht betreffen und die Ausübung der durch die Gemeinschaftsrechtsordnung verliehenen Rechte nicht praktisch unmöglich machen oder übermäßig erschweren dürfen (siehe zB EuGH vom 22. 10. 1998, Rs C-10/97 bis C-22/97).

Daraus lässt sich für den österreichischen Rechtsbereich Folgendes ableiten:

Das EuGH-Urteil ist so zu behandeln, wie eine innerstaatliche höchstgerichtliche Rechtsprechung, die zB eine gegenüber einer bisherigen Verwaltungspraxis abweichende Aussage trifft, behandelt wird.

Das EuGH-Urteil ist somit in allen nicht rechtskräftigen Fällen anzuwenden.

Einer Anregung auf Aufhebung des Bescheides gemäß § 299 Abs. 2 BAO kann im Falle von erheblichen Vorsteuern (Anschaffungsvorsteuern; hingegen grundsätzlich nicht Vorsteuern aus Betriebskosten) gefolgt werden.

Ebenso wie ein rein innerstaatliches höchstgerichtliches Erkenntnis stellt auch das EuGH-Urteil keinen Wiederaufnahmsgrund nach § 303 BAO dar.

2/1/5. AÖF 2002/195

Erlass zur Verordnung des Bundesministers für Finanzen über die steuerliche Einstufung von Fahrzeugen als Kleinlastkraftwagen und Kleinbusse, BGBl. II Nr. 193/2002

(Erlass des BMF vom 15. Mai 2002, Z 09 1202/45-IV/9/02 idF Erlass des BMF vom 12.02.2021, 2021-0.103.774)

Zur Verordnung des Bundesministers für Finanzen über die steuerliche Einstufung von Fahrzeugen als Kleinlastkraftwagen und Kleinbusse, die demnächst im Bundesgesetzblatt, BGBl. II Nr. 193/2002, verlautbart wird und die diesem Erlass angeschlossen ist, gibt das Bundesministerium für Finanzen im Interesse einer einheitlichen Vorgangsweise im Bundesgebiet nachstehend seine Rechtsansicht bekannt. Über die gesetzlichen Bestimmungen und die Bestimmungen der Verordnung hinausgehende Rechte und Pflichten werden hiedurch nicht begründet.

1. Zu den §§ 2 und 3 der Verordnung

1.1 In den §§ 2 und 3 der Verordnung BGBl. II Nr. 193/2002 sind die für die Einstufung von Fahrzeugen als Kleinlastkraftwagen erforderlichen Voraussetzungen angeführt. Der Nachweis, ob diese Voraussetzungen für ein bestimmtes Fahrzeug erfüllt sind, wäre grundsätzlich vom Steuerpflichtigen, der die steuerlichen Begünstigungen in Anspruch nehmen möchte (Vorsteuerabzug, keine verlängerte Afa-Nutzungsdauer, keine Angemessenheitsprüfung), zu erbringen. Im Interesse der Rechtssicherheit und einer Verwaltungsvereinfachung entfällt diese Nachweispflicht für Fahrzeugtypen, die auf Antrag des Erzeugers, bei ausländischen Erzeugern auf Antrag des gemäß § 29 Abs. 2 Kraftfahrgesetz 1967 Bevollmächtigten, von der Finanzverwaltung als Kleinlastkraftwagen im Sinne der Verordnung anerkannt wurden. Der gemäß § 29 Abs. 2 Kraftfahrgesetz 1967 Bevollmächtigte ist in der Regel der Generalimporteur, weshalb der Bevollmächtigte in der Folge kurz „Generalimporteur" genannt wird.

1.2 Die Anerkennung als Kleinlastkraftwagen erfolgt durch das Bundesministerium für Finanzen. Das Bundesministerium für Finanzen kann die Anerkennung an die Finanzämter delegieren.

1.3 Im Falle von Umbaumaßnahmen außerhalb des Erzeugerwerkes, unabhängig, ob sie im Inland oder im Ausland erfolgen, kann eine Anerkennung einer Fahrzeugtype nur erfolgen, wenn im Antrag die Werkstätte angeführt wird (Bezeichnung der Firma, Ort der Werkstätte), in der der Umbau erfolgt und der Umbau aller Fahrzeuge dieser Type in der Folge in dieser Werkstätte in gleicher Weise durchgeführt wird.

1.4 Die Anerkennung einer Fahrzeugtype als Kleinlastkraftwagen durch das Bundesministerium für Finanzen oder die Finanzämter erfolgt für das gesamte Bundesgebiet. Erfolgt die Anerkennung durch ein Finanzamt, ist dies dem Bundesministerium für Finanzen bekannt zu geben. Das Bundesministerium für Finanzen nimmt eine Aufnahme der Fahrzeugtype in die Liste der anerkannten Kleinlastkraftwagen vor.

1.5 Der Auftrag zum Umbau und der Umbau selbst müssen bereits zu einem Zeitpunkt erfolgen, in dem sich die Fahrzeuge noch in der umsatzsteuerrechtlichen Verfügungsmacht des Erzeugers oder des Generalimporteurs befinden. Wurden die Fahrzeuge vom Generalimporteur bereits zB an den Händler oder an den Letztabnehmer weitergeliefert, ist ein Umbau im Sinne der Verordnung nicht mehr möglich.

1.6. Die aufgrund der bisherigen Verordnung BGBl. Nr. 273/1996 durch das Bundesministerium für Finanzen erfolgten Anerkennungen von Fahrzeugtypen als Kastenwagen (bezüglich Doppelkabinen-Kastenwagen siehe Pkt. 4) erfüllen die Voraussetzungen als Kleinlastkraftwagen im Sinne der nunmehrigen Verordnung, BGBl. II Nr. 193/2002. Diese Fahrzeuge müssen daher nicht nochmals einem Anerkennungsverfahren unterzogen werden; sie werden automatisch in die neue Liste der anerkannten Kleinlastkraftwagen übergeführt.

1.7. Werden an einem zunächst als Kleinlastkraftwagen anerkannten Fahrzeug (Rück-) Umbaumaßnahmen in der Form gesetzt, dass nach dem (Rück-)Umbau nicht mehr sämtliche für das Vorliegen eines Kleinlastkraftwagens erforderlichen Mindesterfordernisse vorliegen (zB Einschneiden von seitlichen Laderaumfenstern oder Entfernung des Trenngitters oder des durchgehenden Laderaumbodens oder Einbau einer zweiten Sitzreihe usw), so gilt das Fahrzeug ab dem Zeitpunkt des Umbaus als Personen- bzw. Kombinationskraftwagen. Ab diesem Zeitpunkt ist daher ein Vorsteuerabzug für die laufenden Betriebskosten nicht mehr möglich und es entfallen die ertragsteuerlichen Begünstigungen. Was die Vorsteuer der Anschaffungskosten betrifft, so steht diese zur Gänze nicht zu, wenn der Umbau noch im Jahr der Anschaffung vorgenommen wird. Erfolgt der Umbau in einem späteren Jahr, so führt dies entsprechend dem Erkenntnis des VwGH vom 16. 12. 1991, Zl. 91/15/0045, zu einer Vorsteuerberichtigung gemäß § 12 Abs. 10 UStG 1994.

2. Zu § 4 erster Gedankenstrich der Verordnung

Die hier genannten Kastenwagen, die einen vom Führerhaus abgesetzten kastenförmigen Laderaum und hintere Flügeltüren aufweisen, dürfen im Hinblick auf die wieder in Geltung zu setzende Rechtslage zum 1. 1. 1995 mit dem in der Verordnung beschriebenen kleinen rechtsseitigen Sichtfenster ausgestattet sein. Hiebei handelt es sich allerdings nur mehr um ausgelaufene bzw auslaufende Modelle (zB Fiat Fiorino Kastenwagen, Renault Express Kastenwagen). Die neuen (Nachfolge-)Modelle weisen keinen abgesetzten Laderaum mehr auf, vielmehr sind Führerhaus und Laderaum durchgehend konstruiert (zB Fiat Doblò Cargo, Renault Kangoo FC). Bei diesen Fahrzeugen ist ein Sichtfenster nicht zulässig.

3. Zu § 4 zweiter Gedankenstrich der Verordnung

Die Definition des Pritschenwagens hat sich gegenüber der Verordnung BGBl. Nr. 273/1996 nicht geändert. Die bisherigen Anerkennungen von Pritschenwagen bleiben daher aufrecht. Bezüglich allfälliger neuer Anerkennungen gelten die Ausführungen unter Pkt. 1.2 bis 1.5.

4. Zu § 5 der Verordnung

4.1 Die Definition des Kleinbusses entspricht der Rechtslage zum 1. 1. 1995. Bei den Fahrzeugen, die als Kleinbusse anerkannt sind, ist es somit unerheblich, auf wieviel Personen das Fahrzeug kraftfahrrechtlich tatsächlich zugelassen ist und ob es als Personen- oder Güterbeförderungsfahrzeug konstruiert ist bzw. verwendet wird.

4.2 Es fallen daher auch die als Kastenwagen bzw. Doppelkabinen-Kastenwagen konstruierten Fahrzeuge vom Typ eines Kleinbusses darunter. Es erübrigt sich daher die Aufnahme dieser Fahrzeuge in die Liste der Kleinlastkraftwagen; diese Fahrzeuge sind in der Liste der Kleinbusse erfasst.

4.3 Die Punkte 1.2 und 1.4 gelten sinngemäß auch für Kleinbusse gemäß § 5 der Verordnung BGBl. II Nr. 193/2002.

2/1/6.

Voraussetzungen für das Vorliegen eines Kleinbusses unter Bedachtnahme auf das VwGH-Erkenntnis vom 21. 9. 2006, Zl. 2003/15/0036

(Info des BMF vom 01.02.2007, BMF-010219/0024-VI/4/2007)

Für die Anerkennung eines Fahrzeuges als vorsteuerabzugsberechtigter Kleinbus ist neben dem Vorliegen von Beförderungsmöglichkeiten für mehr als sechs Personen erforderlich, dass das Fahrzeug ein kastenwagenförmiges Äußeres aufweist (siehe die Verordnung BGBl. II Nr. 193/2002). Der Verwaltungsgerichtshof hat in seinem Erkenntnis vom 21.9.2006, Zl. 2003/15/0036, bei Prüfung der Kleinbuseigenschaft des Opel Zafira entschieden, dass mit den Außenmaßen des Fahrzeuges allein das Vorliegen eines kastenwagenförmigen Äußeren nicht bestimmbar ist.

Der Verwaltungsgerichthof hat nicht ausgeführt, dass die Außenmaße eines Fahrzeuges, dessen Kleinbuseigenschaft zu prüfen ist, gänzlich unbeachtlich sind. Die Einbeziehung von Mindestmaßen bei der Prüfung der Kleinbuseigenschaft hat ihren Grund darin, dass nach dem EuGH-Urteil Rs. C-409/99 Österreich verpflichtet ist, bei der Anerkennung von Fahrzeugen als Kleinbusse auf die diesbezügliche Verwaltungspraxis zum 1.1.1995 Bedacht zu nehmen. Österreich muss somit alle Fahrzeuge, die zum 1.1.1995 als Kleinbusse anerkannt waren, auch weiterhin als solche anerkennen. Allerdings entspricht es dem EuGH-Urteil, Fahrzeuge, die zum 1.1.1995 nicht als Kleinbusse anerkannt waren, auch weiterhin nicht als solche anzuerkennen. Das Bundesministerium für Finanzen hat hier insofern eine großzügige Auslegung getroffen, als es auch Fahrzeuge, die am 1. 1. 1995 noch nicht auf dem Markt waren, dahingehend überprüft, ob sie – wenn sie am 1.1.1995 bereits auf dem Markt gewesen wären – als Kleinbusse anerkannt worden wären. Hiebei werden die geringsten Außenmaße der zum 1.1.1995 anerkannt gewesenen Fahrzeugtypen herangezogen. Nur Fahrzeuge, die nicht einmal diese Mindestmaße erreichen und somit auch nach der Verwaltungspraxis zum 1.1.1995 keinesfalls als Kleinbusse anerkannt worden wären, werden nicht in die Liste der vorsteuerabzugsberechtigten Kleinbusse aufgenommen.

Diese aus der EuGH-Judikatur abgeleitete Vorgangsweise des Bundesministeriums für Finanzen hat durch das nunmehrige VwGH-Erkenntnis Zl. 2003/15/0036 insofern eine Modifikation erfahren, als aufgrund der Außenmaße (Größe) eines Fahrzeuges allein nicht auf.das kastenwagenförmige Äußere geschlossen werden kann. Es könnte also auch einem Fahrzeug, das nicht einmal diese Mindestmaße, die in Entsprechung der zum 1.1.1995 bestandenen Verwaltungspraxis ermittelt wurden, aufweist, Kleinbuseigenschaft zukommen oder einem neu auf den Markt kommenden Fahrzeug, das diese Mindestmaße überschreitet, die Kleinbuseigenschaft nicht zuerkannt werden.

USt-E

Der VwGH hat jedoch nicht die Frage entschieden, ob der Opel Zafira eine Kastenwagenform aufweist. Nach Ansicht des Bundesministeriums weist der Opel Zafira keine Kastenwagenform auf. Indizien hiefür sind die vorgezogene Motorhaube, die abfallende Dachlinie und die abgeschrägte Heckpartie. Dasselbe gilt zB für die siebensitzigen Fahrzeuge Citroen C4 Picasso, Ford S-Max, Honda Stream, KIA Carens, Mazda Premacy, Mazda 5, Mercedes R-Klasse, Peugeot 307, Renault Grand Scénic, Toyota Corolla Verso und VW Touran.

Diese Fahrzeuge sind daher unverändert nicht als Kleinbusse anzusehen und somit nicht vorsteuerabzugsberechtigt. Würde man für derartige Fahrzeuge (kleine Minivans) den Vorsteuerabzug zulassen, käme es zu einer Aushöhlung der Vorsteuerausschlussbestimmung des § 12 Abs. 2. Z 2 lit. b UStG 1994. Unternehmer würden in diesem Fall in großem Maße anstelle „normaler" PKWs und Kombis diese Minivans einsetzen, zumal diese Fahrzeuge zwar auf sieben Personen zugelassen werden können, im tatsächlichen Einsatz jedoch vielfach – wie „normale" PKWs und Kombis – als fünfsitzige Fahrzeuge verwendet werden und sich die hinteren Sitzplätze für längere Fahrten meist kaum eignen. Der budgetären Zielsetzung der Vorsteuerausschlussbestimmung des § 12 Abs. 2 Z 2 lit. b UStG 1994 und somit dem Willen des Gesetzgebers könnte bei Zulassung derartiger Fahrzeuge als Kleinbusse nicht mehr entsprochen werden.

2/1/7.

Steuerliche Behandlung von Pritschenwagen im Hinblick auf die geänderten Erläuterungen zur Kombinierten Nomenklatur

(Erlass des BMF vom 11.07.2007, BMF-010219/0265-VI/4/2007)

Gemäß § 4 zweiter Gedankenstrich der Verordnung über die steuerliche Einstufung von Fahrzeugen als Kleinlastkraftwagen und Kleinbusse, BGBl. II Nr. 193/2002, ist Voraussetzung für die Anerkennung eines Fahrzeuges als Pritschenwagen ua. die zolltarifarische Einstufung des Fahrzeuges als Lastkraftwagen. Nach § 2 NoVAG erfolgt die Abgrenzung der Fahrzeuge nach Zolltarifpositionen; Lastkraftwagen sind von der Normverbrauchsabgabe nicht erfasst.

Mit Mitteilung der EU-Kommission vom 31. März 2007 betreffend einheitliche Anwendung der Kombinierten Nomenklatur, ABl. C 74/1, wurden die Erläuterungen zu den Tarifpositionen 8703 (PKW) und 8704 (LKW) hinsichtlich der Pick-up-Fahrzeuge (Pritschenwagen) geändert. Danach sind Pick-up-Fahrzeuge (Pritschenwagen) nur mehr dann als LKW in die Position 8704 einzureihen, wenn die Länge der Pritsche länger ist als 50% der Länge des Radstandes des Fahrzeugs (oder wenn sie mehr als zwei Achsen haben). Beträgt zB die Länge der Pritsche 140 cm und der Radstand 300 cm, so ist das Fahrzeug zolltarifarisch als PKW einzureihen.

Diese Auslegung ist neu. Bisher wurden Pritschenwagen (unabhängig, ob das Führerhaus eine oder zwei Sitzreihen aufweist) grundsätzlich als LKW anerkannt, ausgenommen solche mit dem typischen Erscheinungsbild eines Personenkraftwagens (siehe Information des BMF vom 24. Jänner 2005, ergänzt am 22. Februar 2005).

Für die steuerliche Einstufung von Pritschenwagen werden künftig die neuen Erläuterungen zur Kombinierten Nomenklatur maßgebend sein.

Bezüglich der bereits auf dem Markt befindlichen Pritschenwagen wäre die sofortige Umsetzung der neuen Erläuterungen für zahlreiche Autoimporteure und Kfz-Händler, die unter Bedachtnahme auf die steuerlichen Begünstigungen bereits langfristig kalkuliert haben und teilweise den Großteil ihrer Umsätze mit diesen Pritschenwagen tätigen, nicht verkraftbar.

Es gilt daher unter Bedachtnahme auf den Grundsatz von Treu und Glauben und zur Vermeidung unbilliger Härten folgende Übergangsregelung:

Diejenigen Pritschenwagenmodelle, die zum Zeitpunkt der Veröffentlichung der EU-Mitteilung (31. März 2007) bereits auf dem Markt waren (und in der Kfz-Liste des BMF als Pritschenwagen enthalten sind), sind steuerrechtlich unverändert als LKW zu behandeln. Diese Pritschenwagenmodelle sind daher weiterhin vorsteuerabzugsberechtigt, fallen nicht unter die ertragsteuerlichen Einschränkungen und unterliegen weiterhin nicht der Normverbrauchsabgabe.

Neu auf den Markt kommende Pritschenwagen, auch wenn es sich um Nachfolgemodelle handelt, sind nach den neuen Erläuterungen zur Kombinierten Nomenklatur zu beurteilen.

2/1/8.

Auswirkungen der EuGH-Entscheidung vom 22.12.2010, Rs C-433/09, Kommission/Österreich – keine Einbeziehung der NoVA in die Bemessungsgrundlage der Umsatzsteuer

(Erlass des BMF vom 10. Jänner 2011, BMF-010219/0001-VI/4/2011)

1. Rechtslage nach dem 22.12.2010

Der EuGH ist in seiner Entscheidung vom 22.12.2010 (C-433/09, Kommission/Österreich) zur Auffassung gelangt, dass die Einbeziehung der Normverbrauchsabgabe (NoVA) in die Bemessungsgrundlage der Umsatzsteuer (USt) gegen Art. 78 der Richtlinie 2006/112/EG verstößt, da die NoVA nicht in unmittelbarem Zusammenhang mit der Lieferung, sondern mit der Zulassung eines Kraftfahrzeugs steht.

Daraus folgt, dass die NoVA nicht zum Entgelt iSd § 4 Abs. 1 UStG 1994 zählt und daher nicht in die Bemessungsgrundlage der USt einzubeziehen ist. Das gilt nicht nur für die Lieferung, sondern auch für den innergemeinschaftlichen Erwerb von Kraftfahrzeugen, da Bemessungsgrundlage der USt gemäß Art. 4 Abs. 1 UStG 1994 auch in diesem Fall das Entgelt iSd § 4 Abs. 1 UStG 1994 ist. Die in UStR 2000 Rz 643 getroffene Qualifikation der NoVA als Entgeltsbestandteil ist insoweit obsolet. Da die NoVA nach der Judikatur des EuGH nicht Teil der USt-Bemessungsgrundlage ist, erhöht sich die NoVA um 20% (§ 6 Abs. 6 NoVAG 1991). Im Ergebnis kommt es daher zu keiner Änderung der Steuerbelastung.

Aus verwaltungsökonomischen Gründen ist es nicht zu beanstanden, wenn bis 28.02.2011 weiterhin die NoVA in die Bemessungsgrundlage der USt einbezogen wird. Um eine Doppelbesteuerung zu vermeiden, wird in diesen Fällen von der Erhebung des Erhöhungsbetrags der NoVA (§ 6 Abs. 6 NoVAG 1991) abgesehen.

2. Rechtslage bis zum 22.12.2010

Unternehmer, die bisher beim Verkauf von Kraftfahrzeugen die NoVA in die Bemessungsgrundlage der USt einbezogen haben, schulden den auf die NoVA entfallenden Umsatzsteuerbetrag kraft Rechnungslegung gemäß § 11 Abs. 12 UStG 1994. Macht der Unternehmer von der Möglichkeit Gebrauch, solche Rechnungen hinsichtlich des ausgewiesenen Steuerbetrags gegenüber dem Abnehmer zu berichtigen (§ 11 Abs. 12 UStG 1994 iVm § 16 Abs. 1 UStG 1994), hat der Abnehmer gleichzeitig einen dafür in Anspruch genommenen Vorsteuerabzug zu kürzen.

Zwar steht jedem Unternehmer das Recht zur Rechnungsberichtigung zu, jedoch schließt § 239a BAO die Rückzahlung (Gutschrift, Verwendung zur Tilgung von Abgabenschuldigkeiten etc.) indirekter Abgaben aus, wenn dies zu einer ungerechtfertigten Bereicherung des Abgabepflichtigen führen würde. Da der Unternehmer, der das Kraftfahrzeug liefert, die auf die NoVA entfallende USt nicht selbst trägt, sondern auf den Käufer

USt-E

überwälzt, ist er zwar Schuldner der USt, aus wirtschaftlicher Sicht ist jedoch der Käufer mit der USt belastet. Eine Rückzahlung (Gutschrift, Verwendung zur Tilgung von Abgabenschuldigkeiten etc.) des auf die NoVA entfallenden USt-Betrags führt daher regelmäßig zu einer ungerechtfertigten Bereicherung des Abgabenschuldners und ist somit nach § 239a BAO ausgeschlossen.

Macht der Unternehmer von der Rechnungsberichtigung keinen Gebrauch, wird – um eine Doppelbelastung zu vermeiden –, von der Erhebung des Erhöhungsbetrags der NoVA (§ 6 Abs. 6 NoVAG 1991) abgesehen.

2/1/9.

BMF-AV Nr. 8/2014 idF BMF-AV Nr. 147/2014

Steuerliche Beurteilung von Photovoltaikanlagen

(Erlass des BMF vom 24. Februar 2014, BMF-010219/0488-VI/4/2013)

Photovoltaikerlass

1. Allgemeines und Anwendungsbereich

Im Folgenden gibt das Bundesministerium für Finanzen seine Rechtsansicht über die steuerliche Beurteilung von Photovoltaikanlagen bekannt. Dieser Erlass ersetzt

a. den Erlass des BMF vom 08.10.2012, BMF-010203/0452-VI/6/2012,
b. UStR 2000 Rz 2902 sowie
c. die Äußerungen zur umsatzsteuerrechtlichen Beurteilung von Photovoltaikanlagen auf oder neben privaten Eigenheimen im Umsatzsteuerprotokoll über den Salzburger Steuerdialog 2009 (BMF, 01.09.2009, BMF-010219/0220-VI/4/2009).

UStR 2000 Rz 2902 wird bei der nächstfolgenden Wartung der UStR 2000 durch Verweis auf diesen Erlass geändert.

Der Erlass ist anzuwenden:

1. In allen Fällen, in denen eine Photovoltaikanlage nach dem 28.02.2014 erstmalig in Betrieb genommen wurde und der Kaufvertragsabschluss für die Anlage nach dem 28.02.2014 erfolgt.
2. In den Fällen, die nicht unter den Punkt 1 fallen, gilt Folgendes:
   2.1. Die oben unter Punkt a, b und c genannten Beurteilungsgrundlagen sind weiterhin anzuwenden.
   2.2. Beruft sich der Steuerpflichtige jedoch auf die Anwendung des gegenständlichen Erlasses, ist dieser anstelle der in Punkt 2.1 genannten Beurteilungsgrundlagen anzuwenden.

1.1. Begriffsbestimmung

Bei Photovoltaikanlagen werden drei verschiedene Nutzungstypen unterschieden:

Volleinspeiser

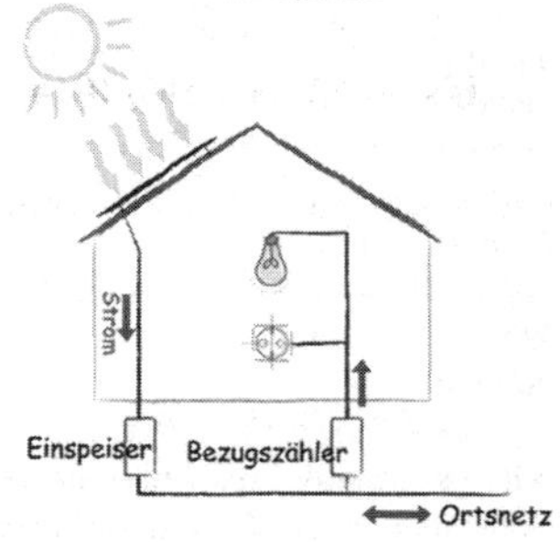

Überschusseinspeiser

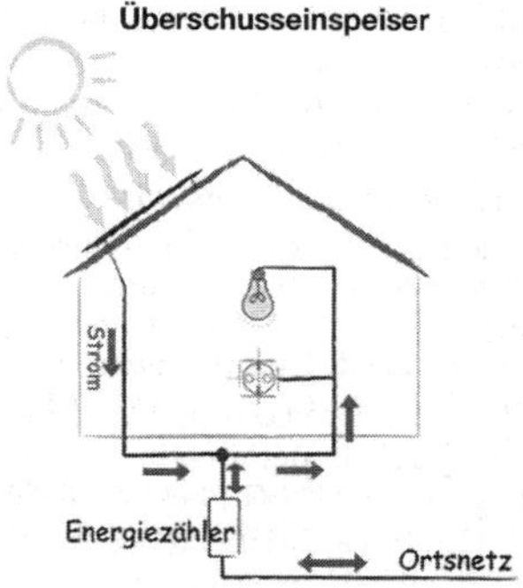

Inselbetrieb

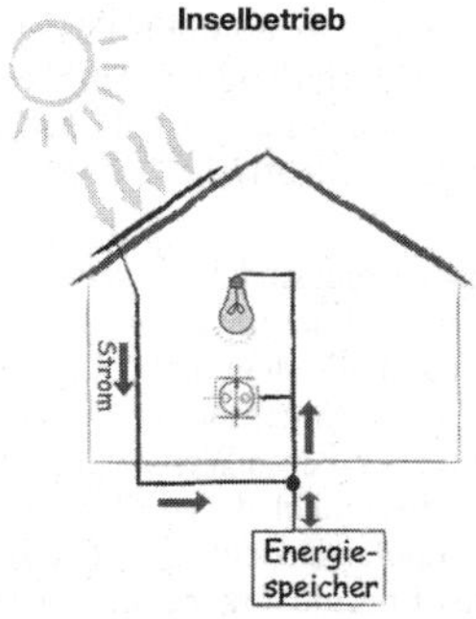

Quelle: http://www.sab-plisch.at/photovoltaik_a.html

Beim *Volleinspeiser* wird die gesamte erzeugte Energie direkt in das Ortsnetz eingespeist und an ein Energieversorgungsunternehmen oder die OeMAG (Abwicklungsstelle für Ökostrom Österreich) verkauft. Der für den Eigenbedarf benötigte Strom wird zur Gänze von einem Energieversorgungsunternehmen aus dem Ortsnetz bezogen.

Beim *Überschusseinspeiser* wird die erzeugte Energie für den Eigenbedarf verwendet. Der Anteil am erzeugten Strom, der den momentanen Eigenbedarf übersteigt, wird in das Ortsnetz eingespeist und an ein Energieversorgungsunternehmen oder die OeMAG verkauft.

Falls in Zeiten des Spitzenverbrauchs die selbst erzeugte Energie für den Eigenbedarf nicht ausreicht, wird der zusätzlich benötigte Strom aus dem Ortsnetz bezogen, das heißt von einem Energieversorgungsunternehmen eingekauft.

Der *Inselbetrieb* ist nur für die Eigenbedarfsdeckung vorgesehen, der Überschuss wird in Batterien gespeichert. Diese Form findet man insbesondere dort, wo eine Stromversorgung durch das Ortsnetz nicht möglich ist (zB bei Schutzhütten).

1.2. Leistungsfähigkeit, Nutzungsdauer

Die Leistungsfähigkeit von Photovoltaikanlagen wird in kWp Nennleistung angegeben, wobei bei derzeitigem technischem Stand 1 kWp Nennleistung etwa einer zu erwartende4n Jahresproduktion zw. 900 und 1.000 kWh entspricht (Quelle: Photovoltaic Austria Federal Association).

Soweit die Anlage Zwecken der Einkünfteerzielung dient, sind die Anschaffungskosten der Photovoltaikanlage nach allfälliger Kürzung um eine steuerfreie Investitionsförderung gemäß § 7 EStG 1988 auf die betriebsgewöhnliche Nutzungsdauer verteilt abzuschreiben. Darunter ist die Dauer der normalen technischen und wirtschaftlichen Nutzbarkeit zu verstehen (VwGH 20.11.1996, 92/13/0304). Maßgebend ist die objektive Möglichkeit der Nutzung des Wirtschaftsgutes (VwGH 7.9.1993, 93/14/0081).

Laut Angaben der Hersteller sind die Photovoltaikanlagen 20 Jahre und länger betriebsfähig. Viele Hersteller übernehmen auch eine Garantie, idR für eine Lebensdauer von zumindest 20 Jahren. In der deutschen AfA-Tabelle für allgemein verwendbare Anlagegüter wird (unter Punkt 3.1.6.) bei Photovoltaikanlagen von einer Nutzungsdauer von 20 Jahren ausgegangen.

Es ist daher nicht zu beanstanden, der AfA gemäß § 7 EStG 1988 eine betriebsgewöhnliche Nutzungsdauer von 20 Jahren zu Grunde zu legen.

2. Steuerliche Beurteilung

2.1. Volleinspeiser

2.1.1. Einkommensteuer/Körperschaftsteuer

2.1.1.1. Allgemeines

Bei Volleinspeisung stellt die Photovoltaikanlage hinsichtlich des gesamten eingespeisten (verkauften) Stromes eine eigene gewerbliche Einkunftsquelle (§ 23 EStG 1988, § 7 Abs. 3 KStG 1988) unabhängig davon dar, ob der Steuerpflichtige daneben noch eine andere betriebliche (zB land- und forstwirtschaftliche) Tätigkeit betreibt. Dementsprechend sind sämtliche Einnahmen aus der Einspeisung als Betriebseinnahmen zu erfassen. Sämtliche Aufwendungen/Ausgaben aus dem Betrieb der Anlage stellen Betriebsausgaben dar. Die Tatsache, dass für den privaten und/oder einen betrieblichen Verbrauch Strom aus dem öffentlichen Netz bezogen wird, ist für die steuerliche Beurteilung ohne Bedeutung.

Das Vorliegen einer Einkunftsquelle ist nur dann zu verneinen, wenn der Betrieb der Photovoltaikanlage als Liebhaberei zu qualifizieren ist.

Für die Liebhabereibeurteilung ist der Betrieb der Photovoltaikanlage als Tätigkeit iSd § 1 Abs. 1 LVO zu beurteilen.

Ein Sonderausgabenabzug gemäß § 18 Abs. 1 Z 3 lit. c EStG 1988 (energiesparende Maßnahme) kommt nicht in Betracht. Dies gilt im Hinblick auf den Anlaufzeitraum (§ 2 Abs. 2 LVO und LRL 2012 Rz 34) auch dann, wenn der Betrieb der Anlage nicht von Beginn an als Liebhaberei qualifiziert wird.

Beispiel 1:

Auf einem Einfamilienhaus wird eine netzgekoppelte 20 kWp-Anlage (Volleinspeisung) errichtet und damit 20.000 kWh Strom produziert. Der Kaufpreis beträgt 30.000 €, die Montagekosten betragen 3.000 €. Dafür wird eine staatliche Investitionsförderung iHv 2.000 € und zusätzlich die Tarifförderung in Anspruch genommen. Es ergibt sich folgende Beurteilung:

Kaufpreis	*30.000,00*
Investitionsförderung	*- 2.000,00*
Kosten Herstellung Betriebsbereitschaft	*+ 3.000,00*
Steuerliche Anschaffungskosten	*31.000,00*
Eingespeiste Strommenge: 20.000 kWh	
Geförderter Einspeistarif: 27,6 Cent pro kWh	
Einspeisung 20.000 kWh à 27,6 Cent	*5.520,00*
- AfA (31.000 / 20 Jahre)	*- 1.550,00*
Ergebnis	*3.970,00*

Aus dem Stromverkauf werden Einkünfte aus Gewerbebetrieb iHv 3.970,00 € erzielt.

2.1.1.2. Körperschaftsteuer – Betrieb gewerblicher Art (§ 2 KStG 1988)

Betreibt eine Körperschaft öffentlichen Rechts (zB eine Gemeinde) eine Photovoltaikanlage, hat die Beurteilung, ob eine privatwirtschaftliche oder hoheitliche Tätigkeit vorliegt, danach zu erfolgen, ob der mit der Photovoltaikanlage produzierte Strom der Erfüllung privatwirtschaftlicher oder hoheitlicher Aufgaben dient. Dient die Tätigkeit privatwirtschaftlichen Zwecken und ist sie von wirtschaftlichem Gewicht (vgl. dazu KStR 2013 Rz 68, wonach Gewinne und Verluste aus Tätigkeiten mit Umsätzen unter 2.900 Euro unerheblich sind), stellt der Betrieb einer oder mehrerer Photovoltaikanlagen einen Betrieb gewerblicher Art iSd § 2 KStG 1988 dar.

Bei Volleinspeisung liegt stets eine privatwirtschaftliche Tätigkeit vor. Ist der Betrieb einer oder mehrerer Photovoltaikanlagen von wirtschaftlichem Gewicht (vgl. dazu KStR 2013 Rz 68), liegt ein eigener Betrieb gewerblicher Art vor. Liebhaberei ist ausgeschlossen (§ 5 Z 1 LVO).

Beispiel 2:

Eine Gemeinde errichtet eine Photovoltaikanlage auf einem Kindergartengebäude. Die Gemeinde speist sämtliche erzeugte Energie ins Stromnetz ein und bezieht die gesamte benötigte Energie von ihrem Stromlieferanten.

Ist der Betrieb der Photovoltaikanlage von wirtschaftlichem Gewicht, liegt ein Betrieb gewerblicher Art vor.

Beispiel 3:

Eine Gemeinde stattet sämtliche dafür geeignete Flächen mit mehreren Photovoltaikanlagen aus. Alle Anlagen werden gleichzeitig errichtet, für die Wartung wird ein Vertrag mit einem Wartungsunternehmen abgeschlossen. Die Gemeinde speist sämtliche erzeugte Energie ins Stromnetz ein und bezieht die gesamte benötigte Energie von ihrem Stromlieferanten.

Ist der Betrieb der Photovoltaikanlagen von wirtschaftlichem Gewicht, liegt ein Betrieb gewerblicher Art vor.

2.1.2. Umsatzsteuer

Der Betrieb einer Photovoltaikanlage bei Volleinspeisung begründet eine unternehmerische Tätigkeit gemäß § 2 UStG 1994 (VwGH 25.7.2013, 2013/15/0201 mVa EuGH 20.6.2013, C-219/12, *Fuchs*). Ein allfälliger Strombezug aus dem öffentlichen Netz ist unbeachtlich.

Da der Betrieb der Photovoltaikanlage für die Liebhabereibeurteilung als Tätigkeit iSd § 1 Abs. 1 LVO zu beurteilen ist, ist nach § 6 LVO eine umsatzsteuerrechtliche Liebhaberei ausgeschlossen.

Bei Volleinspeisung sind daher sämtliche Stromlieferungen an das Energieversorgungsunternehmen steuerbar und idR steuerpflichtig. Besteht die Haupttätigkeit des Abnehmers in Bezug auf die Stromlieferungen in deren Weiterlieferung und ist dessen eigener Verbrauch dieser Stromlieferungen von untergeordneter Bedeutung, geht die Steuerschuld auf das Energieversorgungsunternehmen als Leistungsempfänger über. Der Anlagenbetreiber haftet für diese Steuer (vgl. § 2 Z 2 iVm § 1 UStBBKV, BGBl. II Nr. 369/2013). Dem Anlagenbetreiber steht der volle Vorsteuerabzug für die Errichtung und den Betrieb der Anlage zu. Dies gilt unabhängig von der Rechtsform des Anlagenbetreibers, also auch bei Betrieben gewerblicher Art von Körperschaften öffentlichen Rechts. Für das Vorliegen eines Betriebs gewerblicher Art sind die unter Abschnitt 2.1.1.2. dargestellten Ausführungen maßgeblich. Bei Vorliegen eines Betriebs gewerblicher Art ist eine umsatzsteuerrechtliche Liebhaberei ausgeschlossen.

Die Voraussetzungen einer persönlichen Steuerbefreiung, wie die Kleinunternehmerregelung gemäß § 6 Abs. 1 Z 27 UStG 1994, sind gesondert zu prüfen.

Beispiel A *(siehe Beispiel 1 im ertragsteuerlichen Teil):*

Kaufpreis	*30.000,00*	*Vorsteuer: 6.000,00*
Investitionsförderung	*- 2.000,00*	*idR echter Zuschuss*
Kosten Herstellung Betriebsbereitschaft	*+ 3.000,00*	*Vorsteuer: 600,00*
Einspeisung 20.000 kWh à 27,6 Cent	*5.520,00*	*USt: 1.104,00*

Im Jahr der Anschaffung ergibt sich ein Vorsteuerabzug von 6.600 €. Die Umsatzsteuerschuld geht – unter den Voraussetzungen des § 2 Z 2 iVm § 1 UStBBKV – auf den Leistungsempfänger über. Es liegt sohin ein Vorsteuerüberhang von 6.600,00 € vor.

2.1.3. Elektrizitätsabgabe

Stromlieferungen eines Volleinspeisers in das öffentliche Netz und damit an ein „Elektrizitätsunternehmen" iSd § 7 Z 11 ElWOG 2010, BGBl. I Nr. 110/2010, unterliegen nicht der Elektrizitätsabgabe (§ 1 Abs. 1 Z 1 ElAbgG).

Die elektrische Energie, die der Betreiber der Photovoltaikanlage (Volleinspeiser) aus dem öffentlichen Netz für seinen persönlichen Gebrauch bezieht und verbraucht, unterliegt der Elektrizitätsabgabe und ist nicht nach § 2 ElAbgG befreit. Abgabenschuldner ist in diesem Fall das Elektrizitätsversorgungsunternehmen, das dem Betreiber der Photovoltaikanlage die elektrische Energie liefert.

2.2. Überschusseinspeiser

2.2.1. Einkommensteuer/Körperschaftsteuer

2.2.1.1. Allgemeines

Bei Überschusseinspeisung stellt die Photovoltaikanlage insoweit eine eigene gewerbliche Einkunftsquelle (§ 23 EStG 1988, § 7 Abs. 3 KStG 1988) dar, als Strom in das öffentliche Netz eingespeist und an ein Energieversorgungsunternehmen (die OeMAG) verkauft wird. Bei Vorliegen eines land- und forstwirtschaftlichen Betriebes ist die Überschusseinspeisung dem land- und forstwirtschaftlichen Betrieb zuzuordnen, wenn die Stromproduktion für den Verkauf an ein Energieversorgungsunternehmen als land- und forstwirtschaftlichen Nebenbetrieb (Substanzbetrieb) anzusehen ist (vgl. Abschnitt 2.2.1.2.).

Die Einnahmen aus der Einspeisung sind als Betriebseinnahmen zu erfassen. Die Aufwendungen/Ausgaben sind in jenem Umfang, in dem die Anlage der Einspeisung in das öffentliche Netz (dem Stromverkauf) dient, Betriebsausgaben. Da der produzierte Strom bei Überschusseinspeisung immer auch unmittelbar der Eigenverwendung dient, ist die Anlage

- insoweit der Privatsphäre zuzuordnen, als der produzierte Strom eigenen privaten Zwecken dient, bzw.
- insoweit der Betriebssphäre zuzuordnen, als der produzierte Strom eigenen betrieblichen (zB gewerblichen oder land- und forstwirtschaftlichen) Zwecken dient.

Gegebenenfalls hat die Aufteilung im Wege der Schätzung zu erfolgen.

Sollte für den privaten Verbrauch und/oder einen betrieblichen Verbrauch zusätzlich auch Strom aus dem öffentlichen Netz bezogen werden, ist dies für die steuerliche Beurteilung ohne Bedeutung.

Das Vorliegen einer Einkunftsquelle ist – entsprechend Abschnitt 2.1.1. – nur dann zu verneinen, wenn die Überschusseinspeisung als Liebhaberei zu qualifizieren ist. Für die Liebhabereibeurteilung ist der Betrieb der Photovoltaikanlage als Tätigkeit iSd § 1 Abs. 1 LVO zu beurteilen.

Ein Sonderausgabenabzug gemäß § 18 Abs. 1 Z 3 lit. c EStG 1988 (energiesparende Maßnahme) kommt (nur) insoweit in Betracht, als die Anlage der Stromproduktion für eigene private Zwecke dient.

Beispiel 4:

Mit einer netzgekoppelten 20 kWp-Anlage (Überschusseinspeisung) werden insgesamt 20.000 kWh Strom produziert. Der Kaufpreis beträgt 30.000 €, die Montagekosten betragen 3.000 €. Es wird eine staatliche Investitionsförderung iHv 2.000 € und zusätzlich die Tarifförderung in Anspruch genommen. Der mit der Anlage produzierte Strom wird wie folgt verwendet:

- *6.000 kWh (30% der gesamten produzierten Strommenge) werden für den privaten Eigenbedarf verwendet,*
- *14.000 kWh (70% der gesamten produzierten Strommenge) werden in das Netz eingespeist und verkauft.*

Es ergibt sich folgende Beurteilung:

Kaufpreis	*30.000,00*
Investitionsförderung	*- 2.000,00*
Kosten Herstellung Betriebsbereitschaft	*+ 3.000,00*
Steuerliche Anschaffungskosten	*31.000,00*
Eingespeiste Strommenge: 14.000 kWh	
Geförderter Einspeistarif: 27,6 Cent pro kWh	
Einspeisung 14.000 kWh à 27,6 Cent	*3.864,00*
- AfA (31.000 / 20 Jahre abzüglich 30% Privatanteil)	*- 1.085,00*
Ergebnis	*2.779,00*

Aus dem Stromverkauf werden Einkünfte aus Gewerbebetrieb iHv 2.779,00 € erzielt.

USt-E

Beispiel 5:

Mit einer netzgekoppelten 20 kWp-Anlage (Überschusseinspeisung) werden insgesamt 20.000 kWh Strom produziert. Der Kaufpreis beträgt 30.000 €, die Montagekosten betragen 3.000 €. Es wird eine staatliche Investitionsförderung iHv 2.000 € und zusätzlich die Tarifförderung in Anspruch genommen.

Der mit der Anlage produzierte Strom wird wie folgt verwendet:

- *4.000 kWh (20% der gesamten produzierten Strommenge) werden für den privaten Eigenbedarf verwendet,*
- *6.000 kWh (30% der gesamten produzierten Strommenge) werden für Zwecke der eigenen Tischlerei (Einnahmen-Ausgaben-Rechnung) verwendet,*
- *10.000 kWh (50% der gesamten produzierten Strommenge) werden in das Netz eingespeist.*

Es ergibt sich folgende Beurteilung:

Kaufpreis	*30.000,00*
Investitionsförderung	*- 2.000,00*
Kosten Herstellung Betriebsbereitschaft	*+ 3.000,00*
Steuerliche Anschaffungskosten	*31.000,00*
Eingespeiste Strommenge: 10.000 kWh	
Geförderter Einspeistarif: 27,6 Cent pro kWh	
Einspeisung 10.000 kWh à 27,6 Cent	*2.760,00*
- AfA (31.000 / 20 Jahre abzüglich 50% Anteil für eigene private und betriebliche Zwecke)	*- 775,00*
Ergebnis	*1.985,00*

Aus dem Stromverkauf werden Einkünfte aus Gewerbebetrieb iHv 1.985,00 € erzielt.

Die anteilige AfA, die der Stromproduktion für die eigene Tischlerei zuzuordnen ist, das sind 465,00 (31.000 / 20 x 30%) ist im Rahmen der Einnahmen-Ausgaben-Rechnung für diesen Betrieb zu berücksichtigen.

Soweit die Anlage der Stromproduktion für eigene private Zwecke dient, stellen die (anteiligen) Anschaffungskosten als energiesparende Maßnahme Sonderausgaben dar; dementsprechend sind 15.500,00 € (50% der steuerlichen Anschaffungskosten) als energiesparende Maßnahme im Rahmen der Topfsonderausgaben zu berücksichtigen.

2.2.1.2. Überschusseinspeisung bei Vorliegen eines land- und forstwirtschaftlichen Betriebes

Durch Wind-, Solar- oder Wasserkraftwerke gewonnene Energie stellt kein Urprodukt im Sinne des § 21 EStG 1988 dar; dementsprechend stellt die Energieerzeugung grundsätzlich keine land- und forstwirtschaftliche Tätigkeit dar. Wird die erzeugte Energie aber überwiegend im eigenen land- und forstwirtschaftlichen Betrieb verwendet, liegt hinsichtlich der im Wege der Überschusseinspeisung veräußerten Energie ein Substanzbetrieb (land- und forstwirtschaftlicher Nebenbetrieb) vor (vgl. EStR 2000 Rz 4222).

Für die Beurteilung, ob ein Substanzbetrieb vorliegt, ist die unmittelbar im eigenen land- und forstwirtschaftlichen Betrieb verwendete Strommenge der nicht für diese Zwecke verwendeten Strommenge (private Zwecke und/oder eigene andere betriebliche Zwecke sowie Überschusseinspeisung) gegenüberzustellen. Überwiegt dabei die im land- und forstwirtschaftlichen Betrieb unmittelbar verwendete Strommenge, liegt hinsichtlich der Überschusseinspeisung ein (Substanz) Nebenbetrieb, andernfalls eine gewerbliche Tätigkeit (§ 23 EStG 1988) vor.

Bei Anwendung der land- und forstwirtschaftlichen Pauschalierung sind die Einkünfte aus dem (Substanz)Nebenbetrieb in die Grenze von 33.000 € gemäß § 6 LuF-PauschVO 2011 (§ 7 LuF-PauschVO 2015) nicht einzubeziehen. Die Einkünfte daraus sind gesondert zu erfassen.

Dementsprechend stellen sämtliche Einnahmen aus der Überschusseinspeisung Betriebseinnahmen dar. Hinsichtlich der Aufwendungen/Ausgaben gilt:

- *In jenem Umfang, in dem die Anlage dem Stromverkauf dient, sind sie (im Rahmen der land- und forstwirtschaftlichen Pauschalierung gesondert zu berücksichtigende) Betriebsausgaben des (Substanz)Nebenbetriebes.*
- *In jenem Umfang, in dem die Anlage unmittelbar eigenen land- und forstwirtschaftlichen Zwecken dient, sind sie Betriebsausgaben des Hauptbetriebes, die bei Inanspruchnahme der Pauschalierung von dieser erfasst und nicht gesondert abzugsfähig sind.*
- *In jenem Umfang, in dem die Anlage unmittelbar eigenen privaten Zwecken dient, sind sie der Privatsphäre zuzuordnen. Die Anschaffungskosten stellen insoweit Sonderausgaben gemäß § 18 Abs. 1 Z 3 lit. c EStG 1988 (energiesparende Maßnahmen) dar.*

Beispiel 6:

Mit einer netzgekoppelten Photovoltaikanlage (Überschusseinspeisung) werden insgesamt 12.000 kWh Strom produziert und wie folgt verwendet:

- *3.600 kWh (30% der gesamten produzierten Strommenge) werden für den (privaten) Eigenbedarf verwendet,*
- *7.200 kWh (60% der gesamten produzierten Strommenge) werden für Zwecke der eigenen (pauschalierten) Land- und Forstwirtschaft verwendet,*

- *1.200 kWh (10% der gesamten produzierten Strommenge) werden in das Netz eingespeist und an ein Energieversorgungsunternehmen um 350 € verkauft.*

Es liegt hinsichtlich der Überschusseinspeisung ein land- und forstwirtschaftlicher Nebenbetrieb vor, weil mit der Anlage mehr Strom für den eigenen Land- und forstwirtschaftlichen Betrieb produziert wird (60%) als privat verwendet und in das Netz eingespeist wird (insgesamt 40%). Die Einkünfte daraus sind als land- und forstwirtschaftliche Einkünfte zu erfassen. Die AfA ist im Umfang, der der in das Netz eingespeisten Strommenge entspricht (10%), im Rahmen des Nebenbetriebes abzugsfähig; die Einnahmen aus dem Stromverkauf sind als Betriebseinnahmen zu erfassen.

Hinsichtlich des auf den land- und forstwirtschaftlichen Eigenbedarf entfallenden Teiles der Anschaffungskosten (60%) ist die AfA von der Pauschalierung erfasst und nicht gesondert abzugsfähig.

30% der Anschaffungskosten stellen als energiesparende Maßnahme Sonderausgaben dar.

Beispiel 7:

Mit einer netzgekoppelten Photovoltaikanlage (Überschusseinspeisung) werden insgesamt 10.000 kWh Strom produziert und wie folgt verwendet:

- *3.500 kWh (35% der gesamten produzierten Strommenge) werden für den (privaten) Eigenbedarf produziert,*
- *4.500 kWh (45% der gesamten produzierten Strommenge) werden für Zwecke der eigenen (pauschalierten) Land- und Forstwirtschaft verwendet ,*
- *2.000 kWh (20% der gesamten produzierten Strommenge) werden in das Netz eingespeist und an ein Energieversorgungsunternehmen um 850 € verkauft.*

Es liegt hinsichtlich der Überschusseinspeisung ein eigener Gewerbebetrieb vor, weil der produzierte Strom überwiegend für den privaten Eigenbedarf und den Stromverkauf verwendet wird (55%). Die Einkünfte aus dem Stromverkauf stellen gewerbliche Einkünfte dar. Die AfA ist im Umfang, der der in das Netz eingespeisten Strommenge entspricht (20%), im Rahmen des Gewerbebetriebes zu berücksichtigen; die Einnahmen aus dem Stromverkauf sind als Betriebseinnahmen zu erfassen.

Hinsichtlich des auf den land- und forstwirtschaftlichen Eigenbedarf entfallenden Teiles der Anschaffungskosten (45%) ist die AfA von der Pauschalierung erfasst und nicht gesondert abzugsfähig.

35% der Anschaffungskosten stellen als energiesparende Maßnahme Sonderausgaben dar.

Beispiel 8:

Mit einer netzgekoppelten Photovoltaikanlage (Überschusseinspeisung) werden insgesamt 16.000 kWh Strom produziert und wie folgt verwendet:

- *4.000 kWh (25% der gesamten produzierten Strommenge) werden für den (privaten) Eigenbedarf produziert,*
- *1.600 kWh (10% der gesamten produzierten Strommenge) werden für Zwecke der eigenen (pauschalierten) Land- und Forstwirtschaft verwendet,*
- *9.600 kWh (60% der gesamten produzierten Strommenge) werden für Zwecke der eigenen gewerblichen Schweinemast (Einnahmen-Ausgaben-Rechnung) verwendet,*
- *800 kWh (5% der gesamten produzierten Strommenge) werden in das Netz eingespeist und an ein Energieversorgungsunternehmen um 230 € verkauft.*

Es liegt hinsichtlich der Überschusseinspeisung ein eigener Gewerbebetrieb vor, weil für den privaten Eigenbedarf, den eigenen Gewerbebetrieb und den Stromverkauf mehr Strom (insgesamt 90%) produziert wird, als für Zwecke des eigenen land- und forstwirtschaftlichen Betriebes (10%).

Die AfA ist im Umfang, der der in das Netz eingespeisten Strommenge entspricht (5%) im Rahmen der gewerblichen Überschusseinspeisung (Stromverkauf) zu berücksichtigen; die Einnahmen aus dem Stromverkauf sind als Betriebseinnahmen zu erfassen.

Hinsichtlich des auf den land- und forstwirtschaftlichen Eigenbedarf entfallenden Teiles der Anschaffungskosten (10%) ist die AfA von der Pauschalierung erfasst und nicht gesondert abzugsfähig.

Hinsichtlich des für Zwecke der gewerblichen Schweinemast verwendeten Stromes ist die anteilige AfA (60%) als Betriebsausgabe zu berücksichtigen.

25% der Anschaffungskosten stellen als energiesparende Maßnahme Sonderausgaben dar.

Betreiben mehrere Personen, die einen land- und forstwirtschaftlichen Betrieb in Form einer Mitunternehmerschaft bewirtschaften, gemeinsam eine gewerbliche Photovoltaikanlage, liegt eine von der land- und forstwirtschaftlichen Mitunternehmerschaft zu unterscheidende gewerbliche Mitunternehmerschaft vor.

2.2.1.3. Körperschaftsteuer – Betrieb gewerblicher Art (§ 2 KStG 1988)

Betreibt eine Körperschaft öffentlichen Rechts (zB eine Gemeinde) eine Photovoltaikanlage, hat die Beurteilung, ob eine privatwirtschaftliche oder hoheitliche Tätigkeit vorliegt, danach zu erfolgen, ob der mit der Photovoltaikanlage produzierte Strom der Erfüllung privatwirtschaftlicher oder hoheitlicher Aufgaben dient. Für die Abgrenzung gilt bei Überschusseinspeisung Folgendes:

- Soweit der mit der Anlage produzierte Strom unmittelbar hoheitlichen Zwecken dient (zB unmittelbare Versorgung eines Amtsgebäudes mit Strom), ist die Stromproduktion der hoheitlichen Sphäre zuzuordnen und steuerlich unbeachtlich.
- Soweit der mit der Anlage produzierte Strom unmittelbar einem bestehenden Betrieb gewerblicher Art dient, ist die Stromproduktion diesem Betrieb gewerblicher Art zuzuordnen.
- Soweit der mit der Anlage produzierte Strom in das Stromnetz eingespeist wird und die Tätigkeit von wirtschaftlichem Gewicht ist (vgl. dazu KStR 2013 Rz 68), liegt ein (eigener) Betrieb gewerblicher Art vor. Liebhaberei ist ausgeschlossen (§ 5 Z 1 LVO).

Ist die Abgrenzung nicht möglich oder zumutbar, kommen die Grundsätze für die Beurteilung von Mischbetrieben zur Anwendung (vgl. KStR 2013 Rz 75 ff).

Beispiel 9:

Eine Anlage auf einem Kindergarten (Betrieb gewerblicher Art) versorgt diesen unmittelbar mit Strom. Der nicht unmittelbar verwendete Strom wird in das Netz eingespeist und an ein Energieversorgungsunternehmen verkauft.

Die Anlage ist in dem Umfang, der der Stromproduktion für den Kindergarten dient, diesem zuzuordnen. Hinsichtlich der Produktion des in das Netz eingespeisten Stroms liegt bei wirtschaftlichem Gewicht der Tätigkeit ein eigenständiger Betrieb gewerblicher Art vor.

Beispiel 10:

Eine Anlage wird auf dem Rathaus errichtet und versorgt dieses unmittelbar mit Strom. Der nicht unmittelbar verwendete Strom wird in das Netz eingespeist und an ein Energieversorgungsunternehmen verkauft.

Die Anlage ist in dem Umfang, der der Stromproduktion für Zwecke des Amtsgebäudes dient, der hoheitlichen Sphäre zuzuordnen. Hinsichtlich der Produktion des in das Netz eingespeisten Stroms liegt bei wirtschaftlichem Gewicht der Tätigkeit ein eigenständiger Betrieb gewerblicher Art vor.

2.2.2. Umsatzsteuer

2.2.2.1. Unternehmereigenschaft

Auch bei der Überschusseinspeisung wird mit der Photovoltaikanlage Strom produziert, der – teilweise – gegen nachhaltige Einnahmen an das Netz geliefert wird. Es liegt daher eine unternehmerische Tätigkeit iSd § 2 UStG 1994 vor. Ein allfälliger Strombezug aus dem öffentlichen Netz ist unbeachtlich.

Da der Betrieb der Photovoltaikanlage als Tätigkeit iSd § 1 Abs. 1 LVO für die Liebhabereibeurteilung zu beurteilen ist, ist nach § 6 LVO eine umsatzsteuerrechtliche Liebhaberei ausgeschlossen.

Bei Überschusseinspeisung sind sämtliche Stromlieferungen an das Energieversorgungsunternehmen steuerbar und idR steuerpflichtig. Besteht die Haupttätigkeit des Abnehmers in Bezug auf den Erwerb der Stromlieferungen in deren Weiterlieferung und ist dessen eigener Verbrauch dieser Stromlieferungen von untergeordneter Bedeutung, geht die Steuerschuld auf das Energieversorgungsunternehmen als Leistungsempfänger über. Der Anlagenbetreiber haftet für diese Steuer (vgl. § 2 Z 2 iVm § 1 UStBBKV, BGBl. II Nr. 369/2013).

Leistungen gelten zur Gänze als für das Unternehmen ausgeführt, wenn sie zu mindestens 10% unternehmerischen Zwecken dienen (§ 12 Abs. 2 Z 1 lit. a UStG 1994). Wird die 10%-Grenze unterschritten, steht ein Vorsteuerabzug für die Anlage sowie für die damit zusammenhängenden laufenden Aufwände nicht zu. Die Besteuerung eines Entnahmeeigenverbrauchs (§ 3 Abs. 2 UStG 1994) ist daher nicht vorgesehen.

Die Voraussetzungen einer persönlichen Steuerbefreiung, wie die Kleinunternehmerregelung gemäß § 6 Abs. 1 Z 27 UStG 1994, sind gesondert zu prüfen.

2.2.2.2. Überschusseinspeisung bei anteiliger Privatnutzung

Grundsätzlich steht dem Anlagenbetreiber bei voller Zuordnung der Anlage zum Unternehmen (zur abweichenden Zuordnung siehe UStR 2000 Rz 1902) der volle Vorsteuerabzug für die Errichtung und den Betrieb der Anlage zu. Die der Anlage für den Privatverbrauch entnommene Menge an Strom ist als eine einer Lieferung gegen Entgelt gleichgestellte Entnahme nach § 3 Abs. 2 UStG 1994 zu besteuern. Bemessungsgrundlage sind die Selbstkosten im Zeitpunkt der Entnahme (§ 4 Abs. 8 lit. a UStG 1994). Diese Selbstkosten setzen sich aus dem ertragsteuerlich auszuscheidenden Privatanteil der AfA und den anteiligen laufenden und sonstigen Aufwendungen (Betriebskosten, usw.) der Anlage zusammen.

Beispiel B *(siehe Beispiel 4 im ertragsteuerlichen Teil):*

Kaufpreis	*30.000,00*	*Vorsteuer: 6.000,00*
Investitionsförderung	*- 2.000,00*	*idR echter Zuschuss*
Kosten Herstellung Betriebsbereitschaft	*+ 3.000,00*	*Vorsteuer: 600,00*
Einspeisung 14.000 kWh à 27,6 Cent	*3.864,00*	*USt: 772,80*
Entnahme (Privatanteil 30% der AfA)	*465,00*	*USt: 93,00*

Im Jahr der Anschaffung ergibt sich daher eine Umsatzsteuerschuld von 772,80 €, die unter den Voraussetzungen des § 2 Z 2 iVm § 1 UStBBKV auf den Leistungsempfänger übergeht. Der Anlagenbetreiber haftet für diese Steuer. Die Umsatzsteuerschuld von 93,00 €, die auf die anteilige Privatnutzung entfällt, kann nicht auf den Leistungsempfänger übergehen. Der Vorsteuerabzug im Jahr der Anschaffung beträgt 6.600,00 €. Insgesamt ergibt sich daher ein Vorsteuerüberhang von 6.507,00 €.

Im Fall der Überschusseinspeisung ist der Vorsteuerabzug aus Anschaffung, Inbetriebnahme und Betrieb der Anlage auch nach Maßgabe des § 12 Abs. 2 Z 2 lit. a UStG 1994 zu beurteilen. Demnach gelten Leistungen als nicht für das Unternehmen ausgeführt, deren Entgelte überwiegend keine abzugsfähigen Ausgaben im Sinne des § 20 Abs. 1 Z 1 bis 5 EStG 1988 bzw. §§ 8 Abs. 2 und 12 Abs. 1 Z 1 bis 5 KStG 1988 sind. Der Bezug dieser Leistungen ist vom Vorsteuerabzug ausgeschlossen.

Da der produzierte Strom bei Überschusseinspeisung immer auch unmittelbar der Eigenverwendung dient, ist die Anlage ertragsteuerlich insoweit der Privatsphäre zuzuordnen, als der produzierte Strom eigenen privaten Zwecken dient (siehe Abschnitt 2.2.1.1.).

Diese Betrachtung hat anlagenbezogen zu erfolgen. Übersteigt die aus der konkreten Photovoltaikanlage für private Zwecke entnommene Strommenge die entgeltlich ins Energienetz abgegebene Menge an Strom, so steht der Vorsteuerabzug im Zusammenhang mit Anschaffung, Inbetriebnahme und Betrieb der Anlage zur Gänze nicht zu. Wartungsarbeiten und andere sonstige Leistungen im Zusammenhang mit von § 12 Abs. 2 Z 2 lit. a UStG 1994 erfassten Anlagen berechtigen ebenfalls nicht zum Vorsteuerabzug.

Ändern sich innerhalb des Berichtigungszeitraums die für diese Betrachtung maßgeblichen Umstände (Über- oder Unterschreiten der Überwiegensgrenze), so ist eine Vorsteuerberichtigung gemäß § 12 Abs. 10 UStG 1994 vorzunehmen (zur Abgrenzung zwischen Leistungen iZm Grundstücken und beweglichen körperlichen Gegenständen bei Solaranlagen vgl. Salzburger Steuerdialog 2012 – Zweifelsfragen zur Umsatzsteuer, BMF-010219/0163-VI/4/2012, wonach grundsätzlich von einem beweglichen körperlichen Gegenstand ausgegangen werden kann, wenn die Entfernung der Photovoltaikanlage ohne Zerstörung der Substanz des Gebäudes leicht möglich ist).

Der Verkauf des Stroms an die Elektrizitätsgesellschaft kann in den Fällen, in denen der Vorsteuerabzug für Anschaffung, Inbetriebnahme und Betrieb der Anlage gemäß § 12 Abs. 2 Z 2 lit. a UStG 1994 nicht zusteht, als nicht steuerbar angesehen werden. Kommt es zur Verbrauchsänderung in den Folgejahren (zB wenn der Privatverbrauch auf 50% oder weniger der gesamten erzeugten Energie sinkt) und greift der Vorsteuerausschluss nicht mehr, kann die Vorsteuer für den Betrieb ab dem Jahr der Verbrauchsänderung geltend gemacht werden. Gleichzeitig mit dem Vorsteuerabzug ist die Lieferung der produzierten Energie als steuerbarer und steuerpflichtiger Umsatz zu behandeln. Tritt eine solche Änderung innerhalb des Vorsteuerberichtigungszeitraumes ein, so ist eine Vorsteuerberichtigung vorzunehmen.

Beispiel C:

Mit einer netzgekoppelten 20 kWp-Anlage (Überschusseinspeisung) werden insgesamt 20.000 kWh Strom produziert. Der Kaufpreis beträgt 30.000 €, die Montagekosten betragen 3.000 €. Es wird eine staatliche Investitionsförderung iHv 2.000 € und zusätzlich die Tarifförderung in Anspruch genommen. Der mit der Anlage produzierte Strom wird wie folgt verwendet:

- *14.000 kWh (70% der gesamten produzierten Strommenge) werden für den privaten Eigenbedarf verwendet,*
- *6.000 kWh (30% der gesamten produzierten Strommenge) werden in das Netz eingespeist und verkauft.*

Es ergibt sich folgende Beurteilung:

Da die Anlage ertragsteuerlich (§ 20 Abs. 1 Z 1 bis 5 EStG 1988) überwiegend nicht abzugsfähig ist, ist der Vorsteuerabzug zur Gänze ausgeschlossen. Der Verkauf des Stroms an die Elektrizitätsgesellschaft kann in diesem Fall als nicht steuerbar angesehen werden.

Mangels Vorsteuerabzugs erfolgt keine Besteuerung einer Entnahme gemäß § 3 Abs. 2 UStG 1994.

2.2.2.3. Überschusseinspeisung bei Vorliegen einer zusätzlichen unternehmerischen Nutzung

Wird bei Überschusseinspeisung der produzierte Strom neben der Lieferung ins öffentliche Stromnetz auch für andere unternehmerische Zwecke genutzt, so richtet sich der Vorsteuerabzug insoweit nach dieser Nutzung. Eine allfällige Aufteilung der Vorsteuern hat – soweit messbar – nach dem tatsächlichen Stromverbrauch, allenfalls nach dem geschätzten Stromverbrauch zu erfolgen.

Übersteigt die aus der konkreten Photovoltaikanlage für private Zwecke entnommene Strommenge die Summe aus der entgeltlich ins Energienetz abgegebenen und der für andere unternehmerische Zwecke genutzten Menge an Strom, so steht der Vorsteuerabzug im Zusammenhang mit Anschaffung, Inbetriebnahme und Betrieb der Anlage nach § 12 Abs. 2 Z 2 lit. a UStG 1994 zur Gänze nicht zu. Eine Besteuerung der Stromlieferungen kann diesfalls unter den oben genannten Voraussetzungen unterbleiben.

Beispiel D *(siehe Beispiel 5 im ertragsteuerlichen Teil):*

- *4.000 kWh (20% der gesamten produzierten Strommenge) werden für den privaten Eigenbedarf verwendet,*
- *6.000 kWh (30% der gesamten produzierten Strommenge) werden für Zwecke der eigenen Tischlerei verwendet,*

USt-E

- *10.000 kWh (50% der gesamten produzierten Strommenge) werden in das Netz eingespeist.*

Es ergibt sich folgende Beurteilung:

Kaufpreis	*30.000,00*	*Vorsteuer: 6.000,00*
Investitionsförderung	*- 2.000,00*	*idR echter Zuschuss*
Kosten Herstellung Betriebsbereitschaft	*+ 3.000,00*	*Vorsteuer: 600,00*
Einspeisung 10.000 kWh à 27,6 Cent	*2.760,00*	*USt: 552,00*
Entnahme (Privatanteil 20% der AfA)	*310*	*USt: 62,00*

Im Jahr der Anschaffung ergibt sich daher eine Umsatzsteuerschuld von 552,00 €, die unter den Voraussetzungen des § 2 Z 2 iVm § 1 UStBBKV auf den Leistungsempfänger übergeht. Der Anlagenbetreiber haftet für diese Steuer. Die Umsatzsteuerschuld von 62,00 €, die auf die anteilige Privatnutzung entfällt, kann nicht auf den Leistungsempfänger übergehen. Der Vorsteuerabzug im Jahr der Anschaffung beträgt 6.600,00 €. Insgesamt ergibt sich daher ein Vorsteuerüberhang von 6.538,00 €.

Beispiel E:

Wie Beispiel D, jedoch mit anderem Nutzungsverhältnis

- *12.000 kWh (60% der gesamten produzierten Strommenge) werden für den privaten Eigenbedarf verwendet,*
- *3.000 kWh (15% der gesamten produzierten Strommenge) werden für Zwecke der eigenen Tischlerei (Einnahmen-Ausgaben-Rechnung) verwendet,*
- *5.000 kWh (25% der gesamten produzierten Strommenge) werden in das Netz eingespeist.*

Da die Anschaffungskosten der Anlage ertragsteuerlich (§ 20 Abs. 1 Z 1 bis 5 EStG 1988) überwiegend nicht abzugsfähig sind, ist der Vorsteuerabzug zur Gänze ausgeschlossen. Der Verkauf des Stroms an die Elektrizitätsgesellschaft kann in diesem Fall als nicht steuerbar angesehen werden.

Mangels Vorsteuerabzugs erfolgt keine Besteuerung einer Entnahme gemäß § 3 Abs. 2 UStG 1994.

2.2.2.4. Überschusseinspeisung bei Vorliegen eines land- und forstwirtschaftlichen Betriebes

Die Zuordnung zum land- und forstwirtschaftlichen Betrieb erfolgt nach den unter Abschnitt 2.2.1.2. dargestellten ertragsteuerlichen Kriterien. Bei Zurechenbarkeit der gesamten Anlage zur Land- und Forstwirtschaft sind die Vorsteuerbeträge abpauschaliert, soweit die Pauschalregelung für Land- und Forstwirtschaft gemäß § 22 Abs. 1 UStG 1994 zur Anwendung kommt. Die Überschusseinspeisung unterliegt dann dem pauschalen Steuersatz von 12%.

Beispiel F *(siehe Beispiel 6 im ertragsteuerlichen Teil):*

Mit einer netzgekoppelten Photovoltaikanlage (Überschusseinspeisung) werden insgesamt 12.000 kWh Strom produziert und wie folgt verwendet:

- *3.600 kWh (30% der gesamten produzierten Strommenge) werden für den (privaten) Eigenbedarf verwendet,*
- *7.200 kWh (60% der gesamten produzierten Strommenge) werden für Zwecke der eigenen (pauschalierten) Land- und Forstwirtschaft verwendet,*
- *1.200 kWh (10% der gesamten produzierten Strommenge) werden in das Netz eingespeist und an ein Energieversorgungsunternehmen um 350 € verkauft.*

Es liegt hinsichtlich der Überschusseinspeisung ein land- und forstwirtschaftlicher Nebenbetrieb vor, weil mit der Anlage mehr Strom für den eigenen Land- und forstwirtschaftlichen Betrieb produziert wird (60%) als privat verwendet und in das Netz eingespeist wird (insgesamt 40%). Die gesamten Vorsteuern sind nach § 22 Abs. 1 UStG 1994 bereits durch die Pauschalregelung abgegolten.

Die Umsätze aus der Einspeisung unterliegen dem Pauschalsteuersatz von 12%. Die Entnahme des elektrischen Stroms für private Zwecke ist steuerbar und steuerpflichtig, unterliegt jedoch dem Pauschalsteuersatz von 10%, was zu keiner (zusätzlichen) Steuerbelastung führt. § 2 Z 2 iVm § 1 UStBBKV ist gemäß § 19 Abs. 1d iVm § 22 Abs. 1 UStG 1994 nicht anwendbar.

Liegt kein land- und forstwirtschaftlicher Nebenbetrieb vor, hat eine Aufteilung der Vorsteuern zu erfolgen (vgl. UStR 2000 Rz 2908). Die iZm der Überschusseinspeisung abgegebenen Stromlieferungen an das Energieversorgungsunternehmen sind steuerbar und steuerpflichtig (Normalsteuersatz).

Die der Anlage für den Privatverbrauch entnommene Menge an Strom ist als eine Lieferung gegen Entgelt gleichgestellte Entnahme nach § 3 Abs. 2 UStG 1994 zu besteuern. Diese Entnahme ist – siehe die ertragsteuerrechtliche Beurteilung – zur Gänze außerhalb der Land- und Forstwirtschaft anzusehen. Es steht daher insoweit der volle Vorsteuerabzug zu.

Beispiel G *(siehe Beispiel 7 im ertragsteuerlichen Teil):*

Umsatzsteuerrechtliche Beurteilung:

Mit einer netzgekoppelten Photovoltaikanlage (Überschusseinspeisung) werden insgesamt 10.000 kWh Strom produziert und wie folgt verwendet:

- *3.500 kWh (35% der gesamten produzierten Strommenge) werden für den (privaten) Eigenbedarf produziert,*
- *4.500 kWh (45% der gesamten produzierten Strommenge) werden für Zwecke der eigenen (pauschalierten) Land- und Forstwirtschaft verwendet,*
- *2.000 kWh (20% der gesamten produzierten Strommenge) werden in das Netz eingespeist und an ein Energieversorgungsunternehmen um 850 € verkauft.*

Kaufpreis	*30.000,00*	*Vorsteuer: 6.000,00*
Investitionsförderung	*- 2.000,00*	*idR echter Zuschuss*
Kosten Herstellung Betriebsbereitschaft	*+ 3.000,00*	*Vorsteuer: 600,00*
Davon abziehbar: 55%		*3.630,00*
Bereits abpauschaliert: 45%		*2.970,00*
Einspeisung 2.000 kWh à 27,6 Cent	*552,00*	*USt: 110,40*
Entnahme (Privatanteil 35% der AfA)	*542,50*	*USt: 108,50*

Die Überschusseinspeisung ist nicht der Land- und Forstwirtschaft zuzuordnen, weil der produzierte Strom überwiegend für den privaten Eigenbedarf und den Stromverkauf verwendet wird (55%). Hinsichtlich des auf den land- und forstwirtschaftlichen Eigenbedarf entfallenden Teiles der Anlage (45%) sind die Vorsteuern nach § 22 Abs. 1 UStG 1994 bereits durch die Pauschalregelung abgegolten.

Die iZm der Überschusseinspeisung abgegebenen Stromlieferungen an das Energieversorgungsunternehmen sind steuerbar und steuerpflichtig (Normalsteuersatz). Die der Anlage für den Privatverbrauch entnommene Menge an Strom ist als eine Lieferung gegen Entgelt gleichgestellte Entnahme nach § 3 Abs. 2 UStG 1994 zu besteuern und – analog der ertragsteuerrechtlichen Beurteilung – nicht der Land- und Forstwirtschaft zuzurechnen. Es steht daher insoweit der volle Vorsteuerabzug zu.

Im Jahr der Anschaffung ergibt sich eine Umsatzsteuerschuld von 110,40 €, die unter den Voraussetzungen des § 2 Z 2 iVm § 1 UStBBKV auf den Leistungsempfänger übergeht. Der Anlagenbetreiber haftet für diese Steuer. Die Umsatzsteuerschuld von 108,50 €, die auf die anteilige Privatnutzung entfällt, kann nicht auf den Leistungsempfänger übergehen. Es ergibt sich somit neben der pauschalen Vorsteuer (§ 22 UStG 1994) ein Vorsteuerabzug im Jahr der Anschaffung von 3.630 €. Insgesamt liegt daher ein Vorsteuerüberhang von 3.521,50 € vor.

Beispiel H *(siehe Beispiel 8 im ertragsteuerlichen Teil):*

Umsatzsteuerrechtliche Beurteilung:

Mit einer netzgekoppelten Photovoltaikanlage (Überschusseinspeisung) werden insgesamt 16.000 kWh Strom produziert und wie folgt verwendet:

- *4.000 kWh (25% der gesamten produzierten Strommenge) werden für den (privaten) Eigenbedarf produziert,*
- *1.600 kWh (10% der gesamten produzierten Strommenge) werden für Zwecke der eigenen (pauschalierten) Land- und Forstwirtschaft verwendet,*
- *9.600 kWh (60% der gesamten produzierten Strommenge) werden für Zwecke der eigenen gewerblichen Schweinemast verwendet,*
- *800 kWh (5% der gesamten produzierten Strommenge) werden in das Netz eingespeist und an ein Energieversorgungsunternehmen um 230 € verkauft.*

Hinsichtlich des auf den land- und forstwirtschaftlichen Eigenbedarf entfallenden Teiles der Anlage (10%) sind die Vorsteuern nach § 22 Abs. 1 UStG 1994 bereits durch die Pauschalregelung abgegolten.

90% der Vorsteuern sind abziehbar. Es ist ein Entnahmeeigenverbrauch im Ausmaß von 25% des mit der Anlage produzierten Stroms zu besteuern. Die Steuerschuld hinsichtlich des in das Netz eingespeisten und verkauften Stroms (5%), geht unter den Voraussetzungen des § 2 Z 2 iVm § 1 UStBBKV auf den Leistungsempfänger über. Der Anlagenbetreiber haftet in diesem Fall für diese Steuer.

Bei Option zur Regelbesteuerung gemäß § 22 Abs. 6 UStG 1994 ergibt sich die Beurteilung nach den Ausführungen unter Abschnitt 2.2.2.3.

2.2.2.5. Körperschaften öffentlichen Rechts – Betrieb gewerblicher Art

Das Vorliegen eines Betriebs gewerblicher Art richtet sich nach den Ausführungen unter Abschnitt 2.2.1.3.

Wird ein Teil des mit der Anlage produzierten Stroms in das Stromnetz eingespeist und handelt es sich dabei um eine Tätigkeit von wirtschaftlichem Gewicht, liegt ein (eigener) Betrieb gewerblicher Art vor. Liebhaberei ist ausgeschlossen (vgl. LRL 2012 Rz 173).

Der Vorsteuerabzug steht diesfalls nur insoweit zu, als die Anlage zur Produktion von Strom dient, der gegen Entgelt ins Netz eingespeist bzw. für einen steuerpflichtigen Betrieb gewerblicher Art genutzt wird. Soweit der mit der Anlage produzierte Strom unmittelbar einem bestehenden Betrieb gewerblicher Art dient, ist die Stromproduktion diesem Betrieb gewerblicher Art zuzuordnen und richtet sich der Vorsteuerabzug nach den dortigen Verhältnissen.

Hinsichtlich des Anteils der Anlage, der zur Gewinnung von Strom für hoheitliche Zwecke dient, steht der Vorsteuerabzug nicht zu (vgl. EuGH 12.2.2009, C-515/07, *Vereniging Noordelijke Landen Tuinbouw Organisatie*). Dieser Anteil ist – wenn er bei Anlagenerrichtung nicht feststeht – zu schätzen. Spätere Änderungen sind im Rahmen des § 12 Abs. 10 ff UStG 1994 (Vorsteuerberichtigung) zu berücksichtigen. Eine Besteuerung einer Entnahme des Stroms für hoheitliche Zwecke gemäß § 3 Abs. 2 UStG 1994 ist mangels Berechtigung zum Vorsteuerabzug nicht vorgesehen.

Beispiel I *(siehe Beispiel 9 im ertragsteuerlichen Teil):*

Eine Anlage auf einem Kindergarten (Betrieb gewerblicher Art mit Option zur Steuerpflicht) versorgt diesen unmittelbar mit Strom. Der nicht unmittelbar verwendete Strom (30%) wird in das Netz eingespeist und an ein Energieversorgungsunternehmen verkauft.

Nach Maßgabe einer Tätigkeit von wirtschaftlichem Gewicht liegt bei der Stromeinspeisung ein unternehmerischer Betrieb gewerblicher Art vor. Die Stromlieferungen sind steuerbar und steuerpflichtig.

Die Stromnutzung iZm dem Kindergarten ist ebenfalls dem Betrieb gewerblicher Art „Kindergarten" zuzurechnen.

Es steht der volle Vorsteuerabzug für die Errichtung und den Betrieb der Anlage zu. Die Umsatzsteuerschuld, die aufgrund der Netzeinspeisung entsteht, geht auf den Leistungsempfänger über, sofern die Voraussetzungen des § 2 Z 2 iVm § 1 UStBBKV erfüllt sind. Der Leistungserbringer haftet für diese Steuer.

Beispiel J *(siehe Beispiel 10 im ertragsteuerlichen Teil):*

Eine Anlage wird auf dem Rathaus errichtet und versorgt dieses unmittelbar mit Strom. Der nicht unmittelbar verwendete Strom wird in das Netz eingespeist und an ein Energieversorgungsunternehmen verkauft.

Nach Maßgabe einer Tätigkeit von wirtschaftlichem Gewicht liegt bei der Stromeinspeisung ein unternehmerischer Betrieb gewerblicher Art vor.

Die Stromlieferungen sind steuerbar und steuerpflichtig. Die Lieferung des nicht unmittelbar verwendeten Stroms ist steuerbar und steuerpflichtig. Die Umsatzsteuerschuld, die aufgrund der Netzeinspeisung entsteht, geht auf den Leistungsempfänger über, sofern die Voraussetzungen des § 2 Z 2 iVm § 1 UStBBKV erfüllt sind. Der Leistungserbringer haftet für diese Steuer. Für die Errichtung und den Betrieb der Anlage steht nur ein anteilsmäßiger Vorsteuerabzug für den nicht hoheitlichen Bereich zu. Die Entnahme des Stroms für hoheitliche Zwecke führt nicht zur Eigenverbrauchsbesteuerung nach § 3 Abs. 2 UStG 1994. Änderungen hinsichtlich der Nutzung sind innerhalb des Beobachtungszeitraums von vier Jahren (bei beweglichen körperlichen Gegenständen) zu berichtigen.

2.2.3. Elektrizitätsabgabe

Die Lieferung und der Verbrauch von (selbst erzeugter) elektrischer Energie unterliegt grundsätzlich der Elektrizitätsabgabe (§ 1 Abs. 1 Z 1 und Z 2 ElAbgG).

Soweit der Überschusseinspeiser den von ihm erzeugten Strom in das öffentliche Netz und damit an ein „Elektrizitätsunternehmen" iSd § 7 Z 11 ElWOG 2010, BGBl. I Nr. 110/2010, liefert, sind die Lieferungen nicht steuerbar (§ 1 Abs. 1 Z 1 ElAbgG).

Bis zum Jahr 2013 gab es nur eine Freigrenze in Höhe von 5.000 kWh/Jahr, sodass bis zum Erreichen dieser Freigrenze der Verbrauch von selbst erzeugter elektrischer Energie steuerfrei war; ab dieser Grenze war die gesamte selbst erzeugte und verbrauchte Menge elektrischer Energie steuerpflichtig.

Mit BGBl. I Nr. 64/2014 wurde ein neuer Freibetrag für selbst hergestellte und selbst verbrauchte elektrische Energie aus erneuerbaren Primärenergieträgern in Höhe von 25.000 kWh/Jahr beschlossen. Unter die Stromerzeugung aus erneuerbaren Primärenergieträgern fällt auch die Erzeugung mittels Photovoltaikanlagen.

Eine Inanspruchnahme des Freibetrages von 25.000 kWh/Jahr ist nur dann möglich, wenn die selbst verbrauchte Menge elektrischer Energie gemessen wird. Von diesem Grundsatz kann nur dann abgegangen werden, wenn die tatsächlich mögliche maximale Erzeugungsmenge (einschließlich der ins Netz eingespeisten Menge) der Anlage pro Jahr die Grenze von 25.000 kWh nicht übersteigt.

Dabei ist von der anlagenspezifischen Höchstleistung auszugehen und auf die primärenergiequellenspezifische maximale Erzeugungsmenge pro Jahr umzurechnen. Ab 2015 gilt für Photovoltaikanlagen folgende Regelung: Bis zu einer maximalen Erzeugungsleistung (kWp) von 26 kWp ist bei Photovoltaikanlagen eine Inanspruchnahme des Freibetrages von 25.000 kWh/Jahr auch dann zulässig, wenn die selbst verbrauchte Menge elektrischer Energie nicht gemessen wird.

Im Jahre 2014 ist für Steuerpflichtige, die über der bisherigen Freigrenze von 5.000 kWh elektrische Energie erzeugt haben und daher steuerpflichtig waren, jedenfalls weiterhin die monatliche Abgabe zu entrichten. Im Zuge der Jahresveranlagung wird der Freibetrag berücksichtigt.

Der Freibetrag bezieht sich nicht auf die einzelne Anlage, sondern auf alle Anlagen eines Betriebes, eines Betriebes gewerblicher Art oder eines wirtschaftlichen Geschäftsbetriebes einer Körperschaft. Bei Betrieben, deren Anlagen eine maximale Erzeugungsleistung von über 26 kWp haben, wird die Befreiung im Zuge der Jahresveranlagung in Abzug gebracht. Bestehen innerhalb eines Betriebes mehrere Anlagen, ist der Freibetrag nur einmal anzuwenden.

Schuldner der Elektrizitätsabgabe für den selbst erzeugten und verbrauchten Strom ist der Überschusseinspeiser. Das Vorliegen der Unternehmereigenschaft iSd § 2 UStG 1994 ist nicht Voraussetzung, um Schuldner der Elektrizitätsabgabe zu werden. Die Elektrizitätsabgabe beträgt 0,015 Euro je kWh. Sie ist monatsweise selbst zu berechnen und bis zum 15. des auf den Kalendermonat zweitfolgenden Monates (Fälligkeitstag) an das für die Umsatzsteuer zuständige Finanzamt zu entrichten (§ 5 Abs. 1 und Abs. 5 ElAbgG).

Wird zusätzlich noch Strom für den eigenen Bedarf aus dem öffentlichen Netz bezogen, unterliegt die Lieferung durch ein Elektrizitätsunternehmen an den Betreiber der Photovoltaikanlage (Überschusseinspeiser) ebenfalls der Elektrizitätsabgabe und ist nicht nach § 2 ElAbgG befreit; die Verrechnung erfolgt hier durch das liefernde Elektrizitätsunternehmen.

2.3. Inselbetrieb

2.3.1. Einkommensteuer/Körperschaftsteuer

Beim Inselbetrieb wird der produzierte Strom ausschließlich zur Eigenbedarfsdeckung verwendet und nicht in das öffentliche Stromnetz eingespeist. Je nach Verwendung des produzierten Stromes ist die Anlage der Privatsphäre bzw. hoheitlichen Sphäre oder der Sphäre der Einkünfteerzielung bzw. der privatwirtschaftlichen Sphäre zuzuordnen.

- Soweit der mit der Anlage produzierte Strom von natürlichen Personen für private Zwecke verwendet wird, ist die Anlage der Privatsphäre zuzuordnen. Die Anschaffungskosten stellen (gegebenenfalls anteilig) Sonderausgaben gemäß § 18 Abs. 1 Z 3 lit. c EStG 1988 (energiesparende Maßnahmen) dar.
- Soweit der mit der Anlage produzierte Strom von natürlichen Personen oder Körperschaften im Rahmen einer steuerrelevanten Tätigkeit verwendet wird, ist die Anlage dieser Sphäre zuzuordnen. Die Aufwendungen/Ausgaben aus dem Betrieb der Anlage stellen Betriebsausgaben oder Werbungskosten dar und sind entweder voll abzugsfähig oder (bei natürlichen Personen) gegebenenfalls von einem Betriebsausgabenpauschale erfasst.
- Soweit der mit der Anlage einer Körperschaft öffentlichen Rechts produzierte Strom hoheitlichen Zwecken dient, ist die Anlage dieser Sphäre zuzuordnen. Die Aufwendungen/Ausgaben aus dem Betrieb der Anlage sind daher insoweit nicht abzugsfähig. Soweit der produzierte Strom für Zwecke eines Betriebes gewerblicher Art verwendet wird, ist die Anlage diesem Betrieb gewerblicher Art zuzuordnen und die Aufwendungen/Ausgaben sind im Rahmen der Einkünfteermittlung zu berücksichtigen.

2.3.2. Umsatzsteuer

Wird der im Inselbetrieb gewonnene Strom ausschließlich zu unternehmerischen Zwecken genutzt (zB für eine in einer Berghütte betriebene Gastwirtschaft), so ist die Photovoltaikanlage dem Unternehmen zuzurechnen. Der Vorsteuerabzug aus der Anschaffung und dem Betrieb der Anlage steht nach Maßgabe dieser unternehmerischen Nutzung zu.

Wird der gewonnene Strom ausschließlich zu privaten oder hoheitlichen Zwecken genutzt, so ist die Anlage keinem Unternehmen zugeordnet.

Bei einer gemischt unternehmerisch und privaten oder einer gemischt unternehmerischen und hoheitlichen Nutzung gelten die Ausführungen zur Überschusseinspeisung entsprechend (siehe Abschnitt 2.2.2.2.). Es steht grundsätzlich der volle Vorsteuerabzug zu und ist die Entnahme des Stroms für private Zwecke als Eigenverbrauch nach § 3 Abs. 2 UStG 1994 zu besteuern. Soweit mit der Anlage Strom für hoheitliche Zwecke produziert wird, steht der Vorsteuerabzug nicht zu. Eine Besteuerung einer Entnahme des Stroms für hoheitliche Zwecke gemäß § 3 Abs. 2 UStG 1994 ist diesfalls mangels Berechtigung zum Vorsteuerabzug nicht vorgesehen.

Zur abweichenden Zuordnung zum Unternehmen siehe Abschnitt 2.2.2.1.

2.3.3. Elektrizitätsabgabe

Haben die Anlagen eines Betriebes eine maximale Erzeugungsleistung von höchstens 26 kWp, so ist keine Elektrizitätsabgabe zu entrichten. Ist die Erzeugungsleistung höher, dann unterliegt die gesamte erzeugte und verbrauchte elektrische Energie der Elektrizitätsabgabe, wobei im Zuge der Jahresveranlagung der Freibetrag von 25 000 kWh berücksichtigt wird.

Die Ausführungen unter Abschnitt 2.2.3. gelten entsprechend.

2/1/10.

Erlass zu Aufzeichnungspflichten Plattformen

(Erlass des BMF vom 28.09.2020, 2020-0.621.001)

Der gegenständliche Erlass regelt die Handhabung der in § 18 Abs. 11 und 12 UStG 1994 definierten Aufzeichnungs-, Aufbewahrungs- und Übermittlungspflichten für Plattformen und andere elektronische Schnittstellen.

Aufzeichnungspflichten Plattformen

Der gegenständliche Erlass regelt die Handhabung der in § 18 Abs. 11 und 12 UStG 1994 definierten Aufzeichnungs-, Aufbewahrungs- und Übermittlungspflichten für Plattformen und andere elektronische Schnittstellen.

Mit dem Begriff Plattformen werden Unternehmer bezeichnet, die mittels Plattformen oder anderen elektronischen Schnittstellen gewisse Umsätze im Inland unterstützen (§ 18 Abs. 11 UStG 1994).

Bei den Aufzeichnungs-, Aufbewahrungs- und Übermittlungspflichten für die Plattformen handelt es sich um ein EU-weites System, in das die Plattformen eingebunden sind. Die Plattformen kennen ihre Pflichten und wurden umfassend informiert.

1. Aufzeichnungen gemäß § 18 Abs. 11 UStG 1994

Ab 1.1.2020 haben Plattformen und andere elektronische Schnittstellen gemäß § 18 Abs. 11 UStG 1994 Aufzeichnungen über bestimmte Lieferungen und sonstige Leistungen zu führen.

Die Aufzeichnungspflicht betrifft Lieferungen, wenn

- die Lieferungen an die in Art. 3 Abs. 4 UStG 1994 genannten Personen ausgeführt werden,
- die Beförderung oder Versendung im Inland endet und
- die Plattform die Lieferungen unterstützt, ohne dadurch selbst zum Steuerschuldner zu werden.

Sonstige Leistungen sind von der Aufzeichnungspflicht erfasst, wenn

- die sonstigen Leistungen an einen Nichtunternehmer erbracht werden,
- der Leistungsort im Inland liegt und
- die Plattform die sonstigen Leistungen unterstützt, ohne dadurch selbst zum Steuerschuldner zu werden.

Die Plattformen müssen die Aufzeichnungen für alle oben angeführten Lieferungen und sonstigen Leistungen, die über die Plattform vermittelt werden, ab dem 1.1.2020 führen, auch wenn eine Übermittlung erst zu einem späteren Zeitpunkt erfolgt (siehe Punkt 2.2.).

Die Details zu den Aufzeichnungen sind in der Sorgfaltspflichten-Umsatzsteuerverordnung (Sorgfaltspflichten-UStV), BGBl. II Nr. 315/2019, und in Art. 54c Abs. 2 der VO (EU) 282/2011 geregelt.

2. Verpflichtungen der Plattformen gemäß § 18 Abs. 12 UStG 1994

2.1. Aufbewahrung

Die Aufzeichnungen sind vom Ende des Jahres an, in dem der Umsatz bewirkt wurde, zehn Jahre lang aufzubewahren (siehe § 18 Abs. 12 UStG 1994).

2.2. Elektronische Übermittlung

Die Plattformen haben die Aufzeichnungen elektronisch – über eine technische Schnittstelle – zur Verfügung zu stellen.

Die Details zur Übermittlung sind in der Verordnung des Bundesministers für Finanzen über die elektronische Übermittlung von Aufzeichnungen gemäß § 18 Abs. 12 des Umsatzsteuergesetzes 1994, BGBl. II Nr. 377/2019, geregelt.

Hinweis: Die technische Schnittstelle wurde am 6. Mai 2020 produktiv gesetzt. Seit diesem Zeitpunkt kann eine Übermittlung der Daten an die Finanzverwaltung erfolgen.

2.2.1. Übermittlungspflicht jeweils bis zum 31. Jänner des Folgejahres

Übersteigt der Gesamtwert der Umsätze, für die eine Aufzeichnungspflicht besteht, insgesamt 1.000.000 Euro pro Kalenderjahr, hat die Plattform diese Aufzeichnungen bis zum 31. Jänner des Folgejahres (Fallfrist) elektronisch zu übermitteln.

2.2.2. Unterjährige Übermittlungspflicht

Zusätzlich kann die Finanzverwaltung jederzeit die Übermittlung von Aufzeichnungen verlangen.

Achtung: Dem Unternehmer ist für diese unterjährige Übermittlung jedenfalls eine Frist von einem Monat einzuräumen.

3. Befugnisse der Finanzverwaltung – Anforderung von Aufzeichnungen

Die Finanzverwaltung ist jederzeit berechtigt, Aufzeichnungen zu verlangen.

Dies umfasst sowohl die Anforderung unterjähriger Daten bei einem Gesamtumsatz über 1.000.000 Euro, als auch Aufzeichnungen von Plattformen mit einem Gesamtumsatz unter 1.000.000 Euro.

3.1. Anforderung von Gesamtdaten

3.1.1. Standardisierte Übermittlung der Gesamtdaten von Plattformen mit über 1.000.000 Euro Gesamtumsatz

Die Datenübermittlung der Plattformen zum 31. Jänner des Folgejahres ist bei Überschreiten des Gesamtumsatzes von 1.000.000 Euro der Standardfall.

3.1.2. Unterjährige Anforderung von Gesamtdaten von Plattformen mit über 1.000.000 Euro Gesamtumsatz

Abweichend von der in Punkt 3.1.1. angeführten Übermittlung der Gesamtdaten einer Plattform sind unterjährige Daten-Anforderungen für bestimmte Zeiträume dann zulässig, wenn dies für Maßnahmen der Betrugsbekämpfung notwendig erscheint.

Die in § 18 Abs. 12 UStG 1994 geregelte Anforderung von Aufzeichnungen bezieht sich immer auf eine zentrale Abfrage aller Plattform-Daten bzw. Daten für bestimmte Zeiträume und nicht auf Einzelanfragen zu einzelnen Anbietern auf einer Plattform.

3.1.3. Anforderung von Gesamtdaten von Plattformen unter 1.000.000 Gesamtumsatz

Bei Plattformen mit Gesamtumsätzen unter 1.000.000 Euro ist gesetzlich keine verpflichtende Übermittlung der Gesamtdaten zu einem bestimmten Stichtag vorgesehen.

Eine Daten-Anforderung kann jedoch für Maßnahmen der Betrugsbekämpfung erforderlich sein.

3.2. Anforderung von Daten im Einzelfall

Bis zur automatischen jährlichen Übermittlung von Plattform-Daten ist bei der Prüfung von Anbietern auf Plattformen wie folgt vorzugehen:

3.2.1. Prüfungszeiträume bis 31.12.2019

Daten, die für die Prüfung eines Einzelfalles für die Jahre bis 31.12.2019 benötigt werden, können von der Prüferin/dem Prüfer angefordert werden.

3.2.2. Prüfungszeiträume ab 1.1.2020

3.2.2.1. Anbieter auf Plattformen mit Gesamtumsatz über 1.000.000

Für Prüfungszeiträume ab 1.1.2020 sollten die Daten der Nutzer einer Plattform, die insgesamt einen Gesamtumsatz von mehr als 1.000.000 Euro vermittelt, verfügbar sein. Dies unabhängig vom Umsatz der einzelnen Nutzer.

3.2.2.2. Unterjährige Daten von Anbietern auf Plattformen mit Gesamtumsatz über 1.000.000

Im Einzelfall kann auch für Zeiträume ab 1.1.2020 unterjährig die Übermittlung von Daten angefordert werden.

3.2.2.3. Anbieter auf Plattformen mit Gesamtumsatz unter 1.000.000

Ist der Nutzer auf einer Plattform mit einem Gesamtumsatz unter 1.000.000 Euro tätig, gilt die gleiche Vorgangsweise wie bei Prüfungszeiträumen bis 2019 (siehe 3.2.1.).

Ergeben sich Anhaltspunkte, dass mehrere österreichische Nutzer relevante Einkünfte erzielen, wird eine Anforderung der Gesamtdaten von dieser Plattform zu initiieren sein.

2/2. Salzburger Steuerdialog – Umsatzsteuer

2/2/1.

AÖF 2007/253

Umsatzsteuerprotokoll über den Salzburger Steuerdialog 2007

(Erlass des BMF vom 15.10.2007, BMF-010219/0431-VI/4/2007)

§ 2, § 6 Abs. 1 Z 16 und 20, § 12 Abs. 1 und 3 UStG 1994 (UStR 2000 Rz 185)

Vermietung eines Zahnlabors durch eine Ehegatten-Personengemeinschaft an einen Gesellschafter – Frage der umsatzsteuerlichen Anerkennung des Mietverhältnisses; Vorsteuerabzug

Eine nicht im Firmenbuch eingetragene Ehegattenpersonengemeinschaft (Beteiligungsverhältnis 50 : 50) errichtet ein Gebäude, das zu 2/3 für private Zwecke genutzt wird und zu 1/3 einem Ehepartner für unternehmerische Zwecke dienen soll. Der für die unternehmerische Nutzung vorgesehene Gebäudeteil wird von der Ehegattengemeinschaft als Zahnlabor mit zugehörigen Büroräumen eingerichtet und samt Labor- und Büroausstattung bzw. -einrichtung an den einen Ehegatten, der als Zahntechniker tätig ist und ausschließlich steuerfreie Umsätze gemäß § 6 Abs. 1 Z 20 UStG 1994 erzielt, vermietet.

In dem zwischen der Ehegattengemeinschaft und dem als Zahntechniker tätigen Ehegatten abgeschlossenen schriftlichen Mietvertrag wird ua. festgelegt, dass der monatliche Mietzins aus dem Hauptmietzins, dem Anteil an den Betriebskosten und laufenden Abgaben sowie dem Entgelt für die mitvermieteten Einrichtungsgegenstände und Geräte besteht. Im Rahmen der jährlich vorgesehenen Neuberechnung des Mietentgelts ist laut Vertrag ua. eine um einen Aufschlag von 15% erhöhte ertragsteuerliche Afa-Komponente, soweit auf die vermieteten Räumlichkeiten entfallend, zu berücksichtigen. In einer Ergänzung zum Mietvertrag ist weiters festgelegt, dass der Aufschlag auf die AfA-Komponente jedenfalls so hoch sein muss, dass gewährleistet ist, dass nach 15 Jahren insgesamt ein positives Ergebnis aus der Vermietung und Verpachtung und somit keine Liebhaberei im steuerlichen Sinne vorliegt.

Die von der Ehegattengemeinschaft vereinnahmten Mietentgelte werden zur Gänze gemäß § 6 Abs. 2 UStG 1994 steuerpflichtig behandelt. Eine Vermietung eines Gebäudeteiles an fremde Dritte erfolgt nicht. Die Ehegattengemeinschaft macht von den Anschaffungskosten des Gebäudes die auf den betrieblich genutzten Teil entfallenden anteiligen Vorsteuern (33%) sowie die Vorsteuern aus den Kosten des zahntechnischen Labors und des Büros geltend.

Kann die Ehegattengemeinschaft diese Vorsteuern abziehen oder sind die Vorleistungen direkt dem als Zahntechniker tätigen Ehegatten zuzurechnen und damit wegen des Zusammenhanges mit gemäß § 6 Abs. 1 Z 20 UStG 1994 steuerbefreiten Umsätzen vom Vorsteuerabzug ausgeschlossen?

Zunächst ist auf UStR 2000 Rz 185 zu verweisen, wonach eine Ehegattengemeinschaft, die weder eine eigene Rechtspersönlichkeit noch eine eigenständige Handlungsbefugnis besitzt und neben der gemeinschaftlichen Errichtung eines Gebäudes tatsächlich keine weiteren Tätigkeiten ausübt, kein Unternehmer ist (EuGH 21. 4. 2005, Rs C-25/03, *„HE“*). Fehlt es an der Unternehmereigenschaft der Gemeinschaft, sind bei Leistungsbezügen die Eheleute, die diese Gemeinschaft bilden, unmittelbar als Leistungsempfänger anzusehen. Einem unternehmerisch tätigen Ehepartner stünde bei Erfüllung der allgemeinen Voraussetzungen des § 12 Abs. 1 UStG 1994 ein anteiliger Vorsteuerabzug zu (zu den Voraussetzungen bzw. zur Höhe siehe UStR 2000 Rz 783), es sei denn es liegt – wie im vorliegenden Fall – wegen des Zusammenhanges der Vorleistungen mit unecht steuerbefreiten Umsätzen ein Ausschlussgrund gemäß § 12 Abs. 3 UStG 1994 vor.

Bei dem gegebenen Sachverhalt stellt sich die Frage, ob die Ehegattengemeinschaft durch die Begründung eines vertraglich geregelten Mietverhältnisses mit dem als Zahntechniker tätigen Ehepartner und Miteigentümer Unternehmereigenschaft erlangt bzw. ob dieses Mietverhältnis umsatzsteuerlich anzuerkennen ist und die Vermieterin somit – unabhängig vom Verwendungszweck beim Mieter – zur steuerpflichtigen Behandlung dieses Mietverhältnisses und somit zum Vorsteuerabzug berechtigt ist.

Nach ständiger Rechtsprechung kann im Zusammenhang mit der Beurteilung, ob Rechts- und Leistungsbeziehungen zwischen nahen Angehörigen bzw. zwischen Gesellschafter und Gesellschaft umsatzsteuerrechtlich anzuerkennen sind, auf die Kriterien der „Angehörigenjudikatur“ zurückgegriffen werden (vgl. VwGH 29. 3. 2007, 2003/15/0085 mit weiteren Verweisen sowie EStR 2000 Rz 1130 bis Rz 1140 zu den allgemeinen Kriterien und EStR 2000 Rz 1206 bis Rz 1213 zu den speziellen Kriterien für Miet- und Pachtverträge). In diesem Zusammenhang ist beispielsweise auf die eher ungewöhnliche Regelung der Berechnung des Mietentgelts hinzuweisen.

Darüber hinaus gebieten aber auch die Grundsätze des Gemeinschaftsrechts bei der gegebenen Sachverhaltskonstellation die Prüfung des Vorliegens einer – dem Recht auf Vorsteuerabzug entgegenstehenden – missbräuchlichen Praxis, zumal es offenkundig ist, dass die gewählte Gestaltungsvariante (Zwischenschaltung einer auf Grund einer temporären Optionsausübung zum Vorsteuerabzug berech-

tigten Vermietungsgesellschaft statt direktem Leistungsbezug durch den nicht zum Vorsteuerabzug berechtigten Unternehmer) im Falle ihrer Anerkennung zur Erzielung eines Steuervorteils – und damit verbunden – eines Liquiditätsvorteiles führt:

Nach dem Urteil des EuGH vom 21. Februar 2006, Rs C-255/02, *„Halifax ua."* steht das Gemeinschaftsrecht nämlich dem Recht des Steuerpflichtigen auf Vorsteuerabzug entgegen, wenn die Umsätze, die dieses Recht begründen, eine missbräuchliche Praxis darstellen.

Die Feststellung einer solchen missbräuchlichen Praxis erfordert zum einen, dass die fraglichen Umsätze trotz formaler Anwendung der Bedingungen der einschlägigen Bestimmungen über das gemeinsame Mehrwertsteuersystem und des zu ihrer Umsetzung erlassenen nationalen Rechts einen Steuervorteil zum Ergebnis haben, dessen Gewährung dem mit diesen Bestimmungen verfolgten Ziel zuwiderlaufen würde. Zum anderen muss auch aus einer Reihe objektiver Anhaltspunkte ersichtlich sein, dass mit den fraglichen Umsätzen im Wesentlichen ein Steuervorteil bezweckt wird.

Das gegenständliche Bestandverhältnis wird von der Abgabenbehörde somit nur anerkannt werden können, wenn von der Ehegattengemeinschaft für die gewählte Gestaltung beachtliche außersteuerliche Gründe dargetan werden können.

Ist hingegen nach den dargelegten Grundsätzen eine missbräuchliche Praxis festzustellen, so sind die diese Praxis bildenden Umsätze in der Weise neu zu definieren, dass auf die Lage abgestellt wird, die ohne die diese missbräuchliche Praxis begründenden Umsätze bestanden hätte (vgl. EuGH vom 21. Februar 2006, Rs C-255/02, *„Halifax ua."*). Im Ergebnis würde dies bedeuten: Keine Anerkennung des Mietverhältnisses zwischen der Ehegattenpersonengemeinschaft und dem als Zahntechniker tätigen Ehegatten, der als direkter Leistungsempfänger gemäß § 12 Abs. 3 UStG 1994 vom Vorsteuerabzug ausgeschlossen ist.

§ 3 Abs. 2 UStG 1994 (UStR 2000 Rz 361 ff, UStR 2000 Rz 2074)

Umsatzsteuerliche Behandlung von Sacheinlagen

Im Jahr 2002 erwirbt die M-GmbH EDV-Anlagen zur Ausführung von steuerpflichtigen Umsätzen und macht aus den Anschaffungskosten Vorsteuern geltend. Im Jahr 2004 werden diese EDV-Anlagen an die Tochtergesellschaft (keine Organschaft), welche diese Anlagen zur Ausführung von unecht steuerbefreiten Umsätzen verwendet, unentgeltlich übertragen. Ertragsteuerrechtlich wird dieser Vorgang als verdeckte Einlage beurteilt.

Welche umsatzsteuerlichen Folgen hat die unentgeltliche Übertragung der EDV-Anlagen?

Die unentgeltliche Übertragung der EDV-Ausrüstung unterliegt (auch wenn sie aus unternehmerischen Gründen erfolgt) der Eigenverbrauchsbesteuerung nach § 3 Abs. 2 UStG 1994. Die Bemessungsgrundlage bestimmt sich gemäß § 4 Abs. 8 lit. a UStG 1994 nach dem Einkaufspreis zuzüglich der mit dem Einkauf verbundenen Nebenkosten für den Gegenstand oder für einen gleichartigen Gegenstand oder mangels eines Einkaufspreises nach den Selbstkosten, jeweils im Zeitpunkt des Umsatzes.

Eine Vorsteuerkorrektur ist nicht vorzunehmen (siehe auch UStR 2000 Rz 2074).

Gemäß § 12 Abs. 15 UStG 1994 ist der leistende Unternehmer berechtigt, den für den Eigenverbrauch geschuldeten Betrag gesondert in Rechnung zu stellen. Er kann daher eine Rechnung im Sinne des § 11 Abs. 1 UStG 1994 ausstellen, in der er ausdrücklich auf den § 12 Abs. 15 UStG 1994 hinzuweisen hat. An die Stelle des Entgeltes tritt die Bemessungsgrundlage für den Eigenverbrauch.

Die Tochtergesellschaft darf daraus jedoch keine Vorsteuer geltend machen, da sie diese EDV-Anlage zur Ausführung unecht steuerbefreiter Umsätze verwendet.

§ 3a Abs. 1a UStG 1994 (UStR 2000 Rz 475 ff)

Umsatzsteuerliche Behandlung von Nutzungseinlagen

Im Jahr 2002 erwirbt die M-GmbH EDV-Anlagen zur Ausführung von steuerpflichtigen Umsätzen und macht aus den Anschaffungskosten Vorsteuern geltend. Im Jahr 2004 werden diese EDV-Anlagen der Tochtergesellschaft (keine Organschaft), welche diese Anlagen zur Ausführung von unecht steuerbefreiten Umsätzen verwendet, unentgeltlich zur Nutzung überlassen. Ertragsteuerrechtlich wird dieser Vorgang als verdeckte Nutzungseinlage beurteilt.

Welche umsatzsteuerlichen Folgen hat die unentgeltliche Überlassung der EDV-Anlagen?

Die verdeckte Nutzungseinlage führt mangels spezieller Entgeltlichkeit nicht zu einem Leistungsaustausch. Eine verdeckte Nutzungseinlage erhöht zwar (durch ersparte Aufwendungen) den Gewinn der Gesellschaft, der Gesellschaftsgewinn stellt jedoch kein spezielles Entgelt für die Nutzungseinlage dar. Mangels Entgeltlichkeit muss konsequenterweise eine unentgeltliche Leistung angenommen werden.

Die unentgeltliche Nutzungsüberlassung unterliegt bei Überlassung aus nichtunternehmerischen Motiven der Eigenverbrauchsbesteuerung nach § 3a Abs. 1a UStG 1994 (Verwendungseigenverbrauch). Die Bemessungsgrundlage bestimmt sich gemäß § 4 Abs. 8 lit. b UStG 1994 nach den auf die Ausführung dieser Leistung entfallenden Kosten.

Bei Vorliegen eines steuerpflichtigen Eigenverbrauchs ist der leistende Unternehmer gemäß § 12 Abs. 15 UStG 1994 berechtigt, dem Empfänger der sonstigen Leistung den für den Eigenverbrauch geschuldeten Steuerbetrag gesondert in Rechung zu stellen. Er kann eine

Rechnung im Sinne des § 11 Abs. 1 UStG 1994 ausstellen, in der er ausdrücklich auf den § 12 Abs. 15 UStG 1994 hinzuweisen hat. An die Stelle des Entgeltes tritt die Bemessungsgrundlage für den Eigenverbrauch.

Die Tochtergesellschaft darf daraus jedoch keine Vorsteuer geltend machen, wenn sie diese EDV-Anlage zur Ausführung unecht steuerbefreiter Umsätze verwendet.

§ 3a Abs. 1a UStG 1994, § 209a und § 295 Abs. 3 BAO (UStR 2000 Rz 475 ff, UStR 2000 Rz 1902)

Nachholen der Eigenverbrauchsbesteuerung; Bescheidänderungen, grundlagenähnliche Bescheide

Im Zuge einer Betriebsprüfung wurde festgestellt, dass die Anschaffung eines Gegenstandes im Jahr 2000 nicht für das Unternehmen erfolgte und es wurde daher der Vorsteuerabzug nicht anerkannt. Dagegen wurde Berufung erhoben und es erfolgte eine Aussetzung gemäß § 281 BAO, da ein gleich gelagerter Fall beim VwGH bereits anhängig war. Für die Jahre 2001 bis 2003 (ebenfalls geprüft) wurde bezüglich dieses Gegenstandes infolge genereller Nichtanerkennung des Vorsteuerabzuges keine Eigenverbrauchsbesteuerung der Privatnutzung vorgenommen. Die Umsatzsteuerbescheide für die Jahre 2001 bis 2003 wurden rechtskräftig. Im Jahr 2008 wird der gleich gelagerte Fall vom VwGH entschieden. Daraus ergibt sich für den konkreten Fall, dass die Anschaffung des Gegenstandes doch für das Unternehmen des Steuerpflichtigen erfolgt ist und dass ein Vorsteuerabzug zusteht.

Besteht eine Möglichkeit, die Umsatzsteuer für die Jahre 2001 bis 2003 – über die Verjährungsfrist hinaus – zu korrigieren, das heißt die Eigenverbrauchsbesteuerung nachzuholen?

Sind Verlängerungshandlungen zweckmäßig, wenn die betreffenden Jahre bereits geprüft sind?

Dient der Gegenstand zu mindestens 10% unternehmerischen Zwecken, kann der Unternehmer die ihm für die Anschaffung des Gegenstandes in Rechnung gestellte Umsatzsteuer im Jahr 2000 zur Gänze als Vorsteuer abziehen, sofern nicht nur der unternehmerisch genutzte Teil dem Unternehmen zugeordnet wurde (UStR 2000 Rz 1902). Eine Nutzung des Gegenstandes für Zwecke, die außerhalb des Unternehmens liegen, unterliegt gemäß § 1 Abs. 1 Z 2 lit. a UStG 1994 idF bis 31. Dezember 2003 (gemäß § 3a Abs. 1a UStG 1994 ab 1. Jänner 2004) in diesem Fall der Eigenverbrauchsbesteuerung. Letzteres gilt auch für die Folgejahre.

Gemäß § 209a BAO steht einer Abgabenfestsetzung, die in einer Berufungsentscheidung zu erfolgen hat, der Eintritt der Verjährung nicht entgegen. Für das Veranlagungsjahr 2000 kann im Rahmen der Berufungserledigung die Vorsteuer somit gewährt und eine allfällige Eigenverbrauchsbesteuerung vorgenommen werden. Die rechtskräftigen Bescheide für die Folgejahre 2001 bis 2003 können auch nach Eintritt der Verjährung gemäß § 295 Abs. 3 BAO geändert und die Eigenverbrauchsbesteuerung vorgenommen werden. Vorläufige Veranlagungen für die Jahre 2001 bis 2003 sind nicht zweckmäßig.

§ 3a Abs. 4 und Art. 3a Abs. 1 UStG 1994 (UStR 2000 Rz 502 bzw. UStR 2000 Rz 3806)

Subvermittlung von Reiseleistungen – Leistungsort

Die X-GmbH Österreich, eine Tourismus- und Internetdienstleistungsgesellschaft, betreibt eine Internetseite, auf der sie zwar selbst nicht als Veranstalter auftritt, aber Reisen für diverse Reiseveranstalter vermittelt. Dies ist für den Besucher der Homepage dort auch ersichtlich. Die X-GmbH Österreich wird im Auftrag der X-GmbH Deutschland, die ebenfalls Reisen vermittelt, tätig. Die Reiseveranstalter zahlen für Vermittlungen Provisionen an die X-GmbH Deutschland. Soweit Reisevermittlungen durch die X-GmbH Österreich bewirkt wurden, gibt die X-GmbH Deutschland Vermittlungsprovisionen an die X-GmbH Österreich weiter.

Wie wird eine solche Subvermittlung umsatzsteuerrechtlich beurteilt?

Gelangt Art. 3a Abs. 1 UStG 1994 auf eine solche Subvermittlung zur Anwendung, sodass sich für Vermittlungsleistungen, die die X-GmbH Österreich an die X-GmbH Deutschland verrechnet, auf Grund der Bekanntgabe der deutschen UID-Nummer der X-GmbH Deutschland der Leistungsort nach Deutschland verlagert bzw. geht in der Folge die Steuerschuld für die Umsätze der X-GmbH Österreich auf die X-GmbH Deutschland über?

Zunächst muss hinsichtlich des verwirklichten Sachverhaltes (zB auf Grund der konkreten vertraglichen Vereinbarungen) sichergestellt sein, dass von Vermittlungsleistungen auszugehen ist.

Für den Fall des Vorliegens von Vermittlungsleistungen ist festzuhalten, dass nach Auffassung des EuGH bei der Subvermittlung von Kreditumsätzen, „der Umstand, dass ein Steuerpflichtiger zu keiner der Parteien eines Kreditvertrags, zu dessen Abschluss er beigetragen hat, in einem Vertragsverhältnis steht und mit einer der Parteien nicht unmittelbar in Kontakt tritt, nicht ausschließt, dass dieser Steuerpflichtige eine von der Steuer befreite Leistung der Vermittlung von Krediten im Sinne von Art. 13 Teil B Buchst. d Nr. 1 der 6. MWSt-Richtlinien erbringt“ (EuGH vom 21. Juni 2007, Rs C-453/05, „*Ludwig*“). In dieser Entscheidung hat der EuGH ua. auf seine bereits im Urteil vom 13. Dezember 2001, Rs C-235/00, „*CSC*“, geäußerte Ansicht zu Vermittlungsleistungen im Allgemeinen hingewiesen, nach der eine Subvermittlung grundsätzlich als Vermittlungsleistung im Sinne des § 3a Abs. 4 UStG 1994 anerkannt werden kann, wenn sie unter gleichen Voraussetzungen wie die Vermittlungsleistung des ersten Vermittlers erfolgt und ihre „Tätigkeit darin besteht, alles Erforderliche zu tun, damit

USt-E

zwei Parteien einen Vertrag oder ein Rechtsgeschäft abschließen, ohne dass der Vermittler ein eigenes Interesse am Inhalt des Vertrages hat“.

Sofern dies auf den gegebenen Sachverhalt zutrifft, könnte auch für eine Subvermittlung Art. 3a Abs. 1 UStG 1994 zur Anwendung gelangen, wobei im gegenständlichen Fall sowohl die für einen in Deutschland ansässigen Reiseveranstalter erbrachte Vermittlung von Reiseleistungen im Sinne des § 23 UStG 1994 der X-GmbH Deutschland als auch die Subvermittlungsleistungen der X-GmbH Österreich zufolge § 3a Abs. 4 UStG 1994 ohnehin in Deutschland steuerbar sind. Hinsichtlich der Leistungen der X-GmbH Österreich wird die Steuerschuld bei Vorliegen der Voraussetzungen nach dem deutschen UStG auf den Leistungsempfänger übergehen.

§ 3a Abs. 8 lit. a und § 3a Abs. 9 lit. a UStG 1994 (UStR 2000 Rz 550 ff)

Umsatzsteuerliche Behandlung von Forschungsleistungen

Die inländische Tochtergesellschaft eines ausländischen Pharmakonzerns erbringt Forschungsleistungen (Chemie, Pharmazie) für ihre ausländische Konzernmutter. Sämtliche Ergebnisse (Erfindungen) gehören bereits mit ihrer Entstehung der Konzernmutter. Die Forschungsergebnisse werden zur Herstellung neuer bzw. zur Verbesserung bestehender Produkte (Medikamente) verwendet.

Sind die Forschungsleistungen am Tätigkeitsort (§ 3a Abs. 8 lit. a UStG 1994) oder am Empfängerort (§ 3a Abs. 9 lit. a UStG 1994) steuerbar?

Die Leistung der Tochtergesellschaft kann als Katalogleistung im Sinne des § 3a Abs. 10 UStG 1994 angesehen werden. Der Leistungsort bestimmt sich nach § 3a Abs. 9 lit. a UStG 1994 und liegt dort, wo der Empfänger sein Unternehmen betreibt.

§ 7 UStG 1994 (UStR 2000 Rz 1051)

Ausfuhrlieferung

Ein Schweizer Unternehmer bestellt bei einer österreichischen Druckerei 50 000 Stück bedruckte Kuverts. Die Ausgangsrechnung in Höhe von 30 000 € wird bei Beginn der Produktion bezahlt. Da der Drittlandsunternehmer nur 30 000 Stück benötigt, werden diese auf Abruf in die Schweiz versendet; auf die Zusendung der restlichen 20 000 Stück wird verzichtet und werden diese – weil bereits gedruckt – von der Druckerei vernichtet. Ein entsprechendes Ausfuhrpapier über die ausgeführte Stückzahl liegt vor.

Wie ist dieser Vorgang umsatzsteuerrechtlich zu beurteilen?

Das Umsatzsteuerrecht knüpft an die tatsächliche Leistung an. Maßgeblich ist umsatzsteuerrechtlich nicht das Verpflichtungsgeschäft, sondern das Erfüllungsgeschäft – die Erfüllung. Stimmt das Erfüllungsgeschäft nicht mit dem Verpflichtungsgeschäft überein, ist die Leistungserfüllung maßgeblich. Da in Abweichung von der ursprünglichen Vereinbarung nur 30 000 Stück geliefert wurden, wird von einer Änderung des Vertrages hinsichtlich der Stückzahl bei gleich bleibendem Entgelt auszugehen sein. Es liegt daher eine Ausfuhrlieferung von 30 000 Stück vor.

Hinsichtlich der restlichen 20 000 Stück ist keine Lieferung erfolgt. Gemäß § 4 UStG 1994 wird der Umsatz im Falle des § 1 Abs. 1 Z 1 UStG 1994 nach dem Entgelt bemessen. Entgelt ist alles, was der Empfänger einer Lieferung aufzuwenden hat, um die Lieferung zu erhalten. Der gesamte bezahlte Betrag in Höhe von 30 000 € ist daher der Ausfuhrlieferung zuzuordnen.

§ 10 Abs. 2 Z 6 UStG 1994 (UStR 2000 Rz 1161 ff)

Steuersatz bei einem Fitnessstudio mit Sauna

Laut Anmeldungsformular bietet ein Sport&Wellness Club auf Basis einer unbestimmten Mitgliedschaft die Nutzung von Fitness-Einrichtungen im Rahmen der von den Mitgliedern zu wählenden Nutzungskonzepte (mit unterschiedlichem Leistungsumfang) an. Mit Ausnahme eines Angebotes für Jugendliche unter 18 Jahren ist im jeweiligen Leistungspaket auch die Nutzung der Saunalandschaft inkludiert. In der Rubrik „Zahlung“ ist der monatliche Gesamtbetrag ausgewiesen, wobei (in Klammer gesetzt) auch die Anteile für Fitness und Sauna betragsmäßig getrennt angeführt sind. In der darunter liegenden Zeile findet sich der Vermerk: „Gesamtbetrag besteht aus 75% Fitness-Nutzungsanteil (20% MWSt.) und 25% Sauna-Nutzung (10% MWSt.)“. Unabhängig von der Nutzung der Sauna muss allerdings der für das jeweilige Leistungspaket vorgesehene Gesamtbetrag (100%) bezahlt werden.

Fraglich ist, ob eine derartige nach Steuersätzen getrennte Aufteilung des Entgeltes zulässig ist.

In seinem Erkenntnis vom 28. November 2000, 97/14/0007, hat der VwGH in einem vergleichbaren Fall nach Ausführungen zum Grundsatz der Einheitlichkeit der Leistung festgehalten, dass bei einem Fitnessstudio das Körpertraining im Vordergrund stehe und Saunaeinrichtungen den Gästen üblicherweise zur Abrundung des Leistungsangebotes zur Verfügung gestellt würden. Die Saunaleistungen stellten somit unselbständige Nebenleistungen zu den Fitnessleistungen dar. Der darauf entfallende Entgeltsteil – ob gesondert ausgewiesen oder nicht – unterliegt damit ebenfalls dem Normalsteuersatz.

Das noch zum UStG 1972 ergangene VwGH-Erkenntnis steht auch im Einklang mit der zur Frage des Vorliegens einer unselbständigen Nebenleistung bereits ergangenen EuGHRechtsprechung. Danach liegt eine unselbständige Nebenleistung ua. vor, wenn sie für die Kundschaft keinen eigenen Zweck, sondern das Mittel darstellt, um die Hauptleistung des Leistungserbringers unter optimalen Bedingungen in Anspruch zu nehmen; siehe zB EuGH vom

25. Februar 1999, Rs C-349/96, „Card Protection Plan Ltd (CPP)“.

Im gegenständlichen Fall ist daher das gesamte für das jeweilige Leistungspaket zu entrichtende Entgelt dem Steuersatz von 20% zu unterwerfen. Die fiktive Aufteilung des Entgelts auf Angeboten, Verträgen bzw. Rechnungen hat auf diese Beurteilung keinen Einfluss.

§ 11 Abs. 2 zweiter Unterabsatz UStG 1994, Verordnung BGBl. II Nr. 583/2003 (UStR 2000 Rz 1561, Rz 1570)

Elektronische Rechnung mit fortgeschrittener digitaler Signatur, Aufbewahrungspflichten

Der Lieferant erstellt eine Rechnung mit fortgeschrittener digitaler Signatur, die einen eindeutigen Index zur Rechnung enthält. Er übermittelt sie auf elektronischem Weg an den Rechnungsempfänger und legt sie anschließend in einem revisionssicheren Archiv unter einer eigenen eindeutigen Speichernummer ab, wodurch die Unveränderbarkeit der Daten gewährleistet ist. Der Rechnungsempfänger überprüft die elektronische Rechnung sowohl inhaltlich als auch hinsichtlich der fortgeschrittenen Signatur. Alle Rechnungsdaten sowie die Speichernummer werden in einer Zwischenablage im Archiv, das sich in seinem Verfügungsbereich befindet, abgelegt. Gleichzeitig wird der Prüfbericht generiert, der sämtliche Informationen über die Freigabe sowie die Rechnungsprüfung inklusive Signatur enthält. Der Prüfbericht wird in das revisionssichere Archiv beim Lieferanten gesandt, dort auf Grund der eindeutigen Speichernummer zur Ausgangsrechnung zugeordnet und abgelegt. Auch beim Rechnungsempfänger erfolgt eine eindeutige und nur diesem zuordenbare Indexerstellung.

Rechnungsaussteller und Rechnungsempfänger können auf die Rechnung, die nur einmal im Archiv abgelegt ist, zugreifen, wobei nur die Daten aus der Sicht des jeweiligen Zugreifers ersichtlich sind.

Ausgangs- und Eingangsrechnung sind Referenzen auf das nur einmal archivierte Original im zentralen Archivsystem. Ist diese Vorgangsweise vereinbar mit UStR 2000 Rz 1570, wonach sowohl der Rechnungsaussteller als auch der Rechnungsempfänger die Nachweise über die Echtheit und Unversehrtheit der Daten als Teil der Rechnung aufzubewahren haben?

Aufbau und Ablauf des bei der elektronisch übermittelten Rechung angewandten Verfahrens müssen zwecks Nachprüfbarkeit durch die Finanzbehörde entsprechend dokumentiert sein (UStR 2000 Rz 1561). Eine zentrale Archivierung der Rechnungs- und Prüfberichtsdaten beim Rechnungsaussteller ist zulässig, wenn jederzeitige getrennte Zugriffe sowohl des Ausstellers als auch des Empfängers der Rechnung auf die unveränderten und unveränderbaren Daten gesichert und gewährleistet sind und sich der Server im Inland befindet. Sollte der Zugriff durch den Rechnungsempfänger – auch aus Gründen, die nicht in seinem Verantwortungsbereich liegen – nicht möglich sein, so geht dies zu seinen Lasten.

§ 18 Abs. 8 und Art. 7 Abs. 3 UStG 1994 (UStR 2000 Rz 2584 und Rz 4008)

Zeitpunkt des Vorliegens des Buchnachweises

Die im dritten Satz der UStR 2000 Rz 2584 enthaltene Aussage, dass ein vollständiger Buchnachweis grundsätzlich zu Beginn einer Umsatzsteuernachschau oder einer Betriebsprüfung vorliegen muss, wird im folgenden Satz insoweit relativiert, als dem Unternehmer nach Beginn einer Umsatzsteuernachschau oder einer Betriebsprüfung unter Setzung einer Nachfrist von zirka einem Monat die Möglichkeit einzuräumen ist, einzelne Teile des buchmäßigen Nachweises nachzubringen.

Zufolge UStR 2000 Rz 4008 ist demgegenüber bei innergemeinschaftlichen Lieferungen das Vorliegen des Buchnachweises spätestens zu Beginn der Betriebsprüfung bzw. Umsatzsteuernachschau erforderlich.

Ist die Setzung einer Nachfrist für die Beibringung des buchmäßigen Nachweises während einer Betriebsprüfung oder Umsatzsteuernachschau nur für Ausfuhrlieferungen, nicht aber für innergemeinschaftliche Lieferungen vorgesehen?

Die allgemeinen Ausführungen zum Buchnachweis bzw. zu dessen Ergänzung in der UStR 2000 Rz 2584 beziehen sich auf alle Steuerbefreiungen, bei denen ein Buchnachweis zu führen ist, somit auch auf innergemeinschaftliche Lieferungen.

Hinzuweisen ist in diesem Zusammenhang darauf, dass zufolge UStR 2000 Rz 2584 und Rz 4008 einzelne Angaben (bzw. Teile) zum Buchnachweis nachgeholt werden können, dass jedoch nicht der gesamte Buchnachweis erst nachträglich erstellt werden kann. Dies ergibt sich auch daraus, dass nach dem Wortlaut dieser Randziffern Berichtigungen bzw. Ergänzungen zulässig sind, was aber schon begrifflich nur möglich ist, wenn grundsätzlich – wenn auch korrekturbedürftige – Aufzeichnungen geführt worden sind.

Darüber hinaus können auch nicht alle Angaben bzw. Teile des Buchnachweises im Nachhinein beigebracht oder ergänzt werden, sondern ist hier im konkreten Einzelfall zu prüfen, ob eine Ergänzung überhaupt zulässig sein kann. So ist bei Ausfuhrlieferungen bzw. Lieferungen in andere Mitgliedstaaten das Vorliegen der Voraussetzungen für die Steuerfreiheit, zu denen auch der Ausfuhrnachweis bzw. Beförderungs- oder Versendungsnachweis gehört, buchmäßig nachzuweisen; diese Nachweise werden somit als Bestandteil des Buchnachweises angesehen. Grundsätzlich ist aber zwischen Ausfuhrnachweis und Buchnachweis als jeweils gesondert zu erbringende Voraussetzungen für die Steuerfreiheit von Ausfuhrlieferungen bzw. innergemeinschaftlichen Lieferungen zu unterscheiden. Sollte daher der Ausfuhrnachweis bzw. Beförderungs- oder Versendungsnachweis

unvollständig sein und nicht mehr ergänzt werden können, ist die Steuerfreiheit schon wegen des fehlenden Ausfuhrnachweises (siehe hierzu zB VwGH 15. 2. 2006, 2001/13/0275) bzw. Beförderungs- oder Versendungsnachweises (zB fehlende Empfangsbestätigung des Abnehmers in Abholfällen) zu versagen.

§ 19 Abs. 1 zweiter Unterabsatz UStG 1994 und § 29 Abs. 2 lit. c BAO

Begründung einer Betriebsstätte im Sinne des § 29 BAO eines „ausländischen Unternehmers" – Korrekturen von Anzahlungs- und Schlussrechnungen

Der deutsche Unternehmer D beginnt Mitte September 2005 mit der Errichtung einer Anlage für den Unternehmer Ö in Österreich (Vertragswert: rund 5 000 000 €). D beauftragt österreichische Subunternehmer mit einem Teil der Montagearbeiten bzw. bezieht zum Teil von österreichischen Unternehmern Materialien.

Mitte April 2006 wird die nach einer Bauzeit von sieben Monaten fertig gestellte Anlage vom Auftraggeber abgenommen.

D legt unter Hinweis auf § 19 Abs. 1 zweiter Unterabsatz UStG 1994 (Übergang der Steuerschuld) in den Jahren 2005 und 2006 vier Anzahlungsrechnungen in Höhe von jeweils 1 000 000 € ohne Ausweis von Umsatzsteuer. Im Juli 2006 erstellt D die Schlussrechnung in Höhe von 5 000 000 € abzüglich der bereits geleisteten Anzahlungen in Höhe von insgesamt 4 000 000 € netto unter Hinweis auf den Übergang der Steuerschuld auf den inländischen Leistungsempfänger.

Für die Jahre 2005 und 2006 bringt D Vorsteuererstattungsanträge beim Finanzamt Graz-Stadt ein, in denen er den Vorsteuerabzug für in Österreich entstandene Aufwendungen (Materialien, Montageleistungen usw.) geltend macht.

Dass D auf Grund des Überschreitens eines Zeitraums von sechs Monaten durch diese Bauausführung eine Betriebsstätte im Sinne des § 29 Abs. 2 lit. c BAO in Österreich begründet hat, ist unbestritten.

Welche Rechnungen (Anzahlungs- und/oder Schlussrechnung) sind zu korrigieren, wenn sich erst gegen Ende der Bauausführungen bzw. zum Zeitpunkt der Erstellung der Schlussrechnung herausstellt, dass eine Betriebsstätte im Sinne des § 29 Abs. 2 lit. c. BAO vorliegt, was die Nichtanwendbarkeit des Übergangs der Steuerschuld (§ 19 Abs. 1 zweiter Unterabsatz UStG 1994) zur Folge hat?

Müssen die sechs Monate Bauzeit in einem zusammenhängenden Veranlagungszeitraum vorliegen, damit man von einer Betriebsstätte im entsprechenden Veranlagungszeitraum im Sinne des § 19 Abs. 1 zweiter Unterabsatz Satz UStG 1994 ausgehen kann?

Mit welcher Bemessungsgrundlage und in welchem Veranlagungszeitraum sind die Anzahlungsrechnungen und/oder die Schlussrechnung der Besteuerung zu unterwerfen?

Ist bei der Ermittlung der Bemessungsgrundlage der Anzahlungsrechnungen vom vereinnahmten Betrag (jeweils 1 000 000 €) die Umsatzsteuer herauszurechnen oder ist die Umsatzsteuer betreffend die Anzahlungsrechnungen auf die vereinnahmten Nettobeträge aufzuschlagen?

Zu welchem Zeitpunkt steht dem österreichischen Leistungsempfänger der Vorsteuerabzug aus den Anzahlungsrechnungen (Datum der korrigierten Rechnungen: Februar 2007) zu, wenn die Umsatzsteuer mittels Überrechnung der Vorsteuer auf das Abgabenkonto des Unternehmers D „entrichtet" und die Umsatzsteuervoranmeldung für Februar 2007 erst am 13. April 2007 gleichzeitig mit dem Überrechnungsantrag eingereicht wird?

Das Vorliegen einer Betriebsstätte im Sinne des § 29 Abs. 2 lit. c BAO führt hinsichtlich der Frage nach der Verpflichtung zu Rechnungsberichtigungen rückwirkend zu einer Neubeurteilung (ex tunc). Während nach Leistungserbringung das erstmalige Erstellen einer Anzahlungsrechnung schon begrifflich nicht möglich ist, muss hier – da es sich nicht um eine Rechnungslegung, sondern um eine Rechnungsberichtigung handelt – der Leistende sowohl die Anzahlungsrechnungen als auch die Schlussrechnung korrigieren und der Leistungsempfänger bereits eingereichte Umsatzsteuervoranmeldungen und (gegebenenfalls) -erklärungen richtig stellen.

Soweit bereits rechtskräftige Bescheide ergangen sein sollten, sind Bescheidänderungen nach § 295a BAO vorzunehmen.

Sobald eine Bauzeit von mehr als sechs Monaten überschritten wurde, ist – ohne Unterschied, ob dieser Zeitraum in einem Veranlagungszeitraum oder auf zwei Veranlagungszeiträume verteilt erreicht wurde – vom Vorliegen einer Betriebsstätte im Sinne des § 29 Abs. 2 lit. c BAO und somit auch für die Beurteilung der Anwendbarkeit des § 19 Abs. 1 zweiter Unterabsatz UStG 1994 auszugehen.

Somit muss im Falle einer ausländischen Körperschaft das gemäß § 8 AVOG zuständige Finanzamt, bei dem es sich immer auch um das Betriebsstättenfinanzamt handelt, bzw. in anderen Fällen ebenfalls das zuständige Betriebsstättenfinanzamt – auch hinsichtlich offener Vergütungsanträge – tätig werden. Da ein Vorsteuererstattungsverfahren mangels „Ausländereigenschaft" des Unternehmers D nicht mehr zulässig ist und veranlagungspflichtige Umsätze gegeben sind, muss über die den offenen Vorsteuererstattungsanträgen zu Grunde liegenden Vorsteuerbeträge sowie die nunmehr vom Unternehmer D zu erklärenden Umätze im Rahmen eines Umsatzsteuerveranlagungsverfahrens von diesem Finanzamt abgesprochen werden.

Für die Ermittlung der Bemessungsgrundlage bezüglich der Anzahlungsrechnungen ist die Umsatzsteuer aus den vereinnahmten Entgelten herauszurechnen.

Nach UStR 2000 Rz 1841 ist die Berechtigung zum Vorsteuerabzug bei Anzahlungen – bei Zutreffen der sonstigen Voraussetzungen des § 12 UStG 1994 – gegeben, wenn über die Anzahlung eine Rechnung mit Umsatzsteuerausweis gelegt und die Anzahlung tatsächlich geleistet worden ist. Der Vorsteuerabzug kann daher frühestens für den Voranmeldungszeitraum geltend gemacht werden, in dem alle Voraussetzungen erfüllt sind. Das ist der Voranmeldungszeitraum, in dem die berichtigten Rechnungen gelegt worden sind, somit im gegenständlichen Fall der Voranmeldungszeitraum Februar 2007. Infolge Einreichung der Voranmeldung Februar am 13. April 2007 wird die aus der Voranmeldung resultierende Gutschrift an diesem Tag wirksam (siehe § 21 Abs. 1 UStG 1994).

Art. 1 UStG 1994 (UStR 2000 Rz 3585)

Innergemeinschaftlicher Erwerb durch Schwellenerwerber über der Erwerbsschwelle

Ein deutscher pauschalierter Landwirt beliefert eine österreichische Gemeinde, die die Erwerbsschwelle überschritten hat, mit Zierpflanzen für ihr Stadtgartenamt.

Der deutsche pauschalierte Landwirt erbringt eine innergemeinschaftliche Lieferung, die nicht steuerfrei bleiben kann (vgl. Abschnitt 267 Absatz 1 Satz 3 deutsche UStR 2005 bzw. UStR 2000 Rz 2854 zur entsprechenden österreichischen Auffassung).

Die österreichische Gemeinde tätigt einen innergemeinschaftlichen Erwerb, der der Besteuerung zu unterziehen ist; ein Vorsteuerabzug steht der Gemeinde nicht zu, da der Erwerb den hoheitlichen Bereich betrifft.

Kann die in diesem Fall grundsätzlich eintretende doppelte Umsatzsteuerbelastung vermieden werden?

Nach der bis einschließlich 31. Dezember 2006 anzuwendenden 6. MWSt-Richtlinien (Art. 25 Abs. 6 Buchstabe a zweiter Unterabsatz erster Gedankenstrich, Art. 28a Abs. 1 Buchstabe a Unterabsatz 2 und Abs. 1a Buchstabe a) konnte die im anderen Mitgliedstaat zu bezahlende Mehrwertsteuer erstattet werden (siehe hierzu auch das USt-Protokoll 2001).

Die Richtlinie über das gemeinsame Mehrwertsteuersystem 2006/112/EG sieht in Art. 303 Abs. 2 und 3 für solche Fälle ebenfalls eine Rückerstattungsmöglichkeit vor, bei der sich die Mitgliedstaaten hinsichtlich der Einzelheiten der Durchführung der Erstattungen insbesondere auf die Richtlinien 79/1072/EWG und 86/560/EWG (8. und 13. MWSt-Richtlinien) stützen können.

Die österreichische Gemeinde kann ihre Ansprüche in Deutschland geltend machen.

Art. 7 und Art. 21 UStG 1994 (UStR 2000 Rz 4189 f)

Innergemeinschaftliche Lieferung – Zeitpunkt der Aufnahme in die Zusammenfassende Meldung

Der deutsche Unternehmer D bestellt Formulare bei einer Druckerei Ö in Wien, bezahlt diese zur Gänze bei Druckbeginn, erteilt aber die Order, die Ware in Teilen auf Abruf zu liefern.

Ö behandelt den Auftrag sofort zur Gänze als innergemeinschaftliche Lieferung.

Liegt eine innergemeinschaftliche Lieferung für die gesamte Lieferung schon bei Druckbeginn vor, obwohl in Teilmengen über einen längeren Zeitraum von etwa zwei Jahren geliefert wird?

Hat sofort eine Aufnahme in die Zusammenfassende Meldung (ZM) zu erfolgen?

Im vorliegenden Fall kann davon ausgegangen werden, dass die Voraussetzungen für die Steuerfreiheit der innergemeinschaftlichen Lieferung gegeben sind.

Für den Zeitpunkt der Erfassung der Teillieferungen in der ZM ergibt sich insoweit aus Art. 26 Abs. 3 und Abs. 7 UStG 1994 sowie aus UStR 2000 Rz 4189 und Rz 4190, dass grundsätzlich auf die tatsächliche Ausführung innergemeinschaftlicher Warenlieferungen abzustellen ist. Eine Aufnahme in die ZM des nachfolgenden Meldezeitraums kann danach zwar bei späterer Rechnungslegung erfolgen, eine Rechnungslegung vor tatsächlicher Ausführung innergemeinschaftlicher Lieferungen hat jedoch keinen Einfluss auf den Zeitpunkt ihrer Erfassung in der ZM.

Somit sind die einzelnen Teillieferungen grundsätzlich in der ZM für jenen Meldezeitraum zu erklären, in dem sie tatsächlich ausgeführt wurden.

Es bestehen jedoch keine Bedenken, wenn der Unternehmer die Teillieferungen aus Vereinfachungsgründen zur Gänze in jenem Meldezeitraum erfasst, in dem das Entgelt vereinnahmt wurde; insbesondere, wenn auch der Leistungsempfänger beim innergemeinschaftlichen Erwerb entsprechend vorgeht.

§ 12a NoVAG 1991, § 12 Abs. 16 und § 24 Abs. 4 Z 1 UStG 1994 (UStR 2000 Rz 2163)

Auswirkung der Vergütung der Normverbrauchsabgabe nach § 12a NoVAG 1991 an einen befugten Fahrzeughändler auf die Umsatzbesteuerung

Mit der Neuregelung des § 12a NoVAG 1991 durch BGBl. I Nr. 143/2006 wurde mit Wirksamkeit ab 1. Jänner 2007 der anspruchsberechtigte Kreis für eine Vergütung der Normverbrauchsabgabe ua. dahin gehend erweitert, dass auch im Fall der Lieferung eines Fahrzeugs durch einen befugten Fahrzeughändler in das Ausland die Normverbrauchsabgabe an diesen vergütet wird. Bemessungsgrundlage für die Vergütung der Normverbrauchsabgabe ist der gemeine Wert im Zeitpunkt der Abmeldung des Fahrzeugs im Inland.

Hat die Vergütung der Normverbrauchsabgabe bei Anwendung der Differenzbesteuerung nach § 24 UStG 1994 eine Auswirkung auf die Umsatzsteuerbemessungsgrundlage?

Hat die Vergütung der Normverbrauchsabgabe eine Auswirkung auf die Höhe des Vorsteuerabzugs nach § 12 Abs. 16 UStG 1994?

Ist in dem Ausmaß, in dem die Normverbrauchsabgabe vergütet wird, das Fahrzeug mit der auf die vergütete Normverbrauchsabgabe entfallenden Umsatzsteuer zu hoch belastet und müsste diese somit ebenfalls vergütet werden?

Wird auf Grund einer Lieferung eines (Gebraucht-)Fahrzeugs durch einen befugten Fahrzeughändler in das Ausland die Normverbrauchsabgabe an diesen nach § 12a NoVAG 1991 vergütet und kommen die umsatzsteuerlichen Vorschriften über die Differenzbesteuerung (§ 24 UStG 1994) zur Anwendung, ist weder von einer Minderung des Einkaufspreises noch von einer Erhöhung des Verkaufspreises im Sinne des § 24 Abs. 4 Z 1 UStG 1994 auszugehen. Durch die Erstattung der Normverbrauchsabgabe wird somit die Bemessungsgrundlage für die Umsatzsteuer nicht tangiert.

Sind die Voraussetzungen des § 12 Abs. 16 UStG 1994 gegeben, kann der Unternehmer einen (fiktiven) Vorsteuerabzug vornehmen. Die abziehbare Vorsteuer ist dabei mit 20% aus dem Erwerbspreis herauszurechnen und beträgt somit 16,67% des Erwerbspreises (UStR 2000 Rz 2163). Eine allfällige (zusätzliche) Vergütung der Normverbrauchsabgabe nach § 12a NoVAG 1991 hat auf diese Beurteilung keinen Einfluss.

Nach § 12a NoVAG 1991 wird die Normverbrauchsabgabe unter den dort normierten Voraussetzungen vom gemeinen Wert zum Zeitpunkt der Beendigung der Zulassung zum Verkehr im Inland vergütet. Mit dieser Bestimmung ist einzig und allein die Normverbrauchsabgabe als solche erfasst. Eine darüber hinausgehende Erstattung der auf die Normverbrauchsabgabe entfallenden Umsatzsteuer ist weder im NoVAG 1991 noch im UStG 1994 vorgesehen.

2/2/2.

AÖF 2009/51

Umsatzsteuerprotokoll über den Salzburger Steuerdialog 2008

(Erlass des BMF vom 18.11.2008, BMF-010219/0416-VI/4/2008)

§ 2 UStG 1994 (UStR 2000 Rz 265)

Vermietung einer Sportanlage an einen Verein

Eine Gemeinde mietet eine Sportanlage, renoviert diese und vermietet sie an einen Sportverein.

Wie verhält es sich mit den Kosten für die Anmietung des Objektes?

Wie hoch muss die Miete sein um den UStR 2000 Rz 265 zu entsprechen?

Mindern Zuschüsse des Landes usw. die AfA-Bemessungsgrundlage?

Die Weitervermietung einer von der Gemeinde angemieteten Sportanlage an den Verein ist in Analogie zu UStR 2000 Rz 274 steuerrechtlich nur dann anzuerkennen, wenn die der Gemeinde als Vermieter entstandenen Kosten zur Gänze weiterverrechnet werden. Die Miete hat sich demnach aus den weiterverrechneten Anmietungskosten, 1,5% der Sanierungsaufwendungen im Sinne der UStR 2000 Rz 265 und den anfallenden Betriebskosten zusammen zu setzen.

Allfällige Zuschüsse des Landes mindern die AfA-Bemessungsgrundlage nicht.

§ 2 Abs. 1 und § 12 Abs. 2 Z 2 lit. a UStG 1994 sowie § 7 Abs. 2 iVm § 8 Abs. 2 KStG 1988

Vermietung von Liegenschaften durch Immobilien-GmbHs an deren Gesellschafter

GmbHs mit dem Unternehmenszweck Vermietung und Verwertung von Grundstücken vermieten Objekte bzw. Objektsteile an deren Gesellschafter (meistens zugleich Geschäftsführer) für Wohnzwecke. Oft handelt es sich um große Eigentumswohnungen, meist Dachgeschoßwohnungen, aber auch um Einfamilienhäuser. Diese sind oftmals auch möbliert und verfügen über weitere Sonderausstattungen wie zB Dachgartenbepflanzung.

Wie sind derartige Sachverhalte umsatzsteuerrechtlich zu beurteilen?

Gemäß § 12 Abs. 1 Z 1 UStG 1994 kann der Unternehmer Vorsteuerbeträge, die von anderen Unternehmern in einer Rechnung für im Inland für sein Unternehmen erbrachte Leistungen gesondert ausgewiesen sind, abziehen. Die Zuordnung eines Leistungsbezuges zum Unternehmen richtet sich nicht nach ertragsteuerlichen Kriterien, etwa nach der Zuordnung zum Betriebs- oder Privatvermögen. Das Umsatzsteuerrecht geht nicht von einer Unterscheidung nach Vermögensarten aus (Scheiner/Kolacny/Caganek, Kommentar zur Mehrwertsteuer, § 12 Anm. 227).

Nicht als für das Unternehmen ausgeführt gelten nach § 12 Abs. 2 Z 2 lit. a UStG 1994 Leistungen, deren Entgelte überwiegend keine abzugsfähigen Ausgaben iSd § 20 Abs. 1 Z 1 bis Z 5 EStG 1988 bzw. §§ 8 Abs. 2 und 12 Abs. 1 Z 1 bis Z 5 KStG 1988 darstellen. Dies gilt auch im Falle der Vermietung von Objekten einer Kapitalgesellschaft an einen Gesellschafter (vgl. VwGH 26.03.2007, 2005/14/0091).

Grundsätzlich ist jeweils von einer Einzelfallbetrachtung auszugehen.

Schädlich für die Inanspruchnahme des Vorsteuerabzuges sind insbesondere folgende Kriterien:

- Bei der Vermietung handelt sich um eine Tätigkeit, die nicht in der üblichen gewerblichen oder beruflichen Betätigung der Gesellschaft liegt.
- Es wird ein besonders repräsentatives Gebäude, das speziell auf die Wohnbedürfnisse des Gesellschafters abgestimmt ist, vermietet.
- Es liegt kein fremdübliches Mietverhältnis vor.

Ergibt sich etwa aus dem Sachverhalt, dass die Gesellschaft abgesehen von der Vermietung an den Gesellschafter keine weitere oder ähnliche unternehmerische Tätigkeit betreibt und der Gesellschafter selbst das Wohnhaus ausschließlich zu privaten Zwecken nutzt, so handelt es sich bei sämtlichen Aufwendungen um Kosten des Haushalts und der Lebensführung des Gesellschafters. Diese Ausgaben verlieren durch die Zwischenschaltung der Gesellschaft und des Mietvertrages nicht ihre Eigenschaft als Kosten privater Lebensführung.

Ein Gebäude ist insbesondere dann auf die Wohnbedürfnisse des Gesellschafters abgestimmt, wenn es nach dessen Wünschen geplant, errichtet oder sogar eingerichtet wird. Ein Indiz dafür kann auch die Tatsache sein, dass das Gebäude nie am freien Markt in dieser Ausführung angeboten wurde.

Der VwGH (vgl. VwGH 20.06.2000, 98/15/0169; VwGH 26.03.2007, 2005/14/0091) beurteilt weiters die Zurverfügungstellung einer Dienstwohnung danach, ob die Kapitalgesellschaft eine Wohnung dieser Art, Größe und Lage auch zum Zweck der Nutzungsüberlassung an einen fremden Arbeitnehmer hergestellt hätte.

Fremdüblichkeit liegt vor, wenn ein Vertragsverhältnis besteht, wie es zwischen Fremden (also auch mit fremden Arbeitnehmern) geschlossen würde (zu den Anforderungen des Fremdvergleichs siehe zB VwGH 11.05.2005, 2001/13/0209). Dafür ist nicht allein das Mietentgelt ausschlaggebend (siehe auch UFSG 27.01.2005, RV/0478-G/04), sondern die vertragliche Gestaltung insgesamt.

Da der private Wohnraum zu den Aufwendungen der Lebensführung zählt, handelt es sich bei der fremdunüblichen Zurverfügungstellung desselben um Einkommensverwendung iSd § 8 Abs. 2 KStG 1988, was eine Versagung des Vorsteuerabzugs nach § 12 Abs. 2 Z 2 lit. a UStG 1994 zur Folge hat (VwGH 26.03.2007, 2005/14/0091).

Werden Leistungen dem Gesellschafter aus gesellschaftsrechtlichen Gründen zu einem unangemessen niedrigen Entgelt überlassen, so liegt insgesamt eine Leistung zu unternehmensfremden Zwecken vor, nämlich zur Vorteilszuwendung an den Gesellschafter (VwGH 26.03.2007, 2005/14/0091 unter Hinweis auf Ruppe, UStG, § 1 Tz 399).

Weiters ist noch Folgendes anzumerken:

Rechtliche Gestaltungen, die darauf abzielen, Aufwendungen für den Haushalt des Steuerpflichtigen oder für den Unterhalt seiner Familienangehörigen in das äußere Erscheinungsbild einer wirtschaftlichen Tätigkeit zu kleiden, sind steuerlich unbeachtlich. Dies gilt offensichtlich laut VwGH selbst dann, wenn die Vereinbarungen einem Fremdvergleich standhalten sowie unabhängig vom Vorliegen außersteuerlicher Gründe für die gewählte Gestaltung (UFSL 24.08.2007, RV/0540-L/04).

In Einzelfällen kann nach Ansicht des UFS auch eine missbräuchliche Gestaltung iSd § 22 BAO vorliegen (UFSL 24.08.2007, RV/0540-L/04 sowie UFSW 18.01.2008, RV/0743-W/07, beide zu Stiftungen). Nach dem Urteil des EuGH 21.02. 2006, Rs C-255/02, Halifax, steht einem Steuerpflichtigen kein Vorsteuerabzug zu, wenn die Umsätze, die dieses Recht begründen, eine missbräuchliche Praxis darstellen.

Die Feststellung einer missbräuchlichen Praxis erfordert zum einen, dass die fraglichen Umsätze trotz formaler Anwendung der Bedingungen der einschlägigen Bestimmungen der Richtlinie und des nationalen Rechts einen Steuervorteil zum Ergebnis haben, dessen Gewährung dem mit diesen Bestimmungen verfolgten Ziel zuwiderlaufen würde. Zum anderen muss auch aus einer Reihe objektiver Anhaltspunkte ersichtlich sein, dass mit den fraglichen Umsätzen im Wesentlichen ein Steuervorteil bezweckt wird.

Der Steuervorteil besteht zB im sofortigen Vorsteuerabzug für den Bau eines Einfamilienhauses, der dem Gesellschafter bei eigener Bautätigkeit nicht zugekommen wäre. Dieser Vorteil wird nicht dadurch aufgehoben, dass die vom Gesellschafter zu leistenden Mietzahlungen der Umsatzsteuer (ermäßigter Steuersatz!) unterliegen (vgl. UFSG 11.01.2007, RV/0215-G/06, zu Stiftungen: UFSW 18.01.2008, RV/0743-W/07).

Ist eine missbräuchliche Praxis festgestellt worden, so sind die diese Praxis bildenden Umsätze in der Weise neu zu definieren, dass auf die Lage abgestellt wird, die ohne die diese missbräuchliche Praxis begründenden Umsätze bestanden hätte.

Bei Wegdenken der missbräuchlichen Praxis ist zB das (Einfamilien-)Haus dem Gesellschaf-

ter und nicht der Gesellschaft zuzurechnen, wodurch ein Recht auf Vorsteuerabzug nicht besteht.

§ 2 und § 12 UStG 1994

Ausstellung des Formulars U 70

Unecht umsatzsteuerbefreite Unternehmer beantragen vom zuständigen Finanzamt die Ausstellung einer Unternehmerbestätigung mittels Formular U 70.

Wie ist in solchen Fällen vorzugehen?

Das Formular U 70 entspricht inhaltlich und optisch dem der 8. MWSt-RL, 79/1072/EWG, beigefügten Musterformular und ist nur für Zwecke der Vorsteuererstattung in anderen Mitgliedstaaten vorgesehen. Die Ausstellung dieses Formulars für Unternehmer, die nur unecht befreite Umsätze ausführen, hat somit nicht zu erfolgen.

Eine Unternehmerbestätigung aus einem anderen Grund soll nur bei entsprechender Begründung und nicht mittels U 70 erfolgen. Diese formlose, schriftliche Bestätigung hat diesfalls den ausdrücklichen Hinweis zu enthalten, dass der Unternehmer in Österreich steuerlich erfasst, unecht steuerbefreit und somit nicht zum Vorsteuerabzug berechtigt ist.

§ 3a UStG 1994 (UStR 2000 Rz 346)

Vermögensverwaltungsleistungen – Einheitlichkeit der Leistung

Eine Bank schließt mit ihren Kunden Vermögensverwaltungsverträge ab, aufgrund derer sie sich verpflichtet, das ihr überlassene Kapital möglichst ertragreich, entsprechend der vom Kunden gewählten Anlagestrategie (zB konservativ, dynamisch usw.) zu verwalten. Die Bank entscheidet im Rahmen der Vermögensverwaltung, ohne vorherige Weisung des Kunden, welche Maßnahmen (zB An- und Verkauf von Wertpapieren) aus ihrer Sicht dafür erforderlich sind. Je nach Wunsch des Kunden verrechnet die Bank für die Vermögensverwaltung einen Pauschalbetrag oder Einzelentgelte.

In beiden Fällen erfolgt für umsatzsteuerliche Zwecke eine Trennung der Entgelte (Transaktionsgebühren steuerfrei, Depotgebühren steuerpflichtig, Kontoführung steuerfrei, Vermögensverwaltung steuerpflichtig).

Handelt es sich bei der dargestellten Form der Vermögensverwaltung um eine einheitliche sonstige Leistung, die dem Normalsteuersatz unterliegt oder liegen mehrere selbständige Hauptleistungen vor, die teils steuerpflichtig, teils unecht steuerfrei sind?

Grundsätzlich ist jede sonstige Leistung als eigene selbständige Leistung zu betrachten. Nimmt jedoch ein Steuerpflichtiger für einen Verbraucher zwei oder mehrere Handlungen vor, die so eng miteinander verbunden sind, dass sie in wirtschaftlicher Hinsicht objektiv ein Ganzes bilden, dessen Aufspaltung wirklichkeitsfremd wäre, stellen alle diese Handlungen in mehrwertsteuerrechtlicher Hinsicht eine einheitliche Leistung dar (EuGH 27.10.2005, Rs C-41/04). Diese Beurteilung hat aus der Sicht eines Durchschnittsverbrauchers zu erfolgen (EuGH 25.02.1999, Rs C-349/96).

Entscheidet die Bank ohne vorherige Weisung des Kunden, welche Maßnahmen sie setzt, dh. liegt es in ihrem Ermessen, wie sie das Vermögen des Kunden, im Rahmen der von ihm gewählten Anlagestrategie, bestmöglich verwaltet, liegt aus der Sicht des Kunden eine einheitliche Leistung vor. Ihm kommt es lediglich auf eine bestmögliche Kapitalanlage durch die Bank an. Entscheidend ist nicht, wie der leistende Unternehmer das Angebot gestaltet, sondern wie der Kunde es beurteilt. Maßgebend ist, dass sich der Kunde eine einheitliche Leistung erwartet. Da der Schwerpunkt dieser Leistung in der Vermögensverwaltung (Umsetzung der vereinbarten Anlagestrategie) liegt, ist insgesamt von einem steuerpflichtigen Umsatz der Bank auszugehen. Werden jedoch entsprechend der gängigen Praxis und unter Anwendung der banküblichen Tarife die grundsätzlich steuerfreien Leistungen – für den Kunden erkennbar – gesondert abgerechnet, bestehen keine Bedenken, wenn diese Leistungen steuerfrei behandelt werden. Entscheidet der Kunde, ob und welche konkreten Transaktionen durchgeführt werden sollen (ein derartiger Sachverhalt liegt der gegenständlichen Anfrage nicht zugrunde), liegen mehrere selbständige Hauptleistungen vor, die umsatzsteuerrechtlich gesondert zu beurteilen sind.

§ 3 UStG 1994, § 3a Abs. 9 iVm Abs. 10 und Abs. 12 UStG 1994 sowie Art. 7 UStG 1994

Ladebons, Telefonwertkarten, Calling Cards

Der österreichische Unternehmer A kauft Telefonwertkarten, Ladebons und Calling Cards von anderen österreichischen Unternehmern, die diese ihrerseits von österreichischen Netzbetreibern bezogen haben, und verkauft sie dann (vorrangig an andere Unternehmer im Gemeinschaftsgebiet, aber auch an Privatpersonen und an Unternehmer im In- und Ausland) weiter. A behandelt den Verkauf der Telefonwertkarten an andere Unternehmer im Gemeinschaftsgebiet als innergemeinschaftliche Lieferung.

Liegt beim Weiterverkauf der Telefonwertkarten durch A eine Lieferung oder eine sonstige Leistung vor?

Der Verkauf einer Telefonwertkarte zum aufgedruckten Wert stellt keine Lieferung, sondern eine sonstige Leistung dar, da das wirtschaftliche Interesse des Erwerbers nicht in der Erlangung der Verfügungsmacht über diese Karte liegt, sondern vielmehr darauf gerichtet ist, mit Hilfe dieser Karte Telekommunikationsdienstleistungen erhalten zu können. Lediglich wenn es sich bei den Telefonwertkarten um Sammelobjekte handelt, ist von einer Lieferung auszugehen (Scheiner/Kolacny/Caganek, Kommentar zur Mehrwertsteuer, § 3 Abs. 1 Anm. 11 sowie § 3a Abs. 9 und 10 Anm. 313 ff).

Eine Telekommunikationsdienstleistung erbringt nur der Netzbetreiber. Leistungsempfänger der Telekommunikationsdienstleistung des Netzanbieters ist derjenige, der das Guthaben letztendlich verbraucht. Es bestehen keine Bedenken, wenn die durch den Netzbetreiber ausgegebenen Karten weiterhin der Anzahlungsbesteuerung unterworfen werden (vgl. UStR 2000 Rz 2607).

Werden Händler in die Abgabe von Telefonwertkarten (Ladebons und Calling Cards) eingeschaltet, dh. Netzbetreiber geben diese Karten mit Rabatt an Händler (zB Trafikanten) ab, erbringen die Händler selbst keine Telekommunikationsdienstleistung an den Kunden. Die Differenz zwischen dem gezahlten und dem erhaltenen Betrag ist eine Provisionszahlung des die Telefonwertkarte abgebenden Unternehmers für den Umtausch eines Zahlungsmittels (Bargeld) in so genanntes „elektronisches Geld“, das den Anspruch auf Telekommunikationsleistungen verkörpert (Rau, Dürrwächter, Loseblattkommentar zum dUStG, § 1 Anm. 560 zu Guthabenkarten). Für diese Leistung kommt die Steuerbefreiung gemäß § 6 Abs. 1 Z 8 lit. e UStG 1994 zur Anwendung.

Bezieht der Unternehmer A Telefonwertkarten (Ladebons, Calling Cards) von einem solchen Händler, so hat er Bargeld gegen elektronisches Geld getauscht. Er hat somit hinsichtlich des für die Telefonwertkarten geleisteten Betrages keine steuerbare Leistung empfangen. Dasselbe gilt für die Weitergabe der Telefonwertkarten durch A. Lediglich die Vereinnahmung einer über den Einkaufspreis des elektronischen Geldes hinausgehenden Zahlung durch den Abnehmer des A stellt eine Provision dar.

Dies gilt jedenfalls für Vorgänge, die ab dem 1. Jänner 2009 bewirkt werden.

§ 3a Abs. 10 iVm § 3a Abs. 9 lit. a UStG 1994 und § 3a Abs. 12 UStG 1994 (UStR 2000 Rz 580 ff)

Tätigkeit eines Fiskalvertreters, Leistungsort

Ein österreichischer Unternehmer ist als Fiskalvertreter für ausländische Unternehmer tätig.

Stellt die Tätigkeit als Fiskalvertreter eine sonstige Leistung gemäß § 3a Abs. 10 Z 3 UStG 1994 oder gemäß § 3a Abs. 12 UStG 1994 dar?

Grundsätzlich ist davon auszugehen, dass die Tätigkeit eines Fiskalvertreters in einer Hilfestellung bei Steuerangelegenheiten besteht und daher als Leistung im Sinne des § 3a Abs. 10 iVm § 3a Abs. 9 lit. a UStG 1994 am Empfängerort steuerbar ist.

§ 3a Abs. 10 iVm § 3a Abs. 9 lit. a UStG 1994 und § 3a Abs. 12 UStG 1994 (UStR 2000 Rz 576 ff)

Ort der sonstigen Leistung bei „Konzernleistung“

Eine österreichische Gesellschaft erhält „Managementleistungen“ (zB Marketingstrategien) von ihrer ausländischen Konzernmutter und ist faktisch, auf Grund von Organisationsanweisungen, verpflichtet, sich an diese zu halten. Bei diesen „Managementleistungen“ handelt es sich vom Leistungsinhalt her um Katalogleistungen iSd § 3a Abs. 10 UStG 1994.

Stellen „Managementleistungen“ – ähnlich wie die Leistungen eines Geschäftsführers – Leistungen iSd § 3a Abs. 12 UStG 1994 dar oder bestimmt sich der Leistungsort nach § 3a Abs. 10 iVm § 3a Abs. 9 UStG 1994?

Das Umsatzsteuerrecht selbst kennt den Begriff „Managementleistungen“ nicht. Für die Beurteilung von wirtschaftlichen Vorgängen knüpft das Umsatzsteuerrecht an inhaltliche Kriterien und nicht an äußere Erscheinungsformen an. Maßgebend ist der wirtschaftliche Gehalt (siehe dazu auch Ruppe, UStG, § 1 Tz 28 sowie Scheiner/Kolacny/Caganek, Kommentar zur Mehrwertsteuer, § 3 Abs. 1 Anm. 9). Auch für die Bestimmung des Leistungsortes ist an inhaltliche Kriterien und nicht an die Bezeichnung einer Leistung zB als „Managementleistung“ anzuknüpfen.

Eine faktische bzw. auf Grund von Organisationsanweisungen bestehende Verpflichtung sich an inhaltliche Vorgaben zu halten, oder die gesellschaftsrechtliche Möglichkeit der Durchsetzung einer tatsächlichen Umsetzung der mitgeteilten Strategien usw. ändert nichts an der Möglichkeit der Beurteilung der Leistungen als Katalogleistungen iSd § 3a Abs. 10 iVm § 3a Abs. 9 lit. a UStG 1994.

§ 3a Abs. 12 UStG 1994 und § 3a Abs. 13 UStG 1994 sowie Verordnung BGBl. Nr. 5/1996 (UStR 2000 Rz 632 f und Rz 636)

Vermietung einer Segeljacht

Ein österreichischer Unternehmer vermietet eine Segeljacht, die meistens für Fahrten im Gemeinschaftsgebiet verwendet wird, ausnahmsweise auch für eine sechstägige Fahrt im Drittland. Eine mit der zollrechtlichen Ausgangsbescheinigung versehene Ausfuhranmeldung liegt nicht vor.

Wo befindet sich der Ort der sonstigen Leistung für die Vermietung der Segeljacht, die sechs Tage im Drittland verwendet wird?

Kann bei derart kurzfristigen Vermietungen auf die Vorschrift im § 1 Abs. 3 der Verordnung BGBl. Nr. 5/1996 ausnahmsweise verzichtet werden?

Wird eine Segeljacht ohne Besatzung verchartert, so ist eine Vermietung eines Beförderungsmittels anzunehmen (siehe auch UStR 2000 Rz 632 und Rz 633).

Vermietet ein österreichischer Unternehmer Beförderungsmittel, so liegt der Leistungsort gemäß § 3a Abs. 12 UStG 1994 im Inland.

Gemäß der Verordnung BGBl. Nr. 5/1996 bestimmt sich der Ort der sonstigen Leistung bei der Vermietung von Beförderungsmitteln unter folgenden Voraussetzungen danach, wo das Beförderungsmittel genutzt wird:

1. **Die Nutzung muss im Drittlandsgebiet erfolgen.**
2. **Bei Kraftfahrzeugen und Anhängern muss die kraftfahrrechtliche Zulassung im Drittlandsgebiet erfolgen. Kraftfahrzeuge müssen daher ein Kennzeichen eines Staates aus dem Drittlandsgebiet aufweisen.**
3. **Handelt es sich bei dem Beförderungsmittel zunächst um eine Gemeinschaftsware, muss eine mit der zollrechtlichen Ausgangsbescheinigung versehene Ausfuhranmeldung vorliegen.**

Da eine der Voraussetzungen der Verordnung, nämlich die mit der zollrechtlichen Ausgangsbescheinigung versehene Ausfuhranmeldung nicht vorliegt, kommt es zu keiner Verlagerung des Leistungsortes ins Drittland.

§ 6 Abs. 1 Z 6 lit. c UStG 1994; § 1 Abs. 1 Z 1 IStVG

Beherbergung von Mitarbeitern der Europäischen Zentralbank

Ein österreichischer Hotelier erbringt an die Europäische Zentralbank (EZB) mit Sitz in Frankfurt Beherbergungsleistungen für deren Mitarbeiter.

Fällt diese Beherbergungsleistung unter die Steuerbefreiung des § 6 Abs. 1 Z 6 lit. c UstG 1994 oder kommt eine Vergütung der Umsatzsteuer nach dem Internationalen Steuervergütungsgesetz (IStVG) in Betracht?

Gemäß § 6 Abs. 1 Z 6 lit. c UStG 1994 sind Lieferungen, ausgenommen Lieferungen neuer Fahrzeuge, und die sonstigen Leistungen an die im Gebiet eines anderen Mitgliedstaates errichteten ständigen diplomatischen Missionen, berufskonsularischen Vertretungen und zwischenstaatlichen Einrichtungen sowie deren Mitglieder von der Umsatzsteuer befreit. *Für die Steuerbefreiung sind die in dem anderen Mitgliedstaat geltenden Voraussetzungen maßgebend.* Die Voraussetzungen der Steuerbefreiung müssen vom Unternehmer dadurch nachgewiesen werden, dass ihm der Abnehmer eine von der zuständigen Behörde des anderen Mitgliedstaates oder, wenn er hiezu ermächtigt ist, eine selbst ausgestellte Bescheinigung auf amtlichem Vordruck aushändigt.

Belegt die in Frankfurt ansässige EZB mittels der *in Deutschland vorgesehenen Bescheinigung*, dass die Voraussetzungen für die Steuerbefreiung gemäß § 6 Abs. 1 Z 6 lit. c UStG 1994 vorliegen, sind in Österreich steuerbare Leistungen, die an sie erbracht werden, von der Umsatzsteuer befreit. Welche Behörde für die Ausstellung dieser Bescheinigung zuständig ist bzw. ob die EZB ermächtigt ist, sich diese Bescheinigung selbst auszustellen, richtet sich nach deutschem Recht.

Legt die EZB eine entsprechende Bescheinigung über die Steuerbefreiung vor, kann das Hotel die Beherbergungsleistung steuerfrei an die EZB erbringen. Da das Internationale Steuervergütungsgesetz zufolge seines § 1 Abs. 1 Z 1 IStVG nur für *in Österreich errichtete* ausländische Vertretungsbehörden gilt, kommt die Anwendung des IStVG und damit die Rückerstattung der Umsatzsteuer von vornherein nicht in Betracht.

§ 3a Abs. 9 und Abs. 10 Z 7; § 6 Abs. 1 Z 8 lit. i UStG 1994

Verwaltung drittländischer Investmentfonds

Ein österreichisches Unternehmen verwaltet einen nicht im Gemeinschaftsgebiet ansässigen Investmentfonds.

Sind diese Vermögensverwaltungsleistungen gemäß § 3a Abs. 12 UStG 1994 im Inland steuerbar und steuerpflichtig? Besteht ein Recht zum Vorsteuerabzug für damit im Zusammenhang stehende Lieferungen und sonstige Leistungen?

Aufgrund der ausdrücklichen gesetzlichen Normierung des § 6 Abs. 1 Z 8 lit. i zweiter Halbsatz UStG 1994 sind ab dem 24. Mai 2007 (Inkrafttreten des Budgetbegleitgesetzes 2007, BGBl. I Nr. 24/2007) Vermögensverwaltungsleistungen (Portfoliomanagement), die ein österreichisches Unternehmen gegenüber einem im Hoheitsgebiet eines anderen Mitgliedstaates angesiedelten Investmentfonds erbringt, unecht steuerbefreit, wenn der Fonds nach dem Recht dieses Mitgliedstaates als Sondervermögen iSd Art. 135 Abs. 1 lit. g RL 2006/112/EG anzusehen ist.

Darüber hinaus führt eine gemeinschaftsrechtskonforme Interpretation des § 6 Abs. 1 Z 8 lit. i UStG 1994 iSd Judikatur des EuGH (vgl. EuGH 28.06.2007, Rs C-363/05) zum Ergebnis, dass auch die Verwaltung drittländischer Investmentfonds iSd § 42 Abs. 1 zweiter Satz InvFG unecht steuerbefreit ist.

Der Leistungsort für diese Umsätze bestimmt sich gemäß § 3a Abs. 10 Z 7 iVm § 3a Abs. 9 UStG 1994 ab dem 24. Mai 2007 nach dem Empfängerortprinzip. Der Leistungsort dieser Umsätze liegt im Ausland und wäre bei Steuerbarkeit in Österreich unecht steuerbefreit. Dementsprechend berechtigen diese Umsätze gemäß § 12 Abs. 3 Z 3 UStG 1994 nicht zum Vorsteuerabzug.

§ 6 Abs. 1 Z 8 lit. c sowie § 12 Abs. 3 UStG 1994; Art. 12 Z 3 EG-UStG (UStR 2000 Rz 760)

Forderungseinziehung im Zusammenhang mit einem Kreditgeschäft

Ein Unternehmer (= Geschädigter) tritt seine Ansprüche aus einem Versicherungsvertrag (aufgrund eines Schadensfalles) zur Tilgung eines bereits gewährten Kredites an die kreditgewährende Bank ab. Im Zessionsvertrag wird ua. vereinbart, dass der Abtretende verpflichtet ist, der Bank alle Prozesskosten und sonstigen Spesen selbst dann zu ersetzen, wenn ihr diese Kosten gerichtlich nicht zuerkannt werden sollten. Der Zedent haftet außerdem für die Richtigkeit und Einbringlichkeit der abgetretenen Forderung.

Da die Versicherung im konkreten Fall nicht bereit ist, eine Versicherungsentschädigung zu leisten, beauftragt die Bank einen Rechtsanwalt mit der Einklagung dieses Versicherungsanspruches.

In weiterer Folge wird die Versicherungsgesellschaft als unterlegene Partei zur Übernahme der Verfahrenskosten der obsiegenden Bank verpflichtet. Die Versicherungsgesellschaft verweigert jedoch die Zahlung der Umsatzsteuer mit dem Argument, dass der Prozess die Einziehung einer Forderung betroffen habe, diese Inkassotätigkeit von der Steuerbefreiung (nach § 6 Abs. 1 Z 8 lit. c UStG 1994) nicht umfasst sei und folglich die Bank hinsichtlich der Kosten zum Vorsteuerabzug berechtigt sein müsse.

Dem hält die Bank entgegen, dass es sich unter Zugrundelegung des Grundsatzes der Einheitlichkeit der Leistung um eine unselbständige Nebenleistung zur Kreditgewährung handle.

Besteht hinsichtlich der Rechtsanwaltskosten ein Vorsteuerabzugsrecht der Bank und kann die Versicherungsgesellschaft somit die im Prozesskostenersatz enthaltene Umsatzsteuer wieder zurückverlangen?

Der Prozesskostenersatz, den die unterliegende Partei der obsiegenden Partei gemäß § 41 ZPO zu leisten hat, ist kein Entgelt für eine Leistung, sondern echter Schadenersatz (vgl. UStR 2000 Rz 19). Ist die obsiegende Partei hinsichtlich der Leistungen ihres Anwaltes zum Vorsteuerabzug berechtigt, so kann die unterlegene Partei gemäß Art. 12 Z 3 EG-UStG die als Ersatz zugesprochene Umsatzsteuer wieder zurückverlangen.

Die Einziehung der Forderung durch die Bank stellt eine Inkassoleistung an den Abtretenden dar. Diese Leistung ist im gegenständlichen Fall schon deshalb keine unselbständige Nebenleistung zur Kreditgewährung, weil die Kreditvergabe unabhängig von dieser späteren Besicherungsmaßnahme erfolgt ist. Weiters spricht auch der Umstand, dass das Risiko der Einbringung nach der Vertragslage beim Zedenten verbleibt, gegen das Vorliegen einer unselbständigen Nebenleistung zur Kreditgewährung (vergleiche Rau/Dürrwächter, Kommentar zum deutschen UStG, Anm. 62 zu § 4 Nr. 8 dUStG).

Vielmehr ist von einer selbstständigen steuerpflichtigen Hauptleistung auszugehen, die nicht unter die Steuerbefreiung gemäß § 6 Abs. 1 Z 8 lit. c UstG 1994 fällt. Bemessungsgrundlage sind vom Kreditkunden zu ersetzende Kosten der Betreibung der Forderung aus der Versicherung. Daher ist die Bank hinsichtlich der mit der Eintreibung der Forderung zusammenhängenden Kosten (Anwaltskosten) zum Vorsteuerabzug berechtigt (kein Vorsteuerausschlusstatbestand nach § 12 Abs. 3 UStG 1994). Die unterlegene Partei hat somit im Ergebnis den Prozesskostenersatz ohne Umsatzsteuer zu leisten.

Eine andere Beurteilung (unselbstständige Nebenleistung zur Kreditgewährung) wäre denkbar, wenn die Besicherungsmaßnahme unmittelbar mit der Kreditvergabe erfolgt.

§ 6 Abs. 1 Z 8 lit. g UStG 1994; § 12 Abs. 3 UStG 1994 (UStR 2000 Rz 1991 bis Rz 1997)

Mittelstandsfinanzierungsgesellschaft – Vorsteuerabzug

Eine Mittelstandsfinanzierungsgesellschaft (MiFiG) macht Vorsteuern aus dem Zukauf von Beratungsleistungen geltend. Diese werden von der MiFiG anschließend ganz oder teilweise an ihre Beteiligungsunternehmen umsatzsteuerpflichtig weiterrechnet. Weiters werden Vorsteuern aus allgemeinen Verwaltungsaufwendungen (zB Aufwendungen für die Erstellung des Jahresabschlusses, Steuerberatungskosten) sowie Aufwendungen aus Anschaffungsvorgängen (zB Geschäftseinrichtung) geltend gemacht.

Die MiFiG erzielt im Zeitpunkt des Ankaufes der Beratungsleistungen sowie deren Weiterverrechnung an ihre Beteiligungsunternehmen noch keine (weiteren) Umsätze (weder aus dem Finanzierungsbereich noch aus dem Veranlagungsbereich).

Inwieweit steht der MiFiG hinsichtlich der zugekauften, teilweise weiterverrechneten Beratungsleistungen bzw. der übrigen genannten Vorleistungen ein Vorsteuerabzugsrecht zu?

Wie ist bezüglich des Vorsteuerabzuges vorzugehen, wenn im Zeitpunkt des Bezuges der Vorleistungen die spätere Umsatzstruktur der MiFiG noch nicht feststeht?

Eine MiFiG iSd § 6b KStG 1988 besitzt Unternehmereigenschaft (vgl. UStR 2000 Rz 185). Diese Unternehmereigenschaft wird dadurch begründet, dass die MiFiG Leistungen gegen Entgelt an die Beteiligungsunternehmen erbringt. Hierbei handelt es sich zB um weiterverrechnete Beratungsleistungen, die steuerpflichtige Umsätze darstellen.

Nach Ansicht des EuGH stellen der Erwerb, das Halten und die Veräußerung der Beteiligungen eine nicht wirtschaftliche Tätigkeit dar (vgl. EuGH 06.02.1997, Rs C-80/95, *„Harnas & Helm“*). Dies gilt jedenfalls dann, wenn die – die Beteiligungen erwerbende – Gesellschaft unbeschadet ihrer Rechte als Anteilseignerin oder Gesellschafterin weder unmittelbar noch mittelbar in die Verwaltung der Gesellschaften eingreift, an denen sie Beteiligungen erwirbt, hält oder überträgt (vgl. in diesem Sinne EuGH 27.09.2001, Rs C-16/00, *„Cibo Participations“*). Daraus ergibt sich, dass die MiFiG eine wirtschaftliche (unternehmerische) Tätigkeit und eine nicht wirtschaftliche (nicht unternehmerische) Tätigkeit ausübt.

Bei der Abzugsfähigkeit von Vorsteuern ist daher wie folgt vorzugehen:

- **Vorsteuern, die in direktem Zusammenhang mit dem unternehmerischen und steuerpflichtigen Tätigkeitsbereich stehen (zB Beratungsleistungen), sind voll abzugsfähig.**

USt-E

- Vorsteuern, die in direktem Zusammenhang mit dem nicht unternehmerischen oder allenfalls unecht steuerfreien (siehe weiter unten) Tätigkeitsbereich stehen, sind nicht abzugsfähig.
- Vorsteuern, die nicht direkt einem dieser Bereiche zugeordnet werden können (zB Vorsteuern aus den oben angeführten allgemeinen Verwaltungsaufwendungen oder aus Aufwendungen aus Anschaffungsvorgängen), sind so aufzuteilen, dass der Abzug nur für den Teil der Vorsteuer erfolgt, der auf die zum Abzug berechtigenden Umsätze entfällt.

Es muss dabei eine Berechnungsweise gewählt werden, die objektiv widerspiegelt, welcher Teil der allgemeinen Aufwendungen dem jeweiligen Tätigkeitsbereich tatsächlich zuzuordnen ist (EuGH 13.03.2008, Rs C-437/06, „*Securenta Göttinger Immobilienanlagen und Vermögensmanagement AG*", Rn. 37). Eine derart sachgerechte und den Zweck sowie die Systematik des gemeinsamen Mehrwertsteuersystems berücksichtigende Vorsteueraufteilung darf nach Ansicht des EuGH (a.a.O., Rn. 38) nach einem Investitionsschlüssel, nach einem Umsatzschlüssel oder nach jedem anderen Schlüssel vorgenommen werden. Die Kommission der Europäischen Gemeinschaften empfiehlt in diesem Zusammenhang die Anwendung eines Investitionsschlüssels, der die wirtschaftliche Realität hinreichend widerspiegeln müsse (vgl. EuGH, a.a.O., Rn. 22). Der Begriff des Investitionsschlüssels wird nicht näher erläutert, doch dürfte damit gemeint sein, dass die nicht direkt zuordenbaren Vorsteuerbeträge nur zu jenem Prozentsatz abzugsfähig sind, der sich aus dem Verhältnis der Investitionen der Gesellschaft in ihrem steuerpflichtigen Umsätzen dienenden Unternehmensbereich zu ihren Gesamtinvestitionen ergibt.

Selbst wenn man davon ausgeht, dass die MiFiG in Bezug auf die Beteiligungen eine wirtschaftliche Tätigkeit entfaltet, führt diese Tätigkeit zu unecht steuerbefreiten Umsätzen (zB Darlehensgewährung, Beteiligungsveräußerung), sodass sich hinsichtlich der Vorsteueraufteilung kein Unterschied zu der oben dargestellten Rechtsauffassung (nicht unternehmerische Tätigkeit in Bezug auf Beteiligungen) ergibt.

Hat ein Unternehmer in einem Veranlagungszeitraum noch keine unecht steuerfreien Umsätze ausgeführt, sind aber Vorsteuern angefallen, die mit späteren Umsätzen dieser Art im Zusammenhang stehen, so hat der Vorsteuerabzug insoweit von vornherein zu unterbleiben (vgl. UStR 2000 Rz 1996). Dies gilt sinngemäß auch für solche Vorsteuern, die den späteren nichtunternehmerischen Tätigkeitsbereich betreffen. Für die Vorsteueraufteilung im Zeitpunkt des (Vor-) Leistungsbezuges ist jener Aufteilungsschlüssel heranzuziehen, der dem Zusammenhang mit dem späteren Tätigkeitsbereich am wahrscheinlichsten entspricht (Dokumentation anhand von plausiblen Unternehmensprognosen).

Anzumerken ist noch, dass nach UStR 2000 Rz 1018 Mittelstandsfinanzierungsgesellschaften begünstigte Unternehmer iSd § 6 Abs. 1 Z 28 UStG 1994 darstellen und Vorleistungen an sie (durch Banken oder andere MiFiG) daher unter den in dieser Bestimmung genannten Voraussetzungen unecht steuerfrei sind.

§ 6 Abs. 1 Z 8 lit. i UStG 1994
(UStR 2000 Rz 772a)

Steuerbefreiung für die Verwaltung von Investmentfonds – Erbringung abgrenzbarer Verwaltungsaufgaben durch Dritte

Eine Steuerberatungs- und Wirtschaftprüfungs-GmbH erbringt als steuerliche Vertreterin an verschiedene in- und ausländische Kapitalanlagegesellschaften (KAG) Leistungen betreffend die Berechnung der ausschüttungsgleichen Erträge zur Erfüllung der Nachweispflicht nach § 40 Abs. 2 Z 2 InvFG, BGBl. Nr. 532/1993 idgF.

Sind derartige Leistungen als steuerpflichtige Steuerberatungsleistungen anzusehen oder handelt es sich um Fondsverwaltungsleistungen durch Dritte, die unter die unechte Steuerbefreiung gemäß § 6 Abs. 1 Z 8 lit. i UStG 1994 fallen?

Nach gemeinschaftsrechtlicher Auslegung (vgl. EuGH 04.05.2006, Rs C-169/04, „Abbey National") fallen Dienstleistungen der administrativen und buchhalterischen Verwaltung der Sondervermögen (zB Investmentfonds) durch einen Dritten dann unter die Steuerbefreiung gemäß Art. 135 Abs. 1 lit. g MWSt-RL 2006/112/EG (= § 6 Abs. 1 Z 8 lit. i UStG 1994), wenn sie ein im Großen und Ganzen eigenständiges Ganzes bilden und für die Verwaltung dieser Sondervermögen spezifisch und wesentlich sind. Spezifisch sind demnach neben den Aufgaben der Portfeuilleverwaltung die administrativen Aufgaben der Organismen für gemeinsame Anlagen selbst (siehe beispielhafte Aufzählung in UStR 2000 Rz 772a), nicht aber die Aufgaben zur Kontrolle und Überwachung von deren Tätigkeit (vgl. EuGH, a.a.O., Rn. 65 zu den Aufgaben der Verwahrstellen derartiger Organismen).

Die dargelegten Leistungen dienen der – gesetzlich vorgeschriebenen – Nachweisführung für steuerliche Zwecke (der Anteilsinhaber), die an die besondere berufliche Qualifikation der in § 40 Abs. 2 Z 2 InvFG genannten steuerlichen Vertreter anknüpft. Damit fehlt es aber an der geforderten „Spezifizität" dieser Leistungen für die Verwaltung derartiger Sondervermögen. Vielmehr handelt es sich um „berufstypische" Leistungen von Wirtschaftstreuhändern.

Die Erstellung des im § 40 Abs. 2 Z 2 InvFG geregelten Nachweises der ausschüttungsgleichen Erträge eines Kapitalanlagefonds durch einen Wirtschaftstreuhänder fällt somit nicht unter die Steuerbefreiung gemäß § 6 Abs. 1 Z 8 lit. i UStG 1994.

§ 6 Abs. 1 Z 16 UStG 1994, § 10 Abs. 2 Z 4 und Z 6 UStG 1994 (UStR 2000 Rz 1185 ff und Rz 1229)

Vermietung von Kabanen

Es werden unmöblierte Kabanen (Container von ca. 8 m² Größe mit Wasser- und Stromanschluss inkl. Klimaanlage), die individuell (meist mit ausklappbarer Schlafgelegenheit und/oder Kochnische) ausgestattet werden können, an einem Badesee ganzjährig Interessenten zur Verfügung gestellt. Die Container sind an den Ecken jeweils mit einem Betonsockel durch Verschraubung verankert und befinden sich auf einem eingezäunten Grundstück (Liegewiese), das ganzjährig zugänglich ist. Der Bereich verfügt auch über Sanitäranlagen.

Welcher Steuersatz kommt auf die Vermietung zur Anwendung?

Eine Vermietung zu Wohnzwecken liegt nur dann vor, wenn die vermieteten abgeschlossenen Räume privates Leben, speziell die Nächtigung, ermöglichen (Ruppe, UStG, § 10 Tz 63). Es ist zwar nicht notwendig, dass das Wohnbedürfnis auf Dauer befriedigt wird, wohl aber, dass dieses Wohnbedürfnis auf Dauer befriedigt werden könnte, dh. eine ganzjährige Bewohnbarkeit möglich ist. Dies ist bei bloßen Baracken oder Containern von einfacher Ausstattung nicht der Fall. Ein dauerhaftes Wohnen auf einer Fläche vom 8m² ist nicht denkbar, weshalb eine Vermietung zu Wohnzwecken nicht vorliegt.

Es handelt sich auch nicht um unmittelbar mit dem Betrieb von Schwimmbädern verbundene Umsätze iSd § 10 Abs. 2 Z 6 UStG 1994 (vgl. UStR 2000 Rz 1229, wonach die Vermietung von Liegestühlen, Strandkörben oder Sonnenschirmen nicht unmittelbar mit dem Betrieb von Schwimmbädern zusammen hängt).

Für die Vermietung eines Gebäudes könnte die unechte Steuerbefreiung gemäß § 6 Abs. 1 Z 16 UStG 1994 zur Anwendung kommen. Bei der Beurteilung, ob ein Gebäude vorliegt, kommt es aber nicht allein darauf an, ob die Sache mit dem Grund und Boden untrennbar verbunden ist bzw. ohne erheblichen Aufwand abgetragen werden kann, sondern auch auf die nach der Verkehrsauffassung zu beurteilende Qualifizierung als Bauwerk (OGH SZ 60/66). Keine Bauwerke sind daher Zelte oder Buden (OGH SZ 9/51), Reklametafeln (OGH SZ 12/97), zerlegbare Baracken, Bauhütten, Flugdächer oder Tribünen, die ohne Beeinträchtigung ihrer Substanz wie andere bewegliche Sachen wieder entfernt werden können (Arnold/Arnold, Kommentar zum Grunderwerbsteuergesetz, § 2 Anm. 32).

Nach der Verkehrsauffassung handelt es sich bei Containern, seien sie auch fest mit einem Betonfundament verschraubt, nicht um Gebäude. Vielmehr ähneln die Container in Größe und Erscheinungsbild den üblich auf Baustellen eingesetzten Bauhütten, sodass vom Vorliegen einer Betriebsanlage auszugehen ist. Die Vermietung einer solchen unterliegt dem Normalsteuersatz von 20%.

§ 6 Abs. 1 Z 26 sowie § 12 Abs. 10 UStG 1994 (UStR 2000 Rz 992 und Rz 2085)

Steuerbefreiung für bestimmte Lieferungen und Entnahmen – Vorsteuerberichtigung

Eine Bank kauft eine EDV-Anlage um ca. Euro 1.000.000 netto. Von der Vorsteuer in Höhe von Euro 200.000 kann nur ein Bruchteil in Höhe von Euro 200 (= 0,1% Anteil durch steuerpflichtige Depotgeschäfte) abgezogen werden.

Drei Jahre später wird die EDV-Anlage um Euro 150.000 zuzüglich 20% Umsatzsteuer verkauft. Dabei wird eine positive Vorsteuerberichtigung gemäß § 12 Abs. 10 UStG 1994 in Höhe von Euro 79.920 (2/5 der seinerzeit nichtabzugsfähigen Vorsteuern von Euro 199.800) geltend gemacht.

Kann die Vereinfachungsregelung in UStR 2000 Rz 992 (Anwendung der Steuerbefreiung auch bei geringfügiger [höchstens 5-prozentiger] Verwendung der Gegenstände für nicht nach § 6 Abs. 1 Z 7 bis Z 25 UStG 1994 befreite Tätigkeiten) auch im Falle einer die Umsatzsteuer aus der Veräußerung bei weitem übersteigenden Vorsteuerberichtigung – somit zu Ungunsten des Unternehmers – angewendet werden?

Gibt es im Fall minimalster steuerpflichtiger Umsätze ein Wahlrecht zwischen der Befreiung (UStR 2000 Rz 992) und der Steuerpflicht (Gesetzeswortlaut)?

Gemäß § 6 Abs. 1 Z 26 UStG 1994 ist die Lieferung von Gegenständen unecht befreit, wenn der Unternehmer für diese Gegenstände keinen Vorsteuerabzug vornehmen konnte und die gelieferten Gegenstände ausschließlich für eine nach den Z 7 bis Z 25 steuerfreie Tätigkeit verwendet hat. Auch die korrespondierende Bestimmung des Gemeinschaftsrechts (vgl. Art. 136 lit. a MWSt-RL 2006/112/EG) enthält diese Ausschließlichkeitsvoraussetzung. Eine Option in die Steuerpflicht ist diesem Zusammenhang nicht vorgesehen.

Nach UStR 2000 Rz 992 kann die Steuerbefreiung gemäß § 6 Abs. 1 Z 26 UStG 1994 aus Vereinfachungsgründen auch in jenen Fällen in Anspruch genommen werden, in denen der Unternehmer die Gegenstände in geringfügigem Umfang (höchstens 5%) für Tätigkeiten verwendet hat, die nicht nach § 6 Abs. 1 Z 7 bis Z 25 UStG 1994 steuerfrei sind, sofern der Unternehmer für diese Gegenstände auf einen anteiligen Vorsteuerabzug verzichtet. Dadurch soll – in gemeinschaftsrechtskonformer Auslegung (vgl. EuGH 25.06.1997, Rs C-45/95) – insbesondere vermieden werden, dass es bei Verkäufen außerhalb des Vorsteuerberichtigungszeitraumes zu einer – den Grundsatz der Steuerneutralität verletztenden – „Doppelbelastung" des Unternehmers mit Umsatzsteuer kommt (nahezu kein Vorsteuerabzug anlässlich der Anschaffung; volle Besteuerung der Veräußerung).

USt-E

Die Anwendung der Vereinfachungsregelung nach UStR 2000 Rz 992 liegt im Ermessen des Unternehmers. Ist die Ausschließlichkeitsvoraussetzung nicht erfüllt, kann die Abgabenbehörde aufgrund der derzeit geltenden, sich auf Gemeinschaftsrecht stützenden Rechtslage die Steuerbefreiung des § 6 Abs. 1 Z 26 UStG 1994 nicht gegen den Willen des Unternehmers anwenden und dadurch eine „positive" Vorsteuerberichtigung zu Gunsten des Unternehmers verhindern.

§ 10 Abs. 2 UStG 1994 (UStR 2000 Rz 1207)

Tourismusbranche „All-Inclusive Angebote"

Da in letzter Zeit „All-Inclusive Angebote" häufig als selbstständige Hauptleistungen beurteilt werden, stellt sich die Frage, wie in Zukunft vorzugehen ist.

Mit Erkenntnis VwGH 20.02.2008, 2006/15/0161, hat der VwGH Beherbergungs- und Seminarleistungen eines Hotelbetriebes als jeweils selbständige Hauptleistungen beurteilt (vgl. UStR 2000 Rz 1200).

Die Rechtsansicht des BMF zu den Packages- und All-inclusive-Angeboten der Tourismusbranche (siehe UStR 2000 Rz 1206 und Rz 1207) wird dadurch nicht berührt und bleibt daher unverändert aufrecht.

§ 11 und § 12 UStG 1994 (UStR 2000 Rz 1555 und Rz 1831)

Vorsteuerabzug aufgrund einer fehlerhaften bzw. mangelhaften Rechnung

Wird im Verlauf einer finanzbehördlichen Überprüfung festgestellt, dass der Vorsteuerabzug auf Grund einer fehlerhaften oder mangelhaften Rechnung vorgenommen wurde, so kann gemäß UStR 2000 Rz 1831 der Mangel innerhalb einer vom Prüfer festzusetzenden angemessenen Frist behoben werden. Die Frist hat im Regelfall einen Monat nicht zu überschreiten. Wird die Rechnung innerhalb dieses Zeitraumes berichtigt, so ist der ursprünglich vorgenommene Vorsteuerabzug zu belassen.

Wie ist die Bezeichnung „finanzbehördliche Überprüfung" zu interpretieren?

Der Begriff „finanzbehördliche Überprüfung" iSd UStR 2000 Rz 1831 umfasst Überprüfungsmaßnahmen des Außendienstes (zB Betriebsprüfungen, Umsatzsteuersonderprüfungen, usw.) und des Innendienstes (zB Vorbescheidkontrollen, Nachbescheidkontrollen, Vorhalte, usw.), die in einer ausdrücklichen Aufforderung seitens der Behörde zur Vorlage der Rechnung bestehen.

Nicht erfasst sind jene Fälle, in denen eine Rechnung bereits dem Antrag beigelegt werden muss (zB im Rahmen des Vorsteuererstattungsverfahrens).

§ 11 Abs. 1 Z 6 und § 12 UStG 1994 (UStR 2000 Rz 1539)

Vorsteuerabzug bei begrenzter UID-Nummer

Ein Unternehmer macht Vorsteuerabzug aufgrund von Rechnungen vom 30. Oktober 2006, 14. November 2006, 30. November 2006 und 18. Dezember 2006 geltend, auf denen jeweils die UID-Nummer des Leistungserbringers angeführt ist.

Die UID-Nummer des Leistungserbringers wurde vom zuständigen Finanzamt mit 13. Oktober 2006 begrenzt. Der Geschäftsführer des leistenden Unternehmens ist ab 25. Oktober 2006 inhaftiert, am 7. Dezember 2006 wird Konkurs über das Unternehmen eröffnet.

Ist der Vorsteuerabzug zu versagen, auch wenn nach den Umsatzsteuerrichtlinien (UStR 2000 Rz 1539) „die inhaltliche Richtigkeit der UID bis auf weiteres nicht zu überprüfen ist"?

Wurde die UID des Rechnungsausstellers zu Recht begrenzt (weil dieser nicht mehr unternehmerisch tätig ist), so schuldet der Aussteller der Rechnung die ausgewiesene Steuer gemäß § 11 Abs. 14 UStG 1994. Auf Grund einer solchen Rechnung ist ein Vorsteuerabzug beim Rechnungsempfänger weder mit aufrechter, noch mit begrenzter UID des Leistenden möglich.

War der Rechnungsaussteller jedoch unternehmerisch tätig, so ist UStR 2000 Rz 1539 zu beachten und die inhaltliche Richtigkeit der UID nicht zu prüfen. Anders lautenden UFS-Entscheidungen (zB UFS 25.10.2007, RV/2199-W/06) ist derzeit nicht zu folgen. Die Frage, ob überhaupt eine Leistung erbracht wurde, ist durch das Finanzamt im Rahmen der freien Beweiswürdigung zu klären.

§ 11 Abs. 14 UStG 1994 (UStR 2000 Rz 1771)

Scheinrechnung, Rechnungsberichtigung durch Lieferer, Widerspruch des Leistungsempfängers

Im Rahmen einer Außenprüfung wird festgestellt, dass Umsatzsteuerbetrug durch Scheinrechnungen vorliegt. Nach langwierigen Verfahren gesteht der Aussteller der Rechnungen ein, dass inländische Lieferungen nicht vorlagen und berichtigt die Rechnungen gegenüber dem Empfänger, gleichzeitig vermindert er das Verrechnungskonto (die Lieferverbindlichkeit des Empfängers) um die Umsatzsteuer. Der Rechnungsempfänger widerspricht der Darstellung des Rechnungsausstellers und beharrt auf den Vorsteuerabzug.

Ist die Zustimmung des Rechnungsempfängers für die wirksame Berichtigung der Rechnung erforderlich?

Ist ein Vorsteuerabzug des Rechungsempfängers trotz Rechnungsberichtigung durch den Aussteller möglich?

Nach der Rechtsprechung des EuGH kann der Aussteller die Rechnungen dann berichtigen, wenn er die Gefährdung des Steueraufkommens rechtzeitig und vollständig beseitigt hat. Was ist unter rechtzeitiger und vollständiger Beseitigung der Gefährdung des Steueraufkommens zu verstehen?

Eine Zustimmung des Rechnungsempfängers zur Berichtigung ist ebenso wenig notwendig wie die Zustimmung zur Rechnungsausstellung selbst. Eine Zustimmung des Empfängers sieht das Gesetz nur im Fall der Gutschrift vor.

Eine vorgenommene Rechnungsberichtigung entfaltet mit Zugang Rechtswirksamkeit. Der Rechnungsempfänger verfügt dann über keine zum Vorsteuerabzug berechtigende Rechnung mehr. Bei Uneinigkeit zwischen Rechnungsersteller und Rechnungsempfänger über die Ausstellung einer Rechnung bzw. deren Inhalt sind die Zivilgerichte anzurufen (Scheiner/Kolacny/Caganek, Kommentar zur Mehrwertsteuer, § 11 Anm. 84/1).

Eine Berichtigung ist in all jenen Fällen zulässig, in denen der Rechnungsempfänger den Vorsteuerabzug nicht geltend oder wieder rückgängig gemacht hat. Die Rückgängigmachung darf nicht nur vorschreibungsmäßig erfolgt sein, sondern es muss die zu Unrecht geltend gemachte Vorsteuer auch tatsächlich zur Gänze an das Finanzamt entrichtet worden sein (siehe bereits USt-Protokoll 2002).

§ 12 Abs. 1 UStG 1994 (UStR 2000 Rz 1825)

Vorsteuerabzugsberechtigung bei unberechtigtem Steuerausweis

Ein österreichischer Unternehmer erbringt an einen anderen Unternehmer eine Lieferung oder sonstige Leistung, die eindeutig in Deutschland steuerbar ist und stellt fälschlich österreichische Umsatzsteuer in Rechnung.

Ist UStR 2000 Rz 1825 so weit auszulegen, dass auch bei eindeutig im Ausland erbrachten Leistungen der Vorsteuerabzug anzuerkennen ist?

Wird bei nicht steuerbaren Auslandsleistungen österreichische Umsatzsteuer in Rechnung gestellt, so liegt ein Fall des § 11 Abs. 14 UStG 1994 vor (vgl. Kolacny/Caganek, UStG, § 11 Anm. 36). Da UStR 2000 Rz 1825 nur auf Fälle des unrichtigen Steuerausweises gemäß § 11 Abs. 12 UStG 1994 anzuwenden ist, kann sich weder ein inländischer Rechnungsempfänger gegenüber seinem Finanzamt, noch ein ausländischer Rechnungsempfänger gegenüber dem Finanzamt Graz-Stadt auf deren Anwendung berufen.

§ 12 Abs. 2 Z 2 lit. b, § 12 Abs. 10 und Abs. 11 UStG 1994 (UStR 2000 Rz 1940 ff)

Änderung des Verwendungszweckes von Vorführkraftfahrzeugen

Ein Kfz-Händler hat vier Vorführkraftfahrzeuge zum Verkehr zugelassen und bilanziert diese im Umlaufvermögen. Er setzt alle Vorführkraftfahrzeuge teilweise, das jeweils älteste aber überwiegend auch als Betriebsfahrzeug für andere (nicht begünstigte) betriebliche Zwecke ein. Aufzeichnungen über die begünstigte Verwendung liegen nicht vor. Die Vorführkraftfahrzeuge werden bis zu deren Verkauf über 3 Jahre im Umlaufvermögen ausgewiesen.

1. Wie lange können Vorführkraftfahrzeuge als solche beurteilt werden?
2. Ist für die Nutzung zu anderen (nicht begünstigten) betrieblichen Zwecken eine Besteuerung des Eigenverbrauchs vorzunehmen?
3. Löst die Verwendungsänderung eines Vorführkraftfahrzeuges eine Vorsteuerberichtigung nach § 12 Abs. 10 oder Abs. 11 UStG 1994 aus? Wie ist der spätere Verkauf zu beurteilen?

Zu 1.:

Vorführkraftfahrzeuge sind Kraftfahrzeuge, die überwiegend Vorführzwecken dienen und in aller Regel dem Umlaufvermögen zuzurechnen sind, weil sie grundsätzlich nicht dazu bestimmt sind, dem Geschäftsbetrieb dauernd zu dienen (UStR 2000 Rz 1940). Nach der Rechtsprechung des VwGH handelt es sich bei Vorführkraftfahrzeugen um „zum alsbaldigen Verkauf“ bestimmte Kraftfahrzeuge (vgl. VwGH 31.03.1995, 93/17/0393). Demnach muss ein Zusammenhang mit einer beabsichtigten Weiterveräußerung jedenfalls noch erkennbar sein (ieS auch Ruppe, UStG, § 12 Tz 137). Handelt es sich bei den Vorführkraftfahrzeugen um „gängige“ Modelle, können diese in durchschnittlicher Betrachtungsweise in kürzerer Zeit (ca. 6 Monate) weiterveräußert werden. Wenn trotz Verkaufsbemühungen innerhalb von 6 Monaten keine Weiterveräußerung erfolgt, kann bis zu einer Dauer von maximal 12 Monaten (noch) von einer „Bestimmung zum alsbaldigen Verkauf“ ausgegangen werden. Ausnahmsweise kann bei Vorführfahrzeugen der Luxusklasse ein längerer Zeitraum akzeptiert werden (maximal zwei Jahre), da diese generell schwerer verkäuflich sind.

Ob ein Vorführkraftfahrzeug vorliegt, ist für jeden Einzelfall eigens zu untersuchen (vgl. VwGH 12.12.1988, 87/15/0094 zur gewerblichen Weiterveräußerung). Die Voraussetzungen hat der Unternehmer durch geeignete Unterlagen (Fahrtenbuch bzw. sonstige Nutzungsaufzeichnungen) nachzuweisen (vgl. UFSW 09.11.2004, RV/2476-W/02).

Zu 2.:

Für Vorführkraftfahrzeuge kann der Vorsteuerabzug vorgenommen werden. Werden diese Fahrzeuge für Zwecke außerhalb des Unternehmens eingesetzt, liegt Eigenverbrauch gemäß § 3a Abs. 1a Z 1 UStG 1994 vor (UStR 2000 Rz 1941). Für die Beurteilung dieser Zwecke „außerhalb des Unternehmens“ kann § 12 Abs. 2 Z 2 lit. b UStG 1994 ausgeklammert bleiben, dh. die Verwendung zu anderen (nicht begünstigten) betrieblichen Zwecken führt zu keiner Eigenverbrauchsbesteuerung.

Zu 3.:

Die Frage, ob Vorsteuern mit Umsätzen im Zusammenhang stehen, die vom Vorsteuerabzug

ausschließen, muss grundsätzlich nach den Verhältnissen des Veranlagungszeitraumes beurteilt werden, in dem die Leistung an den Unternehmer ausgeführt worden ist (vgl. Kolacny/Caganek, UStG, Anm. 56 zu § 12). Ändern sich während des Veranlagungszeitraumes die für den Vorsteuerabzug maßgebenden Verhältnisse, ist der Vorsteuerabzug zu berichtigen. Bei Änderung der für den Vorsteuerabzug maßgebenden Verhältnisse im selben (Veranlagungs-)Jahr kommt es daher zu einer vollen Berichtigung des Vorsteuerabzuges. Tritt die Änderung in einem folgenden Veranlagungszeitraum ein, kommt § 12 Abs. 10 oder Abs. 11 UStG 1994 zur Anwendung (UStR 2000 Rz 1995). Nach Ansicht des VwGH ist im Fall des Umbaus eines Lkw in einen Pkw in einem der auf das Jahr der Anschaffung folgenden vier Kalenderjahre eine Vorsteuerberichtigung iSd § 12 Abs. 10 UStG 1972 vorzunehmen (vgl. VwGH 16.12.1991, 91/15/0045 zum UStG 1972). Nach der Rechtsprechung des VwGH ist § 12 Abs. 2 Z 2 lit. b UStG 1994 im Anwendungsbereich des UStG 1994 als reine Vorsteuerausschlussbestimmung zu verstehen (vgl. VwGH 22.09.1999, 98/15/0136).

Daraus ergibt sich konkret Folgendes:

Änderung der Verhältnisse im Jahr der Anschaffung

Wird ein zunächst als Vorführkraftfahrzeug verwendetes Fahrzeug bereits im Anschaffungsjahr anderen (nicht begünstigten) „unternehmerischen" Zwecken (Anlagevermögen) gewidmet, ist eine volle Vorsteuerberichtigung vorzunehmen. Wird das Fahrzeug später veräußert, erfolgt die Lieferung außerhalb des Unternehmens.

Änderung der Verhältnisse in einem späteren Jahr

Da es sich bei Vorführkraftfahrzeugen um Umlaufvermögen handelt, ist im Falle der Änderung der Verhältnisse § 12 Abs. 11 UStG 1994 anzuwenden und kommt damit eine volle Vorsteuerberichtigung zum Tragen (vgl. Ruppe, UStG, § 12 Tz 230). Voraussetzung ist jedoch, dass hinsichtlich des Fahrzeugs tatsächlich eine Änderung hinsichtlich der Vorsteuerabzugsberechtigung erfolgt ist (zB keine Vorsteuerberichtigung, wenn ein Vorführkraftfahrzeug nach Ablauf des oben angeführten Zeitraumes ausschließlich zum Verkauf angeboten wird – Abmeldung bzw. keine sonstige betriebliche (Weiter)Nutzung). Der spätere Verkauf erfolgt auch in diesem Fall (Vorsteuerberichtigung) außerhalb der Unternehmenssphäre und ist nicht der Umsatzbesteuerung zu unterziehen.

§ 12 Abs. 10 UStG 1994
(UStR 2000 Rz 2085)

Vorsteuerberichtigung

Das Beispiel zu UStR 2000 Rz 2085 lautet wie folgt:

„Eine Maschine (darauf entfallende Vorsteuer 10.000 Euro) wird bis zu deren Veräußerung nur zur Ausführung unecht steuerfreier Umsätze verwendet. Im Mai des dem Jahr der Anschaffung und Inverwendungnahme folgenden Jahres wird sie steuerpflichtig verkauft. Es kann in der Voranmeldung für Mai eine Vorsteuerkorrektur zu Gunsten des Unternehmers im Ausmaß von 8.000 Euro (4/5 von 10.000 Euro) vorgenommen werden."

Gemäß § 6 Abs. 1 Z 26 UStG 1994 ist die Lieferung von Gegenständen, wenn der Unternehmer für diese Gegenstände keinen Vorsteuerabzug vornehmen konnte und die gelieferten Gegenstände ausschließlich für eine nach den Z 7 bis Z 25 steuerfreie Tätigkeit verwendet hat, unecht befreit. In welchen Fällen kann das in der UStR 2000 Rz 2085 genannte Beispiel zur Anwendung kommen?

Das Beispiel in UStR 2000 Rz 2085 bezieht sich abstrakt auf § 12 Abs. 10 UStG 1994 unter Außerachtlassung des § 6 Abs. 1 Z 26 UStG 1994. Es ist beabsichtigt, das Beispiel zu überarbeiten, das dann etwa wie folgt lauten wird:

„Eine Maschine (darauf entfallende Vorsteuer 10.000 Euro) wird bis zu deren Veräußerung im Ausmaß von 25% zur Ausführung unecht steuerfreier Umsätze verwendet. Es wird ein Vorsteuerabzug in Höhe von 7.500 Euro vorgenommen. Im Mai des dem Jahr der Anschaffung und Inverwendungnahme folgenden Jahres wird sie steuerpflichtig verkauft. Es kann in der Voranmeldung für Mai eine Vorsteuerkorrektur zu Gunsten des Unternehmers im Ausmaß von 2.000 Euro (4/5 von 10.000 Euro x 25%) vorgenommen werden."

§ 19 Abs. 1 UStG 1994
(UStR 2000 Rz 885 und Rz 2601)

Übergang der Steuerschuld auf einen Verein bei Auszahlung von Preisgeldern an Ausländer

Ein gemeinnütziger Motorsportverein veranstaltet jährlich eine Rallye. Im Zuge dieser Betätigung werden Preisgelder bzw. Entgelte für die Teilnahme an der Rallye auch an ausländische Fahrer ausbezahlt.

Kommt es hinsichtlich der Preisgelder bzw. Entgelte für die Teilnahme an der Rallye zum Übergang der Steuerschuld nach der obigen Bestimmung?

Könnte bis zum 31. Dezember 2007 für diese Umsätze auch die Bestimmung des § 27 Abs. 9 UStG 1994 zur Anwendung gelangen?

Die Steuerschuld eines ausländischen Unternehmers für eine in Österreich steuerbare Leistung kann nur dann auf einen Verein als juristische Person des privaten Rechts übergehen, wenn dieser unternehmerisch tätig ist.

Ein Verein, der nichtunternehmerisch tätig ist, kann hinsichtlich der Umsätze ausländischer Unternehmer als Leistungsempfänger nicht Steuerschuldner werden. Das gilt auch dann, wenn ein solcher Verein für innergemeinschaftliche Erwerbe über eine UID-Nummer verfügt und für diese Zwecke zur Umsatzsteuer erfasst ist, da er dennoch nicht Unternehmer ist.

Ist der Verein Unternehmer, kann er Steuerschuldner werden, wobei es hier nicht darauf ankommt, dass er auch zur Umsatzsteuer erfasst ist; dies kann daher auf einen Verein, der unecht steuerbefreite Umsätze iSd § 6 Abs. 1 Z 14 UStG 1994 ausführt, zutreffen.

Auf einen Verein, der Unternehmer ist, geht die Steuerschuld auch dann über, wenn die Leistungen nicht für den unternehmerischen Bereich erbracht worden sein sollten, da es in diesen Fällen für den Übergang der Steuerschuld genügt, dass der Leistungsempfänger Unternehmer ist (vgl. Scheiner/Kolacny/Caganek, Kommentar zur Mehrwertsteuer, § 19 Abs. 1a, Anm. 37a mit Hinweis auf UStR 2000 Rz 2602f).

Für die Beantwortung der Frage nach der Unternehmereigenschaft des Vereins ist nach VwGH 09.03.2005, 2001/13/0062, zu prüfen, welche Tätigkeit tatsächlich vorliegt. Dabei ist auf § 6 der Liebhabereiverordnung, BGBl. II Nr. 358/1997 (LVO), Bedacht zu nehmen, demzufolge Liebhaberei im umsatzsteuerlichen Sinn nur bei Betätigungen iSd § 1 Abs. 2 der LVO (demnach bei jenen Tätigkeiten, für die die Liebhabereivermutung gilt), nicht hingegen bei anderen Betätigungen (insbesondere bei Einkunftsquellenvermutung gemäß § 1 Abs. 1 LVO) vorliegen kann.

Somit hat eine Prüfung des Vorliegens der Unternehmereigenschaft in Abhängigkeit von der konkret ausgeübten Tätigkeit zu erfolgen, so dass auch die Einkunftsquellenvermutung zum Tragen kommen kann. Liegt Einkunftsquellenvermutung vor, ist nach § 6 LVO umsatzsteuerrechtlich immer Unternehmereigenschaft gegeben und kann es in weiterer Folge auch zum Übergang der Steuerschuld auf einen Verein kommen.

Bei einem Motorsportverein, der jährlich Rallyeveranstaltungen durchführt, wird in der Regel eine Tätigkeit iSd § 1 Abs. 1 der LVO und damit die Unternehmereigenschaft gegeben sein.

Die in Punkt 25 der Liebhaberei-RL enthaltene Vereinfachungsregelung, nach der bei gemeinnützigen Vereinen unter bestimmten Voraussetzungen von der Liebhabereivermutung ausgegangen werden kann, ist für die Frage nach dem Übergang der Steuerschuld nicht anzuwenden. Die UStR 2000 Rz 2601 werden entsprechend ergänzt.

Bei einem Verein, der – unter Außerachtlassung der zuvor angeführten Liebhabereivermutung – Unternehmer ist, kommt es somit zum Übergang der Steuerschuld und ist § 27 Abs. 9 UStG 1994 daher nicht anwendbar. Ist keine Unternehmereigenschaft gegeben, kommt § 27 Abs. 9 UStG 1994 ebenfalls nicht zum Tragen, da für die Anwendung dieser Bestimmung Voraussetzung ist, dass der Leistungsempfänger ein Unternehmer ist.

§ 19 Abs. 1d UStG 1994 und § 2 Z 1 der Schrott-Umsatzsteuerverordnung, BGBl. II Nr. 129/2007 (UStR 2000 Rz 2605)

Lieferungen von gebrauchten Tonerkartuschen und Tintenpatronen

Mehrere Unternehmer liefern an den Unternehmer A gebrauchte und leere, aber wieder verwertbare Tonerkartuschen und Tintenpatronen gegen Entgelt. Bevor diese in die Verfügungsmacht des Unternehmers A übergegangenen Gegenstände von diesem wiederbefüllt werden können, müssen sie in jedem Fall zerlegt und gereinigt werden.

Sind die Lieferungen an den Unternehmer A von § 2 Z 1 der Schrott-Umsatzsteuerverordnung (Schrott-UStV), BGBl. II Nr. 129/2007, erfasst?

Die Schrott-UStV knüpft hinsichtlich der vom Übergang der Steuerschuld erfassten Gegenstände an die Positionen der Kombinierten Nomenklatur (KN) an. Gebrauchte (leere) Tonerkartuschen und Tintenpatronen sind – unabhängig ob sie wiederverwertbar sind oder ob dies nicht der Fall ist – nach zolltarifarischen Auslegungsgrundsätzen in die Position 3915 der KN (Abfälle aus Kunststoff) einzureihen. Diese Tarifposition ist in der Z 4 der Anlage zur Schrott-UStV angeführt.

Im Falle der gegenständlichen Lieferungen geht daher die Steuerschuld auf den Unternehmer A über.

§ 12 Abs. 1 sowie § 22 UStG 1994 (UStR 2000 Rz 2876 ff)

Entschädigungszahlungen an pauschalierte Landwirte iZm seismischen Messungen; Anwendung der Durchschnittssatzbesteuerung – Vorsteuerabzug

Ein Unternehmer führt auf Grundstücken von pauschalierten Land- und Forstwirten seismische Messungen zum Zweck der Aufsuchung von Rohstoffen durch.

Zur Durchführung der Messungen werden die Grundstücksflächen für einen Zeitraum von bis zu sechs Wochen benötigt. Im Einzelnen umfasst die Messung folgende Tätigkeiten: Markierung der Messpunkte mit Holzpflöcken zu Fuß; Auslegung der Messkabel zu Fuß; seismische Messung durch Befahren der Grundstücke mit speziellen Vibratoren oder Bohrgeräten; Einsammlung der Messkabel und Holzpflöcke zu Fuß.

Vor Beginn der Messungen wird die Genehmigung der Grundeigentümer eingeholt. Gleichzeitig werden die Befugnisse im Zusammenhang mit dem Betreten des Grundstückes sowie die Vorgangsweise betreffend die Entschädigungszahlungen im Zusammenhang mit Flurschäden vereinbart. Nach Abschluss der Arbeiten werden Art und Ausmaß der eingetretenen Flurschäden erhoben und eine Entschädigung gemäß den gültigen Vergütungssätzen der Landwirtschaftskammer berechnet. In Einzelfällen kommt es auch zu pauschalen Abgeltungen.

Die Abrechnung dieser Entschädigungen erfolgt gegenüber den Grundstückseigentümern mittels Gutschrift. Soweit es sich bei diesen Unternehmern um gemäß § 22 UStG 1994 pauschalierte Land- und Forstwirte handelt, weist der Messunternehmer in den Gutschriften 12% Umsatzsteuer aus und zieht sich die ausgewiesene Umsatzsteuer als Vorsteuer ab.

Fallen die im Zusammenhang mit der Duldung der Durchführung der Messungen geleisteten Entschädigungszahlungen unter die Pauschalbesteuerung nach § 22 UStG 1994 oder ist eine Besteuerung nach den allgemeinen Bestimmungen vorzunehmen?

Ist im konkreten Fall ein Vorsteuerabzug im Hinblick auf die ausgestellten Gutschriften anzuerkennen?

Im vorliegenden Fall ist zunächst zu prüfen, ob die vom Messunternehmen geleisteten Entschädigungszahlungen als Schadenersatz zu beurteilen sind. Ersatzleistungen, die deshalb erbracht werden, weil ein Schaden verursacht wurde oder für einen Schaden einzustehen ist, sind kein Entgelt für eine Leistung und führen daher nicht zu einem Leistungsaustausch. Ein Leistungsaustausch liegt hingegen vor, wenn die Ersatzleistung des Schädigers Gegenleistung für eine besondere Leistung des Geschädigten ist.

Im vorliegenden Fall besteht die Leistung der Landwirte darin, gegen Entgelt die Durchführung von seismischen Messungen zum Zwecke der Auffindung von Bodenschätzen auf ihren landwirtschaftlich genutzten Flächen zu dulden (in § 148 Abs. 1 Mineralrohstoffgesetz, BGBl. I Nr. 38/1999, ist von einer Zustimmung gegen angemessene Entschädigung die Rede). Der Landwirt nimmt hiebei das Auftreten von Bewirtschaftungserschwernissen, Ernteausfällen usw. von Vornherein in Kauf. Der Umstand, dass die exakte Entschädigungshöhe erst im Nachhinein bestimmt wird, hat in diesem Zusammenhang keine Bedeutung, weil es lediglich um das genaue Flächenausmaß der beanspruchten Grundstücksteile sowie um die Einstufung in bestimmte Entschädigungssätze geht (zur Steuerbarkeit von Entschädigungszahlungen an Land- und Forstwirte für Wirtschaftserschwernisse siehe auch Kolacny/Caganek, UStG, § 1 Anm. 30, Stichwort: Land- und Forstwirtschaft). Ein echter Schadenersatz liegt daher grundsätzlich nicht vor.

Die in Rede stehende sonstige Leistung ist mit der Einräumung von Grunddienstbarkeiten (wie zB im Zusammenhang mit der Überlassung von land- und forstwirtschaftlichen Grundstücken für Sport- und Freizeiteinrichtungen) vergleichbar. Da derartige Leistungen weder mit Hilfe der Arbeitskraft oder der normalen „Ausrüstung“ eines LuF-Betriebes erbracht werden, noch zur landwirtschaftlichen Erzeugung beitragen (vgl. Art. 295 Abs. 1 Z 5 MWSt-RL 2006/112/EG) und auch nicht im Anhang VIII zur MWSt-RL 2006/112/EG erwähnt werden, hat ihre Besteuerung aus gemeinschaftsrechtlicher Sicht nach den allgemeinen Bestimmungen zu erfolgen.

Folgt man dem VwGH (vgl. VwGH 30.10.2003, 2000/15/0109), liegen im vorliegenden Fall auch keine Hilfs- und Nebenumsätze (Nebentätigkeiten) des LuF-Betriebes vor, die in einem engen wirtschaftlichen Zusammenhang mit dem LuF-Betrieb stehen und dem Betrieb dienen bzw. ihn ergänzen (in ihm „gleichsam aufgehen“).

Sofern nicht die Kleinunternehmerregelung zur Anwendung gelangt, muss der Landwirt daher die 20-prozentige Umsatzsteuer in einer nach den Bestimmungen des § 11 Abs. 1 UStG 1994 auszustellenden Rechnung ausweisen (bzw. ist eine entsprechende Gutschrift auszustellen) und dem Finanzamt abführen. Der Leistungsempfänger kann sich bei Vorliegen der übrigen Voraussetzungen des § 12 Abs. 1 UStG 1994 die ausgewiesenen Vorsteuern abziehen.

Im konkreten Fall muss der Landwirt trotz anders lautender Gutschrift 20% Umsatzsteuer abführen. Bis zu einer Berichtigung der Gutschrift kann sich der die Messungen durchführende Unternehmer – unter der Voraussetzung, dass die Gutschrift sämtliche im § 11 Abs. 1 UStG 1994 vorgesehenen

Rechnungsmerkmale enthält – jedoch nur den in der Gutschrift ausgewiesenen Betrag als Vorsteuer abziehen (vgl. UStR 2000 Rz 1736 und Rz 1737).

Im Hinblick auf die bloß kurzfristige und keinesfalls regelmäßige Leistungserbringung – derartige Messungen werden erfahrungsgemäß nur in sehr großen Zeitabständen vorgenommen – bestehen aus verwaltungsökonomischen Gründen jedoch keine Bedenken, wenn in diesen Fällen von der Besteuerung Abstand genommen wird (Behandlung wie echter Schadenersatz), sofern keine Rechnungen bzw. Gutschriften mit Steuerausweis ausgestellt werden, die den Leistungsempfänger zum Vorsteuerabzug berechtigen.

Diese Rechtsauslegung ist für Umsätze zu beachten, die ab dem 1. Jänner 2009 ausgeführt werden.

§ 22 Abs. 5 iVm § 12 Abs. 7 UStG 1994 (UStR 2000 Rz 2894 sowie Rz 2906 bis Rz 2908)

Be- und Verarbeitung von Urprodukten durch pauschalierte Land- und Forstwirte – Vorsteuerabzug

Ein gemäß § 22 UStG 1994 pauschalierter Land- und Forstwirt betreibt neben seinem LuF-Betrieb einen Be- und Verarbeitungsbetrieb, in welchem ein Teil der im LuF-Betrieb produzierten Milch zu Kakao verarbeitet und an Schulen und Kindergärten verkauft wird.

Wegen Überschreitung der in § 6 Abs. 4 der LuF-PauschVO 2006, BGBl. II Nr. 258/2005, angeführten Betragsgrenze von Euro 24.200 besteuert der Unternehmer die aus dem Kakaoverkauf erzielten Umsätze nach den allgemeinen Bestimmungen des

UStG 1994 (Überschreitung der Kleinunternehmergrenze unter Miteinbeziehung der (geschätzten) LuF-Umsätze).

In UStR 2000 Rz 2894 ist vorgesehen, dass die den Umsätzen aus der Be- oder Verarbeitung zuzuordnenden Vorsteuern mit einem Durchschnittssteuersatz von 6% der steuerpflichtigen Gesamtumsätze (§ 17 Abs. 5 UStG 1994) berechnet werden können. Die Gesamtumsätze gemäß § 17 Abs. 5 UStG 1994 umfassen sämtliche Umsätze des Unternehmens (einschließlich der pauschalierten LuF-Umsätze) mit Ausnahme der unecht steuerbefreiten Umsätze sowie der Geschäftsveräußerungen nach § 4 Abs. 7 leg. cit. Ist das 6-prozentige Vorsteuer-Pauschale tatsächlich auf Basis der Bemessungsgrundlage im Sinne der oa. Definition zu berechnen?

Im Zuge der Festlegung des in UStR 2000 Rz 2894 angeführten 6-prozentigen Vorsteuer-Pauschalsatzes wurde davon ausgegangen, dass dieser Prozentsatz auf den Betrag der steuerpflichtigen Gesamtumsätze des Be- und Verarbeitungsbetriebes anzuwenden ist. UStR 2000 Rz 2907, wonach bei Ermittlung des Gesamtumsatzes auch die nach Durchschnittssätzen zu versteuernden Umsätze – die gegebenenfalls mit 150% des Einheitswertes zu schätzen sind – einzubeziehen sind, ist in diesem Zusammenhang somit nicht anzuwenden. Anlässlich der kommenden Wartung der UStR 2000 Rz 2894 wird eine entsprechende Klarstellung aufgenommen werden.

Art. 3a Abs. 6 und Art. 18 UStG 1994 (UStR 2000 Rz 3911)

Aufzeichnungsverpflichtung für Umsätze iSd Art. 3a Abs. 6 UStG 1994

Ein Unternehmer aus dem übrigen Gemeinschaftsgebiet hat in Österreich eine Zweigniederlassung. Als betriebliche Fahrzeuge werden in der österreichischen Zweigniederlassung Personenkraftwagen, die am Stammsitz im Ausland zugelassen sind, von inländischen Dienstnehmern genutzt. Die Service- und Reparaturarbeiten werden von einer inländischen Kfz-Werkstätte durchgeführt. Der inländische Dienstnehmer tritt dabei als Beauftragter des ausländischen Unternehmers mit dessen ausländischer UID auf. Die Kfz-Werkstätte behandelt die Leistungen als nicht steuerbar.

Welche Aufzeichnungen sind in diesen Fällen erforderlich?

Leistungsort bei Arbeiten an beweglichen körperlichen Gegenständen (wozu auch Service- und Reparaturarbeiten an Kraftfahrzeugen zählen) ist gemäß § 3a Abs. 8 lit. c UStG 1994 der Tätigkeitsort.

Eine Verlagerung dieses Leistungsortes ergibt sich durch Auftragserteilung unter Bekanntgabe der UID eines anderen Mitgliedstaates, jedoch nur unter der Voraussetzung, dass die Gegenstände nach ihrer Bearbeitung in einen anderen Mitgliedstaat verbracht werden (Art. 3a Abs. 6 UStG 1994).

Nach Art. 18 Abs. 3 UStG 1994 müssen Gegenstände, die der Unternehmer aus einem anderen Mitgliedstaat zur Ausführung einer sonstigen Leistung im Sinne des Art. 3a Abs. 6 UStG 1994 erhält, aufgezeichnet werden.

Artikel 243 Abs. 2 der MWSt-RL 2006/112/EG enthält Aufzeichnungsvorschriften für Dienstleistungen im Sinne des Art. 52 Buchstabe c (§ 3a Abs. 8 lit. c UStG 1994) und es hat danach jeder Steuerpflichtige Aufzeichnungen zu führen, die so ausführlich sind, dass sie die Identifizierung der Gegenstände ermöglichen, die ihm aus einem anderen Mitgliedstaat von einem Steuerpflichtigen mit Mehrwertsteuer-Identifikationsnummer in diesem anderen Mitgliedstaat oder für dessen Rechnung im Zusammenhang mit einer solchen Dienstleistung in Form der Begutachtung dieser Gegenstände oder von Arbeiten an diesen Gegenständen gesandt worden sind.

Somit besteht eine Aufzeichnungspflicht für Gegenstände, die eigens zur Durchführung der genannten sonstigen Leistungen aus einem anderen Mitgliedstaat nach Österreich verbracht wurden.

Da es sich hier um eine allgemeine Aufzeichnungspflicht von Gegenständen handelt, muss aus den Aufzeichnungen des Unternehmers im Wesentlichen ersichtlich sein, an welchen Gegenständen sonstige Leistungen iSd § 3a Abs. 8 lit. c UStG 1994 erbracht wurden („eindeutige Identifizierung der Gegenstände").

Zur Beurteilung der Frage, ob die Gegenstände in das Ausland verbracht wurden, ergibt sich aus einer Protokollerklärung zur zweiten VereinfachungsRL Folgendes: Wenn die Dienstleistung mit einem Beförderungsmittel im Zusammenhang steht, das in dem Mitgliedstaat zugelassen ist, in dem die Dienstleistung tatsächlich erbracht wurde, können die Mitgliedstaaten annehmen, dass die Gegenstände nicht aus diesem Staat versandt oder befördert werden (vgl. Scheiner/Kolacny/Caganek, Kommentar zur Mehrwertsteuer, Art. 3a Anm. 79).

Im umgekehrten Fall (Beförderungsmittel sind im Ausland zugelassen) kann der leistende Unternehmer folgerichtig davon ausgehen, dass diese Gegenstände zuvor in den Mitgliedstaat, in dem die Dienstleistung ausgeführt wurde, verbracht wurden und diesen anschließend wieder verlassen werden und somit einerseits die Voraussetzungen für die Verlagerung des Leistungsortes erfüllt und andererseits Aufzeichnungen im Sinne des Art. 18 Abs. 3 UStG 1994 zu führen sind.

Zum gegenständlichen Sachverhalt ist allerdings anzumerken, dass Kraftfahrzeuge eines ausländischen Unternehmers, der im Inland eine Betriebsstätte hat, und die von inländischen Dienstnehmern im Inland verwendet werden, nach dem Kraftfahrgesetz 1967 (KFG) im Inland zuzulassen wären. Damit entsteht Erwerbsteuerpflicht nach Art. 1 UStG 1994 für den

USt-E

ausländischen Unternehmer sowie Steuerpflicht nach § 1 Z 3 NoVAG 1991.

Dies hat im konkreten Fall aber keinen Einfluss auf die Beurteilung des Leistungsortes des inländischen Leistenden (Kfz-Werkstätte) und die sich daraus ergebenden Aufzeichnungspflichten, da der leistende Unternehmer auf Grund der ausländischen Kennzeichen darauf vertrauen konnte, dass die Fahrzeuge zur Durchführung der gegenständlichen Arbeiten ins Inland verbracht und anschließend wieder in den anderen Mitgliedstaat zurückgebracht wurden.

§ 12 Abs. 1 Z 1 vorletzter und letzter Satz UStG 1994

Behandlung des Karussellbetruges nach den EuGH-Urteilen Optigen, Kittel und Auslegung des § 12 Abs. 1 Z 1 vorletzter Satz UStG 1994 „wusste oder wissen musste"

Der EuGH hat sich in einigen (Einzelfall-) Entscheidungen (vor allem die Urteile EuGH 12.01.2006, Rs C-354/03 *Optigen Ldt*; und EuGH 06.07.2006, Rs C-439/04 *Kittel*) zu den Rechtsfolgen des Karussellbetruges insbesondere im Zusammenhang mit Eingangsumsätzen geäußert.

Im Gefolge dieser Rechtsprechung wurde mit dem Abgabensicherungsgesetz 2007 § 12 Abs. 1 Z 1 UStG 1994 mit Wirkung vom 1. Jänner 2008 ergänzt:

„Wurde die Lieferung oder die sonstige Leistung an einen Unternehmer ausgeführt, der wusste oder wissen musste, dass der betreffende Umsatz im Zusammenhang mit Umsatzsteuerhinterziehungen oder sonstigen, die Umsatzsteuer betreffenden Finanzvergehen steht, entfällt das Recht auf Vorsteuerabzug. Dies gilt insbesondere auch, wenn ein solches Finanzvergehen einen vor- oder nachgelagerten Umsatz betrifft."

Wie ist der Karussellbetrug nach den EuGH-Urteilen Optigen und Kittel zu behandeln?

Wie ist der Ausdruck „wusste oder wissen musste" in § 12 Abs. 1 Z 1 vorletzter Satz UStG 1994 auszulegen?

Gemäß § 12 Abs. 1 Z 1 UStG 1994 steht dem Empfänger einer Lieferung oder sonstigen Leistung ein Vorsteuerabzug nicht zu, wenn er wusste oder wissen musste, dass der betreffende Umsatz im Zusammenhang mit Umsatzsteuerhinterziehungen steht. Grundsätzlich ist festzuhalten, dass diese Bestimmung, die mit 1. Jänner 2008 in Kraft getreten ist, lediglich klarstellende Funktion hat und auch auf Sachverhalte anzuwenden ist, die sich davor ereignet haben (siehe Materialien zur Regierungsvorlage).

Ein Unternehmer, der alle Maßnahmen getroffen hat, die vernünftigerweise von ihm verlangt werden können, um sicherzustellen, dass seine Umsätze nicht in einen Betrug (MWSt-Hinterziehung oder sonstiger Betrug) einbezogen sind, kann auf die Rechtmäßigkeit seiner Umsätze vertrauen, ohne Gefahr zu laufen, sein Recht auf Vorsteuerabzug zu verlieren (Vertrauensgrundsatz). Dies trifft zu, wenn der Steuerpflichtige die Sorgfalt eines ordentlichen Kaufmanns wahrnimmt (EuGH 21.02.2008, Rs C-271/06 *Netto Supermarkt GmbH & Co OHG*).

Bei der Beurteilung der Sorgfalt eines ordentlichen Kaufmanns sind nicht die persönlichen Fähigkeiten, Gewohnheiten und Kenntnisse des Unternehmers maßgebend, sondern ein objektiver Maßstab, das Verhalten eines ordentlichen, gewissenhaften Kaufmannes, wobei der Sorgfaltsmaßstab nach Geschäftszweigen differieren kann (vgl. Ruppe, UStG, Art. 7 Tz 25).

Ob ein Steuerpflichtiger wissen konnte oder hätte wissen müssen, dass er sich mit seinem Erwerb an einem Umsatz beteiligt, der in eine MWSt-Hinterziehung einbezogen war, ist nach Maßgabe der Beweisregeln des nationalen Rechtes festzustellen.

Nach den maßgebenden Beweisregeln trägt der den Vorsteuerabzug begehrende Unternehmer die Feststellungslast für die Erfüllung der Anspruchsvoraussetzung. Das gilt grundsätzlich auch für das Wissen oder Wissenkönnen vom Tatplan eines Vor- oder Nachlieferanten. Die Schwierigkeit eines Negativbeweises ändert die Beweislast grundsätzlich nicht. Denn denjenigen, der sich auf das Nichtvorliegen von Tatsachen oder Umständen beruft, kann die Feststellungslast ohnehin nur treffen, wenn der Gegner – das Finanzamt – substantiiert Tatsachen oder Umstände vorgetragen hat, die für das Vorliegen des Positivums sprechen (BFH 19.04.2007, V R 48/04 unter Verweis auf EuGH 21.02.2006, Rs C-255/02 *Halifax*).

Das Vorliegen des Positivums ist anhand objektiver Kriterien und unter Beachtung branchenbedingter Nuancen festzuhalten.

Der Unabhängige Finanzsenat hat beispielsweise in einem konkreten Fall festgestellt (UFSW 13.07.2007, RV/2014-W/04), dass der Unternehmer von der Steuerhinterziehung des Lieferanten aus nachstehenden Gründen wissen hätte müssen, und zwar:

- **an der Rechnungsanschrift ist nicht der leistende Unternehmer ausgewiesen;**
- **Fax-Sendungen stammen nicht vom leistenden Unternehmen sondern von einem branchenfremden Dritten;**
- **die Übergabe der Ware erfolgt in erheblicher Menge und Wert immer auf offener Straße;**
- **die Bezahlung des erheblichen Kaufpreises erfolgt immer bar bei Lieferung, hingegen der Weiterverkauf gegen Banküberweisung;**
- **die anderen Geschäfte des Leistungsempfängers finden nicht unter diesen Umständen statt;**
- **Geschäfte sind geballt in einem kurzen Zeitraum, wobei der sonstige Geschäftsumfang des Leistungsempfängers bei weitem überstiegen wird.**

Die Rechtsprechung des EuGH in Karussellbetrugsfällen konzentriert sich vor allem auf die Eingangsumsätze und differenziert hiebei zwischen dem Unternehmer, der nach dem Gutglaubensgrundsatz auf die Rechtmäßigkeit seiner Umsätze vertrauen darf und demjenigen, der an einer Steuerhinterziehung beteiligt ist. Die objektiven Kriterien, auf denen der Begriff der Lieferung von Gegenständen und der Begriff der wirtschaftlichen Tätigkeit beruhen, sind nicht erfüllt, wenn der Steuerpflichtige selbst eine Steuerhinterziehung begeht (EuGH 21.02.2006, Rs C-255/02 Halifax = Abstellen auf die Lage, die ohne die diese missbräuchliche Praxis begründenden Umsätze bestanden hätte). Über die Rechtsnatur der jeweiligen Ausgangsumsätze hat der EuGH bislang noch nicht explizit abgesprochen. Es ist daher im Sinne seiner Rechtsprechung von einem weiten Anwendungsbereich der MWSt-RL auszugehen [„Umsätze sind Lieferungen von Gegenständen und wirtschaftliche Tätigkeiten, wenn sie die objektiven Kriterien erfüllen, ohne dass es auf die Absicht (betrügerischen Zweck) eines von dem betroffenen Steuerpflichtigen verschiedenen, an der derselben Steuerkette (Lieferkette) vorausgehend oder nachfolgend beteiligten Händlers ankommt, die der Steuerpflichtige weder kannte noch kennen konnte“, EuGH 12.01.2006, Rs C-354/03 *Optigen*].

Sind in einem Karussellbetrugsfall alle Beteiligten schlechtgläubig, so liegt demnach keine wirtschaftliche Tätigkeit von allen Beteiligten vor. Daher wird auf die Lage, die ohne die diese missbräuchliche Praxis begründenden Umsätze bestanden hätte, abgestellt (EuGH 21.02.2006, Rs C-255/02, *Halifax*). Soweit von den einzelnen Unternehmern in der Kette Rechnungen iSd § 11 UStG 1994 erstellt wurden, entsteht nach § 11 Abs. 14 UStG 1994 die Steuerschuld aufgrund der Rechnungslegung. Eine Rechnungsberichtigung ist nur dann zulässig, wenn der Aussteller der Rechnung die Gefährdung des Steueraufkommens rechtzeitig und vollständig beseitigt hat (UStR 2000 Rz 1771; siehe hiezu auch die Frage zu § 11 Abs. 14 UStG 1994 in diesem USt-Protokoll).

Ist hingegen ein Abnehmer in der Kette gutgläubig, so darf er auf die Rechtmäßigkeit seiner (Eingangs-)Umsätze vertrauen. Demgemäß sind die Ausgangsumsätze des (bösgläubigen) Lieferanten aus der Sicht des gutgläubigen Empfängers als „normale“ steuerbare und steuerpflichtige Umsätze zu beurteilen.

Ein Vorsteuerabzug des bösgläubigen Lieferanten für seine Einkäufe ist schon aufgrund des § 12 Abs. 1 Z 1 dritter und vierter Satz UStG 1994 ausgeschlossen. Die Auffassung, wonach Ausgangsumsätze von an einer Betrugskette beteiligten Unternehmern nicht unter den Anwendungsbereich der MWSt-RL fallen würden, bezeichnet der Generalanwalt als „Paradox“ (Schlussantrag zur RS EuGH 21.02.2006, Rs C-255/02 *Halifax*, Rn 54). Daher sind Ausgangsumsätze an Letztverbraucher jedenfalls steuerbar, denn das System der Mehrwertsteuer will einen unbesteuerten Letztverbrauch hintanhalten. Diese Ansicht ergibt sich zwingend aus einer systemgerechten Interpretation, da es nicht vertretbar wäre, dass ein an einer Betrugskette beteiligter Unternehmer rechtlich besser gestellt wird als der redliche Unternehmer.

2/2/3.

AÖF 2009/230

Umsatzsteuerprotokoll über den Salzburger Steuerdialog 2009

(Erlass des BMF vom 01.09.2009, BMF-010219/0220-VI/4/2009)

§ 2 bzw. § 12 UStG 1994

Umsatzsteuerrechtliche Behandlung von Photovoltaikanlagen auf oder neben privaten Eigenheimen

Privatpersonen errichten auf oder neben ihren Eigenheimen Photovoltaikanlagen und speisen den gewonnenen Strom mangels Speichermöglichkeit zur Gänze (Volleinspeiser) im Rahmen einer Abnahmegarantie von zirka 13 Jahren in das öffentliche Netz. Der gewonnene Strom deckt in der Regel nicht einmal den Eigenbedarf. Umgekehrt wird der privat benötigte Strom aus dem öffentlichen Netz unter Subventionierung durch die öffentliche Hand (Umweg über Strompreis und Strompreisgarantie) (zurück) gekauft.

Speisen die Privatpersonen nur den gewonnenen Stromanteil, der den momentanen Eigenbedarf übersteigt, mangels Speichermöglichkeit in das öffentliche Netz, so spricht man von Überschusseinspeisern. Der gewonnene Strom deckt insgesamt in der Regel auch hier nicht einmal den Eigenbedarf. In den Zeiträumen, in denen die Stromerzeugung den Eigenbedarf nicht deckt (zB in der Nacht), wird Strom aus dem öffentlichen Netz zugekauft.

Die Privatperson behauptet Unternehmereigenschaft, verzichtet auf die Kleinunternehmerbefreiung und beantragt für die sich rechnende Photovoltaikanlage (zirka 15 Jahre) den Vorsteuerabzug. Ist diese Vorgangsweise zulässig?

Unternehmereigenschaft des Anlagenbetreibers

- **Tätigkeiten im Sinne des § 1 Abs. 2 LVO**

Werden mit der Anlage insgesamt keine Gewinne erwirtschaftet, liegt eine Tätigkeit im Sinne des § 1 Abs. 2 LVO und daher jedenfalls keine Unternehmereigenschaft des Betreibers vor.

- **Anlagen, die sich innerhalb angemessener Frist „rechnen“**

Unternehmer ist, wer eine gewerbliche oder berufliche Tätigkeit selbständig und nachhaltig unter Einnahmenerzielungsabsicht ausübt. Dies ist nach der im Umsatzsteuerrecht maßgeblichen wirtschaftlichen Betrachtungsweise zu beurteilen.

Der Betreiber einer privaten Anlage zur Stromgewinnung wird nicht dadurch unternehmerisch tätig, dass er regelmäßig Strom an den Stromnetzbetreiber abgibt. Eine solche Anlage wird vorrangig aus privaten Motiven und nicht primär zur Erbringung von Leistungen am Markt betrieben (Stadie in Rau/Dürrwächter § 2 Anm. 317 dUStG). Eine umsatzsteuerlich beachtliche unternehmerische Tätigkeit kann nur dann vorliegen, wenn die Menge des erzeugten elektrischen Stroms dauerhaft deutlich größer ist, als die durch den Betreiber der Anlage privat verbrauchte Strommenge und der Stromüberschuss gegen Entgelt ins öffentliche Netz eingespeist wird. Tätigkeiten, die lediglich der Selbstversorgung dienen, führen nicht zur Unternehmereigenschaft (Ruppe, UStG, § 2 Tz 56).

Dies gilt auch dann, wenn der Strom mangels Speichermöglichkeit zur Gänze in das öffentliche Stromnetz eingespeist wird. Eine isolierte Betrachtung, wonach es für das Vorhandensein einer unternehmerischen Tätigkeit spreche, wenn der erzeugte Strom zum Großteil oder zur Gänze ins öffentliche Netz gespeist wird, steht der wirtschaftlichen Betrachtungsweise diametral entgegen (vgl. UFSL 17. 4. 2008, RV/0391-L/07). Nur weil keine andere „Speichermöglichkeit“ als das örtliche Stromnetz zur Verfügung steht, wird die Erzeugung an sich zum privaten Verbrauch benötigten Stroms nicht zur unternehmerischen Tätigkeit, wenn der erzeugte Strom nicht einmal den Privatbedarf abdeckt.

Das Einspeisen des elektrischen Stroms zu einem geförderten Tarif, der den Stromeinkaufspreis des Betreibers übersteigt, ändert nichts an der umsatzsteuerlichen Beurteilung, da es auch in diesem Fall bei einer (von der öffentlichen Hand geförderten) ökologischen Selbstversorgung bleibt. Wirtschaftlich betrachtet erfolgt ein Zuschuss für den Eigenverbrauch einer selbst gewonnenen Menge Ökostroms.

Insgesamt ist daher im Betrieb einer Photovoltaikanlage, deren Ausgangsstrommenge nicht über dem Eigenbedarf des Betreibers liegt, keine unternehmerische Tätigkeit zu sehen. Dies gilt sowohl für Voll- als auch für Überschusseinspeiser. Die Abgabe des Stroms an die Elektrizitätsgesellschaft ist in diesen Fällen mangels Unternehmereigenschaft des Leistenden nicht steuerbar.

Vorsteuerabzug

Eine Unternehmereigenschaft des Anlagenbetreibers kann nur dann vorliegen, wenn dieser deutlich mehr Strom erzeugt, als er verbraucht. In diesem Fall ist der Vorsteuerabzug aus der Anschaffung nach Maßgabe des § 12 Abs. 2 Z 2 lit. a UStG 1994 zu prüfen. Demnach gelten Leistungen nicht für das Unternehmen ausgeführt, deren Entgelte überwiegend keine abzugsfähigen Ausgaben im Sinne des § 20 Abs. 1 Z 1 bis 5 EStG 1988 sind. Die Kosten für die Anschaffung der Photovoltaikanlagen in einem privat genutzten (Einfamilien)Haus sind grundsätzlich nicht abzugsfähige Ausgaben im Sinne des § 20 Abs. 1 Z 1 EStG 1988.

Der unternehmerische Anteil des erzeugten Stroms bemisst sich nach dem Verhältnis von erzeugter Energie und privatem Verbrauch (jährliche Durchschnittsbetrachtung – gemessen in KWh –, die sich aus der Jahresabrechnung des Stromlieferanten bzw. Stromabnehmers ergibt).

Übersteigt der private Verbrauch die erzeugte Energie, so steht der Vorsteuerabzug im Zusammenhang mit Anschaffung, Inbetriebnahme und Betrieb der Anlage zur Gänze nicht zu. Wartungsarbeiten und andere sonstige Leistungen berechtigen ebenfalls nicht zum Vorsteuerabzug. Dazu gehört auch die Zählermiete hinsichtlich des Zählers, der den eingespeisten Strom ermittelt, da der Zähler auf die fehlende Speichermöglichkeit für den Privatbedarf zurückzuführen ist.

Ist die erzeugte Strommenge zwar deutlich größer als der zum privaten Verbrauch benötigte Strom, jedoch nicht mindestens doppelt so groß, ist der Vorsteuerabzug für die Anlage gemäß § 12 Abs. 2 Z 2 lit. a UStG 1994 ebenfalls zur Gänze ausgeschlossen.

Der Vorsteuerabzug für die Errichtung der Photovoltaikanlage steht zu, wenn die erzeugte Strommenge doppelt so groß oder größer als der zum privaten Verbrauch benötigte Strom ist.

Stromverkauf

Der Verkauf des Stroms an die Elektrizitätsgesellschaft ist in den Fällen, in denen eine Unternehmereigenschaft des Anlagenbetreibers nicht besteht, nicht steuerbar.

Ist hingegen die Unternehmereigenschaft zu bejahen, so sind sämtliche Lieferungen an die Elektrizitätsgesellschaft grundsätzlich steuerbar und steuerpflichtig. Der Verkauf des Stroms an die Elektrizitätsgesellschaft kann in den Fällen, in denen der Vorsteuerabzug für die Errichtung der Anlage gemäß § 12 Abs. 2 Z 2 lit. a UStG 1994 nicht zusteht, ebenfalls als nicht steuerbar angesehen werden, wenn es zu keinem Vorsteuerabzug hinsichtlich der laufenden Kosten kommt (vgl. Kolacny/Caganek, UStG, § 12 Anm. 18 zum ähnlich gelagerten Problem bei der Vermietung eines nicht zum Vorsteuerabzug berechtigenden Kfz bzw. Caganek, SWK 36/2006 S 995 Anm. zu Pkt. 34).

Stromeinkauf

In allen genannten Fällen unterliegt der Verkauf des privat verbrauchten Stroms von einer Elektrizitätsgesellschaft an den Anlagenbetreiber der Umsatzbesteuerung ohne Vorsteuerabzug.

§ 6 Abs. 1 Z 8 lit. f UStG 1994 (UStR 2000 Rz 766 ff)

Umsatzsteuerliche Behandlung von „Lizenzgebühren" im Zusammenhang mit dem Handel mit Futures

Die G-GmbH besitzt das uneingeschränkte Eigentums- und Nutzungsrecht an einem Handelssystem (Know-How, EDV-Software) für den Handel mit Futures, das für national und international notierende Indices (zB DAX) und sonstige an Börsen notierende Werte anwendbar ist.

Die G-GmbH (als Lizenzgeberin) schließt mit der A-AG, einer Handelsgesellschaft, einen Lizenzvertrag bezüglich dieses Handelssystems (Know-How) ab. Die EDV-Software selbst ist nicht Vertragsgegenstand.

Im Detail errechnet die G-GmbH mittels ihrer EDV-Software aus Erfahrungswerten der Vergangenheit günstige (gewinnversprechende) Einstiegsszenarien für den Futuremarkt und empfiehlt der A-AG den Markteinstieg auf long oder short (für die drei Märkte DAX, S & P 500 und EUROSTOXX 50). Auf Grund der Einstiegsempfehlung betreibt A-AG den Handel mit Futures. Die G-GmbH gibt der A-AG mittels dieses Programms auch Ausstiegsempfehlungen bekannt (Risikomarker 1,4% pro Trade, dh. dass bei gegenläufiger Marktentwicklung um 1,4% zwecks Risikobeschränkung eine Ausstiegsempfehlung gegeben wird).

Die Vertragsbeziehung zwischen der G-GmbH und der A-AG umfasst ausschließlich die Ein- und Ausstiegsempfehlungen. Den Handel an der Börse (Ein- und Ausstieg) betreibt die A-AG, die im konkreten Einzelfall den Zeitpunkt des Ein- und Ausstieges bestimmt. Die A-AG hat keinen Zugriff auf die EDV-Software.

Die erfolgsabhängige Lizenzgebühr errechnet sich in Abhängigkeit vom jeweiligen Fondsvolumen und der Performance der Fonds.

Sind die so genannten Lizenzgebühren, welche die A-AG an die G-GmbH zu bezahlen hat, umsatzsteuerpflichtig oder gemäß § 6 Abs. 1 Z 8 lit. f UStG 1994 umsatzsteuerfrei?

Gemäß § 6 Abs. 1 Z 8 lit. f UStG 1994 sind Umsätze im Geschäft mit Wertpapieren und die Vermittlung dieser Umsätze, ausgenommen die Verwahrung und Verwaltung von Wertpapieren von der Umsatzsteuer befreit (entspricht Art. 135 Abs. 1 lit. f MWSt-RL 2006/112/EG).

Nach UStR 2000 Rz 766 gehört der Handel mit Terminkontrakten (zB Optionen oder Futures) zu den Umsätzen im Geschäft mit Wertpapieren.

Entsprechend der Judikatur des EuGH ist diese Befreiungsbestimmung so auszulegen, dass der Ausdruck „Umsätze, die sich auf Wertpapiere beziehen," Umsätze betrifft, die geeignet sind, Rechte und Pflichten der Parteien in Bezug auf Wertpapiere zu begründen, zu ändern oder zum Erlöschen zu bringen, sofern es sich nicht um rein materielle, technische oder administrative Leistungen handelt, die nicht zu Änderungen in rechtlicher oder finanzieller Hinsicht führen. Insbesondere sind auch nicht Informationstätigkeiten im finanzwirtschaftlichen Bereich von der Steuerbefreiung erfasst. Weiters lässt sich nach Auffassung des EuGH aus dem Umstand allein, dass ein Leistungselement für die Bewirkung eines befreiten Umsatzes unerlässlich ist, nicht die Befreiung dieses Leistungselements herleiten (vgl. EuGH 13. 12. 2001, Rs C-235/00, *CSC Financial Services*).

Eine von dieser Vorschrift erfasste Leistung kann in verschiedene Einzelleistungen zerfallen, die dann ihrerseits steuerfrei sein können. Bei (teilweiser) Auslagerung derartiger Leistungselemente an Dritte muss es sich jedenfalls um eigenständige Tätigkeiten handeln, die sich als

spezifischer und wesentlicher Bestandteil der befreiten Leistung darstellen und sich nicht auf die Übernahme eines Teiles der mit dem Grundgeschäft verbundenen Sacharbeit beschränken (vgl. EuGH 21. 6. 2007, Rs C-453/05, *Ludwig*). Um als von der Steuer befreite Umsätze im Sinne des Artikels 135 Abs. 1 lit. f MWSt-RL 2006/112/EG qualifiziert zu werden, müssen die zu beurteilenden (Teil)-Dienstleistungen nach der ständigen Rechtsprechung des EuGH (vgl. zB EuGH 5. 6. 1997, Rs C-2/95, *SDC*) ein im Großen und Ganzen eigenständiges Ganzes sein, das die spezifischen und wesentlichen Funktionen eines Umsatzes im Geschäft mit Wertpapieren erfüllt.

Die Leistung der G-GmbH erfüllt nicht die für die Steuerbefreiung nach § 6 Abs. 1 Z 8 lit. f UStG 1994 maßgeblichen Kriterien, da es sich nach dem wirtschaftlichen Gehalt der konkreten Leistung bloß um eine entscheidungsunterstützende Informations- bzw. Beratungstätigkeit handelt, die nicht unmittelbar Rechte und Pflichten in Bezug auf Wertpapiere (Futures) begründet, ändert oder zum Erlöschen bringt.

§ 6 Abs. 1 Z 11 lit. a UStG 1994 (UStR 2000 Rz 874 bis Rz 878)

Steuerbefreiung für eine in Österreich nicht als Privatuniversität akkreditierte Bildungseinrichtung

Eine Bildungseinrichtung wird als Verein geführt. Zweck ist – laut Statuten – die Förderung und die Errichtung sowie der Betrieb einer internationalen Universität und das Bestreben, als österreichische Universität akkreditiert zu werden.

Die zunächst erteilte Akkreditierung als Privatuniversität wurde nach drei Jahren bescheidmäßig widerrufen. Laut Bescheid des Akkreditierungsrates erfolgte der Widerruf nach Maßgabe des § 2 des Universitäts-Akkreditierungsgesetzes, BGBl. I Nr. 168/1999, ua. aus folgenden Gründen:

- Das Personalauswahlverfahren für das gesamte wissenschaftliche Personal ist nicht transparent, wettbewerbsorientiert und qualitätsgeleitet.
- Die vorhandene Personalkapazität des wissenschaftlichen Stammpersonals deckt nicht 50% der Lehre der angebotenen Studiengänge.
- Die kaum ausgestatteten Büroräumlichkeiten für das wissenschaftliche Personal entsprechen nicht internationalen Standards.
- Die Finanzgebarung ist nur teilweise nachvollziehbar.
- Eine ausreichende Forschungstätigkeit ist nicht durchführbar.
- Die Praxis der Zulassung zum Studium entspricht nicht internationalen Zulassungsvoraussetzungen.

Der Verein bietet derzeit zwei Bachelor-Programme sowie die darauf aufbauenden Master-Programme an.

Kommt die Steuerbefreiung nach § 6 Abs. 1 Z 11 lit. a UStG 1994 im konkreten Fall zur Anwendung? Ist die Steuerbefreiung bereits mangels vorliegender Akkreditierung zu versagen?

Der Begriff der öffentlichen Schule in § 6 Abs. 1 Z 11 lit. a UStG 1994 umfasst auch die Hochschulen und Universitäten (UStR 2000 Rz 874). Gemäß § 2 Universitäts-AkkreditierungsG akkreditierte Privatuniversitäten, die akademische Grade gleichlautend dem Universitätsstudiengesetz verleihen, entfalten eine den Universitäten vergleichbare Tätigkeit und fallen unter die oben angeführte Steuerbefreiung.

Im vorliegenden Fall handelt es sich mangels Akkreditierung um keine Privatuniversität. Die formale Verweigerung der Akkreditierung als Privatuniversität muss umsatzsteuerlich nicht automatisch den Ausschluss von der Steuerbefreiung nach § 6 Abs. 1 Z 11 lit. a UStG 1994 bedeuten.

Vielmehr muss sachverhaltsmäßig unter Einbeziehung der Umstände, die zum Widerruf der Akkreditierung geführt haben, festgestellt werden, ob die im Gesetz genannten Kriterien für die Befreiung (ua. Vorliegen eines universitätsähnlichen Betriebes; Vergleichbarkeit der vermittelten Ausbildung mit dem an österreichischen Universitäten bzw. Fachhochschulen Gebotenen) gegeben sind.

Als Vergleichsmaßstab wird eine – inhaltlich vergleichbare – mehrsemestrige Universitätsausbildung an einer österreichischen Universität oder Fachhochschule heranzuziehen sein, die mit einem akademischen Grad abschließt. Dies bedeutet, dass die von der privaten Ausbildungseinrichtung durchgeführten Studiengänge nicht nur von den Vortragsgegenständen und der Dauer her, sondern auch hinsichtlich des Niveaus, der Qualifikation des Lehrgangsverantwortlichen sowie der Vortragenden, der Eingangsvoraussetzungen und des Abschlusses dem an österreichischen Universitäten und Fachhochschulen Gebotenen entsprechen müssen (vgl. dazu auch USt-Protokoll 2002 zu Mediationsausbildungskursen).

Auf Grund der im Bescheid des Akkreditierungsrates angeführten Mängel sind diese Voraussetzungen für die Steuerbefreiung nicht als erfüllt anzusehen.

§ 7 Abs. 1 Z 3 UStG 1994 (UStR 2000 Rz 1062)

Touristenexport

Ein Schweizer Staatsbürger erwirbt im Jahr 2007 von einem österreichischen Unternehmer eine Ware für nichtunternehmerische Zwecke und holt sie bei diesem ab. Als Teil des persönlichen Reisegepäcks stellt er sie bei der Ausreise in die Schweiz auf einem österreichischen Flughafen dem Zoll. Das Zollorgan bestätigt auf dem Formular U34 den Austritt der Ware und weist unter 8.2. auf einen inländischen Wohnsitz des Abnehmers hin. Sein Schweizer Reisepass enthält keinen Hinweis auf einen Wohnsitz oder gewöhnlichen Aufenthalt in Österreich.

Ist die Voraussetzung des § 7 Abs. 1 Z 3 lit. a UStG 1994 (kein Wohnsitz, Sitz oder gewöhnlicher Aufenthalt des Abnehmers im Gemeinschaftsgebiet) für die Steuerfreiheit erfüllt?

Die Bestimmung des § 7 Abs. 1 Z 3 UStG 1994, wonach als Wohnsitz oder gewöhnlicher Aufenthalt der Ort gilt, der im Reisepass oder sonstigen Grenzübertrittsdokument eingetragen ist, dient dem leistenden Unternehmer zur vereinfachten Nachweisführung. Ist für den Unternehmer jedoch erkennbar, dass tatsächlich ein Wohnsitz oder gewöhnlicher Aufenthalt im Gemeinschaftsgebiet vorhanden ist, ist dieser Nachweis widerlegt. Dies ergibt sich aus der Formulierung des Art. 147 Abs. 1 lit. a MWSt-RL 2006/112/EG und des § 7 Abs. 1 Z 3 lit. a UStG 1994, wonach der Abnehmer beim Touristenexport keinen Wohnsitz (Sitz) oder gewöhnlichen Aufenthalt im Gemeinschaftsgebiet haben darf.

Da für den Unternehmer spätestens im Zeitpunkt des Rücklangens des Formulars U34 ersichtlich war, dass der Abnehmer über einen Wohnsitz im Gemeinschaftsgebiet verfügt, liegen die Voraussetzungen der Steuerbefreiung nicht vor. Anderes gilt jedoch, wenn das Zollorgan keinen Wohnsitz festgestellt hätte, oder wenn erst später im Zuge einer Betriebsprüfung das Vorhandensein eines Wohnsitzes festgestellt wird.

§ 7 Abs. 5 UStG 1994 (UStR 2000 Rz 1083)

Ausfuhrnachweis

Ein österreichisches Unternehmen lässt Waren durch eine Spedition zu seiner Tochtergesellschaft nach Hongkong versenden. Ein Teil dieser Warenlieferung ist für die Tochtergesellschaft bestimmt und wird auch an diese verrechnet. Der andere Teil der Warenlieferung wird in weiterer Folge im Auftrag des österreichischen Unternehmens durch einen anderen Spediteur von Hongkong aus an andere asiatische Abnehmer versendet. Diesen Teil der Waren verrechnet das österreichische Unternehmen direkt an die übrigen asiatischen Abnehmer.

Zum Nachweis der Ausfuhr besitzt das österreichische Unternehmen eine elektronische Ausfuhranzeige im Sinne des Artikels 796e der Verordnung (EWG) Nr. 2454/93 in der Fassung der Verordnung (EG) Nr. 1875/2006, ABl. Nr. L 360 vom 19. 12. 2006, S. 64, vor dem 1. Juli 2007 eine Spediteursbescheinigung, welche die gesamten Warenlieferungen umfassen. Als Empfänger der Lieferung ist im Ausfuhrnachweis die Tochtergesellschaft des österreichischen Unternehmens angeführt. Die Namen und die Anschriften der übrigen asiatischen Abnehmer sind auf dem Ausfuhrnachweis nicht angegeben, aber durch die am Ausfuhrnachweis angegebenen Rechnungsnummern ermittelbar.

Ist es erforderlich, dass der ausländische Abnehmer auf dem Ausfuhrnachweis namentlich genannt wird, oder ist es ausreichend, wenn an Hand der auf dem Ausfuhrnachweis angeführten Rechnungsnummern der tatsächliche Warenempfänger ermittelt werden kann?

Die Anforderungen an den Ausfuhrnachweis im Versendungsfall sind in den UStR 2000 Rz 1083 geregelt. Sind Name und Anschrift der Empfänger aus den im Ausfuhrnachweis angegebenen Rechnungen leicht und zweifelsfrei feststellbar, kann bei Vorliegen der sonstigen Voraussetzungen der UStR 2000 Rz 1083 von einem zulässigen Ausfuhrnachweis ausgegangen werden.

USt-E

§ 12 Abs. 2 Z 2 lit. b, § 1 Abs. 1 Z 1, § 6 Abs. 1 Z 26 UStG 1994 (UStR 2000 Rz 1931)

Weiterverrechnung von PKW-Kosten

Ein Handelsvertreter überlässt einem Branchenkollegen gegen Kostenersatz seinen im Anlagevermögen befindlichen, nicht zum Vorsteuerabzug nach § 12 Abs. 2 Z 2 lit. b UStG 1994 berechtigenden PKW.

Nach der Judikatur des VwGH (VwGH 27. 8. 2008, 2006/15/0127) ist die Normierung des § 12 Abs. 2 Z 2 lit. b UStG 1994, wonach Leistungen, die im Zusammenhang mit der Anschaffung von PKW stehen, nicht als für das Unternehmen ausgeführt gelten, als bloße Vorsteuerausschlussbestimmung zu interpretieren. Da § 6 Abs. 1 Z 26 UStG 1994 die Weiterveräußerung von Gegenständen, die von einer Vorsteuerausschlussbestimmung erfasst sind, befreit, ist dieser Bestimmung vor dem Hintergrund des EU-Rechts die Bedeutung beizumessen, dass sie auch die Weiterveräußerung der unter § 12 Abs. 2 Z 2 lit. b UStG 1994 fallenden PKW und Kombi von der Steuer befreit.

Wie ist im Hinblick auf dieses Judikat des VwGH die entgeltliche Nutzungsüberlassung eines vom Vorsteuerabzug ausgeschlossenen PKW zu behandeln?

Gemäß UStR 2000 Rz 1931 sind unabhängig vom Ausmaß der unternehmerischen Verwendung die von § 12 Abs. 2 Z 2 lit. b UStG 1994 betroffenen Kraftfahrzeuge nicht Bestandteil des Unternehmens. Eine Privatnutzung stellt daher keinen Eigenverbrauch dar und eine Veräußerung ist nicht steuerbar. Die Überlassung eines derartigen Fahrzeuges an einen Arbeitnehmer für Fahrten zwischen Wohnung und Arbeitsstätte oder für Privatfahrten unterliegt ebenfalls nicht der Umsatzsteuer.

Die Aussagen des VwGH (VwGH 27. 8. 2008, 2006/15/0127) zur Lieferung eines nicht zum Vorsteuerabzug berechtigenden PKW entsprechen im Ergebnis den Ausführungen zur Lieferung in UStR 2000 Rz 1931.

Nicht geäußert hat sich der VwGH zu anderen Umsätzen, die mittels eines nicht zum Vorsteuerabzug berechtigenden PKW ausgeführt werden. Diesbezüglich können die Aussagen in UStR 2000 Rz 1931 aufrecht erhalten werden und – zur Vermeidung systemwidriger Doppelbelastungen – auch auf den Fall der entgeltlichen Nutzungsüberlassung eines nicht zum Vorsteuerabzug berechtigenden PKW angewendet werden.

§ 12 Abs. 10 und Abs. 11 UStG 1994 (UStR 2000 Rz 2071 ff)

Vorsteuerberichtigung bei Veräußerung einer GmbH-Beteiligung

Eine geschäftsleitende Holding erwirbt 2006 eine 100% GmbH-Beteiligung. Im Zusammenhang mit dem Erwerb der Beteiligung fallen Beratungskosten an, die auf die Beteiligung aktiviert werden. Diese Beteiligung ist dem Unternehmensbereich der geschäftsleitenden Holding zuzuordnen und es wird daher der Vorsteuerabzug vorgenommen. Im Jahr 2009 veräußert die Holding ihre Beteiligung unecht steuerfrei gemäß § 6 Abs. 1 Z 8 lit. g UStG 1994.

Ist § 12 Abs. 11 UStG 1994 so auszulegen, dass die Veräußerung der Beteiligung, dh. der damit einhergehende unecht steuerbefreite Umsatz im Veräußerungszeitpunkt zu einer Rückrechnung von Vorsteuern aus Vorjahren führt?

Ändern sich bei einem Gegenstand, den der Unternehmer in seinem Unternehmen als Anlagevermögen verwendet oder nutzt, in den auf das Jahr der erstmaligen Verwendung folgenden vier Kalenderjahren die Verhältnisse, die im Kalenderjahr der erstmaligen Verwendung für den Vorsteuerabzug maßgebend waren, so ist für jedes Jahr der Änderung ein Ausgleich durch eine Berichtigung des Vorsteuerabzuges durchzuführen (§ 12 Abs. 10 UStG 1994).

Zum Begriff des Anlagevermögens enthält das UStG 1994 selbst keine Aussagen. Gemäß UStR 2000 Rz 2077 ist nach einkommensteuerrechtlichen Grundsätzen vorzugehen. Beteiligungen sind gemäß EStR 2000 dem Anlagevermögen zugehörig, wenn sie dazu bestimmt sind, dem Betrieb dauerhaft zu dienen. Dabei sind die Anschaffungsnebenkosten einzurechnen. Rechtsberatungskosten, die der Anschaffung von Wirtschaftsgütern dienen, sind entsprechend der Nutzungsdauer abzuschreiben (EStR 2000 Rz 1623).

Da die Beratungskosten einkommensteuerlich den Anschaffungskosten zuzurechnen sind, ist eine Vorsteuerberichtigung gemäß § 12 Abs. 10 UStG 1994 in Höhe von zwei Fünftel vorzunehmen.

§ 12 Abs. 15 UStG 1994 (UStR 2000 Rz 2151)

Weiterleitung Eigenverbrauchsumsatzsteuer

Ein Einzelunternehmer behält sich anlässlich eines Zusammenschlusses nach Art. IV UmgrStG ein bisher zum notwendigen Betriebsvermögen gehörendes Gebäude zurück und stellt es der neuen Mitunternehmerschaft unentgeltlich zur Verfügung (ertragsteuerlich liegt Sonderbetriebsvemögen vor). Laut UmgrStR 2002 Rz 1444 kommt es umsatzsteuerlich infolge des steuerfreien Eigenverbrauchs zu einer Vorsteuerberichtigung nach § 12 Abs. 10 UStG 1994.

Vergleichbares liegt vor, wenn bei einer Einbringung das Betriebsgebäude zurückbehalten und der Körperschaft unentgeltlich zur Verfügung gestellt wird, oder wenn bei einer unentgeltlichen Betriebsübergabe das Betriebsgebäude zurückbehalten und dem Übernehmer unentgeltlich zur Nutzung überlassen wird. Auch in diesen Fällen ist Eigenverbrauch anzunehmen.

Kann § 12 Abs. 15 UStG 1994 angewendet werden, wenn keine unentgeltliche Übertragung eines Gegenstandes, sondern nur eine unentgeltliche Nutzungsüberlassung eines vorher entnommenen Gegenstandes vorliegt?

§ 12 Abs. 15 UStG 1994 setzt voraus, dass ein Unternehmer an einen anderen Unternehmer für dessen Unternehmen eine (mangels Leistungsaustausches nichtsteuerbare) Leistung erbringt, die einen Eigenverbrauch darstellt (Scheiner/Kolacny/Caganek, *Kommentar zur Mehrwertsteuer*, § 12 Anm. 680).

Voraussetzung ist somit, dass die Zuwendung an den anderen Unternehmer unmittelbar den Eigenverbrauch auslöst. Laut Sachverhalt hat der Einzelunternehmer das Grundstück vorab in den Privatbereich entnommen. Ein Verwendungseigenverbrauch gemäß § 3a Abs. 1a Z 1 UStG 1994 kommt nur bei solchen Gegenständen in Frage, die dem Unternehmen zugeordnet sind. Hier ist der Gegenstand nicht mehr dem Unternehmen zugeordnet, wodurch ein Eigenverbrauch nicht vorliegen kann.

Wäre die Liegenschaft nach wie vor dem Einzelunternehmen zuzurechnen, käme nach dem ausdrücklichen Wortlaut des § 12 Abs. 15 UStG 1994 eine Weiterleitung der Eigenverbrauchsumsatzsteuer ebenfalls nicht in Betracht, da bei einem Grundstück ein Verwendungseigenverbrauch ex lege ausgeschlossen ist (§ 3a Abs. 1a letzter Satz UstG 1994). Eine nicht geschuldete Steuer kann nicht weitergeleitet werden.

§ 16 UStG 1994 (UStR 2000 Rz 2381 ff)

Zuschüsse/öffentliche Förderung im Rahmen der Wohnungseigentumsgemeinschaft

Im Jahre 2007 wurde für eine Wohnungseigentumsgemeinschaft eine geförderte thermische Sanierung durchgeführt (die Förderung erfolgt grundsätzlich im Ausmaß von 33% der Gesamtsanierungskosten mittels einmalig nichtrückzahlbaren Betrags) und fertig gestellt. Die Wohnungseigentumsgemeinschaft verrechnet die Kosten an die einzelnen Wohnungseigentümer weiter, wobei die gesamten Kosten im Jahr 2007 durch die Wohnungseigentümer beglichen werden. Die Förderungszahlung (Zufluss) erfolgt im nächsten Jahr. Bei der Förderung handelt es sich um einen echten, nicht steuerbaren Zuschuss (vgl. UStR 2000 Rz 26), der die Aufwendungen und damit die Bemessungsgrundlage der Wohnungseigentumsgemeinschaft mindert.

Wann ist die Minderung der Bemessungsgrundlage zu berücksichtigen?

Es ist davon auszugehen, dass im Zeitpunkt der Leistung an die WEG bzw. der Vorschreibung der Kosten (zB Grundsteuer) die Leistung

auch an die Wohnungseigentümer erbracht wird (Scheiner/Kolacny/Caganek, Kommentar zur Mehrwertsteuer, § 10 Abs. 2 Z 4 Anm. 86). Beim Sollversteuerer ist das Entstehen der Steuerschuld von diesem Zeitpunkt abhängig (§ 19 Abs. 2 Z 1 lit. a UStG 1994). Beim Istversteuerer entsteht die Steuerschuld nach Maßgabe der Vereinnahmung der von der WEG den Wohnungseigentümern vorgeschriebenen Beträge (Scheiner/Kolacny/Caganek, *Kommentar zur Mehrwertsteuer*, § 10 Abs. 2 Z 4 Anm. 85).

Durch die (nachträglich) erfolgte Förderung kommt es beim Sollversteuerer hinsichtlich der ursprünglichen Leistung der WEG (Sanierung) zu einer Änderung (Minderung) der Bemessungsgrundlage gemäß § 16 UStG 1994. Diese Änderung ist grundsätzlich für den Voranmeldungszeitraum vorzunehmen, in dem eine in Höhe und Auszahlungszeitpunkt verbindliche Förderzusage besteht. Ansonsten erfolgt die Bemessungsgrundlagenminderung im Zeitpunkt des Zuflusses der Förderung.

Besteht die Förderzusage bereits bei Beginn der Sanierung, so ist die Bemessungsgrundlage beim Sollversteuerer sofort um die Zuschüsse zu vermindern, weshalb es zu keiner Änderung der Bemessungsgrundlage kommt.

Soweit die Sanierungsaufwendung der WEG fremdfinanziert ist, sind die Finanzierungskosten (Zinsen) ebenfalls in die Bemessungsgrundlage der WEG-Leistung einzurechnen.

§ 19 Abs. 1a UStG 1994 (UStR 2000 Rz 2602c und Rz 2602e)

Übergang der Steuerschuld bei Bauleistungen

Der österreichische Endabnehmer H möchte auf seinem Grundstück ein seiner persönlichen Vorstellung entsprechendes Blockhaus errichten lassen und beauftragt damit die als private Bauträgerin bezeichnete Unternehmerin M. Diese erteilt dem Unternehmer Ö den Auftrag, dieses spezielle Blockhaus zu errichten. Ö bestellt bei einem finnischen Unternehmer den Bausatz für das Blockhaus und beauftragt den Zimmermannsbetrieb G mit der Errichtung des Blockhauses.

Zahlungen zwischen M und Ö erfolgten zunächst nach Leistungsfortschritt unter Ausweis der Mehrwertsteuer. In der Schlussrechnung wurde jedoch unter Hinweis auf einen Übergang der Steuerschuld im Sinne des § 19 Abs. 1a UStG 1994 keine Mehrwertsteuer mehr verrechnet.

Bei M handelt es sich nicht um eine Unternehmerin, die ihrerseits üblicherweise Bauleistungen erbringt.

Handelt es sich bei den genannten Leistungen des Ö an M um Bauleistungen?

Verfügt die Unternehmerin M als Leistungsempfängerin über die in § 19 Abs. 1a UStG 1994 genannten Voraussetzungen?

Ändert sich diese Beurteilung, wenn die Unternehmerin M über keine UID verfügt oder eine falsche UID angibt?

Damit es zu einem Übergang der Steuerschuld im Sinne des § 19 Abs. 1a UStG 1994 kommt, muss es sich

- **bei den erbrachten Leistungen um Bauleistungen im Sinne dieser Bestimmung handeln, und**
- **der Leistungsempfänger wurde entweder selbst mit der Erbringung dieser Bauleistung beauftragt oder**
- **erbringt üblicherweise selbst Bauleistungen.**

Bei der Leistung des Unternehmers Ö an M – Erstellung eines (Fertig)Blockhauses – handelt es sich inhaltlich um eine Bauleistung im Sinne des § 19 Abs. 1a UStG 1994 (vgl. UStR 2000 Rz 2602c).

M als Leistungsempfängerin des Ö wurde mit der Erbringung dieser Leistung von H beauftragt.

Auch wenn M gegenüber Ö nicht auf diese Beauftragung hinweist, sind die Voraussetzungen des § 19 Abs. 1a UStG 1994 erfüllt und kommt es zufolge UStR 2000 Rz 2602e dritter Absatz dennoch zum Übergang der Steuerschuld.

Somit muss Ö an M Rechnungen im Sinne des § 11 Abs. 1a UStG 1994 ausstellen und sind allenfalls bereits mit Umsatzsteuerausweis erteilte Anzahlungsrechnungen zu berichtigen, da ansonsten Ö gemäß § 11 Abs. 12 UStG 1994 die Umsatzsteuer schuldet, diese jedoch von M nicht als Vorsteuer abgezogen werden kann (UStR 2000 Rz 2602e dritter Absatz).

Ob die Unternehmerin M über eine gültige UID verfügt oder – zu Unrecht – eine fremde UID angibt, hat keinen Einfluss auf den Übergang der Steuerschuld im Sinne des § 19 Abs. 1a UStG 1994, wenn die in dieser Bestimmung diesbezüglich genannten Voraussetzungen erfüllt sind. Das Vorhandensein einer UID ist keine Voraussetzung für den Übergang der Steuerschuld.

§ 24 Abs. 12, § 6 Abs. 1 Z 27 UStG 1994 (UStR 2000 Rz 3366)

Differenzbesteuerung und Kleinunternehmer

Ein Unternehmer erwirbt im Jahr 2008 Gebrauchtwagen zu einem Einkaufspreis von insgesamt 80 000 Euro. Diese Fahrzeuge veräußert er jeweils mit Aufschlag unter Anwendung der Differenzbesteuerung gemäß § 24 Abs. 1 UStG 1994 um insgesamt 104 000 Euro (brutto). Der Umsatz nach § 24 UStG 1994 beträgt 20 000 Euro [(104 000 – 80 000) : 1,20].

Kann dieser Unternehmer die Steuerbefreiung für Kleinunternehmer gemäß § 6 Abs. 1 Z 27 UStG 1994 in Anspruch nehmen, wenn er durch entsprechende Rechnungslegung (netto unter Hinweis auf die Kleinunternehmerbefreiung) für einzelne Umsätze gemäß § 24 Abs. 12 UStG 1994 auf die Differenzbesteuerung verzichtet?

Bei der Differenzbesteuerung als einer besonderen Besteuerungsform gelten die Befreiungsvorschriften (mit Ausnahme jener für die

USt-E

steuerfreie Ausfuhrlieferung im Sinne des § 7 UStG 1994) nicht, demzufolge sind Umsätze, die der Differenzbesteuerung unterliegen, auch bei Nichterreichen der Kleinunternehmergrenze von 30 000 Euro steuerpflichtig.

Umsätze eines Unternehmers, die *keiner* besonderen Besteuerungsform – wie zB der Differenzbesteuerung – unterliegen und die die 30 000 Euro-Grenze nicht übersteigen, können grundsätzlich unter die Steuerbefreiung für Kleinunternehmer fallen.

Gemäß § 24 Abs. 12 UStG 1994 kann der Unternehmer bei Zutreffen der dort genannten Voraussetzungen bei jedem einzelnen Umsatz auf die Differenzbesteuerung verzichten.

Bei Verzicht auf die Differenzbesteuerung, der durch entsprechende Rechnungslegung zum Ausdruck kommt, liegen Umsätze vor, für die keine besondere Besteuerungsform zur Anwendung gelangt und die somit auch unter die Kleinunternehmerbefreiung fallen können.

Für die Berechnung der für die Kleinunternehmergrenze maßgeblichen Umsatzgrenze ist grundsätzlich jeder Umsatz gesondert zu beurteilen und die sich so ergebende Bemessungsgrundlage heranzuziehen. Bei Umsätzen, die differenzbesteuert sind, ist diesbezüglich vom jeweiligen Umsatz im Sinne des § 24 UStG 1994 auszugehen, das ist die Differenz aus Verkaufspreis und Einkaufspreis abzüglich der darin enthaltenen Umsatzsteuer, bei den weiteren Umsätzen jedoch von der jeweiligen Bemessungsgrundlage im Sinne des § 4 UStG 1994, das ist in der Regel das jeweilige Entgelt.

Verzichtet der Unternehmer bei der Lieferung eines Gebrauchtfahrzeuges, das er um 4 000 Euro eingekauft hat und um 10 000 Euro verkauft, auf die Differenzbesteuerung, ergibt sich folgende Bemessungsgrundlage für die Prüfung der Frage, ob die Kleinunternehmerregelung zur Anwendung kommen kann:

Umsätze hinsichtlich differenzbesteuerter Verkäufe: 15 000 Euro [(94 000 – 76 000) : 1,20].

Umsatz ohne Differenzbesteuerung: 8 333 Euro (10 000 Euro : 1,20); vgl. UStR 2000 Rz 995).

Es ergibt sich somit ein Gesamtumsatz von 23 333 Euro.

Die Kleinunternehmergrenze ist somit nicht überschritten. Der Umsatz in Höhe von 8 333 Euro fällt unter die Steuerbefreiung gemäß § 6 Abs. 1 Z 27 UStG 1994. Die differenzbesteuerten Umsätze in Höhe von 15 000 Euro bleiben steuerpflichtig.

Art. 1 Abs. 4, § 22 UStG 1994 (UStR 2000 Rz 3626 ff)

Schwellenwerber, pauschalierter Landwirt

Ein gemäß § 22 UStG 1994 pauschalierter Landwirt beantragt 2005 eine UID (Formular U15), da er die Erwerbsschwelle überschreiten wird. Ansonsten erbringt er nur Inlandslieferungen.

Im Jahr 2005 tätigt er innergemeinschaftliche Erwerbe in Höhe von 50 000 Euro, im Jahr 2006 in Höhe von 2 000 Euro.

Im Jahr 2007 bezieht er aus anderen Mitgliedstaaten Waren im Wert von 3 000 Euro (kein Überschreiten der Erwerbsschwelle). Es wurden für dieses Jahr auch keine innergemeinschaftlichen Erwerbe erklärt.

Wäre es sinnvoll, die UID bei der Vergabe im Jahr 2005 automatisch bis Ende 2006 zu begrenzen?

Ist bereits im Zuge der Beantragung der UID im Jahr 2005 erkennbar, dass die Voraussetzungen mit Ablauf des Jahres 2006 nicht mehr gegeben sein werden (zB der pauschalierte Landwirt kauft einmalig einen Traktor und führt keine innergemeinschaftlichen Lieferungen aus), kann die Gültigkeit der UID bereits bei ihrer Vergabe im Jahr 2005 bis zum 31. Dezember 2006 begrenzt werden. Zu beachten ist hier, dass diesbezüglich vom Kalenderjahr als Beurteilungszeitraum auszugehen ist.

Art. 7 UStG 1994 (UStR 2000 Rz 4006 ff, Rz 4018 und Rz 4020)

Steuerfreie innergemeinschaftliche Lieferung, Nachweis der Beauftragung, Sorgfaltspflichten des Lieferanten

Die Person Y bestellt unter Hinweis auf ihre Beauftragung durch einen deutschen Unternehmer (D-GmbH) zwanzig Neuwagen bei der Ö-GmbH, einem Autohaus. Eine Überprüfung der dabei bekannt gegebenen deutschen UID ergibt, dass diese gültig ist. Nachweise, dass es sich bei der Person Y, die mit der Ö-GmbH ausschließlich telefonisch in Kontakt tritt, tatsächlich um einen bevollmächtigten Vertreter der D-GmbH handelt, werden von der Ö-GmbH nicht eingeholt, so wie auch sonst keine Nachforschungen über ihre Funktion bei der D-GmbH angestellt werden. Kaufverträge werden ausschließlich per Fax übermittelt, wobei die dabei aufscheinende Faxnummer der D-GmbH nicht eindeutig zugeordnet werden kann.

Die Neuwagen werden von verschiedenen Personen, die sich auf eine Beauftragung durch Y berufen, bei der Ö-GmbH abgeholt.

Die Ö-GmbH fertigt Kopien der Reisepässe der abholenden Personen an, verlangt jedoch keine konkreten Vollmachten oder andere Nachweise der Beauftragung.

Die Neuwagen werden zum Teil bei den Abholungen bar bezahlt, zum Teil werden die Kaufpreise auf das Konto der Ö-GmbH überwiesen.

Die Daten der Abholungen der Neuwagen werden nicht gesondert dokumentiert, sondern können nur über die Verbuchung der Vereinnahmung der Barzahlungen bzw. der jeweiligen Gutschriften auf dem Konto nachvollzogen werden.

In einigen Fällen unterschreibt der jeweilige Abholer auf den Ausgangsrechnungen der Ö-GmbH einen dort angebrachten Vordruck, dass das Fahrzeug in einwandfreiem Zustand übernommen wurde und in das übrige Gemeinschaftsgebiet überstellt wird, in den übrigen Fällen fehlt auch eine solche Bestätigung.

Sind im vorliegenden Fall die Voraussetzungen für steuerfreie innergemeinschaftliche Lieferungen gegeben, bzw.

- genügt es, die Identität des Abholers durch eine Passkopie festzuhalten,
- reicht eine „gültige" UID-Nummer für die Steuerfreiheit der Lieferung aus,
- wie ist der Nachweis der Bevollmächtigung des Abholers bzw. dessen Beauftragten zu überprüfen (mehrere Personen sind an Abholung beteiligt, Firmenbuchauszug, Vollmachten),
- genügt der bloße Hinweis auf die beabsichtigte Verbringung der Ware in das übrige Gemeinschaftsgebiet ohne den tatsächlichen Bestimmungsort näher zu konkretisieren,
- können solche Nachweise auch noch im Betriebsprüfungsverfahren nachgereicht werden,
- hätte der österreichische Lieferant Zweifel an der Beauftragung des Y haben müssen bzw. diesbezügliche Nachweise verlangen müssen,
- kann die Vertrauensschutzregel zur Anwendung gelangen, wenn der österreichische Lieferant seine Nachweispflichten nicht erfüllt hat?

Voraussetzung für eine steuerfreie innergemeinschaftliche Lieferung im Sinne des Art. 7 UStG 1994 ist unter anderem, dass eine im Inland steuerbare Lieferung an einen Abnehmer vorliegt, bei dem es sich um einen Unternehmer handelt, der den Gegenstand der Lieferung für sein Unternehmen erworben hat.

In diesem Zusammenhang muss sich der Unternehmer auch die Identität des Abnehmers einer angeblichen innergemeinschaftlichen Lieferung zB durch Kaufverträge und Vollmachten nachweisen lassen. Hierfür reicht die Aufzeichnung der UID nicht aus (vgl. BFH 8. 11. 2007, V R 26/05).

Eine weitere Voraussetzung für eine steuerfreie innergemeinschaftliche Lieferung ist der Nachweis der Warenbewegung in den Bestimmungsmitgliedstaat. Wie dieser Nachweis zu führen ist, regelt die Verordnung des Bundesministers für Finanzen (VO), BGBl. Nr. 401/1996.

Gemäß § 2 der VO BGBl. Nr. 401/1996 muss in jenen Fällen, in denen die Waren vom Abnehmer oder dessen Beauftragen in das übrige Gemeinschaftsgebiet befördert werden (den so genannten „Abholfällen"), unter anderem eine schriftliche Erklärung des Abnehmers oder seines Beauftragten, dass er den Gegenstand in das übrige Gemeinschaftsgebiet befördern wird, vorgelegt werden.

Hierzu gehört auch der Nachweis, dass ein für den Abnehmer Handelnder dessen Beauftragter ist (vgl. BFH 8. 11. 2007, V R 26/05).

Eine Kopie des Reisepasses der abholenden Person ist hierfür als Nachweis nicht ausreichend. Treten mehrere Personen mit dem liefernden Unternehmer in Kontakt und geben sich als Beauftragte des Warenempfängers aus, muss sich der liefernde Unternehmer von jedem Einzelnen geeignete Nachweise für seine Beauftragung vorlegen lassen, aus der die von diesem vorzunehmende Handlung konkret hervorgeht (zB Beauftragung, ein bestimmtes Fahrzeug abzuholen). Eine bloß allgemein gehaltene Vollmacht genügt nicht.

Diese Überprüfungen sind bereits vor der Aushändigung der Waren vorzunehmen.

Die Erklärung des Abnehmers oder seines Beauftragten über die beabsichtigte innergemeinschaftliche Warenbeförderung sind dem liefernden Unternehmer bereits bei der Abholung auszuhändigen und können nicht nachträglich nachgereicht werden (vgl. UStR 2000 Rz 4006). Darüber hinaus muss in dieser Erklärung das Bestimmungsland sowie der Bestimmungsort der Waren konkret angegeben werden, der bloße Hinweis auf eine Beförderung der Waren in das übrige Gemeinschaftsgebiet genügt nicht.

Fehlen ordnungsgemäße Nachweise über die Beauftragung oder Erklärungen über die Warenbeförderung, ist der für das Vorliegen einer steuerfreien innergemeinschaftlichen Lieferung im Sinne des Art. 7 UStG 1994 erforderliche Beförderungsnachweis im Sinne des § 2 der VO BGBl. Nr. 401/1996 nicht gegeben.

Kann der Nachweis einer innergemeinschaftlichen Lieferung schon wegen fehlender oder mangelhafter Unterlagen (zB fehlende Vollmachten) seitens des Lieferanten nicht erbracht werden, kann die Vertrauensschutzregelung im Sinne des Art. 7 Abs. 4 UStG 1994 nicht zur Anwendung gelangen.

Die vorstehenden Aussagen sind jedenfalls für innergemeinschaftliche Lieferungen, die ab dem 1. Jänner 2010 ausgeführt werden, zu beachten.

2/2/4.

AÖF 2010/196

Umsatzsteuerprotokoll über den Salzburger Steuerdialog 2010

(Erlass des BMF vom 07.10.2010, BMF-010219/0247-VI/4/2010)

§ 1 Abs. 1 Z 1 UStG 1994 (UStR 2000 Rz 29 ff)

Umsatzsteuerliche Behandlung von weitergeleiteten EU-Zuschüssen

Ein österreichischer Forschungsverein, der nicht auf Gewinn ausgerichtet ist, bezweckt die Förderung neuer Erkenntnisse in den Bereichen Sprache – Wirtschaft – Kultur zum Zwecke des Gemeinwohls sowie die Förderung transnationaler Forschungsbeziehungen.

Der – unternehmerisch tätige und steuerlich erfasste – Verein ist ua. an Forschungsprojekten beteiligt, die von einem koordinierenden Partner („Contractor"; meistens Universitäten oder Schulen) gemeinsam mit Projektpartnern („Partner") aus verschiedenen Mitgliedstaaten der EU erarbeitet werden. Solche Projekte werden von der EU unter bestimmten Voraussetzungen gefördert.

Der koordinierende Partner (Contractor), auch als „Projektführer" bezeichnet, ist beim aktuellen Projekt in Italien ansässig. Er reicht das gemeinsame Forschungsprojekt bei den zuständigen Stellen der EU ein, beantragt die Fördergelder und schließt mit den zuständigen Stellen der EU einen Vertrag („Agreement") im Rahmen des „Leonardo Da Vinci-Programms" der EU (Teilbereich „Lebenslanges Lernen"). In diesem Vertrag sind ua. Zweck und Ziel, Inhalt und Umfang des Forschungsprojektes, die Höhe der EU-Zuschüsse sowie die Verteilung der Aufgaben auf die einzelnen Projektpartner exakt festgelegt. Der italienische Projektführer schließt in der Folge ua. mit dem genannten österreichischen Forschungsverein einen Vertrag („Contract between Contractor and Partner") ab, aus dem hervorgeht, dass das Forschungsprojekt im Rahmen des „Leonardo da Vinci-Programms" der EU erfolgt (konkrete Bezugnahme auf das vom Projektführer abgeschlossene „Agreement") und der die Rechte und Pflichten der Vertragspartner hinsichtlich der Abwicklung und Umsetzung des geförderten Projektes sowie die Auszahlungsmodalitäten für die weitergeleiteten Förderungsbeträge regelt.

Der koordinierende Partner erhält die Fördergelder von der EU und verteilt diese an die Projektpartner, ua. an den österreichischen Forschungsverein. Die Bezahlung ist an bestimmte Forschungstätigkeiten des Vereines gebunden. Die Höhe des Zuschusses, der die Projektkosten des Vereines zu 65% deckt, wird am Umfang der Tätigkeit und auf Basis der dafür vorausberechneten Kosten bemessen. Die restlichen Kosten werden durch Zuschüsse nationaler Stellen und durch Spendengelder abgedeckt.

Der Forschungsverein ist bei seiner Tätigkeit an bestimmte Auflagen und Bedingungen gebunden und muss dem koordinierenden Partner ständig berichten. Die Verwertungs- und Veröffentlichungsrechte bleiben aber beim österreichischen Forschungsverein. Der Forschungsverein hat die Verpflichtung, die Forschungsergebnisse zu publizieren und bei dieser Publikation zu erwähnen, dass das Projekt von der EU finanziert wurde.

Nach UStR 2000 Rz 32 sind die im Rahmen des Aktionsprogramms zur Durchführung einer Berufsbildungspolitik der EU – „Leonardo da Vinci" – gewährten EU-Zuschüsse an die Projektträger nicht steuerbar. Gilt diese Beurteilung nur für die unmittelbaren Zuschüsse an die koordinierenden Projektträger oder auch für die an die einzelnen Projektpartner weitergeleiteten Zuschussteilbeträge?

Ist der gemeinnützige Forschungsverein hinsichtlich des beschriebenen Forschungsprojektes unternehmerisch tätig?

Bei Zahlungen im Zusammenhang mit Forschungstätigkeiten muss im Einzelfall anhand der Vereinbarung, der Vergaberichtlinien, usw. geprüft werden, ob ein direkter Leistungsaustausch, Entgelt von dritter Seite oder eine echte Subvention vorliegt (vgl. UStR 2000 Rz 29). Förderungen der EU zu Forschungsvorhaben können echte Subventionen darstellen und sind als solche nicht steuerbar (vgl. UStR 2000 Rz 31). Im Rahmen des Aktionsprogramms zur Durchführung einer Berufsbildungspolitik der Europäischen Gemeinschaft – Leonardo da Vinci – werden zwischen der EU und einzelnen Projektträgern Verträge über Pilotprojekte (zB Entwicklung neuer Ausbildungslehrgänge, Lehrinhalte, Lernmaterialien, Trainingsmethoden) oder Multiplikatorprojekte (zur Verbreitung von Ergebnissen und Produkten früherer Projekte) abgeschlossen. Die Projektträger sollen damit zu einem im öffentlichen Interesse gelegenen volkswirtschaftlich erwünschten Handeln angeregt werden. Die Zuschüsse der EU an die Projektträger sind daher nicht steuerbar (vgl. UStR 2000 Rz 32).

Die Abwicklung von Forschungsprojekten im Rahmen von EU-Aktionsprogrammen erfolgt vielfach in Form von Partnerschaften, wobei gegenüber der EU ein Mitglied bzw. Partner die Koordination und Abwicklung („Projektführerschaft") übernimmt. Der „Projektführer", der die EUFörderungen empfängt, ist ua. für die Verteilung und Weiterleitung der Fördermittel verantwortlich. Die Tätigkeiten im Rahmen der „Projektführerschaft" stellen für sich allein betrachtet – mangels Einnahmenerzielung – keine unternehmerische Tätigkeit dar. In der Weiterreichung der Mittel durch den Projektführer an die einzelnen Projektpartner ist – sofern im Vertrag mit der EU (= „Agreement") die einzelnen Projektpartner und die ihnen obliegenden Aufgabenbereiche bereits konkret angeführt sind – kein unmittelbarer Zusammenhang zwischen einer Leistung dieses Partners und den

weitergereichten Mitteln zu sehen; diese dienen vielmehr der Förderung des Projektpartners im allgemeinen öffentlichen Interesse. Es liegen somit echte, nicht steuerbare Zuschüsse vor.

Da im gegenständlichen Fall die gesamten Projektkosten durch echte Zuschüsse und Spendengelder abgedeckt werden, liegt hinsichtlich dieses Projektes keine wirtschaftliche (unternehmerische) Tätigkeit vor. Damit ist der Vorsteuerabzug mangels Erfüllung der Voraussetzungen des § 12 Abs. 1 UStG 1994 ausgeschlossen.

Bedient sich ein Projektpartner zur Erstellung seines Teilprojektes Dritter (= „Subvergabe" von Teilleistungen), liegt jedenfalls ein Leistungsaustausch vor und sind die dafür getätigten Zahlungen nicht als echte Zuschüsse zu qualifizieren, auch wenn sie aus den erhaltenen EU-Zuschüssen finanziert werden.

§ 1 Abs. 1 Z 1 und § 6 Abs. 1 Z 9 lit. a UStG 1994 (UStR 2000 Rz 39 und Rz 785)

Einlage eines Miteigentumsanteiles an einer Liegenschaft in eine bestehende GmbH

Zwischen A und der D-Gesellschaft besteht eine Miteigentumsgemeinschaft an einer vermieteten Liegenschaft. Die Miteigentumsgemeinschaft besitzt hinsichtlich der Vermietungstätigkeit Unternehmereigenschaft.

Neben seinem Miteigentumsanteil an dieser Liegenschaft ist A Eigentümer weiterer vermieteter Liegenschaften und damit unternehmerisch tätig. Weiters ist A zu 40,5% Gesellschafter der E-Holding GmbH. Weitere Gesellschafter sind B und C mit jeweils 29,75%. Die E-Holding GmbH ist wiederum zu 62% Gesellschafterin der F-GmbH.

A hat seinen Miteigentumsanteil an der Liegenschaft an die F-GmbH, an der er im Wege der E-Holding GmbH mittelbar beteiligt ist, übertragen. Als Gegenleistung wurden ihm Anteile an der E-Holding GmbH durch die Gesellschafter B und C abgetreten.

Welche umsatzsteuerlichen Folgen ergeben sich aus der Übertragung des Miteigentumsanteiles sowohl für A als auch für die Miteigentumsgemeinschaft?

Ein Miteigentümerwechsel führt bei einer unternehmerisch tätigen Miteigentumsgemeinschaft zu keiner Änderung der Unternehmereigenschaft. Wenn ein Miteigentümer wechselt, liegt kein steuerbarer Grundstücksumsatz der Gemeinschaft vor (vgl. UStR 2000 Rz 785; *Ruppe*, UStG, § 6 Tz 240; *Kolacny/Caganek*, UStG, § 6 Anm. 33 d). Es ergeben sich daher bei der Miteigentumsgemeinschaft, die ihre Vermietungstätigkeit unverändert fortführt, keine Auswirkungen (zur analogen Auslegung beim Gesellschafterwechsel bei Personengesellschaften siehe UStR 2000 Rz 39 und Rz 42). Mangels eines – steuerfreien – Grundstücksumsatzes kann es bei der Miteigentümergemeinschaft in diesem Zusammenhang auch nicht zu einer Berichtigung bzw. zum Ausschluss des Vorsteuerabzuges kommen.

Die Übertragung des Miteigentumsanteiles an die F-GmbH kann bei A nur dann steuerbar sein, wenn er diesen Anteil im Rahmen seines Unternehmens hält, der Miteigentumsanteil somit seinem Unternehmen zugeordnet wurde.

Ist dies der Fall, liegt ein Leistungsaustausch zwischen A und der F-GmbH vor (Übertragung des Miteigentumsanteiles gegen Erhalt von Gesellschaftsrechten). Die Übertragung eines unternehmerischen Miteigentumsanteiles an einer rein vermögensverwaltenden Hausgemeinschaft unterliegt der Grunderwerbsteuer (vgl. bspw. VfGH 28. 6. 1996, B 1525/94, sowie VwGH 20.10.2004, 2000/14/0185) und ist somit gemäß § 6 Abs. 1 Z 9 lit. a UStG 1994 steuerfrei (vgl. *Ruppe*, a.a.O., § 6 Tz 239 und Tz 240 samt Beispiel m.w.V.). Eine allfällige Vorsteuerkorrektur ist hinsichtlich jener Leistungen vorzunehmen, die im Unternehmen des A angefallen sind (zB Rechtsberatung iZm der Übertragung des Miteigentumsanteiles). Optiert A gemäß § 6 Abs. 2 UStG 1994 zur Steuerpflicht, können die mit der Übertragung des Miteigentumsanteiles im Zusammenhang stehenden Vorsteuern in Abzug gebracht werden.

§ 3 Abs. 2, § 4 und § 12 Abs. 15 UStG 1994 (UStR 2000 Rz 679 und Rz 2151)

Ermittlung des Wiederbeschaffungspreises bei der Entnahme

Ein Zinshaus wird von der Mutter- an ihre Tochtergesellschaft verschenkt, wobei in den Jahren vor der Schenkung in diesem Objekt Großreparaturen mit Vorsteuerabzug durchgeführt wurden. Die Muttergesellschaft optiert gemäß § 6 Abs. 2 UStG 1994 zur Steuerpflicht und stellt die für den Eigenverbrauch geschuldete Umsatzsteuer gemäß § 12 Abs. 15 UStG 1994 der Tochtergesellschaft in Rechnung.

Wie ist die Bemessungsgrundlage der Entnahme zu ermitteln, wenn

1. das Zinshaus mit Berechtigung zum Vorsteuerabzug erworben wurde;
2. das Zinshaus ohne Berechtigung zum Vorsteuerabzug erworben wurde?

Zu 1:

Da bei der Entnahme zur Steuerpflicht optiert wurde, entfällt eine allfällige Vorsteuerberichtigung gemäß § 12 Abs. 10 UStG 1994 (vgl. UStR 2000 Rz 792 bzw. Rz 797).

Bemessungsgrundlage für den Entnahmeeigenverbrauch ist gemäß § 4 Abs. 8 lit. a UStG 1994 der Einkaufspreis zuzüglich Nebenkosten. Dieser entspricht dem Wiederbeschaffungspreis für einen gleichartigen Gegenstand im Zeitpunkt der Entnahme (vgl. *Scheiner/Kolacny/Caganek*, Kommentar zur Mehrwertsteuer, § 4 Anm. 423). Maßgebend ist daher im konkreten Fall der Betrag, den die Muttergesellschaft für den Erwerb eines solchen Gebäudes in gleichem Bauzustand im Zeitpunkt der Entnahme aufzuwenden hätte.

Zu 2:

Es ist eine partielle Eigenverbrauchsbesteuerung vorzunehmen, wenn die Bestandteile zu einer dauerhaften, im Zeitpunkt der Entnahme nicht vollständig verbrauchten Werterhöhung des Gegenstandes geführt haben (vgl. EuGH 17. 5. 2001, Rs C-322/99 und Rs C-323/99 *Fischer*; siehe auch UStR 2000 Rz 365 und Rz 366 sowie USt-Protokoll 2002).

Davon ausgehend, dass die Werterhöhung der Großreparatur noch nicht verbraucht ist, richtet sich die Bemessungsgrundlage für den Eigenverbrauch nach dem Wiederbeschaffungspreis der Großreparatur (der entsprechenden Herstellungs- und Verbesserungsaufwendungen) im Zeitpunkt der Entnahme.

Da ein solcher Wert nicht marktgängig ist, kann dieser im Schätzungswege wie folgt ermittelt werden:

Es ist nach Art der vorgenommenen Arbeiten eine Gesamtnutzungsdauer zu ermitteln, zB 25 Jahre für Dachsanierung. Davon ist die vom Übergeber verbrauchte Abnutzung in Abzug zu bringen und die nach dem Baukostenindex aufzuwertende Restgröße als Bemessungsgrundlage für den Eigenverbrauch gemäß § 3 Abs. 2 UStG 1994 und die Steuerweiterleitung gemäß § 12 Abs. 15 UStG 1994 heranzuziehen.

§ 3a UStG 1994 (UStR 2000 Rz 546 und Rz 640n)

Ort der einheitlichen Leistung eines ÖSV-Trainers

Ein österreichischer Schitrainer ist in verschiedenen Ländern (im In- und Ausland) tätig, ohne dass der Zeitaufwand in einem Land absolut überwiegt. Die Reisekostenaufstellung des Trainers enthält weder Termine im Umkreis seines Wohnortes noch ein fünftägiges Seminar in Österreich.

Wo erbringt der Schitrainer seine Leistung? Wie ist der Zeitaufwand zu ermitteln?

Die Tätigkeit eines im In- und Ausland tätigen Schitrainers ist als einheitliche Leistung des Sports oder eine damit zusammenhängende Tätigkeit je Wettkampfsaison zu beurteilen, deren Leistungsort sich nach dem Ort richtet, an dem die (einheitliche) tatsächliche Leistung bewirkt wird. Lässt sich eine qualitative Gewichtung des zum Bewirken der Leistung führenden Tätigwerdens nicht durchführen, ist auf den Zeitaufwand abzustellen. Wird die Leistung in verschiedenen Ländern erbracht, ohne dass der Zeitaufwand in einem Land absolut überwiegt, ist auf den relativ größeren Zeitaufwand abzustellen (vgl. VwGH 30.3.2006, 2002/15/0075 und VwGH 16.12.2009, 2007/15/0208). Die Leistung des Schitrainers ist daher in jenem Land steuerbar, auf das der relativ größte Zeitaufwand entfällt.

Bei der Ermittlung des Zeitaufwandes ist auf das konkrete „Tätigwerden" abzustellen. Darunter können auch Tage fallen, die nicht in der Reisekostenaufstellung aufscheinen wie zB Tätigwerden im Umkreis des Wohnortes oder Seminare, die der Trainer leitet.

§ 3a UStG 1994 (UStR 2000 Rz 639n)

Vermietung von Schiern und Snowboards

Ein Unternehmer in Österreich vermietet ab Februar 2010 Schi und Snowboards an Tages- und Wochentouristen aus EU-Mitgliedstaaten und Drittländern.

Wo erbringt der Unternehmer seine Leistung?

Schi und Snowboards sind keine Beförderungsmittel. Der Leistungsort bestimmt sich bei nichtunternehmerischen Leistungsempfängern aus EU-Mitgliedstaaten nach § 3a Abs. 7 UStG 1994 in der Fassung BGBl. I Nr. 52/2009 und liegt am Unternehmensort in Österreich. Bei nichtunternehmerischen Leistungsempfängern aus Drittländern bestimmt sich der Leistungsort nach § 3a Abs. 13 lit. a in Verbindung mit § 3a Abs. 14 Z 11 UStG 1994 in der Fassung BGBl. I Nr. 52/2009 und liegt dort, wo der Leistungsempfänger im Drittland seinen Wohnsitz hat. Im letzteren Fall verlagert sich der Leistungsort für Umsätze ab 1. Juli 2010 durch die VO BGBl. II Nr. 173/2010 vom Drittland ins Inland.

§ 6 Abs. 2 UStG 1994 und § 12 UStG 1994 (UStR 2000 Rz 754 f sowie Rz 2005)

Option zur Steuerpflicht bei grenzüberschreitenden sonstigen Leistungen – Vorsteuerabzug

Der österreichische Unternehmer Ö erbringt an den deutschen Unternehmer D EDV-Dienstleistungen (Leistungsort gemäß § 3a Abs. 6 UStG 1994 in Deutschland).

Für den Fall, dass die Bezahlung des Rechnungsbetrages nicht innerhalb von fünf Tagen ab Rechnungserhalt erfolgt, werden zuzüglich zum Leistungsentgelt Zielzinsen vereinbart, dh. der Kunde hat die Möglichkeit, zwischen zinsenfreier und zinsenbelasteter Zahlung zu wählen. Die vollständige Zahlung des Rechnungsbetrages samt Zielzinsen muss jedoch spätestens innerhalb von 30 Tagen ab Rechnungserhalt erfolgen. Bei Verstreichen dieser Frist werden entsprechend den allgemeinen Geschäftsbedingungen Verzugszinsen fällig. Ö möchte zur Vermeidung des Vorsteuerausschlusses hinsichtlich der unecht steuerfreien Kreditgewährung zur Steuerpflicht optieren.

Da Ö diese Umsätze weder in der österreichischen UVA eintragen darf, noch in Deutschland eine UVA abgibt (Übergang der Steuerschuld), stellt sich die Frage, in welcher Form er hinsichtlich der verrechneten Zinsen im Sinne des § 6 Abs. 2 UStG 1994 zur Steuerpflicht optieren bzw. wie er die tatsächliche Optionsausübung nachweisen kann.

Kann die Aufnahme des auf die Kreditgewährung entfallenden Entgelts in die Zusammenfassende Meldung als Option gewertet werden?

Die Einräumung eines Zahlungsziels im Zusammenhang mit einer erbrachten Lieferung oder sonstigen Leistung (Waren- bzw. Leis-

tungskredit) ist als selbständiges Kreditgeschäft zu beurteilen (EuGH 27.10.1993, Rs C-281/91, *Muys'en De Winter's Bouw- en Aannemingsbedrijf*). Im Sinne von UStR 2000 Rz 754 muss jedoch zunächst geprüft werden, ob eine eindeutige Trennung zwischen dem Grundgeschäft und dem Kreditgeschäft erfolgt ist (gesonderte Vereinbarung bei Abschluss des Rechtsgeschäfts; getrennte Abrechnung der Entgelte).

Sind diese Voraussetzungen nicht erfüllt, stellt die Kreditierung eine unselbständige Nebenleistung zur Hauptleistung dar, die umsatzsteuerlich deren Schicksal teilt. Eine Optionsausübung im Sinne des § 6 Abs. 2 UStG 1994 ist diesfalls nicht möglich bzw. auch nicht erforderlich.

Gemäß § 12 Abs. 3 Z 3 UStG 1994 ist die Steuer für Leistungen sowie für die Einfuhr von Gegenständen vom Vorsteuerabzug ausgeschlossen, soweit sie mit Umsätzen im Zusammenhang steht, die der Unternehmer im Ausland ausführt und die – wären sie im Inland steuerbar – steuerfrei sein würden.

Nach UStR 2000 Rz 2005 kann unter folgenden Voraussetzungen der Ausschluss vom Vorsteuerabzug unterbleiben (vgl. auch BFH 6.5.2004, V R 73/03 BStBl. II 856):

- Der Unternehmer hat einen Umsatz im übrigen Gemeinschaftsgebiet ausgeführt, den er bei Ausführung im Inland gemäß **§ 6 Abs. 2 UStG 1994** steuerpflichtig behandeln könnte (zB Vermietung eines im anderen Mitgliedstaat gelegenen Geschäftslokales).
- Entsprechend dem innerstaatlichen Recht des anderen Mitgliedstaates ist eine wahlweise steuerpflichtige Behandlung dieses Umsatzes zulässig.
- Der Unternehmer weist nach, dass er diesen Umsatz tatsächlich gegenüber der zuständigen Abgabenbehörde des anderen Mitgliedstaates steuerpflichtig behandelt hat.

Da für den konkreten Umsatz (Einräumung einer Zahlungsfrist gegen Zahlung von Zielzinsen) sowohl nach österreichischem als auch nach deutschem Recht (vgl. § 9 dUStG) zur Steuerpflicht optiert werden kann, stellt sich nur die Frage, in welcher Form die steuerpflichtige Behandlung dieses Umsatzes gegenüber der zuständigen Abgabenbehörde nachzuweisen ist. Sollte der österreichische Leistungserbringer im Hinblick auf den Übergang der Steuerschuld gegenüber der deutschen Abgabenbehörde nicht zur Abgabe einer Erklärung verpflichtet sein, kann der Nachweis bei Vorliegen folgender Voraussetzungen als erbracht angesehen werden:

- **Erfassung der Zielzinsen bzw. vereinbarten Verzugszinsen in der fristgerecht (Art. 21 Abs. 3 UStG 1994) abgegebenen Zusammenfassenden Meldung und**
- **Ausstellung einer Rechnung im Sinne des § 11 Abs. 1a UStG 1994, in der auf den Übergang der Steuerschuld auf den Leistungsempfänger hingewiesen wird.**

§ 6 Abs. 2 und § 12 UStG 1994

Teiloption zur Steuerpflicht bei Mietverhältnis (UStR 2000 Rz 796)

Eine KöR ist Eigentümerin eines Gebäudekomplexes. Das zweite und dritte Obergeschoß und das Dachgeschoß des Gebäudes werden von der KöR in einem einheitlichen Mietvertrag an eine öffentliche Schule vermietet. Das zweite und dritte Obergeschoß wurden von der Schule selbst für Büro- und Schulungsräume genutzt. Das Dachgeschoß wurde von der Schule ihrerseits an eine Cafeteria untervermietet. Beim Dachgeschoß handelt es sich um einen abgrenzbaren Gebäudeteil, an dem die Begründung von Wohnungseigentum möglich wäre.

Derzeit werden alle drei Geschoße umsatzsteuerfrei vermietet. Infolge des Raumbedarfes der Schule wurde der Unterpachtvertrag von der Schule mit der Cafeteria nicht mehr verlängert. Die für den Schulbetrieb notwendigen Sanierungs- und Umbaumaßnahmen würden von der Gebäudeeigentümerin durchgeführt werden.

Die KöR führt im Jahr 2010 die notwendigen Umbauarbeiten durch und optiert für das Dachgeschoß ab 1. Jänner 2010 zur Umsatzsteuerpflicht (Teiloption). Statt des bisher einheitlichen Mietvertrages wird hinsichtlich des Dachgeschoßes ein gesonderter unbefristeter Mietvertrag abgeschlossen.

Ist diese Teiloption möglich und steht der KöR der Vorsteuerabzug zu?

Der Unternehmer kann gemäß § 6 Abs. 2 UStG 1994 einen steuerfreien Umsatz aus der Vermietung von Grundstücken als steuerpflichtig behandeln. Im Falle der Option zur Steuerpflicht kommt der Normalsteuersatz zur Anwendung (UStR 2000 Rz 899).

Bei der Veräußerung (Entnahme) eines Grundstückes kann die Option auf einen abgrenzbaren Teil des Grundstückes (Gebäudeteile) beschränkt werden. Eine Teiloption wird etwa bei unterschiedlichen Nutzungsarten (zB Wohnungen und Geschäftsräumlichkeiten) in Betracht kommen. Eine solche Aufteilung nach räumlichen Gesichtspunkten wird dann möglich sein, wenn an den einzelnen Grundstücksteilen grundsätzlich Wohnungseigentum begründet werden könnte (UStR 2000 Rz 796). Diese Grundsätze sind auch auf die unecht steuerfreie Vermietung gemäß § 6 Abs. 1 Z 16 UStG 1994 anwendbar. Daher muss die Option nicht für das gesamte Grundstück erfolgen (vgl. *Kolacny/Caganek*, UStG, § 6 Anm. 80).

Die von der KöR gewählte Vorgangsweise ist zulässig, wenn die Vermietungstätigkeit an sich den Anforderungen der UStR 2000 Rz 265 entspricht. Soweit hinsichtlich der Vermietungstätigkeit optiert wird, ist der Vorsteuerabzug für damit zusammenhängende Vorleistungen zu gewähren.

§ 10 Abs. 2 Z 11 UStG 1994 (UStR 2000 Rz 1293 f)

Steuersatz für den Betrieb einer Trampolinsprunganlage

Ein Unternehmer betreibt in einem Naherholungsgebiet eine Trampolinsprunganlage.

Unterliegen diese Umsätze dem ermäßigten Steuersatz von 10% im Sinne des § 10 Abs. 2 Z 11 UStG 1994?

Der Begriff der Schaustellerei wird zwar in § 2 Abs. 1 Z 17 GewO 1994 angesprochen (Schaustellungen aller Art), ohne jedoch näher erläutert zu werden. Der VwGH sieht das Wesen des Schaustellers darin, dass Leistungen zur Volksbelustigung und Unterhaltung entweder auf gelegentlich stattfindenden Jahrmärkten, Volksfesten, Messen u. dgl. oder im Rahmen von ortsgebundenen Rummelplätzen in Gemeinschaft mit anderen Schaustellern erbracht werden. Dies trifft zB nicht zu für den Betrieb einer Sommerrodelbahn, für eine „Peep Show", für das Aufstellen von Kinderreitautomaten im örtlichen Umfeld von Einkaufszentren usw. oder für das Aufstellen von Unterhaltungsautomaten in Gaststätten (vgl. Ruppe, UStG, § 10 Tz 146 und die dort zitierte Judikatur).

Zu den Leistungen aus der Tätigkeit als Schausteller gehören Belustigungsgeschäfte und Fahrgeschäfte aller Art, wie Ringelspiele, Schaukeln, Grotten- und Geisterbahnen, Schießbuden, Geschicklichkeitsspiele, Ausspielungen usw., wobei es gleichgültig ist, ob es sich um sesshafte oder nicht sesshafte Schausteller handelt. Ebenso begünstigt ist das Betreiben einer Schau für Auto- und Motorradakrobatik bei ständigem Ortswechsel im Rahmen größerer Veranstaltungen und in eigener Regie, bzw. auch das Aufstellen von nicht ortsfesten Kinderreitautomaten (zB „Bullenreiten" bei diversen Festen), bzw. auch bei diesen Gelegenheiten typisch anzutreffenden Automaten, wie etwa den „Watschenmann". Auch gewerbliche Leistungen, die grundsätzlich nicht begünstigt sind, können unter den angeführten Voraussetzungen unter diese Begünstigung fallen (Bauchredner, Conférenciers, Stimmenimitatoren, Zauberer, Wahrsager, vgl. UStR 2000 Rz 1294).

Das Betreiben einer Trampolinanlage wird vom BGH als Betreiben eines Spiel- bzw. Sportgerätes bezeichnet (BGH 3. 6. 2008, VI ZR 223/07). Es ergibt sich somit, dass das Betreiben einer Trampolinanlage nicht als Schaustellerleistung gemäß § 10 Abs. 2 Z 11 UStG 1994 beurteilt werden kann und die daraus erzielten Umsätze daher dem Normalsteuersatz unterliegen.

§ 11 Abs. 1 UStG 1994, § 12 Abs. 1 Z 3 UStG 1994 und § 19 UStG 1994 (UStR 2000 Rz 2602h)

Rechnungsmängel und Vorsteuerabzug

Ein Unternehmer, der üblicherweise selbst Bauleistungen erbringt, erklärt in seiner Umsatzsteuervoranmeldung eine nach § 19 Abs. 1a UStG 1994 auf ihn übergegangene Umsatzsteuerschuld. Gleichzeitig macht er die entsprechende Vorsteuer geltend.

Im Zuge einer Umsatzsteuersonderprüfung wird festgestellt, dass die Eingangsrechnung folgende Mängel aufweist: Als Leistung wird „Fassadenrenovierung" angeführt (es sind auch keine anderen Belege vorhanden, aus denen der genaue Umfang der Leistung erkennbar ist); es wurde kein Leistungszeitraum angegeben und die vom leistenden Unternehmer angeführte Umsatzsteuer-Identifikationsnummer ist ungültig.

Steht der Vorsteuerabzug hinsichtlich der übergegangenen Umsatzsteuerschuld trotz der festgestellten Rechnungsmängel zu?

Beim Übergang der Steuerschuld, wozu auch der Fall des § 19 Abs. 1a UStG 1994 zählt, schuldet der Leistungsempfänger die Umsatzsteuer. Der Leistungsempfänger darf – bei Vorliegen der Voraussetzungen gemäß § 12 Abs. 1 Z 3 UStG 1994 – zum selben Zeitpunkt (für denselben Voranmeldungszeitraum, in dem die Steuerschuld entsteht) diese Umsatzsteuer als Vorsteuer abziehen, sodass es bei zu vollem Vorsteuerabzug berechtigten Unternehmern zu keiner (auch nicht zu einer vorübergehenden) Umsatzsteuerbelastung kommt (UStR 2000 Rz 1875).

In den Fällen des Überganges der Steuerschuld ist der Leistungsempfänger zum Vorsteuerabzug unabhängig davon berechtigt, ob die Rechnung ordnungsgemäß ausgestellt oder ob überhaupt eine Rechnung ausgestellt wurde (UStR 2000 Rz 1876 und Rz 2602h bzw. Ruppe, UStG, § 19 Tz 18/1 mit Verweis auf EuGH 1.4.2004, Rs C-90/02, *Bockemühl*).

Daher steht im konkreten Fall trotz der festgestellten Rechnungsmängel der Vorsteuerabzug zu.

§ 12 Abs. 2 Z 2 lit. a und § 12 Abs. 3 Z 4 UStG 1994 (UStR 2000 Rz 1912a, Rz 1919a ff und Rz 2000 ff)

Vorsteuerabzug bei gemischter Nutzung eines Gebäudes bei „notwendigem Betriebsvermögen" im Sinne des § 4 EStG 1988 („80/20-Regelung")

Ein Unternehmer errichtet im Jahr 2007 ein Gebäude, um dieses zu 91% unternehmerisch (und zwar betrieblich, zur Erzielung steuerpflichtiger Umsätze) und zu 9% zu privaten Wohnzwecken zu nutzen.

Variante: Die steuerpflichtige unternehmerische Nutzung erfolgt zur Gänze oder teilweise im Wege der Vermietung.

In welchem Ausmaß steht im Jahr 2007 der Vorsteuerabzug aus den Errichtungskosten zu?

Ist für den privat genutzten Teil ein Eigenverbrauch zu versteuern?

Die ertragsteuerliche Regelung, wonach ein Gebäude, das zu mehr als 80% betrieblichen Zwecken dient, zur Gänze dem Betriebsvermögen zuzuordnen ist, bzw. ein Gebäude, das zu weniger als 20% betrieblichen Zwecken dient, als notwendiges Privatvermögen anzusehen

ist, hat auf die Vorsteuerabzugsberechtigung keinen Einfluss.

Maßgeblich in diesem Zusammenhang ist die Regelung des § 12 Abs. 2 Z 1 lit. a UStG 1994, nach der Lieferungen und sonstige Leistungen sowie die Einfuhr von Gegenständen nur dann als für das Unternehmen ausgeführt gelten, wenn sie für Zwecke des Unternehmens erfolgen und wenn sie zu mindestens 10% unternehmerischen Zwecken dienen.

Somit ergibt sich im Besonderen aus der vorliegenden Rechtsprechung folgende Beurteilung:

a) für Körperschaften des öffentlichen bzw. privaten Rechts:

bei unternehmensfremder Nutzung besteht grundsätzlich keine Berechtigung zum Vorsteuerabzug, bei nachträglicher Nutzungsänderung ist eine positive Vorsteuerkorrektur im Sinne des § 12 Abs. 10 UStG 1994 (bis 2011) nicht möglich (siehe EuGH 12.2.2009, Rs C-515/07, *VNLTO*);

b) für Einzelunternehmer, GesbR, OHG, KG mit privater Verwendung:

unter Anwendung des § 12 Abs. 2 Z 2 lit. a UStG 1994 erfolgt die Beurteilung der einzelnen Räumlichkeiten nach der überwiegenden unternehmerischen bzw. privaten Nutzung unter Mitberücksichtigung gemeinschaftlich genutzter Räumlichkeiten (VwGH 28. 5. 2009, 2009/15/0100), weshalb im angefragten Fall für den privat genutzten Gebäudeteil kein Vorsteuerabzug zusteht.

Eine positive Vorsteuerkorrektur bei Verwendungsänderung nach § 12 Abs. 10 UStG 1994 im Sinne des zuvor genannten Judikatur ist zulässig.

§ 19 Abs. 1a UStG 1994 (UStR 2000 Rz 2602c)
Vorliegen einer Bauleistung

Ein Unternehmen für Isoliertechnik wird mit der Durchführung so genannter „Industrieisolierungen" beauftragt, dazu gehört zB die Isolierung von Kühlrohren, Leitungen und Kühlkesseln, die Ummantelung von Kesseln mit Dämmmaterial, die Ummantelung von Rohren mit Dämmmaterial sowie einer Blechverkleidung.

Das Unternehmen für Isoliertechnik beauftragt seinerseits Subunternehmer mit der Durchführung dieser Arbeiten.

Handelt es sich bei den Leistungen der Subunternehmer um Bauleistungen im Sinne des § 19 Abs. 1a UStG 1994?

Bauleistungen sind gemäß § 19 Abs. 1a dritter Unterabsatz UStG 1994 alle Leistungen, die der Herstellung, Instandsetzung, Instandhaltung, Änderung oder Beseitigung von Bauwerken dienen.

Der Begriff des Bauwerks ist weit auszulegen und umfasst nicht nur Gebäude, sondern darüber hinaus sämtliche mit dem Erdboden verbundene oder infolge ihrer eigenen Schwere auf ihm ruhende, aus Baustoffen oder Bauteilen mit baulichem Gerät hergestellte Anlagen. Zu den Bauwerken zählen daher sämtliche Hoch- und Tiefbauten (zB Straßen, Tunnels) und mit dem Erdboden fest verbundene Anlagen wie Kraftwerke und Silos. Weiters gehören zu den Bauwerken Fenster und Türen sowie Bodenbeläge und Heizungsanlagen, aber auch Einrichtungsgegenstände, wenn sie mit einem Gebäude fest verbunden sind, zB Ladeneinbauten, Schaufensteranlagen, Gaststätteneinrichtungen (vgl. hierzu *Scheiner/Kolacny/Caganek*, Kommentar zur Mehrwertsteuer, § 19 Abs. 1a Anm. 69 ff).

Bei den beschriebenen Leistungen – Isolierungsarbeiten an einem Kraftwerk – handelt es sich inhaltlich jedenfalls um Bauleistungen im Sinne dieser Definition, zumal die Unternehmer, die solche Isolierungsarbeiten durchführen, sogar in der Liste jener Unternehmer, die üblicherweise Bauleistungen erbringen, im Anhang 4 der UStR 2000, enthalten sind.

Da das Unternehmen für Isoliertechnik selbst mit der Erbringung dieser Arbeiten beauftragt wurde und im Übrigen ohnehin ein Unternehmen ist, das üblicherweise Bauleistungen erbringt, sind auch insoweit die Voraussetzungen für das Vorliegen einer Bauleistung im Sinne des § 19 Abs. 1a UStG 1994 erfüllt. Die Steuerschuld für die Leistungen des Subunternehmers geht somit auf den Leistungsempfänger (Unternehmen für Isoliertechnik) über.

§ 19 Abs. 2 Z 1 lit. a UStG 1994 (UStR 2000 Rz 4, Rz 1521 f, Rz 1841 f und Rz 2607)
Hotelgutscheine – Gutschein oder Anzahlung

Die Werbeagentur einer Hotelkette (Verbund von selbständig tätigen Hotelbetrieben) verkauft Gutscheine, die zu einem Hotelaufenthalt mit genau umschriebenem Leistungspaket für ein beliebiges Wochenende für zwei Personen berechtigen:

a) in einem bestimmten Hotel der Hotelkette

b) in einem beliebigen Hotel der Hotelkette

Liegt ein nicht steuerbarer Gutschein vor oder ist die Leistung hinreichend konkretisiert, sodass eine Anzahlungsbesteuerung gemäß § 19 Abs. 2 Z 1 lit. a zweiter Satz UStG 1994 vorzunehmen ist?

Die Veräußerung von Gutscheinen durch Unternehmer, die zum späteren Bezug von Waren nach freier Wahl oder nicht konkret genannten sonstigen Leistungen berechtigen, stellt (noch) keinen steuerbaren Vorgang dar, weil durch die Hingabe des Gutscheines noch keine Leistung erbracht wird (vgl. UStR 2000 Rz 4 sowie *Ruppe*, UStG, § 3 Tz 21). Vielmehr ist ein derartiger „Wertscheck" als bloßes Zahlungsmittel zu beurteilen, das bei Inanspruchnahme der dann konkreten Leistung an Zahlungs statt hingegeben wird (zB Gutschein eines Reisebüros im Wert von 1.000 Euro für eine noch auszusuchende Reise).

Hingegen sieht § 19 Abs. 2 Z 1 lit. a zweiter Satz UStG 1994 eine Besteuerung vor, wenn das Entgelt oder Teilentgelt vereinnahmt wird, bevor die Leistung ausgeführt worden ist (An-

USt-E

zahlungsbesteuerung). Voraussetzung für das Vorliegen einer Anzahlung ist somit, dass die Anforderung bzw. Vereinnahmung des Entgelts bzw. Teilentgelts für eine bestimmte, unbedingte, steuerpflichtige und in Zukunft auszuführende Leistung erfolgt (vgl. UStR 2000 Rz 1522).

Maßgeblich für die Abgrenzung zwischen nicht steuerbarer Gutscheinhingabe und steuerbarer Anzahlung ist daher der Grad der Konkretisierung bzw. Spezifizierung der Leistung. Gutscheine, bei denen die Leistung bereits konkret bestimmt ist (zB Zahlung für den Bezug einer Eintrittskarte für eine bestimmte Vorstellung) bzw. bei denen eine definierte Leistung zu einem beliebigen Zeitpunkt in Anspruch genommen werden kann (zB Vorverkaufsfahrscheine), begründen die Verpflichtung zur Anzahlungsbesteuerung (vgl. UStR 2000 Rz 2607 sowie *Ruppe*, a.a.O., § 19 Tz 48; *glA Kolacny/ Caganek*, UStG, § 19 Anm. 35, Stichwort Vorverkaufsfahrschein).

Diese Auslegung entspricht auch den gemeinschaftsrechtlichen Vorgaben: Nach der Rechtsprechung des EuGH ist der zweite Unterabsatz von Art. 10 Abs. 2 der 6. MwSt-RL, 77/388/EWG (nunmehr Art. 65 MwSt-RL 2006/112/EG), so auszulegen, dass im Falle von Anzahlungen der Steueranspruch unter der Voraussetzung entsteht, dass alle maßgeblichen Elemente des Steuertatbestandes, dh. der künftigen Lieferung oder der künftigen Dienstleistung, bereits bekannt und insbesondere die Gegenstände oder die Dienstleistungen zum Zeitpunkt der Anzahlung genau bestimmt sind (vgl. EuGH 21.2.2006, Rs C-419/02, *BUPA Hospitals Ltd. ua.*, Rn. 48). Daraus ergibt sich, dass neben dem leistenden Unternehmer jedenfalls Art, Inhalt und Umfang der künftigen Leistung exakt feststehen müssen.

Nicht erforderlich ist hingegen die genaue Bestimmung des Leistungszeitpunktes (vgl. zur diesbezüglichen Angabe in der Anzahlungsrechnung UStR 2000 Rz 1524). Ebenso wenig steht der Umstand, dass der hinsichtlich der Leistung konkretisierte Gutschein vom Käufer an eine andere Person weiter gegeben (getauscht, verkauft, verschenkt, usw.) werden kann und somit im Zeitpunkt der Gutscheinhingabe noch nicht feststeht, wer tatsächlich die Leistung konsumieren wird (= endgültiger Leistungsempfänger), der Steuerbarkeit des Umsatzes entgegen (vgl. VwGH 22. 3. 2010, 2005/15/0117).

Die Veräußerung der Hotelgutscheine unterliegt daher im Fall a) im Hinblick auf den hinreichend konkreten Leistungsbezug der Anzahlungsbesteuerung nach § 19 Abs. 2 Z 1 lit. a zweiter Satz UStG 1994.

Im Fall b) fehlt es an der Bestimmung des konkret leistenden Unternehmers, weshalb die Veräußerung dieser Gutscheine im Zeitpunkt der Hingabe nicht steuerbar ist und den Leistungsempfänger auch nicht zum Vorsteuerabzug berechtigt.

§ 22 und Art. 1 UStG 1994 (UStR 2000 Rz 3627)

Pauschalierter Forstwirt und Erwerbsschwelle

Ein nach § 22 UStG 1994 pauschalierter Forstwirt erwirbt ein gebrauchtes Geländefahrzeug (nicht vorsteuerabzugsberechtigt und nicht differenzbesteuert) im übrigen Gemeinschaftsgebiet von einem Händler um 20.000 Euro zuzüglich Umsatzsteuer. Eine NoVA 2-Erklärung wird abgegeben. Als Verwendungszweck wird „privat“ angegeben, nach Rücksprache stellt sich jedoch heraus, dass das Fahrzeug ausschließlich für die forstwirtschaftliche Tätigkeit genutzt wird.

Wird dieser Kauf in die Erwerbsschwelle eingerechnet?

Der Erwerb eines gebrauchten Fahrzeuges ist bei der Ermittlung der Erwerbsschwelle zu berücksichtigen, da nur der Erwerb neuer Fahrzeuge außer Ansatz gelassen wird (Art. 1 Abs. 4 Z 2 UStG 1994).

Art. 1 Abs. 7 UStG 1994 (UStR 2000 Rz 3668)

Import eines Rennmotorrades

Eine Privatperson aus Österreich erwirbt ein fabrikneues Rennmotorrad aus Bulgarien. Der Kauf erfolgt mit bulgarischer Umsatzsteuer. Das Motorrad ist „straßentauglich“ und könnte nach den kraftfahrrechtlichen Bestimmungen des KFG 1967 jederzeit im Inland zum Verkehr zugelassen werden. Da das Motorrad aber nicht auf öffentlichen Straßen, sondern ausschließlich auf abgegrenzten Rennstrecken zur Sportausübung verwendet wird, erfolgt tatsächlich keine Zulassung zum Verkehr im Inland. Dem Finanzamt wird dieser Vorgang nicht erklärt bzw. wird beim Finanzamt kein „NoVA 2-Formular“ eingereicht.

Liegt ein innergemeinschaftlicher Erwerb eines neuen Fahrzeuges im Sinne des Art. 1 Abs. 7 UStG 1994 vor?

Ist bei der Beurteilung des innergemeinschaftlichen Erwerbs auch zu berücksichtigen, ob das Motorrad „straßentauglich“ ist oder nicht?

Der Erwerb eines neuen Fahrzeuges durch einen Erwerber, der nicht zu den in Art. 1 Abs. 2 Z 2 UStG 1994 genannten Personen gehört, ist unter den Voraussetzungen des Abs. 2 Z 1 ein innergemeinschaftlicher Erwerb (Art. 1 Abs. 7 UStG 1994). Nach Art. 1 Abs. 8 Z 1 UStG 1994 sind Fahrzeuge im Sinne des Abs. 7 motorbetriebene Landfahrzeuge mit einem Hubraum von mehr als 48 Kubikzentimetern oder einer Leistung von mehr als 7,2 Kilowatt, soweit diese Fahrzeuge zur Personen- oder Güterbeförderung bestimmt sind.

Für die Qualifizierung als „motorbetriebenes Landfahrzeug“ im Sinne des Art. 1 Abs. 8 UStG 1994 ist die kraftfahrrechtliche Zulassung nicht maßgebend (vgl. *Scheiner/Kolacny/Caganek*, Kommentar zur Mehrwertsteuer, Art. 1 Anm. 99a; *Rau/Dürrwächter*, Kommentar zum dUStG, § 1b Anm. 19). Demnach liegt hinsichtlich des aus Bulgarien erworbenen Rennmotorrades ge-

mäß Art. 1 Abs. 7 UStG 1994 ein innergemeinschaftlicher Erwerb vor. Die Erwerbsteuer ist im Rahmen der Fahrzeugeinzelbesteuerung im Sinne des Art. 20 Abs. 2 UStG 1994 zu erheben. Außer Betracht bleibt, ob der liefernde Unternehmer die (innergemeinschaftliche) Lieferung im Ausland umsatzsteuerfrei behandelt hat oder nicht. Die ausländische Umsatzsteuer gehört nicht zur Bemessungsgrundlage, unabhängig davon, ob sie im Ausland als Vorsteuer geltend gemacht wurde oder werden konnte (vgl. UStR 2000 Rz 3921).

Für die Beantwortung der Frage, ob bei der Beurteilung des innergemeinschaftlichen Erwerbes auch die „Straßentauglichkeit" des Motorrades zu berücksichtigen ist, ist maßgebend, ob auch solche „nicht straßentaugliche" Fahrzeuge als „zur Personen- oder Güterbeförderung bestimmt" im Sinne des Art. 1 Abs. 8 UStG 1994 betrachtet werden können. Der EuGH (EuGH 15. 3. 1989, Rs C-51/88, *Hamann*) hat hochseegehende Segeljachten, deren Mieter diese Jachten zum Zweck der Ausübung des Segelsports nutzen, als Beförderungsmittel im Sinne des Art. 9 Abs. 2 lit. d (in der geänderten Fassung lit. e) der 6. EG-RL (nunmehr Art. 59 lit. g der MwSt-RL 2006/112/EG in der Fassung RL 2009/8/EG) eingestuft. Der EuGH sieht diese Auslegung auch durch Art. 15 der 6. EGRL (entspricht Art. 146 der MwSt-RL 2006/112/EG) bestätigt (Rn 20 des EuGH-Urteils), wonach Sportboote zu den Beförderungsmitteln, die privaten Zwecken dienen, gezählt werden, und ergänzt in Rn 21 des zit. Urteils, „die gleiche Auslegung ist im übrigen auch in der Richtlinie 83/182/EWG des Rates vom 28. März 1983 über Steuerbefreiungen innerhalb der Gemeinschaft bei vorübergehender Einfuhr bestimmter Verkehrsmittel (ABl. L 105, S. 59) vorgenommen worden, nach deren Art. 1 Abs. 1 „Wassersportfahrzeuge" zum Anwendungsbereich dieser Richtlinie gehören und daher unter den Begriff „bestimmte Verkehrsmittel" fallen." Die zu Segeljachten angestellten Überlegungen gelten auch für Geländefahrzeuge und Geländemotorräder, selbst wenn diese Fahrzeuge der Sportausübung dienen, wie zB Rallyefahrzeuge (vgl. Scheiner/Kolacny/Caganek, Kommentar zur Mehrwertsteuer, Art. 1 Anm. 99a). Dasselbe gilt auch für Art. 1 Abs. 8 UStG 1994, da hier von Fahrzeugen, die zur Personen- oder Güterbeförderung bestimmt sind, gesprochen wird (vgl. *Scheiner/Kolacny/Caganek*, Kommentar zur Mehrwertsteuer, Art. 1 Anm. 102). Der Erwerb eines neuen Fahrzeuges ist somit stets ein innergemeinschaftlicher Erwerb im Sinne des Art. 1 Abs. 7 UStG 1994, unabhängig davon, ob es nach den kraftfahrrechtlichen Bestimmungen im Inland zum Verkehr zugelassen werden kann oder nicht.

Art. 3 und Art. 7 UStG 1994

Errichtung einer mobilen Wasseraufbereitungsanlage in Spanien – Werklieferung

Ein österreichisches Unternehmen (Ö1) wird von einem spanischen Unternehmen (S) mit der Errichtung einer mobilen Wasseraufbereitungsanlage in Spanien beauftragt.

Ö1 beauftragt seinerseits einen deutschen Unternehmer (D) mit der Errichtung der Anlage und stellt ihm dafür das notwendige Know-How sowie einen wesentlichen Bestandteil zur Verfügung.

Diesen wesentlichen Bestandteil bezieht er von einem weiteren österreichischen Unternehmer (Ö2), der diesen direkt nach Deutschland versendet.

D erstellt die Anlage plangemäß, wobei er hierfür auch selbst Material beistellt.

Die Anlage wird zunächst noch in Deutschland auf ihre Funktionstüchtigkeit überprüft, dann nach Spanien transportiert, dort von D auf einer hierfür vorbereiteten Bodenplatte befestigt, an diverse Leitungen angeschlossen und anschließend in Betrieb genommen.

Ö2 stellt Ö1 für die Lieferung des wesentlichen Bestandteiles nach Deutschland österreichische Umsatzsteuer in Rechnung.

Erbringt D in Spanien eine Werklieferung an Ö1, sodass dieser in Spanien die Vergabe einer spanischen UID beantragen muss?

D errichtet im Auftrag des Ö1 eine Anlage, die von Deutschland nach Spanien geliefert wird. Da die Anlage in Spanien auf der Bodenplatte montiert und somit – trotz vorheriger Funktionsprüfung in Deutschland – erst in Spanien übergeben wird, liegt aus österreichischer Sicht eine gemäß § 3 Abs. 7 UStG 1994 (bzw. Art. 36 MwSt-RL 2006/112/EG) in Spanien steuerbare Werklieferung des D an Ö1 vor.

Gleiches gilt für die (Werk-)Lieferung des Ö1 an S, auch bei dieser Lieferung liegt der Lieferort in Spanien. Bei beiden Lieferungen handelt es sich somit nicht um innergemeinschaftliche Lieferungen, sondern um in Spanien steuerbare Lieferungen.

Die Beurteilung dieser in Spanien steuerbaren Vorgänge sowie einer allfälligen Registrierungspflicht des Ö1 obliegt ausschließlich der spanischen Finanzverwaltung.

Die Lieferung des wesentlichen Bestandteiles durch Ö2 an Ö1 nach Deutschland stellt eine innergemeinschaftliche Lieferung dar, die bei Vorliegen der in Art. 7 UStG 1994 genannten Voraussetzungen steuerfrei bleiben kann. Bei Ö1 führt diese Lieferung des Ö2 zu einem innergemeinschaftlichen Erwerb in Deutschland.

Somit wird davon ausgegangen werden können, dass sich Ö1 in Deutschland zu mehrwertsteuerrechtlichen Zwecken erfassen lassen muss. Aber auch hier hat eine abschließende Beurteilung durch die deutsche Finanzverwaltung zu erfolgen.

Bei den Verbringungen der einzelnen Bestandteile der Maschine nach Spanien durch Ö1 (wesentlicher Bestandteil) und D (übrige Bestandteile) liegen aus österreichischer Sicht keine innergemeinschaftlichen Lieferungen in Deutschland, sondern innergemeinschaftliche Verbringungen zur vorübergehenden Verwendung im Sinne des Art. 3 Abs. 1 Z 1 lit. a UStG 1994 (bzw. Art. 17 Abs. 2 lit. b MwSt-RL 2006/112/EG) vor.

Die Umsätze des Ö1 (innergemeinschaftlicher Erwerb, Werklieferung) sind somit in Österreich nicht steuerbar, die weitere Beurteilung muss in den betroffenen Mitgliedstaaten erfolgen.

Art. 7 UStG 1994 (UStR 2000 Rz 4006 ff)

Innergemeinschaftliche Lieferung – Nachweis der Beauftragung

Ein Getränkegroßhändler liefert Getränke an eine slowakische s.r.o. mit gültiger UID Nummer. Die Waren werden mit Klein-LKWs abgeholt. Die Identität der Abholer wird überprüft und aufgezeichnet (Ausweiskopien). Die Geschäfte werden bar abgewickelt.

Weiters werden Belege der slowakischen s.r.o. folgenden Inhalts vorgelegt:

„ich pxxx bxxx Erlaube. An herr. sxxx sxxx. Das Er für uns bei ihre Firma Ware kaufen darf. Bei – Kxxxx Getränke – Firmenstempel des s.r.o.“

In welcher Form ist der Nachweis der Beauftragung des Abholers zu erbringen?

Gemäß Art. 7 UStG 1994 sind innergemeinschaftliche Lieferungen ua. dann steuerfrei, wenn Liefergeschäfte durchgeführt und die Waren nachweislich innergemeinschaftlich in einen anderen Mitgliedstaat verbracht wurden.

Wie dieser Nachweis zu führen ist, regelt die Verordnung des Bundesministers für Finanzen (VO), BGBl. Nr. 401/1996.

Gemäß § 2 der VO BGBl. Nr. 401/1996 muss in jenen Fällen, in denen die Waren vom Abnehmer oder dessen Beauftragten in das übrige Gemeinschaftsgebiet befördert werden (den so genannten „Abholfällen“), unter anderem eine schriftliche Erklärung des Abnehmers oder seines Beauftragten, dass er den Gegenstand in das übrige Gemeinschaftsgebiet befördern wird, vorgelegt werden.

Bei Abholungen durch Beauftragte ist auch der Nachweis erforderlich, dass eine Person als Beauftragter für den Abnehmer handelt (vgl. hierzu BFH 8. 11. 2007, V R 26/05). Ein solcher Nachweis kann nicht schon durch eine Kopie des Reisepasses der abholenden Person erbracht werden, sondern muss sich der liefernde Unternehmer darüber hinaus auch durch Vorlage anderer Unterlagen vergewissern, dass die jeweilige mit ihm in Kontakt tretende Person befugt ist, eine bestimmte Handlung (zB Abholung einer bestimmten Ware) vorzunehmen. Somit muss die Identität des Abholenden ersichtlich sein und die jeweilige Funktion des einzelnen Handelnden in Bezug auf eine konkrete Lieferung eindeutig festgestellt werden können (Leistungsempfänger, unselbständiger Erfüllungsgehilfe oder selbständiger dritter Unternehmer; bei Abholung durch einen Frachtführer, Verfrachter oder Spediteur liegt jedoch eine Versendung vor).

Ein Beleg, wie der in der Anfrage beschriebene, oder auch eine bloß allgemein gehaltene Vollmacht genügen nicht (vgl. USt-Protokoll 2009), sondern ist vielmehr grundsätzlich eine Spezialvollmacht erforderlich.

Dies gilt insbesondere für Lieferungen hochpreisiger, nicht vertretbarer Wirtschaftsgüter (zB Kraftfahrzeuge, siehe auch USt-Protokoll 2009).

In bestimmten Fällen, wie zB bei über längere Zeiträume gleich laufenden Geschäftsbeziehungen, bei Abholungen durch Dienstnehmer, bei Teillieferungen und Ähnlichem können auch allgemeiner gehaltene Vollmachten ausreichen, wenn aus zusätzlichen Unterlagen hervorgeht, dass der liefernde Unternehmer über die bloße Vorlage von Geschäftspapieren bzw. einer solchen allgemeinen Vollmacht hinausgehend mit dem Leistungsempfänger (Abnehmer) in Kontakt getreten ist und mit diesem die jeweiligen Modalitäten der Warenabholung vereinbart hat.

Im Zweifel wird eine Beurteilung des Vorliegens der Voraussetzungen jedoch immer auf den konkreten Einzelfall bezogen erfolgen.

Art. 7 UStG 1994 (UStR 2000 Rz 4006 ff)

Innergemeinschaftliche Lieferung – Nachweispflichten

Im Zuge einer Umsatzsteuersonderprüfung wurden lediglich Ausgangsrechnungen mit dem Hinweis *„innergemeinschaftliche Lieferung nach Paragraph 6a“* vorgelegt. Die UID der Abnehmer aus anderen Mitgliedstaaten waren gültig. Die Rechnungen wurden bar bezahlt, es wurden keine Belege über die Zahlungen ausgestellt. Aus den Aufzeichnungen ist nicht ersichtlich, ob die Waren vom Abnehmer befördert oder versendet wurden.

Im weiteren Verlauf der Umsatzsteuersonderprüfung wurden Bestätigungen der Empfänger der Lieferungen zur Dokumentation der Abholung der Waren durch die Abnehmer nachgereicht.

Im nunmehr anhängigen Berufungsverfahren wird unter Berufung auf EuGH 27.9.2007, Rs C-146/05, *Albert Collée*, eingewandt, dass die Steuerfreiheit dann zu gewähren ist, wenn die Voraussetzungen zweifelsfrei feststehen.

Wann kann von einem zweifelsfreien Vorliegen der Voraussetzungen für die Steuerfreiheit ausgegangen werden?

Gemäß Art. 7 UStG 1994 sind innergemeinschaftliche Lieferungen ua. dann steuerfrei, wenn Liefergeschäfte durchgeführt und die Waren nachweislich innergemeinschaftlich in einen anderen Mitgliedstaat verbracht wurden.

Wie dieser Nachweis zu führen ist, regelt die Verordnung des Bundesministers für Finanzen (VO), BGBl. Nr. 401/1996.

Liegen Nachweise in der der VO entsprechenden Form vor, wird daher grundsätzlich von der Steuerfreiheit der innergemeinschaftlichen Lieferung ausgegangen werden können, wobei bei begründeten Zweifeln an der Echtheit bzw. Ordnungsgemäßheit von Belegen in weiterer Folge die Steuerfreiheit dennoch versagt werden kann.

Liegen diese Nachweise nicht vor, kann nicht von der Steuerfreiheit der innergemeinschaftlichen Lieferung ausgegangen werden, sondern von deren Steuerpflicht (vgl. BFH 6.12.2007, V R 59/03, Nachfolgeentscheidung zu EuGH 27.9.2007, Rs C-146/05, *Albert Collée*). Etwas anderes gilt nach diesem Urteil ausnahmsweise nur dann, wenn trotz der Nichterfüllung der formellen Nachweispflichten auf Grund der objektiven Beweislage feststeht, dass die Voraussetzungen des § 6a Abs. 1 dUStG *(Anm.: entspricht Art. 7 UStG 1994)* vorliegen. Dann ist die Steuerbefreiung zu gewähren, auch wenn der Unternehmer die erforderlichen Nachweise nicht entsprechend der diesbezüglich in Deutschland maßgeblichen §§ 17a, 17c UStDV *(Anm.: entspricht VO, BGBl. Nr. 401/1996)* erbrachte.

Zu einer alternativen Nachweisführung ist festzuhalten, dass gerade bei Abholfällen, in denen der Abnehmer oder dessen Beauftragter die Ware selbst befördert, von maßgeblicher Bedeutung ist, dass bestimmte Aufzeichnungen bereits bei der Übergabe der Ware vorgenommen werden, da die Tatbestandsvoraussetzungen für die Steuerfreiheit zum Zeitpunkt des Beginns der Warenbewegung vorliegen müssen und dies dokumentiert werden muss. Bestimmte Tatbestandsvoraussetzungen (zB Identität des Abholenden und eindeutige Feststellung der Funktion der einzelnen Handelnden in Bezug auf eine bestimmte Lieferung) können nur zum Zeitpunkt des Beginns der Warenbewegung bzw. mit Übergabe der Ware eindeutig überprüft und dokumentiert werden, bzw. liegt andernfalls ein nicht sanierbarer Mangel (zB bei fehlender Identifizierung des tatsächlichen Abnehmers) vor.

Es kann nämlich durchaus bezweifelt werden, dass ein Unternehmer bei einer großen Anzahl von Lieferungen – insbesondere Bargeschäften – in der Lage ist, Jahre später für jede einzelne Lieferung noch nachzuvollziehen bzw. sich zu erinnern, ob die in nachträglichen Belegen festgehaltenen Angaben dem seinerzeitigen Sachverhalt tatsächlich entsprechen.

Demzufolge kann auch mit nachträglichen Empfangsbestätigungen nicht nachgewiesen bzw. dokumentiert werden, dass zum Zeitpunkt der Warenübergabe die Tatbestandsvoraussetzungen für steuerfreie innergemeinschaftliche Lieferungen erfüllt waren (siehe UStR 2000 Rz 4006).

Aus Alternativnachweisen muss jedenfalls lückenlos hervorgehen, dass und an wen Verfügungsmacht verschafft wurde, dass es sich bei diesem Abnehmer um einen Unternehmer handelt, bei dem der Erwerb steuerbar ist, und dass im Zuge dieses Liefergeschäftes eine innergemeinschaftliche Warenbewegung stattgefunden hat, bei der der konkrete Liefergegenstand an einen bestimmten Abnehmer befördert oder versendet wurde.

In Überprüfungsfällen, bei denen die Nachweise nicht im Sinne des VO, BGBl. Nr. 401/1996, vorliegen, wird somit eine jeweils auf den konkreten Sachverhalt bezogene Einzelentscheidung unter Berücksichtigung der obigen Ausführungen zur Glaubwürdigkeit bzw. Aussagekraft etwaiger Alternativnachweise erforderlich sein.

Art. 7 Abs. 2 UStG 1994

Innergemeinschaftliches Verbringen – Veranlagungspflicht

Ein Einzelhändler aus Bayern bestellt Waren bei einem Großhändler in Wien. Es wird vereinbart, dass die Waren vom Wiener Großhändler nur bis Salzburg (zB postlagernd oder zu einem vom Abnehmer beauftragten grenznahen Paketdienst) versandt werden. Von dort werden die Waren einmal wöchentlich im Auftrag des bayrischen Einzelhändlers abgeholt.

1. Kann der Wiener Großhändler steuerfrei im Sinne des Art. 7 UStG 1994 an den bayrischen Einzelhändler liefern, wenn dieser seine deutsche UID bekannt gibt und die Ware unverzüglich nach der Ankunft in Salzburg abgeholt wird?
2. Wenn nein, erhält der bayrische Einzelhändler die vom Wiener Großhändler in Rechnung zu stellende österreichische Umsatzsteuer im Erstattungsverfahren beim Finanzamt Graz-Stadt oder im Veranlagungsverfahren zurück?
3. Wie ist vorzugehen, wenn nur selten oder nur ein einziges Mal im Kalenderjahr ein derartiges Verbringen stattfindet (wann beginnt bzw. endet die Veranlagungspflicht)?

Zu 1:

Sowohl aus § 3 Abs. 8 UStG 1994 als auch aus Art. 7 UStG 1994, sowie aus Art. 32 und Art. 138 MwSt-RL 2006/112/EG ergibt sich, dass entweder der Lieferer oder der Abnehmer (oder ein Beauftragter) die Ware befördert oder versendet.

Demnach darf nur einer der beiden am Umsatzgeschäft Beteiligten – entweder der Lieferant oder der Abnehmer – für die mit diesem Umsatz konkret in Zusammenhang stehende Warenbewegung verantwortlich sein, andernfalls liegen zwei Warenbewegungen bzw. zwei Lieferungen vor.

Insbesondere kann aus dem Wortlaut dieser Bestimmungen nicht abgeleitet werden, dass auch dann eine innergemeinschaftliche Lieferung im Sinne des Art. 7 UStG 1994 vorliegt,

wenn der Lieferer die Ware bis zu einem bestimmten Punkt befördert und der Abnehmer sie anschließend versendet.

Demzufolge liefert der Wiener Großhändler gemäß § 3 Abs. 8 UStG 1994 mit der Übergabe der Ware an das Beförderungsunternehmen und verschafft seinem Kunden damit die Verfügungsmacht. Diese Warenbewegung endet aber in Österreich, sodass es sich hier nicht um eine innergemeinschaftliche Lieferung im Sinne des Art. 7 Abs. 1 UStG 1994 nach Deutschland, sondern um eine Inlandslieferung handelt.

Der Weitertransport der Waren von Salzburg nach Bayern durch den bayrischen Unternehmer stellt ein innergemeinschaftliches Verbringen im Sinne des Art. 7 Abs. 2 UStG 1994 dar.

Eine andere Beurteilung könnte sich nur dann ergeben, wenn die gesamte Warenbewegung ausschließlich in der Disposition des Wiener Großhändlers liegt: Befördert er zB selbst die Ware nach Salzburg, um sie von dort zu versenden, könnte von einer innergemeinschaftlichen Lieferung im Sinne des Art. 7 Abs. 1 UStG 1994 ausgegangen werden.

Zu 2:

Da der bayrische Unternehmer mit den innergemeinschaftlichen Warenverbringungen im Sinne des Art. 7 Abs. 2 UStG 1994 in Österreich steuerbare Umsätze im Sinne des § 1 Abs. 1 Z 1 UStG 1994 tätigt, gelangt gemäß § 1 Abs. 1 Z 1 der Verordnung, BGBl. Nr. 279/1995 in der geltenden Fassung, mit der ein eigenes Verfahren für die Erstattung der abziehbaren Vorsteuern an ausländische Unternehmer geschaffen wird, das Vorsteuererstattungsverfahren nicht zur Anwendung. Die Umsätze des bayrischen Unternehmers sind im Veranlagungsverfahren zu erfassen, in dem auch allfällige Vorsteuern geltend zu machen sind.

Zu 3:

Erstattungsfälle und Veranlagungsfälle sind zeitlich gesehen nacheinander, jedoch nicht nebeneinander möglich. Durch veranlagungspflichtige Umsätze wird daher aus einem bisherigen „Erstattungsfall" – bezogen auf den ganzen Veranlagungszeitraum – rückwirkend ein „Veranlagungsfall". Ist das normale Besteuerungsverfahren durchzuführen, sind Vorsteuern, die bereits im Erstattungsverfahren erstattet worden sind, nicht zu berücksichtigen.

Art. 28 und Art. 21 UStG 1994 (UStR 2000 Rz 4339)

UID-Vergabe für grenzüberschreitende Dienstleistungen von Kleinunternehmern

Ein österreichischer Programmierer – Kleinunternehmer im Sinne des § 6 Abs. 1 Z 27 UStG 1994 – erstellt eine Homepage für einen deutschen Gastwirt. Es handelt sich um eine sonstige Leistung, bei der sich der Leistungsort gemäß § 3a Abs. 6 UStG 1994 nach der Generalklausel richtet, die in Deutschland steuerpflichtig ist – die Kleinunternehmerbefreiung gilt nur für inländische Unternehmer –, und gemäß § 13b dUStG zum Übergang der Steuerschuld führt. Diese Leistung ist daher vom österreichischen Kleinunternehmer ab 2010 in die ZM aufzunehmen.

Gemäß Art. 28 Abs. 1 zweiter Satz UStG 1994 hat das Finanzamt Unternehmern, die nur unecht befreite Umsätze ausführen, die zum Ausschluss vom Vorsteuerabzug führen, auf Antrag eine UID zu erteilen, wenn sie diese für innergemeinschaftliche Lieferungen, innergemeinschaftliche Erwerbe oder für im Inland ausgeführte steuerpflichtige sonstige Leistungen, für die sie als Leistungsempfänger die Steuer entsprechend Art. 196 MwSt-RL 2006/112/EG in der Fassung RL 2008/8/EG schulden, benötigen.

Der Fall, dass ein unecht befreiter Unternehmer selbst Leistungen erbringt, die er in die ZM aufzunehmen hat, ist in Art. 28 Abs. 1 zweiter Satz UStG 1994 nicht vorgesehen.

Wird dem Unternehmer dennoch vom Finanzamt eine UID erteilt, wenn er diese für die Erbringung bzw. Meldung solcher Leistungen benötigt?

Mit dem Abgabenänderungsgesetz 2010, BGBl. I Nr. 34/2010 5) wurde Art. 28 Abs. 1 zweiter Satz UStG 1994 insoweit geändert, als danach auch ein unecht befreiter Unternehmer, der im übrigen Gemeinschaftsgebiet eine steuerpflichtige sonstige Leistung erbringt, für die der Leistungsempfänger nach Art. 196 MwSt-RL 2006/112/EG in der Fassung RL 2008/8/EG die Steuer schuldet, auf Antrag eine UID erhalten kann.

Art. 28 UStG 1994 (UStR 2000 Rz 4336)

MIAS Daten mit „Aliasname"

Ein Einzelunternehmer (Muster Max) verfügt über eine gültige österreichische UID, die auf seinen Namen „Muster Max" lautet.

Der Einzelunternehmer wird als solcher unter einem so genannten „Aliasnamen" im Firmenbuch eingetragen (zB „Phantasie Handel") und tritt unter diesem „Aliasnamen" gegenüber Geschäftspartnern im übrigen Gemeinschaftsgebiet auf.

Bei der Überprüfung der österreichischen UID durch diese Geschäftspartner stellen diese fest, dass die UID auf „Muster Max" und nicht auf den „Aliasnamen" lautet.

Dies führt regelmäßig zu Rückfragen, die sich nur durch Nachreichen zusätzlicher Unterlagen (zB Firmenbuchauszug) zum Beweis der Gültigkeit der UID aufklären lassen.

Besteht die Möglichkeit, hier eine Vereinfachung herbeizuführen?

Grundsätzlich ist der Steuerpflichtige bzw. Unternehmer im Sinne des § 2 UStG 1994 mit allen seinen wirtschaftlichen Tätigkeiten Steuersubjekt und als solcher im Datensystem erfasst. Die UID in der UID-Datenbank der österreichischen Finanzverwaltung ist mit Namen und Anschrift des Umsatzsteuer-Abgabenkontos des Unternehmers verbunden.

Soweit ein Einzelunternehmer aber auch mit einem so genannten „Aliasnamen“ im Firmenbuch erfasst ist, soll die Möglichkeit geschaffen werden, als Ergänzung und zusätzlich zum Namen des Unternehmers auch den „Aliasnamen“ in das Datensystem und somit auch in die MIAS-Daten aufzunehmen.

2/2/5.

AÖF 2011/225

Salzburger Steuerdialog 2011 – Zweifelsfragen zur Umsatzsteuer

(Erlass des BMF vom 28. September 2011, BMF-010219/0225-VI/4/2011)

§ 1 Abs. 1 Z 1 und § 12 UStG 1994

Wohnungsvermietung an eine unterhaltsberechtigte Person

Eine abgabepflichtige Person erwirbt zwei Eigentumswohnungen in Vermietungsabsicht.

Eine der beiden Wohnungen wird an die studierende Tochter vermietet. Die Tochter ist als Studentin noch unterhaltsberechtigt. Die Vermietung erfolgt zu fremdüblichen Konditionen.

Ist die Vermietung an die unterhaltsberechtigte Tochter umsatzsteuerlich anzuerkennen?

Eine rechtliche Gestaltung, die darauf abzielt, die Unterhaltsleistung betreffend eine entsprechende Wohnversorgung der unterhaltsberechtigten Person in das äußere Erscheinungsbild von Einkünften zu kleiden, hat nach der Judikatur des VwGH steuerlich unbeachtlich zu bleiben. Auf die fremdübliche Gestaltung des vom Vermieter mit der unterhaltsberechtigten Person abgeschlossenen Mietvertrages kommt es nicht an (vgl. VwGH 30. 3. 2006, 2002/15/0141; VwGH 22. 11. 2001, 98/15/0057; VwGH 16. 12. 1998, 93/13/0299).

Wie der EuGH ausführt, unterliegen nur wirtschaftliche Tätigkeiten, die ein Steuerpflichtiger als solcher gegen Entgelt ausübt, der Mehrwertsteuer (EuGH 21. 4. 2005, Rs C-25/03, *HE*). Im konkreten Fall beschränkt sich die Tätigkeit der abgabepflichtigen Person hinsichtlich der in Rede stehenden Eigentumswohnung jedoch darauf, diese der Tochter zu deren ausschließlich privaten Wohnzwecken zu überlassen. Diese Überlassung stellt sich als Gewährung des Unterhalts an eine unterhaltsberechtigte Person dar und nicht als wirtschaftliche Tätigkeit zur Erzielung von Einnahmen (vgl. VwGH 30. 3. 2006, 2002/15/0141). Die der Tochter überlassene Wohnung wird nicht für Zwecke des Unternehmens angeschafft, sodass ein Vorsteuerabzug mangels Erfüllung der Voraussetzungen des § 12 Abs. 1 UStG 1994 nicht zusteht.

Der der Entscheidung des VwGH vom 20. 2. 2008, 2007/15/0259 zu Grunde liegende Sachverhalt ist mit dem gegenständlichen Fall nicht vergleichbar, da dieses Erkenntnis die Rückzahlung einer Versorgungsrente an einen nicht unterhaltsberechtigten nahen Angehörigen zum Gegenstand hatte.

§§ 3, 4, 6 Abs. 1 Z 8 lit. a, § 12 und § 19 UStG 1994 (UStR 2000 Rz 391, Rz 425 und Rz 754)

Straßenerrichtung im Rahmen eines Public-Private-Partnership-Vertrages

Eine Projektgesellschaft (Projekt-GmbH; in der Folge auch als Auftragnehmerin bezeichnet) schließt mit einer Körperschaft öffentlichen Rechts (KöR) als Auftraggeberin einen so genannten Public-Private-Partnership-Vertrag (kurz: PPP-Vertrag) ab. Darin verpflichtet sich die Gesellschaft, einen vertraglich genau festgelegten Streckenabschnitt einer öffentlichen Straße (= Projektstrecke) auf eine bestimmte Vertragsdauer in einem in diesem Vertrag definierten Zustand bereitzustellen, dh., das vereinbarte Neubauwerk (= Straßenabschnitt) zu planen und zu errichten, die Projektstrecke ab deren Inbetriebnahme auf die festgelegte Vertragsdauer zu erhalten und zu betreiben und diese Leistungen jeweils zu finanzieren. Die Vertragslaufzeit gliedert sich somit einerseits in eine Projektierungs- und Errichtungsphase und andererseits in eine Erhaltungs- und Betriebsphase. Die Erhaltung umfasst die Aufrechterhaltung eines guten und verkehrstauglichen Zustandes der Projektstraße hinsichtlich der Gebrauchseigenschaften (Fahrkomfort und Verkehrssicherheit) sowie ihrer strukturellen Beschaffenheit (Substanz) einschließlich der dafür erforderlichen Zustandsprüfungen und Erhaltungsplanungen. Der Betrieb der Projektstrecke umfasst Maßnahmen, die für die Gewährleistung der Sicherheit, Leichtigkeit und Flüssigkeit des Verkehrs erforderlich sind. Hoheitliche Befugnisse gehen grundsätzlich nicht auf die Auftragnehmerin über.

Die für das Bauprojekt benötigten Grundflächen befinden sich ausschließlich im Eigentum des öffentlich-rechtlichen Straßenerhalters. Mit Fertigstellung des Streckenabschnittes erfolgt vereinbarungsgemäß eine Endabnahme des Bauwerkes durch die KöR. Mit der Errichtung geht das auf dem öffentlichen Grundstück errichtete Bauwerk zwar in das Eigentum der öffentlichen Hand über, die förmliche Übernahme der errichteten Bauten erfolgt jedoch vereinbarungsgemäß erst mit Ablauf der ordentlichen Vertragsdauer. Nach erfolgter Abnahme wird der fertige Straßenabschnitt von der KöR für den öffentlichen Verkehr freigegeben. Die Gefahr- und Risikotragung hinsichtlich der zu erhaltenden und zu betreibenden Projektstrecke obliegt während der gesamten vereinbarten Betriebsphase der Projekt-GmbH und geht erst mit der förmlichen Übernahme auf die KöR über.

Die Abgeltung der von der Auftragnehmerin zu erbringenden Leistungen soll auf folgende Weise erfolgen:

Während der Bauphase muss die Auftraggeberin an die Auftragnehmerin mehrere „Meilensteinzahlungen" entrichten, die der teilweisen Abdeckung der Investitionskosten dienen. Während der Erhaltungs- und Betriebsphase hat die Auftraggeberin bis zum Ende der Vertragslaufzeit regelmäßig „Verfügbarkeitsentgelte" zu leisten, die neben der Abdeckung der laufenden Betriebs- und Erhaltungskosten auch die bis zum Zeitpunkt der Verkehrsfreigabe noch nicht bezahlten, von der Projekt-GmbH vorfinanzierten Investitionskosten abgelten sollen und – damit zusammenhängend – eine Zinsenkomponente enthalten.

Die Projekt-GmbH ist nicht berechtigt, während der Betriebsphase von den Straßenbenützern Maut einzuheben. Die Abgeltung der Erhaltungs- und Betriebsleistungen erfolgt ausschließlich durch Ersatz der damit verbundenen laufenden Kosten der Auftragnehmerin.

Bezüglich der Vorfinanzierung der Investitionskosten wird im PPP-Vertrag vereinbart, dass die Projekt-GmbH der KöR jenen Teil dieser Kosten (Projektentwicklungs-, Planungs- und Errichtungskosten einschließlich Umsatzsteuer), der nicht durch die während der Neubauperiode gezahlten Meilensteinzahlungen (einschließlich Umsatzsteuer) abgedeckt wurde, gegen Zahlung von Zinsen kreditiert. Die Details dieser Kreditgewährung (Höhe des Kreditbetrages, Zeitpunkt der Kreditgewährung, Zinsen und Laufzeit) sind laut Vertrag in einer gesondert abzuschließenden Kreditvereinbarung festzulegen.

Nach dieser Vereinbarung, der ein Rückzahlungsplan angeschlossen ist, endet die Laufzeit dieser Kreditgewährung mit Ablauf des PPP-Vertrages. Die Höhe des Kreditbetrages entspricht den gesamten Herstellungs- und Anschaffungskosten abzüglich der zu leistenden Meilensteinzahlungen (jeweils einschließlich Umsatzsteuer). Der festgelegte Zinssatz des Kredites leitet sich nach Angabe der Auftragnehmerin aus dem gewichteten durchschnittlichen Kapitalkostensatz (durchschnittlicher Zinssatz auf das von ihr eingesetzte Fremd- und Eigenkapital) ab. Die Rückzahlung des Kredites sowie die Bezahlung der Zinsen durch die KöR erfolgt ab dem Ende der jeweiligen Neubauperiode in Annuitätenform, und zwar im Rahmen der regelmäßig zu entrichtenden Verfügbarkeitsentgelte. Laut Tilgungsplan bestehen diese Zahlungen somit – wie bereits erwähnt – aus dem Tilgungsbetrag, den Kreditzinsen und den laufenden Betriebs- und Erhaltungskosten (einschließlich Umsatzsteuer).

Ein exaktes Entgelt für die Straßenerrichtung der Neubauwerke wird im Vertrag nicht bestimmt. Über die einzelnen Meilensteinzahlungen und Verfügbarkeitsentgelte sind jeweils Rechnungen zu erstellen.

Der PPP-Vertrag sieht vor, dass die Zinsen aus dieser Kreditgewährung gemäß § 6 Abs. 1 Z 8 lit. a UStG 1994 steuerfrei sind. Die Projekt-GmbH beabsichtigt, die Lieferung des Straßenabschnittes mit Ablauf des Monates der Abnahme und Verkehrsfreigabe zu versteuern und die darauf entfallenden Anschaffungs- bzw. Herstellungskosten als Bemessungsgrundlage heranzuziehen. Im Zusammenhang mit der umsatzsteuerlichen Beurteilung dieses PPP-Vertrages stellen sich im Wesentlichen folgende Fragen:

1. Handelt es sich im vorliegenden Fall um ein einheitlich zu beurteilendes Leistungsbündel oder um mehrere Hauptleistungen?
2. Wann wurde(n) die Leistung(en) ausgeführt und wann hat daher die Besteuerung zu erfolgen?
3. Wie hoch ist die (jeweilige) Bemessungsgrundlage?

4. Liegt ein selbstständiges und daher steuerfreies Kreditgeschäft vor?
5. Welche Vorsteuern kann sich die Projekt-GmbH abziehen?

Zu 1. Einheitlichkeit der Leistung – Art der Leistungen

Grundsätzlich ist jede sonstige Leistung als eigene, selbstständige Leistung zu betrachten. Nimmt jedoch ein Steuerpflichtiger für einen Verbraucher zwei oder mehrere Handlungen vor, die so eng miteinander verbunden sind, dass sie in wirtschaftlicher Hinsicht objektiv ein Ganzes bilden, dessen Aufspaltung wirklichkeitsfremd wäre, stellen alle diese Handlungen in mehrwertsteuerrechtlicher Hinsicht eine einheitliche Leistung dar (EuGH 27. 10. 2005, Rs C-41/04, *Levob Verzekeringen BV und OV Bank NV*). Diese Beurteilung hat aus der Sicht eines Durchschnittsverbrauchers zu erfolgen (EuGH 25. 2. 1999, Rs C-349/96, *Card Protection Plan Ltd.*).

Im vorliegenden Fall ist die geforderte enge wirtschaftliche Verknüpfung der einzelnen Leistungsbereiche wohl nicht gegeben, erfordert doch die Beauftragung mit dem Betrieb und der Erhaltung eines bestimmten Straßenabschnittes nicht zwingend die vorherige Errichtung der Straße durch den Beauftragten. Auch im Hinblick auf die vertragliche Gestaltung (jeweils gesonderte Regelungen für die Projektierungs- und Errichtungsphase bzw. die Erhaltungs- und Betriebsphase sowie für die einzelnen Leistungsentgelte) sind daher jedenfalls zwei verschiedene, eigenständige Leistungsbereiche gegeben, nämlich die Errichtung des bezeichneten Straßenabschnittes sowie die Erhaltung und der Betrieb dieses Straßenabschnittes. Ob auch die teilweise Vorfinanzierung der Errichtungskosten als eigenständige Leistung in Form einer Kreditgewährung zu beurteilen ist, wird noch zu untersuchen sein (siehe Pkt. 4).

Zu 2. Ausführung der Leistungen sowie Zeitpunkt der Besteuerung

Errichtung der Straße

Die Errichtung eines Straßenabschnittes auf öffentlichem Grund und Boden stellt umsatzsteuerrechtlich eine Werklieferung der Projekt-GmbH an die KöR dar, die nach § 3 Abs. 7 UStG 1994 im Inland ausgeführt wird und daher steuerbar und mangels Steuerbefreiung steuerpflichtig ist.

Mit Abnahme des jeweiligen Streckenabschnittes wird die Verfügungsmacht darüber an den öffentlich-rechtlichen Straßenerhalter übertragen. Dieser ist von Beginn an zivilrechtlicher Eigentümer, behält auch während der Betriebsphase seine hoheitlichen Befugnisse und kann vom Zeitpunkt der Abnahme an auch wirtschaftlich über diesen Abschnitt bzw. über diese Bauwerke verfügen, auch wenn er – in Ausübung seiner Verfügungsmacht – die Erhaltung und den Betrieb der errichteten Straße zunächst gegen Entgelt an die Projekt-GmbH auslagert (zur Verschaffung der Verfügungsmacht bei Bauwerken siehe auch UStR 2000 Rz 425). Dass die förmliche Übernahme der Straße durch die Auftraggeberin und – damit der Übergang des Erhaltungs- und Betriebsrisikos an sie – erst mit Ablauf der Vertragszeit erfolgt, ändert nichts daran, dass die Bauleistung bereits mit der Abnahme des Straßenabschnittes und der Freigabe für den öffentlichen Verkehr ausgeführt wird. Die Projekt-GmbH wird nach Fertigstellung und Freigabe der Straße lediglich mit der Erhaltung und dem Betrieb (im Sinne der vertraglichen Definition) beauftragt, ist aber nicht als Betreiberin der Straße im wirtschaftlichen Sinn anzusehen, zumal sie beispielsweise nicht berechtigt ist, von den tatsächlichen Straßenbenützern eine Maut zu erheben.

Die Meilensteinzahlungen sind als Anzahlungen mit Ablauf des Monates ihrer Vereinnahmung zu versteuern. Für das auf die Lieferung der Straße entfallende Restentgelt entsteht die Steuerschuld gemäß § 19 Abs. 2 Z 1 lit. a UStG 1994 – ungeachtet der späteren Bezahlung im Rahmen der Verfügbarkeitsentgelte – mit Ablauf des Monates der Endabnahme des jeweiligen Streckenabschnittes und verschiebt sich um maximal einen Monat bei späterer Rechnungslegung. Gemäß § 11 Abs. 1 UStG 1994 ist die Projekt-GmbH zur Erstellung einer Schlussrechnung verpflichtet (siehe diesbezüglich UStR 2000 Rz 1525 f.).

Erhaltungs- und Betriebsleistungen

Die Erhaltungs- und Betriebsleistungen können als Dauerleistungen angesehen und somit nach Maßgabe der Abrechnung versteuert werden, dh. mit Ablauf des Monates der Abrechnung bzw. Vorschreibung der jeweiligen Verfügbarkeitsentgelte (vgl. UStR 2000 Rz 2619 ff.). Bemessungsgrundlage sind vereinbarungsgemäß die jeweils verrechneten Erhaltungs- und Betriebskosten.

Zu 3. Bemessungsgrundlage für die Straßenerrichtung

Zum Entgelt für die Projektierung und Errichtung der Straßenabschnitte gehört gemäß § 4 Abs. 1 UStG 1994 alles, was die KöR als Auftraggeberin der Straßenerrichtung aufwendet, um die vereinbarten Werklieferungen zu erhalten.

Im PPP-Vertrag wird die Höhe der Gegenleistung für die einzelnen Werklieferungen nicht exakt bestimmt. Aus dem Vertrag ist jedoch ableitbar, dass diese offenbar in Höhe der Summe der Meilensteinzahlungen und der vorfinanzierten bzw. kreditierten restlichen Herstellungs- bzw. Anschaffungskosten festgelegt wurde.

Das Entgelt für die Werklieferungen von Bauwerken umfasst in der Baubranche üblicherweise jedoch auch eine entsprechende Gewinntangente. Ist davon auszugehen, dass eine solche branchenübliche Marge in den für die Vorfinanzierung vereinbarten, steuerfreien Zinsen enthalten ist, also bei der Festlegung des

USt-E

Zinssatzes kalkulatorisch berücksichtigt wurde, ist die steuerpflichtige Bemessungsgrundlage für die Lieferung der Straße jedenfalls um die Gewinntangente zu erhöhen.

Zu 4. Umsatzsteuerliche Beurteilung der Kreditgewährung

Im PPP-Vertrag wird vereinbart, dass die Projekt-GmbH der KöR den Teil der Investitionskosten (Projektentwicklungs-, Planungs- und Errichtungskosten einschließlich Umsatzsteuer), der nicht durch die während der Neubauperiode gezahlten Meilensteinzahlungen (einschließlich Umsatzsteuer) abgedeckt wird, im Wege der Vorfinanzierung kreditiert. Hinsichtlich dieser Kreditgewährung wird ein gesonderter Kreditvertrag abgeschlossen. Die darin vereinbarten Zinsen, die im Rahmen der Verfügbarkeitsentgelte verrechnet werden, sollen gemäß § 6 Abs. 1 Z 8 lit. a UStG 1994 zur Gänze als steuerfrei behandelt werden.

Die Einräumung eines Zahlungszieles im Zusammenhang mit einer erbrachten Lieferung oder sonstigen Leistung (Leistungskredit) ist im Regelfall als selbstständiges Kreditgeschäft anzusehen (EuGH 27. 10. 1993, Rs C-281/91). Voraussetzung der Steuerfreiheit ist die eindeutige Trennung zwischen Liefergeschäft (bzw. sonstiger Leistung) und Kreditgeschäft. Dazu ist nach UStR 2000 Rz 754 erforderlich, dass die Lieferung bzw. sonstige Leistung mit den dafür aufzuwendenden Entgelten und die Kreditgewährung bei Abschluss der Rechtsgeschäfte gesondert vereinbart worden sind und die Entgelte für beide Rechtsgeschäfte getrennt abgerechnet werden. Werden diese Voraussetzungen nicht erfüllt, sind die verrechneten Zinsen als Teil der Gegenleistung für das Liefergeschäft anzusehen und fallen somit nicht unter die Steuerbefreiung für Kreditgeschäfte.

Das Erfordernis der getrennten Abrechnung der Leistungs- und Kreditierungsentgelte ist nicht erfüllt, wenn davon auszugehen ist, dass in den steuerfreien Entgelten für die Kreditgewährung in wirtschaftlicher Betrachtungsweise auch Gegenleistungskomponenten für die Lieferung enthalten sind.

Zu 5. Vorsteuerabzug

Jene Vorsteuern, die mit der steuerpflichtigen Straßenlieferung und den ebenfalls steuerpflichtigen Erhaltungs- und Betriebsleistungen im Zusammenhang stehen, sind bei Erfüllung der allgemeinen Voraussetzungen des § 12 UStG 1994 abzugsfähig. Vorsteuern, die mit dem – im Falle der Anerkennung – steuerfreien Kreditgeschäft zusammenhängen, sind gemäß § 12 Abs. 3 UStG 1994 vom Abzug ausgeschlossen. Vorsteuern, die wirtschaftlich nicht direkt dem steuerpflichtigen bzw. dem steuerfreien Leistungsbereich zugeordnet werden können (zB Verwaltungsgemeinkosten), sind sachgerecht so aufzuteilen, dass der Abzug nur für den Teil der Vorsteuern erfolgt, der auf die zum Abzug berechtigenden Umsätze entfällt (zur Bestimmung eines sachgerechten Aufteilungsschlüssels siehe zB USt-Protokoll 2008 – Vorsteuerabzug bei Mittelstandsfinanzierungsgesellschaften, mit Verweis auf EuGH 13. 3. 2008, Rs C-437/06, *Securenta*).

§ 3 Abs. 7 UStG 1994 und Abs. 8 UStG 1994 (UStR 2000 Rz 450)

Reihengeschäft im Binnenmarkt

Ein belgischer Unternehmer (BE) bestellt bei einem niederländischen Unternehmer mit österreichischer UID (A3) Waren. A3 wiederum bestellt diese Waren bei einem amerikanischen Unternehmer mit österreichischer UID (A2). A2 bestellt diese Waren seinerseits bei dem österreichischen Produzenten A1.

A3 beauftragt und bezahlt den Spediteur, der die Waren bei A1 abholt und direkt an BE versendet. A3 behandelt seine Lieferung an BE als steuerfreie innergemeinschaftliche Lieferung und fakturiert daher an BE ohne österreichische Umsatzsteuer.

A1 fakturiert an A2 mit 20% Umsatzsteuer; ebenso A2 an A3.

Welchem Umsatz ist die bewegte Lieferung zuzurechnen?

Welche Konsequenzen ergeben sich daraus?

Bei Umsatzgeschäften, die von mehreren Unternehmern über denselben Gegenstand abgeschlossen werden und bei denen dieser Gegenstand im Rahmen der Beförderung oder Versendung unmittelbar vom ersten Unternehmer an den letzten Abnehmer gelangt (Reihengeschäft), ist zu beachten, dass die Versendung oder Beförderung nur einer der Lieferungen zugeordnet werden kann (UStR 2000 Rz 450).

In seinen Urteilen vom 6. 4. 2006, Rs C-245/04, EMAG, und vom 16. 12. 2010, Rs C-430/09, *Euro Tyre Holding BV*, hatte der EuGH darüber zu entscheiden, welcher Lieferung bei einem Reihengeschäft, bei dem der mittlere Unternehmer für die Warenbewegung verantwortlich zeichnet, die bewegte Lieferung zuzuordnen ist. In beiden Entscheidungen gibt der EuGH keine allgemeingültige Antwort. Insbesondere in der Entscheidung vom 16. 12. 2010, Rs C-430/09, *Euro Tyre Holding BV*, vertritt er die Ansicht, dass eine solche Zuordnung anhand objektiver Kriterien und in Ansehung einer umfassenden Würdigung aller Umstände des Einzelfalles zu erfolgen hat, wobei er im konkreten Fall die Zuordnung zur ersten Lieferung als gerechtfertigt erachtet.

Der VwGH gelangt in seiner Entscheidung vom 25. 6. 2007, 2006/14/0107, zum Ergebnis, dass der Zwischenerwerber einen innergemeinschaftlichen Erwerb bewirkt, wenn keine besonderen Umstände vorliegen, die einer Zuordnung der innergemeinschaftlichen Warenbewegung zur Lieferung des Verkäufers an den Zwischenerwerber entgegenstehen.

Im gegenständlichen Fall steht der konkrete Sachverhalt einer Zuordnung der bewegten

Lieferung zur Lieferung des A2 an A3 nicht entgegen. Daher ist in Anlehnung an die Judikatur des VwGH davon auszugehen, dass diesem Umsatz die bewegte Lieferung zuzurechnen ist und A3 demzufolge einen innergemeinschaftlichen Erwerb in Belgien verwirklicht.

Die Lieferung von A1 an A2 ist als ruhende Lieferung gemäß § 3 Abs. 7 UStG 1994 in Österreich steuerbar und steuerpflichtig.

Die Lieferung von A2 an A3 ist gemäß § 3 Abs. 8 UStG 1994 in Österreich steuerbar.

A2 tätigt eine innergemeinschaftliche Lieferung, die vorerst jedoch nicht steuerfrei, sondern steuerpflichtig ist, da A2 ua. den Nachweis der Warenbewegung im Sinne des Art. 7 UStG 1994 in Verbindung mit VO, BGBl. Nr. 401/1996 in der geltenden Fassung, nicht erbringen kann. Außerdem kann er zunächst mangels belgischer UID des A3 keine Zusammenfassende Meldung abgeben.

Werden die Voraussetzungen im Sinne des Art. 7 UStG 1994 später erfüllt (zB bei nachträglicher Bekanntgabe der belgischen UID des A3 und Übergabe der Versendungsbelege an A2), kann A2 nachträglich die Steuerfreiheit in Anspruch nehmen. Er hat dann die Rechnung zu berichtigen sowie eine (verspätete) Zusammenfassende Meldung abzugeben, für die jedoch wegen Entschuldbarkeit der Verspätung kein Verspätungszuschlag im Sinne des Art. 21 UStG 1994 in Verbindung mit § 135 BAO zu verhängen ist.

A3 tätigt einen innergemeinschaftlichen Erwerb gemäß Art. 3 Abs. 8 erster Satz UStG 1994 in Belgien und außerdem, da er mit seiner österreichischen UID aufgetreten ist, auch einen innergemeinschaftlichen Erwerb nach Art. 3 Abs. 8 zweiter Satz UStG 1994 in Österreich.

Aus der Rechnung des A2 betreffend die steuerpflichtige innergemeinschaftliche Lieferung steht A3 grundsätzlich ein Vorsteuerabzug zu. Sollte A2 diese Rechnung später als steuerfreie innergemeinschaftliche Lieferung berichtigen, ist der Vorsteuerabzug wieder zu berichtigen.

Die Lieferung von A3 an BE ist als ruhende Lieferung im Sinne des § 3 Abs. 7 UStG 1994 in Belgien steuerbar.

A3 hat seine Rechnung an BE sowie seine Zusammenfassende Meldung zu berichtigen. Die weiteren steuerlichen Konsequenzen richten sich nach belgischem Mehrwertsteuerrecht.

§ 3 Abs. 7 bis Abs. 9, Art. 3 Abs. 8 zweiter Satz UStG 1994 und Art. 7 UStG 1994 (UStR 2000 Rz 450, Rz 466 und Rz 3777)

Reihengeschäft mit Drittlands- und Binnenmarktbezug

Ein thailändischer Unternehmer (T) verkauft einem österreichischen Unternehmer (Ö) Waren, der diese seinerseits an Unternehmer in Deutschland (D), Tschechien (CZ) und der Slowakei (SK) weiterverkauft. T versendet die Waren direkt an die Kunden des Ö in der EU. Alle im Gemeinschaftsgebiet ansässigen Unternehmer treten mit der UID ihres jeweiligen Mitgliedstaates auf. Die Waren werden in Österreich zollrechtlich zum freien Verkehr abgefertigt.

Variante 1:

Die Lieferung des T an Ö erfolgt unter der Lieferkondition „verzollt und versteuert". T wird vereinbarungsgemäß Schuldner der Einfuhrumsatzsteuer.

Variante 2:

Die Lieferung des T an Ö erfolgt unter der Lieferkondition „unverzollt und unversteuert". Ö wird Schuldner der Einfuhrumsatzsteuer.

Wie sind diese Reihengeschäfte umsatzsteuerrechtlich zu beurteilen?

Welche Konsequenzen ergeben sich für die beteiligten Unternehmer?

Welche Unterlagen sind von Ö bei einer Außenprüfung über diese Leistungen zu führen?

Im vorliegenden Fall werden Waren im Rahmen von Reihengeschäften aus dem Drittland in das übrige Gemeinschaftsgebiet geliefert.

Da die Waren in Österreich zum zollrechtlich freien Verkehr abgefertigt werden, erfolgt die Einfuhr im Sinne des § 1 Abs. 1 Z 3 UStG 1994 in Österreich.

Nachdem T die Waren versendet, handelt es sich bei seinen Lieferungen an Ö um die bewegten Lieferungen, bei den anschließenden Lieferungen des Ö an D, CZ und SK um die ruhenden Lieferungen (siehe auch UStR 2000 Rz 450).

Variante 1:

1) T liefert an Ö:

Die Lieferkondition „verzollt und versteuert" ist ein Indiz dafür, dass sich der Lieferort für die Lieferung des T an Ö im Sinne des § 3 Abs. 9 UStG 1994 nach Österreich verlagert, maßgeblich hierfür ist jedoch – unabhängig von den Lieferkonditionen –, wer nach den zollrechtlichen Vorschriften Schuldner der Einfuhrumsatzsteuer ist (siehe UStR 2000 Rz 466).

Es kommt daher nur dann zu einer Verlagerung des Lieferortes im Sinne des § 3 Abs. 9 UStG 1994 nach Österreich, wenn T auch tatsächlich Schuldner der Einfuhrumsatzsteuer geworden ist.

Ist dies der Fall, erbringt T bewegte Lieferungen an Ö, bei denen sich der Lieferort gemäß § 3 Abs. 9 UStG 1994 in Österreich befindet, die aber gleichzeitig innergemeinschaftliche Lieferungen sind, da die Warenbewegungen in anderen Mitgliedstaaten enden. Diese innergemeinschaftlichen Lieferungen des T können bei Vorliegen der Voraussetzungen des Art. 7 UStG 1994 steuerfrei sein.

T muss sich auf Grund der innergemeinschaftlichen Lieferungen in Österreich registrieren lassen, diese in Umsatzsteuervoranmeldungen erklären und Zusammenfassende Meldungen abgeben. Sollten die innergemein-

USt-E

schaftlichen Lieferungen des T nicht steuerfrei sein, ergibt sich die Verpflichtung zur Abfuhr der dafür geschuldeten Umsatzsteuer nach § 27 Abs. 4 UStG 1994 für Ö. Sollte die Einfuhrumsatzsteuer vorgeschrieben worden sein, hat T bei Vorliegen aller weiteren Voraussetzungen das Recht zum Vorsteuerabzug, da er zum Zeitpunkt der Einfuhr noch umsatzsteuerrechtlich über die Waren verfügungsberechtigt war. Da T sich schon wegen der innergemeinschaftlichen Lieferungen in Österreich steuerlich erfassen lassen muss, könnte auch die unbare Verrechnung der Einfuhrumsatzsteuer auf dem Finanzamtskonto im Sinne des § 26 Abs. 3 Z 2 UStG 1994 in Frage kommen.

Neben den allgemeinen Aufzeichnungspflichten im Sinne des § 18 UStG 1994 sind für die Steuerfreiheit der innergemeinschaftlichen Lieferungen im Sinne des Art. 7 UStG 1994 die Nachweise im Sinne der Verordnung des BM für Finanzen über den Nachweis der Beförderung oder Versendung und den Buchnachweis bei innergemeinschaftlichen Lieferungen, BGBl. Nr. 401/1996 in der geltenden Fassung, zu führen.

Bei Vorliegen der Voraussetzungen des Art. 6 Abs. 3 UStG 1994 könnten die Einfuhren des T, auf die unmittelbar innergemeinschaftliche Lieferungen im Sinne des Art. 7 UStG 1994 folgen, auch steuerfrei sein. Sofern T nicht bereits in Österreich steuerrechtlich erfasst ist, besteht hier die Möglichkeit einer vereinfachten Abwicklung, indem sich T durch einen Spediteur mit dessen Sonder-UID vertreten lässt. In diesem Fall entfallen für ihn in Österreich die Registrierungs- und Erklärungspflichten, die ZM-Daten werden automatisch mit der Zollanmeldung in das MIAS eingespielt (Näheres hierzu siehe UStR 2000 Rz 3951 ff.).

Innergemeinschaftliche Erwerbe des Ö:

Ö tätigt auf Grund der innergemeinschaftlichen Lieferungen des T an ihn in den Bestimmungsländern innergemeinschaftliche Erwerbe, für die er sich in diesen Ländern steuerrechtlich registrieren lassen muss.

Da Ö gegenüber T seine österreichische UID bekannt gegeben hat, verwirklicht er zusätzlich in Österreich innergemeinschaftliche Erwerbe im Sinne des Art. 3 Abs. 8 zweiter Satz UStG 1994, die bis zum Nachweis der Versteuerung der innergemeinschaftlichen Erwerbe in den Bestimmungsländern bestehen und für die – jedenfalls ab 2011 – kein Vorsteuerabzugsrecht gegeben ist (Näheres hierzu siehe UStR 2000 Rz 3777).

2) Ö liefert an D, CZ, SK:

Ö erbringt in Deutschland, Tschechien und der Slowakei jeweils steuerbare und steuerpflichtige Lieferungen. Ö muss sich in den Bestimmungsländern über die damit verbundenen steuerrechtlichen Verpflichtungen informieren (die Registrierungs- und Erklärungspflicht besteht bereits auf Grund der innergemeinschaftlichen Erwerbe).

Variante 2:

1) T liefert an Ö:

Die Lieferkondition „unverzollt und unversteuert" ist ein Indiz dafür, dass der Lieferant aus dem Drittland (hier: T) nicht Steuerschuldner hinsichtlich der Einfuhrumsatzsteuer werden soll, maßgeblich hierfür ist jedoch – unabhängig von den Lieferkonditionen – wiederum, wer nach den zollrechtlichen Vorschriften tatsächlich Schuldner der Einfuhrumsatzsteuer ist (siehe UStR 2000 Rz 466).

Wurden die Waren daher im Auftrag des T vom Abgangsort nach Österreich bzw. in die eigentlichen Bestimmungsländer befördert und ist tatsächlich Ö und nicht T Schuldner der Einfuhrumsatzsteuer geworden, wurde Ö im Sinne des § 3 Abs. 8 UStG 1994 bereits mit Beginn der Beförderung die Verfügungsmacht am Abgangsort der Waren im Drittland verschafft.

Ö ist daher zum Zeitpunkt der Einfuhr der Waren umsatzsteuerrechtlich über sie verfügungsberechtigt und kann bei Vorliegen aller weiteren Voraussetzungen auch den Vorsteuerabzug hinsichtlich der Einfuhrumsatzsteuer geltend machen.

Weiters tätigt Ö auf Grund der Tatsache, dass die Waren, die sich bereits in seiner Verfügungsmacht befinden, im Anschluss an die Einfuhr nunmehr als Gemeinschaftswaren von einem Mitgliedstaat in andere Mitgliedstaaten transportiert werden, innergemeinschaftliche Verbringungen im Sinne des Art. 7 Abs. 2 UStG 1994, die innergemeinschaftlichen Lieferungen gleichgestellt sind (vgl. Scheiner/Kolacny/Caganek, Kommentar zur Mehrwertsteuer, Art. 1 Anm. 17, Beispiel 3b Variante aa). Diese innergemeinschaftlichen Verbringungen des Ö können bei Vorliegen der Voraussetzungen im Sinne des Art. 7 UStG 1994 steuerfrei sein. Ö muss sie in seinen Umsatzsteuervoranmeldungen erklären und in seine Zusammenfassenden Meldungen aufnehmen.

Grundsätzlich könnten nach Art. 6 Abs. 3 UStG 1994 auch die Einfuhren, auf die unmittelbar innergemeinschaftliche Lieferungen (Verbringungen) im Sinne des Art. 7 UStG 1994 folgen, bei Vorliegen der entsprechenden Voraussetzungen steuerfrei sein.

Innergemeinschaftliche Erwerbe des Ö:

Ö tätigt auf Grund der innergemeinschaftlichen Warenverbringungen im Sinne des Art. 7 Abs. 2 UStG 1994 in den Bestimmungsländern Deutschland, Tschechien und Slowakei innergemeinschaftliche Erwerbe, für die er sich in diesen Ländern steuerrechtlich registrieren lassen muss.

Neben den allgemeinen Aufzeichnungspflichten im Sinne des § 18 UStG 1994 sind für die Steuerfreiheit dieser innergemeinschaftlichen Warenverbringungen im Sinne des Art. 7 Abs. 2

UStG 1994 die Nachweise im Sinne der Verordnung des BM für Finanzen über den Nachweis der Beförderung oder Versendung und den Buchnachweis bei innergemeinschaftlichen Lieferungen, BGBl. Nr. 401/1996 in der geltenden Fassung, zu führen.

2) Ö liefert an D, SK, CZ:

Diese Lieferungen sind gleich zu beurteilen wie bei Variante 1 Punkt 2.

§ 6 Abs. 1 Z 11 lit. b UStG 1994 (UStR 2000 Rz 879)

Steuerbefreiung für Privatlehrer, die neben der Unterrichtstätigkeit im überwiegenden Ausmaß auch organisatorische Tätigkeiten durchführen

Eine unter die Steuerbefreiung gemäß § 6 Abs. 1 Z 11 lit. a UStG 1994 fallende Bildungseinrichtung (zB WIFI) beauftragt einen Privatlehrer mit der landesweiten Organisation von bestimmten Fort- und Weiterbildungsveranstaltungen. Das Ausmaß der organisatorischen Tätigkeit beträgt zirka 80%, zu rund 20% ist der Privatlehrer unterrichtend tätig.

Ist von einer einheitlichen Leistung des Privatlehrers auszugehen, die entweder insgesamt steuerpflichtig ist oder zur Gänze der Steuerbefreiung des § 6 Abs. 1 Z 11 lit. b UStG 1994 unterliegt?

Oder ist eine Aufteilung in einen steuerpflichtigen und einen steuerfreien Teil vorzunehmen?

Gemäß UStR 2000 Rz 879 umfasst der Begriff Privatlehrer – unabhängig von der Rechtsform – Unternehmer, die mit der Unterrichtserteilung an öffentlichen Schulen oder umsatzsteuerbefreiten Privatschulen und schulähnlichen Einrichtungen im Sinne des § 6 Abs. 1 Z 11 lit. a UStG 1994 beauftragt werden.

Unter die Befreiung fallen auch Umsätze aus Prüfungsabnahmen bzw. -begutachtungen, sofern diese Tätigkeiten im Wesentlichen im Rahmen der sich auf den Schul- und Hochschulunterricht beziehenden Vermittlung von Kenntnissen und Fähigkeiten an Schüler oder Studierende ausgeübt werden (vgl. EuGH 28. 1. 2010, Rs C-473/08, *Eulitz*). Dies gilt auch für organisatorische Tätigkeiten von untergeordnetem Ausmaß, die sich unmittelbar auf die Unterrichtstätigkeit beziehen (zB Vervielfältigung von Präsentationsunterlagen).

Im vorliegenden Fall erbringt der Privatlehrer gegenüber der Bildungseinrichtung organisatorische Leistungen (zB zeitliche Einteilung, Absprache mit anderen Vortragenden, Reservierung von Räumlichkeiten usw.), die nicht nur seine Vortragstätigkeit betreffen.

Nach der Judikatur des EuGH liegt eine einheitliche Leistung dann vor, wenn ein Steuerpflichtiger für einen Verbraucher zwei oder mehrere Handlungen vornimmt, die so eng miteinander verbunden sind, dass sie in wirtschaftlicher Hinsicht objektiv ein Ganzes bilden, dessen Aufspaltung wirklichkeitsfremd wäre (EuGH 27. 10. 2005, Rs C-41/04, *Levob Verzekeringen und OV Bank*).

Von unselbstständigen Nebenleistungen kann in diesem Zusammenhang nur ausgegangen werden, wenn sie im Verhältnis zur Hauptleistung von untergeordneter Bedeutung sind und den Zweck haben, die Hauptleistung zu ergänzen, erleichtern, ermöglichen oder abzurunden. Die Nebenleistung hat also gegenüber der Hauptleistung eine dienende Funktion (vgl. UStR 2000 Rz 347).

Im gegenständlichen Fall liegen aus der Sicht der Leistungsempfängerin (der Bildungseinrichtung) zwei Hauptleistungen vor, denen es an der unteilbaren, wirtschaftlichen Verknüpfung fehlt und die somit unterschiedlich zu beurteilen sind. Die Steuerbefreiung gemäß § 6 Abs. 1 Z 11 lit. b UStG 1994 ist daher nur für das auf die Unterrichtsleistung entfallende Entgelt anwendbar.

§ 6 Abs. 1 Z 11 lit. a und lit. b UStG 1994 (UStR 2000 Rz 876 und Rz 879)

Steuerbefreiung für Schulungsmaßnahmen betreffend Arbeitssuchende

Eine gemeinnützige GmbH bietet überwiegend Kurse im Bereich der beruflichen Integration von Arbeitslosen, von Arbeitslosigkeit Bedrohten sowie von sonstigen sich in einer persönlichen oder wirtschaftlichen Problemlage befindenden Personen an, die den Wiedereinstieg in den Arbeitsmarkt erleichtern sollen. Die Kurse erfolgen häufig im Auftrag des Arbeitsmarktservices (AMS).

Im Rahmen eines solchen Bildungsprogrammes beauftragt die GmbH eine selbstständige, nicht unter die Kleinunternehmerregelung fallende Trainerin mit der Abhaltung von Vorträgen für arbeitssuchende AkademikerInnen und Führungskräfte, mit folgenden Lehrinhalten:

- Bewerbungstraining (Lebenslauf, Bewerbung, Vorstellungsgespräch)
- Zielfindung und Erreichung
- Einzelgespräche
- Kommunikation
- Konfliktmanagement
- Persönliches Marketing („Marke ICH“).

Fallen die seitens der gemeinnützigen GmbH angebotenen Kurse unter die Bestimmung des § 6 Abs. 1 Z 11 lit. a UStG 1994?

Handelt es sich bei der Unterrichtstätigkeit der Vortragenden um eine gemäß § 6 Abs. 1 Z 11 lit. b UStG 1994 befreite Leistung?

Ob die gemeinnützige GmbH die Voraussetzungen für eine schulähnliche Einrichtung im Sinne des § 6 Abs. 1 Z 11 lit. a UStG 1994 erfüllt (vgl. UStR 2000 Rz 875), muss im Einzelfall geprüft werden. Selbst wenn dies der Fall wäre, kann hinsichtlich des dargelegten Bildungsangebotes die Steuerbefreiung nicht zur Anwendung gelangen, da weder Kenntnisse allgemein bildender oder berufsbildender Art oder der Berufsausübung dienende Fertigkeiten vermittelt werden, noch – im Hinblick auf die Zielsetzung – eine den öffentlichen Schulen vergleichbare Tätigkeit ausgeübt wird.

USt-E

Vielmehr besteht das primäre Ziel der Kurse darin, Arbeitslose oder von Arbeitslosigkeit Bedrohte zu betreuen, um eine rasche Reintegration am Arbeitsmarkt zu erzielen (vgl. VwGH 30. 6. 2010, 2007/13/0019).

Gemäß § 6 Abs. 1 Z 11 lit. b UStG 1994 sind die Umsätze von Privatlehrern an öffentlichen Schulen und Schulen im Sinne der lit. a steuerfrei.

Da im konkreten Fall die Unterrichtsleistung der Trainerin nicht im Rahmen einer nach § 6 Abs. 1 Z 11 lit. a UStG 1994 befreiten Bildungsveranstaltung erbracht wird, sind ihre diesbezüglichen Umsätze steuerpflichtig.

§ 6 Abs. 1 Z 19 UStG 1994
(UStR 2000 Rz 941 und Rz 943)

Steuerbefreiung für Umsätze aus der Tätigkeit eines Heilmasseurs im Sinne des „Medizinischer Masseur- und Heilmasseurgesetzes MMHmG", BGBl. I Nr. 169/2002

Mit dem Bundesgesetz über die Berufe und die Ausbildungen zum medizinischen Masseur und zum Heilmasseur (Medizinischer Masseur- und Heilmasseurgesetz – MMHmG), BGBl. I Nr. 169/2002 in der geltenden Fassung, wurden die Berufe und die Ausbildungen des medizinischen Masseurs und des Heilmasseurs erstmals geregelt. Im Unterschied zum medizinischen Masseur ist nur der Heilmasseur gemäß § 45 Z 1 MMHmG zur freiberuflichen Berufsausübung berechtigt.

Gemäß § 29 Abs. 1 MMHmG umfasst der Beruf des Heilmasseurs die eigenverantwortliche Durchführung von klassischer Massage, Packungsanwendungen, Thermotherapie, Ultraschalltherapie und Spezialmassagen zu Heilzwecken nach ärztlicher Anordnung. Diese Tätigkeiten finden sich ua. auch im Berufsbild des physiotherapeutischen Dienstes (vgl. § 2 Abs. 1 MTD-Gesetz, BGBl. Nr. 460/1992 in der geltenden Fassung). Nach derzeitiger Rechtsauslegung sind die Umsätze der freiberuflich tätigen Physiotherapeuten (§ 7 Abs. 1 in Verbindung mit § 1 Z 1 MTD-Gesetz, BGBl. Nr. 460/1992 in der geltenden Fassung) gemäß § 6 Abs. 1 Z 19 UStG 1994 steuerfrei, nicht hingegen die vergleichbaren Umsätze der freiberuflich tätigen Heilmasseure (vgl. UStR 2000 Rz 943).

Können – im Hinblick auf die Vergleichbarkeit der Tätigkeiten – auch die Umsätze aus einer Tätigkeit eines freiberuflichen Heilmasseurs im Sinne des „Medizinischer Masseur- und Heilmasseurgesetzes MMHmG", BGBl. I Nr. 169/2002, – soweit eine Heilbehandlung über Anordnung eines Arztes am kranken Menschen durchgeführt wird – unter diese Steuerbefreiung subsumiert werden?

Nach Art. 132 Abs. 1 lit. c MwSt-RL 2006/112/EG sind „Heilbehandlungen im Bereich der Humanmedizin, die im Rahmen der Ausübung der von dem betreffenden Mitgliedstaat definierten ärztlichen und arztähnlichen Berufe durchgeführt werden", von der Mehrwertsteuer befreit. Es bleibt somit den einzelnen Mitgliedstaaten die Definition der ärztlichen und arztähnlichen Berufe überlassen.

Aus § 6 Abs. 1 Z 19 UStG 1994 ergibt sich, dass Österreich Ärzte, Dentisten, Psychotherapeuten, Hebammen sowie diverse freiberuflich Tätige im Bereich medizinischer Spezialdienste (das sind der Krankenpflegefachdienst im Sinne des § 52 Abs. 4 des Bundesgesetzes, BGBl. Nr. 102/1961 in der Fassung BGBl. Nr. 872/1992, sowie die medizinisch-technischen Dienste im Sinne des § 7 Abs. 1 in Verbindung mit § 1 Z 1 bis 7 MTD-Gesetz, BGBl. Nr. 460/1992 [zB der physiotherapeutische Dienst]) als unter die Befreiung fallende Heilberufe anerkannt hat. Diese Berufe erfordern eine besondere berufsrechtliche Qualifikation (vgl. Ruppe, UStG³, § 6 Tz 417/3 und 417/8), wofür eine umfassende medizinische Ausbildung zu absolvieren ist. Die im Gesetz vorgenommene – und seit der Einführung des UStG 1994 unveränderte – Aufzählung ist abschließend (vgl. VwGH 29. 7. 2010, 2008/15/0291, mit Verweis auf Ruppe, UStG³, § 6 Tz 417/1, zur Tätigkeit eines Hypnotiseurs und Mental-Suggesteurs). Die Tätigkeit von Heilmasseuren findet darin keine Erwähnung und wurde auch nicht im Zusammenhang mit der durch das MMHmG erfolgten erstmaligen berufsrechtlichen Regelung aufgenommen.

Angesichts des Ermessensspielraumes des jeweiligen Mitgliedstaates bei Festlegung der begünstigten Berufsgruppen ist eine Berufung auf günstigere gemeinschaftsrechtliche Bestimmungen in diesem Zusammenhang somit nicht möglich (vgl. VwGH 29. 7. 2010, 2008/15/0291, unter Hinweis auf die EuGH-Judikatur).

Bei der Ausübung des ihnen eingeräumten Ermessens haben die Mitgliedstaaten jedoch das mit dieser Befreiungsbestimmung verfolgte Ziel, nämlich zu gewährleisten, dass die Befreiung nur für Leistungen gilt, die von Personen erbracht werden, die über die erforderlichen beruflichen Qualifikationen verfügen, und den Grundsatz der Gleichbehandlung, der im Bereich der Mehrwertsteuer im Grundsatz der steuerlichen Neutralität zum Ausdruck kommt, zu beachten. Daher sind nicht alle Heilbehandlungen von der Mehrwertsteuer befreit, sondern nur diejenigen, die unter Berücksichtigung der beruflichen Ausbildung der Behandelnden eine ausreichende Qualität aufweisen (EuGH 27. 4. 2006, Rs C-443/04, *Solleveld*, Rn 37).

Daraus folgt, dass der Ausschluss eines bestimmten Berufes oder einer bestimmten spezifischen Heiltätigkeit im Bereich der Humanmedizin von der im nationalen Recht aufgestellten Definition der arztähnlichen Berufe durch sachliche Gründe gerechtfertigt sein muss, die sich auf die beruflichen Qualifikationen der Behandelnden und damit auf Erwägungen im Zusammenhang mit der Qualität der erbrachten Leistungen beziehen (vgl. EuGH 27. 4. 2006, Rs C-443/04, *Solleveld*, Rn 38).

Der Grundsatz der steuerlichen Neutralität würde laut ständiger Rechtsprechung des EuGH

dann verletzt werden, wenn gleichartige und deshalb miteinander im Wettbewerb stehende Dienstleistungen hinsichtlich der Mehrwertsteuer unterschiedlich behandelt werden. Bei der Prüfung, ob Heilbehandlungen im Bereich der Humanmedizin gleichartig sind, sind jedoch im Hinblick auf die Befreiung nach Art. 13 Teil A Abs. 1 Buchstabe c der Sechsten Richtlinie (Art. 132 Abs. 1 lit. c MwSt-RL 2006/112/EG) und das mit dieser Bestimmung verfolgte Ziele die beruflichen Qualifikationen der Behandelnden zu berücksichtigen. Da diese nämlich nicht gleich sind, können die Heilbehandlungen im Bereich der Humanmedizin nur insoweit als gleichartig angesehen werden, als sie für die Behandelten eine gleichwertige Qualität aufweisen. Eine Verletzung des Neutralitätsgrundsatzes wäre demnach nur gegeben, wenn nachgewiesen werden kann, dass die Personen, die diesen Beruf oder diese Tätigkeit ausüben, für die Durchführung solcher Heilbehandlungen über berufliche Qualifikationen verfügen, die gewährleisten können, dass diese Behandlungen denjenigen qualitativ gleichwertig sind, die von Personen erbracht werden, die nach den betreffenden nationalen Rechtsvorschriften in den Genuss der Befreiung gelangen (EuGH 27. 4. 2006, Rs C-443/04, *Solleveld*, Rn 40 und 41 sowie VwGH 28. 4. 2011, 2008/15/0224, der diesbezüglich jedoch von einem engen Anwendungsspielraum ausgeht und im – noch nicht abschließend beurteilten – Einzelfall konkrete Feststellungen zur qualitativen Gleichwertigkeit der Behandlungen verlangt).

Im vorliegenden Fall ist eine Verletzung des Gleichheitsgrundsatzes bzw. Neutralitätsgrundsatzes dadurch, dass nur die von Physiotherapeuten durchgeführten Heilmassagen umsatzsteuerfrei sind, nicht gegeben. Dies deshalb, weil die Physiotherapeuten eine gegenüber den Heilmasseuren inhaltlich und zeitlich deutlich umfassendere Ausbildung an einer medizinisch-technischen Akademie zu absolvieren haben und eine kommissionelle Diplomprüfung (einschließlich Diplomarbeit) ablegen müssen oder an einer österreichischen Fachhochschule einen Bakkalaureatsstudiengang für den physiotherapeutischen Dienst erfolgreich abschließen müssen (vgl. § 18 MTD-Gesetz in Verbindung mit § 32 MTD-Ausbildungsverordnung [MTD-AV], BGBl. Nr. 678/1993, bzw. § 3 Abs. 1 Z 4 MTD-G in Verbindung mit FH-MTD-AV, BGBl. II Nr. 2/2006, einerseits und §§ 50 ff. bzw. §§ 17 ff. MMHmG in Verbindung mit §§ 43 ff. der Medizinischer Masseur- und Heilmasseur-Ausbildungsverordnung [MMHm-AV], BGBl. II Nr. 250/2003, andererseits; vgl. diesbezüglich auch VfGH 8. 10. 2010, V 43/09, zur Rechtfertigung der unterschiedlichen Höhe von Zuschüssen der Sozialversicherung an Heilmasseure bzw. Physiotherapeuten). Ob bzw. inwieweit die gemäß § 26 Abs. 1 MTD-Gesetz im Rahmen der Ausbildung zum Heilmasseur absolvierten Prüfungen und Praktika für die Ausbildung zum Physiotherapeuten angerechnet werden können, ist derzeit nicht einheitlich und verbindlich geregelt und die diesbezügliche Entscheidung obliegt der jeweiligen Akademie oder Fachhochschule. Bei den Fachhochschullehrgängen käme es dadurch jedenfalls nicht zu einer Verkürzung der Studiendauer von sechs Semestern.

Weiters ist auch zu berücksichtigen, dass die Tätigkeit des Heilmasseurs (vgl. § 29 MMHmG) nur einen Teilbereich des deutlich umfangreicheren Berufsbildes des physiotherapeutischen Dienstes (vgl. § 2 Abs. 1 MTD-G) abdeckt. Außerdem darf ein Heilmasseur seinen Beruf auch im Rahmen eines Dienstverhältnisses zu einem freiberuflich tätigen diplomierten Physiotherapeuten ausüben (vgl. § 45 Z 5 MMHmG), nicht aber umgekehrt (vgl. § 7 Abs. 1 MTD-G). Auf Grund der gegebenen Verschiedenheiten der berufsrechtlich vorauszusetzenden Qualifikationen sowie der gesetzlich geregelten Berufsbilder liegt der vom EuGH geforderte eindeutige Nachweis der qualitativen Gleichwertigkeit der dargebotenen Heilbehandlungen nicht vor. Die unterschiedliche umsatzsteuerliche Behandlung der Heilmasseure gegenüber den Physiotherapeuten ist daher sachlich gerechtfertigt.

Die Umsätze eines gemäß § 45 Z 1 MMHmG freiberuflich tätigen Heilmasseurs fallen somit nach der in Österreich geltenden und im Einklang mit dem Unionsrecht stehenden Rechtslage nicht unter die Steuerbefreiung für ärztliche bzw. bestimmte arztähnliche Leistungen gemäß § 6 Abs. 1 Z 19 UStG 1994, es sei denn, der Heilmasseur ist auch zur Ausübung des physiotherapeutischen Dienstes (§ 7 Abs. 1 in Verbindung mit § 1 Z 1 MTD-G, BGBl. Nr. 460/1992) berechtigt. Fehlt es an dieser Qualifikation (zB Heilmasseur ohne physiotherapeutische Berufsausbildung), sind diese Leistungen, auch wenn es sich zweifelsfrei um Heilbehandlungen auf Grund ärztlicher Anordnung handelt, steuerpflichtig.

§ 10 UStG 1994

Zeitschriftenabonnements mit Online-Anteil

Ein Verlag bietet Zeitschriftenabonnements mit automatischem Online-Zeitschriftenzugang an. Bislang konnte der Kunde zwischen einem separat erhältlichen Print- und einem separat erhältlichen Online-Produkt (allein oder als Zusatz) wählen. Nunmehr erhält der Abonnent den Online-Zugang zwingend als ergänzende Leistung zur Zeitschrift.

Liegen zwei eigenständige Leistungen vor oder handelt es sich um eine einheitliche Leistung?

Wie ist eine etwaige Aufteilung im Hinblick auf das Pauschalentgelt vorzunehmen?

Die Lieferung von Zeitungen, Zeitschriften usw. unterliegt gemäß Z 43 der Anlage zu § 10 Abs. 2 UStG 1994 dem ermäßigten Steuersatz von 10%. Wird hingegen eine Zeitung oder Zeitschrift online zur Verfügung gestellt, so handelt es sich bei dieser Leistung um eine sonstige Leis-

USt-E

tung (Überlassung von Informationen), für die der Normalsteuersatz zur Anwendung kommt. Wird dem Bezieher einer Zeitschrift (zB Fachzeitschrift im Abonnement) die Möglichkeit eingeräumt, die Zeitschrift auch online zu nutzen, so ist der darauf entfallende Teil des Entgelts dem Normalsteuersatz von 20% zu unterwerfen. Eine unselbstständige Nebenleistung zur (körperlichen) Lieferung der Zeitschrift liegt nicht vor, da die Online-Version eigenständig nutzbar ist. So kann etwa der Text gelesen und/oder heruntergeladen und weiter verwendet werden, ohne dass hierzu die (körperliche) Zeitschrift in irgendeiner Form benötigt würde. Diese Rechtsauffassung entspricht auch der Judikatur des EuGH. So führt dieser zB in seinem Urteil vom 25. 2. 1999, Rs C-349/96, *Card Protection Plan*, unter Anführung von Vorjudikatur aus, dass eine Leistung als Nebenleistung zu einer Hauptleistung anzusehen ist, wenn sie für die Kundschaft keinen eigenen Zweck, sondern das Mittel darstellt, um die Hauptleistung des Leistungserbringers unter optimalen Bedingungen in Anspruch zu nehmen (vgl. Scheiner/Kolacny/Caganek, Kommentar zur Mehrwertsteuer, § 10 Abs. 2 Z 1 Anm. 86 ff.). Der Form der Entgeltsberechnung (gesondertes oder einheitliches Entgelt) sowie der Tatsache, dass der Kunde im konkreten Fall gar keine Möglichkeit hat, auf die Online-Version zu verzichten, kommt in diesem Zusammenhang keine entscheidende Bedeutung zu. Der auf den Online-Zugang entfallende Entgeltsanteil unterliegt daher dem Normalsteuersatz von 20%.

Die Aufteilung des pauschalen Entgelts für das Print-Abonnement mit Online-Zugang kann nach dem Erkenntnis des VwGH 16. 12. 2009, 2008/15/0075, unter Hinweis auf EuGH 22. 10. 1998, Rs C-308/96 und Rs C-94/97, *T. P. Madgett und R. M. Baldwin*, nach den tatsächlichen Kosten oder nach dem Marktwert erfolgen, wobei der einfacheren Methode der Vorzug zu geben ist. Da im gegenständlichen Fall keine Einzelverkaufspreise für Print- und Online-Abonnements vorliegen, wird die Aufteilung nach den tatsächlichen Kosten vorzunehmen sein.

§ 10 Abs. 2 Z 4 lit. b UStG 1994 (UStR 2000 Rz 1198 und Rz 1189)

Kurzfristige Vermietung einer Ferienwohnung

Ein Unternehmer vermietet drei Ferienwohnungen kurzfristig an Feriengäste und rechnet darüber wie folgt ab:

Kurzfristige Vermietung Ferienwohnung

10 Tage Aufenthalt	10%	1.000,00
Beheizung pro Tag 10 Euro	10%	100,00
Stromverbrauch laut Zähler (100 kW/h à 0,30 Euro)	10%	30,00
Endreinigung	10%	100,00
Telefon laut Zähler	10%	50,00
Zurverfügungstellung Bettwäsche, Handtücher, pauschal	10%	40,00
Extras: Mitnahme Hund pro Tag 10 Euro	10%	50,00
Orts- bzw. Kurtaxe	0%	100,00
Abrechnungsbetrag:		**1.470,00**

Welche Leistungen sind von der Steuersatzermäßigung des § 10 Abs. 2 Z 4 lit. a bzw. lit. b UStG 1994 erfasst?

Zunächst ist zu klären, ob es sich bei dieser Zurverfügungstellung von Ferienwohnungen um eine Vermietung oder um eine Beherbergung handelt.

Das grundlegende Merkmal des Begriffs der „Vermietung von Grundstücken" besteht darin, dass dem Vertragspartner auf bestimmte Zeit gegen eine Vergütung das Recht eingeräumt wird, ein Grundstück so in Besitz zu nehmen, als wäre er dessen Eigentümer, und jede andere Person von diesem Recht auszuschließen. Für die Beurteilung, ob eine bestimmte Vereinbarung dieser Definition entspricht, sind alle Merkmale des Vorganges sowie die Umstände zu berücksichtigen, unter denen er erfolgt. Maßgebend ist der objektive Inhalt des Vorganges (VwGH 31. 3. 2011, 2009/15/0199 unter Verweis auf EuGH 16. 12. 2010, Rs C-270/09, *MacDonald Resorts Ltd*, Rn 45 f., mwN).

Der Begriff der Beherbergung ist kein Rechtsbegriff, er muss nach der Verkehrsauffassung ausgelegt werden. Beherbergung ist mehr als bloße Gebrauchsüberlassung. Sie beinhaltet zusätzliche Leistungen zur Überlassung der eingerichteten Räume, wie insbesondere Reinigung der Räume und Bereitstellung von Bettwäsche, Handtüchern und anderen Utensilien. Auch die Möglichkeit der Einnahme des Frühstücks spricht für Beherbergung (Scheiner/Kolacny/Caganek, Kommentar zur Mehrwertsteuer, § 10 Abs. 2 Z 4 Anm. 49).

Im konkreten Fall sprechen gegen das Vorliegen von Beherbergung das Fehlen einer laufenden Reinigung, die gesonderte Abrechnung von Strom nach dem Verbrauch sowie die gesonderte Entgeltsverrechnung für die Zurverfügungstellung von Bettwäsche und Handtüchern. Auch die nicht personenbezogene Verrechnung des Aufenthalts ist ein – wenngleich nicht entscheidungswesentliches – Merkmal, das gegen Beherbergung spricht.

Es ist somit insgesamt vom Vorliegen einer Vermietung (Nutzungsüberlassung) von Grundstücken für Wohnzwecke gemäß § 10 Abs. 2 Z 4 lit. a UStG 1994 auszugehen. Auch die UStR 2000 gehen von Vermietung aus, denn Rz 1189 bezeichnet die Endreinigung bei Ferienwohnungen und Appartements als unselbstständige Nebenleistung zu einer Wohnraumvermietung.

Im dargestellten Sachverhalt unterliegen dem ermäßigten Steuersatz von 10% der Aufenthalt (wobei die in den UStR 2000 Rz 1190 genannte

nicht begünstigte Vermietung von beweglichen Einrichtungsgegenständen hier vernachlässigbar ist), die Endreinigung (siehe UStR 2000 Rz 1189, wonach die Endreinigung bei Ferienwohnungen und Appartements als unselbstständige Nebenleistung zur Wohnraumvermietung angesehen wird) und die Mitnahme des Hundes (vgl. USt-Protokoll 2006 im Zusammenhang mit Beherbergung).

Die Beheizung (eine als Nebenleistung erbrachte Lieferung von Wärme) ist vom ermäßigten Steuersatz gemäß § 10 Abs. 2 Z 4 lit. a UStG 1994 ausdrücklich ausgenommen und unterliegt daher dem Normalsteuersatz von 20%. Die Zurverfügungstellungen von Strom, Telefon sowie Bettwäsche und Handtüchern sind keine unselbstständigen Nebenleistungen zur Vermietung und daher ebenfalls mit dem Normalsteuersatz zu besteuern.

Die Orts- und Kurtaxe stellt einen durchlaufenden Posten dar (vgl. UStR 2000 Rz 657).

§ 10 Abs. 2 Z 4 lit. d UStG 1994 (UStR 2000 Rz 1214)

Abgrenzung Erhaltungsaufwand und Herstellungsaufwand bei Wohnungseigentumsgemeinschaften

Von einer WEG wird eine technisch funktionstüchtige Ölheizung auf eine Gasheizung umgestellt. Die Umstellung erfolgt insbesondere deshalb, weil die Anlage auf Grund des schlechten Wirkungsgrades und der hohen Wartungskosten nicht mehr wirtschaftlich ist.

Handelt es sich bei den an die Wohnungseigentümer weiterverrechneten Kosten der Gasheizung um Erhaltungsaufwand, der unter die Begünstigung des § 10 Abs. 2 Z 4 lit. d UStG 1994 fällt?

§ 10 Abs. 2 Z 4 lit. d UStG 1994 sieht für die Leistungen von Personenvereinigungen zur Erhaltung, Verwaltung oder zum Betrieb der in ihrem gemeinsamen Eigentum stehenden Teile und Anlagen einer Liegenschaft, an der Wohnungseigentum besteht und die Wohnzwecken dienen, ausgenommen eine als Nebenleistung erbrachte Lieferung von Wärme, die Besteuerung mit dem ermäßigten Steuersatz von 10% vor.

Erfasst sind insbesondere die Betriebs- und Verwaltungskosten und die Erhaltungskosten. Errichtungs- bzw. Herstellungskosten zählen nicht zu den begünstigten Leistungen von Wohnungseigentumsgemeinschaften. Zur Abgrenzung zwischen Erhaltungs- und Herstellungsaufwand sind nicht die ertragsteuerlichen Grundsätze heranzuziehen, sondern die mietrechtlichen Bestimmungen (VwGH 12. 4. 1994, 93/14/0215). Die Regelung des nach dem Miet- und Wohnungseigentumsrecht maßgeblichen Erhaltungsbegriffes findet sich im § 3 MRG (UStR 2000 Rz 1214).

Nach § 3 Abs. 2 Z 5 MRG ist die Installation von technisch geeigneten Gemeinschaftseinrichtungen zur Senkung des Energieverbrauchs oder die der Senkung des Energieverbrauchs sonst dienenden Ausgestaltungen des Hauses, von einzelnen Teilen des Hauses oder von einzelnen Mietgegenständen, sofern die hierfür erforderlichen Kosten in einem wirtschaftlich vernünftigen Verhältnis zum allgemeinen Erhaltungszustand des Hauses und den zu erwartenden Einsparungen stehen, eine Erhaltungsmaßnahme.

Im konkreten Fall erfolgte die Umstellung, weil eine weitere Reparatur und Wartung der bestehenden Anlage aus Gründen der Wirtschaftlichkeit nicht in Betracht kam. Der Ersatz einer noch funktionsfähigen, aber reparaturunwürdigen Anlage durch eine gleichartige neue ist als Erhaltung (und nicht wie früher als Verbesserung) anzusehen (Würth in Rummel, MRG § 3 [Rz 4] mit Verweis auf wobl 1002/76). Am Charakter einer Erhaltungsarbeit ändert sich nichts dadurch, dass die Gebrauchsfähigkeit einer Anlage nicht mehr durch Reparatur, sondern nach wirtschaftlichen Gesichtspunkten nur durch Neuherstellung bewirkt werden kann. Dies wird umso mehr zutreffen, wenn es sich um eine Maßnahme zur Verbesserung der Energieeffizienz im Sinne des § 3 Abs. 2 Z 5 MRG handelt („fiktive Erhaltungsmaßnahmen", vgl. Vonkilch, wobl 2010/54 zu OGH 7. 7. 2009, 5 Ob 127/09a).

Nach Kriterien des MRG ist daher im dargestellten Sachverhalt vom Vorliegen eines Erhaltungsaufwandes und damit von der Anwendbarkeit des § 10 Abs. 2 Z 4 lit. d UStG 1994 auszugehen (siehe auch UStR 2000 Rz 1214 im Zusammenhang mit Liftanlagen). Der ermäßigte Steuersatz kommt aber nur insoweit zur Anwendung, als die Maßnahme nicht der Lieferung von Wärme zuzuordnen ist.

Bei der Ermittlung des auf die Wärmelieferung entfallenden Entgeltsteiles sind alle Kosten zu berücksichtigen, die mit der Gewinnung und Verteilung der Wärme im Zusammenhang stehen. Es werden dies vor allem jene Kosten sein, die regelmäßig unter der Bezeichnung „Heizungsbetriebskosten" verrechnet werden, worunter nicht nur die Kosten für Strom, Gas, Öl oder für einen anderen Energieträger fallen, sondern auch jene für die Wartung, die Instandhaltung und die technische Betreuung der Heizungsanlage (UStR 2000 Rz 1195). Die Anwendung des ermäßigten Steuersatzes von 10% auf den gegenständlichen Erhaltungsaufwand der Heizungsanlage ist daher nur insoweit zulässig, als die Anlage zur Aufbereitung von Warmwasser für Gebrauchszwecke (vgl. UStR 2000 Rz 1193) verwendet wird. Im Übrigen kommt der Normalsteuersatz zur Anwendung.

§ 10 UStG 1994, § 11 UStG 1994 (UStR 2000 Rz 1505 und Rz 1532)

Rechnungsausstellung bei einem Pauschalangebot

Mehrere Unternehmer einer Region bieten gemeinsam ein Package zu einem Gesamtpreis von 20 Euro brutto an. Es wird keine Gesellschaft gegründet. Ein Beteiligter (ein Museum) stellt die Rechnungen, auch für die anderen Unternehmer, direkt an den Endkunden aus.

Mit dieser Rechnung („Voucher"), die der Kunde vorab bezahlt, kann er nur am selben Tag das Museum besuchen (Preisanteil 5 Euro) und eines von 3 Menüs in zwei bestimmten Gasthäusern konsumieren (Preisanteil 10 Euro, Getränke sind nicht inkludiert). Darüber hinaus ist der Eintritt in eine Burg enthalten (Preisanteil 5 Euro). Dort kann an einer Weinverkostung teilgenommen werden.

Im Anlassfall ist der Eintritt in das Museum gemäß § 10 Abs. 2 Z 8 lit. c UStG 1994 mit dem ermäßigten Steuersatz zu besteuern. Die Burg wird von einem gemeinnützigen Verein betrieben, der nichtunternehmerisch tätig ist (Liebhabereivermutung gemäß VereinsR 2001 Rz 463 ff.). Der Winzer ist gemäß § 22 UStG 1994 pauschaliert und erhält keinen Anteil vom Package. Er verkauft seine Weine vor Ort im eigenen Namen und für eigene Rechnung.

Das Museum will die auf die anderen Beteiligten entfallenden Beträge als durchlaufende Posten fakturieren.

Variante: Die Weinverkostung findet bei einem Heurigen statt.

Wie sind die einzelnen Leistungen umsatzsteuerlich zu behandeln?

Wie muss die Rechnung ausgestellt werden?

Abgrenzung Gutschein und Vorauszahlung:

Nach UStR 2000 Rz 4 stellt die Veräußerung von Gutscheinen durch Unternehmer, die zum späteren Bezug von Waren nach freier Wahl oder nicht konkret genannten sonstigen Leistungen vom Gutscheinaussteller berechtigen, noch keinen steuerbaren Vorgang dar. Gutscheine, bei denen die Leistung bereits konkret bestimmt ist bzw. bei denen eine definierte Leistung zu einem beliebigen Zeitpunkt in Anspruch genommen werden kann (zB Vorverkaufsfahrscheine), begründen die Verpflichtung zur Anzahlungsbesteuerung (vgl. UStR 2000 Rz 2607). Daraus ergibt sich, dass neben dem leistenden Unternehmer jedenfalls Art, Inhalt und Umfang der künftigen Leistung exakt feststehen müssen.

Im gegenständlichen Fall ist der so genannte „Voucher" nur am Tag der Ausstellung gültig. Art, Inhalt und Umfang der enthaltenen Leistungen sind jeweils ausreichend konkretisiert. Beim Museumseintritt steht auch der leistende Unternehmer bereits fest. Dieser Betrag ist als Anzahlung zu besteuern. Hinsichtlich der Restaurants liegt, da tatsächlich noch nicht feststeht, wer die Leistung erbringen wird, ein nicht steuerbarer Gutschein vor. Zu einem steuerbaren Umsatz kommt es erst bei dessen Einlösung. Da dies am Tag der Ausgabe des „Vouchers" erfolgt, ergeben sich für das Entstehen der Steuerschuld keine Abweichungen.

Beim Eintritt in die Burg sind die Leistung und deren Erbringer ebenfalls ausreichend konkretisiert.

Da die Burg nicht unternehmerisch betrieben wird, ist das Eintrittsgeld jedoch nicht steuerbar.

Zur Rechnungsausstellung:

Grundsätzlich ist festzuhalten, dass das UStG 1994 für die Erbringung der genannten Leistungen an Privatpersonen keine Verpflichtung zur Rechnungsausstellung vorsieht. Es wäre daher nicht zu beanstanden, wenn das Museum bzw. die anderen Unternehmer insoweit keine Rechnung ausstellen. Das ändert jedoch nichts an der Steuerbarkeit der Umsätze.

Wird eine Rechnung im Sinne des § 11 UStG 1994 ausgestellt, hat das Museum seine im eigenen Namen erbrachte Leistung (Eintritt) mit 10% Umsatzsteuer (§ 10 Abs. 2 Z 8 lit. c UStG 1994) in Rechnung zu stellen.

Die anderen genannten Leistungen werden nicht vom Museum, sondern von den übrigen Beteiligten im eigenen Namen erbracht. Die Rechnungsausstellungsverpflichtung trifft demnach sie.

Der zur Abrechnung über den Leistungsaustausch Verpflichtete kann sich im Abrechnungsverfahren dritter Personen bedienen (UStR 2000 Rz 1505). Auch das Museum kann ein solcher Dritter sein. Es muss hierbei klar und deutlich im Namen der anderen Beteiligten auftreten. Es ist zulässig, dass für verschiedene Leistungserbringer in ein und demselben Dokument abgerechnet wird (vgl. UStR 2000 Rz 1532).

Das Museum kann daher für die Gastwirte und die Burg gegenüber den Kunden abrechnen.

Dabei ist zu beachten, dass in beiden Fällen keine Umsatzsteuer ausgewiesen werden darf, weil bei den Gastwirten ein noch nicht steuerbarer Gutschein vorliegt und der Betreiber der Burg als Nichtunternehmer keine Umsatzsteuer für das Eintrittsgeld schuldet.

Für die Rechnungsausstellung des Restaurants an die Kunden gelten die allgemeinen Vorschriften des § 11 UStG 1994.

Die Weinverkostung wird direkt vom Winzer abgerechnet und ist vom „Voucher" nicht erfasst. Dies gilt auch für die in der Variante genannte Weinverkostung im Rahmen eines Heurigen. Kaufen die Kunden im Zuge der Weinverkostung einige Flaschen, um diese mitzunehmen, so kann der ermäßigte Steuersatz gemäß § 10 Abs. 3 UStG 1994 zur Anwendung gelangen (vgl. Scheiner/Kolacny/Caganek, Kommentar zur Mehrwertsteuer, § 10 Abs. 3 Anm. 17). Für den Ausschank von Wein ist § 10 Abs. 3 UStG 1994 nicht anwendbar.

Handelt es sich bei dem Weinbauern um einen pauschalierten Landwirt im Sinne des § 22 UStG 1994, so ist nach § 22 Abs. 2 UStG 1994 eine Zusatzsteuer zu berechnen und an das Finanzamt abzuführen. Gegenüber Unternehmern beträgt die Zusatzsteuer 8% im Ausschank (was nur selten der Fall sein wird). Gegenüber Nichtunternehmern ist diesfalls eine Zusatzsteuer von

10% zu verrechnen. Kommt § 10 Abs. 3 UStG 1994 zur Anwendung, muss gegenüber Unternehmern keine Zusatzsteuer berechnet werden. Gegenüber Nichtunternehmern ist eine Zusatzsteuer von 2% zu berechnen, diese muss jedoch gemäß § 22 Abs. 8 UStG 1994 nicht abgeführt werden (UStR 2000 Rz 2872).

§ 12 Abs. 1 Z 1 und Abs. 2 Z 1 lit. b UStG 1994 (UStR 2000 Rz 346, Rz 1902 und Rz 1913)

Veräußerung bzw. Entnahme von nur teilweise dem Unternehmen zugeordneten Gegenständen

Ein Unternehmer schafft im Jahre 2008 einen zum Vorsteuerabzug berechtigenden Kleinbus um 30.000 Euro netto an. Die ausgewiesene Umsatzsteuer beträgt 6.000 Euro. Gemäß § 12 Abs. 2 Z 1 lit. b UStG 1994, wonach Eingangsleistungen als nur insoweit für das Unternehmen ausgeführt behandelt werden können, als sie tatsächlich unternehmerischen Zwecken dienen, macht er im Ausmaß der unternehmerischen Nutzung folgende Vorsteuerbeträge im Jahre 2008 geltend:

a) unternehmerische Nutzung 30%: Vorsteuerabzug 1.800 Euro;
b) unternehmerische Nutzung 80%: Vorsteuerabzug 4.800 Euro.

In den Jahren 2008 bis 2011 bleibt das Nutzungsverhältnis unverändert. 2011 wird der Kleinbus um 10.000 Euro brutto an eine Privatperson veräußert.

1. Wie hoch ist das umsatzsteuerpflichtige Entgelt bei Variante a) bzw. b)?
2. Wie hat jeweils die Rechnungsausstellung zu erfolgen?
3. Wie ist bei Entnahme des Kleinbusses nach § 3 Abs. 2 UStG 1994 vorzugehen?

Ordnet der Unternehmer nur den tatsächlich unternehmerisch genutzten Teil eines Gegenstandes dem Unternehmen zu, ist diese Tatsache dem Finanzamt bis zum Ablauf des Veranlagungszeitraumes, in dem die Vorleistungen angefallen sind, schriftlich mitzuteilen (UStR 2000 Rz 1913). Eine spätere Veräußerung des Gegenstandes ist nur im zugeordneten Ausmaß steuerbar (Ruppe, UStG3, § 12 Tz 86/7).

1. Wie hoch ist das umsatzsteuerpflichtige Entgelt bei Variante a) bzw. b)?

a) Unternehmerische Zuordnung zu 30%

Der Betrag von 10.000 Euro inkl. USt setzt sich zusammen aus einem Anteil von 30%, der steuerbar und steuerpflichtig (20%) ist und einem nicht steuerbaren Anteil von 70%.

Die Berechnung der Bemessungsgrundlage ist, ausgehend vom Bruttogesamtbetrag, wie folgt vorzunehmen (wobei „X“ die Bemessungsgrundlage darstellt):

0,3X * 1,2 + 0,7X = 10.000

0,36X + 0,7X = 10.000

1,06X = 10.000

Bemessungsgrundlage = 10.000/1,06 = 9.433,96

Die Nettobemessungsgrundlage beträgt 9.433,96 Euro. Davon macht der steuerbare Anteil 30%, also 2.830,19 Euro aus, woraus sich eine geschuldete USt von 566,04 Euro ergibt.

6.603,77 Euro sind – weil die Lieferung des Kleinbusses insoweit nicht aus dem Unternehmen erfolgt – nicht steuerbar.

b) Unternehmerische Zuordnung zu 80%

0,8X * 1,2 + 0,2X = 10.000

0,96X + 0,2X = 10.000

1,16X = 10.000

Bemessungsgrundlage = 10.000/1,16 = 8.620,69

Die Nettobemessungsgrundlage beträgt 8.620,69 Euro. Steuerbar sind davon 80% (6.896,55 Euro).

USt wird in Höhe von 1.379,31 Euro geschuldet.

1.724,14 Euro sind nicht steuerbar.

2. Wie hat jeweils die Rechnungsausstellung zu erfolgen?

a) Der Rechnungsbetrag lautet:

steuerbar und mit dem Normalsteuersatz pflichtig: 2.830,19 Euro

Umsatzsteuer: 566,04 Euro

nicht steuerbar: 6.603,77 Euro

b) Der Rechnungsbetrag lautet:

steuerbar und mit dem Normalsteuersatz pflichtig: 6.896,55 Euro

Umsatzsteuer: 1.379,31 Euro

nicht steuerbar: 1.724,14 Euro

Die nicht steuerbaren Beträge sind – soweit sie in der Rechnung angeführt werden – entsprechend kenntlich zu machen.

3. Wie ist bei Entnahme des Kleinbusses nach § 3 Abs. 2 UStG 1994 vorzugehen?

Bemessungsgrundlage ist der Wiederbeschaffungspreis eines solchen Gebrauchtwagens im Zeitpunkt der Entnahme (§ 4 Abs. 8 lit. a UStG 1994). Ist der Nettowiederbeschaffungspreis bekannt, so ist er im Ausmaß der jeweiligen Zuordnung des Fahrzeuges zum Unternehmen (= Anteil, für den das Recht auf Vorsteuerabzug bestand) der Eigenverbrauchsbesteuerung zu unterziehen (siehe Ruppe, UStG³, § 3 Tz 216), im Fall a) daher zu 30% und im Fall b) zu 80%. Die Besteuerung erfolgt jeweils zum Normalsteuersatz.

Ist nur der Bruttowiederbeschaffungspreis bekannt, so erfolgt die Berechnung der Bemessungsgrundlage nach der gleichen Methode wie zu Frage 1. dargestellt, wobei der Bruttowiederbeschaffungspreis den oben genannten Verkaufspreis ersetzt.

§ 17 UStG 1994 (UStR 2000 Rz 2624)

Besteuerungszeitpunkt für Sanierungen bei Wohnungseigentumsgemeinschaften

Eine Wohnungseigentumsgemeinschaft (WEG), die ihre Umsätze nach vereinbarten Entgelten besteuert (Sollbesteuerung), versteuert den Wohnungseigentümern weiter verrechnete Sanierungskosten in Höhe von 150.000 Euro (die aus der angesparten Rücklage bereits in voller Höhe bezahlt wurden) unter Berufung auf UStR 2000 Rz 2624 nicht im Jahr der Sanierung, sondern erst im Zuge der Abrechnung an die Wohnungseigentümer im Folgejahr.

Kann UStR 2000 Rz 2624 in diesem Fall angewendet werden?

Es ist davon auszugehen, dass im Zeitpunkt der Leistung an die WEG bzw. der Vorschreibung der Kosten (zB Grundsteuer) die Leistung auch an die Wohnungseigentümer erbracht wird (Scheiner/Kolacny/Caganek, Kommentar zur Mehrwertsteuer, § 10 Abs. 2 Z 4 Anm. 86).

Nach UStR 2000 Rz 2624 bestehen keine Bedenken, wenn eine WEG auch bei Sollbesteuerung die auf die Betriebskosten entfallenden Abschlusszahlungen oder Gutschriften im Zeitraum der zivilrechtlichen Fälligkeit versteuert. Diese Regelung betrifft ausschließlich die Verrechnung von Betriebskosten. Der gegenständliche Fall betrifft aber nicht Betriebskosten, sondern Sanierungskosten, die überdies von den Wohnungseigentümern bereits in Form von nicht steuerbaren Rücklagen bezahlt wurden.

UStR 2000 Rz 2624 ist nicht auf über Betriebskosten hinausgehende Zahlungen anzuwenden.

Das Entstehen der Steuerschuld für die gegenständlich weiterverrechneten Sanierungskosten richtet sich somit nach dem Zeitpunkt der Erbringung der Sanierungsleistung an die WEG.

§ 19 Abs. 1a UStG 1994 (UStR 2000 Rz 2602f)
Bauleistungen an einen Bauträger

Eine GmbH organisiert als Bauträger die Herstellung von Wohnobjekten durch andere Unternehmer und verkauft die errichteten Gebäude an die Grundstückseigentümer.

Die Tätigkeit der GmbH fällt nicht unter Abschnitt F „Bauwesen“ der Systematik der Wirtschaftstätigkeiten (ÖNACE 1995).

Bei allen ihren Projekten verpflichtet sich die Bauträger GmbH, auf fremdem Grund und Boden Gebäude bzw. Eigentumswohnungen zu errichten, wobei dies zivilrechtlich auf eigene Rechnung und Gefahr erfolgt.

Geht bei den an die Bauträger GmbH ausgeführten Umsätzen die Steuerschuld nach § 19 Abs. 1a UStG 1994 über?

Im vorliegenden Fall kann davon ausgegangen werden, dass die mit den jeweiligen Baumaßnahmen beauftragten Bauunternehmer inhaltlich Bauleistungen an die Bauträger GmbH erbringen.

Bei Bauleistungen im Sinne des § 19 Abs. 1a dritter Unterabsatz UStG 1994 geht die Steuerschuld auf den Leistungsempfänger über, wenn dieser entweder selbst mit der Erbringung dieser Bauleistungen beauftragt wurde oder üblicherweise selbst Bauleistungen erbringt.

In der Regel ist der Begriff „fremde Rechnung“ mit dem Begriff „Beauftragung“ gleichzusetzen. Ein Bauträger erbringt daher Bauleistungen, soweit er auf „fremde Rechnung“ tätig wird, dh., dass er vom Grundstückseigentümer mit der Errichtung eines Gebäudes auf dessen Grund und Boden beauftragt wird. Das gilt auch für den Fall, dass der Bauträger zivilrechtlich auf eigene Rechnung handelt und damit das Risiko der Errichtung trägt.

Erbringt ein Bauträger zu mehr als 50% seiner gesamten Umsätze Bauleistungen (Tätigkeiten auf „fremde Rechnung“) gilt er als Unternehmer, der üblicherweise Bauleistungen erbringt (UStR 2000 Rz 2602f). Werden an einen solchen Bauträger Bauleistungen erbracht, geht die Steuerschuld auf ihn über.

Gilt ein Bauträger nicht als Unternehmer, der üblicherweise Bauleistungen erbringt, geht bei einzelnen erhaltenen Bauleistungen die Steuerschuld nur dann auf ihn über, wenn der Bauträger seinerseits zu ihrer Erbringung beauftragt wurde. Dies ist bei Tätigwerden eines Bauträgers auf „fremde Rechnung“ der Fall.

Nur wenn ein Bauträger überwiegend Bauleistungen (Tätigkeiten auf „fremde Rechnung“) erbringt, so dass er als Unternehmer qualifiziert wird, der üblicherweise Bauleistungen erbringt, geht die Steuerschuld für an ihn erbrachte Bauleistungen auch in jenen Fällen auf ihn über, in denen er auf „eigene Rechnung“ tätig wird, dh., dass er eigene Grundstücke verkauft (Kolacny/Caganek, UStG[3], § 19 Anm. 17).

Da die Bauträger GmbH im konkreten Fall von den Grundstückseigentümern mit der Errichtung von Gebäuden bzw. Eigentumswohnungen auf deren Grund und Boden beauftragt wird, handelt sie auf „fremde Rechnung“, sodass die Steuerschuld für die an die Bauträger GmbH erbrachten Bauleistungen auf sie übergeht, auch wenn sie zivilrechtlich auf eigene Rechnung und Gefahr handelt.

§ 19 Abs. 1a UStG 1994 (UStR 2000 Rz 2602c)
Reparatur eines Erdkabels als Bauleistung?

Ein Bauunternehmer beschädigt bei Aushubarbeiten im Zusammenhang mit der Errichtung eines Einfamilienhauses

a) den öffentlichen Abwasserkanal
b) die Ortswasserleitung
c) eine Stromleitung
d) ein Telefonkabel.

In manchen Fällen erfolgt die Reparatur durch den Eigentümer (Geschädigten) selbst, in anderen Fällen durch dritte Unternehmer.

1. Wie ist die Reparatur durch den Geschädigten umsatzsteuerrechtlich zu beurteilen?

2. Handelt es sich bei den genannten Fällen um Bauleistungen im Sinne des § 19 Abs. 1a UStG 1994?
3. Ist insoweit zwischen Reparaturen an öffentlichen Netzen oder Hauszuleitungen (etwa als Bestandteile der jeweiligen Gebäude) zu unterscheiden?

Zu 1.

Behebt der Geschädigte den Schaden ohne Auftrag des Schädigers zunächst selbst oder lässt er ihn durch einen Dritten beheben, begründet eine Schadensvergütung durch den Schädiger nicht die nachträgliche Annahme eines Leistungsaustausches zwischen Schädiger und Geschädigtem. Wird der Geschädigte jedoch im Auftrag des Schädigers als Reparaturunternehmer gegen Entgelt tätig, wandelt er seine Schadenersatzansprüche in solche aus einem Werkvertrag um. Diesfalls unterliegt seine Leistung ebenso der Umsatzsteuer wie die Leistung eines Dritten an den Schädiger (UStR 2000 Rz 10 unter Verweis auf VwGH 17. 4. 1989, 87/15/0083).

Bei einer Schadensbehebung durch den Geschädigten ohne Auftrag des Schädigers ist daher kein steuerbarer Umsatz und damit auch keine Bauleistung im Sinne des § 19 Abs. 1a UStG 1994 gegeben. Bei einer Schadensbehebung durch den Geschädigten im Auftrag des Schädigers ist die Leistung gleich zu beurteilen wie die eines fremden Dritten, der mit der Reparatur beauftragt wurde.

Zu 2.

Bauleistungen sind gemäß § 19 Abs. 1a dritter Unterabsatz UStG 1994 alle Leistungen, die der Herstellung, Instandsetzung, Instandhaltung, Reinigung, Änderung oder Beseitigung von Bauwerken dienen.

Der Begriff des Bauwerks ist weit auszulegen und umfasst nicht nur Gebäude, sondern darüber hinaus sämtliche mit dem Erdboden verbundene oder infolge ihrer eigenen Schwere auf ihm ruhende, aus Baustoffen oder Bauteilen mit baulichem Gerät hergestellte Anlagen. Zu den Bauwerken zählen daher sämtliche Hoch- und Tiefbauten (zB Straßen, Tunnels) und mit dem Erdboden fest verbundene Anlagen wie Kraftwerke und Silos (UStR 2000 Rz 2602c). Im Hinblick darauf, dass der Begriff „Bauwerk“ weit auszulegen ist und auch Hoch- und Tiefbauten und mit dem Erdboden fest verbundene Anlagen umfasst, können auch ein Kanal und eine Wasserleitung als bauliche Anlage (Bauwerk) angesehen werden.

Nachdem zufolge UStR 2000 Rz 2602c reine Wartungsarbeiten keine Bauleistungen darstellen, solange nicht Teile verändert, bearbeitet oder ausgetauscht werden, kann im gegenteiligen Fall, nämlich dann, wenn Teile verändert, bearbeitet oder ausgetauscht werden, von Bauleistungen ausgegangen werden. Da bei der Reparatur eines durch Grabungsarbeiten beschädigten Kanals oder einer Wasserleitung üblicherweise auch Teile ausgetauscht werden müssen und es sich hier auch nicht um eine untergeordnete Änderung handelt, ist eine Qualifikation als Bauleistung gerechtfertigt.

Dies gilt auch für die Reparatur von Strom- oder Telefonleitungen, da sie – ebenso wie ein Kanal oder Wasserleitungen – dauerhaft mit dem Boden verbunden sind und auch in diesen Fällen davon ausgegangen werden kann, dass bei Reparaturen solcher Leitungen auf Grund von Grabungsarbeiten Teile ersetzt werden müssen. Darüber hinaus ist der Rohrleitungs- und Kabelnetzleitungstiefbau ausdrücklich im Abschnitt F „Bauwesen“ der Systematik der Wirtschaftstätigkeiten (ÖNACE 1995) genannt.

Bei Bauleistungen im Sinne des § 19 Abs. 1a dritter Unterabsatz UStG 1994 geht die Steuerschuld auf den Leistungsempfänger über, wenn dieser entweder selbst mit der Erbringung dieser Bauleistung beauftragt wurde oder üblicherweise selbst Bauleistungen erbringt.

Mit Ausnahme jener Fälle, in denen die Reparaturen durch den Geschädigten selbst erbracht werden und bei denen insoweit kein Leistungsaustausch gegeben ist, liegen hier Reparaturaufträge durch einen Unternehmer vor, der, da er Bauunternehmer ist, selbst üblicherweise Bauleistungen erbringt. Somit handelt es sich bei ihm im Hinblick auf die Anwendbarkeit des § 19 Abs. 1a UStG 1994 jedenfalls um einen geeigneten Leistungsempfänger. Da die Reparaturarbeiten inhaltlich Bauleistungen darstellen, gelangt im Leistungsverhältnis zwischen dem Reparaturunternehmer und dem Bauunternehmer § 19 Abs. 1a UStG 1994 zur Anwendung.

Zu 3:

Ob das zu reparierende Wirtschaftsgut im öffentlichen oder privaten Eigentum steht, ist für die Qualifikation der Leistungen als Bauleistungen somit nicht von Bedeutung.

§ 19 Abs. 2 Z 1 lit. a UStG 1994

Zeitpunkt der Entstehung der Steuerschuld bei Krankenkassenersätzen

Eine GmbH verkauft ärztlich verordnete Hörgeräte, deren Kosten zum Teil von Krankenkassen übernommen werden, zum Teil vom Kunden selbst getragen werden müssen.

Die Krankenkassenersätze rechnet die GmbH direkt mit der jeweiligen Krankenkasse ab.

Den Kunden verrechnet die GmbH bei Aushändigung der Hörgeräte die Aufzahlungen, die sie zu leisten haben. Dabei zieht sie von dem Wert der Hörgeräte die Krankenkassenersätze ab und rechnet aus dem Restbetrag die Umsatzsteuer heraus. Die jeweils verbleibenden Beträge werden für die Voranmeldungszeiträume, in denen die Rechnungslegung und Bezahlung durch die Kunden erfolgt ist, als Entgelte erfasst und der Besteuerung unterzogen. Die Abrechnung mit den Krankenkassen wird regelmäßig erst dann vorgenommen, wenn die Hörgeräte bewilligt werden; die Erfassung der abgerechneten Krankenkassenanteile als Entgelte

USt-E

erfolgt in den Voranmeldungszeiträumen der Verrechnung. Wird ein Hörgerät von der Krankenkasse nicht bewilligt, kann es vom Kunden gegen Kostenrückerstattung zurückgegeben werden.

Wann entsteht die Steuerschuld für die Aufzahlung durch den Kunden und für den Krankenkassenersatz?

Krankenkassen sind auf Grund entsprechender sozialversicherungsrechtlicher Vereinbarung sowohl zu Sachleistungen (zB Krankenbehandlung, Anstaltspflege) als auch zu Geldleistungen (Krankengeld, Wochengeld) verpflichtet.

Besteht ein Anspruch auf eine Versicherungsleistung in Form einer Sachleistung, müsste die Krankenkasse die geschuldete Leistung danach grundsätzlich selbst erbringen. Dies ergibt sich zB aus § 133 ASVG, nach dem die Krankenbehandlung ärztliche Hilfe, Heilmittel und Heilbehelfe umfasst, und die, soweit nichts anderes bestimmt wird, als Sachleistungen erbracht werden müssen. Zu den Heilbehelfen gehören auch Hörgeräte.

Soweit die Krankenkassen die geschuldeten Leistungen jedoch nicht in eigenen Einrichtungen bzw. selbst erbringen, werden auf Grund gesonderter Vereinbarungen andere Unternehmer oder Einrichtungen zur Leistungserbringung an Stelle der Krankenkassen verpflichtet (siehe zB § 338 ASVG und die darin genannten möglichen Vertragspartner wie Ärzte, Zahnärzte, Apotheken, Psychologen, Dentisten, Hebammen usw.).

Diese Einrichtungen erfüllen auf Grund solcher Vertragsverhältnisse die Verpflichtung der Krankenkasse zur Erbringung der jeweiligen Sachleistung.

Zwischen dem Hauptverband der Sozialversicherungsträger und der Innung der Hörgeräteakustiker besteht ebenfalls eine solche Leistungsvereinbarung.

Die Abgabe von Medikamenten durch Apotheker in Erfüllung eines entsprechenden Sachleistungsanspruchs von sozialversicherten Personen (Patienten) gegen Entrichtung einer Rezeptgebühr führt nach der Rechtsprechung zu einem Leistungsaustausch zwischen Apotheke und Sozialversicherungsträger.

Entsprechendes muss für andere Sachleistungen gelten, zu denen Sozialversicherungsträger rechtlich verpflichtet sind und die durch Dritte (Ärzte, Krankenanstalten) erbracht werden (vgl. Ruppe, UStG[3], § 1 Tz 277 unter Verweis auf VwGH 19. 1. 1984, 83/15/0034, und VwGH 17. 1. 1989, 88/14/0010).

Sofern daher die GmbH ihren Kunden Hörgeräte auf Grund eines entsprechenden sozialversicherungsrechtlichen Sachleistungsanspruchs überlässt, wird eine Lieferung an die jeweilige Krankenkasse erbracht.

Werden hingegen den Kunden Hörgeräte überlassen, für die kein entsprechender sozialversicherungsrechtlicher Sachleistungsanspruch besteht, liegen Lieferungen der GmbH an ihre Kunden vor.

Sofern die Vereinbarungen zwischen Krankenkassen und Leistungsverpflichteten keine anderslautenden Bestimmungen enthalten, kann die Zusicherung der Kostenübernahme einer Bewilligung (Genehmigung) gleich gehalten werden. Aus umsatzsteuerrechtlicher Sicht ist hier von Lieferungen auszugehen, die unter einer aufschiebenden Bedingung abgeschlossen wurden und daher erst mit ihrer Genehmigung ausgeführt werden (vgl. Ruppe, UStG[3], § 3 Tz 44 zum Kauf auf Probe und zum Kauf mit Rückgaberecht mit weiteren Hinweisen).

Soweit daher der Überlassung von Hörgeräten ein sozialversicherungsrechtlicher Sachleistungsanspruch zu Grunde liegt, stellen die (An)Zahlungen der Patienten Entgelt von dritter Seite dar, für die zufolge § 19 Abs. 2 Z 1 letzter Absatz UStG 1994 die Steuerschuld mit ihrer Vereinnahmung entsteht, für die Lieferungen an die Krankenkasse entsteht die Steuerschuld mit Genehmigung des Hörgerätes.

§ 21 Abs. 4 UStG 1994 und VO, BGBl. Nr. 279/1995

Wahrung der Frist im Vorsteuererstattungsverfahren

Ein EU-Unternehmer ohne Sitz oder Betriebsstätte in Österreich erklärte beim FA Graz-Stadt für die Jahre 2006 bis 2008 echt steuerbefreite Umsätze und damit im Zusammenhang stehende Vorsteuern. Im Zuge einer Betriebsprüfung wurde Jahre später festgestellt, dass der Unternehmer nicht steuerbefreite, sondern tatsächlich in Österreich nicht steuerbare Umsätze getätigt hat, und somit für die Geltendmachung der Vorsteuern zwingend das Vorsteuererstattungsverfahren nach der Verordnung, BGBl. Nr. 279/1995, zur Anwendung gelangt. Ein Antrag auf Vorsteuererstattung wurde auf Grund dieser Fehlbeurteilung nicht eingebracht, die dafür vorgesehene Fallfrist ist im Zeitpunkt der Betriebsprüfung bereits abgelaufen.

Wie kann der Unternehmer seine Vorsteuern geltend machen?

Der Unternehmer kann in diesem Fall der steuerlichen Fehlbeurteilung einen Antrag auf Wiedereinsetzung in den vorigen Stand gemäß § 308 BAO stellen. Die Wiedereinsetzung in den vorigen Stand setzt unter anderem voraus, dass eine Frist versäumt wurde. Ob die Frist verlängerbar oder wie zB beim Vorsteuererstattungsverfahren nicht verlängerbar ist, ist für die Wiedereinsetzung bedeutungslos.

Auch ein Rechtsirrtum bzw. die Unkenntnis einer Rechtsvorschrift kann einen Wiedereinsetzungsgrund bilden, wenn dem Wiedereinsetzungswerber an der Unkenntnis keine grobe Fahrlässigkeit zur Last zu legen ist (vgl. Erlass des BMF, GZ BMF-010103/0019-VI/2006 vom 3. März 2006 mit Verweis auf OGH 23. 5. 1996, 8 Ob A 2045/96k und VwGH 3. 9. 1996, 96/04/0134).

Der Wiedereinsetzungsantrag ist binnen drei Monaten nach Aufhören des Hindernisses beim Finanzamt Graz-Stadt als dem für das Vorsteuererstattungsverfahren zuständigen Finanzamt einzubringen und hat die in § 309a Abs. 1 BAO geforderten Angaben zu enthalten. Spätestens gleichzeitig mit dem Wiedereinsetzungsantrag hat der Antragsteller die versäumte Handlung nachzuholen, das bedeutet, dass er spätestens gleichzeitig mit dem Wiedereinsetzungsantrag den Antrag auf Erstattung der Vorsteuern mittels amtlich vorgeschriebenen Formular U5, die Originalrechnungen bzw. Originalbelege über die entrichtete EUSt sowie die Unternehmerbestätigung vorzulegen hat.

Der Erstattungsantrag ist stets in Papierform nachzureichen, auch wenn im Ansässigkeitsstaat ein elektronisches Portal für die Übermittlung von Anträgen auf Vorsteuererstattung zur Verfügung steht.

Art. 7 UStG 1994 und VO, BGBl. Nr. 401/1996 (UStR 2000 Rz 4009)

Nachweis einer innergemeinschaftlichen Lieferung ohne UID

Ein österreichischer Unternehmer verkauft neue Yachten (über 7,5 m) an Privatpersonen in Deutschland und Österreich. Diese Yachten werden vom österreichischen Unternehmer ans Mittelmeer (nach Slowenien) versendet.

Wo hat der Erwerber den innergemeinschaftlichen Erwerb vorzunehmen?

Unter welchen Voraussetzungen kann die Lieferung des österreichischen Unternehmers steuerfrei belassen werden und welche Nachweise hat er dafür zu führen?

Gemäß Art. 1 Abs. 7 in Verbindung mit Abs. 8 UStG 1994 ist der Erwerb eines neuen Wasserfahrzeuges mit einer Länge von mehr als 7,5 Metern durch Privatpersonen unter den Voraussetzungen des Art. 1 Abs. 2 Z 1 UStG 1994 ein innergemeinschaftlicher Erwerb. Gemäß Art. 3 Abs. 8 UStG 1994 bzw. Art. 40 MwSt-RL 2006/112/EG wird der innergemeinschaftliche Erwerb im Gebiet des Mitgliedstaates bewirkt, in dem sich der Gegenstand am Ende der Beförderung oder Versendung befindet. Maßgebend ist, so der EuGH (EuGH 18. 11. 2010, Rs C-84/09, *X*), in welchem Mitgliedstaat die endgültige und dauerhafte Verwendung des in Rede stehenden Fahrzeuges stattfindet. Dies ist anhand einer umfassenden Analyse aller objektiven Umstände zu beurteilen. Zu diesen Umständen gehören neben dem zeitlichen Ablauf der Beförderung unter anderem der Ort der Registrierung und gewöhnlichen Verwendung, der Wohnort des Erwerbers sowie das Bestehen oder Fehlen von Verbindungen zu einem bestimmten Mitgliedstaat. Auch der Flaggenmitgliedstaat, der Liege- oder Ankerplatz sowie der Ort, an dem das Segelboot (die Yacht) überwintert, können von Bedeutung sein.

Gemäß Art. 6 in Verbindung mit Art. 7 Abs. 1 UStG 1994 ist die innergemeinschaftliche Lieferung neuer Fahrzeuge an Privatpersonen dann steuerfrei, wenn der Unternehmer oder der Abnehmer den Gegenstand der Lieferung in das übrige Gemeinschaftsgebiet befördert oder versendet hat und der Erwerb des Gegenstandes der Lieferung beim Abnehmer in einem anderen Mitgliedstaat steuerbar ist.

USt-E

Die Voraussetzungen der steuerfreien innergemeinschaftlichen Lieferung müssen vom Unternehmer buchmäßig nachgewiesen werden. Wie der Unternehmer den Nachweis der Beförderung oder Versendung und den Buchnachweis zu führen hat, regelt die VO des BM für Finanzen über den Nachweis der Beförderung oder Versendung und den Buchnachweis bei innergemeinschaftlichen Lieferungen, BGBl. Nr. 401/1996 in der Fassung BGBl. II Nr. 172/2010 (UStR 2000 Rz 4006).

Kommt der Unternehmer diesen Nachweispflichten nach, ist davon auszugehen, dass die Voraussetzungen des Art. 7 UStG 1994 vorliegen und die Lieferung steuerfrei ist. Kommt der Unternehmer diesen Nachweispflichten nicht nach, ist grundsätzlich davon auszugehen, dass die Voraussetzungen einer innergemeinschaftlichen Lieferung nicht erfüllt sind, außer der Unternehmer weist die objektiven Tatbestandsvoraussetzungen auf andere Weise nach.

Auf die Meldeverpflichtung bei der Lieferung neuer Fahrzeuge nach der Verordnung, BGBl. II Nr. 308/2003, wird hingewiesen.

Art. 28 UStG 1994

Vergabe einer UID-Nummer an pauschalierte Landwirte für das Vorsteuererstattungsverfahren

Ein österreichischer pauschalierter Landwirt (ohne UID) beherbergt Arbeitnehmer eines deutschen Unternehmers und stellt dafür 12% Umsatzsteuer in Rechnung. Der deutsche Unternehmer möchte sich die Vorsteuern aus dieser Rechnung erstatten lassen, kann jedoch mangels UID des Rechnungsausstellers keinen (elektronischen) Erstattungsantrag stellen, da in diesem Verfahren – wenn keine Kleinbetragsrechnung vorliegt – die UID des leistenden Unternehmers zwingend anzugeben ist.

Gemäß Art. 28 Abs. 1 zweiter Satz UStG 1994 hat das Finanzamt Unternehmern, die ihre Umsätze ausschließlich gemäß § 22 versteuern, auf Antrag eine UID zu erteilen, wenn sie diese für innergemeinschaftliche Lieferungen, innergemeinschaftliche Erwerbe oder für im Inland ausgeführte steuerpflichtige sonstige Leistungen, für die sie als Leistungsempfänger die Steuer entsprechend Art. 196 MwSt-RL 2006/112/EG in der Fassung RL 2008/8/EG schulden oder für im übrigen Gemeinschaftsgebiet ausgeführte steuerpflichtige sonstige Leistungen, für die gemäß Art. 196 MwSt-RL 2006/112/EG in der Fassung RL 2008/8/EG der Leistungsempfänger die Steuer schuldet, benötigen. Art. 28 Abs. 1 UStG 1994 sieht jedoch für den gegenständlichen Fall keine UID-Nummernvergabe an den pauschalierten Landwirt vor.

Wie kann der deutsche Unternehmer seine Vorsteuern geltend machen?

Ist dem pauschalierten Landwirt vom Finanzamt eine UID zu erteilen?

Art. 28 UStG 1994 setzt Art. 214 bis 216 MwSt-RL 2006/112/EG in nationales Recht um. Da die gemeinschaftsrechtlichen Grundlagen für die Vergabe der UID weiter gefasst sind als Art. 28 UStG 1994, hat das Finanzamt dem pauschalierten Landwirt auf Antrag eine (befristete) UID zu erteilen. Der pauschalierte Landwirt kann dann seine Rechnung um die ihm erteilte UID ergänzen und der Leistungsempfänger über das elektronische Portal seines Ansässigkeitsstaates einen Antrag auf Vorsteuererstattung stellen.

2/2/6.

AÖF 2012/206

Salzburger Steuerdialog 2012 – Zweifelsfragen zur Umsatzsteuer

(Erlass des BMF vom 28. September 2012, BMF-010219/0163-VI/4/2012)

§ 1, § 4, § 10 Abs. 1 und § 19 Abs. 2 Z 1 UStG 1994

Winterpackage zum Pauschalpreis

Mehrere Unternehmer bieten in Zusammenarbeit mit einem Tourismusverband (es wird keine eigene Gesellschaft gegründet) eine Winter-Package Card für Gäste an. Diese Card berechtigt zur wahlweisen Inanspruchnahme von mehr als 10 verschiedenen Leistungen (zB Bustickets im Nahverkehr, Bergbahn, Gletscherbahn, Eintritte für Eislaufplatz, Hallenbad usw.) direkt bei den jeweiligen Unternehmern. Die Card kann um einen Fixbetrag, der sich nach ihrer Gültigkeitsdauer richtet, erworben werden. Die überwiegende Anzahl der einzelnen Leistungen unterliegt für sich genommen dem ermäßigten Steuersatz von 10%.

Der Gast kauft seine Winter-Package Card entweder beim Tourismusverband oder beim Hotelier. Bucht der Gast das Paket, so wird es auf seiner Gästekarte aktiviert. Das erfolgt direkt vom Hotelier (oder Tourismusverband) durch Online-Einstieg in ein elektronisches Meldesystem. Zum Zeitpunkt der Ausgabe der Card ist nicht bekannt, welche Leistungen der Gast während seines Aufenthaltes konsumieren wird. Manche der Leistungen können innerhalb der Gültigkeitsdauer nur einmal beansprucht werden, andere hingegen beliebig oft.

Für den Verkauf der Card erhält der ausgebende Unternehmer (Hotelier oder Tourismusverband) eine Provision. Die von den Hoteliers verkauften Paketerlöse werden monatlich vom Tourismusverband abgerechnet. Gleichzeitig erhalten die Hoteliers eine Provisionsgutschrift unter Ausweis von 20% Umsatzsteuer.

Der für die Card vereinnahmte Betrag kommt in einen Topf beim Tourismusverband. Der Erlös aus dem Verkauf des Paketes wird einmal pro Monat (durch den Tourismusverband) im Verhältnis der erbrachten Leistungen auf die einzelnen Leistungserbringer aufgeteilt. Das bedeutet, dass zum Zeitpunkt der Leistungserbringung noch nicht feststeht, welches Entgelt für die erbrachte Leistung bezahlt wird. Ein nicht konsumierter Restbetrag kann bei dieser Aufteilungsmethode nicht verbleiben. Die Abrechnung wird vom Tourismusverband vorgenommen.

Wie ist der Verkauf des Paketes durch den Hotelier bzw. durch den Tourismusverband an den Gast zu behandeln?

1. Wie ist der Verkauf des Paketes durch den Hotelier bzw. durch den Tourismusverband an den Gast zu behandeln?

2. Wie ist die Abrechnung zwischen Hotelier und Tourismusverband zu behandeln?
3. Wann und in welcher Höhe entsteht die Steuerschuld bei den Leistungserbringern?

Zu 1.:

Nach UStR 2000 Rz 4 stellt die Veräußerung von Gutscheinen durch Unternehmer, die zum späteren Bezug von Waren nach freier Wahl oder nicht konkret genannten sonstigen Leistungen vom Gutscheinaussteller berechtigen, noch keinen steuerbaren Vorgang dar. Gutscheine, bei denen die Leistung bereits konkret bestimmt ist bzw. bei denen eine definierte Leistung zu einem beliebigen Zeitpunkt in Anspruch genommen werden kann (zB Vorverkaufsfahrscheine), begründen die Verpflichtung zur Anzahlungsbesteuerung (vgl. UStR 2000 Rz 2607). Daraus ergibt sich, dass neben dem leistenden Unternehmer jedenfalls Art, Inhalt und Umfang der künftigen Leistung exakt feststehen müssen (siehe Umsatzsteuerprotokoll 2011).

Im gegenständlichen Fall steht bei Abgabe der Winter-Package Card durch den Hotelier nicht fest, welche konkreten Leistungen vom Gast in Anspruch genommen werden. Es handelt sich daher um einen Gutschein und keine steuerbare Anzahlung.

Zu 2.:

Sachverhaltsmäßig erhält der Hotelier (bzw. Tourismusverband) aus dem Topf durch den Tourismusverband eine Provision für den Verkauf der Winter-Package Card an seine Gäste. Diese wird monatlich abgerechnet. Der Hotelier vermittelt die durch die Card verkörperten Leistungen an die Gäste. Daher unterliegt auch nur die dafür erhaltene Provision der Umsatzsteuer zum Normalsteuersatz. Die Steuerschuld entsteht bei Sollbesteuerung gemäß § 19 Abs. 2 Z 1 lit. a UStG 1994 abhängig vom Zeitpunkt der Leistungserbringung (= Abgabe der Karte an den Gast).

Zu 3.:

Die Leistungen werden unmittelbar von den einzelnen Unternehmern an die Abnehmer (Card-Käufer) erbracht. Die Bemessungsgrundlage steht auf Grund der gewählten Aufteilungsmethode (einmal pro Monat im Verhältnis der erbrachten Leistungen) noch nicht fest. Steht bei Sollbesteuerern im Zeitpunkt der Leistung (hier im Zeitpunkt der einzelnen Leistung an den Gast) die genaue Höhe des Entgeltes nicht fest, ist die Bemessungsgrundlage zu schätzen (UStR 2000 Rz 2623). Bei Beseitigung der Ungewissheit ist eine allfällige Änderung rückwirkend zu berücksichtigen (*Ruppe/Achatz*, UStG4, § 4 Tz 19). Es bestehen jedoch keine Bedenken, wenn die Änderung im Rahmen einer Berichtigung der Umsatzteuer nach § 16 UStG 1994 in dem Voranmeldungszeitraum vorgenommen wird, in dem das Entgelt tatsächlich feststeht. Voraussetzung dafür ist jedoch, dass die Bemessungsgrundlage zunächst sachgerecht geschätzt worden ist.

Bei Istbesteuerern entsteht die Steuerschuld entsprechend der Vereinnahmung, was in der Regel nicht vor dem Erstellen der im Sachverhalt genannten Endabrechnung erfolgen dürfte.

§ 2 Abs. 3 UStG 1994, UStR 2000 Rz 263 und Rz 272

Umsatzsteuerliche Beurteilung von Leistungen in Fällen von „Gemeindekooperationen"

Eine Gemeinde bzw. ein Gemeindeverband erbringt bestimmte Dienstleistungen [zB EDV-Dienstleistungen; Übernahme der Abgabenerhebung (einschließlich Bescheiderstellung, Abgabeneinhebung sowie Rechtsmittelbearbeitung); Abstellung von Personal] für die umliegenden Nachbargemeinden bzw. die Mitgliedergemeinden. Die dafür angefallenen Kosten (zB für Nutzung der EDV-Anlagen, Personal) werden in Rechnung gestellt.

Begründet die entgeltliche Durchführung dieser Dienstleistungen einen Betrieb gewerblicher Art im Sinne des § 2 Abs. 3 UStG 1994?

Gemäß § 2 Abs. 3 UStG 1994 ist eine Körperschaft des öffentlichen Rechts nur mit ihren Betrieben gewerblicher Art (BgA) im Sinne des § 2 KStG 1988 und mit ihren land- und forstwirtschaftlichen Betrieben sowie mit den weiteren taxativ aufgezählten „fiktiven" BgA unternehmerisch und damit wirtschaftlich tätig. Nach § 2 Abs. 1 KStG 1988 ist ein BgA jede Einrichtung, die wirtschaftlich selbständig ist und ausschließlich oder überwiegend einer nachhaltigen privatwirtschaftlichen Tätigkeit von wirtschaftlichem Gewicht und zur Erzielung von Einnahmen dient. Die Absicht, Gewinn zu erzielen, und eine Beteiligung am allgemeinen wirtschaftlichen Verkehr sind nicht erforderlich.

Nach Art. 13 Abs. 1 MwSt-RL 2006/112/EG gelten Staaten, Länder, Gemeinden und sonstige Einrichtungen des öffentlichen Rechts nicht als Steuerpflichtige, soweit sie Tätigkeiten ausüben oder Umsätze bewirken, die ihnen im Rahmen der öffentlichen Gewalt obliegen. Bei Tätigkeiten „im Rahmen der öffentlichen Gewalt" im Sinne dieser Bestimmung handelt es sich um solche, die Einrichtungen des öffentlichen Rechts im Rahmen einer öffentlich-rechtlichen Sonderregelung ausüben. Dies ist jedenfalls der Fall, wenn die Ausübung dieser Tätigkeit das Gebrauchen hoheitlicher Befugnisse umfasst (vgl. VwGH 04. 02. 2009, 2008/15/0174, sowie UStR 2000 Rz 272 zur Nutzungsüberlassung von Aufbahrungshallen). Nicht dazu gehören Tätigkeiten, die eine Körperschaft des öffentlichen Rechts unter den gleichen Bedingungen ausübt wie private Wirtschaftstreibende. Unerheblich ist, ob die Tätigkeit in Wahrnehmung von Aufgaben besteht, die aus Gründen des Gemeinwohls durch Gesetz zugewiesen und geregelt sind. Ausschlaggebend sind die konkreten Ausübungsmodalitäten der Tätigkeiten. Soweit Art. 13 Abs. 1 MwSt-RL 2006/112/EG die Behandlung der Einrichtungen des öffentlichen Rechts als Nichtsteuerpflichtige davon abhängig macht, dass diese „im Rahmen

der öffentlichen Gewalt" tätig werden, schließt sie eine solche Behandlung der Tätigkeiten aus, die diese Einrichtungen nicht als Rechtssubjekte des öffentlichen Rechts, sondern als Rechtssubjekte des Privatrechts ausüben (vgl. VwGH 25. 10. 2011, 2008/15/0299). Erfolgen die Tätigkeiten auf öffentlich-rechtlicher Grundlage, sind sie jedoch dann unternehmerisch, wenn eine Behandlung als nichtunternehmerisch zu größeren Wettbewerbsverzerrungen führen würde. In die diesbezügliche Beurteilung ist nicht nur der gegenwärtige, sondern auch der potenzielle Wettbewerb einzubeziehen, sofern die Möglichkeit für einen privaten Wirtschaftsteilnehmer, in den relevanten „Markt" einzutreten, real und nicht rein hypothetisch ist (vgl. dazu EuGH 16. 09. 2008, Rs C-288/07, *Isle of Wight Council*, zur Bewirtschaftung von Parkeinrichtungen).

Hinsichtlich der im Ausgangssachverhalt angeführten Dienstleistungen muss daher entsprechend den dargelegten Grundsätzen zunächst geprüft werden, ob eine Tätigkeit auf öffentlich-rechtlicher oder privatrechtlicher Grundlage vorliegt.

I. Leistungserbringung auf privatrechtlicher Basis

Erfolgt die Leistungserbringung auf privatrechtlicher Basis und sind die Voraussetzungen des § 2 Abs. 1 KStG 1988 für das Vorliegen eines BgA gegeben, ist von einem BgA im Sinne des § 2 Abs. 3 UStG 1994, somit von einer unternehmerischen Tätigkeit auszugehen (zB entgeltliche Erbringung von EDV-Dienstleistungen oder Reinigungsleistungen). In diesem Zusammenhang ist anzumerken, dass der VwGH bei der Beurteilung des Merkmals der wirtschaftlich selbständigen Einrichtung keinen strengen Auslegungsmaßstab anlegt (vgl. VwGH 25. 11. 2010, 2007/15/0101, zur Personalgestellung).

II. Leistungserbringung auf öffentlich-rechtlicher Grundlage

Erbringt eine KöR auf Grund einer in einem Gesetz oder in einer Verordnung festgeschriebenen speziellen Ermächtigung, also auf öffentlich-rechtlicher Grundlage, Tätigkeiten bzw. Dienstleistungen für den Hoheitsbereich einer anderen KöR, kann nach den Grundsätzen des Unionsrechts nur dann eine nicht steuerbare hoheitliche Tätigkeit vorliegen, wenn größere Wettbewerbsverzerrungen gegenüber anderen Wirtschaftsteilnehmern auszuschließen sind. Gleiches gilt, wenn diese Tätigkeiten bzw. Dienstleistungen auf einem Organbeschluss der KöR (zB Gemeinderatsbeschluss oder gesetzlich vorgesehene Anordnung eines Einzelorgans) beruhen und in Ausübung hoheitlicher Befugnisse erbracht werden.

Eine größere Wettbewerbsverzerrung wird insbesondere dann auszuschließen sein, wenn die erbrachten Leistungen entsprechend ihren Ausübungsmodalitäten derart spezifisch und typisch für die Ausübung hoheitlicher Befugnisse sind (zB Abgabenerhebung), dass private Wirtschaftsteilnehmer im Hinblick auf den hoheitlichen Charakter dieser Leistungen bzw. auf Grund der rechtlichen Rahmenbedingungen „real" und faktisch keine Möglichkeit haben, gleichartige Leistungen zu gleichen Bedingungen zu erbringen.

Die obigen Ausführungen gelten auch für Zusammenschlüsse von Gemeinden (zB Verwaltungsgemeinschaften), soweit es sich hierbei um KöR handelt.

III. Personalgestellung

Bei Personalgestellungen durch eine KöR (zB Gemeinde) wird im Regelfall unabhängig davon, ob das Personal ihrem Hoheitsbetrieb oder einem BgA zuzuordnen ist, von einer unternehmerischen Tätigkeit auszugehen sein (siehe UStR 2000 Rz 272 mVa. VwGH 25. 11. 2010, 2007/15/0101).

Dies gilt nicht für den Fall, dass die Personalgestellung (Personalzuweisung, Dienstzuteilung) ausschließlich auf Grund einer in einem Gesetz oder in einer Verordnung festgeschriebenen speziellen Ermächtigung, also auf öffentlich-rechtlicher Grundlage, erfolgt, wenn auf Grund dieser öffentlich-rechtlichen Grundlage der Personalgestellungsempfänger keine Direktanstellungen von Personal vornehmen darf bzw. auch nicht zur Inanspruchnahme von privaten Personalleasingunternehmen berechtigt ist oder wenn aus anderen Gründen durch die Personalgestellung nachgewiesenermaßen keine größere Wettbewerbsverzerrung bewirkt wird. Unter diesen Voraussetzungen liegt auch dann keine unternehmerische Tätigkeit vor, wenn die Personalgestellung (Personalzuweisung, Dienstzuteilung) auf einem Organbeschluss (zB Gemeinderatsbeschluss oder gesetzlich vorgesehene Anordnung eines Einzelorgans) der KöR beruht und in Ausübung hoheitlicher Befugnisse durch den Personalgesteller erfolgt.

Bei Personalüberlassungen im Zusammenhang mit einer auf öffentlich-rechtlicher Grundlage basierenden Ausgliederung im Sinne des Art. 34 BBG an juristische Personen des öffentlichen und privaten Rechts oder Personenvereinigungen kann ausnahmsweise auch dann eine nichtsteuerbare Betätigung vorliegen, wenn es sich um eine bloß vorübergehende oder auslaufende Maßnahme zur Wahrung der dienst- und besoldungsrechtlichen Ansprüche der betroffenen Arbeitnehmer handelt, der Gestellungsempfänger gemäß der öffentlich-rechtlichen Grundlage zur Annahme der Gestellung verpflichtet ist und bei Neuaufnahmen bzw. Nachbesetzungen ausschließlich der ausgegliederte Rechtsträger als Arbeitgeber auftritt (vgl. *Scheiner/Kolacny/Caganek*, Kommentar zur Mehrwertsteuer, a.a.O., § 2 Anm. 403/2). Auch in diesen Fällen kann davon ausgegangen werden, dass die Personalgestellung unter Rahmenbedingungen erfolgt, denen private Wirtschaftsteilnehmer (hier: Personalleasingunternehmer) nicht unterliegen.

Entgeltliche Überlassungen von Personal eines bestehenden BgA sind diesem BgA zuzuordnen und daher stets unternehmerisch (zB aushilfsweise Überlassung von Personal des Entsorgungs-BgA einer Gemeinde an den Entsorgungs-BgA einer anderen Gemeinde).

§ 3 Abs. 3 UStG 1994, UStR 2000 Rz 381

Vorliegen eines Kommissionsgeschäftes oder Lieferung und sonstige Leistung

Das Vertriebsunternehmen A kauft Zeitschriften vom Verlag B an und beliefert im eigenen Namen die Einzelhändler. B gibt den Preis vor. Der Erlös vom Einzelhandel wird B ohne Abzug überwiesen. B gewährt A hinsichtlich der angekauften Zeitschriften ein allumfassendes Rückgaberecht, wobei A im Rahmen der Abrechnung die unverkauft gebliebenen Exemplare an B meldet.

Die Leistungen von A umfassen die Abholung der Zeitschriften bei B und die Zustellung dieser an den Einzelhandel, die Auflagenregulierung, die Retoureneinschreibung, die Kundenverrechnung, das Mahnwesen, die Übernahme einer Delkrederehaftung, den Vertriebsinnendienst, die Außendienstbetreuung, das Nachlieferservice und die Statistik.

Für diese Tätigkeiten erhält A eine Vertriebsgebühr. Zusätzlich erhält A für die Kommissionierung (Verpacken von Zeitschriften), soweit B nicht andere Dritte mit dieser Tätigkeit beauftragt, ein gesondertes Entgelt. Weiters führt A auch Transporte und Sonderzustellungen durch, die gesondert beauftragt und verrechnet werden.

Handelt es sich bei den von A erbrachten Leistungen um ein einheitliches Kommissionsgeschäft, das dem ermäßigten Steuersatz unterliegt oder liegen mehrere selbständige Hauptleistungen vor, die teils dem ermäßigten Steuersatz und teils dem Normalsteuersatz unterliegen?

Kommissionär ist, wer es übernimmt, Waren für Rechnung eines anderen im eigenen Namen zu kaufen oder zu verkaufen. Bei der Verkaufskommission verkauft der Kommissionär Waren des Kommittenten im eigenen Namen, jedoch auf fremde Rechnung an Dritte (vgl. *Melhardt/Tumpel*, UStG, § 3 Anm. 96 bzw. 103; *Ruppe/Achatz*, UStG4, § 3 Tz 78). Im gegenständlichen Fall ist von einer Verkaufskommission und somit von zwei Liefervorgängen auszugehen (vgl. UStR 2000 Rz 381). Einerseits liegt eine Lieferung des Kommittenten B an den Kommissionär A, andererseits eine Lieferung des A an den Einzelhändler vor.

Jene Leistungen des A an B, die nach dem Willen der Parteien zur Verkaufskommission nebensächlich sind, mit ihr eng zusammenhängen und in ihrem Gefolge üblicherweise vorkommen, die das Kommissionsgeschäft ermöglichen, abrunden oder ergänzen bzw. die keinen eigenen Zweck haben, teilen als unselbständige Nebenleistungen das Schicksal der Lieferung des B an A (vgl. EuGH 21. 02. 2008, Rs C-425/06, *Part Service Srl*; VwGH 01. 03. 2007, 2004/15/0090 und VwGH 19. 03. 2008, 2005/15/0072). Dazu zählen die Abholung und Zustellung der Zeitschriften, die Auflagenregulierung, die Retoureneinschreibung, die Kundenverrechnung, das Mahnwesen, der Vertriebsinnendienst, die Außendienstbetreuung, das Nachlieferservice und die Statistik sowie die typischerweise mit der Tätigkeit des Kommissionärs verbundene Übernahme der Delkrederehaftung (vgl. § 394 UGB).

Das Kommissionieren (Verpacken) der Ware sowie die Durchführung von gesondert beauftragten und verrechneten Transporten und Sonderzustellungen stellen nur insoweit eine Nebenleistung zur Kommission dar, als diese die Kommissionsware betreffen.

A hat den Einzelhändlern eine Rechnung über eine Lieferung von Zeitschriften (10%) zu legen. Bemessungsgrundlage ist der Veräußerungserlös. Die Zurverfügungstellung der Zeitschriften durch den Kommittenten B an den Kommissionär A stellt ebenfalls eine Lieferung dar. Die damit zusammenhängenden sonstigen Leistungen sind unselbständige Nebenleistungen zu dieser Lieferung. B hat A daher für diese Kommissionsleistung und die damit verbundenen unselbständigen Nebenleistungen eine Rechnung über eine Lieferung von Zeitschriften (10%) zu legen. Bemessungsgrundlage ist in diesem Fall der Veräußerungserlös des A abzüglich der Provision (vgl. *Melhardt/Tumpel*, UStG, § 3 Anm. 103). Jene Leistungen, die keine unselbständigen Nebenleistungen zur Kommission darstellen (zB Verpacken, Transport und Sonderzustellung von Zeitschriften, die keine Kommissionswaren sind), sind von A an B mit dem Normalsteuersatz zu verrechnen. Bemessungsgrundlage ist das dafür erhaltene Entgelt.

§ 3 Abs. 4 und § 3a Abs. 6 UStG 1994

Hauptstoff oder Nebenstoff

Ein Schweizer Unternehmen beauftragt ein österreichisches Unternehmen mit der Herstellung von

a) Pflanzenschutzmitteln: Die Inhaltsstoffe werden vom Auftraggeber beigestellt, das österreichische Unternehmen fügt den Trägerstoff (Wasser, Stärke) – allerdings in einem besonderen Verfahren – hinzu.
b) Fruchtsäften: Die Inhaltsstoffe werden vom Auftraggeber beigestellt, das österreichische Unternehmen fügt Wasser hinzu.
c) Kosmetikartikeln: Die Inhaltsstoffe werden vom Auftraggeber beigestellt, das österreichische Unternehmen fügt den Trägerstoff (Emulsion) hinzu.

Variante I: In allen Fällen verbleibt das fertige (veredelte) Produkt in Österreich. Das Produkt wird bei einer österreichischen Spedition im Auftrag des Schweizer Unternehmens zwischengelagert.

Variante II: Das fertige (veredelte) Produkt wird in die Schweiz gesandt.

1. Handelt es sich bei dem beigestellten Trägerstoff um einen Hauptstoff oder einen Nebenstoff?
2. Nach welchen Kriterien erfolgt die Beurteilung, ob es sich um einen Haupt- oder Nebenstoff handelt?
3. Ist das entscheidende Kriterium der spätere Verwendungszweck?

Bei der Unterscheidung, was unter einem Hauptstoff, einer Zutat oder sonstigen Nebensache zu verstehen ist, kommt es in erster Linie auf die Natur des Stoffes und in Zweifelsfällen auf die Verkehrsauffassung sowie auf den Vergleich der wirtschaftlichen Bedeutung der verwendeten Stoffe an (vgl. UStR 2000 Rz 392). Das Wertverhältnis tritt dagegen in den Hintergrund (VwGH 14. 11. 1988, 86/15/0086). Wertrelationen können allenfalls Anhaltspunkte im Rahmen einer Gesamtbetrachtung sein (vgl. EuGH 29. 03. 2007, Rs C-111/05, *Aktiebolaget NN*; siehe auch *Ruppe/Achatz*, UStG4, § 3 Tz 122).

Im Wege einer richtlinienkonformen Auslegung sind die Begriffe „Zutaten" und „sonstige Nebensachen" als Lieferungselemente zu verstehen, die bei einer Gesamtbetrachtung aus der Sicht eines Durchschnittsbetrachters nicht das Wesen des Umsatzes bestimmen (*Melhardt/Tumpel*, UStG, § 3 Anm. 125 mVa. BFH 09. 06. 2005, V R 50/02).

Das Wesen der hier zu beurteilenden Umsätze stellt jeweils das Abmischen von Inhaltsstoffen und Trägerstoffen dar. Es werden die konzentrierten Inhaltsstoffe vom Auftraggeber beigestellt und vom österreichischen Unternehmer Trägerstoffe wie Wasser, Stärke oder Emulsionen beigemengt. Der vom österreichischen Unternehmer beigefügte Trägerstoff ist nur als ein Nebenstoff des Endproduktes anzusehen. Bei allen drei genannten Sachverhalten liegt daher eine Werkleistung vor, die unabhängig davon, ob das Produkt in Österreich zwischengelagert wird oder nicht, gemäß § 3a Abs. 6 UStG 1994 am Empfängerort (Schweiz) steuerbar ist.

Zur Variante II: Da die Warenbewegung ins Drittland nicht im Zuge einer Lieferung, sondern rechtsgeschäftslos erfolgt, liegt keine Ausfuhrlieferung vor (vgl. UStR 2000 Rz 713; siehe auch *Scheiner/Kolacny/Caganek*, Kommentar zur Mehrwertsteuer, § 7 Anm. 21).

§ 3a, § 19 und § 23 UStG 1994

Besteuerung von Reiseleistungen

Ein amerikanischer Reiseveranstalter (USA 1) bezieht Reisevorleistungen von österreichischen Unternehmern (Hotel, Restaurant, Rundfahrten, Fremdenführungen usw.) und verkauft diese an einen amerikanischen Reiseveranstalter (USA 2) weiter. USA 2 ist Unternehmer, der die Leistungen für sein Unternehmen bezieht und an Nichtunternehmer verkauft. Die Reisevorleistungen werden von USA 2 unabhängig voneinander zusammengestellt oder einzeln weiterverkauft (zB Sightseeing-Tour, Kulturreise usw.). Sie müssen nicht zwangsweise gemeinsam konsumiert werden und bedingen sich nicht gegenseitig. USA 2 ist beim Finanzamt Graz-Stadt nicht registriert.

Wie kann das Finanzamt Graz-Stadt die Umsatzbesteuerung in Österreich sicherstellen? Bekommt USA 1 die Vorsteuern vom Finanzamt Graz-Stadt erstattet?

Können der Hotelaufenthalt, die Busfahrten, die Restaurantleistungen usw. als unselbständige Nebenleistungen zur Sightseeing-Tour angesehen werden?

Reiseleistungen in Form von Eigenleistungen, Vermittlungsleistungen oder Besorgungsleistungen, die ein Unternehmer an einen anderen Unternehmer erbringt, sind nach den allgemeinen Bestimmungen des UStG 1994 zu versteuern. Die Sondervorschriften des § 23 UStG 1994 kommen daher beim Leistungsaustausch zwischen USA 1 und USA 2 nicht zur Anwendung (UStR 2000 Rz 2942).

USA 1 verkauft die Reisevorleistungen weiter an USA 2. Bei den in Österreich steuerbaren Leistungen (Grundstücksort, Tätigkeitsort) kommt es gemäß § 19 Abs. 1 zweiter Satz UStG 1994 zum Übergang der Steuerschuld auf den Leistungsempfänger USA 2. Der ausländische Reiseveranstalter USA 1 kann für die erworbenen Reisevorleistungen im Vorsteuererstattungsverfahren den Vorsteuerabzug beantragen. USA 2 ist beim Finanzamt Graz-Stadt nicht erfasst. USA 1 haftet gemäß § 19 Abs. 1 letzter Satz UStG 1994 für die Umsatzsteuer aus der an den Unternehmer USA 2 erbrachten Leistung. Das Finanzamt Graz-Stadt kann einen Haftungsbescheid gemäß § 19 Abs. 1 letzter Satz UStG 1994 gegenüber USA 1 ausstellen und damit die Vorsteuerrückerstattung beschränken. Die von USA 2 an Nichtunternehmer weiterverkauften Reisevorleistungen fallen unter die Bestimmungen des § 23 UStG 1994. Vorsteuern aus Reisevorleistungen sind gemäß § 23 Abs. 8 UStG 1994 nicht abzugsfähig.

Nach der Rechtsprechung liegt eine einheitliche Leistung nur dann vor, wenn mehrere Leistungen erbracht werden, die so eng miteinander verbunden sind, dass sie in wirtschaftlicher Hinsicht objektiv ein Ganzes bilden, dessen Aufspaltung wirklichkeitsfremd wäre. Dabei sind die charakteristischen Merkmale des fraglichen Umsatzes zu ermitteln, wobei auf die Sicht eines Durchschnittsverbrauchers/-abnehmers abzustellen ist (vgl. EuGH 27. 10. 2005, Rs C-41/04, *Levob Verzekeringen BV und OV Bank NV*). Eine Leistung ist als Nebenleistung zu einer Hauptleistung anzusehen, wenn sie für die Kundschaft keinen eigenen Zweck, sondern das Mittel darstellt, um die Hauptleistung des Leistungserbringers unter optimalen Bedingungen in Anspruch zu nehmen. Dies trifft auch zu, wenn sie nach dem Willen der Parteien im Vergleich zur Hauptleistung nebensächlich ist, mit ihr eng zusammenhängt und in ihrem Gefolge üblicherweise vorkommt, somit die Hauptleis-

tung ermöglicht, abrundet oder ergänzt (VwGH 24. 03. 2009, 2006/13/0150).

Die im Sachverhalt angeführten Leistungen können von den ausländischen Reiseveranstaltern unabhängig voneinander zusammengestellt oder einzeln weiterverkauft werden. Sie müssen nicht zwangsweise gemeinsam konsumiert werden und bedingen sich nicht gegenseitig. Die Leistungen sind daher jeweils als eigenständige (Haupt-)Leistungen zu beurteilen.

§ 3a Abs. 6 und § 3a Abs. 9 UStG 1994, UStR 2000 Rz 639f, Rz 639v ff.

Vermietung einer Solaranlage über die Grenze

Der österreichische Leasingunternehmer Ö1 verleast an den österreichischen Unternehmer Ö2 zum Zweck der Weitervermietung Solaranlagen (Mietdauer maximal 5 Jahre). Ö2 vermietet eine solche Anlage an den deutschen Unternehmer D weiter und montiert diese auf dem Firmengebäude des D in Deutschland. Nach Ablauf der Mietdauer kann D die Solaranlage zurückgegeben oder den Vertrag verlängern. Eine Entfernung der Solaranlage ist zwar mit Aufwand (zirka 2 Arbeitstage) verbunden, jedoch ohne Zerstörung der Substanz möglich.

Handelt es sich bei der Vermietung dieser Solaranlage um eine Grundstücksleistung im Sinne des § 3a Abs. 9 UStG 1994 oder um eine sonstige Leistung, deren Leistungsort nach § 3a Abs. 6 UStG 1994 zu bestimmen ist?

Bei der Bestimmung des Ortes von Leistungen im Zusammenhang mit einem Grundstück gemäß § 3a Abs. 9 UStG 1994 ist von einem einheitlichen, autonom auszulegenden unionsrechtlichen Grundstücksbegriff auszugehen (*Melhardt/Tumpel*, UStG, § 3a Anm. 144).

Die Leitlinie des MwSt-Ausschusses versteht unter Grundstück:

a) **ein bestimmter über- oder unterirdischer Teil der Erdoberfläche, an dem Eigentum und Besitz begründet werden kann;**
b) **jedes mit oder in dem Boden über oder unter dem Meeresspiegel befestigte Gebäude oder jedes derartige Bauwerk, das nicht leicht abgebaut oder bewegt werden kann;**
c) **jede Sache, die einen wesentlichen Bestandteil eines Gebäudes oder eines Bauwerks bildet, ohne die das Gebäude oder das Bauwerk unvollständig ist, wie zum Beispiel Türen, Fenster, Dächer, Treppenhäuser und Aufzüge;**
d) **Sachen, Ausstattungsgegenstände oder Maschinen, die auf Dauer in einem Gebäude oder einem Bauwerk installiert sind und die nicht bewegt werden können, ohne das Gebäude oder das Bauwerk zu zerstören oder zu verändern (Leitlinie des MwSt-Ausschusses, 93. Sitzung vom 1. Juli 2011, Abs. 1).**

Zu den Leistungen im Zusammenhang mit einem Grundstück zählen insbesondere die Errichtung eines Gebäudes oder anderer auf Dauer angelegter Konstruktionen wie Leitungen für Gas, Wasser, Abwasser und dergleichen sowie Bauleistungen, Abriss-, Wartungs-, Renovierungs- und Reparaturarbeiten an einem Gebäude sowie an anderen auf Dauer angelegten Konstruktionen obiger Art (Leitlinie des MwSt-Ausschusses, 93. Sitzung vom 1. Juli 2011, Abs. 4 lit. a und e sowie Abs. 5 lit. c und d).

Da die Vermietungsdauer der Solaranlage weit unter der betriebsgewöhnlichen Nutzungsdauer liegt und darüber hinaus die Entfernung ohne Zerstörung der Substanz des Gebäudes leicht möglich ist, handelt es sich um keine auf Dauer angelegte Konstruktion.

USt-E

Im gegenständlichen Fall liegt daher keine Leistung im Zusammenhang mit einem Grundstück, sondern die Vermietung beweglicher körperlicher Gegenstände vor, deren Leistungsort sich nach § 3a Abs. 6 UStG 1994 bestimmt, wenn der Leistungsempfänger Unternehmer im Sinne des § 3a Abs. 5 Z 1 und 2 UStG 1994 ist (UStR 2000 Rz 639f). Die Leistung des Ö1 an Ö2 ist daher in Österreich, die Leistung des Ö2 an D in Deutschland steuerbar.

§ 3a und § 10 Abs. 2 Z 4 lit. b UStG 1994

All-Inclusive-Angebot: Seminarpauschale

Ein Wellnesshotel bietet als Seminarveranstalter Seminare (zB „Gesunde Ernährung") an. Das Pauschalangebot umfasst neben dem Seminarentgelt auch Unterkunft und Verpflegung.

Liegt eine einheitlich zu besteuernde Leistung vor bzw. wie ist das Entgelt aufzuteilen?

Um festzustellen, ob der Unternehmer dem Verbraucher mehrere selbständige Hauptleistungen oder eine einheitliche Leistung erbringt, ist das Wesen des fraglichen Umsatzes zu ermitteln, wobei auf die Sicht des Durchschnittsverbrauchers abzustellen ist (VwGH 20. 02. 2008, 2006/15/0161).

Gemäß § 10 Abs. 2 Z 4 lit. b UStG 1994 ist die Beherbergung in eingerichteten Wohn- und Schlafräumen samt den regelmäßig damit verbundenen Nebenleistungen (zB Beleuchtung, Beheizung, Bedienung) mit dem ermäßigten Steuersatz von 10% zu besteuern (vgl. UStR 2000 Rz 1198). Nach UStR 2000 Rz 348 und Rz 1200 stellen Leistungen wie die Bereitstellung eines Seminarraumes samt Grundausstattung und Technik, Seminarbetreuung und Getränkeverabreichung keine unselbständigen Nebenleistungen zur Beherbergung dar (mVa. VwGH 20. 02. 2008, 2006/15/0161). Sie sind mit dem Normalsteuersatz zu besteuern. Nach UStR 2000 Rz 1207 kann in einer Golftrainingswoche und Ähnliches keine unselbständige Nebenleistung zur Beherbergung gesehen werden. Gleiches gilt auch für die gegenständlichen Seminare.

Hinsichtlich der Verpflegung ist zu untersuchen, ob es sich um eine selbständige Hauptleistung oder eine unselbständige Nebenleistung zum Seminar handelt. Letzteres liegt dann vor, wenn die Verpflegung für den Kunden keinen

eigenen Zweck hat, sondern lediglich ein Mittel darstellt, um die Hauptleistung (Seminar) unter optimalen Bedingungen in Anspruch zu nehmen (vgl. VwGH 24. 03. 2009, 2006/13/0150). Dies wird insbesondere dann der Fall sein, wenn die Verpflegung im unmittelbaren, zeitlichen Zusammenhang mit dem Seminar steht (zB Pausengetränke und -imbisse, Mittagessen).

Die Aufteilung eines pauschalen Entgelts kann nach dem Erkenntnis des VwGH 16. 12. 2009, 2008/15/0075, unter Hinweis auf EuGH 22. 10. 1998, Rs C-308/96 und Rs C-94/97, *T. P. Madgett und R. M. Baldwin*, nach den tatsächlichen Kosten oder nach dem Marktwert erfolgen, wobei der einfacheren Methode der Vorzug zu geben ist (siehe Umsatzsteuerprotokoll 2011).

Sollten im gegenständlichen Fall keine Marktwerte (Einzelverkaufspreise für sämtliche einzelne Leistungen) vorliegen, so spricht nichts gegen eine Aufteilung nach den Kosten. Dass der Gastronom sein Leistungsbündel zu einem Pauschalpreis anbietet, ist für eine Aufteilung kein Hindernis, denn ob für alle Leistungen ein einheitlicher Preis verlangt wird oder ob alle Leistungen im Zuge eines einheitlichen Vertrages erbracht werden, ist unerheblich (UStR 2000 Rz 347).

§ 6 Abs. 1 Z 6 lit. d UStG 1994

Verkauf eines Diplomaten-KFZ in der Sperrfrist

Ein österreichischer KFZ-Händler verkaufte im Oktober 2010 einen Pkw an eine Diplomatin und behandelte diesen Umsatz gemäß § 6 Abs. 1 Z 6 lit. d UStG 1994 steuerfrei. Im Dezember 2011 verkauft die Diplomatin innerhalb der gesetzlichen Sperrfrist dieses Fahrzeug an den KFZ-Händler zurück.

Bleibt der Umsatz des KFZ-Händlers steuerfrei, ist Umsatzsteuer nachzufordern und wenn ja, von welcher Bemessungsgrundlage ist dabei auszugehen?

Für gemäß § 6 Abs. 1 Z 6 lit. d UStG 1994 steuerfrei gelieferte KFZ gilt eine Sperrfrist von in der Regel mindestens zwei Jahren (§ 5 Abs. 2 IStVG in Verbindung mit § 93 Abs. 1 ZollR-DG). Auf Grund der in § 93 Abs. 1 ZollR-DG vorgesehenen Gegenseitigkeitsregelung können jedoch auch längere Fristen gelten. Während dieser Frist dürfen die Fahrzeuge weder verliehen noch verpfändet, vermietet, veräußert oder überlassen werden (siehe *Melhardt/Tumpel*, UStG, § 6 Anm. 114, 128 und Anm. 845; *Kolacny/Caganek*, UStG[3], § 6 Anm. 16g).

Bei Verstoß gegen die Sperrfrist wird die Umsatzsteuer gemäß § 5 IStVG beim Abnehmer (hier: Diplomatin) nacherhoben. Zu diesem Zweck gilt die Umsatzsteuer mit dem Steuerbetrag, der sich bei steuerpflichtiger Lieferung ergeben hätte, als vergütet (§ 5 Abs. 2 IStVG). Das heißt, die Steuer ist vom ursprünglichen Kaufpreis (Kaufpreis 10/2010) zu berechnen und nach zu erheben.

Zuständige Behörde für die Nacherhebung ist gemäß § 6 Abs. 1 IStVG der Bundesminister für Finanzen oder dessen bevollmächtigter Vertreter. Finanzämter, die von solchen Sachverhalten Kenntnis erhalten, sind angehalten, eine Kontrollmitteilung an das Bundesministerium für Finanzen zu übermitteln.

§ 12 Abs. 1 Z 1 UStG 1994

Vorsteuerabzug aus der Errichtung einer Straße

Die Stadtgemeinde X widmet im Jahr 2003 bestimmte Grundstücksflächen der Ehegatten Y (in der Folge auch als „Verwerter" bezeichnet) auf deren Antrag in Gewerbegebiet um. Gleichzeitig erklären sich die Verwerter Y in einer schriftlichen Vereinbarung mit der Stadtgemeinde X bereit, auf eigene Kosten die zwecks Anbindung des Gewerbeparks an die vorbeiführende Bundesstraße erforderliche Straße zu errichten. Im Gegenzug verpflichtet sich die Stadtgemeinde, die Straße nach Fertigstellung einschließlich etwaiger Bankette, Gehsteige, Radwege und dazu gehöriger Grünstreifen in das öffentliche Gut zu übernehmen.

Im Jahr 2004 treten die Verwerter Y auf Basis eines Teilungsplanes eine Grundfläche, die der Aufschließung des Gewerbegebietes dienen soll (Straßenfläche), unentgeltlich an die Stadtgemeinde X – Öffentliches Gut ab. Ab dem Jahr 2005 wird mit dem Bau der Straße begonnen. Die Bauarbeiten werden schließlich im Jahr 2007 abgeschlossen. Die fertige Straße wird von den Verwertern auf Grund eines Straßenabtretungsvertrages unentgeltlich an die Stadtgemeinde X übertragen. Die Straße ist im Grundbuch als öffentliches Gut mit der Anmerkung „Straßenanlage" ausgewiesen und als Verkehrsfläche gewidmet. Die Erhaltung, Instandhaltung sowie Reinigung dieser Anbindungsstraße obliegt in der Folge der Stadtgemeinde X als Straßenerhalterin.

Die Verwerter Y machen die in den Rechnungen der von ihnen beauftragten Baufirmen ausgewiesene Vorsteuer in voller Höhe geltend.

Bereits ab dem Jahr 2004 wird mit dem Verkauf der Gewerbegrundstücke begonnen. Hinsichtlich sämtlicher Grundstücksumsätze wird gemäß § 6 Abs. 2 UStG 1994 zur steuerpflichtigen Behandlung optiert. Ein gesondertes Entgelt für die Errichtung der Straße bzw. für die verkehrsmäßige Erschließung wird den Grundstückskäufern von den Verwertern nicht in Rechnung gestellt.

Steht den Verwertern Y der Vorsteuerabzug aus den Straßenerrichtungskosten zu? Ist es in diesem Zusammenhang von Bedeutung, ob das Grundstück vor der Errichtung der Straße zu diesem Zweck in das öffentliche Gut übertragen wird oder ob die Errichtung bzw. Herstellung bereits auf einem bestehenden öffentlichen Gut erfolgt?

Hinsichtlich der durch einen Gemeindeverband im Zusammenhang mit der verkehrsmäßigen Erschließung eines Betriebsansiedelungsgebietes in Auftrag gegebenen Baumaßnahmen auf bzw. im unmittelbaren Nahbereich einer Bundesstraße (zB Errichtung einer Abbiegespur, Busbucht, Verkehrsinsel usw.) vertritt der

VwGH die Ansicht, dass durch die Bauleistungen die betroffenen Vermögensgegenstände in das Eigentum des Straßeneigentümers (Bund bzw. Land) übergegangen sind. Die Kosten für die darin bestehende (Werk-)Lieferung des Gemeindeverbandes an den Bund bzw. das Land seien im Beschwerdefall von Dritten, nämlich den Kaufinteressenten im Gewerbegebiet, getragen worden. Deren Kostenübernahme stelle sich als Zahlung von dritter Seite für die (Werk-) Lieferung an den Bund bzw. das Land dar. Im Hinblick darauf, dass der Gemeindeverband sohin eine steuerpflichtige (Werk-)Lieferung an den Straßeneigentümer erbracht habe, sei dieser zum Vorsteuerabzug berechtigt. Eine endgültige Mehrwertsteuerentlastung ergebe sich daraus nach Auffassung des VwGH jedoch nicht, weil aus der Weiterverrechnung der diesbezüglichen Kosten an die Kaufinteressenten diesen kein Anspruch auf Rechnungslegung im Sinne des UStG 1994 und kein Recht auf Vorsteuerabzug zukomme (vgl. VwGH 25. 10. 2011, 2008/15/0299).

Auch im vorliegenden Fall ist hinsichtlich der Grundstücksübertragung sowie der späteren Errichtung und Abtretung der Straßenanlage (= Betriebsvorrichtung) von einer (Werk-) Lieferung an die öffentliche Hand auszugehen. Angesichts der vorherigen Grundstücksübertragung und Umwidmung in eine öffentliche Verkehrsfläche wurden die Bauarbeiten bereits auf öffentlichem Gut durchgeführt. Im Unterschied zu dem der zitierten VwGH-Entscheidung zugrundeliegenden Sachverhalt erfolgte die Übertragung jedoch unentgeltlich. Es lag weder eine direkte und unmittelbare Gegenleistung der Stadtgemeinde X vor noch waren die späteren Grundstückserwerber zur anteiligen Tragung der Kosten der verkehrsmäßigen Erschließung verpflichtet, sodass von einem Entgelt von dritter Seite auszugehen wäre.

Nach Art. 168 MwSt-RL 2006/112/EG steht einem Steuerpflichtigen der Vorsteuerabzug zu, soweit die Gegenstände und Dienstleistungen für die Zwecke seiner besteuerten Umsätze verwendet werden. Voraussetzung für den Vorsteuerabzug ist gemäß § 12 Abs. 1 UStG 1994 ua., dass die Vorleistungen für das Unternehmen des Leistungsempfängers ausgeführt werden.

Im gegenständlichen Fall wurde von vornherein vereinbart, dass die neu zu errichtende Straße ohne Gegenleistung in das Eigentum der Stadtgemeinde X zwecks Verwendung als öffentliche Straße übertragen wird, sodass der Gemeinde, die zur infrastrukturellen Erschließung verpflichtet wäre, dadurch zielgerichtet ein Vermögensvorteil verschafft wurde [im Unterschied zur bloßen Umverlegung einer bestehenden öffentlichen Straße zum Zwecke der Erweiterung der Parkflächen eines Einkaufszentrums (vgl. VwGH 16. 12. 2009, 2007/15/0176)]. Die Verwerter Y waren zwar im Hinblick auf ihre Auftragserteilung Leistungsempfänger der bezogenen Bauleistungen für die Errichtung der Anbindungsstraße. Im Hinblick auf die vertragliche Vereinbarung mit der Gemeinde wurde jedoch noch vor Beginn der Bauausführung ein weiteres Verpflichtungs- bzw. Anspruchsverhältnis begründet, das die Verwendung des zu errichtenden Bauwerks betrifft. Leistungsempfängerin der vertraglich ausbedungenen unentgeltlichen Vermögensübertragung war unzweifelhaft der öffentliche Straßenerhalter. Die von den Verwertern Y bezogenen Bauleistungen standen daher bereits im Zeitpunkt des (Vor-)Leistungsbezuges in einem direkten und unmittelbaren Zusammenhang mit einem nichtsteuerbaren (nichtwirtschaftlichen) Vorgang, nämlich der unentgeltlichen Lieferung einer Straßenanlage an die öffentliche Hand, und berechtigen somit nicht zum Abzug der von den Bauunternehmern in Rechnung gestellten Steuern (vgl. BFH 13. 01. 2011, V R 12/08, der unter Verweis auf EuGH-Judikatur in einem ähnlich gelagerten Fall von Leistungsbezügen zum ausschließlichen Zweck einer Entnahme ausgeht und den Vorsteuerabzug aus den Errichtungskosten von der öffentlichen Nutzung gewidmeten Erschließungsanlagen nicht zulässt). Dem Umstand, dass die angefallenen Kosten als allgemeine Kosten in die Preiskalkulation der steuerpflichtigen Ausgangsleistung der Verwerter Y Eingang gefunden haben (Berücksichtigung im Kaufpreis der gewerblichen Grundstücke), kommt in diesem Zusammenhang keine Bedeutung zu (so auch BFH 13. 01. 2011, V R 12/08). Die Grundstückserwerber zahlen nämlich bei der gegenständlichen Sachverhaltskonstellation ausschließlich ein Entgelt für den Erwerb eines Gewerbegrundstückes, sodass ihre Zahlungen auch nicht anteilig in einem unmittelbaren wirtschaftlichen Zusammenhang mit der Übertragung der errichteten Straßenanlage an die Stadtgemeinde X als Leistungsempfängerin stehen, was Voraussetzung für das Vorliegen eines Entgelts von dritter Seite wäre (vgl. UStR 2000 Rz 652).

Zusammenfassend ist daher festzuhalten, dass die Verwerter Y aus den Kosten der Errichtung einer Straßenanlage, die unmittelbar nach Fertigstellung entsprechend den noch vor Baubeginn getroffenen vertraglichen Vereinbarungen ohne Gegenleistung in das Eigentum der Stadtgemeinde X zum Zwecke der Anbindung eines Gewerbegebietes an eine Bundesstraße übertragen wird, mangels Ausführung für das Unternehmen nicht zum Vorsteuerabzug berechtigt sind. Ob das Grundstück zum Zwecke der späteren Errichtung der Straße an die öffentliche Hand abgetreten wird oder ob die diesbezüglichen Baumaßnahmen auf einem bestehenden öffentlichen Gut durchgeführt werden, ist für die rechtliche Würdigung nicht relevant.

§ 12 und § 6 Abs. 1 Z 8 lit. g UStG 1994

Vorsteuerabzug für Beratungskosten in Verbindung mit einer unecht befreiten Beteiligungsveräußerung

Im Zusammenhang mit dem Verkauf einer im Betriebsvermögen gehaltenen Beteiligung, die gemäß § 6 Abs. 1 Z 8 lit. g UStG 1994 unecht steuerfrei veräußert wird, fallen für den Veräußerer Kosten für eine direkt auf den Verkauf gerichtete Beratungsleistung an. Der Vorsteuerabzug für die Beratungskosten wird unter Hinweis auf die EuGH-Entscheidung vom 29. 10. 2009, Rs C-29/08, *SKF*, geltend gemacht.

Steht der Vorsteuerabzug für die Beratungskosten zu?

In seinem Urteil vom 29. 10. 2009, Rs C-29/08, *SKF*, hat der EuGH ausgeführt, dass das Recht auf den Abzug der Vorsteuer auf Leistungen, die für Zwecke einer Aktienveräußerung erbracht wurden, besteht, wenn zwischen den mit den Eingangsleistungen verbundenen Ausgaben und der wirtschaftlichen Gesamttätigkeit des Steuerpflichtigen ein direkter und unmittelbarer Zusammenhang besteht.

Mit dieser Frage des Vorsteuerabzugs für Beratungskosten im Zusammenhang mit einer unecht steuerfreien Beteiligungsveräußerung hat sich der BFH im Urteil vom 27. 01. 2011, V R 38/09 mVa. die Judikatur des EuGH auseinandergesetzt: Wenn ein direkter und unmittelbarer Zusammenhang zwischen einem bestimmten Eingangsumsatz und einem oder mehreren Ausgangsumsätzen fehlt, kann der Unternehmer zum Vorsteuerabzug berechtigt sein, wenn die Kosten für die Eingangsleistung zu seinen allgemeinen Aufwendungen gehören und als solche Bestandteile des Preises der von ihm erbrachten Leistungen sind. Derartige Kosten hängen in diesem Fall direkt und unmittelbar mit seiner wirtschaftlichen Gesamttätigkeit zusammen. Voraussetzung für den Vorsteuerabzug ist allerdings, dass die wirtschaftliche Gesamttätigkeit zu Umsätzen führt, die zum Vorsteuerabzug berechtigen.

Nach der vom BMF geteilten Ansicht des BFH stehen Beratungsleistungen, die ein Industrieunternehmen für einen steuerfreien Beteiligungsverkauf bezieht, im direkten und unmittelbaren Zusammenhang mit der steuerfreien Anteilsübertragung und berechtigen im Sinne der oben dargestellten Ausführungen nicht zum Vorsteuerabzug. Auf Grund ihres unmittelbaren Zusammenhanges mit der unecht steuerfreien Beteiligungsveräußerung ist daher der Vorsteuerabzug für die direkt auf den Verkauf gerichteten Beratungskosten nicht zulässig.

§ 12 Abs. 2 Z 2 lit. b UStG 1994 (UStR 2000 Rz 1940)

Beurteilung von Gebrauchtfahrzeugen als Vorführkraftfahrzeuge

Kraftfahrzeughändler importieren Gebrauchtfahrzeuge und melden diese mittels NoVA 4 als Vorführkraftfahrzeuge an. Im konkreten Fall handelt es sich um einen Fahrzeugimport aus Deutschland (Erwerbsteuer: 5.210 Euro; NoVA: 9.166,50 Euro; Erstzulassung in Deutschland am 10. Juli 2009; Rechnungs- bzw. Lieferdatum 21. November 2011; Kilometerstand im Zeitpunkt des Fahrzeugimports 73.200 km).

Können Gebrauchtfahrzeuge als Vorführkraftfahrzeuge beurteilt werden?

Kann das gegenständliche Gebrauchtfahrzeug als Vorführkraftfahrzeug beurteilt werden?

Ein Vorführkraftfahrzeug ist ein Fahrzeug, das ein Fahrzeughändler zu Vorführzwecken anschafft. Damit ist gemeint, dass mit Hilfe dieses Fahrzeuges einem potentiellen Kunden die Vorzüge eines derartigen Fahrzeuges vorgeführt werden sollen. Daraus ergibt sich, dass ein Vorführkraftfahrzeug nur ein Fahrzeug sein kann, das einer bestimmten Type entspricht, von der der Händler eine größere Anzahl verkaufen kann und will. Ein Einzelstück kann daher definitionsgemäß kein Vorführfahrzeug sein. Nach der Rechtsprechung des VwGH handelt es sich bei Vorführkraftfahrzeugen um „zum alsbaldigen Verkauf" bestimmte Kraftfahrzeuge (VwGH 31. 03. 1995, 93/17/0393). Demnach muss ein Zusammenhang mit einer beabsichtigten Weiterveräußerung jedenfalls noch erkennbar sein (vgl. UStR 2000 Rz 1940).

Dem Kunden soll mittels Probefahrt eines Vorführkraftfahrzeuges ein konkreter Eindruck über die Fahrzeugeigenschaften einer bestimmten Type (Komfort, Fahrverhalten, Technik usw.) vermittelt werden. Vorführkraftfahrzeuge bezwecken die Förderung des Verkaufs von Neufahrzeugen. Bei einem Fahrzeughändler, der nur mit Gebrauchtfahrzeugen handelt, ist somit von vornherein ein Vorführkraftfahrzeug auszuschließen. Wenn auch von KFZ-Händlern regelmäßig Neufahrzeuge für Vorführzwecke verwendet werden, können auch nicht fabriksneue Fahrzeuge als Vorführfahrzeuge qualifiziert werden, wenn diese nach der Verkehrsauffassung noch als neuwertige Kraftfahrzeuge anzusehen sind, mit denen ein verlässlicher Vergleich zwischen dem „Vorführmodell" und dem zu (ver)kaufenden Neufahrzeug vorgenommen werden kann. Auf dieser Grundlage können auch Gebrauchtfahrzeuge als Vorführkraftfahrzeuge beurteilt werden. Ausgehend davon, dass seitens der Fahrzeughändler in aller Regel fabriksneue Fahrzeuge als Vorführkraftfahrzeuge verwendet werden, wird die Beurteilung von Gebrauchtfahrzeugen als Vorführkraftfahrzeuge voraussetzen, dass die in UStR 2000 Rz 1940 angeführten Zeiträume nicht überschritten werden, wobei die Besitzzeit des Vorbesitzers bzw. die gesamten Besitzzeiten der Vorbesitzer und die Besitzzeit des Fahrzeughändlers zusammenzuzählen sind. Das gegenständliche Gebrauchtfahrzeug kann somit keinesfalls als Vorführkraftfahrzeug (Zeitraum von mehr als zwei Jahren zwischen Erstzulassung und Lieferung an den Fahrzeughändler) qualifiziert werden.

§ 17 Abs. 2 und § 6 Abs. 1 Z 17 UStG 1994
WEG und Sanierung

Eine WEG (Gebäude mit Wohnungen und Garagenplätzen) lässt in den Jahren 2010 und 2011 eine geförderte thermische Sanierung (Erhaltungsaufwand im Sinne des § 3 MRG) im Ausmaß von netto 4,5 Millionen Euro durchführen. Finanziert wurde der Betrag durch Auflösung des Reparaturfonds in Höhe von 1 Million Euro im Jahr 2011 und über zwei Darlehen abzüglich einer Förderung (Antrag 2010, Bewilligung 2011) von jährlich 70.000 Euro für 10 Jahre, erstmalige Auszahlung im Jahr 2011. Im Mai 2012 wird die erste Darlehensannuität inklusive Zinsen bezahlt.

Im Jahr 2010 wurden Sanierungsaufwendungen in Höhe von 100.000 Euro (netto) getätigt. Die darauf entfallende Vorsteuer in Höhe von 20.000 Euro wurde 2010 von der WEG geltend gemacht. Bezahlt hat die WEG die gesamten Leistungen erst 2011. Der Betrag (100.000 Euro netto) wurde an die Wohnungseigentümer

a) bereits im Jahr 2010 weiterverrechnet und noch im Jahr 2010 von den Wohnungseigentümern bezahlt bzw.
b) erst 2011 weiterverrechnet und von den Wohnungseigentümern bezahlt.

Die Weiterverrechnung der Betriebskosten an die Garageneigentümer erfolgt steuerpflichtig zum Normalsteuersatz nach Option gemäß § 6 Abs. 2 UStG 1994.

Der Jahresumsatz betrug vor der Sanierung 40.000 Euro pro Jahr. Es wurde immer nach vereinnahmten Entgelten besteuert.

1. Wann entsteht die Steuerschuld in den Fällen a) und b) bzw. kommt es zu einem Wechsel der Besteuerungsart?
2. Welche Auswirkung hat die Förderzusage im Fall a) und b)?
3. Wann sind die Kapitaltilgung und die Zahlung der Darlehenszinsen im Fall a) und b) zu besteuern?

Allgemeines:

Leistungen der WEG zur Erhaltung, Verwaltung oder zum Betrieb der im gemeinsamen Eigentum stehenden Teile und Anlagen einer Liegenschaft, an der Wohnungseigentum besteht, sind grundsätzlich unecht steuerbefreit (§ 6 Abs. 1 Z 17 UStG 1994). Dazu gehören insbesondere die Betriebs- und Verwaltungskosten und die Erhaltungskosten. Errichtungs- bzw. Herstellungskosten zählen nicht zu den nach § 6 Abs. 1 Z 17 UStG 1994 befreiten Leistungen von Wohnungseigentumsgemeinschaften. Zur Abgrenzung zwischen Erhaltungs- und Herstellungsaufwand sind nicht die ertragsteuerlichen Grundsätze, sondern die mietrechtlichen Bestimmungen heranzuziehen (VwGH 12. 04. 1994, 93/14/0215). Die Regelung des nach dem Miet- und Wohnungseigentumsrecht maßgeblichen Erhaltungsbegriffes findet sich im § 3 MRG (UStR 2000 Rz 1214). Laut Sachverhalt handelt es sich bei den Sanierungen um Erhaltungsaufwand im Sinne des § 3 MRG (zur Abgrenzung vgl. *Stingl*, Thermische Sanierung im Steuerrecht, immolex 2010, 243 bzw. *Kohlmaier/Metzler*, Thermische Sanierung und Mietrecht – Überlegungen zu Rahmenbedingungen und Wirtschaftlichkeit, immolex 2010, 234).

Leistungen der WEG zur Erhaltung, Verwaltung oder zum Betrieb der im gemeinsamen Eigentum stehenden Teile und Anlagen einer Liegenschaft, an der Wohnungseigentum besteht, sind jedoch gemäß § 10 Abs. 2 Z 4 lit. d UStG 1994 mit dem ermäßigten Steuersatz von 10% zu besteuern, wenn sie Teile und Anlagen der Liegenschaft zum Gegenstand haben, die Wohnzwecken dienen (ausgenommen ist eine als Nebenleistung erbrachte Lieferung von Wärme). Insoweit die von der WEG weiterverrechneten Aufwendungen Garagen betreffen, ist, bei Vorliegen einer Option nach § 6 Abs. 2 UStG 1994, der Normalsteuersatz anzuwenden.

Zu 1.:

Es ist davon auszugehen, dass im Zeitpunkt der Leistung an die WEG bzw. der Vorschreibung der Kosten (zB Grundsteuer) die Leistung auch an die Wohnungseigentümer erbracht wird (*Scheiner/Kolacny/Caganek*, Kommentar zur Mehrwertsteuer, § 10 Abs. 2 Z 4 Anm. 86). Beim Sollbesteuerer ist das Entstehen der Steuerschuld von diesem Zeitpunkt abhängig (§ 19 Abs. 2 Z 1 lit. a UStG 1994). Beim Istbesteuerer entsteht die Steuerschuld nach Maßgabe der Vereinnahmung der von der WEG den Wohnungseigentümern vorgeschriebenen Beträge (*Scheiner/Kolacny/Caganek*, Kommentar zur Mehrwertsteuer, § 10 Abs. 2 Z 4 Anm. 859). Den Beiträgen zum Reparaturfonds liegt noch keine Leistung zugrunde. Sie sind, da es sich nicht um Entgelte für konkretisierte Leistungen handelt, auch nicht als Anzahlungen zu besteuern. Die Umsatzsteuerpflicht tritt erst ein, wenn Reparaturen durchgeführt werden (*Ruppe/Achatz*, UStG4, § 10 Tz 81 mwN.). Im Jahr 2011 wurden daher (sowohl bei Soll- als auch bei Istbesteuerung) mehr als 110.000 Euro Umsatz erzielt.

Im Jahr 2010 wurde im Fall a) ebenfalls ein Entgelt von mehr als 110.000 Euro (100.000 Euro + 40.000 Euro) vereinnahmt, sodass ab dem Jahr 2012 von Sollbesteuerung auszugehen ist. Beim Übergang von der Istbesteuerung zur Sollbesteuerung hat der Unternehmer bereits früher bewirkte Umsätze, für die ein Entgelt noch nicht vereinnahmt wurde, als Umsatz für den ersten Voranmeldungszeitraum nach dem Übergang zu versteuern. Der Wechsel in der Besteuerungsart ist nur zu Beginn eines Veranlagungsjahres zuzulassen (§ 17 Abs. 4 UStG 1994). Somit wird im Jahr 2012 der noch nicht vereinnahmte Restbetrag (abzüglich allfälliger echter Zuschüsse) zu besteuern sein.

Sollten im Jahr 2013 die Umsätze weniger als 110.000 Euro betragen, so kommt es ab 2014 abermals zum Wechsel der Besteuerungsart, diesmal von Soll zu Ist. Beim Übergang von der Soll- zur Istbesteuerung sind Entgelte für die vor

dem Übergang zur Istbesteuerung bewirkten Umsätze, die erst nach dem Übergang vereinnahmt werden (Außenstände im Zeitpunkt des Übergangs), in dem auf den Übergang folgenden Voranmeldungszeitraum wieder abzusetzen (UStR 2000 Rz 2480).

Im Fall b) kommt es bei der WEG zu keinem Zufluss im Jahr 2010. Sohin bleibt es, solange nicht in zwei aufeinanderfolgenden Jahren ein Umsatz von mehr als 110.000 Euro erzielt wird, bei der Istbesteuerung (zur Höhe des Entgelts bei Istbesteuerung siehe zu 3.).

Zu 2.:

Zunächst ist zu klären, ob es sich bei den Zuschüssen um echte, nicht steuerbare Subventionen handelt (vgl. UStR 2000 Rz 26 – Zuschuss zur Wohnhaussanierung). Für den Fall eines echten Zuschusses gilt:

Durch eine (nachträglich) erfolgte Förderung kommt es beim Sollbesteuerer hinsichtlich der ursprünglichen Leistung der WEG (Sanierung) zu einer Änderung (Minderung) der Bemessungsgrundlage gemäß § 16 UStG 1994. Diese Änderung ist grundsätzlich für den Voranmeldungszeitraum vorzunehmen, in dem eine in Höhe und Auszahlungszeitpunkt verbindliche Förderzusage besteht. Ansonsten erfolgt die Bemessungsgrundlagenminderung im Zeitpunkt des Zuflusses der Förderung.

Besteht die Förderzusage bereits bei Beginn der Sanierung, ist die Bemessungsgrundlage beim Sollbesteuerer sofort um die Zuschüsse zu vermindern, weshalb es zu keiner Änderung der Bemessungsgrundlage kommt (vgl. Umsatzsteuerprotokoll 2009).

Bei der Istbesteuerung kommt es durch die Vereinnahmung des Zuschusses zu keiner Änderung der Bemessungsgrundlage. Der Zuschuss ist kein Entgelt und wirkt sich auch nicht auf die zuvor (zB im Jahr 2010) vereinnahmten umsatzsteuerbaren Beträge aus.

Zu 3.:

Die Sanierungsaufwendungen sind bei Sollbesteuerung im Zeitpunkt der Ausführung der Sanierung zu besteuern. Das Gleiche gilt grundsätzlich für Zinsaufwendungen für im Zusammenhang mit den Sanierungsaufwendungen stehende Darlehen, soweit die Zinsen bereits feststehen. Es bestehen jedoch aus verwaltungsökonomischen Gründen keine Bedenken, wenn die Zinsen generell im Zeitpunkt der Verrechnung an die Wohnungseigentümer versteuert werden.

Bei Istbesteuerung ist die gesamte den Wohnungseigentümern jeweils verrechnete Darlehensannuität (Kapital einschließlich Zinsen) im Zeitpunkt der Bezahlung zu versteuern.

§ 19 Abs. 1d und Art. 7 UStG 1994

Umsätze im Sinne der Schrott-UStV, BGBl. II Nr. 129/2007 – Reihengeschäft

Bei der österreichischen A-GmbH fällt im Zuge der Produktion Magnesiumschrott (Position 8104 20 00 der Kombinierten Nomenklatur) an. Die A-GmbH verkauft den Schrott an die österreichische B-GmbH, welche den Schrott wiederum an den ungarischen Abnehmer U verkauft. Der Schrott wird zunächst in Containern, die dem Abnehmer U gehören und von diesem am Firmengelände der A-GmbH aufgestellt wurden, gesammelt und anschließend vom Abnehmer U bei der A-GmbH abgeholt. Über die Abholung der vollen Container wird der A-GmbH eine Bestätigung ausgestellt.

1. Fällt die Lieferung der A-GmbH an die B-GmbH in den Anwendungsbereich des Übergangs der Steuerschuld gemäß § 19 Abs. 1d UStG 1994 und ist dementsprechend zu fakturieren?
2. Zwischen der B-GmbH und U liegt eine innergemeinschaftliche Lieferung vor. Gilt die Abholbestätigung gegenüber der A-GmbH als Nachweis für die Steuerfreiheit für die B-GmbH?

Zu 1.:

Im vorliegenden Fall ist von einem Reihengeschäft auszugehen, da ein solches immer dann gegeben ist, wenn mehrere Unternehmer über denselben Gegenstand Umsatzgeschäfte abschließen und dieser Gegenstand im Rahmen der Beförderung oder Versendung unmittelbar vom ersten Unternehmer an den letzten Abnehmer gelangt.

Der Beurteilung der einzelnen am Reihengeschäft beteiligten Umsätze sind die allgemeinen Regeln über den Lieferort (§ 3 Abs. 7 und 8 UStG 1994) zu Grunde zu legen.

Hinsichtlich Lieferort und Lieferzeitpunkt ergibt sich beim Reihengeschäft daher folgende Systematik:

1. **Reihengeschäfte sind eine Aneinanderreihung mehrerer, zeitlich nacheinander ablaufender Lieferungen. Jede einzelne Lieferung in der Reihe muss hinsichtlich des Lieferortes und des Lieferzeitpunktes gedanklich nacheinander betrachtet werden.**
2. **Die Beförderung oder Versendung eines Gegenstandes kann nur einer einzigen Lieferung in der Reihe zugeordnet werden („bewegte Lieferung"). Die gedanklich vor oder nach der Beförderung oder Versendung stattfindenden übrigen Lieferungen („ruhenden Lieferungen") können an einem Ort in mehreren logischen Sekunden nacheinander bewirkt werden.**
3. **Eine bewegte Lieferung kann auch dann vorliegen, wenn der Abnehmer den Gegenstand der Lieferung abholt bzw. abholen lässt (vgl. *Scheiner/Kolacny/Caganek*, Kommentar zur Mehrwertsteuer, § 3 Abs. 8 Anm. 32f zur Rechtslage ab 1. Jänner 2000).**

Da die Waren im gegenständlichen Fall vom letzten Abnehmer U beim ersten Lieferer (A-GmbH) abgeholt werden und somit bei der Lieferung an U die Warenbewegung stattfindet,

handelt es sich bei der zweiten Lieferung (der Lieferung der B-GmbH an den ungarischen Unternehmer U) um die „bewegte Lieferung". Für diese Lieferung wird daher der Lieferort nach § 3 Abs. 8 UStG 1994 bestimmt und befindet sich dort, wo die Warenbewegung beginnt, demnach in Österreich. Daraus ergibt sich weiters, dass die dieser zweiten „bewegten" Lieferung vorgelagerte erste Lieferung der A-GmbH an die B-GmbH die „ruhende Lieferung" darstellt, bei der sich der Lieferort zufolge § 3 Abs. 7 UStG 1994 danach richtet, wo die Verfügungsmacht verschafft wird (vgl. EuGH 06. 04. 2006, Rs C-245/04, *EMAG*); dies ist im vorliegenden Fall ebenfalls in Österreich.

Diese Lieferung unterliegt den allgemeinen Besteuerungsvorschriften, eine Steuerbefreiung ist nicht anwendbar. Damit ist eine Grundvoraussetzung für einen Übergang der Steuerschuld im Sinne des § 19 Abs. 1d UStG 1994 in Verbindung mit Schrott-UStV, BGBl. II Nr. 129/2007, erfüllt (vgl. UStR 2000 Rz 2605).

Sofern der von der A-GmbH produzierte und an die B-GmbH in Österreich mit Verschaffung der Verfügungsmacht gelieferte Magnesiumschrott unter die Position 8104 20 00 der Kombinierten Nomenklatur eingereiht werden kann, geht die Steuerschuld für diese Lieferung auf die B-GmbH über.

In Rechnungen über diese Lieferungen darf keine Umsatzsteuer ausgewiesen werden, weiters müssen sie einen Hinweis auf den Übergang der Steuerschuld enthalten (vgl. UStR 2000 Rz 2602).

Zu 2.:

Die Lieferung der B-GmbH an den ungarischen Unternehmer U, bei der eine Warenbewegung in einen anderen Mitgliedstaat stattfindet, kann bei Vorliegen der diesbezüglich in Art. 7 UStG 1994 vorgesehenen Voraussetzungen steuerfrei sein.

Da der Unternehmer U die Waren selbst abholt, ist der Nachweis der Warenbewegung nach § 2 der Verordnung des BM für Finanzen über den Nachweis der Beförderung oder Versendung und den Buchnachweis bei innergemeinschaftlichen Lieferungen, BGBl. Nr. 401/1996 in der geltenden Fassung, zu führen.

Danach muss der Unternehmer in jenen Fällen, in denen die Waren vom Abnehmer oder dessen Beauftragten in das übrige Gemeinschaftsgebiet befördert werden (den so genannten „Abholfällen"), die Durchschrift oder Abschrift der Rechnung (§ 11, Art. 11 UStG 1994), einen handelsüblichen Beleg, aus dem sich der Bestimmungsort ergibt (insbesondere Lieferschein) und eine schriftliche Erklärung des Abnehmers oder seines Beauftragten, dass er den Gegenstand in das übrige Gemeinschaftsgebiet befördern wird (sogenannte „Verbringungserklärung"), vorlegen. Da im vorliegenden Sachverhalt die B-GmbH die innergemeinschaftliche Lieferung durchführt, muss die B-GmbH die in § 2 der Verordnung, BGBl. Nr. 401/1996 in der geltenden Fassung, geforderten Nachweise (insbesondere vollständig ausgefüllte Verbringungserklärung) erbringen.

Weiters muss zum sachverhaltsmäßigen Nachweis des Vorliegens eines Reihengeschäfts aus entsprechenden Unterlagen (zB Rechnung der A-GmbH an die B-GmbH, Kaufvertrag) erkennbar sein,

- **wer die an diesem Umsatzgeschäft Beteiligten sind (zur Abholung durch Bevollmächtigte siehe Umsatzsteuerprotokoll 2010),**
- **dass der B-GmbH von der A-GmbH zuvor die Verfügungsmacht verschafft wurde, sodass eine Lieferung der B-GmbH an U möglich ist, und,**
- **dass bei Abholung der Waren durch U die A-GmbH nicht selbst an U liefert, sondern insoweit im Auftrag bzw. auf Anordnung der B-GmbH tätig wird.**

§ 22 Abs. 1 und 3, § 2, § 6 Abs. 1 Z 16 und § 11 Abs. 14 UStG 1994 (UStR 2000 Rz 2881 und 2883)

Entschädigungen an einen pauschalierten Landwirt für Leitungsdienstbarkeiten bei Verpachtung des gesamten land- und forstwirtschaftlichen Betriebes an einen nahen Angehörigen; Steuerschuld auf Grund der Rechnungslegung

Ein Stromnetzbetreiber zahlt an die grundbücherlichen Eigentümer von land- und forstwirtschaftlichen Grundstücken auf Grund eines Dienstbarkeitsbestellungsvertrages Entschädigungen bzw. Abgeltungen für die Einräumung von Dienstbarkeiten im Zusammenhang mit der Errichtung einer Hochspannungsleitung einschließlich der zu den oberirdischen Leitungen gehörenden Tragwerke. Der Netzbetreiber stellt an die Landwirte Gutschriften aus, in denen er Umsatzsteuer in Höhe von 12% (bei pauschalierten Landwirten) bzw. 20% (bei Regelbesteuerung) ausweist.

In einem Fall hat ein Grundstückseigentümer (= Entschädigungsberechtigter) noch vor Ausstellung der Gutschriften den gesamten land- und forstwirtschaftlichen Betrieb (Grundflächen, alle Maschinen und Gerätschaften, den gesamten Viehbestand sowie die vorhandene Milchreferenzmenge usw.) unbefristet an einen nahen Angehörigen verpachtet (Nutzungsüberlassung gegen Zahlung der laufenden Versicherungen, Steuern und Betriebskosten). Dem Pächter obliegen vertragsgemäß überdies die laufende Erhaltung sowie die gewöhnlichen Ausbesserungen, die auf der Pachtliegenschaft erforderlich sind. Die Verpachtung bzw. Nutzungsüberlassung erfolgte offenbar zum Zweck der Erlangung der gesetzlichen Pension.

1. Ist umsatzsteuerlich von einer Aufgabe der land- und forstwirtschaftlichen Tätigkeit auszugehen, während ertragsteuerlich auch bei Dauerverpachtung Einkünfte aus Land- und Forstwirtschaft vorliegen, solange eine Bewertung als land- und forstwirtschaftliches

Vermögen erfolgt (vgl. EStR 2000 Rz 5152)? Wie sind die Umsätze aus der Einräumung von Leitungsdienstbarkeiten zu behandeln, wenn die operative land- und forstwirtschaftliche Tätigkeit durch den pauschalierten Land- und Forstwirt aufgegeben wurde?

2. Welche umsatzsteuerlichen Konsequenzen ergeben sich, wenn ertragsteuerlich von einer bloßen Betriebsunterbrechung auszugehen ist (vgl. EStR 2000 Rz 5638)?
3. Welche umsatzsteuerlichen Auswirkungen ergeben sich, wenn das Pachtverhältnis mangels Fremdüblichkeit steuerlich nicht anzuerkennen ist?
4. Ist im Hinblick auf die mit Steuerausweis ausgestellten Gutschriften von einer Steuerschuld auf Grund der Rechnungslegung gemäß § 11 Abs. 14 UStG 1994 auszugehen, wenn der Grundstückseigentümer die Land- und Forstwirtschaft nicht mehr selbst bewirtschaftet?

Zu 1.: Dauerverpachtung eines land- und forstwirtschaftlichen Betriebes

Wird der gesamte land- und forstwirtschaftliche Betrieb auf Dauer verpachtet und somit überhaupt keine land- und forstwirtschaftliche Tätigkeit mehr entfaltet (Betriebsaufgabe), liegen im Hinblick auf die zur landwirtschaftlichen Erzeugung erforderlichen Gegenstände und Rechte beim Verpächter keine Umsätze im Rahmen eines land- und forstwirtschaftlichen Betriebes mehr vor und § 22 UStG 1994 ist nicht anwendbar. Die im Rahmen eines steuerlich anzuerkennenden Pachtverhältnisses bezogenen Pachtentgelte sind somit – ungeachtet der ertragsteuerlichen Beurteilung als Einkünfte aus Land- und Forstwirtschaft – nach den allgemeinen Bestimmungen des UStG 1994 zu versteuern (siehe dazu im Detail UStR 2000 Rz 2881).

Die Einstellung der operativen land- und forstwirtschaftlichen Tätigkeit mit anschließender Verpachtung des LuF-Betriebes führt umsatzsteuerlich in der Regel nicht zur Beendigung der unternehmerischen Tätigkeit. Es kommt lediglich zur Änderung der Art der unternehmerischen Tätigkeit (vgl. *Scheiner/Kolacny/Caganek*, Kommentar zur Mehrwertsteuer, § 2 Anm. 324 sowie *Ruppe/Achatz*, UStG4, § 2 Tz 146). Der Grundstückseigentümer bleibt daher als Verpächter eines land- und forstwirtschaftlichen Betriebes weiterhin Unternehmer.

Hinsichtlich der Servitutsabgeltungen ist im gegenständlichen Fall auf Grund der Vertragslage davon auszugehen, dass diese dem Grundstückseigentümer zustehen und nicht dem tatsächlichen Bewirtschafter des LuF-Betriebes. Im Fall der Verpachtung des LuF-Betriebes bzw. Teilbetriebes, dem die betroffenen Grundstücke zuzurechnen sind, kann der Verpächter mangels Anwendbarkeit des Pauschalbesteuerungsverfahrens auch die begünstigende Auslegung in UStR 2000 Rz 2883 erster Absatz, wonach Umsätze aus der Einräumung von Grunddienstbarkeiten im Zusammenhang mit der Errichtung von bestimmten Versorgungsleitungen dem Durchschnittssteuersatz von 12% unterliegen, nicht anwenden. Sofern er nicht der Kleinunternehmerbefreiung unterliegt, sind diese Umsätze daher mit dem Normalsteuersatz zu versteuern. Die Steuerbefreiung gemäß § 6 Abs. 1 Z 16 UStG 1994 ist nicht anwendbar (vgl. UStR 2000 Rz 889).

Vorleistungen an den Verpächter, die dazu dienen, die auf Grund der eingeräumten Dienstbarkeit entstandenen Beeinträchtigungen bzw. Bewirtschaftungserschwernisse für den Pächter des land- und forstwirtschaftlichen Betriebes auszugleichen (zB Düngungsmaßnahmen zur Beseitigung von Bodenverdichtungen und zur Wiederherstellung der Bodenqualität, Humusauffüllungen nach Setzungen oder Unkrautbekämpfung in der Nähe der Masten), stehen im Zusammenhang mit der (Teil-)Verpachtung des land- und forstwirtschaftlichen Betriebes und nicht mit der Einräumung der Dienstbarkeit. Ein Vorsteuerabzug steht diesbezüglich nur zu, wenn hinsichtlich der verpachteten Grundstücke nach Maßgabe des § 6 Abs. 2 UStG 1994 zur Steuerpflicht optiert wird und die allgemeinen Voraussetzungen des § 12 UStG 1994 gegeben sind.

Ein verminderter Steuerausweis in der Rechnung bzw. Gutschrift hat keinen Einfluss auf die tatsächliche Höhe der Steuerschuld (vgl. UStR 2000 Rz 1736). Der Stromnetzbetreiber ist bei ordnungsgemäßer Rechnungslegung nach Maßgabe des § 12 UStG 1994 zum Vorsteuerabzug berechtigt. Im Falle eines zu niedrigen Steuerausweises in der Rechnung kann sich der Leistungsempfänger – bis zur Berichtigung der Rechnung bzw. Gutschrift – jedoch nur den in der Rechnung ausgewiesenen Betrag als Vorsteuer abziehen (vgl. UStR 2000 Rz 1737).

Zu 2.: Pachtverhältnis als Betriebsunterbrechung

Die gänzliche oder teilweise Verpachtung eines land- und forstwirtschaftlichen Betriebes fällt auch dann nicht unter die Pauschalbesteuerung nach § 22 Abs. 1 UStG 1994, wenn ertragsteuerlich von einer Betriebsunterbrechung bzw. einem vorübergehenden Ruhen des LuF-Betriebes auszugehen ist, weil dem Verpächter die verpachteten Vermögensgegenstände und Rechte nicht zur Erzielung land- und forstwirtschaftlicher Umsätze zur Verfügung stehen.

Zu 3.: Steuerliche Anerkennung des Pachtverhältnisses

Im Pachtvertrag zwischen dem bisherigen Bewirtschafter der Land- und Forstwirtschaft (= Grundstückseigentümer) und dem nahen Angehörigen wurde im konkreten Fall als Pachtentgelt lediglich die Übernahme sämtlicher mit der Liegenschaft verbundenen Steuern, öffentlichen Gebühren und Abgaben sowie von Versicherungsprämien vereinbart. Dem Pächter obliegen vertragsgemäß überdies die laufende Erhaltung sowie die gewöhnlichen Ausbesserungen, die

auf der Pachtliegenschaft erforderlich sind. Im vorliegenden Fall werden als Pachtentgelt lediglich laufende Kosten angesetzt. Es fehlt jedoch an einer Abgeltung des Gebrauches bzw. der Nutzung des LuF-Betriebes durch den Pächter zum Zwecke der Fruchtziehung.

Allein dieser Umstand spricht schon dafür, dass kein fremdübliches bzw. marktkonformes Pachtverhältnis im Sinne der ständigen Rechtsprechung des VwGH zur Anerkennung von Verträgen zwischen nahen Angehörigen vorliegt (vgl. auch EStR 2000 Rz 1130 ff. mwV) und die Nutzungsüberlassung des LuF-Betriebes daher nicht als unternehmerische Tätigkeit beurteilt werden kann (zur ertragsteuerlichen Anerkennung land- und forstwirtschaftlicher Pachtverträge siehe EStR 2000 Rz 5154 bis 5156). Nach EStR 2000 Rz 5156 wären im Falle eines unangemessen niedrigen Pachtzinses hinsichtlich der ertragsteuerlichen Auswirkungen – nach jeweiliger Sachverhaltslage – zwei Fälle möglich:

a) Es handelt sich nach dem wahren wirtschaftlichen Gehalt um eine – nicht auf Dauer ausgerichtete – unentgeltliche Nutzungsüberlassung des land- und forstwirtschaftlichen Betriebes an den nahen Angehörigen, welche zum Zwecke der Erlangung der Pension vertraglich geregelt wurde. Die bloße Übernahme von Kosten durch den nahen Angehörigen ist steuerlich unbeachtlich. Sofern der nunmehrige Bewirtschafter (= der nahe Angehörige) auch tatsächlich nach außen hin als solcher auftritt, sind ihm die Umsätze aus dem zur Nutzung überlassenen land- und forstwirtschaftlichen (Teil-) Betrieb zuzurechnen. Der Grundstückseigentümer und bisherige Bewirtschafter bewirkt somit diesbezüglich selbst keine land- und forstwirtschaftlichen Umsätze im Sinne des § 22 Abs. 1 UStG 1994 und kann daher für die Dauer der Wirksamkeit der Vereinbarung auch die Regelung der UStR 2000 Rz 2883 für die Einräumung von Leitungsdienstbarkeiten auf den zur Nutzung überlassenen Grundstücken nicht anwenden (keine Nutzung für eigene land- und forstwirtschaftliche Zwecke).

b) Es kommt tatsächlich zur dauerhaften Überlassung bzw. Übertragung des LuF-Betriebes an den nahen Angehörigen, der auch nach außen hin als Bewirtschafter auftritt.

In diesem Fall wird nach dem wahren wirtschaftlichen Gehalt von einer unentgeltlichen Betriebsübertragung (Übertragung des wirtschaftlichen Eigentums) auszugehen sein, die zu einem Entnahmeeigenverbrauch führt, welcher unter den Voraussetzungen des § 3 Abs. 2 UStG 1994 steuerbar ist. Bei pauschalierten Land- und Forstwirten fällt dieser Vorgang in den Anwendungsbereich des § 22 UStG 1994 (vgl. UStR 2000 Rz 2876), wobei bezüglich der übertragenen Grundstücke die unechte Steuerbefreiung des § 6 Abs. 1 Z 9 lit. a UStG 1994 anzuwenden ist (keine Optionsmöglichkeit).

Die entgeltliche Einräumung von Grunddienstbarkeiten, die insbesondere Bewirtschaftungserschwernisse abgelten sollen, stellt im Hinblick auf die vor der Betriebsübergabe erfolgte Vertragserrichtung beim Betriebsübergeber weiterhin eine unternehmerische Tätigkeit dar (Dauerschuldverhältnis zum Zwecke der Einnahmenerzielung). Sofern der Betriebsübergeber nicht Kleinunternehmer ist, muss er die daraus erzielten Umsätze mit dem Normalsteuersatz versteuern und diese Steuer auch an das Finanzamt abführen.

Zu 4.: Steuerschuld gemäß § 11 Abs. 14 UStG 1994

Bei keiner der dargestellten Konstellationen kann es hinsichtlich der mit 12% in Rechnung gestellten Servitutsabgeltungen zu einer Steuerschuld auf Grund eines unberechtigten Steuerausweises kommen, da die Unternehmereigenschaft des Grundstückseigentümers aufrecht bleibt und die Leistung (Dienstbarkeitseinräumung) tatsächlich durch ihn erbracht wird.

§ 12 Abs. 2 Z 2 lit. b, § 24 und Art. 3 UStG 1994

Lieferung eines gebrauchten Personenkraftwagens durch einen inländischen Unternehmer an einen Unternehmer im übrigen Gemeinschaftsgebiet

Ein österreichischer Unternehmer verkauft einen gebrauchten Personenkraftwagen, der sich ertragsteuerrechtlich im Betriebsvermögen befindet, an einen Unternehmer in einem anderen Mitgliedstaat.

1. Wie ist diese Lieferung umsatzsteuerrechtlich zu beurteilen?
2. Ist im gegenständlichen Fall eine Differenzbesteuerung nach § 24 UStG möglich?

Zu 1.:

Gemäß § 12 Abs. 2 Z 2 lit. b UStG 1994 gelten Lieferungen und sonstige Leistungen im Zusammenhang mit einem Personen- oder Kombinationskraftwagen nicht als für das Unternehmen ausgeführt, weshalb ein Vorsteuerabzug aus diesen Lieferungen und sonstigen Leistungen nicht möglich ist.

Da die Regelung in § 12 Abs. 2 Z 2 lit. b UStG 1994 als bloße Vorsteuerausschlussbestimmung anzusehen ist, handelt es sich bei dem Personenkraftwagen dennoch um einen Gegenstand des Unternehmens, dessen Veräußerung aber nach § 6 Abs. 1 Z 26 UStG 1994 unecht von der Steuer befreit ist (vgl. hierzu VwGH 27. 08. 2008, 2006/15/0127). Da bei dieser Lieferung eine innergemeinschaftliche Warenbewegung stattfindet, ist sie gleichzeitig eine innergemeinschaftliche Lieferung, die aber im Sinne des zitierten VwGH-Erkenntnisses unecht steuerbefreit ist. Dies steht auch im Einklang mit der Judikatur des EuGH, nach der unechten Steuer-

befreiungen der Vorrang vor echten Steuerbefreiungen einzuräumen ist (vgl. EuGH 07. 12. 2006, Rs C-240/05, *Eurodental*). Damit führt diese (unecht) steuerfreie innergemeinschaftliche Lieferung zu einem innergemeinschaftlichen Erwerb im Bestimmungsland, für den der Abnehmer, sofern dies nach den diesbezüglichen Vorschriften im Bestimmungsland zulässig ist, den Vorsteuerabzug geltend machen kann.

UStR 2000 Rz 1931, wonach die von § 12 Abs. 2 Z 2 lit. b UStG 1994 betroffenen Kraftfahrzeuge unabhängig vom Ausmaß der unternehmerischen Verwendung nicht Bestandteil des Unternehmens sind und deren Veräußerung demnach nicht steuerbar ist, gelangt hier nicht zur Anwendung.

Zu 2.:

Die Differenzbesteuerung kommt nicht zur Anwendung, da es sich bei dem liefernden Unternehmer nicht um einen Wiederverkäufer im Sinne des § 24 Abs. 1 Z 1 UStG 1994 handelt.

Art. 3 Abs. 8 zweiter Satz und Art. 12 Abs. 1 Z 1 UStG 1994

Verwendung einer „falschen" UID-Nummer beim innergemeinschaftlichen Erwerb

Ein österreichisches Unternehmen bestellt regelmäßig Waren bei einem Lieferanten, mit dem es seit Jahren in Geschäftsbeziehung steht. Sämtliche Daten dieses österreichischen Unternehmers – damit auch die gültige österreichische UID-Nummer – sind dem Lieferanten bekannt. In den Rechnungen an diesen österreichischen Unternehmer wird daher „automatisch" die österreichische UID-Nummer angegeben. Die Ware gelangt im Rahmen der Umsatzgeschäfte aber nicht immer nach Österreich, sondern zum Teil auch in andere Mitgliedstaaten.

1. Ist in diesen Fällen davon auszugehen, dass das österreichische Unternehmen mit der „falschen" UID-Nummer aufgetreten ist und damit einen innergemeinschaftlichen Erwerb im Sinne des Art. 3 Abs. 8 zweiter Satz UStG 1994 in Österreich bewirkt hat, oder wäre dies erst bei einer separaten Bekanntgabe der österreichischen UID-Nummer, zB im Rahmen des Bestellvorganges, der Fall?

   Wie sollte diesfalls die (separate) Bekanntgabe seitens der Finanzverwaltung nachgewiesen werden?
2. Soll der Kunde die Rechnung berichtigen lassen?

Zu 1.:

Dadurch, dass der Lieferant „automatisch" die österreichische UID des Kunden in der Rechnung anführt und der Kunde dieser Vorgangsweise nach Kenntnisnahme nicht umgehend widerspricht, ist von einem Auftreten unter österr. UID auszugehen. Damit bewirkt der österreichische Unternehmer zusätzlich einen innergemeinschaftlichen Erwerb im Sinne des Art. 3 Abs. 8 zweiter Satz UStG 1994 in Österreich, der so lange besteht, bis die Erwerbsbesteuerung in jenem Mitgliedstaat nachgewiesen wurde, in dem die Warenbewegung tatsächlich endet (vgl. UStR 2000 Rz 3777).

Ein innergemeinschaftlicher Erwerb im Sinne des Art. 3 Abs. 8 zweiter Satz UStG 1994 wird hingegen nicht vorliegen, wenn der österreichische Unternehmer dieser Abwicklung der Lieferung umgehend widerspricht und den Lieferanten auf die unrichtige UID hinweist.

Zu 2.:

Ist von einem innergemeinschaftlichen Erwerb im Sinne des Art. 3 Abs. 8 zweiter Satz UStG 1994 auszugehen, kann im Hinblick auf die vorstehenden Ausführungen eine nachträgliche Rechnungsberichtigung nicht dazu führen, dass er wegfällt; dies wird vielmehr erst dann der Fall sein, wenn die Besteuerung des innergemeinschaftlichen Erwerbs im Bestimmungsland nachgewiesen wird.

Art. 7 UStG 1994

Erklärung über die Beförderung von Waren in das übrige Gemeinschaftsgebiet

Finanzämter werden wiederholt um Bestätigung ersucht, dass selbst erstellte Formulare über die Beförderung von Waren in das übrige Gemeinschaftsgebiet den Voraussetzungen des § 2 Z 3 der Verordnung des BM für Finanzen über den Nachweis der Beförderung oder Versendung und den Buchnachweis bei innergemeinschaftlichen Lieferungen, BGBl. Nr. 401/1996 in der geltenden Fassung, entsprechen und mit diesen Formularen der Nachweis der Beförderung des Gegenstandes der innergemeinschaftlichen Lieferung in das übrige Gemeinschaftsgebiet erbracht werden kann.

Sollten solche selbst erstellten Formulare bestätigt werden?

Wird bei einer innergemeinschaftlichen Lieferung die Ware vom Lieferer, dem Abnehmer oder einem beauftragten (unselbständigen) Dritten in das Bestimmungsland befördert, ist ua. nach § 2 Z 3 der Verordnung, BGBl. Nr. 401/1996 in der geltenden Fassung, für die Inanspruchnahme der Steuerbefreiung im Sinne des Art. 7 UStG 1994 eine Empfangsbestätigung des Abnehmers oder seines Beauftragten oder in den Fällen der Beförderung des Gegenstandes durch den Abnehmer eine Erklärung des Abnehmers oder seines Beauftragten, dass er den Gegenstand in das übrige Gemeinschaftsgebiet befördern wird („Verbringungserklärung"), vorzulegen.

Weiters ist insbesondere bei Abholungen durch Beauftragte auch der Nachweis erforderlich, dass eine Person als Beauftragter für den Abnehmer handelt, und es muss die Identität des Abholenden ersichtlich sein sowie die jeweilige Funktion der einzelnen Handelnden in Bezug auf eine konkrete Lieferung eindeutig festgestellt werden können (siehe hierzu auch Umsatzsteuerprotokoll 2010). Empfangsbestätigungen bzw. Verbringungserklärungen müssen daher alle Informationen enthalten, die erforderlich

sind, um überprüfen und nachvollziehen zu können, dass die Tatbestandsvoraussetzungen einer bestimmten innergemeinschaftlichen Lieferung zum Zeitpunkt des Beginns der Warenbewegung bzw. mit Übergabe der Ware erfüllt waren.

Neben eindeutigen Angaben zu den am Liefergeschäft beteiligten Unternehmern, Art und Menge der Ware, dem Lieferdatum, dem Lieferort und dem Bestimmungsland müssen daher entsprechend umfassende Informationen zu den einzelnen Handelnden aus einer solchen Erklärung ersichtlich sein (zB Vollmacht).

Im Interesse einer bundeseinheitlichen Vorgangsweise wird die Finanzverwaltung fakultativ zu verwendende Muster für solche Empfangsbestätigungen oder Verbringungserklärungen zur Verfügung stellen und den UStR 2000 als Anhang anschließen, auf die von den Finanzämtern verwiesen werden kann. Daher werden selbst erstellte Formulare von den Finanzämtern nicht vorab bestätigt.

Art. 7 Abs. 4 und Art. 19 UStG 1994

Innergemeinschaftliche Lieferung eines neuen Kraftfahrzeuges

Ein österreichischer Pensionist (in der Folge: P) ist zu 100% Gesellschafter und auch Geschäftsführer einer in der Slowakei ansässigen Gesellschaft. Geschäftsgegenstand der Gesellschaft ist die Handelsvermittlung. Ein Büroraum wurde angemietet, das Unternehmen erzielt bei geringen Verlusten rund 30.000 Euro Umsatz pro Jahr. P hat seinen Hauptwohnsitz in Österreich und einen Nebenwohnsitz in Ungarn.

P bestellt bei einem österreichischen Fahrzeughändler ein neues hochpreisiges Kraftfahrzeug für das slowakische Unternehmen und gibt dessen UID bekannt. P übernimmt das Fahrzeug beim österreichischen Fahrzeughändler und bescheinigt diesem die Verbringung in die Slowakei. Die Überweisung des Kaufpreises erfolgt von einem slowakischen Konto, das auf das slowakische Unternehmen lautet. Es konnte ermittelt werden, dass der Betrag zur Begleichung des Kaufpreises zuvor von P auf das slowakische Konto einbezahlt wurde. Der österreichische Fahrzeughändler führt ein Bestätigungsverfahren der Stufe 2 durch, in dem die slowakische UID als gültig bestätigt wird. Sämtliche Servicearbeiten und Reparaturen werden vom österreichischen Fahrzeughändler erbracht.

P führt nach eigenen Angaben mit diesem Fahrzeug in Deutschland, Tschechien, der Slowakei und Ungarn Fahrten für das slowakische Unternehmen durch, führt aber kein Fahrtenbuch. Daneben nutzt P das Fahrzeug auch für private Fahrten, insbesondere in Österreich. Das Büro in der Slowakei wird in unregelmäßigen Abständen angefahren. Sollte ein mehrtägiger Aufenthalt in der Slowakei notwendig sein, erfolgt die Nächtigung am Zweitwohnsitz in Ungarn. Weiters konnte ermittelt werden, dass die unternehmerische Tätigkeit überwiegend von Österreich aus disponiert wird.

1. Hat P eine innergemeinschaftliche Lieferung vorgetäuscht?
2. Wenn ja, kann P gemäß Art. 7 Abs. 4 UStG 1994 als Abgabenschuldner in Anspruch genommen werden?

Zu 1.:

Nach dem Urteil des EuGH 18. 11. 2010, Rs C-84/09, *X*, kann die Einstufung eines Umsatzes als innergemeinschaftliche Lieferung oder innergemeinschaftlicher Erwerb nicht von der Einhaltung einer Frist abhängen, innerhalb derer die Beförderung des in Rede stehenden Gegenstands vom Liefermitgliedstaat in den Bestimmungsmitgliedstaat beginnen oder abgeschlossen sein muss. Im speziellen Fall des Erwerbs eines neuen Fahrzeuges im Sinne von Art. 2 Abs. 1 Buchstabe b Z ii der MwSt-RL 2006/112/EG hat die Bestimmung des innergemeinschaftlichen Charakters des Umsatzes im Wege einer umfassenden Beurteilung aller objektiven Umstände sowie der Absicht des Erwerbers zu erfolgen, sofern diese durch objektive Anhaltspunkte untermauert wird, anhand deren ermittelt werden kann, in welchem Mitgliedstaat die Endverwendung des betreffenden Gegenstands beabsichtigt ist.

Für die endgültige umsatzsteuerrechtliche Beurteilung ist somit maßgeblich, in welchem Mitgliedstaat der Verbrauch des Gegenstands beabsichtigt ist bzw. stattfindet, da dort die Besteuerung erfolgen soll. Aus den vorstehenden Sachverhaltsermittlungen ergibt sich, dass das Kraftfahrzeug nicht dauerhaft in der Slowakei, sondern vielmehr überwiegend in Österreich verwendet wird. Damit kann aber nicht davon ausgegangen werden, dass bei dieser Fahrzeuglieferung die Slowakei das Bestimmungsland ist, sondern vielmehr Österreich. An dieser Beurteilung können auch gelegentliche Fahrten in die Slowakei nichts ändern. Damit wurde der Liefergegenstand von P – entgegen seinen Angaben gegenüber dem Lieferer – auch nicht in einen anderen Mitgliedsstaat verbracht, sodass die Voraussetzungen einer steuerfreien innergemeinschaftlichen Lieferung im Sinne des Art. 7 UStG 1994 nicht erfüllt sind.

Zu 2.:

Sofern der liefernde Unternehmer auf Angaben des Abnehmers vertraut hat, die sich zwar nachträglich als unrichtig herausstellen, er dies aber trotz Einhaltung der ordnungsgemäßen kaufmännischen Sorgfaltspflicht nicht erkennen konnte, wird die auf die gegenständliche Lieferung entfallende Steuer nach Art. 7 Abs. 4 UStG 1994 nicht von ihm, sondern vom Abnehmer geschuldet.

Ein Vertrauensschutz im Sinne des Art. 7 Abs. 4 UStG 1994 liegt weiters aber nur dann vor, wenn die Nachweispflichten (formell) ordnungsgemäß erfüllt wurden (vgl. *Scheiner/Kolacny/Caganek*, Kommentar zur Mehrwertsteuer, Art. 7 Anm. 71 mHa. BFH 08. 11. 2007, V R 26/05). Auch die Prüfung der Identität des

USt-E

Abnehmers unter Einhaltung der ordnungsgemäßen kaufmännischen Sorgfaltspflicht ist dafür erforderlich.

Sofern diese Voraussetzungen im gegenständlichen Fall erfüllt sind, besteht für den österreichischen Lieferanten ein Vertrauensschutz im Sinne des Art. 7 Abs. 4 UStG 1994 und schuldet der Abnehmer die Umsatzsteuer.

Art. 1 Abs. 3 UStG 1994
(UStR 2000 Rz 3615 und Rz 3616)

Nutzung eines in Deutschland zugelassenen PKW durch eine österreichische Dienstnehmerin

Das deutsche Unternehmen (dU) ist in Österreich in Wien mit den Lohnabgaben und im Finanzamt Graz-Stadt hinsichtlich der Umsatzsteuer erfasst. Eine inländische Betriebsstätte ist nicht vorhanden. Bei der Dienstnehmerin (D) handelt es sich um eine österreichische Staatsbürgerin mit Hauptwohnsitz im Inland. Ihre Gebietsvertretung bezieht sich auf Westösterreich (Vorarlberg, Tirol, Salzburg, Oberösterreich). D wird seit Mai 2010 seitens des dU ein PKW zur Verfügung gestellt. Das dU ist Eigentümer des PKWs. Für die Privatnutzung des PKWs wird ein Sachbezug von 1,5% (520 Euro pro Monat) bei der Gehaltsabrechnung berücksichtigt. Service-, Reparatur- und Betankungskosten des Fahrzeugs werden vom dU getragen. Die Betankung erfolgt mit einer Tankkarte und wird direkt mit dem dU abgewickelt. D kann ständig über das Fahrzeug verfügen. Ein Fahrtenbuch wird nicht geführt. Über die Außendiensttätigkeit sind seitens D Wochenberichte zu verfassen und dem Dienstgeber zu übermitteln. Fahrten nach Deutschland zum Unternehmensstandort des dU sind seitens D nicht notwendig und wurden bis dato auch nicht vorgenommen. Laut Angaben von D ist diese nur in Österreich unterwegs.

Variante a): Bei den Fahrten nach Tirol bzw. Vorarlberg fährt D über das „deutsche Eck“, dh., D legt einen Teil der Strecke auf deutschem Staatsgebiet zurück (Durchfahrt). Weitere Fahrten nach Deutschland liegen nicht vor.

Variante b): Abgesehen von den Dienstfahrten nach Tirol bzw. Vorarlberg über das „deutsche Eck“ fährt D mit dem Pkw auch privat nach Deutschland (Urlaub, Shopping, usw.).

Liegt hier ein Verbringen im Sinne des Art. 1 Abs. 3 UStG 1994 vor?

Ein gleichgelagerter Fall ist im Umsatzsteuerprotokoll 2005 (siehe „Verbringung eines KFZ zur vorübergehenden Verwendung“) angeführt. Sachverhaltsmäßig liegt der wesentliche Unterschied darin, dass das Fahrzeug im gegenständlichen Fall im Inland nicht zum Verkehr zugelassen wird, sondern die Verwendung im Inland mit ausländischem (deutschem) Kennzeichen erfolgt. Über das Umsatzsteuerprotokoll 2005 hinaus stellt sich die Frage, ob Fahrten zwischen Salzburg und Tirol über das deutsche Eck (Variante a) bzw. kurzfristige Rückverbringungen nach Deutschland zu privaten Zwecken (Variante b) eine unterschiedliche Beurteilung zur Folge haben.

Wie bereits im Umsatzsteuerprotokoll 2005 ausgeführt, liegt grundsätzlich ein innergemeinschaftlicher Erwerb durch das dU in Österreich vor. Dieser läge allerdings dann nicht vor, wenn der Erwerb nur zu einer vorübergehenden Verwendung erfolgen würde. Nach Art. 1 Abs. 3 Z 1 lit. f UStG 1994 liegt eine vorübergehende Verwendung vor, wenn der Unternehmer den Gegenstand vorübergehend zur Ausführung einer sonstigen Leistung verwendet und der Unternehmer im Mitgliedstaat, von dem aus der Gegenstand verbracht wurde, einen Wohnsitz oder Sitz hat. Als vorübergehend im Sinne dieser Bestimmung kann eine Verwendung dann angesehen werden, wenn bereits beim Verbringen in das Inland aus den Umständen zu schließen ist, dass der Gegenstand vor weitgehendem Aufbrauchen seiner Substanz wieder in das übrige Gemeinschaftsgebiet zur Verfügung des Unternehmers zurückgebracht werden wird. Demgemäß lässt sich die vorübergehende Verwendung grundsätzlich nicht an absoluten Zeitgrenzen bestimmen (vgl. *Rau/Dürrwächter/Flick/Geist*, Umsatzsteuergesetz, Kommentar, Verlag Dr. Otto Schmidt KG, Köln, § 1a, Anm. 200). Auf Grund des Art. 1 Abs. 3 Z 1 lit. g UStG 1994 in Verbindung mit den darin verwiesenen zollrechtlichen Bestimmungen wird aber jedenfalls dann von einer nicht nur vorübergehenden Verwendung im Inland auszugehen sein, wenn der Gegenstand länger als 24 Monate im Inland genutzt wird (siehe bereits Umsatzsteuerprotokoll 2005). Die private Nutzungsmöglichkeit ist für sich allein betrachtet für die Anwendbarkeit des Art. 1 Abs. 3 Z 1 lit. f UStG 1994 nicht schädlich.

Nach Art. 1 Abs. 3 Z 1 lit. g UStG 1994 liegt eine vorübergehende Verwendung während höchstens 24 Monaten vor, wenn für die Einfuhr des gleichen Gegenstands aus einem Drittland im Hinblick auf eine vorübergehende Verwendung die Regelung über die vollständige Befreiung von Eingangsabgaben bei der vorübergehenden Einfuhr gelten würde. Nach den entsprechenden zollrechtlichen Bestimmungen (Art. 558 ff. ZK-DVO) ergibt sich, dass bei einem Straßenbeförderungsmittel dann eine vollständige Befreiung von den Einfuhrabgaben für die vorübergehende Verwendung im Gemeinschaftsgebiet gegeben sein kann, wenn das Beförderungsmittel außerhalb des Zollgebietes der Gemeinschaft auf den Namen einer außerhalb dieses Gebietes ansässigen Person amtlich zugelassen ist (vgl. bereits Umsatzsteuerprotokoll 2005). Dies trifft im vorliegenden Fall zu. Die vollständige Befreiung von den Einfuhrabgaben wird bewilligt, wenn Beförderungsmittel, die einer außerhalb des Zollgebiets der Gemeinschaft ansässigen Person gehören, von einer bei dieser Person angestellten oder anderweitig von ihr zur Verwendung ermächtigten natürlichen, im Zollgebiet der Gemeinschaft ansässigen Person gewerblich oder zum eigenen Gebrauch

verwendet werden sollen. Eigener Gebrauch ist gestattet, sofern er im Anstellungsvertrag vorgesehen ist (Art. 561 Abs. 2 ZK-DVO). Die Frist zur Beendigung der vorübergehenden Verwendung beträgt nach Art. 562 Buchstabe c ZK-DVO sechs Monate. Sowohl bei der Variante a) als auch bei der Variante b) wird diese sechsmonatige Frist durch jede Fahrt ins Ausland (Deutschland) unterbrochen und beginnt bei Wiedereintritt in das Inland neu zu laufen. Erfolgt mangels Auslandsfahrt keine Fristunterbrechung, gilt die Verbringung im Zeitpunkt des Fristablaufs als erfolgt bzw. der innergemeinschaftliche Erwerb durch das dU in diesem Zeitpunkt als bewirkt (Art. 1 Abs. 3 letzter Satz UStG 1994).

2/2/7.

Salzburger Steuerdialog 2013 – Ergebnisunterlage Umsatzsteuer

(Erlass des BMF vom 7. Oktober 2013, BMF-010219/0342-VI/4/2013)

1. Gemeinsamer Kauf einer Rübenerntemaschine durch mehrere Landwirte

1.1. Bezughabende Norm

§ 2 und § 12 UStG 1994, UStR 2000 Rz 181 und Rz 1804

1.2. Sachverhalt

Drei Landwirte A, B und C gründen eine GesbR und kaufen gemeinsam eine Rübenerntemaschine. Die Anschaffungskosten betragen 50.000 Euro (zuzüglich 20% USt) und werden von jedem Landwirt zu je 1/3 getragen. Die Landwirte bewirtschaften jeweils eigene landwirtschaftliche Betriebe, Landwirt A und B sind gemäß § 22 UStG 1994 pauschaliert, Landwirt C hat zur allgemeinen Steuerpflicht optiert. Die Rübenerntemaschine wird nur von den drei Landwirten genutzt, die dafür von der GesbR die tatsächlichen Kosten pro gefahrener Stunde (ohne AfA-Komponente) verrechnet bekommen.

Variante: Die Rübenerntemaschine wird sowohl an Dritte als auch an die drei Landwirte vermietet, die dafür ein Entgelt (tatsächliche Kosten/Stunde, mit AfA-Komponente plus 10% Gewinnaufschlag) an die GesbR zu entrichten haben. Entsprechende Inserate werden in lokalen Fachzeitungen geschaltet.

1.3. Fragestellung

1. Ist die GesbR Unternehmer iSd § 2 UStG 1994?
2. An wen ist die Eingangsrechnung zu fakturieren?
3. Wer ist aus der Eingangsrechnung zum Vorsteuerabzug berechtigt?

1.4. Lösung zu 1

Eine Personenvereinigung, die nur gegenüber ihren Mitgliedern tätig ist, kann bei Vorliegen der Voraussetzungen des § 2 UStG 1994 Unternehmer sein (UStR 2000 Rz 181).

Die Unternehmereigenschaft (wirtschaftliche Tätigkeit) ist laut EuGH jedoch zu verneinen, wenn die Tätigkeit nicht zur nachhaltigen Erzielung von Einnahmen ausgeübt wird. Dazu ist die Gesamtheit der Gegebenheiten des Einzelfalls zu betrachten. Als zu prüfende Kriterien stellt der EuGH u.a. einen Vergleich zwischen den Umständen, unter denen der Steuerpflichtige den Gegenstand tatsächlich nutzt, verglichen mit jenen, unter denen die entsprechende wirtschaftliche Tätigkeit gewöhnlich ausgeübt wird (Fremdvergleich) auf, aber auch die Zahl der Kunden sowie die Höhe der Einnahmen sind neben anderen Gesichtspunkten bei dieser Prüfung zu berücksichtigen (vgl. EuGH 26.9.1996, Rs C-230/94, Enkler). Auch das Verhalten des Leistenden, ob es zB von der Absicht der Unentgeltlichkeit, der Gefälligkeit, der familiären oder besonderen Nahebeziehung zum Kunden

geprägt ist, ist für die Beurteilung, ob eine wirtschaftliche Tätigkeit vorliegt, von Bedeutung (vgl. Ruppe/Achatz, UStG4, § 2 Tz 58).

Da die GesbR für die Nutzung der Rübenerntemaschine kein fremdübliches Entgelt verlangt und dies außerdem in der besonderen Nahebeziehung zum Kunden (Gesellschafter) begründet ist, ist im konkreten Fall mangels Einnahmenerzielungsabsicht die Unternehmereigenschaft der GesbR zu verneinen.

Variante:

Einnahmenerzielung und in weiterer Folge die Unternehmereigenschaft ist hingegen zu bejahen, wenn die Überlassung – wie in der Variante – zu fremdüblichen Konditionen erfolgt.

1.5. Lösung zu 2 und 3

Kommt der GesbR keine Unternehmereigenschaft zu, ist nicht die GesbR, sondern sind die einzelnen Gesellschafter (Landwirte) Empfänger der Leistung. Die Umsatzsteuer aus dem Ankauf des Investitionsgutes ist im Verhältnis zum Anteil jedes einzelnen Gesellschafters aufzuteilen und der Vorsteuerabzug gemäß den allgemeinen Regeln für jeden einzelnen Gesellschafter zu gewähren (vgl. EuGH 21.4.2005, Rs C-25/03, HE, sowie Ruppe/Achatz, UStG4, § 12 Tz 81).

Da C zur Steuerpflicht optiert hat, hat er das Recht, einen seinem Anteil entsprechenden Bruchteil (1/3 von 10.000 €) als Vorsteuer abzuziehen, wobei es unschädlich ist, wenn die Rechnung nicht auf seinen Namen, sondern auf die GesbR ausgestellt ist und wenn in der Rechnung der auf C entfallende Teilbetrag des Preises und der Umsatzsteuer nicht ausgewiesen sind (vgl. EuGH 21.4.2005, Rs C-25/03, HE). Bei den Landwirten A und B ist der Vorsteuerabzug gemäß § 22 UStG 1994 abpauschaliert.

Variante:

Ist die GesbR Unternehmer und tritt sie beim Leistungsbezug als solcher auf – wie in der Variante – dann ist die GesbR Leistungsempfängerin (und nicht die einzelnen Landwirte). Die Rechnung muss auf die GesbR ausgestellt werden und diese ist auch zum Vorsteuerabzug aus dem Kauf der Rübenerntemaschine berechtigt (vgl. Ruppe/Achatz, UStG4, § 12 Tz 82).

2. Leistungen eines Softwareentwicklers

2.1. Bezughabende Norm

§ 3a UStG 1994

2.2. Sachverhalt

Das amerikanische Unternehmen X betreibt einen Online-Software-Marktplatz, der es Benutzern von Smartphones und Tablets weltweit erlaubt, kostenpflichtige und kostenlose „Apps“ (englische Kurzform für Application = Computerprogramm) auf ihre Geräte zu laden.

Der österreichische Softwareentwickler Ö schloss mit X einen Vertrag, aufgrund dessen X den Vertrieb, die Bereitstellung der Anwendung, das Marketing, die Durchführung der Zahlungsabwicklung sowie die Rechnungslegung an die Endkunden hinsichtlich der von Ö entwickelten Apps als Vermittler für Ö übernimmt. Ö übermittelt die von ihm entwickelte App elektronisch an X, der diese prüft und in weitere Folge über seinen App Store (= digitale Vertriebsplattform von Anwendungssoftware) auf digitalem Weg (über Internet) zu einem von Ö festgelegten Preisniveau an Endkunden vertreibt.

In seinen AGBs gegenüber dem Endkunden weist X darauf hin, dass er als Vermittler tätig ist und es zu einem direkten Leistungsaustausch zwischen Ö und dem Endkunden kommt. Auf der Vertriebsplattform findet sich diesbezüglich kein ausdrücklicher Hinweis. Die Rechnungslegung an den Endkunden geschieht durch X. In diesen Rechnungen scheint der Name des Ö als Entwickler der App auf, es fehlt jedoch ein ausdrücklicher Hinweis, dass Ö der Leistende ist.

2.3. Fragestellung

X bezahlt 70% der mit den Apps erzielten Erlöse an Ö und behält 30% ein.

Wer erbringt dem Endkunden gegenüber die Leistung?

Wie sind die verschiedenen Leistungsbeziehungen umsatzsteuerrechtlich zu beurteilen?

2.4. Lösung

Leistungen sind demjenigen zuzurechnen, der sie im eigenen Namen erbringt (vgl. Melhardt/Tumpel, UStG, § 1 Anm. 80; Ruppe/Achatz, UStG4, § 1 Tz 258). Wer bei einem Umsatz als Leistender angesehen wird, ergibt sich aus dem Außenverhältnis (VwGH 31.1.2001, 97/13/0066). Auch bei über das Internet bezogenen kostenpflichtigen Leistungen ist das Außenverhältnis wesentlich, dh. das Auftreten des Betreibers einer Internetseite dem Nutzer gegenüber. Der Betreiber einer Internetseite, der kostenpflichtige Leistungen anbietet, ist grundsätzlich als derjenige zu behandeln, der die dort angebotenen Leistungen erbracht hat. Der Nutzer, der über das Internet eine kostenpflichtige Leistung abruft, will grundsätzlich nur mit dem Betreiber in Geschäftsbeziehungen treten. Ihm sind etwaige Vereinbarungen zwischen dem Betreiber und einem Dritten weder bekannt noch von Interesse (vgl. BFH vom 15.5.2012, XI R 16/10).

Nur wenn der Betreiber einer Internetseite in eindeutiger Weise vor oder bei dem Geschäftsabschluss zu erkennen gibt, dass er für einen anderen tätig wird, also im fremden Namen und für fremde Rechnung handelt, kann dessen Vermittlereigenschaft umsatzsteuerrechtlich anerkannt werden (vgl. BFH vom 15.5.2012, XI R 16/10).

Mangels solcher ausdrücklichen Hinweise ist X als Betreiber der Internetseite, über die die Endkunden die entsprechenden Apps erwerben und somit als Leistender anzusehen. X erbringt daher an die Endkunden eine elektronische Dienstleistung iSd § 3a Abs. 14 Z 14 UStG 1994, deren Leistungsort sich nach dem Empfängerort bestimmt (§ 3a Abs. 6 UStG 1994

bei Unternehmern, § 3a Abs. 13 lit. a UStG 1994 bei Nichtunternehmern mit Wohnsitz im Drittland oder § 3a Abs. 13 lit. b UStG 1994 bei Nichtunternehmern mit Wohnsitz in der EU).

Der Softwarehersteller Ö erbringt ebenfalls eine elektronische Dienstleistung an X, die gemäß § 3a Abs. 6 UStG 1994 am Empfängerort des X steuerbar ist.

3. Sachbezug PKW über die Grenze

3.1. Bezughabende Norm

§ 3a Abs. 2 und Abs. 12 Z 2 UStG 1994, UStR 2000 Rz 489

3.2. Sachverhalt

Ein deutscher Arbeitgeber beschäftigt einen Dienstnehmer mit Hauptwohnsitz in Österreich und stellt ihm ein Firmenfahrzeug (PKW, angeschafft in Deutschland mit Vorsteuerabzug) zur Verfügung. Dieses darf der Dienstnehmer auch für private Fahrten benützen (Sachbezug).

Der Dienstnehmer kehrt täglich nach Österreich zurück (zB Grenzgänger).

Variante: Der Dienstnehmer übernachtet fallweise bzw. von Montag bis Freitag in Deutschland.

3.3. Fragestellung

Muss sich der deutsche Arbeitgeber beim Finanzamt Graz-Stadt registrieren lassen und die monatliche Umsatzsteuer für den Sachbezug abführen?

3.4. Lösung

Sachzuwendungen des Arbeitgebers an seinen Arbeitnehmer, für die dieser einen Teil seiner Arbeitsleistung aufwendet, stellen einen tauschähnlichen Umsatz dar (siehe UStR 2000 Rz 489 sowie Ruppe/Achatz, UStG4, § 1 Tz 119 ff und § 3 Tz 185).

Von einer Entgeltlichkeit (tauschähnlichem Umsatz) kann ausgegangen werden, wenn das Fahrzeug dem Arbeitnehmer für eine gewisse Dauer und nicht nur gelegentlich zur Privatnutzung (zB aus besonderem Anlass) überlassen wird (vgl. dt. BMF-Schreiben vom 27. August 2004, GZ IV B 7-S7300-70/04).

Die Überlassung des Fahrzeuges stellt eine langfristige Vermietung eines Beförderungsmittels dar und richtet sich ab 1.1.2013 nach § 3a Abs. 12 Z 2 UStG 1994.

Für die Feststellung des Ortes der sonstigen Leistung ist gemäß § 3a Abs. 12 Z 2 erster Unterabsatz UStG 1994 der Wohnsitz bzw. der gewöhnlichen Aufenthalt des Arbeitnehmers ausschlaggebend. Hierbei werden die Begriffe Wohnsitz und gewöhnlicher Aufenthalt nach Art. 12 bzw. Art. 13 DVO 282/2011/EU definiert.

Gemäß Art. 13 der DVO 282/2011/EU bestimmt sich der gewöhnliche Aufenthaltsort nach den persönlichen Bindungen, die enge Beziehungen zwischen der natürlichen Person und einem Wohnort erkennen lassen. Der gewöhnliche Aufenthaltsort liegt daher im konkreten Fall (und auch bei der Variante) in Österreich.

Sofern der Arbeitgeber in Österreich keine Betriebsstätte hat und keine Umsätze aus der Nutzung eines im Inland gelegenen Grundbesitzes erzielt, ist für die Erhebung der Umsatzsteuer gemäß § 17 AVOG 2010 das Finanzamt Graz-Stadt zuständig. Der deutsche Unternehmer hat sich dort erfassen zu lassen und die Umsatzsteuer abzuführen.

4. Gutschein

4.1. Bezughabende Norm

§ 4 und § 16 UStG 1994, UStR 2000 Rz 652 und Rz 2394

4.2. Sachverhalt

Die Kunden eines österreichischen Unternehmers A erhalten beim Kauf eines bestimmten Produkts einen Gutschein für den Erwerb von näher bezeichneten Waren ihrer Wahl bei Vertragshändlern. Die Waren wurden von Dritten an die Vertragshändler verkauft. Die Ausstellung des Gutscheines erfolgt nach Abschluss des Kaufvertrags. Der Gutschein ist nummeriert und lautet auf einen bestimmten Betrag. Der Kunde kauft dann beim Vertragshändler einen Gegenstand, löst den Gutschein ein und zahlt nur den um den Gutschein verminderten Betrag. Der Vertragshändler meldet die Gutscheineinlösung an den österreichischen Unternehmer A und erhält dafür eine Gutschrift über den Gutschein-Nennwert.

Beispiel: Der Kunde kauft beim Vertragshändler einen Gegenstand um € 800 + € 160 USt. Der Kunde löst einen Gutschein lautend auf € 50 ein und bezahlt die restlichen € 910 bar. Der Vertragshändler meldet die Einlösung des Gutscheines an den österreichischen Unternehmer A und erhält eine sog. „Provisionsgutschrift“.

4.3. Fragestellung

Wie ist dieser Sachverhalt umsatzsteuerlich beim Vertragshändler bzw. beim österreichischen Unternehmer A zu beurteilen?

4.4. Lösung

Bei Lieferungen und sonstigen Leistungen (§ 1 Abs. 1 Z 1 UStG 1994) wird der Umsatz nach dem Entgelt bemessen. Entgelt ist alles, was der Empfänger einer Lieferung oder sonstigen Leistung aufzuwenden hat, um die Lieferung oder sonstige Leistung zu erhalten (Solleinnahme). Die Umsatzsteuer gehört nicht zur Bemessungsgrundlage (§ 4 Abs. 1 und Abs. 10 UStG 1994).

Die Kunden des österreichischen Unternehmers A wenden für den Kauf eines bestimmten Produkts den vereinbarten Kaufpreis auf. Soweit sie zusätzlich zur Ware noch einen Gutschein erhalten, haben sie weder zusätzlich zur Ware auch noch den Gutschein (zu einem Gesamtkaufpreis) gekauft noch einen Teil des in der Rechnung ausgewiesenen Kaufpreises für die Ware in Form des Gutscheins zurückerstattet bekommen (vgl. BFH 11.5.2006, V R 33/03, BStBl. II 2006, S 699).

Legt der Unternehmer der verkauften Ware ein Werbegeschenk oder einen sonstigen Gegen-

stand von geringem Wert bei, so berührt dies den vereinbarten Kaufpreis regelmäßig nicht; vielmehr ist das Werbegeschenk eine zusätzliche unentgeltliche Leistung. Eine Minderung des Entgelts für den Warenbezug liegt insoweit nicht vor. Dasselbe gilt, wenn der Ware im allgemeinen Werbeinteresse ein Gutschein beigelegt wird, der für Leistungen eines Dritten eingelöst werden kann (vgl. BFH 11.5.2006, V R 33/03, BStBl. II 2006, S 699 uVa EuGH 27.4.1999, Rs C-48/97, Kuwait Petroleum).

Die Ausgabe eines Gutscheins im Rahmen einer Werbemaßnahme, der einen Endabnehmer in die Lage versetzt, eine Leistung um den Nennwert des Gutscheins verbilligt zu erwerben, kann zu einer Minderung der Bemessungsgrundlage führen (UStR 2000 Rz 2394 uVa EuGH 24.10.1996, Rs C-317/94, Elida Gibbs, sowie EuGH 15.10.2002, Rs C-427/98, Kom/Deutschland). Eine Minderung der Bemessungsgrundlage kommt nicht in Betracht, wenn der mit dem eingelösten Gutschein verbundene finanzielle Aufwand vom Unternehmer aus allgemeinem Werbeinteresse getragen wird und nicht einem nachfolgenden Umsatz in der Leistungskette (Hersteller – Endabnehmer) zugeordnet werden kann (UStR 2000 Rz 2394 mit Beispielen).

Letzteres ist im vorliegenden Sachverhalt der Fall, da die Gutscheine nur den Kunden des österreichischen Unternehmers A berechtigen, näher bezeichnete Waren ihrer Wahl bei Vertragshändlern (außerhalb der Leistungskette) um den laut Gutschein verminderten Betrag zu erwerben. Die Zahlung des (Teil)Entgelts durch den österreichischen Unternehmer A an die Vertragshändler nach Einlösung der Gutscheine durch die Kunden führt beim österreichischen Unternehmer A nicht zu einer Minderung der Bemessungsgrundlage für die an die Kunden ausgeführten Leistungen.

Was die Lieferung des Vertragshändlers betrifft (Verkauf eines Gegenstands an den Kunden des österreichischen Unternehmers A unter Einlösung des Gutscheins), ist davon auszugehen, dass der Vertragshändler die Lieferung an den Kunden erbringt. Die Zahlungen des österreichischen Unternehmers A an die Vertragshändler sind aus der Sicht des Vertragshändlers als Entgelt von dritter Seite (für die an den Kunden ausgeführte Lieferung) zu betrachten. Ist der Kunde ein Unternehmer im Sinne des § 2 UStG 1994 und wird die Lieferung für sein Unternehmen ausgeführt, kann der Kunde bei Vorliegen der sonstigen gesetzlichen Voraussetzungen den Vorsteuerabzug hinsichtlich des Gesamtentgelts vornehmen. Voraussetzung hierbei ist, dass der Vertragshändler in der Rechnung das Gesamtentgelt und die darauf entfallende Umsatzsteuer (unter Einbeziehung des Entgelts von dritter Seite) ausweist (vgl. UStR 2000 Rz 1513). Der österreichische Unternehmer A ist hinsichtlich der Lieferung des Vertragshändlers an den Kunden hingegen nicht (auch nicht im Umfang des Entgelts von dritter Seite) zum Vorsteuerabzug berechtigt (vgl. EuGH 7.10.2010, Rs C-53/09 und C-55/09, Loyalty Management UK Ltd und Baxi Group Ltd).

5. Ausbildungslehrgänge für Sozial- und Lebensberater

5.1. Bezughabende Norm

§ 6 Abs. 1 Z 11 lit. a UStG 1994, UStR 2000 Rz 876

5.2. Sachverhalt

Private Bildungsinstitute bieten u.a. auch zwei- bis sechssemestrige Ausbildungslehrgänge für Lebens- und Sozialberater an (ca. 360 Unterrichtseinheiten). Die erfolgreiche Absolvierung des Lehrganges ist eine der Voraussetzungen für die Erlangung des Befähigungsnachweises für das gemäß § 94 Z 46 in Verbindung mit § 119 GewO 1994 reglementierte Gewerbe der „Lebens- und Sozialberatung“ (Berufsbezeichnung: „Diplom-Lebensberater/Diplom-Lebensberaterin“).

Ab 1.1.2013 gibt es in allen Bundesländern erstmals Listen der anerkannten Erwachsenenbildungsträger für berufsbezogene Weiterbildung. In diesen Listen sind auch Bildungsträger enthalten, die Ausbildungslehrgänge für Lebens- und Sozialberater anbieten. Solche Lehrgänge werden aber auch von nicht in der Liste registrierten Bildungseinrichtungen durchgeführt.

5.3. Fragestellung

Steht für Umsätze aus Ausbildungslehrgängen zum Lebens- und Sozialberater die Umsatzsteuerbefreiung des § 6 Abs. 1 Z 11 lit. a UStG 1994 zu?

Kann die Erfassung in einer Liste der anerkannten Bildungsträger für die berufsbezogene Weiterbildung als Entscheidungshilfe für die Beurteilung der Vergleichbarkeit mit öffentlichen Schulen herangezogen werden?

5.4. Lösung

Umsätze von privaten Schulen und anderen allgemein bildenden oder berufsbildenden Einrichtungen sind gemäß § 6 Abs. 1 Z 11 lit. a UStG 1994 von der Umsatzsteuer befreit, soweit es sich um die Vermittlung von Kenntnissen allgemein bildender oder berufsbildender Art oder der Berufsausübung dienender Fähigkeiten handelt und nachgewiesen werden kann, dass eine den öffentlichen Schulen bzw. Universitäten oder Fachhochschulen vergleichbare Tätigkeit ausgeübt wird.

Nach Ansicht des VwGH ist es für die Anwendung der Befreiungsbestimmung des § 6 Abs. 1 Z 11 lit. a UStG 1994 nicht erforderlich, dass die zu beurteilende Ausbildung tatsächlich auch von einer öffentlichen Schule bzw. Universität angeboten wird, zumal es – vor dem Hintergrund des Unionsrechts (vgl. Art. 132 Abs. 1 lit. i MwSt-RL 2006/112/EG) – gerechtfertigt ist, diese Befreiungsvorschrift im Hinblick auf ihren Zweck nicht eng auszulegen (vgl. VwGH 29.2.2012, 2009/13/0016, zu einer mehrsemestrigen, beruflichen Zusatzausbildung in der Theo-

rie und Methodik der Sensorischen Integrationstherapie, einer Zusatzqualifikation im Rahmen des Berufsfeldes der Ergotherapie). Nach UStR 2000 Rz 876 kann von einer Vergleichbarkeit mit öffentlichen Schulen ausgegangen werden, wenn eine aufgrund ausdrücklicher gesetzlicher Ermächtigung behördlich anerkannte und öffentlich kundgemachte Ausbildungseinrichtung privaten Rechts eine gesetzlich oder mittels Verordnung geregelte mehrsemestrige Berufsausbildung in vollem Umfang anbietet, wie zB Ausbildungseinrichtungen iSd § 23 Zivilrechts-Mediations-Gesetz, BGBl. I Nr. 29/2003 idgF, mit der Ausbildung zum eingetragenen Mediator (vgl. § 3 der Zivilrechts-Mediations-Ausbildungsverordnung, BGBl. II Nr. 47/2004 idgF). Dies gilt unabhängig davon, ob eine entsprechende Ausbildung tatsächlich von einer öffentlichen Schule bzw. Hochschule angeboten wird. Der beruflichen Fort- oder Weiterbildung dienende Bildungsleistungen derartiger Einrichtungen sind jedoch von der Steuerbefreiung ausgenommen (vgl. UStR 2000 Rz 876).

Gesetzliche Regelungen zum gemäß § 94 Z 46 GewO 1994 reglementierten Gewerbe – Sozial- und Lebensberater – finden sich in § 119 GewO 1994. Der Nachweis der fachlichen Qualifikation zum Antritt des Gewerbes der Lebens- und Sozialberatung ist in § 1 der Lebens- und Sozialberatungs-Verordnung, BGBl. II Nr. 140/2003, zuletzt geändert durch BGBl. II Nr. 112/2006, umfassend geregelt. Dazu gehört u.a. auch das Zeugnis über den erfolgreichen Abschluss des Lehrganges für Lebens- und Sozialberatung. Dieser Lehrgang muss gemäß § 5 Abs. 1 der VO an einer Ausbildungseinrichtung absolviert worden sein, deren Lehrgangsveranstaltung durch die beim Allgemeinen Fachverband des Gewerbes eingerichtete Zertifizierungsstelle (§ 119 Abs. 5 GewO 1994) genehmigt wurde. Diese Genehmigung ist auf Antrag bei Erfüllung aller im Gesetz taxativ aufgezählten Voraussetzungen (zB Nachweis der erforderlichen fachlichen Eignung der für die Lehrgangsveranstaltung verantwortlichen Personen und Vortragenden; Nachweis der Verfügbarkeit der zur Ausbildung erforderlichen Einrichtung und Ausstattung) zu erteilen. Zeugnisse über nicht genehmigte Lehrgänge sind bei der Anmeldung des Gewerbes nicht zu berücksichtigen.

Im Anhang zur Lebens- und Sozialberatungs-VO werden die Gegenstände des Lehrganges einschließlich der im betreffenden Gegenstand zu behandelnden Themen und die für den jeweiligen Gegenstand maßgebende Mindestanzahl von Stunden festgelegt. Demnach hat der Lehrgang insgesamt mindestens 584 Stunden in mindestens fünf Semestern zu umfassen. Die Ausbildungseinrichtung hat den Lernerfolg nachprüfbar schriftlich und mündlich zu prüfen.

Bei der Durchführung von Lehrgängen für Lebens- und Sozialberatung, die in vollem Umfang den Vorgaben der Lebens- und Sozialberatungs-Verordnung, BGBl. II Nr. 140/2003 idF BGBl. II Nr. 112/2006 entsprechen, durch eine gemäß § 119 Abs. 5 GewO 1994 zertifizierte Ausbildungseinrichtung kann davon ausgegangen werden, dass eine den öffentlichen Schulen vergleichbare Tätigkeit ausgeübt wird (vgl. UStR 2000 Rz 876). Die daraus erzielten Umsätze fallen daher unter die Steuerbefreiungen gemäß § 6 Abs. 1 Z 11 lit. a UStG 1994.

Die WKÖ veröffentlicht auf ihrer Homepage im Rahmen ihrer Informationen zur Berufsgruppe der Lebens- und Sozialberater eine Liste der gemäß § 119 Abs. 5 GewO 1994 zertifizierten und zur Abhaltung von Lehrgängen für Lebens- und Sozialberatung berechtigten Ausbildungseinrichtungen. Die in dieser Liste erfassten Lehrgangsanbieter können die Steuerbefreiung anwenden, wenn die für die Zertifizierung maßgeblichen Voraussetzungen (zB Ausbildungscurriculum mit den vorgeschriebenen Lehrinhalten) tatsächlich erfüllt werden.

Die Erfassung in anderen (allgemeineren) Listen über anerkannte Erwachsenenbildungsträger (zB ÖCert-Verzeichnis der Qualitätsanbieter) kann im Einzelfall zwar ein Anhaltspunkt für die Vergleichbarkeit mit öffentlichen Schulen sein (zB Akkreditierung bestimmter Qualitätsstandards bei den durchgeführten Bildungsveranstaltungen), ersetzt aber nicht die lehrgangsbezogene Beurteilung anhand der dargelegten Kriterien.

USt-E

6. Steuerschuld kraft Rechnungslegung

6.1. Bezughabende Norm

§ 6 Abs. 1 Z 27 und § 11 Abs. 12 UStG 1994

6.2. Sachverhalt

Ein unecht steuerbefreiter Kleinunternehmer stellt Umsatzsteuer in Rechnung. Da dem Kleinunternehmer vom Finanzamt keine UID-Nummer erteilt wurde, enthält die Rechnung keine UID-Nummer. Für den betreffenden Veranlagungszeitraum wurde bzw. wird vom Kleinunternehmer keine Optionserklärung gemäß § 6 Abs. 3 UStG 1994 abgegeben.

6.3. Fragestellung

Schuldet der Kleinunternehmer die Umsatzsteuer kraft Rechnungslegung oder liegt eine mangelhafte Rechnung vor, die eine Steuerschuld verhindert?

6.4. Lösung

Der Unternehmer schuldet für einen Umsatz grundsätzlich jenen Steuerbetrag, der sich bei Heranziehung des Entgeltes unter Anwendung des entsprechenden Steuersatzes ergibt. Hat der Unternehmer jedoch in einer Rechnung für eine tatsächlich ausgeführte Lieferung oder sonstige Leistung einen höheren Steuerbetrag ausgewiesen, so schuldet er diesen Betrag aufgrund der Rechnung gemäß § 11 Abs. 12 UStG 1994 (vgl. UStR 2000 Rz 1733).

Nach § 11 Abs. 1 Z 3 lit. i UStG 1994 idF AbgÄG 2012 hat eine Rechnung, soweit der Unternehmer im Inland Lieferungen oder sonstige

Leistungen erbringt, für die das Recht auf Vorsteuerabzug besteht, die dem Unternehmer vom Finanzamt erteilte Umsatzsteuer-Identifikationsnummer zu enthalten. Da der Kleinunternehmer keine Leistungen im Inland erbringt, für die das Recht auf Vorsteuerabzug besteht, ist die Angabe einer UID in einem solchen Fall auch kein notwendiges Rechnungsmerkmal. Die vom Kleinunternehmer ausgestellte Rechnung erfüllt somit alle Anforderungen des § 11 Abs. 1 UStG 1994 und weist unrichtig einen Umsatzsteuerbetrag aus, der aufgrund der erbrachten Leistung nicht geschuldet wird. Es kommt somit § 11 Abs. 12 UStG 1994 zur Anwendung. Der Kleinunternehmer schuldet den ausgewiesenen Betrag auf Grund der Rechnung, wenn er sie nicht gegenüber dem Abnehmer der Lieferung oder dem Empfänger der sonstigen Leistung entsprechend berichtigt.

7. Rückwechsel eines Land- und Forstwirts zur Pauschalbesteuerung bei aufrechtem Verzicht auf die Kleinunternehmerbefreiung

7.1. Bezughabende Norm

§ 6 Abs. 3 UStG 1994 und § 22 Abs. 6 UStG 1994

7.2. Sachverhalt

Ein pauschalierter Land- und Forstwirt optiert gemäß § 22 Abs. 6 UStG 1994 mit Wirkung ab 1.1.2008 zur Regelbesteuerung. Da seine Umsätze in den Jahren 2010 und 2011 die Kleinunternehmergrenze von € 30.000 unterschreiten, verzichtet er gemäß § 6 Abs. 3 UStG 1994 mit Wirkung ab 1.1.2010 auch auf die Anwendung der Kleinunternehmerbefreiung. Nach Ablauf der fünfjährigen Bindung gibt der Landwirt im Jänner 2013 beim Finanzamt eine schriftliche Widerrufserklärung iSd § 22 Abs. 6 UStG 1994 ab, aus der hervorgeht, dass er ab 1.1.2013 wieder in die Pauschalbesteuerung gemäß § 22 Abs. 1 bis Abs. 5 UStG 1994 wechseln möchte.

7.3. Fragestellung

Ist dieser Rückwechsel zur Durchschnittssatzbesteuerung trotz der noch nicht abgelaufenen fünfjährigen Bindung des Unternehmers an den Verzicht auf die Kleinunternehmerbefreiung zulässig?

7.4. Lösung

§ 22 UStG 1994 hat als Spezialregelung für nichtbuchführungspflichtige land- und forstwirtschaftliche Betriebe Vorrang vor der Kleinunternehmerbefreiung gemäß § 6 Abs. 1 Z 27 UStG 1994 (vgl. Ruppe/Achatz, UStG4, § 22 Tz 39/1). Auch wenn die im Rahmen eines land- und forstwirtschaftlichen Betriebes bewirkten Umsätze unter der Kleinunternehmergrenze liegen, kommt für sie daher die Pauschalbesteuerung nach § 22 Abs. 1 UStG 1994 zur Anwendung und der Landwirt darf Rechnungen mit Steuerausweis (Pauschalsteuersatz) ausstellen.

Hat der Unternehmer während der Regelbesteuerung auf die Anwendung der Kleinunternehmerbefreiung verzichtet und wechselt er in der Folge nach Ablauf der fünfjährigen Bindung gemäß § 22 Abs. 6 UStG 1994 fristgerecht wieder in die Pauschalbesteuerung zurück, entfaltet die aufgrund des Verzichtes auf die Kleinunternehmerbefreiung ausgelöste und im Zeitpunkt des Rückwechsels noch nicht abgelaufene fünfjährige Bindung (§ 6 Abs. 3 UStG 1994) somit hinsichtlich der land- und forstwirtschaftlichen Umsätze für die Zeiträume der Pauschalbesteuerung keine rechtliche Wirkung. Der entsprechend den Bestimmungen des § 22 Abs. 6 UStG 1994 erfolgende Widerruf der Optionserklärung mit Wirkung ab 1.1.2013 ist daher zulässig, obwohl die fünfjährige Bindung an den Verzicht auf die Anwendung der Kleinunternehmerbefreiung zu diesem Zeitpunkt noch nicht abgelaufen ist.

Wechselt der Unternehmer innerhalb dieser fünfjährigen Frist wiederum zur Besteuerung nach den allgemeinen Vorschriften (zB mit Wirkung ab 1.1.2014), entfaltet jedoch die Bindung an die – ab dem Veranlagungszeitraum 2010 rechtswirksame – Verzichtserklärung gemäß § 6 Abs. 3 UStG 1994 auch hinsichtlich der land- und forstwirtschaftlichen Umsätze wieder Wirksamkeit und gilt bis zum schriftlichen Widerruf durch den Unternehmer (im Beispiel frühestens mit Wirkung ab 1.1.2015 möglich) oder einem neuerlichen Wechsel zur Pauschalbesteuerung (im Beispiel frühestens mit Wirkung ab 1.1.2019 möglich).

Erzielt der Land- und Forstwirt auch Umsätze außerhalb seines land- und forstwirtschaftlichen Betriebes, die nach den allgemeinen Bestimmungen des UStG 1994 zu besteuern sind (zB Vermietung einer Eigentumswohnung), bleiben die Rechtsfolgen des § 6 Abs. 3 UStG 1994 für diese Umsätze – auch nach Rückkehr in die Pauschalierung nach § 22 UStG 1994 – uneingeschränkt aufrecht.

8. Schenkung und Einräumung des Fruchtgenusses

8.1. Bezughabende Norm

§ 11, § 12 Abs. 10 und Abs. 15 UStG 1994

8.2. Sachverhalt

Ein Alleineigentümer hat per 1.1.2013 eine Immobilie, die sowohl für die Erzielung von Vermietungsumsätzen als auch für private Wohnzwecke genutzt wird, an seine Kinder übertragen. Diese räumen ihrer Mutter (Ehegattin des vormaligen Alleineigentümers) hinsichtlich der vermieteten Liegenschaftsanteile ein lebenslängliches Fruchtgenussrecht ein. Sämtliche Aufwendungen und Ausgaben (insb. Instandsetzungen) iZm der Vermietung sind von der Fruchtgenussberechtigten zu tragen.

Die Vermietungen erfolgen einerseits für Wohnzwecke und anderseits für unternehmerische Zwecke an eine Psychologin, die selbst unecht befreite Umsätze ausführt, sowie an einen Verein (Kindergarten und Krabbelstube) mit steuerpflichtigen Umsätzen. Hinsichtlich der Vermietungsumsätze, die grundsätzlich gemäß § 6 Abs. 1 Z 16 UStG

1994 steuerbefreit wären, wurde vom bisherigen Alleineigentümer zur Umsatzsteuerpflicht optiert.

Dem Alleineigentümer wurde das Haus vor Jahren im Erbweg und durch Schenkung zugewendet.

8.3. Fragestellung

1. Ist eine Vorsteuerkorrektur gemäß § 12 Abs. 10 UStG 1994 für eventuell geltend gemachte Vorsteuern aus Herstellungs- und Anschaffungskosten oder Instandhaltungs- und Instandsetzungskosten vorzunehmen?
2. Wenn ja, kann man diese Korrektur an die Schenkungsnehmer (Kinder) weiter verrechnen oder muss man diese an die Fruchtgenussberechtigte verrechnen?
3. Liegen im Hinblick auf das 1. StabG 2012 neue Mietverhältnisse vor?
4. Wie sind die Dauerrechnungen für die Mieter, die Betriebskostenabrechnungen und die Aufwandsrechnungen für Instandhaltung, Reparaturen, Müllgebühren, Hausverwaltung etc. formell richtig auszustellen?

8.4. Lösung zu 1

Nach § 3 Abs. 2 UStG 1994 wird die Entnahme eines Gegenstandes durch einen Unternehmer aus seinem Unternehmen für Zwecke, die außerhalb des Unternehmens liegen, einer Lieferung gegen Entgelt gleichgestellt, wenn der Gegenstand oder seine Bestandteile zu einem vollen oder teilweisen Vorsteuerabzug berechtigt haben. Die Schenkung der Liegenschaft ist daher grundsätzlich ein steuerbarer Vorgang (vgl. UStR 2000 Rz 790). Dieser ist jedoch nach § 6 Abs. 1 Z 9 lit. a UStG 1994 unecht von der Umsatzsteuer befreit. Soweit Vorsteuerbeträge auf nachträgliche Anschaffungs- oder Herstellungskosten, aktivierungspflichtige Aufwendungen oder bei Gebäuden auch auf Kosten von Großreparaturen entfallen und abziehbar waren, ist innerhalb des Vorsteuerberichtigungszeitraumes des § 12 Abs. 10 ff UStG 1994 eine Vorsteuerberichtigung vorzunehmen.

8.5. Lösung zu 2

Eine Vorsteuerberichtigung, die wegen steuerfreiem Eigenverbrauch bzw. ab 1. Mai 2004 wegen einem nicht steuerbaren Eigenverbrauch eines vorher zur Ausführung nicht unecht befreiter Umsätze verwendeten Grundstückes vorzunehmen ist, darf nicht nach § 12 Abs. 15 UStG 1994 in Rechnung gestellt werden, weil diese nicht für, sondern nur mittelbar wegen des Eigenverbrauches geschuldet wird (UStR 2000 Rz 2152).

Zwar ist auch bei einem gemäß § 6 Abs. 1 Z 9 lit. a UStG 1994 steuerfreien Entnahmeeigenverbrauch nach § 3 Abs. 2 UStG 1994 eine Option nach § 6 Abs. 2 UStG 1994 zur Steuerpflicht möglich (siehe UStR 2000 Rz 797), doch wäre auch in diesem Fall eine Weiterleitung der aufgrund der steuerpflichtigen Entnahme geschuldeten Umsatzsteuer nicht zulässig. Nach § 12 Abs. 15 UStG 1994 ist ein Unternehmer berechtigt, dem Empfänger einen für eine Entnahme gemäß § 3 Abs. 2 UStG 1994 geschuldeten Steuerbetrag gesondert in Rechnung zu stellen, wenn er diese an einen anderen Unternehmer für dessen Unternehmen erbringt. Im vorliegenden Fall erfolgt die Entnahme jedoch für die Kinder, die das Gebäude selbst nicht unternehmerisch nutzen und die Schenkung daher jedenfalls nicht im Rahmen ihres Unternehmens beziehen. Eine Steuerweiterleitung an die Entnahmebegünstigten ist daher beim vorliegenden Sachverhalt ausgeschlossen.

8.6. Lösung zu 3

Nach UStR 2000 Rz 899c ist die Neuregelung auf Miet- und Pachtverhältnisse anzuwenden, die nach dem 31. August 2012 beginnen. Maßgeblich ist nicht der Zeitpunkt des Vertragsabschlusses, sondern die faktische Begründung des Miet- bzw. Pachtverhältnisses, somit die tatsächliche Innutzungnahme des Gebäudes bzw. Gebäudeteiles. Ein Wechsel auf Mieter- oder Vermieterseite begründet für Umsatzsteuerzwecke ein neues Miet- bzw. Pachtverhältnis. Dies gilt mangels Unternehmeridentität auch dann, wenn der Wechsel im Zuge einer nicht steuerbaren Rechtsnachfolge (zB Erbfolge, Umgründung) erfolgt.

§ 6 Abs. 2 UStG 1994 idF 1. StabG 2012 ist daher anzuwenden. Die Fruchtgenussberechtigte kann als nunmehrige Vermieterin hinsichtlich des Mietverhältnisses mit der Psychologin nur dann zur Steuerpflicht optieren, wenn diese den angemieteten Gebäudeteil nahezu ausschließlich (zu mindestens 95 %) für Umsätze verwendet, die den Vorsteuerabzug nicht ausschließen.

8.7. Lösung zu 4

Vermieterin ist die Fruchtgenussberechtigte. Diese hat die Rechnungen im eigenen Namen nach den allgemeinen Bestimmungen auszustellen. Hinsichtlich allfälliger Dauerrechnungen ist auf UStR 2000 Rz 1524a zu verweisen. Demnach kann der Vorsteuerabzug abweichend vom allgemeinen Grundsatz, dass nach der Leistungserbringung begrifflich keine Anzahlungen mehr möglich sind, entsprechend den geleisteten Zahlungen in sinngemäßer Anwendung des § 12 Abs. 1 Z 1 zweiter Satz UStG 1994 vorgenommen werden, wenn bei Miet-, Pacht-, Wartungs- oder ähnlichen Leistungen Entgelte und die darauf entfallenden Steuerbeträge für zukünftige Leistungen in Rechnung gestellt werden.

Ein Vorsteuerabzug ohne Zahlung auf Grund einer solchen Rechnung ist in diesen Fällen nicht zulässig. Weiters kann bei Anzahlungsrechnungen betreffend die genannten Leistungen die Angabe des Leistungszeitraumes auch in der Weise erfolgen, dass der Beginn des Leistungszeitraumes mit dem Zusatz angeführt wird, dass die Vorschreibung (= Anzahlungsrechnung) bis zum Ergehen einer neuen Vorschreibung gilt.

9. Dreiecksgeschäft nach Einfuhr aus Drittland

9.1. Bezughabende Norm

§ 3 Abs. 7, § 3 Abs. 8, § 3 Abs. 9, Art. 1, Art. 3 und Art. 25 UStG 1994

9.2. Sachverhalt

Der russische Produzent (RUS) vereinbart mit dem niederländischen Großhändler NL die Lieferung einer Ware unter der Lieferkondition „verzollt und versteuert".

NL hat seinerseits noch vor Beginn des Warentransports mit seinem Abnehmer, dem Einzelhändler D in Deutschland, die Weiterlieferung dieser Ware vereinbart.

Die Ware wird im Auftrag des russischen Herstellers RUS direkt an den letzten Abnehmer D nach Deutschland versendet.

Der russische Unternehmer RUS erteilt den Auftrag zur zollrechtlichen Abfertigung der Ware für den freien Verkehr in Österreich. RUS ist beim FA Graz Stadt umsatzsteuerlich erfasst und verfügt über eine österreichische UID.

Variante 1:

Der russische Produzent (RUS) vereinbart mit dem österreichischen Großhändler Ö die Lieferung einer Ware unter der Lieferkondition „verzollt und versteuert".

Ö hat seinerseits noch vor Beginn des Warentransports mit seinem Abnehmer, dem Einzelhändler NL in den Niederlanden, die Weiterlieferung dieser Ware vereinbart.

Die Ware wird im Auftrag des russischen Herstellers RUS direkt an den letzten Abnehmer NL in die Niederlande versendet.

Der russische Unternehmer RUS erteilt den Auftrag zur zollrechtlichen Abfertigung der Ware für den freien Verkehr in Deutschland. RUS ist in Deutschland umsatzsteuerlich erfasst und verfügt über eine deutsche UID.

Variante 2:

Der russische Produzent (RUS) vereinbart mit dem niederländischen Großhändler NL die Lieferung einer Ware unter der Lieferkondition „verzollt und versteuert".

NL hat seinerseits noch vor Beginn des Warentransports mit seinem Abnehmer, dem Einzelhändler Ö in Österreich, die Weiterlieferung dieser Ware vereinbart.

Die Ware wird im Auftrag des russischen Herstellers RUS direkt an den letzten Abnehmer Ö nach Österreich versendet.

Der russische Unternehmer RUS erteilt den Auftrag zur zollrechtlichen Abfertigung der Ware für den freien Verkehr in Deutschland. RUS ist in Deutschland umsatzsteuerlich erfasst und verfügt über eine deutsche UID.

9.3. Fragestellung

Wie sind der Ausgangssachverhalt und die beiden Varianten zu beurteilen?

Kann gegebenenfalls bei Vorliegen der übrigen Voraussetzungen die Dreiecksgeschäftsregelung iSd Art. 25 UStG 1994 für Ö

- als Erwerber
- als Empfänger

zur Anwendung gelangen?

9.4. Lösung

Im Ausgangssachverhalt sowie den Varianten liegen Reihengeschäfte vor, da mehrere Unternehmer Umsatzgeschäfte über jeweils denselben Liefergegenstand abschließen und dabei der Liefergegenstand im Rahmen der Beförderung oder Versendung unmittelbar vom ersten Lieferer an den letzten Abnehmer gelangt. Dabei ist zu beachten, dass die Versendung oder Beförderung (Warenbewegung) nur einer der beiden Lieferungen zugeordnet werden kann (zu Reihengeschäften siehe auch EuGH 06.04.2006, Rs C-245/04, EMAG Handel Eder, sowie UStR 2000 Rz 450).

Da RUS den Versendungsauftrag erteilt hat, kann die Warenbewegung der ersten Lieferung (RUS –> NL) zugeordnet werden. Damit ist die zweite Lieferung (NL –> D) eine ruhende Lieferung, bei der sich der Lieferort dort befindet, wo dem letzten Abnehmer D tatsächlich die Verfügungsmacht über die Waren verschafft wird (iSd § 3 Abs. 7 UStG 1994).

Die Lieferkondition „verzollt und versteuert" ist ein Indiz dafür, dass sich der Lieferort für die Lieferung des RUS an NL iSd § 3 Abs. 9 UStG 1994 nach Österreich verlagert, maßgeblich hierfür ist jedoch – unabhängig von den Lieferkonditionen – wer nach den zollrechtlichen Vorschriften Schuldner der Einfuhrumsatzsteuer ist (siehe UStR 2000 Rz 466).

Zufolge UStR 2000 Rz 466 letzter Absatz kann weiters in den Fällen des Reihengeschäftes eine Verlagerung des Lieferortes nach § 3 Abs. 9 UStG 1994 nur für die Beförderungs- oder Versendungslieferung (§ 3 Abs. 8 UStG 1994) in Betracht kommen. Diese Voraussetzung ist im gegenständlichen Fall für die Lieferung des RUS an NL erfüllt.

Wird RUS Schuldner der EUSt, befindet sich der Ort seiner Lieferung gemäß § 3 Abs. 9 UStG 1994 in Österreich. Diese Lieferung des RUS ist gleichzeitig eine innergemeinschaftliche Lieferung, da die Warenbewegung in einem anderen Mitgliedstaat endet; dass der Lieferort gemäß § 3 Abs. 9 UStG 1994 nach Österreich verlagert wurde, steht dem nicht entgegen (siehe auch UStR 2000 Rz 3982). Die innergemeinschaftliche Lieferung des RUS kann bei Vorliegen der Voraussetzungen des Art. 7 UStG 1994 steuerfrei sein. Der innergemeinschaftlichen Lieferung des RUS steht ein innergemeinschaftlicher Erwerb des NL in Deutschland gegenüber, da dort die Warenbewegung an ihn endet (Art. 40 MwSt-RL 2006/112/EG, bzw. für den österreichischen Rechtsbereich Art. 3 Abs. 8 erster Satz UStG 1994).

Da die zweite Lieferung in diesem Reihengeschäft die so genannte „ruhende Lieferung" ist, liefert NL mit Verschaffung der Verfügungsmacht an D in Deutschland.

Für NL wären mit dem innergemeinschaftlichen Erwerb und der in Deutschland steuerbaren ruhenden Lieferung grundsätzlich Registrierungs- und Meldepflichten verbunden. Für solche Reihengeschäfte mit drei Unternehmern in drei verschiedenen Mitgliedstaaten erlaubt die so genannte „Dreiecksgeschäftsregelung" Vereinfachungen. Unionsrechtliche Rechtsgrundlage ist die RL 92/111/EWG des Rates vom 14. 12. 1992 (1. Vereinfachungs-RL), die Vereinfachungsregelung sieht für den mittleren und den letzten an einem solchen Reihengeschäft beteiligten Unternehmer besondere Erklärungs-, Melde- und Rechnungslegungspflichten vor, um dem mittleren Unternehmer eine Registrierung im Bestimmungsland der Waren zu ersparen.

Die entsprechende Regelung für den österreichischen Rechtsbereich befindet sich in Art. 25 UStG 1994. Diese Vorschrift enthält im Wesentlichen neben einer Definition des Dreiecksgeschäfts Sondervorschriften für den mittleren Unternehmer (den Erwerber) sowie die Bestimmung, dass der letzte Unternehmer in der Reihe (der Empfänger) Steuerschuldner für die zweite Lieferung wird.

Im gegenständlichen Reihengeschäft ist Österreich der Abgangsstaat der Waren, der in Österreich steuerbare Umsatz ist die innergemeinschaftliche Lieferung des ersten Lieferers (RUS). Maßgeblich für die Beurteilung dieser innergemeinschaftlichen Lieferung und einer allfälligen Steuerbefreiung ist insbesondere Art. 7 UStG 1994, da Art. 25 UStG 1994 keine Sonderbestimmung für den ersten Lieferer eines Dreiecksgeschäfts enthält.

Die Voraussetzungen für das Vorliegen einer allfälligen Steuerbefreiung ergeben sich somit lediglich aus Art. 7 UStG 1994. Wie bereits zuvor ausgeführt, ist der Umstand, dass die Waren zuvor aus dem Drittland eingeführt worden sind, nicht schädlich für die Steuerbefreiung. Auch der bei innergemeinschaftlichen Lieferungen generell hinsichtlich der Zusammenfassenden Meldungen zu beachtende Art. 21 UStG 1994 sieht keine Sonderbestimmungen für den ersten Lieferer in einem solchen Reihengeschäft vor.

Die Beurteilung der weiteren Umsätze in diesem Reihengeschäft fällt in die Zuständigkeit der ebenfalls beteiligten Mitgliedstaaten, somit jedenfalls in die Zuständigkeit der deutschen Finanzverwaltung und – sofern NL mit seiner niederländischen UID auftritt und dadurch einen innergemeinschaftlichen Erwerb iSd Art. 41 Abs. 1 MwSt-RL 2006/112/EG (in Österreich: Art. 3 Abs. 8 zweiter Satz UStG 1994) bewirkt – der niederländischen Finanzverwaltung.

Variante 1:

Da RUS den Versendungsauftrag erteilt hat, kann die Warenbewegung der ersten Lieferung (RUS → Ö) zugeordnet werden. Damit ist die zweite Lieferung (Ö → NL) eine ruhende Lieferung, bei der sich der Lieferort dort befindet, wo dem letzten Abnehmer NL tatsächlich die Verfügungsmacht über die Waren verschafft wird (iSd § 3 Abs. 7 UStG 1994).

Die Lieferkondition „verzollt und versteuert" ist hier ein Indiz dafür, dass sich bei der Lieferung des RUS an Ö der Lieferort nach Deutschland verlagert; zufolge § 3 Abs. 8 des deutschen UStG, einer inhaltlich mit § 3 Abs. 9 UStG 1994 vergleichbaren Bestimmung, ist dies grundsätzlich möglich. Für die weitere Beurteilung wird daher unterstellt, dass die Lieferung des RUS an Ö tatsächlich in Deutschland steuerbar ist.

Wie im Ausgangssachverhalt ist die Lieferung des RUS gleichzeitig eine innergemeinschaftliche Lieferung, da die Warenbewegung in einem anderen Mitgliedstaat, nämlich den Niederlanden, endet; die innergemeinschaftliche Lieferung des RUS an Ö kann bei Vorliegen der nach dem deutschen UStG hierfür vorgesehenen Voraussetzungen steuerfrei sein. Der innergemeinschaftlichen Lieferung des RUS steht ein innergemeinschaftlicher Erwerb des Ö in den Niederlanden gegenüber, da hier die Warenbewegung an ihn endet (Art. 40 MwSt-RL 2006/112/EG; bzw. aus österreichischer Sicht iSd Art. 3 Abs. 8 erster Satz UStG 1994).

Da die zweite Lieferung in diesem Reihengeschäft die so genannte „ruhende Lieferung" ist, liefert weiters Ö mit Verschaffung der Verfügungsmacht an NL in den Niederlanden.

Für Ö – als mittlerem Unternehmer in diesem Reihengeschäft – wären mit dem innergemeinschaftlichen Erwerb und der in den Niederlanden steuerbaren ruhenden Lieferung grundsätzlich Registrierungs- und Meldepflichten verbunden (siehe oben).

Tritt Ö außerdem unter seiner österreichischen UID auf, bewirkt er zufolge Art. 3 Abs. 8 zweiter Satz UStG 1994 auch in Österreich einen innergemeinschaftlichen Erwerb.

Weist Ö jedoch iSd Art. 25 Abs. 2 und Abs. 6 UStG 1994 das Vorliegen eines Dreiecksgeschäftes iSd Art. 25 UStG 1994 nach und dass er seinen dort geregelten Erklärungspflichten nachgekommen ist, gilt dieser innergemeinschaftliche Erwerb in Österreich als besteuert. Weiters sieht die (unionsrechtliche) Vereinfachungsregelung vor, dass bei entsprechender Vorgangsweise eine Registrierung im Bestimmungsmitgliedstaat vermieden wird (siehe oben bzw. UStR 2000 Rz 4292).

Aus Art. 25 Abs. 1, Abs. 2, Abs. 4 und Abs. 6 UStG 1994, die die Voraussetzungen für die Vereinfachung für den Fall regeln, dass ein Unternehmer mit österreichischer UID der mittlere Unternehmer (Erwerber) in einem Dreiecksgeschäft ist, ergeben sich keine Einschränkungen dahingehend, dass die in Deutschland steuerbar gelieferten Waren nicht zuvor aus einem Drittland eingeführt worden sein durften. Die

USt-E

für den österreichischen Erwerber in diesem Reihengeschäft maßgeblichen Vorschriften iSd Art. 25 UStG 1994 können daher beim Vorliegen aller weiteren Voraussetzungen zur Anwendung gelangen.

Variante 2:

Die umsatzsteuerrechtliche Beurteilung entspricht Variante 1 mit dem Unterschied, dass aufgrund der in Österreich endenden Warenbewegung sowohl der innergemeinschaftliche Erwerb iSd Art. 3 Abs. 8 erster Satz UStG 1994 als auch die anschließende ruhende Lieferung in Österreich bewirkt werden. Sofern NL unter einer niederländischen UID auftritt, ergibt sich für ihn ein innergemeinschaftlicher Erwerb iSd Art. 41 Abs. 1 MwSt-RL 2006/112/EG (in Österreich: Art. 3 Abs. 8 zweiter Satz UStG 1994), für dessen Beurteilung die niederländische Finanzverwaltung zuständig ist. Es kann aber grundsätzlich davon ausgegangen werden, dass die Niederlande die nach dem Unionsrecht vorgesehenen Vereinfachungsregelungen für Dreiecksgeschäfte ebenfalls umgesetzt haben.

Liegt der Lieferort der zweiten, ruhenden Lieferung in einem Reihengeschäft mit drei verschiedenen Unternehmern in drei verschiedenen Mitgliedstaaten in Österreich und sind auch sonst alle Voraussetzungen für die vereinfachende Dreiecksgeschäftsregelung erfüllt (insbesondere Erklärungs-, Melde- und Rechnungslegungspflichten des mittleren Unternehmers), geht zufolge Art. 25 Abs. 5 UStG 1994 die Steuerschuld für diese Lieferung auf den letzten Abnehmer Ö über. Weiters muss Ö diese Umsätze, für die er die Steuer schuldet, in seiner Umsatzsteuererklärung bekanntgeben (Art. 25 Abs. 7 UStG 1994).

Da sich auch aus diesen Regelungen keine Einschränkungen dahingehend ergeben, dass die gelieferten Gegenstände nicht zuvor aus einem Drittland eingeführt worden sein durften, steht der Anwendung der Dreiecksgeschäftsregelung iSd Art. 25 UStG 1994 für den österreichischen Letztabnehmer (Empfänger) beim Vorliegen aller weiteren Voraussetzungen nichts entgegen.

10. UID von Briefkastenfirmen

10.1. Bezughabende Norm

Art. 28 UStG 1994 (UStR 2000 Rz 4344)

10.2. Sachverhalt

Im Zuge einer Betriebsprüfung wird festgestellt, dass ein Unternehmer, der in der Mitte einer Fakturenkette von Reihengeschäften oder sonstigen Leistungen tätig wird, an der beim Finanzamt angegebenen Sitz-Adresse keine Tätigkeit ausübt.

Konkret ergeben die Ermittlungen, dass diese Adresse von dutzenden Gesellschaften, die dort über keine eigenen Büroräume, über keine geeigneten Telefon- und Telefaxanschlüsse, über kein eigenes Personal und keinen Geschäftsbetrieb verfügen, als Sitz-Adresse bekannt gegeben wird (Briefkastenfirmen).

Bei der in Prüfung befindlichen Gesellschaft handelt es sich jedenfalls nicht um eine Scheinfirma. Allerdings konnte nicht ermittelt werden, wo die Tätigkeit tatsächlich ausgeübt wird.

Die Abrechnung über die erbrachten Leistungen (steuerfreie ig Lieferungen bzw. am Empfängerort steuerbare sonstige Leistungen) erfolgt ohne Ausweis der österreichischen Umsatzsteuer.

10.3. Fragestellung

Kann die Feststellung der Betriebsprüfung, dass es sich bei der angegebenen Adresse nur um eine „Briefkastenadresse" handelt, zu einer Aberkennung der UID führen?

10.4. Lösung

Nach Art. 28 UStG 1994 ist der Bescheid über die Erteilung der Umsatzsteuer-Identifikationsnummer zurückzunehmen, wenn sich die tatsächlichen oder rechtlichen Verhältnisse geändert haben, die für die Erteilung der Umsatzsteuer-Identifikationsnummer maßgebend gewesen sind oder wenn das Vorhandensein dieser Verhältnisse zu Unrecht angenommen worden ist. Der Unternehmer ist verpflichtet, jede Änderung der tatsächlichen oder rechtlichen Verhältnisse, die für die Erteilung der Umsatzsteuer-Identifikationsnummer maßgebend gewesen sind, insbesondere die Aufgabe seiner unternehmerischen Tätigkeit, dem Finanzamt binnen eines Kalendermonats anzuzeigen.

Voraussetzung für die Erteilung einer UID ist eine – etwa für das UID-Bestätigungsverfahren notwendige – Anschrift (vgl. etwa Art. 31 Abs. 2 VO 904/2010/EU; Art. 18 Abs. 1 lit. a DVO 282/2011/EU; Art. 28 UStG 1994).

Der Gesetzgeber verwendet sowohl in der Bestimmung des § 11 Abs. 1 Z 3 UStG 1994 als auch in Art. 28 UStG 1994 den Begriff Anschrift, sodass davon ausgegangen werden kann, dass diesem Begriff derselbe Inhalt beizumessen ist. In Anlehnung an die ständige Judikatur zu den Rechnungsmerkmalen des § 11 UStG 1994 kann eine angegebene existierende Adresse, an der keine Geschäftstätigkeit entfaltet wird, keine wirksame Anschrift des Unternehmers darstellen (vgl. VwGH 1.6.2006, 2002/15/0147; VwGH 1.6.2006, 2004/15/0069; VwGH 24.2.2010, 2005/13/0006 jeweils zum Rechnungsmerkmal „Anschrift des leistenden Unternehmers"). Diese Interpretation entspricht auch dem Sinn und Zweck der unionsrechtlichen Vorgaben (so ist etwa gemäß Titel XI Kapitel 2 der MwSt-RL 2006/112/EG die Identifikation des Steuerpflichtigen erforderlich; weiters ist gemäß Kapitel V Abschnitt 4 Unterabschnitt 3 DVO 282/2011/EU die UID in bestimmten Fällen Indiz für den Leistungsort). Auch laut UFS 29.1.2007, RV/2180-W/05 handelt es sich bei einer bloßen Zustelladresse um keine Anschrift iSd § 11 Abs. 1 Z 1 UStG 1994.

Aus all dem ergibt sich somit, dass die Feststellung, dass es sich bei der angegebenen Adresse nur um eine „Briefkastenadresse" handelt, dazu führt, dass die tatsächlichen Verhältnisse

von Anfang an gegen die Vergabe einer UID sprechen bzw. dies zu einer Aberkennung der UID führen kann, weil das Vorhandensein dieser Verhältnisse entsprechend der gesetzlichen Regelung des Art. 28 Abs. 1 letzter Unterabsatz UStG 1994 zu Unrecht angenommen worden ist.

2/2/8.

Salzburger Steuerdialog 2014 – Ergebnisunterlage Umsatzsteuer

(Erlass des BMF vom 2. Oktober 2014, BMF-010219/0403-VI/4/2014)

1. § 3 Abs. 7 und Abs. 8 UStG 1994 (UStR 2000 Rz 450)

1.1. Reihengeschäft – Zuordnung der bewegten Lieferung

1.1.1. Sachverhalt

Ein Unternehmer in Slowenien (SLO) bestellt eine Maschine bei einem Schweizer Unternehmen (CH), CH bestellt diese Maschine beim Unternehmer in Österreich (Ö), dieser wiederum beim Hersteller in Großbritannien (GB).

CH hat in Österreich keine Betriebsstätte, tritt jedoch mit österreichischer UID auf.

GB versendet die Maschine an Ö in dessen Lager in Österreich.

Zwei Tage später veranlasst CH den Weitertransport der Maschine von diesem Lager aus an SLO.

Da die Versendung der Maschine durch GB an Ö in Österreich endet und CH davon unabhängig den Transport der Maschine von Österreich nach Slowenien veranlasst, steht unbestritten fest, dass keine einheitliche Warenbewegung vorliegt.

Variante 1: CH hat ein eigenes Lager in Österreich. GB versendet die Maschine im Auftrag des Ö in das Lager des CH.

Variante 2: CH hat kein eigenes Lager in Österreich, zahlt aber für die Lagerung von Ware im Lager des Ö an diesen ein laufendes Entgelt und hat freie Verfügung über das Lager, bzw. freien Zugang. Überdies wurde zwischen CH und Ö vereinbart, dass CH das Risiko und die Kosten für jene Waren trägt, die für ihn in das Lager des Ö eingeliefert werden. GB versendet die Maschine im Auftrag des Ö in das Lager des Ö.

Kann sowohl beim Ausgangsachverhalt als auch bei den beiden Sachverhaltsvarianten auf Grund der Tatsache, dass die Maschine von GB nach Österreich versendet wird, von einer unmittelbaren Warenbewegung von GB zu CH und damit von einem Reihengeschäft ausgegangen werden?

Wenn ja, welche Nachweise können verlangt werden bzw. welche Kriterien sind dafür maßgeblich (Gefahrenübergang, Transportpapiere)?

1.1.2. Lösung

Ein Reihengeschäft liegt vor, wenn mehrere Unternehmer über denselben Gegenstand Umsatzgeschäfte abschließen, bei denen dieser Gegenstand im Rahmen der Beförderung oder Versendung unmittelbar vom ersten Unternehmer an den letzten Abnehmer gelangt. Zu beachten ist, dass die Umsätze (gedanklich) zeitlich hintereinander stattfinden, der Ort der einzelnen Umsätze jeder für sich bestimmt werden muss und nur für einen Umsatz in der Reihe der Ort der Lieferung gemäß § 3 Abs. 8

USt-E

UStG 1994 bestimmt werden kann (vgl. UStR 2000 Rz 450; vgl. auch EuGH, 06.04.2006, Rs C-245/04, EMAG Handel Eder, Rn 45).

Mit der Versendung der Waren erbringt GB eine innergemeinschaftliche Lieferung an Ö, für diesen ergibt sich daraus ein innergemeinschaftlicher Erwerb iSd Art. 1 Abs. 1 UStG 1994 in Österreich. Damit ein Reihengeschäft vorliegt, hätte die Maschine im Zuge dieser Warenbewegung und in Erfüllung der Liefervereinbarung zwischen Ö und CH unmittelbar an den dritten Unternehmer CH gelangen müssen. Wenn dies nicht passiert, kann nicht vom Vorliegen eines Reihengeschäfts ausgegangen werden.

Demgegenüber ist der zwei Tage nach ihrem Eintreffen in Österreich durch CH veranlasste Transport der Maschine an den endgültigen Abnehmer SLO im Rahmen eines Reihengeschäftes zwischen Ö als erstem Lieferer, CH als erstem Abnehmer und SLO als letztem Abnehmer erfolgt. Voraussetzung hierfür ist, dass CH den Auftrag zum Warentransport anlässlich der Lieferung des Ö an ihn erteilt hat und somit eine mit dieser Lieferung verbundene Beförderung oder Versendung durch CH als Abnehmer gegeben ist. Diesfalls liegt bei der Lieferung des Ö an CH eine bewegte Lieferung iSd § 3 Abs. 8 UStG 1994 vor, die als innergemeinschaftliche Lieferung beim Vorliegen der in Art. 7 UStG 1994 genannten Voraussetzungen steuerfrei ist. Dieser innergemeinschaftlichen Lieferung steht ein innergemeinschaftlicher Erwerb des CH in Slowenien gegenüber, da dort die Warenbewegung endet (Art. 40 MwSt-RL 2006/112/EG).

Bei der anschließenden Lieferung des CH an SLO handelt es sich um die ruhende Lieferung im Rahmen dieses Reihengeschäfts, bei der sich der Lieferort an jenem Ort befindet, an dem dem letzten Abnehmer SLO die Verfügungsmacht über die Maschine verschafft wird (§ 3 Abs. 7 UStG 1994).

Da CH bei der innergemeinschaftlichen Lieferung mit seiner österreichischen UID auftritt, bewirkt er zufolge Art. 3 Abs. 8 zweiter Satz UStG 1994 einen weiteren innergemeinschaftlichen Erwerb in Österreich, der solange besteht, bis er die Versteuerung des innergemeinschaftlichen Erwerbs in Slowenien nachgewiesen hat und bei dem die Erwerbsteuer nicht als Vorsteuer abgezogen werden kann (vgl. UStR 2000 Rz 3777 mHa EuGH 22.04.2010, Rs C-536/08 und Rs C-539/08, X und Facet BV/Facet Trading BV).

Variante 1:

Da die Maschine bei der Lieferung des GB an Ö im Zuge des damit verbundenen Transports in das Lager des CH in Österreich und somit unmittelbar in dessen Verfügungsbereich gelangt, kann von einem Reihengeschäft zwischen GB als erstem Lieferer, Ö als erstem Abnehmer und CH als letztem Abnehmer ausgegangen werden.

Da GB die Maschine aus Großbritannien versendet, ist die Warenbewegung bei diesem Reihengeschäft der ersten Lieferung (dh. der Lieferung des GB an Ö) zuzuordnen. Diese Lieferung wird in Großbritannien eine innergemeinschaftliche Lieferung darstellen, weil die Warenbewegung in Österreich endet. Für Ö als Leistungsempfänger ist damit ein innergemeinschaftlicher Erwerb iSd Art. 1 iVm Art. 3 Abs. 8 erster Satz UStG 1994 in Österreich verbunden. Die zweite Lieferung im Rahmen dieses Reihengeschäftes, die Lieferung des Ö an CH, ist somit die ruhende Lieferung iSd § 3 Abs. 7 UStG 1994. Diese Lieferung ist in Österreich steuerbar und steuerpflichtig und mangels Warenbewegung keine innergemeinschaftliche Lieferung. Die Verwendung der österreichischen UID des CH gegenüber seinem Lieferanten Ö führt diesfalls nicht zu einem innergemeinschaftlichen Erwerb iSd Art. 3 Abs. 8 zweiter Satz UStG 1994.

CH erbringt mit seiner Lieferung an den letzten Abnehmer SLO eine innergemeinschaftliche Lieferung, die unter den Voraussetzungen des Art. 7 UStG 1994 steuerfrei sein kann.

Variante 2:

Bei dieser Sachverhaltskonstellation kann – anders als bei Variante 1 – nicht von vorneherein davon ausgegangen werden, dass die Maschine unmittelbar an CH gelangt, da in dem Lager sowohl Waren für Ö als auch Waren für CH eingelagert werden können.

- Für die Annahme, dass die Maschine bereits zur Verfügung des CH und damit im Rahmen eines Reihengeschäfts in das Lager verbracht wird, muss Ö, der auf Grund der innergemeinschaftlichen Lieferung des GB mit Beginn der Warenbewegung über die Maschine umsatzsteuerrechtlich verfügungsberechtigt ist, die Verfügungsmacht an der Maschine unmittelbar mit ihrem Eintreffen im Lager seinem Abnehmer CH übertragen. Ö muss CH dazu befähigen, im eigenen Namen über den Gegenstand verfügen zu können und weitere Dispositionen zu treffen. Dem Abnehmer CH muss wirtschaftlich die Substanz, der Wert und der Ertrag der Maschine zugewendet werden (vgl. Scheiner/Kolacny/Caganek, Loseblatt-Kommentar zur Mehrwertsteuer, § 3 Abs. 1, Anm. 13). Entscheidend für die Verschaffung der Verfügungsmacht ist auch eine diesbezügliche Willensübereinstimmung zwischen dem Lieferer Ö und dem Abnehmer CH (vgl. Scheiner/Kolacny/Caganek, aaO, § 3 Abs. 1, Anm. 18, Ruppe/Achatz4, § 3, Tz 34). Maßgeblich für die Beantwortung der Frage, ob Verfügungsmacht verschafft wurde, ist zwar das Gesamtbild der Verhältnisse des Einzelfalls, eine Vereinbarung über den Übergang der Gefahr des zufälligen Untergangs kann diesbezüglich aber Indizwirkung haben (vgl. Ruppe/Achatz4, § 3, Tz 33 mwH). Im Hinblick darauf kann auf Grund der Vereinbarung zwischen Ö und CH, dass CH das Risiko und die Kosten für alle für ihn in das La-

ger verbrachten Waren trägt und unter der Voraussetzung, dass nachvollzogen werden kann, dass die Maschine bereits auf Grund der Liefervereinbarung zwischen Ö und CH bereits für diesen in das Lager gelangt ist (zB durch entsprechende Adressierung bzw. Kennzeichnung in den Frachtdokumenten etc.), von einem Reihengeschäft ausgegangen werden.

- **Fehlen nachvollziehbare Vereinbarungen, aus denen eindeutig hervorgeht, dass die Maschine bereits zur Verfügung des CH in das Lager gelangt ist, liegt kein Reihengeschäft zwischen GB als erstem Lieferer, Ö als erstem Abnehmer und CH als letztem Abnehmer vor. Diesfalls ergibt sich die gleiche umsatzsteuerrechtliche Beurteilung wie beim Grundfall.**

2. § 3 Abs. 7 und Abs. 8 UStG 1994 (UStR 2000 Rz 450)

2.1. Reihengeschäft – Zuordnung der bewegten Lieferung

2.1.1. Sachverhalt

Ein Unternehmer D (Deutschland) bestellt 100 Tonnen Weizen bei Ö2, dieser bezieht den Weizen von Ö1.

Ö1 verkauft den Weizen an Ö2 und lässt diesen mittels Donauschiff von Österreich an D nach Deutschland befördern.

Variante: Im Zeitpunkt des Verkaufs von Ö1 an Ö2 befindet sich der Weizen bereits auf dem Donauschiff in Österreich auf dem Weg nach Passau (Deutschland). Der Eigentumsübergang von Ö1 an Ö2 erfolgt durch Übergabe handelsrechtlicher Traditionspapiere, weiters wird vereinbart, dass Ö1 den Weizen für Ö2 nach Passau transportiert.

Liegt eine unmittelbare Warenbewegung von Ö1 an D und somit ein Reihengeschäft vor?

Wenn ja, welche ist die bewegte Lieferung?

Welche Rolle spielen Lieferkonditionen (Incoterms) für den Lieferort?

2.1.2. Lösung

Ein Reihengeschäft liegt vor, wenn mehrere Unternehmer über denselben Gegenstand Umsatzgeschäfte abschließen, bei denen dieser Gegenstand im Rahmen der Beförderung oder Versendung unmittelbar vom ersten Unternehmer an den letzten Abnehmer gelangt. Zu beachten ist, dass die Umsätze (gedanklich) zeitlich hintereinander stattfinden, der Ort der einzelnen Umsätze jeder für sich bestimmt werden muss und nur für einen Umsatz in der Reihe der Ort der Lieferung gemäß § 3 Abs. 8 UStG 1994 bestimmt werden kann (vgl. UStR 2000 Rz 450; vgl. auch EuGH, 06.04.2006, Rs C-245/04, EMAG Handel Eder, Rn 45).

Im gegenständlichen Fall gelangt der Weizen auf Grund der durch Ö1 veranlassten Warenbewegung unmittelbar an den letzten Abnehmer D, so dass von einem Reihengeschäft ausgegangen werden kann.

Da Ö1 als erster Lieferer die Warenbewegung veranlasst, ist die erste Lieferung, die Lieferung des Ö1 an Ö2, die bewegte Lieferung iSd § 3 Abs. 8 UStG 1994. Da die dabei stattfindende Warenbewegung von Österreich ausgehend in einem anderen Mitgliedstaat (Deutschland) endet, liegt hier außerdem eine innergemeinschaftliche Lieferung vor, die unter den in Art. 7 UStG 1994 genannten Voraussetzungen steuerfrei sein kann. Die innergemeinschaftliche Lieferung des Ö1 führt für Ö2 zu einem innergemeinschaftlichen Erwerb in Deutschland.

Bei der nachfolgenden zweiten Lieferung des Ö2 an den letzten Abnehmer D handelt es sich um die ruhende Lieferung, für die der Lieferort aus österreichischer Sicht nach § 3 Abs. 7 UStG 1994 bestimmt wird, und an jenem Ort steuerbar ist, an dem D die Verfügungsmacht über den Weizen verschafft wird, somit am Bestimmungsort in Deutschland.

Variante:

Der Abnehmer Ö2 beauftragt anlässlich der Übergabe der handelsrechtlichen Traditionspapiere den ersten Lieferer Ö1 damit, die Warenbewegung an einen von Ö2 festgelegten Bestimmungsort an seinen Abnehmer D durchzuführen. Ö1 führt nunmehr im Auftrag des Ö2 den weiteren Transport des Weizens zu D durch. Damit liegt bei dieser Sachverhaltskonstellation ebenfalls ein Reihengeschäft vor, da der Weizen bei diesen beiden Lieferungen unmittelbar vom ersten Lieferer Ö1 zum letzten Abnehmer D transportiert wird. Die erste Lieferung, die Lieferung des Ö1 an Ö2, ist dabei die bewegte Lieferung iSd § 3 Abs. 8 UStG 1994. Die für die Lieferung relevante Beförderung beginnt an dem Ort, wo sich der Weizen zum Zeitpunkt befindet, in dem die Entscheidung getroffen und umgesetzt wird, die Ware an den Empfänger zu befördern. Da sich das Donauschiff zu diesem Zeitpunkt in Österreich befindet und die Ware nach Passau (Deutschland) befördert wird, ist die Lieferung des Ö1 an Ö2, eine innergemeinschaftliche Lieferung, die unter den Voraussetzungen des Art. 7 UStG 1994 steuerfrei ist. Die Übergabe der handelsrechtlichen Traditionspapiere führt hier zwar zu einer Eigentumsübertragung, für die Beurteilung des Lieferortes nach § 3 Abs. 8 UStG 1994 ist sie aber ohne Bedeutung.

Da die Warenbewegung bei der innergemeinschaftlichen Lieferung des Ö1 an Ö2 in Passau (Deutschland) endet, führt dies für Ö2 zu einem innergemeinschaftlichen Erwerb in Deutschland.

Bei der nachfolgenden zweiten Lieferung des Ö2 an den letzten Abnehmer D handelt es sich um die ruhende Lieferung, für die sich der Lieferort aus österreichischer Sicht nach § 3 Abs. 7 UStG 1994 bestimmt, und in Passau (Deutschland) liegt.

Das UStG 1994 legt für jene Fälle, in denen im Zusammenhang mit einer Lieferung eine

USt-E

Warenbewegung stattfindet, in § 3 Abs. 8 UStG 1994 zwingend fest, dass sich der Lieferort dort befindet, wo die Warenbewegung beginnt. Es kann somit bei Lieferungen iSd § 3 Abs. 8 UStG 1994 durch zivilrechtliche Vereinbarungen zum Gefahrenübergang bzw. Lieferkonditionen wie zB die so genannten „Incoterms“ zu keiner davon abweichenden Beurteilung kommen (siehe auch Scheiner/Kolacny/Caganek, aaO, § 3 Abs. 8, Anm. 8).Die Lieferkonditionen (zB Incoterms) können allerdings zur Feststellung des tatsächlich verwirklichten Sachverhalts berücksichtigt werden.

3. § 6 Abs. 1 Z 6 lit. d UStG 1994 und § 24 Abs. 1 UStG 1994

3.1. Differenzbesteuerung iZm Diplomaten-KFZ

3.1.1. Sachverhalt

Ein befugter KFZ-Händler verkauft im Inland ein neues Kraftfahrzeug an einen begünstigten Leistungsempfänger (ausländische Vertretungsbehörde iSd § 1 Abs. 1 Z 1 IStVG oder Diplomat iSd § 1 Abs. 1 Z 2 IStVG). Der KFZ-Händler behandelt diesen Umsatz gemäß § 6 Abs. 1 Z 6 lit. d UStG 1994 steuerfrei.

Der begünstigte Leistungsempfänger veräußert das KFZ innerhalb der entsprechenden Sperrfrist bzw. trotz Dauerübertragungssperre im Inland an einen (anderen) befugten KFZ-Händler, bei dem es sich nicht um einen Kleinunternehmer handelt. Die nunmehr anfallende Umsatzsteuer wird insoweit bezahlt, als sie dieser KFZ-Händler vom ursprünglichen Kaufpreis berechnet und auf eigene Rechnung jedoch im Namen des begünstigten Leistungsempfängers an die Abgabenbehörde abführt.

In der Folge veräußert dieser KFZ-Händler das gegenständliche Fahrzeug im Inland an einen Dritten und unterzieht nur die Differenz zwischen Verkaufspreis und Einkaufspreis der Umsatzsteuer. Als Einkaufspreis wird das an den begünstigten Leistungsempfänger bezahlte Entgelt zuzüglich der an die Abgabenbehörde entrichteten Umsatzsteuer in Ansatz gebracht.

Liegen die Voraussetzungen für die Anwendbarkeit der Differenzbesteuerung vor?

3.1.2. Lösung

Wird ein gemäß § 6 Abs. 1 Z 6 lit. d UStG 1994 steuerfrei erworbenes Kraftfahrzeug innerhalb von zwei Jahren veräußert, ist die Umsatzsteuer gemäß § 5 Abs. 2 IStVG iVm § 93 Abs. 1 ZollR-DG nach zu erheben.

Da der Vergütungsberechtigte das KFZ noch in der Sperrfrist bzw. trotz Dauerübertragungssperre im Inland veräußert hat, ist die Umsatzsteuer vom ursprünglichen Kaufpreis zu berechnen und nach zu erheben (siehe auch Umsatzsteuerprotokoll 2012, BMF 28.09.2012, BMF-010219/0163-VI/4/2012).

Voraussetzung für die Differenzbesteuerung iSd § 24 Abs. 1 UStG 1994 ist ua., dass für die Lieferung an den Wiederverkäufer keine Umsatzsteuer geschuldet wurde. Bei der hier an die Abgabenbehörden zu entrichtenden Umsatzsteuer, handelt es sich nicht um eine Umsatzsteuer, die der Vergütungsberechtigte (als Leistender) auf Grund der Veräußerung des KFZ an den KFZ-Händler schuldet, sondern um eine Umsatzsteuer, die deswegen zu bezahlen ist, weil die Voraussetzungen für die Steuerbefreiung bei der seinerzeitigen Lieferung des KFZ an den Vergütungsberechtigten (als Leistungsempfänger) nachträglich weggefallen sind.

Sollte der KFZ-Händler das Fahrzeug als Wiederverkäufer weiterveräußern, kann daher die Differenzbesteuerung zur Anwendung gelangen.

Einkaufspreis ist die für den Erwerb entrichtete Gegenleistung (vgl. Ruppe/Achatz4, § 24 Tz 22). Da der KFZ-Händler für den Erwerb des KFZ auch die (nachzuerhebende) Umsatzsteuer aufwendet, ist sie Teil seines Einkaufspreises und kann bei der Ermittlung der Bemessungsgrundlage iSd § 24 Abs. 4 Z 1 UStG 1994 für die Differenzbesteuerung entsprechend berücksichtigt werden.

2/2/9.

Salzburger Steuerdialog 2015 – Ergebnisunterlage Umsatzsteuer

(Erlass des BMF vom 22.10.2015, BMF-010219/0373-VI/4/2015)

Ergebnisse des Salzburger Steuerdialoges 2015 im Bereich der Umsatzsteuer

1. Subventionen iZm „1.-Stunde-Gratis-Parken" für Kunden

1.1. Bezughabende Norm

§ 1 und § 4 UStG 1994 (UStR 2000 Rz 26 ff)

1.2. Sachverhalt

Eine Werbegemeinschaft (WG) ist als Verein organisiert. Mitglieder des Vereins können „alle physischen und juristischen Personen, welche im Gebiet von … ein Gewerbe ausüben, werden." Es handelt sich um eine freiwillige Mitgliedschaft der einzelnen Mitglieder. Die Gemeinde ist kein Mitglied der WG. Diese WG erhält von der Gemeinde XY Zuschüsse/Subventionen für „1.-Stunde-Gratis-Parken" der Kunden in der Tiefgarage.

Die WG bezahlt der XY Garagen Errichtungs- und Betriebs GmbH einen monatlichen Fixbetrag für die Garagennutzung, unabhängig von der Auslastung der Garage. Bei der Festlegung des fixen Monats- bzw. Jahresbetrages werden unter anderem auch die tatsächlichen Einfahrtszahlen der Vorperiode mitberücksichtigt. Durch diesen Fixbetrag kann jedermann eine Stunde gratis in der Tiefgarage parken. Für die von der XY Garagen Errichtungs- und Betriebs GmbH in Rechnung gestellte Umsatzsteuer wird von der WG die Vorsteuer (in voller Höhe) geltend gemacht. Zur Abdeckung der Kosten erhält die WG einerseits Mitgliedsbeiträge ihrer Mitglieder, andererseits zahlt die Gemeinde monatlich fixe Zuschüsse an die WG.

1.3. Fragestellung

- Liegt direktes Leistungsentgelt, Entgelt von dritter Seite oder ein echter Zuschuss vor?

1.4. Lösung

Gemäß § 1 Abs. 1 Z 1 UStG 1994 unterliegen der Umsatzsteuer die Lieferungen und sonstigen Leistungen, die ein Unternehmer im Inland gegen Entgelt im Rahmen seines Unternehmens ausführt. Nach § 4 Abs. 1 UStG 1994 wird der Umsatz im Falle von Lieferungen und sonstigen Leistungen nach dem Entgelt bemessen. Zum Entgelt gehört auch, was ein anderer als der Empfänger dem Unternehmer für die Lieferung oder sonstige Leistung gewährt (§ 4 Abs. 2 Z 2 UStG 1994). Ob Entgelt von dritter Seite oder Entgelt des Abnehmers vorliegt, ist im Einzelfall danach zu entscheiden, ob derjenige, der das Entgelt leistet, selbst Leistungsempfänger ist oder lediglich die einem Anderen geschuldete oder erbrachte Leistung finanziert. Dabei erfolgt die Bestimmung des Leistungsempfängers grundsätzlich nach den schuldrechtlichen Beziehungen (vgl. *Ruppe/Achatz*, UStG[4], § 4 Tz 112). Im vorliegenden Fall ist davon auszugehen, dass mit dem Einstellen des Fahrzeuges in die Parkgarage ein zivilrechtlicher Vertrag zwischen dem Parkenden und dem Parkgaragenbetreiber (= XY-GmbH) abgeschlossen wird. Dies gilt unabhängig davon, wie lange das Fahrzeug in der Parkgarage eingestellt ist und wer das Entgelt zahlt. Solcherart verpflichtet sich der Parkgaragennutzer mit der Einstellung des Fahrzeuges gegenüber dem Parkgaragenbetreiber (= XY-GmbH), die Parkgaragenordnung einzuhalten. Bei Leistungsstörungen wird sich der Parkgaragenbenutzer an den Parkgaragenbetreiber (= XY-GmbH) wenden. Der Leistungsaustausch findet somit zwischen dem Parkgaragennutzer und dem Parkgaragenbetreiber (= XY-GmbH) statt. Voraussetzung für die Umsatzsteuerbarkeit bzw. -pflicht ist, dass ein Zusammenhang zwischen Entgelt und einer konkreten Lieferung oder sonstigen Leistung vorliegt. Dies gilt auch für Entgelt von dritter Seite (vgl. *Ruppe/Achatz*, UStG[4], § 4 Tz 109). Im vorliegenden Fall bestehen schriftliche Vereinbarungen (jeweils jährliche Verlängerungen samt Tarifanpassung) zwischen der WG und dem Parkgaragenbetreiber (= XY-GmbH), wonach sich letztere gegen Zahlung eines fixen Monats- bzw. Jahresbetrages zur „Aufrechterhaltung" der Aktion „1.-Stunde-Gratis-Parken" verpflichtet. Die angesprochenen Zahlungen sind also eindeutig und klar der Leistung „Benützung der Parkgarage" zugeordnet. Sie dienen der gesamten oder teilweisen Bezahlung dieser Dienstleistung und werden somit als Gegenleistung für die erste Gratisstunde gewährt. Der von der EuGH-Rechtsprechung geforderte unmittelbare Zusammenhang zwischen Zahlung und der Lieferung eines bestimmten Gegenstands oder der Erbringung einer bestimmten Dienstleistung ist daher gegeben, denn es ist nicht erforderlich, dass die Höhe des Zuschusses bis auf den Cent dem Betrag entspricht, um den sich der Preis der Leistung ermäßigt hat, sondern es genügt, dass das Verhältnis zwischen der Ermäßigung und dem Zuschuss, der pauschal festgelegt sein kann, signifikant ist (vgl. EuGH 22.11.2001, Rs C-184/00, *Office des produits wallons ASBL*). Die Zahlungen der WG an den Parkgaragenbetreiber (= XY-GmbH) stellen Entgelt von dritter Seite dar und sind der Umsatzbesteuerung durch die XY-GmbH zu unterziehen. Die WG ist hinsichtlich der getätigten Zahlungen an den Parkgaragenbetreiber (= XY-GmbH) jedoch nicht zum Vorsteuerabzug berechtigt, weil nicht sie, sondern die Parkgaragennutzer Leistungsempfänger sind. Die Zahlungen der Gemeinde selbst (monatlich fixe Zuschüsse) an die WG finden als echte Subvention außerhalb eines Leistungsaustausches statt und unterliegen in diesem Verhältnis (Gemeinde und WG) nicht der Umsatzsteuer.

2. Behandlung von Reihengeschäften bei Vorliegen einer Organschaft im Aus- oder Inland

2.1. Bezughabende Norm

§§ 2 und 3 sowie Art. 1 UStG 1994 (UStR 2000 Rz 240 und Rz 241)

2.2. Sachverhalt

Die X SE mit Sitz in Deutschland ist zu 100% an der B-GmbH mit Sitz in Deutschland beteiligt. Die X SE mit Sitz in Deutschland ist weiters zu 100% an der C-GmbH mit Sitz in Deutschland beteiligt. Die B-GmbH ist aufgrund einer BAO-Betriebsstätte in Österreich steuerlich erfasst. Die X SE ist aufgrund einer BAO-Betriebsstätte in Österreich steuerlich erfasst. Die C-GmbH ist beim Finanzamt Graz-Stadt steuerlich erfasst. Zwischen der X SE und der B-GmbH liegen die Voraussetzungen einer Organschaft vor. Zwischen der X SE und der C-GmbH liegen ebenfalls die Voraussetzungen einer Organschaft vor. Die Gesellschaften werden in Deutschland als Organschaft, als ein Unternehmer behandelt.

Es wurde folgender Sachverhalt verwirklicht:

X SE verkauft an C-GmbH Ware, C-GmbH verkauft an einen österreichischen Kunden. Der Transport der Ware von Deutschland nach Österreich zum österreichischen Kunden wurde von X SE oder von C-GmbH organisiert. [Anzumerken ist, dass die Lieferungen nicht von und nicht an die österreichischen Betriebsstätten der involvierten Gesellschaften erfolgen, sondern an die Gesellschaften selbst, das Stammhaus.]

2.3. Fragestellung

- Sind die Verkäufe des deutschen Organträgers an seine deutsche Organgesellschaft als nicht steuerbare Innenumsätze zu behandeln und erfolgt damit eine steuerfreie innergemeinschaftliche Lieferung von Deutschland an den österreichischen Kunden oder erfolgt ein innergemeinschaftlicher Erwerb der deutschen Organgesellschaft in Österreich und daran anschließend eine steuerpflichtige Lieferung an den österreichischen Kunden?
- Bei welchem Finanzamt sind die steuerbaren Vorgänge (Umsätze, innergemeinschaftlicher Erwerb) zu erklären bzw. Vorsteuerbeträge geltend zu machen, wenn der Organträger und eine Organgesellschaft eine Betriebsstätte in Österreich haben?

Variante:

Die öA-GmbH mit Sitz in Österreich ist zu 100% an der öB-GmbH mit Sitz in Österreich beteiligt. Zwischen der öA-GmbH und der öB-GmbH liegen ebenfalls die Voraussetzungen einer Organschaft vor. Die Gesellschaften werden in Österreich als Organschaft, als ein Unternehmer behandelt. Die öA-GmbH verkauft an die öB-GmbH Ware, die öB-GmbH verkauft an einen deutschen Kunden. Der Transport der Ware von Österreich nach Deutschland zum deutschen Kunden wurde von öA-GmbH organisiert.

- Wie ist umsatzsteuerrechtlich vorzugehen, wenn es sich um eine inländische Organschaft handelt?

2.4. Lösung

Nach Art. 11 Abs. 1 der MwSt-RL 2006/112/EG kann nach Konsultation des Beratenden Ausschusses für die Mehrwertsteuer („Mehrwertsteuerausschuss“) jeder Mitgliedstaat in seinem Gebiet ansässige Personen, die zwar rechtlich unabhängig, aber durch gegenseitige finanzielle, wirtschaftliche und organisatorische Beziehungen eng miteinander verbunden sind, zusammen als einen Steuerpflichtigen behandeln. Ein Mitgliedstaat, der die in Absatz 1 vorgesehene Möglichkeit in Anspruch nimmt, kann die erforderlichen Maßnahmen treffen, um Steuerhinterziehungen oder -umgehungen durch die Anwendung dieser Bestimmung vorzubeugen (Art. 11 Abs. 2 der MwSt-RL 2006/112/EG). Art. 11 Abs. 1 der MwSt-RL 2006/112/EG beschränkt die Option zur Mehrwertsteuergruppe daher auf einen Mitgliedstaat.

§ 2 Abs. 2 Z 2 UAbs. 2 UStG 1994 bestimmt, dass die Wirkungen der Organschaft auf Innenleistungen zwischen den im Inland gelegenen Unternehmensteilen beschränkt sind. Diese Unternehmensteile sind als ein Unternehmen zu behandeln. Hat der Organträger seine Geschäftsleitung im Ausland, gilt der wirtschaftlich bedeutendste Unternehmensteil im Inland als Unternehmer. Daraus ergibt sich, dass gemäß § 2 Abs. 2 Z 2 UStG 1994 ein Reihengeschäft zwischen der X SE, der C-GmbH und dem österreichischen Kunden vorliegt (allgemein zum Reihengeschäft siehe UStR 2000 Rz 450). Da die Wirkungen der Organschaft auf Innenleistungen zwischen den im Inland gelegenen Unternehmensteilen beschränkt sind, gelten die deutschen Organgesellschaften als eigenständige Unternehmer. Im Lichte des § 2 Abs. 2 Z 2 UStG 1994 ist die deutsche Organschaft nicht als ein Unternehmer zu behandeln.

Da die X SE (als erster Lieferer) oder die C-GmbH (als Abnehmer der X SE) in diesem Reihengeschäft die Warenbewegung veranlasst, ist die erste Lieferung, die Lieferung der X SE an die C-GmbH, die bewegte Lieferung iSd § 3 Abs. 8 UStG 1994. Die innergemeinschaftliche Lieferung der X SE führt für die C-GmbH zu einem innergemeinschaftlichen Erwerb in Österreich (vgl. Art. 3 Abs. 8 erster Satz UStG 1994). Die Lieferung zwischen der C-GmbH und dem österreichischen Kunden ist eine ruhende Lieferung (§ 3 Abs. 7 – Ort der Lieferung ist Österreich). Der österreichische (unternehmerische) Kunde hat gemäß § 27 Abs. 4 UStG 1994 für die in Österreich steuerpflichtigen Lieferungen der C-GmbH (an den österreichischen Kunden) die auf die Lieferungen entfallende Umsatzsteuer einzubehalten und im Namen und für Rechnung des leistenden Unternehmers (C-GmbH) an das für diesen zuständige Finanzamt abzuführen. Mangels einer (eigenen) BAO-Betriebsstätte der C-GmbH in Österreich ist das Finanzamt

Graz-Stadt für die C-GmbH zuständig (vgl. § 17 AVOG 2010). Die C-GmbH hat die umsatzsteuerbaren Vorgänge im Inland (Umsätze, innergemeinschaftlicher Erwerb) zu erklären bzw. die Vorsteuerbeträge beim Finanzamt Graz-Stadt geltend zu machen (vgl. § 17 AVOG 2010). Unmaßgeblich ist dabei, dass der deutsche Organträger X SE und die deutsche Organgesellschaft B-GmbH aufgrund einer BAO-Betriebsstätte in Österreich steuerlich erfasst sind.

Variante:

Im Unterschied zum Ausgangssachverhalt ergeben sich für die Variante keine Einschränkungen für den Anwendungsbereich der Organschaft, weil nach § 2 Abs. 2 Z 2 UStG 1994 nicht steuerbare Innenleistungen zwischen Organträger und Organgesellschaft vorliegen. Die Organgesellschaft ist unselbständiger Teil des Unternehmens des Organträgers, der Organträger und die Organgesellschaften bilden ein Unternehmen. Der Unternehmer ist der Organträger (vgl. *Ruppe/Achatz*, UStG[4], § 2 Tz 104). Beim Verkauf der Waren vom österreichischen Organträger öA-GmbH an die österreichische Organgesellschaft öB-GmbH handelt es sich um einen nicht steuerbaren Innenumsatz. Im vorliegenden Fall ist nach österreichischem Recht von einer innergemeinschaftlichen Lieferung vom österreichischen Organträger öA-GmbH an den (unternehmerischen) deutschen Kunden auszugehen.

3. Schulfotograf – Zurechnung der Leistung

3.1. Bezughabende Norm

§§ 1, 2 und 3a UStG 1994 (UStR 2000 Rz 181, 261 ff und Rz 639s)

3.2. Sachverhalt

Eine Schule (der Direktor) organisiert einen Fototermin mit einem Fotografen um Portraits von den Schülern zu machen und handelt für die Schule einen „Rabatt“ aus. Die Schule hat kein eigenes Interesse an den Fotos. Die Schule übernimmt die Organisation, leitet Preislisten an die Eltern und Bestelllisten von diesen an den Fotografen weiter, übernimmt das Inkasso und leitet den um den „Rabatt“ gekürzten Betrag an den Fotografen weiter, dh. die Eltern bezahlen für die Fotos ihres Kindes 13 Euro an den Klassenlehrer, davon erhält der Fotograf 10 Euro.

3.3. Fragestellung

- Ist die Schule durch ihre Tätigkeiten iZm dem Fototermin als Vermittler oder als Eigenhändler/Kommissionär tätig?
- Was ist Bemessungsgrundlage für die Leistung des Fotografen?

3.4. Lösung

Wer bei einem Umsatz als Leistender angesehen wird, ergibt sich aus dem Außenverhältnis (VwGH 31.1.2001, 97/13/0066). Leistungen sind demjenigen zuzurechnen, der sie im eigenen Namen erbringt (vgl. *Windsteig* in *Melhardt/Tumpel*, UStG[2], § 1 Anm. 80; *Ruppe/Achatz*, UStG[4], § 1 Tz 258). Für die Beurteilung, ob die Schule beim Verkauf der Fotos im eigenen oder im fremden Namen, also als Vermittler, als Besorger oder als Eigenhändler tätig ist, ist ausschlaggebend wie sie im Rahmen dieser Tätigkeit gegenüber den Eltern auftritt.

Aus den Gesamtumständen, insbesondere

- **aus der Preisgestaltung, die durch den Fotografen erfolgt,**
- **den Preis- und Bestelllisten, die ebenfalls vom Fotografen stammen,**
- **den Kundenerwartungen allgemein (vgl. VwGH 24.1.2007, 2003/13/0138), wonach die Eltern davon ausgehen, dass nicht die Schule, sondern der Fotograf die Portraitfotos liefert,**

ergibt sich, dass die Lieferung der Portraitfotos an die Eltern im Namen (und auf Rechnung) des Fotografen erfolgt. Der Fotograf hat dafür den von den Eltern entrichteten Betrag von 13 Euro abzüglich USt als Bemessungsgrundlage anzusetzen.

Hinsichtlich der von der Schule an den Fotografen erbrachten Vermittlungsleistung ist zu beachten, dass eine KöR (hier: Schule) nur mit ihren Betrieben gewerblicher Art unternehmerisch und damit wirtschaftlich tätig wird. Hinsichtlich des Merkmals einer Tätigkeit von wirtschaftlichem Gewicht ist dabei auf eine jährliche Einnahmengrenze von 2.900 Euro abzustellen (vgl. UStR 2000 Rz 261 ff). Sofern die Schule diese Einnahmengrenze nicht überschreitet, ist ihre Leistung nicht steuerbar. Überschreitet die Schule die Einnahmengrenze, ist die Leistung der Schule als Vermittlungsleistung mit 3 Euro pro Bild abzgl. USt als Bemessungsgrundlage steuerbar.

4. Weitervermietung von Messe- und Kongressräumen an Fremdveranstalter – steuerpflichtige Behandlung; Vorsteueraufteilung

4.1. Bezughabende Norm

§ 6 Abs. 1 Z 16 und § 6 Abs. 2 sowie § 12 Abs. 4 bis 6 UStG 1994 (UStR 2000 Rz 891, 899a bis 899c sowie 2011 f, 2031 ff und 2046)

4.2. Sachverhalt

Die A-GmbH ist Betreiberin eines Messe- und Kongresszentrums, das sie von der B-GmbH (= Eigentümerin der gesamten Liegenschaft sowie Errichterin der Gebäude und Hallen) auf längere Dauer gegen Entgelt angemietet hat. Die diesbezüglichen Vermietungsumsätze werden von der B-GmbH steuerpflichtig behandelt (Steuersatz 20 %). Mit der Errichtung des Messe- und Kongresszentrums wurde im Oktober 2013 begonnen, die Inverwendungnahme erfolgte im Frühsommer 2014.

Im Rahmen ihrer Geschäftstätigkeit organisiert/veranstaltet die A-GmbH in eigenem Namen und auf eigene Rechnung Messen und erbringt an die Aussteller neben der Überlassung von Ausstellungsflächen und -räumen ein umfangreiches Zusatzleistungspaket. Daneben vermietet sie ver-

USt-E

traglich näher bezeichnete Messe- und Kongressräumlichkeiten und -flächen an diverse Mieter, die die angemieteten Flächen für eigene Veranstaltungen (zB Kongresse oder Tagungen; Werbe- und Informationsveranstaltungen) nutzen. Die A-GmbH ist in diesen Fällen nicht in die Organisation und Durchführung dieser Fremdveranstaltungen eingebunden, erbringt aber nach gesonderter vertraglicher Vereinbarung und gegen gesonderte Verrechnung Zusatzleistungen wie zB die Überlassung von Tonanlagen samt Bedienungspersonal, die Ausstattung der Räumlichkeiten mit Informationssystemen (Internet etc.), die Überlassung von Garderoben samt Personal und von Schließfächern, die Zurverfügungstellung von Dolmetschern und die Reinigung der Räumlichkeiten nach Veranstaltungsende. Bei den Mietern kann es sich um (voll) zum Vorsteuerabzug berechtigte in- oder ausländische Unternehmer, aber auch um nicht oder nur teilweise zum Vorsteuerabzug berechtigte in- oder ausländische Unternehmer bzw. um Nichtunternehmer handeln (zB Non Profit-Organisationen, Banken, Versicherungen, Universitäten).

Die Vermietung der Messe- bzw. Kongressflächen an Fremdveranstalter ist jeweils nur von kurzer Dauer (ein Tag bis max. zwei Wochen). Es ist in diesem Zusammenhang nicht unüblich, dass zwischen dem Vertragsabschluss zur Anmietung und der tatsächlichen Nutzung durch den Mieter ein längerer Zeitraum (zB ein bis zwei Wirtschaftsjahre) liegt. Daher werden in vielen Fällen Anzahlungen auf die später abgerechneten Leistungsentgelte (Miete und Entgelte für Zusatzleistungen) vereinbart und tatsächlich gezahlt.

4.3. Fragestellung

Frage A:

Inwieweit kommt bei der Eigenveranstaltung von Messen und bei der Vermietung von Flächen und Räumlichkeiten an Fremdveranstalter samt allfälligen Zusatzleistungen die Steuerbefreiung gemäß § 6 Abs. 1 Z 16 UStG 1994 zur Anwendung?

Frage B:

Ist hinsichtlich der Optionsmöglichkeit gemäß § 6 Abs. 2 UStG 1994 idFd 1. StabG 2012 auf die (steuerfreie) Haupttätigkeit des Mieters abzustellen oder auf die konkrete Nutzung der angemieteten Räumlichkeiten für steuerpflichtige Umsätze (zB eine Bank nutzt die angemieteten Räumlichkeiten für einen Bankkongress, ohne dass sie in diesem Zusammenhang Umsätze aus Eintrittsgeldern erzielt; sie erzielt jedoch in geringem Umfang steuerpflichtige Umsätze aus Werbeleistungen (zB Anbringen von Transparenten im Kongresssaal oder Inserate in den im Saal aufliegenden Veranstaltungsprogrammen)?

Frage C:

Ist im vorliegenden Fall vor dem Hintergrund der sich ständig ändernden Mieterstruktur eine Vorsteueraufteilung gemäß § 12 Abs. 5 Z 2 UStG 1994 zulässig? Kann die Vorsteueraufteilung für die Voranmeldezeiträume nach den Verhältnissen eines vorangegangenen Veranlagungszeitraumes erfolgen?

Frage D:

Sind bei der der Vorsteueraufteilung nach der (kombinierten) Umsatzschlüsselmethode gemäß § 12 Abs. 5 Z 1 oder 2 UStG 1994 Anzahlungen im Veranlagungszeitraum ihrer Vereinnahmung oder im Veranlagungszeitraum der tatsächlichen Leistungsausführung zu berücksichtigen?

Frage E:

Inwieweit wirkt sich die teilweise steuerfreie, teilweise steuerpflichtige Weitervermietung von Messeflächen und Kongressräumen durch die A-GmbH an Fremdveranstalter auf die umsatzsteuerliche Behandlung des von der B-GmbH an die A-GmbH verrechneten Mietentgelts aus?

4.4. Lösungen

Frage A:

a) Leistungen an die Aussteller im Rahmen von selbst veranstalteten bzw. organisierten Messen

Verträge betreffend die Überlassung von Standflächen, Ausstellungsräumen oder Messekojen durch die Veranstalter an die Aussteller für die Dauer einer Ausstellung oder Messe können neben bestandvertraglichen Elementen auch Dienstleistungselemente enthalten. Je nach konkretem Vertragsinhalt (Inhalt und Umfang des vereinbarten Leistungspaketes) ist zu prüfen, ob ein gemischter Vertrag oder ein Vertrag besonderer Art vorliegt (vgl. auch *Ruppe/Achatz*, UStG[4], § 6 Tz 380). Ein gemischter Vertrag liegt vor, wenn er sowohl die Merkmale einer Vermietung als auch die Merkmale anderer Leistungen aufweist, ohne dass ein so starkes Zurücktreten der Merkmale der einen oder anderen Gruppe gegeben ist, dass sie umsatzsteuerrechtlich nicht mehr zu beachten wären (VwGH 16.12.1991, 90/15/0081; VwGH 12.11.1990, 90/15/0043). Tritt die Grundstücksvermietung gegenüber der Hauptleistung vollkommen in den Hintergrund, so liegen keine Mietverträge vor und die Steuerbefreiung des § 6 Abs. 1 Z 16 UStG 1994 findet keine Anwendung (vgl. UStR 2000 Rz 892).

Für diese Beurteilung können die von der Judikatur aufgestellten Grundsätze zur Einheitlichkeit der Leistung herangezogen werden:

Demnach ist Gegenstand der Umsatzsteuer grundsätzlich jede einzelne Leistung, außer mehrere Leistungen sind so eng miteinander verbunden, dass sie in wirtschaftlicher Hinsicht objektiv ein Ganzes bilden, dessen Aufspaltung wirklichkeitsfremd wäre. Um festzustellen, ob mehrere selbständige Hauptleistungen oder eine einheitliche Leistung erbracht werden, ist das Wesen des fraglichen Umsatzes (aus der Sicht des Durchschnittsverbrauchers) zu ermitteln (vgl. zB EuGH 10.3.2011, Rs C-497/09, *CinemaxX Entertainment*, EuGH 17.1.2013, Rs C-224/11, *BGŻ Leasing*, sowie VwGH 20.2.2008, 2006/15/0161 oder VwGH 24.3.2009, 2006/13/0150). Dem durchschnittlichen Aussteller wird es darauf ankommen, seine Ausstellungs- bzw. Werbetätigkeit unter optimalen Bedingungen durchführen zu können. Wird insgesamt ein umfassendes

Leistungspaket vereinbart (zB organisatorische Leistungen, Werbeleistungen, Aufsicht und Verwaltung etc., siehe auch die in UStR 2000 Rz 640v und Rz 640w genannten Leistungen), kann eine komplexere Dienstleistung als das bloße Zuverfügungstellen von Räumen und Flächen einschließlich der zugehörigen unselbständigen Nebenleistungen vorliegen (vgl. auch EuGH 22.1.2015, Rs C-55/14, *Régie*, Rn 28).

Aufgrund des umfangreichen Zusatzleistungspakets liegt eine einheitliche komplexe Leistung und keine Grundstücksleistung vor, die steuerpflichtig ist und dem Normalsteuersatz in Höhe von 20% unterliegt. Die damit zusammenhängenden Vorsteuern sind unter den Voraussetzungen des § 12 UStG 1994 abzugsfähig.

Zur Bestimmung des Leistungsortes bei Messeleistungen und Leistungen an Aussteller siehe UStR 2000 Rz 640u ff.

b) Leistungen an Fremdveranstalter und Organisatoren von Veranstaltungen

In diesem Fall werden insbesondere die organisatorischen Leistungen im Wesentlichen vom Leistungsempfänger selbst erbracht. Dem Kunden als Durchschnittsverbraucher kommt es im gegenständlichen Fall zweifellos darauf an, entsprechend optimal ausgestattete Räumlichkeiten anzumieten, um darin eine Veranstaltung nach seinen Intentionen organisieren und durchführen zu können. Das Wesen des Umsatzes besteht daher in der Vermietung von Räumlichkeiten. Jene Leistungen, die für den Kunden keinen eigenen Zweck haben, sondern die Nutzung der Räumlichkeiten erst ermöglichen bzw. abrunden, wie zB das Bereitstellen von Strom, Wasser, Heizung usw. und im Rahmen dieser einheitlichen Leistung nur von untergeordneter Bedeutung sind, sind Nebenleistungen zur Hauptleistung der Grundstücksvermietung und teilen das umsatzsteuerrechtliche Schicksal dieser Hauptleistung. Daran ändert sich auch nichts, wenn die Kosten für diese Leistungen gesondert verrechnet werden. So sind beispielsweise die Bereitstellung von Strom, Internet, Endreinigung, Bestuhlung, Projektor oder Beamer Teil dieser einheitlichen Grundstücksüberlassung, wenn die Bereitstellung in einer Art und einem Ausmaß erfolgt, wie es für Seminar- bzw. Konferenzräume üblich ist (vgl. dazu auch UStR 2000 Rz 348).

Insoweit die Steuerbefreiung gemäß § 6 Abs. 1 Z 16 UStG 1994 zur Anwendung gelangt, kann der Betreiber des Messe- bzw. Kongresszentrums unter den Voraussetzungen des § 6 Abs. 2 UStG 1994 zur Steuerpflicht optieren (s. dazu im Detail UStR 2000 Rz 899a ff).

Werden zusätzlich zur Vermietung der Räume selbständige Leistungen vereinbart (zB die Bereitstellung einer besonderen Bühnentechnik samt Personal oder die Gestellung von Sicherheitspersonal), sind diese separat zu beurteilen (vgl. UStR 2000 Rz 348).

Wird hingegen ein komplexeres Leistungsbündel vereinbart, das umfassende konferenztypische Leistungen umfasst, die so eng miteinander verbunden sind, dass sie in wirtschaftlicher Hinsicht objektiv ein Ganzes bilden, dessen Aufspaltung wirklichkeitsfremd wäre (zB wenn der Betreiber eine umfassende Konferenzveranstaltungsleistung erbringt, die beispielsweise auch eine auf die Bedürfnisse des Kunden angepasste Anordnung des Inventars wie Bestuhlung und Bühnentechnik, Konferenztechnik, Webtechnik, Registratur, Intranet und IT-Dienstleistungen, Servicepersonal, technischen Support, Catering und Restaurationsleistungen, Sicherheits- und Sanitätsdienste sowie Logistikdienste beinhaltet), liegt eine einheitliche Leistung vor, bei der der Grundstücksvermietungscharakter in den Hintergrund tritt.

Frage B:

Ein Verzicht auf die Anwendung der Steuerbefreiung gemäß § 6 Abs. 1 Z 16 UStG 1994 setzt nach § 6 Abs. 2 UStG 1994 voraus, dass der Mieter/Pächter das Grundstück/diesen Grundstücksteil nahezu ausschließlich (dh. zu mindestens 95%) für Umsätze verwendet, die dessen Berechtigung zum Vorsteuerabzug nicht ausschließen. Entscheidend ist somit der tatsächliche Nutzungszweck der angemieteten Räumlichkeiten für den Leistungsempfänger. Veranstaltet eine Bank oder ein Versicherungsunternehmer einen Kongress oder eine Informationsveranstaltung, ohne dass die Teilnehmer/Besucher ein (Eintritts-)Entgelt zu leisten haben, wird davon ausgegangen werden können, dass die Nutzung der Räume für Zwecke ihrer steuerfreien Haupttätigkeit erfolgt, sodass eine steuerpflichtige Behandlung des Vermietungsumsatzes nicht in Betracht kommt.

Frage C:

Wenn die gänzliche oder teilweise Aufteilung der Vorsteuern nach dem Umsatzverhältnis (§ 12 Abs. 5 Z 1 und 2 UStG 1994) zu einem ungerechtfertigten Steuervorteil im Sinne des § 12 Abs. 6 UStG 1994 führt, ist die Aufteilung der Vorsteuerbeträge nach dem Umsatzverhältnis ausgeschlossen. Sinn und Zweck dieser Vorschrift ist es, zu verhindern, dass durch eine rein schematische Aufteilung nach dem Umsatzverhältnis ein krass unrichtiges Ergebnis zu Stande kommt (vgl. UStR 2000 Rz 2046). Die gesetzeskonforme Anwendung des § 12 Abs. 6 UStG 1994 setzt voraus, dass der Unternehmer jeweils eine Kontrollrechnung durchführt und das Ergebnis bei Aufteilung nach § 12 Abs. 4 UStG 1994 (Aufteilung nach Maßgabe der wirtschaftlichen Zurechenbarkeit unter Umständen unter Heranziehung eines Zeitschlüssels) mit dem bei Aufteilung nach § 12 Abs. 5 UStG 1994 (gänzliche oder teilweise Aufteilung nach dem Umsatzverhältnis) vergleicht (so auch *Mayr/Ungericht*, UStG[4], § 12 Anm. 54). Wird die im Gesetz genannte 5%-Grenze bzw. werden die dort angeführten Betragsgrenzen überschritten,

USt-E

ist die Aufteilung nach dem Umsatzverhältnis ausgeschlossen.

Aus Vereinfachungsgründen kann der Unternehmer für die Voranmeldungszeiträume die Vorsteuerbeträge nach den Verhältnissen (zB dem Umsatzschlüssel) eines vorangegangenen Veranlagungszeitraumes oder nach den voraussichtlichen Verhältnissen des laufenden Veranlagungszeitraumes aufteilen. Nach UStR 2000 Rz 2012 ist hierfür Voraussetzung, dass der Unternehmer das Finanzamt vorher darüber unterrichtet und keine gewichtigen Bedenken (zB Gefährdung des Steueranspruchs) gegen diese Handhabung bestehen. Der bloße Umstand einer sich ständig ändernden Mieterstruktur, die Auswirkung auf die Anwendbarkeit der Optionsausübung bei Umsätzen aus der Vermietung und Verpachtung von Grundstücken hat, begründet für sich allein gesehen keine solchen gewichtigen Bedenken. Im Übrigen ist eine derartige Vereinfachung vor dem Hintergrund des Art. 175 Abs. 2 MwSt-RL 2006/112/EG auch mit dem Unionsrecht vereinbar. Bei der Jahresveranlagung sind jedoch die Verhältnisse des in Betracht kommenden Veranlagungszeitraumes zu Grunde zu legen.

Frage D:

Nach Art. 167 MwSt-RL 2006/112/EG entsteht das Recht auf Vorsteuerabzug, wenn der Anspruch auf die abziehbare Steuer entsteht. Nach Art. 63 der MwSt-RL 2006/112/EG treten Steuertatbestand und Steueranspruch zu dem Zeitpunkt ein, zu dem die Lieferung von Gegenständen bewirkt oder die Dienstleistung erbracht wird. Abweichend von diesem Grundsatz entsteht der Steueranspruch bei Anzahlungen zum Zeitpunkt der Vereinnahmung entsprechend dem vereinnahmten Betrag (vgl. Art. 65 der MwSt-RL 2006/112/EG). Daraus ergibt sich, dass nach dem System der MwSt-RL der Steuertatbestand, der Steueranspruch und die Möglichkeit des Vorsteuerabzugs außer bei Anzahlungen, bei denen der Steueranspruch zum Zeitpunkt der Vereinnahmung entsteht, an die tatsächliche Ausführung der Lieferung oder der Dienstleistung anknüpfen (vgl. EuGH 26.5.2005, Rs C-536/03, *António Jorge Lda*, Rn 25). Nach der EuGH-Judikatur würde demzufolge ein Verstoß gegen Art. 173 Abs. 1 MwSt-RL 2006/112/EG vorliegen, wenn im Nenner des Bruches zur Berechnung des Prorata-Satzes des Vorsteuerabzugs der Wert der noch nicht abgeschlossenen Arbeiten berücksichtigt wird, die von einem Steuerpflichtigen bei der Ausübung einer Tätigkeit ausgeführt werden, sofern dieser Wert nicht Übertragungen von Gegenständen oder Dienstleistungen entspricht, die der Steuerpflichtige bereits erbracht hat oder für die Abrechnungen erteilt oder Anzahlungen vereinnahmt wurden (vgl. EuGH 26.5.2005, Rs C-536/03, *António Jorge Lda*, Rn 26 zu halbfertigen Leistungen im Bereich der Bauwirtschaft). Daraus ist abzuleiten, dass Anzahlungen sehr wohl im Voranmelde- bzw. Veranlagungszeitraum ihrer Vereinnahmung in die Vorsteueraufteilung gemäß § 12 Abs. 5 UStG 1994 miteinzubeziehen sind.

Zu beachten ist jedoch, dass sich die materiellrechtliche Behandlung einer Anzahlung (zB Steuerfreiheit, Steuersatz) – sowohl bei einem Sollbesteuerer als auch bei einem Istbesteuerer – nach den für die konkrete Leistung im Zeitpunkt der Leistungsausführung geltenden Vorschriften bestimmt. Wird eine Anzahlung für eine Leistung vereinnahmt, die voraussichtlich steuerfrei ist, braucht sie auch nicht versteuert werden. Wird eine Leistung in Teilen geschuldet und bewirkt, sind Anzahlungen der jeweiligen Teilleistung zuzurechnen, für die sie geleistet werden (vgl. *Mayr/Ungericht*, UStG[4], § 19 Anm. 34). Kommt es in nachfolgenden Veranlagungszeiträumen entgegen der ursprünglichen Behandlung der Anzahlung tatsächlich zu einer Optionsausübung gemäß § 6 Abs. 2 UStG 1994 oder zu keiner steuerpflichtigen Behandlung, ist die Besteuerung bzw. Nichtbesteuerung der Anzahlung spätestens im Voranmelde- bzw. Veranlagungszeitraum, in dem die Leistung ausgeführt und die (Schluss-)Rechnung ausgestellt wurde, zu berichtigen (Nachversteuerung bzw. Entlastung der Anzahlung; vgl. *Ruppe/Achatz*, UStG[4], § 19 Tz 115 bzw. – zur Istbesteuerung – § 17 Tz 31).

Frage E:

Das Kriterium der nahezu ausschließlichen Nutzung des angemieteten Grundstückes bzw. Grundstücksteils für steuerpflichtige Umsätze, die zum Vorsteuerabzug berechtigen, stellt auf den tatsächlichen Nutzungszweck ab. Im Falle der Untervermietung schlagen daher die tatsächlichen Nutzungsverhältnisse des Letztmieters auf alle vorgelagerten Mietverhältnisse, somit auch auf das Erstmietverhältnis, durch (vgl. auch *Mayr* in *Scheiner/Kolacny/Caganek*, Kommentar zur Mehrwertsteuer – UStG 1994, § 6 Abs 2 Anm. 100/5). Einzelne abgrenzbare Gebäudeteile sind in diesem Zusammenhang gesondert zu beurteilen, auch wenn sie in einem einheitlichen Vertrag vermietet werden. Ein baulich abgeschlossener, selbständiger Grundstücksteil ist ein solcher, an dem Wohnungseigentum begründet werden könnte. Nach UStR 2000 Rz 899b ist die Möglichkeit, Wohnungseigentum begründen zu können, dann nicht erforderlich, wenn der gesamte, vom Leistungsempfänger (Mieter bzw. Untermieter) angemietete Grundstücksteil (auch wenn er nicht parifiziert werden kann; hier: die einzelnen Kongresssäle oder Veranstaltungshallen) nahezu ausschließlich (zu mindestens 95%; vgl. UStR 2000 Rz 899a) für steuerpflichtige Umsätze verwendet wird.

5. Überlassung einer Teilfläche eines Parkplatzes für Verkaufszwecke – Steuerbefreiung und steuerpflichtige Behandlung

5.1. Bezughabende Norm

§ 6 Abs. 1 Z 16 und § 6 Abs. 2 UStG 1994 (UStR 2000 Rz 894, 896 ff und 899a ff)

5.2. Sachverhalt

Ein Baumarkt verfügt über einen großen Kundenparkplatz, den er im Frühjahr 2013 errichtet hat. Der mit der Errichtung im Zusammenhang stehende Vorsteuerabzug wurde zur Gänze in Abzug gebracht. Für die Zeit vom 27.11. bis 24.12.2013 wird eine Fläche von insgesamt sechs Parkplätzen an einen Christbaumverkäufer gegen Entgelt zur Nutzung für den Christbaumverkauf überlassen. Für die Monate April bis Oktober 2014 wird eine Fläche von insgesamt drei Kundenparkplätzen gegen Entgelt an einen Hendlbrater vermietet, der dort seinen mobilen Verkaufsstand aufstellt.

5.3. Fragestellung

Kommt in diesen Fällen die Steuerbefreiung gemäß § 6 Abs. 1 Z 16 UStG 1994 zur Anwendung und wenn ja, kann der Baumarktbetreiber diese Umsätze gemäß § 6 Abs. 2 UStG 1994 steuerpflichtig behandeln?

5.4. Lösung

Gemäß § 6 Abs. 1 Z 16 UStG 1994 sind ua. die Umsätze aus der Vermietung (Nutzungsüberlassung) von Räumlichkeiten oder Plätzen für das Abstellen von Fahrzeugen aller Art von der Steuerbefreiung für die Vermietung und Verpachtung von Grundstücken explizit ausgenommen.

Für die Frage, ob eine vermietete (zur Nutzung überlassene) Räumlichkeit oder Grundfläche tatsächlich dem Abstellen von Fahrzeugen dient, ist nicht nur die vertragliche Vereinbarung, sondern auch die tatsächliche Nutzung maßgebend (vgl. UStR 2000 Rz 898 sowie *Ruppe/Achatz*, UStG[4], § 6 Tz 404). Tritt das Kriterium des Abstellens von Fahrzeugen gänzlich in den Hintergrund, wie hier hinsichtlich der Nutzung der Teilfläche des Kundenparkplatzes für den Christbaumverkauf bzw. den Verkauf von Speisen etc., kommt die Steuerbefreiung gemäß § 6 Abs. 1 Z 16 UStG 1994 zur Anwendung (vgl. auch UStR 2000 Rz 897 zur Nutzung von Räumen als Schauräume von Autohändlern, Fahrradhändlern usw., Ausstellungsflächen von Gebrauchtwagenhändlern und dgl.). Im Falle des mobilen Verkaufsstandes wird außerdem davon ausgegangen werden können, dass dem Abstellen des Fahrzeuges im Rahmen der Vermietung (Nutzungsüberlassung) der Grundfläche aufgrund des tatsächlichen Nutzungszwecks nur eine ganz untergeordnete Bedeutung zukommt (vgl. UStR 2000 Rz 898 sowie *Ruppe/Achatz*, UStG[4], § 6 Tz 405).

Liegt ein Anwendungsfall der Steuerbefreiung gemäß § 6 Abs. 1 Z 16 UStG 1994 vor, kann der Vermieter den diesbezüglichen Umsatz gemäß § 6 Abs. 2 UStG 1994 idFd StabG 2012, BGBl. I Nr. 22/2012, steuerpflichtig behandeln, soweit der Leistungsempfänger (Mieter bzw. Nutzungsberechtigte) das Grundstück oder einen baulich abgeschlossenen, selbständigen Teil des Grundstücks nahezu ausschließlich für Umsätze verwendet, die den Vorsteuerabzug nicht ausschließen (zur Nachweispflicht des Vermieters siehe UStR 2000 Rz 899a). Diese Voraussetzung wäre im vorliegenden Fall dann nicht erfüllt, wenn es sich beim Christbaumverkäufer bzw. Hendlbrater um einen Kleinunternehmer iSd § 6 Abs. 1 Z 27 UStG 1994 handelt und auf die Anwendung dieser Befreiung nicht nach § 6 Abs. 3 UStG 1994 verzichtet wurde. Werden die Umsätze hingegen im Rahmen eines land- und forstwirtschaftlichen (Neben-)Betriebes des Leistungsempfängers erbracht und kommt die Pauschalbesteuerung gemäß § 22 Abs. 1 UStG 1994 für diese Umsätze zur Anwendung, ist die steuerpflichtige Behandlung des Vermietungsumsatzes zulässig, da die Vorsteuerabzugsberechtigung des Leistungsempfängers dem Grunde nach gegeben ist und die Kleinunternehmerbefreiung im Rahmen der Pauschalbesteuerung nicht anzuwenden ist. Der daraus resultierende Vorsteuerabzug wird jedoch in diesem Fall pauschal berücksichtigt und kann nicht zusätzlich geltend gemacht werden.

Hinsichtlich des Kriteriums des baulich abgeschlossenen, selbständigen Grundstücksteiles ist es nach UStR 2000 Rz 899b (auch bei fehlender Parifizierbarkeit) ausreichend, wenn die gesamte angemietete Grundstücksfläche vom Leistungsempfänger nahezu ausschließlich für steuerpflichtige Umsätze verwendet wird.

6. Behandlung von Vorsteuern bei Kleinunternehmern iZm MOSS-Umsätzen

6.1. Bezughabende Norm

§ 6 Abs. 1 Z 27 und Art. 25a Abs. 15 UStG 1994 (UStR 2000 Rz 4300b)

6.2. Sachverhalt

Ein österreichischer Unternehmer ist im Bereich der Softwareprogrammierung tätig. Für seine Tätigkeit kauft er eine EDV-Ausstattung um 10.000 Euro zuzüglich 2.000 Euro USt.

Im Inland tätigt er schon seit Jahren Umsätze von ca. 15.000 Euro. Er hat bisher die Option zur Regelbesteuerung nicht in Anspruch genommen und gilt somit in Österreich als Kleinunternehmer.

Die programmierten Apps werden im Umfang von 10.000 Euro auch von Privatkunden in Deutschland gekauft und von der Website des österreichischen Unternehmers heruntergeladen. Diese Umsätze sind als elektronisch erbrachte Dienstleistungen in Deutschland steuerbar und steuerpflichtig.

6.3. Beurteilung

Für die Bestimmung des Jahresumsatzes eines Kleinunternehmers ist jener Umsatz anzusetzen, den der Unternehmer in einem Jahr in dem Mitgliedstaat erzielt, in dem er ansässig ist (vgl. EuGH 26.10.2010, Rs C-97/09, *Schmelz*). Somit spielt die Höhe der im Ausland steuerbaren Umsätze keine Rolle für die Inanspruchnahme der Sonderregelung für Kleinunternehmer.

Die Sonderregelung für Kleinunternehmer ist nicht auf bestimmte Branchen beschränkt, sondern kann von allen Unternehmern in An-

spruch genommen werden, die im Inland den Sitz ihrer wirtschaftlichen Tätigkeit haben (vgl. EuGH 26.10.2010, Rs C-97/09, *Schmelz*).

Es erfolgt ein Ausschluss vom Vorsteuerabzug für Vorsteuerbeträge im Zusammenhang mit Auslandsumsätzen, die bei Ausführung im Inland unter eine der Befreiungsvorschriften des § 6 Abs. 1 Z 7 – 28 UStG 1994 fallen würden (vgl. *Ruppe/Achatz*, UStG[4], § 12 Tz 243). Der Ausschluss vom Vorsteuerabzug tritt für den inländischen Unternehmer daher auch ein, wenn er die unecht steuerfreie Leistung statt im Inland im Ausland ausführt (vgl. *Mayr/Ungericht*, UStG[4], § 6 Anm. 74).

Weiters werden auch in Art. 18 der Mehrwertsteuererstattungsrichtlinie 2008/9/EG Kleinunternehmer explizit von der Erstattung der Mehrwertsteuer ausgeschlossen.

7. Verzicht auf die Kleinunternehmerbefreiung im wiederaufgenommenen Verfahren

7.1. Bezughabende Norm

§ 6 Abs. 3 UStG 1994 (UStR 2000 Rz 1019)

7.2. Sachverhalt

Ein Unternehmer erzielte bis zum Veranlagungsjahr 2008 sowohl unecht steuerbefreite Versicherungsvermittlungsumsätze, als auch andere steuerpflichtige Umsätze von insgesamt über 30.000 Euro pro Jahr.

Ab dem Jahr 2009 betragen die Gesamtumsätze weniger als 30.000 Euro pro Jahr. Eine Verzichtserklärung (Option zur Regelbesteuerung) gemäß § 6 Abs. 3 UStG 1994 wird nicht abgegeben.

Im Zuge einer Außenprüfung wird das Verfahren wieder aufgenommen (neue Tatsachen liegen vor) und gleichzeitig festgestellt, dass sämtliche Umsätze ab 2009 gemäß § 6 Abs. 1 Z 27 UStG 1994 unecht steuerbefreit sind. Folglich werden die geltend gemachten Vorsteuern nicht anerkannt und für die bisher steuerpflichtig erklärten Umsätze wird die Umsatzsteuer kraft Rechnungslegung festgesetzt.

7.3. Fragestellung

Kann der Unternehmer im Prüfungsverfahren (oder im Beschwerdeverfahren) noch wirksam auf die Kleinunternehmerbefreiung verzichten oder ist diese Möglichkeit verwirkt, da bereits sämtliche (Prüfungs-)-Jahre rechtskräftig veranlagt waren?

7.4. Lösung

Gemäß § 6 Abs. 3 UStG 1994 kann ein Unternehmer, dessen Umsätze nach § 6 Abs. 1 Z 27 UStG 1994 befreit sind, bis zur Rechtskraft des Bescheides gegenüber dem Finanzamt schriftlich erklären, dass er auf die Anwendung des § 6 Abs. 1 Z 27 UStG 1994 verzichtet.

Auch im wiederaufgenommenen Verfahren hat der Unternehmer abermals die Möglichkeit gegen die (neuen) Feststellungen ein Rechtsmittel einzubringen. Somit liegt kein rechtskräftiger Bescheid vor. In weiterer Folge ist es für den Unternehmer möglich, auch in diesem Stadium des Verfahrens noch auf die Kleinunternehmerregelung zu verzichten, da der gegenständliche Bescheid noch nicht in Rechtskraft erwachsen ist.

8. Fahrzeugabstellplätze in Gebäuden im Wohnungseigentum

8.1. Bezughabende Norm

§ 10 Abs. 2 Z 4 lit. d, § 6 Abs. 1 Z 16 und Z 17 sowie § 6 Abs. 2 UStG 1994 (UStR 2000 Rz 1217 und Rz 1189 bis 1191 (Rz 896 -898, Rz 1184))

8.2. Sachverhalt

Zu beurteilen ist die umsatzsteuerrechtliche Behandlung von Umsätzen der Wohnungseigentümergemeinschaft iZm Fahrzeugabstellplätzen in Gebäuden, an denen Wohnungseigentum besteht. Hinsichtlich der Fahrzeugabstellplätze sind insbesondere folgende Konstellationen denkbar:

1. Der Abstellplatz steht in gesondertem Wohnungseigentum;
2. Der Abstellplatz steht im Zubehör-Wohnungseigentum;
3. Der Abstellplatz gehört den allgemeinen Gebäudeteilen an und wird Wohnungseigentümern ohne gesondertes Entgelt überlassen;
4. Der Abstellplatz gehört den allgemeinen Gebäudeteilen an und wird Wohnungseigentümern (oder Dritten) gegen gesondertes Entgelt zur Miete überlassen.

Steht der Abstellplatz im Zubehör-Wohnungseigentum sind damit verbundene Nutzwertgutachten in der Praxis z.T. unterschiedlich genau ausgeführt. Ausführliche Gutachten teilen auch dem Zubehör innerhalb der Einheit einen bestimmten Nutzwert zu.

8.3. Fragestellung

Wie sind Umsätze der WEG mit Fahrzeugabstellplätzen zu besteuern?

8.4. Lösung

Der ermäßigte Steuersatz für Leistungen der WEG kommt iZm Fahrzeugabstellplätzen nicht zur Anwendung, weil dieser ausdrücklich auf Liegenschaftsteile beschränkt ist, die Wohnzwecken dienen. Die darauf entfallenden weiterverrechneten Kosten sind gemäß § 6 Abs. 1 Z 17 UStG 1994 steuerfrei, sofern nicht zur Steuerpflicht optiert wird (UStR 2000 Rz 1217).

Wird das Wohnungseigentum untrennbar nach dem 31. August 2012 erworben, kann die WEG von der Option nur Gebrauch machen, soweit der Leistungsempfänger das Grundstück oder einen baulich abgeschlossenen, selbständigen Teil des Grundstücks nahezu ausschließlich für Umsätze verwendet, die den Vorsteuerabzug nicht ausschließen. Keine Optionsmöglichkeit besteht in diesen Fällen daher für Umsätze gemäß § 6 Abs. 1 Z 17 UStG 1994 iZm im Wohnungseigentum stehenden privat genutzten Fahrzeugabstellplätzen (siehe UStR 2000 Rz 923).

Liegen Umsätze der WEG an die Wohnungseigentümer vor, so hat eine Aufteilung der Um-

sätze zwingend zu erfolgen. Privatrechtliche Vereinbarungen oder auch die gesetzliche Grundregelung in § 32 WEG 2002 haben in diesem Zusammenhang keinen Einfluss auf die Umsatzbesteuerung (vgl. dazu VwGH 24.3.2015, 2012/15/0042).

Direkt zuordenbare Umsätze (=Kosten der WEG) (die in weiterer Folge die Umsätze der WEG darstellen) sind grundsätzlich unmittelbar zuzurechnen.

Können die Eingangsleistungen bei der WEG nicht unmittelbar zugeordnet werden, so hat eine Aufteilung der Ausgangsleistungen nach entsprechenden Steuersätzen zu erfolgen. Den Fahrzeugabstellplätzen können beispielsweise auch anteilig Kosten für Liftbenützung, Kaltwasseranschluss, Kanal und Müll zuzurechnen sein. Diese Kosten dürfen also nicht grundsätzlich als allein dem Wohnraum zugerechnet werden und bei den Fahrzeugabstellplätzen aus der Bemessungsgrundlage ausgeschieden werden (vgl. dazu VwGH 24.3.2015, 2012/15/0042).

Eine Aufteilung der Umsätze im Verhältnis der Nutzwerte (laut Nutzwertgutachten) der Gesamtanteile der Liegenschaft zu jenen der Garagen kann eine sachgerechte Methode darstellen (vgl. dazu VwGH 25.6.2014, 2010/13/0119), wenn entsprechende Nutzwerte bekannt sind. Diese Aufteilung ist aber nicht zwingend (vgl. VwGH 24.3.2015, 2012/15/0042, der eine solche Aufteilung im konkreten Fall ausdrücklich ablehnt, weil die undifferenzierte Aufteilung nach Nutzwerten die sachgerechte Kostenzuordnung nicht widerspiegelte).

Denkbare andere Aufteilungsmethoden könnten ein Fremdvergleich oder auch der Vergleich der Anschaffungs- oder Errichtungskosten der Garage im Vergleich zur Wohnung sein. Ein Flächenschlüssel wird nur dann geeignet sein, wenn die relativen Kosten für Garage und Wohnraum vergleichbar sind. Allenfalls könnte auch eine andere sachgerechte Schätzung zum Ansatz kommen.

Werden die Kosten iZm den Abstellplätzen auch von Wohnungseigentümern getragen, die keinen solchen Platz nutzen, so hat auch diesen gegenüber eine Aufteilung der Umsätze zu erfolgen (vgl. VwGH 24.3.2015, 2012/15/0042).

Wurde an Abstellplätzen Wohnungseigentum nicht begründet und erfolgt eine Vermietung der Abstellplätze durch die Gemeinschaft der Wohnungseigentümer an alle oder einzelne Wohnungseigentümer oder an andere Personen (Konstellation 4), so unterliegt diese Leistung zwingend dem Normalsteuersatz (UStR 2000 Rz 1217). Diesfalls sind die Eingangsleistungen, die iZm der Vermietung der Abstellplätze stehen, aus der Bemessungsgrundlage der Leistung der WEG an die Wohnungseigentümer auszuscheiden.

9. Vorsteuerabzug aus den Kosten eines Strafverfahrens nach AuslBG

9.1. Bezughabende Norm

§ 12 Abs. 1 und § 12 Abs. 2 Z 2 lit. a UStG 1994, (UStR 2000 Rz 1914 ff)

9.2. Sachverhalt

Ein Einzelunternehmer macht den Vorsteuerabzug aus der Honorarnote eines Rechtsanwalts geltend, der ihn im erstinstanzlichen Verfahren und Berufungsverfahren wegen Übertretung des Ausländerbeschäftigungsgesetzes (§ 3 Abs. 1 iVm § 28 Abs. 1 Z 1 lit. a AuslBG) vertreten hat. Der Berufung wurde insofern Folge gegeben, als die zunächst festgesetzte Geldstrafe um ca. die Hälfte herabgesetzt worden ist.

In der Honorarnote des Rechtsanwalts werden als erbrachte Leistungen „Rechtsberatung und Vertretung im Verfahren nach dem AuslBG einschließlich sämtlicher Korrespondenz, Besprechungen, Telefonate, Schriftsätze, etc.“ angeführt.

9.3. Fragestellung

Kann der Unternehmer den Vorsteuerabzug aus den Kosten des Strafverfahrens vornehmen?

9.4. Lösung

Nach EuGH 21.2.2013, Rs C-104/12, *Wolfram Becker* sind Vorsteuern aus Anwaltsdienstleistungen, deren Zweck darin besteht, strafrechtliche Sanktionen gegen natürliche Personen, die Geschäftsführer eines steuerpflichtigen Unternehmens sind, zu vermeiden, nicht abziehbar. Im Ausgangsfall des EuGH ging es um Anwaltsdienstleistungen in einem Strafverfahren iZm Bestechung zur Erlangung vertraulicher Angaben bei Auftragsvergaben.

Diese Aussagen des EuGH 21.2.2013, Rs C-104/12, *Wolfram Becker* sind auf den gegenständlichen Sachverhalt übertragbar. Daher sind die Leistungen des Rechtsanwalts als nicht für das Unternehmen des Einzelunternehmers erbracht anzusehen. Mangels Leistungsbezugs für das Unternehmen ist der Vorsteuerabzug im Anlassfall bereits gemäß § 12 Abs. 1 iVm Abs. 2 Z 1 UStG 1994 ausgeschlossen.

Darüber hinaus kann der Vorsteuerabzug auch aufgrund des § 12 Abs. 2 Z 2 lit. a UStG 1994 ausgeschlossen sein. Der VwGH hat iZm einem Arbeitszimmer ausgesprochen, dass für die Anwendung des § 12 Abs. 2 Z 2 lit. a UStG 1994 von der Rechtslage des EStG 1988 zum 1. Jänner 1995 auszugehen ist (vgl. UStR 2000 Rz 1923). Dies gilt in gleicher Weise für den Vorsteuerausschluss iZm den Kosten eines Strafverfahrens.

Zum 1.1.1995 enthielt § 20 EStG 1988 keine explizite Bestimmung zum Abzug von Strafen. Allerdings stellten zu diesem Zeitpunkt (wie bereits im EStG 1972) die Kosten eines Strafverfahrens, wie insbesondere die Strafverteidigungskosten ebenso wie Geldstrafen grundsätzlich Kosten der privaten Lebensführung dar (§ 20 Abs. 1 Z 2 EStG 1988; vgl. VwGH

11.7.1995, 91/13/0145 zum EStG 1972; vgl. dazu EStR 2000 Rz 4748).

Die EStR 2000 Rz 1621 (iVm Rz 4748 f) zur Abziehbarkeit der Kosten eines Strafverfahrens (Rechtslage bis 1.8.2011) lauten auszugsweise:

„Im Fall eines Schuldspruches sind die verhängte Strafe samt Verfahrenskosten, die Kosten des Verteidigers im Strafprozess oder im Finanzstrafverfahren und die Kosten einer Urteilsveröffentlichung grundsätzlich nicht abzugsfähig (VwGH 21.5.1980, 2848/79, betr. Verfälschung von Lebensmitteln durch einen Fleischermeister; VwGH 26.9.1972, 0982/72, betr. Verurteilung wegen eines Verkehrsunfalles im Rahmen einer betrieblichen Fahrt). Betriebsausgaben liegen aber dann vor, wenn die zur Last gelegte Handlung ausschließlich aus der betrieblichen Tätigkeit heraus erklärbar ist und das Verfahren mit einem Freispruch endet (VwGH 6.6.1984, 83/13/0050); gleiches gilt, wenn das Verfahren wegen eines Strafaufhebungsgrundes (Verjährung, Tod) eingestellt wird. Verteidigungs- und Prozesskosten aus einem Verfahren nach dem Verbandsverantwortlichkeitsgesetz sind nicht abzugsfähig, es sein denn das Verfahren endet mit einem Freispruch oder wird wegen Eintritts der Verjährung eingestellt.

Endet ein Verfahren teilweise mit einem Freispruch und teilweise mit einem Schuldspruch, sind die dem Freispruch zuzuordnenden Verfahrenskosten abzugsfähig.“

Zumal im konkreten Fall kein Freispruch erfolgte, ist die Vorsteuer für die Leistungen des Rechtsanwalts auch nach § 12 Abs. 2 Z 2 lit. a UStG 1994 iVm § 20 Abs. 1 Z 2 EStG 1988 idF zum 1.1.1995 vom Abzug ausgeschlossen.

10. Anwendung der 10%-Grenze bei Gebäuden im Miteigentum

10.1. Bezughabende Norm

§ 12 Abs. 2 Z 1 lit. a UStG 1994, (UStR 2000 Rz 1901 ff und 1919a)

10.2. Sachverhalt

Ein Gebäude steht zu je 50% im Miteigentum der Ehegatten A und B. A nutzt das Gebäude anteilig (einen Raum im Ausmaß von 6% der Gesamtfläche des Gebäudes) unternehmerisch. Hinsichtlich des Gesamtgebäudes wird die unternehmerische Mindestnutzung von 10% (§ 12 Abs. 2 Z 1 lit. a UStG 1994) daher nicht erreicht. Bei isolierter Betrachtung seines Miteigentumsanteils (50% des Gesamtgebäudes) käme es hingegen zur Überschreitung der 10%-Grenze.

B verwendet ebenfalls einen Teil des Hauses (5 % der Gesamtfläche) für unternehmerische Zwecke, ist aber Kleinunternehmer.

10.3. Fragestellung

- Gilt die 10%-Grenze als überschritten?
- Steht ein Vorsteuerabzug für den unternehmerisch genutzten Teil zu?

10.4. Lösung

Nach UStR 2000 Rz 1919a mVa VwGH 28.6.2012, 2009/15/0217 ist die 10%-Grenze des § 12 Abs. 2 Z 1 UStG 1994 für den Anteil der unternehmerischen Nutzung am Gesamtgebäude bei Anwendbarkeit des § 12 Abs. 2 Z 2 lit. a UStG 1994 nicht anzuwenden. Wird der Vorsteuerausschluss auf § 12 Abs. 2 Z 2 lit. a UStG 1994 gestützt, so gilt dies auch für Sachverhalte, die sich nach dem 31.12.2010 ereignen. Wenn der Raum nicht zur Gänze unternehmerisch verwendet wird, ist ab 1.1.2011 neben § 12 Abs. 2 Z 2 lit. a UStG 1994 zusätzlich § 12 Abs. 3 Z 4 UStG 1994 zu beachten.

Gelangt die 10%-Grenze im konkreten Fall nicht zur Anwendung, können die Miteigentümer die Vorsteuer nach den allgemeinen Bestimmungen des § 12 UStG 1994 abziehen. Kommt der Hausgemeinschaft selbst keine Unternehmereigenschaft zu, ist nicht sie, sondern der einzelne Gesellschafter (der jeweilige Ehegatte) als Empfänger der Leistung anzusehen (vgl. Umsatzsteuerprotokoll 2013, Erlass des BMF vom 7.10.2013, BMF-010219/0342-VI/4/2013, Frage 1 mVa EuGH 21.4.2005, Rs C-25/03, *HE*). Die Umsatzsteuer iZm dem Gebäude ist diesfalls im Verhältnis zum Anteil jedes einzelnen Gesellschafters aufzuteilen und der Vorsteuerabzug gemäß den allgemeinen Regeln für jeden einzelnen Gesellschafter zu gewähren.

B führt als Kleinunternehmer unecht steuerfreie Umsätze (§ 6 Abs. 1 Z 27 UStG 1994) aus und ist gemäß § 12 Abs. 3 Z 1 und 2 UStG 1994 vom Vorsteuerabzug ausgeschlossen.

11. Zeitpunkt des Vorsteuerabzugs bei mangelhaften, nachträglich korrigierten Anzahlungsrechnungen, zwischenzeitiger (teilweiser) Leistungserbringung und fehlender Schlussrechnung

11.1. Bezughabende Norm

§ 11 Abs. 1 Z 4, § 12 Abs. 1 Z 1 dritter Satz und § 20 Abs. 2 Z 1 UStG 1994

11.2. Sachverhalt

Die X-GmbH & Co KG erwirbt ein Grundstück, auf dem ein Gebäude mit Mietwohnungen errichtet werden soll.

Im Jänner 2014 legen Unternehmen den Leistungszeitraum Dezember 2013 bis November 2014 betreffende Rechnungen an die X-GmbH & Co KG, in denen sowohl über bereits im Dezember 2013 erbrachte als auch im Zeitraum von Jänner bis November 2014 noch zu erbringende Leistungen abgerechnet wird. Die X-GmbH & Co KG bezahlt die jeweils in Rechnung gestellten Nettobeträge und macht den Vorsteuerabzug für die in den Rechnungen ausgewiesene Umsatzsteuer geltend.

In Folge einer noch im Jahr 2014 durchgeführten Umsatzsteuersonderprüfung wird die Auffassung vertreten, dass die Rechnungen hinsichtlich der Bestimmtheit, der Art und des Umfangs der Leistungen den Voraussetzungen des § 11 UStG

1994 nicht entsprechen und damit kein Vorsteuerabzug zusteht.

Die Rechnungsmängel sind auch nach Ablauf des Leistungs- und Abrechnungszeitraums (Dezember 2013 bis November 2014) noch nicht beseitigt worden. Weiters steht fest, dass die in den Rechnungen dargestellten Leistungen nur teilweise erbracht wurden; Schlussrechnungen wurden (noch) nicht gelegt.

11.3. Fragestellung

- Können (oder müssen) die ursprünglichen „Anzahlungs"-Rechnungen noch (ex nunc) berichtigt werden?
- Wie lange können (oder müssen) die ursprünglichen „Anzahlungs"-Rechnungen berichtigt werden?
- Kann aus einer (allenfalls korrigierten) Anzahlungsrechnung noch ein Vorsteuerabzug geltend gemacht werden, wenn bzw. soweit zwischenzeitig eine Leistungserbringung erfolgt ist?
- Wann sind in diesem Fall die Voraussetzungen für den Vorsteuerabzug erfüllt?

11.4. Lösung

Bei Anzahlungen entsteht das Recht zum Vorsteuerabzug zufolge § 12 Abs. 1 Z 1 dritter Satz UStG 1994, soweit der gesondert ausgewiesene Steuerbetrag auf eine Zahlung vor Ausführung der Umsätze entfällt, wenn die Rechnung iSd § 11 UStG 1994 vorliegt und die Zahlung geleistet worden ist.

Ist eine Anzahlungsrechnung mangelhaft, besteht auch bei bereits erfolgter Anzahlung solange kein Recht auf Vorsteuerabzug, bis die Rechnungsmängel beseitigt sind.

Bei Entgeltsvereinnahmung vor Leistungserbringung besteht für den zur Leistung verpflichteten Unternehmer zufolge § 11 Abs. 1 Z 4 iVm Z 1 zweiter Satz UStG 1994 die Verpflichtung zur Rechnungslegung, wenn es sich beim Leistungsempfänger um einen Unternehmer handelt. In diesen Fällen entsteht auch im Rahmen der Sollbesteuerung die Steuerschuld mit Ablauf des Voranmeldungszeitraums, in dem das Entgelt vereinnahmt worden ist (§ 19 Abs. 2 Z 1 lit. a zweiter Unterabsatz UStG 1994). Zur allgemeinen Voraussetzung bei An- oder Vorauszahlungsrechnungen siehe UStR 2000 Rz 1522.

Solange die Leistungen (noch) nicht erbracht wurden, ist der Leistungserbringer daher jedenfalls zur Berichtigung einer mangelhaften Anzahlungsrechnung verpflichtet.

Wurde die Leistung vor Beseitigung der Rechnungsmängel erbracht, ist eine der Voraussetzungen, die die Verpflichtung zur Stellung einer Anzahlungsrechnung begründen, nämlich die noch nicht erbrachte Leistung, weggefallen. Andererseits besteht nunmehr die Verpflichtung zur Rechnungslegung nach § 11 Abs. 1 Z 1 zweiter Satz UStG 1994 aufgrund der Leistungserbringung.

Damit erübrigt sich nach Leistungserbringung eine Korrektur der Anzahlungsrechnung. Ein Vorsteuerabzug aus der Anzahlungsrechnung kann sodann nicht mehr geltend gemacht werden (siehe auch *Ruppe/Achatz*, UStG[4], § 11 Tz 33 mwH).

Das Recht zum Vorsteuerabzug kann diesfalls nach den allgemeinen Bestimmungen des § 12 Abs. 1 Z 1 UStG 1994 gegeben sein, Voraussetzung dafür ist u.a. eine ordnungsgemäße Rechnung iSd § 11 UStG 1994.

12. Nachweisführung bei innergemeinschaftlicher Lieferung von KFZ durch amtliche Registrierung im Bestimmungsland?

12.1. Bezughabende Norm

Art. 7 UStG 1994; Verordnung BGBl. Nr. 401/1996, (UStR 2000 Rz 3981 ff)

12.2. Sachverhalt

Bei einer Betriebsprüfung hegte der Prüfer Zweifel, wie und durch wen die Fahrzeuge ins übrige Gemeinschaftsgebiet gelangt sind. Er hatte den Eindruck, dass die Fahrzeuge wahrscheinlich über einen nicht aktenkundigen und somit unbekannten (inländischen oder ausländischen) „Abnehmer" ins Ausland gelangt sind. Nach Ansicht des Prüfers wird auch mit einer Zulassung im Ausland kein Nachweis erbracht, „dass ein Fahrzeug auf direktem Weg dorthin gelangt ist". Überdies war auf den Rechnungen kein Bestimmungsort, sondern nur das Bestimmungsland (Slowakei) angeführt.

Im BP-Bericht findet sich (auszugsweise) folgende Begründung:

„Im Prüfungszeitraum lagen keine Nachweise über die innergemeinschaftliche Beförderung oder Versendung der Kraftfahrzeuge vor (Identität des Abholenden, eindeutige Feststellung der Funktion der einzelnen Handelnden in Bezug auf eine bestimmte Lieferung).

Art. 7 Abs. 4 UStG 1994 verlangt, die Identität des Abholenden im Zeitpunkt der Abholung des Gegenstandes festzuhalten, andernfalls liegt ein nicht sanierbarer Mangel vor.

Selbst wenn die Kfz in den jeweiligen Mitgliedsländern, in welche die behaupteten Lieferungen erfolgt sein sollen, angemeldet wurden (alternative Nachweisführung), ist der „Ausfuhrnachweis" damit nicht erbracht, zumal damit kein Nachweis erbracht wurde, dass sie auf direktem Weg dorthin gelangt sind.

So hat nachweislich ein gewisser Herr X, geb. xxx, Staatsangehörigkeit HR, Überstellungsfahrten sowohl für die Firma A (ansässig in der Slowakei) als auch Überstellungsfahrten für Herrn B durchgeführt. An Hand der vorgelegten Unterlagen (Fahrtaufzeichnungen) ist nicht ersichtlich, welches Kfz (genaue Bezeichnung, Fahrgestell-Nr.) an wen überstellt wurde (Kontrollmitteilung der Finanzpolizei vom xxx).

Die beantragte Umsatzsteuerfreiheit der behaupteten innergemeinschaftlichen Lieferungen steht daher nicht zu."

12.3. Fragestellung

Kann für die Steuerfreiheit einer innergemeinschaftlichen Lieferung allein die Zulassung eines Fahrzeuges im übrigen Gemeinschaftsgebiet als geeigneter materieller Nachweis im Rahmen der „alternativen Nachweisführung" anerkannt werden?

12.4. Lösung

Gemäß Art. 6 Abs. 1 UStG 1994 sind die innergemeinschaftlichen Lieferungen (Art. 7) steuerfrei.

Art. 7 Abs. 1 UStG 1994 lautet:

„Eine innergemeinschaftliche Lieferung (Art. 6 Abs. 1) liegt vor, wenn bei einer Lieferung die folgenden Voraussetzungen vorliegen:

1. **Der Unternehmer oder der Abnehmer hat den Gegenstand der Lieferung in das übrige Gemeinschaftsgebiet befördert oder versendet;**
2. **der Abnehmer ist**
   a) **ein Unternehmer, der den Gegenstand der Lieferung für sein Unternehmen erworben hat,**
   b) **eine juristische Person, die nicht Unternehmer ist oder die den Gegenstand der Lieferung nicht für ihr Unternehmen erworben hat, oder**
   c) **bei der Lieferung eines neuen Fahrzeuges auch jeder andere Erwerber und**
3. **der Erwerb des Gegenstandes der Lieferung ist beim Abnehmer in einem anderen Mitgliedstaat steuerbar.**

Der Gegenstand der Lieferung kann durch Beauftragte vor der Beförderung oder Versendung in das übrige Gemeinschaftsgebiet bearbeitet oder verarbeitet worden sein."

Gemäß Art. 7 Abs. 4 UStG 1994 hat der Unternehmer in Abholfällen die Identität des Abholenden festzuhalten.

Der Nachweis, dass die materiellen Voraussetzungen der Steuerfreiheit nach Art. 7 UStG 1994 vorliegen, ist vom Lieferer zu erbringen (vgl. VwGH 2.9.2009, 2005/15/0031). In der Verordnung BGBl. Nr. 401/1996 wird geregelt, wie der Nachweis der Beförderung oder Versendung und der Buchnachweis bei innergemeinschaftlichen Lieferungen zu führen ist. Kommt der Unternehmer seinen nach der Verordnung BGBl. Nr. 401/1996 bestehenden Nachweispflichten nicht (oder nicht vollständig) nach, ist grundsätzlich davon auszugehen, dass die Voraussetzungen einer steuerfreien innergemeinschaftlichen Lieferung nicht erfüllt sind (vgl. *Mayr/Ungericht*, UStG[4], Art. 7 Anm. 9 mwN).

Aus der Rechtsprechung des EuGH ist aber auch abzuleiten, dass im Bereich der Nachweisführung nicht auf bloß formelle Belange, insbesondere den Zeitpunkt der Nachweiserbringung, abzustellen, sondern auch eine spätere Nachweisführung im Abgabenverfahren ausreichend ist. Dies gilt auch für den Nachweis der innergemeinschaftlichen Beförderung oder Versendung (vgl. VwGH 20.12.2012, 2009/15/0146 mVa EuGH 27.9.2007, Rs C-146/05, *Albert Collée*). Entscheidend ist, dass dem liefernden Unternehmer der Nachweis gelingt, dass die materiellen Voraussetzungen der Steuerfreiheit zweifelsfrei vorliegen (vgl. VwGH 27.11.2014, 2012/15/0192 mVa Vorjudikatur).

Die kraftfahrrechtliche Anmeldung in einem anderen Mitgliedstaat stellt keine Voraussetzung für die Steuerfreiheit der innergemeinschaftlichen Lieferung nach Art. 7 UStG 1994 dar (vgl. VwGH 19.12.2013, 2012/15/0006) und ist auch in der Verordnung BGBl. Nr. 401/1996 nicht als (Nachweis-)Voraussetzung angeführt. Festzustellen ist, dass die nach der Verordnung BGBl. Nr. 401/1996 zu führenden Nachweise – wie zB in Abholfällen die „Verbringungserklärung" iSd § 2 Z 3 der Verordnung BGBl. Nr. 401/1996 oder zB die Aufzeichnung des Namens und der Anschrift des Beauftragten des Abnehmers in Abholfällen nach § 6 Z 2 der Verordnung BGBl. Nr. 401/1996, – durch die kraftfahrrechtliche Anmeldung in einem anderen Mitgliedstaat nicht (auch nicht teilweise) ersetzt werden können.

Die alleinige Zulassung zum Verkehr in einem anderen Mitgliedstaat wird „im Rahmen einer alternativen Nachweisführung" für sich allein betrachtet (als einziger Nachweis) nicht als zweifelsfreier „materieller Nachweis" für das Vorliegen sämtlicher materieller Tatbestandsvoraussetzungen iSd Art. 7 UStG 1994 (zB Abnehmereigenschaft bzw. Verschaffung der Verfügungsmacht an diesen Abnehmer, physisches Verlassen des Liefermitgliedstaates u.a.) anzuerkennen sein (vgl. VwGH 27.11.2014, 2012/15/0192; VwGH 19.12.2013, 2012/15/0006). Die ausländische Zulassung ist insoweit (bloß) ein Beweismittel. Entscheidend sind die gesamten Umstände des konkreten Einzelfalles (vgl. VwGH 19.12.2013, 2012/15/0006). Ob die „alternative" Nachweisführung für das Vorliegen einer steuerfreien innergemeinschaftlichen Lieferung gelingt oder nicht, wird im Rahmen der freien Beweiswürdigung festzustellen sein. Voraussetzung für die Steuerfreiheit der innergemeinschaftlichen Lieferung ist jedenfalls, dass die materiellen Anforderungen nach Art. 7 UStG 1994 zweifelsfrei erfüllt sind.

13. Sanierbarkeit missglückter Dreiecksgeschäfte

13.1. Bezughabende Norm

Art. 25 UStG 1994

13.2. Sachverhalt

Das in Italien ansässige Unternehmen I bestellt im Jahr 2012 Waren beim in Österreich ansässigen Unternehmen (Ö), dieses bestellt die Waren seinerseits beim in Deutschland ansässigen Unternehmen D. Die Waren werden von D unmittelbar nach Italien an den Abnehmer I versendet.

Alle drei Unternehmer verwenden die UID ihres jeweiligen Ansässigkeitsstaates.

Ausgangssachverhalt:

Der Erwerber Ö erklärt in seinen Umsatzsteuervoranmeldungen innergemeinschaftliche Erwerbe hinsichtlich der von D bezogenen Waren sowie innergemeinschaftliche Lieferungen an I, reicht diesbezüglich Zusammenfassenden Meldungen ein und stellt Rechnungen über innergemeinschaftliche Lieferungen an I aus.

Variante 1:

Ö reicht Zusammenfassende Meldungen mit der Indikation „Dreiecksgeschäft" ein, legt aber keine Rechnungen iSd Art. 25 Abs. 4 UStG 1994, die den Hinweis auf das Vorliegen eines Dreiecksgeschäfts und den Übergang der Steuerschuld auf den Empfänger der Ware (I) enthalten, und erklärt auch keine innergemeinschaftlichen Erwerbe.

Variante 2:

Ö legt Rechnungen iSd Art. 25 Abs. 4 UStG 1994, gibt diese Umsätze aber weder in Umsatzsteuervoranmeldungen (bzw. in der Umsatzsteuerjahreserklärung) noch in Zusammenfassenden Meldungen bekannt.

Variante 3:

Ö reicht Zusammenfassende Meldungen mit der Indikation „Dreiecksgeschäft" ein und legt Rechnungen iSd Art. 25 Abs. 4 UStG 1994, gibt insoweit aber keine Umsätze (Erwerbe) in seinen Umsatzsteuervoranmeldungen (bzw. in der Umsatzsteuerjahreserklärung) bekannt. Im Rahmen einer im Jahr 2015 stattfindenden Außenprüfung wird festgestellt, dass es sich hier um Reihengeschäfte handelt, für die bei Vorliegen der in Art. 25 UStG 1994 genannten Voraussetzungen die sog. „Dreiecksgeschäftsregelung" anwendbar gewesen wäre, nach der sich Ö als mittlerer Unternehmer (Erwerber) im Bestimmungsland der Ware (Italien) nicht erfassen lassen und in Österreich keine innergemeinschaftlichen Erwerbe iSd Art. 3 Abs. 8 zweiter Satz UStG 1994 auf Grund der Verwendung seiner österreichischen UID ohne Recht zum Vorsteuerabzug versteuern muss.

13.3. Fragestellung

Kann im Ausgangssachverhalt oder in den Sachverhaltsvarianten durch nachträgliche Rechnungsberichtigungen sowie (erstmalige) Abgabe korrekter Umsatzsteuervoranmeldungen und Zusammenfassender Meldungen die „Dreiecksgeschäftsregelung" iSd Art. 25 UStG 1994 noch zur Anwendung gelangen?

13.4. Lösung

Zum Reihengeschäft im Allgemeinen

Ein Reihengeschäft liegt vor, wenn mehrere Unternehmer über denselben Gegenstand Umsatzgeschäfte abschließen, bei denen dieser Gegenstand im Rahmen der Beförderung oder Versendung unmittelbar vom ersten Unternehmer an den letzten Abnehmer gelangt. Zu beachten ist, dass die Umsätze (gedanklich) zeitlich hintereinander stattfinden, der Ort der einzelnen Umsätze jeder für sich bestimmt werden muss und nur für einen Umsatz in der Reihe der Ort der Lieferung gemäß § 3 Abs. 8 UStG 1994 bestimmt werden kann (vgl. UStR 2000 Rz 450; vgl. auch EuGH 6.4.2006, Rs C-245/04, *EMAG Handel Eder*, Rn 45).

Im vorliegenden Fall ist von einem solchen Reihengeschäft zwischen den Unternehmern D, Ö und I auszugehen. Da D als erster Lieferer in diesem Reihengeschäft die Warenbewegung veranlasst, ist die erste Lieferung, die Lieferung des D an Ö, die bewegte Lieferung iSd § 3 Abs. 8 UStG 1994. Da die dabei stattfindende Warenbewegung von Deutschland ausgehend in einem anderen Mitgliedstaat (Italien) endet, handelt es sich hier um eine innergemeinschaftliche Lieferung, die unter den in Art. 7 UStG 1994 genannten Voraussetzungen steuerfrei sein kann. Die innergemeinschaftliche Lieferung des D führt für Ö zu einem innergemeinschaftlichen Erwerb in Italien.

Bei der nachfolgenden zweiten Lieferung des Ö an den letzten Abnehmer I handelt es sich um die ruhende Lieferung, für die der Lieferort aus österreichischer Sicht nach § 3 Abs. 7 UStG 1994 bestimmt wird, und an jenem Ort steuerbar ist, an dem D die Verfügungsmacht über die Waren verschafft wird, somit am Bestimmungsort in Italien.

Durch das Auftreten mit der österreichischen UID gegenüber dem Lieferanten D hat Ö hier zudem einen innergemeinschaftlichen Erwerb iSd Art. 3 Abs. 8 zweiter Satz UStG 1994 bewirkt, für den kein Recht auf Vorsteuerabzug besteht (s. UStR 2000 Rz 3777 mHa EuGH 22.4.2010, Rs C-536/08 und Rs C-539/08, *X und Facet BV/ Facet Trading BV*).

Zum Dreiecksgeschäft iSd Art. 25 UStG 1994

Im vorliegenden Fall hätte sich der Unternehmer Ö als mittlerer Unternehmer in diesem Reihengeschäft grundsätzlich wegen der innergemeinschaftlichen Erwerbe und der anschließenden Lieferung an den italienischen Abnehmer I in Italien zur Umsatzsteuer erfassen lassen müssen.

Um hier eine Vereinfachung zu erzielen, sieht das Unionsrecht für bestimmte Reihengeschäfte Sonderregelungen vor, die für den österreichischen Anwendungsbereich in Art. 25 UStG 1994 (Dreiecksgeschäft) umgesetzt wurden.

Bei Einhaltung dieser Sonderregelungen durch den mittleren Unternehmer in diesen Reihengeschäften (Erwerber) – insbesondere der in Art. 25 Abs. 4 und Abs. 6 UStG 1994 vorgesehenen Rechnungslegungs- und Melde- bzw. Erklärungspflichten – treten die mit einem solchen Dreiecksgeschäft verbundenen Rechtsfolgen ein, nämlich

- **der Wegfall der Registrierungspflicht für den Erwerber im Bestimmungsland,**
- **die Steuerfreiheit des innergemeinschaftlichen Erwerbs im Bestimmungsland,**
- **die Fiktion der Besteuerung des innergemeinschaftlichen Erwerbs im Registrierungsmitgliedstaat und**

USt-E

- der Übergang der Steuerschuld auf den Empfänger im Bestimmungsland, mit dem sichergestellt werden soll, dass die Lieferung des Erwerbers ordnungsgemäß besteuert wird.

Ausgangssachverhalt:

Die zuvor beschriebenen Rechtsfolgen können nur eintreten, wenn die in Art. 25 UStG 1994 vorgesehenen Rechnungslegungs- und Melde- bzw. Erklärungspflichten erfüllt worden sind.

Wegen des erforderlichen Hinweises auf das Dreiecksgeschäft in der Rechnung muss der mittlere Unternehmer (Erwerber) das Reihengeschäft (rechtzeitig) offen legen. Der Erwerber in einem innergemeinschaftlichen Reihengeschäft hat insoweit ein Wahlrecht und kann im Zeitpunkt der Rechnungslegung eine Entscheidung dahingehend treffen, ob die Vereinfachungsregelungen des Dreiecksgeschäftes zur Anwendung gelangen sollen oder nicht. Stellt der Erwerber keine solche Rechnung aus, gelangen die allgemeinen Bestimmungen für ein „normales" innergemeinschaftliches Reihengeschäft zur Anwendung. Damit ist das Wahlrecht konsumiert und kann auch eine nachträgliche Rechnungsberichtigung zu keiner (rückwirkenden) Änderung führen (siehe auch *Mayr/Ungericht*, UStG[4], Art. 25 Anm. 6).

Auch nach dem genauen Wortlaut des Art. 141 Buchstabe e MwSt-RL 2006/112/EG und der dabei verwendeten Vergangenheitsform ist Voraussetzung für die Steuerfreiheit des innergemeinschaftlichen Erwerbs auf Grund der Verwendung der UID des Ansässigkeitsstaates (in Österreich in Art. 3 Abs. 8 zweiter Satz UStG 1994 umgesetzt), dass der *letzte Abnehmer (Empfänger) zum Steuerschuldner für die Lieferung des Erwerbers im Bestimmungsland bestimmt worden ist.* Demzufolge muss der letzte Abnehmer bereits vor oder allenfalls im Zuge der Tatbestandsverwirklichung zum Steuerschuldner bestimmt worden sein. Hierfür muss auch der letzte am Dreiecksgeschäft beteiligte Abnehmer durch die Hinweise in der Rechnung eindeutig und leicht erkennen können, dass er letzter Abnehmer in einem innergemeinschaftlichen Dreiecksgeschäft ist und die Steuerschuld auf ihn übertragen wird (siehe auch Art. 25b Abs. 8 dritter Satz dUSt-AE).

Mit einer nachträglichen Rechnung iSd Art. 25 Abs. 4 UStG 1994 kann diesem Erfordernis hingegen nicht entsprochen und die Steuerpflicht des innergemeinschaftlichen Erwerbs iSd Art. 3 Abs. 8 zweiter Satz UStG 1994 nicht verhindert werden.

Auch bei Nichtabgabe bzw. verspäteter Abgabe der *Zusammenfassenden Meldung* kann die Dreieckgeschäftsregelung nicht zur Anwendung gelangen, da die Fiktion nach Art. 25 Abs. 2 UStG 1994, nach der der innergemeinschaftliche Erwerb iSd Art. 3 Abs. 8 zweiter Satz UStG 1994 als besteuert gilt, zur Voraussetzung hat, dass der Erwerber nachweist, dass

- ein Dreiecksgeschäft vorliegt und
- er in dem Mitgliedstaat, von dem ihm die von ihm verwendete UID erteilt worden ist, seiner besonderen Erklärungspflicht nach Art. 25 Abs. 6 UStG 1994 nachgekommen ist.

Bei Nichtabgabe der Zusammenfassenden Meldung sind die Erklärungspflichten gemäß Art. 25 Abs. 6 UStG 1994 nicht erfüllt worden, und ist nach Art. 25 Abs. 2 zweiter Satz UStG 1994 damit die Steuerfreiheit rückwirkend weggefallen. Eine (nachträgliche) ordnungsgemäße Zusammenfassende Meldung kann nicht zur Anwendbarkeit der Vereinfachungsregelung führen, da eine verspätet eingereichte Zusammenfassende Meldung nicht zur Folge hat, dass der bereits eingetretene innergemeinschaftliche Erwerb iSd Art. 3 Abs. 8 zweiter Satz UStG 1994 wegfällt. Dies deswegen, weil dieser innergemeinschaftliche Erwerb kraft ausdrücklicher gesetzlicher Anordnung in Art. 3 Abs. 8 zweiter Satz UStG 1994 beim Nachweis der Erwerbsbesteuerung im Bestimmungsland allenfalls ex nunc, nicht aber rückwirkend, wegfallen kann (siehe auch BFG 5.1.2015, RV/2100519/2013 mwH).

Somit ergibt sich für den Ausgangssachverhalt, dass die Dreiecksgeschäftsreglung nicht nachträglich zur Anwendung gelangen kann und die innergemeinschaftlichen Erwerbe iSd Art. 3 Abs. 8 zweiter Satz UStG 1994 des Ö nur wegfallen, wenn die Erwerbsbesteuerung in Italien nachgewiesen wird.

Zu Variante 1 und Variante 2:

Da für die Dreiecksgeschäftsregelung sowohl die Einhaltung der in Art. 25 Abs. 4 UStG 1994 vorgesehenen Rechnungslegungspflichten als auch der in Art. 25 Abs. 6 UStG 1994 explizit geregelten Melde- bzw. Erklärungspflichten erforderlich sind, kann sie für keine dieser beiden Sachverhaltsvarianten nachträglich zur Anwendung gelangen.

Variante 3:

Ö hat die für die Anwendbarkeit der Dreiecksgeschäftsregelung erforderlichen Rechnungen iSd Art. 25 Abs. 4 UStG 1994 gelegt und ordnungsgemäße Zusammenfassende Meldungen mit der Indikation „Dreiecksgeschäft" iSd Art. 25 Abs. 6 UStG 1994 eingereicht, die für seine innergemeinschaftlichen Erwerbe iSd Art. 3 Abs. 8 zweiter Satz UStG 1994 ebenfalls bestehende, allgemeine Erklärungspflicht jedoch verletzt (Art. 20 Abs. 1 UStG 1994). Voraussetzung für die Dreiecksgeschäftsregelung ist neben den in Art. 25 UStG 1994 vorgesehenen Rechnungslegungs- und Meldepflichten jedenfalls auch die Einhaltung der allgemeinen Besteuerungsvorschriften.

Im Unterschied zu Variante 1 und Variante 2 ist die Dreiecksgeschäftsregelung bei Variante 3 aber nicht ausgeschlossen, wenn die der allgemeinen Erklärungspflicht unterliegenden innergemeinschaftlichen Erwerbe iSd Art. 3

Abs. 8 zweiter Satz UStG 1994 nachträglich in einer berichtigten Umsatzsteuervoranmeldung oder spätestens in der Umsatzsteuerjahreserklärung bekannt gegeben werden.

14. Geänderte Rechtsansicht zu Aussagen des Umsatzsteuerprotokolls 2002 Verkauf von Mobiltelefonen – Bemessungsgrundlage

14.1. Bezughabende Norm

§ 4 UStG 1994 (UStR 2000 Rz 652)

14.2. Sachverhalt

Der österr. Netzbetreiber Ö verkauft Mobiltelefone an seinen Distributor und dieser wiederum an Elektrohändler in Österreich. Der Elektrohändler überlässt diese Handys den Endkunden von Ö kostenlos bzw. zu einem symbolischen Preis, wenn diese beim Kauf gleichzeitig einen Vertrag mit Ö abschließen. Der Endkunde von Ö zahlt dafür keinen Kaufpreis bzw. nur den symbolischen Preis an den Händler, jedoch monatliche Gebühren an Ö. Der Elektrohändler meldet den Verkauf und den Vertragsabschluss über den Distributor an Ö und erhält vom Distributor dafür einen Erstattungsbetrag (Differenz zum ursprünglichen Kaufpreis), den dieser wiederum von Ö erhält, und eine Vermittlungsprovision von Ö, abhängig vom Tarif, den der Kunde gewählt hat.

Der Distributor hat neben dem Einkauf der Mobiltelefone von Ö und dem Weiterverkauf derselben (mit Aufschlag) an die Elektrohändler die gesamte Betreuung der Vertriebsunternehmer (Elektrohändler) über. Er schließt mit den Elektrohändlern Partnerverträge im Auftrag von Ö ab, übernimmt die Verrechnung und Verwaltung der Provisionen, übernimmt die Rechnungslegung für Ö usw. und erhält dafür von Ö ein Entgelt.

14.3. Beurteilung

Abweichend von der im Umsatzsteuerprotokoll 2002 vertretenen Rechtsansicht wird ausgeführt:

Der Verkauf der Mobiltelefone von Ö an seinen Distributor und von diesem an die Elektrohändler sind Lieferungen, die bei Vorliegen der Voraussetzungen den Empfänger zum Vorsteuerabzug berechtigen. Bei der Lieferung von Mobilfunkgeräten und integrierten Schaltkreisen ist zu beachten, dass es zum Übergang der Steuerschuld kommen kann.

Der Verkauf bzw. die unentgeltliche Überlassung der Handys durch den Elektrohändler an den Endkunden ist eine Lieferung des Elektrohändlers an den Endkunden. Bei dieser Lieferung stellt der Erstattungsbetrag des Ö an den Händler aus der Sicht des Händlers ein Entgelt von dritter Seite (für die Lieferung an den Endkunden) dar (vgl. BFH 16.10.2013, XI R 39/12). Bemessungsgrundlage für diese Lieferung ist der von Endkunden bezahlte (symbolische) Kaufpreis und der von Ö bezahlte Erstattungsbetrag (Differenz zum Wert des ursprünglich gekauften Mobiltelefons) abzüglich der darin enthaltenen Umsatzsteuer.

Bei Ö führt die Erstattung zu einer Minderung der Bemessungsgrundlage für seine Lieferung an den Distributor, wodurch sich seine Umsatzsteuerschuld entsprechend vermindert. Der Distributor hat in entsprechender Höhe seinen Vorsteuerabzug zu berichtigen. Auch bei der Lieferung des Distributors an den Elektrohändler führt die Erstattung (Vergütung der Differenz des Kaufpreises an den Elektrohändler) zu einer Minderung der Bemessungsgrundlage beim Distributor und zu einer Berichtigung des Vorsteuerabzuges beim Händler.

Der Abschluss des (Tarif)Vertrages zwischen Ö und dem Endkunden beim Elektrohändler stellt für den Elektrohändler eine Vermittlungsleistung an Ö dar, die gemäß § 3a Abs. 6 UStG 1994 am Empfängerort des Ö steuerbar ist. Bemessungsgrundlage für diese Vermittlungsleistung ist das, was der Händler von Ö für diese Vermittlungsleistung erhält.

Die Tatsache, dass der Distributor für Ö (im Namen von Ö) die Rechnungslegung und Abrechnungen über die Provisionen vornimmt, ändert nichts an obiger rechtliche Beurteilung.

Die im USt-Protokoll 2002 vertretene Rechtsansicht der Rücklieferung kann für den vorliegenden Sachverhalt nicht (mehr) aufrechterhalten werden.

Die neue Rechtsansicht ist ab 1.1.2017 anzuwenden.

2/2/10.

Salzburger Steuerdialog 2016 – Ergebnisunterlage Umsatzsteuer

(Erlass des BMF vom 28.10.2016, BMF-010219/0369-VI/4/2016)

Ergebnisse des Salzburger Steuerdialogs 2016 im Bereich der Umsatzsteuer

1. Steuerfreie Mitarbeiterrabatte ab 1.1.2016

1.1. Bezughabende Norm

§ 4 Abs. 9 UStG 1994 (UStR 2000 Rz 682)

1.2. Sachverhalt

Der Unternehmer (Fertigteilhausfirma) gewährt seinen Mitarbeitern beim Kauf eines Fertigteilhauses einen 20-prozentigen Mitarbeiterrabatt. Der Kaufpreis eines bestimmten Typs eines Fertigteilhauses beträgt üblicherweise 220.000 Euro brutto (Kaufpreis bei Geschäftskunden). Ein Dienstnehmer kauft im Jahr 2016 ein solches Fertigteilhaus um 176.000 Euro (220.000 Euro minus 20% Mitarbeiterrabatt von 44.000 Euro).

1.3. Fragestellung

Der geldwerte Vorteil gemäß § 15 Abs. 2 Z 3 lit. a EStG 1988 aus dem kostenlosen oder verbilligten Bezug von Waren oder Dienstleistungen, die der Arbeitgeber oder ein mit dem Arbeitgeber verbundenes Konzernunternehmen im allgemeinen Geschäftsverkehr anbietet (Mitarbeiterrabatt), ist nach Maßgabe folgender Bestimmung von der Einkommensteuer befreit:

Der Mitarbeiterrabatt ist steuerfrei, wenn er bei Vorliegen der übrigen Voraussetzungen des § 3 Abs. 1 Z 21 EStG 1988 im Einzelfall 20% nicht übersteigt (§ 3 Abs. 1 Z 21 lit. c EStG 1988).

Wie ist der an den Dienstnehmer für das Fertigteilhaus gewährte Mitarbeiterrabatt in Höhe von 44.000 Euro umsatzsteuerlich zu behandeln?

1.4. Lösung

Nach § 3 Abs. 1 Z 21 EStG 1988 idF StRefG 2015/2016, ist der geldwerte Vorteil gemäß § 15 Abs. 2 Z 3 lit. a EStG 1988 aus dem kostenlosen oder verbilligten Bezug von Waren oder Dienstleistungen, die der Arbeitgeber oder ein mit dem Arbeitgeber verbundenes Konzernunternehmen im allgemeinen Geschäftsverkehr anbietet (Mitarbeiterrabatt), unter bestimmten weiteren Voraussetzungen von der Einkommensteuer befreit, wenn er im Einzelfall 20% nicht übersteigt (vgl. LStR 2002 Rz 103).

Gemäß § 4 Abs. 9 lit. a UStG 1994 ist ungeachtet § 4 Abs. 1 UStG 1994 der Normalwert die Bemessungsgrundlage für Lieferungen und sonstige Leistungen durch den Unternehmer für Zwecke, die außerhalb des Unternehmens liegen oder für den Bedarf seines Personals, sofern das Entgelt niedriger als der Normalwert ist und der Empfänger der Lieferung oder sonstigen Leistung nicht oder nicht zum vollen Vorsteuerabzug berechtigt ist. Der Normalwert ist als umsatzsteuerliche Bemessungsgrundlage für Lieferungen und sonstige Leistungen anzusetzen, wenn das Entgelt aus außerbetrieblichen Motiven (familiäre oder freundschaftliche Nahebeziehungen, Gesellschafterstellung oder gesellschaftliche Verflechtung, Bindungen aufgrund von Leitungsfunktionen oder Mitgliedschaften, Arbeitgeber-, Arbeitnehmerverhältnis, usw.) vom Normalwert abweicht. Bei Sachzuwendungen des Arbeitgebers an den Arbeitnehmer werden aus Vereinfachungsgründen weiterhin die Werte als Normalwert herangezogen werden können, die den Sachbezügen bei der Lohnsteuer zu Grunde gelegt sind (vgl. UStR 2000 Rz 682). § 15 Abs. 2 Z 3 lit. b EStG 1988 bestimmt, dass für Mitarbeiterrabatte der geldwerte Vorteil insoweit mit null zu bemessen ist, als die Voraussetzungen gemäß § 3 Abs. 1 Z 21 EStG 1988 vorliegen.

Die Bemessungsgrundlage für die Umsatzsteuer beträgt daher im gegenständlichen Fall 146.666,67 Euro.

2. StabG 1 – Dachgeschoßausbau durch Mieter

2.1. Bezughabende Norm

§ 6 Abs. 1 Z 16 iVm Abs. 2 UStG 1994 (UStR 2000 Rz 899a bis 899c)

2.2. Sachverhalt

Die X-GmbH hat ein mehrgeschoßiges Geschäfts- und Bürogebäude im Jahr 2009 um 7.500.000 Euro erworben und die in diesem Zusammenhang in Rechnung gestellte Vorsteuer geltend gemacht. Nach Durchführung von Sanierungsmaßnahmen wurde bzw. wird das Gebäude ab 1.1.2010 zu marktüblichen Konditionen wie folgt vermietet:

- das Erdgeschoß an eine Supermarktkette;
- das 1. Obergeschoß an eine Werbeagentur;
- die Büroflächen im 2. und 3. Obergeschoß an eine Körperschaft öffentlichen Rechts (KöR), die diese Gebäudeteile im Wesentlichen nicht unternehmerisch nutzt. Nur ein Büroraum im Ausmaß von 18 m2 wird von der KöR seit 1.1.2013 an einen selbständigen Trainer und Coach für Führungskräfte (=Untermieter) weitervermietet, der ausschließlich steuerpflichtige Umsätze erzielt.
- Das Dachgeschoß ist nicht ausgebaut und wurde bislang daher nicht vermietet.

Die X-GmbH hat gemäß § 6 Abs. 2 UStG 1994 bei sämtlichen Mietverhältnissen auf die Anwendung der Steuerbefreiung gemäß § 6 Abs. 1 Z 16 UStG 1994 verzichtet. Die Umsätze aus der Vermietung wurden bzw. werden daher mit 20% versteuert und damit im Zusammenhang stehende laufende Vorsteuern geltend gemacht.

Da die KöR dringend weitere Büroflächen benötigt, hat sie mit der Vermieterin vereinbart, dass im Jahr 2016 das Dachgeschoß ausgebaut und das Dach entsprechend angehoben werden soll. Dadurch sollen neue Büro- und Sanitärräumlichkeiten entstehen. Die Baumaßnahmen sollen durch die KöR veranlasst werden. Die diesbezüglichen Baukosten (geplante Kosten 1.200.000 Euro zuzüglich USt) sollen als Mieterinvestitionen vereinbarungsgemäß von der Mieterin (der KöR) übernommen werden. Der bestehende Mietvertrag soll nicht geändert werden.

Die X-GmbH nutzt diese Baumaßnahmen und lässt gleichzeitig auf eigene Rechnung einen barrierefreien Zugang errichten und einen Lift einbauen (geplante Kosten 100.000 Euro zuzüglich USt).

2.3. Fragestellung

1. Wird durch die Neuerrichtung (Aufstockung und Ausbau des Dachgeschoßes in Form einer Mieterinvestition) durch die Mieterin (die KöR) ein neues Mietverhältnis begründet und wie ist die vereinbarte Mieterinvestition der KöR umsatzsteuerlich zu behandeln?
2. Haben die Investitionen der X-GmbH in Form der Errichtung eines barrierefreien Zugangs und des erstmaligen Einbaues eines Liftes Auswirkungen auf die bestehenden Mietverhältnisse?
3. Wie ist die Untervermietung durch die KöR umsatzsteuerlich zu behandeln und welche Auswirkungen ergeben sich dadurch für die X-GmbH?

2.4. Lösung

Zu Frage 1:

Im vorliegenden Fall liegt eine Neuerrichtung und keine Mieterinvestition im herkömmlichen Sinne vor (vgl. zur umsatzsteuerlichen Behandlung von Mieterinvestitionen Ruppe/Achatz, UStG4, § 1 Tz 50 sowie § 4 Tz 61, *Mayr/Ungericht*, UStG4 § 4 Anm. 8 und *Pernegger*, in *Melhardt/Tumpel*, UStG², § 4 Rz 109). Die beabsichtigte Investition erfolgt zwar vordergründig eindeutig im Interesse der KöR, doch wird der X-GmbH als Eigentümerin des Mietobjektes durch die Aufstockung ihres Gebäudes ein beachtlicher verbrauchsfähiger wirtschaftlicher Vermögensvorteil verschafft (Schaffung zusätzlicher Bausubstanz am Gebäude). Entsprechend der getroffenen vertraglichen Vereinbarung zwischen der X-GmbH und der KöR wird in wirtschaftlicher Betrachtungsweise davon ausgegangen werden können, dass sich die X-GmbH auf bestimmte Zeit zur Duldung der Nutzung des neu errichteten Gebäudeteiles durch die KöR verpflichtet hat und die Gegenleistung der KöR in der Besorgung der erforderlichen Baumaßnahmen besteht (vgl. auch EuGH 26.9.2013, Rs C-283/12, *Serebryannay vek EOOD*, zur Vermietung einer Wohnung ohne laufenden Mietzins gegen die Verpflichtung des Mieters bauliche Maßnahmen durchzuführen, die dem Vermieter nach Vertragsende zu Gute kommen).

Durch die Aufstockung des Gebäudes und den Ausbau des bislang nicht nutzbaren Dachgeschoßes entsteht ein neuer baulich abgeschlossener, selbständiger Gebäudeteil (zum Begriff siehe UStR 2000 Rz 899b sowie *Mayr*, in *Scheiner/Kolacny/Caganek*, Kommentar zur Mehrwertsteuer – UStG 1994, Anm 91 ff zu § 6 Abs. 2). Dieser Teil ist bezüglich des Vorliegens eines Mietverhältnisses iSd § 28 Abs. 38 Z 1 UStG 1994 gesondert zu beurteilen.

Da im Ausgangsfall eine Neuerrichtung eines Gebäudeteiles nach dem 1.9.2012 vorliegt und ein neues Mietverhältnis begründet wird, liegt gemäß der Übergangsregelung des § 28 Abs. 38 Z 1 UStG 1994 ein „Neufall" vor. Die X-GmbH kann daher hinsichtlich des Bestandverhältnisses des neuen, selbständigen Gebäudeteils nicht gemäß § 6 Abs. 2 UStG 1994 zur Steuerpflicht optieren. Der Vorsteuerabzug ist daher insoweit ausgeschlossen. Auswirkungen könnten sich bei der X-GmbH hinsichtlich des Vorsteueraufteilungsschlüssels betreffend die nicht direkt zuordenbaren Kosten (zB Gemeinkosten für das gesamte Gebäude) ergeben.

Für die übrigen Gebäudeteile (2. und 3. Obergeschoß), die bereits von dem ab 1.1.2010 begründeten Mietverhältnis zwischen der X-GmbH und der KöR umfasst sind, tritt aufgrund der Aufstockung des Gebäudes keine Änderung ein. Die Option zur Steuerpflicht nach § 6 Abs. 2 UStG 1994 ist diesbezüglich weiterhin möglich und – damit verbunden – auch der Vorsteuerabzug (vgl. auch UStR 2000 Rz 899c).

Die Aufstockung des Gebäudes stellt bei der KöR mangels einer nachhaltigen Tätigkeit zur Erzielung von Einnahmen keinen Betrieb gewerblicher Art iSd § 2 Abs. 3 UStG 1994 iVm § 2 KStG 1988 dar. Aus diesem Grund ist die KöR nicht berechtigt, eine Rechnung mit Steuerausweis an die X-GmbH auszustellen und sind die iZm den Bauleistungen an sie verrechneten Vorsteuern auch nicht abzugsfähig.

Zu Frage 2:

Durch die erstmalige Errichtung eines barrierefreien Zugangs sowie den erstmaligen Einbau eines Liftes entsteht weder ein neuer noch ein neu nutzbargemachter Gebäudeteil iSv UStR 2000 Rz 899c. Daher ist die diesbezügliche Investition der X-GmbH für die steuerpflichtige Behandlung der mit 1.1.2010 begründeten Mietverhältnisse auch dann unschädlich, wenn es in der Folge zu Mietanpassungen kommt. Der Vorsteuerabzug aus den entstandenen Kosten steht der X-GmbH daher bei Erfüllung der Voraussetzungen des § 12 UStG 1994 mit Ausnahme jenes Anteils der Vorsteuern aus diesen Kosten, der dem neu errichteten Dachgeschoß zuzuordnen ist, zu.

Zu Frage 3:

Auf Ebene der KöR muss zunächst geprüft werden, ob die Untervermietung des Büroraumes einen Betrieb gewerblicher Art iSd § 2 Abs. 3 letzter Gedankenstrich UStG 1994 begründet (vgl. zu den Voraussetzungen UStR 2000 Rz 265). Liegt ein entgeltliches Bestandverhältnis im zivilrechtlichen Sinn vor, kann die KöR den vereinbarten Mietzins gemäß § 6 Abs. 2 UStG 1994 steuerpflichtig behandeln, da der Mieter den angemieteten Raum ausschließlich für steuerpflichtige Umsätze verwendet (zur

diesbezüglichen Nachweispflicht des Vermieters siehe UStR 2000 Rz 899a).

Selbst wenn die KöR das nach dem 31.8.2012 begründete Untermietverhältnis gemäß § 6 Abs. 1 Z 16 UStG 1994 steuerfrei behandeln würde, ergibt sich keine Auswirkung auf das Erstmietverhältnis zwischen der X-GmbH und der KöR, da dieses für sich betrachtet einen „Altfall" darstellt (vgl. auch *Mayr*, in *Scheiner/Kolacny/Caganek*, Kommentar zur Mehrwertsteuer – UStG 1994, Anm 100/5-1 zu § 6 Abs. 2). Die KöR wäre jedoch iZm der Vermietung gemäß § 12 Abs. 3 UStG 1994 vom Vorsteuerabzug ausgeschlossen (zB hinsichtlich der von der X-GmbH in Rechnung gestellten Steuer).

3. StabG 2 – Generalsanierung (Entkernung)

3.1. Bezughabende Norm

§ 6 Abs. 1 Z 16 iVm Abs. 2 sowie § 28 Abs. 38 Z 1 UStG 1994 (UStR 2000 Rz 899c)

3.2. Sachverhalt

Gegenstand der XY Gemeinde-Infrastruktur KG (in der Folge kurz: XY-KG) ist die Errichtung und Sanierung bestehender Gebäude, zB Schulen, und die Nutzung durch anschließende Vermietung. Im Eigentum der XY-KG befindet sich auch ein Gebäude, in welchem derzeit eine Volksschule untergebracht ist. Mit der Gemeinde XY besteht seit der Ausgliederung der Liegenschaft in die XY-KG im Jahr 2011 ein unbefristetes Mietverhältnis iSd UStR 2000 Rz 274, für das gemäß § 6 Abs. 2 UStG 1994 zur Steuerpflicht optiert wurde bzw. wird (Verrechnung mit 20% USt; Abzug der in diesem Zusammenhang angefallenen Vorsteuern).

Im Jahr 2016 soll das Schulgebäude generalsaniert werden, wobei im Detail folgende Baumaßnahmen geplant sind:

Fassadensanierung, Fensteraustausch, bauphysikalische Maßnahmen zur Energieoptimierung, Innenraumsanierung (Türen, Böden, Beschichtung, Einrichtung), Lifteinbau, Erneuerung der Elektroinstallationen, Erneuerung Sanitärräume, Warmwasseraufarbeitung, Erneuerung der Sicherheitstechnik und der Heizungsanlagen, Verlegung von Ver- und Entsorgungsleitungen im Dachboden für einen etwaigen späteren Dachbodenausbau.

Variante:

Im Zuge der Generalsanierung werden in einem Stockwerk Baumaßnahmen gesetzt, um die ehemaligen Schulklassen in mehrere neue Büros für die Gemeinde umzubauen.

3.3. Fragestellung

1. Ist auf das gegenständliche Mietverhältnis die Rechtslage vor dem 1. StabG 2012 weiterhin anzuwenden (dh. keine Neuerrichtung iSd § 28 Abs. 38 Z 1 UStG 1994)?
2. Steht hinsichtlich der Sanierungsaufwendungen der Vorsteuerabzug zu, oder liegt ein den Vorsteuerabzug ausschließender Tatbestand des neu oder neu nutzbar gemachten Gebäudeteiles (An- oder Zubau, Aufstockung, Entkernung des Gebäudes unter Erhalt der Fassade) vor? Wie sind in diesem Zusammenhang die Begriffe „Neuerrichtung nach dem Gesamtbild", „neue Nutzbarmachung" und „Entkernung" zu verstehen?
3. Zur Variante:

   Ist hier von einer Neuerrichtung zu sprechen bzw. hat diese teilweise Änderung der Wesensart dieses Stockwerkes Auswirkungen auf das gesamte Gebäude?

3.4. Lösung

Zu den Fragen 1 und 2:

Nach UStR 2000 Rz 899c führen Sanierungsmaßnahmen, die nach dem 31. August 2012 gesetzt werden, zu keiner Änderung des bestehenden Mietverhältnisses und zu keiner (Neu) Errichtung. Daran ändert auch eine iZm der Sanierung (zB Großreparatur) erfolgende Mietzinsanpassung nichts (vgl. *Mayr*, in *Scheiner/Kolacny/Caganek*, Kommentar zur Mehrwertsteuer- UStG 1994, Anm 113 zu § 6 Abs. 2). Entsteht allerdings durch einen nach diesem Stichtag getätigten Herstellungsaufwand ein neuer oder ein neu nutzbar gemachter baulich abgeschlossener Gebäudeteil (zB Zu- oder Anbau; Gebäudeaufstockung), ist insoweit von einer Änderung des Mietverhältnisses und einer (Neu)Errichtung auszugehen, sodass für diese Aufwendungen der Vorsteuerabzug ausgeschlossen ist, wenn der Vermieter gemäß § 6 Abs. 2 letzter Satz UStG 1994 nicht zur Steuerpflicht optieren darf (vgl. UStR 2000 Rz 899c). Dasselbe gilt für Fälle, in denen nach dem Gesamtbild von einer Neuerrichtung auszugehen ist.

Nach dem Gesamtbild ist von einer Neuerrichtung auszugehen, wenn

- **es zur Entkernung unter Erhalt der Fassade oder der Außenwände kommt (vgl. UStR 2000 Rz 899c), oder**
- **dadurch im Wesentlichen eine Änderung in der Wesensart bzw. Funktionalität des Gebäudes bewirkt wird, sodass sich die Zweckbestimmung und Nutzungsmöglichkeit des Gebäudes ändert (zB bisher als Wohnraum verwendete Gebäude(-teile) werden in Geschäftsräumlichkeiten umgebaut), oder**
- **dadurch ein aufgrund schwerer Schäden an der Bausubstanz tatsächlich völlig unbrauchbar gewordenes Gebäude wieder voll verwendungsfähig gemacht wird (vgl. VwGH 16.12.2009, 2009/15/0079).**

Bloße der Substanzerhaltung und Aufrechterhaltung der Nutzbarkeit des Gebäudes dienende Instandhaltungsmaßnahmen und Großreparaturen führen zu keiner Neuerrichtung bzw. neuen Nutzbarmachung, auch wenn sie – wie im Ausgangsfall – nahezu das gesamte Gebäude betreffen, höhere Gesamtkosten verursachen und eine Modernisierungsmaßnahme darstellen. Die Weiterverrechnung dieser Kosten im Wege einer Erhöhung der Miete bewirkt nicht das Entstehen eines neuen Mietverhältnisses. Die XY-KG kann das Mietverhältnis mit der Gemeinde XY

daher weiterhin steuerpflichtig behandeln und ist unter den Voraussetzungen des § 12 UStG 1994 zum Vorsteuerabzug berechtigt.

Für die erstmalige Verlegung von Ver- und Entsorgungsleitungen im Dachboden für einen etwaigen späteren Dachbodenausbau kann dies hingegen nur gelten, wenn die XY-KG zweifelsfrei darlegen kann, dass im Zeitpunkt dieser Baumaßnahme die Wahrscheinlichkeit einer steuerpflichtigen Vermietung an einen Mieter, der den umgebauten Dachboden nahezu ausschließlich für steuerpflichtige Umsätze verwendet, mit größerer Sicherheit anzunehmen ist als der Fall einer steuerfreien Vermietung (siehe diesbezüglich UStR 2000 Rz 900 f zum Vorsteuerabzug in Hinblick auf eine künftige Option).

Zu Frage 3 – Variante:

In diesem Fall ändern sich durch die Raumaufteilung und die bauliche Umgestaltung der Räumlichkeiten die Wesensart und die Funktion eines baulich abgeschlossenen, selbständigen Gebäudeteiles (Umbau von Klassenzimmern in Büroräume in einem gesamten Stockwerk). Es ist daher hinsichtlich dieses Gebäudeteiles nach dem Gesamtbild von einer Neuerrichtung bzw. neuen Nutzbarmachung iSd UStR 2000 Rz 899c auszugehen, sodass insoweit eine Option zur Steuerpflicht iSd § 6 Abs. 2 UStG 1994 und somit ein Vorsteuerabzug aus den diesbezüglichen Baukosten nicht möglich ist.

Betreffend die übrigen an die Gemeinde vermieteten Gebäudeteile, die unverändert schulischen Zwecken dienen, kann weiterhin eine steuerpflichtige Behandlung des Mietverhältnisses erfolgen und die darauf entfallenden anteiligen Vorsteuern können unter den Voraussetzungen des § 12 UStG 1994 abgezogen werden, wenn das Schulgebäude trotz des Sanierungsbedarfes noch nutzbar war.

4. Steuersatz Personenbeförderung auf Firmengelände

4.1. Bezughabende Norm

§ 3a Abs. 10 iVm § 10 Abs. 2 Z 6 UStG 1994 (UStR 2000 Rz 1301 bis 1313)

4.2. Sachverhalt

Ein Unternehmer betreibt auf seinem Betriebsgelände im Inland ein Informationszentrum, in welchem die Besucher des Unternehmens kostenlos Informationen über den Betrieb des Unternehmens erhalten. Des Weiteren bietet der Unternehmer eine kostenpflichtige Rundfahrt mit einem Bus auf dem Betriebsareal an, wobei die Teilnehmer während der Rundfahrt Informationen über diverse Anlagen, Fertigungsstätten, Betriebsfeuerwehr etc. erhalten und die Teilnehmer die Möglichkeit haben, diese Einrichtungen des Unternehmens vom Beförderungsmittel (Bus) aus zu sehen.

4.3. Fragestellung

Kann in diesem Fall der ermäßigte Steuersatz für die Personenbeförderung zur Anwendung kommen?

4.4. Lösung

Im vorliegenden Sachverhalt besteht die Leistung aus einem Beförderungselement und einem Informations- bzw. Unterhaltungselement. Da die einzelnen Elemente aus Sicht des Durchschnittsverbrauchers so eng miteinander verbunden sind, dass sie in wirtschaftlicher Hinsicht objektiv ein Ganzes bilden, dessen Aufspaltung wirklichkeitsfremd wäre, liegt eine einheitliche Leistung vor (siehe UStR 2000 Rz 346 mVa EuGH-Judikatur). Unter Personenbeförderung ist eine Leistung zu verstehen, deren Hauptzweck auf eine der Raumüberwindung dienende Fortbewegung von Personen gerichtet ist. Der bloße Umstand, dass es bei einer sonstigen Leistung auch zu einer Ortsveränderung von Personen (Beförderungselement) kommt, führt jedoch nicht automatisch zum Vorliegen einer Beförderungsleistung. Steht bei einer sonstigen Leistung nicht die Zurücklegung von Distanzen, sondern ein anderer Zweck im Vordergrund, liegt keine Personenbeförderung vor (vgl. *Pernegger* in *Melhardt/Tumpel*, UStG[2], § 10 Rz 411). Gleiches gilt für Leistungen, die (zumindest überwiegend) der Unterhaltung bzw. der sportlichen oder Abenteuer vermittelnden Betätigung dienen (siehe UStR 2000 Rz 1305).

Im vorliegenden Sachverhalt spielt das Element der Personenbeförderung nur eine untergeordnete Rolle im Vergleich zur Informationsweitergabe bzw. Unterhaltung der teilnehmenden Besucher. Es liegt eine unselbständige Nebenleistung vor, die für die Kunden keinen eigenen Zweck hat, sondern das Mittel darstellt, um die Hauptleistung des Leistungserbringers unter optimalen Bedingungen in Anspruch zu nehmen (vgl. EuGH 27.9.2012, C-392/11, *Field Fisher Waterhouse*; siehe auch UStR 2000 Rz 347 mVa weitere EuGH-Judikatur). Es ist somit nicht von einer Personenbeförderung zum ermäßigten Steuersatz auszugehen.

5. Steuersatz für Beförderung mit Kleinzug oder schienenloser „Bahn"

5.1. Bezughabende Norm

§ 10 Abs. 2 Z 6 UStG 1994, § 10 Abs. 3 Z 8 UStG 1994 (UStR 2000 Rz 1301 bis 1313, Rz 1431 bis 1433)

5.2. Sachverhalt

Ein Unternehmer betreibt von März bis Oktober

a) eine schienenlose **„Bahn"**

   Diese Zugmaschine (Kleintraktor) mit Anhängern fährt auf einem Rundkurs (5 Haltestellen) auf einem vorgegeben Gelände.

b) einen **Kleinzug** auf Schienen

   Die befahrene Rundstrecke erstreckt sich auf ca. 4 km. Es gibt einen fixen Fahrplan und 4 Haltestellen.

USt-E

Zusätzliche Leistungen werden nicht erbracht.

5.3. Fragestellung

Kommt in diesen Fällen der ermäßigte Steuersatz von 10% (Personenbeförderung) oder der Normalsteuersatz zur Anwendung?

5.4. Lösung

Der ermäßigte Steuersatz von 10% (§ 10 Abs. 2 Z 6 UStG 1994) umfasst die Beförderung von Personen mit Verkehrsmittel aller Art, soweit nicht § 6 Abs. 1 Z 3 oder § 10 Abs. 3 Z 9 UStG 1994 anzuwenden ist.

Unter dem Sammelbegriff „Verkehrsmittel“ sind alle Beförderungsmittel zu verstehen, die den im Beförderungssteuergesetz 1953 aufgezählten nach Art oder Funktion gleichen; § 10 Abs. 2 Z 19 UStG 1972 bezieht sich insbesondere auf die Personenbeförderung mit solchen Verkehrsmitteln (VwGH 23.9.1985, 84/15/0049).

Sowohl eine Zugmaschine mit Anhängern (schienenlose Bahn) als auch ein Kleinzug stellen Verkehrsmittel aller Art iSd § 10 Abs. 2 Z 6 UStG 1994 dar, da sie ihrer Art und Funktion nach den im seinerzeitigen Beförderungssteuergesetz genannten Beförderungsmitteln gleichen.

Unter Personenbeförderung ist eine Leistung zu verstehen, deren Hauptzweck auf eine der Raumüberwindung dienende Fortbewegung von Personen gerichtet ist. Zwar führt der bloße Umstand, dass es bei einer sonstigen Leistung auch zu einer Ortsveränderung von Personen (Beförderungselement) kommt, nicht automatisch zum Vorliegen einer Beförderungsleistung (vgl. *Pernegger* in *Melhardt/Tumpel*, UStG², § 10 Rz 411).

Im vorliegenden Sachverhalt ist jedoch bei der Beförderung einer Person mittels Zugmaschine mit Anhängern und mittels Kleinzügen – nicht zuletzt mangels Vorliegen zusätzlicher Leistungen – der Hauptzweck der Personenbeförderung auf die Raumüberwindung gerichtet, sodass der ermäßigte Steuersatz von 10% gemäß § 10 Abs. 2 Z 6 UStG 1994 zur Anwendung gelangt.

6. E-Fahrzeug 1 (Überlassung eines PKW mit einem CO_2-Emissionswert von 0 Gramm pro Kilometer an einen Arbeitnehmer)

6.1. Bezughabende Norm

§ 3a Abs. 1a, § 3a Abs. 2, § 4, § 12 Abs. 2 Z 2 lit a und lit b und § 12 Abs. 2 Z 2a UStG 1994 (UStR 2000 Rz 475 bis 488, Rz 672, Rz 1949, Rz 1984 und Rz 1985)

6.2. Sachverhalt

Ein Unternehmer erwirbt ein ausschließlich elektrisch angetriebenes Fahrzeug (CO_2-Emissionswert = 0 Gramm pro km) und überlässt dieses Dienstauto einem Außendienstmitarbeiter, der dieses auch kostenlos dauerhaft privat nutzen darf. Im Arbeitsvertrag ist diesbezüglich nichts geregelt.

Außerdem wird eine betriebseigene Ladestation für derartige Elektroautos vom Unternehmer angeschafft und genutzt.

Es handelt sich dabei um folgende Fälle:

a) das überlassene Fahrzeug berechtigt unabhängig von der Neuregelung des § 12 Abs. 2 Z 2a UStG 1994 zum Vorsteuerabzug (zB Kleinbus);
b) es handelt sich um einen PKW mit Anschaffungskosten < 40.000 Euro;
c) es handelt sich um einen PKW mit Anschaffungskosten zwischen 40.000 Euro und 80.000 Euro;
d) es handelt sich um einen PKW mit Anschaffungskosten > 80.000 Euro.

6.3. Fragestellung

1. Unterliegt die Überlassung des Fahrzeuges an den Mitarbeiter der Umsatzbesteuerung?
2. Steht für die Anschaffung des Fahrzeuges und der Ladestation sowie für die Kosten des Betriebes insbesondere für die Energie(= Strom) kosten ein Vorsteuerabzug zu?

6.4. Lösung

Zu Frage 1 – Leistungsaustausch/Verwendungseigenverbrauch

Sachzuwendungen des Arbeitgebers an den Arbeitnehmer, für die dieser einen Teil seiner Arbeitsleistung aufwendet, stellen einen tauschähnlichen Umsatz dar. Wird im Gegensatz dazu für die Sachzuwendung weder ein Teil der Arbeitsleistung aufgewendet noch sonst eine Gegenleistung erbracht, so handelt es sich um einen unentgeltlichen Vorgang, der bei Vorliegen der Voraussetzungen der Eigenverbrauchsbesteuerung gemäß § 3a Abs. 1a UStG 1994 unterliegt.

***Zu Fall d)* Beträgt der Anschaffungswert des PKWs mehr als 80.000 Euro, besteht das Recht auf Vorsteuerabzug nicht und ist daher auch der Tatbestand des Verwendungseigenverbrauchs nicht erfüllt. In diesem Fall ist daher – anders als in den Fällen a) bis c) – keine Eigenverbrauchsbesteuerung gemäß § 3a Abs. 1a Z 1 UStG 1994 vorzunehmen.**

Bei der Überlassung eines Fahrzeuges an Arbeitnehmer können unabhängig davon, ob es sich um einen (Verwendungs)Eigenverbrauch oder einen tauschähnlichen Umsatz handelt, als Bemessungsgrundlage aus Vereinfachungsgründen jene Werte herangezogen werden, die den Sachbezügen bei der Lohnsteuer zugrunde gelegt werden (UStR 2000 Rz 672). Gemäß § 4 Abs. 1 Z 3 Sachbezugswerteverordnung (VO BGBl II Nr. 416/2001 idF BGBl II Nr. 243/2015) ist für Kraftfahrzeuge mit einem CO_2-Emissionswert von 0 Gramm pro Kilometer ab 1.1.2016 ein Sachbezugswert von Null anzusetzen.

Zu Frage 2 – Vorsteuerabzug

Vorsteuerabzug für die angeschafften Fahrzeuge

***Fall a)* Der Vorsteuerabzug steht nach den allgemeinen Bestimmungen des § 12 UStG 1994 zu. Er ist nicht nach § 12 Abs. 2 Z 2 lit. b UStG 1994 ausgeschlossen.**

Fall b) Der Vorsteuerabzug steht für die gesamten Anschaffungskosten des PKWs gemäß § 12 Abs. 2 Z 2a UStG 1994 zu.

Fall c) Gemäß § 12 Abs. 2 Z 2a UStG 1994 steht der Vorsteuerabzug für ein Fahrzeug, für das auch (nicht überwiegend) ertragsteuerlich nicht abzugsfähige Ausgaben (Aufwendungen) getätigt werden für die gesamten Anschaffungskosten, dh. in voller Höhe, zu. Jedoch ist jener Teil der Ausgaben (Aufwendungen), der ertragsteuerlichen Abzugsverboten unterliegt, im Jahr der Anschaffung der Eigenverbrauchsbesteuerung gemäß § 1 Abs. 1 Z 2 lit. a UStG 1994 (Aufwandseigenverbrauch) zu unterwerfen.

Fall d) Der Vorsteuerabzug ist für Personenkraftwagen, deren Anschaffungskosten ertragsteuerlich überwiegend keine abzugsfähigen Ausgaben darstellen, gemäß § 12 Abs. 2 Z 2 lit. a UStG 1994 zur Gänze ausgeschlossen.

Vorsteuerabzug für die Anschaffung der Ladestation

Nach den UStR 2000 Rz 1949 gehören Leistungen, die mit der Errichtung und Erhaltung von betriebseigenen Garagen, Tankstellen oder Reparaturwerkstätten zusammenhängen, nicht zum Betrieb eines Fahrzeuges. Eine Ladestation für Elektroautos ist eine Tankstelle iS dieser Randzahl. Daher steht für die Anschaffung der Ladestation in allen vier Fällen der Vorsteuerabzug grundsätzlich nach den allgemeinen Bestimmungen des § 12 UStG 1994 zu. Er ist nicht nach § 12 Abs. 2 Z 2 lit. b UStG 1994 ausgeschlossen.

Vorsteuerabzug für die Betriebskosten

Die Kosten für den Betrieb eines ausschließlich elektrisch angetriebenen Fahrzeuges (CO_2-Emissionswert = 0 Gramm pro km) sind idR in voller Höhe abzugsfähig. Sind die Kosten jedoch unangemessen hoch und unterliegen daher den ertragsteuerlichen Abzugsverboten ist der Vorsteuerabzug nach § 12 Abs. 2 Z 2 lit. a UStG 1994 ausgeschlossen. Dies könnte dann der Fall sein, wenn bei einem Fahrzeug, bei dem die Anschaffungskosten zu kürzen sind (Fall c und d), aufgrund seiner gehobenen Ausstattung tatsächlich höhere Kosten (zB höhere Servicekosten oder Reparaturkosten) anfallen (vgl. EStR 2000 Rz 4780). Die Kosten für Strom als Treibstoff für ausschließlich elektrisch angetriebene Fahrzeuge (CO_2-Emissionswert = 0 Gramm pro km) sind idR in voller Höhe abzugsfähig, weil nicht davon ausgegangen werden kann, dass der Treibstoffverbrauch bei einem luxuriös ausgestatteten Kraftfahrzeug überproportional hoch ist (siehe sinngemäß EStR 2000 Rz 4781 mVa VwGH 27.7.1994, 92/13/0175).

PKW Anschaffungskosten (in Euro)	Vorsteuerabzug PKW	Vorsteuerabzug Ladestation	Vorsteuerabzug Betriebskosten
Kleinbus	**Voll** nach allgemeinen Bestimmungen	**Ja** nach allgemeinen Bestimmungen	**Ja** nach allgemeinen Bestimmungen
£ 40.000	**Voll** gem. § 12/2/2a UStG	**Ja** nach allgemeinen Bestimmungen	**Ja** gem. § 12/2/2a UStG
40.000 > 80.000	**Voll** **jedoch Korrektur durch AufwandsEV**	**Ja** Nach allgemeinen Bestimmungen	**Ja** gem. § 12/2/2a UStG; **allenfalls Korrektur durch AufwandsEV**
> 80.000	**Nein** Gem. § 12/2/2/a UStG zur Gänze ausgeschlossen	**Grds. Ja** nach allgemeinen Bestimmungen	**Grds. Ja** gem. § 12/2/2a UStG **außer: § 12/2/2/a UStG**

7. E-Fahrzeug 2 (Verwendungseigenverbrauch und Verkauf eines PKW mit einem CO_2-Emissionswert von 0 Gramm pro Kilometer)

7.1. Bezughabende Norm

§ 1 Abs. 1 Z 1, § 3a Abs. 1a, § 4 Abs. 8 lit. b, § 12 Abs. 2 Z 2a UStG 1994 (UStR 2000 Rz 680, Rz 1984 f)

7.2. Sachverhalt

Ein Unternehmer kauft im Jahr 2016 im Inland einen Personenkraftwagen mit einem CO_2-Emissionswert von 0 Gramm pro Kilometer, für den nach § 12 Abs. 2 Z 2a UStG 1994 Vorsteuerabzug geltend gemacht werden kann. Die Anschaffungskosten des Personenkraftwagens betragen 60.000 Euro (brutto). Neben der ausschließlichen Nutzung für steuerpflichtige Umsätze verwendet der Unternehmer den Personenkraftwagen auch für Privatfahrten. Der Unternehmer beabsichtigt, den Personenkraftwagenkraftwagen zu verkaufen.

7.3. Fragestellung

Zum § 12 Abs. 2 Z 2a UStG 1994 idF StRefG 2015/2016 stellt sich die Frage, wie ein Verwendungseigenverbrauch bzw. der Verkauf eines Fahrzeugs mit CO_2-Emissionswert von 0 bei einem Anschaffungswert von zB 60.000 Euro zu berechnen ist?

7.4. Lösung

Zur Frage des Verwendungseigenverbrauchs:

Der Vorsteuerabzug steht für ein Fahrzeug, für das auch (nicht überwiegend) Ausgaben (Aufwendungen) getätigt werden, die ertragsteuerlich nicht abzugsfähig sind, gemäß § 12 Abs. 2 Z 2a UStG 1994 für die gesamten Anschaffungskosten, dh. in voller Höhe, zu. Jedoch ist jener Teil der Aufwendungen, der ertragsteuerlichen Abzugsverboten unterliegt, im Jahr der Anschaffung der Eigenverbrauchsbesteuerung gemäß § 1 Abs. 1 Z 2 lit. a UStG 1994 (Aufwandseigenverbrauch) zu unterwerfen (siehe UStR 2000 Rz 59).

Nach § 3a Abs. 1a Z 1 UStG 1994 wird die Verwendung eines dem Unternehmen zugeordneten Gegenstandes, der zum vollen oder teilweisen Vorsteuerabzug berechtigt hat, durch den Unternehmer für Zwecke, die außerhalb des Unternehmens liegen oder für den Bedarf seines Personals sind, sofern keine Aufmerksamkeiten vorliegen, einer sonstigen Leistung gegen Entgelt gleichgestellt . Unabhängig von der Vornahme einer Eigenverbrauchsbesteuerung nach § 1 Abs. 1 Z 2 lit. a UStG 1994 (Aufwandseigenverbrauch) stellt die Verwendung des Elektrokraftfahrzeuges für Privatfahrten einen weiteren Eigenverbrauch (Verwendungseigenverbrauch) gemäß § 3a Abs. 1a Z 1 UStG 1994 dar (vgl. *Mayr/Ungericht*, UStG[4], § 1 Anm. 33; siehe auch *Ruppe/Achatz*, UStG[4], § 1 Tz 385/2).

Hinsichtlich der Bemessungsgrundlage bestimmt § 4 Abs. 8 lit. b UStG 1994, dass sich der Umsatz im Falle des § 3a Abs. 1a Z 1 und 2 UStG 1994 nach den auf die Ausführung dieser Leistungen entfallenden Kosten bemisst. Bei der Nutzung von Gegenständen für Zwecke außerhalb des Unternehmens bilden die auf die nichtunternehmerische Nutzung des Gegenstandes entfallenden Kosten die Bemessungsgrundlage. Dazu zählen neben den laufenden Betriebskosten auch die anteilige Absetzung für Abnutzung. Die Kosten sind um Aufwendungen, bei denen kein Vorsteuerabzug möglich ist, zu kürzen (UStR 2000 Rz 680; zur Berechnung siehe Fall 8 Kalenderjahr 2016).

Zur Frage des Verkaufs des Elektrokraftfahrzeuges:

Nach § 1 Abs. 1 Z 1 UStG 1994 unterliegen der Umsatzsteuer die Lieferungen und sonstigen Leistungen, die ein Unternehmer im Inland gegen Entgelt im Rahmen seines Unternehmens ausführt. Der Umsatz wird im Falle des § 1 Abs. 1 Z 1 UStG 1994 nach dem Entgelt bemessen (§ 4 Abs. 1 UStG 1994). Für den Fall, dass der Unternehmer das Elektrokraftfahrzeug verkauft (zB im Jahr 2017 um 50.000 Euro brutto), unterliegt die Lieferung den allgemeinen Regeln über die Umsatzbesteuerung. Insbesondere ist die Steuerbefreiung nach § 6 Abs. 1 Z 26 UStG 1994 nicht anwendbar, da diese Bestimmung u.a. zur Voraussetzung hat, dass der Unternehmer für den Gegenstand keinen Vorsteuerabzug vornehmen konnte (vgl. VwGH 27.8.2008, 2006/15/0127). Die Lieferung durch den Unternehmer ist somit grundsätzlich als steuerpflichtig (ausgenommen zB steuerfreie Ausfuhrlieferung oder steuerfreie innergemeinschaftliche Lieferung) zu behandeln. Wenn der Unternehmer im Jahr 2017 das Elektrokraftfahrzeug um 50.000 Euro (brutto) steuerpflichtig liefert, ist das gesamte Entgelt von 41.666,66 Euro (50.000 Euro / 1,2) der Umsatzbesteuerung zu unterziehen; hinsichtlich der im Jahr 2016 ausgelösten Aufwandseigenverbrauchsbesteuerung nach § 1 Abs. 1 Z 2 lit. a UStG 1994 (20.000 Euro / 1,2 x 20% = 3.333,33 Euro) kann eine positive Vorsteuerberichtigung iS des § 12 Abs. 10 UStG 1994 (4/5 von 3.333,33 Euro = 2.666,66 Euro) vorgenommen werden.

8. E-Fahrzeug 3 (Anschaffung eines PKW mit einem CO_2-Emissionswert von 0 Gramm pro Kilometer vor dem 1.1.2016)

8.1. Bezughabende Norm

§ 1 Abs. 1 Z 1, § 3a Abs. 1a, § 4 Abs. 8 lit. b, § 12 Abs. 2 Z 2a und Abs. 10 UStG 1994 (UStR 2000 Rz 680, Rz 1984 f, 2075 ff)

8.2. Sachverhalt

Sachverhalt 1:

Die Anschaffung des Elektrofahrzeuges erfolgte für unternehmerische Zwecke bereits im Jahr 2015, wobei die Anschaffungskosten 40.000 Euro (brutto) betrugen. Dieses Fahrzeug wird vom Unternehmer auch zu 40% für außerunternehmerische Zwecke verwendet. 2017 wird dieses Elektrofahrzeug um einen Kaufpreis von 30.000 Euro veräußert.

Variante: Die Anschaffungskosten betrugen 60.000 Euro (brutto). Dieses Fahrzeug wird vom Unternehmer auch zu 40% für außerunternehmerische Zwecke verwendet. 2017 wird dieses Elektrofahrzeug um einen Kaufpreis von 50.000 Euro veräußert.

Sachverhalt 2:

Die Anschaffung des Elektrofahrzeuges erfolgte für unternehmerische Zwecke bereits im Jahre 2015, wobei in den Jahren 2016 bis 2017 auf eine positive Vorsteuerberichtung verzichtet wurde. Eine Zuordnung dieses Fahrzeuges zum außerunternehmerischen Bereich wurde in der Umsatzsteuererklärung 2015 nicht vorgenommen. Sowohl aus den Stromrechnungen wie auch aus den Servicerechnungen machte der Unternehmer in den Jahren 2016 und 2017 den Vorsteuerabzug geltend. Im Jahre 2017 wird das Elektrofahrzeug veräußert.

8.3. Fragestellung

zum Sachverhalt 1:

- Kann im Jahr 2016 eine positive Vorsteuerberichtigung iHv 5.333 Euro (= 4/5 von 6.666 Euro) für dieses Fahrzeug geltend gemacht werden oder berechnet sich die Vorsteuerberichtigung mit jährlich 1.333 Euro (= 1/5 von 6.666 Euro) in den Jahren 2016 bis 2019?

- Von welcher Bemessungsgrundlage errechnet sich in diesem Fall der Verwendungseigenverbrauch?
- Von welcher Bemessungsgrundlage ist beim Verkauf im Jahr 2017 auszugehen, wenn für die Jahre 2016 und 2017 eine positive Vorsteuerberichtigung erfolgt ist?

Variante:

- Kann im Jahre 2016 eine positive Vorsteuerberichtigung iHv 8.000 Euro (= 4/5 von 10.000 Euro) für dieses Fahrzeug geltend gemacht werden oder ist die Vorsteuerberichtigung mit 5.333 Euro =4/5 von 6.666 Euro) begrenzt bzw. berechnet sich die Vorsteuerberichtigung mit jährlich 1.333 Euro (= 1/5 von 6.666 Euro) in den Jahren 2016 bis 2019?
- Von welcher Bemessungsgrundlage errechnet sich in diesen Fällen der Verwendungseigenverbrauch ab 2016?
- Von welcher Bemessungsgrundlage ist beim Verkauf im Jahr 2017 auszugehen, wenn für die Jahre 2016 und 2017 eine positive Vorsteuerberichtigung erfolgt ist?

zum Sachverhalt 2:

- Unterliegt der Veräußerungserlös der Umsatzsteuerpflicht?

8.4. Lösung

Zum Sachverhalt 1:

Wurde ein nach § 12 Abs. 2 Z 2 lit. b UStG 1994 vom Vorsteuerabzug ausgeschlossenes Fahrzeug vor dem 1.1.2016 angeschafft und fällt es nach dem 31.12.2015 in den begünstigten Kreis des § 12 Abs. 2 Z 2a UStG 1994, ist es grundsätzlich einer positiven Vorsteuerberichtigung gemäß § 12 Abs. 10 UStG 1994 zugänglich (vgl. *Kuder/Pfeiffer*, ÖStZ 15-16/2015, S 447 ff), wobei eine (allfällige) Berichtigung (nur) innerhalb der vier auf das Jahr der erstmaligen Verwendung folgenden Kalenderjahre (jeweils jährlich) vorzunehmen ist.

Für den vorliegenden Fall ergibt sich folgende Beurteilung:

2015:

Kein Vorsteuerabzug aus den Anschaffungskosten für das „CO_2-freie" Elektrofahrzeug; mangels eines Vorsteuerabzuges keine Besteuerung eines Verwendungseigenverbrauchs nach § 3a Abs. 1a Z 1 UStG 1994.

2016:

Es kann eine positive Vorsteuerberichtigung in Höhe von 1.333,33 Euro (gesamte Umsatzsteuer: 40.000 Euro / 1,2 x 20 % = 6.666,66 Euro; Fünftelberichtigung: 6.666,66 Euro / 5 = 1.333,33 Euro) vorgenommen werden; die Privatnutzung von 40 % ist der Eigenverbrauchsbesteuerung zu unterziehen (Bemessungsgrundlage bilden die Kosten – zB AfA: 33.333,33 Euro / 8 = 4.166,66 Euro; davon Bemessungsgrundlage Eigenverbrauch: 4.166,66 Euro x 40% = 1.666,66 Euro; darauf entfallende USt: 1.666,66 Euro x 20% = 333,33 Euro). Hinsichtlich (laufender) Betriebskosten siehe Lösung zu Fall 7.

2017:

Die Veräußerung ist steuerpflichtig (25.000 Euro zuzüglich 20% USt iHv 5.000 Euro = Verkaufspreis 30.000 Euro brutto); es kann eine positive Vorsteuerberichtigung für drei Jahre (2017 bis 2019) in Höhe von 3.999,99 Euro (gesamte Umsatzsteuer: 40.000 Euro / 1,2 x 20 % = 6.666,66 Euro; Fünftelberichtigung für 3 Jahre: 6.666,66 Euro / 5 x 3 = 3.999,99 Euro) vorgenommen werden; die Privatnutzung von 40% ist der Eigenverbrauchsbesteuerung zu unterziehen (zur Berechnung siehe 2016).

Variante:

2015:

Siehe oben.

2016:

Es kann eine positive Vorsteuerberichtigung in Höhe von 1.333,33 Euro (gesamte Umsatzsteuer: 40.000 Euro / 1,2 x 20 % = 6.666,66 Euro; Fünftelberichtigung: 6.666,66 Euro / 5 = 1.333,33 Euro) vorgenommen werden, wobei der die Angemessenheitsgrenze übersteigende Teil außer Betracht bleibt; die Privatnutzung von 40% ist der Eigenverbrauchsbesteuerung zu unterziehen (Bemessungsgrundlage bilden die Kosten – zB AfA: 33.333,33 Euro / 8 = 4.166,66 Euro; davon Bemessungsgrundlage Eigenverbrauch: 4.166, 66 Euro x 40% = 1.666,66 Euro; darauf entfallende USt: 1.666,66 Euro x 20% = 333,33 Euro).

2017:

Die Veräußerung ist steuerpflichtig (41.666,66 Euro zuzüglich 20% USt von 8.333,33 Euro = Verkaufspreis 50.000 Euro brutto); es kann eine positive Vorsteuerberichtigung für drei Jahre (2017 bis 2019) in Höhe von 6.000 Euro (gesamte Umsatzsteuer: 60.000 Euro / 1,2 x 20 % = 10.000 Euro; Fünftelberichtigung für 3 Jahre: 10.000 Euro / 5 x 3 = 6.000 Euro) vorgenommen werden; die Privatnutzung von 40% ist der Eigenverbrauchsbesteuerung zu unterziehen (Bemessungsgrundlage bilden die Kosten – zB AfA: 50.000 Euro / 8 = 6.250 Euro; davon Bemessungsgrundlage Eigenverbrauch: 6.250 Euro x 40% = 2.500 Euro; darauf entfallende USt: 2.500 Euro x 20% = 500 Euro).

Zum Sachverhalt 2:

Da das Elektrofahrzeug für unternehmerische Zwecke angeschafft wurde und zumindest teilweise zum Vorsteuerabzug berechtigte (positive Vorsteuerberichtigung nach § 12 Abs. 10 UStG 1994, außer im Falle des Abs. 13), ist die Veräußerung im Jahr 2017 mit dem gesamten Entgelt der Umsatzbesteuerung zu unterziehen (siehe auch Sachverhalt 1). Die Steuerbefreiung nach § 6 Abs. 1 Z 26 UStG 1994 ist nicht anwendbar, weil diese Bestimmung u.a. zur Voraussetzung hat, dass der Unternehmer für den Gegenstand keinen Vorsteuerabzug vornehmen konnte (vgl. VwGH 27.8.2008, 2006/15/0127).

3. NEUGRÜNDUNGS-FÖRDERUNGS-RICHTLINIEN

Neugründungs-Förderungs-Richtlinien

(Erlass des BMF vom 14. Dezember 2008, BMF-010222/0282-VI/7/2008)

Die Neugründungs-Förderungs-Richtlinien (NeuFöR) stellen einen Auslegungsbehelf zum Neugründungs-Förderungsgesetz (NeuFöG), BGBl. I Nr. 106/1999 in der geltenden Fassung dar, der im Interesse einer einheitlichen Vorgangsweise mitgeteilt wird. Sie sind somit als Nachschlagewerk für die Verwaltungspraxis und die betriebliche Praxis anzusehen. Sie basieren auf dem NeuFöG und den dazu ergangenen Verordnungen (Verordnung zum Bundesgesetz mit dem die Neugründung von Betrieben gefördert wird, BGBl. II Nr. 278/1999 [NeugründungsVO], Verordnung zum Bundesgesetz, mit dem die Neugründung von Betrieben und die Übertragung von Klein- und Mittelbetrieben gefördert wird, BGBl. II Nr. 483/2002 [ÜbertragungsVO], Verordnung betreffend die elektronische Übermittlung von Erklärungen gemäß § 4 NeuFöG, mit denen eine Neugründung oder eine Übertragung von Betrieben erklärt wird, BGBl. II Nr. 216/2005 [ÜbermittlungsVO]) und berücksichtigen die in der Zwischenzeit erfolgten Änderungen durch Gesetze und Verordnungen, sowie die hierzu ergangenen Judikate und Erlässe.

Hierzu zählen:

- Das Bundesgesetz, mit dem die Neugründung von Betrieben gefördert wird (Neugründungs-Förderungsgesetz – NeuFöG) wurde mit Art. XV des Steuerreformgesetzes 2000, BGBl. I Nr. 106/1999 vom 14. Juli 1999, erlassen. Es ist mit 15. Juli 1999 in Kraft getreten und war ursprünglich befristet. Nach § 6 NeuFöG war es in der Stammfassung anzuwenden auf die Neugründung von Betrieben, die nach dem 1. Mai 1999 und vor dem 1. Jänner 2003 erfolgten.
- Mit BGBl. II Nr. 278/1999 vom 13. August 1999 wurde die Verordnung zum Bundesgesetz mit dem die Neugründung von Betrieben gefördert wird, erlassen. Diese „NeugründungsVO“ erläutert die Bestimmungen und Begriffe des NeuFöG. Im Anhang der „NeugründungsVO“ wurde das Formular NeuFö 1 aufgelegt.
- Mit dem Konjunkturbelebungsgesetz 2002, BGBl. I Nr. 68/2002 vom 13. August 2002, wurde das NeuFöG novelliert, indem die Befristung aufgehoben, mit Einfügung des § 5a NeuFöG die Förderung auf die Übertragung von Klein- und Mittelbetrieben ausgedehnt und das Gesetz in Bundesgesetz, mit dem die Neugründung von Betrieben und die Übertragung von Klein- und Mittelbetrieben gefördert wird, umbenannt wurde.
- Die Novelle vom 23. Juli 2002, BGBl. I Nr. 111/2002, hat § 4 Abs. 3 NeuFöG ergänzt, um die Pflicht der zuständigen gesetzlichen Berufsvertretung, wenn die Neugründung ein freies Gewerbe betrifft, zu bestätigen, dass der Betriebsinhaber über grundlegende unternehmerische Kenntnisse verfügt.
- Mit Art. IV des 2. Abgabenänderungsgesetzes 2002 wurde in § 5a Abs. 2 NeuFöG die Z 3 eingefügt, womit dem neuen Betriebsinhaber Meldepflichten auferlegt wurden, wenn er den übernommenen Betrieb innerhalb von fünf Jahren nach der Übergabe (un-)entgeltlich weiter überträgt, betriebsfremden Zwecken zuführt oder aufgibt.
- Am 17. Dezember 2002 wurde die Verordnung zum Bundesgesetz, mit dem die Neugründung von Betrieben und die Übertragung von Klein- und Mittelbetrieben gefördert wird, BGBl. II Nr. 483/2002 vom 17. Dezember 2002 [ÜbertragungsVO], erlassen. In dieser „ÜbertragungsVO“ werden die Förderung der Übertragung und Begriffe der Übertragung näher erläutert.
- Das Abgabenänderungsgesetz 2004, BGBl. I Nr. 180/2004 vom 30. Dezember 2004, hat für die Person des Betriebsinhabers eingeführt, dass Voraussetzung für die Förderung der Neugründung (§ 2 Z 2 NeuFöG) und der Übertragung (§ 5a Abs. 1 Z 2 NeuFöG) ist, dass sich die die Betriebsführung beherrschende Person innerhalb von 2 Jahren nach der Neugründung oder Übertragung nicht in vergleichbarer Art beherrschend betrieblich betätigt hat. Mit der Novelle wurde geregelt, dass innerhalb von 2 Jahren nach der Betriebsneugründung oder der (Teil-) Betriebsübertragung die Eigenschaft des Betriebsinhabers nicht an eine Person übergehen darf, die sich bereits in der Vergangenheit in vergleichbarer Art als Betriebsinhaber betätigt hat. Dem entsprechend wurden die Meldeverpflichtungen des Betriebsinhabers ergänzt und die Aufbewahrungspflichten der Berufsvertretungen der Sozialversicherungsanstalt der gewerblichen Wirtschaft auf die Fälle der elektronischen Übermittlung der Erklärung angepasst. Weiters wurde in § 4 Abs. 5 NeuFöG die Möglichkeit der elektronischen Übermittlung der Erklärung gemäß § 4 Abs. 1 NeuFöG eingefügt, wenn zwischen der gesetzlichen Berufsvertretung und der in Betracht kommenden Behörde ein ständiger Datenverkehr eingerichtet ist.
- Die Verordnung betreffend die elektronische Übermittlung von Erklärungen gemäß § 4 NeuFöG, mit denen eine Neugründung oder eine Übertragung von Betrieben erklärt wird, BGBl. II Nr. 216/2005 vom 19. Juni 2005 [ÜbermittlungsVO], normiert, dass eine elektronische Übermittlung der Erklärungen gemäß § 4 Abs. 1 NeuFöG nur dann zulässig ist, wenn zwischen der gesetzlichen Berufsvertretung, der der Betriebsinhaber zuzurechnen ist, und der in Betracht kommenden Behörde ein ständiger Datenverkehr eingerichtet ist. Ausdrücklich ausgenommen von der Möglichkeit der elektronischen Übermittlung sind die Abgabenbehörden des Bundes.

- Mit den Verordnungen, BGBl. II Nr. 288/2008 und 287/2008 vom 12. August 2008, wurden die Verordnung zum Bundesgesetz, mit dem die Neugründung von Betrieben gefördert wird (Neugründungs-Förderungsgesetz – NeuFöG), BGBl. II Nr. 278/1999 vom 13. August 1999 [NeugründungsVO], und die Verordnung zum Bundesgesetz, mit dem die Neugründung von Betrieben und die Übertragung von Klein- und Mittelbetrieben gefördert wird (Neugründungs-Förderungsgesetz – NeuFöG) , BGBl. II Nr. 483/2002 vom 17. Dezember 2002 [ÜbertragungsVO] geändert. Anstelle des Verweises auf die ÖNACE 1995 in § 2 Abs. 3 der NeugründungsVO bzw. § 2 Abs. 4 der ÜbertragungsVO soll für die Beurteilung, ob der beherrschende Betriebsinhaber in den letzten 15 Jahren vor der Neugründung bzw. Übertragung des Betriebes und die die Betriebsführung innerhalb von 2 Jahren nach der Neugründung des Betriebes bzw. der Betriebsübertragung beherrschende Person sich bereits in vergleichbaren Art betrieblich betätigt hat, immer die im Zeitpunkt der Neugründung bzw. Überragung des Betriebes geltende ÖNACE (herausgegeben von der Bundesanstalt Statistik Österreich) maßgeblich sein.

Über die gesetzlichen Bestimmungen hinausgehende Rechte und Pflichten können aus den Richtlinien nicht abgeleitet werden. Bei Erledigungen haben Zitierungen mit Hinweisen auf diese Richtlinien zu unterbleiben.

Die Neugründungs-Förderungs-Richtlinien (NeuFöR) sind ab 19. Dezember 2008 generell anzuwenden. Mit diesem Zeitpunkt treten folgende Erlässe außer Kraft:

- Erlass des BMF vom 13. August 1999, 07 2401/12-IV/7/99
- Erlass des BMF vom 8. September 1999, 07 2401/16-IV/7/99
- Erlass des BMF vom 14. Dezember 1999, 07 2401/36-IV/7/99
- Erlass des BMF vom 18. Dezember 2003, 07 2401/2-IV/7/03

Bei abgabenbehördlichen Prüfungen für vergangene Zeiträume und auf offene Abgabenfälle sind die NeuFöR anzuwenden, soweit nicht für diese Zeiträume andere Bestimmungen in Gesetzen oder Verordnungen Gültigkeit haben oder andere Erlässe für diese Zeiträume günstigere Regelungen vorsehen. Rechtsauskünfte in Einzelfällen des Bundesministeriums für Finanzen sind – sofern sie den NeuFöR nicht widersprechen – weiterhin zu beachten.

Im Folgenden werden stichwortartig die wichtigsten Erweiterungen (Änderungen) durch die NeuFöR im Vergleich zu den bisherigen Erlässen dargestellt:

- Zur Vereinheitlichung – bei gleichzeitiger Verlängerung der Frist – kann ein unmittelbarer Zusammenhang mit der Neugründung oder Übertragung eines Betriebes für alle Gründungs- oder Übertragungshandlungen dann angenommen werden, wenn diese innerhalb von 30 Kalendertagen erfolgen und die Umstände im Einzelfall nicht gegen einen solchen Zusammenhang sprechen (vgl. Rz 13, Rz 52, Rz 93, Rz 175).
- Obwohl die Einkünfte einer Kapitalgesellschaft iSd § 7 Abs. 3 KStG 1988 (zB GmbH) stets betriebliche Einkünfte darstellen, ist stets zu prüfen, ob die Tätigkeit für sich genommen unter § 2 Abs. 3 Z 1 bis 3 EStG 1988 fällt und ob ein Betrieb durch Schaffung einer bisher nicht vorhandenen betrieblichen Struktur geschaffen wird (vgl. Rz 39).
- Bei Aufnahme einer Betätigung gemäß § 1 Abs. 1 Liebhabereiverordnung stehen die Begünstigungen des NeuFöG grundsätzlich zu, wogegen sie bei Aufnahme einer Betätigung gemäß § 1 Abs. 2 Liebhabereiverordnung zunächst nicht zu gewähren sind (vgl. Rz 54).
- Wird ein Gewerbe bloß angemeldet und gleich darauf ruhend gemeldet, liegt keine Neugründung eines Betriebes vor (vgl. Rz 93).
- Der ausgefüllte amtliche Vordruck, womit der Förderungswerber erklärt, dass die Voraussetzungen für die Begünstigungen nach dem NeuFöG in seiner Person vorliegen, ist materielle Voraussetzung für die Gewährung der Begünstigungen und muss im Zeitpunkt der Inanspruchnahme der jeweiligen Behörde dieser vorgelegt werden bzw. bei der Selbstberechnung von Gebühren oder Verkehrsteuern durch einen befugten Parteienvertreter diesem im Zeitpunkt der Selbstberechnung vorliegen (vgl. Rz 95 ff).
- Wird der amtliche Vordruck gemeinsam mit der – über ein einer Verkehrsteuer unterliegendes Rechtsgeschäft – errichteten Urkunde in ein durch Bundesgesetz vorgesehenes Urkundenarchiv (zB cyber-DOC, Archivium) aufgenommen und vom befugten Parteienvertreter dem Finanzamt der Zugriff zu dieser Urkunde eingeräumt, ist eine körperliche Vorlage des amtlichen Vordruckes nicht erforderlich (vgl. Rz 97).
- § 4 Abs. 4 NeuFöG hat für Neugründungen nach dem 1. September 1999 und für Betriebsübertragungen nach dem 31. Dezember 2003 keine Bedeutung mehr (vgl. Rz 126).

Dieser Erlass wird gemeinsam mit den geltenden NeuFöR 2008 im AÖF verlautbart.

Bundesministerium für Finanzen, 19. Dezember 2008

NeuFöR

Inhaltsverzeichnis

1. Förderung der Neugründung (§ 1 NeuFöG)

1.1. Befreite Abgaben

Zur Förderung der Neugründung von Betrieben werden nach Maßgabe der §§ 2 bis 5 und 6 NeuFöG nicht erhoben: 1

§ 1 Z 1 NeuFöG	Stempelgebühren und Bundesverwaltungsabgaben für die durch die Neugründung unmittelbar veranlassten Schriften und Amtshandlungen (siehe Rz 5 ff, Rz 148 ff)
§ 1 Z 2 NeuFöG	Grunderwerbsteuer für die Einbringung von Grundstücken auf gesellschaftsvertraglicher Grundlage unmittelbar im Zusammenhang mit der Neugründung der Gesellschaft, soweit Gesellschaftsrechte oder Anteile am Vermögen der Gesellschaft als Gegenleistung gewährt werden (siehe Rz 21 ff)
§ 1 Z 3 NeuFöG	Gerichtsgebühren für die Eintragung in das Firmenbuch (TP 10 Z 1 GGG) unmittelbar im Zusammenhang mit der Neugründung des Betriebes (siehe Rz 27 ff, Rz 152 f)
§ 1 Z 4 NeuFöG	Gerichtsgebühren für die Eintragung in das Grundbuch zum Erwerb des Eigentums (TP 9 lit. a und b GGG) für die Einbringung von Grundstücken auf gesellschaftsvertraglicher Grundlage unmittelbar im Zusammenhang mit der Neugründung des Betriebes, soweit Gesellschaftsrechte oder Anteile am Vermögen der Gesellschaft als Gegenleistung gewährt werden (siehe Rz 29 ff)
§ 1 Z 5 NeuFöG	Gesellschaftsteuer für den Erwerb von Gesellschaftsrechten unmittelbar im Zusammenhang mit der Neugründung des Betriebes durch den ersten Erwerber (siehe Rz 34 ff)
§ 1 Z 6 NeuFöG	Börsenumsatzsteuer (außer Kraft seit 1. Oktober 2000; BGBl. I Nr. 106/1999; siehe Rz 40)
§ 1 Z 7 NeuFöG	**Für Neugründungen bis 31.12.2011 gilt:** Die im Kalendermonat der Neugründung sowie in den darauf folgenden 11 Kalendermonaten anfallenden Dienstgeberbeiträge gemäß §§ 41 ff FLAG 1967, Wohnbauförderungsbeiträge, Beiträge zur gesetzlichen Unfallversicherung sowie die Zuschläge zum Dienstgeberbeitrag (Kammerumlage 2); siehe Rz 41 ff **Für Neugründungen nach 31.12.2011 gilt:** Die für den Kalendermonat, in welchem erstmals ein Arbeitnehmer beschäftigt wird, sowie die darauf folgenden 11 Kalendermonate anfallenden Dienstgeberbeiträge gemäß §§ 41 ff FLAG 1967, Wohnbauförderungsbeiträge, Beiträge zur gesetzlichen Unfallversicherung sowie die Zuschläge zum Dienstgeberbeitrag (Kammerumlage 2), sofern die Begünstigung im Kalendermonat der Neugründung oder in den folgenden 35 Kalendermonaten für beschäftigte Arbeitnehmer (Dienstnehmer) in Anspruch genommen wird; siehe Rz 41 ff.

(AÖF 2013/207)

Die Abgabenbefreiungen gemäß § 1 NeuFöG stehen nur dann zu, wenn diese Abgaben unmittelbar im Zusammenhang mit der Neugründung (siehe Rz 47 ff) bzw. Übertragung von Betrieben (siehe Rz 141 ff) anfallen. Unmittelbar veranlasst sind solche Handlungen, für die das Gesetz das letzte, den Rechtsvorgang unmittelbar auslösende Glied in der ablaufenden Kausalkette bildet (vgl. VwGH 14.10.1971, 2259/70). Die Befreiungs- und Begünstigungsbestimmungen des NeuFöG sind kumulativ mit etwaigen in anderen Materiengesetzen enthaltenen Befreiungsbestimmungen anzuwenden (zB § 3 Abs. 1 Z 2 GrEStG 1987 idF SchenkMG 2008, § 4 Abs. 2 Z 2 GrEStG 1987, Art. 34 Budgetbegleitgesetz 2001). 2

Für die Zuerkennung einer abgabenrechtlichen Begünstigung sind die Verhältnisse zum Zeitpunkt der Entstehung der Steuerschuld maßgeblich (vgl. VwGH 04.12.2003, 2003/16/0472; VwGH 22.04.2004, 2003/07/0173). 3

§ 1 NeuFöG befreit spezifisch nach der jeweiligen Abgabenart durchaus unterschiedliche Vorgänge von den angeführten Abgaben. So ist etwa im Zusammenhang mit der Befreiung von der Grunderwerbsteuer (Z 2), den Gerichtsgebühren für die Eintragung in das Grundbuch (Z 4) und der Gesellschaftsteuer (Z 5) von der „Neugründung der Gesellschaft" die Rede, während die Befreiung von den Firmenbuchgebühren von der „Neugründung des Betriebs" abhängig ist (VwGH 23.01.2003, 2002/16/0187, 0188). Für die Betriebsüber- 4

NeuFöR

tragung gemäß § 5a NeuFöG gelten nur die Befreiungen gemäß § 1 Z 1, 3 und 5 NeuFöG (§ 5a Abs. 2 Z 1 NeuFöG).

(AÖF 2013/207)

1.1.1. Stempelgebühren und Bundesverwaltungsabgaben (§ 1 Z 1 NeuFöG)

5 Die Befreiung von Stempelgebühren sowie von den Bundesverwaltungsabgaben ist nur insoweit gegeben, als es sich um steuerpflichtige Vorgänge handelt, die unmittelbar und konkret dem Gründungsvorgang zuzurechnen sind.

Ab 18.07.2017 gilt:

Schriften und Zeugnisse, die auf Grundlage der Gewerbeordnung erstellt und ausgestellt werden, sowie Eingaben, die auf das Erstellen und das Ausstellen von Schriften auf Grundlage der Gewerbeordnung gerichtet sind, sind unabhängig des NeuFöG gemäß § 333a GewO 1994 von den Stempelgebühren und Verwaltungsabgaben des Bundes befreit.

Die sachliche Zuständigkeit für oben angeführte Gebührenbefreiung ist in der Gewerbeordnung (GewO 1994) geregelt.

(BMF-AV Nr. 2019/63)

6 Unmittelbar durch eine Neugründung veranlasst sind Schriften und Amtshandlungen iSd § 1 Z 1 NeuFöG, wenn diese in einem konkreten Zusammenhang mit der Neugründung eines Betriebes stehen.

Unmittelbar durch die Neugründung veranlasst sind zum Beispiel:

- Ansuchen um Konzessionen und Konzessionserteilungen (soweit diese nicht unter die Gebührenbefreiung des § 333a GewO 1994 fallen),
- Niederlassungsbewilligungen, gründungsbedingte Konzessionserteilungen (soweit diese nicht unter die Gebührenbefreiung des § 333a GewO 1994 fallen),
- Beilagen, Zeugnisse und Strafregisterauszüge, die für gründungsbedingte Eingaben, Berechtigungen und Amtshandlungen benötigt werden.

(BMF-AV Nr. 2019/63)

7 Im Bereich der Gebühren nach dem Gebührengesetz kommt insb. eine Befreiung von Gebühren nach § 14 Tarifpost 2 Abs. 1 Z 1 und 2, Tarifpost 6 Abs. 1 und 2 sowie Tarifpost 5 und Tarifpost 14 GebG in Betracht.

Beispiele:

§ 14 TP 2 Abs. 1 Z 1 GebG – die Erteilung einer Befugnis oder Anerkennung einer Befähigung oder sonstigen gesetzlichen Voraussetzung zur Ausübung einer Erwerbstätigkeit (zB Erteilung einer Gewerbeberechtigung),

§ 14 TP 2 Abs. 1 Z 2 GebG – Ernennung zum Notar, Handelsmakler, Zulassung als Steuerberater, Wirtschaftsprüfer, Rechtsanwalt oder Patentanwalt,

§ 14 TP 6 Abs. 1 und 2 Z 1 und Z 2 GebG – Eingaben,

§ 14 TP 5 GebG – Beilagen,

§ 14 TP 14 GebG – Zeugnisse.

8 Bei den Bundesverwaltungsabgaben (bspw. die Tarifposten 1, 3, 44, 50, 65, 132, 145 und 259 des Tarifes der Bundesverwaltungsabgabenverordnung 1983) erstreckt sich die Befreiung insb. auf unmittelbar gründungsbedingte Konzessionserteilungen, Niederlassungsbewilligungen, Genehmigungen zur Berufstätigkeit, Bewilligungen zur Betriebserrichtung.

(BMF-AV Nr. 2019/63)

9 Dem Gründungsvorgang bloß mittelbar dienende Vorgänge fallen nicht unter die Befreiung. Demgemäß wird für den Bereich des Gebührengesetzes auch nur eine Befreiung von Stempelgebühren vorgesehen. Die dem Gründungsvorgang mittelbar dienenden Rechtsgeschäfte, wie zB der Abschluss von Bestandverträgen, bleiben daher gebührenpflichtig.

(AÖF 2013/207)

10 Nicht unmittelbar durch die Neugründung veranlasst sind Schriften und Amtshandlungen im Zusammenhang mit

- allgemeinen persönlichen Qualifikationserfordernissen (zB Steuerberaterprüfungszeugnis, Ziviltechnikerprüfungszeugnis, Staatsbürgerschaftsnachweis oder sonstige Personenstandsurkunden) oder
- allgemeinen sachlichen Erfordernissen (zB Ansuchen um Erteilung der Baubewilligung zur Errichtung eines Betriebsgebäudes, Bauverhandlungsprotokolle),

und zwar auch dann nicht, wenn diese im Vorfeld einer Neugründung (zB Nachsicht von Zulassungsvoraussetzungen für eine Prüfung) erforderlich sind.

(BMF-AV Nr. 2019/63)

Einzelfälle

Randzahlen 11 und 12: derzeit frei

(BMF-AV Nr. 2019/63)

Gewerbeanmeldung und Firmenbuchauszug gemäß § 365g GewO 1994

Liegen bei Neugründung einer juristischen Person oder einer eingetragenen Personen- **12a**
gesellschaft grundsätzlich die Voraussetzungen für die Befreiungen nach dem NeuFöG vor und wird der Gewerbebehörde kein Firmenbuchauszug vorgelegt, sondern der Antrag an die Gewerbebehörde gemäß § 365g Abs. 2 GewO 1994 gestellt, ist die Ausstellung des Firmenbuchauszuges von der Abgabenbefreiung des § 1 Z 1 NeuFöG umfasst.

(BMF-AV Nr. 2019/63)

Randzahl 13: derzeit frei

(BMF-AV Nr. 2019/63)

Gebühr für die Eintragung in die Liste der freien Berufe

Die Stempelgebühren für die Eintragung in die Liste der Rechtsanwälte sowie für die **14**
Rechtsanwaltslegitimation fallen dann unter die Befreiung des § 1 Z 1 NeuFöG, wenn gleichzeitig mit der Eintragung in die Liste eine Betriebsneugründung als selbständiger Rechtsanwalt erfolgt und die übrigen Voraussetzungen des NeuFöG (inkl. Vorlage des amtlichen Vordrucks) vorliegen (vgl. Beispiele in Rz 63).

Erfolgt daher der Eintrag in die jeweilige Liste der Standesvertretung ohne eine unmittelbar mit der Eintragung zusammenhängende Neugründung eines Betriebes, steht die Befreiung nach § 1 Z 1 NeuFöG für die Gebühr nicht (auch nicht nachträglich) zu (vgl. Rz 92 f).

Beispiel:

Ein Rechtsanwaltsanwärter (Konzipient) wird nach erfolgreicher Ablegung der Rechtsanwaltsprüfung und der 5-jährigen Praxisausbildung in die Liste der Rechtsanwälte eingetragen. Diese Änderung begründet keine Begünstigung nach dem NeuFöG, weil dadurch keine neue betriebliche Struktur geschaffen wird. Wird hingegen zusätzlich eine eigenständige Tätigkeit aufgenommen, wird diesbezüglich eine neue betriebliche Struktur geschaffen.

Eine eigenständige Tätigkeit liegt etwa vor, wenn der neu eingetragene Rechtsanwalt neben den „Kanzleimandanten“ eigene Klienten akquiriert. Eine neue betriebliche Struktur wird auch geschaffen, wenn der neu eingetragene Rechtsanwalt für seine eigenständige Tätigkeit Betriebsmittel anschafft (zB eigene Handbibliothek, eigenes Notebook, eigenes Mobiltelefon) oder außerhalb der Kanzlei über eine eigene Arbeitsräumlichkeit verfügt.

Eine Neugründung liegt nicht vor, wenn der neu in die Liste der Rechtsanwälte eingetragene Rechtsanwalt in einem Dienstverhältnis zu einem Rechtsanwalt oder einer Rechtsanwalts-Gesellschaft (§ 21g RAO) steht oder ein solches eingeht.

Das gilt auch für vergleichbare Gebühren bei anderen freien Berufen (zB Antrag auf Bestellung als selbständiger Steuerberater und Bestellungsurkunde bzw. Anerkennungsurkunde, Antrag um Verleihung der Ziviltechnikerbefugnis und Verleihungsbescheid, Berechtigung zur freiberuflichen Berufsausübung für Gesundheitsberufe, Eintragung in die Liste der Mediatoren, Ansuchen um Ernennung zum Notar).

(AÖF 2013/207)

Buchhalter

Die Berechtigung zur Ausübung der Berufe des Buchhalters, Bilanzbuchhalters und Per- **15**
sonalverrechners gemäß § 1 Abs. 1 Z 1 Bilanzbuchhaltungsgesetz muss bei der Paritätischen Kommission in Wien beantragt werden. Der Antrag ist von den Stempelgebühren befreit, wenn dieser in unmittelbarem Zusammenhang mit einer Betriebsneugründung erfolgt.

Finanzdienstleistungsassistent bzw. Vermögensberater

Die Aussagen bezüglich der Gebührenbefreiung iZm der Ausübung eines freien Berufes **16**
gelten sinngemäß (hinsichtlich wesentlicher Betriebsgrundlagen vgl. Beispiel 2 in Rz 70).

Anmeldung von Kraftfahrzeugen

17 Befreit von den Stempelgebühren und Bundesverwaltungsabgaben sind nur jene Schriften und Amtshandlungen, die durch die Neugründung des Betriebes unmittelbar veranlasst sind. Nicht gebührenbefreit sind Schriften und Amtshandlungen, die im Vorfeld einer Neugründung anfallen (zB Ansuchen um Erteilung einer Baubewilligung zur Errichtung eines Betriebsgebäudes). Die Zulassung der zum Fuhrpark zählenden Kraftfahrzeuge ist somit ein dem Gründungsvorgang bloß mittelbar dienender Vorgang, der nicht von der Gebühr gemäß § 14 TP 15 GebG befreit ist. Anders bei einer Betriebsübertragung (siehe Rz 149 f).

Aufenthaltsbewilligung zur Ausübung einer Erwerbstätigkeit

18 Die Befreiung von Stempelgebühren und Bundesverwaltungsabgaben umfasst beispielsweise

- die Erteilung von entsprechenden Aufenthaltsbewilligungen iSd § 14 GewO 1994 zur Ausübung einer Erwerbstätigkeit,
- die Ausstellung einer Anmeldebescheinigung gemäß § 53 Niederlassungs- und Aufenthaltsgesetz,

wenn dies in unmittelbarem Zusammenhang mit der Neugründung eines Betriebes erfolgt.

(AÖF 2013/207)

Erteilung der Konzession für den grenzüberschreitenden Güterverkehr

19 Gemäß § 6 Abs. 2 Güterbeförderungsgesetz muss der Unternehmer dafür sorgen, dass in jedem LKW während der gesamten Fahrt eine beglaubigte Abschrift der Konzessionsurkunde oder ein beglaubigter Auszug aus dem Gewerberegister mitgeführt wird. Diese beglaubigten Abschriften bzw. Auszüge werden durch die ausstellende Behörde (zB Amt der Stmk. Landesregierung) zugleich mit den Originalen in entsprechender Anzahl ausgefertigt bzw. ausgefolgt.

Die Erteilung der Konzession für den grenzüberschreitenden Güterverkehr steht in unmittelbarem Zusammenhang mit der Neugründung. Auf Grund § 333a GewO 1994 sind alle Verfahren betreffend Gewerbeausübung oder Konzessionen iZm dem GütbefG sowie des GelverkG wie zB Konzessionsansuchen, Befreiungen bei Vorliegen der Gegenseitigkeit gemäß § 5 Abs. 8 GütbefG und § 6 GelverkG, Ausstellung von EU-Gemeinschaftslizenzen und beglaubigten Abschriften aus dem Gewerbeinformationssystem Austria (GISA) von den Stempelgebühren und Verwaltungsabgaben des Bundes befreit.

Nicht befreit sind jedoch die Ausstellung von EU-Fahrerbescheinigungen, Fahrerqualifikationsnachweisen für Berufskraftfahrer, Taxilenker- und Schülertransportausweisen sowie die Erteilung von Ermächtigungen von Ausbildungsstätten, weil es sich hierbei nicht um gewerbliche Rechte des Berufszuganges oder der Berufsausübung handelt.

(BMF-AV Nr. 2019/63)

Randzahl 20: derzeit frei

(BMF-AV Nr. 2019/63)

1.1.2. Grunderwerbsteuer (§ 1 Z 2 NeuFöG)

21 Die grunderwerbsteuerrechtliche Begünstigung ist die einzige, die hinsichtlich Neugründung einerseits und Betriebsübertragung (siehe Rz 155 ff) andererseits nicht wortgleich formuliert ist.

22 Eine Grunderwerbsteuerbefreiung nach dem NeuFöG steht bei Vorliegen der entsprechenden Voraussetzungen unabhängig von einer eventuellen Begünstigung nach dem UmgrStG zu.

23 Die Befreiung von der Grunderwerbsteuer gilt für die Einbringung von Grundstücken auf gesellschaftsvertraglicher Grundlage unmittelbar im Zusammenhang mit der Neugründung. Eine Befreiung von der Grunderwerbsteuer tritt nur insoweit ein, als eine Grunderwerbsteuer unmittelbar auf den Gründungsvorgang entfällt. Die Grunderwerbsteuer wird somit nur im Fall von Gründungseinlagen von Grundstücken in neu gegründete Gesellschaften nicht erhoben (UFS 05.04.2006, RV/1058-W/05).

Beispiel 1:

Wird ein Grundstück unmittelbar im Zusammenhang mit der Neugründung einer Gesellschaft zu einem Teil auf gesellschaftsvertraglicher Grundlage in eine Gesellschaft eingebracht und ein anderer Teil vom Gesellschafter an die Gesellschaft verkauft, so kommt die Befreiung nur für jenen Teil in Frage, für den Gesellschaftsrechte oder Anteile am Vermögen der Gesellschaft gewährt werden. Für den anderen Teil ist jedoch die Grunderwerbsteuer zu erheben.

Wird ein Grundstück in eine Gesellschaft eingebracht und besteht die Gegenleistung nicht nur in der Gewährung von Gesellschaftsrechten, sondern wird ein Teil des eingebrachten Vermögens in einer Rücklage ausgewiesen, steht die Steuerbefreiung des § 1 Z 2 NeuFöG nur für die im Zusammenhang mit der Gewährung von Gesellschaftsrechten stehende Grundstückseinbringung zu.

Beispiel 2:

Die Sacheinlage eines Grundstückes wird zum einen Teil auf das Stammkapital eingebracht, zum anderen Teil zur Bildung einer nicht gebundenen Kapitalrücklage verwendet. Die Grunderwerbsteuerbefreiung bezieht sich bei einer solchen Sacheinlage nur auf jenen Teil der Einbringung, soweit hierfür Gesellschaftsrechte oder Anteile am Vermögen der Gesellschaft als Gegenleistung gewährt werden.

Keine Befreiung kommt einem Grundstückserwerb zu, der bloß aus Anlass der Neugründung erfolgt.

(AÖF 2013/207)

Folgende Voraussetzungen müssen für die Grunderwerbsteuerbefreiung erfüllt sein: **24**

- Vorliegen eines Gesellschaftsvertrages oder einer anderen Urkunde (zB Beilage zum Gesellschaftsvertrag), wenn diese beim Firmenbuchgericht hinterlegt wurde (vgl. OGH 26.09.2007, 7 Ob 129/07g), als Grundlage für die Einbringung des Grundstückes,
- Vorliegen einer Gesellschaft als selbständiger Rechtsträger,
- Übertragung eines Grundstückes durch einen Gesellschafter als Sacheinlage auf die Gesellschaft auf gesellschaftsvertraglicher Grundlage unmittelbar im Zusammenhang mit der Neugründung der Gesellschaft,
- Gewährung von Gesellschaftsrechten oder Anteilen am Vermögen der Gesellschaft als Gegenleistung für die Einbringung.

Folgende Vorgänge fallen nicht unter die Grunderwerbsteuerbefreiung: **25**

- Der Erwerb von Grundstücken aus Anlass der Gründung der Gesellschaft (zB Kauf).
- Die spätere Einlage eines Grundstückes, die nicht unmittelbar im Zusammenhang mit der Neugründung steht.
- Kaufverträge zwischen Gesellschaft und Gesellschafter, wenn kein Erwerb auf gesellschaftsvertraglicher Grundlage gegen Gewährung von Gesellschaftsrechten oder Anteilen am Vermögen der Gesellschaft vorliegt.
- Die Erbringung weiterer Gegenleistungen neben der Gewährung von Gesellschaftsrechten; wird im Zusammenhang mit der Grundstückseinbringung neben der Gewährung von Gesellschaftsrechten eine weitere Gegenleistung seitens der Gesellschaft erbracht – etwa die Übernahme von Schulden oder die Leistung eines Kaufpreises –, dann besteht insoweit Grunderwerbsteuerpflicht.
- Grundstückserwerbe von anderen Personen als den Gesellschaftern im Zuge der Neugründung (es liegt keine Einbringung auf gesellschaftsvertraglicher Grundlage vor).

Beispiel 1:

Es wird ein neuer Betrieb in der Rechtsform einer GmbH gegründet. Im Gesellschaftsvertrag wird vereinbart, dass ein Gesellschafter ein Grundstück (Grund und Boden samt Gebäude) in die Gesellschaft einbringt und dafür Gesellschaftsrechte im Wert von 3.000.000 Euro erhält. Dafür würde grundsätzlich Grunderwerbsteuer in Höhe von 3,5% vom Wert der Gegenleistung, somit 105.000 Euro, anfallen. Da es sich dabei aber um eine Gründungseinlage in Form eines Grundstückes handelt, entfällt die Grunderwerbsteuerpflicht.

Beispiel 2:

Kauft die neu gegründete GmbH gleichzeitig ein angrenzendes Grundstück um den Preis von 2.000.000 Euro, dann ist die Grunderwerbsteuer in Höhe von 3,5% (das sind 70.000 Euro) zu entrichten. Die Befreiung gemäß § 1 Z 2 NeuFöG kommt nicht in Betracht, weil es sich um keine Gründungseinlage durch einen Gesellschafter, sondern um einen gewöhnlichen Grundstückskauf handelt.

Beispiel 3:

Nach Eintragung der Gesellschaft ins Firmenbuch bringt ein Gesellschafter eine Liegenschaft gegen Gewährung von Gesellschaftsanteilen in die Gesellschaft ein. Die Neugründung der Gesellschaft erfolgt mit der Eintragung ins Firmenbuch. Nachträgliche Einbringungen stellen keine Gründungseinlagen, sondern Kapitalerhöhungen dar. Da die Befreiung von der Grunderwerbsteuer einen unmittelbaren Zusammenhang zwischen Einbringung der Liegenschaft und der Neugründung der Gesellschaft voraussetzt, ist in diesem Fall keine Begünstigung möglich.

26 Sind die Voraussetzungen für die Grunderwerbsteuerbefreiung gegeben, dann greift die Befreiung von der Grunderwerbsteuer gemäß § 1 Z 2 NeuFöG bei Neugründungen ohne betragliche Begrenzung. Anderes gilt bei der Betriebsübertragung für die Befreiung von der Grunderwerbsteuer gemäß § 5a Abs. 2 Z 2 NeuFöG (siehe Rz 155 ff).

1.1.3. Gerichtsgebühren für Eintragungen in das Firmenbuch (§ 1 Z 3 NeuFöG)

27 Für die Befreiung von den Gerichtsgebühren bezüglich Eingaben und Eintragungen ins Firmenbuch gelten die Ausführungen zu den Stempelgebühren nach dem Gebührengesetz bzw. zur Grunderwerbsteuer sinngemäß (vgl. Rz 5 ff und Rz 21 ff).

28 Die Gerichtsgebühren für die Eintragungen in das Firmenbuch (TP 10 Z I GGG), die unmittelbar im Zusammenhang mit der Neugründung des Betriebes stehen, werden nicht eingehoben. Die Befreiung erstreckt sich auch auf Einzelunternehmen, die im unmittelbaren Zusammenhang mit der Neugründung ins Firmenbuch (mit dem Zusatz „e.U.“) eingetragen werden.

Das sind insb. Gerichtsgebühren für folgende Eintragungen:

- des Sitzes,
- der Geschäftsanschriften,
- der Inhaber,
- der persönlich haftenden Gesellschafter,
- der Geschäftsführer,
- der Musterzeichnung.

Nicht gebührenbefreit ist etwa die Gebühr für einen Firmenbuchauszug (TP 10 Z III GGG), es sei denn, dieser ist für die Eintragung in das Gewerberegister zwingend erforderlich (vgl. § 339 Abs. 3 GewO 1994).

Auch die Unterschriftsbeglaubigung durch Gerichte gemäß TP 11 GGG ist mangels Erwähnung in § 1 Z 3 und 4 NeuFöG nicht von der Befreiung umfasst.

1.1.4. Gerichtsgebühren für Eintragungen in das Grundbuch (§ 1 Z 4 NeuFöG)

29 Für die Befreiung von den Gerichtsgebühren bezüglich Eingaben und Eintragungen ins Grundbuch gelten die Ausführungen zu den Stempelgebühren nach dem Gebührengesetz bzw. zur Grunderwerbsteuer sinngemäß (vgl. Rz 5 ff und Rz 21 ff). Diese Befreiung gilt nicht für Betriebsübertragungen (vgl. § 5a Abs. 2 Z 1 NeuFöG). Erfolgt daher die Übertragung von Grundstücken im Rahmen der Übertragung eines Betriebes (vgl. Rz 141 ff), fallen jedenfalls Gerichtsgebühren für die Eintragung in das Grundbuch an.

30 Nach § 1 Z 4 NeuFöG ist Voraussetzung für die Nichterhebung der Gerichtsgebühren für die Eintragung in das Grundbuch die Einbringung von Grundstücken auf gesellschaftsvertraglicher Grundlage unmittelbar im Zusammenhang mit der Neugründung der Gesellschaft, soweit Gesellschaftsrechte oder Anteile am Vermögen der Gesellschaft als Gegenleistung gewährt werden.

Die Gerichtsgebühr wird somit nur im Fall von Gründungseinlagen von Grundstücken in neu gegründete Gesellschaften nicht erhoben (vgl. VwGH 26.04.2001, 2000/16/0760).

(AÖF 2013/207)

31 Auch die Eintragung eines Baurechtes oder eines Superädifikates, welche in unmittelbarem Zusammenhang mit der Neugründung eines Betriebes von einem Gesellschafter auf gesellschaftsvertraglicher Basis gegen Gewährung von Gesellschaftsrechten oder Anteilen am Vermögen der Gesellschaft eingebracht werden, sind von den Gerichtsgebühren für die Eintragung in das Grundbuch befreit.

32 Auf die Gesellschaft bürgerlichen Rechts ist die Befreiung nicht anwendbar, weil sie nicht grundbuchfähig ist.

33 Nicht befreit sind beispielsweise:

- Pfandrechteintragungen,
- Grundbuchabschriften oder
- Abschriften aus Hilfsverzeichnissen.

1.1.5. Gesellschaftsteuer (§ 1 Z 5 NeuFöG)

34 Bei der Gesellschaftsteuer erstreckt sich die Befreiung auf den Erwerb von Gesellschaftsrechten iSd § 5 KVG an Kapitalgesellschaften unmittelbar im Zusammenhang mit der Neugründung durch den ersten Erwerber.

Die Befreiung besteht unabhängig von der Art der Gegenleistung (zB Geldleistung oder Sachleistung). Die Befreiung von der Gesellschaftsteuer kommt kumulativ mit Begünstigungen nach dem UmgrStG oder § 6 KVG zur Anwendung. 35

Als Gesellschaften kommen Kapitalgesellschaften iSd § 4 KVG sowie vergleichbare ausländische Gesellschaften in Betracht. 36

Von der Steuerbefreiung umfasst sind nur jene Einzahlungen, die in unmittelbarem Zusammenhang mit der Neugründung der Gesellschaft tatsächlich geleistet werden, unabhängig davon, ob die Gründer einer Kapitalgesellschaft ihrer Einzahlungsverpflichtung zur Gänze oder zum Teil nachkommen. Haben die Gründer der Gesellschaft ihre Einzahlungsverpflichtung nur zum Teil geleistet, sind spätere Resteinzahlungen steuerpflichtig (vgl. UFS 27.01.2010, RV/0566-L/06). 37

Freiwillige Leistungen eines Gesellschafters im Zusammenhang mit der Gesellschaftsgründung sind steuerpflichtig, hingegen fällt ein bedungenes Aufgeld (Agio) für den Ersterwerb der Gesellschaftsrechte unter die Befreiung.

Spätere Kapitalerhöhungen, auch wenn sie bereits bei der Gründung der Gesellschaft vereinbart werden, fallen ebenso nicht mehr unter die Befreiung gemäß § 1 Z 5 NeuFöG (VwGH 23.01.2003, 2002/16/0188), wie die Leistung der Haft- oder Pflichteinlage nach Eintragung der Gesellschaft in das Firmenbuch.

(AÖF 2013/207)

Da in der Bestimmung des § 1 Z 5 NeuFöG ausdrücklich der Gegenstand der Befreiung mit „zur Förderung der Neugründung von Betrieben nach Maßgabe der §§ 2 bis 6" genannt ist, ist nicht jede Neugründung einer Gesellschaft von der Gesellschaftsteuer befreit, sondern muss die Neugründung der Gesellschaft die Neugründung eines Betriebes iSd § 2 NeuFöG bezwecken. Damit eine Neugründung einer Gesellschaft „zur Förderung der Neugründung eines Betriebes" vorliegt, muss im Zeitpunkt des möglichen Entstehens der Steuerschuld bereits die Neugründung eines Betriebes bezweckt werden. Alleine durch das Halten einer Beteiligung an einem anderen Unternehmen (Holding) wird keine neue betriebliche Struktur geschaffen, weshalb durch den Erwerb von Anteilen an einer GmbH keine Neugründung iSd § 2 Z 1 NeuFöG erfolgt (UFS 04.06.2004, RV/1720-W/02). 38

Obwohl die Einkünfte einer Kapitalgesellschaft iSd § 7 Abs. 3 KStG 1988 (zB GmbH) stets betriebliche Einkünfte darstellen, ist stets zu prüfen, ob die Tätigkeit für sich genommen unter § 2 Abs. 3 Z 1 bis 3 EStG 1988 fällt und ob ein Betrieb durch Schaffung einer bisher nicht vorhandenen betrieblichen Struktur geschaffen wird. 39

1.1.6. Börsenumsatzsteuer (§ 1 Z 6 NeuFöG)

Die Börsenumsatzsteuer war im 3. Teil des Kapitalverkehrsteuergesetzes geregelt und wurde mit Bundesgesetz, BGBl. I Nr. 106/1999, mit 1. Oktober 2000 außer Kraft gesetzt (§ 38 Abs. 3a KVG), wodurch die Bestimmung § 1 Z 6 NeuFöG für Rechtsvorgänge, für welche die Steuerschuld nach dem 30. September 2000 entstanden wäre, gegenstandslos geworden ist. 40

Die Befreiung von der Börsenumsatzsteuer galt für die Einbringung von Wertpapieren (Schuldverschreibungen, Dividendenwerte) auf gesellschaftsvertraglicher Grundlage unmittelbar im Zusammenhang mit der Neugründung der Gesellschaft.

1.1.7. Lohnabhängige Abgaben (§ 1 Z 7 NeuFöG)

Die Befreiungen von bestimmten Lohnabgaben und Lohnnebenkosten nach § 1 Z 7 NeuFöG stehen nur im Zusammenhang mit Neugründungen zu, weil diese Begünstigungen im § 5a Abs. 2 Z 1 NeuFöG für Betriebsübertragungen nicht angeführt sind. 41

Für Neugründungen bis 31.12.2011 gilt: 42

Die Befreiung ist nur für das Gründungsjahr vorgesehen. Das Gründungsjahr umfasst in diesem Zusammenhang den Kalendermonat der Neugründung iSd § 3 NeuFöG sowie die darauf folgenden 11 Kalendermonate.

Beispiel:

Die Neugründung erfolgt am 15. Mai 2006. Die Befreiung von den lohnabhängigen Abgaben und Beiträgen erstreckt sich auf den gesamten Mai 2006 und gilt bis zum April des Jahres 2007.

Für Neugründungen nach 31.12.2011 gilt:

Die Begünstigung kann im Kalendermonat der Neugründung und den folgenden 35 Kalendermonaten in Anspruch genommen werden und gilt ab dem Kalendermonat, in welchem erstmals Arbeitnehmer (Dienstnehmer) beschäftigt werden, sowie für die folgenden 11 Kalendermonate. Das heißt, innerhalb von 36 Monaten ab der Neugründung kann die Begünstigung für maximal 12 Kalendermonate in Anspruch genommen werden.

Im Kalendermonat der Neugründung und den folgenden 11 Kalendermonaten steht die Begünstigung unabhängig von der Anzahl der beschäftigten Arbeitnehmer zu. Ab dem zwölften Kalendermonat, das dem Kalendermonat der Neugründung folgt, ist die Begünstigung nur noch für die ersten drei beschäftigten Arbeitnehmer (Dienstnehmer) anzuwenden.

Werden mehr als drei Arbeitnehmer gleichzeitig erstmalig beschäftigt, muss der Neugründer spätestens im 13. Monat nach der Neugründung in den Lohnkonten festhalten, für welche drei Arbeitnehmer die Befreiung nach Verstreichen von zwölf Monaten nach der Neugründung gelten soll.

Wird das Arbeitsverhältnis mit einem Arbeitnehmer aus der Gruppe der ersten drei beschäftigten Arbeitnehmer aufgelöst, steht die Befreiung nur mehr für die aus dieser Gruppe verbleibenden Arbeitnehmer zu (siehe Beispiele Rz 46).

Werden innerhalb der zeitlichen Schranken für die Inanspruchnahme der Befreiung mehrere Arbeitsverhältnisse (wieder)aufgenommen, kommt es ab dem 13. Monat nach der Neugründung auf die zeitliche Abfolge der Beschäftigungsverhältnisse und nicht auf die konkrete Person des Arbeitnehmers an. Wird daher das Beschäftigungsverhältnis mit einem Arbeitnehmer beendet und innerhalb der zeitlichen Schranken für die Inanspruchnahme der Befreiung wieder aufgenommen, ist bei der Wiedereinstellung für Zwecke des § 1 Z 7 NeuFöG von einer Neueinstellung auszugehen, selbst wenn eine Wiedereinstellungszusage vorliegt (vgl. Rz 46 Beispiel 4). Ein „Wiederaufleben" der ursprünglichen Befreiung kommt nur bei arbeitsrechtlich aufrechtem Beschäftigungsverhältnis (zB Karenzierung, länger als 1 Monat währender unbezahlter Urlaub) in Betracht.

(AÖF 2013/207)

43 Wurden bereits vor dem Monat der Neugründung Arbeitnehmer beschäftigt, sind die lohnabhängigen Abgaben für die während dieser Vorbereitungsphase anfallenden Arbeitslöhne zu entrichten.

(AÖF 2013/207)

44 Eine bescheidmäßige Feststellung, ob eine Neugründung iSd NeuFöG vorliegt oder nicht, ist im NeuFöG nicht vorgesehen. Wenn daher ein Arbeitgeber unter Hinweis auf den erstellten amtlichen Vordruck NeuFö 2 den Dienstgeberbeitrag und den Zuschlag zum Dienstgeberbeitrag nicht berechnet bzw. abführt, hat die Abgabenbehörde gegebenenfalls gemäß § 201 BAO die entsprechenden Abgaben mit Bescheid festzusetzen und darin zu begründen, weshalb die Voraussetzungen des NeuFöG nicht vorliegen.

(AÖF 2013/207)

45 Arbeitnehmer (Dienstnehmer) iSd § 1 Z 7 NeuFöG sind

- Arbeitnehmer iSd § 47 Abs. 1 EStG 1988,
- Personen, die in § 4 Abs. 1 ASVG und § 4 Abs. 4 ASVG genannt sind sowie
- Personen, die an Kapitalgesellschaften iSd § 22 Z 2 EStG 1988 beteiligt sind.

46 Folgende lohnabhängige Abgaben werden nicht erhoben:

- Dienstgeberbeiträge zum Ausgleichsfonds für Familienbeihilfen gemäß §§ 41 ff FLAG 1967 von
  - Bezügen gemäß § 25 Abs. 1 Z 1 lit. a und b EStG 1988 sowie
  - Gehältern und sonstigen Vergütungen aller Art iSd § 22 Z 2 EStG 1988 (zB wesentlich beteiligte Gesellschafter-Geschäftsführer),
- Zuschläge zum Dienstgeberbeitrag (Kammerumlage 2; Landeskammerumlage und Bundeskammerumlage) gemäß § 122 Abs. 7 und 8 des Wirtschaftskammergesetzes von Bezügen
  - von Arbeitnehmern iSd § 47 Abs. 1 EStG 1988 sowie
  - von an Kapitalgesellschaften beteiligten Personen iSd § 22 Z 2 EStG 1988 (zB wesentlich beteiligte Gesellschafter-Geschäftsführer),
- Wohnbauförderungsbeiträge des Dienstgebers gemäß § 3 Abs. 2 des Bundesgesetzes über die Einhebung eines Wohnbauförderungsbeitrages vom Entgelt der in § 4 Abs. 1 ASVG in der ab 1. Jänner 2000 geltenden Fassung genannten Personen (Dienstnehmer, Lehrlinge usw.; jeweils unabhängig davon, ob sie voll- oder teilversichert sind),
- Beiträge zur gesetzlichen Unfallversicherung gemäß § 51 Abs. 1 Z 2 ASVG, §§ 52, 53a und 54 ASVG vom Entgelt der in § 4 Abs. 1 ASVG in der ab 1. Jänner 2000 geltenden Fassung genannten Personen (Dienstnehmer, Lehrlinge, freie Dienstnehmer usw.; jeweils unabhängig davon, ob sie voll- oder teilversichert sind).

Beispiel 1:

Ein Betrieb wird am 7. Jänner 2016 neu gegründet. Der erste Arbeitnehmer wird ab 1. März 2016 eingestellt. Ab 1. Juni 2016 nehmen zwei weitere und ab 1. September 2016 ein weiterer Arbeitnehmer die Beschäftigung auf. Im Jahr 2017 werden ab 1. Jänner fünf zusätzliche, ab 1. Februar zwei weitere Arbeitnehmer beschäftigt.

Der allgemeine Beobachtungszeitraum, in dem die Begünstigung grundsätzlich Anwendung finden kann, ist der Kalendermonat der Neugründung und die folgenden 35 Kalendermonate und läuft bis zum 31. Dezember 2018. Die höchstens zwölf Kalendermonate umfassende Frist für die tatsächliche Inanspruchnahme beginnt mit dem Monat zu laufen, in dem der erste Dienstnehmer beschäftigt wird. Die Begünstigung steht somit ab März 2016 für höchstens 12 Kalendermonate bis Ende Februar 2017 zu.

Für den Zeitraum von 12 Kalendermonaten ab der Neugründung, somit bis 31. Dezember 2016, besteht keine Beschränkung hinsichtlich der Anzahl der beschäftigten Arbeitnehmer (Dienstnehmer). Die Begünstigung kann daher bis Ende Dezember 2016 für alle vier Arbeitnehmer in Anspruch genommen werden. Ab dem 13. Kalendermonat, das dem Kalendermonat der Neugründung folgt (ab Jänner 2017), wird die Begünstigung auf die seit der Neugründung ersten drei beschäftigten Arbeitnehmer (Dienstnehmer) beschränkt. Das bedeutet, dass für die beiden im Begünstigungszeitraum verbleibenden Kalendermonate (Jänner und Februar 2017) die Begünstigung nur noch für den im März 2016 und für die zwei im Juni 2016 eingestellten Arbeitnehmer in Anspruch genommen werden kann. Für den im September sowie für die im Jänner und Februar 2017 eingestellten Arbeitnehmer steht die Begünstigung ab 1. Jänner 2017 auf Grund der Beschränkung auf drei Arbeitnehmer nicht mehr zu.

Beispiel 2:

Ein Betrieb wird im Februar 2016 neu gegründet und zunächst als Ein- Personen-Unternehmen geführt. Im Oktober 2016 werden drei Arbeitnehmer (A, B und C) und im November 2016 zwei weitere Arbeitnehmer (D und E) eingestellt. Mit Juli 2017 wird das Arbeitsverhältnis mit B beendet.

Die Begünstigung gemäß § 1 Z 7 NeuFöG steht wie folgt zu:

10/2016 für 3 AN (A, B und C)

11/2016 – 01/2017 für 5 AN (A, B, C, D und E)

02/2017 – 06/2017 für 3 AN (A, B und C)

07/2017 – 09/2017 für 2 AN (A und C)

Beispiel 3:

Die Neugründung erfolgt mit Juni 2016. Ab Dezember 2016 werden gleichzeitig 4 Arbeitnehmer (U, V, W und X) erstmalig beschäftigt. Im Juni 2017 legt sich der Neugründer fest, U, V und X als die ersten drei Beschäftigten zu behandeln. Mit Oktober 2017 wird das Arbeitsverhältnis mit U beendet.

Die Begünstigung gemäß § 1 Z 7 NeuFöG steht wie folgt zu:

12/2016 – 05/2017 für 4 AN (U, V, W und X)

06/2017 – 09/2017 für 3 AN (U, V und X)

10/2017 – 11/2017 für 2 AN (V und X)

Beispiel 4:

Die Neugründung erfolgt im Mai 2016. Im Juli 2016 werden 2 AN (A und B) eingestellt. Mit Ende August 2016 wird das Arbeitsverhältnis mit einem AN (A) wieder gelöst und später im Dezember 2016 wird derselbe (A) wieder eingestellt, ohne dass inzwischen weitere AN eingestellt worden sind. Der wieder eingestellte AN (A) ist nun als 3. AN zu betrachten. Mit Jänner 2017 und Februar 2017 wird jeweils ein weiterer AN (C und D) eingestellt.

Die Begünstigung gemäß § 1 Z 7 NeuFöG steht wie folgt zu:

07/2016 – 08/2016 für 2 AN (A und B)

09/2016 – 11/2016 für 1 AN (B)

12/2016 für 2 AN (B und A)

01/2017 für 3 AN (B, A und C)

02/2017 – 04/2017 für 4 AN (B, A, C und D)

05/2017 – 06/2017 für 2 AN (B und A)

(BMF-AV Nr. 2019/63)

2. Begriff der Neugründung (§ 2 NeuFöG)

47 Das NeuFöG ist auf alle Neugründungen von Betrieben anzuwenden, die nach dem 1. Mai 1999 erfolgt sind. Im Interesse der Neugründung von Betrieben sind für die unmittelbar durch die Gründung veranlassten Vorgänge Steuer- und Gebührenbefreiungen vorgesehen (§ 1 Z 1 bis 6 NeuFöG). Durch die Nichterhebung von bestimmten Lohnnebenkosten (Dienstgeberbeiträge zum Familienlastenausgleichsfonds, Arbeitgeberbeiträge zur Wohnbauförderung, Beiträge zur gesetzlichen Unfallversicherung, Kammerumlage 2) im Jahr der Neugründung des Betriebes kommt es zu einer weiteren Entlastung des Neugründers (§ 1 Z 7 NeuFöG).

48 Ein Betrieb wird neu eröffnet, wenn die für den konkreten Betrieb wesentlichen Betriebsgrundlagen neu geschaffen werden und der Betrieb werbend nach außen in Erscheinung tritt (vgl. Rz 89).

Die Neugründung eines Betriebes ist unter folgenden kumulativen Voraussetzungen begünstigt:

- Es wird durch Schaffung einer bisher nicht vorhandenen betrieblichen Struktur ein Betrieb neu eröffnet, der der Erzielung von betrieblichen Einkünften (§ 2 Abs. 3 Z 1 bis 3 EStG 1988) dient. Bei Aufnahme einer Betätigung gemäß § 1 Abs. 1 Liebhabereiverordnung stehen die Begünstigungen des NeuFöG grundsätzlich zu, wogegen sie bei Aufnahme einer Betätigung gemäß § 1 Abs. 2 Liebhabereiverordnung zunächst nicht zu gewähren sind (vgl. Rz 54). Keine Neugründung liegt vor, wenn die Betätigung als Vermietung und Verpachtung iSd § 28 EStG 1988 oder als andere außerbetriebliche Tätigkeit erfolgt.
- Die die Betriebsführung innerhalb von 2 Jahren nach der Neugründung beherrschende Person (Betriebsinhaber) hat sich bisher nicht in vergleichbarer Art beherrschend betrieblich betätigt.
- Es liegt keine bloße Änderung der Rechtsform in Bezug auf einen bereits vorhandenen Betrieb vor.
- Es liegt kein bloßer Wechsel in der Person des Betriebsinhabers in Bezug auf einen bereits vorhandenen Betrieb durch eine entgeltliche oder unentgeltliche Übertragung des Betriebes vor (zu Betriebsübertragungen siehe Rz 141, Rz 173 ff).
- Es wird im Kalendermonat der Neugründung und in den folgenden 11 Kalendermonaten die geschaffene betriebliche Struktur nicht durch Erweiterung um bereits bestehende andere Betriebe oder Teilbetriebe verändert.

Die Neugründereigenschaft muss daher nicht nur subjektiv aus dem Blickwinkel des Neugründers nach der Regel des § 2 Z 2 NeuFöG vorliegen, sondern darüber hinaus muss objektiv ein neuer Betrieb entstehen.

(AÖF 2013/207)

49 Für die Beurteilung, ob eine Neugründung vorliegt, ist das Gesamtbild der tatsächlichen Verhältnisse zu berücksichtigen. Bei Kauf, Pacht oder Schenkung eines Betriebes in Form der wesentlichen Betriebsgrundlagen sind die Befreiungen des NeuFöG für Neugründungen idR nicht anwendbar, weil kein neuer Betrieb geschaffen wird, sondern die wesentlichen materiellen und/oder immateriellen Komponenten der jeweiligen betrieblichen Leistung bereits vom Vorbesitzer durch seine unternehmerische Tätigkeit geschaffen worden sind.

Werden hingegen nur einzelne bestimmte Betriebsgegenstände des Vorbesitzers übernommen (vgl. Rz 145), und tätigt der Erwerber dieser Gegenstände umfassende Anschaffungen oder Adaptierungen, sodass nach dem Gesamtbild eine neue betriebliche Struktur geschaffen wird, stehen die Begünstigungen für Neugründungen zu.

Bezüglich der Betriebsübertragung siehe Rz 141 ff.

Beispiel 1:

Die Anmeldung des Handelsgewerbes bei Übernahme des Kundenstocks des verstorbenen Betriebsinhabers durch die Gattin stellt selbst dann keine Neugründung dar, wenn die Betriebsübernahme vorläufig nur de facto durch die Weiterbetreuung des Kundenstocks erfolgt, die formelle Übernahme in vermögensrechtlicher Sicht im Rahmen der Verlassenschaftsabhandlung aber noch aussteht. Jedoch kann eine Begünstigung für eine Betriebsübertragung vorliegen (vgl. Rz 141 ff).

Beispiel 2:

Das zusätzlich zu einem Erzeugungsbetrieb ausgeübte Handelsgewerbe stellt keinen neu gegründeten Betrieb iSd NeuFöG dar, wenn keine zusätzliche betriebliche Struktur (vgl. Rz 55 ff und Rz 163 ff) geschaffen und lediglich die vorhandene Bürostruktur sowie der vorhandene Kundenstock genutzt werden.

Beispiel 3:

A verpachtet an B lediglich die Räumlichkeiten des Gasthauses. Muss B das gesamte Inventar neu anschaffen, so werden die wesentlichen Betriebsgrundlagen nicht von B übernommen, sondern neu geschaffen. Es liegt eine begünstigte Neugründung vor.

Wird hingegen das Gasthaus samt Inventar (Stühle, Tische, Bar usw.) verpachtet, liegt keine begünstigte Neugründung, unter Umständen jedoch eine begünstigte Betriebsübertragung (vgl. Rz 166, Rz 182 ff) vor.

Die Eintragung in das Firmenbuch ist keineswegs zwingend schon die „Neugründung eines Betriebes" iSd NeuFöG (VwGH 24.04.2002, 99/16/0398). Zum Zeitpunkt der Neugründung eines Betriebes siehe Rz 87 ff. **50**

(AÖF 2013/207)

Mit der Eintragung in das Firmenbuch eines (noch) nicht operativ tätigen Unternehmens wird mangels Anbietens von Leistungen am Markt kein Betrieb neu gegründet. **51**

Wird eine Kapitalgesellschaft lediglich für den Zweck gegründet, dass diese nach erfolgter Eintragung ins Firmenbuch als ordnungsgemäß registrierte, mit dem gesetzlichen Stammkapital ausgestattete und sofort für operative Geschäftstätigkeiten einsetzbare Gesellschaft weiterverkauft wird (Gründung von in- oder ausländischen Vorratsgesellschaften), liegt zu diesem Zeitpunkt noch keine Neugründung vor.

Bei späterer Schaffung einer betrieblichen Struktur können die Begünstigungen für jene Vorgänge in Anspruch genommen werden, die unmittelbar im Zusammenhang mit der Schaffung der betrieblichen Struktur stehen. Das gilt sowohl für den Gründer der Vorratsgesellschaft als auch für den Erwerber einer Vorratsgesellschaft (Mantelkauf).

Bereits mit der Errichtung der Vorratsgesellschaft angefallene Gebühren, Abgaben und Beiträge werden allerdings nicht rückerstattet.

Beispiel:

A gründet 5 GmbHs auf Vorrat ohne zunächst operativ tätig werden zu wollen. Für diese Neugründungen der 5 Gesellschaften können keine Befreiungen nach dem NeuFöG in Anspruch genommen werden.

A veräußert 4 GmbHs und behält sich eine. Die Erwerber der 4 veräußerten GmbHs schaffen eine neue betriebliche Struktur. Dadurch können sie bei Vorliegen der übrigen Voraussetzungen, die Begünstigungen für die Neugründung in Anspruch nehmen. Die seinerzeit bei der Gründung der GmbH angefallenen Abgaben und Gebühren (zB die Gebühr für die Eintragung in das Firmenbuch) können jedoch nicht rückerstattet werden. Gleiches gilt für A, wenn er mit der verbleibenden GmbH ebenfalls eine neue betriebliche Struktur schafft.

(AÖF 2013/207)

Bei der Inanspruchnahme der Befreiungen durch eine ausländische Gesellschaft (zB britische Limited) ist zu unterscheiden, ob es sich bei der Zweigniederlassung um eine Betriebsstätte (vgl. Rz 13) oder einen (Teil-)Betrieb (vgl. Rz 55 ff, Rz 163 ff) handelt. **52**

- Die Neugründung einer Betriebsstätte ist nur dann befreit, wenn diese in unmittelbarem Zusammenhang mit der Neugründung eines Betriebes erfolgt. Von einem unmittelbaren Zusammenhang kann – wenn die Umstände im Einzelfall nicht gegen einen solchen Zusammenhang sprechen – ausgegangen werden, wenn die Eröffnung des Hauptbetriebes und der jeweiligen Betriebsstätte binnen 30 Kalendertagen erfolgt, darüber hinaus ist der unmittelbare Zusammenhang nachzuweisen oder glaubhaft zu machen. Die spätere Eröffnung zusätzlicher Betriebsstätten im Zuge der Ausweitung des Betriebes ist hingegen nicht unmittelbar durch die Neugründung veranlasst und daher nicht befreit.
- Handelt es sich bei der Zweigniederlassung um einen (Teil-)Betrieb, so kann von einer einheitlichen Neugründung – wenn die Umstände im Einzelfall nicht dagegensprechen – dann ausgegangen werden, wenn diese innerhalb von 30 Kalendertagen ab der Eintragung der ausländischen Gesellschaft (zB britischen Limited) im Ausland erfolgt. Bei einer längeren Zeitspanne hat der Betriebsinhaber glaubhaft darzulegen, warum er seiner Absicht, gleichzeitig im Ausland und in Österreich den Betrieb zu eröffnen, nicht in unmittelbarer zeitlicher Abfolge und unverzüglich nachgekommen ist bzw. hat er nachzuweisen, dass ihm dies nicht früher möglich gewesen ist.

Keine Neugründung iSd NeuFöG liegt vor, wenn **53**

- ein bestehender Betrieb oder Teilbetrieb übernommen und somit keine neue betriebliche Struktur geschaffen wurde (§ 2 Z 1 NeuFöG, vgl. Rz 61 f);
- ein bloßer Wechsel in der Person (den Personen) des (der) Betriebsinhaber in Bezug auf einen bereits vorhandenen Betrieb vorliegt (§ 2 Z 4 NeuFöG, vgl. Rz 84);

- ein neu gegründeter Betrieb im Kalendermonat der Neugründung oder in den folgenden 11 Kalendermonaten durch Erweiterung um bereits bestehende andere Betriebe oder Teilbetriebe (§ 2 Z 5 NeuFöG, vgl. Rz 85 f) verändert wurde (vgl. UFS 24.02.2005, RV/0569-I/03);
- die die Betriebsführung innerhalb von 2 Jahren nach der Neugründung beherrschende Person (Betriebsinhaber) sich in den letzten 15 Jahren vor der Betriebsneugründung in vergleichbarer Art beherrschend betrieblich betätigt hat.

54 Bei einer Betätigung gemäß § 1 Abs. 1 Liebhabereiverordnung, BGBl. Nr. 33/1993 wird für den Beobachtungszeitraum von 3 Jahren jedenfalls eine Einkunftsquelle unterstellt, weshalb bei Vorliegen der sonstigen Voraussetzungen die Begünstigungen des NeuFöG zu gewähren sind. Stellt sich nach dem Beobachtungszeitraum heraus, dass Liebhaberei vorliegt, führt dies nicht zum Wegfall der seinerzeit gewährten Begünstigungen. Keine Neugründung eines Betriebes liegt zunächst bei Aufnahme einer Betätigung iSd § 1 Abs. 2 der Liebhabereiverordnung, BGBl. Nr. 33/1993, vor. Wird nachgewiesen, dass tatsächlich betriebliche Einkünfte erzielt werden, und wurden seinerzeit die Begünstigungen nach dem NeuFöG aus dem Grunde der vermuteten Liebhaberei nicht gewährt, so kann dem hinsichtlich der eingehobenen Abgaben, Beiträge und Gebühren – wenn die sonstigen Voraussetzungen nach dem NeuFöG erfüllt sind – im Rahmen der verfahrensrechtlichen Möglichkeiten nachträglich Rechnung getragen werden.

2.1. Betriebliche Struktur (§ 2 Z 1 NeuFöG)

2.1.1. Betrieb

55 Der Begriff Betrieb iSd NeuFöG ist deckungsgleich mit dem des EStG 1988. Danach ist unter einem Betrieb die Zusammenfassung menschlicher Arbeitskraft und sachlicher Betriebsmittel in einer organisatorischen Einheit zu verstehen (EStR 2000 Rz 409 ff), welcher der Erzielung von betrieblichen Einkünften iSd § 2 Abs. 3 Z 1 bis 3 EStG 1988 (Einkünfte aus Land- und Forstwirtschaft, Einkünfte aus selbständiger Arbeit oder Einkünfte aus Gewerbebetrieb) dient. Gleichgültig ist dabei, in welcher Rechtsform der Betrieb geführt wird.

56 Ein Betrieb stellt eine selbständige organisatorische Einheit dar. Mehrere Tätigkeiten sind dann als einheitlicher Betrieb anzusehen, wenn sie nach der Verkehrsauffassung organisatorisch, wirtschaftlich oder technisch als Einheit anzusehen sind.

57 Für einen einheitlichen Betrieb sprechen insb. folgende Umstände:

- wirtschaftliche Über- und Unterordnung (zB Herstellungs- und Handelsbetriebe, die miteinander verflochten sind)
- Hilfsfunktionen eines Betriebes gegenüber dem anderen,
- Verwendung gleicher Rohstoffe, gleicher Anlagen und desselben Personals,

Beispiel:

Wird zusätzlich zum Gewerbe eines Unternehmensberaters der Beruf eines Buchhalters angemeldet, so wird dann von einem einheitlichen Betrieb (und damit von keiner Neugründung iSd NeuFöG) auszugehen sein, wenn beide Tätigkeiten am selben Standort und ohne konsequente Trennung in der Ausübung und der Verrechnung sowie in Ergänzung zueinander (zB gleicher Kundenstock) ausgeübt werden (vgl. VwGH 22.11.1995, 94/15/0154 betreffend Unternehmensberatung und Werbeagentur). Lediglich dann, wenn neben der bloßen Einstellung einer eigenen Dienstnehmerin sowie der Anschaffung einer spezifischen Software auch eine konsequente interne und externe Trennung der beiden Betriebe besteht, kann der Beruf als Buchhalter eine Neugründung iSd NeuFöG darstellen.

58 Ein einheitlicher Betrieb kann bei Erfüllung der Voraussetzungen bspw. in folgenden Fällen vorliegen:

- Kfz-Handel – Kfz-Reparaturwerkstätte,
- Tischlerei – Leichenbestattung,
- Weinbau – Weinhandel,
- Unternehmensberatung – ergänzende Werbeagentur,
- Trachtenstoffgeschäft – Änderungsschneiderei (UFS 24.02.2011, RV/0847- L/09)

(AÖF 2013/207)

59 Gegen das Vorliegen eines einheitlichen Betriebes sprechen insb. folgende Umstände:

- es liegt keine wirtschaftliche Über- und Unterordnung vor,
- es werden unterschiedliche Rohstoffe bearbeitet und verwendet,
- es werden unterschiedliche Anlagen und unterschiedliches Personal verwendet.

Kein einheitlicher Betrieb, sondern mehrere Betriebe sind bspw. in folgenden Fällen anzunehmen: 60

- Kleidererzeugung – Lebensmittelhandel,
- Bäckerei – Gastwirtschaft bei räumlicher Trennung, unterschiedlichem Personal und unterschiedlichen Betriebseinrichtungen,
- Appartementvermietung und Frühstückspension in verschiedenen Orten und mit verschiedenem Personal,
- Tischlerei – Schlosserei.

2.1.2. Schaffung einer bisher nicht vorhandenen betrieblichen Struktur

Die Schaffung einer bisher nicht vorhandenen betrieblichen Struktur ist anzunehmen, 61
wenn die wesentlichen Grundlagen zu einem bisher nicht vorhandenen Betrieb verdichtet werden. Unbeachtlich ist, durch welche Rechtsgeschäfte (zB Kauf, Tausch, Schenkung, Miete) die wesentlichen Grundlagen zu einem Betrieb zusammengefasst werden.

Alleine durch das Halten einer Beteiligung an einem anderen Unternehmen, wird keine 62
neue betriebliche Struktur geschaffen (UFS 04.06.2004, RV/1720-W/02). Die bloße Vornahme innerbetrieblicher Umstrukturierungsmaßnahmen sowie die Anschaffung neuer Drucksorten und Software reichen bei Verwendung des gleichen Personals, der gleichen Betriebseinrichtungen, derselben Standorte usw. nicht aus, um schon von der Schaffung einer neuen betrieblichen Struktur sprechen zu können.

Wenn durch den Übergang der wesentlichen Betriebsmittel der Erwerber in die Lage 63
versetzt wurde, die Tätigkeit ohne weiteres fortzusetzen, kann von der Schaffung einer bisher nicht vorhandenen betrieblichen Struktur nicht mehr gesprochen werden (vgl. UFS 12.01.2010, RV/2898-W/07). In diesem Fall liegt keine Neugründung, möglicherweise jedoch eine begünstigte Betriebsübertragung vor.

Beispiel 1:

Es werden Geschäftsräumlichkeiten gemietet, in denen bisher ein Schnellimbiss betrieben wurde. Für die gänzliche kostenintensive Umgestaltung des Lokals werden Baugenehmigungen benötigt. Ob die durchgeführten Adaptierungsmaßnahmen jenes Ausmaß erreichen, welches die Annahme der Schaffung einer neuen Betriebsstruktur zulässt, hängt vom Gesamtbild der Verhältnisse ab. Dabei kommt insb. den Fragen, ob und wie massiv die Gasträumlichkeiten neu gestaltet werden bzw. ob die Mietrechte an den Geschäftsräumlichkeiten originär erworben werden, besondere Bedeutung zu. Das Erfordernis der Durchführung eines baubehördlichen Verfahrens stellt jedoch ein Indiz für eine wesentliche Veränderung der baulichen Struktur dar und spricht somit für eine Neugründung.

Beispiel 2:

Mehrere Rechtsanwälte schließen sich nach der Eintragung in die Liste der Rechtsanwälte auf Dauer zu einer Gesellschaft bürgerlichen Rechts zusammen. In diesem Fall stehen die Begünstigungen nach dem NeuFöG zu, wenn sich noch keiner in vergleichbarer Art betrieblich betätigt hat.

Beispiel 3:

Ein Rechtsanwalt erhält anlässlich der Eintragung in die Liste der Rechtsanwälte von seiner Mutter die Kanzlei übertragen. Die Begünstigungen für die Betriebsübertragung stehen zu, da sich der Sohn bisher nicht in vergleichbarer Art betrieblich betätigt hat und ein Wechsel der Person des Betriebsinhabers erfolgte.

Nach einem Jahr gründet er gemeinsam mit früheren Studienkollegen eine Rechtsanwalts-GmbH, an der er mit 20% beteiligt ist. Diese Beteiligung führt bei ihm zu keiner Stellung als Betriebsinhaber. Sofern die übrigen Gesellschafter die Voraussetzungen für die begünstigte Übertragung eines Betriebes erfüllen, stehen für die Gründung der Rechtsanwalts-GmbH die Begünstigungen für Betriebsübertragungen zu. Allerdings hat der Sohn durch die Einbringung seiner – von der Mutter übernommenen – Kanzlei diese innerhalb von 5 Jahren nach der Übergabe übertragen, wodurch der Eintritt der Wirkungen gemäß § 5a Abs. 2 Z 3 NeuFöG nachträglich entfällt und er hiermit die für die Betriebsübertragung von der Mutter in Anspruch genommenen Begünstigungen wieder verliert.

(AÖF 2013/207)

Auch der Erwerb eines Betriebes aus der Insolvenzmasse oder vor Eröffnung eines Insol- 63a
venzverfahrens stellt keine Neugründung dar (UFS 14.10.2009, RV/0615-G/07), allerdings kann – bei Vorliegen der sonstigen Voraussetzungen – eine begünstigte Betriebsübertragung anzunehmen sein.

Wird hingegen der Betrieb im Zuge eines Insolvenzverfahrens zerschlagen, werden die einzelnen Wirtschaftsgüter veräußert und schafft ein Erwerber mit anders beschafften und

einzelnen aus der Masse erworbenen Wirtschaftsgütern eine neue betriebliche Struktur, liegt eine Neugründung vor (vgl. UFS 22.4.2008, RV/0894-L/07).
(AÖF 2013/207)

2.1.3. Wesentliche Betriebsgrundlagen

64 Ein Betrieb wird neu eröffnet, wenn die für den konkreten Betrieb wesentlichen Grundlagen neu geschaffen werden (EStR 2000 Rz 5507 bis Rz 5563).

Je nach Art des Betriebes sind bspw. folgende Betriebsgrundlagen wesentlich:

Betriebliche Einkunftsquelle	**Wesentliche Betriebsgrundlage**
Einkünfte aus Land- und Forstwirtschaft	Betriebsgebäude, Maschinen, ausreichende landwirtschaftlich nutzbare Fläche, Waldbesitz
Einkünfte aus selbständiger Arbeit	Kundenstock (Klienten- bzw. Patientenstock), eventuell auch besondere Geschäftsausstattung (zB Geräte eines Röntgenologen; vgl. VwGH 28.05.1997, 94/13/0032).
Einkünfte aus Gewerbebetrieb	• bei ortsgebundenen Tätigkeiten (zB Hotels, Restaurants): Grundstück, Gebäude, Einrichtung • bei kundengebundenen Tätigkeiten (zB Großhandel, Handelsvertretungen, Telefonmarketing, Personalgestellung): Kundenstock, sonstige Geschäftsverbindungen • bei Produktionsunternehmen: Betriebsräumlichkeiten, Maschinen, Einrichtung, Produktionsgebäude • bei Einzelhandelsunternehmen: Geschäftsräume, Inventar, Warenlager • bei Transportunternehmen: Konzession, Fuhrpark, Einrichtungen • bei Dachdeckungsunternehmen: Standort, Fuhrpark, sonstige Anlagegüter, Lager

(AÖF 2013/207)

65 Arbeitskräfte gehören grundsätzlich nicht zu den wesentlichen Betriebsgrundlagen. Die Übernahme der Arbeitskräfte kann allerdings ein Indiz für die Weiterführung bzw. Übertragung eines existierenden (Teil-)Betriebes sein. Als wesentliche Betriebsgrundlage werden sie aber dann anzusehen sein, wenn die geschäftliche Tätigkeit gerade auf die fachliche Qualifikation der Mitarbeiter aufbaut und diese nicht oder nur schwer ersetzbar sind.

Beispiel:

Wenn der Sohn keine anderen der bisher zu den wesentlichen Betriebsgrundlagen zählenden Mittel vom väterlichen Betrieb übernommen hat, und er an einem anderen Ort durch bauliche Maßnahmen und Anschaffung eines Fuhrparks eine neue betriebliche Struktur schafft, so kann allein die Übernahme der Mitarbeiter des väterlichen Betriebes nicht gegen die Neugründung eines Betriebes sprechen.

Kundenstock

66 Ein Kundenstock stellt nur dann eine wesentliche Betriebsgrundlage dar, wenn es sich um gefestigte Kundenbeziehungen handelt, wie dies zB bei bestimmten freiberuflichen Betrieben (Rechtsanwälte, Wirtschaftstreuhänder, Ärzte) der Fall ist. Derartige (zB vertraglich abgesicherte) Kundenbeziehungen sind im gastgewerblichen Bereich jedoch nicht gegeben.

Kraftfahrzeug

67 Ob ein Kraftfahrzeug zu den wesentlichen Grundlagen des Betriebes gehört, richtet sich nach den Umständen des Einzelfalls und ergibt sich einerseits aus der Art des Betriebes und andererseits nach der Funktion des Kraftfahrzeuges innerhalb des konkreten Betriebes. Nähere Ausführungen dazu enthalten die EStR 2000 Rz 5507 bis Rz 5563. Unbestritten stellt ein Kraftfahrzeug bei folgenden Betrieben eine wesentliche Betriebsgrundlage dar:

- Autobusunternehmen
- Unternehmen mit einer Gewerbeberechtigung zur „Veranstaltung von Gesellschaftsfahrten"

- Transportunternehmen
- Taxi- und Mietwagenunternehmen
- Land- und forstwirtschaftliche Betrieben, soweit es sich um Traktoren und Anhänger, land- und forstwirtschaftliche Spezialfahrzeuge und sonstige landwirtschaftliche Maschinen und Geräte handelt

Die Zulassung eines Kfz für die Ausübung der beruflichen Tätigkeit eines Arztes ist kein durch die Neugründung unmittelbar veranlasster Vorgang, sondern dient der Gründung bloß mittelbar, weil die Zulassung eines Kfz zwar zweckdienlich für die Ausübung des Berufes aber für die Gründung der Arztpraxis nicht erforderlich ist. **68**

Wunschkennzeichen

Ein Wunschkennzeichen stellt niemals eine wesentliche Betriebsgrundlage dar. **69**

Beispiele:

Beispiel 1: **70**

Durch die Einmietung in ein Shopping Center oder einen Gewerbepark wird lediglich ein Teil der sachlichen Betriebsmittel übernommen und nicht wie bei der Übertragung eines vorhandenen Betriebes eine komplette betriebliche Struktur. Daher wird auch bei Einmietung in ein Shopping Center oder einen Gewerbepark idR eine bisher nicht vorhandene betriebliche Struktur erst durch die Zusammenfassung mit anderen Betriebsmitteln bzw. Arbeitskräften neu geschaffen. Eine Neugründung ist dann – bei Vorliegen der übrigen Voraussetzungen des NeuFöG – gegeben.

Beispiel 2:

Die wesentliche Betriebsgrundlage bei einem Finanzdienstleister ist der Kundenstock. Ist daher die betriebliche Betätigung des Finanzdienstleisters auf die Schaffung eines neuen Kundenstockes gerichtet, liegt grundsätzlich eine Neugründung vor. Auf den Umfang der neu geschaffenen Betriebsgrundlagen kommt es nicht an, sondern ob die Betätigung nach dem Gesamtbild der Erzielung von betrieblichen Einkünften (§ 2 Abs. 3 Z 1 bis 3 EStG 1988) oder der Erzielung von Einkünften aus nichtselbständiger Arbeit (§ 2 Abs. 3 Z 4 EStG 1988) dient (vgl. Rz 121 ff).

Beispiel 3:

Bei Einzelhandelsbetrieben zählen zu den wesentlichen Betriebsgrundlagen die Geschäftsräume, das Inventar und das Warenlager (VwGH 13.03.1991, 87/13/0190). Werden nur Teile davon übernommen, dann sind diese Umstände bezogen auf den konkreten Betrieb zu bewerten und allfällige weitere Indizien in die Beurteilung mit einzubeziehen.

Beispiel 4:

Werden von früher ebenfalls als Verkaufslokal (Boutique) verwendeten Geschäftsräumen nur die Geschäftsräume übernommen und wieder eine Boutique neu eröffnet, Inventar und Warenlager hingegen neu dazugekauft, liegt ein neu gegründeter Betrieb vor.

Werden neben den Geschäftsräumen auch Teile des Inventars übernommen, nicht hingegen das Warenlager, ist für die Beurteilung allenfalls die Frage nach der Übernahme von Arbeitnehmern mitentscheidend. Erfolgt also in diesem Fall auch die Übernahme der Arbeitnehmer, liegt keine Neugründung vor.

Beispiel 5:

Zu den wesentlichen Betriebsgrundlagen eines Restaurants zählen (vgl. EStR 2000 Rz 5528) die Betriebsräumlichkeiten, das Betriebsgrundstück und die komplette Einrichtung (Investitionsablösen) sowie die Mietrechte am Geschäftslokal; nicht wesentlich sind hingegen das Warenlager, das Personal, Kundenstock, Forderungen und Verbindlichkeiten.

Werden die Betriebsräumlichkeiten gepachtet und die Einrichtung inkl. Geschirr und Geräte erworben, dann werden bereits bestehende Betriebsgrundlagen übernommen bzw. weitergeführt und somit die Voraussetzungen einer Betriebsneugründung nicht erfüllt (vgl. VwGH 19.09.1995, 95/14/0038). Eine begünstigte Betriebsübertragung kann jedoch vorliegen.

2.2. Betriebsinhaber (§ 2 Z 2 NeuFöG)

2.2.1. Beherrschende betriebliche Betätigung des Betriebsinhabers

Betriebsinhaber ist die die Betriebsführung beherrschende natürliche oder juristische Person. Betriebsinhaber iSd § 2 Z 2 und § 5a NeuFöG sind ungeachtet allfälliger gesellschaftsvertraglicher Sonderbestimmungen: **71**

- Einzelunternehmer,

- unbeschränkt haftende Gesellschafter von Personengesellschaften (zB Gesellschafter einer OG, Komplementäre einer KG),

  Beispiel:

  Wird eine Landwirtschaft von 2 Ehegatten gemeinsam betrieben, liegt – wenn keine andere Gesellschaftsform gewählt wird – eine Gesellschaft bürgerlichen Rechts vor (EStR 2000 Rz 5821). Die unbeschränkt haftenden Gesellschafter von Personengesellschaften sind Betriebsinhaber.

- beschränkt haftende Gesellschafter von Personengesellschaften, wenn sie entweder zu mindestens 50% am Vermögen der Gesellschaft beteiligt sind oder wenn sie zu mehr als 25% am Vermögen der Gesellschaft beteiligt und zusätzlich zur Geschäftsführung befugt sind (zB Kommanditist einer KG ist mit 50% am Vermögen der Gesellschaft beteiligt oder mit 30% und zusätzlich mit der Geschäftsführung betraut),
- Gesellschafter von Kapitalgesellschaften (zB Gesellschafter einer AG oder GmbH), wenn sie entweder zu mindestens 50% am Vermögen der Gesellschaft beteiligt sind oder wenn sie zu mehr als 25% am Vermögen der Gesellschaft beteiligt und zusätzlich zur Geschäftsführung befugt sind. Ein Geschäftsführer ohne eine solche Beteiligung ist kein Betriebsinhaber nach den Bestimmungen des NeuFöG (VwGH 25.01.2007, 2006/16/0155).

72 Erfolgt eine Betriebsneugründung durch mehrere Personen, können die Begünstigungen des NeuFöG nur gewährt werden, wenn die Voraussetzungen bezüglich aller neuen Betriebsinhaber erfüllt sind. Darüber hinaus kann die Begünstigung nur von jenen Betriebsinhabern in Anspruch genommen werden, für welche der amtliche Vordruck (NeuFö 2) ordnungsgemäß vorgelegt wird.

Ist ein Abgabenschuldner nicht als Betriebsinhaber anzusehen, kommen die Befreiungen für diesen ebenfalls nicht zum Tragen (zB für Strafregisterauszug oder Gewerbeberechtigung eines nicht beteiligten Geschäftsführers einer GmbH).

(AÖF 2013/207)

73 Hinsichtlich der Beteiligung am Vermögen der Gesellschaft sind unmittelbare Beteiligungen und mittelbare Beteiligungen durch Treuhänder zusammenzurechnen.

Bei einer Treuhandschaft werden die Gesellschaftsanteile dem Treuhandgeber mittelbar zugerechnet, weil bei diesem wirtschaftlich betrachtet das Eigentum verbleibt. Dem Treuhänder – dieser ist zwar zivilrechtlicher, nicht jedoch wirtschaftlicher Eigentümer der übertragenen Anteile – können diese Anteile nicht zugerechnet werden. Dies gilt sowohl für die stille (verdeckte) als auch für die offene Treuhandschaft.

Beispiel:

Ein Gesellschafter war mit 19% Gesellschafter einer GmbH und hielt weitere 19% als Treuhänder für eine andere Person. Dieser Sachverhalt wurde mit Notariatsakt festgehalten und auch dem Finanzamt mitgeteilt. Im Firmenbuch war der Gesellschafter mit 38% Gesellschaftsanteil und als handelsrechtlicher Geschäftsführer eingetragen. Nunmehr möchte er sich in der gleichen Branche als Einzelunternehmer selbständig machen. Da die in Treuhandschaft gehaltenen 19% dem Treugeber zugerechnet werden, kommt dem Gesellschafter die Stellung eines Betriebsinhabers nicht zu und kann dieser daher bei Vorliegen der übrigen Voraussetzungen die Befreiungsbestimmung des NeuFöG in Anspruch nehmen.

Wird ein Betrieb durch eine Gesellschaft gegründet, an der eine andere Gesellschaft beteiligt ist, ist zu untersuchen, ob an dieser Gesellschaft ein Gesellschafter (unmittelbar oder über weitere beteiligte Gesellschaften) beteiligt ist (siehe Rz 71), der sich in der Vergangenheit in vergleichbarer Art bereits beherrschend betrieblich betätigt hat (siehe Rz 79 ff). In diesem Fall liegt keine durch das NeuFöG begünstigte Neugründung vor.

Beispiel:

Der Gesellschafter A und die GmbH X gründen die GmbH Y (Betriebsgegenstand: Einzelhandel mit Einrichtungsgegenständen), an der sie jeweils zu 50% beteiligt sind. Die GmbH X steht zu 100% im Eigentum des Gesellschafters B, der bis vor 2 Jahren einen Einzelhandel mit Einrichtungsgegenständen betrieben hat. Da der Gesellschafter B über die GmbH X zu mindestens 50% am Vermögen der GmbH Y beteiligt ist und sich dieser innerhalb der letzten 15 Jahre schon beherrschend betrieblich betätigt hat, liegt keine begünstigte Neugründung iSd NeuFöG vor.

(AÖF 2013/207)

2.2.2. Vergleichbare betriebliche Betätigung des Betriebsinhabers

Eine vergleichbare betriebliche Betätigung des Betriebsinhabers liegt vor, wenn sie in dieselbe Klasse im Sinne der Systematik der Wirtschaftstätigkeiten (ÖNACE in der geltenden Fassung, herausgegeben von der Bundesanstalt Statistik Österreich) einzuordnen ist. Die Beurteilung hat nach der im Zeitpunkt der Neugründung jeweils geltenden Fassung der ÖNACE zu erfolgen. Hat ein Betrieb mehrere Betriebsgegenstände und fallen diese in unterschiedliche Klassen, dann liegt keine Neugründung vor, wenn in einem dieser Betriebsgegenstände eine vergleichbare Tätigkeit gegeben ist. 74

Die Einstufung in eine Klasse der Systematik der Wirtschaftstätigkeiten (ÖNACE in der geltenden Fassung, herausgegeben von der Bundesanstalt Statistik Österreich) ist anhand des Betriebsgegenstandes im Rahmen der Beratung (durch die zuständige Berufsvertretung oder die Sozialversicherungsanstalt der gewerblichen Wirtschaft) bzw. der Erstellung der Erklärung der Neugründung durch den Betriebsinhaber vorzunehmen. 75

Beispiel 1:

A gründet gemeinsam mit B eine OG (Betriebsgegenstand: Einzelhandel mit Einrichtungsgegenständen). A war bis kurz vor der Betriebseröffnung Komplementär einer KG mit dem Betriebsgegenstand Einzelhandel mit Musikinstrumenten. A war also bereits innerhalb der letzten 15 Jahre als Betriebsinhaber tätig. Daher ist zu prüfen, ob diese bisherige Tätigkeit mit der neuen Tätigkeit vergleichbar ist. Die bisherige Tätigkeit (Einzelhandel mit Musikinstrumenten) fällt nach der im Zeitpunkt der Betriebsgründung geltenden ÖNACE 2008 in die Klasse G 47.59 Die neue Tätigkeit (Einzelhandel mit Einrichtungsgegenständen) fällt ebenfalls in die Klasse G 47.59. Eine Neugründung iSd NeuFöG liegt daher nicht vor.

Beispiel 2:

Die A-AG, eine Publikumsgesellschaft mit Sitz in München, gründet in Österreich eine Tochtergesellschaft, die B-GmbH, an der sie zu 100% beteiligt ist. Betriebsgegenstand beider Unternehmen ist die Herstellung von pharmazeutischen Grundstoffen. Da der Betriebsinhaber (die A-AG) bereits bisher als Betriebsinhaber in vergleichbarer Art tätig war, liegt keine Neugründung iSd NeuFöG vor.

(AÖF 2013/207)

Tätigkeiten als Angestellte in der gleichen Branche sind nicht maßgeblich (vgl. VwGH 26.04.2001, 2000/16/0314). 76

Beispiel:

Neben der Anstellung im väterlichen Tischlerbetrieb eröffnet die Tochter einen eigenen Tischlerbetrieb. Hierfür steht die Neugründungsförderung zu.

(AÖF 2013/207)

Da es bei Vereinen und Genossenschaften keine die Betriebsführung beherrschende Person iSd § 2 Abs. 2 NeugründungsVO, BGBl. II Nr. 278/1999, gibt, ist bei der Frage nach der vergleichbaren bisherigen Tätigkeit lediglich zu prüfen, ob sich derselbe Verein bereits früher in vergleichbarer Art betrieblich betätigt hat. Analog dazu ist auch zB bei einer Publikums-AG oder bei einer GmbH mit Beteiligungen von nicht mehr als 25% je Gesellschafter die Gesellschaft selbst als Betriebsinhaber iSd NeuFöG anzusehen. 77

(AÖF 2013/207)

Die die Betriebsführung innerhalb von 2 Jahren nach der Neugründung beherrschende Person (Betriebsinhaber) darf gemäß § 2 Abs. 3 NeugründungsVO, BGBl. II Nr. 278/1999, weder im Inland noch im Ausland innerhalb der letzten 15 Jahre vor dem Zeitpunkt der Neugründung als Betriebsinhaber eines Betriebes in vergleichbarer Art tätig gewesen sein. Unbeachtlich ist auch, ob diese Tätigkeit in der Vergangenheit mit oder ohne Gewerbeberechtigung ausgeübt wurde. 78

Beispiel 1:

Ein bisher in der BRD tätiger Architekt (Einzelunternehmen) lässt sich in Österreich nieder. Für die Gründung des Einzelunternehmens in Österreich steht die Begünstigung nicht zu, weil er sich als Betriebsinhaber bereits in der BRD (innerhalb der letzten 15 Jahre) in vergleichbarer Art beherrschend betrieblich betätigt hat.

Beispiel 2:

Der zu 40% an der neu gegründeten KG beteiligte Kommanditist hatte sich bereits als Betriebsinhaber in vergleichbarer Art betrieblich betätigt. Da er nicht mit der Geschäftsführung betraut ist, ist er im Zeitpunkt der Gesellschaftsneugründung nicht als Betriebsinhaber (vgl. Rz 71) anzusehen. Seine bisherige Betätigung steht der Anwendung der Begünstigungen nach § 1 NeuFöG nicht entgegen. Sämtliche Begünstigungen entfallen rückwirkend (vgl. Rz 137 ff), wenn der Kommanditist innerhalb von 2 Jahren nach der Neugründung der KG

- *auch zum Geschäftsführer bestellt wird oder*
- *dieser seine Beteiligung auf mindestens 50% erhöht.*

Beispiel 3:

Bei Neugründung der GmbH hat sich keine die Betriebsführung beherrschende Person bisher in vergleichbarer Art beherrschend betrieblich betätigt. Innerhalb von 2 Jahren werden Anteile der GmbH an eine Person abgetreten, die nun auf Grund der mindestens 50% Beteiligung an der Gesellschaft oder auf Grund einer Beteiligung von mehr als 25% an der Gesellschaft und zusätzlicher Befugnis zur Geschäftsführung als Betriebsinhaber anzusehen ist (siehe Rz 71). Dieser neue Gesellschafter hat sich innerhalb von 15 Jahren – gerechnet seit Neugründung der GmbH (siehe Rz 87 f) – schon bisher in vergleichbarer Art beherrschend betrieblich betätigt. Sämtliche Begünstigungen entfallen rückwirkend (siehe Rz 137 ff).

79 Tätigkeiten, die bereits vor mehr als 15 Jahren (gerechnet vom Zeitpunkt der Neugründung) aufgegeben wurden, sind für die Beurteilung der Neugründung unbeachtlich. Die 15-Jahres-Frist wird vom Zeitpunkt der Neugründung rückgerechnet (= Beurteilungszeitraum).

Beispiel:

Die Neugründung des Betriebes erfolgt im Monat April 2006. Als Beurteilungszeitraum für die 15-Jahresfrist ergibt sich somit der Zeitraum von April 1991 bis März 2006.

Variante 1:

Im Juni 2007 erlangt eine Person die Stellung eines Betriebsinhabers, die sich bereits von Jänner 1991 bis Dezember 1995 in vergleichbarer Art betrieblich beherrschend betätigt hat; das ist für die Zeit von April 1991 bis Dezember 1995 innerhalb von 15 Jahren vor dem Zeitpunkt der Neugründung.

Da sich innerhalb von 2 Jahren nach der Neugründung eine die Betriebsführung beherrschende Person bereits in vergleichbarer Art betrieblich betätigt hat, stehen die Begünstigungen des NeuFöG für die Neugründung nicht zu. Die anlässlich der Neugründung in Anspruch genommenen Begünstigungen fallen nachträglich weg und der Betriebsinhaber hat diesen Wegfall allen betroffenen Behörden mitzuteilen (§ 5 NeuFöG).

Variante 2:

Im Juni 2007 erlangt eine Person die Stellung eines Betriebsinhabers, die sich von Juli 1987 bis März 1991 in vergleichbarer Art betrieblich beherrschend betätigt hat. Da diese betriebliche Betätigung länger zurückliegt als 15 Jahre vor dem Zeitpunkt der Neugründung, kommt es zu keinem nachträglichen Entfall der Wirkungen des § 1 NeuFöG, weil Tätigkeiten vor April 1991 unbeachtlich sind.

80 Sind mehrere Personen als Betriebsinhaber eines Betriebes anzusehen und war davon zumindest eine innerhalb der letzten 15 Jahre vor dem Zeitpunkt der Neugründung als Betriebsinhaber eines Betriebes vergleichbarer Art tätig, dann liegt keine Neugründung iSd NeuFöG vor und keinem der Betriebsinhaber kommen die Begünstigungen des NeuFöG zu.

Beispiele zur beherrschenden betrieblichen Betätigung und zur vergleichbaren betrieblichen Betätigung

81 **Beispiel 1:**

Der Gesellschafter A ist an der neu gegründeten X-GmbH (Tischlerei) zu 20% beteiligt. B ist mit 30% an der X-GmbH beteiligt und ist so wie Gesellschafter A mit der Geschäftsführung betraut. Die restlichen 50% an der X-GmbH hält die Y-GmbH (ebenfalls Tischlerei), an der A zu 100% beteiligt ist. A ist daher zu insgesamt 70% an der X-GmbH beteiligt (20% unmittelbar und 50% mittelbar).

Da A zu mehr als 50% an der X-GmbH beteiligt ist, ist er als Betriebsinhaber der neu gegründeten X-GmbH anzusehen. Nachdem A an der bestehenden Y-GmbH zu 100% beteiligt ist, ist er auch als Betriebsinhaber der Y-GmbH anzusehen. Hinsichtlich der X-GmbH liegt schon deshalb keine Neugründung iSd NeuFöG vor, weil die zu 50% beteiligte und seit längerem bestehende Y-GmbH bereits in vergleichbarer Weise tätig ist (ebenfalls Tischlerei). Dieser Umstand ist ungeachtet dessen, dass Gesellschafter B noch nicht in vergleichbarer Art beherrschend tätig war, auch für diesen begünstigungsschädlich.

Beispiel 2:

Es wird eine GmbH mit drei Gesellschaftern errichtet, an der mindestens ein Gesellschafter beteiligt ist, der bereits im geplanten Geschäftsfeld selbständig tätig war. Dieser ist zwar zunächst zwischen 25% und 50% an der Gesellschaft beteiligt, übt aber keine

Geschäftsführung aus. In diesem Fall steht die Begünstigung für die neue GmbH nach dem NeuFöG zu. Übernimmt nun der Gesellschafter innerhalb von 2 Jahren auch die Geschäftsführung und liegt die früher ausgeübte vergleichbare Betätigung innerhalb von 15 Jahren vor der Neugründung der GmbH, so entfällt nachträglich die Begünstigung und der Betriebsinhaber hat diesen Umstand allen vom Wegfall der Begünstigung betroffenen Behörden mitzuteilen.

Beispiel 3:

A war bisher als Angestellte in einem Frisiersalon tätig. Sie eröffnet nun als Einzelunternehmerin einen eigenen Frisiersalon. Es liegt eine Neugründung iSd NeuFöG vor, weil A bisher nicht Betriebsinhaberin war.

Beispiel 4:

A war in den Jahren 1970 bis 1980 Inhaber eines Hotels. Nach Aufgabe des Gasthofes war er von 1981 bis 1999 als Kommanditist mit 20% an einer Hotel KG beteiligt. Im Jahr 2007 eröffnet er als Einzelunternehmer ein Hotel. Da A innerhalb der letzten 15 Jahre nicht als Betriebsinhaber tätig war, liegt eine Neugründung iSd NeuFöG vor.

(AÖF 2013/207)

2.3. Änderung der Rechtsform (§ 2 Z 3 NeuFöG)

Keine Neugründung liegt vor, wenn ein bereits existierender Betrieb bloß unter einer **82** neuen Rechtsform geführt wird. Dies ist bspw. dann der Fall, wenn unter der neuen Rechtsform die für den konkreten Betrieb wesentlichen Betriebsgrundlagen weitergeführt werden oder wenn ein bereits vorhandener Betrieb in eine – wenn auch neu gegründete – Kapitalgesellschaft eingebracht wird. Welche Betriebsgrundlagen für den jeweiligen Betrieb als wesentlich anzusehen sind, richtet sich nach den Umständen des Einzelfalls (vgl. Rz 64).

Ob die Änderung der Rechtsform unter Anwendung der Bestimmungen des Umgründungssteuergesetzes erfolgt, ist dabei irrelevant.

Erfolgt gleichzeitig mit der Änderung der Rechtsform ein Wechsel in der Person des Be- **83** triebsinhabers kann eine begünstigte Betriebsübertragung vorliegen (vgl. Rz 141, Rz 173 ff).

Wird mit einzelnen Wirtschaftsgütern aus einem bestehenden Betrieb oder mit nicht wesentlichen Betriebsgrundlagen ein neuer Betrieb geschaffen, kann eine begünstigte Neugründung nach dem NeuFöG vorliegen.

Beispiel:

Ein Rechtsanwalt gründet innerhalb von 2 Jahren nach Neugründung seiner Kanzlei gemeinsam mit früheren Studienkollegen eine Rechtsanwalts-GmbH, an der er mit 25% beteiligt ist und in welche er seine Kanzlei einbringt. Diese Beteiligung führt bei ihm zu keiner Stellung als Betriebsinhaber, weil er nicht zu mehr als 25% beteiligt ist. Sofern die übrigen Gesellschafter die Voraussetzungen für die begünstigte Übertragung eines Betriebes erfüllen, stehen für die Gründung der Rechtsanwalts-GmbH die Begünstigungen für Betriebsübertragungen zu.

Erfüllt mindestens einer der Betriebsinhaber die Voraussetzungen nicht (zB weil er sich bereits innerhalb der letzten 15 Jahre in vergleichbarer Art beherrschend betrieblich betätigt hat), steht keine Begünstigung für die Übertragung der Kanzlei an die GmbH zu.

Hat der Rechtsanwalt für die seinerzeitige Gründung seiner Kanzlei die Begünstigungen als Neugründer in Anspruch genommen, fallen die in Anspruch genommenen Begünstigungen für die Neugründung der Kanzlei nachträglich weg, weil § 2 Z 2 NeuFöG nicht erfüllt ist.

2.4. Wechsel in der Person des Betriebsinhabers (§ 2 Z 4 NeuFöG)

Ein Wechsel der Person des Betriebsinhabers stellt keine Neugründung dar; jedoch kann **84** eine begünstigte Betriebsübertragung vorliegen (siehe Rz 173 ff).

2.5. Betriebserweiterung (§ 2 Z 5 NeuFöG)

Kommt es zu einer Erweiterung eines neu gegründeten Betriebes um bereits bestehende **85** andere Betriebe oder Teilbetriebe, stehen die Befreiungen weder für den neu gegründeten noch für den damit verbundenen Betrieb zu. Relevant sind nur Veränderungen im Kalendermonat der Neugründung und in den folgenden 11 Kalendermonaten (zur Meldepflicht vgl. Rz 137 ff). Erfolgt die Erweiterung erst nach Ablauf dieses Zeitraumes, jedoch innerhalb des begünstigten Zeitraumes iSd § 1 Z 7 NeuFöG, stehen – bei Vorliegen der übrigen Voraussetzungen – die Begünstigungen hinsichtlich der lohnabhängigen Abgaben (vgl. Rz 42 für Neugründungen nach dem 31.12.2011) zu.

(AÖF 2013/207)

86 Ob ein einheitlicher Betrieb vorliegt, ist nach der Verkehrsauffassung unter Berücksichtigung der objektiven organisatorischen, wirtschaftlichen und finanziellen Verflechtung zwischen den einzelnen Betrieben zu beurteilen (UFS 29.11.2005, RV/0406-L/03). Merkmale für einen einheitlichen Betrieb sind zB ein Verhältnis wirtschaftlicher Über- und Unterordnung oder die Verwendung gleicher Rohstoffe, gleicher Anlagen und desselben Personals (siehe Rz 56 f).

Es ist nicht schädlich, wenn die Erweiterung um einen eigenen – neu geschaffenen – (Teil-)Betrieb erfolgt. Hingegen ist es schädlich, wenn der neu gegründete Betrieb um eine Betriebsstätte erweitert wird, bei der es sich um einen bereits bestehenden (Teil-) Betrieb iSd NeuFöG handelt und dieser lediglich unter die Leitung des neu gegründeten Betriebes gestellt wird (vgl. Rz 85 und Rz 164 ff).

Beispiel:

Ein Rechtsanwalt hat unter Inanspruchnahme der Begünstigungen nach dem NeuFöG eine Kanzlei gegründet. Da sich in der Nachbargemeinde keine Anwaltskanzlei befindet, mietet er Räumlichkeiten an, in denen er eine Sprechstelle einrichtet. Bei dieser Sprechstelle handelt es sich um keine Erweiterung um einen bereits bestehenden Betrieb, sondern um eine weitere Betriebsstätte, die für die in Anspruch genommenen Begünstigungen nicht schädlich ist.

In dem Fall, dass der Rechtsanwalt zur Einrichtung einer Sprechstelle eine fremde bereits bestehende Kanzlei übernimmt, fallen die seinerzeitigen Begünstigungen für die Neugründung seiner Kanzlei nachträglich weg, weil es sich hierbei um eine Erweiterung um einen bereits bestehenden Betrieb handelt.

3. Zeitpunkt der Neugründung (§ 3 NeuFöG)

Die Bestimmungen des § 3 NeuFöG für Neugründungen sind auf Betriebsübertragungen iSd § 5a NeuFöG sinngemäß anzuwenden (§ 5a Abs. 2 Z 1 NeuFöG). 87

Der Zeitpunkt der Neugründung ist für folgende Fristenberechnungen von Bedeutung: 88

- Erfüllung der 15-Jahres-Frist beim neuen Betriebsinhaber (siehe Rz 78)
- Beginn des Zeitraumes für die Befreiung von lohnabhängigen Abgaben und Beiträgen (vgl. Rz 42 ff)
- Meldeverpflichtung (siehe Rz 137 ff)
- Zeitlicher Anwendungsbereich (siehe Rz 201)

Werbend nach außen in Erscheinung treten

Als Kalendermonat der Neugründung gilt jener, in dem der Betriebsinhaber erstmals werbend nach außen in Erscheinung tritt. Dies ist dann der Fall, wenn die für den Betrieb typischen Leistungen am Markt angeboten werden (vgl. VwGH 24.04.2002, 99/16/0398; VwGH 29.07.2004, 2003/16/0134). 89

Beispiele:

Geschäftseröffnung eines Handelsbetriebes,

Produktionsbeginn eines Erzeugungsbetriebes,

Kanzleieröffnung eines Rechtsanwaltes,

Ordinationseröffnung eines Arztes,

Aufnahme der Tätigkeit als Buchhalter.

Der gesetzliche Ausdruck „werbend" ist nicht mit „Werbung" gleichzusetzen. Es ist darauf abzustellen, ab wann das Leistungsangebot des Betriebsinhabers zum ersten Mal von seiner Umwelt bzw. von einer – wenn auch an Teilnehmeranzahl begrenzten – Öffentlichkeit wahrgenommen werden kann. Sobald der Betriebsinhaber das erste Gespräch mit seinen Kunden oder Lieferanten über ein konkretes Geschäft oder eine Leistungsabwicklung führt oder die Bekanntgabe der durchgeführten Betriebseröffnung erfolgt, ist die Neugründung iSd NeuFöG verwirklicht. 90

Durch die bloße Gewerbeanmeldung oder die Eintragung in das Firmenbuch ist mangels „werbend nach außen in Erscheinung treten" noch keine Betriebsneugründung bewirkt.

(AÖF 2013/207)

Nicht maßgebend ist der Zeitpunkt des Beginnes der internen Vorbereitungsmaßnahmen, sowie der Zeitpunkt der Werbung für die geplante Neugründung (zB Schaltung von Inseraten in diversen Medien), die idR vor dem Zeitpunkt der Neugründung liegen werden. 91

Weiters ist unerheblich, ob das Auftreten am Markt mit oder ohne gewerberechtlicher Berechtigung erfolgt. War der Neugründer in den letzten 15 Jahren vor der Betriebsgründung bereits ohne Gewerbeberechtigung in vergleichbarer Art iSd NeuFöG tätig, kann keine Begünstigung in Anspruch genommen werden.

Die Eintragung in das Firmenbuch ist keineswegs zwingend schon „die Neugründung" iSd NeuFöG (VwGH 24.04.2002, 99/16/0398). Es sind somit nicht formale Gesichtspunkte, sondern die tatsächlichen Gegebenheiten maßgebend (VwGH 26.06.2003, 2003/16/0073). Damit eine Neugründung einer Gesellschaft „zur Förderung der Neugründung eines Betriebes" vorliegt, muss zum Zeitpunkt des möglichen Entstehens der Steuerschuld bereits die Neugründung eines Betriebes bezweckt werden (UFS 04.06.2004, RV/1720-W/02). 92

(AÖF 2013/207)

Ruhendmeldung

Wird ein Gewerbe unabhängig davon, ob im Zeitpunkt der Anmeldung die Absicht zur tatsächlichen Ausübung des Gewerbes besteht oder nicht, angemeldet und gleich darauf ruhend gemeldet oder still gelegt, liegt keine Neugründung eines Betriebes vor. Wird das Gewerbe später tatsächlich ausgeübt, kommt wegen des bloß mittelbaren Zusammenhanges eine (nachträgliche) Befreiung gemäß § 1 Z 1 NeuFöG für die Gewerbeanmeldung nicht zur Anwendung. Die spätere tatsächliche Ausübung des Gewerbes stellt aber – bei Vorliegen der sonstigen Voraussetzungen – eine Neugründung dar, sodass andere Befreiungen des NeuFöG zum Tragen kommen können (zB Befreiung von bestimmten lohnabhängigen Abgaben). 93

Beispiel 1:

Erfolgt eine Ruhendmeldung des Gewerbes sofort bei der Gewerbeanmeldung ohne tatsächliche Absicht, ein Unternehmen zu gründen (einzig um einen Gewerbeschein zu erhalten), stehen keine Befreiungen nach dem NeuFöG zu.

Beispiel 2:

Erfolgt eine Ruhendmeldung des Gewerbes sofort bei der Gewerbeanmeldung, um in der Phase der Vorbereitungshandlungen vor dem offiziellen Gründungsdatum bspw. noch keine gewerblichen Sozialversicherungsbeiträge leisten zu müssen, so kommen die Befreiungen nach dem NeuFöG nur dann zum Tragen, wenn die Gewerbeanmeldung in einem unmittelbaren Zusammenhang mit der Neugründung eines Betriebes steht. Ein solcher kann angenommen werden, wenn die Neugründung des Betriebes innerhalb eines kurzen Zeitraums (max. 30 Kalendertage) erfolgt und das Gewerbe tatsächlich ausgeübt wird.

(AÖF 2013/207)

4. Erklärung der Neugründung (§ 4 NeuFöG)

Die Erklärung der Neugründung hat mit dem Formular NeuFö 2 zu erfolgen. Dieser amtliche Vordruck ist bei den gesetzlichen Berufsvertretungen, bei der Sozialversicherungsanstalt der gewerblichen Wirtschaft, bei allen Finanzämtern sowie im Internet (www.bmf.gv.at) erhältlich. 94

(BMF-AV Nr. 2019/63)

4.1. Vorlage des amtlichen Vordrucks (§ 4 Abs. 1 NeuFöG)

Die begünstigenden Wirkungen des NeuFöG treten nur bei Erfüllung bestimmter formeller Voraussetzungen ein (VwGH 04.12.2003, 2003/16/0472). Die Vorlage der Erklärung auf einem amtlichen Vordruck sowie die „begleitende Beratung" sind materielle Voraussetzungen für die Anwendbarkeit der Begünstigungen und haben zum Zeitpunkt der Inanspruchnahme der jeweiligen Behörde zu erfolgen (VwGH 26.06.2003, 2000/16/0362; 18.09.2003, 2000/16/0763; UFS 31.07.2009, RV/3277-W/07; 15.09.2010, RV/0327-G/09). 95

NeuFöR

In Anspruch genommen wird eine Behörde durch ein Anbringen zur Geltendmachung von Rechten oder zur Erfüllung von Verpflichtungen, wie Anträgen oder Erklärungen. Der Zeitpunkt der Inanspruchnahme der Behörde ist jener, zu welchem ein Anbringen eingereicht, abgegeben oder übermittelt wird. Der amtliche Vordruck ist grundsätzlich (vgl. Rz 100) gemeinsam mit diesem Anbringen – jedenfalls aber vor Ergehen der Erledigung – der in Anspruch genommenen Behörde einzureichen, abzugeben oder zu übermitteln.

Beispiel:

Der amtliche Vordruck wurde nach der Vertragserrichtung anlässlich der Beratung durch die zuständige Stelle erstellt.

Wird der amtliche Vordruck gemeinsam mit der Abgabenerklärung innerhalb der Anzeigefrist vorgelegt, ist die Steuerbefreiung (bei Vorliegen aller sonstigen Voraussetzungen) zu gewähren, unabhängig davon, ob der Vertrag oder der amtliche Vordruck zuerst ausgefertigt wurde.

(AÖF 2013/207)

Bei der Selbstberechnung der Gesellschaftsteuer (§ 10a KVG) oder der Grunderwerbsteuer (§ 11 GrEStG 1987) durch einen befugten Parteienvertreter muss der amtliche Vordruck diesem spätestens zum Zeitpunkt der (rechtzeitigen) Selbstberechnung bereits vorliegen (UFS 11.09.2003, RV/0482-L/03). 96

Wird von der Selbstberechnung kein Gebrauch gemacht, ist der Rechtsvorgang vom befugten Parteienvertreter gemäß § 10 Abs. 2 GrEStG 1987 bzw. § 10 Abs. 2 KVG, wenn ihm dies technisch zumutbar ist, elektronisch beim Finanzamt anzuzeigen. Hierbei kann die Übermittlung einer über das Rechtsgeschäft errichteten Urkunde unterbleiben, wenn diese in ein durch Bundesgesetz vorgesehenes Urkundenarchiv aufgenommen wurde und dem Finanzamt der Zugriffscode zu dieser Urkunde bekannt gegeben wird. Sofern ein Urkundenarchiv den gesetzlichen Voraussetzungen der §§ 91b ff Gerichtsorganisationsgesetz entspricht (zB cyberDOC, Archivium), stellen die darin gespeicherten Urkunden bis zum Nachweis des Gegenteils Originalurkunden dar. Wird daher der amtliche Vordruck gemeinsam mit der Urkunde über das Rechtsgeschäft in einem solchen Urkundenarchiv gespeichert und wird der jeweils zuständigen Behörde der Zugriff auf diese Urkunde ermöglicht, ist dies als Vorlage des Originales zu sehen. Eine gesonderte körperliche Übersendung des amtlichen Vordrucks ist dann nicht mehr erforderlich. 97

Am entsprechenden amtlichen Vordruck für die Neugründung bzw. für die Betriebsübertragung (NeuFö 2) ist zu erklären: 98

- dass die Voraussetzungen für die Neugründung bzw. die Übertragung eines Betriebes vorliegen,
- der voraussichtliche Kalendermonat der Neugründung bzw. Betriebsübertragung,
- bei welcher Behörde der Vordruck (voraussichtlich) vorgelegt wird.

Bis zum 31.12.2012 sind zusätzlich zu erklären:

- die nicht zu erhebenden Abgaben, Gebühren und Beiträge.

(AÖF 2013/207)

Der amtliche Vordruck muss „bei der Behörde" vorgelegt werden, die die Amtshandlung iSd § 1 Z 1 bis 7 NeuFöG vollzieht bzw. bei der die dort beschriebenen Abgaben anfallen (VwGH 26.06.2003, 2000/16/0362). 99

Grundsätzlich ist die Inanspruchnahme der Begünstigungen nur im Vorhinein, also im Wege einer Vorwegfreistellung von Abgaben, Gebühren und Beiträgen durch Vorlage des amtlichen Vordrucks nach erfolgter Beratung möglich. 100

Davon abweichend ist bei der Gesellschaftsteuer zu beachten, dass die Steuerschuld beim Ersterwerb von Gesellschaftsrechten an einer GmbH, GmbH & Co.KG oder AG erst mit Eintragung der Gesellschaft ins Firmenbuch entsteht. Die Vorlage des amtlichen Vordrucks beim Finanzamt (bzw. beim Parteienvertreter, der die Selbstberechnung durchführt) bis zu diesem Zeitpunkt ist für die Inanspruchnahme der Befreiung von der Gesellschaftsteuer gemäß § 1 Z 2 bzw. Z 5 NeuFöG rechtzeitig. Eine zuvor (wegen nicht beigebrachtem amtlichen Vordruck) festgesetzte Sicherheitsleistung ist zu erstatten; eine bereits bekanntgegebene selbstberechnete Gesellschaftsteuer ist nach Maßgabe des § 201 Abs. 2 bzw. 3 BAO zu berichtigen bzw. bei einem auf § 10a Abs. 7 KVG gestützten Antrag insoweit zu erstatten, als keine Steuerschuld entstanden ist.

Für die Befreiung von den Gerichtsgebühren für die Eintragung in das Firmenbuch gemäß § 1 Z 3 NeuFöG ist der amtliche Vordruck dem Gericht jedoch spätestens gleichzeitig mit dem Antrag auf Eintragung vorzulegen.

(AÖF 2013/207)

101 Im Hinblick auf die in § 4 NeuFöG als Voraussetzung für die Befreiungen nach dem NeuFöG verwendeten Begriffe „erklärt" und „bestätigt" ist davon auszugehen, dass jeder Behörde bzw. jeder Dienststelle jeweils ein Original des amtlichen Vordruckes NeuFö 2 vorzulegen ist. Eine Kopie des Originales ist grundsätzlich nicht ausreichend (siehe aber Rz 108).

(AÖF 2013/207)

102 Bei der Vorlage des ausgefüllten amtlichen Vordruckes bei der Behörde handelt es sich um ein materiell-rechtliches Tatbestandsmerkmal für die Befreiung. Dieses muss, wie die übrigen vom Gesetz geforderten Voraussetzungen für die Befreiung, zum Zeitpunkt der – rechtzeitigen – Antragstellung vorliegen. Eine spätere Vorlage kann den Befreiungstatbestand nicht mehr erfüllen, weil dieser eben die rechtzeitige Vorlage verlangt. Die Vorlage des amtlichen Vordruckes im Berufungsverfahren bedeutet keine für die Befreiung relevante nachträgliche Änderung des Sachverhaltes oder eine Änderung von rechtlichen Gegebenheiten. Die verspätete Vorlage oder die Vorlage erst im Rechtsmittelverfahren bringen die einmal entstandene Steuerschuld nicht mehr zum Wegfall. Die nachträgliche Vorlage des amtlichen Vordruckes stellt kein nachträgliches Ereignis iSd § 295a BAO dar (VwGH 29.03.2007, 2006/16/0098).

4.1.1. Erklärung der Neugründung bei mehreren Betriebsinhabern und/oder bei mehreren Behörden

103 Die Befreiungen des NeuFöG treten nur dann ein, wenn diejenige Person das Vorliegen der Voraussetzungen der Neugründung erklärt, die Abgabenschuldner der jeweiligen Abgaben, Gebühren oder Beiträge ist.

Ist nur die Gesellschaft Abgabenschuldner und haftet der bzw. haften die Betriebsinhaber lediglich für die Abgabenschuld, genügt es, wenn einer der Betriebsinhaber (bzw. ein Vertreter – vgl. Rz 115 ff) erklärt, dass die Voraussetzungen für die in Anspruch genommenen Befreiungen nach dem NeuFöG vorliegen und die Beratung mit diesem durchgeführt wird.

Nimmt ein Betriebsinhaber auch für sich eine Befreiung nach dem NeuFöG in Anspruch (zB für die Ausstellung einer Strafregisterbescheinigung), ist auch für ihn die Erklärung der Neugründung zu erstellen und die Beratung durchzuführen.

(AÖF 2013/207)

104 Bei der Neugründung oder Übertragung mehrerer (Teil-)Betriebe reicht ein amtlicher Vordruck nur dann aus, wenn aus diesem für die Behörde zweifelsfrei erkennbar ist, dass sich die Erklärung auf sämtliche (Teil-)Betriebe bezieht, für die eine Begünstigung beantragt wird.

Beispiel:

Vater und Onkel übergeben ihre jeweils eigenständigen Betriebe an den Sohn bzw. Neffen A. Hierbei handelt es sich um zwei unterschiedliche wirtschaftliche Tätigkeiten im Sinne der ÖNACE.

a) Sofern beide Betriebsübergaben in einem Übergabevertrag geregelt werden, reicht es für die Vorlage bei der jeweils in Anspruch genommenen Behörde aus, dass lediglich ein amtlicher Vordruck NeuFö 2 im Zuge der Beratung durch die zuständige Stelle ausgestellt wird.

b) Werden die Betriebsübertragungen in zwei verschiedenen Verträgen beurkundet, ist jeder Vertragsurkunde ein amtlicher Vordruck anzuschließen, weil andernfalls für die in Anspruch genommene Behörde nicht zweifelsfrei erkennbar ist, für welche Übertragung die Begünstigung in Anspruch genommen wird.

(AÖF 2013/207)

104a Wesentlich für die Anwendung der Befreiungsbestimmungen sind:

- die Erklärung des Betriebsinhabers, dass die Voraussetzungen für eine Neugründung bzw. Betriebsübertragung vorliegen,
- die Bestätigung, dass eine Beratung durch die zuständige Stelle erfolgte,
- die rechtzeitige Vorlage des amtlichen Vordrucks im Original bei der in Anspruch genommenen Behörde.

Die fehlende Angabe einer Abgabe, Gebühr oder eines Beitrags auf dem amtlichen Vordruck steht der Anwendung der Befreiung nicht entgegen, wenn aus dem Antrag oder der vorgelegten Urkunde der Antragswille hervorgeht (gilt bis 31.12.2012; danach ist diese Angabe auf dem amtlichen Vordruck gesetzlich nicht mehr vorgesehen).

(AÖF 2013/207)

4.1.2. Formmängel

4.1.2.1. Am amtlichen Vordruck fehlt die Unterschrift des Antragstellers

Bei fehlender Unterschrift auf einem verpflichtend nur schriftlich einzubringenden Antrag **105** ist die Behörde verpflichtet, mit Mängelbehebungsauftrag (§ 85 Abs. 2 BAO) vorzugehen (kein Ermessen). Die im Mängelbehebungsauftrag zu bestimmende angemessene Frist ist als behördliche Frist auf Antrag verlängerbar. Ein Antrag auf Erstreckung dieser Frist hat keine den Fristenlauf hemmende Wirkung.

Erfolgt eine rechtzeitige Mängelbehebung, gilt die Eingabe als ursprünglich richtig eingebracht. Wird einem Mängelbehebungsauftrag überhaupt nicht, nicht zeitgerecht oder unzureichend entsprochen, so ist mit Bescheid (Zurücknahmebescheid) auszusprechen, dass die Eingabe als zurückgenommen gilt.

Ein Mängelbehebungsauftrag ist jedoch nicht zu erlassen, wenn die Eingabe von vornherein offenkundig aussichtslos (etwa verspätet oder von einem nicht hiezu Legitimierten eingebracht) ist (siehe Richtlinien zum Mängelbehebungsverfahren nach § 85 Abs. 2 BAO vom 09. Oktober 2007, BMF-010103/0063-VI/2007).

Der Antrag auf Anwendung der Befreiungen nach dem NeuFöG im Text der Bezug **106** habenden und unterschriebenen Vertragsurkunde ohne Vorlage des amtlichen Vordrucks genügt nicht.

4.1.2.2. entfällt

Randzahl 107: derzeit frei

(AÖF 2013/207)

4.1.2.3. Vorlage einer Kopie des amtlichen Vordrucks

Die Vorlage einer Kopie mit bloß kopierter Stampiglie und Unterschrift der zuständigen **108** Berufsvertretung genügt auch bei Originalunterschrift des Befreiungswerbers nicht. Auch in diesem Fall ist der Antragsteller aufzufordern, den Mangel binnen angemessener Frist zu beheben.

4.2. Erstellung des amtlichen Vordrucks (§ 4 Abs. 2 NeuFöG)

Während für die Inanspruchnahme der Begünstigungen des § 1 Z 1 bis 6 NeuFöG die **109** Vorlage des amtlichen Vordruckes bei den in Betracht kommenden Behörden ausdrücklich gefordert wird, bestimmt § 4 Abs. 2 NeuFöG, dass es im Zusammenhang mit den Bestimmungen des § 1 Z 7 NeuFöG keiner Vorlage, sondern lediglich einer Erstellung des amtlichen Vordruckes bedarf (UFS 25.11.2003, RV/0016-I/03).

Im Rahmen von Ermittlungsverfahren oder Außenprüfungen sind die in Betracht kommenden Stellen (zB Finanzamt, Gebietskrankenkasse) befugt, die Vorlage des Vordruckes zu verlangen.

Die Abrechnung der an die Gebietskrankenkasse abzuführenden Beiträge erfolgt ausschließlich im Lohnsummenverfahren. Zum Vollzug der Begünstigung im Rahmen des Lohnsummenverfahrens ist es nötig, den erstellten Vordruck der Gebietskrankenkasse bei der Erstanmeldung der Dienstnehmer vorzulegen (siehe Empfehlungen zur einheitlichen Vollzugspraxis der Sozialversicherungsträger im Bereich des Melde-, Versicherungs- und Beitragwesens E-MVB NeuFöG-0003).

4.3. Bestätigung der Beratung (§ 4 Abs. 3 NeuFöG)

Am amtlichen Vordruck hat die für den Betriebsinhaber zuständige gesetzliche Berufs- **110** vertretung zu bestätigen, dass die Erklärung unter Inanspruchnahme der Beratung erstellt worden ist bzw. es sich um ein freies Gewerbe handelt und der Betriebsinhaber über grundlegende unternehmerische Kenntnisse verfügt (siehe Rz 112). Kann der Betriebsinhaber keiner gesetzlichen Berufsvertretung zugerechnet werden, ist die Bestätigung der Sozialversicherungsanstalt der gewerblichen Wirtschaft oder der Wirtschaftskammer einzuholen.

(BMF-AV Nr. 2019/63)

111 In Fällen, in denen der Neugründer bzw. Betriebsübernehmer keiner gesetzlichen Berufsvertretung zuzuordnen ist, kann auch die Bestätigung über die Beratung durch die Sozialversicherungsanstalt der gewerblichen Wirtschaft oder durch die Wirtschaftskammer entfallen, wenn ausschließlich die Wirkungen des § 1 Z 1 NeuFöG (Befreiung von Stempelgebühren und Bundesverwaltungsabgaben für die durch eine Neugründung bzw. Betriebsübertragung unmittelbar veranlassten Schriften und Amtshandlungen) eintreten (zB Um- bzw. Anmeldung eines KFZ, siehe Rz 17, Rz 67 f, Rz 149 f).

Ergibt sich erst später, dass auch andere Befreiungen zum Tragen kommen (zB Aufnahme von Arbeitnehmern im Zuge der Neugründung, für die die Befreiung von den Lohnabgaben gemäß § 1 Z 7 NeuFöG begehrt wird), ist die Beratung durch die Sozialversicherungsanstalt der gewerblichen Wirtschaft oder durch die Wirtschaftskammer nachzuholen und zu bestätigen.

(BMF-AV Nr. 2019/63)

112 Betrifft die Neugründung ein freies Gewerbe, so hat die zuständige gesetzliche Berufsvertretung auch zu bestätigen, dass der neue Betriebsinhaber über grundlegende unternehmerische Kenntnisse verfügt. Es bestehen keine Bedenken, wenn dabei folgender „Drei-Stufen-Plan" beachtet wird:

- Der Betriebsinhaber erklärt, über ein oder mehrere Zeugnisse zu verfügen, welche die Vermittlung unternehmerischer Kenntnisse nach Abschluss der Grundschulausbildung bestätigen (zB Zeugnisse einer Handelsakademie oder einer Handelsschule).
- In Ermangelung derartiger Zeugnisse bestätigt der Betriebsinhaber, über eine mindestens dreijährige kaufmännische Praxis zu verfügen.
- Bei Fehlen einer kaufmännischen Praxis wird dem Betriebsinhaber von der gesetzlichen Berufsvertretung Informationsmaterial zur Verfügung gestellt, welches grundlegende unternehmerische Kenntnisse vermittelt. Im Gegenzug erklärt sich der Betriebsinhaber bereit, sich die Kenntnisse auch tatsächlich anzueignen.

113 Bei Vorlage der vom Neugründer ordnungsgemäß ausgefüllten und von der Berufsvertretung, der Sozialversicherungsanstalt der gewerblichen Wirtschaft oder der Wirtschaftskammer gegebenenfalls bestätigten Erklärung NeuFö 2 wird idR davon auszugehen sein, dass die Voraussetzungen des NeuFöG vorliegen. Besteht allerdings ein begründeter Anlass, die sachliche Richtigkeit der Erklärung in Zweifel zu ziehen, sind von der jeweils in Anspruch genommenen Behörde die tatsächlichen und rechtlichen Verhältnisse zu ermitteln.

(BMF-AV Nr. 2019/63)

114 Die für die Erhebung der Abgaben, Gebühren und Beiträge zuständigen Institutionen sind berechtigt, den jeweils zuständigen Behörden Umstände mitzuteilen, die dafür sprechen, dass die Voraussetzungen für eine geltend gemachte Befreiung nicht oder nicht mehr vorliegen (siehe Rz 202 ff).

4.3.1. Beratung eines Vertreters des Betriebsinhabers

115 Parteien können sich gemäß § 83 Abs. 1 BAO durch eigenberechtigte Personen vertreten lassen. Daher kann sich auch der Betriebsinhaber eines neu zu gründenden Betriebes im Zuge der Erstellung (Unterzeichnung) der Erklärung der Neugründung bzw. der Betriebsübertragung sowie der Beratung vertreten lassen, wobei grundsätzlich Inhalt und Umfang dieser Vertretungsbefugnis aus der Vollmacht hervorgehen müssen.

116 Bei berufsmäßigen Parteienvertretern wie zB Rechtsanwälten, Wirtschaftstreuhändern und Notaren ersetzt die Berufung auf die Bevollmächtigung deren urkundlichen Nachweis, sodass es ausreicht, wenn sich diese mündlich auf eine ihnen erteilte Bevollmächtigung berufen. Die berufsmäßigen Parteienvertreter sind nach Maßgabe der berufsrechtlichen Bestimmungen (zB § 94 WTBG) weiters berechtigt, sich ihrer Angestellten als Erfüllungsgehilfen zu bedienen.

117 Bei amtsbekannten Familienmitgliedern, Haushaltsangehörigen oder Angestellten, die in Vertretung des Betriebsinhabers auftreten, kann von einer ausdrücklichen Vollmacht abgesehen werden.

118 Da die Erklärung der Neugründung gemäß § 4 Abs. 3 NeuFöG unter Inanspruchnahme der Beratung zu erstellen ist, muss die Person, die die Beratung in Anspruch nimmt, auch die sein, die die Erklärung unterzeichnet.

4.3.2. Zweifel an der Betriebsgründung im Zuge der Beratung

Wird von einer Person, die in Österreich keinen freien Arbeitsmarktzugang hat, eine Neugründung eines Betriebes erklärt und treten im Zuge der Beratung durch die gesetzliche Berufsvertretung, die Sozialversicherungsanstalt der gewerblichen Wirtschaft oder die Wirtschaftskammer anlässlich der Neugründung Zweifel auf, ob tatsächlich ein Betrieb gegründet wird, weil nicht sicher ist, ob eine betriebliche Struktur geschaffen wird und/oder der Betrieb der Erzielung von Einkünften aus Land- und Forstwirtschaft, aus selbständiger Arbeit oder aus Gewerbebetrieb dient, kann die beratende Stelle eine Stellungnahme des Wohnsitzfinanzamtes des Gründers verlangen. 119

(BMF-AV Nr. 2019/63)

Die Stellungnahme ist über Verlangen der gesetzlichen Berufsvertretung, der Sozialversicherungsanstalt der gewerblichen Wirtschaft oder der Wirtschaftskammer vom Neugründer mittels Formular NeuFö 5 beim Wohnsitzfinanzamt einzuholen. Die gesetzliche Berufsvertretung, die Sozialversicherungsanstalt der gewerblichen Wirtschaft oder die Wirtschaftskammer händigt dem Neugründer für die Einholung der Stellungnahme das Formular aus. Die Stellungnahme des Finanzamtes ist nach erfolgter Prüfung dem Neugründer zur Vorlage bei der gesetzlichen Berufsvertretung, der Sozialversicherungsanstalt der gewerblichen Wirtschaft oder der Wirtschaftskammer auszufolgen oder zuzustellen. 120

(BMF-AV Nr. 2019/63)

Die Abgrenzung zwischen nichtselbständiger und selbständiger Tätigkeit ist den LStR 2002 Rz 930 ff zu entnehmen. Im Folgenden werden die wesentlichen Kriterien zusammenfassend angeführt. Angemerkt wird, dass nicht einzelne Kriterien, sondern das Gesamtbild der Tätigkeit für eine Beurteilung maßgebend ist. 121

Kriterien, die für die Nichtselbständigkeit sprechen

- Dauerschuldverhältnis 122
- Weisungsgebundenheit
- Organisatorische Eingliederung
- Arbeitskleidung wird vom Arbeitgeber bereitgestellt
- Arbeitsmittel werden vom Arbeitgeber bereitgestellt
- Arbeitsort wird vom Arbeitgeber vorgegeben
- Arbeitszeit wird vom Arbeitgeber vorgegeben
- Auslagenersatz (Reisekostenersatz durch Arbeitgeber)
- Auftraggeber (Auftragnehmer wird nur für einen oder wenige Auftraggeber tätig)
- Zeitlohn (ein Akkordlohn spricht nicht gegen eine Nichtselbständigkeit)
- Haftung (für Gewährleistung haftet der Auftraggeber)
- Auftragnehmer bedient sich keiner Hilfskräfte
- Sozialleistungen (zusätzlich zum Entgelt)
- Sozialversicherung
- kein Unternehmerwagnis
- Vertragsgestaltung
- Vertretungsmöglichkeit ist nicht vorgesehen oder kommt praktisch nicht zum Tragen

Kriterien, die für die Selbständigkeit sprechen

- Weisungsungebundenheit 123
- keine persönliche Abhängigkeit
- fehlende Eingliederung in den geschäftlichen Organismus des Auftraggebers
- Tragen des Unternehmerrisikos
- Haftung (für Gewährleistung haftet der Auftragnehmer)
- keine Kontrolle des Auftragnehmers hinsichtlich Art, Ort und Zeit der Beschäftigung
- Vertretung zulässig
- Verwendung eigener Arbeitsmittel
- Vorliegen einer betrieblichen Struktur (Gewerbebetrieb § 28 BAO; Betriebsstätte § 29 BAO)
- Büroräumlichkeiten (eventuell mit Fernsprechanschluss, Internetanschluss) am Standort
- Aufbewahrungsmöglichkeit für Arbeitsmittel und Arbeitsmaterial (Lager)
- Aktives Anbahnen von Aufträgen und entsprechende Kundenfrequenz

4.3.3. Rechtsschutz des Förderungswerbers bei Nichtbestätigung der Beratung

124 Kommt die beratende Stelle im Zuge der Beratung zur Ansicht, dass die Voraussetzungen für die Befreiungen nicht vorliegen, kann der Förderungswerber die Bestätigung der Beratung dennoch verlangen. In diesem Fall ist auf dem amtlichen Vordruck ein entsprechender Vermerk anzubringen. Die jeweils in Anspruch genommene Behörde (zB Gewerbebehörde) wird – wenn sie nicht eine für die beantragte Befreiung zuständige Behörde ist – die anfallenden Abgaben, Gebühren oder Beiträge zunächst einheben. In der Folge kann nach Maßgabe der verfahrensrechtlichen Möglichkeiten ein Rückzahlungsantrag bei der für die angefallenen Abgaben, Gebühren oder Beiträge zuständigen Behörde (zB für Eingaben- und Zeugnisgebühren nach § 14 TP 6 und 14 GebG an das Finanzamt) gestellt werden. Diese Behörde hat über das Vorliegen der Voraussetzungen zu entscheiden.

125 Für die Rückerstattung von Bundesverwaltungsabgaben ist jene Behörde zuständig, bei der diese angefallen sind. Für die Rückerstattung von Stempelgebühren (feste Gebühren nach dem GebG) ist das Finanzamt für Gebühren, Verkehrsteuern und Glücksspiel bundesweit zuständig, für die Rückerstattung von Beiträgen zur gesetzlichen Unfallversicherung die jeweilige Sozialversicherungsanstalt. Grunderwerbsteuer, Gesellschaftsteuer und Gerichtsgebühren fallen bei den ohnehin zuständigen Behörden an und haben diese das Vorliegen der Voraussetzungen bereits bei der Inanspruchnahme zu beurteilen.

Beispiel:

Die beratende Stelle verneint das Vorliegen der Voraussetzungen für die Neugründung.
Variante A:

Der Neugründer legt den amtlichen Vordruck der Gewerbebehörde vor. Die Gewerbebehörde hebt mangels Vorliegens der Voraussetzungen die Gebühr ein. Da die Gewerbebehörde für die Gebühr gemäß § 14 TP 2 GebG nicht zuständig ist, besteht nur die Möglichkeit, die Gebühr zunächst zu entrichten und einen Antrag auf Rückerstattung beim Finanzamt zu stellen.

Variante B:

Der Neugründer legt den amtlichen Vordruck dem Grundbuchgericht vor. Nachdem auch das Grundbuchgericht die Voraussetzungen verneint, wird die Eintragungsgebühr vorgeschrieben. Dagegen kann der Neugründer ein Rechtsmittel bei Gericht ergreifen.

(AÖF 2013/207)

4.4. Vollelektronische Gründung (§ 4 Abs. 4 NeuFöG)

(BMF-AV Nr. 2019/63)

126 Abweichend zu § 4 Abs. 1 bis 3 NeuFöG kann die Erklärung der Neugründung auch elektronisch im One-Stop-Shop Unternehmensserviceportal (USP) erfolgen. Dies ist jedoch abhängig davon, ob die technischen Voraussetzungen gegeben sind und die in Betracht kommende Behörde elektronischen Zugriff auf die elektronische Erklärung hat. Ein elektronischer Zugriff kann bspw. auch dann vorliegen, wenn die Behörde Zugriff auf das Unternehmensregister hat und dort die Information über die NeuFöG-Erklärung vorliegt. Es ist ebenfalls zulässig, ein elektronisches Abbild der NeuFöG-Bestätigung gemäß § 4 Abs. 1 bis 3 NeuFöG als Anhang im Zuge des Unternehmensserviceportalgründungsprozesses zu übermitteln (zB Scan der WKO-Bestätigung).

Es ist in diesen Fällen zulässig, dass die Beratung gemäß § 4 Abs. 3 NeuFöG durch die Sozialversicherungsanstalt, die Berufsvertretung oder die Wirtschaftskammer fernmündlich oder unter Verwendung von Wort- und Bildübertragung erfolgt, dies ist durch den Betriebsinhaber zu bestätigen. Jeder Ausdruck einer Erklärung über das Unternehmensserviceportal muss elektronisch signiert sein und gilt dann als amtlicher Vordruck iSd § 4 Abs. 1 und 2 NeuFöG.

(BMF-AV Nr. 2019/63)

4.5. Elektronische Übermittlung (§ 4 Abs. 5 NeuFöG; ÜbermittlungsVO BGBl. II Nr. 216/2005)

127 Ist zwischen der gesetzlichen Berufsvertretung, der der Betriebsinhaber zuzurechnen ist, und den in Betracht kommenden Behörden ein ständiger Datenverkehr eingerichtet, können die Erklärungen gemäß § 4 Abs. 1 NeuFöG von der gesetzlichen Berufsvertretung an die in Betracht kommenden Behörden elektronisch übermittelt werden. In diesen Fällen entfällt die Verpflichtung zur Vorlage eines amtlichen Vordruckes. Die gesetzliche Berufsvertretung darf eine elektronische Übermittlung erst nach Inanspruchnahme der Beratung vornehmen.

128 Die elektronische Übermittlung von Erklärungen gemäß § 4 Abs. 1 NeuFöG an Abgabenbehörden des Bundes ist nicht zulässig.

Wird der jeweils zuständigen Abgabenbehörde im Zuge der elektronischen Abgabenerklärung oder Selbstberechnung der Zugriff auf einen in einem Urkundenarchiv iSd §§ 91b ff GOG gespeicherten Vordruck ermöglicht, liegt keine elektronische Übermittlung, sondern die Vorlage des Originals vor (siehe Rz 97). 129

Für die elektronische Übermittlung von Erklärungen gemäß § 4 Abs. 1 NeuFöG an Gerichte ist die Verordnung des Bundesministers für Justiz über den Elektronischen Rechtsverkehr (ERV 1995), BGBI. Nr. 559/1995, anzuwenden. 130

Die elektronische Übermittlung muss folgende Daten beinhalten: 131

- Name bzw. Firmenbezeichnung und Anschrift des antragstellenden Betriebsinhabers,
- bei natürlichen Personen Versicherungsnummer oder Geburtsdatum,
- Bezeichnung und Anschrift der gesetzlichen Berufsvertretung, der der Betriebsinhaber zuzurechnen ist,
- Erklärung, dass bei einer Neugründung des Betriebes die Voraussetzungen nach § 2 NeuFöG und bei einer Übertragung des Betriebes die Voraussetzungen nach § 5a Abs. 1 NeuFöG vorliegen,
- voraussichtlicher Zeitpunkt der Neugründung oder Übertragung des Betriebes,
- Bezeichnung und Anschrift der für die Nichterhebung einer Abgabe, Gebühr oder eines Beitrages nach § 1 Z 1 bis 6 NeuFöG in Betracht kommenden Behörde und
- Angabe jener Abgabe, Gebühr oder jenes Beitrages, bei dem die Begünstigung eintreten soll (bis 31.12.2012).

(AÖF 2013/207)

Die Übermittlung der Daten kann in einer oder mehreren Sendungen erfolgen. Werden Daten mehrfach übermittelt, sind die jeweils zuletzt übermittelten Daten maßgebend. Über jede erfolgreiche Sendung hat der Empfänger der gesetzlichen Berufsvertretung eine Empfangsbestätigung mit folgenden Angaben zu übermitteln: 132

- Bezeichnung und Anschrift des Empfängers,
- Name bzw. Firmenbezeichnung und Anschrift des antragstellenden Betriebsinhabers,
- bei natürlichen Personen Versicherungsnummer oder Geburtsdatum,
- Bezeichnung und Anschrift der gesetzlichen Berufsvertretung, der der Betriebsinhaber zuzurechnen ist,
- Angabe jener Abgabe, Gebühr oder jenes Beitrages, bei dem die Wirkung nach § 1 Z 1 bis 6 NeuFöG eintreten soll (bis 31.12.2012),
- Datum und Uhrzeit der Übermittlung und
- Anzahl der richtigen und fehlerhaften Meldungen.

(AÖF 2013/207)

Die Empfangsbestätigung kann auch elektronisch übermittelt werden. Wird bei den übermittelten Daten ein Fehler festgestellt, so ist dies der gesetzlichen Berufsvertretung mitzuteilen. 133

Die Bestätigung gemäß § 4 Abs. 3 NeuFöG, dass die Erklärung der Neugründung oder (Teil-)Betriebsübertragung unter Inanspruchnahme der Beratung jener gesetzlichen Berufsvertretung, der der Betriebsinhaber zuzurechnen ist, erstellt wurde, ist von dieser gesetzlichen Berufsvertretung in geeigneter Form festzuhalten. 134

Nach erfolgter Inanspruchnahme der Beratung durch die zuständige Berufsvertretung wird zur Bestätigung ein Protokoll erstellt und durch den Betriebsinhaber unterfertigt. Im Rahmen der elektronischen Gewerbeanmeldung wird die Erklärung der Neugründung mit dem Vorliegen der Voraussetzungen nach dem NeuFöG an die Bezirksverwaltungsbehörde elektronisch übermittelt. Die Übermittlungsbestätigung der elektronischen Gewerbeanmeldung, die auch die Bestätigung der Übermittlung der Erklärung nach dem NeuFöG beinhaltet, wird von der zuständigen Berufsvertretung archiviert. Die Aufbewahrung eines amtlichen Vordruckes in Papierform erübrigt sich, wenn sichergestellt wird, dass innerhalb der 7-jährigen Aufbewahrungsfrist auf Verlangen der jeweils zuständigen Behörde jederzeit ein Ausdruck erstellt werden kann. 135

Wenn eine Erklärung in Papierform (NeuFö 2) erstellt und unterfertigt wurde, können gemäß § 2 Abs. 3 der ÜbermittlungsVO, BGBl. II Nr. 216/2005 die in § 2 Abs. 1 Übermittlungs-VO genannten Daten auch durch Übermittlung eines elektronischen Abbildes der vollständig ausgefüllten und unterschriebenen Erklärung gemäß § 4 Abs. 1 NeuFöG übermittelt werden. Gemäß § 5 Abs. 3 ÜbermittlungsVO entfällt sodann das Erfordernis der Übermittlung einer Empfangsbestätigung gemäß § 5 Abs. 1 ÜbermittlungsVO. An Stelle der Aufbewahrung einer Abschrift des amtlichen Vordruckes auf dem eine Bestätigung 136 iSd § 4 NeuFöG angebracht wurde (§ 7 Abs. 1 erster Satz NeuFöG) sind im Falle der elektronischen Erklärungsübermittlung gemäß § 4 Abs. 5 NeuFöG (iVm ÜbermittlungsVO) die Daten nach Maßgabe des § 7 Abs. 1 zweiter bis letzter Satz NeuFöG aufzubewahren. Die Daten bestehen in diesem Fall aus dem elektronischen Abbild. Zur Aufbewahrung kommt sowohl eine dauerhafte Wiedergabe der übermittelten Daten als auch eine Speicherung auf Datenträger nach näherer Regelung gemäß § 7 Abs. 1 NeuFöG in Betracht.

(AÖF 2013/207)

4.6. Rechtsmittelverfahren

136a Wird einem im Zusammenhang mit der Neugründung stehenden Anbringen (vgl. zB Rz 6 ff) die antragsgemäße Erledigung versagt und dagegen ein Rechtsmittel erhoben, sind auch die im Rechtsmittelverfahren allenfalls anfallenden Stempelgebühren und Bundesverwaltungsabgaben gemäß § 1 Z 1 NeuFöG befreit, insoweit der Antragsteller im Rechtsmittelverfahren obsiegt.

5. Meldeverpflichtung (§ 5 NeuFöG)

Wird die Betriebsinhabervoraussetzung iSd § 2 Z 2 NeuFöG nicht erfüllt oder wird der neu gegründete Betrieb (siehe Rz 55 ff, Rz 164 ff) iSd § 2 Z 5 NeuFöG erweitert (siehe Rz 85 f), fallen bereits in Anspruch genommene Befreiungen nachträglich (rückwirkend) weg. Die betreffenden Abgaben, Gebühren und Beiträge sind nachzuentrichten. **137**

Wird aber die betriebliche Tätigkeit aufgrund von wirtschaftlichem Misserfolg (zB Insolvenz) innerhalb von zwei Jahren nach der Neugründung beendet, so ist keine Meldeverpflichtung im Sinne des § 5 NeuFöG gegeben.

(AÖF 2013/207)

Wird lediglich die Rechtsform des neu gegründeten Betriebes geändert, bleiben die Befreiungen erhalten. Die Änderung der Person des Betriebsinhabers ist grundsätzlich nicht schädlich. Schädlich ist diese Änderung nur dann, wenn es sich um eine Person handelt, die die Kriterien des § 2 Z 2 NeuFöG nicht erfüllt. **138**

Beispiel:

Ein Betriebsinhaber veräußert seinen Betrieb nach 13 Monaten an den nunmehrigen neuen Betriebsinhaber. Der neue Betriebsinhaber war in den letzten 15 Jahren ab Erwerb des Betriebes nicht in vergleichbarer Art beherrschend betrieblich tätig. Die Änderung in der Person des Betriebsinhabers ist nicht schädlich, insoweit der neue Betriebsinhaber die 2 Jahres-Frist ab dem Zeitpunkt der Neugründung des Betriebes gemäß § 2 Z 2 NeuFöG erfüllt.

(AÖF 2013/207)

Der Betriebsinhaber ist verpflichtet, alle Umstände, die zum Wegfall der Begünstigungen führen, allen vom Wegfall betroffenen Behörden unverzüglich mitzuteilen. **139**

Die Steuerschuld (Gebührenschuld, Beitragsschuld) entsteht zu jenem Zeitpunkt, zu welchem der meldepflichtige Tatbestand verwirklicht wird. **140**

6. Förderung der Betriebsübertragung (§ 5a NeuFöG)

141 Zur Förderung der Übertragung von Betrieben werden nach § 5a Abs. 2 Z 1 und 2 NeuFöG nicht erhoben:

§ 5a Abs. 2 Z 1 iVm § 1 Z 1 NeuFöG	Stempelgebühren und Bundesverwaltungsabgaben für die durch die Übertragung unmittelbar veranlassten Schriften und Amtshandlungen (siehe Rz 5 ff, Rz 148 ff)
§ 5a Abs. 2 Z 1 iVm § 1 Z 3 NeuFöG	Gerichtsgebühren für die Eintragung in das Firmenbuch (TP 10 Z 1 GGG) unmittelbar im Zusammenhang mit der Übertragung des Betriebes (siehe Rz 27 f, Rz 152 f)
§ 5a Abs. 2 Z 1 iVm § 1 Z 5 NeuFöG	Gesellschaftsteuer für den Erwerb von Gesellschaftsrechten unmittelbar im Zusammenhang mit der Übertragung des Betriebes durch den ersten Erwerber (siehe Rz 34 ff, Rz 154)
§ 5a Abs. 2 Z 2 NeuFöG	Die Grunderwerbsteuer von steuerbaren Vorgängen, die mit einer Betriebsübertragung unmittelbar im Zusammenhang stehen, soweit der für die Steuerberechnung (Bemessungsgrundlage) maßgebende Wert 75.000 Euro nicht übersteigt (siehe Rz 155 ff)

Ein Betrieb wird übertragen, wenn die wesentlichen Betriebsgrundlagen eines bereits bestehenden Betriebes auf einen Erwerber übergehen.

Eine Betriebsübertragung ist begünstigt, wenn

- ein Wechsel in der Person des die Betriebsführung beherrschenden Betriebsinhabers (siehe Rz 173 ff),
- in Bezug auf einen bereits vorhandenen Betrieb (Teilbetrieb) (siehe Rz 164 f),
- durch eine entgeltliche oder unentgeltliche Übertragung des Betriebes (Teilbetriebes) erfolgt (siehe Rz 144) und
- die die Betriebsführung innerhalb von 2 Jahren nach der Übertragung beherrschende Person (Betriebsinhaber) sich bisher nicht in vergleichbarer Art beherrschend betrieblich betätigt hat (siehe Rz 71 ff).

Dabei ist die Größe des übertragenen Betriebes bzw. Teilbetriebes nicht von Bedeutung.

142 Ein (Teil-)Betrieb wird übertragen, wenn die bereits bestehenden und für den konkreten (Teil-) Betrieb wesentlichen Betriebsgrundlagen als funktionsfähige Sachgesamtheit übernommen werden. Die Übertragung hat in einem einzigen einheitlichen Vorgang zu erfolgen.

Nach dem UmgrStG zulässige rückwirkende Änderungen des übertragenen Vermögens (zB § 16 Abs. 5 UmgrStG) stehen den Begünstigungen des NeuFöG nicht entgegen.

143 Begünstigt ist nicht nur die Übertragung von Betrieben und Teilbetrieben, sondern auch die Übertragung von Mitunternehmeranteilen und Anteilen an Kapitalgesellschaften, wenn durch die Übertragung ein Wechsel in der Person des Betriebsinhabers bewirkt wird. Bleibt in der Gesellschaft ein bisheriger Betriebsinhaber weiterhin Betriebsinhaber, dann liegt keine begünstigte Übertragung vor (siehe Beispiele Rz 81 und Rz 173 ff).

144 Die Übertragung kann entgeltlich oder unentgeltlich erfolgen; im Wesentlichen sind folgende Übertragungsfälle denkbar:

- Entgeltliche Übertragung:

  Dazu zählen vor allem der Kauf, der Tausch, die Übertragung eines Betriebes gegen Übernahme von Betriebsschulden ohne weitere Gegenleistung und die Zwangsversteigerung. Eine entgeltliche Übertragung liegt außerdem dann vor, wenn die wesentlichen Betriebsgrundlagen in einem einheitlichen Vorgang an einen Pächter verpachtet werden.
- Unentgeltliche Übertragung:

  Dazu zählen vor allem die Schenkung, Erbschaft und die Erfüllung eines Legats oder eines Pflichtteilanspruchs.
- Umgründungsvorgänge, unabhängig davon, ob sie unter das UmgrStG fallen oder nicht, sowie der Übergang des Gesellschaftsvermögens gemäß § 142 UGB.

In allen diesen Fällen kommt die Begünstigung des NeuFöG nur zum Tragen, wenn neben dem Vorliegen der übrigen Voraussetzungen insb. ein Wechsel in der Person des Betriebsinhabers erfolgt (vgl. Rz 71 ff).

145 Die Übernahme eines stillgelegten Betriebes stellt eine Übertragung dar, wenn die für den konkreten Betrieb wesentlichen Grundlagen noch vorhanden und einsetzbar sind.

Beispiel 1:

Übernahme eines seit drei Jahren stillgelegten Hotelbetriebes und Neueröffnung nach geringfügigen Adaptierungsarbeiten (Ausmalen der Zimmer):

Es liegt eine Übertragung iSd NeuFöG vor, weil die wesentlichen Grundlagen des übernommenen Betriebes für den neuen Betrieb einsetzbar sind.

Beispiel 2:

Übernahme eines seit drei Jahren stillgelegten Restaurants und Umbau zu einem Haubenlokal (Austausch der kompletten Einrichtung, Umbau der Küche, Erweiterung um Terrasse):

Es liegt keine Übertragung, sondern eine Neugründung iSd NeuFöG vor, weil die für den konkreten Betrieb wesentlichen Grundlagen neu geschaffen werden.

Erfolgt gleichzeitig mit einer Betriebsübernahme eine Standortverlegung, so liegt keine Neugründung vor. Jedoch können die Begünstigungen für die Betriebsübertragung anwendbar sein. 146

Wurde allerdings am ersten Standort die betriebliche Tätigkeit tatsächlich nie ausgeübt, können – bei Vorliegen der übrigen Voraussetzungen – die Befreiungen für Neugründungen iSd NeuFöG zum Tragen kommen. Die Standortverlegung selbst ist allerdings auch in diesem Ausnahmefall nicht unter die Befreiungen des NeuFöG zu subsumieren, weil Standortverlegungen nur in einem allenfalls mittelbaren Zusammenhang zur Neugründung stehen.

Beispiel:

Der Vater übergibt seinen Betrieb (zB Tischlerei) an den Sohn. Der Sohn führt den Betrieb mit den übernommenen Anlagen, Maschinen, Lagerbeständen und Mitarbeitern an einem neuen Standort weiter. Bei einer Tischlerei stellen Anlagen, Maschinen, Lagerbestände und einschlägig fachlich qualifizierte Mitarbeiter (vgl. Rz 65) auch ohne das dazugehörige Betriebsgebäude wesentliche Betriebsgrundlagen dar. Die Begünstigung für die Betriebsübertragung steht somit zu.

6.1. Befreite Abgaben

Grundsätzlich gelten für Betriebsübertragungen dieselben Befreiungen von Abgaben, Gebühren und Beiträgen wie für Neugründungen, ausgenommen die Befreiungen von den Gerichtsgebühren für die Eintragung in das Grundbuch gemäß § 1 Z 4 NeuFöG und den lohnabhängigen Abgaben gemäß § 1 Z 7 NeuFöG (siehe § 5a Abs. 2 Z 1 NeuFöG; vgl. auch Rz 1 ff, Rz 29 und Rz 41). 147

Die Befreiung von der Grunderwerbsteuer regelt § 5a Abs. 2 Z 2 NeuFöG völlig anders als § 1 Z 2 NeuFöG für Neugründungen.

6.1.1. Stempelgebühren und Bundesverwaltungsabgaben (§ 5a Abs. 2 Z 1 NeuFöG)

Die Befreiung von Stempelgebühren (insb. die TP 2 Abs. 1 Z 1 und 2, TP 5, TP 6 Abs. 1 und 2 sowie TP 14 des § 14 Gebührengesetz) und Bundesverwaltungsabgaben gilt auch für Schriften und Amtshandlungen, die durch eine Betriebsübertragung unmittelbar veranlasst sind. 148

Dies sind zum Beispiel:

- die Erteilung von entsprechenden Aufenthaltsbewilligungen im Sinne von § 14 GewO 1994 zur Ausübung einer Erwerbstätigkeit
- die Ausstellung von Zulassungsscheinen bei der durch die Betriebsübertragung erforderlichen Anmeldung (Ummeldung) von Kraftfahrzeugen

Im Übrigen gelten die Ausführungen unter Rz 5 ff sinngemäß.

(BMF-AV Nr. 2019/63)

Ummeldung von Kraftfahrzeugen

Wenn neben Stempelgebühren und Bundesverwaltungsabgaben keine anderen Abgaben anfallen, ist keine Bestätigung über die Beratung durch die Sozialversicherungsanstalt der gewerblichen Wirtschaft (siehe Rz 111) erforderlich. Der Betriebsinhaber kann in diesem Fall das unterschriebene Formular NeuFö 2 ohne Bestätigung der Beratung bei der Zulassungsstelle vorlegen. 149

Eine Befreiung von der Gebühr gemäß § 14 TP 15 GebG steht nur dann zu, wenn die Übertragung von Kraftfahrzeugen unmittelbar durch eine Betriebsübertragung veranlasst ist. Eine „Unmittelbarkeit" ist nur gegeben, wenn die Übertragung eines Kraftfahrzeuges oder mehrerer Kraftfahrzeuge selbst notwendig ist, um den Tatbestand einer begünstigten Betriebsübertragung dem Grunde nach überhaupt zu erfüllen. Folglich liegt der geforderte unmittelbare Zusammenhang nur dann vor, wenn ein Kraftfahrzeug zu den wesentlichen

Betriebsgrundlagen zählt. Die ausschließliche oder überwiegende Verwendung im Betrieb ist für sich allein nicht ausreichend (vgl. Rz 67).

Nur dann, wenn ein Kraftfahrzeug unbestritten zu den wesentlichen Betriebsgrundlagen zählt (siehe Rz 67, Rz 64 ff), ist die Befreiung von der Gebühr nach § 14 TP 15 GebG zu gewähren, und zwar auch dann, wenn auf dem Formular NeuFö 2 eine Beratung nicht bestätigt wurde (siehe Rz 111) oder am neuen Zulassungsschein nur einer von mehreren begünstigten Übernehmern aufscheint. Es kommt dabei auf die tatsächliche Übergabe und die Aufnahme in das Anlagevermögen des Übernehmers, nicht jedoch auf den Zeitpunkt der Ummeldung des Kraftfahrzeuges an. Die Einhaltung einer bestimmten Frist für diese Ummeldung ist nicht erforderlich.

(BMF-AV Nr. 2019/63)

150 Gewährt die Zulassungsbehörde die Befreiung nicht, weil zweifelhaft ist, ob das Fahrzeug zu den wesentlichen Betriebsgrundlagen (siehe Rz 64 ff) gehört, hat der Zulassungswerber die Möglichkeit, sich mit einem Rückerstattungsansuchen an das Finanzamt zu wenden (siehe GebR Rz 387).

Beispiel:

A übernimmt das Taxiunternehmen samt Fuhrpark von B. Im Falle eines Taxiunternehmens zählt der Fuhrpark bei der Betriebsübertragung jedenfalls zu den wesentlichen Betriebsgrundlagen. Damit steht die Befreiung gemäß § 5a Abs. 2 Z 1 iVm § 1 Z 1 NeuFöG von der Gebühr gemäß § 14 TP 15 GebG – sofern die übrigen Voraussetzunge erfüllt sind – zu.

151 Wurde entgegen den Voraussetzungen für eine Gebührenbefreiung diese von der Zulassungsstelle jedoch gewährt, so ist der Haftungsbescheid für die nicht abgeführte Gebühr an die Zulassungsstelle zu richten (siehe GebR Rz 388). Voraussetzung für die Begünstigung einer Betriebsübertragung ist unter anderem, dass bereits vorhandene Betriebsgrundlagen (siehe Rz 64 ff) als funktionstüchtige Sachgesamtheit übertragen werden.

6.1.2. Gerichtsgebühr für die Eintragung ins Firmenbuch (§ 5a Abs. 2 Z 1 NeuFöG)

152 Die Ausführungen unter Rz 27 f gelten sinngemäß.

153 Die Gerichtgebühren für die Eintragungen in das Firmenbuch (TP 10 Z 1 des GGG) die unmittelbar im Zusammenhang mit der Übertragung des Betriebes stehen, werden nicht eingehoben.

Das sind insb. Gerichtsgebühren für folgende Eintragungen:

- die Neueintragung oder Änderung der Firma,
- die Neueintragung, die Änderung oder Löschung bei den vertretungsberechtigten Personen oder Funktionen,
- die Änderung des Inhabers,
- die Neueintragung, die Änderung oder Löschung der persönlich haftenden Gesellschafter,
- die Neueintragung, die Änderung oder Löschung der Geschäftsführer,
- die Änderung der Musterzeichnung.

6.1.3. Gesellschaftsteuer (§ 5a Abs. 2 Z 1 NeuFöG)

154 Gemäß § 5a Abs. 2 Z 1 iVm § 1 Z 5 NeuFöG ist der Erwerb von Gesellschaftsrechten an Kapitalgesellschaften iSd § 4 KVG unmittelbar im Zusammenhang mit Betriebsübertragungen durch den ersten Erwerber von der Gesellschaftsteuer befreit.

Der Gesellschaftsteuer unterliegt gemäß § 2 Z 1 KVG nur der Erwerb von Gesellschaftsrechten an einer Kapitalgesellschaft iSd § 4 KVG durch den ersten Erwerber. Da nur der Erwerb von Gesellschaftsrechten durch den ersten Erwerber steuerbefreit ist, sind spätere Einzahlungen ebenso steuerpflichtig wie freiwillige Leistungen eines Gesellschafters im Zusammenhang mit der Betriebsübertragung.

Der Befreiung von der Gesellschaftsteuer liegt im Zusammenhang mit § 5a NeuFöG der Fall einer übernehmenden neu gegründeten Kapitalgesellschaft, die ihrerseits als betriebsbeherrschende Person angesehen wird, zugrunde.

Ist dieser Vorgang grundsätzlich unter den Anwendungsbereich des UmgrStG zu subsumieren (zB bei der Verschmelzung durch Neugründung, Einbringung oder Spaltung) kommen die Befreiungen des UmgrStG zur Anwendung.

Beim Erwerb von Gesellschaftsrechten oder deren Erhöhung, wenn und soweit auf die Kapitalgesellschaft als Gegenleistung das gesamte Vermögen, ein Betrieb oder Teilbetrieb einer anderen Kapitalgesellschaft übertragen wird, kommt die Befreiung des § 6 Abs. 1 Z 3 KVG zum Tragen, sofern die Kapitalgesellschaft, an der Gesellschaftsrechte erworben werden, für die übernommenen Sacheinlagen bare Zahlungen oder sonstige Leistungen von nicht mehr als 10% des Nennwertes der Gesellschaftsrechte leistet oder gewährt.

Die Ausführungen unter Rz 34 ff gelten sinngemäß.

6.1.4. Grunderwerbsteuer (§ 5a Abs. 2 Z 2 NeuFöG)

Für die Befreiung von der Grunderwerbsteuer erfolgte eine – im Vergleich zur Neugründung (§ 1 Z 2 NeuFöG) – abweichende Regelung; wie etwa, dass das Erfordernis einer Einbringung auf gesellschaftsvertraglicher Grundlage bei der Übertragung eines Betriebes (vgl. die Ausführungen unter Rz 21 ff zur Neugründung) entfällt. 155

Bei Betriebsübertragungen wird für steuerbare Vorgänge, die mit einer solchen in unmittelbarem Zusammenhang stehen, die Grunderwerbsteuer insoweit nicht erhoben, als die für die Berechnung der Grunderwerbsteuer maßgebliche Bemessungsgrundlage den Freibetrag iHv 75.000 Euro nicht übersteigt.

Der Betrag von 75.000 Euro stellt einen betriebsbezogenen Freibetrag dar. Er steht pro übertragenem Betrieb zu, unabhängig davon, wie viele Grundstücke mit diesem Betrieb übertragen werden und ist auch auf Grundstücke anwendbar, die sich im Sonderbetriebsvermögen des übertragenden Mitgesellschafters befinden und die gemeinsam mit den Mitunternehmeranteilen übertragen werden.

Durch den Verweis des § 5a Abs. 2 Z 2 NeuFöG auf Abs. 1 leg. cit. ist klargestellt, dass es sich um einen betriebsbezogenen Freibetrag handelt, der bei mehreren Erwerbsvorgängen auf diese entsprechend den erworbenen Anteilen am Betrieb aufzuteilen ist. Der Freibetrag steht also bei mehreren Erwerbsvorgängen nicht für jeden steuerbaren Vorgang, sondern pro übertragenem Betrieb zu.

Beispiel:

Vater (V) und Mutter (M) übertragen ihren als GesbR geführten Gasthausbetrieb an Sohn (S) und Schwiegertochter (ST). Die Gesamtgegenleistung für das Gasthausgrundstück beträgt 400.000 Euro (größer als der 3-fache Einheitswert).

Für Zwecke der Grunderwerbsteuer liegen vier Erwerbsvorgänge vor. Die anteilige Gegenleistung für den jeweiligen Erwerbsvorgang beträgt 100.000 Euro abzüglich den aliquoten Freibetrag iHv 18.750 Euro (1/4 von 75.000 Euro) – ergibt als Grunderwerbsteuerbemessungsgrundlage 81.250 Euro. Dies gilt sowohl für die Übergabe von V an S und V an ST als auch für die Übergabe von M an S und M an ST.

Der Freibetrag ist kumulativ mit der Befreiung für Unternehmensübertragungen gemäß § 3 Abs. 1 Z 2 GrEStG 1987 oder der begünstigten Besteuerung gemäß § 4 Abs. 2 Z 2 GrEStG 1987 anwendbar.

(AÖF 2013/207)

Das Unmittelbarkeitserfordernis schließt den Zuerwerb eines Grundstückes aus Anlass der Betriebsübertragung (veranlasst etwa durch Erweiterungsüberlegungen) von der Befreiung aus. An sich kann aber der Erwerbsvorgang sowohl mit einer entgeltlichen Betriebsübergabe als auch mit einer gemischten Schenkung, mit einer Einbringung, ja selbst mit einer Anteilsvereinigung oder -übertragung im Zusammenhang stehen. Es handelt sich gegebenenfalls also sogar um Rechtsvorgänge, die das zivilrechtliche Eigentum am Grundstück unberührt lassen. 156

Wird gemeinsam mit dem Betrieb eine Liegenschaft, die zur Hälfte im Eigentum des Betriebsinhabers und zur Hälfte im Eigentum eines Nichtbetriebsinhabers steht, übergeben, liegen zwei Erwerbsvorgänge vor, die jeder für sich zu betrachten sind. Der Nichtbetriebsinhaber übergibt keinen Betrieb, für diesen Erwerbsvorgang steht die Befreiung von Vornherein nicht zu, auch wenn seine Liegenschaftshälfte vom Betriebsinhaber betrieblich genutzt wird. 157

Ist das übergebene Grundstück kein Betriebsgrundstück iSd § 60 Bewertungsgesetzes 1955 und wird dieses Grundstück nur in einem bestimmten Ausmaß betrieblich genutzt, so steht der Freibetrag nur für jenen Anteil an der Gegenleistung zu, der dem betrieblich genutzten Anteil des Grundstückes entspricht. 158

Es bestehen keine Einwände, dass dann, wenn ein Grundstück kein Betriebsgrundstück iSd § 60 BewG 1955 ist, analog der ertragsteuerlichen Beurteilung (80/20-Regelung; vgl. EStR 2000 Rz 566 ff) die Liegenschaft als insgesamt betrieblich genutzt angesehen wird, wenn diese 80% oder mehr ausmacht. Nutzt somit der Betriebsinhaber seine Liegenschaft (seinen Liegenschaftsanteil) zu 80% oder mehr betrieblich, kann der Freibetrag hinsichtlich der gesamten Gegenleistung gewährt werden und nicht nur hinsichtlich 80% der Bemessungsgrundlage. 159

Beispiele:

160 **Beispiel 1:**

Die Liegenschaft steht im Alleineigentum des Betriebsinhabers und wird zumindest 80% betrieblich genutzt. Der Freibetrag steht zur Gänze hinsichtlich der gesamten Gegenleistung zu.

Beispiel 2:

Eine Liegenschaft eines Einzelunternehmens wird nur zu 33% betrieblich genutzt. Es ist daher kein Betriebsgrundstück iSd § 60 BewG 1955. Bei der Beurteilung, inwieweit der Freibetrag zusteht, ist auf den Anteil an der ermittelten Gegenleistung, der dem betrieblich genutzten Teil des Grundstückes entspricht, abzustellen. Das sind im gegenständlichen Fall 33% der Gegenleistung. Für diese anteilige (auf betrieblich genutzte Grundstücke entfallende) Gegenleistung steht der Freibetrag nach § 5a Abs. 2 Z 2 NeuFöG iHv 75.000 Euro zur Gänze (max. bis zur Höhe der anteiligen Gegenleistung) zu. Für einen darüber hinausgehenden Betrag ist die Grunderwerbsteuer vorzuschreiben. Beträgt die anteilige Gegenleistung weniger als 75.000 Euro steht die Befreiung gem. § 5a Abs. 2 Z 2 NeuFöG nur bis zur Höhe dieser anteiligen Gegenleistung zu (UFS 11.01.2006, RV/0379-I/05).

Beispiel 3:

Die Liegenschaft steht im Alleineigentum des Betriebsinhabers und wird zu 70% betrieblich genutzt. Das Grundstück ist ein Betriebsgrundstück iSd § 60 BewG 1955. Der Freibetrag steht zur Gänze zu und ist auf die gesamte Bemessungsgrundlage anwendbar. Eine Begrenzung mit der anteiligen Bemessungsgrundlage die der betrieblichen Nutzung entspricht, hat nicht zu erfolgen.

Beispiel 4:

Ein Einzelunternehmen wird samt Liegenschaft übergeben. Eigentümer der Liegenschaft sind die Ehegatten je zur Hälfte. Die Liegenschaft ist als gemischt genutzte Liegenschaft (§ 54 Abs. 1 Z 3 BewG 1955) – Betriebsgrundstück (§ 60 BewG 1955) – bewertet, der betriebliche Anteil beträgt 70%. Als Gegenleistung werden die Übernahme der Betriebsschulden und die Einräumung eines Wohnrechtes vereinbart.

a)Steht ein Grundstück oder Grundstücksanteil nicht im Eigentum des übergebenden Betriebsinhabers, so ist auf die Übergabe dieses Grundstückes bzw. Grundstücksanteiles der Freibetrag nicht anzuwenden.

b)Wird ein gemischt genutztes Grundstück nur in einem bestimmten Ausmaß betrieblich genutzt (zB 70%), steht der Freibetrag, eingeschränkt auf den dem Betriebsinhaber zustehenden Gründstücksanteil (zB halben Liegenschaftsanteil) in voller Höhe zu.

Im gegenständlichen Fall übergibt der bisherige Betriebsinhaber einen Hälfteanteil am Grundstück. Für die auf diese Grundstückshälfte entfallende Gegenleistung (ohne Herausrechnung jenes Anteiles, welcher der 70% betrieblichen Nutzung entspricht) steht dem Betriebsübernehmer der Freibetrag bis zum Höchstausmaß von 75.000 Euro zu.

Beispiel 5:

Ein Einzelunternehmen wird samt Liegenschaft an den Sohn übergeben. Eigentümer der Liegenschaft sind die Ehegatten je zur Hälfte. Die Liegenschaft (Verkehrswert 100.000 Euro) ist als gemischt genutzte Liegenschaft – aber nicht als Betriebsgrundstück iSd § 60 BewG 1955 – bewertet, der betriebliche Anteil beträgt 40%. Als Gegenleistung (200.000 Euro) werden die Übernahme der Betriebsschulden und Zahlungen an weichende Geschwister vereinbart.

Im gegenständlichen Fall übergibt der bisherige Betriebsinhaber einen Hälfteanteil am Grundstück, wobei dieses bloß im Ausmaß von 40% betrieblich genutzt wird. Der Freibetrag steht bis zum Höchstausmaß von 75.000 Euro für 40% der auf diesen Hälfteanteil entfallenden Gegenleistung zu.

Auf den halben Liegenschaftsanteil entfallen 50% der Gegenleistung, das sind	*100.000 Euro*
Davon entfallen 40% auf die betriebliche Nutzung	*40.000 Euro*
Der Freibetrag kann in Höhe von 40.000 Euro angewendet werden. Die Grunderwerbsteuer errechnet sich wie folgt:	
Die Grunderwerbsteuer errechnet sich wie folgt:	
Die Gegenleistung für den Erwerb der Liegenschaftshälfte vom nichtunternehmerisch tätigen Elternteil beträgt 100.000 Euro, davon 2%, sind	*2.000 Euro*

Die Gegenleistung für den Erwerb der Liegenschaftshälfte vom unternehmerisch tätigen Elternteil beträgt ebenfalls 100.000 Euro, davon sind gemäß § 5a Abs. 2 Z 2 NeuFöG 40.000 Euro befreit, verbleiben 60.000 Euro, davon 2% ergeben — *1.200 Euro*

Grunderwerbsteuer gesamt — *3.200 Euro*

Beispiel 6:

Neugründung einer GmbH, Beteiligungen: Kind A 45%, Kind B 45%, Vater 5%, Mutter 5%

Sofort nach Neugründung erfolgt die Einbringung der Einzelfirma des Vaters und der Betriebsliegenschaft je ½ durch die Eltern.

Beteiligung nach Einbringung: Kind A 30% + Geschäftsführung (bisher keine betriebliche Betätigung), Kind B 30%, Vater 20%, Mutter 20%

Betriebsinhaber der GmbH ist das mit 30% beteiligte Kind A, das zusätzlich zur Geschäftsführung befugt ist. Da dieses Kind bisher keine betriebliche Betätigung ausgeübt hat und ein Wechsel des Betriebsinhabers vorliegt, steht der GmbH der Freibetrag gemäß § 5a Abs. 2 Z 2 NeuFöG für die vom Vater erworbene Grundstückshälfte zu. Ist dieses Grundstück kein Betriebsgrundstück iSd § 60 BewG 1955 und wird dieses Grundstück nur in einem bestimmten Ausmaß betrieblich genutzt, so steht der Freibetrag zwar zur Gänze, jedoch nur für jenen Anteil an der Bemessungsgrundlage zu, der dem betrieblich genutzten Anteil entspricht. Für die Grundstückseinbringung durch den Vater wird die Bemessungsgrundlage bei Vorliegen der übrigen Anwendungsvoraussetzungen gemäß § 22 Abs. 5 UmgrStG aus dem 2-fachen seines Anteiles am Einheitswert des Grundstückes ermittelt. Für die von der Mutter erworbene Grundstückshälfte steht der Freibetrag gemäß § 5a Abs. 2 Z 2 NeuFöG nicht zu. Dieser Erwerb unterliegt der Regelbesteuerung. Die Bemessungsgrundlage kann nicht nach § 22 Abs. 5 UmgrStG ermittelt werden. Die Sacheinlage der Mutter stellt kein Vermögen gemäß § 12 Abs. 2 UmgrStG dar (vgl. UmgrStR 2002 Rz 655, Rz 696 f).

Beispiel 7:

Ein Einzelunternehmer E überträgt 60% seines Betriebes an seinen Sohn S, der sich bisher nicht in vergleichbarer Art betrieblich betätigt hat. 40% bleiben beim Einzelunternehmer. Im Betriebsvermögen befindet sich eine Liegenschaft.

Variante a)

E hat nach der Übertragung keine Geschäftsführungsbefugnis mehr inne. In dem Fall steht der Freibetrag zur Gänze zu.

Variante b)

E hat neben seinen zurückbehaltenen 40% auch eine Geschäftsführungsbefugnis. Damit ist er nach wie vor als beherrschender Betriebsinhaber (mehr als 25% und Geschäftsführungsbefugnis) anzusehen. Die Voraussetzungen für eine begünstigte Betriebsübertragung sind nicht erfüllt; der Freibetrag steht nicht zu. Es fand kein Wechsel in der Person des Betriebsinhabers statt, sondern es ist lediglich der Sohn S als ein weiterer Betriebsinhaber hinzugetreten.

Variante c)

2 Jahre später überträgt E seine verbliebenen 40% (an denselben Sohn S oder auch an eine dritte Person mit oder ohne Geschäftsführungsbefugnis), so steht für diese Übertragung – unabhängig davon, ob die seinerzeitige Übertragung der 60% begünstigt war oder nicht – jedenfalls kein Freibetrag zu, weil der Sohn mit seinen 60% bereits als Betriebsinhaber anzusehen ist und bei der Übertragung der restlichen 40% somit kein Wechsel in der Person des beherrschenden Betriebsinhaber erfolgt.

Beispiel 8:

Ein Einzelunternehmer übergibt seinen Betrieb mitsamt Betriebsliegenschaft an seine beiden Söhne je zur Hälfte, beide haben sich bisher nicht in vergleichbarer Art betrieblich betätigt. Damit fand ein Wechsel in der Person des beherrschenden Betriebsinhabers statt; Betriebsinhaber sind nunmehr die beiden Söhne. Der Freibetrag steht zur Gänze zu, wobei jeder der beiden Söhne den Freibetrag je zur Hälfte in Anspruch nehmen kann (vgl. Rz 155).

Wird gemeinsam mit der Übertragung eines land- oder forstwirtschaftlichen Betriebes **161**
auch Grundvermögen übergeben, so steht für letzteres der Freibetrag nicht zu, es sei denn, es handelt sich dabei um Betriebsvermögen. Die auf den übersteigenden Wohnungswert entfallende Gegenleistung ist nicht begünstigt.

162 Steht ein Grundstück oder Grundstücksanteil nicht im Eigentum des übergebenden Betriebsinhabers, so ist auf die Übergabe dieses Grundstückes bzw. Grundstückanteiles der Freibetrag nicht anzuwenden.

Beispiel:

Der Onkel übergibt seinem Neffen einen nicht verpachteten landwirtschaftlichen Betrieb (Einheitswert I 10.000 Euro, dreifacher Einheitswert 30.000 Euro) und ein Grundstück anderer Art (Wohnungswert, das ist kein Betriebsvermögen; Einheitswert II 30.000 Euro, dreifacher Einheitswert 90.000 Euro), der Neffe erbringt dafür eine Gegenleistung von 150.000 Euro. Der Neffe hat bis zur Übergabe noch keine Einkünfte aus Land- und Forstwirtschaft bezogen.

Berechnung der Grunderwerbsteuer:

Die auf den landwirtschaftlichen Betrieb entfallende Gegenleistung (60.000 Euro – die Aufteilung der Gegenleistung von 150.000 Euro erfolgt unter Zuhilfenahme der Einheitswerte vereinfacht im Verhältnis 2 zu 1, dh. im Verhältnis 20.000 Euro zu 30.000 Euro) ist nach § 5a NeuFöG zur Gänze von der Grunderwerbsteuer befreit, weil diese den Wert von 75.000 Euro nicht übersteigt.

Die Grunderwerbsteuer von der auf den Wohnungswert (§ 33 BewG 1955) entfallenden Gegenleistung (90.000 Euro) beträgt:

Gesamtgegenleistung	*150.000 Euro*
abzüglich anteilige Gegenleistung auf Betrieb	*– 60.000 Euro*
anteilige Gegenleistung auf den Wohnungswert,	*90.000 Euro*
davon 3,5% Grunderwerbsteuer	*3.150 Euro*

7. Begriff der Betriebsübertragung

7.1. Betriebliche Struktur

Grundsätzlich gelten die Ausführungen unter Rz 55 ff sinngemäß. 163

Die Überprüfung der Erzielung betrieblicher Einkünfte auf Seiten des Übergebers ist im Zeitpunkt der Übertragung vorzunehmen; dies ist dann der Fall, wenn die Einkünfte des Übergebers bis zum Zeitpunkt der Übertragung vom Finanzamt als betriebliche Einkünfte veranlagt wurden oder zu veranlagen gewesen wären.

7.1.1. Betrieb

Auf die Größe des übertragenen (Teil-) Betriebes kommt es für die Anwendung der Begünstigungen des NeuFöG nicht an. 164

Beispiel:

Der Betrieb besteht aus einer großen Landwirtschaft und einem kleinen Weinbau. Ein Sohn erhält die Landwirtschaft, der zweite den Weinbau.

Auch die Übertragung eines Teilbetriebes ist begünstigt. Unter einem Teilbetrieb ist ein Betriebsteil eines Gesamtbetriebes zu verstehen, der eine organisatorische Geschlossenheit und gewisse Selbständigkeit innerhalb des Gesamtbetriebs aufweist und eigenständig lebensfähig ist.

Diese Voraussetzungen werden für die große Landwirtschaft voraussichtlich zutreffen. Für den kleinen Weinbau wären diese Voraussetzungen zu überprüfen. Treffen die genannten Voraussetzungen auch für den kleinen Weinbau zu, ist auch die Übertragung des Teilbetriebes Weinbau begünstigt, sofern für diesen nicht Liebhaberei zu unterstellen wäre. Im letztgenannten Fall läge nämlich kein Betrieb im steuerlichen Sinne vor (vgl. EStR 2000 Rz 409), der der Erzielung betrieblicher Einkünfte dient und die Begünstigungen gemäß NeuFöG stünden aus diesem Grunde nicht zu.

Ein Teilbetrieb iSd § 5a NeuFöG liegt unter folgenden Voraussetzungen vor (siehe auch EStR 2000 Rz 5134 ff, Rz 5578 ff): 165

- Betriebsteil eines Gesamtbetriebes
- Organisatorische Geschlossenheit des Betriebsteiles innerhalb des Gesamtbetriebes
- Gewisse Selbständigkeit des Betriebsteiles gegenüber dem Gesamtbetrieb
- Eigenständige Lebensfähigkeit des Betriebsteiles
- Eigener Rechnungskreis

Nach den EStR 2000 Rz 5582 und der ständigen Rechtsprechung des VwGH liegt das Kriterium der Selbständigkeit eines Betriebsteiles dann vor, wenn sich der Betriebsteil bereits vor der Übertragung von der übrigen betrieblichen Tätigkeit hinreichend nach außen erkennbar abhebt bzw. abgrenzen lässt (VwGH 03.12.1986, 86/13/0079), allerdings ist der Teilbetrieb kein vollständig selbständiger Betrieb. Eine nur betriebsinterne Selbständigkeit genügt nicht. Dementsprechend stellen selbständig organisierte Abteilungen eines Unternehmens, die funktionell dem Gesamtunternehmen dienen (zB EDV-, Buchhaltungs-Abteilung, Vertriebs- und Verkaufsabteilung), keine Teilbetriebe dar (vgl. VwGH 20.11.1990, 89/14/0156, 0157; VwGH 07.08.1992, 88/14/0063; VwGH 03.11.1992, 89/14/0098).

Ob ein Teilbetrieb vorliegt oder nicht, ist in erster Linie aus der Sicht des Veräußerers (Übergebers) zu beurteilen.

(AÖF 2013/207)

7.1.2. Wesentliche Betriebsgrundlagen

Als wesentliche oder hauptsächliche Betriebs- bzw. Geschäftsgrundlagen (vgl. Rz 64 ff) werden jene Wirtschaftsgüter verstanden, die objektiv geeignet sind, dem Erwerber des Betriebes die Fortführung des Betriebes bzw. die gleiche Tätigkeit zu ermöglichen (VwGH 03.12.1986, 86/13/0079). 166

Die wesentlichen Betriebsgrundlagen stellen daher eine potentielle Fortführungsmöglichkeit in objektiver Hinsicht aus dem Blickwinkel des Erwerbers dar. Die Frage nach den wesentlichen Betriebsgrundlagen ist daher in funktionaler Betrachtungsweise in Abhängigkeit des jeweiligen Unternehmenstypus wie orts-, produktions- oder kundengebundene Tätigkeiten zu entscheiden.

Der materielle Wert der einzelnen Betriebsmittel tritt bei dieser Beurteilung in den Hintergrund. Wohl aber sind unter dem Blickwinkel der Betriebsfortführung die konkreten Umstände des Einzelfalles zu berücksichtigen.

Bei der Übertragung von Mitunternehmeranteilen an Personengesellschaften iSd UGB und Anteilen an Kapitalgesellschaften haben die wesentlichen Betriebsgrundlagen keine 167

Bedeutung, weil diese im Eigentum der Gesellschaft bleiben. Entscheidend ist alleine der Umstand, dass es zu einem Wechsel in der Person des Betriebsinhabers kommt.

Beispiele:

168 **Beispiel 1:**

Die Eltern übergeben 70% der Landwirtschaftsflächen und behalten sich 30% zur Absicherung zurück, die sie aber dem Übernehmer zur Bewirtschaftung überlassen. Werden vom Übergeber – wenn auch geringe – wesentliche Betriebsgrundlagen zurückbehalten und mit diesen der Betrieb fortgeführt, liegt keine Betriebsübertragung vor. Werden allerdings diese zurückbehaltenen wesentlichen Betriebsgrundlagen dem Erwerber zur Nutzung überlassen, so liegt Betriebsveräußerung im einkommensteuerlichen Sinn und somit eine begünstigte Betriebsübertragung vor (vgl. EStR 2000 Rz 5574 f).

Beispiel 2:

Die Eltern übergeben den Betrieb an den Sohn. Weil der Sohn jedoch anderswo seinen Wohnsitz hat, wird die Hofstelle (Wohnhaus einschließlich Betriebsgebäude) nicht übergeben.

Eine Betriebsübertragung liegt vor, wenn ein bereits bestehender (Teil-) Betrieb als funktionsfähige Sachgesamtheit übernommen wird. Dies ist der Fall, wenn die für den konkreten Betrieb wesentlichen Betriebsgrundlagen übertragen werden. Die Übernahme einzelner Wirtschaftsgüter stellt keine begünstigte Betriebsübertragung dar.

Welche Betriebsgrundlagen für den konkreten Betrieb wesentlich sind, ist im Einzelfall zu entscheiden. Grundsätzlich sind die Betriebsgebäude wesentliche Betriebsgrundlagen des landwirtschaftlichen Betriebes (EStR 2000 Rz 5539). Allerdings könnte hinsichtlich der konkret übergebenen Sachgesamtheit ein landwirtschaftlicher Teilbetrieb vorliegen (vgl. EStR 2000 Rz 5134 ff). Trotzdem von den Eltern Teile der wesentlichen Betriebsgrundlagen zurückbehalten werden, kann eine begünstigte Betriebsveräußerung dennoch vorliegen, wenn diese dem Sohn zur Nutzung überlassen werden (EStR 2000 Rz 5575).

Beispiel 3:

Bei Einzelhandelsbetrieben zählen zu den wesentlichen Betriebsgrundlagen die Geschäftsräume, das Inventar und das Warenlager (VwGH 13.03.1991, 87/13/0190). Werden nur Teile davon übernommen, dann sind diese Umstände bezogen auf den konkreten Betrieb zu bewerten und allfällige weitere Indizien in die Beurteilung mit einzubeziehen.

Werden von früher ebenfalls als Verkaufslokal (Boutique) verwendeten Geschäftsräumen nur die Geschäftsräume übernommen, Inventar und Warenlager hingegen neu dazugekauft, liegt ein neu gegründeter Betrieb vor (vgl. Rz 49).

Beispiel 4:

Zu den wesentlichen Betriebsgrundlagen eines Restaurants zählen (vgl. EStR 2000 Rz 5528) die Betriebsräumlichkeiten, das Betriebsgrundstück und die komplette Einrichtung (Investitionsablösen) sowie die Mietrechte am Geschäftslokal; nicht wesentlich sind hingegen das Warenlager, das Personal, Kundenstock, Forderungen und Verbindlichkeiten.

Werden die Betriebsräumlichkeiten gepachtet und die Einrichtung inkl. Geschirr und Geräte erworben, dann werden bereits bestehende Betriebsgrundlagen übernommen bzw. weitergeführt kann eine begünstigte Betriebsübertragung vorliegen. Die Voraussetzungen einer Betriebsneugründung sind nicht erfüllt (vgl. VwGH 19.09.1995, 95/14/0038).

7.2. Betriebsinhaber

7.2.1. Beherrschende betriebliche Betätigung des Betriebsinhabers

169 Die Ausführungen unter Rz 71 ff gelten sinngemäß.

7.2.2. Vergleichbare betriebliche Betätigung des Betriebsinhabers

170 Die Ausführungen unter Rz 74 ff gelten sinngemäß.

170a Eine bloße Betriebsfortführung während eines Abhandlungsverfahrens durch die Person, welcher der hinterlassene Betrieb in weiterer Folge eingeantwortet wird, stellt keine schädliche betriebliche Betätigung dar.

(AÖF 2013/207)

Beispiele:

171 **Beispiel 1:**

A war in den Jahren 1971 bis 1981 Inhaber eines Gasthofes. Nach Aufgabe des Gasthofes war er von 1982 bis 2002 Kommanditist eines in der Rechtsform einer KG geführten

Hotels tätig (Beteiligung unter 50%, nicht mit der Geschäftsführung betraut). Im Jahr 2003 übernimmt er als Einzelunternehmer einen Gasthof. Da A innerhalb der letzten 15 Jahre nicht als Betriebsinhaber tätig war (Kommanditist, nicht mit der Geschäftsführung betraut), liegt eine Übertragung iSd § 5a NeuFöG vor.

Beispiel 2:

A übernimmt gemeinsam mit B eine OG (Betriebsgegenstand: Einzelhandel mit Einrichtungsgegenständen). A war bis kurz vor der Betriebseröffnung Komplementär einer KG mit dem Betriebsgegenstand Einzelhandel mit Möbeln. A war also bereits innerhalb der letzten 15 Jahre als Betriebsinhaber tätig. Daher ist zu prüfen, ob diese bisherige Tätigkeit mit der neuen Tätigkeit vergleichbar ist. Die bisherige Tätigkeit (Einzelhandel mit Möbeln) fällt nach der im Zeitpunkt der Übertragung geltenden ÖNACE 1995 in die Klasse GA 52.44. Die neue Tätigkeit (Einzelhandel mit Einrichtungsgegenständen) fällt ebenfalls in die Klasse GA 52.44. Eine begünstigte Übertragung iSd § 5a NeuFöG liegt daher nicht vor.

Beispiel 3:

A betreibt ein Gewerbe mit drei Teilbetrieben, die zur selben ÖNACE-Klasse gehören. Er überträgt zwei Teilbetriebe an B, der bisher ausschließlich nichtselbständig tätig war. Den dritten Teilbetrieb veräußert er ein halbes Jahr später ebenfalls an B. Bei der Übertragung der ersten beiden Teilbetriebe liegt eine Übertragung iSd § 5a NeuFöG vor, weil B innerhalb der letzten 15 Jahre nicht als Betriebsinhaber tätig war. Für die Übertragung des dritten Teilbetriebes sind die Voraussetzungen des § 5a NeuFöG nicht gegeben, weil sich B seit der Übertragung der ersten beiden Teilbetriebe bereits als Betriebsinhaber eines Betriebes vergleichbarer Art betätigt hat.

Beispiel 4:

A war bisher als Angestellte in einem Frisiersalon tätig. Sie übernimmt nun als Einzelunternehmerin diesen Frisiersalon. Es liegt eine Übertragung iSd § 5a NeuFöG vor, weil A bisher nicht Betriebsinhaberin war.

Beispiele 5:

Eine Pub-KapG betreibt einen Möbelhandel. Sie erwirbt vom Einzelunternehmer A ein Restaurant. Es liegt eine begünstigte Übertragung vor, weil ein Wechsel in der Person des Betriebsinhabers eintritt und die Pub-KapG bisher nicht in vergleichbarer Art beherrschend betrieblich tätig war.

A, B, C und D sind zu je 5% an einer Pub-KapG beteiligt und veräußern ihre Anteile an einen fünften Gesellschafter E, der zu 40% an der Pub-KapG (ohne Geschäftsführungsbefugnis) beteiligt ist. Durch die Anteilsübertragung verfügt der Gesellschafter E über 60%; die Betriebsinhabereigenschaft wechselt somit von der Pub-KapG auf den Gesellschafter E; es liegt daher eine begünstigte Übertragung vor.

Beispiel 6:

Der Landwirtschaftsbetrieb wird an Sohn und Schwiegertochter übergeben. Überlässt der Sohn seiner Gattin anlässlich der Übernahme des landwirtschaftlichen Betriebes das alleinige Nutzungsrecht am Betrieb, ist er nicht als Betriebsinhaber anzusehen. Die Begünstigung gemäß § 5a NeuFöG steht ihm für seinen Erwerb nicht zu, weil er sich nunmehr nach Übertragung nicht betrieblich betätigt.

Hat sich der Sohn gemeinsam mit seiner Gattin nach der Übernahme des Betriebes betrieblich betätigt, war ihm die Befreiung gemäß § 5a NeuFöG zu gewähren. Überlässt er seinen Anteil am Betrieb innerhalb von 2 Jahren ab der Übernahme seiner Ehegattin zur alleinigen Nutzung, entfällt seine Eigenschaft als Betriebsinhaber iSd § 5a Abs. 1 Z 2 NeuFöG. In diesem Fall triff ihn die Meldeverpflichtung gemäß § 5a Abs. 2 Z 3 NeuFöG, wonach die gewährten Begünstigungen nachträglich entfallen. Die Begünstigungen für die Gattin bleiben jedoch aufrecht.

7.3. Änderung der Rechtsform

Vergleiche auch die Ausführungen in Rz 82 f. 172

Wird bloß die Rechtsform geändert, unter der ein Betrieb geführt wird, liegt keine Betriebsübertragung vor. Eine solche bloße Änderung der Rechtsform in Bezug auf einen bereits existierenden Betrieb ist dann anzunehmen, wenn unter der neuen Rechtsform die für den konkreten Betrieb wesentlichen Betriebsgrundlagen weitergeführt werden, ohne dass diese Betriebsgrundlagen auf einen neuen Betriebsinhaber übertragen werden.

Beispiel 1:

Eine OG, an welcher 3 Gesellschafter zu gleichen Teilen beteiligt sind, betreibt einen Gewerbebetrieb. Die drei Gesellschafter der OG bringen diesen Gewerbebetrieb in eine neu gegründete GmbH ein, an welcher sie ebenfalls zu gleichen Teilen beteiligt sind. Es liegt eine bloße Änderung der Rechtsform vor, für welche keine Begünstigung nach dem NeuFöG zusteht, weil kein Wechsel in der Person des Betriebsinhabers stattfindet.

Beispiel 2:

Ein Einzelunternehmer betreibt einen Gewerbebetrieb. Mit seiner Ehefrau als Komplementär gründet er eine KG, in welche das Einzelunternehmen eingebracht wird. Die Ehefrau hat sich bisher nicht in vergleichbarer Art beherrschend betrieblich betätigt. Er steht dem Unternehmen nur mehr als Kommanditist mit einer Beteiligung von weniger als 50% ohne Geschäftsführungskompetenz zur Verfügung. In diesem Fall liegt eine begünstigte Betriebsübertragung iSd NeuFöG vor, weil keine bloße Änderung der Rechtsform, sondern ein Wechsel in der Person des Betriebsinhabers erfolgt.

7.4. Wechsel in der Person des Betriebsinhabers (§ 5a Abs. 1 Z 1 NeuFöG)

173 Ein Wechsel in der Person des Betriebsinhabers (siehe Rz 71) in Bezug auf einen bereits existierenden Betrieb liegt vor, wenn die für den konkreten Betrieb wesentlichen Betriebsgrundlagen übertragen werden und keiner der bisherigen Betriebsinhaber nach der Übertragung des (Teil-) Betriebes weiter als Betriebsinhaber tätig ist (UFS 21.04.2005, RV/0112-I/03).

Beispiel:

Der Hälfteanteil der von den Eigentümern betriebenen Landwirtschaft geht im Erbwege über. Unabhängig davon, ob sich die andere Hälfte des landwirtschaftlichen Betriebes im Eigentum einer dritten Person oder im Eigentum des Erben befindet, liegt kein Wechsel in der Person des Betriebsinhabers vor (siehe Beispiel in Rz 71).

Welche Betriebsmittel zu den wesentlichen Grundlagen des Betriebes gehören, bestimmt der jeweilige Betriebstypus (zB Dienstleistungs-, Produktions- oder Handelsbetrieb), aber auch die Funktion des Wirtschaftsgutes innerhalb des konkreten Betriebes (siehe Rz 64 ff).

(AÖF 2013/207)

174 Im Falle der Übertragung von Mitunternehmeranteilen oder Anteilen an Kapitalgesellschaften ist für die Begünstigung des Übernehmers Voraussetzung, dass keiner der bisherigen Betriebsinhaber auch nach der Übertragung noch Betriebsinhaber ist. Dies deshalb, weil im umgekehrten Fall kein Wechsel in der Person des Betriebsinhabers vorliegt.

175 Ein Wechsel des Betriebsinhabers kann auch durch zwei oder mehrere Übertragungsvorgänge, die zeitlich unmittelbar zusammen liegen (vgl. Rz 13, Rz 52, Rz 93) erfolgen. Liegen die Übertragungsvorgänge nicht in einem zeitlichen Zusammenhang, kann dies durch ein später verfasstes Vertragswerk nicht nachträglich saniert werden (UFS 10.09.2003, RV/0162-F/03). Ist zwischen zwei oder mehreren Übertragungsvorgängen kein unmittelbarer zeitlicher Zusammenhang, dann ist nur jene Übertragung begünstigt mit der ein Wechsel des Betriebsinhabers stattfindet.

Beispiel 1:

An der X-GmbH sind A zu 10%, B zu 40% und C zu 50% beteiligt. D erwirbt innerhalb von 30 Kalendertagen vom Gesellschafter A 10% und vom Gesellschafter B 40% an der X-GmbH und erlangt damit auch ohne Geschäftsführungsauftrag die Stellung eines Betriebsinhabers.

Es liegt keine Betriebsübertragung vor, weil kein Wechsel in der Person des Betriebsinhabers erfolgte. C ist nach wie vor Betriebsinhaber, D ist lediglich als weiterer Betriebsinhaber hinzugekommen.

Beispiel 2:

An der M-GmbH sind A zu 10%, B zu 40%, X zu 20%, Y zu 20% und Z zu 10% beteiligt. D erwirbt innerhalb von 30 Kalendertagen vom Gesellschafter A 10% und vom Gesellschafter B 40% an der M-GmbH und erlangt damit auch ohne Geschäftsführungsauftrag die Stellung eines Betriebsinhabers.

Es liegt eine begünstigte Betriebsübertragung vor, weil nunmehr keiner der bisherigen Gesellschafter Betriebsinhaber ist und somit ein Wechsel in der Person des Betriebsinhabers erfolgte.

176 Voraussetzung für den Wechsel der Person des Betriebsinhabers im Zuge einer Übertragung von Gesellschaftsanteilen an einer GmbH ist der Notariatsakt. Eine formungültige Disposition über die Geschäftsanteile bewirkt noch keine Änderung in den Beteiligungsverhältnissen (vgl. VwGH 04.12.2003, 2003/16/0472).

177 Hinsichtlich der Beteiligung am Vermögen der Gesellschaft sind unmittelbare Beteiligungen und mittelbare Beteiligungen durch Treuhänder zusammenzurechnen (siehe Rz 73).

Beispiele im Zusammenhang mit Betriebsübertragungen:

Beispiel 1: 178

Die X-GmbH, an der A zu 15% und B zu 85% beteiligt sind, veräußert ihren Betrieb an die Y-GmbH. An dieser Y-GmbH sind A und C zu je 50% beteiligt. Da A im Hinblick auf seinen Beteiligungsumfang nicht Betriebsinhaber der X-GmbH ist, liegt ein begünstigter Wechsel in der Person des Betriebsinhabers vor.

Beispiel 2:

Ein Einzelunternehmer überträgt seinen Betrieb an eine KG, an der er als Kommanditist mit 20% beteiligt ist. Es liegt ein begünstigter Wechsel in der Person des Betriebsinhabers vor.

Beispiel 3:

Die X-OG, an der A zu 5% und B zu 95% beteiligt sind, überträgt einen Betrieb an die Y-OG, an der A ebenfalls zu 5% und C zu 95% beteiligt sind. Da A als unbeschränkt haftender Personengesellschafter jedenfalls Betriebsinhaber sowohl der X-OG als auch der Y-OG ist, tritt kein Wechsel der Person des Betriebsinhabers ein.

Beispiel 4:

Der Landwirtschaftsbetrieb steht im Hälfteeigentum der Ehegatten. Im Zuge der Pensionierung eines Ehegatten wird mittels Bewirtschaftungsvereinbarung (Pachtvertrag) die Alleinbewirtschaftung durch den anderen Ehegatten vereinbart. Nach mehreren Jahren wird der Betrieb in das Alleineigentum des Sohnes übergeben, der bisher noch keinen Betrieb geführt hat.

Nachdem der andere Ehegatte als Hälfteeigentümer sich bereits als die Betriebsführung beherrschende Person (Betriebsinhaber) betätigt hat, steht diesem bei Abschluss der Bewirtschaftungsvereinbarung keine Begünstigung zu.

Die nachfolgende Übergabe an den Sohn ist grundsätzlich zur Gänze begünstigt.

Beispiel 5:

Der Landwirtschaftsbetrieb wird je zur Hälfte an Sohn und Schwiegertochter übergeben. Weil der Sohn Dienstnehmer ist, wird sein Hälfteanteil der Gattin zur Bewirtschaftung überlassen.

Nach § 5a Abs. 1 Z 1 und 2 NeuFöG liegt eine (begünstigte) Betriebsübertragung vor, wenn (Z 1) ein Wechsel der Person des die Betriebsführung beherrschenden Betriebsinhabers erfolgt (Z 2) und sich der Übernehmer bisher nicht in vergleichbarer Art beherrschend betrieblich betätigt hat. Die Wortfolge „... bisher nicht in vergleichbarer Art beherrschend betrieblich betätigt hat." impliziert, dass er sich nunmehr nach Übertragung betrieblich betätigt und aus dem übertragenen Betrieb betriebliche Einkünfte erzielt. Dies trifft allerdings nur für die Schwiegertochter zu. Der Sohn führt keinen Betrieb weiter und steht die Begünstigung daher, insoweit der Betrieb auf den Sohn übertragen wird, nicht zu.

Im gegenständlichen Fall steht der Freibetrag gemäß § 5a NeuFöG daher nur zur Hälfte, nämlich nur für die Übertragung an die Schwiegertochter zu.

Beispiel 6:

Ein im Hälfteeigentum der Ehegatten stehender land- und forstwirtschaftlicher Betrieb wird an den Sohn übergeben. Im Übergabevertrag wird der Übergeberin das Fruchtgenussrecht bis zur Erlangung des Pensionsanspruches eingeräumt.

Die betrieblichen Einkünfte aus dem land- und forstwirtschaftlichen Betrieb sind nach der Übergabe an den Sohn der Übergeberin als Fruchtgenussberechtigten zuzurechnen. Sie ist auch Betriebsinhaberin des übergebenen Betriebes. Die Übergeberin war allerdings bereits vor der Übergabe Hälfteeigentümerin des Betriebes und hatte einen beherrschenden Einfluss auf die Betriebsführung. Sie ist daher vor der Übergabe als Hälfteeigentümerin und nach Übergabe als Fruchtgenussberechtigte als Betriebsinhaberin anzusehen.

Es findet somit kein begünstigter Wechsel in der die Betriebsführung beherrschenden Person statt.

Bei Beendigung des Fruchtgenusses, wenn die Übergeberin ihren Pensionsanspruch erlangt, findet zwar eine Betriebsübertragung an den Sohn statt, die Befreiung von der Grunderwerbsteuer steht allerdings nicht zu, weil in diesem Zeitpunkt kein Grundstück übertragen wird.

Beispiele im Zusammenhang mit Anteilsübertragungen:

Beispiel 1: 179

An einer OG sind A mit 5% und B mit 95% beteiligt.

Variante 1: A veräußert an C.

Es liegt keine begünstigte Übertragung vor, da der bisherige Betriebsinhaber B weiterhin Betriebsinhaber bleibt.

Variante 2: B veräußert an C.

Es liegt ebenfalls keine begünstigte Übertragung vor, da A trotz seines geringen Anteils von 5% Betriebsinhaber ist und bleibt.

Variante 3: A und B veräußern an C.

Es liegt eine begünstigte Übertragung vor, weil zusätzlich zur Anteilsübertragung auch ein Wechsel in der Person des Betriebsinhabers eintritt.

Beispiel 2:

KG mit einem Komplementär X (beteiligt mit 2%) und zwei Kommanditisten Y und Z (zu je 49% beteiligt, keine Geschäftsführungsbefugnis).

Variante 1: Der Komplementär X verkauft seine Beteiligung.

Es liegt eine begünstigte Übertragung vor, da X bisher alleiniger Betriebsinhaber war und nun ein Wechsel der Person des Betriebsinhabers eintritt.

Variante 2: Der Kommanditist Y verkauft seine Beteiligung.

Es liegt keine begünstigte Übertragung vor, da der bisherige Betriebsinhaber X weiterhin Betriebsinhaber bleibt.

Beispiel 3:

Ein Gesellschafter an einer Publikums-GmbH veräußert seine Beteiligung.

Es liegt keine begünstigte Übertragung vor, da die Publikums-GmbH selbst weiterhin Betriebsinhaber bleibt.

Auslagerung von Leistungen („Outsourcing")

180 Werden bspw. IT-Leistungen mehrerer Unternehmen in eine gesonderte Gesellschaft ausgelagert, liegen keine Übertragungen mehrerer (Teil-)Betriebe (vgl. Rz 164 f) vor. Allerdings kann – aus Sicht der übernehmenden GmbH – die Übernahme einzelner Wirtschaftsgüter Teil der Neugründung einer bisher nicht vorhandenen betrieblichen Struktur sein, sofern die GmbH als neue Betriebsinhaberin mit ihren Leistungen nach außen werbend (vgl. Rz 89 ff) in Erscheinung tritt.

181 Nach den EStR 2000 Rz 5582 und der ständigen Rechtsprechung des VwGH liegt das Kriterium der Selbständigkeit eines Betriebsteiles dann vor, wenn sich der Betriebsteil bereits vor der Übertragung von der übrigen betrieblichen Tätigkeit hinreichend nach außen erkennbar abhebt bzw. abgrenzen lässt (VwGH 03.12.1986, 86/13/0079), allerdings ist der Teilbetrieb kein vollständig selbständiger Betrieb. Eine nur betriebsinterne Selbständigkeit genügt nicht. Dementsprechend stellen selbständig organisierte Abteilungen eines Unternehmens, die funktionell dem Gesamtunternehmen dienen (zB EDV-Abteilung, Buchhaltungsabteilung, Vertriebs- und Verkaufsabteilung), keine Teilbetriebe dar (vgl. VwGH 20.11.1990, 89/14/0156, 0157; VwGH 07.08.1992, 88/14/0063; VwGH 03.11.1992, 89/14/0098).

7.4.1. Betriebsverpachtung

182 Die Verpachtung stellt dann eine begünstigte Betriebsübertragung dar, wenn:

- der Verpächter die wesentlichen Betriebsgrundlagen verpachtet,
- der Pächter sich innerhalb der letzen 15 Jahre nicht in vergleichbarer Art beherrschend betrieblich betätigt hat und
- der Pachtbetrieb der Erzielung von betrieblichen Einkünften gedient hat und weiterhin dient.

Für die Inanspruchnahme der Begünstigungen (durch den Pächter) ist es nicht entscheidend, ob die Verpachtung als Betriebsaufgabe iSd EStG 1988 zu beurteilen ist. Wenn der Verpächter im Zeitpunkt der Veräußerung oder Übergabe des verpachteten Betriebes hingegen nur mehr Einkünfte aus Vermietung und Verpachtung erzielt, dann kann keine begünstigte Betriebsübertragung vorliegen (siehe Rz 185).

183 Auch im Falle einer Betriebsverpachtung bezieht sich die Befreiung von Stempelgebühren und Bundesverwaltungsabgaben nicht auf die durch die Übertragung veranlassten Rechtsgeschäfte, wie zB Bestandverträge (siehe Rz 5, Rz 148).

184 Als Betriebsinhaber ist grundsätzlich der Pächter anzusehen, weil dieser – und nicht der Verpächter – auf die Betriebsführung einen beherrschenden Einfluss ausübt.

Beispiel:

Die Betriebsführerin verpachtet ein halbes Jahr den Betrieb an die Tochter bevor sie ihn endgültig an die Tochter übergibt. Die Verpachtung kann eine begünstigte Betriebsübertragung sein, wenn die sonstigen Voraussetzungen zutreffen. Hierfür ist nicht wesentlich, ob in der Verpachtung eine Betriebsaufgabe iSd EStG 1988 zu erblicken ist. Als Betriebsinhaber ist grundsätzlich die Pächterin anzusehen, weil diese und nicht die Verpächterin einen beherrschenden Einfluss auf die Betriebsführung ausübt. Daher ist die – wenn auch kurzfristige – Verpachtung für die spätere Betriebsübertragung schädlich (§ 5a Abs. 1 Z 2 NeuFöG). Ob der Pächterin im – wenn auch kurzen – Pachtzeitraum tatsächlich Einnahmen zugeflossen sind, ist niemals entscheidend.

7.4.2. Pächterwechsel

185 Werden im Zuge eines Pächterwechsels die wesentlichen Betriebsgrundlagen an den neuen Pächter übertragen und war dieser neue Pächter innerhalb der letzten 15 Jahre vor dem Zeitpunkt der Übertragung nicht als Betriebsinhaber eines Betriebes vergleichbarer Art beherrschend betrieblich tätig, dann liegt eine begünstigte Betriebsübertragung iSd § 5a NeuFöG vor.

Beispiel:

Die Eltern sind je zur Hälfte Eigentümer eines gewerblichen Betriebes und verpachten diesen an den Sohn A. Nach mehrjähriger Bewirtschaftung durch Sohn A wird der Pachtvertrag aufgelöst und der Betrieb an den Sohn B übergeben. In welchem Umfang stehen die Begünstigungen zu?

Werden die wesentlichen Betriebsgrundlagen verpachtet und war der Pächter A innerhalb der letzten 15 Jahre vor dem Zeitpunkt der Verpachtung nicht als Betriebsinhaber eines Betriebes vergleichbarer Art tätig, dann liegt eine gemäß § 5a NeuFöG begünstigte Betriebsübertragung vor. Wird der Pachtvertrag innerhalb der nächsten 5 Jahre aufgelöst, wird der Nachversteuerungstatbestand gemäß § 5a Abs. 2 Z 3 NeuFöG verwirklicht. Diesen Umstand hat der Sohn A allen in Betracht kommenden Behörden unverzüglich mitzuteilen.

Bei der Übergabe an den Sohn B ist zu differenzieren. Hat die Verpachtung an Sohn A einkommensteuerrechtlich zu einer Betriebsaufgabe geführt (vgl. EStR 2000 Rz 5647 ff) und erzielten die Eltern als Verpächter aus dem Betrieb keine betrieblichen, sondern außerbetriebliche Einkünfte (Vermietung und Verpachtung), dann stellt die Übergabe an Sohn B mangels betrieblicher Einkünfte keine begünstigte Übertragung iSd § 5a NeuFöG dar (siehe Rz 182).

War die ursprüngliche Verpachtung an Sohn A hingegen nicht als Betriebsaufgabe zu werten, dann liegt eine begünstigte Übertragung vor, weil die Eltern nach wie vor betriebliche Einkünfte erzielt haben und daher einen Betrieb übertragen, wenn der Sohn B sich in den letzten 15 Jahren vor der Übergabe nicht in vergleichbarer Art betrieblich betätigt hat.

7.4.3. Verpächterwechsel

186 Wurde ein (Teil-)Betrieb verpachtet und überträgt der bisherige Verpächter diesen verpachteten Betrieb an einen neuen Verpächter, der innerhalb der letzten 15 Jahre vor dem Zeitpunkt der Übertragung nicht als Betriebsinhaber eines Betriebes vergleichbarer Art beherrschend betrieblich tätig war, liegt eine gemäß § 5a NeuFöG begünstigte Übertragung dann vor, wenn die (ursprüngliche) Verpachtung einkommensteuerrechtlich nicht als Betriebsaufgabe zu werten war und der Übergeber daher betriebliche Einkünfte erzielt hatte. Führte die (ursprüngliche) Verpachtung hingegen zu einer Betriebsaufgabe und somit zu außerbetrieblichen Einkünften, liegt keine begünstigte Übertragung vor.

Beispiel:

Der im Hälfteeigentum der Eltern stehende land- und forstwirtschaftliche Betrieb wird fremd verpachtet. Nach mehreren Jahren wird der Betrieb an den Sohn übergeben, der bisher keinen Betrieb geführt hat. Der Betrieb bleibt nach der Übergabe fremd verpachtet.

Sofern die ursprüngliche Verpachtung keine Betriebsaufgabe war und sich der Sohn innerhalb der letzten 15 Jahre nicht in vergleichbarer Art betätigt hat, liegt eine begünstigte Betriebsübertragung vor.

186a Wird der Pachtvertrag aufgelöst, nachfolgend der Betrieb übertragen und danach – innerhalb von 5 Jahren (vgl. Rz 198) – vom neuen Betriebsinhaber wieder verpachtet, ist diese nachfolgende Verpachtung, auch wenn die Übertragung grundsätzlich begünstigt war, befreiungsschädlich iSd § 5a Abs. 2 Z 3 NeuFöG (vgl. Rz 190). Wurden Befreiungen nach dem NeuFöG für die vorangegangene Übertragung in Anspruch genommen, ist durch den Übernehmer eine Meldung (vgl. Rz 198 ff) an die Behörden zu erstatten, bei welchen eine Befreiung in Anspruch genommen wurde, und sind die Abgaben, Gebühren oder Beiträge nachträglich zu erheben. Ungeachtet dessen können für den nachfolgenden Pächter die Voraussetzungen für eine begünstigte Übertragung iSd § 5a NeuFöG vorliegen (vgl. Rz 190).

(AÖF 2013/207)

187 Die Verpachtung eines Betriebes ist idR noch nicht als Betriebsaufgabe anzusehen, es sei denn, der Betriebsinhaber hätte die Absicht, den Betrieb nach Ablauf des Pachtvertrages nicht mehr weiterzuführen, und gibt dies nach außen zu erkennen (VwGH 11.11.1987, 86/13/0131).

Die Aufgabe eines Betriebes im Fall einer Verpachtung wird daher insb. dann anzunehmen sein, wenn die wesentlichen Grundlagen eines Unternehmens tatsächlich veräußert werden, der Verpächter nach Beendigung des Pachtverhältnisses daher mit dem vorhandenen Betriebsvermögen nicht in der Lage ist, seinen Betrieb fortzuführen oder wenn das Gesamtbild der Verhältnisse für die Absicht des Verpächters spricht, den Betrieb nach Auflösung des Pachtvertrages nicht mehr weiter aufrecht zu erhalten. Solange der Betrieb nicht aufgegeben wurde, bildet die Gesamtheit der dem Betrieb dienenden Wirtschaftsgüter das Betriebsvermögen, die Pachteinnahmen stellen Betriebseinnahmen dar und die Gewinnermittlung ist weiterhin in der bis zur Verpachtung gehandhabten Form durchzuführen. Der Verpächter erzielt in einem solchen Fall Einkünfte aus der bisherigen Einkunftsart, also zum Beispiel solche aus Gewerbebetrieb (VwGH 25.06.2008, 2008/15/0088).

7.4.4. Verpächter überträgt Eigentum an Pächter

188 Wurde ein (Teil-)Betrieb verpachtet und überträgt der Verpächter zu einem späteren Zeitpunkt das Eigentum an den wesentlichen Betriebsgrundlagen an den Pächter, dann liegt keine gemäß § 5a NeuFöG begünstigte Übertragung vor, weil der Pächter sich innerhalb der letzten 15 Jahre vor dem Zeitpunkt der Übertragung als Betriebsinhaber eines Betriebes vergleichbarer Art betätigt hat.

Beispiel:

Der Landwirtschaftsbetrieb wird je zur Hälfte an Sohn und Schwiegertochter übergeben. Der Sohn war bisher Pächter des Betriebes, die Schwiegertochter war bisher nicht in der Landwirtschaft tätig. Beide führen künftig den Betrieb.

Nachdem der Sohn bis zur Betriebsübertragung den Betrieb gepachtet hatte, war er bereits in vergleichbarer Art beherrschend betrieblich tätig. Weiters erfolgt mit der Betriebsübertragung kein Wechsel der Person des die Betriebsführung beherrschenden Betriebsinhabers. Nach Übertragung des landwirtschaftlichen Betriebes ist der Sohn zu 50% Eigentümer der wesentlichen Betriebsgrundlagen und hat somit einen beherrschenden Einfluss auf die Betriebsführung. Somit sind die Voraussetzungen des § 5a Abs. 1 Z 1 NeuFöG nicht erfüllt und die Begünstigungen stehen insgesamt für die gesamte Betriebsübertragung nicht zu.

7.4.5. Verpächter überträgt Eigentum an einen Dritten (unter gleichzeitiger Auflösung des Bestandverhältnisses)

189 Wird ein verpachteter (Teil-)Betrieb an einen Dritten übertragen und gleichzeitig das Bestandsverhältnis mit dem Verpächter aufgelöst, dann sind folgende Alternativen zu unterscheiden:

- Hat die (ursprüngliche) Verpachtung einkommensteuerrechtlich zu einer Betriebsaufgabe geführt, dann liegt mangels betrieblicher Einkünfte keine gemäß § 5a NeuFöG begünstigte Übertragung vor.
- War die (ursprüngliche) Verpachtung einkommensteuerrechtlich hingegen nicht als Betriebsaufgabe zu werten, dann liegt eine gemäß § 5a NeuFöG begünstigte Übertragung vor, wenn der Übernehmer sich innerhalb der letzten 15 Jahre vor dem Zeitpunkt der Übertragung nicht als Betriebsinhaber eines Betriebes vergleichbarer Art betätigt hat.

7.4.6. Übertragung eines (Teil-)Betriebes mit anschließender Verpachtung

190 Wird ein (Teil-)Betrieb übertragen und war der neue Betriebsinhaber innerhalb der letzten 15 Jahre vor dem Zeitpunkt der Übertragung nicht als Betriebsinhaber eines Betriebes vergleichbarer Art beherrschend betrieblich tätig, liegt zwar eine gemäß § 5a NeuFöG begünstigte Übertragung vor, da der neue Betriebsinhaber jedoch die wesentlichen Betriebsgrundlagen weiterverpachtet (und somit überträgt), entfällt gemäß § 5a Abs. 2 Z 3 NeuFöG der Eintritt der begünstigten Wirkungen wiederum.

Die Betriebsverpachtung selbst führt zu einer gemäß § 5a NeuFöG begünstigten Übertragung, wenn der Pächter innerhalb der letzten 15 Jahre vor dem Zeitpunkt der Übertragung nicht als Betriebsinhaber eines Betriebes vergleichbarer Art tätig war.

7.4.7. Umgründung iSd Umgründungssteuergesetzes

191 Der bloße Erwerb eines Betriebes – sei es entgeltlich oder unentgeltlich bzw. durch einen Umgründungsvorgang iSd Umgründungssteuergesetzes – stellt niemals eine Neugründung dar (zB Betriebsübergang iSd Arbeitsvertragsrechts-Anpassungsgesetzes). Jedoch kann eine begünstigte Betriebsübertragung vorliegen (vgl. auch Rz 143 und Rz 154).

(AÖF 2013/207)

8. Zeitpunkt der Betriebsübertragung (§ 5a Abs. 2 Z 1 NeuFöG)

Als Kalendermonat der Übertragung gilt jener, in dem der neue Betriebsinhaber erstmals **192**
nach außen werbend in Erscheinung tritt, dh. wenn die Betriebsführungsgewalt auf ihn übergegangen ist (vgl. VwGH 24.04.2002, 99/16/0398; VwGH 29.07.2004, 2003/16/0134). Im Zweifel ist dies jener Zeitpunkt, der vertragsgemäß als tatsächlicher Übergabezeitpunkt vereinbart wurde (Verfügungsgeschäft).

Beispiele:

„Wiedereröffnung" eines Handelsbetriebes,

„Neuübernahme" einer Rechtsanwaltskanzlei oder einer Arztpraxis

Im Übrigen gelten die Ausführungen zum § 3 NeuFöG für Neugründungen sinngemäß **193**
(siehe Rz 87 ff).

9. Erklärung der Betriebsübertragung (§ 5a Abs. 2 Z 1 NeuFöG)

194 Die Bestimmung des § 4 NeuFöG ist auf Betriebsübertragungen sinngemäß anzuwenden (§ 5a Abs. 2 Z 1 NeuFöG). Die Erklärung der Betriebsübertragung hat mit dem Formular NeuFö 2 (bei Inanspruchnahme einer Behörde bis 31.12.2012: NeuFö 3) zu erfolgen.

Es bestehen keine Bedenken, wenn in der Übergangsphase, längstens aber bis 31.12.2013, die Datenübertragung mit den bisher erforderlichen Datenfeldern entsprechend dem amtlichen Vordrucken NeuFö 3 fortgeführt wird bzw. der amtliche Vordruck NeuFö 3 verwendet wird. Dies gilt auch für die Übermittlung eines elektronischen Abbildes des amtlichen Vordruckes iSd § 2 Abs. 3 der VO über die Elektronische Übermittlung von Erklärungen gemäß § 4 NeuFöG, BGBl. II Nr. 216/2005 idF BGBl. II Nr. 507/2012.

Eine Angabe der Abgaben, Gebühren und Beiträge, bei denen die Wirkungen nach § 1 Z 1 bis 6 NeuFöG eintreten soll, muss in diesen Fällen nicht erfolgen.

Nähere Ausführungen siehe Rz 95 ff.

Beispiel 1:

In einem Vertrag über die Übertragung eines Betriebes wird auch eine Liegenschaft mit übergeben. Innerhalb der Anzeigefrist (bis zum 15. des zweitfolgenden Monats, in dem die Steuerschuld entstanden ist) wird der Vertrag mit Abgabenerklärung Gre 1 oder mit elektronischer Abgabenerklärung dem Finanzamt angezeigt. Es wird die Befreiung von der Grunderwerbsteuer nach § 5a Abs. 2 NeuFöG auf der Abgabenerklärung (oder im Vertrag) beantragt, aber das Formular NeuFö 2 nicht gleichzeitig beigelegt.

Für die Inanspruchnahme der Begünstigungen des § 1 Z 5 und § 5a Abs. 2 Z 2 NeuFöG ist die Vorlage der Erklärung innerhalb der Anzeigefrist erforderlich und kann nicht nachgeholt werden (vgl. Rz 95, Rz 99 ff).

Im Falle der Selbstberechnung durch einen Parteienvertreter muss die Erklärung im Zeitpunkt der Durchführung der Selbstberechnung dem Parteienvertreter vorliegen (vgl. Rz 96 f).

Beispiel 2:

Beim Erwerbsvorgang durch Erbanfall oder Vermächtnis wird der Tatbestand nach § 1 Abs. 1 Z 2 GrEStG 1987 mit der Rechtskraft des Beschlusses über die Einantwortung bzw. mit der Bestätigung des Verlassenschaftsgerichts gemäß § 182 Abs. 3 AußStrG verwirklicht. Damit beginnt der Lauf der Anzeigefrist (§ 10 Abs. 1 GrEStG 1987) bzw. die Frist für eine Selbstberechnung (§ 11 Abs. 1 GrEStG 1987).

Nicht entscheidend für den Beginn des Fristenlaufes ist der Todestag, das Datum der Erbantrittserklärung, des Erbteilungsübereinkommens oder der Annahme des Vermächtnisses.

Das von der beratenden Stelle bestätigte und vom Betriebsübernehmer unterschriebene Formular NeuFö 2 muss dem befugten Parteienvertreter spätestens bis zum Zeitpunkt der rechtzeitigen Grunderwerbsteueranzeige (§ 10 GrEStG 1987) bzw. bis zum Zeitpunkt der Selbstberechnung vorgelegt werden (siehe Rz 95 ff). Bei rechtzeitiger elektronischer Anzeige des Erwerbsvorganges und Einstellen der Urkunde in ein durch Bundesgesetz vorgesehenes Urkundenarchiv (vgl. Rz 97) kann auch das Formular NeuFö 2 mittels dieses Urkundenarchivs dem Finanzamt zur Verfügung gestellt werden.

(AÖF 2013/207)

9.1. Bestätigung der Beratung (§ 5a Abs. 2 Z 1 NeuFöG)

195 Die Ausführungen unter Rz 110 ff gelten sinngemäß.

9.2. Fälle vor Auflage der amtlichen Vordrucke (§ 5a Abs. 2 Z 1 NeuFöG)

196 Die Ausführungen unter Rz 126 gelten sinngemäß.

9.3. Elektronische Übermittlung (§ 5a Abs. 2 Z 1 NeuFöG)

197 Die Ausführungen unter Rz 127 ff gelten sinngemäß.

9.4. Rechtsmittelverfahren

197a Die Ausführungen in Rz 136a gelten sinngemäß.

10. Meldeverpflichtung (§ 5a Abs. 2 Z 3 NeuFöG)

Wird die Betriebsinhabervoraussetzung iSd § 2 Z 2 NeuFöG nicht erfüllt oder wenn der neue Betriebsinhaber innerhalb von 5 Jahren nach der Betriebsübertragung **198**

- den übernommenen Betrieb oder wesentliche Grundlagen davon entgeltlich oder unentgeltlich überträgt oder
- betriebsfremden Zwecken zuführt oder
- den Betrieb aufgibt (siehe EStR 2000 Rz 5629 bis Rz 5656),

entfällt der Eintritt der Wirkungen des § 1 Z 1, 3 und 5 NeuFöG bzw. § 5a Abs. 2 Z 2 NeuFöG nachträglich.

Bei Erwerben von Todes wegen beginnen die Fristen (§ 5a Abs. 1 Z 2, Abs. 2 Z 3 NeuFöG) für eine Nachversteuerung mit dem Zeitpunkt des Erwerbes zu laufen (vgl. Rz 194); das ist mit Rechtskraft der Einantwortung bzw. des Beschlusses gemäß § 182 Abs. 3 AußStrG (vgl. Rz 194).

(AÖF 2013/207)

Der Austausch von vorhandenem Anlagevermögen durch neues Anlagevermögen führt zu keinem rückwirkenden Wegfall der Begünstigungen. Wird der Betrieb hingegen um mehr als 25% eingeschränkt oder verkleinert, so fallen die Begünstigungen nachträglich weg. **199**

Im Übrigen gelten die Ausführungen unter Rz 137 ff sinngemäß. **200**

11. Zeitlicher Geltungsbereich (§ 6 NeuFöG)

201 Das Neugründungs-Förderungsgesetz ist anzuwenden auf

- Neugründungen nach dem 1. Mai 1999 und
- Betriebsübertragungen nach dem 31. Dezember 2001.

§ 5a Abs. 2 NeuFöG idF des BG BGBl. I Nr. 132/2002 ist auf Betriebsübertragungen nach dem 31. Dezember 2001 anzuwenden.

§ 4 Abs. 5 und § 7 Abs. 1 NeuFöG idF des BG BGBl. I Nr. 180/2004 traten mit 1. Jänner 2005 in Kraft.

§ 1 Z 7 NeuFöG idF BGBl. I Nr. 76/2011 ist für Neugründungen nach dem 31.12.2011 anzuwenden.

§ 4 Abs. 1 Z 3 NeuFöG ist für Neugründungen und Betriebsübertragungen bei Inanspruchnahme einer Behörde bis 31.12.2012 anzuwenden (BGBl. I Nr. 112/2012).

§ 4 Abs. 3 und 4 NeuFöG idF BGBl. I Nr. 40/2017 ist für Neugründungen nach dem 31. Juli 2017 anzuwenden.

(BMF-AV Nr. 2019/63)

12. Amtshilfe (§ 7 NeuFöG)

Die gesetzlichen Berufsvertretungen und die Sozialversicherungsanstalt der gewerblichen Wirtschaft sind verpflichtet, Abschriften der amtlichen Vordrucke, auf denen Bestätigungen iSd § 4 NeuFöG angebracht worden sind, herzustellen und 7 Jahre ab Ende des Jahres, in dem die Bestätigung angebracht worden ist, aufzubewahren. Im Falle einer elektronischen Erklärungsübermittlung gemäß § 4 Abs. 5 NeuFöG sind die Daten bis zum Ablauf von 7 Jahren ab Ende des Jahres, in dem die Daten elektronisch übermittelt wurden, aufzubewahren. Die Aufbewahrung kann entweder in Form dauerhafter Wiedergaben der übermittelten Daten oder durch Speicherung der übermittelten Daten auf einem Datenträger erfolgen; eine Aufbewahrung auf Datenträgern ist nur zulässig, wenn die vollständige, geordnete und inhaltsgleiche Wiedergabe bis zum Ablauf der 7-jährigen Aufbewahrungsfrist jederzeit gewährleistet ist. **202**

Die gesetzlichen Berufsvertretungen und die Sozialversicherungsanstalt der gewerblichen Wirtschaft sind verpflichtet, den für die Erhebung der in § 1 NeuFöG genannten Abgaben, Gebühren und Beiträge zuständigen Institutionen auf Verlangen Auskünfte zu erteilen, die zur Vollziehung dieses Gesetzes erforderlich sind. **203**

Stellt sich nachträglich heraus, dass die tatsächlichen Verhältnisse gegen eine Neugründung oder Betriebsübertragung iSd NeuFöG sprechen, ist die gesetzliche Berufsvertretung oder jede andere Behörde die hiervon Kenntnis erlangt, berechtigt, diese Umstände der jeweils zuständigen Behörde mitzuteilen. Analog zu der in § 48b BAO vorgesehenen Verständigung anderer Behörden kann auch die Mitteilung gemäß § 7 Abs. 3 NeuFöG formlos erfolgen. **204**

(AÖF 2013/207)

3/1/1.

Bundessteuertagung Gebühren und Verkehrsteuern – Ergebnisse 2009

(Erlass des BMF vom 4. August 2010, BMF-010206/0169-VI/5/2010)

1. Erbschaftssteuer

(nicht abgedruckt)

2. Grunderwerbsteuer

(abgedruckt unter 7/6.)

3. Gebühren

(abgedruckt unter 5/2/4.)

4. Gesellschaftsteuer und Umgründung

(nicht abgedruckt)

5. NeuFöG

5.1 § 4 Abs. 1 NeuFöG – NeuFöG Erklärung – Mängelbehebungsverfahren

Sachverhalt:

Bei einer Betriebsübertragung wird der Rechtsvorgang vom Parteienvertreter elektronisch dem FA angezeigt. Der Übergabsvertrag wird in das Urkundenarchiv cyberDOC gestellt und der Zugriffscode dem FA bekanntgegeben. Am gleichen Tag wird dem FA eine ausgefüllte NeuFö 3 Erklärung gefaxt.

Fragestellung:

Ist in diesem Fall ein Mängelbehebungsverfahren einzuleiten?

Lösung:

Die Vorlage eines amtlichen Vordrucks ist eine materielle Voraussetzung für die Anwendbarkeit der Begünstigungen des NeuFöG. Der amtliche Vordruck muss im Zeitpunkt der Inanspruchnahme der jeweiligen Behörde vorgelegt werden (vgl. NeuFöR Rz 95 ff).

Mit der Erklärung der Neugründung oder Übertragung wird eine Abgabenbefreiung begehrt; sie stellt somit ein Anbringen iSd § 85 BAO dar. Da ein Formgebrechen vorliegt, ist ein Mängelbehebungsverfahren durchzuführen (vgl. NeuFöR Rz 108).

5.2 § 1 Z 1 NeuFöG, § 14 TP 4 Abs. 1 Z 2 GebG – Gewerberegisterauszüge

Sachverhalt:

Einem Unternehmer wurde anlässlich der Neugründung von der Bezirkshauptmannschaft eine Gewerbekonzession für ein Transportunternehmen ausgestellt. Weiters wurden Gewerberegisterauszüge für alle LKW beantragt.

Fragestellung:

Sind auch die Gebühren für die Gewerberegisterauszüge von der Befreiung gemäß § 1 Z 1 NeuFöG erfasst?

Lösung:

Gemäß § 3 Abs. 1 GütbefG ist die Konzession für eine bestimmte Anzahl von Kraftfahrzeugen zu erteilen. Die Behörde stellt dem Konzessionsinhaber so viele Abschriften der Konzessionsurkunde oder beglaubigte Auszüge aus dem Gewerberegister aus, wie Kraftfahrzeuge von der Konzession umfasst sind. Dies gilt gemäß § 20 Abs. 6 GütbefG auch für den grenzüberschreitenden Güterverkehr.

Die Ausstellung der Abschriften oder beglaubigten Auszüge erfolgt daher im unmittelbaren Zusammenhang mit der Neugründung und sind auch diese von der Gebührenbefreiung gemäß § 1 Z 1 NeuFöG umfasst.

Wird gemeinsam mit dem Antrag auf Erteilung einer Konzession für den grenzüberschreitenden Güterverkehr ein Antrag auf Ausstellung einer EUGemeinschaftslizenz gestellt, erfolgt auch die Ausstellung der EU-Gemeinschaftslizenz und die Ausstellung der erforderlichen Abschriften in unmittelbarem Zusammenhang mit der Neugründung des Betriebes (die NeuFöR Rz 19 wird angepasst werden).

4. Bewertung / Bodenwertrichtlinien

4/1.

AÖF 1996/189

Richtlinien zur Ermittlung des gemeinen Wertes von inländischen nicht notierten Wertpapieren und Anteilen (Wiener Verfahren 1996)

(Erlass des BMF vom 13. November 1996, Z 08 1037/1-IV/8/96)

Inhaltsübersicht

I. Allgemeines

A. Rechtslage ab 1. Jänner 1994

1. Durch Art. XI des Steuerreformgesetzes 1993, BGBl. Nr. 818/1993, wurde u.a.
   - der mit 1. Jänner 1989 begonnene Hauptfeststellungszeitraum der Einheitswerte des Betriebsvermögens mit 31. Dezember 1993 beendet (Z 10) und
   - die §§ 71 bis 75 BewG mit Wirkung ab 1. Jänner 1994 aufgehoben (Z 5 und 11), sowie durch Art. XII
   - der zeitliche Anwendungsbereich des Vermögenssteuergesetzes und des Erbschaftssteueräquivalentgesetzes mit 31. Dezember 1993 beendet.
2. Ab **1. Jänner 1994** erfolgt die Bewertung der Wertpapiere und Anteile somit ausschließlich nach den §§ 13 und 14 BewG.

   Ab diesem Zeitpunkt entfallen auch
   - Feststellungen von Einheitswerten des Betriebsvermögens und
   - Feststellungen gemeiner Werte von Anteilen und nicht notierten Aktien (siehe auch Art. 56 Z 5 des Strukturanpassungsgesetzes 1996, BGBl. Nr. 201/1996: § 323 Abs. 4 BAO).
3. Die Ermittlung des gemeinen Wertes von Anteilen und Wertpapieren verlagert sich somit ab 1. Jänner 1994 von gesonderten Feststellungsverfahren der Betriebsfinanzämter in das individuelle Bemessungsverfahren bei den Finanzämtern für Gebühren.

B. Bewertungsstichtag

1. Der Zeitpunkt, zu dem Bewertungen von Wertpapieren und Anteilen durchzuführen sind, richtet sich ab 1. Jänner 1994 nach den Zeitpunkten der Verwirklichung der in Frage kommenden Steuertatbestände.
2. Während bei notierten Wertpapieren die Bewertung ausgehend von den Börsekursen für beliebige Zeitpunkte keine Schwierigkeiten bereitet, ist es bei nicht notierten Wertpapieren und Anteilen in den meisten Fällen nicht ohne weiteres möglich, eine exakte stichtagsbezogene Bewertung vorzunehmen, weil die erforderlichen Daten nicht zur Verfügung stehen.

   Es bestehen keine Bedenken in Fällen, in denen das Unternehmen keine unvorhersehbare wirtschaftliche Entwicklung genommen hat, den auf einen dem Stichtag möglichst naheliegenden Zeitpunkt ermittelten Wert der Anteile der Besteuerung zugrundezulegen.

Es wird dies auf der Basis des dem Bewertungsstichtag nächstliegenden Bilanzstichtages erfolgen können.

Über Antrag kann der Ermittlung auch eine zum Bewertungsstichtag erstellte Bilanz oder Vermögensstatus zugrundegelegt werden. Grundsätzlich werden die **Handelsbilanzdaten** herangezogen werden können, sofern sich aus den steuerlichen Daten des Unternehmens wegen schwerwiegender Mängel der Buchhaltung nicht erhebliche Zweifel an deren Verwendbarkeit ergeben.

Der gemeine Wert von Wertpapieren richtet sich nach der Art des Rechtes, das durch das Wertpapier verbrieft ist. Ist dieses Recht z.B. eine Kapitalforderung, so ist der gemeine Wert nach den Vorschriften des § 14 BewG zu ermitteln. Der gemeine Wert für Anteile an Kapitalgesellschaften wird in der Regel nach den Vorschriften des § 13 Abs. 2 BewG ermittelt. Dabei ist es gleichgültig, ob die Anteile durch ein Wertpapier verbrieft sind (z.B. Aktien) oder nicht (z.B. Anteile an Gesellschaften mbH.).

II. Ableitung des gemeinen Wertes aus Verkäufen

Der gemeine Wert von Aktien, Anteilen an Gesellschaften mbH., Genußscheinen und Partizipationsscheinen ist gemäß § 13 Abs. 2 BewG in erster Linie aus Verkäufen abzuleiten. Dabei kommen grundsätzlich alle Verkäufe (nicht zusammenhängende Verkaufsvorgänge) aus dem Ermittlungszeitraum [III, Abschnitt 2 (1)] in Betracht. Unter Umständen kann auch ein nicht unwesentlicher einzelner Anteilsverkauf für die Beurteilung des gemeinen Wertes von Bedeutung sein. Die Verkäufe sind weiters dahin gehend zu untersuchen, ob sie im gewöhnlichen Geschäftsverkehr erfolgt und gemäß § 10 BewG zur Ableitung des gemeinen Wertes geeignet sind. Verkäufen, die zeitlich näher – vor oder nach dem – Ermittlungszeitpunkt liegen, wird größere Bedeutung beizumessen sein als anderen.

III. Schätzung des gemeinen Wertes („Wiener Verfahren 1996“)

Wenn sich der gemeine Wert von Anteilen an Kapitalgesellschaften nicht aus Verkäufen ableiten läßt, ist er unter Berücksichtigung des gesamten Vermögens und der Ertragsaussichten der Gesellschaft zu schätzen (§ 13 Abs. 2 BewG). Die Schätzung erfolgte seit 1. Jänner 1989 bis einschließlich 1. Jänner 1993 aufgrund des sogenannten Wiener Verfahrens 1989 (Erlaß des Bundesministeriums für Finanzen vom 15. Dezember 1989, Bw 555, Z 08 1031/2-IV/8/89). Dieses Verfahren, das das gesamte Vermögen der Gesellschaft in der Form des Vermögenswertes und die Ertragsaussichten in der Form des Ertragswertes berücksichtigt, und daraus im Mittelwertverfahren den gemeinen Wert ableitet, wird aus Gründen der Kontinuität, Gesetzeskonformität und Verwaltungsökonomie grundsätzlich beibehalten.

Die inzwischen eingetretenen Änderungen der Rechtslage und das Bestreben nach möglichst weitgehender Vereinfachung des Verfahrens bewirken im wesentlichen die Unterschiede zum Wiener Verfahren 1989.

Das Schätzungsverfahren wird im folgenden dargestellt und kann in der Regel als Richtlinie zur Schätzung dienen:

1. Vermögenswert (V)

(1) Maßgeblich ist das Gesellschaftsvermögen zum Stichtag (= Ermittlungszeitpunkt = Zeitpunkt der Verwirklichung des Steuertatbestandes, nicht Zeitpunkt der Durchführung der Berechnung). Hiezu bildet regelmäßig die Handelsbilanz des dem Stichtag nächstliegenden Bilanzzeitpunktes die Ausgangsgrundlage.

(2) Um eine den Ansprüchen als wirtschaftlicher Wert gerecht werdende Größe zu erhalten, sind folgende Zu- und Abrechnungen zu verändern:

A. Handelsrechtlicher Ausgangswert

Bilanzsumme	....	
– Passivposten (§ 224 Abs. 3 C, D, E HGB)	–	
– Handelsrechtl. Eigenkapital (§ 224 Abs. 3 A, B HGB)	....	....

B. Steuerliche Zu- und Abrechnungen

Pos. 1:	Betriebsgrundstücke: Bilanzansatz, mindestens	
	1.1 3facher geltender Einheitswert oder [1])	+ – Bilanzansatz
	1.2 gemeiner Wert (über Nachweis und Antrag) [1])	+ – Bilanzansatz
Pos. 2:	Beteiligungen [2]) an Kap. Ges.; (Aktien, GmbH-Anteile)	+ –

Pos. 3:	Latente Steuern auf unversteuerte Rücklagen gemäß § 224 Abs. 3 B HGB mit 34%, soweit diese aus steuerlichen Sondervorschriften stammen, (nur über Antrag und Nachweis)	–
Pos. 4:	Auslandsforderungen (von 85% auf 100%)	+ [3])

Erläuterungen:

[1]) Der Berechnung liegt primär der Bilanzansatz der Betriebsgrundstücke zugrunde. Ist der Bilanzansatz niedriger als der dreifache (erhöhte) Einheitswert so ist der dreifache Einheitswert anzusetzen und der Bilanzansatz (Buchwert) der Betriebsgrundstücke in Abzug zu bringen. Ebenso ist beim allfälligen Ansatz des nachgewiesenen gemeinen Wertes der Betriebsgrundstücke der Buchwert abzuziehen.

[2]) Die Kürzung erfolgt mit dem Bilanzansatz, die Zurechnung mit dem Bilanzansatz der mit der Anschaffung der Beteiligung zusammenhängenden Schulden.

Hinweis: Beteiligungen an Personengesellschaften fallen nicht unter Pos. 2. Sie sind mit dem Wert anzusetzen, der sich aus der Handelsbilanz der Personengesellschaften aliquot unter Berücksichtigung der gesellschaftsvertraglichen Bestimmungen ergibt.

[3]) Die Zurechnung kann unter Umständen bei Nachweis oder Glaubhaftmachung eines drohenden Forderungsverlustes in geringerem Ausmaß vorzunehmen sein.

C. Steuerlicher Vermögenswert

(3) Der so ermittelte Vermögensbetrag ist, sofern es sich um einen **positiven Wert** handelt, **um 10% zu kürzen**. Mit dieser pauschalen Kürzung sind alle sonst noch in Frage kommenden, aber aus Vereinfachungsgründen im einzelnen nicht vorgenommenen Abrechnungen abgegolten. Die pauschale Kürzung **vermindert sich auf 5%**, wenn von Antragsrechten nach Positionen 3 Gebrauch gemacht wird. Die gegenüber dem „Wiener Verfahren 1989" geringere pauschale Kürzung ist durch die weitgehende Berücksichtigung der Handelsbilanzansätze begründet.

(4) Dieser (pauschal gekürzte) Vermögensbetrag ist mit 100 zu multiplizieren und durch das Nennkapital N (Abschnitt 3) zu dividieren. Der der Ableitung des gemeinen Wertes G je 100 Schilling (Abschnitt 4) zugrunde zu legende Vermögenswert V ergibt sich somit nach der Formel

$$V = \frac{\text{Vermögensbetrag} \times 100}{N}$$

Beispiel 1:

Vermögenswert ohne Ausnützung von Antragsrechten

Bilanzsumme	67,000.000
– Passivposten (§ 224 HGB Abs. 3 Pos. C, D, E)	15,000.000
Ausgangswert	52,000.000
Summe der Zu-/Abrechnungen (Pos. 1, 2) **ohne** Ausnützung von Antragsrechten	– 5,000.000
Zwischensumme	47,000.000
Kürzung 10%	– 4,700.000
Vermögensbetrag	42,300.000

$$\frac{\text{Vermögensbetrag} \times 100}{\text{N (Beispiel 5)}} = \frac{42{,}300.000 \times 100}{10{,}000.000} = 423$$

V = 423 S je 100 S Nennkapital.

Beispiel 2:

Vermögenswert mit Ausnützung von Antragsrechten

Ausgangswert wie Beispiel 1	52,000.000
Summe der Zu-/Abrechnungen (Pos. 1 bis 4) **mit** Ausnützung von Antragsrechten	– 8,000.000
Zwischensumme	44,000.000
Kürzung 5%	– 2,200.000
Vermögensbetrag	41,800.000

$$\frac{\text{Vermögensbetrag} \times 100}{\text{N (Beispiel 5)}} = \frac{41{,}800.000 \times 100}{10{,}000.000} = 418$$

V = 418 S je 100 S Nennkapital.

2. Ertragswert (E)

(1) Unter dem Gesichtspunkt des dem BewG eigenen Stichtagsprinzips ist der künftige Ertrag nach den Verhältnissen zum Ermittlungszeitpunkt [Abschnitt 1 (1)] zu beurteilen. Die Ertragsaussichten sind, wie auch die Rechtsprechung des Verwaltungsgerichtshofes bestätigt, nicht nach den nach dem **Stichtag** tatsächlich erzielten Betriebsergebnissen zu beurteilen, sondern nach der bereits am Stichtag erkennbaren Entwicklung zu schätzen.

Als Ausgangsgrundlage werden in der Regel **die drei letzten Wirtschaftsjahre vor dem Ermittlungszeitpunkt (= Ermittlungszeitraum)** für die Beurteilung in Frage kommen. Da jedoch einem dem Stichtag näherliegenden Betriebsergebnis höhere Gewichtung als einem zeitlich entfernteren zuzumessen ist, bestehen keine Bedenken, ein etwa schon vorliegendes Ergebnis des Stichtagsjahres anstatt des dritten vor dem Stichtag erzielten Ergebnisses in die Berechnung einzubeziehen. Umstände, die am Stichtag erkennbar waren und von offenkundigem Einfluß auf die nach dem Stichtag zu erwartende Ertragsentwicklung sind, können allenfalls durch Zu- oder Abschläge über Antrag und Nachweis (Glaubhaftmachung) beim gemeinen Wert berücksichtigt werden (Abschnitt 4.8).

(2) Die Ausgangsgröße zur Ertragswertermittlung bildet **das Ergebnis der gewöhnlichen Geschäftstätigkeit (EGT, § 231 HGB) aus drei Wirtschaftsjahren** (Abs. 1). Um eine den Ansprüchen als wirtschaftlicher Wert gerecht werdende Größe zu erhalten, sind gegebenenfalls **folgende Zu- und Abrechnungen vorzunehmen**:

KöSt-relevante Zu- und Abrechnungen[1]):

Pos. 1:	–	Sanierungsgewinne
Pos. 2:	–	nach DBA in Österreich nicht zu besteuernde positive Einkünfte, vermindert um die nachgewiesenen, darauf entfallenden, nicht abziehbaren ausländischen Steuern (z.B. ausländische Betriebsstätte)
	+	nach DBA in Österreich nicht zu berücksichtigende negative Einkünfte
Pos. 3:	–	Beteiligungserträge aus inländischen Gesellschaften
Pos. 4:	–	Beteiligungserträge aus ausländischen Gesellschaften
Pos. 5:	–	AfA-Nachholung [2]) [3])
sonstige:	+/–	

Zwischensumme.

Nicht KöSt-relevante Zu- und Abrechnungen[1]):

Pos. 6:	–	rechnerische Körperschaftsteuer (34% der Zwischensumme bzw. Mindest-KöSt)
Pos. 2a:	+	nach DBA in Österreich nicht zu besteuernde positive Einkünfte, vermindert um die nachgewiesenen, darauf entfallenden, nicht abziehbaren ausländischen Steuern (z.B. ausländische Betriebsstätte)
	–	nach DBA in Österreich nicht zu berücksichtigende negative Einkünfte
Pos. 7:	–	auf ausländische Beteiligungen entfallende nicht abzugsfähige Personensteuern [3])
Pos. 8:	–	steuerlich nicht abzugsfähige Aufwendungen [3])
sonstige:	+/–	

Erläuterungen:

[1]) Die Zu-/Abrechnungen entsprechen jenen des Berechnungsformulares V 96.
[2]) Für abnutzbare Wirtschaftsgüter des Anlagevermögens, die bis 31. Dezember 1988 angeschafft bzw. hergestellt wurden, und für die eine **vorzeitige Abschreibung** vorgenommen, oder die gemäß § 13 EStG 1988 sofort abgeschrieben wurden, und deren betriebsgewöhnliche Nutzungsdauer noch in den Ermittlungszeitraum [Abschnitt 2 (1)] reicht, kann über Antrag und bei zahlenmäßiger Darstellung die infolge des vorweggenommenen Aufwandes im Ermittlungszeitraum fehlende Normalabschreibung nachgeholt werden.
[3]) Die Zu-/Abrechnungen sind nur über Antrag und bei zahlenmäßiger Darstellung vorzunehmen.

(3) Die Pos. 1, 2, 3 und 4 sind nur dann abzurechnen, wenn sie das EGT erhöht haben. Eine Zurechnung laut Pos. 2a hat nur dann zu erfolgen, wenn eine Abrechnung nach Pos. 2 vorgenommen wurde. Die Abrechnungen laut Pos. 7 und 8 sind nur dann vorzunehmen, wenn diese das EGT nicht gemindert haben.

(4) Nach getrennter Berechnung des Ergebnisses jedes der drei maßgeblichen Jahre ist **aus den drei Ergebnissen der Durchschnitt** zu bilden. Ist dieser Durchschnittswert positiv, wird der so ermittelte Durchschnittsertrag **um 10% gekürzt**. Dieser pauschale Abschlag **vermindert sich auf 7%**, wenn von Antragsrechten Gebrauch gemacht wird. Mit dieser pauschalen Kürzung sind alle sonst noch in Frage kommenden, aber aus Vereinfachungsgründen im einzelnen nicht vorgenommenen Abrechnungen abgegolten. Antragsrechte sind, sofern der entsprechende Sachverhalt in den einzelnen Jahren gegeben ist, gleichmäßig zu handhaben.

(5) Dieser (pauschal gekürzte) Durchschnittsertrag ist mit 100 zu multiplizieren und durch das Nennkapital N (Abschnitt 3) zu dividieren. Der Durchschnittsertrag ist als Rente mit einer **Kapitalverzinsung von 9% p.a.** aufzufassen. Der der Ableitung des gemeinen Wertes G je 100 Schilling (Abschnitt 4) zugrunde zu legende Ertragswert E ergibt sich somit nach der Formel

$$E = \frac{\text{Durchschnittsertrag} \times 100 \times 100}{N \times 9}$$

Beispiel 3:
Ertragswert:

	3. Jahr vor Stichtag	2. Jahr vor Stichtag	1. Jahr vor Stichtag
EGT	2,700.000	2,300.000	3,100.000
Summe der Zu-/Abrechnungen **ohne** Ausnützung von Antragsrechten,	– 700.000	– 600.000	– 800.000
Zwischensumme	= 2,000.000	= 1,700.000	= 2,300.000

Zwischensumme der Jahre:	3.	2,000.000	
	2.	1,700.000	
	1.	2,300.000	
Summe	=	6,000.000	: 3
Durchschnitt	=	2,000.000	
Kürzung 10%		– 200.000	
Durchschnittsertrag	=	1,800.000	

$$\frac{\text{Durchschnittsertrag} \times 100 \times 100}{\text{N (Beispiel 5)} \times 9} = \frac{1{,}800.000 \times 100 \times 100}{10{,}000.000 \times 9} = 200$$

E = 200 S je 100 S Nennkapital.

(6) Ein negativer Durchschnittswert ist nur mit 100 zu multiplizieren und durch N zu dividieren, sodaß sich bei **Verlustaussichten** der Ertragswert E nach der folgenden Formel

$$E = \frac{\text{Durchschnittsverlust} \times 100}{\text{N}}$$ errechnet.

Beispiel 4:
Ertragswert bei Verlustaussichten:

	3. Jahr vor Stichtag	2. Jahr vor Stichtag	1. Jahr vor Stichtag
EGT	+ 200.000	– 3,700.000	+ 2,200.000
Summe der Zu-/Abrechnungen **mit** Ausnützung von Antragsrechten	– 400.000	– 400.000	– 900.000
Zwischensumme	= – 200.000	= – 4,100.000	= + 1,300.000

Zwischensumme der Jahre:	3.	– 200.000	
	2.	– 4,100.000	
	1.	+ 1,300.000	
Summe	=	– 3,000.000	: 3
Durchschnitt	=	– 1,000.000	
keine Kürzung		0	
Durchschnittsverlust	=	– 1,000.000	

$$\frac{\text{Durchschnittsverlust} \times 100}{\text{N (Beispiel 5)}} = \frac{-1{,}000.000 \times 100}{10{,}000.000} = -10$$

E = – 10 S je 100 S Nennkapital.

Beispiel 4a:
Ertragswert bei Verlustaussichten

	3. Jahr vor Stichtag	2. Jahr vor Stichtag	1. Jahr vor Stichtag
EGT	– 10,000.000	– 11,000.000	– 9,000.000
Summe der Zu-/Abrechnungen **mit** Ausnützung von Antragsrechten	– 1,000.000	– 1,000.000	– 1,000.000
Zwischensumme	= – 11,000.000	= – 12,000.000	= – 10,000.000

Zwischensumme der Jahre:	3.		– 11,000.000	
	2.		– 12,000.000	
	1.		– 10,000.000	
Summe		=	– 33,000.000	: 3
Durchschnitt		=	– 11,000.000	
keine Kürzung			0	
Durchschnittsverlust		=	11,000.000	

$$\frac{\text{Durchschnittsverlust} \times 100}{\text{N (Beispiel 5)}} = \frac{-11{,}000.000 \times 100}{10{,}000.000} = -110$$

E = – 110 S je 100 S Nennkapital.

3. Nennkapital (N)

Vermögenswert V (Abschnitt 1) und Ertragswert E (Abschnitt 2) ergeben sich durch Vergleich des Vermögensbetrages und des Durchschnittsertrages (-verlustes) mit dem Nennkapital. Sie werden auf 100 S des Nennkapitals bezogen.

Beim Nennkapital handelt es sich um die aus der **Summe aus**

- **Grundkapital** (bei AG)
- **Stammkapital** (bei GesmbH)
- **Partizipationskapital** (nur wenn börsenotiert)

gebildete Größe. Dabei ist es in der Regel unerheblich, ob das Kapital voll eingezahlt ist (Abschnitt 4.6) sowie, ob das Unternehmen eigene Anteile besitzt (Abschnitt 4.4). Lediglich der Nennbetrag der Eigenanteile, die nach Abschnitt 4.4 nicht bewertbar sind, verringert die Größe des Nennkapitals.

Allfällige **Substanzgenussrechte**, die eine Beteiligung begründen, sind mit dem ihnen aufgrund der Ausgabe- und Rücknahmebedingungen im Einzelfall zukommenden Wert (Rücknahmewert) anzusetzen.

Beispiel 5:

Nennkapital

Grundkapital	9,000.000
Partizipationskapital	1,000.000
	10,000.000

N = 10,000.000 S.

4. Gemeiner Wert (G)

4.1 Gemeiner Wert im Normalfall

Der gemeine Wert wird im Normalfall als **Mittelwert vom Vermögens- und Ertragswert** errechnet. Die Formel lautet daher

$$G = \frac{V + E}{2}.$$

Die Berechnung des Vermögenswertes V ist nach Abschnitt 1, die des Ertragswertes E nach Abschnitt 2 vorzunehmen. Bei Ertragslosigkeit ergibt sich der gemeine Wert somit als halber Vermögenswert. In obige Formel ist auch ein **negativer Vermögenswert** einzusetzen, doch ist der Ansatz eines rechnerisch sich ergebenden „negativen gemeinen Wertes" ausgeschlossen.

Beispiel 6:

Gemeiner Wert

$$G = \frac{\text{V (Beispiel 1)} + \text{E (Beispiel 3)}}{2} = \frac{423 + 200}{2} = 311{,}5$$

G = 311 S je 100 S Nennkapital.

4.2 Gemeiner Wert bei Verlustaussichten

Bei Verlustaussichten [Abschnitt 2 (7)] wird stets der **Liquidationswert** des Unternehmens die Untergrenze bilden. Dieser hängt wesentlich von der Zusammensetzung des Vermögens ab, sodaß der Liquidationswert aus Vereinfachungsgründen mit **40% des Vermögenswertes V** angenommen werden kann. Bei Nachweis eines niedrigeren Liquidationswertes ist dieser anzusetzen. Somit ergibt sich der gemeine Wert bei Verlustaussichten nach der Formel

$$G = \frac{V - E}{2}, \text{ mindestens aber } \frac{V}{2,5}$$

Beispiel 7:

Gemeiner Wert bei Verlustaussichten

$$G = \frac{V\,(\text{Beispiel 2}) - E\,(\text{Beispiel 4})}{2} = \frac{418 - 10}{2} = 204$$

G = 204 S je 100 S Nennkapital.

Beispiel 7a:

Gemeiner Wert bei Verlustaussichten; Liquidationswert

$$G = \frac{V\,(\text{Beispiel 2}) - E\,(\text{Beispiel 4a})}{2} = \frac{418 - 110}{2} = 154$$

$$\text{mindestens: } \frac{V\,(\text{Beispiel 2})}{2,5} = \frac{418}{2,5} = 167,2$$

G = 167 S je 100 S Nennkapital.

4.3 Gemeiner Wert bei Beteiligungsbesitz

(1) Bestehen Beteiligungen an inländischen Kapitalgesellschaften und an ausländischen Gesellschaften, die einer inländischen Kapitalgesellschaft vergleichbar sind, werden der **Vermögenswert V** nach Abschnitt 1 und der **Ertragswert E** nach Abschnitt 2 ermittelt, wobei zur Vermeidung des Kaskadeneffektes weder in V der Wert noch in E die Erträge der Beteiligung enthalten sein dürfen.

(2) Der **gemeine Wert des Beteiligungsbesitzes B** wird sodann bei der Ermittlung des gemeinen Wertes G in die Berechnung einbezogen. Um den gemeinen Wert des Beteiligungsbesitzes auf das Nennkapital der Obergesellschaft zu beziehen, ist vorerst der gemeine Wert der Beteiligung (Anteile)

- bei GesmbH-Anteilen, nicht notierten Aktien und nicht notierten Partizipationsscheinen aus dem aus Verkäufen abgeleiteten oder nach diesem Verfahren ermittelten Wert je 100 Schilling des Nennkapitals der Untergesellschaft und
- bei notierten Aktien und Partizipationsscheinen aus dem am Ermittlungszeitpunkt oder davor erzielten Börsekurs je 100 Schilling des Nennkapitals der Untergesellschaft

zu errechnen und mit dem Nennkapital der von der Obergesellschaft gehaltenen Anteile zu multiplizieren. Bei Vorliegen mehrerer Beteiligungen ist die Summe der gemeinen Werte zu bilden. Wurden **Schulden zur Anschaffung der Beteiligung** aufgenommen, so sind sie in ihrer zum Ermittlungszeitpunkt [Abschnitt 1 (1)] aushaftenden Höhe vom gemeinen Wert der Beteiligung abzuziehen.

Der so ermittelte Betrag wird mit 100 multipliziert, durch das Nennkapital N (der Obergesellschaft Abschnitt 3) dividiert und ergibt die anzuwendende Größe B (Wert der gesamten Beteiligung umgerechnet auf 100 S des Nennkapitals der Obergesellschaft).

Der gemeine Wert ergibt sich somit nach der Formel

$$G = \frac{V + E}{2} + B,$$

wobei **B für den gemeinen Wert der Beteiligung je 100 Schilling Nennkapital der Obergesellschaft** steht.

Beispiel 8:

Gemeiner Wert bei Beteiligungsbesitz

Beteiligung an:		gemeiner Wert der Beteiligung	
AG (Börsekurs)		1,000.000	[s. Abs. (4)]
AG (ausl. Börsekurswert 700.000 in S)		700.000	
GesmbH (ermittelter Wert 200.000)		200.000	
Summe der gemeinen Werte	=	1,900.000	
Schulden		– 200.000	
Summe	=	1,700.000	

$$B = \frac{\text{Summe} \times 100}{N\,(\text{Beispiel 5})} = \frac{1,700.000 \times 100}{10,000.000\,(\text{Beispiel 5})} = 17$$

$$G = \frac{V\,(\text{Beispiel 1}) + E\,(\text{Beispiel 3})}{2} + B = \frac{423 + 200}{2} + 17 = 299,5 + 17 = 328,5$$

G = 328 S je 100 S Nennkapital.

(3) Ist **E eine negative Größe**, kann sich nach Abschnitt 4.2 die Notwendigkeit der Begrenzung mit 40% des Vermögenswertes ergeben. In diesem Fall lautet die Formel

Beispiel 9:

Gemeiner Wert bei Verlustaussichten und Beteiligungsbesitz

$$G = \frac{V\,(\text{Beispiel 2}) - E\,(\text{Beispiel 4})}{2} + B\ (\text{Beispiel 8}) = \frac{418 - 10}{2} + 17 = 204 + 17 = 221$$

G = 221 S je 100 S Nennkapital.

Beispiel 9a:

Gemeiner Wert bei Verlustaussichten und Beteiligungsbesitz; Liquidationswert

$$G = \frac{V\,(\text{Beispiel 2}) - E\,(\text{Beispiel 4a})}{2} + B\ (\text{Beispiel 8}) = \frac{418 - 10}{2} + 17 = 154 + 17 = 171$$

$$\text{mindestens: } \frac{V\ (\text{Beispiel 2}) + B\ (\text{Beispiel 8})}{2{,}5} = \frac{418 + 17}{2{,}5} = 174$$

G = 174 S je 100 S Nennkapital.

(4) Bei notierten Anteilspapieren ist der Kurswert vom Stichtag zugrundezulegen.

(5) Bei der Ermittlung des gemeinen Wertes einer Gesellschaft, die aufgrund der handelsrechtlichen Vorschriften oder freiwillig einen konsolidierten Abschluß erstellt, kann anstelle der getrennten Ermittlung der gemeinen Werte für Unter- und Obergesellschaft(en) über Antrag und Nachweis der Bilanzdaten der verbundenen Unternehmen (§ 228 Abs. 3 HGB) der gemeine Wert aus dem konsolidierten Jahresabschluß abgeleitet werden.

4.4 Gemeiner Wert bei Besitz von eigenen Anteilen

Eigenanteile im Ausmaß von mindestens 10% des Nennkapitals der Gesellschaft sind – mit Ausnahme der wegen ihrer Bestimmung zur Einziehung oder wegen ihrer Unverkäuflichkeit nicht bewertbaren Eigenanteile – mit ihrem gemeinen Wert zu bewerten. Zu diesem Zweck ist der gemeine Wert G vorläufig zu ermitteln, wobei jedoch bei V die Eigenanteile außer Ansatz bleiben. Der so ermittelte vorläufige gemeine Wert wird mit dem Faktor

$$\frac{N}{N - 0{,}424\ Eig}$$, multipliziert, sodaß die Formel

$$\text{vorl. } G \times \frac{N}{N - 0{,}425\ Eig}$$ lautet.

Dabei ist N das gesamte Nennkapital (Abschnitt 3) und **Eig der Nennbetrag der Eigenanteile**.

Beispiel 10:

Gemeiner Wert bei Besitz eigener Anteile

Im Betriebsvermögen befinden sich Eigenaktien im Nennwert von 1,000.000 S, die bei Ermittlung des Vermögenswertes aber außer Ansatz bleiben:

V (Beispiel 1)	=	423
E (Beispiel 3)	=	200
Eigenanteile (Nominale)	=	1,000.000

Der vorläufige gemeine Wert beträgt daher (wie in Beispiel 6): 311.

$$G = \text{vorl. } G \times \frac{N\ (\text{Beispiel 5})}{N\,(\text{Beispiel 5}) - 0{,}425 \times \text{Eigenanteile (Nominale)}} =$$

$$311 \times \frac{10{,}000.000}{10{,}000.000 - (0{,}425 \times 1{,}000.000)} =$$

$$311 \times \frac{10{,}000.000}{10{,}000.000 - 425.000} = 311 \times 1{,}044 = 324{,}7$$

G = 324 S je 100 S Nennkapital.

4.5 Gemeiner Wert bei Konzentration des Anteilsbesitzes

Gemäß § 13 Abs. 3 BewG ist der gemeine Wert einer Beteiligung maßgebend, wenn er infolge besonderer Umstände (z.B. bei gesellschaftsbeherrschender Konzentration des Anteilsbesitzes in einer Hand) höher ist als die Summe der gemeinen Werte der Einzelanteile. Ein solcher **„Paketzuschlag"** kann jedoch nicht im Rahmen dieses Verfahrens, sondern allenfalls bei Vorliegen besonderer Umstände und Gründe, die einen wesentlich höheren Wert rechtfertigen und die nicht auf ungewöhnliche oder persönliche Verhältnisse zurückzuführen sind (§ 10 Abs. 2 letzter Satz BewG) im Bemessungsverfahren vorzunehmen sein.

4.6 Gemeiner Wert bei nicht voll eingezahltem Kapital

Die Beteiligung der Gesellschafter am Vermögen und am Gewinn der Gesellschaft richtet sich in der Regel nach dem Verhältnis der Anteile am vollen Nennkapital (Abschnitt 3). Sofern die Gesellschafter nicht ausdrücklich eine davon abweichende Vereinbarung getroffen haben, gilt dies auch dann, wenn das Nennkapital der Gesellschaft noch nicht voll eingezahlt ist. Es ist dabei unerheblich, ob noch mit einer Einzahlung des Restkapitals zu rechnen ist oder nicht. Wenn sich jedoch die Beteiligung am Vermögen und am Gewinn aufgrund einer ausdrücklichen Vereinbarung der Gesellschafter nach der jeweiligen Höhe des eingezahlten Nennkapitals richtet, dann gilt der gemeine Wert für je 100 Schilling des jeweils eingezahlten Nennkapitals.

4.7 Gemeiner Wert bei Neugründung, Einbringung und Umgründung

(1) Der gemeine Wert der Anteile an einem **neu gegründeten Unternehmen** wird in der Regel mit 85% des Vermögenswertes V (Abschnitt 1) angenommen werden können. Kann der Steuerpflichtige nachweisen, z.B. durch den ersten Jahresabschluß nach dem Gründungsstichtag, daß darüber hinausgehende Wertminderungen, insbesondere durch Anlaufverluste, eingetreten sind, so ist der niedrigere nachgewiesene Vermögens- und Ertragswert als Grundlage für die Feststellung des Gemeinen Wertes heranzuziehen.

(2) Bei **Einbringung** eines Betriebes, Teilbetriebes, Einzelunternehmens oder einer Personengesellschaft in eine Kapitalgesellschaft sowie bei **Verschmelzungen und Umwandlungen zum Buchwert** (aufgrund der Bestimmungen des Umgründungssteuergesetzes) kann der Ertragswert der übernehmenden Gesellschaft aus den Ertragsaussichten aller beteiligten Unternehmen abgeleitet werden.

Bei **Kauf oder Umgründungsvorgängen, die nicht zum Buchwert** erfolgen, werden die Ertragsaussichten eines jeden einzelnen Unternehmens gesondert zu beurteilen sein.

Tatsächlich eingetretene Verluste, die später als in dem Wirtschaftsjahr, in dem der Bewertungszeitpunkt liegt, erzielt werden, sind aufgrund des Stichtagsprinzips nicht zu berücksichtigen.

Allenfalls kann sich ein Grund für Zu- oder Abschläge nach Abschnitt 4.8 ergeben.

(3) Bei der Ermittlung des Ertragswertes kann auch das **Ausscheiden** eines Betriebes oder Teilbetriebes entsprechend zu berücksichtigen sein.

4.8 Gemeiner Wert bei Besonderheiten in Einzelfällen

In der Regel wird die Ermittlung des gemeinen Wertes durch das vorstehende Verfahren ohne Anwendung weiterer Zu- oder Abschläge möglich sein. Dies gilt auch bei Abweichungen des Ertragswertes vom Vermögenswert. Zu- oder Abschläge vom gemeinen Wert können insbesondere bei einer Änderung der wirtschaftlichen Entwicklung des Unternehmens gerechtfertigt sein, soweit sie zum Ermittlungszeitpunkt [Abschnitt 1 (1)] konkret – z.B. durch die Auftragslage zum Ermittlungszeitpunkt – erkennbar war.

4.9 Gemeiner Wert von Anteilen an ausländischen Gesellschaften

Läßt sich der gemeine Wert von Anteilen an ausländischen Gesellschaften nicht aus Verkäufen ableiten (z.B. in- oder ausländische Börsenotierungen), kann das Wiener Verfahren 1996 als Schätzungsanleitung angewendet werden. Auch eine etwa vorliegende, nach eine ähnlichen Verfahren oder nach dem § 13 Abs. 2 BewG entsprechenden Bestimmungen (z.B. Bundesrepublik Deutschland) amtliche Ermittlung des Gemeinen Wertes kann als Grundlage herangezogen werden.

5. Verfahren

Das Schätzungsverfahren ist im Rahmen noch nicht rechtskräftig abgeschlossener Bemessungsfälle für Steuertatbestände, die ab 1. Jänner 1994 verwirklicht wurden, anzuwenden. Eine gesonderte Feststellung von gemeinen Werten erfolgt ab 1994 nicht mehr.

4/1/1.

AÖF 2002/89

Wiener Verfahren 1996 – Berechnung in Euro sowie Klarstellungen
(Erlass des BMF vom 5. Februar 2002, Z 08 1037/1-IV/8/01)

Allgemeines

Gemäß § 193 Abs 4 HGB in Verbindung mit Art X § 2 Abs 1 des 1. Euro-Justizbegleitgesetzes müssen Abschlüsse für Geschäftsjahre, die nach dem 31. Dezember 2001 enden, in Euro aufgestellt werden. Wurde eine Handelsbilanz in Euro erstellt, ist das Wiener Verfahren 1996 (Abschnitt III des Erlasses des Bundesministeriums für Finanzen vom 13. November 1996, Z 08 1037/1-IV/8/96, AÖF 1996/189) grundsätzlich weiterhin anzuwenden. Bei Abschlüssen in Euro ist allerdings an Stelle der bisherigen Bewertung im Ausmaß einer Beteiligung von 100 Schilling am Nennkapital eine Bewertung für einen Anteil in Höhe von einem Euro am Nennkapital vorzunehmen.

1. Die Bewertung einer Beteiligung im Ausmaß von einem Euro bedingt eine Änderung folgender Berechnungsformeln

1.1 Vermögenswert (Punkt III, 1)

$$V = \frac{\text{Vermögensbetrag}}{N} \text{ statt } V = \frac{\text{Vermögensbetrag} \times 100}{N}$$

1.2 Ertragswert (Punkt III, 2)

$$E = \frac{\text{Durchschnittsertrag} \times 100}{N \times 9} \text{ statt } E = \frac{\text{Durchschnittsertrag} \times 100 \times 100}{N \times 9}$$

1.3 Ertragswert bei Verlustaussichten

$$E = \frac{\text{Durchschnittsverlust}}{N} \text{ statt } E = \frac{\text{Durchschnittsverlust} \times 100}{N}$$

2. Folgende zusätzliche Umstände sind dabei zu beachten:

2.1 Ertragswert bei Heranziehung von Beobachtungsjahren, die in Schilling und Euro bilanziert wurden:

Wurden bei der Ermittlung des Ertragswertes Beobachtungsjahre herangezogen, in welchen der Geschäftsabschluss in Schilling erstellt wurde, hat die Berechnung gemäß Punkt III, 2 Abs 2 des Erlasses vom 13. November 1996 zunächst in Schilling zu erfolgen. Dieses Ergebnis ist vor Berechnung des Durchschnittsertrages durch 13,7603 zu dividieren.

2.2 Beteiligungsbesitz

Wird bei Bestehen von Beteiligungen der gemeine Wert nach der Formel

$$G = \frac{V + E}{2} + B$$

ermittelt, so ist darauf zu achten, dass auch der Beteiligungsbesitz B ebenfalls in Euro gerechnet werden muss.

3. Aus gegebenen Anlass werden weiters folgende Klarstellungen zum Wiener Verfahren 1996 getroffen:

3.1 Anwendung anderer Bewertungsverfahren

Der Abschnitt III des Erlasses vom 13. November 1996, Z 08 1037/1-IV/8/96 (Wiener Verfahren 1996) ist eine Methode zur Schätzung des gemeinen Wertes (§ 10 BewG 1955) von Aktien und Anteilen an Gesellschaften mit beschränkter Haftung, wobei diese Schätzungsmethode die Vorschrift des § 13 Abs. 2 zweiter Satz BewG 1955 zusätzlich berücksichtigt. Das Wiener Verfahren ist eine zwar nicht verbindliche, aber grundsätzlich geeignete Grundlage für die schätzungsweise Ermittlung des gemeinen Wertes unter Berücksichtigung des Gesamtvermögens und der Ertragsaussichten, mit dem Ziel ein möglichst wirklichkeitsnahes Ergebnis zu erzielen (VwGH 25.4.1996, 95/16/0011).

Es kann dabei vom Steuerpflichtigen jederzeit auch eine andere Art der Schätzung beantragt werden. Wenn dieses Ergebnis den tatsächlichen Verhältnissen näher kommt, ist die andere Bewertungsmethode anzuerkennen. Eine entsprechende Beurteilung ist das Ergebnis der Würdigung eines konkreten, unter Beachtung der verfahrensrechtlichen Vorschriften zu ermittelnden Sachverhalts und obliegt daher ausschließlich dem Finanzamt oder der Abgabenbehörde zweiter Instanz im Falle der Erlassung einer Berufungsentscheidung.

Ein solch anderes Bewertungsverfahren ist im Anwendungsbereich des § 13 BewG 1955 allerdings nur dann zur Ermittlung des gemeinen Wertes geeignet, wenn es die im § 13 Abs 2 zweiter Satz BewG 1955 zwingend verankerte Berücksichtigung von Gesamtvermögen und Ertragsaussichten beachtet. Dabei ist die Vorschrift des § 13 Abs 2 zweiter Satz BewG 1955 Bestandteil des allgemeinen Steuerrechts und gilt gemäß § 1 Abs 2 BewG 1955 für alle bundesgesetzlich geregelten Abgabensachverhalte, soweit nicht in anderen Abgabengesetzen eine lex spezialis in Form von besonderen Bewertungsvorschriften enthalten ist.

Keine besonderen Bewertungsvorschriften hinsichtlich der Bewertung von Anteilen an Kapitalgesellschaften mit dem gemeinen Wert finden sich beispielsweise im

- Erbschafts- und Schenkungssteuergesetz,
- Grunderwerbsteuergesetz,
- Gebührengesetz,
- Einkommensteuergesetz, soweit außerbetriebliche Einkünfte vorliegen.

3.2 Bewertung von qualifizierten Beteiligungen

Gemäß § 13 Abs 3 BewG 1955 ist für die Bewertung qualifizierter Beteiligungen nicht die Summe der einzelnen Beteiligungen, sondern der gemeine Wert der Gesamtbeteiligung maßgebend. Dieser Wert der Gesamtbeteiligung errechnet sich aus der Summe des nach dem Wiener Verfahren ermittelten Wertes der Einzelbeteiligung zuzüglich eines Paketzuschlages. Die Vornahme eines Paketabschlages ist hingegen unzulässig (VwGH 20.11.1985, 84/13/0220 und VwGH 4.3.1987, 86/13/0045).

Ein Paketzuschlag ist ab einer Beteiligung denkbar, welche zur Ausübung von Minderheitsrechten berechtigt. Die Prüfung ob und in welcher Höhe ein solcher Paketzuschlag vorzunehmen ist, ergibt sich aus dem Ergebnis der Würdigung eines konkreten, unter Beachtung der verfahrensrechtlichen Vorschriften zu ermittelnden Sachverhalts und obliegt daher ausschließlich dem Finanzamt oder der Abgabenbehörde zweiter Instanz im Falle der Erlassung einer Berufungsentscheidung.

3.3 Berücksichtigung von ertragsmindernden Umständen

Der Ertragswert wird beim Wiener Verfahren 1996 aus in die Zukunft projizierten Vergangenheitswerte abgeleitet. Diese Methode ist grundsätzlich schlüssig. Es kann jedoch vorkommen, dass bei Vorliegen konkreter Anhaltspunkte zu untersuchen ist, ob die in einem Wirtschaftsjahr erzielten Ergebnisse für die Beurteilung zukünftiger Ergebnisse geeignet sind. Solche Anhaltspunkte sind allerdings Umstände, die eine erhöhte Mitwirkungspflicht des Abgabenpflichtigen auslösen (VwGH 16.12.1998, 97/13/0054). Dabei sind jedoch nur jene Umstände geeignet den Ertragswert zu beeinflussen, die zum Bewertungsstichtag zumindest erkennbar waren (VwGH 17.10.1980, 3447/78 und 27.8.1990, 89/15/0124).

Beispiel:

Bewertung zum 1. Jänner 2002. Im Mai 2002 bricht in Folge von Veränderungen der Rahmenbedingungen der Markt ein, was zu einer nachhaltigen Ertragseinbuße in einer Größenordnung von 30 Prozent führt. Mit diesem Markteinbruch hat zum 1. Jänner 2002 niemand ernsthaft gerechnet. Weiters verliert im Juni 2002 das Unternehmen zusätzlich einen Großkunden, was zu einer weiteren Verschlechterung der Ertragslage führt. Der Kunde hat zwar in der Vergangenheit öfters angekündigt zur Konkurrenz gehen zu wollen und hat sich auch fallweise bereits dort eingedeckt. Dieses Verhalten kann jedoch nicht als erkennbares Indiz für den endgültigen Verlust des Großkunden gewertet werden. Beide Umstände sind mangels Erkennbarkeit zum Bewertungsstichtag nicht zur Berücksichtigung einer Minderung des Ertragswertes geeignet.

Die Beurteilung einer solchen Erkennbarkeit ist dabei das Ergebnis der Würdigung eines konkreten, unter Beachtung der verfahrensrechtlichen Vorschriften zu ermittelnden Sachverhalts und obliegt daher ausschließlich dem Finanzamt oder der Abgabenbehörde zweiter Instanz im Falle der Erlassung einer Berufungsentscheidung.

3.4 Heranziehung von Verkäufen

Liegen Verkäufe von Anteilen vor, ist die Ermittlung des gemeinen Wertes unter Heranziehung dieser Verkäufe der Schätzung nach dem Wiener Verfahren vorzuziehen. Jedoch reicht ein einzelner Verkauf nicht aus (VwGH 25.6.1997, 95/15/0117). Für die Beurteilung, ob ein Veräußerungsvorgang als „Verkäufe" im Sinne des § 13 Abs 2 zweiter Satz BewG 1955 aufgefasst werden kann, ist maßgeblich, ob – insbesondere im Hinblick auf die Beteiligung mehrerer Anbieter bzw Interessenten – der Schluss gerechtfertigt erscheint, dass die unter Berücksichtigung von Angebot und Nachfrage und des Ausgleiches widerstreitender Interessen mehrerer an den Verkaufsgeschäften Beteiligter gebildeten Kaufpreise einem „Marktpreis" nahe kommen. (VwGH 20.1.1992, 90/15/0085). Ob diese Voraussetzungen gegeben sind, ist nach den Gesamtumständen des Einzelfalles unter Heranziehung objektivierter Maßstäbe zu entscheiden (VwGH 20.1.1992, 90/15/0110), wobei diese Beurteilung die Würdigung eines konkreten, unter Beachtung der verfahrensrechtlichen Vorschriften zu ermittelnden Sachverhalts darstellt und daher ausschließlich dem Finanzamt oder im Falle der Erlassung einer Berufungsentscheidung der Abgabenbehörde zweiter Instanz obliegt.

4/2.

Kundmachung des Bundesministers für Finanzen über die Bewertungsgrundlagen für das landwirtschaftliche Vermögen zum 1. Jänner 2014 (Beschreibung des Hauptvergleichsbetriebes und Feststellung der Betriebszahl für die landwirtschaftlichen Vergleichsbetriebe)

(Kundgemacht im „Amtsblatt zur Wiener Zeitung" am 04.03.2014, Nr. 44)

Auf Grund der §§ 34 und 44 des Bewertungsgesetzes 1955, BGBl. Nr. 148/1955, zuletzt geändert durch das Bundesgesetz BGBl. I Nr. 63/2013, wird nach Beratung im Bewertungsbeirat kundgemacht:

Allgemeines

§ 1. Zur Sicherung der Gleichmäßigkeit der Bewertung für die Hauptfeststellung der Einheitswerte des landwirtschaftlichen Vermögens zum 1. Jänner 2014 werden nach Beratung in der landwirtschaftlichen Abteilung des Bewertungsbeirates die Ableitung der Betriebszahlen der Vergleichsbetriebe rechtsverbindlich festgestellt.

Landwirtschaftlicher Hauptvergleichsbetrieb

§ 2. Der landwirtschaftliche Hauptvergleichsbetrieb wird durch die in den §§ 3 und 4 näher beschriebenen Merkmale und Bedingungen verkörpert.

§ 3. Die Merkmale der natürlichen Ertragsbedingungen gemäß § 32 Abs. 3 Z 1 BewG 1955 bestimmen sich auf Grund folgender Kriterien:

a) Bodenbeschaffenheit: Bodenart Lehm, beste Zustandsstufe, Entstehungsart Löss/Alluvium.

b) Geländegestaltung: überwiegend eben, alle Neigungen unter 4°.

c) Klimatische Verhältnisse: Jahresdurchschnittstemperatur >=8°C, 14-Uhr-Temperatur im Durchschnitt während der Vegetationszeit (Monat April bis August) 19,5°C, Wärmesumme (°C) 3 200, durchschnittliche Jahresniederschlagsmenge 650 mm.

d) Wasserverhältnisse: Der Boden ist für die Pflanzenproduktion ausreichend mit Wasser versorgt.

§ 4. Für die zum Hauptvergleichsbetrieb gehörige landwirtschaftliche Nutzfläche im Ausmaß von 55 ha Ackerland leitet sich die Bodenklimazahl 100 (§ 16 Abs. 2 Bodenschätzungsgesetz 1970) ab.

Wirtschaftliche Ertragsbedingungen gemäß § 32 Abs. 3 Z 2 BewG 1955	Merkmale	Ab- oder Zurechnungen zur Bodenklimazahl in %
Regionalwirtschaftliche Verhältnisse gem. § 32 Abs. 3 Z 2 lit a BewG 1955		
Regionale Lage	zentral	0
Vermarktungsverhältnisse- und Entwicklungsdynamik	mittel	+1
Entfernung zwischen Wirtschaftshof und zentralem Ort (Bezirkshauptort)	20 km	-2
Betriebliche Verhältnisse gemäß § 32 Abs. 3 Z 2 lit b und c BewG 1955		
Aufschließung des Wirtschaftshofs	im vollen Umfang gegeben	0
Sonderverhältnisse	keine	0
Entfernung der Feldstücke zum Wirtschaftshof	3,0 km	-4
Größe der Feldstücke	2,5 ha	+2
Hangneigung der Betriebsfläche	eben	0
Sonderverhältnisse	keine	0
Übrige Umstände		
Hagelgefährdung	mäßig gefährdet	-1
Sonstige übrige Umstände	keine	0
Betriebsgrößenverhältnisse gemäß § 32 Abs. 3 Z 2 lit d BewG 1955	Der Einfluss der Betriebsgröße (55 ha) wirkt sich günstig aus	+4
Gesamtsumme Zu- und Abschläge		±0%
Betriebszahl		**100**

Inkrafttreten

§ 5. Diese Kundmachung ist erstmals für die Hauptfeststellung der Einheitswerte des land- und forstwirtschaftlichen Vermögens zum 1.1.2014 anzuwenden.

Anhang

Die ausgewählten Vergleichsbetriebe stellen bezüglich ihrer natürlichen und ihrer wirtschaftlichen Ertragsbedingungen übliche typische landwirtschaftliche Betriebe dar; sie sind daher für ihre Gebiete kennzeichnend und ergeben in ihrer Gesamtheit einen Querschnitt über die Ertragsverhältnisse der landwirtschaftlichen Betriebe im Bundesgebiet.

Nr. lfd.	Nr. Bezeichnung	Bundesland Gerichtsbezirk Ortsgemeinde	Name und Anschrift	Haupt1*-/ Kleinproduktionsgebiet	Landwirtschaftlich genutzte Fläche in Hektar	Bodenklimazahl	Wirtschaftliche Verhältnisse (§ 32 Abs. 3 Z 2 lit a bis c BewG) und übrige Umstände	Betriebsgröße (§ 32 Abs. 3 Z 2 lit d BewG)	Betriebszahl
1	B-01-308-Oberkohlstätten	Burgenland Oberwart Unterkohlstätten	Polster Franz; Oberkohlstätten 20; 7435 Unterkohlstätten	308 Burgenländisches Bergland	5,09	32,4	-23,6%	-17,0%	19,2
2	B-02-308-Schönherrn	Burgenland Oberwart Wiesfleck	Krautsack Reinhard und Astrid; Schönherrn 2a; 7423 Wiesfleck	308 Burgenländisches Bergland	11,03	28,0	-25,7%	-13,0%	17,2
3	B-03-705-Weichselbaum	Burgenland Jennersdorf Weichselbaum	Holzmann Roswitha; Maria Bild 49; 8382 Weichselbaum	705 Südburgenländisches Obstbaugebiet	9,44	41,7	-23,5%	-15,0%	25,6
4	B-04-706-Tobaj	Burgenland Güssing Tobaj	Jautz Martin; Manliusgasse 3; 7540 Güssing	706 Südburgenländisches Hügelland	115,76	46,7	-16,3%	17,0%	47,0
5	B-05-707-Deutsch Schützen	Burgenland Oberwart-Deutsch-Schützen Eisenberg	Körper Erich und Gisela; Deutsch Schützen 23; 7474 Deutsch Schützen	707 Südburgenländisches Weinbaugebiet	28,94	58,4	-23,0%	-5,0%	42,0
6	B-06-812-Stöttera	Burgenland Mattersburg Zemendorf-Söttera	Neuberger Alois und Irmgard; Hauptstraße 64-66; 7023 Zemendorf-Stöttera	812 Wulkabecken und Randlagen	24,78	67,0	-11,2%	-7,0%	54,8
7	B-07-813-Oberloisdorf	Burgenland Oberpullendorf Oberloisdorf	Supper Rupert und Martina; Hauptstraße 38; 7451 Oberloisdorf	813 Oberpullendorfer Becken	8,40	67,2	-11,0%	-15,0%	49,7
8	B-08-814-Oggau	Burgenland Eisenstadt Oggau am Neusiedlersee	Wimmer Franz und Gertraud; Karl Nagygasse 48; 7063 Oggau	814 Weinbaugebiet Neusiedler See	6,87	33,3	-13,0%	-15,0%	24,0
9	B-09-815-Neudorf bei Parndorf	Burgenland Neusiedl am See Neudorf	Korlath Lukas; Untere Bundesstraße 11; 2475 Neudorf/P	815 Parndorfer Platte	60,36	46,6	-13,0%	8,0%	44,3

10	B-10-816-St. Andrä	Burgenland Neusiedl am See St. Andrä am Zicksee	Berger Josef und Rosa; Hauptstraße 23; 7161 St. Andrä	816 Seewinkel	68,18	44,1	-17,0%	10,0%	41,0
11	K-01-303-Großreichenau	Kärnten Feldkirchen Albeck	Ortner Josef; Sirnitz Winkl 7; 9571 Albeck	303 Gurktaler Alpen	12,36	15,5	-50,9%	-13,0%	5,6
12	K-02-501-Höfling	Kärnten Feldkirchen Feldkirchen in Kärnten	Lokantschitz Anton; Eberdorf 5; 9560 Feldkirchen	501 Westliches Kärntner Becken	15,74	37,8	-8,6%	-10,0%	30,8
13	K-03-502-Thon	Kärnten Klagenfurt Greifenstein	Jaritz Manfred; Werda 3; 9131 Grafenstein	502 Östliches Kärntner Becken	47,48	54,4	-5,1%	2,0%	52,7
14	K-04-501-Göltschach	Kärnten Klagenfurt Maria Rain	Jordan Manfred; Haimach 2; 9161 Maria Rain	501 Westliches Kärntner Becken	6,00	36,6	-15,3%	-15,0%	25,5
15	K-05-304-Haimburgerberg	Kärnten Völkermarkt Diex	Napetschnig Josef; Großenegg 2; 9111 Haimburg	304 Saualpe	20,05	20,2	-34,4%	-7,0%	11,8
16	K-06-502-Mökriach	Kärnten Völkermarkt Eberndorf	Kordesch Sieglinde; Hof 4; 9141 Eberndorf	502 Östliches Kärntner Becken	15,54	31,1	-12,0%	-10,0%	24,3
17	K-07-301-Globasnitz	Kärnten Bleiburg Globasnitz	Petschnig Michael; Slovenjach 14; 9142 Globasnitz	301 Gailtal, Karawanken	15,53	18,3	-36,2%	-10,0%	9,8
18	K-08-303-Gurk	Kärnten St. Veit a.d. Glan Gurk	Prüger Reinhold; Reichenhaus 13; 9342 Gurk	303 Gurktaler Alpen	13,90	37,9	-22,8%	-13,0%	24,3
19	K-09-502-Krasta	Kärnten St. Veit a.d. Glan Kappel am Krappfeld	Terkl Bertram; Lind 3; 9321 Kappel/Kr.	502 Östliches Kärntner Becken	40,12	55,2	-7,0%	0,0%	51,3
20	K-10-120-Simmerlach	Kärnten Spital a-d. Drau Irschen	Peter Forster; Mötschlach 20; 9773 Irschen	120 Oberkärntner Täler	13,06	23,8	-28,0%	-13,0%	14,0
21	K-11-120-Rennweg	Kärnten Spital a-d. Drau Rennweg am Katschberg	Georg Ramsbacher; Adenberg 1; 9863 Rennweg	120 Oberkärntner Täler	14,42	12,2	-47,7%	-13,0%	4,8
22	K-12-121-Dellach	Kärnten Hermagor Dellach	Mathias Salcher; Goldberg 3; 9635 Dellach im Gailtal	121 Oberes Gailund Lesachtal	7,68	17,7	-35,0%	-15,0%	8,8
23	K-13-121-Liesing	Kärnten Hermagor Lesachtal	Josefine Obernosterer; Niedergail 1; 9653 Liesing	121 Oberes Gailund Lesachtal	6,88	10,8	-59,3%	-15,0%	2,8
24	K-14-121-Reisach	Kärnten Hermagor Kirchbach	Herwig Kofler; Reisach 31; 9633 Reisach	121 Oberes Gailund Lesachtal	7,74	31,1	-24,0%	-15,0%	19,0
25	K-15-120-Arriach	Kärnten Villach Ariach	Wilhelm Pilgram; Hundsdorf 3; 9543 Arriach	120 Oberkärntner Täler	23,87	17,1	-27,0%	-7,0%	11,3

26	K-16-501-Latschach an der Drau	Kärnten Villach Velden am Wörthersee	Georg Sima; Pulpitscher Weg 11; 9536 St. Egyden	501 Westliches Kärntner Becken	8,78	50,2	-6,0%	-15,0%	39,7
27	K-17-301-St. Stefan	Kärnten Villach Finkenstein am Faakersee	Johann Frank Höfling 9; 9584 Finkenstein	301 Gailtal, Karawanken	12,22	35,6	-10,0%	-13,0%	27,4
28	K-18-301-St. Georgen	Kärnten Villach Nötsch im Gailtal	Hubert Sleik Kühweg 3; 9612 St. Georgen im Gailtal	301 Gailtal, Karawanken	10,60	29,6	-18,8%	-13,0%	20,2
29	K-19-302-Weißenstein	Kärnten Villach Weißenstein	Peter Striednig; Dorfweg 12; 9721 Weißenstein	302 Mittleres Drautal	22,84	54,3	-9,9%	-7,0%	45,1
30	K-20-503-Eitweg	Kärnten Wolfsberg St. Andrä	Krall Robert Bernhard; Mosern 1; 9433 St. Andrä	503 Unteres Lavanttal und Randlagen	39,50	54,3	-10,0%	-1,0%	48,3
31	K-21-503-Kliening	Kärnten Wolfsberg Bad St. Leonhard im Lavanttal	Maier Bernhard; Kliening 46; 9462 Bad St. Leonhard	503 Unteres Lavanttal und Randlagen	15,50	34,1	-19,8%	-10,0%	23,9
32	K-22-304-Ort	Kärnten Wolfsberg Preitenegg	Brunner Josef; Unterauerling 31; 9451 Preitenegg	304 Sauund Packalpe	21,38	19,6	-24,0%	-7,0%	13,5
33	N-01-206-Franzenreith	Niederösterreich Scheibbs Randegg	Bachler Reinhard und Ingrid; Franzenreith 4; 3263 Randegg	206 Niederösterreichische Kalkalpen	39,80	18,3	-25,8%	-1,0%	13,4
34	N-02-206-Gutenstein	Niederösterreich Wr. Neustadt Gutenstein	Lechner Franz und Josefa; Vorderbruck 4; 2770 Gutenstein	206 Niederösterreichische Kalkalpen	12,66	21,9	-39,7%	-13,0%	10,4
35	N-03-206-Loich	Niederösterreich St. Pölten Loich	Mühlbacher Josef und Maria; Schroffengegend 4; 3211 Loich	206 Niederösterreichische Kalkalpen	25,59	25,8	-15,9%	-5,0%	20,4
36	N-04-206-Prolling	Niederösterreich Amstetten Ybbsitz	Reisinger Raimund und Elisabeth; Großprolling 3; 3341 Ybbsitz	206 Niederösterreichische Kalkalpen	19,86	12,6	-43,2%	-10,0%	5,9
37	N-05-207-Altlengbach	Niederösterreich Neulengbach Altlengbach	Höllerer Robert und Andrea; Hart 6; 3033 Altlengbach	207 Westlicher Wienerwald	13,57	33,8	-10,0%	-13,0%	26,0
38	N-06-207-Kerschenbach	Niederösterreich Lilienfeld St. Veit a.d. Gölsen	Birkner Oskar und Christine; Kerschenbach 52; 3161 St. Veit.	207 Westlicher Wienerwald	32,07	31,2	-9,4%	-3,0%	27,3
39	N-07-208-Hochroterd	Niederösterreich Mödling Breitenfurt bei Wien	Schöny Eva; Hochroterdstraße 13; 2384 Breitenfurt bei Wien	208 Östlicher Wienerwald	22,48	31,8	-7,9%	-7,0%	27,1

Wr. Verf.
LuF
BWR

40	N-08-208-Röhrenbach	Niederösterreich Tulln Sieghartskirchen	Doppler Anton und Theresia; Ringstr. 32; 3443 Sieghartskirchen	208 Östlicher Wienerwald	18,87	48,9	-7,3%	-10,0%	40,4
41	N-09-209-Gaaden	Niederösterreich Mödling Sulz im Wienerwald	Schmölz Birgit; Stangaustr. 50; 2392 Sulz im W.	209 Thermenrand	22,65	40,3	-7,0%	-7,0%	34,7
42	N-10-307-Lichtenegg	Niederösterreich Wr. Neustadt Lichtenegg	Waldherr Karl und Helene; Kühbach 5; 2813 Lichtenegg	307 Bucklige Welt	18,68	18,2	-19,4%	-10,0%	12,8
43	N-11-307-Walpersbach	Niederösterreich Wr. Neustadt Walpersbach	Schwarz Matthias; Walpersbach 14; 2822 Walpersbach	307 Bucklige Welt	13,25	38,7	-8,3%	-13,0%	30,5
44	N-12-403-Lugendorf	Niederösterreich Zwettl Sallingberg	Bauer Manfred Mag.; Lugendorf 11; 3525 Sallingberg	403 Hochlagen des Waldviertels	12,88	26,2	-16,0%	-13,0%	18,6
45	N-13-403-Traunstein	Niederösterreich Zwettl Traunstein	Eckl Kreszentia; Bad Traunstein 20; 3632 Bad Traunstein	403 Hochlagen des Waldviertels	11,19	13,1	-19,5%	-13,0%	8,8
46	N-14-403-Wiesensfeld	Niederösterreich Zwettl Arbesbach	Hiemetzberger Peter; Wiesensfeld 18; 3920 Großgerungs	403 Hochlagen des Waldviertels	15,89	21,2	-27,0%	-10,0%	13,4
47	N-15-404-Großschönau	Niederösterreich Gmünd Großschönau	Mörzinger Christian und Gertrude; Großschönau 25; 3922 Großschönau	404 Nordwestliches Waldviertel	14,79	21,1	-20,0%	-13,0%	14,1
48	N-16-404-Reichenbach	Niederösterreich Gmünd Litschau	Zach-Polt Helmut; Reichenbach 3; 3874 Litschau	404 Nordwestliches Waldviertel	14,62	22,0	-17,0%	-13,0%	15,4
49	N-17-405-Eisengraben	Niederösterreich Krems Jaidhof	Brandtner Thomas und Maria; Eisengraben 21; 3542 Jaidhof	405 Mittellagen des Waldviertels	23,50	23,8	-13,5%	-7,0%	18,9
50	N-18-405-Götzweis	Niederösterreich Waidhofen/Thaya Waidhofen/Thaya	Jöch Franz und Martina; Götzweis 16; 3830 Waidhofen/ Th.	405 Mittellagen des Waldviertels	16,28	26,1	-7,0%	-10,0%	21,7
51	N-19-405-Großmotten	Niederösterreich Krems Gföhl	Binder Johann und Anita; Großmotten 5; 3542 Großmotten	405 Mittellagen des Waldviertels	15,39	28,8	-12,0%	-10,0%	22,5
52	N-20-405-Kleinschönau	Niederösterreich Waidhofen/Thaya Vitis	Wurz Ulrike; Kleinschönau 7; 3902 Vitis	405 Mittellagen des Waldviertels	21,64	29,9	-15,0%	-7,0%	23,3
53	N-21-405-Modsiedl	Niederösterreich Waidhofen/Thaya Raabs/Thaya	Hauer Erwin und Elisabeth; Modsiedl 15; 3820 Raabs a.d.Th	405 Mittellagen des Waldviertels	27,14	45,5	-20,0%	-5,0%	34,1

54	N-22-406-Arzwiesen	Niederösterreich Krems Albrechtsberg	Kronister Irmengard; Arzwiesen 2; 3613 Albrechtsberg	406 Südliches Waldviertel	17,70	25,1	-15,0%	-10,0%	18,8
55	N-23-406-Mitterndorf	Niederösterreich Melk Nöchling	Leitner Leopold und Gabriele; Mitterndorf 14; 3691 Nöchling	406 Südliches Waldviertel	11,85	34,3	-17,6%	-13,0%	23,8
56	N-24-406-Schönbühel an der Donau	Niederösterreich Mank Schönbühel-Aggsbach	Picker Johann; Schönbühel 26; 3392 Schönbühel-Aggsbach	406 Südliches Waldviertel	11,47	43,0	-8,5%	-13,0%	33,8
57	N-25-610-Altenhofen	Niederösterreich Amstetten St. Valentin	Salfer Karl und Gertrude; Altenhofen 45; 4300 St. Valentin	610 Haager und Amstettner Gebiet	34,40	59,1	-5,0%	-3,0%	54,4
58	N-26-610-Krenstetten	Niederösterreich Amstetten Aschbach-Markt	Überlacker Reinhard; Köppelberg 1; 3361 Krenstetten	610 Haager und Amstettner Gebiet	18,94	49,5	-5,0%	-10,0%	42,1
59	N-27-611-Hub	Niederösterreich Scheibbs Oberndorf an der Melk	Baumgartner Anton und Aloisia; Wildenmaierhof 4; 3281 Oberndorf	611 Wieselburger und St. Pöltner Gebiet	22,48	37,6	-16,0%	-7,0%	29,0
60	N-28-611-Linsberg	Niederösterreich St. Pölten St. Margarethen ander Sierning	Lechner Thomas; Linsberg 4; 3231 St. Margarethen/S	611 Wieselburger und St. Pöltner Gebiet	25,37	70,0	0,0%	-5,0%	66,5
61	N-29-801-Rührsdorf	Niederösterreich Krems Rossatz-Arnsdorf	Frischengruber Heinrich und Florentina; Rührsdorf 19; 3602 Rührsdorf	801 Wachau	2,52	40,7	-34,2%	-20,0%	18,6
62	N-30-802-Fels am Wagram	Niederösterreich Tulln Fels am Wagram	Schuh Richard und Helene; Wienerstr. 4; 3481 Fels/Wagram	802 Westliches Weinviertel	21,32	75,2	-13,0%	-7,0%	60,2
63	N-31-802-Großreipersdorf	Niederösterreich Hollabrunn Pulkau	Geist Franz und Hildegard; Großreipersdorf 10; 3741 Pulkau	802 Westliches Weinviertel	26,41	50,5	-21,5%	-5,0%	37,1
64	N-32-802-Watzelsdorf	Niederösterreich Hollabrunn Zellerndorf	Riedl Ernst und Rosa; Watzelsdorf 60; 2051 Zellerndorf	802 Westliches Weinviertel	12,09	57,8	-18,5%	-13,0%	39,6
65	N-33-803-Mold	Niederösterreich Horn Rosenburg-Mold	Nichtawitz Anton und Rosa; Mold 39; 3580 Rosenburg-Mold	803 Östliches Waldviertel	26,44	51,9	-15,0%	-5,0%	41,5
66	N-34-803-Prutzendorf	Niederösterreich Horn Weitersfeld	Schmidl Leopold; Prutzendorf 24; 2084 Weitersfeld	803 Östliches Waldviertel	61,34	48,9	-16,0%	8,0%	45,0

Wr. Verf.
LuF
BWR

67	N-35-803-Sallapulka	Niederösterreich Horn Weitersfeld	Reiß Franz und Maria; Sallapulka 6; 3752 Walkenstein	803 Östliches Waldviertel	33,97	50,4	-13,0%	-3,0%	42,3
68	N-36-804-Rust	Niederösterreich Michelhausen Tulln	Figl Leopold; Leopolf Figl Platz 1; 3451 Rust	804 Herzogenburger, Tullner und Stockerauer Gebiet	34,66	66,6	-5,0%	-3,0%	61,3
69	N-37-805-Hatzenbach	Niederösterreich Korneuburg Leitzersdorf	Kheim Leopold und Margarethe; Hatzenbach 13; 2011 Leitzersdorf	805 Hollabrunner und Mistelbacher Gebiet	60,74	70,0	-10,0%	8,0%	68,6
70	N-38-805-Windpassing	Niederösterreich Hollabrunn Grabern	Widhalm Alois und Ingrid; Windpassing 32; 2020 Grabern	805 Hollabrunner und Mistelbacher Gebiet	35,30	63,4	-17,5%	-1,0%	51,7
71	N-39-806-Altenmarkt	Niederösterreich Mistelbach Gaubitsch	Uhl Johann und Birgit; Altenmarkt 2; 2154 Unterstinkenbrunn	806 Laaer Bucht	28,88	56,7	-15,0%	-5,0%	45,4
72	N-40-807-Blumenthal	Niederösterreich Gänserndorf Zistersdorf	Bauer Martin und Maria; Blumenthal 40; 2225 Zistersdorf	807 Östliches Weinviertel	18,81	52,1	-17,1%	-10,0%	38,0
73	N-41-807-Eichhorn	Niederösterreich Gänserndorf Zistersdorf	Pfarr Hermann; Eichhorn 37; 2225 Zistersdorf	807 Östliches Weinviertel	54,57	65,8	-21,1%	4,0%	54,5
74	N-42-808-Groißenbrunn	Niederösterreich Gänserndorf Engelhartstetten	Schreiner Friedrich; Bernsteinstraße 25; 2294 Groißenbrunn	808 Marchfeld	37,80	44,6	-14,0%	-1,0%	37,9
75	N-43-808-Obersiebenbrunn	Niederösterreich Gänserndorf Obersiebenbrunn	Frohner Franz; Bahnstraße 3; 2283 Obersiebenbrunn	808 Marchfeld	59,39	46,6	-8,5%	6,0%	45,4
76	N-44-809-Enzersdorf an der Fischa	Niederösterreich Bruck a.d. Leitha Enzersdorf an der Fischa	Böheim Manfred; Margarethnerstraße 51; 2431 Enzersdorfa.d. Fischa	809 Wiener Boden	32,53	54,7	-10,8%	-3,0%	47,2
77	N-45-810-Guntramsdorf	Niederösterreich Mödling Guntramsdorf	Gausterer Franz; Schreinergasse 7; 2353 Guntramsdorf	810 Badener und Gumpoldskirchener Gebiet	23,12	54,6	2,0%	-7,0%	51,9
78	N-46-811-Lanzenkirchen	Niederösterreich Wr. Neustadt Lanzenkirchen	Trenker Alois; Hauptstraße 41; 2821 Lanzenkirchen	811 Steinfeld	18,85	40,9	-6,0%	-10,0%	34,4
79	N-47-808-Raasdorf	Niederösterreich Gänserndorf Raasdorf	Ing. Mayer Herbert; Altes Dorf 2; 2281 Raasdorf	808 Marchfeld	87,65	39,5	-8,0%	14,0%	41,9
80	O-01-204-Oberaschau	Oberösterreich Vöcklabruck Oberwang	Loindl Peter und Maria; Oberaschau 8; 4842 Oberwang	204 Äußeres Salzkammergut	16,41	24,6	-19,2%	-10,0%	17,4

81	O-02-204-Viechtwang	Oberösterreich Gmunden Scharnstein	Wolf Johann und Gabriele; Beim Bach 16; 4644 Scharnstein	204 Äußeres Salzkammergut	13,24	40,1	-3,2%	-13,0%	33,6
82	O-03-205-Stiedelsbach	Oberösterreich Steyr Losenstein	Ziebermayr Karl und Renate; Hintsteingraben 8; 4460 Losenstein	205 Inneres Salzkammergut	17,67	25,9	-25,7%	-10,0%	16,7
83	O-04-205-Pichl	Oberösterreich Kirchdorf/Krems Roßleiten	Rebhandl Josef und Johanna; Pichl 115, 116; 4575 Roßleithen	205 Inneres Salzkammergut	18,28	38,1	-11,0%	-10,0%	30,1
84	O-05-205-Mittermicheldorf	Oberösterreich Kirchdorf/Krems Micheldorf in OÖ	Lanz Roland und Sabine; Ottsdorf 4; 4560 Kirchdorf an der Krems	205 Inneres Salzkammergut	35,35	41,4	-3,0%	-1,0%	39,7
85	O-06-205-Rosenau	Oberösterreich Kirchdorf/Krems Rosenau an Hengstpass	Schwingenschuh Siegfried und Christine; Rosenau am-Hengstpass 1; 4581 Rosenau am Hengstpass	205 Inneres Salzkammergut	33,16	19,2	-46,4%	-3,0%	9,7
86	O-07-205-Steinbach/A.	Oberösterreich Vöcklabruck Steinbach am Attersee	Brix Alexander u. Pichler-Brix Christine; Berg 11; 4853 Steinbach am Attersee	205 Inneres Salzkammergut	10,27	27,0	-32,0%	-13,0%	14,8
87	O-08-401-St. Martin	Oberösterreich Rohrbach St. Martin im Mühlkreis	Lanzersdorfer Herbert und Sabine; Dunzendorf 4; 4113 St. Martin im Mühlkreis	401 Mittellagen des Mühlviertels	16,94	30,3	-8,3%	-10,0%	24,8
88	O-09-401-Urschendorf	Oberösterreich Schärding Esternberg	Tischler Josef und Cäcilia; Pfarrhof 5; 4092 Esternberg	401 Mittellagen des Mühlviertels	19,43	42,1	-7,8%	-10,0%	34,6
89	O-10-401-Innernstein	Oberösterreich Perg Münzbach	Fröschl Heinrich und Elisabeth; Saxenegg 17; 4323 Münzbach	401 Mittellagen des Mühlviertels	24,74	33,7	-7,9%	-7,0%	28,7
90	O-11-402-Mötlas	Oberösterreich Perg Königswiesen	Fragner Herbert; Kastendorf 11; 4280 Königswiesen	402 Hochlagen des Mühlviertels	21,68	17,2	-23,8%	-7,0%	11,9
91	O-12-402-Bernhardschlag	Oberösterreich Rohrbach Vorderweißenbach	Ganglberger Martin; Stumpten 33; 4191 Vorderweißenbach	402 Hochlagen des Mühlviertels	16,70	21,7	-9,3%	-10,0%	17,5
92	O-13-402-Kraml	Oberösterreich Rohrbach Julbach	Höfler Franz und Maria; Vorderschiffl 7, 4153 Peilstein im Mühlviertel	402 Hochlagen des Mühlviertels	26,18	26,7	-11,0%	-5,0%	22,4

93	O-14-604-Siegertshaft	Oberösterreich Mattighofen Kirchberg bei Mattighofen	Weinberger Ludwig und Hildegard; Kobl 5; 5222 Kirchberg bei Mattighofen	604 Oberes Innviertel	24,73	48,7	-11,0%	-7,0%	39,9
94	O-16-605-Katzenberg	Oberösterreich Ried im Innkreis Kirchdorf am Inn	Schrems Raimund und Christine Josefa; Pirath 7; 4943 Geinberg	605 Altheim-, Obernberger Gebiet	44,70	73,1	-3,0%	0,0%	70,9
95	O-17-605-St. Marienkirchen	Oberösterreich Schärding St-Marienkirchen bei Schärding	Gruber Johann und Maria; Wiesenhartstraße 30; 4774 St. Marienkirchen	605 Altheim-, Obernberger Gebiet	49,02	54,2	-5,0%	2,0%	52,6
96	O-18-606-Gitthof	Oberösterreich Ried im Innkreis Waldzell	Knauseder Sieglinde und Alois; Födering 4; 4924 Waldzell	606 Rieder Gebiet	16,18	35,4	-7,0%	-10,0%	29,4
97	O-19-606-Weng	Oberösterreich Braunau am Inn Weng im Innkreis	Friedl Herbert und Herta; Hunding 9; 4952 Weng	606 Rieder Gebiet	61,72	62,9	-7,0%	8,0%	63,5
98	O-20-606-Untermauer I	Oberösterreich Ried im Innkreis Hohenzell	Hartl Andreas; Breiningsham 11; 4921 Hohenzell	606 Rieder Gebiet	21,44	46,0	-2,6%	-7,0%	41,6
99	O-21-606-Burgerding	Oberösterreich Schärding Andorf	Großpötzl Matthias und Sonja; Linden 2; 4770 Andorf	606 Rieder Gebiet	20,10	51,4	-4,0%	-7,0%	45,7
100	O-22-607-Berg	Oberösterreich Vöcklabruck Berg im Attergau	Resch Christian; Brandham 9; 4880 St. Georgen im Attergau	607 Vöcklabrucker Gebiet	17,70	40,6	-9,1%	-10,0%	32,8
101	O-23-607-Kirchham	Oberösterreich Vöcklabruck Pöndorf	Stockinger Gerhard; Untermühlham 9; 4891 Pöndorf	607 Vöcklabrucker Gebiet	25,76	43,3	-13,2%	-5,0%	35,4
102	O-24-607-Oberpilsbach	Oberösterreich Vöcklabruck Pilsbach	Ecker Norbert Franz und Hildegard Maria; Oberpilsbach 6; 4840 Vöcklabruck	607 Vöcklabrucker Gebiet	18,49	50,4	-7,0%	-10,0%	41,8
103	O-25-608-Sattledt I	Oberösterreich Wels Sattledt	Bauer Franz und Christa; Obere Zeile 4; 4642 Sattledt	608 Grieskirchen-Kremsmünster Gebiet	25,95	52,4	-2,0%	-5,0%	48,7
104	O-26-608-Haus	Oberösterreich Grieskirchen Michaelnbach	Aichinger Roman; Oberreitbach 9; 4712 Michaelnbach	608 Grieskirchen-Kremsmünster Gebiet	21,96	53,4	0,0%	-7,0%	49,7
105	O-27-608-Schmiding	Oberösterreich Wels Krenglbach	Doppelbauer Josef und Anita; Saxenau 3; 4631 Krenglbach	608 Grieskirchen-Kremsmünster Gebiet	25,80	55,7	0,0%	-5,0%	52,9
106	O-28-609-Rufling	Oberösterreich Traun Leonding	Aigner Adolf Johann; Staudachstraße 1; 4060 Leonding	609 Oberösterreichischer Zentralraum	59,77	71,6	-2,4%	6,0%	74,2

107	O-29-609-Marchtrenk	Oberösterreich Wels Marchtrenk	Ebmer Roland und Herta; Haidstraße 8; 4614 Marchtrenk	609 Oberösterreichischer Zentralraum	29,95	40,9	-8,0%	-5,0%	35,6
108	O-30-609-Matzelsdorf	Oberösterreich Steyr Schiedlberg	Guger Markus; Goldbergstraße 2; 4521 Schiedlberg	609 Oberösterreichischer Zentralraum	24,80	59,3	-4,0%	-7,0%	52,8
109	O-31-609-Mickstetten	Oberösterreich Steyr St. Florian	Mayr Gerhard; Mickstetten 8; 4490 St. Florian	609 Oberösterreichischer Zentralraum	20,23	52,2	2,0%	-7,0%	49,6
110	O-32-609-Langacker	Oberösterreich Perg Mitterkirchen im Machland	Resch Wolfgang; Langacker 1; 4343 Mitterkirchen im Machland	609 Oberösterreichischer Zentralraum	20,12	54,4	-6,0%	-7,0%	47,3
111	O-33-609-Penking	Oberösterreich Steyr Hargelsberg	Mairhofer Mag. Harald; Volksfeststraße 31; 4020 Linz	609 Oberösterreichischer Zentralraum	2,50	54,1	0,0%	-20,0%	43,3
112	S-01-114-Kaprun	Salzburg Zell am See Kaprun	Gschoßmann Alois; PeterBuchnerstrasse 3; 5710 Kaprun	114 Oberund Unterpinzgau	24,03	23,5	-4,0%	-7,0%	20,9
113	S-02-114-Goldegg	Salzburg St. Johann im Pongau Goldegg	Moser Josef; Schattau 3; 5622 Goldegg	114 Oberund Unterpinzgau	19,13	32,3	-12,6%	-10,0%	25,0
114	S-03-115-Viehhofen	Salzburg Saalfelden Viehhofen	Breitfuß Josef; Raggensteinweg 225; 5752 Viehhofen	115 Mitterpinzgau	13,56	14,2	-35,9%	-13,0%	7,3
115	S-04-116-Klammstein	Salzburg St. Johann im Pongau Dorfgastein	Holleis Christian; Mayerhofen 115; 5632 Dorfgastein	116 Gastein-, Rauriser Gebiet	11,04	23,4	-11,7%	-13,0%	17,6
116	S-05-117-Pichl	Salzburg Tamsweg Mariapfarr	Engel Josef und Engel-Lüftenegger Ingrid; Stranach 35; 5571 Mariapfarr	117 Lungau	16,92	29,9	-14,9%	-10,0%	22,5
117	S-06-603-Göming	Salzburg Oberndorf Göming	Buchwinkler Johann und Elisabeth; Mittergöming 1; 5114 Göming	603 Flachgau	49,22	51,0	-5,0%	2,0%	49,5
118	S-07-118-Reitsam	Salzburg St. Johann im Pongau Werfen	Leitner Johann und Maria; Reitsam 3; 5450 Werfen	118 Salzachpongau	13,95	37,7	-2,2%	-13,0%	32,0
119	S-08-119-Palfen	Salzburg St. Johann im Pongau Altenmarkt im Pongau	Dürager Josef und Gabriele; RömerstraßePalfen 52; 5541 Altenmarkt	119 Ennspongau	15,95	34,9	-7,0%	-10,0%	29,0
120	S-09-119-Forstau	Salzburg St. Johann im Pongau Forstau	Resch Matthäus und Christine; Ort 6; 5550 Forstau	119 Ennspongau	8,45	19,9	-30,6%	-15,0%	10,8

121	S-10-203-Schorn	Salzburg Hallein Abtenau	Lanner Anna und Thomas; Wagner 6; 5441 Abtenau	203 Tennengau	14,19	23,9	-21,7%	-13,0%	15,6
122	S-11-203-Spumberg	Salzburg Hallein Adnet	Gruber Anton und Veronika; Spumberg 14; 5421 Adnet	203 Tennengau	13,14	27,4	-9,8%	-13,0%	21,2
123	S-12-603-Oberndorf	Salzburg Oberndorf Oberndorf bei Salzburg	Geieregger Maria; Maria Bühelstrasse 15; 5110 Oberndorf	603 Flachgau	1,03	57,1	-4,0%	-20,0%	43,4
124	S-13-202-Gschwand	Salzburg Thalgau St. Gilgen	Eisl Josef; Brunn 5; 5342 St.Gilgen	202 Salzkammergut	10,70	39,9	-6,7%	-13,0%	32,0
125	S-14-202-Lämmerbach	Salzburg Thalgau Hintersee	Kloiber Andreas und Maria; Lämmerbach 16; 5324 Faistenau	202 Salzkammergut	6,05	15,7	-23,7%	-15,0%	9,6
126	S-15-603-Nußdorf	Salzburg Oberndorf Nußdorf am Haunsberg	Sturm Albert; Kleinberg 2; 5151 Nußdorf	603 Flachgau	11,56	37,2	-16,5%	-13,0%	26,2
127	S-16-603-Obernberg	Salzburg Neumarkt bei Salzburg Mattsee	Übertsberger Matthias; Obermayrhof 3; 5163 Mattsee	603 Flachgau	10,97	40,3	-5,9%	-13,0%	32,7
128	S-17-114-Schattberg	Salzburg Zell am See Mittersill	Steger Georg; Schattberg 7; 5720 Mittersill	114 Ober- und Unterpinzgau	16,28	14,9	-37,4%	-10,0%	7,8
129	S-18-115-Gerling	Salzburg Saalfelden Saalfelden am Steinernen Meer	Schwaiger Johann und Elisabeth; Almdorf 9; 5760 Saalfelden	115 Mitterpinzgau	20,90	29,0	-10,6%	-7,0%	23,9
130	S-19-116-Au	Salzburg St. Johann im Pongau Großarl	Hettegger Jakob und Elisabeth; Au 11; 5611 Großarl	116 Gastein-, Rauriser Gebiet	21,70	10,2	-50,9%	-7,0%	4,3
131	S-20-117-Zoitzach	Salzburg Tamsweg Lessach	Laßhofer Alois; Zoitzach 4; 5580 Lessach	117 Lungau	20,66	14,7	-25,5%	-7,0%	9,9
132	S-21-118-Urreiting	Salzburg St. Johann im Pongau St. Johann im Pongau	Lainer Gottfried; Urreiting 24; 5600 St. Johann/Pg.	118 Salzachpongau	14,03	19,0	-37,2%	-13,0%	9,5
133	S-22-202-Egg	Salzburg Thalgau Thalgau	Leitner Franz; Seestraße 57; 5303 Thalgau	202 Salzkammergut	19,55	22,3	-7,3%	-10,0%	18,4
134	S-23-203-Fischbach	Salzburg Hallein Abtenau	Gsenger Hans Peter und Alexandra; Lindenthal 3; 5441 Abtenau	203 Tennengau	14,45	32,9	-12,4%	-13,0%	24,5
135	S-24-602-Georgenberg	Salzburg Hallein Kuchl	Schönleitner Christian und Maria; Georgenberg 32; 5431 Kuchl	602 Halleiner Becken	9,81	54,4	2,0%	-15,0%	47,3

136	S-25-603-Schwerting	Salzburg Oberndorf Lamprechtshausen	Königsberger Johann; Astenstrasse 15; 5112 Lamprechtshausen	603 Flachgau	23,86	51,5	-4,0%	-7,0%	45,8
137	S-26-603-Waldprechting	Salzburg Neumarkt bei Salzburg Seekirchen am Wallersee	Plackner Franz und Gertraud; Schöngumprechting 27; 5201 Seekirchen	603 Flachgau	15,99	53,3	-1,0%	-10,0%	47,4
138	St-01-122-Reitern	Steiermark Liezen Bad Aussee	Grill Matthias, Dr.; Sommersbergseestraße 3; 8990, Bad Aussee	122 Steirisches Salzkammergut	15,99	26,3	-18,0%	-10,0%	18,9
139	St-02-123-Donnersbachwald	Steiermark Liezen Donnersbachwald	Seggl Hugo; Vorderwald 3; 8953 Donnersbach	123 Ennstal und Seitentäler	7,96	13,5	-29,2%	-15,0%	7,5
140	St-03-123-Ramsau	Steiermark Schladming Ramsau am Dachstein	Walcher Walter; Schildlehen 9; 8972 Ramsau am Dachstein	123 Ennstal und Seitentäler	8,21	20,9	-21,9%	-15,0%	13,2
141	St-04-123-Lengdorf	Steiermark Schladming St. Martin am Grimming	Gruber Alfred; Kranzbach 9; 8962 Gröbming	123 Ennstal und Seitentäler	40,89	33,5	-12,8%	0,0%	29,2
142	St-05-124-Großveitsch	Steiermark Mürzzuschlag Veitsch	Gerhalter Reinhard; Pretalstraße 64; 8664 Veitsch	124 Steirische Kalkalpen	13,38	11,4	-43,8%	-13,0%	4,9
143	St-06-124-Gams	Steiermark Liezen Gams bei Hieflau	Edlinger Hermann; Gams bei Hieflau 71; 8922 Gams bei Hieflau	124 Steirische Kalkalpen	12,08	20,9	-42,7%	-13,0%	9,3
144	St-07-124-Aschbach	Steiermark Bruck an der Mur Gußwerk	Lasinger Walter; Fallenstein 7; 8632 Gußwerk	124 Steirische Kalkalpen	14,25	22,4	-23,3%	-13,0%	14,3
145	St-08-125-Bretstein	Steiermark Judenburg Bretstein	Beren Hermann; Bretsteingraben 17; 8763 Möderbrugg	125 MurauOberzeiringer Gebiet	19,95	15,6	-29,9%	-10,0%	9,4
146	St-09-125-St. Lorenzen	Steiermark Murau St. Georgen ob Murau	Wölfl Erich u. Monika; St. Lorenzen ob Murau 68; 8861 St. Georgen ob Murau	125 MurauOberzeiringer Gebiet	11,18	17,4	-11,0%	-13,0%	13,2
147	St-10-305-Adendorf	Steiermark Murau Mariahof	Ehgartner Christian; Steinberg 9; 8812 Mariahof	305 Neumarkt-, Obdacher Gebiet	39,80	16,6	-20,1%	-1,0%	13,1
148	St-11-306-Apfelberg	Steiermark Judenburg Apfelberg	Wölfler Reinhard; Apfelberg 14; 8720 Knittelfeld	306 Murboden, Mürz- und Liesingtal	9,69	21,2	-37,5%	-15,0%	10,1
149	St-12-306-Malleisten	Steiermark Mürzzuschlag Krieglach	Knabl Johann; Malleisten 15; 8650 Krieglach	306 Murboden, Mürz- und Liesingtal	17,49	23,7	-18,3%	-10,0%	17,0

150	St-13-306-Pisching	Steiermark Leoben Kalwang	Schober Sebastian; Pisching 34; 8775 Kalwang	306 Murboden, Mürz- und Liesingtal	19,00	35,3	-8,6%	-10,0%	28,7
151	St-14-306-Edelsdorf	Steiermark Mürzzuschlag Allerheiligen im Mürztal	Pirchegger Anton u. Margarethe; Leopersdorf 8; 8643 Allerheiligen im Mürztal	306 Murboden, Mürz- und Liesingtal	19,01	36,0	-8,6%	-10,0%	29,3
152	St-15-306-Spielberg	Steiermark Judenburg Spielberg bei Knittelfeld	Moitzi Johann u. Anneliese; Moosheim 2; 8724 Spielberg bei Knittelfeld	306 Murboden, Mürz- und Liesingtal	30,91	37,7	-13,9%	-3,0%	31,3
153	St-16-309-Graden-Piber	Steiermark Voitsberg Graden	Fraidl Johann-Mario; Graden 43; 8593 Graden	309 Weststeirisches Bergland	10,90	16,0	-52,9%	-13,0%	5,5
154	St-17-309-Edelschrott	Steiermark Voitsberg Edelschrott	Lenz Johann ; Schulstrasse 84; 8583 Edelschrott	309 Weststeirisches Bergland	13,72	27,8	-10,3%	-13,0%	21,3
155	St-18-310-Kirchenviertel	Steiermark Weiz Ratten	Kerschenbauer Josef u. Rosa; Kirchenviertel 59; 8673 Ratten	310 Oststeirisches Bergland	11,68	15,5	-61,0%	-13,0%	4,0
156	St-19-310-Piregg	Steiermark Weiz Waisenegg	Höller Martin und Josefa; Piregg 35; 8190 Birkfeld	310 Oststeirisches Bergland	17,97	23,7	-26,4%	-10,0%	15,1
157	St-20-310-Schachen	Steiermark Fürstenfeld Schachen bei Vorau	Kerschbaumer Leopold u. Christine; Schachen b. Vorau 78; 8250 Vorau	310 Oststeirisches Bergland	10,61	27,9	-17,3%	-13,0%	19,4
158	St-21-701-Tombach	Steiermark Deutschlandsberg Sulmeck-Greith	Koinegg Robert; Tombach 15; 8544 Sulmeck-Greith	701 Weststeirisches Hügelland	8,81	24,0	-52,4%	-15,0%	7,8
159	St-22-701-Hasreith	Steiermark Deutschlandsberg Unterbergla	Gstarz Franz; Unterbergla Hasreith 30; 8522 Groß St. Florian	701 Weststeirisches Hügelland	11,26	31,3	-36,9%	-13,0%	15,7
160	St-23-701-Gussendorf	Steiermark Deutschlandsberg Groß St. Florian	Bratl Franz und Maria; Gussendorfegg 35; 8522 Gussendorf	701 Weststeirisches Hügelland	2,91	44,7	-14,0%	-20,0%	29,5
161	St-24-701-Großsöding	Steiermark Voitsberg Söding	Grinschgl Peter u. Pamela; Stallhofnerstr. 30; 8561 Söding	701 Weststeirisches Hügelland	16,23	57,5	-15,0%	-10,0%	43,1
162	St-25-702-Gauitsch	Steiermark Leibnitz Kitzeck im Sausal	Diestler Ernst u. Martha; Gauitsch 28; 8442 Kitzeck	702 Südsteirische Weinbaugebiete	1,88	34,1	-31,8%	-20,0%	16,4
163	St-26-702-Gruisla	Steiermark Bad Radkersburg Klöch	Domittner Klaus; Gruisla 25; 8493 Klöch	702 Südsteirische Weinbaugebiete	13,85	48,9	-17,4%	-13,0%	34,0

164	St-27-703-Wundschuh	Steiermark Graz-Ost Wundschuh	Kainz Martin u. Margareta; Hauptplatz 15; 8142 Wundschuh	703 Ebenen des Murtales	19,35	52,5	-11,0%	-10,0%	41,5
165	St-28-703-Gabersdorf	Steiermark Leibnitz Gabersdorf	Luttenberger Robert u. Rosa; Gabersdorf 40; 8424 Gabersdorf	703 Ebenen des Murtales	8,82	60,4	-11,0%	-15,0%	44,7
166	St-29-704-Rohrbach bei Waltersdorf	Steiermark Fürstenfeld Sebersdorf	Artinger Rosa; Schmiedböck 49; 8271 Sebersdorf	704 Oststeirisches Hügelland	4,32	37,5	-27,7%	-17,0%	20,7
167	St-30-704-Klettendorf	Steiermark Weiz Puch bei Weiz	Zorn Peter; Klettendorf 62; 8182 Puch bei Weiz	704 Oststeirisches Hügelland	12,21	43,1	-13,1%	-13,0%	31,9
168	St-31-704-Frannach	Steiermark Feldbach Frannach	Pechtigam Johannes; Manning 9; 8081 Heiligenkreuz am Waasen	704 Oststeirisches Hügelland	13,21	49,1	-14,0%	-13,0%	35,8
169	St-32-704-Großwilfersdorf	Steiermark Fürstenfeld Großwilfersdorf	Moser Anton; Großwilfersdorf 60; 8263 Großwilfersdorf	704 Oststeirisches Hügelland	8,72	50,0	-11,0%	-15,0%	37,0
170	T-01-103-Grins	Tirol Landeck Grins	DI Nigg Daniel; Außerdorf 9; 6591 Grins	103 Oberes Inntal	2,93	26,6	-34,3%	-20,0%	12,2
171	T-02-104-Weer	Tirol Schwaz Weer	Wechselberger Ferdinand; Dorfplatz 7; 6116 Weer	104 Mittleres Inntal	7,08	58,1	-1,0%	-15,0%	48,8
172	T-03-104-Ranggen	Tirol Telfs Ranggen	Kuprian Stefan; Hauptstraße 24; 6175 Ranggen	104 Mittleres Inntal	9,86	37,0	-22,7%	-15,0%	23,1
173	T-04-105-Kundl	Tirol Rattenberg Kundl	Eder Georg; Dr. Hans-Bachmann-straße 27; 6250 Kundl	105 Unteres Inntal	9,17	56,6	-4,0%	-15,0%	45,8
174	T-05-106-Kappl	Tirol Landeck Kappl	Stark Erwin; Wiese 425; 6555 Kappl	106 Westtiroler Zentralalpen	2,09	13,4	-56,9%	-20,0%	3,1
175	T-06-106-Serfaus	Tirol Landeck Serfaus	Tschuggmall Romed und Elfriede; Platöll 2; 6534 Serfaus	106 Westtiroler Zentralalpen	1,04	10,0	-46,9%	-20,0%	3,3
176	T-07-107-Ried	Tirol Zell am Ziller Ried im Zillertal	Fankhauser Herbert; Riedbergstraße 1; 6273 Ried	107 Mitteltiroler Zentralalpen	6,98	27,7	-35,7%	-15,0%	13,7
177	T-08-108-Hopfgarten Land	Tirol Kitzbühel Hopfgarten im Brixental	Ager Michael jun.; Lehenweg 15; 6361 Hopfgarten	108 Kitzbüheler Gebiet	7,96	29,7	-28,2%	-15,0%	16,9
178	T-09-108-Kössen	Tirol Kitzbühel Kössen	Harasser Sebastian; Oberbichlach 6; 6345 Kössen	108 Kitzbüheler Gebiet	16,60	22,4	-17,8%	-10,0%	16,2

179	T-10-109-Häselgehr	Tirol Reute Häselgehr	Friedle Herbert und Gisela; Gutschau 16; 6651 Häselgehr	109 Lech- und Tannheimertal	5,97	23,8	-19,7%	-17,0%	15,1
180	T-11-109-Kaisers	Tirol Reute Kaisers	Köll Stefan; Kaisers 25; 6655 Steeg	109 Lech- und Tannheimertal	3,46	12,6	-64,6%	-17,0%	2,3
181	T-12-110-Oberpinswang	Tirol Reute Pinswang	Ginther Alfred und Melitta; Oberpinswang 15; 6600 Pinswang	110 Außerfern u. Senke v.Ehrenwald	4,77	34,0	-10,1%	-17,0%	24,8
182	T-13-111-Leutasch	Tirol Innsbruck Leutasch	Heis Werner; Schanz 267; 6105 Leutasch	111 Nordtiroler Kalkalpen	7,37	26,6	-6,3%	-15,0%	20,9
183	T-14-112-Asch mit Winkl	Tirol Lienz Anras	Oberhofer Anton; Asch 44; 9912 Anras	112 Osttiroler Hochalpentäler	12,22	26,8	-28,3%	-13,0%	15,7
184	T-15-112-Kals	Tirol Lienz Kals am Großglockner	Bauernfeind Josef; Arnig 1; 9981 Kals am Großglockner	112 Osttiroler Hochalpentäler	8,52	17,0	-30,6%	-15,0%	9,2
185	T-16-112-St. Veit in Defreggen	Tirol Lienz St. Veit im Defreggen	Kleinlercher Johann; Moos 6; 9962 St. Veit in Defreggen	112 Osttiroler Hochalpentäler	4,69	14,4	-55,9%	-17,0%	3,9
186	T-17-113-Tristach	Tirol Lienz Tristach	Totschnig Thomas; Dorfstraße 22a; 9907 Tristach	113 Lienzer Becken	11,71	48,5	-11,0%	-13,0%	36,9
187	T-18-113-Görtschach-Gödnach	Tirol Lienz Dölsach	Manfreda Paula; Franz von Gitterle Weg 2; 9900 Lienz	113 Lienzer Becken	0,94	55,0	-5,0%	-20,0%	41,2
188	V-01-101-Dalaas	Vorarlberg Bludenz Dalaas	Gantner Johann; Obere Gasse 7/1; 6752 Dalaas	101 Bregenzer Wald	4,94	19,2	-22,5%	-17,0%	11,6
189	V-02-101-Damüls	Vorarlberg Bezau Damüls	Bischof Georg; Uga 87; 6884 Damüls	101 Bregenzer Wald	4,23	12,2	-56,2%	-17,0%	3,3
190	V-03-101-Fontanella	Vorarlberg Bludenz Fontanella	Burtscher Klaus; Mittelberg 24; 6733 Fontanella	101 Bregenzer Wald	9,38	8,6	-57,2%	-15,0%	2,4
191	V-04-101-Mittelberg	Vorarlberg Bezau Mitterberg	Greber Gallus; Walserstraße 42; 6991 Riezlern	101 Bregenzer Wald	3,43	26,0	-25,1%	-17,0%	15,1
192	V-05-102-Tschagguns	Vorarlberg Montafon Tschaguns	Schönhear Michael; Latschauerstraße 14; 6774 Tschagguns	102 Montafon	4,98	17,2	-27,6%	-17,0%	9,5
193	V-06-201-Sulzberg	Vorarlberg Bregenz Sulzberg	Fink Walter; Glafberg 40; 6934 Sulzberg	201 Vorderer Bregenzerwald	10,03	31,7	-10,4%	-13,0%	24,3
194	V-07-201-Andelsbuch	Vorarlberg Bezau Andelsbuch	Fink Josef Anton; Buchen 13; 6866 Andelsbuch	201 Vorderer Bregenzerwald	10,25	25,0	-31,6%	-13,0%	13,8
195	V-08-601-Lauterach	Vorarlberg Bregenz Lauterach	Reiner Edwin; Fellentorstraße 8; 6923 Lauterach;	601 Leiblachtal, Rheintal Walgau	20,57	40,2	-2,0%	-7,0%	36,6

196	V-09-601-Hohenems	Vorarlberg Dornbirn Hohenems	Klien Karl; Buchenaustraße 2; 6845 Hohenems	601 Leiblachtal, Rheintal Walgau	6,28	34,6	-15,7%	-15,0%	24,0
197	V-10-601-Hörbranz	Vorarlberg Bregenz Hörbranz	Felder Martin; Lindauerstraße 12; 6912 Hörbranz	601 Leiblachtal, Rheintal Walgau	3,75	57,2	3,0%	-17,0%	49,2
198	V-11-601-Höchst	Vorarlberg Bregenz Höchst	Gasser Ruth; Winkekweg 7a; 6973 Höchst	601 Leiblachtal, Rheintal Walgau	0,45	76,0	-2,0%	-20,0%	59,3
199	W-01-807-Stammersdorf	Wien Floridsdorf Wien	Ing. Steindl Ambros; Stammersdorferstr. 67; 1210 Wien	807 Östliches Weinviertel	9,42	57,4	-5,0%	-15,0%	45,9
200	W-02-808-Aspern	Wien Donaustadt Wien	Kisling Christian Peter; Haberlandtgasse 60; 1220 Wien	808 Marchfeld	30,12	50,7	-6,0%	-3,0%	46,1
201	W-03-809-Oberlaa Land	Wien Favoriten Wien	Kornfeld Richard; Liesingbachstraße 61; 1100 Wien	809 Wiener Boden	12,79	63,6	-6,0%	-13,0%	51,5

* Das Hauptproduktionsgebiet ist an Hand der Hunderterstelle erkennbar, diese steht für

1 Hochalpen

2 Voralpen

3 Alpenostrand

4 Mühl- und Waldviertel

5 Kärntner Becken

6 Alpenvorland

7 Südöstliches Flach- und Hügelland

8 Nördöstliches Flach- und Hügelland

4/3.

Kundmachung des Bundesministers für Finanzen über die Bewertungsgrundlagen für das Weinbauvermögen zum 1. Jänner 2014 (Feststellung der Weinbaubetriebszahlen für die Weinbauvergleichsbetriebe)

(Kundgemacht im „Amtsblatt zur Wiener Zeitung" am 04.03.2014, Nr. 44)

Auf Grund § 48 Abs. 2 und 4 in Verbindung mit §§ 34 und 44 des Bewertungsgesetzes 1955, BGBl. Nr. 148/1955, zuletzt geändert durch das Bundesgesetz BGBl. I Nr. 63/2013, wird nach Beratung in der Weinbauabteilung des Bewertungsbeirates kundgemacht:

Allgemeines

§ 1. Zur Sicherung der Gleichmäßigkeit der Bewertung für die Hauptfeststellung der Einheitswerte des Weinbauvermögens zum 1. Jänner 2014 wird nach Beratung in der Weinbauabteilung des Bewertungsbeirates die Ableitung der Weinbaubetriebszahlen der Weinbauvergleichsbetriebe rechtsverbindlich festgestellt.

§ 2. (1) Gemäß den Bestimmungen des § 48 Abs. 4 BewG 1955 wird für die Bewertung aller Weinbaubetriebe innerhalb des Bundesgebietes von einem Hauptvergleichsbetrieb ausgegangen, für den ein Hektarsatz von 5.100 Euro festgelegt wird.

(2) Der Weinbauhauptvergleichsbetrieb weist die besten natürlichen Ertragsbedingungen im Sinne des § 48 Abs. 4 Z 1 BewG 1955 (Weinbauzahl) aus und es wirken sich die wirtschaftlichen Ertragsbedingungen (§ 48 Abs. 4 Z 2 BewG 1955) in ihrer Gesamtheit weder ertragsmindernd noch ertragserhöhend aus. Somit ergibt sich für den Weinbauhauptvergleichsbetrieb die gesetzlich normierte Betriebszahl 100.

Weinbauhauptvergleichsbetrieb

§ 3. Der Weinbauhauptvergleichsbetrieb wird durch die in den §§ 4 und 5 näher beschriebenen Merkmale verkörpert.

Natürliche Ertragsbedingungen

§ 4. Die Merkmale der natürlichen Ertragsbedingungen gemäß § 48 Abs. 4 Z 1 BewG 1955 bestimmen sich auf Grund folgender Kriterien:

a) Bodenbeschaffenheit und Wasserverhältnisse: Bodenart Lehm, beste Zustandsstufe, Entstehungsart Löss/Alluvium; der Boden ist für die Pflanzen- und Traubenproduktion ausreichend mit Wasser versorgt; die Bodenklimazahl der weinbaulich genutzten Fläche des Betriebes beträgt 100 (§ 16 Abs. 2 Bodenschätzungsgesetz 1970). Die Weinbauklimazahl beträgt 100, sodass sich die Weinbauzahl wie folgt errechnet:

Bodenklimazahl	100
Weinbauklimazahl	+ 100
	200 dividiert durch 2 ergibt eine Weinbauzahl von 100

b) Geländegestaltung/Hangneigung: überwiegend eben, alle Neigungen unter 4°

c) Weinbauklimatische Verhältnisse gemäß den der Bodenschätzung unterstellten Klimadaten: Die 14.00 Uhr Temperatur im Zeitraum Mai bis September von mindestens 22,2°C und Jahreswärmesumme von mindestens 3 800°C ergeben eine Weinbauklimazahl von 100; die Jahresniederschlagsmenge beträgt 600 mm.

Wirtschaftliche Ertragsbedingungen

§ 5. Das Merkmal der wirtschaftlichen Ertragsbedingungen gemäß § 48 Abs. 4 Z 2 BewG 1955, umfasst folgende Zu- und Abschläge, für die nur weinbaulich genutzte Flächen zu berücksichtigen sind:

1. Lage des Hofes in Hinblick auf die Vermarktungsmöglichkeiten (§ 48 Abs. 4 Z 2 lit. a BewG 1955)

Entfernung zu den Ballungszentren 70 km	- 5%
Konsumenten pro Hektar Weingartenfläche weniger als 100	- 5%
Kundenfrequenz, Marktpräsenz, Bekanntheitsgrad mittel	± 0%
Erzeugerpreise mittel	± 0%
Summe Zu/Abschläge für die Lage des Hofes im Hinblick auf die Vermarktungsverhältnisse	-10%

2. Tatsächliche Vermarktungsverhältnisse des Betriebes (§ 48 Abs. 4 Z 2 lit. b BewG 1955)

Vermarktungsanteil Fasswein Traube 30%, Vermarktungsanteil in Flasche 70%	+ 10%

3. Größe und Hangneigung der Feldstücke (§ 48 Abs. 4 Z 2 lit. c BewG 1955)

Durchschnittliche Größe der Feldstücke	0,8 ha	+1%
Hangneigung	eben, keine Erschwernisse	± 0%

4. Einfluss der Betriebsgröße (§ 48 Abs. 4 Z 2 lit. d BewG 1955)

Weinbaulich genutzte Fläche	15 ha	+ 6%

5. Sonderverhältnisse

Starke Streulage der Feldstücke		- 3%

6. Übrige Umstände

Niederschlagsverhältnisse	600 mm	± 0%
Hagelgefährdung	Gefährdet	- 4%
Summe der Zu- und Abschläge		± 0%
ergibt Weinbaubetriebszahl		100

Inkrafttreten

§ 6. Diese Kundmachung ist erstmals für die Hauptfeststellung der Einheitswerte des land- und forstwirtschaftlichen Vermögens zum 1.1.2014 anzuwenden.

Anhang

Die ausgewählten Weinbauvergleichsbetriebe stellen bezüglich ihrer natürlichen und ihrer wirtschaftlichen Ertragsbedingungen übliche typische Weinbaubetriebe dar. Sie sind daher primär für ihre Gebiete kennzeichnend, bilden aber in ihrer Gesamtheit einen Querschnitt über die Ertragsverhältnisse der Weinbaubetriebe im Bundesgebiet. Sie berücksichtigen keine Ertragssteigerungen aus Buschenschank (§ 48 Abs. 4 Z 3 BewG 1955). Eine solche ist anzunehmen, wenn die im Buschenschank veräußerte Menge an Wein 800 Liter übersteigt. In diesem Fall ist ein Zuschlag in Höhe von 1 Euro pro Liter im Buschenschank verkauften Weines zu berücksichtigen, wobei eine Menge von 800 Liter in Abzug zu bringen ist. Dieser Zuschlag erhöht sich auf 1,40 Euro, wenn im Rahmen des Buschenschanks auch Speisen verabreicht werden, und dies außerhalb einer Tätigkeit im Sinne der Gewerbeordnung 1994 erfolgt.

Lfd Nr.	Nr. Bezeichnung	Gerichtsbezirk Ortsgemeinde	Name und Anschrift	Weinbaugebiet	weinbaulich genutzte Flä- che in ha	Bodenklima- zahl	Weinbaukli- mazahl	Weinbauzahl	Vermarktung (§ 48 Abs. 4 Z 2 lit a und b BewG 1955	Größe und Hangneigung der Feldstücke (§ 48 Abs. 4 Z 2 lit cBewG 1955) sowie sonstige und übrige Umstände	Betriebsgröße (§ 48 Abs. 4 Z 2 lit. d BewG 1955)	Weinbaubetriebszahl
1	W-01 Grinzing	Döbling Wien	Obermann Martin Obermann Johann Cobenzlg. 102, 1190 Wien	Wien	0,48	51,6	75	63,3	+ 45%	-19,2%	-12,0%	72,0
2	W-02 Untersievering	Döbling Wien	Zawodsky Ing. Norbert Reinischgasse 3, 1190 Wien	Wien	0,74	43,1	80	61,6	+45%	-11,3%	-12,0%	74,9
3	W-03 Stammersdorf	Floridsdorf Wien	Klager Ing. Leopold und Michaela Stammersdorfer Str. 18, 1210 W.	Wien	3,72	59	90	74,5	+45%	-7,0%	-6,0%	98,3
4	W-04 Stammersdorf	Floridsdorf Wien	Roessler Anna Stammersdorfer Str. 4, 1210 Wien	Wien	1,26	66,2	90	78,1	+30%	-7%	-9,0%	89,0
5	N-01 Pfaffstätten	Baden Pfaffstätten	Österreicher Erwin und Elisabeth Schulgasse 10, 2511 Pfaffstätten	Thermenregion	5,20	41,3	85	63,2	+20%	-4%	-3,0%	71,4
6	N-02 Sooß	Baden Sooß	Krenn Ferdinand und Gabriela Hauptstraße 76, 2504 Sooß	Thermenregion	8,22	44,1	85	64,6	+20%	-4%	0,0%	74,9
7	N-03 Traiskirchen	Baden Traiskirchen	Piriwe Josef und Jana Wiener Str. 34, 2514 Traiskirchen	Thermenregion	8,72	40,2	85	62,6	+20%	-4%	0,0%	72,6
8	N-04 Höflein	Bruck an der Leitha Höflein	Artner Johannes Dorfstraße 93, 2465 Höflein	Carnuntum	10,31	54,8	90	72,4	+10%	-4%	2,0%	78,2
9	N-05 Hagenbrunn	Korneuburg Hagenbrunn	Fischer Josef Schloßgasse 38, 2102 Hagenbrunn	Weinviertel	4,34	43,3	85	64,2	+25%	-4%	-6,0%	73,8
10	N-06 Hohenruppersdorf	Gänserndorf Hohenruppersdorf	Haidinger Karl-Milchhausstr. 33, 2223 Hohenruppersdorf	Weinviertel	7,86	68,6	85	76,8	-15%	-4%	0,0%	62,2

11	N-07 Schratenberg	Laa an der Thaya Schrattenberg	Langer Clemens und Annemarie Große Zeile 50, 2172 Schrattenberg	Weinviertel	10,44	62,7	80	71,4	-25%	-4%	2,0%	52,1
12	N-08 Mailberg	Hollabrunn Mailberg	Neubauer Josef und Held-Neubauer Helene 2024 Mailberg 93	Weinviertel	11,23	47,2	80	63,6	-25%	-12,1%	4,0%	42,5
13	N-09 Retz Altstadt	Hollabrunn Retz	Schnabl Reinhard und Andrea Lange Zeile 40, 2070 Retz	Weinviertel	15,74	46,8	75	60,9	-25%	-11%	9,0%	44,5
14	N-10 Zellerndorf	Hollabrunn Zellerndorf	Rohringer Johann 2051 Zellerndorf 283	Weinviertel	13,43	48,3	80	64,2	-25%	-11%	6,0%	44,9
15	N-11 Röschitz	Horn Röschitz	Krottendorfer Leopold und Margit Hauptstraße 14, 3743 Röschitz	Weinviertel	8,25	53,8	70	61,9	-5%	-11%	0,0%	52,0
16	N-12 Straß	Krems an der Donau Straß im Straßertale	Arndorfer Martin-Weinbergweg 16, 3491 Straß im Straßertale	Kamptal	8,84	51,1	75	63,1	+10%	-6%	0,0%	65,6
17	N-13 Langenlois	Krems an der Donau Langenlois	Kroneder Erich und Karin Gföhlerstraße 28, 3550 Langenlois	Kamptal	11,46	56,5	70	63,3	+10%	-4%	4,0%	69,6
18	N-14 Feuersbrunn	Tulln Kirchberg a.W.	Köckeis Anton und Anna Große Zeile 46, 3483 Feuersbrunn	Donauland (Wagram)	9,69	69,6	75	72,3	+10%	-4%	2,0%	78,1
19	N-15 Neusiedl	St. Pölten Nußdorf ob der Traisen	Gill Gabriele Neusiedler Str. 52 3134 Neusiedl	Traisental	6,06	60,9	80	70,5	+5%	-4%	-3,0%	69,0
20	N-16 Unterloiben	Krems an der Donau Dürnstein	Mittelbach Franz und Mathilde Unterloiben 12, 3601 Dürnstein	Wachau	13,06	51,9	80	66,0	+20%	-14,1%	6,0%	73,8
21	N-17 Spitz	Krems an der Donau Spitz	Donabaum Martin und Alexandra In der Spitz 3, 3620 Spitz	Wachau	4,68	32,7	70	51,4	+20%	-27,2%	-6,0%	44,6
22	B-01 Andau	Neusiedl am See Andau	Rieschl Martin und Bertine Hauptgasse 33, 7163 Andau	Neusiedlersee	10,72	33,7	100	66,9	-15%	±0%	2,0%	58,2
23	B-02 Illmitz	Neusiedl am See Illmitz	Haider Martin und Elisabeth Seegasse 16, 7142 Illmitz	Neusiedlersee	8,58	30,1	100	65,1	10%	-2%	0,0%	70,3
24	B-03 Weiden am See	Neusiedl am See Weiden am See	Hareter Thomas und Gerda Untere Hauptstr. 73, 7121 Weiden am See	Neusiedlersee	6,21	39,5	100	69,8	+10%	-6%	-3,0%	70,4
25	B-04 Breitenbrunn	Eisenstadt Breitenbrunn	Schneider Johann und Hildegard Kirchengasse 22, 7091 Breitenbrunn	Neusiedlersee-Hügelland	1,54	20,7	95	57,9	-5%	-4%	-9,0%	47,4
26	B-05 St. Margarethen	Eisenstadt St. Margarethen	Wind Georg und Margarethe Hauptstraße 191, 7062 St. Margarethen	Neusiedlersee-Hügelland	10,81	32,4	100	66,2	+10%	-5%	2,0%	70,8
27	B-06 Pöttelsdorf	Mattersburg Pöttelsdorf	Schandl Peter und Sabine Quergasse 7, 7023 Pöttelsdorf	Neusiedlersee-Hügelland	4,66	56,4	85	70,7	-5%	-6%	-6,0%	58,7
28	B-07 Neckenmarkt	Oberpullendorf Neckenmarkt	Wieder Georg und Regina Lange Zeile 76, 7311 Neckenmarkt	Mittelburgenland	19,89	25,8	85	55,4	±0%	-9,1%	9,0%	55,3

29	B-08 Lutzmannsburg	Oberpullendorf Lutzmannsburg	Prickler Herbert und Elfriede Bachgasse 4, 7361 Lutzmannsburg	Mittelburgenland	10,46	68,2	90	79,1	±0%	-6,1%	2,0%	75,9
30	B-09 Deutsch Schützen	Oberwart-Deutsch Schützen-Eisenberg	Wachter Franz und Theresia 7474 Deutsch Schützen 26	Südburgenland	5,59	47,8	90	68,9	+10%	-8%	-3,0%	68,2
31	St-01 Löffelbach	Hartberg Hartberg - Umgebung	Pöltl Erich und Christine 8230 Löffelbach 139	Süd-Ost Steiermark	2,64	32,8	65	48,9	+20%	-26%	-9,0%	41,6
32	St-02 Fürstenfeld	Fürstenfeld Fürstenfeld	Kleinschuster Thomas 8280 Fehringer Str. 124	Süd-Ost Steiermark	2,99	43,3	85	64,2	+15%	-8%	-9,0%	62,9
33	St-03 Gruisla	Bad Radkersburg Klöch	Gschaar Christian und Helene 8493 Gruisla 44	Süd-Ost Steiermark	1,43	47,5	90	68,8	+20%	-20%	-9,0%	62,6
34	St-04 Perbersdorf bei St. Peter	Mureck St.Peter am Ottersbach	Rauch Günther und Elisabeth 8093 Perbersdorf 30	Süd-Ost Steiermark	3,63	44,9	85	65,0	+15%	-25%	-6,0%	54,6
35	St-05 Eckberg	Leibnitz Gamlitz	Nekrep Juliane und Josef 8462 Eckberg 72	Südsteiermark	3,24	39	80	59,5	+25%	-36%	-6,0%	49,4
36	St-06 Sulztal	Leibnitz Sulztal an der Weinstraße	Krivec Helga und Stefan 8461 Sulztal 43	Südsteiermark	3,21	28	80	54,0	+10%	-36%	-6,0%	36,7
37	St-07 Pößnitz	Leibnitz-Glanz an der Weinstraße	Gaube Johann u. Edeltraud 8463 Pößnitz 62	Südsteiermark	1,39	27,1	80	53,6	+5%	-41%	-9,0%	29,5
38	St-08 Einöd	Leibnitz Kitzeck	Schimpel Paul 8442 Einöd 2	Südsteiermark	0,64	24,2	75	49,6	+10%	-47%	-12,0%	25,3
39	St-09 Höch	Leibnitz St. Andrä-Höch	Schneeberger August und Magdalena 8444 Sausal 72	Südsteiermark	2,37	35,5	70	52,8	+25%	-39%	-9,0%	40,6
40	St-10 Aibl	Deutschlandsberg Aibl	Krottmayer Siegfried 8552 Kornriegl 4	Weststeiermark	3,33	36,6	60	48,3	+15%	-30%	-6,0%	38,2
41	St-011 Greisdorf	Stainz St. Stefan ob Stainz	Friedrich Christian und Isabella 8511Langegg 18	Weststeiermark	1,51	32,2	60	46,1	+30%	-26%	-9,0%	43,8
42	K-01 St. Michael	Wolfsberg Wolfsberg	Klade Peter und Justine St. Marein 62, 9431 St. Michael	Bergland Österreich	2,85	40,2	65	52,6	+40%	-14%	-9,0%	61,5
43	O-01 Hartkirchen	Eferding Hartkirchen	Aichinger Matthias und Elisabeth Hilkering 12, 4081 Hartkirchen	Bergland Österreich	6,57	43	65	54,0	+40%	-10,5%	-3,0%	68,3
44	V-01 Röthis	Feldkirch Röthis	Nachbaur Franz Ganta 1/2, 6832 Röthis	Bergland Österreich	0,49	30	50	40,0	+45%	-61%	-12,0%	28,8

4/4.

Kundmachung des Bundesministers für Finanzen über die Bewertung von Alpen und Weiderechten

(Kundgemacht im „Amtsblatt zur Wiener Zeitung“ am 05.03.2014, Nr. 45)

Auf Grund des § 38 Abs. 2 in Verbindung mit § 44 des Bewertungsgesetzes 1955, BGBl. Nr. 148/1955, zuletzt geändert durch das Bundesgesetz BGBl. I Nr. 63/2013, wird nach Beratung im Bewertungsbeirat kundgemacht:

1. Abschnitt
Bewertung von Alpen

Allgemeines

§ 1. Gemäß § 39 Abs. 2 Z 1 lit. a Bewertungsgesetz 1955 (BewG 1955) sind als Alpen (Almen) Vegetationsflächen oberhalb und außerhalb der höhenbezogenen Dauersiedlungsgrenze anzusehen, die vorwiegend durch Beweidung während der Sommermonate genutzt werden, sowie die in regelmäßigen Abständen gemähten Dauergrasflächen im Almbereich. Kennzeichnend für Alpen ist auch deren getrennte Bewirtschaftung vom Heimbetrieb.

Ausgangshektarsätze

§ 2. (1) Die in der nachstehenden Tabelle ausgewiesenen Hektarsätze (Ertragswerte pro Hektar) sind die Ausgangshektarsätze für die Ertragswertermittlung der Alpflächen:

Seehöhe	Bonitätsstufen			
	1	2	3	4
Meter	Euro/ha	Euro/ha	Euro/ha	Euro/ha
bis 1 000	180	160	120	80
1 001 – 1 100	160	135	100	70
1 101 – 1 200	135	115	85	60
1 201 – 1 300	115	95	70	50
1 301 – 1 400	100	75	57	42
1 401 – 1 500	85	62	49	36
1 501 – 1 600	72	54	41	32
1 601 – 1 700	62	47	35	28
1 701 – 1 800	54	40	31	26
1 801 – 1 900	47	35	29	24
1 901 – 2 000	41	31	27	23
2 001 – 2 100	35	28	25	22
ab 2 101	30	26	23	20

(2) Die in dieser Tabelle dargestellten Hektarsätze gelten für alle Katastralgemeinden, in denen der Übergang von Klimastufe „d“ zu Klimastufe „e“ (d/e-Klimagrenze) im Seehöhenbereich von 1400 m bis 1600 m liegt. Zur Beurteilung der klimatischen Verhältnisse sind die den Musterstücken der Bodenschätzung unterstellten Grundlagen heranzuziehen. Besondere regionale Abweichungen sind gemäß § 3 zu berücksichtigen.

(3) Die durchschnittliche Seehöhe ist bei nicht gestaffelten Alpen nach der Höhe des Flächenschwerpunktes der beweidbaren Alpflächen (bewertete Alpflächen ohne Verwachsungsflächen) zu beurteilen. Bei gestaffelten Alpen ist für jeden Leger der Höhenschwerpunkt der Alpwiesen und Alpweiden und der entsprechende Alphektarsatz festzustellen. Sodann wird nach dem gewogenen Mittel ein durchschnittlicher Hektarsatz für die gesamte Alpe ermittelt, wobei auch Verwachsungsflächen gemäß § 5 in diese Durchschnittsberechnung Eingang finden.

(4) Die Bonitätsstufen sind nach Bodenart, Niederschlagsverhältnissen, Exposition sowie Flächenanteil der Vernässungs- und/oder Trockenflächen sowie jener unproduktiven Grundflächen, die nicht als solche bei der Bewertung bereits ausgeschieden wurden, zu beurteilen. Beträgt das Ausmaß der unproduktiven Fläche mehr als 10% der Alpfläche (hier: Alpfläche abzüglich Wald im Sinne des Forstgesetzes), ist der 10% übersteigende Anteil im Einheitswertbescheid als unproduktive Fläche auszuweisen und deshalb auch nicht in die Beurteilung der Bonitätsstufe einzubeziehen.

Zur Ableitung der vier Bonitätsstufen dienen demnach folgende Anhaltspunkte:

1. Überwiegend gute Standortsverhältnisse: Der Flächenanteil der vernässten und/oder stark austrocknungsgefährdeten Fläche beträgt maximal ein Zehntel der Alpfläche.
2. Mittlere Standortsverhältnisse: Der Flächenanteil der vernässten und/oder stark austrocknungsgefährdeten Fläche beträgt über ein Zehntel bis maximal ein Viertel der Alpfläche.
3. Schlechte Standortsverhältnisse: Der Flächenanteil der vernässten und/oder stark aus-

trocknungsgefährdeten Fläche beträgt über ein Viertel bis maximal die Hälfte der Alpfläche.

4. Sehr schlechte Standortsverhältnisse: Der Flächenanteil der vernässten und/oder stark austrocknungsgefährdeten Fläche beträgt mehr als die Hälfte der Alpfläche.

Besondere klimatische Verhältnisse

§ 3. (1) Die Ausgangshektarsätze sind auf Basis durchschnittlicher Klimaverhältnisse des alpinen Raumes festgelegt. Besondere regionale Abweichungen der gemäß § 2 unterstellten klimatischen Verhältnisse sind laut folgender Tabelle zu berücksichtigen:

Seehöhe der d/e Klimagrenze in Meter	Ab-/Zuschlag für besondere regionalklimatische Verhältnisse
1300 und darunter	-10%
Über 1300 bis unter 1400	-5%
1400 bis 1600	+-0
Über 1600 bis unter 1700	+5%
1700 und darüber	+10%

(2) Besondere lokalklimatische Verhältnisse, z.B. Süd- oder Nordexposition, können durch folgende Zu- und Abschläge zu/von den Ausgangshektarsätzen berücksichtigt werden:

Besondere (regional- und lokal-) klimatische Verhältnisse einschließlich Abs. 1	Zu-/Abschlag
Sonstige günstige klimatische Verhältnisse	bis +15%
Nordhanglage durchschnittlich über 20 Grad	- 5%
Sonstige ungünstige klimatische Verhältnisse	bis - 10%

Wirtschaftliche Ertragsbedingungen

§ 4. Den Ausgangshektarsätzen ist unterstellt, dass die Alpe durch einen Pkw-befahrbaren Zufahrtsweg (Entfernung vom Heimgut weniger als 40 km) aufgeschlossen ist. Weicht die Erreichbarkeit einer Alpe davon ab, sind die Ausgangshektarsätze durch prozentuelle Abrechnungen wie folgt zu verändern, wobei die Mindesthektarsätze (§ 5) nicht unterschritten werden dürfen:

	Abschlag
Die Alpe ist mit Pkw erreichbar	- 0%
Die Alpe ist auf schlechten Wegen nur mit Allradtraktor samt Anhänger erreichbar	- 10%
Die Alpe ist teilweise aufgeschlossen (beispielsweise Seilweg)	- 25%
Die Alpe ist durch Zufahrtswege nicht aufgeschlossen	- 40%
Die Alpe ist vom Heimgut mindestens 40 km entfernt	- 10%
Abschlag für Wegerhaltung auf eigene Kosten auf Zufahrt zur Alm bis zur Almgrenze über 0,5 bis 1,5 km bzw. über 1,5 km	-3% bzw. - 5%
Sonstige regelmäßig auftretende Ereignisse, wie beispielsweise extreme Vermurungen, extreme Lawinenschäden	bis - 5%

Mindesthektarsätze bei Alpflächen

§ 5. Der Mindesthektarsatz für beweidbare Alpflächen darf auch nach Berücksichtigung der Abschläge 12 Euro je Hektar nicht unterschreiten. Verwachsungsflächen sind pauschal mit 10 Euro pro Hektar zu bewerten.

Vegetationsflächen geringer Ertragsfähigkeit

§ 6. (1) Darunter sind gemäß § 39 Abs. 2 Z 1 lit. b BewG 1955 Vegetationsflächen zu verstehen, deren Ertragsfähigkeit so gering ist, dass sie in ihrem derzeitigen Zustand land- und forstwirtschaftlich nicht bestellt werden können.

(2) Diese Flächen gehören zum land- und forstwirtschaftlichen Vermögen. Liegen sie im Almbereich, wird für sie ein Ertragswert pro Hektar (Hektarsatz) in Höhe von 10 Euro, außerhalb des Almbereichs ein Ertragswert pro Hektar (Hektarsatz) in Höhe von 20 Euro festgesetzt.

Abgrenzung der alpwirtschaftlich genutzten Flächen

§ 7. (1) Bei der Bewertung von Alpen ist grundsätzlich von jenem Flächenausmaß auszugehen, welches im Grundstücksverzeichnis des Grundsteuer- oder Grenzkatasters ausgewiesen ist. Landesgesetzlich geregelte Alpkataster der Länder entfalten für Zwecke der Einheitsbewertung keine bindende Wirkung.

(2) Nicht auszuscheiden aus der Alpfläche sind jene Baumbestände, die als Alpwald anzusehen sind.

(3) Auszuscheiden aus der Alpfläche sind Flächen, dieWald im Sinne des Forstgesetzes 1975 sind, sowie unproduktive Flächenanteile, die mehr als 10% der Alpfläche ohne Wald iSd Forstgesetzes betragen.

Unproduktive Flächen

§ 8. (1) Gemäß § 39 Abs. 3 BewG 1955 ist unproduktives Land für die Bewertung auszuscheiden. Als unproduktives Land gilt alles Land, das durch keinerlei Nutzung einen Ertrag abwirft und das auch bei geordneter, verständiger Wirtschaftsweise nicht in Kultur genommen werden kann. Als unproduktives Land sind demnach nur Flächen ohne Vegetation (z.B. kahles Gestein, Fels- und Geröllflächen, Schutthalden, Dolinen) anzusehen.

(2) Im Kataster scheinen unproduktive Flächen nicht immer als eigenes Grundstück oder als se-

parat ausgewiesener Benützungsabschnitt auf. Dies gilt insbesondere dann, wenn unproduktive Flächen nur kleinräumig, meistens verstreut über die gesamte Alpfläche, auftreten. Sofern dieser Anteil an unproduktiven Flächen mehr als 10% beträgt, ist § 7 Abs. 3 maßgebebend.

2. Abschnitt
Bewertung von Weiderechten

Allgemeines

§ 9. (1) Gemäß § 32 Abs. 4 BewG 1955 sind, unbeschadet der §§ 33 und 40 BewG 1955, zum Betrieb gehörende Rechte und Nutzungen (§ 11 BewG 1955) nicht besonders zu bewerten, sondern bei der Ermittlung des Ertragswertes zu berücksichtigen. Gemäß § 36 Abs. 2 BewG 1955 ist als regelmäßig anzusehen, dass Rechte und Nutzungen (§ 11 BewG 1955) nicht zum Betrieb gehören. Die Bewertung der Rechte und Nutzungen (§ 11 BewG 1955) hat durch Zuschläge zum Vergleichswert gemäß den Bestimmungen des § 40 BewG 1955 zu erfolgen, wenn die tatsächlichen Verhältnisse der im § 36 Abs. 2 BewG 1955 bezeichneten Ertragsbedingungen von den regelmäßigen Verhältnissen, die bei der Feststellung der Betriebszahl unterstellt worden sind, wesentlich abweichen und die Abweichung zu einer wesentlichen Steigerung der Ertragsfähigkeit führt.

(2) Bei der Bewertung der Weiderechte ist von den urkundlich festgelegten Vieheinheiten und der Benützungsart/Nutzung der weidebelasteten Grundflächen auszugehen.

Pauschaler Zuschlag je Vieheinheit

§ 10. (1) Folgende Zuschläge gemäß § 40 BewG 1955 sind pauschal anzuwenden:

Weiderechte	Zuschlag je Vieheinheit
an land- und alpwirtschaftlichen Grundstücken	50 Euro
an forstwirtschaftlichen Grundstücken	20 Euro

(2) Der Zuschlag gemäß § 40 BewG 1955 ist bei Weiderechten an land- und alpwirtschaftlichen Grundstücken („Alpweiderecht“) vom urkundlich festgelegten Ausmaß des Weiderechts ausgehend (unabhängig vom tatsächlichen Bestoß) zu berechnen, bei Weiderechten an forstwirtschaftlichen Grundstücken („Waldweiderecht“) vom tatsächlichen Maß der Ausnützung der bestehenden Weiderechte.

(3) Die Anzahl der Vieheinheiten ist jeweils unter Anwendung des § 30 Abs. 7 BewG 1955 zu ermitteln.

Mindestzuschlag

§ 11. Zuschläge für Weiderechte unter 150 Euro sind nicht anzusetzen.

Berücksichtigung der Weidebelastung bei Verpflichteten

§ 12. (1) Vom Vergleichswert einer servitutsbelasteten Alpe oder eines landwirtschaftlichen Grundstückes ist ein Abschlag gemäß § 40 BewG 1955 in Höhe des Ertragswerts des Weiderechts bis zu 70% des Vergleichswerts einer servitutsbelasteten Alpe oder eines landwirtschaftlichen Grundstückes zu berücksichtigen.

(2) Bei servitutsbelasteten forstwirtschaftlich genutzten Grundflächen werden die Auswirkungen von Waldweiderechten (Verschlechterung des Bodens und Waldzustands) bereits durch die Zugrundelegung der tatsächlichen Verhältnisse des Holzbestands berücksichtigt. Ein Abschlag wegen Servitutsbelastung ist daher nicht anzusetzen.

3. Abschnitt

Inkrafttreten

§ 14. Diese Kundmachung ist erstmals für die Hauptfeststellung der Einheitswerte des land- und forstwirtschaftlichen Vermögens zum 1.1.2014 anzuwenden.

4. Abschnitt

Anhang

Alpwirtschaftliche Begriffe

Begriffsdefinitionen:

1. Einzel- und Gemeinschaftsalpen: Alpwirtschaftliche Flächen können nach den gegebenen Eigentumsverhältnissen sowohl landwirtschaftlichen Betrieben zugehören (Einzelalpen oder Privatalpen) als auch selbständige wirtschaftliche Einheiten bilden (Gemeinschaftsalpen, Genossenschaftsalpen, Alpen im Eigentum von Körperschaften des öffentlichen Rechts und ähnliche).
2. Servitutsalpen: Bei Servituts- oder Berechtigungsalpen üben die Berechtigten auf fremdem Grund und Boden urkundlich festgelegte Weiderechte aus (beispielsweise bei Bundesforsten oder privaten Großwaldbesitzungen).
3. Bestoß: Unter Besatz oder Bestoß ist die auf eine Alpe zur Sömmerung aufgetriebene Gesamtviehzahl zu verstehen. Die Besatzdauer oder Alpzeit ist je nach Höhenlage, Klima, natürlicher Wachstumskraft und Wirtschaftsweise verschieden; sie schwankt zwischen 40 und 160 Tagen. Die Normalweidezeit auf Mittelalpen beträgt etwa 100 Tage.
4. Staffel oder Leger sind nach Höhenlage oder Horizontalentfernung gegliederte Unterabteilungen der Alpe. Als Niederleger wird die am niedrigsten gelegene Abteilung einer Alpe bezeichnet, Mittelleger reichen bis etwa zur oberen Waldgrenze, Hochleger beginnen innerhalb der Kampfzone des Waldes, liegen aber größtenteils oberhalb derselben.
5. Alpwiesen oder Alpanger sind eingefriedete, gedüngte und somit besonders wüchsige Alm-

teile, die der Heugewinnung dienen (Notfutter für Schlechtwettereinbrüche, Schneefall).

6. Alpweiden sind Grundflächen, die ausschließlich der Beweidung durch das gealpte Vieh dienen.
7. Verwachsungsflächen sind Grundflächen, deren Pflanzenbestand (beispielsweise Latschen, Grünerlen, Almrosen, Besenheide, Gemsenheide, Erika) vom Weidevieh nicht angenommen wird. Mit Borstgras (Bürstling – Nardus stricta) bewachsene Flächen zählen nicht zu den Verwachsungsflächen.
8. Bergmähder sind gemäß der Anlage zu § 7 des Bodenschätzungsgesetzes Dauergrünlandflächen im Gebirge, die für die Beweidung zu steil sind und ausschließlich der Heugewinnung dienen. Wenn Bergmähder im Alpbereich, das heißt über oder außerhalb der örtlichen Dauersiedlungsgrenze liegen, sind sie mit den Alpwiesen und Alpweiden mit zu bewerten. Innerhalb oder unterhalb der Dauersiedlungsgrenze gelegene Bergmähder zählen nicht zur Alpfläche. Diese Flächen sind als landwirtschaftlich genutzte Grundflächen im Kataster (Grundstücksdatenbank) ausgewiesen.
9. Asten, Maisäße und Vorsäße sind überwiegend mähbare Dauergrünlandflächen, die abseits des Bauernhofes gelegen sind, meistens höher als der Bauernhof liegen und in der Regel Wirtschaftsgebäude mit einem Wohnteil aufweisen. Asten, Maisäße und Vorsäße deren überwiegendes Flächenausmaß unterhalb der d/e-Klimagrenze liegt, zählen in der Regel zur landwirtschaftlichen Nutzfläche. Überwiegend oberhalb der d/e-Klimagrenze gelegene Asten, Maisäße und Vorsäße sind als Alpen zu bewerten.
10. Alpwald: Als Alpwald ist forstlicher Bewuchs anzusehen, der die Alpe, ihre Wirtschaftseinrichtungen, Mensch und Vieh vor allem vor Elementarschäden (Lawinen,Wildwasser, Erdrutsch, Muren, Versteinerung, Sturm, Austrocknung, Verkarstung und andere) schützen soll und aufgrund der lockeren Bestockung oder geringen Flächenausdehnung nicht als Wald im Sinne des Forstgesetzes anzusprechen ist. Mit Alpwald bestockte Flächen sind daher mit den Alpwiesen und Alpweiden mit zu bewerten.

4/5.

Kundmachung des Bundesministers für Finanzen über die Bewertung von forstwirtschaftlichem Vermögen

(Kundgemacht im „Amtsblatt zur Wiener Zeitung“ am 05.03.2014, Nr. 45, in der Fassung der Kundmachung im „Amtsblatt zur Wiener Zeitung“ am 11.02.2021, Nr. 28)

Auf Grund des § 46 Abs. 2 und 3 in Verbindung mit § 44 des Bewertungsgesetzes 1955, BGBl. Nr. 148/1955, zuletzt geändert durch das Bundesgesetz BGBl. I Nr. 104/2019, wird nach Beratung in der forstwirtschaftlichen Abteilung des Bewertungsbeirates kundgemacht:

1. Abschnitt
Betriebe mit mehr als 100 Hektar Forstbetriebsfläche

Hektarsätze im Wirtschaftswald-Hochwald

§ 1. (1) Die Hektarsätze für die Holzbodenfläche im Wirtschaftswald-Hochwald eines Betriebes mit überwiegend regelmäßigen Holznutzungen und mit regelmäßigem Altersklassenverhältnis (Normalwaldbetrieb) sind in der Anlage 1 getrennt nach Baumarten und Ertragsklassen (EKL) kundgemacht.

(2) Bei der Ermittlung dieser Hektarsätze wurde von Folgendem ausgegangen:

1. Vermarktungsmöglichkeiten und regionale Besonderheiten: Regionale Besonderheiten, insbesondere hinsichtlich der Bahninfrastruktur und Logistikkosten, sind in den nach Ertragsregionen gemäß Anlage 8 differenzierten Hektarsätzen in Anlage 1 berücksichtigt.
2. Bewirtschaftungsbedingungen und übrige Umstände im Wirtschaftswald-Hochwald:
   a) Die absolute Seehöhe des flächenmäßigen Schwerpunktes liegt nicht über 700 Meter.
   b) Die mittlere Bringungsentfernung bis zum öffentlichen Verkehrsnetz übersteigt einen Kilometer nicht.
   c) Die Bedingungen für die Holzernte sind durch schlepperbefahrbares und gleichförmiges Gelände gekennzeichnet oder es besteht die Möglichkeit der Lieferung bergab bis maximal 100 Meter.
   d) Bei Forststraßenbau und Forststraßenerhaltung beträgt der Felsanteil oder eine erforderliche Schottertragschicht nicht mehr als 10% der Weglänge.
   e) Weitere Umstände, die die nachhaltige Ertragsfähigkeit des Betriebes wesentlich beeinflussen, sind nicht vorhanden (keine räumlich getrennte Lage).

(3) Den Hektarsätzen sind Ertragsklassen (EKL) zugrunde gelegt, die dem durchschnittlichen Gesamtzuwachs im Alter 100 (dGZ100) entsprechen. Dieser ist definiert durch die Gesamtvolumenleistung im Alter 100 (Vorratsfestmeter Derbholz) geteilt durch 100. Die Ermittlung der jeweiligen Ertragsklassen (EKL) hat anhand wissenschaftlich

anerkannter und regional passender Ertragstafeln zu erfolgen. Die Hektarsätze gelten für Vollbestockung. Eine Minderbestockung ist derart zu berücksichtigen, dass die zu bewertende Fläche um den der Minderbestockung entsprechenden Flächenanteil reduziert wird und lediglich für die verbleibende Fläche der nach Anlage 3 zutreffende Hundertsatz angesetzt wird. Der der Minderbestockung entsprechende Flächenanteil ist dem unbestockten Boden (der Blöße) zuzuordnen und demgemäß mit dem Hundertsatz anzusetzen, der sich nach Anlage 3 für die Blöße ergibt.

Schäden im Wirtschaftswald-Hochwald

§ 2. (1) Stammschäden im Wirtschaftswald-Hochwald, die eine Verschlechterung der Holzqualität verursachen (z. B. Pilzbefall), sind bei gänzlichem Vorkommen durch eine Verminderung der Hektarsätze der Anlage 1 um 40% zu berücksichtigen. Bei Schäden im Wirtschaftswald-Hochwald aufgrund von starkem Mistelbefall und Eschentriebsterben, die anhaltende Zuwachseinbußen verursachen, sind bei gänzlichem Vorkommen die Hektarsätze der Anlage 1 um 20% zu vermindern. Starker Mistelbefall liegt vor, wenn im Aufriss betrachtet der Flächenanteil der Misteln 30% der Kronenfläche überschreitet.

(2) Bei Waldflächen mit teilweisem Vorkommen dieser Schäden ist jeweils bei den einzelnen Betriebsklassen, Baumarten und Altersklassen eine Aufteilung auf befallene und unbefallene Waldflächen vorzunehmen.

Wesentlich abweichende Verhältnisse

§ 3. (1) Die von den bei der Ableitung der Hektarsätze gemäß § 1 Abs. 2 Z 2 hinsichtlich der Bewirtschaftungsbedingungen und der übrigen Umstände unterstellten regelmäßigen Verhältnissen wesentlich abweichenden Verhältnisse, die den nachhaltigen Reinertrag wesentlich mindern, sind durch Anwendung der gemäß Anlage 2 ermittelten Minderungszahl zu berücksichtigen.

(2) Liegen auf Grund von Schäden durch höhere Gewalt, die nicht bereits gemäß § 2 Abs. 1 oder 2 oder gemäß § 6 zu berücksichtigen sind, vorübergehend nicht bestockte Holzbodenflächen (Blößen) und/oder bereits verjüngte bzw. wiederaufgeforstete Flächen im Umfang von mindestens 20% des Wirtschaftswald-Hochwaldes vor, werden auf Antrag und Vorlage eines Nachweises die Hektarsätze in Anlage 1 für die betroffenen Baumarten um 30% verringert. Dabei sind nur zusammenhängende Flächen von mindestens 0,3 Hektar zu berücksichtigen, bei denen das Schadensereignis nicht länger als vier Jahre zurückliegt. Der Abschlag wird nur für jene Baumarten gewährt, die zu mindestens 5% gerechnet von der Gesamtfläche des Wirtschaftswaldes-Hochwaldes geschädigt sind.

Feststellung der Hundertsätze je Altersklasse

§ 4. Gemäß § 46 Abs. 3 Z 2 BewG. 1955 werden in Anlage 3 die Hundertsätze festgestellt, die für die einzelnen Altersklassen der nach Anlage 1 in Verbindung mit Anlage 2 ermittelten Hektarsätze anzusetzen sind.

Wirtschaftserschwernisse und Bewirtschaftungseinschränkungen

§ 5. (1) Die bei Objektschutzwald (§ 21 Abs. 2 ForstG 1975, BGBl. Nr. 440/1975), Bannwald (§ 27 ForstG 1975) und Erholungswald (§ 36 ForstG 1975) auftretende Wirtschaftserschwernisse sind durch eine Halbierung der maßgeblichen Hektarsätze zu berücksichtigen, soweit nicht eine Bewertung als Standortschutzwald (§ 21 Abs. 1 ForstG 1975) gemäß Anlage 4 vorzunehmen ist.

(2) Die bei Quellschutzanlagen und Umwandlungsflächen von Nieder- und Mittelwald vorhandenen Bewirtschaftungseinschränkungen sind derart zu berücksichtigen, dass solche Flächen bis zu einem Alter von 40 Jahren nur mit den halben zutreffenden Hektarsätzen bewertet werden, sofern es sich um Wirtschaftswald-Hochwald handelt.

Forstschädliche Luftverunreinigungen

§ 6. Die Auswirkungen forstschädlicher Luftverunreinigungen sind im Wirtschaftswald-Hochwald wie folgt zu berücksichtigen:

1. Die im unbeschädigten Waldbestand tatsächlich zutreffende Ertragsklasse ist bei den einzelnen Baumarten, Verlichtungsstufen und Altersklassen entsprechend der Anlage 6 herabzusetzen.
2. Bei Vorhandensein der Verlichtungsstufen 3 und 4 sind zusätzlich zu Z 1 bei den über 40-jährigen Waldbeständen die Hektarsätze für Fichte, Weißtanne, Douglasie, Lärche, Zirbe und für alle Laubhölzer außer Eiche um 15%, für Weißkiefer, Schwarzkiefer und Eiche um 20% zu vermindern.
3. Die Verlichtungsstufe ist nach Maßgabe der Anlage 6 zu bestimmen.
4. Die auf forstschädliche Luftverunreinigungen zurückzuführende Kronenverlichtung ist nachzuweisen. Ein solcher Nachweis darf zum Feststellungszeitpunkt nicht älter als 3 Jahre sein und hat eine flächen- oder prozentmäßige Angabe der beschädigten Waldbestände (Anteile), getrennt nach Betriebsklassen, Baumarten, Altersklassen und Verlichtungsstufen zu enthalten, wobei bei einer Vollaufnahme eine Auflistung der einzelnen Verlichtungsstufen nach Betriebsklassen, Baumarten, Altersklassen und Unterabteilungen (falls ein Waldwirtschaftsplan vorhanden ist, ansonsten überschaubare Flächeneinheiten) oder bei einer Stichprobeaufnahme eine Auflistung der Stichprobepunkte mit den erfassten und klassifizierten Einzelbäumen erforderlich ist. Voraussetzung für die Anerkennung der Ergebnisse aus einer Stichprobeaufnahme ist, dass
   a) bei der Planung und Durchführung einer solchen die allgemein gültigen Regeln für eine Anwendung von mathematisch-

statistischen Verfahren eingehalten werden,

b) in Abhängigkeit von der Holzbodenfläche im Wirtschaftswald-Hochwald eine Stichprobendichte erzielt wird, die dem Quadratrasterabstand gemäß Anlage 7 entspricht.

c) sowohl die Probeflächenmittelpunkte als auch die klassifizierten Einzelbäume dauerhaft markiert sind.

Mindesthektarsatz

§ 7. Ergibt sich gemäß § 1 bis 6 für eine Baumart ein Hektarsatz, der niedriger ist als der entsprechende Hektarsatz für Standortschutzwald mit möglicher Holznutzung, ist der für den Standortschutzwald mit möglicher Holznutzung festgesetzte Hektarsatz gemäß Anlage 4 anzuwenden.

Hektarsätze für Sonderbetriebsklassen

§ 8. (1) Auf Grund des § 46 Abs. 3 Z 3 BewG. 1955 werden festgestellt:

1. Die in der Anlage 4 enthaltenen Hektarsätze für Krummholzflächen (§ 2 Abs. 6 Z 2 der Benützungsarten-Nutzungen-Verordnung – BANU-V), Nichtholzbodenflächen, Standortschutzwälder mit und ohne möglicher Holznutzung (§ 21 Abs. 1 ForstG 1975), Windschutzanlagen (§ 2 Abs. 3 ForstG 1975), Christbaumkulturen und Kurzumtriebsflächen jeweils auf Waldboden.
2. Die in der Anlage 5 enthaltenen Hektarsätze für Ausschlagwald und Auwald.

(2) Zu den Nichtholzbodenflächen gemäß Abs. 1 Z 1 zählen dauernd unbestockte Grundflächen, insoweit sie in einem unmittelbaren räumlichen und wirtschaftlichen Zusammenhang mit Wald stehen und seiner Bewirtschaftung dienen, das sind insbesondere Flächen forstlicher Bringungsanlagen (wie z. B. Forstwege), Waldschneisen mit mehr als 4 Meter Breite, Holzlagerplätze. Die Bauflächen der Forstdienstgebäude, der forstlichen Wirtschaftsgebäude und der Nebenbetriebe werden einschließlich des jeweiligen Umgriffs zu den Nichtholzbodenflächen hinzugerechnet.

(3) Flächen gemäß Abs. 1 Z 2, die durch Biberfraß einen gänzlichen Produktionsausfall erleiden, werden mit dem Verriegelungshektarsatz gemäß Anlage 4 bewertet. Starker Mistelbefall in Mittel- und Niederwald, welcher anhaltende Zuwachseinbußen verursacht, ist bei gänzlichem Vorkommen durch eine Verminderung der Hektarsätze der Anlage 5 um 20% zu berücksichtigen. Bei teilweisem Befall ist je Güteklasse eine Aufteilung auf den befallenen und unbefallenen Waldbestand vorzunehmen. Starker Mistelbefall liegt vor, wenn im Aufriss betrachtet der Flächenanteil der Misteln 30% der Kronenfläche überschreitet.

2. Abschnitt
Betriebe mit nicht mehr als 100 Hektar Forstbetriebsfläche

Hektarsätze

§ 9. Für Betriebe mit nicht mehr als 100 Hektar Forstbetriebsfläche werden kundgemacht:

1. In der Anlage 9 die nach Baumartengruppen, Wachstumsstufen und Bringungslagen getrennten Hektarsätze für die Holzbodenflächen des Wirtschaftswald-Hochwaldes. Für die Beurteilung der Bringungslage ist die Schlepperbefahrbarkeit im Wirtschaftswald-Hochwald maßgeblich. Die Zuordnung der Wachstumsstufen ergibt sich über die Mittelhöhe der jeweiligen Baumartengruppe;
2. in der Anlage 11 die Hektarsätze für Ausschlagwald und Auwald;
3. in der Anlage 12 die Hektarsätze für Krummholzflächen (§ 2 Abs. 6 Z 2 der Benützungsarten-Nutzungen-Verordnung), Nichtholzbodenflächen, Standortschutzwälder mit und ohne möglicher Holznutzung (§ 21 Abs. 1 ForstG 1975), Objektschutzwald (§ 21 Abs. 2 ForstG 1975), Bannwald (§ 27 ForstG 1975), Erholungswald (§ 36 ForstG 1975), Windschutzanlagen (§ 2 Abs. 3 ForstG 1975) sowie Christbaumkulturen und Kurzumtriebsflächen, jeweils auf Waldboden.

Wesentlich abweichende Verhältnisse

§ 9a. Liegen auf Grund von Schäden durch höhere Gewalt vorübergehend nicht bestockte Holzbodenflächen (Blößen) und/oder bereits wiederaufgeforstete bzw. bereits verjüngte Holzbodenflächen im Umfang von mindestens 20% des Wirtschaftswald-Hochwaldes vor, werden auf Antrag und Vorlage eines Nachweises die Hektarsätze in Anlage 9 für den gesamten Wirtschaftswald-Hochwald um 30% verringert. Dabei sind nur jene Flächen zu berücksichtigen, die eine zusammenhängende Fläche von mindestens 0,3 Hektar aufweisen und bei denen das Schadereignis nicht länger als vier Jahre zurückliegt.

Feststellung der Hundertsätze je Altergruppe

§ 10. Gemäß § 46 Abs. 3 Z 2 BewG. 1955 werden in Anlage 10 Hundertsätze für Altersgruppen festgestellt, die auf die Hektarsätze gemäß Anlage 9 anzuwenden sind.

Mindesthektarsatz

§ 11. Ergibt sich für eine Baumartengruppe gemäß § 9 Z 1 und § 10 ein Hektarsatz, der niedriger ist als der entsprechende Hektarsatz für Standortschutzwald mit möglicher Holznutzung, so ist in einem solchen Falle der für den Standortschutzwald mit möglicher Holznutzung festgesetzte Hektarsatz anzuwenden.

Nichtholzbodenflächen

§ 12. (1) Nichtholzbodenflächen sind gemäß Anlage 12 zu bewerten.

(2) Zu Nichtholzbodenflächen gehören dauernd unbestockte Grundflächen, insoweit sie in einem unmittelbaren räumlichen und wirtschaftlichen Zusammenhang mit Wald stehen und seiner Bewirtschaftung dienen, das sind insbesondere Flächen forstlicher Bringungsanlagen (beispielsweise Forstwege), Waldschneisen mit mehr als 4 Meter Breite und Holzlagerplätze.

(3) Die Bauflächen der Forstdienstgebäude, der forstlichen Wirtschaftsgebäude und der Nebenbetriebe werden einschließlich des jeweiligen Umgriffs zu den Nichtholzbodenflächen hinzugerechnet.

Abschläge für Lagenachteile

§ 13. Befindet sich mehr als ein Viertel der Forstbetriebsfläche in räumlich getrennter Lage oder ist die Forstbetriebsfläche überwiegend aus Riemenparzellen zusammengesetzt, ist dies mit einem Abschlag von 3% zu berücksichtigen.

Kleinstbetriebe

§ 14. Abweichend von § 9 bis 13 werden Betriebe mit nicht mehr als 10 Hektar Waldfläche nach Anlage 13 bewertet, wobei Christbaumkulturen auf Waldboden über 0,5 Hektar, Auwald und Schutzwald bundesweit einheitlich bewertet werden. Liegen auf Grund von Schäden durch höhere Gewalt vorübergehend nicht bestockte Holzbodenflächen (Blößen) und/oder bereits verjüngte bzw. wiederaufgeforstete Flächen im Umfang von mindestens 20% auf den mit dem regionalen Hektarsatz bewerteten Flächen vor, sind diese Hektarsätze bei Vorlage eines Nachweises auf Antrag um 30% zu kürzen. Dabei sind nur zusammenhängende Flächen von mindestens 0,3 Hektar oder von mehr als 80% der gesamten forstwirtschaftlich genutzten Fläche der wirtschaftlichen Einheit zu berücksichtigen, bei denen das Schadensereignis nicht länger als vier Jahre zurückliegt.

Inkrafttreten

§ 15. (1) Diese Kundmachung ist erstmals für die Hauptfeststellung der Einheitswerte des land- und forstwirtschaftlichen Vermögens zum 1.1.2014 anzuwenden.

(2) § 3 Abs. 2, § 9a und § 14 zweiter bis vierter Satz sind erstmals für Stichtage ab dem 1.1.2021 anzuwenden. Wird ein solcher Abschlag im Rahmen einer Wertfortschreibung zum Stichtag 1.1.2021 gewährt, so sind bis zum Stichtag 1.1.2023 abweichend für die Berechnung des Ausmaßes der Schädigung die Jahre ab 2017 heranzuziehen.

Anlagen nicht abgedruckt.

4/6.

Kundmachung des Bundesministers für Finanzen über die Bewertung des gärtnerischen Vermögens – Gemüse-, Blumen-, Zierpflanzenbau und Baumschulbetriebe

(Kundgemacht im „Amtsblatt zur Wiener Zeitung“ am 04.03.2014, Nr. 44)

Auf Grund des § 49 Abs. 2 in Verbindung mit § 44 des Bewertungsgesetzes 1955, BGBl. Nr. 148/1955, zuletzt geändert durch das Bundesgesetz BGBl. I Nr. 63/2013, wird nach Beratung in der gärtnerischen Abteilung des Bewertungsbeirates kundgemacht:

1. Abschnitt
Allgemeines

§ 1. Gemüse-, Blumen-, Zierpflanzenbau- und Baumschulbetriebe sind grundsätzlich, den Bestimmungen des § 49 Abs. 3 BewG 1955 entsprechend, mit dem Einzelertragswert zu bewerten. Zur Sicherung der Gleichmäßigkeit der Bewertung im Bundesgebiet werden für die einzelnen gärtnerischen Betriebsflächen Hektarsätze bestimmt.

2. Abschnitt
Gärtnerische/baumschulmäßige Betriebsflächen

Freilandflächen

§ 2. Zu den unter Kategorie 1 bis 3 erfassten Freilandflächen zählen alle nicht überdachten Kulturflächen und Plastikfolientunnel mit einer Basisbreite unter 3,5 Meter, Mistbeetkästen, Kulturen unter Flachfolien, Schlitzfolien oder Vlies.

1. Unter Kategorie 1 sind Grundflächen, die dem Gemüse- und Blumenbau dienen, sowie Dauerwege, Lagerplätze für Materialien und Gerätschaften, Erdlager, Hofräume, Kundenparkplätze, Zier- und Schauflächen, Überwinterungsflächen (Einschlagplätze) für Baumschulen, Flächen zur Rasenerzeugung sowie die Grundflächen der zum gärtnerischen Betrieb gehörigen Betriebsgebäude (einschließlich der Wohn- und Aufenthaltsräume der im gärtnerischen Betrieb angestellten Personen) zu bewerten. Befestigte Wege, Manipulations- und Lagerflächen unter Glas (Dauerwege) zählen nur dann zu Kategorie 1, wenn sie von der Kulturfläche baulich getrennt sind. Als trennendes Element kann neben einer massiven Wand auch eine Metall-, Glas- bzw. Metall-Kunststoffkonstruktion (Gewächshausstehwand) dienen, die mit dem Gewächshaus dauerhaft fix verbunden ist und nicht für Kulturarbeiten demontiert wird.
2. Unter Kategorie 2 sind Grundflächen, die nachhaltig zur Heranzucht von Obstgehölzen (Obstbäume, Beerensträucher) und Ziergehölzen (Rosen, Koniferen, Laubgehölze) baumschulmäßig genutzt werden, zu bewerten. Umtriebsflächen (in etwa ein Drittel der Gesamtfläche) sind demnach als landwirtschaftlich genutzte Flächen zu bewerten. Unter

Kategorie 2 sind auch Rebschulflächen und Safrankulturen einzuordnen.

3. Unter Kategorie 3 sind die Freilandflächen der Baumschulen zur Heranzucht von Forstgehölzen zu bewerten.

Die Baufläche des Wohnhauses der Betriebsinhaber gehört zum Grundvermögen.

Überdachte Kulturflächen

§ 3. (1) Das Ausmaß der überdachten Kulturflächen wird nach Innenraummaßen bestimmt.

(2) Zu den überdachten Flächen zählen alle Gewächs- oder Treibhäuser aus Glas, Kunststoffplatten und Kunststofffolien, die das geschützte, kontrollierte Kultivieren von Pflanzen einschließlich Obst- und Sonderkulturen ermöglichen oder dem Verkauf von gärtnerischen Erzeugnissen aus eigener Produktion einschließlich Zukaufwaren (sofern nicht gewerblich) dienen. Dazu gehören:

a) Unter Kategorie 4 und 5 werden Folientunnel erfasst. Als tragendes Element dient eine Bogenkonstruktion über die eine Folie gespannt wird (Einfach- oder Doppelfoliendeckung). Auch Ausführungen mit seitlichen, in die Bögen integrierten Lüftungsklappen zählen zu den Folientunneln. Konstruktionen mit einer Basisbreite unter 3,5 Meter werden den entsprechenden Kulturen im Freiland zugerechnet.

   1. Unter Kategorie 4 sind Folientunnel mit einer Basisbreite von mindestens 3,5 Meter bis 7,5 Meter einzustufen. Außerdem zählen dazu auch einfach ausgeführte Folientunnel mit mindestens 3,5 Meter (auch mehr als 7,5 Meter) Basisbreite ohne Fundamente, ohne Anschluss an das Stromnetz und ohne durchgehende Lüftungsmöglichkeit, sofern sie der Feldgemüseproduktion oder dem Obstbau dienen und mindestens alle sechs Jahre den Standort wechseln.

   2. Unter Kategorie 5 sind Folientunnel mit einer Basisbreite von über 7,5 Meter zu bewerten, die im Rahmen eines gärtnerischen Betriebes genutzt werden. Kennzeichnend für Kategroie 5 – Folientunnel ist, dass die Bogenkonstruktion im Erdboden verankert ist, der Standort nicht wechselt und notwendige Anschlüsse zumindest in der Nähe des Folientunnels vorhanden sind.

b) Unter Kategorie 6 bis 8 werden Foliengewächshäuser erfasst. Bei den Foliengewächshäusern sind Stehwände und Eindeckung aus Folienmaterial gefertigt. Foliengewächshäuser weisen, im Unterschied zu den Folientunneln, gerade Stehwände (schräg oder senkrecht stehend) auf.

   1. Kennzeichnend für Kategorie 6 (Foliengewächshaus einfach) sind folgende Merkmale:
      – gerade Stehwände (schräg oder senkrecht stehend)
      – nur Einfachfolie oder überwiegend Einfachfolie

   2. Kennzeichnend für Kategorie 7 (Foliengewächshaus normal) sind folgende Merkmale:
      – gerade Stehwände (schräg oder senkrecht stehend)
      – überwiegend aufblasbare Doppelfolie

   3. Unter Kategorie 8 sind Foliengewächshäuser mit Firstentlüftung und einer Stehwandhöhe über 3,5 Meter oder Foliengewächshäuser mit Spezialfolie wie insbesondere ETFE-Folie oder Folie vergleichbarer Qualität einzustufen.

c) Unter Kategorie 9 bis 11 werden Gewächshäuser erfasst: Dazu zählen alle Gewächshäuser deren Stehwände aus Glas, Kunststoffplatten, Plexiglas oder Material ähnlicher Qualität bestehen. Die Zuordnung der Gewächshausflächen zu den einzelnen Kategorien erfolgt je nach Alter des Gewächshauses.

Klimastufeneinteilung

§ 4. (1) Die Klimastufeneinteilung zur Beurteilung des Regionalklimas erfolgt auf Grundlage der den geltenden Bundesmusterstücken der Bodenschätzung zugrunde gelegten Klimaverhältnisse mit Hilfe der Klimaparameter 14-Uhr-Temperatur, Jahresmitteltemperatur und Wärmesumme.

Ertragswert

§ 5. Der Ertragswert der gärtnerisch genutzten Flächen je Hektar beträgt:

Gärtnerisch genutzte Flächen, Baumschulflächen	Kategorie	Ertragswert in Euro je Hektar und Klimastufe				
Klimastufen		a	a/b	b	b/c	c,d
Freiland für Schnittblumen, Gemüse, Bauflächen, Hof, Wege, Folientunnel kleiner 3,5 m Basisbreite, Rasenerzeugung	1	3 500	3 325	3 150	2 635	2 100
Freiland für Beeren- Obst- und Ziergehölze, Stauden; Rebschulen	2	6 700	6 365	6 030	5 025	4 020
Freiland für Forstgehölze	3	2 800	2 660	2 520	2 100	1 680

Folientunnel mit 3,5 m bis 7,5 m Basisbreite; Folientunnel einfach für Feldgemüse und Obstbau größer/ gleich 3,5 m Basisbreite	4	9 000	8 550	8 100	7 200	6 300
Folientunnel größer 7,5 m Basisbreite	5	12 000	11 400	10 800	9 600	8 400
Foliengewächshaus einfach	6	18 000	17 100	16 200	14 400	12 600
Foliengewächshaus normal	7	40 000	38 000	36 000	32 000	28 000
Foliengewächshaus gut	8	58 000	55 100	52 200	46 400	40 600
Gewächshaus älter als 30 Jahre	9	44 000	41 800	39 600	35 200	30 800
Gewächshaus über 20 – 30 Jahre alt	10	58 000	55 100	52 200	46 400	40 600
Gewächshaus bis 20 Jahre	11	65 000	61 700	58 500	52 000	45 500

Klimatische Sonderverhältnisse und wirtschaftliche Ertragsbedingungen

§ 6. (1) Zusätzlich sind günstige lokalklimatische Verhältnisse (beispielsweise Südhanglage) bzw. ungünstige lokalklimatische Verhältnisse (starke Frostgefährdung, starke Windgefährdung) sowie die wirtschaftlichen Ertragsbedingungen mit einem prozentuellen Zu- bzw. Abschlag zum/vom gärtnerischen Ertragswert laut folgender Tabelle zu berücksichtigen:

Klimatische Sonderverhältnisse:	Zu-/Abschlag
Lokalklimatisch günstige Lage (z.B. Südhang)	+ 3%
Frostgefährdete Lage	- 2%
Stark frostgefährdete Lage	- 4%
Windgefährdete Lage	- 2%
Stark windgefährdete Lage	- 4%
Wirtschaftliche Ertragsbedingungen:	
Sehr günstige regionale Lage	+ 7%
Günstige regionale Lage	+ 3%
Durchschnittliche regionale Lage	±0%
Ungünstige regionale Lage	- 3%
Sehr ungünstige regionale Lage	- 7%
Sonstige	+3% bis -3%

(2) Insgesamt darf die Summe der Zu- und Abschläge für klimatische Sonderverhältnisse (ohne Berücksichtigung von § 7) und wirtschaftliche Ertragsbedingungen maximal 15% betragen.

Hagelgefährdung

§ 7. Die Berücksichtigung der Hagelgefährdungsstufen erfolgt ortsgemeindeweise. Die Beurteilung der Hagelgefährdung erfolgt anhand der landwirtschaftlichen Vergleichsbetriebe und ist wie folgt vorzunehmen:

Hagelgefährdung	gering gefährdet	mäßig gefährdet	gefährdet	stark gefährdet	sehr stark gefährdet
Abschlag	0	- 2%	- 4%	- 6%	- 8%

3. Abschnitt

Inkrafttreten

§ 11. Diese Kundmachung ist erstmals für die Hauptfeststellung der Einheitswerte des land- und forstwirtschaftlichen Vermögens zum 1.1.2014 anzuwenden.

4/7.

Kundmachung des Bundesministers für Finanzen über die Berücksichtigung von Umsätzen aus zugekauften Erzeugnissen im Einheitswert gärtnerischer Betriebe

(Kundgemacht im „Amtsblatt zur Wiener Zeitung“ am 05.03.2014, Nr. 45)

Auf Grund des § 43 Z 5 und des § 44 in Verbindung mit § 49 Abs. 2 jeweils des Bewertungsgesetzes 1955, BGBl. Nr. 148/1955, zuletzt geändert durch das Bundesgesetz BGBl. I Nr. 63/2013, wird nach Beratung in der gärtnerischen Abteilung des Bewertungsbeirates kundgemacht:

Allgemeines

§ 1. (1) Zur Berücksichtigung von Umsätzen aus zugekauften Erzeugnissen (Handelswaren) im Einheitswert gärtnerischer Betriebe, wird in dieser Kundmachung in Hinblick auf die Gleichmäßigkeit der Bewertung im Bundesgebiet die Ermittlung von Zuschlägen gemäß § 40 BewG 1955 bei Vorliegen von Umsätzen aus zugekauften Erzeugnissen festgelegt.

Gesetzliche Grundlagen

§ 2. (1) Gemäß § 30 Abs. 9 BewG 1955 ist ein einheitlicher landwirtschaftlicher Betrieb auch dann anzunehmen, wenn der Einkaufswert des Zukaufs fremder Erzeugnisse nicht mehr als 25% des Umsatzes dieses Betriebes beträgt.

(2) Gemäß § 30 Abs. 11 BewG 1955 ist für die Beurteilung des Ausmaßes dieser Umsätze das dem Feststellungszeitpunkt vorangehende Kalenderjahr maßgebend, sofern aus der Art der Betriebsführung eine Nachhaltigkeit zu erwarten ist.

(3) Gemäß § 30 Abs. 12 BewG 1955 ist die Verbesserung der Ertragsfähigkeit eines landwirtschaftlichen Betriebes durch Umsätze aus zugekauften fremden Erzeugnissen gemäß § 40 BewG 1955 zu berücksichtigen.

(4) Gemäß § 49 Abs. 2 BewG 1955 gelten diese Bestimmungen auch für gärtnerische Betriebe.

Art und Ausmaß des zu erfassenden Handelswarenumsatzes

§ 3. (1) Als Handelswaren, die bei der Zuschlagsermittlung zu erfassen sind, gelten zugekaufte Erzeugnisse (Waren), die gärtnerisch nicht bearbeitet werden und sich im Betrieb vor demWeiterverkauf nicht wesentlich verändern, beispielsweise verkaufsfertige Topfpflanzen, Stauden, Sträucher und Bäume, Schnittblumen, Kunstblumen, Schalen und Übertöpfe, Vasen, Andenken, Düngemittel zum Verkauf, luxuriöse Verpackungen oder Umschließungen.

(2) Nicht zur Handelsware zählen zugekaufte Betriebsmittel, die für die Eigenproduktion benötigt werden (Dünger, Pflanzenschutzmittel, Jungpflanzen, Saatgut).

(3) Vernachlässigt kann auch jenes übliche geringwertige Zubehör werden, das regelmäßig mit der Ware verbunden ist (Blumendraht, einfache Blumentöpfe, einfaches Verpackungsmaterial).

(4) In die Zuschlagsermittlung sind jene Handelswarenzukäufe nicht einzubeziehen, die nach Katastrophenereignissen (Hagelschlag und ähnliches) als Ersatz für vernichtete Waren für den laufenden Geschäftsbetrieb zugekauft werden müssen.

(5) Als Gewerbebetrieb veranlagte gärtnerische Betriebe scheiden für eine Zuschlagsermittlung gemäß § 40 BewG 1955 aus.

Ermittlung des Zuschlags gemäß § 40 BewG 1955

§ 4. (1) Wird die 25%-Grenze gemäß § 30 Abs. 9 BewG 1955 nicht überschritten und ist eine wesentliche, nachhaltige Steigerung der Ertragsfähigkeit durch Handelswarenumsätze gegeben, sind 50% des gesamten Handelswareneinkaufswerts als durchschnittlicher Rohaufschlag anzunehmen.

(2) Im Rohaufschlag von 50% ist verdorbene oder beschränkt verwendbareWare bzw. nicht verkaufteWare bereits berücksichtigt.

(3) Legt der Abgabepflichtige keinen anderen schlüssigen Nachweis vor, ist als Reinertrag 3% des Rohaufschlages anzusetzen. Dieser ist mit dem Faktor 18 (§ 32 Abs. 2 BewG 1955) zu kapitalisieren und als Zuschlag gemäß § 40 BewG 1955 beim gärtnerischen Einheitswert zu berücksichtigen.

Inkrafttreten

§ 5. Diese Kundmachung ist erstmals für die Hauptfeststellung der Einheitswerte des land- und forstwirtschaftlichen Vermögens zum 1.1.2014 anzuwenden.

4/8.

Kundmachung des Bundesministers für Finanzen über die Bewertung des der Fischzucht und der Teichwirtschaft gewidmeten Vermögens sowie der Fischereirechte

(Kundgemacht im „Amtsblatt zur Wiener Zeitung" am 04.03.2014, Nr. 44)

Auf Grund des § 50 Abs. 2 in Verbindung mit § 44 des Bewertungsgesetzes 1955, BGBl. Nr. 148/1955, zuletzt geändert durch das Bundesgesetz BGBl. I Nr. 63/2013, wird nach Beratung im Bewertungsbeirat kundgemacht:

1. Abschnitt

Allgemeines

§ 1. (1) Das der Fischzucht und der Teichwirtschaft gewidmete Vermögen, die Fischereirechte und das übrige der Fischerei gewidmete Vermögen sind Bestandteile des übrigen land- und forstwirtschaftlichen Vermögens im Sinne des § 50 BewG 1955.

(2) Die Festlegung eines pauschalen Ertragswertes schließt nicht aus, dass es dem betreffenden Betriebsinhaber freisteht, eine Bewertung auf Grund eines von ihm nachgewiesenen objektiv erzielbaren Ertragswerts zu beantragen.

Teichwirtschaften

§ 2. (1) Die Teichwirtschaften dienen vorwiegend der Erzeugung von Karpfen mit den üblichen Nebenfischen. Der Betrieb einer Teichwirtschaft besteht im Wesentlichen darin, dass Jungfische in bestimmte Teiche eingesetzt und durch zumeist intensive Fütterung bis zu verkaufsfähigen Speisefischen oder als Besatzfische herangezogen werden; vereinzelt werden auch Zierfische herangezogen. Der Produktionsvorgang dauert je nach den gegebenen natürlichen Ertragsbedingungen und der Art der Fütterung sowie wirtschaftlicher Zielsetzung 2 bis 5 Jahre (Umtriebszeit).

(2) Das Ausmaß eines teichwirtschaftlichen Betriebes setzt sich aus folgenden Betriebsflächen (Wirtschaftsflächen) zusammen:

1. Teichflächen
2. Teichdämmen
3. Röhricht- und Schilfflächen
4. Betriebsgebäude und Manipulationsflächen, die zur Teichwirtschaft gehören.

(3) Als Teichfläche ist die aufgrund der verfügbarenWassermenge nachhaltig bewirtschaftbareWasserfläche anzusehen. Sollte die nachhaltig bewirtschaftbare Teichfläche nicht den im Kataster eingetragenen Flächen entsprechen, ist vom Abgabepflichtigen die tatsächliche Teichfläche nachzuweisen.

(4) Für Teichwirtschaften unter einem Gesamtausmaß von 0,5 Hektar unterbleibt die Ertragswertfeststellung gemäß § 50 BewG 1955.

Teichflächen

§ 3. Die Teichflächen werden unterschieden in Erzeugerteiche und andere Teiche.

1. Erzeugerteiche: Dazu zählen Vorstreck- und Brutstreckteiche für die Aufzucht bis zum einsömmerigen Satzfisch, Streckteiche zur Aufzucht vom einsömmerigen zum zweisömmerigen Satzfisch und Abwachs- oder Hauptteiche zur Aufzucht vom zweisömmerigen Satzfisch zum drei-, vier- oder fünfsömmrigen Speisefisch.
2. Andere Teiche: Laich-, Überwinterungs- oder Kammerteiche, Hälterteiche zur Aufbewahrung der Fische bis zum Verkauf, Teiche zur Aufbewahrung der Laichfische außerhalb der Laichzeit, Teiche zur Wasserspeicherung, Mühl- und Löschteiche, Ziegelteiche, Schotterteiche bzw. Baggerseen, künstlich angelegte Teiche oder natürlich entstandene Weiher und ähnliche Anlagen, die überwiegend einem teichwirtschaftlichen bzw. angelfischereilichen Zweck dienen.

Bewertung von Teichwirtschaften

§ 4. (1) Grundsätzlich werden Wirtschaftsverhältnisse, die der Intensitätsstufe I entsprechen, der Bewertung unterstellt und durchschnittliche Ertragsverhältnisse angenommen. Im Ausgangsertragswert sind Verluste durch Fischräuber oder Krankheiten im Rahmen der Kalkulationsmodelle in Höhe von 30% berücksichtigt.

(2) Die klimatischen Verhältnisse sind gemäß den Bundesmusterstücken der Bodenschätzung unterstellten Klimaverhältnissen zu berücksichtigen.

(3) Die Ausgangsertragswerte je Hektar für die Intensitätsstufe I (extensive Bewirtschaftung) sind der Tabelle zu entnehmen. Für Teichanlagen der Intensitätsstufe II (intensive Fischhaltung) sind diese Ertragswerte um 25% zu erhöhen.

(4) Definition der Intensitätsstufen:

1. Intensitätsstufe I (extensive Bewirtschaftung): Naturteiche, in denen der Massenzuwachs der Fische ausschließlich über die Produktivität des Teichbodens gesteuert wird (Naturzuwachs), können 50 bis 400 Kilogramm Fisch pro Hektar Teichfläche und Jahr hervorbringen. Darüber hinaus gehende Fischerträge sind nur durch Einsatz von Beifutter erreichbar. Der kurzfristge Einsatz von Belüftern, sofern dieser nur der Überwindung von zeitlich begrenzten kritischen Situationen in der Sauerstoffversorgung dient (beispielsweise Sauerstoff mangelsituationen) und gelegentliche Sportangelfischerei durch den Eigentümer und dessen Angehörige führen noch nicht zur Einstufung in Intensitätsstufe II.
2. Intensitätsstufe II (intensive Bewirtschaftung): Kennzeichnend für die Intensitätsstufe II ist, dass durch die fast ausschließliche Verabreichung von eiweißreichem Fertigfutter die Produktionskapazität wesentlich erhöht wird. Die intensive Wirtschaftsweise hat eine verstärkte Wasserbelastung und vermehrte Faul-

schlammbildung zur Folge, sodass der Einsatz von Belüftern zur Sauerstoffversorgung der Fische unerlässlich wird.

(5) Bei Vorliegen von Angelfischerei sind ebenfalls die angeführten Ausgangsertragswerte heranzuziehen.

Klimastufe/ Wärmesumme	Ausgangsertragswert €/ha	
	Intensitätsstufe I	Intensitätsstufe II
a1	1220	1530
a2	1000	1250
a3	880	1100
b1	770	960
b2	660	830
b3	550	690
c1	440	550
c2	310	390
c3	210	260
d	100	125

Bewirtschaftungserschwernisse

§ 5. Die in der Tabelle in § 5 angeführten Ausgangsertragswerte stellen Durchschnittssätze dar. Es sind daher nur wesentliche Einschränkungen und Nachteile (beispielsweise Fischereischädlinge und Fischverluste in der Nähe von Vogelschutzgebieten, Beschattung), die weit über das ortsübliche Ausmaß hinausgehen, zusätzlich mittels Abschlag zu berücksichtigen.

Häufig auftretende Bewirtschaftungserschwernisse	Abschlag bis %
Fischereischädlinge	
Schäden bis 30%	0%
Schäden im Ausmaß mehr als 30% bis 50%	-5%
Schäden im Ausmaß mehr als 50% bis 75%	-15%
Schäden mehr als 75 %	-30%
Sonstige Bewirtschaftungserschwernisse	bis -10%

Ertragswertberechnung für Teichwirtschaften

§ 6. Nach Abrechnung gemäß § 5 und Abzug der Verlandungszonenflächen ist der resultierende Ertragswert mit der verbleibenden Betriebsfläche der Teichwirtschaft in Hektar zu multiplizieren, das Produkt ergibt den Ertragswert für die Teichwirtschaft ohne Verlandungszonen.

Angelfischerei in Teichen

§ 7. (1) Kennzeichnend für die Bewirtschaftung der unter Angelfischerei fallenden Teiche ist

1. die Ausgabe von Angelscheinen oder vergleichbare Regelungen, beispielsweise Erlaubnis für Hotelgäste ohne Ausgabe einer Lizenz in einem Teich angeln dürfen, oder
2. die Verpachtung an Fischereivereine oder -verbände.

Werden Teiche überwiegend mit verkaufsfertigen Fischen besetzt, sind die Teichflächen im Grundvermögen zu bewerten.

(2) Angelfischereilich genutzte Teichanlagen sind mit Ausgangsertragswerten je Hektar Betriebsfläche laut § 2 in der entsprechenden Klimastufe wie Teichwirtschaften zu bewerten (siehe §§ 4 und 7). Der so ermittelte Ertragswert ist mit folgenden Intensitätsfaktoren zu multiplizieren:

1. Mit dem Intensitätsfaktor 1, bei Teichwirtschaften mit Angelfischerei lediglich als Abfischungsmaßnahme in der betriebsüblichen Umtriebszeit und für Teiche ohne Mehrerlös oder bei ausschließlicher Angelfischerei mit sehr stark eingeschränkter fischereilicher Nutzung (minimaler Besatz, keine Fütterung erlaubt) oder geringer Lizenzausgabe.
2. Mit dem Intensitätsfaktor 2, bei Teichanlagen mit überwiegender Bewirtschaftung in der betriebsüblichen Umtriebszeit und nach Vergabe von Fischerkarten oder bei ausschließlicher Angelfischerei mit erheblich eingeschränkter angelfischereilicher Nutzung.
3. Mit dem Intensitätsfaktor 3, bei allen übrigen Teichanlagen mit ausschließlich angelfischereiwirtschaftlicher Nutzung oder Teichflächen, die überwiegend nicht in der betriebsüblichen Umtriebszeit, sondern nach Vergabe von Fischerkarten bewirtschaftet werden.

Das Produkt aus Ertragswert und Intensitätsfaktor ist mit dem Ausmaß der angelfischereiwirtschaftlichen Betriebsfläche nach Abzug der Verlandungszonenflächen in Hektar zu vervielfachen.

Mindestbewertung der Verlandungszonen

§ 8. Verlandungszonen von Teichanlagen, die wegenWassermangel nachhaltig nicht mehr zur Fischproduktion genutzt werden können, und die auch im Sinne des § 1 BoSchätzG landwirtschaftlich nicht nutzbar sind, sind pauschal mit 20 Euro je Hektar (als Vegetationsflächen mit geringer Ertragsfähigkeit) zu bewerten.

2. Abschnitt
Durchflussanlagen für die Zucht und Mast von Salmoniden und Nebenfischen

Begriffsdefinition

§ 9. (1) Intensitätsstufen

(1) Intensitätsstufe I: Extensive Bewirtschaftung: Das von Natur aus im Zulaufwasser und in der Anlage enthaltene Sauerstoffangebot deckt ganzjährig den Sauerstoffbedarf der Fische. Die spezifische Jahresproduktionskapazität kann bis zu 200 Kilogramm Fischzuwachs pro Sekundenliter (= 86,4 m³ pro Tag) betragen. Der kurzfristige Einsatz von Belüftern schadet nicht, sofern dieser nur der Überwindung von zeitlich begrenzten, kritischen Situationen in der Sauerstoffversorgung dient (Sau-

erstoffmangelsituationen bei extremer Trockenheit, extremen Wassertemperaturen, Verlegung des Zuflusses zur Aquakulturanlage, Schließung der Wasserzufuhr während einer Therapierung kranker Fische).

(2) Intensitätsstufe II: Intensive Bewirtschaftung: Durch eine periodische (bei Niederwasser) oder ständige künstliche Zufuhr von Sauerstoff, insbesondere Luftsauerstoff durch mechanische Belüftung oder technischem Flüssigsauerstoff kann über Intensitätsstufe I hinausgehend eine Steigerung der spezifischen Produktionskapazität auf das Fünf- bis Zehnfache erzielt werden.

(3) Intensitätsstufe III: Hochintensive Bewirtschaftung: Es wird mit ständiger Sauerstoffzufuhr (Belüfter, vorwiegend Flüssigsauerstoff) eine über die Intensitätsstufe II hinausgehende weitere Steigerung der Haltungsintensität erreicht.

Bewertungsgegenstand

§ 10. (1) Einer Durchflussanlage sind folgende Betriebsflächen zuzurechnen:

1. Bruthaus
2. Produktionsfläche, Produktionsraum, Fließkanäle, Teiche, Rundbecken
3. Gräben
4. Teichdämme
5. Betriebsgebäude und Manipulationsflächen, die aufgrund ihrer Funktion zum Betrieb gehören

Bewertung

§ 11. (1) Die Bewertung ist auf die in Liter pro Sekunde (l/Sek) tatsächlich im Betrieb durchschnittlich verwendete Wassermenge und den dafür vorhandenen Produktionsraum abzustellen.

(2) Bei der Ermittlung des Ertragswertes ist jene Wassermenge in Liter pro Sekunde maßgebend, die für die ordnungsgemäße und gemeinübliche Bewirtschaftung des Betriebes notwendig ist. Sie richtet sich nach dem vorhandenen Produktionsraum (Wasserfläche x Wassertiefe) und dessen Beschaffenheit (Naturteiche, Fließkanäle, Rundbecken, etc.). Es ist davon auszugehen, dass für 1 m³ Naturteich eine Wassermenge von 0,05 l/Sek und für 1 m³ Fließkanal eine solche von 0,6 l/Sek zur Verfügung steht. Gemäß dieser ermittelten Wassermenge, die jedoch die tatsächlich vorhandene nicht übersteigen darf, ist der Ertragswert aus den in der Tabelle in § 12 festgelegten Ausgangsertragswerten zu errechnen.

Ausgangsertragswert

§ 12. (1) Der Bewertung sind Anlagen ab einer verfügbaren Wassermenge von mindestens 2,5 Liter pro Sekunde zu unterziehen.

(2) In den Ertragswerten sind sämtliche bei der Produktion der Intensitätsstufe I in durchschnittlichen österreichischen Betrieben maßgeblichen Verhältnisse berücksichtigt.

(3) Für Betriebe der Intensitätsstufe II ist der Ertragswert um 25%, für Betriebe der Intensitätsstufe III um 50% zu erhöhen.

(4) Fischverluste durch Fischräuber, Krankheiten usw. im Ausmaß von 30% sind in den Ertragswerten mitberücksichtigt.

(5) Der Ertragswert je Liter pro Sekunde ist in Abhängigkeit von der zur Verwendung stehenden Wassermenge (X) abzuleiten. Mit zunehmender Wassermenge (X) steigt auch das Produktionspotential und die Möglichkeit zur rationelleren Bewirtschaftung. Die Ertragswerte sind der nachstehenden Tabelle zu entnehmen.

Ausgangsertragswert von Durchflussanlagen für die Zucht und Mast von Salmoniden und Nebenfischen							
Für die Produktion verfügbare Wassermenge Liter pro Sekunde (l/Sek)							
X >=2,5 l/Sek	Ausgangsertragswert Euro	X >=16 l/Sek	Ausgangsertragswert Euro	X >=55 l/Sek	Ausgangsertragswert Euro	X >=200 l/Sek	Ausgangsertragswert Euro
2,5	430	16	3 040	55,0	11 000	200	44 000
3	510	17	3 230	60	12 000	250	55 000
3,5	600	18	3 420	65	13 000	300	66 000
4	680	19	3 610	70	14 700	350	77 000
4,5	770	20	3 800	75	15 750	400	88 000
5	850	21	3 990	80	16 800	450	99 000
5,5	940	22	4 180	85	17 850	500	110 000
6	1 080	23	4 370	90	18 900	550	121 000
6,5	1 170	24	4 560	95	19 950	600	132 000
7	1 260	25	4 750	100	21 000	650	143 000
7,5	1 350	26	4 940	105	22 050	700	154 000
8	1 440	27	5 130	110	23 100	750	165 000
8,5	1 530	28	5 320	115	24 150	800	176 000
9	1 620	29	5 510	120	25 200	850	187 000
9,5	1 710	30	6 000	125	26 250	900	198 000
10	1 800	32	6 400	130	27 300	950	209 000

10,5	1 890	34	6 800	135	28 350	1 000	220 000
11	1 980	36	7 200	140	29 400	1 250	275 000
11,5	2 070	38	7 600	145	30 450	1 500	330 000
12	2 160	40	8 000	150	31 500	1 750	385 000
12,5	2 250	42	8 400	155	34 100	2 000	440 000
13	2 470	44	8 800	160	35 200	2 500	550 000
13,5	2 570	46	9 200	165	36 300	3 000	660 000
14	2 660	48	9 600	170	37 400	5 000	1 100 000
14,5	2 760	50	10 000	175	38 500	7 500	1 650 000
15	2 850	52	10 400	180	39 600	10 000	2 200 000

Bei Wassermengen, die zwischen den einzelnen Tabellenwerten liegen, wird der Ausgangsertragswert mittels Interpolation berechnet: Die errechneten Ausgangsertragswerte sind auf 10,00 Euro arithmetisch zu runden.

Wassertemperatur

§ 13. (1) Zur Berücksichtigung des Einflusses der Wassertemperatur für die Zucht und Produktion von Salmoniden ist ein Abschlag in Abhängigkeit von der Klimastufe der Bodenschätzung, abgeleitet aus der Wärmesumme vorzunehmen.

(2) Die Klimastufe wird aus den Lageinformationen Katastralgemeinde (KG) und der mittleren Seehöhe (m) der Anlage bestimmt.

Klimastufe Bodenschätzung Wärmesumme	Abschlag in %
a	-8%
b	-0%
c	-5%
d	-10%

(3) Der gemäß § 13 ermittelte Ausgangsertragswert ist entsprechend der klimatischen Lage des Betriebes um die Prozentsätze der Abschlagstabelle zu kürzen.

Bewirtschaftungserschwernisse

§ 14. (1) Die vorstehend abgeleiteten Ausgangsertragswerte stellen Durchschnittsätze dar. Es sind daher nur wesentliche Einschränkungen, die weit über das ortsübliche Ausmaß hinausgehen, zusätzlich zu berücksichtigen.

(2) Fischereischädlinge sind nur insofern zu berücksichtigen, als ein überdurchschnittlicher Schädlingsdruck, beispielsweise wegen Lage in oder nahe einem Vogel- oder Naturschutzgebiet, vorliegt.

(3) Sonstige wesentliche Erschwernisse: Nur überdurchschnittliche Häufigkeit und/oder Intensität (beispielsweise bei Hochwassergefährdung) sind zu berücksichtigen.

Bewirtschaftungserschwernisse häufig auftretend	Abschlag bis %
Fischereischädlinge	
Schäden bis 30%	0%
Schäden im Ausmaß über 30% bis 50%	-5%
Schäden im Ausmaß über 50%	-15%
Sonstige Bewirtschaftungserschwernisse	-15%

(4) Selbst bei Vorliegen mehrerer Bewirtschaftungserschwernisse darf der Abschlag in Summe -30% nicht übersteigen.

(5) Ausgehend vom Ausgangsertragswert errechnet sich nach Berücksichtigung der Summe aller Abschläge der Ertragswert für die Durchflussanlage.

Wr. Verf.
LuF
BWR

3. Abschnitt

Fischereirecht an fließenden Gewässern

§ 15. (1) Nach dieser Kundmachung sind nicht nur die Fischereiberechtigungen an den eigentlichen Fließgewässern, das sind Ströme, Flüsse und Bäche, sondern auch jene an den Flussstauen und Kanälen zu bewerten.

(2) Bei jährlich wiederkehrenden Entschädigungen für Wasserverschmutzung wird dem Gewässer, ohne Berücksichtigung der tatsächlichen Abwasserbelastung, die Belastung oberhalb des Beginns der Verschmutzung unterstellt und normal berechnet. Die im Bundesland Oberösterreich teilweise übliche Koppelfischerei ist so zu bewerten, dass zunächst ein ganzer Abschnitt des Fließgewässers nach diesen Richtlinien bewertet wird. Der errechnete Ertragswert ist sodann im Verhältnis der Anteile der Berechtigten zu ermitteln. Sollten sich unterschiedliche Berechtigungen in einer Koppelfischerei befinden, sind diese mit einer geringeren fischbaren Länge als der tatsächlichen anzusetzen.

(3) Unter Abflussmenge (= Durchflussmenge) ist der mittlere jährliche kleinste Abfluss MJNQT in m³/Sek eines Gerinnes zu verstehen, wobei die vom Bundesministerium für Land- und Forstwirtschaft, Umwelt- und Wasserwirtschaft veröffentlichten Werte heranzuziehen sind. Bei Pegelstellen mit Abflussangaben, für die keine Jahresreihen-Werte errechnet wurden, sind die NQ-Werte (kleinste Abflüsse im Berichtsjahr) zu verwenden. Für alle übrigen kleinen Gerinne, die keine Pegelstellen besitzen, ist die Abflussmenge in Anlehnung an die bekannten Daten zu schätzen oder bei den Landesdienststellen des hydrographischen Dienstes zu erheben.

(4) Für die Feststellung der Abwasserbelastung kann die biologische Zustandsstufe (= Güteklasse I – IV) herangezogen werden. Dabei können die biologischen Zustandsstufen aus den Gütebildkarten abgelesen werden. Sind diese Zustandsstufen nicht in Güterbildklassen ersichtlich, ist die Abwasserbelastung zu schätzen.

Bewertung

§ 16. (1) Bewertet wird nach der fischbaren Länge in Kilometern.

(2) Von der tatsächlichen Länge laut Fischereikataster sind Teilstücke im Quellgebiet abzurechnen, die zwar für die Fischerei von Bedeutung sind (Laichplätze, Kinderstuben), jedoch in der Regel nicht befischt werden.

(3) Nicht befischbare Teilbereiche, beispielsweise Werkskanäle, Ausleitstrecken, astatische Gewässer, unzugängliche Klammstrecken, sind bei der Bewertung der befischbaren Länge nicht zu berücksichtigen.

(4) Besteht ein Fischereirecht aus mehreren Fließgewässern mit unterschiedlichen jährlichen Niedrigwasserabflüssen MJNQT in Kubikmeter pro Sekunde (z.B. Hauptfluss mit Nebenbächen) sind diese jeweils für sich zu bewerten und die ermittelten Ertragswerte abschließend zusammen zu rechnen.

Ausgangsertragswert

§ 17. (1) Der jährliche Zuwachs („natürlicher Ertrag") liegt zwischen 15% und 25% in den Salmonidengewässern (Salmoniden = Lachsartige (Edelfische), das sind beispielsweise Bachforelle, Äsche, Huchen, Saibling) und zwischen 20% bis maximal 30% in Cyprinidengewässern (Cypriniden = Karpfenartige, das sind beispielsweise Karpfen, Brachsen, Barben). Im Ausgangsertragswert wird bereits davon ausgegangen, dass ein für die Angelfischerei interessanter Fischbestand nur durch Besatzmaßnahmen aufrechterhalten werden kann. Ebenso ist eine Schädigung des Fischbestands bzw. Ausfall von Fischen durch Fischräuber (Kormoran, Fischreiher, Fischotter, Eisvogel, Haubentaucher usw.) pauschal mit rund 30 Prozent in den Ausgangsertragswerten berücksichtigt.

(2) Der Ertragswert für ein Fischereirecht an fließenden Gewässern steht in unmittelbarem Zusammenhang mit der Größe des Fließgewässers und wird durch die Abflussmenge – mittlerer jährlicher Niedrigwasserabfluss MJNQT – in m³/Sek charakterisiert. Für die Bewertung sind die mittleren jährlichen Niedrigwasserabflüsse MJNQT in m³/Sek des Jahres 2010 maßgebend. Sofern für das zu bewertende Fischereirecht keine Pegelwerte vorhanden sind, ist der mittlere jährliche Niedrigwassserabfluss MJNQT basierend an den dem Fischereirecht am nächsten liegenden benachbarten Pegelmessstellen beziehungsweise anhand der mittleren jährlichen Niedrigwasserabflusswerte MJNQT (in m³/Sek) vergleichbarer Fließgewässer anzuschätzen.

(3) Die Ertragswerte in Euro je Kilometer verhalten sich nicht linear zur Abflussmenge MJNQT m³/Sek, sondern entsprechen der logarithmischen Funktion:

$$Y = (186{,}52 * \mathrm{Ln}(X) + 890{,}32) * 0{,}95$$

Y = Ausgangsertragswert je Kilometer befischbare Länge in Euro/km,

X = mittlerer jährlicher Niedrigwasserabfluss MJNQT in m³/Sek

Ausgangsertragswert Fischereirechte an Fließgewässern (MJNQT)							
X >=0,010 m³/Se	Y Ausgangs-ertragswert Euro/km	X >=0,25 m³/Sek	Y Ausgangs-ertragswert Euro/km	X >=10 m³/Sek	Y Ausgangs-ertragswert Euro/km	X >=150 m³/Sek	Y Ausgangs-ertragswert Euro/km
0,010	30	0,25	600	10,00	1 250	150,00	1 730
0,015	100	0,3	630	15,00	1 330	200,00	1 780
0,020	150	0,35	660	20,00	1 380	250,00	1 820
0,025	190	0,40	680	25,00	1 420	300,00	1 860
0,030	220	0,45	700	30,00	1 450	350,00	1 880
0,035	250	0,50	720	35,00	1 480	400,00	1 910
0,040	280	0,55	740	40,00	1 500	450,00	1 930
0,045	300	0,60	760	45,00	1 520	500,00	1 950
0,050	310	0,65	770	50,00	1 540	550,00	1 960
0,060	350	0,70	780	55,00	1 560	600,00	1 980
0,070	370	0,75	790	60,00	1 570	650,00	1 990
0,080	400	0,80	810	65,00	1 590	700,00	2 010
0,090	420	0,85	820	70,00	1 600	750,00	2 020
0,100	440	0,90	830	75,00	1 610	800,00	2 030
0,110	450	0,95	840	80,00	1 620	850,00	2 040
0,120	470	1,00	850	85,00	1 630	900,00	2 050
0,130	480	2,00	970	90,00	1 640	950,00	2 060

0,140	500	3,00	1 040	95,00	1 650	1 000,00	2 070
0,150	510	4,00	1 090	100,00	1 660	1 250,00	2 110
0,160	520	5,00	1 130	105,00	1 670	1 500,00	2 140
0,170	530	6,00	1 160	110,00	1 680	1 750,00	2 170
0,180	540	7,00	1 190	115,00	1 690	2 000,00	2 190
0,190	550	8,00	1 210	120,00	1 690	2 250,00	2 210
0,200	560	9,00	1 240	125,00	1 700	2 500,00	2 230

*X=Wassermenge (m³/Sek), Y=(186,52*Ln (x)+890,32)*0,95, Y=Ertragswert Euro/km*

(4) Abflusswerte die zwischen den Tabellenwerten liegen, können durch Interpolation oder mittels der Funktion Y = (186,52*Ln(X) + 890,32)*0,95 berechnet werden.

(5) Die errechneten Ausgangsertragswerte sind auf 10,00 Euro/km arithmetisch zu runden.

Ausstände, Altarme

§ 18. Altarme und Ausstände weisen eine größere Fischartenvielfalt auf, verbessern und vergrößern die Befischungsmöglichkeiten durch zusätzliche Wasserflächen.

Ausstände, Altarme	Zuschlag in %
keine, wenige	0%
mehrere	15%
zahlreich	35%

Verbauung

§ 19. Die Verbauung erhöht die Fließgeschwindigkeit und vermindert unter anderem die Anzahl der Einstände, die Menge und Vielfalt der natürlichen Nahrung (Nährtiere) und der Fischpopulation.

Verbauung	Abschlag
mäßig	0%
stark	-10%
sehr stark, ohne Einstände	-20%

Regionalwirtschaftliche Verhältnisse

§ 20. (1) Unter „regionalwirtschaftliche Verhältnisse" ist die Lage des Fischereirechts in Hinblick auf die Nachfrage nach Fischerkarten unter Berücksichtigung der Einwohnerzahl und des Tourismus zu bewerten.

(2) Die unterschiedliche regionale Lage der einzelnen Ortsgemeinden wird mit Zu-/Abschlägen aufgrund der vorliegenden Verhältnisse entsprechend der nebenstehenden Tabelle berücksichtigt.

Regionale Lage	Abschlag
Sehr günstig	+5%
günstig	+2%
Mittel	±0%
ungünstig	-2%
Sehr ungünstig	-5%

Einstufungen in:

- sehr günstig bis günstig (+5% bis +2%): Größere Städte und deren Umland sowie Fremdenverkehrszentren (zB Wien, Linz, Graz, Innsbruck, Mittersill, St. Kanzian)
- ungünstig bis sehr ungünstig (-2% bis - 5%): zB Neumarkt im Mühlkreis, Liebenau, Judenburg, Mallnitz, Kötschach-Mauthen
- mittlere Verhältnisse (0%): zB Scheibbs, Waidhofen an der Ybbs, Wolfsberg

Sonderverhältnisse

§ 21. (1) In den pauschalen Ertragswerten sind die wesentlichen Ertragsverhältnisse bereits erfasst. Sonderverhältnisse können nur bei Vorliegen von besonderen, außergewöhnlichen Bedingungen berücksichtigt werden.

(2) Die Sonderverhältnisse umfassen wesentliche Bewirtschaftungseinschränkungen und/oder das erhöhte Auftreten von Fischereischädlingen.

Sonderverhältnisse	Abschlag bis %
Fischereischädlinge	
Schäden bis 30%	0%
Schäden im Ausmaß mehr als 30 bis 50%	-5%
Schäden im Ausmaß mehr als 50 bis 75%	-15%
Schäden im Ausmaß mehr als 75%	-30%
Wesentliche Bewirtschaftungseinschränkungen	bis -25%

Fischereischädlinge

§ 22. (1) Eine durchschnittliche Schädigung des Fischbestandes ist bereits in den Ausgangsertragswerten berücksichtigt, daher ist nur eine wesentlich über das durchschnittliche Ausmaß hinausgehende Schädigung durch Fischräuber, beispielsweise im Bereich von Vogel- und Naturschutzgebieten, gerechtfertigt.

(2) Für Fischereischädlinge beträgt der Abschlag bis -30%.

Bewirtschaftungseinschränkungen

§ 23. (1) Zu den Bewirtschaftungseinschränkungen gehören unter anderem:

1. Starke Wasserverschmutzung, schlechter als Güteklasse 3

2. Eingeschränkte Zugänglichkeit
3. Gefällestufen
4. Gesetzliche Ausgabebeschränkungen von Fischerkarten
5. Schwellbetrieb
6. Hochwasser

(2) Bewirtschaftungseinschränkungen: der Abschlag darf in Summe maximal -25% betragen.

Ermittlung des Ertragswerts

§ 24. (1) Der Ausgangsertragswert ist anhand der vom Bundesministerium für Land- und Forstwirtschaft, Umwelt und Wasserwirtschaft veröffentlichten mittleren jährlichen Niedrigwasserabflusswerten (MJNQT in m³/Sek), der jeweils relevanten Pegelmessstelle (§ 17) aus der Tabelle (in Euro/km) zu entnehmen. Unter Berücksichtigung der Zu- und Abschläge (§§ 18ff) zum/vom Ausgangsertragswert ergibt sich der Ertragswert des Fischereirechts pro Kilometer fischbarer Länge.

(2) Der errechnete Ertragswert (Euro/km) ist mit der befischbaren Länge in Kilometer (km) zu multiplizieren, das Produkt ist der Ertragswert des Fischereirechts in Euro.

(3) Bei Koppelfischerei und ähnlichen Verhältnissen ist der ermittelte Ertragswert in einem abschließenden Rechengang entsprechend den Anteilen zu kürzen, gleiches gilt auch für Fischereirechte die jährlich wechseln.

(4) Einufrige Fischereirechte sind zuerst wie beidufrige anhand der Länge der befischbaren Gewässerstrecke in Kilometer zu berechnen, danach ist der Wert um die Hälfte zu kürzen.

4. Abschnitt

Fischereirecht an stehenden Gewässern

§ 25. (1) Die Bewertung umfasst Fischereirechte an stehenden Gewässern, dazu gehören alle natürlichen und künstlichen Seen sowie Speicherseen und Talsperren, sofern diese befischbar sind.

(2) Für die Bewertung ist das Ausmaß des Fischereirechts in Hektar maßgebend.

(3) Die Bewirtschaftung von Fischereirechten an stehenden Gewässern umfasst neben der Berufsfischerei (beispielsweise Netzfischerei) auch die Sport- oder Angelfischerei und setzt einen entsprechenden Fischbestand voraus, der nur durch regelmäßige Besatzmaßnahmen aufrechterhalten werden kann; dieser Umstand ist im Ausgangsertragswert (§ 26) bereits berücksichtigt. Ebenso ist eine durchschnittliche Schädigung des Fischbestands beziehungsweise der Ausfall von Fischen durch Fischräuber (beispielsweise Kormoran, Fischreiher, Fischotter, Eisvogel) pauschal mit rund 30% Kürzung in den Ausgangsertragswerten berücksichtigt.

Ausgangsertragswert

§ 26. (1) Für die Ertragsfähigkeit des stehenden Gewässers und die Zusammensetzung des Fischbestandes sind die klimatischen Verhältnisse – Klimastufe nach Wärmesumme – und die daraus resultierende Wassertemperatur von wesentlicher Bedeutung.

(2) Für die Ermittlung der Ertragswerte sind die Klimaverhältnisse der rechtskräftigen Bodenschätzung maßgebend.

(3) Die Klimastufe nach Wärmesumme wird anhand der Lage des Fischereirechts nach Katastralgemeinde (KG) und Seehöhe in Meter (m) festgestellt.

(4) Der Ausgangsertragswert in Euro je Hektar für das Fischereirecht ist, aufgrund der vorliegenden Klimastufe nach Wärmesumme, aus der Tabelle abzulesen.

Klimatabelle	
Klimastufe Wärmesumme	Ausgangsertragswert Euro/ha
a1	140
a2	135
a3	130
b1	125
b2	115
b3	100
c1	85
c2	70
c3	55
d	40
e	30

Steppenseen

§ 27. Die Ertragsverhältnisse der Steppenseen, zB Neusiedlersee und Lacken im Seewinkel, sind durch geringe Wassertiefe, hohe Sommertemperaturen, wechselnden Salzgehalt und schwankenden Wasserspiegel im Verlauf der Jahre gekennzeichnet. Diese Umstände führen zu Ertragseinbußen, daher sind die Ausgangsertragswerte der Steppenseen um -20% vermindert anzusetzen.

Regionalwirtschaftliche Verhältnisse

§ 28. (1) Unter „regionalwirtschaftliche Verhältnisse“ ist die Lage des Fischereirechts im Hinblick auf die Nachfrage nach Fischerkarten unter Berücksichtigung der Einwohnerzahl und des Tourismus zu bewerten.

(2) Die unterschiedliche regionale Lage der einzelnen Seen an den jeweiligen Ortsgemeinden wird mit Zu- und Abschlägen entsprechend folgender Tabelle berücksichtigt:

Regionale Lage	Zu-/Abschlag in %
sehr günstig	+5
günstig	+2
mittel	+-0
ungünstig	-2
sehr ungünstig	-5

Sonderverhältnisse

§ 29. (1) In den pauschalen Ertragswerten sind die wesentlichen Ertragsverhältnisse bereits erfasst. Sonderverhältnisse können nur bei Vorliegen von besonderen, außergewöhnlichen Bedingungen berücksichtigt werden.

(2) Die Sonderverhältnisse umfassen wesentliche Bewirtschaftungseinschränkungen und/oder das erhöhte Auftreten von Fischereischädlingen.

Sonderverhältnisse	Abschlag in %
Fischereischädlinge	
Schäden bis 30%	-0%
Schäden im Ausmaß mehr als 30 bis 75%	-5%
Schäden im Ausmaß mehr als 75%	-15%

Fischereischädlinge

§ 30. (1) Eine durchschnittliche Schädigung des Fischbestandes ist bereits in den Ausgangsertragswerten berücksichtigt, daher ist nur eine wesentlich über das durchschnittliche Ausmaß hinausgehende Schädigung durch Fischräuber beispielsweise im Bereich von Vogel- und Naturschutzgebieten gerechtfertigt.

(2) Für Fischereischädlinge beträgt der Abschlag bis -15%.

Bewirtschaftungseinschränkungen

§ 31. (1) Zu den Bewirtschaftungseinschränkungen gehören unter anderem:

1. Ungünstige Form
2. Belastung durch diverse Abwässer
3. Zugänglichkeit der Ufer (beispielsweise steile Felsufer, massive Abzäunungen)

(2) Bewirtschaftungseinschränkungen: Abschlag in Summe maximal -20%.

Größe des Fischereirechts

§ 32. Der Umstand, dass Fischereirechte mit größeren Flächenausmaßen weniger intensiv es bewirtschaftet werden können; wird entsprechend der Flächengröße der nachhaltig befischbaren Wasserfläche für große Fischereirechte mit den in der nebenstehenden Tabelle dargestellten Abschlägen berücksichtigt:

Fischereirecht Fläche in ha	Abschlag in %
Kleiner 200 ha	0
200 bis 500 ha	-5
500 bis 1000 ha	-10
Größer 1000 ha	-15

Ermittlung des Ertragswertes

§ 33. (1) Unter Berücksichtigung der Zu- und Abschläge (§§ 27 ff) zum/vom Ausgangsertragswert ergibt sich der Ertragswert des Fischereirechts pro Hektar. Der errechnete Ertragswert (Euro/ha) ist mit der befischbaren Fläche zu multiplizieren. Das Produkt ist der Ertragswert des Fischereirechts in Euro.

(2) Bei Seegenfischerei und ähnlichen Verhältnissen ist der ermittelte Ertragswert in einem abschließenden Rechengang entsprechend den Anteilen zu kürzen; gleiches gilt auch für jährlich wechselnde Fischereirechte.

Inkrafttreten

§ 34. Diese Kundmachung ist erstmals für die Hauptfeststellung der Einheitswerte des land- und forstwirtschaftlichen Vermögens zum 1.1.2014 anzuwenden.

4/9.

Kundmachung des Bundesministers für Finanzen über die Bewertung von Imkereien

(Kundgemacht im „Amtsblatt zur Wiener Zeitung“ am 05.03.2014, Nr. 45)

Auf Grund des § 50 Abs. 2 in Verbindung mit § 44 des Bewertungsgesetzes 1955, BGBl. Nr. 148/1955, zuletzt geändert durch das Bundesgesetz BGBl. I Nr. 63/2013, wird nach Beratung im Bewertungsbeirat kundgemacht:

1. Abschnitt

Allgemeines

§ 1. Das der Bienenzucht gewidmete Vermögen (Imkereien) ist gemäß § 50 BewG 1955 ein Bestandteil des übrigen land- und forstwirtschaftlichen Vermögens. Für die Bewertung dieser Vermögensunterart gilt der Grundsatz über die Bewertung nach Ertragswerten gemäß den Bestimmungen des § 32 Abs. 1 und 2 BewG. 1955.

2. Abschnitt
Pauschales Bewertungsverfahren

Bewertung von Bienenvölkern

§ 2. (1) Zur Bewertung einer Imkerei ist der durchschnittliche Jahresbestand an Bienenvölkern zu ermitteln. Es bestehen keine Bedenken, den jeweils im Monat Oktober vorhandenen Bestand als Durchschnittsbestand heranzuziehen.

(2) Die Feststellung eines Einheitswertes erfolgt ab einem Bestand von 50 Bienenvölkern (Freigrenze).

(3) Der Ertragswert von Imkereien ist in Höhe von 11 Euro pro Bienenvolk anzusetzen, wobei für Imkereien mit bis zu 99 Bienenvölkern ein Pauschalabschlag in Höhe von 100 Euro anzuwenden ist.

Durchschnittsbestand bis zu 99 Bienenvölkern:
Ertragswert 11 Euro pro Bienenvolk und Pauschalabschlag von 100 Euro:
Summe (Anzahl der Bienenvölker (bis 99) mal 11 Euro) minus 100 Euro = Ertragswert
Durchschnittsbestand ab 100 Bienenvölkern: Ertragswert 11 Euro pro Bienenvolk:
Summe (Anzahl der Bienenvölker mal 11 Euro) = Ertragswert

(4) Mit dem Pauschalsatz gelten die Honiggewinnung sowie anfallendes Wachs und Rohpropolis als mit erfasst.

(5) Die Festlegung eines pauschalen Ertragswertes schließt nicht aus, dass es dem betreffenden Betriebsinhaber freisteht, eine Bewertung auf Grund eines von ihm vorgelegten Nachweises des objektiv erzielbaren Ertragswertes zu beantragen.

(6) Bei der Ableitung der Einheitswerte für Imkereien sind weiters die folgenden betriebswirtschaftlichen und bewertungsrechtlichen Grundsätze zu beachten:

1. Das vorherrschende Betriebsziel bei Imkereien ist die Honiggewinnung. Es sind aber auch jene Imkereibetriebe nach dieser Methode zu bewerten, welche Bienenvölker und Bienenköniginnen zu Verkaufszwecken heranziehen. Anfallendes Bienenwachs und Rohpropolis sind in den unterstellten Ertragswerten bereits berücksichtigt.
2. Gemäß § 50 Abs. 2 BewG. 1955 werden Gebäude bzw. Gebäudeteile, die ausschließlich der Imkerei dienen (Arbeitsräume), nicht besonders bewertet, sondern sind bei der Ermittlung des Ertragswertes mitberücksichtigt.

Erzeugung von Bienenköniginnen sowie anderen Urprodukten der Imkerei

§ 3. (1) Die Erzeugung von Bienenköniginnen und Weiselzellen sowie Met, Gelee Royale, Bienengift und anderen marktgängigen Urprodukten der Imkerei, soweit diese nicht unter § 2 bereits erfasst sind, ist nur bis zu einem Umsatz von 1 500 Euro (Freibetrag) aus diesen Produkten mit dem Pauschalansatz mit miterfasst. Umsätze über 1 500 Euro sind gesondert zu erklären. Der Mehrertrag ist bei der Einheitswertermittlung zum Pauschalbetrag hinzuzurechnen.

3. Abschnitt

Inkrafttreten

§ 4. Diese Kundmachung ist erstmals für die Hauptfeststellung der Einheitswerte des land- und forstwirtschaftlichen Vermögens zum 1.1.2014 anzuwenden.

4/10.

Kundmachung des Bundesministers für Finanzen über die Bewertung überdurchschnittlicher Tierhaltung

(Kundgemacht im „Amtsblatt zur Wiener Zeitung“ am 05.03.2014, Nr. 45)

Auf Grund des § 43 Z 5 und des § 44 jeweils des Bewertungsgesetzes 1955, BGBl. Nr. 148/1955, zuletzt geändert durch das Bundesgesetz BGBl. I Nr. 63/2013, wird nach Beratung im Bewertungsbeirat kundgemacht:

Allgemeines

§ 1. (1) Der Mehrertrag aus überdurchschnittlicher Tierhaltung (Tierbeständen) ist gemäß § 30 Abs. 12 BewG 1955 mit Zuschlag gemäß § 40 BewG 1955 zu berücksichtigen.

(2) Für die Ableitung des Zuschlages ist der Tierbestand des Betriebes, ausgedrückt in Vieheinheiten gemäß § 30 Abs. 7 BewG 1955 sowie die reduzierte landwirtschaftliche Nutzfläche zu ermitteln.

Bewirtschaftete reduzierte landwirtschaftliche Nutzfläche

§ 2. Für die Ermittlung der vom Betrieb bewirtschafteten reduzierten landwirtschaftlichen Nutzfläche sind § 30 Abs. 5 und 6 BewG 1955 maßgebend. Zugepachtete Flächen sowie Flächen, die zur Nutzung übernommen sind, sind einzubeziehen, verpachtete und zur Nutzung überlassene Flächen sind auszuschließen. Pro Vieheinheit, die im Sommer auf Zinsalmen gehalten wird, sind zusätzlich 0,3 Hektar reduzierte landwirtschaftliche Nutzfläche pro Vieheinheit anzusetzen.

Normalunterstellung

§ 3. (1) Als Normalbestand (Normalunterstellung) sind bei der nach § 2 ermittelten reduzierten landwirtschaftlichen Nutzfläche für die ersten 20 Hektar, zwei Vieheinheiten je Hektar, für die restliche reduzierte landwirtschaftliche Nutzfläche eine Vieheinheit je Hektar zu unterstellen.

(2) Bei Verwendung von wertmäßig überwiegend aus dem eigenen landwirtschaftlichen Betrieb gewonnenen Erzeugnissen gemäß § 30 Abs. 3 BewG 1955 ist für die Ableitung des entsprechenden Zuschlags gemäß § 40 BewG 1955 die Anzahl jener Vieheinheiten, die nachhaltig über dem Normalbestand gehalten beziehungsweise erzeugt wird, maßgebend.

Tierhaltung mit überwiegend zugekauften Erzeugnissen

§ 4. Bei Verwendung von wertmäßig überwiegend zugekauften Erzeugnissen ist für die Ableitung des entsprechenden Zuschlags gemäß § 40 BewG 1955 die Anzahl jener Vieheinheiten maßgebend, die nachhaltig über dem Normalbestand gehalten bzw. erzeugt wird und den Maximalbestand im Sinne des § 30 Abs. 5 BewG 1955 nicht überschreitet. Bei nachhaltiger Überschreitung der Maximalunterstellung ist hinsichtlich der gesamten Tierhaltung des Betriebes ein Gewerbebetrieb anzunehmen und es unterbleibt ein Zuschlag.

Höhe des Zuschlags je Vieheinheit

§ 5. (1) Der Zuschlag beträgt 280 Euro pro Vieheinheit über dem Normalbestand gemäß § 3 Abs. 1.

Inkrafttreten

§ 6. Diese Kundmachung ist erstmals für die Hauptfeststellung der Einheitswerte des land- und forstwirtschaftlichen Vermögens zum 1.1.2014 anzuwenden.

4/11.

Kundmachung des Bundesministers für Finanzen über die Festsetzung von Zuschlägen gemäß § 40 BewG wegen erhöhter jagdlicher Erträge auf Grund von Einzäunungen (Erträgen aus Jagdgatter)

(Kundgemacht im „Amtsblatt zur Wiener Zeitung" am 04.03.2014, Nr. 44)

Auf Grund des § 44 des Bewertungsgesetzes 1955, BGBl. Nr. 148/1955, zuletzt geändert durch das Bundesgesetz BGBl. I Nr. 63/2012, wird nach Beratung im Bewertungsbeirat kundgemacht:

Allgemeines

§ 1. (1) Jagdgatter im Sinne dieser Kundmachung sind Umzäunungen von Grundflächen zum Zwecke der Erzielung jagdlicher Mehrerträge gegenüber nicht eingezäunten Flächen, in denen das Wild am Austritt gehindert wird, das verbliebene Wild kein zahm gemachtes Tier im Sinne des § 384 ABGB ist und die Jagd nicht ruht.

(2) Davon ausgenommen sind

1. Gatter, die nur temporär bestehen und ausschließlich der Hege und nicht dem Abschuss dienen (Wintergatter).
2. Umzäunungen zum Schutz von land- und forstwirtschaftlichen Kulturen oder besonderen Nutzungen (Schutzzonen, Flughäfen), welche primär der Verhinderung des Eintritts von Wild dienen.
3. Gatter, die nachweislich von einer Universität oder einer anerkannten wissenschaftlichen Forschungseinrichtung überwiegend zu Zwecken der Wissenschaft und Forschung genutzt werden, für die Dauer dieser Nutzung.
4. Gatter, die im Sinne des öffentlichen Interesses per Bescheid als National- oder Naturpark ausgewiesen sind.

§ 2. Die aus dem Umstand der Einzäunung erzielbaren Mehrerträge, gegenüber den Jagderträgen von nicht eingezäunten Flächen, sind durch Zuschläge zum Einheitswert gemäß § 40 BewG 1955 zu berücksichtigen.

Zu bewertendes Jagdgatter

§ 3. (1) Ein Zuschlag ist für jede geschlossene eingezäunte Fläche einzeln zu berechnen. Dabei ist ausschließlich die eingezäunte Fläche maßgebend. Die dahinter stehende Unterart des land- und forstwirtschaftlichen Vermögens ist dabei ohne Belang.

(2) Gehören zu einer wirtschaftlichen Einheit mehrere Jagdgatter, ist ein Zuschlag für jedes Jagdgatter gesondert zu berechnen.

Bewertungsverfahren

Grundwert

§ 4. Als Grundwert ist ein Betrag in Höhe von 55 Euro je Hektar eingezäunte Fläche anzusetzen. Mit diesem Betrag ist die jeweilige Grundausstattung an beispielsweise Reviereinrichtungen und Infrastruktur pauschal abgegolten.

Zuschlag auf Grund erlegter Stücke

§ 5. (1) Von den erlegten Stücken ist ein Durchschnitt der letzten fünf Jahre zu bilden. Rumpfjahre sind nicht zu berücksichtigen. Besteht ein Jagdgatter weniger als fünf Jahre, ist der Durchschnitt an Hand der Jahre des Bestehens zu errechnen. In die Durchschnittsbetrachtung sind die ersten zwei Jahre nach Errichtung eines Jagdgatters nicht einzubeziehen. Dies gilt nicht, wenn die Durchschnittsbildung weniger als drei volle Jahre erfasst; in diesem Falle sind die Abschusszahlen des letzten Jahres vor dem Bewertungsstichtag maßgebend.

(2) Zur Bewertung der erlegten Stücke ist von folgenden Wildvieheinheiten auszugehen:

Damwild	0,09 Wildvieheinheiten
Gamswild	0,09 Wildvieheinheiten
Mufflon	0,25 Wildvieheinheiten
Rehwild	0,08 Wildvieheinheiten
Rotwild	0,60 Wildvieheinheiten
Schwarzwild	0,25 Wildvieheinheiten
Sikawild	0,09 Wildvieheinheiten
Steinwild	0,40 Wildvieheinheiten

(3) Für sonstiges erlegtes Schalenwild ist für ein Gewicht von durchschnittlich 40 kg im aufgebrochenen Zustand ein Wert von 0,25 Wildvieheinheiten zu unterstellen.

(4) Es ist außerdem eine Normalunterstellung von 0,6 Wildvieheinheiten pro 100 Hektar anzunehmen.

(5) Für jede Wildvieheinheit, die über die Normalunterstellung gemäß Abs. 4 hinausgeht, ist ein Betrag von 280 Euro je übersteigende Wildvieheinheit anzunehmen. Dieses Ergebnis ist mit dem Faktor 1,5 zu multiplizieren, wenn die Stückzahl des erlegten Schwarzwildes weniger als die Hälfte der Stückzahl der Gesamtstrecke des zu bewertenden Wildes beträgt.

Trophäenzuschlag

§ 6. (1) DesWeiteren ist ein in der gemäß § 5 bezeichneten Weise ermittelter Durchschnitt von erlegten Stücken mit besonderer jagdlicher Trophäe zu errechnen.

(2) Als Stücke mit besonderer jagdlicher Trophäe sind anzusehen:

1. Damhirsche ab dem vollendeten neunten Lebensjahr
2. Gamsböcke ab dem vollendeten siebenten Lebensjahr
3. Gamsgeißen ab dem vollendeten zehnten Lebensjahr
4. Muffelwidder ab einer Länge der Gehörnschnecke von 60 cm,
5. Rehböcke ab einem Gewicht der jagdlichen Trophäe (Geweih zuzüglich Schädelknochen) bis zur Höhe des Auges einschließlich Stirnbein) von 400 Gramm,

6. Rothirsche ab dem vollendeten zehnten Lebensjahr
7. Wildschweine, bei denen ein Eckzahn (Gewaff) mindestens 18 Zentimeter beträgt,
8. Sikahirsch ab dem vollendeten achten Lebensjahr,
9. Steinwild ab dem vollendeten fünften Lebensjahr,
10. Trophäenträger von in Österreich nicht heimischen Schalenwildarten ab der Klasse eins.

(3) Die sich daraus ergebenden Wildvieheinheiten sind mit 300 Euro pro Wildvieheinheit zu multiplizieren und das Ergebnis als Trophäenzuschlag anzusetzen.

Inkrafttreten

§ 7. Diese Kundmachung ist erstmals für die Hauptfeststellung der Einheitswerte des land- und forstwirtschaftlichen Vermögens zum 1.1.2014 anzuwenden.

4/12.

Kundmachung des Bundesministers für Finanzen über die Bewertung des Obstbaus

(Kundgemacht im „Amtsblatt zur Wiener Zeitung“ am 05.03.2014, Nr. 45)

Auf Grund des § 44 des Bewertungsgesetzes 1955, BGBl. Nr. 148/1955, zuletzt geändert durch das Bundesgesetz BGBl. I Nr. 63/2013, wird nach Beratung im Bewertungsbeirat kundgemacht:

1. Abschnitt
Erwerbsobstbau

Allgemeines

§ 1. (1) Gemäß § 32 Abs. 4 BewG 1955 sind, unbeschadet der §§ 33 und 40 BewG 1955, zum Betrieb gehörende Obstkulturen (Obstbau) nicht besonders zu bewerten, sondern bei der Ermittlung des Ertragswertes zu berücksichtigen. Gemäß § 36 Abs. 2 BewG 1955 ist als regelmäßig anzusehen, dass Obstbau nicht zum Betrieb gehört. Die Bewertung des Obstbaus hat durch Zuschläge zum Vergleichswert gemäß den Bestimmungen des § 40 BewG 1955 zu erfolgen, wenn die tatsächlichen Verhältnisse der im § 36 Abs. 2 BewG 1955 bezeichneten Ertragsbedingungen von den regelmäßigen Verhältnissen, die bei der Feststellung der Betriebszahl unterstellt worden sind, wesentlich abweichen und die Abweichung zu einer wesentlichen Steigerung der Ertragsfähigkeit führt.

(2) Die Festlegung eines pauschalen Zuschlags schließt nicht aus, dass es insbesondere bei Erledigung von Rechtsmitteln dem Abgabepflichtigen freisteht, den objektiv erzielbaren Mehrertrag aus Obstbau auf geeignete Art und Weise nachzuweisen.

(3) Gemäß § 32 Abs. 4 BewG 1955 sind Zuschläge für Obstdauerkulturen, (Kern- und Steinobstanlagen) im Einheitswert des Grundstückseigentümers, in den übrigen Fällen (Erdbeeren) im Einheitswert des Bewirtschafters oder Pächters zu erfassen.

Obstarten

§ 2. Zum Erwerbsobstbau zählen mit Ausnahme von Streuobst alle Obstbaumbestände marktgängiger Obstsorten mit nachhaltiger Ertragsaussicht (Äpfel, Birnen, Marillen, Zwetschken, Süß- und Sauerkirschen oder Weichseln, Pfirsich, Johannisbeeren oder Ribisel und andere Beerensträucher sowie Holunderanlagen).

Bewertungszeitpunkt

§ 3. Die Bewertung erfolgt mit 1. Jänner des Jahres nach der Auspflanzung.

Mindestfläche

§ 4. Obstanlagen sind ab einem Flächenausmaß von insgesamt mindestens 0,5 ha pro Betrieb zu bewerten, wobei diese Anlagen auch mit unterschiedlichen Obstarten bepflanzt sein können.

Ermittlung des pauschalen Zuschlags

§ 5. (1) Um eine gleichmäßige Bewertung der Obstkulturen sicher zu stellen, sind aus Vereinfachungsgründen gemäß § 40 BewG 1955 pauschale Zuschläge zum jeweiligen landwirtschaftlichen Vergleichswert nach folgenden Tabellen hinzuzurechnen.

1. Beim Grundstückseigentümer zu bewerten:

Klimastufen	a, a/b	b	b/c	c
Obstart	Zuschlag in Euro pro ha			
Aroniabeere Holunder Kiwi Pfirsich Schwarze Johannisbeere Sauerkirsche Sanddorn Zwetschke Pflaume Nektarine Preiselbeere	1 000	700	450	180
Apfel Birne Rote Johannisbeere	1 700	1 200	770	300
Marille	2 150	1 500	-	-
Brombeere Heidelbeere Himbeere Süßkirsche Stachelbeere	2 500	1 750	1 125	450

2. Beim Bewirtschafter/Pächter zu bewerten:

Klimastufen	a, a/b	b	b/c	c
Obstart	Zuschlag pro ha in Euro			
Erdbeeren (alle Arten und Kreuzungen, wie beispielsweise Ananaserdbeeren)	2 150	1 500	970	390

(2) Zur Berücksichtigung ungünstiger Niederschlagsverhältnisse, der Hagelgefährdung sowie ungünstiger Geländeverhältnisse sind die pauschalen Zuschläge pro Hektar wie folgt zu kürzen:

1. Niederschlagsverhältnisse:

Durchschnittlicher Jahresniederschlag in mm					
weniger als 500	500 bis weniger als 600	600 bis weniger als 900	900 bis weniger als 1000	1 000 bis weniger als 1 100	ab 1 100
- 10%	- 5%	0	- 5%	- 10%	- 15%

2. Hagelgefährdung: Die Berücksichtigung der Hagelgefährdung erfolgt ortsgemeindeweise analog der Einstufung bei der Bewertung landwirtschaftlicher Betriebe.

Hagel-gefährdung	gering gefährdet	mäßig gefährdet	gefährdet	stark gefährdet	sehr stark gefährdet
Abschlag	0	- 2%	- 4%	- 6%	- 8%

3. Hangneigung (Geländeverhältnisse):

Hangneigungsklassen	0 bis 16%	mehr als 16 bis 26%	mehr als 26 - 40%	mehr als 40%
Hangneigung in Grad	0-9°	10-14°	15-22°	ab 23°
Abschlag	0	- 10%	- 25%	-50%

Klimastufeneinteilung

§ 6. (1) Die Klimastufeneinteilung zur Beurteilung des Regionalklimas erfolgt auf Grund der den geltenden Bundesmusterstücken der Bodenschätzung zugrunde gelegten Klimaverhältnissen, der 14-Uhr Temperatur, der Jahresmitteltemperatur und der Wärmesumme.

(2) Die Jahreswärmesumme ergibt sich aus der Addition aller 14-Uhr-Temperaturen eines Jahres, sofern das tägliche Minimum nicht unter 5,0°C und das tägliche Maximum nicht unter 15,0°C lag.

Überdachte Flächen (Folientunnel, Foliengewächshäuser und Gewächshäuser)

§ 7. Der Obstbau unter Folientunneln ab 3,5 Meter Basisbreite, Foliengewächshäusern und Gewächshäusern ist dem gärtnerischen Vermögen zuzurechnen und gemäß der Kundmachung über die Bewertung des gärtnerischen Vermögens zu bewerten.

2. Abschnitt
Obstwein (Most) und Safterzeugung aus Apfel und Birne im Streuobstbau

Allgemeines

§ 8. Der Zuschlag gemäß § 40 BewG 1955 ist für den aus Streuobst (Obstanlagen ohne Zuschlag) produzierten und an Endkunden oder Wiederverkäufer verkauften Obstwein/-saft zu ermitteln, sofern die durchschnittliche jährliche Most- und Saftproduktion der letzten drei Jahre 4 000 Liter übersteigt und diese Produkte nicht im Rahmen eines bäuerlichen Buschenschanks abgegebenen werden und die Einnahmen daraus nach den Vorschriften des BSVG nicht gesondert aufzeichnungspflichtig sind.

Pauschale Ermittlung des Zuschlags

§ 9. Als Ausgangspunkt ist die durchschnittliche Most- und Saftproduktion der letzten 3 Jahre heranzuziehen, die nicht im Rahmen des Buschenschanks verkauft wurde. Davon ist eine Freimenge von 4 000 Liter abzuziehen. Für die verbleibenden Liter an Obstwein/-saft aus Apfel, Birnen einschließlich Mischungen, ist ein Zuschlag von 0,20 Euro pro Liter zu berechnen.

Obst- bzw. Beerenwein/-säfte aus anderen Obstarten

§ 10. Der Mehrertrag aus Obst- bzw. Beerenwein/-säften aus anderen Obstarten ist gesondert zu erfassen, sofern für diese Obstanlagen kein Zuschlag gemäß § 40 BewG 1955 nach dem 1. Abschnitt dieser Kundmachung zu ermitteln oder diese Produkte nicht im Rahmen eines bäuerlichen Buschenschanks abgegebenen werden und die Einnahmen daraus nach den Vorschriften des BSVG nicht gesondert aufzeichnungspflichtig sind. Ein Zuschlag ist erst ab einer Freimenge von 1.500 Liter zu ermitteln.

3. Abschnitt

Inkrafttreten

§ 11. Diese Kundmachung ist erstmals für die Hauptfeststellung der Einheitswerte des land- und forstwirtschaftlichen Vermögens zum 1.1.2014 anzuwenden.

4/13.

Kundmachung des Bundesministers für Finanzen über die Bewertung landwirtschaftlicher Sonderkulturen

(Kundgemacht im „Amtsblatt zur Wiener Zeitung" am 05.03.2014, Nr. 45)

Auf Grund des § 44 des Bewertungsgesetzes 1955, BGBl. Nr. 148/1955, zuletzt geändert durch das Bundesgesetz BGBl. I Nr. 63/2013, wird nach Beratung im Bewertungsbeirat kundgemacht:

Allgemeines

§ 1. (1) Gemäß § 32 Abs. 4 BewG 1955 sind, unbeschadet der §§ 33 und 40, zum Betrieb gehörende Sonderkulturen nicht besonders zu bewerten, sondern bei der Ermittlung des Ertragswertes zu berücksichtigen. Gemäß § 36 Abs. 2 ist als regelmäßig anzusehen, dass Sonderkulturen nicht zum Betrieb gehören. Die Bewertung der Sonderkulturen hat durch Zuschläge zum Vergleichswert gemäß den Bestimmungen des § 40 BewG 1955 zu erfolgen, wenn die tatsächlichen Verhältnisse der im § 36 Abs. 2 bezeichneten Ertragsbedingungen von den regelmäßigen Verhältnissen, die bei der Feststellung der Betriebszahl unterstellt worden sind, wesentlich abweichen und die Abweichung zu einer wesentlichen Steigerung der Ertragsfähigkeit führt.

(2) Die Festlegung eines pauschalen Zuschlages schließt nicht aus, dass es insbesondere bei Erledigung von Rechtsmitteln dem Abgabepflichtigen freisteht, den objektiv erzielbaren Mehrertrag aus Sonderkulturen auf geeignete Art und Weise nachzuweisen.

(3) Gemäß § 32 Abs. 4 BewG 1955 sind Zuschläge für Sonderkulturen, die Dauerkulturen sind, (Hopfenanlagen, Christbaumkulturen) im Einheitswert des Grundstückseigentümers; in den übrigen Fällen (Feldgemüse, Gewürzpflanzen) im Einheitswert des Bewirtschafters zu erfassen.

(4) Feldgemüsebau ist in Flächenrotation feldmäßiger Anbau von Gemüse, der im Rahmen eines landwirtschaftlichen Betriebes in die innerbetriebliche Fruchtfolge vorgenommen wird.

(5) Dauernd mit Feldgemüse bestellte Flächen sind dem gärtnerischen Vermögen zuzurechnen und nach den Vorschriften der Richtlinie zur Bewertung des gärtnerischen Vermögens zu bewerten.

Pauschale Zuschläge für Sonderkulturen

§ 2. (1) Für folgende Sonderkulturen sind Zuschläge gemäß § 40 BewG 1955 zum Vergleichswert anzuwenden:

1. Pauschaler Zuschlag für Feldgemüse

Klimastufen gemäß § 3	a	a/b	b	b/c	c, d
	Zuschlag pro ha in Euro				
Kategorie 1 Fenchel Knolle, Melanzani, Paprika frisch, Pfefferoni frisch, Schnittlauch frisch	1 480	1 410	1 330	1 110	890
Kategorie 2 Brokkoli, Einlegegurken, Fisolen frisch, Häuptelsalat, alle Blattsalate, Melonen, Paradeiser (Tomaten), Petersilienwurzel, Porree, Rettich weiß, Rhabarber, Sellerie frisch, Senfgurke, Spargel, Speisekürbis frisch, Spinat frisch, Vogerlsalat (Feldsalat), Zuckermais frisch	980	930	880	740	590
Kategorie 3 Chinakohl, Dille frisch, Feld¬gurken, Karfiol, Karotten frisch (Waschkarotte), Knoblauch, Kohlrabi, Kraut rot frisch, Kraut weiß frisch, Kren frisch, Petersilie Blatt frisch, Pfefferoni Verar-beitung, Radieschen, Rote Rüben frisch, Sellerie Verarbeitung, Speisekürbis Verarbeitung, Sprossenkohl, Zucchini, Zwiebel	480	460	430	360	290

2. Pauschaler Zuschlag für Arznei-, Tee- und Gewürzpflanzen

Arznei-, Tee- und Gewürzpflanzen	Zuschlag pro ha in Euro
Dies sind insbesondere:	
Alant, Basilikum, Brennnessel, Kornblume, Lavendel, Oregano, Schafgrabe, Studentenblume	360

3. Pauschaler Zuschlag für Hopfenkulturen, Christbaumkulturen

Sonderkulturen (Dauerkulturen)	Zuschlag pro ha in Euro
Hopfen, in ebener Lage	1 250
Hopfen, in Hanglage ab 10°	900
Christbäume auf landwirtschaftlich genutzten Flächen	1 000

(2) Mindestfläche: Beträgt die Anbaufläche von Feldgemüse, Arznei-, Tee- und Gewürzpflanzen insgesamt weniger als 1,0 ha unterbleibt eine Zuschlagsermittlung.

(3) Hopfen- und Christbaumkulturen sind ab einer Mindestfläche von insgesamt 0,5 ha zu erfassen.

Klimastufen

§ 3. Die Klimastufeneinteilung zur Beurteilung des Regionalklimas erfolgt aufgrund der den geltenden Bundesmusterstücken der Bodenschätzung zugrunde gelegten Klimaverhältnisse, der 14-Uhr-Temperatur, der Jahresmitteltemperatur und der Wärmesumme.

Überdachte Flächen (Folientunnel, Foliengewächshäuser und Gewächshäuser)

§ 4. Sonderkulturen unter Folientunneln ab 3,5 Meter Basisbreite oder in Gewächs- und Folienhäusern sind dem gärtnerischen Vermögen zuzurechnen und gemäß der Richtlinie über die Bewertung des gärtnerischen Vermögens – Gemüse-, Blumen-, Zierpflanzenbau- und Baumschulbetriebe zu bewerten.

Inkrafttreten

§ 5. Diese Kundmachung ist erstmals für die Hauptfeststellung der Einheitswerte des land- und forstwirtschaftlichen Vermögens zum 1.1.2014 anzuwenden.

4/14.

AÖF 1972/295

Richtlinien für die Ermittlung der Bodenwerte (Bodenwert-RL)

(BMF.-Z 261.977-10/72 vom 20. November 1972)

1. Anwendungsbereich

Die bisher ergangenen Weisungen über die Ermittlung der Bodenwerte und Führung der Kaufpreissammlung erfolgten in verschiedenen, zeitlich verhältnismäßig weit auseinanderliegenden Erlässen. Aus Gründen der Einheitlichkeit und der Übersichtlichkeit erscheint eine zusammenfassende Darstellung aller hiebei zu beachtenden Grundsätze geboten.

Es sei hiezu noch bemerkt, daß der VwGH in seinem Erkenntnis vom 8. Jänner 1970, Z 1246/68, folgendes dargelegt hat: „In der Regel wird die Feststellung des gemeinen Wertes eines Grundstückes auf Grund der Entwicklung tatsächlich gezahlter Preise für sogenannte Vergleichsliegenschaften die brauchbarste sein.“

Vorliegende Richtlinien ersetzen alle einschlägigen bisherigen Erlässe. Sie bauen auf Erfahrungstatbeständen auf und sollen eine einfache und einheitliche Ermittlung der Bodenwerte sowie eine zweckmäßige Evidenzhaltung der Kaufpreise im ganzen Bundesgebiet gewährleisten. Hinsichtlich Wertermittlung ist aber zu beachten, daß sich im Einzelfall ohne weiteres Abweichungen von den aufgestellten Regeln ergeben können. Die rechtliche Begründung einer Entscheidung läßt sich nur aus dem Gesetz selbst ableiten.

2. Evidenzhaltung der Kaufpreise

Die Bodenwerte sind in erster Linie aus tatsächlich erzielten Veräußerungspreisen unbebauter Grundstücke abzuleiten. Anhaltspunkte für die Ermittlung der Bodenwerte können aber auch aus Kaufpreisen von Abbruchsobjekten gewonnen werden. Weiters lassen Veräußerungspreise bebauter Grundstücke Rückschlüsse auf die allgemeine Preisentwicklung am Grundstücksmarkt zu. Es ist deshalb erforderlich, daß die Finanzämter alle Kauffälle sowohl bebauter als auch unbebauter Grundstücke lückenlos sammeln und evident halten. Flächen geringen Ausmaßes und unbedeutenden Wertes (z.B. Straßenabtretungen) sind nur, wenn erforderlich, aufzunehmen. Bei sogenannten „Massenverkäufen“ in geschlossenen Gebieten, bei denen etwa gleiche Quadratmeterpreise erzielt werden, genügt es, einen Kauffall unter Anmerkung der übrigen Verkaufsfälle anzuzeichnen.

2.1 Form der Evidenzhaltung

Eine bestimmte Form der Evidenzhaltung, nämlich ob die Kauffälle in Karteien oder in Listen aufzuzeichnen sind, wird nicht angeordnet, weil dies den jeweils örtlichen Verhältnissen zweckentsprechend anzupassen ist.

Die Kauffälle sind gegliedert nach Gemeinden (in Großgemeinden nach Katastralgemeinden, in größeren Städten nach Stadtbezirken, wenn zweckmäßig nach Straßen oder auch Siedlungsgebieten) zu erfassen und in eigenen Aufschreibungen für unbebaute und bebaute Grundstücke getrennt einzutragen. Abbruchobjekte sind hiebei grundsätzlich in die Aufschreibungen für unbebaute Grundstücke aufzunehmen. Falls sie jedoch bereits in der Aufschreibung für bebaute Grundstücke erfaßt worden sind, weil sie erst nachträglich als Abbruchobjekte zu erkennen waren, sind sie nachträglich in die Aufschreibungen für unbebaute Grundstücke zu übernehmen.

Eigene Aufschreibungen sind gemeindeweise auch für Kauffälle zu führen, die land- und forstwirtschaftlich genutzte Grundstücksflächen betreffen, die nach den gegebenen Verhältnissen auch weiterhin als land- und forstwirtschaftliches Vermögen zu bewerten sind. Es bestehen keine Bedenken, wenn in Gebieten mit starkem Eigentumswechsel land- und forstwirtschaftlich genutzter Grundflächen nur wesentliche Fälle in die Aufzeichnungen aufgenommen werden.

Die Aufzeichnungen sind so zu führen, daß sie für die Auswertung der Kaufpreise geeignet sind. Bei in Karteiform geführten Aufzeichnungen sind die einzelnen Karteikarten lagemäßig (siehe Punkt 2.12) zu reihen. Die Verzeichnisse der Kauffälle, gleichgültig ob sie in Listen- oder Karteiform geführt werden, haben in Hinkunft folgende Eintragungen zu enthalten:

2.11 Aktenzeichen. Dieses ist bei Grundstücken und bei land- und forstwirtschaftlich genutzten Grundflächen, die als wirtschaftliche Einheit neu entstehen, nachzutragen. Bei Neuordnung der Einheitswertakten ist auf die Auffindbarkeit bisheriger Kauffälle zu achten.

2.12 Lagebezeichnung. Da die Aufzeichnungen nach Gemeinden (Katastralgemeinden oder Stadtbezirken) getrennt zu führen sind, kommen hier in Betracht: Straße (Gasse, Platz) und Orientierungsnummer, Konskriptionsnummer, Einlagezahl, Grundstücksnummer, gegebenenfalls Riedbezeichnung oder Ortschaft.

2.13 Kalenderjahr der Veräußerung.

2.14 Kaufpreis (bei unbebauten Grundstücken auch pro Quadratmeter, bei land- und forstwirtschaftlich genutzten Grundflächen, die weiterhin dem land- und forstwirtschaftlichen Vermögen zuzurechnen sind, pro Hektar). Mitübernommene Hypotheken oder sonstige Lasten sind dem Kaufpreis zuzurechnen.

2.151 Bei bebauten Grundstücken letzter Einheitswert und Grundstückshauptgruppe.

2.152 Bei unbebauten Grundstücken Bodenwert je Quadratmeter vom vorhergegangenen Hauptfeststellungszeitpunkt.

2.153 Bei land- und forstwirtschaftlich genutzten Grundflächen, die weiterhin als land- und forstwirtschaftliches Vermögen zu bewerten sind, Nutzungsart und letzter Hektarsatz.

2.16 Anmerkungen. Hier wären Hinweise für die Auswertung (siehe Punkt 3) aufzunehmen, wie: Zwangsversteigerung, verwandtschaftliche Beziehungen zwischen Veräußerer und Erwerber, Verkauf gegen Leibrente, Ratenzahlung und andere ungewöhnliche oder persönliche Verhältnisse.

3. Auswertung der Kaufpreise

Bei der Auswertung der Kaufpreise für die Ermittlung der Bodenwerte bebauter und unbebauter Grundstücke ist vor allem darauf zu achten, daß nach den Bestimmungen des Bewertungsgesetzes der gemeine Wert (§ 10 BewG) maßgebend ist. Es muß deshalb bei jedem Kaufpreis, der als Grundlage der Bodenwertermittlung dienen soll, geprüft werden, inwieweit er den gesetzlichen Voraussetzungen entspricht. Insbesondere ist darauf zu achten, ob der Kaufpreis im gewöhnlichen Geschäftsverkehr erzielt und nicht durch ungewöhnliche oder persönliche Verhältnisse beeinflußt worden ist.

3.1 Gewöhnlicher Geschäftsverkehr

Hierunter ist der Verkehr zu verstehen, der sich am freien Markt nach Angebot und Nachfrage richtet. Ein gewöhnlicher Geschäftsverkehr liegt auch dann vor, wenn für Grundstücke besonderer Art, wie z.B. eine Burg, ein Schloß oder ein sehr aufwendig gebautes und ausgestattetes Einfamilienhaus, zwangsläufig nur ein kleiner Käuferkreis in Betracht kommt. Auch ein für die Allgemeinheit geltendes Ansteigen oder Absinken der Kaufpreise in Zeiten günstiger oder ungünstiger Konjunktur stellt einen gewöhnlichen Umstand dar, der bei der Ermittlung des gemeinen Wertes der Grundstücke zu berücksichtigen ist. So werden z.B. bei der Neuschaffung von (Auto-)Straßen, Brücken oder sonstigen Verkehrsaufschließungen die in der betroffenen Gegend liegenden Grundstücke mitunter bedeutenden Werterhöhungen unterliegen. In Großstädten erreichen die Grundstückspreise mit fortschreitender Verknappung des Baulandangebotes bedeutende Höhen. Wenn jedoch zum Zwecke der Errichtung eines Großkaufhauses in Einzelfällen horrende Preise für Grundstücke in Geschäftsstraßen erzielt werden, ist zu beachten, daß diese Kaufpreise nur für das betreffende Grundstück selbst im Hinblick auf das darauf zu errichtende Unternehmen angemessen erscheinen, während der Bodenwert der Nachbargrundstücke nicht ohne weiteres von diesem Kaufpreis allein abgeleitet werden kann. Dies deshalb nicht, weil der hohe Kaufpreis für Grundstücke, auf denen Großunternehmen errichtet werden sollen, nur dann rentabel ist, wenn es sich um Einzelobjekte oder eine sehr beschränkte Anzahl solcher Großkaufhäuser handelt. Das gleiche gilt für Einzelkäufe kapitalstarker ausländischer Interessenten, wenn die erzielten Kaufpreise erheblich über den sonst gegendüblichen Baulandpreisen liegen und diese Kaufpreise für inländische Erwerber nicht oder nicht im gleichen Ausmaß preisbildend sind.

3.2 Ungewöhnliche oder persönliche Verhältnisse

Zu den ungewöhnlichen oder persönlichen Verhältnissen zählen alle den Kaufpreis beeinflussenden Umstände, mit denen im gewöhnlichen Geschäftsverkehr nicht gerechnet wird oder die durch die Person des Käufers oder Verkäufers begründet sind. Darunter fallen z.B. den Marktgepflogenheiten nicht entsprechende Zahlungsbedingungen, denn der Kaufpreis eines Grundstückes wird größer als sein gemeiner Wert sein, wenn er nicht wie üblich in bar, sondern in langfristigen Raten entrichtet wird, weiters Notverkäufe und Notkäufe sowie der Erwerb aus einer Konkursmasse oder im Zwangsversteigerungsverfahren. Auch beim Erwerb einer Liegenschaft durch einen Anrainer, der eine Vergrößerung seines Besitzes unbedingt anstrebt, können Preise zustande kommen, die über dem gemeinen Wert liegen. Gleiches trifft zu bei Liegenschaften, die zum Bau einer Autobahn oder einer neuen Straße bzw. zum Ausbau eines Flughafens und ähnliches veräußert werden. In aller Regel liegen die hiebei vereinbarten Kaufpreise erheblich über den Preisen benachbarter Grundstücke, die für den angeführten Zweck nicht benötigt werden. Beim Kauf zwischen Verwandten werden mitunter mit Rücksicht auf das Verwandtschaftsverhältnis besonders niedrige Preise vereinbart, aus Versorgungsgründen könnte aber auch ein Kaufpreis entrichtet werden, der von einer fremden Person in dieser Höhe nicht zu erzielen wäre.

Persönliche Verhältnisse liegen auch bei Liebhaberkäufen vor und in jenen Fällen, in denen der Eigentümer sein Grundstück nicht in jenem Ausmaß baulich verwertet, wie es die Vorschriften der Bauordnung zulassen. Als persönliche Verhältnisse sind kraft ausdrücklicher gesetzlicher Anordnung (§ 10 Abs. 3 BewG) Verfügungsbeschränkungen anzusehen, die in der Person des Steuerpflichtigen oder eines Rechtsvorgängers begründet sind; das gilt insbesondere für Verfügungsbeschränkungen, die auf letztwilligen Anordnungen beruhen. Zu diesen Verfügungsbeschränkungen gehören z.B.: Geschäftsunfähigkeit, Konkurseröffnung, Zwangsverwaltung, Nachlaßverwaltung, Verfügungsbeschränkungen der Vorerben, vertragliche oder grundbücherlich eingetragene Vorkaufsrechte, Veräußerungsbeschränkungen und Nutzungsbeschränkungen (z.B. verbüchertes Wohnungsrecht, Fruchtgenuß), denen sich der Eigentümer aus nicht im Grundstück liegenden Gründen unterworfen hat.

Beim Ankauf von Grundstücken, mit denen besondere Kreditmöglichkeiten verbunden sind, wie z.B. Ruinengrundstücke, für die Wohnhauswiederaufbaudarlehen gewährt werden, findet die günstige Kreditmöglichkeit im Kaufpreis ihren Niederschlag. Dieser ungewöhnliche Umstand wird bei der Auswertung eines solchen Kaufpreises entsprechend zu berücksichtigen sein.

4. Ermittlung der Bodenwerte

Grundlage für die Ermittlung der Bodenwerte bebauter und unbebauter Grundstücke zum jeweiligen Hauptfeststellungszeitpunkt der Einheitswerte des Grundvermögens bilden die nach den in Punkt 3 enthaltenen Grundsätzen ausgewerteten Kaufpreise. Der gemeine Wert der einzelnen Grundstücke ist darnach durch Vergleich mit den ausgewerteten Kaufpreisen geeigneter Vergleichsgrundstücke zu ermitteln. Hiebei ist zu beachten, daß in neuerschlossenen Siedlungsgebieten häufig höhere Kaufpreise erzielt werden als in angrenzenden Wohnvierteln bzw. Altsiedlungen. Sind geeignete Kaufpreise in der Nähe des zu bewertenden Grundstückes in ausreichender Zahl nicht vorhanden, können auch Kaufpreise geeigneter Vergleichsobjekte in der weiteren Umgebung des zu bewertenden Grundstückes herangezogen werden. Erforderlichenfalls kann auch von Kaufpreisen aus Nachbargemeinden ausgegangen werden, wenn dies die bestehenden örtlichen Verhältnisse zulassen.

Wertvolle Unterlagen für die Ermittlung der Bodenwerte werden häufig auch im Bereich angrenzender Finanzamtsbezirke vorliegen, und zwar insbesondere dann, wenn die Grenze des Finanzamtsbezirkes durch verbautes Gebiet geht. Es wird besonders in diesen Fällen erforderlich sein, ein Einvernehmen zwischen den Finanzämtern herzustellen. Darüber hinaus empfiehlt es sich allgemein, die Bodenwerte gegenseitig abzustimmen. Dies bezieht sich auch auf Finanzämter, die im Bereich verschiedener Finanzlandesdirektionen gelegen sind.

Bei der Ableitung der Bodenwerte durch Vergleich ist darauf zu achten, daß die Vergleichsgrundstücke hinsichtlich der ihren Wert bestimmenden Umstände mit dem zu bewertenden Grundstück möglichst übereinstimmen. Die Feststellung des gemeinen Wertes hat nämlich alle Umstände tatsächlicher, rechtlicher und wirtschaftlicher Art zu berücksichtigen, die nach den Gepflogenheiten des Grundstücksmarktes den Preis beeinflussen. Eine erschöpfende Aufzählung aller wertbestimmenden Faktoren ist im Hinblick auf ihre Vielzahl nicht möglich. In erster Linie bestimmen aber den gemeinen Wert von Grundstücken ihre Lage, Größe, Form und Bodenbeschaffenheit, ihr Erschließungszustand und ihre Verbauungsmöglichkeit, das ist das Ausmaß der den jeweiligen baubehördlichen Vorschriften entsprechenden zulässigen Verbauung.

Die Ertragsfähigkeit von Bauland ist hingegen – soweit sie überhaupt von Bedeutung ist – nicht als ein den gemeinen Wert beeinflussender Umstand anzusehen, weil sie bereits im Kaufpreis zum Ausdruck kommt (siehe Erkenntnis des VwGH vom 10. Dezember 1962, Z 93/61).

Weichen die wertbestimmenden Umstände des zu bewertenden Grundstückes von denen der Vergleichsgrundstücke ab, wird dies bei der Ermittlung des Bodenwertes unter Beachtung der nachstehenden Ausführungen besonders zu berücksichtigen sein.

4.1 Lage

Die allgemeine Lage (Groß-, Mittel-, Kleinstadt, Stadtkern, Stadtrand, Wohnviertel, Geschäftsstraße, Ort, Ortsmitte, Kurort, Dorf, Ortschaft und anderes) stellt einen sehr bedeutenden Umstand für die Wertbildung eines Grundstückes dar. Es ist deshalb besonders darauf zu achten, daß die bei den Finanzämtern vorhandenen Unterlagen (Pläne, Straßenverzeichnisse, Häuserverzeichnisse) eine eindeutige Lagebestimmung des zu bewertenden Grundstückes und der Vergleichsgrundstücke gewährleisten. Wo dies nicht zutrifft, sind die Unterlagen ehestens zu ergänzen und zu vervollständigen.

Nicht unwesentlich kann sich auch die besondere Lage, z.B. an Straßenkreuzungen (Eckgrundstück), auf den Grundstückswert auswirken. Die Eckgrundstücke werden jedoch nur an Kreuzungen von zwei Geschäftsstraßen oder einer Geschäfts- und einer Wohnstraße einen wesentlich höheren Bodenwert haben als die anderen Grundstücke mit nur einer Straßenfront. Hier wirkt sich die gute Geschäftslage und die dadurch bedingte bessere Ertragsfähigkeit aus. An Kreuzungen von Wohnstraßen werden Eckgrundstücke hingegen keinen höheren Wert haben als Reihengrundstücke, weil hier die etwas bessere Verbauungsmöglichkeit in der Regel durch die mit der Ecklage verbundenen höheren Anliegerkosten aufgehoben wird.

Eckgrundstücke in Gebieten mit sogenannter „offener Bauweise“ (z.B. Villenviertel) werden gegenüber den anderen Grundstücken keinen Mehrwert haben, weil hier die Ecklage unter Umständen in Einzelfällen den Wert durch höhere Anliegerkosten mindert, insbesondere dann, wenn das Eckgrundstück auch eine ungünstige Form aufweist (z.B. Dreiecksform).

In der Regel kann angenommen werden, daß Eckgrundstücke an Kreuzungen von Geschäftsstraßen oder von Geschäfts- mit Wohnstraßen folgenden Mehrwert gegenüber den übrigen Grundstücken in Hundertsätzen des Bodenwertes der wertvolleren Straße haben:

4.11	an Kreuzungen einer Geschäftsstraße mit einer Wohnstraße	5 bis 15 v.H.
4.12	an Kreuzungen von Geschäftsstraßen	15 bis 40 v.H.

Die niedrigeren Hundertsätze können dort angenommen werden, wo der Bodenwert der weniger wertvollen Straße wesentlich geringer ist als der der wertvolleren Straße. Die höheren Hundertsätze werden anzuwenden sein, wenn die Bodenwerte der sich kreuzenden Straßen annähernd gleich hoch sind.

Es wäre auch zu bemerken, daß für einzelne Liegenschaften wegen der besonders schönen Wohnlage (z.B. Aussicht oder Parklage) höhere Preise bezahlt werden als für benachbarte Liegenschaften, die diese Eigenschaften nicht aufweisen.

4.2 Größe

Es ist eine Erfahrungstatsache, daß übergroße Grundstücke einen geringeren Quadratmeterpreis erzielen als solche von ortsüblichem Ausmaß. Desgleichen sind zu kleine Grundstücke, bei denen eine Verbauung, wenn überhaupt, dann nur mit hohen Kosten möglich ist, im Wert entsprechend niedriger als solche mit normaler Größe. Was als ortsübliches Grundausmaß anzusehen ist, kann nicht einheitlich festgelegt werden; es mag in manchen Gebieten bei 400 m² liegen, in anderen bis zu 1000 m² und darüber. Das Normalausmaß ergibt sich aus den jeweiligen örtlichen Verhältnissen, dem Verbauungszweck und den gegebenen baubehördlichen Verbauungsmöglichkeiten.

In der Regel wird für jene Fläche, die das Ausmaß eines gegendüblichen Baugrundes übersteigt, bis zum Doppelten des Normalausmaßes etwa 70 v.H. des Normalwertes anzusetzen sein. Bei noch größeren Flächen vermindert sich der Bodenwert der übersteigenden Flächen in etwa dem gleichen Verhältnis, sofern nicht im Hinblick auf die Form des Grundstückes gemäß Punkt 4.3 vorzugehen ist.

Allerdings ist stets zu beachten, daß bei Vorhandensein mehrerer selbständig verbaubarer Parzellen innerhalb einer wirtschaftlichen Einheit diese Wertminderung nicht oder nicht im gleichen Ausmaß eintreten wird.

4.3 Form

Bei Grundstücken, die eine für die Verbauung ungünstige Form haben, z.B. Dreiecksform, schiefwinkeliger Zuschnitt, hervorstehende Grundstücksecken, zu geringe Breite (sogenannte „Riemenparzellen“), kann der Bodenwert – sofern nicht eine Einteilung in Zonen vorzunehmen ist – um 10 bis 50 v.H. unter dem ortsüblichen Normalwert liegen.

Eine Einteilung in Zonen ist in der Regel bei Grundstücken vorzunehmen, die das Ausmaß normaler Bauparzellen übersteigen (siehe Punkt 4.2) und eine besondere Tiefe von der Straßenfront aufweisen. Es sind hiebei folgende Zonen zu unterscheiden:

Zone 1 (Vorderland) erstreckt sich von der Straßenfluchtlinie in eine Tiefe von ungefähr 25 bis 40 m. Eine genaue Tiefenausdehnung läßt sich allgemein nicht festlegen, weil sie von den örtlichen Gewohnheiten und den bestehenden Bauvorschriften abhängt und somit gebietsweise festgestellt werden muß. Für diese Zone ist der für baureife Grundstücke mit normalem Ausmaß ortsüblich erzielbare Quadratmeterpreis anzusetzen.

Zone 2 erstreckt sich anschließend an Zone 1 in etwa 40 m Tiefe. Für sie ist etwa der halbe für Zone 1 maßgebende Wertansatz anzuwenden.

Zone 3 ist der Rest des Grundstückes und mit etwa einem Viertel des für Zone 1 maßgebenden Wertansatzes zu bewerten.

Entsprechen die Zonen 2 und 3 (Hinterland) jedoch nicht den Eigenschaften des Vorderlandes – sind sie beispielsweise wegen starker Geländeneigung für eine Verbauung nicht geeignet –, so sind in solchen Fällen diese Umstände besonders zu berücksichtigen.

Im innerstädtischen Siedlungsgebiet wird der Einteilung in Zonen insofern eine andere Bedeutung zukommen, als bei hochwertigem Vorderland (Hauptgeschäfststraße) bereits für die Zone 2 – sofern sie nur einer beschränkten Nutzung zugeführt werden kann – nur mehr etwa 25 v.H. des Vorderlandpreises ansetzbar erscheinen. Hiebei ist zu vermeiden, daß Hinterland zwischen zwei ungleichwertigen Straßenzügen stets nach jener Straße bewertet wird, für die sich die höheren Bodenwerte ergeben.

Innerhalb des nach offener Bauweise besiedelten Gebietes stellt es in der Regel keinen wesentlichen wertmindernden Umstand dar, wenn ein Grundstück zwar keine Straßenfront aufweist, aber über eine eigene Zufahrt verfügt (sogenannte „Fahnenparzellen"), da in den meisten Fällen der Nachteil der hinteren Lage durch den Vorteil der größeren Ruhe aufgewogen wird.

4.4 Bodenbeschaffenheit

Die Beschaffenheit des Baugrundes wirkt sich bei der Ableitung des Bodenwertes von Vergleichsgrundstücken nur dann aus, wenn in Einzelfällen besondere Kosten zur Baureifmachung (z.B. Pilotierungen, Stützmauern, Dränagen) erforderlich sind, die bei den Vergleichsobjekten nicht vorliegen. Diese Umstände müssen dann im betreffenden Einzelfall berücksichtigt werden, wobei die erforderlichen Gründungskosten einen gewissen Anhalt für die Höhe des Abschlages bieten werden. Hiebei ist allerdings zu beachten, daß bereits vorgenommene Verbesserungen, wie z.B. Aufschüttungen oder Entwässerungen, sich in ähnlicher Weise werterhöhend auswirken.

4.5 Erschließungszustand

Das Ausmaß der Erschließung eines Grundstückes, wie z.B. Anschluß an den öffentlichen Verkehr, Anschlüsse für Wasser, elektrischen Strom, Gas, Fernheizung und Kanal, ist wie die Bodenbeschaffenheit gleichfalls nur im Einzelfall entsprechend zu berücksichtigen, wenn die Verhältnisse des zu bewertenden Grundstückes vom Erschließungszustand der Vergleichsgrundstücke abweichen.

4.6 Verbauungsmöglichkeit

Hier ist besonders darauf zu achten, daß der Bodenwert eines Grundstückes nicht von der tatsächlichen oder geplanten Verbauung abhängt, sondern vom Ausmaß der den örtlichen Bauvorschriften entsprechenden Verbauungsmöglichkeit. Hiebei werden auch die örtlichen Verbauungspläne zu berücksichtigen sein. Ebenfalls ist zu beachten, daß in Gebieten mit offener Bauweise, die überwiegend für Einfamilienhäuser bestimmt sind, nach örtlichen Bauvorschriften auch einzelne Flächen, für die eine Hochhausverbauung vorgesehen ist, aufscheinen können. Es werden in einem solchen Fall völlig verschiedene Bodenwerte vorliegen. Die Terminologie hinsichtlich Verbauungsmöglichkeiten ist nicht bundeseinheitlich. Es erscheint zweckmäßig, von einheitlichen Begriffen auszugehen. Bei den nachstehend angeführten Tatbeständen ist zu beachten, daß mitunter lediglich Teile einer wirtschaftlichen Einheit hievon betroffen werden (besonders bei den Begriffen Bauverbot und Grünland). Bei der Bewertung werden deshalb die nachstehenden Ausführungen nur auf die hievon betroffenen Flächen anzuwenden sein.

4.61 Bauverbot

Hierunter ist im allgemeinen zu verstehen, daß für ein Gelände auf Dauer die Errichtung von Gebäuden allgemein oder zumindest von festen Gebäuden untersagt ist. Häufig ist es gestattet, sogenannte Sommerhütten kleineren Ausmaßes unter Vorbehalt jederzeitigen Widerrufes zu errichten. Sofern nicht ohnedies Kaufpreise für gleichartige Grundstücke vorliegen, kann als Faustregel angenommen werden, daß für mit Bauverbot belastete Grundflächen etwa 20 bis 50 v.H. der gegendüblichen Baulandpreise bezahlt werden.

4.62 Bausperre

Darunter wird ein zeitweiliges Bauverbot verstanden, das meist von den Gemeindebehörden wegen Erstellung neuer Verbauungspläne usw. erlassen wird. Ist mit der Aufhebung in absehbarer Zeit nicht zu rechnen und liegen für gleichartige Gründe keine Kaufpreise vor, so erscheint ein Abschlag von etwa 20 v.H., vom gegendüblichen Baulandpreis angemessen.

4.63 Baubeschränkung

Diese kann mannigfaltig sein, wodurch eine einheitliche Regelung nicht möglich ist. Baubeschränkungen sind regelmäßig in den örtlich geltenden Bauvorschriften geregelt und beinhalten Bauweise, Straßenabstand, zulässige Größe der zu verbauenden Fläche, Höhenbegrenzung des zu errichtenden Bauwerkes usw. Gewisse Baubeschränkungen können sich auch aus den Vorschriften über den Denkmalschutz ergeben. Hier kann, wenn Kaufpreise gleichartiger Objekte nicht vorhanden sind, nur im Einzelfall entschieden werden, ob und in welcher Höhe ein Abschlag vom Normalwert angebracht erscheint.

4.64 Grünland

Dies stellt die größte Einschränkung für den Liegenschaftseigentümer dar und beinhaltet, daß keinerlei Bauwerk aufgeführt werden darf. Häufig ist sogar die Errichtung von Umzäunungen untersagt. Eine Bewertung mit etwa 10 bis 20 v.H. des ortsüblichen Baulandpreises wird sich in der Regel als zutreffend erweisen, sofern nicht eine Bewertung als land- und forstwirtschaftliches Vermögen in Frage kommt. Als niedrigster Wert können allfällig die gegendüblichen Kaufpreise für land- und forstwirtschaftlich genutzte Grundflächen herangezogen werden.

4.7 Sonstiges

Bei der Bodenwertermittlung im Einzelfall ist darauf zu achten, daß die im Einheitswertbescheid angesetzten Quadratmeterpreise entsprechend auf- oder abgerundet werden. Bodenwerte sind daher nicht mit z.B. S 79,–/m² oder S 256,–/m², sondern etwa mit S 80,–/m² oder S 250–,/m² auszuweisen. Im Rechtsmittelverfahren ist darauf Bedacht zu nehmen, daß Kaufpreise von Vergleichsliegenschaften, von denen im Einzelfall der Bodenwert abgeleitet wurde, nicht der Geheimhaltungspflicht (§ 251 Finanzstrafgesetz, BGBl. Nr. 129/1958) unterliegen und somit über Antrag der Partei bekanntgegeben werden können (siehe Erkenntnis des VwGH vom 9. April 1962, Z 528/1959). Hingegen unterliegen die bei Vergleichsgrundstücken vom Finanzamt angesetzten Bodenwerte der Geheimhaltungspflicht.

Weist ein bebautes Grundstück (ausgenommen Fabriksgrundstücke) eine Fläche von mehr als das Zehnfache der bebauten Fläche aus, so sind, um den Abschlag gemäß § 53 Abs. 7 BewG nicht ungerechtfertigt zu kürzen, die Bodenwerte für die zehnfache bebaute Fläche und die Restfläche getrennt zu ermitteln, wobei die Grundsätze der Punkte 4.2 und 4.3 zu beachten sind.

Bei der Ermittlung des Einheitswertes eines unbebauten Grundstückes, auf dem sich ein Superädifikat befindet, ist zu beachten, daß der Wert dieses Grundstückes durch das darauf befindliche, in fremdem Eigentum stehende Gebäude gemindert wird (vgl. die VwGH-Erkenntnisse vom 23. April 1963, Z 1690/61, und vom 17. Juni 1971, Z 1026/70). Es wird daher der Bodenwert in der Regel eine solche Kürzung zu erfahren haben, daß die Summe der beiden Einheitswerte – nämlich der des unbebauten Grundstückes und der des darauf befindlichen Gebäudes – nicht höher ist als der Einheitswert, der sich für den Grund und Boden und das Gebäude als wirtschaftliche Einheit (bebautes Grundstück) ergeben würde.

Abschließend wird nochmals darauf hingewiesen, daß vorliegende Richtlinien, soweit sie sich nicht auf die Rechtsprechung des Verwaltungsgerichtshofes beziehen, vor allem einer einheitlichen Bodenwertermittlung im ganzen Bundesgebiet dienen. Sie stellen lediglich eine Sammlung von Erfahrungsgrundsätzen dar. Im Einzelfall kann daher eine rechtliche Begründung nur aus dem Gesetz selbst und den hiezu ergangenen Erkenntnissen des Verwaltungs- und allenfalls des Verfassungsgerichtshofes abgeleitet werden.

4/15.

AÖF 2004/130

Bewertung von Renten oder niedrig verzinsten Forderungen oder Verbindlichkeiten sowie von Renten und dauernden Lasten nach dem Budgetbegleitgesetz 2003 und der ErlWS-VO 2004

(Erlass des BMF vom 17. Dezember 2003, Z 08 0104/2-IV/8/03)

Durch das Budgetbegleitgesetz 2003, BGBl. I Nr. 71/2003[1]), wurden die §§ 14 und 16 BewG 1955 neu gefasst. Damit wurden die bisherigen Bestimmungen über die Bewertung von un- oder niedrig verzinsten Forderungen oder Verbindlichkeiten sowie von Renten und dauernden Lasten den neueren Entwicklungen angepasst. Die Neuregelungen über die Rentenbewertung sind gemäß § 86 Abs. 8 BewG 1955 erstmals auf Abgabentatbestände anzuwenden, auf Grund derer die jeweilige Abgabenschuld nach dem 31. Dezember 2003 entsteht (§ 4 BAO). Wegen der Anknüpfung an das Entstehen der Abgabenschuld gilt dies für die Einkommensteuer als laufend zu veranlagende Abgabe auch für Rentenvereinbarungen, die vor dem 31. Dezember 2003 abgeschlossen wurden. Allerdings sehen die Übergangsbestimmungen (§ 124b Z 80 und 82 EStG 1988) für solche Vereinbarungen die Möglichkeit vor, in die alte Rechtslage zu optieren.

Das Bundesministerium für Finanzen legt im Folgenden zu diesen Neuerungen im Sinne des einheitlichen Vollzuges seine Rechtsmeinung dazu dar. Über die gesetzlichen Regelungen hinausgehende Ansprüche werden dadurch nicht begründet.

1. Bewertung von un- oder niedrig verzinsten Kapitalforderungen oder Schulden:

1.1 Allgemeine Hinweise

Gemäß § 14 BewG 1955 sind unverzinste oder niedrig verzinste Kapitalforderungen oder Schulden mit einem geringeren Wert als den Nennwert zu bewerten, wenn sie bestimmt sind. Dieser geringere Wert ist durch Abzinsung zu ermitteln, wobei ein Zinsfuß von 5,5% bei unverzinsten und ein entsprechend geringerer Zinssatz bei niedrig verzinsten Kapitalforderungen und Schulden anzunehmen ist. Durch das Budgetbegleitgesetz 2003 (BBG 2003) hat der § 14 BewG 1955 eine Änderung dahin gehend erfahren, dass diese Abzinsung nicht mehr linear, sondern nach der finanzmathematischen Methode zu erfolgen hat.

1.2 Beträge, die auf einmal fällig werden

Die Abzinsung ist an Hand folgender Formel durchzuführen:

$$K_0 = K_n \left(\frac{1}{1 + \frac{p}{100}} \right)^n$$

Dabei ist:

K_0 = abgezinster Betrag bei nachschüssiger Zahlungsweise

K_n = abzuzinsender Betrag

p' = Zinssatz mit dem die Forderung oder Schuld tatsächlich verzinst wird

p = Zinssatz mit dem abgezinst wird (= 5,5 - p')

n = Zeitraum Bewertungsstichtag bis Fälligkeit in Jahren, dabei sind angefangene Jahre bis einschließlich sechs Monaten abzurunden und angefangene Jahre über sechs Monate aufzurunden.

Beispiel:

Ein Betrag in Höhe von 7 500 wird mit 1% p. a. verzinst und in sechs Jahren, drei Monaten und 19 Tagen fällig. Hinsichtlich der Abzinsung gilt:

$K_n = 7\,500$

$p' = 1 \rightarrow p = 5{,}5 - 1 = 4{,}5$

$n = 6$

$$K_0 = 7.500 \left(\frac{1}{1 + \frac{4{,}5}{100}} \right)^6 = 5\,759{,}22$$

Der abgezinste Betrag beträgt somit 5 759,22

1.3. Beträge, die in Raten fällig werden

1.3.1 Allgemeines

Erfolgt die Tilgung der Forderung oder Schuld in Raten, so ist jede einzelne Rate an Hand der obigen Formel einzeln abzuzinsen. Bei mehreren Raten innerhalb eines Jahres ist zu berücksichtigen, dass Zinsen innerhalb einer Zinsperiode (Jahr) erst am Ende der jeweiligen Zinsperiode erstmals verzinst werden. Für solche Fälle ist die obige Formel wie folgt zu erweitern:

$$K_0 = K_n \left(\frac{1}{1 + \frac{p}{100}} \right)^n \left(\frac{1}{1 + \frac{p}{100} \frac{t}{365}} \right)$$

Dabei ist:

n = Zeitraum Bewertungsstichtag bis Fälligkeit in vollendeten Jahren

t = Anzahl der Tage gerechnet vom Bewertungsstichtag, zuzüglich des Zeitraumes n bis zur Fälligkeit

1.3.2 Gleichbleibende Tilgung bis zum Schluss

Erfolgt die Rückzahlung an Hand von bis zum Schluss gleichbleibenden Raten, führt die Abzinsung an Hand folgender Formel zum gleichen Ergebnis, wie wenn jede einzelne Rate gesondert abgezinst wird:

$$K_0 = R \frac{v^n - 1}{v - 1} u$$

Dabei ist:

K_0 = abgezinster Betrag bei nachschüssiger Zahlungsweise

R = Höhe der jeweiligen Rate

$$v = \frac{1}{1 + \frac{p}{100}}$$

p = Zinssatz mit dem abgezinst wird (= 5,5 - p')

p' = Zinssatz mit dem die Forderung oder Schuld tatsächlich verzinst wird

$$v = \frac{1}{1 + \frac{p}{100}}$$

n = Zeitraum vom Bewertungsstichtag bis Fälligkeit in Jahren, dabei sind angefangene Jahre bis zu sechs Monate abzurunden und angefangene Jahre über sechs Monate aufzurunden.

u = Unterjährigkeitsfaktor, wobei dieser wie folgt zu berechnen ist:

$$\text{u bei nachschüssiger Zahlung} = \left[\frac{1}{1 + \frac{5,5 - p'}{100} \frac{1}{m}} + \frac{1}{1 + \frac{5,5 - p'}{100} \frac{2}{m}} \dots + \frac{1}{1 + \frac{5,5 - p'}{100} \frac{m}{m}} \right]$$

$$\text{und bei vorschüssiger Zahlung} = \left[\frac{1}{1 + \frac{5,5 - p'}{100} \frac{0}{m}} + \frac{1}{1 + \frac{5,5 - p'}{100} \frac{1}{m}} \dots + \frac{1}{1 + \frac{5,5 - p'}{100} \frac{m-1}{m}} \right]$$

m = Anzahl der Zahlungen während eines Jahres;

Vorschüssigkeit ist gegeben, wenn der Zeitraum zwischen der ersten Zahlungen und dem Bewertungsstichtag kleiner als $\frac{m}{2}$ ist, wobei m die Anzahl der Zahlungen innerhalb eines Jahres ist.

1.3.3 Sich erhöhende Kapitaltilgungen

Werden Zahlungen niedrig verzinst und erfolgt die Rückzahlung in einem gleichbleibenden Betrag, der sowohl Zinsen als auch Kapitaltilgungen enthält, so erhöht sich der Kapitaltilgungsanteil laufend, während der Zinsanteil der Rückzahlung immer sinkt. Die Steigerung des Kapitaltilgungsanteils ergibt sich aus der Aufzinsung des Kapitaltilgungsanteiles der ersten Rückzahlung, der in der Folge als R1 bezeichnet wird. Der abgezinste Betrag errechnet sich dann nach folgender Formel:

$$K_0 = R_1 \frac{\left(\frac{1+\frac{p'}{100}}{1+\frac{(5{,}5-p')}{100}}\right)^n - 1}{\frac{1+\frac{p'}{100}}{1+\frac{(5{,}5-p')}{100}} - 1} u$$

Dabei ist u wieder der Unterjährigkeitsfaktor, der sich wie folgt errechnet:
bei nachschüssiger Zahlungsweise

$$u = \frac{1+\frac{p'}{100m}\cdot 0}{1+\frac{(5{,}5-p')}{100}\frac{1}{m}} + \frac{1+\frac{p'}{100m}\cdot 1}{1+\frac{(5{,}5-p')}{100}\frac{2}{m}} \ldots + \frac{1+\frac{p'}{100}\frac{(m-1)}{m}}{1+\frac{(5{,}5-p')}{100}\frac{m}{m}}$$

bei vorschüssiger Zahlungsweise

$$u = \frac{1+\frac{p'}{100m}\cdot 0}{1+\frac{(5{,}5-p')}{100}\frac{0}{m}} + \frac{1+\frac{p'}{100m}\cdot 1}{1+\frac{(5{,}5-p')}{100}\frac{1}{m}} \ldots + \frac{1+\frac{p'}{100}\frac{(m-1)}{m}}{1+\frac{(5{,}5-p')}{100}\frac{(m-1)}{m}}$$

Wr. Verf.
LuF
BWR

Dabei ist:

K_0 = abgezinster Betrag

R_1 = Kapitaltilgungsanteil der ersten Rate

p‘ = Zinssatz, mit dem die Forderung oder Schuld tatsächlich verzinst wird

p = Zinssatz, mit dem abgezinst wird (= 5,5 - p‘)

n = Zeitraum vom Bewertungsstichtag bis Fälligkeit in Jahren, dabei sind angefangene Jahre bis zu sechs Monaten abzurunden und angefangene Jahre über sechs Monate aufzurunden.

1.3.4 Tilgung mit einer Abschlusszahlung

Wird eine Forderung oder Schuld an Hand laufender Raten bezahlt und bleibt am Ende der Laufzeit ein Restbetrag als Abschlusszahlung übrig, so tritt in einem solchen Fall die abzuzinsende Restzahlung hinzu, die in abgezinster Form zu addieren wäre. Zu dem nach den Punkten 1.3.2 oder 1.3.3 errechneten Betrag wäre ein Betrag zu addieren, der sich wie folgt errechnet:

$$\text{Zu addierender Betrag} = K_{Rest} v^{(n-1)} \frac{1}{1+\frac{p}{100}\frac{t}{365}}$$

wobei K_{Rest} die Höhe der Abschlusszahlung ist.

1.3.5 Tilgung, wobei im letzten Jahr Raten in geringerer Anzahl anfallen

Erfolgen im letzten Jahr nicht Zahlungen in m-facher Anzahl, so ist die Differenz (D) der fehlenden Zahlungen (d) vom nach dem auf Grund der in den Punkten 1.3.2 und 1.3.3 dargestellten Formeln ermittelte Betrag abzuziehen. Bei der Anwendung der in den Punkten 1.3.2 und 1.3.3 dargestellten Formeln sowie in den unten dargestellten Formeln ist dabei das letzte Jahr, in dem Zahlungen nicht in voller m-facher Anzahl geleistet werden, in der Variablen n zu berücksichtigen.

Beispiel:

Eine Tilgung erfolgt durch 15 Jahre hindurch 12-mal jährlich, im letzten, im sechzehnten Jahr erfolgen noch vier Tilgungen. Für die Anwendung der Formel

$$K_0 = R \frac{v^n - 1}{v - 1} u$$

oder der in Punkt 1.3.3 dargestellten Formel ist die Variable n mit 16 anzunehmen.

Der abzuziehende Betrag beträgt bei gleichbleibender Kapitaltilgung (siehe Punkt 1.3.2):

Bei nachschüssiger Zahlungsweise, ohne Abschlusszahlung und bei gleichbleibender Kapitaltilgung:

$$R v^{(n-1)} \left[\frac{1}{1+\frac{5{,}5-p'}{100}\frac{m-d+1}{m}} + \frac{1}{1+\frac{5{,}5-p'}{100}\frac{m-d+2}{m}} \ldots + \frac{1}{1+\frac{5{,}5-p'}{100}\frac{m-d+d}{m}} \right]$$

Bei vorschüssiger Zahlungsweise, ohne Abschlusszahlung und bei gleichbleibender Kapitaltilgung:

$$Rv^{(n-1)}\left[\frac{1}{1+\frac{5,5-p'}{100}\frac{m-d}{m}}+\frac{1}{1+\frac{5,5-p'}{100}\frac{m-d+1}{m}}\ldots+\frac{1}{1+\frac{5,5-p'}{100}\frac{m-d+d-1}{m}}\right]$$

Bei nachschüssiger Zahlungsweise mit Abschlusszahlung und bei gleichbleibender Kapitaltilgung:

$$Rv^{(n-1)}\left[\frac{1}{1+\frac{5,5-p'}{100}\frac{m-d+1}{m}}+\frac{1}{1+\frac{5,5-p'}{100}\frac{m-d+2}{m}}\ldots+\frac{1}{1+\frac{5,5-p'}{100}\frac{m-d+d}{m}}\right]+K_{Rest}v^{(n-1)}\frac{1}{1+\frac{p}{100}\frac{t}{365}}$$

K_0 bei vorschüssiger Zahlungsweise ohne Abschlusszahlung und bei gleichbleibender Kapitaltilgung:

$$Rv^{(n-1)}\left[\frac{1}{1+\frac{5,5-p'}{100}\frac{m-d}{m}}+\frac{1}{1+\frac{5,5-p'}{100}\frac{m-d+1}{m}}\ldots+\frac{1}{1+\frac{5,5-p'}{100}\frac{m-d+d-1}{m}}\right]+K_{Rest}v^{(n-1)}\frac{1}{1+\frac{p}{100}\frac{t}{365}}$$

Der abzuziehende Betrag beträgt bei sich erhöhender Kapitaltilgung (siehe Punkt 1.3.):

Bei nachschüssiger Zahlungsweise, ohne Abschlusszahlung und sich erhöhender Kapitaltilgung:

$$Rv^{(n-1)}\left[\frac{1+\frac{p'}{100}\frac{m-d}{m}}{1+\frac{(5,5-p')}{100}\frac{m-d+1}{m}}+\frac{1+\frac{p'}{100}\frac{m-d+1}{m}}{1+\frac{(5,5-p')}{100}\frac{m-d+2}{m}}\ldots+\frac{1+\frac{p'}{100}\frac{(m-d+d-1)}{m}}{1+\frac{(5,5-p')}{100}\frac{m-d+d}{m}}\right]$$

Bei vorschüssiger Zahlungsweise, ohne Abschlusszahlung und sich erhöhender Kapitaltilgung:

$$Rv^{(n-1)}\left[\frac{1+\frac{p'}{100}\frac{m-d}{m}}{1+\frac{(5,5-p')}{100}\frac{m-d}{m}}+\frac{1+\frac{p'}{100}\frac{m-d+1}{m}}{1+\frac{(5,5-p')}{100}\frac{m-d+1}{m}}\ldots+\frac{1+\frac{p'}{100}\frac{(m-d+d-1)}{m}}{1+\frac{(5,5-p')}{100}\frac{m-d+d-1}{m}}\right]$$

Bei nachschüssiger Zahlungsweise mit Abschlusszahlung und sich erhöhender Kapitaltilgung:

$$Rv^{(n-1)}\left[\frac{1+\frac{p'}{100}\frac{m-d}{m}}{1+\frac{(5,5-p')}{100}\frac{m-d+1}{m}}+\frac{1+\frac{p'}{100}\frac{m-d+1}{m}}{1+\frac{(5,5-p')}{100}\frac{m-d+2}{m}}\ldots+\frac{1+\frac{p'}{100}\frac{(m-d+d-1)}{m}}{1+\frac{(5,5-p')}{100}\frac{m-d+d}{m}}\right]+K_{Rest}v^{(n-1)}\frac{1}{1+\frac{p}{100}\frac{t}{365}}$$

Bei vorschüssiger Zahlungsweise mit Abschlusszahlung und sich erhöhender Kapitaltilgung:

$$Rv^{(n-1)}\left[\frac{1+\frac{p'}{100}\frac{m-d}{m}}{1+\frac{(5,5-p')}{100}\frac{m-d}{m}}+\frac{1+\frac{p'}{100}\frac{m-d+1}{m}}{1+\frac{(5,5-p')}{100}\frac{m-d+1}{m}}\ldots+\frac{1+\frac{p'}{100}\frac{(m-d+d-1)}{m}}{1+\frac{(5,5-p')}{100}\frac{m-d+d-1}{m}}\right]+K_{Rest}v^{(n-1)}\frac{1}{1+\frac{p}{100}\frac{t}{365}}$$

1.3.6 Tilgungsfreie Zeiten

Hat eine Forderung oder Schuld zwischen Bewertungsstichtag und erster Fälligkeit eine tilgungsfreie Periode, ist der nach den in den Punkten 1.3.2 bis 1.3.5 dargelegten Formeln ermittelte abgezinste Betrag an Hand der in Punkt 1.2 dargestellten Formel nochmals abzuzinsen; dabei können angefangene Jahre bis zu sechs Monaten abgerundet und angefangene Jahre über sechs Monate aufgerundet werden. Der in den Formeln verwendete Zeitraum n ist dabei vom Beginn der ersten Zahlung an zu rechnen.

2. Bewertung von Renten und dauernden Lasten:

2.1 Allgemeine Hinweise zur versicherungsmathematischen Berechnung eines Rentenbarwertes

Die versicherungsmathematische Berechnung eines Rentenbarwertes erfolgt durch Addition sämtlicher Rentenzahlungen, wobei die einzelnen Zahlungen abzuzinsen und mit ihrer Wahrscheinlichkeit des Anfalls anzusetzen sind.

Der Zinsfuß ist durch § 16 Abs. 1 letzter Satz BewG 1955 gesetzlich mit 5,5% vorgegeben. Die Wahrscheinlichkeit des Anfalls wird an Hand von Sterbewahrscheinlichkeiten bestimmt. Diese Sterbewahrscheinlichkeiten wurden durch die auf Grund des § 16 Abs. 2 BewG 1955 ergangene Verordnung des Bundesministers für Finanzen zur verbindlichen Festsetzung von Erlebenswahrscheinlichkeiten zum Zwecke der Bewertung von Renten und dauernden Lasten (ErlWS-VO 2004) rechtsverbindlich vorgegeben. Diese für Zwecke der Bewertung zu verwendende Sterbewahrscheinlichkeit findet sich in den Spalten qx bzw. qy der Tabellen A und B.

Diese Barwertberechnung unter Vorgabe des Zinsfußes von 5,5% und der sich aus der ErlWS-VO 2004 sich ergebenden Wahrscheinlichkeiten ist gemäß § 1 Abs. 1 BewG 1955 für den Bereich des gesamten bundesgesetzlich geregelten Abgabenrechts anzuwenden. Ausgenommen sind Sachverhalte, für welche die besonderen Abgabengesetze abweichende Bewertungsregelungen enthalten (VfGH 9.10.2002, G 112/02). Solche abweichenden Regelungen finden sich insbesonders in folgenden Bestimmungen:

- § 14 EStG 1988 (Berechnung von Pensionsrückstellungen)
- § 16 Abs. 1 Z 1, § 18 Abs. 1 Z 1 und § 29 Z 1 EStG 1988, soweit es sich um Gegenleistungsrenten handelt, bei denen die Gegenleistung in Geld besteht.
- § 124b Z 80 und 82 (Option einer Versteuerung von Renten nach der Rechtslage vor dem BBG 2003 und nach den Bewertungsbestimmungen vor der Kundmachung durch BGBl. I Nr. 165/2002 vorzunehmen).
- Die Bestimmungen des VAG für die Berechnung versicherungstechnischer Rückstellungen bei Versicherungsgesellschaften.

2.2 Rechenvorgang bei der versicherungsmathematischen Berechnung eines Rentenbarwertes

Bei vorschüssigen, einmal zu zahlenden Renten wird die erste Zahlung noch mit der Wahrscheinlichkeit von 1 angesetzt. Auch eine Abzinsung für diese erste Zahlung findet somit nicht statt. Nachdem nur eine Zahlung erfolgt, ist diese Zahlung auch die Jahresleistung, die später mit J bezeichnet wird.

Die zweite Zahlung wird bereits abgezinst und mit der Anfallswahrscheinlichkeit angesetzt.

Der Wert der zweiten Zahlung errechnet sich somit durch $J\ v^1\ (1-q_x)$, dabei ist v der

Diskontierungsfaktor, der die Abkürzung des Bruches $\frac{1}{1+\frac{p\ (=\text{Zinsfuß})}{100}}$ darstellt.

$1-q_x$ ist die zugrunde zu legende Wahrscheinlichkeit des Anfalls und entspricht der Wahrscheinlichkeit, dass eine Person im Alter von x im Alter von x + 1 noch lebt (Überlebenswahrscheinlichkeit).

Die dritte Zahlung ist bereits um eine weitere Zinsperiode abgezinst. Die Erlebenswahrscheinlichkeit wird aus der Wahrscheinlichkeit, im Alter von x und im Alter von x + 1 zu versterben, abgeleitet. Rechnerisch erfolgt dies nach der Formel $J\ v^2\ (1 - q_x)\ (1 - q_x + 1)$.

Die dritte Zahlung ist um eine weitere Zinsperiode abzuzinsen, zusätzlich ist die Wahrscheinlichkeit im Jahre x + 2 zu versterben zu berücksichtigen, sodass sich der Wert der Zahlungen aus $J\ v^3\ (1-q_x)\ (1-q_x + 1)\ (1-q_x + 2)$ ergibt. Dieser Vorgang ist bis ans Ende der Sterbetafel fortzusetzen. Der Barwert B beträgt daher $B = 1 + J\ v\ (1-q_x) + J\ v^2\ (1-q_x)\ (1-q_x + 1) + J\ v^3\ (1-q_x)\ (1-q_x + 1)\ (1-q_x + 2)$ usw.

Aus dieser Addition kann die Größe J (Wert für die Jahrleistung der Rente) herausgehoben werden sodass sich die Formel nunmehr wie folgt darstellt:

$B = J\ \{1 + v\ (1-q_x) + v^2\ (1-q_x)\ (1-q_x + 1) + v^3\ (1-q_x)\ (1-q_x + 1)\ (1-q_x + 2)\ \text{usw.}\}$

Der Klammerausdruck $\{1 + v\ (1-q_x) + v^2\ (1-q_x)\ (1-q_x + 1) + v^3\ (1-q_x)\ (1-q_x + 1)\ (1-q_x + 2)\ \text{usw.}\}$ bildet den so genannten Barwertfaktor und wird als $ä_x$ bzw. bei Frauen $ä_y$ bezeichnet. Er findet sich in der entsprechenden Spalte $ä_x$ in der Tabelle A bzw. für Frauen Spalte $ä_y$ in der Tabelle B.

2.3 Anwendung der im Anhang befindlichen Tabellen

2.3.1 Altersberechnung

Vor Anwendung der jeweiligen Barwertfaktoren ist zunächst das Alter zu bestimmen. Dabei wird das für die zu einem bestimmten Stichtag vorzunehmende Barwertberechnung maßgebliche Lebensalter nach dem nächstgelegenen Geburtstag auf ganze Jahre berechnet.

Beispiel 1:

Geburtstag:	8. August 1946
Bewertungsstichtag:	31. Dezember 2004
Nächstgelegener Geburtstag	8. August 2004
Alter:	58 Jahre

Beispiel 2:

Geburtstag:	8. Juni 1946
Bewertungsstichtag:	1. Dezember 2004
Nächstgelegener Geburtstag	8. Juni 2005
Alter:	59 Jahre

Das jeweils maßgebliche Alter findet sich in der Tabelle A in der Spalte x, in der Tabelle B in der Spalte y.

2.3.2 Berechnung eines versicherungsmathematischen Barwertes einer einmal jährlich anfallenden und in vorschüssiger Zahlungsweise entrichteten Rente

Der versicherungsmathematische Rentenbarwert wird daher mit Hilfe der Tabelle A wie folgt berechnet:

$B = J\ddot{a}_x$

Beispiel:

Angaben:

Bewertungsstichtag = 31.12.2004

Geburtsdatum = 16.10.1944

Geschlecht männlich

J = 1.500

Zahlungsweise = einmal jährlich vorschüssig

Berechnung

maßgebliches Alter x = 60

maßgebliche Tabelle = Tabelle A

Barwertfaktor laut Tabelle A = 13,292224

$B = J$ mal $\ddot{a}_{x(60)}$ = 1.500 mal 13,292224 = 19.938,34

Der Barwert beträgt somit 19.938,34.

Für Frauen wird die Sterbewahrscheinlichkeit mit q_y, der Barwertfaktor mit $\ddot{a}_y$ bezeichnet und findet sich in der entsprechenden Spalte in der Tabelle B. Der versicherungsmathematische Rentenbarwert für Frauen wird daher mit Hilfe der Tabelle B wie folgt berechnet:

$B = J\ \ddot{a}_y$

2.3.3 Abschläge wegen Unterjährigkeit und Nachschüssigkeit

Werden Renten einmal jährlich in nachschüssiger Zahlungsweise geleistet, fällt die erste Rentenzahlung, die nicht abgezinst und mit der Wahrscheinlichkeit 1 angesetzt wird, weg. Der jeweilige Barwertfaktor $\ddot{a}_x$ oder $\ddot{a}_y$ ist daher um 1 zu vermindern.

Beispiel:

Angaben:

Bewertungsstichtag = 31.12.2004

Geburtsdatum = 16.10.1944

Geschlecht männlich

J = 1 500

Zahlungsweise = einmal jährlich nachschüssig

Berechnung

maßgebliches Alter x = 60

maßgebliche Tabelle = Tabelle A

Barwertfaktor laut Tabelle A = 13,292224

Abschlag = 1

maßgeblicher Barwertfaktor = 13,292224 - 1 = 12,292224

$B = J$ mal $\ddot{a}_{x(60)}$ = 1 500 mal 12,292224 = 18 438,34

Der Barwert beträgt somit 18 438,34.

Fallen Zahlungen innerhalb einer Zinsperiode (in der Regel Jahr) mehrfach an, können keine Zinseszinsen innerhalb der Zinsperiode verrechnet werden. Rechnerisch wird dies damit berücksichtigt, dass bei einer Anzahl von m Zahlungen innerhalb eines Jahres der Barwertfaktor für die vorschüssige, einmal fällige Rente (Spalte $\ddot{a}_x$ und $\ddot{a}_y$ in der Tabelle A und B) um den Unterjährigkeitsabschlag k (m) gekürzt wird.

Dieser Unterjährigkeitsabschlag ist bei vorschüssiger Zahlungsweise an Hand folgender Formel zu berechnen:

$$k(m) = \frac{m-1}{2m} + \frac{m^2-1}{6m^2}\left(1 - \frac{p}{100}\frac{1}{2}\right)\frac{p}{100}$$

Der Unterjährigkeitsabschlag bei nachschüssiger Zahlungsweise errechnet sich wie folgt:

$$k(m) = \frac{m-1}{2m} + \frac{m^2-1}{6m^2}\left(1 - \frac{p}{100}\frac{1}{2}\right)\frac{p}{100} + \frac{1}{m}$$

Sowohl der Unterjährigkeitsabschlag als auch der Abschlag wegen Nachschüssigkeit ist unabhängig von einer allfälligen Altersverschiebung. Konkrete Werte von gängigen Zahlungsweisen sind in Tabelle D dargestellt.

Beispiel:

Angaben:
Bewertungsstichtag = 31.12.2004
Geburtsdatum = 16.10.1944
Geschlecht männlich
Rate = 1 000
Zahlungsweise = zwölf mal jährlich nachschüssig
daher J = 12 000
Berechnung
maßgebliches Alter x = 60
maßgebliche Tabelle = Tabelle A
Barwertfaktor laut Tabelle A = 13,292224
Abschlag laut Tabelle D
k (12) = 0,550519
maßgeblicher Barwertfaktor = 13,292224 - 0,550519 = 12,741705
B = J mal {$ä_{x(60)}$ - k(12)} = 12 000 mal 12,741705 = 152 900
Der Barwert beträgt somit 152 900.

Wr. Verf.
LuF
BWR

2.3.4 Altersverschiebung

§ 2 der ErlWS-VO 2004 enthält eine Altersverschiebung. Diese Altersverschiebung beruht auf der Erfahrung, dass sich die Sterbewahrscheinlichkeit in der Vergangenheit laufend verändert hat und unterstellt, dass auch in Zukunft von einer weiteren Veränderung innerhalb eines bestimmten Trends ausgegangen werden kann. Die Altersverschiebung wirkt dahin gehend, dass die Berücksichtigung der Sterbewahrscheinlichkeit für die Altersgruppen bestimmter Jahrgänge jeweils an Hand der jeweils jüngeren oder älteren Person zu erfolgen hat.

Beispiel 1:

Die Sterbewahrscheinlichkeit einer Frau Jahrgang 1960, wenn diese 75 Jahre alt ist, beträgt auf Grund der Altersverschiebung von - 1 (Tabelle C) nicht 0,01275233 ($q_{y(75)}$. Wert laut Tabelle B für 75 Jahre), sondern 0,01123426 (Tabellenwert für 74 Jahre).

Beispiel 2:

Die Sterbewahrscheinlichkeit einer Frau Jahrgang 1931, wenn diese 75 Jahre alt ist, beträgt auf Grund der Altersverschiebung von + 2 (Tabelle C) nicht 0,01275233 ($q_{y(75)}$. Wert laut Tabelle B für 75 Jahre), sondern 0,01657 (Tabellenwert für 77 Jahre).

Für die Berechnung des Rentenbarwertes kann daher ebenfalls der Faktor $ä_x$ oder $ä_y$ der jeweils jüngeren oder älteren Person verwendet werden.

Beispiel:

Der Rentenbarwert für die Rente eines 65-jährigen Mannes, Jahrgang 1940, wird auf Grund der Altersverschiebung von + 1 (Tabelle C) zum Bewertungsstichtag 1.1.2005 nicht mit 12,0226748 (Tabellenwert in Tabelle B für 65-Jährige), sondern mit 11,748846 (Wert in Tabelle B für 66-Jährige) ermittelt.

2.3.5 Aufgeschobene Rente

2.3.5.1 Begriff

Aufgeschobene Leibrenten sind Renten, die nicht sofort, sondern erst zu einem späteren Zeitpunkt beginnen.

Beispiel:

Ein 55-jähriger Mann veräußert ein Grundstück gegen eine lebenslängliche Rente, die erste Rentenzahlung beginnt jedoch erst, wenn er 60 Jahre alt ist.

2.3.5.2 Bewertung mit Hilfe der Tabelle

Bei der Bewertung aufgeschobener Renten mit Hilfe der angeschlossenen Tabelle ist die Jahresleistung mit dem Barwertfaktor $ä_x$ bzw. $ä_y$ (gegebenenfalls vermindert um den Unterjährigkeitsabschlag k(m)) zum Zeitpunkt des Beginns der Rentenzahlung zu multiplizieren. Das Ergebnis ist jedoch zusätzlich auf den Bewertungsstichtag abzuzinsen und mit der Erlebenswahrscheinlichkeit anzusetzen. Die Erlebenswahrscheinlichkeit kann an Hand der rechnerischen Anzahl der Überlebenden errechnet werden. Die rechnerische Anzahl der Überlebenden erhält man dadurch, indem von einer fiktiven Ausgangsgröße von 100 000 Personen ausgegangen wird. Mit Hilfe der Sterbewahrscheinlichkeit werden die rechnerischen Überlebenden für die nächste Altersgruppe ermittelt. Die Rechengröße ist in der Tabelle A in der Spalte l_x, in der Tabelle B in der Spalte l_y enthalten. Die Erlebenswahrscheinlichkeit ergibt sich aus dem Quotienten der jeweiligen Werte für l_x bzw. l_y.

Beispiel:

Ein 55-jähriger Mann (Jahrgang 1949) veräußert ein Grundstück gegen eine Rente von monatlich 500, die erste Rentenzahlung soll jedoch erst in fünf Jahren zu erfolgen. Die Zahlungsweise ist vorschüssig.

J = 6 000 (12-mal 500)

$ä_x$ = 13,2922242 (Tabelle A, Wert für 60-Jährige)

k(m) = 0,467186 (Abschlag gemäß Tabelle D)

$l_{x(55)}$ = 85 263,85705 (Tabelle A für 55-Jährige)

$l_{x(60)}$ = 82 981,564 (Tabelle A für 60-Jährige)

$$B = J\{ä_{x(60)} - k(m)\}v^{(60-55)}\frac{l_{x(60)}}{l_{x(55)}} =$$

$$6\,000(13{,}2922242 - 0{,}467\,186)\frac{1}{\left(1+\frac{5{,}5}{100}\right)^5}\;\frac{82\,981{,}564}{85\,263{,}85705} = 57\,301{,}2717$$

2.3.5.3 Aufgeschobene Rente mit Altersverschiebung

Bei der aufgeschobenen Rente mit Altersverschiebung ist zu beachten, dass nicht nur der Barwertfaktor, sondern auch die rechnerische Anzahl der Überlebenden (l_x oder l_y) einer jüngeren oder älteren Person zur Anwendung kommt.

Beispiel:

Eine 60-jährige Frau (Jahrgang 1944) veräußert ein Grundstück gegen eine Rente von monatlich 500, die erste Rentenzahlung soll jedoch erst in fünf Jahren zu erfolgen. Die Zahlungsweise ist vorschüssig.

J = 6 000 (12-mal 500)

Altersverschiebung = +1

$ä_y$ = 13,2676538 (Tabelle B, Wert für 66-Jährige, nicht für 65-Jährige)

k(m) = 0,467186 (Abschlag gemäß Tabelle D)

$l_{y(65)}$ = 88 517,8958 (Tabelle B für 66-Jährige, nicht für 65-Jährige)

$l_{y(60)}$ = 90 034,6573 (Tabelle B für 61-Jährige, nicht für 60-Jährige)

$$B = J\{ä_{y(65)} - k(m)\}v^{(65-60)}\frac{l_{x(65)}}{l_{x(60)}} =$$

$$6\,000(13{,}2676538 - 0{,}467\,186)\frac{1}{\left(1+\frac{5{,}5}{100}\right)^5}\;\frac{88\,527{,}8958}{90\,034{,}6573} = 57\,781{,}-$$

2.3.6 Abgekürzte Rente

2.3.6.1 Begriff

Unter einer abgekürzten Rente versteht man eine Rente, die mit dem Tode einer bestimmten Person, spätestens jedoch nach einer bestimmten Laufzeit endet.

2.3.6.2 Bewertung mit Hilfe der Tabelle

Eine abgekürzte Leibrente errechnet sich aus dem Barwert einer sofort beginnenden abzüglich einer aufgeschobenen Rente.

Beispiel:

Ein 60-jähriger Mann (Jahrgang 1944) veräußert ein Grundstück gegen eine Rente von monatlich 500. Die Rente erlischt mit seinem Tode, spätestens jedoch mit Erreichen des achzigsten Lebensjahres. Die Zahlungsweise ist vorschüssig.

J = 6 000 (12-mal 500)

$ä_x$ = 13,2922242 (Tabelle A, Wert für 60-Jährige)

k(m) = 0,467186 (Abschlag gemäß Tabelle D)

$ä_{x(80)}$ = 7,3569781

$l_{x(60)}$ = 82 981,564 (Tabelle A für 60-Jährige)

$l_{x(80)}$ = 57 146,8117 (Tabelle A für 80-Jährige)

$$B = J[(ä_{x(60)} - k(m))] - J\left[(ä_{x(80)} - k(m))v^{(80-60)}\frac{l_{x(80)}}{l_{x(60)}}\right] =$$

$$6\,000[13{,}2922242 - 0{,}467\,186] - 6\,000\left[(7{,}3569781 - 0{,}467186)\frac{1}{\left(1+\frac{5{,}5}{100}\right)^{20}}\frac{57\,146{,}8117}{82\,981{,}567}\right] =$$

$$6\,000[12{,}8250382] - 6\,000\left[6{,}8897921\frac{1}{\left(1+\frac{5{,}5}{100}\right)^{20}}\frac{57\,146{,}8117}{82\,981{,}564}\right] =$$

76 950,23 – 9 757,05076 = 67 193,1784

Der Barwert beträgt somit 67 193,18.

2.3.6.3 Abgekürzte Rente mit Altersverschiebung

Ist eine Altersverschiebung (Tabelle C) zu berücksichtigen, ist nicht nur der Barwertfaktor, sondern auch die rechnerische Anzahl der Überlebenden der entsprechend jüngeren oder älteren Person zu verwenden.

Beispiel:

Eine 50-jährige Frau (Jahrgang 1956) schließt zum 1.1.2006 eine sofort beginnende Rente, die mit dem Tode der Frau, spätestens bei Erreichen des fünfundsiebzigsten Lebensjahres der Frau endet, ab.

J = 6 000 (12-mal 500)

Altersverschiebung Jahrgang 1956 = - 1 (Tabelle C)

$ä_{y(50)}$ = 16,4185876 (Tabelle B, Wert für 49-Jährige, nicht für 50-Jährige)

k(m) = 0,467186 (Abschlag gemäß Tabelle D)

$ä_{y(75)}$ = 10,8728757 (Tabelle B, Wert für 74-Jährige, nicht für 75-Jährige)

$l_{y(50)}$ = 92 378,49126 (Tabelle A für 49-Jährige, nicht für 50-Jährige)

$l_{y(75)}$ = 83 773,6124 (Tabelle A für 74-Jährige, nicht für 75-Jährige)

$$B = J[(ä_{x(50)} - k(m))] - J\left[(ä_{x(75)} - k(m))v^{(75-50)}\frac{l_{x(75)}}{l_{x(50)}}\right] =$$

$$6\,000[16{,}4185876 - 0{,}467\,186] - 6\,000\left[(10{,}8728757 - 0{,}467186)\frac{1}{\left(1+\frac{5{,}5}{100}\right)^{25}}\frac{83\,773{,}6124}{92\,378{,}49126}\right] =$$

$$6\,000[15{,}9514016] - 6\,000\left[10{,}405689\frac{1}{\left(1+\frac{5{,}5}{100}\right)^{25}}\frac{83\,773{,}6124}{92\,378{,}49126}\right] = 80\,861{,}1268$$

Der Barwert beträgt somit 80 861,13.

2.3.7 Verbundene Renten

Unter verbundenen Renten versteht man Renten, die nach Versterben einer Person entweder in gleicher oder in anderer (üblicherweise niedrigeren) Höhe auf die andere Person übergehen oder bei Versterben einer Person in anderer (üblicherweise niedrigerer) Höhe an die überlebende Person ausbezahlt werden.

Wr. Verf.
LuF
BWR

Für diesen Zweck ist ein Verbindungsfaktor äxy zu errechnen. Es handelt sich dabei um die Summe der Produkte der Anzahl der rechnerischen Überlebenden beider Personen im Zeitpunkt des Anfalls der Zahlung gebrochen durch das Produkt der rechnerischen Überlebenden beider Personen im Zeitpunkt des Beginns der Rentenzahlung, wobei das Ergebnis abzuzinsen ist.

In einer Formel ausgedrückt:

$$ä_{xy} = \frac{l_x l_y}{l_x l_y} + v \frac{l_{(x+1)} l_{(y+1)}}{l_x l_y} + v^2 \frac{l_{(x+2)} l_{(y+2)}}{l_x l_y} \text{ usw.}$$

Im Hinblick auf die durch die Altersverschiebung sich ergebende Anzahl von verschiedenen möglichen Kombinationen wurde auf eine Darstellung von $ä_{xy}$ in einer Tabelle verzichtet. Es hat eine Berechnung im Einzelfall zu erfolgen.

Eine Rente der Höhe 1 wird an eine Person x (Mann) vorschüssig ausbezahlt, nach dem Tod der Person x erhält die Person y (Frau) eine Rente in Höhe von P% der ursprünglichen Rente, wenn die Person y zum Todeszeitpunkt der Person x noch lebt.

$B = ä_x + P\%(ä_y - ä_{xy})$

Eine Rente der Höhe 1 wird an eine Person y (Frau) vorschüssig ausbezahlt, nach dem Tod der Person y erhält die Person x (Mann) eine Rente in Höhe von P% der ursprünglichen Rente, wenn die Person x zum Todeszeitpunkt der Person y noch lebt.

$B = ä_y + P\%(ä_x - ä_{xy})$

Eine Rente der Höhe 1 wird an ein Personenpaar (x und y) vorschüssig ausbezahlt; nach dem Tod der ersten Person erhält die zweite Person eine Rente in Höhe von P% der ursprünglichen Rente.

$B = ä_{xy} + P\%\{(ä_y - ä_{xy}) + (ä_x - ä_{xy})\}$.

Tabelle A (Rechengrößen für Rentenbewertung Männer)

x	q x	l x	ä x	x	q x	l x	ä x
0	0,05713454	100 000,00000	17,5266117	57	0,00539953	84 420,9165	13,958086
1	0,00275912	94 286,5456	18,49211384	58	0,00571198	83 965,0833	13,7449972
2	0,0021315	94 026,39791	18,50523823	59	0,00603593	83 485,4767	13,5232164
3	0,00161795	93 825,98068	18,50747501	60	0,00637262	82 981,564	13,2922242
4	0,00122466	93 674,17456	18,5003188	61	0,00702135	82 452,7541	13,0514686
5	0,00093737	93 559,4556	18,48547475	62	0,00772226	81 873,824	12,8042022
6	0,0007311	93 471,75592	18,46448388	63	0,00848072	81 241,5734	12,5503503
7	0,00060173	93 403,41857	18,43851092	64	0,00930632	80 552,5866	12,2898463
8	0,00050953	93 347,2145	18,40870618	65	0,01020731	79 802,9383	12,0226748
9	0,00044935	93 299,65174	18,37554782	66	0,01119164	78 988,3647	11,7488460
10	0,00041998	93 257,72718	18,33944385	67	0,01226944	78 104,3553	11,4683826
11	0,00041759	93 218,5611	18,30079918	68	0,01345496	77 146,0583	11,1813323
12	0,00043155	93 179,63411	18,25996828	69	0,01475535	76 108,0614	10,8878005
13	0,00046607	93 139,42241	18,21712815	70	0,01615251	74 985,06	10,5878571
14	0,00056847	93 096,01274	18,1725399	71	0,01767472	73 773,8627	10,2812574
15	0,0007717	93 043,0902	18,12733449	72	0,01940766	72 469,9304	9,96790654
16	0,00108589	92 971,28886	18,08329277	73	0,02145429	71 063,4587	9,64839413
17	0,00151774	92 870,33243	18,04246597	74	0,02387202	69 538,8425	9,32409773
18	0,0019876	92 729,37956	18,00713171	75	0,02666903	67 878,8102	8,99669229
19	0,00213887	92 545,07065	17,97825754	76	0,02983122	66 068,5485	8,66766863
20	0,00202852	92 347,12903	17,95045535	77	0,03337961	64 097,6432	8,33812689
21	0,00186334	92 159,80064	17,91907968	78	0,03736361	61 958,0892	8,00906324
22	0,001705	91 988,07542	17,88295111	79	0,04185395	59 643,1115	7,68157299
23	0,00160423	91 831,23616	17,84193384	80	0,04691819	57 146,8117	7,3569781
24	0,00152954	91 683,91741	17,79679041	81	0,05262899	54 465,587	7,0367641
25	0,00146133	91 543,6833	17,74775977	82	0,05906881	51 599,118	6,72258923
26	0,00140876	91 409,90774	17,69474442	83	0,06633187	48 551,2194	6,41633704
27	0,00137658	91 281,13304	17,63780281	84	0,07412793	45 330,7264	6,12019986
28	0,0013585	91 155,47735	17,57707821	85	0,08202081	41 970,4534	5,83429507
29	0,00135355	91 031,64242	17,51260843	86	0,09030846	38 528,0029	5,55587899
30	0,00136137	90 908,42634	17,44441381	87	0,09920129	35 048,5984	5,28360671
31	0,00138349	90 784,66673	17,37250691	88	0,1088594	31 571,7321	5,01688673
32	0,00142487	90 659,06698	17,29692492	89	0,11960886	28 134,8521	4,75549596
33	0,00146912	90 529,89001	17,21778883	90	0,13168696	24 769,6746	4,50032723
34	0,00150428	90 396,89101	17,13494044	91	0,14522735	21 507,8313	4,25289622
35	0,00153360	90 260,90914	17,04800708	92	0,16030437	18 384,306	4,0148752
36	0,00156329	90 122,48546	16,9566521	93	0,17683723	15 437,2214	3,78791222
37	0,00160482	89 981,59744	16,8606261	94	0,19469353	12 707,3459	3,57310547
38	0,0016844	89 837,19362	16,75985701	95	0,21376531	10 233,3079	3,37092322
39	0,00181428	89 685,87196	16,6547023	96	0,2338935	8 045,78163	3,18139612
40	0,00198276	89 523,15707	16,54572944	97	0,25497063	6 163,92558	3,00398563
41	0,00216816	89 345,65428	16,43332788	98	0,27700713	4 592,30559	2,83774698
42	0,00235129	89 151,9386	16,31753995	99	0,30010246	3 320,20421	2,68166276
43	0,00252835	88 942,31647	16,19809107	100	0,32436956	2 323,80275	2,53487706
44	0,00270305	88 717,43909	16,07462838	101	0,3498871	1 570,03186	2,39671751
45	0,00288017	88 477,63181	15,94683797	102	0,37672948	1 020,69797	2,26658627
46	0,00305965	88 222,8008	15,81446247	103	0,40498778	636,170951	2,14393025
47	0,00324059	87 952,86985	15,67722473	104	0,43475416	378,52949	2,02827163
48	0,00342159	87 667,85102	15,53481399	105	0,46612676	213,962219	1,91921196
49	0,00360692	87 367,88743	15,38687637	106	0,49921044	114,228702	1,8164773
50	0,00380886	87 052,7586	15,23309912	107	0,53411634	57,2045415	1,72005094
51	0,00394199	86 721,18657	15,07333182	108	0,57096368	26,6506609	1,63056535
52	0,00410874	86 379,33212	14,90612494	109	0,60987782	11,4341016	1,55055973
53	0,00431231	86 024,42161	14,73148972	110	0,63724154	4,46069667	1,48886821
54	0,00454857	85 653,45741	14,54946349	111	0,65860387	1,61815543	1,42176137
55	0,00481249	85 263,85705	14,36000139	112	0,67996702	0,55243201	1,3033488
56	0,00509831	84 853,52573	14,16296055	113	1	0,17679646	1

Tabelle B (Rechengrößen für Rentenbewertung Frauen)

y	q y	l y	ä y	y	q y	l y	ä y
0	0,04129771	100 000,00000	18,02131636	57	0,00231158	90 918,84	15,2439528
1	0,00263424	95 870,22937	18,73103765	58	0,00239251	90 708,6734	15,0621877
2	0,00194753	95 617,68424	18,7556516	59	0,00247864	90 491,6517	14,8711876
3	0,00137551	95 431,46623	18,76876511	60	0,00257787	90 267,3551	14,6704658
4	0,00093779	95 300,1995	18,77186805	61	0,00279613	90 034,6573	14,4596164
5	0,00064735	95 210,82748	18,76692031	62	0,00305181	89 782,9082	14,2397115
6	0,00046364	95 149,19256	18,75624281	63	0,00334791	89 508,9082	14,0106534
7	0,00035795	95 105,07744	18,74152552	64	0,00368809	89 209,2402	13,772348
8	0,00030152	95 071,03444	18,72401171	65	0,00407664	88 880,2286	13,5247074
9	0,00026928	95 042,3685	18,70447215	66	0,00451812	88 517,8958	13,2676538
10	0,00024858	95 016,77535	18,68324917	67	0,00501892	88 117,961	13,0011154
11	0,00023694	94 993,15635	18,66046644	68	0,00558784	87 675,7041	12,7250427
12	0,00023775	94 970,64842	18,63620781	69	0,00623561	87 185,7862	12,4394296
13	0,0002527	94 948,06946	18,61062385	70	0,00697523	86 642,1295	12,1443256
14	0,00029674	94 924,07593	18,58390435	71	0,00782306	86 037,7807	11,8398491
15	0,00039035	94 895,90811	18,55652556	72	0,00879911	85 364,7019	11,5262111
16	0,00050796	94 858,86559	18,52936739	73	0,00992697	84 613,5689	11,2037356
17	0,00056997	94 810,68091	18,50288135	74	0,01123426	83 773,6124	10,8728757
18	0,00062574	94 756,64129	18,4760707	75	0,01275233	82 832,4782	10,5342281
19	0,00064982	94 697,34796	18,4487988	76	0,01451704	81 776,1714	10,1885382
20	0,00063168	94 635,8121	18,42045264	77	0,01657	80 589,0238	9,83670768
21	0,00058876	94 576,03213	18,39019434	78	0,01896007	79 253,6635	9,47980702
22	0,00054164	94 520,34958	18,35746316	79	0,02174449	77 751,0085	9,11909509
23	0,00050442	94 469,15357	18,32204759	80	0,02499005	76 060,3522	8,756041
24	0,00047383	94 421,50157	18,28398299	81	0,0287747	74 159,6001	8,39234847
25	0,00045043	94 376,76151	18,24324631	82	0,03319045	72 025,6799	8,02998813
26	0,00045127	94 334,25131	18,19982262	83	0,0383463	69 635,1151	7,67124971
27	0,00046748	94 291,6808	18,15400527	84	0,04437166	66 964,8659	7,31881805
28	0,00049222	94 247,60162	18,10593967	85	0,05100647	63 993,5239	6,9758846
29	0,00051547	94 201,21133	18,05565366	86	0,05792124	60 729,4399	6,64341545
30	0,00053319	94 152,65361	18,00299458	87	0,06524613	57 211,9157	6,31985725
31	0,00055707	94 102,45229	17,94772884	88	0,07313457	53 479,0595	6,00420023
32	0,00058819	94 050,0305	17,88981984	89	0,08171529	49 567,8916	5,69600619
33	0,00061941	93 994,71155	17,82924685	90	0,09119212	45 517,4369	5,39515304
34	0,00064861	93 936,48995	17,76585984	91	0,10176877	41 366,6054	5,10216356
35	0,00068361	93 875,56144	17,69946225	92	0,11361089	37 156,7768	4,81811634
36	0,00073237	93 811,3875	17,62998464	93	0,12677349	32 935,3624	4,54440682
37	0,00078954	93 742,68319	17,55749232	94	0,14127708	28 760,0315	4,28222135
38	0,00085211	93 668,66996	17,48195703	95	0,15709236	24 696,8983	4,03243402
39	0,00092074	93 588,85358	17,40329426	96	0,17415073	20 817,2043	3,79545484
40	0,00099524	93 502,6823	17,32142402	97	0,19245026	17 191,873	3,5711176
41	0,00108104	93 409,62454	17,23625658	98	0,21204195	13 883,2926	3,35896221
42	0,00117673	93 308,645	17,14778814	99	0,23300496	10 939,4521	3,1584234
43	0,00127182	93 198,84594	17,05598677	100	0,25543734	8 390,50556	2,96890665
44	0,00135939	93 080,31361	16,96063696	101	0,27945509	6 247,25712	2,78982097
45	0,00143905	92 953,78133	16,86139317	102	0,30519371	4 501,42934	2,62060155
46	0,00151321	92 820,01616	16,75788523	103	0,33280176	3 127,62141	2,4607357
47	0,00158668	92 679,56023	16,64976346	104	0,36244521	2 086,74348	2,30977254
48	0,00166446	92 532,50784	16,53673889	105	0,39430552	1 330,41329	2,16735889
49	0,00174811	92 378,49126	16,4185876	106	0,42858253	805,823987	2,03330832
50	0,00183933	92 217,00383	16,29509548	107	0,46549907	460,461903	1,90778256
51	0,00189097	92 047,38595	16,16606052	108	0,50530047	246,117317	1,79178471
52	0,001949	91 873,32715	16,03050705	109	0,5482562	121,754122	1,68856613
53	0,00201301	91 694,26637	15,88815088	110	0,57746337	55,0016694	1,60807357
54	0,00208213	91 509,68486	15,73868131	111	0,59828442	23,2402199	1,51825327
55	0,00215579	91 319,1499	15,581752	112	0,61908645	9,33595851	1,36105549
56	0,00223266	91 122,2848	15,41698417	113	1	3,55619306	1

Tabelle C (Altersverschiebung)

Jahrgang	Altersverschiebung Männer in Jahren	Altersverschiebung Frauen in Jahren	Jahrgang	Altersverschiebung Männer in Jahren	Altersverschiebung Frauen in Jahren
1921 und älter	2	2	1958	1	1
1922	1	2	1959	1	1
1923	1	2	1960	1	1
1924	1	2	1961	1	1
1925	1	2	1962	1	1
1926	1	2	1963	1	1
1927	1	2	1964	1	1
1928	1	2	1965	1	1
1929	1	2	1966	1	1
1930	1	2	1967	1	1
1931	1	2	1968	1	2
1932	1	1	1969	1	2
1933	1	1	1970	1	2
1934	1	1	1971	1	2
1935	1	1	1972	1	2
1936	1	1	1973	1	2
1937	1	1	1974	2	2
1938	1	1	1975	2	2
1939	1	1	1976	2	2
1940	1	1	1977	2	2
1941	1	1	1978	2	2
1942	1	1	1979	2	2
1943	1	1	1980	2	2
1944	0	1	1981	2	3
1945	0	0	1982	2	3
1946	0	0	1983	2	3
1947	0	0	1984	2	3
1948	0	0	1985	2	3
1949	0	0	1986	2	3
1950	0	0	1987	2	3
1951	0	0	1988	2	3
1952	0	0	1989	2	3
1953	0	0	1990	3	3
1954	0	0	1991	3	3
1955	0	0	1992	3	3
1956	0	1	1993	3	3
1957	0	1	1994 und jünger	3	4

Tabelle D (Abschläge wegen Unterjährigkeit und Nachschüssigkeit)

Anzahl der Zahlungen (m)	Unterjährigkeitsabschlag k (m) vorschüssige Zahlungsweise	Unterjährigkeitsabschlag k (m) nachschüssige Zahlungsweise
m = 2 (halbjährig)	0,256686	0,756686
m = 4 (vierteljährig)	0,383357	0,633357
m = 6 (zweimonatig)	0,425334	0,592000
m = 12 (monatlich)	0,467186	0,550519

Abschlag wegen Nachschüssigkeit bei einmal jährlicher Zahlung	1

Wr. Verf.
LuF
BWR

4/16.

Steuerbefreiungen gem. Grundsteuergesetz 1955; a) Öffentliches Wassergut b) Privatstraßen und Privatwege, die dem öffentlichen Verkehr dienen

(Erlass des BMF vom 29. Jänner 2004, Z 08 6005/1-IV/8/04)

Aus gegebenem Anlass wird zur Rechtslage hinsichtlich der Grundsteuerbefreiung für das öffentliche Wassergut sowie für die dem öffentlichen Verkehr dienenden Privatstraßen und Privatwege Folgendes mitgeteilt:

ad a) Öffentliches Wassergut

Öffentliches Wassergut ist nur in bestimmten Fällen von der Grundsteuer sowie von der Abgabe und den Beiträgen von land- und forstwirtschaftlichen Betrieben befreit.

§ 8 Abs. 1 des Grundsteuergesetzes 1955 (GrStG), BGBl. Nr. 149/1955 in der derzeit geltenden Fassung zufolge ist land- und forstwirtschaftlich genutzter Grundbesitz auch dann steuerpflichtig, wenn er einem der in § 2 leg.cit. bezeichneten Zwecke unmittelbar dient.

Eine Grundsteuerbefreiung kommt nur dann in Frage, wenn ein Anwendungsfall des § 8 Abs. 2 Z 1 GrStG (land- und forstwirtschaftlicher Grundbesitz, der Lehr- und Versuchszwecken dient, mit nicht mehr als 10 ha) oder gemäß § 8 Abs. 2 Z 2 leg.cit. eine Befreiung im Sinne des § 2 Z 9 leg. cit. vorliegt.

Nach § 2 Z 9 lit. c. GrStG ist für die fließenden Gewässer (Ströme und Flüsse einschließlich der Altwasser sowie Bäche), für die deren Abfluss regelnden Sammelbecken und für die im Eigentum des Bundes, eines Landes, einer Gemeinde oder eines Gemeindeverbandes stehenden Seen und Teiche keine Grundsteuer zu entrichten.

Von der Grundsteuer befreit sind gemäß § 2 Z 9 lit. d GrStG auch Schutz- und Regulierungswasserbauten im Sinne des Wasserrechtsgesetzes (wie z.B. Dämme oder Deiche).

Die Befreiungsbestimmungen werden durch § 4 Abs. 1 GrStG dahingehend eingeschränkt, dass die Befreiung nur dann eintreten kann, wenn der Steuergegenstand für die im § 2 bzw. § 3 bezeichneten Zwecke unmittelbar benutzt wird.

Auch wenn die betroffenen land- und forstwirtschaftlich genutzten Grundstücke des öffentlichen Wassergutes im Hochwasserabflussgebiet liegen, sind sie nicht von der Grundsteuer befreit. Ebenso sind Waldflächen keine Schutzwasserbauten und daher nicht zu befreien.

Der Verwaltungsgerichtshof hat in seiner Judikatur klargestellt, dass es für die Beurteilung, ob Grundbesitz als ein land- und forstwirtschaftlicher Betrieb anzusehen ist oder nicht, auf den objektiven Charakter, dh auf die tatsächliche Nutzung des Grund und Bodens ankommt. Geringe Betriebsgröße, extensive Nutzung, jahrelange Ertragslosigkeit und mangelnde Gewinnabsicht hat der Gerichtshof demgegenüber als nicht entscheidend angesehen. So sei die bloße Holzzucht und Holzgewinnung selbst bei geringen Erträgen als forstwirtschaftlicher Hauptzweck anzusehen.

Der Begriff „öffentliches Wassergut" ist nicht Anknüpfungsmerkmal im § 2 Z 9 lit. c GrStG (vgl. VwGH-Erkenntnisse vom 20.6.1988, 86/15/0122, 87/15/0251).

Es wären daher diesbezügliche Anträge des Bundesministeriums für Land- und Forstwirtschaft, Umwelt und Wasserwirtschaft bzw. der Vertretungsbefugten auf generelle Grundsteuerbefreiung von land- und forstwirtschaftlich genutztem Grundbesitz des öffentlichen Wassergutes abzuweisen (bzw. in bestimmten Fällen zurückzuweisen).

Änderungen der rechtskräftigen Einheitswerte wären im Wege von Wertfortschreibungen (§ 21 BewG 1955) z.B. im Zusammenhang mit Flächenkorrekturen – geänderte Flächenausmaße hinsichtlich Gewässer und land- und forstwirtschaftlich genutzter Flächen – möglich. Es bestehen keine Bedenken, insbesondere die im Auszug aus dem Grundstücksverzeichnis unter der Benützungsart „Gewässer" ausgewiesenen Grundflächen von der Grundsteuer zu befreien.

Sollte der Katasterstand die tatsächlichen Nutzungsverhältnisse nicht aktuell wiedergeben, könnte dies mittels Wertfortschreibungsantrag seitens des Grundstückseigentümers (bzw. des Vertretungsbefugten) in geeigneter Form nachgewiesen werden.

Bei land- und forstwirtschaftlich genutzten Grundstücken des öffentlichen Wassergutes, die bisher steuerlich nicht erfasst sind, wären Nachfeststellungen vorzunehmen. Es ist jedoch vor Bescheiderlassung dem Bescheidadressaten jedenfalls eine Erklärung Luf 15 mit aktuellem GDB-Ausdruck der zu bewertenden wirtschaftlichen Einheit zuzusenden, damit den Steuerpflichtigen die Gelegenheit gegeben wird, die tatsächlichen Nutzungsverhältnisse zu erklären. Uferböschungen oder Dämme, die in der Grundstücksdatenbank unter der Benützungsart Wald oder LN ausgewiesen sind, wären von der Bewertung auszunehmen.

ad b) Privatstraßen und Privatwege, die dem öffentlichen Verkehr dienen

Gemäß § 2 Z 9 lit. a GrStG sind die dem öffentlichen Verkehr dienenden Straßen, Wege, Plätze, Brücken, künstlichen Wasserläufe, Häfen und Schienenwege, einschließlich der Seitengräben, Böschungen, Schutzstreifen, Schneedämme und der zwischen den Gleisen oder Fahrbahnen liegenden Geländestreifen von der Grundsteuer befreit.

Da diese Befreiungsbestimmung unabhängig von den Eigentumsverhältnissen anzuwenden ist, sind somit auch die in Privatbesitz befindlichen Straßen, Wege und Plätze usw., soweit sie uneingeschränkt dem öffentlichen Verkehr dienen, zu befreien.

Im Hinblick auf eine verwaltungsökonomische Vollziehung bestehen keine Bedenken, derartige Flächen in der Regel bei Grundvermögen bei der Ermittlung des Einheitswertes mit einem Bodenwert von Null anzusetzen bzw. bei land- und forstwirtschaftlichem Vermögen diese Flächen wie unproduktive Flächen zu behandeln.

Über die gesetzlichen Bestimmungen hinausgehende Rechte und/oder Pflichten können aus diesem Erlass nicht abgeleitet werden.

4/17.

AV-Tagungen 2006

Protokoll Einheitsbewertung

(Erlass des BMF vom 21.06.2007, BMF-010202/0093-IV/5/2007)

§ 21 BewG 1955

Zurechnungsfortschreibung „Herrenlosigkeit“

Für eine Liegenschaft wird auf Grund einer Dereliktionsurkunde das Eigentumsrecht für „Herrenlosigkeit“ einverleibt. Die entsprechende Zurechnungsfortschreibung wurde vom Finanzamt erlassen. Da es sich um landwirtschaftliche Grundstücke handelt, kommt es zur Vorschreibung von Beiträgen und der Abgabe von land- und forstwirtschaftlichen Betrieben. Anmerkung: Für die Abgabensicherung stellen die offenen Beiträge ein Problem dar.

An wen soll in so einem Fall zugestellt werden?

„Herrenlos“ wird Grundbesitz dann, wenn der bisherige Eigentümer erbenlos verstorben ist, niemand als Legatar den Grundbesitz übernimmt und die Republik Österreich auf das gesetzliche Heimfallsrecht (§ 760 ABGB) verzichtet hat. In so einem Fall fehlt ein Rechtsträger, dem man eine wirtschaftliche Einheit zurechnen kann, daher kann kein Bescheid erlassen werden.

Ist ein wirtschaftlicher Eigentümer (Nutzer) der Liegenschaft eruierbar, so ist sie diesem steuerlich zuzurechnen.

Anmerkung zu GRUIS bei „Herrenlosigkeit“: Es ist eine Evidenzakte ohne Wertermittlung mit der Zustelladresse „Finanzamt“ anzulegen. Die vorgeschriebenen Beiträge sind abzuschreiben.

§ 21 BewG 1955

Zurechnungsfortschreibung – zwei Rechtsvorgänge in einem Gerichtsbeschluss

Zwei Rechtsvorgänge folgen aufeinander, zum Beispiel Erbfall im Jahre 2005 und Verkauf aus der Verlassenschaft 2006. Der Gerichtsbeschluss wird nur über den Verkauf erlassen. Im vorliegenden Beschluss sind weder der Todestag des Erblassers noch die Erben ersichtlich. Bei der Einheitsbewertung führen der Erbfall zu einer Zurechnungsfortschreibung zum 1.1.2006 und der Verkauf zu einer Zurechnungsfortschreibung zum 1.1.2007. Aufgrund der vorliegenden Daten kann die Zurechnungsfortschreibung zum 1.1.2006 nicht erledigt werden. Die Erhebung der Erben ist mit einem hohen Zeitaufwand verbunden.

1. Wie ist vorzugehen, wenn die Erben ermittelbar sind?
2. Wie ist vorzugehen, wenn das Erbrecht strittig ist und der Fall (oft jahrelang) gerichtsanhängig ist?

Zu Frage 1:

Die erforderlichen Erhebungen sind durchzuführen und der Erbanfall ist mittels Zurech-

nungsfortschreibungsbescheid zum 1.1.2006 zu erfassen. Das Erbe kann auch zugerechnet werden, wenn die Erben noch nicht eingeantwortet sind.

Nach dem Erkenntnis des VwGH v. 19.10.1948, 427/1948, steht die Tatsache, dass zu einem bestimmten Stichtag der Nachlass noch nicht eingeantwortet und somit das Eigentumsrecht für den Erben noch nicht begründet ist, einer Zurechnungsfortschreibung auf diesen Stichtag an den Erben als nunmehrigen Eigenbesitzer nicht entgegen. Unter Eigenbesitz ist der Besitz im Sinne des § 309 ABGB maßgebend.

Zu Frage 2:

Ist eine Erbschaft strittig, so ist die Einheit mit vorläufigem Bescheid dem Erben zuzurechnen, der den stärkeren Titel hat. Im Erbrechtsprozess ist das der Beklagte. Eine gegenteilige Entscheidung durch das Gericht wäre ein Wieder-aufnahmsgrund im Sinne des § 303 Abs. 1 lit. c BAO (Vorfragentatbestand).

§ 28 BewG 1955

Denkmalschutz

Bei Grundbesitz, dessen Erhaltung wegen seiner Bedeutung für Kunst, Geschichte oder Wissenschaft im öffentlichen Interesse liegt (insbesondere unter Denkmalschutz stehende Gebäude), ist für die Anwendung der Begünstigung des § 28 BewG 1955 Voraussetzung, dass die durchschnittlichen Erhaltungskosten die erzielten Einnahmen und sonstigen Vorteile übersteigen.

Was zählt zu den durchschnittlichen Erhaltungskosten, zu den erzielten Einnahmen und sonstigen Vorteilen? Wie sind die durchschnittlichen Erhaltungskosten zu ermitteln?

Da § 28 BewG auf die ganze wirtschaftliche Einheit anzuwenden ist, sind alle die wirtschaftliche Einheit betreffenden wirtschaftlichen Vorteile und Erhaltungskosten zu berücksichtigen.

Erhaltungskosten

Erhaltungskosten dienen dazu, ein Gebäude in einem ordnungsgemäßen Zustand zu erhalten. Bei regelmäßig in gewissen Zeitabständen wiederkehrenden notwendigen Ausbesserungen, durch die die Wesensart des Gebäudes nicht verändert wird, liegen Erhaltungskosten vor.

Beispiele für Erhaltungskosten:

- **Umdeckung des Daches, Ausbesserung der Dachrinne oder des Mauerwerkes, Erneuerung des Verputzes und des Anstriches, Instandsetzung schadhaft gewordener Türen und Fenster, sowie die Reparatur sanitärer Anlagen und der Elektroanlagen;**
- **Aufwendungen wie Kanalisationsbeitrag, eine Kanaleinmündungsgebühr oder ähnliche Zahlungen für den Anschluss eines bestehenden Gebäudes mit bereits vorhandenen Abwasserbeseitigungsanlagen (Senkgrube, Sickergrube, Kanal) an eine öffentliche Kanalisationsanlage;**
- **als Großreparatur zu bezeichnende Aufwendungen, die für die Erhaltung von Gebäuden aufgewendet werden und nicht jährlich erwachsen.**

Die Norm verlangt eine betragsmäßige Gegenüberstellung der erzielten Einnahmen und sonstigen Vorteile einerseits und der durchschnittlichen Erhaltungskosten andererseits. Vorteile müssen daher betragsmäßig quantifiziert werden. Alle Kosten sind zu berücksichtigen. Daher sind sogar beispielsweise die Kosten für die Erhaltung der Grünfläche, die Baumpflege, die Erhaltung der Zufahrt, soweit sie dem Eigentümer der wirtschaftlichen Einheit als Kosten anfallen in die Vergleichsrechnung mit einzubeziehen. Aufwendungen, die bei einer Vermietung im Regelfall auf den Mieter überwälzt werden, zählen zu den Erhaltungskosten iSd § 28 BewG 1955 (vgl. VwGH 28.10.1998, 98/14/0051).

Kosten einer Verbesserung durch Umbau zum Zwecke der Revitalisierung sind nicht Erhaltungskosten iSd § 28 BewG 1955 (VwGH 7.10.1983, 83/17/0156).

Werden Gebäude nicht nur erhalten, sondern darüber hinaus - allerdings ohne das Erhaltenswerte zu beeinträchtigen - verbessert, so sind die durchschnittlichen Erhaltungskosten zu ermitteln, die im Verbesserungsaufwand enthalten sind oder durch diesen substituiert werden.

Bei einer Generalreparatur ist bei der Ermittlung der durchschnittlichen Erhaltungskosten die Aufteilung derselben auf einen Zeitraum vorzunehmen, der der gewöhnlichen Nutzungsdauer dieser Erhaltungsmaßnahmen entspricht (VwGH 14.4.1986, 84/15/0005; VwGH 28.10.1998, 98/14/0051).

Im Allgemeinen kann bei der Ermittlung der durchschnittlichen Erhaltungskosten die Nutzungsdauer laut nachstehender Tabelle unterstellt werden:

Bauteil	**Nutzungsdauer**
Erdarbeiten u. Fundamente	**100**
Aufstrebendes Mauerwerk	**80**
Kamine u. Schornsteine	**80**
Decken u. Tragwerke	**80**
Treppen u. Liftanlagen (ohne bewegl. Teile)	**80**
Dachkonstruktion	**80**
Dachdeckung u. Entwässerung	**40**
Innenputze u. Leitungen	**40**
Außenputze u. Fassadenverkleidung	**40**
Fenster, Türen, Verglasung, Rollläden	**25**
Böden u. Estriche	**25**
Heizung u. Sanitärausstattung	**25**
Gärten u. Außenanlagen	**15**

Einnahmen und sonstige Vorteile

Zu den Einnahmen und sonstigen Vorteilen zählen insbesondere:

- **Mieteinnahmen (Mietzins ohne Betriebskosten): von Wohnungen, Geschäftslokalen, Garagenplätzen, Stellplätzen ua; unter den Voraussetzungen des § 16 Abs. 1 Z 3 MRG (wenn der Vermieter zur Erhaltung nach dem 8. Mai 1945 erhebliche Eigenmittel aufgewendet hat), ist der Hauptmietzins frei vereinbar; ebenfalls frei vereinbar ist der Mietzins bei Dachgeschossausbauten, die auf Grund einer nach dem 31. Dezember 2001 erteilten Baubewilligung neu errichtet worden sind (§ 1 Abs. 4 Z 2 MRG).**
- **Zuwendungen von Dritten (zB Bundesdenkmalamt);**
- **Einnahmen aus der Vermietung von Werbeflächen;**
- **Fiktiv erzielbare (Miet)einnahmen: Werden im konkreten Einzelfall, etwa weil keine Vermietung des Objektes erfolgt, keine Einnahmen erzielt, so sind auf Seiten der Vorteile die fiktiv erzielbaren (Miet)einnahmen anzusetzen (vgl. VwGH 14.4.1986, 84/15/0005; VwGH 28.10.1998, 98/14/0051). Beim Ansatz der fiktiv erzielbaren Mieteinnahmen ist ua. § 16 Abs. 1 Z 3 MRG zu beachten. Demnach ist ein Hauptmietzins in einem angemessenen Ausmaß zulässig. Es bestehen keine Bedenken, die ortsüblich erzielbaren Mieten in Anlehnung an den „Immobilienpreisspiegel" zu ermitteln (Rückfragen an den bundesweiten Fachbereich GVB).**

Aus Zweckmäßigkeitsgründen und auch dem Sinne des Gesetzes entsprechend, das ja eine dauernde Begünstigung solcher erhaltungswürdiger Gebäude beabsichtigt, erscheint es daher angebracht, nicht zu jedem Feststellungszeitpunkt umfangreiche Erhebungen über das Verhältnis von Einnahmen und Ausgaben anzustellen, sondern nach einer einmal erfolgten grundsätzlichen Prüfung die bereits gewährte Begünstigung des § 28 BewG 1955 zu einem späteren Feststellungszeitpunkt nur dann abzuerkennen, wenn sich in der Zwischenzeit grundlegende Änderungen in der Nutzung uÄ ergeben, wie dies zB im Umbau eines Schlosses in ein Hotel der Fall sein kann.

Bei älteren Gebäuden wird etwa alle 15 bis 25 Jahre eine umfassende Großreparatur erforderlich sein. Es kann sich daher ohne weiteres für den einzelnen (Haupt-)Feststellungszeitpunkt, in dem eine solche Großreparatur nicht anfällt, ein Überschuss an Einnahmen gegenüber den Erhaltungskosten ergeben, ohne dass die Begünstigung des § 28 BewG 1955 abzuerkennen ist.

§§ 30, 33, 51 BewG 1955

Vermögensart – landwirtschaftliches Wohngebäude

Frau A ist Alleineigentümerin eines landwirtschaftlichen Betriebes, den sie bewirtschaftet. Nunmehr wurde ein neues Wohnhaus errichtet. Laut Bauplan und Erklärung sind Frau A und ihr Lebensgefährte je zur Hälfte Besitzer dieses Wohnhauses; der dazugehörige Grund und Boden steht im Alleineigentum von Frau A.

Handelt es sich bei diesem bebauten Grundstück um ein sonstiges bebautes Grundstück im Rahmen des landwirtschaftlichen Betriebes (§ 33 Abs.2 BewG 1955) oder um Grundvermögen, da die Eigentumsverhältnisse nicht ident sind?

Wr. Verf.
LuF
BWR

Ein Gebäude ist nach ABGB unselbständiger Bestandteil von Grund und Boden. Grundsätzlich teilt das Gebäude das Schicksal des Grund und Bodens. Eine Ausnahme zu dieser Regelung ist in § 51 Abs. 3 BewG 1955 normiert (Gebäude auf fremdem Grund und Boden).

Ein derartiges Gebäude ist demjenigen als wirtschaftlichen Eigentümer zuzurechnen, der insbesondere durch vertragliche Vereinbarungen den zivilrechtlichen Eigentümer des Grund und Bodens von der Ausübung seines Eigentumsrechts ausschließen kann.

Zur Beurteilung dieses Sachverhalts ist daher als Vorfrage zu klären, ob es sich überhaupt um ein Gebäude auf fremdem Grund und Boden (§ 51 Abs. 3 BewG 1955) handelt. Diesbezüglich sind die vertraglichen Vereinbarungen maßgebend (zB Superädifikatsvertrag).

Fall 1: Gebäude auf fremdem Grund und Boden liegt vor.

- **Das Wohngebäude ist, auch wenn es der Betriebsinhaberin als Wohnung dient, iSd § 51 Abs. 3 BewG 1955 als eigene wirtschaftliche Einheit des Grundvermögens zu bewerten und den Eigentümern (Frau A und Lebensgefährte) anteilsmäßig zuzurechnen.**
- **Der zugehörige Grund und Boden ist als unbebautes Grundstück als eigene wirtschaftliche Einheit des Grundvermögens zu erfassen und der Eigentümerin (Frau A) zuzurechnen.**
- **Die Zusammenrechnung der Wirtschaftsgüter gemäß § 24 BewG 1955 ist nicht möglich, da diese Bestimmung nur bei Ehegatten, die im gemeinsamen Haushalt leben, zur Anwendung kommen kann.**

Fall 2: Gebäude auf fremdem Grund und Boden liegt nicht vor.

- **Das Wohngebäude ist der Eigentümerin (Frau A) des Grund und Bodens zuzurechnen und gemäß §§ 30 Abs. 1 iVm 33 Abs. 1 BewG 1955 (Wohnungswert) im Rahmen des landwirtschaftlichen Betriebes zu bewerten, sofern es der Betriebsinhaberin als Wohnung dient. Der übersteigende Wohnungswert ist als sonstig bebautes Grundstück gemäß § 33 Abs. 2 BewG 1955 als Grund-**

vermögen zu bewerten. Der dazugehörige Grund und Boden ist unverändert mit dem durchschnittlichen landwirtschaftlichen Hektarsatz gemeinsam mit dem landwirtschaftlichen Betrieb zu bewerten.

§§ 30, 40 BewG 1955

Mostbuschenschank

Ein Landwirt betreibt eine 5 ha große Landwirtschaft und errichtet zum Zwecke des Mostbuschenschankes ein Gebäude oder baut ein bestehendes Gebäude dafür um. Ertragsteuerlich werden die Einkünfte daraus im Rahmen der Einkünfte aus Land- und Forstwirtschaft berücksichtigt.

Wie sind diese Räumlichkeiten zu bewerten?

Obstbau

Obstbau gehört gem. § 30 Abs. 1 BewG 1955 zum landwirtschaftlichen Vermögen.

Bewertung des Intensivobstbaus und des Streuobstbaus:

Gemäß § 36 Abs. 2 BewG 1955 ist Obstbau nicht als regelmäßig iSd § 36 Abs. 1 BewG 1955 anzusehen. Der Obstbau ist daher bei der Ermittlung des landwirtschaftlichen Vergleichswertes gesondert zu berücksichtigen.

In Anwendung des § 40 BewG 1955 ist für Intensivobstbau ein Zuschlag zu ermitteln; dies gilt nicht für den Streuobstbau (geltende Bewertungsrichtlinie für Obstbau).

Mostbuschenschank

Maßgeblich für die Abgrenzung zum gewerblichen Buschenschank sind die in § 40 BewG 1955 zitierten Bestimmungen der Gewerbeordnung 1994 (GewO 1994):

- **§ 2 GewO 1994**

  Dieses Bundesgesetz ist – unbeschadet weiterer ausdrücklich angeordneter Ausnahmen durch besondere bundesgesetzliche Vorschriften – auf die in den nachfolgenden Bestimmungen angeführten Tätigkeiten nicht anzuwenden:

  den Buschenschank (Abs. 9);

- **Abs. 9**

  Unter Buschenschank im Sinne dieses Bundesgesetzes (Abs. 1 Z 5) ist der buschenschankmäßige Ausschank von Wein und Obstwein, von Trauben- und Obstmost und von Trauben- und Obstsaft sowie von selbstgebrannten geistigen Getränken durch Besitzer von Wein- und Obstgärten, soweit es sich um deren eigene Erzeugnisse handelt, zu verstehen; im Rahmen des Buschenschankes ist auch die Verabreichung von kalten Speisen und der Ausschank von Mineralwasser und kohlensäurehältigen Getränken zulässig, jedoch nur unter der Voraussetzung, daß diese Tätigkeiten dem Herkommen im betreffenden Bundesland in Buschenschenken entsprechen. Die Verabreichung von warmen Speisen auf Grund dieser Ausnahmebestimmung ist nicht zulässig.

- **§ 111 Abs. 2 GewO 1994**

Keiner Gewerbeberechtigung für das Gastgewerbe bedarf es für

Z 5

die Verabreichung von Speisen und den Ausschank von Getränken nach Maßgabe des § 143 Z 7 der Gewerbeordnung 1994 in der Fassung vor dem In-Kraft-Treten der Novelle BGBl. I Nr. 111/2002, wenn die Verabreichung von Speisen und der Ausschank von Getränken im Zusammenhang mit der Ausübung des Buschenschankes (§ 2 Abs. 9) erfolgt;

- **§ 143 GewO 1994**

  Kein gebundenes Gewerbe gemäß § 124 Z 8 ist

  Z 7

  die Verabreichung von gebratenen, gegrillten oder gesottenen Würsten, gebratenem oder gegrilltem Fleisch (ausgenommen Innereien) von Rindern und Schweinen, gegrilltem Geflügel und Fisch, Pommes frites, Fleisch und Wurstsalaten, Fleisch und Wurstmayonnaisesalaten, Brotaufstrichen, belegten Brötchen, üblichen kalten Beigaben, wie Essiggemüse, Mayonnaise, Senf, Kren, Brot und Gebäck, in einfacher Art, und von vorverpackt angeliefertem Speiseeis sowie der Ausschank von Milchmischgetränken, anderen nichtalkoholischen kalten Getränken und Flaschenbier, wenn hiebei nicht mehr als acht Verabreichungsplätze (zum Genuß von Speisen oder Getränken bestimmte Plätze) bereitgestellt werden. Die Beschränkung auf die Bereitstellung von nicht mehr als acht Verabreichungsplätzen gilt nicht, wenn die Verabreichung von Speisen und der Ausschank von Getränken in dem in dieser Ziffer festgelegten Umfang im Zusammenhang mit der Ausübung des Buschenschankes (§ 2 Abs. 9) erfolgt;

- **§ 2 Abs. 4 GewO 1994**

  Unter Nebengewerbe der Land- und Forstwirtschaft im Sinne dieses Bundesgesetzes (Abs. 1 Z 2) sind zu verstehen:

  Z 1

  die Verarbeitung und Bearbeitung überwiegend des eigenen Naturproduktes unter der Voraussetzung, daß der Charakter des jeweiligen Betriebes als land- und forstwirtschaftlicher Betrieb gewahrt bleibt; die Be- und Verarbeitung kann auch durch einen befugten Gewerbetreibenden im Lohnverfahren erfolgen; der Wert der allenfalls mitverarbeiteten Erzeugnisse muß gegenüber dem Wert des bearbeiteten oder verarbeiteten Naturproduktes untergeordnet sein;

Weiters sind bei der Bewertung und Abgrenzung zum Gewerbebetrieb die Bestimmungen des § 30 Abs. 9 bis 12 BewG 1955 (Zukauf) zu beachten.

Bewertung des landwirtschaftlichen Mostbuschenschankes

- **Für Stichtag vor dem 1.1.2002 ist der Mehrertrag aus Mostbuschenschank sowie aus Be- und Verarbeitung (Büfett) grundsätzlich mit einem Zuschlag nach § 40 BewG 1955 zu berücksichtigen.**
- **Für Stichtag ab dem 1.1.2002 ist gemäß § 40 Z 1 lit. c BewG 1955 iVm § 86 Abs. 7 BewG 1955 der Mehrertrag aus Mostbuschenschank nicht mehr gesondert zu erfassen.**

Gebäude- und Gebäudeteile, die dem Mostbuschenschank im Rahmen eines landwirtschaftlichen Betriebes dienen, sind daher im Einheitswert miterfasst und nicht gesondert zu bewerten.

Bei der Bewertung des Obstbaus und Abgrenzungsfragen zum Mostbuschenschank ist jedenfalls der/die zuständige FachexpertenIn (BodenschätzerIn) des bundesweiten Fachbereiches GVB einzubinden.

§§ 30, 46, 52 BewG 1955

Vermögensart – Grundbesitz von Wassergenossenschaften

Wie ist der Grundbesitz von Wassergenossenschaften zu bewerten?

Handelt es sich dabei um landwirtschaftliches Vermögen oder um Grundvermögen?

Entscheidungswesentlich ist, ob die betroffenen Flächen (noch) einem landwirtschaftlichen (forstwirtschaftlichen) Hauptzweck (§§ 30 und 46 BewG 1955) dienen oder nicht.

Wenn eine gegendübliche Bewirtschaftung im Rahmen der Land- und Forstwirtschaft erfolgt, liegt land- und forstwirtschaftliches Vermögen vor.

Etwaige Gebäude der Wassergenossenschaft und Flächen, die keinem land- und forstwirtschaftlichen Hauptzweck dienen (zB eingefriedete Flächen mit Hochbehälter) sind dem Grundvermögen zuzurechnen (§ 52 Abs. 1 BewG 1955).

Grundsteuerbefreiung bei Kläranlagen uÄ

Gemäß § 2 Z 9 lit. d GrStG 1955 ist für die im Interesse der Ordnung und Verbesserung der Wasser- und Bodenverhältnisse unterhaltenen Einrichtungen der Gebietskörperschaften, der Wassergenossenschaften und der Wasserverbände, sowie sonstige der wasserrechtlichen Bewilligung unterliegende Schutz- und Regulierungswasserbauten (§§ 41 bis 44 und 73 bis 97 des Wasserrechtsgesetzes 1959, BGBl. Nr. 215) keine Grundsteuer zu entrichten.

§§ 30, 52 BewG 1955

Vermögensart, leer stehende Gebäude

Ein landwirtschaftlicher Betrieb ist zur Gänze auf Dauer verpachtet. Der Stall und die sonstigen Nebengebäude verbleiben beim Verpächter und stehen leer.

Sind diese Gebäude im Grundvermögen (zB als Abstellräume) zu erfassen?

Durch die Verpachtung der landwirtschaftlichen Grundflächen ist der wirtschaftliche Zusammenhang zwischen dem nicht verpachteten Gebäude und dem verpachteten Betrieb unterbrochen (vgl. VwGH 27.11.1969, 669/68; VwGH 96/15/0157, 10.9.1998).

Jedenfalls sind Gebäude- und Gebäudeteile, die auf Dauer keinem land- und forstwirtschaftlichen Hauptzweck mehr dienen, dem Grundvermögen zuzuordnen. Dies trifft insbesondere dann zu, wenn Gebäude- und Gebäudeteile eines ehemaligen land- und forstwirtschaftlichen Betriebes für private Zwecke (zB Wohnraum, Abstellraum, Garage) oder gewerbliche Zwecke (zB Lagerhalle) genutzt werden.

Wenn nach den gegebenen Verhältnissen, insbesondere mit Rücksicht auf die bestehenden Verwertungsmöglichkeiten, anzunehmen ist, dass dauernd leer stehende Gebäude oder Gebäudeteile in absehbarer Zeit anderen als landwirtschaftlichen und forstwirtschaftlichen Zwecken dienen werden, sind sie – in entsprechender Anwendung des § 52 Abs. 2 BewG 1955 – aus dem landwirtschaftlichen Vermögen auszuschließen.

Sind Gebäude oder Gebäudeteile aus dem land- und forstwirtschaftlichen Vermögen auszuscheiden, so sind auch allfällige damit zusammenhängende Grundstücksflächen (insbesondere Hausgärten oder Lagerplätze) auszuscheiden (vgl. VwGH 96/15/0157, 10.9.1998).

Der Nachweis des geringeren gemeinen Wertes gemäß § 53 Abs. 10 BewG 1955 ist auf Antrag (durch Gutachten) möglich.

§ 53 Abs. 5 BewG 1955

Tiefgaragen bei Mietwohngrundstücken

Die Tiefgarage unter einem Wohnblock wird mit 20 Autostellplätzen parifiziert (je ca. 12 m² = gesamt 240 m²); weiters besteht eine Fahrfläche von 275 m² als Allgemeinfläche, die nicht parifiziert wird.

Sind bei der Bewertung des „Mietwohngrundstückes" nur die parifizierten Autostellplätze oder zusätzlich auch die gesamte allgemeine Fahrfläche als Garagennutzfläche zu betrachten?

Garagenflächen sind gemäß § 53 Abs. 5 BewG 1955 in die Nutzfläche einzubeziehen; es ist somit die gesamte Garagenfläche (parifizierte und nichtparifizierte Flächen) zu bewerten.

§ 53 Abs. 6 BewG 1955

Bewertungsstichtag bei neu errichteten Gebäuden

Beim Finanzamt wurden im Jahr 2006 Mitteilungen der Gemeinden betreffend Neubauten und bauliche Veränderungen eingebracht. Von der Gemeinde wurden die Benützungsbewilligungen für diese Gebäude in den Jahren 1987 bzw. 1991 erteilt.

Zu welchem Stichtag ist die Bewertung jeweils durchzuführen? Ist eine Bewertung mit Stichtag 1.1.2006 möglich, da die Mitteilungen erst im Jahre 2006 dem Finanzamt übermittelt wurden?

Im Sinne des § 53 Abs. 6 BewG 1955 ist das Baujahr das Jahr der ersten tatsächlichen Benützung oder Vermietung des Gebäudes oder Gebäudeteiles. Wurde vor diesem Zeitpunkt die Benützung durch die Behörde für zulässig erklärt (zB Fertigstellungsanzeige, Benützungsbewilligung), gilt dieses Kalenderjahr als Baujahr.

Die geänderten Feststellungsbescheide sind daher grundsätzlich mit Stichtag 1.1.1988 bzw. 1.1.1992 zu erlassen.

Es bestehen jedoch keine Bedenken, Einheitswertbescheide rückwirkend auf jenen Stichtag zu erlassen, der für die Geltendmachung von Abgabenansprüchen von Bedeutung ist.

Verjährungsfristen gemäß § 28b GrStG 1955

- **Soweit § 209 BAO (Unterbrechung, Hemmung der Verjährung) nicht zur Anwendung kommt, beträgt die Verjährungsfrist die Grundsteuer festzusetzen, 5 Jahre;**
- **im Falle der Hinterziehung beträgt die Frist 10 Jahre;**
- **die absolute Verjährungsfrist beträgt 15 Jahre.**

Die Verjährung beginnt mit Ablauf des Jahres, in dem der Abgabenanspruch entstanden ist, zu laufen.

Beispiel:

Die Grundsteuer für das Jahr 2002 verjährt im Normalfall mit Ablauf des Jahres 2007 (5 Jahresfrist).

Verjährte Stichtage

Wenn eine Festsetzung aller abgeleiteten Abgaben wegen Eintritts der Bemessungsverjährung nicht mehr zulässig ist (vgl. Kommentar Ritz, § 186 Rz 2, siehe auch § 207 Rz 8) ist auch die Erlassung von Einheitswertbescheiden (Fortschreibungsbescheiden) für verjährte Stichtage entbehrlich. Es wird daher empfohlen, bei Fortschreibungen von Amts wegen auf die Verjährungsbestimmungen Bedacht zu nehmen.

§ 53 Abs. 6 BewG 1955

AfA bei Generalsanierung, Baujahr

Ein altes Gebäude wird generalsaniert. Es bleiben teilweise nur die Außenmauern bestehen. Auch neue Decken werden eingezogen. Der Keller wird nicht saniert.

Mit welchem Baujahr ist das Gebäude zu erfassen? Mit welchem Baujahr ist der Keller zu erfassen, wenn er nicht saniert/saniert wird?

Die Durchführung einer Generalreparatur alleine rechtfertigt nicht die Annahme eines jüngeren Baujahres als des tatsächlichen Gebäudealters. Werden jedoch überwiegend tragende Gebäudeteile und Decken entfernt, kommt die Baumaßnahme einem Neubau gleich. Die Ermittlung eines Durchschnittsbaujahres ist im Gesetz nicht vorgesehen.

Beispiel:

Um- und Ausbau eines ehemaligen Wirtschaftsgebäudes zu einem Wohngebäude

Da im ggst Falle nur die Außenmauern bestehen geblieben sind, kommt die Baumaßnahme einem Neubau gleich.

§§ 53 Abs. 7 lit. a, 56 BewG 1955

Mietzinsbeschränkungen

Anhand von vorgelegten Mietzinslisten bzw. Mietverträgen wird die Kürzung gemäß § 53 Abs. 7 lit. a BewG 1955 beantragt; ersichtlich sind Begriffe wie zB Hauptmietzins § 45 MRG; fixe Kategoriemiete; Richtwertmietzins; freier Mietzins; freie Vereinbarung (frei vereinbarter Mietzins). Baurechtsgeber ist das Land; Baurechtsnehmer ist eine Wohnbaugesellschaft. Die Wohnungen sind seit 1997 parifiziert; einige Wohnungen wurden mittels Baurechtskauf- und Wohnungseigentumsvertrag verkauft; die restlichen Wohnungen sind noch im Eigentum der Wohnbaugesellschaft und vermietet. Laut Mietvertrag handelt es sich um geförderte Wohnungen nach dem Wohnbauförderungsgesetz – es gelten die Bestimmungen des Mietrechtsgesetzes und des Wohnungsgemeinnützigkeitsgesetzes (WGG).

Aufgrund von Fördermitteln des Landes (Sanierungsdarlehen) ist ein beschränkter Mietzins nur für die Dauer des Darlehens (15 Jahre) möglich.

1. Welche gesetzlichen Beschränkungen des Mietzinses bewirken eine Kürzung nach § 53 Abs. 7 lit. a BewG 1955?
2. Ist es entscheidend, ob der Errichter (Vermieter) eine gemeinnützige Gesellschaft ist?
3. Wie verhält es sich bei Mietkaufwohnungen und wie ist bei beschränkten Mietzinsen nach Landeswohnbauförderungsgesetzen vorzugehen?

Zu Frage 1:

Ganz allgemeine Beschränkungen des Mietzinses, zB WucherG, sind nicht als gesetzliche Beschränkung des Mietzinses anzusehen.

Was sonst als ein durch gesetzliche Vorschriften beschränkter Mietzins gilt, ist nach dem Stand der Gesetzgebung von 1978 zu beurteilen, aus der die geltende Fassung des § 53 Abs. 7 lit. a BewG 1955 stammt.

Alle gesetzlichen Beschränkungen des Mietzinses, die wirtschaftlich zu einem negativen Ertragswert führen, sind als solche gesetzlichen Beschränkungen zu verstehen.

Dazu gehören:

- **ein Friedenskronenzins,**
- **ein Kategoriemietzins nach dem Mietrechtsgesetz (MRG) 1982,**
- **ein Nutzungsentgelt bei gemeinnützigen Wohnungsunternehmungen oder**

- **ein Entgelt nach landesgesetzlichen Wohnbauförderungen,**

wenn diese Zinse tatsächlich entrichtet werden.

Dagegen sehen die „angemessenen Mietzinse" nach dem Richtwertgesetz (RichtWG), BGBl. Nr. 800/1993, die ab 1995 gelten, einen kalkulatorischen Gewinn vor und sie werden jährlich unabhängig von der Gesetzgebung in ihrem Wert angepasst. Wirtschaftlich stellen sie die Untergrenze der frei vereinbarten Mietzinse dar.

Bei der Ermittlung der Kürzung nach § 53 Abs. 7 lit. a BewG 1955 gelten folgende Wohnungen (auch bei allfälliger Mietzinsbeschränkung) als nicht mietzinsbeschränkt:

- **Eigentumswohnungen,**
- **eigengenutzte Wohnungen,**
- **Hausbesorgerwohnungen,**
- **leer stehende Wohnungen und**
- **Wohnungen mit frei vereinbarter oder angemessener Miete nach dem Richtwertgesetz.**

Der Abschlag kommt nur in Betracht, soweit ein solcher Mietzins entrichtet wird (UFSW 7.10.2004, RV/2731-W/02). Kein Abschlag ist daher für Eigentümerwohnungen und bei leer stehenden Wohnungen zu gewähren. Das Freiwerden von Wohnungen kann daher zu Wertfortschreibungen führen.

Das Ausmaß des Abschlages richtet sich nach dem Anteil der betroffenen Flächen an der gesamten nutzbaren Fläche. Bei der Ermittlung des Anteiles sind die Wohnräume mit ihrer tatsächlichen nutzbaren Fläche, die gewerblichen oder öffentlichen Zwecken dienenden Räume nur mit ihrer halben Fläche anzusetzen.

Zu Frage 2:

Das in Häusern gemeinnütziger Wohnungsgesellschaften zu entrichtende Benützungsentgelt gilt stets als ein durch gesetzliche Vorschriften beschränkter Mietzins (VwGH 13.9.1979, 2941/78).

Zu Frage 3:

Werden Genossenschaftswohnungen parifiziert und an Interessenten abverkauft, so ist für diese Eigentumswohnungen kein Abschlag zu gewähren.

Wird im Rahmen der landesgesetzlichen Wohnbauförderung über 15 Jahre ein Nutzungsentgelt entrichtet, so entfällt nach Ablauf dieser Frist dieser Abschlag, weil die Beschränkung erlischt.

§ 56 Abs. 3 iZm § 21 Abs. 1 Z. 1 lit. b BewG 1955

Baurecht

Die Restdauer eines Baurechts beträgt zum Stichtag 1.1.2005 weniger als 50 Jahre. Aufgrund der Bestimmung des § 56 BewG 1955 ist der Gesamtwert auf den Grund und Boden und auf die Gebäude nach dem Verhältnis der gemeinen Werte zu verteilen. Die Zurechnung erfolgt gem. § 56 Abs. 3 Z. 1 BewG 1955.

Die Berechnung zum 1.1.2005 ergibt:

- Bei der wirtschaftlichen Einheit des Baurechtsgebers werden die Wertfortschreibungsgrenzen des § 21 BewG 1955 erreicht. Es kommt zu einer Wertfortschreibung.
- Bei der wirtschaftlichen Einheit des Baurechtsnehmers werden die Wertfortschreibungsgrenzen nicht erreicht.

§ 21 BewG 1955 normiert die Wertfortschreibungsgrenzen. § 56 BewG 1955 bestimmt, mit welchem Anteil der Wert der Gebäude und der Anteil des Baurechts am Wert des Grund und Bodens dem Bauberechtigtem zuzurechnen sind.

Ist eine Wertfortschreibung durchzuführen, auch wenn die Wertfortschreibungsgrenzen des § 21 BewG 1955 nicht erreicht werden?

Wertschwellen sind die Konsequenz der Fortschreibungsgrenzen des § 21 Abs. 1 Z 1 BewG 1955. Die Nichtdurchführung von Wertfortschreibungen ergibt sich aus den Wertgrenzen des § 21 BewG 1955.

Die im § 21 Abs. 1 BewG 1955 normierten Wertgrenzen gelten gem. Abs. 2 der Bestimmung nicht, wenn für einen Teil des Bewertungsgegenstandes ein Grund für eine Abgabenbefreiung (zB Grundsteuerbefreiung) eintritt oder wegfällt.

4/18.

Bundessteuertagung Gebühren und Verkehrsteuern – Ergebnisse 2007

(Information des Bundesministeriums für Finanzen vom 14. Mai 2009, BMF-010206/0167-VI/5/2009)

1. Bewertung

1.1 §§ 10 und 13 Abs. 2 BewG 1955 – Gemeiner Wert (Wiener Verfahren)

Sachverhalt:

Eine Holding GmbH hält als einzige Vermögenswerte Beteiligungen an anderen Firmen. Vorwiegend sind dies Aktien an einer börsenotierten AG, welche durch Fremdfinanzierung (Fremdwährungskredit) erworben wurden. Der Gesellschafter der Holding GmbH bringt seine Anteile an der Holding in eine Privatstiftung ein.

Fragestellung:

1) Ist die Bewertung der Anteile an der Holding GmbH nach dem Wiener Verfahren zu berechnen oder der Wert der börsenotierten Aktien als gemeiner Wert anzusetzen?

2) Sind bei der Berechnung des gemeinen Wertes nach dem Wiener Verfahren die Zinsen für die Fremdwährungskredite dazuzurechnen?

3) Wie sind die erzielten Kursgewinne bei den Fremdwährungskrediten zu behandeln?

Lösung:

Nach der Judikatur des VwGH (vgl. VwGH 17.02.1992, 90/15/0153) ergibt sich der gemeine Wert einer Holding aus dem gemeinen Wert einer allfälligen Eigentätigkeit zuzüglich der Summe der gemeinen Werte des Beteiligungsbesitzes (Kaskadeneffekt).

Im ersten Schritt sind daher bei der Bewertung der Eigentätigkeit der Holding nach dem Wiener Verfahren bei der Ermittlung des Vermögenswertes der Holding der Beteiligungsbesitz und allfällige damit im Zusammenhang stehende Schulden und bei der Ermittlung des Ertragswertes der Holding die Beteiligungserträge und die Zinsen für damit im Zusammenhang stehende Schulden nicht zu berücksichtigen. Folgerichtig sind sämtliche Aufwendungen und Erträge (etwa Kursgewinne oder Kursverluste bei Fremdwährungsfinanzierung) iZm den Beteiligungen bei der Bewertung der Eigentätigkeit der Holding unberücksichtigt zu belassen. Der so ermittelte gemeine Wert der Eigentätigkeit kann – wie jeder sonst ermittelte gemeine Wert – nicht kleiner Null sein bzw. kommen die Mindestansätze, wie zB die Mindestbeteiligung mit 40% des (um den Beteiligungsbesitz gekürzten) Vermögenswertes bei Verlustaussichten zum Ansatz.

Im zweiten Schritt ist der gemeine Wert des Beteiligungsbesitzes, der wieder mit dem Kurswert anzusetzen oder aus Verkäufen abzuleiten oder nach dem Wiener Verfahren zu schätzen ist, zum gemeinen Wert der Eigentätigkeit zu addieren.

1.2 § 5 GrEStG 1987 (§ 14 BewG 1955) – Abzinsung Wohnbauförderungsdarlehen

Sachverhalt:

Der Kaufpreis eines Anwartschaftsvertrages über den Erwerb von Wohnungseigentum ist als Fixpreis gestaltet. Die Berichtigung des Kaufpreises erfolgt unter anderem durch die Übernahme eines niedrig verzinslichen Landesdarlehens.

Im nachfolgenden Kauf- und Wohnungseigentumsvertrag oder einer gesonderten Urkunde, die dem FA nicht bekannt ist, wird das Darlehen auf die einzelnen Miteigentumsanteile aufgeteilt. Das anteilige Darlehen wird als Belastung beim Miteigentumsanteil eingetragen.

Der Erwerber hat die gesetzlichen Voraussetzungen für die Übernahme des Wohnbauförderungsdarlehens zu erfüllen.

Fragestellung:

Ist im Hinblick auf das Erkenntnis des VwGH vom 28. Juni 2007, 2007/16/0028, eine Abzinsung vorzunehmen?

Lösung:

Als Gegenleistung ist der vereinbarte nominale Kaufpreis maßgebend. Im Falle der Veräußerung gegen einen festen Kaufpreis kommt eine Abzinsung gemäß § 14 Abs. 3 BewG 1955 nicht in Betracht. Eine unverzinsliche oder niedrig verzinsliche Schuld ist nur dann abzuzinsen, wenn eine schon aus einem anderen Grund bestehende Forderung anstelle oder als Teil des Kaufpreises abtretungsweise oder wenn eine schon bestehende Schuld übernommen wird.

Wird ein fester Kaufpreis vereinbart und in Anrechnung auf diesen eine unverzinsliche oder niedrig verzinsliche Schuld übernommen, ist eine Abzinsung ausgeschlossen, weil gemäß § 5 GrEStG 1987 die Gegenleistung der vereinbarte nominale Kaufpreis ist. Verpflichtet sich der Erwerber des Grundstückes dem Verkäufer gegenüber eine Schuld zu übernehmen und den vereinbarten Kaufpreis zu zahlen, so ist eine Schuldübernahme eine sonstige Leistung, wenn sie ohne Anrechnung auf den Kaufpreis erbracht wird. Als sonstige (zusätzliche) Leistung übernommene Darlehen bilden die bzw. einen Teil der Gegenleistung.

1.3 § 16 BewG 1955 – Kapitalisierung von Fruchtgenussrechten an Gesellschaften

Sachverhalt:

Bei der Übertragung von Anteilen an Gesellschaften unter Vorbehalt des Fruchtgenussrechtes durch den Übergeber ist das Fruchtgenussrecht nach den Bestimmungen des § 16 BewG 1955 zu bewerten.

Als Jahreswert ist dabei der ausschüttungsfähige Gewinn zugrunde zu legen und – soweit das Fruchtgenussrecht bis zum Ableben des Berechtigten vereinbart wurde – mit dem Barwertfaktor entsprechend der Lebenserwartung des Fruchtgenussberechtigten zu kapitalisieren.

Dabei ergibt sich in der Regel ein Wert des Fruchtgenussrechtes, der zB den gemeinen Wert des übertragenen Gesellschaftsanteiles übersteigt.

Bei der Kapitalisierung von Unternehmenserträgen wird berücksichtigt, dass ein Unternehmen durch den wirtschaftlichen Wettbewerb einem höheren Risiko ausgesetzt ist. Das Wiener Verfahren berücksichtigt das Unternehmerrisiko – und andere Umstände wie geringere Mobilität udgl. – durch die Wahl eines Zinssatzes von 9%.

Fragestellung:

Kann bei der Kapitalisierung von Fruchtgenussrechten an Gesellschaften gemäß § 16 BewG 1955 ein Abzinsungsfaktor von zB 9% wie beim Wiener Verfahren angewendet werden?

Lösung:

Für die Bewertung gemäß §§ 14 – 16 BewG 1955 ist der für die Abzinsung anzuwendende Zinssatz mit 5,5% gesetzlich vorgegeben. Für Zwecke der Kapitalisierung von Rechten kann daher kein anderer Zinssatz herangezogen werden.

Das Wiener Verfahren ist eine Schätzungsmethode zur Bewertung von Gesellschaftsanteilen. Die Schätzungsmethode ist allerdings nicht normiert. § 13 BewG 1955 ordnet lediglich an, dass bei der Schätzung von Gesellschaftsanteilen das Vermögen und die Ertragsaussichten zu berücksichtigen sind. Hierbei ist auch zu beachten, dass dann, wenn Gesellschaftsanteile gegen Zurückbehaltung eines Fruchtgenussrechtes übergeben werden und der Übergeber sich auch das Stimmrecht hinsichtlich dieser Anteile zurückbehält, der Übergeber wirtschaftlicher Eigentümer der Anteile bleibt (vgl. VwGH 26.06.2003, 2000/16/0377).

Eine Verfügungsbeschränkung rechtfertigt bei der Bewertung von Gesellschaftsanteilen im Hinblick auf § 10 Abs. 2 BewG 1955 keine Wertminderung, wenn sie von den betroffenen Personen selbst vereinbart wurde und von ihnen auch jederzeit wieder aufgehoben werden kann (vgl. VwGH 29.06.1984, 82/17/0169).

2. Erbschafts- und Schenkungssteuer

(nicht abgedruckt)

3. Gebühren

(abgedruckt unter 5/2/2.)

4. Grunderwerbsteuer

(abgedruckt unter 7/4.)

5. Kapitalverkehrsteuer und Umgründung

(nicht abgedruckt)

6. Verfahrensrecht

(abgedruckt unter 5/2/2. [6.1] und 7/4. [6/2])

4/19.

Kundmachung des Bundesministers für Finanzen betreffend Ergebnisse der Schätzung von Bundesmusterstücken (Überprüfung der Musterstücke gemäß § 2 Abs. 1 Bodenschätzungsgesetz 1970)

(Erlass des BMF vom 25.09.2020, 2020-0.611.973, BMF-AV Nr. 146/2020)

(Kundmachung des BM für Finanzen vom 7. August 2020, GZ. 2020-0.179.796, betreffend Ergebnisse der Schätzung von Bundesmusterstücken – 7. Teilkundmachung, verlautbart im Amtsblatt zur Wiener Zeitung am 19./20. September 2020)

Nach den Bestimmungen des § 5 Abs. 6 Bodenschätzungsgesetz 1970 (BoSchätzG 1970) wird kundgemacht, dass das Bundesmusterstück Nr. 103 in Greith (1. Teilkundmachung) infolge Verwaldung dieser Fläche und das Bundesmusterstück Nr. 104 in St. Veit am Vogau (1. Teilkundmachung) infolge Verbauung dieser Fläche der landwirtschaftlichen Nutzung entzogen wurden und somit als Vergleichsflächen der Bodenschätzung nicht mehr geeignet sind.

Gemäß § 5 Abs. 5 BoSchätzG 1970 werden nach Beratung im Bundesschätzungsbeirat in der nachstehenden Zusammenstellung die Ergebnisse der Schätzung von zwei neuen Bundesmusterstücken im Bereich des Bundeslandes Steiermark kundgemacht. Die gemäß § 8 Abs. 1 BoSchätzG 1970 ermittelten Wertzahlen, es sind dies die Boden- und Ackerzahlen für das Ackerland (§ 8 Abs. 2) und die Grünlandgrund- und Grünlandzahlen für das Grünland (§ 8 Abs. 3), erhalten durch diese Kundmachung rechtsverbindliche Kraft. Die Wertzahlen werden in den Spalten 15 und 18 der Zusammenstellung ausgewiesen. Hinsichtlich der grundsätzlichen Ausführungen zur Überprüfung der Musterstücke gemäß § 2 Abs. 1 BoSchätzG 1970 sowie der näheren Erläuterungen zu den einzelnen Feststellungen und Daten der nachstehenden Zusammenstellung wird auf die 1. Teilkundmachung der Ergebnisse der Schätzung von Bundesmusterstücken (BMF-GZ 08 5505/1-IV/8/97, Amtsblatt zur Wiener Zeitung vom 4. Dezember 1997*) verwiesen.

* AÖFV Nr. 270/1997

Die folgende Zusammenstellung der Bundesmusterstücke ist Bestandteil dieser Kundmachung.

Zusammenstellung Bundesmusterstücke

Lfd. Nr.	Finanzamtsbereich Gerichtsbezirk	Ortsgemeinde Katastralgemeinde	Grundstücksnummer	Landwirtschaftliches Vergleichsgebiet	Seehöhe in m	Regionalklima						Kulturart	Klasse	Boden- bzw. Grünlandgrundzahl	Einflüsse auf die Ertragsfähigkeit		Acker- bzw. Grünlandzahl	Bemerkungen (Bodentyp / Ausgangsmaterial / Relief u.a.)
						Jahresmitteltemperatur in °C	14-Uhr-Temperatur April bis August in °C	Wärmesumme in °C	Klimastufe nach Temperatur und Wärmesumme	Klimatische Wasserbilanz (K- und T-Wert)	Jahresniederschlag in mm				Abweichungen bzw. Besonderheiten	+/-%		
1	2	3	4	5	6	7	8	9	10	11	12	13	14	15	16	17	18	19
									Im Bundesland Steiermark									
180	Deutschlandsberg Leibnitz Voitsberg, Leibnitz	St. Veit in der Südsteiermark, St. Veit am Vogau	2043	703	275	9,3	20,6	3575	a1 / a2	65 / 4	883	A	sL 1 D	80	Klima (sL) Klimatische Wasserbilanz Nebel	+10 +4 -2	90	Lockersedimentbraunerde, kalkfrei / Staublehmkolluvium / Hochterrasse
181	Deutschlandsberg Leibnitz Voitsberg, Leibnitz	Kitzeck im Sausal Greith	289/1	702	490	9,2	18,8	3220	a3 / a2	54 / 2	965	GrHu	lS/Gz III a 3⁻	27	Gelände SSO 26° wellig Waldschatten Verbuschung		10 Hu + Geb	Felsbraunerde / Paläozoische Schiefer (Phyllite und Serizite) / Oberhang

5. GEBÜHRENRICHTLINIEN 2019

Hinweis:
Siehe auch Abschnitt I des unter 6/1. abgedruckten Erlasses (Verkehrsteuerliche Auswirkungen durch das Schenkungsmeldegesetz 2008).

Gebührenrichtlinien 2019

(Erlass des BMF vom 12. Februar 2019, BMF-010206/0094-IV/9/2018)

Am 22. Februar 2007 wurden als Auslegungsbehelf zum Gebührengesetz 1957 und im Interesse einer einheitlichen Vorgangsweise die Gebührenrichtlinien (GebR) veröffentlicht.

In den vergangenen mehr als 10 Jahren ist es zu zahlreichen Gesetzesänderungen sowohl im GebG 1957 als auch in Gesetzen, auf die die GebR verweisen, gekommen. Da sich vermehrt Zweifel ergeben haben, welche Aussagen der Gebührenrichtlinien – insbesondere unter dem Blickwinkel von Treu und Glauben – noch gültig und welche überholt sind, wurden die Gebührenrichtlinien dahingehend überarbeitet, dass alle nicht mehr geltenden Aussagen gestrichen, gesetzliche Neuregelungen aufgenommen und folgende Erlässe, die zu Neuregelungen ergangen sind, berücksichtigt wurden:

- Rz 130: Information des BMF zur Gebührenermäßigung, wenn der Antrag auf elektronischem Weg unter Verwendung der Bürgerkarte eingebracht wird (BMF vom 26.04.2016, BMF-010206/0051-VI/5/2016)
- Rz 312: Information des BMF zu den Eingaben an die Verwaltungsgerichte der Länder und an das Bundesverwaltungsgericht (BMF vom 19.01.2015, BMF-010206/0002-VI/5/2015, in der Fassung der Abänderung durch die Information des BMF vom 15.02.2016, BMF-010206/0020-VI/5/2016) BMF-AV Nr. 22/2019
- Rz 531: Information des BMF zur gebührenrechtlichen Behandlung von Sicherungs- und Erfüllungsgeschäften (BMF vom 17.03.2011, BMF-010206/0048-VI/5/2011)
- Rz 927: Informationen des BMF zur Anwendbarkeit der Gebührenbefreiung im Zusammenhang mit der Geburt eines Kindes (BMF vom 20.12.2007, BMF-010206/0187-VI/5/2007 sowie vom Info 30.7.2008, 01 0206/0085-VI/5/2008)

Über die gesetzlichen Bestimmungen hinausgehende Rechte und Pflichten können aus den überarbeiteten Richtlinien nicht abgeleitet werden. Bei Erledigungen haben Zitierungen mit Hinweisen auf diese Richtlinien zu unterbleiben.

Die GebR 2019 sind bei abgabenbehördlichen Prüfungen für vergangene Zeiträume und auf Sachverhalte, bei denen die Gebührenschuld vor dem 20. Februar 2019 entstanden ist, anzuwenden, soweit nicht für diese Zeiträume andere Bestimmungen in Gesetzen, Verordnungen oder günstigere Regelungen in den GebR 2007 bzw. in anderen Erlässen Gültigkeit hatten. Eine geänderte Rechtsansicht stellt keinen Wiederaufnahmegrund gemäß § 303 BAO dar.

Die GebR sind als Zusammenfassung des geltenden Gebührenrechts und damit als Nachschlagewerk für die Verwaltungspraxis und die betriebliche Praxis anzusehen.

Zusammenfassung wesentlicher Änderungen:

Rz 202	Hinweis auf die mit BGBl. I Nr. 94/2017 eingeführte umfassende Befreiungsbestimmung in § 333a GewO 1994
Rz 294	Anführung, dass bei Eingaben von Journalisten und Watch Dogs kein Privatinteresse besteht
Rz 439	Aufgrund der Rechtsprechung des VwGH und des BFG erfolgt eine geänderte Beurteilung von Optionen.
Rz 480	Anpassung an § 907a ABGB, wonach Geldschulden Bringschulden sind.

INHALTSVERZEICHNIS

STICHWORTVERZEICHNIS

Erläuterungen:
Die fett gedruckten Zahlen betreffen die Paragraphen des GebG, die nachgestellten Zahlen die dazugehörigen Randziffern der GebR.

Stichwort-
verzeichnis

Z

1. Allgemeines

Den Gebühren iSd Gebührengesetzes 1957 unterliegen Schriften und Amtshandlungen nach Maßgabe der Bestimmungen im II. Abschnitt sowie Rechtsgeschäfte nach Maßgabe der Bestimmungen im III. Abschnitt (§ 1 GebG). 1

1.1. Begriff der Gebühren

Die Gebühren nach dem Gebührengesetz 1957 sind öffentliche Abgaben iSd Finanzverfassung. Das sind einmalige oder laufende Geldleistungen, die kraft öffentlichen Rechtes auf Grund genereller Normen allen auferlegt werden, die die objektiven Tatbestände der materiellen Abgabengesetze erfüllen. 2

Bei den Gebühren nach dem Gebührengesetz 1957 handelt es sich um Steuern und nicht um Gebühren iSd Finanzwissenschaft. Sie sind Abgaben iSd BAO, dh., es gelten – abgesehen von den im Gebührengesetz 1957 bestehenden Sonderregelungen (vgl. zB Rz 180, Rz 499, Rz 921) – die materiellrechtlichen und verfahrensrechtlichen Bestimmungen der BAO. 3

Die Stempel- und Rechtsgebühren sind – mit Ausnahme der Wettgebühren nach § 33 TP 17 Abs. 1 Z 1 GebG – keine Abgaben iSd Finanzstrafgesetzes (vgl. § 2 Abs. 2 FinStrG), weshalb eine Abgabenhinterziehung oder fahrlässige Abgabenverkürzung bei diesen Abgaben nicht nach dem FinStrG geahndet werden kann. 4

Werden Gebühren nicht vorschriftsmäßig entrichtet oder wird die Gebührenanzeige nicht ordnungsgemäß vorgenommen, sieht § 9 GebG als Sanktion eine Gebührenerhöhung vor (siehe Rz 113 ff).

Den Gebühren muss keine Gegenleistung für bestimmte Verwaltungshandlungen gegenüber stehen, wie dies zB bei Verwaltungsabgaben der Fall ist, die der Partei für bestimmte Amtshandlungen (§ 78 AVG), wie für die Verleihung von Berechtigungen oder als Ersatz für Amtshandlungen der Behörden außerhalb des Amtes (Kommissionsgebühren, § 77 AVG) auferlegt werden. 5

1.2. Zuständigkeit

1.2.1. Sachliche Zuständigkeit

Die sachliche Zuständigkeit für die Erhebung der Stempel- und Rechtsgebühren ist in § 19 Abgabenverwaltungsorganisationsgesetz 2010 (AVOG 2010) geregelt. Danach obliegt die Erhebung der Stempel- und Rechtsgebühren dem Finanzamt für Gebühren, Verkehrsteuern und Glücksspiel. 6

Gebührenanzeigen gemäß § 31 GebG können auch bei Finanzämtern mit allgemeinem Aufgabenkreis eingebracht werden (§ 13 Abs. 2 AVOG 2010). 7

1.3. Schriften

Unter einer Schrift ist ein zu einem bestimmten Zweck mit einem bestimmten Inhalt beschriebenes und ausgefertigtes Papier zu verstehen. Der auf dem Papier mittels Schriftzeichen angebrachte und damit festgehaltene Inhalt des Schriftstückes ist dafür entscheidend, ob es sich dabei um eine gebührenpflichtige Schrift (§ 14 GebG) handelt. Für die Gebührenpflicht einer Schrift sind das Vorhandensein und der Inhalt eines Schriftstückes maßgebend. Nicht entscheidend ist, ob die Schrift im Original oder in Abschrift (beglaubigt oder unbeglaubigt; Fotografien, Fotokopie) vorhanden ist. 8

Fotografien oder Fotokopien, auf denen sich keine schriftlichen Vermerke befinden, fallen nicht unter den Begriff der Schriften. 9

Zu beachten ist die Bestimmung des § 11 Abs. 2 GebG, wonach automationsunterstützt oder in jeder anderen technisch möglichen Weise eingebrachte Eingaben und Beilagen sowie auf diese Weise ergehende Erledigungen, amtliche Ausfertigungen, Protokolle und Zeugnisse schriftlichen Eingaben und Beilagen, Erledigungen, amtlichen Ausfertigungen, Protokollen und Zeugnissen gleichstehen (siehe Rz 126). 10

1.4. Amtshandlungen

Gebührenpflichtige Amtshandlungen sind zB in § 14 TP 16 Abs. 2 GebG (siehe Rz 401) oder § 14 TP 8 Abs. 4b GebG (siehe Rz 331) enthalten. 11

1.5. Rechtsgeschäfte

Rechtsgeschäfte unterliegen der Gebühr nach Maßgabe der Bestimmungen des III. Abschnittes des Gebührengesetzes 1957. Der Gebühr unterliegen nur die in § 33 GebG aufgezählten Rechtsgeschäfte (taxative Aufzählung). Andere, nicht in dieser Bestimmung 12 enthaltene, auf Grund der Vertragsfreiheit im Zivilrecht mögliche, Rechtsgeschäfte begründen daher keine Gebührenpflicht.

13 Gegenstand der Gebühr nach § 33 GebG sind Rechtsgeschäfte (siehe Rz 623 ff) unter der Voraussetzung, dass hierüber eine Urkunde in einer für das Entstehen der Gebührenschuld maßgeblichen Weise errichtet wird (zum Urkundenprinzip siehe Rz 494), außer es besteht eine abweichende Regelung (siehe Rz 435).

1.6. Verjährung

14 Nach § 207 Abs. 2 BAO beträgt die Verjährungsfrist bei den Stempelgebühren nach dem II. Abschnitt des GebG drei Jahre, bei den übrigen Gebühren fünf Jahre. Die zehnjährige Verjährungsfrist für hinterzogene Abgaben ist auch für den Bereich des Gebührengesetzes 1957 anwendbar.

2. Gebührenbefreiungen

2.1. Allgemeines

Befreiungen von der Gebührenpflicht können als persönliche oder sachliche gestaltet sein. Neben den im Gebührengesetz 1957 selbst angeführten Befreiungen finden sich in zahlreichen Materiengesetzen und Staatsverträgen, sowie in Amtssitzabkommen mit internationalen Organisationen weitere Gebührenbefreiungen. 15

Von Bedeutung ist insbesondere die Befreiung von den Gebühren für Schriften nach dem Neugründungs-Förderungsgesetz.

2.1.1. Persönliche Befreiungen

Persönliche Gebührenbefreiung bedeutet, dass die Person, die als Gebührenschuldner in Betracht kommt, von der Entrichtung der Gebühr befreit ist. Die Befreiung kommt dieser natürlichen oder juristischen Person entweder zur Gänze (zB § 2 Z 1 GebG, siehe Rz 22 f) oder nur in gewissem Umfang (zB § 2 Z 3 GebG, siehe Rz 33 f) zu. 16

2.1.2. Sachliche Befreiungen

Eine sachliche Gebührenbefreiung nimmt einen gebührenbaren Sachverhalt von der Gebührenpflicht überhaupt aus, es ist also die Schrift oder der Rechtsvorgang selbst, unabhängig von den daran beteiligten Personen, gebührenfrei (zB § 14 TP 6 Abs. 5, § 33 TP 5 Abs. 4 GebG). 17

2.2. Auswirkungen der Gebührenbefreiungen auf das Gesamtschuldverhältnis

Sind von mehreren Beteiligten nur einzelne persönlich befreit, so bleibt die Gebühren- und Haftungsschuld (siehe Rz 592, Rz 598) der übrigen Beteiligten davon unberührt. Daran vermögen auch zivilrechtliche Vereinbarungen nichts zu ändern, zumal der öffentlich-rechtliche Gebührenanspruch durch das zivilrechtliche Schuldverhältnis nicht berührt wird. 18

Beispiel:

Verpflichtet sich jener Vertragspartner, der persönlich von der Gebührenpflicht gesetzlich befreit ist, gegenüber dem anderen nicht befreiten Vertragspartner zur Tragung der Gebühr und wird deshalb ein anderer für die Entrichtung der Gebühr in Anspruch genommen, kann sich dieser in der Folge beim gebührenbefreiten Partner auf Grund der zivilrechtlichen Vereinbarungen schadlos halten.

Ist die einzige oder sind alle als Gebührenschuldner in Frage kommende Person(en) persönlich von der Gebührenpflicht befreit, fällt für die Schrift oder das Rechtsgeschäft keine Gebühr an. Auch die Geltendmachung einer Haftung (siehe Rz 598) scheidet in diesen Fällen aus. 19

Ist eine Schrift oder ein Rechtsvorgang sachlich von der Gebührenpflicht ausgenommen, so kann weder von einem in Betracht kommenden Gebührenschuldner noch von einem Haftungspflichtigen eine Gebühr gefordert werden. 20

Sind Gebührenbefreiungen für die Behörde nicht eindeutig erkennbar, so bedarf es eines entsprechenden Hinweises der Partei im Abgabenverfahren (VwGH 5.10.1987, 86/15/0102). 21

2.3. Die persönlichen Gebührenbefreiungen

2.3.1. Der Bund, vom Bund betriebene Unternehmungen und Fonds, deren Abgänge der Bund zu tragen hat (§ 2 Z 1 GebG)

2.3.1.1. Allgemeines

Die persönliche Befreiung des Bundes ist uneingeschränkt und umfasst alle von ihm im hoheitlichen und privatwirtschaftlichen Bereich verwirklichten Tatbestände des GebG, sie erstreckt sich auf alle Tätigkeiten, die dem Rechtssubjekt Republik Österreich zuzurechnen sind. 22

Wird ein Notar als Gerichtskommissär im Verlassenschaftsverfahren tätig, ist diese Tätigkeit dem Bund zuzurechnen, weshalb hiefür Gebührenfreiheit besteht. 23

Dies gilt hingegen nicht für die Rechtshandlungen des vom Gericht bestellten Insolvenzverwalters im Insolvenzverfahren.

2.3.1.2. Vom Bund betriebene Unternehmungen

Die Gebührenbefreiung besteht auch für die vom Bund direkt betriebenen Unternehmungen ohne eigene Rechtspersönlichkeit. Als solche gelten die Unternehmungen, die vom Bund unmittelbar durch seine Organe geführt werden. 24

25 Die Befreiung besteht nicht für Unternehmen mit eigener Rechtspersönlichkeit, auch wenn diese Unternehmen zur Gänze im Eigentum des Bundes stehen, wenn sie also unter Zwischenschaltung einer eigenen, vom Bund verschiedenen Rechtsperson (Kapitalgesellschaft oder Personengesellschaft) betrieben werden (VwGH 5.10.1987, 86/15/0102).

2.3.1.3. Fonds, deren Abgänge der Bund zu decken hat

26 Unter einem Fonds iSd § 2 Z 1 GebG ist eine bestimmten Zwecken gewidmete, mit Rechtspersönlichkeit ausgestattete Vermögensmasse zu verstehen, die durch hoheitlichen Akt gegründet wurde. Gefordert ist weiters eine vollständige Abgangsdeckung durch den Bund (VwGH 20.1.1986, 85/15/0368).

27 Befreiungen für bundesgesetzlich eingerichtete Fonds sind nicht nur in § 2 Z 1 GebG, sondern auch in anderen Gesetzen vorgesehen (zB Reservefonds für Familienbeihilfen in § 40 Abs. 10 FLAG 1967).

2.3.2. Die übrigen Gebietskörperschaften im Rahmen ihres öffentlich-rechtlichen Wirkungskreises (§ 2 Z 2 GebG)

2.3.2.1. Allgemeines

28 Gebietskörperschaften sind Körperschaften des öffentlichen Rechts mit Gebietshoheit gegenüber jedermann, der sich auf ihrem Gebiet aufhält. Sie sind grundsätzlich für alle Angelegenheiten zuständig, die nicht ausdrücklich einer anderen Gebietskörperschaft oder einer Sonderbehörde zustehen.

29 Unter die Befreiungsbestimmung fallen nur inländische Gebietskörperschaften. Es sind dies die neun Bundesländer, die Gemeinden und die Gemeindeverbände nach Art. 116a B-VG (zum Bund siehe Rz 22).

2.3.2.2. Öffentlich-rechtlicher Wirkungskreis

30 Bundesländer, Gemeinden und Gemeindeverbände nach Art. 116a B-VG sind nur hinsichtlich ihrer Tätigkeit im Rahmen ihres öffentlich-rechtlichen Wirkungskreises von den Gebühren befreit (eingeschränkte persönliche Befreiung).

31 Öffentlich-rechtlicher Wirkungskreis ist der der Gebietskörperschaft unmittelbar durch ein Gesetz verpflichtend übertragene Aufgabenbereich (VwGH 18.10.1984, 83/15/0106; VwGH 22.6.1987, 86/15/0008). Öffentliches Interesse allein reicht nicht aus, vielmehr muss eine dem öffentlichen Recht angehörende Rechtsvorschrift bestehen, die eine entsprechende Tätigkeit der Gebietskörperschaft vorsieht.

32 Zum öffentlich-rechtlichen Wirkungskreis zählt jedenfalls die Hoheitsverwaltung, aber auch jener Bereich der Privatwirtschaftsverwaltung, zu dessen Besorgung die Gebietskörperschaft durch Gesetz verpflichtet ist (VwGH 10.3.1988, 87/16/0059, VwGH 30.4.2003, 2000/16/0113).

Entscheidend ist, dass ein unmittelbarer Gesetzesauftrag vorliegt; nicht entscheidend ist, welcher Mittel (hoheitlicher oder privatwirtschaftlicher) sich die Gebietskörperschaft zur Erfüllung dieser Aufgaben bedient.

Beispiele:

Ein unmittelbarer Gesetzesauftrag liegt etwa für folgende Aufgaben vor:

- *Errichtung einer Schule durch eine Gemeinde (VwGH 12.11.1997, 97/16/0027)*
- *Errichtung von öffentlichen Verkehrseinrichtungen und deren Verbindung*
- *Errichtung eines Feuerwehrgebäudes*
- *Errichtung eines Amtsgebäudes*

Beispiele:

Kein unmittelbarer Gesetzesauftrag liegt etwa für folgende Aufgaben vor:

- *Errichtung von Wohnhäusern, Lagerhäusern, Theatern*
- *Errichtung von Badeanstalten*
- *Errichtung von Campingplätzen*
- *Betrieb eines Elektrizitätswerkes*
- *Betrieb eines Werbeunternehmens*

2.3.3. Öffentlich-rechtliche Körperschaften und bestimmte Vereinigungen hinsichtlich des Schriftverkehrs (§ 2 Z 3 GebG)

§ 2 Z 3 GebG befreit gewisse juristische Personen persönlich von der Gebühr, der Umfang der Befreiung ist allerdings auf den Schriftverkehr mit den öffentlichen Behörden und Ämtern eingeschränkt. 33

Der Schriftverkehr umfasst die Eingaben (§ 14 TP 6 bzw. TP 7 Abs. 1 Z 1 GebG – siehe Rz 276 ff, Rz 314 ff) und die Beilagen (§ 14 TP 5 GebG – siehe Rz 254 ff). Sonstige Schriften, aber auch Rechtsgeschäfte sind nach dieser Bestimmung nicht befreit. 34

2.3.3.1. Juristische Personen des öffentlichen Rechtes

Juristische Personen des öffentlichen Rechtes sind solche Körperschaften, Anstalten und Stiftungen, die durch ein Gesetz ausdrücklich als Rechtsperson des öffentlichen Rechtes geschaffen oder anerkannt werden, oder solche, die auf Grund eines staatlichen Auftrages Aufgaben der öffentlichen staatlichen Verwaltung erfüllen. 35

2.3.3.1.1. Gebietskörperschaften

Gebietskörperschaften sind der Bund, die neun Bundesländer, die Gemeinden und die Gemeindeverbände nach Art. 116a B-VG. Diese sind nach § 2 Z 1 bzw. Z 2 GebG von den Gebühren befreit. 36

Zu beliehenen Unternehmen (funktionelle Organschaft) siehe Rz 287.

2.3.3.1.2. Personalkörperschaften

Die Zugehörigkeit zu einer Personalkörperschaft richtet sich nicht nach territorialen Gesichtspunkten, sondern nach persönlichen Merkmalen oder Eigenschaften. Die Mitglieder haben gleichartige wirtschaftliche, kulturelle oder politische Ziele. 37

Zu den Personalkörperschaften gehören insbesondere 38

- die gesetzlich anerkannten Kirchen und Religionsgesellschaften, nicht jedoch die religiösen Bekenntnisgemeinschaften (zB Kirche der Siebenten-Tags-Adventisten in Österreich);
- die nach innerkirchlichem Recht mit Wirksamkeit für den staatlichen Bereich errichteten und mit Rechtspersönlichkeit ausgestatteten Einrichtungen (Pfarrpfründe, Pfarren, Orden, Kongregationen);
- die gesetzlichen Berufsvertretungen (Kammern), sowie ihre Fachgruppen und Fachverbände;
- die politischen Parteien nach dem Parteiengesetz 2012 (nicht jedoch wahlwerbende Parteien oder Gruppen);
- die Gesellschaft vom Roten Kreuz.

2.3.3.1.3. Interessensgemeinschaften

Interessensgemeinschaften sind nur dann Körperschaften öffentlichen Rechts, wenn sie ausdrücklich als solche anerkannt werden. Diese umfassen Menschen hinsichtlich eng begrenzter gemeinsamer Interessen. Dazu zählen Wassergenossenschaften, Wasserverbände, Jagdgenossenschaften, Landesjagdverbände, Fischereigenossenschaften udgl. 39

Nach einigen landesgesetzlichen Vorschriften sind auch die Freiwilligen Feuerwehren (zB in Oberösterreich, LGBl. Nr. 104/2014) Körperschaften des öffentlichen Rechtes. 40

2.3.3.1.4. Anstalten

Anstalten des öffentlichen Rechtes sind Einrichtungen, in deren Rahmen Sachwerte und persönliche Dienstleistungen zu einer organisatorischen Einheit verbunden und als solche bestimmten öffentlichen Zwecken gewidmet sind. 41

Eine Anstalt ist ein zweckgebundenes Verwaltungsvermögen, das durch das Vorherrschen nach außen hin sichtbarer technischer Einrichtungen charakterisiert wird und als solches aus sich heraus die Eignung besitzen muss, bestimmte Aufgaben der öffentlichen Verwaltung zu erfüllen. Darüber hinaus ist die Widmung der Sachwerte für die Benützung durch einen individuell nicht näher konkretisierten, vom Rechtsträger des Sachkomplexes verschiedenen Personenkreis wesentlich (VwGH 4.5.1982, 82/14/0051 in Bezug auf einen Bauhof einer Gemeinde). 42

Teilweise sind Anstalten unmittelbar durch Gesetz eingerichtet (vgl. § 2 Bundesmuseen-Gesetz 2002; § 22 Bundesstatistikgesetz 2000; § 1 Abs. 1 Buchhaltungsagenturgesetz). 43

2.3.3.1.5. Stiftungen

44 Stiftungen sind durch eine Anordnung des Stifters dauernd gewidmete Vermögen mit Rechtspersönlichkeit.

Beispiele:

- *Stiftungen, die durch Gesetz begründet werden und dementsprechend zum weiteren Begriff der öffentlich-rechtlichen Anstalten zählen (zB ORF, § 1 ORF-Gesetz);*
- *Kirchliche oder religionsgesellschaftliche Stiftungen, denen nach der österreichischen Rechtsordnung öffentlich-rechtliche Stellung zuerkannt wurde;*
- *Sonstige Stiftungen, die der öffentlich-rechtlichen Genehmigung bedürfen, unter dem besonderen Schutz des Staates stehen und seiner Aufsicht unterstellt sind.*

Privatstiftungen nach dem Privatstiftungsgesetz (PSG) fallen nicht unter diese Gebührenbefreiung.

2.3.3.1.6. Fonds

45 Ein Fonds ist ein durch Anordnung des Gründers nicht auf Dauer gewidmetes Vermögen mit Rechtspersönlichkeit.

Beispiele:

Hilfsfonds (BGBl. Nr. 25/1956), Linzer Hochschulfonds (BGBl. Nr. 189/1962), Umwelt- und Wasserwirtschaftsfonds (BGBl. Nr. 79/1987), das Arbeitsmarktservice (BGBl. Nr. 313/1994 idgF).

2.3.3.2. Vereinigungen, die ausschließlich wissenschaftliche, Humanitäts- oder Wohltätigkeitszwecke verfolgen (§ 2 Z 3 GebG)

2.3.3.2.1. Begünstigte Vereinigungen

46 Gemäß § 2 Z 3 GebG sind juristische Personen des Privatrechtes (Vereine, aber auch Kapitalgesellschaften, Privatstiftungen oder Genossenschaften), die ausschließlich wissenschaftliche, humanitäre oder wohltätige Zwecke verfolgen, hinsichtlich ihres Schriftenverkehres mit den öffentlichen Behörden und Ämtern gebührenbefreit. Nicht befreit sind Vereinigungen, die gemeinnützige Zwecke verfolgen, sofern diese gemeinnützigen Zwecke nicht zugleich wissenschaftliche, humanitäre oder wohltätige Zwecke sind (vgl. VwGH 23.11.2005, 2005/16/0209).

47 Die Rechtsform allein ist nicht maßgebend. Die Gebührenfreiheit bestimmt sich nach der Satzung oder der sonstigen Verfassung und nach der tatsächlichen Geschäftsführung.

Beispiele:

ausschließlich humanitäre Zwecke verfolgen zB

- *Österreichische Gesellschaft vom Roten Kreuz*
- *Österreichisches Schwarzes Kreuz*
- *Arbeitersamariterbund Österreichs*
- *Österreichischer Zivilschutzbund*
- *Österreichischer Bergrettungsdienst*
- *Wiener Tierschutzverein*

ausschließlich wissenschaftliche Zwecke verfolgen zB

- *Verband Österreichischer Hochschulen*
- *Arbeitsgemeinschaft für Physikalische Medizin und Rehabilitation*

2.3.3.2.2. Ausschließlichkeit

48 Siehe VereinsR 2001 Rz 113 ff.

2.3.3.2.3. Unmittelbarkeit

49 Siehe VereinsR 2001 Rz 119 ff.

2.3.3.2.4. Wissenschaftliche Zwecke

50 Siehe VereinsR 2001 Rz 80.

2.3.3.2.5. Humanitäts- und Wohltätigkeitszwecke

51 Solche liegen vor, wenn sie darauf gerichtet sind, hilfsbedürftige Menschen zu unterstützen. Hilfsbedürftigkeit bedeutet sowohl materielle Bedürftigkeit als auch das Angewie-

sensein auf Hilfe auf Grund der körperlichen oder geistigen Verfassung. Der Begriff der humanitären Zwecke ist dem Begriff der mildtätigen Zwecke iSd § 37 BAO gleichzusetzen.

Näheres siehe VereinsR 2001 Rz 28 f.

2.3.4. Gebührenbefreiung für Gesandte ausländischer Staaten

2.3.4.1. Befreiung nach dem GebG

Die Bestimmung des § 2 Z 4 GebG sieht die persönliche Gebührenfreiheit für die in Österreich akkreditierten Missionschefs ausländischer Vertretungen vor. Die Befreiung umfasst die von ihnen ausgestellten Schriften von den festen Gebühren, ausgenommen sind Rechtsgeschäfte, die sich auf unbewegliche, im Inland gelegene Sachen oder auf diesen haftende Forderungen beziehen. 52

2.3.4.2. Befreiung nach dem Wiener Übereinkommen über diplomatische Beziehungen

Das Wiener Übereinkommen über diplomatische Beziehungen (BGBl. Nr. 66/1966) befreit in Artikel 34 den Missionschef und die im diplomatischen Rang stehenden Mitglieder des Personals der Mission von allen staatlichen, regionalen und kommunalen Personal- und Realsteuern oder -abgaben. Ausgenommen davon sind die in Artikel 34 lit. a bis f aufgezählten Abgaben (das sind im Preis enthaltene indirekte Steuern, Steuern auf privaten inländischen Grundbesitz, Erbschaftssteuern, Steuern aus privaten inländischen Einkünften, Dienstleistungsentgelte, bestimmte Gebühren in Bezug auf unbewegliches Vermögen). 53

2.3.4.3. Befreiung nach dem Wiener Übereinkommen über konsularische Beziehungen

Nach Artikel 49 dieses Übereinkommens (BGBl. Nr. 318/1969) sind Konsuln und Bedienstete des Verwaltungs- oder technischen Personals sowie die mit ihnen im gemeinsamen Haushalt lebenden Familienangehörigen von allen staatlichen, regionalen und kommunalen Personal- und Realsteuern oder -abgaben befreit. Davon ausgenommen sind die in Abs. 1 lit. a bis f des Übereinkommens aufgezählten Abgaben (siehe auch Rz 53). 54

3. Art der Gebühren und Entrichtung (§ 3 GebG)

3.1. Feste Gebühren

3.1.1. Begriff

55 Feste Gebühren (auch als Stempelgebühr bezeichnet) sind die mit einem fixen Betrag für die in den Tarifposten des § 14 GebG taxativ aufgezählten Schriften und Amtshandlungen zu entrichtenden Gebühren (wie zB für Eingaben und Beilagen, Zeugnisse, Reisedokumente usw.).

3.1.2. Entrichtung (§ 3 Abs. 2 Z 1 GebG)

56 Die festen Gebühren können grundsätzlich (siehe Rz 57) durch

- Barzahlung,
- Einzahlung mit Erlagschein,
- mittels Bankomat- oder Kreditkarte oder
- durch andere bargeldlose elektronische Zahlungsformen

entrichtet werden.

57 Barzahlung und Einzahlung mit Erlagschein sind bei der Behörde jedenfalls zulässig. Inwieweit bei der jeweiligen Behörde auch eine Entrichtung mittels Bankomat- oder Kreditkarte oder eine andere bargeldlose elektronische Zahlungsform möglich ist, hat diese Behörde entsprechend bekannt zu machen (zB Aushang an der Amtstafel).

58 Die Behörde, bei der die gebührenpflichtige Schrift anfällt oder die die gebührenpflichtige Amtshandlung vornimmt, hat den Gebührenschuldner im Zeitpunkt des Entstehens der Gebührenschuld aufzufordern, die im jeweiligen Verfahren anfallenden Gebühren binnen angemessener Frist zu entrichten. In der Regel wird eine Frist von maximal 1 Monat als angemessen anzusehen sein. Wird die Gebühr innerhalb dieser Frist nicht entrichtet, so haben die Organe der Behörde gemäß § 34 Abs. 1 GebG (siehe Rz 918 ff) einen Befund aufzunehmen und diesen dem Finanzamt für Gebühren, Verkehrsteuern und Glücksspiel zu übersenden.

Das Finanzamt hat als Folge der Nichtentrichtung einen Bescheid gemäß § 203 BAO zu erlassen und eine Gebührenerhöhung gemäß § 9 GebG (siehe Rz 113 ff) festzusetzen.

Für bestimmte Schriften, wie Führerscheine, Zulassungsscheine und Überstellungsfahrtscheine, Reisedokumente, Einreise- und Aufenthaltstitel sowie Dokumentationen sind die Gebühren jedenfalls vor Aushändigung der Schrift zu entrichten (siehe Rz 331, Rz 343, Rz 394 und Rz 409).

3.1.2.1. Entrichtungsvermerk

59 Bei den gebührenpflichtigen Schriften und Amtshandlungen ist die Gebühr an die jeweilige Behörde, bei der diese gebührenpflichtige Schrift anfällt oder die die gebührenpflichtigen Amtshandlungen vornimmt, zu entrichten. Um die Gebührenentrichtung nachvollziehbar zu machen, ist von der Behörde auf jeder gebührenpflichtigen Schrift ein Vermerk über die Höhe der entrichteten (also bereits bezahlten) oder der zu entrichtenden (dh. noch nicht bezahlten, aber angefallenen) Gebühr anzubringen. Der Sichtvermerk kann automationsunterstützt auf den Schriften angebracht oder bei händischer Aufzeichnung der Gebühren und Verwaltungsabgaben mittels gesondertem Stempelabdruck nachvollziehbar gemacht werden.

Verbleibt die gebührenpflichtige Schrift nicht im Verwaltungsakt, hat der Vermerk außerdem die Bezeichnung der Behörde sowie das Datum, an dem der Vermerk angebracht wurde, zu enthalten.

Ist die Anbringung des Vermerks auf der Schrift selbst nicht möglich (etwa bei elektronischen Akten) muss die Gebührenentrichtung aus dem Verwaltungsakt – analog dem Vermerk auf der Schrift – nachvollziehbar sein (zB exakte Kanzleiverfügungen).

3.1.2.2. Abfuhr der Gebühren an die Abgabenbehörden (§ 3 Abs. 2 Z 2 GebG)

60 Die in einem Kalendervierteljahr entrichteten Gebühren sind von der (einhebenden) Behörde (auch Unternehmen, denen durch Gesetz behördliche Aufgaben übertragen wurden, sind „funktionell" Behörden iSd GebG, siehe Rz 287) bis zum 15. Tag des auf ein Kalendervierteljahr folgenden Monats (somit jeweils bis zum 15. April, 15. Juli, 15. Oktober und 15. Jänner) an das Finanzamt für Gebühren, Verkehrsteuern und Glücksspiel abzuführen (siehe Rz 6 f). Von den entrichteten Gebühren sind die im § 14 TP 6 Abs. 3 lit. a GebG (siehe Rz 307), § 14 TP 8 Abs. 6 GebG (siehe Rz 334), § 14 TP 9 Abs. 5 GebG (siehe Rz 342) und § 14 TP 16 Abs. 5 GebG (siehe Rz 407) angeführten Pauschalbeträge für die Ermittlung des zu überweisenden Betrages abzuziehen.

Auf dem Zahlungs- oder Überweisungsbeleg sind der Gesamtbetrag der entrichteten Gebühren, der Gesamtbetrag der Pauschalbeträge sowie der abzuführende Nettobetrag anzuführen. 61

3.1.3. Entrichtung bestimmter fester Gebühren an Urkundspersonen (§ 13 Abs. 4 GebG)

Die Gebühren für Protokolle (Niederschriften) gemäß § 14 TP 7 Abs. 1 Z 4 bis 6 GebG (siehe Rz 321 ff) über 62

- eine Hauptversammlung einer Aktiengesellschaft,
- eine Versammlung der Gesellschafter einer Gesellschaft mit beschränkter Haftung,
- Verlosungen oder Auslosungen von Wertpapieren,
- die Aufnahme eines Wechsel(Scheck-)protestes, wenn sie vom Notar aufgenommen werden

sowie für

- Unterschriftsbeglaubigungen (§ 14 TP 13 GebG, siehe Rz 350)

sind vom Gebührenschuldner (siehe Rz 162 ff) an die Urkundspersonen (Notare oder andere zur Beurkundung befugte Personen, Legalisatoren, vgl. § 3 Abs. 5 GebG) zu entrichten.

3.1.3.1. Entrichtungsvermerk auf Schriften (§ 13 Abs. 4 GebG)

Die Urkundsperson hat auf der gebührenpflichtigen Schrift einen Vermerk über die Höhe der entrichteten (also bereits bezahlten) oder der zu entrichtenden (dh. noch nicht bezahlten, aber angefallenen) Gebühr anzubringen. 63

Verbleibt die gebührenpflichtige Schrift nicht im Verwaltungsakt, hat der Vermerk außerdem die Bezeichnung der Urkundsperson sowie das Datum, an dem der Vermerk angebracht wurde, zu enthalten. 64

GebR

3.1.3.2. Aufschreibungen der Urkundspersonen (§ 3 Abs. 5 GebG)

Die Urkundspersonen haben Aufschreibungen zu führen, die Angaben über 65

- die Art der Schrift,
- die Gebührenschuldner und
- den Zeitpunkt des Entstehens der Gebührenschuld

enthalten müssen.

Der Verpflichtung zur Führung von Aufzeichnungen wird durch die Führung der in den berufsrechtlichen Vorschriften vorgesehenen Register und Aufzeichnungen entsprochen. 66

3.1.3.3. Abfuhr der festen Gebühren (§ 3 Abs. 5 GebG)

Die Urkundspersonen haben die in einem Kalendermonat entrichteten Gebühren bis zum 15. Tag (Fälligkeitstag) des auf den Kalendermonat, in dem die Gebührenschuld entsteht, zweitfolgenden Monats an das Finanzamt für Gebühren, Verkehrsteuern und Glücksspiel (siehe Rz 6 f) abzuführen. 67

3.1.4. Rückzahlung von zu Unrecht entrichteten festen Gebühren (§ 241 BAO)

Wurden feste Gebühren an die Behörde oder an die Urkundsperson zu Unrecht entrichtet, so kann beim Finanzamt für Gebühren, Verkehrsteuern und Glücksspiel die Rückzahlung beantragt werden. Der Antrag ist bis zum Ablauf des dritten Kalenderjahres, das auf das Jahr folgt, in dem der Betrag zu Unrecht entrichtet wurde, zu stellen. Antragsberechtigt ist derjenige Gebührenschuldner, Gesamtschuldner oder Haftende, der die Gebühr tatsächlich entrichtet hat. 68

3.2. Hundertsatzgebühren

3.2.1. Begriff

Hundertsatzgebühren sind die mit einem bestimmten Hundertsatz (Prozentsatz) von einer Bemessungsgrundlage zu entrichtenden Gebühren für die in den Tarifposten des § 33 GebG taxativ aufgezählten Rechtsgeschäfte. 69

3.2.2. Bemessung und Entrichtung

Die Hundertsatzgebühren sind, sofern im GebG nichts anderes bestimmt ist, mit Bescheid festzusetzen. 70

Eine gesetzliche Pflicht zur Selbstberechnung besteht für:

- Bestandverträge (§ 33 TP 5 Abs. 5 GebG – mit Ausnahmen; siehe Rz 714 f)
- Wetten (§ 33 TP 17 Abs. 3 GebG; siehe Rz 807 ff)
- Wechsel (§ 33 TP 22 Abs. 6 GebG; siehe Rz 912 ff)

71 Die Möglichkeit zur Selbstberechnung besteht für:

- Gebührenschuldner, die in ihrem Betrieb laufend eine Vielzahl gleichartiger Rechtsgeschäfte abschließen (siehe Rz 72)
- Parteienvertreter (siehe Rz 85) und sonstige Bevollmächtigte (siehe Rz 718)

3.2.3. Selbstberechnung gemäß § 3 Abs. 4 GebG

72 Ein Gebührenschuldner, der in seinem Betrieb laufend eine Vielzahl gleichartiger Rechtsgeschäfte abschließt, kann beim Finanzamt für Gebühren, Verkehrsteuern und Glücksspiel (siehe Rz 6 f), die Selbstberechnung der Hundertsatzgebühren für diese Rechtsgeschäfte beantragen. Die Selbstberechnung ist zu bewilligen, wenn die Einhaltung der Gebührenvorschriften gewährleistet ist. Die Bewilligung zur Selbstberechnung erfolgt mit Bescheid bei gleichzeitiger Zuteilung einer Steuernummer.

3.2.3.1. Aufschreibungen (Gebührenjournal)

73 Der zur Selbstberechnung nach § 3 Abs. 4 GebG berechtigte Gebührenschuldner ist zur Führung von fortlaufenden Aufschreibungen („Gebührenjournal") verpflichtet. In diese sind alle Rechtsgeschäfte, für die die Selbstberechnung erfolgt, aufzunehmen. Ausgenommen sind lediglich jene gebührenfreien Rechtsgeschäfte, für die keine Anzeigepflicht nach § 31 GebG besteht (siehe Rz 604 ff).

74 Das Gesetz enthält keine Regelung, in welcher Form die Aufschreibungen geführt werden müssen. Aufschreibungen können daher sowohl mittels elektronischer Datenverarbeitung als auch händisch geführt werden, müssen aber enthalten:

- eine fortlaufende Nummer,
- den Namen des Vertragspartners,
- Art des Rechtsgeschäftes,
- die Bemessungsgrundlage,
- den Gebührenbetrag und
- das Datum des Entstehens der Gebührenschuld (siehe Rz 458 ff).

3.2.3.2. Vermerk auf den Urkunden

75 Auf allen Urkunden über Rechtsgeschäfte, welche in die Aufschreibungen aufgenommen wurden, ist ein Vermerk anzubringen, der die Bezeichnung des Bewilligungsbescheides (siehe Rz 72) und die fortlaufende Nummer der Aufschreibungen (siehe Rz 74) enthält.

3.2.3.3. Anzeige und Entrichtung

76 Die selbstberechneten und in den Aufschreibungen erfassten Hundertsatzgebühren sind vom Inhaber der Bewilligung bis zum 15. Tag (Fälligkeitstag) des dem Entstehen der Gebührenschuld zweitfolgenden Monats (zB Gebührenschuld entstanden im Jänner, Fälligkeitstag 15. März) an das Finanzamt für Gebühren, Verkehrsteuern und Glücksspiel (siehe Rz 6 f, Rz 72) zu entrichten.

77 Innerhalb der Zahlungsfrist (diese endet mit dem Fälligkeitstag) ist für den jeweiligen Berechnungs- und Zahlungszeitraum (das ist immer ein Kalendermonat) dem Finanzamt für Gebühren, Verkehrsteuern und Glücksspiel (siehe Rz 6 f, Rz 72) eine Abschrift (Kopie, Zweitausdruck) der Aufschreibungen zu übersenden. Diese Übersendung gilt als Gebührenanzeige gemäß § 31 GebG (siehe Rz 604 ff).

3.2.3.4. Bescheidmäßige Festsetzung

78 Das Finanzamt für Gebühren, Verkehrsteuern und Glücksspiel (siehe Rz 6 f, Rz 72) hat die in einem Kalenderjahr in den Aufschreibungen abgerechneten Hundertsatzgebühren mit Bescheid festzusetzen.

3.2.4. Selbstberechnung gemäß § 3 Abs. 4a GebG

79 Parteienvertreter (Rechtsanwälte, Notare und Wirtschaftstreuhänder/Steuerberater) sind befugt, innerhalb der Anzeigefrist des § 31 Abs. 1 GebG (15. Tag des auf den Kalendermonat, in dem die Gebührenschuld entstanden ist, zweitfolgenden Monats) die Hundertsatzgebühr für Rechtsgeschäfte als Bevollmächtigte eines Gebührenschuldners oder eines für die Gebühr Haftenden selbst zu berechnen.

3.2.4.1. Verpflichtungen selbstberechnender Parteienvertreter

Beim Finanzamt für Gebühren, Verkehrsteuern und Glücksspiel (siehe Rz 6 f) ist eine Steuernummer zu beantragen. **80**

Über die selbstberechneten Gebühren sind Aufschreibungen zu führen. Geordnet nach dem Datum der Selbstberechnung haben diese für jedes Rechtsgeschäft insbesondere zu enthalten: **81**

- die Nummer der Aufschreibung,
- die Art des Rechtsgeschäftes,
- die Gebührenschuldner oder die für die Gebühr Haftenden,
- den Zeitpunkt des Entstehens der Gebührenschuld (siehe Rz 458 ff),
- die Bemessungsgrundlage und
- die Höhe der selbst berechneten Gebühr.

Das Gesetz enthält keine Regelung, in welcher Form die Aufschreibungen geführt werden müssen. Aufschreibungen können daher sowohl mittels elektronischer Datenverarbeitung als auch händisch geführt werden. **82**

3.2.4.2. Anzeige beim Finanzamt

Eine Abschrift (Kopie, Zweitausdruck) der Aufschreibungen für die in einem Kalendermonat selbst berechneten Rechtsgeschäfte ist dem Finanzamt für Gebühren, Verkehrsteuern und Glücksspiel (siehe Rz 6 f, Rz 80) bis zum Fälligkeitstag (15. Tag des auf den Kalendermonat, in dem die Selbstberechnung erfolgt, zweitfolgenden Monats) zu übermitteln. Diese Übermittlung kann auch unter Verwendung der auf der Homepage des BMF unter https://www.bmf.gv.at → Formulare zur Verfügung stehenden Drucksorten „Geb 2“ und „Geb 2b“ erfolgen (Erläuterungen zu den beiden Drucksorten bietet „Geb 2a“). Dies gilt als Gebührenanzeige gemäß § 31 GebG (siehe Rz 604 ff). **83**

Beispiel:

Gebührenschuld entstanden am 15. Juli 2019

Ende der Selbstberechnungsfrist mit Ablauf des 15. September 2019

Selbstberechnung durch Parteienvertreter am 13. September 2019

Fälligkeitstag 15. November 2019

3.2.4.3. Selbstberechnungsvermerk

Auf den Urkunden ist ein Vermerk über die erfolgte Selbstberechnung anzubringen, der **84**

- die Steuernummer des Parteienvertreters,
- die Nummer der Aufschreibungen und
- die Höhe des berechneten Gebührenbetrages enthalten muss.

3.2.4.4. Entrichtung und Aufbewahrungspflicht

Die selbst berechnete Gebühr ist unter Anführung der **85**

- Abgabenart (GEB) und
- des Zeitraumes (Monat, in dem die Selbstberechnung erfolgte, zB Jänner 2019)

auf dem Erlagschein spätestens am Fälligkeitstag (siehe Rz 83) für alle selbstberechneten Gebühren dieses Zeitraumes in einem Gesamtbetrag zu entrichten. Der Parteienvertreter hat die Aufschreibungen und je eine Abschrift (Durchschrift, Gleichschrift) der über die Rechtsgeschäfte ausgefertigten Urkunden sieben Jahre aufzubewahren.

3.2.4.5. Sonstige Bestimmungen

3.2.4.5.1. Unrichtige Selbstberechnung

Erweist sich die von einem Parteienvertreter durchgeführte Selbstberechnung als unrichtig, so hat das Finanzamt für Gebühren, Verkehrsteuern und Glücksspiel gemäß § 201 BAO die Gebühr mit Bescheid festzusetzen. Dieser Bescheid ist, da die Selbstberechnung rechtlich dem (den) Gebührenschuldner(n) zuzurechnen ist, an den (die) Gebührenschuldner und nicht an den Parteienvertreter zu richten. **86**

Wird die Gebühr mit Bescheid festgesetzt, so bleibt der Fälligkeitstag der 15. Tag des auf den Zeitpunkt der Selbstberechnung zweitfolgenden Monats. **87**

3.2.4.5.2. Haftung des Parteienvertreters

Die Parteienvertreter haften für die Entrichtung der selbst berechneten Gebühr, nicht hingegen für die Richtigkeit der Selbstberechnung. **88**

3.2.4.5.3. Entzug der Befugnis zur Selbstberechnung gemäß § 3 Abs. 4c GebG

89 Die Befugnis zur Selbstberechnung kann vom Finanzamt für Gebühren, Verkehrsteuern und Glücksspiel mit Bescheid entzogen werden, wenn der zur Selbstberechnung Befugte die maßgeblichen Bestimmungen vorsätzlich oder wiederholt grob fahrlässig verletzt hat. Die Aberkennung kann entweder für mindestens drei Jahre oder unbefristet erfolgen.

90 Wurde die Aberkennung unbefristet ausgesprochen, so kann frühestens nach Ablauf von fünf Jahren nach der Aberkennung ein Antrag auf Aufhebung des Aberkennungsbescheides gestellt werden; der Antragsteller muss aber glaubhaft machen, dass er in Zukunft seinen abgabenrechtlichen Verpflichtungen nachkommen wird.

3.2.5. Besondere Vorschriften über die Selbstberechnung von Gebühren

91 Neben den allgemeinen Vorschriften über die Selbstberechnung von Gebühren in § 3 Abs. 4 und 4a GebG enthält das GebG besondere Selbstberechnungsbestimmungen in:

- § 33 TP 5 Abs. 5 GebG – Bestandverträge (siehe Rz 714 ff)
- § 33 TP 17 Abs. 3 GebG – Wetten (siehe Rz 809 ff)
- § 33 TP 22 Abs. 6 GebG – Wechsel (siehe Rz 912 ff)

4. Begriffe des Gebührengesetzes 1957 (§§ 5, 6 GebG)

4.1. Papier

Papier iSd GebG ist das Material, auf dem geschrieben wird. Darunter ist nicht nur Papier im technischen Sinn zu verstehen, sondern jedes andere Material, wie Pergament, Leder, Seide, Holz. Auf welche Art die Schrift hergestellt wird, ist gleichgültig (Tinte, Bleistift, Schreibmaschine, Druckverfahren, andere technische Verfahren). **92**

Nach § 11 Abs. 2 GebG stehen automationsunterstützt oder in jeder anderen technisch möglichen Weise hergestellte Eingaben, Beilagen, Erledigungen, Ausfertigungen, Protokolle und Zeugnisse den entsprechenden Schriften gleich. **93**

4.2. Bogen

Das Ausmaß des verwendeten Papiers ist nur in jenen Fällen gebührenrechtlich von Bedeutung, in denen das Gesetz die Höhe der Gebühr von der Anzahl und Größe der Bogen der Schrift abhängig macht. Keine Bedeutung hat das Ausmaß der Schrift zB bei der Eingabe gemäß § 14 TP 6 GebG (siehe Rz 276 ff). **94**

Das gesetzlich umschriebene Ausmaß eines Bogens deckt sich mit dem handelsüblichen Format DIN A3, das entspricht 2 Blättern im Ausmaß von DIN A4. Hat das Papier ein größeres Ausmaß, so sind die festen Gebühren im zweifachen Betrag zu entrichten, gleichgültig, um wie viel das Bogenmaß überschritten wird (Höchstgebühr). **95**

Die Gebühr für einen Bogen ist auch dann in vollem Ausmaß zu entrichten, wenn das in Rz 95 angegebene Ausmaß nicht erreicht wird (Halbbogen – DIN A4, Viertelbogen – DIN A5). **96**

Jeder angefangene Bogen gilt als ganzer Bogen, zwei Blätter im Ausmaß von jeweils 210 mm x 297 mm (DIN A4 Blätter) sind unabhängig von einer mechanischen Verbindung als ein Bogen zu werten, wenn sie einen fortlaufend geschriebenen Inhalt aufweisen. **97**

Unbeschriebene Seiten bleiben bei der Bogenberechnung außer Ansatz, wenn die Schrift einen fortlaufenden Text enthält. Damit wird dem Umstand Rechnung getragen, dass Schriften heute meist mit Unterstützung von EDV-Anlagen hergestellt werden. **98**

Beispiele:

Eine Beilage besteht aus 3 beidseitig beschriebenen DIN A4 – Blättern (6 Seiten), die einen fortlaufenden Text enthalten. Das sind 2 Bogen.

Eine Beilage besteht aus 6 einseitig beschriebenen DIN A4 – Blättern, die einen fortlaufenden Text enthalten. Das sind ebenfalls 2 Bogen.

4.3. Berechnung des Bogens bei Schriften, bestehend aus mehreren Blättern; weiterer Bogen

Bei Schriften, die aus mehreren miteinander verbundenen Blättern bestehen, ist die Bogengebühr so oft zu entrichten, als aus den Blättern Bogen mit den Normmaßen gebildet werden können (VwGH 6.3.1989, 88/15/0113). **99**

Unter „weiterem Bogen" iSd § 6 GebG sind alle Bogen anzusehen, die mit dem ersten Bogen einen inhaltlich zusammengehörigen fortlaufenden Text enthalten. Außerdem gelten als weiterer Bogen Schriften, die einer gebührenpflichtigen Schrift (körperlich) angeschlossen sind, auch wenn sie keinen mit dieser Schrift zusammenhängenden Text enthalten, weiters Schriften, die durch die Erklärung der Parteien zum Inhalt der Urkunde und damit zum integrierenden Bestandteil der Urkunde gemacht werden. **100**

Die Gebührenpflicht von aus mehreren Bogen bestehenden Schriften ist verschieden geregelt: **101**

- von jedem Bogen die im Gesetz angegebene Gebühr (zB § 14 TP 5 GebG);
- bei den Schriften gemäß § 14 TP 2 und TP 7 Abs. 1 Z 4 und 5 GebG vom ersten Bogen die im Gesetz angegebene Gebühr; für jeden weiteren Bogen sind jeweils 13 Euro zu entrichten (zB § 14 TP 2 GebG);
- eine bestimmte Gebühr für die Schrift, unabhängig von der Bogenanzahl (zB § 14 TP 6 GebG).

5. Rechtsgemeinschaft und gemeinschaftlicher Rechtsgrund (§ 7 GebG)

5.1. Allgemeines

5.1.1. Grundsatz

102 Sind mehrere Personen in der gleichen rechtlichen Eigenschaft an einem nach außen einheitlichen gebührenpflichtigen Vorgang beteiligt, dann ist die Gebühr so oft zu entrichten, als Personen an dem Vorgang in der gleichen rechtlichen Eigenschaft beteiligt sind (VwGH 5.3.1990, 89/15/0015).

5.1.2. Ausnahme des § 7 GebG

103 Gemäß § 7 GebG ist die Gebühr trotz Beteiligung mehrerer Personen am gebührenpflichtigen Vorgang nur im einfachen Betrag zu entrichten, wenn die mehreren Personen

- in einer solchen Rechtsgemeinschaft stehen, dass sie in Bezug auf den Gegenstand der Gebühr als eine Person anzusehen sind, oder
- ihren Anspruch oder ihre Verpflichtung aus einem gemeinsamen Rechtsgrund ableiten.

Die Begünstigung des § 7 GebG hat vor allem für die Eingabegebühr (§ 14 TP 6 GebG) praktische Bedeutung.

5.2. Rechtsgemeinschaft

5.2.1. Begriff der Rechtsgemeinschaft

104 Eine Rechtsgemeinschaft im zivilrechtlichen Sinne (§§ 825 ff, 888 ff ABGB) liegt vor, wenn durch Vertrag, letztwillige Verfügung, zufälliges Ereignis oder Gesetz für die Beteiligten gemeinschaftliche Rechte und Pflichten bestehen. Gleichgerichtete Interessen allein reichen für eine Rechtsgemeinschaft nicht aus.

105 Die mehreren Personen müssen in Bezug auf den Gegenstand der Gebühr in Rechtsgemeinschaft stehen. Diese Voraussetzung muss im Zeitpunkt des Entstehens der Gebührenschuld (§ 11 GebG; siehe Rz 136) aus der zu beurteilenden Schrift hervorgehen (Urkundenprinzip; vgl. § 17 Abs. 1 GebG; siehe Rz 494).

5.2.2. Rechtsgemeinschaft bei Eingaben

106 Eine Rechtsgemeinschaft liegt vor, wenn in Bezug auf den Gegenstand der Eingabe jeder der Einschreiter dasselbe begehrt und jeder von ihnen klaglos gestellt ist, sobald einer von ihnen befriedigt ist (VwGH 4.11.1994, 94/16/0102). Die Beschränkung der Eingabe auf solche Angelegenheiten, in denen die Aussteller in Rechtsgemeinschaft stehen, muss im Zeitpunkt des Entstehens der Gebührenschuld (§ 11 Abs. 1 Z 1 GebG; siehe Rz 136) aus der Schrift hervorgehen.

Beispiele:

Käufer und Verkäufer haben bei einem gemeinsamen Antrag auf grundverkehrsbehördliche Genehmigung des Kaufvertrages unterschiedliche Parteistellung, weil die Pflicht des einen zugleich das Recht des anderen ist (VwGH 16.5.1974, 1814/73, Rechtsgemeinschaft verneint).

Das Ansuchen von 20 Mitgliedern eines Vogelfreundevereins um die Bewilligung zum Halten bestimmter Vögel bezieht sich nicht auf das Vereinsverhältnis (VwGH 17.9.1958, 0621/58, Rechtsgemeinschaft verneint).

5.3. Gemeinschaftlicher Rechtsgrund

107 Rechtsgrund ist nach § 316 ABGB der zur Erwerbung eines Rechtes gültige Rechtstitel iSd bürgerlichen Rechtes. Der Rechtsgrund muss für die mehreren Personen ein gemeinschaftlicher sein. Ein gemeinschaftlicher Rechtsgrund liegt nur dann vor, wenn mehrere Personen gemeinsam berechtigt oder gemeinsam verpflichtet werden (VwGH 5.3.1990, 89/15/0015). Bloße Gleichheit des Rechtsgrundes ist nicht ausreichend.

108 Der gemeinschaftliche Rechtsgrund muss für die mehreren Personen in Bezug auf den Gegenstand der Gebühr bestehen. Diese Voraussetzung muss im Zeitpunkt des Entstehens der Gebührenschuld (§ 11 GebG; siehe Rz 136) aus der zu beurteilenden Schrift hervorgehen (Urkundenprinzip; vgl. § 17 Abs. 1 GebG; siehe Rz 494).

Beispiele:

Tauschpartner sind beim gemeinsamen Ansuchen an die Grundverkehrskommission um Genehmigung nicht als eine einzige Person anzusehen, weil bei einem Tausch mindestens zwei Grunderwerbe vorliegen. (VwGH 16.5.1974, 1814/73, gemeinschaftlicher Rechtsgrund verneint).

Bei einem Ansuchen mehrerer Miteigentümer an die Grundverkehrskommission um Genehmigung der Eigentumsübertragung auf Grund eines Teilungsvertrages besteht ein gemeinsamer Wille zur Aufhebung der Gemeinschaft des Miteigentums. (VwGH 16.4.1970, 0012/70, gemeinschaftlicher Rechtsgrund bejaht).

6. Amtlicher Gebrauch (§ 8 GebG)

109 Ein amtlicher Gebrauch einer Schrift liegt vor, wenn diese bei einer öffentlichen Behörde, einem Gericht, einem Amt oder einer öffentlichen Kasse (das sind anweisende Stellen iSd finanzgesetzlichen Vorschriften, zB Bundesministerien, Landesregierungen) zu dem Zwecke verwendet wird, zu dem sie ausgestellt worden ist. Dabei ist es gleichgültig, ob die Schrift in Urschrift (Original) oder in einer Abschrift (Kopie) vorgelegt wird.

110 Die bloße Übergabe einer Schrift zur Herstellung einer amtlichen Abschrift oder zur amtlichen Aufbewahrung ist noch kein amtlicher Gebrauch. Ein bloßes Vorweisen oder Vorzeigen einer Schrift, ohne dass davon aktenmäßig Kenntnis genommen wird, ist auch kein amtlicher Gebrauch. Eine aktenmäßige Kenntnisnahme liegt zB vor, wenn eine Kopie angefertigt und zum Akt genommen wird oder in einem Aktenvermerk die erfolgte Einsichtnahme festgehalten wird.

111 Ein amtlicher Gebrauch setzt also voraus, dass die Schrift zu einem bestimmten Beweiszweck verwendet wird, dass sie zum Akt genommen wird und dort verbleibt, oder dass zumindest ihr Inhalt durch Amtsvermerk oder amtlich angefertigte Abschrift aktenmäßig festgehalten wird. Dies ist zB dann der Fall, wenn ein Organ der Behörde oder des Gerichtes in die vorgelegte Schrift Einsicht nimmt, sich über deren Inhalt unterrichtet, um das so gewonnene Wissen bei einer Amtshandlung zu verwerten oder auf Grund des so gewonnenen Wissens von einer bestimmten Amtshandlung abzusehen. Zum amtlichen Gebrauch verwendet wird eine Schrift von demjenigen, der sich vor einer Behörde oder dem Gericht auf den Inhalt der Schrift beruft, damit diese zur Kenntnis genommen oder zur Grundlage des amtlichen Handelns gemacht wird.

112 Die gebührenrechtliche Bedeutung des amtlichen Gebrauches liegt darin, dass durch diesen Vorgang im Zeitpunkt seiner Vornahme ein Gebührenanspruch für Schriften und Urkunden (§§ 14 und 33 GebG) entsteht, der sonst nicht entstanden wäre. Bedeutsam ist diese Gesetzesbestimmung daher bei Schriften und Urkunden (§§ 14 und 33 GebG), die im Ausland ausgestellt worden sind.

Die Gebührenschuld durch amtlichen Gebrauch entsteht bei Schriften iSd § 14 GebG nicht nur durch die Verwendung des Originals (Urschrift), sondern auch durch die Verwendung einer beglaubigten oder unbeglaubigten Kopie (Abschrift).

Zu den im Ausland ausgestellten Urkunden über Rechtsgeschäfte (§ 33 GebG) siehe Rz 469 ff, insbesondere Rz 484.

7. Gebührenerhöhung (§ 9 GebG)

Die Gebühren nach dem GebG – mit Ausnahme der Wettgebühren nach § 33 TP 17 Abs. 1 Z 1 GebG – fallen gemäß § 2 Abs. 2 FinStrG nicht unter die Abgaben, für die das Finanzstrafrecht anzuwenden ist (siehe Rz 4). Die Erhöhungen des § 9 GebG sind daher keine Strafen iSd FinStrG, sondern Abgaben, und zwar Nebenansprüche iSd § 3 Abs. 2 BAO. **113**

7.1. Feste Gebühren

Für die festen Gebühren, die für Schriften und Amtshandlungen iSd Tarifposten des § 14 GebG anfallen, sieht das Gesetz einerseits eine zwingende Gebührenerhöhung als objektive Rechtsfolge einer nicht ordnungsgemäßen Entrichtung vor (§ 9 Abs. 1 GebG), andererseits eine zusätzliche, im Ermessen der Behörde stehende Erhöhung gemäß § 9 Abs. 2 GebG. **114**

7.1.1. Zwingende Erhöhung

Wird eine feste Gebühr, die nicht vorschriftsmäßig durch Barzahlung, durch Einzahlung mit Erlagschein, mittels Bankomat- oder Kreditkarte oder andere bargeldlose elektronische Zahlungsformen entrichtet wurde, gemäß § 203 BAO mit Bescheid festgesetzt, so ist nach der zwingenden Vorschrift des § 9 Abs. 1 GebG zusätzlich eine Gebührenerhöhung im Ausmaß von 50% der verkürzten Gebühr zu erheben. Ein Verschulden des Abgabepflichtigen stellt keine Voraussetzung der Erhöhung dar (VwGH 16.3.1987, 86/15/0114; VwGH 12.11.1997, 97/16/0063). **115**

Nicht vorschriftsmäßig entrichtet ist eine feste Gebühr dann, wenn sie im Zeitpunkt des Entstehens der Gebührenschuld – dieser ist gemäß § 11 GebG je nach Schrift oder Amtshandlung verschieden – (siehe Rz 124) oder innerhalb der von der Behörde eingeräumten Zahlungsfrist (siehe Rz 58) nicht auf eine der gesetzlich zulässigen Arten gemäß § 3 Abs. 2 GebG bezahlt wurde (siehe Rz 56 f). **116**

7.1.2. Erhöhung nach Ermessen

Gemäß § 9 Abs. 2 GebG steht es der Abgabenbehörde im Rahmen ihres Ermessens frei, bei nicht ordnungsgemäßer Entrichtung einer festen Gebühr eine zusätzliche Gebührenerhöhung bis zu 50% der nicht entrichteten (verkürzten) Gebühr zu erheben, sodass die Gebührenerhöhung zusammen höchstens 100% betragen kann. Zur Ausübung des Ermessens siehe Rz 121 ff. **117**

7.2. Hundertsatzgebühren

Werden Rechtsgeschäfte, die den Hundertsatzgebühren unterliegen, nicht ordnungsgemäß angezeigt oder werden Rechtsgebühren im Falle der verpflichtenden oder befugten Selbstberechnung nicht ordnungsgemäß entrichtet, so ist es in das Ermessen der Abgabenbehörde gestellt, eine Erhöhung von bis zu 100% der fehlenden Gebühr festzusetzen. **118**

Von einer nicht ordnungsgemäßen Gebührenanzeige für Rechtsgeschäfte spricht man dann, wenn diese nicht rechtzeitig erfolgt (siehe Rz 604 ff). Zum Entstehen der Gebührenschuld siehe Rz 458 ff. **119**

Eine nicht ordnungsgemäße Entrichtung von Hundertsatzgebühren ist gegeben, wenn die im Wege der Selbstberechnung abzuführenden Gebühren (etwa § 3 Abs. 4 und 4a GebG, § 33 TP 5 GebG, § 33 TP 17 GebG, § 33 TP 22 GebG) nicht bis zum Fälligkeitstag an das Finanzamt abgeführt wurden. **120**

Die Vorschreibung einer Gebührenerhöhung nach § 9 Abs. 2 GebG liegt im Ermessen der Behörde. Als Kriterien des Ermessens sind insbesondere zu berücksichtigen **121**

- inwieweit dem Gebührenschuldner das Erkennen der Gebührenpflicht einer Schrift oder eines Rechtsgeschäftes zugemutet werden konnte,
- ob eine Gebührenanzeige unterlassen, gering oder beträchtlich verspätet erstattet wurde, sowie,
- ob eine Verletzung einer Gebührenbestimmung erstmalig oder bereits wiederholt erfolgt ist.

Eine Gebührenerhöhung bei bloß zweitägiger Verspätung der Gebührenanzeige ist unbillig (VwGH 13.5.1965, 1628/64). **122**

Die Festsetzung einer Gebührenerhöhung unter dem Gesichtspunkt der Zumutbarkeit des Erkennens der Gebührenschuld ist unzulässig, wenn es sich um einen Zweifelsfall handelt, der weder in Literatur noch in der Rechtsprechung eine Erörterung erfahren hat (VwGH 25.2.1976, 0544/74).

Angehörigen rechtsberatender Berufe wird idR das Erkennen der Gebührenpflicht zugemutet werden können, ebenso kaufmännisch versierten Gebührenschuldnern (VwGH **123**

16.12.1965, 0683/65; VwGH 16.5.1974, 1814/73; VwGH 26.4.1977, 2395/76; VwGH 18.12.1995, 95/16/0127; VwGH 15.3.2001, 2000/16/0115).

Die Abwicklung gebührenpflichtiger Geschäfte als „Massengeschäft" spricht für die Zumutbarkeit des Erkennens der Gebührenschuld (VwGH 24.6.1991, 90/15/0057).

8. Entstehen der Gebührenschuld für Schriften (§ 10 und § 11 GebG)

8.1. Schriften und Amtshandlungen nach § 10 GebG

Nach dem GebG sind nur diejenigen Schriften und Amtshandlungen gebührenpflichtig, die in den Tarifposten des § 14 GebG (siehe Rz 181 ff) aufgezählt sind. Das sind: 124

- Abschriften (§ 14 TP 1 GebG) (siehe Rz 182 ff)
- Amtliche Ausfertigungen (§ 14 TP 2 GebG) (siehe Rz 198 ff)
- Auszüge (§ 14 TP 4 GebG) (siehe Rz 242 ff)
- Beilagen (§ 14 TP 5 GebG) (siehe Rz 254 ff)
- Eingaben (§ 14 TP 6 GebG) (siehe Rz 276 ff)
- Protokolle (§ 14 TP 7 GebG) (siehe Rz 314 ff)
- Einreise- und Aufenthaltstitel (§ 14 TP 8 GebG) (siehe Rz 330 ff)
- Reisedokumente (§ 14 TP 9 GebG) (siehe Rz 335 ff)
- Schriften in Patent-, Gebrauchsmuster-, Marken- und Musterangelegenheiten (§ 14 TP 10 GebG) (siehe Rz 344)
- Waffendokumente (§ 14 TP 11 GebG) (siehe Rz 346)
- Unterschriftsbeglaubigungen (§ 14 TP 13 GebG) (siehe Rz 350 ff)
- Zeugnisse (§ 14 TP 14 GebG) (siehe Rz 358 ff)
- Zulassungs- und Überstellungsfahrtscheine (§ 14 TP 15 GebG) (siehe Rz 378 ff)
- Führerscheine (§ 14 TP 16 GebG) (siehe Rz 398 ff)
- Eheschließung (§ 14 TP 17 GebG) (siehe Rz 411)
- Eingetragene Partnerschaft (§ 14 TP 18 GebG) (siehe Rz 414)

8.1.1. Prinzip der Schriftlichkeit – Urkundenprinzip

Weist eine Schrift oder Amtshandlung die gesetzlich geforderten Merkmale auf, unterliegt sie einer Stempelgebühr (siehe Rz 55). Das GebG knüpft – besonders in diesem Bereich der Stempelgebühr – an formale Kriterien an (VwGH 15.1.1981, 3627/80) und wird vom Prinzip der Schriftlichkeit (Urkundenprinzip) beherrscht (VwGH 19.12.1986, 86/15/0071). 125

Schriftlichkeit ist aber nicht in einem engen Wortsinn zu verstehen. Die Gebührenpflicht ist zwar grundsätzlich vom Vorhandensein eines Schriftstückes abhängig, das Vorliegen von Papier ist jedoch nicht erforderlich (siehe Rz 126).

Auch automationsunterstützt oder in jeder anderen technisch möglichen Weise eingebrachte Eingaben und Beilagen, sowie auf diese Weise ergehende Erledigungen, amtliche Ausfertigungen, Protokolle und Zeugnisse sind den Schriften gleichzuhalten (zB Fax oder EMail). 126

Wurde eine Schrift tatsächlich verfasst, so unterliegt sie der Gebührenpflicht, auch wenn ihre Errichtung bei zweckmäßigerer Vorgangsweise hätte unterbleiben können (VwGH 7.10.1993, 93/16/0018). Wird der Weg einer gebührenpflichtigen Eingabe gewählt, dann kann die Gebührenpflicht nicht mit dem Hinweis abgewendet werden, dass auch ein anderer, nicht gebührenpflichtiger Weg zur Verfolgung des Anliegens offen gestanden wäre (VwGH 20.8.1996, 96/16/0160). 127

Wird dort, wo das für die jeweilige Materie anzuwendende Verfahrensgesetz es zulässt, an die Behörde keine (weder eine schriftliche noch eine automationsunterstützte oder sonst technisch mögliche) Eingabe gerichtet, sondern der Weg der telefonischen oder persönlichen Vorsprache gewählt, führt das zu keiner unsachlichen Ersparnis der Eingabengebühr (VwGH 4.3.1982, 81/15/0050). 128

Beispiel:

Wird ein Antrag mündlich gestellt und entscheidet die Behörde nach Durchführung des Verfahrens mit schriftlichem Bescheid über das Ansuchen, entsteht mangels schriftlicher Eingabe durch die schriftliche Erledigung keine Gebührenschuld für die (mündliche) Eingabe.

8.1.2. Ausnahme bei Verwendung der Bürgerkarte (§ 11 Abs. 3 GebG)

Für Eingaben und Beilagen, die auf elektronischem Weg unter Inanspruchnahme der Funktion Bürgerkarte (§§ 4 ff E-GovG) eingebracht werden, ermäßigen sich die in den Tarifposten 5 Abs. 1 und 6 Abs. 1 und 2 des § 14 GebG angeführten Beträge 129

von 3,90 Euro	auf 2,30 Euro,
von 14,30 Euro	auf 8,60 Euro,
von 21,80 Euro	auf 13,10 Euro,
von 47,30 Euro	auf 28,40 Euro.

130 Gemäß § 4 Abs. 1 E-GovG dient die Bürgerkarte dem Nachweis der eindeutigen Identität eines Einschreiters und der Authentizität des elektronisch gestellten Anbringens in Verfahren, für die ein Auftraggeber des öffentlichen Bereichs eine für den Einsatz der Bürgerkarte taugliche technische Umgebung eingerichtet hat.

Die Bürgerkarte besteht definitionsgemäß (§ 2 Z 10 E-GovG) aus zwei untrennbar miteinander verbundenen Elementen, nämlich der qualifizierten elektronischen Signatur und einer Personenbindung.

Bei der technischen Umsetzung von Online-Formularen existieren neben dem Standardfall, dass sowohl die Personenbindung verwendet wird als auch die Daten des Online-Formulars qualifiziert elektronisch signiert werden, auch Umsetzungen, bei denen nur elektronisch signiert wird. Bei selbst erstellten PDF-Anträgen, die mit der Bürgerkarte qualifiziert elektronisch signiert werden, wird technisch bedingt nie die Personenbindung verwendet. Bei der Verwendung der Bürgerkarte ergibt sich für den Nutzer jedoch kein Unterschied, ob die Personenbindung im Hintergrund mitverwendet wird oder nicht. Dies wird ausschließlich durch die Datenanwendung des Betreibers (Online-Formular) bzw. die PDF-Signatursoftware gesteuert.

Da es somit an der jeweiligen technischen Umsetzung liegt, ob bei der Verwendung der Bürgerkarte beide Elemente (qualifizierte elektronische Signatur und die Personenbindung) zur Anwendung kommen, dies für den Durchschnittsanwender jedoch nicht auf den ersten Blick erkennbar sein dürfte, kommt die Gebührenermäßigung auch dann zur Anwendung, wenn die Personenbindung (das zweite Element) nicht gegeben ist.

Die Gebührenermäßigung des § 11 Abs. 3 GebG kommt auch dann zur Anwendung, wenn der Antrag unter Verwendung der Bürgerkarte erstellt und signiert wurde, auch wenn er in der Folge im Wege eines E-Mails übermittelt wird.

Ein im E-Mail selbst gestellter Antrag, der nicht unter Verwendung der Bürgerkarte erstellt wurde, ist hingegen nicht von der Gebührenermäßigung erfasst.

In Schriftstücken der Behörde (etwa in Rechtsmittelhinweisen) ist auf die ermäßigte Gebühr hinzuweisen, wenn die Möglichkeit besteht bzw. es zulässig ist, dass der Antrag unter Verwendung der Bürgerkarte (§§ 4 ff E-GovG) eingebracht werden kann.

8.1.3. Gleichschriften

131 Werden Schriften mehrfach ausgefertigt, unterliegt jede einzelne Ausfertigung (Gleichschrift) der Gebühr, wenn sie die Voraussetzungen für die Gebührenpflicht erfüllt (VwGH 1.12.1976, 0288/75 und 0289/75).

8.1.4. Urkundeninhalt

132 Maßgeblich für die Bemessung der Gebühr ist ausschließlich der Inhalt der Schrift (VwGH 16.11.1995, 94/16/0057, VwGH 6.10.1994, 92/16/0191). Der wahre, allenfalls vom Urkundeninhalt abweichende Wille der Parteien ist nicht zu erforschen (VwGH 16.11.1995, 94/16/0057).

133 Weist eine Schrift die inhaltlichen Merkmale des gebührenpflichtigen Gegenstandes von mehr als einer Tarifpost des § 14 GebG auf, so begründet sie die Gebührenpflicht nach jeder der in Frage kommenden Tarifposten (VwGH 22.4.1991, 90/15/0072).

Beispiel:

Notarielle Unterschriftsbeglaubigung nach § 14 TP 13 GebG in einem gemäß § 14 TP 7 Abs. 1 Z 4 GebG gebührenpflichtigen Protokoll.

134 Ist für einen gebührenpflichtigen Haupttatbestand auch ein speziellerer Tatbestand vorgesehen, fällt nur die Gebühr für den spezielleren Tatbestand an.

Beispiel:

Eine beglaubigte amtliche Abschrift unterliegt nur der Gebühr nach § 14 TP 1 GebG und nicht zusätzlich der Gebühr als Zeugnis nach § 14 TP 14 GebG.

135 Inhalt und Zweck, der mit der Schrift verfolgt wird, müssen aus der Urkunde zum Ausdruck kommen. Werden zu einer unklaren Eingabe später Schriftstücke zur Erläuterung nachgereicht, so ist die ursprüngliche Eingabe anhand der nachgereichten Schriftstücke zu beurteilen (VwGH 14.11.1996, 94/16/0148). Die für eine Gebührenbefreiung oder -begünstigung maßgebenden Umstände müssen aus der Schrift selbst ersichtlich sein (VwGH 16.11.1995, 94/16/0057).

8.2. Entstehen der Gebührenschuld nach § 11 GebG

8.2.1. Ansuchen um Erteilung und Ausfolgung eines Aufenthaltstitels, Eingaben im Zusammenhang mit Patent-, Gebrauchsmuster-, Marken- und Musterangelegenheiten, übrige Eingaben, Beilagen, Protokolle

Bei Ansuchen um Erteilung und Ausfolgung eines Aufenthaltstitels (§ 14 Tarifpost 8 GebG, siehe Rz 330 ff) sowie bei den in § 14 Tarifpost 10 Abs. 1 Z 1 bis 9 GebG angeführten Schriften in Patent-, Gebrauchsmuster-, Marken- und Musterangelegenheiten entsteht die Steuerschuld mit Überreichung. Bei den übrigen Eingaben (siehe Rz 276 ff), Beilagen (siehe Rz 254 ff), eingabeersetzenden Protokollen (siehe Rz 315 ff), Befunden und Vernehmungen (siehe Rz 318 ff) anlässlich der Erteilung eines amtlichen Zeugnisses (siehe Rz 358 ff) oder einer amtlichen Bewilligung auf Einschreiten von Privatpersonen entsteht die Gebührenschuld im Zeitpunkt der Zustellung der das Verfahren in einer Instanz abschließenden schriftlichen Erledigung über die in der Eingabe enthaltenen Anbringen. **136**

Der Begriff der Erledigung umfasst alle Arten schriftlicher Äußerungen der Behörde zu einem Anbringen. Damit sind nicht nur Erledigungen in Bescheidform gemeint. Auch eine nach den jeweiligen Verfahrensgesetzen zulässige andere Form der Schriftlichkeit lässt die Gebührenpflicht im Zeitpunkt der Zustellung der Erledigung entstehen. **137**

Auch automationsunterstützt oder in jeder anderen technisch möglichen Weise ergehende Erledigungen lösen die Gebührenschuld für die im jeweiligen Verfahren anfallenden Schriften (Eingaben, Beilagen, Protokolle) aus (siehe Rz 126). **138**

Die Zustellung der das Verfahren in einer Instanz abschließenden schriftlichen Erledigung lässt auch ohne deren Unterzeichnung, wenn die jeweiligen Verfahrensvorschriften dies vorsehen, die Gebührenschuld für Eingaben, Beilagen und Protokolle (§ 14 TP 7 Abs. 1 Z 1 und Z 2 GebG) entstehen. Für das Entstehen der Gebührenschuld ist es auch ohne Belang, in welchem Sinne die Behörde tätig geworden ist (VwGH 20.12.2001, 2000/16/0734). **139**

GebR

Beispiele schriftlicher Erledigungsarten:

Genehmigung, Stattgabe, Bewilligung, Zurückweisung, Abweisung, Mitteilung über Verfahrenseinstellung, Gegenstandsloserklärung; die Ausstellung eines beantragten Zeugnisses; die Anbringung eines Genehmigungsstempels auf der Eingabe; die schriftliche Auskunft, dass das Anbringen keiner materiellen Erledigung zugänglich ist.

Bei einem Ersuchen um Übersendung von Aktenabschriften stellt die Übermittlung der angeforderten Kopien unabhängig davon, ob auch ein behördliches Begleitschreiben angeschlossen ist, eine schriftliche Erledigung dar.

Auch durch schriftliche Mitteilungen der Behörde zu Anbringen, bei denen gar keine schriftliche Erledigung vorgesehen ist, entsteht die Gebührenschuld. **140**

Beispiele:

Es wird bloß in einem Höflichkeitsschreiben mitgeteilt: „das Verfahren wurde abgeschlossen" oder „Ihrem Antrag wurde entsprochen". Ist jedoch Inhalt des Höflichkeitsschreibens der Behörde lediglich die Zurkenntnisnahme der eingereichten Mitteilung, ohne dass für den Antragsteller daraus eine rechtliche Konsequenz ableitbar wäre, so liegt keine schriftliche abschließende Erledigung der Behörde vor.

Die in Rz 136 genannten Schriften lösen die Gebührenschuld nicht aus, wenn keine schriftliche Erledigung ergeht. **141**

Beispiele:

Ist zB in einem Baugesetz vorgesehen, dass die Vollendung des bewilligungspflichtigen Bauvorhabens der Behörde zu melden ist und ergeht nach Durchführung einer Schlussüberprüfung aber kein Bescheid über die Benützungsbewilligung, hat der Bauwerber (in der Regel) bereits mit der Meldung der Vollendung das Recht zur Benützung des Bauvorhabens.

Ein schriftlicher Vorhalt oder eine Ladung im Zuge der Bearbeitung einer Eingabe stellt bei Nichtfortführung des Verfahrens keine das Verfahren abschließende schriftliche Erledigung der Eingabe dar. Aus diesem Grund entsteht keine Gebührenschuld für die das Verfahren einleitende Eingabe. **142**

Mündlich verkündete, lediglich beurkundete aber nicht oder nicht rechtswirksam (zB § 17 Zustellgesetz) zugestellte Erledigungen lassen die Gebührenschuld für Eingaben nicht entstehen. **143**

Wird eine Eingabe zurückgezogen und hält die Behörde dies nur in ihren Akten (Verwaltungsakt) fest, entsteht ebenso wenig eine Gebührenschuld, wie wenn die Behörde dem Einschreiter die Kenntnisnahme der Zurückziehung schriftlich mitteilt. **144**

Wird dagegen schriftlich mitgeteilt, dass das Verfahren eingestellt wird oder wird der Antrag für gegenstandslos erklärt, so entsteht mit der Zustellung der schriftlichen Erledigung die Gebührenschuld für den ursprünglichen Antrag.

Im Mehrparteienverfahren entsteht eine Gebührenschuld für die verfahrenseinleitende Eingabe nur dann, wenn auch der Antragsteller die schriftliche Erledigung erhält.

Beispiel:

Zurückziehung des verfahrenseinleitenden Antrages im Mehrparteienverfahren:

Die Einstellung des Verfahrens wird den Parteien mit Ausnahme desjenigen, der den verfahrenseinleitenden Antrag gestellt hat, schriftlich zur Kenntnis gebracht; es entsteht keine Gebührenschuld.

145 Als abschließend – und damit die Gebührenschuld auslösend – wird eine Erledigung dann anzusehen sein, wenn hinsichtlich des gestellten Anbringens nach der anzuwendenden Verwaltungsvorschrift kein weiterer behördlicher Erledigungsschritt derselben Instanz mehr erfolgt. Ergeht über eine Eingabe mit nur einem Ansuchen (§ 12 Abs. 1 GebG, siehe Rz 303 ff) lediglich ein Teilbescheid (zB iSd § 59 AVG), so ist damit noch keine abschließende Erledigung des in der Eingabe enthaltenen Anbringens erfolgt. Die Gebührenschuld wird erst durch den Endbescheid ausgelöst.

146 Die Zustellung der schriftlichen Erledigung kann auf verschiedene Arten erfolgen, wie zB im Postwege, durch wirksame Hinterlegung, automationsunterstützt oder in jeder anderen technisch möglichen Weise oder durch Aushändigung der Erledigung.

8.2.2. Amtliche Ausfertigungen

147 Bei amtlichen Ausfertigungen nach § 14 TP 2 GebG (siehe Rz 198 ff) entsteht die Gebührenschuld im Zeitpunkt der Hinausgabe, also mit der Aushändigung oder Übersendung an die Person, die aus der amtlichen Ausfertigung unmittelbare Rechte ableiten kann.

8.2.3. Amtshandlungen

148 Bei Amtshandlungen (siehe zB Rz 331 und Rz 401) entsteht die Gebührenschuld mit deren Beginn.

8.2.4. Protokolle gemäß § 14 TP 7 Abs. 1 Z 4 bis 6 GebG

149 Bei den folgenden Protokollen nach § 14 TP 7 Abs. 1 Z 4 bis 6 GebG (siehe Rz 321 ff) entsteht die Gebührenschuld im Zeitpunkt der Unterzeichnung:

- Z 4 lit. a: Niederschrift über eine Hauptversammlung einer Aktiengesellschaft,
- Z 4 lit. b: Niederschrift über die Versammlung der Gesellschafter einer Gesellschaft mit beschränkter Haftung,
- Z 5: Niederschriften über Verlosungen oder Auslosungen von Wertpapieren,
- Z 6: Protokolle über die Aufnahme eines Wechsel(Scheck)protestes, wenn sie vom Notar aufgenommen werden.

8.2.5. Zeugnisse

8.2.5.1. Inländische Zeugnisse

150 Bei Zeugnissen nach § 14 TP 14 GebG (siehe Rz 358 ff) entsteht die Gebührenschuld im Zeitpunkt der Unterzeichnung oder im Zeitpunkt der Hinausgabe. Dies gilt auch für die Sondertatbestände eines Zeugnisses, nämlich den Abschriften nach § 14 TP 1 GebG (siehe Rz 182 ff) und den Auszügen nach § 14 TP 4 GebG (siehe Rz 242 ff).

8.2.5.2. Ausländische Zeugnisse

151 Bei Zeugnissen, die von ausländischen Behörden oder ausländischen Gerichten ausgestellt worden sind, entsteht die Gebührenschuld, sobald von ihnen im Inland ein amtlicher Gebrauch gemacht wird (siehe Rz 109 ff), auch wenn sie nur in beglaubigter oder unbeglaubigter Abschrift verwendet werden. Bei im Ausland beglaubigten Abschriften entsteht die Gebührenschuld gemäß § 11 Abs. 1 Z 5 GebG mit dem amtlichen Gebrauch im Inland.

8.2.6. Unterschriftsbeglaubigungen

152 Die Gebührenschuld bei Unterschriftsbeglaubigungen (siehe Rz 350 ff) entsteht im Zeitpunkt der Unterzeichnung durch die Urkundsperson. Wurde die Unterschriftsbeglaubigung durch eine vergleichbare ausländische Urkundsperson vorgenommen, entsteht die Gebührenschuld, sobald im Inland ein amtlicher Gebrauch (siehe Rz 109 ff) gemacht wird.

8.3. Entstehung der Gebührenschuld bei den nicht ausdrücklich in § 11 GebG angeführten Schriften

§ 11 GebG enthält nicht für alle in § 14 GebG genannten Schriften eine Bestimmung über das Entstehen der Gebührenschuld. 153

Für mehrere der in § 14 GebG genannten Schriften ist das Entstehen der Gebührenschuld in der jeweiligen Tarifpost selbst geregelt.

Einige der in § 14 GebG genannten Schriften stellen Sondertatbestände von in § 11 Abs. 1 GebG angeführten Haupttatbeständen dar; das Entstehen der Gebührenschuld ergibt sich aus der analogen Anwendung des § 11 Abs. 1 GebG für den Haupttatbestand.

8.3.1. Abschriften

8.3.1.1. inländische Abschriften

Die Gebührenschuld entsteht im Zeitpunkt der Unterzeichnung oder der Hinausgabe durch die inländische Behörde (siehe Rz 196). 154

8.3.1.2. ausländische Abschriften

Bei im Ausland beglaubigten Abschriften entsteht die Gebührenschuld, sobald von ihnen im Inland ein amtlicher Gebrauch (siehe Rz 109 ff) gemacht wird. 155

8.3.2. Auszüge

Die Gebührenschuld entsteht mit der Aushändigung der Schrift (Auszug, Abschrift oder Bescheinigung) an den Interessenten (siehe Rz 250 ff). 156

8.3.3. Reisedokumente

Die Gebührenschuld entsteht mit der Hinausgabe (Aushändigung) des Reisedokuments durch die Behörde (siehe Rz 343). 157

8.3.4. Zulassungsscheine (Zulassungsbescheinigungen) und Überstellungsfahrtscheine

Die Gebührenschuld entsteht mit der Ausfertigung des Zulassungsscheines (Zulassungsbescheinigung) und Überstellungsfahrtscheines durch die Zulassungsstelle (siehe Rz 392). 158

Für als amtliches Zeugnis (siehe Rz 378 ff) von Behörden des Bundes oder der Länder ausgestellte Zulassungsscheine (Zulassungsbescheinigung) und Überstellungsfahrtscheine entsteht die Gebührenschuld im Zeitpunkt der Unterzeichnung oder der Hinausgabe (siehe Rz 391 ff und Rz 150). 159

8.3.5. Führerscheine

Die Gebührenschuld für die Ausstellung des Führerscheines entsteht mit dessen Hinausgabe (Aushändigung) durch die Behörde (siehe Rz 400). 160

8.4. Automationsunterstützte Eingaben, Beilagen und Erledigungen

Durch § 11 Abs. 2 GebG wurde der Begriff einer Schrift an die heutigen technischen Möglichkeiten angepasst. Damit ist auch eine automationsunterstützt oder in jeder anderen technisch möglichen Weise (zB mittels Fax oder E-Mail) eingebrachte Eingabe oder Beilage gebührenpflichtig. Weiters sind damit auch auf solchem Wege ergehende Erledigungen, amtliche Ausfertigungen, Protokolle und Zeugnisse gebührenpflichtig, wenn auf sie die Merkmale einer der in § 14 GebG enthaltenen Schriften zutreffen (siehe Rz 125 ff). 161

9. Gebührenschuldner bei den festen Gebühren (§ 13 GebG)

9.1. Allgemeines

162 § 13 Abs. 1 GebG regelt, welche Person hinsichtlich der festen Gebühren des § 14 GebG (zB Eingaben, Beilagen, Zeugnisse ua.) zur Gebührenentrichtung verpflichtet ist. Diese Person ist Abgabepflichtiger iSd § 77 Abs. 1 BAO.

163 Bei Eingaben (§ 14 TP 6 GebG) und deren Beilagen (§ 14 TP 5 GebG) ist zur Entrichtung der Gebühren derjenige verpflichtet, in dessen Interesse die Eingabe eingebracht wird.

164 Bei einer Eingabe nach § 24a Verwaltungsgerichtshofgesetz 1985 oder nach § 17a Verfassungsgerichtshofgesetz 1953 (zB Beschwerden an den VwGH bzw. VfGH) oder Eingaben an das Bundesverwaltungsgericht bzw. die Verwaltungsgerichte der Länder (§ 14 TP 6 Abs. 5 Z 1 lit. b GebG, siehe Rz 312) ist zur Entrichtung der Gebühr derjenige verpflichtet, in dessen Interesse die Eingabe eingebracht wird.

165 Bei einem eine Eingabe ersetzenden Protokoll (Niederschrift) sowie bei einem sonstigen gebührenpflichtigen Protokoll (§ 14 TP 7 GebG) ist zur Entrichtung der Gebühren derjenige verpflichtet, in dessen Interesse das Protokoll verfasst wird.

166 Bei amtlichen Ausfertigungen (§ 14 TP 2 GebG) und amtlichen Zeugnissen (§ 14 TP 14 GebG) ist derjenige Gebührenschuldner, in dessen Interesse die amtliche Ausfertigung oder das amtliche Zeugnis ausgestellt wird.

167 Ebenso wie beim Entstehen der Gebührenschuld nach § 11 GebG (siehe Rz 136 ff) sind auch in § 13 Abs. 1 GebG die Tarifposten 1 (Abschriften) und 4 (Auszüge) des § 14 GebG nicht besonders aufgeführt. Infolge des Zeugnischarakters dieser Tarifposten gelten hinsichtlich der Person des Gebührenschuldners sinngemäß die Bestimmungen für Zeugnisse (§ 13 Abs. 1 Z 2 GebG, siehe Rz 375). Gleiches gilt auch für die Tarifpost 13 (Unterschriftsbeglaubigungen).

168 Bei Amtshandlungen (zB § 14 TP 16 Abs. 2 GebG siehe Rz 401, § 14 TP 8 Abs. 4b GebG siehe Rz 331) ist derjenige Gebührenschuldner, in dessen Interesse die Amtshandlung erfolgt.

169 Bei folgenden nicht ausdrücklich im § 13 GebG angeführten Schriften ergibt sich die Person des Gebührenschuldners aus der jeweiligen Tarifpost:

- Einreise- und Aufenthaltstitel (§ 14 TP 8 GebG, siehe Rz 330 ff)
- Reisedokumente (§ 14 TP 9 GebG, siehe Rz 335 ff)
- Waffendokumente (§ 14 TP 11 GebG, siehe Rz 346)
- Zulassungsscheine (Zulassungsbescheinigung) und Überstellungsfahrtscheine (§ 14 TP 15 GebG, siehe Rz 378 ff)
- Führerscheine (§ 14 TP 16 GebG, siehe Rz 398 ff)
- Eheschließung (§ 14 TP 17 GebG, siehe Rz 411)
- Eingetragene Partnerschaft (§ 14 TP 18 GebG, siehe Rz 414)

Bei all diesen Schriften ist derjenige Gebührenschuldner, für den oder in dessen Interesse die Schrift ausgestellt wird.

170 Bei Protokollen iSd § 14 TP 7 Abs. 1 Z 4 bis 6 GebG und bei Unterschriftsbeglaubigungen gemäß § 14 TP 13 GebG hat der Gebührenschuldner die Gebühren an die Urkundsperson zu entrichten, die das Protokoll errichtet oder die Unterschriftsbeglaubigung vorgenommen hat (siehe auch Rz 62).

Übersicht Gebührenschuldner 171

Schrift	§ 14 TP	Gebührenschuldner	§ 13 Abs. 1 Z
Eingaben	6	Derjenige, in dessen Interesse die Eingabe eingebracht oder das Protokoll verfasst wird	1
Beilagen	5		
Protokolle (eingabeersetzend)	7 (1) 1		2
(sonstige)	7 (1) 2		
(besondere)	7 (1) 4-6		
Amtliche Ausfertigungen	2	Derjenige, für den oder in dessen Interesse diese ausgestellt werden	
Zeugnisse (allgemein)	14		
Abschriften	1		
Auszüge	4		
Unterschriftsbeglaubigungen	13		
Amtshandlungen		Derjenige, in dessen Interesse die Amtshandlung erfolgt	3
Spezialbestimmungen			
Reisedokumente	9 (4)	Derjenige, für den oder in dessen Interesse der Einreisetitel, das Reisedokument, der Zulassungsschein (Zulassungsbescheinigung), der Führerschein ausgestellt wird	
Zulassungsscheine (Zulassungsbescheinigung) uä.	15 (2)		
Führerscheine	16 (5)		
Einreise- und Aufenthaltstitel	8 (3) und (6)	Derjenige, für den oder in dessen Interesse der Antrag gestellt wird bzw. die Amtshandlung vorgenommen wird	
Waffendokumente	11 (1)	Derjenige, für den das Waffendokument ausgestellt wird	
	11 (2)		

9.2. Gesamtschuldverhältnis bei mehreren Gebührenschuldnern

Trifft die im § 13 Abs. 1 GebG festgelegte Verpflichtung zur Entrichtung der festen Gebühr zwei oder mehrere Personen, so sind sie nach § 13 Abs. 2 GebG zur ungeteilten Hand verpflichtet. § 13 Abs. 2 GebG entspricht dem § 6 Abs. 1 BAO. Danach sind Personen, die nach den Abgabenvorschriften dieselbe abgabenrechtliche Leistung schulden, Gesamtschuldner (Mitschuldner zur ungeteilten Hand, § 891 ABGB). Das Gesamtschuldverhältnis wird bereits im Zeitpunkt des Entstehens der Gebührenschuld (siehe Rz 136 ff) begründet. 172

Liegt zB die Verfassung eines Protokolls im Interesse mehrerer Personen, so sind sie gemäß § 13 Abs. 2 GebG zur ungeteilten Hand verpflichtet, die Gebühr zu entrichten. 173

Die Verfassung des Protokolls über die Versammlung der Gesellschafter einer GmbH ist sowohl im Interesse der Gesellschafter als auch der Gesellschaft gelegen.

Ebenso ist das Protokoll über die Hauptversammlung einer Aktiengesellschaft jedenfalls auch im Interesse der Aktionäre gelegen, da diese ihre Rechte in den Angelegenheiten der Gesellschaft in der Hauptversammlung ausüben.

Liegen Gesamtschuldverhältnisse vor, so liegt es im Ermessen der Behörde, welchen der Gesamtschuldner sie zur Entrichtung der Gebühr heranzieht. Das Gesetz räumt der Abgabenbehörde sohin einen Ermessensspielraum ein, in dessen Rahmen sie ihre Entscheidung gemäß § 20 BAO nach Billigkeit und Zweckmäßigkeit unter Berücksichtigung aller in Betracht kommenden Umstände zu treffen hat. 174

Bei Entrichtung der Abgabenschuld durch einen der Gesamtschuldner erlischt die Abgabenschuld für alle übrigen Schuldner. Hat dabei ein Gesamtschuldner die ganze Schuld 175 getilgt, so ist er im Hinblick auf § 896 ABGB berechtigt, von den übrigen Mitschuldnern den Ersatz nach den zwischen den Schuldnern bestehenden Rechtsverhältnissen zu begehren.

176 **Übersicht Gesamtschuldner**

Gesamtschuldner	Bestimmung	Beispiele
Gemeinsame Verpflichtung zur Gebührenentrichtung	§ 13 (2)	Von mehreren Personen unterschriebene Eingabe; Hauptversammlungsprotokoll bei AG; Generalversammlungsprotokoll bei GmbH
Handeln im fremden Namen bei bestimmten Schriften	§ 13 (3)	Offene Stellvertretung zB Steuerberater, Notare, Rechtsanwälte
Gleichzeitige Bewilligung für mehrere Personen zur Änderung des Familiennamens oder des Vornamens	§ 14 TP 2 (2)	

9.3. Bevollmächtigter als Gebührenschuldner bei bestimmten Schriften

177 Nach § 13 Abs. 3 GebG wird neben den im § 13 Abs. 1 GebG genannten Personen derjenige zum Gesamtschuldner, der im fremden Namen bei der Behörde eine gebührenpflichtige Eingabe oder Beilagen überreicht oder eine amtliche Ausfertigung oder ein Protokoll veranlasst.

178 Über eine Vorrangigkeit eines der in Betracht kommenden Abgabenschuldner kann dem Gesetz nichts entnommen werden (VwGH 7.10.1993, 93/16/0018, VwGH 2.7.1998, 98/16/0137).

179 Insbesondere Parteienvertreter (zB Notar, Rechtsanwalt, Steuerberater) werden durch § 13 Abs. 3 GebG zu Gesamtschuldnern mit den von ihnen Vertretenen.

180 § 9 Abs. 2 BAO (reduzierte Ausfallhaftung der Notare, Rechtsanwälte und Wirtschaftstreuhänder für Handlungen in Ausübung des Berufes bei der Beratung in Abgabensachen) hindert die Abgabenbehörde nicht an der Heranziehung des Parteienvertreters als Gebührenschuldner gemäß § 13 Abs. 3 GebG für in anderen Angelegenheiten als Vertreter verwirklichte Stempelgebührentatbestände (VwGH 19.9.2001, 2001/16/0306).

10. Tarife der festen Gebühren (§ 14 GebG)

Die Tarifposten des § 14 GebG enthalten eine taxative Aufzählung der gebührenpflichtigen Schriften und Amtshandlungen. 181

10.1. Abschriften (§ 14 TP 1 GebG)

10.1.1. Tatbestand

Gebührenpflichtig sind nach § 14 TP 1 GebG: 182

- Amtliche Abschriften, wenn sie von anderen Behörden als Gerichten ausgestellt und beglaubigt werden (siehe Rz 189).
- Nichtamtliche Abschriften und von den Parteien selbst verfasste, wenn sie von anderen Behörden als Gerichten beglaubigt werden (siehe Rz 191).

Eine Abschrift ist eine selbständige Schrift. Ihre gebührenrechtliche Beurteilung erfolgt unabhängig von der Urschrift (VwGH 17.9.1990, 89/15/0045 bis 0047). Es ist unerheblich, ob und allenfalls welcher Gebühr die Urschrift unterlegen war. Bei der Gebührenpflicht nach dieser Tarifpost handelt es sich um einen Sondertatbestand des gebührenpflichtigen Zeugnisses nach § 14 TP 14 GebG (siehe Rz 358 ff); ein „Bekunden" ist jedoch nicht Tatbestandsmerkmal des § 14 TP 1 GebG. Ohne Sonderregelung wäre die Beglaubigung von Abschriften als Beurkundung tatsächlicher Umstände als Zeugnis gebührenpflichtig. Eine inhaltlich als Abschrift zu qualifizierende Schrift ist (folgend dem Enumerationsprinzip des GebG – siehe Rz 124 ff) gebührenrechtlich nur nach § 14 TP 1 GebG (bzw. § 14 TP 4 GebG) zu beurteilen und kann nicht, wenn diese Tarifpost für eine bestimmte Abschrift keine Gebührenpflicht vorsieht, der Zeugnisgebühr zugeordnet werden (VwGH 26.11.1990, 90/15/0005). 183

10.1.1.1. Abschrift

Abschrift ist jede Reproduktion einer Schrift, ohne Rücksicht darauf, auf welche Weise diese hergestellt wird. Demnach sind auch Fotokopien von Schriften als Abschriften zu beurteilen. Abschriften müssen den Wortlaut der Urschrift genau wiedergeben. 184

10.1.1.2. Abschrift – Gleichschrift

Zum Unterschied von Gleichschriften, Duplikaten, Triplikaten usw. fehlt den Abschriften eine den Inhalt der Schrift deckende originale Wiederholung der Unterschrift oder eine – entsprechend § 18 Abs. 1 GebG – gleichwertige Unterschrift (VwGH 24.3.1994, 92/16/0091). Eine im Durchschreibeverfahren hergestellte und mit durchgeschriebener Unterschrift versehene Urkunde ist daher nicht als Abschrift, sondern als Gleichschrift zu beurteilen. Gleichschriften, Duplikate, usw. sind gebührenrechtlich wie Originale zu behandeln. 185

10.1.1.3. Abschrift – Auszüge

Auf Grund ausdrücklicher Bestimmungen unterliegen Abschriften aus dem Zentralen Personenstandsregister (ZPR) und Registern nicht der Gebühr nach § 14 TP 1 GebG, sondern als Auszüge der Gebühr nach dem Sondertatbestand des § 14 TP 4 Abs. 1 Z 2 GebG (siehe Rz 242 ff). Werden derartige Abschriften jedoch von gesetzlich anerkannten Kirchen und Religionsgesellschaften ausgestellt, so sind diese Auszüge gemäß § 14 TP 4 Abs. 3 GebG gebührenfrei (siehe Rz 253). 186

10.1.1.4. Unterschrift, Beglaubigung

Bei einer Beglaubigung wird die Klausel „Für die Richtigkeit der Ausfertigung" beigesetzt und von dem zur Beglaubigung ermächtigten Amtsorgan mit seinem Namen eigenhändig unterschrieben (VwGH 28.6.1989, 89/16/0036). 187

10.1.1.5. Nicht gebührenpflichtige Abschriften

Der Gebühr unterliegen nicht: 188

- Nicht beglaubigte (amtliche oder nichtamtliche) Abschriften

  Beispiel:

  Die von den Abgabenbehörden erteilten unbeglaubigten Abschriften von Niederschriften, Berichten über das Ergebnis einer Außenprüfung gemäß § 87 Abs. 7 BAO, § 150 BAO, § 255 Abs. 2 BAO.
- Von Gerichten angefertigte Abschriften und Privatschriften, die von Gerichten beglaubigt werden.
- Abschriften, die zur Vornahme einer Gebührenanzeige (§ 31 GebG) beglaubigt werden;
- Notariell beglaubigte Abschriften;

- „Erteilt" ein Notar – nicht als Parteienvertreter, sondern gemäß § 91 f NO – selbst eine beglaubigte Abschrift eines von ihm aufgenommenen Notariatsaktes, so handelt es sich weder um eine amtliche noch um eine nichtamtliche Abschrift und ist daher weder nach dieser Tarifpost noch nach § 14 TP 14 GebG (Gebühr für Zeugnisse) eine Gebührenpflicht gegeben.

10.1.2. Amtliche Abschriften

189 Amtliche Abschriften nach § 14 TP 1 Abs. 1 Z 1 GebG müssen nicht nur von Behörden (ausgenommen Gerichte) beglaubigt, dh. von einem Behördenorgan unterzeichnet, sondern auch von einem solchen ausgestellt sein. Die bloße „Herstellung" der Abschrift durch das Behördenorgan reicht für die Qualifikation als „amtliche Abschrift" nicht aus. Schriften sind dann als amtliche Abschriften anzusehen, wenn sie entweder einen Hinweis auf ihre amtliche Herstellung enthalten oder – bei Fehlen eines solchen Hinweises – wenn an ihrer Herstellung zwangsläufig ein Amtsorgan beteiligt ist.

Beispiele:

Eine zwangsläufige Beteiligung eines Amtsorganes ist gegeben bei

- *der Herstellung von Fotokopien aus Amtsschriften (zB Aktenteilen) oder amtlich verwahrten Privatschriften,*
- *Ausdrucken von Kontoabfragen oder Kontoauszügen,*

die bei persönlicher Vorsprache der Partei ausgefolgt oder die der Akteneinsicht begehrenden Partei im Wege der Post übermittelt werden.

Werden diese amtlich hergestellten Abschriften von einem Behördenorgan beglaubigt, so liegt eine gebührenpflichtige amtliche Abschrift vor.

190 Ob die Herstellung der Abschrift auf Antrag oder ohne Antrag auf Grund einer gesetzlichen Verpflichtung erfolgt, ist für die Gebührenpflicht unerheblich.

10.1.3. Nichtamtliche Abschriften und von Parteien verfasste Abschriften

191 Nichtamtliche Abschriften und von Parteien selbst verfasste Abschriften unterliegen der Gebühr nur dann, wenn sie von anderen Behörden als Gerichten beglaubigt werden.

192 Der Wortlaut des Gesetzes, dass nichtamtliche Abschriften von den Parteien selbst verfasste Abschriften sind, ist nicht in einem so engen Wortsinn zu verstehen, dass die Partei die Abschrift eigenhändig herstellt. Entscheidend ist, wem sie zuzurechnen ist. Es ist daher unbeachtlich, ob sich der Schriftverfasser eines technischen Hilfsmittels (Kopiergerät) oder einer dritten Person als Erfüllungsgehilfen bedient.

10.1.4. Mehrere Abschriften auf einem Bogen

193 Werden auf einem Bogen (siehe Rz 94 ff) die Abschriften mehrerer Urkunden (Schriften) und deren Beilagen vereint und beglaubigt, dann ist die Gebühr für jede Abschrift gesondert zu entrichten (§ 14 TP 1 Abs. 2 GebG).

Bilden mehrere Schriften eine inhaltliche Einheit, liegt nur eine (Zahlwort) Abschrift vor und ist die Gebühr nur einmal zu entrichten.

10.1.5. Gebührensatz

194 Abschriften § 14 TP 1 Abs. 1 GebG (Z)

1. Amtliche Abschriften	14,30 Euro von jedem Bogen
2. Nichtamtliche Abschriften	7,20 Euro von jedem Bogen

10.1.6. Gebührenschuld und Gebührenschuldner

195 Abschriften sind eine spezielle Form des Zeugnisses. Daher richten sich der Zeitpunkt der Entstehung der Gebührenschuld sowie die Person des Gebührenschuldners nach den Regelungen bei der Zeugnisgebühr.

10.1.6.1. Gebührenschuld

196 § 11 GebG enthält für Abschriften keine Bestimmung über das Entstehen der Gebührenschuld. Die Gebührenschuld entsteht in analoger Anwendung des § 11 Abs. 1 Z 5 GebG im Zeitpunkt der Unterzeichnung (Beglaubigung) oder der Hinausgabe. Bei im Ausland von anderen Behörden als Gerichten beglaubigten Abschriften entsteht die Gebührenschuld gemäß § 11 Abs. 1 Z 5 GebG mit dem amtlichen Gebrauch (siehe Rz 109 ff) im Inland.

10.1.6.2. Gebührenschuldner

In analoger Anwendung des § 13 Abs. 1 Z 2 GebG ist Gebührenschuldner derjenige, für den oder in dessen Interesse die Abschrift ausgestellt wird, wobei nicht ein alleiniges Interesse des Gebührenschuldners gefordert ist (VwGH 1.12.1986, 85/15/0190). An einem Gebührenschuldner fehlt es bei Abschriften, die von einer Behörde für behördeninterne Zwecke ausgefertigt werden und die bei der ausfertigenden Behörde verbleiben oder von Amts wegen, ohne Mitwirkung der Partei einer anderen Behörde übermittelt werden, weil Behörden nach § 2 GebG von der Entrichtung der Gebühren persönlich befreit sind. **197**

10.2. Amtliche Ausfertigungen § 14 TP 2 GebG und § 12 Abs. 2 GebG

10.2.1. Tatbestände und Gebührensätze

Für die in dieser Tarifpost zusammengefassten amtlichen Ausfertigungen wird die Gebühr für die Beurkundung der Verleihung von Berechtigungen erhoben. **198**

Gegenstand dieser Tarifpost sind rechtserzeugende und rechtsbezeugende Ausfertigungen, die in den einzelnen Ziffern erschöpfend aufgezählt sind. Gebührenpflichtig sind folgende amtliche Ausfertigungen: **199**

1. Erteilung einer Befugnis oder Anerkennung einer Befähigung oder sonstigen gesetzlichen Voraussetzung zur Ausübung einer Erwerbstätigkeit (siehe Rz 201 ff)
2. Ausfertigungen für bestimmte freie Berufe (siehe Rz 220)
3. Verleihung (Erwerb) der österreichischen Staatsbürgerschaft (siehe Rz 222)
4. und 5. Bergführerbücher, Trägerlegitimationen (siehe Rz 225)
6. und 7. Ausstellung eines Leichenpasses, Bewilligung zur Enterdigung (siehe Rz 227)
8. und 9. bergrechtliche Bewilligungen (siehe Rz 229)
10. Namensänderung (siehe Rz 231 ff)

Die festen Gebühren sind für die einzelnen Tatbestände verschieden hoch festgelegt. Die Abstufung erfolgte unter Bedachtnahme auf die Bedeutung, die die amtliche Ausfertigung für den Bewerber hat. Der Tarif sieht die feste Gebühr jeweils für den ersten Bogen vor. Sind mehrere Bogen vorhanden, so beträgt die Gebühr für jeden weiteren Bogen gemäß § 6 GebG 13 Euro (siehe Rz 99 ff). **200**

10.2.1.1. Erteilung einer Befugnis, Anerkennung einer Befähigung oder sonstigen gesetzlichen Voraussetzung zur Ausübung einer Erwerbstätigkeit

Bei der gebührenrechtlichen Beurteilung des Bestellungsaktes ist zu prüfen, ob der Zweck der Bestellung sich nur auf die Erteilung einer Befugnis zur Ausübung einer Erwerbstätigkeit oder die Anerkennung einer Befähigung oder sonstigen gesetzlichen Voraussetzung richtet oder ob der Zweck einer Befugniserteilung in erster Linie ein anderer ist und die Erwerbstätigkeit eine bloß damit verbundene Nebenwirkung. **201**

Beispiel:

Die Bestellung eines Gerichtsdolmetschers durch das Oberlandesgericht hat den Zweck, den Gerichten vertrauenswürdige, die in Frage kommende Sprache völlig beherrschende ständige Übersetzer zur Verfügung zu stellen. Der Bewilligungsakt unterliegt nicht der Gebühr nach § 14 TP 2 GebG.

Gemäß § 333a Gewerbeordnung 1994 (GewO 1994) sind Schriften und Zeugnisse, die auf Grundlage dieses Bundesgesetzes erstellt und ausgestellt werden, sowie Eingaben, die auf das Erstellen und das Ausstellen von Schriften auf Grundlage dieses Bundesgesetzes gerichtet sind, von den Stempelgebühren und Verwaltungsabgaben des Bundes befreit. Diese Bestimmung ist mit 18.07.2017 in Kraft getreten; betreffend die Ausstellung von Auszügen aus dem Gewerbeinformationssystem Austria ist die Befreiung von Stempelgebühren und Verwaltungsabgaben des Bundes frühestens ab 1. Mai 2018 anzuwenden. **202**

Für die Vollziehung des § 333a GewO 1994 ist ausschließlich die Bundesministerin für Digitalisierung und Wirtschaftsstandort zuständig, nicht jedoch der Bundesminister für Finanzen.

Die Ausführungen in den Rz 203 bis 219 gelten nur dann, wenn § 333a GewO 1994 nicht zur Anwendung kommt.

Wird dem Antragsteller über die erfolgte Eintragung in das Gewerbeinformationssystem Austria (GISA) ein Auszug aus diesem als Bestätigung über die Gewerbeanmeldung übermittelt (§ 340 Abs. 1 GewO 1994), ist dieser Auszug nicht nach § 14 TP 2 GebG, sondern nach § 14 TP 4 Abs. 1 Z 2 GebG zu vergebühren (siehe Rz 243 f). **203**

204 Über Anmeldungen von den in § 95 GewO 1994 genannten reglementierten Gewerben oder des Rauchfangkehrergewerbes (§ 94 Z 55 GewO 1994) spricht die Behörde mit Bescheid (§ 340 Abs. 2 GewO 1994) ab, der nach § 14 TP 2 Abs. 1 Z 1 GebG gebührenpflichtig ist.

Beispiele:

Reglementiertes Gewerbe der Elektrotechnik, Gas- und Sanitärtechnik, des Sicherheitsgewerbes, Sprengungsunternehmens, der gewerblichen Vermögensberatung, des Waffengewerbes, der Herstellung von Arzneimitteln usw.

205 Bei einer Standortverlegung oder -erweiterung der in Rz 204 genannten und bei standortgebundenen Gewerben darf der Betrieb erst nach Erlassung eines gemäß § 14 TP 2 GebG gebührenpflichtigen Bewilligungsbescheides aufgenommen werden.

206 Für amtliche Ausfertigungen nach dem Abfallwirtschaftsgesetz 2002 besteht Gebührenpflicht.

Beispiel:

Erlaubnis für die Sammlung oder Behandlung von Abfällen (§ 25a Abs. 1 AWG 2002), Bestellung eines abfallrechtlichen Geschäftsführers (§ 26 Abs. 1 AWG 2002)

10.2.1.1.1. Erteilung, Verleihung und Anerkennung

207 Der Gebühr unterliegen behördliche Akte (amtliche Ausfertigungen), mit denen eine persönliche Befugnis zur Ausübung einer Erwerbstätigkeit erteilt oder eine bestehende Befähigung bzw. sonstige gesetzliche Voraussetzung zur Ausübung einer solchen Tätigkeit anerkannt wird. Aus den Begriffen „Erteilung", „Verleihung", „Bewilligung" und „Anerkennung" ist erkennbar, dass es sich um eine nach außen sichtbare Aktivität der Behörde handeln muss. Erwerbstätigkeiten, zu deren Ausübung kein nach außen erkennbarer behördlicher Anerkennungsakt für die Befähigung (Bescheid, Dekret, Eintragung in eine Liste) erforderlich ist, zu deren Anmeldung die Behörde also schweigen kann, fallen nicht unter diese Bestimmung. Anmeldungen solcher Erwerbstätigkeiten unterliegen auch nicht der Eingabengebühr nach § 14 TP 6 Abs. 2 Z 1 GebG (siehe Rz 309), wenn über die Eingabe keine schriftliche oder automationsunterstützte oder sonst technisch mögliche abschließende Erledigung zugestellt wird (siehe Rz 161).

10.2.1.1.2. Befähigung und Befugnis

208 „Befähigung" und „Befugnis" sind personenbezogene Merkmale. Für die Befähigung ergibt sich dies bereits aus dem Begriff selbst. Nicht jede erteilte Befugnis schlechthin, sondern nur eine solche ist gebührenpflichtig, die zur Aufnahme einer Erwerbstätigkeit durch eine bestimmte Person berechtigt.

Beispiele für gebührenpflichtige Bewilligungen:

Befugniserteilung zur Führung von Hausapotheken durch Ärzte, Bescheid bei Anzeige betreffend weitere Betriebsstätte, Standort-/Betriebsstättenverlegung (§ 46 GewO 1994) eines Waffengewerbes, Pyrotechnik- und Sprengungsunternehmens und Rauchfangkehrers (entfällt bei Einstellung der Ausübung in der Betriebsstätte), Bescheid bei Anmeldung für die Ausübung (§ 340 GewO 1994) eines § 95 GewO 1994 Gewerbes (insbesondere Waffengewerbe, Pyrotechnik- und Sprengungsunternehmen) sowie Rauchfangkehrergewerbes.

209 Ausschließlich sachbezogene Befugniserteilungen begründen keine Gebührenpflicht nach § 14 TP 2 GebG.

Beispiel:

Die Genehmigung einer Betriebsanlage nach § 77 GewO 1994 stellt keine persönliche Befugnis zur Ausübung einer Erwerbstätigkeit dar, sondern beinhaltet sachbezogene Befugnisse, weil eine solche zur Vermeidung von Gefahren im öffentlichen Interesse ergeht und daher gebührenfrei ist (VwGH 11.2.1953, 1950/51).

210 Hat ein Bescheid oder eine Bescheinigung ausschließlich ordnungspolitischen Charakter, so fällt dafür keine Gebühr nach der § 14 TP 2 Abs. 1 Z 1 GebG an.

Beispiele:

Bescheid über die Anzeige betreffend weiterer Betriebsstätten, Standort-/Betriebsstättenverlegungen (§ 46 GewO 1994) bei Gewerben gemäß § 95 GewO 1994 außer Waffengewerbe, Pyrotechnik- und Sprengungsunternehmen

Bescheid oder Bescheinigung über die Anzeige des Ausscheidens des Geschäftsführers (§ 39 Abs. 4 GewO 1994), Filialgeschäftsführers (§ 47 Abs. 3 GewO 1994), der Gewerbeeinstellung (§ 85 GewO 1994) mit Antrag auf Bescheid oder Ausfertigung einer Bescheinigung.

10.2.1.1.3. Anerkennung einer sonstigen gesetzlichen Voraussetzung

Neben den personenbezogenen Tatbestandsmerkmalen der „Erteilung einer Befugnis“ und der „Anerkennung einer Befähigung“ stellt die Anerkennung einer „sonstigen gesetzlichen Voraussetzung“ keine ausschließlich sachbezogene Alternative dar, sondern der Gegenstand der Anerkennung muss das Vorliegen subjektiver in der Person des Antragstellers gelegener gesetzlicher Voraussetzungen sein. Ergeht beim Anmeldungsverfahren eines freien Gewerbes bloß ein Auszug aus dem Gewerbeinformationssystem Austria (GISA), so stellt diese Erledigung keine amtliche Ausfertigung iSd § 14 TP 2 GebG dar. Sollte in diesen Fällen dennoch eine amtliche Ausfertigung ausgefolgt werden, unterliegt diese der Gebühr nach dieser Tarifpost. Aus dem Merkmal der „Erteilung“, „Verleihung“ bzw. „Anerkennung“ folgt, dass damit eine neue Berechtigung zukommt. 211

Beispiel:

Die Bewilligung der zuständigen Fernmeldebehörde erster Instanz zum erwerbsmäßigen Vertrieb (oder Betrieb) von Funkeinrichtungen stellt eine solche Anerkennung einer sonstigen gesetzlichen Voraussetzung dar und unterliegt der Gebühr nach § 14 TP 2 GebG (VwGH 24.3.1994, 93/16/0173).

Sondergenehmigungen zur Ausübung einer Erwerbstätigkeit, welche nicht über den materiellen Umfang der ursprünglichen Berechtigung hinausgehen, stellen keine gebührenpflichtigen amtlichen Ausfertigungen dar. 212

Beispiel:

Eine Sondergenehmigung im Rahmen einer schon erteilten Bewilligung über eine verlängerte Sperrstunde ist demnach gebührenfrei.

Der Tatbestand des § 14 TP 2 Abs. 1 Z 1 GebG ist in jenen Fällen nicht erfüllt, wo die in der Gewerbeordnung vorgesehenen Anzeigen an die Bezirksverwaltungsbehörde kein neuerliches Prüfungsverfahren zur Erteilung einer Befugnis, Anerkennung einer Befähigung oder sonstigen gesetzlichen Voraussetzung zur Ausübung einer Erwerbstätigkeit erfordern, dh. somit keine Verleihung einer neuen Berechtigung vorliegt (VwGH 9.11.2000, 2000/16/0616). 213

GebR

10.2.1.1.4. Erwerbstätigkeit

Tatbestandsmerkmal des § 14 TP 2 GebG ist weiters die Ausübung einer Erwerbstätigkeit, dh. die erteilte Befugnis muss in irgendeiner Art zur Sicherung oder Förderung der wirtschaftlichen Existenz des Ausübenden dienen. Keinen Unterschied macht es, ob die Ausübung der Erwerbstätigkeit auf Dauer, vorübergehend oder überhaupt nur einmalig beabsichtigt ist. 214

Eine Erwerbstätigkeit ist auch anzunehmen, wenn ein Entgelt nur dem Grunde, aber nicht der Höhe nach festgesetzt ist, die jeweilige Höhe also dem Willen des Besuchers überlassen bleibt. 215

Beispiel:

Bewilligungen von Veranstaltungen mit „Eintritt frei, freiwillige Spenden“ sind daher gebührenpflichtig.

Unter „Erwerbstätigkeit“ ist jede auf Einnahmenerzielung gerichtete selbständige wie unselbständige Tätigkeit zu verstehen. Die Ausübung der Erwerbstätigkeit muss allerdings nicht mit einem Gewinn verbunden sein (VwGH 25.2.1976, 0544/74). 216

Beispiele:

Eine Berechtigung zur bloß vorübergehenden oder auch nur einmaligen Ausübung des Gast- und Schankgewerbes außerhalb der genehmigten Betriebsstätte ist gebührenpflichtig (VwGH 10.11.1954, 1976/52).

Befugnissen zur Jagdausübung oder zur Ausübung eines Sportes fehlt das Merkmal „zur Ausübung einer Erwerbstätigkeit“. Diese sind daher nicht gebührenpflichtig. 217

Bei der von einer Behörde auszustellenden Giftbezugslizenz handelt es sich um keine Befugnis zur Ausübung einer Erwerbstätigkeit, weshalb die Voraussetzung für eine Gebührenpflicht derartiger Lizenzen ebenfalls nicht vorliegt. 218

10.2.1.1.5. Höhe der Gebühr

Amtliche Ausfertigungen § 14 TP 2 Abs. 1 GebG (Z) 219

1. Erteilung einer Befugnis oder Anerkennung einer Befähigung oder sonstigen gesetzlichen Voraussetzung zur Ausübung einer Erwerbstätigkeit	83,60 Euro vom ersten Bogen jeder weitere Bogen 13 Euro

10.2.1.2. Ausfertigungen für bestimmte freie Berufe

220 Gegenstand der Gebühr ist die jeweilige Ausfertigung über die Ernennung zum Notar oder Handelsmakler, über die Zulassung als Steuerberater oder Wirtschaftsprüfer und auch über die Eintragung als Rechts- oder Patentanwalt.

Selbständige Buchhalter fallen nicht unter diese Bestimmung.

Höhe der Gebühr

221 Amtliche Ausfertigungen § 14 TP 2 Abs. 1 GebG (Z)

2. Ernennung oder Zulassung oder Eintragung	285,90 Euro vom ersten Bogen jeder weitere Bogen 13 Euro

10.2.1.3. Verleihung der österreichischen Staatsbürgerschaft

222 Der Erwerb der österreichischen Staatsbürgerschaft ist im Staatsbürgerschaftsgesetz 1985 – StbG geregelt.

223 Von der Gebühr für den Erwerb der österreichischen Staatsbürgerschaft nach § 14 TP 2 GebG ist die Gebühr für den Staatsbürgerschaftsnachweis zu unterscheiden. Der Staatsbürgerschaftsnachweis ist die Bescheinigung, dass eine bestimmte Person die Staatsbürgerschaft besitzt und daher gemäß § 14 TP 14 GebG als Zeugnis gebührenpflichtig.

Höhe der Gebühr

224 Verleihung der österreichischen Staatsbürgerschaft § 14 TP 2 Abs. 1 Z 3 GebG (lit.)

a) in den Fällen des § 10 StbG, soweit es sich nicht um solche des § 10 Abs. 4 StbG handelt	1115,30 Euro
b) in den Fällen der §§ 10 Abs. 4, 11a Abs. 2, 11b oder 12 Abs. 2 StbG	247,90 Euro
c) in den Fällen der §§ 12 Abs. 1 Z 3, 17 und 25 StbG	247,90 Euro
d) in anderen als in lit. a bis c genannten Fällen	867,40 Euro

10.2.1.4. Bergführerbücher und Trägerlegitimationen

225 Die Funktion der Bergführerbücher und Trägerlegitimationen hat sich bereits vielfach gewandelt. Eine Gebühr nach § 14 TP 2 Abs. 1 Z 4 und 5 GebG fällt nur insoweit an, als nach den landesgesetzlichen Bergführervorschriften Bergführerbücher und Trägerlegitimationen auszustellen sind.

Höhe der Gebühr

226 Amtliche Ausfertigungen § 14 TP 2 Abs. 1 GebG (Z)

4. Bergführerbücher	16,50 Euro vom ersten Bogen jeder weitere Bogen 13 Euro
5. Trägerlegitimationen	14,30 Euro vom ersten Bogen jeder weitere Bogen 13 Euro

10.2.1.5. Ausstellung eines Leichenpasses, Bewilligung zur Enterdigung

227 Wird die Bewilligung zur Überführung einer Leiche nicht in Form eines Leichenpasses, sondern auf andere Weise erteilt, so ist auch diese gebührenpflichtig.

Beispiel:

Leichenpassierschein, Überführungsbewilligung

Höhe der Gebühr

228 Amtliche Ausfertigungen § 14 TP 2 Abs. 1 GebG (Z)

6. Ausstellung eines Leichenpasses	83,60 Euro vom ersten Bogen jeder weitere Bogen 13 Euro
7. Bewilligung zur Enterdigung einer Leiche	83,60 Euro vom ersten Bogen jeder weitere Bogen 13 Euro

10.2.1.6. Bergrechtliche Ausfertigungen

229 Der Bescheid der Bergbehörde über die Genehmigung der rechtsgeschäftlichen Übertragung der Ausübung einer Bergwerksberechtigung (§§ 51 ff Mineralrohstoffgesetz) erfüllt nicht den Tatbestand des § 14 TP 2 Abs. 1 Z 8 GebG oder § 14 TP 2 Abs. 1 Z 9 GebG, unterliegt aber als amtliche Ausfertigung über die Erteilung einer Befugnis der Gebühr nach § 14 TP 2 Abs. 1 Z 1 GebG.

Höhe der Gebühr

Amtliche Ausfertigungen § 14 TP 2 Abs. 1 GebG (Z) **230**

8. Erteilung einer bergrechtlichen Suchbewilligung oder Verlängerung von deren Geltungsdauer	382,60 Euro vom ersten Bogen jeder weitere Bogen 13 Euro
8. Erteilung einer bergrechtlichen Bewilligung zum Suchen und Erforschen nichtkohlenwasserstoffführender geologischer Strukturen	382,60 Euro vom ersten Bogen jeder weitere Bogen 13 Euro
9. a) Verleihung einer Bergwerksberechtigung für ein Grubenmaß oder eine Überschar	95,60 Euro vom ersten Bogen jeder weitere Bogen 13 Euro
9. a) Genehmigung der Übertragung einer Bergwerksberechtigung durch Rechtsgeschäft unter Lebenden	95,60 Euro vom ersten Bogen jeder weitere Bogen 13 Euro
9. b) Anerkennung eines bergrechtlichen Gewinnungsfeldes	797 Euro vom ersten Bogen jeder weitere Bogen 13 Euro
9. b) Erteilung einer bergrechtlichen Speicherbewilligung	797 Euro vom ersten Bogen jeder weitere Bogen 13 Euro
9. b) Genehmigung der Übertragung einer Speicherbewilligung durch Rechtsgeschäft unter Lebenden	797 Euro vom ersten Bogen jeder weitere Bogen 13 Euro

GebR

10.2.1.7. Bewilligung der Namensänderung

Nach dem Namensänderungsgesetz – NÄG ist unter bestimmten Voraussetzungen die Änderung des Familien- oder Vornamens zu bewilligen. Die amtliche Ausfertigung über diese Bewilligung unterliegt der Gebühr nach § 14 TP 2 Abs. 1 Z 10 GebG nur bei Namensänderung „aus sonstigen Gründen" iSd § 2 Abs. 1 Z 11 NÄG. **2312**

Namensänderungen iSd § 2 Abs. 1 Z 1 bis 10 NÄG (Familiennamen) sowie iSd § 2 Abs. 2 erster Halbsatz NÄG (Vornamen) sind gemäß § 6 NÄG befreit; die Befreiung bezieht sich nur auf die Bewilligung zur Änderung des Namens, nicht hingegen auf den Antrag auf Namensänderung (siehe Rz 305). **232**

Beispiele:

Der bisherige Familienname wirkt lächerlich oder anstößig.

Der minderjährige Antragsteller soll den Familiennamen der Person erhalten, der die Obsorge für ihn zukommt.

Werden mit einer Bewilligung sowohl der Vorname als auch der Familienname geändert, so ist die Gebühr zweimal zu entrichten. Wird die Änderung des Namens in einer amtlichen Ausfertigung für eine Mehrheit von Personen bewilligt, so ist die Gebühr nur für die Personen zu entrichten, denen die Namensänderung durch die amtliche Ausfertigung (Bescheid) bewilligt wird und nicht auch für solche Personen, auf die sich die Wirkung des Bescheides über die Namensänderung kraft Gesetzes erstreckt. **233**

Erklärungen der Eheschließenden über die Führung des Familiennamens unterliegen keiner Gebühr nach § 14 TP 2 GebG. **234**

Höhe der Gebühr

Amtliche Ausfertigungen § 14 TP 2 Abs. 1 GebG (Z) **235**

10. Bewilligung zur Änderung des Familiennamens gemäß § 2 Abs. 1 Z 11 NÄG	382,60 Euro vom ersten Bogen jeder weitere Bogen 13 Euro
10. Bewilligung zur Änderung des Vornamens gemäß § 2 Abs. 2 NÄG	382,60 Euro vom ersten Bogen jeder weitere Bogen 13 Euro

10.2.2. Mehrere Bewilligungen in einer Ausfertigung

Werden in einer amtlichen Ausfertigung mehrere Bewilligungen (Berechtigungen, Bescheinigungen) erteilt, so ist für jede einzelne, in einer Schrift enthaltene Berechtigung, Befugnis oder Anerkennung die Gebühr zu entrichten (§ 12 Abs. 2 GebG). **236**

Die mehrfache Gebühr in einem Bescheid der Bergbehörde über die Bewilligung zur Überlassung der Ausübung einer Bergwerksberechtigung durch Rechtsgeschäft unter **237**

Lebenden für mehrere Bergwerksberechtigungen ist nicht nach der Anzahl der einzelnen Bergwerksberechtigungen zu entrichten, sondern nach der Anzahl der Grubenfelder, die die genehmigten Bergwerksberechtigungen bilden.

10.2.3. Mehrere Ausfertigungen über eine Bewilligung

238 Werden über eine Bewilligung (Berechtigung, Bescheinigung) mehrere amtliche Ausfertigungen ausgestellt, so ist die Gebühr für jede dieser Ausfertigungen zur Gänze zu entrichten. Eine Ausnahme von diesem Grundsatz gilt nur dann, wenn Zweitausfertigungen von der ausstellenden Behörde einer anderen Dienststelle (Krankenkasse, Kammer usw.) übersendet und daher nicht dem Berechtigten zum Nachweis der verliehenen Berechtigung übergeben werden.

10.2.4. Gebührenschuld und Gebührenschuldner

10.2.4.1. Gebührenschuld

239 Die Gebührenschuld für amtliche Ausfertigungen entsteht gemäß § 11 Abs. 1 Z 2 GebG mit deren Hinausgabe (Aushändigung, Übersendung) an die Person, die aus der amtlichen Ausfertigung unmittelbare Rechte ableiten kann (siehe dazu Rz 136 ff).

Beispiel:

Hinausgabe an den zur Erwerbstätigkeit Berechtigten, an den neuen österreichischen Staatsbürger

240 Die ausstellende Behörde einer nach § 14 TP 2 GebG gebührenpflichtigen amtlichen Ausfertigung muss eine inländische sein. Von ausländischen Behörden ausgestellte amtliche Ausfertigungen iSd § 14 TP 2 GebG werden mit ihrer Verbringung in das Inland nicht gebührenpflichtig. Eine solche Regelung ist gemäß § 11 GebG nur für Zeugnisse (siehe Rz 374 ff) und die wie Zeugnisse zu behandelnden Schriften (Abschriften siehe Rz 182 ff; Auszüge siehe Rz 242 ff), nicht aber für amtliche Ausfertigungen (siehe Rz 198 ff) vorgesehen.

10.2.4.2. Gebührenschuldner

241 Gebührenschuldner ist gemäß § 13 Abs. 1 Z 2 GebG derjenige, für den oder in dessen Interesse die amtliche Ausfertigung ausgestellt wird (siehe auch Rz 162 ff). Zur Entrichtung der Gebühr ist zur ungeteilten Hand mit dem Gebührenschuldner verpflichtet, wer im Namen eines anderen die amtliche Ausfertigung veranlasst hat.

10.3. Auszüge (§ 14 TP 4 GebG)

10.3.1. Tatbestand

242 Gegenstand dieser Bestimmung sind Auszüge aus Amtsschriften und amtlich verwahrten Privatschriften, Auszüge und Abschriften aus Personenstandsbüchern, aus dem Partnerschaftsbuch, aus Registern und Matriken sowie Bescheinigungen über Geburten, Aufgebote, Trauungen, Eintragungen einer Partnerschaft und Sterbefälle. Unter diesen Tatbestand fallen somit jedenfalls Auszüge aus dem Zentralen Personenstandsregister (ZPR).

10.3.1.1. Auszüge

243 Auszüge im Sinne dieser Bestimmung sind amtlich angefertigte Abschriften oder Teilabschriften aus amtlichen Unterlagen und amtlich verwahrten Privatunterlagen. Darunter fallen auch die Beurkundungen des Notars gemäß § 89a Notariatsordnung über Eintragungen in öffentlichen Büchern.

244 Nicht unter § 14 TP 4 GebG fallen Grundbuchs- und Firmenbuchauszüge, die ein Notar als Gerichtskommissär gemäß §§ 2a und 2b Gerichtskommissärsgesetz im Wege automationsunterstützter Datenübermittlung erteilt. Diese gelten als gerichtliche Abschriften und unterliegen nicht der Gebühr nach dem GebG.

10.3.1.2. Bescheinigungen

245 Hierunter fallen Daten aus dem Zentralen Personenstandsregister (ZPR); Abschriften und Bescheinigungen daraus werden in den standesamtlichen Vorschriften meist Scheine oder Bescheinigungen genannt.

Heiratsurkunden, die unmittelbar im Zusammenhang mit der Eheschließung ausgestellt werden, sind gebührenfrei (§ 14 Tarifpost 17 Abs. 2 GebG, Rz 411). Dies gilt auch in Verfahren zur Ermittlung der Fähigkeit, eine eingetragene Partnerschaft zu begründen (§ 14 Tarifpost 18 GebG).

246 Der Gebühr unterliegen auch die von Ausländern einer Behörde vorgelegten ausländischen Geburtsscheine, Heiratsurkunden, Partnerschaftsurkunden und andere Standesurkunden.

Werden diese ausländischen Schriften im Verfahren zur Ermittlung der Ehefähigkeit vorgelegt, unterliegen sie gemäß § 14 Tarifpost 17 Abs. 3 GebG einer Pauschalgebühr und sind nicht nach § 14 Tarifpost 2 GebG zu vergebühren. Dies gilt auch in Verfahren zur Ermittlung der Fähigkeit, eine eingetragene Partnerschaft zu begründen (§ 14 Tarifpost 18 GebG, siehe Rz 412).

10.3.1.3. Auszüge aus Registern

Unter Auszügen aus Registern sind nicht nur Daten aus dem Zentralen Personenstandsregister (ZPR), sondern auch Auszüge aus anderen Registern, wie zB dem Gewerbeinformationssystem Austria (GISA), dem Versicherungsvermittlungsregister, zu verstehen. Nicht darunter fallen Strafregisterbescheinigungen (siehe Rz 370), weil es sich dabei um keinen Auszug aus einem Register, sondern lediglich um eine Auskunft der Behörde über die im Strafregister eingetragenen Verurteilungen einer Person bzw. darüber, dass das Strafregister keine solche Verurteilung enthält, handelt. 247

Bei Auszügen aus den von den Gerichten geführten Registern (zB Firmenbuch) fällt keine Gebühr nach dem GebG, sondern allenfalls eine Gebühr nach dem Gerichtsgebührengesetz an.

10.3.1.4. Mehrere Bescheinigungen in einer Ausfertigung

Werden mehrere Geburts-, Trauungs- oder Sterbefälle in einer Ausfertigung bestätigt, so ist die Gebühr so oft zu entrichten, als Fälle bestätigt werden. 248

10.3.2. Höhe der Gebühr

Auszüge § 14 TP 4 Abs. 1 GebG (Z) 249

GebR

1. Auszüge aus Amtsschriften und amtlich verwahrten Privatschriften unterliegen der Gebühr wie amtliche Abschriften gemäß § 14 TP 1 Abs. 1 Z 1 GebG (siehe Rz 194)	14,30 Euro je Bogen
2. Daten aus dem Zentralen Personenstandsregister (ZPR) und aus Registern (siehe Rz 247)	7,20 Euro je Bogen

10.3.3. Gebührenschuld und Gebührenschuldner

Die Gebührenschuld entsteht mit der Aushändigung der Schrift (Auszug, Abschrift oder Bescheinigung) an den Interessenten. Die Gebührenpflicht kann auch nicht durch Adressierung an eine vom Ausstellungswerber verschiedene natürliche oder juristische Person vermieden werden. 250

Von Amts wegen hergestellte, nur für den internen Amtsgebrauch einer Behörde bestimmte Auszüge sind nicht gebührenpflichtig. 251

Bei im Ausland ausgestellten Personenstandsurkunden (siehe Rz 245 ff) entsteht die Gebührenschuld mit dem amtlichen Gebrauch (siehe Rz 109 ff), also der Vorlage bei der Behörde. 252

10.3.4. Gebührenbefreiungen

Gebührenfrei sind: 253

1. Auszüge, Abschriften und Bescheinigungen aus Personenstandsbüchern, Registern und Matriken sowie Bescheinigungen über Geburten, Aufgebote, Trauungen und Sterbefälle, die von gesetzlich anerkannten Kirchen und Religionsgesellschaften ausgestellt werden (Altmatriken vor 1939).
2. Auszüge, Abschriften und Bescheinigungen gemäß § 14 TP 4 Abs. 1 Z 2 GebG, die für Zwecke der Verleihung oder der Erstreckung der Verleihung der österreichischen Staatsbürgerschaft ausgestellt werden; dies gilt auch für jene ausländischen Schriften, die in diesem Zusammenhang zum amtlichen Gebrauch vorgelegt werden.
3. Auszüge aus dem Register der wirtschaftlichen Eigentümer, für die ein Nutzungsentgelt gemäß § 17 Wirtschaftliche Eigentümer Registergesetz (WiEReG), BGBl. I Nr. 136/2017, in der geltenden Fassung, zu entrichten ist.

10.4. Beilagen (§ 14 TP 5 GebG)

10.4.1. Tatbestand

Beilagen sind Schriften und Druckwerke aller Art, die einer gebührenpflichtigen Eingabe gemäß § 14 TP 6 GebG bzw. einem eine Eingabe ersetzenden Protokoll gemäß § 14 TP 7 Abs. 1 Z 1 GebG beigelegt oder nachgereicht werden. 254

Für die Gebührenpflicht einer Beilage ist es unerheblich, ob die Beilage 255

- aus eigener Initiative
- über gesetzlichen Auftrag oder
- über behördliche Anordnung

erfolgt.

256 Schriften, die einer gebührenfreien Eingabe beigegeben oder anlässlich eines mündlichen Ansuchens beigebracht werden, unterliegen nicht der Gebührenpflicht.

Die einer Eingabe beigelegten Durchschriften der Eingabe unterliegen nicht der Beilagengebühr, sondern der Eingabengebühr.

257 Unter den Begriff „Schriften und Druckwerke aller Art" fallen auch Kopien einer Schrift, zB Kopie eines Bescheides (VwGH 17.9.1979, 1563/79).

10.4.2. Beilagen zu anderen Schriften als Eingaben

258 Der Begriff Beilage kann nur im Zusammenhang mit einer Eingabe bzw. einem eine Eingabe ersetzenden Protokoll (§ 14 TP 7 Abs. 1 Z 1 GebG, siehe Rz 315 ff) gesehen werden.

259 Wird eine Schrift einer anderen Schrift als einer Eingabe oder einer Urkunde bei- oder angeschlossen, und wird sie integrierender Bestandteil, ist sie als weiterer Bogen (siehe Rz 100) dieser Schrift (Urkunde) anzusehen und keine Beilage.

10.4.3. Nachgereichte Beilagen

260 Der Gebührenpflicht unterliegen auch Beilagen, die im Zusammenhang mit einer gebührenpflichtigen Eingabe nachgereicht werden (VwGH 27.6.1956, 0511/56; VwGH 5.3.1990, 89/15/0061; VwGH 14.1.1991, 90/15/0086; VwGH 19.9.2001, 2001/16/0174).

261 Der Hinweis in einer Eingabe auf eine andere Schrift, ohne dass diese der Eingabe beigelegt oder nachgereicht wird, begründet für diese Schrift keine Beilagengebühr. Wird diese Schrift jedoch über behördlichen Auftrag nachgereicht, so unterliegt sie der Beilagengebühr.

10.4.4. Gebührenbefreite Beilagen

262 Eine Beilagengebühr ist nicht zu entrichten, wenn

- für die beigelegte Schrift bei einer früheren Verwendung als Beilage die Beilagengebühr vorschriftsmäßig entrichtet wurde oder
- die beigelegte Schrift der Gebühr nach einer anderen Bestimmung des GebG unterliegt (unabhängig davon, ob diese entrichtet worden ist oder wegen Nichtentrichtung mit Bescheid festzusetzen ist).

Beispiel:

Beim Antrag an die Grundverkehrsbehörde stellt der beigelegte Originalkaufvertrag keine gebührenbefreite Beilage dar, da Urkunden über Rechtsgeschäfte, die unter das GrEStG fallen, keiner Gebühr unterliegen.

263 Wurde für die beigelegte Schrift bei einer früheren Verwendung als Beilage die Beilagengebühr vorschriftsmäßig entrichtet, so führt eine bei ihrer späteren Verwendung als Beilage geltende höhere Beilagengebühr zu keiner Erhebung des Differenzbetrages (siehe Rz 264).

264 Als Nachweis für die vorschriftsmäßige Entrichtung der Beilagengebühr bei einer früheren Verwendung als Beilage sind der Vermerk der Behörde (siehe Rz 59) oder die ordnungsgemäß angebrachte Stempelmarke anzusehen.

265 Wird die Kopie einer ordnungsgemäß gestempelten Schrift beigelegt, so ist diese eine vom Original verschiedene Schrift, die als Beilage zu vergebühren ist.

266 Eine nach einem ausländischen Gesetz vergebührte Schrift ist bei der Verwendung im Inland gebührenpflichtig.

267 Auch eine gebührenfreie Mitteilung (siehe Rz 361) unterliegt bei ihrer Verwendung als Beilage der Beilagengebühr.

268 Schriften und Druckwerke, die einem Ansuchen um Verleihung oder Erstreckung der Verleihung der österreichischen Staatsbürgerschaft oder einem Ansuchen um Erteilung eines Aufenthaltstitels beigelegt werden, sind von der Beilagengebühr befreit.

10.4.5. Mehrfache Ausfertigung von Beilagen

269 Werden Beilagen in mehrfacher Ausfertigung vorgelegt, unterliegt grundsätzlich jede Ausfertigung der Beilagengebühr. Dabei ist es unerheblich, ob die Vorlage der Beilage in mehrfacher Ausfertigung freiwillig oder auf Grund gesetzlicher Anordnung erfolgt.

Beispiele:

In Bauordnungen ist gesetzlich angeordnet, dass jeweils mehrere Pläne und Baubeschreibungen anzuschließen sind.

Die gemäß § 17 Stmk. Grundverkehrsgesetz vorgesehene Erklärung ist in dreifacher Ausfertigung vorzulegen.

Jede dieser Ausfertigungen unterliegt der Beilagengebühr.

10.4.6. Höhe der Gebühr

Die Gebühr ist eine feste Gebühr. Sie beträgt 3,90 Euro von jedem Bogen (siehe Rz 92 ff). **270**

Die Gebühr darf nicht mehr als 21,80 Euro je Beilage betragen. Zur Gebührenermäßigung bei Beilagen zu Anträgen auf elektronischem Weg unter Verwendung der Bürgerkarte siehe Rz 130.

Die Anzahl der Beilagen ergibt sich aus dem inhaltlichen Zusammenhang. **271**

Beispiel:

Werden einem gebührenpflichtigen Ansuchen um Baubewilligung für ein Gebäude ein Lageplan, ein Bauplan (bestehend aus einem Grundriss, einem Aufriss, einer Seitenansicht) sowie statische Berechnungen und eine Baubeschreibung angeschlossen, so sind der Lageplan als eine, der Bauplan (Grundriss, Aufriss, Seitenansicht zusammen) als zweite, die statischen Berechnungen als dritte und die Baubeschreibung als vierte Beilage anzusehen. Werden dazu noch Detailzeichnungen usw. angeschlossen, zählen sie nicht mehr zum Bauplan, sondern sind weitere jeweils selbständige Beilagen. Die Summe aller Detailpläne kann somit nicht als Einheit angesehen werden.

GebR

Eine mechanische Verbindung oder sonstige räumliche Zusammenfassung (zB zu einem Aktenheft) ist für die Beurteilung der Anzahl der Beilagen unbeachtlich. **272**

Beispiel:

Die im Planbescheinigungsverfahren gemäß § 39 VermG vorgelegten Schriften (wie zB Zustimmungserklärung, Koordinatenverzeichnis, Lageplan, Polygonzugsübersicht, Netzausgleich, Teilungsausweis) stellen unabhängig davon, ob diese Schriften körperlich verbunden sind, jeweils eine selbständige Beilage dar, die gesondert zu vergebühren ist.

Bei einer Zusammenfassung durch Kopie, von inhaltlich nicht zusammengehörenden Texten, auch Ablichtungen von Dokumenten, Zeugnissen usw. auf einem Bogen (Verkleinerung der einzelnen Schriftstücke) liegt nur eine (Zahlwort) Beilage vor. **273**

10.4.7. Gebührenschuld und Gebührenschuldner (§ 13 GebG)

10.4.7.1. Entstehen der Gebührenschuld

Die Gebührenschuld für Beilagen entsteht, wenn die schriftliche Erledigung über das in der Eingabe enthaltene Anbringen dem Einschreiter zugestellt wird (siehe Rz 124 ff). **274**

10.4.7.2. Gebührenschuldner

Zur Entrichtung der Beilagengebühr ist derjenige verpflichtet, in dessen Interesse die Eingabe eingebracht oder das Beilagen beinhaltende Protokoll verfasst wird (siehe Rz 162 ff). **275**

10.5. Eingaben (§ 14 TP 6 GebG und § 12 GebG)

10.5.1. Tatbestand

Eingaben von Privatpersonen an Organe der Gebietskörperschaften in Angelegenheiten ihres öffentlich-rechtlichen Wirkungskreises, die die Privatinteressen des Einschreiters betreffen, unterliegen einer Eingabengebühr. **276**

Die Eingabe hat folgende Merkmale: **277**

- ein schriftliches Anbringen (siehe Rz 126 und Rz 278 ff)
- einer natürlichen oder juristischen Person (siehe Rz 284)
- an ein Organ einer Gebietskörperschaft (siehe Rz 285 ff)
- in Angelegenheiten ihres öffentlich-rechtlichen Wirkungskreises (siehe Rz 289)
- im privaten Interesse des Einschreiters (siehe Rz 290).

10.5.2. Schriftliches Anbringen

Eine Eingabe ist ein schriftliches Anbringen, wodurch ein bestimmtes Verhalten einer Privatperson zur amtlichen Kenntnis gebracht oder im Interesse einer Privatperson eine Anordnung oder Verfügung der Behörde innerhalb ihres gesetzlichen Wirkungskreises veranlasst werden soll (VwGH 16.11.1995, 94/16/0057). **278**

279 Eine gebührenpflichtige Eingabe muss keinen bestimmten Antrag enthalten, wohl aber ein bestimmtes bzw. erkennbares Begehren.

Beispiele:

Meldeanfrage bei der Gemeinde, Ansuchen um Erteilung einer Baubewilligung

280 Grundsätzlich hat eine Eingabe eine Unterfertigung zu enthalten (siehe Rz 124 ff).

Nur dann, wenn feststeht, dass die Eingabe von der darin als Einschreiter genannten Person stammt, ist die Unterschrift kein Wesensmerkmal einer Eingabe. Eingaben sind daher unabhängig von ihrer Unterzeichnung im Zeitpunkt ihrer Überreichung gebührenbar (VwGH 12.12.1988, 87/15/0057). Zum Entstehen der Gebührenschuld siehe Rz 309.

281 Ein mündliches (telefonisches) Anbringen löst keine Gebührenpflicht aus. Erfolgt nachträglich eine schriftliche Bestätigung durch den Einschreiter, so unterliegt die Bestätigung der Gebühr für Eingaben.

282 Wird eine Eingabe über amtlichen Auftrag im Zuge einer amtlichen Sachverhaltsermittlung überreicht, ist das Privatinteresse ausgeschlossen (VwGH 14.11.1996, 94/16/0148).

283 Die Wiederholung eines bei einer Behörde bereits eingebrachten Antrages in einer neuerlichen Eingabe löst für diese Eingabe die Gebührenpflicht aus (VwGH 14.4.1986, 85/15/0324, 85/15/0332). Im Gegensatz dazu ist die bloße Urgenz einer Erledigung eines bereits eingebrachten Antrages (ohne Wiederholung des Antrages) gebührenfrei (siehe Rz 311).

10.5.3. Privatperson

284 Unter einer Privatperson sind alle natürlichen und juristischen Personen des privaten und des öffentlichen Rechtes zu verstehen, sofern sie nicht im Rahmen ihres öffentlich-rechtlichen Wirkungskreises tätig sind.

Beispiele:

Ein Notar, der in seiner Eigenschaft als Gerichtskommissär eine Eingabe einbringt, ist in dieser behördlichen Eigenschaft (als Vertreter des Gerichtes/Bundes) befreit.

Durch die Bestellung eines Insolvenzverwalters hingegen wird eine öffentlich-rechtliche Eigenschaft des Verwalters nicht begründet, sodass die Eingaben des Insolvenzverwalters gebührenpflichtig sind.

Eingaben von Abgeordneten oder politischen Mandataren sind nicht gebührenpflichtig, wenn sie diese Eingaben im Rahmen des ihnen verfassungsgesetzlich übertragenen Aufgabenkreises an öffentliche Behörden und Ämter richten. Sie sind jedoch gebührenpflichtig, wenn sie bloß in Vertretung von Privatpersonen (als Rechtsanwalt, Notar, Steuerberater) oder in Verfolgung ihrer Privatinteressen eingebracht werden.

10.5.4. Organ einer Gebietskörperschaft

285 Gebietskörperschaften sind der Bund, die neun Bundesländer, die Gemeinden sowie die Gemeindeverbände nach Art. 116a B-VG.

286 Organe sind vor allem Behörden, Ämter und die sie vertretenden Personen (Organwalter).

Andere öffentlich-rechtliche Körperschaften sind dann, wenn sie durch Gesetze zur Besorgung von öffentlichen Angelegenheiten berufen und daher in die öffentliche Verwaltung eingegliedert sind, in diesen Angelegenheiten unmittelbare Organe der Gebietskörperschaften.

287 Der Begriff Organ einer Gebietskörperschaft ist ein funktioneller, kein organisatorischer.

Funktionelle Organschaft liegt vor, wenn ein mit Hoheitsgewalt beliehener, außerhalb der Staatsorganisation stehender Rechtsträger von der Rechtsordnung ermächtigt wird, Hoheitsakte zu setzen, die einer Gebietskörperschaft zuzurechnen sind. Für das Vorliegen funktioneller Organschaft sprechen insbesondere folgende Kriterien:

- der Rechtsträger wird dazu ermächtigt, für eine Gebietskörperschaft und damit in deren Namen aufzutreten

Beispiel:

§ 2a Abs. 2 Tierseuchengesetz: „Die bestellten Seuchentierärzte sind behördliche Organe".

- dem Rechtsträger kommt die allgemeine Befugnis zur Setzung von Hoheitsakten (Erlassung von Bescheiden und Verordnungen, Setzung von Akten unmittelbarer verwaltungsbehördlicher Befehls- und Zwangsgewalt) zu
- dem Rechtsträger sind Hoheitsbefugnisse hinsichtlich der von ihm auszustellenden Zeugnisse eingeräumt (zB die Befugnis dem Empfänger das Zeugnis wieder abzunehmen)
- zur Überprüfung der vom Rechtsträger von Gesetzes wegen vorzunehmenden Akte ist ein verwaltungsbehördlicher Instanzenzug eingerichtet

- im Falle der Weigerung des Rechtsträgers, ein Zeugnis auszustellen, ist entweder die Erlassung eines negativen Bescheides gesetzlich vorgesehen oder ist die Sache einer Behörde zur weiteren Veranlassung vorzulegen
- der zuständigen staatlichen Behörde sind zur Gewährleistung der inhaltlichen Richtigkeit des Handelns des Rechtsträgers bei der Ausstellung von Zeugnissen gesetzliche Weisungsrechte oder besondere Aufsichts- und Ingerenzmöglichkeiten (zB Berichts- und Einschaurechte) eingeräumt.

Ist auch nur eines dieser Kriterien erfüllt, ist das als starkes Indiz für schlicht hoheitliches Handeln bei der Zeugnisausstellung und damit das Vorliegen funktioneller Organschaft anzunehmen. Trifft keines der genannten Kriterien zu, wird im Allgemeinen keine funktionelle Organschaft gegeben sein.

Beispiele:

Das WiFi ist bei der Ausstellung von Staplerfahrerausweisen kein funktionelles Organ einer Gebietskörperschaft.

Die auf Grund einer Ermächtigung gemäß § 40a KFG 1967 vom Versicherer eingerichteten Zulassungsstellen sind in den ihnen übertragenen Angelegenheiten funktionelle Organe (beliehenes Unternehmen).

In der VO ÖAeC-Zuständigkeitsverordnung, BGBl. Nr. 394/1994 idgF wird dem Österreichischen Aero Club die Zuständigkeit für die Durchführung von Verwaltungsverfahren einschließlich der Entscheidungsbefugnis für die Ausstellung von Scheinen gemäß § 1 Abs. 1 ÖAeC-Zuständigkeitsverordnung erteilt. Der Österreichische Aero Club ist daher in diesen Angelegenheiten funktionelles Organ.

Eingaben an die Oesterreichische Nationalbank in Devisensachen sind gebührenpflichtig, **288**
weil die Bank bei der Handhabung des Devisengesetzes 2004 hoheitsrechtliche Aufgaben des Bundes erfüllt.

10.5.5. Öffentlich-rechtlicher Wirkungskreis

Der öffentlich-rechtliche Wirkungskreis ist jener Aufgabenbereich, der einer Gebietskör- **289**
perschaft durch Gesetz verpflichtend auferlegt ist. Es sind darunter jene Angelegenheiten, Tätigkeiten und Aufgaben zu verstehen, denen sich die Gebietskörperschaft auf Grund öffentlich-rechtlicher Norm nicht entziehen kann (siehe Rz 30 ff).

10.5.6. Privatinteresse

Privatinteresse ist anzunehmen, wenn der Einschreiter bei Erfüllung seines Begehrens **290**
irgendeinen materiellen oder ideellen Vorteil zu erreichen wünscht.

Liegt teilweise öffentliches und teilweise privates Interesse vor, genügt ein teilweises **291**
Privatinteresse zur Erfüllung der Gebührenpflicht.

Privatinteresse ist dann nicht gegeben, wenn die Eingabe ausschließlich aus ordnungs- **292**
politischen Gründen zu erfolgen hat und im Falle ihrer Unterlassung keine anderen Rechtsfolgen als die Verhängung einer Verwaltungsstrafe drohen.

Ein Privatinteresse ist zB anzunehmen bei: **293**

- einem Ansuchen um Ausstellung einer Widmungsbestätigung über die Ausweisung eines Grundstückes im Flächenwidmungsplan der Gemeinde (VwGH 19.3.1997, 97/16/0035)
- einer schriftlichen Eingabe, mit der die Anbringung der Rechtskraftklausel begehrt wird (VwGH 23.2.1984, 83/15/0064)
- einem Antrag auf Aufhebung der Entziehung der Lenkberechtigung (VwGH 18.12.1997, 97/16/0323)
- einem vom Ombudsmann einer Zeitung an eine Behörde gerichteten Schreiben zur Abschaffung eines in einem Leserbrief behaupteten Missstandes in einem konkreten Einzelfall (VwGH 19.12.1986, 85/15/0238)
- einem Begehren auf bestimmte Information (VwGH 26.11.1990, 90/15/0157; VwGH 21.1.1998, 97/16/0446)

Kein Privatinteresse ist zB anzunehmen bei: **294**

- Eingaben nach § 86 StVO 1960 (Versammlungen unter freiem Himmel), weil diese der Straßenpolizei die Möglichkeit gibt, rechtzeitig Vorkehrungen zu treffen (VfGH 21.3.1979, B 203/78)
- Eingaben, in denen zum Vorteil der Allgemeinheit tatsächliche oder vermeintliche Unzukömmlichkeiten in der Verwaltung aufgezeigt werden und deren Beseitigung angeregt wird; dies gilt selbst dann, wenn der Anlass der Eingabe eine die Privatinteressen des Einschreiters berührende Angelegenheit betrifft

- positiven Anregungen der Bürger. Demnach sind mangels eines konkreten Privatinteresses auch Eingaben gebührenfrei, in denen nur allgemeine Anregungen oder Vorschläge für Maßnahmen zu Verbesserung der Gesetzeslage oder der Verwaltung unterbreitet werden
- Eingaben von Journalisten und „social watchdogs“ (zu diesem Begriff siehe zB VwGH 29.05.2018, Ra 2017/03/0083, mit Verweis auf EGMR (Große Kammer) 8.11.2016, Magyar Helsinki Bizottsag, 18030/11, insbesondere Z 131 und 156 ff), aus denen klar erkennbar ist,
  – dass ein öffentliches Interesse auf Berichterstattung, Information, Kenntnis der Faktenlage, Recherche, Datenanalyse und dergleichen vorliegt und
  – dass diesem öffentlichen Interesse durch Publikation in einem der Öffentlichkeit zugänglichen Medium nachgekommen werden soll;

  Erfolgt eine derartige Eingabe zur Ermittlung von Daten usw., die (ausschließlich oder unter anderem) an Dritte weiterverkauft werden, unterliegt die Eingabe der Gebührenpflicht.

10.5.7. Einzelfälle

10.5.7.1. Zurückziehung von Eingaben

295 Eine Eingabe, mit der in einem anhängigen Verfahren eine Eingabe zurückgezogen wird, ist nach § 14 TP 6 Abs. 5 Z 17 GebG gebührenbefreit.

296 Wird eine Eingabe zurückgezogen und erfolgt nur eine Kenntnisnahme ohne eine schriftliche nach außen ergehende abschließende Erledigung, entsteht keine Gebührenpflicht für alle in diesem Verfahren eingebrachten Eingaben (Beilagen). Wird dagegen schriftlich mitgeteilt, dass das Verfahren eingestellt wird oder wird der Antrag für gegenstandslos erklärt, so entsteht mit der Zustellung der schriftlichen Erledigung die Gebührenschuld für den ursprünglichen Antrag (siehe Rz 124 ff).

10.5.7.2. Begleitschreiben

297 Ein Begleitschreiben, mit dem eine Beilage zu einer früheren Eingabe nachgereicht wird, ist nicht gebührenpflichtig, sofern kein neuerliches Begehren gestellt wird.

298 Gebührenfrei ist auch ein Schreiben, mit dem eine Vollmacht vorgelegt wird, weil das Begleitschreiben nur einen Höflichkeitsakt darstellt.

10.5.7.3. Urgenz

299 Eingaben, mit denen eine Erledigung in einem anhängigen Verfahren urgiert wird, sind gemäß § 14 TP 6 Abs. 5 Z 17 GebG befreit. Anders bei Wiederholung des bereits gestellten Begehrens (siehe Rz 283).

10.5.7.4. Rechtsmittel

300 Berufungen gegen Bescheide, mit denen ein Ansuchen abgewiesen wurde, unterliegen der gleichen Gebühr wie das abgewiesene Ansuchen. Zu Beschwerden an die Verwaltungsgerichte der Länder und an das Bundesverwaltungsgericht siehe Rz 311 und Rz 312.

301 Rechtsmittelverzichte sind gebührenpflichtige Eingaben nach § 14 TP 6 Abs. 1 GebG.

10.5.7.5. Ergänzende Begründungen

302 Eingaben, mit denen in einem anhängigen Verfahren zu einer vorangegangenen Eingabe eine ergänzende Begründung abgegeben wird, sind gemäß § 14 TP 6 Abs. 5 Z 17 GebG gebührenbefreit.

10.5.8. Mehrere Ausfertigungen von Eingaben

303 Wird eine Eingabe in mehreren Ausfertigungen bei der Behörde überreicht, ist die Gebühr für jede unterfertigte Ausfertigung (siehe Rz 280) zu entrichten. Unterliegt die Eingabe der erhöhten Eingabengebühr, ist diese nur für die erste Ausfertigung zu entrichten; für die zweite und jede weitere Ausfertigung ist nur die einfache Eingabengebühr zu entrichten (siehe Rz 307 f).

10.5.9. Mehrere Ansuchen in einer Eingabe

304 Werden in einer Eingabe mehrere Ansuchen gestellt, ist gemäß § 12 Abs. 1 GebG für jedes Ansuchen die Eingabengebühr zu entrichten; dies gilt auch, wenn in einer Eingabe mehrere Personen ein Ansuchen stellen, die nicht iSd § 7 GebG (siehe Rz 104 ff) als eine Person anzusehen sind. Sinn dieser Bestimmung ist grundsätzlich, eine Umgehung der Gebührenpflicht durch subjektive Kumulierung von verschiedenen Anträgen in einer Eingabe zu verhindern, wobei eine Kumulierung mehrerer Anträge dann anzunehmen ist, wenn in ein und demselben Schriftstück mehrere Amtshandlungen begehrt werden, die untereinander in keinem Zusammenhang stehen. Ein solcher „innerer Zusammenhang" liegt dann vor, wenn ein Begehren vom anderen derart abhängt, dass es an das Bestehen des anderen gebunden ist. Kann die Behörde über die mehreren Anträge verschiedene Entscheidungen treffen, so spricht dies gegen die Annahme, dass es sich um ein und denselben Antrag handeln könnte (VwGH 28.9.1964, 0521/64).

Beispiel 1:

Ansuchen um Ausstellung von Widmungsbestätigungen

Wird das Ansuchen so gestellt, dass mehrere Grundstücksnummern angegeben werden oder wird ein Grundbuchsauszug beigelegt, aus dem mehrere Grundstücksnummern ersichtlich sind, für die die Bestätigung ausgestellt werden soll, unterliegt die Eingabe der mehrfachen Gebührenpflicht. Es handelt sich hier um Grundstücke, die auch unabhängig voneinander veräußert oder übergeben werden könnten, die aber zusammengefasst übergeben werden. Die Anzahl der der Eingabegebühr des § 14 TP 6 GebG unterliegenden Ansuchen bestimmt sich daher nach der Anzahl der in der Eingabe angeführten Grundstücke. Ist ein Grundbuchsauszug beigelegt, ist ebenfalls die Anzahl der Begehren soweit konkretisiert, dass eine mehrfache Gebührenpflicht ausgelöst wird.

Wird hingegen nur die Einlagezahl angeführt, unterliegt die Eingabe nur der einfachen Gebühr.

Beispiel 2:

Ansuchen um Sperrstundenverlängerung oder Offenhaltensbewilligungen.

Wird in einem Schreiben für 4 Tage, die nicht zusammenhängen (zB für den 5., 10., 20. und 25.), angesucht, dann fällt eine vierfache Gebühr an. Wird um Offenhaltung vom 5. bis 9. eines Monats angesucht, dann ist die Gebühr nur einfach zu entrichten. Ansuchen um Offenhaltung vom 5. bis zum 9., 13. und 15. unterliegen der dreifachen Gebühr. Ansuchen um Offenhaltung für 5 Tage in einem bestimmten Monat, ohne die Tage zu konkretisieren, unterliegen nur der einfachen Gebühr. Das Ansuchen um Offenhaltung an jedem Samstag im Juni unterliegt einer mehrfachen Gebühr (Anzahl der Samstage).

10.5.10. Höhe der Gebühr

Die Eingabengebühr beträgt im Allgemeinen 14,30 Euro. § 14 TP 6 Abs. 2 und 3 GebG **305**
sehen in taxativ aufgezählten Fällen erhöhte Eingabegebühren vor. Die Eingabengebühr ist von der Anzahl der verwendeten Bogen unabhängig.

Zur Gebührenermäßigung bei Anträgen auf elektronischem Weg unter Verwendung der Bürgerkarte siehe Rz 130.

10.5.10.1. Einfache Eingabengebühr

Die einfache Eingabengebühr beträgt 14,30 Euro (pro Antragsteller – siehe Rz 102 ff – **306**
und pro Antrag – siehe Rz 304 ff).

10.5.10.2. Erhöhte Eingabengebühr

Die erhöhten Eingabengebühren (pro Antragsteller – siehe Rz 102 ff – und pro Antrag – **307**
siehe Rz 304 ff) sind in § 14 TP 6 Abs. 2 und Abs. 3 GebG taxativ aufgezählt:

Erhöhte Eingabengebühr § 14 TP 6 Abs. 2 GebG (Z)

1. Ansuchen um Erteilung einer Befugnis oder die Anerkennung einer Befähigung oder sonstigen gesetzlichen Voraussetzung zur Ausübung einer Erwerbstätigkeit	47,30 Euro	siehe Rz 198 ff und Rz 202
2. Ansuchen um Ernennung zum Notar, Handelsmakler, um Zulassung als Steuerberater oder Wirtschaftsprüfer, um Eintragung als Patentanwalt	47,30 Euro	siehe Rz 220
4. Ansuchen um Bewilligung, ausländische Orden anzunehmen und zu tragen, um Verleihung von Titeln und Auszeichnungen einschließlich jener für gewerbliche Unternehmungen	47,30 Euro	
5. Anmeldungen einer Sorte nach dem Sortenschutzgesetz	47,30 Euro	

Erhöhte Eingabengebühr § 14 TP 6 Abs. 3 GebG (lit.)

a) Ansuchen um Erteilung eines Aufenthaltstitels	120 Euro	
bei Kindern unter 6 Jahren	75 Euro	siehe Rz 330 f
b) Ansuchen um Verleihung oder Erstreckung der Verleihung der österreichischen Staatsbürgerschaft	125,60 Euro	
bei Minderjährigen	68,50 Euro	

308 Zur Vergebührung von Rechtsmitteln siehe Rz 300.

10.5.11. Gebührenschuld und Gebührenschuldner

10.5.11.1. Gebührenschuld

309 Die Gebührenschuld entsteht bei Eingaben, Beilagen und Protokollen iSd § 14 TP 7 Abs. 1 Z 1 und 2 GebG in dem Zeitpunkt, in dem die das Verfahren in einer Instanz schriftlich ergehende abschließende Erledigung über die in der Eingabe enthaltenen Anbringen zugestellt wird (siehe Rz 124 ff).

10.5.11.2. Gebührenschuldner

310 Gemäß § 13 Abs. 1 Z 1 GebG ist zur Entrichtung der Gebühr derjenige verpflichtet, in dessen Interesse die Eingabe eingebracht wurde (Antragsteller). Mit den im § 13 Abs. 1 GebG genannten Personen ist zur Entrichtung der Gebühr zur ungeteilten Hand verpflichtet, wer im Namen eines anderen eine Eingabe oder eine Beilage überreicht (VwGH 3.10.1988, 88/15/0036; VwGH 19.3.1990, 89/15/0033; siehe Rz 162 ff).

10.5.12. Gebührenfreie Eingaben

311 Gemäß § 14 TP 6 Abs. 5 GebG sind gebührenfrei:

1. Eingaben an Gerichte; in Justizverwaltungsangelegenheiten jedoch nur, wenn hiefür eine Justizverwaltungsgebühr vorgesehen ist. Von der Befreiung ausgenommen sind Eingaben an die Verwaltungsgerichte der Länder, das Bundesverwaltungsgericht und das Bundesfinanzgericht im Sinne des Art. 129 B-VG (siehe dazu Rz 312).

   Anträge, Revisionen und Beschwerden an den VwGH und den VfGH unterliegen den Eingabegebühren nach § 17a VfGG bzw. § 24a VwGG. Eine Gebühr nach dem GebG ist hierfür nicht mehr vorgesehen.

   Eingaben an Gerichte durch dritte Personen um Akteneinsicht unterliegen ebenfalls keiner Gebühr.

   Keiner Gebühr unterliegen Eingaben bzw. Protokolle an Gerichte um Erteilung von Abschriften aus den im Notariatsarchiv befindlichen Akten.
2. Eingaben im Fürsorgewesen: Ansuchen um eine Maßnahme im Rahmen der öffentlichen Fürsorge sind gebührenfrei
3. Gesuche um die Verleihung eines Stipendiums sowie Eingaben in Unterrichtsangelegenheiten (einschließlich Begründung und Beendigung des Schulverhältnisses) und in Prüfungsangelegenheiten öffentlicher oder mit dem Öffentlichkeitsrecht ausgestatteter Schulen, der Schulen iSd Gesundheits- und Krankenpflegegesetzes, des Bundesgesetzes über die Regelung des medizinisch-technischen Fachdienstes und der Sanitätshilfsdienste, sowie der Akademien iSd Bundesgesetzes über die Regelung der gehobenen medizinisch-technischen Dienste und der Hebammenakademien iSd Hebammengesetzes, mit Ausnahme von Eingaben im Verfahren betreffend Eignungserklärung von Unterrichtsmitteln, Externistenprüfungen, Nostrifikation ausländischer Zeugnisse und Ersatzbestätigungen für verlorene Zeugnisse;
4. Eingaben an Verwaltungsbehörden in Abgabensachen: Diese Befreiung umfasst Eingaben an Verwaltungsbehörden des Bundes, eines Landes oder einer Gemeinde in Abgabensachen sowie an die Verwaltungsgerichte der Länder, das Bundesverwaltungsgericht und das Bundesfinanzgericht. Abgabensachen sind alle Angelegenheiten, die sich auf Abgaben iSd Finanzverfassung beziehen. Die Gebührenbefreiung erstreckt sich auch auf die Einhebung und Vollstreckung von Abgaben sowie auf alle ordentlichen und außerordentlichen Rechtsmittel in den angeführten Angelegenheiten. Unter öffentliche Abgaben fallen auch die Kurtaxe, Kommissionsgebühren und Verwaltungsabgaben. Auch Anträge auf Einleitung eines Verständigungsverfahrens zur Vermeidung einer Doppelbesteuerung sind gebührenfrei.
5. Die Befreiung gilt auch für Eingaben an Zollbehörden und das Bundesfinanzgericht in Angelegenheiten des Zollrechts oder der sonstigen Eingangs- oder Ausgangsabgaben.

6. Eingaben in Konsularangelegenheiten an österreichische Vertretungsbehörden im Ausland.
7. Eingaben in Bewirtschaftungsangelegenheiten: Diese Befreiungsbestimmung bezieht sich auf Angelegenheiten im Zusammenhang mit staatlichen Lenkungsmaßnahmen von Waren und Dienstleistungen.
8. Eingaben im Verwaltungsstrafverfahren: Der Begriff bezieht sich auf alle Verfahren vor den Verwaltungsbehörden wegen Verwaltungsübertretungen. Auch eine Anzeige ist eine gebührenfreie Eingabe.
9. Eingaben um Befreiung von der Rundfunk-, Fernsehrundfunk- und Fernsprechgebühr. Befreit sind auch der Antrag um Übertragung der Rundfunk- und Fernsehrundfunkbewilligung auf eine andere Person, die Übernahme der Bewilligung nach dem Tod des Bewilligungsinhabers, der Antrag auf Verlegung des Standortes durch den bisherigen Bewilligungsinhaber und der Verzicht auf die Bewilligung.
10. Ansuchen um Aufnahme in das öffentlich-rechtliche Dienstverhältnis und Eingaben öffentlich-rechtlich Bediensteter und ihrer Hinterbliebenen in Dienstrechtsangelegenheiten
11. Eingaben im Studien- und Prüfungswesen der Universitäten, Pädagogischen Hochschulen und der kirchlichen theologischen Lehranstalten (Art. V § 1 des Konkordates zwischen dem Heiligen Stuhle und der Republik Österreich, BGBl. II Nr. 2/1934), einschließlich der Eingaben an diese Einrichtungen im Bereich der Studienberechtigung
12. Eingaben von Personen, die nicht durch berufsmäßige Parteienvertreter vertreten sind, um Anleitung zur Vornahme von Verfahrenshandlungen während eines Verfahrens
13. Eingaben von Zeugen und Auskunftspersonen zur Erlangung der gesetzlich vorgesehenen Zeugengebühren
14. Verlustanzeigen
15. Anfragen um Bekanntgabe, welches Organ einer Gebietskörperschaft für eine bestimmte Angelegenheit zuständig ist
16. Anfragen über Ausbildungsmöglichkeiten
17. Eingaben, mit welchen in einem anhängigen Verfahren zu einer vorangegangenen Eingabe eine ergänzende Begründung erstattet, eine Erledigung urgiert oder eine Eingabe zurückgezogen wird (siehe Rz 144 und Rz 295 f)
18. Eingaben nach den landesgesetzlichen Vorschriften zur Förderung des Wohnbaues und der Wohnhaussanierung

    Nicht darunter fällt die Eingabe an die „Wohnbauförderungsstelle" mit der eine Ausfertigung des Tilgungs- oder Finanzierungsplanes angefordert wird, wenn dieser beispielsweise für Zwecke der Berechnung der Abzinsung nach § 14 BewG 1955 anlässlich Veräußerung/Erwerb zur Angabe in der Grunderwerbsteuererklärung benötigt wird. Diese ist jedoch gemäß § 14 TP 6 Abs. 5 Z 4 GebG als Eingabe in Abgabensachen gebührenbefreit.
19. Eingaben in Angelegenheiten des Außenhandelsgesetzes und auf Grund einer auf Artikel 113 des Vertrages zur Gründung der Europäischen Gemeinschaft gestützten Verordnung im Bereich der handelspolitischen Maßnahmen
20. Einwendungen und Stellungnahmen zur Wahrung der rechtlichen Interessen zu Vorhaben der Errichtung oder Inbetriebnahme von Bauwerken und Anlagen aller Art sowie im Verfahren zur Genehmigung solcher Vorhaben; befreit ist nicht der Antrag desjenigen, der um Genehmigung ansucht, sondern der des Antragsgegners.
21. Eingaben an die parlamentarischen Organe und Einrichtungen (die Präsidenten des Nationalrates, die Präsidenten des Bundesrates, die parlamentarischen Ausschüsse, die Ausschussobmänner sowie die Parlamentsdirektion)
22. Eingaben an gemäß § 40a KFG 1967 idgF, eingerichtete Zulassungsstellen (siehe Rz 402)
23. Anträge auf Bekanntgabe von Umweltdaten nach dem Umweltinformationsgesetz, BGBl. Nr. 495/1993, in der jeweils geltenden Fassung, und nach gleichartigen landesgesetzlichen Vorschriften
24. Ansuchen um Ausstellung und Vornahme der in § 14 TP 8 Abs. 1, Abs. 4a und Abs. 4b GebG (Einreise- und Aufenthaltstitel; siehe Rz 330 ff), § 14 TP 9 GebG (Reisedokumente; siehe Rz 335 ff) und § 14 TP 16 GebG (Führerscheine, siehe Rz 398 ff) angeführten Schriften und Amtshandlungen
25. Anfragen über das Bestehen von Rechtsvorschriften oder deren Anwendung
26. Eingaben um Ausstellung von Bescheinigungen und Genehmigungen in Angelegenheiten der Verordnung (EG) Nr. 939/97 der Kommission vom 26.5.1997 mit Durchfüh-

rungsbestimmungen zur Verordnung (EG) Nr. 338/97 des Rates über den Schutz von Exemplaren wild lebender Tiere und Pflanzenarten durch Überwachung des Handels in der jeweils geltenden Fassung

27. Eingaben um Ausstellung von Strafregisterbescheinigungen für ehrenamtliche Sanitäter gemäß § 14 Abs. 1 Z 1 Sanitätergesetz
28. Eingaben um Ausstellung von Strafregisterbescheinigungen für freiwilliges Engagement im Rahmen von Freiwilligenorganisationen gemäß § 3 Abs. 1 Freiwilligengesetz
29. Anträge, die im Zusammenhang mit dem Register der wirtschaftlichen Eigentümer gestellt werden, und diesbezügliche Rechtsmittelverfahren, wenn der Rechtszug an das Bundesfinanzgericht geht

312 Folgende Eingaben an die Verwaltungsgerichte der Länder und an das Bundesverwaltungsgericht unterliegen einer Pauschalgebühr nach der Verordnung des Bundesministers für Finanzen betreffend die Gebühr für Eingaben beim Bundesverwaltungsgericht sowie bei den Landesverwaltungsgerichten (BuLVwG-EGebV, BGBl. II Nr. 387/2014):

- Beschwerden, Wiedereinsetzungs- oder Wiederaufnahmeanträge (jeweils samt Beilagen) unterliegen einer Gebühr von 30 Euro.
- Vorlageanträge (samt Beilagen) unterliegen einer Gebühr von 15 Euro.
- Von einer Beschwerde gesondert eingebrachte Anträge (samt Beilagen) auf Ausschluss oder Zuerkennung der aufschiebenden Wirkung einer Beschwerde unterliegen einer Gebühr von ebenfalls 15 Euro.

Die Gebühr ist nicht zu entrichten, wenn im § 14 TP 6 Abs. 5 GebG oder im jeweils zur Anwendung kommenden (Verwaltungs)Materiengesetz eine Gebührenbefreiung für die angeführten Eingaben vorgesehen ist.

Bei einer Eingabe in Papierform entsteht die Gebührenschuld im Zeitpunkt der Einbringung. Wird eine Eingabe im Wege des elektronischen Rechtsverkehrs eingebracht (dies ist derzeit nur bei Eingaben an das Bundesverwaltungsgericht möglich), entsteht die Gebührenschuld, wenn die Daten zur Gänze bei der Bundesrechenzentrum GmbH eingelangt sind.

Bescheidhinweise:

In dem jeweiligen Bescheid, gegen den eine Beschwerde oder ein Vorlageantrag an das Bundesverwaltungsgericht oder an ein Verwaltungsgericht eines Landes erhoben werden kann, ist auf Folgendes hinzuweisen:

Die Eingabe ist – abgesehen von einer allfälligen Gebührenbefreiung – mit den weiter oben angeführten Beträgen zu vergebühren. Die Gebühr ist auf das Konto des Finanzamtes für Gebühren, Verkehrsteuern und Glücksspiel (IBAN: AT83 0100 0000 0550 4109, BIC: BUNDATWW) zu entrichten, wobei auf der Zahlungsanweisung als Verwendungszweck das jeweilige Beschwerdeverfahren (Geschäftszahl des Bescheides) anzugeben ist.

Bei elektronischer Überweisung der Beschwerdegebühr mit der „Finanzamtszahlung" ist als Empfänger das Finanzamt für Gebühren, Verkehrsteuern und Glücksspiel (IBAN wie zuvor) anzugeben oder auszuwählen. Weiters sind die Steuernummer/Abgabenkontonummer 109999102, die Abgabenart „EEE – Beschwerdegebühr", das Datum des Bescheides als Zeitraum und der Betrag anzugeben.

Der Eingabe ist – als Nachweis der Entrichtung der Gebühr – der Zahlungsbeleg oder ein Ausdruck über die erfolgte Erteilung einer Zahlungsanweisung anzuschließen. Für jede gebührenpflichtige Eingabe ist vom Beschwerdeführer (Antragsteller) ein gesonderter Beleg vorzulegen.

Beschwerde ohne vorherigen Bescheid:

Liegt der Beschwerde kein Bescheid zugrunde (zB Säumnisbeschwerde und Maßnahmenbeschwerde), ist auf der Zahlungsanweisung als Verwendungszweck jene Behörde anzugeben, gegen die sich die Beschwerde richtet.

Bei elektronischer Überweisung der Beschwerdegebühr mit der „Finanzamtszahlung" ist als Empfänger das Finanzamt für Gebühren, Verkehrsteuern und Glücksspiel (IBAN wie zuvor) anzugeben oder auszuwählen. Weiters sind die Steuernummer/Abgabenkontonummer 109999102, die Abgabenart „EEE – Beschwerdegebühr" und der Betrag anzugeben.

Einbringung der Eingabe in Papierform:

Ein der Eingabe angeschlossener Zahlungsbeleg oder Ausdruck über die erfolgte Erteilung einer Zahlungsanweisung ist dem Beschwerdeführer (Antragsteller) auf Verlangen zurückzugeben. In diesem Fall hat die Behörde oder das Gericht auf dem Nachweis einen Sichtvermerk und auf der im Verwaltungsakt verbleibenden Eingabe einen Vermerk über den erfolgten Nachweis der Gebührenentrichtung anzubringen.

Im Fall einer nicht entsprechenden Vergebührung muss die Behörde oder das Gericht, bei der oder dem die Eingabe eingebracht wurde, gemäß § 34 Abs. 1 GebG einen „Amtlichen Befund" (http://formulare.bmf.gv.at/service/formulare/inter-Steuern/pdfs/9999/StuR1.pdf) aufnehmen und diesen an das Finanzamt für Gebühren, Verkehrsteuern und Glücksspiel übermitteln. Das Finanzamt setzt in der Folge die Gebühr und eine zwingende Gebührenerhöhung in Höhe von 50% mit Bescheid fest.

Es bestehen keine Bedenken, wenn die Behörde oder das Gericht den Beschwerdeführer (Antragsteller) – ausgenommen berufsmäßige Parteienvertreter – im Sinne der Bürgerfreundlichkeit zunächst auf die Gebührenpflicht seiner Eingabe hinweist und ihm für die Vorlage des Nachweises über die erfolgte Entrichtung eine angemessene Frist (etwa 1 Monat) einräumt und erst im Falle der nicht fristgerechten Vorlage des Nachweises den „Amtlichen Befund" aufnimmt. Diese Vorgangsweise wird insbesondere dann angebracht sein, wenn der Eingabe kein Bescheid zugrundliegt (etwa bei Säumnisbeschwerden und Maßnahmenbeschwerden) und der Beschwerdeführer (Antragsteller) somit nicht über die Gebührenpflicht der Eingabe informiert werden konnte.

Einbringung der Eingabe im elektronischen Rechtsverkehr:

Die Gebühr ist durch Abbuchung und Einziehung zu entrichten. In der Eingabe ist das Konto, von dem die Gebühr einzuziehen ist, oder der Anschriftcode (§ 21 Abs. 3 Bundesverwaltungsgerichtsgesetz, BGBl. I Nr. 10/2013 idgF) anzugeben, unter dem ein Konto gespeichert ist, von dem die Gebühr eingezogen werden soll.

10.5.13. Pauschalbetrag der Gebietskörperschaften

Der im Inland tätig werdenden Gebietskörperschaft steht je Ansuchen ein Pauschalbetrag von 15 Euro zu. **313**

10.6. Protokolle (Niederschriften) (§ 14 TP 7 GebG)

10.6.1. Tatbestand und Gebührensatz

Als Protokoll bezeichnet man das schriftliche Festhalten eines Parteivorbringens, wenn es in einer Form erfolgt, in der ihm auch gegen die Partei Beweiskraft zukommt. Gegenstand der Gebühr ist das Protokoll (die Niederschrift) selbst. **314**

10.6.1.1. Protokolle an Stelle einer Eingabe (§ 14 TP 7 Abs. 1 Z 1 GebG)

Der Gebühr nach § 14 TP 7 Abs. 1 Z 1 GebG unterliegt nur ein von einem Organwalter errichtetes Protokoll, wenn es inhaltlich den Tatbestand einer gebührenpflichtigen Eingabe erfüllt (siehe Rz 276 ff). **315**

Protokolle, die an Stelle einer Eingabe errichtet werden, unterliegen derselben Gebühr wie die Eingabe, die sie vertreten (siehe Rz 305 ff). **316**

Aktenvermerke (Amtsvermerke), mit denen Parteivorbringen ohne Parteienunterschrift festgehalten werden, sind keine Protokolle und unterliegen nicht dieser Bestimmung (VwGH 19.3.1990, 89/15/0066). **317**

10.6.1.2. Befunde und Vernehmungen bei Erteilung eines amtlichen Zeugnisses oder einer amtlichen Bewilligung (§ 14 TP 7 Abs. 1 Z 2 GebG)

Protokolle über Befunde und Vernehmungen sind, gleichgültig ob die Partei aus eigenem Antrieb oder über Ladung erschienen ist, gebührenpflichtig. Voraussetzung ist jedoch, dass diese Protokolle auch vom Einschreiter (mit)unterschrieben sind. **318**

Nicht gebührenpflichtig sind Protokolle nur dann, wenn sie mit amtlich vorgeladenen Personen aufgenommen werden, die nicht Einschreiter sind und deren Einvernahme auch nicht vom Einschreiter beantragt wurde bzw. nicht in dessen Interesse liegt. **319**

Protokolle über Amtshandlungen, die im öffentlichen Interesse, aufgenommen werden, sind gebührenfrei, da das Merkmal „über Einschreiten von Privatpersonen" nicht gegeben ist.

Beispiel:

Kommissionierung eines Straßenbaues

Die Gebühr für Protokolle nach der Z 2 beträgt von jedem Bogen 14,30 Euro. **320**

10.6.1.3. Protokolle über Gesellschafterversammlungen (§ 14 TP 7 Abs. 1 Z 4 GebG)

Jeder Beschluss der Hauptversammlung einer Aktiengesellschaft bedarf gemäß § 120 AktG zu seiner Gültigkeit der Beurkundung durch eine über die Verhandlung von einem Notar aufgenommene Niederschrift und ist vom ersten Bogen mit 285,90 Euro (der zweite und jeder weitere Bogen mit 13 Euro – siehe Rz 100 f) gebührenpflichtig. **321**

322 Protokolle über eine Versammlung der Gesellschafter einer GmbH unterliegen der Gebühr in Höhe von 142,90 Euro vom ersten Bogen (der zweite und jeder weitere Bogen mit 13 Euro – siehe Rz 100 f) gebührenpflichtig.

Da nach § 13 Abs. 4 GebG der Gebührenschuldner die Gebühr an die Urkundsperson zu entrichten hat, Urkundspersonen aber nur Notare und Legalisatoren sind, besteht keine Gebührenpflicht, wenn eine andere als eine Urkundsperson das Protokoll verfasst hat.

Werden Gesellschafterbeschlüsse nicht in einer Versammlung gefasst, besteht ebenfalls keine Gebührenpflicht. Deshalb sind Umlaufbeschlüsse, das sind außerhalb einer Versammlung im Wege der schriftlichen Beschlussfassung zustande gekommene Gesellschafterbeschlüsse, nicht gebührenpflichtig. Dies gilt auch für die bei einer Einmann-GmbH vom einzigen Gesellschafter außerhalb der Generalversammlung gefassten Beschlüsse (VwGH 16.10.1989, 88/15/0090).

10.6.1.4. Protokolle über Verlosungen oder Auslosungen von Wertpapieren (§ 14 TP 7 Abs. 1 Z 5 GebG)

323 Gebührenpflichtig sind sowohl Protokolle über Auslosungen von Wertpapieren als auch Protokolle über jede Art von Verlosungen (zB für die Ermittlung von Preisträgern bei einem Preisausschreiben). Voraussetzung für die Gebührenpflicht ist die Abfassung des Protokolls durch eine Urkundsperson (siehe Rz 322).

324 Protokolle über Auslosungen oder Verlosungen unterliegen vom ersten Bogen einer Gebühr in Höhe von 107,80 Euro; der zweite und jeder weitere Bogen – siehe Rz 100 f – ist mit 13 Euro gebührenpflichtig.

10.6.1.5. Protokolle über einen Wechselprotest (§ 14 TP 7 Abs. 1 Z 6 GebG)

325 Vom Notar aufgenommene Protokolle eines Wechsel-(Scheck-)protestes unterliegen unabhängig von der Anzahl der Bogen der Gebühr von 14,30 Euro. Protokolle über Wechsel-(Scheck-)proteste bei Gericht unterliegen keiner Gebühr nach dem GebG.

10.6.1.6. Protokolle über Satzungsanpassungen (§ 14 TP 7 Abs. 2 GebG) und in Staatsbürgerschaftsangelegenheiten (§ 14 TP 7 Abs. 3 GebG)

326 **Gebührenfrei sind**

- Protokolle (Niederschriften) über Gesellschafterversammlungen nach § 14 TP 7 Abs. 1 Z 4 GebG, die ausschließlich die Anpassung der Satzungen oder der Gesellschaftsverträge an die Bestimmungen des 1. Euro-Justiz-Begleitgesetzes, BGBl. I Nr. 125/1998, zum Gegenstand haben, sowie
- Protokolle und Niederschriften, die für Zwecke der Verleihung oder Erstreckung der Verleihung der österreichischen Staatsbürgerschaft errichtet werden.

10.6.2. Mehrere Protokolle in einer Schrift

327 Enthält ein Bogen mehrere in sich abgeschlossene Protokolle, zu denen auch die jeweils maßgeblichen Unterschriften gehören, so ist die Gebühr für jedes Protokoll für sich zu entrichten. Für eingabeersetzende Protokolle, die mehrere Anträge enthalten, gelten darüber hinaus die Ausführungen zu § 7, § 12 Abs. 1 GebG (siehe Rz 102 ff und Rz 304 ff).

10.6.3. Gebührenschuld und Gebührenschuldner

10.6.3.1. Entstehen der Gebührenschuld

328 Die Gebührenschuld entsteht für Protokolle nach § 14 TP 7 Abs. 1 Z 1 und 2 GebG gemäß § 11 Abs. 1 Z 1 GebG in dem Zeitpunkt, in dem die das Verfahren in einer Instanz schriftlich ergehende abschließende Erledigung über die in der Eingabe enthaltenen Anbringen zugestellt wird und für Protokolle nach § 14 TP 7 Abs. 1 Z 4 bis 6 GebG gemäß § 11 Abs. 1 Z 4 GebG im Zeitpunkt der Unterzeichnung (siehe Rz 124 ff).

10.6.3.2. Gebührenschuldner

329 Gebührenschuldner ist gemäß § 13 Abs. 1 Z 1 GebG derjenige, in dessen Interesse das Protokoll verfasst wird (siehe Rz 162 ff).

Bei Protokollen nach § 14 TP 7 Abs. 1 Z 2 GebG ist derjenige Gebührenschuldner, der das Verfahren in Gang gesetzt hat.

Bei Protokollen über eine Versammlung der Gesellschafter einer GmbH ist neben den Gesellschaftern auch die Gesellschaft selbst Gebührenschuldner (VwGH 18.3.1965, 1814/64); gleiches gilt für das Protokoll einer Hauptversammlung einer AG, das jedenfalls auch im Interesse der Aktionäre gelegen ist (VwGH 7.10.1993, 93/16/0018).

10.7. Einreise- und Aufenthaltstitel (§ 14 TP 8 GebG)

10.7.1. Gegenstand der Gebühr

Die Gebührenpflicht für Einreise- und Aufenthaltstitel betrifft ausschließlich Fremde, das sind Personen, die keine österreichische Staatsbürgerschaft besitzen (§ 2 Abs. 4 Z 1 Fremdenpolizeigesetz 2005). 330

10.7.2. Höhe der Gebühr

Einreisetitel § 14 TP 8 GebG (Abs.) 331

(1) Einbringung eines Antrages auf Erteilung eines Einreisetitels als Aufenthaltsvisum (Visum für den längerfristigen Aufenthalt, Visum D) für Personen über 6 Jahren	150 Euro
(1a) Einbringung eines Antrages auf Erteilung eines Einreisetitels als Aufenthaltsvisum (Visum für den längerfristigen Aufenthalt, Visum D) für Kinder unter 6 Jahren	75 Euro
Aufenthaltstitel § 14 TP 8 GebG (Abs.)	
(4) Erteilung, Ausfolgung und Neuausstellung eines Aufenthaltstitels durch eine Behörde mit dem Sitz im Inland	
1. auf Antrag	
a) befristeter Aufenthaltstitel (§ 8 Abs. 1 Z 1 bis 6, 8 bis 12 NAG)	20 Euro
bei Kindern unter 6 Jahren	50 Euro
b) unbefristeter Aufenthaltstitel (§ 8 Abs. 1 Z 7 NAG)	70 Euro
bei Kindern unter 6 Jahren	100 Euro
2. von Amts wegen	140 Euro
(4a) Ausstellung	
1. einer Anmeldebescheinigung (§ 9 Abs. 1 Z 1 NAG) oder einer Bescheinigung des Daueraufenthalts (§ 9 Abs. 2 Z 1 NAG)	15 Euro
2. einer Daueraufenthaltskarte (§ 9 Abs. 2 Z 2 NAG) oder einer Aufenthaltskarte für Angehörige eines EWR-Bürgers (§ 9 Abs. 1 Z 2 NAG)	56 Euro
(4b) Abnahme der erforderlichen erkennungsdienstlichen Daten bei Antragstellung oder Erteilung von Amts wegen	20 Euro
(4c) Ausstellung	
1. einer Karte für Geduldete (§ 46a FPG)	26,30 Euro
2. einer Identitätskarte für Fremde (§ 94a FPG)	56 Euro
3. eines Lichtbildausweises für EWR-Bürger (§ 9 Abs. 3 NAG)	56 Euro

10.7.3. Befreiungen

Nach § 14 TP 8 Abs. 2 Z 1 GebG sind Anträge auf Erteilung eines Visums befreit für: 332

a) Forscher aus Drittstaaten, die sich im Sinne der Empfehlung 2005/761/EG, ABl. Nr. L 289 vom 03.11.2005 S. 23, zu Forschungszwecken innerhalb der Gemeinschaft bewegen
b) begünstigte Drittstaatsangehörige im Sinne des § 2 Abs. 4 Z 11 des Fremdenpolizeigesetzes 2005 (FPG)

Nach § 14 TP 8 Abs. 2 Z 2 GebG sind von den Gebühren befreit:

- die Einbringung eines Antrages auf Erteilung eines Einreisetitels gemäß Abs. 1 und 1a, wenn diese der Wahrung kultureller, außenpolitischer, entwicklungspolitischer, humanitärer oder sonstiger erheblicher öffentlicher Interessen dienen oder dafür eine völkerrechtliche Verpflichtung besteht;
- Diplomatenvisa und Dienstvisa, sofern Gegenseitigkeit besteht.

Nach § 14 TP 8 Abs. 5 GebG sind von den Verwaltungsabgaben des Bundes die Erteilung und Neuausstellung von Aufenthaltstiteln gemäß Abs. 4, die Dokumentationen des unionsrechtlichen Aufenthaltsrechts gemäß Abs. 4a und Schriften gemäß Abs. 4c befreit.

10.7.4. Gebührenschuld und Gebührenschuldner

Die Gebührenschuld für den Antrag auf Erteilung eines Einreisetitels gemäß § 14 TP 8 Abs. 1 und 1a GebG entsteht mit der Überreichung des Antrages. Gebührenschuldner ist derjenige, für den oder in dessen Interesse der Antrag gestellt wird. Dies gilt sinngemäß 333 auch bei Aufenthaltstiteln gemäß Abs. 4, bei Dokumentationen des unionsrechtlichen Aufenthaltsrechts gemäß Abs. 4a sowie bei Schriften gemäß Abs. 4c. Bei Abnahme der Daten nach Abs. 4b sind für das Entstehen der Gebührenschuld § 11 Abs. 1 Z 3 GebG und für die Person des Gebührenschuldners § 13 Abs. 1 Z 3 GebG anzuwenden.

Die Behörde darf Aufenthaltstitel (Abs. 4), Dokumentationen des unionsrechtlichen Aufenthaltsrechts (Abs. 4a) sowie Schriften gemäß Abs. 4c nur nach erfolgter Entrichtung der Gebühr aushändigen.

10.7.5. Pauschalbetrag der Gebietskörperschaften

334 Erfolgt die Ausfolgung eines Aufenthaltstitels gemäß Abs. 4, einer Dokumentation des unionsrechtlichen Aufenthaltsrechts gemäß Abs. 4a oder einer Schrift gemäß Abs. 4c durch eine Behörde eines Landes, steht dieser Gebietskörperschaft je erteiltem Dokument ein Pauschalbetrag zu.

Der Pauschalbetrag beträgt im Falle des § 14 TP 8 GebG

Abs. 4 Z 1 lit. a	20 Euro
Abs. 4 Z 1 lit. b und Z 2	35 Euro
Abs. 4a Z 1	3 Euro
Abs. 4a Z 2	35 Euro
Abs. 4b	Erfolgt die Abnahme der Daten durch eine Behörde eines Landes oder einer Gemeinde, steht dieser Gebietskörperschaft der Betrag zur Gänze zu.
Abs. 4c Z 1	26,30 Euro
Abs. 4c Z 2 und 3	35 Euro

10.8. Reisedokumente (§ 14 TP 9 GebG)

10.8.1. Gegenstand der Gebühr

335 Der Gebühr für Reisedokumente unterliegen nur die in § 14 TP 9 GebG taxativ aufgezählten Schriften:

- als Reisepass der gewöhnliche Reisepass, der Fremdenpass, der Konventionsreisepass
- als Passersatz der Personalausweis, der sonstige Passersatz (zB Grenzkarte, Ausflugsschein)

10.8.1.1. Umfang der Gebührenpflicht

336 Gebührenpflicht begründen Reisedokumente und Eintragungen in diese nach § 14 TP 9 Abs. 1 Z 1 bis 8 GebG mit unterschiedlichen Tarifen anlässlich

- der Ausstellung (Z 1, 2, 2a, 3, 4 und 4a)
- der Erweiterung des Geltungsbereiches (Z 5) und
- sonstiger über Antrag erfolgter Änderungen oder Ergänzungen (Z 7)
- der Ausstellung eines Identitätsausweises (Z 8).

337 Die nachträglichen Eintragungen gemäß § 14 TP 9 Abs. 1 Z 5 und Z 7 GebG begründen jede für sich Gebührenpflicht, auch wenn gleichzeitig mehrere Eintragungen erfolgen. Bei sonstigen Änderungen und Ergänzungen gemäß § 14 TP 9 Abs. 1 Z 7 GebG ist die Gebühr ohne Rücksicht auf deren Anzahl nur einmal zu entrichten.

338 Sind Änderungen nach den passrechtlichen Vorschriften nur im Wege einer Neuausstellung eines Reisepasses möglich, dann fällt die Gebühr für den Reisepass gemäß § 14 TP 9 Abs. 1 GebG an.

339 Ein nach § 10 Passgesetz 1992 ausgestellter weiterer Reisepass unterliegt ebenfalls der Gebührenpflicht nach § 14 TP 9 Abs. 1 GebG.

10.8.2. Höhe der Gebühr

10.8.2.1. Allgemeines

340 Die Gebühr für Reisepässe ist eine Pauschalgebühr, neben dieser fallen keine weiteren Gebühren nach dem GebG für Eingaben und Beilagen, die regelmäßig im Zusammenhang mit der Ausstellung oder Änderung der Schrift anfallen und auch keine Bundesverwaltungsabgaben an. Einen Anteil an der Pauschalgebühr erhält der Rechtsträger der ausstellenden Behörde.

Im Verfahren allenfalls vorzulegende Zeugnisse sind jedoch von der Pauschalgebühr nicht umfasst und daher von der Gebührenpflicht gemäß § 14 TP 14 GebG (siehe Rz 358) nicht ausgenommen.

10.8.2.2. Gebührensatz

Reisepässe § 14 TP 9 Abs. 1 GebG (Z) **341**

1.	gewöhnlicher Reisepass, Fremdenpass, Konventionsreisepass	75,90 Euro
2.	Reisepass gemäß § 17 Abs. 2 erster Satz Passgesetz 1992 (Expresspass)	100 Euro
2a.	Reisepass gemäß § 17 Abs. 2 zweiter Satz Passgesetz 1992 (Ein-Tages-Expresspass)	220 Euro
3.	Reisepass für Minderjährige ohne Papillarlinienabdrücke gemäß § 8 Abs. 5 Passgesetz 1992	30 Euro
4.	Reisepass für Minderjährige ohne Papillarlinienabdrücke gemäß § 8 Abs. 5 in Verbindung mit § 17 Abs. 2 erster Satz Passgesetz 1992 (Expresspass)	45 Euro
4a.	Reisepass für Minderjährige ohne Papillarlinienabdrücke gemäß § 8 Abs. 5 in Verbindung mit § 17 Abs. 2 zweiter Satz Passgesetz 1992 (Ein-Tages-Expresspass)	165 Euro
5.	Erweiterung des Geltungsbereiches	66 Euro
6.	sonstige über Antrag erfolgte Änderungen oder Ergänzungen, ohne Rücksicht auf deren Anzahl	28,50 Euro
7.	Ausstellung eines Identitätsausweises	61,50 Euro

Passersätze § 14 TP 9 Abs. 2 GebG (Z)

1.	Personalausweis	61,50 Euro
1a.	Personalausweis für eine Person, die bei der Antragstellung das 16. Lebensjahr noch nicht vollendet hat	26,30 Euro
2.	sonstiger Passersatz (zB Grenzkarte, Ausflugsschein)	
	a) Bewilligung zum einmaligen Grenzübertritt	1,10 Euro
	b) Bewilligung zum mehrmaligen Grenzübertritt	
	bei einer Gültigkeitsdauer bis zu einem halben Jahr	2,30 Euro
	bei einer Gültigkeitsdauer von mehr als einem halben Jahr	3,50 Euro
	c) Bewilligung zum mehrmaligen Grenzübertritt im Ausflugsverkehr für mehrere Personen (Sammelausflugsschein) je Person	2 Euro

10.8.2.3. Pauschalbetrag der Gebietskörperschaften

Erfolgt die Ausstellung des Reisedokuments durch eine Behörde eines Landes oder einer Gemeinde, steht dieser Gebietskörperschaft je Reisedokument ein Pauschalbetrag zu. Dieser beträgt in den Fällen des § 14 TP 9 GebG **342**

Abs. 1 Z 1	53,03 Euro
Abs. 1 Z 2	79 Euro
Abs. 1 Z 2a	199 Euro
Abs. 1 Z 3	Gesamter Betrag
Abs. 1 Z 4	Gesamter Betrag
Abs. 1 Z 4a	Gesamter Betrag
Abs. 1 Z 5	34,50 Euro
Abs. 1 Z 8	30,50 Euro
Abs. 2 Z 1	35 Euro
Abs. 2 Z 1a	Gesamter Betrag
Abs. 2 Z 2	Gesamter Betrag

10.8.3. Gebührenschuld und Gebührenschuldner

343 Gemäß § 14 TP 9 Abs. 4 GebG entsteht die Gebührenschuld für Reisedokumente mit der Hinausgabe (Aushändigung) des Reisedokuments durch die Behörde (siehe Rz 124 ff).

Gebührenschuldner ist derjenige, für den oder in dessen Interesse das Reisedokument ausgestellt wird (siehe Rz 162 ff).

Der Gebührenschuldner hat bei Überreichung des Antrages auf Ausstellung eines Reisedokumentes eine Vorauszahlung in Höhe der voraussichtlichen Gebühr zu entrichten. Die Vorauszahlung ist zu erstatten, wenn keine Gebührenschuld entsteht.

Die Behörde darf das Reisedokument nur nach erfolgter Entrichtung der Gebühr aushändigen.

10.9. Schriften in Patent-, Gebrauchsmuster-, Marken- und Musterangelegenheiten (§ 14 TP 10 GebG)

10.9.1. Gegenstand und Höhe der Gebühren

344 § 14 TP 10 Abs. 1 GebG (Z)

1.	Anmeldungen von Patenten, Gebrauchsmustern, Schutzzertifikaten oder Halbleiterschutzrechten, Schutzzertifikatsverlängerungen, Anträge auf Recherchen und Gutachten, Einsprüche oder Widersprüche, je Antrag	50 Euro
2.	Anmeldungen oder Warenerweiterungen von Marken, je Antrag	30 Euro
3.	Anmeldungen von Mustern, je Antrag	20 Euro
5.	Anträge zur Einleitung von Verfahren vor der Nichtigkeitsabteilung, je Antrag	230 Euro
7.	Anträge auf Änderung des Namens oder der Firma des Anmelders oder Rechtsinhabers, Anträge auf Änderung des Anmelders oder Rechtsinhabers, auf Eintragung oder Löschung einer Lizenz oder Lizenzübertragung, eines Pfandrechtes oder eines sonstigen, insbesondere dinglichen Rechtes, sowie Anträge auf Wiedereinsetzung in den vorigen Stand, je Antrag	40 Euro
8.	Anträge auf Eintragung einer Streitanmerkung, je Antrag	15 Euro
9.	Anträge auf Veröffentlichung oder Berichtigung von Übersetzungen europäischer Patentschriften, je Antrag	30 Euro
10.	Registerauszüge, je Auszug	23 Euro
11.	Prioritätsbelege, je Beleg	75 Euro

10.9.2. Befreiungen

345
- Wird vom Patentamt zur Geltendmachung von Prioritätsrechten in anderen Ländern gleichzeitig die Herstellung mehrerer Abschriften (Prioritätsbelege) von Patentanmeldungen oder Gebrauchsmusteranmeldungen begehrt, so ist die Gebühr nur für eine Abschrift (Prioritätsbeleg) zu entrichten; auf der zweiten und jeder weiteren Abschrift ist vom Patentamt ein Vermerk über die Gebührenfreiheit nach dieser Bestimmung anzubringen.
- Eingaben gemäß § 14 TP 10 Abs. 1 Z 1 bis 9 GebG und Eingaben um Ausstellung der in § 14 TP 10 Abs. 1 Z 10 und 11 GebG angeführten Schriften sind von der Gebührenpflicht des § 14 TP 6 Abs. 1 GebG befreit.
- Beilagen, die einer gemäß § 14 TP 10 Abs. 1 GebG gebührenpflichtigen Eingabe oder Niederschrift beigelegt oder zu dieser nachgereicht werden, sind von der Gebührenpflicht des § 14 TP 5 GebG befreit.
- Registerauszüge gemäß § 14 TP 10 Abs. 1 Z 10 GebG sind von der Gebührenpflicht des § 14 TP 4 Abs. 1 Z 2 GebG und Abschriften von der Gebührenpflicht des § 14 TP 1 GebG befreit.

10.10. Waffendokumente (§ 14 TP 11 GebG)

10.10.1. Gegenstand und Höhe der Gebühr

346 Waffenbesitzkarte § 14 TP 11 Abs. 1 GebG (Z)

1.	Ausstellung einer Waffenbesitzkarte (§ 21 Abs. 1 WaffG)	74,40 Euro

a) sofern der Besitz von mehr als zwei Schusswaffen erlaubt wird (§ 23 Abs. 2 WaffG), zusätzlich 43 Euro

b) sofern dadurch eine Ausnahme vom Verbot des § 17 Abs. 1 oder 2 bewilligt wird (§ 17 Abs. 3 WaffG), zusätzlich 43 Euro

Waffenpass § 14 TP 11 Abs. 2 GebG (Z)

1. Ausstellung eines Waffenpasses (§ 21 Abs. 2 WaffG) 118,40 Euro
   a) sofern der Besitz von mehr als zwei Schusswaffen erlaubt wird (§ 23 Abs. 2 WaffG), zusätzlich 87 Euro
   b) sofern dadurch eine Ausnahme vom Verbot des § 17 Abs. 1 oder 2 WaffG bewilligt wird (§ 17 Abs. 3 WaffG), zusätzlich 87 Euro
2. Ausstellung eines Waffenpasses für Schusswaffen der Kategorie C oder D (§ 35 Abs. 3 WaffG) 118,40 Euro

10.10.2. Befreiungen

- Der Antrag auf Ausstellung eines Waffendokumentes ist von der Gebührenpflicht des § 14 TP 6 GebG befreit. 347
- Die Ausstellung der in § 14 TP 11 Abs. 1 und 2 GebG genannten Waffendokumente und die Vornahme der darin angeführten Amtshandlungen sind von den Verwaltungsabgaben des Bundes befreit.

GebR

10.10.3. Pauschalbetrag der Gebietskörperschaften

Erfolgt die Ausstellung eines Waffendokuments durch eine Behörde des Landes, steht dieser Gebietskörperschaft je Waffendokument ein Pauschalbetrag zu. Dieser beträgt in den Fällen des § 14 TP 11 GebG 348

Abs. 1 Z 1	56,20 Euro
Abs. 1 Z 1 lit. a und b	99,20 Euro
Abs. 2 Z 1 und 2	100,20 Euro
Abs. 2 Z 1 lit. a und b	187,20 Euro

10.10.4. Gebührenschuld und Gebührenschuldner

Die Gebührenschuld entsteht mit der Hinausgabe (Aushändigung) des Waffendokuments durch die Behörde. Gebührenschuldner ist derjenige, für den das Waffendokument ausgestellt wird. Der Gebührenschuldner hat bei Stellung des Antrags auf Ausstellung eines Waffendokuments eine Vorauszahlung in Höhe der voraussichtlichen Gebühr zu entrichten. Die Vorauszahlung ist auf Antrag zu erstatten, wenn keine Gebührenschuld entsteht. § 241 Abs. 2 und 3 BAO gelten sinngemäß. Die Behörde darf das Waffendokument nur nach erfolgter Entrichtung der Gebühr aushändigen. 349

10.11. Unterschriftsbeglaubigungen (§ 14 TP 13 GebG)

10.11.1. Tatbestand

Dieser Tarifpost unterliegt die Beglaubigung der Echtheit von Unterschriften oder von Handzeichen durch Notare oder andere zur Beurkundung befugte Personen (Urkundspersonen) sowie durch vergleichbare ausländische Urkundspersonen. Neben Notaren sind insbesondere Legalisatoren (in Tirol und Vorarlberg) zur Beglaubigung von Unterschriften befugt. 350

Nicht unter diese Bestimmung fallen Unterschriftenbeglaubigungen von in- und ausländischen Gerichten. Diese sind gebührenpflichtig nach § 14 TP 14 GebG (siehe Rz 358 ff, insbesondere Rz 369). 351

Beglaubigungen von Unterschriften oder Handzeichen auf Schriften, die an eine eindeutig bezeichnete Behörde oder ein Gericht adressiert und auch nur zur Vorlage bei dieser Behörde oder diesem Gericht bestimmt sind, fallen nicht unter diese Bestimmung und unterliegen damit keiner Gebühr (zB Firmenbucheingabe, Gesuch um Anmerkung der Rangordnung oder Antragsformular an eine Behörde). Dies gilt sowohl für inländische als auch für ausländische Behörden oder Gerichte. Vgl. zur gebührenfreien Mitteilung Rz 361. 352

Die auf einer Vertragsurkunde angebrachten Beglaubigungsvermerke können selbst dann, wenn die Urkunde mit einer Adressierung an eine Behörde oder ein Gericht versehen wäre, schon rein begrifflich nicht als Mitteilung angesehen werden, weil förmliche 353

Vertragsurkunden von den Vertragsparteien zum Beweis (gegeneinander und gegen Dritte) ausgestellt werden und nicht als „Mitteilung“ an die Behörde oder das Gericht.

10.11.2. Höhe der Gebühr

354 Die Gebühr beträgt 14,30 Euro pro Bogen, wobei nicht die Bogen der Urkunde insgesamt zählen, sondern nur die Bogen des Beglaubigungsvermerkes, unabhängig davon, auf wie vielen Bogen die beglaubigten Unterschriften erfolgten.

355 Werden auf einem Bogen mehrere Unterschriften beglaubigt, so ist die Gebühr für jede Beglaubigung mit gesonderter Beglaubigungsklausel zu entrichten. Die Beglaubigung mehrerer Unterschriften mit nur einer Beglaubigungsklausel begründet nur einmal die Gebührenpflicht.

10.11.3. Entstehen der Gebührenschuld

356 Die Gebührenschuld (siehe Rz 124 ff) entsteht im Zeitpunkt der Unterzeichnung durch die Urkundsperson (§ 11 Abs. 1 Z 6 GebG) bzw. bei ausländischen Beurkundungen mit dem amtlichen Gebrauch (siehe Rz 109 ff).

10.11.4. Gebührenschuldner

357 Gebührenschuldner ist derjenige, für den oder in dessen Interesse die Beglaubigung erfolgt (siehe Rz 162 ff).

10.12. Zeugnisse (§ 14 TP 14 GebG)

10.12.1. Tatbestand

358 Gemäß § 14 TP 14 Abs. 1 GebG unterliegen amtliche Zeugnisse einer festen Gebühr. Unter Zeugnissen versteht man Schriften, die von Organen der Gebietskörperschaften oder von ausländischen Behörden oder Gerichten ausgestellt werden und durch die persönliche Eigenschaften oder Fähigkeiten oder tatsächliche Umstände bekundet werden.

10.12.1.1. Bekundung

359 Als „Bekundung“ und somit als „Zeugnis“ ist eine Erklärung dann anzusehen, wenn aus dem Inhalt der Schrift hervorgeht, dass die Erklärung dazu bestimmt ist, dem Ausstellungswerber gegenüber einem von vornherein nicht begrenzten Kreis von Personen als Ausweis oder Beweismittel zu dienen. Ob diese „Kunde“ in weiterer Folge tatsächlich einer unbestimmten Zahl von Personen zukommen wird oder nicht, ist dabei unerheblich (VwGH 13.11.1989, 88/15/0107). Auch wenn eine Schrift dem Ausstellungswerber nur zu dem Zweck übergeben wird, um von vornherein nur einer bestimmten Person gegenüber verwendet zu werden, ist die Schrift gleichwohl Zeugnis (VwGH 18.11.1991, 90/15/0013).

360 Dient ein Ausweis oder eine Bestätigung nur zur Legitimierung oder zum Beweis gegenüber dem Aussteller bzw. seinen Organen und Bevollmächtigten, liegt keine Bekundung vor.

Beispiele:

Passierschein, Einlaufstempel auf der für den Einschreiter bestimmten Kopie eines Einlaufstückes.

10.12.1.2. Gebührenfreie amtliche Mitteilung

361 Kein gebührenpflichtiges Zeugnis, sondern eine gebührenfreie amtliche Mitteilung liegt dann vor, wenn eine Erklärung (Bescheinigung, Bestätigung) über persönliche Eigenschaften oder Fähigkeiten oder tatsächliche Umstände an eine bestimmte, vom Ausstellungswerber verschiedene (physische oder juristische) Person adressiert (gerichtet) wird und sich aus der Adressierung im Zusammenhang mit dem sonstigen Inhalt der Schrift ergibt, dass es sich nur um eine, an eine bestimmte dritte Person gerichtete Mitteilung handelt. Das Gleiche gilt auch dann, wenn eine derartige Erklärung (Bescheinigung, Bestätigung) auf ein Schreiben gesetzt wird, das von vornherein an eine bestimmte Person gerichtet ist.

Ebenso liegt kein gebührenpflichtiges Zeugnis, sondern eine gebührenfreie Mitteilung vor, wenn zwar eine Adressierung fehlt, aber aus dem Inhalt der Schrift hervorgeht, dass die darin enthaltene Erklärung (Bescheinigung, Bestätigung) über persönliche Eigenschaften oder Fähigkeiten oder tatsächliche Umstände an eine bestimmte physische oder juristische Person gerichtet ist. Eine allgemeine Zweckangabe allein, schließt die Gebührenpflicht nicht aus, sofern es sich nicht um einen der in § 14 TP 14 Abs. 2 GebG angeführten begünstigten Zwecke handelt.

Ob eine Adressierung an eine bestimmte dritte Person rechtlich möglich bzw. zulässig ist, richtet sich nach den für das jeweilige Verfahren maßgeblichen Verfahrensvorschriften sowie den Anordnungen der zuständigen (Ober-)Behörde. Aus der Adressierung allein oder in Verbindung mit dem Inhalt der Schrift muss der Adressat der Mitteilung konkret ermittelbar sein.

Beispiele:

Der Vermerk „Dient zur Vorlage bei der Bezirkshauptmannschaft Graz-Umgebung" genügt den Erfordernissen einer gebührenfreien Mitteilung.

Im Gegensatz dazu ist die Textierung „Dient zur Vorlage bei der Gewerbebehörde" ohne dass aus dem Inhalt der Schrift hervorgeht, für welche konkrete Gewerbebehörde die Schrift bestimmt ist, nicht ausreichend.

Auch eine allgemeine Zweckangabe allein zB „Zum Zwecke der Geltendmachung eines Schadenersatzanspruches wird bestätigt ..." schließt die Gebührenpflicht nicht aus.

10.12.1.3. Gebührenfreie amtliche Bescheinigungen und Bescheide

Urkunden über Rechtsgeschäfte dienen hauptsächlich zum Beweis über Abschluss und Inhalt eines Rechtsgeschäftes zwischen den Vertragspartnern. Eine „Bekundung" an einen unbestimmten Personenkreis steht nicht im Vordergrund. Daher sind diese grundsätzlich nicht als Zeugnisse anzusehen und unterliegen allenfalls einer Gebühr für Rechtsgeschäfte, wenn sie unter eine Tarifpost des § 33 GebG einzuordnen sind (siehe Rz 623 ff). Amtliche Bescheinigungen, in welchen die Begründung, Abwicklung oder Aufhebung eines schuldrechtlichen Rechtsverhältnisses beurkundet wird, stellen ebenfalls keine gebührenpflichtigen Zeugnisse dar (VwGH 24.10.1968, 0628/68). **362**

Beispiele für gebührenfreie Bestätigungen:

Empfangsbestätigungen; Löschungsquittungen; Bescheinigung über eine erfolgte Geburt und die Todesbescheinigung, die nach dem Personenstandsgesetz den Standesämtern vorzulegen sind.

Bescheide, durch die in rechtsfeststellender oder rechtsgestaltender und in einer der Rechtskraft fähigen Weise über Rechtsverhältnisse abgesprochen wird, unterliegen als Willenserklärungen einer Verwaltungsbehörde grundsätzlich nicht der Zeugnisgebühr. Beurkundet der Bescheid nebenbei auch persönliche Eigenschaften, Fähigkeiten oder tatsächliche Umstände, macht ihn dies noch nicht zu einem gebührenpflichtigen Zeugnis. Dient allerdings der Hauptzweck der Schrift einem „Bekunden", kann von einem Zeugnis die Rede sein (VwGH 24.10.1968, 0628/68). **363**

10.12.1.4. Amtliche Befunde und Gutachten

Amtliche Befunde (Feststellen von tatsächlichen Umständen) sind gebührenpflichtige Zeugnisse, amtliche Gutachten unterliegen nicht der Zeugnisgebühr. Von den hier genannten amtlichen Befunden ist die Befundaufnahme über die Nichtentrichtung von Gebühren gemäß § 34 GebG zu unterscheiden (siehe Rz 918 ff). **364**

Zur Abgrenzung zwischen einem gebührenpflichtigen Befund und einem gebührenfreien Gutachten ist davon auszugehen, dass ein der Gebühr unterliegendes Zeugnis dann vorliegt, wenn tatsächliche Umstände, zB bestimmte Eigenschaften einer Ware oder der Gehalt an einer bestimmten Substanz, zu einem grundsätzlich allgemeinen Beweiszweck bekundet werden. Von einer solchen, meist nur als „Befund" bezeichneten Schrift muss das „Gutachten im engeren Sinn" unterschieden werden. Enthält eine Schrift neben der Befundaufnahme auch noch vom Sachverständigen auf Grund seiner Fachkenntnisse und Erfahrungen aus dem Befund abgeleitete Schlussfolgerungen, liegt kein gebührenpflichtiges Zeugnis, sondern ein gebührenfreies Gutachten vor. In diesem Fall ist die Tatsachenfeststellung (Befundaufnahme) nicht dazu bestimmt, dem Ausstellungswerber einem von vornherein nicht begrenzten Kreis von Personen gegenüber zum Ausweis zu dienen oder einen Beweis zu erbringen, sondern bildet lediglich die Grundlage für die gutachterlichen Schlussfolgerungen des Sachverständigen.

10.12.2. Amtliche Zeugnisse

Unter amtlichen Zeugnissen versteht man Schriften, die von Organen der Gebietskörperschaften oder von ausländischen Behörden oder Gerichten ausgestellt werden. **365**

10.12.2.1. Organe der Gebietskörperschaften

Organe der Gebietskörperschaften sind Behörden und Ämter und die sie vertretenden Personen des Bundes, der Länder, Gemeinden und Gemeindeverbänden gemäß Art. 116a BVG (siehe Rz 29). Der Begriff „Organe der Gebietskörperschaft" ist funktionell und nicht organisatorisch zu verstehen. Natürliche und juristische Personen, sowie Personengesellschaften, die nicht in den Organisationsaufbau der Gebietskörperschaften eingegliedert sind, sind dann funktionell als Organe der Gebietskörperschaft anzusehen, wenn ihnen bzw. **366** ihren Rechtsträgern Aufgaben übertragen sind, die sie im Auftrag des Staates zu besorgen haben (beliehene Unternehmen, siehe auch Rz 287).

367 Bei Kammern (zB Notariats- und Rechtsanwaltskammer) ist zu unterscheiden, ob sie in Übertragung eines öffentlich-rechtlichen Aufgabenkreises als Organ einer Gebietskörperschaft tätig werden, oder im eigenen, nicht öffentlich-rechtlichen Wirkungskreis als Berufs- oder Standesvertretung.

368 Die Oesterreichische Nationalbank erfüllt in Devisensachen bei der Handhabung des Devisengesetzes hoheitsrechtliche Aufgaben des Bundes.

10.12.2.2. Ausländische Behörden oder Gerichte

369 Von ausländischen Behörden oder Gerichten ausgestellte Zeugnisse sind zu vergebühren, sobald von ihnen im Inland ein amtlicher Gebrauch gemacht wird, auch wenn sie nur in beglaubigter oder unbeglaubigter Abschrift verwendet werden (siehe Rz 109 ff).

10.12.2.3. Beispiele für Zeugnisse

370
- Amtliche Dienstausweise und amtliche Legitimationspapiere, die nicht unter die in § 14 TP 9 GebG angeführten Reisedokumente fallen. Sie sind allgemein bekundende Zeugnisse. Infolge der ausschließlichen Maßgeblichkeit des Inhaltes eines Legitimationspapieres kann hier die Gebührenpflicht nicht durch eine Adressierung ausgeschlossen werden.

  Wird ein Dienstausweis ausgestellt und ist dieser erforderlich, um zB den Zugang zur Arbeitsstätte zu erlangen oder um den PC in Betrieb zu nehmen, so erfolgt seine Ausstellung im dienstlichen Interesse und er unterliegt nicht der Gebührenpflicht.
- Personalausweise als Passersätze sind nach § 14 TP 9 GebG gebührenpflichtig.
- Bestellungsurkunden als Erwachsenenvertreter sind nicht gebührenpflichtig.
- Eine Strafregisterbescheinigung ist ein gebührenpflichtiges Zeugnis, sofern nicht eine gebührenfreie Mitteilung vorliegt (siehe Rz 361). Strafregisterbescheinigungen, die als Nachweis der persönlichen Eignung als Sanitäter gemäß § 14 Abs. 1 Z 1 Sanitätergesetz dienen, sind von der Zeugnisgebühr befreit.
- Nach § 1 Z 1 NeuFöG sind Strafregisterbescheinigungen, deren Ausstellung im unmittelbaren Zusammenhang mit der Neugründung von Betrieben oder der Übertragung eines (Teil-)Betriebes veranlasst ist, von der Zeugnisgebühr befreit.
- Von Behörden ausgestellte Typenscheine, sowie von Zulassungsbehörden in Typenscheinen über die Zulassung des polizeilichen Kennzeichens an einen späteren Erwerber des Kraftfahrzeuges ausgestellte Bestätigungen (VwGH 24.10.1968, 0628/68). Vgl. aber die Gebührenbefreiung gemäß § 14 TP 14 Abs. 2 Z 22 GebG für die von Zulassungsstellen iSd § 40a KFG 1967 ausgestellten Bestätigungen in Typenscheinen über die Zulassung.
- Zulassungsscheine (Zulassungsbescheinigung) und Überstellungsfahrtscheine, die von Zulassungsbehörden des Bundes oder der Länder ausgestellt werden (siehe auch Rz 378; zur Gebührenpflicht bei den privaten Zulassungsstellen siehe Rz 379).
- Nachträgliche amtswegige oder beantragte Änderungen in gebührenpflichtigen Zeugnissen, etwa Änderung von Gewichtsangaben das Fahrzeug betreffend oder Namens- oder Adressänderungen des Zulassungsbesitzers. Keiner Gebühr unterliegt jedoch die Eintragung einer behördlich geänderten Orts-, Straßen- oder Hausnummernbezeichnung.
- Bestätigungen über den Zustellvorgang oder den Eintritt der Rechtskraft (Rechtskraftklauseln) und der Vollstreckbarkeit einer behördlichen Erledigung. Von Gerichten in Ausübung der Gerichtsbarkeit ausgestellte Zeugnisse (zB Rechtskraftklausel auf Urteilen) sind gemäß § 14 TP 14 Abs. 2 Z 26 GebG von den Gebühren befreit.
- Bescheinigungen des Vermessungsamtes zur grundbücherlichen Durchführung von Teilungsplänen.
- Beglaubigungen, die auf Personenstandsurkunden oder Ehefähigkeitszeugnissen vorgenommen werden, damit die Urkunde im Ausland ihrem Ausstellungszweck entsprechend verwendet werden kann. Handelt es sich um eine Unterschriftsbeglaubigung durch einen Notar oder eine andere Urkundsperson hat die Vergebührung nach dem Tatbestand des § 14 TP 13 GebG (siehe Rz 350 ff) zu erfolgen.
- Nicht adressierte amtsärztliche Zeugnisse, die nach ihrem Inhalt einen Befund darstellen (außer es liegt ein Befreiungsgrund vor; siehe Rz 376).
- Ehefähigkeitszeugnis.
- Sichtvermerke, Vidierungen.

- Amtliche Bestätigung über den Bestand eines Vereines oder die Zeichnungsberechtigung des Vorstandes.
- Unbedenklichkeitsbescheinigungen und Bescheinigungen über die Höhe des Einheitswertes, wenn sie nicht an bestimmte Personen oder Behörden gerichtet sind.
- Amtliche Meldebestätigung ohne Adressierung (siehe Rz 361).

10.12.3. Nichtamtliche Zeugnisse

Von Privatpersonen ausgestellte Zeugnisse sind nicht gebührenpflichtig, auch wenn eine Pflicht zur Zeugnisausstellung besteht. 371

Beispiele:

Dienstzeugnisse, ärztliche Zeugnisse und Bestätigungen, Befunde von privaten Sachverständigen

Zu einer möglichen Gebührenpflicht „als Beilage“ siehe Rz 254 ff.

10.12.4. Mehrere Zeugnisse in einer Schrift

Werden in einer Schrift mehrere persönliche Eigenschaften oder Fähigkeiten oder tatsächliche Umstände einer oder mehrerer Personen vom Aussteller mit einer einzigen Unterschrift bekundet, so liegt nur ein Zeugnis vor. Jede weitere auf derselben Schrift unterfertigte Bekundung von persönlichen Eigenschaften oder Fähigkeiten oder tatsächlichen Umständen, stellt ein weiteres Zeugnis dar und löst für sich die Gebührenpflicht aus. 372

10.12.5. Höhe der Gebühr

373

Amtliches Zeugnis	14,30 Euro von jedem Bogen

Zum Begriff „Bogen“ siehe Rz 94 ff.

10.12.6. Gebührenschuld und Gebührenschuldner

10.12.6.1. Gebührenschuld

Gemäß § 11 Abs. 1 Z 5 GebG entsteht die Gebührenschuld bei Zeugnissen im Zeitpunkt der Unterzeichnung oder der Hinausgabe; bei den im Ausland ausgestellten Zeugnissen, sobald von ihnen im Inland ein amtlicher Gebrauch gemacht wird (siehe Rz 151). 374

10.12.6.2. Gebührenschuldner

Gemäß § 13 Abs. 1 Z 2 GebG ist zur Entrichtung der Gebühren derjenige verpflichtet, für den oder in dessen Interesse das Zeugnis ausgestellt wird (zB Antragsteller). Siehe dazu auch Rz 166 ff. 375

10.12.7. Gebührenbefreiungen

Im GebG sind nachstehende sachliche Befreiungen angeführt (§ 14 TP 14 Abs. 2 Z 1 ff GebG): 376

1. Armutszeugnisse, auch als Beilagen stempelpflichtiger Eingaben und Protokolle;
2. Zeugnisse, die im öffentlichen Fürsorgewesen beizubringen sind;
3. Impfzeugnisse;
4. Zeugnisse in Unterrichtsangelegenheiten von öffentlichen oder mit dem Öffentlichkeitsrecht ausgestatteten Schulen, von Schulen iSd Gesundheits- und Krankenpflegegesetzes, des Bundesgesetzes über die Regelung des medizinischtechnischen Fachdienstes und der Sanitätshilfsdienste, sowie der Akademien iSd Bundesgesetzes über die Regelung der gehobenen medizinisch-technischen Dienste und der Hebammenakademien iSd Hebammengesetzes, mit Ausnahme der Zeugnisse über Externistenprüfungen.

Beispiel:

Schulbesuchbestätigungen

5. Zeugnisse zur Rechtfertigung des Fernbleibens der Schüler vom Unterricht in diesen Schulen;
6. Zeugnisse in Studienangelegenheiten im Bereich der Universitäten, der Pädagogischen Hochschulen und der kirchlichen theologischen Lehranstalten (Art. V § 1 des Konkordates zwischen dem Heiligen Stuhle und der Republik Österreich, BGBl. II Nr. 2/1934), einschließlich der Zeugnisse dieser Einrichtungen im Rahmen der Studienberechtigung. Diese Befreiung kommt nur den Studierenden zugute.

Beispiel:

Staatsprüfungszeugnisse, Rigorosums- und Diplomprüfungszeugnisse

7. Zeugnisse über die Anmeldung des Übertrittes von einem Glaubensbekenntnisse zu einem anderen;
8. Zeugnisse, die aus Sanitätsrücksichten (gesundheitspolizeilichen Gründen) von einer öffentlichen Behörde oder einem Amte gefordert werden;

Beispiel:

internationale Impfpässe, tierärztliche Zeugnisse, Gesundheitszeugnis für Prostituierte

Unter diese Befreiung fallen nicht Zeugnisse, die aus gesundheitspolitischen Gründen ausgestellt werden.

Beispiel:

Nachweis der Teilnahme an einer Unterweisung in lebensrettenden Sofortmaßnahmen für die Erteilung der Lenkberechtigung

9. Zeugnisse zum Nachweise der Voraussetzungen für den Bezug eines Unterhaltsbeitrages von einer Gebietskörperschaft, einer öffentlichen Anstalt, einem Privatpensionsinstitut, einer Versorgungsanstalt
10. Zeugnisse über die erfüllte Verbindlichkeit zur Lesung von Messen, behufs der Erfolglassung des darüber gewidmeten Betrages oder der dafür gestifteten Rente;
11. Zeugnisse, durch die eine in öffentlichen Angelegenheiten zu legende Rechnung belegt werden muss;
12. Klauseln, die auf Grund besonderer Rechtsvorschriften einzelnen Urkunden der Kontrolle wegen oder zur Beglaubigung amtlich beigefügt werden müssen;
13. Zeugnisse über vertragsmäßige Leistungen an Gebietskörperschaften oder öffentliche Anstalten über die Qualität dieser Leistungen oder die Einhaltung der Vertragsbedingungen, damit die Unternehmer zur Befriedigung ihrer Forderung gelangen können;
14. Waagzettel, solange davon kein amtlicher Gebrauch durch Verwendung als Beilage gemacht wird;
15. Auszüge über Daten aus dem Zentralen Personenstandsregister (ZPR) um die im diplomatischen Wege von auswärtigen Behörden entweder durch die österreichischen Gesandtschaften im Ausland oder durch die fremden, hierlands anwesenden Gesandten angesucht wird, bei reziprokem Verfahren, solange sie im Auslande verwendet werden;
16. Abstammungspapiere, die im Interesse der Landestierzucht für Zuchttiere zu erbringen sind;
17. Zeugnisse der Reisenden in Bergführerbüchern und in Trägerlegitimationen;
18. Ursprungszeugnisse sowie auf Handelsrechnungen angebrachte Vidierungsvermerke, die von in- oder ausländischen Einfuhrbehörden bei der Eingangsabfertigung von Waren verlangt werden;
19. Bestätigungen zum Nachweis, dass im Zollverfahren eine Gesamtsicherheit oder eine Befreiung von der Sicherheitsleistung bewilligt worden ist;
20. An- und Abmeldevermerke, die von den Meldebehörden anlässlich der An- oder Abmeldung auf den Meldezetteln angebracht werden;
21. Kursbesuchsbestätigungen, die von juristischen Personen iSd § 4 des Bundesgesetzes über die Förderung der Erwachsenenbildung und des Volksbüchereiwesens aus Bundesmitteln ausgestellt werden;
22. Zeugnisse, die von gemäß § 40a KFG 1967 eingerichteten Zulassungsstellen (das sind ermächtigte Versicherungsunternehmen) in Erfüllung der ihnen übertragenen Aufgaben ausgestellt werden;
23. Verschlussanerkenntnisse, die auf Grund zollrechtlicher Vorschriften von den Zollbehörden ausgestellt oder anerkannt werden;
24. Bescheinigungen in Angelegenheiten der Verordnung (EG) Nr. 939/97 der Kommission vom 26. Mai 1997 mit Durchführungsbestimmungen zur Verordnung (EG) Nr. 338/97 des Rates über den Schutz von Exemplaren wild lebender Tiere und Pflanzenarten durch Überwachung des Handels in der jeweils geltenden Fassung;
25. Zeugnisse über Dienstleistungen. Mit dieser Befreiung ist erreicht, dass auch Dienstzeugnisse, die von Organen der Gebietskörperschaften ausgestellt sind, gebührenfrei sind;
26. von inländischen Gerichten ausgestellte Zeugnisse; Es kann dafür aber eine Gerichtsgebühr (zB nach § 32 TP 15 GGG) vorgesehen sein. Wenn ein Zeugnis in Justizver-

waltungssachen ausgestellt wird, unterliegt es nur dann einer Gebührenpflicht nach dem GebG, wenn hierfür keine Justizverwaltungsgebühr (zB nach § 32 TP 14 GGG) vorgesehen ist;

27. Strafregisterbescheinigungen, die als Nachweis der persönlichen Eignung zur Verwendung als ehrenamtliche Sanitäter gemäß § 14 Abs. 1 Z 1 Sanitätergesetz dienen;
28. Zeugnisse, die für Zwecke der Verleihung oder Erstreckung der Verleihung der österreichischen Staatsbürgerschaft ausgestellt werden;
29. Diebstahls- und Verlustanzeigebestätigungen, die auch als Berechtigung verwendet werden können.

Hinsichtlich einer allfälligen persönlichen Gebührenbefreiung des Zeugniswerbers wird auf Rz 15 ff verwiesen. Demnach liegt für die im § 2 Z 3 GebG genannten Körperschaften und Vereine keine Befreiung von der Zeugnisgebühr vor. 377

10.13. Zulassungsscheine (Zulassungsbescheinigung) und Überstellungsfahrtscheine (§ 14 TP 15 GebG)

10.13.1. Tatbestand

Die Gebühr für Zulassungsscheine (Zulassungsbescheinigung) ist eine Pauschalgebühr; neben dieser fallen im Zulassungsverfahren keine weiteren Gebühren nach dem GebG und auch keine Bundesverwaltungsabgaben an. 378

Nach § 14 TP 15 GebG sind Zulassungsscheine (Zulassungsbescheinigung) und Überstellungsfahrtscheine, die nicht von der Behörde, sondern von privaten Zulassungsstellen ausgestellt werden, gebührenpflichtig. Dafür kommen gemäß § 40a KFG 1967 in Österreich zum Betrieb der Kraftfahrzeug-Haftpflichtversicherung berechtigte Versicherer in Betracht. Durch einen Bescheid des Landeshauptmanns werden sie ermächtigt, eine Zulassungsstelle einzurichten und zu betreiben. Der Gebühr nach § 14 TP 15 GebG unterliegt nur der Zulassungs- und der Überstellungsfahrtschein, der aus Anlass der Zulassung zum Verkehr bzw. der Genehmigung der Überstellungsfahrt ausgestellt wird, nicht aber ein später ausgestelltes Duplikat (siehe Rz 358 ff). 379

GebR

Werden Zulassungs- und Überstellungsfahrtscheine nicht von privaten Zulassungsstellen, sondern von Behörden des Bundes oder der Länder ausgestellt, unterliegen diese nicht der Pauschalgebühr nach § 14 TP 15 GebG (siehe Rz 378). In dem Fall sind die Gebühren nach dem GebG für die jeweiligen Schriften (zB Eingaben, Beilagen, Zeugnisse) und die Bundesverwaltungsabgaben zu entrichten. 380

10.13.1.1. Zulassungsschein (Zulassungsbescheinigung)

Kraftfahrzeuge und Anhänger dürfen gemäß § 36 KFG 1967 auf Straßen mit öffentlichem Verkehr nur verwendet werden, wenn sie zum Verkehr zugelassen sind oder mit ihnen behördlich bewilligte Probe- oder Überstellungsfahrten durchgeführt werden. Kraftfahrzeuge und Anhänger sind auf Antrag zum Verkehr zuzulassen, wenn sie die gesetzlichen Voraussetzungen erfüllen (§ 37 Abs. 1 KFG 1967). Über die Zulassung wird dem Zulassungsbesitzer der Zulassungsschein (Zulassungsbescheinigung) ausgestellt (§ 13 Abs. 1 Zulassungsstellenverordnung – ZustV). 381

10.13.1.2. Überstellungsfahrtschein

Darunter versteht man die Bestätigung der Bewilligung, nicht zugelassene Kraftfahrzeuge und Anhänger oder zugelassene, deren Kennzeichentafeln in Verlust geraten sind oder für die ein Wechselkennzeichen zugewiesen wurde, vorübergehend auf Straßen mit öffentlichem Verkehr zu verwenden. Es muss glaubhaft gemacht werden, dass die vorübergehende Verwendung des Fahrzeuges auf Straßen mit öffentlichem Verkehr zur Überstellung des Fahrzeuges an einen anderen Ort erforderlich ist (Überstellungsfahrt) oder dass die Kennzeichentafeln in Verlust geraten sind. 382

10.13.1.3. Steuerbefreiungen

10.13.1.3.1. Gebührenbefreiungen nach dem GebG

Wird ein Kraftfahrzeug bzw. Anhänger auf den Bund oder auf vom Bund betriebene Unternehmungen zugelassen, so fällt grundsätzlich keine Gebühr an (§ 2 Z 1 GebG). Die persönliche Befreiung (siehe Rz 15 ff) des Bundes ist uneingeschränkt und umfasst alle von im entfalteten Tätigkeiten, sei es im hoheitlichen oder privatwirtschaftlichen Bereich. 383

Die persönliche Befreiung des Bundes erstreckt sich nicht auf selbständige Anstalten des Bundes oder auf Unternehmungen, die unter Zwischenschaltung einer eigenen, vom Bund 384 verschiedenen Rechtsperson (zB AG, GmbH) betrieben werden, auch wenn diese Gesellschaften zur Gänze im Eigentum des Bundes stehen.

385 Wird ein Kraftfahrzeug bzw. Anhänger auf eine andere Gebietskörperschaft als den Bund zugelassen, so tritt nur dann eine Gebührenbefreiung ein, wenn das Kraftfahrzeug bzw. der Anhänger einer Aufgabe dient, zu der die Gebietskörperschaft auf Grund gesetzlicher Vorschriften verpflichtet ist (§ 2 Z 2 GebG)

Beispiel:

Kraftfahrzeuge der Landesregierung, Berufsfeuerwehr

386 Die persönliche Befreiung nach § 2 Z 3 GebG (siehe Rz 22 ff) für andere öffentlich-rechtliche Körperschaften, die nicht Gebietskörperschaften sind, oder für Vereinigungen, die ausschließlich und unmittelbar wissenschaftliche, Humanitäts- oder Wohltätigkeitszwecke verfolgen (§§ 34 ff BAO), umfasst nicht die Zulassungsgebühr nach § 14 TP 15 GebG, weil diese Befreiung nur auf den Schriftenverkehr mit Behörden und Ämtern (Eingaben und Beilagen; siehe Rz 33 f sowie Rz 276 und Rz 254 ff) anwendbar ist.

387 Besondere persönliche Gebührenbefreiungsbestimmungen bestehen für bestimmte Diplomaten und für bestimmtes Verwaltungs- und technisches Personal dieser Missionen. Die Gebührenbefreiung steht diesen Personen nur dann zu, wenn sie nicht österreichische Staatsbürger sind (siehe Rz 52 ff, Rz 389).

Für Berufskonsuln besteht diese Gebührenbefreiung nicht.

388 Der Kostenersatz gemäß § 40b Abs. 7 KFG 1967 an die Zulassungsstelle (beliehener Versicherer), die Kosten für die Kennzeichentafel und Begutachtungsplakette („Pickerl") sowie der Chipkartenzulassungsbescheinigung fallen als zivilrechtliche Ansprüche nicht unter die für Gebühren oder Verwaltungsabgaben allenfalls vorgesehenen Abgabenbefreiungen.

10.13.1.3.2. Gebührenbefreiung für Diplomaten

389

Steuerschuldner	Legitimationskarte BGBl. II Nr. 60/2017	Befreiung Gebühr für Zulassungen	Grundlage
Diplomaten u. Beamte internationaler Organisationen mit Diplomatenrang	Rot	Ja	BGBl. Nr. 66/1966 zB BGBl. III Nr. 99/1998
Berufskonsul	Orange	Nein	BGBl. Nr. 318/1969
Honorarkonsul	Gelb	Nein	BGBl. Nr. 318/1969
Angestellte des techn. u. Verwaltungsdienstes von diplomatischen Missionen	Blau	Ja	BGBl. Nr. 66/1966
Angestellte des techn. u. Verwaltungsdienstes von konsularischen Vertretungen	Blau	Nein	BGBl. Nr. 318/1969
Angestellte oder Sachverständige internationaler Organisationen	Grün	Nein	Amtssitzabkommen zB UNO BGBl. III Nr. 99/1998 (Art XI u. XII)
Dienstl. Hauspersonal	Braun	Nein	BGBl. Nr. 66/1966
Privates Hauspersonal	Grau		BGBl. Nr. 318/1969

10.13.1.4. Höhe der Gebühr

390 Zulassungsscheine (Zulassungsbescheinigung)

§ 14 TP 15 Abs. 1 lit. a GebG 119,80 Euro

Überstellungsfahrtscheine

§ 14 TP 15 Abs. 1 lit. b GebG 83,60 Euro

10.13.2. Gebührenschuld und Gebührenschuldner

391 Zulassungsscheine (Zulassungsbescheinigung) und Überstellungsfahrtscheine können als spezielle Zeugnisse betrachtet werden. Daher richten sich der Zeitpunkt der Entstehung

der Gebührenschuld sowie die Person des Gebührenschuldners nach den Regelungen bei der Zeugnisgebühr.

10.13.2.1. Gebührenschuld

Die Gebührenschuld entsteht mit der Ausfertigung des Zulassungsscheines (Zulassungsbescheinigung) oder des Überstellungsfahrtscheines durch die Zulassungsstelle (siehe Rz 158 f). **392**

10.13.2.2. Gebührenschuldner

Gebührenschuldner ist derjenige, für den oder in dessen Interesse der Zulassungsschein (Zulassungsbescheinigung) oder der Überstellungsfahrtschein ausgestellt wird (siehe Rz 162 ff). **393**

10.13.3. Entrichtung der Gebühr

Die Gebühr ist vom Zulassungswerber bei der Zulassungsstelle einzuzahlen. Die Zulassungsstelle darf den Zulassungsschein (Zulassungsbescheinigung) bzw. den Überstellungsfahrtschein nur nach erfolgter Zahlung der Gebühr aushändigen. **394**

Wurde die Gebühr entrichtet, obwohl keine Abgabenschuld bestand, ist sie auf Antrag von der zur Einhebung der Abgabe zuständigen Abgabenbehörde (Finanzamt für Gebühren, Verkehrsteuern und Glücksspiel) zurückzuzahlen (§ 241 Abs. 2 BAO). Solche Anträge können bis zum Ablauf des dritten Kalenderjahres gestellt werden, das auf das Jahr folgt, in dem der Betrag zu Unrecht entrichtet wurde (§ 241 Abs. 3 BAO). **395**

Wurde die Gebühr zu Unrecht nicht entrichtet, ist sie mit Bescheid gemäß § 202 BAO gegenüber dem abgabenrechtlichen Haftungspflichtigen (Rechtsträger der Zulassungsstelle) geltend zu machen. **396**

10.13.4. Haftung für die Gebühr

Nach § 14 TP 15 Abs. 3 GebG haftet der Rechtsträger der Zulassungsstelle, also das Versicherungsunternehmen, für die Gebühr. Das Versicherungsunternehmen hat gesondert für jede von ihm eingerichtete Zulassungsstelle die Gebühr für die in einem Kalendermonat erteilten Zulassungen und bewilligten Überstellungsfahrten bis zum 15. des nächstfolgenden Monats an das Finanzamt für Gebühren, Verkehrsteuern und Glücksspiel zu entrichten. **397**

10.14. Führerscheine (§ 14 TP 16 GebG)

10.14.1. Tatbestand

Der Tatbestand umfasst Schriften und Amtshandlungen (Wiederausfolgung des Führerscheins nach Ablauf der Entziehungsdauer – siehe Rz 401). Die Gebühr für Führerscheine ist eine Pauschalgebühr, neben dieser fallen keine weiteren Gebühren nach dem GebG für Eingaben und Beilagen, die regelmäßig im Zusammenhang mit der Ausstellung oder Änderung der Schrift anfallen und auch keine Bundesverwaltungsabgaben an. Der Rechtsträger der ausstellenden Behörde erhält einen Anteil an der Pauschalgebühr (siehe Rz 407 und Rz 342). **398**

Nach dieser Tarifpost sind folgende Schriften und Amtshandlungen gebührenpflichtig: **399**

- Ausstellung eines Führerscheines (§ 14 TP 16 Abs. 1 GebG).
- Wiederausfolgung eines Führerscheines (§ 14 TP 16 Abs. 2 Z 2 GebG).

10.14.1.1. Ausstellung eines Führerscheines

Erfolgt die Ausstellung eines Führerscheines in folgenden Fällen, tritt Gebührenpflicht ein: **400**

1. auf Grund der Erteilung der Lenkberechtigung, ausgenommen Heeresführerscheine und Heeresmopedausweise (§ 22 Abs. 1 Führerscheingesetz – FSG),
2. als Duplikat,
3. auf Grund der Umschreibung einer ausländischen Lenkberechtigung,
4. auf Grund der Verlängerung einer befristeten Lenkberechtigung, ausgenommen der Verlängerung einer Lenkberechtigung für die Klassen C (C1), CE (C1E), D (D1) und DE (D1E) (§ 17a FSG),
5. auf Grund der Ausdehnung der Lenkberechtigung auf weitere Klassen oder Unterklassen,
6. auf Grund von sonstigen Änderungen oder Ergänzungen.

Beispiel:

Umschreibung einer Heereslenkberechtigung auf eine zivile Lenkberechtigung gilt iSd § 22 FSG als Ersterteilung.

10.14.1.2. Wiederausfolgung eines Führerscheines

401 Wird ein Führerschein nach Ablauf der Entziehungsdauer wieder herausgegeben, ist dies gebührenpflichtig.

10.14.2. Höhe der Gebühr

10.14.2.1. Pauschalgebühr

402 Die Gebühren für weitere gebührenpflichtige Tatbestände, die regelmäßig im Zusammenhang mit der Ausstellung der Schrift selbst anfallen, wie auch die dabei entstehende Verwaltungsabgabe des Bundes (§ 76 AVG iVm Bundesverwaltungsabgabenverordnung 1983), werden in einem Betrag pauschaliert. Die gesamte Abgabepflicht wird an die ausgestellte bzw. die eine Änderung oder Ergänzung enthaltende Schrift geknüpft.

403 Die Eingaben sind nach § 14 TP 6 Abs. 5 Z 24 GebG von den Gebühren befreit. Die Befreiung von der Eingabengebühr bewirkt gemäß § 14 TP 5 Abs. 1 GebG Gebührenfreiheit auch für Beilagen (siehe Rz 254 ff). Allenfalls im Verfahren vorzulegende Bestätigungen gemäß § 14 TP 14 GebG (siehe Rz 358 ff) sind jedoch nicht von der Gebührenpflicht ausgenommen.

10.14.2.2. Höhe der Gebühr

404 Die Pauschalgebühr beträgt nach § 14 TP 16 Abs. 1 GebG für die Ausstellung des Führerscheines (siehe Rz 400):

1.	auf Grund der Erteilung der Lenkberechtigung, ausgenommen solche gemäß § 22 Abs. 1 FSG	60,50 Euro
2.	als Duplikat	49,50 Euro
3.	auf Grund der Umschreibung einer ausländischen Lenkberechtigung	60,50 Euro
4.	auf Grund der Verlängerung einer befristeten Lenkberechtigung, ausgenommen solche gemäß § 20 Abs. 4 und § 21 Abs. 2 FSG	49,50 Euro
5.	auf Grund der Ausdehnung der Lenkberechtigung auf weitere Klassen oder Unterklassen	49,50 Euro
6.	auf Grund von sonstigen Änderungen oder Ergänzungen ohne Rücksicht auf die Anzahl	49,50 Euro

405 Nach § 14 TP 16 Abs. 2 Z 2 GebG beträgt die Pauschalgebühr für die Wiederausfolgung des Führerscheins nach Ablauf der Entziehungsdauer (siehe Rz 401) 39,60 Euro.

406 Wird anstelle der Wiederausfolgung eines Führerscheines nach einer Entziehung der Lenkberechtigung die Ausstellung eines Duplikates beantragt und wird der Führerschein nicht wiederausgefolgt, sondern nur das Duplikat ausgestellt, so löst nur die Ausstellung des Duplikats die Gebührenpflicht aus. Sollte der Führerschein wieder ausgefolgt werden und in weiterer Folge das Duplikat beantragt werden, löst sowohl die Wiederausfolgung des Führerscheins als auch die Ausstellung des Duplikats die Gebührenpflicht nach der jeweiligen Bestimmung aus.

10.14.2.3. Pauschalbetrag der Gebietskörperschaft

407 Werden Führerscheine durch eine Landes- oder Gemeindebehörde ausgestellt, steht dieser Gebietskörperschaft ein in § 14 TP 16 Abs. 5 GebG geregelter Pauschalbetrag zu.

Dieser Pauschalbetrag beträgt je Schrift oder Amtshandlung:

1.	auf Grund der Erteilung der Lenkberechtigung, ausgenommen solche gemäß § 22 Abs. 1 FSG	21,80 Euro
2.	als Duplikat	19,60 Euro
3.	auf Grund der Umschreibung einer ausländischen Lenkberechtigung	21,80 Euro
4.	auf Grund der Verlängerung einer befristeten Lenkberechtigung, ausgenommen solche gemäß § 20 Abs. 4 und § 21 Abs. 2 FSG	19,60 Euro
5.	auf Grund der Ausdehnung der Lenkberechtigung auf weitere Klassen oder Unterklassen	19,60 Euro
6.	bei Wiederausfolgung des Führerscheins nach Ablauf der Entziehungsdauer	19,60 Euro

10.14.3. Gebührenschuld und Gebührenschuldner

10.14.3.1. Gebührenschuld

Die Gebührenschuld entsteht mit der Hinausgabe (Aushändigung) des Führerscheines durch die Behörde. Die Gebührenpflicht wird an die auszustellenden Schriften oder an die Vornahme der Amtshandlungen geknüpft. Bei Versagung der Ausstellung oder Amtshandlung ist daher keine Gebührenpflicht gegeben (siehe Rz 160). **408**

Die Behörde darf den Führerschein nur nach erfolgter Entrichtung der Gebühr aushändigen. **409**

Der Rechtsträger der Behörde hat die jeweils entrichteten Gebühren unter Abzug seiner Pauschalbeträge bis zum 15. Tag des auf ein Kalendervierteljahr folgenden Monates (Fälligkeitstag zB 15. April für das 1. Viertel; weiters 15. Juli, 15 Oktober, 15. Jänner) an das Finanzamt für Gebühren, Verkehrsteuern und Glücksspiel abzuführen (siehe Rz 6 f).

10.14.3.2. Gebührenschuldner

Gebührenschuldner ist derjenige, für den oder in dessen Interesse der Führerschein ausgestellt wird (siehe Rz 162 ff). **410**

10.15. Eheschließung (§ 14 TP 17 GebG)

10.15.1. Gegenstand und Höhe der Gebühren

Eheschließung § 14 TP 17 GebG (Abs.) **411**

(1) Verfahren zur Ermittlung der Ehefähigkeit	50 Euro
(3) Ausländische Schriften, die im Verfahren zur Ermittlung der Ehefähigkeit vorgelegt werden (einschließlich darauf angebrachter Beglaubigungsvermerke)	80 Euro

GebR

10.15.2. Befreiungen

Eingaben, Protokolle, und Zeugnisse, die sich im Verfahren gemäß § 14 TP 17 Abs. 1 GebG ergeben, sind von der Gebührenpflicht gemäß § 14 TP 6, 7 und 14 GebG befreit. **412**

Heiratsurkunden, die unmittelbar im Zuge der Eheschließung ausgestellt werden, sind von der Gebührenpflicht gemäß § 14 TP 4 GebG befreit.

Die gemäß § 14 TP 17 Abs. 3 GebG vergebührten Schriften sind von der Gebührenpflicht gemäß § 14 TP 4, 13 und 14 GebG befreit.

10.15.3. Gebührenschuld und Gebührenschuldner

Die Gebührenschuld entsteht mit der Einbringung des Antrages auf Ermittlung der Ehefähigkeit. Gebührenschuldner sind die Antragsteller zur ungeteilten Hand. **413**

10.16. Eingetragene Partnerschaft (§ 14 TP 18 GebG)

10.16.1. Gegenstand und Höhe der Gebühren

Eingetragene Partnerschaft § 14 TP 18 GebG (Abs.) **414**

(1) Ermittlungen der Fähigkeit eine eingetragene Partnerschaft zu begründen	50 Euro
(3) Ausländische Schriften, die im Verfahren zur Ermittlung der Fähigkeit, eine eingetragene Partnerschaft begründen zu können, vorgelegt werden (einschließlich darauf angebrachter Beglaubigungsvermerke)	80 Euro

10.16.2. Befreiungen

Eingaben, Protokolle, und Zeugnisse, die sich im Verfahren gemäß § 14 TP 18 Abs. 1 GebG ergeben, sind von der Gebührenpflicht gemäß § 14 TP 6, 7 und 14 GebG befreit. Partnerschaftsurkunden, die unmittelbar im Zuge der Begründung der eingetragenen Partnerschaft ausgestellt werden, sind von der Gebührenpflicht gemäß § 14 TP 4 GebG befreit. **415**

Die gemäß § 14 TP 18 Abs. 3 GebG vergebührten Schriften sind von der Gebührenpflicht gemäß § 14 TP 4, 13 und 14 GebG befreit.

10.16.3. Gebührenschuld und Gebührenschuldner

Die Gebührenschuld entsteht mit der Einbringung des Antrages auf Ermittlung der Fähigkeit, eine eingetragene Partnerschaft begründen zu können. Gebührenschuldner sind die Antragsteller zur ungeteilten Hand. **416**

11. Gebührenpflichtige Rechtsgeschäfte (§ 15 GebG)

11.1. Allgemeines

417 Nach dem Gebührengesetz 1957 sind nur diejenigen Rechtsgeschäfte gebührenpflichtig, die in den Tarifposten des § 33 GebG (siehe Rz 623 ff) aufgezählt sind und über die eine Urkunde errichtet wird (siehe Rz 440 ff). Speziell geregelte Rechtsgeschäfte (zB Wetten, siehe Rz 807) unterliegen jedoch auch ohne Beurkundung der Gebühr (siehe Rz 435).

Gebührenpflichtige Rechtsgeschäfte sind:

- Annahmeverträge (§ 33 TP 1 GebG; siehe Rz 623 ff);
- Anweisungen (§ 33 TP 4 GebG; siehe Rz 636 ff);
- Bestandverträge (§ 33 TP 5 GebG; siehe Rz 646 ff);
- Bürgschaftserklärungen (§ 33 TP 7 GebG; siehe Rz 727 ff);
- Dienstbarkeiten (§ 33 TP 9 GebG; siehe Rz 763 ff);
- Ehepakte (§ 33 TP 11 GebG; siehe Rz 789 ff);
- Glücksverträge (§ 33 TP 17 GebG; siehe Rz 797 ff);
- Hypothekarverschreibungen (§ 33 TP 18 GebG; siehe Rz 812 ff);
- Vergleiche (außergerichtliche) (§ 33 TP 20 GebG; siehe Rz 828 ff);
- Zessionen (§ 33 TP 21 GebG; siehe Rz 847 ff);
- Wechsel (§ 33 TP 22 GebG; siehe Rz 888 ff).

418 Der Anfall einer Rechtsgeschäftsgebühr hat somit das Vorliegen eines gültig zustande gekommenen Rechtsgeschäftes und dessen Festhalten in einer Urkunde zur Voraussetzung (Ausnahmen § 33 TP 17 Abs. 1 Z 1 GebG, siehe Rz 807).

419 Bei den nach den einzelnen Tatbeständen des § 33 GebG vorgesehenen Gebühren handelt es sich nicht um eine einzige einheitliche Abgabe, sondern entsprechend den einzelnen Tatbeständen um jeweils verschiedene Abgaben.

11.1.1. Rechtsgeschäfte

420 Rechtgeschäfte sind privatgeschäftliche Willenserklärungen, die auf die Begründung, Aufhebung oder Abänderung von Rechtsverhältnissen gerichtet sind. Das Gebührengesetz 1957 knüpft hinsichtlich des Abschlusses von Rechtsgeschäften an das Vertragsrecht des bürgerlichen Rechts an. Es umschreibt die Tatbestände des § 33 GebG im Allgemeinen mit Begriffen des Zivilrechts. Für die Abgrenzung unterschiedlich geregelter gebührenpflichtiger Rechtsgeschäfte ist daher deren zivilrechtliche Einordnung maßgeblich.

421 Gemischte Verträge sind solche, die die Merkmale verschiedener Vertragstypen des Zivilrechts aufweisen. Enthält ein einheitlicher Vertrag Elemente verschiedener Vertragstypen, ist er gebührenrechtlich nach seinem überwiegenden rechtlichen und wirtschaftlichen Zweck zu beurteilen. Dabei ist die nach § 914 ABGB ermittelte Absicht der Parteien hinsichtlich der Wirkung des Vertrages maßgebend. Es kommt vor allem auf den von den Parteien bei Vertragsabschluss verfolgten, objektiv erkennbaren Willen an, wobei das Gesamtbild und nicht einzelne Sachverhaltselemente des Vertrages maßgeblich sind.

422 Werden in einer Urkunde mehrere selbständige Rechtsgeschäfte beurkundet, so unterliegen alle darin enthaltenen Rechtgeschäfte, die einen Tatbestand des § 33 GebG erfüllen, der Gebühr. Im Zweifel kommt § 17 Abs. 2 GebG zur Anwendung (siehe Rz 494 ff).

11.1.2. Gültigkeit von Rechtsgeschäften

423 Voraussetzung für die Gebührenpflicht des Rechtsgeschäfts ist, dass es gültig zustande gekommen ist. Dies ist nach den Vorschriften des bürgerlichen Rechtes zu beurteilen.

424 Entgegen dem für das Gebührenrecht maßgeblichen Urkundenprinzip nach § 17 Abs. 1 GebG (siehe Rz 494 ff) ist der Gegenbeweis zulässig, dass das Rechtsgeschäft zivilrechtlich nicht zustande gekommen ist (nichtige Rechtsgeschäfte).

425 Den Beweis, dass das Rechtsgeschäft tatsächlich nicht zustande gekommen ist, hat die Partei, die den gültigen Abschluss des Rechtsgeschäftes bestreitet, zu führen.

426 Verfügt im Falle einer direkten Stellvertretung der Rechtsanwalt bei Unterfertigung der Urkunde über keine Vertretungsmacht, so ist im Falle einer nachträglichen (konkludenten) Genehmigung von der Gültigkeit des Rechtsgeschäftes auszugehen.

427 Ein Rechtsgeschäft, das zivilrechtlich nicht wirksam zustande gekommen ist, löst auch dann keine Gebührenpflicht aus, wenn dessen Abschluss beurkundet wurde. Wird zB ein Pachtvertrag über eine Jagdpacht von der zuständigen Bezirksverwaltungsbehörde mit rechtskräftigem Bescheid für unwirksam erklärt, fehlt der Gebührenvorschreibung ihre Grundlage (VwGH 18.3.1982, 81/15/0112).

Wird ein Mietvertrag von nur einem der beiden Hälfteeigentümer einer Liegenschaft auf der Vermieterseite unterfertigt, ist die erforderliche Willenseinigung der Vertragsparteien über den Abschluss des Bestandvertrages nur dann anzunehmen, wenn feststeht, dass das Einverständnis des nicht unterfertigten Hälfteeigentümers zum Zeitpunkt der Unterfertigung des Mietvertrages vorliegt. Die bloße Annahme, dass der Abschluss des Mietvertrages mit Einwilligung des nicht unterfertigten Hälfteeigentümers erfolgte, rechtfertigt nicht die Annahme einer Willenseinigung von allen am Rechtgeschäft beteiligten Parteien (VwGH 16.2.1984, 83/15/0040). **428**

Verlangt das Gesetz ausdrücklich eine bestimmte Form für den Abschluss des Rechtsgeschäftes, wie zB bei Ehepakten die Form des Notariatsaktes, ist die Erfüllung der Formvorschrift auch Voraussetzung für das gültige Zustandekommen des Rechtsgeschäfts. **429**

Im Abgabenverfahren kann vorgebracht werden, dass ein Rechtgeschäft wegen Formmangels oder wegen Mangels der Rechts- oder Handlungsfähigkeit einer Partei nichtig ist, soweit gemäß § 23 Abs. 3 BAO die am Rechtsgeschäft beteiligten Personen dessen wirtschaftliches Ergebnis nicht eintreten bzw. bestehen lassen. **430**

Grundsätzlich besteht eine Bindung der Abgabenbehörde an Entscheidungen der Gerichte und der Verwaltungsbehörden. Die Bindung ist Ausdruck der Rechtskraft der Entscheidung; sie wirkt nur innerhalb der Grenzen der Rechtskraft und erstreckt sich auf den Inhalt des Spruches (vgl. VwGH 19.10.1988, 86/01/0062). **431**

Keine Bindung besteht an Entscheidungen der Gerichte über privatrechtliche Fragen dann, wenn das Gericht bei Ermittlung des Sachverhaltes nicht von Amts wegen vorzugehen hat (vgl. § 116 Abs. 2 BAO). **432**

Die Abgabenbehörde ist somit an gerichtliche Entscheidungen im Zivilprozess in der Regel nicht gebunden (vgl. VwGH 11.7.1995, 95/13/0153); dies im Unterschied zu im Außerstreitverfahren oder im Strafverfahren getroffenen Entscheidungen.

Eine Vertragsanfechtung wegen Irrtums oder Wegfalles der Geschäftsgrundlage kann gerichtlich oder außergerichtlich vorgenommen werden. Im Fall der außergerichtlichen Anfechtung müssen ausreichende Gründe vorliegen, die bei gerichtlicher Anfechtung Erfolg versprechend wären. Den Nachweis, dass ein Grund für eine erfolgreiche Anfechtung des Rechtgeschäftes vorliegt, hat der Abgabenschuldner zu erbringen (siehe Rz 432). **433**

Bei Dauerschuldverhältnissen wirkt die Auflösung des Rechtsgeschäftes im Allgemeinen ex nunc (zB OGH 5.11.1968, 4 Ob 57/68). Die Auflösung ex nunc hat auf das Entstehen der Gebührenschuld und den entstandenen Abgabenanspruch keine Auswirkung.

Von der durch rechtliche Anfechtbarkeit veranlassten einvernehmlichen Rückgängigmachung (außergerichtliche Anfechtung) des Rechtsgeschäftes ist die einvernehmliche Vertragsaufhebung zu unterscheiden. Gemäß § 17 Abs. 5 GebG wird die Gebührenschuld unter anderem dann nicht beseitigt, wenn das Rechtsgeschäft einvernehmlich (vertraglich) aufgehoben wird. Dabei macht es keinen Unterschied, ob die Aufhebung des Rechtsgeschäftes mit Wirkung ex nunc oder ex tunc erfolgt.

Gemäß § 23 Abs. 2 BAO wird die Besteuerung nicht dadurch ausgeschlossen, dass ein Verhalten, das den steuerpflichtigen Tatbestand erfüllt, gegen ein gesetzliches Verbot oder gegen die guten Sitten verstößt. **434**

11.1.3. Beurkundung des Rechtsgeschäftes

Gegenstand einer Rechtsgebühr iSd Abschnitts III des GebG ist das Rechtsgeschäft selbst. Voraussetzung für die Gebührenpflicht ist jedoch die Errichtung einer Urkunde (siehe Rz 440 ff) als schriftliches Beweismittel (VwGH 18.11.1993, 93/16/0014) über das zustande gekommene Rechtsgeschäft. Die Gebührenpflicht des Rechtsgeschäfts entsteht mit Errichtung der Urkunde. In Einzelfällen kann die Gebührenpflicht aber auch ohne Urkunde (§ 33 TP 17 Abs. 1 Z 1 GebG; siehe Rz 807), oder durch eine sogenannte Ersatzbeurkundung ausgelöst werden (siehe Rz 447 ff). **435**

Eine Urkunde über ein zivilrechtlich nicht gültig zustande gekommenes Rechtgeschäft kann keine Gebührenpflicht auslösen. Urkunden, die vor dem Zustandekommen des Rechtsgeschäftes errichtet werden, lösen daher keine Gebührenpflicht aus. **436**

Der die Gebührenpflicht auslösende Tatbestand ist bereits dann erfüllt, wenn nur eine Vertragspartei im Stande ist, mit der Urkunde den Beweis des ihr zustehenden Anspruches zu führen. **437**

Kommt das Rechtsgeschäft mit der Errichtung der Urkunde zustande, spricht man von einer rechtserzeugenden Urkunde. Eine Urkunde, die über ein zuvor mündlich abgeschlossenes Rechtsgeschäft errichtet wurde, wird als rechtsbezeugende Urkunde bezeichnet. Sowohl eine rechtserzeugende, als auch eine rechtsbezeugende Urkunde lösen die Gebührenschuld aus (zum Entstehen der Gebührenschuld siehe Rz 458 ff). **438**

11.1.4. Punktation – Vorvertrag – Option

439
- Zur Gebührenpflicht von Punktationen siehe Rz 451 ff.
- Ein Vorvertrag liegt vor, wenn es übereinstimmender Parteienwille ist, nicht schon den Hauptvertrag abzuschließen, sondern seinen Abschluss erst in Zukunft zu vereinbaren. Eine als Vorvertrag zu wertende Vereinbarung unterliegt nicht der Gebühr, da eine solche Vereinbarung nicht in den Tatbeständen des § 33 GebG angeführt ist (VwGH 15.3.2001, 2000/16/0115). Von einem Vorvertrag ist nur dann auszugehen, wenn der Leistungsinhalt der Vereinbarung die Verpflichtung enthält, künftig einen Vertrag abzuschließen, nicht aber, wenn in der Vereinbarung auf Grund des klar erkennbaren Parteiwillens bereits über sämtliche Vertragselemente abgesprochen wurde und auf Grund des Vertrages Leistungen zu erbringen sind oder gefordert werden können.
- Unter einer Option ist ein vertraglich eingeräumtes Gestaltungsrecht zu verstehen, das einer Partei, dem Optionsberechtigten, das Recht einräumt, durch einseitige Erklärung ein inhaltlich vorausbestimmtes Schuldverhältnis in Geltung zu setzen. Anders als der Vorvertrag, welcher keiner Rechtsgebühr unterliegt (vgl. VwGH 15.3.2001, 2000/16/0115), gibt die Option nicht bloß ein Recht auf Abschluss des Hauptvertrages; ihre Ausübung begründet schon unmittelbar die vertraglichen Pflichten. Im Unterschied zum bloßen Offert, welches lediglich ein Element eines zweiseitigen Rechtsgeschäftes ist, wird im Optionsvertrag bereits Konsens über den Inhalt des künftigen Vertrages erzielt. Nach der ständigen Rechtsprechung des Verwaltungsgerichtshofes bedeutet eine Vertragsverlängerungsoption nichts anderes als die Beifügung einer Potestativbedingung, bei deren Eintritt sich die Geltungsdauer eines Vertrages verlängert (vgl. bspw. VwGH 23.11.2005, 2005/16/0237 mwN). Gleiches hat aber auch für Optionen, durch deren Ausübung ein neues Vertragsverhältnis wirksam wird, zu gelten. Auch diese ist als Fall eines durch ihre Ausübung aufschiebend bedingten Vertrages anzusehen und unter den in § 17 Abs. 4 GebG besonders geregelten Tatbestand zu subsumieren (BFG vom 24.7.2017, RV/3100167/2017). Die Beurkundung der Einräumung einer Option begründet somit die Gebührenpflicht.
- Zur Option auf Vertragsverlängerung bei einer ursprünglich befristeten Vertragsdauer siehe Rz 507 ff und Rz 682.

11.2. Begriff der Urkunde (§ 15 Abs. 2 GebG und § 18 Abs. 2 bis 5 GebG)

11.2.1. Urkunden im Sinn des § 15 Abs. 2 GebG

440 Als Urkunde ist jede Schrift zu verstehen, in der, wenn auch formlos, das Zustandekommen eines Rechtsgeschäftes festgehalten ist. Sie ist durch ihren Inhalt geeignet, über ein gültig zustande gekommenes Rechtsgeschäft als Beweis zu dienen. Eine Schrift ohne Unterfertigung stellt keine Urkunde dar (siehe Rz 512 ff).

441 Ein nicht als Schrift zu qualifizierendes Beweismittel, wie zB eine Videoaufzeichnung über den mündlichen Abschluss eines Rechtsgeschäftes, stellt keine Urkunde im Sinn des Gebührengesetzes 1957 dar.

442 Die Gebührenpflicht lösen nicht nur rechtserzeugende, sondern auch rechtsbezeugende Urkunden aus (siehe Rz 435 ff).

443 Soweit die Urkundenerrichtung nicht bereits Voraussetzung für das Zustandekommen des Rechtsgeschäftes ist (rechtserzeugende Urkunde), kann die Urkunde nur dann eine Gebührenpflicht auslösen, wenn sie geeignet ist, das Rechtsgeschäft zu bezeugen. Dabei muss eine Schrift, um als Urkunde zu gelten, nicht sämtliche Erfordernisse beurkunden, die zur Gültigkeit oder Wirksamkeit des Rechtsgeschäftes erforderlich sind, sondern genügt es, dass ihr die Art des Rechtsgeschäftes und die beteiligten Parteien zu entnehmen sind.

444 Wird ein schriftliches oder mündliches Vertragsanbot schriftlich angenommen, gilt das Annahmeschreiben, das für sich allein den maßgeblichen Inhalt des Rechtsgeschäftes wiedergibt oder auf ein schriftliches Anbotschreiben Bezug nimmt, als Urkunde. Ein schriftliches Vertragsanbot, das durch schlüssige Handlungen angenommen wird, ist keine Urkunde über das zustande gekommene Rechtsgeschäft und löst daher keine Gebührenpflicht aus (siehe Rz 486 f).

445 Wird ein mündliches oder schriftliches Vertragsanbot mündlich angenommen und die Annahmeerklärung nachträglich beurkundet, dann gilt diese Schrift als Annahmeschreiben.

446 Die Anwaltskorrespondenz, das ist der schriftliche Bericht des Anwaltes an seinen eigenen Klienten über den erfolgten mündlichen Abschluss eines Rechtsgeschäftes, löst keine Gebührenpflicht aus (VwGH 26.6.1996, 93/16/0077).

11.2.2. Urkundenersatz (§ 18 Abs. 2 bis 5 GebG)

11.2.2.1. Gedenkprotokoll

Bei einem Gedenkprotokoll liegt ein Fall eines Urkundenersatzes vor, wodurch die Gebühr ausgelöst wird. Gedenkprotokolle sind Niederschriften, in denen von einer oder mehreren Personen durch Beisetzung ihrer Unterschrift beurkundet wird, dass andere Personen in ihrer Gegenwart ein Rechtsgeschäft geschlossen oder ihnen über den erfolgten Abschluss eines Rechtsgeschäftes Mitteilung gemacht haben. **447**

Ein vom Rechtsanwalt unterfertigtes Begleitschreiben, welchem die Durchschrift eines nicht unterfertigten Protokolls des in seiner Kanzlei zwischen den im Protokoll genannten Parteien mündlich abgeschlossenen Pachtvertrages angeschlossen ist, stellt ein gebührenpflichtiges Gedenkprotokoll dar (VwGH 22.4.1985, 84/15/0176). **448**

11.2.2.2. Erklärung oder Eingabe

Als die Gebührenpflicht auslösender Urkundenersatz gelten auch Erklärungen und Eingaben an Gerichte oder andere Behörden, in denen in beweismachender Weise ein Rechtgeschäft festgehalten wird, wenn über dieses Rechtsgeschäft keine Urkunde in einer für das Entstehen der Gebührenschuld maßgeblichen Weise errichtet wurde. **449**

Als eine solche Erklärung ist auch ein von einer Partei mitunterfertigter Aktenvermerk zu verstehen. Ein vom Behördenorgan allein unterfertigter Aktenvermerk stellt keinen Urkundenersatz dar. **450**

11.2.2.3. Punktation

Punktationen unterliegen entsprechend ihrem Inhalt wie Urkunden über das Rechtgeschäft der Gebühr. Die Punktation ist ein Entwurf über die Hauptpunkte eines Rechtsgeschäftes, aus dem sich ein unmittelbarer Anspruch auf die Leistung ableiten lässt. Aufgrund einer Punktation kann sowohl auf die Errichtung und Fertigung einer förmlichen Vertragsurkunde als auch direkt auf Erfüllung geklagt werden. **451**

Zum Vorvertrag siehe Rz 439.

Die Abgrenzung, ob ein Vorvertrag oder eine Punktation vorliegt und gegebenenfalls, welcher Tarifpost sie zu unterstellen ist, ist unabhängig von der Bezeichnung des Vertrages ausschließlich nach dem schriftlich festgehaltenen Inhalt der Urkunde zu ermitteln. Daher ist eine als Vorvertrag bezeichnete Vereinbarung als gebührenpflichtige Punktation zu werten, wenn die wesentlichen Vertragspunkte bereits enthalten sind (Einklagbarkeit der Leistungen aus dem Vertrag und nicht bloß auf Abschluss des Hauptvertrages). **452**

Wird über den in Form einer Punktation festgehaltenen Vertrag später eine förmliche Urkunde errichtet und enthält diese Zusätze oder Nachträge, so gilt § 21 GebG (siehe Rz 536 ff). **453**

11.3. Von der Gebührenpflicht ausgenommene Rechtsgeschäfte (§ 15 Abs. 3 GebG)

Von der Gebührenpflicht ausgenommen sind Rechtsgeschäfte, die unter das Erbschafts- und Schenkungssteuergesetz, das Grunderwerbsteuergesetz, das Kapitalverkehrsteuergesetz oder das Versicherungssteuergesetz fallen; dies gilt auch für Rechtsgeschäfte, sofern und insoweit diese unter das Stiftungseingangssteuergesetz fallen. Die Vermeidung einer Doppelbesteuerung setzt grundsätzlich die Identität des Rechtsvorganges voraus. **454**

Für die Anwendbarkeit dieser Befreiungsbestimmung genügt es, dass das Rechtsgeschäft überhaupt den in Rz 454 genannten Verkehrsteuergesetzen unterliegt. Nicht erforderlich ist es jedoch, dass eine nach diesen Gesetzen anfallende Steuer tatsächlich vorgeschrieben wird. Auch solche Rechtsgeschäfte sind gebührenfrei, die nach den genannten Gesetzen zwar steuerbar, im Einzelfall aber auf Grund einer Befreiungsbestimmung steuerfrei sind. **455**

Für Rechtgeschäfte, die teils unter das Grunderwerbsteuergesetz, teils unter das Gebührengesetz 1957 fallen, ist nur der Teil, der nicht Gegenstand der Grunderwerbsteuer ist, der Gebühr zu unterziehen. Bei einem gemeinsamen Erwerbsvorgang von beweglichen und unbeweglichen Vermögen ist das Rechtgeschäft für die Berechnung der Gebühr und der Grunderwerbsteuer in zwei Erwerbsvorgänge, nämlich in einen des beweglichen und einen des unbeweglichen Vermögens zu zerlegen. Zur Ermittlung der Gebühr ist von der Bemessungsgrundlage (Entgelt) jener Teil auszuscheiden, von dem Grunderwerbsteuer zu erheben ist bzw. im Falle der Steuerfreiheit zu erheben wäre (siehe auch Rz 646). **456**

Beispiel:

Ein Einzelunternehmen mit Betriebsgrundstück wird gegen Übernahme aller Aktiven und Passiven gegen Leibrente in Höhe von 600 Euro, zahlbar monatlich im Vorhinein mit 1.1.2017 vom Vater an den Sohn übergeben, mit diesem Tag beginnt die Verpflich-

tung zur Zahlung der Leibrente. Vertragsabschluss am 7.10.2016. Der Übergeber ist am 3.10.1956 geboren.

Gemeiner Wert bew BV	*53.000 Euro*	*Teilwert bew BV*	*53.000 Euro*
Gemeiner Wert Grdst	*40.000 Euro*	*Einheitswert Grdst*	*12.000 Euro*
Verbindlichkeiten	*5.000 Euro*		

Gesamtgegenleistung für Grundstück und bew BV

Kapitalwert der Leibrente (§ 16 Abs. 2 BewG 1955)	*98.420,57*
Verbindlichkeiten	*5.000,00*

Die GrESt ist nach den Vorschriften des Grunderwerbsteuergesetzes 1987 zu ermitteln.
Gebühr

Kap Rente	*:*	*x =*	*Gem Wert insgesamt*	*:*	*Gem Wert bew BV*
98.420,57	*:*	*x =*	*93.000*	*:*	*53.000*
		x =	*56.089*		

x ist jener Teil der kapitalisierten Leibrente, der auf das bew BV entfällt.
Geb 2% von 56.089 - = 1.121,80.

457 Das Erbschafts- und Schenkungssteuergesetz wurde für Erwerbe, für die die Steuerschuld nach dem 31.7.2008 entstanden wäre, aufgehoben.

12. Entstehen der Gebührenschuld (§ 16 GebG)

§ 16 GebG regelt den Zeitpunkt des Entstehens der Gebührenschuld für ein beurkundetes Rechtsgeschäft (siehe dazu Rz 417 ff). Dieser Zeitpunkt ist ua. wichtig für die Anzeigepflicht sowie für die rechtzeitige Selbstberechnung von Gebühren. **458**

In Anlehnung an das Zivilrecht unterscheidet das Gebührengesetz 1957 zwischen einseitig (siehe Rz 460) und zweiseitig (siehe Rz 461) verbindlichen Rechtsgeschäften. **459**

Bei einseitig verbindlichen Rechtsgeschäften ist nur eine der beiden Parteien Gläubiger und nur eine Partei Schuldner. Von den in § 33 GebG angeführten Rechtsgeschäften sind einseitig verbindlich: **460**

- die Bürgschaftserklärung (siehe § 33 TP 7 GebG, Rz 727 ff)
- die Hypothekarverschreibung (siehe § 33 TP 18 GebG, Rz 812 ff).

Unter zweiseitig verbindlichen Rechtsgeschäften versteht man Vereinbarungen, bei denen jeder der Vertragspartner sowohl verpflichtet als auch berechtigt wird. **461**

Zweiseitig verbindliche Rechtsgeschäfte sind alle im § 33 GebG – mit Ausnahme der in Rz 460 – angeführten Rechtsgeschäfte.

Beispiel:

Ein Bestandvertrag ist ein zweiseitig verbindliches Rechtsgeschäft ist. Der Mieter wird berechtigt, eine bestimmte Wohnung zu nutzen, muss jedoch hiefür ein Entgelt entrichten. Der Vermieter hat die Verpflichtung übernommen, den Mieter in seinen Räumlichkeiten wohnen zu lassen, er ist jedoch berechtigt, hiefür ein Entgelt zu verlangen.

12.1. Entstehen der Gebührenschuld bei im Inland errichteten Urkunden

12.1.1. zweiseitig verbindliche Rechtsgeschäfte

Bei zweiseitig verbindlichen Rechtsgeschäften entsteht die Gebührenschuld, wenn die Urkunde von beiden Vertragsteilen unterzeichnet wird, im Zeitpunkt der Unterzeichnung. **462**

Unterzeichnung ist entweder die eigenhändige Unterschrift oder nach § 18 Abs. 1 GebG die Unterschrift, die vom Vertragsteil oder in seinem Auftrag oder mit seinem Einverständnis mechanisch oder in jeder anderen technisch möglichen Weise hergestellt oder mit Namenszeichnung vollzogen wird (siehe dazu Rz 512 ff). **463**

Unterschreiben die Vertragspartner eine rechtserzeugende Urkunde (siehe Rz 438) zu verschiedenen Zeitpunkten, so ist das in der Urkunde angeführte spätere Unterschriftsdatum für das Entstehen der Gebührenschuld maßgebend. **464**

Wird bei zweiseitig verbindlichen Rechtsgeschäften eine rechtsbezeugende Urkunde (siehe Rz 438) nur von einem Vertragspartner unterzeichnet, so entsteht die Gebührenschuld im Zeitpunkt der Aushändigung oder Übersendung der einseitig unterzeichneten Urkunde an den anderen Vertragspartner, dessen Vertreter oder an einen Dritten. Die Aushändigung an einen Dritten ist jedoch nur dann relevant, wenn sie zum Zwecke des Nachweises einer Vereinbarung übermittelt wird. Die Aushändigung an einen unbeteiligten Dritten lässt die Gebührenschuld nicht entstehen. **465**

Beispiele:

Ein Vertragspartner übersendet die von ihm unterzeichnete Urkunde an seinen Schulfreund, mit der Bitte um rechtliche Beurteilung. Es entsteht keine Gebührenschuld.

Der Vertragspartner übergibt die von ihm einseitig unterzeichnete Urkunde an einen gemeinsam bestimmten Dritten zur Aufbewahrung. Die Gebührenschuld entsteht mit der Aushändigung.

12.1.2. einseitig verbindliche Rechtsgeschäfte

Bei einseitig verbindlichen Rechtsgeschäften entsteht die Gebührenschuld im Zeitpunkt der Unterzeichnung durch beide Vertragspartner. **466**

Wird das Rechtsgeschäft nur vom Verpflichteten unterzeichnet, so entsteht die Gebührenschuld mit der Aushändigung der Schrift an den Berechtigten oder dessen Vertreter. Die Hinterlegung bei einem Dritten ist diesfalls noch keine Aushändigung. **467**

Wird die Urkunde nur vom Berechtigten unterzeichnet, so löst dies keine Gebührenschuld aus, weil die Schrift keinen Beweis über den Abschluss eines Rechtsgeschäftes macht. **468**

12.2. Entstehen der Gebührenschuld bei im Ausland errichteten Urkunden (§ 16 Abs. 2 GebG)

Gemäß § 16 Abs. 2 Z 1 GebG unterliegt ein Rechtsgeschäft nach § 33 GebG, über das im Ausland eine Urkunde errichtet wurde, nur dann der Gebühr, wenn **469**

- die Inländereigenschaft aller Parteien des Rechtsgeschäftes und
- die sachliche Inlandsbezogenheit des Rechtsgeschäftes

gegeben sind.

470 Liegen beide Voraussetzungen vor, so entsteht die Gebührenschuld in dem Zeitpunkt, der auch für eine Urkundenerrichtung im Inland maßgeblich wäre (siehe Rz 458 ff), ohne dass die Urkunde in das Inland gelangen muss. Wesentlich für das Entstehen der Gebührenschuld nach § 16 Abs. 2 Z 1 GebG ist somit, dass sich die Urkunde über das Rechtsgeschäft im Ausland befinden kann.

12.2.1. Inländereigenschaft der Parteien

471 Die Inländereigenschaft muss bei allen Parteien gegeben sein. Sie ist dann erfüllt, wenn die Parteien im Inland einen Wohnsitz (gewöhnlichen Aufenthalt), ihre Geschäftsleitung oder ihren Sitz haben oder eine inländische Betriebsstätte unterhalten. Unter Inland ist das Bundesgebiet (vgl. Art. 3 B-VG) zu verstehen.

12.2.1.1. Wohnsitz und gewöhnlicher Aufenthalt

472 Für die Auslegung der Begriffe „Wohnsitz" und „gewöhnlicher Aufenthalt" sind § 26 BAO und die dazu ergangene Rechtsprechung maßgeblich. Nach § 26 Abs. 1 BAO hat jemand einen „Wohnsitz" iSd Abgabenvorschriften dort, wo er eine Wohnung innehat unter Umständen, die darauf schließen lassen, dass er die Wohnung beibehalten und benutzen wird.

473 Einen „gewöhnlichen Aufenthalt" hat nach § 26 Abs. 2 BAO jemand dort, wo er sich unter Umständen aufhält, die erkennen lassen, dass er an diesem Ort oder in diesem Land nicht nur vorübergehend verweilt. Der gewöhnliche Aufenthalt verlangt grundsätzlich die körperliche Anwesenheit des Betreffenden. Man kann nur einen gewöhnlichen Aufenthalt haben. Nur vorübergehende Abwesenheiten unterbrechen das Verweilen und damit den gewöhnlichen Aufenthalt nicht. Näheres siehe EStR 2000 Rz 21 ff.

12.2.1.2. Sitz oder Geschäftsleitung

474 Gemäß § 27 Abs. 1 BAO haben Körperschaften, Personenvereinigungen sowie Vermögensmassen ihren Sitz im Sinn der Abgabenvorschriften an dem Ort, der durch Gesetz, Vertrag, Stiftungsbrief und dergleichen bestimmt ist. Er ist daher grundsätzlich der rechtsgeschäftlichen Gestaltung zugänglich. Fehlt es an einer solchen Bestimmung, so gilt als Sitz der Ort der Geschäftsleitung. Das ist jener Ort, an dem sich der Mittelpunkt der geschäftlichen Oberleitung befindet, wo also nach dem Gesamtbild der Verhältnisse in organisatorischer Hinsicht die für die Führung des Unternehmens notwendigen und wichtigen Maßnahmen getroffen werden. Näheres siehe KStR 2013 Rz 4 ff.

12.2.1.3. Betriebsstätte

475 Nach § 29 Abs. 1 BAO ist eine Betriebsstätte iSd Abgabenvorschriften jede feste örtliche Anlage oder Einrichtung, die der Ausübung eines Betriebes oder wirtschaftlichen Geschäftsbetriebes dient. Näheres siehe EStR 2000 Rz 7924 ff.

12.2.2. Inlandsbezogenheit des Rechtsgeschäfts

476 Für die Gebührenpflicht einer Auslandsbeurkundung ist neben der Inländereigenschaft der Parteien (siehe Rz 471 ff) zusätzlich auch erforderlich, dass das Rechtsgeschäft eine im Inland befindliche Sache betrifft (vgl. § 16 Abs. 2 Z 1 lit. a GebG) oder eine Partei im Inland zu einer Leistung auf Grund des Rechtsgeschäftes berechtigt oder verpflichtet wird (vgl. § 16 Abs. 2 Z 1 lit. b GebG). Die Gebührenschuld entsteht, wenn die Berechtigung zur Entgegennahme oder die Verpflichtung zur Erbringung einer Leistung im Inland eine Hauptleistung oder eine für Natur und Zweck des Rechtsgeschäftes oder für die Erbringung einer Hauptleistung wesentliche Nebenleistung betrifft.

12.2.2.1. Im Inland befindliche Sache

477 Sachen iSd Gesetzesbestimmung sind nur körperliche, bewegliche oder unbewegliche Sachen. Unkörperliche Sachen (Rechte, Forderungen) sind nur dann Sachen iSd Gesetzesbestimmung, wenn sie in einem inländischen öffentlichen Buch (zB Grundbuch, Patentregister) eingetragen sind. Darunter fallen insbesondere Rechtsgeschäfte, die ein Recht an einer bestimmten körperlichen Sache begründen (zB Hypothek, Dienstbarkeit). Es muss sich um eine konkrete Sache und nicht bloß um eine vertretbare, die lediglich nach Maß, Zahl oder Gewicht objektiv festgelegt wird, handeln.

Die Sache muss sich im Zeitpunkt des Vertragsabschlusses im Inland befinden. Die Einbringung der bei Vertragsabschluss im Ausland gelegenen Sache in das Inland führt daher nicht zum nachträglichen Entstehen der Gebührenschuld. **478**

12.2.2.2. Erfüllungsort im Inland

Bei zweiseitig verbindlichen Rechtsgeschäften (zB Miete) genügt für die Entstehung der Gebührenschuld, dass eine der Vertragsseiten entweder im Inland eine Leistung erbringen muss (zB Pflicht zur Bezahlung des Bestandzinses) oder die Leistung im Inland entgegennehmen kann. **479**

Die Parteien können den Erfüllungsort vertraglich vereinbaren. Mangels besonderer Vereinbarung bestimmt sich der Erfüllungsort nach Natur oder Zweck des Geschäftes. Wurde keine Regelung getroffen, so hat der Schuldner seine Verpflichtung gemäß § 905 Abs. 1 ABGB an seinem Wohnsitz oder, wenn die Verbindlichkeit im Betriebe des gewerblichen oder geschäftlichen Unternehmens des Schuldners entstand, am Ort seiner Betriebsniederlassung zu erfüllen (Holschuld). Geldschulden sind Bringschulden, sodass der Erfüllungsort mangels vertraglicher Vereinbarung beim Gläubiger liegt (§ 907a ABGB). **480**

Sind somit beide Parteien Inländer auf Grund eines Wohnsitzes oder einer Betriebsstätte im Inland, ist trotz Beurkundung des Rechtsgeschäftes im Ausland dieses gebührenpflichtig, da zumindest ein Erfüllungsort im Inland liegt. Es sei denn, es wären Bringschulden mit ausländischen Erfüllungsorten vereinbart. **481**

Beispiel:

Der zwischen Inländern geschlossene und im Ausland beurkundete Bestandvertrag über eine im Ausland gelegene Sache ist gebührenpflichtig, wenn der inländische Bestandnehmer den Bestandzins von seinem Wohnsitz abzuschicken hat und somit der Erfüllungsort in Österreich gelegen ist. Befindet sich die Bestandsache in Österreich, ist zusätzlich die Voraussetzung der lit. a erfüllt. Der Anwendungsbereich von § 16 Abs. 2 Z 1 lit. b GebG gegenüber der lit. a ist daher weiter.

GebR

12.2.2.3. Zusätze und Nachträge

Wird die sachliche Inlandsbezogenheit und die Inländereigenschaft aller Parteien erst im Zeitpunkt der Errichtung eines Zusatzes oder Nachtrages zu der im Ausland errichteten Urkunde erfüllt, so entsteht die Gebührenschuld mit der Errichtung des Zusatzes oder Nachtrages. Maßgeblich ist das geänderte Rechtsgeschäft in der Fassung des Zusatzes oder Nachtrages. **482**

Beispiel:

A und B mit Wohnsitz in Österreich schließen im Ausland einen Bestandvertrag über eine dort gelegene Eigentumswohnung ab, welcher ausschließlich dort zu erfüllen ist. In einem beurkundeten Nachtrag wird neben der Anhebung des Mietzinses und Verlängerung der Bestanddauer vereinbart, dass der Bestandzins im Inland zu entrichten ist. Infolge Verlegung des Erfüllungsortes ins Inland entsteht die Gebührenschuld nicht nur für den Nachtrag, sondern auch für das ursprüngliche Rechtsgeschäft (Auslandsurkunde).

12.2.3. Verbringung der Urkunde in das Inland

Die Entstehung der Gebührenschuld durch Einbringung der Auslandsurkunde oder einer beglaubigten Abschrift ins Inland gemäß § 16 Abs. 2 Z 2 GebG ist auf jene Fälle beschränkt, in denen die Gebührenpflicht nicht bereits gemäß § 16 Abs. 2 Z 1 GebG auf Grund der Urkundenerrichtung im Ausland entstanden ist. § 16 Abs. 2 Z 2 GebG gilt daher insbesondere dann, wenn den Vertragsparteien keine Inländereigenschaft zukommt. **483**

Die Einbringung der Urkunde führt aber erst dann zur Gebührenpflicht, wenn folgende Zusatzvoraussetzungen alternativ gegeben sind: **484**

- Der Inhalt des Rechtsgeschäftes ist sachlich inlandsbezogen und betrifft entweder eine im Inland befindliche Sache oder der Erfüllungsort liegt im Inland. Diese inhaltlichen Erfordernisse müssen bereits im Zeitpunkt der Beurkundung des Rechtsgeschäftes gegeben sein.

Beispiel:

Zwei Ausländer (oder etwa auch ein Ausländer und ein Inländer) schließen im Ausland einen Mietvertrag betreffend eine inländische Wohnung ab. Die Urkunde oder eine beglaubigte Abschrift des Mietvertrages wird in das Inland gebracht. Die Gebührenschuld entsteht mit Einbringung der Urkunde in das Inland.

- Fehlt die inhaltliche Inlandsbezogenheit des Rechtsgeschäftes, so tritt die Gebührenpflicht dann ein, wenn auf Grund des Rechtsgeschäftes im Inland eine rechtserhebliche

Handlung (Erfüllung von Pflichten, Ausübung von Rechten, zB Gestaltungsrechten) vorgenommen oder von der Urkunde ein amtlicher Gebrauch (vgl. § 8 GebG) gemacht wird. Auch hier muss die Urkunde bzw. die beglaubigte Abschrift in das Inland eingebracht werden, die Gebührenschuld entsteht allerdings erst im Zeitpunkt der Vornahme der rechtserheblichen Handlung oder des amtlichen Gebrauches.

Beispiele:

Ein Ausländer und ein Inländer schließen in München einen Mietvertrag betreffend eine dort gelegene Wohnung ab. Eine Berechtigung oder eine Verpflichtung zu einer Leistung im Inland ist nicht vereinbart. Die Urkunde über den Mietvertrag wird in das Inland verbracht. Später spricht der inländische Mieter gegenüber dem Vermieter in Wien die Kündigung des Mietvertrages aus. Erst in diesem Zeitpunkt (rechtserhebliche Handlung im Inland) entsteht die Gebührenschuld.

Die Übermittlung der Urkunde vom Ausland in das Inland per Telefax löst, im Hinblick darauf, dass eine unbeglaubigte Abschrift ins Inland verbracht wird, keine Gebührenschuld aus.

485 Der amtliche Gebrauch umfasst vor allem den Gebrauch zu Beweiszwecken. § 20 Z 6 GebG sieht allerdings eine Befreiungsvorschrift vor. Demnach sind im Ausland beurkundete Rechtsgeschäfte gebührenbefreit, solange keine andere Voraussetzung für das Entstehen der Gebührenschuld gegeben ist, als die Verwendung der Urkunde (beglaubigte Abschrift) bei einem Gericht (Schiedsgericht), das nur auf Grund einer Vereinbarung eines inländischen Gerichtsstandes zuständig ist.

12.3. Entstehen der Gebührenschuld bei Anbot- und Annahmeschreiben

486 Nach § 15 Abs. 2 GebG gilt eine schriftliche Annahme eines Vertragsanbotes, das sowohl schriftlich als auch mündlich sein kann, als Urkunde (siehe Rz 500).

487 Wird die mündliche Annahme eines Vertragsanbotes beurkundet, so gilt diese Schrift als Annahmeschreiben.

488 Gilt ein Annahmeschreiben als Urkunde über den Vertrag, entsteht die Gebührenschuld mit dem Zustandekommen des Vertrages.

Wann der Vertrag zustande kommt, richtet sich nach §§ 861 ff ABGB, dh. zu dem Zeitpunkt, zu dem das Annahmeschreiben an den Anbotsteller ausgehändigt wird oder ihm im Falle der Übersendung zukommt.

12.4. Entstehen der Gebührenschuld bei Wetten

489 Zur Begriffsbestimmung Wetten siehe Rz 807.

490 Für im Inland abgeschlossene Wetten (§ 33 TP 17 Abs. 1 Z 1 GebG) entsteht die Gebührenschuld gemäß § 16 Abs. 5 GebG mit der Bezahlung des Wetteinsatzes.

12.5. Entstehen der Gebührenschuld bei genehmigungsbedürftigen Rechtsgeschäften

491 Wenn das Rechtsgeschäft der Genehmigung oder Bestätigung einer Behörde oder eines Dritten bedarf, dann entsteht die Gebührenschuld im Zeitpunkt der Rechtskraft der Genehmigung oder Bestätigung (§ 16 Abs. 6 GebG).

Damit ist klargestellt, dass nur solche Genehmigungen oder Bestätigungen gemeint sind, die für das zivilrechtlich gültige Zustandekommen des Rechtsgeschäftes erforderlich sind.

Beispiele:

- *Genehmigungen des Pflegschaftsgerichtes in Pflegschaftssachen*
- *Genehmigungen durch die Grundverkehrskommission.*

492 Voraussetzung ist, dass die Genehmigung oder Bestätigung von einer Behörde oder einem Dritten erteilt werden muss. Sonstige behördliche Genehmigungen, die von den Vertragsparteien zum Vertragsinhalt gemacht werden, die aber für das zivilrechtlich gültige Zustandekommen des Vertrages ohne Bedeutung sind, haben keinen Einfluss auf das Entstehen der Gebührenschuld. Bedingungen oder Genehmigungen eines Vertragspartners fallen nicht unter diese Gesetzesstelle und sind für das Entstehen der Gebührenpflicht ohne Belang.

Beispiele:

Eine Person, welche unter Erwachsenenvertretung steht, schließt einen Vertrag ab, der pflegschaftsgerichtlich zu genehmigen ist. Die Genehmigung durch den Erwachsenenvertreter bzw. das Pflegschaftsgericht bestimmt den Zeitpunkt des Entstehens der Gebührenpflicht, denn ohne Genehmigung wäre der Vertrag nicht gültig.

Zwei Personen schließen einen Bestandvertrag. Der Pächter möchte ein Lokal eröffnen. Hiezu braucht er die Genehmigung der Gewerbebehörde. Auch wenn die Genehmigung nicht erteilt wird, ist der Pachtvertrag deswegen nicht ungültig. Eine solche Genehmigung schiebt den Zeitpunkt der Gebührenschuld nicht hinaus.

12.6. Entstehen der Gebührenschuld beim Wechsel

Das Gesetz knüpft den Zeitpunkt der Entstehung der Gebührenschuld beim Wechsel **493**
an verschiedene Tatbestände, die in der Eigenheit der wechselrechtlichen Vorgänge begründet sind, an:

- Körperliche Übergabe der Wechselurkunde,
- Indossierung,
- Annahme (Akzept),
- amtlicher Gebrauch,
- Vervollständigung.

Näheres siehe Rz 901 ff.

13. Inhalt der Urkunde – Urkundenprinzip (§ 17 GebG)

13.1. Unwiderlegbare Vermutung bei deutlichem Urkundeninhalt – Gegenbeweis bei undeutlichem Urkundeninhalt

13.1.1. Unwiderlegbare Vermutung bei deutlichem Vertragsinhalt

494 Das Urkundenprinzip besagt, dass

- die Gebührenpflicht grundsätzlich an das Vorhandensein einer Schrift gebunden ist,
- für die Feststellung der Gebührenpflicht ausschließlich der Inhalt der Schrift maßgebend ist.

495 Für die Festsetzung der Gebühr ist der Inhalt der über das Rechtgeschäft errichteten Schrift (Urkunde) maßgeblich (VwGH 15.11.1984, 83/15/0181). Die von den Parteien gewählte Bezeichnung des Rechtsgeschäftes ist unbedeutend (VwGH 15.3.2001, 2000/16/0115).

496 Für das Entstehen der Gebührenschuld kommt es weder auf die Schreibweise, in der die Schrift abgefasst ist, noch auf die Absicht des Verfassers an, ob er ein Rechtsgeschäft bezeugen wollte oder nicht.

497 Zum Urkundeninhalt zählt auch der Inhalt von Schriften, der durch Bezugnahme zum rechtsgeschäftlichen Inhalt gemacht wird, wie zB allgemeine Geschäftsbedingungen, unabhängig davon, ob diese Schriften, auf die in der Urkunde hingewiesen wird, der Urkunde angeschlossen sind oder nicht. Mündlich getroffene (weitere) Verabredungen sind jedoch gebührenrechtlich unbeachtlich. Ebenso unbeachtlich sind andere, nicht aus der Urkunde oder aus einer bezugnehmenden Schrift hervorgehende Tatsachen oder Abreden, wie die Beweggründe, die zur Errichtung der Schrift, zum Abschluss des Rechtsgeschäftes oder zu einer bestimmten Art oder Formulierung geführt haben. Auf andere Urkunden ist nur dann Bedacht zu nehmen, wenn dem Gebührenschuldner ein Gegenbeweis zusteht (siehe Rz 501) oder wenn eine Schrift über einzelne gebührenrechtlich bedeutsame Umstände (zB über das Ausmaß der zu erbringenden Leistung) keine Angaben enthält, ohne dabei den Urkundencharakter zu verlieren. In diesem Fall sind die fehlenden Umstände in einem Ermittlungsverfahren, erforderlichenfalls an Hand anderer Urkunden, festzustellen.

498 Für die Gebührenfestsetzung sind unter Berücksichtigung des Urkundenprinzips andere als im Urkundeninhalt festgehaltene Umstände nicht zu berücksichtigen, auch wenn diese den tatsächlichen Vereinbarungen entsprechen (VwGH 17.3.1986, 84/15/0158). Weiters ist unmaßgeblich, ob die Vereinbarung in weiterer Folge aufrechterhalten und ob und wie sie ausgeführt wird. Nähere Ausführungen siehe Rz 510 ff.

499 Die wirtschaftliche Betrachtungsweise der BAO tritt in Hinblick auf die im Gebührenrecht vorherrschende formale Betrachtungsweise in den Hintergrund (VfGH 8.5.1980, V 14/80, VfSlg 8.807; UFS 11.7.2005, RV/0495-G/02).

500 Bei Beurkundung eines Rechtsgeschäftes in einem Anbot- und einem Annahmeschreiben ist grundsätzlich der Inhalt des Anbotschreibens maßgeblich. Ein änderndes oder ergänzendes Annahmeschreiben ist als Gegenofferte zu qualifizieren und löst in Verbindung mit dem ursprünglichen Anbot noch keine Gebührenpflicht aus. Eine Gebührenpflicht entsteht erst mit schriftlicher Annahme der Gegenofferte.

13.1.2. Gegenbeweis bei undeutlichem Urkundeninhalt

501 Bei einem Urkundeninhalt, der im Hinblick auf die Art oder Beschaffenheit eines Rechtgeschäftes oder andere für die Festsetzung der Gebühr bedeutsamen Umstände undeutlich ist, wird bis zum Gegenbeweis der Tatbestand vermutet, der die Gebührenschuld begründet oder die höhere Gebühr zur Folge hat (VwGH 8.9.1983, 82/15/0030; VwGH 15.9.1986, 85/15/0375).

502 Der Gegenbeweis kann nur bei unklaren Textierungen des Urkundeninhaltes bzw. dessen Undeutlichkeit oder Mehrdeutigkeit (VwGH 18.6.2002, 2001/16/0591), also wenn die Urkunde Aussagen enthält, die verschiedene Deutungen zulassen, geführt werden.

503 Enthält die Urkunde nicht alle für die Gebührenbemessung bedeutsame Umstände, sodass die Besteuerungsgrundlage nicht allein aus dem Urkundeninhalt ermittelt werden kann, und liegen auch nicht die Voraussetzungen des § 17 Abs. 2 GebG vor, ist der maßgebliche Sachverhalt in einem Ermittlungsverfahren festzustellen. So wird zB durch die Nichtanführung der Höhe des Entgeltes die Urkunde bloß unvollständig, aber nicht undeutlich, weshalb die nicht beurkundeten Umstände in einem Ermittlungsverfahren festzustellen sind.

504 Geht aus einer über ein Sicherungsgeschäft errichteten Urkunde weder hervor, dass alle für die Befreiungsbestimmung nach § 20 Z 5 GebG (siehe Rz 458 ff) maßgeblichen Tatsachen vorliegen noch werden Umstände beurkundet, die die Befreiung ausschließen würden, so ist die Gebührenpflicht zwar zu vermuten, ein Gegenbeweis ist jedoch zulässig (VwGH 10.6.1991, 90/15/0026).

Den Gegenbeweis hat der Abgabepflichtige zu erbringen. Wird kein Gegenbeweis angeboten, ist die Behörde auf Grund der gesetzlichen Beweislastumkehr nicht zu weiteren Ermittlungen oder Feststellungen verpflichtet. Eines förmlichen Beweisantrages durch den Abgabenpflichtigen bedarf es jedoch nicht (VwGH 25.2.1993, 92/16/0159). **505**

13.2. Formmangel der Urkunde

In welcher Form die Urkunde über das Rechtsgeschäft errichtet wurde, ist für das Entstehen der Gebührenschuld grundsätzlich unerheblich. Kommt ein Rechtsgeschäft wegen eines Formmangels allerdings zivilrechtlich nicht gültig zustande, wie zB bei Ehepakten ohne Notariatsakt, entsteht keine Gebührenschuld, auch wenn die am Rechtsgeschäft beteiligten Personen das wirtschaftliche Ergebnis eintreten bzw. bestehen lassen. **506**

13.3. Wirksamkeit des Rechtgeschäftes bei Bedingungen oder Genehmigung eines Beteiligten

Für das Entstehen der Gebührenschuld ist nicht ausschlaggebend, ob die Wirkung eines Rechtsgeschäftes von einer Bedingung oder von der Genehmigung eines der Beteiligten abhängt. **507**

Eine Bedingung ist ein ungewisses Ereignis, von dem ein Recht abhängig gemacht wird. Von dieser Gesetzesstelle werden sowohl aufschiebende als auch auflösende Bedingungen erfasst. **508**

Beispiele:

Ein auf Probe abgeschlossener Vertrag ist als ein unter einer auflösenden Bedingung stehender Vertrag anzusehen, die den Eintritt der Gebührenschuld nicht hindert.

Wird in einem Bestandvertrag vereinbart, dass die wechselseitigen Verpflichtungen erst dann zu erfüllen sind, wenn der Mieter eine Bankgarantie beigebracht hat, liegt eine Bedingung vor, die auf das Entstehen der Gebührenschuld keinen Einfluss hat.

Der Einwand, dass bei Abschluss eines Mietvertrages von der Voraussetzung ausgegangen wurde, seine Gültigkeit hänge vom Erwerb des Mietgegenstands durch die Vermieterin ab, weshalb ein aufschiebend bedingter Vertrag vorliege, ist für das Entstehen der Gebührenschuld ohne Bedeutung.

Wird in einem Mietvertrag die Verlängerung des Mietverhältnisses unter der Voraussetzung der Nichtbeendigung des Mietverhältnisses bis zu einem bestimmten Zeitpunkt vereinbart, so stellt das Nichtvorliegen der Beendigung des Mietverhältnisses eine Bedingung für die Vertragsverlängerung dar, die gemäß § 17 Abs. 4 GebG unbeachtlich ist.

Ein Scheidungsvergleich, der unter aufrechter Ehe zwischen den Ehegatten für den Fall der Scheidung abgeschlossen wird, ist sofort gebührenpflichtig.

Die Bestimmung des § 17 Abs. 4 GebG betrifft nur jene Genehmigungen, die von einem am Rechtsgeschäft Beteiligten abhängen. **509**

Hängt das gültige Zustandekommen des Rechtsgeschäftes hingegen von der Genehmigung einer Behörde oder einem Dritten ab, wird das Rechtsgeschäft erst im Zeitpunkt der Rechtskraft der Genehmigung wirksam. Nähere Ausführungen siehe Rz 491 ff.

13.4. Nach dem Zustandekommen des Rechtsgeschäftes entstandene Umstände

Die einmal entstandene Gebührenschuld wird durch **510**

- die Vernichtung der Urkunde,
- die Aufhebung eines Rechtsgeschäftes oder
- das Unterbleiben seiner Ausführung

nicht aufgehoben.

Damit kommt zum Ausdruck, dass die entstandene Gebührenschuld durch nachträgliche Ereignisse, selbst bei nachträglichem Wegfall der vertraglichen Erfüllungspflicht, nicht mehr beseitigt werden kann. Dabei ist gleichgültig, ob die Ausführung des Rechtsgeschäftes stillschweigend oder als Folge einer vertraglichen Abänderung oder Aufhebung unterblieben ist. Auch die nachträgliche gemeinsame Feststellung der Parteien, einen Vertrag ex tunc oder ex nunc als nicht gültig ansehen zu wollen, ist als eine für die Gebührenschuld unmaßgebliche Stornierung zu betrachten. Nicht nur das gänzliche Unterbleiben der Ausführung eines Rechtgeschäftes ist gebührenrechtlich unbeachtlich, sondern auch, wenn es nur teilweise nicht ausgeführt wird. Ebenso vermag eine nachträgliche Änderung des Rechtsgeschäftes an einer bereits entstandenen Gebührenschuld nichts zu ändern. Vgl. aber zur Anfechtung Rz 433.

511 Die Aufhebung eines auflösend bedingten Rechtsgeschäftes kann an der eingetretenen Gebührenschuld nichts ändern. Auch eine Berichtigung nach § 5 Abs. 2 BewG 1955, wonach im Fall des Eintritts einer auflösenden Bedingung die Festsetzung der nicht laufend veranlagten Steuern nach dem tatsächlichen Wert des Erwerbes zu berichtigen ist, ist insofern ausgeschlossen (siehe Rz 568 ff).

14. Unterzeichnung der Urkunde (§ 18 GebG)

§ 18 GebG regelt die Fälle, in denen eine Unterschrift auf andere Art als durch handschriftliche Unterzeichnung geleistet wird. Eine handschriftliche Unterzeichnung ist auch eine im Durchschreibeverfahren hergestellte Unterschrift. **512**

Bei Einverständnis der Vertragspartner gilt für den Bereich des Gebührenrechts eine mechanisch oder in jeder anderen technisch möglichen Weise hergestellte Unterzeichnung als Unterschrift. Mechanisch hergestellt ist zB der Aufdruck einer Namenszugstampiglie, die Beisetzung einer nur den Namen und gar nicht die Unterschrift wiedergebenden Stampiglie, ein durch jede Art von Druck hergestellter Firmenwortlaut oder eine Kanzleistampiglie (VwGH 17.2.2000, 99/16/0027). Die Namenszeichnung muss hiebei nicht die Wesenszüge einer handschriftlichen Unterzeichnung tragen. Die bei der Übermittlung einer original unterfertigten Schrift mittels Fernkopie (Telefax) reproduzierte Unterschrift stellt eine mechanisch hergestellte Unterzeichnung dar (Faxurkunde). **513**

Ein Firmenbriefkopf stellt keine mechanische Unterschrift dar, weil sie nicht unter dem Text steht (VwGH 28.6.1950, 2298/49).

Mit Unterschriften, die in jeder anderen technisch möglichen Weise hergestellt sind, ist auf die Rechtswirkungen elektronischer Signaturen abgezielt. Jede elektronische Signatur ist eine Unterschrift iSd GebG. **514**

Das Ausdrucken der Urkunde ist keine Voraussetzung für das Entstehen der Gebührenschuld.

Bei einem Handeln unter Verwendung eines fremden Namens ist die Namenszeichnung der handschriftlichen Unterschrift desjenigen gleichzusetzen, dessen Name verwendet wird, wenn dieser damit einverstanden ist. **515**

Eine in einer Urkunde fehlende Unterschrift kann dadurch ersetzt werden, dass ein Vertragsteil eine Verhandlungsniederschrift anfertigt und diese unterzeichnet. Für die Entstehung der Gebührenschuld genügt die Unterzeichnung der Niederschrift durch den Verfasser, dh. durch einen Vertragsteil. **516**

Bei einseitigen Erklärungen begründet die Unterzeichnung der Niederschrift durch den Berechtigten die Gebührenschuld. **517**

Aktenvermerke oder interne Mitteilungen, die ein Vertragsteil für eigene Zwecke herstellt, sind keine gebührenpflichtigen Beurkundungen. **518**

Zu Gedenkprotokollen, Erklärungen (Eingaben, Protokolle) an Gerichte und andere Behörden sowie Punktationen, die gemäß § 18 Abs. 2 bis 5 GebG eine Ersatzbeurkundung darstellen, siehe Rz 447 f. **519**

15. Mehrere Rechtsgeschäfte in einer Urkunde (§ 19 GebG)

15.1. Mehrere durch ein Rechtsgeschäft begründete Leistungsverpflichtungen

520 Hat eine Schrift (Urkunde) über ein gebührenpflichtiges Rechtsgeschäft mehrere einzelne Leistungen zum Inhalt oder werden in ein und demselben Rechtsgeschäft verschiedene Leistungen oder eine Hauptleistung und Nebenleistungen bedungen, so ist die Gebühr in dem Betrag zu entrichten, der sich aus der Summe der Gebühren für alle einzelnen Leistungen ergibt. Als Nebenleistungen sind jene zusätzlichen Leistungen anzusehen, zu deren Gewährung ohne ausdrückliche Vereinbarung nach den allgemeinen Rechtsvorschriften keine Verpflichtung besteht (§ 19 Abs. 1 GebG).

Dabei kommt es nur auf die vertraglich bedungenen Leistungen, nicht auf die tatsächlich erbrachten Leistungen an (siehe Rz 669 ff).

Beispiel:

In einem Bestandvertrag wird vereinbart, dass der Mieter verpflichtet ist, den Mietgegenstand versichern zu lassen. Diese Verpflichtung zur Versicherung des Mietgegenstandes ist keine typische Leistung aus dem Bestandvertrag, sondern eine Nebenleistung, die der Bemessungsgrundlage hinzuzurechnen ist.

15.2. Mehrere voneinander unabhängige Rechtsgeschäfte

521 Werden in einer Urkunde mehrere Rechtsgeschäfte derselben oder verschiedener Art, die nicht zusammenhängende Bestandteile des Hauptgeschäftes sind, abgeschlossen, so ist grundsätzlich jedes Rechtsgeschäft selbständig zu beurteilen und die Gebühr für jedes einzelne Rechtsgeschäft zu entrichten (§ 19 Abs. 2 Satz 1 GebG).

Beispiel:

In einer Urkunde über einen Mietvertrag über Geschäftsräumlichkeiten wird von einem Dritten auch eine Bürgschaftserklärung abgegeben und beurkundet.

Es liegen zwei gebührenpflichtige Rechtsgeschäfte vor, nämlich ein Mietvertrag (§ 33 TP 5 GebG) und eine Bürgschaftserklärung (§ 33 TP 7 GebG).

15.3. Gebührenbefreiung für Sicherungs- und Erfüllungsgeschäfte zum Hauptgeschäft

522 Werden in einer Urkunde mehrere Rechtsgeschäfte derselben oder verschiedener Art, die nicht zusammenhängende Bestandteile des Hauptgeschäftes sind, abgeschlossen, so ist die Gebühr für jedes einzelne Rechtsgeschäft zu entrichten.

Die in der Urkunde über das Hauptgeschäft zwischen denselben Vertragsteilen zur Sicherung oder Erfüllung des Hauptgeschäftes abgeschlossenen Nebengeschäfte sind gebührenbefreit, wenn das Hauptgeschäft nach diesem Gesetz oder einem Verkehrsteuergesetz einer Gebühr oder Verkehrsteuer unterliegt; für Sicherungs- und Erfüllungsgeschäfte zu Darlehens-, Kredit-, Haftungs- und Garantiekreditverträgen sowie zu den im Rahmen des Factoringgeschäftes (§ 1 Abs. 1 Z 16 BWG) getroffenen Vereinbarungen über die Gewährung eines Rahmens für die Inanspruchnahme von Anzahlungen gilt § 20 Z 5 GebG (siehe Rz 531 ff).

523 Der Sicherung eines Hauptgeschäftes dienen Rechtsgeschäfte, die die Zugriffsmöglichkeit des Gläubigers auf das Vermögen des Schuldners oder dritter Personen zur Befriedigung einer Forderung erweitert.

Typische Sicherungsgeschäfte sind Bürgschaften, Pfandbestellungen oder Zessionen.

524 Der Erfüllung eines Hauptgeschäftes dienen in erster Linie Verfügungsgeschäfte, das sind Rechtsgeschäfte, die unmittelbar auf ein bestehendes Recht einwirken, indem sie es übertragen, aufheben oder beschränken. Aber auch Verpflichtungsgeschäfte sind als Erfüllungsgeschäfte möglich. Eine Zession ist ein typisches Erfüllungsgeschäft.

15.3.1. Identität der Vertragsparteien

525 Die Gebührenbefreiung von Erfüllungs- und Sicherungsgeschäften gemäß § 19 Abs. 2 GebG zweiter Satz hängt davon ab, dass diese Geschäfte zwischen denselben Parteien des Hauptgeschäftes abgeschlossen werden.

Beispiele:

Parteienidentität liegt vor, wenn der Schuldner des Hauptgeschäftes seine Liegenschaft verpfändet oder zur Sicherung eine Forderung zediert.

Parteienidentität liegt auch vor, wenn ein Bürge in der Urkunde über den Bürgschaftsvertrag zur Besicherung der Bürgschaft seine Liegenschaft verpfändet.

Parteienidentität fehlt, wenn ein Dritter sich verbürgt, der Schuld beitritt oder eine Hypothek an seiner Liegenschaft bestellt.

15.3.2. Steuerbares Hauptgeschäft

Voraussetzung für eine Gebührenbefreiung gemäß § 19 Abs. 2 GebG zweiter Satz ist auch, dass das Hauptgeschäft nach diesem Gesetz einer Gebühr oder nach einem Verkehrsteuergesetz (Erbschafts- und Schenkungssteuergesetz 1955; Grunderwerbsteuergesetz 1987; Versicherungssteuergesetz 1953; Kapitalverkehrsteuergesetz; Feuerschutzsteuergesetz 1952, Stiftungseingangssteuergesetz) steuerbar ist, dh. grundsätzlich dem GebG oder einem Verkehrsteuergesetz unterliegt, auch wenn es auf Grund der Verwirklichung eines Befreiungstatbestandes steuerfrei ist. **526**

In Pflichtteilsübereinkommen zur Besicherung von Pflichtteilsansprüchen beurkundete Hypothekarverschreibungen gemäß § 33 TP 18 GebG sind mangels steuerbaren Hauptgeschäftes nicht gemäß § 19 Abs. 2 GebG zweiter Satz gebührenfrei. **527**

15.3.3. Haupt- und Nebengeschäft in einer gemeinsamen Urkunde

Für eine Gebührenbefreiung gemäß § 19 Abs. 2 GebG zweiter Satz ist Voraussetzung, dass Haupt- und Nebengeschäft in ein und derselben Urkunde festgehalten werden. Das Festhalten des Nebengeschäftes in einem Anhang oder Nachtrag zur Urkunde über das Hauptgeschäft genügt den Anforderungen des § 19 Abs. 2 GebG zweiter Satz selbst dann nicht, wenn diese zu integrierenden Bestandteilen des Hauptgeschäftes gemacht werden. **528**

16. Gebührenbefreiungen (§ 20 GebG)

16.1. Zusätze und Bestätigungen auf ausgefertigten Urkunden

529 Durch die Gebührengesetznovelle im Rahmen des AbgÄG, BGBl. I Nr. 144/2001, wurde die Gebührenpflicht hinsichtlich der Vollmachten und der privaten Zeugnisse abgeschafft. Den Bestimmungen des § 20 Z 1 bis 3 GebG ist dadurch der Anwendungsbereich entzogen.

530 Nach § 20 Z 4 GebG besteht keine Gebührenpflicht für die von dem abgetretenen Schuldner an Kreditunternehmen abgegebene Bestätigung, dass ihm die Abtretung der Forderung und der neue Gläubiger mitgeteilt wurden, sowie die Anerkennung der Richtigkeit (Liquidität) von Seiten des Schuldners gegenüber einem Kreditinstitut.

Dadurch soll sichergestellt werden, dass das ursprüngliche Rechtsgeschäft, sofern es überhaupt gebührenpflichtig ist, infolge neuerlicher Beurkundung nicht nochmals der Gebühr unterliegt.

16.2. Sicherungs- und Erfüllungsgeschäfte zu Darlehens- und Kreditverträgen

531 Bei den gemäß § 20 Z 5 GebG von der Gebührenpflicht ausgenommenen Sicherungs- und Erfüllungsgeschäften handelt es sich um

- Bürgschaftserklärungen iSd § 33 TP 7 GebG,
- Hypothekarverschreibungen iSd § 33 TP 18 GebG,
- Zessionen iSd § 33 TP 21 GebG (einschließlich Sicherungszessionen),

die als Nebengeschäft zur Sicherung oder zur Erfüllung von Ansprüchen aus Darlehens-, Kredit-, Haftungs- und Garantiekreditverträgen sowie zu den im Rahmen des Factoringgeschäftes (§ 1 Abs. 1 Z 16 BWG) getroffenen Vereinbarungen über die Gewährung eines Rahmens für die Inanspruchnahme von Anzahlungen (sogenannte Hauptgeschäfte) abgeschlossen werden. Irrelevant für die Befreiung ist, ob das Nebengeschäft ausschließlich der Sicherung von Zahlungsverpflichtungen oder auch der Sicherung anderer Verpflichtungen des Schuldners aus dem Kredit- oder Darlehensvertrag dient. Nicht gebührenfrei sind Wechsel gemäß § 33 TP 22 GebG.

Dies bedeutet:

- Es besteht keine Einschränkung dahingehend, dass die Darlehens- oder Kreditverträge mit Kreditinstituten, Pensionskassen, der Oesterreichischen Nationalbank, Versicherungsunternehmen, Pensionskassen oder Bausparkassen abgeschlossen werden müssen; es sind auch Nebengeschäfte zu mit Privatpersonen abgeschlossenen Hauptgeschäften gebührenfrei.
- Ein Nebengeschäft ist auch dann gebührenfrei, wenn über das Hauptgeschäft keine Urkunde errichtet wird.
- Das Ausmaß der Besicherung (Problem einer allfälligen Überbesicherung) ist unerheblich.
- Das Nebengeschäft muss nicht (mehr) zeitlich frühestens mit dem Hauptgeschäft abgeschlossen werden. Es kann auch für künftige Darlehens- oder Kreditverträge bzw. für künftige im Rahmen des Factoringgeschäftes (§ 1 Abs. 1 Z 16 BWG) getroffene Vereinbarungen über die Gewährung eines Rahmens für die Inanspruchnahme von Anzahlungen abgeschlossen werden; aus der Urkunde über das Nebengeschäft muss aber eindeutig zu entnehmen sein, dass es ausschließlich der Besicherung eines (auch zukünftigen, noch nicht konkretisierten) Darlehens- oder Kreditvertrages bzw. der im Rahmen des Factoringgeschäftes (§ 1 Abs. 1 Z 16 BWG) getroffenen Vereinbarungen über die Gewährung eines Rahmens für die Inanspruchnahme von Anzahlungen dienen darf.

Die Gebührenbefreiung des § 20 Z 5 Gebührengesetz 1957 steht auch dann zu, wenn zB eine Kreditforderung gemäß § 1422 ABGB eingelöst wurde und zu dieser eingelösten Forderung eine Bürgschaft übernommen wird; dies deshalb, weil die Forderung, für die die Bürgschaft übernommen wird, auf dem Rechtsgrund „Kredit" beruht. Ebenso steht die Gebührenbefreiung zu, wenn eine Kreditverbindlichkeit privativ übernommen wird und eine Bürgschaftserklärung für die übernommene Schuld abgegeben wird, ist doch auch hier der Rechtsgrund für die Schuld unverändert „Kredit" (§ 1407 ABGB).

16.2.1. Kreis der begünstigten Hauptgeschäfte

532 Als Hauptgeschäfte iSd Bestimmungen des § 20 Z 5 GebG kommen Darlehensverträge, Kreditverträge, Haftungs- und Garantiekreditverträge sowie zu den im Rahmen des Factoringgeschäftes (§ 1 Abs. 1 Z 16 BWG) getroffenen Vereinbarungen über die Gewährung eines Rahmens für die Inanspruchnahme von Anzahlungen in Betracht.

16.2.2. Nicht begünstigte Sicherungsgeschäfte

Die Gebührenbefreiung ist nicht anwendbar, wenn zB 533

- Urkunden über Sicherungsgeschäfte keinerlei Angaben enthalten, die auf das Vorliegen der Voraussetzungen für die Gebührenfreiheit nach § 20 Z 5 GebG hinweisen;
- nicht mit sämtlichen in der Pfandurkunde als Kredit- oder Darlehensnehmer angeführten Personen – mit jedem Kredit- oder Darlehensnehmer einzeln oder mit allen Personen gemeinsam – ein Kredit- oder Darlehensvertrag iSd § 20 Z 5 GebG vorliegt.

16.3. Amtlicher Gebrauch von Auslandsurkunden in inländischen Gerichts- und Schiedsgerichtsverfahren

Voraussetzungen für die Gebührenbefreiung nach § 20 Z 6 GebG ist, dass die Auslandsurkunde ausschließlich in einem Verfahren vor einem inländischen Gericht (oder einem Schiedsgericht, dessen Sitz in Österreich liegt) verwendet wird, dessen internationale Zuständigkeit nur auf einer Gerichtsstandsvereinbarung (Schiedsvereinbarung) beruht. 534

Die Urkunde kann vom Kläger oder Beklagten verwendet werden.

Die Gebührenbefreiung des § 20 Z 6 GebG kann allerdings nicht in Anspruch genommen werden, wenn auch ohne die Gerichtsstandsvereinbarung (Schiedsvereinbarung) ein inländisches Gericht (international) zuständig wäre. 535

17. Zusätze und Nachträge (§ 21 GebG)

17.1. Allgemeines

536 Werden durch einen Zusatz oder Nachtrag zu einer bereits ausgefertigten Urkunde die darin beurkundeten Rechte oder Verbindlichkeiten ihrer Art oder ihrem Umfang nach geändert oder wird die vereinbarte Geltungsdauer des Rechtsgeschäftes verlängert, so ist gemäß § 21 GebG dieser Zusatz oder Nachtrag im Umfang der vereinbarten Änderung oder Verlängerung als selbständiges Rechtsgeschäft gebührenpflichtig.

537 Diese Bestimmung ist anwendbar, wenn durch den Zusatz oder Nachtrag eine Änderung von Rechten oder Pflichten bewirkt wird, ohne dass sich die Identität des Rechtsgeschäftes ändert. Wird der Rechtsgrund oder der Gegenstand der Verpflichtung geändert, so liegt ein Neuerungsgeschäft vor und es kommt § 24 GebG zur Anwendung (siehe Rz 567).

Die Beurteilung, ob eine Urkunde in Bezug auf eine andere Urkunde die Qualifikation eines „Zusatzes oder Nachtrages“ gemäß § 21 GebG hat, ist nach dem eindeutigen Gesetzeswortlaut ausschließlich durch einen Vergleich der „bereits ausgefertigten Urkunde“ und derjenigen Urkunde vorzunehmen, die den Zusatz oder Nachtrag darstellen soll (VwGH 18.12.1997, 97/16/0473).

538 Ein Vergleich kann infolge seines Charakters als ein die vorherigen Rechtsgeschäfte aufhebender Neuerungsvertrag niemals ein nach § 21 GebG zu beurteilender Nachtrag oder Zusatz zu einem vorhergegangenen Rechtsgeschäft sein, da durch ihn alle früheren Rechtsgeschäfte aufgehoben werden. Im Falle eines außergerichtlichen Vergleiches ist unabhängig von der Rechtsnatur des früheren Rechtsgeschäftes eine Gebühr nach § 33 TP 20 GebG zu erheben (siehe Rz 828 ff).

539 Die Bestimmung des § 21 GebG kommt erst dann zur Anwendung, wenn über das abzuändernde Rechtsgeschäft eine Urkunde errichtet wurde und nachträglich in einer weiteren Urkunde (Zusatz oder Nachtrag) die bereits beurkundeten Rechte oder Verbindlichkeiten ihrer Art oder ihrem Umfang nach geändert werden oder die Geltungsdauer des Rechtsgeschäftes verlängert wird (VwGH 24.3.1994, 92/16/0130).

540 Wird in einer als Zusatz oder Nachtrag bezeichneten Urkunde zunächst der Inhalt des früher nur mündlich abgeschlossenen Rechtsgeschäftes schriftlich wiederholt und sodann festgelegt, in welchen Punkten von der ursprünglichen Vereinbarung nunmehr abgegangen wird, kann mangels „bereits ausgefertigten Urkunde“ kein Zusatz oder Nachtrag iSd § 21 GebG vorliegen. Es handelt sich in diesem Fall um eine erstmalige Beurkundung des Rechtsgeschäftes, weshalb für die Festsetzung der Gebühr nicht nur die Änderungen des Rechtsgeschäftes, sondern auch die unverändert gebliebenen Vertragsbestimmungen, so wie sie nunmehr beurkundet werden, maßgeblich sind (VwGH 29.7.2004, 2004/16/0075).

Wird gleichzeitig mit Errichtung der eigentlichen Urkunde in einer Zusatzvereinbarung eine Konkretisierung des Rechtsgeschäftes vorgenommen (zB die Höhe des Entgelts festgelegt oder weitere Nebenleistungen vereinbart), so handelt es sich nicht um einen Zusatz iSd § 21 GebG, sondern ist bei der Gebührenfestsetzung sowohl der Inhalt der Urkunde als auch jener der Zusatzvereinbarung zu berücksichtigen (siehe Rz 494 ff).

17.1.1. Änderung des Vertragsinhaltes

541 Gebührenrechtlich relevant sind nur solche Änderungen des ursprünglichen Rechtsgeschäftes, mit denen zusätzliche Rechte oder Pflichten begründet werden, die für die Höhe der Gebührenschuld maßgeblich sind. Ein Zusatz oder Nachtrag unterliegt der Art nach der gleichen Gebühr wie das ursprüngliche Rechtsgeschäft, die Höhe der Gebühr richtet sich aber nicht nach dem Wert der Gesamtleistung, sondern nur nach dem Wert der zusätzlich bedungenen Leistungen. Zusätzlich vereinbarte Leistungen führen aber nur dann zu einer zusätzlichen Gebühr, wenn diese für die Bemessung der für das betreffende Rechtsgeschäft vorgesehenen Gebühr überhaupt relevant sind.

Beispiel:

Wird in einem Nachtrag zu einem beurkundeten Bestandvertrag eine Mietvorauszahlung von drei Monaten vereinbart, ist dies kein Zusatz oder Nachtrag zu einer bereits ausgefertigten Urkunde, weil nur die Fälligkeit der Verpflichtung zu einer Leistung geändert wird (VwGH 8.3.1977, 1350/76).

542 Werden in einem Zusatz oder Nachtrag nicht zusätzliche Leistungen bedungen, sondern werden – umgekehrt – die Leistungen eines Vertragsteiles herabgesetzt, so ist dieser Zusatz oder Nachtrag nicht gebührenpflichtig. Die Herabsetzung der vereinbarten Leistungen oder die vorzeitige Beendigung eines Vertragsverhältnisses hat allerdings auch keinen Einfluss auf die Vergebührung des ursprünglich abgeschlossenen Rechtsgeschäftes, da gemäß § 17 Abs. 5 GebG weder die Vernichtung der Urkunde, noch die Aufhebung des Rechtsgeschäftes, noch das Unterbleiben seiner Ausführung die entstandene Gebührenschuld aufheben (siehe Rz 494 ff).

Ist in einer Nachtragsurkunde über ein Rechtsgeschäft nur deshalb ein höheres Entgelt beurkundet, weil auf Grund einer bereits ursprünglich vereinbarten Wertsicherungsklausel dem seinerzeitigen Entgelt der mittlerweile aufgelaufene Wertsicherungsbetrag hinzugerechnet wurde, so liegt keine zusätzliche Einräumung von Rechten oder Pflichten vor (VwGH 18.10.1984, 83/15/0125). **543**

17.1.2. Verlängerung der Geltungsdauer des Rechtsgeschäftes

Eine Änderung oder eine Verlängerung der Geltungsdauer eines Rechtsgeschäftes kommt begrifflich nur dann in Betracht, wenn das ursprüngliche Rechtsgeschäft im Zeitpunkt der „Änderung" oder „Verlängerung" noch dem Rechtsbestand angehört. Wurde das Vertragsverhältnis bereits aufgehoben oder ist es durch Zeitablauf erloschen, liegt ein neues Rechtsgeschäft vor, das bei Beurkundung selbständig und seinem ganzen Inhalt nach der Gebühr unterliegt. **544**

Wird durch einen Zusatz oder Nachtrag die Geltungsdauer eines Rechtsgeschäftes verlängert, richtet sich die Höhe der Gebühr für den Zusatz oder Nachtrag nach dem Umfang der Verlängerung. **545**

Die Verlängerung der vereinbarten Geltungsdauer begründet Gebührenpflicht bei allen Rechtsgeschäften, bei denen das durch sie begründete Rechtsverhältnis nach Ablauf einer vereinbarten Zeit beendet sein soll, auch wenn die Dauer des Rechtsgeschäftes selbst kein für die Höhe der Gebührenschuld maßgeblicher Umstand ist. **546**

Die Verlängerung der vereinbarten Geltungsdauer ist insbesondere bei folgenden Rechtsgeschäften relevant:

- Bestandverträgen iSd § 33 TP 5 GebG und
- Dienstbarkeiten iSd § 33 TP 9 GebG

GebR

Beispiel:

Ein für eine bestimmte Dauer von 4 Jahren abgeschlossener Mietvertrag über ein Geschäftslokal wird in einem Nachtrag um weitere 5 Jahre verlängert.

Der Nachtrag unterliegt einer Gebühr nach § 33 TP 5 GebG vom fünffachen Jahresentgelt.

17.2. Parteienidentität und Parteiwechsel

17.2.1. Parteienidentität

Von einem Zusatz oder Nachtrag zu einer bereits voll ausgefertigten Urkunde iSd § 21 GebG kann nur dann gesprochen werden, wenn die Parteien, die den Zusatz oder Nachtrag vereinbart haben, dieselben sind wie die, die laut der ursprünglichen Urkunde Parteien des Rechtsgeschäftes waren (VwGH 18.12.1997, 97/16/0473). Die Parteienidentität fehlt sowohl dann, wenn an die Stelle des ursprünglichen Vertragspartners eine andere Person getreten ist – es sei denn, es handelt sich um einen Gesamtrechtsnachfolger, siehe Rz 548 ff – als auch, wenn auf Seite eines Vertragspartners weitere Personen hinzugekommen sind. **547**

Beispiel:

A und B haben einen Mietvertrag abgeschlossen und vergebührt. In einer als Zusatz bezeichneten Vereinbarung tritt C dem Bestandvertrag bei, gleichzeitig wird die Miete für das Mietobjekt erhöht. A und C erklären, nunmehr als gemeinsame Bestandnehmer das Entgelt zu schulden. In diesem Fall besteht auf Seiten der Bestandnehmer keine Parteienidentität, sodass kein Zusatz iSd § 21 GebG vorliegt und als Bemessungsgrundlage für die Bestandvertragsgebühr das gesamte vereinbarte Entgelt heranzuziehen ist.

17.2.2. Gesamtrechtsnachfolge

Das Wesen der Gesamtrechtsnachfolge besteht darin, dass der Rechtsnachfolger hinsichtlich sämtlicher Rechte und Pflichten uno actu an die Stelle des Rechtsvorgängers tritt, und zwar in materiellrechtlicher und in verfahrensrechtlicher Sicht (VwGH 25.2.1993, 92/16/0114). Deshalb kann der Gesamtrechtsnachfolger, im Gegensatz zum Einzelrechtsnachfolger, Zusätze und Nachträge iSd § 21 GebG zu Rechtsgeschäften seines Rechtsvorgängers abschließen. **548**

Gesamtrechtsnachfolge tritt zB ein: **549**

- bei der Erbfolge (Erbe, nicht jedoch Pflichtteilsberechtigter oder Legatar),
- bei Verschmelzungen iSd Aktiengesetzes (§ 219 AktG) oder des GmbH-Gesetzes (§ 96 GmbHG),
- bei Verschmelzungen von Genossenschaften gleicher Haftungsart (§ 1 Genossenschaftsverschmelzungsgesetz),
- bei Umwandlungen nach dem Bundesgesetz über die Umwandlung von Handelsgesellschaften (§ 1 UmwG),
- bei Spaltungen nach dem Bundesgesetz über die Spaltung von Kapitalgesellschaften (§ 1 SpaltG),

- im Falle der Anwachsung nach § 142 UGB,
- Fortsetzung der Vorgesellschaft durch die eingetragene GmbH (VwGH 26.6.2000, 95/17/0404).

550 Ein bäuerlicher Übergabsvertrag, ein Schenkungsvertrag oder ein Kaufvertrag bewirken hingegen lediglich Einzelrechtsnachfolge, sodass mangels Parteienidentität die Anwendung des § 21 GebG ausgeschlossen ist.

Beispiel:

Der Mieter M und der Vermieter V haben einen Mietvertrag über ein Geschäftslokal auf eine bestimmte Dauer von 5 Jahren abgeschlossen. Noch vor Beginn des Bestandverhältnisses schenkt V das Geschäftslokal seinem Sohn S. S und M verweisen in einer als Nachtrag bezeichneten Vereinbarung zunächst auf den Inhalt des Mietvertrages zwischen M und V und vereinbaren davon abweichend, dass das Bestandverhältnis erst nach Ablauf von 10 Jahren ohne Kündigung endet. Mangels Parteienidentität handelt es sich nicht um einen Zusatz oder Nachtrag iSd § 21 GebG. Es ist in diesem Fall die Bestandvertragsgebühr entsprechend der insgesamt zwischen S und M vereinbarten Vertragsdauer von 10 Jahren zu entrichten.

Wäre S hingegen der Erbe des V und damit sein Gesamtrechtsnachfolger, so müsste bei der Vergebührung des „Nachtrages" berücksichtigt werden, inwieweit es überhaupt zu einer Abänderung der vom Rechtsvorgänger eingeräumten Rechte kommt. In diesem Fall wäre die Gebühr lediglich entsprechend der Verlängerung vom fünffachen Jahresentgelt zu erheben.

17.2.3. Vertragsübernahme

551 Die Vertragsübernahme ist mangels Parteienidentität kein Anwendungsfall des § 21 GebG.

Die Vertragsübernahme ist ein eigenes Rechtsinstitut und bewirkt, dass durch einen einheitlichen Akt nicht nur die Gesamtheit aller wechselseitigen Rechte und Pflichten übertragen wird, sondern dass der Vertragsübernehmer an die Stelle einer aus dem Schuldverhältnis ausscheidenden Partei tritt und deren gesamte vertragliche Rechtsstellung übernimmt, ohne dass dadurch der Inhalt oder die rechtliche Identität des bisherigen Schuldverhältnisses verändert werden.

Die Vertragsübernahme enthält nicht nur eine Kombination von Forderungsabtretung und Schuldübernahme, sondern auch eine Übertragung der darüber hinausgreifenden rechtlichen Rahmenbeziehungen, insbesondere also auch der vertragsbezogenen Gestaltungsrechte (VwGH 16.10.1989, 88/15/0086). Unter einer Vertragsübernahme wird ein rechtsgeschäftlicher Vorgang verstanden, im Zuge dessen unter Zustimmung aller Beteiligten eine gesamte Vertragsstellung mit allen Rechten und Pflichten von einem der Vertragspartner auf einen neuen Partner übertragen wird, mit welchem das Rechtsverhältnis in seiner Gesamtheit fortgesetzt wird, ohne dass sich am übrigen Inhalt des betreffenden Vertrages etwas ändert (VwGH 14.1.1991, 90/15/0125; VwGH 29.7.2004, 2004/16/0075; VwGH 17.3.2005, 2004/16/0254).

552 Eine Vertragsübernahme ist gebührenrechtlich wie der Neuabschluss eines Rechtsgeschäftes zu behandeln. Entscheidend für die Beurteilung ist der Urkundeninhalt. Wird zwischen dem verbleibenden Vertragspartner und dem neuen Vertragspartner mit Zustimmung des ausscheidenden Vertragspartners ein neues Vertragsverhältnis begründet, so liegt keine Abtretung iSd § 33 TP 21 GebG (siehe Rz 847 ff) vor, sondern ist die Vergebührung nach der dem Vertragsverhältnis entsprechenden Tarifpost vorzunehmen (vgl. VwGH 11.9.2014, 2012/16/0023).

Beispiel:

Wird in einer Urkunde zwischen der Vermieterin, dem Vormieter und der Nachmieterin der „Eintritt" der Nachmieterin in einen zwischen der Vermieterin und dem Vormieter seinerzeit abgeschlossenen Bestandvertrag mit allen Rechten und Pflichten vereinbart, wobei ausdrücklich ein allseitiger Konsens über den Mieterwechsel formuliert wird, so wird zwischen dem Bestandgeber und der neuen Mieterin mit Zustimmung des ausscheidenden Vormieters ein neues Bestandverhältnis begründet und ist der Rechtsvorgang gebührenrechtlich unter § 33 TP 5 GebG zu subsumieren (VwGH 16.10.1989, 88/15/0086).

553 Nach § 42 UmgrStG sind Rechtsgeschäfte, mit denen anlässlich eines gebühren- oder kapitalverkehrsteuerbegünstigten Vorganges nach Artikel III (Einbringung), nach Art. IV (Zusammenschluss), nach Art. V (Realteilung) oder nach Art. VI (Spaltung) UmgrStG eine Vertragsstellung übertragen wird (Vertragsübernahme), von den Stempel- und Rechtsgebühren befreit (siehe auch Rz 322 ff und UmgrStR 2002 Rz 1861 f).

554 Von der Vertragsübernahme zu unterscheiden ist die privative Schuldübernahme (siehe Rz 747).

18. Pro fisco Klausel (§ 22 GebG)

Die Bestimmung des § 22 GebG besagt, dass dann, wenn zwischen zwei oder mehreren Rechten oder Verbindlichkeiten eine Wahl bedungen ist, die Gebühr nach dem größeren Geldwerte der zur Wahl gestellten Leistungen zu entrichten ist. **555**

Eine derartige Vereinbarung stellt keine Undeutlichkeit des Urkundeninhaltes (§ 17 Abs. 2 GebG, siehe Rz 494) dar. Ein Gegenbeweis, dass die vereinbarte Leistung nicht oder die tatsächlich erbrachte oder gewählte Leistung geringer sei, ist nicht zulässig (§ 17 Abs. 1 und 5 GebG).

19. Schätzbare und unschätzbare Leistungen (§ 23 GebG)

556 § 23 GebG besagt, dass unschätzbare Leistungen außer Ansatz bleiben, wenn in einer Urkunde über ein Rechtsgeschäft schätzbare und unschätzbare Leistungen bedungen sind.

557 Eine Leistung ist in sinngemäßer Anwendung des § 303 ABGB nur dann unschätzbar, wenn ihr Wert mit keiner anderen ähnlichen Leistung infolge ihres Fehlens im Wirtschaftsverkehr verglichen werden kann.

Unschätzbare Leistungen sind zB die Verpflichtung zur Verschwiegenheit, Ehrenerklärungen und dergleichen.

558 Lässt sich der Umfang oder der Wert einer Leistungspflicht zum Zeitpunkt des Entstehens der Gebührenschuld noch nicht feststellen, führt das nicht zu einer Unschätzbarkeit der Leistung. In einem solchen Fall ist – vorbehaltlich der Anwendung besonderer Vorschriften des GebG (wie zB § 17 Abs. 2 GebG, § 22 GebG und § 26 GebG) – eine vorläufige Gebührenfestsetzung iSd § 200 BAO gerechtfertigt.

559 Ist die Höhe eines umsatzabhängigen Pachtzinses, welcher in Zukunft im Durchschnitt erzielt werden wird, nicht aus vergangenen Umsätzen ableitbar, ist es rechtlich unbedenklich, wenn der Pachtzins nach dem Bewertungsstichtag Berücksichtigung findet (VwGH 29.1.1997, 96/16/0084; VwGH 26.6.1997, 96/16/0239).

560 Knüpft ein gebührenrechtlicher Tatbestand an vertraglich bedungene Leistungen an, ist die Berücksichtigung der tatsächlich erbrachten Leistungen grundsätzlich unzulässig.

So ist bei der Ermittlung des Wertes eines Bestandvertrages, mit welchem sich der Bestandnehmer zum Ausbau des Bestandobjektes verpflichtet, die Höhe der vertraglich bedungenen Leistungen erforderlichenfalls zu schätzen. Die tatsächlich entstandenen Kosten, welche allenfalls auch zusätzliche Sonderausstattungen enthalten, sind nicht maßgeblich (VwGH 20.8.1996, 93/16/0097).

561 Die in einem Mietvertrag, bei dem Mieterin eine GmbH ist, vom Alleingesellschafter der GmbH unterfertigte Vereinbarung, dass er für alle aus dem Vertrag von der GmbH übernommenen Verpflichtungen die persönliche Haftung übernimmt, unterliegt der Gebühr gemäß § 33 TP 7 GebG. Die Tatsache, dass bei Begründung des Mietverhältnisses noch nicht feststeht, ob überhaupt und inwieweit der Alleingesellschafter aus der von ihm übernommenen Verpflichtung herangezogen werden wird, besagt noch nicht, dass die Verbindlichkeit nicht schätzbar ist (VwGH 25.3.1985, 84/15/0031).

562 Die Unbestimmtheit einer Leistung oder ihres Umfanges ist nicht mit einer Unschätzbarkeit gleichzusetzen.

Ist eine vertraglich ausbedungene Leistung ihrem Umfang nach unbestimmt (zB „es werden die Geldmittel zur Eröffnung des Betriebes zur Verfügung gestellt"), so ist in einem solchen Fall die Höhe der ausbedungenen Leistung, insoweit nicht die Bestimmungen des § 17 Abs. 2 GebG Anwendung finden, in einem Ermittlungsverfahren festzustellen, erforderlichenfalls zu schätzen (VwGH 14.4.1966, 0972/65).

563 Für die Entstehung der Gebührenschuld ist es nicht erforderlich, dass die Bemessungsgrundlage für die Gebühr in der Urkunde über das Rechtsgeschäft genannt wird (VwGH 27.4.2000, 2000/16/0304).

564 Eine vertragliche Verpflichtung, für entsprechenden Versicherungsschutz zu sorgen, kann wertmäßig durchaus mit dem Abschluss eines entsprechenden Versicherungsvertrages selbst verglichen werden (VwGH 17.2.1994, 93/16/0160).

565 Bezüglich bedingter Leistungen sowie der Bewertung im Allgemeinen wird auf die Regelungen im § 26 GebG verwiesen (siehe Rz 568 ff).

566 Zum undeutlichen Urkundeninhalt (§ 17 Abs. 2 GebG) siehe Rz 494 ff.

20. Neuerungsvertrag (Novation) (§ 24 GebG)

Eine Novation liegt vor, wenn bei einem früheren Rechtsgeschäft entweder der Rechtsgrund oder der Hauptgegenstand und nicht nur die bereits bestehenden Rechte oder Verbindlichkeiten ihrer Art oder ihrem Umfang nach geändert werden (siehe § 21 GebG). Sind die sonstigen gebührenrechtlichen Voraussetzungen (entsprechende Beurkundung etc.) gegeben, fällt die Gebühr für jenes neue Rechtsgeschäft an, in welches das frühere Rechtsgeschäft umgewandelt wurde. Eine neuerliche, die Gebührenpflicht auslösende rechtsbezeugende Urkunde über das ursprüngliche Rechtsgeschäft kann darin nicht gesehen werden. **567**

Beispiele:

Eine Novation liegt etwa dann vor, wenn eine unentgeltliche Nutzungsüberlassung (Leihevertrag – nicht gebührenpflichtig) in eine entgeltliche Nutzungsüberlassung (Mietvertrag – gebührenpflichtig) umgewandelt wird.

Eine Vereinbarung, dass ein beurkundeter Mietvertrag ab einem bestimmten Zeitpunkt als Mietgegenstand anstatt des Geschäftslokals A das Geschäftslokal B zum Gegenstand hat, ist eine Novation, bei der der Hauptgegenstand geändert wird. Diese ist ein neuer gebührenpflichtiger Bestandvertrag.

21. Bewertungsvorschriften (§ 26 GebG)

21.1. Grundsätze der Bewertung

568 Im Allgemeinen ist die Bewertung gebührenpflichtiger Gegenstände auf den Zeitpunkt der Entstehung der Gebührenpflicht zu beziehen. Wovon die (Hundertsatz-)Gebühr zu berechnen ist, wird in den einzelnen Tarifposten des § 33 GebG geregelt. Sofern die Tarifbestimmungen des Gebührengesetzes 1957 und § 26 GebG keine abweichenden Bewertungsregeln aufstellen, sind die Vorschriften des Bewertungsgesetzes 1955, BGBl. Nr. 148/1955 idgF anzuwenden.

569 Es ist zwischen Nutzungen und Leistungen von bestimmter, unbestimmter und immerwährender Dauer zu unterscheiden.

570 Wiederkehrende Nutzungen und Leistungen von unbestimmter Dauer sind solche, bei denen das Ende in absehbarer Zeit sicher, der Zeitpunkt des Fortfalls aber ungewiss ist (VwGH 7.3.1978, 0348/75, VwGH 16.2.1984, 83/15/0047, 0048).

571 Immerwährende Nutzungen oder Leistungen sind solche, deren Ende von Ergebnissen abhängt, bei denen ungewiss ist, ob und wann sie in absehbarer Zeit eintreten (VwGH 7.3.1978, 0348/75; VwGH 16.2.1984, 83/15/0047, 0048).

572 Besteht das Entgelt für eine auf immer währende Zeit eingeräumte Nutzung oder Leistung in einem Einmalbetrag, so ist die Gebühr von diesem Einmalbetrag zu bemessen (VwGH 31.5.1995, 94/16/0132).

573 Der Gesamtwert von Nutzungen oder Leistungen, die auf bestimmte Zeit beschränkt sind, ist gemäß § 26 GebG in Verbindung mit § 15 Abs. 1 BewG 1955 die Summe der einzelnen Jahreswerte ohne Abzug von Zwischenzinsen unter Berücksichtigung von Zinseszinsen. Der Gesamtwert darf das Achtzehnfache des Jahreswertes nicht übersteigen.

574 Gemäß § 15 Abs. 2 BewG 1955 sind immerwährende Nutzungen und Leistungen mit dem Achtzehnfachen des Jahreswertes, Nutzungen oder Leistungen von unbestimmter Dauer mit dem Neunfachen des Jahreswertes zu bewerten – es sei denn, es sind die Vorschriften des § 16 BewG 1955 (Bewertung von Nutzungen oder Leistungen auf die Lebenszeit einer oder mehrerer Personen) anzuwenden.

575 Nach § 16 BewG 1955 erfolgt die Bewertung von Renten, wiederkehrenden Nutzungen und Leistungen sowie dauernden Lasten, die auf die Lebenszeit einer oder mehrerer Personen beschränkt sind, nach finanz- bzw. versicherungsmathematischen Grundsätzen.

Auf Grund des § 16 Abs. 2 BewG 1955 erging zu § 16 Abs. 1 BewG 1955 die Verordnung des Bundesministers für Finanzen vom 20. Jänner 2009, BGBl. II Nr. 20/2009 zur verbindlichen Festsetzung von Erlebenswahrscheinlichkeiten zum Zwecke der Bewertung von Renten und dauernden Lasten (ErlWS-VO 2009).

Auf der Homepage des BMF steht ein Berechnungsprogramm zur Verfügung (https://www.bmf.gv.at/Steuern/Berechnungsprogramme/_start.htm).

21.2. Sonderbestimmungen bei der Bewertung auf dem Gebiet des Gebührengesetzes 1957

576 Abweichend von den Vorgaben des Bewertungsgesetzes 1955 bestimmt § 26 GebG eigene Regelungen in Bezug auf

- die Bewertung bedingter und betagter Leistungen und Lasten und
- die Bewertung wiederkehrender Leistungen.

577 Rechtsgeschäftlich vereinbarte Bedingungen haben keinen Einfluss auf die Bewertung von Leistungen und Lasten, die für die Bemessung der Gebühr maßgeblich sind. Noch nicht entstandene (befristete) oder noch nicht fällige (betagte) Leistungen und Lasten erhöhen die Gebührenbemessungsgrundlage. Sie werden als unbedingte bzw. sofort fällige Leistungen und Lasten behandelt.

Beispiel:

Leistungen aus einem Vergleich, der bei aufrechter Ehe zwischen den Ehegatten für den Fall der Scheidung abgeschlossen wird, sind sofort in die Bemessungsgrundlage einzubeziehen, weil bedingte Leistungen und Lasten gemäß § 26 GebG als sofort fällig zu behandeln sind. Die Gebührenpflicht für den Vergleich im Zeitpunkt der Beurkundung ergibt sich aus § 33 TP 20 GebG (siehe Rz 919 ff) in Verbindung mit § 17 Abs. 4 GebG (siehe Rz 507 ff); die sofortige Einbeziehung der bedingten Leistungen ergibt sich aus § 26 GebG.

578 Auflösende Bedingungen werden – entsprechend den bewertungsrechtlichen Bestimmungen – zum Zeitpunkt der Entstehung der Gebührenschuld nicht berücksichtigt. Entsprechend

dem Urkundenprinzip gemäß § 17 GebG findet auch der spätere Eintritt der auflösenden Bedingung keine Berücksichtigung und führt zu keiner nachträglichen Gebührenbemessung.

§ 26 GebG erklärt die Abzinsungsanordnung des § 15 Abs. 1 BewG 1955 bei der Bewertung von wiederkehrenden Leistungen gebührenrechtlich für unanwendbar. Es ist die jeweilige Summe der einzelnen Jahreswerte maßgeblich, wobei der 18-fache Jahreswert bzw. gegebenenfalls der kapitalisierte Wert nach § 16 BewG 1955 die Obergrenze darstellt. Eine nachträgliche Berichtigung der Bemessungsgrundlage gemäß § 16 Abs. 3 GebG nach Maßgabe der wirklichen Dauer ist ausgeschlossen. **579**

Abgesehen von § 26 GebG enthält § 33 TP 5 GebG eine weitere Abweichung von den Vorgaben des Bewertungsgesetzes 1955. Die Bewertung wiederkehrender Leistungen im Zusammenhang mit Bestandverträgen (Mietverträgen, Leasingverträgen usw.) zur Bestimmung der Bemessungsgrundlage (Gesamtentgelt) erfolgt im Falle einer Vereinbarung des Vertragsverhältnisses auf unbestimmte Zeit, abweichend vom § 15 Abs. 2 BewG 1955 (neunfacher Jahreswert) gemäß § 33 TP 5 Abs. 3 GebG mit dem Dreifachen des vereinbarten Jahresbetrages (siehe Rz 646 ff). **580**

22. Gebührenschuldner (§ 28 GebG)

22.1. Zweiseitig verbindliche Rechtsgeschäfte

581 Bei zweiseitig verbindlichen Rechtsgeschäften (siehe Rz 462 ff) sind die Unterzeichner der Urkunde zur Entrichtung der Gebühren verpflichtet, wenn die Urkunde von beiden Vertragsteilen unterfertigt ist (VwGH 18.12.1989, 88/15/0119).

582 Wird die Urkunde nur von einem Vertragsteil unterzeichnet und an den anderen Vertragsteil ausgehändigt, sind ebenfalls beide Vertragsteile Gebührenschuldner (siehe Rz 592 ff).

583 Die bürgerlich-rechtliche Vereinbarung, wonach ein Dritter die Kosten der Vergebührung trage, kann eine über die abgabenrechtliche Verpflichtung iSd § 28 Abs. 1 Z 1 lit. a GebG hinausgehende Abgabenschuld nicht begründen (siehe VwGH 29.1.1997, 96/16/0181).

22.2. Einseitig verbindliche Rechtsgeschäfte

584 Gebührenschuldner ist bei einseitig verbindlichen Rechtsgeschäften (siehe Rz 458 ff) derjenige, in dessen Interesse die Urkunde ausgestellt ist.

585 Die Urkunde über die Hypothekarverschreibung wird im Interesse des Gläubigers ausgestellt. Das Interesse am Abschluss oder der Erfüllung des Rechtsgeschäftes ist hier nicht maßgebend, sondern das Interesse an der Errichtung der Urkunde (siehe VwGH 19.10.1995, 94/16/0100).

586 Bei der Bürgschaft ist der Gläubiger Gebührenschuldner, da in dessen Interesse die Urkunde ausgestellt ist (VfGH 13.10.1992, B 1144/91).

22.3. Sonstige gebührenpflichtige Rechtsgeschäfte

587 Gebührenschuldner sind bei Gedenkprotokollen jene, von denen im Protokoll festgestellt wird, dass sie das Rechtsgeschäft abgeschlossen haben.

588 Zur Entrichtung der Gebühr bei Wechseln sind der Aussteller, der Akzeptant und jeder Inhaber eines Wechsels zur ungeteilten Hand verpflichtet.

589 Zur Entrichtung der Gebühr bei Wetten im Sinne des § 33 TP 17 Abs. 1 Z 1 GebG sind die Personen, die gewerbsmäßig Wetten abschließen oder vermitteln, zur ungeteilten Hand verpflichtet. Die Gebühr ist von diesen Personen unmittelbar zu entrichten. Als Vermittlung im Sinne dieser Bestimmung gilt jedenfalls die Annahme und die Weiterleitung von Wetteinsätzen sowie die Mitwirkung am Zustandekommen der Wette auf andere Art und Weise.

22.4. Rechtsgeschäfte, bei denen eine Person gebührenbefreit ist

590 Genießt ein Vertragspartner eine persönliche Gebührenbefreiung gemäß § 2 GebG, so ist der andere Vertragsteil alleiniger Gebührenschuldner (VwGH 20.11.1980, 1542/78).

591 Kommt nur einer der Vertragspartner als Gebührenschuldner in Frage (wie bei einseitig verbindlichen Rechtsgeschäften), so kann keine Gebühr erhoben werden, wenn dieser Gebührenschuldner persönlich von den Gebühren befreit ist (siehe VwGH 2.5.1960, 2100/59).

22.5. Gesamtschuldverhältnis bei mehreren Gebührenschuldnern

592 Sind mehrere Personen Schuldner derselben Gebühr, schulden sie diese grundsätzlich als Gesamtschuldner. Nach § 6 Abs. 1 BAO sind Personen, die nach Abgabenvorschriften dieselbe abgabenrechtliche Leistung schulden, Gesamtschuldner (Mitschuldner zur ungeteilten Hand, § 891 ABGB, VwGH 14.2.1991, 89/16/0218).

593 Wenn ein Gesamtschuldverhältnis bereits unmittelbar kraft Gesetzes entstanden ist, ist es ohne Bedeutung, an welchen der Gesamtschuldner die Abgabenbehörde das Leistungsgebot richtet. Die Behörde wird sich dabei im Rahmen der Ermessensübung (§ 20 BAO) an jene Partei halten, die nach dem vertraglichen Innenverhältnis die Steuerlast tragen soll. Liegen jedoch sachgerechte Gründe vor, die der Behörde keinen Ermessenspielraum belassen, wie zB die Gefährdung der Einbringlichkeit, wird es nahe liegen, den anderen Vertragspartner zur Entrichtung heranzuziehen (vgl. VfGH 7.3.1984, B 399/82, 400/82, B 401/82, 402/82; VwGH 22.4.1982, 16/3303/79, 16/3304/79, VwGH 14.2.1991, 89/16/0218).

23. Geschäftsführung ohne Auftrag (§ 29 GebG)

Unter Geschäftsführung ohne Auftrag versteht man die eigenmächtige Besorgung der Angelegenheiten eines anderen in der Absicht, dessen Interessen zu fördern. Eigenmächtig ist ein Tätigwerden dann, wenn es ohne Bevollmächtigung erfolgt. **594**

Genehmigt der Geschäftsherr die Geschäftsführung im Nachhinein ausdrücklich oder stillschweigend, oder hat er dadurch einen Vorteil erlangt, so ist er zur Entrichtung der durch die Handlung des Geschäftsführers begründeten Gebühr verpflichtet. **595**

Auch eine im Ausland ohne Auftrag ausgestellte Urkunde kann unter den beschriebenen Voraussetzungen die Gebührenschuld des Geschäftsherrn hervorrufen. Seine Verpflichtung zur Entrichtung der Gebühr tritt in diesem Fall dann ein, wenn von der Urkunde ein amtlicher Gebrauch im Inland gemacht wird (siehe Rz 469 ff). **596**

Bleibt die ausdrückliche oder stillschweigende Genehmigung der Geschäftsführung durch den Geschäftsherrn aus bzw. hat er dadurch keinen Vorteil erlangt, so ist der Geschäftsführer selbst zur Entrichtung der Gebühr verpflichtet. **597**

24. Haftung (§ 30 GebG)

598 Neben den zur Entrichtung der Gebühren verpflichteten Gebührenschuldnern (siehe Rz 581 ff) haften die übrigen an einem Rechtsgeschäft beteiligten Personen für die Gebühr. Weiters haften im Falle einer nicht ordnungsgemäßen Gebührenanzeige (siehe Rz 604 ff) alle nach § 31 Abs. 2 GebG zur Gebührenanzeige verpflichteten Personen (siehe Rz 615 ff).

24.1. Grundsätze der abgabenrechtlichen Haftung

599 Die im GebG enthaltene Haftungsbestimmung bildet die Voraussetzung zur Geltendmachung der Haftung nach den Vorschriften der Bundesabgabenordnung.

600 Die Haftung setzt die Schuld eines anderen voraus. Es handelt sich also um das Einstehenmüssen für eine fremde Schuld (VwGH 20.4.1989, 89/16/0009). Die Haftungsschuld ist demnach vom Entstehen einer persönlichen Gebührenschuld beim Gebührenschuldner (siehe Rz 581 ff) abhängig. Die abgabenrechtliche Haftung setzt zwar den Bestand einer Schuld voraus, es ist jedoch nicht erforderlich, dass diese Schuld dem Schuldner (Erstschuldner) gegenüber bereits geltend gemacht worden ist. Die Haftung ist auch nicht davon abhängig, ob beim Erstschuldner die Möglichkeit der Geltendmachung oder der Einbringlichkeit der Gebühr gegeben ist oder nicht (VwGH 31.5.1995, 94/16/0291; VwGH 19.9.2001, 2001/16/0171, 0172). Sind hingegen die als Gebührenschuldner in Betracht kommenden Vertragsteile eines gebührenpflichtigen Rechtsgeschäftes persönlich von den Gebühren befreit, dann kann keine andere Person als Haftender zur Entrichtung der Gebühr herangezogen werden.

601 Die Abgabenbehörde hat die Geltendmachung der Haftung nach den in der BAO festgelegten Regeln und Grenzen der Ermessensübung vorzunehmen. Dabei hat sie einerseits die subsidiäre Position des Haftenden und andererseits die vertragliche Vereinbarung im Innenverhältnis zwischen Gebührenschuldner und Haftenden zu berücksichtigen. Es ist daher im jeweiligen Einzelfall zu beurteilen, ob die Gebühr vorrangig dem Hauptschuldner (Gebührenschuldner) oder dem Haftenden vorgeschrieben wird (VwGH 21.3.2002, 2001/16/0599).

602 Die Haftung für eine Gebührenschuld wird durch die Erlassung eines Haftungsbescheides gemäß § 30 GebG in Verbindung mit § 224 Abs. 1 BAO geltend gemacht. Dadurch wird der in Anspruch genommene Haftende zum Gesamtschuldner der Abgabe.

24.2. Kreis der haftungspflichtigen Personen

603 Das GebG bestimmt zwei Personengruppen zu Haftenden der Rechtsgebühren:

- Die am Rechtsgeschäft beteiligten Personen, die nicht Gebührenschuldner (siehe Rz 581 ff) gemäß § 28 GebG sind, haften für die anfallende Gebühr. Diese Haftungsbestimmung ist insbesondere bei einseitig verbindlichen Rechtsgeschäften (siehe Rz 584 ff) von Bedeutung. Bei solchen Verträgen ist nämlich nur derjenige Vertragsteil Gebührenschuldner, in dessen Interesse die Urkunde ausgestellt worden ist. Hingegen trifft die gebührenrechtliche Haftung jenen Vertragsteil, in dessen Interesse die Ausfertigung der Urkunde nicht gelegen ist.
- Eine weitere Haftungsbestimmung des GebG betrifft alle zur Gebührenanzeige Verpflichteten Personen (siehe Rz 615 ff) im Falle einer nicht ordnungsgemäß erfolgten Gebührenanzeige (siehe Rz 609 ff). Dabei ist es für die Geltendmachung der Haftung gleichgültig, wer nach den internen Vereinbarungen zwischen den Vertragsparteien und dem Urkundenverfasser die Gebührenanzeige erstatten sollte. Für die Heranziehung zur Haftung genügt somit der objektive Umstand, dass eine ordnungsgemäße Gebührenanzeige nicht vorgenommen worden ist.

25. Anzeigepflicht (§ 31 GebG)

25.1. Gebührenanzeige

25.1.1. Gegenstand der Gebührenanzeige

Gegenstand der Anzeigepflicht ist grundsätzlich das gebührenpflichtige Rechtsgeschäft, sofern für das Rechtsgeschäft eine Hundertsatzgebühr bescheidmäßig festzusetzen ist. 604

Keine Pflicht zur Anzeige der einzelnen Urkunden über das Rechtsgeschäft besteht bei 605

- Rechtsgeschäften, die sachlich gebührenbefreit sind, es sei denn, in der Befreiungsbestimmung selbst ist die Anzeigeverpflichtung ausdrücklich angeordnet (zB im Gesetz über die Aufnahme von Anleihen durch Gebietskörperschaften, BGBl. Nr. 24/1949);
- Rechtsgeschäften, bei denen allen in Betracht kommenden Gebührenschuldnern eine persönliche Gebührenbefreiung zukommt; siehe Rz 22 ff
- Rechtsgeschäften, für die eine Selbstberechnung der Gebühr zwingend vorgesehen ist (zB bei Bestandverträgen nach § 33 TP 5 Abs. 5 GebG, siehe Rz 714 ff und bei Wechseln, siehe Rz 912 ff);
- Rechtsgeschäften, für die von der gesetzmäßig eingeräumten Selbstberechnung Gebrauch gemacht wird (§ 3 Abs. 4 und 4a GebG); siehe Rz 72 ff
- Glücksverträgen iSd § 33 TP 17 Abs. 1 Z 1 GebG (siehe Rz 807 ff), weil Abs. 3 dieser Tarifpost die unmittelbare Entrichtung der Gebühr ohne Anzeige vorsieht.

25.1.2. Anzeigepflicht

GebR

Anzeigepflichtige Rechtsgeschäfte sind bis zum 15. Tag des der Entstehung der Gebührenschuld (= grundsätzlich Tag der Vertragsunterfertigung, im Detail siehe Rz 458 ff) zweitfolgenden Monats beim Finanzamt anzuzeigen. Die Gebührenanzeige kann beim Finanzamt für Gebühren, Verkehrsteuern und Glücksspiel vorgenommen werden. Darüber hinaus können Gebührenanzeigen gemäß § 13 Abs. 2 AVOG 2010 auch bei allen Finanzämtern mit allgemeinem Aufgabenkreis eingebracht werden. 606

Bei Erfüllung der Anzeigeverpflichtung im schriftlichen Weg wird die Zeit des Postenlaufes nicht in die Anzeigefrist eingerechnet (§ 108 Abs. 4 BAO). 607

Die Auffindung einer gebührenpflichtigen Schrift bei einer Nachschau kann ebenso wenig als Gebührenanzeige gewertet werden (VwGH 11.7.1961, 0381/61), wie die Benachrichtigung anderer Abgabenbehörden aus anderen als gebührenrechtlichen Gründen (VwGH 2.11.1971, 1940/71). 608

25.1.3. Form der Gebührenanzeige

Die Gebührenanzeige hat mit einer (gerichtlich oder notariell) beglaubigten Abschrift oder einer Gleichschrift (Kopie oder weiterer Ausdruck der Urkunde, versehen jeweils mit Originalunterschriften) der über das Rechtsgeschäft errichteten Urkunde zu erfolgen. 609

Urkunden über Rechtsgeschäfte, die nicht in der Amtssprache abgefasst sind, sind mit einer beglaubigten Übersetzung anzuzeigen. Löst ein Annahmeschreiben die Gebührenschuld aus (siehe Rz 440 ff), so ist der Gebührenanzeige auch das dazugehörende Anbotschreiben anzuschließen. 610

Gebührenanzeigen unter Verwendung der Internet-Technologie oder mittels eines Telefaxgerätes sind nicht zulässig (§ 2 Verordnung des Bundesministers für Finanzen über die Zulassung von Telekopierern zur Einreichung von Anbringen an das Bundesministerium für Finanzen, an die Verwaltungsgerichte sowie an die Finanzämter und Zollämter, BGBl. II Nr. 494/1991 idF BGBl. II Nr. 447/2013). 611

Wird anlässlich der Gebührenanzeige auch die Originalurkunde vorgelegt, so hat das Finanzamt auf dieser die erfolgte Gebührenanzeige zu bestätigen. 612

Eine ordnungsgemäße Gebührenanzeige liegt insbesondere dann vor, wenn sie zeit- und formgerecht sowie bei der richtigen Behörde vorgenommen wird. 613

Erfolgt die Gebührenanzeige mit einer beglaubigten Abschrift, ist diese von der Gebühr für Abschriften (§ 14 TP 1 GebG) in Hinblick auf § 2 Z 1 GebG befreit, weil die Abschrift im Interesse des Bundes (Gebührenerhebung) liegt. 614

25.1.4. Zur Gebührenanzeige verpflichtete Personen

Zur Gebührenanzeige verpflichtet sind 615

- die Vertragsteile;
- der Urkundenverfasser, das sind vor allem Rechtsanwälte und Notare;

- jeder, der eine Urkunde als Bevollmächtigter oder ein Gedenkprotokoll als Zeuge unterfertigt oder eine im Ausland errichtete Urkunde (bzw. deren beglaubigte Abschrift) im Zeitpunkt des Entstehens der Gebührenschuld in Händen hat.

616 Kommt die persönliche Gebührenfreiheit nicht allen in Betracht kommenden Gebührenschuldnern zu, so besteht die Anzeigepflicht für die übrigen, nach § 31 Abs. 2 GebG hiezu verpflichteten (nicht persönlich befreiten) Personen.

617 Bei nicht ordnungsgemäßer Gebührenanzeige haften die zur Gebührenanzeige Verpflichteten gemäß § 30 GebG (siehe Rz 598 ff). Weiters können Gebührenerhöhungen gemäß § 9 Abs. 2 GebG (siehe Rz 118 ff) festgesetzt werden.

618 Sind mehrere Personen zur Gebührenanzeige verpflichtet, kann diese Verpflichtung durch eine privatrechtliche Vereinbarung (wer nun im Einzelnen die Gebührenanzeige vorzunehmen hat) nicht beseitigt werden. Kommt eine der zur Anzeige verpflichteten Personen dieser Pflicht nach, entfällt die Anzeigepflicht für die übrigen Personen.

619 Bei einer Selbstberechnungsverpflichtung (siehe Rz 718 ff) oder Selbstberechnungsbewilligung (siehe Rz 72) entfällt die Anzeigepflicht für die übrigen Personen ebenso wie bei einer Inanspruchnahme der Selbstberechnungsbefugnis (siehe Rz 79).

25.2. Gebührenentrichtung ohne amtliche Bemessung

620 Die im § 33 TP 17 Abs. 1 Z 1 GebG angeführte Gebühr für Wetten ist ohne amtliche Bemessung unmittelbar zu entrichten.

621 Die Gebühr ist am 20. des dem Entstehen der Gebührenschuld folgenden Kalendermonats fällig. Bis zu diesem Zeitpunkt hat der gemäß § 28 Abs. 3 GebG zur Gebührenentrichtung Verpflichtete eine Abrechnung unter Verwendung des amtlichen Vordrucks (Formular „Geb 6“, Erläuterungen dazu enthält „Geb 6a“) beim Finanzamt für Gebühren, Verkehrsteuern und Glücksspiel vorzulegen; dies gilt als Gebührenanzeige. Die Abrechnung ist elektronisch zu übermitteln, sofern dies dem Verpflichteten auf Grund der technischen Voraussetzungen zumutbar ist. Mit Verordnung des Bundesministers für Finanzen wird die elektronische Übermittlung der Abrechnung und das Verfahren näher geregelt (FinanzOnline-Verordnung 2006, BGBl. II Nr. 97/2006, in der jeweils geltenden Fassung).

26. Mündliche Gebührenfestsetzung (§ 32 GebG)

Hat ein Gebührenschuldner (siehe Rz 581 ff) ein Interesse daran, eine mit Bescheid festzusetzende Gebühr im Zeitpunkt der Anzeige eines Vertrages sogleich zu entrichten, so kann er beim Finanzamt für Gebühren, Verkehrsteuern und Glücksspiel beantragen, einen mündlichen Bescheid zu erlassen. Voraussetzung ist allerdings, dass der Gebührenschuldner einen Rechtsmittelverzicht abgibt (§ 255 BAO). Der Bescheid wird durch mündliche Bekanntgabe erteilt. Die darin festgesetzte Gebühr wird mit der Bekanntgabe des Bescheides sofort zur Zahlung fällig. 622

27. Tarif der gebührenpflichtigen Rechtsgeschäfte (§ 33 GebG)

27.1. Annahmeverträge (§ 33 TP 1 GebG)

27.1.1. Gegenstand der Gebühr

623 Die Annahme an Kindes statt kommt durch schriftlichen Vertrag zwischen dem Annehmenden und dem Wahlkind und durch gerichtliche Bewilligung auf Antrag eines Vertragsteiles zustande.

27.1.2. Bemessungsgrundlage und Gebührensatz

624 Bemessungsgrundlage ist der Wert des Vermögens (Aktiva minus Passiva, siehe Rz 627 f) des Annehmenden oder bei Adoption durch Ehegatten oder eingetragenen Partner der Annehmenden.

625 Beträgt der Wert des Vermögens des Annehmenden nicht mehr als 22.000 Euro, fällt keine Gebühr an. Übersteigt das Vermögen den Betrag von 22.000 Euro, beträgt die Gebühr 1% vom Wert des Vermögens. Werden mehrere Personen an Kindes statt angenommen, ist dafür unter Berücksichtigung des § 33 TP 1 Abs. 3 GebG (siehe Rz 635) mehrfache Gebührenpflicht gegeben.

626 Wird eine Person von einem Ehepaar oder eingetragenen Partnern adoptiert, liegt ein gemeinsamer Rechtsgrund iSd § 7 GebG (siehe Rz 107 f) vor. Die Gebühr ist daher nur im einfachen Betrag vom Vermögen beider Annehmenden zu entrichten.

27.1.3. Wert des Vermögens

627 Maßgeblich ist der Wert des im Zeitpunkt der gerichtlichen Genehmigung vorhandenen Vermögens des Annehmenden. Als Vermögen ist das Gesamtvermögen (in- und ausländisches Vermögen, abzüglich der Schulden) heranzuziehen.

628 Die Bewertung des Vermögens hat nach Maßgabe des § 26 GebG (siehe Rz 576 ff) nach den Vorschriften des Bewertungsgesetzes 1955 (BewG 1955) zu erfolgen.

27.1.4. Entstehen der Gebührenschuld, Gebührenschuldner

629 Die Gebührenschuld entsteht gemäß § 16 Abs. 6 GebG (siehe Rz 491 ff) erst in dem Zeitpunkt, in welchem die gerichtliche Bewilligung den Vertragsteilen zugestellt wird und nicht bereits mit Unterfertigung des Adoptionsvertrages (VwGH 29.1.1996, 93/16/0058, 0059).

630 Die Annahme wird im Falle ihrer Bewilligung rückwirkend zum Zeitpunkt der vertraglichen Willenseinigung wirksam.

631 Die Aufhebung einer Adoption aus den im § 201 Abs. 1 ABGB genannten Gründen (Wirkung ex nunc), hebt die entstandene Gebührenschuld iSd § 17 Abs. 5 GebG (siehe Rz 510 ff) nicht auf. Eine Erstattung der Gebühr ist daher nicht vorgesehen.

Der Widerruf der gerichtlichen Bewilligung (§ 200 Abs. 1 ABGB) erfolgt hingegen mit rückwirkender Kraft (ex tunc) und ist gemäß § 295a BAO zu berücksichtigen.

632 Gebührenschuldner sind die am Rechtsgeschäft beteiligten Parteien als Gesamtschuldner. Im Übrigen siehe Rz 581 ff.

27.1.5. Gebührenbefreiungen und -ermäßigung

633 Die Annahme von

- Minderjährigen (Personen, die das 18. Lebensjahr noch nicht vollendet haben)
- Stiefkindern (auch großjährige, die das 18. Lebensjahr bereits vollendet haben) oder
- eigenen unehelichen Kindern

an Kindes statt ist von der Gebühr befreit.

634 Unter einem Stiefkind ist das Kind eines Ehegatten mit einer Person zu verstehen, das nicht aus der Ehe mit dieser Person stammt (VwGH 7.12.1964, 1617/64).

635 Werden mehrere Personen an Kindes statt angenommen, ist – gleichgültig ob die Folgeadoptionen gleichzeitig mit der ersten Adoption oder später erfolgen – die Gebühr für das erste Wahlkind in vollem Ausmaß zu entrichten. Für jedes weitere Kind hingegen ist die Gebühr jeweils von einem Drittel des Wertes des Vermögens des bzw. der Annehmenden zu berechnen.

Beispiel:

3 Personen werden von A an Kindes statt angenommen.

Der Wert des Vermögens des Annehmenden beträgt 150.000 Euro

Höhe der Gebühr für die Annahme des ersten Kindes (1% von 150.000) = 1.500 Euro

Höhe der Gebühr für die Annahme des zweiten und dritten Kindes (je 1% von 50.000), = je 500 Euro

27.2. Anweisung (§ 33 TP 4 GebG)

27.2.1. Gegenstand der Gebühr

Gemäß § 1400 ABGB ist als Anweisung die Ermächtigung des Anweisenden an den **636** Anweisungsempfänger zur Einhebung einer Leistung beim Angewiesenen verbunden mit der Ermächtigung an den Angewiesenen zur Erbringung dieser Leistung für Rechnung des Anweisenden zu verstehen.

Der Angewiesene handelt dabei im eigenen Namen und auf Rechnung des Anweisenden, **637** weil er etwas schuldet (Anweisung auf Schuld) oder weil er ihm Kredit gibt (Anweisung auf Kredit).

Handelt der „Angewiesene" nicht im eigenen Namen, sondern im Namen des „Anweisenden", so liegt keine Anweisung, sondern lediglich die Erfüllung eines Auftrages vor.

Das Gebührengesetz 1957 beschreibt den Tatbestand im § 33 TP 4 GebG abweichend **638** vom Zivilrecht folgendermaßen:

„Anweisungen, wodurch von dem Anweisenden einem Dritten eine Leistung an eine andere Person aufgetragen wird". Nach dieser Begriffsbestimmung ist der Gebührentatbestand erfüllt, wenn eine Erklärung vorliegt, womit ein Dritter angewiesen wird, etwas an eine andere Person zu leisten.

Beispiel:

„An Herrn C in Wien

Zahlen Sie dem Herrn B gegen diese Anweisung 1.000,-- (eintausend) Euro auf meine Rechnung.

Wien, am ... (Unterschrift) A".

Damit für eine Anweisung iSd § 33 TP 4 GebG die Gebührenschuld entsteht, müssen **639** folgende Voraussetzungen vorliegen:

- eine Erklärung, womit ein Dritter angewiesen wird, etwas an eine andere Person zu leisten,
- die schriftliche Ausfertigung einer Rechtsurkunde mit vorher angeführtem Inhalt,
- die Übergabe dieser Urkunde an den Angewiesenen oder Anweisungsempfänger.

Die Annahme der Anweisung durch den Angewiesenen oder Anweisungsempfänger ist nicht erforderlich.

Der Wechsel stellt einen Sonderfall der Anweisung dar, der einer Gebühr nach § 33 TP 22 **640** GebG unterliegt. Ein unvollständiger Wechsel kann jedoch als Anweisung iSd § 33 TP 4 GebG zu werten sein (siehe Rz 888 ff).

27.2.2. Bemessungsgrundlage und Gebührensatz

Bemessungsgrundlage ist der Wert der Leistung, bei einem Geldbetrag der Nominalwert. **641**

Der Gebührensatz beträgt 2% vom Wert der Leistung.

27.2.3. Entstehung der Gebührenschuld, Gebührenschuldner, Haftung

Gemäß § 16 Abs. 1 Z 2 GebG entsteht die Gebührenschuld im Zeitpunkt der Aushändigung **642** der Anweisung durch den Anweisenden an den Angewiesenen oder an den Anweisungsempfänger bzw. an deren Vertreter. Wird die Urkunde nicht nur vom Anweisenden sondern auch vom Angewiesenen oder vom Anweisungsempfänger unterfertigt, verbleibt diese aber beim Anweisenden, entsteht ebenfalls die Gebührenpflicht, weil der Anweisende gegenüber dem Anweisungsempfänger beweisen kann, dass die Leistung des Angewiesenen zugleich eine eigene Leistung an den Anweisungsempfänger bedeutet.

Gebührenschuldner ist gemäß § 28 Abs. 1 Z 2 GebG derjenige, in dessen Interesse die **643** Urkunde ausgestellt ist. Gebührenschuldner ist, wenn

- die Anweisung nur vom Anweisenden oder vom Anweisenden und vom Angewiesenen unterfertigt wurde, der Angewiesene, dem die Anweisung ausgehändigt wurde;
- die Anweisung nur vom Anweisenden oder vom Anweisenden und vom Anweisungsempfänger unterfertigt wurde, der Anweisungsempfänger, dem die Anweisung ausgehändigt wurde;
- die Anweisung nicht nur vom Anweisenden unterfertigt wurde und in dessen Händen verbleibt, der Anweisende.

GebR

644 Der Anweisende, der Angewiesene und der Anweisungsempfänger, sofern sie nicht ohnehin Gebührenschuldner sind, haften für die Gebühr, wenn sie die Anweisung annehmen (§ 30 GebG).

27.2.4. Gebührenbefreiungen

645 Gemäß § 33 TP 4 Abs. 2 GebG sind von den Gebühren befreit:

- Amtliche Anweisungen

  Das sind Anweisungen, denen zufolge eine Behörde jemand ermächtigt, bei dritten Personen für Rechnung einer Gebietskörperschaft oder einer bestimmten Kasse Zahlungen zu leisten oder in Empfang zu nehmen.
- Kaufmännische Anweisungen von Unternehmern oder auf Unternehmer, unbeschadet der Bestimmungen der § 33 TP 22 GebG.

  Für das Vorliegen einer Anweisung nach § 33 TP 4 Abs. 2 Z 2 GebG genügt es, dass der Anweisende oder der Angewiesene Unternehmer ist. Wer Unternehmer ist, richtet sich nach den unternehmensrechtlichen Bestimmungen. Für Wechsel sowie für an Order lautende und über eine Geldleistung ausgestellte Anweisungen auf einen Unternehmer und Verpflichtungsscheine eines Unternehmers sieht § 33 TP 22 GebG eine gesonderte Gebührenpflicht vor (siehe Rz 888 ff).

27.3. Bestandverträge (§ 33 TP 5 GebG)

27.3.1. Gegenstand der Gebühr und Arten von Bestandverträgen

27.3.1.1. Gegenstand der Gebühr

646 Der Gebühr unterliegen Bestandverträge (§§ 1090 ff ABGB) und sonstige Verträge, wodurch jemand den Gebrauch einer unverbrauchbaren Sache auf eine gewisse Zeit und gegen einen bestimmten Preis erhält.

647 Ein gültiger Bestandvertrag iSd §§ 1090 ff ABGB setzt die Vereinbarung voraus, dass eine bestimmte körperliche oder unkörperliche und unverbrauchbare Sache gegen einen bestimmten oder bestimmbaren Preis (Miet-, Pachtzins) auf eine bestimmte Zeit zum Gebrauch überlassen wird, wobei die Gebrauchsüberlassung jedoch auch mit unbestimmtem Endtermin erfolgen kann.

648 Eine Vereinbarung, durch die eine Sache auf unbestimmte Zeit gegen Zahlung eines einmaligen Betrages – auch wenn dieser in Raten entrichtet wird – zum Gebrauch überlassen wird, ist mangels Bestimmbarkeit des Preises kein Bestandvertrag (VwGH 17.4.1980, 2694/79).

649 Sonstige Verträge sind solche, die an sich die Tatbestandsmerkmale eines Bestandvertrages iSd §§ 1090 ff ABGB erfüllen, aber in der Literatur oder Rechtsprechung (VwGH 15.11.1984, 83/15/0181, 0182; VwGH 6.5.1985, 84/15/0194; VwGH 2.4.1990, 89/15/0147; VwGH 27.6.1994, 92/16/0165) nicht als Bestandverträge gewertet werden (zB Nutzungsverträge von Wohnungsgenossenschaften mit ihren Mitgliedern, Leasingverträge).

650 Für das Erfordernis der Bestimmtheit von Dauer und Entgelt reicht es aus, wenn diese auf Grund des Vertragsinhaltes ermittelbar sind (siehe Rz 678 ff).

27.3.1.2. Beispiele für gebührenpflichtige Bestandverträge

651
- Mietvertrag;
- Pachtvertrag;
- Fischereipachtvertrag;
- Jagdpachtvertrag;
- Leasingvertrag, bei dem nicht bereits der Kauf des Leasingobjektes vereinbart und beurkundet ist. Diese Finanzierungsleasingverträge unterliegen jedoch auch dann der gegenständlichen Rechtsgeschäftsgebühr, wenn dem Leasingnehmer optional eine Kaufmöglichkeit eingeräumt wird (VwGH 15.12.1976, 2005/74; VwGH 15.11.1984, 83/15/0181). Ein Kaufleasingvertrag ist ein nicht gebührenpflichtiger Kaufvertrag;
- Safevertrag mit denen lediglich die Schließfachanlage zur Nutzung überlassen wird;
- Vertrag über die Aufstellung von Automaten (Musikautomaten, Spielautomaten, Kopierer usw.);
- Garagierungsvertrag, bei dem der Fahrzeugbesitzer das Recht auf Nutzung eines Abstellplatzes eingeräumt bekommt. Steht die Obsorgepflicht des Vertragspartners (Garagenbesitzer) im Vordergrund, so ist ein nicht der Gebührenpflicht unterliegender Verwahrungsvertrag anzunehmen;

- Abbauvertrag, wenn sich das Entgelt nach der Dauer bemisst; richtet sich die Höhe des Entgelts nach der Menge des gewonnenen Materials, liegt ein nicht gebührenpflichtiger Kaufvertrag vor;

27.3.1.3. Beispiele für nicht gebührenpflichtige Verträge

- Know-how Verträge; die Überlassung rechtlich nicht geschützten Erfahrungswissens stellt im Gegensatz zu Patenten, Marken und Mustern kein Recht und damit keine unverbrauchbare Sache iSd bürgerlichen Rechts und somit auch keine unverbrauchbare Sache iSd § 33 TP 5 Abs. 1 GebG dar, so dass sie nicht der Gebühr unterliegen (siehe Rz 708 ff); 652
- Depotvertrag, der die Übernahme von Wertpapieren durch die Bank zur Verwahrung zum Gegenstand hat;
- Vertrag über den Übergang der Hauptmietrechte; die Beurkundung des Überganges der Hauptmietrechte gemäß § 12a Abs. 1 MRG ist nicht gebührenpflichtig, weil darin kein rechtsgeschäftlicher Vorgang, sondern ein gesetzlicher Vertragsübergang gelegen ist. Wird hingegen nach dem Inhalt der von den Parteien errichteten Urkunde nicht bloß ein ex lege eingetretener Rechtsübergang, sondern die Willensübereinstimmung aller Vertragspartner über die Übernahme des Bestandvertrages festgehalten, dann wird Gebührenpflicht begründet, weil Parteienvereinbarungen auch dann gebührenpflichtig sind, wenn der vereinbarte Erfolg auch ohne Vorliegen der Vereinbarung kraft Gesetzes einträte. Gleiches gilt in den Fällen der §§ 13 und 14 MRG.

GebR

27.3.2. Bemessungsgrundlage und Gebührensatz

Die Bemessungsgrundlage ist abhängig von den vertraglich vereinbarten Leistungen und der vereinbarten Dauer. 653

Die Gebühr beträgt 654

- im Allgemeinen 1%,
- bei Jagdpachtverträgen 2%

von der Bemessungsgrundlage.

27.3.2.1. Wert der vertraglich vereinbarten Leistungen

Unter vertraglich vereinbarten Leistungen sind alle wiederkehrenden und/oder einmaligen Leistungen (VwGH 7.10.1993, 93/16/0140) zu verstehen, die der Bestandnehmer zu erbringen hat, um den Gebrauch der Bestandsache zu erlangen (zB VwGH 9.9.1970, 1043/69; VwGH 2.7.1981, 0701/80; VwGH 12.11.1997, 97/16/0038; VwGH 12.11.1997, 97/16/0063, VwGH 28.2.2002, 2001/16/0606). 655

Beispiele:

Wiederkehrende Leistungen sind zB die monatliche Miete (Pacht).

Einmalige Leistungen sind etwa Baukostenbeiträge, Investitionsablösen.

27.3.2.1.1. Allgemeines zum Umfang und zur Bewertung

Einmalige und wiederkehrende Leistungen für die Gebrauchsüberlassung gehören auch dann zum Wert, wenn sie unter vertraglich bestimmten Voraussetzungen auf andere Leistungen angerechnet werden können (wesentliche Bedeutung bei Nutzungsverträgen und Leasingverträgen mit Kaufoption). 656

Ein wie auch immer bezeichneter Einmalbetrag, der bei vorzeitiger Vertragsauflösung nicht rückzahlbar ist, ist in voller Höhe in die Bemessungsgrundlage einzubeziehen; dh. hat der Bestandgeber bei vorzeitiger Vertragsauflösung Anspruch auf Erhalt der Leistungsentgelte, die ohne vorzeitige Vertragsauflösung angefallen wären, so ist dieser Betrag als nicht rückzahlbare einmalige Leistung anzusehen. 657

Hingegen sind bei Verträgen auf unbestimmte Dauer einmalige Leistungen (zB Baukostenzuschüsse, Grundkostenanteile) ihrem Charakter nach als wiederkehrende Leistungen anzusehen und nur anteilsmäßig in die Bemessungsgrundlage einzubeziehen, wenn sie für eine längere Nutzungszeit als drei Jahre bestimmt sind und sich aus dem Inhalt der Vereinbarung oder auf Grund gesetzlicher Vorschriften ergibt, dass ein aliquoter Rückforderungsanspruch (nicht „abgewohnter“ Teil) des Bestandnehmers hinsichtlich der von ihm erbrachten Leistung für den Fall der Beendigung des Vertragsverhältnisses vor dem Ablauf des Aufteilungszeitraumes besteht. 658

Eine einmalige Leistung liegt auch dann vor, wenn bei vorzeitiger Beendigung (wegen der vorzeitigen Beendigung) vom Mieter eine Leistung zu erbringen ist. Die Leistungspflicht 659 des Mieters kann auch dann gebührenrechtlich beachtlich sein, wenn der Vermieter (diese Leistungspflicht des Mieters auslösend) die vorzeitige Beendigung erklärt.

Eine (direkte) Proportion zur Vertragsdauer nimmt aber den Charakter einer Einmalzahlung. Hängt die Dauer einer „Restmiete" von der restlichen Dauer des Kündigungsverzichts der Mieter ab, nimmt dies den Charakter einer Einmalzahlung. Da es sich aber auch nicht um wiederkehrende Leistungen handelt, zählen die „Restmieten" nicht zum Wert, von dem die Gebühr zu berechnen ist (BFG 2.8.2016, RV/7100576/2016, mit weiteren Nachweisen).

660 Annuitätenzahlungen von Genossenschaftern gehören zum Nutzungsentgelt. Der Wert von auf bestimmte Zeit vereinbarten wiederkehrenden Leistungen ist nach § 15 BewG 1955 mit der Summe der Jahreswerte, jedoch ohne Abzug von Zwischenzinsen unter Berücksichtigung von Zinseszinsen, höchstens jedoch mit dem Achtzehnfachen des Jahreswertes zu bewerten. Bei Bestandverhältnissen von unbestimmter Dauer mit einem sich nach einiger Zeit vereinbarungsgemäß erhöhenden Mietzins ist – dem Urkundenprinzip Rechnung tragend – von dem gemäß § 26 GebG als unbedingt und sofort fällig geltenden erhöhten Bestandzins auszugehen.

661 Für die Einbeziehung des Wertes einer vertraglichen Verpflichtung zwischen Bestandnehmer und Bestandgeber in die Bemessungsgrundlage der Gebühr ist nicht entscheidend, ob die Leistung an den Bestandgeber oder an einen Dritten zu erbringen ist.

27.3.2.1.2. Bestimmbarkeit der Preisvereinbarung

662 Die Höhe der (Teil-)Leistungen muss für ihre Einbeziehung in die Bemessungsgrundlage nicht ziffernmäßig festgelegt sein, hiefür reicht bereits die grundsätzliche Vereinbarung deren Bezahlung (VwGH 12.7.1962, 0175/62).

663 Ist die Höhe der Leistung von künftigen, ungewissen Ereignissen abhängig (zB umsatzabhängige Pacht), ist gemäß § 17 Abs. 3 BewG 1955 der in Zukunft voraussichtlich erzielbare Durchschnittswert der Gebühr zugrunde zu legen. Im Gesetz ist nicht vorgesehen, welche Anzahl von Jahren für die im § 17 Abs. 3 BewG 1955 vorgesehene Ermittlung eines Durchschnitts der Jahresnutzung heranzuziehen ist. IdR wird der Durchschnitt der letzten drei Jahre unter Berücksichtigung der Zukunftsprognosen für eine Schätzung des voraussichtlich erzielbaren Durchschnittswertes hinreichend sein.

664 Wird in einem auf unbestimmte Dauer abgeschlossenen Bestandvertrag vereinbart, dass nach einer bestimmten Dauer ein höherer Bestandzins zu entrichten ist, so ist bei der Ermittlung der Bemessungsgrundlage – dem Urkundenprinzip Rechnung tragend – von dem gemäß § 26 GebG als unbedingt und sofort fällig geltenden erhöhten Bestandzins auszugehen (VwGH 18.4.1997, 97/16/0079).

665 Auch atypische Leistungen, zu deren Erbringung sich der Bestandnehmer im Zusammenhang mit der Inbestandnahme verpflichtet hat und die der Sicherung und der Erhaltung der Bestandsache und deren störungsfreien Gebrauches dienen, zählen zum Entgelt (VwGH 22.6.1987, 86/15/0138, VwGH 14.2.1994, 93/16/0160). Die Erbringung der Leistung oder Teile davon an vom Bestandgeber verschiedene Personen schließt die Einbeziehung als Entgelt in die Bemessungsgrundlage nicht aus, sofern bei Vorliegen der sonstigen Voraussetzungen ein wirtschaftlicher Zusammenhang zur Überlassung der Bestandsache besteht.

666 Zum Entgelt zählen alle Leistungen, zu deren Erbringung sich der Bestandnehmer zur Erlangung der Bestandsache verpflichtet, auch wenn sie in anderen Schriften als dem Bestandvertrag vereinbart sind, sofern diese Schriften auf Grund des Urkundeninhaltes (siehe Rz 497) zu einem Bestandteil des Bestandvertrages werden. Das sind zB:

- Betriebskosten zB für Wasser, Heizung, Müllabfuhr oder die Grundsteuer (siehe Rz 668 ff);
- Baukostenbeiträge und Darlehensannuitäten (siehe Rz 673 ff) die nach Maßgabe der tatsächlichen Dauer des Bestandverhältnisses dem Bestandgeber verbleiben („abgewohnte" Kostenanteile);
- gesetzliche Umsatzsteuer vom Mietzins (siehe Rz 676 f);
- Mietzinsvorauszahlungen;
- bei Jagdpachtverträgen die Kosten des Jagdschutzpersonals und das Wildschadenpauschale;
- bei Kfz-Leasingverträgen die vereinbarten Versicherungsprämien, wenn der Bestandnehmer in einem Kfz-Leasingvertrag zum Abschluss einer Versicherung verpflichtet wird (siehe Rz 670);
- bei Vermietung von Kopierern eine Zusatzmiete pro Kopie (Mindestverrechnung);
- sonstige Leistungen zB auf Grund allgemeiner Geschäftsbedingungen, Wartungsverträge, Serviceverträge udgl.

Wird das Entgelt nicht für die Zurverfügungstellung der unverbrauchbaren Sache auf eine bestimmte Zeit vereinbart, sondern sind andere Vertragspunkte für das Entgelt maßgebend, so kann nicht von einem Bestandvertrag ausgegangen werden. **667**

27.3.2.1.3. Besondere Bestandteile des Entgelts

27.3.2.1.3.1. Betriebskosten als Nebenleistung

Die Betriebskosten (zB Beheizungs- und Warmwasserkosten) sind grundsätzlich in die Bemessungsgrundlage einzubeziehen, wenn sich der Vermieter zur Beheizung des Mietgegenstandes und zur Lieferung von Warmwasser verpflichtet und der Bestandnehmer diese Kosten dem Bestandgeber zu ersetzen hat. **668**

Bei vertraglicher Verpflichtung des Bestandnehmers, das Bestandobjekt versichern zu lassen und die Prämie aus eigenem zu finanzieren, ist auch die Prämie in die Bemessungsgrundlage für die Gebühr einzubeziehen. **669**

Versicherungsprämien gehören dann zur Gebührenbemessungsgrundlage, wenn es entweder Sache des Leasinggebers ist, gegen Entgelt für einen entsprechenden Versicherungsschutz des Objektes zu sorgen und der Leasingnehmer dem Leasinggeber die Kosten ersetzt oder wenn der Leasingnehmer vertraglich die Verpflichtung übernimmt, Versicherungsverträge abzuschließen und zu finanzieren. **670**

Das gilt auch für die gesetzlich vorgeschriebene Haftpflichtversicherung.

Wird vertraglich vereinbart, dass der Leasingnehmer eine Versicherung abzuschließen hat, so ist diese Teil der Bemessungsgrundlage.

Dabei kann die Verordnung des Bundesministers für Finanzen betreffend die Feststellung von Durchschnittssätzen für Gruppen von Bestandobjekten für die Selbstberechnung der Bestandvertragsgebühr, BGBl. II Nr. 242/1999, Anwendung finden (siehe Rz 672).

GebR

Wird im Leasingvertrag vereinbart, dass der Versicherungsnehmer für den Fall, dass er freiwillig eine Kaskoversicherung abschließt, diese an den Leasinggeber vinkulieren muss, so unterliegt diese nicht der Gebühr. Die Verpflichtung zur Vinkulierung als solche stellt noch keine Verpflichtung zum Abschluss einer Versicherung dar.

Schließt der Leasingnehmer im Zusammenhang mit dem Leasingvertrag einen Versicherungsvertrag ab, für den der Leasinggeber als Vermittler für eine (Zahlwort!) bestimmte Versicherung auftritt, so zählt das Entgelt zur Bemessungsgrundlage. Dies wird insbesondere dann der Fall sein, wenn die Leasingvereinbarung und der Versicherungsvertrag in einer Urkunde (Paketangebot) abgeschlossen werden (VwGH 30.3.2000, 99/16/0372; VwGH 22.2.2002, 99/16/0337).

Hat der Leasingnehmer jedoch die freie Wahlmöglichkeit zwischen mehreren Alternativen, so zählt das Entgelt nicht zur Bemessungsgrundlage.

Ist im Leasingvertrag vereinbart, dass der Leasingnehmer zB für die Dauer einer allfälligen Auslandsreise mit dem geleasten Fahrzeug eine Kaskoversicherung abschließen muss, so würde diese grundsätzlich der Gebühr unterliegen, da bedingte Leistungen und Lasten als unbedingte, betagte Leistungen und Lasten als sofort fällige zu behandeln sind (§ 26 GebG). Eine Gebührenbemessung wird hier allerdings aufgrund fehlender Bemessungsgrundlage nicht möglich sein.

Treibstoff, Wartung, Verschleißreparaturen, Reifenersatz und sonstige Betriebsmittel, für die der Leasingnehmer selbst auf eigene Rechnung sorgen muss, unterliegen nicht der Gebühr.

Desgleichen unterliegt die motorbezogene Versicherungssteuer nicht der Gebühr, sofern sie nicht vom Leasinggeber zu entrichten ist und vom Leasingnehmer übernommen wird.

Ist die Höhe der Betriebskosten in der Urkunde nicht ziffernmäßig angeführt und können diese auch nicht ermittelt werden (siehe Rz 494 ff), dann sind folgende Werte exklusive Umsatzsteuer je Monat und je Quadratmeter Nutzfläche anzusetzen (Verordnung des Bundesministers für Finanzen betreffend Feststellung von Durchschnittssätzen für Gruppen von Bestandobjekten für die Selbstberechnung der Bestandvertragsgebühr, BGBl. II Nr. 242/1999 idF BGBl. II Nr. 469/2001): **671**

- für Betriebskosten (ohne Heizung und ohne Warmwasser) 1,30 Euro
- für die Heizkosten 0,58 Euro
- für die Warmwasserkosten 0,29 Euro

Wird der Bestandnehmer in einem Kraftfahrzeugleasingvertrag zum Abschluss einer Versicherung verpflichtet, so ist diese mit folgenden Werten anzusetzen (Verordnung des Bundesministers für Finanzen betreffend Feststellung von Durchschnittssätzen für Gruppen von Bestandobjekten für die Selbstberechnung der Bestandvertragsgebühr, BGBl. II Nr. 242/1999 idF BGBl. II Nr. 469/2001): **672**

- bei Verpflichtung zum Abschluss einer Haftpflichtversicherung mit 6% der jährlichen Gebührenbemessungsgrundlage pro Versicherungsjahr
- bei Verpflichtung zum Abschluss einer Kaskoversicherung mit 10% der jährlichen Gebührenbemessungsgrundlage pro Versicherungsjahr.

27.3.2.1.3.2. Baukostenbeiträge und Errichtungskosten als Nebenleistungen

673 Baukosten- und Finanzierungsbeiträge sind in die Bemessungsgrundlage der Gebühr einzubeziehen; dies jedoch nur anteilsmäßig, wenn sie als wiederkehrende Leistungen anzusehen sind (siehe Rz 658).

674 Auch der Wert der vom Bestandnehmer vertraglich übernommenen Verpflichtung zu bestimmten Investitionen ist in die Bemessungsgrundlage für die Gebühr einzubeziehen.

675 Bei der Höhe der einzubeziehenden Investitionskosten kommt es nur auf die vertraglich bedungenen Leistungen (in ungefährer Höhe der Ausbaukosten) und nicht auf die tatsächlich erbrachten Leistungen an (VwGH 20.8.1996, 93/16/0097).

27.3.2.1.3.3. Umsatzsteuer als Nebenleistung

676 Wird im Bestandvertrag zwischen dem Bestandgeber und dem Bestandnehmer vereinbart, dass der Bestandnehmer dem Bestandgeber die auf den Bestandzins entfallende Umsatzsteuer zu ersetzen hat, ist diese in die Bemessungsgrundlage einzubeziehen, weil Schuldner der Umsatzsteuer nicht der Bestandnehmer, sondern der Bestandgeber ist und der Bestandnehmer eine dem Bestandgeber obliegende Leistung übernimmt.

677 Geht aus der Urkunde nicht hervor, dass sich der Bestandnehmer zur Tragung der Umsatzsteuer verpflichtet hat, ist die Umsatzsteuer in die Bemessungsgrundlage nicht einzubeziehen.

27.3.2.2. Vertragsdauer

27.3.2.2.1. Allgemeines

678 Die Vertragsdauer stellt neben dem vereinbarten Preis das zweite Element zur Feststellung des Wertes eines Bestandsvertrages dar. Die Vertragsdauer ist kein für das Zustandekommen eines Bestandvertrages wesentlicher Bestandteil, sie ist aber für die Bemessung der Bestandvertragsgebühr bedeutsam.

679 Die Gebühr darf nur von der rechtsgeschäftlich vereinbarten Dauer erhoben werden. Auf die tatsächliche Dauer kommt es nicht an, auch wenn diese im Zeitpunkt der Bemessung bekannt ist.

680 Wird ein Bestandvertrag auf eine bestimmte Dauer abgeschlossen und vereinbart, dass eine Fortsetzung des Bestandverhältnisses nach Ablauf dieser Zeit einer gesonderten Vereinbarung bedarf, erstreckt sich der Bestandvertrag nach dem Wortlaut der Vertragsurkunde nicht über einen die vereinbarte bestimmte Dauer hinausreichenden Zeitraum, weil dieser Formulierung zufolge es zur Fortsetzung des Bestandverhältnisses erst einer neuerlichen Willenseinigung bedarf.

681 Wird nach Ablauf der vertraglich vereinbarten Bestanddauer das Bestandverhältnis gemäß §§ 1114 und 1115 ABGB fortgesetzt, ohne dass eine Verlängerung im Vertrag vereinbart ist oder eine neuerliche Urkunde über das fortgesetzte Bestandverhältnis errichtet wird, ist die Verlängerung der Bestanddauer gebührenrechtlich unbeachtlich.

682 Eine Vertragsverlängerung durch Optionsausübung stellt die Beifügung einer Bedingung dar, bei deren Eintritt (Ausübung der Option) sich die Geltungsdauer des Vertrages verlängert. Eine solche Bedingung hat nach § 17 Abs. 4 GebG (siehe Rz 507 ff) auf das Entstehen der Gebührenschuld keinen Einfluss. Die Gebühr ist von dem Entgelt zu entrichten, das auf die Summe der ursprünglich vereinbarten und der vom Optionsrecht umfassten Verlängerungszeiten entfällt.

27.3.2.2.2. Bestimmte Dauer

683 Eine bestimmte Dauer liegt vor, wenn nach dem Vertragsinhalt beide Vertragsteile auf eine bestimmte Zeit an das Vertragsverhältnis gebunden sind.

684 Die Bemessungsgrundlage ist der Wert der vom Bestandnehmer während der gesamten vorgesehenen Vertragsdauer geschuldeten Leistungen, höchstens jedoch das 18-fache des Jahreswertes (§ 15 Abs. 1 dritter Satz BewG 1955).

Beispiel:

Ein Bestandvertrag wird auf die bestimmte Zeit von 25 Jahren abgeschlossen. Bemessungsgrundlage ist der 18-fache Jahreswert.

685 Ist eine bestimmte Dauer, zB eine fünfjährige Laufzeit, vereinbart, bildet der fünffache Jahreswert der vereinbarten Leistung die Bemessungsgrundlage.

Ein seinem Wortlaut nach auf unbestimmte Zeit abgeschlossener Bestandvertrag ist gebührenrechtlich als solcher auf bestimmte Dauer anzusehen, wenn das Vertragsverhältnis vor Ablauf einer bestimmten Zeit von keinem der Vertragsteile einseitig beendet werden kann oder diese Möglichkeit auf einzelne im Vertrag ausdrücklich bezeichnete Fälle beschränkt ist. **686**

Ein Bestandverhältnis, das zwar der Form nach auf eine bestimmte Zeit eingegangen wird, aber dennoch vor Ablauf dieser Zeit von jedem der beiden Vertragsteile oder auch nur von einem von ihnen beliebig aufgelöst werden kann, ist in seiner Dauer unbestimmt. **687**

Ein Vertrag auf bestimmte Dauer, bei dem ein Kündigungsrecht nur für einzelne im Vertrag ausdrücklich bezeichnete Fälle vorgesehen ist, bleibt gebührenrechtlich ein Vertrag auf bestimmte Dauer. **688**

Im Falle einer uneingeschränkten Kündigungsmöglichkeit liegt grundsätzlich ein Vertrag auf unbestimmte Dauer vor. Ebenso liegt bei Vereinbarung aller denkmöglichen Kündigungsgründe des § 30 Abs. 2 MRG ein Vertrag von unbestimmter Dauer vor (VwGH 17.9.1990, 90/15/0034). Die Frage, welche Kündigungsgründe denkmöglich sind, ist aus Sicht der Vertragsparteien einzelfallbezogen zu beurteilen (vgl. VwGH 26.04.2018, Ra 2018/16/0040 und VwGH 19.09.2017, Ra 2017/16/0111). Nähere Ausführungen siehe Rz 694. **689**

Ob eine Beschränkung der Kündigungsmöglichkeit auf einige im Vertrag ausdrücklich bezeichnete Fälle vorliegt, ist eine Frage, die nach Gewicht und der Wahrscheinlichkeit einer Realisierung der vertraglich vereinbarten Kündigungsgründe von Fall zu Fall verschieden beantwortet werden muss (VwGH 27.1.2000, 99/16/0017). **690**

Bei einem nur einseitigen Kündigungsverzicht bleibt der Vertrag ein solcher auf unbestimmte Dauer, weil der andere Vertragsteil den Vertrag jederzeit durch Kündigung auflösen kann, es sei denn, dass durch die einseitige Kündigung nicht beide Vertragsteile von ihrer Verpflichtung zur Leistung für die Zeit nach der Vertragsauflösung befreit sind. **691**

Beispiel:

Der Vermieter bindet sich für einen bestimmten Zeitraum von 5 Jahren durch Kündigungsverzicht, während der Mieter ohne Angabe von Gründen jederzeit kündigen kann. Kann der Mieter im Falle der Kündigung die geleisteten Mietzinsvorauszahlungen nicht zurückfordern, liegt ein Vertrag auf bestimmte Zeit vor.

Durch beiderseitigen Kündigungsverzicht wird der Vertrag auf die Dauer dieses Verzichts unkündbar und damit zu einem Vertrag von bestimmter Dauer auch dann, wenn er auf unbestimmte Zeit abgeschlossen wurde (siehe Rz 694). Der Gebührenbemessung ist dabei nicht nur die vom beiderseitigen Kündigungsverzicht umfasste bestimmte Dauer sondern auch unbestimmte Dauer zu Grunde zu legen (siehe Rz 699). **692**

Beispiel:

Ein Vertrag auf unbestimmte Dauer. Der Mieter verzichtet für 5 Jahre, der Vermieter für 7 Jahre auf sein Kündigungsrecht. Vom beiderseitigen Kündigungsverzicht umfasst sind 5 Jahre. Insoweit liegt eine bestimmte Dauer vor. Für die Gebührenbemessung ist daher eine Dauer von 5 Jahren bestimmte Dauer und 3 Jahren unbestimmte Dauer maßgeblich.

Als Vertrag auf bestimmte Dauer ist eine Vereinbarung anzusehen, nach der sich ein Mietvertrag auf bestimmte Dauer um eine weitere bestimmte Dauer verlängert, falls er vor Ablauf der ersten bestimmten Dauer nicht aufgekündigt wird; die Möglichkeit der Auflösung mit Ablauf der ersten bestimmten Dauer ist in diesem Fall gebührenrechtlich unbeachtlich. **693**

Beispiel:

Mietvertrag auf vier Jahre. Falls er nicht aufgekündigt wird, verlängert sich der Mietvertrag um 5 Jahre. Für die Gebührenbemessung ist eine Dauer von 9 Jahren maßgeblich.

27.3.2.2.3. Unbestimmte Vertragsdauer

Bestandverträge sind dann auf unbestimmte Dauer abgeschlossen, wenn die Vereinbarung auf unbestimmte Zeit lautet oder eine Vereinbarung über die Dauer fehlt und auch sonst im Vertrag kein Anhaltspunkt enthalten ist, auf welche Dauer sich die Vertragsparteien binden wollten. **694**

Eine unbestimmte Vertragsdauer liegt vor, wenn auch nur ein Vertragspartner in der Lage ist, den Vertrag jederzeit aufzulösen, wobei einzelne, bestimmt bezeichnete Kündigungsgründe (zB jene nach §§ 1117 und 1118 ABGB) unberücksichtigt bleiben. **695**

Ein Bestandverhältnis, das zwar der Form nach auf eine bestimmte Zeit eingegangen wird, aber dennoch vor Ablauf dieser Zeit von jedem der beiden Vertragsteile oder auch nur von einem von ihnen beliebig aufgelöst werden kann, ist in seiner Dauer unbestimmt. **696**

Bei Bestandverträgen mit unbestimmter Dauer sind die wiederkehrenden Leistungen mit dem dreifachen Jahreswert zu bewerten (§ 33 TP 5 Abs. 3 GebG stellt im Verhältnis zu § 15 Abs. 3 BewG 1955 eine Sondervorschrift dar). **697**

698 Wird ein Vertrag auf die bestimmte Dauer von weniger als 3 Jahren (zB 2 Jahren) geschlossen, der aber von einem der Vertragspartner jederzeit gekündigt werden kann, so liegt grundsätzlich ein Vertrag auf unbestimmte Zeit vor. Bemessungsgrundlage wäre das dreifache Jahresentgelt. Da der Vertrag jedoch keinesfalls 3 Jahre dauern kann, ist in diesem Fall von der (bestimmten) maximalen Vertragsdauer auszugehen (im Beispiel also zweifaches Jahresentgelt).

27.3.2.2.4. Kombination von bestimmter und unbestimmter Dauer

699 Eine Verlängerung eines Vertrages, der zunächst auf bestimmte Dauer abgeschlossen wurde, auf unbestimmte Zeit liegt vor, wenn der Vertrag nach Ablauf der bestimmten Vertragsdauer ausdrücklich auf unbestimmte Zeit oder auf eine unbestimmte Anzahl bestimmter Zeiträume verlängert wird (zB „... das Vertragsverhältnis verlängert sich jeweils um x Jahre ...“). Die Bemessungsgrundlage für die Gebühr ist aus der Summe der Jahreswerte der bestimmten und der unbestimmten Vertragsdauer zu ermitteln.

Beispiel:

In einem Bestandvertrag mit der bestimmten Vertragsdauer von 5 Jahren wird vereinbart, dass sich dieser um jeweils 4 Jahre verlängert, wenn er nicht aufgekündigt wird. Für die Gebührenbemessung ist von einer bestimmten Dauer von 5 Jahren und der unbestimmten Dauer auszugehen. Bemessungsgrundlage ist somit der achtfache Jahreswert.

700 Auf unbestimmte Dauer abgeschlossene Bestandverträge, bei denen zunächst für eine bestimmte Zeit ein beiderseitiger Kündigungsverzicht vereinbart wurde, sind für die Zeit des Kündigungsverzichtes als Verträge mit bestimmter Dauer und für die anschließende unbestimmte Zeit als solche von unbestimmter Vertragsdauer zu vergebühren.

Beispiel:

Verzichten der Bestandgeber innerhalb der ersten neun Jahre und die Bestandnehmerin innerhalb der ersten vier Jahre auf ein Kündigungsrecht, so ist der Bestandvertrag gebührenrechtlich so zu beurteilen, als wäre er zunächst auf bestimmte Dauer von vier Jahren abgeschlossen und verlängert sich danach auf unbestimmte Zeit. Bemessungsgrundlage ist somit der siebenfache Jahreswert.

27.3.2.2.5. Immerwährende Dauer

701 Immerwährende Nutzungen oder Leistungen sind solche, deren Ende von Ereignissen abhängt, bei denen ungewiss ist, ob und wann sie in absehbarer Zeit eintreten (VwGH 16.2.1984, 83/15/0047, 0048). Nutzungen und Leistungen von unbestimmter Dauer sind hingegen solche, bei denen das Ende in absehbarer Zeit sicher, der Zeitpunkt des Fortfalls aber ungewiss ist. Die Dauer eines Rechtsverhältnisses auf eine Zeit von 99 Jahren wird im Rechtsleben üblicherweise einer immerwährenden Dauer gleichgesetzt (VwGH 15.3.2001, 99/16/0312).

702 Immerwährende Nutzungen und Leistungen sind gemäß § 15 Abs. 2 BewG 1955 mit dem 18-fachen des Jahreswertes anzusetzen.

27.3.2.3. Zusammenfassung der Ermittlung der Bemessungsgrundlage in Kurzdarstellung

703

Vertragsinhalt	Bemessungsgrundlage
Bestandverträgen auf bestimmte Zeit	Jahreswert der wiederkehrenden Leistungen X bestimmte Zeit + einmalige Leistungen
Bestandverträgen auf unbestimmte Dauer	Jahreswert der wiederkehrenden Leistungen X 3 + einmalige Leistungen
Vertrag auf unbestimmte Dauer mit einseitigem Kündigungsverzicht auf bestimmte Zeit	Unbestimmte Dauer
Vertrag auf unbestimmte Dauer mit zweiseitigem Kündigungsverzicht von verschiedener bestimmter Dauer	Bestimmte Dauer so viele Jahre, als vom zweiseitigen Kündigungsverzicht umfasst + unbestimmte Dauer
Vertrag auf bestimmte Zeit, bei Nichtkündigung Verlängerung um eine weitere bestimmte Zeit	Bestimmte Zeit + bestimmte Zeit
Vertrag auf bestimmte Zeit, bei Nichtkündigung Verlängerung auf unbestimmte Dauer	Bestimmte Zeit + unbestimmte Dauer (insgesamt maximal 21 Jahre)

Vertrag auf bestimmte Zeit, ein oder beide Vertragspartner können jederzeit unter Einhaltung einer bestimmten Kündigungsfrist kündigen	Unbestimmte Dauer
Vertrag auf bestimmte, ein oder beide Vertragspartner können nur bei Vorliegen bestimmter im Vertrag genannter eng abgegrenzter Kündigungsgründe jederzeit kündigen	Bestimmte Zeit
Vertrag auf bestimmte Dauer von über 18 Jahren	Höchstens 18 Jahre

27.3.3. Entstehen der Gebührenschuld und Gebührenschuldner

Bestandverträge sind zweiseitig verbindliche Rechtsgeschäfte. 704

Zum Entstehen der Gebührenschuld siehe § 16 GebG (Rz 462 ff). 705

Zum Gebührenschuldner siehe § 28 GebG (Rz 581 ff). 706

27.3.4. Gebührenbefreiungen (§ 33 TP 5 Abs. 4 GebG)

27.3.4.1. Miete von Wohnräumen

Befreit sind Verträge über die Miete von Wohnräumen (§ 33 TP 5 Abs. 4 Z 1 GebG idF 707 BGBl. I Nr. 147/2017). Diese Befreiung gilt für Verträge, die ab dem 11. November 2017 errichtet wurden. Die Gebührenschuld für derartige Verträge entsteht somit letztmalig für Urkunden über Verträge, die vor dem 11. November 2017 errichtet wurden. Näheres zum Entstehen der Gebührenschuld siehe Rz 462 ff.

GebR

Unter „Wohnräumen“ sind Gebäude oder Gebäudeteile zu verstehen, die überwiegend Wohnzwecken dienen, einschließlich sonstiger selbständiger Räume und anderer Teile der Liegenschaft (wie Keller- und Dachbodenräume, Abstellplätze und Hausgärten, die typischerweise Wohnräumen zugeordnet sind/zuzuordnen sind).

Wohnzwecken dienen Gebäude oder Räumlichkeiten in Gebäuden dann, wenn sie dazu bestimmt sind, in abgeschlossenen Räumen privates Leben, speziell auch Nächtigung, zu ermöglichen. Unter die Befreiung fällt nicht nur die Vermietung oder Nutzungsüberlassung der eigentlichen Wohnräume, sondern auch der mitvermieteten Nebenräume wie Keller- und Dachbodenräume. Auch ein gemeinsam (das heißt im selben Vertrag) mit dem Wohnraum in Bestand gegebener Abstellplatz oder Garten ist, wenn nicht eine andere Nutzung dominiert, als zu Wohnzwecken vermietet anzusehen.

27.3.4.2. Urheberrechtliche und leistungsschutzrechtliche Nutzungsverträge sowie Patent-, Marken- und Musterlizenzverträge

Als Urheber nach dem Urheberrechtsgesetz gilt die natürliche Person, die das Werk ge- 708 schaffen hat. Auch Computerprogramme können Werke im Sinn des Urheberrechtsgesetzes sein, wenn sie das Ergebnis einer eigenen geistigen Schöpfung sind (§§ 40a ff UrhG). Der Urheber kann die Nutzung seines Werks durch Nutzungsverträge (Lizenzverträge) Dritten übertragen, denen dadurch die ansonsten grundsätzlich dem Urheber vorbehaltene körperliche Verwertung (Verbreitung, Vervielfältigung) oder unkörperliche Verwertung (Sendung, Vortrags-, Aufführungs- und Vorführungsrecht, öffentliche Zurverfügungstellung) eingeräumt wird. Der Lizenzvertrag kann als Werknutzungsrecht ausgestaltet sein, wenn der Urheber einem anderen das ausschließliche Recht der Benutzung einräumt, wohingegen bei der Werknutzungsbewilligung die Gestattung der Nutzung keine ausschließliche ist (§ 24 UrhG). §§ 66 ff UrhG schützen Leistungen, die mit der Vermittlung von Werken im Zusammenhang stehen oder Leistungen, die vom Gesetzgeber als schützenswert erachtet werden, ohne dass sie die Voraussetzungen für den urheberrechtlichen Schutz erfüllen (Leistungsschutzrechte). Beispiele dafür sind das Leistungsschutzrecht für ausübende Künstler, Veranstalter, Licht-, Laufbild- und Schallträgerhersteller oder Rundfunkunternehmer.

Patentlizenzverträge sind Verträge, mit denen der Patentinhaber Dritten das Recht zur 709 Benützung der Erfindung für das ganze Geltungsgebiet des Patentes oder für einen Teil desselben mit oder ohne Ausschluss anderer Benützungsberechtigter einräumt (vgl. § 35 Patentgesetz 1970). Des Weiteren sind Lizenzverträge betreffend die Übertragung von Rechten an Marken und Mustern von der Gebühr befreit.

Marken iSd Markenschutzgesetzes 1970 sind Zeichen, die zur Unterscheidung von zum 710 Handelsverkehr bestimmten Waren oder Dienstleistungen eines Unternehmers von gleichartigen Waren und Dienstleistungen anderer Unternehmer dienen. Durch Eintragung der Marke in das Markenregister wird das Alleinrecht zum Gebrauch einer Marke erworben. Der Markeninhaber kann sein Nutzungs- und Verbotsrecht durch Vertrag einem anderen

Unternehmer übertragen und dabei selbst registermäßig Berechtigter bleiben. Ergibt sich aus dem Lizenzvertrag das Recht, namentlich aufgezählte Vertragsschutzrechte (registrierte Wortmarken) zu benutzen, so liegt ein Rechtsgeschäft gemäß § 33 TP 5 Abs. 4 Z 2 GebG vor (VwGH 27.6.1994, 92/16/0165).

711 Unter einem Muster iSd Musterschutzgesetzes 1990 ist das Vorbild für das Aussehen eines gewerblichen Erzeugnisses zu verstehen. Der Musterschutz berechtigt den Musterinhaber, andere davon auszuschließen, Erzeugnisse betriebsmäßig herzustellen, in Verkehr zu bringen, feilzuhalten oder zu gebrauchen, wenn sie mit seinem Muster übereinstimmen oder diesem verwechselbar ähnlich sind und es im Hinblick auf die im Warenverzeichnis enthaltenen Erzeugnisse nahe liegt, das Muster auf sie zu übertragen (vgl. § 4 MuSchG). Die Einräumung von Nutzungsrechten an Musterrechten fällt ebenfalls unter die Gebührenbefreiung.

27.3.4.3. Geringwertige Bestandverträge

712 Bestandverträge, bei denen der für die Gebührenbemessung maßgebliche Wert 150 Euro nicht übersteigt, sind gebührenbefreit. Es ist ausschließlich auf den gesamten, die Bemessungsgrundlage bildenden Wert abzustellen. Die Befreiungsbestimmung kann auch für vertragliche Erhöhungen des Bestandzinses von Bedeutung sein. Ein derartiger Nachtrag ist nämlich gemäß § 21 GebG im Umfang der vereinbarten Änderung als selbständiges Rechtsgeschäft gebührenpflichtig.

Beispiel:

Der monatliche Mietzins wird bei einem auf unbestimmte Dauer abgeschlossenen Bestandvertrag um 4 Euro erhöht. Da die Bemessungsgrundlage für diese Vereinbarung nicht 150 Euro übersteigt (36 x 4 = 144 Euro), ist sie, auch wenn sie beurkundet wird, gebührenfrei.

27.3.4.4. Aufforderungsschreiben gemäß § 45 MRG

713 Gemäß § 45 MRG wird dem Vermieter das Recht eingeräumt, bei Hauptmietverträgen, die vor dem 1. März 1994 geschlossen wurden, den Hauptmietzins auf gesetzlich festgelegte Beträge anzuheben. Der Vermieter hat sein Anhebungsbegehren schriftlich bekannt zu geben. Die Aufforderungsschreiben des Vermieters sind von der Bestandvertragsgebühr befreit.

27.3.5. Selbstberechnung der Bestandvertragsgebühr

714 Für Bestandverträge besteht für den Bestandgeber (Vermieter, Verpächter, Leasinggeber usw.), der im Inland (Bundesgebiet der Republik Österreich)

- einen Wohnsitz,
- den gewöhnlichen Aufenthalt,
- seine Geschäftsleitung oder seinen Sitz hat oder eine inländische Betriebsstätte unterhält,

die Verpflichtung, die Bestandvertragsgebühr (§ 33 TP 5 GebG) selbst zu berechnen.

27.3.5.1. Selbstberechnung durch den Bestandgeber

715 Der Bestandgeber hat dem Finanzamt für Gebühren, Verkehrsteuern und Glücksspiel bis zum 15. Tag des dem Entstehen der Gebührenschuld zweitfolgenden Monats (siehe Rz 76 f) eine Anmeldung über das Rechtsgeschäft/die Rechtsgeschäfte unter Verwendung des amtlichen Vordruckes „Geb1“, (erhältlich beim Finanzamt oder im Internet unter „https://www.bmf.gv.at/service/formulare/_start.htm“) zu übermitteln. Dies gilt als Gebührenanzeige gemäß § 31 GebG. Die Gebühr ist innerhalb derselben Frist unter Anführung des Verwendungszweckes auf dem Zahlungsbeleg (Abgabenkontonummer; Abgabenart GBB, Abgabenzeitraum MMJJJJ) zu entrichten.

Wird einem Parteienvertreter vom Bestandgeber kein Auftrag zur Selbstberechnung erteilt (vgl. Rz 718), ist es zulässig, dass der Parteienvertreter das Formular Geb1 über Auftrag des Bestandgebers erstellt und eine Anmeldung beim Finanzamt vornimmt.

716 Eine Anmeldung mittels Vorlage des amtlichen Vordrucks „Geb1“ ist nicht erforderlich, sofern die selbstberechnete Gebühr mit Verrechnungsweisung (§ 214 Abs. 4 BAO) im Wege von FinanzOnline bis zum Fälligkeitstag entrichtet wird.

717 Auf den Urkunden (Original, Gleichschriften) ist ein Vermerk über die erfolgte Selbstberechnung anzubringen, der

- den Gebührenbetrag,
- das Datum der Selbstberechnung und
- die Unterschrift des Bestandgebers

enthalten muss.

27.3.5.2. Selbstberechnung der Bestandsvertragsgebühr durch einen Bevollmächtigten

Der Bestandgeber kann einen der nachstehend angeführten Parteienvertreter bevollmächtigen, für ihn die Bestandvertragsgebühr zu berechnen und abzuführen. 718

Parteienvertreter iSd § 33 TP 5 Abs. 5 Z 4 GebG sind:

- Rechtsanwälte,
- Notare,
- Wirtschaftstreuhänder (Steuerberater) und
- Immobilienmakler und Immobilienverwalter iSd Bestimmungen der GewO 1994.

Außerdem können auch gemeinnützige Bauvereinigungen iSd Bestimmungen des Wohnungsgemeinnützigkeitsgesetzes zur Selbstberechnung bevollmächtigt werden.

Verpflichtungen des Bevollmächtigten: 719

- Antrag auf Erteilung einer Steuernummer beim Finanzamt für Gebühren, Verkehrsteuern und Glücksspiel.
- Führung von Aufschreibungen (siehe Rz 81 f).
- Im Übrigen siehe die Ausführungen unter Rz 83 ff.

27.3.5.3. Bestandgeber, zu deren Geschäftstätigkeit laufend der Abschluss von Bestandverträgen gehört

Zur Durchführung der zwingenden Selbstberechnung durch Bestandgeber, zu deren Geschäftstätigkeit laufend der Abschluss von Bestandverträgen gehört (zB Gebietskörperschaften, Wohnbauvereinigungen, Leasingfirmen usw.), ist eine sinngemäße Anwendung der Bestimmungen des § 3 Abs. 4a GebG über die Führung von Aufschreibungen und die Entrichtung der Hundertsatzgebühr vorgesehen. In diesem Falle ist nach Rz 79 ff vorzugehen. 720

GebR

27.3.5.4. Ausnahmen von der Verpflichtung zur Selbstberechnung von Bestandverträgen

Von der Selbstberechnungspflicht ausgenommen sind (siehe Verordnung des BM Finanzen über die Ausnahmen von der Verpflichtung des Bestandgebers zur Selbstberechnung der Bestandvertragsgebühr, BGBl. II Nr. 241/1999): 721

- atypische und gemischte Rechtsgeschäfte, deren Beurteilung als Bestandvertrag iSd § 33 TP 5 Abs. 1 GebG nicht zumutbar ist;
- Rechtsgeschäfte, bei denen Leistungen (zB umsatz- oder gewinnabhängiger Bestandzins, verpflichtend übernommene Bau- oder Renovierungskosten) von einem erst in Zukunft – unter Beachtung der sich aus § 26 GebG (siehe Rz 568 ff) ergebenden Grundsätze – ermittelbaren Betrag abhängen und
- Rechtsgeschäfte, bei denen der Bestandgeber persönlich auf Grund des § 2 GebG (siehe Rz 15 ff) oder auf Grund einer sonstigen gesetzlichen Bestimmung außerhalb des Gebührengesetzes 1957 von der Entrichtung der Gebühren befreit ist.

27.3.5.4.1. Atypische Rechtsgeschäfte

Atypische Rechtsgeschäfte sind solche, die Vertragselemente in Form von Nebenabreden der Vertragsparteien enthalten, die nicht typischerweise mit der Erfüllung eines Bestandvertrages verbunden sind (zB Nebenleistungen wie Organisations- und Werbeleistungen, Vereinbarungen über Wettbewerbsbeschränkungen oder die Überlassung von Lizenzen und Know-how). 722

27.3.5.4.2. Gemischte Rechtsgeschäfte

Gemischte Rechtsgeschäfte sind Verträge, die sowohl Elemente eines Bestandvertrages als auch eines anderen Vertrages wie eines Verwahrungsvertrages (zB Aufstellungsvertrag über Automaten, Garagierungsvertrag), eines Dienstvertrages, eines Kaufvertrages (zB Hard- und Softwareleasingvertrag, Finanzierungsleasingvertrag, Abbauvertrag), oder eines Werkvertrages (zB Wäscheservicevertrag) enthalten. 723

27.3.5.5. Zumutbarkeit der Selbstberechnung

Wenn ein Bestandgeber am 30. Juni 1999 die Bewilligung zur Selbstberechnung der Gebühr nach § 3 Abs. 4 GebG gehabt hat, ist ihm die Selbstberechnung der Gebühr für die weiterhin in seinem Betrieb abgeschlossenen gleichartigen Rechtsgeschäfte zumutbar. 724

27.3.5.6. Freiwillige Selbstberechnung

725 Besteht für den Bestandgeber keine Verpflichtung zur Selbstberechnung, bleibt es diesem unbenommen, dennoch die Selbstberechnung durchzuführen. Wird von diesem Recht kein Gebrauch gemacht, bleiben die Anzeigeverpflichtungen nach § 31 GebG (siehe Rz 604 ff) aufrecht.

27.3.5.7. Anzeige von Bestandverträgen beim Finanzamt

726 Gebührenpflichtige Bestandverträge, die von der Selbstberechnungspflicht ausgenommen sind (siehe Rz 721 ff), müssen innerhalb der Anzeigefrist dem Finanzamt angezeigt werden (siehe Rz 604 ff). Entgegen der Verpflichtung zur Selbstberechnung beim Finanzamt im Postweg angezeigte Bestandverträge werden dennoch vom Finanzamt entgegengenommen. Die Gebühr wird diesfalls mit Bescheid festgesetzt, wobei es im Hinblick auf das zwischen den Vertragsparteien bestehende Gesamtschuldverhältnis eine Frage der richtigen Ermessensübung ist, an welchen von mehreren Gebührenschuldnern das Finanzamt das Leistungsgebot richtet. Außerdem kann das Finanzamt mangels ordnungsgemäßer Gebührenanzeige oder wegen nicht rechtzeitiger Gebührenentrichtung bis zum Fälligkeitstag an dem die selbst zu berechnende Gebühr zu entrichten war, eine Erhöhung gemäß § 9 Abs. 2 GebG festsetzen (siehe Rz 118 ff).

Werden Bestandverträge entgegen der gesetzlichen Pflicht zur Selbstberechnung innerhalb der Anzeigefrist persönlich beim Finanzamt angezeigt, ist der Vertrag entgegenzunehmen und der Anzeiger über die grundsätzliche Verpflichtung zur Selbstberechnung durch den Bestandgeber aufzuklären.

27.4. Bürgschaftserklärungen (§ 33 TP 7 GebG)

27.4.1. Gegenstand der Gebühr und Abgrenzung gegenüber keiner Gebühr unterliegenden Vertragstypen

727 Nach dieser Tarifpost unterliegen Bürgschaftserklärungen (siehe Rz 728), sowie Erklärungen, wodurch jemand einer Verbindlichkeit als Mitschuldner beitritt (siehe Rz 731 ff), einer Gebühr.

27.4.1.1. Bürgschaft

728 Bürge ist, wer sich zur Befriedigung des Gläubigers für den Fall verpflichtet, dass der Schuldner die Verbindlichkeit nicht erfüllt. Die Bürgschaft ist ein Vertrag zwischen Bürge und Gläubiger.

729 Eine Bürgschaft setzt eine gültige Hauptschuld voraus (Akzessorietät).

730 Dieser Tatbestand umfasst alle Arten der Bürgschaft iSd bürgerlichen Rechtes.

Darunter fallen:

- die Erklärung über eine Bürgschaft als Bürge und Zahler nach § 1357 ABGB. Bei dieser haftet der Bürge als ungeteilter Mitschuldner für die ganze Schuld und kann auch primär anstatt des Hauptschuldners in Anspruch genommen werden;
- die Schadlos- oder Ausfallsbürgschaft nach § 1346 ABGB, bei welcher der Gläubiger den Bürgen erst dann belangen kann, wenn er seine Forderung beim Hauptschuldner nicht hereingebracht hat;
- die Entschädigungsbürgschaft nach § 1348 ABGB, die dann vorliegt, wenn sich jemand einem Bürgen gegenüber zum Ersatz des Schadens verpflichtet, den der Bürge (Hauptbürge) aus der von ihm übernommenen Bürgschaft erleiden sollte;
- die Nachbürgschaft, bei der sich der Bürge gegenüber dem Gläubiger für den ersten Bürgen (Vorbürgen) verbürgt.

27.4.1.2. Schuldbeitritt

731 Der Gebühr unterliegt auch der Schuldbeitritt nach § 1347 ABGB.

732 Tritt jemand als Mitschuldner einer Verbindlichkeit bei, bedeutet dies, dass neben den bisherigen Schuldner ein weiterer Schuldner hinzutritt (kumulativ); der Gläubiger kann wählen, von welchem der Schuldner er die Leistung verlangen will.

733 Der Schuldbeitritt erfolgt durch Vertrag zwischen Gläubiger und dem Beitretenden oder durch Vertrag zwischen Altschuldner und dem Beitretenden. Im letzteren Fall handelt es sich um einen Vertrag zugunsten eines Dritten (des Gläubigers). Bei einem Vertrag zwischen Beitretendem und Altschuldner entsteht die Gebührenpflicht nur dann, wenn die Urkunde über den Schuldbeitritt dem Gläubiger ausgehändigt (übersendet) wird.

734 Auch auf den Schuldbeitritt ist die Regelung des § 1351 ABGB (Gültigkeit der Hauptschuld) anzuwenden. Danach können Verbindlichkeiten, welche nie zu Recht bestanden

haben oder schon aufgehoben sind, weder übernommen noch bekräftigt werden. Die Schuld des Beitretenden ist zum Zeitpunkt ihrer Entstehung davon abhängig, dass die Schuld, der er beitritt, besteht (vgl. OGH 25.10.2000, 3 Ob 296/99x; VwGH 17.2.1983, 83/15/0001).

Eine gebührenpflichtige Schuldbeitrittserklärung liegt nur dann vor, wenn der Beitretende einer ihm fremden Schuld beitritt, nicht aber dann, wenn mehrere Personen bei der Begründung eines Schuldverhältnisses versprechen, eine bestimmte Leistung zur ungeteilten Hand zu erbringen. **735**

Beispiel:

Zwei Eheleute erwerben eine Liegenschaft je zur Hälfte und versprechen, den Kaufpreis zur ungeteilten Hand zu bezahlen. Es liegt kein Schuldbeitritt vor (VwGH 27.6.1963, 1364/62).

Die Auslagerung von Abfertigungsverpflichtungen im Rahmen von Auslagerungsversicherungen (vgl. EStR 2000 Rz 3369a) stellt keinen Schuldbeitritt dar, es sei denn, ein solcher wurde ausdrücklich vereinbart und beurkundet. **736**

Erfolgt nach der Unterzeichnung eines Vertrages eine Erklärung über den Beitritt auf Seiten eines Vertragspartners durch einen Dritten, kann je nach dem Inhalt des Vertrages ein Schuldbeitritt oder ein Vertragsbeitritt vorliegen. **737**

Ein Vertragsbeitritt ist dann gegeben, wenn der Beitretende kumulativ alle Rechte und Pflichten aus einem Vertrag übernimmt. Bei einem Schuldbeitritt werden nur Verbindlichkeiten übernommen. **738**

Beispiele:

Tritt zu einem Bestandvertrag ein weiterer Vertragspartner als Bestandnehmer hinzu, liegt ein Vertragsbeitritt vor. Das in einer solchen Zusatzvereinbarung beurkundete Rechtsgeschäft ist neuerlich als Bestandvertrag gebührenpflichtig (VwGH 18.9.1980, 0051/79).

Tritt hingegen ein Dritter auf Seiten des Bestandnehmers lediglich der Verpflichtung zur Zahlung des Mietzinses bei, liegt ein Schuldbeitritt vor.

Zur Vertragsübernahme siehe Rz 551 ff. **739**

27.4.1.3. Erfüllungsübernahme

Eine Erfüllungsübernahme stellt keinen Schuldbeitritt dar und unterliegt nicht der Gebühr gemäß § 33 TP 7 GebG. Bei der Erfüllungsübernahme (§ 1404 ABGB) verpflichtet sich lediglich der Übernehmer intern gegenüber dem Schuldner, dessen Gläubiger zu befriedigen. Die Erfüllungsübernahme (interne Schuldübernahme, Belastungsübernahme) ist also ein (interner) Vertrag zwischen dem Schuldner und einem Dritten, wonach sich letzterer ohne Rechtswirkungen für den Gläubiger dazu verpflichtet, dem Schuldner die wirtschaftliche Last abzunehmen, welche die Schuld in dessen Vermögen bildet. Der Gläubiger erhält gegen den Erfüllungsübernehmer keine Rechte (VwGH 7.10.1985, 84/15/0071). **740**

27.4.1.4. Garantievertrag

Ein gebührenfreier Garantievertrag liegt vor, wenn der Garant eine gegenüber der Hauptschuld selbständige – und damit von deren Bestehen unabhängige (nicht akzessorische) – Haftung für die Leistung durch einen Dritten übernimmt. Für eine Garantie ist wesentlich, dass in der Erklärung die Selbständigkeit in Form eines umfassenden Einwendungsverzichtes zum Ausdruck kommt. Bei nur teilweisem Einwendungsverzicht ist eine Bürgschaft anzunehmen (VwGH 16.12.1991, 90/15/0142). **741**

Im Rahmen einer Bankgarantie verpflichtet sich die Bank im Auftrag ihres Kunden zu einer Leistung an einen Dritten für den Fall, dass diese nicht vom Kunden der Bank erbracht wird. Typischerweise wird dabei vereinbart, dass die Bank „auf erstes Anfordern" und unter Verzicht auf alle Einwendungen zu leisten habe. **742**

Garantiert jemand den Ausfall, den ein Gläubiger aus einer allfälligen Zahlungsunfähigkeit des Schuldners erleiden könnte, zu übernehmen und zu zahlen, liegt eine Bürgschaft vor (VwGH 16.12.1991, 90/15/0142). Die Übernahme des Ausfalles unterliegt dann nicht der Gebühr, wenn die Übernahmeverpflichtung abstrakt und mit der Höhe des künftig noch aushaftenden Betrages begrenzt ist. **743**

27.4.1.5. Patronatserklärung

Patronatserklärungen kommen in vielfältigen Formen vor. Es gibt keine Legaldefinition, aus der sich konkret die Rechte und Pflichten des Erklärenden und des Erklärungsempfängers ergeben. **744**

Unter den Begriff „Patronatserklärung" fallen zB Erklärungen, die von einer Muttergesellschaft zur Sicherung des Kredits einer Tochtergesellschaft in der Regel gegenüber einem Kreditinstitut abgegeben werden. **745**

Die Erklärung der Muttergesellschaft gegenüber Dritten, ihre Tochtergesellschaft finanziell so auszustatten, dass sie ihren Verpflichtungen nachkommen kann, unterliegt nicht der Gebühr.

746 Ob eine Patronatserklärung unter § 33 TP 7 GebG zu subsumieren ist, richtet sich nach ihrem Inhalt. Wegen des unterschiedlichen Inhalts der unter der Bezeichnung „Patronatserklärung" auftretenden Sachverhalte ist eine einheitliche zivilrechtliche und gebührenrechtliche Einordnung nicht möglich.

27.4.1.6. Privative Schuldübernahme

747 Eine privative Schuldübernahme iSd § 1405 ABGB liegt vor, wenn ein neuer Schuldner an die Stelle des alten tritt. Sie bedarf der Zustimmung des Gläubigers. Dieser Vorgang unterliegt keiner Gebühr. Erfolgt die Schuldübernahme durch Vertrag zwischen Übernehmer und Gläubiger, dann liegt eine nicht gebührenpflichtige privative Schuldübernahme jedoch nur dann vor, wenn die Befreiung des Urschuldners besonders vereinbart und beurkundet wird; anderenfalls liegt keine Schuldübernahme, sondern ein Schuldbeitritt vor.

27.4.1.7. Wechselbürgschaft und Scheckbürgschaft

748 Die Wechselbürgschaft und die Scheckbürgschaft unterliegen nicht den Vorschriften des bürgerlichen Rechtes; insbesondere besteht keine Akzessorietät. Solche Wechsel- oder Scheckbürgschaften sind wertpapierrechtliche Zusätze, die nach § 33 TP 22 Abs. 3 GebG gebührenfrei sind.

749 Die Übernahme einer Wechselbürgschaft begründet nur dann eine Haftung nach bürgerlichem Recht, wenn dies von den Parteien ausdrücklich vereinbart wurde. Wird auch eine Haftung nach bürgerlichem Recht übernommen, liegt eine gebührenpflichtige Bürgschaft vor.

27.4.1.8. Verpflichtungserklärungen

750 Verpflichtungserklärungen zur Übernahme einer Bürgschaft unterliegen keiner Gebühr, wenn es sich hierbei bloß um die Zusage zum Abschluss eines Bürgschaftsvertrages handelt (siehe auch Rz 439).

27.4.2. Bemessungsgrundlage und Gebührensatz

751 Die Gebühr beträgt 1% vom Wert der verbürgten Verbindlichkeit.

752 Der Wert der verbürgten Verbindlichkeit ergibt sich vorbehaltlich von Sonderregelungen des GebG nach den Vorschriften des Bewertungsgesetzes.

Auf die Pro-fisco Klausel des § 22 GebG (siehe Rz 555), die Abgrenzung zwischen schätzbaren und unschätzbaren Leistungen in § 23 GebG (siehe Rz 556 ff) und die allgemeinen und besonderen Bewertungsvorschriften in § 26 GebG (siehe Rz 568 ff) wird verwiesen.

753 Aus verfassungsrechtlichen Gründen sind die Sondervorschriften des § 33 TP 5 Abs. 3 GebG bei Bestandverträgen, wonach für bestimmte wiederkehrende Leistungen der dreifache Jahreswert anstelle des neunfachen Jahreswertes zu tragen kommt, auf Bürgschaften zur Besicherung des Bestandentgelts auszudehnen (vgl. VfGH 2.12.1985, B 834/84).

754 Bürgschaftserklärungen mehrerer Personen und Erklärungen mehrerer Personen, einer Verbindlichkeit als Mitschuldner beizutreten, unterliegen der Gebühr gemäß § 33 TP 7 GebG iVm § 7 GebG nur im einfachen Betrag, wenn diese Erklärungen sich auf eine (Zahlwort) Verpflichtung beziehen und in einer (Zahlwort) Urkunde abgegeben werden.

27.4.3. Entstehen der Gebührenschuld, Gebührenschuldner, Haftung

755 Eine Bürgschaft ist ein einseitig verbindliches Rechtsgeschäft (VfGH 13.10.1992, B 1144/91). Zum Entstehen der Gebührenschuld siehe Rz 458 ff.

756 Gebührenschuldner ist der durch die Bürgschaft gesicherte Gläubiger (siehe Rz 584 ff).

757 Der Bürge haftet für die Gebühr gemäß § 30 GebG (siehe Rz 603 ff).

758 Kommt dem Gebührenschuldner (Gläubiger) eine persönliche Gebührenbefreiung zu (siehe Rz 22 ff), kann die Gebühr nicht vom Haftenden (Bürgen) gefordert werden. Es entsteht in diesem Falle keine Gebührenschuld, sodass der Bürge auch nicht als Haftungspflichtiger zur Gebührenentrichtung herangezogen werden kann (siehe auch Rz 600).

27.4.4. Gebührenbefreiungen

759 Auf Grund des § 33 TP 7 Abs. 2 GebG unterliegen nicht der Bürgschaftsgebühr

- Bürgschaftserklärungen, die im Strafverfahren und überhaupt zur Sicherung allgemeiner Interessen außer dem öffentlichen Dienst oder einem Vertragsverhältnis gegeben werden müssen;

- Bürgschaftserklärungen von Kreditunternehmungen an Körperschaften des öffentlichen Rechtes sowie an Eisenbahnunternehmungen, die dem öffentlichen Verkehr dienen;
- Bürgschaftserklärungen, die zu gemäß § 33 TP 5 Abs. 4 Z 1 GebG gebührenfreien Wohnungsmietverträgen (siehe Rz 707) abgegeben werden.

Bürgschaften zu Darlehensverträgen, Kreditverträgen und Haftungs- und Garantiekreditverträgen sowie zu den im Rahmen des Factoringgeschäftes (§ 1 Abs. 1 Z 16 BWG) getroffenen Vereinbarungen über die Gewährung eines Rahmens für die Inanspruchnahme von Anzahlungen mit zB Kreditinstituten oder Versicherungsunternehmen sind unter den in § 20 Z 5 GebG genannten Voraussetzungen gebührenfrei (siehe dazu Rz 531 f). **760**

Gemäß § 33 TP 22 Abs. 3 GebG letzter Satz sind alle sonstigen wechselrechtlichen Zusätze gebührenfrei, worunter auch die Wechselbürgschaft fällt. **761**

Die Gebührenbefreiung für Sicherungs- und Erfüllungsgeschäfte des § 19 Abs. 2 GebG kann mangels Personenidentität der Vertragsteile des Hauptgeschäftes und des Sicherungs- oder Erfüllungsgeschäftes nicht zur Anwendung kommen (siehe auch Rz 525 ff). **762**

27.5. Dienstbarkeit (§ 33 TP 9 GebG)

27.5.1. Gegenstand der Gebühr

Der Begriff der Dienstbarkeit (Servitut) ist im Gebührengesetz 1957 nicht umschrieben, es muss daher auf das Zivilrecht Bezug genommen werden. Nach § 472 ABGB wird durch das „Recht der Dienstbarkeit“ ein Eigentümer verbunden, zum Vorteil eines anderen, nämlich des Berechtigten, in Rücksicht seiner Sache etwas zu dulden oder zu unterlassen. Es ist ein dingliches, gegen jeden Besitzer der dienstbaren Sache wirksames Recht. **763**

Von der Dienstbarkeit zu unterscheiden ist die nicht der Gebühr unterliegende Reallast. Darunter versteht man die Verpflichtung des jeweiligen Grundeigentümers zu einer positiven Leistung zu Gunsten des Berechtigten (zB ein Ausgedinge bei bäuerlichen Übergaben). **764**

Man unterscheidet zwischen Grunddienstbarkeiten (zB Wegerecht, Leitungsrecht) und persönlichen Dienstbarkeiten (zB Fruchtgenussrecht, Wohnrecht). **765**

Gemäß § 474 ABGB steht bei den Grunddienstbarkeiten das Nutzungsrecht dem jeweiligen Eigentümer einer bestimmten Liegenschaft (des „herrschenden Grundstücks“) zu. **766**

Die belastete Sache ist stets ein Grundstück (das „dienende Grundstück“). **767**

Ein Grundstück kann zum Vorteil eines anderen Grundstückes in der Weise belastet werden, dass sein Eigentümer sich bestimmte Eingriffe des Eigentümers dieses anderen Grundstückes gefallen lassen muss oder zu dessen Gunsten nach gewissen Richtungen sein Eigentumsrecht nicht ausüben darf. **768**

Unerheblich ist, ob die Urkunde über den Vertrag zur Begründung einer Grunddienstbarkeit in einverleibungsfähiger Form ausgestellt ist. **769**

Persönliche Dienstbarkeiten können sowohl an unbeweglichen als auch an beweglichen Sachen begründet werden. Berechtigter ist stets eine bestimmte Person. Persönliche Dienstbarkeiten sind der Fruchtgenuss, das Gebrauchsrecht und das Wohnrecht. **770**

Unter Fruchtgenuss wird das dingliche Recht verstanden, eine fremde Sache ohne jede Einschränkung, aber unter Schonung der Substanz zu gebrauchen. **771**

Das Gebrauchsrecht ist das dingliche Recht auf Nutzung einer Sache wie beim Fruchtgenuss, aber bloß zum persönlichen Bedürfnis, das Wohnrecht das dingliche Recht zum Gebrauch einer Wohnung. **772**

Voraussetzung der Erfüllung des Tatbestandes des § 33 TP 9 GebG ist außer dem Vorliegen einer Dienstbarkeit iSd Zivilrechtes, dass die Einräumung der Dienstbarkeit durch ein entgeltliches Rechtsgeschäft erfolgt. Ein solches entgeltliches Rechtsgeschäft liegt vor, wenn nach dem Willen der Parteien eine Leistung im Sinne einer subjektiven Äquivalenz vergolten werden soll (VwGH 16.10.2003, 2003/16/0126). Auf das Vorhandensein einer solchen Äquivalenz kann dabei auch aus dem Sachverhalt geschlossen werden. **773**

Die unentgeltliche Einräumung einer Dienstbarkeit erfüllt nicht den Tatbestand (siehe Rz 773). **774**

Bei teilweise unentgeltlicher Einräumung einer Dienstbarkeit bildet der Wert des Entgelts die Bemessungsgrundlage. **775**

Der Gebühr unterliegt nicht erst der Erwerb einer Dienstbarkeit, also ihre grundbücherliche Einverleibung, sondern schon die rechtsgeschäftliche Einräumung des Titels zum entgeltlichen Erwerb (VwGH 5.3.1990, 89/15/0014). **776**

Verträge, welche die Überlassung des Gebrauches einer Wohnung gegen Entgelt zum Gegenstand haben, sind in der Regel als Mietverträge gemäß § 33 TP 5 GebG zu werten. **777**

778 Wird allerdings die zur Nutzung überlassene Wohnung vereinbarungsgemäß nicht zur Befriedigung eines Wohnbedürfnisses des Nutzungsberechtigten, sondern zur Erzielung von Erträgnissen verwendet, ist nicht von einem Bestandvertrag, sondern von einem Dienstbarkeitsvertrag gemäß § 33 TP 9 GebG auszugehen, weil einem Fruchtnießer das Recht auf volle Nutzung der Sache zusteht, wozu insbesondere das Recht gehört, Bestandrechte an Personen zu vergeben, die dadurch Hauptmieter werden. Ein derart eingeräumtes Recht steht mit dem Recht eines Bestandnehmers in Widerspruch, es stellt vielmehr ein Fruchtgenussrecht dar (VwGH 5.3.1990, 89/15/0014).

779 Erfolgt die Einräumung der Dienstbarkeit durch das Gericht (zB § 3 Notwegegesetz oder § 86 EheG) oder durch die Verwaltungsbehörde (zB bei Enteignungen nach § 2 Eisenbahn-Enteignungsentschädigungsgesetz – EisbEG oder durch die Agrarbehörde) ist keine Gebührenpflicht gegeben.

27.5.2. Bemessungsgrundlage und Gebührensatz

780 Dienstbarkeitsverträge unterliegen einer Gebühr von 2%.

781 Bemessungsgrundlage ist der Wert des bedungenen Entgelts, nicht der Wert der Dienstbarkeit.

782 Entgelt ist alles, was der Dienstbarkeitsberechtigte aufwenden muss, um in den Genuss der Sache zu kommen. Das Entgelt kann in Einmalleistungen, als auch in wiederkehrenden Leistungen bestehen.

783 Wenn das Entgelt nicht in einem bestimmten Geldbetrag besteht, ist der Wert desselben gemäß § 26 GebG nach den Bestimmungen des Bewertungsgesetzes (BewG) zu ermitteln (siehe Rz 568 ff).

784 Zur Auslegung des Begriffes des Wertes des Entgelts gelten die Ausführungen zum § 33 TP 5 Abs. 1 GebG (Bestandverträge) sinngemäß (siehe Rz 656 ff) mit dem Unterschied, dass bei einem auf unbestimmte Zeit abgeschlossenen Dienstbarkeitsvertrag nicht, wie beim Bestandvertrag gemäß § 33 TP 5 GebG nur das auf drei Jahre entfallende Entgelt die Bemessungsgrundlage bildet, vielmehr ist – vorbehaltlich § 16 BewG 1955 – das Neunfache des Jahreswertes maßgeblich.

785 Auch die Umsatzsteuer ist in die Bemessungsgrundlage einzubeziehen, wenn sie laut Vertragsinhalt neben dem Entgelt, das dem Liegenschaftseigentümer bzw. dem die Dienstbarkeit Einräumenden verbleibt, ausgewiesen ist.

786 Das Entgelt kann auch in der Einräumung von Rechten oder im Verzicht von Rechten bestehen. Wird eine Dienstbarkeit eingeräumt und verzichtet hiefür der Dienstbarkeitsnehmer auf die Ausübung einer bislang bestandenen Dienstbarkeit, so stellt der Wert des Verzichtes das bedungene Entgelt dar.

27.5.3. Entstehen der Gebührenschuld und Gebührenschuldner

787 Der Vertrag über die Einräumung einer Dienstbarkeit ist ein zweiseitig verbindliches Rechtsgeschäft. Zum Entstehung der Gebührenschuld siehe Rz 458 ff.

788 Gebührenschuldner sind gemäß § 28 Abs. 1 Z 1 GebG die Vertragsteile (siehe Rz 581 ff).

27.6. Ehepakte (§ 33 TP 11 GebG)

789 Ehepakte sind Verträge, die in Absicht auf die eheliche Verbindung geschlossen werden. Sie regeln die vermögensrechtlichen Beziehungen der Ehegatten, so wie sich diese während der Ehe und nach deren Auflösung gestalten sollen. Allerdings gehört nicht jeder Vertrag, der anlässlich der Ehe geschlossen wird oder dessen Wirksamkeit vom Zustandekommen der Ehe abhängt, zu den Ehepakten. Ein Ehepakt liegt vielmehr nur dann vor, wenn durch die getroffene Vereinbarung die sich aus der Ehe ergebenden vermögensrechtlichen Verhältnisse auf eine vertragliche Grundlage gestellt werden. Der Vertrag muss sich daher auf bestimmte Vermögenswerte beziehen. Für einen Ehepakt reicht es nicht aus, dass die Eheschließung den Anlass zu einem Vertrag bildet. Voraussetzung ist vielmehr, dass durch die Vereinbarung der Güterstand zwischen den Ehegatten im Allgemeinen geregelt wird.

Die Vereinbarung von Ehepakten ist an bestimmte Formerfordernisse gebunden. Zum gültigen Abschluss einer solchen Vereinbarung ist die Errichtung eines Notariatsaktes erforderlich.

27.6.1. Gegenstand der Gebühr

790 Der Rechtsgeschäftsgebühr nach § 33 TP 11 GebG unterliegt der Abschluss einer Gütergemeinschaft unter Lebenden. Die Eheschließung allein begründet nämlich laut § 1233 ABGB noch keine Gemeinschaft des Vermögens zwischen den Ehegatten. Eine solche Gemeinschaft entsteht erst durch die besondere Vereinbarung einer ehelichen Gütergemeinschaft; ohne

diese besteht auch bei Ehegatten Gütertrennung. Mit Art. 31 Eingetragene Partnerschaft-Gesetz wurde § 33 TP 11 GebG auf Ehepakten gleichzuhaltende Verträge eingetragener Partner ausgedehnt. Die Bestimmungen über Ehepakte im Achtundzwanzigsten Hauptstück des Allgemeinen Bürgerlichen Gesetzbuches sind nach dem Eingetragenen Partnerschaft-Gesetz auch auf eingetragene Partner anzuwenden.

Soweit vertragliche Regelungen den Unterhalt betreffen, gehören diese nicht zu den 791
Ehepakten. Auch eine noch vor der Eheschließung von den künftigen Ehegatten getroffene Vereinbarung über die Gewährung von Unterhaltsleistungen im Falle der Auflösung der künftigen Ehe stellt einen (bedingten) Vergleich dar und unterliegt daher der Vergleichsgebühr nach § 33 TP 20 GebG (siehe Rz 828 ff).

Die Gebühr von Ehepakten wird für die stattfindende Vermögensübertragung erhoben. 792
Diese besteht darin, dass ein bestimmtes Vermögen, an dem einer der Ehegatten bisher keinen Anteil hatte, auf Grund des Ehepaktes nunmehr in dessen Miteigentum übergeht.

27.6.2. Bemessungsgrundlage und Gebührensatz

Ehepakte unterliegen einer Rechtsgebühr von 1% des Wertes jenes Vermögens, das der 793
Gütergemeinschaft unterzogen wird. Zu beachten ist allerdings, dass nur der Wert des beweglichen Vermögens von der Gebührenpflicht erfasst wird.

Soweit unbewegliche Sachen mit Ehepakten anteilig übertragen werden, sind dafür die 794
Bestimmungen des GrEStG 1987 anzuwenden. Wenn in eine Gütergemeinschaft ausschließlich Liegenschaften eingebracht werden, die bereits im anteiligen Miteigentum der Ehegatten stehen, so unterliegt der Rechtsvorgang weder der Rechtsgebühr noch der Grunderwerbsteuer.

Der zahlenmäßige Wert der einzelnen Vermögensteile ist nach den Vorschriften des 795
BewG 1955 zu ermitteln. Im GebG wird nicht zwischen beschränkter oder unbeschränkter Gebührenpflicht unterschieden; auch enthält das Gesetz keine Bestimmung, wonach von der Gebührenpflicht nur inländisches Vermögen erfasst werden soll. Es unterliegt daher sowohl inländisches als auch ausländisches bewegliches Vermögen dieser Tarifpost. Bei der Ermittlung der Bemessungsgrundlage sind nur solche Schulden abzugsfähig, die mit den der Gebühr unterliegenden Vermögenswerten in wirtschaftlichem Zusammenhang stehen. Schulden sind daher dann nicht abzugsfähig, wenn sie mit dem Erwerb von inländischen Liegenschaften zusammenhängen oder aus anderen Gründen diesen Vermögenswerten zuzuordnen sind.

27.6.3. Entstehen der Gebührenschuld, Gebührenschuldner

Ehepakte sind zweiseitig verbindliche Rechtsgeschäfte. Zum Entstehen der Gebühren- 796
schuld siehe Rz 462.

Gebührenschuldner sind die den Ehepakt abschließenden Vertragsteile (siehe Rz 581 ff).

27.7. Glücksverträge (§ 33 TP 17 GebG)

27.7.1. Allgemeines und Gegenstand der Gebühr

Die Definition des Glücksvertrages gemäß § 33 TP 17 GebG stimmt mit der des § 1267 797
ABGB grundsätzlich überein, wonach Verträge der Gebühr unterliegen, mit denen die Hoffnung eines noch ungewissen Vorteiles versprochen und angenommen wird (VwGH 19.3.1990, 89/15/0085). Ob und in welcher Höhe ein Vorteil tatsächlich entstehen wird (aleatorischer Charakter), ist zum Zeitpunkt der Urkundenerstellung noch ungewiss. Es besteht daher auch die Möglichkeit, dass jener Teil, der diese Hoffnung (gegen Entgelt) verspricht, auch nichts zu leisten hat und die Hoffnung ins Leere geht. Einschränkend erfolgt in § 33 TP 17 GebG eine taxative Aufzählung jener Vertragstypen, die nach dieser Gesetzesstelle gebührenpflichtig sind. Glücksverträge sind in der Regel entgeltliche, zweiseitig verbindliche Rechtsgeschäfte.

27.7.2. Wetten und Hoffnungskäufe

27.7.2.1. Allgemeines

Eine Wette ist eine Verabredung, bei der über ein beiden Teilen noch unbekanntes Er- 798
eignis ein bestimmter Preis für denjenigen vereinbart wird, dessen Behauptung sich als richtige herausstellt (§ 1270 ABGB).

Wer die künftigen Nutzungen einer Sache in Pausch und Bogen kauft oder wer die Hoffnung derselben zu einem bestimmten Preis kauft, errichtet einen Glücksvertrag nach § 1276 ABGB (Hoffnungskauf). Hiebei ist vom Vertragspartner stets eine bestimmte, abgegrenzte

Leistung zu erbringen, um in den Genuss der Nutzung der Gegenstand des Vertrages darstellenden beweglichen Sache zu kommen (VwGH 23.6.1971, 0099/71). Die Vereinbarungen haben aleatorischen Charakter.

Der Erbschaftskauf unterliegt als Unterart des Hoffnungskaufes (§ 1278 Abs. 1 ABGB) dann der gegenständlichen Gebühr, wenn der Vertrag ohne Errichtung eines (gerichtlichen oder privaten) Inventars abgeschlossen wird (VwGH 3.7.1969, 0242/68). Somit ist der Erbschaftskauf nach dem letzten Satz des § 1278 Abs. 1 ABGB aufgrund der Ungewissheit über Vorhandensein oder Beschaffenheit bestimmter Sachen oder die Lastenfreiheit des Nachlasses ein gewagtes Geschäft und somit ein Glücksvertrag.

27.7.2.2. Bemessungsgrundlage und Gebührensatz

799 Der Gebührensatz für die verschiedenen Rechtsgeschäfte gemäß § 33 TP 17 Abs. 1 Z 1 und Z 2 GebG beträgt einheitlich 2% von der Bemessungsgrundlage. Die Bemessungsgrundlage ist:

- bei der Wette gemäß § 33 TP 17 Abs. 1 Z 1 GebG der Wetteinsatz und, wenn die Wetteinsätze verschieden sind, vom höheren Wetteinsatz;
- beim Hoffnungskauf der für den Erwerb der beweglichen Sachen vereinbarte Kaufpreis.

27.7.3. Leibrentenverträge

27.7.3.1. Abgrenzungen

800 Das Gebührengesetz 1957 enthält keine eigene Definition für den Leibrentenvertrag. Für die Auslegung sind §§ 1284 ff ABGB heranzuziehen (VwGH 7.10.1985, 84/15/0040; VwGH 17.3.1986, 84/15/0124). Danach liegt ein Leibrentenvertrag vor, wenn jemandem für Geld oder geldwerte Sachen auf die Lebensdauer einer bestimmten Person eine Rente versprochen wird (VwGH 7.10.1985, 84/15/0071; VwGH 17.3.1986, 84/15/0124). Beim Leibrentenvertrag wird eine Rente gegen Entgelt zugesagt. Voraussetzung ist eine Gegenleistung in Geld oder in einer in Geld bestimmbaren Sache. Das aleatorische Moment liegt im Abweichen der tatsächlichen Lebensdauer des Rentenberechtigten von der durchschnittlichen Lebenserwartung (VwGH 8.2.1990, 89/16/0180). Die Gebühr wird vom Entgelt, mindestens vom Wert der Sache bemessen (siehe Rz 662 ff).

801 Der Gebühr unterliegen nur Leibrentenverträge über bewegliche Sachen, die ohne Verletzung ihrer Substanz von einer Stelle zur anderen versetzt werden können (§ 293 ABGB). Auch unkörperliche Sachen können zu den beweglichen Sachen gehören (§ 292 ABGB).

802 Werden unbewegliche, immobile Sachen gegen Leibrente übergeben, ist dies ein der Grunderwerbsteuer unterliegendes Rechtsgeschäft und nicht gebührenpflichtig. Unbeweglich sind Liegenschaften und alles, was rechtlich zu ihnen gehört (§§ 294 bis 297 ABGB). Bei Überlassung beweglicher und unbeweglicher Sachen ist der steuerrechtliche Wert der Rente auf die beweglichen und unbeweglichen Vermögenswerte im Verhältnis ihrer gemeinen Werte bzw. ihres Verkehrswertes zur Berechnung der Gebühr bzw. der Grunderwerbsteuer aufzuteilen (VwGH 26.2.1962, 0861/61, VwGH 7.10.1985, 84/15/0071).

803 Wird eine Leibrente ganz ohne Überlassung einer (beweglichen) Sache eingeräumt, liegt eine Schenkung der Leibrente an den Leibrentenberechtigten vor und unterliegt nicht der Leibrentengebühr.

804 Bei nur teilweisem Entgelt ist ein einheitliches Rechtsgeschäft anzunehmen, das nach dem Wert der Leibrente oder dem höheren Wert der Sache vergebührt wird.

Beispiel:

A und B schließen und beurkunden am 15. Oktober 2019 einen Leibrentenvertrag über eine bewegliche Sache. Der gemeine Wert der Sache beträgt 80.000 Euro, der nach versicherungsmathematischen Grundsätzen kapitalisierte Wert der Leibrente beträgt 20.000 Euro. Bemessungsgrundlage ist der gemeine Wert der Sache (80.000 Euro).

27.7.3.2. Übertragung eines Unternehmens

805 Die Übertragung eines Unternehmens gegen Einräumung einer Leibrente unterliegt der Gebühr (VwGH 7.10.1985, 84/15/0071).

Wird ein Unternehmen im Ganzen überlassen, ist die nach dem BewG 1955 ermittelte Summe der Teilwerte der beweglichen Wirtschaftsgüter abzüglich der nach denselben Grundsätzen ermittelten betrieblichen Passiva dem nach § 16 BewG 1955. kapitalisierten Wert der Leibrente gegenüberzustellen. Die mit unbeweglichem Betriebsvermögen in Zusammenhang stehenden Lasten sind nicht auszuscheiden.

27.7.3.3. Bemessungsgrundlage und Gebührensatz

Der Gebührensatz für die Leibrentenverträge gemäß § 33 TP 17 Abs. 1 Z 3 GebG beträgt 2% von der Bemessungsgrundlage. Die Bemessungsgrundlage ist der Wert der Leibrente gemäß den Bestimmungen des § 16 BewG 1955, mindestens aber der Wert der gegen die Rente gegebenen Sachen, die grundsätzlich mit dem gemeinen Wert (§ 10 BewG 1955) oder bei Unternehmen mit dem Teilwert (§ 12 BewG 1955) anzusetzen sind. **806**

27.7.4. Wetten

Einer Gebühr unterliegen im Inland abgeschlossene Wetten, die nicht unter das Glücksspielgesetz (GSpG) fallen, wenn zumindest eine der am Rechtsgeschäft mitwirkenden Personen Unternehmerin/Unternehmer entsprechend den gesetzlichen Bestimmungen ist. Von diesem Tatbestand umfasst sind insbesondere Wetten auf den Ausgang sportlicher Bewerbe (nicht jedoch Wetten auf den Ausgang aufgezeichneter oder virtueller sportlicher Bewerbe, die Glücksspiele darstellen und den Glücksspielabgaben der §§ 57 ff GSpG unterliegen). Unternehmerin/Unternehmer entsprechend den gesetzlichen Bestimmungen ist, wer selbstständig eine nachhaltige Tätigkeit zur Erzielung von Einnahmen ausübt, mag sie auch nicht auf Gewinn gerichtet sein. **807**

Dies sind insbesondere alle Rechtspersonen, die gewerbsmäßig Wetten abschließen oder vermitteln (zB Buchmacher und Totalisateure nach den jeweiligen Landesgesetzen).

Eine Wette gilt auch dann als im Inland abgeschlossen, wenn sie vom Inland in das Ausland vermittelt wird oder wenn die Teilnahme an dem Rechtsgeschäft Wette vom Inland aus erfolgt. Als Vermittlung gilt jedenfalls die Annahme und die Weiterleitung von Wetteinsätzen sowie die Mitwirkung am Zustandekommen der Wette auf andere Art und Weise.

Wer zum Abschluss oder zur Vermittlung von Wetten befugt ist, regeln die jeweiligen Landesgesetze (zB Gesetz über das Anbieten, den Abschluss und die Vermittlung von Wetten und die Vermittlung von Wettkundinnen/Wettkunden [Steiermärkisches Wettengesetz 2018], LGBl. Nr. 9/2018 in der geltenden Fassung).

Die Gebühr beträgt zwei Prozent vom Wetteinsatz. Wenn die Einsätze unterschiedlich hoch sind, beträgt die Gebühr zwei Prozent vom höheren Wetteinsatz.

Der Wert des bedungenen Entgeltes umfasst auch Nebenleistungen, die der Wettende anlässlich des Abschlusses des Wettvertrages (etwa einen Verwaltungskostenbeitrag) zu leisten hat.

27.7.5. Entstehen der Gebührenschuld, Gebührenschuldner

Die verschiedenen in § 33 TP 17 GebG aufgezählten Rechtsgeschäfte sind zweiseitig verbindliche Rechtsgeschäfte. Hinsichtlich der Beurkundung des Rechtsgeschäftes siehe Rz 435 ff. **808**

Die Gebührenschuld entsteht bei Wetten im Sinne des § 33 TP 17 Abs. 1 Z 1 GebG mit der Bezahlung des Wetteinsatzes (siehe Rz 490). Zum Entstehen der Gebührenschuld beim Hoffnungskauf und beim Leibrentenvertrag siehe Rz 458 ff.

Gebührenschuldner zur ungeteilten Hand (siehe Rz 592) sind die am Rechtsgeschäft beteiligten Vertragsteile; bei Wetten der Veranstalter (Buchmacher, Totalisateur) und der Vermittler, der Wetteinsätze annimmt und weiterleitet sowie auf andere Art und Weise am Zustandekommen der Wette mitwirkt.

Die Gebühren für Wetten sind selbst zu bemessen und vom Veranstalter oder Vermittler abzuführen. Für die Wettgebührenabrechnung steht das Formular Geb 6 und für die Erläuterungen der Selbstberechnung der Wettgebühr das Formular Geb 6a auf der Homepage des BMF zur Verfügung (siehe https://www.bmf.gv.at → Formulare). **809**

Die Gebührenentrichtung für die Wettgebühren hat bis zum 20. des dem Entstehen der Gebührenschuld folgenden Monats zu erfolgen.

Gleichzeitig sind Abrechnungen, aus denen die Wetteinsätze des Abrechnungszeitraumes hervorgehen, dem Finanzamt für Gebühren, Verkehrsteuern und Glücksspiel (siehe Rz 6 f) vorzulegen. Grundsätzlich ist die Abrechnung (Formular Geb 6) elektronisch über FinanzOnline zu übermitteln (www.bmf.gv.at oder direkt über https://finanzonline.bmf.gv.at).

27.7.6. Nicht gebührenpflichtige Glücksverträge

Treffer der von inländischen Gebietskörperschaften (Bund, Land, Gemeinden) begebenen Anleihen, die mit einer Verlosung verbunden sind, sind nicht gebührenpflichtig. **810**

Differenzgeschäfte sind ebenfalls gebührenfrei. Differenzgeschäfte sind Glücksverträge in der äußeren Form von Kauf- oder Kommissionsverträgen über Waren (Devisen) oder Wertpapiere, bei deren Abschluss die Parteien jedoch darüber einig sind, dass eine **811** effektive Lieferung nicht durchgeführt werden soll, sondern das Geschäft durch Zahlung der Differenz zwischen dem Kaufpreis und dem Kurs am Erfüllungstag abgewickelt werden soll. Bei solchen Verträgen steht von vornherein fest, dass nur die Differenz zwischen dem vereinbarten Preis und dem niedrigeren oder höheren Preis am vereinbarten Stichtag ausgeglichen werden soll.

27.8. Hypothekarverschreibungen (§ 33 TP 18 GebG)

27.8.1. Gegenstand der Gebühr

812 Die Hypothekarverschreibung ist der vertragsmäßige Pfandrechtstitel, wodurch zur Sicherstellung einer eigenen oder fremden Verbindlichkeit eine Hypothek bestellt wird.

813 Eine Hypothek (Grundpfand) liegt nur dann vor, wenn eine unbewegliche Sache als Pfand gegeben wird (§ 448 ABGB). Unbewegliche Sachen sind Grundstücke mitsamt ihren Bestandteilen, Früchten und Zubehör. Das Baurecht gilt nach § 6 BauRG als unbewegliche Sache.

814 Von der Gebührenpflicht des § 33 TP 18 GebG wird nicht der erst mit der grundbücherlichen Eintragung zustande kommende Pfandvertrag, sondern schon die beurkundete rechtsgeschäftliche Einräumung des Pfandrechtstitels für den Pfandrechtserwerb erfasst, sohin jener schuldrechtliche Teil des Pfandvertrages, der das mit der Pfandbestellung verbundene schuldrechtliche Verhältnis zwischen Pfandgeber und Pfandnehmer erzeugt (VfGH 4.3.1982, B 204/78).

815 Die Gebührenpflicht setzt weder die Eintragung der Hypothek in das Grundbuch noch die Einverleibungsfähigkeit der über das Rechtsgeschäft errichteten Urkunde voraus (VwGH 10.6.1991, 90/15/0026, VwGH 17.2.1992, 91/15/0087).

Ein Pfandangebot löst keine Gebührenpflicht aus, soweit nicht bereits im Vorfeld eine Einigung oder ein gültiger Konsensualvertrag zwischen den Vertragsparteien über die Pfandbestellung zustande gekommen ist, der mit dem Pfandangebot als rechtsbezeugend beurkundet wird (VwGH 10.6.1991, 90/15/0026).

Die Zustimmung des Pfandbestellers zum Schuldnerwechsel löst keine weitere Hypothekarverschreibung gemäß § 33 TP 18 GebG aus.

816 Das Pfandrecht muss sich immer auf eine gültige Forderung beziehen (§ 449 ABGB).

Ein Pfandrecht kann auch für bedingte und künftige Forderungen bestellt werden. Die Bestellung von Höchstbetragshypotheken im Wege einer Hypothekarverschreibung unterliegt der Gebühr.

817 Nicht gebührenpflichtig sind:

- die Verpfändung beweglicher Sachen;
- die Verpfändung von Gesellschaftsanteilen;
- die Einräumung einer Schiffshypothek.

818 Von der Hypothekarverschreibung zu unterscheiden sind die Einverleibungsbewilligung und die Reallast. Eine Einverleibungsbewilligung ist die bloße Einwilligung des Grundstückseigentümers, dass auf seiner Liegenschaft ein Pfand einverleibt werden könne. Die Reallast ist die Verpflichtung des jeweiligen Grundeigentümers zu einer positiven Leistung zu Gunsten des Berechtigten. Die Einverleibungsbewilligung und die Reallast unterliegen keiner Gebühr nach dem Gebührengesetz 1957.

819 Die Bestellung einer Hypothek zur Sicherstellung der Erfüllung eines Pflichtteilsanspruches oder zur Sicherstellung von nicht ausbezahlten Vermächtnissen ist ein gebührenpflichtiges Rechtsgeschäft nach § 33 TP 18 GebG und kann nicht als gebührenfreies Nebengeschäft zur Erklärung, den Pflichtteil bzw. das Vermächtnis beanspruchen zu wollen, angesehen werden.

820 Wird in einem Erbübereinkommen vereinbart, dass einer von mehreren Erben den gesamten Nachlass oder den größten Teil des Nachlasses in natura übernimmt, seine Miterben in Geld abfindet und werden die versprochenen Abfindungsbeträge durch Grundpfandrechte sichergestellt, besteht Gebührenpflicht nach § 33 TP 18 GebG.

821 Die einem Wechsel beigesetzte Hypothekarverschreibung unterliegt nach § 33 TP 22 Abs. 3 GebG der in § 33 TP 18 GebG festgesetzten Gebühr.

822 Hypothekarverschreibungen können unter den Voraussetzungen des § 19 Abs. 2 GebG (siehe Rz 522 ff) oder des § 20 Z 5 GebG (siehe Rz 531 ff) gebührenfrei beurkundet werden.

27.8.2. Mehrere Eigentümer, mehrere Liegenschaften

823 Verpfänden mehrere Miteigentümer zur Sicherstellung einer Verbindlichkeit ihre Liegenschaften, so wird die Gebühr nach § 33 TP 18 GebG in Verbindung mit § 7 GebG nur im

einfachen Betrag erhoben, wenn diese Verpfändung sich auf eine (Zahlwort) Verbindlichkeit bezieht und in einer (Zahlwort) Urkunde erfolgt.

Wird die gleiche Verbindlichkeit auf mehreren verschiedenen Liegenschaften, die mehreren verschiedenen Personen gehören, sichergestellt, ist Gebührenpflicht für jede einzelne zum Pfand bestellte Liegenschaft gegeben, da jeder Eigentümer seine Liegenschaft zum Pfand bestellt. **824**

Werden von einem Eigentümer zwei oder mehrere Liegenschaften für eine oder mehrere Verbindlichkeiten einem Gläubiger in einer einzigen Urkunde zum Pfand bestellt (Simultanhypothek), ist die Gebühr nur einmal zu entrichten. **825**

Durch die Ausdehnung einer (Simultan-)Hypothek auf eine weitere Liegenschaft, wird eine unter § 33 TP 18 GebG fallende Hypothek bestellt.

27.8.3. Bemessungsgrundlage und Gebührensatz

Bemessungsgrundlage für die Gebühr nach § 33 TP 18 GebG ist der Wert der Verbindlichkeit. Der Wert der Verbindlichkeit ist idR nach § 26 GebG zu bestimmen. Ist die Verbindlichkeit unbestimmt und kann deren Betrag auch nicht annähernd festgesetzt werden, bildet der Wert der Hypothek (Wert des Pfandgegenstandes, das ist der Einheitswert der Pfandliegenschaft) die Bemessungsgrundlage. Dabei sind im Range vorgehende Hypotheken zu berücksichtigen. **826**

Bei Höchstbetrags-(Maximal-)Hypotheken bestimmt sich die Gebühr nach dem Höchstbetrag. Wird die Hypothek auch für Nebenverbindlichkeiten, zB Zinsen, Nebengebühren, Kautionen, eingeräumt, dann sind diese in die Bemessungsgrundlage einzubeziehen.

Die Gebühr beträgt 1% des Wertes der Verbindlichkeit, für welche die Hypothek eingeräumt wird bzw. des Höchstbetrages.

27.8.4. Entstehen der Gebührenschuld, Gebührenschuldner, Haftung

Die Hypothekarverschreibung ist ein einseitig verbindliches Rechtsgeschäft. Zum Entstehen der Gebührenschuld siehe Rz 458 ff. **827**

Gebührenschuldner ist der Gläubiger (§ 28 Abs. 1 Z 2 GebG; siehe Rz 584 ff).

Der Hypothekarschuldner haftet für die Gebühr (§ 30 GebG; siehe Rz 598 ff).

27.9. Vergleiche (außergerichtliche) (§ 33 TP 20 GebG)

27.9.1. Gegenstand der Gebühr

Der Gebühr unterliegen ausschließlich außergerichtliche Vergleiche. Ein Vergleich ist iSd § 1380 ABGB ein Neuerungsvertrag, durch den streitige oder zweifelhafte Rechte dergestalt bestimmt werden, dass jede Partei sich wechselseitig etwas zu geben, zu tun oder zu unterlassen verbindet. Es handelt sich um einen Feststellungsvertrag mit „Klarstellungs- und Streitvorbeugungsfunktion", der unter beiderseitigem Nachgeben zustande kommt und womit bisher strittige oder zweifelhafte Rechte oder Rechtsgeschäfte bereinigt werden (VwGH 11.9.1987, 86/15/0121). Das Nachgeben in nur einem von mehreren Punkten genügt (VwGH 25.11.1999, 99/16/0021). Der Vergleich ist ein zweiseitig verbindliches, entgeltliches Rechtsgeschäft. **828**

Strittig ist ein Recht, wenn sich die Parteien nicht einigen können, ob und in welchem Umfang es entstanden ist oder noch besteht. Zweifelhaft ist ein Recht dem Grunde oder der Höhe nach, wenn die Parteien sich über Bestand, Inhalt, Umfang oder auch über dessen (sichere) Verwirklichung oder Erlöschen nicht im Klaren sind. **829**

Insbesondere eine Vertragsformulierung, wonach „sämtliche wie immer gearteten gegenseitigen Forderungen und Verbindlichkeiten endgültig bereinigt und verglichen" sein sollen, lässt den Vergleichscharakter eines Rechtsgeschäftes erkennen. Dazu zählen zB: **830**

- noch vor der Eheschließung (auch während der Ehe) zB in Ehepakten getroffene Vereinbarungen über die Regelung der Vermögens- und Unterhaltsverhältnisse im Falle der Auflösung der Ehe (VwGH 18.12.1995, 95/16/0135; VwGH 1.9.1999, 99/16/0051, VwGH 29.7.2004, 2003/16/0117)
- außergerichtliche Vereinbarungen (Scheidungsfolgenvereinbarung) gemäß § 55a Abs. 2 EheG (VwGH 28.9.2000, 2000/16/0332)
- Abfindungsverträge zwischen einer Gesellschaft und ausgeschiedenem Gesellschafter, wenn zugleich zweifelhafte Ansprüche umfassend bereinigt werden (VwGH 9.11.2000, 2000/16/0348).

Kein Vergleich liegt zB vor bei: **831**

- Regelung/Festlegung nicht oder nicht mehr strittiger Rechte (VwGH 11.3.1982, 81/15/0070);
- einseitiger Anerkennung einer Forderung;
- Erlass einer unstreitigen oder unzweifelhaften Schuld;
- Vereinbarung einer Abweichung von der gesetzlichen Erbfolge (einschließlich des gesetzlichen Pflichtteilsanspruches) für den Fall der späteren Eheschließung, wenn ein Streit über Art oder Ausmaß des der Revisionswerberin im Falle des Todes ihres Ehegattens zustehenden gesetzlichen Erbrechts nicht bestanden hat (VwGH 11.09.2018, Ra 2016/16/0110).

832 Nicht Gegenstand der Gebühr sind zufolge § 15 Abs. 3 GebG (siehe Rz 454 ff) in außergerichtlichen Vergleichen verwirklichte Tatbestände nach den Verkehrsteuergesetzen, die der jeweiligen Verkehrsteuer (zB der Grunderwerbsteuer) unterliegen.

27.9.2. Abgrenzung zu gerichtlichem Vergleich, zum Anerkenntnis und gebührenpflichtiges Rechtsgeschäft in gerichtlichem Vergleich

27.9.2.1. Gerichtlicher Vergleich

833 Gerichtliche Vergleiche sind solche, die vor staatlichen Gerichten geschlossen werden (zB prätorischer Vergleich oder Prozessvergleich [VwGH 18.11.1993, 93/16/0014]), dies unabhängig von der Art des Verfahrens (auch Außerstreitverfahren). Nicht zu gerichtlichen Vergleichen zählen hingegen Vergleiche vor Schiedsgerichten (auch vor Schiedsgerichten der Kammern).

834 Wird im Vorfeld oder nach dem gerichtlichen Vergleich ein außergerichtlicher Vergleich beurkundet, unterliegt dieser der Rechtsgebühr selbst dann, wenn inhaltliche Gleichheit gegeben ist (VwGH 26.6.1996, 93/16/0077).

27.9.2.2. Anerkenntnis und Verzicht

835 Anerkenntnis und Verzicht unterliegen nicht der Gebühr, da die Einigung der Parteien nicht durch beiderseitiges Nachgeben erfolgt (VwGH 19.6.1989, 88/15/0167), sondern nur eine Partei von ihrem Rechtsstandpunkt abgeht und sich dem der Gegenpartei vollständig unterwirft.

27.9.2.3. Aufnahme eines Rechtsgeschäftes in einen gerichtlichen Vergleich

836 Die Aufnahme eines Rechtsgeschäftes in einen gerichtlichen Vergleich verhindert nicht dessen Vergebührung nach den einzelnen Tatbeständen des § 33 GebG (VwGH 22.5.1996, 95/16/0021). Eine solche Rechtsgebühr wird nicht von der Gerichtsgebühr nach dem Gerichtsgebührengesetz „absorbiert“ (VwGH 6.10.1994, 93/16/0091).

27.9.3. Bemessungsgrundlage und Gebührensatz

837 Bemessungsgrundlage ist der Gesamtwert der im Vergleich ausbedungenen, positiv zu erbringenden Leistungen, zB auch Neben- oder Ersatzleistungen, Abfindungsbeträge, Unterhaltsverpflichtung für Kinder (VwGH 19.6.1989, 88/15/0167). Nicht dazu gehören Leistungen, worauf verzichtet wurde.

838 Geld oder geldwertes Vermögen wird mit dem Nennbetrag bzw. gemeinen Wert ohne Abzinsung gemäß §§ 14, 15 BewG 1955 angesetzt. Im Übrigen wird zur Bewertung der Leistungen auf § 26 GebG (siehe Rz 568 ff) verwiesen.

839 Der Gebührensatz beträgt grundsätzlich 2%, bei außergerichtlichem Vergleich über (gerichts-)anhängige Rechtsstreitigkeiten 1%.

840 Nicht bei „Gericht“ anhängig sind Rechtsstreitigkeiten vor Schiedsgerichten (zB der Börse, Kammern; vgl. oben Rz 833).

841 Die Streitanhängigkeit wird gemäß § 232 ZPO durch Zustellung der Klageschrift an den Beklagten begründet, setzt also die Einbringung einer Klage voraus. Dies trifft auf außerstreitige Verfahren, Exekutionsverfahren nicht zu (VwGH 11.7.1961, 0555/61). Ein außerstreitiges Verfahren ist gemäß § 12 Abs. 1 AußStrG anhängig, sobald ein Antrag auf seine Einleitung bei Gericht gestellt wird oder das Gericht in einem von Amts wegen einzuleitenden Verfahren eine Verfahrenshandlung vorgenommen hat.

27.9.4. Gebührenbefreiungen

27.9.4.1. Vergleiche über Unterhaltsansprüche Minderjähriger

842 Damit wird die vergleichsweise Regelung bereits vor der zuständigen Verwaltungsbehörde gefördert. Zum Unterhaltsanspruch siehe §§ 231 ff ABGB, zur Minderjährigkeit § 21 Abs. 2 ABGB.

27.9.4.2. Vergleiche mit Versicherungsunternehmungen über Ansprüche aus Kranken- oder Schadensversicherungsverträgen

Die Befreiung fördert bei Eintritt eines Schadensfalles die außergerichtliche Bereinigung derartiger Ansprüche (vormals in Korrespondenzform). **843**

27.9.4.3. Vergleiche, die mit einem Sozialhilfeträger über Ersatzansprüche abgeschlossen werden

Sozialhilfeträger sind Länder und Fonds mit Rechtspersönlichkeit. Nach den Sozialhilfegesetzen können über Ersatzansprüche mit den Verpflichteten Vergleiche geschlossen werden, die aus sozialen Gründen befreit bleiben. **844**

27.9.4.4. Vergleiche mit dem Bundesminister für Finanzen namens des Bundes über Ansprüche aus Haftungen nach dem Ausfuhrförderungsgesetz

In Ergänzung der zur Exportförderung geschaffenen Befreiungsbestimmungen gemäß § 33 TP 21 Abs. 2 Z 4 und 5 GebG (siehe Rz 883 betr. Zessionen) und § 33 TP 22 Abs. 7 Z 3 und 4 GebG (siehe Rz 916 betr. Wechsel) wird damit bei Eintritt eines Schadensfalles die Bereinigung der Ansprüche aus Exportrisikogarantien des Bundes erleichtert. **845**

27.9.4.5. Vergleiche über Verbraucherstreitigkeiten

Vergleiche über Verbraucherstreitigkeiten, die vor einer AS-Stelle gemäß § 4 des Alternative-Streitbeilegung-Gesetzes, BGBl. I Nr. 105/2015, geschlossen werden, sind gebührenfrei. **846**

GebR

27.10. Zessionen § 33 TP 21 GebG

Zessionen oder Abtretungen von Schuldforderungen oder anderen Rechten unterliegen gemäß § 33 TP 21 GebG einer Gebühr von 0,8% des Entgelts. **847**

27.10.1. Gegenstand der Gebühr

Das Gebührengesetz 1957 enthält keine eigene Definition der Zession. Es ist daher auf jene des § 1392 ABGB zurückzugreifen. Eine Zession ist ein Vertrag zwischen Altgläubiger (Abtretender, Zedent) und Neugläubiger (Übernehmer, Zessionar). Gegenstand der Zession ist die Forderung des Altgläubigers gegenüber einer dritten Person (Schuldner, debitor cessus). Der Altgläubiger tritt seine Forderung gegen den debitor cessus an den Neugläubiger ab. Für den Schuldner tritt ein Wechsel in der Person des Gläubigers ein. **848**

Demnach liegt eine Abtretung oder Zession dann vor, wenn eine Forderung von einer Person (Zedent) an die andere (Zessionar) übertragen und von dieser angenommen wird. Zivilrechtlich kann eine Zession mit oder ohne Entgelt erfolgen.

Beispiel:

A (Zedent, Altgläubiger) hat eine Forderung gegenüber C (Schuldner, debitor cessus). A (Zedent) ist aber auch Schuldner gegenüber N (Zessionar, Neugläubiger). Zur Begleichung seiner Schuld gegenüber N tritt A seine Forderung gegenüber C an N ab. N wird damit neuer Gläubiger des C.

Die Zession ist ein kausales Verfügungsgeschäft. Sie ist nur dann wirksam, wenn sie auf einem gültigen Grundgeschäft (Verpflichtungsgeschäft, Titel) beruht. Als Verpflichtungsgeschäft kommen zB Kauf, Schenkung oder eine Sicherungsabrede in Betracht.

Die Zession bedarf als Vertrag zwischen Altgläubiger und Neugläubiger zu ihrer Wirksamkeit nicht der Zustimmung des Schuldners (debitor cessus). § 1395 ABGB bestimmt lediglich, dass der Schuldner, solange er von der Abtretung nicht verständigt wurde, mit schuldbefreiender Wirkung an den Altgläubiger leisten kann. **849**

Ein gebührenpflichtiger Tatbestand wird nur durch eine entgeltliche Zession verwirklicht. **850**

Eine Gebührenpflicht nach § 33 TP 21 Abs. 1 GebG tritt nur ein, wenn sowohl ein Titelgeschäft (Verpflichtungsgeschäft) vorliegt, das auf die entgeltliche Übertragung von Forderungen oder anderen Rechten gerichtet ist und die Übertragung durch das Verfügungsgeschäft erfolgt ist (VwGH 23.1.1989, 87/15/0141). **851**

Enthält das Verständigungsschreiben (Drittschuldnerverständigung) des Zessionars an den debitor cessus die wesentlichen Merkmale des Zessionsvertrages (wie Rechtsgrund der Zession sowie Name des Zedenten und des Zessionars), so löst das Verständigungsschreiben als rechtsbezeugende Urkunde die Gebührenpflicht aus. **852**

Gegenstand einer Abtretung können sowohl befristete, aufschiebend oder auflösend bedingte Rechte als auch zukünftige oder ungewisse Forderungen sein. Solche Forderungen müssen nur ausreichend individualisiert sein. So unterliegt der Gebühr nach § 33 TP 21 **853**

GebG zB die Übertragung von Fischereirechten, Pflichtteilsforderungen, Patent- und Markenrechten, Bestandrechten.

Beispiel:

A und B vereinbaren die Abtretung der Mietrechte des A an B. Der Vermieter wird in diese Vereinbarung nicht eingebunden. Die Mietzahlungen hat B in Folge an den Vermieter zu entrichten (siehe jedoch auch Rz 551 f).

854 Unter den anderen Rechten, deren Abtretung im Falle der Beurkundung einer Gebühr unterliegt, sind auch absolute Rechte (zB verbücherte Dienstbarkeit, verbüchertes Bestandrecht) zu verstehen.

855 Ist der Forderungsübergang nicht die Folge eines zweiseitigen Rechtsgeschäftes, wie etwa die Legalzession gemäß § 1358 ABGB oder die notwendige Zession gemäß § 1422 ABGB, fällt grundsätzlich keine Gebühr nach § 33 TP 21 GebG an, auch wenn die bloße gesetzliche Rechtsfolge schriftlich festgehalten wird. Ein Forderungsübergang kraft Gesetzes setzt begriffsmäßig voraus, dass eindeutig feststeht, welche Forderung durch die Zahlung eingelöst werden soll. Anderenfalls wird der gesetzmäßige Forderungsübergang durch die Zahlung nicht ausgelöst.

Wird trotz Vorliegens einer Forderungseinlösung iSd § 1422 ABGB oder einer Legalzession gemäß § 1358 ABGB eine Willensübereinstimmung über die Forderungsabtretung beurkundet, wird jedoch die Gebührenpflicht nach § 33 TP 21 GebG ausgelöst. Sind umfangreiche vertragliche Vereinbarungen über die einzulösende Forderung getroffen, aber auch über eine vom Gesetz abweichende Haftung des Gläubigers für die übergehende Forderung und hinsichtlich der Ausübung der beim Gläubiger verbleibenden Rechte erforderlich, so spricht dies für das Zustandekommen einer Willensübereinstimmung auch über den Forderungsübergang (VwGH 23.1.1989, 87/15/0141).

856 Da durch eine Abtretung ein Recht erworben werden muss, ist die Auflassung eines Rechtes keine gebührenpflichtige Zession.

857 Die Übertragung von Sachenrechten erfolgt nicht durch Zession (§ 1392 ABGB), sondern durch Übergabe (§§ 426 ff ABGB).

Keine Zession liegt bei der Übertragung verbriefter Rechte vor, wenn diese durch Übertragung des Rechtes am Papier – somit nach sachenrechtlichen Regeln – erfolgt.

Beispiele:

Inhaberpapiere, wie Inhaberaktien, Inhaberschuldverschreibungen, Inhaberinvestmentzertifikate oder Orderpapiere, wie Namensaktien, Zwischenscheine, Namensinvestmentzertifikate, Wechsel.

858 Die Abtretung (Kauf) von Emissionszertifikaten (Befugnis eine bestimmte Menge an Treibhausgasen emittieren zu dürfen) stellt keine Abtretung eines Rechtes dar. Im Hinblick darauf, dass Emissionszertifikate in Folge der gesetzlichen Anordnung des § 44 Emissionszertifikategesetz 2011 als Waren gelten, liegt keine Abtretung eines Rechtes vor und unterliegt der Handel mit diesen Zertifikaten daher nicht der Gebühr gemäß § 33 TP 21 GebG.

27.10.2. Arten von Abtretungen

27.10.2.1. Inkassozession

859 Bei der Inkassozession oder Zession zur Einziehung wird der Zessionar zwar Gläubiger, er ist aber verpflichtet, die eingehobene Leistung an den Zedenten abzuführen (siehe Rz 873). Im Regelfall liegt die Übertragung eines Vollrechtes unter obligatorischen Beschränkungen, somit eine Art Treuhand vor.

27.10.2.2. Stille Zession

860 Als stille Zession wird eine Abtretung verstanden, bei der der Schuldner (vorerst) nicht verständigt werden soll.

27.10.2.3. Zession zahlungshalber

861 Eine Zession zahlungshalber liegt vor, wenn der Zessionar die Forderung nur bis zu jenem Betrag übernimmt, mit dem er tatsächlich vom Schuldner (debitor cessus) befriedigt wird. Damit ist die Zession von der Höhe des vom Schuldner tatsächlich eingehenden Betrages bedingt. Erhält der Zessionar vom Drittschuldner mehr als seiner Forderung gegenüber dem Zedenten entspricht, muss er den übersteigenden Betrag an den Zedenten herausgeben. Erhält er weniger, bleibt seine Forderung gegenüber dem Zedenten insoweit bestehen.

27.10.2.4. Zession an Zahlungs statt

Eine Zession an Zahlungs statt liegt vor, wenn an die Stelle der Forderung des Zessionars gegen den Zedenten eine unabhängig von der Zession bestehende oder künftig entstehende Forderung des Zessionars gegenüber dem Schuldner tritt. Bei dieser Art der Abtretung wird also die Forderung des Zedenten an den Schuldner mit einer Forderung des Zessionars gegen den Zedenten kompensiert oder ausgetauscht und letztere erlischt unabhängig von der Höhe des vom Schuldner tatsächlich eingehenden Betrages. **862**

27.10.2.5. Sicherungszession

Bei einer Sicherungszession erwirbt der Zessionar die volle Rechtsstellung eines Gläubigers mit der schuldrechtlichen Innenbindung, von seiner überschießenden Rechtsmacht nur zur Sicherung seiner Forderung im vereinbarten Rahmen Gebrauch zu machen. Er darf die abgetretene Forderung zu keinem anderen Zweck als zur Deckung seines gesicherten Anspruches verwenden und sich aus der erhaltenen Forderung erst dann befriedigen, wenn der Schuldner seiner Leistungspflicht nicht nachkommt. Bei einer Sicherungszession wird die Forderungsabtretung zum Unterschied von der Vollzession nicht schon mit der Willenseinigung zwischen dem Zedenten und dem Zessionar wirksam, die zivilrechtliche Wirksamkeit der Sicherungszession bedarf vielmehr der Einhaltung des für die Forderungsverpfändung vorgesehenen Modus (Verständigung des Drittschuldners oder Vermerk in den Büchern des Schuldners). Kommt die Sicherungszession zivilrechtlich mangels Einhaltung des Modus nicht zustande, entsteht keine Gebührenpflicht (siehe Rz 423 ff, Rz 429). **863**

Zur Gebührenpflicht betreffend Drittschuldnerverständigung siehe Rz 852.

Mangels Ersatzbeurkundungstatbestandes bei der Zessionsgebühr löst der Vermerk in den Büchern des Schuldners keine Gebührenpflicht aus.

27.10.2.6. Globalzession und Mantelzession

Eine Globalzession liegt vor, wenn nicht eine einzelne Forderung, sondern eine Mehrheit von Forderungen abgetreten wird. Wirksam, weil hinreichend bestimmbar, ist auch die Abtretung aller Forderungen und Lieferungen bestimmter Art oder bestimmter Weise. Bei der Globalzession werden sofort künftige Forderungen abgetreten, weshalb Gebührenpflicht entsteht. **864**

Hingegen werden bei der Mantelzession (Rahmenvereinbarung) zunächst keine künftigen Forderungen abgetreten, sondern es wird nur die Verpflichtung übernommen, in der Zukunft entstehende – aber schon genau beschriebene – Forderungen abzutreten, was noch keine Gebührenpflicht auslöst.

27.10.2.7. Factoring

Als Factoring wird die Zession der im Rahmen des Geschäftsbetriebes entstehenden Forderung für Warenlieferungen und Dienstleistungen durch den Unternehmer an einen „Factor" (Zessionar) bezeichnet. Je nach der inhaltlichen Ausgestaltung ist dies eine bloß treuhändige Abtretung (Inkassozession), die den Zweck hat, dem Unternehmer die Mahnung und Eintreibung der Forderungen abzunehmen oder ein echter Forderungskauf. Übernimmt der Factor das Risiko der Zahlungsunfähigkeit des Schuldners (Delkredereübernahme), so spricht man auch vom „echten Factoring", sonst vom „unechten Factoring". In beiden Fällen hat das Geschäft Finanzierungsfunktion, wenn der Factor vor der Leistung durch den Schuldner den Unternehmer befriedigt. **865**

27.10.3. Bemessungsgrundlage und Gebührensatz

Bemessungsgrundlage ist das Entgelt, also jener Betrag, um den die abgetretene Forderung oder das Recht erworben wird. Zum Entgelt gehören alle jene Leistungen, die der Erwerber dafür zu erbringen hat – gleichgültig, an wen auch immer -, dass er das Recht oder die Forderung erhält. Deshalb ist auch der Betrag übernommener Schulden und Haftungen gebührenrechtlich als Teil des Entgelts anzusehen. **866**

Bemessungsgrundlage ist jenes Entgelt, welches der Zedent vom Zessionar oder von einem Dritten für den Zessionar für die abgetretene Forderung entweder tatsächlich erhält oder vereinbarungsgemäß erhalten soll. Dieses Entgelt wird als Zessionsvaluta bezeichnet. **867**

Bestätigt der Zedent in der Vertragsurkunde „die Zessionsvaluta" in Waren erhalten zu haben, stellt der Wert dieser Waren und nicht der Wert der abgetretenen Forderung die Bemessungsgrundlage dar. **868**

Bei einer Zession an Zahlungs statt ist die Gebühr von jenem Betrag zu erheben, den der Zessionar für die ihm vom Zedenten übertragene Forderung zu entrichten hat. Als Wert des Entgelts ist somit die Höhe der Forderung des Zessionars an den Zedenten anzusetzen, **869** weil durch diese die Schuld des Zedenten (Altgläubiger) an den Zessionar (Neugläubiger) beglichen wird.

Beispiel:

A schuldet dem B 100. Zur Begleichung der Schuld tritt A (Zedent) dem B (Zessionar) seine Forderung gegenüber C in Höhe von 110 ab. B leistet für die abgetretene Forderung 100, Bemessungsgrundlage ist daher 100.

A schuldet dem B 100. Zur Begleichung der Schuld tritt A (Zedent) dem B (Zessionar) seine Forderung gegenüber C in Höhe von 90 ab. Das Entgelt des B für die abgetretene Forderung beträgt 100, somit ist die Bemessungsgrundlage 100.

870 Bei einer zahlungshalber abgetretenen Forderung ist das Entgelt die Forderung des Zessionars gegenüber dem Zedenten, in jenem Ausmaß, als sie durch die Abtretung beglichen werden soll.

Beispiele:

A schuldet B 100. Zur Begleichung dieser Schuld tritt A (Zedent) dem B (Zessionar) seine Forderung gegenüber C in Höhe von 90 ab. Die Bemessungsgrundlage beträgt daher 90 (in Höhe von 10 bleibt die Schuld des A gegenüber B aufrecht).

A schuldet B 100. Zur Begleichung dieser Schuld tritt A (Zedent) dem B (Zessionar) seine Forderung gegenüber C in Höhe von 110 ab. Das Entgelt des B für die abgetretene Forderung und Bemessungsgrundlage ist 100. Damit ist die Schuld getilgt.

871 Bei einer Zession zur Sicherung eines Anspruches wird die Bemessungsgrundlage in der Regel dem Wert dieses besicherten Anspruches entsprechen, wenn der Wert des sicherungsweise abgetretenen Rechtes höher ist als der Wert des besicherten Anspruches. Ist der Wert des sicherungsweise abgetretenen Rechtes niedriger, so liegt nur in Höhe des durch die Zession besicherten Wertbetrages eine Bemessungsgrundlage vor.

Beispiel:

Der besicherte Anspruch beträgt 100. Zur Sicherstellung wird eine Forderung in Höhe von 150 abgetreten. Bemessungsgrundlage ist 100.Wird zur Besicherung eine Forderung in Höhe von 50 abgetreten, ist Bemessungsgrundlage 50.

872 Da es sich bei der Globalzession um einen Sonderfall der Sicherungszession handelt, ist auch bei einer Globalzession die Gebühr von jenem Gesamtbetrag zu erheben, den der Zessionar zur Befriedigung seiner Forderung (zB den im Zeitpunkt der Zession aushaftenden Betrag aus einem Darlehens- oder Kreditvertrag) erhalten soll.

873 Da bei einer Inkassozession kein Entgelt vorliegt, wird durch diese Form der Zession mangels Bemessungsgrundlage keine Gebührenpflicht ausgelöst.

874 Bei der Übertragung komplexer Rechtsgebilde kann als Entgelt nur das angesehen werden, was für die Übertragung der Rechtsgesamtheit aufgewendet wird (VwGH 5.2.1958, 1044/57).

27.10.4. Entstehen der Gebührenschuld, Gebührenschuldner

875 Die Zession ist ein zweiseitig verbindliches Rechtsgeschäft.

876 Zum Entstehen der Gebührenschuld siehe Rz 458 ff.

877 Gebührenschuldner sind die Vertragsteile (siehe Rz 581 ff).

27.10.5. Gebührenbefreiungen

878 Neben Befreiungen außerhalb des Gebührengesetzes 1957 (zB UmgrStG) und solchen nach allgemeinen Befreiungsbestimmungen des GebG, wie jener nach § 15 Abs. 3 GebG (siehe Rz 454 ff), nach § 19 Abs. 2 GebG (siehe Rz 522 ff) oder nach §°20 Z 5 GebG (siehe Rz 531 ff) sieht § 33 TP 21 Abs. 2 GebG besondere Befreiungsbestimmungen vor.

27.10.5.1. Zessionen an Gebietskörperschaften

879 Nach § 33 TP 21 Abs. 2 Z 1 GebG unterliegen Zessionen an Gebietskörperschaften zur Sicherung rückständiger öffentlicher Abgaben nicht der Gebühr.

27.10.5.2. Zessionen zwischen bestimmten Instituten

880 Keiner Gebühr unterliegen nach § 33 TP 21 Abs. 2 Z 2 GebG

- Zessionen von Forderungen zwischen Kreditinstituten, der Oesterreichischen Nationalbank und den Bausparkassen
- Zessionen von Forderungen gegen Gebietskörperschaften zwischen Kreditinstituten, der Oesterreichischen Nationalbank und den Bausparkassen einerseits und Versicherungsunternehmen oder Pensionskassen iSd Pensionskassengesetzes andererseits; den

Kreditinstituten stehen ausländische Kreditinstitute und Finanzinstitute gleich, die zur Erbringung von Bankgeschäften im Sinne des § 1 Abs. 1 BWG berechtigt sind.

27.10.5.3. Zessionen zu Factoringverträgen

Zessionen von Forderungen zur Erfüllung eines Factoringvertrages jeglicher Art unterliegen nicht der Gebühr. Dies gilt unabhängig davon, ob der Factoringvertrag mit einem Kreditinstitut iSd § 1 Abs. 1 BWG oder einem sonstigen Vertragspartner abgeschlossen wurde. **881**

Die Bestimmung des § 33 TP 21 Abs. 2 Z 3 GebG ist als lex specialis zu § 20 Z 5 GebG zu betrachten (vgl. VwGH 11.9.2014, 2012/16/0023). **882**

27.10.5.4. Zessionen von Forderungen im Zusammenhang mit Haftungen des Bundes nach dem Ausfuhrförderungsgesetz

Gebührenbefreit sind **883**

- Zessionen der Exporteure von Forderungen aus Ausfuhrgeschäften, soweit dafür der Bundesminister für Finanzen namens des Bundes eine Haftung nach dem Ausfuhrförderungsgesetz übernommen hat,
- Zessionen von Forderungen, für die der Bundesminister für Finanzen namens des Bundes eine Haftung nach dem Ausfuhrförderungsgesetz übernommen hat, an den Bund nach Eintritt eines Haftungsfalles.

27.10.5.5. Abtretung von Anteilen an Kapital- und Personengesellschaften sowie von Genossenschaftsanteilen

Übertragung von Anteilen an einer Gesellschaft mit beschränkter Haftung, von Aktien sowie von Geschäftsanteilen an einer Erwerbs- und Wirtschaftsgenossenschaft und Übertragungen der mit der Stellung eines Gesellschafters einer Personengesellschaft verbundenen Rechte und Pflichten sind von der Zessionsgebühr befreit. **884**

Zu den Personengesellschaften im Sinne dieser Bestimmung zählen neben Offenen Gesellschaften und Kommanditgesellschaften auch die Gesellschaften bürgerlichen Rechtes (wie zB Arbeitsgemeinschaften, Kanzleigemeinschaften, Betriebsgemeinschaften oder Jagdgesellschaften) sowie die (atypischen und typischen) stillen Gesellschaften.

Die Befreiung gilt auch für die Abtretung von Anteilen an vergleichbaren ausländischen Gesellschaften.

Der Unterschied zwischen einer schlichten Rechtsgemeinschaft, etwa zwischen Miteigentümern, Miterben oder Mitmietern, und einer Gesellschaft besteht darin, dass die Gesellschaft auf ein gemeinsames Wirken, die Rechtsgemeinschaft hingegen auf ein gemeinsames Haben und Verwalten gerichtet ist. Das entscheidende Kriterium der Gesellschaft bürgerlichen Rechtes ist die Absicht, gemeinschaftlich zu wirtschaften. Die schlichte Rechtsgemeinschaft beschränkt sich hingegen auf gemeinschaftlichen Besitz und die gemeinschaftliche Nutzung der Sache (vgl. OGH 27.4.1987, 1 Ob 580/87). **885**

Diese Befreiungsbestimmung schließt nicht aus, dass von der Zessionsgebühr befreite Abtretungen und Übertragungen nach einer anderen Tarifpost gebührenpflichtig sind (zB nach § 33 TP 17 GebG im Fall der Abtretung eines Geschäftsanteiles gegen Leibrente oder nach § 33 TP 20 GebG, wenn die Abtretung der vergleichsweisen Regelung strittiger Rechte dient). **886**

27.10.5.6. Zessionen an Verbriefungsgesellschaften

Ursprünglich war die Verbriefungsspezialgesellschaft im § 2 Z 60 BWG geregelt. Aufgrund von BGBl. I Nr. 184/2013 ist § 2 Z 60 BWG entfallen. Die bezugnehmende Bestimmung ist nunmehr in Art. 4 Abs. 1 Nr. 66 CRR (Verordnung (EU) Nr. 575/2013) enthalten. **887**

Danach ist eine Verbriefungszweckgesellschaft eine Treuhandgesellschaft oder ein anderes Unternehmen, die/das kein Institut ist und zur Durchführung einer oder mehrerer Verbriefungen errichtet wurde, deren/dessen Tätigkeit auf das zu diesem Zweck Notwendige beschränkt ist, deren/dessen Struktur darauf ausgelegt ist, die eigenen Verpflichtungen von denen des Organisators zu trennen, und deren/dessen wirtschaftliche Eigentümer die damit verbundenen Rechte uneingeschränkt verpfänden oder veräußern können.

Der Begriff „Verbriefungsspezialgesellschaft" wurde durch den Begriff „Verbriefungszweckgesellschaft" ersetzt; eine inhaltliche Änderung ist damit nicht verbunden.

27.11. Wechsel (§ 33 TP 22 GebG)

27.11.1. Gegenstand der Gebühr

Der Gebühr gemäß § 33 TP 22 GebG unterliegen im Inland oder Ausland ausgestellte, gezogene oder eigene Wechsel, sowohl mit bestimmter Zahlungsfrist als auch auf Sicht oder **888** auf eine bestimmte Zeit nach Sicht. Das GebG enthält keine eigene Definition des Wechsels, es sind daher die Bestimmungen des Wechselgesetzes 1955 maßgebend.

889 Beim gezogenen Wechsel (Tratte) weist der Aussteller des Wechsels den Bezogenen an, an den Nehmer (Remittenten) zu leisten. Nimmt der Bezogene den Wechsel an (Akzept), so ist er gegenüber dem rechtmäßigen Inhaber (Art. 16 Wechselgesetz 1955) nach dem Inhalt des Wechsels zur Zahlung verpflichtet.

Beispiel:

„Salzburg, 1.1.03

Gegen diesen Wechsel zahlen Sie an Herrn Norbert Nehmer

am 15.3.03 in Wien 3.000,-- Euro (dreitausend)

Anton Aussteller

An Herrn Bernhard Bezog"

890 Beim eigenen Wechsel (Sola-Wechsel) verspricht der Aussteller, die Wechselsumme an den Wechselnehmer zu zahlen. Wechselnehmer ist die Person, an die oder an deren Order gezahlt werden soll. Aussteller ist der, der den Wechsel unterzeichnet hat.

Beispiel:

„Bregenz, 1.1.03

Gegen diesen Wechsel zahle ich an Herrn Norbert Nehmer

am 26. April 03 in Wien Euro 3.000,-- (dreitausend).

Anton Aussteller"

891 Werden mehrere Ausfertigungen eines Wechsels (Art. 64 Wechselgesetz 1955, „Prima", „Sekunda") oder Wechselabschriften (Art. 67 Wechselgesetz 1955, Kopien), die mit einem urschriftlichen Indossament versehen („giriert") werden, hergestellt, so unterliegt jede dieser Vervielfältigungen der gleichen Gebühr wie der Wechsel, der „Prima", selbst.

892 Jede Prolongation eines Wechsels unterliegt der gleichen Gebühr wie der Wechsel.

893 Die einem Wechsel beigesetzte Hypothekarverschreibung unterliegt der in § 33 TP 18 GebG festgesetzten Gebühr (1%, siehe Rz 812 ff). Die Gebührenbefreiungsbestimmung des § 19 Abs. 2 GebG zweiter Satz für Sicherungsgeschäfte kommt hier nicht zur Anwendung.

894 Sonstige wechselrechtliche Zusätze sind gebührenfrei.

895 Die Wechselbürgschaft (Aval) ist als wechselrechtlicher Zusatz von der Gebühr befreit.

896 Unterfertigt ein Wechselbürge mit oder ohne Zusatz „als Bürge" einen Schuldschein, so liegt eine nach bürgerlichem Recht zu beurteilende Bürgschaft oder ein Schuldbeitritt vor (siehe Rz 727 ff).

897 Dem Wechsel sind nach § 33 TP 22 Abs. 5 GebG Anweisungen auf einen Unternehmer und Verpflichtungsscheine eines Unternehmers (kaufmännischer Verpflichtungsschein, § 363 UGB) gleichgestellt (VwGH 7.12.2000, 97/16/0506), wenn sie auf Order lauten und über eine Geldleistung ausgestellt sind.

Beispiel:

„Die X-Bank schuldet der Y-Bank 5,000.000,-- Euro und verpflichtet sich gegen Übergabe dieses Papiers diesen Betrag der Y-Bank oder an deren Order am 31. Dezember 05 endfällig zum Nennwert sowie die darauf entfallenden Zinsen gemäß den auf der Rückseite angeführten Bedingungen zu bezahlen.

X Bank, Unterschriften"

27.11.2. Bemessungsgrundlage und Gebührensatz

898 Bemessungsgrundlage für die Gebühr nach § 33 TP 22 GebG ist die Wechselsumme, das ist die Summe, auf die der Wechsel lautet.

899 Die Gebühr beträgt 1/8% (= 0,125%) der Wechselsumme.

900 Für im Ausland ausgestellte und ausschließlich im Ausland zahlbare Wechsel (zum Entstehen der Gebührenschuld siehe Rz 469 ff) beträgt die Gebühr 1/16% (= 0,0625%) der Wechselsumme. Wird ein solcher Wechsel nachträglich im Inland zahlbar gemacht oder gelangt er im Inland zu einem amtlichen Gebrauch, so ist in diesem Zeitpunkt die Gebühr auf den Betrag von 1/8% von der Wechselsumme zu ergänzen (siehe Rz 906 ff).

27.11.3. Entstehen der Gebührenschuld, Gebührenschuldner

901 Die Gebührenschuld für Wechsel entsteht, wenn einer von folgenden fünf Vorgängen im Inland verwirklicht wird:

- der formgültige, aber nicht akzeptierte Wechsel vom Aussteller dem Wechselnehmer (das ist der, an den nach dem Text der Urkunde gezahlt werden soll), übergeben wird;
- der Wechsel an einen Indossatar übergeben wird;

  Der Indossatar ist ein am Indossament Beteiligter.

  Das Indossament ist eine dem Wechselrecht eigene Übertragungsform (Art. 11 ff Wechselgesetz 1955). Mit dem Indossament werden alle Rechte aus dem Wechsel übertragen.

  Im Wechsel ist Zahlung an den Wechselnehmer oder an die von ihm zu bestimmende Person zugesagt.

  Der Wechselnehmer kann nun als erster Indossant den Wechsel durch Indossament an einen neuen Gläubiger (Indossatar) weitergeben. Dieser kann durch Setzung eines weiteren Indossamentes seinerseits zum Indossanten werden und es kann eine ganze Indossamentenkette entstehen.
- der Wechsel mit einem Indossament versehen wird;

  Das Indossament ist der Schriftakt

  („Für mich an Herrn Peter Indossatar! Karl Indossant").

  Nach Art. 15 Abs. 1 Wechselgesetz 1955 haftet der Indossant mangels eines entgegenstehenden Vermerkes für die Annahme und die Zahlung.
- der „Bezogene" den vom Aussteller zu diesem Zweck vorgelegten, formgültigen Wechsel annimmt (akzeptiert);

  Damit einigen sich die Parteien über die Begründung der wechselrechtlichen Verpflichtung.

  Wird auf einem trassiert eigenen Wechsel das Akzept gesetzt, ohne dass eine Übergabe des Wechsels erfolgt, entsteht keine Gebührenschuld.
- ein amtlicher Gebrauch gemacht wird.

  Zum Begriff amtlicher Gebrauch siehe Rz 109 ff.

Die Gebührenschuld kann auf Grund der Ausführungen in Rz 901 beim Wechsel (für eine Wechselurkunde) immer nur einmal entstehen. **902**

Ein unvollständiger Wechsel ist ein Wechsel, der nicht alle Bestandteile iSd Art. 1 f oder 75 f Wechselgesetz 1955 enthält (Art. 10 Wechselgesetz 1955). **903**

Ist der Wechsel unvollständig und wird einer der oben angeführten fünf Vorgänge verwirklicht, entsteht die Gebührenschuld erst im Zeitpunkt der Vervollständigung des Wechsels. Nicht maßgeblich ist, ob die Vervollständigung im In- oder Ausland erfolgt. **904**

Ein unvollständiger Wechsel (zB Blankowechsel) unterliegt somit bis zu seiner Vervollständigung keiner Gebühr nach § 33 TP 22 GebG.

Ein unvollständiger Wechsel ist aber, sofern er die Voraussetzungen erfüllt, als Anweisung iSd § 33 TP 4 GebG (siehe Rz 640) anzusehen und unterliegt dann einer Gebühr von 2% der Leistung (Wechselgebühr hingegen 0,125%).

Die Bestimmungen des § 16 Abs. 3 GebG betreffend die Entstehung der Gebührenschuld gelten auch für **905**

- Anweisungen auf einen Unternehmer und für Verpflichtungsscheine eines Unternehmers (§ 363 UGB), wenn sie an Order lauten und über eine Geldleistung ausgestellt sind (§ 33 TP 22 Abs. 5 GebG).
- Vervielfältigungen eines Wechsels (Secunda, Tertia usw.), girierte Wechselkopien und schriftliche Prolongationen eines Wechsels (§ 33 TP 22 Abs. 2 GebG).

27.11.4. Im Ausland ausgestellte Wechsel

Nach § 33 TP 22 Abs. 1 GebG unterliegen die nach dieser Bestimmung näher beschriebenen Wechsel ohne Unterschied, ob sie im Inland oder im Ausland ausgestellt sind, der Gebühr. **906**

Die Gebührenschuld für im Ausland ausgestellte Wechsel entsteht erst, wenn sich einer der Tatbestände des § 16 Abs. 3 GebG (siehe Rz 901) im Inland erfüllt hat. **907**

§ 33 TP 22 Abs. 4 GebG bestimmt für im Ausland ausgestellte und ausschließlich im Ausland zahlbare Wechsel, für die die Gebührenschuld nach § 16 Abs. 3 GebG entstanden ist, dass sich die Wechselgebühr auf die Hälfte ermäßigt (siehe Rz 898 ff). Wird ein solcher Wechsel nachträglich im Inland zahlbar gemacht, oder gelangt er im Inland zum amtlichen Gebrauch, so ist bei Eintritt dieses Umstandes die Gebühr auf das Ausmaß von 1/8% zu ergänzen. **908**

GebR

Beispiel:

Ein im Ausland ausgestellter Wechsel, der ausschließlich im Ausland zahlbar ist, ist im Inland mit einem Indossament versehen worden. Hiefür ist Gebührenpflicht mit einem Gebührensatz von 1/16% entstanden.

Gelangt dieser Wechsel nachträglich im Inland auch zum amtlichen Gebrauch, so ist hiefür eine Ergänzungsgebühr von weiteren 1/16% zu entrichten.

909 Wird ein im Ausland ausgestellter und im Ausland zahlbarer Wechsel, für den die Gebührenschuld nach § 16 Abs. 3 GebG nicht entstanden ist, im Inland zahlbar gemacht, so entsteht für diesen Wechsel keine Gebührenpflicht.

910 Ein im Ausland ausgestellter Wechsel gilt als ausschließlich im Ausland zahlbar, wenn die Adresse des Bezogenen, der Name dessen, der zahlen soll, auf das Ausland lautet und kein anderer inländischer Zahlungsort aus dem Wechsel ersichtlich ist.

911 Zur Entrichtung der Gebühr bei Wechseln sind der Aussteller, der Akzeptant und jeder Inhaber eines Wechsels zur ungeteilten Hand verpflichtet (siehe Rz 588).

27.11.5. Selbstberechnung und Entrichtung der Gebühr

912 Die Wechselgebühr ist

- bei Inlandswechseln vom Aussteller, Inhaber oder Akzeptanten,
- bei Auslandswechseln vom ersten inländischen Inhaber oder Akzeptanten

selbst zu berechnen und bis zum 15. Tag (Fälligkeitstag) des dem Entstehen der Gebührenschuld zweitfolgenden Monats an das Finanzamt für Gebühren, Verkehrsteuern und Glücksspiel zu entrichten (siehe Rz 6 f).

913 Auf dem Wechsel ist ein Vermerk über die erfolgte Selbstberechnung anzubringen, der den berechneten Gebührenbetrag, das Datum des Tages der Selbstberechnung und die Unterschrift des Gebührenschuldners, der die Selbstberechnung durchgeführt hat, enthält.

914 Der Gebührenschuldner, der die Selbstberechnung durchgeführt hat, hat dem Finanzamt eine Anmeldung über das Rechtsgeschäft unter Verwendung des amtlichen Vordruckes „Geb 4" bis zum Fälligkeitstag zu übermitteln, welche die für die Gebührenberechnung erforderlichen Angaben zu enthalten hat; dies gilt als Gebührenanzeige gemäß § 31 GebG.

Der amtliche Vordruck „Geb 4" ist beim Finanzamt erhältlich und steht auch auf der Homepage des BMF zur Verfügung (siehe https://www.bmf.gv.at → Formulare).

915 Neben der verpflichtenden Selbstberechnung der Wechselgebühr nach § 33 TP 22 Abs. 6 GebG besteht die Möglichkeit der Selbstberechnung

- auf Grund einer vom Finanzamt erteilten Bewilligung nach § 3 Abs. 4 GebG (siehe Rz 72),
- durch einen Parteienvertreter nach § 3 Abs. 4a GebG (siehe Rz 79).

27.11.6. Gebührenbefreiungen

916 Gemäß § 33 TP 22 Abs. 7 GebG sind Finanzwechsel und deren Prolongationen von der Wechselgebühr befreit:

- die für einen ERP-Kredit beigebracht werden müssen (Z 1),
- die für einen Kredit, für den eine Refinanzierungszusage der Exportfonds-Gesellschaft mit beschränkter Haftung besteht, beigebracht werden müssen (Z 2),
- die für Kredite begeben werden, für die der Bundesminister für Finanzen namens des Bundes eine Haftung nach dem Ausfuhrfinanzierungsförderungsgesetz übernommen hat (Z 3),
- über Forderungen aus Ausfuhrgeschäften und Kreditverträgen, für die der Bundesminister für Finanzen namens des Bundes eine Haftung nach dem Ausfuhrförderungsgesetz übernommen hat (Z 4).

917 Erforderlich für die Gebührenbefreiung ist ein Vermerk auf dem (Finanz-)Wechsel über das Vorliegen der Voraussetzungen der Gebührenfreiheit nach der jeweiligen Ziffer des § 33 TP 22 Abs. 7 GebG durch die dort genannten Institutionen bzw. Bevollmächtigte des Bundes im Sinne des § 5 Abs. 1 Ausfuhrförderungsgesetz.

28. Pflichten der Organe der Gebietskörperschaften (§ 34 GebG)

28.1. Befundaufnahme Behörden – Notare

Die Organe der Gebietskörperschaften (Bund, Länder und Gemeinden) sind verpflichtet, die bei ihnen anfallenden Schriften und Amtshandlungen auf die Einhaltung der gebührenrechtlichen Vorschriften zu überprüfen. **918**

Zu den Organen der Gebietskörperschaften zählen in diesem Zusammenhang auch **919**

- sonstige Körperschaften öffentlichen Rechts in Angelegenheiten ihres öffentlichrechtlichen Wirkungskreises;
- Notare als Gerichtskommissäre;
- Notare und sonstige Urkundspersonen hinsichtlich der Gebührenentrichtung nach § 13 Abs. 4 GebG (siehe Rz 62) sowie
- Unternehmen, denen durch Gesetz behördliche Aufgaben übertragen wurden (siehe Rz 287).

Bei festgestellten Gebührengebrechen haben die Organe der Gebietskörperschaften hierüber einen Befund aufzunehmen und an das Finanzamt für Gebühren, Verkehrsteuern und Glücksspiel (siehe Rz 6 f) zu übersenden. Dafür steht auf der Homepage des BMF (siehe https://www.bmf.gv.at → Formulare) das amtliche Formular „StuR 1" zur Verfügung. **920**

28.2. Gebührennachschau

Das Finanzamt für Gebühren, Verkehrsteuern und Glücksspiel ist berechtigt, bei Behörden, Ämtern und öffentlich-rechtlichen Körperschaften (siehe Rz 35 ff) die Einhaltung der gebührenrechtlichen Vorschriften zu überprüfen. Diese im § 34 Abs. 2 GebG normierte Nachschauermächtigung ist eine Spezialbestimmung zu den in der BAO enthaltenen Regelungen (siehe hiezu § 143 BAO – Auskunftsverlangen, § 144 BAO – allgemeine Nachschaubefugnis und §§ 158, 159 BAO – Beistandspflicht der Körperschaften öffentlichen Rechts und Notare). **921**

29. Übergangs- und Sonderbestimmungen (§ 35 GebG)

922 Gebührenbefreiungen, die in österreichischen Gesetzen vorgesehen waren, die vor dem 13. März 1938 erlassen wurden, finden sinngemäß Anwendung, sofern diese Gesetze in Kraft stehen oder wieder in Kraft gesetzt werden;

923 Bis zur Neuregelung der Arbeitsvermittlung sind weiters alle Rechtsgeschäfte, Schriften und Amtshandlungen gebührenbefreit, die mittelbar oder unmittelbar zur Begründung und Abwicklung der Rechtsverhältnisse zwischen den Behörden der Arbeitsvermittlung einerseits und den Arbeit(Dienstgebern) und Versicherten andererseits erforderlich sind;

924 Die durch die Europawahlordnung, das Europa-Wählerevidenzgesetz, das Wählerevidenzgesetz 2018, das Volksabstimmungsgesetz 1972, das Volksbefragungsgesetz 1989, die Nationalrats-Wahlordnung 1992, das Bundespräsidentenwahlgesetz 1971 und das Volksbegehrengesetz 2018 unmittelbar veranlassten Schriften sind von den Stempelgebühren befreit; dies gilt auch für jene Schriften, die durch gleichartige landesgesetzliche Vorschriften veranlasst sind.

Die im Volksanwaltschaftsgesetz 1982 enthaltene Gebührenbefreiung ist auch auf jene Schriften anzuwenden, die durch gleichartige landesgesetzliche Vorschriften veranlasst sind.

925 Nach Einführung der verpflichtenden Selbstberechnung der Bestandvertragsgebühren (siehe Rz 714 ff) haben die Bescheide, mit denen die Bewilligung zur Selbstberechnung der Hundertsatzgebühren gemäß § 3 Abs. 4 GebG erteilt worden sind, ihre Wirkung verloren.

926 Eine weitere Gebührenbefreiung für Opfer von Katastrophenschäden besteht auf Grund des Bundesgesetzes, BGBl. I Nr. 112/2005 und ist auf alle Sachverhalte anzuwenden, die nach dem 30.6.2005 verwirklicht werden:

1. Die durch die Folgen eines durch Katastrophenschäden (insbesondere Hochwasser-, Erdrutsch-, Vermurungs- und Lawinenschäden) ausgelösten Notstandes veranlassten Schriften, die der Ersatzausstellung von gebührenpflichtigen Schriften oder der Schadensfeststellung, Schadensabwicklung oder der Schadensbereinigung dienen, sind von den Gebühren befreit.

2. Die im Zusammenhang mit einer Katastrophe iSd Z 1 zur Finanzierung der Beseitigung des eingetretenen Schadens durch den Geschädigten selbst oder seinen den Schaden wirtschaftlich tragenden Rechtsnachfolger abgeschlossenen Darlehens- und Kreditverträge (einschließlich Prolongationen, Aufstockungen und Vertragsübernahmen) sowie die damit verbundenen Sicherungs- und Erfüllungsgeschäfte sind gebührenbefreit. Dies gilt auch für Bestandverträge, mit denen eine Ersatzbeschaffung vorgenommen wird.

3. Die Gebührenbefreiungen der Z 1 und 2 stehen nur zu, wenn

a) im Falle der Z 1 der Antrag auf Ausstellung der Schrift innerhalb eines Jahres ab Schadenseintritt bei der die Schrift ausstellenden Stelle einlangt und dieser ein entsprechender Nachweis des Schadens vorgelegt wird,

b) im Falle der Z 2 die Rechtsgeschäfte innerhalb von zwei Jahren ab Schadenseintritt abgeschlossen werden und der Eintritt sowie die Höhe des Schadens bei Selbstberechnung dem gemäß § 3 Abs. 4 und 4a GebG zur Selbstberechnung Befugten, bei Selbstberechnung gemäß § 33 TP 5 Abs. 5 Z 1 und 5 GebG dem zur Selbstberechnung Verpflichteten und im Übrigen den für die Erhebung der Gebühren zuständigen Finanzämtern nachgewiesen wird.

4. Auf den Schriften und Urkunden über Rechtsgeschäfte, die nach Z 1 bis 3 befreit sind, ist der Vermerk „Gebührenfrei gemäß § 35 Abs. 5 GebG" anzubringen. Ist die Anbringung des Vermerkes nicht möglich, hat die die Schrift ausstellende Stelle die Gebührenfreiheit im bezughabenden Verwaltungsakt festzuhalten.

927 Dokumente, die unmittelbar durch die Geburt eines Kindes veranlasst sind, sowie die dazugehörigen Anträge sind von den Gebühren und Bundesverwaltungsabgaben unter der Voraussetzung befreit, dass diese Dokumente innerhalb von zwei Jahren ab der Geburt des Kindes ausgestellt werden. Die Befreiung gilt auch im Falle einer Totgeburt.

Für die Einhaltung der Zwei-Jahresfrist ist die Ausstellung und nicht die Zustellung der Dokumente maßgeblich. Die Befreiung gemäß § 35 Abs. 6 GebG steht auch noch zu, wenn die betreffende Schrift am zweiten Geburtstag ausgestellt wird.

Nicht unmittelbar durch die Geburt eines Kindes veranlasst und daher nicht gebührenfrei sind:

- Bescheinigung über die Zulassung eines Kraftfahrzeuges auf ein Kind
- Schriften im Zusammenhang mit einer Nichtoptionsbestätigung; das ist die Bestätigung, dass das Kind in der Staatsbürgerschaftsevidenz als österreichischer Staatsbürger nicht eingetragen ist.
- Schriften im Zusammenhang mit der Bewilligung der Beibehaltung der österreichischen Staatsbürgerschaft für den Fall des Erwerbes einer fremden Staatsbürgerschaft.

- Schriften im Zusammenhang mit dem Verzicht des gesetzlichen Vertreters für das Kind auf die österreichische Staatsbürgerschaft.
- Schriften im Zusammenhang mit der Feststellung, ob das Kind im Besitz der österreichischen Staatsbürgerschaft ist.

Die Befreiung des § 35 Abs. 6 GebG bezieht sich nicht auf die Landesverwaltungsabgaben. Eine solche ist nur gegeben, wenn auch das jeweilige Bundesland entsprechende Maßnahmen setzt.

Auf dem ausgestellten Dokument ist ein Vermerk „Gebührenfrei gemäß § 35 Abs. 6 GebG 1957" anzubringen und auf allfällig vorhandenen Antragsunterlagen die gebührenfreie Ausstellung festzuhalten. Kann der Vermerk aus technischen Gründen nicht vorgenommen werden (Reisepass oder Personalausweis), erfolgt dieser im Identitätsdokumentenregister (Pass- bzw. Personalausweisregister) und auf der vom Bürger zu unterfertigenden Niederschrift (Antrag).

Bei Verlust oder Diebstahl eines kostenlos ausgestellten Dokumentes eines Kindes ist die Ausstellung eines neuen Dokumentes nicht mehr unmittelbar durch die Geburt des Kindes veranlasst und daher nicht von den Gebühren befreit.

Wird ein Dokument nach erfolgter Änderung des Namens des Kindes ausgestellt, ist das Dokument nur dann gebührenbefreit, wenn für das Kind noch kein derartiges Dokument gebührenfrei ausgestellt wurde. Dies bezieht sich auf Fälle, in denen vor der Änderung des Namens des Kindes noch kein unmittelbar durch die Geburt des Kindes veranlasstes und somit gebührenfreies Dokument ausgestellt wurde. In diesen Fällen soll die Namensänderung des Kindes nicht schädlich für die Befreiung sein.

GebR

Wird ein gemäß § 35 Abs. 6 GebG gebührenfrei ausgestelltes Dokument einer gebührenpflichtigen Eingabe beigelegt oder nachgereicht, unterliegt dieses als Beilage der Gebühr nach § 14 TP 5 GebG.

Wurden Gebühren entrichtet, obwohl eine Gebührenschuld nicht entstanden ist, ist die entrichtete Gebühr auf Antrag vom Finanzamt für Gebühren, Verkehrsteuern und Glücksspiel zurückzuzahlen. Ein solcher Antrag kann bis zum Ablauf des dritten Kalenderjahres, das auf das Jahr folgt, in dem die Gebühr zu Unrecht entrichtet wurde, gestellt werden (§ 241 Abs. 2 und 3 BAO).

Befreit im Sinne des § 35 Abs. 6 GebG sind zB folgende Dokumente 928

a) Reisedokumente

Darunter fallen alle in § 14 TP 9 Abs. 1 und 2 GebG angeführten Dokumente. Das sind zB der gewöhnliche Reisepass, Expresspass, Reisepass für Minderjährige ohne Papillarlinienabdrücke, Personalausweis und sonstige Passersatz. Die gebührenfreie Ausstellung kommt nicht nur alternativ für eines dieser Reisedokumente, sondern kumulativ für mehrere der genannten Reisedokumente zum Tragen.

Beispiel:

Es wird die Ausstellung eines Notpasses (für ein Kind) und sechs Monate später erstmals die Ausstellung eines Reisepasses mit Chip beantragt. Sowohl der Notpass als auch der Reisepass mit Chip sind gebührenbefreit. Wird innerhalb von zwei Jahren ab der Geburt des Kindes nochmals die Ausstellung eines dieser Reisedokumente beantragt, ist die Ausstellung dieses nicht mehr von der Gebühr befreit.

Die genannten Reisedokumente sind jedes für sich nur dann gebührenbefreit, wenn sie erstmals ausgestellt werden.

Wird für ein Kind innerhalb von zwei Jahren ab der Geburt erstmals ein Reisedokument ausgestellt, ist eine Gebührenbefreiung auch dann gegeben, wenn das Kind im Zeitpunkt der Geburt nicht die österreichische Staatsbürgerschaft hatte, sondern diese erst nach der Geburt durch Verleihung oder Erstreckung erworben hat.

b) Sonstige Dokumente

Unter die sonstigen Dokumente fallen vor allem:

- Anzeige der Geburt oder Totgeburt
- Geburtsurkunde
- Geburtsbestätigungen für Krankenkasse oder Finanzamt
- Anmeldevermerk auf Meldezettel (schon bisher gebührenbefreit gemäß § 14 TP 14 Abs. 2 Z 20 GebG) sowie der diesbezügliche Antrag
- Staatsbürgerschaftsnachweis (nicht befreit ist jedoch die Verleihung oder Erstreckung der Staatsbürgerschaft sowie der danach ausgestellte Staatsbürgerschaftsnachweis)
- Erteilung von Vornamen

- Bestätigungen über Daten aus dem Zentralen Personenstandsregister (ZPR)
- Niederschrift (Erklärung), die für den Eintritt namensrechtlicher Wirkungen bei einem Kind erforderlich sind
- Niederschrift über die Anerkennung der Vaterschaft zu einem Kind und damit im Zusammenhang stehende Schriften

Die in Frage kommenden Dokumente sind in der im Regelfall üblichen Anzahl gebührenfrei auszustellen.

Die nach der Legitimation des Kindes ausgestellte neuerliche Geburtsurkunde fällt nicht unter die Befreiungsbestimmung, da diese (neuerliche) Ausstellung nicht mehr als unmittelbar durch die Geburt veranlasst anzusehen ist.

Erwirbt ein Kind durch Legitimation die Staatsbürgerschaft, so ist die (erstmalige) Ausstellung des Staatsbürgerschaftsnachweises gebührenbefreit. Nicht befreit ist hingegen die Ausstellung eines Staatsbürgerschaftsnachweises nach einer Verleihung der Staatsbürgerschaft, weil diese nicht unmittelbar durch die Geburt (sondern durch den behördlichen Akt der Verleihung der Staatsbürgerschaft) veranlasst ist.

Die Gebührenbefreiung gilt auch für Aufenthaltstitel (Erstanträge bzw. Verlängerungen und Dokumentationen), sofern diese innerhalb von zwei Jahren ab der in Österreich erfolgten Geburt des Kindes ausgestellt bzw. erteilt werden. Bei Geburt des Kindes im Ausland und nachfolgender Zuwanderung (Familiennachzug) ist die Gebühr für die genannten Dokumente in jedem Fall zu entrichten.

Die Apostille (diplomatische Beglaubigung), die innerhalb von zwei Jahren ab Geburt des Kindes auf gemäß § 35 Abs. 6 GebG gebührenfreien Urkunden zur Verwendung im Ausland angebracht wird, ist ebenfalls gebührenfrei.

c) Ausländische Dokumente

Ausländische Dokumente, die aus Anlass der Geburt eines Kindes bei einer inländischen Behörde vorgelegt werden (amtlicher Gebrauch gemäß § 8 GebG), sind nach § 35 Abs. 6 GebG ebenfalls von den Gebühren befreit. Solche sind zB ausländische Personenstandsurkunden, Reisepässe. Auf diesen Dokumenten ist kein Vermerk über die Gebührenfreiheit (siehe Rz 927) anzubringen.

929 Von den Gebühren gemäß § 33 TP 5 und 9 GebG sind Rechtsgeschäfte befreit, die die Grundlage für die Erzielung von Einkünften in Zusammenhang mit dem einem Infrastrukturbetreiber eingeräumten Recht, Grund und Boden zur Errichtung und zum Betrieb von ober- oder unterirdischen Leitungen im öffentlichen Interesse zu nutzen, darstellen (§ 107 des Einkommensteuergesetzes 1988 bzw. § 24 Abs. 7 des Körperschaftsteuergesetzes 1988), sind.

Diese Befreiung tritt mit 1. Jänner 2019 in Kraft und ist auf alle nach dem 31. Dezember 2018 verwirklichten Sachverhalte anzuwenden.

5/2. Allgemeine Erlässe

5/2/1.

Rückerstattung der Gebühren in Angelegenheiten des Zivildienstgesetzes

(Information des Bundesministeriums für Finanzen vom 21. August 2008)

Nach Ansicht des Bundesministeriums für Finanzen ist die Gebührenbefreiung des § 72 Zivildienstgesetz auch auf Beschwerden an den Verwaltungsgerichtshof (VwGH) und an den Verfassungsgerichtshof (VfGH) anzuwenden. Wurde jedoch eine dementsprechende Gebühr bereits entrichtet, besteht die Möglichkeit, diese Gebühr im Wege der Rückerstattung refundiert zu erhalten.

Unter welchen Voraussetzungen ist eine Rückerstattung möglich?

Für all jene, die in Angelegenheiten des Zivildienstes eine Beschwerde beim Verfassungsgerichtshof oder Verwaltungsgerichtshof erhoben haben, gilt Folgendes:

Die Gebührenbefreiung des § 72 Zivildienstgesetz besagt, dass unmittelbar durch das Zivildienstgesetz veranlasste Schriften und Amtshandlungen sowohl von Stempel- und Rechtsgebühren als auch von Bundesverwaltungsabgaben sowie von Gerichts- und Justizverwaltungsabgaben befreit sind.

Diese Befreiung gilt auch für Gebühren, die sich auf die §§ 24 VwGG und 17a VfGG beziehen.

Die Bundesabgabenordnung bietet für solche Fälle die Möglichkeit der Rückerstattung. Das bedeutet, dass all jene, die noch eine solche Gebühr entrichtet haben, sich diese gem. § 241 Abs. 2 BAO zurückzahlen lassen können.

Was kann der Betroffene tun?

Diejenigen, die noch eine oben genannte Gebühr entrichtet haben, können einen Antrag auf Rückerstattung bei dem für Gebühren zuständigen Finanzamt stellen.

Wo kann er sich hinwenden?

Für ganz Österreich ist das Finanzamt für Gebühren und Verkehrsteuern in Wien, Vordere Zollamtsstrasse 5, 1030 Wien zuständig.

Binnen welcher Frist ist eine Rückerstattung möglich?

Die Möglichkeit der Rückerstattung steht gem. § 241 Abs. 3 BAO nur offen bis zum Ablauf des dritten Kalenderjahres, das auf das Jahr folgt, in dem der Betrag zu Unrecht entrichtet worden ist.

5/2/2.

Bundessteuertagung Gebühren und Verkehrsteuern – Ergebnisse 2007

(Information des Bundesministeriums für Finanzen vom 14. Mai 2009, BMF-010206/0167-VI/5/2009)

1. Bewertung

(abgedruckt unter 4/18.)

2. Erbschafts- und Schenkungssteuer

(nicht abgedruckt)

3. Gebühren

3.1 § 2 GebG, § 33 TP 9 GebG – Gebührenbefreiung

Sachverhalt:

Auf Grund eines Gesetzes wird ein Nationalpark errichtet. Eine Gemeinde räumt bei der Errichtung dem Betreiber Bund an einem Grundstück eine Dienstbarkeit ein.

Fragestellung:

Ist die Einräumung der Dienstbarkeit gebührenpflichtig?

Lösung:

Der Bund ist gemäß § 2 Z 1 GebG persönlich von den Gebühren befreit (uneingeschränkte persönliche Befreiung).

Die Gemeinde ist gemäß § 2 Z 2 GebG im Rahmen des öffentlich-rechtlichen Wirkungskreises ebenfalls persönlich von den Gebühren befreit (eingeschränkte persönliche Befreiung). Öffentlich-rechtlicher Wirkungskreis ist der der Gebietskörperschaft unmittelbar durch ein Gesetz verpflichtend übertragene Aufgabenbereich (VwGH 18.10.1984, 83/15/0106; VwGH 22.06. 1987, 86/15/0008). Öffentliches Interesse allein reicht nicht aus, vielmehr muss eine dem öffentlichen Recht angehörende Rechtsvorschrift bestehen, die eine entsprechende Tätigkeit der Gebietskörperschaft vorsieht.

Die Dienstbarkeit ist daher gebührenpflichtig, es sei denn, im Gesetz über die Errichtung des Nationalparks

- **ist eine Gebührenbefreiung für die Einräumung der Dienstbarkeit normiert oder**
- **es wird die Gemeinde verpflichtet, eine Dienstbarkeit vertraglich einzuräumen.**

3.2 § 8 Abs. 1 GebG, § 14 GebG – Amtlicher Gebrauch von ausländischen Urkunden

Fragestellung:

Ist der amtliche Gebrauch von ausländischen Standesurkunden, ausländischen Strafregisterbescheinigungen usw nach der jeweiligen Tarifpost des § 14 GebG je Ausfertigung zu vergebühren,

GebR

auch wenn die zweifache Vorlage nicht notwendig wäre?

Lösung:

Nein.

Die Gebührenschuld auf Grund eines amtlichen Gebrauchs von ausländischen Urkunden im Inland kann bei jeder Vorlage bei einer Behörde nur einmal entstehen, auch wenn diese in mehreren Ausfertigungen (Originalen, Gleichschriften, Abschriften, Kopien) vorgelegt werden.

Die Verwendung jener Ausfertigung der ausländischen Urkunde für die auf Grund eines früheren amtlichen Gebrauchs die Gebührenschuld bereits entstanden war, unterliegt bei einem neuerlichen amtlichen Gebrauch in einem anderen Verfahren nur dann nicht der Gebühr, wenn die bereits erfolgte Vergebührung aus der Urkunde ersichtlich ist.

Hinweis:

Die Gebührenschuld auf Grund amtlichen Gebrauchs entsteht für alle jene im Ausland ausgestellten Schriften (auch Kopien), die – wenn das Original (Gleichschrift) der Schrift im Inland ausgestellt worden wäre – einer Gebühr nach den Tarifposten des § 14 GebG (mit Ausnahme der Beilagengebühr – TP 5 oder der Gebühr für einen Reisepass – TP 9, welcher beim Grenzübertritt vorgelegt wird) unterliegen würden.

3.3 § 14 TP 6 Abs. 1 bzw. § 14 TP 6 Abs. 2 Z 1 GebG – Eingabengebühr

Sachverhalt:

1) Die Ausübung eines Buschenschankes (gemäß § 8 NÖ BuschenschankG) wird erstmalig angemeldet.

2) Es erfolgt eine Anmeldung für einen weiteren Zeitraum.

Fragestellung:

Ist die erstmalige Anmeldung zur Ausübung des Buschenschankes mit der erhöhten Eingabengebühr gemäß § 14 TP 6 Abs. 2 Z 1 GebG zu vergebühren und die Anmeldung für jeden weiteren Zeitraum mit der Eingabengebühr von 13,20 gemäß § 14 TP 6 Abs. 1 GebG?

Lösung:

Die Rechtsgrundlage für die Beantwortung dieser Frage ist das NÖ Buschenschankgesetz:

Gemäß § 1 NÖ Buschenschankgesetz sind Besitzer von Wein- und Obstgärten berechtigt, nach Maßgabe der Bestimmungen dieses Gesetzes Wein und Obstwein, Trauben- und Obstmost, Trauben- und Obstsaft aus eigener Fechsung sowie selbstgebrannte geistige Getränke entgeltlich auszuschenken (Buschenschank, „Heuriger").

Der Buschenschenker hat gemäß § 8 NÖ Buschenschankgesetz die Ausübung des Buschenschankes spätestens zwei Wochen vor Beginn des Ausschankes bei der Gemeinde des Ausschankortes anzumelden.

Nach § 9 NÖ Buschenschankgesetz hat die Gemeinde über den Zeitpunkt der Anmeldung eine Bestätigung auszustellen. Wenn der Ausübung des Buschenschankes im Sinne der §§ 1 bis 8 NÖ Buschenschankgesetz Hindernisse entgegenstehen, so hat die Gemeinde die Ausübung des Buschenschankes binnen einer Woche nach Einlangen der Anmeldung zu untersagen.

Eine Bewilligung zur Ausübung einer Erwerbstätigkeit, die der erhöhten Gebühr unterliegt, wird dadurch nicht eingeräumt.

Für die Gebührenpflicht ist entscheidend, welchen Inhalt die Bestätigung der Gemeinde hat.

Wird das bloße Einlangen der Anmeldung bestätigt (Eingangsstempel oder Schreiben „.. die Anmeldung ist eingelangt ..") entsteht keine Gebührenpflicht.

Ergeht seitens der Gemeinde eine Erledigung („.. die Ausübung in dem angemeldeten Zeitraum wird nicht untersagt .."), unterliegt die Anmeldung der Eingabengebühr (nicht der erhöhten, weil keine Bewilligung zur Ausübung des Buschenschankes erteilt wird).

Wird die Ausübung des Buschenschankes während des angemeldeten Zeitraumes untersagt (§ 9 NÖ BuschenschankG), löst diese Erledigung die Gebührenpflicht für die Anmeldung nach § 14 TP 6 Abs. 1 GebG aus.

3.4 § 14 TP 7 GebG – Niederschrift (Gelöbnis)

Sachverhalt:

Vor der Verleihung der Staatsbürgerschaft ist das Gelöbnis „Ich gelobe, dass ich der Republik Österreich als getreue Staatsbürgerin angehöre, ihre Gesetze stets gewissenhaft beachten und....." abzulegen. Dies wird in Form einer Niederschrift festgehalten, die vom Leiter der Amtshandlung und der neuen Staatsbürgerin unterschrieben wird.

Fragestellung:

Besteht für diese Niederschrift Gebührenpflicht?

Lösung:

Die Niederschrift über das Gelöbnis ist weder ein eingabevertretendes Protokoll noch liegt ein Befund oder eine Vernehmung anlässlich der Erteilung eines amtlichen Zeugnisses vor. Der Tatbestand des § 14 TP 7 Abs. 1 oder 2 GebG ist nicht erfüllt.

Anmerkung:

Ein Gelöbnis oder eine eidesstättige Erklärung ist eine Willenserklärung und keine Wissenserklärung (und damit kein Zeugnis gemäß § 14 TP 14 GebG).

3.5 § 18 GebG – Vertragstext und Unterschrift in einem mit einem Textverarbeitungsprogramm erstellten Dokument und Ausdruck

Sachverhalt:

Der Alleingesellschafter und Geschäftsführer einer GmbH als Bestandgeber schließt mit seiner GmbH (als Bestandnehmerin) einen Bestandvertrag ab.

a) Der Inhalt des Rechtsgeschäftes wird durch die Vertragsteile (bzw. deren Sekretär) in einem mit einem Textverarbeitungsprogramm erstellten Dokument festgehalten. Als Ersatz für die Unterschriften wird angeführt: Franz Huber e.h. und Franz Huber GmbH e.h. Das Dokument wird zweimal ausgedruckt und im Zuge einer Betriebsprüfung zur Nachweisführung vorgelegt.

b) Hans Maier und die Hans Maier GmbH (vertreten durch die Geschäftsführerin Maria Maier) schließen in Anwesenheit ihres (gemeinsamen) Steuerberaters einen Bestandvertrag. Der Steuerberater hält den Inhalt dieses Rechtsgeschäftes in einem mit einem Textverarbeitungsprogramm erstellten Dokument (Gedenkprotokoll) fest. Als Ersatz für die Unterschriften wird angeführt: Dr. Max Mustermann, Stb., e.h. Das Gedenkprotokoll wird drei Mal ausgedruckt (für die Vertragsteile und den Akt des Protokollverfassers [Stb.]) und werden diese Ausdrucke im Zuge der Betriebsprüfung vorgelegt.

Fragestellung:

1) Liegen in beiden Fällen die Gebührenpflicht begründende Beurkundungen vor?

2) Zählt jeder zusätzliche Ausdruck als Gleichschrift?

Lösung:

zu 1.

Beide Fälle unterliegen der Gebühr gemäß § 33 TP 5 GebG.

Bei Einverständnis der Vertragspartner gilt für den Bereich des Gebührenrechts eine mechanisch oder in jeder anderen technisch möglichen Weise hergestellte Unterzeichnung als Unterschrift (siehe GebR Rz 506).

Die Namenszeichnung in dem mittels Textverarbeitungsprogramm erstellten Dokument – mit oder ohne Beifügung „e.h.“ durch die Vertragsteile oder den Verfasser des Gedenkprotokolls – stellt daher eine Unterschrift dar.

Es liegt weder für einen der Vertragsteile noch für den Verfasser des Gedenkprotokolls ein bloßer – nach GebR Rz 511 neutraler – Aktenvermerk, der nur für eigene Zwecke erstellt wurde, vor.

Das Ausdrucken der Urkunde ist im Übrigen keine Voraussetzung für das Entstehen der Gebührenschuld (GebR Rz 507).

zu 2.

In beiden Fällen stellt jeder Ausdruck im Auftrag oder mit Einverständnis der „Aussteller“ (Vertragsteile) eine Gleichschrift dar und unterliegt den Regeln des § 25 GebG idF vor BGBl. I Nr. 34/2009.

Bei weder vom Steuerberater noch von den Vertragsteilen veranlassten oder ohne deren Einverständnis hergestellten Ausdrucken (zB Zufallsausdruck) liegt keine Gleichschrift vor.

3.6 § 33 TP 5 GebG – Energie-Contracting

Fragestellung:

Löst ein „Contractingvertrag“ im Zusammenhang mit Energielieferung die Gebührenpflicht gemäß § 33 TP 5 GebG aus?

Das Energiecontracting wird seitens der anbietenden Firma (Auftragnehmen – AN) als interessant bei älteren und sanierungsbedürftigen Anlagen wie folgt beschrieben:

Wir mieten Ihren Heizraum für einen gewissen vereinbarten Zeitraum und führen alle notwendigen energiesparenden Maßnahmen (Heizkesseltausch, Regelungssanierung) auf unsere Kosten durch. Wir übernehmen alle zukünftigen Betriebskosten einschließlich Brennstoff, Wartung und Kaminkehrer. Gleichzeitig fernüberwachen wir die Anlage von unserem Betriebsstandort und führen damit regelmäßige Optimierungen durch.

Über einen geeichten Wärmezähler wird die vom Auftraggeber (Vertragspartner) benötigte Energie festgehalten. Der Auftraggeber (AG) bezahlt nur die direkt verbrauchte Wärme zu einem fix vereinbarten Preis pro Kilowattstunde. Nach Ablauf der Contractingfrist gehört die Anlage dem AG.

Der AG hat aber auch die Möglichkeit während der Vertragslaufzeit die Anlage zu einem Restkaufwert zu erwerben.

Lösung:

Ein Vertrag ist nicht nach seiner Bezeichnung, sondern nach seinem wahren Gehalt zu beurteilen. Der Auftraggeber zahlt für die Energielieferung einen fix vereinbarten Preis pro kWh, jedoch kein Entgelt für die Benutzung der sanierten Anlage. Da die Anlage am Ende der Vertragslaufzeit in sein Eigentum übergeht, ist im konkreten Fall von einem (Raten-)Kauf oder Liefervertrag auszugehen.

Es liegt somit kein Vertrag iSd § 33 TP 5 GebG vor.

3.7 § 33 TP 19 Abs. 5 GebG – Umschuldung von Kreditverträgen

Sachverhalt:

Der Kreditnehmer hat bei der Bank A einen Kredit in Höhe von 100.000 aufgenommen. Der Kreditvertrag wurde ordnungsgemäß vergebührt.

Nunmehr will der Kreditnehmer eine Umschuldung vornehmen. Der ursprüngliche Kredit haftet mit 90.000 aus. Dazu kommen Abschlussposten wie Zinsen und Spesen in Höhe von 2.000.

Der Kreditnehmer nimmt bei der neuen Bank B einen Kredit in Höhe von 92.000 auf, um den alten Kredit samt Nebenspesen umzuschulden.

Fragestellung:

Ist der neue Kreditvertrag zur Gänze gebührenfrei oder ist lediglich der aushaftende Kreditbetrag (90.000) von der Befreiung gemäß § 33 TP 19 Abs. 5 GebG erfasst?

GebR

Lösung:

Es sind folgende Gestaltungen zu unterscheiden:

1. **Die aushaftenden Zinsen werden zum Kapital dazugeschlagen, es haftet nur ein Betrag (bestehend aus Kapital und Zinsen) aus; dann darf der neue Kredit in der Höhe des insgesamt aufhaftenden Betrages aufgenommen werden.**
2. **Es haften gesondert ausgewiesen ein bestimmter Kapitalbetrag und ein bestimmter Zinsenbetrag aus; dann darf der neue Kredit nur in Höhe des aushaftenden Kapitalbetrages aufgenommen werden. Kreditzinsen stellen grundsätzlich eine andere Schuldigkeit dar als die aushaftende Kreditsumme. Wird im Rahmen eines Kreditgeberwechsels zur Tilgung der beim früheren Kreditgeber aushaftenden Kreditzinsen beim neuen Kreditgeber die aushaftende Kreditsumme um den Betrag der Zinsverbindlichkeiten aufgestockt, so liegt insoweit eine über die Gebührenfreiheit der Nachtragsfiktion hinausgehende Novation vor.**
3. **Soweit Zinsen zum Kapital dazugeschlagen werden, wird in der Regel angesichts der kurzen Ein-Monatsfrist eine Verrechnungsdifferenz (zB Zinsen, Abschlussprovisionen, Kontoführungsspesen, Schließungskosten etc) unvermeidlich sein. Diese Differenz hindert die Anwendung der Bestimmung des § 33 TP 19 Abs. 5 nicht, soweit sie im Verhältnis zum Kreditbetrag nicht erheblich ist und in angemessener Zeit nach Ablauf der Ein-Monatsfrist bereinigt wird.**

6. Verfahrensrecht

6.1 § 33 TP 19 Abs. 4 Z 9 letzter Halbsatz GebG, §§ 207 f BAO, § 295a BAO – nachträgliche Vergebührung eines selbstberechneten „Wohnbauförderungs“-Kreditvertrages wegen späterer Überschreitung des begünstigten Nutzflächenausmaßes

Sachverhalt:

Mit einem Kreditinstitut wird ein Kreditvertrag abgeschlossen, für den die Voraussetzungen der Gebührenbefreiung gemäß § 33 TP 19 Abs. 4 Z 9 GebG vorliegen. Der Kreditvertrag wird in das Gebührenjournal der Bank (§ 3 Abs. 4 GebG) als gebührenfrei aufgenommen. Nach acht Jahren wird durch bauliche Maßnahmen die Nutzfläche der Wohnung auf über 150m² vergrößert.

Fragestellung:

1) Wann entsteht die Gebührenschuld bei nachträglicher Verwirkung der Gebührenbefreiung?

2) Liegt ein rückwirkendes Ereignis iSd § 295a BAO vor, sobald die Voraussetzungen für die Befreiung durch die Vergrößerung des Nutzflächenausmaßes nachträglich weggefallen sind?

3) Knüpft bei dem zunächst zur Gänze gebührenbefreiten Rechtsgeschäft, bei dem die Befreiung später verwirkt wird, der Beginn der Verjährung an den Eintritt des befreiungsschädlichen Ereignisses an oder ist die Verjährungsfrist des § 207 Abs. 2 BAO zu beachten und auf den Zeitpunkt der Errichtung der „gebührenbaren“ (wenn auch gebührenbefreiten) Urkunde Bedacht zu nehmen?

4) Muss das Kreditinstitut eine Nachvergebührung im Wege des Gebührenjournals vornehmen oder hat das Finanzamt die Abgabe mit Bescheid festzusetzen?

Lösung:

Der Abgabenanspruch entsteht im Zeitpunkt der Aufgabe des begünstigten Zweckes (Nutzflächenüberschreitung bei Fertigstellung der baulichen Maßnahmen). Ein rückwirkendes Ereignis iSd § 295a BAO liegt daher nicht vor.

Die Verjährungsfrist für die Festsetzung der Gebühr auf Grund des Nacherhebungstatbestandes beginnt mit Ablauf des Kalenderjahres, in dem der Abgabenanspruch entsteht, zu laufen. Die Gebühr ist mit Bescheid grundsätzlich gegenüber dem Gebührenschuldner vorzuschreiben, die Fälligkeit richtet sich nach § 210 Abs. 1 BAO (1 Monat ab Zustellung des Bescheides).

Die Erhebung einer Gleichschriftengebühr gemäß § 25 GebG idF vor BGBl. I Nr. 34/2009 kommt nicht in Betracht.

6.2

(abgedruckt unter 7/4.)

5/2/3.

Bundessteuertagung Gebühren und Verkehrsteuern – Ergebnisse 2008

(Information des Bundesministeriums für Finanzen vom 22. Jänner 2010, BMF-010206/0007-VI/5/2010)

1. Gebühren

1.1 § 11 Abs. 1 Z 5 GebG, § 13 Abs. 1 Z 2 GebG – „verdorbener" (fehlerhafter) Staatsbürgerschaftsnachweis (Zeugnisgebühr gemäß § 14 TP 14 GebG)

Sachverhalt:

Ein Standesamt hat einer Person einen Staatsbürgerschaftsnachweis ausgehändigt. Im Nachhinein wird festgestellt, dass der Name der Person im Staatsbürgerschaftsnachweis einen Schreibfehler aufweist. Das Standesamt hat die Urkunde in der Folge eingezogen, einen neuen Staatsbürgerschaftsnachweis ausgestellt und an diese Person ausgehändigt.

Fragestellung:

Fällt die Zeugnisgebühr sowohl für den ursprünglichen verdorbenen Staatsbürgerschaftsnachweis als auch für den neuen Staatsbürgerschaftsnachweis an?

Ist die Gebührenschuld hinsichtlich des alten Staatsbürgerschaftsnachweises entstanden?

Lösung:

Die Gebührenschuld würde für den „verdorbenen" Staatsbürgerschaftsnachweis im Zeitpunkt der Aushändigung (Übersendung) der Urkunde dem Grunde nach entstehen. Da die ausgestellte Urkunde jedoch nicht im Interesse des Einschreiters ausgestellt wurde (weil sie nicht zu dem Zweck, zu dem sie ausgestellt wurde, verwendet werden kann), fehlt es an einem Gebührenschuldner. Für den „verdorbenen" Staatsbürgerschaftsnachweis fällt daher keine Zeugnisgebühr an, für den neuen Staatsbürgerschaftsnachweis besteht Gebührenpflicht.

1.2 § 13 Abs. 3 GebG – Parteienvertreter als Gebührenschuldner

Sachverhalt:

Der Bund bevollmächtigt einen Parteienvertreter zur Einbringung einer Eingabe iSd § 14 TP 6 Abs. 1 GebG bei einer Behörde. Die Eingabe wird vom Parteienvertreter namens des Bundes bei der Behörde überreicht. Die Behörde stellt dem Bund, vertreten durch den Parteienvertreter, eine das Verfahren abschließende schriftliche Erledigung zu.

Da der Bund persönlich gebührenbefreit ist, kann er nicht als Gebührenschuldner gemäß § 13 Abs. 1 GebG herangezogen werden.

Fragestellung:

Kann der Parteienvertreter als Gebührenschuldner gemäß § 13 Abs. 3 GebG herangezogen werden, obwohl der Bund gemäß § 2 Z 1 GebG persönlich gebührenbefreit ist?

Lösung:

Gemäß § 13 Abs. 3 GebG ist derjenige, der im Namen eines anderen eine Eingabe überreicht, neben dem Interessenten Gebührenschuldner (Gesamtschuldner). Bei Bestehen eines Gesamtschuldverhältnisses liegt es grundsätzlich im Ermessen der Behörde, welchen der Gesamtschuldner bzw. in welchem Ausmaß sie einen der Mitschuldner zur Erfüllung seiner gesamtschuldnerischen Leistung heranzieht. Der Bund (in dessen Interesse die Eingabe bei der Behörde überreicht wurde) ist zwar Gebührenschuldner gemäß § 13 Abs. 1 Z 1 GebG, aber nach § 2 Z 1 GebG persönlich von der Gebührenentrichtung befreit.

Die Gebühr ist daher – weil kein Raum für eine Ermessensentscheidung mehr besteht – vom Parteienvertreter als allein verbleibendem Gebührenschuldner zu entrichten.

Siehe auch GebR Rz 181 ff.

1.3 § 14 TP 2 Abs. 1 Z 3 GebG, § 14 TP 6 GebG, § 241 Abs. 2 BAO – Verleihung der Staatsbürgerschaft

Sachverhalt:

Eine Behörde hat einen Antrag samt Beilagen (es wurden auch ausländische Standesurkunden bzw. ausländische Zeugnisse vorgelegt und von ihnen daher amtlicher Gebrauch gemacht) auf Verleihung der österreichischen Staatsbürgerschaft entgegengenommen und die Staatsbürgerschaft auch verliehen. Die Gebühren dafür wurden entrichtet.

In der Folge stellte die Behörde fest, dass diese Person bereits vor der Verleihung der Staatsbürgerschaft österreichischer Staatsbürger war.

Fragestellung:

- Ist die Gebührenschuld hinsichtlich sämtlicher Schriften im Staatsbürgerschaftsverfahren entstanden, obwohl der Antragsteller zu diesem Zeitpunkt bereits österreichischer Staatsbürger war?
- Können die Gebühren oder ein Teil davon iSd § 241 Abs. 2 BAO rückerstattet werden?

Lösung:

Da der gebührenpflichtige Tatbestand in der „Verleihung" besteht und die Staatsbürgerschaft nicht ein zweites Mal verliehen werden kann, ist die Gebühr gemäß § 14 TP 2 Abs. 1 Z 3 GebG zu Unrecht entrichtet worden, weshalb ihre Rückerstattung gemäß § 241 Abs. 2 BAO beantragt werden kann.

Die Gebührenschuld für die Eingabe und Beilagen ist mit der abschließenden schriftlichen Erledigung entstanden. Ebenso ist die Gebührenschuld für die ausländischen Standesurkunden und Zeugnisse im Zeitpunkt des amtlichen Gebrauchs entstanden. Die für diese Schriften entrichteten Gebühren wurden nicht zu Unrecht entrichtet; eine Rückerstattung kommt daher nicht in Betracht.

1.4 § 14 TP 8 Abs. 5b GebG – Gebühr für die Abnahme erkennungsdienstlicher Daten

Fragestellung:

Ist die Gebühr gemäß § 14 TP 8 Abs. 5b GebG für die Abnahme von erkennungsdienstlichen Daten (§ 19 Abs. 4 NAG) auch dann zu entrichten, wenn der Antrag auf Erteilung und Ausfolgung eines Aufenthaltstitels abgewiesen wird?

Lösung:

Da die Abnahme von erkennungsdienstlichen Daten eine im § 14 TP 8 Abs. 5b GebG angeführte gebührenpflichtige Amtshandlung darstellt, bei der die Gebührenschuld mit Beginn der Amtshandlung entsteht (§ 11 Abs. 1 Z 3 GebG), ist diese unabhängig von der Erledigung des Antrages um Erteilung eines Aufenthaltstitels gebührenpflichtig.

1.5 § 14 TP 14 GebG – Zeugnisgebühr iZm Akkreditierungsgesetz

Sachverhalt:

Eine laut Akkreditierungsgesetz, BGBl. Nr. 468/1992 idF BGBl. I Nr. 85/2002, staatlich akkreditierte Überwachungsstelle stellt Überwachungs- und/oder Zertifizierungsberichte aus.

Das Akkreditierungsgesetz legt die Verfahrensbestimmungen für die Akkreditierung von Prüf-, Überwachungs- und Zertifizierungsstellen fest, mit dem Ziel, die gegenseitige Anerkennung von österreichischen und ausländischen Prüf- und Überwachungsberichten sowie Zertifizierungen sicherzustellen. Die Überwachungsstelle setzt keine Hoheitsakte, ist nicht befugt, das Zeugnis wieder abzunehmen und es ist auch kein verwaltungsbehördlicher Instanzenzug eingerichtet.

Fragestellung:

Stellen solche staatlich akkreditierten Unternehmungen funktionell Organe einer Gebietskörperschaft dar, sodass die von diesen Stellen ausgestellten Berichte amtliche Zeugnisse gemäß § 14 TP 14 GebG sind?

Lösung:

Nein (siehe GebR Rz 290).

1.6 § 16 GebG – Entstehen der Gebührenschuld bei Doppelvertretung

Sachverhalt:

X ist Geschäftsführer sowohl der A-GmbH als auch der B-GmbH. Die A-GmbH stellt der B-GmbH ein schriftliches Anbot auf Abschluss eines Bestandvertrages. Das Anbot wird von X in seiner Funktion als Geschäftsführer der A-GmbH (Unterschrift + Firmenstempel) unterfertigt.

Laut Anbotschreiben gilt das Anbot von der B-GmbH durch schlüssiges Verhalten als angenommen.

Fragestellung:

Kann auf Grund der Personalunion des X unterstellt werden, dass mit seiner Unterfertigung des Anbots das Rechtsgeschäft bereits zustande gekommen und bereits in einer für das Entstehen der Gebührenschuld maßgeblichen Weise beurkundet ist?

Lösung:

Nein; auch in Fällen einer Doppelvertretung löst das Anbot allein keine Gebührenschuld aus. Damit die Gebührenschuld entsteht, muss das Anbot erst angenommen und die Annahme beurkundet werden.

1.7 Art. 34 § 1 Abs. 2 Budgetbegleitgesetz 2001 – Befreiung von der Bestandvertragsgebühr

Sachverhalt:

Im Zuge einer Ausgliederung von Aufgaben der Gemeinde an eine von ihr beherrschte Kommanditgesellschaft kauft diese von einer GmbH, an der die Gemeinde zu 99% beteiligt ist, eine Liegenschaft. In weiterer Folge wird die Liegenschaft von der Gemeinde angemietet.

Fragestellung:

Ist der Bestandvertrag gemäß Art. 34 § 1 Abs. 2 Budgetbegleitgesetz 2001 von der Bestandvertragsgebühr gemäß § 33 TP 5 GebG befreit?

Lösung:

Nein. Gemäß Art. 34 § 1 Abs. 2 Budgetbegleitgesetz 2001 sind Bestandverträge nur hinsichtlich jener Liegenschaft befreit, die im Rahmen der Ausgliederung bzw. Übertragung von Aufgaben von der Körperschaft öffentlichen Rechts an die von ihr beherrschte Gesellschaft übertragen werden. Für Bestandverträge über Liegenschaften, die von der ausgegliederten Gesellschaft von dritter Seite erworben werden, ist die Befreiung nicht zu gewähren.

1.8 § 33 TP 20 GebG iVm § 15 Abs. 3 GebG – Scheidungsfolgenvereinbarung über Liegenschaften

Sachverhalt:

Anlässlich der Eheschließung wird eine Vereinbarung über die Aufteilung von Liegenschaftsvermögen für den Fall einer Ehescheidung abgeschlossen.

Fragestellung:

Unterliegt die Vereinbarung auf Grund des Umstandes, dass die Liegenschaftsübertragung unter einer aufschiebenden Bedingung abgeschlossen wurde und somit noch kein grunderwerbsteuerbarer Tatbestand verwirklicht wurde, der Vergleichsgebühr?

Lösung:

Nein; obwohl noch kein grunderwerbsteuerbarer Tatbestand verwirklicht wurde, fällt der Vorgang grundsätzlich unter das Grunderwerbsteuergesetz, sodass die Befreiung nach § 15 Abs. 3 GebG zu gewähren ist.

1.9 § 33 TP 20 GebG – Erb(teilungs)übereinkommen

Sachverhalt:

Gemäß § 181 Abs. 1 AußStrG können mehrere Erben vor der Einantwortung ihre Vereinbarung über die Erbteilung oder die Benützung der Verlassenschaftsgegenstände auch beim Gerichtskommissär zu Protokoll geben. Derartigen Vereinbarungen kommt die Wirkung eines vor Gericht geschlossenen Vergleichs zu.

Fragestellung:

Ist ein solches Erbübereinkommen als gerichtlicher Vergleich anzusehen und daher nicht gebührenpflichtig?

Lösung:

Ein vor dem Gerichtskommissär zu Protokoll gegebener Vergleich fällt als „gerichtlicher Vergleich" nicht unter den Tatbestand des § 33 TP 20 GebG (vgl. OGH 15.04.2008, 5 Ob 66/08d).

Werden jedoch Erbübereinkommen geschlossen, von den Vertragspartnern unterzeichnet und danach dem Gerichtskommissär zur Berücksichtigung im Abhandlungsverfahren übergeben, liegt – sofern in der Vereinbarung strittige oder zweifelhafte Rechte bereinigt werden – ein außergerichtlicher Vergleich vor, der gemäß § 33 TP 20 GebG gebührenpflichtig ist (siehe GebR Rz 993 ff).

2. Kapitalverkehrsteuer und Umgründung

(nicht abgedruckt)

3. Erbschafts- und Schenkungssteuer

(nicht abgedruckt)

4. Grunderwerbsteuer

(abgedruckt unter 7/5.)

5. NeuFöG

(abgedruckt unter 7/5.)

5/2/4.

Bundessteuertagung Gebühren und Verkehrsteuern – Ergebnisse 2009

(Erlass des BMF vom 4. August 2010, BMF-010206/0169-VI/5/2010)

1 Erbschaftssteuer

(nicht abgedruckt)

2 Grunderwerbsteuer

(abgedruckt unter 7/6.)

3 Gebühren

3.1 § 11 GebG – Gebührenschuld bei Eingaben, wenn keine Aufforderung zur Gebührenentrichtung erfolgt

Fragestellung:

Entsteht die Gebührenschuld bei einer Eingabe auch dann gemäß § 11 GebG mit der Zustellung der abschließenden Erledigung, wenn die Behörde den Einschreiter nicht zur Gebührenentrichtung aufgefordert hat?

Lösung:

Ja. Das Entstehen der Gebührenschuld ist im § 11 GebG geregelt; sie entsteht mit der Zustellung der das Verfahren in einer Instanz abschließenden Erledigung. Das Gebührengesetz sieht nicht vor, dass die Behörde den Gebührenschuldner zur Gebührenentrichtung auffordern muss. Die Aufforderungen durch die Behörden tragen dem Servicegedanken sowie der Bürgernähe Rechnung.

3.2 § 11 GebG, § 13 Abs. 3 GebG – Zustellung und Entstehen der Gebührenschuld

Fragestellung:

Entsteht die Gebührenschuld iSd § 11 GebG bei Eingaben, wenn die Zustellung der schriftlichen Erledigung

a) an den Parteienvertreter zu einem Zeitpunkt erfolgt, zu dem kein Vollmachtsverhältnis mehr besteht (Vollmachtsrücklegung)? Wenn ja, kann der Parteienvertreter in diesem Fall als Gesamtschuldner iSd § 13 Abs. 3 GebG in Anspruch genommen werden?

b) eines mit Zustellungsvollmacht ausgestatteten Parteienvertreters nicht an diesen, sondern direkt an die Partei erfolgt?

Lösung:

Die Gebührenschuld und Gesamtschuld entsteht nur, wenn die Zustellung rechtswirksam iSd ZustG erfolgt ist (siehe GebR Rz 146). Als Gesamtschuldner kann ein Parteienvertreter nur in Anspruch genommen werden, wenn die Gebührenschuld entstanden ist.

GebR

3.3 § 14 TP 4 GebG – Neuausstellung einer Geburtsurkunde

Sachverhalt:

Zum Zeitpunkt der Ausstellung (vor 1999) einer Geburtsurkunde konnten diakritische Zeichen nicht gedruckt werden. Da ein Rechtsanspruch auf Ausstellung einer Geburtsurkunde unter Verwendung von diakritischen Zeichen besteht, stellte das Standesamt auf Verlangen des Interessenten eine neue Urkunde aus.

Fragestellung:

Unterliegt die neu ausgestellte Geburtsurkunde der Gebühr gemäß § 14 TP 4 GebG?

Lösung:

Ja, bei Auszügen iSd § 14 TP 4 GebG (zB Standesurkunden) entsteht die Gebührenschuld mit der Aushändigung der Schrift an den Interessenten. Das Gebührengesetz sieht keine Regelung vor, wonach von der Gebühr bei Neuausstellung der Geburtsurkunde und Aushändigung der Schrift an den Interessenten abgesehen werden könnte.

Anmerkung:

Der Unterschied zur im Erlass des BMF vom 22. Jänner 2010, BMF-010206/0007-VI/5/2010, unter Pkt. 1.1 beantworteten Frage besteht darin, dass dort eine „verdorbene (fehlerhafte) Urkunde" vorgelegen ist, weil der Behörde bei der Ausstellung der Urkunde ein Fehler unterlaufen ist; im nunmehr zu beantwortenden Fall hat die Behörde jedoch keinen Fehler gemacht, sie konnte die Urkunde aufgrund der technischen Gegebenheiten nicht anders anfertigen.

3.4 § 14 TP 8 Abs. 5b GebG – Abnahme von erkennungsdienstlichen Daten

Fragestellung:

Ist es rechtens, wenn von der Verwaltungsbehörde neben der Gebühr für die Ausstellung einer Daueraufenthaltskarte (§ 14 TP 8 Abs. 5a GebG in Höhe von 56 Euro) eine Gebühr für die Abnahme der erkennungsdienstlichen Daten nach Abs. 5b leg.cit. im Betrag von 10 Euro eingehoben wird?

Lösung:

Ja, ab 01.01.2010 (vgl. UFSI 05.05.2010, RV/0192-I/10).

3.5 § 33 TP 5 GebG – Berechnung des Entgeltes bei sich erhöhendem Mietzins

Fragestellung:

Wie ist die Bemessungsgrundlage bei einem auf unbestimmte Dauer abgeschlossenen Bestandvertrag zu ermitteln, wenn sich der Mietzins in gewissen Abständen erhöht?

Lösung:

Im gegenständlichen Fall ist weder eine Wahl bedungen (§ 22 GebG) noch liegt ein von sonstigen Umständen abhängiger, schwankender Mietzins (zB Umsatzpacht) vor.

Die Erhöhungen sind bereits mit einem fixen Betrag vereinbart, es ist daher kein durchschnittlicher Mietzins zu errechnen, sondern die Gebühr gemäß § 26 GebG vom höchsten vereinbarten Mietzins zu bemessen (siehe GebR Rz 679).

3.6 § 33 TP 9 GebG – Wohnrechtsbegründung im Zuge eines Abhandlungsverfahrens

Fragestellung:

Die Begründung eines Wohnrechtes für einen Erben oder Legatar kann durch prozessuale Handlungen und Rechtsgeschäfte auf verschiedene Weise herbei geführt werden.

- In welchen Fällen unterliegt die Wohnrechtseinräumung der Gebühr gemäß § 33 TP 9 GebG?
- Wie ist die Bemessungsgrundlage (Entgelt) für die Wohnrechtseinräumung zu ermitteln?
- In welchem Zeitpunkt entsteht die Gebührenschuld?
- Wie ist der gebührenpflichtige Rechtsvorgang neben dem grunderwerbsteuerpflichtigen Rechtsvorgang anzuzeigen?
- Kann für die Einverleibungsbewilligung des Wohnrechts auch Gebühr gemäß § 33 TP 18 GebG anfallen?

Lösung:

Wird der Titel zum Erwerb des Wohnrechtes auf Grund einer beurkundeten *Vereinbarung zwischen den Miterben* durch Rechtsgeschäft unter Lebenden entgeltlich eingeräumt, so unterliegt dieser Vorgang der Gebühr gemäß § 33 TP 9 GebG. Dies unabhängig davon, ob diese Vereinbarung im Rahmen des Erbteilungsübereinkommens, eines gerichtlichen Protokolls oder in einer gesonderten Urkunde beurkundet wird. Auch die Aufnahme in den abhandlungsgerichtlichen Einantwortungsbeschluss führt zu keiner anderen Beurteilung.

Beispiele:

Im Nachlassvermögen befindet sich ein Grundstück (Einfamilienhaus). In einem Erbübereinkommen vereinbaren die von Gesetzes wegen zu Erben berufene Witwe (1/3) und das Kind (2/3) die Übernahme des gesamten Nachlasses durch das Kind gegen Einräumung eines Wohnrechtes für die Witwe.

Im Nachlassvermögen befindet sich ein Grundstück (Einfamilienhaus). Die auf Grund des Gesetzes zu 1/3 erbberechtigte Witwe schlägt die Erbschaft gegen Einräumung des Wohnrechts durch das nunmehr allein erbberechtigte Kind aus. Diese Vereinbarung wird im Erbübereinkommen oder im Abhandlungsprotokoll beurkundet.

Im Nachlassvermögen befindet sich ein Grundstück (Einfamilienhaus). Im Testament beruft der Erblasser die beiden Kinder zu gleichteiligen Erben und ersucht diese, der Witwe ein Wohnrecht im Einfamilienhaus einzuräumen. Die Erben vereinbaren mit der Witwe die Einverleibung des Wohnrechts. Dies wird im Abhandlungsprotokoll oder in einer gesonderten Schrift (zB Erbübereinkommen) beurkundet.

Da das Erbübereinkommen keinen grunderwerbsteuerbaren Tatbestand verwirklicht, kommt für die Einräumung des Wohnrechts weder die Befreiung gemäß § 15 Abs. 3 GebG noch gemäß § 19 Abs. 2 GebG zum Tragen.

Beruht der Titel zum Erwerb des Wohnrechtes auf einer *gesetzlichen Grundlage* (zB Vorausvermächtnis gemäß § 758 ABGB) und wird lediglich diese gesetzliche Rechtsfolge beurkundet, wird kein Tatbestand des § 33 GebG verwirklicht.

Beispiel:

Im Nachlassvermögen befindet sich ein Grundstück (Einfamilienhaus). Die gesetzlich erbberechtigte Witwe schlägt die Erbschaft aus, nimmt aber das gesetzliche Vorausvermächtnis (§ 758 ABGB) in Anspruch.

Im Nachlassvermögen befindet sich ein Grundstück (Einfamilienhaus). Im Testament beruft der Erblasser die beiden Kinder zu gleichteiligen Erben und verfügt zugunsten der Witwe das Vermächtnis des Wohnrechts im Einfamilienhaus.

Wird jedoch trotz Vorliegens der gesetzlichen Rechtsfolge eine Willensübereinstimmung über die Einräumung des Wohnrechts beurkundet, wird die Gebührenpflicht ausgelöst (vgl. GebR Rz 1019).

***Bemessungsgrundlage* der Gebühr für die Wohnrechtseinräumung ist gemäß § 33 TP 9 GebG der Wert des bedungenen Entgeltes. Das Entgelt besteht im Verzicht auf das quotenmäßige Erbrecht, das entspricht dem Anteil am Reinnachlass (Differenz zwischen Aktiva und Passiva). Gemäß § 26 GebG gelten bei der Bewertung, insoweit in den Tarifbestimmungen keine abweichenden Bestimmungen enthalten sind, die Vorschriften des BewG 1955. Da § 33 TP 9 GebG keine speziellen Bestimmungen zur Bewertung enthält, sind bei der Berechnung des Anteils am Reinnachlass die in der Erbschaft enthaltenen Grundstücke mit dem einfachen Einheitswert anzusetzen.**

Wird das Wohnrecht einerseits für den Verzicht auf das Erbrecht andererseits für die Übertragung einer Liegenschaftshälfte unter Lebenden eingeräumt, ist zu differenzieren. Der Teil der Wohnrechtseinräumung, welcher auf den Verzicht des Erbrechts entfällt, unterliegt der Gebühr gemäß § 33 TP 9 GebG vom anteiligen Reinnachlass; der Teil der Wohnrechtseinräumung, welcher auf die Übertragung der Liegenschaftshälfte entfällt, stellt diesbezüglich eine Gegenleistung dar.

Beispiel:

Im Nachlassvermögen befindet sich ein ideeller Miteigentumsanteil (Hälfte eines Einfamilienhauses), der zweite Anteil befindet sich im Eigentum der Witwe. Auf Grund des Gesetzes sind die Witwe (1/3) und das Kind (2/3) zu Erben berufen. Die Witwe überträgt ihre Liegenschaftshälfte rechtsgeschäftlich dem Kind. In einem Erbübereinkommen wird die Übernahme des gesamten Nachlasses durch das Kind gegen Einräumung eines Wohnrechtes vereinbart.

Die *Gebührenschuld* entsteht mit der Unterzeichnung der Vereinbarung durch die Erben (Legatar). Auf den Zeitpunkt der Rechtskraft des Einantwortungsbeschlusses kommt es für das im Erbübereinkommen vereinbarte Rechtsgeschäft nicht an.

Ein zwischen den Vertragsteilen (allfällig) vereinbarter Vorbehalt der rechtskräftigen Einantwortung ist gemäß § 17 Abs. 4 GebG unbeachtlich.

Im Falle der erforderlichen gerichtlichen Genehmigung (zB pflegschaftsgerichtliche Genehmigung) entsteht die Gebührenschuld mit Erteilung der Genehmigung der Vereinbarung.

Damit wird der Lauf der Anzeigefrist in Gang gesetzt.

Die *Gebührenanzeige* hat – ungeachtet der Anzeigepflicht gemäß § 10 GrEStG 1987 für Zwecke der Grunderwerbsteuer – gemäß § 31 GebG zu erfolgen (vgl. GebR Rz 625 ff).

Die Bewilligung der Einverleibung eines Wohnrechts stellt keine Hypothekarverschreibung dar, daher fällt keine Gebühr gemäß § 33 TP 18 GebG an.

3.7 § 33 TP 17 Abs. 1 Z 7 GebG – Gewinn eines Gutscheins: Tarif für Ware oder Geld?

Fragestellung:

Wann liegt bei Gewinn eines Gutscheines ein Geld- und wann ein Warengewinn vor?

Lösung:

Wenn der Gutschein auf einen konkret bezeichneten Gegenstand bei einem bestimmten Unternehmen lautet, liegt ein Warengewinn vor; wenn der Gutschein auf einen bestimmten Betrag ausgestellt ist, der bei einem bestimmten Unternehmen gegen irgendwelche Waren einzulösen ist, liegt ein Geldgewinn vor.

Eine Geldablöse ist nur dann anzunehmen, wenn sich der Gewinner den Gewinn von vornherein in Geld ablösen lassen kann. Der vom Gewinner zu einem späteren Zeitpunkt mit dem Unternehmer, auf welchen der Gutschein lautet, vereinbarte Umtausch auf eine andere Ware stellt keine Geldablöse iSd § 33 TP 17 Abs. 4 GebG dar.

4 Gesellschaftsteuer und Umgründung

(nicht abgedruckt)

5 NeuFöG

(abgedruckt unter 3/1/1.)

GebR

6. Schenkungsmeldegesetz

6/1.

AÖF 2009/82

Verkehrsteuerliche Auswirkungen durch das Schenkungsmeldegesetz 2008

(Erlass des BMF vom 18. Februar 2009, BMF-010206/0040-VI/5/2009)

Der Erlass stellt die Rechtsansicht des Bundesministeriums für Finanzen auf Grund der Änderungen des Erbschafts- und Schenkungssteuergesetzes 1955 und des Grunderwerbsteuergesetzes 1987, sowie der Auswirkungen auf § 15 Abs. 3 Gebührengesetz 1957 durch das Schenkungsmeldegesetz 2008, BGBl. I Nr. 85/2008, dar.

I. Erbschafts- und Schenkungssteuer

Allgemeines

Der Verfassungsgerichtshof hob mit Erkenntnis vom 7. März 2007, G 54/06 ua., den Grundtatbestand des § 1 Abs. 1 Z 1 Erbschafts- und Schenkungssteuergesetz 1955 (in der Folge kurz ErbStG 1955) „Erwerb von Todes wegen" und mit Erkenntnis vom 15. Juni 2007, G 23/07 ua., den Grundtatbestand des § 1 Abs. 1 Z 2 ErbStG 1955 „Schenkungen unter Lebenden" mit Ablauf des 31. Juli 2008 auf.

Der Gesetzgeber ließ die angeführten Tatbestände mit Ablauf des 31. Juli 2008 auslaufen und normierte im § 34 Abs. 1 Z 13 ErbStG 1955 idF des Schenkungsmeldegesetzes 2008, BGBl. I Nr. 85/2008 vom 26. Juni 2008 (SchenkMG 2008), dass für Vorgänge, die den dritten Grundtatbestand des § 1 Abs. 1 Z 3 ErbStG 1955 „Zweckzuwendungen" erfüllen, die Steuer nicht mehr zu erheben ist, wenn die Steuerschuld nach dem 31. Juli 2008 entstehen würde.

Das bedeutet, dass

- Erwerbe durch Erbanfall, Vermächtnis oder auf Grund eines geltend gemachten Pflichtteilsanspruches, wenn die Steuerschuld nach dem 31. Juli 2008 entstünde, nicht mehr der Erbschaftssteuer unterliegen;
- Schenkungen unter Lebenden und freigebige Zuwendungen, wenn die Steuerschuld nach dem 31. Juli 2008 entstünde, nicht mehr der Schenkungssteuer unterliegen und
- Zweckzuwendungen von Todes wegen oder unter Lebenden, wenn die Steuerschuld

nach dem 31. Juli 2008 entstünde, keine Erbschafts- bzw. Schenkungssteuerpflicht auslösen.

Die Steuerschuld entstand gemäß § 12 ErbStG 1955 für die einzelnen Erwerbe zu verschiedenen Zeitpunkten.

- Die Steuerschuld entstand beim Erwerb durch Erbanfall oder Vermächtnis grundsätzlich am Todestag des Erblassers (§ 12 Abs. 1 Z 1 ErbStG 1955).

Abweichend davon entstand die Steuerschuld für

- Erwerbe auf Grund eines geltend gemachten Pflichtteilsanspruches im Zeitpunkt der Geltendmachung (§ 12 Abs. 1 Z 1 lit. b ErbStG 1955)
- aufschiebend bedingte oder befristete Erwerbe im Zeitpunkt des Eintritts der Bedingung oder Befristung (§ 12 Abs. 1 Z 1 lit. a ErbStG 1955)
- den Übergang des Vermögens auf eine vom Erblasser angeordnete Stiftung im Zeitpunkt der Genehmigung der Stiftung (§ 12 Abs. 1 Z 1 lit. c ErbStG 1955)
- den Erwerb infolge Vollziehung einer vom Erblasser angeordneten Auflage der infolge Erfüllung einer vom Erblasser gesetzten Bedingung im Zeitpunkt der Vollziehung der Auflage oder der Erfüllung der Bedingung (§ 12 Abs. 1 Z 1 lit. d ErbStG 1955)
- Erwerbe von dritter Seite als Abfindung für den Verzicht auf den entstandenen Pflichtteilsanspruch oder die Ausschlagung einer Erbschaft oder eines Vermächtnisses im Zeitpunkt des Verzichtes oder der Ausschlagung (§ 12 Abs. 1 Z 1 lit. f ErbStG 1955)
- ein Entgelt für die Übertragung der Anwartschaft eines Nacherben im Zeitpunkt der Übertragung der Anwartschaft (§ 12 Abs. 1 Z 1 lit. g ErbStG 1955)
- einen Erwerb des Nacherben im Zeitpunkt des Eintritts der Nacherbfolge (§ 12 Abs. 1 Z 1 lit. h ErbStG 1955).

Bei anderen Erwerbsarten als durch Erbanfall oder durch Vermächtnis entstand somit die Steuerschuld zu einem anderen Zeitpunkt als bei einem Erwerb durch einen Erben oder Vermächtnisnehmer.

Ist jemand Erbe oder Vermächtnisnehmer, unterliegt sein Erwerb unverändert der Erbschaftssteuer, wenn der Erblasser vor dem 1. August 2008 verstorben ist.

Selbst wenn die Steuerschuld für eine Erwerbsart des § 2 ErbStG 1955 (zB Pflichtteilsanspruch, Abfindung für die Ausschlagung einer Erbschaft oder eines Vermächtnisses) nach dem 31. Juli 2008 entstünde und daher keine Erbschaftssteuerpflicht begründete, kann der Erbe die zu erbringende Leistung von seinem Erwerb in Abzug bringen.

Beispiel:

Der Erblasser verstirbt am 2. Juli 2008 und hinterlässt zwei Kinder und seine Ehegattin. Die Ehegattin verzichtet am 15. September 2008

SchenkMG

auf ihren Erbteil gegen eine Abfindung von den beiden Kindern. Die Abfindung unterliegt nicht der Erbschaftssteuer, weil die Steuerschuld gemäß § 12 Abs. 1 Z 1 lit. f ErbStG 1955 nach dem 31. Juli 2008 entsteht. Die Steuerschuld für den Erwerb der Kinder entsteht am Todestag (2. Juli 2008). Ihr Erwerb unterliegt der Erbschaftssteuer. Obwohl der Erwerb der Abfindung durch die Ehegattin des Erblassers nicht der Erbschaftssteuer unterliegt, können die Kinder die Abfindung von ihrem Erbe abziehen.

- Bei Schenkungen unter Lebenden und freigebigen Zuwendungen entstand die Steuerschuld im Zeitpunkt der Ausführung der Zuwendung (§ 12 Abs. 1 Z 2 ErbStG 1955).

  Das ist der Zeitpunkt der tatsächlichen Übergabe des zugewendeten Vermögenswertes in den Besitz des Empfängers der Zuwendung.

  Dies gilt auch für Liegenschaften; der Zeitpunkt des Eigentumserwerbes durch Eintragung in das Grundbuch ist nicht relevant.

  Schenkungen unter Lebenden und freigebige Zuwendungen unterliegen dann nicht mehr der Schenkungssteuer, wenn die Übergabe des zugewendeten Vermögenswertes nach dem 31. Juli 2008 erfolgt.

- Für Zweckzuwendungen entstand die Steuerschuld im Zeitpunkt des Eintrittes der Verpflichtung des Beschwerten (§ 12 Abs. 1 Z 3 ErbStG 1955).

  Je nach dem, ob dieser Zeitpunkt vor dem 1. August 2008 oder nach dem 31. Juli 2008 liegt, ist Erbschafts- und Schenkungssteuerpflicht gegeben oder nicht.

1. Rechtsfolgen infolge Auslaufens des Erbschafts- und Schenkungssteuergesetzes 1955

Das ErbStG 1955 in der bis zum 31. Juli 2008 geltenden Fassung sah für bestimmte Rechtsvorgänge Begünstigungen und Befreiungen vor, für deren endgültige Gewährung bestimmte Voraussetzungen während einer bestimmten Zeit erfüllt oder gegeben sein mussten, andernfalls diese Rechtsvorgänge nachzuversteuern waren.

1.1. Auswirkungen auf die Nachversteuerungstatbestände des Erbschafts- und Schenkungssteuergesetzes 1955

Das ErbStG 1955 sah in §§ 3 Abs. 5, 8 Abs. 3 lit. b, 15 Abs. 1 Z 1 lit. c, 15 Abs. 1 Z 2 und 15a Abs. 5 ErbStG 1955 unter bestimmten Voraussetzungen Nachversteuerungstatbestände vor.

Sachverhalte, die nach dem 31. Juli 2008 einen Nachversteuerungstatbestand des ErbStG 1955 verwirklichen würden, begründen keine Steuerpflicht, weil die Steuerschuld für die jeweilige Nachversteuerung im Zeitpunkt der Erfüllung des Nachversteuerungstatbestandes entstehen würde, in diesem Zeitpunkt jedoch der Grundtatbestand nicht mehr dem Rechtsbestand angehört.

1.2. Option der Jahresbesteuerung von Renten (§ 29 Abs. 1 ErbStG 1955)

Hat ein Abgabepflichtiger für die Zuwendung von Renten oder anderen wiederkehrenden Nutzungen oder Leistungen statt der Entrichtung der Erbschafts- und Schenkungssteuer vom Kapitalbetrag die Entrichtung jährlich im Voraus vom Jahreswert gewählt, sind die jeweiligen nach dem 31. Juli 2008 fällig werdenden Jahressteuerbeträge weiterhin zu entrichten.

Bei der Option auf die Jahresbesteuerung entsteht die Steuerschuld nicht jährlich neu, sondern es handelt sich nur um einen besonderen Zahlungsmodus für eine bereits vor dem 1. August 2008 entstandene Steuerschuld.

1.3. Sonderform der Entrichtung der Erbschafts- und Schenkungssteuer für den Erwerb von land- und forstwirtschaftlichem Vermögen (§ 29 Abs. 2 ErbStG 1955)

Machte ein Abgabepflichtiger von der Möglichkeit Gebrauch, die auf das land- und forstwirtschaftliche Vermögen entfallende Steuer statt in einem Betrag in zehn Jahresbeträgen zu entrichten, sind Jahresbeträge, die nach dem 31. Juli 2008 fällig werden, weiter zu entrichten. Bei dieser Art der Besteuerung entstand die Steuerschuld vor dem 1. August 2008, die Entrichtung in zehn Jahresbeträgen stellt nur einen besonderen Zahlungsmodus dar.

1.4. Aussetzung der Besteuerung gemäß § 30 ErbStG 1955

Wurde Vermögen erworben, dessen Nutzung einem anderen als dem Erwerber zusteht, konnte der Erwerber verlangen, dass die Besteuerung bis zum Erlöschen des Nutzungsrechtes ausgesetzt blieb. Die Steuerschuld entstand in diesen Fällen gemäß § 12 Abs. 2 ErbStG 1955 mit Erlöschen des Nutzungsrechtes. Erlischt dieses Nutzungsrecht nach dem 31. Juli 2008, löst dies keine Steuerpflicht mehr aus, weil der Grundtatbestand nicht mehr dem Rechtsbestand angehört.

1.5. Berichtigung der Steuerfestsetzung gemäß § 32 ErbStG 1955

Kommen nach Erlassung des Steuerbescheides abzugsfähige Verbindlichkeiten hervor, die im Steuerbescheid nicht berücksichtigt werden konnten, weil sie dem Abgabepflichtigen unbekannt waren, so kann er bis zum Ablauf von fünf Jahren seit der Veranlagung die Berichtigung des Steuerbescheides beantragen.

Solche Berichtigungen sind auch nach dem 31. Juli 2008 möglich, weil die Berichtigung einen Sachverhalt betrifft, für den die Steuerschuld vor dem 1. August 2008 entstanden ist.

1.6. Erstattung der Erbschafts- und Schenkungssteuer gemäß § 33 ErbStG 1955

Gemäß § 33 lit. a ErbStG 1955 war die Schenkungssteuer zu erstatten, wenn und insoweit das

Geschenk herausgegeben werden musste, und gemäß § 33 lit. b ErbStG 1955, wenn und insoweit ein Erwerb von Todes herausgegeben werden musste, eine Änderung der Steuer nicht mehr möglich ist und das herausgegebene Vermögen beim Empfänger einen Erwerb von Todes wegen darstellt.

Die Bestimmung des § 33 ErbStG 1955 ist gemäß § 34 Abs. 1 Z 13 ErbStG 1955 idF des SchenkMG 2008, BGBl. I Nr. 85/2008, auf Vorgänge, bei denen der Herausgabeanspruch nach Ablauf des Tages entsteht, an dem das SchenkMG 2008 im Bundesgesetzblatt kundgemacht wurde, nicht mehr anzuwenden.

Da das Bundesgesetzblatt BGBl. Nr. I 85/2008 am 26. Juni 2008 ausgegeben wurde, ist eine Erstattung der Erbschafts- und Schenkungssteuer in Fällen, in denen der Herausgabeanspruch nach Ablauf des 26. Juni 2008 entsteht, nach der Bestimmung des § 33 ErbStG 1955 nicht mehr möglich.

1.7. Berichtigung der Steuer

Eine Berichtigung der Steuer zB nach § 5 Abs. 2 BewG 1955 für auflösend bedingte Erwerbe, § 16 Abs. 3 BewG 1955 oder § 295a BAO ist weiterhin in jede Richtung möglich.

Beispiele:

1. A und B vereinbaren am 7. März 2006 eine auflösend bedingte Schenkung. Mit 11. November 2008 tritt die Bedingung ein und das Geschenk wird wieder zurück gegeben. Auf Antrag gemäß § 5 Abs. 2 BewG 1955 ist die Schenkungssteuer zu berichtigen.

2. Mit Vertrag vom 12. Februar 2005 wurde ein Grundstück gegen Einräumung des lebenslänglichen Fruchtgenussrechtes übergeben. Der gemäß § 16 BewG 1955 kapitalisierte Wert des Fruchtgenussrechtes war geringer als der dreifache Einheitswert des Grundstückes (gemischte Schenkung). Hierfür wurde vom Wert der Gegenleistung Grunderwerbsteuer und vom Differenzbetrag zwischen der Gegenleistung und dem dreifachen Einheitswert Schenkungssteuer festgesetzt. Am 13. Oktober 2008 ist der Fruchtnießer (Übergeber) verstorben. Der Wert der Nutzung hat tatsächlich weniger als die Hälfte des im Zeitpunkt der Übergabe kapitalisierten Wertes ergeben. Auf Grund des Wegfalles der Last ist eine Berichtigung der Grunderwerbsteuer (Minderung) und der Schenkungssteuer (Erhöhung) durchzuführen.

2. Anmelde- und sonstige Verpflichtungen (§§ 22, 24, 25 und 26 ErbStG 1955)

Es entfällt die Verpflichtung

- zur Anmeldung eines dem Erbschafts- und Schenkungssteuergesetz unterliegenden Erwerbes durch den Erwerber und Geschenkgeber (§ 22 ErbStG 1955) und
- der Notare und Rechtsanwälte, dem Finanzamt Abschriften der Niederschriften über die von ihnen beurkundeten Schenkungen und Zweckzuwendungen zu übermitteln (§ 24 Abs. 2 ErbStG 1955).

Aufrecht bleiben die Verpflichtungen

- der Gerichte, dem Finanzamt die Todesfälle, die eröffneten letztwilligen Anordnungen und die Vornahme von Erbteilungen bekannt zu geben (§ 24 Abs. 1 ErbStG 1955),
- derjenigen, die auf den Namen lautende Aktien oder Schuldverschreibungen ausgegeben haben, bevor sie die auf den Namen des Erblassers lautenden Wertpapiere nach Eintritt des Erbfalles in ihren Büchern auf den Namen einer anderen Person umschreiben, von der Umschreibung dem Finanzamt Mitteilung zu machen (§ 25 ErbStG 1955) sowie
- von Versicherungsunternehmen, bevor sie Versicherungssummen oder Leibrenten an einen anderen als den Versicherungsnehmer auszahlen, dem Finanzamt den wesentlichen Inhalt des Versicherungsvertrages und die Person des Empfangsberechtigten mitzuteilen (§ 26 ErbStG 1955).

Die Mitteilungen gemäß §§ 25 und 26 ErbStG 1955 sind an das Wohnsitzfinanzamt des Erwerbers zu übermitteln.

II. Gebühren

Gemäß § 15 Abs. 3 Gebührengesetz 1957 (GebG) sind Rechtsgeschäfte, die ua. unter das Erbschafts- und Schenkungssteuergesetz fallen, von der Gebührenpflicht ausgenommen. Da der VfGH die beiden Grundtatbestände „Erwerb von Todes wegen" (§ 1 Abs. 1 Z 1 ErbStG 1955) und „Schenkungen unter Lebenden" (§ 1 Abs. 1 Z 2 ErbStG 1955) mit Ablauf des 31. Juli 2008 aufgehoben hat, ist die Befreiungsbestimmung des § 15 Abs. 3 GebG, soweit sich diese auf die Erbschafts- und Schenkungssteuer bezieht, inhaltsleer.

Das bedeutet, dass nach Ablauf des 31. Juli 2008 beurkundete Rechtsgeschäfte, die einen Tatbestand des § 33 GebG erfüllen, Gebührenpflicht begründen; dies auch dann, wenn diese Rechtsgeschäfte der Erbschafts- und Schenkungssteuer unterlägen, wären die Tatbestände des § 1 Abs. 1 Z 1 und Z 2 ErbStG 1955 noch im Rechtsbestand.

Beispiele:

1. A und B schließen und beurkunden am 15. Oktober 2008 einen Leibrentenvertrag über eine bewegliche Sache. Der gemeine Wert der Sache beträgt 80.000, der nach versicherungsmathematischen Grundsätzen kapitalisierte Wert der Leibrente beträgt 20.000.

Nach der Rechtslage vor dem 1. August 2008 unterlag dieser Vorgang der Schenkungssteuer und war gemäß § 15 Abs. 3 GebG zur Gänze gebührenbefreit.

Nach der Rechtslage nach dem 31. Juli 2008 löst der Leibrentenvertrag gemäß § 33 TP 17 Abs. 1 Z 4 GebG Gebührenpflicht aus. Bemessungsgrundlage ist im vorliegenden Fall der gemeine Wert der Sache.

2. A räumt B gegen ein Entgelt in Höhe von 10.000 ein Fruchtgenussrecht im kapitalisierten

Wert von 70.000 ein. Dieser Vertrag wird am 10. November 2008 beurkundet.

Nach der Rechtslage vor dem 1. August 2008 unterlag dieses Rechtsgeschäft der Schenkungssteuer und war gemäß § 15 Abs. 3 GebG zur Gänze gebührenbefreit. Nach der Rechtslage nach dem 31. Juli 2008 löst der Dienstbarkeitsvertrag gemäß § 33 TP 9 GebG Gebührenpflicht aus. Bemessungsgrundlage ist im vorliegenden Fall das vereinbarte Entgelt von 10.000.

III. Grunderwerbsteuer

Allgemeines

Gemäß § 1 GrEStG 1987 (in der Folge kurz GrEStG 1987) unterliegen Rechtsvorgänge, die sich auf inländische Grundstücke beziehen, der Grunderwerbsteuer. Sowohl Grundstückserwerbe von Todes wegen als auch solche durch Schenkungen unter Lebenden sind von diesen Tatbeständen erfasst, waren aber gemäß § 3 Abs. 1 Z 2 GrEStG 1987 idF vor dem BGBl. I Nr. 85/2008 von der Grunderwerbsteuer befreit, weil sie dem Erbschafts- und Schenkungssteuergesetz unterlagen. Durch die Abschaffung der Erbschafts- und Schenkungssteuer für Vorgänge, bei denen die Steuerschuld nach dem 31. Juli 2008 entstanden wäre, wurde diese Befreiungsbestimmung inhaltsleer und sind nunmehr sowohl die Grundstückserwerbe von Todes wegen als auch durch Schenkung unter Lebenden grunderwerbsteuerpflichtig. Aus diesem Grund wurde das Grunderwerbsteuergesetz entsprechend geändert und wurden einerseits Bestimmungen aus dem ErbStG 1955 in das Grunderwerbsteuergesetz aufgenommen (die Befreiungen gemäß §§ 15 Abs. 1 Z 1 lit. c, 15 Abs. 1 Z 15, 15a sowie die Bestimmung des § 33 ErbStG 1955) und andererseits die erforderlichen Grundlagen für das Entstehen der Steuerschuld, die anzuwendende Bemessungsgrundlage, den (die) Steuerschuldner sowie die Ausdehnung der für Parteienvertreter bestehenden Möglichkeit zur Selbstberechnung geschaffen. Weiters wurden Übergangsregelungen getroffen. Die durch das Schenkungsmeldegesetz 2008 geänderten Bestimmungen sind auf Sachverhalte anzuwenden, für welche die Steuerschuld nach dem 31. Juli 2008 entsteht oder entstehen würde.

Im Folgenden werden die durch diese Gesetzesänderung erfolgten Neuerungen dargestellt.

1. Erwerbe von Todes wegen

1.1. Verwirklichter Tatbestand

1.1.1. Erbanfall und Vermächtnis

Beim Erwerb durch Erbanfall wird mit der Rechtskraft des Beschlusses über die Einantwortung bzw. bei einem Vermächtnis mit Bestätigung des Verlassenschaftsgerichts gemäß § 182 Abs. 3 Außerstreitgesetz jeweils der Tatbestand des § 1 Abs. 1 Z 2 GrEStG 1987 verwirklicht.

1.1.2. Abgeltung des Pflichtteilsanspruches

Für den Fall, dass die Abgeltung des geltend gemachten Pflichtteilsanspruches mit einem Grundstück vor Beendigung des Abhandlungsverfahrens vereinbart wird, schlägt der erbrechtliche Titel durch und liegt beim Pflichtteilsberechtigten ein Erwerb gemäß § 1 Abs. 1 Z 2 GrEStG 1987 vor.

Wird der geltend gemachte Anspruch eines Pflichtteilsberechtigten hingegen erst nach Abschluss des Abhandlungsverfahrens durch Übertragung eines Grundstückes erfüllt, verwirklicht dies als Rechtsgeschäft unter Lebenden den Tatbestand des § 1 Abs. 1 Z 1 GrEStG 1987.

1.1.3. Ausschlagung der Erbschaft

Schlägt ein Erbe die Erbschaft (vorbehaltlos oder auch qualifiziert) aus, begibt er sich seines Erbrechts und verfügt nicht über die einzelnen Nachlassgegenstände, weshalb beim Entschlagenden kein der Grunderwerbsteuer unterliegender Vorgang gegeben ist. Bei demjenigen, der anstelle des Entschlagenden durch Einantwortung das Grundstück erwirbt, liegt ein Erwerb gemäß § 1 Abs. 1 Z 2 GrEStG 1987 vor, sofern der Erwerber Erbe ist. Ist der Erwerber nicht zugleich Erbe, liegt eine Erbschaftsschenkung bzw. ein Erbschaftskauf vor (zur Bemessungsgrundlage siehe Pkt. III.1.3; zum Entstehen der Steuerschuld Pkt. III.1.4).

Beispiel:

In der Verlassenschaft sind A, B und C zu je 1/3 als gesetzliche Erben berufen. Erbe A entschlägt sich zugunsten C. Die Einantwortung erfolgt an B zu 1/3 und an C zu 2/3. Die Grunderwerbsteuerschuld entsteht für B und C entsprechend ihrer Quote laut Einantwortung zu 1/3 bzw. 2/3; der Steuersatz richtet sich nach dem Verwandtschaftsverhältnis von B und C zum Erblasser.

1.1.4. Veräußerung aus dem Nachlass

Wird ein Grundstück im Zuge der Verlassenschaftsabhandlung entgeltlich oder unentgeltlich übertragen, löst dies keine Steuerpflicht gemäß § 1 Abs. 2 GrEStG 1987 für die Verlassenschaft, sondern lediglich die Steuerpflicht gemäß § 1 Abs. 1 Z 1 GrEStG 1987 für den Übertragungsvorgang aus. Steuerschuldner sind der Erwerber und die Verlassenschaft bzw. nach Beendigung der Verlassenschaftsabhandlung der (die) Erbe(n).

Beispiel:

Vor Beendigung des Abhandlungsverfahrens wird die im Nachlass befindliche Liegenschaft an den Erwerber K veräußert. Für diesen Erwerbsvorgang entsteht die Grunderwerbsteuerschuld gemäß § 1 Abs. 1 Z 1 GrEStG 1987, die Steuer ist von der Gegenleistung zu bemessen; der Steuersatz beträgt je nach Verwandtschaftsverhältnis des Erwerbers zum Erblasser 2% oder 3,5%. Eine Einantwortung an die Erben erfolgt nicht, daher entsteht für diese keine Grunderwerbsteuerschuld.

1.1.5. Schenkung auf den Todesfall

Zur Schenkung auf den Todesfall siehe Pkt. III.2.4. und III.3.

1.1.6. Treuhandschaft

1.1.6.1. Tod des Treugebers

Stirbt der Treugeber und geht die Verwertungsbefugnis iSd § 1 Abs. 2 GrEStG 1987 an einem Grundstück im Erbwege, im Wege eines Vermächtnisses oder in Abgeltung eines geltend gemachten Pflichtteilsanspruches auf den neuen Treugeber über, verwirklicht dieser Vorgang den Tatbestand des § 1 Abs. 2 GrEStG 1987. Bemessungsgrundlage für die Grunderwerbsteuer ist das Dreifache des Einheitswertes des Grundstückes oder dessen nachgewiesener niedrigere gemeine Wert.

1.1.6.2. Tod des Treuhänders

Stirbt der Treuhänder, wird mangels anderweitiger Vereinbarung im Treuhandvertrag das Treuhandverhältnis aufgelöst. Der Übergang des treuhändig gehaltenen Grundstückes auf den Treugeber unterliegt gemäß § 1 Abs. 1 GrEStG 1987 der Grunderwerbsteuer.

Hat der Treugeber dem Treuhänder das zivilrechtliche Eigentum an einem Grundstück seinerzeit treuhändig übertragen, handelt es sich um eine Rückgängigmachung auf Grund eines Rechtsanspruches. Die für den rückgängig gemachten Erwerbsvorgang entrichtete Grunderwerbsteuer kann jedoch mangels Vorliegens der Voraussetzungen nach § 17 Abs. 1 GrEStG 1987 nicht erstattet werden.. Der Rückerwerb selbst unterliegt der Grunderwerbsteuer gemäß § 1 Abs. 1 GrEStG 1987. Bemessungsgrundlage ist das Dreifache des Einheitswertes des Grundstückes.

Hat der Treugeber den Treuhänder seinerzeit beauftragt, in seinem Namen aber auf Rechnung des Treugebers ein bestimmtes Grundstück von einem Dritten zu erwerben, stellt die Übertragung des zivilrechtlichen Eigentums auf den Treugeber einen Erwerbsvorgang iSd § 1 Abs. 1 GrEStG 1987 dar.

Folgt einem Rechtsvorgang gemäß § 1 Abs. 2 GrEStG 1987 über dasselbe Grundstück ein Rechtsvorgang nach § 1 Abs. 1 GrEStG 1987 zwischen denselben Rechtspersonen nach, wird die Grunderwerbsteuer gemäß § 1 Abs. 4 GrEStG 1987 für den nachfolgenden Rechtsvorgang nur insoweit erhoben, als für den nachfolgenden Rechtsvorgang eine Gegenleistung vereinbart wird, deren Wert den Betrag übersteigt, von dem beim vorangegangenen Rechtsvorgang die Steuer berechnet worden ist. In diesem Zusammenhang ist unter Gegenleistung die Grunderwerbsteuerbemessungsgrundlage zu verstehen. Für die Rückübertragung wird daher in der Regel keine Grunderwerbsteuer anfallen.

1.1.6.3. Wechsel in der Person des Treuhänders

Ist vereinbart, dass das Treuhandverhältnis mit den Erben oder Vermächtnisnehmern des bisherigen Treuhänders fortgeführt werden soll, erfüllt die Übertragung des Grundstückes auf diese einen Tatbestand des § 1 Abs. 1 GrEStG 1987. Bemessungsgrundlage ist das Dreifache des Einheitswertes.

Beispiele:

1. A (Treugeber) hat B (Treuhänder) am 15. Juli 2007 treuhändig ein Grundstück übertragen. B stirbt am 3. Dezember 2008. Da im Treuhandvertrag nichts Gegenteiliges vereinbart worden ist, wird das Treuhandverhältnis aufgelöst. Der Übergang des zivilrechtlichen Eigentums des Grundstückes auf den Treugeber A verwirklicht einen Tatbestand des § 1 Abs. 1 GrEStG 1987. Bemessungsgrundlage für die Grunderwerbsteuer ist das Dreifache des Einheitswertes.

2. A (Treugeber) hat B (Treuhänder) beauftragt, im eigenen Namen, aber auf Rechnung des A ein bestimmtes Grundstück von C zu erwerben. Am 6. April 2007 schließen B und C einen Kaufvertrag über dieses Grundstück zum Kaufpreis von 100.000 (Einheitswert 10.000). Der Treuhänder B stirbt am 15. Dezember 2008. Da im Treuhandvertrag nichts Gegenteiliges vereinbart ist, wird das Treuhandverhältnis aufgelöst. Der Übergang des zivilrechtlichen Eigentums auf den Treugeber A unterliegt gemäß § 1 Abs. 1 GrEStG 1987 der Grunderwerbsteuer. Gemäß § 1 Abs. 4 GrEStG 1987 wird die Grunderwerbsteuer für den Erwerb des Grundstückes durch A nicht erhoben.

1.2. Befreiungen

1.2.1. § 3 Abs. 1 Z 2 GrEStG 1987

Der Freibetrag gemäß § 3 Abs. 1 Z 2 GrEStG 1987 wurde aus § 15a ErbStG 1955 in angepasster Form übernommen und bezieht sich nunmehr zur Gänze auf Grundstücke.

1.2.1.1. Persönliche Voraussetzungen

Der Empfänger der Zuwendung muss eine natürliche Person sein. Nicht befreit sind daher Übertragungen an juristische Personen wie zB GesmbH, AG, Stiftungen und Anstalten, weiters an Personengesellschaften des Unternehmensrechtes. Darüber hinaus sind beim Erwerb von Todes wegen keine weiteren persönlichen Voraussetzungen erforderlich.

1.2.1.2. Gegenstand der Zuwendung

Begünstigt ist der Erwerb von Grundstücken von Todes wegen, wenn

- sie inländischen Betrieben und inländischen Teilbetrieben gewidmet sind, die der Einkunftserzielung aus Land- und Forstwirtschaft, aus selbständiger Arbeit oder aus Gewerbebetrieb dienen, oder
- sie der Mitunternehmerschaft von einem verstorbenen Mitunternehmer zur Nutzung überlassen wurden (Sonderbetriebsvermögen), sofern diese Grundstücke gemeinsam mit Mitunternehmeranteilen an dieselbe(n) Person(en) zugewendet werden und der Erblasser im Zeitpunkt des Todes mindestens zu einem Viertel unmittelbar am Vermögen der Gesellschaft beteiligt war, und

die Steuer nach § 4 Abs. 2 Z 4 GrEStG 1987 zu berechnen ist.

1.2.1.2.1. Betriebe und Teilbetriebe

Ob ein Betrieb oder Teilbetrieb vorliegt, ist nach den Begriffsinhalten des Einkommensteuerrechtes zu beurteilen. Auf Seiten des Zuwendenden müssen Gewinneinkünfte (Einkünfte aus Land- und Forstwirtschaft, aus selbständiger Arbeit oder aus Gewerbebetrieb) vorliegen. Nicht begünstigt sind daher zB Übertragungen von Liebhabereibetrieben und wenn im Falle der Verpachtung eines Betriebes Einkünfte aus Vermietung und Verpachtung vorliegen.

1.2.1.2.2. Abgrenzung Betrieb/Teilbetrieb

Unter einem Betrieb ist die Zusammenfassung menschlicher Arbeitskraft und sachlicher Produktionsmittel zu einer organisatorischen Einheit zu verstehen.

Bei einem Teilbetrieb handelt es sich um einen organisch in sich geschlossenen, mit einer gewissen Selbständigkeit ausgestatteten Teil eines Gewerbebetriebes, der es im Falle der Veräußerung einem Erwerber auf Grund seiner organisatorischen Geschlossenheit ermöglicht, die gleiche Erwerbstätigkeit ohne weiteres fortzusetzen.

Ein Teilbetrieb muss im Rahmen des Betriebes eine selbständige Betriebseinheit bilden. Bloße organisatorisch getrennte Abteilungen oder Aufgabenbereiche innerhalb einer Gesamttätigkeit stellen keinen Teilbetrieb dar.

Für das Vorliegen eines Teilbetriebes sprechen das Vorliegen eigenen Anlagevermögens, räumlicher Trennung, eigenen Personals, eines eigenständigen Rechnungskreises, einer eigenständigen Gestaltung der Preise und des Einkaufes und das Vorliegen eines eigenen Kundenstammes.

Näheres zu den Begriffen Betrieb und Teilbetrieb siehe EStR 2000 Rz 409 ff, Rz 5134 ff, Rz 5578 ff.

1.2.1.2.3. Übertragung von Sonderbetriebsvermögen eines Mitgesellschafters gemeinsam mit Mitunternehmeranteilen

Unter diese Bestimmung fallen Anteile an Gesellschaften, bei denen die Gesellschafter als Mitunternehmer anzusehen sind, dazu gehören die Personengesellschaften des Unternehmensrechtes (OG, KG), GesbR und die unechte stille Gesellschaft.

Der Erblasser muss im Zeitpunkt des Todes mindestens zu einem Viertel am Vermögen der Gesellschaft beteiligt gewesen sein. Die Beteiligung am Vermögen ergibt sich in erster Linie aus dem Gesellschaftsvertrag oder sonstigen Vereinbarungen, subsidiär aus dem Gesetz (zB § 109 UGB, § 1193 ABGB).

Grundstücke im Sonderbetriebsvermögen sind nur begünstigt, wenn deren Erwerb unmittelbar mit der Übertragung des Mitunternehmeranteils erfolgt. Das Beteiligungsausmaß ist ohne Sonderbetriebsvermögen zu ermitteln.

Der Erblasser muss am Vermögen der Gesellschaft unmittelbar beteiligt gewesen sein. Eine mittelbare Beteiligung über eine andere Gesellschaft führt zu keiner Befreiung.

1.2.1.3. Höhe des Freibetrages

Bei der Bestimmung des § 3 Abs. 1 Z 2 GrEStG 1987 handelt es sich um einen betriebsbezogenen Freibetrag. Erhält zum Beispiel jemand zwei Betriebe vom selben Erblasser, so steht der Freibetrag (Freibetragsteil) für die Grundstücke jedes Betriebes gesondert zu.

Befinden sich jedoch im Betriebsvermögen eines Betriebes mehrere Grundstücke, liegt zwar hinsichtlich jedes einzelnen Grundstückes ein Erwerbsvorgang iSd § 1 Abs. 1 Z 2 GrEStG 1987 vor, der Freibetrag (Freibetragsteil) steht jedoch insgesamt nur einmal pro Betrieb für den Erwerb sämtlicher Grundstücke zu.

Die nachfolgenden Bestimmungen über die Aliquotierung des Freibetrages stellen sicher, dass bei Übertragung lediglich von Quoten eines begünstigten Vermögens bzw. bei Übertragung an mehrere Erwerber der Freibetrag höchstens 365.000 Euro beträgt.

1.2.1.3.1. Übertragung eines Betriebes

Der Freibetrag (Freibetragsteil) steht zu, wenn ein Anteil von mindestens einem Viertel eines Betriebes Gegenstand der Übertragung ist.

1.2.1.3.2. Übertragung eines Teilbetriebes

Wird ein gesamter Teilbetrieb oder ein Anteil eines Teilbetriebes übertragen, so muss der Wert (gemeiner Wert) des übertragenen Teilbetriebes oder der Anteil desselben mindestens ein Viertel des gesamten Betriebes betragen.

Der Freibetrag steht nur in dem Verhältnis zu, in dem der Wert (gemeiner Wert) des Teilbetriebes (Anteil des Teilbetriebes) zum Wert (gemeiner Wert) des gesamten Betriebes steht.

1.2.1.3.3. Erwerb durch einen oder mehrere Erwerber

Die Mindestanteile sind lediglich aus Sicht des Erblassers zu beachten, unabhängig von der Anzahl der Erwerber und deren erhaltenem Anteil. Der Freibetrag steht entsprechend dem Anteil des erworbenen Vermögens zu (Freibetragsteil).

Wird ein entsprechender Mindestanteil an mehrere Erwerber übertragen und erhält der einzelne Erwerber für seine Person weniger als den Mindestanteil, so steht grundsätzlich der Freibetrag bzw. Freibetragsanteil zu und verteilt sich dieser auf die Erwerber entsprechend den von ihnen jeweils erworbenen Anteilen.

Beispiel:

A hinterlässt seiner Tochter B 20% und seinem Sohn C 80% seines österreichischen Bauunternehmens mit einem steuerlichen Wert (für den Gesamtbetrieb) von 1,000.000. Für das Be-

triebsgrundstück ist ein Einheitswert iHv 40.000 (3-facher EW 120.000) festgestellt.

Überprüfung der Voraussetzungen:

Die Erwerber sind natürliche Personen.

Es wird ein Betriebsgrundstück gemeinsam mit einem inländischen Betrieb, der der Einkunftserzielung gemäß § 2 Abs. 3 Z 3 EStG 1988 dient, übertragen.

Es wird mehr als ein Viertel des Betriebes zugewendet.

Höhe des Freibetrages: Für den Erwerb des Betriebsgrundstückes steht, weil der Gesamtbetrieb übergeht, der Freibetrag in voller Höhe zu.

Dieser verteilt sich auf die Tochter B mit 20% von 365.000 = 73.000

und auf den Sohn C mit 80% von 365.000 = 292.000.

1.2.1.3.4. Erwerb eines Grundstückes im Sonderbetriebsvermögen gemeinsam mit einem Mitunternehmeranteil

Der Erwerb eines Anteiles an einer (rechtsfähigen) Mitunternehmerschaft, die Eigentümerin eines Grundstückes ist, stellt keinen grunderwerbsteuerbaren Vorgang dar, weil ein komplexes Recht übergeht und kein Eigentumswechsel in Bezug auf das Grundstück stattfindet.

Der Erwerb eines Grundstückes, das der Mitunternehmerschaft als Sonderbetriebsvermögen zur Verfügung steht, ist begünstigt, wenn das Sonderbetriebsvermögen gemeinsam mit dem Mitunternehmeranteil erworben wird. Das Beteiligungsausmaß ist ohne Sonderbetriebsvermögen zu ermitteln.

Der Freibetrag steht nur in dem Ausmaß, der dem übertragenen Anteil am Vermögen der Gesellschaft entspricht, zu.

Beispiel:

A ist zu 30% und B zu 70% an einer OG beteiligt. Der Wert der OG beträgt 3,000.000, A hat ein Grundstück im Sonderbetriebsvermögen im Wert (3-facher Einheitswert) von 240.000. A hinterlässt seinen Anteil und das Sonderbetriebsvermögen seinem Kind.

Auf Grund der 30%igen Beteiligung des A kann das Kind höchstens 109.500 Freibetragsteil lukrieren (30% von 365.000).

Wert des Grundstückes	*240.000*
Anteiliger Freibetrag	**– 109.500**
Bemessungsgrundlage	*130.500*

Daneben kann – bei Vorliegen der Voraussetzungen – der Freibetrag gemäß § 5a Abs. 2 Z 2 NeuFöG kumulativ zur Anwendung kommen.

1.2.1.3.5. Erwerb von teilweise betrieblich genutzten Grundstücken

Hinterlässt ein Unternehmer ein Grundstück gemeinsam mit einem (Teil-)Betrieb, steht der Freibetrag in dem Ausmaß zu, das seiner betrieblichen Nutzung entspricht. Für das Ausmaß der betrieblichen Nutzung sind die ertragsteuerlichen Grundsätze maßgebend.

1.2.1.4. Nacherhebung der Steuer

Wenn der Erwerber innerhalb von fünf Jahren nach dem Erwerb das zugewendete Vermögen (Betrieb, Teilbetrieb, Mitunternehmeranteil) oder wesentliche Grundlagen davon entgeltlich oder unentgeltlich überträgt, betriebsfremden Zwecken zuführt oder wenn der Betrieb oder Teilbetrieb aufgegeben wird, ist die Grunderwerbsteuer nachzuerheben. Diese Nacherhebungsgründe sind taxativ.

Abgesehen von den unten angeführten Ausnahmen (siehe Pkt. III.1.2.1.4.4.) ist die Nacherhebung, wenn der (Teil-) Betrieb oder Mitunternehmeranteil entgeltlich oder unentgeltlich weiter übertragen oder aufgegeben wird oder das Vermögen betriebsfremden Zwecken zugeführt wird, zwingend vorzunehmen. Im Falle der Nacherhebung sind die Werte für den Zeitpunkt, in dem der steuerbare Tatbestand verwirklicht wurde, heranzuziehen (= Zeitpunkt der seinerzeitigen Übertragung).

1.2.1.4.1. Verfahrenshinweise

Der Nacherhebungstatbestand, der im Zeitpunkt seiner Verwirklichung die Steuerschuld auslöst, stellt einen eigenen verfahrensrechtlichen Titel für die Steuerfestsetzung dar. Die Verjährungsfrist zur Festsetzung der Abgabe beginnt gemäß § 208 Abs. 1 lit. d BAO mit Ablauf des Jahres, in dem der Nacherhebungstatbestand eintritt.

1.2.1.4.2. Wesentliche Betriebsgrundlagen

Zu den wesentlichen Grundlagen des Unternehmens gehören jene Betriebsmittel, die objektiv die Fortführung des als lebend anzusehenden Betriebes ermöglichen. In der Betrachtung der wesentlichen Betriebsgrundlagen ist auf die Umstände des Einzelfalles unter Berücksichtigung der Besonderheiten des jeweiligen Betriebstypus abzustellen. Werden die wesentlichen Betriebsgrundlagen übertragen, entnommen oder in einen anderen Betrieb übergeführt, so ist dies freibetragsschädlich. Näheres zu den wesentlichen Betriebsgrundlagen siehe EStR 2000 Rz 5507 ff.

Ein Nacherhebungstatbestand ist nicht gesetzt, wenn Maschinen lediglich ausgetauscht werden, sei es aus Rationalisierungszwecken oder bei Untergang/Verlust infolge höherer Gewalt.

1.2.1.4.3. Nicht freibetragsschädliche Übertragung

Eine Nacherhebung unterbleibt, wenn die Weiterübertragung – bei Vorliegen der übrigen Voraussetzungen für eine begünstige Weiterübertragung iSd § 3 Abs. 1 Z 2 GrEStG 1987 – nur deshalb keinen nach dieser Bestimmung steuerbegünstigten Erwerb darstellt, weil die Voraussetzung der erforderlichen Quote von mindestens 25% nicht gegeben ist.

Beispiel:

Der Betriebsinhaber A hinterlässt 40% des Betriebes zu gleichen Teilen an seine 43-jährigen

Zwillingskinder B und C und 60% seiner Witwe; der Freibetrag des § 3 Abs. 1 Z 2 GrEStG 1987 wird gewährt; 2 Jahre später verstirbt B, dessen Tochter erwirbt als Alleinerbin seinen 20% Anteil. Dieser Erwerb ist nur deshalb zu versteuern, weil B nicht die erforderliche Quote, nämlich mindestens 25% besitzt. Die Übertragung von A an B ist nicht nachzuversteuern.

1.2.1.4.4. Ausnahmen von der Nacherhebung

Die Nacherhebung unterbleibt dann, wenn die neuerliche Übertragung einen nach dieser Bestimmung steuerbegünstigten Erwerb darstellt oder das zugewendete Vermögen Gegenstand einer Umgründung nach dem Umgründungssteuergesetz, BGBl. Nr. 699/1991, in der jeweils geltenden Fassung, ist, sofern für das an seine Stelle getretene Vermögen kein Grund für eine Nacherhebung der Steuer eintritt.

Damit Umgründungen nicht schädlich sind, müssen alle Voraussetzungen für eine begünstigte Umgründung nach dem Umgründungssteuergesetz vorliegen.

Die fünfjährige Behaltefrist läuft im Falle einer begünstigten Umgründung weiter. Wird innerhalb der restlichen Behaltefrist das – an die Stelle des begünstigt erworbenen Vermögens getretene – Vermögen entgeltlich oder unentgeltlich (weiter) übertragen, ist der ursprüngliche Erwerb nachzuversteuern, sofern nicht der nachfolgende Erwerb wieder einen begünstigten Erwerb darstellt.

1.2.1.4.5. Anzeigepflicht

Der Erwerber des begünstigten Vermögens hat Umstände, die zur Nacherhebung der Steuer führen, innerhalb eines Monats nach ihrem Eintritt dem Finanzamt anzuzeigen.

Um eine allfällige Verjährung auszuschließen und eine zeitnahe Nacherhebung zu gewährleisten, hat das Finanzamt, trotz Anzeigeverpflichtung des Erwerbers, durch geeignete Maßnahmen zu überwachen, ob die Behaltefrist erfüllt wurde.

1.2.2. § 3 Abs. 1 Z 8 GrEStG 1987

Im Zusammenhang mit Zuwendungen von Todes wegen an Stiftungen stehende Grundstückserwerbe, die dem Stiftungseingangssteuergesetz unterliegen, sind von der Grunderwerbsteuer befreit. Mit dieser Befreiung wird eine Doppelbesteuerung eines Grundstückserwerbes einerseits mit Grunderwerbsteuer aufgrund der Tatbestandsverwirklichung gemäß § 1 GrEStG 1987, andererseits mit Stiftungseingangssteuer vermieden. Voraussetzung für die Befreiung ist aber, dass der Grundstückserwerb unter § 1 Stiftungseingangssteuergesetz fällt; die Grunderwerbsteuerbefreiung steht auch dann zu, wenn der Grundstückserwerb gemäß § 1 Abs. 6 von der Stiftungseingangssteuer befreit ist.

Ob ein Rechtsvorgang dem Stiftungseingangssteuergesetz unterliegt, beurteilt das Finanzamt mit erweitertem Aufgabenkreis gemäß § 8 AVOG.

1.3. Bemessungsgrundlage und Steuerabsetzbetrag

Bei Erwerben aufgrund eines erbrechtlichen Titels stellt das Dreifache des Einheitswertes (§ 4 Abs. 2 Z 4 GrEStG 1987) oder der gemäß § 6 Abs. 1 lit. b GrEStG 1987 nachgewiesene geringere gemeine Wert die Bemessungsgrundlage dar. Die zu übernehmenden Erbgangs- und Erblasserschulden kommen bei der Bemessung der Grunderwerbsteuer nicht zum Ansatz.

Ein erbrechtlicher Titel liegt vor, wenn ein Grundstück durch Erbanfall, durch Vermächtnis oder in Erfüllung eines Pflichtteilsanspruches – vorausgesetzt, dass die Leistung an Erfüllungs Statt vor Beendigung des Abhandlungsverfahrens vereinbart wird – erworben wird.

Auch beim Erwerb des Miterben (Vermächtnisnehmers, Pflichtteilsberechtigten) auf Grund eines Erbteilungsübereinkommens (Übereinkommen über die Auseinandersetzung des Vermächtnisses, Pflichtteilsübereinkommens) ist Bemessungsgrundlage das Dreifache des Einheitswertes.

Hingegen stellt der Erbschaftskauf bzw. die Erbschaftsschenkung keinen Erwerb durch Erbanfall dar. Dem Erwerber ist keine Erbschaft angefallen, auch wenn ihm der Nachlass eingeantwortet wird. Die Grunderwerbsteuer ist von der Gegenleistung bzw. gemäß § 4 Abs. 2 Z 1 GrEStG 1987 vom Dreifachen des Einheitswertes zu erheben.

Ist der Erwerber zugleich Erbe, liegt kein Erbschaftskauf bzw. keine Erbschaftsschenkung, sondern ein Erbübereinkommen vor. Im Hinblick auf den erbrechtlichen Titel ist in diesem Fall die Grunderwerbsteuer gemäß § 4 Abs. 2 Z 4 GrEStG 1987 vom Dreifachen des Einheitswertes zu bemessen.

Wird nach dem 31. Juli 2008 land- und forstwirtschaftliches Vermögen aufgrund eines erbrechtlichen Titels erworben und ist demzufolge die Grunderwerbsteuer gem § 4 Abs. 2 Z 4 GrEStG 1987 zu berechnen, so steht gemäß § 7 GrEStG 1987 ein Steuerabsetzbetrag von höchstens 110 Euro zu. Hat der Erwerber in den letzten 10 Jahren vor dem Tod des Erblassers land- und forstwirtschaftliche Grundstücke durch Schenkung vom Erblasser (die Grunderwerbsteuer war dafür gem. § 4 Abs. 2 Z 1 GrEStG 1987 vom dreifachen Einheitswert zu berechnen) erworben, so steht der Steuerabsetzbetrag nur einmal zu. Erwerbe vor dem 1. August 2008 bleiben hierbei unberücksichtigt.

Beispiele:

1. Schenkung eines landwirtschaftlichen Grundstückes von Vater an Tochter, es wird keine Gegenleistung erbracht

Bemessungsgrundlage: dreifacher Einheitswert... 6.000, davon 2% = 120 minus Steuerabsetzbetrag von 110 ergibt GrESt iHv 10.

3 Jahre später stirbt der Vater und die Tochter erbt ein forstwirtschaftliches Grundstück.

Bemessungsgrundlage: dreifacher Einheitswert... 9.000, davon 2% = 180. Da der Absetzbetrag von 110 bereits durch die Schenkung zur

Gänze aufgebraucht wurde, kann kein weiterer Betrag abgezogen werden.

2. Schenkung eines landwirtschaftlichen Grundstückes von Mutter an Sohn, es wird keine Gegenleistung erbracht

Bemessungsgrundlage: dreifacher Einheitswert... 3.000, davon 2% = 60 minus Steuerabsetzbetrag = es ist keine GrESt zu entrichten, es verbleibt ein für zukünftige Erwerbe auszunützender Absetzbetrag von 50

3 Jahre später stirbt die Mutter und der Sohn erbt ein forstwirtschaftliches Grundstück.

Bemessungsgrundlage: dreifacher Einheitswert... 9.000, davon 2% = 180. Da noch ein Absetzbetrag von 50 zusteht, beträgt die Steuer nun 130.

1.4. Steuerschuldner und Entstehen der Steuerschuld

Steuerschuldner beim Erwerb eines Grundstückes von Todes wegen ist diejenige Person, welche auf Grund des Ergebnisses des Abhandlungsverfahrens (allenfalls in Verbindung mit einem zuvor geschlossenen Erbteilungsübereinkommen) die Eintragung in das Grundbuch begehren kann.

Beispiel:

2 Erben geben die Erbantrittserklärung je zur Hälfte ab und schließen vor Beendigung des Abhandlungsverfahrens ein Erbteilungsübereinkommen, demzufolge der Erbe A die Liegenschaft und der Erbe B das bewegliche Nachlassvermögen übernimmt. Eingeantwortet wird der Nachlass beiden Erben je zur Hälfte, die Eintragung in das Grundbuch kann auf Grund der Einantwortung iVm dem Erbteilungsübereinkommen nur vom Erben A begehrt werden. Dieser ist Schuldner der Grunderwerbsteuer; der Steuersatz richtet sich nach dem Verwandtschaftsverhältnis zum Erblasser. (Die „Übertragung der halben Liegenschaft“ von Erbe B an Erbe A stellt keine Verfügung über das Grundstück, sondern eine Verfügung über sein Erbrecht bzw. einen Teil seines Erbrechtes dar und verwirklicht keinen grunderwerbsteuerbaren Vorgang).

Die Steuerschuld entsteht

- beim Erwerb durch Erbanfall mit rechtskräftiger Einantwortung der Verlassenschaft;
- beim Erwerb durch Vermächtnis mit rechtskräftigem Beschluss gemäß § 182 Abs. 3 Außerstreitgesetz;
- beim Erwerb in Erfüllung eines Pflichtteilsanspruches mit Abschluss des Pflichtteilsübereinkommens (Übereignungsanspruch);
- beim Erwerb durch Erbschaftskauf oder Erbschaftsschenkung mit Abschluss des Kauf- oder Schenkungsvertrages (Übereignungsanspruch). Dies gilt nicht, wenn der Erwerber selbst Erbe ist (siehe 5. Absatz in Pkt. III.1.3).

1.5. Abgabenerklärung

Erfolgt keine Selbstberechnung der Grunderwerbsteuer durch einen befugten Parteienvertreter (§ 11 GrEStG 1987), ist gemäß § 10 GrEStG 1987 der Abgabenerklärung die über den Erwerbsvorgang errichtete Schrift (Urkunde) anzuschließen.

Bei Erwerben von Todes wegen sind der Abgabenerklärung eine Abschrift des Abhandlungsprotokolls, der Einantwortungsurkunde bzw. der Bestätigung gemäß § 182 Abs. 3 AußStrG sowie eine Abschrift eines allfälligen Pflichtteilsübereinkommens anzuschließen.

1.6. Selbstberechnungsbefugnis für Parteienvertreter

Die Befugnis der Rechtsanwälte und Notare (Parteienvertreter) als Bevollmächtigte eines Steuerschuldners die Grunderwerbsteuer gemäß § 11 Abs. 1 GrEStG 1987 selbst zu berechnen, wird ausgedehnt und erfasst nun auch Grundstückserwerbe von Todes wegen.

Unverändert nicht selbstberechnet werden dürfen Vorgänge gemäß § 17 GrEStG 1987.

1.7. Erstattung oder Nichtfestsetzung der Grunderwerbsteuer

Die Bestimmung des § 17 Abs. 1 Z 4 GrEStG 1987 2. Fall wurde von § 33 lit. b ErbStG 1955 analog in das Grunderwerbsteuergesetz übernommen, die Tatbestände, die zu einer Erstattung oder Nichtfestsetzung der Grunderwerbsteuer führen, somit erweitert.

Muss ein von Todes wegen erworbenes Grundstück herausgegeben werden und stellt dieses beim Empfänger einen Erwerb von Todes wegen dar, wird die Steuer auf Antrag nicht festgesetzt oder erstattet. Dies gilt auch für den im Zusammenhang mit der Herausgabe eintretenden Erwerbsvorgang.

2. Schenkungen

2.1. Verwirklichter Tatbestand

Sowohl Schenkungsverträge unter Lebenden als auch auf den Todesfall verwirklichen den Tatbestand des § 1 Abs. 1 Z 1 GrEStG 1987.

2.1.1. Mittelbare Grundstücksschenkung

Wird jemandem Vermögen zum Erwerb eines bestimmten Grundstückes zugewendet (mittelbare Grundstücksschenkung), verwirklicht diese Zuwendung keinen der Grunderwerbsteuer unterliegenden Tatbestand. Es wird durch die Zuwendung (zB Geld für den Kauf einer Eigentumswohnung) weder ein Anspruch auf Übereignung eines Grundstückes, noch eine wirtschaftliche Verfügungsmacht über ein Grundstück begründet; es findet auch kein Erwerb des Eigentums an einem Grundstück, dem kein Rechtsgeschäft vorausgegangen ist, das einen Anspruch auf Übereignung begründet, statt.

2.1.2. Treuhandschaft

2.1.2.1. Wechsel in der Person des Treugebers

Überträgt der Treugeber einem Dritten unentgeltlich die Verwertungsbefugnis iSd § 1 Abs. 2 GrEStG 1987 an einem Grundstück, verwirklicht dieser Vorgang den Tatbestand des § 1 Abs. 2 GrEStG 1987. Bemessungsgrundlage für die Grunderwerbsteuer ist das Dreifache des Einheitswertes des Grundstückes, an dem die Verwertungsbefugnis besteht.

2.1.2.2. Unentgeltliche Zuwendung der Verwertungsbefugnis

Schenkt der Treugeber dem Treuhänder die Verwertungsbefugnis iSd § 1 Abs. 2 GrEStG 1987 an einem Grundstück, an welchem er zuvor dem Treuhänder das zivilrechtliche Eigentum übertragen hat, verwirklicht dieser Vorgang den Tatbestand des § 1 Abs. 2 GrEStG 1987. Die Grunderwerbsteuer wird gemäß § 1 Abs. 4 GrEStG 1987 jedoch nur insoweit erhoben, als für den nachfolgenden zwischen den selben Rechtspersonen stattfindenden Rechtsvorgang eine Gegenleistung vereinbart wird, deren Wert den Betrag übersteigt, von dem beim vorangegangenen Rechtsvorgang die Steuer berechnet worden ist. Das trifft im Falle der Schenkung an den Treuhänder nicht zu.

Seinerzeit hat A (Treugeber) den B (Treuhänder) beauftragt, ein Grundstück von C zu erwerben. Nunmehr überträgt A dem B unentgeltlich die Verwertungsbefugnis iSd § 1 Abs. 2 GrEStG 1987 an diesem Grundstück. Dieser Vorgang verwirklicht den Tatbestand des § 1 Abs. 2 GrEStG 1987 und unterliegt der Grunderwerbsteuer vom Dreifachen des Einheitswertes.

2.1.2.3. Wechsel in der Person des Treuhänders

Der Treugeber beauftragt den Treuhänder, das zivilrechtliche Eigentum am treuhändig gehaltenen Grundstück unentgeltlich an einen Dritten zu übertragen. Dieser Erwerbsvorgang unterliegt gemäß § 1 Abs. 1 GrEStG 1987 der Grunderwerbsteuer. Gleichzeitig überträgt der Treugeber seine Verwertungsmöglichkeit iSd § 1 Abs. 2 GrEStG 1987 an den selben Dritten. Dieser Vorgang unterliegt gemäß § 1 Abs. 2 GrEStG 1987 der Grunderwerbsteuer.

Für jeden der beiden Vorgänge ist Grunderwerbsteuer zu entrichten. Bemessungsgrundlage ist jeweils das Dreifache des Einheitswertes des Grundstückes. Die Bestimmung des § 1 Abs. 4 GrEStG 1987 ist nicht anwendbar, weil die beiden Erwerbsvorgänge nicht zwischen den selben Personen stattfinden.

2.2. Befreiungen

2.2.1. § 3 Abs. 1 Z 2 GrEStG 1987

Der Freibetrag gemäß § 3 Abs. 1 Z 2 GrEStG 1987 wurde aus § 15a ErbStG 1955 in angepasster Form übernommen und bezieht sich nunmehr zur Gänze auf Grundstücke.

2.2.1.1. Persönliche Voraussetzungen

Der Empfänger der Zuwendung muss eine natürliche Person sein. Nicht befreit sind daher Übertragungen an juristische Personen wie zB GmbH, AG, Stiftungen und Anstalten, weiters an Personengesellschaften des Unternehmensrechtes.

Schenkungen unter Lebenden sind nur dann befreit, wenn der Geschenkgeber das 55. Lebensjahr vollendet hat oder wegen körperlicher oder geistiger Behinderung in einem Ausmaß erwerbsunfähig ist, dass er nicht in der Lage ist, seinen Betrieb fortzuführen oder die mit seiner Stellung als Gesellschafter verbundenen Aufgaben oder Verpflichtungen zu erfüllen.

Das Vorliegen der Erwerbsunfähigkeit wegen körperlicher oder geistiger Behinderung ist auf Grundlage eines vom Steuerpflichtigen beizubringenden medizinischen Gutachtens eines allgemein beeideten und gerichtlich zertifizierten Sachverständigen zu beurteilen, es sei denn es liegt eine medizinische Beurteilung durch den für den Steuerpflichtigen zuständigen Sozialversicherungsträger vor. Näheres dazu siehe EStR 2000 Rz 7314 ff.

2.2.1.2. Gegenstand der Zuwendung

Begünstigt ist der Erwerb von Grundstücken durch Zuwendung unter Lebenden, wenn

- sie inländischen Betrieben und inländischen Teilbetrieben gewidmet sind, die der Einkunftserzielung aus Land- und Forstwirtschaft, aus selbständiger Arbeit oder aus Gewerbebetrieb dienen oder
- sie der Mitunternehmerschaft von einem Mitunternehmer zur Nutzung überlassen wurden (Sonderbetriebsvermögen), sofern diese Grundstücke gemeinsam mit Mitunternehmeranteilen an dieselbe(n) Person(en) zugewendet werden und der Übergeber im Zeitpunkt des Entstehens der Steuerschuld mindestens zu einem Viertel unmittelbar am Vermögen der Gesellschaft beteiligt war und die Steuer nach § 4 Abs. 2 Z 1 GrEStG 1987 zu berechnen ist.

2.2.1.2.1. Betriebe und Teilbetriebe

Siehe Pkt. III.1.2.1.2.1.

2.2.1.2.2. Abgrenzung Betrieb/Teilbetrieb

Siehe Pkt. III.1.2.1.2.2.

2.2.1.2.3. Übertragung von Sonderbetriebsvermögen eines Mitgesellschafters gemeinsam mit Mitunternehmeranteilen

Unter diese Bestimmung fallen Anteile an Gesellschaften, bei denen die Gesellschafter als Mitunternehmer anzusehen sind, dazu gehören die Personengesellschaften des Unternehmensrechtes (OG, KG), GesbR und die unechte stille Gesellschaft.

Der Zuwendende muss im Zeitpunkt des Entstehens der Steuerschuld mindestens zu einem Viertel am Vermögen der Gesellschaft beteiligt gewesen sein. Die Beteiligung am Vermögen ergibt sich in erster Linie aus dem Gesellschaftsvertrag oder sonstigen Vereinbarungen, subsidiär aus dem Gesetz (zB § 109 UGB, § 1193 ABGB).

Grundstücke im Sonderbetriebsvermögen sind nur begünstigt, wenn deren Erwerb unmittelbar mit der Übertragung des Mitunternehmeranteils erfolgt. Das Beteiligungsausmaß ist ohne Sonderbetriebsvermögen zu ermitteln.

Der Zuwendende muss am Vermögen der Gesellschaft unmittelbar beteiligt gewesen sein, er darf daher nicht mittelbar über ein andere Gesellschaft beteiligt sein.

2.2.1.3. Höhe des Freibetrages

Bei der Bestimmung des § 3 Abs. 1 Z 2 GrEStG 1987 handelt es sich um einen betriebsbezogenen Freibetrag. Erhält zum Beispiel jemand zwei Betriebe vom selben Zuwendenden, so steht der Freibetrag (Freibetragsteil) für die Grundstückes jedes Betriebes gesondert zu.

Befinden sich jedoch im Betriebsvermögen eines Betriebes mehrere Grundstücke, liegt zwar hinsichtlich jedes einzelnen Grundstückes ein Erwerbsvorgang iSd § 1 Abs. 1 Z 2 GrEStG 1987 vor, der Freibetrag (Freibetragsteil) steht jedoch insgesamt nur einmal pro Betrieb für den Erwerb sämtlicher Grundstücke zu.

Die nachfolgenden Bestimmungen über die Aliquotierung des Freibetrages stellen sicher, dass bei Übertragung lediglich von Quoten eines begünstigten Vermögens bzw. bei Übertragung an mehrere Erwerber der Freibetrag höchstens 365.000 Euro beträgt.

2.2.1.3.1. Übertragung eines Betriebes

Siehe Pkt. III.1.2.1.3.1.

2.2.1.3.2. Übertragung eines Teilbetriebes

Siehe Pkt. III.1.2.1.3.2.

2.2.1.3.3. Erwerb durch einen oder mehrere Erwerber

Die Mindestanteile sind lediglich aus Sicht des Übertragenden zu beachten, unabhängig von der Anzahl der Erwerber und deren erhaltenem Anteil.

Im Übrigen siehe Pkt. III.1.2.1.3.3.

2.2.1.3.4. Erwerb eines Grundstückes im Sonderbetriebsvermögen gemeinsam mit einem Mitunternehmeranteil

Siehe Pkt. III.1.2.1.3.4.

2.2.1.3.5. Erwerb von teilweise betrieblich genutzten Grundstücken

Wird ein Grundstück, das sich im Eigentum eines Unternehmers und eines Nichtunternehmers befindet, übertragen, liegen zwei gesondert zu beurteilende Erwerbsvorgänge vor. Die Übertragung gemeinsam mit begünstigtem Vermögen erfolgt nur vom Unternehmer. Daher kommt nur für diesen Erwerb die Befreiung in Betracht.

Überträgt ein Unternehmer ein Grundstück gemeinsam mit einem (Teil-)Betrieb, steht der Freibetrag in dem Ausmaß zu, das seiner betrieblichen Nutzung entspricht. Für das Ausmaß der betrieblichen Nutzung sind die ertragsteuerlichen Grundsätze maßgebend.

2.2.1.4. Nacherhebung der Steuer

Siehe Pkt. III.1.2.1.4.

Für die Berechnung der Fünf-Jahres-Frist ist der Zeitpunkt des Zustandekommens des Verpflichtungsgeschäftes maßgebend.

2.2.1.4.1. Verfahrenshinweise

Siehe Pkt. III.1.2.1.4.1.

2.2.1.4.2. Wesentliche Betriebsgrundlagen

Siehe Pkt. III.1.2.1.4.2.

2.2.1.4.3. Nicht freibetragsschädliche Übertragung

Eine Nacherhebung unterbleibt, wenn die Weiterübertragung – bei Vorliegen der übrigen Voraussetzungen für eine begünstige Weiterübertragung iSd § 3 Abs. 1 Z 2 GrEStG 1987 – nur deshalb keinen nach dieser Bestimmung steuerbegünstigten Erwerb darstellt, weil die Voraussetzung der erforderlichen Quote von mindestens 25% nicht gegeben ist.

Beispiel:

Der Betriebsinhaber A, 56 Jahre alt, übergibt 40% des Betriebes zu gleichen Teilen an seine 33-jährigen Zwillingskinder B und C und 60% seine Ehegattin; der Freibetrag des § 3 Abs. 1 Z 2 GrEStG 1987 wird gewährt; 2 Jahre später wird B erwerbsunfähig und übergibt seiner Tochter seinen 20% Anteil. Dieser Erwerb ist nur deshalb zu versteuern, weil B nicht die erforderliche Quote, nämlich mindestens 25% besitzt. Die Übertragung von A an B ist nicht nachzuversteuern.

Hätte B seinen 20% Anteil nicht in Folge Erwerbsunfähigkeit übertragen, sondern an seine Tochter weitergeschenkt, wäre einerseits dieser Vorgang nicht befreit und würde andererseits für den seinerzeitigen Erwerb durch B der Nacherhebungstatbestand verwirklicht.

2.2.1.4.4. Ausnahmen von der Nacherhebung

Siehe Pkt. III.1.2.1.4.4.

2.2.1.4.5. Anzeigepflicht

Siehe Pkt. III.1.2.1.4.5.

2.2.2. § 3 Abs. 1 Z 7 GrEStG 1987

Diese Befreiung wurde aus dem ErbStG 1955 übernommen (§ 15 Abs. 1 Z 1 lit. c ErbStG 1955).

Nach dieser Bestimmung sind Schenkungen zwischen Ehegatten unmittelbar zum Zweck der gleichteiligen Anschaffung oder Errichtung einer Wohnstätte mit höchstens 150 m² Wohnnutzfläche zur Befriedigung des dringenden Wohnbedürfnisses der Ehegatten von der Grunderwerbsteuer befreit. Hierunter fällt auch das so genannte „Anschreiben lassen" des Ehepartners.

Die Befreiung kann nur dann zur Anwendung kommen, wenn die Grunderwerbsteuer gemäß § 4 Abs. 2 Z 1 GrEStG 1987 zu berechnen wäre (siehe Pkt. III.2.3.). Ist die Gegenleistung höher als der dreifache Einheitswert des übertragenen Grundstückanteiles, steht die Befreiung nicht zu und die Grunderwerbsteuer ist von der Gegenleistung zu entrichten.

Das dringende Wohnbedürfnis wird an jener Wohnstätte befriedigt, die den Mittelpunkt der Lebensinteressen der Ehegatten darstellt. Für eine weitere Wohnstätte (Zweitwohnsitz) steht die Befreiung nicht zu. Die Einräumung des schlichten Miteigentums an einem Haus mit mehreren Wohnungen ist – unabhängig von der Größe der Wohnungen – nicht begünstigt, weil nur eine Wohnung der Befriedigung des dringenden Wohnbedürfnisses dienen kann.

Die Steuerbefreiung ist von folgenden weiteren Voraussetzungen abhängig:

- innerhalb von drei Monaten ab deren Erwerb müssen sowohl die neue Ehewohnung bezogen als auch die bisherige Ehewohnung aufgegeben werden,
- die Ehewohnung muss weitere fünf Jahre ohne Änderung der Eigentumsverhältnisse benützt werden,
- im Falle der Errichtung der Ehewohnung muss die Benützung der neuen Ehewohnung innerhalb von drei Monaten ab deren Fertigstellung erfolgen, längstens aber innerhalb von acht Jahren ab Begründung des Miteigentums.

Werden diese Voraussetzungen nicht erfüllt, so ist die Steuerbefreiung verwirkt und eine Nacherhebung vorzunehmen. Der Umstand, der zur Nacherhebung führt, ist dem Finanzamt innerhalb von einem Monat ab dessen Eintreten anzuzeigen.

Beispiele:

1. Der Ehemann ist Alleineigentümer der Ehewohnung (120 m²). Er überträgt seiner Ehefrau einen Hälfteanteil an dieser Wohnung, sie hat keinerlei Gegenleistung zu erbringen: die Steuerbefreiung steht zu. Da die Wohnung von den Ehegatten auch nach fünf Jahren ohne Änderung der Eigentumsverhältnisse als Mittelpunkt der Lebensinteressen benützt wird, steht die Befreiung nach diesem Zeitraum endgültig zu.

2. Der Ehemann ist Alleineigentümer der Ehewohnung (120 m²). Er überträgt seiner Ehefrau einen Hälfteanteil an dieser Wohnung, als Gegenleistung hat sie die auf dem Hälfteanteil lastenden Schulden zu übernehmen.

a) Sind die übernommenen (anteiligen) Schulden geringer als der dreifache Einheitswert der übertragenen Grundstückshälfte, steht die Steuerbefreiung zu. Da die Wohnung von den Ehegatten auch nach fünf Jahren ohne Änderung der Eigentumsverhältnisse als Mittelpunkt der Lebensinteressen benützt wird, steht die Befreiung nach diesem Zeitraum endgültig zu.

b) Sind die übernommenen (anteiligen) Schulden höher als der dreifache Einheitswert der übertragenen Grundstückshälfte, steht die Steuerbefreiung nicht zu.

3. Der Ehemann ist Alleineigentümer der Ehewohnung (120 m²). Er überträgt seiner Ehefrau im Jahr 08 einen Hälfteanteil an dieser Wohnung, sie hat keinerlei Gegenleistung zu erbringen: die Steuerbefreiung steht zu.

Nach drei Jahren im Jahr 11 wird die Ehe geschieden, der Mann überträgt seinen Hälfteanteil an die Frau. Dieser Umstand ist dem Finanzamt anzuzeigen, das daraufhin die Nacherhebung für den im Jahr 08 übertragenen Hälfteanteil vornimmt; außerdem unterliegt die Übertragung der Liegenschaftshälfte anlässlich der Scheidung im Jahr 11 der Grunderwerbsteuer.

4. Der Ehemann ist Alleineigentümer der Ehewohnung (120 m²). Er überträgt seiner Ehefrau im Jahr 08 einen Hälfteanteil an dieser Wohnung, sie hat keinerlei Gegenleistung zu erbringen: die Steuerbefreiung steht zu.

Nach vier Jahren im Jahr 12 wird die Ehe geschieden, die Frau überträgt ihren Hälfteanteil an den Mann zurück. Dieser Umstand ist dem Finanzamt anzuzeigen, das daraufhin die Nacherhebung für den im Jahr 08 übertragenen Hälfteanteil vornimmt. Die Bestimmungen über die Nichterhebung oder Abänderung der Steuer gemäß § 17 Abs. 1 Z 1 und § 17 Abs. 2 GrEStG 1987 können nicht zur Anwendung kommen, da seit dem Erwerb im Jahr 08 mehr als 3 Jahre verstrichen sind.

Außerdem unterliegt die Übertragung der Liegenschaftshälfte anlässlich der Scheidung im Jahr 12 der Grunderwerbsteuer.

2.2.3. § 3 Abs. 1 Z 8 GrEStG 1987

Im Zusammenhang mit Zuwendungen unter Lebenden an Stiftungen stehende Grundstückserwerbe, die dem Stiftungseingangssteuergesetz unterliegen, sind von der Grunderwerbsteuer befreit. Mit dieser Befreiung wird eine Doppelbesteuerung eines Grundstückserwerbes einerseits mit Grunderwerbsteuer aufgrund der Tatbestandsverwirklichung gemäß § 1 GrEStG 1987, andererseits mit Stiftungseingangssteuer vermieden. Voraussetzung für die Befreiung ist aber, dass der Grundstückserwerb unter § 1 Stiftungseingangssteuergesetz fällt; die Grunderwerbsteuerbefreiung steht auch dann zu, wenn der Grundstückserwerb gemäß § 1 Abs. 6 Stiftungseingangssteuergesetz von der Stiftungseingangssteuer befreit ist.

Entgeltliche Grundstückserwerbe von Stiftungen unterliegen – weil sie nicht nach dem Stiftungseingangssteuergesetz steuerbar sind – der Grunderwerbsteuer. Ob ein Rechtsvorgang dem Stiftungseingangssteuergesetz unterliegt, beurteilt das Finanzamt mit erweitertem Aufgabenkreis gemäß § 8 AVOG.

2.2.4. § 3 Abs. 1 Z 9 GrEStG 1987

Die Befreiung wurde aus dem § 15 Abs. 1 Z 15 ErbStG 1955 übernommen.

Grundstückszuwendungen durch öffentlich rechtliche Körperschaften sind von der Grunderwerbsteuer befreit, wenn die Grunderwerbsteuer gem § 4 Abs. 2 Z 1 GrEStG 1987 zu berechnen wäre (siehe Pkt. III.2.3.). Ist die Gegenleistung höher als der dreifache Einheitswert des übertragenen Grundstückes, steht die Befreiung nicht zu und die Grunderwerbsteuer ist von der Gegenleistung zu entrichten.

2.3. Bemessungsgrundlage und Steuerabsetzbetrag

Ist vom Erwerber des Grundstückes keine Gegenleistung zu erbringen (zum Begriff der Gegenleistung siehe § 5 GrEStG 1987: dazu zählt etwa ein Barkaufpreis ebenso wie übernommene Schulden und vom Veräußerer vorbehaltene Nutzungen) oder ist die vereinbarte Gegenleistung geringer als der dreifache Einheitswert des übertragenen Grundstückes oder Grundstücksanteiles, so ist Bemessungsgrundlage für die Berechnung der Grunderwerbsteuer der dreifache Einheitswert (§ 4 Abs. 2 Z 1 GrEStG 1987) oder der gemäß § 6 Abs. 1 lit. b GrEStG 1987 nachgewiesene geringere gemeine Wert. Der dreifache Einheitswert ist somit die Mindestbemessungsgrundlage (ausgenommen: land- und forstwirtschaftliche Übergabsverträge unter den Voraussetzungen des § 4 Abs. 2 Z 2 GrEStG 1987 sowie Vorgänge gemäß dem UmgrStG)

Beispiele:

1. Schenkung eines Grundstückes (dreifacher Einheitswert... 60.000) von Vater an Tochter, es wird keine Gegenleistung erbracht Bemessungsgrundlage: dreifacher Einheitswert... 60.000, davon 2% = 1.200 GrESt

2. Schenkung eines Grundstückes (dreifacher Einheitswert... 60.000) von Mutter an Sohn, der Sohn übernimmt die mit 50.000 aushaftenden Schulden zur Rückzahlung Bemessungsgrundlage: dreifacher Einheitswert... 60.000, davon 2% = 1.200 GrESt

3. Schenkung eines Grundstückes (dreifacher Einheitswert... 60.000) von Vater an Sohn, der Sohn verpflichtet sich, seiner Schwester für ihren Erbverzicht 100.000 zu bezahlen

Bemessungsgrundlage: Gegenleistung... 100.000, davon 2% = 2.000 GrESt

Wird nach dem 31. Juli 2008 land- und forstwirtschaftliches Vermögen erworben und ist die Grunderwerbsteuer dafür gem § 4 Abs. 2 Z 1 GrEStG 1987 zu berechnen, so steht gemäß § 7 GrEStG 1987 ein Steuerabsetzbetrag von höchstens 110 Euro zu. Werden zwischen denselben Vertragsteilen innerhalb von 10 Jahren mehrere land- und forstwirtschaftliche Grundstücke auf diese Art erworben, steht der Steuerabsetzbetrag nur einmal zu. Erwerbe vor dem 1. August 2008 bleiben hierbei unberücksichtigt.

Beispiele:

1. Schenkung eines landwirtschaftlichen Grundstückes (dreifacher Einheitswert 60.000) von Vater an Tochter, es wird keine Gegenleistung erbracht Bemessungsgrundlage: dreifacher Einheitswert... 60.000, davon 2% = 1.200 GrESt, der Steuerabsetzbetrag von 110 steht zu, die Steuer beträgt daher 1.090

2. Schenkung eines landwirtschaftlichen Grundstückes (dreifacher Einheitswert 60.000) von Mutter an Sohn, der Sohn übernimmt die mit 50.000 aushaftenden Schulden zur Rückzahlung

Bemessungsgrundlage: dreifacher Einheitswert... 60.000, davon 2% = 1.200 GrESt, der Steuerabsetzbetrag von 110 steht zu, die Steuer beträgt daher 1.090

3. Schenkung eines landwirtschaftlichen Grundstückes (dreifacher Einheitswert 60.000) von Vater an Sohn, der Sohn verpflichtet sich, seiner Schwester für ihren Erbverzicht 100.000 zu bezahlen

Bemessungsgrundlage: Gegenleistung... 100.000, davon 2% = 2.000 GrESt. Der Steuerabsetzbetrag steht nicht zu, weil die Gegenleistung und nicht der dreifache Einheitswert die Bemessungsgrundlage darstellt.

4. a) Schenkung eines landwirtschaftlichen Grundstückes (dreifacher Einheitswert 3.000) von Mutter an Tochter, es wird keine Gegenleistung erbracht.

Bemessungsgrundlage: dreifacher Einheitswert... 3.000, davon 2% = 60, der Steuerabsetzbetrag steht zu, es ist daher keine GrESt zu entrichten, es verbleibt ein Absetzbetrag von 50 für künftige Erwerbe.

b) 2 Jahre später erfolgt eine weitere Schenkung eines landwirtschaftlichen Grundstückes (dreifacher Einheitswert 9.000) der Mutter an die Tochter, die Tochter übernimmt eine Schuld in Höhe von 10.000 zur Rückzahlung.

Da die Gegenleistung höher ist als der dreifache Einheitswert ist die Bemessungsgrundlage die Gegenleistung, es steht kein Steuerabsetzbetrag zu.

c) 3 Jahre später schenkt die Mutter der Tochter ein forstwirtschaftliches Grundstück (dreifacher Einheitswert 12.000), die Tochter hat keine Gegenleistung zu erbringen.

Bemessungsgrundlage ist der dreifache Einheitswert... 12.000, davon 2% = 240, der noch nicht verbrauchte Steuerabsetzbetrag in Höhe von 50 steht zu, die GrESt beträgt daher 190.

d) 6 Jahre später schenkt die Mutter der Tochter ein landwirtschaftliches Grundstück (dreifacher Einheitswert 15.000), es ist keine Gegenleistung zu erbringen.

Bemessungsgrundlage ist der dreifache Einheitswert... 15.000,– davon 2% = 300; da der Absetzbetrag jeweils innerhalb von 10 Jahren zusteht, fällt die unter a) angeführte Schenkung aus der Betrachtung und der Absetzbetrag steht unter Berücksichtigung der unter c) angeführ-

ten Schenkung wieder mit dem noch nicht verbrauchten Betrag von 60 zu, die zu entrichtende GrESt beträgt daher 240.

Da der Absetzbetrag nur zur Anwendung kommen kann, wenn die Steuer gemäß § 4 Abs. 2 Z 1 GrEStG 1987 zu berechnen ist, steht er nicht zu, wenn bei der Übergabe eines land- oder forstwirtschaftlichen Grundstückes die Voraussetzungen für die Steuerberechnung gem § 4 Abs. 2 Z 2 GrEStG 1987 vorliegen.

2.4. Steuerschuldner und Entstehen der Steuerschuld

Bei Schenkungen unter Lebenden sind gemäß § 9 Z 4 GrEStG 1987 sowohl der Geschenkgeber als auch der Geschenknehmer Steuerschuldner (Gesamtschuldverhältnis – § 6 BAO).

Bei Schenkungen auf den Todesfall ist der Erwerber Steuerschuldner.

Tritt ein Grundstückserwerb aufgrund einer Schenkung auf den Todesfall ein, so entsteht die Grunderwerbsteuerschuld mit dem Tod des Geschenkgebers (§ 8 Abs. 3 GrEStG 1987). Dies gilt, wenn der Geschenkgeber nach dem 31. Juli 2008 stirbt.

Beispiel:

Ein Schenkungsvertrag auf den Todesfall betreffend ein Grundstück (dreifacher Einheitswert 150.000) wurde am 13. August 2008 abgeschlossen. Der Geschenknehmer verpflichtete sich, den kranken Übergeber ab sofort zu pflegen. Am 15. Oktober 2008 stirbt der Geschenkgeber; mit diesem Zeitpunkt entsteht die Grunderwerbsteuerschuld.

Bemessungsgrundlage ist der dreifache Einheitswert iHv 150.000

Eine Schenkung auf den Todesfall iSd § 8 Abs. 3 GrEStG 1987 liegt dann vor, wenn der Erwerb des Grundstückes vom Ableben einer Person abhängt und eine Gegenleistung nicht vorhanden oder zu ermitteln ist oder die vereinbarte Gegenleistung geringer ist als der Wert (dreifacher Einheitswert) des Grundstückes im Zeitpunkt der Vereinbarung.

Bemessungsgrundlage für die Schenkung auf den Todesfall ist der Wert des Grundstückes (dreifacher Einheitswert, vgl. §§ 4 Abs. 2 Z 1 iVm 6 GrEStG 1987) im Zeitpunkt des Todes.

Beispiel:

Ein Schenkungsvertrag auf den Todesfall betreffend Grundstück (dreifacher Einheitswert 60.000) wird im Herbst des Jahres 08 abgeschlossen. Der Geschenknehmer verpflichtet sich, den dauerhaft pflegebedürftigen Übergeber ab sofort zu pflegen. Bei Vorableben des Übernehmers gehen dessen Rechte und Pflichten auf seine Rechtsnachfolger über. Der zum Zeitpunkt des Vertragsabschlusses nach §§ 16 und 17 BewG 1955 ermittelte Wert der Gegenleistung beträgt

a) 45.000 (geringer als der 3-fache Einheitswert)

b) 74.000 (höher als der 3-fache Einheitswert)

Im Jahr 20 stirbt der Geschenkgeber.

Im Fall a) entsteht die Steuerschuld mit dem Tod des Geschenkgebers (§ 8 Abs. 3 GrEStG 1987)

Im Fall b) entsteht die Steuerschuld im Zeitpunkt des Vertragsabschlusses (§ 8 Abs. 1 GrEStG 1987)

Bemessungsgrundlage ist

Im Fall a) 60.000

Im Fall b) 74.000 (§ 4 Abs. 1 GrEStG 1987 iVm §§ 16 und 17 BewG 1955)

Hinsichtlich Schenkungsverträgen auf den Todesfall, die vor dem 1. August 2008 abgeschlossen wurden, siehe Pkt. III.3. Übergangsbestimmungen.

2.5. Selbstberechnungsbefugnis für Parteienvertreter

Die Befugnis der Rechtsanwälte und Notare (Parteienvertreter) zur Selbstberechnung der Grunderwerbsteuer gemäß § 11 Abs. 1 GrEStG 1987 als Bevollmächtigte eines Steuerschuldners erfasst auch Grundstückserwerbe durch Schenkung unter Lebenden.

Nicht selbstberechnet werden dürfen Vorgänge gemäß § 17 GrEStG 1987.

2.6. Erstattung oder Nichtfestsetzung der Grunderwerbsteuer

Diese Bestimmung wurde von § 33 lit. a ErbStG 1955 analog in das Grunderwerbsteuergesetz übernommen, die Tatbestände, die zu einer Erstattung oder Nichtfestsetzung der Grunderwerbsteuer führen, somit erweitert.

Wenn das geschenkte Grundstück aufgrund eines Rechtsanspruches herausgegeben werden muss, ist die Steuer auf Antrag zu erstatten oder nicht festzusetzen (§ 17 Abs. 1 Z 4 GrEStG 1987). Dies gilt auch für den im Zusammenhang mit der Herausgabe eintretenden Erwerbsvorgang.

Nicht jede Herausgabe eines geschenkten Grundstückes führt zur Erstattung der Steuer. Wird das Grundstück zB auf Grund einer privatrechtlichen Vereinbarung herausgegeben, kommt die Anwendung des § 17 Abs. 1 Z 4 GrEStG 1987 nicht in Betracht, sondern allenfalls § 17 Abs. 1 Z 1 GrEStG 1987, wenn nämlich der Erwerbsvorgang innerhalb von drei Jahren seit Entstehung der Steuerschuld durch Vereinbarung rückgängig gemacht wird. § 17 Abs. 1 Z 4 GrEStG 1987 kommt nur dann zur Anwendung, wenn der Beschenkte gegen seinen Willen das geschenkte Grundstück wieder herausgeben musste und zwar auf Grund eines Rechtsanspruches des Geschenkgebers oder auch eines Dritten. Voraussetzung ist allerdings, dass der Rechtsanspruch auf Herausgabe seinen Ursprung in der Schenkung selbst hat.

3. Übergangsbestimmungen

Grundstücksschenkungen unter Lebenden, bei denen der Anspruch auf Übereignung (Schenkungsvertrag) vor dem 1. August 2008 begründet wurde, die Übergabe jedoch nach dem 31. Juli 2008 erfolgt, unterliegen der Grunderwerbsteuer.

Eine Schenkungssteuerschuld kann nicht mehr entstehen. Die Grunderwerbsteuerschuld entsteht in diesen Fällen gemäß § 18 Abs. 2f GrEStG 1987 im Zeitpunkt der Übergabe des Grundstückes.

Erwerbsvorgänge eines Grundstückes, die teils entgeltlich, teils unentgeltlich sind (gemischte Schenkung) und bei denen der Anspruch auf Übereignung vor dem 1. August 2008 begründet wird und für den entgeltlichen Teil die Grunderwerbsteuerschuld bereits entstanden ist, entsteht die Grunderwerbsteuerschuld für den unentgeltlichen Teil im Zeitpunkt der Übergabe. Eine Schenkungssteuerschuld kann für den unentgeltlichen Teil nicht mehr entstehen.

Beispiel:

Übergabsvertrag über ein Grundstück am 15. Juli 2008. Dreifacher EW 60.000, vereinbarte Gegenleistung 20.000. Die Übergabe des Grundstückes erfolgt am 30. September 2008.

Die Grunderwerbsteuerschuld für den entgeltlichen Teil (20.000) ist am 15. Juli 2008 entstanden; die Grunderwerbsteuerschuld für den unentgeltlichen Teil (40.000) entsteht am 30. September 2008.

Bei Schenkungsverträgen auf den Todesfall, die teils entgeltlich und teils unentgeltlich sind und bei denen die Steuerschuld für den entgeltlichen Teil vor dem 1. August 2008 entstanden ist, entsteht die Steuerschuld für den unentgeltlichen Teil im Zeitpunkt des Todes des Geschenkgebers.

Beispiel:

Ein Schenkungsvertrag auf den Todesfall betreffend ein Grundstück (dreifacher Einheitswert 150.000) wurde am 15. November 2006 abgeschlossen. Der Geschenknehmer verpflichtete sich, den kranken Übergeber ab sofort zu pflegen.

Die Verpflichtung des Geschenkgebers stellt eine Gegenleistung dar, die entsprechend den Vorschriften des Bewertungsgesetzes mit 6.000 bewertet wurde und für die die Grunderwerbsteuerschuld am 15. November 2006 entstanden ist. Für den unentgeltlichen Teil des Erwerbes wäre die Erbschaftssteuerschuld erst im Zeitpunkt des Todes des Geschenkgebers entstanden.

Am 3. August 2008 stirbt der Geschenkgeber; mit diesem Zeitpunkt entsteht durch die Abschaffung der Erbschafts- und Schenkungssteuer und die damit verbundene Grunderwerbsteuerpflicht von unentgeltlichen Grundstückserwerben die Grunderwerbsteuerschuld für den unentgeltlichen Teil des Grundstückserwerbes in Höhe von 144.000.

IV. Schlussbestimmungen

Die vorstehenden Ausführungen stellen die Rechtsansicht des Bundesministeriums für Finanzen auf Grund der Änderungen des Erbschafts- und Schenkungssteuergesetzes 1955 und Grunderwerbsteuergesetzes 1987, sowie der Auswirkungen auf § 15 Abs. 3 Gebührengesetz 1957 durch das Schenkungsmeldegesetz 2008, BGBl. I Nr. 85/2008, im Interesse einer bundeseinheitlichen Vorgangsweise dar.

Über die gesetzlichen Bestimmungen hinausgehende Rechte und Pflichten werden dadurch weder begründet noch können solche aus diesem Erlass abgeleitet werden.

7. Grunderwerbsteuer

7/1.

Bundessteuertagung 2004 – Protokoll betreffend Gebühren und Verkehrsteuern

Grunderwerbsteuergesetz

§§ 1 Abs. 1 Z 4f, 5 GrEStG 1987 Grunderwerbsteuer bei Weitergabe einer Option

Sachverhalt:

Einem Leasingnehmer (LN) steht nach der Übung des Geschäftsverkehrs ein Optionsrecht auf Übernahme des Leasinggrundstückes zu einem weit unter dem Wert liegenden Übernahmespreis zu, das – um es entsprechend verkehrsfähig zu machen – auch vertraglich neu begründet werden kann/soll. Wert angenommen 400, Übernahmspreis 100.

Der LN hat selbst keine Verwendung mehr für das Grundstück, möchte diesen Mehrwert aber lukrieren.

Das Optionsrecht wird an einen Dritten um 300 verkauft. Dieser kann damit das Grundstück um 100 von der Leasinggeberin erwerben.

Fragen:

a) Was ist Bemessungrundlage für den Erwerb des Optionsrechtes, das Entgelt als Gegenleistung oder der Steuerwert des Grundstücks?

b) Stellt das Entgelt für die Optionsabtretung im Fall der Einordnung als „Nichtgegenleistung für das Grundstück" beim Erwerb des Grundstückes selbst (§ 1 Abs. 1 Z 1 zwischen Leasinggeber und Erwerber des Optionsrechtes) eine Leistung an einen Dritten iSd § 5 Abs. 3 Z 1 GrEStG dar?

c) Im Fall der Mehrfachübertragung des Optionsrechtes: Unterliegt jede Übertragung der GrESt oder unterliegt er nur bei jenem Erwerber der Steuer, der letztendlich auch das Grundstück selbst erwirbt.

Lösung:

Wird dem Leasingnehmer schriftlich oder mündlich das Recht eingeräumt, das Leasinggrundstück um den Restbuchwert (= 100) zu erwerben, so tritt mit Ausübung dieses Gestaltungsrechtes Grunderwerbsteuerpflicht gemäß § 1 Abs. 1 Z 1 GrEStG ein. Die Besteuerungsgrundlage für den Erwerb des Leasingnehmers bildet der Kaufpreis von 100. Sind die Leasingraten auf Grund der vertraglichen Vereinbarungen Teil des Kaufpreises, so sind diese in die Bemessungsgrundlage einzubeziehen.

Erhält der Leasingnehmer zugleich oder zu einem anderen Zeitpunkt das Recht, einen anderen Käufer benennen zu können, der das Grundstück zu einem bestimmten Preis (= 100; es könnte auch mehr als der Restbuchwert, zB 200 vereinbart werden) vom Leasinggeber (Eigentümer) erwerben kann, und zudem vereinbart, dass dem Leasingnehmer darüber hinaus für den von ihm geschaffenen Mehrwert die Differenz auf den Verkehrswert (= 400) der bebauten Liegenschaft (Mehrerlös; hier: 300 bzw. 200) zusteht, so liegt ein Fall der Verkaufsermächtigung iSd § 1 Abs. 2 GrEStG vor. Der Leasingnehmer hat für diesen Erwerbsvorgang die Grunderwerbsteuer vom Mindestkaufpreis (= 100 bzw. 200) zu entrichten, der Käufer der Liegenschaft hat gemäß § 1 Abs. 1 GrEStG den Kaufpreis für das Grundstück (= 100 bzw. 200) gemäß § 1 Abs. 1 Z 1 GrEStG und die Gegenleistung an den Leasingnehmer (= 300 bzw. 200) gemäß § 1 Abs. 1 Z 4 oder § 1 Abs. 2 GrEStG zu versteuern.

Jede Weiterübertragung der Verwertungsbefugnis iSd § 1 Abs. 2 GrEStG unterliegt selbständig der Grunderwerbsteuer von dem jeweilig vereinbarten (Mindest-)Kaufpreis.

Anders zu lösen ist der Fall, wenn der Eigentümer jemandem die Option auf den Erwerb des Grundstückes zu einem bestimmten (Gesamt-) Kaufpreis einräumt und dieser zugleich das Recht auf Benennung eines anderen Käufers erhält. Die Übertragung des Anbotes auf den Dritten bewirkt bei Ausübung der Option/Annahme des Kaufanbotes durch den Dritten die Grunderwerbsteuer-Pflicht für den Liegenschaftserwerb gemäß § 1 Abs. 1 Z 1 GrEStG vom Kaufpreis und für die Weitergabe des Kaufanbotes beim ursprünglich Optionsberechtigten gemäß § 1 Abs. 1 Z 4 oder 5 GrEStG auf Basis des 3-fachen Einheitswertes (mangels Gegenleistung). Wird das Kaufanbot mehrmals übertragen, wird die Grunderwerbsteuerpflicht gemäß § 1 Abs. 1 Z 4 oder 5 GrEStG dennoch nur einmal – und zwar beim ursprünglich Optionsberechtigten – bewirkt, nicht jedoch bei weiteren Erwerbern des Optionsrechtes.

Es ist jedoch darauf hinzuweisen, dass zufolge der zahlreichen zivilrechtlichen Gestaltungsmöglichkeiten noch andere Besteuerungsvarianten denkbar sind.

Die grunderwerbsteuerliche Beurteilung kann, muss sich aber nicht mit der ertragsteuerlichen Sicht decken.

§ 3 Abs. 1 Z 4 GrEStG 1987 Grunderwerbsteuerbefreiung beim Erwerb zum Zwecke der Flurbereinigung

Sachverhalt:

Erworben wird eine (Zahlwort) wirtschaftliche Einheit des land- und forstwirtschaftlichen Vermögens mit insgesamt 6 Grundstücken. Von der Agrarbezirksbehörde wird über Antrag des Erwerbers bescheidmäßig ausgesprochen, dass der Erwerb eines (Zahlwort) Grundstücks unmittelbar zur Durchführung einer Bodenreformmaßnahme dient und für eine Flurbereinigung erforderlich ist. Rund 11 % des Gesamtflächenausmaßes von etwa 7 Hektar sowie – laut Angabe der Parteien im Kaufvertrag – rund 63 % des Gesamtkaufpreises entfallen auf das „begünstigte" Grundstück.

Frage:

Steht die Steuerbefreiung des § 3 Abs. 1 Z 4 GrEStG 1987 zu?

Lösung:

Nein; nachdem ein einheitlicher Rechtsvorgang nach ständiger Rechtsprechung des VwGH nicht in einen steuerpflichtigen und steuerbefreiten Teil aufgespalten werden kann, ist darauf abzustellen, welches Kriterium überwiegt. Bei dieser Beurteilung ist das flächen- und nicht das wertmäßige Überwiegen maßgebend (vgl VwGH 20.2.1992, Zl 90/16/0170).

7/2.

Bundessteuertagung – Gebühren Verkehrsteuern Bewertung 2005

Protokoll – Gebühren und Verkehrsteuern 2005

(Erlass des BMF vom 17. April 2007, BMF-010206/0041-VI/5/2007)

Zur Erzielung einer bundeseinheitlichen Vorgangsweise fand im November 2005 die Bundessteuertagung Gebühren Verkehrsteuern Bewertung des Bundesministeriums für Finanzen gemeinsam mit dem zuständigen Fachbereich SZKFBGVB und den Finanzämtern statt, bei der in der Praxis aufgetretene Zweifelsfragen in den obgenannten Bereichen behandelt wurden. Als Ergebnis dieser Besprechung wurde das vorliegende Protokoll – Gebühren und Verkehrsteuern erstellt.

Über die gesetzlichen Bestimmungen hinausgehende Rechte und Pflichten können daraus nicht abgeleitet werden.

2. GRUNDERWERBSTEUERGESETZ

2.1. § 4 Abs. 2 Z 1 GrEStG 1987

Grunderwerbsteuer bei Scheidungsvergleich

Fragestellung:

Wann ist bei Scheidungsvergleichen der dreifache Einheitswert und wann die Gegenleistung als Bemessungsgrundlage anzusetzen?

Lösung:

Beim Scheidungsvergleich ist regelmäßig eine Gegenleistung für die Grundstücksübertragung nicht feststellbar, auch wenn im Vergleich selbst über die Übertragung anderer Vermögenswerte keine Aussage getroffen bzw. nur ausgeführt wird, dass die Aufteilung bereits erfolgt ist oder jeder Beteiligte Eigentümer seines bisherigen Vermögens bleibt. Darüber hinaus werden allfällige Ausgleichszahlungen und Schuldübernahmen regelmäßig auch durch Unterhaltsvereinbarungen beeinflusst werden. Werden in dieser Vereinbarung nicht nur Grundstücke übertragen, sondern wird auch eine Bereinigung anderer Ansprüche vorgenommen, so ist als Bemessungsgrundlage grundsätzlich der dreifache Einheitswert der erworbenen Liegenschaft heranzuziehen (auch wenn Pfandrechte auf der Liegenschaft sichergestellt sind, sagt das nichts darüber aus, zu welchem Zweck diese Darlehen aufgenommen wurden und als Ausgleich für welche gegenseitigen Ansprüche, zB bereits aufgeteilte Vermögenswerte, es im Rahmen des Scheidungsvergleiches zur Übernahme der Schulden kam).

Ausgenommen davon sind jene Fälle, in denen ausdrücklich eine Gegenleistung für den Erwerb der Liegenschaft vereinbart wurde (vgl. VwGH 30.6.2005, 2005/16/0085).

2.2. § 9 Z 4 GrEStG 1987

Solidarschuldner beim Bauherrenmodell

Sachverhalt:

Der Käufer C erwirbt im Rahmen eines Vertragsgeflechts, das durch den Organisator Fertigteilhausfirma B gestaltet und abgewickelt wurde, ein Grundstück vom privaten Grundstückseigentümer A um 30.000 und ein Fertigteilhaus um 200.000 von der Firma B. Die Grunderwerbsteuer wird dem Käufer C von der Gesamtgegenleistung (230.000) vorgeschrieben.

Zum Zeitpunkt der eingetretenen Rechtskraft ist die Grunderwerbsteuer bei C nicht mehr einbringlich.

B hat ein befristetes Kaufangebot von A erhalten, weshalb es C oder anderen Interessenten nicht möglich war, in direkter Kontaktaufnahme mit A einen Kaufvertrag über die gewünschte Parzelle ohne Vereinbarung eines Fertigteilhausvertrages mit B abzuschließen.

Fragestellung:

Wer ist bei einem derartigen Vertragsgeflecht Solidarschuldner der Grunderwerbsteuer?

Lösung:

Es liegen zwei grunderwerbsteuerpflichtige Erwerbsvorgänge vor.

1. **B erwirbt von A die wirtschaftliche Verfügungsmacht über das Grundstück (§ 1 Abs. 2 GrEStG). Solidarschuldner für diesen Erwerbsvorgang sind A und B.**
2. **C erwirbt grunderwerbsteuerlich gemäß § 1 Abs. 1 Z 4 oder 5 iVm § 1 Abs. 2 GrEStG das Grundstück und das Fertigteilhaus von B. Somit sind B und C Solidarschuldner für die aus diesem Erwerbsvorgang resultierende Grunderwerbsteuer.**

2.3. § 17 Abs. 2 iVm § 17 Abs. 1 Z 2 GrEStG 1987

Teilrückerwerb

Sachverhalt:

Zur Errichtung eines Betriebsgebäudes wird ein Grundstück erworben. Das Eigentumsrecht des Erwerbers wird im Grundbuch eingetragen. Nach 4 Jahren erwirbt der Veräußerer einen Teil des Grundstückes auf Grund eines Rechtsanspruches (Nichtverwirklichung des vereinbarten Vertragszweckes) zurück.

Fragestellung:

Sind bei nur teilweiser Rückübertragung eines Grundstückes die Bestimmungen gemäß § 17 Abs. 2 iVm § 17 Abs. 1 Z 2 GrEStG 1987 anwendbar?

Lösung:

Nach § 17 Abs. 1 Z 2 GrEStG 1987 wird die Grunderwerbsteuer auf Antrag nicht festgesetzt oder die Festsetzung entsprechend abgeändert (§ 17 Abs. 4 GrEStG 1987), wenn der Erwerbsvorgang auf Grund eines Rechtsanspruches rückgängig gemacht wird.

Gemäß § 17 Abs. 3 GrEStG 1987 wird bei der Herabsetzung der Gegenleistung die Grunderwerbsteuer der Herabsetzung „entsprechend“ festgesetzt.

Das GrEStG 1987 formuliert zwar nur bei der Herabsetzung der Gegenleistung mit „entsprechend“, jedoch ist Zweck der Bestimmungen des § 17 GrEStG 1987, Vorgänge nicht mit Steuer zu belasten, deren wirtschaftliche Auswirkungen von den Beteiligten frist- oder vertragsbestimmungsgemäß wieder beseitigt wurden. Aus diesem Grund sind bei einer Teilrückgängigmachung die Bestimmungen des § 17 GrEStG 1987 anzuwenden.

7/3.

Bundessteuertagung Gebühren und Verkehrssteuern – Ergebnisse 2006

(Erlass des BMF vom 07.05.2008, BMF-010206/0050-VI/5/2008)

2. Grunderwerbsteuer

2.1 §§ 1 Abs. 3, 17 GrEStG 1987 – Anteilsübertragung und Treuhandbegründung

Sachverhalt:

Zwei Stifter übertragen im Zuge einer Nachstiftung 80% und 20% Anteile an einer grundstücksbesitzenden GmbH auf eine Privatstiftung. Gleichzeitig schließen sie eine Treuhandvereinbarung ab, wonach jeweils 0,9% der Geschäftsanteile durch die Privatstiftung nur treuhändig übernommen werden; Treugeber sind jeweils die Nachstifter.

Die Treuhänderin darf alle Rechte aus diesen je 0,9% Stammeinlagen nur über Auftrag und Weisung der Treugeber wahrnehmen, zukommende Gewinnanteile sind unverzüglich den Treugebern auszuzahlen; weiters besteht umfassende Berichtspflicht an die Treugeber. Die Treuhänderin bietet die Anteile den Treugebern zur jederzeitigen unentgeltlichen Abtretung an.

Fragen:

1. Wurde vor Annahme des Anbots der Tatbestand gemäß § 1 Abs. 3 GrEStG 1987 verwirklicht?

2. Wenn ja, wird im Falle der Annahme des Anbots auf Rückübertragung ein Anspruch auf Nichtfestsetzung der Grunderwerbsteuer gemäß § 17 GrEStG 1987 begründet?

Lösung:

1. Ja; der Treuhänder ist wie der Treugeber Rechtsträger iSd Grunderwerbsteuerrechtes. Er erwirbt zwar für fremde Rechnung, aber im eigenen Namen. Der Treuhänder ist im Verhältnis zu Dritten zivilrechtlicher Eigentümer aller Anteile (VwGH 14.12.1981, 1065/80).

2. Nein; die Begünstigung des § 17 GrEStG 1987 ist auch auf Tatbestände im Sinn des § 1 Abs. 3 GrEStG 1987 anzuwenden. Die durch mehrere Anteilserwerbe herbeigeführte Vereinigung aller Anteile in einer Hand fällt wieder weg, wenn mindestens einer der Übertragungsakte, die schließlich zur Anteilsvereinigung geführt haben, in vollem Umfang aufgehoben wird, wenn also dieser Erwerbsvorgang in seinen rechtlichen und tatsächlichen Wirkungen schlechthin beseitigt wird, dh wenn alle Anteile, die durch einen Übertragungsakt übergegangen sind, fristgerecht zurück übertragen werden. Wird hingegen nur ein Teil der Anteile zurückgegeben, so wird nicht einer der Übertragungsakte, die zur Anteilsvereinigung geführt haben, vollständig, sondern nur zum Teil beseitigt. Es wird ein neuer Übertragungsakt gesetzt, der nicht als Rückerwerb im Sinn des § 17 GrEStG 1987 anzusehen ist (vgl. UFS vom 01.02.2006, RV/0137-F/05).

2.2 § 3 Abs. 1 Z 3 GrEStG 1987 – Teilung einer Liegenschaft durch Legatare

Sachverhalt:

Der Erblasser vermacht in seinem Kodizill eine in seinem Eigentum stehende Liegenschaft seiner Tochter und einem seiner Söhne je zur Hälfte als Vorauslegat. Die Legate wurden ausdrücklich angenommen. Im Übrigen tritt gesetzliche Erbfolge ein, der zu Folge die drei Kinder zu je einem Drittel erbberechtigt sind; die Erbantrittserklärung wurde von ihnen daher zu je einem Drittel abgegeben. Im Erbteilungsübereinkommen übernimmt die Tochter die Liegenschaft zur Gänze und leistet an ihren Bruder eine Ausgleichszahlung.

Frage:

Ist § 3 Abs. 1 Z 3 GrEStG 1987 auch bei der Teilung einer Liegenschaft durch Legatare anwendbar?

Lösung:

Ja; der VfGH hat in seinem Erkenntnis vom 19.06.1998, B 2502/97, die Auffassung vertreten, dass die Befreiungsbestimmung gemäß § 3 Abs. 1 Z 3 GrEStG 1987 analog auf Teilungsübereinkommen unter Vermächtnisnehmern anzuwenden ist.

2.3 § 3 Abs. 1 Z 3 GrEStG 1987 – Erbübereinkommen – Teilung des Nachlasses durch Miterben

Sachverhalt:

Der Vater und seine beiden Söhne sind zu je einem Drittel an einer KG beteiligt, zu deren Vermögen eine Liegenschaft gehört. Im Nachlass des Vaters befindet sich der KG-Anteil. Die Söhne geben je zur Hälfte die Erbantrittserklärung ab. Im Erbübereinkommen erwirbt ein Sohn den KG-Anteil des Vaters und danach auch den KG-Anteil des Bruders. Dadurch kommt es zur Anwachsung gemäß § 142 HGB (UGB).

Frage:

Ist § 3 Abs. 1 Z 3 GrEStG 1987 anwendbar?

Lösung:

Nein; § 3 Abs. 1 Z 3 GrEStG 1987 ist nicht anwendbar, da zuerst der Erwerb auf Grund des Erbübereinkommens erfolgt und die Anwachsung erst danach durch die vom Bruder erfolgte Abtretung ausgelöst wird.

Wird hingegen die Anwachsung durch den Erwerb des nachlasszugehörigen KG-Anteiles im Wege des Erbübereinkommens ausgelöst, ist die Befreiung gemäß § 3 Abs. 1 Z 3 GrEStG 1987 zu gewähren.

2.4 § 5 GrEStG 1987 – Aufteilung von Schulden

Sachverhalt:

In einem Übergabsvertrag wird von einem Übergeber ein Einzelunternehmen mit allen Aktiven sowie der Hälfteanteil einer Liegenschaft und vom anderen Übergeber der weitere Hälfteanteil der Liegenschaft übertragen. Auf der Liegenschaft sind sowohl betriebliche als auch außerbetriebliche Schulden sichergestellt.

Frage:

Sind auch die auf der Liegenschaft sichergestellten betrieblichen Schulden des Einzelunternehmers bei beiden Übergebern als Gegenleistung anzusehen (vgl. VwGH 17.02.2000, 99/16/0187)?

Lösung:

Es liegen zwei Erwerbsvorgänge vor, die gesondert zu betrachten sind. Als Gegenleistung sind beim jeweiligen Erwerbsvorgang nur jene sichergestellten Schulden anzusetzen, für welche der jeweilige Übergeber persönlich Schuldner ist und die vom Übernehmer übernommen werden. Dem Erkenntnis des VwGH vom 17.02.2000, 99/16/0187, ist nur bei gleich gelagertem Sachverhalt zu folgen.

2.5 § 5 GrEStG 1987 – Entschädigungen für die vorübergehende Inanspruchnahme von Grundstücken bei Enteignungen und Grundeinlöseverfahren

Sachverhalt:

Bei Enteignungen und Grundeinlöseverfahren werden neben den Entschädigungen ua. auch Beträge für die vorübergehende Inanspruchnahme von Grundstücken (zB für die vorübergehende Materialablagerung) geleistet.

Frage:

Zählen die für die vorübergehende Inanspruchnahme von Grundstücken geleisteten Entschädigungen zur Gegenleistung im Sinn des § 5 Abs. 1 Z 7 GrEStG 1987?

Lösung:

Nein, da es sich nicht um eine Entschädigung für die enteignete Liegenschaft handelt.

2.6 § 5 GrEStG 1987 – Gegenleistung

Sachverhalt:

Eine Gemeinde verkauft an eine AG ein Grundstück samt Betriebsgebäude. Hinsichtlich der Festsetzung des Kaufpreises wurde angemerkt, dass die AG beabsichtigt, den Standort der Gemeinde in Zukunft zu forcieren, neue Arbeitsplätze zu schaffen bzw. vorhandene Arbeitsplätze zu sichern, eine neue Fertigungshalle auf dem vertragsgegenständlichen Grundstück zu errichten, sohin die Betriebsfläche zu erweitern; aus diesen Gründen wurde der Kaufpreis im Vergleich zu den marktüblichen Preisen in dieser Gemeinde relativ niedrig angesetzt.

Fragen:

1. Kann die Absichtserklärung der AG (Forcierung des Standortes, Schaffung von Arbeitsplätzen etc.) als zusätzliche Gegenleistung für den Erwerb der Liegenschaft angesehen werden?

2. Wenn ja, mit welchem Wert ist diese Gegenleistung anzusetzen (Deckelung mit dem dreifachen Einheitswert oder Verkehrswert)?

Lösung:

Eine bloße Absichtserklärung stellt keine zusätzliche Gegenleistung dar. Eine Gegenleistung ist nur dann gegeben, wenn über die bloße Absicht hinausgehende Verpflichtungen eingegangen werden.

Nach vorliegendem Sachverhalt ist keine über die bloße Absichtserklärung hinausgehende Verpflichtung vereinbart, daher ist in der Differenz zwischen Kaufpreis und dreifachem Einheitswert eine gemäß § 15 Abs. 1 Z 15 ErbStG 1955 steuerbefreite freigebige Zuwendung gegeben. Die Grunderwerbsteuer ist somit vom Kaufpreis vorzuschreiben.

2.7 § 5 GrEStG 1987 – Gegenleistung bei vorheriger Miete

Sachverhalt:

Zwischen einer Wohnungsgesellschaft und einer natürlichen Person wurde ein Kaufvertrag über einen Miteigentumsanteil abgeschlossen. Der Kaufpreis ist geringer als der dreifache Einheitswert. Das Kaufobjekt war bisher gemietet.

Frage:

Wie ist die Gegenleistung zu ermitteln, wenn bisher geleistete Mieten oder Kautionen bei der Kaufpreisbildung Berücksichtigung finden?

Lösung:

Gegenleistung sind sämtliche Leistungen des Erwerbers, einschließlich jener, die auf den Kaufpreis angerechnet werden und unabhängig davon, ob diese Anrechnung in der Kaufurkunde oder gesondert mündlich oder schriftlich vereinbart wird.

Werden daher Leistungen (zB Grundkostenbeitrag, Baukostenbeitrag, Finanzierungsbeitrag, Darlehenszahlungen, Mieten, Kautionen) auf den Kaufpreis angerechnet, sind diese in die Bemessungsgrundlage einzubeziehen.

7/4.

Bundessteuertagung Gebühren und Verkehrsteuern – Ergebnisse 2007

(Information des Bundesministeriums für Finanzen vom 14. Mai 2009, BMF-010206/0167-VI/5/2009)

1. Bewertung

(abgedruckt unter 4/18.)

2. Erbschafts- und Schenkungssteuer

(nicht abgedruckt)

3. Gebühren

(abgedruckt unter 5/2/2.)

4. Grunderwerbsteuer

4.1 §§ 1 und 17 GrEStG 1987 – Grunderwerbsteuerpflicht bei „sale and lease back"-Vereinbarung

Sachverhalt:

Das Unternehmen A verkauft seine Liegenschaft an eine Immobilienleasing X um den Preis von 3.000.000. Am selben Tag verleast X die eben erworbene Liegenschaft an A. Die Laufzeit beträgt 240 Monate. Nach Ablauf der Leasingdauer geht das Eigentum an der Liegenschaft automatisch wieder auf A über. Die monatliche Leasingrate wird aus den Gesamtinvestitionskosten iHv 3.000.000 (Kaufpreis für den Ankauf der Liegenschaft) errechnet. Auf die Gesamtlaufzeit berechnet betragen die gesamten Leasingzahlungen daher 4.500.000.

Sämtliche übrige anfallende Kosten (zB Grundbuch), Aufwendungen der Finanzierung des Leasingobjektes, sonstige Kosten und Gebühren, Aufwendungen der Zwischenfinanzierungen für das Leasingobjekt, Steuern, Gebühren und sonstige öffentliche Abgaben werden dem Leasingnehmer gesondert vorgeschrieben. Nach Bezahlung der letzten Leasingrate wird ein Kaufvertrag in grundbuchsfähiger Form erstellt. Der Kaufpreis entspricht der letzten Leasingrate zuzüglich der nicht amortisierten Teile der vom Leasinggeber auf das Leasingobjekt allenfalls getätigten Aufwendungen.

Fragestellung:

1) Kann die Grunderwerbsteuer für diesen Immobilienleasingvertrag von der Differenz des ursprünglichen Kaufpreises zur kapitalisierten Leasingrate erhoben werden?

2) Wie ist der zukünftige Kaufvertrag über die Liegenschaft steuerlich zu behandeln?

Lösung:

zu 1)

Sowohl der Kaufvertrag über die Liegenschaft als auch der Immobilienleasingvertrag sind grunderwerbsteuerbar (VwGH 21.01.1998, 97/16/0345) Der Leasingvertrag erfüllt die Voraussetzung für die Nichtfestsetzung und Erstattung der Grunderwerbsteuer für den Rückerwerb gemäß § 17 Abs. 1 und 2 GrEStG 1987.

Nicht vom § 17 Abs. 2 GrEStG 1987 erfasst sind ein vom Leasinggeber zu errichtendes Gebäude oder sonstige von diesem vorzunehmende werterhöhende Investitionen (VwGH 12.10.1964, 0767/64). In diesen Fällen bildet die Werterhöhung, welche durch die vom Leasinggeber getätigten Investitionen bewirkt wird, die Bemessungsgrundlage für die Grunderwerbsteuer.

Eine Abzinsung der Leasingrate auf bestimmte Dauer gemäß § 15 BewG 1955 erfolgt nicht, da ein Gesamtkaufpreis vorliegt und die Ratenzahlung nur die Erfüllung des Rechtsgeschäftes betrifft (VwGH 21.01.1998, 97/16/0345; VwGH 28.06.2007, 2007/16/0028).

zu 2)

Mit dem am Ende der Leasingdauer erst zu erstellenden Kaufvertrag wird lediglich eine verbücherungsfähige Urkunde errichtet, ein weiterer Übereignungsanspruch wird dadurch nicht begründet.

4.2 § 5 GrEStG 1987, §§ 6 und 8 BewG 1955 – Übergabsvertrag – vereinbarte Leistungen: Pflege und Begräbnis

Fragestellung:

1) Wie sind die in einem Übergabsvertrag vereinbarten Leistungen der Pflege im Krankheitsfall und die Verpflichtung zur Ausrichtung eines ortsüblichen Begräbnisses und zur Errichtung eines Grabdenkmales im Fall des Ablebens des Übergebers bewertungsrechtlich zu behandeln?

2) Wie ist bei Grunderwerbsteuer (und Schenkungssteuer) vorzugehen, wenn die Übernehmer sich verpflichten, die Kosten eines ortsüblichen Begräbnisses und der Errichtung eines Grabdenkmales soweit zu tragen, als diese Kosten im Nachlass des Übergebers keine Deckung finden?

Lösung:

Wenn im Zeitpunkt der Übergabe bereits Pflege- oder Betreuungsbedürftigkeit besteht, ist die Pflege zu berücksichtigen, andernfalls ist die Pflege und Betreuung im Krankheitsfalle als aufschiebend bedingte Last nicht anzusetzen (vgl. VwGH 18.07.2002, 2002/16/0125). Bei Eintritt der Bedingung ist § 6 Abs. 2 BewG 1955 zur Berichtigung der Grunderwerbsteuer bzw. Schenkungssteuer anzuwenden.

Die Begräbniskosten und die Kosten für ein Grabdenkmal sind Lasten, deren Entstehung von einem Ereignis abhängt, bei dem nur der Zeitpunkt ungewiss ist. Diese Leistungen können gemäß § 8 BewG 1955 erst dann angesetzt werden, wenn das Ereignis (Ableben des Übergebers) eingetreten ist.

Es bestehen keine Bedenken, wenn im Einvernehmen mit dem Abgabepflichtigen ein pauschaler monatlicher Pflegesatz mit nicht weniger als 200 Euro und die Kosten für ein Begräbnis mit nicht weniger als 2.500 Euro sofort in die Bemessungsgrundlage einbezogen und die Grunderwerbsteuer festgesetzt wird.

4.3 § 4 GrEStG 1987 – Ermittlung der Gegenleistung bei Übertragung von Miteigentumsanteilen an einem Grundstück gemeinsam mit einem Einzelunternehmen

Sachverhalt:

Auf einem im Miteigentum von Ehegatten stehenden Grundstück wird vom Ehegatten ein Einzelunternehmen betrieben. Das Grundstück wird gemeinsam mit dem Einzelunternehmen übergeben.

Fragestellung:

Ist bei der für Zwecke der Ermittlung der anteiligen Gegenleistung anzustellenden Proportionalrechnung für den Grundstücksanteil des Einzelunternehmers ein – durch den Betrieb des Einzelunternehmens begründeter – gegenüber dem Grundstücksanteil der Ehegattin höherer oder geringerer gemeiner Wert anzunehmen?

Lösung:

Wird gemeinsam mit der Übertragung von unbeweglichem Vermögen auch bewegliches Vermögen übertragen, ist die anteilige – auf unbewegliches Vermögen entfallende – Gegenleistung mittels einer Proportionalrechnung zu ermitteln. Die übergebenen Vermögensarten sind für diesen Zweck mit den Verkehrswerten gegenüberzustellen.

Ob hierbei bei der gemeinsamen Veräußerung einer im Miteigentum befindlichen Liegenschaft für einen Miteigentumsanteil auf Grund besonderer Umstände (zB weil ein Miteigentümer auf der Liegenschaft ein Unternehmen betreibt) ein höherer oder geringerer Verkehrswert entfällt, als der Miteigentumsquote entspricht, ist eine Frage der Sachverhaltsermittlung.

Es bestehen jedoch keine Bedenken, wenn für Zwecke der Proportion der Verkehrswert für einen Miteigentumsanteil entsprechend der Miteigentumsquote vom Verkehrswert der gesamten Liegenschaft angesetzt wird.

4.4 § 1 GrEStG 1987 – Grunderwerbsteuer bei Anteilsvereinigung

Sachverhalt:

Die A-Gesellschaft ist Alleingesellschafterin einer Holding (B-GmbH), die ihrerseits wiederum zwei Töchter hat. An der ersten Tochter (C-GmbH) ist die Holding zu 100% beteiligt, an der zweiten Tochter (D-GmbH) zu 98%, die restlichen 2% hält eine Privatperson. Die D-GmbH hat in ihrem Gesellschaftsvermögen Grundstücke. Die D-GmbH wird mit der C-GmbH als aufnehmende Gesellschaft verschmolzen. Die mit 2% an der D-GmbH beteiligte Privatperson wird nicht Gesellschafter der C-GmbH.

Die Grunderwerbsteuer für den Verschmelzungsvorgang vom zweifachen Einheitswert steht außer Frage.

Fragestellung:

Kommt es neben der Grunderwerbsteuerpflicht für die Verschmelzung gemäß § 1 Abs. 1 GrEStG 1987 iVm den Bestimmungen des UmgrStG vom zweifachen Einheitswert auch zu einer Grunderwerbsteuerpflicht auf Grund einer Anteilsvereinigung gemäß § 1 Abs. 3 GrEStG 1987?

Lösung:

Ja.

Da der 2%-Gesellschafter nach Verschmelzung nicht Gesellschafter der aufnehmenden Gesellschaft ist, erfolgt eine Anteilsvereinigung bei der D-GmbH vor der Verschmelzung mit der C-GmbH. Die Anteilsvereinigung gemäß § 1 Abs. 3 GrEStG 1987 geht dem Erwerb durch Verschmelzung (§ 1 Abs. 1 GrEStG 1987) voraus, daher ist § 1 Abs. 4 GrEStG 1987 bei der Besteuerung der Verschmelzung zu berücksichtigen.

Der Begriff „Gegenleistung“ in § 1 Abs. 4 GrEStG 1987 ist in teleologischer und verfassungskonformer Interpretation als „Bemessungsgrundlage“ zu verstehen (vgl. UmgrStR 2002 Rz 346).

Bei Erwerbsvorgängen nach § 1 Abs. 3 GrEStG 1987 ist die wirtschaftliche Betrachtungsweise ausgeschlossen, es handelt sich dabei um eine rein an das Zivilrecht anknüpfende Bestimmung (vgl. VfGH 27.6.1964, Slg 4764; VfGH 06.10.1972, B 240/71; VfGH 30.06.1977, B 222/76; VwGH 15.12.1988, 87/16/0142; VwGH 12.10.1989, 88/16/0189; VwGH 23.01.2003, 2002/16/0228).

4.5 § 1 Abs. 1 Z 1 u § 1 Abs. 2 und § 17 GrEStG 1987 – Grunderwerbsteuerpflicht von Treuhandgeschäften, Aufhebung (Rückgängigmachung) der Treuhandschaft

Sachverhalt:

Eine Miteigentümergemeinschaft hat ein Grundstück an A veräußert. Die Grunderwerbsteuer für diesen Erwerbsvorgang wurde mit Bescheid festgesetzt. Später haben A und B einen Übergabsvertrag abgeschlossen, mit welchem B dieses Grundstück auf seinen Todesfall an A überträgt.

Im Zuge einer Außenprüfung ist hervorgekommen, dass A das Grundstück treuhändig für B erworben hat. Das FA erließ für das Treuhandgeschäft einen weiteren Grunderwerbsteuerbescheid gemäß § 1 Abs. 2 GrEStG 1987 (Verschaffung der wirtschaftlichen Verfügungsmacht durch die Treuhänderin an den Treugeber).

Gegen diesen Bescheid wurde eine Berufung mit der Begründung eingebracht, dass das Treuhandgeschäft rückwirkend aufgehoben wurde und die Bestimmungen des § 17 GrEStG 1987 anzuwenden seien. Gleichzeitig wurde dem Finanzamt ein nunmehr gestelltes Kaufanbot sowie eine Annahmeerklärung vorgelegt, womit A die Liegenschaft an B zu einem symbolischen Kaufpreis überträgt.

Fragestellung:

1) Ist die rückwirkende Aufhebung des Treuhandgeschäftes möglich und § 17 GrEStG 1987 anwendbar?

2) Wie ist das Anbot- und Annahmegeschäft zu beurteilen?

GrEStG

Lösung:

Im konkreten Fall kann von einer ernsthaften Rückgängigmachung der Treuhandvereinbarung nicht gesprochen werden, weshalb § 17 GrEStG 1987 nicht anwendbar ist.

Der Wille der Vertragsparteien A und B war offensichtlich darauf gerichtet, dass A die Liegenschaft als Treuhänder erwirbt. Der Treugeber B hat die wirtschaftliche Verfügungsmacht über das Grundstück erlangt. Durch die Aufhebung des Treuhandverhältnisses und den in engem zeitlichen Zusammenhang erfolgten Erwerb durch Anbot und Annahme hat B auch das zivilrechtliche Eigentum am Grundstück erworben. Dasselbe Ergebnis wäre auch ohne Aufhebung der Treuhandschaft durch Übertragung des zivilrechtlichen Eigentums vom Treuhänder A an den Treugeber B erreicht worden. Damit ist die mangelnde Ernsthaftigkeit der rückwirkenden Aufhebung der Treuhandvereinbarung offenkundig.

Insgesamt liegen somit drei grunderwerbsteuerbare Rechtsvorgänge vor:

1. Der Erwerb durch den Treuhänder A ist grunderwerbsteuerpflichtig gemäß § 1 Abs. 1 GrEStG 1987.

2. Der Erwerb der wirtschaftlichen Verfügungsmacht durch den Treugeber B ist grunderwerbsteuerpflichtig gemäß § 1 Abs. 2 GrEStG 1987.

3. Der Erwerb des zivilrechtlichen Eigentums durch den Treugeber B vom Treuhänder A ist grunderwerbsteuerpflichtig gemäß § 1 Abs. 1 GrEStG 1987 aber begünstigt gemäß § 1 Abs. 4 GrEStG 1987.

Wäre die Aufhebung der Treuhandvereinbarung ernsthaft erfolgt, wären zwei grunderwerbsteuerbare Tatbestände verwirklicht worden:

1. Der Erwerb der Liegenschaft durch A gemäß § 1 Abs. 1 GrEStG 1987 und

2. der Erwerb durch B durch Anbot und Annahme gemäß § 1 Abs. 1 GrEStG 1987.

4.6 § 2 GrEStG 1987 – Mietkauf iVm Baurecht

Sachverhalt:

Ein Einzelunternehmer kauft eine Liegenschaft und lässt sie in mehrere Teilgrundstücke teilen.

Die Einzelfirma räumte der GmbH, an welcher der Einzelunternehmer und Angehörige zu je 25% beteiligt sind, an den Teilgrundstücken Baurechte für 99 Jahre gegen Leistung eines Baurechtszinses ein.

Die GmbH errichtet auf Grund der Baurechte eine Reihenhausanlage. Die Reihenhäuser werden zunächst vermietet (Mietvertrag mit Kaufoption). Die Mieter müssen an die GmbH einen Finanzierungsbeitrag leisten. Nach 10 Jahren kann der Mieter auf Grund der Kaufoption das Baurecht mit dem Gebäude als Zubehör von der GmbH erwerben, wobei der zu zahlende Preis schon fixiert ist.

Der Grundeigentümer (Einzelunternehmer) ist berechtigt, das Grundstück an die Mieter zu verkaufen. Der Finanzierungsbeitrag wird in diesem Fall von der GmbH herausgegeben und als Teil des Kaufpreises an den Einzelunternehmer als Verkäufer überwiesen.

Fragestellung:

Wird mit der Übertragung des mit einem Baurecht belasteten Grundstückes des Einzelunternehmers an den Mieter bereits ein bebautes Grundstück verkauft?

Lösung:

Zunächst liegt ein gebührenpflichtiger Mietvertrag vor (§ 33 TP 5 GebG).

Das belastete Grundstück und das Baurecht sind für Zwecke der Grunderwerbsteuer als zwei getrennte Grundstücke zu betrachten (§ 2 GrEStG 1987). Sowohl der Erwerb des Grundstückes, als auch der Erwerb des Baurechts mit dem Gebäude als Zubehör unterliegen gesondert der Grunderwerbsteuer. Gegenleistung ist der jeweils vereinbarte Kaufpreis zuzüglich aller Leistungen, die auf diesen angerechnet werden.

Mit dem Erwerb des Grundstückes wird nicht automatisch auch das Baurecht erworben. Das Baurecht (samt Gebäude als Zubehör) kann selbständig durch den Mieter mit Ausübung der Option erworben werden.

4.7 § 4 Abs. 2 GrEStG 1987 – Übertragung eines landwirtschaftlichen Grundstückes mit geringer Fläche

Fragestellung:

Ist die Begünstigung gemäß § 4 Abs. 2 Z 2 GrEStG 1987 auch bei Übertragung eines sehr kleinen landwirtschaftlichen Grundstückes zu gewähren?

Lösung:

Ja.

Ob ein land- und forstwirtschaftliches Grundstück vorliegt, wird von den Bewertungsstellen festgestellt. § 4 Abs. 2 Z 2 GrEStG 1987 nimmt keine Einschränkung der Begünstigung nach der Größe vor. Sofern die übrigen Voraussetzungen vorliegen, ist die Begünstigung auch bei „kleinen" land- und forstwirtschaftlichen Grundstücken zu gewähren.

4.8 § 7 GrEStG 1987 – Steuersatz bei Anwachsung

Sachverhalt:

Bei einer zweigliedrigen Personengesellschaft tritt ein Gesellschafter aus und es tritt Anwachsung gemäß § 142 UGB ein.

Fragestellung:

Welcher Steuersatz ist auf die ermittelte Gegenleistung anzuwenden, wenn ein Verwandtschaftsverhältnis im Sinne des § 7 Z 1 GrEStG 1987 zwischen dem ausscheidenden und dem verbleibenden Gesellschafter vorliegt?

Lösung:

Es ist der Steuersatz gemäß § 7 Z 3 GrEStG 1987 anzuwenden.

Die Übernahme gemäß § 142 UGB bewirkt eine Universalsukzession und verwandelt das bisherige im Gesamthandeigentum stehende Gesellschaftsvermögen in Alleineigentum des Übernehmers (vgl. VwGH 21.12.2000, 2000/16/0563). Die Gesellschaft darf in dieser Eigenschaft nicht mit ihren Gesellschaftern gleichgesetzt werden (vgl. OGH 29.08.1995, 5 Ob 59/95, HS 26.043), vielmehr sind das Gesellschaftsvermögen und das Vermögen der Gesellschafter zu trennen (Trennungsprinzip). An dem der Gesellschaft als Rechtsträger zugeordneten Gesamthandvermögen sind die Gesellschafter nur mittelbar über ihre Mitgliedschaft beteiligt. An den zum Gesellschaftsvermögen gehörenden einzelnen Objekten haben die Gesellschafter keinerlei Anteil.

Nachdem die Gesamtrechtsnachfolge gemäß § 142 UGB bewirkt, dass der verbleibende Gesellschafter in alle Rechtspositionen der früheren Gesellschaft eintritt und das bisher im Gesamthandeigentum stehende Vermögen der Gesellschaft in das Alleineigentum des verbliebenen Gesellschafters übergeht (vgl. VwGH 18.11.1993, 92/16/0109; VwGH 19.01.1994, 93/16/0139), erfolgt der Erwerb von der Gesellschaft und ist der Steuersatz gemäß § 7 Z 3 GrEStG 1987 anzuwenden.

5. Kapitalverkehrsteuer und Umgründung

(nicht abgedruckt)

6. Verfahrensrecht

6/1

(abgedruckt unter 5/2/2.)

6.2 § 132 Abs. 2 BAO; §§ 13 Abs. 1 und 15 Abs. 1 GrEStG 1987, § 23a Abs. 2 und 3 ErbStG 1955, § 10a Abs. 2 und 3 KVG

Muss bei Selbstberechnung der Grunderwerbsteuer/Schenkungssteuer/Gesellschaftsteuer eine Urkundenabschrift aufbewahrt werden, wenn die Urkunde ins Urkundenarchiv aufgenommen wurde?

Sachverhalt:

Für den über die Grunderwerbsteuer/Schenkungssteuer/Gesellschaftsteuer selbstberechneten Rechtsvorgang wurde die Urkunde in das Urkundenarchiv (Cyberdoc) aufgenommen und der Abgabenbehörde der Zugriffscode zu dieser Urkunde bekannt gegeben.

Fragestellung:

Muss der Parteienvertreter (Selbstberechner) dennoch eine Abschrift (Durchschrift, Gleichschrift) der über den Rechtsvorgang ausgefertigten Urkunde sieben Jahre aufbewahren?

Lösung:

Der Parteienvertreter (Selbstberechner) muss grundsätzlich keine Abschrift (Durchschrift, Gleichschrift) der über den Rechtsvorgang ausgefertigten Urkunde in Papierform aufbewahren, wenn diese in elektronischer Form entsprechend den Bestimmungen des § 132 Abs. 2 BAO zur Verfügung gestellt werden kann.

Die in § 132 BAO normierte Aufbewahrungspflicht von Urkunden, Belegen umfasst auch die in der Anfrage angeführten Urkunden zur Selbstberechung von Grunderwerbsteuer/Schenkungssteuer/Gesellschaftsteuer.

Die Pflicht zur Herstellung einer Abschrift der Urkunde und die Aufbewahrungspflicht treffen den Parteienvertreter.

Am elektronischen Urkundenarchiv ist der Parteienvertreter nur „Nutzer“, es unterliegt nicht seiner persönlichen Gestaltung und Gewahrsame.

Dennoch entspricht das Einstellen der Urkunde in das Urkundenarchiv und die Bekanntgabe des Zugriffscodes im Zeitpunkt der Selbstberechnung in sinngemäßer Auslegung der in § 132 Abs. 2 BAO näher geregelten Aufbewahrung auf Datenträgern.

Solange die Urkunde nicht aus dem Urkundenarchiv entfernt wird, braucht der Parteienvertreter keine Papier-Abschrift aufbewahren.

Insoweit die gespeicherten Urkunden im Rahmen der elektronischen Archivlösung der Justiz für die Urkundensammlungen Firmenbuch und Grundbuch zur Einsichtnahme aufbewahrt werden, gilt hinsichtlich der gespeicherten Urkunden (§ 91b Abs. 7 GOG idF BRÄG 2006 (Bundesgesetzblatt I Nr. 164/2005) der im Beglaubigungsarchiv der Justiz gespeicherte Dateninhalt bis zum Nachweis des Gegenteils als Original der gespeicherten Urkunde. Der Hinweis auf die Einstellung in das Beglaubigungsarchiv der Justiz verbunden mit einer Übersendung einer mit elektronischer Signatur der Justiz versehenen verkehrsfähigen Version der elektronischen Urkunde gemäß § 89c GOG oder einer wirksamen Ermächtigung zum Zugang zu den Daten der gespeicherten Urkunde ist der Vorlage der Urschrift der Urkunde gleichzuhalten.

Die Abschrift (Durchschrift) der Selbstberechnungserklärung (zB § 12 GrEStG 1987) kann entweder in Papier oder nach Maßgabe des § 132 Abs. 2 BAO auf Datenträgern, über die der Parteienvertreter selbst dispositions- und verfügungsberechtigt ist, erfolgen, wenn die vollständige, geordnete, inhaltsgleiche und urschriftgetreue Wiedergabe bis zum Ablauf der gesetzlichen Aufbewahrungsfrist gewährleistet ist. Die urschriftgetreue Wiedergabe stellen beispielsweise das Erfassen auf einer optischen Speicherplatte, die Mikroverfilmung oder das Einscannen sicher. Soweit solche Unterlagen nur auf Datenträgern vorliegen, entfällt das Erfordernis der urschriftgetreuen Wiedergabe.

Im Falle einer Prüfung (zB § 15 Abs. 2 GrEStG 1987) muss gemäß § 132 Abs. 3 BAO allerdings der Parteienvertreter auf seine Kosten die Hilfsmittel zur Verfügung stellen, die notwendig sind, um die Unterlagen des Urkundenarchivs lesbar zu machen oder ohne Hilfsmittel lesbare dauerhafte Wiedergaben beibringen.

Hingegen richtet sich die Kostentragung beim Zugriff durch das FA auf das Urkundenarchiv (zB Einsicht, Übermittlung in die Data-box, Ausdruck) nach einer elektronischen Abgabenerklärung (zB § 10 Abs. 2 GrEStG 1987) nach den §§ 312 und 313 BAO.

7/5.

Bundessteuertagung Gebühren und Verkehrsteuern – Ergebnisse 2008

(Information des Bundesministeriums für Finanzen vom 22. Jänner 2010, BMF-010206/0007-VI/5/2010)

1. Gebühren

(abgedruckt unter 5/2/3.)

2. Kapitalverkehrsteuer und Umgründung

(nicht abgedruckt)

3. Erbschafts- und Schenkungssteuer

(nicht abgedruckt)

4. Grunderwerbsteuer

4.1 § 1 Abs. 1 GrEStG 1987 – Auswirkungen des SchenkMG 2008 auf Erwerbe nach § 14 WEG 2002

Frage:

Wie sind Erwerbe von Mindestanteilen bei Wohnungseigentum gemäß § 14 WEG 2002 nach dem Schenkungsmeldegesetz 2008 verkehrsteuerrechtlich zu beurteilen?

Anmerkung:

Zur Beurteilung von Erwerben von Mindestanteilen bei Wohnungseigentum gemäß § 14 WEG 2002 vor dem Schenkungsmeldegesetz 2008, BGBl. I Nr. 85/2008, siehe Bundessteuertagung Gebühren und Verkehrsteuern – Ergebnisse 2006, Erlass des BMF vom 7. Mai 2008, BMF-010206/0050-VI/5/2008.

Lösung:

A) Erwerb des halben Mindestanteils nach dem verstorbenen Eigentumspartner

1. Erwerb durch Anwachsung nach § 14 Abs. 1 Z 1 WEG 2002

Existiert keine Vereinbarung nach § 14 Abs. 5 WEG 2002 oder macht im Fall einer solchen Vereinbarung der Begünstigte seinen Anspruch nicht geltend (siehe Punkt 2), geht der Anteil des Verstorbenen gemäß § 14 Abs. 1 Z 1 WEG 2002 von Gesetzes wegen unmittelbar in das Eigentum des überlebenden Partners über.

Im Gegensatz zu § 14 Abs. 1 Z 1 WEG 2002 idF vor der Wohnrechtsnovelle 2006 erwirbt der überlebende Eigentumspartner den halben Mindestanteil des Verstorbenen im Wege der Anwachsung gemäß § 14 Abs. 1 Z 1 WEG 2002 auch dann ex lege, wenn er den halben Mindestanteil des Verstorbenen ohnedies von Todes wegen allein erwerben würde. Dieser unmittelbare gesetzliche Übergang des Eigentums stellt keinen erbrechtlichen Erwerb dar, sondern einen wohnungseigentumsrechtlichen Erwerb sui generis, welcher der Grunderwerbsteuer unterliegt. § 4 Abs. 2 Z 4 GrEStG 1987 ist daher nicht anwendbar.

Der überlebende Partner, der den Anteil des Verstorbenen am Mindestanteil und Wohnungseigentum gemäß § 14 Abs. 1 Z 1 WEG 2002 erwirbt, hat der Verlassenschaft nach dem Verstorbenen gemäß § 14 Abs. 2 WEG 2002 die Hälfte des Verkehrswertes (§ 2 Abs. 2 LBG) des Mindestanteils zu bezahlen (Übernahmspreis). Die Begünstigung des § 14 Abs. 3 WEG ist zu beachten.

Der Übernahmspreis und die mit dem halben erworbenen Mindestanteil in wirtschaftlicher Beziehung stehenden Schulden und Lasten stellen die Gegenleistung dar.

Die Zahlung des Übernahmspreises kann dem überlebenden Partner unter bestimmten Voraussetzungen gemäß § 14 Abs. 4 WEG 2002 durch eine letztwillige Verfügung oder durch eine Schenkung auf den Todesfall (teilweise) erlassen werden.

Bemessungsgrundlage für die Grunderwerbsteuer ist die Gegenleistung (§ 4 Abs. 1 GrEStG 1987) oder, wenn der anteilige Wert des Grundstückes (dreifacher Einheitswert) höher ist als die Gegenleistung, der Wert des Grundstückes (§ 4 Abs. 2 Z 1 GrEStG 1987).

2. Vereinbarung gemäß § 14 Abs. 5 WEG 2002

Die Eigentumspartner können gemäß § 14 Abs. 5 WEG 2002 zu Lebzeiten vor einem Notar oder unter anwaltlicher Mitwirkung schriftlich vereinbaren, dass anstelle des gesetzlichen Eigentumsübergangs an den überlebenden Eigentumspartner eine andere natürliche Person den Anteil des Verstorbenen am Mindestanteil und gemeinsamen Wohnungseigentum erwerben soll. Diese Person (Begünstigte) erwirbt hierbei nicht unmittelbar das Eigentum am halben Mindestanteil, sondern lediglich einen Anspruch auf dessen Übereignung. Wenn der Begünstigte von seinem Übereignungsanspruch keinen Gebrauch macht oder vorverstirbt, kommt es zur Anwachsung an den überlebenden Partner gemäß § 14 Abs. 1 Z 1 WEG 2002 (siehe Punkt 1.).

Der Erwerb des halben Mindestanteils durch den Begünstigten nach Geltendmachung des Übereignungsanspruches unterliegt der Grunderwerbsteuer.

Der Begünstigte hat gemäß § 14 Abs. 5 WEG 2002 für die Übereignung des Anteils des Verstorbenen am Mindestanteil an die Verlassenschaft den Übernahmspreis gemäß § 14 Abs. 2 WEG 2002 – dies ist die Hälfte des Verkehrswertes (§ 2 Abs. 2 LBG) des Mindestanteils – zu bezahlen. Die Begünstigung des § 14 Abs. 3 WEG ist zu beachten.

Der Übernahmspreis und die mit dem halben erworbenen Mindestanteil in wirtschaftlicher Beziehung stehenden Schulden und Lasten stellen die Gegenleistung dar.

Die Zahlung des Übernahmspreises kann dem Begünstigten unter bestimmten Voraussetzungen gemäß § 14 Abs. 5 letzter Halbsatz iVm Abs. 4 WEG 2002 durch eine letztwillige Verfügung oder durch eine Schenkung auf den Todesfall (teilweise) erlassen werden.

Bemessungsgrundlage der Grunderwerbsteuer ist die Gegenleistung laut Vereinbarung (§ 4 Abs. 1 GrEStG 1987) oder – wenn keine Gegenleistung vereinbart ist oder diese geringer ist als der Wert des Grundstückes (dreifacher Einheitswert) – der Wert des Grundstückes (§ 4 Abs. 2 Z 1 GrEStG 1987).

3. Vereinbarung gemäß § 14 Abs. 1 Z 2 WEG 2002

Der überlebende Partner kann gemeinsam mit den Erben des Verstorbenen unter Zustimmung der Pflichtteilsberechtigten eine Vereinbarung schließen, auf grund derer der halbe Mindestanteil des Verstorbenen einer anderen Person zukommt. Der erblasserische halbe Mindestanteil fällt in den Nachlass.

Der Erwerb des halben Mindestanteils nach dem Verstorbenen durch Erben stellt einen Erwerb von Todes wegen dar und ist wie ein Erbteilungsübereinkommen zu behandeln. Bemessungsgrundlage ist gemäß § 4 Abs. 2 Z 4 GrEStG 1987 das Dreifache des Einheitswertes.

Der Erwerb des halben Mindestanteils nach dem Verstorbenen durch andere Personen (Dritte) stellt keinen Erwerb von Todes wegen dar, sondern ist wie ein Erbschaftskauf zu behandeln. Die Grunderwerbsteuer ist nach § 4 Abs. 1 oder Abs. 2 Z 1 GrEStG 1987 von der Gegenleistung oder dem Wert (dreifacher Einheitswert) des Grundstückes zu bemessen. Die Besteuerung und der Tarif richten sich nach dem Verhältnis des Erwerbers zum Erblasser (siehe Erlass des BMF vom 18. Februar 2009, BMF-010206/0040-VI/5/2009, Teil III., Abschnitte 1.1.4. und 1.3.).

Wenn bei einer derartigen Vereinbarung der gesamte Mindestanteil (also auch jener des überlebenden Eigentumspartners) übertragen wird, stellt der Erwerb des halben Mindestanteils des überlebenden Partners ein Rechtsgeschäft unter Lebenden dar, das der Grunderwerbsteuer unterliegt. Die Steuerberechnung erfolgt nach § 4 Abs. 1 oder Abs. 2 Z 1 GrEStG 1987.

4. Verzicht des überlebenden Eigentumspartners

Verzichtet der überlebende Eigentumspartner gemäß § 14 Abs. 1 Z 3 WEG 2002 auf den Eigentumsübergang, gilt das Eigentum am halben Mindestanteil des Verstorbenen als nie auf den überlebenden Partner übergegangen (zur Besteuerung siehe Erlass des BMF vom 18. Februar 2009, BMF-010206/0040-VI/5/2009, Teil III., Abschnitte 1.1.4., 1.3. und 1.4.).

B) Erwerb des gesamten Mindestanteils durch einen Erben/Vermächtnisnehmer außerhalb der Konstellation einer Eigentümerpartnerschaft

Erwirbt der Erbe/Vermächtnisnehmer den gesamten Mindestanteil des Verstorbenen, handelt es sich um einen Erwerb von Todes wegen; § 14 WEG 2002 kommt nicht zur Anwendung (zur Besteuerung siehe Erlass des BMF vom

18. Februar 2009, BMF-010206/0040-VI/5/2009, Teil III.).

4.2 § 1 Abs. 1 Z 3 GrEStG 1987 – Abtretung eines Übereignungsanspruches

Sachverhalt:

Zwei Personen schließen als gemeinsame Erwerber mit einem Bauunternehmen einen Wohnungseigentums – Anwartschaftsvertrag ab und verpflichten sich, den Kaufpreis in Raten dem Baufortschritt entsprechend zu entrichten. Vor Fertigstellung der Wohnung trennen sich die beiden Personen. Die Person, die ihre Anwartschaft der anderen Person überträgt, wird in Höhe der bisher geleisteten Zahlungen entschädigt.

Frage:

Ist die Grunderwerbsteuer für den Erwerb des halben Anwartschaftsanspruches von der Entschädigung in Höhe der bisher geleisteten Zahlungen oder vom seinerzeit vereinbarten Kaufpreis für den Hälfteanteil an der Wohnung zu bemessen?

Lösung:

Der Wohnungseigentumspartner, der seine Anwartschaft aufgibt, wird nicht nur hinsichtlich der bisher getätigten Zahlungen entschädigt, sondern auch aus seiner Verpflichtung zu weiteren, dem Baufortschritt entsprechenden Zahlungen entlassen. Die Übernahme dieser Zahlungsverpflichtungen (Entschädigung für bisher geleistete Zahlungen an den ausscheidenden Wohnungseigentumspartner zuzüglich Übernahme der Verpflichtung zur Bezahlung des Restkaufpreises hinsichtlich des übernommenen Hälfteanteils an Dritte, das ist das Bauunternehmen) durch den verbleibenden Wohnungseigentumswerber ist als Gegenleistung für den Erwerb des halben Anwartschaftsrechtes bei der Bemessung der Grunderwerbsteuer zu berücksichtigen.

4.3 § 3 Abs. 1 Z 7 GrEStG 1987 – Grunderwerbsteuerbefreiung für die Ehewohnung bei Gütergemeinschaft unter Lebenden

Sachverhalt:

Ein Einfamilienhaus mit einer Wohnnutzfläche von 100 m², das der Befriedigung des dringenden Wohnbedürfnisses der Ehegatten dient, steht im Alleineigentum des Ehegatten.

Die Ehegatten schließen einen notariellen Ehepakt

- **Variante A** mit Vereinbarung der Gütergemeinschaft unter Lebenden über ihr gesamtes gegenwärtiges und künftiges Vermögen. Zum Vermögen gehört unter anderem auch das im Alleineigentum des Mannes stehende Einfamilienhaus.
- **Variante B** mit Vereinbarung einer **partiellen** Gütergemeinschaft unter Lebenden, welche nur das Einfamilienhaus umfasst.

Durch diese Vereinbarung erwirbt die Gattin den Hälfteanteil des Einfamilienhauses und ist ab nun auch zur Hälfte Schuldnerin des eingetragenen Kredits.

Das Haus ist belastet mit Schulden in Höhe von

- mehr als dem 3-fachen Einheitswert,
- weniger als dem 3-fachen Einheitswert.

Fragestellung:

1. Bemessungsgrundlage der Grunderwerbsteuer?
2. Ist die Befreiung gemäß § 3 Abs. 1 Z 7 GrEStG 1987 anwendbar?

Lösung:

1. Bemessungsgrundlage:

Zu A) Vereinbarung einer Gütergemeinschaft über das gesamte gegenwärtige und zukünftige Vermögen:

Mit der Vereinbarung einer allgemeinen Gütergemeinschaft unter Lebenden über das gesamte gegenwärtige und künftige Vermögen wird grundsätzlich die wechselseitige Verpflichtung begründet, über das Gesamtgut nur gemeinsam zu verfügen. Im Hinblick auf die Gemeinschaftlichkeit aller Rechte und Pflichten wird im Falle der Einbringung von Grundstücken bei Begründung einer Gütergemeinschaft idR eine Gegenleistung nicht vorhanden oder nicht zu ermitteln sein.

Bemessungsgrundlage für die Grunderwerbsteuer ist nach § 4 Abs. 2 Z 1 GrEStG 1987 iVm § 6 GrEStG 1987 das Dreifache des anteiligen Einheitswertes.

Hinweis:

Zur Gebührenpflicht vgl. GebR Rz 442 ff.

Zu B) Vereinbarung einer partiellen Gütergemeinschaft unter Lebenden, welche nur die Wohnung umfasst, die der Befriedigung des dringenden Wohnbedürfnisses des Ehegatten dient:

Bei Vereinbarung einer partiellen Gütergemeinschaft wird idR eine Gegenleistung zu ermitteln sein.

Beispiel:

Die Ehegatten besitzen bei Vertragsabschluss auch andere Vermögenswerte, die sie bewusst aus der Güterstandsregelung ausnehmen.

Die Bemessungsgrundlage für die Grunderwerbsteuer ist

- **das Dreifache des anteiligen Einheitswertes, wenn die übernommenen Schulden geringer sind (Steuerberechnung gemäß § 4 Abs. 2 Z 1 GrEStG 1987),**
- **die Gegenleistung, wenn die übernommenen Schulden höher sind als das Dreifache des anteiligen Einheitswertes (Steuerberechnung gemäß § 4 Abs. 1 GrEStG 1987).**

2. Anwendbarkeit der Befreiung gemäß § 3 Abs. 1 Z 7 GrEStG 1987:

Eine Anwendungsvoraussetzung für die Befreiung nach § 3 Abs. 1 Z 7 GrEStG 1987 ist,

dass die Grunderwerbsteuer nach § 4 Abs. 2 Z 1 GrEStG 1987 zu berechnen ist.

Eine weitere Unterscheidung, ob eine Gegenleistung nicht vorhanden oder nicht zu ermitteln ist oder die Gegenleistung geringer ist als der Wert des Grundstückes, wird in der Befreiungsbestimmung nicht getroffen. Die Befreiungsbestimmung des § 3 Abs. 1 Z 7 GrEStG 1987 kann daher – wenn die weiteren dort genannten Voraussetzungen vorliegen – in allen Fällen zur Anwendung gelangen, wenn die Steuerberechnung gemäß § 4 Abs. 2 Z 1 GrEStG 1987 zu erfolgen hat.

4.4 § 4 Abs. 1 oder § 4 Abs. 2 Z 1 GrEStG 1987 – gemischte Schenkung

Fragestellung:

Ist bei Rechtsvorgängen, die sich auf Grundstücke beziehen, die zu zwei (oder mehreren) wirtschaftlichen Einheiten iSd § 2 BewG 1955 gehören, die Gegenleistung aliquot auf diese wirtschaftlichen Einheiten aufzuteilen und für die Ermittlung der Bemessungsgrundlage gemäß § 4 Abs. 1 bzw Abs. 2 GrEStG 1987 die anteilige Gegenleistung dem jeweiligen Wert des Grundstückes gegenüber zu stellen?

Lösung:

Ein Erwerbsvorgang ist anzunehmen, wenn eine wirtschaftliche Einheit oder ein Teil einer wirtschaftlichen Einheit übertragen wird. Werden in einem einheitlichen Rechtsgeschäft mehrere wirtschaftliche Einheiten übertragen, liegen so viele Erwerbsvorgänge vor wie wirtschaftliche Einheiten übertragen werden. Bei Personenmehrheit ergibt sich die Anzahl der Erwerbsvorgänge aus: Anzahl der Verkäufer x Anzahl der Erwerber x Anzahl der wirtschaftlichen Einheiten.

Das bedeutet, dass für jede wirtschaftliche Einheit die anteilige Gegenleistung dem dreifachen Einheitswert gegenüber zu stellen und auf diese Weise zu ermitteln ist, ob als Bemessungsgrundlage die Gegenleistung gemäß § 4 Abs. 1 GrEStG 1987 oder der Wert des Grundstückes gemäß § 4 Abs. 2 Z 1 GrEStG 1987 anzusetzen ist.

Der übersteigende Wohnungswert wird zwar unter demselben Einheitswert-Aktenzeichen festgestellt, dort aber gesondert als Grundvermögen ausgewiesen und ist als eigene wirtschaftliche Einheit zu betrachten.

4.5 § 5 Abs. 1 GrEStG 1987, § 14 Abs. 3 BewG 1955 – Grunderwerbsteuerbemessungsgrundlage bei vereinbartem Übergabspreis

Sachverhalt:

In einem Übergabsvertrag wird als Entgelt für die Übergabe einer Liegenschaft ein bestimmter Übergabspreis vereinbart. Die Gegenleistung wird wie folgt entrichtet:

a) In Anrechnung auf den Übergabspreis wird vom Übergeber die Übernahme eines niedrig verzinsten Landesdarlehens ausbedungen.

b) Zusätzlich zum Übergabspreis hat der Übernehmer ein niedrig verzinstes Landesdarlehen zu übernehmen.

Der Vertragstext lautet: „... *der Übernehmer verpflichtet sich das auf der vertragsgegenständlichen Liegenschaft einverleibte Darlehen des Landes xy laut Schuldschein vom tt.mm.jjjj in seine weitere Rückzahlungspflicht unter Schad- und Klagloshaltung des Übergebers zu übernehmen. ... Der Übernehmer erklärt, in das dem vorgenannten Pfandrecht zugrunde liegende Schuldverhältnis gemäß § 1408 ABGB anstelle des Übergebers einzutreten.*"

Weiters wird vom Übernehmer eine Bestätigung des Landes xy vorgelegt, mit der das Land der Eigentumsübertragung zustimmt und den Übergeber aus der persönlichen Haftung entlässt.

Fragestellung:

Ist das übernommene Darlehen bei der Bemessung der Grunderwerbsteuer mit dem Nominalwert oder mit dem gemäß § 14 BewG 1955 abgezinsten Betrag anzusetzen?

Lösung:

a) Die Darlehensschuld ist in Anrechnung auf den Übergabspreis zu übernehmen. Eine Abzinsung ist iSd des VwGH nicht vorzunehmen, Bemessungsgrundlage ist der nominale Übergabs-(Kauf-)preis (vgl. VwGH 28.06.2007, 2007/16/0028).

b) Das Darlehen ist zusätzlich zum Übergabspreis zu übernehmen und ist als sonstige Leistung selbstständig zu bewerten und daher abzuzinsen. Ob der Übergeber vom Darlehensgeber aus der Schuld entlassen wird, hat keinen Einfluss. Im Verhältnis zum Übergeber hat sich der Übernehmer verpflichtet, zusätzlich zum Übergabspreis das Darlehen zu übernehmen und ersteren schad- und klaglos zu halten.

4.6 § 7 GrEStG 1987 iVm § 4 Abs. 2 Z 4 GrEStG 1987 idF SchenkMG 2008 im Hinblick auf den Pflichtteilsberechtigten – Steuersatz bei Abgeltung des Pflichtteils mit einem Grundstück

Sachverhalt:

Im Nachlass nach einem nach dem 31. Juli 2008 Verstorbenen befinden sich 2 Grundstücke A und B. Der Pflichtteilsberechtigte vereinbart mit dem Erben (seinem Bruder) den Pflichtteilsanspruch durch Hingabe des Grundstückes B an Erfüllungs Statt abzugelten.

a) Der Verkehrswert des Grundstückes B entspricht dem Wert des Pflichtteils, sodass der Pflichtteilsberechtigte keine weitere Gegenleistung zu erbringen hat.

b) Der Pflichtteilsanspruch beträgt 75.000, der gemeine Wert des Grundstückes B beträgt 169.000. Der Pflichtteilsberechtigte hat eine Aufzahlung von

GrEStG

94.000 zu leisten. Der Wert des ganzen Grundstückes B (gemäß § 6 GrEStG 1987, 3-facher Einheitswert) beträgt 60.000.

Fragestellung:

1) Welcher Steuersatz kommt für den Erwerb durch den Pflichtteilsberechtigten zur Anwendung?

2) Ist im Sachverhalt b) der Erwerb in einen Erwerb von Todes wegen (Berechnung der Steuer gemäß § 4 Abs. 2 Z 4 GrEStG 1987) und in einen Erwerb unter Lebenden (Berechnung der Steuer gemäß § 4 Abs. 1 bzw Abs. 2 Z 1 GrEStG 1987) aufzuteilen?

Lösung:

Zu 1)

Bei Vereinbarung der Abgeltung des geltend gemachten Pflichtteilsanspruches mit einem Grundstück vor Beendigung des Abhandlungsverfahrens schlägt der erbrechtliche Titel durch und liegt beim Pflichtteilsberechtigten ein Erwerb gemäß § 1 Abs. 1 Z 2 GrEStG 1987 vor. Dies gilt auch für die Anwendung des Steuersatzes. Es ist daher der Besteuerung das Verwandtschaftsverhältnis zum Erblasser zu Grunde zu legen.

Zu 2)

Ja, der Erwerb ist aufzuteilen. Wird für die Abgeltung des geltend gemachten Pflichtteils vor Beendigung des Abhandlungsverfahrens die Hingabe eines Grundstückes vereinbart, schlägt der erbrechtliche Titel nur insoweit durch, als der Wert (gemeiner Wert) des Pflichtteiles dem gemeinen Wert des erlangten Grundstückes entspricht. Übernimmt der Pflichtteilsberechtigte weitere Leistungen (zB Aufzahlung, Übernahme von Schulden) liegt insoweit kein erbrechtlicher Erwerb, sondern ein Erwerb aus dem Nachlass vor.

Der Erwerb des Pflichtteilsberechtigten ist wie folgt aufzuteilen:

Gemeiner Wert des Grundstückes: Pflichtteil = 100 : x

x = prozentueller Anteil des auf erbrechtlichem Titel beruhenden Erwerbes

Für die Besteuerung sowohl des Erwerbes auf Grund des erbrechtlichen Titels als auch des Erwerbes aus dem Nachlass ist das Verwandtschaftsverhältnis zum Erblasser maßgebend. Die Art der Berechnung erfolgt einerseits nach § 4 Abs. 2 Z 4 GrEStG 1987 und andererseits nach § 4 Abs. 1 bzw. Abs. 2 Z 1 GrEStG 1987.

Beispiel 1:

Der geltend gemachte Pflichtteilsanspruch beträgt 75.000, zusätzlich leistet der Pflichtteilsberechtigte eine Aufzahlung iHv 94.000.

X = 75.000*100/169.000 = 44,38%

Der Erwerb der Liegenschaft ist zu 44,38% erbrechtlicher Natur und im Übrigen als Erwerb aus dem Nachlass zu beurteilen.

Erwerb auf Grund des erbrechtlichen Titels:

§ 4 Abs. 2 Z 4 GrEStG 1987: 44,38% vom 3-fachen Einheitswert iHv 60.000 = 26.627,22

Erwerb aus dem Nachlass:

§ 4 Abs. 1 GrEStG 1987: Betrag der Aufzahlung iHv 94.000 (größer als der anteilige 3-fache Einheitswert)

Beispiel 2:

Der gemeine Wert des erlangten Grundstücks beträgt 169.000.

Der Wert des ganzen Grundstückes beträgt 60.000 (gemäß § 6 GrEStG 1987, 3-facher Einheitswert).

Der Pflichtteilsanspruch beträgt 75.000, zusätzlich übernimmt der Pflichtteilsberechtigte eine Belastung iHv 50.000.

X = 75.000*100/169.000 = 44,38%

Der Erwerb der Liegenschaft ist zu 44,38% erbrechtlicher Natur und im Übrigen als Erwerb aus dem Nachlass zu beurteilen.

Erwerb auf Grund des erbrechtlichen Titels:

§ 4 Abs. 2 Z 4 GrEStG 1987: 44,38% vom 3-fachen Einheitswert iHv 60.000 = 26.627,22

Erwerb aus dem Nachlass (hinsichtlich 55,62% des Grundstücks)

§ 4 Abs. 1 GrEStG 1987: Betrag der Gegenleistung iHv 50.000 (größer als der anteilige 3-fache Einheitswert iHv 33.372,78 [= 55,62% von 60.000])

4.7 § 17 GrEStG 1987 – Abgeltung der Werterhöhung bei Rückerwerb – Grunderwerbsteuerpflicht?

Sachverhalt:

Eine Gemeinde verkauft an eine Firma eine Liegenschaft um den Kaufpreis iHv 20.000. Nach zwei Jahren geht die Firma in Konkurs und die Gemeinde erwirbt aus der Konkursmasse diese Liegenschaft um einen Kaufpreis von 30.000. Da es sich um einen Rückerwerb handelt, wird die Rückerstattung der Grunderwerbsteuer und die Steuerfreiheit des zweiten Rechtsgeschäftes beantragt.

Varianten:

1. Der Mehrpreis resultiert nicht aus baulichen Maßnahmen, sondern aus einer allgemeinen Wertsteigerung der Liegenschaften im Gemeindegebiet.
2. Der Mehrpreis resultiert aus einer zwischenzeitlichen Baureifmachung der Liegenschaft und erfolgter Umwidmung (ohne Bautätigkeit).
3. Der Mehrpreis entsteht, weil beim Ersterwerb von der Gemeinde ein niedrigerer Kaufpreis als marktüblich verlangt wurde (Subvention zur Betriebsansiedlung) und beim Rückerwerb der marktübliche Preis bezahlt wird.

Fragestellung:

Ist die Grunderwerbsteuer für den seinerzeitigen Erwerb zur Gänze zu erstatten und der Rückerwerb zur Gänze steuerfrei zu belassen?

Sind die Varianten 1) bis 3) unterschiedlich zu behandeln?

Lösung:

Die bereits entrichtete Grunderwerbsteuer für den ursprünglichen Erwerbsvorgang wird gemäß § 17 GrEStG 1987 rückerstattet.

Die Werterhöhung aus allgemeiner Wertsteigerung führt nicht zu einer Versteuerung des Mehrwertes beim Rückerwerb. Darunter wird auch die bloße Umwidmung fallen, durch die eine Wertsteigerung bewirkt wird. Nur Werterhöhungen, die durch Aufwendungen des Erwerbers verursacht wurden, sind beim Rückerwerb nicht befreit (zB Aufschließung, Kanal-, Wasseranschluss, Errichtung eines Gebäudes). Das bedeutet, dass der durch den seinerzeitigen Erwerber geschaffene Mehrwert beim Rückerwerb insoweit steuerpflichtig ist.

Beispiel:

Der Erwerber tätigt für die Umwidmung Aufwendungen (Aufschließung, Kanalanschluss) oder errichtet ein Gebäude.

Variante 1:

Die Steuer für den Ersterwerb wird zur Gänze erstattet, der Rückerwerb ist zur Gänze befreit.

Variante 2:

Die Steuer für den Ersterwerb wird erstattet. Der Rückerwerb ist insoweit befreit, als die Wertsteigerung durch die Umwidmung nicht durch Aufwendungen des Ersterwerbers bewirkt wurde.

Variante 3:

Wie Variante 1, weil der höhere Kaufpreis nicht auf einer Wertsteigerung beruht, die durch Aufwendungen des Erwerbers bewirkt wurde.

4.8 § 18 Abs. 1 GrEStG 1987, § 110 Abs. 1 Z 2 lit. b ASVG – Anwendbarkeit der Befreiung nach § 110 ASVG

Sachverhalt:

Eine Gebietskrankenkasse erwirbt eine Liegenschaft. Nach Fertigstellung des Gebäudes ist die gesamte Verwaltung der Gebietkrankenkasse in diesem untergebracht.

Gemäß § 18 Abs. 1 GrEStG 1987 sind andere Rechtsvorschriften, die eine Grunderwerbsteuerbefreiung vorsehen, für Erwerbsvorgänge, die nach dem 30.6.1987 verwirklicht werden, nicht mehr anzuwenden. In den erläuternden Bemerkungen zur Regierungsvorlage zum GrEStG 1987 wird ausdrücklich erwähnt, dass Grundstückserwerbe nach § 110 ASVG nicht mehr von der Steuerpflicht ausgenommen sind. § 110 ASVG wurde seit 1987 mehrfach novelliert, wobei die Bestimmung des Abs. 1 Z 2 lit. b unverändert blieb.

Fragestellung:

Ist die Befreiungsbestimmung des § 110 Abs. 1 Z 2 lit. b ASVG anzuwenden?

Lösung:

Nach Erlassung des Grunderwerbsteuergesetzes 1987 wurde mit Bundesgesetz, BGBl. I Nr. 131/2001, § 110 Abs. 1 ASVG novelliert und damit die durch § 18 Abs. 1 GrEStG 1987 aufgehobene Grunderwerbsteuerbefreiung mit 1. Jänner 2002 wieder eingeführt.

5. NeuFöG

5.1 § 5a Abs. 2 Z 1 und 2 NeuFöG, § 4 NeuFöG – Frist zur Beratung und Erklärung bei todeswegigen Erwerben

Sachverhalt:

Bei Todestag des Erblassers nach dem 31.7.2008 unterliegt ein Grundstückserwerb der Grunderwerbsteuer. Der Freibetrag gemäß § 5a Abs. 2 Z 2 NeuFöG ist damit auch für Betriebsübertragungen von Todes wegen zum Tragen gekommen.

Fragestellung:

Bis zu welchem Stichtag muss das vollständig ausgefüllte Formular NeuFö3 dem Finanzamt oder dem zur Selbstberechnung befugten Parteienvertreter vorgelegt werden?

Auf welchen Stichtag beziehen sich die persönlichen Voraussetzungen des § 5a Abs. 1 Z 2 NeuFöG?

Lösung:

Beim Erwerbsvorgang durch Erbanfall oder Vermächtnis wird der Tatbestand nach § 1 Abs. 1 Z 2 GrEStG 1987 mit der Rechtskraft des Beschlusses über die Einantwortung bzw. mit der Bestätigung des Verlassenschaftsgerichts gemäß § 182 Abs. 3 AußStrG verwirklicht.

Der Beginn der Anzeigefrist für den Erwerbsvorgang (§ 10 Abs. 1 GrEStG 1987) bzw. die Frist für eine Selbstberechnung (§ 11 Abs. 1 GrEStG 1987) richten sich nach dem Entstehen der Steuerschuld gemäß § 8 GrEStG 1987. Nicht entscheidend für den Beginn des Fristenlaufes ist der Todestag, das Datum der Erbantrittserklärung, des Erbteilungsübereinkommens oder der Annahme des Vermächtnisses.

Das von der beratenden Stelle bestätigte und vom Betriebsübernehmer unterschriebene Formular NeuFö3 muss im Fall der rechtzeitigen Grunderwerbsteueranzeige (§ 10 GrEStG 1987) spätestens mit der Anzeige (Inanspruchnahme der Behörde, siehe NeuFöR Rz 95 ff) dem Finanzamt vorgelegt werden. Bei rechtzeitiger elektronischer Anzeige des Erwerbsvorganges und Einstellen der Urkunde in „Cyberdoc" kann auch das Formular NeuFö3 mittels Cyberdoc dem FA zur Verfügung gestellt werden (siehe NeuFöR Rz 97).

Bei Selbstberechnung muss das vollständige Formular NeuFö3 dem befugten Parteienvertreter im Zeitpunkt der Selbstberechnung vorliegen (siehe NeuFöR Rz 96).

Bei Vereinbarung der Abgeltung des geltend gemachten Pflichtteilsanspruches vor Beendigung des Abhandlungsverfahrens schlägt der erbrechtliche Titel durch und liegt beim Pflichtteilsberechtigten ein Erwerb gemäß § 1 Abs. 1 Z 2 GrEStG 1987 vor.

Der Erwerbsvorgang gilt mit Rechtskraft des Beschlusses über die Einantwortung als bewirkt.

Auf das Datum der Abgeltungsvereinbarung kommt es nicht an.

Der Stichtag für die Erfüllung der persönlichen Anwendungsvoraussetzungen bezieht sich auf die Rechtskraft des Einantwortungsbeschlusses bzw. der Amtsbestätigung, wobei die Fortführung des Betriebes während des offenen Abhandlungsverfahrens nicht schädlich ist.

5.2 § 5a Abs. 2 Z 3 NeuFöG, § 5a Abs. 1 Z 2 NeuFöG – keine Nachversteuerung bei Betriebsübertragung von Todes wegen

Fragestellung:

1) Wird bei einem Grundstückserwerb von Todes wegen eine vom vorangegangenen Betriebsinhaber in Anspruch genommene Befreiung gemäß §§ 5, 5a NeuFöG verwirkt? Wenn ja, wer ist zur Erstattung der Meldung verpflichtet?

2) Auf welchen Zeitpunkt ist bei der Fristenberechnung abzustellen?

Lösung:

Eine Nachversteuerung iSd §§ 5, 5a NeuFöG findet nicht statt, wenn ein Betriebsinhaber, der einen Betrieb begünstigt übernommen oder neu gegründet hat, verstirbt. Es besteht auch keine Meldepflicht.

Bei Erwerben von Todes wegen beginnen die Fristen (§ 5a Abs. 1 Z 2, Abs. 2 Z 3 NeuFöG) für eine Nachversteuerung mit dem Zeitpunkt des Erwerbes (rechtskräftige Einantwortung bzw. Beschluss gemäß § 182 Abs. 3 AußStrG) zu laufen.

7/6.

Bundessteuertagung Gebühren und Verkehrsteuern – Ergebnisse 2009

(Erlass des BMF vom 4. August 2010, BMF-010206/0169-VI/5/2010)

1 Erbschaftssteuer

(nicht abgedruckt)

2 Grunderwerbsteuer

2.1 §§ 1, 4, 5 und 8 Abs. 3 GrEStG 1987, §§ 10 und 16 BewG 1955 – Schenkung auf den Todesfall, Bewertungsstichtag

Sachverhalt:

In einem Schenkungsvertrag auf den Todesfall über ein Grundstück (dreifacher Einheitswert 60.000, Verkehrswert 150.000) im Jahr 2009 verpflichtet sich der Geschenknehmer zu wiederkehrenden Leistungen (zB Leibrente, Pflegeleistungen), die vom Ableben einer Person abhängen. Bei Vorableben des Übernehmers gehen dessen Rechte und Pflichten auf seine Rechtsnachfolger über. Der zum Zeitpunkt des Vertragsabschlusses nach § 16 BewG 1955 ermittelte Wert der Gegenleistung beträgt 50.000 (geringer als der dreifache Einheitswert).

Fragestellung:

Von welcher Bemessungsgrundlage ist die Grunderwerbsteuer zu berechnen, wenn der Geschenkgeber im Jahr 2020 verstirbt und die bis dahin erbrachten Leistungen tatsächlich 70.000 betragen?

Auf welchen Stichtag (Vertragsabschluss oder Entstehen der Steuerschuld) ist bei der Bewertung der Gegenleistung und des Grundstücks abzustellen?

Lösung:

Ob eine Schenkung auf den Todesfall iSd § 8 Abs. 3 GrEStG 1987 vorliegt, ist zunächst im Zeitpunkt der Vereinbarung zu prüfen. Ergibt sich zu diesem Zeitpunkt, dass die Gegenleistung geringer ist als der Wert des Grundstücks (§ 6 GrEStG 1987), liegt ein Anwendungsfall des § 8 Abs. 3 GrEStG 1987 vor (die Steuerschuld entsteht mit dem Tod des Übergebers).

Nach dem Tod des Übergebers erfolgt die Vorschreibung der Grunderwerbsteuer vom Wert des Grundstücks im Zeitpunkt des Ablebens. Auf die tatsächlich erbrachte Gegenleistung kommt es nicht mehr an.

Hinweis:

Ergibt sich im Zeitpunkt der Vereinbarung, dass der (kapitalisierte) Wert der Gegenleistung höher ist als der Wert des Grundstücks, entsteht die Steuerschuld grundsätzlich im Zeitpunkt der Vereinbarung, außer die Vereinbarung wurde unter einer aufschiebenden Bedingung geschlossen. Bei Vereinbarung unter einer aufschiebenden Bedingung entsteht die Steuerschuld mit Eintritt der Bedingung. Bemessungsgrundlage ist in diesem Fall die tatsächlich erbrachte Gegen-

leistung, mindestens der Wert des Grundstücks im Zeitpunkt des Bedingungseintrittes.

2.2 §§ 1, 4 und 8 GrEStG 1987, § 956 ABGB – Übergabe auf den Todesfall mit verschiedenen Überlebensklauseln

Sachverhalt:

Ein Übergabsvertrag auf den Todesfall betreffend ein Grundstück (dreifacher Einheitswert 60.000, Verkehrswert 150.000) wird im Herbst des Jahres 2008 abgeschlossen. Die vereinbarte Gegenleistung beträgt 70.000. Übergeber und Übernehmer bewohnen das Haus gemeinsam. Der Notariatsakt enthält den Widerrufsverzicht des Übergebers gemäß § 956 zweiter Satz ABGB.

Bedingung für die Rechtswirksamkeit der Übergabe auf den Todesfall ist:

Variante 1: Bei Vorableben des Übernehmers gehen dessen Rechte und Pflichten nicht auf seine Rechtsnachfolger über. Der Übergeber kann dann wieder frei über die Liegenschaft verfügen.

Variante 2: Bei Vorableben des Übernehmers gehen dessen Rechte und Pflichten auf seine Erben und sonstigen Rechtsnachfolger über, aber nur dann, wenn es sich um leibliche Nachkommen des Übernehmers handelt.

Fragestellung:

Wann entsteht die Grunderwerbsteuerschuld?

Art der Berechnung der Grunderwerbsteuer, wenn die Steuerschuld erst mit dem Tod des Übergebers entsteht?

Lösungsvorschlag:

Variante 1 und 2:

Der Erwerb wurde unter einer auflösenden Bedingung vereinbart, welche dem Eintritt der Steuerschuld nicht entgegensteht. Da die Gegenleistung höher ist als der Wert des Grundstücks (§ 6 GrEStG 1987), entsteht die Steuerschuld gemäß § 8 Abs. 1 GrEStG 1987 mit Abschluss der Vereinbarung. Die Bemessung erfolgt nach § 4 Abs. 1 GrEStG 1987 vom Wert der Gegenleistung. Bei Eintritt der Bedingung (Vorableben des Übernehmers vor dem Übergeber) kann die Steuer gemäß § 5 Abs. 1 BewG 1955 auf Antrag berichtigt werden.

Nachdem es sich um eine auflösende Bedingung handelt und die Steuerschuld mit Abschluss der Vereinbarung entsteht, erübrigt sich die Frage nach der Art der Berechnung.

2.3 § 1 GrEStG 1987 – Neufestsetzung der Nutzwerte

Sachverhalt:

Ein Miteigentümer A einer Wohnungseigentümergemeinschaft nimmt auf dem Grundstück bauliche Veränderungen vor (zB Zubau einer Garage, Dachgeschoßausbau). Im Nachtrag zum Wohnungseigentumsvertrag (errichtet nach dem 01.08.2008) wird der Neufestsetzung der Nutzwerte zugestimmt und die Aufsandung erteilt. Es wird gemäß § 10 Abs. 4 WEG 2002 Unentgeltlichkeit für die Anteilsübertragungen vereinbart.

Fragestellung:

1. Unterliegt der Nachtrag der Grunderwerbsteuer?
2. Was ist die Bemessungsgrundlage?

Lösungsvorschlag:

Zu 1.: Ja.

Zu 2.: Durch die Bauführung des Miteigentümers A erfährt das Gesamtobjekt eine Wertsteigerung, die auch dem Miteigentümer B zu Gute kommt. A hat daher eine Forderung gegenüber B.

Laut VwGH 26.06.2003, 2003/16/0074, liegt ein tauschähnliches Rechtsgeschäft vor, bei welchem B *als Gegenleistung* dafür, dass die Liegenschaft eine entsprechende Wertsteigerung erfährt, dem A – der diese Wertsteigerung herbeigeführt hat – *in einem tauschähnlichen Vorgang* die äquivalenten Miteigentumsanteile überträgt. Es wird somit die anteilige Wertsteigerung gegen die zusätzlichen Nutzanteile vertauscht. Bemessungsgrundlage beim Tausch ist der Verkehrswert der hingegebenen Sache (hier die anteilige Wertsteigerung).

Das ist der Wert der anteiligen Investition (zuzüglich allfälliger weiterer Leistungen, wenn nicht Unentgeltlichkeit vereinbart war), mindestens das Dreifache des anteiligen Einheitswertes.

2.4 §§ 1 Abs. 1 Z 1, 5 GrEStG 1987 – Rückübertragung eines Baurechtes samt Bauwerk

Sachverhalt:

Der Eigentümer einer Liegenschaft räumt jemandem auf der Liegenschaft auf 50 Jahre ein Baurecht gegen Zahlung eines jährlichen Bauzinses ein. Der Bauberechtigte verpflichtet sich, im eigenen Namen und auf eigene Rechnung ein Gebäude nach den Vorgaben des Baurechtsgebers zu errichten. In einem gleichzeitig errichteten Mietkaufvertrag mietet der Baurechtsgeber das Bauwerk und vereinbart mit dem Bauberechtigten nach Ablauf eines bestimmten Zeitraumes, das Baurecht mitsamt dem Gebäude gegen Ersatz der Gesamtinvestitionskosten unter Anrechnung der entrichteten Nutzungsentgelte zurück zu erwerben.

Fragestellung:

Wer ist als Bauherr des Gebäudes anzusehen?

Ist Gegenstand des Rückerwerbes auch das vom Bauberechtigten errichtete Gebäude?

Was ist die Gegenleistung beim Rückerwerb?

Lösung:

Als Bauherr ist anzusehen, wer

a) auf die bauliche Gestaltung des Hauses Einfluss nehmen kann,

b) das Baurisiko zu tragen hat,

c) das finanzielle Risiko tragen muss.

Im gegenständlichen Fall hat zwar der Baurechtsgeber Einfluss auf die Gestaltung des Gebäudes, jedoch erfolgt die Bauführung im

GrEStG

Namen und auf Rechnung des Bauberechtigten. Somit trägt der Bauberechtigte das Baurisiko und das finanzielle Risiko, weshalb dieser nach dem Gesamtbild der Verhältnisse als Bauherr anzusehen ist.

Baurechts- und Mietkaufvertrag bilden eine Einheit. Gegenstand des Rückerwerbes ist daher das Baurecht mitsamt dem Gebäude. Als Gegenleistung wurden die Gesamtinvestitionskosten unter Anrechnung des geleisteten Nutzungsentgeltes vereinbart. Bemessungsgrundlage für die Berechnung der Grunderwerbsteuer sind somit die Gesamtinvestitionskosten.

Hinsichtlich der Wertsteigerung des Baurechtes durch die Errichtung des Gebäudes kommt die Anwendung des § 17 GrEStG 1987 jedenfalls nicht in Betracht (vgl. Bundessteuertagung Gebühren und Verkehrsteuern – Ergebnisse 2007, Punkt 4.1 des Erlasses des BMF vom 14. Mai 2009, BMF-010206/0167-VI/5/2009).

2.5 §§ 1, 7 GrEStG 1987 – Nacherbfolge

Sachverhalt:

Der Erblasser hat eine Substitution angeordnet. Die Nacherbfolge tritt nach dem 31.07.2008 ein.

Fragestellung:

Das Grunderwerbsteuergesetz enthält keine dem § 5 Abs. 2 ErbStG 1955 entsprechende Bestimmung. Wie ist daher dieser Erwerb zu versteuern?

Lösung:

Es liegen zwei gesondert zu beurteilende Rechtsvorgänge vor (vgl. Rummel, ABGB, § 608 Tz 2):

- **Der Vorerbe erwirbt zeitlich befristetes Eigentum (auflösend bedingter Erwerb) vom Erblasser.**
- **Der Erwerb des Nacherben ist aufschiebend bedingt durch den Eintritt des Nacherbfalles (Substitution). Er erwirbt ebenfalls vom Erblasser (und nicht vom Vorerben).**

2.6 § 4 Abs. 2 Z 2 GrEStG 1987 – landwirtschaftliche Betriebsübergabe

Sachverhalt:

Ein landwirtschaftlicher Betrieb wird vom Vater an den Sohn übergeben. Der Betrieb wird vom Übergeber selbst noch weitere sechs Monate nach der Übergabe weitergeführt.

Fragestellung:

Steht die steuerliche Begünstigung nach § 4 Abs. 2 Z 2 GrEStG 1987 auch dann zu, wenn der Übergeber den Betrieb nach der Übergabe weiterführt?

Lösung:

Ja.

2.7 § 5 GrEStG 1987 – Bemessungsgrundlage bei freiwilliger Feilbietung

Sachverhalt:

Durch das Feilbietungsrechtsänderungsgesetz (FRÄG), BGBl. I Nr. 68/2008, ist die freiwillige Feilbietung von Grundstücken möglich (§ 87a ff Notariatsordnung). Der Eigentümer und die Bieter haben vor der Versteigerung die Feilbietungsbedingungen zu unterfertigen. In den Feilbietungsbedingungen ist die Verteilung und Verwendung des Meistbots unter Berücksichtigung allfälliger Lasten sowie deren Übernahme oder Lastenfreistellung anzugeben. Die Kosten der freiwilligen Feilbietung trägt der Eigentümer. Eine Bestimmung in den Feilbietungsbedingungen über deren Ersatz durch den Meistbieter ist zulässig.

Fragestellung:

Was ist die Bemessungsgrundlage für die Grunderwerbsteuer beim Erwerb durch Zuschlag in einer freiwilligen Feilbietung?

Lösung:

Gemäß § 4 Abs. 1 GrEStG 1987 wird die Grunderwerbsteuer grundsätzlich von der Gegenleistung berechnet. § 5 GrEStG 1987 enthält keine Definition des Begriffes der Gegenleistung, sondern lediglich eine demonstrative Aufzählung, was als Gegenleistung anzusehen ist.

Gegenleistung im Sinn des § 5 GrEStG 1987 ist alles, was der Erwerber für den Erwerb des Grundstücks aufwenden muss. Das ist nach ständiger Judikatur (vgl. zB VwGH vom 10.04.2008, 2007/16/0223; 28.02.2007, 2005/16/0193; 18.12.1995, 95/16/0286 uva.) und Lehre jede Leistung, die in einem unmittelbaren, tatsächlichen und wirtschaftlichen Zusammenhang mit dem Erwerb des Grundstücks steht.

Bei der freiwilligen Feilbietung ist Gegenleistung daher das Meistbot zuzüglich nach den Feilbietungsbedingungen (§ 87a Abs. 2 NO) allfällig zu übernehmende Belastungen.

2.8 §§ 8, 11 und 12 GrEStG 1987 – Selbstberechnung bei Schenkung/Übergabe auf den Todesfall

Sachverhalt:

Mit Notariatsakt nach dem 31.07.2008 wird ein Grundstück durch Schenkung/Übergabe auf den Todesfall übertragen. Der Wert der vereinbarten Gegenleistungen ist:

Variante 1: größer als der oder gleich dem Wert (dreifacher Einheitswert) des Grundstücks. Die Steuerschuld entsteht gemäß § 8 Abs. 1 GrEStG 1987 mit Vertragsabschluss.

Variante 2: geringer als der Wert (dreifacher Einheitswert) des Grundstücks. Die Steuerschuld entsteht gemäß § 8 Abs. 3 GrEStG 1987 erst mit Ableben des Übergebers.

Fragestellung:

Darf die Grunderwerbsteuer selbst berechnet und eine Selbstberechnungserklärung ausgestellt werden?

Lösung:

Variante 1:

Ja, wenn die Selbstberechnung innerhalb der durch § 8 Abs. 1 GrEStG 1987 in Gang gesetzten Fristen durchgeführt wird, ausgenom-

men die Grunderwerbsteuer ist gemäß § 200 BAO vorläufig festzusetzen. Eine „vorläufige" Selbstberechnung ist nicht vorgesehen und darf daher nicht vorgenommen werden (vgl. Punkt 2.3.2 letzter Satz der Richtlinien zu den Verkehrsteuern betreffend die Selbstberechnung und die Übermittlung der Abgabenerklärung durch Parteienvertreter, Erlass des BMF vom 8. Februar 2010, BMF-010206/0026-VI/5/2010).

Variante 2:

Ja, wenn die Selbstberechnung innerhalb der durch § 8 Abs. 3 GrEStG 1987 in Gang gesetzten Fristen durchgeführt wird.

2.9 §§ 11, 12, 13 und 18 Abs. 2f GrEStG 1987 – Selbstberechnung der Grunderwerbsteuer für den unentgeltlichen Teil einer gemischten Schenkung auf den Todesfall

Sachverhalt:

Der Geschenkgeber aus einem mit Notariatsakt vor dem 01.08.2008 abgeschlossenen teils entgeltlichen und teils unentgeltlichen Schenkungsvertrag auf den Todesfall ist nach dem 31.07.2008 verstorben. Für den unentgeltlichen Teil des Erwerbes entsteht im Zeitpunkt des Todes des Geschenkgebers die Grunderwerbsteuerschuld.

Fragestellung:

1. Darf die Grunderwerbsteuer für den unentgeltlichen Teil des Erwerbes selbst berechnet werden?
2. Ist die Grunderwerbsteuerselbstberechnung im FinanzOnline einschließlich Berichtigung der Eintragungsgebühr nach dem Gerichtsgebührengesetz auch technisch möglich?

Lösung:

Zu 1: Ja, es besteht kein Verbot der Selbstberechnung.

Zu 2: Ja, der Wert der Selbstberechnungserklärung muss auf das Dreifache des Einheitswertes im Zeitpunkt des Todes des Geschenkgebers berichtigt werden.

2.10 § 17 GrEStG 1987 – Erstattung bzw. Nichtfestsetzung der Grunderwerbsteuer

Sachverhalt:

Vor dem 01.08.2008 wurde ein Vertrag über die Übertragung einer Liegenschaft errichtet. Die Gegenleistung war geringer als der Wert des Grundstücks, daher wurde für den entgeltlichen Teil die Grunderwerbsteuer und für den unentgeltlichen Teil die Schenkungssteuer festgesetzt.

Nach dem 01.08.2008 wurde der Vertrag aufgehoben (Dissolutionsvertrag) und für die Verträge der Antrag auf Erstattung bzw. Nichtfestsetzung der Grunderwerbsteuer gemäß § 17 GrEStG 1987 gestellt.

Fragestellung:

Inwieweit ist den Anträgen Folge zu leisten?

Lösung:

Für den Übergabsvertrag vor dem 01.08.2008 ist die Grunderwerbsteuer von der grunderwerbsteuerpflichtigen Gegenleistung (entgeltlicher Teil) gemäß § 17 GrEStG 1987 zu erstatten. Eine Erstattung der Schenkungssteuer kommt nicht in Betracht, weil § 33 ErbStG 1955 – selbst wenn die Voraussetzungen vorliegen würden – auf Vorgänge, die sich nach dem 26.06.2008 ereignen, nicht mehr anzuwenden ist (§ 34 Abs. 1 Z 13 ErbStG 1955).

Die Rückübertragung nach dem 01.08.2008 (Bemessungsgrundlage ist gemäß § 4 Abs. 2 Z 1 GrEStG 1987 das Dreifache des Einheitswertes) ist, auch wenn der ursprüngliche Erwerbsvorgang nur teilweise grunderwerbsteuerpflichtig war, zur Gänze steuerbefreit, wenn die Voraussetzungen des § 17 GrEStG 1987 erfüllt sind, weil der Rückerwerb nach dem 31.07.2008 zur Gänze nur mehr der Grunderwerbsteuer unterliegt.

3 Gebühren

(abgedruckt unter 5/2/4.)

4 Gesellschaftsteuer und Umgründung

(nicht abgedruckt)

5 NeuFöG

(abgedruckt unter 3/1/1.)

7/7.

Richtlinien zu den Verkehrsteuern betreffend die Selbstberechnung und die Übermittlung der Abgabenerklärung durch Parteienvertreter gemäß §§ 10 ff GrEStG 1987 in der ab 1.1.2013 geltenden Fassung und gemäß §§ 10, 10a KVG

(Erlass des BMF vom 21. Dezember 2012, BMF-010206/0222-VI/5/2012)

Die geltende Rechtslage ermöglicht bestimmten Parteienvertretern die

- *Selbstberechnung der Grunderwerbsteuer und der Gesellschaftsteuer sowie die*
- *elektronische Übermittlung von Abgabenerklärungen betreffend Vorgänge, die der Gesellschaftsteuer unterliegen.*

Hinsichtlich der Grunderwerbsteuer besteht grundsätzlich die Verpflichtung, dass die Abgabenerklärung durch einen Parteienvertreter vorzulegen und elektronisch zu übermitteln ist.

Diese Richtlinie regelt die Vorgangsweise dabei. Über die gesetzlichen Bestimmungen hinausgehende Rechte und Pflichten können aus den Richtlinien nicht abgeleitet werden.

Der Erlass des BMF vom 8. Februar 2010, BMF-010206/0026-VI/5/2010, tritt mit 1. Jänner 2013 außer Kraft, ist aber für der Grunderwerbsteuer unterliegende Erwerbsvorgänge, die vor dem 1. Jänner 2013 verwirklicht wurden, weiterhin anzuwenden.

1. Allgemeines

1.1 Rechtsgrundlagen

1.1.1 Durch das Bundesgesetz BGBl. Nr. 682/1994 wurde in § 11 Grunderwerbsteuergesetz 1987 (GrEStG 1987) die Befugnis zur Selbstberechnung der Grunderwerbsteuer durch Parteienvertreter ermöglicht.

1.1.2 Mit den Bundesgesetzen BGBl. I Nr. 22/2012 und BGBl. I Nr. 112/2012 wurde für den Fall, dass die Grunderwerbsteuer nicht selbst berechnet wird, festgelegt, dass die Übermittlung der Abgabenerklärungen gemäß § 10 GrEStG 1987 – abgesehen von den unter 4.2 dargestellten Ausnahmen – ausschließlich durch befugte Parteienvertreter auf elektronischem Weg zu erfolgen hat.

1.1.3 Rechtsgrundlage für die Selbstberechnung der Gesellschaftsteuer durch Parteienvertreter sind die Regelungen des durch das Bundesgesetz BGBl. I Nr. 28/1999 eingefügten § 10a Kapitalverkehrsteuergesetz (KVG).

1.1.4 Mit dem Bundesgesetz BGBl. I Nr. 144/2001 wurde, falls keine Selbstberechnung vorgenommen wird, festgelegt, dass die Übermittlung der Abgabenerklärungen § 10 KVG durch befugte Parteienvertreter elektronisch zu erfolgen hat, sofern dies dem befugten Parteienvertreter auf Grund seiner technischen Voraussetzungen zumutbar ist.

1.1.5 Die FinanzOnline-Verordnung 2006 – FOnV 2006, BGBl. II Nr. 97/2006 idgF, regelt die Einreichung von Anbringen, die Akteneinsicht und die Zustellung von Erledigungen in automationsunterstützter Form.

2. Selbstberechnung

2.1 Begriff des Parteienvertreters

Die Selbstberechnung der Grunderwerbsteuer und der Gesellschaftsteuer darf nur durch Parteienvertreter durchgeführt werden; es ist nicht erforderlich, dass der Parteienvertreter an dem der Steuer unterliegenden Vorgang (zB bei der Errichtung der Vertragsurkunde) mitgewirkt hat. Der Parteienvertreter darf jedoch nicht von der Befugnis zur Selbstberechnung ausgeschlossen sein (Aberkennung mit Bescheid gemäß § 11 Abs. 2 GrEStG 1987, § 10a Abs. 9 KVG). Die Selbstberechnung nimmt der Parteienvertreter als Bevollmächtigter eines Steuerschuldners vor. Eine schriftliche Vollmacht ist hiefür nicht erforderlich.

Befugte Parteienvertreter sind:

2.1.1 Für die Selbstberechnung der Grunderwerbsteuer:

- die in der Liste der Rechtsanwälte (§ 1 Abs. 1 Rechtsanwaltsordnung) eingetragenen Rechtsanwälte
- die in der Liste der Rechtsanwalts-Gesellschaften (§ 1a Abs. 1 Rechtsanwaltsordnung) eingetragenen Rechtsanwaltschaften
- die im Verzeichnis der Notare eingetragenen Notare (§ 134 Abs. 1 Z 1 Notariatsordnung iVm § 2 der Verordnung des Bundesministeriums für Justiz vom 15. Februar 1928 über die Einrichtung und Führung der Verzeichnisse der Notare und Notariatskandidaten, BGBl. Nr. 47/1928) oder die für diese bestellten Substitute (§ 119 Notariatsordnung)
- die durch die Notariatskammer genehmigten Notar-Partnerschaften (§ 22 Abs. 2 Notariatsordnung)

2.1.2 Für die Selbstberechnung der Gesellschaftsteuer:

- die in 2.1.1 angeführten Befugten
- die in der Liste der Wirtschaftstreuhänder (§ 61 Abs. 4 WTBG) eingetragenen Berufsberechtigten mit Ausnahme der Selbständigen Buchhalter (§ 2 WTBG).

2.2 Teilnahme am Verfahren und Zuständigkeit

2.2.1 Anmeldung zum Selbstberechnungsverfahren

Der befugte Parteienvertreter, der am Selbstberechnungsverfahren teilnehmen möchte, muss sich beim Verfahren FinanzOnline anmelden (nähere Informationen siehe unter ‚https://finanzonline.bmf.gv.at/').

2.2.2 Übermittlungssteuernummer

Im Zuge der Anmeldung zu FinanzOnline wird dem befugten Parteienvertreter für die Übermittlung und Verrechnung der selbstberechneten Abgabenarten eine bundesweit einheitliche Übermittlungssteuernummer vergeben.

Auf diese Steuernummer sind die selbstberechnete Grunderwerbsteuer und die selbstberechnete Gesellschaftsteuer abzuführen.

2.3 Gegenstand der Selbstberechnung

2.3.1 Die Selbstberechnung ist in folgenden Fällen zulässig:

- Grunderwerbsteuer für Erwerbsvorgänge nach § 1 GrEStG 1987.
- Gesellschaftsteuer für die im § 2 KVG bezeichneten Rechtsvorgänge auch vor Entstehung des Abgabenanspruches.

Es steht den Steuerschuldnern und dem Parteienvertreter bei jedem einzelnen der Grunderwerbsteuer oder der Gesellschaftsteuer unterliegenden Rechtsvorgang frei, ob sie von der Selbstberechnung Gebrauch machen wollen oder diesen Vorgang beim Finanzamt anzeigen (§ 10 GrEStG 1987, § 10 KVG).

2.3.2 Eine Selbstberechnung ist nicht zulässig bei der Anwendung des § 17 GrEStG 1987 (Nichtfestsetzung oder Abänderung der Steuer).

Darüber hinaus ist eine Selbstberechnung unzulässig, wenn die Bemessungsgrundlage im Zeitpunkt der Selbstberechnung nicht eindeutig feststeht (zB bei Bauherrenmodellen); eine vorläufige Selbstberechnung sehen die Gesetze nämlich nicht vor.

2.4 Zeitliche Beschränkung für die Vornahme der Selbstberechnung

2.4.1 Grunderwerbsteuer

Die Selbstberechnung der Grunderwerbsteuer ist nur innerhalb der Frist des § 10 Abs. 1 GrEStG 1987 für die Vorlage der Abgabenerklärung zulässig. Das ist bis zum 15. Tag des auf den Kalendermonat, in dem die Steuerschuld entstanden ist, zweitfolgenden Monats.

2.4.2 Gesellschaftsteuer

Die Selbstberechnung der Gesellschaftsteuer ist nur innerhalb der Frist des § 10 Abs. 1 KVG für die Vorlage der Abgabenerklärung, das ist bis zum 15. Tag des auf den Kalendermonat, in dem der Rechtsvorgang stattgefunden hat, zweitfolgenden Monats zulässig. Die Selbstberechnung ist auch bereits vor Entstehen der Gesellschaftsteuerschuld zulässig. In diesem Fall ist der Selbstberechnung die voraussichtliche Höhe der Abgabe, das ist der Abgabenbetrag, der sich im Fall des Entstehens der Abgabenschuld ergibt, zugrunde zu legen.

2.5. Erfassung der Daten des Rechtsvorganges

Im FinanzOnline-Verfahren sind vom befugten Parteienvertreter die Daten zum Geschäftsfall zu erfassen. Das sind:

- Allgemeine Daten Auf Grund der allgemeinen Daten wird das zuständige Finanzamt ermittelt, das für die Bearbeitung des Geschäftsfalles zuständig ist. Es wird automationsunterstützt ein Ordnungsbegriff (Finanzamtsnummer mit Erfassungsnummer) vergeben und an den Parteienvertreter zurückgemeldet.
- Anmerkung der Beteiligten Die Daten zu den beteiligten Personen sind grundsätzlich durch Eingabe eines eindeutigen Suchbegriffes (Sozialversicherungsnummer, Firmenbuchnummer, aktuelle Steuernummer) und Rückmeldung aus den Grunddaten der Finanzverwaltung anzumerken. Nur in Ausnahmefällen, wenn ein eindeutiger Suchbegriff nicht bekannt ist, kann die Anmerkung der Beteiligten durch Eingabe von Namen, Geburtsdatum und Adresse erfolgen.
- Daten zu den Bemessungsgrundlagen Die für die Berechnung notwendigen Daten (Steuersatz, Steuerschuldner, Bemessungsgrundlagen) sind entweder zum Geschäftsfall (bei Aliquotierung) oder je Rechtsvorgang zu erfassen. Die für die Ermittlung der Bemessungsgrundlage außerhalb des elektronischen Selbstberechnungsverfahrens erstellten Berechnungsblätter und/oder Ausdrucke von automatisierten Berechnungshilfen sind dem Selbstberechnungsakt beizuschließen und gemeinsam mit der über den Rechtsvorgang ausgefertigten Schrift sieben Jahre aufzubewahren.

2.6 Vermerk über die erfolgte Selbstberechnung auf der Urkunde

Ist über den der Selbstberechnung unterzogenen Vorgang eine Urkunde errichtet worden, so ist auf dieser Urkunde ein Vermerk über den Umstand der Selbstberechnung sowie der im automationsunterstützten Verfahren vergebene Ordnungsbegriff (Erfassungsnummer), unter welchem der Rechtsvorgang erfasst wurde, anzubringen.

Bei Erwerben von Todes wegen ist der Vermerk auf jenen Urkunden bzw. Beschlüssen (zB Einantwortungsurkunde, Bestätigung gemäß § 182 Abs. 3 AußStrG) anzubringen, in welchen der Eigentumsübergang dokumentiert wird.

Beinhaltet eine Urkunde mehrere steuerbare Vorgänge, die im Selbstberechnungsverfahren gesondert erfasst werden müssen (mehrere Erfassungsnummern), dann müssen alle Ordnungsbegriffe auf der Urkunde vermerkt werden.

Gehören zu einem steuerbaren Vorgang, für den eine Erfassungsnummer vergeben wird, mehrere Urkunden, muss der Ordnungsbegriff auf jeder dieser zusammengehörenden Urkunden vermerkt werden.

Der Parteienvertreter hat eine Abschrift (Durchschrift, Gleichschrift) der Urkunde(n) grundsätzlich sieben Jahre aufzubewahren.

2.7 Elektronische Anmeldung der Selbstberechnung, Anmeldungszeitraum (§ 13 GrEStG 1987, § 10a Abs. 2 KVG)

Parteienvertreter haben für Rechtsvorgänge, für die sie eine Selbstberechnung vornehmen, spätestens am 15. Tag (Fälligkeitstag) des auf den Kalendermonat, in dem die Selbstberechnung erfolgt (Anmeldungszeitraum), zweitfolgenden Kalendermonats eine elektronische Anmeldung über die selbstberechneten Rechtsvorgänge beim zuständigen Finanzamt vorzulegen.

Ist über einen selbstberechneten Rechtsvorgang eine Urkunde errichtet worden, die in ein durch Bundesgesetz vorgesehenes Urkundenarchiv aufgenommen wurde, so ist der Abgabenbehörde der Zugriffscode zu dieser Urkunde bekannt zu geben. Die Abgabenbehörden sind berechtigt, auf diese Urkunde lesend zuzugreifen.

Der Parteienvertreter hat eine Abschrift (Durchschrift, Gleichschrift) jeder Anmeldung grundsätzlich sieben Jahre aufzubewahren. § 132 BAO ist anzuwenden.

Keine Anmeldung ist einzureichen, wenn in einem Kalendermonat keine Selbstberechnung vorgenommen wurde.

Im Zuge der elektronischen Anmeldung werden die einzelnen Abgabenbeträge der Anmeldung auf der Übermittlungssteuernummer des Parteienvertreters verbucht. Urkunden über selbstberechnete Geschäftsfälle sind an das Finanzamt nur über Anforderung zu übermitteln.

2.8 Entrichtung der selbstberechneten Abgaben

Die selbstberechneten Abgaben sind spätestens am Fälligkeitstag (15. Tag des auf den Anmeldungszeitraum zweitfolgenden Kalendermonats) zu entrichten. Die Einzahlung der selbstberechneten Abgaben hat auf die Übermittlungssteuernummer (Pkt. 2.2.2) des Parteienvertreters zu erfolgen. Bei der Einzahlung sind der Anmeldungszeitraum (Pkt. 2.7) und der Gesamtbetrag der in diesem Anmeldungszeitraum selbstberechneten Abgaben anzugeben.

Wird die Steuer unrichtig berechnet, so hat das Finanzamt gemäß § 201 BAO einen Bescheid zu erlassen; ergibt sich dabei eine Nachforderung, so hat diese den ursprünglichen Fälligkeitstag.

Der Parteienvertreter haftet nur für die Entrichtung der selbstberechneten Steuer.

2.9 Selbstberechnungserklärung

2.9.1 Grunderwerbsteuer

Das Grundbuchsgesuch mit der Erklärung, dass eine Selbstberechnung stattgefunden hat, kann vor der Anmeldung (Pkt. 2.7) und vor Zahlung der Steuer beim Grundbuchsgericht erfolgen; die Selbstberechnung muss jedoch zuvor tatsächlich erfolgt sein.

Die Erklärung, dass eine Selbstberechnung stattgefunden hat, darf nicht abgegeben werden, wenn für den Rechtsvorgang die Steuer zunächst selbstberechnet wurde, der Vorgang aber in der Folge beim Finanzamt angezeigt wird.

Wurde ein Grundbuchsgesuch eingebracht, darf die Selbstberechnung nicht mehr rückgängig gemacht werden.

Der Parteienvertreter, der gegenüber einem Grundbuchsgericht erklärt, dass er eine Selbstberechnung vorgenommen hat, haftet für die Entrichtung der selbstberechneten Steuer (§ 13 Abs. 4 GrEStG 1987). Der ‚Antrag Grundbuchsgesuch' ersetzt die sonst erforderliche Unbedenklichkeitsbescheinigung gemäß § 160 Abs. 1 BAO.

Das Grundbuchsgesuch, mit der Erklärung, dass eine Selbstberechnung stattgefunden hat, muss auch dann dem Grundbuchsgericht vorgelegt werden, wenn keine Grunderwerbsteuer anfällt.

2.9.2 Gesellschaftsteuer

Die Selbstberechnungserklärung bei der Gesellschaftsteuer wird automationsunterstützt erstellt und in die Databox des FinanzOnline – Teilnehmers übermittelt.

Die Selbstberechnungserklärung kann vor der Anmeldung (Pkt. 2.7) und vor Zahlung der Steuer beim Firmenbuchgericht vorgelegt werden; die Selbstberechnung muss jedoch zuvor tatsächlich erfolgt sein.

Von einer Selbstberechnungserklärung darf nicht Gebrauch gemacht werden, wenn für den Rechtsvorgang die Steuer zunächst selbstberechnet wurde, dieser aber in der Folge beim Finanzamt angezeigt wird.

Wurde die Selbstberechnungserklärung bereits verwendet, darf die Selbstberechnung nicht mehr rückgängig gemacht werden.

Der Parteienvertreter, der gegenüber einem Firmenbuchgericht erklärt, dass er eine Selbstberechnung vorgenommen hat, haftet für die Entrichtung der selbstberechneten Steuer (§ 10a Abs. 8 KVG). Die Selbstberechnungserklärung ersetzt die sonst erforderliche Unbedenklichkeitsbescheinigung gemäß § 160 Abs. 2 BAO.

Die Selbstberechnungserklärung muss auch dann dem Firmenbuchgericht vorgelegt werden, wenn keine Gesellschaftsteuer anfällt.

3. Elektronische Abgabenerklärung bei der Gesellschaftsteuer

3.1 Wird für einen der Gesellschaftsteuer unterliegenden Vorgang von der Möglichkeit der Selbstberechnung nicht Gebrauch gemacht, ist dieser Vorgang beim Finanzamt anzuzeigen. Hat bei dem Vorgang ein Parteienvertreter (Pkt. 2.1) mitgewirkt, hat die Anzeige mittels elektronischer Abgabenerklärung über FinanzOnline zu erfolgen. Zur Teilnahme an FinanzOnline siehe Pkt. 2.2.1.

Ist dies dem Parteienvertreter auf Grund seiner technischen Voraussetzungen nicht zumutbar, so ist die Abgabenerklärung mit dem amtlichen Formular vorzunehmen.

3.2. Die Abgabenerklärung für einen der Gesellschaftsteuer unterliegenden Vorgang ist, wenn keine Selbstberechnung durchgeführt wird, bis zum 15. Tag des auf den Kalendermonat, in dem der Rechtsvorgang stattgefunden hat, zweitfolgenden Monats beim Finanzamt vorzulegen. Dies gilt auch für Rechtsvorgänge, die von der Besteuerung ausgenommen sind.

3.3 Die Erfassung der Daten und die Übermittlung der elektronischen Abgabenerklärung erfolgt wie bei der elektronischen Selbstberechnung im Verfahren FinanzOnline (Pkt. 2.5).

3.4 Ist über den Rechtsvorgang eine Urkunde errichtet worden, so ist auf dieser der im automationsunterstützten Verfahren vergebene Ordnungsbegriff, unter welchem der Rechtsvorgang erfasst wurde, anzubringen. Die Bestimmungen über den Vermerk über die Selbstberechnung auf Urkunden (Pkt. 2.6) gelten sinngemäß.

Ist über den in der elektronischen Abgabenerklärung enthaltenen Rechtsvorgang eine Urkunde errichtet worden, die in ein durch Bundesgesetz vorgesehenes Urkundenarchiv (cyberDOC, Archivium) aufgenommen wurde, so ist der Abgabenbehörde der Zugriffscode zu dieser Urkunde bekannt zu geben. Die Abgabenbehörden sind berechtigt, auf diese Urkunden lesend zuzugreifen.

Wird die Urkunde nicht in ein durch Bundesgesetz vorgesehenes Urkundenarchiv aufgenommen, wird aus verwaltungsökonomischen Gründen und zur Verfahrensbeschleunigung empfohlen, gleichzeitig mit der elektronischen Abgabenerklärung eine Kopie oder Abschrift der Urkunde an das Finanzamt zu übermitteln.

4. Elektronische Abgabenerklärung bei der Grunderwerbsteuer

4.1 Die Abgabenerklärung ist grundsätzlich durch einen Parteienvertreter (siehe 2.1.1) vorzulegen und elektronisch zu übermitteln.

4.2 Eine Vorlage der Abgabenerklärung und deren elektronische Übermittlung durch einen Steuerschuldner selbst ist nur bei den gemäß § 3 Abs. 1 Z 4 GrEStG 1987 (Zusammenlegungs- und Flurbereinigungsverfahren) und § 3 Abs. 1 Z 5 GrEStG 1987 (bessere Gestaltung von Bauland) steuerbefreiten Erwerbsvorgängen zulässig.

Von der Verpflichtung zur Vorlage einer Abgabenerklärung ausgenommen sind die gemäß § 3 Abs. 1 Z 1 lit b GrEStG 1987 steuerbefreiten Erwerbsvorgänge (das sind Erwerbe gemäß § 13 des Liegenschaftsteilungsgesetzes, BGBl. Nr. 3/1930 in der geltenden Fassung, wenn die Bemessungsgrundlage 2 000 Euro nicht übersteigt).

4.3 Die Abgabenerklärung für einen der Grunderwerbsteuer unterliegenden Vorgang ist, wenn keine Selbstberechnung durchgeführt wird, bis zum 15. Tag des auf den Kalendermonat, in dem die Steuerschuld entstanden ist, zweitfolgenden Kalendermonats elektronisch dem Finanzamt zu übermitteln. Sind Rechtsvorgänge von der Besteuerung ausgenommen, so ist die elektronische Abgabenerklärung bis zum 15. Tag des auf den Kalendermonat, in dem die Steuerschuld entstanden wäre, zweitfolgenden Monats zu übermitteln.

4.4 Die Erfassung der Daten und die Übermittlung der elektronischen Abgabenerklärung erfolgt im Verfahren FinanzOnline in der Funktion Sonstige Anträge/Grunderwerbsteuererklärung gem. § 3 Abs. 1 Z 4 und 5 GrEStG 1987. Dieser Erklärung ist die Urkunde über den Rechtsvorgang als PDF-Anhang anzuschließen.

7/8.

Erleichterungen im Zusammenhang mit der Berechnung der Grunderwerbsteuer

(Erlass des BMF vom 28. Mai 2013, BMF-010206/0099-VI/5/2013)

Mit Erlass vom 4.10.1996, GZ BMF 10 1001/4-IV/10/96, gab das Bundesministerium für Finanzen seine Rechtsansicht zu Zweifelsfragen bekannt, die im Zusammenhang mit der Selbstberechnung der Grunderwerbsteuer durch Notare und Rechtsanwälte aufgetreten waren.

Auf Grund zahlreicher seither ergangener Gesetzesänderungen und der dadurch entstandenen Zweifel, inwieweit dieser Erlass überhaupt noch Anwendung findet, wird dieser Erlass außer Kraft gesetzt und durch die nachstehenden Ausführungen ersetzt.

Ergänzend wird auf die Richtlinien zu den Verkehrsteuern betreffend die Selbstberechnung und die Übermittlung der Abgabenerklärung durch Parteienvertreter gemäß §§ 10 ff GrEStG 1987 in der ab 1.1.2013 geltenden Fassung und gemäß §§ 10, 10a KVG verwiesen.

Gegenüber dem Erlass aus dem Jahr 1996 ergeben sich im Wesentlichen folgende Änderungen:

Erlass 1996	Erlass 2013	Anmerkung
1. Bewertung	1.1. Sachbezüge allgemein 1.2. Leistungen iZm landwirtschaftlichen Übergabsverträgen 1.3. Mietzinswerte	Anpassung der Verweise und Beträge
1.1. Bewertung unverzinslicher Kapitalforderungen und Schulden (zB nach dem Wohnhaus-Wiederaufbaugesetz)	1.4. Bewertung unverzinslicher oder niedrig verzinster Kapital- forderungen und Schulden (zB Wohnbaudarlehen)	Änderung der Rechtslage durch BGBl. I Nr. 71/2003
1.2. Bewertung niedrig verzinslicher, langfristiger Kapitalforderungen und Schulden		
2. Aufspaltung einer einheitlichen Gegenleistung	2. Aufspaltung einer einheitlichen Gegenleistung	Anpassung des Verweises auf den in § 33 Abs. 1 BewG 1955 genannten Betrag Valorisierung des Inventar- Höchstbetrages
3. Abtretung in das öffentliche Gut	3. Abtretung in das öffentliche Gut	Neuregelung der Bemessungsgrundlage
4. Käufer übernimmt als Gegenleistung eine der Höhe nach noch ungewisse Verpflichtung des Verkäufers	gestrichen	Siehe Punkt 2.3.2 der Richtlinien zu den Verkehrsteuern betreffend die Selbstberechnung und die Übermittlung der Abgabenerklärung durch Parteienvertreter gem. §§ 10 ff GrEStG 1987 in der ab 1.1.2013 geltenden Fassung und gem. §§ 10, 10a KVG
5. Kosten der Vertragserrichtung und Vermessung	gestrichen	Allgemein gültiges Wissen, braucht nicht gesondert erwähnt werden
6. Einbringung und Verschmelzung im Sinne des Umgründungssteuergesetzes	gestrichen	Selbstberechnung immer zulässig
7. Gemischte Schenkung	gestrichen	Selbstberechnung immer zulässig
8. Tauschverträge über Grundstücke	4. Tauschverträge über Grundstücke	Verkehrswertuntergrenze: Wert gem. § 26 Abs. 2 GGG
9. Realteilung	gestrichen	Selbstberechnung immer zulässig
10. Bauherrenmodelle	gestrichen	Siehe Punkt 2.3.2 der Richtlinien zu den Verkehrsteuern betreffend die Selbstberechnung und die Übermittlung der Abgabenerklärung durch Parteienvertreter gemäß §§ 10 ff GrEStG 1987 in der ab 1.1.2013 geltenden Fassung und gem. §§ 10, 10a KVG
11. Übergabsverträge (Betriebsvermögen)	gestrichen	Selbstberechnung immer zulässig
12. Freiwillige Feilbietung, Aufteilung des ehelichen Gebrauchsvermögens	5. Freiwillige Feilbietung, Aufteilung des ehelichen/ partnerschaftlichen Gebrauchsvermögens	Klarstellung hinsichtlich Bemessungsgrundlage; Selbstberechnung immer zulässig
13. Unzulässigkeit der Selbstberechnung	gestrichen	Siehe Punkt 2.3.2 der Richtlinien zu den Verkehrsteuern betreffend die Selbstberechnung und die Übermittlung der Abgabenerklärung durch Parteienvertreter gemäß §§ 10 ff GrEStG 1987 in der ab 1.1.2013 geltenden Fassung und gem. §§ 10, 10a KVG

Über die gesetzlichen Vorschriften hinausgehende Rechte oder Pflichten werden durch den vorliegenden Erlass nicht begründet.

1. Bewertung

1.1. Sachbezüge allgemein

Der Bewertung nicht in Geld bestehender Leistungen, wie von Nutzungs- oder Gebrauchsrechten, können Werte zugrunde gelegt werden, die jene der Verordnung über die Bewertung bestimmter Sachbezüge (Sachbezugswerteverordnung BGBl. II Nr. 416/2001 in der jeweils geltenden Fassung) nicht unterschreiten dürfen.

1.2. Leistungen iZm landwirtschaftlichen Übergabsverträgen

Werden im Rahmen von landwirtschaftlichen Übergabsverträgen als Auszugsleistung Nutzungen bestimmter land- und forstwirtschaftlich genutzter Flächen oder andere Nutzungsrechte oder Wohnrechte ausbedungen, die mit dem Ableben einer oder mehrerer Personen jedenfalls erlöschen, liegt eine wiederkehrende Nutzung oder Leistung vor, die gemäß § 16 BewG 1955 zu bewerten ist (versicherungsmathematische Berechnung). Hinsichtlich der Berechnung siehe das Berechnungsprogramm betreffend Bewertung von Renten (§ 16 BewG 1955) auf www.bmf.gv.at. Als zugrunde zu legende monatliche (jährliche) Leistung ist eine Miet- oder Pachtersparnis anzunehmen, die gemäß § 17 Abs. 2 BewG 1955 mit Mittelpreisen des Verbrauchsortes anzunehmen ist.

Es bestehen keine Bedenken, die für die einkommensteuerliche Gewinnermittlung landwirtschaftlicher Betriebe (aufgrund der Verordnung BGBl. II Nr. 471/2010 idF BGBl. II Nr. 4/2011 – LuF-PauschVO 2011 – für die Veranlagungsjahre 2011 bis 2015 bzw. Verordnung BGBl. II Nr. 125/2013 – LuF-PauschVO 2015 – für Veranlagungszeiträume, die dem Kalenderjahr, in dem die Hauptfeststellung der Einheitswerte durchgeführt wurde, folgen) geltenden Pauschalsätze der Bemessung zugrunde zu legen.

Es bestehen keine Bedenken, wenn für die im Rahmen derartiger Übergabsverträge allenfalls ausbedungene Übernahme der Begräbniskosten ein Betrag von 2.500 Euro und für die ausbedungene Pflege ein pauschaler monatlicher Pflegesatz von nicht weniger als 200 Euro angesetzt wird.

1.3. Mietzinswerte

Ist beim Erwerb von Mietwohngrundstücken für die Grunderwerbsteuer-Berechnung der Nutzungswert zu ermitteln, dürfen die anzusetzenden Mietzinswerte nicht unter den Richtwerten nach dem Richtwertgesetz liegen.

1.4. Bewertung unverzinslicher oder niedrig verzinster Kapitalforderungen und Schulden (zB Wohnbaudarlehen)

Die Bewertung unverzinslicher Kapitalforderungen und Schulden erfolgt gemäß § 14 Abs. 3 BewG 1955 durch Abzug von Jahreszinsen unter Berücksichtigung von Zinseszinsen, wobei ein Zinsfuß von 5,5% bei unverzinslichen und ein entsprechend geringerer Zinssatz bei niedrig verzinsten Kapitalforderungen und Schulden anzunehmen ist (Abzinsung nach finanzmathematischen Grundsätzen). Hinsichtlich der Berechnung siehe BMF 17.12.2003, GZ 08 0104/2-IV/8/03, Pkt. 1 und Info des BMF vom 16.12.2008, SZK-010201/0094-GVB/2008, bzw. das Berechnungsprogramm betreffend Abzinsung von Forderungen und Schulden (§ 14 BewG 1955) auf www.bmf.gv.at.

2. Aufspaltung einer einheitlichen Gegenleistung

In allen Fällen, in denen für die Ermittlung der Grunderwerbsteuer-Bemessungsgrundlage eine einheitliche Gegenleistung aufzuspalten ist, ist diese Berechnung im Verhältnis der gemeinen Werte der diesbezüglichen Wirtschaftsgüter vorzunehmen. Lediglich bei land- und forstwirtschaftlichen Übergabsverträgen, welche die Voraussetzungen des § 4 Abs. 2 Z 2 GrEStG 1987 erfüllen und bei denen der nach den Vorschriften über die Bewertung von bebauten Grundstücken ermittelte Wohnungswert den im § 33 Abs. 1 BewG 1955 genannten Betrag von 2.180,185 Euro übersteigt, bestehen keine Bedenken, wenn die auf den übersteigenden Wohnungswert entfallende Gegenleistung durch Aufteilung unter Zuhilfenahme des Einheitswertes der land- und forstwirtschaftlichen Grundstücke und des übersteigenden Wohnungswertes im Verhältnis 2 (land- und forstwirtschaftliche Grundstücke) zu 1 (übersteigender Wohnungswert) ermittelt wird.

Beim Kauf von Gebäuden (Wohnungen) samt Inventar bestehen keine Bedenken, die von den Parteien für das Inventar gewählten Ansätze als Wert anzuerkennen, wenn

a) eine detaillierte Liste mit der Bewertung der einzelnen Inventargegenstände vorliegt und
b) der Kaufpreis für das Inventar 10% des Gesamtkaufpreises, höchstens jedoch 10.000 Euro nicht übersteigt und
c) die Wertansätze für die einzelnen Inventargegenstände unter den Anschaffungskosten von vergleichbaren neuwertigen Gegenständen liegen.

3. Abtretung in das öffentliche Gut

Bei unentgeltlichen Abtretungen von Grundstücken oder Teilflächen von Grundstücken in das öffentliche Gut einer Gemeinde ist im Hinblick auf § 6 Abs. 1 lit. b zweiter Satz GrEStG 1987 der gemeine Wert in Höhe des einfachen Einheitswerts bzw. des auf die Fläche des abzutretenden Grundstücksteiles entfallenden Einheitswertanteils Bemessungsgrundlage für die Grunderwerbsteuer.

4. Tauschverträge über Grundstücke

Bei Tauschverträgen über Grundstücke bildet der Verkehrswert des jeweils hingegebenen Grundstückes die Grunderwerbsteuer-Bemessungsgrundlage.

Es bestehen keine Bedenken, wenn der zur Selbstberechnung befugte Parteienvertreter als Verkehrswert jenen Wert ansetzt, der für ein vor kurzem verkauftes ortsnahes gleichwertiges Grundstück erzielt wurde, dessen Kaufpreis ihm aufgrund seiner Mitwirkung beim damaligen Erwerbsvorgang bekannt ist.

Der Wert darf nicht unter dem gemäß § 26 Abs. 2 GGG erklärten bzw. bescheinigten Wert liegen.

5. Freiwillige Feilbietung, Aufteilung des ehelichen/partnerschaftlichen Gebrauchsvermögens

Die Bemessungsgrundlage bildet grundsätzlich die Gegenleistung, soweit eine solche nicht zu ermitteln ist oder unter dem Wert gemäß § 6 GrEStG 1987 liegt, der dreifache Einheitswert.

7/9.

Vorgangsweise bei verschiedenen Sachverhalten im Zusammenhang mit der Neufassung des Grunderwerbsteuergesetzes durch das Bundesgesetz BGBl. I Nr. 36/2014

(Erlass des BMF vom 11. November 2014, BMF-010206/0101-VI/5/2014)

1. GrESt-Bemessungsgrundlage

1.1. Gemeiner Wert

1.1.1. Haftung und Prüfpflichten des Parteienvertreters

Ist im Falle der Kaufvertragserrichtung und Selbstberechnung der Grunderwerbsteuer durch den Rechtsanwalt/Notar von einer Verpflichtung des Rechtsanwalts/Notars auszugehen, den Kaufpreis auf eine allfällige Diskrepanz zum gemeinen Wert des Grundstücks zu überprüfen?

Wenn ja, in welcher Form hat diese Überprüfung zu erfolgen?

Lösung:

Die Pflichten des Parteienvertreters haben sich durch die Novellierung des GrEStG 1987 nicht geändert.

Der Parteienvertreter haftet gemäß § 13 Abs. 4 GrEStG 1987 nur für die Entrichtung der selbstberechneten Grunderwerbsteuer. Dabei handelt es sich um eine reine Abfuhrhaftung. Der Parteienvertreter haftet daher nicht für die Grunderwerbsteuer in objektiv richtiger Höhe, sondern nur für die Entrichtung der selbstberechneten Grunderwerbsteuer; er haftet daher nicht, wenn er die Grunderwerbsteuer unrichtig berechnet hat.

Die Angabe des gemeinen Wertes, falls dieser der Besteuerung zugrunde zu legen ist, obliegt ausschließlich den Steuerschuldnern. Den Parteienvertreter trifft keine Überprüfungspflicht. Er kann die Angaben des Steuerschuldners den Anzeigen bzw. Selbstberechnungen zu Grunde legen. Dies gilt nicht, wenn er offenkundig Kenntnis hat, dass die Angaben des Steuerschuldners nicht den Tatsachen entsprechen.

1.1.2. Schwankungsbreiten

Ist bei einem Kauf immer ein Vergleich mit dem gemeinen Wert anzustellen? Wenn der gemeine Wert vom Kaufpreis abweicht, gibt es einen (prozentuellen) Rahmen, innerhalb dessen dieses Abweichen akzeptiert wird?

Lösung:

Grundsätzlich wird bei Erwerbsvorgängen zwischen Fremden die vereinbarte Gegenleistung dem gemeinen Wert entsprechen. Demgegenüber ist bei Erwerbsvorgängen zwischen Familienangehörigen, die nicht dem begünstigten Familienverband des § 7 Abs. 1 GrEStG 1987 angehören (siehe Punkt 1.1.4.), ein Fremdvergleich anzustellen (siehe Punkt 1.1.3.). Die Frage nach einer Schwankungsbreite stellt sich daher nicht.

1.1.3. Nachweis des gemeinen Wertes

Aus welchen Werten kann der gemeine Wert abgeleitet werden? Wann soll/muss/kann ein Schätzungsgutachten vorgelegt bzw. vom FAGVG abverlangt werden? Ist die Ableitung aus dem Immobilienpreisspiegel mit Zu- und Abschlägen anhand eines vom Parteienvertreter entwickelten Formulars zulässig?

Lösung:

Ist ein gemeiner Wert maßgeblich, kann dieser durch verschiedene Beweismittel, zB Kaufpreis bei nicht lang zurückliegendem Ankauf oder auch Kaufpreis von vergleichbaren Liegenschaften, Immobilienpreisspiegel oder dergleichen glaubhaft gemacht oder mit einem Schätzungsgutachten nachgewiesen werden.

Wurde ein Hypothekarkredit aufgenommen, kann auch der dem Kredit zugrunde gelegte Wert laut Bankenschätzung herangezogen werden.

Ein (früherer) Kaufpreis ist jedenfalls dann glaubhaft, wenn der vorangegangene Kaufvorgang nicht mehr als ein Jahr zurückliegt und unter Fremden erfolgte. Bei länger zurückliegenden Ankäufen können die früheren Kaufpreise dann herangezogen werden, wenn es seither nachweislich (etwa anhand von Immobilienpreisspiegeln) zu keiner Veränderung bei der Wertentwicklung gekommen ist. Andernfalls bestehen keine Bedenken, den früheren Kaufpreis anhand der seither erfolgten Preisentwicklung im jeweiligen Immobiliensegment (unbebaute Grundstücke, Eigentumswohnungen, Einfamilienhäuser usw.) hochzurechnen.

Liegen plausible Bewertungen vor, muss kein Schätzungsgutachten vorgelegt/verlangt werden. Stichprobenartige Kontrollen seitens FA GVG sind jedoch nicht ausgeschlossen.

1.1.4. Nachweispflicht bei Erwerbsvorgängen zwischen Familienmitgliedern des § 26a GGG, die nicht dem Familienverband des GrEStG 1987 angehören

Besteht bei Erwerbsvorgängen im erweiterten Familienkreis des § 26a GGG, soweit er über den enger gefassten Familienverband des § 7 Abs. 1 Z 1 GrEStG 1987 hinausgeht (zB Nichten/Neffen als präsumtive Erben, Geschwister) eine erhöhte Mitwirkungsverpflichtung des Steuerschuldners?

Lösung:

Da bei Erwerbsvorgängen zwischen Familienangehörigen der Frage der Angemessenheit der Gegenleistung nicht jene Bedeutung wie bei Erwerbsvorgängen zwischen Fremden zukommt, ist in diesen Fällen über Aufforderung ein Fremdvergleich (Punkt 1.1.3.) anzustellen.

1.1.5. Verkauf infolge wirtschaftlicher Notlage

Entspricht im Falle eines Notverkaufs der erzielte Kaufpreis dem gemeinen Wert? Oder liegen in diesem Fall („Verschleuderung von Wirtschaftsgütern infolge wirtschaftlicher Notlage“) persönliche Verhältnisse vor, die beim Vergleich mit dem gemeinen Wert nicht zu berücksichtigen sind?

Lösung:

§ 10 Abs. 2 BewG 1955 definiert den gemeinen Wert als jenen Preis, der im gewöhnlichen Geschäftsverkehr nach der Beschaffenheit des Wirtschaftsgutes bei einer Veräußerung zu erzielen wäre. Dabei sind alle (objektiven) Umstände, die den Preis beeinflussen, zu berücksichtigen. Ungewöhnliche oder persönliche Verhältnisse sind nicht zu berücksichtigen.

Wird ein Grundstück auf Grund konkreter, persönlicher Umstände unter dem tatsächlich erzielbaren gemeinen Wert veräußert, ist für Zwecke der Grunderwerbsteuer der höhere gemeine Wert heranziehen. Wird ein Grundstück zum tatsächlich erzielbaren Preis veräußert, dann bildet dieser Preis die Grunderwerbsteuer-Bemessungsgrundlage.

1.1.6. Bemessungsgrundlage bei Zwangsversteigerung

Ist bei einer Zwangsversteigerung das Meistbot oder der Schätzwert laut Gutachten als Grunderwerbsteuer-Bemessungsgrundlage heranzuziehen?

Lösung:

Wird ein Grundstück zwangsversteigert, stellt gemäß § 5 Abs. 1 Z 4 GrEStG 1987 das Meistbot einschließlich der Rechte, die nach den Zwangsversteigerungsbedingungen bestehen blieben, und der Beträge, um die der Erstehern bei einem Überbot sein Meistbot erhöht, bzw. das Überbot, wenn der Zuschlag dem Überbieter erteilt wird, die Gegenleistung dar. Soweit keine außergewöhnlichen Verhältnisse vorliegen, die offensichtlich Einfluss auf das Meist- bzw. Überbot haben (zB wenn der Pfandgläubiger im ersten Rang mit einer den Schätzwert übersteigenden offenen Hypothekarforderung als einziger Bieter die Liegenschaft um das Mindestbot erwirbt), entspricht das Meistbot (einschließlich der Rechte, die nach den Zwangsversteigerungsbedingungen bestehen blieben) bzw. Überbot dem gemeinen Wert.

1.1.7. Nachträgliche Wohnungseigentumsveräußerungen iZm WGG

Nachträgliche Wohnungseigentumsveräußerungen an die Mieter aufgrund einer gesetzlichen Option im Rahmen des Wohnungsgemeinnützigkeitsgesetzes (WGG) müssen gesetzlich bzw. in manchen Bundesländern förderungsrechtlich zwingend unter dem Verkehrswert erfolgen. Ist in diesen Fällen der tatsächliche Kaufpreis oder der (höhere) gemeine Wert als Grundlage für die Steuerbemessung heranzuziehen?

Lösung:

Gesetzliche Preisbeschränkungen sind keine „ungewöhnlichen oder persönlichen Verhältnisse“ gemäß § 10 Abs. 2 dritter Satz BewG 1955, die bei der Bestimmung des gemeinen Wertes nicht zu berücksichtigen sind. Wenn daher bei nachträglichen Übertragungen in das Wohnungseigentum der Preis für die Übertragung im Rahmen der vom WGG vorgegebenen Grenzen gebildet wird, entspricht dieser Preis dem im gewöhnlichen Geschäftsverkehr zu erzielenden Preis – somit dem gemeinen

Wert – und ist der Grunderwerbsteuer zu unterziehen. Demgegenüber können ungewöhnliche oder persönliche Verhältnisse bei vertraglichen „Kaufpreisbindungen" (zB bei Mietverträgen mit Kaufoption) vorliegen; in diesem Fall ist nicht der tatsächlich erzielte Kaufpreis sondern der erzielbare Kaufpreis, also der gemeine Wert, als Bemessungsgrundlage heranzuziehen ist.

1.1.8. Gemeine Wert eines Baurechtes

Wie ist der gemeine Wert eines Baurechts bei Begründung / bei Übertragung / bei Rückfall außerhalb des begünstigten Personenkreises zu ermitteln?

Lösung:

Nach § 1 Abs. 1 Baurechtsgesetz idF BGBl. Nr. 258/1990 ist das Baurecht das dingliche, veräußerliche und vererbliche Recht, auf oder unter der Bodenfläche ein Bauwerk zu haben. Es entsteht durch bücherliche Eintragung als Last des Grundstückes und gilt nach dem Gesetz als unbewegliche Sache. Das Baurecht steht damit als solches dem Grundstück gleich bzw. ist ein grundstücksgleiches Recht.

Gemäß § 2 Abs. 1 GrEStG 1987 sind unter Grundstücken im Sinne dieses Gesetzes Grundstücke im Sinne des bürgerlichen Rechtes zu verstehen. Nach Abs. 2 stehen unter anderem Baurechte den Grundstücken gleich.

Auch nach § 51 Abs. 2 Bewertungsgesetz 1955 gilt das Baurecht als Grundstück und zählt daher zum Grundvermögen.

Nach § 56 Abs. 1 BewG 1955 sind Baurechte wie bebaute oder unbebaute Grundstücke zu bewerten. Da Betriebsvorrichtungen (Maschinen und sonstige Vorrichtungen aller Art, die zu einer Betriebsanlage gehören) gemäß § 2 Abs. 1 Z 1 GrEStG 1987 nicht zum Grundstück gerechnet werden, sind auch Baurechte an Grundstücken mit einer Betriebsvorrichtung wie ein unbebautes Grundstück zu bewerten.

Zur Berücksichtigung der Dauer des Baurechtes bei Ermittlung des gemeinen Wertes kann § 56 Abs. 2 und 3 Z 1 BewG 1955 entsprechend angewendet werden (dh. anteilsmäßige Berücksichtigung des Wertes des bloßen Grundstückes bei Baurechten mit einer [restlichen] Dauer von unter 50 Jahren).

Wird daher an einem unbebauten Grundstück ein Baurecht mit einer Dauer von mindestens 50 Jahren begründet, entspricht der gemeine Wert für das (bloße) Grundstück (Bodenwert) dem gemeinen Wert des Baurechts (vgl. auch UFS vom 29.06.2007, RV/0019-I/07).

Wird ein Baurecht an einem Grundstück samt Gebäude als Zugehör begründet, ist der gemeine Wert für das bebaute Grundstück (Bodenwert plus Gebäudewert) dem gemeinen Wert des Baurechts gleichzusetzen, sofern das Baurecht für mindestens 50 Jahre eingeräumt wird.

Wird ein Baurecht samt einem vom Baurechtsberechtigten errichteten Gebäude übertragen und beträgt die Restdauer des Baurechtes mindestens 50 Jahre, entspricht der gemeine Wert des übertragenen Vermögens (Baurecht und Gebäude als Zugehör) der Summe der gemeinen Werte des Grund und Bodens und des Gebäudes.

	Entgeltlich/unentgeltlich	**GrESt-Bemessungsgrundlage**
Begründung eines BR	Bauzins, eventuell SL	Wert der BZV gemäß § 15 BewG 1955 + Wert der SL, mindestens GW des BR
	Kein Bauzins, eventuell SL	Wert der SL, mindestens GW des BR
Übertragung des BR an Dritten	Übernahme der BZV, eventuell SL	BZV im Grundbuch → Wert der SL, mindestens GW des BR
		BZV nicht im Grundbuch → Wert der BZV gemäß § 15 BewG 1955 + Wert der SL, mind. GW des BR
Erlöschen des BR durch Zeitablauf	Ohne Gegenleistung	GW des Gebäudes
	Mit Gegenleistung	Wert der Gegenleistung, mindestens GW des Gebäudes (zB wenn gemäß § 9 Abs. 2 BauRG dem Bauberechtigten eine Entschädigung in Höhe von 25% des vorhandenen Bauwertes geleistet wird)

Legende:
BR = Baurecht; BZV = Bauzinsverpflichtung; SL = sonstige Leistung(en); GW = gemeiner Wert

Wird auf Grund einer Umgründung im Sinne des Umgründungssteuergesetzes im Zusammenhang mit einem Baurecht ein Erwerbsvorgang nach § 1 Abs. 1 oder 2 GrEStG 1987 verwirklicht, ist der zweifache Einheitswert des Baurechtes als Bemessungsgrundlage heranzuziehen.

1.1.9. Gemeiner Wert – gering verzinsliches Darlehen

Vereinbart werden ein Barkaufpreis und zusätzlich ein geringverzinsliches Darlehen; ein nomineller Kaufpreis wird nicht vereinbart. Ist bei der Bemessung eine Abzinsung gemäß BewG 1955 durchzuführen oder ist als Bemessungsgrundlage der gemeine Wert heranzuziehen?

Lösung:

Bei Erwerbsvorgängen zwischen Fremden ist davon auszugehen, dass die vereinbarten Leistungen (Barkaufpreis zuzüglich aushaftendes Darlehen; siehe auch Punkt 1.1.2.) dem gemeinen Wert entsprechen. Liegt die Einräumung eines gering oder nicht verzinslichen Darlehens in den persönlichen Umständen des Erwerbers, ist keine Abzinsung vorzunehmen.

Solche persönlichen Umstände liegen zB vor, wenn dem Verkäufer seinerzeit ein geringverzinsliches Darlehen (Wohnbauförderung) gewährt wurde, weil sein Einkommen unter einer bestimmten Grenze gelegen ist, und der Erwerber das geringverzinsliche Darlehen übernehmen darf, weil er ebenfalls die Bestimmung über die Einkommensgrenzen erfüllt.

1.1.10. Gemeiner Wert – Leasing

Bei einem Leasingvertrag wird der Kaufpreis zu Beginn des Leasingvertrages vertraglich vereinbart, der am Ende eines Leasingvertrages bei einem etwaigen Verkauf an den Leasingnehmer bzw. Erwerb durch den Leasingnehmer zu leisten ist. Entspricht dieser Kaufpreis dem gemeinen Wert oder muss am Ende des (Immobilien-)Leasingvertrages der gemeine Wert durch ein Gutachten untermauert werden?

Lösung:

Grundsätzlich wird bei Erwerbsvorgängen zwischen Fremden die vereinbarte Gegenleistung dem gemeinen Wert entsprechen (siehe Punkt 1.1.2). Dementsprechend ist davon auszugehen, dass bei Immobilienleasingverträgen (zwischen Personen außerhalb des begünstigten Personenkreises) in Form von Teilamortisationsverträgen, bei denen das Leasinggut ertragsteuerlich dem Leasinggeber zuzurechnen ist (vgl. EStR 2000 Rz 141), der im Leasingvertrag für das Ende der Grundmietzeit festgesetzte Kaufpreis, sofern er den steuerlichen Restbuchwert nicht unterschreitet, dem gemeinen Wert entspricht. Dies gilt nicht, wenn im konkreten Fall der gemeine Wert offenkundig den steuerlichen Restbuchwert überschreitet.

1.1.11. Eintragen des gemeinen Wertes in der Eingabemaske

Wenn der gemeine Wert höher ist als der Kaufpreis, das Meistbot usw., ist dann in der Eingabemaske nur das Feld „Wert land- u. forstw. Vermögen“ bzw. „Wert Übriges Grundvermögen“ mit der Höhe des gemeinen Wertes einzutragen? Was passiert, wenn sowohl die Felder „Kaufpreis“, „Meistbot“ usw. als auch ein gemeiner Wert eingetragen werden?

Lösung:

Werden in der Eingabemaske sowohl die Felder „Kaufpreis“, „Tauschleistung“ etc. als auch das Feld „Wert land- u. forstw. Vermögen“ bzw. „Wert Übriges Grundvermögen“ eingetragen, dann werden die angegebenen Beträge addiert. Es ist daher für den Fall, dass der gemeine Wert als Bemessungsgrundlage heranzuziehen ist, nur das Feld „Wert land- u. forstw. Vermögen“ bzw. „Wert Übriges Grundvermögen“ auszufüllen.

1.2. Bemessungsgrundlage bei Tausch

Ist beim Tausch – wie bisher – immer der gemeine Wert anzusetzen oder ist für Tauschvorgänge im Familienverband der ein- oder dreifache Einheitswert heranzuziehen?

Lösung:

Die Grunderwerbsteuer-Bemessungsgrundlage richtet sich danach, ob der Tausch innerhalb oder außerhalb des Familienverbandes erfolgt bzw. ob es sich – bei einem Tausch innerhalb des Familienverbandes – um ein land- und forstwirtschaftliches oder um ein anderes Grundstück handelt.

Bei Tauschvorgängen außerhalb des Familienverbandes ist jeweils der gemeine Wert des in Tausch gegebenen Grundstückes zuzüglich einer allfälligen weiteren Leistung (Ausgleichszahlung) als Gegenleistung anzusetzen. Mindestbemessungsgrundlage ist der gemeine Wert des erworbenen Grundstückes.

Beispiel 1:

A und B tauschen ihre Liegenschaften A-LS (gemeiner Wert 120.000) und B-LS (gemeiner Wert 80.000); B leistet eine Ausgleichszahlung von 40.000.

Die Bemessungsgrundlage für die Grunderwerbsteuer des B ist der gemeine Wert von B-LS (80.000) zuzüglich Ausgleichszahlung (40.000), in Summe also 120.000; für jene des A der gemeine Wert von A-LS, insoweit dieser auf den Erwerb von B-LS entfällt. Der gemeine Wert von A-LS (120.000) ist daher verhältnismäßig auf den gemeinen Wert von B-LS und die von B zu leistende Ausgleichszahlung aufzuteilen, also im Verhältnis 8 zu 4. Die Bemessungsgrundlage für die Grunderwerbsteuer des A ist der Anteil des gemeinen Wertes von A-LS, der auf den Erwerb von B-LS entfällt, im Ergebnis also 8/12 von 120.000, das sind 80.000.

Bei Tauschvorgängen im Familienverband ist demgegenüber der einfache bzw. dreifache Einheitswert des erworbenen Grundstücks.

Beispiel 2:

C gibt am 1.2.2015 seiner Ehegattin D ein landwirtschaftliches Grundstück und erhält dafür ein Baugrundstück. Die Bemessungsgrundlage für die Grunderwerbsteuer des C ist der dreifache Einheitswert des Baugrundstückes, für jene der D der einfache Einheitswert des landwirtschaftlichen Grundstückes.

1.3. Nachträgliche Gegenleistungen (aufschiebend bedingte Gegenleistungen, nachträgliche Erhöhungen der Gegenleistung, …)

1.3.1. Auswirkungen auf Bemessungsgrundlage

Fall 1:

A schenkt im Jahr 2012 ihrem jetzigen Lebensgefährten B eine Grundstückshälfte zum gemeinsamen Bau eines Einfamilienhauses (noch kein gemeinsamer Wohnsitz). Für den Fall der Auflösung der Lebensgemeinschaft räumt B seiner Lebensgefährtin A das alleinige Wohnrecht bis zur Volljährigkeit der Tochter ein (Stichtag 17.12.2018). Es liegt ein (endgültiger) Bescheid vor, bei der die Grunderwerbsteuer vom dreifachen Einheitswert berechnet wurde.

Lösung:

Bei Entstehen der Steuerschuld nach dem 31.5.2014 ist bei Erwerben im Familienverband eine Gegenleistung nicht mehr maßgeblich. Der Eintritt einer aufschiebenden Bedingung, mit der eine Gegenleistung erstmals anfällt oder eine bisher zu leistende und bei der Versteuerung für Entstehen der Steuerschuld vor dem 1.6.2014 zu berücksichtigende Gegenleistung erhöht wird, wirkt sich ab 1.6.2014 im Familienverband steuerlich daher nicht mehr aus.

Fall 2:

Die Mutter übergab ihrem Sohn 2010 eine Grundstückshälfte. Als Gegenleistung wurde vereinbart, dass der Sohn nach dem Tod der Mutter eine Zahlung in Höhe des halben Verkehrswertes der Liegenschaft an seine Schwester zu leisten hat, sofern die Schwester die Mutter überlebt. Es liegt ein vorläufiger Bescheid vor, bei der die Grunderwerbsteuer vom dreifachen Einheitswert berechnet wurde.

Lösung:

Bei Entstehen der Steuerschuld nach dem 31.5.2014 ist bei Erwerben im Familienverband eine Gegenleistung nicht mehr maßgeblich. Der Eintritt einer aufschiebenden Bedingung, mit der eine Gegenleistung erstmals anfällt oder eine bisher zu leistende und bei der Versteuerung für Entstehen der Steuerschuld vor dem 1.6.2014 zu berücksichtigende Gegenleistung erhöht wird, wirkt sich ab 1.6.2014 im Familienverband steuerlich daher nicht mehr aus. Der vorläufige GrESt-Bescheid kann für endgültig erklärt werden.

Fall 3:

Die Mutter übergab 2010 an Sohn und dessen Lebensgefährtin eine Liegenschaft; die vereinbarten Gegenleistungen (Schuldübernahme und Einräumung eines Wohnrechts) sind in Summe niedriger als der dreifache Einheitswert. Ein allfälliger Verkaufserlös (nach Schuldtilgung) ist zu vierteln (Übergeberin, Sohn, Lebensgefährtin und vierte Person), der halbe Mehrerlös ist somit an die Übergeberin und einen Dritten zu leisten. Die bedingte Leistungsverpflichtung erlischt mit dem Ableben der Übergeberin. Es liegt ein (endgültiger) Bescheid vor, bei der die Grunderwerbsteuer vom dreifachen Einheitswert berechnet wurde.

Lösung:

Es liegen zwei Erwerbe vor, und zwar des Sohnes und der Lebensgefährtin des Sohnes.

1. Beim Erwerb des Sohnes hat eine allfällig eintretende Erhöhung der Gegenleistung wie zu Fall 1 und 2 keine steuerliche Auswirkung.
2. Beim Erwerb der Lebensgefährtin des Sohnes bleibt die Gegenleistung maßgeblich. Tritt die aufschiebende Bedingung ein und wird die Gegenleistung über den anteiligen dreifachen EW erhöht, ist die nachträgliche Gegenleistung mit Eintritt der Bedingung steuerpflichtig.

Es bleibt aber die Erhöhung der Gegenleistung maßgeblich für diesen nachträglichen Steuertatbestand, nicht der gemeine Wert des Grundstücks.

Variante zu Fall 3:

Inzwischen haben die Lebensgefährten geheiratet. Ist für das Begünstigtenverhältnis des Familienverbands die Stellung bei Abschluss des Vertrags maßgeblich oder die begünstigte Stellung bei einem allfälligen Eintritt der nachträglichen Erhöhung der Gegenleistung?

Lösung:

Eine nachträgliche Erhöhung der Gegenleistung (hier aufgrund des Eintritts einer aufschiebenden Bedingung) ist selbständig steuerpflichtig. Es sind daher die Verhältnisse bei Entstehen der Steuerschuld für die nachträgliche Gegenleistung maßgeblich. Das sind die Verhältnisse bei Eintritt der Bedingung.

Tritt die aufschiebende Bedingung in einem Zeitpunkt ein, in dem die Erwerberin bereits die Schwiegertochter der Übergeberin ist, wirkt sich die nachträgliche Gegenleistung ab 1.6.2014 nicht auf die Bemessungsgrundlage aus.

Fall 4:

Im Rahmen einer Scheidung vor dem 1.6.2014 erfolgte die Festsetzung der Steuer von der Gegenleistung (übernommene Schulden). Bei einer allfälligen Veräußerung der Liegenschaft ist eine Ausgleichszahlung zu leisten.

Lösung:

Bei Entstehen der Steuerschuld nach dem 31.5.2014 ist bei Erwerben im Familienverband – auch anlässlich einer Scheidung – eine Gegenleistung nicht mehr maßgeblich. Der Eintritt einer aufschiebenden Bedingung, mit der eine Gegenleistung erstmals anfällt oder eine bisher zu leistende und bei der Versteuerung für Entstehen der Steuerschuld vor dem 1.6.2014 zu berücksichtigende Gegenleistung erhöht wird, wirkt sich ab 1.6.2014 im Familienverband (auch bei Scheidung) steuerlich daher nicht mehr aus.

Die Begünstigung des § 4 Abs. 2 Z 1 GrEStG 1987 n.F. in Verbindung mit § 7 Abs. 1 Z 2 GrEStG 1987 n.F. kommt dabei bei Entstehen der Steuerschuld für die Erhöhung der Gegenleistung nach dem 31.5.2014 zur Anwendung, auch wenn die Scheidung vor 1.6.2014 erfolgt ist.

Fall 5:

Übergabsvertrag an Kind/Schwiegerkind vor dem 1.6.2014. Die Festsetzung der Grunderwerbsteuer erfolgte von der Gegenleistung. Bei Ableben des Übergebers müssen eventuell noch vorhandene Schulden übernommen werden.

Lösung:

Bei Entstehen der Steuerschuld nach dem 31.5.2014 ist bei Erwerben im Familienverband eine Gegenleistung nicht mehr maßgeblich. Der Eintritt einer aufschiebenden Bedingung, mit der eine Gegenleistung erstmals anfällt oder eine bisher zu leistende und bei der Versteuerung für Entstehen der Steuerschuld vor dem 1.6.2014 zu berücksichtigende Gegenleistung erhöht wird, wirkt sich ab 1.6.2014 im Familienverband steuerlich daher nicht mehr aus.

Variante zu Fall 5:

Die Übergabe erfolgt nicht an Kind/Schwiegerkind, sondern an Neffe und Nichte.

Lösung:

Tritt die aufschiebende Bedingung ein, dass die bei Ableben bestehenden Schulden übernommen werden müssen, ist die nachträgliche Erhöhung der Gegenleistung selbständig steuerpflichtig, da der Erwerb nicht im Familienverband erfolgte.

Es bleibt aber die Erhöhung der Gegenleistung maßgeblich für diesen nachträglichen Steuertatbestand, nicht der gemeine Wert des Grundstücks.

1.3.2. Anzeige und Abgabenerklärung bei nachträglicher Erhöhung der Gegenleistung

Wie erfolgt die Anzeige der nachträglichen Erhöhung der Gegenleistung? Ist eine Abgabenerklärung auch dann elektronisch zu übermitteln, wenn es zu keiner Änderung der Grunderwerbsteuer-Bemessungsgrundlage kommt?

Lösung:

Es liegt ein grunderwerbsteuerbarer Vorgang vor, der elektronisch anzuzeigen ist; eine Abgabenerklärung ist (elektronisch) zu übermitteln.

1.4. Bemessungsgrundlage bei Zwischenerwerben

Welche grunderwerbsteuerlichen Folgen löst § 1 Abs. 1 Z 4 GrEStG 1987 aus, wenn eine Option auf Erwerb eines Grundstücks entgeltlich oder unentgeltlich übertragen wird?

Lösung:

Die Erfüllung des Tatbestandes des § 1 Abs. 1 Z 4 GrEStG 1987 setzt voraus, dass der Dritte, auf den die Rechte aus dem Kaufanbot oder das Optionsrecht übertragen werden, das Anbot auch annimmt oder das Optionsrecht auch ausübt; die Steuerbarkeit fällt mit dem Entstehen der Steuerschuld zusammen. Wie bisher stellt für den Kaufvertrag der Kaufpreis zuzüglich eines allfälligen Entgelts für die Übertragung der Option die steuerpflichtige Bemessungsgrundlage dar. Entsteht die Steuerschuld für den Rechtsvorgang nach § 1 Abs. 1 Z 4 GrEStG 1987 bis 31.5.2014, ist der dreifache Einheitswert, danach der gemeine Wert des Grundstücks der Besteuerung zu unterziehen.

2. Familienverband – „Lebensgefährten, die einen gemeinsamen Hauptwohnsitz haben oder hatten“

2.1. Definition der Lebensgemeinschaft

Was wird unter den Begriffen „Lebensgemeinschaft, Lebensgefährten“ verstanden“ Kann auch das Zusammenleben von Geschwistern darunter fallen? Aus wie vielen Personen kann eine Lebensgemeinschaft bestehen? Sind die Lebensgefährten ab dem Tag der Begründung des gemeinsamen Wohnsitzes steuerlich begünstigt oder hat der gemeinsame Wohnsitz eine gewisse Zeit lang zu existieren? Können die sozialversicherungsrechtlichen Kriterien für eine Mitversicherung für Lebensgefährten (seit mindestens 10 Monaten nachweislich bestehende Hausgemeinschaft mit der/dem Versicherten, unentgeltliche Haushaltsführung durch die Lebensgefährtin bzw. den Lebensgefährten) herangezogen werden?

Lösung:

Auszug aus Ritz, BAO, 4. Auflage, zu § 25 Abs. 1 Z 5 BAO:

„Unter einer Lebensgemeinschaft (iSd § 72 Abs. 2 StGB) wird eine auf längere Dauer ausgerichtete, ihrem Wesen nach der Beziehung miteinander verheirateter Personen gleichkommende Wohn-, Wirtschafts- und Geschlechtsgemeinschaft verstanden (zB OGH 18.4.1985, 13 Os 39/85, SSt 56/29; Jerabek, in Höpfel/Ratz, Wiener Kommentar, § 72 Tz 14).

Die Wohn-, Wirtschafts- und Geschlechtsgemeinschaft muss nicht in allen drei Merkmalen gegeben sein. Es kann – abhängig von den Umständen des Einzelfalles – durchaus das eine oder andere Element weniger ausgeprägt sein oder sogar zur Gänze fehlen (vgl zB OGH 26.5.1992, 5 Ob 88/92, NZ 1993, 20; Memmer, JBl 1993, 299).

Das Kriterium der Dauer ist bereits erfüllt, wenn die Partner ein längeres Zusammenleben beabsichtigen. Auf die tatsächliche Dauer kommt es nicht an (zB Stabentheiner, NZ 1995, 51).

Das Angehörigenverhältnis wird beendet durch den

- *Tod eines der Partner (OGH 27.2.1978, 9 Os 203/77),*
- *Wegfall der wesentlichen die Lebensgemeinschaft begründenden Kriterien (OGH 30.4.1985, 11 Os 50/85).*

Durch eine Unterbrechung der faktischen Gemeinsamkeit für eine bestimmte Zeit (etwa für eine auswärtige Arbeit oder einen Spitalsaufenthalt) wird die Lebensgemeinschaft nicht aufgehoben, sofern beiderseits eine spätere Fortsetzung der Beziehung beabsichtigt ist (Jerabek, in Höpfel/Ratz, Wiener Kommentar, § 72 Tz 17).

(...)

Eine Lebensgemeinschaft iSd § 25 Abs. 1 Z 5 BAO liegt auch bei gleichgeschlechtlicher Partner-

GrEStG

schaft vor (1128 BlgNR 21. GP, 8, unter Hinweis auf Jerabek, in Höpfel/Ratz, Wiener Kommentar, § 72 Tz 13).“

Das Zusammenleben von Geschwistern oder überhaupt das Zusammenleben nach Art einer „Wohngemeinschaft“ stellt demzufolge keine Lebensgemeinschaft dar, weil es sich um keine „ihrem Wesen nach der Beziehung miteinander verheirateter Personen gleichkommende Wohn-, Wirtschafts- und Geschlechtsgemeinschaft“ handelt. Eine Gemeinschaft von mehr als zwei Personen kann ebenfalls nicht den Tatbestand der „Lebensgefährten“ erfüllen.

Wird ein Lebensgefährte infolge einer Krankheit oder einer Behinderung in einem Pflegeheim nicht nur vorübergehend untergebracht, ist dennoch von einem Fortbestand der Lebensgemeinschaft auszugehen. Es liegt lediglich eine räumliche Trennung infolge Krankheit vor, wirtschaftlich gesehen bleibt der gemeinsame Haushalt bestehen.

Eine Lebensgemeinschaft besteht nur dann, wenn sie auf eine längere Dauer ausgerichtet ist. Der sozialversicherungsrechtliche Angehörigenbegriff des § 123 Abs. 7a ASVG („Als Angehörige/r gilt auch eine mit der/dem Versicherten nicht verwandte Person, die seit mindestens zehn Monaten mit ihm/ihr in Hausgemeinschaft lebt und ihm/ihr seit dieser Zeit unentgeltlich den Haushalt führt, wenn eine/ein im gemeinsamen Haushalt lebende/r arbeitsfähige/r Ehegattin/Ehegatte oder eingetragene/r Partnerin/Partner nicht vorhanden ist…“) ist jedoch nicht heranzuziehen. Allerdings ist das Bestehen einer sozialversicherungsrechtlichen Mitversicherung ein starkes Indiz für das Vorliegen einer Lebensgemeinschaft im Sinne des GrEStG 1987.

2.2. Nachweise für das Bestehen einer Lebensgemeinschaft

Muss/kann bei der Übertragung eines Grundstückes an einen Lebensgefährten der Nachweis des Hauptwohnsitzes iSd § 7 Abs. 1 Z 1 GrEStG 1987 ausschließlich über eine Meldebestätigung erfolgen oder müssen/können auch sonstige Umstände vorgebracht werden? Ist es ausreichend, wenn man sich vorher auf den Hauptwohnsitz des Verkäufers anmeldet?

Lösung:

§ 7 Abs. 1 Z 1 GrEStG 1987 in der seit 1.6.2014 geltenden Fassung setzt die Erfüllung zweier Tatbestände voraus: Zum einen muss es sich um „Lebensgefährten“ handeln (siehe dazu Punkt 2.1.), zum anderen müssen die Lebensgefährten einen gemeinsamen Hauptwohnsitz haben oder einen solchen gehabt haben.

Mit der Verwendung des Begriffes „Hauptwohnsitz“ wird auf den melderechtlichen Begriff Bezug genommen, der in § 1 Abs. 7 Meldegesetz 1991 wie folgt definiert ist: „Der Hauptwohnsitz eines Menschen ist an jener Unterkunft begründet, an der er sich in der erweislichen oder aus den Umständen hervorgehenden Absicht niedergelassen hat, diese zum Mittelpunkt seiner Lebensbeziehungen zu machen; trifft diese sachliche Voraussetzung bei einer Gesamtbetrachtung der beruflichen, wirtschaftlichen und gesellschaftlichen Lebensbeziehungen eines Menschen auf mehrere Wohnsitze zu, so hat er jenen als Hauptwohnsitz zu bezeichnen, zu dem er das überwiegende Naheverhältnis hat.“

Das Vorliegen dieses Hauptwohnsitzes kann durch eine Meldebestätigung nachgewiesen werden, aus der ersichtlich ist, seit wann und wo eine Person mit Hauptwohnsitz gemeldet ist.

Zusätzlich zum Nachweis über das Vorliegen eines gemeinsamen Hauptwohnsitzes muss auch das Vorliegen einer Lebensgemeinschaft nachgewiesen bzw. glaubhaft gemacht werden können, um in den Genuss der grunderwerbsteuerlichen Begünstigungen zu gelangen.

Für das Vorliegen einer Lebensgemeinschaft können beispielsweise folgende Kriterien sprechen:

- Gemeinsamer Mietvertrag
- Aufteilung der gemeinschaftlich anfallenden Kosten (auch bei Überweisen eines monatlichen Betrages für die gemeinschaftlichen Kosten an den Lebensgefährten)
- Zulassungsbesitzgemeinschaft
- Mitversicherung in der Krankenversicherung
- Zustelladresse für behördliche Schriftstücke
- Zustehen des Alleinverdienerabsetzbetrages

Das Wohnen in einer gemeinsamen Wohnung mit einem gemeinsamen Kind lässt auf das Vorliegen einer eheähnlichen Gemeinschaft schließen (VwGH 23.10.1997, 96/15/0176, 0177).

Gegenüber dem Parteienvertreter kann schriftlich erklärt werden, dass eine eheähnliche Lebensgemeinschaft besteht. Außerdem besteht die Möglichkeit, das Vorliegen einer Lebensgemeinschaft in den Vertragstext aufzunehmen („Die Vertragsteile halten fest, dass sie seit …. in einer eheähnlichen Lebensgemeinschaft leben …“).

2.3. „Lebensgefährten, die einen gemeinsamen Hauptwohnsitz hatten“

Wie lange muss der gemeinsame Wohnsitz vor Abschluss eines „begünstigten“ Rechtsgeschäftes bestanden haben bzw. wie lange nach Aufgabe des gemeinsamen Wohnsitzes können noch „begünstigte“ Rechtsgeschäfte abgeschlossen werden?

Lösung:

Der Erwerb durch einen Lebensgefährten bei Auflösung der Lebensgemeinschaft oder nach Aufgabe des gemeinsamen Hauptwohnsitzes ist nur dann begünstigt, wenn dieser Erwerb eine unmittelbare Folge der Auflösung bzw. Aufgabe darstellt.

Somit soll in erster Linie sichergestellt werden, dass jene Übertragungen, die im Fall des Todes eines Ehegatten/Partners oder der Auflösung einer Ehe/Partnerschaft begünstigt sind, auch im Fall der Auflösung einer Lebensgemeinschaft (Trennung zwischen Lebenden, Tod eines Lebensgefährten) begünstigt sind. Eine gegenüber Ehe/Partnerschaft weiter gehende Begünstigung wäre verfassungsrechtlich bedenklich. Aus diesem Grund sind

Rechtsvorgänge über Grundstücke, die im Falle des Vorliegens einer Ehe nach § 81 Abs. 1 EheG nicht der Aufteilung infolge Auflösung einer Ehe unterliegen würden, auch nicht als Erwerbsvorgänge infolge Auflösung einer Lebensgemeinschaft zu beurteilen. Dies betrifft vor allem Grundstücke, die der Ausübung des Berufes eines Lebenspartners dienen oder zu einem Unternehmen gehören; werden derartige Grundstücke nach Auflösung der Lebensgemeinschaft übertragen, ist die Grunderwerbsteuer mit 3,5% vom gemeinen Wert oder einen höheren Gegenleistung zu ermitteln.

Liegt bei Verwirklichung des Erwerbs bzw. bei Entstehen der Steuerschuld eine Lebensgemeinschaft vor (siehe dazu Punkte 2.1. und 2.2.), sind sie iSd § 7 Abs. 1 Z 1 GrEStG 1987 n.F. begünstigt, sofern ein gemeinsamer Hauptwohnsitz besteht oder im letzten Jahr bestanden hat.

Erfolgen Erwerbe im Zusammenhang mit der Auflösung der Lebensgemeinschaft, wirkt die Begünstigung weiter. Nach den Erläuterungen zu § 26a GGG wird vermutet, dass dieser Zusammenhang bei Liegenschaftsübertragungen binnen eines Jahres nach Aufhebung der Lebensgemeinschaft noch gegeben ist. Liegt die Auflösung der Lebensgemeinschaft bzw. die Aufgabe des gemeinsamen Hauptwohnsitzes mehr als ein Jahr zurück, muss jedenfalls nachgewiesen werden, dass der Erwerbsvorgang noch im Zusammenhang mit der Auflösung/Aufgabe steht. Erfolgt die Aufhebung der Lebensgemeinschaft durch den Tod eines der Lebensgefährten, steht die Begünstigung auch dann zu, wenn eine Abhandlung länger dauert und eine Zuweisung mit rechtskräftigem Einantwortungsbeschluss oder Amtsbestätigung gemäß § 182 AußStrG erst später – nach längerer Verfahrensdauer – erfolgt.

Bestand eine frühere Lebensgemeinschaft mit gemeinsamen Hauptwohnsitz im Zeitpunkt des Todes bereits nicht mehr, lag damit eine Lebensgemeinschaft iSd § 7 Abs. 1 Z 1 GrEStG 1987 n.F. nicht mehr vor. Eine weiter geltende Begünstigung kann aus einer früheren – zum Zeitpunkt des Todes nicht mehr bestehenden – Lebensgemeinschaft nicht abgeleitet werden.

2.4. Anwendungsbereich der Begünstigung

Gilt die Begünstigung für Erwerbsvorgänge zwischen Lebensgefährten nur eingeschränkt hinsichtlich der Übertragung der Liegenschaft, die den gemeinen Wohnsitz bildet/gebildet hat?

Lösung:

Nein, die Begünstigung gilt für sämtliche Erwerbsvorgänge zwischen Lebensgefährten.

3. Befreiungen

3.1. § 3 Abs. 1 Z 8 GrEStG 1987 (Erwerb eines Grundstückes infolge eines behördlichen Eingriffs oder aufgrund eines Rechtsgeschäftes zur Vermeidung eines solchen nachweisbar unmittelbar drohenden Eingriffs)

Was ist unter „behördlichen Eingriffen" zu verstehen? Was fällt außer der Enteignung und der Straßengrundabtretung bei Baureifmachung noch darunter? Kann man sich einem behördlichen Eingriff überhaupt nicht entziehen? Fallen darunter auch Grundabtretungen für Zwecke des Straßenbaus?

Lösung:

Für die Frage, was unter einem „behördlichen Eingriff" bzw. und unter „Vermeidung eines solchen nachweisbar unmittelbar drohenden Eingriff" zu verstehen ist, sind die Ausführungen zur Befreiungsbestimmung des § 30 Abs. 2 Z 3 EStG 1988 anzuwenden. In den EStR 2000 Rz 6651, 7371 und 7373 werden dazu folgende Aussagen getroffen, die auch für Zwecke der Befreiung von der Grunderwerbsteuer sinngemäß anzuwenden sind:

6651 (Behördlicher Eingriff)

…

Zum Begriff „behördlicher Eingriff" siehe Rz 7371 f.

Ein behördlicher Eingriff liegt auch dann vor, wenn er sich auf Grund von gesetzlichen Vorschriften ergibt, die in einem auf Antrag des Steuerpflichtigen eingeleiteten Bauverfahren anzuwenden sind (VwGH 28.11.2007, 2007/14/0009, betr. Abtretung von Grundfläche an die Gemeinde für Gehsteig). Bestehen keine Zweifel, dass die Behörde einen zwangsweisen Eigentumsentzug durchsetzen kann, ist es unerheblich, ob bereits mit einem Enteignungsverfahren begonnen wurde oder andere rechtliche Schritte zur Durchsetzung der bereits bestehenden Verpflichtung erfolgt sind (VwGH 28.11.2007, 2007/14/0009). Unmittelbar drohend ist ein behördlicher Eingriff, wenn ein solcher nachweislich vom möglichen Enteignungswerber für den Fall der Ablehnung des Anbots angedroht worden ist.

Die Bestimmung will lediglich jene rechtsgeschäftliche Rechtsübertragung aus der steuerlichen Erfassung ausnehmen, die das gleiche Ergebnis zum Inhalt hat, welches – bei Unterbleiben einer rechtsgeschäftlichen Einigung – durch behördlichen Eingriff zwangsweise hergestellt wird. Es bestehen aber keine Bedenken, die Befreiung auch für zusätzlich abgelöste, aber an sich nicht von einem behördlichen Eingriff betroffene Flächen im Ausmaß von höchstens 20% der vom behördlichen Eingriff betroffenen Fläche zu gewähren (Freigrenze).

Die Veräußerung einer Liegenschaft (von Liegenschaftsteilen) an eine vom Enteignungswerber verschiedene Person ist keine Veräußerung zur Vermeidung eines unmittelbar drohenden behördlichen Eingriffs (VwGH 25.2.2003, 99/14/0316). Wird ein Vermögensgegenstand im Rahmen einer Zwangsversteigerung übertragen, so ist dies kein behördlicher Eingriff im Sinne einer Enteignung, sondern ein Veräußerungsgeschäft (VwGH 25.10.1995, 94/15/0009). Auch die Veräußerung wegen Verhaftung eines Steuerpflichtigen erfolgt nicht in Folge eines behördlichen Eingriffs (VwGH 3.8.2004, 2001/13/0128).

7371 (Behördlicher Eingriff)

Unter einem behördlichen Eingriff ist nicht jede behördliche Einwirkung auf ein Geschehen zu verstehen, sondern nur eine solche, mit der die öffentliche Hand Eigentumsrechte zu ihren Gunsten in einer Weise beeinträchtigt, dass – ohne Übertragung des Eigentums – das Eigentumsrecht an einer Sache mit enteignungsähnlicher Wirkung beschränkt wird. Als behördlicher Eingriff kommt daher nur eine Enteignung oder Beschränkung von Eigentumsrechten mit enteignungsähnlicher Wirkung in Betracht (vgl. VwGH 23.03.2010, 2005/13/0017). Kein behördlicher Eingriff ist die bescheidmäßige Aufforderung, Schadholz zu fällen und zu entrinden bzw. in geeigneter Weise bekämpfungstechnisch zu behandeln (VwGH 09.09.1998, 95/14/0017).

7372 (Drohende Enteignung)

Für die Annahme einer nachweisbar unmittelbar drohenden Enteignung ist auch schon die tatsächliche Androhung einer gesetzlich zulässigen Enteignung ausreichend; konkrete Maßnahmen in Richtung Enteignung sind nicht erforderlich (VwGH 19.3.1986, 85/13/0168). Die Verteilung setzt nicht voraus, dass das enteignete Wirtschaftsgut nach Art und Umfang mit jenem ident ist, das der Enteigner für den der Enteignungsmaßnahme zu Grunde liegenden Zweck benötigt. Auch wenn der Enteigner nur Interesse an einer unbebauten Liegenschaft hat, kann der Enteignete die Verteilungsregelung für alle jene Wirtschaftsgüter in Anspruch nehmen, über die ihm mit der Enteignung von Grund und Boden notwendigerweise die Verfügungsmacht entzogen wird, wie zB für stehendes Holz oder auf der Liegenschaft befindliche Baulichkeiten (VwGH 3.6.1987, 86/13/0207).

Kaufverträge, in denen lediglich als Erwerbszweck „für die Straßenerrichtung" angegeben ist, sind nicht von dieser Befreiung erfasst.

4. Erwerbsvorgänge im Bereich der Land- und Forstwirtschaft

4.1. Bäuerliche Übergabsverträge – weichende Kinder

4.1.1. Herausgabeanspruch

In bäuerlichen Übergabsverträgen wird oft als Auflage von den Übergebern vereinbart, dass die Übernehmer Grundstücke, die vorerst mitübergeben werden, auf Verlangen an weichende Kinder herausgeben müssen.

Wie hat bei Herausgabe (ab 1.6.2014) die Versteuerung zu erfolgen?

Handelt es sich um einen Erwerb von den Übergebern

- Verhältnis Kind, begünstigter Steuersatz und dreifacher Einheitswert

oder handelt es sich um einen Erwerb vom Übernehmer

- Geschwisterteil bzw. Schwager/Schwägerin, allgemeiner Steuersatz und gemeiner Wert?

Macht es dabei einen Unterschied, ob der Übergeber bzw. die Übergeber noch leben oder bereits verstorben sind?

Lösung:

Allgemein wird der Erwerb als hinsichtlich des Hofübernehmers auflösend bedingt anzusehen sein, wobei der Übereignungsanspruch zwischen Übergebern und weichendem Kind (letztlicher Empfänger) bzw. von den Übergebern an das weichende Kind begründet wird. Bei Eintritt der Bedingung erfolgt daher die Versteuerung als vom Übergeber bzw. den Übergebern her kommend, also von den Eltern an das weichende Kind. Voraussetzung ist, dass sich der Herausgabeanspruch des weichenden Kindes auf ein konkret angeführtes Grundstück oder auf eine Teilfläche in bestimmtem Ausmaß eines konkreten Grundstückes bezieht (näheres dazu siehe den folgenden Punkt 4.1.2.).

Entscheidend ist, dass die Anweisung zu Lebzeiten von den Eltern erteilt wurde. Es ist unmaßgeblich, ob diese im Zeitpunkt der Ausführung noch leben, da ganz allgemein in diesen Fällen die Übertragung direkt vom Hofübernehmer an das andere Kind erfolgt, auch wenn die Übergeber noch leben.

4.1.2. Bestimmt bezeichnetes Grundstück

Kommt es darauf an, ob das herauszugebende Grundstück genau bezeichnet ist (bereits vermessen oder genau bestimmt; eine bestimmte Fläche aus einem bestimmten Grundstück) oder noch eher unbestimmt ist (ein Grundstück in einer ungefähren Größe aus einer Auswahl von Grundstücken oder in einer bestimmten Lage) oder es sich das weichende Kind „frei aussuchen" kann und sich Übernehmer und anderes Kind erst über das genaue Grundstück einigen müssen?

Lösung:

Bei einem konkret bezeichnetem Grundstück ist ein Anspruch und Erwerb direkt von den Übergebern (= von den Eltern) her gegeben.

Kann hingegen das Kind frei aussuchen und muss es sich daher mit dem Hofübernehmer einigen, welches Grundstück es erhält, dann wird der Übereignungsanspruch auf das konkrete Grundstück erst durch die Vereinbarung zwischen den Geschwistern begründet; dieser unentgeltliche Erwerb vom Geschwisterteil ist nicht begünstigt.

4.2. Unentgeltliche Übertragungen von land- und forstwirtschaftlichen Grundstücken im Familienverband im Zeitraum 1.6. bis 31.12.2014

Ist bei unentgeltlichen Übertragungen von land- und forstwirtschaftlichen Grundstücken im Familienverband im Zeitraum 1.6. bis 31.12.2014 (also vor Inkrafttreten des § 4 Abs. 2 Z 2 GrEStG 1987 idF der Novelle 2014) § 4 Abs. 2 Z 2 GrEStG 1987 idF vor der Novelle 2014 weiter anzuwenden (Besteuerung nach einfachem Einheitswert) oder kommt es auch bei Übergaben im begünstigten Familienkreis zu einer Besteuerung von den gemeinen Werten?

Lösung:

Weder/noch, für den Zeitraum 1.6.2014 bis 31.12.2014 ist – mangels einer gesonderten Regelung für die Übertragungen von land- und forstwirtschaftlichen Grundstücken – die Regelung des § 4 Abs. 2 Z 1 GrEStG 1987 anzuwenden. Dies bedeutet, dass bei unentgeltlichen Übertragungen im Familienverband der dreifache Einheitswert als Bemessungsgrundlage heranzuziehen ist.

4.3. Einheitswertbescheide auf Grund der Hauptfeststellung der Einheitswerte für die Land- und Forstwirtschaft zum 1.1.2014

Welcher Einheitswert ist heranzuziehen, wenn bei begünstigten Erwerbsvorgängen betreffend land- und forstwirtschaftliche Grundstücke, die nach dem 31.12.2014 verwirklicht werden oder für die die Steuerschuld oder ein Erhebungsgrund für die Steuer nach dem 31.12.2014 entsteht, der Einheitswert auf Basis der Hauptfeststellung 2014 noch nicht vorliegt?

Lösung:

Für Erwerbsvorgänge betreffend land- und forstwirtschaftliche Grundstücke, die innerhalb des begünstigten Familienkreises nach dem 31.12.2014 stattfinden, ist gemäß § 4 Abs. 2 Z 2 GrEStG 1987 der einfache Einheitswert als Bemessungsgrundlage heranzuziehen. Dabei ist gemäß § 6 Abs. 1 GrEStG 1987 jener Einheitswert maßgeblich, der auf den dem Erwerbsvorgang unmittelbar vorausgegangenen Feststellungszeitpunkt festgestellt ist. Solange ein Einheitswertbescheid auf Basis der Hauptfeststellung 2014 noch nicht ergangen ist, stellt der „alte" Einheitswert die Besteuerungsbasis dar. Ein nach der vorgenommenen Selbstberechnung oder nach Ergehen des Grunderwerbsteuerbescheides ergehender (vom alten Einheitswertbescheid abweichender) Einheitswertbescheid hat – sobald er rechtskräftig geworden ist – zu einer Festsetzung der selbstberechneten Grunderwerbsteuer gemäß § 201 Abs. 3 Z 3 BAO (etwa über Anregung des Steuerpflichtigen) oder zur Änderung des Grunderwerbsteuerbescheides gemäß § 295 Abs. 1 BAO zu führen.

5. Option zur günstigeren Besteuerung (§ 18 Abs. 2m und 2n GrEStG 1987)

5.1. Anzuwendende Rechtslage

Im Zusammenhang mit der Schenkung eines landwirtschaftlichen Grundstückes im Familienkreis erfolgt die Vertragsunterfertigung (Verwirklichung des Erwerbsvorganges) am 1.8.2014, eine aufschiebende Bedingung tritt am 1.2.2015 ein. Welche Rechtslage ist anzuwenden (alt oder neu), wenn keine Erklärung abgegeben wird?

Lösung:

Die Besteuerung hat nach jener Rechtslage zu erfolgen, die im Zeitpunkt des Entstehens der Steuerschuld gilt. Da die Steuerschuld gemäß § 8 GrEStG 1987 erst mit dem Eintritt der aufschiebenden Bedingung entsteht, gilt die Rechtslage ab 1.1.2015 (Bemessungsgrundlage = einfacher Einheitswert). Eine Option auf die Rechtslage zum Zeitpunkt der Verwirklichung des Erwerbsvorganges (Bemessungsgrundlage = dreifacher Einheitswert) wird in derartigen Fällen regelmäßig nicht in Betracht zu ziehen sein.

5.2. Erhebungsgrund für die Steuer nach Vertragsabschluss

Wann entsteht die Steuerschuld bzw. gilt der Erwerbsvorgang als verwirklicht? Mit Vertragsabschluss oder Fälligkeit der Steuer (am 15. des zweitfolgenden Monats)? Können Beispiele für den Fall genannt werden, dass ein Erhebungsgrund für die Steuer erst nach Vertragsabschluss entsteht?

Lösung:

Das Entstehen der Steuerschuld ist abschließend in § 8 GrEStG 1987 geregelt. Ein Erwerbsvorgang unter Lebenden ist grundsätzlich mit Vertragsabschluss verwirklicht (dh. wenn die Beteiligten im Verhältnis zueinander gebunden sind).

Beispiele für das spätere Entstehen eines Erhebungsgrundes sind die Nacherhebungen bei ursprünglich grunderwerbsteuerbefreiten Erwerbsvorgängen gemäß § 3 Abs. 1 Z 2 lit. d und § 3 Abs. 1 Z 7 GrEStG 1987.

5.3. Zeitpunkt der Option zur günstigeren Besteuerung

Kann die Option zur günstigeren Bemessung auch nach der Selbstberechnung bzw. Bescheiderstellung erfolgen?

Lösung:

Im Fall der Selbstberechnung kann die Option, die gegenüber dem Parteienvertreter schriftlich zu erklären ist, nur bis zur Selbstberechnung erfolgen; eine spätere Erklärung geht wegen der bereits vorgenommenen Selbstberechnung ins Leere. Die Voraussetzungen für die erstmalige Festsetzung der Grunderwerbsteuer (§ 201 Abs. 1 iVm Abs. 2 BAO) liegen nicht vor, weil die bekannt gegebene Selbstberechnung richtig ist.

Wird die Grunderwerbsteuer nicht selbst berechnet, kann die Option gegenüber dem Finanzamt bis zur Rechtskraft des Bescheides – sohin auch noch im Rechtsmittelverfahren – erklärt werden; eine bis dahin nicht erklärte Option kann nicht nachgeholt werden.

6. Sonstiges

6.1. Frage der Steuerbarkeit der Gegenleistung bei begünstigten Erwerben (Wechselwirkung zur Befreiung nach § 15 Abs. 3 GebG)

Bei Scheidungsfolgenvereinbarungen (gebührenrechtlich regelmäßig als Vergleich zu beurteilen, bei dem die Bemessung vom Wert der vereinbarten Leistungen erfolgt) werden vereinbarte Leistungen, die als Gegenleistung für die Übergabe eines Grundstücks, zB der Ehewohnung vereinbart werden, als gebührenfreie Leistungen beurteilt, weil sie (bei Eintritt der Bedingung der Scheidung) der Grunderwerbsteuer unterliegen und daher gemäß § 15 Abs. 3 GebG befreit sind.

Hat die Neuregelung der Bemessungsgrundlage, wonach bei einer Scheidung grundsätzlich und immer die Bemessung nach dem dreifachen Einheitswert erfolgt, darauf eine Auswirkung? Unterliegen solche vereinbarte Leistungen ab 1.6.2014 von vornherein nicht mehr der Grunderwerbsteuer im Sinne einer Nichtsteuerbarkeit, sodass § 15 Abs. 3 GebG darauf nicht mehr anwendbar wäre?

Lösung:

An der grundsätzlichen Steuerbarkeit einer vereinbarten Gegenleistung bzw. dem bedingt und mit einer Gegenleistung vereinbarten Grundstückserwerb ändert auch die neue Rechtslage ab 1.6.2014 nichts (§ 4 Abs. 1 GrEStG 1987).

Die begünstigte Besteuerung nach dem dreifachen (oder einfachen) Einheitswert gemäß § 4 Abs. 2 GrEStG 1987 n.F. ändert nichts an der Steuerbarkeit der Gegenleistung; sie bestimmt nur im Sinne einer Begünstigung eine andere, günstigere Bemessungsgrundlage (ähnlich einer Befreiung von der Grunderwerbsteuer, die auch nichts an der anzuwendenden Befreiung gemäß § 15 Abs. 3 GebG ändern würde).

Dasselbe gilt, wenn auch nicht als Begünstigung, wenn anstatt einer allenfalls vergleichsweise vereinbarten Gegenleistung ein höherer gemeiner Wert unter Fremden gemäß § 4 Abs. 2 Z 3 GrEStG 1987 n.F. die Bemessungsgrundlage bildet.

6.2. Mehrstufige Übertragungen („Kettenverträge“)

B will seiner Schwester A eine Liegenschaft schenken. Um Steuern zu sparen, schenkt B die Liegenschaft seiner Mutter und diese an ihre Tochter A weiter.

Lösung:

Liegt die Begründung für diese Vorgangsweise ausschließlich in der Steuerersparnis, dann liegt ein Missbrauch von Formen und Gestaltungsmöglichkeiten des bürgerlichen Rechts vor; der Besteuerung ist nach § 22 Abs. 2 BAO eine Schenkung zwischen den Geschwistern zugrunde zu legen (Bemessungsgrundlage gemeiner Wert, Steuersatz 3,5%).

Werden stichhaltige außersteuerliche Gründe für die gewählte Konstruktion vorgebracht (zB Ausgleich von gewährten Übervorteilen bei früheren Zuwendungen, Weitergabe aufgrund eigener Entscheidung der Mutter zur Vermögensverteilung bei unterschiedlichen erb/pflichtteils/anrechnungsrechtlichen Auswirkungen), sind jeweils die einzelnen Stufen der Grunderwerbsteuer zu unterziehen (Erwerbsvorgänge von B an die Mutter und weiterer Erwerbsvorgang von Mutter an T, jeweils zum dreifachen Einheitswert mit Steuersatz 2%).

6.3. Realteilung

Mutter und zwei Kinder nehmen eine Realteilung vor. Wie ist die Versteuerung hier zu beurteilen?

Lösung:

Die Frage, ob der Erwerbsvorgang befreit ist, ist nach den unveränderten Regelungen des § 3 Abs. 2 GrEStG 1987 zu beurteilen.

Für eine nicht befreite Realteilung gilt Folgendes:

Es liegen dabei jeweils begünstigte Erwerbe, von der Mutter her bzw. von den Kindern her kommend und nicht begünstigte, vom anderen Geschwisterteil her kommend, vor.

Hinsichtlich des Teils von der Mutter und den Kindern an diese erfolgt die Versteuerung grundsätzlich gemäß § 4 Abs. 2 Z 1 GrEStG 1987 nach dem dreifachen bzw. – bei land- und forstwirtschaftlichen Grundstücken ab 1.1.2015 – einfachen Einheitswert (steuerbare Bemessungsgrundlage).

Hinsichtlich des Teils vom Geschwisterteil ist der Tauschwert (gemeiner Wert) anzusetzen (steuerbare Bemessungsgrundlage).

6.4. Einheitswert, der nicht mehr aktuell ist

Wenn ein Parteienvertreter erkennt, dass der Einheitswert nicht mehr aktuell ist, hat er im Falle, dass er die Steuer nicht selbst berechnet, sondern lediglich eine Abgabenerklärung macht, vorher beim Lagefinanzamt zu veranlassen, dass der Einheitswert aktualisiert wird?

Lösung:

Gemäß § 80 Abs. 1 BewG 1955 muss derjenige, dem eine wirtschaftliche Einheit zuzurechnen ist, eine Erklärung gegenüber dem Lagefinanzamt abgeben, wenn Umstände vorliegen, die zu einer Fortschreibung oder Nachfeststellung führen und diese Umstände nicht gemäß Abs. 4 bis 6 leg.cit. (zB von den Grundbuchsgerichten, dem Bundesamt für Eich- und Vermessungswesen oder der SVA der Bauern) dem Finanzamt mitgeteilt werden.

Wird eine elektronische Abgabenerklärung an das FA GVG übermittelt, ist im Rahmen der Offenlegungs- und Wahrheitspflicht auf diese geänderten Umstände hinzuweisen, damit das FA GVG gemäß § 6 Abs. 3 GrEStG 1987 einen besonderen Einheitswert zum grunderwerbsteuerlich maßgeblichen Stichtag ermitteln kann, der der Besteuerung zu Grunde zu legen ist.

6.5. Erwerbe durch/von Privatstiftungen oder Personengesellschaften iSd UGB

Können Übertragungen von Grundstücken an/von Personengesellschaften (OG, KG), an denen ausschließlich Personen aus dem Familienkreis des § 7 Abs. 1 Z 1 GrEStG 1987 n.F. beteiligt sind, oder an/von (transparenten) Privatstiftungen, bei denen ertragsteuerlich das Grundstück weiterhin den natürlichen Personen zuzurechnen ist, als begünstigte Erwerbsvorgänge im Familienverband beurteilt werden?

Lösung:

Die Tatbestände des Grunderwerbsteuergesetzes knüpfen im Wesentlichen an zivilrechtliche Vorgänge und nicht an die wirtschaftliche Betrachtungsweise an. Bei einer Übertragung einer Liegenschaft an oder von einer Personengesellschaft/Privatstiftung wird oder war diese zivilrechtliche Eigentümerin des Grundstücks. § 7 Abs. 1 Z 1 GrEStG 1987 führt jene natürlichen Personen an, deren Grundstückserwerb dem begünstigten Steuersatz unterliegt.

Da weder Personengesellschaften („Familiengesellschaften") noch Privatstiftungen in dieser Gesetzesbestimmung angeführt sind, ist die Anwendung des § 4 Abs. 2 Z 1 lit. a GrEStG 1987 n.F. ausgeschlossen.

6.6. Ausscheiden des vorletzten Gesellschafters

Bei einer OG/KG scheidet der vorletzte Gesellschafter aus und es kommt zu einer Übernahme gemäß § 142 UGB. Liegt ein begünstigter Erwerb im Familienverband vor, wenn es sich bei den beiden Gesellschaftern um Personen aus dem begünstigten Familienkreis handelt?

Lösung:

Nein, die Lösung zu Punkt 6.5. gilt sinngemäß, weil bei Erwerb durch Anwachsung kein Erwerb vom vorletzten (ausgeschiedenen) Gesellschafter vorliegt.

6.7. Definition des Familienverbandes

Welcher Personenkreis ist von § 7 Abs. 1 Z 1 und 2 GrEStG 1987 (so genannter „Familienverband") betroffen? Fallen darunter zB auch Ehepartner des Stiefkindes?

Lösung:

Der Umfang des „Familienverbandes" lässt sich auf Grund des Gesetzestextes und unter Beachtung der höchstgerichtlichen Judikatur wie folgt darstellen:

- **Ehegatte bzw. eingetragener Partner:** zivilrechtlich, aufrechte Ehe/Partnerschaft;
- **Eltern:** § 42 ABGB, alle Verwandten in aufsteigender Linie; nicht aber Stief-, Wahl- und Schwiegereltern;
- **Kinder:** § 42 ABGB, alle Verwandten in absteigender Linie;
- **Stiefkinder:** eheliche und außereheliche Kinder des Ehegatten oder eingetragenen Partners; auch nach Scheidung bzw. Auflösung (§ 40 ABGB, Schwägerschaft);
  - alle in absteigender Linie,
  - auch Stiefkinder leiblicher Kinder;
- **Wahlkinder:** wie leibliche Kinder, alle in absteigender Linie;
- **Schwiegerkinder:** alle Ehegatten von Kindern, Wahlkindern und Stiefkindern

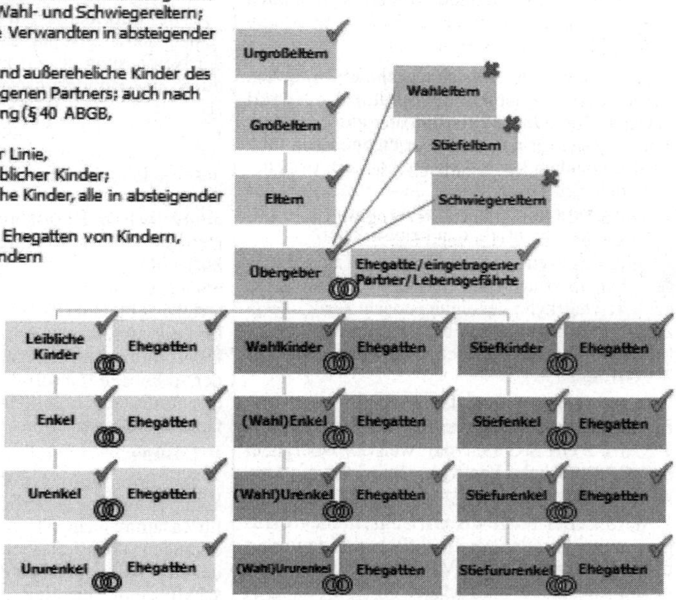

Bei den Lebensgefährten ist zu beachten, dass deren auf- und absteigende Linien nicht zum begünstigten Familienverband zählen.

6.7. Anteilsberichtigung im Wohnungseigentum

Wie ist vorzugehen, wenn es bei Wohnungseigentum zu nachträglichen Anteils-(Nutzwert-)Berichtigungen (zB weil die tatsächlich errichtete Wohnungsgröße von jener laut Bauplan abweicht) kommt?

Lösung:

Als Bemessungsgrundlage für die Grunderwerbsteuer ist grundsätzlich der gemeine Wert der verschobenen Anteile heranzuziehen. Bei Verschiebungen um maximal 15% der gesamten Wohnungseigentumsanteile bestehen keine Bedenken davon auszugehen, dass für die verschobenen Anteile der gemeine Wert mit Null anzusetzen ist, wenn ein (vertraglicher) Anspruch auf eine unentgeltliche Anteilsberichtigung besteht.

7/10.

Vorgangsweise bei verschiedenen Sachverhalten im Zusammenhang mit dem Grunderwerbsteuergesetz in der Fassung des StRefG 2015/2016 und des AbgÄG 2015

(Info des BMF vom 13.05.2016, BMF-010206/0058-VI/5/2016)

1. § 1 GrEStG (Grunderwerbsteuertatbestände)

1.1. § 1 Abs. 1 und 2 GrEStG

1.1.1. Übergeber hat weiterhin wirtschaftliche Verfügungsmacht

Wie ist eine Grundstücksschenkung zu besteuern, wenn sich der Übergeber ein Fruchtgenussrecht in einem Umfang vorbehält, der dazu führt, dass der Übergeber auch nach der Übergabe die wirtschaftliche Verfügungsmacht über das Grundstück iSd § 1 Abs. 2 GrEStG 1987 hat? Welche Folge hat es, wenn die wirtschaftliche Verfügungsmacht im Todesfall des Übergebers an den überlebenden Ehepartner übergeht?

Lösung:

Wirtschaftliche Verfügungsmacht über ein Grundstück hat nach der Judikatur des VwGH (VwGH 12.02.1986, 84/16/0186) derjenige, der sich den Wert der Grundstücke für eigene Rechnung nutzbar machen kann. Dazu gehört zB, dass der zivilrechtliche Eigentümer das Grundstück auf Weisung verkaufen muss und der wirtschaftliche Verfügungsberechtigte den Erlös lukriert.

Wird das zivilrechtliche Eigentum an der Liegenschaft übertragen und behält sich der Übergeber die wirtschaftliche Verfügungsmacht zurück, liegt zum Zeitpunkt dieser Übertragung nur ein Erwerbsvorgang vor, nämlich jener nach § 1 Abs. 1 Z 1 GrEStG 1987.

Die Zurückbehaltung der wirtschaftlichen Verfügungsmacht stellt keinen Erwerbsvorgang nach § 1 Abs. 2 GrEStG 1987 dar, weil der Übergeber die wirtschaftliche Verfügungsmacht ja nicht erwirbt, sondern sich diese zurückbehält.

Wird in der Folge die wirtschaftliche Verfügungsmacht an den zivilrechtlichen Eigentümer übertragen, stellt dieser Vorgang einen weiteren grunderwerbsteuerpflichtigen Vorgang dar (Erwerb der wirtschaftlichen Verfügungsmacht nach § 1 Abs. 2 GrEStG 1987). Für diesen Vorgang kann bei Vorliegen der Voraussetzungen § 1 Abs. 4 GrEStG 1987 in Betracht kommen; nach dieser Bestimmung wird die Steuer nur insoweit erhoben, als die Bemessungsgrundlage für den späteren Erwerbsvorgang den Betrag übersteigt, bei dem beim vorangegangenen Rechtsvorgang die Steuer berechnet worden ist.

Beispiel:

Der Vater überträgt der Tochter im Jahr 2016 ein Grundstück, behält sich aber das Fruchtgenussrecht vor und auch, dass die Tochter das Grundstück nur auf seine Anordnung verkaufen darf und er den Verkaufserlös erhält. Die Bemessungsgrundlage für diese Übertragung ist der Grundstückswert.

Im Jahr 2017 stirbt der Vater, die Tochter erlangt die wirtschaftliche Verfügungsmacht. Bemessungsgrundlage ist ebenfalls der Grundstückswert.

Hat sich der Grundstückswert nicht geändert – etwa weil die Verordnung, nach der für den Erwerbsvorgang im Jahr 2016 der Grundstückswert ermittelt wurde, auch im Jahr 2017 gilt –, ist für den Erwerb im Jahr 2017 aufgrund der Anrechnungsbestimmung des § 1 Abs. 4 GrEStG 1987 keine Grunderwerbsteuer zu entrichten.

Überträgt der wirtschaftlich Verfügungsberechtigte die Verwertungsbefugnis an eine andere Person, ohne dass sich in dem Eigentum des zivilrechtlichen Eigentümers etwas ändert, unterliegt dieser Vorgang der Grunderwerbsteuer nach § 1 Abs. 2 GrEStG 1987.

1.1.2. Anwachsung – Von wem wird erworben?

In der Information zur „Vorgangsweise bei verschiedenen Sachverhalten im Zusammenhang mit der Neufassung des Grunderwerbsteuergesetzes durch das Bundesgesetz BGBl. I Nr. 36/2014“ (BMF 11.11.2014, BMF-010206/0101-VI/5/2014) wird in Punkt 6.6 ausgeführt, dass im Fall der Anwachsung kein Erwerb vom vorletzten (ausgeschiedenen) Gesellschafter, sondern von der Personengesellschaft stattfindet und daher niemals ein Erwerb im Familienverband vorliegen kann. Dem steht das Erkenntnis des VwGH 23.1.1986, 84/16/0155, gegenüber, wonach dann, wenn aus einer Gesellschaft, die nur aus zwei Gesellschaftern besteht, einer der Gesellschafter ausscheidet und der andere das ihm eingeräumte Recht auf Übernahme des Unternehmens geltend macht, der verbliebene Gesellschafter den restlichen Miteigentumsanteil unmittelbar vom ausgeschiedenen Gesellschafter erwirbt.

Lösung:

Das Erkenntnis des VwGH ist zu einer vollkommen anderen steuerlichen Rechtslage (die noch im Zusammenhang mit dem ErbStG gestanden ist) ergangen. Vor allem aber hat sich das Verständnis der Rechtsfähigkeit von Personen(handels)gesellschaften durch das HaRÄG (BGBl. I Nr. 120/2005) wesentlich geändert: Mit Wirksamkeit ab 1.1.2007 wurde eine umfassende, auch im (Innen-)Verhältnis zu den Gesellschaftern bestehende Vollrechtsfähigkeit angeordnet. Nunmehr bestehen diese Gesellschaften nicht nur durch, sondern auch neben ihren Gesellschaftern. Das Gesellschaftsvermögen steht ausschließlich der Gesellschaft und nicht (auch nicht anteilig) den Gesellschaftern zu (siehe Torggler in Straube/Ratka/Rauter, Tz 20 zu § 105 UGB). Demgegenüber waren OHG und KG gemäß § 124 HGB zwar im Außenverhältnis umfassend rechtsfähig, das Gesellschaftsvermögen stand aber den Gesellschaftern gemeinschaftlich zu.

Bereits im Protokoll über die Bundessteuertagung Gebühren und Verkehrsteuern – Ergebnisse

2007 ist unter Punkt 4.8. Folgendes festgehalten (die folgenden Gesetzeszitate beziehen sich auf das GrEStG in der für das Jahr 2007 geltenden Fassung):

„§ 7 GrEStG 1987 – Steuersatz bei Anwachsung

Sachverhalt:

Bei einer zweigliedrigen Personengesellschaft tritt ein Gesellschafter aus und es tritt Anwachsung gemäß § 142 UGB ein.

Fragestellung:

Welcher Steuersatz ist auf die ermittelte Gegenleistung anzuwenden, wenn ein Verwandtschaftsverhältnis im Sinne des § 7 Z 1 GrEStG 1987 zwischen dem ausscheidenden und dem verbleibenden Gesellschafter vorliegt?

Lösung:

Es ist der Steuersatz gemäß § 7 Z 3 GrEStG 1987 anzuwenden.

Die Übernahme gemäß § 142 UGB bewirkt eine Universalsukzession und verwandelt das bisherige im Gesamthandeigentum stehende Gesellschaftsvermögen in Alleineigentum des Übernehmers (vgl. VwGH 21.12.2000, 2000/16/0563). Die Gesellschaft darf in dieser Eigenschaft nicht mit ihren Gesellschaftern gleichgesetzt werden (vgl. OGH 29.08.1995, 5 Ob 59/95, HS 26.043), vielmehr sind das Gesellschaftsvermögen und das Vermögen der Gesellschafter zu trennen (Trennungsprinzip). An dem der Gesellschaft als Rechtsträger zugeordneten Gesamthandvermögen sind die Gesellschafter nur mittelbar über ihre Mitgliedschaft beteiligt. An den zum Gesellschaftsvermögen gehörenden einzelnen Objekten haben die Gesellschafter keinerlei Anteil.

Nachdem die Gesamtrechtsnachfolge gemäß § 142 UGB bewirkt, dass der verbleibende Gesellschafter in alle Rechtspositionen der früheren Gesellschaft eintritt und das bisher im Gesamthandeigentum stehende Vermögen der Gesellschaft in das Alleineigentum des verbliebenen Gesellschafters übergeht (vgl. VwGH 18.11.1993, 92/16/0109; VwGH 19.01.1994, 93/16/0139), erfolgt der Erwerb von der Gesellschaft und ist der Steuersatz gemäß § 7 Z 3 GrEStG 1987 anzuwenden.“

Im Ergebnis erwirbt im Fall einer Anwachsung gemäß § 142 UGB der verbliebene Gesellschafter von der untergehenden Personengesellschaft und nicht vom vorletzten Gesellschafter.

1.1.3. Anteilsvereinigung gemäß § 1 Abs. 3 GrEStG bei Anwachsung gemäß § 142 UGB?

Geht die Anwachsung auch im Anwendungsbereich des GrEStG idF ab 1.1.2016 der Anteilsvereinigung gemäß § 1 Abs. 3 GrEStG 1987 vor? Wie ist das Verhältnis der Anwachsung zum Übergang aller Anteile an einer Personengesellschaft gemäß § 1 Abs. 2a GrEStG 1987?

Lösung:

Nach der Judikatur des VwGH kann eine Anwachsung nicht in eine Anteilsvereinigung und einen dadurch bedingten Untergang der Anteile mit anschließendem Vermögensübergang in der Form der Anwachsung aufgespalten werden. Daran hat sich auch durch die Absenkung der Tatbestandserfüllungsschwelle von allen Anteilen auf 95% der Anteile nichts geändert; die Anwachsung (Erwerbsvorgang gemäß § 1 Abs. 1 Z 2 GrEStG 1987) geht daher der Anteilsvereinigung gemäß § 1 Abs. 3 GrEStG 1987 vor.

Werden alle Anteile an einer grundstücksbesitzenden Personengesellschaft auf einen einzigen „neuen Gesellschafter“ übertragen, liegt ein Erwerb gemäß § 1 Abs. 1 GrEStG 1987 und nicht gemäß § 1 Abs. 2a GrEStG 1987 vor.

Findet die Anwachsung aufgrund eines Umgründungsvorganges gemäß UmgrStG statt, beträgt die Steuer gemäß § 4 Abs. 1 erster Satz iVm § 7 Abs. 1 Z 2 lit. c GrEStG 1987 grundsätzlich 0,5% der Grundstückswerte der erworbenen Grundstücke.

1.2. § 1 Abs. 2a GrEStG

1.2.1. Übertragung auf neue Gesellschafter

§ 1 Abs. 2a GrEStG 1987 normiert, dass Grunderwerbsteuer ausgelöst wird, wenn innerhalb von fünf Jahren 95% der Anteile einer Personengesellschaft auf neue Gesellschafter übergehen.

Beispiel:

Zum 1.1.2016 halten A und B jeweils 48%, C und D jeweils 2% an einer OG. Am 1.1.2017 überträgt A seine Anteile an C, am 1.1.2018 überträgt B seiner Anteile an D.

Lösung:

Im angeführten Beispiel sind zwar innerhalb von fünf Jahren 95% der Anteile an der OG übertragen worden, aber nicht an neue Gesellschafter, da C und D zu den Zeitpunkten der jeweiligen Erwerbsvorgänge (1.1.2017 und 1.1.2018) bereits Gesellschafter der OG waren.

Der Tatbestand des § 1 Abs. 2a GrEStG 1987 wird daher nicht verwirklicht.

Ergänzend ist festzuhalten, dass der Tatbestand des § 1 Abs. 2a GrEStG 1987 dann nicht erfüllt wird, wenn die Anteile am Gesellschaftsvermögen auf Gesellschafter übergehen, die bereits am Gesellschaftsvermögen beteiligt sind. „Neue Gesellschafter“ sind daher jene, die bisher noch nicht am Gesellschaftsvermögen beteiligt waren. Daraus ergibt sich, dass der Erwerb von Anteilen am Gesellschaftsvermögen durch Personen, die noch nicht am Gesellschaftsvermögen beteiligt waren, selbst dann wenn sie bereits Gesellschafter der Personengesellschaft sind (Arbeitsgesellschafter), jedenfalls tatbestandsmäßig ist und für die Berechnung der 95%-Schwelle zu berücksichtigen ist.

1.2.2. Anteilsübertragungen bei Personengesellschaften

Ist nach einer Tatbestandsverwirklichung gemäß § 1 Abs. 2a GrEStG 1987 hinsichtlich der Fünfjahresfrist der „Zähler auf Null“ zu setzen?

Beispiel:

A ist zu 3%, B zu 27%, C zu 35% und D ebenso zu 35% an der grundstücksbesitzenden OG beteiligt.

Am 1.1.2017 verkauft B seine Beteiligung an X.

Am 1.1.2018 verkauft C seine Beteiligung an Y.

Am 1.1.2019 verkauft D seine Beteiligung an Z. > Tatbestand § 1 Abs. 2a GrEStG 1987 ist erfüllt.

Am 1.1.2020 überträgt A seine Beteiligung an W.

Lösung:

Wird der Tatbestand des Überganges von mindestens 95% der Anteile am Gesellschaftsvermögen auf neue Gesellschafter verwirklicht, dann beginnt die Fünfjahresfrist des § 1 Abs. 2a GrEStG 1987 mit der nächsten Anteilsübertragung erneut zu laufen.

Im Beispiel wird nach der am 1.1.2019 erfolgten Tatbestandsverwirklichung der „Zähler auf Null" gesetzt. Mit der Anteilsübertragung durch A am 1.1.2020 beginnt ein neuer Fristenlauf.

1.2.3. Erreichen der 95%-Schwelle

Kann durch die mehrmalige Übertragung desselben Anteils der Tatbestand des § 1 Abs. 2a GrEStG 1987 verwirklicht werden?

Beispiel:

An der ABC-OG sind A, B und C zu jeweils einem Drittel beteiligt. C übergibt einen Drittelanteil an K, dieser schenkt ihn L, diese wiederum M (= 3 x 33,3%).

Lösung:

Durch die mehrmalige Übertragung ein und desselben Anteils kann der Tatbestand des § 1 Abs. 2a GrEStG 1987 nicht verwirklicht werden, da vorausgesetzt wird, dass 95% der Anteile am Gesellschaftsvermögen auf neue Gesellschafter übergehen. Wird immer derselbe Anteil weitergegeben, geht auch immer nur der entsprechende prozentuelle Anteil am Gesellschaftsvermögen über (im Beispiel gehen daher nur 33,33% der Anteile auf neue Gesellschafter über; 66,67% der Anteile – nämlich jene von A und B – bleiben unverändert).

1.2.4. Änderung des Grundstücksbestandes bei einer Personengesellschaft

Eine grundstücksbesitzende Personengesellschaft verändert (vermindert/erhöht) ihren Grundstücksbestand. Hat diese Änderung auf die Verwirklichung des Tatbestandes gemäß § 1 Abs. 2a GrEStG 1987 einen Einfluss?

Beispiel:

Eine OG (A, B und C sind zu je einem Drittel beteiligt) ist Eigentümerin der Grundstücke X und Y. Am 1.8.2016 veräußern A und B ihre Anteile an D. Die OG verkauft am 1.9.2017 das Grundstück Y. Am 1.1.2018 veräußert C seinen Anteil an E, womit der Tatbestand des § 1 Abs. 2a GrEStG 1987 erfüllt ist.

Lösung:

§ 1 Abs. 2a GrEStG 1987 stellt darauf ab, dass eine Personengesellschaft über ein inländisches Grundstück verfügt und dass eine qualifizierte Änderung des Gesellschafterbestandes innerhalb von fünf Jahren erfolgt. Dabei sind Anteilsübertragungsvorgänge nur dann relevant, wenn im Zeitpunkt des Anteilserwerbes Grundstücke im Vermögen der Personengesellschaft vorhanden sind. Werden daher Anteile am Gesellschaftsvermögen zu einem Zeitpunkt erworben, zu dem keine Grundstücke im Vermögen der Personengesellschaft vorhanden sind, haben diese Anteilserwerbe keine Auswirkung auf die Ermittlung der 95%-Schwelle. Der Tatbestand gemäß § 1 Abs. 2a GrEStG 1987 ist somit nur dann verwirklicht, wenn innerhalb eines Zeitraumes von 5 Jahren Anteile am Gesellschaftsvermögen in einem Ausmaß von 95% übertragen werden, sofern zum Zeitpunkt der Übertragung Grundstücke zum Vermögen der Personengesellschaft gehört haben.

Wird der Tatbestand verwirklicht, sind mangels Bezugnahme auf konkrete Grundstücke die Grundstückswerte jener Grundstücke, die im Zeitpunkt der Tatbestandsverwirklichung zum Vermögen der Personengesellschaft gehören, der Besteuerung zu unterziehen.

Im Beispiel ist daher nur vom Grundstückswert des Grundstückes X Grunderwerbsteuer zu entrichten.

1.3. § 1 Abs. 3 GrEStG

1.3.1. Treuhändig gehaltene Anteile (1; siehe auch Punkt 1.4.5.)

A hält eigenhändig 90% an einer grundstücksbesitzenden GmbH. A erwirbt im Jahr 2016 von C weitere 6%; hinsichtlich dieser 6% tritt er für B als Treuhänder auf. Die restlichen 4% werden von B eigenhändig gehalten.

Lösung:

Da die treuhändig gehaltenen Anteile dem Treugeber nach § 1 Abs. 3 letzter Satz GrEStG 1987 zugerechnet werden, liegt keine Anteilsvereinigung vor (A hält 90%, B 10%).

1.3.2. Halten eigener Anteile

Sind selbst gehaltene Anteile bei der Bemessung der 95%-Grenze außer Ansatz zu lassen?

Beispiel:

Eine AG hält 10% selbst, die Aktionäre A und B halten 89% und 1%. A überträgt seine gesamte Beteiligung (89%) an B.

Lösung:

Nach der Rechtslage bis zum StRefG 2015/2016 war die Erfüllung des Anteilsvereinigungstatbestandes nur möglich, wenn 100% der Anteile an einer Gesellschaft in der Hand einer Person vereinigt wurden. Wurden Anteile von der Gesellschaft selbst gehalten, war die Erfüllung des Tatbestandes daher nicht möglich (siehe Arnold/Hristov in Arnold/Arnold, GrEStG12 § 1 Rz 373 und 381). Mangels einer anderslautenden gesetzlichen Bestimmung und aufgrund der Tatsache, dass nach der geltenden österreichischen Rechtslage der Erwerb und das Halten eigener Anteile nur in bestimmten gesetzlich vorgegebenen Fallkonstellationen zulässig ist und in der Regel nur bei Aktiengesellschaften vorkommt (vgl. § 65 AktG und § 81 GmbHG), gilt dieser Grundsatz auch nach der Herabsetzung des für die Tatbestandserfüllung notwendigen Beteiligungsausmaßes auf mindestens 95% der Anteile (vgl auch die Materialien zum StRefG 2015/2016, ErlRV 684 BlgNr 25. GP 34).

1.3.3. Umgründungsvorgänge: Aufstocken/ Verwässerung der Beteiligungsquote

Wie sind die folgenden Sachverhalte zu beurteilen?

Beispiel 1:

Die A-GmbH ist zu 80% an der G-GmbH beteiligt, die restlichen 20% werden von der B-GmbH gehalten. Die G-GmbH besitzt ein Grundstück in Österreich. In 2016 bringt die A-GmbH einen Betrieb in die G-GmbH ein, als Gegenleistung gibt die G-GmbH neue Anteile aus. Nach der Einbringung des Betriebs ist die A-GmbH zu 95% an der G-GmbH beteiligt und die B-GmbH zu 5%.

Beispiel 2:

Die A-GmbH ist zu 99% am 31.12.2015 an der G-GmbH beteiligt, das restliche Prozent wird von der B-GmbH gehalten. Die G-GmbH besitzt ein Grundstück in Österreich. In 2016 bringt die B-GmbH einen Betrieb in die G-GmbH ein, als Gegenleistung gibt die G-GmbH neue Anteile aus. Nach der Einbringung des Betriebs ist die A-GmbH zu 95% an der G-GmbH beteiligt und die B-GmbH zu 5%.

Lösung:

Sobald eine Beteiligungshöhe von 95% erreicht wird, ist es für die Tatbestandserfüllung unmaßgeblich, ob das Beteiligungsausmaß originär oder derivativ erreicht wurde (vgl. VwGH zur Kapitalherabsetzung). Im Beispiel 1 wird daher eine Anteilsvereinigung gemäß § 1 Abs. 3 GrEStG 1987, im Beispiel 2 eine „Eintrittsbesteuerung" gemäß der Übergangsbestimmung des § 18 Abs. 2p GrEStG 1987 verwirklicht.

1.3.4. Anteilsvereinigung bei Unternehmensgruppen – Rückwirkende Gruppenbildung und Grunderwerbsteuerpflicht

Wie sind die folgenden Sachverhalte zu beurteilen?

Beispiel:

Die Konzerngesellschaften A, B und C sind Schwestergesellschaften. Die Muttergesellschaft M ist zu jeweils 100% an den Gesellschaften beteiligt. Am 1.5.2016 erwerben die Konzerngesellschaften B und C jeweils 50% an der grundstücksbesitzenden G-GmbH.

Variante 1:

Am 20.12.2016 stellen M, A, B und C den Antrag zur Feststellung einer Unternehmensgruppe, die rückwirkend ab 1.1.2016 wirksam ist. Der Bescheid wird 2017 ausgestellt.

Variante 2:

In 2017 wird die Unternehmensgruppe von M, A, B und C gebildet.

Muss die Unternehmensgruppe im Zeitpunkt des Anteilserwerbs schon bestehen bzw. rechtskräftig festgestellt sein?

Lösung:

Entscheidend ist das Datum der Wirksamkeit des Gruppen-Feststellungsbescheides, nicht das Bescheiddatum. Dies bedeutet, dass

- bei Variante 1 die GrESt-Pflicht gegeben ist, da die Unternehmensgruppe rückwirkend mit a1.1.2016 wirksam ist, und
- bei Variante 2 die Gruppenbildung in 2017 keine Grunderwerbsteuer auslöst, da die Unternehmensgruppe im Zeitpunkt des Anteilserwerbs (2016) ertragsteuerlich nicht wirksam war.

Bei Variante 1 wird der Erwerbsvorgang (rückwirkend) zum 1.5.2016 verwirklicht, die Steuerschuld entsteht mit Rechtskraft des Gruppenbescheides.

1.3.5. Rückabwicklung der Gruppe und Grunderwerbsteuerpflicht

Wie sind die folgenden Sachverhalte zu beurteilen?

Beispiel:

Die Konzerngesellschaften A, B und C sind Schwestergesellschaften. Die Muttergesellschaft M ist zu jeweils 100% an den Gesellschaften beteiligt. Die Unternehmensgruppe besteht seit 2014. Am 1.5.2016 erwerben die Konzerngesellschaften B und C jeweils 50% an der grundstücksbesitzenden G-GmbH.

Variante 1: Im Dezember 2016 scheidet die Erwerbergesellschaft B aus der Unternehmensgruppe aus. Die Mindestbehaltefrist von drei Jahren wurde nicht erfüllt, die Gruppenmitgliedschaft von B wird rückabgewickelt.

Variante 2: Im Dezember 2016 veräußert M die Anteile an A, B und C an eine andere Gesellschaft. Wegen Nichterreichens der Mindestbehaltefrist kommt es zu einem rückwirkenden Wegfall der gesamten Unternehmensgruppe.

Lösung:

Am 1.5.2016 wird eine Anteilsvereinigung in der Gruppe verwirklicht; Grunderwerbsteuer ist zu entrichten.

Scheidet bei Variante 1 das Gruppenmitglied B innerhalb der 3-Jahresfrist aus und wird dessen Gruppenmitgliedschaft rückabgewickelt, so hat der Erwerb der Anteile an der G-GmbH durch A und B rückwirkend zu keiner GrESt-Pflicht geführt, weil in der Gruppe nur 50% der Anteile an der G-GmbH gehalten werden.

Ebenso wird bei Variante 2, bei der die gesamte Unternehmensgruppe wegen Nichterreichens der Mindestbehaltefrist rückabgewickelt wird, rückwirkend kein GrESt-Tatbestand verwirklicht.

Es liegt in beiden Fällen ein rückwirkendes Ereignis gemäß § 295a BAO vor. Wurde die Grunderwerbsteuer auf Grund einer Abgabenerklärung bescheidmäßig vorgeschrieben, kann der Grunderwerbsteuerbescheid gemäß § 295a BAO abgeändert werden. Wurde die Grunderwerbsteuer hingegen selbstberechnet, kann eine Festsetzung der Abgabe mit Abgabenbescheid gemäß § 201 Abs. 2 Z 5 BAO („wenn bei sinngemäßer Anwendung des … § 295a die Voraussetzungen für eine Abänderung vorliegen würden") erfolgen.

1.3.6. Anteilsübertragungen innerhalb der Unternehmensgruppe – Änderung des Zurechnungssubjektes

a) Anteilskonzentration beim Gruppenmitglied:

Beispiel:

Die Unternehmensgruppe besteht aus der M-GmbH als Gruppenträger, der zu jeweils 100% an den Gesellschaften A, B und C beteiligt ist. Die A-GmbH hält 5%, die B-GmbH 45% und die C-GmbH 50% an der grundstücksbesitzenden G-GmbH. Die B-GmbH überträgt ihre 45%-ige Beteiligung an der G-GmbH an die C-GmbH, womit das Gruppenmitglied C-GmbH 95% an der G-GmbH hält.

Lösung:

Durch den Erwerb des 45%-Anteils durch das Gruppenmitglied C und der dadurch eintretenden Vereinigung von (mindestens) 95% der Anteile an der grundstücksbesitzenden G-GmbH wird der Tatbestand des § 1 Abs. 3 GrEStG 1987 durch C erfüllt. Es kommt daher zu einer sogenannten „Verdichtung" und zu einem Zurechnungswechsel hinsichtlich der Beteiligung an der G-GmbH: Die Anteile an der G-GmbH sind nicht mehr in der Hand der Unternehmensgruppe, sondern alleine in der Hand der Gesellschaft C vereinigt. Da die Gesellschaft C ein Gruppenmitglied ist, wird die Anteilsvereinigung innerhalb der gleichen Unternehmensgruppe verwirklicht, womit die Bestimmungen über die Differenzbesteuerung gemäß § 1 Abs. 5 GrEStG 1987 zur Anwendung kommen. Dabei wird die Steuer nur insoweit erhoben, als die Bemessungsgrundlage (Grundstückswert der erworbenen Grundstücke) für diesen Erwerbsvorgang höher ist, als die Bemessungsgrundlage für den früheren Erwerbsvorgang (Anteilsvereinigung in der Hand der Unternehmensgruppe).

b) Gruppe wird Zurechnungssubjekt 1:

Beispiel:

Die Unternehmensgruppe besteht aus der M-GmbH als Gruppenträger, der zu jeweils 100% an den Gesellschaften A und B beteiligt ist. Die A-GmbH ist zu 95% an der grundstücksbesitzenden G-GmbH beteiligt. Die A-GmbH überträgt 45% ihrer Beteiligung an der G-GmbH an die B-GmbH.

Lösung:

Durch den Erwerb des 45%-Anteils des Gruppenmitglieds A durch das Gruppenmitglied B und der dadurch eintretenden Vereinigung von (mindestens) 95% der Anteile an der grundstücksbesitzenden G-GmbH wird der Tatbestand des § 1 Abs. 3 GrEStG 1987 durch die Unternehmensgruppe erfüllt. Es kommt daher zu einer sogenannten „Entdichtung" (Verwässerung) und zu einem Zurechnungswechsel hinsichtlich der Beteiligung an der G-GmbH: Die Anteile an der G-GmbH sind nunmehr in der Hand der Unternehmensgruppe vereinigt.

Hat die Gesellschaft A als Gruppenmitglied bereits den Anteilsvereinigungstatbestand erfüllt, wird die Anteilsvereinigung innerhalb der gleichen Unternehmensgruppe verwirklicht, womit die Bestimmungen über die Differenzbesteuerung gemäß § 1 Abs. 5 GrEStG 1987 zur Anwendung kommen. Dabei wird die Steuer nur insoweit erhoben, als die Bemessungsgrundlage (Grundstückswert der erworbenen Grundstücke) für diesen Erwerbsvorgang höher ist, als die Bemessungsgrundlage für den früheren Erwerbsvorgang.

c) Gruppe wird Zurechnungssubjekt 2:

Beispiel:

Ausgangsstruktur zum 31.12.2015: Die Unternehmensgruppe besteht aus der M-GmbH als Gruppenträger, der zu jeweils 100% an den Gesellschaften A, B und C beteiligt ist. Die A-GmbH hält 100% an der grundstücksbesitzenden G-GmbH. Die A-GmbH überträgt 40% ihrer Beteiligung an der G-GmbH an die B-GmbH und 60% ihrer Beteiligung an der G-GmbH an die C-GmbH.

Lösung:

Siehe Lösung zu Beispiel b).

Wie in der Anfrage ausgeführt, stellt die Anteilsvereinigung in der Hand einer Unternehmensgruppe eine eigenständige Tatbestandsvariante dar. Diese Tatbestandsvariante kann auch dann erfüllt werden, wenn bereits ein Gruppenmitglied hinsichtlich derselben Gesellschaft den Anteilsvereinigungstatbestand erfüllt hat. Gerade für solche Fälle ist die Differenzbesteuerung gemäß § 1 Abs. 5 GrEStG 1987 neu geschaffen worden.

Dieser Systematik stehen auch die Inkrafttretensbestimmungen nicht entgegen: Diese Bestimmungen sollen lediglich eine nochmalige Anteilsvereinigung bei derselben Person verhindern. Im Fall der Anteilsvereinigung in der Hand der Unternehmensgruppe handelt es sich aber gerade nicht um dieselbe Person.

1.4. § 1 Abs. 3 iVm § 18 Abs. 2p GrEStG

1.4.1. Oszillieren von 95% bis 100% und weitere Übertragungsvorgänge

Nach den EB zum AbgÄG 2015 „führen weitere Erwerbe (Aufstockungen) nicht zu einer neuerlichen Tatbestandserfüllung". Gilt der „Grundsatz" der einmaligen Nacherfassung nach den Übergangsbestimmungen auch für das anschließende Abstocken?

Beispiel:

An der grundstücksbesitzenden G-GmbH sind am 31.12.2015 A zu 98% sowie B und C jeweils zu 1% beteiligt.

Variante 1: 2017 überträgt A 2% an den D und löst damit eine steuerpflichtige Anteilsvereinigung nach § 18 Abs. 2p GrEStG 1987 aus. In 2018 veräußert A ein weiteres Prozent seiner Beteiligung an der G-GmbH an den E.

Variante 2: 2017 überträgt A 4% an den D und löst damit keine steuerpflichtige Anteilsvereinigung aus, weil er danach weniger als 95% der Anteile hält. Im Jahr 2018 erwirbt er die beiden 1-prozentigen Anteile von B und C.

Lösung:

Sobald auf Grund der Übergangsbestimmung eine „Eintrittssteuer" angefallen ist, führen weder das Aufstocken noch das Abstocken des Beteiligungsausmaßes zu einer neuen Tatbestandsverwirklichung. Bezogen auf die betreffende Beteiligung kann eine Anteilsvereinigung erst dann erneut verwirklicht werden, wenn das Beteiligungsausmaß auf unter 95% sinkt und dann wieder auf mindestens 95% aufgestockt wird.

1.4.2. Übertragung von Minderheitsanteilen

Wie ist der folgende Sachverhalt zu beurteilen?

Beispiel:

An der grundstücksbesitzenden G-GmbH sind am 31.12.2015 A zu 96%, B und C jeweils zu 2% beteiligt. In 2017 überträgt C seine 2-prozentige Beteiligung an den Dritten D.

Lösung:

Werden ausschließlich Minderheitsanteile an andere Personen als den Mehrheitsgesellschafter „bewegt", wird keine Anteilsvereinigung beim Mehrheitsgesellschafter verwirklicht.

1.4.3. Abstocken eines Alleineigentümers

Wie ist der folgende Sachverhalt zu beurteilen?

Beispiel:

A ist am 31.12.2015 an der A-GmbH zu 100% beteiligt. Die A-GmbH besitzt ein Grundstück in Österreich. In 2016 veräußert A 4% an den B.

Lösung:

Vom Wortlaut des § 18 Abs. 2p GrEStG 1987 („Werden am 31. Dezember 2015 mindestens 95% der Anteile … gehalten, ist § 1 Abs. 3 … auch auf Rechtsvorgänge anzuwenden, sofern dadurch der Prozentsatz verändert wird, aber nicht unter 95% sinkt *und bezogen auf diese Anteile nicht bereits ein Tatbestand des § 1 Abs. 3 in der Fassung des Bundesgesetzes BGBl. I Nr. 118/2015 erfüllt wurde.*") wäre das Abstocken des Alleineigentümers miterfasst.

Sinn und Zweck der Übergangsbestimmung ist eine Art „Eintrittssteuer" in das seit 1.1.2016 geltende Grunderwerbsteuersystem, um eine doppelte Nichtbesteuerung zu vermeiden.

Wurde allerdings bis Ende 2015 bereits der Tatbestand der Vereinigung oder der Übertragung aller Anteile verwirklicht und dafür nachweislich Grunderwerbsteuer entrichtet, wäre die Verwirklichung einer nochmaligen Anteilsvereinigung nicht sachgerecht. Bei derartigen Sachverhalten ist daher der teleologischen Interpretation der Vorzug gegenüber der grammatikalischen Interpretation zu geben.

1.4.4. Unternehmensgruppe

Wie ist der folgende Sachverhalt zu beurteilen?

Beispiel:

Zum 31.12.2015 besteht die Unternehmensgruppe aus der M-GmbH als Gruppenträger, der zu jeweils 100% an den Gesellschaften A, B und C beteiligt ist. Die A-GmbH hält 5%, die B-GmbH 45% und die C-GmbH 50% an der grundstücksbesitzenden G-GmbH.

Lösen Übertragungsvorgänge innerhalb der Unternehmensgruppe (die A-GmbH verkauft ihre 5-%-Beteiligung an der G-GmbH an die B-GmbH; B wird auf die A-GmbH verschmolzen; A-GmbH bringt ihre Beteiligung in die C-GmbH ein,...) die Anteilsvereinigung iSd Übergangsbestimmung des § 18 Abs. 2p GrEStG 1987 aus?

Lösung:

Grundsätzlich können Anteilsverschiebungen in einer Unternehmensgruppe dazu führen, dass der Anteilsvereinigungstatbestand erfüllt wird. Nach der Inkrafttretensbestimmung des § 18 Abs. 2p GrEStG 1987 letzter Satz ist das jedenfalls dann der Fall, wenn am 31.12.2015 ein Ausmaß von mindestens 95% der Anteile an einer grundstücksbesitzenden Gesellschaft in der Hand einer Unternehmensgruppe gehalten wurde und ab dem 1.1.2016 Anteile innerhalb der Unternehmensgruppe – von einem Gruppenmitglied zu einem anderen Gruppenmitglied – übertragen werden. Diesfalls wird beim ersten Übertragungsvorgang der Anteilsvereinigungstatbestand erfüllt, weitere Übertragungsvorgänge sind hingegen nicht relevant, sofern nicht zwischenzeitlich das Beteiligungsausmaß von 95% unter- und anschließend wieder überschritten wird, oder es zu einer „Verdichtung" der Anteile bei einem einzelnen Gruppenmitglied kommt (siehe Lösung zu Beispiel a) in Punkt 1.3.6.).

Die Ausführungen unter Punkt 1.4.3. gelten mit der Maßgabe, dass bis Ende 2015 bereits der Tatbestand der Vereinigung oder der Übertragung aller Anteile in der Hand von Unternehmen iSd § 2 Abs. 2 UStG 1994 (herrschende und abhängige Unternehmen) verwirklicht wurde, diese Organschaft die gleiche Konstellation wie die spätere Gruppe aufweist und für den Vorgang nachweislich Grunderwerbsteuer entrichtet wurde.

1.4.5. Treuhändig gehaltene Anteile (2; siehe auch Punkt 1.3.1.)

Wie ist der folgende Sachverhalt zu beurteilen?

Beispiel:

An einer grundstücksbesitzenden GmbH sind am 31.12.2015 beteiligt: A, der 90% der Anteile als Treuhänder für B hält, B zusätzlich eigen-

GrEStG

händig zu 7%, C zu 2% und D zu 1%. In Jahr 2017 überträgt C 1% an D.

Lösung:

Es liegt keine Anteilsvereinigung vor, weil nicht die treuhändig gehaltenen Anteile „bewegt“ werden.

1.4.6. Treuhänderwechsel

Wie sind die folgenden Sachverhalte zu beurteilen?

Beispiel 1:

An einer grundstücksbesitzenden GmbH sind am 31.12.2015 beteiligt: A, der 90% der Anteile als Treuhänder für B hält, B zu 7%, C zu 2% und D zu 1%.

Löst ein im Jahr 2017 stattfindender Treuhänderwechsel die Steuerpflicht gemäß der Übergangsbestimmung des § 18 Abs. 2p GrEStG 1987 aus?

Beispiel 2:

B erwirbt am 1.5.2016 als Treuhänder für A 90% an einer grundstücksbesitzenden GmbH. Am 1.7.2016 erwirbt B weitere 6% für A. A verwirklicht somit eine Anteilsvereinigung gemäß § 1 Abs. 3 letzter Satz GrEStG 1987. Im Jahr 2017 findet ein Treuhänderwechsel statt.

Lösung:

Beispiel 1:

Es kommt darauf an, ob der Treuhandvertrag einen Treuhänderwechsel zulässt oder nicht. Ist ein direkter Treuhänderwechsel (dh ohne Rückübertragung auf den Treugeber) zulässig, werden keine Gesellschaftsanteile „bewegt“; ein grunderwerbsteuerpflichtiger Tatbestand wird nicht verwirklicht. Ist ein Treuhänderwechsel nicht ausdrücklich vertraglich geregelt, kommt es im Falle des „Austausches“ des Treuhänders zu einer Rückübertragung auf den Treugeber und Übertragung auf einen neuen Treuhänder. In diesem Fall wird die Steuerpflicht gemäß der Übergangsbestimmung des § 18 Abs. 2p GrEStG 1987 verwirklicht. Die Beurteilung kann daher nur im Einzelfall erfolgen.

Beispiel 2:

Da die Anteile dem Treugeber A zugerechnet werden und sich durch den Treuhänderwechsel keine Änderung an der Zurechnung der Anteile bei A ergibt, löst der Treuhänderwechsel keine weitere Steuerpflicht aus.

1.5. § 1 Abs. 5 GrEStG

1.5.1. Anwendungsbereich der Differenzbesteuerung – Auslegung der „gleichen“ Gruppe

Variante 1: Die Unternehmensgruppe besteht aus der M-GmbH als Gruppenträger, der zu jeweils 100% an den Gesellschaften A, B und C beteiligt ist. Die A-GmbH hält 5%, in 2017 erwirbt die B-GmbH 45% und die C-GmbH 50% an der grundstücksbesitzenden G-GmbH.

Der Anteilsvereinigungstatbestand wurde ausgelöst und führte zur Grunderwerbsteuerpflicht.

In 2018 wird die Unternehmensgruppe (ohne Rückabwicklung) aufgelöst. In 2019 wird die Gruppe in derselben Konstellation wieder neugebildet. In 2020 wird die B-GmbH auf die C-GmbH verschmolzen.

Variante 2: Die Unternehmensgruppe besteht aus der M-GmbH als Gruppenträger, der zu jeweils 100% an den Gesellschaften A, B und C beteiligt ist. Die A-GmbH hält 5%, in 2017 erwirbt die B-GmbH 45% und die C-GmbH 50% an der grundstücksbesitzenden G-GmbH.

Der Anteilsvereinigungstatbestand wurde ausgelöst und führte zur Grunderwerbsteuerpflicht.

In 2018 wird der Gruppenträger von der Erwerbergesellschaft E-GmbH erworben und eine neue Unternehmensgruppe mit E als Gruppenträger gebildet. In 2020 wird die B-GmbH auf die C-GmbH verschmolzen.

Ist die Differenzbesteuerung auf diese Rechtsvorgänge anwendbar? Wie ist das Tatbestandsmerkmal der gleichen Unternehmensgruppe auszulegen?

Lösung:

Das Kriterium der *„gleichen Unternehmensgruppe“* gemäß § 1 Abs. 5 GrEStG 1987 ist derart auszulegen, dass auf den aufrechten Bestand der Gruppe aus ertragsteuerlicher Sicht abgestellt wird. Wenn eine Gruppe aufgelöst wird, können danach stattfindende Anteilsvereinigungsvorgänge nicht mehr in der gleichen Unternehmensgruppe verwirklicht werden und zwar auch dann nicht, wenn später eine neue Gruppe in derselben Konstellation gebildet wird. Ebenso wenig handelt es sich um die gleiche Unternehmensgruppe, wenn die Anteile am bisherigen Gruppenträger erworben und daraufhin eine neue Gruppe gebildet wird. Wird hingegen eine Gruppe nicht aufgelöst, sondern treten neue Gruppenmitglieder hinzu oder scheiden bestehende Gruppenmitglieder aus, liegt die „gleiche Unternehmensgruppe“ vor.

Bei der Verschmelzung der B-GmbH auf die C-GmbH im Jahr 2020 werden 95% der Anteile an der grundstücksbesitzenden G-GmbH in der Hand der C-GmbH vereinigt; damit ist der Tatbestand des § 1 Abs. 3 GrEStG 1987 erfüllt. Da der Anteilsvereinigungstatbestand nicht in der gleichen Gruppe verwirklicht wird, kommt die Differenzbesteuerung gemäß § 1 Abs. 5 GrEStG 1987 nicht zum Tragen.

2. § 3 GrEStG (Befreiungen)

2.1. § 3 Abs. 1 Z 2 GrEStG

2.1.1. Betriebsfreibetrag

Bei teilentgeltlichen Vorgängen (dh solchen, die nicht innerhalb des im § 26a Abs. 1 Z 1 GGG angeführten Familienverbandes stattfinden) steht der Freibetrag nur für den unentgeltlichen Teil zu. Darüber hinaus ist auch eine Deckelung der Grunderwerbsteuer mit 0,5% vom Grundstückswert für den unentgeltlichen Teil vorgesehen.

Ist für die Zurechnung der übernommenen Verbindlichkeiten zu den Grundstücken der Grundstückswert oder der Verkehrswert maßgeblich?

Beispiel:

A (60 Jahre alt) verschenkt seinen Betrieb an sein Patenkind (Aktivvermögen des Betriebs: 4 Mio €; davon Verkehrswert des Grundstücks: 2,4 Mio €; nicht konkret zuordenbare Schulden: 1,5 Mio €; Grundstückswert 2 Mio €).

Lösung:

Die Zuordnung übernommener Schulden ist keine Frage des GrEStG, sondern eine Tatsachenfrage und richtet sich nach dem Zweck, für den die Schulden aufgenommen wurden. Wurde ein Kredit zB für die Renovierung eines Hotels aufgenommen, sind diese Schulden dem Hotelgrundstück zuzurechnen; Schulden, die dem Grundstück nicht konkret zugerechnet werden können (zB für allgemeine Finanzierungsmaßnahmen), sind daher – wie bisher – entsprechend der übernommenen Verkehrswerte zuzuordnen.

Für die Frage, ob der Erwerb unentgeltlich, teilentgeltlich oder entgeltlich erfolgt, ist der auf das Grundstück entfallende Teil der übernommenen Schulden dem Grundstückswert gegenüber zu stellen.

Lösung Beispiel:

Feststellung, in welchem Ausmaß die übernommenen Schulden auf das Grundstück entfallen:

*Der Verkehrswert des Grundstückes beträgt 60% des Verkehrswertes des übergebenen Aktivvermögens; in diesem Ausmaß entfallen auch die Schulden auf das übernommene Grundstück: 1,5 Mio * 60% = 900.000 €*

Feststellung, ob der Erwerb un/teil/entgeltlich erfolgt:

Die auf das Grundstück entfallenden Schulden iHv 900.000 entsprechen 45% des Grundstückswertes. Es handelt sich daher um einen teilentgeltlichen Erwerb; der Betriebsfreibetrag ist um diese 45% zu kürzen und beträgt daher 495.000 €.

Die Höhe der Bemessungsgrundlage für den entgeltlichen Teil beträgt daher 900.000 €, jene für den unentgeltlichen 605.000 € (1,1 Mio € minus 495.000 €)

2.1.2. Ist die Übergabe eines „Betriebes" erforderlich?

Ein Betrieb wird zur Gänze vom Vater und die Grundstücke werden zur Hälfte vom Vater und von der Mutter übergeben.

GrEStG bis 31.12.2015: Darf für die Übergabe von der Mutter die Befreiung mangels Übergabe eines Betriebes nicht gewährt werden?

GrEStG ab 1.1.2016: Im Gesetz steht „Grundstücke, soweit sie zum Betriebsvermögen eines erworbenen Betriebes oder Teilbetriebes gehören". Bei den landwirtschaftlichen Übergaben und Einzelunternehmen gibt es Fälle, bei denen der Betrieb zur Gänze dem Vater gehört und von diesem übergeben wird, jedoch die Grundstücke je zur Hälfte im Eigentum der Eltern stehen und je zur Hälfte übergeben werden. Gilt auch für die Übergabe von der Mutter die Befreiung, da die Grundstücke im Betriebsvermögen des landwirtschaftlichen Betriebes (keine Unterlagen bei Pauschalierung) sind und gleichzeitig durch den Vater ein Betrieb übergeben wird?

Lösung:

Trotz der neuen Formulierung beim Betriebsfreibetrag sind dem Grunde nach nur Grundstücke von der Befreiungsbestimmung erfasst, die bzw. soweit sie dem Betriebsvermögen des Übergebers zugehörig sind.

In der dargestellten Sachverhaltskonstellation ist das allerdings nicht der Fall. Wird ein im Miteigentum stehendes Grundstück ohne Mietvertrag durch einen Miteigentümer betrieblich genutzt, steht der betrieblich genutzte Teil nur bis zur Miteigentumsquote im Betriebsvermögen des Betriebsinhabers (vgl. EStR 2000 Rz 574). Für den vorliegenden Fall bedeutet dies, dass der betriebsführende Vater als Hälfteeigentümer des betrieblich genutzten Grundstückes nur den seiner Quote entsprechenden Anteil (50%) des Grundstückes im Betriebsvermögen hat. Der zweite Hälfteanteil des betrieblich genutzten Grundstückes steht daher zur Gänze im Privatvermögen der Mutter, ist daher nicht Teil eines Betriebsvermögens und von vornherein nicht vom Betriebsfreibetrag erfasst.

Wird allerdings ein im zivilrechtlichen (Mit) Eigentum der Mutter stehendes Gebäude dem Vater als Betriebsinhaber zugerechnet (siehe EStR 2000 Rz 131), stellt es zur Gänze Betriebsvermögen dar und ist damit auch vom Betriebsfreibetrag erfasst.

2.1.3. Begriff des Teilbetriebes

Es besteht ein einheitlicher Betrieb eines Einzelunternehmers aus einem Hotel samt Wellnessbereich einerseits und einem – vom Hotel räumlich getrennten – Gasthof/Café samt 12 Zimmern andererseits. Die beiden Bereiche sollen auf Grund einer geplanten Unternehmensnachfolge getrennt werden, es liegen aber aus ertragsteuerlicher Sicht keine Teilbetriebe vor. Der Einzelunternehmer möchte nunmehr das Hotel samt Wellnessbereich fremdüblich an die Tochter 1 und den Gasthof/Cafe samt 12 Zimmer fremdüblich an die Tochter 2 verkaufen. Ertragsteuerlich kommt es zur Realisierung beim Vater, die beiden Töchter führen die beiden Betriebe nach dem Kauf jeweils als Einzelunternehmen fort.

Ist bei diesem Sachverhalt der Freibetrag gemäß § 3 Abs. 1 Z 2 GrEStG 1987 anwendbar und wenn ja, in welcher Höhe?

Lösung:

Der (anteilige) Betriebsfreibetrag steht nicht nur beim Erwerb eines gesamten Betriebes oder eines Teilbetriebes zu, sondern immer dann, wenn mindestens ein Viertel des Betriebes erworben wird (§ 3 Abs. 1 Z 2 lit. d erster Teilstrich GrEStG 1987). Wenn daher beide Übernehmerinnen jeweils mindestens 25% des Betriebes erwerben, steht der

Betriebsfreibetrag entsprechend dem Anteil des erworbenen Vermögens (somit aliquot) zu.

Erwirbt eine Übernehmerin einen Betriebsanteil unter 25%, steht ihr kein Betriebsfreibetrag zu; die andere Übernehmerin bekommt den ihrem Anteil entsprechenden aliquoten Betriebsfreibetrag.

2.2. § 3 Abs. 1 Z 2a GrEStG – Teilentgeltliche Übergabe

Steht der Freibetrag gemäß § 3 Abs. 2a GrEStG 1987 zu, wenn ein land-und forstwirtschaftlicher Betrieb entgeltlich (zB gegen Einräumung eines Wohnrechtes) im Familienverband (§ 26a Abs. 1 Z 1 GGG) übergeben wird?

Lösung:

Der Freibetrag gemäß § 3 Abs. 1 Z 2a GrEStG 1987 steht – neben den sonstigen Voraussetzungen – nur dann zu, wenn die Gegenleistung geringer ist als der einfache Einheitswert der Land- und Forstwirtschaft (lex specialis zu § 7 Abs. 1 Z 1 lit. a GrEStG 1987). Der Freibetrag kann im Ergebnis ganz oder gar nicht zustehen.

Dass der Einheitswert bei Übergaben im Familienverband (§ 26a Abs. 1 Z 1 GGG) die Bemessungsgrundlage darstellt, ergibt sich aus § 4 Abs. 2 Z 1 GrEStG 1987; ob die Übergabe entgeltlich oder unentgeltlich erfolgt, ist für die Anwendbarkeit des Einheitswertes ohne Bedeutung.

Der zur Anwendung kommende Steuersatz ergibt sich aus § 7 Abs. 1 Z 2 lit. d GrEStG 1987 und beträgt 2%.

2.3. Nachweis einer unmittelbar drohenden Enteignung für die Inanspruchnahme der Befreiung nach § 3 Abs. 1 Z 8 GrEStG 1987

Befreit sind nach § 3 Abs. 1 Z 8 GrEStG 1987 Veräußerungen von Grundstücken infolge eines behördlichen Eingriffs oder zur Vermeidung eines solchen nachweisbar unmittelbar drohenden Eingriffs.

Wann wird eine Enteignung als „nachweislich unmittelbar drohend“ angesehen?

Lösung:

In der Information zur „Vorgangsweise bei verschiedenen Sachverhalten im Zusammenhang mit der Neufassung des Grunderwerbsteuergesetzes durch das Bundesgesetz BGBl. I Nr. 36/2014“ (BMF 11.11.2014, BMF-010206/0101-VI/5/2014) wurde unter Punkt 3.1. zur Frage, was unter einem „behördlichen Eingriff“ bzw. und unter „Vermeidung eines solchen nachweisbar unmittelbar drohenden Eingriff“ zu verstehen ist, auf die Ausführungen zur Befreiungsbestimmung des § 30 Abs. 2 Z 3 EStG 1988 (EStR 2000 Rz 6651, 7371 und 7373) hingewiesen, die auch für Zwecke der Befreiung von der Grunderwerbsteuer sinngemäß anzuwenden sind.

Ergänzend wird Folgendes festgehalten:

Für die Annahme einer nachweisbar unmittelbar drohenden Enteignung ist schon die tatsächliche Androhung einer gesetzlich zulässigen Enteignung (für den Fall einer Ablehnung des Anbots) ausreichend – konkrete Maßnahmen bzw. rechtliche Schritte in Richtung Enteignung sind nicht erforderlich (VwGH 19.3.1986, 85/13/0168), dh es muss nicht bereits mit dem Enteignungsverfahren begonnen worden sein.

Die (mögliche) Enteignung sollte spätestens im Kaufvertrag festgehalten werden, um von einer „nachweislich unmittelbar drohenden“ Enteignung sprechen zu können. Dem Steuerpflichtigen gegenüber muss eine konkrete Drohung ausgesprochen worden sein (kann beispielsweise auch durch Verhandlungsprotokolle nachgewiesen werden). Eine schriftliche Bestätigung im Nachhinein, dass der Veräußerungsvorgang mangels erzielter Einigung zu einer Enteignung geführt hätte, ist nicht anzuerkennen, wenn es keinen Hinweis auf eine mögliche Enteignung im vorangehenden Vertrag oder in sonstigen Unterlagen gegeben hat.

Die Enteignung muss zudem als zusätzliche Voraussetzung für die Inanspruchnahme der Befreiung auch rechtlich durchsetzbar sein, zB aufgrund einer gesetzlichen Bestimmung im Bundesstraßen-, Eisenbahn- oder Wasserrechtsgesetz oder anderen Bundes- oder Landesgesetzen.

Wird im Kaufvertrag auf die Möglichkeit der Enteignung hingewiesen, kommt es nicht auf eine bestimmte Formulierung an – maßgeblich sind lediglich das Vorhandensein eines solchen Vermerks und die Anführung einer konkreten gesetzlichen Grundlage für die angedrohte Enteignung.

Eine (verspätete) Geltendmachung der Befreiung nach § 3 Abs. 1 Z 8 GrEStG 1987 erst im Rechtsmittelverfahren, stellt ein Indiz für das Fehlen der unmittelbar drohenden Enteignung zum Zeitpunkt der Veräußerung dar. Diese kann aber – wie oben dargestellt – auch im Rechtsmittelverfahren durch den Steuerpflichtigen – etwa durch Vorlage von Verhandlungsprotokollen oÄ – nachgewiesen werden.

Wenn im Zuge eines Erwerbs- oder Tauschvorganges Grundstücke ganz oder teilweise ins öffentliche Gut abgetreten werden, ist auch hier der behördliche Eingriff bzw. die Androhung eines solchen nachzuweisen und bedarf es zusätzlich einer entsprechenden Rechtsgrundlage, mit der die Abtretung ins öffentliche Gut auch tatsächlich durchgesetzt werden kann. Nur dann kann für das abgetretene (Teil-)Grundstück die Befreiung nach § 3 Abs. 1 Z 8 GrEStG 1987 in Anspruch genommen werden.

2.4. § 3 Abs. 1 Z 7 GrEStG

2.4.1. Gebäude im Zustand der Bebauung

Ein Gebäude im Zustand der Bebauung (Rohbau, noch nicht bezugsfertiges Haus, Wohnnutzfläche bis 150 m²) wird dem anderen Ehepartner geschenkt. Steht die Befreiung gemäß § 3 Abs. 1 Z 7 GrEStG 1987 nur zu, wenn das Haus bezugsfertig ist?

Lösung:

Die sogenannte Ehegattenbefreiung gemäß § 3 Abs. 1 Z 7 GrEStG 1987 steht auch dann zu, wenn ein Rohbau (Wohnnutzfläche bis 150 m2) geschenkt wird. Voraussetzung ist allerdings, dass hinsichtlich der erst zu errichtenden (oder fertigzustellenden) Wohnstätte die Benutzung zur Befriedigung des dringenden Wohnbedürfnisses innerhalb von drei Monaten ab Fertigstellung, längstens jedoch innerhalb von acht Jahren nach vertraglicher Begründung des Miteigentums erfolgt.

2.4.2. „Anschreiben lassen"

Eine Eigentumswohnung wurde vor 20 Jahren von A angeschafft.

Variante A: A und B sind seit 17 Jahren verheiratet und leben gemeinsam in dieser Wohnung. Im Jahr 2016 schenkt A dem B die Hälfte der Wohnung. (Anteilige) Befreiung?

Variante B: A und B heiraten im Jahr 2016 und begründen ihren gemeinsamen Wohnsitz in der Wohnung A; A schenkt die Hälfte der Wohnung an B. (Anteilige) Befreiung?

Lösung:

Aus den im Erlass des BMF vom 18.02.2009, BMF-010206/0040-VI/5/2009, über die verkehrsteuerlichen Auswirkungen durch das Schenkungsmeldegesetz 2008 angeführten Beispielen (siehe Punkt 2.2.2 des Erlasses) ist ersichtlich, dass die Steuerbefreiung des § 3 Abs. 1 Z 7 GrEStG 1987 auch dann zur Anwendung kommt, wenn die Ehewohnung einem der Ehepartner seit Jahren gehört und er erst später dem anderen Ehepartner die Hälfte der Ehewohnung überträgt („anschreiben lässt"). Dies bestätigt auch die Entscheidung des BFG 15.2.2016, RV/7102272/2012.

In beiden Varianten kommt daher – bei Vorliegen der übrigen Voraussetzungen – die Steuerbefreiung des § 3 Abs. 1 Z 7 GrEStG 1987 zur Anwendung.

3. § 4 GrEStG – Bemessungsgrundlage allgemein und in Verbindung mit § 7 GrEStG

3.1. Definition Familienverband

a) Die Großmutter schenkt an die Tochter ihrer Schwiegertochter ein Grundstück. Diese nicht leibliche Enkeltochter wurde auch nicht adoptiert. Liegt hier ein Erwerb im Familienverband vor?

Lösung:

Auch Stiefkinder der leiblichen Kinder gehören dem Familienverband des § 26a GGG an.

b) Zum Familienverband gehören u.a. „ Stief-, Wahl- oder Pflegekinder oder deren Kinder".

Umfasst die Bezeichnung „deren Kinder" nur leibliche Kinder der Stief-, Wahl- oder Pflegekinder oder auch zB das Wahlkind eines Wahlkindes?

Lösung:

Mit den Kindern der „Stief-, Wahl- oder Pflegekinder" (§ 26a GGG) sind immer nur deren leibliche Kinder gemeint.

c) Zählen Schwiegereltern zum Kreis der Verschwägerten in gerader Linie (§ 26a Abs. 1 Z 1 GGG)?

Lösung:

Ob jemand „in gerader Linie" verschwägert ist, richtet sich nach § 42 ABGB. Dabei wird fingiert, dass Ehegatten nur eine Person wären und von dieser ausgehend die Zeugungen berechnet werden. Daher die Regel: In welchem Grad jemand mit dem Ehegatten verwandt ist, in eben dem Grade ist er mit dem anderen Ehegatten verschwägert. So ist zB der Ehemann mit der Mutter oder dem Vater seiner Frau (der Schwiegermutter, dem Schwiegervater) in „gerader Linie" verschwägert, weil die Schwiegereltern in „gerader Linie" mit seiner Frau verwandt sind.

Übersicht über den Personenkreis, der zum Familienverband gemäß § 26a GGG zählt:

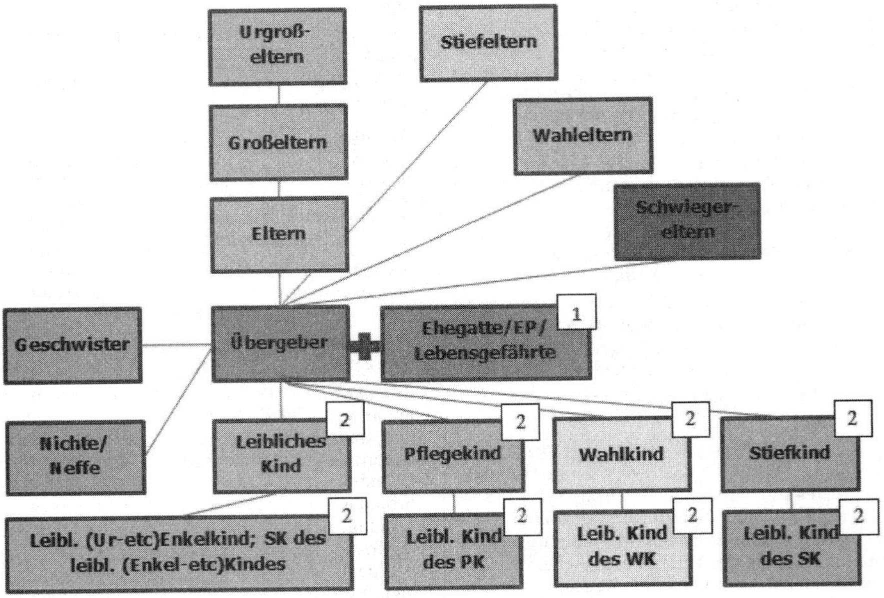

1) Lebensgefährten zählen zum Familienverband, sofern die Lebensgefährten einen gemeinsamen Hauptwohnsitz haben oder hatten.

2) Zum Familienverband zählen auch Ehepartner oder eingetragene Partner.

3.2. Sacheinlage in vermögensverwaltende Personengesellschaften

Ausgangssachverhalt: Sacheinlage eines Grundstückes von A in die vermögensverwaltende Ehegatten A & B OG (Beteiligung je 50%). Die Einlage erfolgt unentgeltlich und der Grundstückswert wird gebucht:

- auf das variable Konto von A
- auf das variable Konto beider Gesellschafter im Verhältnis ihrer Beteiligung

Wird die Grunderwerbsteuer nach dem Stufentarif berechnet, weil aus grunderwerbsteuerlicher Sicht eine unentgeltliche Übertragung vorliegt?

Lösung:

Da der Gegenwert des eingelegten Grundstückes vereinbarungsgemäß ganz bzw. teilweise auf das variable Kapitalkonto des einlegenden Gesellschafters verbucht wird (im zweiten Fall zur Hälfte zugunsten des Mitgesellschafters), liegen in beiden Fällen keine unentgeltlichen Übertragungen vor. Der auf die variablen Konten der Gesellschafter verbuchte Gegenwert des eingelegten Grundstückes vermittelt einen Anspruch des Gesellschafters gegenüber der Gesellschaft auf Auszahlung bzw. Entnahme, womit dieser Wert die Gegenleistung für die Grundstücksübertragung darstellt. Bemessungsgrundlage für die Berechnung der Grunderwerbsteuer ist daher diese Gegenleistung, allenfalls der Grundstückswert als Mindestbemessungsgrundlage.

Wird hingegen der Gegenwert des eingelegten Grundstückes nicht auf Kapitalkonten gebucht, sondern in eine Kapitalrücklage erfasst (sofern dies unternehmensrechtlich möglich bzw. zulässig ist), fehlt eine Gegenleistung für die Übertragung des Grundstückes, womit die Berechnung der Grunderwerbsteuer nach dem Stufentarif stattfindet.

3.3. Einlage eines Grundstückes in eine Kapitalgesellschaft außerhalb von Umgründungen

Bei einer Einlage eines Grundstückes in eine Kapitalgesellschaft außerhalb von Umgründungen muss zwischen Einlage mit und ohne Kapitalerhöhung unterschieden werden. Bei der Einlage mit Kapitalerhöhung ist eine Gegenleistung in Form der Ausgabe von weiteren Kapitalanteilen gegeben. Es fällt daher eine Grunderwerbsteuer vom Wert der Liegenschaft (Verkehrswert) mit 3,5% an.

Bei einer Einlage ohne Kapitalerhöhung liegt überhaupt keine Gegenleistung vor (vgl. VwGH 24.2.2005, 2004/16/0200), sodass in diesem Fall vom Grundstückswert die Grunderwerbsteuer zu bemessen ist.

Es sollte daher – da unentgeltlicher Vorgang – der Stufentarif in diesem Fall Anwendung finden.

Lösung:

Die vorgeschlagenen Lösungen sind grundsätzlich korrekt, mit der Maßgabe, dass bei der Einlage mit Kapitalerhöhung der Gegenwert der ausgegebenen Anteile als Gegenleistung anzusehen ist, womit diese die Bemessungsgrundlage darstellt und nicht etwa der Verkehrswert des Grundstückes (das schließt nicht aus, dass der Wert der erhöhten Gesellschaftsrechte dem Verkehrswert der eingebrachten Grundstücke entspricht); der Grundstückswert als Mindestbemessungsgrundlage ist hierbei zu beachten.

3.4. Sachausschüttung und Sachzuwendung von Grundstücken

Ist bei einer Sachausschüttung einer GmbH (zB eines Grundstückes an den Alleingesellschafter) die Grunderwerbsteuer vom Grundstückswert (nicht vom Verkehrswert) zu berechnen?

Welche Bemessungsgrundlage kommt zur Anwendung, wenn eine Stiftung eine Sachzuwendung (Zuwendung eines Grundstückes an einen Begünstigten) vornimmt?

Lösung:

Nach § 82 Abs. 2 GmbHG erfolgt die Verteilung des Bilanzgewinnes im Verhältnis der eingezahlten Stammeinlagen, sofern der Gesellschaftsvertrag keine davon abweichende Regelung vorsieht. Grundsätzlich ist davon auszugehen, dass mit dem Beschluss über die Ausschüttung des Bilanzgewinnes der Anspruch der Gesellschafter auf (Bar-) Auszahlung des auszuschüttenden Gewinnes entstanden ist. Wird allerdings vereinbart, dass ein Teil des Gewinnes als Sachausschüttung durch Übertragung eines Grundstückes auszuschütten ist, liegt darin eine Hingabe an Zahlungs statt iSd § 1414 ABGB. Durch die Übereignung des Grundstückes an Zahlungs statt, erlischt der Anspruch auf Auszahlung des Bilanzgewinnes (in entsprechender bzw. vereinbarter Höhe), womit dieser Wert (der Wert des erloschenen Zahlungsanspruches) die Gegenleistung für die Übertragung des Grundstückes ist (vgl zuletzt VwGH 25.11.2015, 2015/16/0034). Die Grunderwerbsteuer ist daher gemäß § 4 Abs. 1 GrEStG 1987 vom Wert dieser Gegenleistung, mindestens aber vom Grundstückswert des erworbenen Grundstückes zu berechnen.

Hat ein Begünstigter einer Stiftung keinen Rechtsanspruch auf einen bestimmten Geldbetrag, erfolgt eine Grundstückszuwendung anders als im Fall der Sachausschüttung nicht als Hingabe an Zahlungs statt. Mangels Gegenleistung ist daher der Grundstückswert des erworbenen Grundstückes Bemessungsgrundlage der Grunderwerbsteuer.

3.5. Erwerbe gemäß § 14 WEG 2002

Wie bemisst sich die Grunderwerbsteuer bei einem Erwerb durch den Wohnungseigentumspartner gemäß § 14 WEG 2002?

Lösung:

Die im Erlass des BMF vom 22.01.2010, BMF-010206/0007-VI/5/2010, veröffentlichte Rechtsansicht zu Erwerben gemäß § 14 WEG 2002 wird aufgrund der geänderten Rechtslage wie folgt adaptiert:

A) Erwerb des halben Mindestanteils nach dem verstorbenen Eigentumspartner

1. Erwerb durch Anwachsung nach § 14 Abs. 1 Z 1 WEG 2002

Erfolgt der Erwerb aufgrund des § 14 Abs. 1 Z 1 WEG 2002, liegt gemäß § 7 Abs. 1 Z 1 lit. b GrEStG 1987 ein unentgeltlicher Erwerb vor, für den auch die Steuerbefreiung des § 3 Abs. 1 Z 7a GrEStG 1987 in Betracht kommt, sofern eine Ehe oder eingetragene Partnerschaft bestanden hat, das Grundstück dem Erwerber im Zeitpunkt des Todes als Hauptwohnsitz gedient hat und soweit die Wohnnutzfläche 150m2 nicht übersteigt.

2. Vereinbarung gemäß § 14 Abs. 5 WEG 2002

Die Eigentumspartner können gemäß § 14 Abs. 5 WEG 2002 zu Lebzeiten vor einem Notar oder unter anwaltlicher Mitwirkung schriftlich vereinbaren, dass anstelle des gesetzlichen Eigentumsübergangs an den überlebenden Eigentumspartner eine andere natürliche Person den Anteil des Verstorbenen am Mindestanteil und gemeinsamen Wohnungseigentum erwerben soll. Diese Person (Begünstigte) erwirbt hierbei nicht unmittelbar das Eigentum am halben Mindestanteil, sondern lediglich einen Anspruch auf dessen Übereignung.

Wenn der Begünstigte von seinem Übereignungsanspruch keinen Gebrauch macht oder vorverstirbt, kommt es zur Anwachsung an den überlebenden Partner gemäß § 14 Abs. 1 Z 1 WEG 2002 (siehe Punkt 1.).

GrEStG

Der Erwerb des halben Mindestanteils durch den Begünstigten nach Geltendmachung des Übereignungsanspruches unterliegt der Grunderwerbsteuer.

Der Begünstigte hat gemäß § 14 Abs. 5 WEG 2002 für die Übereignung des Anteils des Verstorbenen am Mindestanteil an die Verlassenschaft den Übernahmspreis gemäß § 14 Abs. 2 WEG 2002 – dies ist die Hälfte des Verkehrswertes (§ 2 Abs. 2 LBG) des Mindestanteils – zu bezahlen. Die Begünstigung des § 14 Abs. 3 WEG 2002 ist zu beachten.

Der Übernahmspreis und die mit dem halben erworbenen Mindestanteil in wirtschaftlicher Beziehung stehenden Schulden und Lasten stellen die Gegenleistung dar.

Die Zahlung des Übernahmspreises kann dem Begünstigten unter bestimmten Voraussetzungen gemäß § 14 Abs. 5 letzter Halbsatz iVm Abs. 4 WEG 2002 durch eine letztwillige Verfügung oder durch eine Schenkung auf den Todesfall (teilweise) erlassen werden.

Bemessungsgrundlage der Grunderwerbsteuer ist bei Erwerben im Familienverband gemäß § 26a Abs. 1 Z 1 GGG (Verhältnis Verstorbener gegenüber Begünstigtem) der Grundstückswert, im Übrigen die Gegenleistung laut Vereinbarung, mindestens jedoch der Grundstückswert (§ 4 Abs. 1 GrEStG 1987)

3. Bei einer Vereinbarung gemäß § 14 Abs. 1 Z 2 WEG 2002 erfolgt die Steuerberechnung nach den allgemeinen Regeln der §§ 4 und 7 GrEStG 1987.

4. Verzicht des überlebenden Eigentumspartners

Verzichtet der überlebende Eigentumspartner gemäß § 14 Abs. 1 Z 3 WEG 2002 auf den Eigentumsübergang, gilt das Eigentum am halben Mindestanteil des Verstorbenen als nie auf den überlebenden Partner übergegangen (zur Besteuerung siehe Erlass des BMF vom 18. Februar 2009, BMF-010206/0040-VI/5/2009, Teil III., Abschnitte 1.1.4., 1.3. und 1.4.).

B) Erwerb des gesamten Mindestanteils durch einen Erben/Vermächtnisnehmer außerhalb der Konstellation einer Eigentümerpartnerschaft

Erwirbt der Erbe/Vermächtnisnehmer den gesamten Mindestanteil des Verstorbenen, handelt es sich um einen Erwerb von Todes wegen; § 14 WEG 2002 kommt nicht zur Anwendung (zur Besteuerung siehe Erlass des BMF vom 18. Februar 2009, BMF-010206/0040-VI/5/2009, Teil III.).

3.6. Baurecht

Welche Bemessungsgrundlage ist ab 1.1.2016 bei grunderwerbsteuerpflichtigen Vorgängen betreffend Baurechte heranzuziehen?

Lösung:

Für die Bewertung eines Baurechtes gilt bei Erwerbsvorgängen außerhalb des Familienverbandes des § 26a GGG die allgemeine Bemessungsgrundlage „Gegenleistung, mindestens Grundstückswert"; innerhalb des Familienverbandes ist immer der Grundstückswert heranzuziehen.

Die Information zur „Vorgangsweise bei verschiedenen Sachverhalten im Zusammenhang mit der Neufassung des Grunderwerbsteuergesetzes durch das Bundesgesetz BGBl. I Nr. 36/2014" (BMF 11.11.2014, BMF-010206/0101-VI/5/2014) enthält unter Punkt 1.1.8 Ausführungen zum gemeinen Wert bei Baurechten. Diese Ausführungen gelten nur für die Rechtslage bis 31.12.2015, für die Rechtslage ab 1.1.2016 ist Folgendes zu beachten:

Nach § 1 Abs. 1 Baurechtsgesetz idF BGBl. Nr. 258/1990 ist das Baurecht das dingliche, veräußerliche und vererbliche Recht, auf oder unter der Bodenfläche ein Bauwerk zu haben. Es entsteht durch bücherliche Eintragung als Last des Grundstückes und gilt nach dem Gesetz als unbewegliche Sache. Das Baurecht steht damit als solches dem Grundstück gleich bzw. ist ein grundstücksgleiches Recht.

Gemäß § 2 Abs. 1 GrEStG 1987 sind unter Grundstücken im Sinne dieses Gesetzes Grundstücke im Sinne des bürgerlichen Rechtes zu verstehen. Nach Abs. 2 stehen unter anderem Baurechte den Grundstücken gleich.

Auch nach § 51 Abs. 2 BewG 1955 gilt das Baurecht als Grundstück und zählt daher zum Grundvermögen.

Nach § 56 Abs. 1 BewG 1955 sind Baurechte wie bebaute oder unbebaute Grundstücke zu bewerten. Da Betriebsvorrichtungen (Maschinen und sonstige Vorrichtungen aller Art, die zu einer Betriebsanlage gehören) gemäß § 2 Abs. 1 Z 1 GrEStG 1987 nicht zum Grundstück gerechnet werden, sind auch Baurechte an Grundstücken mit einer Betriebsvorrichtung wie ein unbebautes Grundstück zu bewerten.

Im Ergebnis kann für Baurechte, die an Grundstücken des Grundvermögens eingeräumt werden, die Grundstückswertverordnung angewendet werden.

Zur Berücksichtigung der Dauer des Baurechtes bei Ermittlung der Bemessungsgrundlage kann aus Vereinfachungsgründen die Regelung des § 56 Abs. 2 und 3 Z 1 BewG 1955 herangezogen werden (dh anteilsmäßige Berücksichtigung bei Baurechten mit einer [restlichen] Dauer von unter 50 Jahren).

Wird daher an einem unbebauten Grundstück ein Baurecht mit einer Dauer von mindestens 50 Jahren begründet, entspricht der Grundstückswert für das (bloße) Grundstück dem Grundstückswert des Baurechts.

Wird ein Baurecht an einem Grundstück samt Gebäude als Zugehör begründet, ist der Grundstückswert für das bebaute Grundstück (Grundwert plus Gebäudewert nach dem Pauschalwertmodell bzw. Wert nach dem Immobilienpreisspiegel) bzw. der niedrigere gemeine Wert anzusetzen, sofern das Baurecht für mindestens 50 Jahre eingeräumt wird.

Dies gilt auch dann, wenn ein Baurecht samt einem vom Baurechtsberechtigten errichteten Gebäude übertragen wird und die Restdauer des Baurechtes mindestens 50 Jahre beträgt.

Übersicht über die Bewertung eines Baurechtes bei Erwerbsvorgängen außerhalb des Familienverbandes gemäß § 26a GGG:

	Entgeltlich/unentgeltlich	GrESt-Bemessungsgrundlage
Begründung eines BR	Bauzins, eventuell SL	Wert der BZV gemäß § 15 BewG > Wert der SL, mindestens GrW des BR
	Kein Bauzins, eventuell SL	Wert der SL, mindestens GrW des BR
Übertragung des BR an Dritten	Übernahme der BZV, eventuell SL	BZV im Grundbuch > Wert der SL, mindestens GrW des BR
		BZV nicht im Grundbuch > Wert der BZV gemäß § 15 BewG + Wert der SL, mind. GrW des BR

Erlöschen des BR durch Zeitablauf	Ohne Gegenleistung	GrW des Gebäudes
	Mit Gegenleistung	Wert der Gegenleistung, mindestens GrW des Gebäudes (zB wenn gemäß § 9 Abs. 2 BauRG dem Bauberechtigten eine Entschädigung in Höhe von 25% des vorhandenen Bauwertes geleistet wird)

Legende:
BR = Baurecht; BZV = Bauzinsverpflichtung; SL = sonstige Leistung(en); GrW = Grundstückswert

Wird auf Grund einer Umgründung im Sinne des Umgründungssteuergesetzes im Zusammenhang mit einem Baurecht ein Erwerbsvorgang nach § 1 Abs. 1 oder 2 GrEStG 1987 verwirklicht, ist immer der Grundstückswert des Baurechtes als Bemessungsgrundlage heranzuziehen.

3.7. Realteilung

Wie erfolgt die Steuerberechnung bei einer Realteilung unter Fremden, denen eine Liegenschaft zu jeweils 50% gehört? ZB Grundstückswert gesamte Liegenschaft 150, A bekommt Liegenschaft mit Grundstückswert 100, B mit Grundstückswert 50. Wie bemisst sich die Steuer für den Mehrerwerb des A?

Lösung:

Es ist eine Änderung nur in Bezug auf den Mindestansatz für das erworbene Grundstück bzw. für den Grundstücksanteil eingetreten (für A 100 statt 75). Für den Mehrerwerb (25), der ohne adäquate Ausgleichszahlung erfolgt, kommt § 7 Abs. 1 Z 1 lit. a GrEStG 1987 zur Anwendung.

Zum Wert der Tauschleistung siehe auch Punkt 3.10.

3.8. Berücksichtigung von Investitionen

Können Investitionen, die ein Geschenknehmer vor der Schenkung für das geschenkte Grundstück getätigt hat, bei der Ermittlung der Bemessungsgrundlage der Schenkung berücksichtigt werden?

Beispiel:

Frau K besitzt ein Einfamilienhaus, welches sie ihrer Enkelin L zu Wohnzwecken zur Verfügung stellt. L investiert 50.000 € in die Sanierung des Einfamilienhauses und erneuert den Außenverputz (mit Erhöhung des Wärmeschutzes), tauscht die Heizungsanlage und alle Fenster aus (= Teilsanierung iSd GrWV). 2016 schenkt K das Einfamilienhaus an L. Der Grundstückswert im Zeitpunkt der Schenkung beträgt 300.000 €.

Lösung:

Bei unentgeltlichen Erwerbsvorgängen bzw. bei dem unentgeltlichen Teil von teilentgeltlichen Erwerbsvorgängen ist jener Grundstückswert heranzuziehen, der für das Grundstück im Zeitpunkt des Entstehens der Steuerschuld ermittelt wird oder der geringere gemeine Wert, der zu diesem Zeitpunkt nachgewiesen wird.

Investitionen durch den späteren Erwerber können sich auf die Bemessungsgrundlage im Zeitpunkt der Übergabe erhöhend auswirken, weil etwa der spätere Erwerber ein älteres Gebäude teilsaniert hat und der Grundstückswert im Zeitpunkt der Übertragung an den späteren Erwerber mit 80% anzusetzen ist. Die bereits getätigten Investitionen sind nicht vom so ermittelten Grundstückswert abzuziehen.

Findet dieser Vorgang unter Fremden statt und hat der spätere Erwerber eine Forderung gegenüber dem Übergeber, dann stellt der Verzicht auf die Forderung eine Gegenleistung dar.

Lösung Beispiel:

Als Bemessungsgrundlage für die Schenkung ist der Grundstückswert, der für den Zeitpunkt der Schenkung ermittelt wurde, heranzuziehen (= 300.000 €). L kann die von ihr getätigten Investitionen in Höhe von 50.000 € nicht abziehen.

3.9. Unentgeltliche Übergabe eines land- und forstwirtschaftlichen Grundstückes außerhalb des Familienverbandes

GrEStG

Ist der (einfache) Einheitswert die Bemessungsgrundlage, wenn landwirtschaftliche Grundstücke außerhalb des Familienverbandes unentgeltlich erworben werden, zumal die Bewertung von landwirtschaftlichem Vermögen keinen Bodenwert vorsieht und daher die Grundstückswertverordnung nicht anwendbar ist? Welcher Steuersatz ist anzuwenden?

Lösung:

Gemäß § 4 Abs. 1 GrEStG 1987 ist die Steuer vom Wert der Gegenleistung, mindestens vom Grundstückswert zu berechnen, wobei der Grundstückswert entweder nach dem Pauschalwertmodell oder anhand eines Immobilienpreisspiegels zu ermitteln ist; der Steuerpflichtige kann überdies den geringeren gemeinen Wert nachweisen.

Dies gilt grundsätzlich auch für Erwerbsvorgänge betreffend land- und forstwirtschaftliche Grundstücke, bei denen nicht die Sonderregelung des § 4 Abs. 2 GrEStG 1987 (einfacher Einheitswert insbesondere bei Erwerben im Familienverband des § 26a GGG) zum Tragen kommt. Allerdings gehen die Ausführungen hinsichtlich des Grundstückswertes als Mindest- und Ersatzbemessungsgrundlage aus folgenden Gründen inhaltlich ins Leere:

- Die Ermittlung nach dem Pauschalwertmodell auf Basis des Bodenwertes ist nicht möglich, weil dieses Modell durch den Verweis auf § 53 BewG 1955 nur auf Grundstücke des Grundvermögens angewendet werden darf.

- Die Ermittlung anhand eines Immobilienpreisspiegels ist jedenfalls für das Jahr 2016 nicht möglich, weil der Immobilienpreisspiegel der Wirtschaftskammer Österreich keine Kategorie für land- und forstwirtschaftliche Grundstücke vorsieht.
- Da der Grundstückswert bei land- und forstwirtschaftlichen Grundstücken daher von vorneherein nicht nach der Grundstückswertverordnung ermittelt werden kann, ist es auch nicht möglich, den demgegenüber geringeren gemeinen Wert nachzuweisen.

Im Ergebnis würde hinsichtlich der Ermittlung der Bemessungsgrundlage bei land- und forstwirtschaftlichen Grundstücken nur die Gegenleistung heranzuziehen sein, ohne eine Mindest- oder Ersatzbemessungsgrundlage zur Verfügung zu haben. Dies würde daher bei unentgeltlichen Erwerbsvorgängen außerhalb des Familienverbandes gemäß § 26a GGG zu einer „Null-Bemessungsgrundlage" führen, was jedenfalls dem eindeutigen Telos der Bestimmung des § 4 GrEStG 1987, aber auch dem in den Erläuterungen zum StRefG 2015/2016 zum Ausdruck gekommenen Willen des Gesetzgebers, dass „im Bereich der Land- und Forstwirtschaft die seit 1. Juni 2014 bzw. 1. Jänner 2015 geltende Rechtslage beibehalten werden soll", widerspricht. (Anm: Zwischen 1.6.2014 und 31.12.2015 waren Erwerbsvorgänge über land- und forstwirtschaftliche Grundstücke außerhalb des – damals noch enger definierten – Familienverbandes mit 3,5% vom gemeinen Wert zu versteuern).

Da es daher eines Maßstabes für die Bewertung von land- und forstwirtschaftlichen Grundstücken, die außerhalb des Familienverbandes des § 26a GGG übergeben werden, bedarf, das GrEStG jedoch keinen eigenen vorsieht, ist gemäß § 10 Abs. 1 BewG 1955 der gemeine Wert heranzuziehen. Jene Bestimmungen, die auf den Grundstückswert abzielen, sind analog auch auf den gemeinen Wert anzuwenden. Dies bedeutet insbesondere, dass

- die Gegenleistung, mindestens der gemeine Wert als Bemessungsgrundlage heranzuziehen ist,
- bei Nachweis des gemeinen Wertes durch ein Schätzungsgutachten eines allgemein beeideten und gerichtlich zertifizierten Immobiliensachverständigen der festgestellte Wert die Vermutung der Richtigkeit für sich hat,
- bei der Frage der Abgrenzung der Entgeltlichkeit/Unentgeltlichkeit/Teilentgeltlichkeit die Höhe einer allfälligen Gegenleistung in Verhältnis zum gemeinen Wert zu setzen und
- je nach zu treffender Zuordnung der Stufentarif und/oder der Normalsteuersatz von 3,5% anzuwenden ist.

3.10. Bemessungsgrundlage beim Tausch

Was ist bei einem Tausch

a) innerhalb des Familienverbandes des § 26a Abs. 1 Z 1 GGG

b) außerhalb dieses Familienverbandes

die Bemessungsgrundlage?

Lösung:

Die Grunderwerbsteuer-Bemessungsgrundlage richtet sich danach, ob der Tausch innerhalb oder außerhalb des Familienverbandes erfolgt bzw. ob es sich - bei einem Tausch innerhalb des Familienverbandes - um ein land- und forstwirtschaftliches oder um ein anderes Grundstück handelt.

Bei Tauschvorgängen außerhalb des Familienverbandes ist jeweils der gemeine Wert des in Tausch gegebenen Grundstückes zuzüglich einer allfälligen weiteren Leistung (Ausgleichszahlung) als Gegenleistung anzusetzen.

Beispiel 1:

A und B tauschen ihre Liegenschaften A-LS (gemeiner Wert 120.000) und B-LS (gemeiner Wert 80.000); B leistet eine Ausgleichszahlung von 40.000.

Die Bemessungsgrundlage für die Grunderwerbsteuer des B ist der gemeine Wert von B-LS (80.000) zuzüglich Ausgleichszahlung (40.000), in Summe also 120.000; für jene des A der gemeine Wert von A-LS, insoweit dieser auf den Erwerb von B-LS entfällt. Der gemeine Wert von A-LS (120.000) ist daher verhältnismäßig auf den gemeinen Wert von B-LS und die von B zu leistende Ausgleichszahlung aufzuteilen, also im Verhältnis 8 zu 4. Die Bemessungsgrundlage für die Grunderwerbsteuer des A ist der Anteil des gemeinen Wertes von A-LS, der auf den Erwerb von B-LS entfällt, im Ergebnis also 8/12 von 120.000, das sind 80.000.

Bei Tauschvorgängen im Familienverband ist demgegenüber bei land- und forstwirtschaftlichen Grundstücken der Einheitswert, im Übrigen der Grundstückswert des erworbenen Grundstückes die Bemessungsgrundlage.

Beispiel 2:

C gibt am 1.2.2016 seiner Ehegattin D ein landwirtschaftliches Grundstück und erhält dafür ein Baugrundstück. Die Bemessungsgrundlage für die Grunderwerbsteuer des C ist der Grundstückswert des Baugrundstückes, für jene der D der einfache Einheitswert des landwirtschaftlichen Grundstückes.

3.11. Tausch – Gegenleistung nicht ermittelbar

Ist § 7 Abs. 1 Z 1 lit. d GrEStG 1987 (Gegenleistung ist nicht ermittelbar, Erwerbsvorgang gilt zu jeweils 50% als un/entgeltlich) im Fall eines Tausches außerhalb des Familienverbandes anwendbar, wenn zB keine Bewertungsgutachten vorliegen?

Lösung:

Nein, weil der Tausch ein entgeltlicher Vorgang ist und bei diesem die Gegenleistung in der Höhe des gemeinen Wertes (§ 10 BewG 1955) des hingegebenen Grundstückes als Bemessungsgrundlage heranzuziehen ist.

3.12. Scheidung/Auflösung einer eingetragenen Partnerschaft

Was ist die Bemessungsgrundlage, wenn nach Ablauf eines Jahres nach rechtskräftiger Ehescheidung (§ 95 EheG) der Anspruch auf Übertragung eines Grundstückes (eheliches/partnerschaftliches Gebrauchsvermögen) geltend gemacht wird?

Lösung:

Als im Familienverband des § 26a Abs. 1 Z 1 GGG erfolgend sind u.a. Grundstückserwerbe durch den Ehegatten oder eingetragenen Partner während aufrechter Ehe (Partnerschaft) oder im Zusammenhang mit der Auflösung der Ehe (Partnerschaft). Gemäß § 95 EheG bzw. § 38 Eingetragene Partnerschaft-Gesetz – EPG erlischt der Anspruch auf Aufteilung des (ehelichen) Gebrauchsvermögens, wenn er nicht binnen einem Jahr nach Rechtskraft der Scheidung (Auflösung der eingetragenen Partnerschaft), Aufhebung oder Nichtigerklärung der Ehe durch Vertrag oder Vergleich anerkannt oder gerichtlich geltend gemacht wird.

Wurde der Anspruch nicht innerhalb der Frist geltend gemacht und erfolgt eine Grundstücksübertragung nach Ablauf der Frist, ist die Übertragung als außerhalb des Familienverbandes liegend zu beurteilen. Bemessungsgrundlage ist daher – soweit der Erwerb nicht gemäß § 7 Abs. 1 Z 1 lit. a GrEStG 1987 als unentgeltlich oder teilentgeltlich gilt – die Gegenleistung, mindestens der Grundstückswert.

3.13. Anteilsberichtigung im Wohnungseigentum

Wie ist vorzugehen, wenn es bei Wohnungseigentum zu nachträglichen Anteils-(Nutzwert-) Berichtigungen (zB weil die tatsächlich errichtete Wohnungsgröße von jener laut Bauplan abweicht) kommt?

Lösung:

Als Bemessungsgrundlage für die Grunderwerbsteuer ist grundsätzlich der Grundstückswert der verschobenen Anteile heranzuziehen. Bei Verschiebungen um maximal 15% der gesamten Wohnungseigentumsanteile bestehen keine Bedenken davon auszugehen, dass für die verschobenen Anteile der Grundstückswert mit Null anzusetzen ist, wenn ein (vertraglicher) Anspruch auf eine unentgeltliche Anteilsberichtigung besteht. Punkt 6.7. der Information zur „Vorgangsweise bei verschiedenen Sachverhalten im Zusammenhang mit der Neufassung des Grunderwerbsteuergesetzes durch das Bundesgesetz BGBl. I Nr. 36/2014" (BMF 11.11.2014, BMF-010206/0101-VI/5/2014) ist daher weiterhin gültig.

3.14. „Nachgewiesener gemeiner Wert"

Wenn der Steuerpflichtige den gemeinen Wert nachweist (zB anhand eines Sachverständigengutachtens mit Beweislastumkehr), muss er dann auch nachweisen, dass die Berechnung des Grundstückswertes nach dem Pauschalwertmodell oder dem Immobilienpreisspiegel der WKÖ bzw. den Immobiliendurchschnittspreisen der Statistik Austria einen höheren Wert als den nachgewiesenen gemeinen Wert ergibt?

Lösung:

Dem Steuerpflichtigen steht bei der Ermittlung des Grundstückswertes grundsätzlich frei, ob er das Pauschalwertmodell oder einen geeigneten Immobilienpreisspiegel anwenden oder den geringeren gemeinen Wert nachweisen möchte. Da der Wortlaut des § 4 Abs. 1 letzter Absatz GrEStG 1987 darauf abstellt, dass der nachgewiesene gemeine Wert geringer als der nach der GrWV ermittelte Grundstückswert zu sein hat, ist der Steuerpflichtige grundsätzlich auch verpflichtet, darzulegen, dass der nach der GrWV ermittelte Wert höher ist.

Deklariert der Steuerpflichtige gegenüber dem zuständigen Finanzamt, dass er den geringeren gemeinen Wert in Anspruch nimmt (zB durch Vorlage eines Sachverständigengutachtens, das zur Beweislastumkehr führt – vgl. Punkt 3.16.), kann davon ausgegangen werden, dass der Steuerpflichtige eben diese Vergleichsrechnung angestellt hat und der nachgewiesene gemeine Wert tatsächlich geringer ist. Eine Vergleichsrechnung muss somit nur über ausdrückliches Verlangen des Finanzamtes bekannt gegeben werden.

Da die Nachweispflicht, dass der gemeine Wert geringer als jener nach der GrWV ist, den Steuerpflichtigen trifft, ist das zuständige Finanzamt nicht dazu verpflichtet, von sich aus zu überprüfen, ob der bekannt gegebene gemeine Wert geringer als ein nach der GrWV ermittelter Wert ist.

3.15. Nachweis geringerer gemeiner Wert durch Gutachten

Darf ein nicht allgemein beeideter und gerichtlich zertifizierter Sachverständiger Immobilien- und Liegenschaftsbewertungen durchführen, wo der ermittelte Verkehrswert anschließend zur Berechnung der Grunderwerbsteuer rechtswirksam herangezogen wird?

Lösung:

Einleitend ist darauf hinzuweisen, dass nicht der *Verkehrswert* sondern der geringere *gemeine Wert* nachgewiesen werden kann. Der gemeine Wert ist definiert in § 10 Abs. 2 und 3 BewG 1955; er wird durch den Preis bestimmt, der im gewöhnlichen Geschäftsverkehr nach der Beschaffenheit des Wirtschaftsgutes bei einer Veräußerung zu erzielen wäre. Dabei sind alle Umstände, die den Preis beeinflussen, zu berücksichtigen. Ungewöhnliche oder persönliche Verhältnisse sind nicht zu berücksichtigen. Als persönliche Verhältnisse sind auch Verfügungsbeschränkungen anzusehen, die in der Person des Steuerpflichtigen oder eines Rechtsvorgängers begründet sind. Das gilt insbesondere für Verfügungsbeschränkungen, die auf letztwilligen Anordnungen beruhen.

Ungewöhnliche oder persönliche Verhältnisse liegen etwa bei vertraglich festgelegten Veräußerungsverboten und Vorkaufsrechten sowie bei eingeräumten bzw. vorbehaltenen Fruchtgenussrechten oder Wohnrechten vor. Auch die Belastung von Grundbesitz durch eine Hypothek gehört zu den persönlichen Verhältnissen.

Der Verkehrswert unterscheidet sich vom gemeinen Wert im Wesentlichen dadurch, dass die in § 10 Abs. 2 und 3 BewG 1955 für den gemeinen Wert angeordnete Außerachtlassung persönlicher und ungewöhnlicher Verhältnisse für den Verkehrswert nicht gilt; derartige Verhältnisse können den Verkehrswert unter Umständen wesentlich beeinflussen (zB bei der Belastung eines Grundstückes durch ein Wohnrecht).

Der Nachweis des geringeren gemeinen Wertes (§ 10 Abs. 2 und 3 BewG 1955) unterliegt grundsätzlich der freien Beweiswürdigung. Es kann jedes taugliche Mittel für den Nachweis herangezogen werden, auch ein Gutachten, das nicht von einem allgemein beeideten und gerichtlich zertifizierten Immobiliensachverständigen erstellt wurde. Für das Gutachten eines allgemein beeideten und gerichtlich zertifizierten Immobiliensachverständigen gilt allerdings die Beweislastumkehr (siehe dazu Punkt 3.16). Das zuständige Finanzamt muss bei Vorlage eines solchen Gutachtens gegebenenfalls nachweisen, dass es falsch ist.

3.16. Schätzungsgutachten eines beeideten und gerichtlich zertifizierten Immobiliensachverständigen

Was sind die Voraussetzungen, dass für ein Gutachten die Beweislastumkehr gemäß § 4 Abs. 1 letzter Satz GrEStG 1987 gilt?

Lösung:

Der Begriff „Gutachten" ist im GrEStG selbst nicht definiert. Aus dem Zusammenhalt, dass ein Schätzungsgutachten eines beeideten und gerichtlich zertifizierten Immobiliensachverständigen den geringeren gemeinen Wert nicht nur nachweisen kann, sondern der angegebene Wert die Vermutung der Richtigkeit mit sich bringt, ergibt sich, dass das Gutachten in der Lage sein muss, eben diesen Nachweis zu liefern und dem zuständigen Finanzamt zu ermöglichen, einen allfälligen Gegenbeweis anzustellen.

Die erhöhte Beweiskraft eines Gutachtens eines gerichtlich beeideten und zertifizierten Immobiliensachverständigen beruht darauf, dass mit dem Wesen der Zertifizierung auch eine strenge Bindung der zertifizierten Personen an den von ihnen abgelegten Sachverständigeneid (§ 5 Sachverständigen- und Dolmetschergesetz) verbunden ist. Dieser Eid verpflichtet dazu, die Gegenstände eines Augenscheins sorgfältig zu untersuchen, die gemachten Wahrnehmungen treu und vollständig anzugeben und Befund und Gutachten nach bestem Wissen und Gewissen und nach den Regeln der Wissenschaft (der Kunst, des Gewerbes) anzugeben. Die ebenfalls für alle gerichtlich zertifizierten Sachverständigen verbindlichen Standesregeln (http://www.gerichts-sv.at/standesregeln.html) betonen ausdrücklich, dass die mit dem Eid übernommenen Verpflichtungen bei jeder Sachverständigentätigkeit, in wessen Auftrag sie auch immer erfolgt, sorgfältig und gewissenhaft einzuhalten sind und auch für Privatgutachten gelten.

Ein Gutachten, das diesen Anforderungen entspricht, liegt dann vor, wenn bei der Beurteilung des gemeinen Wertes eines Grundstückes die Voraussetzungen der §§ 9 und 10 Liegenschaftsbewertungsgesetz beachtet wurden.

Ein „Kurzgutachten" (mit unvollständiger Befundaufnahme oder reduzierter Gutachtensmethodik und –begründung) erfüllt diesen Standard nicht, kann daher auch nicht zur Beweislastumkehr führen, sondern unterliegt ebenso wie ein Gutachten, das von einer anderen Person als einem Immobiliensachverständigen erstellt wird, der freien Beweiswürdigung. In diesem Zusammenhang ist überdies auf die Judikatur des Verwaltungsgerichtshofes hinzuweisen, wonach ein Gutachten, aus dem weder die zugrunde gelegten Tatsachen noch wie sie beschafft wurden, erkennbar sind, mit einem wesentlichen Mangel behaftet und als Beweismittel unbrauchbar ist (vgl. VwGH 28.5.1998, 96/15/0220).

4. § 4 GrEStG - Grundstückswertverordnung

4.1. Ermittlung Grundstückswert durch FAGVG

Muss das zuständige Finanzamt (zB im Rahmen einer Überprüfungshandlung) eine der beiden Grundstückswert-Ermittlungsmethoden bei der Berechnung des Grundstückswertes vorrangig anwenden? Muss der niedrigere ermittelte Grundstückswert angewendet werden?

Lösung:

1. Prüfung im Rahmen einer Überprüfungshandlung

Im Rahmen einer Überprüfungshandlung ist zu prüfen, ob die Anwendung der gewählten Ermittlungsmethode zulässig ist. Beispielsweise ist bei der Ermittlung des Grundstückswertes anhand eines geeigneten Immobilienpreisspiegel zu prüfen, ob die Beschaffenheit des Grundstückes mit den Vorgaben des Immobilienpreisspiegels für die Grundstückskategorie übereinstimmt. Ist dies der Fall, ist keine andere Ermittlungsmethode zu verwenden. Ist dies nicht der Fall, hat das Finanzamt wie unter Punkt 2 beschrieben vorzugehen.

2. Erstmalige Ermittlung des Grundstückswertes durch das Finanzamt für Gebühren, Verkehrsteuern und Glücksspiel Für jede wirtschaftliche Einheit (iSd § 2 BewG 1955) kann gemäß § 1 letzter Satz GrWV die Ermittlungsmethode frei gewählt werden. Diese Wahlfreiheit gilt auch für die Finanzverwaltung.

Zuerst ist zu prüfen, ob auf Grund der Beschaffenheit des Grundstückes eine Bewertung mit dem Immobilienpreisspiegel der WKÖ bzw. der Liste der Durchschnittspreise der Statistik Österreich möglich ist. Andernfalls kann der Grundstückswert nur mit dem Pauschalwertmodell ermittelt werden.

Ist die Ermittlung mit beiden Methoden grundsätzlich möglich, ist zu prüfen, welche Ermittlungsmethode anhand der übermittelten/vorliegenden

Daten angewendet werden kann bzw. – wenn keine/unzureichende Daten übermittelt wurden – welche Daten am einfachsten erhoben werden können. Je nachdem ist das jeweilige Verfahren anzuwenden.

Können beide Methoden auf Grund der Beschaffenheit des Grundstückes und der übermittelten/vorliegenden Daten angewendet werden, sind beide Ermittlungsmethoden durchzuführen; der niedrigere Wert ist heranzuziehen.

4.2. Definition Gebäude

Wann ist ein Bauwerk ein „Gebäude" iSd GrWV?

Lösung:

Der Begriff „Gebäude" bestimmt sich nach der Verkehrsauffassung (VwGH 21.09.2006, 2006/15/0156). Als Gebäude gilt danach jedes Bauwerk, das durch räumliche Umfriedung Schutz gegen äußere Einflüsse gewährt, den Eintritt von Menschen gestattet (auch wenn es zur dauerhaften Wohnnutzung nicht geeignet oder bestimmt ist), mit dem Boden fest verbunden und von einiger Beständigkeit ist (vgl. VwGH 21.12.1956, 1391/54, VwGH 22.04.2009, 2007/15/0307, betreffend Berg- und Talstation einer Liftanlage). Weitere ausführliche Erläuterungen zur Definition eines Gebäudes siehe EStR 2000 Rz 3140.

4.3. Abbruchreife Gebäude

4.3.1. Gebäudewert

Wie ist der Gebäudewert für ein abbruchreifes Gebäude zu ermitteln? Können die Abbruchkosten des Erwerbers beim Grundstückswert berücksichtigt werden?

Lösung:

Ist ein Gebäude nach objektiver Anschauung weder für Wohn- noch für andere Zwecke nutzbar (zB Bauruine), ist keine Nutzfläche bzw. Bruttogrundrissfläche iSd § 2 Abs. 3 Z 1 GrWV vorhanden. Deshalb kann für solche Gebäude kein Gebäudewert ermittelt werden. In diesen Fällen ist nur ein Grundwert zu ermitteln. Die Abbruchkosten für das nicht mehr nutzbare Gebäude können allerdings bei der Ermittlung des Grundwertes nach dem Pauschalwertmodell oder Immobilienpreisspiegel nicht berücksichtigt werden, sondern nur beim Nachweis des geringeren gemeinen Wertes.

Wenn auf Grund des Zustandes eines Gebäudes eine Nutzung nicht mehr für den ursprünglichen Zweck, jedoch für andere Zwecke möglich ist, ist es nach den anderen Gebäudeartkategorien gemäß § 2 Abs. 3 GrWV zu beurteilen.

Beispiel:

Ein Wohngebäude kann auf Grund seines Zustandes nicht mehr bewohnt werden.

a) Büronutzung ist noch möglich => Ansatz als sonstiges Gebäude

b) Es ist nur noch die Lagerung von Gegenständen möglich => Ansatz als einfachstes Gebäude

4.3.2. Nachweis der objektiven Abbruchreife

Wie kann die Abbruchreife eines Gebäudes festgestellt werden?

Lösung:

Der Nachweis, dass ein Gebäude objektiv zu keinem Zweck mehr nutzbar ist (zB Bauruine), unterliegt grundsätzlich der freien Beweiswürdigung. Liegt beispielsweise ein behördlicher Auftrag, dass das Gebäude abgerissen werden muss, oder ein entsprechendes Gutachten vor, kann die Abbruchreife angenommen werden.

4.4. Rohbau

Wie wird der Grundstückswert für ein Gebäude im Zustand der Bebauung (Rohbau, noch nicht bezugsfertiges Haus) ermittelt?

Lösung:

Für ein „Gebäude in Bau" (Rohbau) kann – je nach Ausbau – entweder kein Gebäudewert oder der Gebäudewert für ein einfachstes Gebäude ermittelt werden. Ab dem Zeitpunkt ab dem ein Gebäude für den jeweiligen Zweck genutzt wird oder ab dem Zeitpunkt ab dem die Voraussetzungen für die Erteilung der Benutzungsbewilligung bzw. die Fertigstellungsanzeige erfüllt werden (maßgeblich ist jenes Ereignis, das zuerst eintritt) handelt es sich um kein „Gebäude in Bau" mehr.

Für die Beurteilung, ob es sich bei einem Rohbau um ein Gebäude iSd GrWV handelt, ist auf die allgemeine Definition eines Gebäudes (siehe Punkt 4.2.) abzustellen. Das bedeutet, dass für ein Bauwerk bis zur Fertigstellung des Rohbaus und des Dachs (Zeitpunkt gemäß § 10 Bauträgervertragsgesetz) kein Gebäudewert ermittelt werden kann. Sobald bei einem Bauwerk der Bauabschnitt Fertigstellung Rohbau und Dach erreicht ist, kann dieses Gebäude als einfachstes Gebäude bewertet werden. Ab Beginn der Nutzung oder ab Erfüllen der Voraussetzungen für die Benutzungsbewilligung/Fertigstellungsanzeige ist für das Gebäude der Gebäudewert nach den allgemeinen Grundsätzen des § 2 Abs. 3 GrWV zu ermitteln. Wird für ein Gebäude in Bau der geringere gemeine Wert nachgewiesen, dann können für diesen die bisher angelaufenen Herstellungskosten (zB Rechnungen für Baumaterialien, Arbeitskosten usw.) herangezogen werden.

4.5. Kellerflächen

4.5.1. Nachweis des geringeren Ausmaßes der Eignung für Wohn- und Geschäftszwecke

Wie kann das „geringere Ausmaß der Eignung für Wohn- und Geschäftszwecke" von Kellerflächen gemäß § 2 Abs. 3 Z 1 lit. a GrWV bei der Ermittlung der Nutzfläche gemäß § 2 Abs. 3 Z 1 lit. a GrWV nachgewiesen werden?

Ist die Bodenfläche eines Kellers, für die nachgewiesen wurde, dass weniger als 35% dieser Fläche für Wohn- und Geschäftszwecke geeignet sind, in diesem geringeren Ausmaß anzusetzen oder zur Gänze außer Ansatz zu lassen?

Lösung:

Der Nachweis kann durch Gutachten oder sonstige Beweismittel erfolgen. Die Nutzfläche ist im niedrigeren nachgewiesenen Ausmaß anzusetzen.

Beispiel:

Das Kellergeschoss eines alten Zinshauses verfügt über keinen Bodenbelag (gestampfter Lehmboden), die Lagerung von Gegenständen ist auf Grund von Feuchtigkeit und Schimmelbefall nicht möglich und auch eine sonstige Nutzung ist ausgeschlossen. In diesen Fällen liegt keine Nutzfläche vor, der Keller ist außer Ansatz zu lassen.

4.5.2. Bruttogrundrissfläche

Kann das „geringere Ausmaß der Eignung für Wohn- und Geschäftszwecke" von Kellerflächen gemäß § 2 Abs. 3 Z 1 lit. a GrWV auch bei der Ermittlung der Bruttogrundrissfläche gemäß § 2 Abs. 3 Z 1 lit. b GrWV nachgewiesen werden.

Lösung:

Nein

4.6. Garagen und Abstellplätze

4.6.1. Nutzflächen-Ansatz und Gebäudeart von Garagen

Wie sind die verschiedenen Möglichkeiten einer Garage (in das Haus integriert, angebaut, angebaut mit Tür zum Gebäude, freistehend) bei der Ermittlung des Grundstückswertes zu berücksichtigen?

Lösung:

Bei Garagen ist die Nutzfläche mit 35% anzusetzen. Ist eine Garage auf Grund der Bauart als einfachstes Gebäude einzustufen, ist dieser Ansatz auszuwählen. In diesen Fällen ist die ungekürzte Nutzfläche bzw. die um 30% gekürzte Bruttogrundrissfläche anzusetzen. Der pauschale Nutzflächen-Ansatz von 35% schließt den Bauart-Abschlag für einfachste Gebäude aus.

Eine freistehende Garage ist ein einfachstes Gebäude, wenn es die Vorgaben für einfachste Gebäude (siehe Frage 4.11.) erfüllt.

Ist eine freistehende Garage in ähnlicher Bauweise wie das (Haupt-)Gebäude gebaut (zB Ziegelmassiv, Beton, verputzt, Wärmedämmung vorhanden, Dach usw.) kann es sich nicht um ein einfachstes Gebäude handeln.

Bei angebauten Garagen ist für die Beurteilung „einfachstes Gebäude ja oder nein", auf die Beschaffenheit der Garage nach den Vorgaben für freistehende Garagen abzustellen. Gegen ein einfachstes Gebäude spricht eine Verbindungstür mit dem Haus.

Bei Garagen, die in das Gebäude integriert sind, ist kein einfachstes Gebäude möglich.

4.6.2. Kraftfahrzeug-Abstellplatz

Wie sind Kraftfahrzeugabstellplätze im Freien, im Haus, in der Tiefgarage, angebaut, in Carport-Form, auf dem Dach usw. bei der Ermittlung des Grundstückswertes zu berücksichtigen?

Lösung:

Für einen Kraftfahrzeugabstellplatz (der zum Beispiel einer Eigentumswohnung zugeordnet ist) im Gebäude (Tiefgarage, Dach usw.) kann ein pauschaler Ansatz der Nutzfläche von 12 m² bzw. der Bruttogrundrissfläche von 17 m² gewählt werden. Der Kraftfahrzeugabstellplatz teilt den Ansatz des Baukostenfaktors hinsichtlich Alter und Art mit dem jeweiligen Gebäude.

Für Kraftfahrzeugabstellplätze im Freien (ohne Schutz vor der Witterung oder Carports usw.) ist kein Gebäudewert zu ermitteln.

4.7. Nutzung eines Gebäudes für Wohnzwecke

Ist bei der Einordnung eines Gebäudes in die Kategorie gemäß § 2 Abs. 3 Z 3 lit. a GrWV (Gebäude zu Wohnzwecken, soweit für diese kein Richtwert- oder Kategoriemietzins gemäß § 16 des Mietrechtsgesetzes, BGBl. Nr. 520/1981 in der Fassung des Bundesgesetzes BGBl. I Nr. 100/2014 gilt) auf die Beschaffenheit des Gebäudes oder die tatsächliche Vermietung zu Wohnzwecken abzustellen?

Lösung:

Bei der Einordnung, ob ein Gebäude zu Wohnzwecken (ausgenommen Gebäude, für die ein Richtwert- oder Kategoriemietzins gemäß § 16 des Mietrechtsgesetzes, BGBl. Nr. 520/1981 in der Fassung des Bundesgesetzes BGBl. I Nr. 100/2014 gilt) dient, ist nicht auf die tatsächliche Nutzung eines Gebäudes abzustellen, sondern auf die objektive Beschaffenheit des Gebäudes. Die Ausnahmebestimmung betrifft daher jene Gebäude, die dem Anwendungsbereich für den Richtwert- oder Kategoriemietzins gemäß § 16 MRG unterliegen, auch wenn sie nicht zu Wohnzwecken vermietet, sondern selbst genutzt werden. Gebäude, für die ein angemessener Mietzins gilt, sind von der Ausnahmebestimmung nicht umfasst.

4.8. Gebäude, die der gewerblichen Beherbergung dienen

Sind Gebäude, die der gewerblichen Beherbergung dienen, als Wohngebäude gemäß § 2 Abs. 3 Z 3 lit. a GrWV oder sonstige Gebäude gemäß § 2 Abs. 3 Z 3 lit. d GrWV einzustufen?

Lösung:

Dient ein Gebäude der gewerblichen Beherbergung, handelt es sich nicht um ein Gebäude gemäß § 2 Abs. 3 Z 3 lit. a GrWV, welches Wohnzwecken dient. In diesem Fall ist das Gebäude dem Auffangtatbestand „alle anderen Gebäude" gemäß § 2 Abs. 3 Z 3 lit. d GrWV zuzuordnen.

4.9. Definition Fabriksgebäude und Werkstättengebäude

Was ist unter einem Fabriksgebäude und einem Werkstättengebäude iSd § 2 Abs. 3 Z 3 lit. b GrWV zu verstehen?

Lösung:

Unter einer „Fabrik" ist die vorherrschende Form des Industriebetriebes, die durch die Bearbeitung und Verarbeitung von Werkstoffen unter Einsatz mechanischer und maschineller Hilfsmittel bei räumlicher Zentralisation der Arbeitsplätze innerhalb einer Fertigungsstätte (im Gegensatz etwa zur Heimarbeit) gekennzeichnet ist, zu verstehen (VwGH 6.4.1995, 93/15/0059). Ein weiteres Merkmal einer Fabrik ist die Vereinigung einer größeren Anzahl von unterschiedlichen Arbeitsvorgängen innerhalb einer Produktionsstätte.

Eine Werkstatt ist eine Arbeitsstätte (idR eines Handwerkers oder Handwerksbetriebes) mit vorhandenen Werkzeugen oder Maschinen zur Fertigung oder Reparatur von Produktionsgütern.

Ein Fabriksgebäude oder ein Werkstättengebäude ist ein Gebäude, welches seiner objektiven Beschaffenheit nach für die oben beschriebenen Zwecke errichtet wird.

Sind in einem Gebäude Räume vorhanden, die auf Grund ihrer Beschaffenheit verschiedenen Gebäudearten zuzuordnen sind, jedoch voneinander nicht abgegrenzt werden können, ist jener Gebäudeartansatz heranzuziehen, der auf die vorwiegende Nutzfläche zutrifft (zB Büroflächen in geringfügigem Ausmaß in einem vorwiegend unter die Gebäudeart Fabriksgebäude fallenden Gebäude).

4.10. Lagerhaus eines Werkstättengebäudes

Welcher Ansatz der Baukostenfaktoren ist für ein Lagerhaus, welches Teil der wirtschaftlichen Einheit eines Werkstättengebäudes ist, zu wählen?

Lösung:

Das Lagerhaus, welches Teil der wirtschaftlichen Einheit eines Werkstättengebäudes ist, teilt den Baukostenfaktor mit dem Werkstättengebäude.

4.11. Einfachste Gebäude

Was ist unter einem einfachsten Gebäude bzw. behelfsmäßiger Bauweise iSd § 2 Abs. 3 Z 3 lit. c GrWV zu verstehen?

Lösung:

Als einfachstes Gebäude bzw. Gebäude in behelfsmäßiger Bauweise ist ein Gebäude zu verstehen, welches auf Grund seiner Bauart (zB verwendete Baumaterialien) und/oder seiner Ausführung nur einen geringen Wertansatz hat. Dies kann sich unter anderem auch in einer eingeschränkten sachlichen Nutzbarkeit (zB nur Nutzung zur Lagerung von Gegenständen möglich) oder einer eingeschränkten zeitlichen Nutzbarkeit (zB Nutzung nur im Sommer möglich) widerspiegeln. Die Abgrenzung zu den übrigen Gebäudearten gemäß § 2 Abs. 3 Z 3 GrWV kann anhand der Beispiele der GrWV vorgenommen werden: Glashaus, Kalthalle, Gerätehaus, nicht ganzjährig nutzbares Schrebergartenhaus.

Bei diesen Gebäuden werden in der Regel wenig werthaltige Baumaterialien verwendet. Außerdem bieten sie nur einen eingeschränkten Schutz vor der Witterung (zB Kalthalle ist nicht beheizbar, bietet aber Schutz vor Regen und Schnee) oder können nur eingeschränkt benutzt werden (zB Geräteschuppen eignet sich zur Lagerung von Gartengeräten, nicht aber für den längeren Aufenthalt von Personen).

Ein Indiz für das Vorliegen eines einfachen Gebäudes ist die Möglichkeit, die klimatischen Verhältnisse innerhalb des Gebäudes nicht unabhängig von den außerhalb des Gebäudes vorherrschenden klimatischen Bedingungen steuern oder verändern zu können (zB durch eine Heizung, Wärmedämmung usw.).

Ein Nebengebäude zu einem Hauptgebäude (zB Gerätehaus im Garten eines Einfamilienhauses) kann als einfaches Gebäude beurteilt werden, es sei denn, die Bauart bzw. die Ausführung des Nebengebäudes ist ähnlich der des Hauptgebäudes (zB das Poolhaus [Nebengebäude] zu einem Einfamilienhaus [Hauptgebäude] ist baulich ähnlich ausgeführt wie das Hauptgebäude).

4.12. Aufteilung des Abschlages für Gebäudeart

Wie ist der Ansatz des Baukostenfaktors gemäß § 2 Abs. 3 Z 3 GrWV anzuwenden, wenn Teile eines Gebäudes/mehrere Gebäude innerhalb einer wirtschaftlichen Einheit die Voraussetzungen für unterschiedliche Gebäudearten erfüllen?

Lösung:

Jedes Gebäude bzw. jeder abgrenzbare Gebäudeteil (Eigentumswohnung, Anbau, Zubau) ist anhand seiner Beschaffenheit losgelöst zu beurteilen.

4.13. Fertigstellungszeitpunkt eines Gebäudes

Welcher Zeitpunkt gilt als Fertigstellung gemäß § 2 Abs. 2 Z 4 GrWV?

Lösung:

Als Zeitpunkt der Fertigstellung ist auf den Zeitpunkt entweder der tatsächlichen Nutzung (Inbetriebnahme) oder des Vorliegens der Voraussetzungen für die Erteilung der Nutzungsbewilligung oder Fertigstellungsanzeige abzustellen. Es gilt jener Zeitpunkt als Fertigstellungszeitpunkt, der früher eintritt.

Weitere Indizien können ein Übergabeprotokoll, ein vertraglich festgelegtes Übergabe- oder Fertigstellungsdatum, Rechnungen für die erste Wohnungsausstattung etc. sein.

Für die Beurteilung des Altersabschlages und der Sanierungsmaßnahmen gilt grundsätzlich das Stichtagsprinzip.

Kann der Zeitpunkt nicht mit einem bestimmten Tag festgemacht werden, ist auf das Kalenderjahr der Fertigstellung/Sanierungsmaßnahmen abzustellen. In diesem Fall sind das Kalenderjahr des Erwerbes und

- die 19 vorangegangenen Kalenderjahre (100% bzw. 80% Ansatz) sowie
- die 20 bis 39 vorangegangenen Kalenderjahre (65% Ansatz)

als Beobachtungszeitraum heranzuziehen.

4.14. Altersabschlag bei Zubauten

Wie werden Zubauten hinsichtlich der Altersabschläge beurteilt? Sind Altbau und Zubau separat zu beurteilten?

Lösung:

Ja, bei abgrenzbaren Teilen des Gebäudes ist – analog abgrenzbaren Sanierungen von Gebäudeteilen – ein unterschiedlicher Altersabschlag vorzunehmen.

4.15. Ansatz des Baukostenfaktors bei Kellerflächen

Wie sind die Ansätze hinsichtlich des Alters, des Sanierungszustandes und der Gebäudeart für Kellerflächen zu ermitteln (zB Keller eines Gebäudes, in dem sich im ersten Stock ein Geschäftslokal und in den darüber liegenden Stockwerken Nutzfläche für Wohnzwecke befindet)?

Lösung:

Die Kellerflächen teilen die rechtliche Beurteilung hinsichtlich des Alters (Sanierungszustandes) und der Gebäudeart mit dem darüber liegenden Gebäude bzw. mit jenen Teilen des Gebäudes, denen sie zuzuordnen sind (Wohnungseigentum).

Es bestehen keine Bedenken, wenn die Kellerflächen einem bestimmten Gebäudeteil nicht zugeordnet werden können, das Verhältnis der Ansätze betreffend des Alters (Sanierungszustandes) und der Gebäudeart des Gebäudes auf die Kellerflächen zu übertragen.

Bei der Ermittlung eines Grundstückswertes für ein Wohnungseigentumsobjekt sind beispielsweise Keller- oder Dachbodenräume, Hausgärten oder Lagerplätze nur dann bei der Ermittlung des Grundstückswertes anzusetzen, wenn diese gemäß § 5 Abs. 3 WEG 2002 iVm § 58c WEG 2002 als Zubehör-Wohnungseigentum zum Wohnungseigentumsobjekt gelten.

4.16. Sanierung

4.16.1. Aufteilung der Sanierungsmaßnahmen

Wie sind Sanierungsmaßnahmen, die in einem Teil eines Gebäudes durchgeführt wurden, zu berücksichtigen (beispielsweise der Austausch der Heizungsinstallationen im Erdgeschoß eines zweistöckigen Wohnhauses als Sanierungsmaßnahme für das ganze Gebäude)?

Lösung:

Eine Sanierungsmaßnahme ist grundsätzlich dann erfüllt, wenn sie im überwiegenden Teil des Gebäudes durchgeführt wurde.

Können die Sanierungsmaßnahmen einem abgrenzbaren Gebäudeteil zugeordnet werden (Zubau, Eigentumswohnung), dann kann die Erfüllung einer Sanierungsmaßnahme für den entsprechenden Gebäudeteil beurteilt werden. Beim erstmaligen Einbau oder Austausch von Heizungsanlagen bzw. beim Austausch von mindestens 75% der Fenster (Anzahl) ist auf das Gebäude bzw. den abgrenzbaren Gebäudeteil abzustellen. Zur Maßnahme „erstmaliger Einbau oder Austausch von Badezimmern“ siehe Frage 4.16.2.

4.16.2. Sanierungsmaßnahme „erstmaliger Einbau oder Austausch von Badezimmern“

Ab welchem Grad der Erneuerung liegt der Austausch eines Badezimmers gemäß § 2 Abs. 3 Z 5 lit. d GrWV vor? Wie ist die Bestimmung bei Vorhandensein mehrerer Badezimmer in einem Gebäude zu beurteilen?

Lösung:

Der Austausch ist als umfassende Maßnahme zu verstehen. Der bloße Tausch der Einrichtung (zB Armaturen, Möbel) reicht nicht aus, diese Maßnahme zu erfüllen.

Anhaltspunkte für einen Austausch wären, wenn neben der kompletten Einrichtung auch die Boden- und Wandbeläge (zB Fliesen) ausgetauscht werden, die Aufteilung verändert wird oder eine Badewanne in eine Dusche (bzw. umgekehrt) umgebaut wird. Weiteres Indiz für den Austausch eines Bades ist der Tausch der Leitungen.

Bei mehreren Badezimmern muss zuerst geprüft werden, ob die Badezimmer einem Gebäudeteil zugeordnet werden können (zB Eigentumswohnung, Zubau). Wenn ja, dann erfolgt die Beurteilung für jeden Gebäudeteil extra.

Kann eine Zuordnung zu einem Gebäude/Gebäudeteil nicht erfolgen, müssen für das Erfüllen der Sanierungsmaßnahme bei zwei Badezimmern beide Badezimmer, bei mehreren Badezimmern die überwiegende Anzahl an Badezimmern eingebaut/ausgetauscht werden.

4.16.3. Fertigstellung vor mehr als 40 Jahren, Teilsanierung innerhalb der letzten 20 Jahre

Kann eine Teilsanierung auch dann vorliegen, wenn die Fertigstellung vor mehr als 40 Jahren vor dem Erwerbszeitpunkt erfolgte?

Lösung:

Ja

4.16.4. Sanierungszeitpunkt

Wie ist der Erfüllungszeitpunkt einer umfassenden Sanierung oder Teilsanierung zu bestimmen?

Lösung:

Es ist auf die Fertigstellung jener Sanierungsmaßnahme abzustellen, die am längsten zurückliegt (aber in den 20-Jahre-Zeitraum fällt). Es gilt das Stichtagsprinzip.

Wenn der Fertigstellungszeitpunkt nur jahresbezogen bekannt ist, kann wie in Punkt 4.13. vorgegangen werden.

Beispiel:

Gebäude, Baujahr 1960. Im Jahr 1999 Austausch von mindestens 75% der Anzahl der Fenster; 2001 Erneuerung des Außenverputzes mit Erneuerung der Wärmedämmung; 2005 Austausch der Heizungsanlage; 2012 Austausch der Badezimmer. Demnach wurde das Gebäude inner-

halb der letzten 20 Jahre umfassend saniert, der Baukostenfaktor ist mit 100% anzusetzen.

4.17. Land- und Forstwirtschaft

4.17.1. Übertragung Wohngebäude auf land- und forstwirtschaftlichem Grundstück

Wie ist bei einer Übergabe innerhalb des Familienverbandes gemäß § 26a GGG die Grunderwerbsteuer für ein Wohngebäude (Grundvermögen-Einheitswert), welches sich auf einem land- und forstwirtschaftlichen Grundstück (L&F-Einheitswert) befindet, zu ermitteln?

Lösung:

Das Bewertungsgesetz sieht mehrere Fallkonstellationen der Berücksichtigung eines Wohngebäudes auf einem land- und forstwirtschaftlichen Grundstück vor:

Übersteigender Wohnungswert

Gemäß § 33 BewG 1955 wird bei

- landwirtschaftlichem Vermögen,
- Weinbauvermögen und
- forstwirtschaftlichem Vermögen (nur dann, wenn mit dem forstwirtschaftlichen Vermögen zugleich landwirtschaftliches Vermögen mitbewertet wird)

der Wert jener Gebäude oder Gebäudeteile, die dem Betriebsinhaber, seinen Familienangehörigen, den Ausnehmern und den überwiegend im Haushalt des Betriebsinhabers beschäftigten Personen als Wohnung dienen (Wohnungswert), bis zu einem Betrag von 2.180,185 € dem land- und forstwirtschaftlichen Einheitswert hinzugerechnet. Ein diesen Betrag übersteigender Wert wird im Einheitswertberechnungsblatt bzw. im Einheitswertbescheid als so genannter „übersteigender Wohnungswert" oder „Wohnungswert" ausgewiesen. Es wird nur ein Einheitswertakt (mit einem Einheitswertaktenzeichen) geführt.

Da es sich hinsichtlich des (übersteigenden) Wohnungswertes um ein Gebäude des Grundvermögens handelt, ist ein Gebäudewert nach § 2 Abs. 3 GrWV zu ermitteln. Der Wert von 2.180,19 € wird für diese Wohngebäude bereits im land- und forstwirtschaftlichen Einheitswert berücksichtigt, weshalb dieser Betrag vom ermittelten Gebäudewert abzuziehen ist.

Gesonderte Einheitswerte

Bei den übrigen Arten des land- und forstwirtschaftlichen Vermögens (gärtnerisches, sonstiges land- und forstwirtschaftliches und restliches forstwirtschaftliches Vermögen) wird für das Wohngebäude und das land- und forstwirtschaftliche Grundstück jeweils ein eigener Einheitswert ermittelt. Sie werden deshalb auch unter verschiedenen Einheitswertaktenzeichen geführt (die sich oftmals nur durch eine Zahl unterscheiden). Für das land- und forstwirtschaftliche Grundstück ist der Einheitswert als Bemessungsgrundlage heranzuziehen. Für das Gebäude samt zugeordnetem Grund und Boden des Grundvermögens ist ein Grundstückswert gemäß § 4 GrEStG 1987 zu ermitteln. Die Beurteilung, welche Gebäude und welches Ausmaß an Grund und Boden dem Grundvermögen zuzurechnen sind, ist anhand des Einheitswertaktes vorzunehmen. Eine Kürzung um 2.180,19 € darf nicht vorgenommen werden.

4.17.2. Übergabe einer L&F-Liegenschaft mit Wohnungswert 0

Muss bei der Übergabe eines L&F-Grundstückes, für das im Einheitswertakt ein Wohnungswert von Null angeführt ist, ein Gebäudewert unter den Vorgaben der GrWV ermittelt werden?

Lösung:

Der Ausweis eines Wohnungswertes von Null im land- und forstwirtschaftlichen Einheitswertbescheid kann mehrere Gründe haben:

- Im land- und forstwirtschaftlichen Einheitswert wurde kein Gebäude, das dem Betriebsinhaber, seinen Familienangehörigen, den Ausnehmern und den überwiegend im Haushalt des Betriebsinhabers beschäftigten Personen als Wohnung dient (= Wohngebäude), berücksichtigt. In diesem Fall ist kein Gebäudewert zu ermitteln.
- Im land- und forstwirtschaftlichen Einheitswert wurde ein Wohngebäude berücksichtigt. Der Wert dieses Gebäudes beträgt bewertungsrechtlich weniger als 2.180,19 €, weshalb ein übersteigender Wohnungswert von 0 ausgewiesen wird. In diesem Fall ist kein Gebäudewert zu ermitteln.
- Das Wohngebäude wird von der Landwirtschaft ins Grundvermögen transferiert (zB die Landwirtschaft wird verpachtet). Es erfolgt eine Wertfortschreibung beim sonstig bebauten Grundstück (übersteigender Wohnungswert) auf Null. Das Gebäude wird beim bisherigen „Landwirt" samt Grund und Boden als Einfamilienhaus oder Mietwohngrundstück neu bewertet. In diesem Fall ist sowohl das Gebäude als auch der gegebenenfalls mitumfasste Grund und Boden gemäß den Vorgaben der GrWV zu behandeln.

4.17.3. Einheitswertbescheide auf Grund der Hauptfeststellung der Einheitswerte für die Land- und Forstwirtschaft zum 1.1.2014

Welcher Einheitswert ist heranzuziehen, wenn bei begünstigten Erwerbsvorgängen betreffend land- und forstwirtschaftliche Grundstücke, die nach dem 31.12.2014 verwirklicht werden oder für die die Steuerschuld oder ein Erhebungsgrund für die Steuer nach dem 31.12.2014 entsteht, der Einheitswert auf Basis der Hauptfeststellung 2015 noch nicht vorliegt?

Lösung:

Für Erwerbsvorgänge betreffend land- und forstwirtschaftliche Grundstücke, die innerhalb des begünstigten Familienkreises nach dem 31.12.2014 stattfinden, ist gemäß § 4 Abs. 2 GrEStG 1987 idF BGBl. I Nr. 163/2015 der einfache Einheitswert als Bemessungsgrundlage heranzuziehen. Dabei ist gemäß § 6 Abs. 1 GrEStG 1987 jener Einheitswert maßgeblich, der auf den dem Erwerbsvorgang unmittelbar vorausgegangenen Feststellungszeitpunkt festgestellt ist. Solange ein Einheitswertbescheid auf Basis der Hauptfeststellung 2014 noch nicht ergangen ist, stellt der „alte" Einheitswert die Besteuerungsbasis dar. Ein nach der vorgenommenen Selbstberechnung oder nach Ergehen des Grunderwerbsteuerbescheides ergehender (vom alten Einheitswertbescheid abweichender) Einheitswertbescheid hat – sobald er rechtskräftig geworden ist – zu einer Festsetzung der selbstberechneten Grunderwerbsteuer gemäß § 201 Abs. 3 Z 3 BAO (etwa über Anregung des Steuerpflichtigen) oder zur Änderung des Grunderwerbsteuerbescheides gemäß § 295 Abs. 1 BAO zu führen.

4.17.4. Pauschalwertmodell für Stallgebäude

Kommt es zur unentgeltlichen Übertragung eines land- und forstwirtschaftlichen Grundstückes außerhalb des Familienkreises, ist als Bemessungsgrundlage der gemeine Wert heranzuziehen. Wird beispielsweise ein Stall (samt Grund und Boden) außerhalb des begünstigten Familienkreises unentgeltlich übertragen, muss für den Stall als auch den Grund und Boden der gemeine Wert ermittelt werden. Kann für das Stallgebäude ein Gebäudewert gemäß § 2 Abs. 3 GrWV als gemeiner Wert ermittelt werden? Können Stallgebäude, sofern nicht der luf Einheitswert die Bemessungsgrundlage darstellt, als einfachste Gebäude im Sinne von § 2 Abs. 3 Z 3 lit. c GrWV gesehen werden?

Lösung:

Grundsätzlich ist die Ermittlung eines Grundstückswertes gemäß § 4 Abs. 1 GrEStG 1987 nur für Grundstücke des Grundvermögens vorgesehen. Für land- und forstwirtschaftliche Flächen oder Betriebsgebäude (zB Ställe, Scheunen etc.) sind nach den beiden in dieser Gesetzesstelle vorgegebenen Wertermittlungsmethoden keine Werte vorgesehen (siehe dazu Punkt 3.9.). Ist der gemeine Wert für die Betriebsgebäude nicht auf andere Weise ermittelbar, kann – in ausnahmsweiser Abkehr von Punkt 3.9. – als Hilfswert für ein land- und forstwirtschaftliches Betriebsgebäude, je nach Beschaffenheit, ein Wert als einfachstes Gebäude oder anderes Gebäude gemäß § 2 Abs. 3 Z 3 GrWV ermittelt werden.

4.17.5. Garagen am Bauernhof

Muss für eine Garage, die zur Einstellung von in der Landwirtschaft verwendeten Fahrzeugen und Geräten dient und Teil des land- und forstwirtschaftlichen Betriebes ist, ein Grundstückswert ermittelt werden?

Lösung:

Wenn die Garage im land- und forstwirtschaftlichen Einheitswert des landwirtschaftlichen Betriebes berücksichtigt ist, ist kein Grundstückswert zu ermitteln. Garagen, die zur Einstellung privater Fahrzeuge dienen, gehören nicht zum land- und forstwirtschaftlichen Vermögen und sind somit nicht im LuF-Einheitswert erfasst; für diese ist der Gebäudewert gesondert zu errechnen.

4.17.6. Grundanteil Bauernhaus

Ist der Anteil am Grund und Boden bei einem Wohntrakt eines Bauernhauses separat anzusetzen, oder wird dieser beim L&F-Einheitswert bereits berücksichtigt?

Lösung:

Es ist nur der Gebäudewert für das Bauernhaus zu ermitteln. Dieser ist um 2.180,19 € zu kürzen.

5. § 6 GrEStG (Einheitswert)

5.1. Besonderer Einheitswert gemäß § 6 Abs. 3 GrEStG

a) Was ist die Bemessungsgrundlage, wenn Grundstücke, die aus einer als Landwirtschaft bewerteten Fläche – die aber bereits als Bauland gewidmet ist –, herausgelöst und zum Zwecke der Verbauung verschenkt werden?

b) Wie ist bei Austragshäusern vorzugehen, die zwar fertiggestellt sind, für die jedoch noch kein Grundvermögenseinheitswert vorliegt. Muss ein fertiggestelltes Austraghaus bereits nach der GrWV beurteilt werden, weil es offensichtlich fertig gestellt worden ist, obwohl es (noch) keinen Grundvermögenseinheitswert gibt?

c) Sind öffentliche Gelder gemäß § 35 BewG 1955 bei der Ermittlung des besonderen Einheitswertes zu berücksichtigen?

Lösung:

Zu a) Wenn am Stichtag (Entstehen der Steuerschuld) die Voraussetzungen für eine Fortschreibung oder Nachfeststellung vorliegen (zB land- und forstwirtschaftliches Grundstück wird Baugrund), dann erfolgt die Bewertung mit dem Grundstückswert.

Zu b) Wenn am Stichtag (Entstehen der Steuerschuld) die Voraussetzungen für eine Fortschreibung oder Nachfeststellung vorliegen und auf Grund dessen eine (teilweise) Bewertung als Grundvermögen zu erfolgen hat (zB Fertigstellung eines Wohngebäudes auf einem Grundstück des land- und forstwirtschaftlichen Vermögens), ist ein Grundstückswert zu ermitteln.

Zu c) Auf Grund § 30 Abs. 2 Z 1 BewG 1955 sind die öffentlichen Gelder gemäß § 35 BewG 1955 Geldforderungen, die Teil eines landwirtschaftlichen Betriebes gemäß § 30 Abs. 1 Z 1 BewG 1955 sind. Für den landwirtschaftlichen Betrieb ist ein land- und forstwirtschaftlicher Einheitswert festzustellen. Wird der landwirtschaftliche Betrieb geteilt, muss der land- und forstwirtschaftliche Einheitswert aufgeteilt werden und entweder durch Fortschreibungsbescheide oder durch eine Nachfeststellung neu zugeordnet werden. Aus diesem Grund ist auch die Zuordnung der im Einheitswert enthaltenen öffentlichen Gelder vorzunehmen. Dabei gibt es folgende Möglichkeiten:

- Sie verbleiben beim bisherigen Eigentümer.
- Die gesamte Geldforderung wird an den Erwerber der Grundstücke übertragen.

- Sie gehen (ausnahmsweise) sogar auf einen Dritten über.

Gehen die öffentlichen Gelder auf jemanden über, der selbst Betriebsinhaber eines landwirtschaftlichen Betriebes ist oder wird, sind sie beim Einheitswert des Erwerbers zu erfassen. Nur dann, wenn die Geldforderungen auf jemanden übergehen, der nicht über Eigenflächen verfügt, greift § 31 Abs. 5 BewG 1955 und werden die öffentlichen Gelder in einem gesonderten Einheitswert (Pächter-EW) erfasst (die Übertragung des Pächter-EW unterliegt nicht der Grunderwerbsteuer, weil Gegenstand der Übertragung nicht ein Grundstück ist).

Diese Grundsätze gelten auch für die Ermittlung des besonderen Einheitswertes gemäß § 6 Abs. 3 GrEStG 1987.

Der Bemessung ist der Einheitswert zugrunde zu legen, mit dem die Zurechnung an eine betreffende Person erfolgt ist – oder im Falle der Ermittlung eines besonderen Einheitswertes – zu erfolgen hätte.

6. § 7 Abs. 1 Z 2 lit. a GrEStG (Zusammenrechnung)

6.1. „Früherer Erwerb" – „frühere Gegenleistung"

Bedeutet früherer Erwerb bei Zusammenrechnungen gemäß § 7 Abs. 1 Z 2a GrEStG 1987 auch eine neue Betrachtung bei einer vorhandenen Gegenleistung? Im Hinblick darauf, ob Unentgeltlichkeit oder Teilentgeltlichkeit vorliegt?

a) Im Familienverband spielt eine Gegenleistung keine Rolle, der Erwerb ist insgesamt als unentgeltlich zu beurteilen?

b) Der Wert des unentgeltlichen (Teils des) Erwerbs und die Gegenleistung sind nach dem früheren Wert anzusetzen?

Lösung:

Ja, früherer Wert bedeutet auch frühere Gegenleistung. Es wird jener anteilige Grundstückswert für die Zusammenrechnung herangezogen, auf den – damals – der Stufentarif angewendet wurde.

6.2. Definition „wirtschaftliche Einheit"

Der Sohn erhält von seinem Vater die Wohnung A und ein Jahr später von seiner Mutter die Wohnung B. Beide Wohnungen gehören zur selben Wohnungseigentumsanlage, für die ein (Zahlwort) Einheitswert festgestellt wurde. Sind die beiden Wohnungen eine oder zwei wirtschaftliche Einheiten iSd § 7 Abs. 1 Z 2 lit. a GrEStG 1987?

Lösung:

Über die Anzahl der wirtschaftlichen Einheiten spricht das Lagefinanzamt in einer auch für die Grunderwerbsteuer bindenden Weise ab (VwGH 19.9.2001, 2001/16/0402, 0403; UFS 20.8.2008, RV/0569-I/07).

Da für die gesamte Wohnungseigentumsanlage ein (Zahlwort) Einheitswert festgestellt wurde, wurde diese vom Lagefinanzamt als eine (Zahlwort) wirtschaftliche Einheit betrachtet. Die beiden Wohnungen sind somit Teile einer wirtschaftlichen Einheit.

6.3. Übertragung einer wirtschaftlichen Einheit in mehreren Teilen

Ist § 7 Abs. 1 Z 2 lit. a GrEStG 1987 so zu verstehen, dass eine Zusammenrechnung binnen 5 Jahren auch erfolgt, wenn jemand eine wirtschaftliche Einheit in mehreren Erwerbsvorgängen von verschiedenen Personen erhält?

Beispiel:

A erhält folgende Anteile an einer wirtschaftlichen Einheit geschenkt:

im Jahr 2016: 5% vom Großvater und 5% vom Vater

im Jahr 2017: 10% vom Vater

im Jahr 2018: 10% vom Vater

im Jahr 2019: 10% vom Vater und 60% von der Mutter

= In Summe somit 100% der wirtschaftlichen Einheit

Lösung:

Aus § 7 Abs. 1 Z 2 lit. a GrEStG 1987 ergibt sich eindeutig, dass eine Zusammenrechnung auch dann zu erfolgen hat, wenn durch zwei oder mehrere Erwerbsvorgänge eine wirtschaftliche Einheit innerhalb der 5-Jahresfrist an dieselbe Person anfällt. Eine Zusammenrechnung erfolgt daher auch, wenn diese Anteile von verschiedenen Übergebern stammen, aber innerhalb der 5 Jahresfrist erworben werden.

6.4. Zusammentreffen von „horizontaler" und „vertikaler" Zusammenrechnung

Wie ist vorzugehen, wenn eine Zusammenrechnung auf horizontaler Ebene (= bezogen auf eine wirtschaftliche Einheit) auf eine Zusammenrechnung auf vertikaler Ebene (= zwischen denselben Personen) und vice versa trifft?

Beispiel 1:

2016: Übergabe eines Grundstückes von Vater und Mutter je zur Hälfte an den Sohn (gesamter Grundstückswert 300.000 €, anteilig jeweils 150.000 €). Da es sich um eine wirtschaftliche Einheit handelt, ist eine Zusammenrechnung durchzuführen und die Steuer mit 0,5% von 250.000 € und mit 2% von 50.000 € zu berechnen.

2017: Vater übergibt dem Sohn eine Liegenschaft im Alleineigentum (Grundstückswert 200.000 €). Welcher Betrag ist aus der Übergabe 2016 für die Zusammenrechnung anzusetzen?

Lösung:

Für die GrESt-Berechnung 2017 ist der vom Vater im Jahr 2016 übergebene Anteil von 150.000 € zu berücksichtigen, und zwar „steuerstufenmäßig" in jenem Ausmaß, in dem er bei den einzelnen Stufen wirksam wurde. Anders gesagt: Der anteilige Erwerb des Vaters wurde im Jahr 2016 mit 0,5% von 125.000 € und 2% von 25.000 € besteuert.

Für den Erwerb im Jahr 2017 ergibt sich sohin, dass die erste Stufe mit 125.000 € „verbraucht" ist. Somit sind 125.000 € von 200.000 € mit 0,5% und die verbleibenden 75.000 € mit 2% zu versteuern.

Beispiel 2:

2016: Der Vater übergibt dem Sohn eine Liegenschaft im Alleineigentum (Grundstückswert 200.000 €). Die Besteuerung hat mit 0,5% von 200.000 € zu erfolgen.

2017: Übergabe eines Grundstückes von Vater und Mutter je zur Hälfte an den Sohn (gesamter Grundstückswert 300.000 €, anteilig jeweils 150.000 €). Da es sich um eine wirtschaftliche Einheit handelt, ist eine Zusammenrechnung durchzuführen, aber wie?

Lösung:

Da die Formulierung des § 7 Abs. 1 Z 2 lit. a GrEStG 1987 die vertikale Zusammenrechnung der horizontalen Zusammenrechnung voranstellt, ist hinsichtlich des Anteils vom Vater eine „normale" vertikale Zusammenrechnung vorzunehmen. Für den Erwerb im Jahr 2017 ist die erste Stufe daher mit 200.000 € „verbraucht". Somit sind 50.000 € von 150.000 € mit 0,5% und die verbleibenden 100.000 € mit 2% zu versteuern.

Der Anteil der Mutter ist wie im Fall einer „normalen" horizontalen Zusammenrechnung zu versteuern: Ihr Anteil von 150.000 € ist aliquot mit 0,5% von 125.000 € und 2% von 25.000 € zu versteuern.

Beispiel 3:

Mit einem einzigen Rechtsvorgang übergeben Vater und Mutter ein Grundstück je zur Hälfte dem Sohn (gesamter Grundstückswert 300.000 €, anteilig jeweils 150.000 €) und der Vater dem Sohn eine Liegenschaft im Alleineigentum (Grundstückswert 200.000 €). Wie ist die Grunderwerbsteuer zu berechnen?

Lösung:

Da die Formulierung des § 7 Abs. 1 Z 2 lit. a GrEStG 1987 die vertikale Zusammenrechnung der horizontalen Zusammenrechnung voranstellt, ist im Gleichzeitigkeitsfall wie in Beispiel 2 vorzugehen.

Beispiel 4:

2016: Vater und Mutter übergeben dem Sohn eine Liegenschaft (Grundstückswert 300.000 €, Anteil des Vaters ein Drittel, der Mutter zwei Drittel). Da es sich um eine wirtschaftliche Einheit handelt, ist eine Zusammenrechnung durchzuführen und die Steuer mit 0,5% von 250.000 € und mit 2% von 50.000 € zu berechnen.

2017: Vater und Mutter übergeben ein Grundstück je zur Hälfte an den Sohn (gesamter Grundstückswert 300.000 €, anteilig jeweils 150.000 €). Es ist sowohl eine Zusammenrechnung zwischen denselben Personen als auch bezogen auf eine wirtschaftliche Einheit durchzuführen. Wie ist dabei vorzugehen?

Lösung:

In diesem Fall ist beim Erwerbsvorgang eine Zusammenrechnung bezogen auf dieselbe wirtschaftliche Einheit vorzunehmen und bei der Berechnung der Grunderwerbsteuer der Erwerbsvorgang des Jahres 2016 zur Gänze als Vorerwerb zu berücksichtigen. Somit sind 100.000 € von 300.000 € mit 2% und die verbleibenden 200.000 € mit 3,5% zu versteuern.

6.5. Option in die neue Rechtslage und Zusammenrechnung

Ist ein Erwerbsvorgang in die Zusammenrechnung gemäß § 7 Abs. 1 Z 2 lit. a GrEStG 1987 einzubeziehen, wenn das zugrunde liegende Rechtsgeschäft im Jahr 2015 abgeschlossen wurde, die Steuerschuld aber erst 2016 eingetreten ist und die Option gemäß § 18 Abs. 2p GrEStG 1987 in die neue Rechtslage ausgeübt wurde?

Lösung:

Für die Zusammenrechnung sind Erwerbsvorgänge zu berücksichtigen, die folgende Voraussetzungen kumulativ erfüllen:

- Zwei oder mehr Erwerbsvorgänge fallen innerhalb von fünf Jahren von derselben Person an dieselbe Person oder bezogen auf eine wirtschaftliche Einheit an dieselbe Person an.
- Die Steuerschuld ist jeweils nach dem 31. Dezember 2015 entstanden.
- Die Besteuerung erfolgt nach § 7 Abs. 1 Z 2 lit. a GrEStG 1987 (idF StRefG 2015/2016), also mit dem – allenfalls gedeckelten – Stufentarif.

Auf Erwerbsvorgänge, deren „Ursache" vor dem 1.1.2016 liegt (Abschluss des Verpflichtungsgeschäftes, Tod des Erblassers), bei denen die Steuerschuld jedoch erst nach dem 31.12.2015 entsteht (Eintritt einer aufschiebenden Bedingung, Einantwortung), ist grundsätzlich die Rechtslage vor dem StRefG 2015/2016 anzuwenden. In diesem Fall sind sie trotz Entstehens der Steuerschuld nach dem 31.12.2015 für die Zusammenrechnung nicht zu berücksichtigen. Wird allerdings in die neue Rechtslage optiert, dann sind die Voraussetzungen für eine Zusammenrechnung erfüllt.

7. §§ 8 und 18 Abs. 2p GrEStG (Entstehen der Steuerschuld, Option)

7.1. Berücksichtigung von Bedingungen und Befristungen

Wann ist ein Tatbestand verwirklicht bzw. entsteht die Steuerschuld, wenn der Vertrag eine Befristung oder eine aufschiebende Bedingung enthält?

Lösung:

Eine Befristung liegt vor, wenn sowohl der Eintritt als auch der Zeitpunkt gewiss sind (zB Datumsangabe). Dabei fallen die Verwirklichung des Tatbestandes und das Entstehen der Steuerschuld zusammen.

Beispiel:

Vertragsabschluss am 22.12.2015, Wirksamwerden des Vertrages mit 1.3.2016. Die Steuerschuld entsteht mit Vertragsabschluss am 22.12.2015.

Bei einer aufschiebenden Bedingung sind deren Eintritt und/oder der Zeitpunkt des Eintritts ungewiss; bei einer Befristung auf einen unbestimmten Zeitpunkt ist nur der Zeitpunkt des Eintritts ungewiss. Die Befristung auf einen unbestimmten Zeitpunkt löst die gleichen Rechtsfolgen wie eine aufschiebende Bedingung aus (vgl. § 8 BewG 1953).

Beispiele:

a) abhängig vom Tod (Eintritt gewiss – Zeitpunkt ungewiss)

b) „wenn es am 24.12. schneit", Erleben eines bestimmten Geburtstags (Eintritt ungewiss – Zeitpunkt gewiss)

c) Verehelichung, Beenden eines Studiums (Eintritt ungewiss – Zeitpunkt ungewiss)
Bei einer aufschiebenden Bedingung (einschließlich einer Befristung auf einen unbestimmten Zeitpunkt) fallen die Verwirklichung des Tatbestandes und das Entstehen der Steuerschuld zeitlich auseinander; die Steuerschuld entsteht mit Eintritt der aufschiebenden Bedingung. Wurde in diesen Fällen der Tatbestand vor dem 1. Jänner 2016 verwirklicht und entsteht die Steuerschuld erst ab diesem Zeitpunkt, ist grundsätzlich die Rechtslage bis Ende 2015 anzuwenden; es kann jedoch gemäß § 18 Abs. 2p GrEStG 1987 schriftlich auf die Rechtslage seit 1. Jänner 2016 optiert werden.

7.2. Schenkung unter aufschiebender Bedingung

Wie erfolgt die Besteuerung, wenn ein Schenkungsvertrag im Dezember 2015 abgeschlossen wurde und die Zustimmung des Pflegschaftsgerichtes erst 2016 erteilt wird.

Lösung:

Da der Erwerbsvorgang 2015 verwirklicht wurde, die Steuerschuld gemäß § 8 Abs. 2 GrEStG 1987 aber erst nach dem 31.12.2015 entsteht, ist grundsätzlich die Rechtslage vor Inkrafttreten des StRefG 2015/2016 anzuwenden, der Steuerpflichtige kann aber in die Rechtslage ab 1.1.2016 optieren.

7.3. Schenkung auf den Todesfall

Wie sind die folgenden Sachverhalte zu beurteilen?

Beispiel 1:

Ein Schenkungsvertrag auf den Todesfall wird noch 2015 (oder früher) abgeschlossen, der Geschenkgeber verstirbt nach dem 1.1.2016.

Lösung:

Gemäß § 8 Abs. 3 GrEStG 1987 entsteht die Steuerschuld aufgrund einer Schenkung auf den Todesfall mit dem Tod des Geschenkgebers, also 2016. Gemäß § 18 Abs. 2p GrEStG 1987 ist grundsätzlich auf die Rechtslage zum Verwirklichungszeitpunkt abzustellen, also auf 2015 oder früher. Da die Steuerschuld jedoch nach dem 31.12.2015 entsteht, kann der Steuerpflichtige in die Rechtslage ab 1.1.2016 optieren.

Beispiel 2:

Schenkung auf den Todesfall vor 2008, die Steuerfestsetzung hinsichtlich der Grunderwerbsteuer ist von der Gegenleistung erfolgt. Im Jahr 2016 tritt der Tod des Übergebers ein. Wird nun die damals vorgeschriebene Bemessungsgrundlage vom errechneten Grundstückswert abgezogen?

Lösung:

Gemäß § 18 Abs. 2f letzter Satz GrEStG 1987 entsteht bei Schenkungsverträgen auf den Todesfall, die teils entgeltlich und teils unentgeltlich sind und bei denen die Steuerschuld für den entgeltlichen Teil vor dem 1.8.2008 entstanden ist, die Steuerschuld für den unentgeltlichen Teil im Zeitpunkt des Todes des Geschenkgebers. Bei Todesfällen ab 1.1.2016 bedeutet dies, dass der zum Zeitpunkt des Todes ermittelte Grundstückswert um die bereits versteuerte Gegenleistung zu kürzen und die Differenz mit dem Stufentarif zu besteuern ist.

7.4. Erwerbsvorgang/Tod vor 1.6.2014, Entstehen der Steuerschuld ab 2016

Wie ist die Besteuerung bei einem Erwerb von Todes wegen zwischen Geschwistern vorzunehmen, wenn der Todesfall vor dem 1.6.2014 liegt, die Einantwortung aber erst 2016 erfolgt? Besteht hier eine Optionsmöglichkeit bzw. welche? Wie ist bei der Verwirklichung eines Erwerbsvorganges (Vertragsabschluss) vor 1.6.2014 und dem aufgeschobenen Entstehen der Steuerschuld ab 2016 (durch Genehmigung oder Eintritt einer aufschiebenden Bedingung) vorzugehen?

Lösung:

Nach § 18 Abs. 2p GrEStG 1987 ist die Besteuerung nur dann nach den Bestimmungen des GrEStG *idF des StRefG 2015/2016 sowie des AbgÄG 2015* vorzunehmen, wenn

a) die Verwirklichung des Erwerbsvorganges bzw. der Todesfall ab 1.1.2016 eintreten oder

b) der Erwerbsvorgang vor dem 1.1.2016 verwirklicht wurde oder der Erblasser vor dem 1.1.2016 verstorben ist, die Steuerschuld jedoch nach dem 31.12.2015 entsteht und in die Rechtslage ab 1.1.2016 optiert wird.

Wird die Option nicht ausgeübt, dann kommt die Bestimmung des § 18 Abs. 2m GrEStG 1987 zur Anwendung, wonach bei Entstehen der Steuerschuld nach dem 31.5.2014 die Bestimmungen des GrEStG *idF des BGBl. I Nr. 36/2014* anzuwenden sind, es sei denn, es wird in die Rechtslage bis Ende Mai 2014 optiert.

7.5. Optionserwerb – Besteuerungsoption?

2015 wird A eine Option auf den Erwerb eines Grundstückes eingeräumt, die er 2015 an B abtritt, der die Option am 9.2.2016 ausübt und das Grundstück erwirbt. Besteht im Hinblick darauf, dass der Erwerbsvorgang 2015 stattgefunden hat (Abschluss des Verpflichtungsgeschäftes), die Steuerschuld aber erst 2016 entsteht (mit der Ausübung

GrEStG

der Option), für den Erwerber die Möglichkeit, zu wählen, ob er nach der derzeitigen oder nach der Rechtslage ab 2016 versteuert?

Lösung:

Die Erfüllung des Tatbestandes des § 1 Abs. 1 Z 4 GrEStG 1987 setzt voraus, dass der Dritte, auf den die Rechte aus dem Kaufanbot oder das Optionsrecht übertragen werden, das Anbot auch annimmt oder das Optionsrecht auch ausübt; die Steuerbarkeit fällt mit der Entstehung der Steuerschuld zusammen (siehe Punkt 1.4. der Information zur „Vorgangsweise bei verschiedenen Sachverhalten im Zusammenhang mit der Neufassung des Grunderwerbsteuergesetzes durch das Bundesgesetz BGBl. I Nr. 36/2014“, BMF 11.11.2014, BMF-010206/0101-VI/5/2014). Es besteht daher keine Optionsmöglichkeit gemäß § 18 Abs. 2p GrEStG 1987.

8. § 10 GrEStG

8.1. Angabe der Sozialversicherungsnummer

Die Vergabe von Steuernummern nimmt einige Zeit in Anspruch. Aus diesem Grund wäre es sinnvoll, die Grunderwerbsteuererfassung über FinanzOnline insbesondere auch anhand von ausländischen Sozialversicherungsnummern zu ermöglichen.

Lösung:

Ausländische Sozialversicherungsnummern können nicht erfasst werden.

9. § 11 GrEStG

9.1. Pflichten des Steuerschuldners gegenüber dem selbstberechnenden Parteienvertreter

Welche Pflichten haben einerseits der Steuerschuldner und andererseits der selbstberechnende Parteienvertreter?

Lösung:

Der Parteienvertreter haftet gemäß § 13 Abs. 4 GrEStG 1987 nur für die Entrichtung der selbstberechneten Grunderwerbsteuer. Dabei handelt es sich um eine reine Abfuhrhaftung.

Der Parteienvertreter haftet daher nicht für die Grunderwerbsteuer in objektiv richtiger Höhe, sondern nur für die Entrichtung der selbstberechneten Grunderwerbsteuer.

Der Steuerpflichtige muss vielmehr gemäß § 11 Abs. 3 GrEStG 1987 dem selbstberechnenden Parteienvertreter die Grundlagen für die Selbstberechnung angeben und deren Richtigkeit und Vollständigkeit schriftlich bestätigen. Im Falle der Anwendung des Pauschalwertmodells kann dieser Verpflichtung beispielsweise dadurch entsprochen werden, dass der auf der Homepage des BMF angebotene „Grundstückswertrechner“ (https://www.bmf.gv.at/services/berechnungsprogramme/berechnungsprogramme.html) verwendet, das Berechnungsergebnis ausgedruckt und vom Steuerpflichtigen im dafür auf dem Ausdruck vorgesehenen Feld unterschrieben wird. Mit seiner Unterschrift bestätigt der Steuerpflichtige explizit auch folgende Aussagen:

„Ich bestätige die Vollständigkeit und Richtigkeit der Daten, die der Berechnung des Grundstückswertes zu Grunde liegen. Wird eine Selbstberechnung der Grunderwerbsteuer im Wege eines Parteienvertreters vorgenommen, weiß ich, dass unrichtige oder unvollständige Angaben dazu führen, dass meine Verpflichtung zur Einreichung einer Abgabenerklärung mit den richtigen Angaben – im Wege eines Parteienvertreters – aufrecht bleibt (siehe § 10 Abs. 3 GrEStG 1987).“

Im Falle eines Übergabevertrages (insbesondere Schenkungsvertrag) kann die gesetzlich angeordnete schriftliche Bestätigung auch Vertragsbestandteil sein.

10. UmgrStG

10.1. Inkrafttretensregelung

Wie stellt sich das Zusammenwirken der Inkrafttretensbestimmungen der § 6 Abs. 6, § 11 Abs. 5, § 22 Abs. 5, § 26 Abs. 4, § 31 Abs. 3 und § 38 Abs. 6 UmgrStG (idF des StRefG 2015/2016) und jener des GrEStG 1987 dar?

Lösung:

Die mit dem StRefG 2015/2016 angepassten Bestimmungen des UmgrStG – in denen nunmehr festgelegt wird, dass bei den jeweiligen umgründungsbedingten Grundstückserwerben die Grunderwerbsteuer gemäß § 4 in Verbindung mit § 7 des GrEStG 1987 zu berechnen ist – sind erstmals auf Umgründungen mit einem Stichtag nach dem 31.12.2015 anzuwenden. Für alle Umgründungen mit einem früheren Stichtag, unabhängig davon, ob die Grundstücke zivilrechtlich bereits im Jahr 2016 erworben werden, gilt nach wie vor die alte Rechtslage, wonach die Bemessungsrundlage mit dem zweifachen Einheitswert durch das UmgrStG vorgegeben wird.

Für diese Fälle wird daher die Bemessungsgrundlage mit dem zweifachen Einheitswert festgelegt, während für den Steuersatz bereits die mit dem StRefG 2015/2016 geänderten Tarifbestimmungen anzuwenden sind. Daraus ergibt sich, dass der Steuersatz gemäß § 7 Abs. 1 Z 3 GrEStG 1987 nach wie vor 3,5% beträgt, weil die Anwendbarkeit des reduzierten Steuersatzes von 0,5% für umgründungsbedingte Erwerbe gemäß § 7 Abs. 1 Z 2 lit. c GrEStG 1987 voraussetzt, dass die Steuer nicht vom Einheitswert berechnet wird.

7/11.

Ergänzung der Information des BMF vom 13. Mai 2016 zum Grunderwerbsteuergesetz, BMF-010206/0058-VI/5/2016

(Info des BMF vom 04.12.2017, BMF-010206/0094-IV/9/2017)

Mit Information vom 13.5.2016, BMF-010206/0058-VI/5/2016, hat das BMF zur Vorgangsweise bei verschiedenen Sachverhalten im Zusammenhang mit dem Grunderwerbsteuergesetz in der Fassung des StRefG 2015/2016 und des AbgÄG 2015 Stellung genommen. In der Ergänzungsinformation werden Fragestellungen beantwortet, die sich seit diesem Zeitpunkt ergeben und über den Einzelfall hinausgehende Bedeutung haben.

1. § 1 GrEStG 1987 (Tatbestände)

1.1. § 1 Abs. 2a GrEStG 1987 und Anwachsung

Im Eigentum einer KG mit 25 Kommanditisten zu je 4% Vermögensbeteiligung befinden sich mehrere Eigentumswohnungen. 100% der Kommanditanteile werden nun an den einzigen Komplementär (reiner Arbeitsgesellschafter) abgetreten, wodurch es zu einer Anwachsung nach § 142 UGB beim Komplementär kommt. Dieser wird daher auch Eigentümer der Eigentumswohnungen.

Variante 1:

Jeder Kommanditist unterschreibt den Abtretungsvertrag (einheitliche Urkunde) zu unterschiedlichen Zeitpunkten, der Komplementär nimmt diese Verträge alle mit einer einzigen Annahmeerklärung an.

Variante 2:

Der Komplementär unterfertigt jeden einzelnen Abtretungsvertrag gesondert, allerdings alle (nachweislich) am selben Tag (bspw. bei einem einzigen Termin bei einem Notar, Rechtsanwalt oder Wirtschaftstreuhänder).

Variante 3:

Der Komplementär unterschreibt mit jedem einzelnen Kommanditisten eine eigene Urkunde; aber alle Abtretungen sind aufschiebend bedingt und treten erst dann in Kraft, wenn der letzte Kommanditist den Abtretungsvertrag über seinen Anteil an den Komplementär unterfertigt hat.

Lösung:

In der GrESt-Information vom 13.5.2016, BMF-010206/0058-VI/5/2016, wurde unter Punkt 1.1.3 festgehalten, dass dann, wenn alle Anteile an einer grundstücksbesitzenden Personengesellschaft auf einen einzigen neuen Gesellschafter übertragen werden, ein Erwerb gemäß § 1 Abs. 1 GrEStG 1987 und nicht gemäß § 1 Abs. 2a GrEStG 1987 vorliegt.

Voraussetzung ist allerdings, dass die Anteile nicht zeitlich nacheinander, sondern gleichzeitig übergehen, andernfalls würde im Zeitpunkt des Erreichens der 95%-Grenze zunächst die Steuerpflicht aufgrund § 1 Abs. 2a GrEStG 1987 und zum späteren Anwachsungszeitpunkt die Steuerpflicht nach § 1 Abs. 1 GrEStG 1987 entstehen.

Von diesem Erfordernis der Gleichzeitigkeit sind allerdings nur jene Anteile betroffen, durch deren Übertragung die 95%-Grenze erreicht und die Anwachsung verwirklicht werden. Im konkreten Beispiel bedeutet dies, dass nicht alle, sondern nur die beiden letzten Kommanditisten ihre Anteile gleichzeitig übertragen müssen. Vor den beiden letzten Kommanditisten hat der Komplementär nicht mehr als 92% der Anteile erworben; es wurden dadurch weder der Tatbestand des § 1 Abs. 2a GrEStG 1987 noch jener des § 1 Abs. 3 GrEStG 1987 verwirklicht. Werden danach die beiden letzten Anteile gleichzeitig übertragen, liegt ein Erwerb gemäß § 1 Abs. 1 GrEStG 1987 und nicht gemäß § 1 Abs. 2a GrEStG 1987 vor.

Eine „Gleichzeitigkeit“ liegt nur bei den Varianten 1 und 3 vor, weil die Wirksamkeit zwingend zum gleichen Zeitpunkt eintritt.

1.2. Anteilsvereinigung – Treuhandschaft

Die B-GmbH wird auf die A-GmbH als übernehmende Körperschaft (A-Neu-GmbH) verschmolzen. Die übernehmende A-GmbH ist über eine Treuhand-GmbH zu 100% an der ImmoX-GmbH beteiligt. Die übertragende B-GmbH ist zu 100% an der ImmoY-GmbH beteiligt. Es liegt keine Unternehmensgruppe vor.

Nach der Verschmelzung wird das Treuhandverhältnis zwischen der A-Neu-GmbH und der Treuhand-GmbH wie folgt aufgelöst:

Mit Zustimmung der A-Neu-GmbH tritt die Treuhand-GmbH 6% der Anteile an der ImmoX-GmbH an die ImmoY-GmbH in ihr Alleineigentum ab (=nicht treuhändig).

Die restlichen 94% an der ImmoX-GmbH werden mit Abtretungsvertrag an die Treugeberin, also an die A-Neu-GmbH, abgetreten und das Treuhandverhältnis somit aufgelöst.

Die Auflösung des Treuhandverhältnisses erfolgt gleichzeitig in den Abtretungsverträgen.

GrEStG

Schritt 1: Verschmelzung

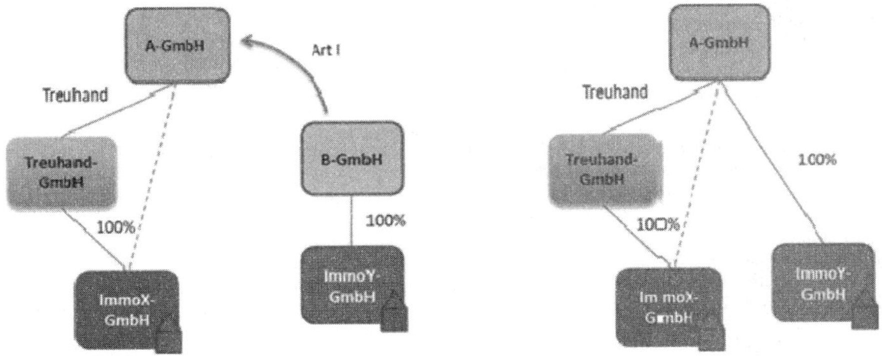

Schritt 2: Auflösung Treuhandverhältnis

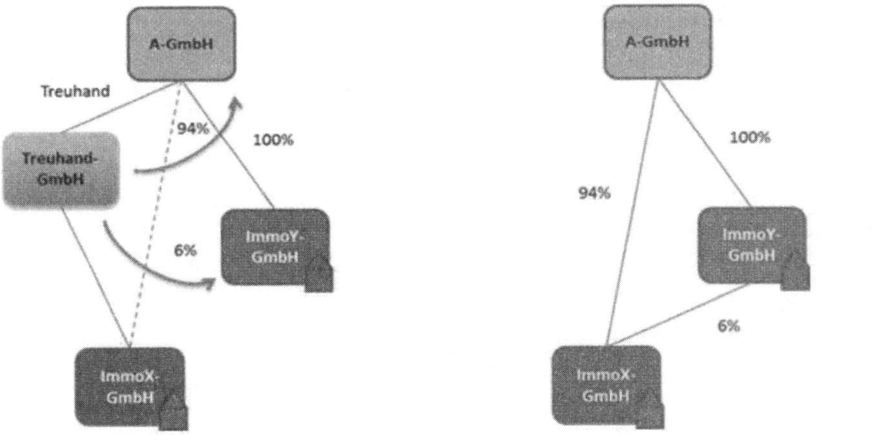

Lösung:

Bei der Übertragung der 6% der Anteile an der ImmoX-GmbH von der Treuhand-GmbH an die ImmoY-GmbH (wobei die ImmoY-GmbH diese nicht treuhändig für die A-Neu-GmbH hält), kommt die spezielle Zurechnungsbestimmung des § 1 Abs. 3 GrEStG 1987 zur Anwendung, wonach treuhändig gehaltene Gesellschaftsanteile dem Treugeber zugerechnet werden. Damit werden im Zeitpunkt der Übertragung 100% der (von der Treuhand-GmbH) treuhändig gehaltenen Anteile an der ImmoX-GmbH der A-Neu-GmbH (Treugeber) zugerechnet. Die Übertragung führt allerdings nicht dazu, dass der Anteilsvereinigungstatbestand erfüllt wird, weil dies nach der Inkrafttretensbestimmung des § 18 Abs. 2p GrEStG 1987 voraussetzt, dass durch die Übertragung das Beteiligungsausmaß nicht unter 95% sinkt. Im vorliegenden Fall sinkt allerdings das Beteiligungsausmaß auf 94%, weshalb keine Anteilsvereinigung (auf Grund der zitierten Inkrafttretensbestimmung) vorliegt.

Bei der Übertragung der „restlichen" Anteile an der ImmoX-GmbH im Ausmaß von 94% von der Treuhand-GmbH (Treuhänder) an die A-Neu-GmbH (Treugeber), kommt die Inkrafttretensbestimmung des § 18 Abs. 2p GrEStG 1987 zur Anwendung, wonach die Zurechnungsbestimmung des § 1 Abs. 3 GrEStG 1987 (für treuhändig gehaltene Anteile) nicht anzuwenden ist. Dieser Erwerb stellt daher wie nach der Rechtslage vor dem StRefG 2015/2016 einen Erwerb unter „Fremden" dar. Da allerdings die A-Neu-GmbH lediglich 94% der Anteile erwirbt, wird der Anteilsvereinigungstatbestand nicht verwirklicht.

Anders stellt sich die Lage dar, wenn nach der ersten Übertragung der 6%-Anteile die ImmoY-GmbH diese lediglich treuhändig für die A-Neu-GmbH hält. Diesfalls würden beim zweiten Übertragungsvorgang diese 6% (aufgrund der Zurechnungsbestimmung des § 1 Abs. 3 GrEStG 1987) der A-Neu-GmbH zugerechnet werden. Damit wäre die A-Neu-GmbH bereits mit 6% beteiligt und würde weitere 94% von einem „Dritten“ erwerben (siehe oben), womit der Anteilsvereinigungstatbestand erfüllt wäre.

1.3. Erstmalige Anteilsvereinigung in einer Unternehmensgruppe

Innerhalb einer seit 1.1.2016 bestehenden Unternehmensgruppe bestehend aus G1, G2 und G3 (G1 ist als Gruppenträger an G2 und G3 beteiligt; keine USt-Organschaft vor 2016) halten G1 und G2 jeweils 50% an der grundstücksbesitzenden Immo-GmbH. Am 1.2.2017 überträgt G2 25% der Anteile an der Immo-GmbH an G3; am 1.8.2017 überträgt G2 die restlichen 25% an G1. Am 1.8.2017 halten daher G1 75% und G3 25% der Anteile an der Immo-GmbH. Am 1.10.2018 überträgt G3 seine Anteile an der Immo-GmbH an G1, die dann 100% der Anteile an der Immo-GmbH hält. Welche grunderwerbsteuerlichen Tatbestände werden verwirklicht?

Lösung:

Zu prüfen ist, ob es durch die Bildung einer Unternehmensgruppe zum 1.1.2016 zu einer Anteilsvereinigung gemäß § 1 Abs. 3 GrEStG 1987 in der Hand einer Unternehmensgruppe kommt. Eine solche Anteilsvereinigung setzt eine „Bewegung“ von Anteilen voraus, weshalb die Gründung einer Unternehmensgruppe für sich allein noch nicht zu einer Anteilsvereinigung in der Hand einer Gruppe führt.

Durch den Rechtsvorgang vom 1.2.2017 gehen Anteile an der Immo-GmbH im Ausmaß von 25% von G2 an G3 über; es wird (erstmalig) eine Anteilsvereinigung im Sinne des § 1 Abs. 3 GrEStG 1987 in der Hand der Unternehmensgruppe dadurch verwirklicht, dass 100% der Anteile an der Immo-GmbH in der Hand der Unternehmensgruppe vereinigt werden.

Der weitere Anteilsübergang am 1.8.2017 führt zu keiner Anteilsvereinigung in der Hand der Gruppe mehr, da eine solche bereits durch den Rechtsvorgang am 1.2.2017 verwirklicht wurde.

Mit der Anteilsübertragung am 1.10.2018 wird eine Verdichtung der Anteile in der Hand eines einzigen Gruppenmitgliedes bewirkt, weshalb erneut ein Vorgang gemäß § 1 Abs. 3 GrEStG 1987 vorliegt, für den die Differenzbesteuerung des § 1 Abs. 5 GrEStG 1987 zum Tragen kommen kann (siehe auch Punkt 1.3.6. der Information des BMF vom 13. Mai 2016, BMF-010206/0058-VI/5/2016).

1.4. Down-Stream-Verschmelzung und Anteilsvereinigung

Der letzte Absatz der Rz 340 UmgrStR in der am 10.3.2017 veröffentlichten Fassung (BMF-010200/0004-VI/1/2017) regelt Folgendes: „Werden bei einer Verschmelzung der Muttergesellschaft auf ihre eigene grundstücksbesitzende Tochtergesellschaft die Anteile an der Tochtergesellschaft an den Alleingesellschafter (oder an mehrere Mitglieder einer Unternehmensgruppe gemäß § 9 KStG 1988) der Muttergesellschaft zur Abfindung ihrer aufzugebenden Anteile übertragen (Anteilsdurchschleusung, Durchgangserwerb), so unterliegt der Erwerb von mindestens 95% der Anteile an der Tochtergesellschaft durch den Alleingesellschafter (oder durch mehrere Mitglieder einer Unternehmensgruppe gemäß § 9 KStG 1988) gemäß § 1 Abs. 3 GrEStG 1987 der Grunderwerbsteuer.“

Liegt ein weiterer Erwerbsvorgang vor, wenn auch die Muttergesellschaft Grundstücke besitzt?

Lösung:

Besitzt die Muttergesellschaft Grundstücke, liegen zwei grunderwerbsteuerliche Vorgänge vor:

- In einem ersten Erwerbsvorgang gehen die Grundstücke auf die übernehmende Tochtergesellschaft über, wodurch ein Erwerbsvorgang gemäß § 1 Abs. 1 Z 1 GrEStG 1987 verwirklicht wird.
- In weiterer Folge führt das Auskehren der Anteile an den Gesellschafter (bzw. an mehrere Mitglieder einer Unternehmensgruppe gemäß § 9 KStG 1988) der Muttergesellschaft gemäß § 1 Abs. 3 GrEStG 1987 zu einer Anteilsvereinigung beim Gesellschafter (bzw. bei den Mitgliedern der Unternehmensgruppe). Bei diesem zweiten Rechtsvorgang ist die Grunderwerbsteuer vom Grundstückswert sowohl der Grundstücke, die die Tochtergesellschaft schon vor der Verschmelzung besessen hat, als auch der Grundstücke, die von der Muttergesellschaft übertragen wurden, zu bemessen; die Anrechnungsvorschriften („Differenzbesteuerung“) des § 1 Abs. 4 letzter Satz GrEStG 1987 und § 1 Abs. 5 letzter Satz GrEStG 1987 kommen nicht zur Anwendung.

1.5. Gleichzeitige Erfüllung der Tatbestände gemäß § 1 Abs. 2a und Abs. 3 GrEStG 1987

An einer grundstücksbesitzenden GmbH & Co KG sind drei Gesellschafter beteiligt:

- *Komplementär (ohne Vermögensbeteiligung)*
- *Hauptgesellschafter (Kommanditist mit 99,9%iger Beteiligung)*
- *Minderheitsgesellschafter (Kommanditist mit 0,1%iger Beteiligung)*

In einem ersten Schritt überträgt der Hauptgesellschafter seinen 99,9%-Anteil an einen neuen Kommanditisten. In einem zweiten Schritt wird der Anteil des Minderheitsgesellschafters an den neuen Hauptgesellschafter übertragen.

Wann fällt in welcher Höhe Grunderwerbsteuer an?

Lösung:

Der erste Erwerbsvorgang erfüllt sowohl den Tatbestand des § 1 Abs. 2a GrEStG 1987 als auch den Tatbestand des § 1 Abs. 3 Z 3 GrEStG 1987. Aufgrund der „Vorrangregel“ des § 1 Abs. 3 erster Satz GrEStG 1987 ist dieser Sachverhalt nach Abs. 2a leg.cit., somit als qualifizierter Gesellschafterwechsel zu besteuern.

Beim zweiten Erwerbsvorgang ist zu beachten, dass nach dem Telos des § 1 Abs. 3 GrEStG 1987 Aufstockungen im Bereich ab 95% nicht zu einer neuerlichen Tatbestandserfüllung führen, es sei denn, es wird der Tatbestand der Übergangsbestimmung des § 18 Abs. 2p GrEStG 1987 erfüllt. Der neue Kommanditist hat mit 99,9% bereits das relevante Beteiligungsausmaß von mindestens 95% erworben; somit wurde der Tatbestand des § 1 Abs. 3 GrEStG 1987 bereits verwirklicht. Daran ändert es nichts, dass der Erwerb auch § 1 Abs. 2a GrEStG 1987 erfüllt hat und – der Vorrangregel folgend – nach § 1 Abs. 2a GrEStG 1987 zu besteuern war; es fällt daher keine weitere Grunderwerbsteuer an.

1.6. Vorbehaltsfruchtgenuss und Substanzabgeltung iVm GrEStG 1987 und GebG

Eine Liegenschaft wird unter Vorbehalt des Fruchtgenusses übergeben, dem Fruchtgenussbesteller steht eine Substanzabgeltung zu. Unterliegt dies nur der Grunderwerbsteuer oder fällt auch eine Gebühr gemäß § 33 TP 9 GebG an?

Lösung:

Wird nicht nur eine Liegenschaft gegen Einräumung eines Fruchtgenussrechtes (Vorbehaltsfruchtgenuss) übergeben, sondern leistet der Übergeber zusätzlich – im Gegenzug zur Einräumung des Fruchtgenussrechtes – die Zahlung einer Substanzabgeltung in Höhe der AfA, liegen sowohl ein grunderwerbsteuerpflichtiger Vorgang (§ 1 Abs. 1 GrEStG 1987) als auch eine entgeltliche Einräumung einer Dienstbarkeit (§ 33 TP 9 GebG) vor.

a. Zur Grunderwerbsteuer:

Die Einräumung des Fruchtgenussrechtes stellt die Gegenleistung für die Übertragung des Grundstückes dar. Hinsichtlich der Höhe dieser Gegenleistung ist der (kapitalisierte) Wert des Fruchtgenussrechtes um allfällige (kapitalisierte) Leistungen des Fruchtgenussberechtigten zu vermindern. Dazu zählen vor allem die Substanzabgeltung, aber auch vom Fruchtgenussberechtigten (nur) auf Grund vertraglicher Verpflichtungen zu übernehmende Leistungen. Ist die so ermittelte Gegenleistung für den Grundstückserwerb geringer als der Grundstückswert, ist dieser der Besteuerung zu unterziehen.

b. Zu § 33 TP 9 GebG:

§ 33 TP 9 GebG fordert die Entgeltlichkeit der eingeräumten Dienstbarkeit. Aufwendungen, die der Erleichterung der Ausübung des bestimmungsmäßigen Gebrauches dienen und die der Fruchtgenussberechtigte (nur) auf Grund vertraglicher Verpflichtungen zu tragen hat, um in den Genuss des Fruchtgenussrechtes zu kommen, stellen die Gegenleistung für die Einräumung des Fruchtgenussrechtes dar (vgl. BFG 21.12.2015, RV/7102860/2014). Gemäß § 15 Abs. 3 GebG sind Rechtsgeschäfte, die unter anderem unter das Grunderwerbsteuergesetz fallen, von der Gebührenpflicht ausgenommen. Die bloße Einräumung des Fruchtgenussrechtes – als Gegenleistung für die Übertragung des Grundstückes – fällt unter das GrEStG 1987, die vertragliche Vereinbarung einer Gegenleistung für die Einräumung des Fruchtgenussrechtes hingegen nicht. Vielmehr vermindert sie den Wert der Gegenleistung für die Übertragung des Grundstückes (siehe oben a.).

Beispiel:

A überträgt B (nicht im Familienverband) ein Grundstück (Grundstückswert 420.000 €); B räumt A ein Fruchtgenussrecht in Höhe von 200.000 € (kapitalisierter Wert) ein. A verpflichtet sich vertraglich gegenüber B zur laufenden Leistung einer Substanzabgeltung (kapitalisierter Wert 70.000 €) und zur Zahlung der Prämien für eine Krankenzusatzversicherung des B (kapitalisierter Wert 10.000 €).

Die Gegenleistung für den Grundstückserwerb beträgt 120.000 € (= 200.000 € - 80.000 €). Bemessungsgrundlage für die Grunderwerbsteuer ist daher der Grundstückswert; da die Gegenleistung weniger als 30% des Grundstückswertes beträgt, liegt ein unentgeltlicher Vorgang vor, der mit dem Stufentarif zu besteuern ist.

Die kapitalisierten Werte für die Leistung einer Substanzabgeltung und für die Zahlung der Versicherungsprämien sind gemäß § 33 TP 9 GebG mit 2% zu vergebühren.

2. § 3 GrEStG 1987 (Befreiungen)

2.1. § 3 Abs. 1 Z 2 GrEStG 1987

2.1.1. Betriebsfreibetrag und Deckelung

Ein Grundstück geht im Rahmen eines gemäß § 3 Abs. 1 Z 2 GrEStG 1987 begünstigten Betriebserwerbes auf mehrere natürliche Personen über, denen der Betriebsfreibetrag entweder anteilig oder – bei (Mitunternehmer-)Anteilen von unter 25% – nicht zusteht. Bezieht sich in diesem Fall die Deckelung gemäß § 7 Abs. 1 Z 2 lit. b GrEStG 1987 in Höhe von 0,5% dennoch auf den gesamten Grundstückswert?

Lösung:

Nach dem Wortlaut des § 7 Abs. 1 Z 2 lit. b GrEStG 1987 ist die Deckelung in Höhe von 0,5% „vom Grundstückswert" zu berechnen. Der Prozentsatz von 0,5% bezieht sich somit – unabhängig davon, ob der Betriebsfreibetrag zur Gänze, nur zum Teil oder gar nicht zusteht – auf den (gesamten) Grundstückswert des erworbenen Grundstückes. Dem Erwerber, der § 3 Abs. 1 Z 2 GrEStG 1987 in Anspruch nehmen kann, steht die Deckelung daher entsprechend seinem Anteil dazu.

Beispiel:

Der 60-jährige Einzelunternehmer A will sich zur Ruhe setzen und überträgt seinen Handelsbetrieb an zwei Nachfolger (60% an X und 40% an Y, beide außerhalb des Familienverbandes), die gemeinschaftlich die Geschäfte fortführen sollen. X bekommt ein Betriebsgrundstück mit einem Grundstückswert von 2 Mio. €; die darauf entfallenden Schulden in Höhe von 1 Mio. €

werden von ihm übernommen. Y bekommt ein Betriebsgrundstück mit einem Grundstückswert von 3 Mio. €; darauf entfällt keine Gegenleistung.

Die Grunderwerbsteuer für X berechnet sich wie folgt:

Bemessungsgrundlage für den entgeltlichen Teil: 1 Mio. €

GrESt-Normaltarif:

3,5% von 1 Mio. € = 35.000 €

*Bemessungsgrundlage für den unentgeltlichen Teil: 1 Mio. € minus aliquotem Betriebsfreibetrag von 270.000 € (900.000 € * 50% * 60%) = 730.000 €*

GrESt-Stufentarif:

0,5% von 250.000 € =	*1.250 €*
+ 2% von 150.000 € =	*3.000 €*
+ 3,5% von 330.000 € =	*11.550 €*
Summe: =	*15.800 €*

GrESt-Deckelung: 0,5% von 1 Mio. € = 5.000 €

In diesem Fall greift die niedrigere Deckelung von 0,5%.

Die gesamte Grunderwerbsteuer (für den unentgeltlichen und den entgeltlichen Teil) beträgt daher 40.000 €.

Die Grunderwerbsteuer für Y berechnet sich wie folgt:

*Bemessungsgrundlage: 3 Mio. € minus aliquotem Betriebsfreibetrag von 360.000 € (900.000 € * 40%) = 2.640.000 €*

GrESt-Stufentarif:

0,5% von 250.000 € =	*1.250 €*
+ 2% von 150.000 € =	*3.000 €*
+ 3,5% von 2.240.000 € =	*78.400 €*
Summe: =	*82.650 €*

GrESt-Deckelung: 0,5% von 3 Mio. € = 15.000 €

In diesem Fall greift die niedrigere Deckelung von 0,5%.

2.1.2. Betriebsfreibetrag bei Mitunternehmeranteil (unechte stille Gesellschaft)

A überträgt B eine 50%ige Beteiligung als atypisch stille Gesellschafterin an einem Einzelunternehmen (Beteiligung an Firmenwert und stillen Reserven, keine Haftung gegenüber Gläubigern). Zusätzlich werden die im zivilrechtlichen Miteigentum von A stehenden betrieblichen Liegenschaften (steuerliches Sonderbetriebsvermögen) unentgeltlich übergeben. Fraglich ist, ob in diesem Fall die Schulden des Einzelunternehmens anteilig im Ausmaß der Beteiligung von A als Gegenleistung anzusehen sind.

Lösung:

Der Unterschied zwischen einem unechten und einem echten stillen Gesellschafter besteht darin, dass der unechte stille Gesellschafter am Firmenwert und an den stillen Reserven beteiligt ist. Ertragsteuerlich liegt im Fall einer unechten (atypischen) stillen Gesellschaft eine Mitunternehmerschaft gemäß § 22 Z 3 EStG 1988 oder § 23 Z 2 EStG 1988 vor; der echte stille Gesellschafter erzielt hingegen Einkünfte aus Kapitalvermögen gemäß § 27 EStG 1988.

Die ertragsteuerliche Behandlung als Mitunternehmer ändert aber nichts an der zivilrechtlichen Gestaltung der stillen Gesellschaft. Weder der echte noch der unechte stille Gesellschafter ist Schuldner oder haftet für die Schulden des Inhabers des Unternehmens. Die (anteiligen) Schulden des Einzelunternehmens stellen daher keine Gegenleistung für die mit der (unechten) stillen Beteiligung mitübertragenen Grundstücke des Sonderbetriebsvermögens dar.

2.1.3. NeuFöG-Freibetrag im Verhältnis zum Betriebsfreibetrag

Wie ist die Grunderwerbsteuer zu berechnen, wenn für eine un- oder teilentgeltliche Grundstücksübertragung im Rahmen einer Betriebsübertragung der Freibetrag von 75.000 € gemäß § 5a Abs. 2 Z 2 NeuFöG zusteht? Kommt der Abzug des NeuFöG-Freibetrages im Falle einer unentgeltlichen Übertragung nur bei der Anwendung des Stufentarifs in Betracht oder auch bei der Deckelung mit 0,5%? Nach welchen Kriterien bzw. in welchem Verhältnis wird der NeuFöG-Freibetrag bei einem teilentgeltlichen Grundstückserwerb im Rahmen einer Betriebsübertragung dem entgeltlichen und unentgeltlichen Teil zugeordnet?

Lösung:

Der NeuFöG-Freibetrag kann bei unentgeltlichen, teilentgeltlichen und entgeltlichen Grundstückserwerben in Betracht kommen (Näheres dazu siehe Rz 155 ff NeuFöR). Bei Erwerben, die zur Gänze oder teilweise unter die Befreiungsbestimmung des § 3 Abs. 1 Z 2 GrEStG 1987 fallen, sind zuerst der (aliquote) Betriebsfreibetrag und dann der NeuFöG-Freibetrag von der Bemessungsgrundlage abzuziehen.

Bei teilentgeltlichen Erwerben erfolgt die Zuordnung zum entgeltlichen und zum unentgeltlichen Teil im Verhältnis der Teil-Bemessungsgrundlagen, wobei im Falle der Deckelung mit 0,5% gemäß § 7 Abs. 1 Z 2 lit. b GrEStG 1987 das Verhältnis ohne Ansatz des Betriebsfreibetrages zu ermitteln ist.

Beispiele für einen unentgeltlichen Erwerb:

	Beispiel 1	Beispiel 2
Grundstückswert (GW)	1.200.000 €	1.500.000 €
BFB	900.000 €	900.000 €
NeuFöG-FB	75.000 €	75.000 €
Basis GrESt-Stufentarif (GW minus BFB minus NeuFöG-FB)	225.000 €	525.000 €
GrESt-Stufentarif	1.125 €	(8.625 €)

GrEStG

Basis GrESt-Deckelung (GW minus NeuFöG-FB)	1.125.000 €	1.425.000 €
GrESt-Deckelung 0,5%	(5.625 €)	7.125 €

Beispiel für einen teilentgeltlichen Erwerb, wobei die Berechnung zuerst anhand des Stufentarifs (mit Berücksichtigung des aliquoten Betriebsfreibetrages) und danach als Vergleichsrechnung (Deckelung, ohne Berücksichtigung des aliquoten Betriebsfreibetrages) erfolgt:

a) Stufentarif

	Unentgeltlicher Teil	Entgeltlicher Teil	Summe
Grundstückswert	500.000 €	1.000.000 €	1.500.000 €
Verhältnis	1/3	2/3	3/3
minus BFB	- 300.000 €	-	- 300.000 €
	200.000 €	1.000.000 €	1.200.000 €
Verhältnis	16,67%	83,33%	100%
minus NeuFöG-FB	- 12.502,50 €	- 62.497,50 €	- 75.000 €
Basis GrESt	187.497,50 €	937.502,50 €	1.125.000 €
GrESt-Stufentarif	937,49 €		
GrESt-Normaltarif		32.812,59 €	
GrESt-Gesamt			33.750,08 €

b) Deckelung

	Unentgeltl. Teil	Entgeltl. Teil	Summe
Grundstückswert	500.000 €	1.000.000 €	1.500.000 €
Verhältnis	1/3	2/3	3/3
minus NeuFöG-FB	25.000 €	50.000 €	75.000 €
Basis GrESt	475.000 €	950.000 €	1.425.000 €
GrESt-Deckelung	2.375 €		
GrESt-Normaltarif		33.250 €	
GrESt-Gesamt			35.625 €

2.2. § 3 Abs. 1 Z 2a GrEStG 1987

Ein Landwirt übergibt seinen landwirtschaftlichen Betrieb sowie das Bauernhaus (übersteigender Wohnungswert) an seine Tochter. Als Gegenleistung räumt die Übernehmerin dem Übergeber eine monatliche Rente ein.

Steht der Betriebsfreibetrag in Höhe von 365.000 € – allenfalls anteilig – zu, wenn die Gegenleistung den einfachen Einheitswert übersteigt?

Lösung:

Zunächst ist aus der Gesamtgegenleistung (= nach Versicherungsmathematik kapitalisierter Wert der Rente) jener Betrag herauszurechnen, der die Gegenleistung für den Erwerb des landwirtschaftlichen Betriebes darstellt; dabei sind sowohl der landwirtschaftliche Betrieb als auch das Bauernhaus jeweils mit dem Verkehrswert anzusetzen (siehe Punkt 2.1.1. der Info vom 13.05.2016, BMF-010206/0058-VI/5/2016, betreffend die Vorgangsweise bei verschiedenen Sachverhalten im Zusammenhang mit dem Grunderwerbsteuergesetz in der Fassung des StRefG 2015/2016 und des AbgÄG 2015).

Ergibt diese Berechnung, dass die Gegenleistung für den landwirtschaftlichen Betrieb höher ist als der einfache Einheitswert, ist eine der Voraussetzungen für die Inanspruchnahme der Begünstigung des § 3 Abs. 1 Z 2a GrEStG 1987 nicht erfüllt und der Betriebsfreibetrag steht zur Gänze nicht zu; die Grunderwerbsteuer ist mit 2% vom ungekürzten Einheitswert zu berechnen.

Der Erwerb des Bauernhauses gilt (da im Familienverband) als unentgeltlich, die Besteuerung erfolgt mit dem Stufentarif (Bemessungsgrundlage ist der Grundstückswert).

2.3. § 3 Abs. 1 Z 3 GrEStG 1987

Ein gemeinnütziger Verein, der zum 1.1.2016 bereits 99,95% an einer GmbH gehalten hatte, erwirbt den verbleibenden Anteil von 0,05% und vereinigt somit 100% der Anteile in seiner Hand. Der Grundstückswert beträgt rund 1,4 Mio. €; die Abtretung erfolgt zu einem Preis in Höhe der Nominale von 80 €. Liegen die Voraussetzungen für die Befreiung des § 3 Abs. 1 Z 3 GrEStG 1987 idF des Gemeinnützigkeitsgesetzes (GG 2015, BGBl. I Nr. 160/2015) vor?

Lösung:

Es liegt ein Fall der Übergangsbestimmung des § 18 Abs. 2p GrEStG 1987 vor: Am 31.12.2015 wurden mindestens 95% an der Gesellschaft in der Hand des Vereines gehalten, durch einen danach erfolgten Rechtsvorgang verändert sich dieser Prozentsatz auf 100% (sogenannte „Eintrittssteuer ins neue Grunderwerbsteuersystem"). Es wurde daher ein grunderwerbsteuerbarer Vorgang verwirklicht.

§ 3 Abs. 1 Z 3 GrEStG 1987 befreit den unentgeltlichen Erwerb eines Grundstückes durch Körperschaften, Personenvereinigungen oder Vermögensmassen, die der Förderung gemeinnütziger, mildtätiger oder kirchlicher Zwecke nach Maßgabe der §§ 34 bis 47 BAO dienen, von der Grunderwerbsteuer. Von dieser Befreiungsbestimmung sind alle Tatbestände des § 1 GrEStG 1987 umfasst, also auch die Anteilsvereinigung bzw. der Anteilsübergang gemäß § 1 Abs. 3 GrEStG 1987.

Ob ein unentgeltlicher Erwerb vorliegt, richtet sich nach § 7 Abs. 1 Z 1 lit. a GrEStG 1987; ein solcher Erwerb liegt dann vor, wenn die Gegenleistung nicht mehr als 30% des Grundstückswertes beträgt. Ist der Tatbestand der Anteilsvereinigung bzw. des Anteilsübergangs gemäß § 1 Abs. 3 GrEStG 1987 erfüllt, unterliegt immer der gesamte Grundstückswert der Grunderwerbsteuer. Für die Ermittlung der 30%-Grenze ist daher eine allfällige Gegenleistung auch immer in Bezug zum gesamten Grundstückswert zu setzen.

Im geschilderten Sachverhalt liegt daher Unentgeltlichkeit vor und der nach § 1 Abs. 3 GrEStG 1987 steuerbare Vorgang ist gemäß § 3 Abs. 1 Z 3 GrEStG 1987 von der Grunderwerbsteuer befreit.

2.4. § 3 Abs. 1 Z 5 GrEStG 1987

Mit der Novelle des NÖ Raumordnungsgesetzes 2014 (LGBl. Nr. 3/2015) im Jahr 2016 (LGBl. Nr. 63/2016) wurde im V. Abschnitt (§§ 37 ff) ein neues Verfahren zur Baulandumlegung eingeführt. Dabei können zur Neugestaltung und Erschließung von Siedlungsgebieten bebaute und unbebaute Grundstücke in der Weise neu geordnet werden, dass nach Lage, Form und Größe für bauliche oder sonstige Nutzungen zweckmäßig gestaltete und erschließbare Grundstücke entstehen.

Die Durchführung eines Umlegungsverfahrens findet ausschließlich auf Anregung der Gemeinde statt, wenn die Eigentümer von mehr als 75% der umzulegenden Grundflächen zustimmen. Ist diese Voraussetzung erfüllt, hat die Landesregierung nach Durchführung einer mündlichen Verhandlung durch Verordnung ein Umlegungsverfahren einzuleiten.

Es stellt sich die Frage, ob für Grundstückserwerbe im Rahmen der Neuverteilung der Grundstücke im Umlegungsgebiet (§ 42 NÖ ROG 2014) die Befreiungsbestimmung gemäß § 3 Abs. 1 Z 5 GrEStG 1987 (Erwerbe im Rahmen behördlicher Maßnahmen zur besseren Gestaltung von Bauland) zur Anwendung kommen kann. Nach der VwGH-Judikatur ist eine Voraussetzung für die Anwendbarkeit der Befreiung, dass der Grundstückserwerb unmittelbare Folge einer behördlichen Verfügung ist, wobei derjenige, den die Maßnahme trifft, keine Möglichkeit hat, dieser auszuweichen. Ist diese Voraussetzung erfüllt, wenn das Baulandumlegungsverfahren nach dem NÖ ROG 2014 nur dann eingeleitet werden kann, wenn die Eigentümer von mehr als 75% der umzulegenden Grundflächen zustimmen?

Lösung:

Die VwGH-Judikatur ist vor dem Hintergrund der Abgrenzung behördlicher Verfahren von privatrechtlichen Vereinbarungen ergangen. Dementsprechend wurden Fälle, in denen ein Grundstückseigentümer selbst den Übergang des Grundstückes durch Abschluss einer Vereinbarung mit einem anderen Eigentümer veranlasst, etwa um die Bauführung zu beschleunigen, nicht als behördliche Maßnahmen eingestuft (vgl. VwGH 6.5.1971, 1034/70; 25.4.1996, 95/16/0259). Wird hingegen wie nach den Bestimmungen des NÖ ROG 2014 (vgl. auch § 78 Tiroler Raumordnungsgesetz 2016, LGBl. Nr. 101/2016) vor Einleitung des Baulandumlegungsverfahrens lediglich die Zustimmung der Eigentümer eingeholt, ändert dies nichts am behördlichen Charakter des Verfahrens, womit die Befreiungsbestimmung gemäß § 3 Abs. 1 Z 5 GrEStG 1987 dem Grunde nach zur Anwendung kommt.

2.5. § 3 Abs. 1 Z 7 und 7a GrEStG 1987

2.5.1. Höhe der Steuerbefreiung

A überträgt den Hälfteanteil an einem Wohnhaus (Grundstückswert 500.000 €) an den (Ehe)Partner B; das Wohnhaus besteht aus

- *Ehewohnung (100 m²),*
- *Ferienwohnung (100 m²) und*
- *Keller (100 m², davon entfallen 50 m² auf Heiz- und Holzlagerraum sowie 50 m² auf Hobbyraum und Sauna inkl. Gang).*

Hobbyraum und Sauna (inkl. Gang) werden sowohl von der Familie als auch von den Feriengästen genutzt.

Wie berechnet sich die Steuerbefreiung gemäß § 3 Abs. 1 Z 7 GrEStG 1987?

Lösung:

Die Befreiungsbestimmungen gemäß § 3 Abs. 1 Z 7 und Z 7a GrEStG 1987 stellen bei der Ermittlung des steuerfreien Anteils der Bemessungsgrundlage („Sachverhalts-Freibetrag") auf die Wohnnutzfläche ab. Die Befreiungsbestimmungen beziehen sich auf den Grundstückswert des ganzen Grundstückes (also Gebäude plus Grund und Boden), wobei die Wohnnutzfläche als „Messbetrag" für das Ausmaß der Befreiung dient.

Was den Begriff der Wohnnutzfläche gemäß § 3 Abs. 1 Z 7 und Z 7a GrEStG 1987 anbelangt, so ist wie bisher auf jenen der Wohnbauförderungsgesetze und der dazu ergangenen Judikatur Bezug zu nehmen; er ist ausdrücklich vom Begriff der Nutzfläche gemäß § 2 Abs. 3 Z 1 GrWV zu unterscheiden. Eine nicht für Wohnzwecke ausgestattete Keller- oder Garagenfläche wird zwar auf Grund der besonderen Anordnung in der GrWV bei der Ermittlung des Grundstückswertes (pauschal) mitberücksichtigt, nicht aber der Wohnnutzfläche iSd § 3 Abs. 1 Z 7 und Z 7a GrEStG 1987 zugerechnet. Vice versa zählen für Wohnzwecke ausgestattete Räumlichkeiten zu 100% zur Wohnnutzfläche, auch wenn sie sich im Keller befinden (zB Sauna und Hobbyraum inkl. Gang zu diesen Räumen, nicht hingegen – üblicherweise – Holzlagerraum und Heizraum).

§ 3 Abs. 1 Z 7 GrEStG 1987 befreit den Erwerb eines Grundstückes unter Lebenden durch den Ehegatten oder eingetragenen Partner unmittelbar zur gleichteiligen Anschaffung oder Errichtung einer Wohnstätte zur Befriedigung des dauernden Wohnbedürfnisses der Ehegatten oder eingetragenen Partner (so genannte „Ehe/Partner-Wohnstätte") nur, soweit die Wohnnutzfläche 150m² nicht übersteigt. Die Befreiung kommt für jenen Teil des Grundstückswertes zur Anwendung, der auf die Ehe/Partner-Wohnstätte entfällt.

Die Wohnnutzfläche berechnet sich daher wie folgt:

Ehewohnung 100 m² + Ferienwohnung 100 m² + Hobbyraum, Sauna und Gang 50 m² = 250 m²

Von der ermittelten Wohnnutzfläche ist die Ehe/Partner-Wohnstätte im Ausmaß von 100 m² steuerfrei. Da der Hobbyraum und die Sauna von den Feriengästen mitbenützt werden, dienen diese Räume nicht der Befriedigung des dauernden Wohnbedürfnisses der Ehegatten/Partner und sind daher ebenso wie der Anteil, der auf die Ferienwohnung entfällt, steuerpflichtig. Im Ergebnis sind 2/5 steuerfrei, 3/5 steuerpflichtig.

Die Bemessungsgrundlage errechnet sich daher wie folgt: 500.000/2 * 3/5 = 150.000 €

2.5.2. Schenkung auf den Todesfall

Greift die Befreiungsbestimmung des § 3 Abs. 1 Z 7a GrEStG 1987 auch bei Schenkungen auf den Todesfall?

Lösung:

Nein, weil es sich dabei nicht um einen Erwerb durch Erbanfall, Legat, Pflichtteilserfüllung oder § 14 Abs. 1 Z 1 WEG 2002 iSd § 3 Abs. 1 Z 7a GrEStG 1987 handelt.

Die Befreiungsbestimmung des § 3 Abs. 1 Z 7 GrEStG 1987 kommt nicht zur Anwendung, weil bei dieser Befreiungsbestimmung der Erwerb zum Zwecke der gleichteiligen Anschaffung oder Errichtung einer Wohnstätte zur Befriedigung des dringenden Wohnbedürfnisses der Ehegatten oder eingetragenen Partner erfolgen muss. Dies ist bei einer Schenkung auf den Todesfall ausgeschlossen.

2.6. § 3 Abs. 2 GrEStG 1987

In der Vergangenheit wurde in der Praxis die Grunderwerbsteuer bei der Realteilung anhand der Formel des BFH (24.11.1954, BStBl. 1955 I/III 11) berechnet, die im Kommentar zum Grunderwerbsteuergesetz 1987 (Arnold/Bodis) abgedruckt ist. Ist diese Formel weiterhin anzuwenden? Wie verhält sich diese Berechnung zur – in der Information des BMF vom 13.05.2016, BMF-010206/0058-VI/5/2016, unter Punkt 3.7 dargestellten – Rechtslage?

Lösung:

Gemäß § 3 Abs. 2 GrEStG 1987 wird im Fall einer flächenmäßigen Teilung eines Grundstückes, das mehreren Miteigentümern gehört, die Steuer nicht erhoben, „soweit der Wert des Teilgrundstückes, das der einzelne Erwerber erhält, dem Bruchteil entspricht, mit dem er am gesamten zu verteilenden Grundstück beteiligt ist."

Diese durch die Grunderwerbsteueränderungen zum 1.1.2016 unberührt gebliebene Formulierung verlangt eine Verhältnisrechnung (Wert des erhaltenen Teilgrundstückes zum ursprünglichen Bruchteil am Gesamtgrundstück), um jenen Teil der Steuer, der nicht erhoben wird, zu errechnen; sie befreit nicht einen Erwerbsvorgang zur Gänze oder zum Teil von der Grunderwerbsteuer. Im Fall einer Realteilung ist die Berechnungsformel daher weiterhin anzuwenden.

Infolge der Änderungen des GrEStG 1987 zum 1.1.2016 ist allerdings für die Steuerberechnung zu beachten, dass bei Vorgängen innerhalb des Familienverbandes immer ein unentgeltlicher Vorgang vorliegt und ansonsten eine Zuordnung zu einem un/teil/entgeltlichen Vorgang zu treffen ist. Angewendet auf das Beispiel, das in *Arnold/Bodis*, GrEStG[14], § 3 Tz 198 enthalten ist, bedeutet dies Folgendes:

A und B sind je zur Hälfte Eigentümer eines unbebauten Grundstückes im Ausmaß von 1.800 m². Sie teilen das Grundstück so, dass A eine Fläche von 800 m² und B die restliche Fläche von 1.000 m² erhält.

B leistet eine Aufzahlung von 10.000 €. Der Verkehrswert des Grundstückes beträgt 200 € pro m², insgesamt also 360.000 €. Die Steuer ist wie folgt zu berechnen:

Fall 1 – A und B gehören nicht zum Familienverband des § 26a GGG:

B gibt 900 m² (180.000 €) plus 10.000 €, in Summe 190.000 € hin, um 1.000 m² (200.000 €) zu bekommen. Es liegt ein entgeltlicher Vorgang vor, die Besteuerung erfolgt so, wie in *Arnold/Bodis*, GrEStG[14], § 3 Tz 198 dargestellt:

Gegenleistung des B:

Miteigentumsanteil	180.000 €
Aufzahlung	10.000 €
Summe	190.000 €

Voller Steuerbetrag des B: 3,5% von 190.000 € = 6.650 €

Kürzungsbetrag:

6.650 € mal 180.000 € (Miteigentumsanteil) dividiert durch 200.000 € (Alleineigentum) = 5.985 €

Grunderwerbsteuer B	6.650 €
	- 5.985 €
	665 €

A gibt 900 m² im Wert von 180.000 € hin, um 800 m² (160.000 €) zu bekommen; es liegt ein entgeltlicher Vorgang vor. Da sein ursprünglicher

Anteil am Gesamtgrundstück (= Gegenleistung) höher ist als der Wert des erhaltenen Teilgrundstückes, der Kürzungsbetrag somit höher als der volle Steuerbetrag ist, wird für diesen Vorgang keine Grunderwerbsteuer erhoben.

Variante zu Fall 1:

B gibt 900 m² (180.000 €) hin, um 1.500 m² (300.000 €) zu bekommen. Der Grundstückswert nach Pauschalwertmodell beträgt für den erhaltenen Grundstücksteil 280.000 €. Da die Gegenleistung nicht mehr als 70% des Grundstückswertes beträgt, liegt ein teilentgeltlicher Vorgang vor. Als Bemessungsgrundlage ist der Grundstückswert heranzuziehen, wobei 180.000 € auf den entgeltlichen Teil und 100.000 € auf den unentgeltlichen Teil entfallen.

Steuerbetrag des B:

Entgeltlicher Teil:	180.000 € * 3,5% =	6.300 €
Unentgeltlicher Teil:	100.000 € * 0,5% =	500 €
Summe:		6.800 €

Bei der Berechnung des Kürzungsbetrages ist für das Verhältnis „Wert des erhaltenen Teilgrundstückes zum ursprünglichen Bruchteil am Gesamtgrundstück" nicht der Grundstückswert gemäß § 4 GrEStG 1987 (der nur für die Ermittlung der GrESt-Bemessungsgrundlage Bedeutung hat) sondern nach wie vor der gemeine Wert heranzuziehen:

Kürzungsbetrag =	6.800 € * 180.000/300.000 =	4.080 €
GrESt:	6.800 € - 4.080 € =	2.720 €

A gibt 900 m² im Wert von 180.000 € hin, um 300 m² (60.000 €) zu bekommen. Die Ausführungen zu Fall 1 (vor Variante) gelten gleichermaßen.

Fall 2 – A und B gehören zum Familienverband des § 26a GGG; es liegt gemäß § 7 Abs. 1 Z 1 lit. c GrEStG 1987 zwingend ein unentgeltlicher Vorgang vor.

Für die Berechnung bei B ist der Grundstückswert des erhaltenen Grundstücksteils der GrESt-Berechnung zugrunde zu legen; die Aufzahlung bleibt außer Acht. Unter der Annahme, dass der Grundstückswert des gesamten Grundstückes (berechnet mit dem Pauschalwertmodell) 170.000 € beträgt und keine Vorerwerbe von A zu berücksichtigen sind, ist die Steuer bei B wie folgt zu errechnen:

Grundstückswert (erhaltener Grundstücksteil): 170.000 € * 1.000/1.800 = 94.444 €

Voller Steuerbetrag des B:	0,5% von 94.444 € = 472 €

An der Berechnung des Kürzungsbetrages ändert sich dem Grunde nach gegenüber der Darstellung in Fall 1 nichts, es ist nur ein anderer Steuerbetrag einzusetzen. Auch hier gilt, dass für das Verhältnis „Wert des erhaltenen Teilgrundstückes zum ursprünglichen Bruchteil am Gesamtgrundstück" nicht der Grundstückswert gemäß § 4 GrEStG 1987 sondern der gemeine Wert heranzuziehen ist:

Kürzungsbetrag =	472 € * 180.000/200.000 =	425 €
GrESt:	472 € - 425 € =	47 €

Für die Berechnung der Grunderwerbsteuer bei A ist nicht seine Gegenleistung, sondern der Grundstückswert des erhaltenen Grundstücksteils heranzuziehen. Ungeachtet dessen Höhe ändert sich aber nichts daran, dass für die Verhältnisrechnung als „Wert des Teilgrundstückes" der gemeine Wert (also 160.000 €) heranzuziehen ist, der in Relation zum ursprünglichen Bruchteil am Gesamtgrundstück (also 180.000 €) zu setzen ist. Die Grunderwerbsteuer ist daher wie in Fall 1 (vor Variante) nicht zu erheben.

3. § 4 GrEStG 1987 – Bemessungsgrundlage allgemein und in Verbindung mit § 7 GrEStG 1987

3.1. Definition Familienverband

3.1.1. Lebensgefährten

§ 26a Abs. 1 Z 1 GGG begünstigt Erwerbsvorgänge unter anderem unter Lebensgefährten. Fallen darunter auch die Kinder der Lebensgefährten oder die Lebensgefährten der Kinder?

Lösung:

Da Lebensgefährten mit dem Übergeber weder verwandt noch verschwägert sind, § 26a GGG aber auf „Verwandte oder Verschwägerte in gerader Linie" – also auf (Enkel-)Kinder, (Groß-)Eltern usw. – abzielt, sind die Kinder von Lebensgefährten nicht umfasst.

Die Lebensgefährten von Kindern sind in § 26a GGG nicht explizit erwähnt und zählen daher nicht zum „Familienverband". Beispiel 3 im Besonderen Teil der Erläuterungen zum Steuerreformgesetz 2015/2016 zu § 7 GrEStG 1987 steht dem nicht entgegen: Dort kommt der Stufentarif deshalb zur Anwendung, weil die Übertragung tatsächlich unentgeltlich war und nicht aufgrund der Zugehörigkeit zum Familienverband (und der damit verbundenen Unentgeltlichkeitsfiktion).

3.1.2. Pflegekinder

Zählen Pflegekinder auch nach Beendigung des Pflegeverhältnisses zum Kreis des Familienverbandes gemäß § 26a Abs. 1 Z 1 GGG?

Lösung:

Seitens des für Fragen betreffend § 26a Abs. 1 Z 1 GGG zuständigen Bundesministeriums für Justiz wurde dazu Folgendes mitgeteilt:

„Gemäß § 184 ABGB sind Pflegeeltern Personen, die die Pflege und Erziehung des Kindes ganz oder teilweise besorgen und bei denen eine dem Verhältnis zwischen leiblichen Eltern und Kindern nahekommende Beziehung besteht oder hergestellt werden soll.

Es werden keinerlei besondere Anforderungen gestellt, Pflegeeltern müssen weder verheiratet sein noch muss ein bestimmter Altersunterschied bestehen. Da § 185 Abs. 1 ABGB auch von einem Pflegeelternteil spricht, kann die Pflegeelternschaft von einer Einzelperson ausgeübt werden. Die Pflegeelternschaft kann auf einem ausdrücklichen Vertragsverhältnis mit dem Obsorgeberechtigten bzw. mit dem gesetzlichen Vertreter des Kindes beruhen. Das Pflegeverhältnis bedarf keiner gerichtlichen Bestätigung. Die Pflegeelternschaft ist jedoch nicht zwingend an ein vertragliches Verhältnis geknüpft. Sie kann auch aus faktischen Umständen resultieren. Dadurch bleibt das Obsorgeverhältnis zu anderen Personen unberührt. Den Pflegeeltern steht die Obsorge nur dann zu, wenn sie ihnen gemäß § 185 ABGB übertragen wurde.

Zwei Kriterien müssen vorliegen: Die Pflege und Erziehung des Kindes muss ganz oder teilweise ausgeübt werden und es muss ein der leiblichen Elternschaft nahekommendes Eltern-Kind-Verhältnis aufgebaut worden sein bzw. die Absicht bestehen, ein solches herzustellen. Eine emotionale Bindung zum Pflegekind ist daher vorgesehen (Deixler-Hübner in Kletecka/Schauer, ABGB-ON 1.03 § 184 ABGB (Stand 1.3.2015 rdb.at)).“ Da das Gesetz zur Begründung des Pflegeverhältnisses ein Eltern-Kind-Verhältnis fordert, steht die Begünstigung des § 26a GGG auch gegenüber volljährigen ehemaligen Pflegekindern zu.

3.1.3. Stiefkinder

Zählen Stiefkinder auch nach Beendigung der Ehe bzw. nach Auflösung einer eingetragenen Partnerschaft zum Familienverband?

Lösung:

Seitens des für Fragen betreffend § 26a Abs. 1 Z 1 GGG zuständigen Bundesministeriums für Justiz wurde dazu zusammengefasst Folgendes mitgeteilt:

Wenn zwei Personen eine Ehe oder eingetragene Partnerschaft schließen, von denen mindestens eine schon ein Kind hat, trifft der Stiefelternteil keine direkte Entscheidung „für das Kind“. Aus diesem Grund kommt die Begünstigung des § 26a GGG nach der Scheidung des leiblichen Elternteiles und dem Stiefelternteil oder nach dem Tod des Stiefelternteiles dem ehemaligen Stiefkind nicht mehr zu.

Das BMF vertritt die Ansicht, dass Rechtserwerbe von Todes wegen (Erbe und Vermächtnis) durch ein Stiefkind des Verstorbenen noch im Familienverband des § 26a GGG erfolgen, wenn das Stiefkindverhältnis im Todeszeitpunkt noch aufrecht war.

Wenn hingegen der Stiefelternteil verstirbt und das Stiefkind ein Grundstück aus der Verlassenschaft durch ein Rechtsgeschäft unter Lebenden (Vertrag zwischen der Verlassenschaft und dem Stiefkind) erwirbt, ist zum Zeitpunkt der Tatbestandsverwirklichung das Stiefkindverhältnis durch den Tod des Stiefelternteils bereits aufgelöst gewesen. Nach Punkt 1.1.4 des BMF-Erlasses vom 18.02.2009, BMF-010206/0040-VI/5/2009 zu den verkehrsteuerlichen Auswirkungen durch das Schenkungsmeldegesetz 2008 ist bei einer Veräußerung aus dem Nachlass hinsichtlich des Steuersatzes auf das Verwandtschaftsverhältnis des Erwerbers zum Erblasser abzustellen. Da im Zeitpunkt des Erwerbes aus der Verlassenschaft (durch ein Rechtsgeschäft unter Lebenden) die Stiefkindeigenschaft bereits beendet ist, erfolgt der Erwerb nicht im Familienverband und ist daher nicht ex lege unentgeltlich.

Da die Schwägerschaft aus dem aufrechten Bestand einer Ehe/eingetragenen Partnerschaft zwischen Stiefelternteil und leiblichem Elternteil resultiert, wird das Stiefkindverhältnis auch durch den Tod des leiblichen Elternteiles beendet. Überträgt daher nach dem Tod des leiblichen Elternteils der frühere Stiefelternteil ein Grundstück an das frühere Stiefkind, liegt mangels aufrechter Stiefkindeigenschaft kein Erwerb im Familienverband vor.

3.1.4. Schwiegerkinder

Zählen Schwiegerkinder auch nach Beendigung der Ehe bzw. nach Auflösung einer eingetragenen Partnerschaft zum Familienverband?

Lösung:

Nein, da durch die Beendigung der Ehe bzw. nach Auflösung einer eingetragenen Partnerschaft zwischen Kind und Schwiegerkind die Schwägerschaft zum (ehemaligen) Schwiegerkind beendet wird.

3.1.5. „Geschwister“

Werden Vorgänge zwischen Adoptivgeschwistern (= zwischen leiblichen Kindern und Adoptivkindern oder zwischen Adoptivkindern) oder zwischen Stiefgeschwistern (= zwischen leiblichen Kindern und Stiefkindern oder zwischen Stiefkindern) als im Familienverband (§ 26a Abs. 1 Z 1 GGG) angesehen?

Lösung:

In den folgenden Antworten werden diesbezügliche Stellungnahmen des für Fragen betreffend § 26a Abs. 1 Z 1 GGG zuständigen Bundesministeriums für Justiz zusammengefasst wiedergegeben.

Adoptivgeschwister:

Gemäß § 197 Abs. 1 ABGB entstehen zwischen dem Annehmenden und dessen Nachkommen einerseits und dem Wahlkind und dessen im Zeitpunkt des Wirksamwerdens der Annahme minderjährigen Nachkommen andererseits mit diesem Zeitpunkt die gleichen Rechte, wie sie durch Abstammung begründet werden. Die starke Adoption ist ein Grundsatz, der sich aus dem Bestreben ergibt, durch das rechtliche Annahmeverhältnis die natürliche Familie möglichst nachzubilden. Das Wahlkind erlangt durch die Adoption die volle Rechtsstellung eines ehelichen Kindes auf dem Gebiet des Familien- und Erbrechtes.

Der VwGH hatte schon zu § 7 Abs. 1 III Z 3 ErbStG 1955 die Auffassung vertreten, dass auch Adoptivgeschwister unter den Begriff der „voll- und halbbürtigen Geschwister“ fallen (VwGH 30.6.1988, 87/16/0038). Begründend führte der

VwGH aus, dass eine steuerlich differenzierte Behandlung der Absicht des Gesetzgebers, auch Gegensätzen zwischen Wahlkindern und leiblichen Kindern, die sich aus ihrer rechtlichen Ungleichheit ergeben könnten, den Boden zu entziehen, widersprechen würde.

Adoptivgeschwister fallen daher unter den Begriff „Geschwister" iSd § 26a Abs. 1 Z 1 GGG.

Stiefgeschwister:

Gemäß § 40 ABGB ist die Schwägerschaft die Verbindung zwischen einem Ehegatten und den Verwandten des anderen Ehegatten. Stiefeltern sind daher (sofern das Stiefverhältnis durch Eheschließung begründet wird) mit ihrem Stiefkind verschwägert. Andere Stiefangehörige (wie Stiefgeschwister) sind mit dem Stiefkind weder verwandt noch verschwägert. So sind Stiefgeschwister des Erblassers etwa auch nicht erbberechtigt (vgl. Welser in Rummel/Lukas, ABGB[4] § 737 Rz 2). Auch in anderen Gesetzen, die – je nach ihrem Zweck – einen über die Verwandtschaft hinausgehenden „Beziehungsradius" definieren, werden Stiefgeschwister nicht vom Angehörigenbegriff erfasst (vgl. etwa § 72 StGB).

Stiefgeschwister fallen daher nicht unter den Begriff „Geschwister" iSd § 26a Abs. 1 Z 1 GGG.

3.2. Nachgewiesener gemeiner Wert

3.2.1. Substanzwert / Ertragswert

Bei einem Kauf im Personenkreis des § 26a GGG liegt ein Gutachten vor, das einen Substanzwert von 160.000 € und einen Ertragswert von 200.000 € ausweist. Der Kaufpreis beträgt 180.000 €. Welcher Wert kann als nachgewiesener geringerer gemeiner Wert bzw. Grundstückswert genommen werden?

Lösung:

Die Auswahl der richtigen Bewertungsmethode ist eine Sachverhaltsfrage, die im Rahmen der Beweiswürdigung zu beurteilen ist. So wird sich der Marktpreis von typischen Mietobjekten eher am Ertragswert orientieren, während bei Objekten, die sich zur privaten Nutzung eignen, die Sachwertkomponente bedeutsamer wird (vgl. auch EStR 2000 Rz 6442a).

3.2.2. Gemeiner Wert versus Grundstückswert nach Pauschalwertmodell oder Immobilienpreisspiegel

Dem selbstberechnenden Parteienvertreter bzw. dem Finanzamt für Gebühren, Verkehrsteuern und Glücksspiel ist der gemeine Wert eines Grundstückes auf Grund eines Gutachtens (das aus anderen Gründen als des Nachweises des geringeren gemeinen Wertes erstellt wurde) bekannt. Der Steuerpflichtige ermittelt für dieses Grundstück den Grundstückswert nach dem Pauschalwertmodell oder anhand eines Immobilienpreisspiegels, der von dem mittels Gutachten nachgewiesenen gemeinen Wert abweicht, und wählt den ermittelten Grundstückswert als Bemessungsgrundlage aus. Muss der selbstberechnende Parteienvertreter bzw. das Finanzamt für Gebühren, Verkehrsteuern und Glücksspiel den, auf Grund des Gutachtens bekannten, abweichenden gemeinen Wert stattdessen als Bemessungsgrundlage heranziehen?

Lösung:

Nein, weil der Steuerpflichtige die Ermittlungsmethode frei wählen darf und eine entsprechende Wahl getroffen hat.

3.3. Nachträgliche Wohnungseigentumsveräußerungen im Zusammenhang mit WGG

In der Information des BMF vom 11.11.2014, BMF-010206/0101-VI/5/2014 (Vorgangsweise bei verschiedenen Sachverhalten im Zusammenhang mit der Neufassung des Grunderwerbsteuergesetzes durch das Bundesgesetz BGBl. I Nr. 36/2014) wurde unter Punkt 1.1.7. Folgendes ausgeführt:

1.1.7. Nachträgliche Wohnungseigentumsveräußerungen im Zusammenhang mit dem WGG

Nachträgliche Wohnungseigentumsveräußerungen an die Mieter aufgrund einer gesetzlichen Option im Rahmen des Wohnungsgemeinnützigkeitsgesetzes (WGG) müssen gesetzlich bzw. in manchen Bundesländern förderungsrechtlich zwingend unter dem Verkehrswert erfolgen. Ist in diesen Fällen der tatsächliche Kaufpreis oder der (höhere) gemeine Wert als Grundlage für die Steuerbemessung heranzuziehen?

Lösung:

Gesetzliche Preisbeschränkungen sind keine „ungewöhnlichen oder persönlichen Verhältnisse" gemäß § 10 Abs. 2 dritter Satz BewG 1955, die bei der Bestimmung des gemeinen Wertes nicht zu berücksichtigen sind. Wenn daher bei nachträglichen Übertragungen in das Wohnungseigentum der Preis für die Übertragung im Rahmen der vom WGG vorgegebenen Grenzen gebildet wird, entspricht dieser Preis dem im gewöhnlichen Geschäftsverkehr zu erzielenden Preis – somit dem gemeinen Wert – und ist der Grunderwerbsteuer zu unterziehen. Demgegenüber können ungewöhnliche oder persönliche Verhältnisse bei vertraglichen „Kaufpreisbindungen" (zB bei Mietverträgen mit Kaufoption) vorliegen; in diesem Fall ist nicht der tatsächlich erzielte Kaufpreis sondern der erzielbare Kaufpreis, also der gemeine Wert, als Bemessungsgrundlage heranzuziehen ist.

Hat sich an diesem Lösungsansatz im Hinblick auf die Bestimmung des § 15g WGG neu (Informationspflicht über objektiven Verkehrswert im Zeitpunkt der Erstveräußerung) bei nachträglicher Wohnungseigentumsbegründung („Miet-Kaufoption") etwas geändert? Was ist bei Fällen des § 15g WGG als Bemessungsgrundlage für die Grunderwerbsteuer heranzuziehen?

Lösung:

Mit 1.1.2016 ist § 15g WGG in Kraft getreten, dessen Abs. 1 und 2 wie folgt lauten:

§ 15g. (1) Der Bauvereinigung steht im Fall einer nachträglichen Übertragung von Wohnungen und Geschäftsräumlichkeiten gemäß § 15b in das Eigentum (Miteigentum, Wohnungseigen-

GrEStG

tum) ein Vorkaufsrecht zu, das im Grundbuch einzuverleiben ist und dessen Rechtsfolgen im Kaufvertrag zu erläutern sind. Das Vorkaufsrecht zum Kaufpreis gemäß Abs. 2 Z 2 darf ohne Zustimmung der Bauvereinigung binnen zehn Jahren nach Abschluss des Kaufvertrages nicht gelöscht werden. Es erlischt entweder nach Leistung des Differenzbetrages gemäß Abs. 2 oder spätestens nach zehn Jahren.

(2) Der Eigentümer hat im Fall einer (Weiter-) Übertragung binnen zehn Jahren nach Abschluss des Kaufvertrages den Differenzbetrag, der sich aus dem Vergleich

1. des dem Käufer bekanntzugebenden Verkehrswerts im Zeitpunkt des schriftlichen Angebots der Bauvereinigung gemäß § 15e Abs. 1 oder § 15c lit. b (des vom Gericht ermittelten Verkehrswerts gemäß § 15d Abs. 2) mit
2. dem vereinbarten (§ 15d Abs. 1) oder festgesetzten (§ 15d Abs. 2 und § 15e Abs. 2) Kaufpreis ergibt, an die Bauvereinigung zu leisten.

Bei nachträglicher Übertragung in das Eigentum (Miteigentum, Wohnungseigentum) gemäß § 15b, auf welche die Vorschriften der § 15c bis § 15f nicht anwendbar sind, ist unter Z 1 der dem Käufer bekanntzugebende Verkehrswert im Zeitpunkt des Abschlusses des Kaufvertrages zu verstehen, sowie unter Z 2 der vereinbarte Kaufpreis.

Seit 1.1.2016 ist als Bemessungsgrundlage für grunderwerbsteuerliche Vorgänge grundsätzlich die „Gegenleistung, mindestens der Grundstückswert" zugrunde zu legen. Der Grundstückswert bemisst sich entweder nach der Pauschalwertmethode oder anhand von pauschalen Immobilienwerten; der Steuerpflichtige hat zudem die Möglichkeit, den geringeren gemeinen Wert nachzuweisen. Wie in Punkt 1.1.7 der Information des BMF vom 11.11.2014, BMF-010206/0101-VI/5/2014, ausgeführt, entspricht bei nachträglichen Übertragungen in das Wohnungseigentum der Preis, der im Rahmen der vom WGG vorgegebenen Grenzen gebildet wird, dem gemeinen Wert. Ein gesonderter Nachweis braucht in diesem Fall nicht erbracht werden.

Im Ergebnis wird bei derartigen Übertragungen immer die Gegenleistung als Bemessungsgrundlage herangezogen, weil sie

- entweder höher als der Grundstückswert ist („Gegenleistung, mindestens Grundstückswert")
- oder dem geringeren gemeinen Wert entspricht.

Gemäß § 15g WGG wird eine nachträgliche Leistung des Differenzbetrages zwischen der Bauvereinigung und dem Eigentümer (Miteigentum, Wohnungseigentum) bestimmt, die als nachträgliche Gegenleistung zu werten ist. Da ursprünglich jedenfalls die Gegenleistung der Grunderwerbsteuer unterzogen wurde, ist diese nachträgliche Gegenleistung ebenfalls der Grunderwerbsteuer zu unterziehen. Es ist daher gemäß § 10 Abs. 3 Z 1 GrEStG 1987 eine Abgabenerklärung vorzulegen oder gemäß § 11 GrEStG 1987 eine Selbstberechnung durch einen Parteienvertreter durchzuführen.

3.4. Bewertung einer Bauzinsverpflichtung

Die natürliche Person A räumt der X-GmbH an ihrem unbebauten Privatgrundstück ein Baurecht ein. Die Bauzinsverpflichtung beträgt monatlich netto 2.000 € zuzüglich einer allfälligen USt. Der Baurechtsvertrag wird auf 30 Jahre abgeschlossen.

Wie hoch ist die Bemessungsgrundlage für die Grunderwerbsteuer? Ist die kapitalisierte Bauzinsverpflichtung für die Gesamtdauer von 30 Jahren oder für 18 Jahre (gemäß § 15 Abs. 1 letzter Satz BewG 1955) als Gegenleistung heranzuziehen?

Lösung:

Es handelt sich um eine entgeltliche Baurechtseinräumung, für welche gemäß der Info des BMF vom 13.05.2016, BMF-010206/0058-VI/5/2016, als Bemessungsgrundlage für die Grunderwerbsteuer der Wert der Bauzinsverpflichtung gemäß § 15 BewG 1955, mindestens jedoch der Grundstückswert des Baurechtes heranzuziehen ist.

§ 15 Abs. 1 BewG 1955 lautet wie folgt:

„Der Gesamtwert von Nutzungen oder Leistungen, die auf bestimmte Zeit beschränkt sind, ist die Summe der einzelnen Jahreswerte abzüglich der Zwischenzinsen unter Berücksichtigung von Zinseszinsen. Dabei ist von einem Zinssatz in Höhe von 5,5 v. H. auszugehen. Der Gesamtwert darf das Achtzehnfache des Jahreswertes nicht übersteigen."

Als Bemessungsgrundlage ist im Ergebnis die Gegenleistung (Gesamtwert [Kapitalwert] der auf Zeit beschränkten Nutzungen oder Leistungen, gedeckelt mit dem 18-fachen Jahreswert gemäß § 15 Abs. 1 BewG 1955), mindestens aber der Grundstückswert (der aufgrund der unter 50-jährigen Laufzeit des Baurechtvertrages nur anteilig zu berücksichtigen ist) anzusetzen.

Der Kapitalwert kann zB mit dem Abzinsungsrechner auf der Homepage des BMF berechnet werden (https://service.bmf.gv.at/service/Anwend/Steuerberech/Par14/Par14.aspx). Bei einer 30-jährigen vorschüssigen Leistung wäre im Übrigen noch keine Deckelung notwendig (Kapitalwert für 30 Jahre = 15,333-facher Jahreswert, tabellarische Aufstellungen zB in Twaroch-Wittmann-Frühwald, BewG § 14 S. 14, Fellner, GrEStG 1987, Stand September 2006, § 5 Tz 49, Arnold/Bodis, GrESt 1987, § 5, Tz 24e).

3.5. Baurecht

In Punkt 3.6. der Information vom 13.5.2016, BMF-010206/0058-VI/5/2016, wird in der Tabelle „Übersicht über die Bewertung eines Baurechtes bei Erwerbsvorgängen außerhalb des Familienverbandes gemäß § 26a GGG" hinsichtlich des Erlöschens eines Baurechtes nur der Fall des Zeitablaufes angeführt. Wie ist vorzugehen, wenn ein Baurecht vor Zeitablauf endet? Welche Bemessungsgrundlage ist im Falle eines „Eigentümer-Baurechtes" heranzuziehen?

Lösung:

Erlischt ein Baurecht durch Zeitablauf, ist entsprechend Punkt 3.6. der zitierten Information zu unterscheiden, ob eine Gegenleistung gewährt wird oder nicht. Wird eine Gegenleistung erbracht, ist die Bemessungsgrundlage der Wert der Gegenleistung, mindestens der Wert des Gebäudes. Das Baurecht selbst (das ja durch sein Erlöschen an den Grundstückseigentümer zurückfällt) wird nicht besteuert.

Das Gleiche gilt, wenn ein Baurecht vor Zeitablauf (etwa durch „Verwirkung" gemäß § 4 Abs. 2 BauRG oder auf Grund eines Aufhebungsvertrages) beendet wird. Überträgt der Bauberechtigte sein Baurecht dem Grundeigentümer, bleibt das Baurecht selbständig bestehen, weil der Rechtsvorgang nicht auf die Auflösung bzw. Beendigung des Baurechtes gerichtet ist. In diesem Fall liegt ein Erwerb eines Baurechtes vor, der wie die Übertragung des Baurechtes an einen Dritten zu besteuern ist. Verzichtet der Erwerber zu einem späteren Zeitpunkt auf das Baurecht und lässt es löschen, fällt das Gebäude dem Grundstück an; infolge Eigentümeridentität liegt kein weiterer Erwerbsvorgang vor, der der Grunderwerbsteuer unterliegt.

Erwirbt der Bauberechtigte nach Begründung des Baurechtes auch Eigentum an der belasteten Liegenschaft (Eigentümerbaurecht), bleibt das Baurecht unberührt, weil die Vereinigung von Baurecht und Eigentum an der Stammliegenschaft in einer Hand nicht zum Untergang des Baurechtes führt. In diesem Fall unterliegt nur der Erwerb des Grund und Bodens der Grunderwerbsteuer.

Die in der Information vom 13.5.2016 enthaltene Tabelle wird wie folgt ergänzt (grau unterlegt):

	Entgeltlich/unentgeltlich	GrESt-Bemessungsgrundlage
Begründung eines BR	Bauzins, eventuell SL	Wert der BZV gemäß § 15 BewG + Wert der SL, mindestens GrW des BR
	Kein Bauzins, eventuell SL	Wert der SL, mindestens GrW des BR
Übertragung des BR an Dritten oder den Grundeigentümer	Übernahme der BZV, eventuell SL	BZV im Grundbuch → Wert der SL, mindestens GrW des BR
		BZV nicht im Grundbuch → Wert der BZV gemäß § 15 BewG + Wert der SL, mind. GrW des BR
Erlöschen des BR durch Zeitablauf oder vorzeitige Beendigung des BR	Ohne Gegenleistung	GrW des Gebäudes
	Mit Gegenleistung	Wert der Gegenleistung, mindestens GrW des Gebäudes (zB wenn gemäß § 9 Abs. 2 BauRG dem Bauberechtigten eine Entschädigung in Höhe von 25% des vorhandenen Bauwertes geleistet wird)
Eigentümer-Baurecht	Ohne Gegenleistung	GrW des Grund und Bodens (Grundwert)
	Mit Gegenleistung	Gegenleistung, mindestens GrW des Grund und Bodens (Grundwert)

Legende:
BR = Baurecht; BZV = Bauzinsverpflichtung; SL = sonstige Leistung(en); GrW = Grundstückswert

4. § 4 GrEStG 1987 – Grundstückswertverordnung

4.1. Vorläufiges Wohnungseigentum

Für ein unbebautes Grundstück liegen bereits konkrete Baupläne und ein Nutzwertgutachten vor; das Wohnungseigentum laut diesem Nutzwertgutachten wurde bereits grundbücherlich eingetragen. Der Vater schenkt nun seiner Tochter die Nutzwertanteile (ca. 50%); die Tochter muss die Kosten für den Bau der eigenen Einheit selbst finanzieren.

Welcher Wert ist als Bemessungsgrundlage für die Grunderwerbsteuer heranzuziehen? Handelt es sich um ein unbebautes oder um ein bebautes Grundstück?

Lösung:

Wird ein Teil eines unbebauten Grundstückes unentgeltlich oder im Familienverband übertragen, für das bereits Wohnungseigentum begründet bzw. Nutzwertanteile festgelegt worden sind, ist für den Fall, dass für die Ermittlung der Bemessungsgrundlage das Pauschalwertmodell herangezogen wird, nur der Grund und Boden zu bewerten (also Bodenwert lt. EW-Bescheid/m² * Anzahl der Quadratmeter * 3 * Hochrechnungsfaktor). Vereinbarungen und Vorleistungen, die ein erst zu errichtendes Gebäude betreffen, sind ohne Bedeutung. Erst dann, wenn im Übertragungszeitpunkt zumindest ein Rohbau mit Dach vorhanden ist, muss auch für das Gebäude ein Wert errechnet werden.

Wenn somit nur der „nackte" Grund und Boden zum Teil übertragen wird, ist für das Ausmaß des Anteils (bzw. für die für die Berechnung des Grundwertes entscheidende Quadratmeterzahl) der prozentuelle Miteigentumsanteil lt. Grundbuch heranzuziehen.

GrEStG

4.2. Kraftfahrzeug-Abstellplatz

In der Information des BMF vom 13.05.2016, BMF-010206/0058-VI/5/2016 (Vorgangsweise bei verschiedenen Sachverhalten im Zusammenhang mit dem Grunderwerbsteuergesetz in der Fassung des StRefG 2015/2016 und des AbgÄG 2015) wird unter Punkt 4.6.2 Folgendes ausgeführt:

4.6.2. Kraftfahrzeug-Abstellplatz

Wie sind Kraftfahrzeugabstellplätze im Freien, im Haus, in der Tiefgarage, angebaut, in Carport-Form, auf dem Dach usw. bei der Ermittlung des Grundstückswertes zu berücksichtigen?

Lösung:

Für einen Kraftfahrzeugabstellplatz (der zum Beispiel einer Eigentumswohnung zugeordnet ist) im Gebäude (Tiefgarage, Dach usw.) kann ein pauschaler Ansatz der Nutzfläche von 12 m² bzw. der Bruttogrundrissfläche von 17 m² gewählt werden. Der Kraftfahrzeugabstellplatz teilt den Ansatz des Baukostenfaktors hinsichtlich Alter und Art mit dem jeweiligen Gebäude.

Für Kraftfahrzeugabstellplätze im Freien (ohne Schutz vor der Witterung, auch Carports, Flugdächer usw.) ist kein Gebäudewert zu ermitteln.

Bedeutet das, dass auf Grund des Ansatzes von lediglich 35% bei Abstellplätzen grundsätzlich nur 4,2 m² (35% von 12 m² bei Ansatz der Nutzfläche bzw. 35% von 70% von 17 m² bei Ansatz der Bruttogrundrissfläche) angesetzt werden?

Lösung:

Ja

4.3. Gebäude, die dem MRG unterliegen

§ 2 Abs. 3 Z 3 lit. a der Grundstückswertverordnung stellt Gebäude, die Wohnzwecken dienen und soweit für sie ein Richtwert- oder Kategoriemietzins gemäß § 16 Mietrechtsgesetz (MRG) gilt, den sonstigen Gebäuden gleich (also Ansatz mit 71,25%). Auf welche Gebäude trifft dies zu?

Lösung:

Dies trifft auf Gebäude (Gebäudeteile) zu, die dem so genannten Vollanwendungsbereich des MRG unterliegen **und** bei denen kein angemessener Hauptmietzins verlangt werden kann. Dies trifft im Wesentlichen auf Altbauten mit mehr als zwei selbständigen Mietgegenständen (gleichgültig ob Mit- oder Wohnungseigentum) zu, die auf Grund einer bis zum 8. Mai 1945 erteilten Baubewilligung errichtet worden sind.

Für Wohnungen in Gebäuden mit mehr als zwei Mietgegenständen, die auf Grund einer Baubewilligung nach dem 8. Mai 1945 errichtet worden sind, oder für Wohnungen, die durch Um-, Auf-, Ein- oder Zubauten aufgrund einer nach dem 8. Mai 1945 erteilten Baubewilligung neu geschaffen worden sind, darf gemäß § 16 Abs. 1 MRG eine Vereinbarung über einen angemessenen Hauptmietzins getroffen werden; Mietzinsvorschriften in förderungsrechtlichen Bestimmungen bleiben allerdings unberührt (§ 16 Abs. 12 MRG). Für „Neubauten" – gleichgültig, ob sie gefördert worden oder nicht – gilt daher kein Richtwert- oder Kategoriemietzins; derartige Gebäude sind nach Maßgabe des § 2 Abs. 3 Z 3 lit. a GrWV mit 100% anzusetzen.

Vom MRG ausgenommen sind vor allem Ein- und Zweifamilienhäuser; weitere Ausnahmen betreffen etwa Dienstwohnungen oder Wohnraum, der an eine karitative oder humanitäre Organisation im Rahmen sozialpädagogisch betreuten Wohnens vermietet wird (vgl. Aufzählung in § 1 Abs. 2 MRG).

4.4. Anzuwendender Immobilienpreisspiegel

Der Grundstückswert kann gemäß § 4 Abs. 1 2. Teilsatz Grunderwerbsteuergesetz anhand eines geeigneten Immobilienpreissiegels berechnet werden. Welche Immobilienpreisspiegel sind geeignete Immobilienpreisspiegel iSd § 4 GrEStG 1987? Für welchen Zeitraum können diese Immobilienpreisspiegel angewendet werden und wo sind sie zu finden? An welche Stelle können Fragen zur Auslegung des jeweiligen Immobilienpreisspiegels gerichtet werden?

Lösung:

Entsteht die Steuerschuld eines Erwerbsvorganges (§ 8 GrEStG 1987) nach dem 31. Dezember 2015 und vor dem 1. Jänner 2017, ist gemäß § 3 Abs. 1 GrWV der jeweils zuletzt veröffentlichte Immobilienpreisspiegel der Wirtschaftskammer Österreich, Fachverband Immobilien- und Vermögenstreuhänder zur Ermittlung des Grundstückswertes anzuwenden.

Für Erwerbsvorgänge, für die die Steuerschuld nach dem 31. Dezember 2016 entsteht, sind gemäß § 3 Abs. 2 GrWV die zuletzt veröffentlichten Immobiliendurchschnittspreise der Bundesanstalt Statistik Österreich (in der Folge Statistik Austria) heranzuziehen. Diese Tabelle wurde am 1. Jänner 2017 auf der Homepage der Statistik Austria unter http://www.statistik.at/web_de/statistiken/wirtschaft/preise/immobilien_durchschnittspreise/index.html veröffentlicht und wird in der Folge einmal jährlich aktualisiert; die erste Aktualisierung erfolgte am 13. Juni 2017. Für jene Erwerbsvorgänge, bei denen die Steuerschuld bis zur Veröffentlichung der Aktualisierung entsteht, ist der Grundstückswert anhand der Tabelle vor der Veröffentlichung der Aktualisierung anzuwenden. Für Erwerbsvorgänge, für die die Steuerschuld am Tag oder nach der Veröffentlichung der Aktualisierung entsteht, ist die Tabelle in der aktualisierten Fassung anzuwenden. Fragen zur Anwendung der Immobiliendurchschnittspreisliste der Statistik Austria sind direkt an die Statistik Austria zu richten (siehe Kontaktdaten auf der Homepage der Statistik Austria).

In der folgenden Tabelle wird anhand beispielhafter Sachverhalte die Anwendbarkeit des Immobilienpreisspiegels der Wirtschaftskammer Österreich (IPS), der Durchschnittspreistabelle der Statistik Austria mit Stand 1. Jänner 2017 (DPT I) und der am 13. Juni 2017 aktualisierten Durchschnittspreistabelle der Statistik Austria (DPT II) veranschaulicht:

Sachverhalt	IPS	DPT I	DPT II
Abschluss Kaufvertrag am 22.12.2016, keine aufschiebende Bedingung/Genehmigung	X		
Abschluss Kaufvertrag am 22.12.2016, grundverkehrsbehördliche Genehmigung am 12.6.2017		X	
Abschluss Kaufvertrag am 22.12.2016, grundverkehrsbehördliche Genehmigung am 13.6.2017			X
Abschluss Schenkungsvertrag am 2.1.2017, keine aufschiebende Bedingung/Genehmigung		X	
Abschluss Schenkungsvertrag am 2.1.2017, Eintritt einer aufschiebenden Bedingung am 1.10.2017			X
Tod 20.11.2015, Einantwortung 10.2.2017, keine Option in die neue Rechtslage	Rechtslage bis 31.12.2015 ist anzuwenden!		
Tod 20.11.2015, Einantwortung 10.2.2017, Option in die neue Rechtslage		X	
Tod 1.9.2016, Einantwortung 15.3.2017		X	
Tod 1.9.2016, Einantwortung 26.6.2017			X

4.5. Anwendbarkeit des Immobilienpreisspiegels

Bei welchen Gebäuden bzw. Grundstücken darf die Liste der Immobiliendurchschnittspreise der Statistik Austria verwendet werden? Was bedeutet der Satz in § 3 Abs. 2 GrWV „Diese Immobiliendurchschnittspreise dürfen nur angewendet werden, wenn das Grundstück mit den für die Bewertung eines gleichartigen Grundstückes zugrunde liegenden Kategorien der Tabellen der Immobiliendurchschnittspreise übereinstimmt.“?

Lösung:

Die „Übereinstimmungsbestimmungen“ in § 3 Abs. 1 und 2 GrWV geben vor, dass der Grundstückswert für ein Grundstück nur dann mit

- dem Immobilienpreisspiegel der WKO (anwendbar bei Entstehen der Steuerschuld 1. Jänner 2016 bis 31. Dezember 2016) oder
- der Tabelle der Immobiliendurchschnittspreise der Statistik Austria (anwendbar bei Entstehen der Steuerschuld ab 1. Jänner 2017)

ermittelt werden darf, wenn das Grundstück die Vorgaben betreffend der Beschaffenheit des zu bewertenden Grundstückes, die der Immobilienpreisspiegel oder die Immobiliendurchschnittspreisliste vorgeben, erfüllt.

Der Immobilienpreisspiegel der Wirtschaftskammer Österreich (IPS) gibt beispielsweise vor, dass die Werte, die für ein Einfamilienhaus angegeben sind, dann verwendet werden können, wenn das dazu gehörige Grundstück „ortsüblich“ ist. Weicht in einem konkreten Fall die Grundstücksgröße erheblich ab, kann der IPS nicht herangezogen werden. Außerdem können nur bestimmte Objektkategorien (zB Baugrundstücke für freistehende Einfamilienhäuser, Reihenhäuser) mit dem IPS bewertet werden.

Die Liste der Immobiliendurchschnittspreise der Statistik Austria, die seit 1. Jänner 2017 an die Stelle des Immobilienpreisspiegels der WKÖ getreten ist, beinhaltet Werte für die Objektkategorien Einfamilienhäuser, Eigentumswohnungen oder Baugrundstücke für freistehende Einfamilienhäuser. In der Kategorie Einfamilienhäuser wird unterstellt, dass zum Einfamilienhaus ein Grundstück gehört (gleicher Eigentümer), weshalb eine Ermittlung des Grundstückswertes nur für ein Gebäude (insbesondere für ein Superädifikat oder ein Wohnhaus bei übersteigendem Wohnungswert) mit der Immobiliendurchschnittspreisliste nicht möglich ist. Für andere Arten von Grundstücken als den drei angeführten kann die Liste nicht angewendet werden.

Innerhalb dieser Objektkategorien gibt es hinsichtlich der Anwendbarkeit seit 13. Juni 2017 (siehe Punkt 4.4.) eine Einschränkung: Bei Einfamilienhäusern dürfen die Immobiliendurchschnittspreise nur angewendet werden, wenn die Grundgröße 3.000 m² nicht übersteigt.

Zu beachten ist, dass bei einzelnen Kategorien unterschiedliche Kriterien für die weiteren Berechnungen differenziert werden müssen. Bei Eigentumswohnungen ist zwischen Wohnungen mit und ohne Außenflächen (Balkon, Terrasse, Garten) zu unterscheiden. Bei Einfamilienhäusern muss die Größe des Grundstückes beachtet werden. Bei beiden Kategorien werden seit 13. Juni 2017 (siehe Punkt 4.4.) zudem drei Bauperioden unterschieden.

Informationen hinsichtlich der Nutzfläche werden von der Statistik Austria auf der Seite https://www.statistik.at/web_de/statistiken/wirtschaft/preise/immobilien_durchschnittspreise/index.html direkt und unter „Weitere Informationen“ veröffentlicht.

4.6. Raumhöhe

Hat die Höhe eines Raumes bzw. von Raumteilen (zB Dachschräge) einen Einfluss auf die Ermittlung der Nutzfläche gemäß § 2 Abs. 3 Z 1 lit. a GrWV?

Lösung:

Gemäß § 2 Abs. 3 Z 1 lit. a GrWV gilt als Nutzfläche die gesamte Bodenfläche des Gebäudes abzüglich der Wandstärken sowie der im Verlauf der Wände befindlichen Durchbrechungen und Ausnehmungen. Treppen, offene Balkone, Terrassen und unausgebauter Dachraum sind bei der Berechnung der Nutzfläche nicht zu berücksichtigen.

Die Raumhöhe und die damit verbundene Möglichkeit, den Raum über der Bodenfläche zu nutzen, werden auf Grund dieser Formulierung nicht berücksichtigt. Die Verordnung zählt außerdem jene Gebäudeteile auf, die bei der Berechnung der Nutzfläche nicht hinzuzurechnen sind. Demnach hat die Höhe eines Raumes bzw. von Raumteilen keinen Einfluss auf die Nutzflächenermittlung.

5. § 5 GrEStG 1987 (Gegenleistung)

5.1. Übertragung der Instandhaltungsrücklage im Zusammenhang mit dem Kauf einer Eigentumswohnung

Unterliegt ein Betrag, der im Zusammenhang mit dem Kauf einer Eigentumswohnung für die Übertragung der Instandhaltungsrücklage bezahlt wird, der Grunderwerbsteuer? Oder stellt er lediglich eine Abgeltung der Übertragung eines anteiligen Guthabens (im Regelfall eines Sparguthabens) dar und ist damit keine Gegenleistung iSd § 5 GrEStG 1987?

Lösung:

Gemäß § 31 Abs. 2 WEG 2002 ist die Rücklage für die Deckung von Aufwendungen zu verwenden. Sie ist entweder auf einem für jeden Wohnungseigentümer einsehbaren Eigenkonto der Eigentümergemeinschaft oder auf einem ebenso einsehbaren Anderkonto fruchtbringend anzulegen.

Die Rücklage steht nicht im quotenmäßigen Miteigentum der Wohnungseigentümer, sondern stellt Sondervermögen der Eigentümergemeinschaft dar und der einzelne Wohnungseigentümer kann zur Rücklage geleistete, noch nicht verbrauchte Beiträge auch nicht zurückverlangen.

In seinem Urteil vom OGH 15.12.2009, 5 Ob 171/09x, hat der OGH ausgeführt, dass künftige Erwerber eines Wohnungseigentumsobjekts von der früher erfolgten Einhebung (besonders) hoher (und unverbraucht erhalten gebliebener) Beiträge zur Rücklage profitieren, während ihnen geringe oder nicht eingehobene Beiträge wirtschaftlich nachteilig sind; dies stellt bloß eine mittelbare Folgewirkung dar, die einen solchen späteren Erwerber eines Wohnungseigentumsobjekts nicht zum unmittelbar Geschädigten macht. Unterbleibt also die Einhebung einer Rücklage entgegen § 31 WEG 2002, kann daraus ein späterer Käufer eines Wohnungseigentumsobjekts keinen Schadenersatzanspruch gegen die Eigentümergemeinschaft ableiten.

Da der Verkäufer somit für den Fall des Verkaufs seiner Wohnung und des damit verbundenen Ausscheidens aus der Eigentümergemeinschaft keinen Anspruch auf Refundierung seiner bisher geleisteten Beiträge aus dem Sondervermögen hat, kann er diese auch nicht rechtsgeschäftlich übertragen, weshalb ein dafür vereinbarter Betrag keine Abgeltung der Übertragung eines anteiligen Guthabens darstellt, sondern Teil der Gegenleistung iSd § 5 GrEStG 1987 ist.

Aus ertragsteuerlicher Sicht gehört hingegen jener Teil des Kaufpreises, der auf bereits in die Instandhaltungsrücklage eingezahlte Beträge entfällt, nicht zu den Einkünften aus privaten Grundstücksveräußerungen gemäß § 30 EStG 1988 (siehe EStR 2000 Rz 6655c).

6. § 7 Abs. 1 Z 2 lit. a GrEStG 1987 (Zusammenrechnung)

6.1. Freigrenze gemäß § 3 Abs. 1 Z 1 GrEStG 1987 und Zusammenrechnung

Die Freigrenze des § 3 Abs. 1 Z 1 GrEStG 1987 gilt pro Grundstück. Welche Auswirkung hat dabei die Zusammenrechnung?

Beispiel:

A schenkt B zwei Grundstücke (dh. zwei wirtschaftliche Einheiten), die jeweils einen Grundstückswert von 1.000 € haben und somit unter der Bagatellgrenze des § 3 Abs. 1 Z 1 GrEStG 1987 liegen. Führt die Verpflichtung, Erwerbe innerhalb von fünf Jahren zwischen denselben Personen zusammenzurechnen, dazu, dass die Befreiung des § 3 Abs. 1 Z 1 GrEStG 1987 nicht zum Tragen kommt?

Lösung:

Die Zusammenrechnungsbestimmung gemäß § 7 Abs. 1 Z 2 lit. a GrEStG 1987 bezieht sich (erst) auf die Frage des beim Stufentarif anzuwendenden Steuersatzes.

Auf der vorgelagerten Ebene sind zunächst die Bemessungsgrundlagen – und zwar gesondert für jede wirtschaftliche Einheit – zu ermitteln. Wirtschaftliche Einheiten, deren Bemessungsgrundlage maximal 1.100 € beträgt, sind von der Grunderwerbsteuer befreit und werden daher nicht mit anderen wirtschaftlichen Einheiten, die nicht unter diese Bagatellgrenze fallen, zusammengerechnet.

6.2. Übertragung einer wirtschaftlichen Einheit (land- und forstwirtschaftliches Grundstück samt übersteigendem Wohnwert) außerhalb des Familienverbandes – Zusammenrechnung?

Ein land- und forstwirtschaftliches Grundstück (L&F) samt übersteigendem Wohnungswert (WW) wird von den beiden Hälfteeigentümern unentgeltlich übertragen, und zwar vom Onkel O an seinen („leiblichen“) Neffen N und kurz darauf von der Ehegattin E des Onkels ebenfalls an N (somit den aus ihrer Sicht „angeheirateten“ Neffen). Kommt es zur horizontalen und vertikalen Zusammenrechnung?

Lösung:

Bei den Erwerbsvorgängen zwischen O und N sowie zwischen E und N sind folgende Tarife anzuwenden:

	L&F	WW
O → N (Familienverband)	2% vom halben Einheitswert	Stufentarif vom halben Gebäudewert

E → N (kein Familienverband)	Stufentarif vom gemeinen Wert (hinsichtlich L&F) und vom Grundstückswert (= halber Gebäudewert hinsichtlich des übersteigenden Wohnungswertes)

Hinsichtlich der Übertragung von E an N ist beim Stufentarif der Vorerwerb des halben Gebäudewertes zwischen O und N zu berücksichtigen. Aus dem Erwerb E an N ergibt sich dabei eine Zusammenrechnung der Werte, die von E erworben werden, bei diesem zusammengerechneten Wert ist der Vorerwerb von O durch Zusammenrechnung zu berücksichtigen.

7. §§ 8 und 18 Abs. 2p GrEStG 1987 (Entstehen der Steuerschuld, Option)

7.1. Ausübung der Option pro Erwerbsvorgang

In § 18 Abs. 2p GrEStG 1987 ist zum Inkrafttreten Folgendes vorgesehen:

1. *Die neue Rechtslage tritt mit 1. Jänner 2016 in Kraft und ist auf Erwerbsvorgänge anzuwenden, die nach dem 31. Dezember 2015 verwirklicht werden oder wenn der Erblasser nach dem 31. Dezember 2015 verstorben ist.*
2. *Alternativ kann auf die neue Rechtslage optiert werden, wenn zwar die Steuerschuld nach dem 31. Dezember 2015 entsteht, aber entweder der Erwerbsvorgang vor dem 1. Jänner 2016 verwirklicht wird oder der Erblasser vor dem 1. Jänner 2016 verstorben ist.*

Muss eine Option „global" abgegeben werden (zB für eine gesamte Erbschaft, wenn mehrere Grundstücke erworben werden) oder für jeden einzelnen Erwerbsvorgang (also pro wirtschaftlicher Einheit)?

Lösung:

Die Option darf für jeden Erwerbsvorgang, somit für jede erworbene wirtschaftliche Einheit gesondert abgegeben werden.

7.2. Erbschaften mit Auslandsbezug

Seit 17.8.2015 erfolgen erbrechtliche Erwerbe bei Erbschaften mit Auslandsbezug nach dem von der EU-Erbrechtsverordnung berufenen Recht. Der in § 28 Abs. 2 IPRG bisher geltende Vorbehalt der Einantwortung trotz Anwendung fremden Rechts ist ersatzlos entfallen. Bei Anwendung fremden Erbrechts in Österreich kann es nun zum „Vonselbsterwerb" der Verlassenschaft kommen, wenn das fremde Recht (wie etwa in Deutschland) dies vorsieht; das System der Einantwortung gilt in diesem Fall nicht. Da somit unter Umständen die Einantwortung bzw. im Falle eines Vermächtnisses auch die Amtsbestätigung entfallen, stellt sich die Frage, wann in diesen Fällen die Steuerschuld entsteht und die Grunderwerbsteuer fällig wird?

Lösung:

Die Erwerbstatbestände des GrEStG – insbesondere jene des § 1 Abs. 1 GrEStG 1987 – knüpfen grundsätzlich an zivilrechtliche Erwerbsvorgänge an. Kommt nun dazu, dass aufgrund der internationalen rechtlichen Rahmenbedingungen der zivilrechtliche Erwerb eines inländischen Grundstückes auf Grundlage ausländischer Jurisdiktionen erfolgt, entfaltet dies unmittelbare Auswirkungen auf die Erwerbstatbestände des GrEStG.

Die seit 17.8.2015 in allen EU-Mitgliedstaaten mit Ausnahme des Vereinigten Königreichs, Irlands und Dänemarks anzuwendende Europäische Erbrechtsverordnung (Verordnung EU Nr. 650/2012) regelt, welches Erbrecht auf Erbschaften mit Auslandsbezug anzuwenden ist. Durch die Anwendung des Rechts eines einzigen Staates durch eine einzige Behörde werden Verfahren in verschiedenen Mitgliedstaaten und einander widersprechende Entscheidungen vermieden.

Nach Art. 21 Abs. 1 EU-Erbrechtsverordnung unterliegt die gesamte Rechtsnachfolge von Todes wegen dem Recht jenes Staates, in dem der Erblasser im Zeitpunkt seines Todes seinen gewöhnlichen Aufenthalt hatte. Ergibt sich ausnahmsweise aus der Gesamtheit der Umstände, dass der Erblasser im Zeitpunkt seines Todes eine offensichtlich engere Verbindung zu einem anderen als dem Staat hatte, dessen Recht nach Absatz 1 anzuwenden wäre, ist auf die Rechtsnachfolge von Todes wegen das Recht dieses anderen Staates anzuwenden. Gemäß Art. 22 Abs. 1 EU-Erbrechtsverordnung kann eine Person für die Rechtsnachfolge von Todes wegen außerdem das Recht des Staates wählen, dem sie im Zeitpunkt der Rechtswahl oder im Zeitpunkt ihres Todes angehört.

Die Europäische Kommission verwaltet eine Website, auf der unter anderem Jurisdiktionen und die einschlägigen Verfahren der betroffenen Staaten zusammengefasst sind (https://ejustice.europa.eu/content_succession-166-de.do). Der Inhalt wurde vom Europäischen Justiziellen Netz für Zivil- und Handelssachen (EJN-civil) in Zusammenarbeit mit dem Rat der Notariate der EU (CNUE) verfasst und dient insbesondere zur Information darüber, ob ein Staat ein Verfahren für den Rechtserwerb von Todes wegen durch die Erben oder ein Direkterwerb vom Erblasser vorsieht.

Sieht eine ausländische Jurisdiktion kein Verfahren für den Erwerb von Todes wegen durch die Erben vor – etwa wie im Fall des Vonselbsterwerbes in Deutschland –, sondern stattdessen den Direkterwerb vom Erblasser ohne der „Zwischenstufe" des ruhenden Nachlasses, wird der grunderwerbsteuerliche Tatbestand ebenfalls unmittelbar mit dem Ableben des Erblassers verwirklicht. In einem solchen Fall bleibt auch kein Raum für eine Veräußerung „aus der Verlassenschaft", womit, sollte eine Veräußerung auch vor Eintragung des Eigentumsrechtes erfolgen, jedenfalls zwei Erwerbsvorgänge stattfinden: Erwerb durch die Erben mit dem Ableben des Erblassers und anschließend Erwerb durch die Käufer des Grundstückes von den Erben.

Beim Grundstückserwerb durch einen Legatar ist die rechtliche Situation vergleichbar: Kann der Legatar nach den Bestimmungen des anwendbaren ausländischen Rechts seine Ansprüche nur gegenüber den Erben geltend machen – weil eben kein ruhender Nachlass vorhanden ist – finden aus der Sicht des GrEStG ebenfalls zwei Erwerbsvorgänge statt: Erwerb durch die Erben mit dem Ableben des Erblassers und anschließend Erwerb durch den Legatar von den Erben. In dieser Konstellation ist allerdings auf die Bestimmung des § 17 Abs. 1 Z 4 GrEStG 1987 hinzuweisen, wonach die Grunderwerbsteuer nicht festgesetzt wird, wenn „ein von Todes wegen erworbenes Grundstück herausgegeben werden musste und dieses beim Empfänger einen Erwerb von Todes wegen darstellt".

8. § 11 GrEStG 1987

8.1. Klarstellung Bestätigungspflicht

Gemäß § 11 Abs. 3 GrEStG 1987 hat der Steuerschuldner dem selbstberechnenden Parteienvertreter die Grundlagen für die Selbstberechnung anzugeben und deren Richtigkeit und Vollständigkeit schriftlich zu bestätigen. Nach Abs. 1 leg.cit. sind Rechtsanwälte und Notare nach Maßgabe der §§ 12, 13 und 15 befugt, die Steuer für Erwerbsvorgänge, die diesem Bundesgesetz unterliegen, als Bevollmächtigte eines Steuerschuldners selbst zu berechnen, wenn die Selbstberechnung innerhalb der Frist für die Vorlage der Abgabenerklärung erfolgt.

Muss die Bestätigung nach § 11 Abs. 3 GrEStG 1987 von allen am Erwerbsvorgang beteiligten Steuerschuldnern abgegeben werden oder reicht es aus, wenn es derjenige Steuerschuldner übernimmt, in dessen Auftrag die Selbstberechnung erfolgt.

Lösung:

Aus dem Zusammenhalt des § 11 GrEStG 1987 – wonach einleitend geregelt wird, dass es ausreicht, wenn ein Steuerschuldner die Selbstberechnung beauftragt – ergibt sich, dass eben dieser Steuerschuldner der Verpflichtung gemäß § 11 Abs. 3 GrEStG 1987 nachkommen muss.

9. § 17 GrEStG 1987

9.1. Einvernehmliche Aufhebung einer Schenkung

Kommt bei einer einvernehmlichen Aufhebung einer Schenkung § 17 Abs. 1 Z 1 oder Z 4 GrEStG 1987 zur Anwendung?

Lösung:

Mit Erkenntnis vom 28.9.2016, 2016/16/0015, hat der VwGH ausgeführt, dass im Fall einer einvernehmlichen Rückgängigmachung des Erwerbsvorganges durch Vereinbarung § 17 Abs. 1 Z 1 GrEStG 1987 zur Anwendung kommt. § 17 Abs. 1 Z 4 GrEStG 1987 ist nur dann anzuwenden, wenn im Fall einer Schenkung oder bei einem Erwerb von Todes wegen das geschenkte (oder im Erbgang erworbene) Grundstück herausgegeben werden muss.

10. UmgrStG

10.1. Inkrafttretensregelung

Im Jahr 2016 hat eine Umgründung auf einen Stichtag spätestens bis 31.12.2015 stattgefunden. Ist auf Grund des 3. Teiles Z 29 UmgrStG zwingend die Rechtslage bis Ende 2015 anzuwenden oder darf in die seit 1. Jänner 2016 geltende Rechtslage optiert werden?

Lösung:

Gemäß 3. Teil Z 29 UmgrStG sind die Änderungen des StRefG 2015/2016 erst auf Umgründungsstichtage nach dem 31.12.2015 anzuwenden. Im Fall einer 2016 erfolgten Umgründung mit Stichtag vor dem 1.1.2016 sehen die Inkrafttretensregelungen des UmgrStG zwingend vor, dass die Grunderwerbsteuer nach der alten Rechtslage zu berechnen ist. Dh. es ist als Bemessungsgrundlage der zweifache Einheitswert anzusetzen; der Steuersatz beträgt 3,5% (siehe Punkt 10.1. der GrESt-Information vom 13.5.2016, BMF-010206/0058-VI/5/2016). Als Bemessungsgrundlage für land- und forstwirtschaftliche Grundstücke ist entsprechend § 4 Abs. 2 Z 2 lit. d GrEStG 1987 idF BGBl. I Nr. 36/2014 für Umgründungsstichtage bis einschließlich 31.12.2015 der einfache Einheitswert heranzuziehen.

Eine Optionsmöglichkeit in die seit 1.1.2016 geltenden Gesetzesbestimmungen gibt es nicht, da eine solche nach § 18 Abs. 2p GrEStG 1987 ein Auseinanderfallen von Tatbestandsverwirklichung und Entstehen der Steuerschuld voraussetzt. Im Falle einer Umgründung erfolgt der zivilrechtliche Grundstückserwerb – ungeachtet des rückwirkenden Umgründungsstichtages – im Jahr 2016, gleichzeitig entsteht auch die Steuerschuld; es ist nur auf Grund der Inkrafttretensregelung das UmgrStG idF vor StRefG 2015/2016 und damit die Rechtslage bis Ende 2015 anzuwenden.

8. KRAFTFAHRZEUGSBESTEUERUNGSRICHTLINIEN

Normverbrauchsabgabe/Kraftfahrzeugsteuer/Versicherungssteuer

KfzBStR 2021, Kraftfahrzeugbesteuerungsrichtlinien 2021

(BMF-AV Nr. 89/2021 Geschäftszahl: 2021-0.410.665)

Die Richtlinien zur Normverbrauchsabgabe, Kraftfahrzeugsteuer und zur motorbezogenen Versicherungssteuer bzw. Kraftfahrzeugbesteuerungsrichtlinien 2021 (KfzBStR 2021) stellen einen Auslegungsbehelf zum NoVAG 1991, zum KfzStG 1992 sowie zum VersStG 1953 dar, der im Interesse einer einheitlichen Vorgangsweise mitgeteilt wird. Über die gesetzlichen Bestimmungen hinausgehende Rechte und Pflichten können aus diesen Richtlinien nicht abgeleitet werden. Bei Erledigungen haben Zitierungen mit Hinweisen auf diese Richtlinien zu unterbleiben.

Die KfzBStR 2021 behandeln Zweifelsfragen und Auslegungsprobleme von allgemeiner Bedeutung, um eine einheitliche Anwendung des geltenden Normverbrauchsabgabegesetzes, Kraftfahrzeugsteuergesetzes und Versicherungssteuergesetzes durch die Finanzverwaltung sicherzustellen. Sie enthalten außerdem Regelungen, wie zur Verwaltungsvereinfachung in bestimmten Fällen zu verfahren ist.

Die KfzBStR 2021 sind ab 1. Juli 2021 anzuwenden. Bei abgabenbehördlichen Prüfungen für vergangene Zeiträume und auf offene Fälle sind die KfzBStR 2021 anzuwenden, soweit nicht für diese Zeiträume andere Bestimmungen in Gesetzen und Verordnungen Gültigkeit haben.

Die KfzBStR 2021 sind als Zusammenfassung der geltenden Kraftfahrzeugbesteuerung und damit als Nachschlagewerk für die Verwaltungspraxis und die betriebliche Praxis anzusehen.

Folgende Richtlinien und Erlässe des Bundesministeriums für Finanzen treten mit Ablauf des 30. Juni 2021 außer Kraft:

- Richtlinie des BMF vom 01.06.2014, BMF-010206/0048-VI/5/2014 (MVSKR)
- 1. Wartungserlass vom 08.06.2017, BMF-010206/0045-IV/9/2017 zu den Richtlinien des BMF vom 01.06.2014, BMF-010206/0048-VI/5/2014 (MVSKR)
- Richtlinie des BMF vom 04.12.2008, BMF-010220/0304-IV/9/2008 (NoVAR)
- Erlass des BMF vom 11.07.2007, BMF-010219/0265-VI/4/2007
- Erlass des BMF vom 17.12.2009, BMF-010220/0317-IV/9/2009
- Erlass des BMF vom 29.01.2010, BMF-010220/0033-IV/9/2010
- Erlass des BMF vom 15.02.2010, BMF-010220/0074-IV/9/2010
- Erlass des BMF vom 30.06.2010, BMF-010220/0097-IV/9/2010
- Erlass des BMF vom 10.01.2011, BMF-010219/0001-VI/4/2011
- Erlass des BMF vom 03.02.2011, BMF-010220/0023-IV/9/2011
- Erlass des BMF vom 28.02.2011, BMF-010220/0030-IV/9/2011
- Erlass des BMF vom 21.03.2011, BMF-010220/0041-IV/9/2011
- Erlass des BMF vom 30.06.2011, BMF-010220/0118-IV/9/2011
- Erlass des BMF vom 08.08.2011, BMF-010220/0136-IV/9/2011
- Erlass des BMF vom 18.10.2011, BMF-010220/0204-IV/9/2011
- Erlass des BMF vom 20.02.2012, BMF-010220/0022-IV/9/2012
- Erlass des BMF vom 22.10.2012, BMF-010220/0230-IV/9/2012
- Erlass des BMF vom 18.12.2012, BMF-010220/0295-IV/9/2012
- Erlass des BMF vom 29.05.2013, BMF-010220/0131-IV/9/2013
- Erlass des BMF vom 29.05.2013, BMF-010220/0133-IV/9/2013
- Erlass des BMF vom 07.10.2013, BMF-010220/0244-VI/9/2013
- Erlass des BMF vom 27.11.2013, BMF-010220/0264-VI/9/2013
- Erlass des BMF vom 20.03.2014, BMF-010220/0041-VI/9/2014
- Erlass des BMF vom 29.04.2014, BMF-010220/0067-VI/9/2014
- Erlass des BMF vom 25.07.2014, BMF-010220/0119-VI/9/2014
- Erlass des BMF vom 01.10.2014, BMF-010220/0167-VI/9/2014
- Erlass des BMF vom 23.10.2015, BMF-010220/0108-VI/9/2015
- Erlass des BMF vom 22.12.2015, BMF-010220/0129-VI/9/2015
- Erlass des BMF vom 28.10.2016, BMF-010220/0135-VI/9/2016
- Erlass des BMF vom 11.12.2017, BMF-010220/0208-IV/5/2017
- Sonstige Erlässe des Bundesministeriums für Finanzen sowie Rechtsauskünfte sind – sofern sie den KfzBStR 2021 nicht widersprechen – weiterhin zu beachten.

Die KfzBStR 2021 sind in Abschnitte gegliedert:

A. Allgemeine Definitionen und übergreifende Themen

B. NoVAG 1991

C. KfzStG 1992

D. VersStG 1953

E. Anhang

Die numerischen Bezeichnungen in den Unterabschnitten entsprechen im Wesentlichen den Absätzen oder Ziffern der behandelten Paragraphen (z.B. Abschnitt B.5.2. enthält Erläuterungen zu § 5 Abs. 2 NoVAG 1991).

Bundesministerium für Finanzen, 1. Juli 2021

Inhaltsverzeichnis

A. Definitionen und übergreifende Themen

A.1. Allgemeine Definitionen

Die Begriffe des Kraftfahrrechtes im Kraftfahrzeugsteuergesetz 1992 (KfzStG 1992) richten sich nach den jeweils geltenden kraftfahrrechtlichen Vorschriften (§ 9 Abs. 2 KfzStG 1992). Gleiches gilt für die Begriffe des Kraftfahrrechtes im Versicherungssteuergesetz 1953 (VersStG 1953). Abweichend davon richten sich im Normverbrauchsabgabegesetz 1991 (NoVAG 1991) einzelne Begriffe nach den Definitionen der Kombinierten Nomenklatur (KN). 1

Anhänger (§ 2 Z 2 KFG 1967)

Ein nicht unter den Begriff Kraftfahrzeug fallendes Fahrzeug, das nach seiner Bauart 2
und Ausrüstung dazu bestimmt ist, mit einem Kraftfahrzeug auf Straßen gezogen zu werden, oder mit einem Kraftfahrzeug auf Straßen gezogen wird; als leichter Anhänger gilt ein Anhänger mit einem höchsten zulässigen Gesamtgewicht von nicht mehr als 750 kg. Gemäß § 1 Abs. 2 KfzStG 1992 gelten Anhänger mit einem höchsten zulässigen Gesamtgewicht von mehr als 3,5 Tonnen als Kraftfahrzeug im Sinne dieses Gesetzes. Unter dem Begriff „Anhänger" sind auch Sattelanhänger (siehe Rz 28) und Nachläufer zu verstehen. Eintragung in der Zulassungsbescheinigung (Feld J „Art des Kraftfahrzeuges/Klasse"):

- Klasse O: Anhänger (einschließlich Sattelanhänger), diese unterteilen sich in:
  - Klasse O1 (≤ 750 kg),
  - Klasse O2 (> 750 kg bis 3.500 kg),
  - Klasse O3 (> 3.500 kg bis 10.000 kg), O4 (> 10.000 kg)
- Klasse R1 bis R4: Land- und forstwirtschaftliche Anhänger

Bei diesen beiden Arten von Anhängern unterliegen grundsätzlich jeweils die Klassen O3/R3 und O4/R4 auf Grund des höchsten zulässigen Gesamtgewichts der Kraftfahrzeugsteuer. Bei ausschließlicher oder vorwiegender Verwendung in land- und forstwirtschaftlichen Betrieben siehe Rz 1415 bis 1417.

- Klasse S1/S2: Gezogene auswechselbare land- und forstwirtschaftliche Maschinen

Mögliche Bezeichnungen in der Zulassungsbescheinigung sind zum Beispiel Anhänger, Anhängewagen, Sattelanhänger, Zentralachsanhänger, Starrdeichselanhänger, Sonderanhänger, Omnibusanhänger, Anhänger-Arbeitsmaschine, Tankanhänger, Satteltankanhänger, Einachs-/Zentralanhänger, Omnibusanhänger, Wohnwagenanhänger.

Betriebsstätte

Der Begriff der Betriebsstätte ergibt sich aus der Judikatur des Europäischen Gerichts- 3
hofs zur festen Niederlassung. Voraussetzung einer festen Niederlassung ist ein ständiges Zusammenwirken von Personal und Sachmitteln, die für die Erbringung der betreffenden Leistungen erforderlich sind, sowie ein hinreichender Grad an Beständigkeit und eine Struktur, die von der personellen und technischen Ausstattung her eine autonome Erbringung der Leistung ermöglicht (EuGH 04.07.1985, Rs 168/84, *Berkholz*, EuGH 28.06.2007, Rs C-73/06, *Planzer*, ebenso VwGH 29.04.2003, 2001/14/0226 – vgl. UStR 2000 Rz 639o).

KfzBStR

CO_2-Werte

- NEFZ 4

NEFZ (engl. NEDC) bedeutet „Neuer Europäischer Fahrzyklus" und dieser Fahrzyklus galt seit 1992 für alle in der Europäischen Union zugelassenen Neufahrzeuge. Die Grenzwerte für Schadstoffe, die ausgestoßen werden durften, wurden inzwischen schon mehrfach gesenkt (sogenannte Euro-Norm), das Testverfahren blieb aber gleich. Beim NEFZ mussten alle Kraftfahrzeuge vor der eigentlichen Markteinführung der Neuwagen exakt definierte Fahrzyklen auf Prüfständen durchlaufen. Allerdings wurde dabei nicht jedes Kraftfahrzeug einzeln gemessen, sondern es wurde ein Prüffahrzeug mit Grundausstattung verwendet. Die Ergebnisse wurden dann für alle Kraftfahrzeuge desselben Typs verwendet.

- WLTP 5

Die Worldwide Harmonized Light-Duty Vehicles Test Procedure (kurz: WLTP, weltweit harmonisiertes Prüfverfahren für leichte Nutzfahrzeuge) ist ein neues Messverfahren zur Bestimmung der Abgasemissionen (Schadstoff- und CO_2-Emissionen) und des Kraftstoff-/Stromverbrauchs von Kraftfahrzeugen. Das Testverfahren ist seit 1. September 2017 in der Europäischen Union eingeführt und gilt für Personenkraftwagen und leichte Nutzfahrzeuge. Hierzu gehört auch der neue Prüfzyklus WLTC (Worldwide Harmonized Light-Duty Test Cycle). Der CO_2-Ausstoß wird für jedes Kraftfahrzeug auf Grund der gewählten Ausstattung individuell festgestellt, weshalb beispielsweise andere Reifen oder sonstige Ausstattung, die zu einer Änderung des Gewichts oder des Luftwiderstandes beitragen, zu einer Änderung des Wertes führen können.

Vergleich der Messverfahren WLTP (WLTC) und NEFZ (NEDC)

Messwert	WLTP (WLTC)	NEFZ (NEDC)
Starttemperatur 25 °C	Kaltstart	Kaltstart (ab Euro 3)/Kaltstart nach 40 s (bis Euro 2)
Zykluszeit	30 Minuten	20 Minuten
Standzeitanteil	13%	25%
Zykluslänge	23.250 Meter	11.000 Meter
Geschwindigkeit mittel	46,6 km/h	34 km/h
Höchstgeschwindigkeit	131 km/h	120 km/h
Antriebsleistung mittel	11 kW	7 kW
Antriebsleistung maximal	42 kW	34 kW
Einfluss von Sonderausstattung und Klimatisierung	Keine Klimaanlage. Sonderausstattungen für Gewicht, Aerodynamik und Bordnetzbedarf (Ruhestrom) werden berücksichtigt	Keine Berücksichtigung

6 • WMTC

Der Worldwide Motorcycle Test Cycle (kurz WMTC, deutsch etwa „Weltweiter Motorrad-Test-Zyklus") ist ein System von Fahrzyklen, die zur Messung des Kraftstoffverbrauchs und der Emissionen von Motorrädern verwendet werden. Die Methoden sind in der Globalen Technischen Regelung des Weltforums für die Harmonisierung von Fahrzeugvorschriften der Vereinten Nationen festgelegt.

Fahrzeugbewertungslisten-Mittelwert

7 Zur Ermittlung des gemeinen Wertes für Kraftfahrzeuge können laut Rechtsprechung des Verwaltungsgerichtshofes (VwGH 25.05.2004, 2004/15/0061) die inländischen Eurotax-Notierungen herangezogen werden. Bei Vorliegen eines Händler-Einkaufspreises und Händler-Verkaufspreises ist der gemeine Wert der Mittelwert zwischen diesen beiden Preisen (jeweils ohne Umsatzsteuer- und Normverbrauchsabgabekomponente). Dieser Mittelwert entspricht in der Regel jenem Preis, der bei einer Veräußerung des importierten Kraftfahrzeuges an einen privaten inländischen Abnehmer (= Einzelveräußerungspreis im Sinne des § 10 BewG 1955) zu erzielen ist. Daneben können jedoch auch andere im Inland anerkannte Fahrzeugbewertungslisten, wie zum Beispiel der Autopreisspiegel, herangezogen werden.

Fahrzeugdokumente

8 • Zulassungsbescheinigung

Kraftfahrzeuge und Anhänger dürfen erst nach der behördlichen Registrierung (Zulassung) auf Straßen mit öffentlichem Verkehr verwendet werden. Die Zulassungsbescheinigung wird dem Fahrzeugbesitzer bei der Kraftfahrzeugzulassung ausgestellt und besteht aus zwei Teilen: Zulassungsbescheinigung Teil I als Papierdokument oder im Scheckkartenformat und Zulassungsbescheinigung Teil II. Der Zulassungsbescheinigung Teil II ist auch der Genehmigungsnachweis angeschlossen (EG-Übereinstimmungsbescheinigung, Typenschein, Datenauszug aus der Genehmigungsdatenbank, Einzelgenehmigungsbescheid). Die auf der Scheckkarten-Zulassungsbescheinigung nicht aufgedruckten Daten aus der Zulassungsbescheinigung Teil I können im Internet unter https://zulassung.oesd.at/fahrzeugdaten-online-abfrage nach Eingabe von Kennzeichen und Kartennummer eingesehen werden. Dieses Dokument enthält die für die Kraftfahrzeugsteuer bzw. motorbezogene Versicherungssteuer relevanten Daten. Es sind ausschließlich die Daten der Zulassungsbescheinigung ausschlaggebend (siehe Rz 1526 sowie Rz 1671).

9 • Certificate of Conformity („COC-Papier")

Die Eintragung eines Kraftfahrzeuges oder Anhängers in die Genehmigungsdatenbank und damit eine Zulassung in Österreich ist nur möglich, wenn für dieses Kraftfahrzeug eine gültige Typengenehmigung vorliegt. Das Certificate of Conformity (Konformitätsbescheinigung) dient als Nachweis einer unionsweiten Typengenehmigung (EG/EU-Betriebserlaubnis).

Bei einem in Österreich oder im übrigen Unionsgebiet erworbenen Kraftfahrzeug erfolgt die Eintragung in die Genehmigungsdatenbank in der Regel durch den Generalimporteur.

10 • Einzeltypengenehmigung

Bei Kraftfahrzeugen ohne eine unionsweite Typengenehmigung (EG/EU-Betriebserlaubnis) ist eine Einzeltypengenehmigung einzuholen. Diese erfolgt durch die Landesprüfstellen.

Höchstes zulässiges Gesamtgewicht (§ 2 Z 33 KFG 1967)

Das höchste zulässige Gesamtgewicht ist das höchste Gesamtgewicht, das ein bestimmtes Kraftfahrzeug erreichen darf. Es setzt sich aus dem Eigengewicht und der höchsten zulässigen Belastung (§ 2 Z 36 Kraftfahrgesetz 1967 – KFG 1967) zusammen. Zu finden ist der Wert in der Zulassungsbescheinigung im Feld F2 „Höchstes zulässiges Gesamtgewicht". **11**

Hubraum

Dieser definiert das Volumen, das bei einem Verbrennungsmotor durch den Hub aller Kolben insgesamt verdrängt wird. Zu finden ist der Wert in der Zulassungsbescheinigung im Feld P1 „Hubraum". Er wird in cm³ (Kubikzentimeter) angegeben. **12**

Invalidenkraftfahrzeug

Ein Kraftfahrzeug mit einem Eigengewicht von nicht mehr als 300 kg mit einer Bauartgeschwindigkeit von nicht mehr als 30 km/h bei einer Belastung von 75 kg, das nach seiner Bauart und Ausrüstung dazu bestimmt ist, von Menschen mit körperlichen Behinderungen gelenkt zu werden (Krankenfahrstühle und dergleichen). Die Kategorie wurde durch BGBl. I Nr. 43/2013 im KFG 1967 mit 26. Februar 2013 ersatzlos gestrichen (siehe Rz 584). **13**

Kombinationskraftwagen (§ 2 Z 6 KFG 1967)

Ein Kraftwagen, der nach seiner Bauart und Ausrüstung dazu bestimmt ist, wahlweise vorwiegend zur Beförderung von Personen oder vorwiegend zur Beförderung von Gütern verwendet zu werden, und außer dem Lenkerplatz für nicht mehr als acht Personen Plätze aufweist. Es handelt sich gemäß § 3 Abs. 1 Z 2.1.1 KFG 1967 um Kraftfahrzeuge der Klasse M1 (für die Personenbeförderung ausgelegte und gebaute Kraftfahrzeuge mit höchstens acht Sitzplätzen außer dem Fahrersitz). **14**

Für Kombinationskraftwagen bestehen gemäß § 88 KFG 1967 bestimmte Sondervorschriften.

So muss bei diesen Kraftfahrzeugen in dem Raum zur wahlweisen Beförderung von Personen oder Gütern nach dem Umlegen oder Entfernen der Sitze eine feste, unbewegliche Ladefläche zur Aufnahme von Gütern zu bilden sein, auf der Güter sicher aufliegen können.

Der Lenker und beförderte Personen müssen durch ausreichend hohe, widerstandsfähige Trenneinrichtungen vor Verschiebungen auf der Ladefläche beförderter Güter bei Verringerung der Fahrgeschwindigkeit oder bei der Vorwärtsbewegung des Kraftfahrzeuges geschützt sein.

Bei geschlossenen Kombinationskraftwagen muss das Verladen von Gütern durch eine ausreichend große, sicher abschließbare Türe oder Ladeklappe in der Rückwand oder in einer Seitenwand möglich sein und der Aufbau bis nahezu an das hintere Ende eine annähernd gleiche Höhe aufweisen.

Kraftfahrzeug (Kfz) (§ 2 Z 1 KFG 1967)

Ein zur Verwendung auf Straßen bestimmtes oder auf Straßen verwendetes Fahrzeug, das durch technisch freigemachte Energie angetrieben wird und nicht an Gleise gebunden ist, auch wenn seine Antriebsenergie einer Oberleitung entnommen wird. **15**

Krafträder (§ 2 Z 4 KFG 1967)

Ein Kraftfahrzeug mit zwei Rädern oder ein Kraftfahrzeug mit drei Rädern, mit oder ohne Doppelrad. In der Zulassungsbescheinigung werden diese in der Klasse L „Krafträder" zusammengefasst. **16**

Die Obergruppe Krafträder umfasst gemäß § 3 Abs. 1 Z 1 KFG 1967 folgende Untergruppen, wobei diese kraftfahrzeugsteuerrechtlich unterschiedlich zu beurteilen sind.

Einteilung vor der 34. KFG-Novelle, BGBl. I Nr. 9/2017 (bis 13. Jänner 2017):

- Klasse L1e: Zweirädrige Kleinkrafträder bzw. Motorfahrräder
- Klasse L2e: Dreirädrige Kleinkrafträder

Die Klassen L1e und L2e sind in der Regel von der Besteuerung ausgenommen, wenn der Hubraum weniger als 100 cm³ ausmacht (siehe Rz 504 und Rz 1414).

- Klasse L3e: Motorräder (Kleinmotorräder, Leichtmotorräder, „schwere" Motorräder)
- Klasse L4e: Motorräder mit Beiwagen
- Klasse L5e: Motordreiräder (siehe Rz 1502)

Einteilung ab der 34. KFG-Novelle, BGBl. I Nr. 9/2017 (ab 14. Jänner 2017):

- Klasse L1e: Leichtes zweirädriges Kraftfahrzeug
- Klasse L2e: Dreirädriges Kleinkraftrad

Krafträder der Klassen L1e und L2e sind in der Regel von der Besteuerung ausgenommen, wenn ihr Hubraum unter 100 cm³ beträgt (siehe Rz 504 und Rz 1414).

- Klasse L3e: Zweirädriges Kraftrad
- Klasse L4e: Zweirädriges Kraftrad mit Beiwagen
- Klasse L5e: Dreirädriges Kraftfahrzeug

Kraftwagen (§ 2 Z 3 KFG 1967)

17 Ein mehrspuriges Kraftfahrzeug mit mindestens vier Rädern; zwei Räder mit einer gemeinsamen Nabe oder Zwillingsräder zählen als ein Rad.

Diese umfassen gemäß § 3 Abs. 1 Z 2 KFG 1967 folgende Untergruppen, wobei diese kraftfahrzeugsteuerrechtlich unterschiedlich zu beurteilen sind.

- Klasse M: Kraftwagen zur Personenbeförderung mit mindestens vier Rädern
- Klasse N: Kraftfahrzeuge zur Güterbeförderung mit mindestens vier Rädern
- Klasse L6e: leichte vierrädrige Kraftfahrzeuge
- Klasse L7e: schwere vierrädrige Kraftfahrzeuge

Hinsichtlich der kraftfahrzeugsteuerrechtlichen Einordnung von vierrädrigen Kraftfahrzeugen der Klassen L6e und L7e siehe Rz 1520.

- Zugmaschinen
- Motorkarren
- Sonstige Kraftwagen

Lastkraftwagen

18 Ein Kraftwagen, der nach seiner Bauart und Ausrüstung ausschließlich oder vorwiegend zur Beförderung von Gütern oder zum Ziehen von Anhängern auf für den Fahrzeugverkehr bestimmten Landflächen bestimmt ist, auch wenn er in diesem Fall eine beschränkte Ladefläche aufweist, ausgenommen Sattelzugfahrzeuge.

Die Obergruppe Lastkraftwagen (Kraftfahrzeug zur Güterbeförderung mit mindestens vier Rädern, Klasse N) umfasst gemäß § 3 Abs. 1 Z 2 KFG 1967 folgende Untergruppen, wobei diese kraftfahrzeugsteuerrechtlich unterschiedlich zu beurteilen sind.

- Klasse N1: Kraftfahrzeuge zur Güterbeförderung mit einer zulässigen Gesamtmasse von nicht mehr als 3.500 kg

Lastkraftwagen der Klasse N1 unterliegen auf Grund des Gewichtes der motorbezogenen Versicherungssteuer.

- Klasse N2: Kraftfahrzeuge zur Güterbeförderung mit einer zulässigen Gesamtmasse von mehr als 3.500 kg und nicht mehr als 12.000 kg
- Klasse N3: Kraftfahrzeuge zur Güterbeförderung mit einer zulässigen Gesamtmasse von mehr als 12.000 kg

Lastkraftwagen der Klassen N2 und N3 unterliegen der Kraftfahrzeugsteuer.

Leihfahrzeuge

19 Ein Leihfahrzeug, ist ein Kraftfahrzeug, das zum Zweck der Vermietung im Eigentum eines Unternehmens steht und (zumeist) gegen ein Entgelt auf bestimmte Zeit vermietet wird. Das typische Erkennungsmerkmal ist, dass das Leihfahrzeug ohne Fahrer zur Verfügung gestellt wird.

Mietfahrzeug (Personenbeförderungsgewerbe mit Pkw)

20 Unter einem Mietfahrzeug ist ein Kraftfahrzeug zu verstehen, welches für die Personenbeförderung mit Personenkraftwagen, die zu jedermanns Gebrauch an öffentlichen Orten bereitgehalten werden oder durch Zuhilfenahme von Kommunikationsdiensten angefordert werden kann.

Motorkarren (§ 2 Z 20 KFG 1967)

21 Ein Kraftwagen mit einem höchsten zulässigen Gesamtgewicht von nicht mehr als 7.000 kg und mit einer Bauartgeschwindigkeit von nicht mehr als 40 km/h, der nach seiner Bauart und Ausrüstung dazu bestimmt ist, wahlweise als Lastkraftwagen oder als Zugmaschine, als Lastkraftwagen oder als selbstfahrende Arbeitsmaschine, als Zugmaschine oder als selbstfahrende Arbeitsmaschine oder als Lastkraftwagen, als Zugmaschine oder als selbstfahrende Arbeitsmaschine verwendet zu werden. In der Zulassungsbescheinigung sind sie als „Motorkarren“ mit der Klasse T4.3 eingetragen.

Motorleistung

22 Die Motorleistung ist in der Zulassungsbescheinigung im Feld P2 „Leistung“ ausgewiesen. Sie wird in der Regel in Kilowatt (kW) angegeben. Zur Umrechnung siehe Rz 1529. In

bestimmten Fällen weicht die in der Zulassungsbescheinigung eingetragene Leistung von der tatsächlichen Leistung des Motors ab (siehe „Hybrid-Elektro-Kraftfahrzeuge“ Rz 1511 oder „Tuning“ Rz 1672).

Omnibus (§ 2 Z 7 KFG 1967)

Ein Kraftwagen, der nach seiner Bauart und Ausrüstung zur Beförderung von Personen bestimmt ist und außer dem Lenkerplatz für mehr als acht Personen Plätze aufweist (klassischer „Autobus“). In der Zulassungsbescheinigung ist dieser als „Omnibus“ in der Klasse M2 oder M3 eingetragen. 23

Personenkraftwagen (§ 2 Z 5 KFG 1967)

Ein Kraftwagen, der nach seiner Bauart und Ausrüstung ausschließlich oder vorwiegend zur Beförderung von Personen bestimmt ist und außer dem Lenkerplatz für nicht mehr als acht Personen Plätze aufweist. In der Zulassungsbescheinigung ist er als „Personenkraftwagen“ in der Klasse M1 eingetragen. 24

Probefahrt (§ 45 KFG 1967)

Probefahrten sind Fahrten zur Feststellung der Gebrauchsfähigkeit oder der Leistungsfähigkeit von Kraftfahrzeugen oder Anhängern, ihrer Teile oder Ausrüstungsgegenstände, oder Fahrten zur Vorführung von Kraftfahrzeugen. 25

Als Probefahrten gelten auch:

- Fahrten zur Überführung eines Kraftfahrzeuges an einen anderen Ort im Rahmen des Geschäftsbetriebes,
- Gewerbsmäßige Fahrten zur Überführung unbeladener Kraftfahrzeuge der Klassen M2, M3, N2 oder N3 im Auftrag von Nutzfahrzeugherstellern oder Nutzfahrzeughändlern,
- Fahrten zur Überführung des Kraftfahrzeuges durch den Käufer bei der Abholung des Kraftfahrzeuges vom Verkäufer,
- Fahrten zum Ort der Begutachtung oder Überprüfung des Kraftfahrzeuges,
- das Überlassen des Kraftfahrzeuges mit einem höchsten zulässigen Gesamtgewicht von nicht mehr als 3.500 kg an einen Kaufinteressenten für die Dauer von bis zu maximal 72 Stunden, wobei auch Fahrtunterbrechungen zulässig sind.

Probefahrtkennzeichen (§ 49 KFG 1967)

Probefahrtkennzeichen werden dem Bewilligungsinhaber auf Antrag entweder eingeschränkt für Probefahrten mit Kraftwagen, Krafträdern, Motorfahrrädern, Anhängern oder mit allen Arten von Kraftfahrzeugen zugewiesen. Es handelt sich dabei um eine blaue Kennzeichentafel mit weißer Schrift. 26

Der Besitzer einer Bewilligung zur Durchführung von Probefahrten hat über die Verwendung der mit dieser Bewilligung zugewiesenen Probefahrtkennzeichen einen Nachweis zu führen (z.B. Fahrtenbuch) und darin vor jeder Fahrt den Namen des Lenkers, das Datum der Fahrt, die Marke, die Type sowie die letzten sieben Stellen der Fahrzeugidentifizierungsnummer des Kraftfahrzeuges einzutragen.

KfzBStR

Die Bedingungen für die Bewilligungserteilung sind in § 45 Abs. 3 KFG 1967 angeführt. 27

Eine der Voraussetzungen ist das Fehlen steuerlicher Bedenken (vgl. § 45 Abs. 3 Z 4 KFG 1967). Aufgrund einer darauf gerichteten Anfrage der Bezirksverwaltungsbehörde darf das Finanzamt mitteilen (Formular NoVA 5),

- welchen Zeitraum die letzte Einkommen- oder Körperschaftsteuererklärung betrifft,
- dass in der letzten eingelangten Einkommen- oder Körperschaftsteuererklärung betriebliche Einkünfte erklärt worden sind bzw. dass in der letzten Einkommen- oder Körperschaftsteuerveranlagung betriebliche Einkünfte veranlagt worden sind,
- welchen ÖNACE-Code der Abgabepflichtige in seiner Einkommen- oder Körperschaftsteuererklärung angeführt hat.

Sattelanhänger (§ 2 Z 12 KFG 1967)

Ein Anhänger, der nach seiner Bauart und Ausrüstung dazu bestimmt ist, so mit einem Sattelzugfahrzeug gezogen zu werden, dass er dieses mit einem wesentlichen Teil seines Eigengewichtes oder, bei gleichmäßiger Verteilung der Ladung auf der Ladefläche, seines Gesamtgewichtes belastet. Unter dem Begriff „Anhänger“ im Sinne des KfzStG 1992 sind auch Sattelanhänger zu verstehen. In der Zulassungsbescheinigung sind diese unter dem Begriff „Sattelanhänger“ in den Klassen O1 bis O4 oder R1 bis R4 eingetragen. Ein Sattelanhänger gilt im Sinne des KfzStG 1992 immer als eigenständiges Besteuerungsobjekt. 28

Sattellast (§ 2 Z 35a KFG 1967)

Die bei einem auf waagrechter, ebener Fahrbahn stehenden Sattelkraftfahrzeug vom Sattelanhänger auf das Sattelzugfahrzeug übertragene lotrechte Last. 29

Sattelzugfahrzeug (§ 2 Z 11 KFG 1967)

30 Ein Kraftwagen, der nach seiner Bauart und Ausrüstung dazu bestimmt ist, einen Sattelanhänger so zu ziehen, dass ihn dieser mit einem wesentlichen Teil seines Eigengewichtes oder, bei gleichmäßiger Verteilung der Ladung auf der Ladefläche, seines Gesamtgewichtes belastet. In der Zulassungsbescheinigung wird es als „Sattelzugfahrzeug“ in der Klasse N1 bis N3 ausgewiesen und gilt im Sinne des KfzStG 1992 immer als eigenständiges Kraftfahrzeug.

Selbstfahrende Arbeitsmaschine (§ 2 Z 21 KFG 1967)

31 Ein Kraftfahrzeug, das nach seiner Bauart und Ausrüstung ausschließlich oder vorwiegend zur Durchführung von nicht in der Beförderung von Personen oder Gütern auf Straßen bestehenden Arbeitsvorgängen bestimmt ist. In der Zulassungsbescheinigung ist sie unter „Art des Kraftfahrzeuges“ als „selbstfahrende Arbeitsmaschine“ in den Klassen N1 bis N3, T1 bis T4, C1 bis C5 oder ohne Klassenbezeichnung eingetragen. Darunter fallen insbesondere Planierraupen, Straßenhobel, Vibrationswalzen, Mähdrescher, Grabenbagger, Radlader, Raupenschaufeln, Mobilkräne.

Überstellungsfahrt (§ 46 KFG 1967)

32 Überstellungsfahrten (§ 46 Abs. 1 KFG 1967) sind Fahrten, die zur Überstellung des Kraftfahrzeuges oder Anhängers an einen anderen Ort erforderlich sind.

Die Bezirksverwaltungsbehörde hat Personen die Bewilligung zu erteilen,

- nicht zugelassene Kraftfahrzeuge und Anhänger,
- zugelassene Kraftfahrzeuge und Anhänger, deren Kennzeichentafeln in Verlust geraten sind oder

Kraftfahrzeuge und Anhänger, für die ein Wechselkennzeichen zugewiesen wurde, vorübergehend auf Straßen mit öffentlichem Verkehr zu verwenden, wenn glaubhaft gemacht wird, dass dies für Fahrten zur Überstellung des Kraftfahrzeuges oder Anhängers an einen anderen Ort erforderlich ist, oder wenn der Verlust der Kennzeichentafel glaubhaft gemacht wird.

Über die Erteilung der Bewilligung ist eine Bestätigung, der Überstellungsfahrtschein, auszustellen.

Überstellungskennzeichen (§ 49 KFG 1967)

33 Mit der Erteilung der Bewilligung zur Durchführung einer Überstellungsfahrt ist auf Antrag ein Überstellungskennzeichen zuzuweisen. Es handelt sich dabei um eine grüne Kennzeichentafel mit weißer Schrift.

Überstellungskennzeichen werden nur gegen Erlag einer kostendeckenden Benützungsgebühr und einer angemessenen Sicherstellung ausgegeben, welche bei Rückgabe innerhalb eines Jahres nach der Ausfolgung bei der ausgebenden Stelle rückerstattet wird. Nach Ablauf dieser Frist verfällt die Sicherstellung zugunsten der Behörde.

Erlischt die Berechtigung zur Durchführung von Überstellungsfahrten, so sind die Überstellungskennzeichen und der Überstellungsfahrtschein der Bezirksverwaltungsbehörde abzuliefern.

Wechselkennzeichen (§ 48 KFG 1967)

34 Bei der Zulassung von je zwei oder drei Kraftfahrzeugen desselben Antragstellers ist auf Antrag für diese Kraftfahrzeuge ein einziges Kennzeichen, ein sogenanntes Wechselkennzeichen, zuzuweisen, sofern die Kraftfahrzeuge in dieselbe der im § 3 Abs. 1 Z 1 (Kraftfahrzeuge der Klasse L1e bis L5e), Z 2 (Kraftwagen) oder Z 4 (Anhänger) KFG 1967 angeführten Obergruppen fallen und sofern Kennzeichentafeln desselben Formates und derselben Ausgestaltung auf allen in Betracht kommenden Kraftfahrzeugen verwendet werden können. Da die betreffenden Kraftfahrzeuge nicht in dieselbe Untergruppe (z.B. Klassen M, N), sondern nur in dieselbe Obergruppe (Kraftwagen) fallen müssen, ist es möglich, der motorbezogenen Versicherungssteuer unterliegende Kraftfahrzeuge zusammen mit der Kraftfahrzeugsteuer unterliegenden Kraftfahrzeugen unter einem Wechselkennzeichen zu verwenden.

Das Wechselkennzeichen darf zur selben Zeit nur auf einem der Kraftfahrzeuge geführt werden (§ 48 Abs. 2 KFG 1967).

Zugmaschine (§ 2 Z 9 KFG 1967)

35 Ein Kraftwagen, der nach seiner Bauart und Ausrüstung ausschließlich oder vorwiegend zum Ziehen von Anhängern oder Geräten überwiegend auf nicht für den Fahrzeugverkehr bestimmten Landflächen oder zur Verwendung als Geräteträger bestimmt ist, auch wenn er eine beschränkte Ladefläche aufweist. In der Zulassungsbescheinigung ist er als „Zugmaschine“ bezeichnet und in den Klassen T1 bis T5 oder in Sonderfällen ohne Klassenbezeichnung eingetragen.

A.2. Widerrechtliche Verwendung von Kraftfahrzeugen im Inland

A.2.1. Allgemeines

Der Normverbrauchsabgabe unterliegt nach § 1 Z 3 lit. b NoVAG 1991 auch die Verwendung eines Kraftfahrzeuges im Inland, wenn es nach dem Kraftfahrgesetz zuzulassen wäre. 36

Bezüglich der Bindungswirkung der Abgabenbehörden an Vorfragenentscheidungen anderer Behörden siehe Rz 1310.

Keine widerrechtliche Verwendung ist gegeben, wenn in der Einzelfallentscheidung vor der Ausnahmesituation der COVID-19 Pandemie die Standortvermutung widerlegt werden konnte. 37

Beispiel:

Ein Einzelunternehmer mit Hauptwohnsitz in Österreich betreibt sein Unternehmen in Italien. Das in Italien zugelassene Kraftfahrzeug wird grundsätzlich zu mehr als 80% der gefahrenen Kilometer für betriebliche Zwecke in Italien genutzt.

Aufgrund der Grenzschließungen im Jahr 2020 konnten keine Auslandsfahrten erfolgen. Die Beurteilung des Sachverhalts hat in diesen Fällen unter Außerachtlassung der außergewöhnlichen Pandemiesituation zu erfolgen. Stellt sich hierbei heraus, dass unter Außerachtlassung der Pandemiesituation keine widerrechtliche Verwendung vorliegt, dann kann auch der Umstand der Pandemiesituation zu keiner widerrechtlichen Verwendung führen.

Nach § 1 Abs. 1 Z 3 KfzStG 1992 unterliegt der Kraftfahrzeugsteuer die Verwendung eines nicht im Inland zugelassenen Kraftfahrzeuges im Inland, welches nach den Vorschriften des KFG 1967 zuzulassen wäre. Ein Kraftfahrzeug unterliegt damit der Steuer ab dem Zeitpunkt, zu welchem die Verwendung des Kraftfahrzeuges ohne Zulassung gemäß § 37 KFG 1967 in Österreich nicht mehr zulässig ist (VwGH 21.11.2012, 2010/16/0254). 38

Die häufigsten Anwendungsfälle für diesen Tatbestand sind:

- Verwendung von nicht zugelassenen Kraftfahrzeugen (siehe Rz 39)
- Verwendung von im Ausland zugelassenen Kraftfahrzeugen (siehe Rz 40 ff)

Zur Dauer der Steuerpflicht bei widerrechtlicher Verwendung im Zusammenhang mit der Kraftfahrzeugsteuer siehe Rz 1482. In Fällen der widerrechtlichen Verwendung ist das Finanzamt Österreich für die Erhebung der Kraftfahrzeugsteuer zuständig (siehe Rz 1584).

Gemäß § 36 lit. a KFG 1967 dürfen Kraftfahrzeuge oder Anhänger auf inländischen Straßen verwendet werden, wenn sie zugelassen sind. Die Zulassung ist in § 37 KFG 1967 geregelt, die örtliche Zuständigkeit der inländischen Zulassungsbehörde richtet sich nach dem dauernden Standort des Kraftfahrzeuges gemäß § 40 Abs. 1 zweiter Satz KFG 1967. 39

Als dauernder Standort eines Kraftfahrzeuges gilt:

- der Hauptwohnsitz des Antragstellers (siehe Rz 47),
- bei Kraftfahrzeugen von Unternehmen der Ort, von dem aus der Antragsteller über das Kraftfahrzeug hauptsächlich verfügt, der somit Ausgangspunkt der Dispositionen des Unternehmens über das Kraftfahrzeug ist. Im Zweifel ist dies der Unternehmenssitz (VwGH 20.11.2007, 2006/11/0024).
- bei Fahrzeugen von Einzelunternehmern je nach Beantragung entweder der Hauptwohnsitz oder der Sitz des Unternehmens. Im Zweifel ist dies der Unternehmenssitz (VwGH 20.11.2007, 2006/11/0024). Der Gegenbeweis kann vom Antragsteller (Zulassungswerber) erbracht werden.

A.2.2. Verwendung von im Ausland zugelassenen Kraftfahrzeugen

Wie lange ein im Ausland zugelassenes Kraftfahrzeug (daher ein Kraftfahrzeug mit ausländischem Kennzeichen) ohne österreichische Zulassung verwendet werden darf, richtet sich danach, ob es über einen dauernden Standort im Inland oder im Ausland verfügt (VwGH 27.01.2010, 2009/16/0107). 40

Hat das Kraftfahrzeug keinen dauernden Standort im Bundesgebiet, ist das Lenken bis zu einer Höchstdauer von einem Jahr erlaubt (§ 79 KFG 1967). 41

Diese einjährige Frist wird durch jeden Austritt aus dem Bundesgebiet unterbrochen und beginnt bei jedem Eintritt in das Bundesgebiet neu zu laufen.

Hat oder begründet ein im Ausland zugelassenes Kraftfahrzeug seinen dauernden Standort in Österreich (z.B. durch Einbringung), ist die Verwendung ohne inländische Zulassung nur während eines Monates nach der erstmaligen Einbringung ins Inland zulässig (siehe Rz 43 und Rz 44). Wenn glaubhaft gemacht wird, dass innerhalb dieses Monats die inländische Zulassung nicht vorgenommen werden konnte, darf das Kraftfahrzeug einen weiteren Monat 42 verwendet werden. Die Frist wird durch eine vorübergehende Verbringung ins Ausland nicht unterbrochen (§ 82 Abs. 8 KFG 1967 idF BGBl. I Nr. 26/2014). Nach Ablauf dieser Frist fehlt dem Kraftfahrzeug die für die Verwendung auf inländischen Straßen mit öffentlichem Verkehr erforderliche Zulassung im Sinne des § 37 KFG 1967. Wird es trotzdem weiterverwendet, handelt es sich um ein nicht ordnungsgemäß zugelassenes Kraftfahrzeug, dessen Verwendung auf Straßen mit öffentlichem Verkehr im Inland den Steuertatbestand der widerrechtlichen Verwendung gemäß § 1 Z 3 lit. b NoVAG 1991 und § 1 Abs. 1 Z 3 KfzStG 1992 erfüllt. Die Zulassungsverpflichtung und damit die Steuerpflicht dauern solange an, als der dauernde Standort eines Kraftfahrzeuges im Inland ist; längere Fahrten ins Ausland unterbrechen die Steuerpflicht nicht.

Beispiel:

Der Hauptwohnsitz von M befindet sich unstrittig seit 2018 in Österreich; er verwendet seit März 2018 ein in Deutschland auf ihn zugelassenes Kraftfahrzeug in Österreich. M ist bereits in Pension und verbringt mehrere Monate pro Jahr mit seinem Kraftfahrzeug in Frankreich oder Italien bei Verwandten. Der dauernde Standort des Kraftfahrzeuges wird dadurch nicht verändert, weshalb durchgehend seit März 2018 Normverbrauchsabgabepflicht und seit April 2018 Kraftfahrzeugsteuerpflicht (widerrechtliche Verwendung) besteht. Eine (auch längere) Verwendung des Kraftfahrzeuges im Ausland unterbricht die Steuerpflicht nicht.

43 **Rechtslage bis 23. April 2014:**

Der VwGH hat entschieden, dass die Einbringung von Kraftfahrzeugen mit ausländischem Kennzeichen in das Bundesgebiet gemäß § 82 Abs. 8 KFG 1967 idF BGBl. I Nr. 132/2002 der Einbringung gemäß § 79 KFG 1967 entspricht, sodass die Monatsfrist bis zur erforderlichen inländischen Zulassung mit jeder Verbringung des Kraftfahrzeuges ins Ausland oder ins übrige Unionsgebiet neu zu laufen beginnt (VwGH 21.11.2013, 2011/16/0221). Diese Rechtsansicht wurde durch das Erkenntnis VwGH 25.04.2016, Ro 2015/16/0031, bestätigt. Mit BGBl. I Nr. 26/2014, kundgemacht im Bundesgesetzblatt am 23. April 2014, wurde § 82 Abs. 8 KFG 1967 dahingehend geändert, dass die Frist von einem Monat ab der erstmaligen Einbringung in das Bundesgebiet und Begründung eines dauernden Standortes beginnt und dass eine vorübergehende Verbringung aus dem Bundesgebiet diese Frist nicht unterbricht. Gemäß § 135 Abs. 27 KFG 1967 war diese klarstellende Gesetzesänderung rückwirkend mit 14. August 2002 in Kraft getreten.

Der VfGH hat § 135 Abs. 27 KFG 1967 als verfassungswidrig aufgehoben und ausgesprochen, dass die aufgehobene Bestimmung nicht mehr anzuwenden ist (VfGH 02.12.2014, G 72/2014-11).

§ 82 Abs. 8 KFG 1967 idF BGBl. I Nr. 26/2014 ist somit erst am 24. April 2014 (mit Ablauf des Tages der Kundmachung im Bundesgesetzblatt) in Kraft getreten. § 82 Abs. 8 KFG 1967 idF BGBl. I Nr. 132/2002 (Verbringung ins Ausland unterbricht die Monatsfrist) ist für Tatbestandsverwirklichungen bis einschließlich 23. April 2014 anzuwenden.

Erfolgte die erstmalige Einbringung des Kraftfahrzeuges vor dem 24. April 2014, gilt Folgendes:

Für die Beurteilung des dauernden Standortes ist das Erkenntnis des VwGH 21.11.2013, 2011/16/0221, zu beachten, wonach die Einbringung von Kraftfahrzeugen mit ausländischem Kennzeichen in das Bundesgebiet gemäß § 82 Abs. 8 KFG 1967 der Einbringung gemäß § 79 KFG 1967 entspricht, sodass die Monatsfrist bis zur erforderlichen inländischen Zulassung mit jeder Verbringung des Kraftfahrzeuges ins Ausland oder ins übrige Unionsgebiet neu zu laufen beginnt.

Für diese Zeiträume ist somit kein dauernder Standort im Inland anzunehmen, wenn (solange) ab dem Zeitpunkt der Einbringung von Kraftfahrzeugen mit ausländischem Kennzeichen die Monatsfrist des § 82 Abs. 8 KFG 1967 (idF bis 23. April 2014) aufgrund einer (all)monatlichen Auslandsverbringung unterbrochen wurde. Wird solcherart vom Verwender eine Fristunterbrechung behauptet, trifft den Verwender die Beweislast dafür. Der Verwender hat zweifelsfrei nachzuweisen, dass das Kraftfahrzeug ins Ausland verbracht wurde (die Monatsfrist somit unterbrochen wurde). Wird sachverhaltsmäßig festgestellt, dass die Monatsfrist nicht durchgängig (in jedem Monat) unterbrochen wurde, ist ab dem erstmaligen Überschreiten der Monatsfrist von einem dauernden Standort im Inland auszugehen. Jedenfalls ist § 82 Abs. 8 KFG 1967 in der durch BGBl. I Nr. 26/2014 geänderten Fassung zu beachten, wonach die Monatsfrist ex lege (ab 24. April 2014) nicht unterbrochen wird.

44 **Rechtslage ab 24. April 2014:**

§ 82 Abs. 8 KFG 1967 idF BGBl. I Nr. 26/2014 – **keine Unterbrechung der Monatsfrist** – ist auf alle Fälle anzuwenden, in denen Kraftfahrzeuge mit ausländischem Kennzeichen von Personen mit Hauptwohnsitz oder Sitz im Inland erstmalig nach dem 23. April 2014 in das Bundesgebiet eingebracht oder in diesem verwendet werden.

Entstehung der Steuerschuld, Abgabenerklärung und Festsetzung: 45

- Normverbrauchsabgabe

Gemäß § 7 Abs. 1 Z 2 NoVAG 1991 entsteht die Steuerschuld bei der Verwendung eines Kraftfahrzeuges im Inland, wenn es nach dem Kraftfahrgesetz zuzulassen wäre, mit dem Zeitpunkt der Einbringung in das Inland.

Die Normverbrauchsabgabe ist eine Selbstberechnungsabgabe im Sinne des § 201 BAO. Sie ist daher festzusetzen, wenn die Anmeldung nicht eingereicht worden ist oder, wenn sie sich als unvollständig oder unrichtig erweist. Die Normverbrauchsabgabe ist im Fall der widerrechtlichen Verwendung mit dem Monat der Einbringung des Kraftfahrzeuges nach Österreich festzusetzen.

- Kraftfahrzeugsteuer

Rechtslage bis 31. Dezember 2018:

Gemäß § 6 Abs. 3 KfzStG 1992 hat der Steuerschuldner die Steuer jeweils für ein Kalendervierteljahr selbst zu berechnen und bis zum 15. Tag (Fälligkeitstag) des auf das Kalendervierteljahr zweitfolgenden Kalendermonats an das Finanzamt zu entrichten. Der maßgebliche Selbstberechnungs- und Besteuerungszeitraum der Kraftfahrzeugsteuer ist das Kalendervierteljahr.

Gemäß § 6 Abs. 4 KfzStG 1992 hat der Steuerschuldner für jedes abgelaufene Kalenderjahr bis zum 31. März des darauffolgenden Kalenderjahres dem Finanzamt eine Abgabenerklärung über die steuerpflichtigen Kraftfahrzeuge abzugeben. Eine Festsetzung gemäß § 201 BAO kann daher erst nach dem 31. März des darauffolgenden Kalenderjahres erfolgen.

Rechtslage ab 1. Jänner 2019:

Mit BGBl. I Nr. 62/2018 wurde § 6 Abs. 3 KfzStG 1992 neu gefasst. Hierbei wurden die Bestimmungen für die Festsetzung der Kraftfahrzeugsteuer bei widerrechtlicher Verwendung in Z 1 neu formuliert.

Bei widerrechtlicher Verwendung (§ 1 Abs. 1 Z 3 KfzStG 1992) hat der Steuerschuldner jeweils für einen Kalendermonat die Steuer selbst zu berechnen und bis zum 15. Tag (Fälligkeitstag) des auf den Kalendermonat zweitfolgenden Kalendermonats an das Finanzamt zu entrichten. Wenn die Selbstberechnung unterlassen wird oder wenn sich die Selbstberechnung als nicht richtig erweist, hat das Finanzamt die Steuer festzusetzen.

Somit hat die Festsetzung bei widerrechtlicher Verwendung nun auch unterjährig zu erfolgen und es muss nicht die allgemeine Frist für die Jahreserklärung der Kraftfahrzeugsteuer abgewartet werden.

A.2.3. Dauernder Standort – Standortvermutung

§ 40 Abs. 1 KFG 1967 (Antrag auf Zulassung) regelt, dass als dauernder Standort eines 46
Kraftfahrzeuges der Hauptwohnsitz des Antragstellers gilt; bei Kraftfahrzeugen von Unternehmungen der Ort, von dem aus der Antragsteller über das Kraftfahrzeug hauptsächlich verfügt.

Für Kraftfahrzeuge mit ausländischer Zulassung normiert § 82 Abs. 8 KFG 1967 den dauernden Standort im Inland in Form einer gesetzlichen Vermutung (Standortvermutung): Wenn ein Kraftfahrzeug von einer natürlichen Person mit einem Hauptwohnsitz oder einer juristischen Person mit Sitz im Bundesgebiet im Inland verwendet wird, hat dieses Kraftfahrzeug seinen vermuteten dauernden Standort im Inland und es besteht Zulassungspflicht.

Entsprechend dieser Vermutung ist somit entscheidend, wer das im Ausland zugelassene Kraftfahrzeug im Inland verwendet:

Ist dies eine Person ohne Hauptwohnsitz im Inland, kommt § 79 KFG 1967 mit der Jahresregel (siehe Rz 41), ist es hingegen eine Person mit Hauptwohnsitz im Inland, kommt § 82 Abs. 8 KFG 1967 mit der Monatsregel (siehe Rz 42) zum Tragen (VwGH 21.05.1996, 95/11/0378).

Der Begriff Hauptwohnsitz ist im Sinne des § 1 Abs. 7 Meldegesetz 1991 zu verstehen. 47
Der Hauptwohnsitz eines Menschen ist an jener Unterkunft begründet, an der er sich in der erweislichen oder aus den Umständen hervorgehenden Absicht niedergelassen hat, diese zum Mittelpunkt seiner Lebensinteressen zu machen; trifft diese sachliche Voraussetzung bei einer Gesamtbetrachtung der beruflichen, wirtschaftlichen und gesellschaftlichen Lebensinteressen eines Menschen auf mehrere Wohnsitze zu, hat er jenen als Hauptwohnsitz zu bezeichnen, zu dem er das überwiegende Naheverhältnis hat.

48 Hat ein ausländisches Unternehmen eine Betriebsstätte im Inland, dann ist das Kraftfahrzeug grundsätzlich dieser zuzurechnen, was zur Steuerpflicht nach § 1 Z 3 NoVAG 1991 führt.

A.2.4. Mittelpunkt der Lebensinteressen

49 Die Frage, welcher von mehreren Wohnsitzen eines Menschen als Hauptwohnsitz anzusehen ist, ist im Rahmen einer Gesamtschau zu beurteilen (VwGH 21.05.1996, 95/11/0256); bei mehreren Wohnsitzen vereinigt jeweils einer die stärksten persönlichen Beziehungen auf sich; demnach gibt es nur einen Mittelpunkt der Lebensinteressen (vgl. VwGH 16.05.1974, 0946/73).

Der Mittelpunkt der Lebensinteressen kann nur dann zum Tragen kommen, wenn ein Mensch über mehrere Wohnsitze verfügt.

50 Für den Mittelpunkt der Lebensinteressen eines Menschen sind insbesondere folgende Kriterien maßgeblich: Aufenthaltsdauer, Lage des Arbeitsplatzes oder der Ausbildungsstätte, Ausgangspunkt des Weges zum Arbeitsplatz oder zur Ausbildungsstätte, Wohnsitz der übrigen, insbesondere der minderjährigen Familienangehörigen und der Ort, an dem sie ihrer Erwerbstätigkeit nachgehen, ausgebildet werden oder die Schule oder den Kindergarten besuchen, Funktionen in öffentlichen und privaten Körperschaften (§ 1 Abs. 8 Meldegesetz 1991). Als weitere Umstände kommen etwa die Teilnahme am Vereinsleben, sportliche Aktivitäten, Pflegeverpflichtungen und dergleichen als Indizien für den Mittelpunkt der Lebensinteressen in Frage. Es ist dabei nicht nur auf die Verhältnisse eines Jahres, sondern auf einen längeren Beobachtungszeitraum abzustellen.

Der Eintragung ins amtliche Zentrale Melderegister kommt zwar eine Indizienwirkung zu, diese besagt aber lediglich, dass meldebehördlichen Vorgaben Rechnung getragen wurde.

51 § 26 BAO kommt hinsichtlich der Beurteilung des Hauptwohnsitzes nicht zur Anwendung, da § 26 Abs. 1 BAO lediglich den Wohnsitz, nicht aber den Hauptwohnsitz einer Person regelt und § 26 Abs. 2 BAO den gewöhnlichen Aufenthalt einer Person definiert.

52 Bei unterhaltsberechtigten Studenten wird als dauernder Standort des Kraftfahrzeuges der Hauptwohnsitz der Eltern fingiert. Besteht bei getrennt lebenden Eltern bei einem Elternteil ein Hauptwohnsitz im Inland, gilt diese Fiktion nicht, wenn der Elternteil mit Hauptwohnsitz im Inland zur Leistung von Unterhalt verpflichtet ist.

53 Bei Tages-, Wochen- und Monatspendlern sowie bei Saisonarbeitern (z.B. Erntehelfer, Gastronomiesaisoniers) gilt als Mittelpunkt der Lebensinteressen und somit als dauernder Standort nach wie vor der Familienwohnsitz.

Bei Gastarbeitern, die zum Beispiel nur alle drei Monate „nach Hause“ fahren, gilt hingegen als Mittelpunkt der Lebensinteressen und damit als dauernder Standort der Tätigkeitsort.

A.2.5. Person des Verwenders

54 Als Verwender im Sinne des § 82 Abs. 8 KFG 1967 ist – unter Heranziehung des Halterbegriffs im Sinne des § 5 Abs. 1 Eisenbahn- und Kraftfahrzeughaftpflichtgesetz – die Person zu verstehen, die das Kraftfahrzeug auf eigene Rechnung in Gebrauch und die Verfügungsgewalt darüber hat. Dies ist nach objektiven Gesichtspunkten zu beurteilen.

Maßgebend ist, dass der Halter tatsächlich in der Lage ist, die Verfügung über das Kraftfahrzeug auszuüben (VwGH 24.11.2011, 2009/16/0212; 27.01.2010, 2009/16/0107; OGH 18.10.2000, 9 Ob A 150/00z). Dabei kann als Verwender im Sinne dieser Bestimmungen nicht nur eine natürliche Person, die das Kraftfahrzeug lenkt, sondern auch eine juristische Person angesehen werden, die über das Kraftfahrzeug die Verfügungsgewalt gleich einem Halter im Sinne des Eisenbahn- und Kraftfahrzeughaftpflichtgesetzes ausübt (VwGH 27.01.2010, 2009/16/0107).

Ob der Person, die ein Kraftfahrzeug im Inland verwendet, der rechtmäßige Besitz an diesem Kraftfahrzeug zukommt, ist unerheblich (VwGH 27.01.2010, 2009/16/0107).

55 Zur Beurteilung, wer als Verwender eines auf eine juristische Person zugelassenen Kraftfahrzeuges auftritt, ist zu klären, ob die Entscheidungen über den Einsatz (die Verfügung) des Kraftfahrzeuges die natürliche Person oder das Unternehmen trifft. Steht zum Beispiel dem Geschäftsführer einer Gesellschaft mit beschränkter Haftung das Kraftfahrzeug nicht nur für dienstliche Zwecke, sondern auch für Privatfahrten uneingeschränkt zur Verfügung, ist er als Verwender anzusehen; der dauernde Standort des Kraftfahrzeuges wird daher am Hauptwohnsitz des Geschäftsführers vermutet (VwGH 24.11.2011, 2009/16/0212).

56 Der Betrieb auf eigene Rechnung des Verwenders erfolgt, wenn er den Nutzen aus der Verwendung zieht und die Kosten trägt. Der Nutzen kann dabei in der Erlangung wirtschaftlicher oder ideeller Vorteile liegen. Für die Kostentragung ist vor allem auf die Unterbringung, Instandhaltung, Bedienung, Versicherung, Steuer etc. abzustellen (OGH 18.10.2000, 9 Ob A 150/00z).

Verfügungsmacht besitzt der Verwender des Kraftfahrzeuges dann, wenn er tatsächlich in der Lage ist, die Verfügung (wie, wann, wo) über das Kraftfahrzeug auszuüben.

Wenn die Kriterien Nutzen, Kostentragung und Verfügungsmöglichkeit zur Feststellung des Verwenders des Kraftfahrzeuges in unterschiedlichem Ausmaß auf mehrere Personen zutreffen, ist den Kriterien des Nutzens und der Verfügungsmöglichkeit der Vorrang gegenüber der Kostentragung einzuräumen.

Beispiel 1:

Einer Person mit Hauptwohnsitz im Inland wird von einem ausländischen Bekannten ein auf diesen zum Verkehr zugelassener Personenkraftwagen mit ausländischem Kennzeichen zur Verfügung gestellt. Der Inländer benutzt diesen Personenkraftwagen vorwiegend im Inland.

Das Lenken von einem im Ausland zugelassenen Kraftfahrzeug ist nach Maßgabe des § 82 Abs. 8 KFG 1967 erlaubt. Handelt es sich um eine Person mit Hauptwohnsitz im Inland, ist diese Verwendung ohne inländische Zulassung nur einen Monat nach der erstmaligen Einbringung ins Inland zulässig. Eine danach erfolgte Verwendung des Kraftfahrzeuges erfüllt auf kraftfahrzeugsteuerrechtlichem Gebiet den Tatbestand der widerrechtlichen Verwendung gemäß § 1 Abs. 1 Z 3 KfzStG 1992. Auch für die Normverbrauchsabgabe stellt dies eine widerrechtliche Verwendung dar, jedoch rückwirkend mit dem Tag der Einbringung des Kraftfahrzeuges ins Inland.

Beispiel 2:

Einer Person mit Hauptwohnsitz im Inland wird von einer ausländischen Gesellschaft mit beschränkter Haftung, deren Alleingesellschafter sie ist, ein Kraftfahrzeug, das auf die ausländische Gesellschaft mit beschränkter Haftung zum Verkehr zugelassen ist, mit ausländischem Kennzeichen zur Verfügung gestellt. Das Kraftfahrzeug wird überwiegend – unter anderem auch für Privatfahrten – im Inland verwendet.

Der Standort des Kraftfahrzeuges befindet sich im Inland, weil die Verfügungsmacht beim inländischen Alleingesellschafter der ausländischen Gesellschaft mit beschränkter Haftung liegt. Es ergeben sich die Folgen wie in Beispiel 1.

Im Falle eines selbständigen (Handels-)Vertreters oder geschäftsführenden GmbH-Gesellschafters, der eine juristische Person vertritt, kann grundsätzlich davon ausgegangen werden, dass dieser selbst über das Fahrzeug verfügt, was zur Steuerpflicht nach § 1 Z 3 NoVAG 1991 führt. 57

A.2.6. Widerlegung der Standortvermutung

Die gesetzliche Vermutung des § 82 Abs. 8 KFG 1967, dass Kraftfahrzeuge als mit dauerndem Standort im Inland anzusehen sind, kann durch einen Gegenbeweis widerlegt werden. Den Verwender gemäß § 82 Abs. 8 KFG 1967 trifft die Beweislast (VwGH 21.09.2006, 2006/15/0025). Der Abgabepflichtige muss den Beweis erbringen, dass der dauernde Standort des Kraftfahrzeuges nicht in Österreich ist. Die Beweismittel sind dabei unbegrenzt (zum Beispiel ein Fahrtenbuch). Er muss auch den Ort benennen, der als dauernder Standort anzusehen wäre. Eine Glaubhaftmachung ist aufgrund des Gesetzeswortlautes („Gegenbeweis“) nicht ausreichend. 58

Den Verwender, der einen dauernden Standort im Ausland behauptet, trifft dabei schon aufgrund der Verwendung des Kraftfahrzeuges im Inland und des gegebenen Auslandsbezuges die Pflicht, für die Erbringung des allenfalls erforderlichen Gegenbeweises vorzusorgen und erforderliche Beweismittel beizuschaffen (erhöhte Mitwirkungs- und Beweisvorsorgepflicht).

Nach der Rechtsprechung des VwGH setzt die Beurteilung, ob ein Kraftfahrzeug seinen dauernden Standort entgegen der in § 82 Abs. 8 erster Satz KFG 1967 normierten Standortvermutung nicht im Bundesgebiet hat, Feststellungen über den regelmäßigen Ort sowie die Art und Weise der Verwendung des Fahrzeuges voraus, aus denen sich hinreichende Anhaltspunkte ergeben, ob das Kraftfahrzeug bei der erforderlichen Gesamtbetrachtung für Zwecke der Vollziehung des KFG 1967 einem bestimmten Ort außerhalb des Bundesgebietes zugeordnet werden muss oder nicht (vgl. VwGH 28.10.2009, 2008/15/0276; VwGH 19.03.2003, 2003/16/0007; VwGH 23.10.2001, 2001/11/0288). 59

Aus der Rechtsprechung des VwGH zum Erfordernis der Gesamtbetrachtung ergibt sich jedenfalls, dass

- die Erbringung des Gegenbeweises nach § 82 Abs. 8 erster Satz KFG 1967 grundsätzlich eine weitaus überwiegende Verwendung des Kraftfahrzeuges im Ausland zur Voraussetzung hat und
- die Frage der betrieblichen (beruflichen) oder privaten Verwendung bzw. eine Unterscheidung dahingehend, ob mit dem Kraftfahrzeug betriebliche (berufliche) oder private

Kilometer gefahren werden, – jedenfalls für sich allein betrachtet – nicht entscheidend ist.

60 Der Gegenbeweis ist als erbracht anzusehen, wenn sich hinreichende Anhaltspunkte ergeben, dass das Kraftfahrzeug bei der erforderlichen Gesamtbetrachtung einem bestimmten Ort außerhalb des Bundesgebietes zuzuordnen ist (VwGH 23.10.2001, 2001/11/0288).

61 Gelingt der Gegenbeweis zur Vermutung des § 82 Abs. 8 KFG 1967, ist davon auszugehen, dass trotz Vorliegens eines inländischen Hauptwohnsitzes des Verwenders der Standort des Kraftfahrzeuges nicht im Bundesgebiet ist und die Bestimmungen des § 79 KFG 1967 anzuwenden sind.

Beispiel:

Ein ausländischer Dienstgeber stellt seinem inländischen Dienstnehmer zur Erfüllung seiner Dienstverrichtungen in Österreich einen Pkw mit ausländischem Kennzeichen als Dienstfahrzeug zur Verfügung; eine private Nutzung ist ausgeschlossen.

Der dauernde Standort des Kraftfahrzeuges liegt im Ausland, weil die Verfügungsmacht über das Kraftfahrzeug beim Dienstgeber liegt; daher ist das Kraftfahrzeug in Österreich nicht anzumelden. Wird dieses Kraftfahrzeug allerdings ununterbrochen länger als ein Jahr im Inland verwendet, ergibt sich gemäß § 79 KFG 1967 die Pflicht zur Anmeldung in Österreich.

62 Im Falle einer Fahrzeugüberlassung seitens eines ausländischen Unternehmens an einen inländischen Dienstnehmer, (selbständigen) Handelsvertreter oder Geschäftsführer ist der Gegenbeweis zu erbringen.

Der Beweis ist erbracht, wenn dargelegt wird, dass die Tätigkeit dem ausländischen Unternehmen zweifelsfrei zuzurechnen ist und somit keine freie Verfügbarkeit über das Fahrzeug vorliegt. Die maßgeblichen Kriterien dafür sind zum Beispiel die Möglichkeit der Privatnutzung, die Vorgabe von Dienstreisen sowie die tatsächliche Durchführung von Service, Garagierung und Reparaturen und deren Kostentragung. Zur Darlegung des Gegenbeweises werden in der Regel Vertragsauszüge und Rechnungen vorzulegen sein.

Beispiel:

Ein ausländischer Dienstgeber stellt seinem inländischen Dienstnehmer zur Erfüllung seiner Dienstverrichtungen in Österreich einen Pkw mit ausländischem Kennzeichen als Dienstfahrzeug zur Verfügung, jedoch ist eine private Nutzung ausdrücklich gestattet beziehungsweise erfolgt die Privatnutzung trotz ausdrücklichen Ausschlusses von Seiten des Dienstgebers. Ein Fahrtenbuch wird nicht geführt, andere geeignete Beweismittel betreffend Ort bzw. Art und Weise der Verwendung fehlen.

Da der Verwender das Ausmaß der privaten bzw. beruflichen Verwendung nicht dokumentieren kann, ist eine Zurechnung der Verwendung des Kraftfahrzeuges zum Dienstgeber nicht möglich. Daher ist die Verwendung dem Dienstnehmer zuzurechnen. Für das Kraftfahrzeug gilt sohin die Standortvermutung in Österreich. Das Kraftfahrzeug ist in Österreich gemäß § 82 Abs. 8 KFG 1967 anzumelden.

A.2.7. Ort bzw. Art und Weise der Verwendung von Betriebsfahrzeugen

A.2.7.1. Zurverfügungstellung an Dienstnehmer

63 Wird vom ausländischen Dienstgeber, welcher über keine inländische Betriebsstätte verfügt, dem inländischen Dienstnehmer ein Kraftfahrzeug zur Verfügung gestellt, muss für den Ort beziehungsweise die Art und Weise der Verwendung unterschieden werden, ob eine Privatnutzung gestattet ist oder nicht.

Ist eine Privatnutzung gestattet, wird das Kraftfahrzeug grundsätzlich dem Dienstnehmer zugerechnet, und durch diesen muss gegebenenfalls die damit verbundene Standortvermutung widerlegt werden.

Ist eine Privatnutzung nicht gestattet, wird das Kraftfahrzeug grundsätzlich dem Dienstgeber zugerechnet.

Beispiele 1:

1. *Ein Arbeitnehmer mit inländischem Wohnsitz verwendet ein Firmenfahrzeug (deutscher Dienstgeber) zu 80% für Fahrten Wohnung – Arbeitsstätte – Wohnung sowie zu 20% für betriebliche Fahrten.*
2. *Ein Arbeitnehmer mit inländischem Wohnsitz verwendet ein Firmenfahrzeug (deutscher Dienstgeber) zu 20% für Fahrten Wohnung – Arbeitsstätte – Wohnung sowie zu 80% für betriebliche Fahrten.*

3. *Ein Arbeitnehmer mit inländischem Wohnsitz verwendet ein Firmenfahrzeug (deutscher Dienstgeber) zu 85% für betriebliche Fahrten sowie zu 15% für Fahrten Wohnung – Arbeitsstätte – Wohnung.*

Grundsätzlich ist eine strikte prozentuelle Aufteilung nicht entscheidend, sondern aus der Gesamtbetrachtung der Verhältnisse ist zu entscheiden, wo der Standort des Kraftfahrzeuges ist. Die Prozentsätze können nur im Rahmen dieser Gesamtschau beachtlich sein. In allen drei angeführten Fällen wird das Kraftfahrzeug ausschließlich für betriebliche Zwecke des ausländischen Dienstgebers (im Ausland) und für Fahrten zwischen Wohnung – Arbeitsstätte – Wohnung verwendet und ist eine weitergehende Nutzung des Dienstnehmers für private Zwecke ausgeschlossen. Auf dieser Grundlage ist das Fahrzeug dem ausländischen Dienstgeber zuzurechnen. Davon ausgehend liegt in allen drei Fällen daher der Standort des Kraftfahrzeuges im Ausland.

Beispiel 2:

Ein Gesellschafter-Geschäftsführer mit inländischem Wohnsitz verwendet ein Firmenfahrzeug (deutsche Gesellschaft) überwiegend in Deutschland, kehrt jedoch täglich zum Wohnort in Österreich zurück.

Der geschäftsführende Gesellschafter kann gegenüber einem „echten“ Dienstnehmer über das Kraftfahrzeug unbeschränkt verfügen, sodass der Standort des Kraftfahrzeuges an seinem Wohnsitz vermutet wird. Der geschäftsführende Gesellschafter hat die Möglichkeit, diese Standortvermutung dadurch zu widerlegen, dass er einen konkreten dauernden Standort des Kraftfahrzeuges im Ausland nachweist (VwGH 23.10.2001, 2001/11/0288; VwGH 21.9.2006, 2006/15/0025).

Fährt der geschäftsführende Gesellschafter nachweislich vom ausländischen Betriebsstandort aus zu mehr als 80% betrieblich veranlasst im Ausland (ohne Fahrtstrecke Wohnsitz – Betrieb – Wohnsitz), dann besteht der konkrete dauernde Standort des Kraftfahrzeuges an diesem ausländischen Betriebsstandort. Andernfalls – zB wenn betriebliche Fahrten auch vom inländischen Hauptwohnsitz angetreten werden und dadurch die 80%-Grenze unterschritten wird – wird die Standortvermutung im Inland nicht widerlegt.

A.2.7.2. Durch Einzelunternehmer

Wird von einem Einzelunternehmer mit Hauptwohnsitz im Inland ein Kraftfahrzeug **64**
verwendet, welches auf das Einzelunternehmen im Ausland zugelassen ist, muss eine Gesamtbetrachtung erfolgen, ob das Kraftfahrzeug einem bestimmten Ort außerhalb des Bundesgebietes zugeordnet werden muss oder nicht. Hierzu müssen Feststellungen über den regelmäßigen Ort sowie die Art und Weise der Verwendung des Fahrzeuges getroffen werden, woraus sich hinreichende Anhaltspunkte ergeben, welchem Ort das Kraftfahrzeug zuzurechnen ist (vgl. VwGH 23.10.2001, 2001/11/0288; VwGH 19.3.2003, 2003/16/0007).

Im Erkenntnis des VwGH vom 28. Oktober 2009, 2008/15/0276, hat der VwGH unter Bekräftigung der zitierten Rechtsprechung auf die Verwendung des Fahrzeuges abgestellt und in diesem Erkenntnis als entscheidungswesentlich hervorgehoben, „dass die betriebliche Nutzung des Fahrzeuges von über 85% sich nahezu ausschließlich im süddeutschen Raum vollzieht. Allfällige Wartungs- und Reparaturarbeiten an diesem Fahrzeug werden am Betriebsstandort durchgeführt. Dazu kommt, dass nach den Ermittlungsergebnissen der belangten Behörde auch der überwiegende Teil der Privatfahrten in Deutschland vorgenommen wird.“ Hinsichtlich der Art und Weise der Verwendung wurde dabei festgestellt, dass das verfahrensgegenständliche Fahrzeug nach der in diesem Erkenntnis dargelegten Sachverhaltskonstellation im ausländischen Betrieb sowohl vom Unternehmer als auch von den Angestellten für tägliche (Betriebs)Fahrten (zum Beispiel Post, Bank, Baustellen, Kunden, Bauämter, Behörden oder Besorgungsfahrten zu Lieferanten) verwendet wurde. Auf Grundlage dieses Sachverhalts bzw. aufgrund der unstrittig weitaus überwiegend nicht in Österreich festgestellten betrieblichen und privaten Verwendung ist der VwGH sodann von der zulässigen Erbringung des Gegenbeweises iSd § 82 Abs. 8 erster Satz KFG 1967 ausgegangen.

Aus der Rechtsprechung des VwGH ergibt sich, dass die Erbringung des Gegenbeweises nach § 82 Abs. 8 erster Satz KFG 1967 grundsätzlich eine weitaus überwiegende Verwendung des Fahrzeuges (mindestens 80%) nahezu ausschließlich im Ausland jedenfalls zur Voraussetzung hat.

Randzahlen 65 bis 99: *derzeit frei*

A.3. Steuerübergreifende Befreiungen von Kraftfahrzeugen

Die Befreiungsbestimmungen in diesem Abschnitt verfolgen in den drei angesprochenen Steuergesetzen den selben Zweck und sind ähnlich formuliert, weshalb davon ausgegangen werden kann, dass sie gleich auszulegen sind und zum selben Ergebnis führen.

A.3.1. Emissionsfreie Antriebsarten

100 Von der Normverbrauchsabgabe sind gemäß § 3 Abs. 1 Z 1 NoVAG 1991 idF BGBl. I Nr. 18/2021 (Rechtslage ab 1. Juli 2021) Kraftfahrzeuge befreit, die auf Grund ihres Antriebes (insbesondere Elektro- oder Wasserstoffantrieb) einen CO_2-Emissionswert von 0 g/km aufweisen. Zuvor (Rechtslage bis 30. Juni 2021) bestand gemäß § 3 Z 2 lit. a NoVAG 1991 idF BGBl. Nr. 695/1991 nur eine Befreiungsbestimmung für Personenkraftwagen, welche ausschließlich mit Elektromotor angetrieben wurden.

Daneben sind gemäß § 4 Abs. 3 Z 6 VersStG 1953 sowie § 2 Abs. 1 Z 9 KfzStG 1992 Kraftfahrzeuge von der motorbezogenen Versicherungssteuer sowie der Kraftfahrzeugsteuer befreit, die ausschließlich mit einem Elektromotor angetrieben werden.

101 In Bezug auf die Befreiungsbestimmung des § 3 Abs. 1 Z 1 NoVAG 1991 idF BGBl. I Nr. 18/2021 (Rechtslage ab 1. Juli 2021) gilt Folgendes:

Die Befreiungsbestimmung umfasst neben ausschließlich mit Elektromotor angetriebenen Kraftfahrzeugen auch alle anderen Kraftfahrzeuge, die auf Grund ihrer Antriebsart einen CO_2-Emissionswert von 0 g/km aufweisen.

Von der Befreiung können grundsätzlich alle Kraftfahrzeuge im Sinne des § 2 Abs. 1 NoVAG 1991 idF BGBl. I Nr. 18/2021 erfasst sein. Es besteht keine Einschränkung auf Personenkraftwagen.

Zu beachten ist, dass Antriebsarten umfasst sind, bei denen der CO_2-Emissionswert tatsächlich mit 0 g/km ausgewiesen ist. Die Befreiung ist nicht so zu verstehen, dass Kraftfahrzeuge befreit sind, bei denen der Verbrennungsmotor mit nachhaltig erzeugtem Kraftstoff angetrieben wird, beispielsweise Biomethan.

102 In Bezug auf die Befreiungsbestimmung des § 3 Z 2 lit. a NoVAG 1991 idF BGBl. Nr. 695/1991 (Rechtslage bis 30. Juni 2021) gilt Folgendes:

Von der Befreiung können grundsätzlich Personenkraftwagen und andere hauptsächlich zur Personenbeförderung gebaute Kraftfahrzeuge, einschließlich Kombinationskraftwagen und Rennwagen, die in die Position 8703 80 der Kombinierten Nomenklatur eingereiht werden, erfasst werden.

Die mit einem Elektromotor angetriebenen Krafträder (einschließlich Mopeds) und Fahrräder mit Hilfsmotor, auch mit Beiwagen, sind nicht von der Normverbrauchsabgabe befreit. Diese Krafträder fallen unter die Position 8711 60 der Kombinierten Nomenklatur und unterliegen daher schon deswegen nicht gemäß § 2 Z 1 NoVAG 1991 idF BGBl. Nr. 695/1991 der Normverbrauchsabgabe.

103 Die Befreiung von der Normverbrauchsabgabe nach § 3 Abs. 1 Z 1 NoVAG 1991 idF BGBl. I Nr. 18/2021 bzw. nach § 3 Z 2 lit. a NoVAG 1991 idF BGBl. Nr. 695/1991 ist bereits im Zeitpunkt der Lieferung des entsprechenden Kraftfahrzeuges vom Lieferanten zu berücksichtigen.

104 Nicht umfasst von den Befreiungsbestimmungen des § 3 Z 2 lit. a NoVAG 1991 idF BGBl. Nr. 695/1991 (Rechtslage bis 30. Juni 2021), § 4 Abs. 3 Z 6 VersStG 1953 sowie § 2 Abs. 1 Z 9 KfzStG 1992 sind zudem Kraftfahrzeuge mit Wasserstoffverbrennungsmotor, da hier einem Verbrennungsmotor ein Kraftstoff (Wasserstoff) zugeführt werden muss (siehe Rz 1512 und Rz 1516).

105 Bei einem Brennstoffzellenantrieb handelt es sich nicht um einen Verbrennungsmotor im Sinne der jeweiligen Gesetze, da es nicht zu einer Umwandlung in thermische Energie kommt. Es lässt sich für diese Kraftfahrzeuge keine Bemessungsgrundlage ermitteln, da sich die jeweiligen Bestimmungen ausschließlich auf Kraftfahrzeuge mit einem Verbrennungsmotor beziehen. Demnach unterliegen Kraftfahrzeuge, die mit einer Wasserstoff-Brennstoffzelle angetrieben werden, nicht den jeweiligen Abgaben. Dies gilt auch für Hybrid-Varianten von Kraftfahrzeugen, die mit Elektromotor angetrieben werden, der durch eine Wasserstoff-Brennstoffzelle mit Energie versorgt wird (siehe Rz 1512 und Rz 1516).

106 Anderes gilt in Bezug auf die Befreiungsbestimmung des § 3 Abs. 1 Z 1 NoVAG 1991 idF BGBl. I Nr. 18/2021 (Rechtslage ab 1. Juli 2021). Diese sieht eine Befreiung für alle Kraftfahrzeuge vor, die einen CO_2-Emissionswert von 0 g/km aufweisen, und erfasst somit generell auch andere Antriebsarten wie Wasserstoffverbrennungsmotoren.

107 Jedenfalls nicht von den jeweiligen Abgaben befreit sind Hybridfahrzeuge, die sowohl elektrisch als auch mit anderer Kraftstoffquelle (Verbrennungsmotor) angetrieben werden

können (Eintrag in Feld P3 der Zulassungsbescheinigung: „Hybr. Benzin/E“, „Hybr. Diesel/E“). Dies gilt unabhängig von der Art des Hybridfahrzeuges (z.B. Vollhybrid; Range Extender: elektrischer Antrieb mit Batterieaufladung durch Verbrennungsmotor).

Betreffend die Steuerberechnung für Hybrid-Elektro-Kraftfahrzeuge siehe zur Normverbrauchsabgabe Rz 912 und Rz 1007, zur Kraftfahrzeugsteuer Rz 1511 und Rz 1514 und zur motorbezogenen Versicherungssteuer Rz 1670 bzw. für Wasserstoff-Kraftfahrzeuge siehe Rz 1512 und Rz 1516. **108**

A.3.2. Rettungsdienst oder Krankenwagen

Von der Normverbrauchsabgabe, der motorbezogenen Versicherungssteuer sowie der Kraftfahrzeugsteuer sind gemäß § 3 Abs. 3 Z 5 NoVAG 1991 idF BGBl. I Nr. 18/2021 (Rechtslage ab 1. Juli 2021) bzw. § 3 Z 3 TS 5 NoVAG 1991 idF BGBl. I Nr. 24/2007 (Rechtslage bis 30. Juni 2021) sowie gemäß § 4 Abs. 3 Z 2 VersStG 1953 und § 2 Abs. 1 Z 2 KfzStG 1992 Kraftfahrzeuge befreit, die ausschließlich oder vorwiegend (daher zu mehr als 80%) für den Rettungsdienst oder als Krankenwagen verwendet werden und für diese Belange entsprechend geeignet sind. **109**

Näheres zu den allgemeinen Bedingungen der Inanspruchnahme der Befreiung von der Normverbrauchsabgabe siehe Rz 688 bis 696.

Näheres zu den allgemeinen Bedingungen der Inanspruchnahme der Befreiung von der Kraftfahrzeugsteuer und der motorbezogenen Versicherungssteuer siehe Rz 1400 sowie Rz 1630.

Unter dem Begriff der „Krankenbeförderung“ im Sinne des § 3 Z 3 TS 5 NoVAG 1991 idF BGBl. I Nr. 24/2007 ist die Beförderung einer Person, weil sie krank ist, also eine durch die Krankheit bedingte besondere Beförderung, zu verstehen (vgl. VwGH 24.11.2011, 2011/16/0088). **110**

Unter der Verwendung als Krankenwagen im Sinne der § 3 Abs. 3 Z 5 NoVAG 1991 idF BGBl. I Nr. 18/2021, § 4 Abs. 3 Z 2 VersStG 1953 sowie § 2 Abs. 1 Z 2 KfzStG 1992 wird die selbe Begriffsbestimmung und damit auch ausschließlich eine solche Beförderung verstanden.

Die Beförderung von Menschen mit Behinderungen ist grundsätzlich nicht von diesen Befreiungsbestimmungen umfasst, da dies keine durch eine Krankheit bedingte besondere Beförderung darstellt. **111**

Beispiel:

Fahrten, die dazu dienen, Personen mit Behinderungen z.B. zu Tages- oder Ausbildungsstätten zu bringen, dienen nicht der Krankenbeförderung und können daher nicht für die Befreiung für Krankenbeförderung herangezogen werden.

Fahrten, die dazu dienen, Personen mit Behinderungen z.B. zu einer Kranken- oder Kuranstalt zu befördern, in welcher die Personen eine Krankenbehandlung (z.B. Physiotherapie oder Ergotherapie) erhalten, dienen der Krankenbeförderung und können daher für die Befreiung für Krankenbeförderung herangezogen werden.

KfzBStR

A.3.2.1. Rettungsdienst

Der Begriff des Rettungsdienstes ist im KFG 1967 nicht näher definiert. Für den Rettungsdienst bestimmte Kraftfahrzeuge sind alle im Rettungswesen eingesetzten Kraftfahrzeuge. **112**

Unter den Begriff des „Rettungswesen“ fallen folgende Tätigkeiten:

- die Beförderung verunglückter Personen,
- die Beförderung von Rettungsmannschaften und Bergungsgeräten zum Einsatz sowie bei der Abhaltung von Rettungsübungen (VwGH 01.10.1962, 0880/60),
- die Bereitstellung von Mannschaften, Geräten und ärztlichen Instrumenten für die Leistung der ersten Hilfe an Orten gesteigerter Unfallgefahr (z.B. Skipisten),
- weitere hier nicht erwähnte Beförderungen von einem Stützpunkt zu einem Einsatz- oder Übungsort sowie der Rückweg.

Grundsätzlich können somit unter die Befreiungen fallen:

- „klassische“ Rettungswagen (Rettungstransportwagen, kurz: RTW) zum Transport von Personen, die auf eine medizinische Betreuung durch eine Rettungssanitäterin oder einen Rettungssanitäter, eine Notfallsanitäterin oder einen Notfallsanitäter oder zusätzlich durch eine Notärztin oder einen Notarzt angewiesen sind, mit entsprechender medizinischer Mindestausstattung und in der Regel von einem Rettungsdienst einer Gebietskörperschaft oder von einem in § 23 Abs. 1 Z 1 bis 4 SanG genannten Rettungsdienst (z.B. Arbeiter-Samariter-Bund, Johanniter-Unfall-Hilfe in Österreich, Malteser Hospitaldienst Austria, Österreichisches Rotes Kreuz) eingesetzt werden,

- Kraftfahrzeuge, die im Berg-, Wasser- oder Höhlenrettungsdienst eingesetzt werden,
- Kraftfahrzeuge, mit denen Aufgaben des besonderen Hilfs- und Rettungsdienstes (vgl. § 5b Burgenländisches Rettungsgesetz 1995) erfüllt werden,
- Kraftfahrzeuge, die von privaten Rettungsdiensten eingesetzt werden, wenn diese als Rettungsorganisation anerkannt sind oder diesen eine Bewilligung zur Durchführung von Aufgaben des Rettungswesens durch das Amt der jeweiligen Landesregierung erteilt wurde (§ 5 Kärntner Rettungsdienst-Förderungsgesetz, § 3 Burgenländisches Rettungsgesetz 1995, § 4 Oö. Rettungsgesetz 1988, § 3 Salzburger Rettungsgesetz, § 3 Steiermärkisches Rettungsdienstgesetz, § 3 Abs. 3 Tiroler Rettungsdienstgesetz 2009, § 3 Abs. 3 Vorarlberger Rettungsgesetz, § 6 Wiener Rettungs- und Krankentransportgesetz, § 7 NÖ Rettungsdienstgesetz 2017),
- Kraftfahrzeuge, die im Tierrettungsdienst eingesetzt werden.

Kraftfahrzeuge des militärischen Sanitätsdienstes (§ 23 Abs. 1 Z 5 SanG) sind bereits als Heeres-Kraftfahrzeuge (Rz 130 bis 142) steuerfrei.

113 Folgende Kriterien sind für die Beurteilung der ausschließlichen oder vorwiegenden Verwendung eines Kraftfahrzeuges für den Rettungsdienst maßgeblich:

- Die Zulassungsbescheinigung lautet auf einen Rettungsdienst (siehe Rz 116) und als Verwendungszweck in Feld A4 (Verwendungsbestimmung) ist der Code „62", „64" oder „74" (siehe Rz 114 f) eingetragen,
- Ausstattung des Kraftfahrzeuges mit einer Warnleuchte mit blauem Licht (Blaulicht) (siehe Rz 117), oder
- Führen von Aufzeichnungen über die Verwendung des Kraftfahrzeuges (z.B. Fahrtenbuch).

114 Als Hinweis für eine Nutzung für den begünstigten Zweck kann bei der Beurteilung der Steuerfreiheit die von der Zulassungsbehörde in der Zulassungsbescheinigung eingetragene Verwendungsbestimmung herangezogen werden.

In Betracht kommende Verwendungsbestimmungen gemäß Anlage 4 Zulassungsstellenverordnung:

- 62: zur Verwendung für den Rettungsdienst einer Gebietskörperschaft oder für einen in § 23 Abs. 1 Z 1 bis 5 Sanitätergesetz, BGBl. I Nr. 30/2002, namentlich genannten Rettungsdienst bestimmt
- 64: ausschließlich oder vorwiegend für den privaten Rettungsdienst bestimmt
- 74: zur Verwendung im Bereich der Bergrettung bestimmt

Die Verwendungsbestimmung 60 („ausschließlich oder vorwiegend zur Verwendung für den öffentlichen Hilfsdienst bestimmt") ist nicht als Hinweis der Verwendung für den begünstigten Zweck heranzuziehen, weil diese Verwendungsbestimmung nicht nur für Kraftfahrzeuge eingetragen werden kann, die für Rettungsdienste verwendet werden.

Die Eintragung in der Zulassungsbescheinigung – „ausschließlich oder vorwiegend für den privaten Rettungsdienst bestimmt" – ist auch für Kraftfahrzeuge der Tierrettung zulässig.

115 Ein Fehlen einer solchen Eintragung ist ein Indiz, dass die begünstigte Nutzung nicht ausgeübt wird und somit die Voraussetzungen der Befreiungen nicht vorliegen.

Eine entsprechende Eintragung der Verwendungsbestimmung in der Zulassungsbescheinigung alleine ist allerdings noch nicht ausreichend, um das Vorliegen der Voraussetzungen für die Befreiungen von den jeweiligen Abgaben nachzuweisen.

Neben der eingetragenen Verwendungsbestimmung in der Zulassungsbescheinigung sind bei der Beurteilung der Zuerkennung der Befreiungen weitere Kriterien heranzuziehen (z.B. Zulassung auf bestimmten Rettungsdienst, Führung eines Fahrtenbuchs).

116 Ein weiterer Hinweis für das Vorliegen der Voraussetzungen der jeweiligen Befreiungen ist die Zulassung eines Kraftfahrzeuges auf einen der unten angeführten Rettungsdienste.

- Rettungsdienst einer öffentlichen Gebietskörperschaft (z.B. Wiener Rettung),
- eine in § 23 Abs. 1 Z 1 bis 4 Sanitätergesetz, BGBl. I Nr. 30/2002, namentlich genannte Einrichtung (z.B. Arbeiter-Samariter-Bund, Johanniter-Unfall-Hilfe in Österreich, Malteser Hospitaldienst Austria, Österreichisches Rotes Kreuz),
- private Rettungsdienste, wenn diese als Rettungsorganisation anerkannt sind oder diesen eine Bewilligung zur Durchführung der in Rz 112 angeführten Aufgaben durch das Amt einer Landesregierung erteilt wurde (§ 5 Kärntner Rettungsdienst-Förderungsgesetz, § 3 Burgenländisches Rettungsgesetz 1995, § 4 Oö. Rettungsgesetz 1988, § 3 Salzburger Rettungsgesetz, § 3 Steiermärkisches Rettungsdienstgesetz, § 3 Abs. 3 Ti-

roler Rettungsdienstgesetz 2009, § 3 Abs. 3 Vorarlberger Rettungsgesetz, § 6 Wiener Rettungs- und Krankentransportgesetz, § 7 Abs. 3 NÖ Rettungsdienstgesetz 2017),

- Einrichtungen, die Tierrettungen durchführen.

Gemäß § 20 Abs. 1 Z 4 lit. e und f KFG 1967 dürfen bestimmte Kraftfahrzeuge (Kraftfahrzeuge des Rettungsdienstes im Besitz von Gebietskörperschaften, weiters Kraftfahrzeuge im Besitz der in § 23 Abs. 1 Z 1 bis 5 des Sanitätergesetzes, BGBl. I Nr. 30/2002, namentlich genannten Einrichtungen sowie Kraftfahrzeuge der Bergrettung, der Höhlenrettung oder der Wasserrettung, die für dringende Einsätze im Rettungsdienst, bei Großschadensereignissen oder zur Katastrophenhilfe verwendet werden) mit einer fix montierten Warnleuchte mit blauem Licht (Blaulicht) ausgestattet werden, ohne dass dafür eine Bewilligung notwendig ist. Diese Kraftfahrzeuge sind jedenfalls von den Befreiungen umfasst. 117

Der Bescheid, mit dem für ein konkret bezeichnetes Kraftfahrzeug gemäß § 20 Abs. 5 lit. c KFG 1967 die Bewilligung zum Anbringen eines „mobilen Blaulichts" erteilt wird, welches jedoch ausschließlich in Einsätzen verwendet werden darf, ist ein weiterer Hinweis für das Vorliegen der Voraussetzungen der Befreiungen. Bei der Beurteilung der Zuerkennung der Befreiungen ist die ausschließliche oder vorwiegende Verwendung des Kraftfahrzeuges für Rettungsdienste, wie auch schon für die Erteilung der kraftfahrrechtlichen Bewilligung, durch weitere Nachweise darzulegen (z.B. Fahrtenbuch).

Beispiel 1:

Ist ein Kraftfahrzeug des Österreichischen Roten Kreuzes (in § 23 Abs. 1 Z 4 Sanitätergesetz genannte Einrichtung), welches für dringende Einsätze im Rettungsdienst verwendet wird und welches daher nach § 20 Abs. 1 Z 4 lit. f KFG 1967 mit einer fix montierten Warnleuchte mit blauem Licht (Blaulicht) ausgestattet wird, von den jeweiligen Befreiungen umfasst und wie kann dies nachgewiesen werden?

Da von einer Verwendung des Kraftfahrzeuges für den begünstigten Zweck ausgegangen werden kann, sind die Befreiungen jedenfalls anwendbar.

Beispiel 2:

Ist ein Kraftfahrzeug, das von einem ärztlichen Bereitschaftsdienst für Rettungseinsätze verwendet wird, von den jeweiligen Befreiungen umfasst und wie kann dies nachgewiesen werden?

Bei der Beurteilung, ob dieses Kraftfahrzeug für den begünstigten Zweck verwendet wird, sind unter anderem folgende Kriterien heranzuziehen:

- *Die Zulassung des Kraftfahrzeuges auf einen Rettungsdienst (siehe Rz 116).*
- *Die Eintragung eines bestimmten Verwendungszweckes in Feld A4 (Code „62", „64" oder „74") (siehe Rz 114 f).*
- *Die Ausstattung des Kraftfahrzeuges mit einem „mobilen Blaulicht" (siehe Rz 117).*
- *Das Führen von Aufzeichnungen über die Verwendung des Kraftfahrzeuges (z.B. Fahrtenbuch).*

Ergibt eine Gesamtschau der vorgelegten Hinweise, dass eine begünstigte Verwendung vorliegt, ist die Befreiung auf das Kraftfahrzeug anwendbar.

Wird die Bewilligung zum Anbringen eines „mobilen Blaulichts" nicht gemäß § 20 Abs. 5 lit. c KFG 1967, sondern aufgrund einer anderen Verwendungsbestimmung im Sinne des § 20 Abs. 5 KFG 1967 gewährt, ist dies als Indiz gegen die begünstigte Nutzung zu sehen, schließt die begünstigte Nutzung allerdings nicht per se aus.

KfzBStR

A.3.2.2. Krankenwagen

Krankenwagen sind Kraftfahrzeuge der Klasse M zur Beförderung Kranker oder Verletzter, die zu diesem Zweck entsprechend ausgerüstet sind (§ 2 Z 28c KFG 1967). In der Zulassungsbescheinigung wird dieser Verwendungszweck durch den Eintrag in Feld A4 (Verwendungsbestimmung) „62" oder „64" (siehe Rz 114 f) sowie in Feld A8 (Aufbau) „Krankenwagen" oder „KRW" dokumentiert. 118

Einem handelsüblichen Pkw ohne besondere Ausstattung für den Krankentransport („Krankentaxi") fehlt die Zusatzeintragung in der Zulassungsbescheinigung. Solche Kraftfahrzeuge können nur dann von den Steuerbefreiungen umfasst sein, wenn sie auf eine der in Rz 116 genannten Organisationen zugelassen sind. 119

Der Krankenwagen wird ebenso wie der Rettungswagen im Rettungsdienst eingesetzt (daher auch die gleiche Codierung in Feld A4). Im Unterschied zu Rettungswagen wird ein Krankenwagen jedoch zudem für nichtakute Transporte von Kranken und Verletzten, unter geeigneten Transportbedingungen einschließlich der Betreuung durch qualifiziertes Personal, verwendet. Hinsichtlich des Nachweises für das Vorliegen der Voraussetzungen 120 der Befreiungen kann daher auf die Ausführungen zum Rettungsdienst verwiesen werden (siehe Rz 113 ff).

121 Im Vergleich zum Rettungswagen ist sowohl die medizinische Ausstattung des Krankenwagens als auch die Qualifikation des darauf eingesetzten Personals geringer (z.B. Rettungssanitäter, aber kein Notfallsanitäter oder Notarzt im Sinne von § 1 SanG an Bord).

Der Krankenwagen wird insbesondere für Transporte vom Wohnsitz des Kranken oder Verletzten ins Krankenhaus oder zum Arzt und wieder zurück, für Ambulanzfahrten oder für Verlegungen zwischen Krankenhäusern verwendet. Krankenwagen verfügen in der Regel über einen für Liegen oder Trage- bzw. Rollstühle optimierten Transportraum.

122 Die Steuerbefreiungen stehen Betrieben und Organisationen zu, die Krankentransporte durchführen.

A.3.3. Feuerwehrfahrzeuge

123 Von der Normverbrauchsabgabe, der motorbezogenen Versicherungssteuer sowie der Kraftfahrzeugsteuer sind gemäß § 3 Abs. 3 Z 7 NoVAG 1991 idF BGBl. I Nr. 18/2021 (Rechtslage ab 1. Juli 2021) bzw. § 3 Z 3 TS 7 NoVAG 1991 idF BGBl. I Nr. 24/2007 (Rechtslage bis 30. Juni 2021) sowie gemäß § 4 Abs. 3 Z 2 VersStG 1953 sowie § 2 Abs. 1 Z 2 KfzStG 1992 Kraftfahrzeuge befreit, die ausschließlich oder vorwiegend (daher zu mehr als 80%) als Feuerwehrfahrzeuge verwendet werden.

Näheres zur Inanspruchnahme der Befreiung von der Normverbrauchsabgabe siehe Rz 688 bis 696.

Näheres zu den allgemeinen Bedingungen der Inanspruchnahme der Befreiung von der Kraftfahrzeugsteuer und der motorbezogenen Versicherungssteuer siehe Rz 1400 sowie Rz 1630.

124 Feuerwehrfahrzeuge sind Kraftfahrzeuge oder Anhänger, die nach ihrer Bauart und Ausrüstung ausschließlich oder vorwiegend zur Verwendung für Feuerwehren bestimmt sind (§ 2 Z 28 KFG 1967). In der Zulassungsbescheinigung wird dieser Verwendungszweck in Feld A4 (Verwendungsbestimmung) mit dem Code „63" (siehe Rz 126) sowie durch den Eintrag in Feld A8 (Aufbau) „Feuerwehr" oder in Feld J (Klasse/Fahrzeugart) „FeuerwehrFzg" dokumentiert.

Dies sind Kraftfahrzeuge, die der Besorgung der durch Gesetz den Feuerwehren zugewiesenen Aufgaben dienen, wie beispielsweise Einsatzleitungs-, Kommando-, Mannschaftstransport- und ähnliche Kraftfahrzeuge, die den Baurichtlinien im Feuerwehrwesen entsprechen. Das Feuerwehrfahrzeug muss in Farbgebung und Lackierung der allgemeinen Baurichtlinie für Feuerwehrfahrzeuge mit Grundfarbe „Feuerwehrrot" (z.B. Feuerrot RAL 3000) entsprechen und in Entsprechung dieser Richtlinie mit Blaulicht und Folgetonhorn ausgestattet sein. Das Kraftfahrzeug hat bautechnisch mit fix montierten Halterungen und/oder Einbauten und/oder raumteilenden Flächen zur Arretierung folgender Geräte versehen zu sein:

- ein Kleinlöschgerät mit mindestens 6 kg Löschpulver nach EN 3,
- eine Feuerwehrsanitätstasche DIN Z 1020/Typ 2 oder Sanitätsausrüstung mindestens gleichwertigen Inhalts,
- ein Europa-Absperrband mit Abrollkarton,
- ein Handscheinwerfer,
- ein Warndreieck „Feuerwehr" oder gleichwertige Leiteinrichtung.

Abweichend davon, können Kraftfahrzeuge auch ohne eine solche Ausstattung als Feuerwehrfahrzeug angesehen werden, wenn das Kraftfahrzeug für bestimmte andere spezielle Zwecke oder Tätigkeiten im Zuständigkeitsbereich der Feuerwehren bestimmt ist und für diese ausgerüstet ist (z.B. Strahlenschutzfahrzeuge, Wechselladefahrzeuge, Atemschutzfüllfahrzeuge).

125 Unter dem Begriff „Feuerwehr" ist eine hierarchisch gegliederte, von geschulten Menschen geleitete und entsprechend ausgerüstete Organisation zu verstehen, deren Aufgabe die Bekämpfung von Bränden und anderen allgemeinen Notständen sowie die technische Hilfeleistung ist. Beispiele für Notstände und technische Hilfeleistungen sind etwa Hochwasser, Vermurungen, Sturmschäden, einsturzgefährdete Gebäude und Autounfälle. Dabei ist unbeachtlich, ob es sich hierbei um freiwillige Feuerwehren, Ortsfeuerwehren, Berufsfeuerwehren, Landes- sowie Bereichsfeuerwehrverbände oder Betriebsfeuerwehren handelt.

Folgende Kriterien können für die Beurteilung der begünstigten Verwendung eines Kraftfahrzeuges für die Feuerwehr herangezogen werden:

- Verwendungsbestimmung in der Zulassungsbescheinigung (siehe Rz 126) und Zulassung für eine Feuerwehr (siehe Rz 128)

- Bewilligungsbescheid für ein „fixes" Blaulicht (siehe Rz 129)
- Führen von Aufzeichnungen über die Verwendung (Fahrtenbuch)

Als Hinweis für eine Nutzung für den begünstigten Zweck kann bei der Beurteilung der Steuerfreiheit die von der Zulassungsbehörde in der Zulassungsbescheinigung eingetragene Verwendungsbestimmung herangezogen werden. **126**

In Betracht kommende Verwendungsbestimmungen gemäß Anlage 4 Zulassungsstellenverordnung:

- 63: ausschließlich oder vorwiegend für die Feuerwehr bestimmt

Ein Fehlen einer solchen Eintragung ist ein Indiz, dass die begünstigte Nutzung nicht ausgeübt wird und somit die Voraussetzungen der Befreiungen nicht vorliegen. **127**

Eine entsprechende Eintragung der Verwendungsbestimmung in der Zulassungsbescheinigung alleine ist allerdings noch nicht ausreichend, um das Vorliegen der Voraussetzungen für die Gewährung der Befreiung nachzuweisen.

Neben der eingetragenen Verwendungsbestimmung in der Zulassungsbescheinigung sind weitere Kriterien heranzuziehen (z.B. Zulassung für eine Feuerwehr, äußere Merkmale des Kraftfahrzeuges, Bewilligungsbescheid für ein „fixes" Blaulicht, Nachweis eines ordnungsgemäß geführten Fahrtenbuchs).

Einen weiteren Hinweis für das Vorliegen der Voraussetzungen für die Befreiung ist die Zulassung eines Kraftfahrzeuges für eine der unten angeführten Feuerwehren: **128**

- Feuerwehr einer öffentlichen Gebietskörperschaft (z.B. Wiener Berufsfeuerwehr),
- (landes)gesetzlich vorgesehene Feuerwehr (z.B. freiwillige Feuerwehr Ladendorf),
- Betriebsfeuerwehr (z.B. Flughafen Wien, VOEST),
- Landes- oder Bereichsfeuerwehr,
- Österreichischer Bundesfeuerwehrverband

Seit 1. Februar 2020 wird Feuerwehrfahrzeugen ein Sachbereichskennzeichen „FW" zugewiesen. Die Zulassung auf ein solches Kennzeichen ist als weiteres Kriterium bei der Prüfung der Voraussetzungen der Befreiung heranzuziehen.

Gemäß § 20 Abs. 1 Z 4 lit. d KFG 1967 dürfen Feuerwehrfahrzeuge mit einer fix montierten Warnleuchte mit blauem Licht (Blaulicht) ausgestattet werden, ohne dass dafür eine Bewilligung notwendig ist. Diese Kraftfahrzeuge sind von den Befreiungen umfasst. **129**

Der Bescheid, mit dem für ein konkret bezeichnetes Kraftfahrzeug gemäß § 20 Abs. 5 lit. a KFG 1967 die Bewilligung zum Anbringen eines „mobilen Blaulichts" erteilt wird, welches jedoch ausschließlich in Einsätzen verwendet werden darf, ist ein weiterer Hinweis für das Vorliegen der Voraussetzungen der Befreiungen. Bei der Beurteilung der Zuerkennung der Befreiungen ist die ausschließliche oder vorwiegende Verwendung des Kraftfahrzeuges für die Feuerwehr, wie auch schon für die Erteilung der kraftfahrrechtlichen Bewilligung, durch weitere Nachweise darzulegen (z.B. Fahrtenbuch).

Beispiel:

Ist ein Kraftfahrzeug „BMW x5 – SUV Personenkraftwagen", welches als Kommandofahrzeug für die freiwillige Feuerwehr Beispielstadt verwendet wird und für welches gemäß § 20 Abs. 5 lit. a KFG 1967 die Bewilligung zum Anbringen eines „mobilen Blaulichts" erteilt wurde, von den jeweiligen Abgaben befreit und wie kann dies nachgewiesen werden?

Der Pkw ist dann befreit, wenn ein Nachweis über die begünstigte Verwendung für die Feuerwehr erbracht wird und das Kraftfahrzeug nach der Bauart und Ausrüstung für diese Zwecke geeignet ist.

Wird die Bewilligung zum Anbringen eines „mobilen Blaulichts" nicht gemäß § 20 Abs. 5 lit. a KFG 1967, sondern aufgrund einer anderen Verwendungsbestimmung im Sinne des § 20 Abs. 5 KFG 1967 gewährt, ist dies als Indiz gegen die begünstigte Nutzung zu sehen, schließt die begünstigte Nutzung allerdings nicht per se aus.

A.3.4. Öffentlicher Sicherheitsdienst, Justizwache und Bundesheer

Von der Normverbrauchsabgabe (§ 3 Abs. 2 Z 3 NoVAG 1991 idF BGBl. I Nr. 18/2021), der motorbezogenen Versicherungssteuer (§ 4 Abs. 3 Z 1 VersStG 1953) sowie der Kraftfahrzeugsteuer (§ 2 Abs. 1 Z 1 KfzStG 1992) sind Kraftfahrzeuge befreit, die zur Verwendung durch eine Gebietskörperschaft im Bereich des öffentlichen Sicherheitsdienstes oder der Justizwache sowie durch das Bundesheer zur Erfüllung seiner Aufgaben bestimmt sind. **130**

Die Befreiung von der Normverbrauchsabgabe gemäß § 3 Abs. 2 Z 3 NoVAG 1991 idF BGBl. I Nr. 18/2021 tritt mit 1. Juli 2021 in Kraft und ist somit anwendbar, wenn die Pflicht zur Leistung der Normverbrauchsabgabe ab dem 1. Juli 2021 entsteht. **131**

Maßgeblich ist dabei der Zeitpunkt des steuerbaren Vorgangs im Sinne des § 1 NoVAG 1991:

- Bei Kauf eines Neufahrzeuges bei einem inländischen Fahrzeughändler ist dies der Zeitpunkt der Lieferung (Z 1).
- Bei Erwerb eines Kraftfahrzeuges in einem anderen Mitgliedstaat der Europäischen Union durch einen Unternehmer oder bei Erwerb eines Neufahrzeuges in einem anderen Mitgliedstaat durch einen Endverbraucher ist dies der Zeitpunkt des Erwerbs (sog. innergemeinschaftlicher Erwerb) (Z 2).
- Im Falle des Auffangtatbestandes, bei dem weder eine Lieferung noch ein innergemeinschaftlicher Erwerb vorliegt, ist dies der Zeitpunkt der erstmaligen Zulassung (Z 3).
- Im Falle der/s
  - Lieferung nach Z 4 ist dies der Zeitpunkt der Lieferung (Z 4).
  - Eigenverbrauchs ist dies der Zeitpunkt der Entnahme (Z 4).
  - Änderung der Nutzung ist dies der Zeitpunkt der Nutzungsänderung (Z 4).

132 Von der Befreiung von der Normverbrauchsabgabe gemäß § 3 Abs. 2 Z 3 NoVAG 1991 idF BGBl. I Nr. 18/2021 sind auch Fälle mit einem Kaufvertragsdatum vor dem 1. Juli 2021 erfasst, wenn der maßgebliche Rechtsvorgang (z.B. die Lieferung) nach dem 1. Juli 2021 erfolgt.

133 Erfolgt der steuerpflichtige Vorgang (z.B. die Lieferung) vor dem 1. Juli 2021 (Tag des Inkrafttretens) ist eine Befreiung gemäß § 3 Abs. 2 Z 3 NoVAG 1991 idF BGBl. I Nr. 18/2021 nicht möglich. Eine rückwirkende Steuerbefreiung scheidet aus.

134 Trotz des Umstandes, dass die Normverbrauchsabgabe bei Gebrauchtfahrzeugen, die unmittelbar aus dem Unionsgebiet importiert werden und im Unionsgebiet zugelassen waren, nach der Rechtslage im Inland im Zeitpunkt der Erstzulassung im Unionsgebiet bemessen wird (siehe Rz 930), kann die Befreiung gemäß § 3 Abs. 2 Z 3 NoVAG 1991 idF BGBl. I Nr. 18/2021 auch bei solchen Gebrauchtfahrzeugen angewendet werden, die ein Erstzulassungsdatum im übrigen Unionsgebiet vor dem 1. Juli 2021 haben.

135 Voraussetzung für die Befreiung von der Normverbrauchsabgabe ist die Bekanntgabe der Fahrzeugidentifikationsnummer (FIN) und die Sperre des Kraftfahrzeuges in der Genehmigungsdatenbank nach § 30a KFG 1967. Die Bekanntgabe der Fahrzeugidentifikationsnummer (FIN) an das zuständige Finanzamt ist materiell-rechtliche Voraussetzung und muss vorliegen, damit die Steuerbefreiung beansprucht werden kann.

Bei Lieferungen durch einen befugten Fahrzeughändler hat die Sperrsetzung des Kraftfahrzeuges in der Genehmigungsdatenbank ehestmöglich (eine 4-wöchige Frist sollte keinesfalls überschritten werden) über FinanzOnline durch diesen zu erfolgen. Bei anderen Unternehmern bzw. bei Privaten ist ein Antrag auf Sperrsetzung mittels der amtlichen Formulare (NOVA 4) einzubringen (VwGH 24.01.2017, Ro 2016/16/0001).

136 Grundsätzlich unterliegen solche Kraftfahrzeuge der Kraftfahrzeugsteuer nur dann, wenn diese nach § 59 Abs. 2 KFG 1967 von der Pflicht zum Abschluss einer Kraftfahrzeug-Haftpflichtversicherung befreit sind und damit nicht der motorbezogenen Versicherungssteuer unterliegen. In diesen Fällen ist die Befreiungsbestimmung des § 2 Abs. 1 Z 1 KfzStG 1992 anwendbar, womit diese Kraftfahrzeuge zwar grundsätzlich der Kraftfahrzeugsteuer unterliegen, jedoch befreit werden.

Wird jedoch eine freiwillige Kraftfahrzeug-Haftpflichtversicherung abgeschlossen, unterliegt das Kraftfahrzeug der motorbezogenen Versicherungssteuer und die Befreiungsbestimmung gemäß § 4 Abs. 3 Z 1 VersStG 1953 kommt zur Anwendung (siehe Rz 1401 sowie Rz 1634).

137 Bei Einsatzfahrzeugen (zur Verwendung durch eine Gebietskörperschaft im Bereich des öffentlichen Sicherheitsdienstes oder der Justizwache sowie durch das Bundesheer) handelt es um für spezielle Zwecke eingesetzte Kraftfahrzeuge, welche für diese Belange auch entsprechend ausgerüstet sind.

Die Verwendung des Kraftfahrzeuges durch eine Gebietskörperschaft im Bereich des öffentlichen Sicherheitsdienstes liegt vor, wenn das Kraftfahrzeug durch Organe des öffentlichen Sicherheitsdienstes im Sinne des § 5 Sicherheitspolizeigesetz verwendet wird. Organe des öffentlichen Sicherheitsdienstes sind:

1. Angehörige des Wachkörpers Bundespolizei,
2. Angehörige der Gemeindewachkörper,
3. Angehörige des rechtskundigen Dienstes bei Sicherheitsbehörden, wenn diese Organe zur Ausübung unmittelbarer Befehls- und Zwangsgewalt ermächtigt sind, und
4. sonstige Angehörige der Landespolizeidirektionen und des Bundesministeriums für Inneres, wenn diese Organe die Grundausbildung für den Exekutivdienst (Polizei-

grundausbildung) absolviert haben und zur Ausübung unmittelbarer Befehls- und Zwangsgewalt ermächtigt sind.

Kraftfahrzeuge, die als Einsatzfahrzeuge zur Verwendung durch eine Gebietskörperschaft im Bereich des öffentlichen Sicherheitsdienstes oder der Justizwache sowie durch das Bundesheer zur Erfüllung seiner Aufgaben bestimmt sind, werden in aller Regel über die Bundesbeschaffung GmbH (BB-GmbH) erworben. 138

Eine spezielle Ausrüstung des Kraftfahrzeuges sowie ein entsprechender Erwerber (ua. BB-GmbH) dienen dabei als Indizien für die Verwendung zu dem begünstigten Zweck. Hinsichtlich der speziellen Ausrüstung muss eine funktionelle Nutzbarkeit zu Einsatzzwecken im Rahmen der Aufgaben des Sicherheitsdienstes vorliegen. Eine luxuriöse oder nur dem Komfort dienende Ausstattung spricht gegen die Eigenschaft als Einsatzfahrzeug. 139

Zudem kann die von der Zulassungsbehörde in der Zulassungsbescheinigung einzutragende Verwendungsbestimmung herangezogen werden. In Betracht kommende Verwendungsbestimmungen gemäß Anlage 4 Zulassungsstellenverordnung:

- 72: zur Verwendung im Bereich des öffentlichen Sicherheitsdienstes bestimmt
- 79: zur Verwendung im Bereich des Bundesheeres oder der Heeresverwaltung bestimmt

Eine vom Endkunden unterfertigte Bestätigung, dass der begünstigte Verwendungszweck vorliegt und daher die Befreiung in Anspruch genommen wird, stellt ein zusätzliches Mittel zum Nachweis der begünstigten Verwendung dar. 140

Für Kraftfahrzeuge, die gemäß § 20 Abs. 1 Z 4 lit. a, b, oder h KFG 1967 mit einem fix montierten Blaulicht ausgestattet werden dürfen, stehen die Befreiungen jedenfalls zu. 141

Die Befreiungen von der Normverbrauchsabgabe, der motorbezogenen Versicherungssteuer und der Kraftfahrzeugsteuer stehen zudem für Kraftfahrzeuge zu, deren Kennzeichen zur Bezeichnung des sachlichen Bereiches mit folgenden Abkürzungen beginnen (gefolgt von Bundeswappen und Ziffer(n), § 26 KDV 1967): 142

	Sachlicher Bereich	Befreiungen
BP	Kraftfahrzeuge, die zur Verwendung im Bereich der Bundespolizei bestimmt sind	Ja
JW	Kraftfahrzeuge, die zur Verwendung im Bereich der Justizwache bestimmt sind	Ja
BH	Heeresfahrzeuge	Ja

Andere nicht von diesen Befreiungsbestimmungen umfasste Einrichtungen sind:

	Sachlicher Bereich	Befreiungen
BD	Omnibusse, die zur Verwendung im Kraftfahrlinienverkehr der Österreichischen Bundesbahnen und der Post- und Telegraphenverwaltung (Bundesbusdienst) bestimmt sind	Nein*
FV	Kraftfahrzeuge, die zur Verwendung im Bereich der Finanzverwaltung bestimmt sind	Nein
FW	Kraftfahrzeuge, die zur Verwendung für die Feuerwehr bestimmt sind	Nein*
PT	Kraftfahrzeuge, die zur Verwendung im Bereich der Post bestimmt sind	Nein
A	Kraftfahrzeuge, die zur Verwendung für den Bundespräsidenten, die Präsidenten des Nationalrates, die Präsidenten des Bundesrates, die Mitglieder der Bundesregierung, die Staatssekretäre, die Mitglieder der Volksanwaltschaft, den Präsidenten oder Vizepräsidenten des Rechnungshofes, des Verfassungsgerichtshofes und Verwaltungsgerichtshofes oder des Obersten Gerichtshofes bestimmt sind	Nein
B, K, N, O, S, St, T, V, W	Kraftfahrzeuge, die zur Verwendung für die Präsidenten der Landtage sowie für die Mitglieder der Landesregierungen sowie für die Mitglieder der Landesvolksanwaltschaften bestimmt sind	Nein

* eigene Befreiungsbestimmungen für Omnibusse (siehe Rz 559, 1410 und 1637) und Feuerwehrfahrzeuge (siehe Rz 123 bis 129).

KfzBStR

A.3.5. Miet-, Taxi- und Gästewagen

143 Gemäß § 3 Abs. 3 Z 3 NoVAG 1991 idF BGBl. I Nr. 18/2021 (Rechtslage ab 1. Juli 2021) bzw. § 3 Z 3 TS 3 NoVAG 1991 idF BGBl. I Nr. 24/2007 (Rechtslage bis 30. Juni 2021) sowie gemäß § 4 Abs. 3 Z 4 VersStG 1953 und § 2 Abs. 1 Z 4 KfzStG 1992 sind Miet-, Taxi- und Gästewagen von der Normverbrauchsabgabe, der motorbezogenen Versicherungssteuer sowie der Kraftfahrzeugsteuer befreit. Unter Miet-, Taxi- und Gästewagen sind Kraftfahrzeuge im Sinne des § 3 Abs. 1 Z 2 bis 4 Gelegenheitsverkehrs-Gesetz 1996, BGBl. Nr. 112/1996 (GelverkG), zu verstehen (vgl. VwGH 19.10.1981, 1321/79). Das sind Kraftfahrzeuge, die der gewerblichen Personenbeförderung dienen. Es ist eine Konzession und eine Beistellung eines Lenkers erforderlich (siehe Rz 20).

Näheres zu den allgemeinen Bedingungen der Inanspruchnahme der Befreiung von der Normverbrauchsabgabe siehe Rz 688 bis 696.

Näheres zu den allgemeinen Bedingungen der Inanspruchnahme der Befreiung von der Kraftfahrzeugsteuer und der motorbezogenen Versicherungssteuer siehe Rz 1400 sowie Rz 1630.

144 Die Inanspruchnahme der Steuerbefreiungen hat zur Voraussetzung, dass das Kraftfahrzeug zu mehr als 80% der gewerblichen Personenbeförderung dient.

145 Die Inanspruchnahme der Steuerbefreiungen hat zudem zur Voraussetzung, dass das Kraftfahrzeug hinsichtlich des äußeren Erscheinungsbilds und der Merkmale (Typ, Ausstattung, Sitzplätze) unzweifelhaft für den begünstigten Zweck genutzt werden kann.

Die Verwendung für den befreiten Zweck ist beispielsweise gänzlich ausgeschlossen im Fall eines Sportwagens mit zwei Sitzen und nur sehr begrenztem Raum für den Transport von Gepäck. Dieses Kraftfahrzeug ist augenscheinlich nicht für den Transport von Gästen und deren Gepäck geeignet.

146 Das Mietwagengewerbe umfasst die Beförderung eines geschlossenen Teilnehmerkreises mit Omnibussen, unter Beistellung des Lenkers auf Grund besonderer Aufträge (Bestellungen). Faktisch ist dies nur im Zusammenhang mit Kleinbussen relevant, da Omnibusse selbst nicht steuerbar sind.

147 Unter Taxigewerbe fällt die Personenbeförderung mit Personenkraftwagen, die zu jedermanns Gebrauch an öffentlichen Orten bereitgehalten werden oder durch Zuhilfenahme von Kommunikationsdiensten angefordert werden (Personenbeförderungsgewerbe mit Pkw – Taxi). Es umfasst auch die alleinige Beförderung von Sachen, die von einer Person ohne Zuhilfenahme technischer Hilfsmittel getragen werden können, sowie die Beförderung eines geschlossenen Teilnehmerkreises aufgrund besonderer Aufträge (z.B. Schülertransport).

148 Nach § 3 Abs. 1 Z 4 GelverkG darf die Konzession betreffend Gästewagen-Gewerbe („Hotelwagen") unter anderem nur für die Beförderung der Wohngäste (Pfleglinge) und der Bediensteten von Gastgewerbebetrieben mit Beherbergung von Gästen, von Heilanstalten, von Erholungsheimen und dergleichen durch die Kraftfahrzeuge dieser Unternehmen vom eigenen Betrieb zu Aufnahmestellen des öffentlichen Verkehrs und umgekehrt (Gästewagengewerbe) erteilt werden. Darüber hinaus können für die Beurteilung der Steuerbefreiung auch sonstige Fahrten mit Hotelgästen, wie beispielsweise Ausflugsfahrten, die Beförderung zu Schiliften oder Bädern in die 80%-Grenze eingerechnet werden. Sonstige betriebliche Fahrten (z.B. Einkaufsfahrten) bleiben ausgeklammert.

149 So genannte „Leihfahrzeuge" (ohne Beistellung eines Lenkers – siehe Rz 19) sind nicht als Miet-, Taxi und Gästewagen befreit (vgl. VwGH 19.10.1981, 1321/79). In Feld A4 der Zulassungsbescheinigung (Verwendungsbestimmung) scheint bei diesen Kraftfahrzeugen in der Regel der Code „22" auf (siehe Rz 684, Befreiung für kurzfristige Vermietung).

150 Als Hinweis für eine Nutzung für den begünstigten Zweck kann bei der Beurteilung der Steuerfreiheit die von der Zulassungsbehörde in der Zulassungsbescheinigung eingetragene Verwendungsbestimmung herangezogen werden.

In Betracht kommende Verwendungsbestimmungen gemäß Anlage 4 Zulassungsstellenverordnung:

- 25: Taxigewerbe
- 29: Ausflugs-, Stadtrundfahrten-, Mietwagen- oder Gästewagengewerbe

Es ist auch der Eintrag beider Verwendungsbestimmungen 25 und 29 möglich. In früheren Zulassungsbescheinigungen kann die Verwendungsbestimmung 21: „zur Verwendung für die entgeltliche Personenbeförderung bestimmt" eingetragen sein. Diese kann ebenfalls als ein Kriterium für die Inanspruchnahme der Befreiung herangezogen werden.

151 Ein Fehlen einer solchen Eintragung ist ein Indiz, dass die begünstigte Nutzung nicht ausgeübt wird und somit die Voraussetzungen der Befreiungen nicht vorliegen.

Eine entsprechende Eintragung der Verwendungsbestimmung in der Zulassungsbescheinigung alleine ist allerdings noch nicht ausreichend, um das Vorliegen der Voraussetzungen für die Befreiung nachzuweisen.

Neben der eingetragenen Verwendungsbestimmung in der Zulassungsbescheinigung sind bei der Beurteilung der Zuerkennung der Befreiung weitere Kriterien heranzuziehen (z.B. Nachweis eines ordnungsgemäß geführten Fahrtenbuchs, äußere Merkmale des Kraftfahrzeuges, Unternehmenszweck, Taxameter).

Stellt ein Finanzamt oder ein Versicherungsunternehmen fest, dass ein befreites Kraftfahrzeug nicht im geforderten Ausmaß (daher zu mehr als 80%) für den befreiten Zweck verwendet wird oder eine Verwendung für den befreiten Zweck gänzlich ausgeschlossen ist, ist trotz Vorliegens einzelner Kriterien die Befreiung abzuerkennen oder zu versagen. **152**

Stellt der Versicherer fest, dass die Befreiung zu Unrecht in Anspruch genommen wurde, hat er eine Meldung an das zuständige Finanzamt zu machen. Darüber hinaus kann der Versicherer gemäß § 6 Abs. 3 Z 7 VersStG 1953 für das laufende und die zwei vorangegangenen Kalenderjahre die unrichtige Berechnung berichtigen.

Das Finanzamt Österreich hat Nachforderungen, welche nicht durch den Versicherer berichtigt worden sind, mit Haftungsbescheid dem Versicherer oder mit Abgabenbescheid unmittelbar dem Versicherungsnehmer vorzuschreiben. Dies kann bis zum Ablauf der Verjährungsfrist erfolgen.

Randzahlen 153 bis 199: *derzeit frei*

A.3.6. Menschen mit Behinderungen

Kraftfahrzeuge von Menschen mit Behinderungen sind unter bestimmten Umständen von **200**

- der Normverbrauchsabgabe
  - § 3 Abs. 2 Z 2 NoVAG 1991 idF BGBl. I Nr. 18/2021 (Rechtslage ab 1. Juli 2021)
  - § 3 Z 5 NoVAG 1991 idF BGBl. I Nr. 103/2019 (Rechtslage bis 30. Juni 2021)
- der motorbezogenen Versicherungssteuer (§ 4 Abs. 3 Z 9 VersStG 1953)
- der Kraftfahrzeugsteuer (§ 2 Abs. 1 Z 12 KfzStG 1992)

befreit. Es sind dabei je nach Rechtslage unterschiedliche Voraussetzungen und Verfahrensschritte gegeben.

A.3.6.1. Allgemeines

A.3.6.1.1. Benutzung des Kraftfahrzeuges

Voraussetzung für alle Befreiungen ist die vorwiegende Verwendung des Kraftfahrzeuges durch den Menschen mit Behinderung zur persönlichen Fortbewegung. Die vorwiegende Verwendung muss zur Erlangung der Befreiung glaubhaft gemacht werden (z.B. Bejahung einer diesbezüglichen außergewöhnlichen Belastung im Rahmen der Einkommensteuer- oder Arbeitnehmerveranlagung). Zur vorwiegenden Verwendung siehe Rz 202 ff. **201**

Der Verwendung des Kraftfahrzeuges durch den Menschen mit Behinderungen steht es gleich, wenn Dritte das Kraftfahrzeug für Zwecke des Menschen mit Behinderung (z.B. Fahrten zur Apotheke) benutzen, oder die Fahrt der Haushaltsführung (z.B. Einkaufsfahrten) des Menschen mit Behinderung dient. Der Begriff „Haushaltsführung" umfasst nicht nur die Haushaltsführung im engeren Sinn, sondern auch die Erwerbstätigkeit einer behinderten Person. **202**

Eine betriebliche Nutzung (z.B. im Rahmen eines Einzelunternehmens) des Kraftfahrzeuges – unabhängig davon, in welchem Ausmaß die betriebliche Nutzung erfolgt – steht der Befreiung nicht entgegen, solange sie vorwiegend der persönlichen Fortbewegung des Menschen mit Behinderung dient und die übrigen Voraussetzungen gegeben sind. Die Sicherung des Lebensunterhaltes ist auf jeden Fall der persönlichen Fortbewegung des Menschen mit Behinderung zuzuordnen. Die Befreiung steht nicht zu, wenn das Kraftfahrzeug im Betrieb einer behinderten Person verwendet und (auch) von nicht behinderten Mitarbeitern im Betrieb zu 20% oder mehr benutzt wird. **203**

Erlangt ein Finanzamt Kenntnis davon, dass ein Kraftfahrzeug nicht vorwiegend zu Zwecken des Behinderten verwendet wird, hat es die erforderlichen Erhebungen durchzuführen und die Steuern nachzuerheben. Für Fahrzeughändler hinsichtlich der Normverbrauchsabgabebefreiung siehe Rz 226, für Versicherer hinsichtlich der Befreiung von der motorbezogenen Versicherungssteuer siehe Rz 315. **204**

Die vorwiegende Beförderung des Menschen mit Behinderung (daher zu mehr als 80%) wird für die Befreiung von der motorbezogenen Versicherungssteuer und die Kraftfahrzeugsteuer durch die Zulassung des Kraftfahrzeuges auf den Menschen mit Behinderung **205** glaubhaft gemacht. Diese Vorgehensweise kann auch für die Normverbrauchsabgabe (Rechtslage bis 30. Juni 2021) angewendet werden. Weitere Indizien können spezielle Umbauten für Zwecke des Menschen mit Behinderung oder der Umstand, dass auf den Menschen mit Behinderung kein anderes Kraftfahrzeug zugelassen ist, sein.

A.3.6.1.2. Nachweisdokumente

206 Für den Nachweis des Vorliegens einer Behinderung können je nach Gesetz und Rechtslage verschiedene Dokumente vorgelegt werden. Im Wesentlichen sind dabei relevant:

- Eintragung der Unzumutbarkeit der Benützung öffentlicher Verkehrsmittel oder der Blindheit im Behindertenpass gemäß §§ 40 ff BBG (siehe Rz 207 ff) oder
- Ausweis gemäß § 29b StVO 1960 (siehe Rz 213 ff).

A.3.6.1.2.1. Behindertenpass gemäß §§ 40 ff Bundesbehindertengesetz (BBG)

207 Seit 1. Dezember 2019 erfolgt die Prüfung des Vorliegens einer Behinderung für die Inanspruchnahme der Befreiung von der motorbezogenen Versicherungssteuer nicht mehr durch Vorlage eines Behindertenpasses gemäß §§ 40 ff BBG, sondern ausschließlich durch einen Datenabgleich bei der Zulassungsstelle. Zu diesem Zweck wurden gemäß § 2 ANB-V, BGBl. II Nr. 270/2018, die Daten sämtlicher Inhaber eines Behindertenpasses mit entsprechender Eintragung elektronisch erfasst und durch das Sozialministeriumservice (Bundessozialamt) in das Zulassungssystem überspielt. Außerdem wurden sämtliche bei Versicherern erfasste Daten zu Menschen mit Behinderungen, die die Befreiungen in Anspruch nehmen, ebenso elektronisch erfasst und in das Zulassungssystem überführt. Durch diese Initialbefüllung wurden sämtliche Menschen mit Behinderungen, die eine Befreiung tatsächlich in Anspruch nehmen oder berechtigt wären, erfasst. Außerdem werden täglich neu hinzugekommene Anspruchsberechtigte erfasst oder bei Auslaufen des Anspruchs aus der Datenbank entfernt.

208 Für die Befreiung von der Kraftfahrzeugsteuer, der Normverbrauchsabgabe bis zum 1. Juli 2021 und der motorbezogenen Versicherungssteuer bis zum 1. Dezember 2019 kann bzw. konnte die Behinderung durch Vorlage eines Behindertenpasses gemäß §§ 40 ff BBG mit folgender Eintragung nachgewiesen werden:

- Feststellung der Unzumutbarkeit der Benützung öffentlicher Verkehrsmittel wegen dauernder Gesundheitsschädigung oder Blindheit
- Feststellung der Unzumutbarkeit der Benützung öffentlicher Verkehrsmittel wegen dauerhafter Mobilitätseinschränkung aufgrund einer Behinderung
- Der Inhaber des Passes ist blind oder hochgradig sehbehindert

Diese Eintragungen können durch folgende Piktogramme dargestellt sein:

Unzumutbarkeit der Benützung öffentlicher Verkehrsmittel wegen dauerhafter Mobilitätseinschränkung aufgrund einer Behinderung

Die Inhaberin oder der Inhaber des Passes ist blind.

209 Der Behindertenpass wird seit 1. September 2016 als Karte aus Polyvinylchlorid ausgegeben, ist neben anderen Sicherheitsmerkmalen mit einem Lichtbild ausgestattet und enthält:

- den Vor- und Familiennamen,
- das Geburtsdatum,

- eine allfällige Versicherungsnummer,
- den festgestellten Grad der Behinderung oder der Minderung der Erwerbsfähigkeit,
- das Antragsdatum und das Ausstellungsdatum,
- die ausstellende Behörde
- und eine allfällige Befristung.

Auf Antrag des Antragstellers werden die Art der Behinderung sowie bestimmte Feststellungen (wie z.B. die Feststellung der Unzumutbarkeit der Benützung öffentlicher Verkehrsmittel, siehe Rz 208) eingetragen.

Ein Behindertenpass ist ungültig, wenn die behördlichen Eintragungen, Unterschriften oder Stempel unkenntlich geworden sind, das Lichtbild fehlt, den Besitzer nicht mehr einwandfrei erkennen lässt oder Beschädigungen oder Merkmale seine Vollständigkeit, Einheit oder Echtheit in Frage stellen. Dies gilt insbesondere für Behindertenpässe in Papierform. 210

Seit dem Erlass des Bundesministeriums für Arbeit und Soziales vom 25. September 1995, Zl. 45.360/3-7/95, können keine Pässe mit der Eintragung „dauernd stark gehbehindert" mehr ausgestellt werden. Seither ist bei Vorliegen der Voraussetzungen ausnahmslos die Eintragung „Unzumutbarkeit der Benutzung öffentlicher Verkehrsmittel" vorzunehmen. 211

Pässe mit der Bezeichnung der Art der Behinderung mit „dauernd stark gehbehindert" kann es daher nur mit Ausstellungsdatum vor diesem Erlass geben.

Wird in einem Behindertenpass nur die Zusatzeintragung „gehbehindert" vermerkt, kann er nicht als Nachweis der Behinderung herangezogen werden.

Ein vom Sozialministeriumservice erlassener Feststellungsbescheid gemäß § 14 Behinderteneinstellungsgesetz kann nicht als Nachweis der Behinderung herangezogen werden (BFG 22.08.2016, RV/7106342/2015). 212

A.3.6.1.2.2. Ausweis gemäß § 29b Straßenverkehrsordnung 1960 (StVO 1960)

Für die Befreiung von der Kraftfahrzeugsteuer, der Normverbrauchsabgabe bis zum 1. Juli 2021 und der motorbezogenen Versicherungssteuer bis zum 1. Dezember 2019 kann bzw. konnte die Behinderung durch Vorlage eines Ausweises gemäß § 29b StVO 1960 nachgewiesen werden. 213

Ab 1. Jänner 2014 ausgestellte Ausweise: 214

Inhabern eines Behindertenpasses gemäß §§ 40 ff BBG, die über die Zusatzeintragung „Unzumutbarkeit der Benützung öffentlicher Verkehrsmittel wegen dauerhafter Mobilitätseinschränkung aufgrund einer Behinderung" verfügen, ist auf Antrag vom Bundesamt für Soziales und Behindertenwesen (Sozialministeriumservice) ein Parkausweis auszufolgen. Dieser Ausweis dient dem Behindertenpassinhaber als Nachweis, dass er die in § 29b Abs. 2 bis 4 Straßenverkehrsordnung 1960 genannten Berechtigungen in Anspruch nehmen kann.

Die näheren Bestimmungen über diesen Ausweis sind in der Verordnung des Bundesministers für Arbeit, Soziales und Konsumentenschutz über die Ausstellung von Behindertenpässen und von Parkausweisen, BGBl. II Nr. 495/2013 idF BGBl. II Nr. 263/2016, geregelt.

Von 1. Jänner 2001 bis 31. Dezember 2013 ausgestellte Ausweise: 215

Ab 1. Jänner 2001 wurde mit Verordnung (Verordnung des Bundesministers für Verkehr, Innovation und Technologie über den Ausweis für dauernd stark gehbehinderte Personen, Gehbehindertenausweisverordnung) festgelegt, wie der Ausweis für dauernd stark gehbehinderte Personen mit 1. Jänner 2001 auszusehen hatte. Die Ausstellung erfolgte auf Grund der Feststellung der dauernden starken Gehbehinderung durch die ausstellende Behörde. Diese Ausweise bleiben bis auf weiteres gültig und können für die Inanspruchnahme der Befreiung von der

- Kraftfahrzeugsteuer: ohne zeitliche Begrenzung und
- Normverbrauchsabgabe: bis 30. Juni 2021

genutzt werden.

Bis zum 31. Dezember 2000 ausgestellte Ausweise: 216

Gemäß § 29b Abs. 1 StVO 1960 hatte die Behörde (Bezirkshauptmannschaft, Magistrat) Personen, die dauernd stark gehbehindert sind, auf deren Ansuchen einen Ausweis über diesen Umstand auszufolgen. Die dauernde starke Gehbehinderung wurde mit ärztlichem Gutachten der Bezirksverwaltungsbehörde (polizeiamtsärztliches Gutachten) festgestellt.

Ausweise, die vor dem 1. Jänner 2001 ausgegeben wurden, blieben bis 31. Dezember 2015 gültig und waren bis dahin als Nachweis für die Befreiung von der motorbezogenen Versicherungssteuer und Kraftfahrzeugsteuer anzuerkennen. Danach musste ein neuer

Ausweis beim Bundesamt für Soziales und Behindertenwesen (Sozialministeriumservice) beantragt werden.

A.3.6.1.2.3. Feststellung im Sinne des § 36 Abs. 2 Z 3 Bundesbehindertengesetz (BBG)

217 Durch das Gutachten eines Arztes des zuständigen Landesinvalidenamtes konnte die Unzumutbarkeit der Benützung öffentlicher Verkehrsmittel wegen dauernder Gesundheitsschädigung festgestellt und nachgewiesen werden. Diese Möglichkeit des Nachweises gemäß § 36 Abs. 2 Z 3 TS 3 BBG idF BGBl. I Nr. 150/2002 wurde durch BGBl. I Nr. 136/2004 mit 31. Dezember 2004 gestrichen. Ein Nachweis der Behinderung mit einer solchen Feststellung, die vor dem 1. Jänner 2005 getroffen wurde, war für neu auf den Behinderten zugelassene Kraftfahrzeuge noch bis 31. Dezember 2018 möglich. Wurde die Befreiungsbestimmung vor dem 1. Dezember 2019 gewährt, dann wurde sie im Rahmen der Initialbefüllung berücksichtigt und es ist kein neuerlicher Nachweis über die Behinderung zu erbringen (siehe Rz 291).

A.3.6.1.2.4. Ausländische Behindertenausweise

218 Da jeder Behinderte, der seinen Wohnsitz oder gewöhnlichen Aufenthalt in Österreich hat, einen Behindertenpass gemäß §§ 40 ff BBG und damit auch einen Parkausweis gemäß § 29b StVO 1960 beantragen kann, können ausländische Behindertenausweise oder Parkausweise nicht als Nachweis der Behinderung herangezogen werden. Eine Anerkennungsverpflichtung von EU-ausländischen Behindertenausweisen oder Parkausweisen in Österreich ist nicht gegeben.

A.3.6.2. Normverbrauchsabgabe

A.3.6.2.1. Rechtslage ab 1. Juli 2021 (BGBl. I Nr. 18/2021)

219 Die Befreiungsbestimmung des § 3 Abs. 2 Z 2 NoVAG 1991 idF BGBl. I Nr. 18/2021 gilt ab 1. Juli 2021. Voraussetzung der Inanspruchnahme der Befreiung ist, dass bescheinigt wird, dass der Mensch mit Behinderung für das Kraftfahrzeug die Befreiung von der motorbezogenen Versicherungssteuer gemäß § 4 Abs. 3 Z 9 VersStG 1953, in der jeweils geltenden Fassung, in Anspruch nimmt.

220 Die Befreiung gemäß § 3 Abs. 2 Z 2 NoVAG 1991 idF BGBl. I Nr. 18/2021 kann in Anspruch genommen werden, wenn beim Kauf des Kraftfahrzeuges auch die Normverbrauchsabgabe zu entrichten wäre. Dies ist beispielsweise beim Kauf eines Neufahrzeuges beim Fahrzeughändler im Inland oder bei der erstmaligen Zulassung eines aus dem Ausland importierten Kraftfahrzeuges der Fall.

Wurde für ein Kraftfahrzeug die Normverbrauchsabgabe in Österreich bereits bei einem früheren steuerpflichtigen Vorgang entrichtet, wie dies beispielsweise bei Kauf eines Gebrauchtwagens im Inland der Fall ist, ist es nicht möglich, eine Befreiung in Anspruch zu nehmen, da zu diesem Zeitpunkt kein steuerpflichtiger Tatbestand gesetzt wird und somit keine Normverbrauchsabgabe zu entrichten ist.

221 Neben der Bescheinigung über die Inanspruchnahme der Steuerbefreiung gemäß § 4 Abs. 3 Z 9 VersStG 1953 ist zudem die Bekanntgabe der Fahrzeugidentifikationsnummer (FIN) und die Sperre des Kraftfahrzeuges in der Genehmigungsdatenbank Voraussetzung für die Befreiung von der Normverbrauchsabgabe. Die Bekanntgabe der Fahrzeugidentifikationsnummer an das zuständige Finanzamt ist materiell-rechtliche Voraussetzung und muss vorliegen, damit die Steuerbefreiung beansprucht werden kann.

A.3.6.2.1.1. Erwerb beim inländischen Fahrzeughändler

222 Bei Erwerb eines Kraftfahrzeuges bei einem inländischen Fahrzeughändler ist dem Fahrzeughändler innerhalb von zwei Wochen ab der Lieferung die Bescheinigung vorzulegen, dass für das Kraftfahrzeug die Befreiung von der motorbezogenen Versicherungssteuer gemäß § 4 Abs. 3 Z 9 VersStG 1953 in Anspruch genommen wird (z.B. durch das „Merkblatt zum Ansuchen um Gewährung der Befreiung von der motorbezogenen Versicherungssteuer gemäß § 4 Abs. 3 Z 9 VersStG 1953 und einer kostenlosen digitalen Vignette gemäß § 13 Abs. 3 Bundesstraßen-Mautgesetz 2002"). Diese wird bei der Zulassung des Kraftfahrzeuges in der Zulassungsstelle ausgestellt.

223 Bei Erwerb eines Kraftfahrzeuges bei einem inländischen Fahrzeughändler sind folgende Verfahrensschritte einzuhalten:

- Der Fahrzeughändler hat nach Hinweis auf die Inanspruchnahme der Befreiung durch den Menschen mit Behinderung das Kraftfahrzeug ohne Belastung mit Normverbrauchsabgabe zu liefern. Auf der Rechnung ist ein Vermerk über die Inanspruchnahme der Befreiung anzuführen.

- Der begünstigte Erwerber hat nun die Zulassung des Kraftfahrzeuges zu veranlassen. Zudem ist ein Ansuchen um Befreiung von der motorbezogenen Versicherungssteuer bei einer gemäß § 40a KFG 1967 für die Zulassung des Kraftfahrzeuges örtlich zuständigen Zulassungsstelle zu stellen.
- Die Zulassungsstelle wird bei Vorliegen der Voraussetzungen (siehe Rz 201 bis 218 sowie Rz 290 ff) die Befreiung von der motorbezogenen Versicherungssteuer gewähren und eine Bescheinigung über deren Inanspruchnahme ausstellen (z.B. durch das „Merkblatt zum Ansuchen um Gewährung der Befreiung von der motorbezogenen Versicherungssteuer gemäß § 4 Abs. 3 Z 9 VersStG 1953 und einer kostenlosen digitalen Vignette gemäß § 13 Abs. 3 Bundesstraßen-Mautgesetz 2002“). Die Bescheinigung muss dem Fahrzeughändler innerhalb von zwei Wochen ab der Lieferung vorgelegt werden.
- Der Fahrzeughändler hat das Kraftfahrzeug, für welches die Befreiung gewährt wurde, unverzüglich nach Vorlage der Bescheinigung über FinanzOnline in der Genehmigungsdatenbank zu sperren. Eine Anleitung über die Fahrzeugsperre findet sich auf der Website des Bundesministeriums für Finanzen. Bei der Begründung ist „Befreiung nach § 3 Abs. 2 Z 2 NoVAG“ auszuwählen.

Die Bescheinigung über die Inanspruchnahme der Befreiung von der motorbezogenen **224**
Versicherungssteuer gemäß § 4 Abs. 3 Z 9 VersStG 1953 ist in die Aufzeichnungen des Fahrzeughändlers aufzunehmen.

Daneben hat der Fahrzeughändler in seinen Aufzeichnungen festzuhalten:

- den Namen und die Anschrift des Menschen mit Behinderung,
- die Art, Marke und Type des Kraftfahrzeuges samt Fahrzeugidentifizierungsnummer (FIN).

Der Fahrzeughändler hat die Aufzeichnungen so zu führen, dass im Fall einer Überprüfung durch die Finanzverwaltung das Vorliegen der Voraussetzungen der Befreiung leicht überprüft und nachvollzogen werden kann. Sämtliche Angaben zu den Voraussetzungen einer Steuerbefreiung nach § 3 Abs. 2 Z 2 NoVAG 1991 können vom zuständigen Finanzamt überprüft werden. Unwahre oder unvollständige Angaben können finanzstrafrechtliche Konsequenzen nach sich ziehen.

Wird die Bescheinigung über die Inanspruchnahme der Befreiung von der motorbezo- **225**
genen Versicherungssteuer gemäß § 4 Abs. 3 Z 9 VersStG 1953 dem Fahrzeughändler nicht innerhalb der zweiwöchigen Frist vorgelegt, geht die Steuerschuld auf den Erwerber des Kraftfahrzeuges über.

Der Fahrzeughändler hat in diesen Fällen unverzüglich die Sperre des Kraftfahrzeuges in der Genehmigungsdatenbank nach § 30a KFG 1967 zu veranlassen und das zuständige Finanzamt über den Übergang der Steuerschuld in Kenntnis zu setzen. Für die Benachrichtigung des Finanzamtes sollte das Formular NOVA 7 verwendet werden (siehe Rz 1052). Das Finanzamt hat bei unberechtigter Inanspruchnahme der Befreiung den Steuerschuldner aufzufordern, eine Anmeldung über die zu entrichtende Normverbrauchsabgabe einzureichen.

Kommt es auf Grund der Nichtvorlage der Bescheinigung über die Inanspruchnahme der **226**
Befreiung gemäß § 4 Abs. 3 Z 9 VersStG 1953 beim Fahrzeughändler zum Übergang der Steuerschuld auf den Erwerber des Kraftfahrzeuges, hat dieser beim zuständigen Finanzamt die Bescheinigung vorzulegen. Kann die Bescheinigung auch an dieser Stelle nicht vorgelegt werden, ist eine Anmeldung über die zu entrichtende Normverbrauchsabgabe (mittels Formular NOVA 2) einzureichen.

Die Befreiung von der Normverbrauchsabgabe gemäß § 3 Abs. 2 Z 2 NoVAG 1991 kann **227**
bei Erwerb eines neuen Kraftfahrzeuges bei einem inländischen Fahrzeughändler ausschließlich bei diesem Fahrzeughändler in Anspruch genommen werden. Eine Vergütung beim Finanzamt ist nicht möglich.

Wurde die Normverbrauchsabgabe vom Menschen mit Behinderung fälschlicherweise an den Fahrzeughändler entrichtet und in der Abgabenerklärung beim zuständigen Finanzamt angemeldet, obwohl die Befreiung gemäß § 3 Abs. 2 Z 2 NoVAG 1991 zusteht, kann eine Berichtigung gemäß § 8 NoVAG 1991 durch den Fahrzeughändler erfolgen. Dieser hat die Rechnung zu berichtigen und die fälschlicherweise entrichtete Normverbrauchsabgabe an den Käufer zurückzuzahlen.

Die Ausführungen in diesem Abschnitt gelten auch für die Fälle, in denen zwar nicht von **228**
einem inländischen Fahrzeughändler erworben wird, jedoch von einem anderen inländischen Unternehmer (z.B. Taxi, Miet- oder Gästewagen).

Da diese Unternehmer keine Sperren in der Genehmigungsdatenbank setzen können, müssen sie das zuständige Finanzamt über die bevorstehende Lieferung in Kenntnis setzen. Dies hat im Rahmen der Freischaltung des Kraftfahrzeuges vor der Lieferung durch den

Hinweis am übermittelten Formular NOVA 4 zu erfolgen. Das zuständige Finanzamt setzt in diesen Fällen die Sperre in der Genehmigungsdatenbank.

Beispiel:

Ein Taxiunternehmer verkauft sein Taxi an einen Menschen mit Behinderung. Durch die Lieferung des befreiten Kraftfahrzeuges wird der Tatbestand des § 1 Z 4 NoVAG 1991 erfüllt (siehe Rz 450 f). Liegen die Voraussetzungen für die Befreiung (siehe Rz 222 ff) vor und werden erbracht, steht die Befreiung zu. Der Taxiunternehmer hat keine Normverbrauchsabgabe zu berechnen und abzuführen.

Vor der Zulassung des Kraftfahrzeuges muss allerdings die Sperrsetzung in der Genehmigungsdatenbank freigeschaltet werden. Hierfür hat der Taxiunternehmer das Formular NOVA 4 beim zuständigen Finanzamt einzubringen. Auf diesem ist die Lieferung an einen Menschen mit Behinderung zu vermerken. Nach der Zulassung auf den Menschen mit Behinderung wird das Kraftfahrzeug wieder durch das Finanzamt mit einer Zulassungssperre versehen.

A.3.6.2.1.2. Sonstige Fälle

229 Die erstmalige Zulassung im Inland nach einem Import eines Gebrauchtfahrzeuges aus dem Ausland ist, im Gegensatz zum Erwerb eines inländischen Gebrauchtfahrzeuges, grundsätzlich normverbrauchsabgabepflichtig. Die Befreiung für Menschen mit Behinderungen nach § 3 Abs. 2 Z 2 NoVAG 1991 ist somit anwendbar, wenn ein Gebrauchtfahrzeug für Zwecke der Beförderung eines Menschen mit Behinderung importiert wird. Auch in Fällen, in denen ein Fahrzeughändler für einen Menschen mit Behinderung ein Gebrauchtfahrzeug aus dem Ausland importiert, ist die Befreiung anwendbar.

230 In den Fällen, in denen die Pflicht zur Leistung der Normverbrauchsabgabe nicht aufgrund einer inländischen Lieferung (siehe dazu näher Rz 222 ff) entsteht, sondern etwa aufgrund eines innergemeinschaftlichen Erwerbs (§ 1 Z 2 NoVAG 1991) oder der erstmaligen Zulassung (§ 1 Z 3 NoVAG 1991), ist die Bescheinigung über die Inanspruchnahme der Befreiung von der motorbezogenen Versicherungssteuer gemäß § 4 Abs. 3 Z 9 VersStG 1953 innerhalb von zwei Wochen ab dem Tag der Zulassung dem zuständigen Finanzamt vorzulegen.

Die Zulassung eines importierten Kraftfahrzeuges ist jedoch nur unter vorheriger Freischaltung in der Genehmigungsdatenbank möglich. Hierzu ist ein Antrag mittels Formular NOVA 4 beim zuständigen Finanzamt durch den Zulassungswerber einzubringen.

231 Neben der Bescheinigung über die Inanspruchnahme der Befreiung gemäß § 4 Abs. 3 Z 9 VersStG 1953 ist dem zuständigen Finanzamt die Fahrzeugidentifikationsnummer (FIN) bekanntzugeben. Mit der Bescheinigung ist zudem ein Antrag auf Sperrsetzung des Kraftfahrzeuges in der Genehmigungsdatenbank nach § 30a KFG 1967 mittels Formular NOVA 4 einzubringen.

Das zuständige Finanzamt hat, nach dem das Formular vorgelegt wurde, die Sperre des Kraftfahrzeuges in der Genehmigungsdatenbank zu veranlassen.

232 Wird die Bescheinigung über die Inanspruchnahme der Befreiung von der motorbezogenen Versicherungssteuer gemäß § 4 Abs. 3 Z 9 VersStG 1953 nicht vorgelegt, hat das Finanzamt der Person, die die Befreiung unberechtigt in Anspruch genommen hat, die Normverbrauchsabgabe vorzuschreiben. Die Steuerschuld entsteht in diesen Fällen mit Ablauf der zweiwöchigen Frist (siehe Rz 1053).

Legt diese Person in der Folge die Bescheinigung vor, dass für den Zeitpunkt der Tatbestandsverwirklichung die Befreiung von der motorbezogenen Versicherungssteuer gemäß § 4 Abs. 3 Z 9 VersStG 1953 (unter Umständen rückwirkend) in Anspruch genommen wurde, ist der Bescheid, mit welchem die Normverbrauchsabgabe vorgeschrieben wurde, nach § 299 BAO aufzuheben.

In diesem Sinne ist auch in Fällen vorzugehen, in denen im Zeitpunkt der Tatbestandsverwirklichung zwar schon ein Ansuchen um Befreiung von der motorbezogenen Versicherungssteuer gemäß § 4 Abs. 3 Z 9 VersStG 1953 gestellt wurde, die Befreiung allerdings erst rückwirkend, den Zeitpunkt der Tatbestandsverwirklichung umfassend, gewährt wird.

233 Der Wegfall der Befreiungsvoraussetzungen nach § 3 Abs. 2 Z 2 NoVAG 1991 (z.B. bei Verkauf des normverbrauchsabgabebefreiten Kraftfahrzeuges an eine nicht steuerbegünstige Person) stellt für sich keinen steuerbaren Rechtsvorgang dar. Erst eine etwaige spätere Neuzulassung durch den Erwerber des gebrauchten Kraftfahrzeuges löst einen steuerbaren Vorgang gemäß § 1 Z 3 lit. b NoVAG 1991 aus.

In diesem Fall ist der Abgabenschuldner gemäß § 4 Z 2 NoVAG 1991 derjenige, für den das Kraftfahrzeug zugelassen wird, also der Zulassungswerber. Dieser hat eine Steueranmeldung (Formular NOVA 2) nach § 11 NoVAG 1991 abzugeben und die Normverbrauchsabgabe beim zuständigen Finanzamt zu entrichten. Im Zuge dessen wird die Sperrsetzung in der Genehmigungsdatenbank aufgehoben und eine Zulassung des Kraftfahrzeuges wird möglich. Gemäß § 5 Abs. 2 NoVAG 1991 ist die Abgabe in solchen Fällen nach dem ohne Umsatzsteuerkomponente ermittelten gemeinen Wert des Kraftfahrzeuges im Zeitpunkt der neuerlichen Zulassung zu bemessen.

Auf der Website des Versicherungsverbands Österreich kann abgefragt werden, ob eine bestimmte Fahrzeugidentifikationsnummer (FIN) mit einer Sperre in der Genehmigungsdatenbank eingetragen ist (https://gdb.vvo.at/kfz-finanzsperrauskunft/).

Gemäß § 6 Abs. 8 NoVAG 1991 ist bei der neuerlichen Zulassung eines zuvor gemäß § 3 NoVAG 1991 befreiten Kraftfahrzeuges die Normverbrauchsabgabe nach jener Rechtslage zu bemessen, die im Zeitpunkt der erstmaligen (befreiten) Zulassung anzuwenden war. Dabei ist für die Bonus-Malus-Berechnung und den Abzugsbetrag die Wertentwicklung des Kraftfahrzeuges zu berücksichtigen (siehe Rz 936). **234**

Die Lieferung eines Vorführkraftfahrzeuges stellt einen steuerbaren Vorgang gemäß § 1 Z 4 NoVAG 1991 dar. Werden die Voraussetzungen der Befreiungsbestimmung gemäß § 3 Abs. 2 Z 2 NoVAG 1991 erfüllt, kann somit die Befreiung bei Erwerb eines Vorführkraftfahrzeuges in Anspruch genommen werden. Die Normverbrauchsabgabe muss in einem solchen Fall nicht an den liefernden Fahrzeughändler entrichtet werden. **235**

Im Gegensatz zur bis 30. Juni 2021 in Kraft stehenden Rechtslage (siehe Rz 260) stellt die Lieferung eines zuvor im Rahmen einer „Tageszulassung" auf den Fahrzeughändler selbst zugelassenen Kraftfahrzeuges einen steuerbaren Vorgang gemäß § 1 Z 4 NoVAG 1991 dar. **236**

Werden daher die Voraussetzungen der Befreiungsbestimmung gemäß § 3 Abs. 2 Z 2 NoVAG 1991 idF BGBl. I Nr. 18/2021 erfüllt, kann diese Befreiung bei Erwerb eines solchen Kraftfahrzeuges in Anspruch genommen werden. Die Normverbrauchsabgabe muss in einem solchen Fall nicht an den liefernden Fahrzeughändler entrichtet werden.

Wurde jedoch die Frist der Zulassung auf den Fahrzeughändler von drei Monaten überschritten, entsteht die Pflicht zur Leistung der Normverbrauchsabgabe gemäß § 1 Z 3 NoVAG 1991 schon beim Fahrzeughändler mit dem Tag der Überschreitung (siehe Rz 669). Da bei der Lieferung eines solchen Kraftfahrzeuges kein normverbrauchsabgabepflichtiger Vorgang verwirklicht wird, kann die Befreiung für Menschen mit Behinderungen nicht in Anspruch genommen werden.

Im Gegensatz zur bis 30. Juni 2021 in Kraft stehenden Befreiungsbestimmung des § 3 Z 5 NoVAG 1991 idF BGBl. I Nr. 103/2019 (siehe Rz 261) sieht die Befreiungsbestimmung des § 3 Abs. 2 Z 2 NoVAG 1991 idF BGBl. I Nr. 18/2021 ausdrücklich die Möglichkeit vor, die Befreiung auch dann in Anspruch zu nehmen, wenn das Kraftfahrzeug nicht an den Menschen mit Behinderung, sondern zu Zwecken der Finanzierung an einen anderen Unternehmer (Leasinggesellschaft) geliefert wird. Die Befreiung kann daher auch bei Erwerb eines Leasingfahrzeuges über eine Leasinggesellschaft in Anspruch genommen werden. **237**

Die Befreiungsbestimmung gemäß § 3 Abs. 2 Z 2 NoVAG 1991 sieht keine Einschränkung auf bestimmte Arten von Kraftfahrzeugen vor. Da die motorbezogene Versicherungssteuer auch jene Fahrzeugklassen erfasst, die auch der Normverbrauchsabgabe unterliegen, kann die Befreiung auf jedes Kraftfahrzeug im Sinne des § 2 Abs. 1 NoVAG 1991 angewendet werden. **238**

Im Gegensatz zur bis 30. Juni 2021 in Kraft stehenden Befreiungsbestimmung des § 3 Z 5 NoVAG 1991 idF BGBl. I Nr. 103/2019, nach welcher in der Regel nur ein zur Zeit genutztes Kraftfahrzeug von der Normverbrauchsabgabe befreit werden kann (siehe Rz 240), kann die Befreiung gemäß § 3 Abs. 2 Z 2 NoVAG 1991 grundsätzlich für alle unter einem Wechselkennzeichen zugelassenen Kraftfahrzeuge in Anspruch genommen werden, da diese Kraftfahrzeuge auch von der motorbezogenen Versicherungssteuer befreit sein können. Sind mehrere Kraftfahrzeuge ohne Wechselkennzeichen auf den Menschen mit Behinderung zugelassen, steht die Befreiung allerdings nur für ein Kraftfahrzeug zu (siehe Rz 281).

A.3.6.2.2. Rechtslage ab 30. Oktober 2019 bis 30. Juni 2021

Seit dem 30. Oktober 2019 (BGBl. I Nr. 103/2019) werden Kraftfahrzeuge, die von Menschen mit Behinderungen zur persönlichen Fortbewegung verwendet werden, gemäß § 3 Z 5 NoVAG 1991 von der Normverbrauchsabgabe befreit, sofern das Kraftfahrzeug zur persönlichen Fortbewegung eines Menschen mit Behinderung verwendet wird. Der Mensch mit Behinderung muss über eine eigene Lenkerberechtigung verfügen oder glaubhaft machen, dass das Kraftfahrzeug vorwiegend für seine persönliche Beförderung benützt wird. **239**

Es handelt sich um eine persönliche Steuerbefreiung, wodurch die Mobilität des Menschen mit Behinderung sichergestellt werden soll. Die Mobilität kann in der Regel durch ein Kraftfahrzeug sichergestellt werden. Es ist gesetzlich weder eine Mindestbehaltedauer noch eine Zeitspanne, die zwischen befreiten Erwerbsvorgängen liegen muss, vorgesehen. **240**

241 Die Befreiung gemäß § 3 Z 5 NoVAG 1991 kann in Anspruch genommen werden, wenn beim Kauf des Kraftfahrzeuges auch Normverbrauchsabgabe zu entrichten wäre. Siehe dazu näher Rz 220.

242 Die Befreiung von der Normverbrauchsabgabe für Menschen mit Behinderungen gemäß § 3 Z 5 NoVAG 1991 trat am 30. Oktober 2019 in Kraft. Die Befreiung ist somit anwendbar, wenn Normverbrauchsabgabepflicht ab dem 30. Oktober 2019 entstanden ist.

Maßgeblich ist dabei der Zeitpunkt des steuerbaren Vorgangs im Sinne des § 1 NoVAG 1991:

- Bei Kauf eines Neufahrzeuges bei einem inländischen Fahrzeughändler ist dies der Zeitpunkt der Lieferung (Z 1).
- Bei Erwerb eines Kraftfahrzeuges in einem anderen Mitgliedstaat der Europäischen Union durch einen Unternehmer oder bei Erwerb eines Neufahrzeuges in einem anderen Mitgliedstaat durch einen Endverbraucher ist dies der Zeitpunkt des Erwerbs (sog. innergemeinschaftlicher Erwerb) (Z 2).
- Im Falle des Auffangtatbestandes, bei dem weder eine Lieferung noch ein innergemeinschaftlicher Erwerb vorliegt, ist dies der Zeitpunkt der erstmaligen Zulassung (Z 3).
- Im Falle der/s
  - Lieferung nach Z 4 ist dies der Zeitpunkt der Lieferung (Z 4)
  - Eigenverbrauchs ist dies der Zeitpunkt der Entnahme (Z 4)
  - Änderung der Nutzung ist dies der Zeitpunkt der Nutzungsänderung (Z 4)

243 Von der Befreiung für Menschen mit Behinderungen sind daher auch Fälle mit einem Kaufvertragsdatum vor dem 30. Oktober 2019 erfasst, wenn der maßgebliche Rechtsvorgang (z.B. die Lieferung) nach dem 29. Oktober 2019 erfolgte.

244 Erfolgte der steuerpflichtige Vorgang (z.B. die Lieferung) vor dem 30. Oktober 2019 (Tag des Inkrafttretens) ist eine Befreiung gemäß § 3 Z 5 NoVAG 1991 nicht möglich. Eine rückwirkende Steuerbefreiung ist nicht vorgesehen.

245 Die Befreiung steht für ein Kraftfahrzeug zu, welches vom Menschen mit Behinderungen zur persönlichen Fortbewegung verwendet wird, sofern der Mensch mit Behinderung

- eine eigene Lenkerberechtigung hat oder glaubhaft macht, dass das Kraftfahrzeug vorwiegend für seine persönliche Beförderung benützt wird (siehe dazu näher Rz 201 ff) und
- die Behinderung ausschließlich durch die Eintragung „Unzumutbarkeit der Benützung öffentlicher Verkehrsmittel" oder „Blindheit" im Behindertenpass gemäß §§ 40 ff BBG oder durch einen gültigen Ausweis gemäß § 29b StVO 1960 („Parkausweis") nachgewiesen wird (siehe dazu näher Rz 206 ff).

246 Die Möglichkeit der Befreiung gemäß § 3 Z 5 NoVAG 1991 (Rechtslage bis 30. Juni 2021) besteht, soweit das Kraftfahrzeug zur persönlichen Beförderung eines Menschen mit Behinderung verwendet wird. Unter der Bedingung der Glaubhaftmachung, dass das Kraftfahrzeug vorwiegend für die persönliche Beförderung des Menschen mit Behinderung benützt wird, ist es daher möglich, dass Obsorgeberechtigte die Befreiung für ihr Kind in Anspruch nehmen. Die Glaubhaftmachung kann beispielsweise durch die Zulassung auf das behinderte Kind erfolgen.

A.3.6.2.2.1. Erwerb beim inländischen Fahrzeughändler

247 Die Befreiung gemäß § 3 Z 5 NoVAG 1991 kann im Falle des Erwerbs eines neuen Kraftfahrzeuges bei einem inländischen Fahrzeughändler ausschließlich bei diesem Fahrzeughändler in Anspruch genommen werden. Eine spätere Vergütung einer zunächst beim Fahrzeughändler entrichteten Normverbrauchsabgabe durch das Finanzamt ist nicht möglich. Die Ausführungen in diesem Abschnitt gelten mit Ausnahme der Regelung über die Sperrsetzung auch bei der Lieferung durch einen anderen Unternehmer (Taxi, Miet- oder Gästewagen) (siehe Rz 228).

Wurde die Normverbrauchsabgabe vom Menschen mit Behinderung fälschlicherweise an den Fahrzeughändler im Rahmen des Kaufpreises (laut Rechnung) entrichtet, obwohl die Befreiung gemäß § 3 Z 5 NoVAG 1991 zustand, kann eine Berichtigung gemäß § 8 NoVAG 1991 durch den Fahrzeughändler erfolgen. Dieser hat die Rechnung zu berichtigen und die fälschlicherweise entrichtete Normverbrauchsabgabe an den Käufer zurückzuzahlen. Dies gilt unabhängig davon, ob der Händler die Normverbrauchsabgabe bereits angemeldet und abgeführt hat.

Der Fahrzeughändler hat das Vorliegen der gesetzlichen Voraussetzungen (siehe Rz 245) für eine Steuerbefreiung nach § 3 Z 5 NoVAG 1991 nachweislich zu prüfen und diese Überprüfung bzw. deren Ergebnisse in seinen Aufzeichnungen festzuhalten. 248

Die Glaubhaftmachung der oben angeführten Voraussetzungen für eine Steuerbefreiung (siehe Rz 245) könnte beispielsweise durch Unterzeichnung der folgenden Erklärung durch den Menschen mit Behinderung oder dessen gesetzlichen Vertreter bekräftigt werden. Der Fahrzeughändler hat die unterzeichnete Erklärung zu seinen Aufzeichnungen zu nehmen und nach den Bestimmungen der BAO sieben Jahre aufzubewahren: 249

> *„Ich erkläre hiermit, dass das bezeichnete Kraftfahrzeug vorwiegend zu meiner persönlichen Fortbewegung und für Fahrten, die meinen Zwecken und meiner Haushaltsführung dienen, verwendet wird und dass ich für kein anderes Kraftfahrzeug eine Befreiung von der Normverbrauchsabgabe beansprucht habe. Fallen die Voraussetzungen für die Befreiung von der Normverbrauchsabgabe weg, werde ich das zuständige Finanzamt unverzüglich in Kenntnis setzen."*

Da die Erfüllung der gesetzlichen Voraussetzungen geprüft und dokumentiert werden muss, ist dem Fahrzeughändler der Nachweis der Behinderung durch eine Eintragung „Unzumutbarkeit der Benützung öffentlicher Verkehrsmittel" oder der „Blindheit" im Behindertenpass gemäß §§ 40 ff BBG oder einen gültigen Parkausweis gemäß § 29b StVO 1960 zu erbringen. Beim Fahrzeughändler müssen diese im Original vorgelegt werden. 250

Der Fahrzeughändler ist zur Anfertigung und Aufbewahrung einer Kopie der Nachweisdokumente verpflichtet. Zudem hat er die ausstellende Behörde, Geschäftszahl oder laufende Nummer und das Ausstellungsdatum des Behindertenpasses gemäß §§ 40 ff BBG bzw. des Ausweises gemäß § 29b StVO 1960 in seinen Aufzeichnungen festzuhalten. 251

Ist der Mensch mit Behinderung im Besitz einer Lenkerberechtigung, ist auch von dieser eine Kopie anzufertigen und in die Aufzeichnungen aufzunehmen. 252

Der Fahrzeughändler hat darüber hinaus in seinen Aufzeichnungen 253

- den Namen und die Anschrift des Menschen mit Behinderung,
- die ausstellende Behörde, Geschäftszahl oder laufende Nummer und das Ausstellungsdatum der Lenkerberechtigung sowie
- die Art, Marke und Type des Kraftfahrzeuges samt Fahrzeugidentifizierungsnummer (FIN) festzuhalten.

Der Fahrzeughändler hat die Aufzeichnungen so zu führen, dass im Fall einer Überprüfung durch die Finanzverwaltung das Vorliegen der Voraussetzungen der Befreiung leicht überprüft und nachvollzogen werden kann. Sämtliche Angaben zu den Voraussetzungen einer Steuerbefreiung nach § 3 Z 5 NoVAG 1991 können vom zuständigen Finanzamt überprüft werden. Unwahre oder unvollständige Angaben können finanzstrafrechtliche Konsequenzen nach sich ziehen. 254

Wurde dem Fahrzeughändler die Zulassungsbescheinigung vorgelegt, um die Zulassung auf den Menschen mit Behinderung nachzuweisen, ist unverzüglich die Fahrzeugsperre über FinanzOnline in der Genehmigungsdatenbank zu veranlassen. Eine Information über die Fahrzeugsperre findet sich auf der Website des Bundesministeriums für Finanzen (https://www.bmf.gv.at/themen/steuern/kraftfahrzeuge/Normverbrauchsabgabe-%C3%9Cbersicht/Normverbrauchsabgabe-und-Finanzsperrauskunft.html). 255

Wird dem Fahrzeughändler keine Zulassungsbescheinigung vorgelegt, ist fünf Werktage nach der Übergabe des Kraftfahrzeuges die Fahrzeugsperre über FinanzOnline in der Genehmigungsdatenbank zu veranlassen.

Bei der Begründung ist „Befreiung nach § 3 Ziffer 5 NoVAG" auszuwählen.

A.3.6.2.2.2. Eigenimport

In Fällen des Eigenimports eines Kraftfahrzeuges hat der Mensch mit Behinderung, auf den bzw. für den ein Kraftfahrzeug zugelassen werden soll, die vorstehenden Voraussetzungen (siehe Rz 245) dem Finanzamt nachzuweisen bzw. glaubhaft zu machen. Insbesondere ist die Behinderung durch Vorlage der Nachweisdokumente (Behindertenpass gemäß §§ 40 ff BBG oder Parkausweis gemäß § 29b StVO 1960) im Original nachzuweisen, da die Erfüllung der Voraussetzungen dokumentiert werden muss. Die Fahrzeugsperre in der Genehmigungsdatenbank erfolgt durch das zuständige Finanzamt. 256

Die erstmalige Zulassung eines importierten Gebrauchtfahrzeuges aus dem Ausland ist, im Gegensatz zum Erwerb eines inländischen Gebrauchtfahrzeuges, grundsätzlich normverbrauchsabgabepflichtig. Die Befreiung für Menschen mit Behinderungen nach § 3 Z 5 NoVAG 1991 ist somit anwendbar (siehe Rz 220 sowie Rz 241). 257

A.3.6.2.2.3. Besondere Fälle

258 Der Wegfall der Befreiungsvoraussetzungen nach § 3 Z 5 NoVAG 1991 (z.B. bei Verkauf des normverbrauchsabgabebefreiten Kraftfahrzeuges an eine nicht steuerbegünstigte Person) stellt für sich keinen steuerbaren Rechtsvorgang dar. Erst eine etwaige spätere Neuzulassung durch den Erwerber des gebrauchten Kraftfahrzeuges löst einen steuerbaren Vorgang gemäß § 1 Z 3 lit. b NoVAG 1991 aus (siehe Rz 233).

259 Die Lieferung eines Vorführkraftfahrzeuges stellt einen steuerbaren Vorgang gemäß § 1 Z 4 NoVAG 1991 dar. Werden die Voraussetzungen der Befreiung gemäß des § 3 Z 5 NoVAG 1991 idF BGBl. I Nr. 103/2019 erfüllt, kann diese somit bei Erwerb eines Vorführkraftfahrzeuges in Anspruch genommen werden. Die Normverbrauchsabgabe muss in einem solchen Fall nicht an den liefernden Fahrzeughändler entrichtet werden.

260 Wird das Kraftfahrzeug vor der Lieferung durch den Fahrzeughändler selbst zugelassen („Tageszulassungen"), stellt schon dies gemäß § 1 Z 3 lit. a NoVAG 1991 einen steuerbaren Vorgang dar. Da der Fahrzeughändler selbst die Voraussetzungen für die Befreiung nicht erfüllt, da es sich bei dieser Befreiung um eine persönliche Steuerbefreiung handelt, kann die Befreiung gemäß § 3 Z 5 NoVAG 1991 von ihm nicht in Anspruch genommen werden. Eine nachträgliche Vergütung der Normverbrauchsabgabe an den Menschen mit Behinderung ist nicht vorgesehen.

261 Bei Leasingfahrzeugen erfolgt die steuerbare Lieferung vom Fahrzeughändler an den Leasinggeber. Da es sich bei der Befreiung gemäß § 3 Z 5 NoVAG 1991 idF BGBl. I Nr. 103/2019 um eine persönliche Steuerbefreiung handelt und der Leasinggeber selbst die Voraussetzungen für die Befreiung nicht erfüllt, kann die Befreiung bei Leasingfahrzeugen nicht zum Tragen kommen. Eine Vergütung der Normverbrauchsabgabe an den Menschen mit Behinderung ist nicht vorgesehen.

262 In Fällen, in denen ein Unternehmen ein Kraftfahrzeug einem Arbeitnehmer (Menschen mit Behinderung) zur Verfügung stellt, kann die Befreiung nach § 3 Z 5 NoVAG 1991 nicht zum Tragen kommen, da es sich um eine persönliche Steuerbefreiung handelt und das Unternehmen selbst die Voraussetzungen für die Befreiung nicht erfüllt.

263 Die Befreiungsbestimmung gemäß § 3 Z 5 NoVAG 1991 idF BGBl. I Nr. 103/2019 sieht keine Einschränkung auf bestimmte Arten von Kraftfahrzeugen vor. Je nach Art und Ausgestaltung des Kraftfahrzeuges (z.B. bei einem Sportwagen mit eingeschränkter Transportfähigkeit und Zugänglichkeit) sind jedoch höhere Anforderungen an die Glaubhaftmachung zu stellen (z.B. Führen eines Fahrtenbuchs). Die Befreiung kann daher grundsätzlich auch bei Erwerb eines Wohnmobils in Anspruch genommen werden.

Randzahlen 264 bis 279: *derzeit frei*

A.3.6.3. Motorbezogene Versicherungssteuer

A.3.6.3.1. Allgemeines

280 Kraftfahrzeuge, die von Menschen mit Behinderungen zur persönlichen Fortbewegung verwendet werden müssen, sind gemäß § 4 Abs. 3 Z 9 VersStG 1953 von der motorbezogenen Versicherungssteuer befreit (siehe Rz 200).

281 Die Steuerbefreiung von der motorbezogenen Versicherungssteuer steht grundsätzlich nur für ein Kraftfahrzeug zu. Unter einem Wechselkennzeichen zum Verkehr zugelassene Kraftfahrzeuge werden allerdings von der Steuerbefreiung miterfasst (siehe Rz 329 ff).

282 Für die Befreiung ist nicht erforderlich, dass der Mensch mit Behinderung gleichzeitig Zulassungsbesitzer und auch Versicherungsnehmer ist (z.B. Kind mit Behinderung siehe Rz 246).

A.3.6.3.2. Voraussetzung der Zulassung

283 Gemäß § 4 Abs. 3 Z 9 VersStG steht die Befreiung nur zu, wenn das Kraftfahrzeug ausschließlich auf Menschen mit Behinderungen zugelassen ist. Allerdings wird der Bundesminister für Finanzen ermächtigt, den Personenkreis per Verordnung auszuweiten (= Zulassungsbesitzgemeinschaft), wenn die Rechtmäßigkeit der Inanspruchnahme der Befreiung durch geeignete administrative und technische Maßnahmen sichergestellt werden kann.

284 Eine Mehrheit von Zulassungsbesitzern ist durch die Eintragung „Besitzgemeinschaft" in Feld A23 der Zulassungsbescheinigung gekennzeichnet. Weitere Zulassungsbesitzer einer Besitzgemeinschaft sind bei Zulassungsbescheinigungen im Scheckkartenformat auf dem Kartenchip gespeichert und über folgenden Link https://zulassung.oesd.at/fahrzeugdaten-online-abfrage/ online unter Angabe des Kennzeichens und der Kartennummer abfragbar. Bei Zulassungsbescheinigungen im Papierformat sind diese im Regelfall im Mehrzweckfeld namentlich angeführt.

Ab dem 29. November 2021 ist es möglich, dass das Kraftfahrzeug auf Menschen mit Behinderungen und auf andere Personen, im Rahmen einer Zulassungsbesitzgemeinschaft, zugelassen werden kann. Es müssen sämtliche Personen der Zulassungsbesitzgemeinschaft im selben Haushalt leben, wodurch die Rechtmäßigkeit der Inanspruchnahme der Befreiung sichergestellt wird. Als Haushalt gilt dabei ausschließlich der Hauptwohnsitz der Personen laut Eintrag im Zentralen Melderegister. **285**

Beispiele:

1. *Ein Kraftfahrzeug ist auf ein Ehepaar zugelassen, die beide im selben Haushalt leben. Erfüllt einer der beiden Ehepartner die Voraussetzungen für die Befreiung, kann die Befreiung durch die Zulassungsbesitzgemeinschaft in Anspruch genommen werden.*
2. *Ein Kraftfahrzeug ist auf den Vater und sein behindertes Kind zugelassen, die beide im selben Haushalt leben. Die Befreiung kann in Anspruch genommen werden.*

Bei der Prüfung des gemeinsamen Haushaltes hat die Zulassungsstelle die Einträge des Zentralen Melderegisters für alle Personen der Zulassungsbesitzgemeinschaft hinsichtlich des Hauptwohnsitzes abzugleichen. Weichen die Einträge voneinander ab, kann die Befreiung nicht für die Zulassungsbesitzgemeinschaft in Anspruch genommen werden. Beruht die Abweichung auf Schreibfehlern, hat die Person, die das Ansuchen stellt, eine Richtigstellung der Eintragung im Zentralen Melderegister zu veranlassen. **286**

Bis zum 29. November 2021 gilt, dass das Kraftfahrzeug ausschließlich auf einen oder mehrere Menschen mit Behinderung zum Verkehr zugelassen sein muss. Ist das Kraftfahrzeug auch auf eine nicht behinderte Person zugelassen, ist die Voraussetzung der Steuerbefreiung nicht erfüllt. **287**

Wird ein Kraftfahrzeug auf mehrere Personen zugelassen (siehe Rz 284), muss jeder Zulassungsbesitzer die Voraussetzungen des § 4 Abs. 3 Z 9 lit. a bis c VersStG 1953 nachweisen. Die Befreiung ist nur zu gewähren, wenn jeder Zulassungsbesitzer die Voraussetzungen erfüllt.

Beispiele:

1. *Ein Kraftfahrzeug ist auf ein Ehepaar zugelassen: Erfüllen beide Ehepartner die Voraussetzungen für die Befreiung, kann die Befreiung in Anspruch genommen werden; erfüllt nur ein Ehepartner die Voraussetzungen, ist die Inanspruchnahme der Befreiung nicht möglich.*
2. *Die Kraftfahrzeuge eines Sportfördervereins für Behindertenskilauf sind auf den Verein und nicht auf einen Menschen mit Behinderung zugelassen. Die Befreiung kann nicht angewendet werden.*

Gemäß § 37 Abs. 2 KFG 1967 ist Voraussetzung für die Zulassung eines Kraftfahrzeuges zum Verkehr, dass der Antragsteller glaubhaft macht, dass er der rechtmäßige Besitzer des Kraftfahrzeuges ist. Der Antragsteller muss sohin nicht Eigentümer des Kraftfahrzeuges, sondern nur rechtmäßiger Besitzer sein. **288**

KfzBStR

Ein Kraftfahrzeug kann auch ausschließlich auf einen minderjährigen Behinderten (vertreten durch den gesetzlichen Vertreter) zugelassen sein. Dies ist bis zum 29. November 2021 notwendig, um die Befreiung in Anspruch zu nehmen. In einem Informationsschreiben vom18. Mai 2010 (BMVIT-179.450/0009-II/ST4/2010) stellte das Bundesministerium für Verkehr, Innovation und Technologie klar, dass eine pflegschaftsgerichtliche Genehmigung für die Zulassung eines Kraftfahrzeuges auf Minderjährige nur für nicht behinderte Minderjährige notwendig ist. Die Zulassung eines Kraftfahrzeuges auf einen behinderten Minderjährigen ist hingegen üblich und geläufig und somit dem ordentlichen Wirtschaftsbetrieb zuzurechnen und bedarf daher keiner pflegschaftsgerichtlichen Genehmigung. **289**

A.3.6.3.3. Verfahren – Rechtslage ab 1. Dezember 2019

Das Ansuchen um Befreiung ist direkt in einer örtlich zuständigen Zulassungsstelle gemäß § 40a KFG 1967 und nicht beim Finanzamt zu stellen. Das Ansuchen um Befreiung ist eine unbedingt notwendige materiell-rechtliche Voraussetzung, um die Befreiung in Anspruch nehmen zu können. Es kann in den Antrag auf Zulassung integriert sein oder gesondert gestellt werden. **290**

Die Zulassungsstelle prüft das Vorliegen der Befreiungsvoraussetzungen. Der Nachweis der Behinderung erfolgt ausschließlich durch den Abgleich mit der Zulassungsevidenz. Die Nachweisdokumente wurden im Rahmen der Initialbefüllung gemäß § 2 ANB-V, BGBl. II Nr. 270/2018, erfasst und werden laufend aktualisiert und ergänzt. Die Vorlage eines Nachweisdokumentes in der Zulassungsstelle ist nicht vorgesehen und kann den Nachweis der Behinderung durch Abgleich der Zulassungsevidenz nicht ersetzen. Die Daten in der Zulassungsevidenz dürfen gemäß § 4 Abs. 3 Z 9 lit. b VersStG 1953 ausschließlich für Zwecke des Vollzugs der Befreiung verwendet werden. Zudem ist in der Zulassungsevidenz der Grund für die Ausstellung des Nachweisdokumentes nicht vermerkt, wodurch der Datenschutz der Menschen mit Behinderung gestärkt werden soll. **291**

292 Wurde im Zeitpunkt der Stellung eines Befreiungsansuchens bereits ein Nachweisdokument beantragt, jedoch noch nicht durch das Bundesamt für Soziales und Behindertenwesen (Sozialministeriumservice) zur Verfügung gestellt, kann der Nachweis längstens innerhalb von zwei Jahren ab der Stellung des Ansuchens um Befreiung in der Zulassungsstelle erfolgen und die Befreiung rückwirkend gewährt werden. Wurde das Ansuchen gestellt, wird dieses vorgemerkt und automationsunterstützt geprüft, ob ein Nachweisdokument nachträglich beigebracht wird. Frühestmöglicher Zeitpunkt der nachträglichen Zuerkennung ist der Gültigkeitsbeginn des Nachweisdokumentes bzw. der Zeitpunkt, in dem das Ansuchen gestellt wird (siehe Rz 290 sowie Rz 293).

Beispiel:

Am 1. Oktober 2020 stellt eine Person mit Behinderung einen Antrag auf Ausstellung eines Behindertenpasses gemäß §§ 40 ff BBG mit der Eintragung der Unzumutbarkeit der Benutzung der öffentlichen Verkehrsmittel. Am 14. November 2020 wird der Behindertenpass durch das Bundesamt für Soziales und Behindertenwesen (Sozialministeriumservice), mit einem Ausstellungsdatum 14. November 2020 und einem Gültigkeitsdatum ab 1. Oktober 2020, zur Verfügung gestellt. Am 1. Oktober 2020 stellte die Person mit Behinderung in einer örtlich zuständigen Zulassungsstelle auch das Ansuchen um Befreiung von der motorbezogenen Versicherungssteuer. Das betroffene Kraftfahrzeug ist bereits seit 1. Jänner 2019 auf die Person zugelassen.

Da im Zeitpunkt der Stellung eines Befreiungsansuchens in einer örtlich zuständigen Zulassungsstelle bereits ein Nachweisdokument beantragt wurde, jedoch noch nicht durch das Bundesamt für Soziales und Behindertenwesen (Sozialministeriumservice) zur Verfügung gestellt wurde, kann die Befreiung rückwirkend gewährt werden. Die Befreiung von der motorbezogenen Versicherungssteuer steht daher in diesem Fall ab 1. Oktober 2020 zu.

293 Da das Ansuchen um Befreiung in der Zulassungsstelle materiell-rechtliche Voraussetzung der Steuerbefreiung ist, kann die Befreiung nicht nachträglich für vor diesem Zeitpunkt (Ansuchen um Befreiung) liegende Zeiträume in Anspruch genommen werden.

Beispiel:

Am 1. Oktober 2020 stellt eine Person mit Behinderung einen Antrag auf Ausstellung eines Behindertenpasses gemäß §§ 40 ff BBG mit der Eintragung der Unzumutbarkeit der Benutzung der öffentlichen Verkehrsmittel. Am 14. November 2020 wird der Behindertenpass durch das Bundesamt für Soziales und Behindertenwesen (Sozialministeriumservice), mit einem Ausstellungsdatum 14. November 2020 und einem Gültigkeitsdatum ab 1. Oktober 2020, zur Verfügung gestellt. Am 15. November 2020 stellt die Person mit Behinderung in einer örtlich zuständigen Zulassungsstelle das Ansuchen um Befreiung von der motorbezogenen Versicherungssteuer. Das betroffene Kraftfahrzeug ist bereits seit 1. Jänner 2019 auf die Person zugelassen.

Da das Ansuchen um Befreiung in einer örtlich zuständigen Zulassungsstelle materiell-rechtliche Voraussetzung der Befreiung ist, kann die Befreiung, obwohl der Behindertenpass gemäß §§ 40 ff BBG schon ab 1. Oktober 2020 gültig ist, erst ab dem 15. November 2020 in Anspruch genommen werden.

294 Im Ansuchen muss erklärt werden, dass das Kraftfahrzeug vorwiegend (daher zu mehr als 80%) zur persönlichen Fortbewegung des Menschen mit Behinderung und für Fahrten, die Zwecken des Menschen mit Behinderung und seiner Haushaltsführung dienen, verwendet wird.

295 Die Zulassungsstelle hat zudem zu prüfen, ob das Kraftfahrzeug ausschließlich auf den Menschen mit Behinderung oder ab 29. November 2021 (Achtung, die entsprechende Änderung der ANB-Verordnung war bei Redaktionsschluss der KfzBStR 2021 noch nicht veröffentlicht) auf eine Zulassungsbesitzgemeinschaft mit gemeinsamem Haushalt zugelassen ist und ob die Steuerbefreiung schon für ein anderes Kraftfahrzeug in Anspruch genommen wird.

296 Ergibt die Prüfung der Zulassungsstelle, dass eine Befreiungsvoraussetzung nicht vorliegt, hat sie darüber eine Bescheinigung auszustellen. In diesen Fällen kann ein Antrag auf Feststellung des Vorliegens der Befreiungsvoraussetzungen an das Finanzamt Österreich gestellt werden. Das Finanzamt Österreich hat mittels Bescheid über den Antrag abzusprechen und bei Erfüllung der Befreiungsvoraussetzungen die bescheinigende Zulassungsstelle in Kenntnis zu setzen. In diesem Fall kann die Befreiung ab Stellung des Ansuchens gewährt werden.

A.3.6.3.3.1. Kraftfahrzeug-, Versicherungsnehmer- und Versichererwechsel

297 Mit dem Ansuchen wird von einem Menschen mit Behinderung für ein bestimmtes Kraftfahrzeug die Befreiung in Anspruch genommen und bezieht sich auf ein konkretes Zulassungsverhältnis. Für jedes neue Zulassungsverhältnis, oder auch bei Beendigung eines

bisher befreiten Zulassungsverhältnisses und neuer Anmeldung, muss ein neues Ansuchen gestellt werden, unabhängig davon, ob das Kraftfahrzeug oder der Kreis der Zulassungsbesitzer geändert wird. Dies gilt beispielsweise auch dann, wenn bei einem bestehenden Zulassungsverhältnis ein neues Kraftfahrzeug unter einem Wechselkennzeichen hinzugemeldet wird. In diesem Fall reicht es allerdings aus, das Ansuchen nur für das neue Kraftfahrzeug zu stellen. Sofern beim Wechsel des Versicherers kein neues Zulassungsverhältnis begründet wird, muss kein neuerliches Ansuchen gestellt werden. Die Versicherer werden automationsunterstützt von der Befreiung in Kenntnis gesetzt.

Läuft ein befristetes Nachweisdokument ab, endet mit dem Ablauf dieses Tages die Befreiung. Die Gültigkeit des Nachweisdokumentes kann ausschließlich durch die zuständige Behörde (Sozialministeriumservice) verlängert werden. Wird das Nachweisdokument vor Ablauf der Gültigkeit durch die zuständige Behörde verlängert, müssen keine weiteren Schritte unternommen werden, da die Verlängerung automatisch in die Zulassungsevidenz übernommen wird. Wird die Verlängerung erst nach Ablauf zuerkannt, gilt je nach Zeitpunkt eine andere Vorgehensweise (siehe Rz 299 und Rz 300). **298**

Ab dem 29. November 2021 (Achtung, die entsprechende Änderung der ANB-Verordnung war bei Redaktionsschluss der KfzBStR 2021 noch nicht veröffentlicht) wird automationsunterstützt mit Ablauf des Nachweisdokumentes ein neues Ansuchen auf Befreiung in der Zulassungsevidenz hinterlegt. Dieses bleibt für zwei Jahre aufrecht. Wird nachträglich ein Nachweisdokument rückwirkend zuerkannt, gilt die Befreiung ab diesem Zeitpunkt wieder. Dies gilt aber nur, solange das Zulassungsverhältnis nicht geändert wird (siehe Rz 297). **299**

Bis zum 29. November 2021 (Achtung, die entsprechende Änderung der ANB-Verordnung Verordnung war bei Redaktionsschluss der KfzBStR 2021 noch nicht veröffentlicht) muss in jenen Fällen, in denen ein befristetes Nachweisdokument abläuft, ohne dass im Zeitpunkt des Ablaufs eine Verlängerung in die Zulassungsevidenz eingemeldet wurde, ein neues Ansuchen gestellt werden. Die Befreiung und damit die Gültigkeit des ursprünglichen Ansuchens endet mit Ablauf des Nachweisdokumentes und darf durch die Zulassungsevidenz nicht ohne Nachweis der Behinderung verlängert werden. Wird kein neues Ansuchen gestellt, fehlt eine Voraussetzung für die Inanspruchnahme der Befreiung. Wird das Nachweisdokument nachträglich verlängert, kann die Befreiung mit Datum des neuen Ansuchens gewährt werden. **300**

A.3.6.3.3.2. Archivierung und Aufbewahrungsdauer

Für sämtliche Unterlagen im Zusammenhang mit der Inanspruchnahme der Befreiung ist die Aufbewahrungsfrist des § 8 Abs. 4 Zulassungsstellenverordnung, BGBl. II Nr. 464/1998, maßgeblich. **301**

A.3.6.3.4. Verfahren – Rechtslage bis 30. November 2019

Voraussetzung für die Befreiung ist die Überreichung der vollständig ausgefüllten Abgabenerklärung Kr 21 im Original („Papiererklärung") direkt an die Versicherung (nicht an das Finanzamt). Wird die Abgabenerklärung von einem Versicherungsmakler entgegengenommen, ist die Befreiungsvoraussetzung erst erfüllt, wenn diese Abgabenerklärung beim Versicherer einlangt. Geringfügige Zeitdifferenzen (maximal 14 Tage) zwischen Zulassung eines Kraftfahrzeuges und Überreichung der Abgabenerklärung an den Versicherer sind unbeachtlich. **302**

Bei Erfüllung aller Voraussetzungen entsteht der Anspruch auf Steuerfreiheit mit der Einreichung der Abgabenerklärung (Kr 21; materiellrechtliches Tatbestandsmerkmal); dies gilt auch, wenn der Nachweis über die Behinderung erst nachträglich beigebracht wird (VwGH 15.11.2012, 2012/17/0449). **303**

Bei Überreichung der Abgabenerklärung ohne Nachweis der Behinderung des Menschen wird die Steuerbefreiung im Zeitpunkt des Nachweises der Behinderung rückwirkend ab Überreichung der Abgabenerklärung wirksam. **304**

Wird der Nachweis der Behinderung erst nach Einreichung der Abgabenerklärung beigebracht, steht die Befreiung ab dem Zeitpunkt der Einreichung der Abgabenerklärung zu.

Wird der Nachweis der Behinderung erst nach Einreichung der Abgabenerklärung beigebracht, steht die Befreiung frühestens ab dem Zeitpunkt der Einreichung der Abgabenerklärung zu. **305**

Die nachträgliche Beibringung ist in folgenden Fällen möglich:

- Das Nachweisdokument ist bereits vorhanden, wird aber nicht mit der Abgabenerklärung, sondern nachträglich vorgelegt.
- Der Antrag auf Ausstellung eines Nachweisdokumentes wurde bei Überreichung der Abgabenerklärung (Kr 21) bereits gestellt, allerdings hat die zuständige Behörde

(Sozialministeriumservice) noch nicht darüber entschieden. Wird der Antrag positiv erledigt und das Nachweisdokument „nachträglich" beigebracht, steht die Befreiung mit Überreichung der Abgabenerklärung Kr 21 zu.

- Wurde der Antrag auf Ausstellung eines Nachweisdokumentes bei Überreichung der Abgabenerklärung (Kr 21) bereits gestellt und wird dieser Antrag von der zuständigen Behörde abgewiesen, kann diese Entscheidung mit Rechtsmittel bekämpft werden. Diese Beschwerde hat gemäß § 13 iVm § 22 Verwaltungsgerichtsverfahrensgesetz aufschiebende Wirkung. Wird der Beschwerde stattgegeben und das Nachweisdokument nachträglich beigebracht, steht die Befreiung ab Überreichung der Abgabenerklärung Kr 21 zu.

306 Die Bestimmung des § 6 Abs. 3 Z 7 VersStG 1953 bietet die Möglichkeit, eine allfällige unrichtige Steuerberechnung zu berichtigen. Da bei Nichtvorlage der Abgabenerklärung Kr 21 die Berechnung der Versicherungssteuer nicht zu Unrecht erfolgt ist, kann eine Berichtigung auf Grundlage dieser Bestimmung nicht vorgenommen werden.

307 Wird die Abgabenerklärung im Postweg überreicht, ist der grundsätzlich durch den Poststempel nachweisbare Tag der Postaufgabe maßgebend.

308 Die dem Nachweis der Behinderung dienenden Unterlagen sind dem Versicherer zur Einsichtnahme (über Verlangen des Versicherers im Original) vorzulegen. Sind die Befreiungsvoraussetzungen gegeben, ist motorbezogene Versicherungssteuer nicht zu erheben. Die Abgabenerklärung verbleibt beim Versicherer.

309 „Alte" Nachweise nach dem KfzStG 1952 (von den ehemaligen Finanzämtern für Gebühren und Verkehrsteuern ausgestellte Befreiungsbescheinigungen nach § 2 Abs. 2 KfzStG 1952) sind auch nach dem 30. April 1993 gültig, solange kein Fahrzeugwechsel vorgenommen wird. Dies ergibt sich aus der Übergangsbestimmung des § 10 Abs. 4 KfzStG 1992.

310 Durch den Nachweis der Behinderung weist der Mensch mit Behinderung nach, dass er ein bestimmtes Kraftfahrzeug wegen seiner Behinderung zur persönlichen Fortbewegung verwenden muss. Deshalb ist der Nachweis unter Umständen neuerlich zu erbringen (siehe Rz 311).

A.3.6.3.4.1. Kraftfahrzeug-, Versicherungsnehmer- und Versichererwechsel

311 Entsteht durch den Wechsel von Versicherer, Kraftfahrzeug oder Versicherungsnehmer ein neues Versicherungsverhältnis, ist die Abgabenerklärung Kr 21 neuerlich an den Versicherer zu überreichen; dieser hat die Voraussetzungen für die Befreiung erneut zu überprüfen.

In folgenden Fällen kommt immer ein neues Vertragsverhältnis zustande:

- Wechsel des Versicherers
- Ein Mensch mit Behinderung meldet das bisherige Kraftfahrzeug ab und beim selben Versicherer ein Kraftfahrzeug neu an.

Bei einem Versicherungsnehmerwechsel kann ein, muss aber kein neues Versicherungsverhältnis begründet werden, da die konkrete Gestaltung eines Kraftfahrzeughaftpflichtversicherungsverhältnisses abhängig von der jeweiligen Risikoeinschätzung des Fahrers ist (z.B. Alter, Zeitraum seit Ausstellung der Fahrerlaubnis des Versicherungsnehmers).

A.3.6.3.4.2. Archivierung und Aufbewahrungsdauer der Abgabenerklärung Kr 21

312 Die nachfolgenden Ausführungen zur Archivierung und Aufbewahrungsdauer der Abgabenerklärung Kr 21 (Rz 312 bis Rz 314) sind mit 20. Juni 2017 anzuwenden. Bis dahin waren auch andere Methoden für den Nachweis des Einlangens (insbesondere Prozessdokumentation) geeignet.

Gemäß § 132 Abs. 2 BAO darf die Aufbewahrung der eingelangten Abgabenerklärungen Kr 21 auf Datenträgern erfolgen, wenn die vollständige, geordnete, inhaltsgleiche und urschriftgetreue Wiedergabe bis zum Ende der Aufbewahrungsfrist jederzeit gewährleistet ist. Eine elektronische Archivierung des Kr 21 ist somit zulässig.

Da der Zeitpunkt des Einlangens des Kr 21 im Original (= „Überreichung der Abgabenerklärung") jener Zeitpunkt ist, mit dem – bei Erfüllung aller sonstigen Voraussetzungen – der Anspruch auf Steuerfreiheit von der motorbezogenen Versicherungssteuer entsteht, muss der Versicherer nicht nur nachweisen können, dass das Kr 21 im Original eingelangt ist, sondern auch, wann es eingelangt ist.

Für die Archivierung der im Original beim Versicherer eingereichten Abgabenerklärung Kr 21 ist Folgendes zu beachten:

- Da der Archivierungsprozess fälschungssicher ablaufen muss, muss gewährleistet sein, dass der Versicherer selbst archiviert hat. Das heißt der früheste Termin der Archivierung ist der Tag des Einlangens des Kr 21 beim Versicherer. Ebenso darf nach elektronischer

Archivierung eine nicht indizierte Veränderung des digitalisierten Dokumentes nicht möglich sein.

- Die Echtheit des Originaldokumentes muss nachgewiesen/bestätigt sein.
- Gemäß § 132 Abs. 3 BAO müssen die digitalisierten Dokumente innerhalb der von der Behörde festgelegten Fristen jederzeit in der von der Behörde festgelegten Form zugänglich gemacht werden (z.B. Ausdruck, PDF-Image, elektronischer Zugriff).

Der Versicherer hat die Archivierung selbst durchzuführen. Bei einem Versicherungsmakler eingelangte Abgabenerklärungen Kr 21 müssen von diesem an den Versicherer im Original weitergeleitet werden; der Makler darf keinesfalls die Archivierung vornehmen und dem Versicherer nur das digitalisierte Dokument übermitteln.

Das Datum des Einlangens ist durch einen Eingangsstempel auf der Abgabenerklärung Kr 21 erkenntlich zu machen. Ist die Verwendung eines Eingangsstempels bei Versicherungsgesellschaften nicht üblich, gilt das Anbringen eines sonstigen (z.B. „händischen") Eingangsvermerkes auf der Abgabenerklärung Kr 21 (vorgesehenes Feld rechts oben im Formular Kr 21) als ausreichend. Dieser händische Eingangsvermerk hat vor dem urschriftgetreuen Scannen und vor der elektronischen Übermittlung in das Verarbeitungs- und Ablagesystem des jeweiligen Versicherungsunternehmens zu erfolgen. Zu beachten ist, dass das Datum der elektronischen Übermittlung, welches ident sein sollte mit dem Einbringungsdatum der Kr 21, unüberschreibbar im Dokument der eingescannten Antragsunterlagen enthalten bzw. angebracht ist und in weiterer Folge als gesamter Geschäftsfall nicht löschbar ist. 313

Da der haftungs- und abfuhrverpflichtete Versicherer Abgabenschuldner im formellen Sinn ist und die für den Abgabepflichtigen getroffenen Anordnungen zu erfüllen hat, muss er auch die Aufbewahrungspflicht des § 132 BAO beachten. 314

Liegen die Voraussetzungen der Befreiung nicht mehr vor, sind die Abgabenerklärungen Kr 21 (im Original oder in archivierter Form) für das letzte Jahr der Befreiung noch weitere sieben Jahre lang aufzubewahren. Die 7-Jahres-Frist beginnt somit

- ab Entfall der Begünstigung (wie z.B. bei Tod des Versicherungsnehmers),
- ab Beendigung des Versicherungsverhältnisses oder
- bei der Anmeldung eines neuen Kraftfahrzeuges (in diesem Fall ist eine neue Abgabenerklärung Kr 21 vorzulegen)

zu laufen.

A.3.6.3.5. Nacherhebung der motorbezogenen Versicherungssteuer

Erlangt das Finanzamt davon Kenntnis, dass ein Kraftfahrzeug nicht vorwiegend für Zwecke des Behinderten verwendet wird, hat das Finanzamt die erforderlichen Erhebungen durchzuführen und den Versicherer aufzufordern, die Steuer nachzuerheben. 315

Kommt der Versicherer dieser Aufforderung nicht nach, ist ein Bescheid gemäß § 202 BAO in Verbindung mit § 201 BAO an den Versicherer zu erlassen.

Erlangt der Versicherer Kenntnis, dass die Voraussetzungen für die Befreiung nicht vorliegen, hat er gemäß § 6 Abs. 3 Z 7 VersStG 1953 die unrichtige Berechnung zu berichtigen (siehe Rz 1701 ff).

Randzahlen 316 bis 324: *derzeit frei*

A.3.6.4. Kraftfahrzeugsteuer

A.3.6.4.1. Allgemeines

Kraftfahrzeuge, die von Menschen mit Behinderungen zur persönlichen Fortbewegung verwendet werden, sind gemäß § 2 Abs. 1 KfzStG 1992 von der Kraftfahrzeugsteuer befreit (siehe Rz 200). 325

A.3.6.4.2. Anzeige

Der Befreiungsanspruch von der Kraftfahrzeugsteuer ist von der behinderten Person selbst mittels Abgabenerklärung (Formular Kr 21) beim Finanzamt geltend zu machen. Geringfügige Zeitdifferenzen (maximal 14 Tage) zwischen Zulassung eines Kraftfahrzeuges und Überreichung der Abgabenerklärung sind unbeachtlich. 326

Mittels dieser erklärt der Antragsteller, dass das bezeichnete Kraftfahrzeug auf ihn zugelassen ist, vorwiegend zu seiner persönlichen Fortbewegung und für Fahrten, die seinen Zwecken und seiner Haushaltsführung dienen, verwendet wird, und dass er für kein anderes Kraftfahrzeug (ausgenommen Wechselkennzeichen) die Steuerbefreiung beansprucht hat.

Weiters gibt der Antragsteller damit eine Verpflichtungserklärung ab, dass der Wegfall der Voraussetzungen für die Befreiung dem Finanzamt unverzüglich mitzuteilen ist.

327 Bei Erfüllung aller Voraussetzungen entsteht der Anspruch auf Steuerfreiheit mit der Einreichung der Abgabenerklärung (materiell-rechtliches Tatbestandsmerkmal); dies gilt auch, wenn der Nachweis über die Behinderung erst nachträglich beigebracht wird (siehe Rz 302 ff). Wird die Abgabenerklärung im Postweg überreicht, ist der grundsätzlich durch den Poststempel nachweisbare Tag der Postaufgabe maßgebend.

328 Bei Wechsel eines Kraftfahrzeuges müssen die Befreiungsvoraussetzungen erneut nachgewiesen werden (neue Abgabenerklärung Kr 21, Nachweis über die Behinderung). Bei Erwerb eines neuen Kraftfahrzeuges und Abgabe des bisherigen Kraftfahrzeuges sind beide Kraftfahrzeuge steuerbefreit, wenn die zeitliche Überschneidung nicht länger als einen Monat dauert.

Wird ein Kraftfahrzeug, dessen Zulassungsbesitzer die Befreiungsvoraussetzungen erfüllt hat, durch ein anderes Kraftfahrzeug ersetzt, ist die Befreiung ohne Unterbrechung zu gewähren, wenn das neu einzureichende Kr 21 nachträglich, aber innerhalb eines Monats ab Zulassung des anderen Kraftfahrzeuges beim Finanzamt eingereicht wird.

Wird lediglich ein anderes Kennzeichen beantragt und eine neue Zulassungsbescheinigung ausgestellt, ist ein neuer Nachweis der Befreiungsvoraussetzungen nicht nötig, da weder ein Wechsel des Kraftfahrzeuges noch des Zulassungsbesitzers vorgenommen wird.

A.3.6.4.3. Mehrere Kraftfahrzeuge, Wechselkennzeichen

329 Grundsätzlich gilt die Steuerbefreiung nur für ein Kraftfahrzeug. Sind auf einen Menschen mit Behinderung mehrere Kraftfahrzeuge zugelassen (ohne Wechselkennzeichen), kann er entscheiden, welches der vorwiegend verwendeten Kraftfahrzeuge von der Kraftfahrzeugsteuer befreit sein soll.

Soll die Befreiung für ein anderes Kraftfahrzeug gelten, bleibt aber das bisher befreite Kraftfahrzeug weiterhin auf den Menschen mit Behinderung zugelassen, muss dies dem Finanzamt mitgeteilt werden. Es sind die Voraussetzungen für die Befreiung neuerlich zu prüfen, daher ist die Abgabenerklärung Kr 21 erneut vorzulegen. Ab Vorlage des neuen Kr 21 ist das neu ausgewählte Kraftfahrzeug steuerbefreit.

330 Bei einem Wechselkennzeichen sind alle unter einem Wechselkennzeichen betriebenen Kraftfahrzeuge von der Kraftfahrzeugsteuer frei, wenn alle Kraftfahrzeuge der vorwiegenden Verwendung zur persönlichen Fortbewegung des Menschen mit Behinderung dienen.

331 Wird ein unter einem Wechselkennzeichen verwendetes Kraftfahrzeug abgemeldet, müssen die Befreiungsvoraussetzungen für das verbliebene Kraftfahrzeug nicht neuerlich nachgewiesen werden, weil kein Wechsel des Kraftfahrzeuges vorgenommen wird.

Wird hingegen ein Kraftfahrzeug abgemeldet und ein neues unter demselben Wechselkennzeichen angemeldet, müssen die Voraussetzungen für die Befreiung (neue Abgabenerklärung Kr 21, Nachweis über die Behinderung) erneut nachgewiesen werden.

Wird zu einem bereits zugelassenen Kraftfahrzeug ein weiteres Kraftfahrzeug „hinzugemeldet“ (Wechselkennzeichen), sind neuerlich die Voraussetzungen für die Steuerbefreiung, bezogen auf das neue Kraftfahrzeug, nachzuweisen (neue Abgabenerklärung Kr 21, Nachweis über die Behinderung).

Randzahlen 332 bis 349: *derzeit frei*

A.3.7. Botschaften, Konsulate, Internationale Organisationen, Diplomaten usw.

350 Für völkerrechtlich privilegierte Personen ist in § 3 Abs. 4 NoVAG 1991 idF BGBl. I Nr. 18/2021 (Rechtslage ab 1. Juli 2021) bzw. in § 3 Z 4 NoVAG 1991 idF BGBl. I Nr. 24/2007 (Rechtslage bis 30. Juni 2021) eine Entlastung von der Normverbrauchsabgabe vorgesehen. Außerdem besteht nach § 2 Abs. 1 Z 11 KfzStG 1992 sowie aufgrund von Staatsverträgen wie dem Wiener Übereinkommen über diplomatische Beziehungen, BGBl. Nr. 66/1966, bzw. dem Wiener Übereinkommen über konsularische Beziehungen, BGBl. Nr. 318/1969, für völkerrechtlich privilegierte Personen eine Befreiung von der Kraftfahrzeugsteuer sowie der motorbezogenen Versicherungssteuer.

Die Steuerbefreiungen orientieren sich am Prinzip gleicher Begünstigung gleichartiger Organisationen sowie am Prinzip der Gegenseitigkeit, also daran, ob für vergleichbare österreichische Einrichtungen bzw. zugehöriges Personal im betreffenden Ausland gleiche Befreiungen gewährt werden.

A.3.7.1. Privilegierte Einrichtungen in Österreich

351 Befreiungen kommen für folgende bilaterale und multilaterale Einrichtungen mit Amtssitz oder Dienststelle in Österreich in Frage:

Bilaterale Einrichtungen:

- Diplomatische Vertretungsbehörden fremder Staaten gegenüber der Republik Österreich,
- Konsularische Vertretungsbehörden fremder Staaten gegenüber der Republik Österreich.

Multilaterale Einrichtungen:

- Ständige Vertretungen internationaler Regierungsorganisationen gegenüber der Republik Österreich;
- Internationale Regierungsorganisationen,
- Ständige Vertretungen fremder Staaten gegenüber in Österreich ansässigen internationalen Regierungsorganisationen.

Soweit diese Einrichtungen von sämtlicher Besteuerung befreit sind, trifft dies auch 352
auf die Kraftfahrzeugbesteuerung (NoVA, KfzSt und motorbezogene Versicherungssteuer (mVSt)) von Dienstkraftfahrzeugen zu.

Den Einrichtungen wird in der Regel ein auf den Status hinweisendes Kennzeichen 353
ohne Bundes- oder Landeswappen ausgestellt. Der fremde begünstigte Staat ist daraus nicht ableitbar.

Beispiele:

*WD-123 (Bundesland Wien, Diplomatische Vertretungsbehörde)**

VK-234 (Bundesland Vorarlberg, Konsularische Vertretungsbehörde)

GK-345 (Sonderregelung für Bundesland Steiermark, Konsularische Vertretungsbehörde)

*… Die Buchstabenkombination „WD“ wird auch für Dienstkraftfahrzeuge internationaler Organisationen oder Ständige Vertretungen fremder Staaten zu diesen (mit Amtssitz in Wien) verwendet.

A.3.7.2. Normverbrauchsabgabe

Überblick über die Befreiungsbestimmungen des § 3 Abs. 4 NoVAG 1991 idF BGBl. I Nr. 18/2021 (Rechtslage ab 1. Juli 2021) bzw. des § 3 Z 4 NoVAG 1991 idF BGBl. I Nr. 24/2007 (Rechtslage bis 30. Juni 2021): 354

Befreiung	**Steuerbare Vorgänge (§ 1 NoVAG 1991):**	**Anwendungsbereich:**	**Voraussetzungen:**	**Durchführung:**
Z 1 bzw. lit. a	Z 1 (inländische Lieferung) und Z 2 (ig. Erwerb)	Personen, die nach dem Bundesgesetz BGBl. Nr. 257/1976 oder nach vergleichbaren gesetzlichen Vorschriften (IStVG) zur Entlastung von der Umsatzsteuer berechtigt sind	Bedingungen des Bundesgesetzes BGBl. Nr. 257/1976	Vergütung
Z 2 bzw. lit. b	Z 3 (erstmalige Zulassung)	Völkerrechtlich privilegierte Personen und Einrichtungen	Steuerbefreiung von der Einfuhrumsatzsteuer	Direkte / unmittelbare Befreiung
Z 3 bzw. lit. c	Z 1 (inländische Lieferung)	Lieferung eines Kfz unterliegt nach § 6 Abs. 1 Z 6 lit. d UStG 1994 oder nach anderen vergleichbaren gesetzlichen Vorschriften nicht der Umsatzsteuer	– Vorlage des Formulars U45 – Bekanntgabe der Fahrzeugidentifikationsnummer (FIN) – Antrag auf Sperrsetzung des Kraftfahrzeuges in der Genehmigungsdatenbank nach § 30a KFG 1967	Direkte / unmittelbare Befreiung § 6 Abs. 1 Z 6 lit. d UStG 1994 ist sinngemäß anzuwenden

KfzBStR

A.3.7.2.1. Lieferungen im Inland (§ 3 Abs. 4 Z 3 NoVAG 1991 idF BGBl. I Nr. 18/2021 bzw. § 3 Z 4 lit. c NoVAG 1991 idF BGBl. I Nr. 24/2007):

355 Unterliegt die Lieferung eines Kraftfahrzeuges nach § 6 Abs. 1 Z 6 lit. d UStG 1994 oder nach anderen vergleichbaren gesetzlichen Vorschriften nicht der Umsatzsteuer, so unterliegt die Lieferung nach § 1 Z 1 NoVAG 1991 auch nicht der Normverbrauchsabgabe (§ 3 Abs. 4 Z 3 bzw. § 3 Z 4 lit. c NoVAG 1991). § 6 Abs. 1 Z 6 lit. d UStG 1994 knüpft hinsichtlich des begünstigten Personenkreises an die Vergütungsberechtigten im Sinne des Internationalen Steuervergütungsgesetzes (IStVG), BGBl. I Nr. 71/2003, an.

356 Vergütungsberechtigte (§ 1 IStVG) sind:

- In Österreich errichtete ausländische Vertretungsbehörden (§ 1 Abs. 1 Z 1 IStVG). Das sind nach § 1 Abs. 2 IStVG diplomatische Missionen, berufskonsularische Vertretungen sowie ständige Vertretungen bei internationalen Organisationen, die ihren Amtssitz in Österreich haben.
- Im diplomatischen oder berufskonsularischen Rang stehende Mitglieder der ausländischen Vertretungsbehörden (§ 1 Abs. 1 Z 2 IStVG).

357 Von der Normverbrauchsabgabe sind demnach befreit:

- Die Lieferung von Kraftfahrzeugen an Vergütungsberechtigte iSd § 1 Abs. 1 Z 1 IStVG für ihren amtlichen Gebrauch.
- Die Lieferung eines Kraftfahrzeuges innerhalb eines Zeitraumes von zwei Jahren an Vergütungsberechtigte im Sinne des § 1 Abs. 1 Z 2 IStVG für ihren persönlichen Gebrauch.

Die Grenzen dieser Steuerbefreiung ergeben sich aus dem Erfordernis der Gegenseitigkeit.

Der Grundsatz der Gleichbehandlung im Sinne des § 1 Abs. 3 IStVG ist sinngemäß anzuwenden.

358 Voraussetzung der Steuerbefreiung ist die Vorlage einer vom Bundesministerium für europäische und internationale Angelegenheiten ausgestellten Bescheinigung, welche materiell-rechtliche Voraussetzung ist. Die näheren Voraussetzungen für die Ausstellung bzw. Ausgestaltung dieser Bescheinigung sind in der Verordnung des BMF, BGBl. II Nr. 581/2003, enthalten. Das Bundesministerium für europäische und internationale Angelegenheiten stellt die Bescheinigung auf Antrag des Leistungsempfängers nach amtlichem Muster aus. Das Antragsformular (U 45) ist vom Vergütungsberechtigten dem Bundesministerium für europäische und internationale Angelegenheiten vorzulegen. Dieses bescheinigt auf der Rückseite des Formulars das Vorliegen der Voraussetzungen für die Steuerbefreiung, welches sodann dem (liefernden) Unternehmer auszuhändigen ist.

Eine Bescheinigung betreffend die Lieferung ist nur für jeweils ein Kraftfahrzeug auszustellen. Bei Vergütungsberechtigten im Sinne des § 1 Abs. 1 Z 2 IStVG (z.B. Diplomat, Berufskonsul) darf eine weitere Bescheinigung erst nach Ablauf von zwei Jahren neuerlich ausgestellt werden.

359 Das Recht auf Befreiung von der Normverbrauchsabgabe hat zur Voraussetzung, dass dem Anspruch auf Befreiung unmittelbar ein normverbrauchsabgabepflichtiger Vorgang vorangegangen ist. Unschädlich für die erstmalige Inanspruchnahme der Befreiung ist jedoch, wenn eine Leasinggesellschaft lediglich zum Zweck der Finanzierung dazwischengeschaltet wird. Dies wird insbesondere unter der Voraussetzung anzunehmen sein, dass die Leasinggesellschaft als Abnehmer (Käufer) einer normverbrauchsabgabepflichtigen Lieferung eingebunden ist. In diesem Fall ist die Voraussetzung für das Gewähren der Befreiung die Vorlage der Bescheinigung, die vom Bundesministerium für europäische und internationale Angelegenheiten ausgestellt wurde (Formular U 45), sowie eines Nachweises, dass die völkerrechtlich privilegierte Person tatsächlich Leasingnehmer ist. § 5 IStVG ist sinngemäß anzuwenden. Bei Erwerb eines Kraftfahrzeuges über eine Leasinggesellschaft besteht der Anspruch auf Vergütung der auf den Mietzahlungen (Leasingraten) lastenden Umsatzsteuer nach Maßgabe des IStVG.

360 Voraussetzung für die Befreiung ist die Bekanntgabe der Fahrzeugidentifikationsnummer (FIN) und die Sperrsetzung des Kraftfahrzeuges in der Genehmigungsdatenbank nach § 30a KFG 1967. Bei Lieferungen durch einen befugten Fahrzeughändler hat die Sperrsetzung des Kraftfahrzeuges in der Genehmigungsdatenbank über FinanzOnline ehestmöglich (eine 2-wöchige Frist sollte nicht überschritten werden) durch diesen zu erfolgen.

361 Wird vom Fahrzeughändler bei der Lieferung eines Gebrauchtfahrzeuges die Differenzbesteuerung angewendet, kann die Steuerbefreiung nicht angewendet werden (siehe UStR 2000 Rz 747a). Auch eine Vergütung der Steuer ist in diesen Fällen nicht möglich.

362 Eine Lieferung nach § 1 Z 1 NoVAG 1991 ist zudem nach § 3 Abs. 4 Z 1 NoVAG 1991 idF BGBl. I Nr. 18/2021 bzw. § 3 Z 4 lit. a NoVAG 1991 idF BGBl. I Nr. 24/2007 von der

Normverbrauchsabgabe befreit, wenn die Lieferung an Personen oder Einrichtungen erfolgt, die nach dem Bundesgesetz BGBl. Nr. 257/1976 über die Umsatzsteuervergütung an ausländische Vertretungsbehörden und ihre im diplomatischen oder berufskonsularischen Rang stehenden Mitglieder oder nach anderen vergleichbaren gesetzlichen Vorschriften zur Entlastung von der Umsatzsteuer berechtigt sind. Hinsichtlich des Verfahrens und der Bedingungen für die Entlastung gelten die Bestimmungen des Bundesgesetzes BGBl. Nr. 257/1976. Die Steuerbefreiung erfolgt im Wege der Vergütung.

A.3.7.2.2. Erwerb im übrigen Unionsgebiet

Gemäß § 3 Abs. 4 Z 1 NoVAG 1991 idF BGBl. I Nr. 18/2021 bzw. § 3 Z 4 lit. a NoVAG **363** 1991 idF BGBl. I Nr. 24/2007 steht völkerrechtlich privilegierten Personen auch im Falle eines innergemeinschaftlichen Erwerbs nach § 1 Z 2 NoVAG 1991 die Befreiung von der Normverbrauchsabgabe zu. Vorausgesetzt wird, dass die Personen oder Einrichtungen nach dem Bundesgesetz BGBl. Nr. 257/1976 über die Umsatzsteuervergütung an ausländische Vertretungsbehörden und ihre im diplomatischen oder berufskonsularischen Rang stehenden Mitglieder oder nach anderen vergleichbaren gesetzlichen Vorschriften (IStVG) zur Entlastung von der Umsatzsteuer berechtigt sind. Hinsichtlich des Verfahrens und der Bedingungen für die Entlastung gelten die Bestimmungen des Bundesgesetzes BGBl. Nr. 257/1976. Die Steuerbefreiung erfolgt im Wege der Vergütung.

A.3.7.2.3. Einfuhr aus dem übrigen Unionsgebiet oder einem Drittland

Nach § 3 Abs. 4 Z 2 NoVAG 1991 idF BGBl. I Nr. 18/2021 bzw. § 3 Z 4 lit. b NoVAG **364** 1991 idF BGBl. I Nr. 24/2007 steht völkerrechtlich privilegierten Personen auch im Falle der erstmaligen Zulassung von Kraftfahrzeugen zum Verkehr im Inland eine Normverbrauchsabgabebefreiung zu, soweit und solange eine Steuerbefreiung von der Einfuhrumsatzsteuer besteht. Diese Regelung ist sinngemäß auch dann anzuwenden, wenn die Kraftfahrzeuge nicht aus dem Drittland, sondern aus dem übrigen Unionsgebiet eingeführt werden (nicht jedoch bei einem innergemeinschaftlichen Erwerb). Für die Beurteilung der konkreten Normverbrauchsabgabebefreiung beim Erwerb aus dem übrigen Unionsgebiet ist es daher relevant, ob es sich um Neufahrzeuge oder um Gebrauchtfahrzeuge handelt.

Die Befreiung von der Normverbrauchsabgabe in § 3 Abs. 4 Z 2 bzw. § 3 Z 4 lit. b NoVAG **365** 1991 bezieht sich nicht nur auf den Fall, dass das konkret zu beurteilende Kraftfahrzeug durch den Steuerpflichtigen tatsächlich eingeführt wird, sondern darauf, dass bei einer allfälligen Einfuhr des Kraftfahrzeuges die Befreiung von der Einfuhrumsatzsteuer theoretisch in Anspruch genommen werden könnte. Die Befreiung ist daher auch anwendbar, wenn der Diplomat das Kraftfahrzeug weder aus einem Drittland noch aus dem übrigen Unionsgebiet einführt, sondern im Inland erwirbt.

Die Einfuhrumsatzsteuerfreiheit ist nach § 6 Abs. 4 Z 5 UStG 1994 im Zusammenhang mit **366** §§ 89 bis 93 Zollrechts-Durchführungsgesetz (ZollR-DG), BGBl. Nr. 659/1994, zu beurteilen. Unter die Einfuhrabgabenfreiheit fallen unter anderem Dienstfahrzeuge ausländischer Vertretungsbehörden und Kraftfahrzeuge, die zum persönlichen Gebrauch durch die dem Personal der Vertretungen angehörenden ausländischen Diplomaten und Berufskonsuln sowie durch die in ihrem Haushalt lebenden Familienmitglieder eingeführt werden. Im Fall des persönlichen Gebrauchs ist die Einfuhrabgabenfreiheit auf zwei Kraftfahrzeuge innerhalb eines Zeitraumes von jeweils zwei Jahren beschränkt. Allgemein ist die Einfuhrabgabenfreiheit nur zu gewähren, wenn und soweit der betreffende Drittstaat Gegenseitigkeit gewährt (auch hinsichtlich der Dauer der Verwendungspflicht).

A.3.7.2.4. Sperrfrist von Kraftfahrzeugen

Werden Kraftfahrzeuge nach einer der Befreiungsbestimmungen des § 3 Abs. 4 NoVAG **367** 1991 idF BGBl. I Nr. 18/2021 bzw. des § 3 Z 4 NoVAG 1991 idF BGBl. I Nr. 24/2007 durch den begünstigten Personenkreis steuerfrei erworben, ist eine Sperrfrist (üblicherweise zwei Jahre) unter der Maßgabe der Gegenseitigkeit zu beachten, bei deren Nichteinhaltung grundsätzlich eine Nacherhebung der ursprünglichen Normverbrauchsabgabe vorgesehen ist (§ 5 Abs. 2 IStVG). Die Sperrfrist ist für alle drei Arten des steuerbegünstigten Fahrzeugerwerbs (Kauf bei einem inländischen Händler bzw. Erwerb oder Einfuhr aus dem Unionsgebiet bzw. Drittland) gleichermaßen vorgesehen. Da die zollrechtlichen Bestimmungen gelten, erfolgt jedoch keine Nacherhebung, bei Abberufung des Begünstigten, sofern zumindest ein halbes Jahr der Sperrfrist abgelaufen ist, bei Tod des Begünstigten sowie bei Diebstahl oder ernsthafter Beschädigung des Kraftfahrzeuges. Der Diebstahl des Kraftfahrzeuges ist der österreichischen Polizei unverzüglich zu melden. Eine offizielle Bestätigung des Diebstahls durch die Polizei ist notwendig. Ernsthaft beschädigt im Sinne dieser Bestimmung bedeutet, dass eine Reparatur nicht mehr wirtschaftlich zu vertreten wäre bzw. ein wirtschaftlicher Totalschaden vorliegt. Das ist der Fall, wenn die Reparaturkosten den Zeitwert des Kraftfahrzeuges vor dem Schadenseintritt übersteigen würden oder eine Wiederherstellung überhaupt nicht mehr möglich ist.

368 Nach Ablauf der zweijährigen Sperrfrist für Diplomaten führt auch eine Verleihung, Verpfändung, Vermietung, Veräußerung oder Überlassung durch den Diplomaten zu keiner Nacherhebung der Normverbrauchsabgabe mehr bei diesem (§ 5 IStVG).

369 Verkauft der Diplomat sein begünstigtes Kraftfahrzeug nach Ablauf der Sperrfrist an einen Nichtdiplomaten, bewirkt dieser mit der Zulassung des Kraftfahrzeuges den Normverbrauchsabgabe-Tatbestand nach § 1 Z 3 lit. b NoVAG 1991. In diesen Fällen muss der Käufer bzw. Zulassungswerber die Normverbrauchsabgabe an das Finanzamt zahlen.

Bei Veräußerung innerhalb der Sperrfrist hätte zwar der Diplomat die Normverbrauchsabgabe nach § 1 Z 4 NoVAG 1991 zu entrichten, doch kann er auf Grund der Wiener Diplomatenkonvention dazu nicht verpflichtet werden, sodass der Käufer auch in diesem Fall die Normverbrauchsabgabe nach § 1 Z 3 lit. b NoVAG 1991 zu tragen hat. Bemessungsgrundlage ist dabei der gemeine Wert im Zeitpunkt, in dem das Kraftfahrzeug vom Käufer zugelassen wird.

Verkauft und liefert der Diplomat das Kraftfahrzeug an einen Händler, der kein Interesse an der Zulassung auf seinen eigenen Namen hat, sondern das Kraftfahrzeug an einen Endverbraucher verkaufen und liefern will, bestehen keine Bedenken, wenn der Händler selbst die Normverbrauchsabgabe abführt.

Beispiel:

Ein Diplomat kauft im März 2021 bei einem inländischen Händler (Lieferung am 19. März 2021) ein Neufahrzeug. Die Bescheinigung des Bundesministeriums für europäische und internationale Angelegenheiten (U 45) liegt vor und wird dem Händler ausgehändigt. Der Händler behandelt die Fahrzeuglieferung sowohl normverbrauchsabgabebefreit als auch umsatzsteuerbefreit und weist in der Rechnung 25.000 Euro aus. Nach Ablauf der Sperrfrist verkauft der Diplomat das gegenständliche Kraftfahrzeug an eine Privatperson, welche das Kraftfahrzeug wiederum in Österreich zum Verkehr zulässt. Der Diplomat muss weder die Normverbrauchsabgabe (kein Tatbestand nach § 1 Z 4 NoVAG 1991) noch die Umsatzsteuer (zurückbe)zahlen. Zu beachten ist jedoch, dass der Privatkäufer mit der inländischen Zulassung den Tatbestand nach § 1 Z 3 NoVAG 1991 verwirklicht.

Bemessungsgrundlage ist der gemeine Wert im Zeitpunkt der Zulassung. Hinsichtlich der Umsatzsteuer bleibt es (endgültig) bei einer Steuerbefreiung.

370 Gemäß § 6 Abs. 8 NoVAG 1991 ist bei der neuerlichen Zulassung eines zuvor gemäß § 3 NoVAG 1991 befreiten Kraftfahrzeuges die Normverbrauchsabgabe nach jener Rechtslage zu bemessen, die im Zeitpunkt der erstmaligen (befreiten) Zulassung anzuwenden war. Dabei ist für die Bonus-Malus-Berechnung und den Abzugsbetrag die Wertentwicklung des Kraftfahrzeuges zu berücksichtigen (siehe Rz 936).

371 **Übersicht über die Rechtsfolgen einer Handlung bei einem nach § 3 Abs. 4 NoVAG 1991 (idF BGBl. I Nr. 18/2021) bzw. § 3 Z 4 NoVAG 1991 (idF BGBl. I Nr. 24/2007) befreiten Kraftfahrzeug:**

Handlung:	**Sperrfrist (2 Jahre):**	**Nacherhebung der NoVA:**	**Tatbestand (NoVAG 1991):**	**Steuerschuldner:**
Verkauf	innerhalb	Ja (beachte Wiener Diplomatenkonvention)	§ 1 Z 4 (Diplomat) und § 1 Z 3 lit. b (Zulassungswerber)	Zulassungswerber (Privilegierte Person nicht verpflichtet)
Verkauf	außerhalb	Nein	§ 1 Z 3 lit. b (bei späterer Neuzulassung)	Zulassungswerber
Privatübernahme (Akkreditierung abgelaufen)	Innerhalb – mehr als 6 Monate abgelaufen	Nein	/	/
Privatübernahme (Akkreditierung abgelaufen)	Innerhalb – weniger als 6 Monate abgelaufen	Ja	§ 1 Z 4	Privilegierte Person

Verkauf nach Abberufung	Innerhalb (in ersten 6 Monaten)	Ja	§ 1 Z 4	Privilegierte Person
Verkauf nach Abberufung	Innerhalb (nach 6 Monaten)	Nein	§ 1 Z 3 lit. b (bei späterer Neuzulassung)	Zulassungswerber
Verkauf nach Tod, Beschädigung oder Diebstahl	Innerhalb	Nein	§ 1 Z 3 lit. b (bei späterer Neuzulassung)	Zulassungswerber

A.3.7.3. Motorbezogene Versicherungssteuer und Kraftfahrzeugsteuer

Eine Versicherungsgesellschaft kann Diplomaten, die sich ihr gegenüber mit Lichtbild- 372 ausweis als Träger diplomatischer Privilegien ausweisen, unmittelbar von der motorbezogenen Versicherungssteuer entlasten. Hat der Versicherer dennoch die motorbezogene Versicherungssteuer in Rechnung gestellt, hat er diese unrichtige Berechnung der motorbezogenen Versicherungssteuer gemäß § 6 Abs. 3 Z 7 VersStG 1953 zu berichtigen (siehe Rz 1701 bis 1708).

Die Befreiungstatbestände in der motorbezogenen Versicherungssteuer entsprechen 373 inhaltlich den Befreiungstatbeständen des KfzStG 1992, die sich auf Kraftfahrzeuge mit einem höchsten zulässigen Gesamtgewicht bis 3,5 Tonnen beziehen (siehe Rz 1401). Die folgenden Ausführungen zur Befreiung für Diplomaten und Angestellte von internationalen Organisationen sind somit sinngemäß sowohl für die Kraftfahrzeugsteuer als auch für die motorbezogene Versicherungssteuer anzuwenden.

Die Befreiung steht in Österreich grundsätzlich nur Personen zu, die an diplomatischen 374 oder konsularischen Vertretungsbehörden fremder Staaten in Österreich oder als Angestellte internationaler Regierungsorganisationen mit Amtssitz in Österreich oder an Ständigen Vertretungen fremder Staaten gegenüber solchen Organisationen in Österreich bzw. an Ständigen Vertretungen Internationaler Regierungsorganisationen gegenüber der Republik Österreich tätig sind.

Diplomaten und Berufskonsuln sind von allen Steuern, sohin auch von der Kraftfahrzeugbesteuerung (KfzSt, mVSt) befreit. Honorarkonsuln genießen keine diesbezüglichen Privilegien.

Mitglieder des Verwaltungs- und technischen Personals diplomatischer oder konsularischer Vertretungsbehörden genießen zwar insgesamt weniger Privilegien als die zuvor genannten Personen, sind jedoch ebenso wie diese von der Kraftfahrzeugbesteuerung befreit.

Angestellte internationaler Organisationen sind aufgrund der jeweiligen Amtssitzabkommen zum Teil von der Kraftfahrzeugsteuer und der motorbezogenen Versicherungssteuer befreit. Bei kleineren Organisationen fehlt in der Regel diese Befreiung. Höherrangige Angestellte internationaler Organisationen genießen im Wesentlichen diplomatische Privilegien.

Mitgliedern diplomatischen Ranges sowie dem Verwaltungs- und technischen Personal ständiger Vertretungen stehen die vergleichbaren Privilegien für Mitglieder diplomatischer Vertretungsbehörden zu.

Keine Befreiung von der Kraftfahrzeugbesteuerung besteht für Personen, die den genannten Gruppen nicht angehören (z.B. Sachverständige, Hauspersonal).

Für im gemeinsamen Haushalt lebende **Familienangehörige** (siehe Rz 377) des begünstigten Personenkreises kommt grundsätzlich ebenso eine Befreiung von der Kraftfahrzeugbesteuerung zur Anwendung. Ausnahmen bestehen bei kleineren internationalen Organisationen sowie in den Fällen der Rz 375.

Auf allfällige Verwendungsauflagen und/oder Sperrfristen aufgrund der maßgeblichen Rechtsgrundlagen ist zu achten.

Hinsichtlich jener Diplomaten mit österreichischer Staatsbürgerschaft oder ständiger 375 Ansässigkeit in Österreich bestehen hier jedoch Einschränkungen. Nach Art. 38 Abs. 1 Wiener Diplomatenkonvention (WDK), BGBl. Nr. 66/1966, genießt ein Diplomat, der Angehöriger dieses Staates oder in demselben ständig ansässig ist, soweit der Empfangsstaat nicht zusätzliche Vorrechte und Immunitäten gewährt, lediglich Immunität von der Gerichtsbarkeit und Unverletzlichkeit in Bezug auf seine in Ausübung seiner dienstlichen Tätigkeit vorgenommenen Amtshandlungen. Auf Basis dessen genießen Personen mit österreichischer Staatsbürgerschaft (auch bei Doppelstaatsbürgerschaft) oder Personen, die ständig in Österreich ansässig sind (daher länger als zehn Jahre im Empfangsstaat ununterbrochen beschäftigt bzw. Familienangehörige solcher Personen) lediglich funktionelle Immunität und somit nur für jene Handlungen, die von ihnen in unmittelbarer Verbindung mit ihren amtlichen Obliegenheiten gesetzt werden. Eine Inanspruchnahme der Befreiung von der Kraftfahrzeugsteuer, sowie auch von der motorbezogenen Versicherungssteuer, ist aus diesem Grund für diese Personen nicht möglich.

Ähnliche Einschränkungen auf eine funktionelle Immunität bestehen in diesem Zusammenhang für Mitarbeiter internationaler Organisationen mit österreichischer Staatsbürgerschaft nach dem jeweiligen Amtssitzabkommen (z.B. Abkommen zwischen der Republik Österreich und der Organisation der Erdölexportierenden Länder über den Amtssitz der Organisation der Erdölexportierenden Länder).

A.3.7.4. Legitimationskarte

376 Personen, die in Österreich zum Kreis der Träger von Privilegien und Immunitäten gehören, wird vom Bundesministerium für europäische und internationale Angelegenheiten auf Antrag eine Legitimationskarte mit bis zu dreijähriger Gültigkeitsdauer ausgestellt, aus der die Identität, die Staatsangehörigkeit und die Funktion des Inhabers zu ersehen sind.

Die Gültigkeitsdauer wird auf dem Ausweis vermerkt und auf Antrag verlängert. Der Ausweis verliert seine Gültigkeit mit Ablauf der Gültigkeitsdauer oder wenn die Voraussetzungen für seine Ausstellung weggefallen sind.

Der Besitz einer (auf Antrag ausgestellten) Legitimationskarte ist notwendiges Erfordernis für die Steuerbefreiungen. Die Privilegien sind an die jeweilige Funktion der betreffenden Person gebunden.

Umgekehrt dokumentiert eine Legitimationskarte nicht zwingend die Zugehörigkeit des Inhabers zum Kreis der steuerlich Privilegierten.

Beispiele:

Der Techniker des Konsulats (technisches Personal) ist im Besitz der österreichischen Staatsbürgerschaft; auf seiner blauen Legitimationskarte ist die Staatsbürgerschaft angegeben, welche ihn daher nicht zur Steuerbefreiung berechtigt. Seine Legitimationskarte trägt einen Vermerk „Eingeschränkte Privilegien und Immunitäten gemäß [...]"

Die langjährige Botschaftsmitarbeiterin (Verwaltungspersonal) ist ständig in Österreich ansässig; ihre blaue Legitimationskarte berechtigt sie daher nicht zur Steuerbefreiung. Der Wohnsitz ist nicht aus der Legitimationskarte ersichtlich. Ihre Legitimationskarte trägt einen Vermerk „Eingeschränkte Privilegien und Immunitäten gemäß [...]"

377 **Übersicht über die verschiedenen Arten von Legitimationskarten**

Farbe	Inhaberkreis	Befreiung KfzSt/mVSt
Rot	Personen, die in Österreich Träger diplomatischer Privilegien und Immunitäten sind (z.B. Diplomaten; höherrangige Angestellte internationaler Organisationen)	Ja
Orange	Berufskonsuln	Ja
Gelb	Honorarkonsuln	Nein
Grün	Angestellte oder Sachverständige internationaler Organisationen oder Einrichtungen	KfzSt – nein mVSt – ja (Sachverst.– nein)
Blau	Alle anderen Personen, die in Österreich Privilegien genießen (z.B. Angehörige des Verwaltungs- und technischen Personals diplomatischer oder konsularischer Vertretungsbehörden oder ständiger Vertretungen zu internationalen Organisationen in Österreich)	Ja
Braun	Dienstliches Hauspersonal	Nein
Grau	Private Hausangestellte privilegierter Arbeitgeber, denen deren Beschäftigung vom BMeiA zugestanden wurde	Nein

Haushaltszugehörige Familienangehörige des beschriebenen Inhaberkreises erhalten eine Legitimationskarte in derselben Farbe wie der Hauptträger, ausgenommen:

- Familienangehörige, die Fremde mit gültigem Aufenthaltstitel in Österreich oder österreichische Staatsbürger sind, sofern nicht andere österreichische Rechtsvorschriften die Ausstellung von Lichtbildausweisen für diese Personen vorsehen;
- Familienangehörige von Honorarkonsuln;

- Familienangehörige von privaten Hausangestellten.

Familienangehörige sind:

- der Ehegatte und minderjährige Kinder des Hauptberechtigten bzw. des Ehegatten;
- volljährige ledige Kinder (bis zum vollendeten 26. Lebensjahr, in besonders berücksichtigungswürdigen Fällen auch darüber hinaus), soweit sie in Österreich keine Erwerbstätigkeit ausüben; von Letzterem kann abgewichen werden, sofern andere österreichische Rechtsvorschriften dies gestatten;
- in besonders berücksichtigungswürdigen Fällen und soweit sie in Österreich keine Erwerbstätigkeit ausüben
  - Eltern und Schwiegereltern des Hauptberechtigten sowie
  - Geschwister des allein oder mit seinen minderjährigen Kindern lebenden Hauptberechtigten, der einen eigenen Haushalt führt.

Die für Ehegatten maßgebenden Bestimmungen sind auf eingetragene Partner sowie in besonders berücksichtigungswürdigen Fällen auch auf Lebensgefährten sinngemäß anzuwenden.

Aus der Farbe der Legitimationskarte lässt sich nicht sicher ableiten, dass der Inhaberin bzw. dem Inhaber eine Befreiung von der Besteuerung zusteht. Die Farben Gelb, Braun und Grau bedeuten jedenfalls das Fehlen einer Befreiung von der Besteuerung. Bei allen anderen Farben ist auf allfällige Vermerke auf der Rückseite zu achten, insbesondere bei den Farben Grün und Blau. Kein Vermerk gilt jedoch als Indiz für das Vorliegen einer Befreiung von der Besteuerung.

Da es sich bei den Steuerbefreiungen für völkerrechtlich privilegierte Personen um **378**
eine persönliche Steuerbefreiung handelt und daher der persönliche Gebrauch durch die begünstigte Person gefordert wird, müssen bei der Zulassung eines Kraftfahrzeuges auf mehrere Personen alle Personen der Zulassungsbesitzgemeinschaft über eine entsprechende Legitimationskarte verfügen, um die Steuerbefreiungen in Anspruch nehmen zu können.

Rechtsgrundlagen neben den in den jeweiligen Materiengesetzen genannten sind: **379**

- für die Ausstellung der Legitimationskarten: Legitimationskartenverordnung (LKVO), BGBl. II Nr. 208/2021;
- für diplomatische Privilegien und Immunitäten: Wiener Diplomatenkonvention (WDK), BGBl. Nr. 66/1966;
- für konsularische Privilegien und Immunitäten: Wiener Konsularrechtskonvention (WKK), BGBl. Nr. 318/1969;
- für Privilegien von Angestellten internationaler Organisationen in Österreich: das jeweilige Amtssitzabkommen, beispielsweise für das Internationale Zentrum Wien (VIC): UNO, BGBl. III Nr. 99/1998; UNIDO, BGBl. III Nr. 100/1998; IAEO, BGBl. Nr. 82/1958; CTBTO, BGBl. III Nr. 188/1997; kleinere Organisationen: ICMPD, BGBl. III Nr. 145/2000; IIASA, BGBl. Nr. 441/1979; JVI, BGBl. III Nr. 187/1997;

Weitere Rechtsgrundlagen sind zum Beispiel:

- UN-Privilegienabkommen, BGBl. Nr. 126/1957;
- Protokoll über Vorrechte und Befreiungen der EU, ABl. Nr. C 83 vom 30.03.2010 S. 266;
- NATO-Privilegien, BGBl. Nr. 870/1995.

Randzahlen 380 bis 399: *derzeit frei*

B. Normverbrauchsabgabe (NoVAG 1991)

B.1. Steuergegenstand (§ 1 NoVAG 1991)

B.1.1. Lieferung (§ 1 Z 1 NoVAG 1991)

400 Der Normverbrauchsabgabe unterliegt die im Inland ausgeführte gewerbliche Lieferung von bisher noch nicht im Inland zugelassenen und vom NoVAG 1991 betroffenen Kraftfahrzeugen, die ein Unternehmer gegen Entgelt im Rahmen seines Unternehmens ausführt.

Nicht der Normverbrauchsabgabe unterliegt die im Inland ausgeführte gewerbliche Lieferung von bisher noch nicht im Inland zugelassenen und vom NoVAG 1991 betroffenen Kraftfahrzeugen, die ein Unternehmer gegen Entgelt im Rahmen seines Unternehmens an einen anderen Unternehmer zur gewerblichen Weiterveräußerung ausführt.

401 Steuerpflicht nach § 1 Z 1 NoVAG 1991 löst erst die tatsächliche Lieferung im Sinne des § 3 Abs. 1 UStG 1994 (und nicht der Abschluss des Kaufvertrages) durch den Fahrzeughändler an den „Letztverbraucher" aus. Als Letztverbraucher ist in diesem Zusammenhang aber nicht nur eine natürliche Person zum privaten Gebrauch gemeint, sondern beispielsweise auch eine juristische Person im Rahmen eines Unternehmens, dessen Gegenstand nicht der Handel mit Kraftfahrzeugen ist.

Die Lieferung besteht in der Verschaffung der Verfügungsmacht an einem Gegenstand durch einen Unternehmer. Eine Lieferung liegt dann vor, wenn der Unternehmer den Abnehmer befähigt, im eigenen Namen über einen Gegenstand zu verfügen. Ein zivilrechtlicher Eigentumserwerb ist hingegen nicht notwendig, selbst wenn er in den meisten Fällen vorliegt. Ausreichend ist die tatsächliche Befähigung, über den Nutzen des Gegenstandes frei zu disponieren, dh. „ihn zu veräußern, zu belasten und ähnliches mehr" (vgl. VwGH 03.07.1980, 1289/77). Die tatsächliche Disposition durch Verwendung oder Gebrauch ist nicht erforderlich. Der Übergang muss sich tatsächlich vollziehen, er kann nicht lediglich abstrakt vereinbart werden. Es ist erforderlich, dass dem Empfänger tatsächlich Substanz, Wert und Ertrag zugewendet werden.

Übergabsarten, die zivilrechtlich zum Erwerb des Eigentums und Besitzes ausreichen, sind auch umsatzsteuerlich zur Verschaffung der Verfügungsmacht ausreichend. Neben der körperlichen Übergabe (§ 426 ABGB), kommt auch die Übergabe durch Zeichen (§ 427 ABGB; Urkunden, Schlüssel, Anbringung von Merkmalen, Übergabe durch Lagerschein im Sinne des § 424 UGB) in Betracht. Daneben ist eine Übergabe durch Besitzkonstitut möglich.

Umsatzsteuerlich wird auch damit dem Erwerber Verfügungsmacht verschafft, sofern zumindest die wirtschaftliche Substanz des Gegenstandes übergeht (z.B. der natürliche Alterungsprozess des Objektes geht zu Lasten des Erwerbers; vgl. VwGH vom 27.2.2002, 2000/13/0095). Verfügungsmacht wird demnach auch verschafft, wenn sich der Gegenstand in der Gewalt eines Dritten befindet und durch Besitzanweisung der Dritte angewiesen wird, die Sache künftig innezuhaben.

B.1.1.1. Unternehmer

402 Die Begriffe „Unternehmer" und „im Rahmen seines Unternehmens" sind im Sinne des § 2 Abs. 1 UStG 1994 auszulegen (vgl. UStR 2000 Rz 181).

Unternehmer kann jede natürliche Person und jedes Wirtschaftsgebilde sein, das nachhaltig, selbstständig gegen Entgelt Leistungen erbringt und nach außen hin in Erscheinung tritt (Maßgeblichkeit des Außenverhältnisses). Nicht erforderlich ist die Beteiligung am allgemeinen wirtschaftlichen Verkehr oder die Handlungsfähigkeit: Auch Personen, die nur durch einen Vertreter tätig werden, können Unternehmer sein (VwGH 27.5.1998, 93/13/0052). Unternehmereigenschaft kann auch durch Tätigwerden im Ausland erworben werden (VwGH 7.10.1955, 3206/53). Personenvereinigungen jeder Art können Unternehmer sein, wenn sie nach außen hin selbstständig auftreten. Zivilrechtliche Rechts- oder Geschäftsfähigkeit ist nicht erforderlich. Anderseits gibt es keine Unternehmereigenschaft kraft Rechtsform: Auch Personengesellschaften und juristische Personen sind nur Unternehmer, wenn sie mit Leistungen an Dritte im Wirtschaftsleben in Erscheinung treten (VwGH 17.3.1976, 0999/75; VwGH 13.12.1977, 1550/77). Unternehmereigenschaft wird auch begründet, wenn eine Personenvereinigung nur gegenüber ihren Mitgliedern tätig wird (§ 2 Abs. 1 letzter Satz UStG 1994). Nicht unternehmerisch tätig sind aber Vereine, wenn sie nur in Erfüllung ihrer satzungsgemäßen Gemeinschaftsaufgaben tätig werden, ohne Einzelleistungen an die Mitglieder (oder Dritte) zu erbringen (VwGH 03.11.1986, 86/15/0003).

Bezüglich Organgesellschaften ist § 2 Abs. 2 Z 2 UStG 1994 anzuwenden. Die Organgesellschaft wird somit nicht als Unternehmer im Sinne des § 2 UStG 1994 angesehen (vgl. UStR 2000 Rz 233).

Organ (Organgesellschaft) kann jede juristische Person sein, bei der die Eingliederung möglich ist. Organschaft nach § 2 Abs. 2 Z 2 UStG 1994 liegt vor, wenn eine juristische Person nach dem Gesamtbild der tatsächlichen Verhältnisse finanziell, wirtschaftlich und organisatorisch in ein Unternehmen eingegliedert ist. Es ist nicht erforderlich, dass alle drei Eingliederungsmerkmale gleichermaßen ausgeprägt sind. Organschaft kann auch gegeben sein, wenn die Eingliederung auf einem dieser drei Gebiete weniger, dafür aber auf den anderen Gebieten stärker ausgeprägt ist. Maßgeblich ist das Gesamtbild der tatsächlichen Verhältnisse (VwGH 9.9.1980, 2595/80). Organschaft liegt nicht vor, wenn auch nur eines der Eingliederungskriterien fehlt (VwGH 15.4.1983, 82/17/0026).

Die Lieferung eines einzelnen, noch nicht im Inland zugelassenen Kraftfahrzeuges (z.B. **403** durch einen Bauunternehmer) erfolgt regelmäßig (kein gewerblicher Fahrzeughandel) nicht im Rahmen seines Unternehmens und ist daher nicht steuerpflichtig (Steuerpflicht des Erwerbers bzw. Zulassungswerbers nach § 1 Z 3 NoVAG 1991).

Im Ergebnis trifft die Steuerpflicht nach § 1 Z 1 NoVAG 1991 einen Fahrzeughändler im **404** engeren Sinn, aber auch beispielsweise einen Händler für Waren aller Art unter Einschluss des regelmäßigen Handels mit Kraftfahrzeugen (gewerblicher Fahrzeughandel).

B.1.1.2. Lieferung von im Vergütungsverfahren befreiten Kraftfahrzeugen

(Rechtslage ab 1. Juli 2021) **405**

Unter die Steuerpflicht des § 1 Z 1 NoVAG 1991 fällt auch die Lieferung von Kraftfahrzeugen, die anschließend im Vergütungsverfahren nach § 3 Abs. 3 NoVAG 1991 befreite Vorgänge betreffen, wie:

- Begleitfahrzeuge für Sondertransporte
- Fahrschulkraftfahrzeuge
- Miet-, Taxi- und Gästewagen
- Kraftfahrzeuge, die zur kurzfristigen Vermietung verwendet werden
- Kraftfahrzeuge, die für den Rettungsdienst oder als Krankenwagen verwendet werden
- Leichenwagen
- Einsatzfahrzeuge der Feuerwehren

(Rechtslage bis 30. Juni 2021) **406**

Unter die Steuerpflicht des § 1 Z 1 NoVAG 1991 fallen auch die Lieferung von Kraftfahrzeugen, die im Vergütungsverfahren nach § 3 Z 3 NoVAG 1991 befreite Vorgänge betreffen, wie:

- Vorführkraftfahrzeuge
- Fahrschulkraftfahrzeuge,
- Miet-, Taxi- und Gästewagen,
- Kraftfahrzeuge, die zur kurzfristigen Vermietung verwendet werden,
- Kraftfahrzeuge, die für Zwecke der Krankenbeförderung und im Rettungswesen verwendet werden,
- Leichenwagen,
- Einsatzfahrzeuge der Feuerwehren und
- Begleitfahrzeuge für Sondertransporte.

(Rechtslage bis 30. Juni 2021) **407**

Vorführkraftfahrzeuge sind grundsätzlich zur gewerblichen Weiterveräußerung bestimmt. Damit ergibt sich, dass bei der Lieferung eines Kraftfahrzeuges, welches durch den Erwerber als Vorführkraftfahrzeug genutzt werden soll, keine Steuerpflicht nach § 1 Z 1 NoVAG 1991 gegeben sein kann, jedoch bei Zulassung eine Steuerpflicht nach § 1 Z 3 NoVAG 1991 (Erstmalige Zulassung) entsteht. Dieser steht dann die Befreiung gemäß § 3 Z 3 NoVAG 1991 gegenüber (siehe Rz 659 bis 664).

Bei der Lieferung eines bisher befreiten Vorführkraftfahrzeuges ist eine Steuerpflicht nach § 1 Z 4 NoVAG 1991 gegeben (siehe Rz 450 f).

B.1.1.3. Nicht der Normverbrauchsabgabe unterliegende Lieferungen

Nicht steuerbar sind Lieferungen an einen anderen Unternehmer zur gewerblichen Wei- **408** terveräußerung.

Beispiel 1:

Ein österreichischer Generalimporteur liefert ein Kraftfahrzeug an den Großhändler, der Großhändler liefert weiter an den Einzelhändler und dieser an ein Leasingunternehmen.

Für Generalimporteur und Großhändler ergibt sich keine Normverbrauchsabgabepflicht. Diese liefern das Kraftfahrzeug an einen Unternehmer zur gewerblichen Weiterveräußerung. Die Lieferung des Einzelhändlers an das Leasingunternehmen ist steuerpflichtig.

Beispiel 2:

Ein österreichischer Generalimporteur liefert ein Kraftfahrzeug an den Großhändler, der Großhändler liefert weiter an den Einzelhändler. Dieser verwendet das Kraftfahrzeug als Vorführkraftfahrzeug. Für Generalimporteur und Großhändler ergibt sich keine Normverbrauchsabgabepflicht. Diese liefern das Kraftfahrzeug an einen Unternehmer zur gewerblichen Weiterveräußerung. Der Einzelhändler ist auf Grund der Verwendung des Fahrzeuges als Vorführkraftfahrzeug steuerbefreit gemäß § 3 Abs. 1 Z 2 NoVAG 1991. Grundsätzlich wird erst die Lieferung an den Endkunden einen steuerpflichtigen Tatbestand gemäß § 1 Z 4 NoVAG 1991 auslösen.

409 Hat sich der Fahrzeughändler in Zweifelsfällen (z.B. bei nicht betriebsbekannten Abnehmern) durch einen geeigneten Nachweis davon versichert, dass der Käufer das Kraftfahrzeug zur gewerblichen Weiterveräußerung verwendet, gilt Folgendes: Der Fahrzeughändler (Verkäufer) ist auch dann nicht nachträglich zur Normverbrauchsabgabe heranzuziehen, wenn die Voraussetzungen für eine Steuerfreistellung im Hinblick auf die Verhältnisse beim Käufer des Kraftfahrzeuges nicht vorgelegen haben. Der Käufer erfüllt in weiterer Folge bei der Fahrzeugzulassung den Tatbestand des § 1 Z 3 NoVAG 1991. Das Vorliegen eines geeigneten Nachweises ist dann anzunehmen, wenn dem Fahrzeughändler gegenüber eine vom Abnehmer oder dessen Bevollmächtigten unterfertigte Erklärung folgenden Inhalts abgegeben worden ist (z.B. als Anhang zum Kaufvertrag):

> *„Ich bestätige, dass ich Unternehmer im Sinne des § 2 UStG 1994 und gewerberechtlich zum Handel mit Kraftfahrzeugen befugt bin. Ich erkläre, dass das (die) Kraftfahrzeug(e) lt. Kaufvertrag vomzum Zwecke der gewerblichen Weiterveräußerung erworben wird (werden). Die Abgabe einer unrichtigen Erklärung kann finanzstrafrechtliche Folgen nach sich ziehen.“*

B.1.1.4. Probe- und Überstellungzeichen

410 Nicht als Zulassung im Inland gilt die Vergabe eines Probe- oder eines Überstellungskennzeichens (§§ 45 und 46 KFG 1967).

B.1.2. Innergemeinschaftlicher Erwerb (§ 1 Z 2 NoVAG 1991)

B.1.2.1. Allgemein

411 Gemäß § 1 Z 2 NoVAG 1991 unterliegt der Normverbrauchsabgabe der innergemeinschaftliche Erwerb (Art. 1 UStG 1994) von Kraftfahrzeugen, ausgenommen der Erwerb durch befugte Fahrzeughändler zur Weiterlieferung. Ob ein innergemeinschaftlicher Erwerb vorliegt, ist ausschließlich nach den Bestimmungen des Art. 1 UStG 1994 zu beurteilen (vgl. UStR 2000 Rz 3571 ff). Voraussetzung für das Vorliegen eines Tatbestands gemäß § 1 Z 2 NoVAG 1991 ist, dass tatbestandsmäßig ein innergemeinschaftlicher Erwerb nach Art. 1 UStG 1994 gegeben ist.

Der Tatbestand des innergemeinschaftlichen Erwerbs gemäß § 1 Z 2 NoVAG 1991 ist sowohl für Neufahrzeuge als auch für gebrauchte Kraftfahrzeuge zu beachten.

412 Ein innergemeinschaftlicher Erwerb liegt vor, wenn der Gegenstand anlässlich der Lieferung an den Erwerber aus dem Gebiet eines Mitgliedstaates in das Gebiet eines anderen Mitgliedstaates gelangt. Weitere Voraussetzung ist, dass die Lieferung durch einen Unternehmer gegen Entgelt im Rahmen seines Unternehmens erfolgt. Ein innergemeinschaftlicher Erwerb liegt jedoch nur vor, wenn der Erwerber einem bestimmten Personenkreis angehört (siehe dazu auch UStR 2000 Rz 3583 bis Rz 3588) und sofern nicht eine Ausnahme von der Erwerbsbesteuerung vorliegt (UStR 2000 Rz 3626).

Der Unternehmer tätigt einen innergemeinschaftlichen Erwerb nur, wenn er den Gegenstand für sein Unternehmen erwirbt. Die Qualifikation des Erwerbes als für das Unternehmen richtet sich nach § 12 Abs. 2 UStG 1994 (siehe hierzu UStR 2000 Rz 1901 bis Rz 1985). Der Erwerbsteuerpflicht sind neben Unternehmern auch juristische Personen unterworfen, die keine Unternehmereigenschaft besitzen oder nicht für ihr Unternehmen erwerben (siehe UStR 2000 Rz 3581 ff – Voraussetzungen für den innergemeinschaftlichen Erwerb).

413 Maßgeblich für die Entscheidung, ob ein innergemeinschaftlicher Erwerb vorliegt, ist, wo (in welchem Land) der Endverbrauch des Kraftfahrzeuges stattfindet. Die Beurteilung des Ortes des Endverbrauchs eines Kraftfahrzeuges (und damit des innergemeinschaftlichen Erwerbs) hat nach umfassender Abwägung aller objektiven tatsächlichen Umstände zu erfolgen. Hierfür ist das Gesamtbild der Verhältnisse entscheidend. Kriterien beziehungsweise Indizien können sein:

- Der Ort der gewöhnlichen Verwendung des Kraftfahrzeuges,
- das Land der Registrierung (Zulassung) des Kraftfahrzeuges,
- der Wohnort des Erwerbers
- sowie das Bestehen oder Fehlen von Verbindungen des Erwerbers zu einzelnen Mitgliedstaaten.

Die Feststellung hat anhand objektiver Umstände im Zeitpunkt der Lieferung zu erfolgen, wo die endgültige und dauerhafte Verwendung eines Kraftfahrzeuges stattfinden wird.

Beispiel:

Im Mai 2021 wird von einem Nichtunternehmer ein Personenkraftwagen (Kilometerstand: 19 km) in Deutschland erworben. Dieser wird kurz später im Juni 2021 nach Österreich verbracht.

Der Hauptwohnsitz des Nichtunternehmers befindet sich in Deutschland und der Nebenwohnsitz in Österreich. Der ständige Aufenthalt ist ebenfalls in Österreich. Die ganze Familie des Nichtunternehmers hat sich unter der Woche und auch an mehreren Wochenenden in Österreich aufgehalten. Die Eltern sind in Österreich berufstätig und das Kind geht in Österreich zur Schule. Die tatsächliche Nutzung des Kraftfahrzeuges findet hauptsächlich in Österreich statt. Wöchentlich bzw. 14-tägig wird für Besuchsfahrten zu Verwandten nach Deutschland gefahren.

Der innergemeinschaftliche Erwerb ist in dem Land steuerbar, in dem der Endverbrauch des Kraftfahrzeuges stattfindet, daher in dem die endgültige und dauerhafte Verwendung des Kraftfahrzeuges erfolgt bzw. erfolgen wird. In diesem Fall in Österreich.

Der Mittelpunkt der Lebensinteressen des Erwerbers kann im Fall von mehreren Wohnsitzen nur dort liegen, wo sich die stärksten persönlichen Beziehungen befinden (EuGH 18.11.2010, C-84/09, X).

B.1.2.2. Innergemeinschaftlicher Erwerb neuer Kraftfahrzeuge

Der Erwerb neuer Kraftfahrzeuge ist stets ein innergemeinschaftlicher Erwerb. Dies gilt **414** unabhängig vom Status des Lieferers und des Erwerbers. Zum Begriff des neuen Kraftfahrzeuges siehe Rz 419.

B.1.2.2.1. Innergemeinschaftlicher Erwerb neuer Kraftfahrzeuge durch Unternehmer

Bei Unternehmern gilt der Erwerb neuer Kraftfahrzeuge jedenfalls als für das Unter- **415** nehmen ausgeführt (vgl. UStR 2000 Rz 3658).

Unabhängig von der Erwerbsschwelle liegt auch beim Erwerb neuer Kraftfahrzeuge durch **416** Schwellenerwerber jedenfalls ein innergemeinschaftlicher Erwerb vor.

KfzBStR

B.1.2.2.2. Innergemeinschaftlicher Erwerb neuer Kraftfahrzeuge durch Nichtunternehmer

Erwirbt ein Nichtunternehmer ein neues Kraftfahrzeug, so liegt auch in diesem Fall ein **417** innergemeinschaftlicher Erwerb vor (Art. 1 Abs. 2 Z 1 UStG 1994). Der Erwerb durch einen Nichtunternehmer hat Entgeltlichkeit zur Voraussetzung.

B.1.2.3. Zeitpunkt des innergemeinschaftlichen Erwerbs (Lieferung)

Für die Beurteilung als neues Kraftfahrzeug ist auf den Zeitpunkt der Lieferung des **418** betreffenden Gegenstandes vom Verkäufer an den Käufer abzustellen (EuGH 18.11.2010, Rs C-84/09, *X*).

Abzustellen ist demnach auf den Zeitpunkt, in dem nach umsatzsteuerrechtlichen Kriterien die Lieferung ausgeführt ist (vgl. § 3 Abs. 7 und 8 UStG 1994). Daraus ergibt sich grundsätzlich, dass der Erwerber in Beförderungs- und Versendungsfällen einen innergemeinschaftlichen Erwerb (im Inland) nach § 1 Z 2 NoVAG 1991 (Art. 1 UStG 1994) im Zeitpunkt des Beginns der Beförderung oder Versendung (im EU-Ausland) verwirklicht. Für den Zeitpunkt des innergemeinschaftlichen Erwerbs ist bei dieser Beurteilung nicht erforderlich, dass das Kraftfahrzeug die Grenze zum Inland bereits überschritten hat bzw. den endgültigen Bestimmungsort im Inland bereits erreicht hat.

B.1.2.4. Definition „neues Kraftfahrzeug"

Ein Kraftfahrzeug gilt dann als neu, wenn die erste Inbetriebnahme im Zeitpunkt des **419** Erwerbs nicht mehr als sechs Monate zurückliegt. Dies ist unabhängig davon, wie viele Kilometer das Kraftfahrzeug in dieser Zeit zurückgelegt hat.

Liegt die erste Inbetriebnahme jedoch mehr als sechs Monate zurück, so gilt das Kraftfahrzeug dennoch als neu, solange es nicht mehr als 6.000 Kilometer zurückgelegt hat.

Somit muss nur eines der beiden Kriterien erfüllt sein, um als Neufahrzeug zu gelten.

Beispiel:

Kfz 1 wurde vor fünf Monaten erstmals in Betrieb genommen, es wurden jedoch bereits 20.000 km zurückgelegt.

Bei Kfz 2 liegt die erste Inbetriebnahme drei Jahre zurück, jedoch sind erst 5.000 km zurückgelegt worden:

Beide Kraftfahrzeuge gelten als neu.

B.1.2.5. Kompensationsmöglichkeit

420 Wird der Tatbestand nach § 1 Z 2 NoVAG 1991 zwar verwirklicht, liegen aber die Voraussetzungen für eine Vergütung gemäß § 3 Abs. 3 oder 4 NoVAG 1991 vor, so bestehen keine Bedenken, die Steuerpflicht mit dem Vergütungsanspruch zu kompensieren. Für genauere Ausführungen siehe Rz 422 f.

Beispiele:

- *Ein Taxiunternehmer erwirbt ein Kraftfahrzeug im übrigen Unionsgebiet und verwendet dieses für sein Unternehmen.*
- *Ein Diplomat importiert ein Neufahrzeug eingangsabgabenfrei aus dem übrigen Unionsgebiet.*

B.1.3. Erstmalige Zulassung (§ 1 Z 3 NoVAG 1991)

B.1.3.1. Allgemeines

421 Steuerpflichtig ist die erstmalige Zulassung von Kraftfahrzeugen zum Verkehr im Inland, sofern die Steuerpflicht nicht bereits nach § 1 Z 1 oder Z 2 NoVAG 1991 eingetreten ist (subsidiäre Anwendung), oder nach Eintreten der Steuerpflicht eine Vergütung nach § 12 oder § 12a NoVAG 1991 erfolgt ist. Als erstmalige Zulassung gilt auch die Zulassung eines Kraftfahrzeuges, das bereits im Inland zugelassen war, aber nicht der Normverbrauchsabgabe unterlag oder befreit war. Auch die Verwendung eines Kraftfahrzeuges im Inland, das nach dem Kraftfahrgesetz 1967 zuzulassen wäre, ist gemäß § 1 Z 3 NoVAG 1991 steuerbar, außer es wird ein Nachweis über die Entrichtung der Normverbrauchsabgabe erbracht.

Darunter fallen insbesondere:

- ein gebrauchtes Kraftfahrzeug, das von einem Nichtunternehmer aus dem Ausland importiert und im Inland zugelassen wird;
- ein Kraftfahrzeug, das im Rahmen eines Übersiedlungsgutes (Heiratsgutes) in das Inland verbracht und hier erstmals zugelassen wird;
- ein Kraftfahrzeug, das auf Grund der Verwendung im Inland nach dem KFG 1967 zuzulassen wäre, die Zulassung aber unterlassen wird, außer es wird ein Nachweis über die gesonderte Entrichtung der Normverbrauchsabgabe erbracht;
- wenn ein Fahrzeughändler ein zur Weiterveräußerung bestimmtes Kraftfahrzeug
  - in das Anlagevermögen übernimmt oder
  - als Vorführkraftfahrzeug oder unter einer Tageszulassung verwendet;
- ein bisher nicht der Normverbrauchsabgabe unterliegendes zugelassenes Kraftfahrzeug nach erfolgtem Umbau und (Neu-)Typisierung zugelassen wird (beispielsweise Umbau Nutzfahrzeug zu Wohnmobil, Rechtslage bis 30. Juni 2021: Einordnung in Position 8703 der Kombinierten Nomenklatur, Rechtslage ab 1. Juli 2021: Einordnung in Klasse M1);
- die Zulassung von Kraftfahrzeugen, die bisher als Kraftfahrzeuge von völkerrechtlich privilegierten Personen (Diplomaten) steuerfrei waren;
- Reimporte nach einer Vergütung gemäß § 12a NoVAG 1991;
- ein seinerzeit abgabenpflichtiges Kraftfahrzeug, welches entweder aus rechtlichen oder tatsächlichen Gründen (§ 12 Abs. 1 Z 1 NoVAG 1991) oder jedenfalls innerhalb von fünf Jahren ab der Lieferung nicht zugelassen wurde (§ 12 Abs. 1 Z 2 NoVAG 1991) und daher die Vergütung der Normverbrauchsabgabe beansprucht wurde, nunmehr aber doch eine Zulassung im Inland erfolgt.

B.1.3.1.1. Kompensationsmöglichkeit

422 Wird der Tatbestand nach § 1 Z 3 NoVAG 1991 zwar verwirklicht, liegen aber die Voraussetzungen für eine Vergütung gemäß § 3 Abs. 3 oder 4 NoVAG 1991 vor, so bestehen keine Bedenken, die Steuerpflicht mit dem Vergütungsanspruch zu kompensieren. Es unterbleiben

daher sowohl Steuervorschreibung als auch Vergütung. Der Vergütungsanspruch ist jedoch – unabhängig einer allfälligen Kompensation – im Sinne des § 12 Abs. 1 Z 3 NoVAG 1991 dem Grunde und der Höhe nach nachzuweisen.

Voraussetzung der Kompensationsmöglichkeit ist, dass eine Abgabenerklärung (NOVA 1, NOVA 2) beim zuständigen Finanzamt eingereicht wird, in der der steuerpflichtige Vorgang und der Vergütungsanspruch aufgezeigt werden. 423

Beispiel:

Ein Fahrzeughändler, der zusätzlich eine Werkstatt betreibt, verwendet ein Kraftfahrzeug als Ersatzwagen für seine Kunden (kurzfristige Vermietung).

Durch die Zulassung des Kraftfahrzeuges auf den Fahrzeughändler wird grundsätzlich der Tatbestand des § 1 Z 3 NoVAG 1991 verwirklicht. Das Kraftfahrzeug ist allerdings bei Vorliegen der Voraussetzungen der Befreiung nach § 3 Abs. 3 Z 4 NoVAG 1991, aufgrund der Verwendung zur kurzfristigen Vermietung, von der Normverbrauchsabgabe befreit. Wird nun vom Fahrzeughändler beim zuständigen Finanzamt ein NOVA 1-Formular eingereicht, in dem der steuerpflichtige Vorgang und der Vergütungsanspruch aufgezeigt werden, kann es zu einer Kompensation kommen.

B.1.3.1.2. Anzuwendende Rechtslage bei Zulassung eines Kraftfahrzeuges der Klasse N1

Kraftfahrzeuge der Klasse N1, die vor dem 1. Juli 2021 in Österreich oder dem übrigen Unionsgebiet zugelassen waren und nach der Kombinierten Nomenklatur nicht der Normverbrauchsabgabe unterlagen, sind grundsätzlich nicht normverbrauchsabgabepflichtig (siehe Rz 523 sowie Rz 936). 424

Anderes gilt für Kraftfahrzeuge der Klasse N1, die ab dem 1. Juli 2021 aus einem Drittstaat in das Inland gebracht und zugelassen werden (siehe Rz 523).

B.1.3.2. Tatsächliche erstmalige Zulassung (§ 1 Z 3 lit. a NoVAG 1991)

B.1.3.2.1. Allgemeines

Hierunter fällt die erstmalige Zulassung von Kraftfahrzeugen zum Verkehr im Inland, sofern die Steuerpflicht nicht bereits nach § 1 Z 1 oder Z 2 NoVAG 1991 eingetreten ist oder nach Eintreten der Steuerpflicht eine Vergütung nach § 12 oder § 12a NoVAG 1991 erfolgt ist. 425

B.1.3.2.2. Eigenimport

Steuerpflichtig ist die erstmalige Zulassung von Kraftfahrzeugen zum Verkehr im Inland, sofern die Steuerpflicht nicht bereits nach § 1 Z 1 oder Z 2 NoVAG 1991 eingetreten ist. Unter § 1 Z 3 NoVAG 1991 fällt somit vor allem der Eigenimport von Kraftfahrzeugen. Dies betrifft Kraftfahrzeuge aus dem Drittland als auch Kraftfahrzeuge aus dem übrigen Unionsgebiet, wenn für diese nicht schon der Tatbestand des innergemeinschaftlichen Erwerbs erfüllt wurde. Handelt es sich um einen Import aus dem Drittland, so ist den Finanzbehörden auch der Nachweis der Verzollung vorzulegen. 426

B.1.3.2.3. Übersiedlungs- und Heiratsgut

Wird im Rahmen einer Übersiedlung in das Inland (z.B. infolge Heirat, Wohnorts- bzw. Arbeitsplatzwechsel usw.) ein neues oder gebrauchtes Kraftfahrzeug in das Inland verbracht und hier zum Verkehr erstmals zugelassen, entsteht die Steuerpflicht nach § 1 Z 3 NoVAG 1991. Das Übersiedlungsgut kann unter bestimmten Voraussetzungen (vgl. Ruppe, Tz 501 zu § 6 UStG 1994) von Eingangsabgaben befreit sein, die Normverbrauchsabgabe zählt aber nicht zu den Eingangsabgaben (vgl. EuGH 29.04.2004, Rs C-387/01). 427

B.1.3.2.4. Vorführkraftfahrzeuge

Auch für ein Vorführkraftfahrzeug besteht grundsätzlich die Steuerpflicht gemäß § 1 Z 3 NoVAG 1991; es steht jedoch die Steuerbefreiung gemäß § 3 Abs. 1 Z 2 NoVAG 1991 gegenüber. 428

Ein Vorführkraftfahrzeug ist ein Kraftfahrzeug, das ein Fahrzeughändler zu Vorführzwecken anschafft. Damit ist gemeint, dass mit Hilfe dieses Kraftfahrzeuges einem potentiellen Kunden die Vorzüge eines derartigen Kraftfahrzeuges vorgeführt werden sollen. Daraus ergibt sich, dass ein Vorführkraftfahrzeug nur ein Kraftfahrzeug sein kann, das einer bestimmten Type entspricht, von der der Händler eine größere Anzahl verkaufen kann und will. Ein Einzelstück kann daher definitionsgemäß kein Vorführkraftfahrzeug sein. Kraftfahrzeuge, die von Betriebsinhabern oder von deren Angestellten überwiegend privat oder für sonstige betriebliche Zwecke verwendet und nur gelegentlich für Vorführzwecke eingesetzt 429 werden, sind keine Vorführkraftfahrzeuge. Weiters können so genannte Pool-, Direktions- und Testfahrzeuge keine Vorführkraftfahrzeuge sein (VwGH 21.09.2006, 2004/15/0072).

Vorführkraftfahrzeuge sind in aller Regel dem Umlaufvermögen zuzurechnen, weil sie grundsätzlich nicht dazu bestimmt sind, dem Geschäftsbetrieb dauernd zu dienen. Nach der Rechtsprechung des VwGH handelt es sich bei Vorführkraftfahrzeugen um „zum alsbaldigen Verkauf" bestimmte Kraftfahrzeuge (VwGH 31.03.1995, 93/17/0393). Demnach muss ein Zusammenhang mit einer beabsichtigten Weiterveräußerung jedenfalls noch erkennbar sein. Handelt es sich bei den Vorführkraftfahrzeugen um „gängige" Modelle, können diese in durchschnittlicher Betrachtungsweise in kürzerer Zeit (ca. sechs Monate) weiterveräußert werden. Wenn trotz Verkaufsbemühungen innerhalb von sechs Monaten keine Weiterveräußerung erfolgt, kann bis zu einer Dauer von maximal zwölf Monaten (noch) von einer „Bestimmung zum alsbaldigen Verkauf" ausgegangen werden. Ausnahmsweise kann bei Vorführkraftfahrzeugen der Luxusklasse ein längerer Zeitraum akzeptiert werden (maximal zwei Jahre), da diese generell schwerer verkäuflich sind. Dies jedoch nur, solange Verkaufsbemühungen erkennbar sind. Als Kraftfahrzeuge der Luxusklasse können jedenfalls entsprechend ausgestattete Kraftfahrzeuge mit einem Neuwagenverkaufspreis von mehr als 80.000 Euro (netto) angesehen werden. Ob ein Vorführkraftfahrzeug vorliegt, ist für jeden Einzelfall eigens zu untersuchen (VwGH 12.12.1988, 87/15/0094 zur gewerblichen Weiterveräußerung). Die Voraussetzungen hat der Unternehmer durch geeignete Unterlagen (ordnungsgemäß geführtes Fahrtenbuch bzw. sonstige Nutzungsaufzeichnungen) nachzuweisen.

430 Dem Kunden soll mittels Probefahrt eines Vorführkraftfahrzeuges ein konkreter Eindruck über die Fahrzeugeigenschaften einer bestimmten Type (Komfort, Fahrverhalten, Technik usw.) vermittelt werden. Vorführkraftfahrzeuge bezwecken die Förderung des Verkaufs von Neufahrzeugen. Bei einem Fahrzeughändler, der nur mit Gebrauchtfahrzeugen handelt, ist somit von vornherein ein Vorführkraftfahrzeug auszuschließen.

Wenn auch von Kraftfahrzeughändlern regelmäßig Neufahrzeuge für Vorführzwecke verwendet werden, können auch nicht fabriksneue Kraftfahrzeuge als Vorführkraftfahrzeuge qualifiziert werden, wenn diese nach der Verkehrsauffassung noch als neuwertige Kraftfahrzeuge anzusehen sind, mit denen ein verlässlicher Vergleich zwischen dem „Vorführmodell" und dem zu (ver)kaufenden Neufahrzeug vorgenommen werden kann. Auf dieser Grundlage können auch Gebrauchtfahrzeuge als Vorführkraftfahrzeuge beurteilt werden.

Ausgehend davon, dass seitens der Fahrzeughändler in aller Regel fabriksneue Kraftfahrzeuge als Vorführkraftfahrzeuge verwendet werden, wird die Beurteilung von Gebrauchtfahrzeugen als Vorführkraftfahrzeuge voraussetzen, dass die in Rz 429 angeführten Zeiträume nicht überschritten werden, wobei die Besitzzeit des Vorbesitzers bzw. die gesamten Besitzzeiten der Vorbesitzer und die Besitzzeit des Fahrzeughändlers zusammenzuzählen sind.

431 Wird ein Vorführkraftfahrzeug vom Fahrzeughändler verkauft, entsteht gemäß § 1 Z 4 NoVAG 1991 die Pflicht zur Leistung der Normverbrauchsabgabe (siehe Rz 450 f). Bei solchen Vorgängen ist grundsätzlich die Rechtslage anzuwenden, die im Zeitpunkt der erstmaligen Zulassung durch den Fahrzeughändler anzuwenden war (siehe Rz 936).

B.1.3.2.5. Tageszulassung/Kurzzulassung (Rechtslage ab 1. Juli 2021)

432 Nicht zum Kreis der Vorführkraftfahrzeuge gehören Kraftfahrzeuge, für welche sogenannte Tageszulassungen oder Kurzzulassungen vorgenommen werden. Zumeist wird bei diesen Zulassungen kein Kennzeichen ausgegeben, sodass sie auf öffentlichen Straßen nicht verwendet werden dürfen. Eine solche Zulassung unterliegt unabhängig von der Dauer und der tatsächlichen Nutzung auf inländischen, öffentlichen Straßen der Normverbrauchsabgabe gemäß § 1 Z 3 NoVAG 1991 (vgl. VwGH 27.01.2010, 2009/16/0095). Für diese besteht ab 1. Juli 2021 (siehe Rz 665 ff), ähnlich wie bei Vorführkraftfahrzeugen, eine Befreiung.

433 Wird ein solch befreites Kraftfahrzeug mit Tageszulassung durch einen befugten Fahrzeughändler innerhalb von drei Monaten an einen Kunden geliefert, dann kommt es zu einem Normverbrauchsabgabe-Tatbestand gemäß § 1 Z 4 NoVAG 1991 (Lieferung). In diesem Fall ist der Unternehmer der Abgabenschuldner (siehe Rz 750 sowie Rz 760).

Wird ein solches Kraftfahrzeug durch einen befugten Fahrzeughändler innerhalb von drei Monaten nachweisbar ins Ausland verbracht oder geliefert, dann kommt es zu einem Normverbrauchsabgabe-Tatbestand gemäß § 1 Z 4 NoVAG 1991 (Lieferung), dem jedoch der Befreiungstatbestand gemäß § 3 Abs. 2 Z 1 NoVAG 1991 gegenübersteht (siehe Rz 671 bis 678).

Erfolgt die Verbringung oder Lieferung ins Ausland erst nach mehr als drei Monaten, entsteht zunächst die Steuerpflicht gemäß § 1 Z 3 NoVAG 1991 mit dem Tag der Überschreitung der drei Monate (bei aufrechter Zulassung) (siehe Rz 1051). Nach Verbringung oder Lieferung der Kraftfahrzeuge ins Ausland wird auf Antrag die Abgabe vom gemeinen Wert zum Zeitpunkt der Beendigung der Zulassung zum Verkehr im Inland vergütet (§ 12a Abs. 1 NoVAG 1991 – siehe Rz 1250 f).

Wird ein solches Kraftfahrzeug mit Tageszulassung durch einen befugten Fahrzeughändler innerhalb der dreimonatigen Frist wieder abgemeldet, ergibt sich dadurch kein Normverbrauchsabgabe-Tatbestand. Erst durch eine spätere Lieferung wird der Tatbestand gemäß § 1 Z 4 NoVAG 1991 ausgelöst. Es ist die Rechtslage im Zeitpunkt der Lieferung anzuwenden.

Handelt es sich bei dem im Rahmen einer Tageszulassung bis 30. Juni 2021 zugelassenen **434**
Kraftfahrzeug um ein Kraftfahrzeug der Klasse N1 (KN-Position 8704), wird durch die Zulassung kein Tatbestand des NoVAG 1991 erfüllt, da es sich nicht um ein normverbrauchsabgabepflichtiges Kraftfahrzeug im Sinne des § 2 NoVAG 1991 idF BGBl. Nr. 21/1995 handelt. Im Zusammenhang mit einem solchen Kraftfahrzeug wird auch nach dem 30. Juni 2021 kein normverbrauchsabgabepflichtiger Vorgang verwirklicht (siehe Rz 523 sowie Rz 936).

Beispiel:

Ein Fahrzeughändler lässt am 20. Oktober 2020 ein Kraftfahrzeug der Klasse N1 (welches nach der Kombinierten Nomenklatur in die Position 8704 einzustufen war) im Rahmen einer Tageszulassung auf sich zu. Das Kraftfahrzeug bleibt, ohne auf Straßen des öffentlichen Verkehrs verwendet zu werden, bis zum 23. März 2022 auf den Fahrzeughändler zugelassen. Am 23. März 2022 verkauft der Fahrzeughändler das Kraftfahrzeug an einen Kunden.

Weder die ursprüngliche Zulassung des Kraftfahrzeuges am 20. Oktober 2020, noch die Lieferung des Kraftfahrzeuges an den Kunden am 23. März 2022 lösen die Pflicht zur Leistung der Normverbrauchsabgabe aus.

B.1.3.2.6. Tageszulassung/Kurzzulassung (Rechtslage bis 30. Juni 2021)

Werden Kraftfahrzeuge im Rahmen einer Tageszulassung auf einen Fahrzeughändler **435**
zugelassen, wird grundsätzlich der Tatbestand des § 1 Z 3 lit. a NoVAG 1991 erfüllt und die Pflicht zur Leistung der Normverbrauchsabgabe entsteht. Wird ein solches Kraftfahrzeug in der Folge verkauft, besteht in diesem Vorgang keine neuerliche Tatbestandserfüllung.

Beispiel 1:

Ein Fahrzeughändler lässt am 20. Oktober 2020 ein Kraftfahrzeug im Rahmen einer Tageszulassung auf sich zu. Das Kraftfahrzeug bleibt, ohne auf Straßen des öffentlichen Verkehrs verwendet zu werden, bis zum 23. März 2021 auf den Fahrzeughändler zugelassen. Am 23. März 2021 verkauft der Fahrzeughändler das Kraftfahrzeug an einen Kunden. Dieser Erwerbsvorgang und auch eine spätere neuerliche Zulassung dieses Kraftfahrzeuges lösen keine Pflicht zur Leistung der Normverbrauchsabgabe aus.

Beispiel 2:

Ein Fahrzeughändler lässt am 20. Oktober 2020 ein Kraftfahrzeug im Rahmen einer Tageszulassung auf sich zu. Das Kraftfahrzeug bleibt, ohne auf Straßen des öffentlichen Verkehrs verwendet zu werden, bis zum 21. Oktober 2022 auf den Fahrzeughändler zugelassen. Am 21. Oktober 2022 verkauft der Fahrzeughändler das Kraftfahrzeug an einen Kunden. Dieser Erwerbsvorgang und auch eine spätere neuerliche Zulassung dieses Kraftfahrzeuges lösen keine Pflicht zur Leistung der Normverbrauchsabgabe aus.

Wird ein solches Kraftfahrzeug (Tageszulassung) durch einen befugten Fahrzeughändler **436**
nachweisbar ins Ausland verbracht oder geliefert, dann wird auf Antrag die Abgabe vom gemeinen Wert zum Zeitpunkt der Beendigung der Zulassung zum Verkehr im Inland vergütet (§ 12a Abs. 1 NoVAG 1991 – vgl. dazu Rz 1250 f).

Ausnahmsweise kann im Fall von Tageszulassungen (im Zusammenhang mit Ausfuhr- **437**
lieferungen) von der Entrichtung der Normverbrauchsabgabe und einer späteren Antragstellung auf Vergütung der Normverbrauchsabgabe abgesehen werden, wenn alle der folgenden Voraussetzungen erfüllt sind:

- das Kraftfahrzeug ist von vornherein für den Export bestimmt
- das Kraftfahrzeug wird nachweislich nicht benutzt (gefahren)
- es liegt bereits ein Kaufvertrag vor (namentlich bekannter Käufer und vereinbarter Kaufpreis)
- die Lieferung ist geplant und erfolgt nachweisbar ins Ausland innerhalb von 45 Tagen (1 Monat und 15 Tage) ab Tageszulassung
- sofortige Sperre des Kraftfahrzeuges bzw. der Fahrzeugidentifikationsnummer in der Genehmigungsdatenbank nach der Tageszulassung (durch den Fahrzeughändler)

B.1.3.2.7. Wiedereinfuhr

Werden Kraftfahrzeuge, für welche eine Steuerbefreiung gemäß § 3 NoVAG 1991 oder **438**
eine Vergütung gemäß § 12a NoVAG 1991 in Anspruch genommen wurde, in das Inland (rück-)verbracht und (neuerlich) zum Verkehr im Inland zugelassen, wird (wiederum) die Normverbrauchsabgabepflicht nach § 1 Z 3 NoVAG 1991 ausgelöst.

B.1.3.3. Fiktive erstmalige Zulassung (§ 1 Z 3 lit. b NoVAG 1991)

B.1.3.3.1. Allgemeines

439 Als erstmalige Zulassung gilt auch die Zulassung eines Kraftfahrzeuges, das bereits im Inland zugelassen war, aber nicht der Normverbrauchsabgabe unterlag oder befreit war.

B.1.3.3.2. Umbauten

440 Unter die erstmalige Zulassung fällt auch ein bisher nicht der Normverbrauchsabgabe unterliegendes zugelassenes Kraftfahrzeug, das nach erfolgtem Umbau und (Neu-) Typisierung (bis 30. Juni 2021 unter Position 8703 der Kombinierten Nomenklatur (KN) oder ab 1. Juli 2021 in der kraftfahrrechtlichen Fahrzeugklasse M1, N1, etc. einzureihen) zugelassen wird. Die Steuerpflicht gemäß § 1 Z 3 NoVAG 1991 tritt jedenfalls ein, auch wenn die kraftfahrrechtlich notwendige Umtypisierung nicht erfolgt.

Beispiel 1: Umtypisierung

Ein Lkw mit 11,5 Tonnen, der nach der Kombinierten Nomenklatur als Lkw in der Position 8704 eingestuft wurde, wird in ein Wohnmobil umgebaut und neu zugelassen.

Eine Pflicht zur Leistung der Normverbrauchsabgabe ergibt sich aufgrund von § 1 Z 3 NoVAG 1991, da das Kraftfahrzeug aufgrund des Umbaus in ein Wohnmobil zolltarifarisch nun unter die Position 8703 der Kombinierten Nomenklatur einzustufen ist. Die Steuerpflicht gemäß § 1 Z 3 NoVAG 1991 tritt jedenfalls ein, auch wenn die kraftfahrrechtlich notwendige Umtypisierung nicht erfolgt.

Beispiel 2: Umtypisierung

Ein Nutzfahrzeug der Klasse N1 (KN-Position 8704) wird nach Österreich importiert und im März 2021 erstmalig zugelassen. In diesem Zeitpunkt unterliegt es nicht der Normverbrauchsabgabe. Im Jahr 2023 wird das Kraftfahrzeug in ein Wohnmobil umgebaut und neu zugelassen.

Eine Pflicht zur Leistung der Normverbrauchsabgabe ergibt sich wiederum aufgrund von § 1 Z 3 NoVAG 1991, da das Kraftfahrzeug aufgrund des Umbaus in ein Wohnmobil der Fahrzeugklasse M1 einzustufen ist. Die Steuerpflicht gemäß § 1 Z 3 NoVAG 1991 tritt jedenfalls ein, auch wenn die kraftfahrrechtlich notwendige Umtypisierung nicht erfolgt. § 6 Abs. 8 NoVAG 1991 ist auf diesen Fall nicht anzuwenden. Es handelt sich nach dem Umbau als Wohnmobil, aufgrund der gemäß § 2 Abs. 2 NoVAG 1991 notwendigen, von den Fahrzeugpapieren abweichenden Einteilung in die Fahrzeugklasse M1, um ein Kraftfahrzeug gemäß § 2 Abs. 1 Z 3 NoVAG 1991, und nicht um ein Kraftfahrzeug gemäß § 2 Abs. 1 Z 4 NoVAG 1991. Die Normverbrauchsabgabe ist in diesem Fall nach der Rechtslage im Zeitpunkt der Tatbestandsverwirklichung (neuerliche Zulassung 2023) zu bemessen.

441 In Zusammenhang mit Kraftfahrzeugen, die aufgrund einer Umtypisierung der Normverbrauchsabgabe unterliegen, haben der Landeshauptmann und die von diesem Beauftragten (Landesprüfstellen), aufgrund der Verordnung des Bundesministers für Finanzen über das Versehen der Genehmigungsdaten oder Typendaten bestimmter Fahrzeuge oder Fahrzeugkategorien mit einer Zulassungssperre in der Genehmigungsdatenbank, BGBl. II Nr. 406/2008 (siehe Anhang II), Sperrsetzungen in der Genehmigungsdatenbank vorzunehmen.

Da die Beurteilung, ob im Falle einer Datenabänderung in der Genehmigungsdatenbank eine Zulassungssperre zu setzen ist oder nicht, nur aufgrund der in der Genehmigungsdatenbank vorhandenen Daten erfolgen kann, ist § 5 Z 3 der Verordnung dahingehend zu verstehen, dass die Genehmigungsdaten oder Typendaten der Kraftfahrzeuge der in § 1 Abs. 1 Z 1 bis 7 der Verordnung genannten Fahrzeugklassen durch den Landeshauptmann und die von diesem Beauftragten in der Genehmigungsdatenbank mit einer Zulassungssperre zu versehen sind,

- wenn es zu einer Änderung der Fahrzeugklasse des Kraftfahrzeuges auf eine in § 1 Abs. 1 Z 1 bis 7 der Verordnung genannte Fahrzeugklasse kommt
- und nicht bereits vor der Änderung des in der Genehmigungsdatenbank enthaltenen Datensatzes in den Datenfeldern „Fahrzeugklasse“ oder „Fahrzeugart“ ein Hinweis auf eine dieser Fahrzeugklassen enthalten war.

Bei Änderung der Fahrzeugklasse eines Kraftfahrzeuges der Fahrzeugklasse N1 auf die Fahrzeugklasse M1 ist abweichend davon eine Sperrsetzung nur vorzunehmen, wenn das Kraftfahrzeug keine erstmalige Zulassung oder ein Erstzulassungsdatum vor 1. November 2021 hat.

Bei Änderung der Fahrzeugklasse eines Kraftfahrzeuges einer Fahrzeugklasse L3e bis L7e auf eine andere Fahrzeugklasse L3e bis L7e ist abweichend davon keine Sperrsetzung vorzunehmen.

Eine Zulassungssperre ist somit beispielsweise in folgenden Fällen zu setzen:

- Bei Datenabänderung (bspw. aufgrund eines Umbaus), die zur Eintragung der Fahrzeugklasse M1 führt, wenn das Kraftfahrzeug zuvor in die Fahrzeugklasse N1 einzustufen war und ein Erstzulassungsdatum vor dem 1. November 2021 hat.
- Bei Datenabänderung (bspw. aufgrund eines Umbaus), die zur Eintragung der Fahrzeugklasse L3e bis L7e, M1 oder N1 führt, wenn zuvor keine Fahrzeugklasse eingetragen war und es keine entsprechenden Hinweise auf die konkrete Fahrzeugklasse vor dem Umbau gab.

In folgenden Fällen ist beispielsweise keine Zulassungssperre zu setzen:

- Bei Datenabänderung (bspw. aufgrund eines Umbaus), die zur Eintragung der Fahrzeugklasse M1 führt, wenn schon vor dem Umbau entsprechend konkrete Hinweise (z.B. Fahrzeugart) auf die nun eingetragene Fahrzeugklasse bestanden.
- Bei Datenabänderung (bspw. aufgrund eines Umbaus), die zur Eintragung der Fahrzeugklasse M1 führt, wenn das Kraftfahrzeug zuvor in die Fahrzeugklasse N1 einzustufen war und ein Erstzulassungsdatum nach dem 31. Oktober 2021 hat.
- Bei Datenabänderung (bspw. aufgrund eines Umbaus), die zur Eintragung der Fahrzeugklasse L3e bis L7e führt, wenn schon vor dem Umbau entsprechend konkrete Hinweise (z.B. Fahrzeugart) auf die nun eingetragene Fahrzeugklasse bestanden.
- Bei Datenabänderung (bspw. aufgrund eines Umbaus), die zur Eintragung der Fahrzeugklasse L3e bis L7e führt, wenn das Kraftfahrzeug schon vor dem Umbau als Kraftfahrzeug der Fahrzeugklasse L3e bis L7e in Österreich zugelassen war.

Beispiele Fahrzeugklasse M1:

Datenabänderung, die zur Eintragung der Fahrzeugklasse M1 führt. Zuvor war das Kraftfahrzeug als N1 typisiert und wurde als solches erstmalig vor dem 1. November 2021 im Inland zugelassen. Keine Zulassung in der Europäischen Union (ohne Österreich).

→ Sperrsetzung notwendig

Datenabänderung, die zur Eintragung der Fahrzeugklasse M1 führt. Zuvor war das Kraftfahrzeug als N1 typisiert und wurde als solches erstmalig nach dem 31. Oktober 2021 im Inland zugelassen. Keine Zulassung in der Europäischen Union (ohne Österreich).

→ Keine Sperrsetzung notwendig

Datenabänderung, die zur Eintragung der Fahrzeugklasse M1 führt. Zuvor war das Kraftfahrzeug als N1 typisiert und im Inland zugelassen. Erstmalig wurde das Kraftfahrzeug in der Europäischen Union (ohne Österreich) nach dem 31. Oktober 2021 zugelassen.

→ Keine Sperrsetzung notwendig

Datenabänderung, die zur Eintragung der Fahrzeugklasse M1 führt. Zuvor war das Kraftfahrzeug als N1 typisiert und im Inland zugelassen. Erstmalig wurde das Kraftfahrzeug in der Europäischen Union (ohne Österreich) vor dem 1. November 2021 zugelassen. In Österreich wurde es nach dem 1. November 2021 zugelassen.

→ Sperrsetzung notwendig (Zeitpunkt der Zulassung als Kraftfahrzeug der Klasse N1 in Österreich irrelevant)

Datenabänderung, die zur Eintragung der Fahrzeugklasse M1 führt. Zuvor war keine Fahrzeugklasse eingetragen. Es bestehen allerdings eindeutige Hinweise, dass schon vor dem Umbau die Fahrzeugklasse M1 bestand.

→ Keine Sperrsetzung notwendig

Datenabänderung, die zur Eintragung der Fahrzeugklasse M1 führt. Zuvor war keine Fahrzeugklasse eingetragen. Keine Hinweise, dass schon vor Umbau die Fahrzeugklasse M1 bestand (könnte auch Fahrzeugklasse N1 oder andere gewesen sein).

→ Sperrsetzung notwendig

Beispiele N1:

Datenabänderung, die zur Eintragung der Fahrzeugklasse N1 führt. Zuvor war das Kraftfahrzeug als N2 typisiert. Keine Hinweise auf Fahrzeugklasse N1.

→ Sperrsetzung notwendig

Datenabänderung, die zur Eintragung der Fahrzeugklasse N1 führt. Zuvor Fahrzeugklasse N1 eingetragen, aber nicht die Anzahl der Räder oder das Gesamtgewicht. Es bestehen allerdings eindeutige Hinweise, dass mindestens vier Räder und Gesamtgewicht bis 3,5 Tonnen bestanden.

→ Keine Sperrsetzung notwendig

KfzBStR

Beispiele L3e – L7e:

Datenabänderung, die zur Eintragung der Fahrzeugklasse L3e führt. Zuvor war das Kraftfahrzeug als L4e typisiert.

→ Keine Sperrsetzung notwendig

Datenabänderung, die zur Eintragung der Fahrzeugklasse L3e führt. Zuvor war das Kraftfahrzeug als L3 typisiert.

→ Keine Sperrsetzung notwendig

Datenabänderung, die zur Eintragung der Fahrzeugklasse L3e führt. Zuvor war keine Fahrzeugklasse eingetragen. Es bestehen allerdings eindeutige Hinweise, dass schon vor Umbau Fahrzeugklasse L3e bestand.

→ Keine Sperrsetzung notwendig

Datenabänderung, die zur Eintragung der Fahrzeugklasse L5e führt. Zuvor war das Kraftfahrzeug als L2e oder L2 typisiert.

→ Sperrsetzung notwendig

Es handelt sich bei diesen Beispielen und bei den oben angeführten Fällen um einen (demonstrativen) Überblick über die gängigsten Fälle im Zusammenhang mit Umtypisierungen, nicht um eine abschließende (taxative) Aufzählung.

Wird eine Sperrsetzung vorgenommen, obwohl für das Kraftfahrzeug bereits die Normverbrauchsabgabe abgeführt wurde (siehe Rz 442), hat durch das zuständige Finanzamt die Freischaltung der vorgenommenen Zulassungssperre zu erfolgen, wenn nachgewiesen wird, dass für das Kraftfahrzeug bereits die Normverbrauchsabgabe entrichtet wurde.

442 Keine Pflicht zur Leistung der Normverbrauchsabgabe entsteht bei der Zulassung eines Kraftfahrzeuges, das schon der Normverbrauchsabgabe unterworfen wurde. Dies gilt unabhängig davon, ob sich die Position in der Kombinierten Nomenklatur bzw. die kraftfahrrechtliche Fahrzeugklasse geändert hat.

Beispiel 1:

Ein Pick-up, der aufgrund seines Aufbaues nach der Kombinierten Nomenklatur als Pkw in der Position 8703 eingestuft wurde, wird in ein Wohnmobil umgebaut und neu zugelassen.

Da das Kraftfahrzeug bereits der Normverbrauchsabgabe unterlag, ist die neuerliche Zulassung des Kraftfahrzeuges nicht steuerpflichtig.

Beispiel 2:

Ein Nutzfahrzeug der Klasse N1 wird nach Österreich importiert und im November 2022 erstmalig zugelassen. In diesem Zeitpunkt unterliegt es der Normverbrauchsabgabe (siehe Rz 503). Im Jahr 2023 wird das Kraftfahrzeug in ein Wohnmobil (Klasse M1) umgebaut und neu zugelassen.

Da das Kraftfahrzeug bereits der Normverbrauchsabgabe unterlag, ist die neuerliche Zulassung des Kraftfahrzeuges nicht steuerpflichtig.

Beispiel 3:

Ein Kraftfahrzeug der Klasse M1, welches bereits im Inland zugelassen war und welches der Normverbrauchsabgabe unterlag, wird zu einem Nutzfahrzeug der Klasse N1 umgebaut und neu zugelassen.

Da das Kraftfahrzeug bereits der Normverbrauchsabgabe unterlag, ist die neuerliche Zulassung des Kraftfahrzeuges nicht steuerpflichtig.

B.1.3.3.3. Zulassung iZm einem Kraftfahrzeugerwerb von einem Menschen mit Behinderung

443 Verkauft (oder verschenkt) der Mensch mit Behinderung ein Kraftfahrzeug, für welches er die Steuerbefreiung gemäß § 3 Z 5 NoVAG 1991 in Anspruch genommen hat, dann kommt es beim Käufer (oder Geschenknehmer) dieses zuvor befreiten Kraftfahrzeuges zur Verwirklichung des Normverbrauchsabgabe-Tatbestandes nach § 1 Z 3 lit. b NoVAG 1991.

Beispiel:

Im Dezember 2019 erwarb ein Mensch mit Behinderung ein Kraftfahrzeug unter Inanspruchnahme der Befreiung gemäß § 3 Z 5 NoVAG 1991.

Im November 2020 wurde dieses Kraftfahrzeug vom Menschen mit Behinderung an eine Person ohne Behindertenausweis weiterverkauft.

Da es durch den Verkauf beim Menschen mit Behinderung zu keinem Normverbrauchsabgabe-Tatbestand kommt (nicht von § 1 Z 4 NoVAG 1991 umfasst), wird im Rahmen der Zulassung durch den Käufer der Normverbrauchsabgabe-Tatbestand gemäß § 1 Z 3 lit. b NoVAG 1991 beim Käufer gesetzt.

Sollten auch beim Käufer die Voraussetzungen gemäß § 3 Z 5 NoVAG 1991 vorliegen, kann auch dieser wiederum die Befreiung in Anspruch nehmen. In diesem Fall hat für das Kraftfahrzeug wiederum eine Sperrsetzung zu erfolgen.

Nähere Ausführungen siehe Rz 233 sowie Rz 258.

B.1.3.3.4. Zulassung iZm widerrechtlicher Verwendung (Verwendung von Kraftfahrzeugen im Inland mit ausländischem Kennzeichen)

Unter diesen Tatbestand fallen Kraftfahrzeuge, welche im Inland verwendet werden und die nach dem Kraftfahrgesetz zuzulassen wären, ausgenommen es wird ein Nachweis der Entrichtung der Normverbrauchsabgabe in jener Höhe erbracht, die im Zeitpunkt der erstmaligen Verwendung im Inland zu entrichten gewesen wäre. **444**

Nähere Ausführungen siehe Rz 36 bis 64.

B.1.4. Änderung der Verhältnisse (§ 1 Z 4 NoVAG 1991)

B.1.4.1. Allgemeines

Die Änderung eines zu einer Steuerbefreiung gemäß § 3 Abs. 1 Z 2 NoVAG 1991 führenden Verwendungszwecks oder die Änderung eines zu einer Vergütung gemäß § 3 Abs. 3 NoVAG 1991 führenden Verwendungszwecks begründet die Steuerpflicht nach § 1 Z 4 NoVAG 1991. Die bisherige Befreiung wird damit im Ergebnis rückgängig gemacht. **445**

Beispiele:

- *Verkauf eines Fahrschulkraftfahrzeuges*
- *Nutzungsänderung eines solchen Kraftfahrzeuges zum Betriebsfahrzeug des Fahrschulinhabers*
- *Entnahme eines Taxifahrzeuges aus dem Betriebsvermögen*
- *Übernahme eines Vorführkraftfahrzeuges in das Anlagevermögen oder dessen Veräußerung*

Eine nur vorübergehende Änderung des Verwendungszwecks führt zwar zunächst zu einer Steuerpflicht gemäß § 1 Z 4 NoVAG 1991, die nachfolgende Rückführung in den begünstigten Zweck löst aber wiederum eine Befreiung im Wege der Vergütung aus. Eine bloße Nutzungsentnahme (Kraftfahrzeug bleibt Betriebsvermögen) löst als solche keine Steuerpflicht aus. **446**

Beispiel:

Geringfügige Privatfahrten mit einem Taxifahrzeug

Die Wertminderung durch einen betrieblich veranlassten Unfall selbst führt zu keiner Änderung der Verhältnisse. Demgegenüber ist in weiterer Folge eine Änderung der Verhältnisse anzunehmen, wenn das Kraftfahrzeug nach dem Unfall nicht mehr für den begünstigten Zweck verwendet wird. Dies ist bei Veräußerung, Rückgabe an den Leasinggeber oder Entnahme der Fall. Bemessungsgrundlage bildet bei der Veräußerung das Entgelt, in allen anderen Fällen der gemeine Wert. **447**

Der Diebstahl eines Kraftfahrzeuges führt grundsätzlich zu keiner Änderung der Verhältnisse nach § 1 Z 4 NoVAG 1991. **448**

Wird jedoch nach dem Diebstahl der begünstige Zweck willentlich aufgegeben, beispielsweise durch Übergabe der Fahrzeugschlüssel an ein Versicherungsunternehmen, dann kommt es zu einer Änderung der Verhältnisse nach § 1 Z 4 NoVAG 1991. In diesem Fall kann auch nach Auffindung des Kraftfahrzeuges dieses nicht mehr für den ursprünglich begünstigten Zweck verwendet werden. Bemessungsgrundlage ist der gemeine Wert im Zeitpunkt des Diebstahls.

Beispiel:

Ein Unternehmer besitzt mehrere Kraftfahrzeuge, mit denen er das Unternehmen der kurzfristigen Autovermietung betreibt. Hierfür wurde auch die Vergütung der Normverbrauchsabgabe gemäß § 3 Abs. 3 NoVAG 1991 in Anspruch genommen.

Ein Kraftfahrzeug wird gestohlen. Im Zuge dieses Diebstahls muss der Unternehmer die zweiten Autoschlüssel der Versicherungsgesellschaft übergeben. Dem Unternehmer wird eine Versicherungsentschädigung ausbezahlt. Im Gegenzug beantragt die Versicherungsgesellschaft das Eigentum am Kraftfahrzeug, sollte es wiedergefunden werden.

In diesem Fall hat der Unternehmer mit Übergabe des Zweitschlüssels und der Zustimmung der Übertragung des Eigentums willentlich den begünstigten Zweck aufgegeben. Auch wenn das Kraftfahrzeug wiedergefunden wird, kann der Unternehmer dieses nicht mehr für den begünstigten Zweck verwenden. Der Tatbestand der Änderung der Verhältnisse nach § 1 Z 4 NoVAG 1991 wird daher verwirklicht und die Normverbrauchsabgabe ist anhand des gemeinen Wertes im Zeitpunkt des Diebstahls zu bemessen.

449 Die begünstigte Verwendung muss zu jedem Zeitpunkt gegeben sein. Die Steuerbefreiung fällt weg, sobald das notwendige Ausmaß der begünstigten Verwendung (mehr als 80%) unterschritten wird.

B.1.4.2. Lieferung

450 Bei der Beendigung der begünstigten Verwendung durch eine Lieferung kommt es zum Übergang der Verfügungsmacht auf den Käufer. Bei dieser Lieferung wird nicht der Tatbestand der Änderung der begünstigten Nutzung verwirklicht, vielmehr führt in diesen Fällen die Lieferung des zuvor begünstigt verwendeten Kraftfahrzeuges selbst zur Pflicht zur Leistung der Normverbrauchsabgabe.

Beispiel 1:

- *Verkauf eines Fahrschulkraftfahrzeuges*
- *Verkauf eines Vorführkraftfahrzeuges*
- *Verkauf eines Kraftfahrzeuges mit Tageszulassung innerhalb von 3 Monaten ab Zulassung*
- *Verkauf eines Taxifahrzeuges*

Beispiel 2:

Ein Taxiunternehmer verkauft ein bis dato begünstigt verwendetes Kraftfahrzeug an einen Unternehmer, welcher dieses als Gästewagen verwenden möchte.

Der Taxiunternehmer verwirklicht in diesem Fall den Normverbrauchsabgabe-Tatbestand gemäß § 1 Z 4 NoVAG 1991 und hat eine entsprechende Erklärung (Formular NOVA 1) beim zuständigen Finanzamt einzureichen. Unabhängig davon ist eine allenfalls vorhandene Befreiung beim Käufer zu beurteilen.

451 Im Gegensatz zu den Tatbeständen des § 1 Z 1 und Z 2 NoVAG 1991 (siehe Rz 408 und Rz 411), wird der Tatbestand des § 1 Z 4 NoVAG 1991 auch bei einer Lieferung an einen anderen Unternehmer zur gewerblichen Weiterveräußerung erfüllt.

B.1.4.3. Eigenverbrauch durch Entnahme

452 Der Tatbestand des Eigenverbrauchs ist erfüllt, wenn ein zuvor begünstigt verwendetes Kraftfahrzeug im Sinne des § 3 Abs. 2 UStG 1994 aus dem Unternehmensbereich genommen wird.

Beispiele:

- *Entnahme eines Taxifahrzeuges aus dem Betriebsvermögen*
- *Entnahme eines Vorführkraftfahrzeuges aus dem Betriebsvermögen*
- *Entnahme eines Fahrschulkraftfahrzeuges aus dem Betriebsvermögen*

B.1.4.4. Änderung der begünstigten Nutzung

453 Steuerpflicht nach § 1 Z 4 NoVAG 1991 entsteht weiters dann, wenn ein zunächst steuerbefreites Kraftfahrzeug anderen Zwecken des Fahrzeughändlers (z.B. einer Nutzung als Anlagevermögen) gewidmet wird. Die Verfügungsmacht über das Kraftfahrzeug geht nicht auf eine andere Person über.

Beispiele:

- *Übernahme eines Vorführkraftfahrzeuges in das Anlagevermögen des Unternehmens*
- *Nutzungsänderung eines Fahrschulfahrzeuges zum Betriebsfahrzeug des Fahrschulinhabers, somit wird das Kraftfahrzeug nicht mehr für den begünstigten Zweck verwendet.*

454 Die Besteuerung unterbleibt in den Fällen der Umwidmung für einen anderen begünstigten Zweck.

Beispiel:

Ein Fahrzeughändler übernimmt ein Vorführkraftfahrzeug vom Umlaufvermögen in sein Anlagevermögen für die kurzfristige Vermietung.

B.1.4.5. Wegfall der Steuerbefreiung nach § 3 Abs. 4 NoVAG 1991 – Diplomaten

455 Kommt es bei völkerrechtlich privilegierten Personen oder Einrichtungen zum Wegfall der Voraussetzungen für die Steuerbefreiung nach § 3 Abs. 4 NoVAG 1991, dann tritt die Steuerpflicht nach § 1 Z 4 NoVAG 1991 ein. Dies trifft jedoch nur während der grundsätzlich zweijährigen Sperrfrist ein.

Beispiel:

Eine völkerrechtlich privilegierte Person kauft im September 2021 ein Kraftfahrzeug, welches nach § 3 Abs. 4 NoVAG 1991 von der Normverbrauchsabgabe befreit ist. Bereits im Jahr 2022 verkauft diese Person das Kraftfahrzeug. Da die grundsätzlich zweijährige Sperrfrist noch nicht abgelaufen ist, tritt die Normverbrauchsabgabe-Pflicht gemäß § 1 Z 4 NoVAG 1991 ein.

Nähere Ausführungen siehe Rz 367 ff.

B.1.5. Inlandsbegriff

Vorgänge im Sinne des § 1 Z 1 bis 4 NoVAG 1991 in den ehemaligen Zollausschlussge- **456** bieten Mittelberg und Jungholz führen zu keiner Steuerpflicht. Wird ein zunächst in diesen Gemeinden (also für Zwecke der Normverbrauchsabgabe nicht im Inland) zugelassenes Kraftfahrzeug in das übrige Bundesgebiet verbracht und wird in der Folge ein Vorgang des § 1 Z 1 bis 4 NoVAG 1991 verwirklicht, so kommt es dann zu einer entsprechenden Steuerpflicht.

Beispiel 1:

- *Lieferung eines aus den Gemeinden Mittelberg und Jungholz „importierten" Gebrauchtfahrzeuges durch einen Händler (§ 1 Z 1 NoVAG 1991) an den Letztverbraucher*
- *Zulassung eines „eigenimportierten" Gebrauchtfahrzeuges (§ 1 Z 3 NoVAG 1991) aus den Gemeinden Mittelberg und Jungholz*

Beispiel 2:

Ein Fahrzeughändler aus Oberösterreich liefert ein Kraftfahrzeug in das Gebiet Mittelberg. Dieser Vorgang stellt einen normverbrauchsabgabepflichtigen Tatbestand gemäß § 1 Z 1 NoVAG 1991 dar. Da das Gebiet Mittelberg für die Normverbrauchsabgabe gemäß § 1 letzter Satz NoVAG 1991 jedoch nicht zum Inland gehört, kann diese Lieferung wie eine Ausfuhrlieferung behandelt werden (Steuerbefreiung gemäß § 3 Abs. 2 Z 1 NoVAG 1991).

B.1.6. Anzuwendende Rechtslage bei zuvor befreiten Kraftfahrzeugen

In Fällen, in denen die Pflicht zur Leistung der Normverbrauchsabgabe im Zusammen- **457** hang mit einem zuvor gemäß § 3 NoVAG 1991 befreiten Kraftfahrzeug aufgrund der Verwirklichung des § 1 Z 3 lit. b oder Z 4 NoVAG 1991 neuerlich entsteht, ist die Normverbrauchsabgabe anhand der Rechtslage im Zeitpunkt der erstmaligen (befreiten) Zulassung zu bemessen. Ab 1. Juli 2021 ist dabei für die Bonus-Malus-Berechnung und den Abzugsbetrag die Wertentwicklung des Fahrzeuges zu berücksichtigen.

Dies gilt nicht für die gemäß § 3 Abs. 1 Z 2 NoVAG 1991 idF BGBl. I Nr. 18/2021 befreiten Tageszulassungen.

Beispiel 1:

Ein Fahrzeughändler lässt am 20. Oktober 2020 ein Kraftfahrzeug auf sich zu, um dieses als Vorführkraftfahrzeug zu nutzen. Er erfüllt hinsichtlich des Vorführkraftfahrzeuges alle Voraussetzungen (siehe Rz 428 ff sowie Rz 659 ff) und nutzt dieses bis zum 23. März 2021 zu diesem begünstigten Zweck. Am 23. März 2021 verkauft der Fahrzeughändler das Kraftfahrzeug an einen Kunden und erfüllt mit dieser Lieferung den Tatbestand des § 1 Z 4 NoVAG 1991. Die Normverbrauchsabgabe ist in diesem Fall nach der Rechtslage am 20. Oktober 2020 zu bemessen (siehe Rz 936).

Beispiel 2:

Ein Fahrzeughändler lässt am 20. Mai 2021 ein Kraftfahrzeug auf sich zu, um dieses als Vorführkraftfahrzeug zu nutzen. Er erfüllt hinsichtlich des Vorführkraftfahrzeuges alle Voraussetzungen (siehe Rz 428 ff sowie Rz 659 ff) und nutzt dieses bis zum 23. April 2022 zu diesem begünstigten Zweck. Am 23. April 2022 verkauft der Fahrzeughändler das Kraftfahrzeug an einen Kunden und erfüllt mit dieser Lieferung den Tatbestand des § 1 Z 4 NoVAG 1991. Die Normverbrauchsabgabe ist in diesem Fall nach der Rechtslage am 20. Mai 2021 zu bemessen und für die Bonus-Malus-Berechnung und den Abzugsbetrag ist die Wertentwicklung des Fahrzeuges zu berücksichtigen (siehe Rz 936).

Beispiel 3:

Ein Taxiunternehmer erwirbt am 20. Oktober 2020 ein Kraftfahrzeug bei einem inländischen Fahrzeughändler, um dieses als Taxi zu nutzen. Er erfüllt hinsichtlich des Taxis alle Voraussetzungen (siehe Rz 143 bis 152) und nutzt dieses bis zum 23. März 2021 zu diesem begünstigten Zweck. Am 23. März 2021 verkauft der Taxiunternehmer das Kraftfahrzeug und erfüllt damit den Tatbestand des § 1 Z 4 NoVAG 1991. Die Normverbrauchsabgabe ist in diesem Fall nach der Rechtslage am 20. Oktober 2020 zu bemessen.

Beispiel 4:

Ein Fahrzeughändler lässt am 20. Juli 2021 ein Kraftfahrzeug im Rahmen einer Tageszulassung auf sich zu. Er erfüllt hinsichtlich des Kraftfahrzeuges alle Voraussetzungen einer Tageszulassung (siehe Rz 432 ff sowie Rz 665 ff) und nutzt dieses bis zum 23. September 2021 zu diesem begünstigten Zweck. Am 23. September 2021 verkauft der Fahrzeughändler das Kraftfahrzeug an einen Kunden und erfüllt mit dieser Lieferung den Tatbestand des § 1 Z 4 NoVAG 1991. Die Normverbrauchsabgabe ist in diesem Fall nach der Rechtslage am 23. September 2021 zu bemessen. § 6 Abs. 8 NoVAG 1991 hat ab 1. Juli 2021 für Tageszulassungen keine Gültigkeit.

Randzahlen 458 bis 499: *derzeit frei*

B.2. Kraftfahrzeuge (§ 2 NoVAG 1991)

B.2.1. Rechtslage ab 1. Juli 2021

B.2.1.1. Einstufung nach dem KFG 1967

500 Für die Entscheidung, ob ein Kraftfahrzeug unter das NoVAG 1991 fällt, wird auf die kraftfahrrechtliche Einordnung von Kraftfahrzeugen abgestellt (Kraftfahrgesetz 1967). Aufgrund der mittlerweile europaweit einheitlichen Vorgaben hinsichtlich der Einordnung von Kraftfahrzeugen ist die Einteilung ohne großen Aufwand möglich und aus den jeweiligen Fahrzeugpapieren erkennbar, wie zum Beispiel:

- EG/EU-Übereinstimmungsbescheinigung (COC – Certificate of Conformity)
- Datenauszug aus der Genehmigungsdatenbank
- Typenschein
- Einzelgenehmigungsbescheid

501 Im Regelfall ist auf die jeweilige Einordnung laut den Fahrzeugpapieren abzustellen. Nur in jenen Fällen, in denen für ein Kraftfahrzeug noch keine Einteilung in eine Klasse getroffen wurde oder sich die Einteilung als falsch erweist, sollen die Vorgaben für die Einteilung in Klassen nach § 3 KFG 1967 sinngemäß gelten.

502 Maßgebend ist die kraftfahrrechtliche Einstufung in jenem Zeitpunkt, in dem ein Tatbestand gemäß § 1 Z 1 bis 4 NoVAG 1991 gesetzt wird.

B.2.1.2. Von der Normverbrauchsabgabe umfasste Kraftfahrzeuge

503 Angelehnt an die Klassen des § 3 KFG 1967 umfasst § 2 NoVAG 1991 folgende vier Gruppen:

- Krafträder und Kraftfahrzeuge mit zwei oder drei Rädern (Klasse L3e, L4e und L5e), jeweils mit einem Hubraum von mehr als 125 Kubikzentimetern;
- Leichte und schwere vierrädrige Kraftfahrzeuge (L6e und L7e), jeweils mit einem Hubraum von mehr als 125 Kubikzentimetern;
- Personen- und Kombinationskraftwagen (Klasse M1) sowie
- Kraftfahrzeuge zur Güterbeförderung mit mindestens vier Rädern und einer zulässigen Gesamtmasse von nicht mehr als 3.500 kg (Klasse N1).

B.2.1.2.1. Krafträder und Kraftfahrzeuge mit zwei oder drei Rädern (Klassen L3e, L4e und L5e)

504 Krafträder und andere zwei- und dreirädrige Kraftfahrzeuge unterliegen der Normverbrauchsabgabe.

Die bis zum 30. Juni 2021 im Steuersatz enthaltene Befreiung für Krafträder mit einem Hubraum von gleich oder weniger als 125 Kubikzentimetern ist nun bereits im Anwendungsbereich aufgenommen. Dies bedeutet, dass solche Krafträder beziehungsweise Kraftfahrzeuge mit einem Hubraum von gleich oder weniger als 125 Kubikzentimetern nicht der Normverbrauchsabgabe unterliegen.

B.2.1.2.1.1. Krafträder

505 Ein Kraftrad ist ein Kraftfahrzeug mit zwei Rädern oder ein Kraftfahrzeug mit drei Rädern (mit oder ohne Doppelrad).

B.2.1.2.1.2. Klasse L3e (Zweirädriges Kraftrad)

506 Gemäß Verordnung (EU) Nr. 168/2013 über die Genehmigung und Marktüberwachung von zwei- oder dreirädrigen und vierrädrigen Fahrzeugen, ABl. Nr. L 60 vom 2. März 2013, Seite 52, zuletzt geändert durch Verordnung (EU) Nr. 2019/129 zur Änderung der Verordnung (EU) Nr. 168/2013 hinsichtlich der Anwendung der Stufe Euro 5 auf die Typgenehmigung von zwei- oder dreirädrigen und vierrädrigen Fahrzeugen, ABl. Nr. L 30 vom 31. Jänner 2019, Seite 106, werden Kraftfahrzeuge der Klasse L3e nach den folgenden Kriterien eingestuft:

- zwei Räder und eine der genannten Antriebsformen:
  - Motor mit Innenverbrennung
    - Selbstzündungsmotor (CI)
    - Fremdzündungsmotor (PI)
  - Motor mit Außenverbrennung, Turbinenmotor oder Kreiskolbenmotor
  - Elektromotor
  - Hybrid-Elektro-Kraftfahrzeug, bei dem eine der genannten Antriebskonfigurationen mit (einer) anderen kombiniert wird
- Gesamtmasse = technisch zulässige Masse nach Angabe des Herstellers
- zweirädriges Kraftfahrzeug, das nicht in die Klasse L1e eingestuft werden kann

Aufgrund des Einordnungskriteriums, dass ein zweirädriges Kraftfahrzeug dann in die Klasse L3e einzustufen ist, wenn es nicht in die Klasse L1e einzustufen ist, müssen auch diese Kriterien berücksichtigt werden. 507

Ein zweirädriges Kraftfahrzeug fällt in die Klasse L1e, wenn es die folgenden Kriterien aufweist:

- zwei Räder und eine der genannten Antriebsformen und
  - Motor mit Innenverbrennung
    - Selbstzündungsmotor (CI)
    - Fremdzündungsmotor (PI)
  - Motor mit Außenverbrennung, Turbinenmotor oder Kreiskolbenmotor
  - Elektromotor
  - Hybrid-Elektro-Kraftfahrzeug, bei dem eine der genannten Antriebskonfigurationen mit (einer) anderen kombiniert wird
- ein Hubvolumen von höchstens 50 Kubikzentimetern, falls ein PI-Verbrennungsmotor Teil der Antriebskonfiguration des Fahrzeuges ist, und
- bauartbedingte Höchstgeschwindigkeit des Fahrzeuges ≤ 45 km/h und
- maximale Nenndauerleistung oder Nutzleistung ≤ 4.000 W und
- Gesamtmasse = technisch zulässige Masse nach Angabe des Herstellers

Zweirädrige Kraftfahrzeuge, welche in die Klasse L1e einzustufen sind, unterliegen nicht der Normverbrauchsabgabe.

Weiters ergibt sich für die Einstufung in die Klasse L3e, dass zweirädrige Kraftfahrzeuge dieser Klasse mindestens ein Hubvolumen von 50 Kubikzentimetern bei Verbrennungsmotoren und/oder bauartbedingter Höchstgeschwindigkeit von mehr als 45 km/h aufweisen müssen. Jedoch fallen zweirädrige Kraftfahrzeuge mit einem Hubraum von höchstens 125 Kubikzentimetern nicht unter die Normverbrauchsabgabe, da diese gesetzlich von der Besteuerung ausgenommen sind (siehe Rz 504).

B.2.1.2.1.3. Klasse L4e (Zweirädriges Kraftrad mit Beiwagen)

Gemäß Verordnung (EU) Nr. 168/2013 über die Genehmigung und Marktüberwachung von zwei- oder dreirädrigen und vierrädrigen Kraftfahrzeugen werden Kraftfahrzeuge der Klasse L4e nach den folgenden Kriterien eingestuft: 508

- Basisfahrzeug mit Antriebssystem, das mit den Einstufungskriterien hinsichtlich der Klasse und Unterklasse für ein L3e-Kraftfahrzeug übereinstimmt und
- Basisfahrzeug mit Antriebssystem und einem Beiwagen und
- mit höchstens vier Sitzplätzen einschließlich des Fahrersitzes auf dem Kraftrad mit Beiwagen und
- mit höchstens zwei Beifahrersitzen im Beiwagen und
- Gesamtmasse = technisch zulässige Masse nach Angabe des Herstellers

Somit handelt es sich bei diesen Krafträdern um ein zweirädriges Kraftrad mit Beiwagen mit einem Hubraum von über 50 Kubikzentimetern bei Verbrennungsmotoren und/oder bauartbedingter Höchstgeschwindigkeit von mehr als 45 km/h. 509

B.2.1.2.1.4. Klasse L5e (Dreirädriges Kraftfahrzeug)

510 Gemäß Verordnung (EU) Nr. 168/2013 über die Genehmigung und Marktüberwachung von zwei- oder dreirädrigen und vierrädrigen Kraftfahrzeugen werden Kraftfahrzeuge der Klasse L5e nach den folgenden Kriterien eingestuft:

- drei Räder und eine der genannten Antriebsformen:
  - Motor mit Innenverbrennung
    - Selbstzündungsmotor (CI)
    - Fremdzündungsmotor (PI)
  - Motor mit Außenverbrennung, Turbinenmotor oder Kreiskolbenmotor
  - Elektromotor
  - Hybrid-Elektro-Kraftfahrzeug, bei dem eine der genannten Antriebskonfigurationen mit (einer) anderen kombiniert wird
- Masse in fahrbereitem Zustand weniger als 1.000 kg und
- Ein dreirädriges Kraftfahrzeug, das nicht als Kraftfahrzeug der Klasse L2e eingestuft werden kann.

511 Hierbei handelt es sich um ein dreirädriges Kraftfahrzeug mit drei symmetrisch angeordneten Rädern mit einem Hubraum von über 50 Kubikzentimetern bei Verbrennungsmotoren und/oder bauartbedingter Höchstgeschwindigkeit von mehr als 45 km/h.

B.2.1.2.2. Leichte und schwere vierrädrige Kraftfahrzeuge (Klassen L6e und L7e)

512 Unter die Normverbrauchsabgabe fallen auch leichte und schwere vierrädrige Kraftfahrzeuge, welche in die Klassen L6e und L7e einzustufen sind.

B.2.1.2.2.1. Klasse L6e (Leichte vierrädrige Kraftfahrzeuge)

513 Gemäß Verordnung (EU) Nr. 168/2013 über die Genehmigung und Marktüberwachung von zwei- oder dreirädrigen und vierrädrigen Kraftfahrzeugen werden Kraftfahrzeuge der Klasse L6e nach den folgenden Kriterien eingestuft:

- vier Räder und eine der genannten Antriebsformen:
  - Motor mit Innenverbrennung
    - Selbstzündungsmotor (CI)
    - Fremdzündungsmotor (PI)
  - Motor mit Außenverbrennung, Turbinenmotor oder Kreiskolbenmotor
  - Elektromotor
  - Hybrid-Elektro-Kraftfahrzeug, bei dem eine der genannten Antriebskonfigurationen mit (einer) anderen kombiniert wird
- bauartbedingte Höchstgeschwindigkeit des Fahrzeuges ≤ 45 km/h und
- Masse in fahrbereitem Zustand < 425 kg und
- ein Hubvolumen von ≤ 50 cm³, falls ein PI-Motor Teil der Antriebskonfiguration des Fahrzeuges ist, oder ein Hubvolumen von ≤ 500 cm³, falls ein CI-Motor Teil der Antriebskonfiguration des Fahrzeuges ist, und
- ausgerüstet mit höchstens zwei Sitzplätzen, einschließlich des Fahrersitzes.

514 Ein leichtes vierrädriges Kraftfahrzeug mit einer Leermasse bis zu 425 kg (ohne Batterien bei Elektrofahrzeugen) mit einer bauartbedingten Höchstgeschwindigkeit von bis zu 45 km/h und einem Hubraum von bis zu 50 Kubikzentimetern bei anderen Verbrennungsmotoren oder Elektromotoren.

Beispiel:

- *ein leichtes Straßen-Quad*

B.2.1.2.2.2. Klasse L7e (Schwere vierrädrige Kraftfahrzeuge)

515 Gemäß Verordnung (EU) Nr. 168/2013 über die Genehmigung und Marktüberwachung von zwei- oder dreirädrigen und vierrädrigen Kraftfahrzeugen werden Kraftfahrzeuge der Klasse L7e nach den folgenden Kriterien eingestuft:

- vier Räder und eine der genannten Antriebsformen und
  - Motor mit Innenverbrennung
    - Selbstzündungsmotor (CI)
    - Fremdzündungsmotor (PI)
  - Motor mit Außenverbrennung, Turbinenmotor oder Kreiskolbenmotor

  - Elektromotor
  - Hybrid-Elektro-Kraftfahrzeug, bei dem eine der genannten Antriebskonfigurationen mit (einer) anderen kombiniert wird
- Masse in fahrbereitem Zustand:
  - (a) ≤ 450 kg für die Beförderung von Personen
  - (b) ≤ 600 kg für die Beförderung von Gütern und
- L7e-Kraftfahrzeug, das nicht als L6e-Kraftfahrzeug eingestuft werden kann

Schweres vierrädriges Kraftfahrzeug, das nicht unter L6e fällt, mit einer Leermasse bis 450 kg (bis 600 kg für Güterbeförderung) ohne Batterien bei Elektrofahrzeugen und max. Nutzleistung bis zu 15 kW. **516**

Beispiel:

- *Ein schweres Straßen-Quad*

B.2.1.2.3. Personen- und Kombinationskraftwagen (Klasse M1)

Unter die Klasse M1 fallen beispielsweise auch Limousinen, Kombis, Geländewagen („SUV") oder Wohnmobile. **517**

Ein Personenkraftwagen ist ein Kraftfahrzeug, das nach seiner Bauart und Ausrüstung ausschließlich oder vorwiegend zur Beförderung von Personen bestimmt ist und außer dem Lenkerplatz für nicht mehr als acht Personen Plätze aufweist. **518**

Ein Kombinationskraftwagen ist ein Kraftfahrzeug, das nach seiner Bauart und Ausrüstung dazu bestimmt ist, wahlweise vorwiegend zur Beförderung von Personen oder vorwiegend zur Beförderung von Gütern verwendet zu werden, und außer dem Lenkerplatz für nicht mehr als acht Personen Plätze aufweist. **519**

Ein Wohnmobil ist ein Kraftfahrzeug der Klasse M1 mit besonderer Zweckbestimmung, das so konstruiert ist, dass es die Unterbringung von Personen erlaubt und mindestens die folgende Ausrüstung umfasst: **520**

- Tisch und Sitzgelegenheiten,
- Schlafgelegenheiten, die tagsüber auch als Sitze dienen können,
- Kochgelegenheiten und
- Einrichtungen zur Unterbringung von Gepäck und sonstigen Gegenständen.

Diese Ausrüstungsgegenstände sind im Wohnbereich fest anzubringen, mit Ausnahme des Tisches, der leicht entfernbar sein kann.

Ein Geländekraftfahrzeug ist ein Kraftfahrzeug, das der Klasse M oder N angehört und spezifische technische Merkmale aufweist, die seine Verwendung im Gelände ermöglichen. **521**

B.2.1.2.4. Kraftfahrzeuge zur Güterbeförderung mit mindestens vier Rädern und einer zulässigen Gesamtmasse von nicht mehr als 3.500 kg (Klasse N1).

Zum Anwendungsbereich der Normverbrauchsabgabe kommen auch Kraftfahrzeuge zur Güterbeförderung bis einschließlich 3.500 Kilogramm höchstes zulässiges Gesamtgewicht, also Kraftfahrzeuge der Klasse N1. Dabei handelt es sich beispielsweise um Kastenwagen, Pritschenwagen („Pick-up") und Kleintransporter. **522**

Kraftfahrzeuge der Klasse N1, die vor dem 1. Juli 2021 in Österreich oder dem übrigen Unionsgebiet zugelassen waren und nach der Kombinierten Nomenklatur nicht der Normverbrauchsabgabe unterlagen, sind grundsätzlich nicht normverbrauchsabgabepflichtig, da sich die auf diese Kraftfahrzeuge anzuwendende Rechtslage nach der Rechtslage im Zeitpunkt der erstmaligen unionsweiten Zulassung bestimmt (siehe Rz 930 ff sowie Rz 937). Diese Kraftfahrzeuge sind vor dem 1. Juli 2021 nicht unter den Anwendungsbereich des NoVAG 1991 gefallen. **523**

Anderes gilt für Kraftfahrzeuge der Klasse N1, die ab dem 1. Juli 2021 aus einem Drittstaat in das Inland gebracht werden. Bei diesen Kraftfahrzeugen ist die Normverbrauchsabgabe nach der Rechtslage im Zeitpunkt der tatsächlichen Tatbestandserfüllung zu bemessen. Da im Zeitpunkt der Erfüllung eines der Tatbestände des § 1 NoVAG 1991 Kraftfahrzeuge der Klasse N1 gemäß § 2 Abs. 1 Z 4 NoVAG 1991 normverbrauchsabgabepflichtig sind, entsteht daher grundsätzlich bei Verbringung eines solchen Kraftfahrzeuges ins Inland die Normverbrauchsabgabepflicht.

Kraftfahrzeuge der Klasse N1 sind zu unterscheiden in unvollständige Kraftfahrzeuge (z.B. Fahrgestelle), vervollständigte Kraftfahrzeuge (unvollständiges Kraftfahrzeug, welches vervollständigt wurde) sowie vollständige Kraftfahrzeuge. Erkennbar sind unvollständige und vervollständigte Kraftfahrzeuge beispielsweise durch das Feld „449 – FERTIGUNGS- **524**

STAND C“ in der Genehmigungsdatenbank. Folgende Eintragungen sind möglich, wobei B und D für die weiteren Ausführungen in diesem Abschnitt relevant sind:

- Eintragung A oder leer = Einstufen-Genehmigung (vollständiges Kraftfahrzeug)
- Eintragung B = Mehrstufen-Genehmigung, Basisfahrzeug unvollständig
- Eintragung D = Mehrstufen-Genehmigung, Basisfahrzeug vollständig

Weitere Hinweise für das Vorliegen eines unvollständigen oder vervollständigten Kraftfahrzeuges können die Felder zu den Basisfahrzeugen in der Genehmigungsdatenbank (Hersteller, Typgenehmigung, Datum; Nummern 23 – 29) sowie im COC-Papier (Eintragung 0.5.1.) sein.

525 Im NoVAG 1991 wird nicht festgelegt, ob es sich bei einem unvollständigen Kraftfahrzeug der Klasse N1 um ein Kraftfahrzeug im Sinne des § 2 NoVAG 1991 handelt, weshalb hier auf die kraftfahrrechtlichen Regelungen zurückgegriffen werden muss. In der einschlägigen EU-Verordnung (Artikel 3 Z 16 der Verordnung (EU) Nr. 2018/858 über die Genehmigung und die Marktüberwachung von Kraftfahrzeugen und Kraftfahrzeuganhängern sowie von Systemen, Bauteilen und selbstständigen technischen Einheiten für diese Fahrzeuge, zur Änderung der Verordnungen (EG) Nr. 715/2007 und (EG) Nr. 595/2009 und zur Aufhebung der Richtlinie 2007/46/EG, ABl. Nr. L 151 vom 14. Juni 2018 S. 1) handelt es sich bei einem Kraftfahrzeug um „ein vollständiges, vervollständigtes oder unvollständiges Kraftfahrzeug, das dafür konstruiert und gebaut ist, von einem eigenen Antrieb, auf mindestens vier Rädern und mit einer bauartbedingten Höchstgeschwindigkeit von mehr als 25 km/h bewegt zu werden. Daraus ergibt sich, dass bereits bei Lieferung eines unvollständigen Kraftfahrzeuges der Klasse N1 an einen Endkunden die Normverbrauchsabgabe zu entrichten ist (siehe Rz 400 ff). Es ist jedoch festzuhalten, dass das unvollständige Kraftahrzeug der Klasse N1 ohne Aufbau nicht ohne weiteres im Inland zulassungsfähig ist, allerdings im Regelfall mit geringem Aufwand in einen zulassungsfähigen Zustand versetzt werden kann. Außerdem ist davon auszugehen, dass ein unvollständiges Kraftfahrzeug mit der Absicht angeschafft wird, dieses nach der Vervollständigung zuzulassen und zu verwenden.

Zur Bemessungsgrundlage bei Kraftfahrzeugen der Klasse N1 siehe Rz 818 ff.

Zur Berechnung des Tarifs bei Kraftfahrzeugen der Klasse N1 siehe Rz 905 ff.

526 Gemäß § 2 Abs. 1 Z 4 NoVAG 1991 unterliegen „Kraftfahrzeuge zur Güterbeförderung mit mindestens vier Rädern und einer zulässigen Gesamtmasse von nicht mehr als 3.500 kg (Klasse N1)“ ab 1. Juli 2021 der Normverbrauchsabgabe. Hat demzufolge ein Kraftfahrzeug eine zulässige Gesamtmasse von nicht mehr als 3.500 kg und liegt damit eine Einstufung in die Klasse N1 vor, unterliegt das Kraftfahrzeug der Normverbrauchsabgabe. Wird bei einer sogenannten „Ablastung“ lediglich das höchste zulässige Gesamtgewicht auf 3.500 kg abgesenkt, jedoch die zulässige Gesamtmasse und die Einstufung in Klasse N2 nicht verändert, unterliegen diese Kraftfahrzeuge nicht der Normverbrauchsabgabe.

B.2.1.3. Von der Normverbrauchsabgabe nicht umfasste Kraftfahrzeuge

527 Historische Kraftfahrzeuge („Oldtimer“) sind explizit gemäß § 2 Abs. 1 NoVAG 1991 von der Normverbrauchsabgabe ausgenommen.

528 Ein historisches Kraftfahrzeug ist ein erhaltungswürdiges, nicht zur ständigen Verwendung bestimmtes Kraftfahrzeug,

a) mit Baujahr 1955 oder davor, oder

b) das älter als 30 Jahre ist und in die vom Bundesminister für Klimaschutz, Umwelt, Energie, Mobilität, Innovation und Technologie approbierte Liste der historischen Kraftfahrzeuge eingetragen ist (§ 131b KFG 1967).

529 Nicht normverbrauchsabgabepflichtig sind Kraftfahrzeuge, die nach den kraftfahrrechtlichen Bestimmungen auf Grund ihres technischen Zustandes im Inland nicht mehr zugelassen werden können („Wracks“). Anderes gilt für unvollständige Kraftfahrzeuge der Klasse N1 (siehe Rz 525).

B.2.1.4 Umbaumaßnahmen

530 Keine Pflicht zur Leistung der Normverbrauchsabgabe entsteht bei Umbau eines Kraftfahrzeuges, das schon der Normverbrauchsabgabe unterworfen wurde. Dies gilt unabhängig davon, ob sich die für die Normverbrauchsabgabeberechnung abhängigen Werte oder die kraftfahrrechtliche Fahrzeugklasse geändert haben (siehe Rz 442).

B.2.2. Rechtslage bis 30. Juni 2021

B.2.2.1. Begriffe

B.2.2.1.1. Normverbrauchsabgaberechtlicher Kraftfahrzeugbegriff

Nach dem Wortlaut des § 2 NoVAG 1991 gelten als Kraftfahrzeuge: 531

- Krafträder, auch mit Beiwagen (Unterpositionen 8711 20, 8711 30, 8711 40 00 und 8711 50 00 der Kombinierten Nomenklatur)
- Personenkraftwagen und andere hauptsächlich zur Personenbeförderung gebaute Kraftfahrzeuge (ausgenommen solche der Position 8702), einschließlich Kombinationskraftwagen und Rennwagen (Position 8703 der Kombinierten Nomenklatur)

Die Definition des Kraftfahrzeuges ist an die Kombinierte Nomenklatur (KN) geknüpft. 532

Ein Kraftfahrzeug im Sinne der Normverbrauchsabgabe ist sohin ein Kraftfahrzeug, welches unter die genannten Positionen bzw. Unterpositionen der Kombinierten Nomenklatur einzureihen ist. Die Einreihung richtet sich nach den Bestimmungen des Unionszollrechts (Zolltarifrecht).

Der Kraftfahrzeugbegriff des KfzStG 1992 (siehe Rz 1602) wird hingegen gemäß § 9 533
Abs. 2 KfzStG 1992 nach den kraftfahrrechtlichen Vorschriften (KFG 1967) bestimmt. Informationen im Zulassungsschein oder in der Typengenehmigung stellen in Ermangelung einer systematischen Vergleichbarkeit der Bestimmungen des KFG 1967 und der Kombinierten Nomenklatur allenfalls Indizien für das Vorliegen eines Kraftfahrzeuges im normverbrauchsabgaberechtlichen Sinn dar.

Unmaßgeblich ist weiters die steuerliche Einstufung gemäß der Verordnung BGBl. II Nr. 193/2002 als Kleinlastkraftwagen oder Kleinbus.

B.2.2.1.2. Kombinierte Nomenklatur (KN), Erläuterungen

Die Kombinierte Nomenklatur ist im Anhang I der Verordnung (EWG) 2658/87 des Ra- 534
tes über die zolltarifliche und statistische Nomenklatur sowie den Gemeinsamen Zolltarif (KN-VO, ABl. Nr. L 256 vom 07.09.1987 S. 1) abgebildet. Die im Unionsrecht verankerte Kombinierte Nomenklatur stellt sohin kraft (dynamischer) Verweisung die maßgebliche Rechtsgrundlage für die Beurteilung des Steuergegenstandes „Kraftfahrzeug" dar.

Die Kombinierte Nomenklatur wird einmal jährlich im Amtsblatt der EU, Reihe L, in konsolidierter Form veröffentlicht. Einzelne Änderungen publiziert die Kommission laufend im Amtsblatt und in der Integrierten Tarifdatenbank der EU (sog. „TARIC").

Die Kommission veröffentlicht zudem Erläuterungen zur Kombinierten Nomenklatur 535
(kurz: ErlKN), welche periodisch aktualisiert und im Amtsblatt der EU, Reihe C, veröffentlicht werden. Diese unverbindlichen Erläuterungen stellen einen wesentlichen Auslegungsbehelf zur Kombinierten Nomenklatur dar und sind speziell auch für konkrete Problemstellungen bei der normverbrauchsabgaberechtlichen Beurteilung von Kraftfahrzeugen nützlich.

Daneben (bzw. in der Rangordnung darüber) existieren von der Weltzollorganisation (WCO) veröffentlichte Erläuterungen zum Harmonisierten System (kurz: ErlHS).

B.2.2.1.3. Maßgebliche zolltarifarische Einreihung

Die zolltarifarische Einreihung ist die einzige maßgebliche Grundlage für die Beurteilung, 536
ob ein Kraftfahrzeug im Sinne des § 2 NoVAG 1991 vorliegt. Bei Zollsachverhalten führt sie die Zollbehörde primär mittels Annahme der (in der Regel einen Tarifierungsvorschlag des Anmelders enthaltenden) Zollanmeldung oder mittels Erteilung einer (beantragten) verbindlichen Zolltarifauskunft (kurz: vZTA, EN: binding tariff information, BTI) durch.

Diese Einreihung stellt eine Vorfrage (§ 116 Abs. 1 BAO) für die Beurteilung der Steuerbarkeit des Vorgangs dar.

Maßgebend für die Normverbrauchsabgabe ist die zolltarifarische Einstufung in jenem 537
Zeitpunkt, in dem ein Normverbrauchsabgabe-Tatbestand im Sinne des § 1 Z 1 bis 4 NoVAG 1991 gesetzt wird. Die Einreihung nach zollrechtlichen Vorschriften bezieht sich auf den Zeitpunkt des Zollsachverhalts, welcher in der Regel nicht ident mit dem Zeitpunkt der Verwirklichung des Normverbrauchsabgabe-Sachverhalts ist.

Die zu beurteilenden Kraftfahrzeuge befinden sich bei den Tatbeständen des § 1 Z 1 und 2 NoVAG 1991 bereits im zollrechtlich freien Verkehr der EU, daher liegt ein allfälliger Zollsachverhalt in der Vergangenheit. Davon ausgenommen ist allenfalls § 1 Z 3 lit. a und/oder lit. b NoVAG 1991: Im Falle einer Direkteinfuhr nach Österreich, etwa aus der Schweiz nach Vorarlberg oder Tirol, oder auch im Rahmen des zollrechtlichen Versandverfahrens zu anderen Orten im Inland können diese Zeitpunkte zusammenfallen.

Beispiel:

Ein Inländer meldet sein neues Firmen-Kraftfahrzeug mit ausländischem Kennzeichen beim Grenzzollamt an. Im Rahmen der Zollabfertigung erfolgt die Einreihung nach Position 8703. Mit den Verzollungsunterlagen führt er drei Tage später die Anmeldung der Normverbrauchsabgabe durch, um die Zulassung des Kraftfahrzeuges zum Verkehr im Inland zu erhalten. In der Zwischenzeit wurde die Typisierung des Kraftfahrzeuges (ohne Veränderungen) durchgeführt.

Der Zollsachverhalt (Einfuhr) ist zeitlich so nahe am Normverbrauchsabgabe-Sachverhalt (erstmalige Zulassung), dass betreffend die Beschaffenheit des einzureihenden Kraftfahrzeuges keine Unterschiede zwischen Zollsachverhalt und Normverbrauchsabgabe-Sachverhalt vorliegen.

538 Zwischen dem Zeitpunkt des von den Zollbehörden bereits beurteilten Zollsachverhaltes und jenem des relevanten von der Abgabenbehörde zu beurteilenden Normverbrauchsabgabe-Sachverhaltes können jedoch auch Abweichungen der normverbrauchsabgaberechtlichen von der zolltarifarischen Einreihung entstehen.

Beispiel:

Das Kraftfahrzeug wird zunächst als Lkw (8704) verzollt und anschließend mit einem Wohnmobilaufbau versehen. Das fertige Wohnmobil weist nun im Zeitpunkt der erstmaligen Zulassung zum Verkehr in Österreich andere Merkmale auf als das zollabgefertigte Kraftfahrzeug.

Die zollbehördliche Tarifierungsentscheidung kann nicht herangezogen werden, da mittlerweile ein anderes Kraftfahrzeug vorliegt.

539 Liegen Vorfragenentscheidungen von Zollbehörden in Bezug auf die zolltarifarische Einreihung des zu beurteilenden Kraftfahrzeuges vor, dann sind diese bindend. Solche Entscheidungen im Sinne von Art. 22 ff Zollkodex der Union (UZK), Verordnung (EU) Nr. 952/2013, können sowohl in Form eines Abgabenbescheides, etwa infolge einer durchgeführten Einfuhrverzollung (mit unbefristeter Gültigkeit), als auch in Form einer verbindlichen Zolltarifauskunft (kurz: vZTA; Gültigkeit auf drei Jahre befristet) vorliegen, welche auf Antrag des Zollanmelders (Einführers) im Zweifel über die vorzunehmende Einreihung erteilt wird.

Diese Bindung an Vorfragenentscheidungen besteht auch hinsichtlich ausländischer Behörden, soweit sie als Zollbehörden im Sinne des Unionszollrechts handeln. Zollrechtliche Entscheidungen gelten im gesamten Zollgebiet der Union und sind von anderen Behörden, die nicht mit der Anfechtung der Entscheidung befasst sind, anzuerkennen (Art. 26 UZK).

Beispiel:

Das zu beurteilende Kraftfahrzeug war Gegenstand einer Einfuhr nach Frankreich. Die Einfuhrpapiere enthalten eine von der Zollbehörde akzeptierte Einreihung mit dem KN-Code 8704. Das Kraftfahrzeug wurde unverändert nach Österreich verbracht und wird als Lkw zugelassen.

Diese zollrechtliche Einreihung ist für die normverbrauchsabgaberechtliche Einreihung bindend.

540 Die Bindungswirkung besteht im Rahmen der Gültigkeitsdauer der Entscheidung so lange, bis die Beschaffenheit des normverbrauchsabgabebefangenen Kraftfahrzeuges nicht mehr mit jener des zollbehördlich eingereihten Kraftfahrzeuges übereinstimmt und dieses Kraftfahrzeug dadurch in eine andere Position der Kombinierten Nomenklatur einzureihen wäre. Diese zolltarifarische Einreihung hat das Finanzamt vorzunehmen.

Nicht bindend sind zollbehördliche Vorfragenentscheidungen betreffend Einreihungen, welche sich auf andere Kraftfahrzeuge als das zu beurteilende Kraftfahrzeug beziehen.

541 Liegt im maßgeblichen Zeitpunkt kein Zollsachverhalt bzw. keine Vorfragenentscheidung einer Zollbehörde betreffend die einzureihende Ware vor, ist eine (NoVA-rechtliche) zolltarifarische Einreihung durch das Finanzamt vorzunehmen (§ 116 Abs. 1 BAO).

Normverbrauchsabgaberechtlich genügt die Unterscheidung, ob ein Kraftrad oder ein anderes Kraftfahrzeug (Position 8703) vorliegt. Beim Kraftrad ist eine weitere Beurteilung vorzunehmen, welche der vier im NoVAG 1991 genannten Unterpositionen zu Position 8711 gegeben ist. Für andere Kraftfahrzeuge genügt die Tarifierbarkeit nach Position 8703, eine genauere Zuordnung zu einer der dort genannten Unterpositionen ist jedoch nicht mehr erforderlich. Sind Kraftfahrzeuge weder in die in § 2 NoVAG 1991 genannten Positionen zu 8711 noch in die Position 8703 tarifierbar, unterliegen diese Kraftfahrzeuge auch nicht der Normverbrauchsabgabe.

Bei Kraftfahrzeugen, welche zuvor in anderen Mitgliedstaaten aus Drittländern in das Unionsgebiet importiert wurden, kann gegebenenfalls beim Importeur oder Händler die zolltarifarische Einstufung abverlangt werden. 542

B.2.2.1.4. Unvollständige oder schadhafte Kraftfahrzeuge (Wrack)

Nicht unter die Position 8703 fallen Teile von Kraftfahrzeugen oder schadhafte Personen- oder Kombinationskraftwagen (sogenannte Wracks), welche nach allgemeiner Verkehrsauffassung nicht oder nicht mehr bestimmungsgemäß verwendet werden können. Dies gilt grundsätzlich für Kraftfahrzeuge, die nicht mehr mit einem wirtschaftlich vertretbaren Aufwand in einen bestimmungsgemäßen Zustand gebracht werden können. 543

Die Erläuterungen zum Harmonisierten System (ErlHS) besagen ganz allgemein, dass zur Position 8703 jene Kraftfahrzeuge zählen, welche ihrer Beschaffenheit nach zur Personenbeförderung dienen. Diese Grundaussage ist bei jenen Kraftfahrzeugen nicht mehr gegeben, die auf Grund ihres Zustandes nicht mehr zur Personenbeförderung genutzt werden können.

Ist eine Personenbeförderung auf Grund des technischen Zustandes (zum Beispiel keine kraftfahrrechtliche Zulassung mehr gegeben) nicht mehr möglich, dann fällt dieses Kraftfahrzeug nicht in den Anwendungsbereich des NoVAG 1991.

B.2.2.1.5. Umbaumaßnahmen

Der Umbau eines im Zeitpunkt der Zulassung nicht unter § 2 NoVAG 1991 fallenden Kraftfahrzeuges zieht dann die Steuerpflicht nach sich, wenn das betreffende Kraftfahrzeug aufgrund des Umbaus in Position 8703 bzw. die Unterpositionen 8711 20 bis 8711 50 einzureihen ist. Ob eine neue Typisierung erfolgt oder nicht, ist für die Entstehung der Normverbrauchsabgabepflicht unbeachtlich. Maßgeblich ist die Beschaffenheit des Kraftfahrzeuges zum Zeitpunkt der Entstehung der Normverbrauchsabgabepflicht, sohin die Einreihung zum Zeitpunkt der Lieferung bzw. Zulassung. 544

Beispiel 1:

Ein Privater verbringt einen Klein-Lkw der Position 8704 von Deutschland nach Österreich. Vor der Zulassung in Österreich wird das Kraftfahrzeug zu einem Pkw der Position 8703 umgebaut. Entscheidend ist, welcher KN-Position das Kraftfahrzeug zum Zeitpunkt der Zulassung in Österreich zuzuordnen ist: Daher muss in diesem Fall die Normverbrauchsabgabe entrichtet werden (§ 1 Z 3 NoVAG 1991).

Beispiel 2:

Ein Händler lässt auf Wunsch eines Kunden einen Pkw der Position 8703 in einen Klein-Lkw der Position 8704 umbauen, anschließend wird das umgebaute Kraftfahrzeug an den Kunden geliefert. Da entscheidend ist, welcher KN-Position (8703 oder 8704) das Kraftfahrzeug zum Zeitpunkt der Lieferung zugeordnet ist, muss in diesem Fall keine Normverbrauchsabgabe entrichtet werden.

Beispiel 3:

Nach der Lieferung eines Klein-Lkw der Position 8704 an einen Privaten lässt dieser das Kraftfahrzeug zu einem Pkw der Position 8703 umbauen. Die Zulassung des umgebauten Kraftfahrzeuges löst die Pflicht zur Entrichtung der Normverbrauchsabgabe aus (§ 1 Z 3 NoVAG 1991).

Beispiel 4:

Nach Zulassung wird ein Personenkraftwagen der Position 8703 von einem Freiberufler zu einem Klein-Lkw der Position 8704 umgebaut. Hier bleibt es bei der Belastung mit der Normverbrauchsabgabe. Eine Vergütung der bereits geleisteten Abgabe ist in solchen Fällen gesetzlich nicht vorgesehen. Es besteht kein Vergütungsanspruch.

B.2.2.2. Krafträder

B.2.2.2.1. Begriffsbestimmung

B.2.2.2.1.1. Wortlaut der KN-Position 8711 und der maßgeblichen Unterpositionen

Position 8711 der Kombinierten Nomenklatur umfasst nach dem Wortlaut „Krafträder (einschließlich Mopeds) und Fahrräder mit Hilfsmotor, auch mit Beiwagen; Beiwagen“. Fahrräder mit Hilfsmotor sowie Beiwagen ohne dazugehöriges Kraftrad sind jedoch von § 2 Z 1 NoVAG 1991 nicht erfasst. 545

§ 2 Z 1 NoVAG 1991 umfasst Krafträder mit oder ohne Beiwagen und verweist auf die Unterpositionen 8711 20, 8711 30, 8711 40 00 und 8711 50 00 der Kombinierten Nomenklatur. Diese Unterpositionen beziehen sich ausschließlich auf Krafträder mit Hubkolbenverbrennungsmotor. 546

KfzBStR

Krafträder mit Elektromotor (E-Mopeds) tarifieren nach 8711 60, solche mit anderen als Hubkolbenverbrennungsmotoren (z.B. Wankelmotor) oder Elektromotoren nach 8711 90. Diese scheiden daher aus dem Kreis der Kraftfahrzeuge nach § 2 NoVAG 1991 aus.

547 Krafträder mit einem Hubraum bis einschließlich 50 cm³ (z.B. Mofas) tarifieren nach 8711 10 und sind daher nicht Steuergegenstand.

Für Krafträder mit einem Hubraum bis einschließlich 125 cm³ (z.B. Kleinmotorräder) wird allerdings keine Normverbrauchsabgabe erhoben (vgl. § 6 Abs. 1 letzter Satz NoVAG 1991).

B.2.2.2.2. Begriffsabgrenzung zu anderen Positionen

B.2.2.2.2.1. Position 8703 (Pkw)/8704 (Lkw)

548 Dreirad-Kraftfahrzeuge (z.B. des Typs Lastendreirad) fallen unter die Position 8711, sofern sie nicht die unter Rz 581 dargestellten Beschaffenheitsmerkmale von Kraftfahrzeugen der Position 8703 oder der Position 8704 aufweisen.

549 Vierrad-Kraftfahrzeuge für die Beförderung von Personen mit Röhrenchassis (z.B. Buggys) und einer Kraftwagenlenkung (Ackermann-Prinzip, siehe Rz 553) fallen unter die Position 8703 (Pkw) [ErlHS zu 8703].

B.2.2.3. Kraftfahrzeuge zur Personenbeförderung

B.2.2.3.1. Begriffsbestimmung

B.2.2.3.1.1. Wortlaut der KN-Position 8703

550 Gemäß § 2 Z 2 NoVAG 1991 gelten als Kraftfahrzeuge Personenkraftwagen und andere hauptsächlich zur Personenbeförderung gebaute Kraftfahrzeuge (ausgenommen solche der Position 8702), einschließlich Kombinationskraftwagen und Rennwagen (Position 8703 der Kombinierten Nomenklatur).

Position 8703 lautet: Personenkraftwagen und andere Kraftfahrzeuge, ihrer Beschaffenheit nach hauptsächlich zur Personenbeförderung bestimmt (ausgenommen solche der Position 8702), einschließlich Kombinationskraftwagen und Rennwagen.

Darunter fallen vor allem Personenkraftwagen und Kombinationskraftwagen. Die sogenannten „Klein-Lkw“ unterliegen, wenn sie Kraftfahrzeuge der Position 8704 der Kombinierten Nomenklatur sind, nicht der Normverbrauchsabgabe (siehe Rz 523). Kleinbusse (Pkw bis zu neun Sitzplätzen inklusive Fahrersitz) sind demgegenüber normverbrauchsabgabepflichtig (Position 8703). Unter die Position 8703 fallen schließlich auch Sonderfahrzeuge wie z.B. Wohnmobile.

551 Hauptsächlich zur Personenbeförderung gebaut bzw. seiner Beschaffenheit nach dazu bestimmt ist ein Kraftfahrzeug, das (nach der Intention des Herstellers) überwiegend für die Personenbeförderung entwickelt wurde. Diese Intention kommt daher einerseits durch die Erfüllung bestimmter technischer Normen (z.B. Mindestanforderungen) und andererseits durch die Bauweise zum Ausdruck.

Beispiele:

Im Fahrgastraum verbaute Sitze oder Monitore zur Unterhaltung der Fahrgäste während der Fahrt indizieren ein zur Personenbeförderung (8703) entwickeltes Kraftfahrzeug.

Ladebordwände indizieren ein zur Güterbeförderung (8704) entwickeltes Kraftfahrzeug.

552 Die Intention des Erwerbers betreffend die dem Kraftfahrzeug zugedachte Verwendung ist irrelevant für dessen Einreihung.

Beispiele:

Der Käufer des Geländewagens Hummer H2 (8703) verwendet diesen ausschließlich zum Transport seiner Hunde. Der Käufer eines Rolls Royce Silver Shadow (8703) stellt diesen als Dekoration in das Foyer seines Luxushotels.

Der Verwendungszweck kann jedoch gegebenenfalls zu einer Steuerbefreiung führen.

Beispiel:

Das Kraftfahrzeug wird für die Krankenbeförderung verwendet.

B.2.2.3.1.2. Erläuterungen zur Position 8703

553 Die Position 8703 umfasst Kraftfahrzeuge verschiedener Typen (einschließlich amphibischer Kraftfahrzeuge), die ihrer Beschaffenheit nach zur Beförderung von Personen gebaut sind. Kraftfahrzeuge dieser Position können jede Art von Antriebsmotor haben (Kolbenverbrennungsmotor, Elektromotor, Gasturbine, Kombination eines Kolbenverbrennungsmotors mit einem oder mehreren Elektromotoren usw.).

Position 8703 umfasst:

- Kraftfahrzeuge zum Fahren auf Schnee (z.B. Schneemobile);
- Kraftfahrzeuge zum Fahren auf Golfplätzen und ähnliche Kraftfahrzeuge;
- Pkw (z.B. Limousinen, Taxis, Sportwagen, Rennwagen);
- Kraftfahrzeuge für Spezialtransporte (z.B. Krankenwagen, Gefangenenwagen, Leichenwagen);
- Wohnmobile (z.B. Camper, Caravans) bzw. Kraftfahrzeuge für den Personentransport, die besonders für den Wohnzweck ausgerüstet bzw. eingerichtet sind (z.B. mit Schlafplätzen, Kochgelegenheit, Toilettenanlagen);
- Vierrad-Kraftfahrzeuge mit Röhrenchassis (z.B. Quads) mit Kraftwagenlenkvorrichtung (z.B. Lenksystem nach dem Ackermann-Prinzip) [ErlHS zu 8703];

Bei einer Lenkung nach dem sog. „Ackermann-Prinzip" handelt es sich um eine Achsschenkellenkung mit einem Lenktrapez.

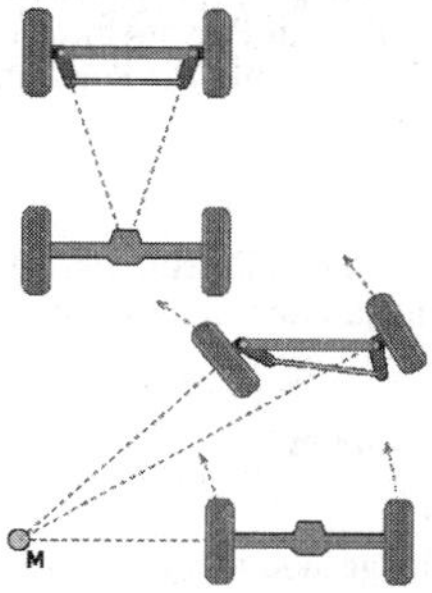

Bei Kurvenfahrt muss das innenliegende Rad, das näher am Kurvenmittelpunkt (M) liegt und dem außenliegenden vorauseilt, stärker einlenken. Dazu müssen die Räder unterschiedlich geschwenkt werden: das innenliegende Rad stärker als das außenliegende. Das erreicht man mit der Bildung des sog. Lenktrapezes aus dem Achskörper, den beiden leicht nach innen weisenden Lenkhebeln an den Achsschenkeln und einer Spurstange, die kürzer als der Achskörper ist. Dadurch entstehen beim Schwenken der Räder ungleich lange Hebelarme, so dass sich die Verlängerungen der Radachsen ungefähr im Kurvenmittelpunkt schneiden (Ackermann-Prinzip). Ein Hinweis auf ein richtig dimensioniertes Lenktrapez ist die Tatsache, dass sich die verlängerten Lenkhebel an den Achsschenkeln in Geradeausstellung in der Mitte der Hinterachse treffen (siehe Abbildung, Quelle: https://de.wikipedia.org/wiki/Lenkung, abgerufen am 16.06.2021). Die Ackermann-Lenkung kann mit unterschiedlichen Steuerungen ausgestattet sein (z.B. Lenkrad, Lenkstange).

Die Position 8703 umfasst auch leichte Dreirad-Kraftfahrzeuge wie: 554

- solche, die mit Motorradmotor, Motorrädern usw. ausgestattet sind und aufgrund ihrer mechanischen Struktur die Eigenschaften herkömmlicher Kraftfahrzeuge besitzen, z.B. ein Kraftwagenlenksystem oder Rückwärtsgang und Differentialgetriebe;
- solche mit T-förmigem Fahrgestell, deren zwei Hinterräder einzeln durch von Akkumulatoren angetriebene Elektromotoren angetrieben werden. Diese Kraftfahrzeuge werden in der Regel mit einem einzigen zentralen Steuerknüppel betrieben, mit dem der Fahrer das Kraftfahrzeug starten, beschleunigen, bremsen, anhalten und umkehren sowie nach rechts oder links steuern kann. Die Lenkung wird durch Veränderung der Drehzahl des einen Triebrades gegenüber der Drehzahl des anderen Triebrades oder durch Schwenken des Vorderrades herbeigeführt.

Dreirädrige Kraftfahrzeuge der beschriebenen Art werden in Position 8704 (Lkw) eingestuft, wenn sie für den Warentransport gebaut/konstruiert sind [ErlHS zu 8703].

B.2.2.3.1.3. Reichweite der Position 8703

Alle Antriebstechniken sind von Position 8703 erfasst: 555

- Benzin
- Diesel
- Flüssiggas
- Erdgas
- Biogas

- Wasserstoff
- elektrische Energie
- elektrohydraulische Energie
- Hybridantrieb (Strom und Benzin/Diesel)
- Bioethanol E 85 (Bioethanol und Benzin) ua.

556 Die Position 8703 erfordert nicht, dass es sich um ein Radfahrzeug handelt. Alle nicht schienengebundenen Landfahrzeuge können darunterfallen, sogar solche, die nicht ausschließlich schienengebunden sind.

Beispiele:

Gleiskettenfahrzeug, Mischform Straßenrad/Gleiskette, Kombination Straßenradsatz/Schienenradsatz je Achse, Luftkissenfahrzeug.

557 Für Test-, Erprobungs- oder Entwicklungskraftfahrzeuge bestehen keine Besonderheiten bei der Einreihung. Das bedeutet, dass auch Testfahrzeuge, Erprobungsfahrzeuge, Entwicklungsfahrzeuge und andere Kraftfahrzeuge, die das Erscheinungsbild von Personenkraftwagen aufweisen, aber in keiner Weise der Personenbeförderung dienen, unter die Position 8703 fallen und daher grundsätzlich der Normverbrauchsabgabe unterliegen.

B.2.2.3.1.4. Rennwagen

558 Sportwagen wie Rennwagen, Go-Carts und dergleichen zählen zu den Personenkraftwagen und unterliegen nach der zollrechtlichen Einstufung grundsätzlich der Normverbrauchsabgabe.

B.2.2.3.2. Begriffsabgrenzung zu anderen Positionen

B.2.2.3.2.1. Position 8702 (Omnibusse)

559 Nicht unter die Normverbrauchsabgabe fallen Omnibusse (ab insgesamt zehn Personen inkl. Fahrer). Diese werden unter die Position 8702 eingereiht.

Unter Position 8703 fallen hauptsächlich zur Beförderung von Personen (höchstens neun Personen inkl. Fahrer) gebaute Kraftfahrzeuge.

Beispiel:

Kleinbusse (der Beschaffenheit nach gebaut für maximal neun Personen inkl. Fahrer) tarifieren nach 8703.

B.2.2.3.2.2. Position 8704 (Lkw)

560 Die Position 8704 umfasst Kraftfahrzeuge für den Gütertransport, insbesondere:

- gewöhnliche Lkw,
- Sattelschlepper, auch mit Tiefladeplattform bzw. Auffahrrampen,
- Klein-Lkw (z.B. mit Pritsche, Plane, geschlossenem Aufbau),
- Lieferkraftwagen aller Art,
- Möbelwagen, Müllwagen,
- Lkw mit selbsttätiger Entladevorrichtung (z.B. Kipplaster),
- Tankwagen (auch mit Pumpen ausgestattet),
- Kühl- und andere Thermoswagen.

Diese Kraftfahrzeuge fallen nicht in den Anwendungsbereich des Normverbrauchsabgabegesetzes.

Für Mehrzweck-Kraftfahrzeuge (Van, SUV, Pick-up, Pritschenwagen, Doppelkabinen-Kraftfahrzeuge) sowie Kombinationskraftwagen bestehen Abgrenzungskriterien zwischen den Positionen 8703 und 8704 (siehe Rz 568 bis 575).

B.2.2.3.2.3. Position 8705

561 In die Position 8705 gehören eine Reihe besonders konstruierter oder umgebauter Kraftfahrzeuge, auf denen Vorrichtungen oder Geräte angebracht sind, um sie für bestimmte andere als bloße Beförderungszwecke verwendbar zu machen. Es sind demnach Kraftfahrzeuge, deren wesentlicher Zweck nicht das Befördern von Personen oder Gütern ist. Somit sind diese Kraftfahrzeuge nicht von der Normverbrauchsabgabe erfasst.

Beispiele:

- ***Abschleppwagen,*** *bestehend aus einem Lastkraftwagenfahrgestell, auch mit Ladepritsche, Hebezeug, wie nicht drehbarem Kran, Hebebaum, Flaschenzug oder Seilwinde zum Heben und Abschleppen von Pannenfahrzeugen.*

- ***Spritzenwagen,*** *deren Pumpe in der Regel durch den Fahrzeugmotor angetrieben wird, z. B. Spritzenwagen für die Feuerwehr.*
- ***Leiterwagen und Kraftwagen mit Hebeplattform*** *zum Instandhalten von elektrischen Oberleitungen, der Straßenbeleuchtung usw. sowie Kraftwagen oder Sattelschlepper mit verstellbarer Plattform und Schwenkarmen für Film- und Fernsehaufnahmen.*
- ***Kraftwagen für die Reinigung von Straßen, Kanalisationen*** *sowie von Start- und Landebahnen auf Flugplätzen usw., wie Kehrwagen, Wassersprengwagen, kombinierte Wasserspreng- und Kehrwagen sowie Fäkalienwagen mit Ansaugvorrichtung.*
- ***Schneeräumer mit nichtabnehmbarer Schneeräumvorrichtung,*** *dh. ausschließlich zum Schneeräumen gebaute, meist mit Schneeschleudern oder Schneefräsen ausgestattete Kraftwagen. Die Schneeschleudern oder Schneefräsen werden durch den Fahrzeugmotor oder einen besonderen Motor angetrieben.*
- ***Kraftwagen zum Sprengen oder Streuen,*** *auch mit Heizvorrichtung, zum Spritzen von Teer oder zum Streuen von Kies, für landwirtschaftliche Zwecke usw.*
- ***Kranwagen (Autokrane),*** *nicht zum Befördern von Gütern bestimmt, bestehend aus einem Lastkraftwagenfahrgestell, auf dem ein Fahrerhaus und ein drehbarer Kran festmontiert sind. Selbstladefahrzeuge gehören jedoch zu Pos. 8704.*
- ***Fahrbare Tiefbohrgeräte,*** *bestehend aus einem Lastkraftwagen und einem darauf angebrachten Metallgerüst mit Seilwinden und anderen für Schürf- und Tiefbohrzwecke erforderlichen Geräten*

B.2.2.3.2.4. Position 8709 (Kraftkarren)

Kraftkarren sind Kraftfahrzeuge ohne Hebevorrichtung, von der in Fabriken, Lagerhäusern, Hafenanlagen oder auf Flugplätzen zum Kurzstreckentransport von Waren verwendeten Art. Darunter fallen auch Zugkraftkarren, von der auf Bahnhöfen verwendeten Art. Diese Kraftfahrzeuge unterliegen nicht der Normverbrauchsabgabe. **562**

Beispiel:

Kraftkarren für den Gepäcktransport auf Anhängern zum Gepäckwagen der Zuggarnitur im Bahnhof bzw. zum Flugzeug auf der Parking Position des Flughafengeländes unterliegen nicht der Normverbrauchsvergabe.

B.2.2.3.2.5. Position 8710 (Gepanzerte Kampffahrzeuge)

Unter diese Position fallen Kampffahrzeuge mit Panzerung, die für militärische oder polizeiliche Einsatzzwecke konstruiert sind. Eine Bordbewaffnung muss nicht vorhanden sein. **563**

Beispiele:

Das gepanzerte Mehrzweck-Kraftfahrzeug des Bundesheeres „HUSAR" (IVECO Light Multirole Vehicle) mit 12,7-mm-Bordmaschinengewehr ist ein Kampffahrzeug mit Panzerung der Position 8710.

Die beschusssicher gebaute Limousine eines Politikers ist kein Kampffahrzeug und ist unter 8703 einzureihen und unterliegt daher der Normverbrauchsabgabe.

B.2.2.3.2.6. Position 8711 (Krafträder, Fahrräder mit Hilfsmotor, Beiwagen)

Zweirädrige Kraftfahrzeuge fallen nicht unter die Position 8703. Betreffend Abgrenzung von Drei- und Vierradfahrzeugen siehe Rz 548 f bzw. zur Begriffsbestimmung von Position 8711 siehe Rz 581. **564**

B.2.2.4. Einzelabgrenzungsfragen

Für Rechtsmittelverfahren bei strittiger Einreihung in den Zolltarif ist grundsätzlich zu beachten: **565**

Wird mit Bescheidbeschwerde die Einreihung einer Ware in den Zolltarif angefochten, so sind der Beschwerde Muster, Abbildungen oder Beschreibungen beizugeben, aus denen die für die Einreihung maßgeblichen Merkmale der Ware hervorgehen. Ferner ist nachzuweisen, dass die den Gegenstand des angefochtenen Bescheids bildende Ware mit diesen Mustern, Abbildungen oder Beschreibungen übereinstimmt (§ 250 Abs. 2 BAO).

Diese Bestimmung erfasst nicht nur Beschwerden gegen Bescheide über verbindliche Zolltarifauskünfte (Art. 33 UZK), sondern alle Fälle, in denen der Spruch eines bekämpften Bescheides von der Einreihung in den Zolltarif abhängt. Entspricht eine Bescheidbeschwerde in solchen Fällen dem Erfordernis des § 250 Abs. 2 BAO nicht, so ist ein Mängelbehebungsauftrag (§ 85 Abs. 2 BAO) zu erlassen (VwGH 15.10.2020, Ra 2020/16/0049).

B.2.2.4.1. Wohnmobile (8703 – 8704)

566 Wohnmobile sind grundsätzlich unter Position 8703 (Pkw) einzureihen. Dies gilt sowohl für alle serienmäßig gefertigten Wohnmobile als auch bei Umgestaltung eines Lkw-Fahrgestells (8704) zu einem Wohnmobil (siehe Beispiel in Rz 538).

Wohnmobile der Aufbauart „SA“ stellen für die zolltarifarische Einstufung keine Besonderheit dar (8703). Wohnmobile sind definiert als Kraftfahrzeuge der Klasse M mit besonderer Zweckbestimmung. Sie müssen so gebaut sein, dass sie die Unterbringung von Personen erlauben und mindestens die folgende Ausrüstung umfassen:

- Tisch und Sitzgelegenheiten,
- Schlafgelegenheiten, die u. U. tagsüber als Sitze dienen können,
- Kochgelegenheit und
- Einrichtungen zur Unterbringung von Gepäck und sonstigen Gegenständen.

Diese Ausrüstungsgegenstände sind im Wohnbereich fest anzubringen, mit Ausnahme des Tischs, der leicht entfernbar sein kann.

567 Abgrenzungsprobleme bereiten in der Regel auf Basis eines Lkw-Fahrgestells gefertigte Wohnmobile mit getrennten Bereichen für Wohnzwecke bzw. zur Personenbeförderung und für andere Transportzwecke (z.B. Pferde, Motorräder, mobiles Büro), sohin bei Vorliegen von Mehrzweck-Kraftfahrzeugen.

Im Falle eines mobilen Büros besteht ein beruflicher Aufenthaltszweck/-bereich in einem vom Wohnbereich abgetrennten Bereich, der Charakter eines Kraftfahrzeuges zur Personenbeförderung wird dadurch nicht berührt. Es bleibt in diesem Fall grundsätzlich bei der Einstufung in die Position 8703.

Betreffend andere Mehrzweck-Kraftfahrzeuge mit separater Wohnzelle und sonstiger Transportzelle siehe Rz 571.

B.2.2.4.2. Mehrzweck-Kraftfahrzeuge oder Kombinationskraftwagen (8703 – 8704: Van, SUV, Pick-up, Pritschenwagen, Doppelkabinen-Kraftfahrzeuge)

568 Mehrzweck-Kraftfahrzeuge sind Kraftfahrzeuge, die sich auf Grund ihrer Bauart und Konzeption tarifarisch sowohl als Kraftfahrzeuge für die Warenbeförderung der Position 8704 (Lkw) als auch als Kraftfahrzeuge für die Personenbeförderung der Position 8703 (Pkw) darstellen können.

569 Der Ausdruck „Kombinationskraftwagen“ bezeichnet Kraftfahrzeuge mit maximal neun Sitzplätzen (einschließlich Fahrersitz), deren Innenraum ohne Umbau sowohl für die Beförderung von Personen als auch von Gütern verwendet werden kann [ErlHS zu 8703].

Der Begriff Kraftwagen ist in der Kombinierten Nomenklatur nicht definiert. Ein Kraftwagen muss jedoch jedenfalls durch einen Motor angetrieben werden.

B.2.2.4.2.1. Kraftfahrzeuge mit einer Sitzreihe

570 Kraftfahrzeuge mit einer Sitzreihe mit geschlossenem oder offenem Aufbau sind grundsätzlich in die Position 8704 (Lkw) einzureihen, wenn

- das höchste zulässige Gesamtgewicht für die Warenbeförderung gegenüber jenem für die Personenbeförderung überwiegt und
- weder Komforteinrichtungen noch Verankerungspunkte für Sitze oder Sicherheitsgurte im Warenbeförderungsbereich vorhanden sind.

Andernfalls liegt ein Kraftfahrzeug der Position 8703 (Pkw) vor.

Für die Gewichtsermittlung können folgende Ansätze verwendet werden:

Pro Person können 75 kg angesetzt werden. Die Nutzlast setzt sich aus dem Gewicht der beförderbaren Personen (das sind vorhandene Sitze bzw. Verankerungspunkte) und dem Gewicht für die Warenbeförderung zusammen und entspricht der Differenz aus höchstem zulässigem Gesamtgewicht und Eigengewicht des fahrbereiten Kraftfahrzeuges. Das Eigengewicht des Kraftfahrzeuges umfasst dabei neben allen erforderlichen Betriebsstoffen (z.B. voller Tank, ein Reserverad, Bordwerkzeug) auch anderes Zubehör, das mit dem Kraftfahrzeug üblicherweise zusammen verkauft wird.

Beispiel:

Ein Kraftfahrzeug auf einem Lkw-Fahrgestell hat im Fahrerhaus (3 Sitze) hinter der Sitzreihe serienmäßig eine Schlafgelegenheit für 3 Personen mit klappbaren Betten. Der abgetrennte Laderaum besteht aus zwei Zellen, eine für den Transport von drei Pferden mit Fenstern, eine für Pferdebedarf ohne Fenster.

Das Fahrerhaus mit Schlafgelegenheit weist keine weiteren Sitzplätze oder Verankerungspunkte auf. Der Bereich zur Warenbeförderung überwiegt jedenfalls (drei mög-

liche Pferde sind schwerer als drei mögliche Personen), weshalb das Kraftfahrzeug in die Position 8704 einzuordnen ist.

Bei Pferdetransportern oder Motorradtransportern mit getrennter Wohnzelle wird das Verhältnis der Volumina des für Wohnzwecke dienenden Teils zu dem anderen Transportzwecken dienenden Teil ermittelt und der Einstufung zugrunde gelegt. 571

Beispiel:

Siehe Beispiel Rz 570, jedoch anstelle des komfortablen mit einem normalen Fahrerhaus ohne Schlafmöglichkeit und anstelle der Pferdebedarfszelle mit einer Wohnzelle ausgestattet.

In der mit Fenstern versehenen Wohnzelle befindet sich eine Sitzgelegenheit für drei Personen, entsprechende Schlafgelegenheiten sowie eine Koch- und Duschgelegenheit. Das Volumen der Wohnzelle ist etwas größer als jenes der Pferdetransportzelle.

Nach dem Verhältnis der Volumina überwiegt der Personenbeförderungszweck, sodass das Kraftfahrzeug in Position 8703 einzureihen ist.

B.2.2.4.2.2. Kraftfahrzeuge mit mehr als einer Sitzreihe und geschlossenem Aufbau

Kraftfahrzeuge mit mehr als einer Sitzreihe und geschlossenem Aufbau (z.B. Van, SUV, Kombi, Doppelkabinen-Kraftfahrzeug) sind ihrer Beschaffenheit nach eher zur Personen- als zur Warenbeförderung bestimmt und daher in die Position 8703 (Pkw) einzureihen, wenn sie beispielsweise folgende Merkmale aufweisen: 572

- ein höchstes zulässiges Gesamtgewicht bis zu 5 Tonnen und
- entweder einen einzigen umschlossenen Innenraum (Bereich) für Fahrer, Passagiere und Ladegut (auch mit undichter Trennwand) oder
- zwei durch eine untrennbar verbundene und im Wesentlichen klimatisch dichte Trennwand abgeteilte Bereiche für Passagier- und Warenbeförderung und
  - das Vorhandensein von Komfortmerkmalen (z.B. Aschenbecher, Lautsprecher, Beleuchtung) im Warenbeförderungsbereich oder
  - eingebaute Sitze oder Verankerungspunkte für vorgesehene Sitze im Warenbeförderungsbereich oder
  - Sicherheitsgurte bzw. Befestigungspunkte dafür im Warenbeförderungsbereich oder
  - seitliche Fenster im Warenbeförderungsbereich oder
  - der Aufbau und das Volumen des Bereichs für die Warenbeförderung (Kofferraum) gehen nicht erheblich über den eines Kraftfahrzeuges zur Personenbeförderung hinaus.

KfzBStR

Solche Kraftfahrzeuge sind ihrer Beschaffenheit nach eher zur Waren- als zur Personenbeförderung bestimmt und daher in die Position 8704 (Lkw) einzureihen, wenn sie beispielsweise folgende Merkmale aufweisen: 573

- ein höchstes zulässiges Gesamtgewicht von mehr als 5 Tonnen oder
- zwei durch eine untrennbar verbundene und im Wesentlichen klimatisch dichte Trennwand abgeteilte Bereiche für Passagier- und Warenbeförderung und
- der Aufbau und das Volumen des Bereichs für die Warenbeförderung gehen erheblich über den eines Kraftfahrzeuges für die Personenbeförderung hinaus, und
- Fehlen von Komfortmerkmalen (z.B. Aschenbecher, Lautsprecher, Beleuchtung) im Warenbeförderungsbereich und
- Fehlen von Sitzen oder Verankerungspunkten für vorgesehene Sitze im Warenbeförderungsbereich und
- Fehlen von Sicherheitsgurten bzw. Befestigungspunkten dafür im Warenbeförderungsbereich sowie
- Fehlen seitlicher Fenster im Warenbeförderungsbereich.

Kastenwagen (sog. Vans), die unter Position 8703 einzureihen sind, sind jedoch unter Umständen nach § 3 Z 2 lit. b NoVAG 1991 befreit (siehe Rz 654 bis 657).

B.2.2.4.2.3. Kraftfahrzeuge mit mehr als einer Sitzreihe und offenem Aufbau

Kraftfahrzeuge mit mehr als einer Sitzreihe und offener oder abdeckbarer Ladefläche (z.B. Pick-up, Pritschenwagen) sind ihrer Beschaffenheit nach eher zur Personen- als zur Warenbeförderung bestimmt und daher in die Position 8703 (Pkw) einzureihen, wenn sie z.B. folgende Merkmale aufweisen [NE zu 8703]: 574

- eine umlegbare oder fehlende Abtrennung zwischen Passagierbereich und Ladefläche oder
- eine fixe Trennwand bzw. zwei gesonderte Bereiche für Passagier- und Warentransport und eine maximale Ladeflächenlänge (das ist die innere Länge auf dem Boden des für die Warenbeförderung bestimmten Bereichs) von 50% des Radstandes des Kraftfahrzeuges.

Kraftfahrzeuge des Typs Pick-up bzw. Pritschenwagen bestehen normalerweise aus einem geschlossenen Bereich für die Beförderung von Personen und einem offenen oder abdeckbaren Bereich für die Beförderung von Waren.

Für die Längenermittlung der Ladefläche gilt:

- Die Länge ist bei geschlossenen Ladebordwänden (insbesondere Heckklappe) zu ermitteln. Ob die Heckklappe auf der Ladefläche aufliegt oder nur an diese anstößt, ist dabei unbeachtlich. Eine etwaige Vermessung der Ladefläche bei geöffneter Ladebordwand ist unzulässig.
- Wird die Ladefläche durch ein Umklappen der Ladebordwand erreicht, das nicht ohne erheblichen Aufwand rückgängig zu machen ist, muss jedenfalls eine (weitere) Ladebordwand angefügt sein, weil das Vorhandensein einer fixen Ladebordwand eine grundsätzliche Voraussetzung für die Einstufung als Lkw im Sinne der Kombinierten Nomenklatur ist.
- Der Umbau der Ladefläche wird nur akzeptiert, wenn dieser in der Art erfolgt, dass ein Rückbau nur unter erheblichem Aufwand und mit erheblichen Kosten möglich ist. Dies ist jedenfalls dann nicht der Fall, wenn der Umbau nur durch Schraubverbindungen erfolgt, die ohne wesentlichen Aufwand entfernt werden können.
- Aushöhlungen in der Ladebordwand (z.B. durch Entfernen einer Verblechung zum Längengewinn) führen ebensowenig zu einer Verlängerung der Ladefläche wie Aushöhlungen des Fahrgastraumes. Dies gilt bei angefügten Ladebordwänden ebenso wie bei auf die Ladefläche aufgesetzten Ladebordwänden.
- Eine in die Ladefläche eingelegte Schutzwanne, die z.B. Verschmutzungen oder Beschädigungen des Laderaumes verhindern soll, führt zu einer Verkleinerung oder Verkürzung der Ladefläche, wenn sie nur mit erheblichem Aufwand und Kosten entfernt werden kann.
- Ein auf die Ladefläche aufgesetzter Kasten, der z.B. der sicheren Unterbringung von Werkzeug oder als Behältnis für ein Reserverad dient, führt nicht zu einer Verkleinerung oder Verkürzung der Ladefläche.

575 Solche Kraftfahrzeuge sind ihrer Beschaffenheit nach eher zur Waren- als zur Personenbeförderung bestimmt und daher in die Position 8704 (Lkw) einzureihen, wenn sie z.B. folgende Merkmale aufweisen:

- das Vorhandensein von mehr als zwei Achsen oder
- ein geschlossener Bereich für Passagiere und eine Ladefläche ohne seitlich klappbare Bordwände, auch abdeckbar, und eine Ladeflächenlänge (das ist die innere Länge auf dem Boden des für die Warenbeförderung bestimmten Bereichs) von mehr als 50% des Radstandes des Kraftfahrzeuges oder
- ein geschlossener Bereich für Passagiere und eine Ladefläche von der Art eines Lkw (z.B. mit seitlich klappbaren Bordwänden, ohne Radkästen, auch abnehmbar oder kippbar).

B.2.2.4.3. Geländewagen (8701 – 8703)

576 Geländewagen sind Kraftfahrzeuge, die besonders zum Fahren in unwegsamem Gelände konstruiert sind. Merkmale von Geländewagen sind z.B. größere Bodenfreiheit, Vierradantrieb, Differentialsperre, Getriebe mit eigener Geländeübersetzung, Stollenbereifung, stärkere Stoßdämpfer.

Geländewagen mit Lenkrad werden grundsätzlich in Position 8703 (Pkw) eingereiht, andere können jedoch auch unter Position 8701 (Zugmaschinen) fallen.

577 Zu Position 8701 gehören Geländefahrzeuge, die zur Verwendung als Zugmaschinen bestimmt sind und folgende Merkmale aufweisen:

- eine Lenkstange mit zwei Griffen (daher Motorradlenker, kein Lenkrad), an der die Kontrolleinrichtungen für die Steuerung des Kraftfahrzeuges montiert sind; die Lenkung wird durch Drehen der zwei Vorderräder bewirkt und beruht auf einem Kraftwagenlenksystem (Ackermann-Prinzip, siehe Rz 553);
- Bremssysteme an allen Rädern;

- ein Automatikgetriebe und einen Rückwärtsgang;
- einen Motor, der speziell für die Benutzung in schwer zugänglichem Gelände entwickelt ist und bei niedriger Drehzahl eine ausreichende Zugkraft für angehängte Gerätschaften liefert;
- die Kraft wird über Wellen auf die Räder übertragen und nicht mittels einer Kette;
- die Reifen haben ein tiefes Profil, das für unbefestigtes Gelände geeignet ist;
- eine Ankupplungsvorrichtung beliebiger Art, z.B. einen Anhängehaken, mit der das Kraftfahrzeug mindestens das Zweifache seines Eigengewichts ziehen oder schieben kann;
- eine Anhängelast (nicht gebremst) von mindestens dem Zweifachen seines Eigengewichts. Diese kann durch technische Unterlagen, wie Benutzerhandbuch, Bescheinigung des Herstellers oder einer nationalen Behörde mit genauer Angabe der Anhängelast des Geländefahrzeugs in Kilogramm und seines Eigengewichts (Gewicht des Kraftfahrzeuges ohne Flüssigkeiten, Personen oder Ladung) nachgewiesen werden.

B.2.2.4.4. Vierrad-Kraftfahrzeuge mit Lenkstange (Quads, 8701 – 8703)

Vierrädrige Gelände-Kraftfahrzeuge (Quads) mit Röhrenchassis, motorradähnlichem Sitz und off-road-Bereifung, mit einem Kraftwagenlenksystem (Ackermann-Prinzip, siehe Rz 553) mit Lenkstange sind grundsätzlich unter Position 8703 (Pkw) einzureihen [ErlHS zu 8701]. Dies gilt auch dann, wenn die genannten Voraussetzungen zur Einreihung in Position 8701 (Zugmaschine) erfüllt sind. **578**

Zugmaschinen (8701) sind Kraftfahrzeuge, die im Wesentlichen zum Ziehen oder Schieben anderer Kraftfahrzeuge, Geräte oder Lasten gebaut sind. Sie können auch Zusatzvorrichtungen haben, die es ermöglichen, im Zusammenhang mit der Hauptverwendung der Zugmaschinen Werkzeuge, Geräte, Saatgut, Düngemittel usw. zu befördern [Anmerkung 2 zu Kapitel 87 der Kombinierten Nomenklatur].

Die Untergliederungen der Position 8701 erwähnen konkret Einachsschlepper, Sattel-Straßenzugmaschinen, Gleiskettenzugmaschinen sowie Acker- und Forstschlepper. Klassische Traktoren mit geringer Höchstgeschwindigkeit und deutlich unterschiedlicher Reifengröße auf Vorder- und Hinterachse fallen jedenfalls unter Position 8701. Während diese Fälle normverbrauchsabgaberechtlich unproblematisch sind, ist bei anderen Zugmaschinen und Quads ggf. eine Abgrenzung zu Position 8703 erforderlich.

Eine Einreihung in Position 8701 (Zugmaschine) kann nur erfolgen, wenn sämtliche Kriterien zur Einreihung in Position 8701 (Zugmaschine) und alle nachstehenden Zusatzkriterien zur Einreihung als Acker- oder Forstschlepper in die Unterpositionen 8701 91 10, 92 10, 93 10, 94 10 bzw. 95 10 erfüllt sind: **579**

- Kraftfahrzeug ist nach Bauweise und Ausstattung erkennbar zur Verwendung in land- und forstwirtschaftlichen oder gartenbaulichen Betrieben bestimmt
- Höchstgeschwindigkeit in der Regel 45 km/h;
- Motor mit maximaler Zugkraft, z.B. bei Verwendung eines Sperrdifferentials;
- Einzelsitz (Platz nur für den Fahrer).
- **Ackerschlepper** verfügen im Allgemeinen über eine hydraulische Vorrichtung zum Heben und Senken von landwirtschaftlichen Geräten (z.B. Eggen, Pflügen), über eine Zapfwelle, durch die andere Maschinen oder Geräte angetrieben werden können, und über eine Vorrichtung zum Ankuppeln von Anhängern. Sie können auch mit einer hydraulischen Vorrichtung zum Betätigen von Hebe- oder Fördergeräten (z.B. Heuladern, Düngerladern) ausgestattet sein, sofern diese als Zubehör anzusehen sind.
- **Forstschlepper** verfügen über eine fest angebrachte Seilwinde, die zum Abschleppen gefällter Bäume geeignet ist.

Mit Kolbenverbrennungsmotoren betriebene Quad-Spielfahrzeuge zum Besteigen und Fortbewegen durch Kinder werden in Position 9503 eingereiht, sofern nachfolgende Kriterien nicht überschritten werden: **580**

- maximale Höchstgeschwindigkeit bis zu 20 km/h;
- maximales Eigengewicht bis zu 50 kg;
- maximale Hubraumgröße des Motors bis zu 49 cm^3;
- mit Ein-Gang-Kraftübertragung;
- mit nur einem Hinterradbremssystem.

Wird nur eines der Kriterien überschritten, so sind Quad-Spielfahrzeuge in die Position 8703 einzureihen.

B.2.2.4.5. Dreirad-Kraftfahrzeuge mit Lenkstange (8703 – 8711)

581 Leichte dreirädrige Kraftfahrzeuge mit Motorradmotor, -rädern etc. sind unter die Positionen 8703 (Pkw) einzureihen, wenn sie aufgrund ihrer mechanischen Struktur

- entweder mit einem Kraftwagenlenksystem (daher vorne zwei Räder mit Lenkung nach dem Ackermann-Prinzip, siehe Rz 553)
- oder mit einem Rückwärtsgang und einem Differential (daher hinten zwei Räder)

ausgestattet sind [ErlHS zu 8703].

Falls diese Merkmale nicht vorliegen, sind sie unter Position 8711 einzureihen (siehe Rz 548 ff).

Zweiräder mit Beiwagen fallen jedenfalls unter Position 8711.

Beispiel 1:

Das klassische Piaggio APE 50 mit kleinem Führerhaus und Lastenaufbau oder Pritsche wiegt ca. 500 kg und hat zwei Hinterräder, ist mit Motorradmotor und –reifen ausgestattet und hat einen Rückwärtsgang mit Differential. Das Kraftfahrzeug ist daher unter die Position 8704 einzureihen.

Beispiel 2:

Die Harley Davidson Tri Glide wiegt ca. 580 kg und hat zwei Hinterräder in Autoreifendimension (215/45R18). Das Kraftfahrzeug ist daher unter die Position 8703 einzureihen.

Beispiel 3:

Das Trike CanAm Spyder wiegt ca. 320 kg und hat zwei Vorderräder mit Kraftwagenlenksystem und ist daher unter Position 8703 einzureihen.

Beispiel 4:

Das Trike Piaggio MP3 hat zwei neigbare Vorderräder mit Kraftwagenlenksystem und ist daher unter Position 8703 einzureihen.

Beispiel 5:

Das Lastendreirad Dreisla XL150 verfügt über Rückwärtsgang und Differentialgetriebe und ist daher unter Position 8704 einzureihen.

B.2.2.4.6. Pistengeräte und Motorschlitten (Maschinen – 8703)

582 Pistengeräte sind unter die Position 8479 der Kombinierten Nomenklatur (Maschinen, Apparate und mechanische Geräte mit eigener Funktion, in Kapitel 84 anderweit weder genannt noch inbegriffen) einzureihen. Damit werden sie von der Pflicht zur Leistung der Normverbrauchsabgabe nicht erfasst.

583 Motorschlitten (Schneemobile, Schneemotorräder) sind der KN-Position 8703 zuzuordnen und unterliegen daher grundsätzlich der Normverbrauchsabgabe. Da Motorschlitten regelmäßig nicht zum Verkehr zugelassen werden, bestehen keine Bedenken, wenn der Fahrzeughändler bei der Lieferung keine Normverbrauchsabgabe berechnet bzw. an das Finanzamt abführt. Für diese Fälle ist eine allfällige spätere Zulassung zum Verkehr ein normverbrauchsabgabepflichtiger Vorgang im Sinne des § 1 Z 3 NoVAG 1991.

B.2.2.4.7. Invalidenkraftfahrzeuge (8703)

584 Invalidenkraftfahrzeuge sind Pkw der Position 8703, die entsprechend umgebaut wurden, um Menschen mit körperlichen Behinderungen die Möglichkeit zu geben, das Kraftfahrzeug zu lenken.

Nicht steuerbar waren Invalidenkraftfahrzeuge gemäß § 2 Abs. 1 Z 18 KFG 1967 mit einem Eigengewicht von nicht mehr als 300 kg und mit einer Bauartgeschwindigkeit von nicht mehr als 30 km/h bei einer Belastung von 75 kg. Diese Fahrzeugkategorie wurde mit der 31. KFG-Novelle (BGBl. I Nr. 43/2013) per 26. Februar 2013 abgeschafft.

Die Übergangsregelung des § 132 Abs. 29 Z 2 KFG 1967 sieht vor, dass bereits genehmigte oder zugelassene Invalidenkraftfahrzeuge weiterhin verwendet werden dürfen und den bisher für sie geltenden Bestimmungen unterliegen.

585 Betreffend die Befreiung von der Normverbrauchsabgabe von Kraftfahrzeugen für Menschen mit Behinderungen siehe Rz 219 bis 263.

B.2.2.4.8. Elektro-Kraftfahrzeuge (8703 80) und Hybrid-Elektro-Kraftfahrzeuge (8703)

586 Kraftfahrzeuge, die von einem oder mehreren Elektromotoren durch Akkumulatoren angetrieben werden, werden als „Elektrofahrzeuge" bezeichnet [ErlHS zu 8703].

Elektrofahrzeuge tarifieren nach 8703 80.

Zu den in § 3 Z 2 lit. a NoVAG 1991 zitierten KN-Codes 8703 10 90 und 8703 90 wird angemerkt:

8703 10 90 bezeichnete Schneespezialfahrzeuge (einschließlich Motorschlitten); Spezialfahrzeuge zur Personenbeförderung auf Golfplätzen sowie ähnliche Kraftfahrzeuge mit anderem als Kolbenverbrennungsmotor. Diese Unterposition wurde aufgelassen.

8703 90 bezeichnete nicht nur Kraftfahrzeuge mit Elektromotor, sondern auch Kraftfahrzeuge mit anderem als Hubkolbenverbrennungsmotor mit Fremdzündung. Diese Unterposition verweist nunmehr jedoch auf andere Kraftfahrzeuge als solche mit Kolbenverbrennungsmotor und/oder Elektromotor.

Kraftfahrzeuge, die eine Kombination eines Kolbenverbrennungsmotors mit einem oder 587
mehreren Elektromotoren aufweisen, werden als „Hybrid-Elektro-Kraftfahrzeuge (HEVs)“ bezeichnet. Zum Zwecke des mechanischen Antriebs beziehen diese Kraftfahrzeuge sowohl Kraft aus Verbrennungsmotoren als auch aus einer elektrischen Energiespeichervorrichtung (z.B. elektrischen Akkumulatoren, Kondensatoren, Schwungrädern/Generatoren).

Es gibt verschiedene Arten von Hybrid-Elektro-Kraftfahrzeugen, die nach der Art der Antriebskonfiguration (wie Parallelhybrid, Serienhybrid, Power-Splits oder Serien-Parallel-Hybride) und Grad der Hybridisierung (daher Vollhybriden, Halbhybriden und Plug-in-Hybriden) unterschieden werden können.

Plug-in-Hybridfahrzeuge (PHEVs) sind solche, bei denen die Akkumulatoren durch Anstecken an ein elektrisches Energieversorgungsnetz oder eine Ladestation aufgeladen werden [ErlHS zu 8703].

Hybrid-Elektro-Kraftfahrzeuge tarifieren nach Position 8703.

Betreffend die Steuerbefreiung für Kraftfahrzeuge, die elektrisch oder auf andere Weise emissionsfrei angetrieben werden, siehe Rz 100 bis 108.

B.2.2.4.9. Oldtimer (87XX – 9705)

Kraftfahrzeuge des Kapitels 87 unterliegen als Oldtimer der spezielleren Einreihung 588
nach Position 9705 (Sammlungsstücke von geschichtlichem Wert) und sind als solche nicht normverbrauchsabgabepflichtig.

Sammlungsstücke sind Gegenstände, die geeignet sind, in eine Sammlung aufgenommen 589
zu werden, das heißt Gegenstände,

- die verhältnismäßig selten sind,
- normalerweise nicht ihrem ursprünglichen Verwendungszweck gemäß benutzt werden,
- Gegenstand eines Spezialhandels außerhalb des üblichen Handels mit ähnlichen Gebrauchsgegenständen sind und
- einen hohen Wert haben.

Von geschichtlichem oder völkerkundlichem Wert sind solche Sammlungsstücke,

- die einen charakteristischen Schritt in der Entwicklung der menschlichen Errungenschaften dokumentieren oder
- einen Abschnitt dieser Entwicklung veranschaulichen.

Kraftfahrzeuge, die diese Voraussetzungen erfüllen, sind jedoch nicht von geschichtlichem oder völkerkundlichem Wert, wenn die zuständige Behörde nachweist, dass sie keinen charakteristischen Schritt in der Entwicklung der menschlichen Errungenschaften dokumentieren oder keinen Abschnitt dieser Entwicklung veranschaulichen können (EuGH 10.10.1985, Rs 200/84, *Daiber*; EuGH 03.12.1998, Rs C-259/97, *Clees*).

Zu Position 9705 gehören Sammler-Kraftfahrzeuge von geschichtlichem oder völkerkund- 590
lichem Wert, die [Zusätzliche Anmerkung 1 zu Kapitel 97 der Kombinierten Nomenklatur]:

a) sich in ihrem Originalzustand befinden, d. h. an denen keine wesentlichen Änderungen an Fahrgestell, Karosserie, Lenkung, Bremsen, Getriebe, Aufhängesystem, Motor oder Kotflügel usw. vorgenommen wurden. Instandsetzung und Wiederaufbau ist zulässig, defekte oder verschlissene Teile, Zubehör und Einheiten können ersetzt worden sein, sofern sich das Kraftfahrzeug in historisch einwandfreiem Zustand befindet. Modernisierte oder umgebaute Kraftfahrzeuge sind ausgeschlossen;
b) mindestens 30 Jahre alt sind;
c) einem nicht mehr hergestellten Modell oder Typ entsprechen.

Zu dieser Position gehören auch folgende Sammlerstücke:

- Kraftfahrzeuge, die unabhängig von ihrem Herstellungsdatum nachweislich bei einem geschichtlichen Ereignis im Einsatz waren;

KfzBStR

- Renn-Kraftfahrzeuge, die nachweislich ausschließlich für den Motorsport entworfen, gebaut und verwendet worden sind und bei angesehenen nationalen und internationalen Ereignissen bedeutende sportliche Erfolge errungen haben.

Teile und Zubehör für Kraftfahrzeuge werden in diese Position eingereiht, sofern es sich um Originalteile oder Originalzubehör handelt, ihr Alter mindestens 30 Jahre beträgt und sie nicht mehr hergestellt werden.

Nachbildungen und Nachbauten sind ausgeschlossen, es sei denn, sie erfüllen selbst die drei oben genannten Kriterien.

Dass ein Kraftfahrzeug die unter a) – c) angeführten Kriterien kumulativ erfüllt, ist durch ein Gutachten eines gerichtlich beeideten Sachverständigen der Fachgruppe 17.47 (Sachverständiger für historische Kraftfahrzeuge, Restaurierung, Bewertung) nachzuweisen. Auch der Nachweis des Einsatzes bei einem geschichtlichen Ereignis bzw. der ausschließlichen Entwicklung für den Motorsport sowie der bedeutenden sportlichen Erfolge ist durch ein Gutachten eines gerichtlich beeideten Sachverständigen der Fachgruppe 17.47 (Sachverständiger für historische Kraftfahrzeuge, Restaurierung, Bewertung) nachzuweisen.

In diesen Fällen werden die allgemeinen Kriterien für die Eignung des Kraftfahrzeuges zur Aufnahme in eine Sammlung (siehe Rz 589) als gegeben angenommen (widerlegbare Vermutung).

Randzahlen 591 bis 649: *derzeit frei*

B.3. Steuerbefreiungen (§ 3 NoVAG 1991)

B.3.1. Emissionsfreie Antriebsarten

650 Gemäß § 3 Abs. 1 Z 1 NoVAG 1991 idF BGBl. I Nr. 18/2021 (Rechtslage ab 1. Juli 2021) sind Kraftfahrzeuge, die auf Grund ihres Antriebes (insbesondere Elektro oder Wasserstoff) einen CO_2-Emissionswert von 0 g/km aufweisen von der Normverbrauchsabgabe befreit.

Zuvor (Rechtslage bis 30. Juni 2021) waren gemäß § 3 Z 2 lit. a NoVAG 1991, BGBl. Nr. 695/1991, nur Personenkraftwagen, welche ausschließlich mit Elektromotor angetrieben werden von der Normverbrauchsabgabe befreit.

Näheres zu diesen Befreiungsbestimmungen siehe Rz 100 bis 108.

B.3.2. Kleinkrafträder

651 Gemäß § 3 Z 2 lit. a NoVAG 1991 idF BGBl. I Nr. 142/2000 (Rechtslage bis 30. Juni 2021) sind mehrspurige Kleinkraftwagen der Klasse L2 im Sinne von § 2 Z 4b und Z 14 bzw. § 3 Abs. 1 Z 1.2 und Z 2.3 KFG 1967, die üblicherweise als „Mopedautos" bezeichnet werden (nach der 26. KFG-Novelle, BGBl. I Nr. 117/2005, nunmehr Klasse L2e und Klasse L6e) von der Normverbrauchsabgabe befreit.

Der Hubraum ist bei Benzinmotoren mit 50 cm^3 begrenzt; bei Dieselmotoren ist die Leistung mit 4 kW begrenzt.

652 Die Befreiung gemäß § 3 Z 2 lit. a NoVAG 1991 idF BGBl. I Nr. 142/2000 für mehrspurige Kleinkraftwagen ist bereits im Zeitpunkt der Lieferung des entsprechenden Kraftfahrzeuges vom Fahrzeughändler zu berücksichtigen.

653 Mit der Rechtslage ab 1. Juli 2021 (NoVAG 1991 idF BGBl. I Nr. 18/2021) sind mehrspurige Kleinkraftwagen der Klasse L2e und L6e mit einem Hubraum von nicht mehr als 125 Kubikzentimetern nicht mehr vom Anwendungsbereich des NoVAG 1991 umfasst und unterliegen daher auch weiterhin nicht der Normverbrauchsabgabe (siehe Rz 504).

B.3.3. Kastenwagen

654 Gemäß § 3 Z 2 lit. b NoVAG 1991 idF BGBl. I Nr. 89/2017 (Rechtslage bis 30. Juni 2021) sind Kastenwagen (sog. Vans), soweit sie zwei Sitzreihen haben, sich hinter der zweiten Sitzreihe eine klimadichte Trennwand befindet und die Seitenfenster im Laderaum verblecht sind, von der Normverbrauchsabgabe befreit. Zudem muss ein Würfel mit einer Seitenlänge von mindestens einem Meter im dahinter befindlichen Laderaum Platz finden, wobei dieser Würfel durch die Laderaumtüre eingeladen werden können muss.

655 Der Befreiungstatbestand des § 3 Z 2 lit. b NoVAG 1991 idF BGBl. I Nr. 89/2017 ist bereits im Zeitpunkt der Lieferung des entsprechenden Kraftfahrzeuges vom Fahrzeughändler zu berücksichtigen.

656 Mit der Rechtslage ab 1. Juli 2021 (NoVAG 1991 idF BGBl. I Nr. 18/2021) ist diese Befreiungsbestimmung entfallen, wodurch diese Kraftfahrzeuge nunmehr der Normverbrauchsabgabe unterliegen.

Wird ein Kastenwagen, der bis 30. Juni 2021 von der Normverbrauchsabgabe befreit im Inland zugelassen war, ab dem 1. Juli 2021 neuerlich zugelassen, so unterliegt dieser Vorgang gemäß § 1 Z 3 lit. b NoVAG 1991 grundsätzlich der Normverbrauchsabgabe, jedoch ist § 6 Abs. 8 NoVAG 1991 idF BGBl. I Nr. 18/2021 zu beachten. Demnach bestimmt sich die Normverbrauchsabgabe nach jener Rechtslage, die im Zeitpunkt der erstmaligen Zulassung des Kraftfahrzeuges anzuwenden war. Aufgrund der unter dieser Rechtslage (bis 30. Juni 2021) bestehenden Befreiungsbestimmung, sind diese Kraftfahrzeuge auch bei einer neuerlichen Zulassung nicht normverbrauchsabgabepflichtig (siehe Rz 936). 657

B.3.4. Vorführkraftfahrzeuge und Tageszulassungen

Gemäß § 3 Abs. 1 Z 2 NoVAG 1991 idF BGBl. I Nr. 18/2021 (Rechtslage ab 1. Juli 2021) sind Vorführkraftfahrzeuge von Fahrzeughändlern sowie Kraftfahrzeuge, die auf den Fahrzeughändler zugelassen und nicht auf öffentlichen Straßen verwendet werden (sogenannte „Tageszulassung“), von der Normverbrauchsabgabe befreit. 658

Es sind somit alle Kraftfahrzeuge, die auf einen Fahrzeughändler kurzfristig zugelassen werden und die dem Verkaufszweck dieses Kraftfahrzeuges oder eines modellgleichen Kraftfahrzeuges dienen, von der Normverbrauchsabgabe befreit.

B.3.4.1. Vorführkraftfahrzeuge

Unter einem Vorführkraftfahrzeug ist ein Kraftfahrzeug zu verstehen, mit dem einem potentiellen Kunden die Vorzüge eines derartigen Kraftfahrzeuges vorgeführt werden sollen (siehe Rz 428 ff). 659

Die Befreiungsbestimmung des § 3 Abs. 1 Z 2 NoVAG 1991 idF BGBl. I Nr. 18/2021 (Rechtslage ab 1. Juli 2021) kann ohne weitere Verwaltungsschritte direkt in Anspruch genommen werden. Das Vorführkraftfahrzeug kann somit auf den Fahrzeughändler zugelassen werden, ohne zuvor die Normverbrauchsabgabe leisten zu müssen. Voraussetzung hierfür ist allerdings, dass alle Bedingungen eines Vorführkraftfahrzeuges vorliegen und nachgewiesen werden können (siehe Rz 428 ff). 660

Die Befreiung von der Normverbrauchsabgabe nach § 3 Abs. 1 Z 2 NoVAG 1991 idF BGBl. I Nr. 18/2021 ist daher auch bereits im Zeitpunkt der Lieferung des entsprechenden Kraftfahrzeuges vom Lieferanten zu berücksichtigen.

Gemäß § 3 Z 3 TS 1 NoVAG 1991 idF BGBl. I Nr. 24/2007 (Rechtslage bis 30. Juni 2021) waren Vorführkraftfahrzeuge auch schon zuvor von der Normverbrauchsabgabe befreit. 661

Die Befreiung gemäß § 3 Z 3 TS 1 NoVAG 1991 idF BGBl. I Nr. 24/2007 ist im Wege der Vergütung zu gewähren. Gemäß § 12 Abs. 2 NoVAG 1991 sind Voraussetzung für eine Befreiung mittels Vergütung die Bekanntgabe der Fahrzeugidentifikationsnummer (FIN) sowie die Sperre des Kraftfahrzeuges in der Genehmigungsdatenbank. Bei Lieferungen durch einen befugten Fahrzeughändler hat die Sperrsetzung des Kraftfahrzeuges in der Genehmigungsdatenbank über FinanzOnline im Zeitpunkt der Lieferung durch diesen zu erfolgen. Bei anderen Unternehmern bzw. bei Privaten ist ein Antrag auf Sperrsetzung mittels der amtlichen Formulare (NOVA 4) einzubringen (VwGH 24.01.2017, Ro 2016/16/0001). Grundsätzlich müssen somit Vorführkraftfahrzeuge, die die Befreiung des § 3 Z 3 TS 1 NoVAG 1991 idF BGBl. I Nr. 24/2007 in Anspruch nehmen, im Fall einer Vergütung in der Genehmigungsdatenbank gesperrt werden. Es bestehen jedoch keine Bedenken, wenn bei der erstmaligen Zulassung als Vorführkraftfahrzeug keine Sperre vorgenommen wird.

Wird ein Vorführkraftfahrzeug verkauft, tritt nach § 1 Z 4 NoVAG 1991 im Zuge der Lieferung die Pflicht zur Leistung der Normverbrauchsabgabe ein. Die Normverbrauchsabgabe ist in diesen Fällen vom Unternehmer, der die Lieferung ausführt, an das zuständige Finanzamt abzuführen. 662

Der Tatbestand des § 1 Z 4 NoVAG 1991 wird auch dann erfüllt, wenn die Lieferung an einen anderen Unternehmer zur gewerblichen Weiterveräußerung erfolgt (siehe Rz 451).

Wird das Vorführkraftfahrzeug an einen anderen Fahrzeughändler geliefert, der dieses wiederum für Vorführzwecke nutzen möchte, kann auch der erwerbende Fahrzeughändler die Befreiung in Anspruch nehmen. Mit Hinweis auf Inanspruchnahme der Befreiung durch den erwerbenden Fahrzeughändler muss die Normverbrauchsabgabe vom liefernden Fahrzeughändler nicht abgeführt werden. Zur Bestätigung der Voraussetzungen der Befreiung hat der erwerbende Fahrzeughändler dem liefernden Fahrzeughändler eine schriftliche Bestätigung über die Inanspruchnahme der Befreiung zu übergeben. 663

Bei Vorführkraftfahrzeugen dürfen bestimmte Zeiträume bis zu einer Weiterveräußerung nicht überschritten werden (siehe Rz 429 f). Ausgehend davon, dass seitens der Fahrzeughändler in aller Regel fabriksneue Kraftfahrzeuge als Vorführkraftfahrzeuge verwendet werden, wird die Beurteilung von solchen Kraftfahrzeugen als Vorführkraftfahrzeuge voraussetzen, dass die in Rz 429 angeführten Zeiträume nicht überschritten werden, wobei die Besitzzeit des Vorbesitzers und die des Fahrzeughändlers zusammenzuzählen sind.

Bei einer späteren Lieferung an einen Endkunden wird der Tatbestand des § 1 Z 4 NoVAG 1991 erfüllt.

Beispiel:

Am 1. November 2021 erwirbt der Fahrzeughändler A einen Personenkraftwagen von einem Fahrzeughändler in Deutschland. A möchte dieses Kraftfahrzeug als Vorführkraftfahrzeug verwenden. Der Erwerb durch A erfüllt nicht den Tatbestand des innergemeinschaftlichen Erwerbs, da ein Vorführkraftfahrzeug grundsätzlich zur Weiterlieferung bestimmt ist und A ein befugter Fahrzeughändler ist (siehe Rz 411 und Rz 429 f). Da A nicht selbst Generalimporteur ist, lässt er das Kraftfahrzeug durch den zuständigen Generalimporteur in die Genehmigungsdatenbank eintragen. Im Rahmen der Eintragung wird das Kraftfahrzeug durch den Generalimporteuer für eine Zulassung gesperrt. Um das Kraftfahrzeug als Vorführkraftfahrzeug zuzulassen, bringt A am 3. November 2021 einen Antrag auf Freischaltung (Formular NOVA 4) beim zuständigen Finanzamt ein. Nachdem das Kraftfahrzeug durch das Finanzamt freigeschaltet wurde, wird es am 15. November 2021 als Vorführkraftfahrzeug auf A zugelassen.

Am 15. März 2022 verkauft A das Kraftfahrzeug an den Fahrzeughändler B, welcher das Kraftfahrzeug wiederum für Vorführzwecke nutzen möchte. Durch die Lieferung wird grundsätzlich der Tatbestand des § 1 Z 4 NoVAG 1991 erfüllt (siehe Rz 450 f). B kann jedoch die Befreiung gemäß § 3 Abs. 1 Z 2 NoVAG 1991 in Anspruch nehmen. Mit Hinweis auf Inanspruchnahme der Befreiung durch B muss die Normverbrauchsabgabe von A nicht abgeführt werden. Zur Bestätigung der Voraussetzungen der Befreiung hat B dem liefernden Fahrzeughändler A eine schriftliche Bestätigung über die Inanspruchnahme der Befreiung zu übergeben. Bei der Beurteilung, ob noch ein Vorführkraftfahrzeug vorliegt, muss die viermonatige Nutzung durch A dem B zugerechnet werden (siehe Rz 429 f).

Am 15. April 2022 verkauft B das Kraftfahrzeug an einen Endkunden. Im Zeitpunkt der Lieferung wird der Tatbestand des § 1 Z 4 NoVAG 1991 erfüllt. Die Normverbrauchsabgabe ist in diesen Fällen nach der Rechtslage am 1. November 2021 zu bemessen (siehe Rz 457 und Rz 664).

664 § 6 Abs. 8 NoVAG 1991 ist auf Vorführkraftfahrzeuge anwendbar, womit die, beispielsweise aufgrund eines Verkaufs oder der Aufgabe der begünstigten Nutzung, neuerlich entstehende Plicht zur Leistung der Normverbrauchsabgabe anhand der Rechtslage im Zeitpunkt der erstmaligen (befreiten) Zulassung zu bemessen ist (siehe Rz 457).

B.3.4.2. Tageszulassungen

665 Bei Tageszulassungen handelt es sich um kurzfristige Zulassungen auf einen Fahrzeughändler (siehe Rz 432 ff). Im Unterschied zu einem Vorführkraftfahrzeug werden Kraftfahrzeuge mit einer Tageszulassung nicht auf Straßen des öffentlichen Verkehrs verwendet und dienen daher auch keinem Vorführzweck. Die Zulassung auf den Fahrzeughändler darf nicht länger als drei Monate dauern. Wird dieser Zeitraum überschritten, entsteht die Pflicht zur Leistung der Normverbrauchsabgabe gemäß § 1 Z 3 NoVAG 1991 mit dem Tag der Überschreitung.

666 Die Befreiungsbestimmung des § 3 Abs. 1 Z 2 NoVAG 1991 idF BGBl. I Nr. 18/2021 (Rechtslage ab 1. Juli 2021) kann ohne weitere Verwaltungsschritte direkt in Anspruch genommen werden. Das Kraftfahrzeug kann somit auf den Fahrzeughändler zugelassen werden, ohne zuvor die Normverbrauchsabgabe leisten zu müssen. Voraussetzung hierfür ist allerdings, dass alle Bedingungen eines Kraftfahrzeuges mit Tageszulassung vorliegen und nachgewiesen werden können.

Die Befreiung von der Normverbrauchsabgabe nach § 3 Abs. 1 Z 2 NoVAG 1991 idF BGBl. I Nr. 18/2021 ist daher auch bereits im Zeitpunkt der Lieferung des entsprechenden Kraftfahrzeuges vom Lieferanten zu berücksichtigen.

667 Wird ein Kraftfahrzeug mit einer Tageszulassung verkauft, tritt nach § 1 Z 4 NoVAG 1991 im Zuge der Lieferung die Pflicht zur Leistung der Normverbrauchsabgabe ein. Die Normverbrauchsgabe ist in diesen Fällen vom Unternehmer, der die Lieferung ausführt, an das zuständige Finanzamt abzuführen.

668 Ein Kraftfahrzeug iSd § 2 Abs. 1 NoVAG 1991 idF BGBl. I Nr. 18/2021 das auf den Fahrzeughändler zugelassen ist und nicht auf öffentlichen Straßen verwendet wird (sogenannte „Tageszulassung"), ist gemäß § 3 Abs. 1 Z 2 NoVAG 1991 idF BGBl. I Nr. 18/2021 von der Normverbrauchsabgabe befreit, wenn die Zulassung auf den Fahrzeughändler nicht länger als drei Monate dauert. Wird ein solches Kraftfahrzeug innerhalb der dreimonatigen Frist an einen Kunden verkauft, entsteht die Pflicht zur Leistung der Normverbrauchsabgabe gemäß § 1 Z 4 NoVAG 1991 idF BGBl. I Nr. 18/2021. In diesen Fällen ist die Normverbrauchsabgabe, da die Anwendbarkeit des § 6 Abs. 8 NoVAG 1991 ausgeschlossen ist, nach der Rechtslage im Zeitpunkt der Verwirklichung des Tatbestandes (Lieferung) zu bemessen.

Beispiel:

Ein Fahrzeughändler lässt am 20. November 2021 ein Kraftfahrzeug im Rahmen einer Tageszulassung auf sich zu. Das Kraftfahrzeug bleibt, ohne auf Straßen des öffentlichen Verkehrs verwendet zu werden, bis zum 23. Jänner 2022 auf den Fahrzeughändler zugelassen. Am 23. Jänner 2022 verkauft der Fahrzeughändler das Kraftfahrzeug an einen Kunden und erfüllt mit dieser Lieferung den Tatbestand des § 1 Z 4 NoVAG 1991. Die Normverbrauchsabgabe ist in diesem Fall nach der Rechtslage am 23. Jänner 2022 zu bestimmen.

Bleibt ein solches im Rahmen einer Tageszulassung auf einen Fahrzeughändler zugelassenes Kraftfahrzeug länger als drei Monate auf den Fahrzeughändler zugelassen, entsteht die Pflicht zur Leistung der Normverbrauchsabgabe, da die Voraussetzungen der Befreiung entfallen sind (siehe Rz 433). Die Steuerschuld entsteht mit dem Tag der Überschreitung der Frist (siehe Rz 1051). Die Normverbrauchsabgabe wird anhand der Rechtslage im Zeitpunkt der Überschreitung der Frist bemessen, da § 6 Abs. 8 NoVAG 1991 auf Tageszulassungen nicht anwendbar ist (siehe Rz 457). Bemessungsgrundlage ist der ohne Umsatzsteuerkomponente ermittelte gemeine Wert des Kraftfahrzeuges (siehe Rz 806 ff). Wird jedoch das Kraftfahrzeug vom Fahrzeughändler weiterhin nachweisbar nicht benutzt und kurze Zeit später fremdüblich im Inland verkauft, kann die Bemessungsgrundlage aus dem Verkaufspreis abgeleitet werden. Nichtsdestotrotz hat der Fahrzeughändler als Abgabenschuldner auch in diesen Fällen spätestens am 15. Tag (Fälligkeitstag) des auf den Kalendermonat, in dem die Steuerschuld entstanden ist (Anmeldungszeitraum), zweitfolgenden Monats eine Anmeldung einzureichen, in der er den für den Anmeldungszeitraum zu entrichtenden Betrag selbst zu berechnen hat. 669

Beispiel:

Ein Fahrzeughändler lässt am 20. November 2021 ein Kraftfahrzeug im Rahmen einer Tageszulassung auf sich zu. Das Kraftfahrzeug bleibt, ohne auf Straßen des öffentlichen Verkehrs verwendet zu werden, bis zum 23. Juli 2022 auf den Fahrzeughändler zugelassen. Am 23. Juli 2022 verkauft der Fahrzeughändler das Kraftfahrzeug an einen Kunden.

In diesem Fall ist das Kraftfahrzeug zunächst gemäß § 3 Abs. 1 Z 2 NoVAG 1991 idF BGBl. I Nr. 18/2021 von der Normverbrauchsabgabe befreit. Am 20. Februar 2022 wird allerdings die dreimonatige Frist überschritten, wodurch die Steuerpflicht der ursprünglichen Tatbestandserfüllung gemäß § 1 Z 3 NoVAG 1991 mit dem Tag der Überschreitung, somit am 20. Februar 2022, eintritt. Die Normverbrauchsabgabe ist nach der Rechtslage am 20. Februar 2022 zu bemessen. Bemessungsgrundlage ist der ohne Umsatzsteuerkomponente ermittelte gemeine Wert des Kraftfahrzeuges. Wird jedoch das Kraftfahrzeug vom Fahrzeughändler weiterhin nachweisbar nicht benutzt und kurze Zeit später fremdüblich im Inland verkauft, wie in diesem Fall, kann die Bemessungsgrundlage aus dem Verkaufspreis abgeleitet werden. Nichtsdestotrotz hat der Fahrzeughändler als Abgabenschuldner auch in diesen Fällen spätestens am 15. Tag (Fälligkeitstag) des auf den Kalendermonat, in dem die Steuerschuld entstanden ist, zweitfolgenden Monats (daher bis 15. April 2022) eine Anmeldung einzureichen, in der er den für den Anmeldungszeitraum zu entrichtenden Betrag selbst zu berechnen hat. Die Lieferung des Kraftfahrzeuges am 23. Juli 2022 löst keine neuerliche Pflicht zur Leistung der Normverbrauchsabgabe aus, da diese bereits abgeführt worden ist.

Wird ein Kraftfahrzeug mit einer Tageszulassung durch einen befugten Fahrzeughändler innerhalb von drei Monaten wieder abgemeldet, ergibt sich mangels aufrechter Zulassung bei Überschreiten der drei Monate keine Steuerpflicht. Erst durch eine spätere Lieferung wird der Tatbestand gemäß § 1 Z 4 NoVAG 1991 ausgelöst (siehe Rz 433). Es ist die Rechtslage im Zeitpunkt der Lieferung anzuwenden (siehe Rz 457). Wird das Kraftfahrzeug nach der Abmeldung wieder im Rahmen einer Tageszulassung auf einen befugten Fahrzeughändler zugelassen, sind die vorangegangenen Tage der Zulassung bei der Ermittlung der drei Monatsfrist zu berücksichtigen. 670

B.3.5. Ausfuhrlieferungen

Von der Normverbrauchsabgabe befreit sind gemäß § 3 Abs. 2 Z 1 NoVAG 1991 idF BGBl. I Nr. 18/2021 (Rechtslage ab 1. Juli 2021) bzw. gemäß § 3 Z 1 NoVAG 1991 idF BGBl. I Nr. 24/2007 (Rechtslage bis 30. Juni 2021) Ausfuhrlieferungen im Sinne des § 6 Abs. 1 Z 1 und § 7 UStG 1994 mit der Maßgabe, dass als Ausfuhrlieferungen auch Lieferungen in das übrige Gemeinschaftsgebiet (§ 1 Abs. 3 UStG 1994) gelten. Demnach müssen sämtliche Voraussetzungen vorliegen, unter denen die Ausfuhrlieferungen nach § 6 Abs. 1 Z 1 671 und § 7 UStG 1994 befreit sind. Erforderlich ist somit ein ausländischer Abnehmer, wenn dieser (Käufer) das Kraftfahrzeug in das Drittland befördert oder versendet (Abholfall). Darüber hinaus muss hinsichtlich der steuerfreien Ausfuhrlieferung ein Ausfuhrnachweis und Buchnachweis vorliegen. Für Lieferungen (Beförderung und Versendung) in das übrige Gemeinschaftsgebiet ist die Verordnung BGBl. Nr. 401/1996 über den Nachweis der Beförderung oder Versendung und den Buchnachweis zu beachten.

672 Als ausländischer Abnehmer gilt eine natürliche Person dann, wenn diese keinen Wohnsitz im Inland hat. Als Wohnsitz oder gewöhnlicher Aufenthalt gilt der Ort, der im Reisepass oder sonstigen Grenzübertrittsdokument eingetragen ist. Verfügt der Abnehmer über mehrere Reisepässe mit unterschiedlichen Wohnorten, kommt es auf den vorgelegten Pass an. Befindet sich im Reisepass keine Eintragung über einen Wohnsitz oder gewöhnlichen Aufenthalt, ist wie folgt zu unterscheiden (vgl. UStR 2000 Rz 1062):

- Bei Abnehmern, deren Reisepass von einer Behörde eines Mitgliedstaates ausgestellt wurde, ist davon auszugehen, dass ein Wohnsitz oder gewöhnlicher Aufenthalt im Gemeinschaftsgebiet vorliegt.
- In den übrigen Fällen ist von einem Wohnsitz im Gemeinschaftsgebiet auszugehen, wenn im Reisepass ein Aufenthaltstitel für die Republik Österreich (§ 2 Abs. 4 Z 14 Fremdenpolizeigesetz 2005, BGBl. I Nr. 100/2005 idgF) oder im übrigen Gemeinschaftsgebiet eingetragen ist.
- Dasselbe gilt, wenn ein Aufenthaltstitel gemäß § 8 Niederlassungs- und Aufenthaltsgesetz (NAG), BGBl. I Nr. 100/2005 idF BGBl. I Nr. 145/2020, insbesondere in Form der Aufenthaltstitel „Daueraufenthalt" im Sinne des § 8 Abs. 1 Z 7 NAG und „Aufenthaltsbewilligung für einen vorübergehenden befristeten Aufenthalt im Bundesgebiet zu einem bestimmten Zweck" im Sinne des § 8 Abs. 1 Z 12 NAG gegeben ist.

Um einen Wohnsitz im Sinne der Abgabenvorschriften zu begründen, bedarf es der tatsächlichen Verfügungsgewalt über bestimmte Räumlichkeiten, die nach der Verkehrsauffassung zum Wohnen geeignet sind, also ohne wesentliche Änderungen jederzeit zum Wohnen benutzt werden können und ihrem Inhaber nach Größe und Ausstattung ein dessen persönlichen Verhältnissen entsprechendes Heim bieten (vgl. VwGH vom 24.1.1996, 95/13/0150, sowie VwGH vom 27.11.2017, Ra 2015/15/0066).

Die Eigenschaft des ausländischen Abnehmers muss im Zeitpunkt des Abschlusses des Umsatzgeschäfts gegeben sein.

Eine juristische Person gilt dann als ausländischer Abnehmer, wenn diese über keinen Sitz im Inland verfügt. Eine ausländische Zweigniederlassung eines in Österreich ansässigen Unternehmers, die das Umsatzgeschäft im eigenen Namen abgeschlossen hat, ist als ausländischer Abnehmer zu betrachten. Dies gilt allerdings nicht für die österreichische Zweigniederlassung eines ausländischen Unternehmers.

673 Ausfuhrnachweis und Buchnachweis sind Unterlagen, mit denen der Lieferant einer steuerfrei behandelten innergemeinschaftlichen Lieferung nachweist, dass der Gegenstand der Lieferung vom Inland in das übrige Gemeinschaftsgebiet gelangt. Aus diesen Nachweisen sollten nicht nur das Land, sondern auch der Empfangsort erkennbar sein.

Der Nachweis der Beförderung oder Versendung in das übrige Gemeinschaftsgebiet ist gemäß der Verordnung des Bundesministers für Finanzen über den Nachweis der Beförderung oder Versendung und den Buchnachweis bei innergemeinschaftlichen Lieferungen, Verordnung BGBl. Nr. 401/1996 idgF, zu erbringen.

Zusätzlich besteht die Möglichkeit der Nachweisführung der Beförderung oder Versendung ins übrige Gemeinschaftsgebiet gemäß Art. 45a DVO (EU) 282/2011.

Gemäß der Verordnung BGBl. Nr. 401/1996 idgF muss der Unternehmer bei innergemeinschaftlichen Lieferungen eindeutig und leicht nachprüfbar nachweisen, dass er oder der Abnehmer den Gegenstand der Lieferung in das übrige Gemeinschaftsgebiet befördert oder versendet hat.

In den Fällen, in denen der Unternehmer oder der Abnehmer den Gegenstand der Lieferung in das übrige Gemeinschaftsgebiet befördert, hat der Unternehmer den Nachweis durch folgende Dokumente zu erbringen:

- Eine Durchschrift oder Abschrift der Rechnung;
- Einen handelsüblichen Beleg, aus welchem sich der Bestimmungsort ergibt (insbesondere Lieferschein);
- Eine Empfangsbestätigung des Abnehmers oder seines Beauftragten oder in den Fällen der Beförderung des Gegenstandes durch den Abnehmer durch eine Erklärung des Abnehmers oder seines Beauftragten, dass er den Gegenstand in das übrige Gemeinschaftsgebiet befördern wird.

Nachträgliche Berichtigungen des Ausfuhr- und Buchnachweises sind unter bestimmten Umständen zulässig. 674

Entscheidend ist, dass dem liefernden Unternehmer der Nachweis gelingt, dass die materiellen Voraussetzungen der Steuerfreiheit zweifelsfrei vorliegen. Die nachträgliche Erstellung von Dokumenten kann die Beweiskraft des Nachweises in Frage stellen. Ob der Nachweis der Beförderung erbracht ist, ist eine Frage der Beweiswürdigung (vgl. VwGH 27.11.2014, 2012/15/0192). Im Regelfall ist die umsatzsteuerliche Beurteilung auch für die Normverbrauchsabgabe maßgeblich.

Beispiel:

Ein Fahrzeughändler lieferte Kraftfahrzeuge ins Ausland. Es handelte sich dabei um Abholfälle. Im Zeitpunkt der Lieferung wurden die Verkäufe in Verkaufslisten aufgenommen, wobei der jeweilige Käufer nur lückenhaft erfasst wurde. Weiters unterblieb auch die geforderte Identitätsfeststellung mittels Anfertigung von Kopien von Reisepässen bzw. Lichtbildausweisen der abholenden Personen.

Erst Jahre später legt der Fahrzeughändler Eidesstattliche Erklärungen vor, welche vom Käufer unterschrieben wurden. In diesen Erklärungen wird ausgeführt, dass das jeweilige Kraftfahrzeug, welches in der Rechnung xy genannt wird, vom Unterschreiber (Käufer) erworben wurde und ins Ausland verbracht wurde.

Mit diesen nachträglich erstellten Dokumenten können die materiellrechtlichen Voraussetzungen für die Steuerfreiheit nicht nachgewiesen werden. Es ist dadurch nicht der Beweis erbracht worden, dass die Person, die die Erklärung unterschrieben, auch das Kraftfahrzeug ins Ausland verbracht hat.

Wird die Warenbewegung vom Lieferanten nicht zweifelsfrei nachgewiesen, muss dieser eine qualitativ gleichwertige Nachweisführung erbringen. Diese qualitative Gleichwertigkeit kann beispielsweise bei einer nachträglichen Erstellung von Dokumentationen in Zweifel gezogen werden. 675

Die kraftfahrrechtliche Zulassung des Kraftfahrzeuges im anderen EU-Mitgliedstaat ist weder Voraussetzung für die Steuerbefreiung noch kann sie den Ausfuhr- und Buchnachweis im Sinne der Verordnung BGBl. Nr. 401/1996 idgF ersetzen (vgl. VwGH 19.12.2013, 2012/15/0006). 676

Die Steuerbefreiung ist in Fällen anwendbar, in denen dem Grunde nach eine steuerbare Lieferung gemäß § 1 Z 1 oder Z 4 NoVAG 1991 vorliegt. Keine Anwendung findet die Steuerbefreiung für Ausfuhrlieferungen bei einer Lieferung eines Gebrauchtfahrzeuges ins Ausland, für welches ein steuerpflichtiger Vorgang im Sinne des § 1 NoVAG 1991 bereits früher gesetzt wurde, da hierbei kein normverbrauchsabgabepflichtiger Tatbestand erfüllt wird und daher die vorliegende Lieferung ins Ausland von vornherein nicht steuerbar ist. 677

Werden die Voraussetzungen des § 12a NoVAG 1991 erfüllt, ist für solche Exporte allerdings eine Vergütung der Normverbrauchsabgabe möglich (siehe Rz 1250 bis 1276).

Voraussetzung für die Befreiung ist die Bekanntgabe der Fahrzeugidentifikationsnummer (FIN) und die Sperre des Kraftfahrzeuges in der Genehmigungsdatenbank. Die Bekanntgabe an das zuständige Finanzamt ist materiell-rechtliche Voraussetzung und Teil des Buchnachweises und muss in sämtlichen Fällen der Ausfuhrlieferung vorliegen, damit die Steuerbefreiung beansprucht werden kann. 678

Als Nachweis, dass der Gegenstand der Lieferung in das übrige Gemeinschaftsgebiet befördert oder versendet wird, ist bei der Lieferung von Kraftfahrzeugen im Sinne des § 2 NoVAG 1991 die Sperre des Kraftfahrzeuges in der Genehmigungsdatenbank nach § 30a KFG 1967 erforderlich (vgl. § 9 der Verordnung BGBl. Nr. 401/1996). Dies gilt ungeachtet des § 1 Abs. 2 der Verordnung des Bundesministers für Finanzen über das Versehen der Genehmigungsdaten oder Typendaten bestimmter Fahrzeuge oder Fahrzeugkategorien mit einer Zulassungssperre in der Genehmigungsdatenbank, BGBl. II Nr. 406/2008 auch für Kraftfahrzeuge, die auf Grund ihres Antriebes (insbesondere Elektro oder Wasserstoff) einen CO_2-Emissionswert von 0 g/km aufweisen.

Bei Lieferungen durch einen befugten Fahrzeughändler hat die Sperrsetzung des Kraftfahrzeuges in der Genehmigungsdatenbank rechtzeitig über FinanzOnline im Zeitpunkt der Lieferung durch diesen zu erfolgen. Bei anderen Unternehmern bzw. bei Privaten ist ein Antrag auf Sperrsetzung mittels des amtlichen Formulars (NOVA 4) einzubringen (VwGH 24.01.2017, Ro 2016/16/0001).

Beispiel:

Ein Taxiunternehmer verkauft ein Kraftfahrzeug (Lieferung in die Schweiz), für welches ursprünglich die Befreiung von der Normverbrauchsabgabe in Anspruch genommen wurde. Mit der Lieferung wird der Normverbrauchsabgabe-Tatbestand des § 1 Z 4

NoVAG 1991 ausgelöst. Liegen die Voraussetzungen für eine steuerfreie Ausfuhrlieferung nach § 6 Abs. 1 Z 1 und § 7 UStG 1994 vor, ist durch den Abgabepflichtigen eine Abgabenerklärung (Formular NOVA 4) einzubringen und ein Antrag auf Sperre in der Genehmigungsdatenbank zu stellen, um die Befreiung von der Normverbrauchsabgabe in Anspruch zu nehmen. Die zuständige Behörde der Finanzverwaltung hat in diesen Fällen die Begründung für die Sperrsetzung auf Ausfuhrlieferung abzuändern. Bei einer neuerlichen Zulassung dieses Kraftfahrzeuges in der Zukunft wird der Zulassungswerber gemäß § 1 Z 3 lit. b NoVAG 1991 mit der Normverbrauchsabgabe belastet.

B.3.6. Befreiung für Menschen mit Behinderungen

679 Näheres zur Befreiung von der Normverbrauchsabgabe für Kraftfahrzeuge, die von Menschen mit Behinderungen zur persönlichen Fortbewegung verwendet werden, siehe Rz 200 bis 331.

B.3.7. Einsatzfahrzeuge der Gebietskörperschaften

680 Näheres zur Befreiung von der Normverbrauchsabgabe für Kraftfahrzeuge, die als Einsatzfahrzeuge zur Verwendung durch eine Gebietskörperschaft im Bereich des öffentlichen Sicherheitsdienstes oder der Justizwache sowie durch das Bundesheer zur Erfüllung seiner Aufgaben bestimmt sind, siehe Rz 130 bis 142.

B.3.8. Steuerbefreiung für begünstigte Verwendungszwecke

B.3.8.1. Begünstigte Verwendungszwecke bzw. Kreis der betroffenen Kraftfahrzeuge

B.3.8.1.1. Begleitfahrzeuge für Sondertransporte

681 In die Steuerbefreiung sind Kraftfahrzeuge einbezogen, die als Begleitfahrzeuge für Sondertransporte (Schwertransporte) eingesetzt werden. Voraussetzung der Befreiung ist, dass das Kraftfahrzeug zu mehr als 80% als Begleitfahrzeug für Sondertransporte eingesetzt wird.

B.3.8.1.2. Fahrschulkraftfahrzeuge

682 Der Inhalt des Begriffs Fahrschulkraftfahrzeug ist mit jenem des § 12 Abs. 2 Z 2 lit. b UStG 1994 ident. Danach ist unter einem Fahrschulkraftfahrzeug ein Kraftfahrzeug zu verstehen, das in einer Fahrschule für Unterrichtszwecke verwendet wird (VwGH 25.04.1995, 95/14/0051). Voraussetzung für die Steuerbefreiung ist, dass das Kraftfahrzeug zu mehr als 80% für Fahrschulunterrichtszwecke verwendet wird. Auch Fahrten, die für den Betrieb oder die Erhaltung des Kraftfahrzeuges unbedingt erforderlich sind (z.B. Fahrten zur Tankstelle oder zur Werkstätte) oder mit den Unterrichtszwecken unmittelbar zusammenhängen (z.B. Prüfungsfahrten), sind als Verwendungen für Fahrschulunterrichtszwecke anzusehen.

B.3.8.1.3. Miet-, Taxi- und Gästewagen

683 Von der Normverbrauchsabgabe sind Kraftfahrzeuge befreit, die ausschließlich oder vorwiegend als Miet-, Taxi- und Gästewagen verwendet werden. Näheres zur Befreiung von der Normverbrauchsabgabe für Miet-, Taxi- und Gästewagen siehe Rz 143 bis 152.

B.3.8.1.4. Kurzfristige Vermietung

684 Befreit sind Kraftfahrzeuge, die zu mehr als 80% der kurzfristigen Vermietung dienen. Damit sind jene Kraftfahrzeuge gemeint, die im Sprachgebrauch als „Leihfahrzeuge“ bezeichnet werden (siehe Rz 19). Die Vermietung darf regelmäßig einen Monat nicht übersteigen. Unter diese Fahrzeugkategorie fällt auch die Zurverfügungstellung eines Leihfahrzeuges durch eine Kraftfahrzeug-Werkstätte an Kunden für die Zeit der Durchführung der Reparaturarbeiten am Kraftfahrzeug des Kunden. Unmaßgeblich ist dabei, dass für die Zurverfügungstellung des Leihfahrzeuges kein gesondertes Entgelt in Rechnung gestellt wird. Keinesfalls unter die Steuerbefreiung fällt das „Verleasen“ von Kraftfahrzeugen, da beim Leasinggeschäft keine kurzfristige Vermietung vorliegt.

Für die Beurteilung der begünstigten Nutzung zur kurzfristigen Vermietung kann unter anderem Folgendes als Indiz gewertet werden:

- eine Prognoserechnung über die zukünftige Geschäftstätigkeit
- Anmietungsmöglichkeiten
- Werbemaßnahmen
- Fahrtenbuch
- Versicherungen für das betreffende Kraftfahrzeug
- etc.

Wird ein Kraftfahrzeug nach dem Erwerb mehrere Monate nicht vermietet, sind keine entsprechenden Vermietungsbemühungen bzw. Werbemaßnahmen erkennbar, werden auch keine Fahrtenbücher und auch keine anderen Unterlagen vorgelegt, ist der erforderliche Nachweis für die Steuerbefreiung nicht geglückt und die Inanspruchnahme der Befreiung steht nicht zu.

B.3.8.1.5. Rettungsdienst oder Krankenwagen

Von der Normverbrauchsabgabe sind Kraftfahrzeuge befreit, die vorwiegend (daher zu **685** mehr als 80%) für den Rettungsdienst oder als Krankenwagen verwendet werden. Näheres zur Befreiung von der Normverbrauchsabgabe für Kraftfahrzeuge des Rettungsdienstes und Krankenwagen siehe Rz 109 bis 122.

B.3.8.1.6. Leichenwagen

Leichenwagen sind Kraftfahrzeuge, die sich sowohl von der Bauweise als auch von der **686** Ausstattung her (geschlossenes Führerhaus, seitliche Sichtverglasung, spezielle Vorrichtungen für den Sargtransport) wesentlich von Personen- und Kombinationskraftwagen unterscheiden (vgl. § 4 der Verordnung des BMF, BGBl. II Nr. 193/2002, über die steuerliche Einstufung von Kraftfahrzeugen als Kleinlastkraftwagen und Kleinbusse).

B.3.8.1.7. Feuerwehrfahrzeuge

Von der Normverbrauchsabgabe sind Kraftfahrzeuge befreit, die vorwiegend (daher **687** zu mehr als 80%) als Einsatzfahrzeuge der Feuerwehren verwendet werden. Näheres zur Befreiung von der Normverbrauchsabgabe für Feuerwehrfahrzeuge siehe Rz 123 bis 129.

B.3.8.2. Allgemeine Bestimmungen der Steuerbefreiungen für begünstigte Verwendungszwecke

Die Befreiung von der Normverbrauchsabgabe erfolgt in den Fällen des § 3 Abs. 3 NoVAG **688** 1991 im Wege der Vergütung nach § 12 Abs. 1 Z 3 NoVAG 1991, wobei Voraussetzung ist, dass der begünstigte Verwendungszweck nachgewiesen wird. In diesem Zusammenhang ist auf § 12 der Zulassungsstellenverordnung (ZustV), BGBl. II Nr. 464/1998, hinzuweisen, wonach Anträge auf Zulassung, auf vorübergehende Zulassung oder auf Erteilung von Bewilligungen zur Durchführung von Überstellungsfahrten von Kraftfahrzeugen oder Anhängern oder Anträge auf Ausgabe von Kennzeichentafeln für eingeschränkte Zulassung, Probefahrten oder für Anhänger mit ausländischem Kennzeichen bei den Zulassungsstellen mit einem Formblatt (Muster nach Anlage 3 der ZustV) einzubringen sind. Der Antragsteller hat die für ihn in Betracht kommenden Rubriken dieses Formblattes vollständig und wahrheitsgetreu auszufüllen, wobei auf dem Antragsformular auch die Erklärung über die beabsichtigte Verwendungsbestimmung des Kraftfahrzeuges (unter Angabe der Kennziffer nach Anlage 4 der ZustV) abzugeben ist.

Die Inanspruchnahme der Befreiung von der Normverbrauchsabgabe für einen begünstigten Verwendungszweck wird somit zur Voraussetzung haben, dass dieser auch im Zulassungsverfahren (Zulassungsschein) angegeben wird, soweit eine Verwendungsbestimmung für diesen begünstigten Zweck vorhanden ist (z.B. gewerbsmäßige Vermietung, Taxigewerbe, Ausflugswagen-, Stadtrundfahrten-, Mietwagen-, oder Gästewagengewerbe).

Die im § 3 Abs. 3 NoVAG 1991 angeführten Steuerbefreiungen können bei sämtlichen **689** Tatbeständen des § 1 NoVAG 1991 zur Anwendung gelangen. Voraussetzung ist, dass das Kraftfahrzeug für einen oder mehrere begünstigte Verwendungszwecke genutzt wird.

Da die in § 3 Abs. 3 NoVAG 1991 angeführten Steuerbefreiungen im Wege der Vergütung **690** nach § 12 Abs. 1 Z 3 NoVAG 1991 gewährt werden, ist bei Erwerb eines Neufahrzeuges bei einem inländischen Fahrzeughändler die Normverbrauchsabgabe grundsätzlich zunächst voll an das zuständige Finanzamt abzuführen. Die steuerbefreite Person kann im Anschluss einen Antrag (Formular NOVA 1 bzw. 2) auf Vergütung nach § 12 Abs. 1 Z 3 NoVAG 1991 beim zuständigen Finanzamt stellen.

In Fällen, in denen die Normverbrauchsabgabe unmittelbar beim Finanzamt zu leisten ist **691** (z.B. innergemeinschaftlicher Erwerb oder erstmalige Zulassung), wird die Steuerpflicht mit dem Vergütungsanspruch kompensiert. Näheres dazu siehe Rz 420.

Da die Steuerbefreiungen des § 3 Abs. 3 NoVAG 1991 nur bei Verwirklichung eines **692** der Tatbestände des § 1 NoVAG 1991 angewendet werden, können diese bei Erwerb eines Kraftfahrzeuges, welches im Inland bereits zum Verkehr zugelassen war und somit der Normverbrauchsabgabe unterlag, nicht angewendet werden. Dies ist üblicherweise bei inländischen Gebrauchtfahrzeugen sowie Kraftfahrzeugen mit einer Tageszulassung der Fall.

Hinsichtlich Kraftfahrzeugen mit einer Tageszulassung gilt dies jedoch nur bis zum Inkrafttreten des § 3 Abs. 2 Z 2 NoVAG 1991 idF BGBl. I Nr. 18/2021 mit 1. Juli 2021. Ab diesem Zeitpunkt sind diese Kraftfahrzeuge von der Normverbrauchsabgabe befreit, womit eine Lieferung oder neuerliche Zulassung dieser Kraftfahrzeuge zu einer neuerlichen Verwirklichung einer der Tatbestände des § 1 NoVAG 1991 führt. Daher sind die Steuerbefreiungen des § 3 Abs. 3 NoVAG 1991 nunmehr auch auf diese Kraftfahrzeuge anwendbar.

Zur Inanspruchnahme der Steuerbefreiungen nach § 3 Abs. 3 NoVAG 1991 in Fällen des Leasings siehe Rz 1208, Rz 1210, Rz 1215 sowie Rz 1219.

693 Die Steuerbefreiungen des § 3 Abs. 3 NoVAG 1991 setzen voraus, dass das Kraftfahrzeug vorwiegend (mehr als 80%) für den begünstigten Zweck verwendet wird. Auch Fahrten, die mit dem Betrieb oder die für die Erhaltung des Kraftfahrzeuges unbedingt erforderlich sind (z.B. Fahrten zur Tankstelle oder zur Werkstätte), sind als Verwendungen für die begünstigten Zwecke anzusehen.

694 Wird der begünstigte Verwendungszweck beendet, kommt es regelmäßig zu einer (nachträglichen) Steuerpflicht nach § 1 Z 4 NoVAG 1991 (siehe Rz 445 bis 455).

695 Gemäß § 6 Abs. 8 NoVAG 1991 ist bei der Lieferung, beim Eigenverbrauch, bei der Nutzungsänderung oder der neuerlichen Zulassung eines zuvor gemäß § 3 NoVAG 1991 befreiten Kraftfahrzeuges die Normverbrauchsabgabe nach jener Rechtslage zu bemessen, die im Zeitpunkt der erstmaligen (befreiten) Zulassung anzuwenden war. Dabei ist für die Bonus-Malus-Berechnung und den Abzugsbetrag die Wertentwicklung des Kraftfahrzeuges zu berücksichtigen (siehe Rz 936).

696 Näheres zur Inanspruchnahme und Durchführung der Vergütung nach § 12 NoVAG 1991, siehe Rz 1200 bis 1221.

B.3.9. Botschaften, Konsulate, Internationale Organisationen, Diplomaten usw.

697 Näheres zur Befreiung von der Normverbrauchsabgabe für Botschaften, Konsulate, Internationale Organisationen und Diplomaten siehe Rz 350 bis 379.

Randzahlen 698 bis 749: *derzeit frei*

B.4. Abgabenschuldner (§ 4 NoVAG 1991)

B.4.1. Lieferung (§ 4 Z 1 NoVAG 1991)

750 Abgabenschuldner ist im Falle der Lieferung (§ 1 Z 1 und 4 NoVAG 1991) der Unternehmer (im Regelfall der Fahrzeughändler), der die Lieferung ausführt. Wirtschaftlich trifft die Steuerlast im Wege einer Überwälzung der Steuer den Erwerber des Kraftfahrzeuges.

Unternehmer ist, wer eine gewerbliche oder berufliche Tätigkeit selbstständig ausübt (§ 2 Abs. 1 UStG 1994). Für die Auslegung des Unternehmerbegriffes gelten auch für Zwecke der Normverbrauchsabgabe die Grundsätze des Umsatzsteuerrechts (siehe Rz 402 ff sowie UStR 2000 Rz 181 bis Rz 209).

B.4.2. Innergemeinschaftlicher Erwerb (§ 4 Z 1a NoVAG 1991)

751 Abgabenschuldner im Falle des innergemeinschaftlichen Erwerbs gemäß Art. 1 UStG 1994 ist der Erwerber (AbgÄG 2010 ab 1. Juli 2010). Erwerber ist der Empfänger der Lieferung (vgl. UStR 2000 Rz 3581). Dies kann ein Unternehmer (Erwerb für das Unternehmen) oder im Fall eines Neufahrzeuges gemäß Art. 1 Abs. 8 UStG 1994 auch ein Nichtunternehmer sein (siehe Rz 411 bis 420).

B.4.3. Erstmalige Zulassung (§ 4 Z 2 NoVAG 1991)

752 Führt die erstmalige Zulassung zum Verkehr im Inland zum Entstehen der Steuerschuld (z.B. Eigenimport, Widmung eines Kraftfahrzeuges als Anlagevermögen des Fahrzeughändlers), so ist derjenige, für den das Kraftfahrzeug nach den kraftfahrrechtlichen Bestimmungen (vgl. § 37 KFG 1967 idgF) zugelassen wird bzw. zuzulassen wäre, der Abgabenschuldner. Gleiches gilt, wenn es nach einem Steuerbefreiungstatbestand gemäß § 3 Abs. 2 Z 1 NoVAG 1991 (Ausfuhrlieferung oder Lieferung in das übrige Unionsgebiet) oder einer Vergütung gemäß § 12 Abs. 1 Z 1 oder 2 oder § 12a NoVAG 1991 neuerlich zu einer Zulassung im Inland kommt oder eine Zulassung vorzunehmen wäre.

753 Wird bei einer Tageszulassung der Zeitraum von drei Monaten überschritten, dann entsteht die Steuerschuld mit dem Tag der Überschreitung dieser Frist. Abgabenschuldner ist in diesem Fall der Unternehmer, der die Tageszulassung zuvor vorgenommen hat und dafür die Befreiung nach § 3 Abs. 1 Z 2 NoVAG 1991 in Anspruch genommen hat.

754 An der Abgabenschuld des Zulassungsbesitzers ändert sich auch nichts, wenn eine andere Person die Abgabenerklärung abgibt und die Normverbrauchsabgabe abführt. Diese andere

Person kann schon mangels Zulassung des Kraftfahrzeuges auf sich selbst nicht Abgabenschuldner im Sinne des § 4 Z 2 NoVAG 1991 sein.

Wird das Kraftfahrzeug für mehrere Personen zugelassen, so sind diese Gesamtschuldner im Sinne des § 6 Abs. 1 BAO. Die Inanspruchnahme der Gesamtschuldner liegt im Ermessen der Abgabenbehörde (vgl. § 20 BAO). 755

Im Falle des grenzüberschreitenden Leasings ist für das Kraftfahrzeug Normverbrauchsabgabe zu entrichten (dauernder Standort in Österreich). Das Kraftfahrzeug kann in diesen Fällen sowohl auf die Leasinggesellschaft als auch auf den Leasingnehmer mit Wohnsitz im Inland zugelassen werden. Wird das Kraftfahrzeug auf die ausländische Leasinggesellschaft zugelassen, ist diese Abgabenschuldner (§ 4 Z 2 NoVAG 1991). 756

Im Fall der Verwendung des Kraftfahrzeuges im Inland, wenn es nach dem Kraftfahrgesetz zuzulassen wäre (widerrechtliche Verwendung – § 1 Z 3 NoVAG 1991), sind Abgabenschuldner (als Gesamtschuldner gemäß § 6 Abs. 1 BAO) der Zulassungsbesitzer und derjenige, der das Kraftfahrzeug im Inland verwendet (§ 4 Z 3 NoVAG 1991). Damit kommen beide Personen als Abgabenschuldner in Betracht.

Abgabenschuldner bei Menschen mit Behinderungen im Unternehmerfall nach zwei Wochen 757

Voraussetzung für die Befreiung für Menschen mit Behinderungen ist, dass der Mensch mit Behinderung für das Kraftfahrzeug die Steuerbefreiung gemäß § 4 Abs. 3 Z 9 VersStG 1953 in Anspruch nimmt. Hierfür muss dem Unternehmer eine Bescheinigung vorgelegt werden.

Wird diese Bescheinigung nicht innerhalb von zwei Wochen ab Lieferung vorgelegt, geht die Steuerschuld auf den Empfänger der Leistung über. Dies wird grundsätzlich der Käufer des Kraftfahrzeuges sein, somit ist dieser dann auch Abgabenschuldner.

In Fall des Übergangs der Steuerschuld hat der Unternehmer das Kraftfahrzeug in der Genehmigungsdatenbank zu sperren und das zuständige Finanzamt über den Übergang der Steuerschuld in Kenntnis zu setzen (siehe Rz 225 f).

Abgabenschuldner bei Menschen mit Behinderungen im Nichtunternehmerfall 758

In jenen Fällen, in denen die Normverbrauchsabgabe beim zuständigen Finanzamt durch den Menschen mit Behinderung entrichtet werden muss, ist im Fall des Eigenimports jene Person Abgabenschuldner, für die das Kraftfahrzeug zugelassen wird, und bei einem innergemeinschaftlichen Erwerb eines Neufahrzeuges der Erwerber. Um die Steuerbefreiung in Anspruch nehmen zu können, ist die Bescheinigung bezüglich der Steuerbefreiung gemäß § 4 Abs. 3 Z 9 VersStG 1953 innerhalb von zwei Wochen beim zuständigen Finanzamt vorzulegen.

Widrigenfalls ist die Normverbrauchsabgabe der Person, die die Befreiung unberechtigt in Anspruch genommen hat, vorzuschreiben. Im Falle des grenzüberschreitenden Leasings (siehe Rz 756) kann die Befreiung nur in Anspruch genommen werden, wenn das Kraftfahrzeug auf den Menschen mit Behinderung zugelassen wird, da dieser die Bescheinigung bezüglich der Steuerbefreiung gemäß § 4 Abs. 3 Z 9 VersStG 1953 vorlegen muss.

Abgabenschuldner bei fiktiver Zulassung 759

Bei der fiktiven erstmaligen Zulassung (siehe Rz 36 bis 64 sowie Rz 444) ist jene Person als Abgabenschuldner für die Normverbrauchsabgabe heranzuziehen, welche das Kraftfahrzeug ohne Zulassung im Inland verwendet, obwohl es nach dem KFG 1967 zuzulassen wäre (vgl. VwGH 27.01.2010, 2009/16/0107). Als Verwender des Kraftfahrzeuges ist jene Person zu verstehen, welche das Kraftfahrzeug auf eigene Rechnung in Gebrauch nehmen kann und die Verfügungsgewalt über das Kraftfahrzeug innehat (vgl. OGH, 18.10.2000, 9 Ob A 150/00z).

Bei der Verwirklichung des Normverbrauchsabgabe-Tatbestandes kommt es nicht darauf an, ob das Kraftfahrzeug für diese Person überhaupt zugelassen werden könnte oder wem der rechtliche Besitz des Kraftfahrzeuges zukommt (vgl. VwGH 27.01.2010, 2009/16/0107).

Siehe Rz 36 bis 64 zum Begriff des Verwenders und der widerrechtlichen Verwendung.

B.4.4. Änderung der Verhältnisse

Steuerschuldner ist 760

- im Falle einer Lieferung derjenige, der ein bisher gemäß § 3 Abs. 3 NoVAG 1991 steuerbefreites Kraftfahrzeug veräußert (z.B. Verkauf eines Taxifahrzeuges durch einen Taxiunternehmer) (beachte: abweichend bei Menschen mit Behinderungen, siehe Rz 233 und 258, sowie bei Diplomaten, siehe Rz 367 f);
- in den anderen Fällen des § 1 Z 4 NoVAG 1991 derjenige, der den Eigenverbrauch (z.B. Entnahme eines Fahrschulkraftfahrzeuges) oder die Änderung der begünstigten Nutzung von nach § 3 Abs. 3 NoVAG 1991 befreiten Kraftfahrzeugen (z.B. Überführung eines Vorführkraftfahrzeuges in den innerbetrieblichen Fuhrpark, Rückstellung eines

Taxi-Kraftfahrzeuges an die Leasinggesellschaft, Betriebsaufgabe einer Fahrschule) bewirkt;
- im Fall einer Lieferung eines zuvor gemäß § 3 Abs. 1 Z 2 NoVAG 1991 befreiten Kraftfahrzeuges der Fahrzeughändler.

761 Auch im Fall, dass die Dreimonatsfrist für die Inanspruchnahme der Befreiung für Tageszulassungen vom Fahrzeughändler überschritten wird, wird dieser Fahrzeughändler zum Steuerschuldner, da hierbei der Tatbestand nach § 1 Z 3 lit. b NoVAG 1991 ausgelöst wird.

762 Einen steuerbaren Vorgang in Bezug auf eine Änderung der begünstigten Nutzung von nach § 3 Abs. 3 NoVAG 1991 befreiten Kraftfahrzeugen kann nur der Unternehmer tätigen, der nach § 4 Z 1 NoVAG 1991 auch allein als Abgabenschuldner in Betracht kommt (VwGH 09.02.2005, 2001/13/0042).

Beispiel 1:

Wird infolge des Todes des Taxiunternehmers das Taxiunternehmen aufgegeben, kommt es hinsichtlich der bisher gemäß § 3 Abs. 3 Z 3 NoVAG 1991 befreiten Taxifahrzeuge zu einer Änderung der begünstigten Nutzung und somit zu einem Steuertatbestand im Sinne des § 1 Z 4 NoVAG 1991. Steuerschuldner ist der Erbe als Gesamtrechtsnachfolger des Verstorbenen.

Beispiel 2:

Gerät der Taxiunternehmer in Konkurs und wird im Zuge des Insolvenzverfahrens das Kraftfahrzeug an den Leasinggeber zurückgestellt, liegt eine Änderung der Verhältnisse nach § 1 Z 4 NoVAG 1991 vor. Steuerschuldner ist der Gemeinschuldner (Taxiunternehmer).

Randzahlen 763 bis 799: *derzeit frei*

B.5. Bemessungsgrundlage (§ 5 NoVAG 1991)

B.5.1. Übersichtstabelle

800 In dieser Tabelle werden die in § 1 NoVAG 1991 behandelten Tatbestände der Normverbrauchsabgabe mit der jeweiligen Bemessungsgrundlage dargestellt.

Handlung	NoVA-Tatbestand	Bemessungsgrundlage	Randzahlen
Inländische Lieferung	§ 1 Z 1 und Z 4	Entgelt iSd § 4 UStG 1994	Rz 801 – 805
Innergemeinschaftlicher Erwerb	§ 1 Z 2	Entgelt iSd § 4 UStG 1994	Rz 801 – 805
Erwerb eines Gebrauchtfahrzeug aus EU-Raum durch Privaten	§ 1 Z 3	Gemeiner Wert (Fahrzeugbewertungslisten-Mittelwert) oder Kaufpreis	Rz 806 – 814
Eigenimport (z.B. Übersiedlung) eines Kraftfahrzeuges aus dem EU-Raum	§ 1 Z 3	Gemeiner Wert (Fahrzeugbewertungslisten-Mittelwert)	Rz 806 – 811
Erwerb eines Gebrauchtfahrzeuges aus dem EU-Raum durch Privaten bei befugtem Fahrzeughändler	§ 1 Z 3	Gemeiner Wert (hier Anschaffungspreis)	Rz 812 – 814
Eigenimport oder Erwerb eines Kraftfahrzeuges aus einem Drittland	§ 1 Z 3	Bemessungsgrundlage der Einfuhrumsatzsteuer oder gemeiner Wert (Fahrzeugbewertungslisten-Mittelwert)	Rz 815 – 816
Nutzungsänderung	§ 1 Z 4	Gemeiner Wert (Fahrzeugbewertungslisten-Mittelwert)	Rz 817

B.5.2. Lieferung und innergemeinschaftlicher Erwerb von Kraftfahrzeugen

B.5.2.1. Allgemeines

801 Die Normverbrauchsabgabe wird in allen Fällen der inländischen Lieferung (§ 1 Z 1 und 4 NoVAG 1991; siehe Rz 400 bis 410 sowie Rz 450 f) und in den Fällen des innergemeinschaftlichen Erwerbes (§ 1 Z 2 NoVAG 1991; siehe Rz 411 bis 420) vom Entgelt im Sinne des § 4 UStG 1994 bemessen. Nach § 4 Abs. 1 UStG 1994 ist Entgelt alles, was der Empfänger einer Lieferung aufzuwenden hat, um die Lieferung zu erhalten. Die Bemessungsgrundlage umfasst somit den Kaufpreis für die Grundausstattung des Kraftfahrzeuges, für die Sonder-

ausstattungen (z.B. ABS, Airbag, Klimaanlage, Navigationssystem, Einparkhilfe usw.) und grundsätzlich auch für das mitgelieferte Zubehör (z.B. Autoradio).

Die Umsatzsteuer und die Normverbrauchsabgabe selbst sind nicht Teil der Bemessungs- **802**
grundlage der Normverbrauchsabgabe. Eine allfällige ausländische Abgabe für Kraftfahrzeuge darf nicht auf die Normverbrauchsabgabe angerechnet werden.

B.5.2.2. Mitgeliefertes Zubehör

Für die Beurteilung, ob mitgeliefertes Zubehör der Normverbrauchsabgabe zu unterziehen **803**
ist oder nicht, sind nachstehende Kriterien maßgeblich:

- Hinsichtlich der unter § 2 NoVAG 1991 fallenden Kraftfahrzeuge unterliegt jedenfalls derjenige Lieferumfang, den der Importeur bzw. der Erzeuger an den Einzelhändler erbringt, bei der Lieferung an den Abnehmer der Normverbrauchsabgabe.
- Erbringt ein Einzelhändler nach Übernahme des Kraftfahrzeuges vom Erzeuger, Importeur oder Großhändler am Kraftfahrzeug Leistungen im Auftrag seines Abnehmers, so ist davon auszugehen, dass diese Leistungen nicht der Normverbrauchsabgabe unterliegen, wenn die folgenden Voraussetzungen erfüllt sind:
  - Die Leistung erfolgt über individuellen Auftrag eines konkreten Abnehmers bzw. Leasingnehmers und nicht in Form eines „Sondermodells“, das als besondere Ausstattungsvariante allgemein angeboten wird.
  - Es wird für die Leistung ein getrenntes und angemessenes Entgelt in Rechnung gestellt.
  - Es handelt sich tatsächlich um eine Zusatzausstattung zur normverbrauchsabgabepflichtigen Grundausstattung und nicht um den Ersatz von Teilen der Grundausstattung.

Unter den genannten Voraussetzungen können z.B. die Lieferung und der Einbau eines Autoradios, von Zusatzscheinwerfern oder Zusatzspoilern, einer Alarmanlage, die Lieferung von zusätzlichen Reifen und ähnliche Zusatzleistungen bzw. zusätzliches Zubehör bei der Bemessung der Normverbrauchsabgabe außer Betracht bleiben. Dagegen fällt beispielsweise der Einbau eines Sportlenkrades statt des serienmäßigen Lenkrades oder die Montage von Sportreifen an Stelle der serienmäßigen Reifen gegen einen entsprechenden Aufpreis nicht in den Anwendungsbereich dieser Regelung und ist daher mit dem Kraftfahrzeug normverbrauchsabgabepflichtig.

Erbringt ein Importeur oder Großhändler, der zugleich Einzelhändler ist, derartige Leis- **804**
tungen als Einzelhändler, können aber „reine“ Einzelhändler solche Leistungen nicht anbieten, dann unterliegen die entsprechenden Leistungen der Normverbrauchsabgabe. Dies wäre beispielsweise dann der Fall, wenn der Importeur an andere Einzelhändler die Kraftfahrzeuge mit Klimaanlage ausliefert, während er selbst als Einzelhändler Klimaanlagen im Auftrag des Kunden einbaut.

Die Verlängerung der Werksgarantie für ein Kraftfahrzeug durch eine Zahlung an den **805**
Fahrzeughändler („Extragarantie“ bzw. „erweiterte“ Garantie) ist neben der Lieferung des Kraftfahrzeuges als eigenständige Hauptleistung zu qualifizieren (vgl. BFH 16.01.2003, V R 16/02). Die dafür bezahlten Beträge gehören nicht zum normverbrauchsabgabepflichtigen Entgelt. Weiters unterliegt ein Servicepaket, welches Serviceleistungen einschließlich Reparaturkosten gegen ein pauschales Entgelt beinhaltet, nicht der Normverbrauchsabgabe, wenn dafür ein getrennter Vertrag und somit ein vom Anschaffungspreis getrenntes Entgelt vereinbart wird. In diesem Fall wird ein Entgelt für allfällig später auftretende, nicht der Normverbrauchsabgabe unterliegende Leistungen im Vorhinein vereinbart und entrichtet, wobei das Kostenrisiko der Leistungserbringer trägt.

B.5.3. Gemeiner Wert

B.5.3.1. Allgemeines

In allen Fällen, in denen die Steuerschuld nicht auf Grund einer inländischen Lieferung **806**
oder eines innergemeinschaftlichen Erwerbs entsteht (z.B. Eigenimport, Änderung der Verhältnisse durch Nutzungsänderung, Eigenverbrauch), ist die Bemessungsgrundlage der gemeine Wert ohne Umsatzsteuer- und Normverbrauchsabgabekomponente. Der gemeine Wert ist nach § 10 BewG 1955 zu ermitteln und wird demnach durch den Einzelveräußerungspreis im Zeitpunkt des Entstehens der Steuerschuld bestimmt. Dabei sind alle Umstände, die den Preis beeinflussen, zu berücksichtigen. Ungewöhnliche oder persönliche Verhältnisse sind nicht zu berücksichtigen. Nach der Rechtsprechung des VwGH handelt es sich beim gemeinen Wert um eine fiktive Größe, welche nach objektiven Gesichtspunkten zu bestimmen ist, wobei es diesbezüglich auf die im gewöhnlichen Geschäftsverkehr

angewandten Handelspreise (Listenpreise) ankommt (vgl. VwGH 15.03.2001, 98/16/0205; VwGH 04.11.1994, 94/16/0156).

B.5.3.2. Fahrzeugimport aus dem EU-Raum

807 Bei Import eines Kraftfahrzeuges aus dem übrigen Unionsgebiet ist der gemeine Wert als Bemessungsgrundlage heranzuziehen, wenn ein Gebrauchtfahrzeug durch einen inländischen Nichtunternehmer aus dem EU-Raum erworben wird oder ein Neu- oder Gebrauchtfahrzeug ohne unmittelbar vorangegangenen Erwerbsvorgang (z.B. bei Übersiedlung) nach Österreich eingebracht wird. In Fällen des innergemeinschaftlichen Erwerbs wird die Normverbrauchsabgabe dagegen vom Entgelt im Sinne des § 4 UStG 1994 bemessen (siehe Rz 801).

808 Nach der Rechtsprechung des EuGH ist Art. 90 EG (nunmehr Art. 110 AEUV) dahin auszulegen, dass er einer Verbrauchsabgabe wie der Normverbrauchsabgabe-Grundabgabe nicht entgegensteht, soweit deren Beträge den tatsächlichen Wertverlust der von einer Privatperson eingeführten gebrauchten Kraftfahrzeuge genau widerspiegeln und die Erreichung des Zieles ermöglichen, derartige Kraftfahrzeuge so zu besteuern, dass auf keinen Fall der Betrag der Restabgabe überschritten wird, der im Wert gleichartiger, im Inland bereits zugelassener Gebrauchtfahrzeuge enthalten ist (EuGH 29.04.2004, Rs C-387/01, *Weigel und Weigel*).

Nach dem zitierten Urteil des EuGH obliegt es dem nationalen Gericht, zu prüfen, ob die Methode, bei der der gemeine Wert zugrunde gelegt wird, diesen gemeinschaftsrechtlichen Erfordernissen entspricht. Der VwGH hat die nach der Verwaltungspraxis unter Heranziehung des Mittelwertes der Eurotax-Notierungen ermittelten Bemessungsgrundlagen der Normverbrauchs-Grundabgabe als gemeinschaftsrechtlich zulässig erachtet (VwGH 25.05.2004, 2004/15/0061).

809 Zur Ermittlung des gemeinen Wertes für Gebrauchtfahrzeuge können somit die inländischen Eurotax-Notierungen herangezogen werden. Daneben können auch andere im Inland anerkannte Fahrzeugbewertungslisten, wie z.B. der Autopreisspiegel, herangezogen werden. Als gemeiner Wert gilt dabei der Mittelwert zwischen dem Händler-Einkaufspreis und dem Händler-Verkaufspreis (jeweils ohne Umsatzsteuer- und Normverbrauchsabgabekomponente). Dieser Mittelwert entspricht in der Regel jenem Preis, der bei einer Veräußerung des importierten Kraftfahrzeuges an einen privaten inländischen Abnehmer (= Einzelveräußerungspreis im Sinne des § 10 BewG 1955) zu erzielen ist.

Dem Abgabepflichtigen steht es jedoch frei, den Grund für eine Abweichung bzw. das Vorliegen eines geringeren gemeinen Wertes konkret nachzuweisen. Als Nachweis des gemeinen Wertes für Gebrauchtfahrzeuge können daher unter anderem auch fundierte Gutachten von dazu befugten, allgemein beeideten und gerichtlich zertifizierten Sachverständigen vorgelegt werden. Gelingt dieser Nachweis nicht, bleibt es beim Fahrzeugbewertungslisten-Mittelwert als gemeinem Wert (NoVA-Bemessungsgrundlage).

Beispiel:

Im Rahmen der Übersiedlung im September 2021 verbringt ein deutscher Staatsbürger als Übersiedlungsgut einen Personenkraftwagen (Erstzulassung in Deutschland: Dezember 2020, NoVA: 10%, CO_2-Emissionswert: 165 g/km, Abzugsposten § 6 Abs. 3 NoVAG 1991: 350 Euro) nach Österreich und beantragt die inländische Zulassung zum Verkehr. Da es sich um ein Kraftfahrzeug handelt, welches unmittelbar aus dem übrigen Unionsgebiet in das Inland gebracht wurde und im übrigen Unionsgebiet zugelassen war, ist die Steuer nach jener Rechtslage zu bemessen, die im Zeitpunkt der erstmaligen Zulassung des Kraftfahrzeuges im übrigen Unionsgebiet im Inland anzuwenden gewesen wäre. Dabei ist für die Bonus-Malus-Berechnung und den Abzugsbetrag die Wertentwicklung des Fahrzeuges zu berücksichtigen (siehe Rz 930 ff) Da neben dem gemeinen Wert kein Neuwagenwert vorliegt, ist die Wertentwicklung über eine Achtelung zu berücksichtigen.

Fahrzeugbewertungsliste-Händlereinkauf	*22.000,00 Euro*
Fahrzeugbewertungsliste-Händlerverkauf	*26.000,00 Euro*
(dividiert durch 2)	*48.000,00 Euro*
Mittelwert inkl. USt und NoVA	*24.000,00 Euro*
Mittelwert inkl. USt und NoVA	*24.000,00 Euro*
plus Abzugsposten	*+ 350,00 Euro**
plus Bonus	*+ 0,00 Euro*
minus Malus	*- 0,00 Euro*
Zwischensumme inkl. USt und NoVA	*24.350,00 Euro*

** Abzugsposten: Je vollem abgelaufenen Jahr wird der anzusetzende Abzugsposten um ein Achtel reduziert. Da seit Dezember 2020 nicht mehr als ein Jahr vergangen ist (Zulassung in Österreich im September 2021), wird der gesamte Abzugsposten berücksichtigt.*

Berechnung Steuersatz:

$$\frac{165\ g/km - 115\ g/km}{5} = 10\%$$

Zwischensumme inkl. USt und NoVA	*24.350,00 Euro*
Mittelwert ohne USt und NoVA (24.350/1,30)*	***18.730,77 Euro***
Davon 10% NoVA (abzüglich € 350)	***1.523,07 Euro***
Davon 20% Umsatzsteuer	*3.746,15 Euro*

** (1,30 ergibt sich aus 20% Umsatzsteuer und 10% Normverbrauchsabgabe)*

*Als **Normverbrauchsabgabe-Bemessungsgrundlage** ist der Betrag von **18.730,77 Euro** heranzuziehen. Beantragt der Abgabepflichtige eine geringere Bemessungsgrundlage, muss er den geringeren gemeinen Wert nachweisen (z.B. Vorliegen eines wesentlichen Karosserieschadens).*

Wird das Gebrauchtfahrzeug durch einen Nichtunternehmer im EU-Raum käuflich erworben (beim Erwerb von Neufahrzeugen sowie bei Erwerb von Gebrauchtfahrzeugen durch einen Unternehmer handelt es sich um einen innergemeinschaftlichen Erwerb (siehe Rz 411 ff)), kann grundsätzlich der Kaufpreis als gemeiner Wert herangezogen werden. Die Heranziehung dieser Größe ist gerechtfertigt, da anzunehmen ist, dass bei der Kaufpreisfindung die wertvermindernden als auch werterhöhenden Komponenten berücksichtigt wurden, der bezahlte Kaufpreis somit grundsätzlich jenem Wert entspricht, welcher „nach der Beschaffenheit des Wirtschaftsgutes" bei einer Veräußerung zu erzielen wäre (§ 10 BewG 1955). Der Vergleich mit den inländischen Fahrzeugbewertungslisten-Notierungen (z.B. Eurotax- oder Autopreisspiegel-Mittelwert) ist auf Nettobasis vorzunehmen, da (auch) bei einer inländischen Lieferung das (Netto-)Entgelt im Sinne des UStG 1994 Normverbrauchsabgabe-Bemessungsgrundlage ist. Soweit im Kaufpreis eine ausländische Umsatzsteuerkomponente enthalten ist, kann diese daher ausgeschieden werden. Dies wird dann der Fall sein, wenn das Kraftfahrzeug von einer Privatperson erworben wurde. Ist der Verkäufer ein Unternehmer, muss dieser Umstand aus der Rechnung ersichtlich sein (gesonderter Ausweis der ausländischen Umsatzsteuer bzw. Hinweis auf die Differenzbesteuerung). Liegt der Kaufpreis allerdings unter dem Fahrzeugbewertungslisten-Mittelwert (ohne Umsatzsteuer- und Normverbrauchsabgabekomponente), bildet der Fahrzeugbewertungslisten-Mittelwert als gemeiner Wert die Normverbrauchsabgabe-Bemessungsgrundlage. Dem Abgabepflichtigen steht es jedoch in diesen Fällen frei, den Grund für eine Abweichung bzw. das Vorliegen eines geringeren gemeinen Wertes konkret nachzuweisen, sodass der niedrigere Kaufpreis als Bemessungsgrundlage herangezogen werden kann. (Bei einem Erwerb bei einem befugten Fahrzeughändler im übrigen Unionsgebiet siehe Rz 812.) **810**

Beispiel:

Eine inländische Privatperson kauft im Oktober 2021 in Deutschland einen Gebrauchtwagen, (Erstzulassung in der EU: April 2017, NoVA-Satz: 10%, CO_2-Emissionswert: 140 g/km (kein CO_2-Malus), Abzugsposten § 6 Abs. 3 NoVAG 1991: 300 Euro)

a) bei einem Unternehmer um 30.940 Euro (in der Rechnung werden 26.000 Euro zzgl. 4.940 Euro dUSt (19%) ausgewiesen)

b) bei einer Privatperson um 28.560 Euro (kein gesonderter Ausweis der dUSt im Kaufvertrag)

Nach Überstellung nach Österreich wird das Kraftfahrzeug im November 2021 zum Verkehr im Inland zugelassen.

Fahrzeugbewertungsliste-Händlereinkauf	*31.000,00 Euro*
Fahrzeugbewertungsliste-Händlerverkauf	*35.000,00 Euro*
(dividiert durch 2)	*66.000,00 Euro*
Mittelpreis inkl. USt und NoVA	*33.000,00 Euro*

Mittelwert inkl. USt und NoVA	*33.000,00 Euro*
plus Abzugsposten	*+ 150,00 Euro**
plus Bonus	*+ 0,00 Euro*
minus Malus	*- 0,00 Euro*
Zwischensumme inkl. USt und NoVA	*33.150,00 Euro*

** Abzugsposten: Je vollem abgelaufenen Jahr wird der anzusetzende Abzugsposten um ein Achtel reduziert. Da seit April 2017 mehr als vier ganze Jahre vergangen ist (Zulassung in Österreich im November 2021), werden nur vier Achtel des Abzugspostens berücksichtigt. (300 Euro dividiert durch 8 mal 4).*

Berechnung Steuersatz:

$$\frac{140\ g/km - 90\ g/km}{5} = 10\%$$

Zwischensumme inkl. USt und NoVA	*33.150,00 Euro*
Mittelwert ohne USt und NoVA (33.150/1,30)*	***25.500,00 Euro***
Davon 10% NoVA (abzüglich € 150)	***2.400,00 Euro***
Davon 20% Umsatzsteuer	*5.100,00 Euro*

** (1,30 ergibt sich aus 20% Umsatzsteuer und 10% Normverbrauchsabgabe)*

Grundsätzlich ist in beiden Fällen der ausländische Kaufpreis (ohne Umsatzsteuerkomponente) als gemeiner Wert und damit als Bemessungsgrundlage für die Normverbrauchsabgabe heranzuziehen. Im Fall a) gelangt somit der Netto-Kaufpreis (26.000 Euro) für die Normverbrauchsabgabe-Bemessung zum Ansatz. Da jedoch im Fall b) der Netto-Kaufpreis von 24.000 Euro (28.560 minus 4.560 (19% dUSt) = 24.000) unter dem Fahrzeugbewertungslisten-Mittelwert (z.B. Eurotax oder Autopreisspiegel) von 25.500 Euro (ohne Umsatzsteuer- und Normverbrauchsabgabekomponente) liegt, ist letzterer als Normverbrauchsabgabe-Bemessungsgrundlage anzusetzen. Dem Abgabepflichtigen steht es in beiden Fällen frei, einen geringeren gemeinen Wert nachzuweisen.

811 Zur Bemessung der Normverbrauchsabgabe im Fall der Differenzbesteuerung – siehe näher Rz 812 sowie Rz 1021 bis 1023.

B.5.3.2.1. Erwerb bei befugtem Fahrzeughändler aus dem EU-Raum

812 Wird ein Gebrauchtfahrzeug im übrigen Unionsgebiet bei einem befugten Fahrzeughändler erworben, dann gilt der Anschaffungspreis als gemeiner Wert (§ 5 Abs. 2 NoVAG 1991).

Der Kaufpreis (Anschaffungspreis) gilt somit in diesen Fällen als gemeiner Wert, und zwar ungeachtet dessen, wie weit dieser Wert vom tatsächlichen gemeinen Wert abweicht. Vorausgesetzt ist, dass eine Rechnung vorliegt, aus der sich zweifelsfrei ersehen lässt, dass der Lieferer ein befugter Fahrzeughändler ist. Den Käufer trifft in diesem Zusammenhang eine erhöhte Mitwirkungspflicht. Weiters dürfen keine Indizien vorliegen, die auf eine „Gefälligkeitsrechnung" schließen lassen, die mit dem tatsächlich entrichteten Entgelt nicht übereinstimmt (auffällige Abweichung von den inländischen Listenpreisen).

Im Falle der Differenzbesteuerung kann die ausländische Umsatzsteuerkomponente ausgeschieden werden.

Beispiel:

Eine inländische Privatperson kauft im Juni 2020 in Deutschland einen Gebrauchtwagen bei einem befugten Fahrzeughändler um 30.940 Euro (in der Rechnung wird auf die Anwendung der Differenzbesteuerung hingewiesen).

Grundsätzlich ist der ausländische Kaufpreis (ohne Umsatzsteuerkomponente; 30.940 Euro minus dUSt von 19% iHv. 4.940 Euro = 26.000 Euro) als gemeiner Wert und damit als Bemessungsgrundlage für die Normverbrauchsabgabe heranzuziehen. Unabhängig davon, ob sich auf Basis der inländischen Fahrzeugbewertungslisten-Mittelwerte ein gemeiner Wert von beispielsweise 26.500 Euro ableitet, ist der tatsächliche Kaufpreis Grundlage für die Bemessung der Normverbrauchsabgabe. In diesem Fall gelangt somit der Wert von 26.000 Euro für die Bemessung der Normverbrauchsabgabe zum Ansatz.

813 In Fällen, in denen ein Kraftfahrzeug vom konzernangehörigen Vermieter mit Sitz im übrigen Unionsgebiet bei einem befugten Fahrzeughändler, welcher sich ebenfalls im übrigen Unionsgebiet befindet, erworben wird und im Weiteren (gleich anschließend) einer anderen Person im Inland (jedoch auch konzernangehörig) überlassen wird, ist im Sinne der EuGH-Rechtsprechung (EuGH 5.10.1994, Rs C-381/93, *Kommission/Frankreich*, Rz 17) der Anschaffungspreis als Obergrenze des gemeinen Wertes heranzuziehen.

Beispiel:

Die A-GmbH ist eine Gesellschaft mit beschränkter Haftung mit Sitz in Deutschland und einer Betriebsstätte in Österreich. Sie ist Teil eines Konzerns, zu dem auch die X-GmbH gehört, die ebenfalls den Sitz der Gesellschaft in Deutschland hat.

Die X-GmbH erwirbt von einem Hersteller in Deutschland Kraftfahrzeuge für den gesamten Konzern und bekommt deshalb einen Rabatt von 45%.

Zum Teil werden diese Kraftfahrzeuge (Pkw) auch der A-GmbH als Mietfahrzeuge in Österreich zur Verfügung gestellt. Über die Nutzungsüberlassung von Dienstfahrzeugen innerhalb des Konzerns schließen die X-GmbH und die A-GmbH einen Rahmenmietvertrag für Österreich ab.

Die A-GmbH lässt die Kraftfahrzeuge für sich in Österreich zum Verkehr zu.

In dieser besonderen Sachverhaltskonstellation ist auf Grund der EuGH-Rechtsprechung der rabattierte Anschaffungspreis als obere Grenze des gemeinen Wertes heranzuziehen.

Bei einem befugten Fahrzeughändler handelt es sich um eine Person, die regelmäßig mit Kraftfahrzeugen handelt und dazu nach der für ihn geltenden Rechtslage auch berechtigt ist. Ein befugter Fahrzeughändler kann den Kraftfahrzeughandel nicht nur als Hauptgewerbe, sondern auch als Nebengewerbe betreiben. Werden allerdings nur gelegentliche und ausnahmsweise Veräußerungen von Kraftfahrzeugen getätigt, handelt es sich nicht um einen befugten Fahrzeughändler. **814**

B.5.3.3. Fahrzeugimport aus dem Drittland

Wird ein Kraftfahrzeug durch einen Nichtunternehmer im Drittland käuflich erworben, kann grundsätzlich der Kaufpreis als gemeiner Wert herangezogen werden. Die Heranziehung dieser Größe ist gerechtfertigt, da anzunehmen ist, dass bei der Kaufpreisfindung die wertvermindernden als auch werterhöhenden Komponenten berücksichtigt wurden, der bezahlte Kaufpreis somit grundsätzlich jenem Wert entspricht, welcher „nach der Beschaffenheit des Wirtschaftsgutes" bei einer Veräußerung zu erzielen wäre (§ 10 BewG 1955). **815**

Der Vergleich mit den inländischen Fahrzeugbewertungslisten-Notierungen (z.B. Eurotax- oder Autopreisspiegel-Mittelwert) ist auf Nettobasis vorzunehmen, da (auch) bei einer inländischen Lieferung das (Netto-)Entgelt im Sinne des UStG 1994 Normverbrauchsabgabe-Bemessungsgrundlage ist. Soweit im Kaufpreis eine ausländische Umsatzsteuerkomponente enthalten ist, ist diese auszuscheiden. Dies wird dann der Fall sein, wenn das Kraftfahrzeug von einer Privatperson erworben wurde.

Ist der Kaufpreis geringer als der inländische Fahrzeugbewertungslisten-Mittelwert (ohne Umsatzsteuer- und Normverbrauchsabgabekomponente), ist der Fahrzeugbewertungs-Mittelwert grundsätzlich für die Bemessung der Normverbrauchsabgabe heranzuziehen.

Beispiel:

Eine Privatperson erwirbt einen Pkw von einem Fahrzeughändler in der Schweiz um einen Kaufpreis von 24.000 Euro.

Der inländische Fahrzeugbewertungslisten-Mittelwert (ohne Umsatzsteuer- und Normverbrauchsabgabekomponente) unter Berücksichtigung aller Faktoren (Zustand des Pkw, Farbe, Kilometerleistung, ...) beträgt 29.000 Euro.

Da der Kaufpreis unter dem inländischen Fahrzeugbewertungslisten-Mittelwert liegt, ist dieser Wert (29.000 Euro) als Bemessungsgrundlage für die Normverbrauchsabgabe heranzuziehen.

Das Vereinigte Königreich hat mit Ablauf des 31. Jänner 2020 (Übergangsperiode bis 31. Dezember 2020) die Europäische Union verlassen, womit es nunmehr als Drittland anzusehen ist. Alle Kraftfahrzeuge, die aus diesem Gebiet importiert werden (unabhängig vom Erstzulassungsdatum), sind daher der Rechtslage im Zeitpunkt der Tatbestandsverwirklichung zu unterwerfen. **816**

B.5.3.4. Nutzungsänderung

In Fällen der Änderung der begünstigten Nutzung bei bisher von der Normverbrauchsabgabe befreiten Kraftfahrzeugen (z.B. Umwidmung eines Vorführkraftfahrzeuges in das Anlagevermögen, keine begünstigte Nutzung als Taxi usw.) ist der Fahrzeugbewertungslisten-Mittelwert (ohne Umsatzsteuer- und Normverbrauchsabgabekomponente) zur Ermittlung des gemeinen Wertes heranzuziehen. **817**

B.5.4. Besondere Fälle

B.5.4.1. Kraftfahrzeuge der Klasse N1

Wird ein unvollständiges Kraftfahrzeug (Fahrgestell) der Klasse N1 an einen Endkunden geliefert, handelt es sich zwar um ein Kraftfahrzeug im Sinne des Kraftfahrrechtes, allerdings ist es nicht zulassungsfähig. Deshalb wird mit der Lieferung zwar ein normverbrauchsabgabepflichtiger Tatbestand verwirklicht, das Kraftfahrzeug kann in der Regel aber nicht zugelassen werden (siehe Rz 524 ff). **818**

Es ist davon auszugehen, dass ein unvollständiges Kraftfahrzeug (Fahrgestell) der Klasse N1 mit der Absicht erworben wird, durch einen Aufbau den Zustand der Zulassungs- und

Gebrauchsfähigkeit zu erreichen. Deshalb ist der Bemessungsgrundlage (geleistetes Entgelt ohne Umsatzsteuerkomponente des unvollständigen Kraftfahrzeuges (siehe Rz 801 ff)), jener Nettobetrag hinzuzurechnen, der dem Endkunden in Rechnung gestellt werden würde, um einen zulassungsfähigen Zustand herzustellen.

Ist der konkrete Nettobetrag nicht ermittelbar, kann zur Bestimmung dieses Wertes beispielsweise der Wert eines vergleichbaren Kraftfahrzeuges, welches ab Werk mit einem Aufbau (z.B. Pritsche) vervollständigt wurde, herangezogen werden. Vergleichbarkeit liegt im Zusammenhang mit dem unvollständigen Kraftfahrzeug (Fahrgestell) der Klasse N1 beispielsweise bei selber Motorisierung, Ausstattung und Zubehör vor.

Alternativ kann die Erhöhung des Wertes (Bemessungsgrundlage) des unvollständigen Kraftfahrzeuges (Fahrgestell) auch pauschal mit 5% des Wertes des unvollständigen Kraftfahrzeuges (Fahrgestell) erfolgen, da dies den durchschnittlichen zu erwartenden Mehrkosten des Kraftfahrzeuges im zulassungsfähigen Zustand entspricht.

Diese Methoden sind als gleichwertig zu betrachten.

Zur Berechnung des Tarifs bei unvollständigen Kraftfahrzeugen der Klasse N1 siehe Rz 908 f.

819 Bei der Lieferung eines vervollständigten Kraftfahrzeuges der Klasse N1 (siehe Rz 524) ist als Bemessungsgrundlage das geleistete Entgelt (siehe Rz 801) des endgültigen, zulassungsfähigen Kraftfahrzeuges ohne Umsatzsteuerkomponente heranzuziehen. Es sind alle mit dem Erwerb zusammenhängenden Lieferungen und Leistungen (Fahrgestell, Aufbau) miteinzubeziehen. Jener Teil des Aufbaus des Kraftfahrzeuges, der keinen Zusammenhang mit der Funktion des Kraftfahrzeuges hat und keine Serienausstattung darstellt, kann von der Bemessungsgrundlage abgezogen werden (siehe Rz 821). Voraussetzung dafür ist, dass es getrennt in Rechnung gestellt wird und im Zeitpunkt des normverbrauchsabgabepflichtigen Vorgangs die Rechnungen vorgelegt werden. Der Aussteller der Rechnung muss ein Unternehmer im Sinne des UStG 1994, jedoch kein befugter Fahrzeughändler sein.

Um eine Gleichbehandlung sicherzustellen, Verwaltungslasten zu vermeiden und ungewollte Umgehungskonstruktionen zu verhindern, kann eine vereinfachte Ermittlung der Bemessungsgrundlage angewendet werden. Zur Berücksichtigung jenes Anteils des Aufbaus, der der Normverbrauchsabgabe unterliegt, kann dem Nettokaufpreis des unvollständigen Kraftfahrzeuges (Fahrgestell) ein Aufschlag von 5% hinzugerechnet werden. Damit wird der normverbrauchsabgabepflichtige Wert des Aufbaus pauschal berücksichtigt. In diesem Fall sind jedoch keine weiteren Abzüge dahingehend vorzunehmen. Voraussetzung ist, dass die Bemessungsgrundlage des unvollständigen Kraftfahrzeuges (Fahrgestell) nachgewiesen werden kann.

Daneben besteht die Möglichkeit, zur Ermittlung der Bemessungsgrundlage beispielsweise den Wert eines vergleichbaren Kraftfahrzeuges, welches ab Werk mit einem Aufbau (z.B. Pritsche) vervollständigt wurde, heranzuziehen. Vergleichbarkeit liegt im Zusammenhang mit dem vervollständigten Kraftfahrzeug der Klasse N1 beispielsweise bei selber Motorisierung, Ausstattung und Zubehör vor.

Diese Methoden sind als gleichwertig zu betrachten.

Zur Berechnung des Tarifs bei vervollständigten Kraftfahrzeugen der Klasse N1 siehe Rz 910.

820 Zur Sicherstellung eines einheitlichen Vollzuges der Normverbrauchsabgabe haben Fahrzeughändler bei Lieferung eines unvollständigen oder vervollständigten Kraftfahrzeuges der Klasse N1 für jedes verkaufte Kraftfahrzeug die FIN, die selbstberechnete und entrichtete Normverbrauchsabgabe, den NoVA-Steuersatz und die Bemessungsgrundlage anzugeben. Die Daten sind im Rahmen der monatlichen Steuererklärung an das Finanzamt zu übermitteln.

821 Es sind nur jene Aufbauten, Ausstattung und Zubehör, eines vollständigen oder vervollständigten Kraftfahrzeuges Teil der Bemessungsgrundlage der Normverbrauchsabgabe, die mit der Funktion als Kraftfahrzeug im Zusammenhang stehen.

Nachfolgende Aufbauten, Ausstattung und Zubehör stehen jedenfalls mit der Funktion des Kraftfahrzeuges im Zusammenhang und sind Teil der Bemessungsgrundlage der Normverbrauchsabgabe. Es handelt sich dabei jedoch nicht um eine abschließende (taxative) Liste:

- Airbag
- Alarmanlage
- Alufelgen
- Anhängevorrichtung
- Antiblockiersystem (ABS)
- ASR (sonstige Fahrhilfen)

- Aufpreis für alle anderen Motor- oder Chassisvarianten
- Automatikgetriebe
- Außenspiegel elektrisch und beheizbar
- Basisfahrzeug (Fahrgestell) mit der kompletten Basisausstattung
- Dachreling
- Dekor-Applikation für Armaturenbrett
- Dieselzusatzheizung für Fahrerhaus
- elektrische Fensterheber
- Einfache Pritsche
- ESP
- Fahrerhaus-Klimaanlage
- Fahrwerkskomponenten (Komfortfederbein, Luftfederungen)
- Fahrgestellabdeckung
- Frontscheibenheizung
- größerer Treibstofftank
- höhenverstellbarer Beifahrersitz
- Kofferaufbau
- Kastenaufbau
- Kurvenlicht
- Lackierungen und zusätzliche äußere Designelemente
- Lenkrad
- Multimedia-System mit Rückfahrkamera
- Pilotensitze
- Radzierblenden
- Reserverad
- Rundumverkleidung
- Schmutzfänger vorne und hinten
- Tagfahrlicht
- Tempomat
- Überrollbügel
- verstärkte Lichtmaschine
- Xenon- oder LED-Scheinwerfer
- Zentralverriegelung

Aufbauten, Ausstattung und Zubehör, welche in keinerlei Zusammenhang mit der Funktion als Kraftfahrzeug stehen und entsprechend nicht Teil der Bemessungsgrundlage der Normverbrauchsabgabe sind, sind unter anderem: **822**

- Abschleppaufnahmen (z.B. Hub-Brillen)
- Aufbau-Kühlsysteme und mit der Kühlung im Zusammenhang stehende Vorrichtungen bei Kühlkofferaufbauten
- Dachkoffer
- Elektrische Einstiegstufe
- Heckleiter
- Hubsteiger und Arbeitsbühnen sowie damit in Zusammenhang stehende Vorrichtungen
- Innenausbau von Kastenwägen oder Kofferaufbauten (Kühlung, Werkstatt, Regalsysteme)
- Kofferklappe
- Kranaufbauten sowie damit in Zusammenhang stehende Vorrichtungen
- Ladebordwände (hydraulisch)
- Leiterträger
- Mit der Kippfunktion im Zusammenhang stehende Vorrichtungen bei Kipper-Aufbauten
- Plexiglastrennwand auf Trenngitter
- Plangestell auf einer Pritsche

- Pumpen und Hakengeräte sowie damit in Zusammenhang stehende Vorrichtungen
- Reinigungs- und Räumgeräte sowie Winterdienstausrüstung (z.B. Schneepflug, Streuer, Winterdiensthydraulik)
- Scheibe in Trennwand
- Schutzgitter für Fenster im Laderaum
- Schwerlastträgeraufbauten
- Sicherheitsschlösser
- Stabilisierungsstützen (zum Stabilisieren des abgestellten Kraftfahrzeuges)
- Sonstige Arbeitsmaschinen
- Trennwand / Trenngitter
- Verkleidung für Laderaum
- Werkzeugbox, Transportboxen, Unterflurboxen
- Zusatzfenster

Aufbauten, Ausstattung und Zubehör, welche nicht Teil der Bemessungsgrundlage für die Normverbrauchsabgabe sind, können auch nicht Teil der Bemessungsgrundlage einer Vergütung sein.

B.5.4.2. Wohnmobile / Reisemobile

823 Bei Wohnmobilen und somit Kraftfahrzeugen mit einer zum Wohnen geeigneten Inneneinrichtung (siehe Rz 520 sowie Rz 566 ff) stellen die Antriebsmaschine und der Aufbau als Gesamtkraftfahrzeug eine wirtschaftliche Einheit dar. Solche Kraftfahrzeuge sind daher in ihrer Gesamtheit als Wohnmobil der Normverbrauchsabgabe zu unterziehen.

824 Es werden am Markt unterschiedliche Reisemobiltypen angeboten:

- Campingbusse (Kastenwagen), auch mit Hubdach oder Schlafdach, deren äußeres Erscheinungsbild dem normalen Kombifahrzeug entspricht, die einem normalen Genehmigungsverfahren analog zum Kombifahrzeug unterliegen
- Alkovenmodelle (Sandwichaufbau mit Bett über dem Fahrerhaus), teilintegrierte Kraftfahrzeuge (Sandwichaufbau mit flach gehaltener Fronteinheit) und vollintegrierte Kraftfahrzeuge (Windlaufmodell mit Vollaufbau), die einem mehrstufigen Genehmigungsverfahren unterliegen

825 Ausstattung und Zubehör eines Reisemobiles ist Teil der Bemessungsgrundlage der Normverbrauchsabgabe, wenn es im Zusammenhang mit der Funktion als Kraftfahrzeug steht.

Das ist jedenfalls das Basismodell mit der kompletten Basisausstattung bzw. kompletten Basiseinrichtung und Aufpreis für alle anderen Motor- oder Chassisvarianten, Automatikgetriebe, Airbag, Antiblockiersystem (ABS), Außenspiegel elektrisch und beheizbar, elektrische Fensterheber, Zentralverriegelung, Dachreling, Multimedia-System mit Rückfahrkamera, Fahrradträger, Motorradhalterung, Alufelgen, Radzierblenden, ESP, ASR (sonstige Fahrhilfen), größerer Treibstofftank, Fahrerhaus-Klimaanlage, Lenkrad, Dekor-Applikation für Armaturenbrett, Tagfahrlicht, Tempomat, Anhängevorrichtung, Fahrwerkskomponenten (Komfortfederbein, Luftfederungen), Xenon-Scheinwerfer, Kurvenlicht, Lackierungen und zusätzliche äußere Designelemente, Frontscheibenheizung, verstärkte Lichtmaschine, Alarmanlage, Pilotensitze, höhenverstellbarer Beifahrersitz, Zusatzsitz mit Sicherheitsgurt, Reserverad, Dieselzusatzheizung für Fahrerhaus, Schmutzfänger vorne und hinten.

826 Ausstattung und Zubehör eines Reisemobiles, das keinerlei Zusammenhang mit der Funktion als Kraftfahrzeug hat, kann von der Bemessungsgrundlage der Normverbrauchsabgabe ausgenommen werden, wenn es getrennt in Rechnung gestellt wird und nicht zur Basisausstattung gehört. Beim Aussteller einer Rechnung muss es sich um einen Unternehmer handeln. Dieser muss jedoch kein befugter Fahrzeughändler sein.

Dies ist zum Beispiel: Elektrische Einstiegstufe, Heckleiter, Dachkoffer, Kofferklappe, Zusatzfenster, Dachhaube, Wohnraum-Klimaanlage, Sonnenmarkise, Sat-Anlage mit TV, Solaranlage mit einer weiteren Wohnraumbatterie, Sicherheitsschlösser, Stabilisierungsstützen (zum Stabilisieren des abgestellten Kraftfahrzeuges), Außendusche, Safe, SOG-Entlüftung (WC-Absaugung), Isolierung des Abwassertankes, Gassteckdose (Außenanschluss für Grill), Zusatzsteckdosen, Gasflaschenumschaltautomatik, Isoliermatten und Isoliervorhänge, Insektenschutz im Wohnbereich, Aufpreis für verbesserte Komfortausstattung im Wohnbereich (Duschausbauten, textile Mehrausstattung, Lederausstattung, größerer Kühlschrank, stärkere Heizung, Zusatzdachlüfter, Zusatzbeleuchtung, Zusatzbett, Zusatzheizung, Zusatzkofferklappen, Zusatzsteckdosen, Zusatzverkabelungen), Backofen, Mikrowelle, Rollladen und Rollos, Staubsaugeranlage, Stromgenerator und Solaranlage.

Die Bemessungsgrundlage des Kraftfahrzeuges kann in keinem Fall niedriger sein als das jeweils zugrundeliegende Basismodell mit der unter Rz 825 angeführten Ausstattung. **827**

Sonderausstattung, welche nicht Teil der Bemessungsgrundlage für die Normverbrauchsabgabe ist, kann auch nicht Teil der Bemessungsgrundlage einer Vergütung sein. **828**

B.5.4.3. Tageszulassungen

(Rechtslage ab 1. Juli 2021) **829**

Tageszulassungen unterliegen grundsätzlich der Steuerbefreiung gemäß § 3 Abs. 1 Z 2 NoVAG 1991, wenn die Kraftfahrzeuge auf den Fahrzeughändler zugelassen und nicht auf öffentlichen Straßen verwendet werden und wenn die Zulassung nicht länger als drei Monate dauert. Wird diese Frist überschritten, entsteht die Steuerpflicht gemäß § 1 Z 3 NoVAG 1991 beim Fahrzeughändler (siehe Rz 432 ff sowie Rz 665 ff). Bemessungsgrundlage ist in diesem Fall der gemeine Wert ohne Umsatzsteuer- und Normverbrauchsabgabekomponente (siehe Rz 806 ff). Wird das Kraftfahrzeug kurze Zeit später fremdüblich im Inland verkauft, kann die Bemessungsgrundlage aus dem Verkaufspreis abgeleitet werden.

(Rechtslage bis 30. Juni 2021) **830**

Auch wenn Kraftfahrzeuge nur kurzfristig zugelassen werden (Tageszulassung, siehe Rz 435 ff), wird der Normverbrauchsabgabe-Tatbestand ausgelöst (§ 1 Z 3 NoVAG 1991). Bemessungsgrundlage für die Normverbrauchsabgabe bildet der gemeine Wert im Zeitpunkt der erstmaligen Zulassung (siehe Rz 806 ff). Wird jedoch das Kraftfahrzeug vom Fahrzeughändler nachweisbar nicht benutzt und kurze Zeit später fremdüblich im Inland verkauft, kann die Bemessungsgrundlage aus dem Verkaufspreis abgeleitet werden. Nichtsdestotrotz hat der Fahrzeughändler als Abgabenschuldner auch in diesen Fällen spätestens einen Monat nach der Zulassung (Fälligkeitstag) eine Anmeldung einzureichen, in der er den zu entrichtenden Betrag selbst zu berechnen hat.

B.5.4.4. Eigenverbrauch

In Fällen der Zulassung eines Neufahrzeuges als Anlagevermögen eines Fahrzeughändlers bestimmt sich der gemeine Wert am inländischen Händler(verkaufs-)preis (ohne Umsatzsteuer- und Normverbrauchsabgabekomponente) unter Berücksichtigung eines handelsüblichen Nachlasses. **831**

B.5.4.5. Kraftfahrzeuge aus Eigenmontage

Bei selbst montierten Kraftfahrzeugen (Wohnmobile, Bausatzfahrzeuge) ist vorrangig der Händlerlistenpreis eines fertig gekauften derartigen Kraftfahrzeuges als Bemessungsgrundlage heranzuziehen. Sollte ein solcher nicht bestehen, ist der Wertermittlung die Summe der Werte der Bestandteile zuzüglich eines branchenüblichen (Werkstatt-)Zuschlags für den Zusammenbau zugrunde zu legen. Aus diesen Beträgen ist eine allfällige Umsatzsteuerkomponente herauszurechnen. **832**

B.5.5. Zustandsänderung

Wird der Zustand des Kraftfahrzeuges vor der Lieferung oder Zulassung verändert (z.B. Reparatur eines beschädigt importierten Kraftfahrzeuges), so ist der gemeine Wert unter Beachtung des geänderten Zustands zu ermitteln. Maßgebend ist also der Zustand im Zeitpunkt der Verwirklichung des steuerpflichtigen Vorgangs. Demgegenüber hat eine Änderung nach Vollziehung des Normverbrauchsabgabe-Tatbestandes keine Auswirkung auf die Bemessungsgrundlage der Normverbrauchsabgabe. **833**

Beispiel:

Die freiwillige Feuerwehr einer Gemeinde kauft bei einem inländischen Fahrzeughändler (A) ein Mannschaftsfahrzeug. Das Kraftfahrzeug wird jedoch nicht direkt an den Käufer ausgeliefert, sondern im Auftrag der Feuerwehr an einen weiteren Unternehmer (B) überstellt, welcher das Kraftfahrzeug entsprechend der allgemeinen Baurichtlinie für Einsatzfahrzeuge umgestaltet.

Der inländische Fahrzeughändler löst mit der Lieferung den Normverbrauchsabgabe-Tatbestand nach § 1 Z 1 NoVAG 1991 aus. Das Entgelt für die Fahrzeuglieferung ist der Normverbrauchsabgabe und der Umsatzsteuer zu unterziehen. Demgegenüber ist der Unternehmer B mit seiner Leistung (Werklieferung) umsatzsteuerpflichtig, löst damit aber keinen weiteren (zweiten) normverbrauchsabgabepflichtigen Vorgang aus.

Randzahlen 834 bis 899: *derzeit frei*

B.6. Tarif (§ 6 NoVAG 1991)

B.6.1. Rechtslage ab 1. Juli 2021

B.6.1.1. Kraftfahrzeuge gemäß § 2 Abs. 1 Z 1 und Z 2 (§ 6 Abs. 1 NoVAG 1991)

900 Für Krafträder sowie für leichte und schwere vierrädrige Kraftfahrzeuge, mit einem Hubraum von mehr als 125 Kubikzentimetern (Klasse L3e bis L7e), errechnet sich der Steuersatz in Prozent nach der folgenden Formel:

$$\text{Steuersatz in \%} = \frac{CO_2\text{-Emissionswert in g/km} - 55\text{ g/km}}{4}$$

Die errechneten Prozentsätze sind kaufmännisch auf volle Prozentsätze zu runden (daher bis 0,49 abrunden, ab 0,50 aufrunden).

Der Höchststeuersatz beträgt 30%.

901 Übersteigt der CO_2-Ausstoß 150 g/km, erhöht sich die Steuer für den die Grenze von 150 g/km übersteigenden CO_2-Ausstoß um 20 Euro je g/km.

Beispiel:

Ein Motorrad hat einen CO_2-Emissionswert von 175 g/km und einen Netto-Kaufpreis iHv 2.000 Euro.

Der Steuersatz errechnet sich: (175 g/km – 55 g/km) / 4 = 30%

25 g/km übersteigen die maßgebenden 150 g/km. --> 25 g/km x 20 Euro = 500 Euro

Bemessungsgrundlage 2.000 Euro x 30%	*600 Euro*
CO_2-Austoß > 150 g/km: 25 g/km x 20 Euro	*500 Euro*
gesamter NoVA-Betrag	***1.100 Euro***

B.6.1.2. Kraftfahrzeuge gemäß § 2 Abs. 1 Z 3 (§ 6 Abs. 2 NoVAG 1991)

902 Für Personen- und Kombinationskraftwagen (Klasse M1) errechnet sich der Steuersatz in Prozent nach der folgenden Formel:

$$\text{Steuersatz in \%} = \frac{CO_2\text{-Emissionswert in g/km} - 112\text{ g/km}}{5}$$

Die errechneten Prozentsätze sind kaufmännisch auf volle Prozentsätze zu runden (daher bis 0,49 abrunden, ab 0,50 aufrunden).

Der Höchststeuersatz beträgt 50%.

903 Wird bei einem Kraftfahrzeug der CO_2-Ausstoß von 200 g/km überschritten, erhöht sich die Steuer für den die Grenze von 200 g/km übersteigenden CO_2-Ausstoß um 50 Euro je g/km.

Beispiel:

255 g/km – 200 g/km = 55 g/km x 50 Euro = 2.750 Euro (Malus)

904 Von der errechneten Steuer ist der Abzugsposten in Höhe von 350 Euro abzuziehen. Die Berechnung kann zu keiner Steuergutschrift führen.

Beispiel:

Die Bemessungsgrundlage für einen im Juli 2021 eigenimportierten Pkw aus einem Drittland beträgt 6.000 Euro, der CO_2-Ausstoß 130 g/km.

$$\textit{Berechnung Steuersatz:} \frac{130\text{ g/km} - 112\text{ g/km}}{5} = 3{,}6 = 4\ \%$$

6.000 Euro x 4% = 240 Euro – 350 Euro (Abzugsposten) = -110 („Gutschrift“)

Da der Abzugsposten aber zu keiner Gutschrift führen kann, beträgt die Normverbrauchsabgabe Null.

B.6.1.3. Kraftfahrzeuge gemäß § 2 Abs. 1 Z 4 (§ 6 Abs. 3 NoVAG 1991)

905 Für Kraftfahrzeuge zur Güterbeförderung mit einer zulässigen Gesamtmasse von nicht mehr als 3.500 kg (Klasse N1) errechnet sich der Steuersatz in Prozent nach der folgenden Formel:

$$\text{Steuersatz in \%} = \frac{CO_2\text{-Emissionswert in g/km} - 165\text{ g/km}}{5}$$

Die errechneten Prozentsätze sind kaufmännisch auf volle Prozentsätze zu runden (daher bis 0,49 abrunden, ab 0,50 aufrunden).

Der Höchststeuersatz beträgt 50%.

Wird bei einem Kraftfahrzeug der CO_2-Ausstoß von 253 g/km überschritten, erhöht sich die Steuer für den die Grenze von 253 g/km übersteigenden CO_2-Ausstoß um 50 Euro je g/km. **906**

Beispiel:

315 g/km – 253 g/km = 62 g/km x 50 Euro = 3.100 Euro (Malus)

Von der errechneten Steuer ist der Abzugsposten in Höhe von 350 Euro abzuziehen. Die Berechnung kann zu keiner Steuergutschrift führen. **907**

Wird ein unvollständiges Kraftfahrzeug (Fahrgestell) der Klasse N1 an einen Endkunden geliefert, handelt es sich zwar um ein Kraftfahrzeug im Sinne des Kraftfahrrechtes, allerdings ist es nicht zulassungsfähig. Deshalb wird mit der Lieferung zwar ein normverbrauchsabgabepflichtiger Tatbestand verwirklicht, das Kraftfahrzeug kann in der Regel aber nicht zugelassen werden (siehe Rz 524 ff). **908**

Es ist davon auszugehen, dass ein unvollständiges Kraftfahrzeug (Fahrgestell) der Klasse N1 mit der Absicht erworben wird, durch einen Aufbau den Zustand der Zulassungs- und Gebrauchsfähigkeit zu erreichen. Es ist daher für die Berechnung der Normverbrauchsabgabe der CO_2-Ausstoß des unvollständigen Kraftfahrzeuges (Fahrgestell) der Klasse N1 entsprechend dem zulassungsfähigen Zustand erhöht anzusetzen.

Ist der CO_2-Emissionswert des konkreten Kraftfahrzeuges im zulassungsfähigen Zustand nicht bekannt, kann zur Ermittlung dieses Wertes beispielsweise der Wert eines vergleichbaren Kraftfahrzeuges, welches ab Werk mit einem Aufbau (z.B. Pritsche) vervollständigt wurde, herangezogen werden. Vergleichbarkeit liegt im Zusammenhang mit dem unvollständigen Kraftfahrzeug (Fahrgestell) der Klasse N1 beispielsweise bei selber Motorisierung, Ausstattung und Zubehör vor.

Alternativ kann die Erhöhung des Wertes (CO_2-Ausstoß) des unvollständigen Kraftfahrzeuges (Fahrgestell) auch pauschal mit 5% des Wertes des unvollständigen Kraftfahrzeuges (Fahrgestell) erfolgen, da dies dem durchschnittlich zu erwartenden zusätzlichen CO_2-Ausstoß des Kraftfahrzeuges im zulassungsfähigen Zustand entspricht. Voraussetzung für diese Methode ist, dass der CO_2-Emissionswert des konkreten unvollständigen Kraftfahrzeuges (Fahrgestell) bekannt ist (siehe Rz 909).

Weiters kann für die Berechnung der Normverbrauchsabgabe als maßgeblicher CO_2-Emissionswert auch der Minimalwert des WLTP CO_2-Ausstoßes der Interpolationsfamilie eines Fahrzeugtyps, pauschal um 5% erhöht, herangezogen werden. Dieser entspricht dem durchschnittlich zu erwartenden CO_2-Emissionswert des Kraftfahrzeuges im zulassungsfähigen Zustand.

Diese Methoden sind als gleichwertig zu betrachten.

Zur Bemessungsgrundlage bei unvollständigen Kraftfahrzeugen der Klasse N1 siehe Rz 818.

Beispiel 1:

Lieferung eines Kraftfahrzeuges der Klasse N1 im unvollständigen Zustand durch H am 1. Dezember 2021 an den Endkunden K. Der Kaufpreis (netto) beträgt 30.000 Euro. Das Kraftfahrzeug hat in diesem Zustand einen CO_2-Ausstoß von 270 g/km. Bei diesem Fahrzeugtyp beträgt der Minimalwert des WLTP CO_2-Ausstoßes der Interpolationsfamilie 280 g/km. Anschließend wird das Kraftfahrzeug (Fahrgestell) im Auftrag des Endkunden K zum Aufbauunternehmer A verbracht, welcher eine einfache Pritsche aufbaut und somit den zulassungsfähigen Zustand herstellt. Diese Aufbauten (Pritsche, Fahrzeugbeleuchtung, usw.) kosten bei diesem Fahrzeugmodell (VW Crafter) 1.600 Euro (netto) und erhöhen den CO_2-Emissionswert um 5 g/km. Nach der Fertigstellung seines Werkes liefert der Aufbauunternehmer A das vervollständigte Kraftfahrzeug an den Endkunden K.

Bereits die Lieferung des Fahrgestelles stellt eine normverbrauchsabgabepflichtige Lieferung iSd § 1 Z 1 NoVAG 1991 dar. Der Bemessungsgrundlage des unvollständigen Kraftfahrzeuges (Fahrgestell) ist jener Nettobetrag hinzuzurechnen, der dem Endkunden in Rechnung gestellt werden würde, um einen zulassungsfähigen Zustand herzustellen. Außerdem ist der CO_2-Ausstoß entsprechend erhöht anzusetzen. Da alle Aufbauten in diesem Fall im Zusammenhang mit der Funktion des Kraftfahrzeuges stehen, beträgt die Bemessungsgrundlage in diesem Fall 31.600 Euro und der relevante CO_2-Emissionswert 275 g/km.

Alternativ könnten die relevanten Werte auch mit der pauschalen Erhöhung von jeweils 5% der Werte des unvollständigen Kraftfahrzeuges angenommen werden. Diese Methodik *würde zu einer Bemessungsgrundlage von 31.500 Euro und einem CO_2-Emissionswert von 284 g/km führen.*

Daneben besteht die Möglichkeit, den für die Berechnung der Normverbrauchsabgabe maßgeblichen CO_2-Emissionswert mit dem Minimalwert des WLTP CO_2-Ausstoßes der Interpolationsfamilie des Fahrzeugtyps, pauschal um 5% erhöht, anzunehmen. Dies würde zu einem maßgeblichen CO_2-Emissionswert von 294 g/km führen.

Der für die Berechnung der Normverbrauchsabgabe herangezogene CO_2-Emissionswert ist durch den Fahrzeughersteller H in der Genehmigungsdatenbank in das Feld Reserve 03 (NoVA CO_2) einzutragen (siehe Rz 911). Außerdem hat der Fahrzeughersteller H im Rahmen der monatlichen Steuererklärung die FIN, die selbstberechnete und entrichtete Normverbrauchsabgabe, den NoVA-Steuersatz und die Bemessungsgrundlage an das Finanzamt zu übermitteln (siehe Rz 820).

Beispiel 2:

Lieferung eines Kraftfahrzeuges der Klasse N1 im unvollständigen Zustand durch H am 1. Dezember 2021 an den Endkunden K. Der Kaufpreis (netto) beträgt 30.000 Euro. Das Kraftfahrzeug hat in diesem Zustand einen CO_2-Ausstoß von 280 g/km. Bei diesem Fahrzeugtyp beträgt der Minimalwert des WLTP CO_2-Ausstoßes der Interpolationsfamilie 280 g/km.

Anschließend wird das Kraftfahrzeug (Fahrgestell) im Auftrag des Endkunden K zum Aufbauunternehmer A verbracht, welcher einen Hubsteiger aufbaut und somit den zulassungsfähigen Zustand herstellt. Nach der Fertigstellung seines Werkes liefert der Aufbauunternehmer A das vervollständigte Kraftfahrzeug an den Endkunden K.

Die Kosten des Hubsteigers variieren, beispielsweise aufgrund nicht vorhersehbarer Montagezeiten und auch die CO_2-Emissionswerte des vervollständigten Kraftfahrzeuges (Fahrgestell plus Aufbau) können erst nach dem Aufbau festgestellt werden. Die notwendigen Aufbauten, um einen zulassungsfähigen Zustand herzustellen (Pritsche, Fahrzeugbeleuchtung, usw.), kosten allerdings bei einem vergleichbaren Kraftfahrzeug 1.600 Euro (netto) und erhöhen den CO_2-Emissionswert um 5 g/km, wodurch ein vergleichbares vervollständigtes Kraftfahrzeug einen Wert von 31.600 Euro (netto) und einen CO_2-Emissionswert von 285 g/km hat.

Bereits die Lieferung des Fahrgestelles stellt eine normverbrauchsabgabepflichtige Lieferung iSd § 1 Z 1 NoVAG 1991 dar. Der Bemessungsgrundlage des unvollständigen Kraftfahrzeuges (Fahrgestell) ist jener Nettobetrag hinzuzurechnen, der dem Endkunden in Rechnung gestellt werden würde, um einen zulassungsfähigen Zustand herzustellen. Außerdem ist der CO_2-Ausstoß entsprechend erhöht anzusetzen. Da die konkreten Kosten des Teils des Aufbaus, der notwendig ist, um einen zulassungsfähigen Zustand herzustellen, sowie die darauf entfallenden zusätzlichen CO_2-Emissionen im Zeitpunkt der Lieferung des unvollständigen Kraftfahrzeuges (Fahrgestell) noch nicht bekannt sind, können zur Ermittlung dieser Werte die Werte eines vergleichbaren Kraftfahrzeuges, welches ab Werk mit einem Aufbau (z.B. Pritsche) vervollständigt wurde, herangezogen werden. Ein solches Kraftfahrzeug hat einen Wert von 31.600 Euro und einen relevanten CO_2-Emissionswert von 285 g/km.

Da die Werte für das konkrete unvollständige Kraftfahrzeug (Fahrgestell) bekannt sind, können die Erhöhungen alternativ auch pauschal mit jeweils 5% der Werte des unvollständigen Kraftfahrzeuges (Fahrgestell) erfolgen. Die Bemessungsgrundlage würde daher in diesem Fall 31.500 Euro betragen und der relevante CO_2-Emissionswert wäre mit 294 g/km anzusetzen.

Daneben besteht die Möglichkeit, den für die Berechnung der Normverbrauchsabgabe maßgeblichen CO_2-Emissionswert mit dem Minimalwert des WLTP CO_2-Ausstoßes der Interpolationsfamilie des Fahrzeugtyps, pauschal um 5% erhöht, anzunehmen. Dies würde zu einem maßgeblichen CO_2-Emissionswert von 294 g/km führen.

Der für die Berechnung der Normverbrauchsabgabe herangezogene CO_2-Emissionswert ist durch den Fahrzeughersteller H in der Genehmigungsdatenbank in das Feld Reserve 03 (NoVA CO_2) einzutragen (siehe Rz 911). Außerdem hat der Fahrzeughersteller H im Rahmen der monatlichen Steuererklärung die FIN, die selbstberechnete und entrichtete Normverbrauchsabgabe, den NoVA-Steuersatz und die Bemessungsgrundlage an das Finanzamt zu übermitteln (siehe Rz 820).

Beispiel 3:

Lieferung eines Kraftfahrzeuges der Klasse N1 im unvollständigen Zustand durch H am 1. Dezember 2021 an den Endkunden K. Der Kaufpreis (netto) beträgt 30.000 Euro. Das Kraftfahrzeug hat in diesem Zustand einen CO_2-Ausstoß von 400 g/km, da der Hersteller den durch den Aufbau höchstmöglich erreichbaren CO_2-Emissionswert ausweist. Bei *diesem Fahrzeugtyp beträgt der Minimalwert des WLTP CO_2-Ausstoßes der Interpolationsfamilie 280 g/km.*

Anschließend wird das Kraftfahrzeug (Fahrgestell) im Auftrag des Endkunden K zum Aufbauunternehmer A verbracht, welcher eine einfache Pritsche aufbaut und somit den zulassungsfähigen Zustand herstellt. Nach Fertigstellung seines Werkes liefert der Aufbauunternehmer A das vervollständigte Kraftfahrzeug an den Endkunden K.

Die konkreten Kosten des Aufbaus variieren, beispielsweise aufgrund nicht vorhersehbarer Montagezeiten und auch die CO_2-Emissionswerte des vervollständigten Kraftfahrzeuges (Fahrgestell plus Aufbau) können erst nach dem Aufbau festgestellt werden. Die notwendigen Aufbauten, um einen zulassungsfähigen Zustand herzustellen (Pritsche, Fahrzeugbeleuchtung, usw.), kosten allerdings bei einem vergleichbaren Kraftfahrzeug 2.000 Euro (netto), wodurch ein vergleichbares vervollständigtes Kraftfahrzeug einen Wert von 32.000 Euro (netto) hat. Der CO_2-Emissionswert eines solchen vervollständigten Kraftfahrzeuges beträgt 295 g/km.

Bereits die Lieferung des Fahrgestelles stellt eine normverbrauchsabgabepflichtige Lieferung iSd § 1 Z 1 NoVAG 1991 dar. Der Bemessungsgrundlage des unvollständigen Kraftfahrzeuges (Fahrgestell) ist jener Nettobetrag hinzuzurechnen, der dem Endkunden in Rechnung gestellt werden würde, um einen zulassungsfähigen Zustand herzustellen. Außerdem ist der CO_2-Ausstoß entsprechend erhöht anzusetzen. Da die konkreten Kosten des Teils des Aufbaus, der notwendig ist um einen zulassungsfähigen Zustand herzustellen, sowie die darauf entfallenden zusätzlichen CO_2-Emissionen im Zeitpunkt der Lieferung des unvollständigen Kraftfahrzeuges (Fahrgestell) noch nicht bekannt sind, können zur Ermittlung dieser Werte die Werte eines vergleichbaren Kraftfahrzeuges, welches ab Werk mit einem Aufbau (z.B. Pritsche) vervollständigt wurde, herangezogen werden. Ein solches Kraftfahrzeug hat einen Wert von 32.000 Euro und einen relevanten CO_2-Emissionswert von 295 g/km.

Hinsichtlich der Möglichkeit der ersatzweisen Ermittlung des maßgeblichen CO_2-Emissionswertes mit dem Zweifachen der Nennleistung des Verbrennungsmotors in Kilowatt gilt folgendes: Wurde der CO_2-Emissionswert für das unvollständige Kraftfahrzeug (Fahrgestell) nach den Vorgaben des WLTP-Messzyklus gemessen und in der Genehmigungsdatenbank erfasst, ist dieser Wert grundsätzlich anzuwenden, unabhängig davon, ob es sich um den tatsächlichen CO_2-Ausstoß des konkreten Kraftfahrzeuges handelt oder es sich um einen fiktiven maximal erreichbaren Wert handelt (siehe Rz 909). In diesem Fall können die Erhöhungen alternativ auch pauschal mit jeweils 5% der Werte des unvollständigen Kraftfahrzeuges (Fahrgestell) erfolgen. Die Bemessungsgrundlage würde daher in diesem Fall 31.500 Euro betragen und der relevante CO_2-Emissionswert wäre mit 420 g/km anzusetzen.

Daneben besteht die Möglichkeit, den für die Berechnung der Normverbrauchsabgabe maßgeblichen CO_2-Emissionswert mit dem Minimalwert des WLTP CO_2-Ausstoßes der Interpolationsfamilie des Fahrzeugtyps, pauschal um 5% erhöht, anzunehmen. Dies würde zu einem maßgeblichen CO_2-Emissionswert von 294 g/km führen.

Der für die Berechnung der Normverbrauchsabgabe herangezogene CO_2-Emissionswert ist durch den Fahrzeughersteller H in der Genehmigungsdatenbank in das Feld Reserve 03 (NoVA CO_2) einzutragen (siehe Rz 911). Außerdem hat der Fahrzeughersteller H im Rahmen der monatlichen Steuererklärung die FIN, die selbstberechnete und entrichtete Normverbrauchsabgabe, den NoVA-Steuersatz und die Bemessungsgrundlage an das Finanzamt zu übermitteln (siehe Rz 820).

Grundsätzlich besteht die Möglichkeit zur Ermittlung des für die Berechnung der Normverbrauchsabgabe maßgeblichen Wertes über die Erhöhung des CO_2-Ausstoßes des unvollständigen Kraftfahrzeuges um 5%, nur dann, wenn der Wert für das konkrete unvollständige Kraftfahrzeug bekannt ist. Ist daher kein CO_2-Wert für das unvollständige Kraftfahrzeug im COC-Papier eingetragen, besteht diese Möglichkeit grundsätzlich nicht. **909**

Eine Ermittlung des CO_2-Wertes auf Grundlage des § 6 Abs. 6 NoVAG 1991 scheidet für Kraftfahrzeuge, die im sogenannten Light-Duty-Verfahren (Euro 6) homologiert werden aus (siehe Rz 920 f), da der CO_2-Wert des unvollständigen Kraftfahrzeuges der Klasse N1 für eine Heranziehung der Pauschalierungsmethode bekannt sein muss.

Für im Light-Duty-Verfahren (Euro 6) homologierte Kraftfahrzeuge besteht daher jedenfalls die Möglichkeit zur Ermittlung des für die Berechnung der Normverbrauchsabgabe maßgeblichen Wertes über die Erhöhung des CO_2-Ausstoßes des unvollständigen Kraftfahrzeuges um 5%.

Daneben kann zur Ermittlung dieses Wertes der Wert eines vergleichbaren Kraftfahrzeuges, welches ab Werk mit einem Aufbau (z.B. Pritsche) vervollständigt wurde, herangezogen werden. Vergleichbarkeit liegt im Zusammenhang mit dem unvollständigen Kraftfahrzeug beispielsweise bei selber Motorisierung, Ausstattung und Zubehör vor.

Alternativ kann als maßgeblicher CO_2-Emissionswert der Minimalwert des WLTP CO_2-Ausstoßes der Interpolationsfamilie eines Fahrzeugtyps, pauschal um 5% erhöht, herangezogen werden.

Für Kraftfahrzeuge, die hingegen im Heavy-Duty-Verfahren (Euro VI) homologiert werden, liegt in der Regel kein CO_2-Wert nach dem WLTP Messverfahren vor, weshalb für diese Kraftfahrzeuge die Ersatzberechnung nach der Motorleistung zur Anwendung kommt (siehe Rz 920).

910 Bei vervollständigten Kraftfahrzeugen der Klasse N1 (siehe Rz 524) kann der CO_2-Ausstoß hinsichtlich jenes Teil des Aufbaus der Kraftfahrzeuge, der keinen Zusammenhang mit der Funktion der Kraftfahrzeuge hat und keine Serienausstattung darstellt, verringert werden, wobei dies ausschließlich durch den Hersteller oder dessen Bevollmächtigten erfolgen kann und durch diesen belegt werden muss.

Um eine Gleichbehandlung sicherzustellen, Verwaltungslasten zu vermeiden und ungewollte Umgehungskonstruktionen zu verhindern, kann eine vereinfachte Ermittlung des für die Berechnung der Normverbrauchsabgabe maßgeblichen CO_2-Ausstoßes angewendet werden.

Zur Berücksichtigung jenes Anteils des Aufbaus, der der Normverbrauchsabgabe unterliegt, kann dem CO_2-Ausstoß des unvollständigen Kraftfahrzeuges (Fahrgestell) ein Aufschlag von 5% hinzugerechnet werden. Damit wird die Erhöhung des CO_2-Ausstoßes durch den Aufbau pauschal berücksichtigt. In diesem Fall sind jedoch keine weiteren Abzüge dahingehend vorzunehmen. Voraussetzung ist, dass der CO_2-Ausstoß des unvollständigen Kraftfahrzeuges (Fahrgestell) bekannt ist.

Daneben besteht die Möglichkeit, zur Ermittlung des für die Tarifberechnung maßgeblichen Wertes beispielsweise den Wert eines vergleichbaren Kraftfahrzeuges, welches ab Werk mit einem Aufbau (z.B. Pritsche) vervollständigt wurde, heranzuziehen. Vergleichbarkeit liegt im Zusammenhang mit dem vervollständigten Kraftfahrzeug der Klasse N1 beispielsweise bei selber Motorisierung, Ausstattung und Zubehör vor.

Für die Berechnung der Normverbrauchsabgabe kann als maßgeblicher CO_2-Emissionswert alternativ auch der Minimalwert des WLTP CO_2-Ausstoßes der Interpolationsfamilie eines Fahrzeugtyps, pauschal um 5% erhöht, herangezogen werden. Dieser entspricht dem durchschnittlich zu erwartenden CO_2-Emissionswert des Kraftfahrzeuges im zulassungsfähigen Zustand.

Diese Methoden sind als gleichwertig zu betrachten.

Zur Bemessungsgrundlage bei vervollständigten Kraftfahrzeugen der Klasse N1 siehe Rz 819.

Beispiel 1:

Lieferung eines Kraftfahrzeuges der Klasse N1 im vervollständigten Zustand (mit einer Pritsche) durch H am 1. Februar 2022 an den Endkunden K. Der Kaufpreis (netto) beträgt 40.000 Euro. Das vervollständigte Kraftfahrzeug hat einen CO_2-Ausstoß von 287 g/km. Bei diesem Fahrzeugtyp beträgt der Minimalwert des WLTP CO_2-Ausstoßes der Interpolationsfamilie 280 g/km.

Vor der Lieferung an den Endkunden K wurde das noch unvollständige Kraftfahrzeug (Fahrgestell) zum Aufbauunternehmer A gebracht, welcher die Pritsche aufbaute sowie weitere Ausstattung hinzufügte, die nicht im Zusammenhang mit der Funktion des Kraftfahrzeuges stehen. Das Fahrgestell hat ohne den Aufbau und die Ausstattung einen Nettokaufpreis von 35.000 Euro und einen CO_2-Emissionswert von 270 g/km. In der Rechnung an den Endkunden K wurden die Kosten des Fahrgestelles (35.000 €), die Kosten der Pritsche (3.000 €) sowie die Kosten der weiteren Ausstattung, die in keinem Zusammenhang mit der Funktion des Kraftfahrzeuges steht (2.000 €), exakt ausgewiesen.

Die Lieferung des vervollständigten Kraftfahrzeuges am 1. Februar 2022 löst den Tatbestand des § 1 Z 1 NoVAG 1991 aus. Da es sich um eine Lieferung eines vollständigen Kraftfahrzeuges handelt, kann jener Teil der Ausstattung, des Zubehörs und des Aufbaus des Kraftfahrzeuges, der keinen Zusammenhang mit der Funktion des Kraftfahrzeuges hat, von der Bemessungsgrundlage und dem relevanten CO_2-Emissionswert abgezogen werden. Es können daher in diesem Fall die Kosten für die Teile der Ausstattung und des Aufbaus, die nicht im Zusammenhang mit der Funktion des Kraftfahrzeuges stehen (2.000 €), von der Bemessungsgrundlage ausgeschieden werden. Die Bemessungsgrundlage würde daher in diesem Fall 38.000 Euro betragen.

Da die zusätzlich durch den Aufbau und die Ausstattung, welche nicht im Zusammenhang mit der Funktion des Kraftfahrzeuges stehen, verursachten CO_2-Emissionswerte nicht *ausgewiesen wurden, kann dieser konkrete Wert nicht entsprechend vermindert angesetzt werden. Die notwendigen Aufbauten, um einen zulassungsfähigen Zustand herzustellen (Pritsche, Fahrzeugbeleuchtung, usw.), erhöhen allerdings bei einem vergleichbaren Kraftfahrzeug den CO_2-Emissionswert um 15 g/km, wodurch der CO_2-Emissionswert eines solchen vervollständigten Kraftfahrzeuges 285 g/km beträgt. Dieser Wert kann für die Bemessung der Normverbrauchsabgabe herangezogen werden.*

Da die Werte für das noch unvollständige Kraftfahrzeug (Fahrgestell) bekannt sind, können die Erhöhungen der Werte durch den Aufbau und die Ausstattung, die im Zusammenhang mit der Funktion des Kraftfahrzeuges stehen, auch pauschal mit jeweils 5% der Werte des unvollständigen Kraftfahrzeuges (Fahrgestell) erfolgen. Die Bemessungsgrundlage würde daher in diesem Fall 36.750 Euro betragen und der relevante CO_2-Emissionswert wäre mit 284 g/km anzusetzen.

Daneben besteht die Möglichkeit, den für die Berechnung der Normverbrauchsabgabe maßgeblichen CO_2-Emissionswert mit dem Minimalwert des WLTP CO_2-Ausstoßes der Interpolationsfamilie des Fahrzeugtyps, pauschal um 5% erhöht, anzunehmen. Dies würde zu einem maßgeblichen CO_2-Emissionswert von 294 g/km führen.

Der für die Berechnung der Normverbrauchsabgabe herangezogene CO_2-Emissionswert ist durch den Fahrzeughersteller H in der Genehmigungsdatenbank in das Feld Reserve 03 (NoVA CO_2) einzutragen (siehe Rz 911). Außerdem hat der Fahrzeughersteller H im Rahmen der monatlichen Steuererklärung die FIN, die selbstberechnete und entrichtete Normverbrauchsabgabe, den NoVA-Steuersatz und die Bemessungsgrundlage an das Finanzamt zu übermitteln (siehe Rz 820).

Beispiel 2:

Lieferung eines Kraftfahrzeuges der Klasse N1 im vervollständigten Zustand (mit einer Pritsche) durch H am 1. Februar 2022 an den Endkunden K. Der Kaufpreis (netto) beträgt 40.000 Euro. Das vervollständigte Kraftfahrzeug hat einen CO_2-Ausstoß von 287 g/km. Vor der Lieferung an den Endkunden K wurde das noch unvollständige Kraftfahrzeug (Fahrgestell) zum Aufbauunternehmer A gebracht, welcher die Pritsche aufbaute sowie weitere Ausstattung hinzufügte, die nicht im Zusammenhang mit der Funktion des Kraftfahrzeuges steht. Das Fahrgestell hat ohne den Aufbau und die Ausstattung einen Nettokaufpreis von 35.000 Euro und einen CO_2-Emissisonswert von 270 g/km. In die Rechnung an den Endkunden K wurden allerdings nur die Kosten des vollständigen Kraftfahrzeuges aufgenommen.

Die Lieferung des vervollständigten Kraftfahrzeuges am 1. Februar 2022 löst den Tatbestand des § 1 Z 1 NoVAG 1991 aus. Da es sich um eine Lieferung eines vervollständigten Kraftfahrzeuges handelt, kann jener Teil der Ausstattung, des Zubehörs und des Aufbaus des Kraftfahrzeuges, der keinen Zusammenhang mit der Funktion des Kraftfahrzeuges hat, von der Bemessungsgrundlage und dem relevanten CO_2-Emissionswert abgezogen werden. Da in diesem Fall allerdings die Kosten des Aufbaus und der Ausstattung nicht getrennt in der Rechnung ausgewiesen wurden und die zusätzlich durch den Aufbau und die Ausstattung, welche im Zusammenhang mit der Funktion des Kraftfahrzeuges stehen, verursachten CO_2-Emissionswerte nicht ausgewiesen wurden, können diese konkreten Werte nicht entsprechend vermindert angesetzt werden.

Die notwendigen Ausstattungen und Aufbauten, um einen zulassungsfähigen Zustand herzustellen (Pritsche, Fahrzeugbeleuchtung, usw.), kosten allerdings bei einem vergleichbaren Kraftfahrzeug 4.000 Euro und erhöhen den CO_2-Emissionswert um 15 g/km, wodurch die Bemessungsgrundlage eines solchen vervollständigten Kraftfahrzeuges 39.000 Euro und der CO_2-Emissionswert 285 g/km beträgt. Diese Werte können für die Bemessung der Normverbrauchsabgabe herangezogen werden.

Da die Werte für das noch unvollständige Kraftfahrzeug (Fahrgestell) bekannt sind, können die Erhöhungen der Werte durch den Aufbau und die Ausstattung, die im Zusammenhang mit der Funktion des Kraftfahrzeuges stehen, auch pauschal mit jeweils 5% der Werte des unvollständigen Kraftfahrzeuges (Fahrgestell) erfolgen. Die Bemessungsgrundlage würde daher in diesem Fall 36.750 Euro betragen und der relevante CO_2-Emissionswert wäre mit 284 g/km anzusetzen.

Daneben besteht die Möglichkeit, den für die Berechnung der Normverbrauchsabgabe maßgeblichen CO_2-Emissionswert mit dem Minimalwert des WLTP CO_2-Ausstoßes der Interpolationsfamilie des Fahrzeugtyps, pauschal um 5% erhöht, anzunehmen. Dies würde zu einem maßgeblichen CO_2-Emissionswert von 294 g/km führen.

Der für die Berechnung der Normverbrauchsabgabe herangezogene CO_2-Emissionswert ist durch den Fahrzeughersteller H in der Genehmigungsdatenbank in das Feld Reserve 03 (NoVA CO_2) einzutragen (siehe Rz 911). Außerdem hat der Fahrzeughersteller H im

Rahmen der monatlichen Steuererklärung die FIN, die selbstberechnete und entrichtete Normverbrauchsabgabe, den NoVA-Steuersatz und die Bemessungsgrundlage an das Finanzamt zu übermitteln (siehe Rz 820).

Beispiel 3:

Lieferung eines Kraftfahrzeuges der Klasse N1 im vervollständigten Zustand (mit einem Hubsteiger) durch H am 1. Februar 2022 an den Endkunden K. Der Kaufpreis (netto) beträgt 60.000 Euro. Das vervollständigte Kraftfahrzeug hat einen CO_2-Ausstoß von 360 g/km. Vor der Lieferung an den Endkunden K wurde das noch unvollständige Kraftfahrzeug (Fahrgestell) zum Aufbauunternehmer A gebracht, welcher den Hubsteiger aufbaute und somit den zulassungsfähigen Zustand herstellte. Das Fahrgestell hat ohne die Aufbauten einen Nettokaufpreis von 35.000 Euro und einen CO_2-Emissionswert von 270 g/km. Dem Endkunden K wurden in der Rechnung die Kosten des Fahrgestelles (35.000 Euro), der einfachen Fahrgestellabdeckung samt Beleuchtung (2.300 Euro – Aufbau und Zubehör, welche der Funktion des Kraftfahrzeuges dienen) sowie des auf die Fahrgestellabdeckung montierten Hubsteigers (22.700 Euro) klar ausgewiesen. Die jeweils auf die Teile entfallenden CO_2-Emissionswerte werden nicht ausgewiesen.

Die Lieferung des vervollständigten Kraftfahrzeuges (Fahrgestell plus Aufbau) am 1. Februar 2022 löst den Tatbestand des § 1 Z 1 NoVAG 1991 aus. Da es sich um eine Lieferung eines vervollständigten Kraftfahrzeuges handelt, kann jener Teil der Ausstattung, des Zubehörs und des Aufbaus des Kraftfahrzeuges, der keinen Zusammenhang mit der Funktion des Kraftfahrzeuges hat, von der Bemessungsgrundlage abgezogen werden. Es können daher in diesem Fall die Kosten des Hubsteigers von der Bemessungsgrundlage abgezogen werden. Die Bemessungsgrundlage würde daher in diesem Fall 37.300 Euro betragen.

Da die zusätzlich durch den Aufbau und die Ausstattung, welche nicht im Zusammenhang mit der Funktion des Kraftfahrzeuges stehen, verursachten CO_2-Emissionswerte nicht ausgewiesen wurden, kann dieser konkrete Wert nicht entsprechend vermindert angesetzt werden. Die notwendigen Aufbauten, um einen zulassungsfähigen Zustand herzustellen (Pritsche, Fahrzeugbeleuchtung, usw.), erhöhen allerdings bei einem vergleichbaren Kraftfahrzeug den CO_2-Emissionswert um 15 g/km, wodurch der CO_2-Emissionswert eines solchen vervollständigten Kraftfahrzeuges 285 g/km beträgt. Dieser Wert kann für die Bemessung der Normverbrauchsabgabe herangezogen werden.

Da die Werte für das noch unvollständige Kraftfahrzeug (Fahrgestell) bekannt sind, können die Erhöhungen der Werte durch den Aufbau und die Ausstattung, die im Zusammenhang mit der Funktion des Kraftfahrzeuges stehen, auch pauschal mit jeweils 5% der Werte des unvollständigen Kraftfahrzeuges (Fahrgestell) erfolgen. Die Bemessungsgrundlage würde daher in diesem Fall 36.750 Euro betragen und der relevante CO_2-Emissionswert wäre mit 284 g/km anzusetzen.

Daneben besteht die Möglichkeit, den für die Berechnung der Normverbrauchsabgabe maßgeblichen CO_2-Emissionswert mit dem Minimalwert des WLTP CO_2-Ausstoßes der Interpolationsfamilie des Fahrzeugtyps, pauschal um 5% erhöht, anzunehmen. Dies würde zu einem maßgeblichen CO_2-Emissionswert von 294 g/km führen.

Der für die Berechnung der Normverbrauchsabgabe herangezogene CO_2-Emissionswert ist durch den Fahrzeughersteller H in der Genehmigungsdatenbank in das Feld Reserve 03 (NoVA CO_2) einzutragen (siehe Rz 911). Außerdem hat der Fahrzeughersteller H im Rahmen der monatlichen Steuererklärung die FIN, die selbstberechnete und entrichtete Normverbrauchsabgabe, den NoVA-Steuersatz und die Bemessungsgrundlage an das Finanzamt zu übermitteln (siehe Rz 820).

911 Hersteller oder Bevollmächtigte, die zur Eintragung von Fahrzeugdaten in der Genehmigungsdatenbank ermächtigt sind (Erzeuger, Generalimporteur), haben zur Sicherstellung eines einheitlichen Vollzuges der Normverbrauchsabgabe Eintragungen in die Genehmigungsdatenbank vorzunehmen. Für unvollständige und vervollständigte Kraftfahrzeuge der Klasse N1 muss der nach den obigen Ausführungen für die Normverbrauchsabgabe relevante und nach WLTP ermittelte, für die Berechnung der Normverbrauchsabgabe maßgebliche CO_2-Ausstoß in der Genehmigungsdatenbank in Feld Reserve 03 (NoVA CO_2) erfasst werden.

Die technischen Vorgaben der Dateneingabe werden in einem Erlass des Bundesministeriums für Klimaschutz, Umwelt, Energie, Mobilität, Innovation und Technologie (BMK) bekanntgegeben.

B.6.1.4. Maßgeblicher CO_2-Emissionswert (§ 6 Abs. 4 NoVAG 1991)

912 Für die Berechnung der Normverbrauchsabgabe ist der nach dem WLTP (Kraftwagen) oder WMTC (Krafträder) Messverfahren ermittelte kombinierte CO_2-Ausstoß heranzuziehen. Für extern aufladbare Elektro-Hybridfahrzeuge ist der gewichtete kombinierte CO_2-Ausstoß heranzuziehen.

B.6.1.5. Maßgeblicher CO_2-Emissionswert für ein Kraftfahrzeug gemäß § 2 Abs. 1 Z 4 (§ 6 Abs. 5 NoVAG 1991)

Wird für ein unvollständiges Kraftfahrzeug (Fahrgestell) der Klasse N1 der durch den **913** Aufbau höchstmöglich erreichbare CO_2-Emissionswert ausgewiesen, ist dieser heranzuziehen, wenn er nach den Vorgaben des WLTP-Messzyklus gemessen wurde, unabhängig davon, ob es sich um den tatsächlichen CO_2-Ausstoß des konkreten Kraftfahrzeuges handelt oder es sich um einen fiktiven maximal erreichbaren Wert handelt. Wird der nach den obigen Ausführungen (siehe Rz 908) für die Normverbrauchsabgabe relevante und nach dem WLTP-Messzyklus ermittelte CO_2-Ausstoß in der Genehmigungsdatenbank erfasst, ist dieser für die Berechnung der Normverbrauchsabgabe heranzuziehen.

Bei Kraftfahrzeugen der Klasse gemäß § 2 Abs. 1 Z 4 NoVAG 1991 ist somit für die Be- **914** rechnung der Normverbrauchsabgabe jedenfalls primär der in der Genehmigungsdatenbank im Feld Reserve 03 (NoVA CO_2) erfasste Wert heranzuziehen. Dies unabhängig davon, ob es sich bei diesem Wert um den tatsächlichen CO_2-Ausstoß nach dem WLTP-Messzyklus des konkreten Kraftfahrzeuges handelt, ob es sich um einen nach den obigen Ausführungen (siehe Rz 908 ff) ermittelten Wert handelt oder ob es sich, aufgrund des Nichtvorliegens von CO_2-Emissionswerten, um den über die Ersatzberechnung (Zweifachen der Nennleistung des Verbrennungsmotors in Kilowatt – siehe Rz 920 f) ermittelten und im Feld Reserve 03 (NoVA CO_2) erfassten Wert handelt.

Ist im Feld Reserve 03 (NoVA CO_2) kein Wert erfasst, ist der in der Genehmigungsdatenbank erfasste tatsächliche CO_2-Ausstoß nach dem WLTP-Messzyklus des konkreten Kraftfahrzeuges für die Berechnung der Normverbrauchsabgabe heranzuziehen.

Werden allerdings die CO_2-Emissionen des Kraftfahrzeuges gemäß § 2 Abs. 1 Z 4 NoVAG 1991 nicht nach dem WLTP-Messzyklus, sondern ausschließlich nach dem NEFZ-Messzyklus ermittelt, sind die nach dem NEFZ-Messzyklus ermittelten Werte maßgeblich (siehe Rz 915 ff).

Liegt überhaupt kein CO_2-Emissionswert vor, wird der CO_2-Emissionswert ersatzweise mit dem Zweifachen der Nennleistung des Verbrennungsmotors in Kilowatt angenommen (siehe Rz 920 f).

Werden für ein Kraftfahrzeug zur Güterbeförderung mit einer zulässigen Gesamtmasse **915** von nicht mehr als 3.500 kg (Klasse N1) die CO_2-Emissionen nicht nach dem WLTP-Messzyklus, sondern ausschließlich nach dem NEFZ-Messzyklus ermittelt (auslaufende Serien), sind die nach dem NEFZ-Messzyklus ermittelten Werte maßgeblich.

KfzBStR

Für diese Kraftfahrzeuge errechnet sich der Steuersatz in Prozent nach der folgenden **916** Formel:

$$\text{Steuersatz in \%} = \frac{CO_2\text{-Emissionswert in g/km} - 140\text{ g/km}}{5}$$

Die errechneten Prozentsätze sind kaufmännisch auf volle Prozentsätze zu runden (daher bis 0,49 abrunden, ab 0,50 aufrunden).

Der Höchststeuersatz beträgt 50%. Bei dieser Steuersatzermittlung ist keine jährliche Absenkung des CO_2-Abzugsbetrages vorgesehen.

Wird bei einem Kraftfahrzeug der CO_2-Ausstoß von 238 g/km überschritten, erhöht sich **917** die Steuer für den die Grenze von 238 g/km übersteigenden CO_2-Ausstoß um 50 Euro je g/km.

Beispiel:

275 g/km – 238 g/km = 37 g/km x 50 Euro= 1.850 Euro (Malus)

Von der errechneten Steuer ist der Abzugsposten in Höhe von 350 Euro abzuziehen. Die **918** Berechnung kann zu keiner Steuergutschrift führen.

B.6.1.6. Kraftfahrzeuge ohne CO_2-Emissionswert (§ 6 Abs. 6 NoVAG 1991)

B.6.1.6.1. Kraftfahrzeuge gemäß § 2 Abs. 1 Z 1 und Z 2 NoVAG 1991

Liegt für Krafträder im Sinne des § 2 Abs. 1 Z 1 NoVAG 1991 oder für leichte und schwere **919** vierrädrige Kraftfahrzeuge im Sinne des § 2 Abs. 1 Z 2 NoVAG 1991 kein CO_2-Emissionswert vor, berechnet sich der Steuersatz in Prozent nach der folgenden Formel:

Steuersatz in % = (Hubraum in cm^3 – 100 cm^3) x 0,02

Es gilt ein Höchstsatz von 30%.

B.6.1.6.2. Kraftfahrzeuge gemäß § 2 Abs. 1 Z 3 und Z 4 NoVAG 1991

920 Liegt für einen Personenkraftwagen oder Kombinationskraftwagen im Sinne des § 2 Abs. 1 Z 3 NoVAG 1991 oder ein Lastkraftfahrzeug im Sinne des § 2 Abs. 1 Z 4 NoVAG 1991 kein CO_2-Emissionswert vor, wird der CO_2-Emissionswert ersatzweise mit dem Zweifachen der Nennleistung des Verbrennungsmotors in Kilowatt angenommen. (Für Lastkraftfahrzeuge gemäß § 2 Abs. 1 Z 4 NoVAG 1991 (Klasse N1), für die die CO_2-Emissionen ausschließlich nach dem NEFZ-Messzyklus ermittelt wurden, siehe Rz 915 ff.)

Beispiel:

100 kW x 2 = 200 g/km anzusetzender CO_2-Emissionswert

921 Leichte Kraftfahrzeuge werden im sogenannten Light-Duty-Verfahren homologiert. Bei diesem Verfahren wird das gesamte Kraftfahrzeug geprüft und auch ein WLTP-Wert ermittelt.

Schwerere Kraftfahrzeuge werden hingegen im Heavy-Duty-Verfahren homologiert. Bei diesem Verfahren wird ausschließlich der Motor geprüft und somit kein WLTP-Wert ermittelt. In diesem Fall sowie auch in jenem Fall, in welchem zwar ein CO_2-Emissionswert gemessen wird, dieser aber keinen Emissionswert nach dem WLTP- oder NEFZ-Messzyklus darstellt, ist die Normverbrauchsabgabe bei Kraftfahrzeugen im Sinne des § 2 Abs. 1 Z 4 NoVAG 1991 nach dem Zweifachen der Nennleistung des Verbrennungsmotors in Kilowatt zu berechnen.

Ob ein CO_2-Emissionswert vorhanden ist und wie hoch dieser ist, ergibt sich aus den Fahrzeugpapieren (Übereinstimmungsbescheinigung, Typgenehmigung, Einzelgenehmigung).

B.6.1.6.3. Nachgewiesener CO_2-Emissionswert

922 Wird vom Abgabenschuldner der entsprechende CO_2-Emissionswert oder Kraftstoffverbrauch nachgewiesen, ist dieser heranzuziehen. Dieser nachgewiesene Wert muss jedoch zwingend den Vorgaben des WLTP- bzw. WMTC-Messverfahrens entsprechen.

B.6.1.6.4. Wohnmobile der Aufbauart „SA

923 Für Wohnmobile der Aufbauart „SA“ laut Typenschein, Einzelgenehmigungsbescheid oder EG- bzw. EU-Übereinstimmungsbescheinigung, jeweils gemäß Abschnitt III des KFG 1967, kann der CO_2-Emissionswert, welcher der Berechnung des Steuersatzes nach § 6 Abs. 2 NoVAG 1991 zugrunde liegt, wahlweise mit dem Zweifachen der Nennleistung des Verbrennungsmotors in Kilowatt angenommen werden.

Es besteht daher die Wahlmöglichkeit für die Berechnung des Steuersatzes entweder nach dem CO_2-Emissionswert für Kraftfahrzeuge oder nach der Nennleistung des Verbrennungsmotors in Kilowatt multipliziert mit zwei. Liegen für Wohnmobile der Aufbauart „SA“ keine CO_2-Emissionswerte vor, ist davon auszugehen, dass die Wahlmöglichkeit nach § 6 Abs. 6 Z 4 NoVAG 1991 ausgeübt wird.

924 Der Steuersatz für Wohnmobile der Aufbauart „SA“ errechnet sich nach der folgenden Formel:

$$\text{Steuersatz in \%} = \frac{CO_2\text{-Emissionswert in g/km} - 112\text{ g/km}}{5}$$

oder

$$\text{Steuersatz in \%} = \frac{(\text{Nennleistung des Verbrennungsmotors in kW x 2}) - 112}{5}$$

Der Mindeststeuersatz für Wohnmobile der Aufbauart „SA“ beträgt bei Anwendung der Ersatzberechnung nach der Motorleistung jedenfalls zumindest 16%.

B.6.1.7. Wertänderungen des Tarifs (§ 6 Abs. 7 NoVAG 1991)

925 Bei Krafträdern sowie bei leichten und schweren vierrädrigen Kraftfahrzeugen, mit einem Hubraum von mehr als 125 Kubikzentimetern (Klasse L3e bis L7e), vermindert sich beginnend ab 1. Jänner 2024 der Wert 55 g alle zwei Jahre jeweils um den Wert zwei.

1. Juli 2021:

$$\text{Steuersatz in \%} = \frac{CO_2\text{-Emissionswert in g/km} - 55\text{ g/km}}{4}$$

1. Jänner 2024:

$$\text{Steuersatz in \%} = \frac{CO_2\text{-Emissionswert in g/km} - 53 \text{ g/km}}{4}$$

Beispiel:

1. Juli 2021: (150 g/km – 55 g/km) / 4 = 23,75 --> gerundet 24%

1. Jänner 2024: (150 g/km – 53 g/km) / 4 = 24,25 --> gerundet 24%

Beginnend mit 1. Jänner 2022 und letztmalig mit 1. Jänner 2024 werden bei Personen und Kombinationskraftwagen (Klasse M1), der CO_2-Abzugsposten, der Malusgrenzwert, der Malusbetrag und der Höchststeuersatz, wie in der folgenden Tabelle dargestellt, abgeändert: 926

	ab 1. Juli 2021	ab 1. Jänner 2022	ab 1. Jänner 2023	ab 1. Jänner 2024
CO_2-Abzugsbetrag	112 g/km	107 g/km	102 g/km	97 g/km
Malus-Grenzwert	200 g/km	185 g/km	170 g/km	155 g/km
Malusbetrag	50 Euro	60 Euro	70 Euro	80 Euro
Höchststeuersatz	50%	60%	70%	80%

Beginnend mit 1. Jänner 2022 und letztmalig mit 1. Jänner 2024 werden bei Lastkraftfahrzeugen im Sinn des § 2 Abs. 1 Z 4 NoVAG 1991 (Klasse N1), der CO_2-Abzugsposten, der Malusgrenzwert, der Malusbetrag und der Höchststeuersatz, wie in der folgenden Tabelle dargestellt, abgeändert: 927

	ab 1. Juli 2021	ab 1. Jänner 2022	ab 1. Jänner 2023	ab 1. Jänner 2024
CO_2-Abzugsbetrag	165 g/km	160 g/km	155 g/km	150 g/km
Malus-Grenzwert	253 g/km	238 g/km	223 g/km	208 g/km
Malusbetrag	50 Euro	60 Euro	70 Euro	80 Euro
Höchststeuersatz	50%	60%	70%	80%

Für Kraftfahrzeuge, für die ein unwiderruflicher schriftlicher Kaufvertrag vor dem 1. Dezember eines Jahres abgeschlossen wurde und deren Lieferung gemäß § 1 Z 1 NoVAG 1991 oder deren innergemeinschaftlicher Erwerb gemäß § 1 Z 2 NoVAG 1991 vor dem 1. April des Folgejahres erfolgt, können die bis zum 31. Dezember eines Jahres geltenden Werte weiter angewendet werden. 928

Ein unwiderruflicher schriftlicher Kaufvertrag liegt im Sinne einer zivilrechtlichen Betrachtung dann vor, wenn es zu einer schriftlichen Einigung über Kaufpreis und Kaufgegenstand mit Abschlusswillen kommt. 929

Kleinere Modifikationen am Kraftfahrzeug (Kaufgegenstand), wie der Austausch oder Einbau von leicht entfernbaren Zubehör- oder Einbauteilen (z.B. Autoradio, Sitzbezüge, Navigationsgeräte, typentsprechende Bereifung oder Felgen), die geringfügige Auswirkungen auf die Höhe des Kaufpreises haben, sind auch nach dem Abschluss des Kaufvertrages möglich.

Wird allerdings der Vertragsgegenstand grundlegend geändert, beispielsweise durch Änderungen an Fahrzeugteilen, die unmittelbar der Funktion als Kraftfahrzeug dienen und daher bei einer nachträglichen Änderung angezeigt und in den Genehmigungsnachweis eingetragen werden müssen (z.B. Motorisierung, Fahrgestell, Lenkrad, Karosserie, typfremde Bereifung oder Felgen), kommt es zu einer Novation gemäß § 1376 ABGB und es handelt sich somit nicht mehr um denselben Kaufvertrag. Findet die Novation nach dem für den Kaufvertragsabschluss notwendigen Tag statt, kann die Übergangsregelung nicht zur Anwendung kommen.

B.6.1.8. Zulassung von Gebrauchtfahrzeugen aus dem Unionsgebiet (§ 6 Abs. 8 NoVAG 1991)

B.6.1.8.1. Allgemeines

Bei Gebrauchtfahrzeugen, die unmittelbar aus dem übrigen Unionsgebiet in das Inland gebracht werden und die bereits im übrigen Unionsgebiet zum Verkehr zugelassen waren, ist die jeweilige Rechtslage anzuwenden, die im Zeitpunkt der erstmaligen Zulassung in Österreich anzuwenden gewesen wäre. Dabei ist für die Bonus-Malus-Berechnung und den Abzugsbetrag die Wertentwicklung des Kraftfahrzeuges zu berücksichtigen. 930

Gleiches gilt für Gebrauchtfahrzeuge, die unmittelbar aus einem Staat des Europäischen Wirtschaftsraums (EWR) in das Inland gebracht werden und die bereits im EWR-Staat zugelassen waren (vgl. VwGH 11.9.2018, Ra 2016/16/0104).

931 Das Vereinigte Königreich hat mit Ablauf des 31. Jänner 2020 (Übergangsperiode bis 31. Dezember 2020) die Europäische Union verlassen, womit es nunmehr als Drittland anzusehen ist. Alle Kraftfahrzeuge, die aus diesem Gebiet importiert werden (unabhängig vom Erstzulassungsdatum), sind daher der Rechtslage im Zeitpunkt der Tatbestandsverwirklichung zu unterwerfen.

932 Liegt neben dem Entgelt bzw. dem gemeinen Wert auch ein Neuwagenwert vor, so ist der Bonus-Malus anhand des Wertverhältnisses zu verringern und es ist nur der aliquote Anteil anzusetzen.

Beispiel 1 – Berechnung ausgehend vom gemeinen Wert Netto:

Gemeiner Wert (netto) 30.000 €

Neuwagenwert (brutto) 90.000 €

Erstzulassung: 1. Februar 2013

MVEG-Verbrauch (Benzin): 10 l/100 km

CO_2 in g/km: 200

NOx in mg/km: 65

Bemessungsgrundlage (netto):	*30.000,00 Euro*
NoVA-Satz (10 l – 3 l) x 2 = 14%	*4.200,00 Euro*
Gemäß § 6a Abs. 1 Z 1 - Bonus CO_2-Ausstoß (< 120 g/km)	*- 0,00 Euro*
Gemäß § 6a Abs. 1 Z 3 - Bonus NOx (bei Diesel plus Partikelemission)	*- 0,00 Euro*
Summe NoVA-Bonus (max. 500,00 Euro gemäß § 6a Abs. 2 NoVAG 1991)	*- 0,00 Euro*
Gemäß § 6a Abs. 1 Z 2b lit. a u. b - Malus CO_2-Ausstoß	*+ 2.000,00 Euro*
Gemäß § 6a Abs. 3 - Malus bei fehlenden CO_2-Emissionswerten	*+ 0,00 Euro*
Summe NoVA-Malus	*+ 2.000,00 Euro*
*Summe Bonus-Malus:**(46,85%** von 2.000,00 lt. Vergleichsrechnung)*	*+ 937,00 Euro*
Erhöhungsbetrag gemäß § 6 Abs. 6 NoVAG 1991 iHv 20%	*+ 1.027,40 Euro*
zu entrichtende Normverbrauchsabgabe	*6.164,40 Euro*

Rückrechnung Neuwagenwert von Brutto auf Netto:

Neuwagenwert lt. Fahrzeugbewertungslisten-Mittelwert (brutto)	*90.000,00 Euro*
plus Abzugsposten	*+ 0,00 Euro*
plus Bonus	*+ 0,00 Euro*
minus Malus (inkl. 20% Erhöhungsbetrag)	*- 2.400,00 Euro*
Zwischensumme (brutto)	*87.600 Euro*

** Berechnung Malus: (200 - 150) x 25 € + (200 - 170) x 25 € = 2.000 €*

Malus inklusive Erhöhungsbetrag gemäß § 6 Abs. 6 NoVAG 1991 = 2.000 € x 1,2 = 2.400 €

Zwischensumme (brutto)	*87.600 Euro*
Neuwagenwert ohne USt und NoVA (netto) (87.600/1,368)*	*+ 64.035,09 Euro*

** (1,368 ergibt sich aus 20% Umsatzsteuer und 16,8% Normverbrauchsabgabe (inklusive 20% Zuschlag von 14%))*

Vergleichsrechnung:

Neuwagenwert ohne USt und NoVA (netto)	*64.035,09 Euro*
Aktuelle Bemessungsgrundlage (netto)	*30.000,00 Euro*
*Zeitwert**	***46,85%***

** Berechnung Zeitwert: Es ist aus dem Neupreis die inkludierte Umsatzsteuer, Normverbrauchsabgabe, sowie der Erhöhungsbetrag herauszurechnen. Anschließend wird dieser reduzierte Neuwagenwert mit der aktuellen Bemessungsgrundlage in Relation gesetzt.*

Beispiel 2 – Berechnung ausgehend vom gemeinen Wert Brutto:

Gemeiner Wert (brutto) 32.000 €

Neuwagenwert (brutto) 75.000 €

Erstzulassung: 1. April 2013

MVEG-Verbrauch (Benzin): 10 l/100 km

CO_2 in g/km: 200

NOx in mg/km: 65	
Bemessungsgrundlage (brutto):	*32.000,00 Euro*
NoVA-Satz (10 l – 3 l) x 2 = 14% (22.643,22 € x 14%)	*3.170,05 Euro*
Bemessungsgrundlage (netto)	*22.643,22 Euro*
Gemäß § 6a Abs. 1 Z 1 - Bonus CO_2-Ausstoß (< 120 g/km)	*- 0,00 Euro*
Gemäß § 6a Abs. 1 Z 3 - Bonus NOx (bei Diesel plus Partikelemission)	*- 0,00 Euro*
Summe NoVA-Bonus (max. 500,00 Euro gemäß § 6a Abs. 2 NoVAG 1991)	*- 0,00 Euro*
Gemäß § 6a Abs. 1 Z 2b lit. a u. b - Malus CO_2-Ausstoß	*+ 2.000,00 Euro*
Gemäß § 6a Abs. 3 - Malus bei fehlenden CO_2-Emissionswerten	*+ 0,00 Euro*
Summe NoVA-Malus	*+ 2.000,00 Euro*
Summe Bonus-Malus:(42,67% von 2.000,00 lt. Vergleichsrechnung)	*+ 853,40 Euro*
Erhöhungsbetrag gemäß § 6 Abs. 6 NoVAG 1991 iHv 20%	*+ 804,69 Euro*
zu entrichtende Normverbrauchsabgabe	***4828,14 Euro***

Rückrechnung Bemessungsgrundlage von Brutto auf Netto:

Bemessungsgrundlage (brutto):	*32.000,00 Euro*
plus Abzugsposten	*+ 0,00 Euro*
plus Bonus	*+ 0,00 Euro*
*minus Malus**	*- 1.024,08 Euro*
Zwischensumme (brutto)	*30.975,92 Euro*

** Berechnung Malus: (200 - 150) x 25 € + (200 - 170) x 25 € = 2.000 €*

Malus inklusive Erhöhungsbetrag gemäß § 6 Abs. 6 NoVAG 1991 = 2.000 € x 1,2 = 2.400 € Malus (inklusive Erhöhungsbetrag) aliquotiert über Zeitwert: 2.400 € x 42,67% = 1.024,08 €

Zwischensumme inkl. USt und NoVA	*30.975,92 Euro*
Bemessungsgrundlage ohne USt und NoVA (netto)	*22.643,22 Euro*
*30.975,92 Euro / 1,368**	

** (1,368 ergibt sich aus 20% Umsatzsteuer und 16,8% Normverbrauchsabgabe (inklusive 20% Zuschlag von 14%))*

Vergleichsrechnung:

Neuwagenwert inklusive USt und NoVA (brutto)	*75.000,00 Euro*
Aktuelle Bemessungsgrundlage (brutto)	*32.000,00 Euro*
*Zeitwert**	***42,67%***

** Berechnung Zeitwert: Es wird der Neuwagenwert (brutto) mit der aktuellen Bemessungsgrundlage (brutto) in Relation gesetzt.*

Liegt neben dem Entgelt bzw. dem gemeinen Wert kein Neuwagenwert vor, so ist die **933**
Wertentwicklung über eine Achtelung zu berücksichtigen. Je vollem abgelaufenen Jahr wird der anzusetzende Bonus-Malus um ein Achtel reduziert.

Nach Ablauf von sieben Jahren bleibt immer ein Achtel stehen, auch wenn bereits acht oder mehr volle Jahre abgelaufen sind. Der Bonus-Malus kann sich somit nur auf den Betrag von einem Achtel reduzieren.

Beispiel 1 – Berechnung ausgehend vom gemeinen Wert Netto:

Erstzulassung in der EU am 8. Februar 2013

Zulassung in Österreich am 9. März 2019

Gemeiner Wert 30.000 € (netto)

MVEG-Verbrauch (Benzin): 10 l/100 km

CO_2 in g/km: 200

NOx in mg/km: 65

Bemessungsgrundlage (netto):	*30.000,00 Euro*
NoVA-Satz (10 l – 3 l) x 2 = 14%	*4.200,00 Euro*
Gemäß § 6a Abs. 1 Z 1 - Bonus CO_2-Ausstoß (< 120 g/km)	*- 0,00 Euro*
Gemäß § 6a Abs. 1 Z 3 - Bonus NOx (bei Diesel plus Partikelemission)	*- 0,00 Euro*
Summe NoVA-Bonus (max. 500,00 Euro gemäß § 6a Abs. 2 NoVAG 1991)	*- 0,00 Euro*
Gemäß § 6a Abs. 1 Z 2b lit. a u. b - Malus CO_2-Ausstoß	*+ 2.000,00 Euro**
Gemäß § 6a Abs. 3 - Malus bei fehlenden CO_2-Emissionswerten	*+ 0,00 Euro*
Summe NoVA-Malus	*+ 2.000,00 Euro*

Summe Bonus-Malus:(2/8 von 2.000,00)	*+ 500,00 Euro*
Erhöhungsbetrag gemäß § 6 Abs. 6 NoVAG 1991 iHv 20%	*+ 940,00 Euro*
zu entrichtende Normverbrauchsabgabe	***5.640,00 Euro***

** Berechnung Malus: (200 - 150) x 25 € + (200 - 170) x 25 € = 2.000 €*

Malus Aliquotiert: Da kein Neuwagenwert bekannt ist, wird die Wertentwicklung über die Achtelung berücksichtigt. Je vollem abgelaufenen Jahr wird der anzusetzende Bonus/Malus um ein Achtel reduziert. Da seit Februar 2013 mehr als sechs ganze Jahre vergangen sind (Zulassung in Österreich im März 2019), werden nur zwei Achtel des Malus berücksichtigt.

Beispiel 2 – Berechnung ausgehend vom gemeinen Wert Brutto:

Erstzulassung in der EU am 8. Februar 2013

Zulassung in Österreich am 20. August 2021

Gemeiner Wert 44.000 € (brutto)

MVEG-Verbrauch (Benzin): 10 l/100 km

CO_2 in g/km: 200

NOx in mg/km: 65

Bemessungsgrundlage (brutto):	*44.000,00 Euro*
NoVA-Satz (10 l – 3 l) x 2 = 14% (31.944,44 x 14%)	*4.472,22 Euro*
Bemessungsgrundlage (netto):	*31.944,44 Euro*
Gemäß § 6a Abs. 1 Z 1 - Bonus CO_2-Ausstoß (< 120 g/km)	*- 0,00 Euro*
Gemäß § 6a Abs. 1 Z 3 - Bonus NOx (bei Diesel plus Partikelemission)	*- 0,00 Euro*
Summe NoVA-Bonus (max. 500,00 Euro gemäß § 6a Abs. 2 NoVAG 1991)	*- 0,00 Euro*
Gemäß § 6a Abs. 1 Z 2b lit. a u. b - Malus CO_2-Ausstoß	*+ 2.000,00 Euro**
Gemäß § 6a Abs. 3 - Malus bei fehlenden CO_2-Emissionswerten	*+ 0,00 Euro*
Summe NoVA-Malus	*+ 2.000,00 Euro*
Summe Bonus-Malus:(1/8 von 2.000,00)	*+ 250,00 Euro*
Erhöhungsbetrag gemäß § 6 Abs. 6 NoVAG 1991 iHv 20%	*+ 944,44 Euro*
zu entrichtende Normverbrauchsabgabe	***5.666,66 Euro***

** Berechnung Malus: (200 - 150) x 25 € + (200 - 170) x 25 € = 2.000 €*

Malus Aliquotiert: Da kein Neuwagenwert bekannt ist, wird die Wertentwicklung über die Achtelung berücksichtigt. Je vollem abgelaufenen Jahr wird der anzusetzende Bonus/Malus um ein Achtel reduziert. Da seit Februar 2013 mehr als sechs ganze Jahre vergangen sind (Zulassung in Österreich im März 2019), werden nur zwei Achtel des Malus berücksichtigt.

Rückrechnung Bemessungsgrundlage von Brutto auf Netto:

Bemessungsgrundlage (brutto):	*44.000,00 Euro*
plus Abzugsposten	*+ 0,00 Euro*
plus Bonus	*+ 0,00 Euro*
*minus Malus**	*- 300,00 Euro*
Zwischensumme (brutto)	*43.700,00 Euro*

** Berechnung Malus: (200 - 150) x 25 € + (200 - 170) x 25 € = 2.000 €*

Malus inklusive Erhöhungsbetrag gemäß § 6 Abs. 6 NoVAG 1991 = 2.000 € x 1,2 = 2.400 € Malus (inklusive Erhöhungsbetrag) aliquotiert über Achtelung: Da seit Februar 2013 mehr als acht ganze Jahre vergangen sind (Zulassung in Österreich im August 2021), wird beim Malus nur ein Achtel berücksichtigt, welches immer stehen bleibt. (2.400 € / 8) x 1 = 300 €

Zwischensumme inkl. USt und NoVA	*43.700,00 Euro*
Bemessungsgrundlage ohne USt und NoVA (netto)	***31.944,44 Euro***

30.975,92 Euro / 1,368*

** (1,368 ergibt sich aus 20% Umsatzsteuer und 16,8% Normverbrauchsabgabe (inklusive 20% Zuschlag von 14%))*

934 Bei Tatbestandsverwirklichung ab 1. Juli 2021 ist auch beim Abzugsposten bzw. Abzugsbetrag die Wertentwicklung des Kraftfahrzeuges zu berücksichtigen. Es ist somit der Abzugsposten bzw. Abzugsbetrag der anzuwendenden Rechtslage heranzuziehen, welche sich nach dem Erstzulassungsdatum im Unionsgebiet richtet. Dieser ist wie der Bonus-Malus entweder über die tatsächliche Wertentwicklung oder eine Achtelung zu verringern (siehe Rz 932 f).

Bei Tatbestandsverwirklichung bis 30. Juni 2021 ist der Abzugsposten bzw. Abzugsbetrag nicht Teil der Verhältnisrechnung, die bei der Zulassung eines eigenimportierten Kraftfahrzeuges oder eines von einem Fahrzeughändler „importierten" Kraftfahrzeuges, das im Inland weitergeliefert wird, anzuwenden ist. Es ist somit der Abzugsposten bzw. Abzugsbetrag gemäß der zum Zeitpunkt der Erfüllung des Tatbestandes gesetzlichen Regelung heranzuziehen. Dieser ist in voller Höhe anzusetzen und nicht der Wertentwicklung zu unterwerfen.

Es gelten auch für Kraftfahrzeuge, welche unmittelbar aus dem Unionsgebiet kommen, **935**
die Bestimmungen des § 5 NoVAG 1991 zur Bemessungsgrundlage.

B.6.1.8.2. Sinngemäße Anwendung für Vorgänge gemäß § 1 Z 3 lit. b und Z 4 NoVAG 1991

Auch bei Kraftfahrzeugen, welche den Steuertatbestand gemäß § 1 Z 3 lit. b oder Z 4 **936**
NoVAG 1991 auslösen und zuvor gemäß § 3 NoVAG 1991 befreit waren, ist jene Rechtslage für die Berechnung der Normverbrauchsabgabe heranzuziehen, die beim Setzen des ersten Steuertatbestandes in Geltung stand. Dabei ist wiederum für die Bonus-Malus-Berechnung und den Abzugsbetrag die Wertentwicklung des Kraftfahrzeuges zu berücksichtigen.

Dies gilt gemäß § 3 Abs. 1 Z 2 NoVAG 1991 idF BGBl. I Nr. 18/2021 jedoch nicht für Kraftfahrzeuge, die auf den Fahrzeughändler zugelassen und nicht auf öffentlichen Straßen verwendet werden (sogenannte „Tageszulassung"), da für diese die Anwendung des § 6 Abs. 8 NoVAG 1991 explizit ausgeschlossen ist. Für diese Kraftfahrzeuge ist die Rechtslage im Zeitpunkt der neuerlichen Tatbestandserfüllung maßgeblich.

Beispiel 1:

Ein Fahrzeughändler hat im April 2018 ein Kraftfahrzeug auf sein Unternehmen angemeldet, welches er als Kundenwagen einsetzt. Hierfür hat er die Befreiungsbestimmung für kurzfristige Vermietung in Anspruch genommen.

Im Juli 2021 wird dieses Kraftfahrzeug aus dem Unternehmen entnommen. Es wird der Tatbestand nach § 1 Z 4 NoVAG 1991 verwirklicht. Für die Berechnung der Normverbrauchsabgabe ist die Rechtslage, welche im Jahr 2018 in Geltung stand, heranzuziehen.

Beispiel 2:

Ein Fahrzeughändler lässt am 20. Oktober 2021 ein Kraftfahrzeug auf sich zu, um dieses als Vorführkraftfahrzeug zu nutzen. Er erfüllt hinsichtlich des Vorführkraftfahrzeuges alle Voraussetzungen (siehe Rz 428 ff sowie Rz 659 ff) und nutzt dieses bis zum 23. März 2022 zu diesem begünstigten Zweck. Am 23. März 2022 verkauft der Fahrzeughändler das Kraftfahrzeug an einen Kunden und erfüllt mit dieser Lieferung den Tatbestand des § 1 Z 4 NoVAG 1991. Die Normverbrauchsabgabe ist in diesem Fall nach der Rechtslage am 20. Oktober 2021 zu bestimmen. Dabei ist wiederum für die Bonus-Malus-Berechnung und den Abzugsbetrag die Wertentwicklung des Kraftfahrzeuges zu berücksichtigen. Die Wertentwicklung kann daher über das Wertverhältnis zwischen dem Entgelt bzw. dem gemeinen Wert und dem Neuwagenwert oder über eine Achtelung berechnet werden. Vorführkraftfahrzeuge werden in der Regel innerhalb eines Jahres verkauft, womit bei der Aliquotierung über die Achtelung acht Achtel angesetzt werden (siehe Rz 932 ff).

Beispiel 3:

Ein Fahrzeughändler lässt am 20. November 2021 ein Kraftfahrzeug im Rahmen einer Tageszulassung auf sich zu. Das Kraftfahrzeug bleibt bis zum 23. Jänner 2022 auf den Fahrzeughändler zugelassen. Am 23. Jänner 2022 verkauft der Fahrzeughändler das Kraftfahrzeug an einen Kunden und erfüllt mit dieser Lieferung den Tatbestand des § 1 Z 4 NoVAG 1991. Die Normverbrauchsabgabe ist in diesem Fall nach der Rechtslage am 23. Jänner 2022 zu bestimmen.

Beispiel 4:

Ein Taxiunternehmer erwirbt am 20. Oktober 2021 ein Kraftfahrzeug, um dieses als Taxi zu nutzen. Er erfüllt hinsichtlich des Taxis alle Voraussetzungen (siehe Rz 143 bis 152) und nutzt dieses bis zum 23. März 2022 zu diesem begünstigten Zweck. Am 23. März 2022 verkauft der Taxiunternehmer das Kraftfahrzeug und erfüllt damit den Tatbestand des § 1 Z 4 NoVAG 1991. Die Normverbrauchsabgabe ist in diesem Fall gemäß § 6 Abs. 8 NoVAG 1991 nach der Rechtslage am 20. Oktober 2021 zu bestimmen.

Beispiel 5:

Ein Taxiunternehmer erwirbt am 20. Oktober 2020 ein Kraftfahrzeug, um dieses als Taxi zu nutzen. Er erfüllt hinsichtlich des Taxis alle Voraussetzungen (siehe Rz 143 bis 152) und nutzt dieses bis zum 23. März 2022 zu diesem begünstigten Zweck. Am 23. März 2022 verkauft der Taxiunternehmer das Kraftfahrzeug und erfüllt damit den Tatbestand des § 1 Z 4 NoVAG 1991. Die Normverbrauchsabgabe ist auch in diesem Fall nach der Rechtslage am 20. Oktober 2020 zu bestimmen.

B.6.1.8.3. Kraftfahrzeuge gemäß § 2 Abs. 1 Z 4 NoVAG 1991, die bereits im Geltungszeitraum einer älteren Rechtslage im Inland zugelassen waren, aber nicht der Normverbrauchsabgabe unterlegen sind

937 Lastkraftfahrzeuge, die bereits im Inland zugelassen waren, jedoch nicht der Normverbrauchsabgabe unterlagen, sind auch weiterhin nicht der Normverbrauchsabgabe zu unterwerfen. Es erfolgt dadurch eine Gleichstellung mit Gebrauchtfahrzeugen aus dem übrigen Unionsgebiet.

Wird allerdings das nicht der Normverbrauchsabgabe unterliegende Lastkraftfahrzeug (Klasse N1) durch Umbauten zu einem der Normverbrauchsabgabe unterliegenden Kraftfahrzeug (Klasse M1) umgestaltet, ist dieses, wie auch bisher der Normverbrauchsabgabe zu unterwerfen (siehe Rz 440).

Ebenso ist diese Bestimmung nicht auf Kraftfahrzeuge anwendbar, die zwar aufgrund ihrer Einstufung in der Kombinierten Nomenklatur unter Position 8704 nicht der Normverbrauchsabgabe unterlagen, jedoch nach den kraftfahrrechtlichen Bestimmungen als Kraftfahrzeuge der Klasse M1 einzuordnen sind.

Beispiel:

Ein Pick-up mit Doppelkabine wurde am 1. März 2021 durch einen inländischen Fahrzeughändler an einen Kunden geliefert und am selben Tag zugelassen. Der Pick-up wurde nach der Kombinierten Nomenklatur unter Position 8704 eingestuft (Kraftfahrrechtlich aber als Personenkraftwagen der Klasse M1) und unterlag daher am 1. März 2021 nicht der Normverbrauchsabgabe.

Am 10. Oktober 2022 wird das Kraftfahrzeug weiterverkauft und auf den Käufer am 12. Oktober 2022 zugelassen. In diesem Zeitpunkt wird der Pick-up nach dem KFG 1967 als Personenkraftwagen der Klasse M1 eingeordnet. Durch die Zulassung wird der Tatbestand des § 1 Z 3 lit. b NoVAG 1991 erfüllt. § 6 Abs. 8 NoVAG 1991 ist auf diesen Vorgang nicht anwendbar, da es sich nicht um ein Kraftfahrzeug gemäß § 2 Abs. 1 Z 4 NoVAG 1991 (N1) handelt, womit das Kraftfahrzeug nach der Rechtslage am 12. Oktober 2022 zu besteuern ist.

B.6.1.9. Vergütung des Umsatzsteueranteils in Höhe von 16,67%

938 Seit 1. April 2014 gilt eine Sonderregelung (§ 6 Abs. 7 NoVAG 1991 idF BGBl. I Nr. 13/2014 bzw. nunmehr § 6 Abs. 9 NoVAG 1991 idF BGBl. I Nr. 18/2021) für den Fall, dass die Normverbrauchsabgabe Teil der Bemessungsgrundlage für die Umsatzsteuer ist (zum Beispiel Normverbrauchsabgabe als Teil der Leasingrate).

939 Wird für ein Kraftfahrzeug nach der Lieferung durch den Fahrzeughändler oder der erstmaligen Zulassung beim unmittelbar folgenden umsatzsteuerpflichtigen Rechtsgeschäft über das Kraftfahrzeug die Normverbrauchsabgabe in die Berechnung des Entgelts einbezogen, dann ist dem Erwerber des Kraftfahrzeuges ein Betrag von 16,67% der Normverbrauchsabgabe zu vergüten.

Beispiel: Neues Leasingfahrzeug

Bei neuen Leasingfahrzeugen ist die im Verkaufspreis des Fahrzeughändlers enthaltene Normverbrauchsabgabe nicht Teil der Bemessungsgrundlage für die Umsatzsteuer, für das (kaufende) Leasingunternehmen ist die Normverbrauchsabgabe jedoch ein Kostenfaktor.

Diese Normverbrauchsabgabe wird beim Leasingunternehmen systembedingt im Rahmen der Leasingraten der Umsatzbesteuerung unterzogen.

Auch im Falle eines vorzeitigen Verkaufs des Kraftfahrzeuges oder des Verkaufs nach Ablauf der vereinbarten Leasingvertragsdauer durch das Leasingunternehmen ist die (Rest-)Normverbrauchsabgabe in diesen Fällen systembedingt Teil des umsatzsteuerpflichtigen Entgelts (Nettoverkaufspreises).

Daher kann nach § 6 Abs. 9 NoVAG 1991 eine Vergütung von 16,67% der vom Fahrzeughändler für das neue Leasingfahrzeug in Rechnung gestellten Normverbrauchsabgabe beim Leasingunternehmen erfolgen.

940 Diese Vorgangsweise kann für sämtliche Fälle angewendet werden, in denen die Normverbrauchsabgabe vom Leasingunternehmen im Rahmen der Leasingraten der Umsatzsteuer unterworfen wird. Die (Begünstigungs-)Regelung des § 6 Abs. 9 NoVAG 1991 kann vom Leasingunternehmen auch dann angewendet werden, wenn es sich beim Leasingfahrzeug um ein nach § 3 Abs. 3 NoVAG 1991 befreites Kraftfahrzeug handelt (z.B. Taxifahrzeug), für welches der Leasingnehmer (z.B. Taxiunternehmer) gemäß § 12 Abs. 1 Z 3 NoVAG 1991 die Vergütung der Normverbrauchsabgabe vornehmen kann.

Die nach § 12 Abs. 1 Z 3 iVm § 3 Abs. 3 NoVAG 1991 bestehende Normverbrauchsabgabe-Vergütung kann auch in diesen Fällen in der Höhe der vom Leasingunternehmen an den Fahrzeughändler bezahlten Normverbrauchsabgabe vorgenommen werden (Nachweis mittels Rechnungskopie des Leasingunternehmens).

Die Vergütung von 16,67% kann für sämtliche Fälle angewendet werden, in denen die **941**
Normverbrauchsabgabe vom Leasingunternehmen im Rahmen der Leasingraten der Umsatzsteuer unterworfen wird. Es ist dabei unbeachtlich, ob der Leasingnehmer oder das Leasingunternehmen wirtschaftlicher Eigentümer des Kraftfahrzeuges ist.

Wird allerdings die Normverbrauchsabgabe nicht vom Leasingunternehmen, sondern unmittelbar vom Leasingnehmer an den Fahrzeughändler geleistet, kann die Vergütung nicht angewendet werden, da in diesem Fall die Normverbrauchsabgabe nicht in die umsatzsteuerpflichtige Leasingrate einberechnet wird.

Gleiches gilt, wenn der Leasingnehmer die Normverbrauchsabgabe vorweg an das Leasingunternehmen entrichtet, welches es an den Fahrzeughändler leistet, da auch in diesem Fall die Normverbrauchsabgabe nicht in die Leasingrate einberechnet wird.

Wird für ein im Rahmen einer Tageszulassung zugelassenes Kraftfahrzeug die dreimo- **942**
natige Frist überschritten und ist daher das Kraftfahrzeug aufgrund der Zulassung auf den Fahrzeughändler der Normverbrauchsabgabe zu unterwerfen, kann die Vergütung gemäß § 6 Abs. 9 NoVAG 1991 in der Regel beansprucht werden, sofern die Normverbrauchsabgabe bei einer anschließenden Lieferung Teil der Bemessungsgrundlage der Umsatzsteuer ist. Die vorherigen Ausführungen gelten, wenn die ab 1. Juli 2021 bestehende Befreiung für Tageszulassungen gemäß § 3 Abs. 1 Z 2 NoVAG 1991 in Anspruch genommen wurde.

Für Tageszulassungen bis 30. Juni 2021 besteht keine Befreiungsbestimmung (siehe Rz 435 ff sowie Rz 665 ff). Die Vergütung in Höhe von 16,67% kann somit auch in Fällen in Anspruch genommen werden, in denen nach einer Tageszulassung auf einen Fahrzeughändler beim unmittelbar folgenden umsatzsteuerpflichtigen Rechtsgeschäft über das Kraftfahrzeug die Normverbrauchsabgabe in die Berechnung des Entgelts einbezogen wird (siehe Beispiel Rz 947).

Beispiel:

Tageszulassung eines Pkw (KN 8703 bzw. Klasse M1) durch einen Fahrzeughändler am 20. März 2020. Der Fahrzeughändler löst damit den Tatbestand des § 1 Z 3 lit. a NoVAG 1991 aus und muss daher Normverbrauchsabgabe entrichten. Das Kraftfahrzeug wird am 20. Juli 2020 an einen inländischen Endkunden geliefert. Der Fahrzeughändler bezieht die geleistete Normverbrauchsabgabe als Kostenfaktor in den Kaufpreis mit ein, wodurch diese systembedingt der Umsatzsteuer unterzogen wird. Es kann daher auch hier eine Rückvergütung von 16,67% der vom Fahrzeughändler bei der Zulassung geleisteten Normverbrauchsabgabe erfolgen. Diese steht dem Erwerber des Fahrzeuges zu, daher dem inländischen Endkunden.

KfzBStR

Wird ein Kraftfahrzeug mit Tageszulassung an eine Leasinggesellschaft verkauft, ist bezüglich des Anspruchsberechtigten zu unterscheiden:

- Bei einer Tageszulassung bei einem normverbrauchsabgabepflichtigen Kraftfahrzeug bis 30. Juni 2021 muss die Normverbrauchsabgabe durch den Fahrzeughändler abgeführt werden. Bei einer späteren Lieferung an die Leasinggesellschaft bezieht der Fahrzeughändler die geleistete Normverbrauchsabgabe als Kostenfaktor in den Kaufpreis mit ein, wodurch diese systembedingt der Umsatzsteuer unterzogen wird. Der Leasinggesellschaft steht als Erwerber des Fahrzeuges die Vergütung zu.
- Bei einer Tageszulassung bei einem normverbrauchsabgabepflichtigen Kraftfahrzeug ab 1. Juli 2021 muss die Normverbrauchsabgabe zunächst nicht abgeführt werden, da eine Befreiung besteht. Erst die spätere Lieferung an die Leasinggesellschaft unterliegt der Normverbrauchsabgabe. Sie wird der Leasinggesellschaft verrechnet und durch den Fahrzeughändler abgeführt. Die Leasinggesellschaft bezieht die von ihr geleistete Normverbrauchsabgabe als Kostenfaktor in die Leasingrate mit ein, wodurch sie systembedingt der Umsatzsteuer unterworfen wird. Der Leasinggesellschaft als „Erwerber des Fahrzeuges" steht die Vergütung von 16,67% der geleisteten Normverbrauchsabgabe zu. Wird hier bei der Tageszulassung allerdings die Dreimonatsfrist überschritten, ist die vorherige Lösung (Tageszulassung bis 30. Juni 2021) maßgeblich.

Die Vergütung von 16,67% kann somit von folgenden Personen beansprucht werden:

Lieferung an

- ein Leasingunternehmen: Das Leasingunternehmen als Erwerber.

- einen Fahrzeughändler: Der Fahrzeughändler als Erwerber, wenn die Lieferung an ihn der Umsatzsteuer unterliegt.
- eine Mietwagenfirma: Die Mietwagenfirma als Erwerber, wenn die Lieferung an sie der Umsatzsteuer unterliegt.
- einen Endkunden: Der Endkunde als Erwerber.

943 Gleiches gilt für einen Vorführwagen, bei dem die sechs- bis zwölfmonatige Frist überschritten wird. In diesen Fällen wird der Fahrzeughändler gemäß § 1 Z 4 NoVAG 1991 (Änderung der begünstigten Verwendung) zum Steuerschuldner und muss die Normverbrauchsabgabe abführen. Kommt es anschließend zum Verkauf dieses Kraftfahrzeuges, wird die Normverbrauchsabgabe Teil der Bemessungsgrundlage der Umsatzsteuer. Die Vergütung von 16,67% kann von folgenden Personen beansprucht werden:

Lieferung an

- ein Leasingunternehmen: Das Leasingunternehmen als Erwerber.
- einen Fahrzeughändler: Der Fahrzeughändler als Erwerber, wenn die Lieferung an ihn der Umsatzsteuer unterliegt.
- eine Mietwagenfirma: Die Mietwagenfirma als Erwerber, wenn die Lieferung an sie der Umsatzsteuer unterliegt.
- einen Endkunden: Der Endkunde als Erwerber.

944 Die Vergütung nach § 6 Abs. 9 NoVAG 1991 kann für ein Kraftfahrzeug nur einmal vorgenommen werden (keine Mehrfachvergütung).

945 Die Verwendung des Begriffes „unmittelbar folgendes Rechtsgeschäft" hat nicht den Inhalt, dass das Rechtsgeschäft, das zur Vergütung führt, zeitlich unmittelbar der ersten Lieferung des Kraftfahrzeuges folgen muss.

Jedoch ist es erforderlich, dass zwischen dem ersten Liefergeschäft und dem Rechtsgeschäft, das zur Vergütung der Normverbrauchsabgabe führt, keine anderweitige Verwendung des Kraftfahrzeuges erfolgt, wie zum Beispiel als Firmenfahrzeug für Bedienstete oder ähnliche Verwendungen.

946 Ein Fahrzeughändler verkauft ein Kraftfahrzeug im Online-Store und der Käufer tritt gemäß § 11 Abs. 1 Fern- und Auswärtsgeschäfte-Gesetz (FAGG) in der Frist von 14 Tagen zurück, nachdem das Kraftfahrzeug bereits zugelassen und verwendet wurde. Der Fahrzeughändler nimmt das Kraftfahrzeug zurück und der zurückgetretene Käufer erhält den gesamten Kaufpreis zurück. Gemäß § 8 Abs. 3 NoVAG 1991 kommt es für Normverbrauchsabgabe-Zwecke anlässlich der Rückgabe zu keiner Rückgängigmachung bzw. Stornierung der vom Fahrzeughändler geschuldeten Normverbrauchsabgabe, zumal die Rückgängigmachung gemäß § 8 Abs. 3 NoVAG 1991 nach einer Zulassung ausgeschlossen ist.

Der Fahrzeughändler verkauft anschließend das zurückgenommene Fahrzeug einschließlich 20% Umsatzsteuer. Diese Lieferung des schon einmal im Inland zum Verkehr zugelassenen Kraftfahrzeuges löst keinen weiteren normverbrauchsabgabepflichtigen Tatbestand aus. Der Fahrzeughändler bezieht die geleistete Normverbrauchsabgabe (vom ursprünglichen Verkaufspreis) als Kostenfaktor in den Kaufpreis mit ein, weshalb die Voraussetzungen für eine Rückerstattung gemäß § 6 Abs. 9 NoVAG 1991 gegeben sind.

Die kurzfristige Nutzungsüberlassung an den zurückgetretenen Käufer, die sich rückwirkend und zwangsläufig durch den Rücktritt des Käufers gemäß § 11 FAGG ergibt, ist keine schädliche Verwendung, die zum Ausschluss wie eine Verwendung als Firmenwagen führt (siehe Rz 945). Dem Erwerber des Fahrzeuges (dies ist in diesem Fall der Endkunde, welcher vom Fahrzeughändler das zuvor zurückgegebene Kraftfahrzeug erwirbt) steht die Vergütung von 16,67% der geleisteten Normverbrauchsabgabe zu. Dieser Endkunde trägt als Erwerber die Belastung durch die von einer die Normverbrauchsabgabe inkludierenden Bemessungsgrundlage bemessenen Umsatzsteuer.

947 Die Vergütung kann frühestens für denjenigen Monat bzw. Anmeldungszeitraum beansprucht werden, in dem das nach der Lieferung durch den Fahrzeughändler oder der erstmaligen Zulassung umsatzsteuerpflichtige Rechtsgeschäft über das Kraftfahrzeug bewirkt wird, mit welchem die Normverbrauchsabgabe bei der Bemessung des umsatzsteuerpflichtigen Entgelts einbezogen wird.

Beispiel:

Tageszulassung durch den inländischen Fahrzeughändler am 20. März 2020; Verkauf des Kraftfahrzeuges an den inländischen Kunden im Juni 2020 (Lieferung am 24. Juni 2020).

Die Tageszulassung löst die Pflicht zur Leistung der Normverbrauchsabgabe aus (§ 1 Z 3 NoVAG 1991). Der Fahrzeughändler hat die Normverbrauchsabgabe nach § 11 Abs. 1 NoVAG 1991 spätestens am 15. Mai 2020 (= Fälligkeitstag) an das zuständige Finanzamt unter Einreichung einer NoVA-Anmeldung zu entrichten. Der Zeitpunkt für die Entstehung der Umsatzsteuerschuld bestimmt sich nach § 19 Abs. 2 Z 1 lit. a UStG 1994. Frühestens mit Ablauf des Monats Juni 2020 (bei späterer Rechnungslegung Juli 2020) kann der Fahrzeughändler gegenüber dem Finanzamt einen Anspruch auf 16,67% der (bereits im Mai 2020 an das Finanzamt entrichteten) Normverbrauchsabgabe geltend machen.

Die Vergütung gemäß § 6 Abs. 9 NoVAG 1991 kann mittels Formular NOVA 1 oder NOVA 2 geltend gemacht werden. 948

B.6.2. Rechtslagen bis 30. Juni 2021

B.6.2.1. Motorräder

B.6.2.1.1. Übersichtstabelle Rechtslagen Motorräder

Diese Tabelle soll einen Überblick über die verschiedenen Rechtslagen bei Motorrädern vermitteln. In den nachfolgenden Randzahlen werden die Rechtslagen eingehend behandelt. 949

Rechtslage	Berechnung	Höchststeuersatz	CO_2-Malus	Erhöhungsbetrag	Anmerkungen
30.06.2021 – 01.01.2020	(CO_2-Ausstoß – 55) / 4	20%	CO_2-Ausstoß > 150 g/km 20 Euro je Gramm über 150 g/km	Keiner	Bis 125 cm^3 beträgt der Steuersatz 0%
31.12.2019 – 01.03.2014	(Hubraum in cm^3 – 100 cm^3) x 0,02	20%	Keiner	Keiner	Bis 125 cm^3 beträgt der Steuersatz 0%
28.02.2014 – 01.07.2008	(Hubraum in cm^3 – 100 cm^3) x 0,02	16%	Keiner	20%	Bis 125 cm^3 beträgt der Steuersatz 0%
30.06.2008 – 01.06.1996	(Hubraum in cm^3 – 100 cm^3) x 0,02	16%	Keiner	20%	Bis 125 cm^3 beträgt der Steuersatz 0%
30.05.1996 – 01.01.1994	(Hubraum in cm^3 – 100 cm^3) x 0,02	14%	Keiner	20%	Bis 100 cm^3 beträgt der Steuersatz 0%
31.12.1993 – 01.01.1992	(Hubraum in cm^3 – 100 cm^3) x 0,02	14%	Keiner	Keiner	Bis 100 cm^3 beträgt der Steuersatz 0%

B.6.2.1.2. Rechtslage ab 1. Jänner 2020

Der Steuersatz errechnet sich nach der folgenden Formel: 950

$$\text{Steuersatz in \%} = \frac{CO_2\text{-Emissionswert in g/km} - 55\text{ g/km}}{4}$$

Die errechneten Prozentsätze sind kaufmännisch auf volle Prozentsätze zu runden (daher bis 0,49 abrunden, ab 0,50 aufrunden).

Der Höchststeuersatz beträgt 20%.

Bis 125 Kubikzentimeter beträgt der Steuersatz 0% (also insbesondere für Mopeds, Kleinmotorräder und Kleinmotorroller).

Die 20%-Erhöhung gemäß § 6 Abs. 6 NoVAG 1991 idF BGBl. I Nr. 52/2009 kommt hier nicht mehr zur Anwendung. 951

KfzBStR

952 Übersteigt der CO_2-Ausstoß 150 g/km, erhöht sich die Steuer für den die Grenze von 150 g/km übersteigenden CO_2-Ausstoß um 20 Euro je g/km.

Beispiel:

Ein Motorrad hat 160 g/km CO_2-Emissionswert und einen Netto-Kaufpreis iHv 2.000 Euro.

Der Steuersatz errechnet sich: (160 g/km – 55 g/km) / 4 = 26,25 --> Höchststeuersatz 20%.

10 g/km übersteigen die maßgebenden 150 g/km. --> 10 g/km x 20 Euro = 200 Euro

Bemessungsgrundlage	*2.000 Euro x 20% = 400 Euro*
CO_2-Austoß > 150 g/km	*10 g/km x 20 Euro = 200 Euro*
gesamter NoVA-Betrag	*600 Euro*

B.6.2.1.3. Rechtslage ab 1. März 2014

953 Der Steuersatz errechnet sich nach der folgenden Formel:

Steuersatz in % = (Hubraum in cm^3 – 100 cm^3) x 0,02

Die errechneten Prozentsätze sind kaufmännisch auf volle Prozentsätze zu runden (daher bis 0,49 abrunden, ab 0,50 aufrunden).

Der Höchststeuersatz beträgt 20%.

Bis 125 Kubikzentimeter beträgt der Steuersatz 0% (also insbesondere für Mopeds, Kleinmotorräder und Kleinmotorroller).

954 Die 20%-Abgabenerhöhung gemäß § 6 Abs. 6 NoVAG 1991 idF BGBl. I Nr. 52/2009 kommt hier nicht mehr zur Anwendung.

Beispiel:

Ein Motorrad hat einen Hubraum von 1.000 cm^3 und einen Netto-Kaufpreis iHv 4.000 Euro.

Der Steuersatz errechnet sich: (1.000 cm^3 – 100 cm^3) x 0,02 = 18%

Berechnung Normverbrauchsabgabe:

Bemessungsgrundlage 4.000 Euro x 18% = 720 Euro

B.6.2.1.4. Rechtslage ab 1. Juli 2008

955 Der Steuersatz errechnet sich nach der folgenden Formel:

Steuersatz in % = (Hubraum in cm^3 – 100 cm^3) x 0,02

Die errechneten Prozentsätze sind kaufmännisch auf volle Prozentsätze zu runden (daher bis 0,49 abrunden, ab 0,50 aufrunden).

Der Höchststeuersatz beträgt 16%. Die Steuerpflicht kann durch die Vornahme der Rundung auch gänzlich entfallen.

Bis 125 Kubikzentimeter beträgt der Steuersatz 0% (also insbesondere für Mopeds, Kleinmotorräder und Kleinmotorroller).

956 Die 20%-Erhöhung gemäß § 6 Abs. 6 NoVAG 1991 idF BGBl. Nr. 818/1993 kommt zur Anwendung.

Beispiel 1:

Ein Motorrad hat einen Hubraum von 1.000 Kubikzentimetern:

Der Steuersatz beträgt 18% [(1.000 cm^3 – 100 cm^3) x 0,02]. Hier kommt der maximale Steuersatz von 16% zur Anwendung. Bei einem Nettopreis von 9.000 Euro (Entgelt iSd § 4 UStG 1994 ohne Normverbrauchsabgabe) beträgt die Steuer 1.728 Euro (inklusive 20% Erhöhungsbetrag gemäß § 6 Abs. 6 NoVAG 1991 von 288 Euro). Vom Nettopreis werden noch 20% Umsatzsteuer berechnet.

Der Endpreis beträgt daher 9.000 Euro + 1.728 Euro (NoVA) + 1.800 Euro (USt)= 12.528 Euro.

Beispiel 2:

Ein Motorrad hat einen Hubraum von 500 Kubikzentimetern:

Der Steuersatz beträgt 8% [(500 cm^3 – 100 cm^3) x 0,02]. Bei einem Nettopreis von 7.000 Euro beträgt die Steuer 672 Euro (inklusive 20% Erhöhungsbetrag gemäß § 6 Abs. 6 NoVAG 1991 von 112 Euro). Vom Nettopreis werden noch 20% Umsatzsteuer berechnet.

Der Endpreis beträgt daher 7.000 Euro + 672 Euro (NoVA) + 1.400 Euro (USt) = 9.072 Euro.

Beispiel 3:

Ein Motorrad hat einen Hubraum von 120 Kubikzentimetern:

Der Steuersatz beträgt 0,4% [(120 cm³ – 100 cm³) x 0,02]. Kaufmännisch gerundet ergibt dies einen Steuersatz von 0%.

B.6.2.1.5. Rechtslage ab 1. Juni 1996

Der Steuersatz errechnet sich nach der folgenden Formel: 957

Steuersatz in % = (Hubraum in cm³ – 100 cm³) x 0,02

Die errechneten Prozentsätze sind kaufmännisch auf volle Prozentsätze zu runden (daher bis 0,49 abrunden, ab 0,50 aufrunden).

Der Höchststeuersatz beträgt 16%. Die Steuerpflicht kann durch die Vornahme der Rundung auch gänzlich entfallen.

Bis 125 Kubikzentimeter beträgt der Steuersatz 0% (also insbesondere für Mopeds, Kleinmotorräder und Kleinmotorroller).

Die 20%-Erhöhung gemäß § 6 Abs. 6 NoVAG 1991 idF BGBl. Nr. 818/1993 kommt zur Anwendung. 958

Beispiel:

Ein Motorrad hat einen Hubraum von 1.000 Kubikzentimetern:

Der Steuersatz beträgt 18% [(1.000 cm³ – 100 cm³) x 0,02]. Der Höchststeuersatz liegt jedoch bei 16%. Bei einem Nettopreis von 10.000 Euro beträgt die Steuer 1.600 Euro. Von der errechneten Normverbrauchsabgabe werden noch 20% Abgabenerhöhung gemäß § 6 Abs. 6 NoVAG 1991 idF BGBl. Nr. 818/1993 hinzugerechnet.

Der Gesamtbetrag an Normverbrauchsabgabe beträgt daher 1.600 Euro + 320 Euro = 1.920 Euro.

B.6.2.1.6. Rechtslage ab 1. Jänner 1994

Der Steuersatz errechnet sich nach der folgenden Formel: 959

Steuersatz in % = (Hubraum in cm³ – 100 cm³) x 0,02

Die errechneten Prozentsätze sind kaufmännisch auf volle Prozentsätze zu runden (daher bis 0,49 abrunden, ab 0,50 aufrunden).

Der Höchststeuersatz beträgt 14%. Die Steuerpflicht kann durch die Vornahme der Rundung auch gänzlich entfallen.

Bis 100 Kubikzentimeter beträgt der Steuersatz 0% (also insbesondere für Mopeds, Kleinmotorräder und Kleinmotorroller).

Die Steuer erhöht sich gemäß § 6 Abs. 6 NoVAG 1991 idF BGBl. Nr. 818/1993 in jenen Fällen, in denen die Normverbrauchsabgabe nicht Teil der Bemessungsgrundlage der Umsatzsteuer ist, um 20%. 960

Beispiel 1:

Ein Motorrad hat einen Hubraum von 500 Kubikzentimetern:

Der Steuersatz beträgt 8% [(500 cm³ – 100 cm³) x 0,02]. Bei einem Nettopreis von 6.000 Euro beträgt die Steuer 480 Euro. Von der errechneten Normverbrauchsabgabe werden noch 20% Abgabenerhöhung gemäß § 6 Abs. 6 NoVAG 1991 idF BGBl. Nr. 818/1993 hinzugerechnet.

Der Gesamtbetrag an Normverbrauchsabgabe beträgt daher 480 Euro + 96 Euro = 576 Euro.

Beispiel 2:

Ein Motorrad hat einen Hubraum von 1.000 Kubikzentimetern:

Der Steuersatz beträgt 18% [(1.000 cm³ – 100 cm³) x 0,02]. Der Höchststeuersatz beträgt jedoch nur 14%. Bei einem Nettopreis von 10.000 Euro beträgt die Steuer 1.400 Euro. Von der errechneten Normverbrauchsabgabe wird noch die 20%-Erhöhung gemäß § 6 Abs. 6 NoVAG 1991 idF BGBl. Nr. 818/1993 hinzugerechnet.

Der Gesamtbetrag an Normverbrauchsabgabe beträgt daher 1.400 Euro + 280 Euro = 1.680 Euro.

B.6.2.1.7. Rechtslage ab 1. Jänner 1992

Der Steuersatz errechnet sich nach der folgenden Formel: 961

Steuersatz in % = (Hubraum in cm³ – 100 cm³) x 0,02

Die errechneten Prozentsätze sind kaufmännisch auf volle Prozentsätze zu runden (daher bis 0,49 abrunden, ab 0,50 aufrunden).

Der Höchststeuersatz beträgt 14%. Die Steuerpflicht kann durch die Vornahme der Rundung auch gänzlich entfallen.

Bis 100 Kubikzentimeter beträgt der Steuersatz 0% (also insbesondere für Mopeds, Kleinmotorräder und Kleinmotorroller).

Beispiel 1:

Ein Motorrad hat einen Hubraum von 1.000 Kubikzentimetern:

Der Steuersatz beträgt 18% [(1.000 cm³ – 100 cm³) x 0,02]. Der Höchststeuersatz liegt bei 14%.

Bei einem Nettopreis von 10.000 Euro beträgt die Steuer 1.400 Euro.

Beispiel 2:

Ein Motorrad hat einen Hubraum von 500 Kubikzentimetern:

Der Steuersatz beträgt 8% [(500 cm³ – 100 cm³) x 0,02].

Bei einem Nettopreis von 6.000 Euro beträgt die Steuer 480 Euro.

Beispiel 3:

Ein Motorrad hat einen Hubraum von 120 Kubikzentimetern:

Der Steuersatz beträgt 0,4% [(120 cm³ – 100 cm³) x 0,02]. Kaufmännisch gerundet ergibt dies einen Steuersatz von 0%.

B.6.2.2. Andere Kraftfahrzeuge (§ 6 Abs. 2 NoVAG 1991) – Pkw

B.6.2.2.1. Übersichtstabelle Rechtslagen – Pkw

962 Diese Tabelle soll einen Überblick über die verschiedenen Rechtslagen bei Personenkraftwagen vermitteln. In den nachfolgenden Randzahlen werden die Rechtslagen eingehend behandelt.

Rechtslage	Berechnung	Höchststeuersatz	CO_2-Bonus	CO_2-Malus	NOx-Bonus	Umwelt-Bonus	Partikel-Malus	Abzugsposten	Erhöhungsbetrag	Anmerkungen
30.06.2021 – 01.01.2021	(CO_2-Ausstoß – 112) durch 5 **WLTP-Wert**	32%	Keiner	CO_2 > 275 g/km = € 40,-- je Gramm über 275 g/km	Keiner	Keiner	Keiner	€ 350	Keiner	Abzugsposten kann zu keiner Steuergutschrift führen
31.12.2020 - 01.01.2020	(CO_2-Ausstoß – 115) durch 5 **WLTP-Wert**	32%	Keiner	CO_2 > 275 g/km = € 40,-- je Gramm über 275 g/km	Keiner	Keiner	Keiner	€ 350	Keiner	Abzugsposten kann zu keiner Steuergutschrift führen

Rechtslage	**Berechnung**	**Höchststeuersatz**	**CO_2-Bonus**	**CO_2-Malus**	**NOx-Bonus**	**Umwelt-Bonus**	**Partikel-Malus**	**Abzugsposten**	**Erhöhungsbetrag**	**Anmerkungen**
31.12.2019 – 01.01.2016	(CO_2-Ausstoß – 90) durch 5 **NEFZ-Wert**	32%	Keiner	CO_2 > 250 g/km = € 20,-- je Gramm über 250 g/km	Keiner	Keiner	Keiner	€ 300	Keiner	Abzugsposten kann zu keiner Steuergutschrift führen
31.12.2015 – 01.01.2015	(CO_2-Ausstoß – 90) durch 5 **NEFZ-Wert**	32%	Keiner	CO_2 > 250 g/km = € 20 je Gramm über 250 g/km	Keiner	€ 600 Hybridantrieb; E 85, Methan in Form von Erdgas/ Biogas, Flüssiggas Wasserstoff	Keiner	€ 400	Keiner	Entweder Abzugsposten oder Umweltbonus möglich Kann zu keiner Steuergutschrift führen
31.12.2014 – 01.03.2014	(CO_2-Ausstoß – 90) durch 5 **NEFZ-Wert**	32%	Keiner	CO_2 > 250 g/km = € 20,-- je Gramm über 250 g/km	Keiner	€ 600 Hybridantrieb; E 85, Methan in Form von Erdgas/ Biogas, Flüssiggas Wasserstoff	Keiner	**Benzin:** € 450 **Diesel:** € 350	Keiner	Entweder Abzugsposten oder Umweltbonus möglich Kann zu keiner Steuergutschrift führen
28.02.2014 – 01.01.2013	**Benzin:** (Liter pro 100 km – 3) x 2 **Diesel:** (Liter pro 100 km – 2) x 2 **Andere:** (Liter pro 100 km – 3) x 2	16%	€ 300 wenn CO_2 < 120 g/km	CO_2 > 150 g/km = € 25,-- je Gramm über 150 g/km zusätzlich CO_2 > 170 g/km = € 25,-- je Gramm über 170 g/km zusätzlich CO_2 > 210 g/km = € 25,-- je Gramm über 210 g/km	**Benzin:** NOx-Emission ≤ 60 mg/km = € 200 **Diesel:** NOx-Emission ≤ 80 mg/km **und** partikelförmige Verunreinigung ≤ 0,005 g/km = € 200	€ 500 Hybridantrieb; E 85, Methan in Form von Erdgas/ Biogas, Flüssiggas Wasserstoff	Diesel: € 300 wenn partikelförmige Verunreinigung > 0,005 g/km	Keiner	20% NoVA-**Gesamtbetrag** (Grundbetrag **und** Bonus-Malus)	Summe Boni darf maximal 500 Euro betragen und darf zu keiner Steuergutschrift führen.

Rechtslage	Berechnung	Höchststeuersatz	CO_2-Bonus	CO_2-Malus	NOx-Bonus	Umwelt-Bonus	Partikel-Malus	Abzugsposten	Erhöhungsbetrag	Anmerkungen
31.12.2012 – 01.03.2011	**Benzin:** (Liter pro 100 km – 3) x 2 **Diesel:** (Liter pro 100 km – 2) x 2 **Andere:** (Liter pro 100 km – 3) x 2	16%	€ 300 wenn CO_2 < 120 g/km	CO_2 > 160 g/km = € 25,-- je Gramm über 160 g/km zusätzlich CO_2 > 180 g/km = € 25,-- je Gramm über 180 g/km zusätzlich CO_2 > 220 g/km = € 25,-- je Gramm über 220 g/km	**Benzin:** NOx-Emission ≤ 60 mg/km = € 200 **Diesel:** NOx-Emission ≤ 80 mg/km **und** partikelförmige Verunreinigung ≤ 0,005 g/km = € 200	€ 500 Hybridantrieb; E 85, Methan in Form von Erdgas/ Biogas, Flüssiggas Wasserstoff	Diesel: € 300 wenn partikelförmige Verunreinigung > 0,005 g/km	Keiner	20% NoVA-**Gesamtbetrag** (Grundbetrag **und** Bonus-Malus)	Summe Boni darf maximal 500 Euro betragen und darf zu keiner Steuergutschrift führen.
28.02.2011 – 01.01.2010	**Benzin:** (Liter pro 100 km – 3) x 2 **Diesel:** (Liter pro 100 km – 2) x 2 **Andere:** (Liter pro 100 km – 3) x 2	16%	€ 300 wenn CO_2 < 120 g/km	CO_2 > 160 g/km = € 25 je Gramm über 160 g/km	**Benzin:** NOx-Emission ≤ 60 mg/km = € 200 **Diesel:** NOx-Emission ≤ 80 mg/km **und** partikelförmige Verunreinigung ≤ 0,005 g/km = € 200	€ 500 Hybridantrieb; E 85, Methan in Form von Erdgas/ Biogas, Flüssiggas Wasserstoff	Diesel: € 300 wenn partikelförmige Verunreinigung > 0,005 g/km	Keiner	20% NoVA-**Gesamtbetrag** (Grundbetrag **und** Bonus-Malus)	Summe Boni darf maximal 500 Euro betragen und darf zu keiner Steuergutschrift führen.
31.12.2009 – 18.06.2009	**Benzin:** (Liter pro 100 km – 3) x 2 **Diesel:** (Liter pro 100 km – 2) x 2 **Andere:** (Liter pro 100 km – 3) x 2	16%	€ 300 wenn CO_2 < 120 g/km	CO_2 > 180 g/km = € 25 je Gramm über 180 g/km	**Benzin:** NOx-Emission ≤ 60 mg/km = € 200 **Diesel:** NOx-Emission ≤ 80 mg/km **und** partikelförmige Verunreinigung ≤ 0,005 g/km = € 200	€ 500 Hybridantrieb; E 85, Methan in Form von Erdgas/ Biogas, Flüssiggas Wasserstoff	Diesel: € 300 wenn partikelförmige Verunreinigung > 0,005 g/km	Keiner	20% NoVA-**Gesamtbetrag** (Grundbetrag **und** Bonus-Malus)	Summe Boni darf maximal 500 Euro betragen und darf zu keiner Steuergutschrift führen.

Rechtslage	Berechnung	Höchststeuersatz	CO_2-Bonus	CO_2-Malus	NOx-Bonus	Umwelt-Bonus	Partikel-Malus	Abzugsposten	Erhöhungsbetrag	Anmerkungen
17.06.2009 – 01.07.2008	**Benzin:** (Liter pro 100 km – 3) x 2 **Diesel:** (Liter pro 100 km – 2) x 2 **Andere:** (Liter pro 100 km – 3) x 2	16%	€ 300 wenn CO_2 < 120 g/km	CO_2 > 180 g/km = € 25 je Gramm über 180 g/km	**Benzin:** NOx-Emission ≤ 60 mg/km = € 200 **Diesel:** NOx-Emission ≤ 80 mg/km **und** partikelförmige Verunreinigung ≤ 0,005 g/km = € 200	€ 500 Hybridantrieb; E 85, Methan in Form von Erdgas/Biogas, Flüssiggas Wasserstoff	Diesel: € 300 wenn partikelförmige Verunreinigung > 0,005 g/km	Keiner	20% Nur für den NoVA-**Grundbetrag – nicht für den Bonus-Malus.**	Summe Boni darf maximal 500 Euro betragen und darf zu keiner Steuergutschrift führen.

B.6.2.2.2. Rechtslage ab 1. Jänner 2021

Für andere Kraftfahrzeuge (zum Beispiel Pkw, Kombi, Vans) errechnet sich der Steuersatz in Prozent nach der folgenden Formel: 963

$$\text{Steuersatz in \%} = \frac{CO_2\text{-Emissionswert in g/km} - 112 \text{ g/km}}{5}$$

Die errechneten Prozentsätze sind kaufmännisch auf volle Prozentsätze zu runden (daher bis 0,49 abrunden, ab 0,50 aufrunden).

Der Höchststeuersatz beträgt 32%.

Wird bei einem Kraftfahrzeug der CO_2-Ausstoß von 275 g/km überstiegen, erhöht sich die Steuer für den die Grenze von 275 g/km übersteigenden CO_2-Ausstoß um 40 Euro je g/km. 964

Beispiel:

315 g/km – 275 g/km = 40 g/km x 40 Euro= 1.600 Euro (Malus)

Von der errechneten Steuer ist der Abzugsposten in Höhe von 350 Euro abzuziehen. Die Berechnung kann zu keiner Steuergutschrift führen. 965

Beispiel:

Die Bemessungsgrundlage für einen im April 2020 eigenimportierten Pkw aus einem Drittland beträgt 5.000 Euro, der CO_2-Ausstoß 130 g/km.

$$\textit{Berechnung Steuersatz:} \frac{130 \text{ g/km} - 115 \text{ g/km}}{5} = 3\ \%$$

5.000 Euro multipliziert mit 3% = 150 Euro – 350 Euro (Abzugsposten) = -200 Euro („Gutschrift")

Da der Abzugsposten aber zu keiner Gutschrift führen kann, beträgt die Normverbrauchsabgabe Null.

B.6.2.2.3. Rechtslage von 1. Jänner 2020 bis 1. Jänner 2021

Für andere Kraftfahrzeuge (zum Beispiel Pkw, Kombi, Vans) errechnet sich der Steuersatz in Prozent nach der folgenden Formel: 966

$$\text{Steuersatz in \%} = \frac{CO_2\text{-Emissionswert in g/km} - 115 \text{ g/km}}{5}$$

Die errechneten Prozentsätze sind kaufmännisch auf volle Prozentsätze zu runden (daher bis 0,49 abrunden, ab 0,50 aufrunden).

Der Höchststeuersatz beträgt 32%.

Wird bei einem Kraftfahrzeug der CO_2-Ausstoß von 275 g/km überstiegen, erhöht sich die Steuer für den die Grenze von 275 g/km übersteigenden CO_2-Ausstoß um 40 Euro je g/km. 967

Beispiel:

315 g/km – 275 g/km = 40 g/km x 40 Euro= 1.600 Euro (Malus)

968 Von der errechneten Steuer ist der Abzugsposten in Höhe von 350 Euro abzuziehen. Die Berechnung kann zu keiner Steuergutschrift führen.

Beispiel:

Die Bemessungsgrundlage für einen im April 2020 eigenimportierten Pkw aus einem Drittland beträgt 5.000 Euro, der CO_2-Ausstoß 130 g/km.

$$\text{Berechnung Steuersatz: } \frac{130\text{ g/km} - 115\text{ g/km}}{5} = 3\ \%$$

5.000 Euro multipliziert mit 3% = 150 Euro – 350 Euro (Abzugsposten) = -200 Euro („Gutschrift“)

Da der Abzugsposten aber zu keiner Gutschrift führen kann, beträgt die Normverbrauchsabgabe Null.

B.6.2.2.4. Rechtslagen von 1. März 2014 bis 1. Jänner 2020

B.6.2.2.4.1. Allgemeines

969 Ab dieser Novelle des Normverbrauchsabgabegesetzes wird für die Besteuerung von Personenkraftwagen anstelle des Treibstoffverbrauches (Normverbrauch nach MVEG) der CO_2-Ausstoß in g/km nach dem Messzyklus NEFZ herangezogen. Anstatt des bisherigen Systems, das in Abhängigkeit vom Kraftstoffverbrauch aus einer tarifmäßigen Normverbrauchsabgabe, einem Bonus-Malus-System und einem Zuschlag bestand, wird nunmehr ein einfaches Tarifmodell angewendet, das aus einer Bemessungsgrundlage und einem linear progressiven Tarif besteht. Ein CO_2-Erhöhungsbetrag (Malus) ist nur mehr für den die Grenze von 250 g/km übersteigenden CO_2-Ausstoß vorgesehen.

970 Der Steuersatz in Prozent errechnet sich nach der folgenden Formel:

$$\text{Steuersatz in \%} = \frac{CO_2\text{-Emissionswert in g/km} - 90\text{ g/km}}{5}$$

Die errechneten Prozentsätze sind kaufmännisch auf volle Prozentsätze zu runden (daher bis 0,49 abrunden, ab 0,50 aufrunden).

Der Höchststeuersatz beträgt ab 1. März 2014 32% (bisher 16%).

971 Übersteigt bei einem Kraftfahrzeug der CO_2-Ausstoß 250 g/km, so erhöht sich die Steuer für den die Grenze von 250 g/km übersteigenden CO_2-Ausstoß um 20 Euro je Gramm CO_2 pro Kilometer.

Beispiel:

300 g/km CO_2-Ausstoß:

300 g/km – 250 g/km = 50 g/km x 20 Euro =1.000 Euro

972 Die gemäß § 6 Abs. 2 NoVAG 1991 errechnete Steuer ist um einen Abzugsposten zu vermindern, wenn kein Bonus gemäß § 6 Abs. 5 NoVAG 1991 anzuwenden ist (§ 6 Abs. 3 NoVAG 1991) (siehe Rz 974 sowie Rz 984).

Die bisherige Bonus-Malus-Regelung gemäß § 6a NoVAG 1991 wurde ersatzlos gestrichen. Wesentliche Punkte des § 6a NoVAG 1991 wurden in den § 6 NoVAG 1991 übernommen, wie zum Beispiel die pauschale Ersatzermittlung des CO_2-Ausstoßes oder der Bonus für alternative Antriebsarten.

973 Der 20%-Erhöhungsbetrag gemäß § 6 Abs. 6 NoVAG 1991 idF BGBl. I Nr. 52/2009 entfällt ersatzlos.

974 Ab 1. März 2014 entfällt die Steuerverminderung gemäß § 6a Abs. 1 Z 3 NoVAG 1991 idF BGBl. I Nr. 52/2009 für Kraftfahrzeuge bis zu einer bestimmten Schadstoffgrenze an NOx-Emissionen („NOx-Bonus“).

Für Kraftfahrzeuge mit umweltfreundlichem Antriebsmotor gilt vom 1. März 2014 bis 31. Dezember 2015 eine Bonusregelung von höchstens 600 Euro (bisher 500 Euro).

975 Sonderregelungen (§ 6 Abs. 6 NoVAG 1991 idF ab 1. März 2014) gelten im Hinblick auf unionsrechtliche Vorgaben für Gebrauchtfahrzeuge, welche unmittelbar aus dem übrigen Unionsgebiet ins Inland gelangen (siehe Rz 1020 sowie Rz 930 bis 937).

976 Sonderregelungen (§ 6 Abs. 7 NoVAG 1991 idF BGBl. I Nr. 13/2014) gelten für den Fall, dass die Normverbrauchsabgabe Teil der Bemessungsgrundlage für die Umsatzsteuer ist (z.B. Normverbrauchsabgabe als Teil der Leasingrate – siehe Rz 1022 sowie Rz 938 bis 948).

B.6.2.2.4.2. Änderung Abzugsposten – Rechtslage 1. Jänner 2016 bis 31. Dezember 2019

Ab dem 1. Jänner 2016 beträgt der Abzugsposten (§ 6 Abs. 3 NoVAG 1991) für alle Kraftfahrzeuge unabhängig von der Kraftstoffart 300 Euro. **977**

Die Berechnung kann zu keiner Steuergutschrift führen.

Beispiel:

Erstzulassung EU: 15. April 2016 (maßgeblich für die anzuwendende Rechtslage)

Zulassung in Österreich: 5. Juli 2021 (maßgeblich für die Aliquotierung des Abzugspostens, siehe Rz 934)

Bemessungsgrundlage netto: 10.000,00 Euro; CO_2-Emissionswert: 300 g/km

$$\text{Steuersatz in \%} = \frac{300\ g/km - 90\ g/km}{5} = 42\%\ \text{(Hochsteuersatz 32\%)}$$

Bemessungsgrundlage	*10.000,00 Euro*
NoVA-Satz 32%	*3.200,00 Euro*
*plus CO_2-Malus gemäß § 6 Abs. 2 NoVAG 1991**	*+ 375,00 Euro*
*minus Abzugsposten gemäß § 6 Abs. 5 / § 6 Abs. 3 NoVAG 1991**	*- 112,50 Euro*
zu entrichtende Normverbrauchabgabe	***3.462,50 Euro***

** Berechnung Malus und Abzugsbetrag: Da kein Neuwagenwert bekannt ist, wird die Wertentwicklung über die Achtelung berücksichtigt. Je vollem abgelaufenen Jahr wird der anzusetzende Malus und Abzugsbetrag um ein Achtel reduziert. Da seit April 2016 mehr als fünf ganze Jahre vergangen sind (Zulassung in Österreich im Juli 2021), werden nur drei Achtel des Malus und des Abzugsbetrags berücksichtigt.*

Malus aliquotiert: (300 – 250) x 20 € = 1.000 € = (1.000 € / 8) x 3 = 375,00 €

Abzugsbetrag aliquotiert: (300 € / 8) x 3 = 112,50 €

B.6.2.2.4.3. Änderung Abzugsposten und Umweltbonus – Rechtslage 1. Jänner 2015 bis 31. Dezember 2015

Im Kalenderjahr 2015 beträgt der Abzugsposten (§ 6 Abs. 3 NoVAG 1991) für alle Kraftfahrzeuge unabhängig von der Kraftstoffart 400 Euro. **978**

Eine Verminderung um den Abzugsposten kommt nur zur Anwendung, wenn nicht ein Bonus gemäß § 6 Abs. 5 NoVAG 1991 anzuwenden ist.

Gemäß § 6 Abs. 5 NoVAG 1991 gibt es für Kraftfahrzeuge mit umweltfreundlichem Antriebsmotor einen Bonus von höchstens 600 Euro (siehe Rz 984).

Die Berechnung kann zu keiner Steuergutschrift führen.

Beispiel:

Erstzulassung EU: 15. Februar 2015 (maßgeblich für die anzuwendende Rechtslage)

Zulassung in Österreich: 10. Dezember 2021 (maßgeblich für die Aliquotierung des Abzugspostens, siehe Rz 934)

Bemessungsgrundlage netto: 10.000,00 Euro; CO_2-Emissionswert: 250 g

$$\text{Steuersatz in \%} = \frac{250\ g/km - 90\ g/km}{5} = 32\%$$

Bemessungsgrundlage	*10.000,00 Euro*
NoVA-Satz 32%	*3.200,00 Euro*
plus CO_2-Malus gemäß § 6 Abs. 2 NoVAG 1991	*+ 0,00 Euro*
*minus Abzugsposten gemäß § 6 Abs. 5 / § 6 Abs. 3 NoVAG 1991**	*- 100,00 Euro*
zu entrichtende Normverbrauchabgabe	***3.100,00 Euro***

** Berechnung Abzugsbetrag: Da kein Neuwagenwert bekannt ist, wird die Wertentwicklung über die Achtelung berücksichtigt. Je vollem abgelaufenen Jahr wird der anzusetzende Abzugsbetrag um ein Achtel reduziert. Da seit Februar 2015 mehr als sechs ganze Jahre vergangen sind (Zulassung in Österreich im Dezember 2021), werden nur zwei Achtel des Abzugsbetrags berücksichtigt.*

Abzugsbetrag aliquotiert: (400 € / 8) x 2 = 100 €

KfzBStR

B.6.2.2.4.4. Änderung Abzugsposten und Umweltbonus – Rechtslage 1. März 2014 bis 31. Dezember 2014

979 Der Abzugsposten (§ 6 Abs. 3 NoVAG 1991) beträgt vom 1. März 2014 bis zum 31. Dezember 2014:

- für Kraftfahrzeuge mit Dieselmotor 350 Euro,
- für Kraftfahrzeuge mit anderen Kraftstoffarten 450 Euro.

Eine Verminderung um den Abzugsposten kommt nur zur Anwendung, wenn nicht ein Bonus gemäß § 6 Abs. 5 NoVAG 1991 anzuwenden ist.

Gemäß § 6 Abs. 5 NoVAG 1991 gibt es für Kraftfahrzeuge mit umweltfreundlichem Antriebsmotor einen Bonus von höchstens 600 Euro (siehe Rz 984).

Die Berechnung kann zu keiner Steuergutschrift führen.

Beispiel 1 – Benzinfahrzeug ohne Malus:

Erstzulassung EU: 23. April 2014 (maßgeblich für die anzuwendende Rechtslage)

Zulassung in Österreich: 20. November 2021 (maßgeblich für die Aliquotierung des Abzugspostens, siehe Rz 934)

Benzin

CO_2 in g/km: 240 (240 – 90) / 5 = 30%

Bemessungsgrundlage	*10.000,00 Euro*
NoVA-Satz 30%	*3.000,00 Euro*
plus CO_2-Malus gemäß § 6 Abs. 2 NoVAG 1991	*+ 0,00 Euro*
*minus Abzugsposten gemäß § 6 Abs. 5 / § 6 Abs. 3 NoVAG 1991**	*- 56,25 Euro*
zu entrichtende Normverbrauchsabgabe	***2.943,75 Euro***

** Berechnung Abzugsbetrag: Da kein Neuwagenwert bekannt ist, wird die Wertentwicklung über die Achtelung berücksichtigt. Je vollem abgelaufenen Jahr wird der anzusetzende Abzugsbetrag um ein Achtel reduziert. Da seit April 2014 mehr als sieben ganze Jahre vergangen sind (Zulassung in Österreich im November 2021), wird nur noch ein Achtel des Abzugsbetrags berücksichtigt.*

Abzugsbetrag aliquotiert: (450 € / 8) x 1 = 56,25 €

Beispiel 2 – Dieselfahrzeug ohne Malus

Erstzulassung EU: 23. April 2014 (maßgeblich für die anzuwendende Rechtslage)

Zulassung in Österreich: 20. November 2021 (maßgeblich für die Aliquotierung des Abzugspostens, siehe Rz 934)

Diesel

CO_2 in g/km: 240

(240 – 90) / 5 = 30%

Bemessungsgrundlage	*10.000,00 Euro*
NoVA-Satz 30% 3.000,00 Euro	
plus CO_2-Malus gemäß § 6 Abs. 2 NoVAG 1991	*+ 0,00 Euro*
*minus Abzugsposten gemäß § 6 Abs. 5 / § 6 Abs. 3 NoVAG 1991**	*- 43,75 Euro*
zu entrichtende Normverbrauchsabgabe	***2.956,25 Euro***

** Berechnung Abzugsbetrag: Da kein Neuwagenwert bekannt ist, wird die Wertentwicklung über die Achtelung berücksichtigt. Je vollem abgelaufenen Jahr wird der anzusetzende Abzugsbetrag um ein Achtel reduziert. Da seit April 2014 mehr als sieben ganze Jahre vergangen sind (Zulassung in Österreich im November 2021), wird nur noch ein Achtel des Abzugsbetrags berücksichtigt.*

Abzugsbetrag aliquotiert: (350 € / 8) x 1 = 43,75 €

Beispiel 3 – Benzinfahrzeug mit Malus und Höchststeuersatz:

Erstzulassung EU: 23. April 2014 (maßgeblich für die anzuwendende Rechtslage)

Zulassung in Österreich: 20. November 2021 (maßgeblich für die Aliquotierung des Abzugspostens, siehe Rz 934)

Benzin

CO_2 in g/km: 300

(300 – 90) / 5 = 42% (Höchststeuersatz 32%)

Bemessungsgrundlage	*10.000,00 Euro*
NoVA-Satz 32%	*3.200,00 Euro*
*plus CO_2-Malus gemäß § 6 Abs. 2 NoVAG 1991**	*+ 125,00 Euro*
*minus Abzugsposten gemäß § 6 Abs. 5 / § 6 Abs. 3 NoVAG 1991**	*- 56,25 Euro*
zu entrichtende Normverbrauchsabgabe	***3.268,25 Euro***

** Berechnung Malus und Abzugsbetrag: Da kein Neuwagenwert bekannt ist, wird die Wertentwicklung über die Achtelung berücksichtigt. Je vollem abgelaufenen Jahr wird der anzusetzende Malus und Abzugsbetrag um ein Achtel reduziert. Da seit April 2014 mehr als sieben ganze Jahre vergangen sind (Zulassung in Österreich im November 2021), wird nur ein Achtel des Malus und des Abzugsbetrags berücksichtigt.*

Malus aliquotiert: (300 – 250) x 20 € = 1.000 € = (1.000 € / 8) x 1 = 125,00 €

Abzugsbetrag aliquotiert: (450 € / 8) x 1 = 56,25 €

Beispiel 4 – Dieselfahrzeug mit Malus und Höchststeuersatz:

Erstzulassung EU: 23. April 2014 (maßgeblich für die anzuwendende Rechtslage)

Zulassung in Österreich: 20. November 2021 (maßgeblich für die Aliquotierung des Abzugspostens, siehe Rz 934)

Diesel

CO_2 in g/km: 300

(300 – 90) / 5 = 42% (Höchststeuersatz 32%)

Bemessungsgrundlage	*10.000,00 Euro*
NoVA-Satz 32%	*3.200,00 Euro*
*plus CO_2-Malus gemäß § 6 Abs. 2 NoVAG 1991**	*+ 125,00 Euro*
*minus Abzugsposten gemäß § 6 Abs. 5 / § 6 Abs. 3 NoVAG 1991**	*- 43,75 Euro*
zu entrichtende Normverbrauchsabgabe	***3.281,25 Euro***

** Berechnung Malus und Abzugsbetrag: Da kein Neuwagenwert bekannt ist, wird die Wertentwicklung über die Achtelung berücksichtigt. Je vollem abgelaufenen Jahr wird der anzusetzende Malus und Abzugsbetrag um ein Achtel reduziert. Da seit April 2014 mehr als sieben ganze Jahre vergangen sind (Zulassung in Österreich im November 2021), wird nur ein Achtel des Malus und des Abzugsbetrags berücksichtigt.*

Malus aliquotiert: (300 – 250) x 20 € = 1.000 € = (1.000 € / 8) x 1 = 125,00 €

Abzugsbetrag aliquotiert: (350 € / 8) x 1 = 43,75 €

Beispiel 5 – Ersatzberechnung bei Benzinfahrzeug bei fehlenden CO_2-Emissionswerten und Verbrauchswerten:

Erstzulassung EU: 23. April 2014 (maßgeblich für die anzuwendende Rechtslage)

Zulassung in Österreich: 20. November 2021 (maßgeblich für die Aliquotierung des Abzugspostens, siehe Rz 934)

Benzin

kein CO_2-Wert

kein Verbrauchswert 147 kW

Bemessungsgrundlage	*10.000,00 Euro*
*NoVA-Satz: 32%**	*3.200,00 Euro*
*plus CO_2-Malus gemäß § 6 Abs. 2 NoVAG 1991**	*+ 110,00 Euro*
*minus Abzugsposten gemäß § 6 Abs. 5 / § 6 Abs. 3 NoVAG 1991***	*- 56,25 Euro*
zu entrichtende Normverbrauchsabgabe	***3.253,75 Euro***

** Ersatzberechnung bei fehlendem CO_2-Emissionswert und fehlendem MVEG-Verbrauch: 147 kW x 2 = 294 g/km (anzusetzender CO_2-Emissionswert)*

(294 g/km – 90 g/km) / 5 = 40,8% --> 32% Höchststeuersatz

294 g/km – 250 g/km = 44 g/km x 20 Euro = 880 Euro (Malus) – dieser muss aliquotiert werden

Da kein Neuwagenwert bekannt ist, wird die Wertentwicklung über die Achtelung berücksichtigt. Je vollem abgelaufenen Jahr wird der anzusetzende Malus und Abzugsbetrag um ein Achtel reduziert. Da seit April 2014 mehr als sieben ganze Jahre vergangen sind (Zulassung in Österreich im November 2021), wird nur ein Achtel des Malus und des Abzugsbetrags berücksichtigt.

Malus aliquotiert: (880 € / 8) x 1 = 110,00 €

*** Abzugsbetrag aliquotiert: (450 € / 8) x 1 = 56,25 €*

Beispiel 6 – Ersatzberechnung Benzinfahrzeug bei fehlendem CO_2-Emissionswert:

Erstzulassung EU: 23. April 2014 (maßgeblich für die anzuwendende Rechtslage)

Zulassung in Österreich: 20. November 2021 (maßgeblich für die Aliquotierung des Abzugspostens, siehe Rz 934)

Benzin

kein CO_2-Wert

KfzBStR

MVEG-Verbrauchswert: 11 l/km

147 kW

Bemessungsgrundlage	*10.000,00 Euro*
*NoVA-Satz: 32%**	*3.200,00 Euro*
*plus CO_2-Malus gemäß § 6 Abs. 2 NoVAG 1991**	*+ 62,50 Euro*
*minus Abzugsposten gemäß § 6 Abs. 5 / § 6 Abs. 3 NoVAG 1991***	*- 56,25 Euro*
zu entrichtende Normverbrauchsabgabe	***3.206,25 Euro***

** Ersatztarif bei fehlendem CO_2-Emissionswert:*

11 x 25 = 275 (anzusetzender CO_2-Emissionswert)

(275 g/km – 90 g/km) / 5 = 37% --> 32% Höchststeuersatz

275 g/km – 250 g/km = 25 g/km x 20 Euro = 500 Euro (Malus) – dieser muss aliquotiert werden

Da kein Neuwagenwert bekannt ist, wird die Wertentwicklung über die Achtelung berücksichtigt. Je vollem abgelaufenen Jahr wird der anzusetzende Malus und Abzugsbetrag um ein Achtel reduziert. Da seit April 2014 mehr als sieben ganze Jahre vergangen sind (Zulassung in Österreich im November 2021), wird nur ein Achtel des Malus und des Abzugsbetrags berücksichtigt.

Malus aliquotiert: (500 € / 8) x 1 = 62,50 €

*** Abzugsbetrag aliquotiert: (450 € / 8) x 1 = 56,25 €*

Beispiel 7 – Ersatzberechnung Hybrid-Elektro-Kraftfahrzeug bei fehlenden CO_2-Emissionswerten und Verbrauchswerten:

Erstzulassung EU: 23. April 2014 (maßgeblich für die anzuwendende Rechtslage)

Zulassung in Österreich: 20. November 2021 (maßgeblich für die Aliquotierung des Abzugspostens, siehe Rz 934)

Full-Hybrid (Benzin) kein CO_2-Wert

kein Verbrauchswert 125 kW

Bemessungsgrundlage	*10.000,00 Euro*
*NoVA-Satz: 32%**	*3.200,00 Euro*
*plus CO_2-Malus gemäß § 6 Abs. 2 NoVAG 1991**	*+ 0,00 Euro*
*minus Abzugsposten gemäß § 6 Abs. 5 / § 6 Abs. 3 NoVAG 1991***	*- 56,25 Euro*
zu entrichtende NoVA	***3.143,75 Euro***

** Ersatztarif bei fehlendem CO_2-Emissionswert:*

125 x 2 = 250 (anzusetzender CO_2-Emissionswert)

(250 g/km – 90 g/km) / 5 = 32% Steuersatz

250 g/km – 250 g/km = 0 g/km x 20 Euro = 0 Euro (Malus)

*** Berechnung Abzugsposten: Da kein Neuwagenwert bekannt ist, wird die Wertentwicklung über die Achtelung berücksichtigt. Je vollem abgelaufenen Jahr wird der anzusetzende Abzugsbetrag um ein Achtel reduziert. Da seit April 2014 mehr als sieben ganze Jahre vergangen sind (Zulassung in Österreich im November 2021), wird nur ein Achtel des Abzugsbetrags berücksichtigt.*

Abzugsbetrag aliquotiert: (450 € / 8) x 1 = 56,25 €

B.6.2.2.5. Rechtslagen von 1. Juli 2008 bis 1. März 2014

B.6.2.2.5.1. Allgemeines

980 Bei Kraftwagen knüpft der Steuersatz an den Verbrauch nach dem MVEG-Zyklus der Richtlinie 80/1268/EWG idF der RL 2004/3/EG an (Motor Vehicle Emission Group). Die Erzeuger eines Kraftwagens bzw. bei ausländischen Erzeugern deren Bevollmächtigte haben diesen Wert im Genehmigungsdokument, in einem Beiblatt zu diesem oder im Datenblatt des Typenscheins ersichtlich zu machen (§ 28 Abs. 3b KFG 1967). Entsprechende Angaben sind auch im Falle von Einzelgenehmigungen zu machen und der Verbrauch nach dem MVEG-Zyklus ist im Genehmigungsdokument anzugeben.

981 Nach dem MVEG-Zyklus wird der Kraftstoffverbrauch je 100 km angegeben.

982 Liegt kein Gesamtverbrauch nach dem MVEG-Zyklus vor, so ist als Ersatztarif der Durchschnittsverbrauch mit dem 0,2-fachen der Leistung in Kilowatt anzunehmen.

Beispiel:

120 kW x 0,2 = 24%--> Höchststeuersatz 16%

50 kW x 0,2 = 10%--> Steuersatz 10%

983 Da die Normverbrauchsabgabe den Erwerb von verbrauchsarmen Kraftfahrzeugen begünstigen soll, kann für Kraftfahrzeuge, welche sowohl mit Erdgas als auch mit Benzin

angetrieben werden, der Normverbrauchsabgabetarif gemäß § 6 Abs. 2 Z 3 NoVAG 1991 nach dem (günstigeren) Erdgasverbrauch ermittelt werden. Dies gilt unabhängig von der Größe des zusätzlichen Benzintanks und somit sowohl für monovalente als auch für bivalente Kraftfahrzeuge.

Bei Kraftfahrzeugen mit umweltfreundlichem Antriebsmotor vermindert sich die Steuerschuld um höchstens 500 Euro (§ 6a Abs. 1 Z 4 NoVAG 1991). **984**

Unter die Begünstigung gemäß § 6a Abs. 1 Z 4 NoVAG 1991 fallen folgende Kraftfahrzeuge bzw. Antriebsmotoren:

- Fullhybridfahrzeuge
- Antrieb mit Kraftstoff der Spezifikation E 85
- Antrieb mit Methan in Form von Erdgas/Biogas
- Antrieb mit Flüssiggas
- Antrieb mit Wasserstoff

B.6.2.2.5.1.1. Benzinantrieb

Der Steuersatz in Prozent errechnet sich für Pkw mit Benzinmotoren nach der folgenden Formel: **985**

Steuersatz in % = (Gesamtverbrauch nach MVEG-Zyklus – 3l) x 2

Die errechneten Prozentsätze sind kaufmännisch auf volle Prozentsätze zu runden (daher bis 0,49 abrunden, ab 0,50 aufrunden). **986**

Der Höchststeuersatz beträgt 16%.

Bis zu einem Durchschnittsverbrauch von 3 l/km beträgt der Steuersatz Null.

Beispiel:

Erstzulassung EU: 23. November 2008 (maßgeblich für die anzuwendende Rechtslage)

Ein Pkw hat einen Benzinverbrauch nach dem MVEG-Zyklus von 6,8 l/km. Der Nettopreis beträgt 20.000 Euro.

(6,8 l/km – 3 l/km) x 2% = 7,6% (gerundet 8%)

Nettopreis	*20.000,00 Euro*
8% NoVA	*1.600,00 Euro*
+ Erhöhungsbetrag gemäß § 6 Abs. 6 NoVAG 1991	*320,00 Euro*
Nettopreis inklusive NoVA	*21.920,00 Euro*
20% USt	*4.000,00 Euro*
Bruttopreis	***25.920,00 Euro***

Bei Kraftfahrzeugen, deren CO_2-Ausstoß geringer als 120 g/km ist, vermindert sich die Steuerschuld um höchstens 300 Euro. **987**

Für Kraftfahrzeuge mit Benzinantrieb, deren Schadstoffgrenze kleiner/gleich 60 mg/km NOx betragen, vermindert sich die Steuerschuld um höchstens 200 Euro.

Die Summe der Steuerverminderungen darf den Betrag von 500 Euro nicht übersteigen. Die Berechnung kann zu keiner Steuergutschrift führen.

B.6.2.2.5.1.2. Dieselantrieb

Der Steuersatz in Prozent errechnet sich für Pkw mit Dieselmotoren nach der folgenden Formel: **988**

Steuersatz in % = (Gesamtverbrauch nach MVEG-Zyklus – 2l) x 2

Die errechneten Prozentsätze sind kaufmännisch auf volle Prozentsätze zu runden (daher bis 0,49 abrunden, ab 0,50 aufrunden). **989**

Der Höchststeuersatz beträgt 16%.

Bis zu einem Durchschnittsverbrauch von 2 l/km beträgt der Steuersatz Null.

Beispiel:

Erstzulassung EU: 23. November 2008 (maßgeblich für die anzuwendende Rechtslage)

Ein Dieselfahrzeug hat einen Verbrauch nach dem MVEG-Zyklus von 8,2 l. Der Nettopreis beträgt 20.000 Euro.

(8,2 l minus 2 l) x 2% = 12,4% (gerundet 12%)

Nettopreis	*20.000,00 Euro*
12% NoVA	*2.400,00 Euro*
+ Erhöhungsbetrag gemäß § 6 Abs. 6 NoVAG 1991	*480,00 Euro*

Nettopreis inklusive NoVA	*22.880,00 Euro*
20% USt	*4.000,00 Euro*
Bruttopreis	***26.880,00 Euro***

990 Bei Kraftfahrzeugen, deren CO_2-Ausstoß geringer als 120 g/km ist, vermindert sich die Steuerschuld um höchstens 300 Euro.

Für Kraftfahrzeuge mit Dieselantrieb, deren Schadstoffgrenze kleiner/gleich 80 mg/km NOx und bei denen die partikelförmigen Luftverunreinigungen (Partikelemission) kleiner/gleich 0,005 g/km betragen, vermindert sich die Steuerschuld um höchstens 200 Euro.

Die Summe der Steuerverminderungen darf den Betrag von 500 Euro nicht übersteigen. Die Berechnung kann zu keiner Steuergutschrift führen.

991 Für mit Dieselmotor betriebene Kraftfahrzeuge bei denen die partikelförmigen Luftverunreinigungen mehr als 0,005 g/km betragen, erhöht sich die nach § 6 NoVAG 1991 berechnete Steuer um 300 Euro.

B.6.2.2.5.1.3. Motoren mit anderen Kraftstoffarten

992 Für Motoren mit anderen Kraftstoffarten (zum Beispiel Flüssiggas, Erdgas) ist die Formel für Benzinmotoren heranzuziehen, wobei ein Kilogramm als ein Liter gilt. Wird die Menge an Erdgas in Kubikmeter angegeben, gilt ein Kubikmeter als ein Kilogramm.

Steuersatz in % = (Gesamtverbrauch nach MVEG-Zyklus – 3l) x 2

B.6.2.2.5.2. Rechtslage 1. Jänner 2013 bis 28. Februar 2014, idF BGBl. I Nr. 111/2010 (Änderung Malus CO_2-Werte und Abgabenerhöhung)

993 Für Kraftfahrzeuge, deren CO_2-Ausstoß größer als 150 g/km ist, erhöht sich die Steuerschuld für den die Grenze von 150 g/km übersteigenden CO_2-Ausstoß um 25 Euro je g/km.

Bei einem CO_2-Ausstoß von mehr als 170 g/km beträgt der Maluswert zusätzlich zu dem oben angeführten für die Grenze von 150 g/km errechneten Wert weitere 25 Euro.

Bei einem CO_2-Ausstoß von mehr als 210 g/km beträgt der Maluswert zusätzlich zu den oben angeführten für die Grenze von 170 g/km und 150 g/km errechneten Wert weitere 25 Euro.

Beispiel – Berechnung des Malus:

Erstzulassung EU: 23. November 2013 (maßgeblich für die anzuwendende Rechtslage)

Kauf eines Personenkraftwagens, der einen CO_2-Ausstoß von 240 g/km aufweist

(240 g/km – 150 g/km) x 25 Euro =	*2.250 Euro*
(240 g/km – 170 g/km) x 25 Euro =	*1.750 Euro*
(240 g/km – 210 g/km) x 25 Euro =	*750 Euro*
Malus gesamt	***4.750 Euro***

994 Der Erhöhungsbetrag von 20% gilt für alle Antriebsarten (§ 6 Abs. 6 NoVAG 1991 idF BGBl. I Nr. 52/2009). Seit 18. Juni 2009 ist die 20-prozentige Abgabenerhöhung nach § 6 Abs. 6 NoVAG 1991 auf den Gesamtbetrag der Normverbrauchsabgabe, also auf die Normverbrauchsabgabe gemäß Tarif im Sinne des § 6 Abs. 2 bis 5 NoVAG 1991 zuzüglich Malus (oder abzüglich Bonus) im Sinne des § 6a NoVAG 1991 anzuwenden.

B.6.2.2.5.3. Rechtslage 1. März 2011 bis 31. Dezember 2012, idF BGBl. I Nr. 111/2010 (Änderung Malus CO_2-Werte und Abgabenerhöhung)

995 Für Kraftfahrzeuge, deren CO_2-Ausstoß größer als 160 g/km ist, erhöht sich die Steuerschuld für den die Grenze von 160 g/km übersteigenden CO_2-Ausstoß um 25 Euro je g/km.

Bei einem CO_2-Ausstoß von mehr als 180 g/km beträgt der Maluswert zusätzlich zu dem oben angeführten für die Grenze von 160 g/km errechneten Wert weitere 25 Euro.

Bei einem CO_2-Ausstoß von mehr als 220 g/km beträgt der Maluswert zusätzlich zu den oben angeführten für die Grenze von 180 g/km und 160 g/km errechneten Werten weitere 25 Euro.

Beispiel – Berechnung des Malus:

Erstzulassung EU: 11. Juni 2011 (maßgeblich für die anzuwendende Rechtslage) Kauf eines Personenkraftwagens, der einen CO_2-Ausstoß von 240 g/km aufweist

(240 g/km – 160 g/km) x 25 Euro =	*2.000 Euro*
(240 g/km – 180 g/km) x 25 Euro =	*1.500 Euro*
(240 g/km – 220 g/km) x 25 Euro =	*500 Euro*
Malus gesamt	***4.000 Euro***

Der Erhöhungsbetrag von 20% gilt für alle Antriebsarten (§ 6 Abs. 6 NoVAG 1991 idF BGBl. I Nr. 52/2009). Seit 18. Juni 2009 ist die 20-prozentige Abgabenerhöhung nach § 6 Abs. 6 NoVAG 1991 auf den Gesamtbetrag der Normverbrauchsabgabe, also auf die Normverbrauchsabgabe gemäß Tarif im Sinne des § 6 Abs. 2 bis 5 NoVAG 1991 zuzüglich Malus (oder abzüglich Bonus) im Sinne des § 6a NoVAG 1991 anzuwenden. **996**

B.6.2.2.5.4. Rechtslage 1. Jänner 2010 bis 28. Februar 2011 (Änderung Malus CO_2-Werte)

Für Kraftfahrzeuge, deren CO_2-Ausstoß größer als 160 g/km ist, erhöht sich die Steuer- **997**
schuld für den die Grenze von 160 g/km übersteigenden CO_2-Ausstoß um 25 Euro je g/km.

Der Erhöhungsbetrag von 20% gilt für alle Antriebsarten (§ 6 Abs. 6 NoVAG 1991 idF BGBl. I Nr. 52/2009). Seit 18. Juni 2009 ist die 20-prozentige Abgabenerhöhung nach § 6 Abs. 6 NoVAG 1991 auf den Gesamtbetrag der Normverbrauchsabgabe, also auf die Normverbrauchsabgabe gemäß Tarif im Sinne des § 6 Abs. 2 bis 5 NoVAG 1991 zuzüglich Malus (oder abzüglich Bonus) im Sinne des § 6a NoVAG 1991 anzuwenden.

B.6.2.2.5.5. Rechtslage 18. Juni 2009 bis 31. Dezember 2009, idF BGBl. I Nr. 52/2009 (Änderung Malus CO_2-Werte und Abgabenerhöhung)

Für Kraftfahrzeuge, deren CO2-Ausstoß größer als 180 g/km ist, erhöht sich die Steuer- **998**
schuld für den die Grenze von 180 g/km übersteigenden CO2-Ausstoß um 25 Euro je g/km.

Der Erhöhungsbetrag von 20% gilt für alle Antriebsarten (§ 6 Abs. 6 NoVAG 1991 idF BGBl. I Nr. 52/2009). Seit 18. Juni 2009 ist die 20-prozentige Abgabenerhöhung nach § 6 Abs. 6 NoVAG 1991 auf den Gesamtbetrag der Normverbrauchsabgabe, also auf die Normverbrauchsabgabe gemäß Tarif im Sinne des § 6 Abs. 2 bis 5 NoVAG 1991 zuzüglich Malus (oder abzüglich Bonus) im Sinne des § 6a NoVAG 1991 anzuwenden.

Beispiel 1 – Benzinfahrzeug mit maximalen Bonus

Erstzulassung EU: 11. September 2009 (maßgeblich für die anzuwendende Rechtslage)

Zulassung in Österreich: 16. August 2021 (maßgeblich für die Aliquotierung, siehe Rz 933)

MVEG-Verbrauch (Benzin): 10 l/100 km

CO_2 in g/km: 110

NOx in mg/km: 50

Bemessungsgrundlage:	*10.000,00 Euro*
NoVA-Satz (10 l – 3 l) x 2 = 14%	*1.400,00 Euro*
*Gemäß § 6a Abs. 1 Z 1 - Bonus CO_2-Ausstoß (< 120 g/km)**	*- 37,50 Euro*
*Gemäß § 6a Abs. 1 Z 3 - Bonus NOx (bei Diesel plus Partikelemission)**	*- 25,00 Euro*
*Summe NoVA-Bonus (max. 500,00 Euro gemäß § 6a Abs. 2 NoVAG 1991)**	*- 62,50 Euro*
Erhöhungsbetrag gemäß § 6 Abs. 6 NoVAG 1991 iHv 20%	*+ 267,50 Euro*
zu entrichtende Normverbrauchsabgabe	***1.605,00 Euro***

** Berechnung Bonus: Da kein Neuwagenwert bekannt ist, wird die Wertentwicklung über die Achtelung berücksichtigt. Je vollem abgelaufenen Jahr wird der anzusetzende Bonus um ein Achtel reduziert. Da seit September 2009 mehr als acht ganze Jahre vergangen sind (Zulassung in Österreich im August 2021), wird nur ein Achtel des Bonus berücksichtigt.*

Bonus gemäß § 6a Abs. 1 Z 1 - aliquotiert: (300 € / 8) x 1 = 37,50 €

Bonus gemäß § 6a Abs. 1 Z 3 - aliquotiert: (200 € / 8) x 1 = 25,00 €

Summe NoVA-Bonus - aliquotiert: (500 € / 8) x 1 = 62,50 €

Beispiel 2 – Benzinfahrzeug mit NOx-Bonus

Erstzulassung EU: 11. September 2009 (maßgeblich für die anzuwendende Rechtslage)

Zulassung in Österreich: 16. August 2021 (maßgeblich für die Aliquotierung, siehe Rz 933)

MVEG-Verbrauch (Benzin): 10 l/100 km

CO_2 in g/km: 150

NOx in mg/km: 50

Bemessungsgrundlage:	*10.000,00 Euro*
NoVA-Satz (10 l – 3 l) x 2 = 14%	*1.400,00 Euro*
*Gemäß § 6a Abs. 1 Z 1 - Bonus CO_2-Ausstoß (< 120 g/km)**	*- 0,00 Euro*
*Gemäß § 6a Abs. 1 Z 3 - Bonus NOx (bei Diesel plus Partikelemission)**	*- 25,00 Euro*
*Summe NoVA-Bonus (max. 500,00 Euro gemäß § 6a Abs. 2 NoVAG 1991)**	*- 25,00 Euro*
Erhöhungsbetrag gemäß § 6 Abs. 6 NoVAG 1991 iHv 20%	*+ 275,00 Euro*
zu entrichtende Normverbrauchsabgabe	***1.650,00 Euro***

** Berechnung Bonus: Da kein Neuwagenwert bekannt ist, wird die Wertentwicklung über die Achtelung berücksichtigt. Je vollem abgelaufenen Jahr wird der anzusetzende Bonus um ein Achtel reduziert. Da seit September 2009 mehr als acht ganze Jahre vergangen sind (Zulassung in Österreich im August 2021), wird nur ein Achtel des Bonus berücksichtigt.*

Bonus gemäß § 6a Abs. 1 Z 3 - aliquotiert: (200 € / 8) x 1 = 25,00 €

Summe NoVA-Bonus - aliquotiert: (200 € / 8) x 1 = 25,00 €

Beispiel 3 – Benzinfahrzeug ohne Bonus und ohne Malus

Erstzulassung EU: 11. September 2009 (maßgeblich für die anzuwendende Rechtslage)
Zulassung in Österreich: 16. August 2021 (maßgeblich für die Aliquotierung, siehe Rz 933)
MVEG-Verbrauch (Benzin): 10 l/100 km
CO_2 in g/km: 150
NOx in mg/km: 65

Bemessungsgrundlage:	*10.000,00 Euro*
NoVA-Satz (10 l – 3 l) x 2 = 14%	*1.400,00 Euro*
*Gemäß § 6a Abs. 1 Z 1 - Bonus CO_2-Ausstoß (< 120 g/km)**	*- 0,00 Euro*
*Gemäß § 6a Abs. 1 Z 3 - Bonus NOx (bei Diesel plus Partikelemission)**	*- 0,00 Euro*
*Summe NoVA-Bonus (max. 500,00 Euro gemäß § 6a Abs. 2 NoVAG 1991)**	*- 0,00 Euro*
Erhöhungsbetrag gemäß § 6 Abs. 6 NoVAG 1991 iHv 20%	*+ 280,00 Euro*
zu entrichtende Normverbrauchsabgabe	***1.680,00 Euro***

** Berechnung Bonus/Malus: Da sich aufgrund der CO_2-Emissions- und NOx-Werte kein Bonus oder Malus ergibt, kommt es zu keiner Aliquotierung.*

Beispiel 4 – Benzinfahrzeug ohne Bonus und ohne Malus mit Höchststeuersatz

Erstzulassung EU: 11. September 2009 (maßgeblich für die anzuwendende Rechtslage)
Zulassung in Österreich: 16. August 2021 (maßgeblich für die Aliquotierung, siehe Rz 933)
MVEG-Verbrauch (Benzin): 12 l/100 km
CO_2 in g/km: 150
NOx in mg/km: 65

Bemessungsgrundlage:	*10.000,00 Euro*
NoVA-Satz (12 l – 3 l) x 2 = 18% (Höchststeuersatz 16%)	*1.600,00 Euro*
*Gemäß § 6a Abs. 1 Z 1 - Bonus CO_2-Ausstoß (< 120 g/km)**	*- 0,00 Euro*
*Gemäß § 6a Abs. 1 Z 3 - Bonus NOx (bei Diesel plus Partikelemission)**	*- 0,00 Euro*
*Summe NoVA-Bonus (max. 500,00 Euro gemäß § 6a Abs. 2 NoVAG 1991)**	*- 0,00 Euro*
Erhöhungsbetrag gemäß § 6 Abs. 6 NoVAG 1991 iHv 20%	*+ 320,00 Euro*
zu entrichtende Normverbrauchsabgabe	***1.920,00 Euro***

** Berechnung Bonus/Malus: Da sich aufgrund der CO_2-Emissions- und NOx-Werte kein Bonus oder Malus ergibt, kommt es zu keiner Aliquotierung.*

Beispiel 5 – Benzinfahrzeug mit Bonus und Malus

Erstzulassung EU: 11. September 2009 (maßgeblich für die anzuwendende Rechtslage)
Zulassung in Österreich: 16. August 2021 (maßgeblich für die Aliquotierung, siehe Rz 933)
MVEG-Verbrauch (Benzin): 10 l/100 km
CO_2 in g/km: 195
NOx in mg/km: 50

Bemessungsgrundlage:	*10.000,00 Euro*
NoVA-Satz (10 l – 3 l) x 2 = 14%	*1.400,00 Euro*
*Gemäß § 6a Abs. 1 Z 1 - Bonus CO_2-Ausstoß (< 120 g/km)**	*- 0,00 Euro*
*Gemäß § 6a Abs. 1 Z 3 - Bonus NOx (bei Diesel plus Partikelemission)**	*- 25,00 Euro*
*Summe NoVA-Bonus (max. 500,00 Euro gemäß § 6a Abs. 2 NoVAG 1991)**	*- 25,00 Euro*
*Gemäß § 6a Abs. 1 Z 2 lit. a und b - Malus CO_2-Ausstoß**	*+ 46,88 Euro*
*Gemäß § 6a Abs. 3 - Malus bei fehlenden CO_2-Emissionswerten**	*+ 0,00 Euro*
*Summe NoVA-Malus**	*+ 46,88 Euro*
Summe Bonus-Malus	*+ 21,88 Euro*
Erhöhungsbetrag gemäß § 6 Abs. 6 NoVAG 1991 iHv 20%	*+ 284,38 Euro*
zu entrichtende Normverbrauchsabgabe	***1.706,26 Euro***

** Berechnung Bonus/Malus: Da kein Neuwagenwert bekannt ist, wird die Wertentwicklung über die Achtelung berücksichtigt. Je vollem abgelaufenen Jahr wird der anzusetzende Bonus/Malus um ein Achtel reduziert. Da seit September 2009 mehr als acht ganze Jahre vergangen sind (Zulassung in Österreich im August 2021), wird nur ein Achtel des Bonus/Malus berücksichtigt.*

Bonus gemäß § 6a Abs. 1 Z 3 - aliquotiert: (200 € / 8) x 1 = 25,00 €

Summe NoVA-Bonus - aliquotiert: (200 € / 8) x 1 = 25,00 €

Malus gemäß § 6a Abs. 1 Z 2 lit. a und b: 195 – 180 = 15 x 25 Euro = 375,00 Euro

Malus gemäß § 6a Abs. 1 Z 2 lit. a und b – aliquotiert: (375 € / 8) x 1 = 46,88 Euro

Summe Malus – aliquotiert: (375 € / 8) x 1 = 46,88 Euro

Beispiel 6 – Benzinfahrzeug mit Malus

Erstzulassung EU: 11. September 2009 (maßgeblich für die anzuwendende Rechtslage)

Zulassung in Österreich: 16. August 2021 (maßgeblich für die Aliquotierung, siehe Rz 933)

MVEG-Verbrauch (Benzin): 10 l/100 km

CO_2 in g/km: 195

NOx in mg/km: 65

Bemessungsgrundlage:	*10.000,00 Euro*
NoVA-Satz (10 l – 3 l) x 2 = 14%	*1.400,00 Euro*
Gemäß § 6a Abs. 1 Z 1 - Bonus CO_2-Ausstoß (< 120 g/km)	*- 0,00 Euro*
Gemäß § 6a Abs. 1 Z 3 - Bonus NOx (bei Diesel plus Partikelemission)	*- 0,00 Euro*
Summe NoVA-Bonus (max. 500,00 Euro gemäß § 6a Abs. 2 NoVAG 1991)	*- 0,00 Euro*
*Gemäß § 6a Abs. 1 Z 2 lit. a und b - Malus CO_2-Ausstoß (195 – 180 = 15)**	*+ 46,88 Euro*
*Gemäß § 6a Abs. 3 - Malus bei fehlenden CO_2-Emissionswerten**	*+ 0,00 Euro*
*Summe NoVA-Malus**	*+ 46,88 Euro*
Summe Bonus-Malus	*+ 46,88 Euro*
Erhöhungsbetrag gemäß § 6 Abs. 6 NoVAG 1991 iHv 20%	*+ 289,38 Euro*
zu entrichtende Normverbrauchsabgabe	***1.736,26 Euro***

** Berechnung Malus: Da kein Neuwagenwert bekannt ist, wird die Wertentwicklung über die Achtelung berücksichtigt. Je vollem abgelaufenen Jahr wird der anzusetzende Malus um ein Achtel reduziert. Da seit September 2009 mehr als acht ganze Jahre vergangen sind (Zulassung in Österreich im August 2021), wird nur ein Achtel des Malus berücksichtigt.*

Malus gemäß § 6a Abs. 1 Z 2 lit. a und b: 195 – 180 = 15 x 25 Euro = 375,00 Euro

Malus gemäß § 6a Abs. 1 Z 2 lit. a und b – aliquotiert: (375 € / 8) x 1 = 46,88 Euro

Summe Malus – aliquotiert: (375 € / 8) x 1 = 46,88 Euro

KfzBStR

Beispiel 7 – Benzinfahrzeug mit fehlenden CO_2-Emissionswerten

Erstzulassung EU: 11. September 2009 (maßgeblich für die anzuwendende Rechtslage)

Zulassung in Österreich: 16. August 2021 (maßgeblich für die Aliquotierung, siehe Rz 933)

MVEG-Verbrauch (Benzin): 10 l/100 km

CO_2 in g/km: keine Angabe

NOx in mg/km: keine Angabe

Bemessungsgrundlage:	*10.000,00 Euro*
NoVA-Satz (10 l – 3 l) x 2 = 14%	*1.400,00 Euro*
Gemäß § 6a Abs. 1 Z 1 - Bonus CO_2-Ausstoß (< 120 g/km)	*- 0,00 Euro*
Gemäß § 6a Abs. 1 Z 3 - Bonus NOx (bei Diesel plus Partikelemission)	*- 0,00 Euro*
Summe NoVA-Bonus (max. 500,00 Euro gemäß § 6a Abs. 2 NoVAG 1991)	*- 0,00 Euro*
Gemäß § 6a Abs. 1 Z 2 lit. a und b - Malus CO_2-Ausstoß	*+ 0,00 Euro*
*Gemäß § 6a Abs. 3 - Malus bei fehlenden CO_2-Emissionswerten**	*+ 218,75 Euro*
*Summe NoVA-Malus**	*+ 218,75 Euro*
Summe Bonus-Malus	*+ 218,75 Euro*
Erhöhungsbetrag gemäß § 6 Abs. 6 NoVAG 1991 iHv 20%	*+ 323,75 Euro*
zu entrichtende Normverbrauchsabgabe	***1.942,50 Euro***

** Malus bei fehlendem CO_2-Emissionswert: 10 l/100 km x 25 = 250 - 180 =70 x 25 Euro = 1.750 Euro*

Berechnung Malus: Da kein Neuwagenwert bekannt ist, wird die Wertentwicklung über die Achtelung berücksichtigt. Je vollem abgelaufenen Jahr wird der anzusetzende Malus um ein Achtel reduziert. Da seit September 2009 mehr als acht ganze Jahre vergangen sind (Zulassung in Österreich im August 2021), wird nur ein Achtel des Malus berücksichtigt.

Malus gemäß § 6a Abs. 3 – aliquotiert: (1.750 € / 8) x 1 = 218,75 Euro

Summe Malus – aliquotiert: (1.750 € / 8) x 1 = 218,75 Euro

Beispiel 8 – Dieselfahrzeug mit fehlenden CO_2-Emissionswerten und Malus-Partikelemission

Erstzulassung EU: 11. September 2009 (maßgeblich für die anzuwendende Rechtslage)

Zulassung in Österreich: 16. August 2021 (maßgeblich für die Aliquotierung, siehe Rz 933)

MVEG-Verbrauch (Diesel): 10 l/100 km

CO_2 in g/km: keine Angabe

NOx in mg/km: keine Angabe

Partikelemission in g/km: 0,008

Bemessungsgrundlage:	*10.000,00 Euro*
NoVA-Satz (10 l – 2 l) x 2 = 16%	*1.600,00 Euro*
Gemäß § 6a Abs. 1 Z 1 - Bonus CO_2-Ausstoß (< 120 g/km)	*- 0,00 Euro*
Gemäß § 6a Abs. 1 Z 3 - Bonus NOx (bei Diesel plus Partikelemission)	*- 0,00 Euro*
Summe NoVA-Bonus (max. 500,00 Euro gemäß § 6a Abs. 2 NoVAG 1991)	*- 0,00 Euro*
Gemäß § 6a Abs. 1 Z 2 lit. a und b - Malus CO_2-Ausstoß	*+ 0,00 Euro*
*Gemäß § 6a Abs. 3 - Malus bei fehlenden CO_2-Emissionswerten**	*+ 312,50 Euro*
*Gemäß § 6a Abs. 4 - Malus bei Dieselmotor mit Partikelemission > 0,005 g/km**	*+ 37,50 Euro*
*Summe NoVA-Malus**	*+ 350,00 Euro*
Summe Bonus-Malus	*+ 350,00 Euro*
Erhöhungsbetrag gemäß § 6 Abs. 6 NoVAG 1991 iHv 20%	*+ 390,00 Euro*
zu entrichtende Normverbrauchsabgabe	***2.340,00 Euro***

** Malus bei fehlendem CO_2-Emissionswert: 10 l/100 km x 28 = 280 - 180 =100 x 25 Euro = 2.500 Euro*

Berechnung Malus: Da kein Neuwagenwert bekannt ist, wird die Wertentwicklung über die Achtelung berücksichtigt. Je vollem abgelaufenen Jahr wird der anzusetzende Malus um ein Achtel reduziert. Da seit September 2009 mehr als acht ganze Jahre vergangen sind (Zulassung in Österreich im August 2021), wird nur ein Achtel des Malus berücksichtigt.

Malus gemäß § 6a Abs. 3 – aliquotiert: (2.500 € / 8) x 1 = 312,50 Euro

Malus gemäß § 6a Abs. 4 – aliquotiert: (300 € / 8) x 1 = 37,50 Euro

Summe Malus – aliquotiert: (2.800 € / 8) x 1 = 350,00 Euro

Beispiel 9 – Benzinfahrzeug mit fehlenden CO_2-Emissionswerten und fehlenden MVEG-Verbrauch

Erstzulassung EU: 11. September 2009 (maßgeblich für die anzuwendende Rechtslage)

Zulassung in Österreich: 16. August 2021 (maßgeblich für die Aliquotierung, siehe Rz 933)

MVEG-Verbrauch (Benzin): nicht bekannt

CO_2 in g/km: keine Angabe

NOx in mg/km: keine Angabe

147 kW x 0,2 = 29,4 (Ersatzberechnung)

Bemessungsgrundlage:	*10.000,00 Euro*
NoVA-Satz (147 kW x 0,2 = 29,4) gerundet 29% (Höchststeuersatz 16%)	*1.600,00 Euro*
Gemäß § 6a Abs. 1 Z 1 - Bonus CO_2-Ausstoß (< 120 g/km)	*- 0,00 Euro*
Gemäß § 6a Abs. 1 Z 3 - Bonus NOx (bei Diesel plus Partikelemission)	*- 0,00 Euro*
Summe NoVA-Bonus (max. 500,00 Euro gemäß § 6a Abs. 2 NoVAG 1991)	*- 0,00 Euro*
Gemäß § 6a Abs. 1 Z 2 lit. a und b - Malus CO_2-Ausstoß	*+ 0,00 Euro*
*Gemäß § 6a Abs. 3 - Malus bei fehlenden CO_2-Emissionswerten**	*+ 821,88 Euro*
*Gemäß § 6a Abs. 4 - Malus bei Dieselmotor mit Partikelemission > 0,005 g/km**	*+ 0,00 Euro*
*Summe NoVA-Malus**	*+ 821,88 Euro*
Summe Bonus-Malus	*+ 821,88 Euro*
Erhöhungsbetrag gemäß § 6 Abs. 6 NoVAG 1991 iHv 20%	*+ 484,38 Euro*
zu entrichtende Normverbrauchsabgabe	***2.906,26 Euro***

** Malus bei fehlendem CO_2-Emissionswert und fehlendem MVEG-Verbrauch:*

147 kW --> 1/10 = 14,7 + 3 = 17,7 x 25 = 443

443 – 180 = 263 x 25 Euro = 6.575 Euro

Berechnung Malus:

Da kein Neuwagenwert bekannt ist, wird die Wertentwicklung über die Achtelung berücksichtigt. Je vollem abgelaufenen Jahr wird der anzusetzende Malus um ein Achtel reduziert. Da seit September 2009 mehr als acht ganze Jahre vergangen sind (Zulassung in Österreich im August 2021), wird nur ein Achtel des Malus berücksichtigt.

Malus bei fehlendem CO_2-Emissionswert und fehlendem MVEG-Verbrauch - aliquotiert:

(6.575 € / 8) x 1 = 821,88 Euro

Summe Malus – aliquotiert: (6.575 € / 8) x 1 = 821,88 Euro

B.6.2.2.5.6. Rechtslage 1. Juli 2008 bis 17. Juni 2009, idF BGBl. I Nr. 46/2008 (Änderung Malus CO_2-Werte und Abgabenerhöhung)

Für Kraftfahrzeuge, deren CO_2-Ausstoß größer als 180 g/km ist, erhöht sich die Steuerschuld für den die Grenze von 180 g/km übersteigenden CO_2-Ausstoß um 25 Euro je g/km. **999**

Der Erhöhungsbetrag von 20% gilt für alle Antriebsarten (§ 6 Abs. 6 NoVAG 1991 idF BGBl. I Nr. 52/2009). Dieser Erhöhungsbetrag umfasst nur den NoVA-Grundbetrag und nicht den Bonus-Malus.

Beispiel 1 – Benzinfahrzeug mit CO_2- und NOx-Bonus

Erstzulassung EU: 7. Dezember 2008 (maßgeblich für die anzuwendende Rechtslage)

Zulassung in Österreich: 16. August 2021 (maßgeblich für die Aliquotierung, siehe Rz 933)

MVEG-Verbrauch (Benzin): 10 l/100 km

CO_2 in g/km: 110

NOx in mg/km: 50

Bemessungsgrundlage:	*10.000,00 Euro*
NoVA-Satz (10 l – 3 l) x 2 = 14%	*1.400,00 Euro*
*Gemäß § 6a Abs. 1 Z 1 - Bonus CO_2-Ausstoß (< 120 g/km)**	*- 37,50 Euro*
*Gemäß § 6a Abs. 1 Z 3 - Bonus NOx (bei Diesel plus Partikelemission)**	*- 25,00 Euro*
*Summe NoVA-Bonus (max. 500,00 Euro gemäß § 6a Abs. 2 NoVAG 1991)**	*- 62,50 Euro*
Erhöhungsbetrag gemäß § 6 Abs. 6 NoVAG 1991 iHv 20% (nur auf den Grundbetrag)	*+ 280,00 Euro*
zu entrichtende Normverbrauchsabgabe	***1.617,50 Euro***

** Berechnung Bonus: Da kein Neuwagenwert bekannt ist, wird die Wertentwicklung über die Achtelung berücksichtigt. Je vollem abgelaufenen Jahr wird der anzusetzende Bonus um ein Achtel reduziert. Da seit Dezember 2008 mehr als acht ganze Jahre vergangen sind (Zulassung in Österreich im August 2021), wird nur ein Achtel des Bonus berücksichtigt.*

Bonus gemäß § 6a Abs. 1 Z 1 - aliquotiert: (300 € / 8) x 1 = 37,50 €

Bonus gemäß § 6a Abs. 1 Z 3 - aliquotiert: (200 € / 8) x 1 = 25,00 €

Summe NoVA-Bonus - aliquotiert: (500 € / 8) x 1 = 62,50 €

Beispiel 2 – Benzinfahrzeug mit NOx-Bonus

Erstzulassung EU: 7. Dezember 2008 (maßgeblich für die anzuwendende Rechtslage)

Zulassung in Österreich: 16. August 2021 (maßgeblich für die Aliquotierung, siehe Rz 933)

MVEG-Verbrauch (Benzin): 10 l/100 km

CO_2 in g/km: 150

NOx in mg/km: 50

Bemessungsgrundlage:	*10.000,00 Euro*
NoVA-Satz (10 l – 3 l) x 2 = 14%	*1.400,00 Euro*
Gemäß § 6a Abs. 1 Z 1 - Bonus CO_2-Ausstoß (< 120 g/km)	*- 0,00 Euro*
*Gemäß § 6a Abs. 1 Z 3 - Bonus NOx (bei Diesel plus Partikelemission)**	*- 25,00 Euro*
*Summe NoVA-Bonus (max. 500,00 Euro gemäß § 6a Abs. 2 NoVAG 1991)**	*- 25,00 Euro*
Erhöhungsbetrag gemäß § 6 Abs. 6 NoVAG 1991 iHv 20% (nur auf den Grundbetrag)	*+ 280,00 Euro*
zu entrichtende Normverbrauchsabgabe	***1.655,00 Euro***

** Berechnung Bonus: Da kein Neuwagenwert bekannt ist, wird die Wertentwicklung über die Achtelung berücksichtigt. Je vollem abgelaufenen Jahr wird der anzusetzende Bonus um ein Achtel reduziert. Da seit Dezember 2008 mehr als acht ganze Jahre vergangen sind (Zulassung in Österreich im August 2021), wird nur ein Achtel des Bonus berücksichtigt.*

Bonus gemäß § 6a Abs. 1 Z 3 - aliquotiert: (200 € / 8) x 1 = 25,00 €

Summe NoVA-Bonus - aliquotiert: (200 € / 8) x 1 = 25,00 €

Beispiel 3 – Benzinfahrzeug ohne Bonus und ohne Malus

Erstzulassung EU: 7. Dezember 2008 (maßgeblich für die anzuwendende Rechtslage)

Zulassung in Österreich: 16. August 2021 (maßgeblich für die Aliquotierung, siehe Rz 933)

MVEG-Verbrauch (Benzin): 10 l/100 km

CO_2 in g/km: 150

NOx in mg/km: 65

Bemessungsgrundlage:	*10.000,00 Euro*
NoVA-Satz (10 l – 3 l) x 2 = 14%	*1.400,00 Euro*
*Gemäß § 6a Abs. 1 Z 1 - Bonus CO_2-Ausstoß (< 120 g/km)**	*- 0,00 Euro*
*Gemäß § 6a Abs. 1 Z 3 - Bonus NOx (bei Diesel plus Partikelemission)**	*- 0,00 Euro*
*Summe NoVA-Bonus (max. 500,00 Euro gemäß § 6a Abs. 2 NoVAG 1991)**	*- 0,00 Euro*
Erhöhungsbetrag gemäß § 6 Abs. 6 NoVAG 1991 iHv 20% (nur auf den Grundbetrag)	*+ 280,00 Euro*
zu entrichtende Normverbrauchsabgabe	***1.680,00 Euro***

** Berechnung Bonus/Malus: Da sich aufgrund der CO_2-Emissions- und NOx-Werte kein Bonus oder Malus ergibt, kommt es zu keiner Aliquotierung.*

Beispiel 4 – Benzinfahrzeug ohne Bonus und ohne Malus mit Höchststeuersatz

Erstzulassung EU: 7. Dezember 2008 (maßgeblich für die anzuwendende Rechtslage)

Zulassung in Österreich: 16. August 2021 (maßgeblich für die Aliquotierung, siehe Rz 933)

MVEG-Verbrauch (Benzin): 12 l/100 km

CO_2 in g/km: 150

NOx in mg/km: 65

Bemessungsgrundlage:	*10.000,00 Euro*
NoVA-Satz (12 l – 3 l) x 2 = 18% (Höchststeuersatz 16%)	*1.600,00 Euro*
*Gemäß § 6a Abs. 1 Z 1 - Bonus CO_2-Ausstoß (< 120 g/km)**	*- 0,00 Euro*
*Gemäß § 6a Abs. 1 Z 3 - Bonus NOx (bei Diesel plus Partikelemission)**	*- 0,00 Euro*
*Summe NoVA-Bonus (max. 500,00 Euro gemäß § 6a Abs. 2 NoVAG 1991)**	*- 0,00 Euro*
Erhöhungsbetrag gemäß § 6 Abs. 6 NoVAG 1991 iHv 20% (nur auf den Grundbetrag)	*+ 320,00 Euro*
zu entrichtende Normverbrauchsabgabe	***1.920,00 Euro***

** Berechnung Bonus/Malus: Da sich aufgrund der CO_2-Emissions- und NOx-Werte kein Bonus oder Malus ergibt, kommt es zu keiner Aliquotierung.*

Beispiel 5 – Benzinfahrzeug mit Bonus und mit Malus

Erstzulassung EU: 7. Dezember 2008 (maßgeblich für die anzuwendende Rechtslage)

Zulassung in Österreich: 16. August 2021 (maßgeblich für die Aliquotierung, siehe Rz 933)

MVEG-Verbrauch (Benzin): 10 l/100 km

CO_2 in g/km: 195

NOx in mg/km: 50

Bemessungsgrundlage:	*10.000,00 Euro*
NoVA-Satz (10 l – 3 l) x 2 = 14%	*1.400,00 Euro*
Gemäß § 6a Abs. 1 Z 1 - Bonus CO_2-Ausstoß (< 120 g/km)	*- 0,00 Euro*
*Gemäß § 6a Abs. 1 Z 3 - Bonus NOx (bei Diesel plus Partikelemission)**	*- 25,00 Euro*
*Summe NoVA-Bonus (max. 500,00 Euro gemäß § 6a Abs. 2 NoVAG 1991)**	*- 25,00 Euro*
*Gemäß § 6a Abs. 1 Z 2 lit. a u. b - Malus CO_2-Ausstoß (195 – 180 = 15)**	*+ 46,88 Euro*
Gemäß § 6a Abs. 3 - Malus bei fehlenden CO_2-Emissionswerten	*+ 0,00 Euro*
*Summe NoVA-Malus**	*+ 46,88 Euro*
Summe Bonus-Malus	*+ 21,88 Euro*

Erhöhungsbetrag gemäß § 6 Abs. 6 NoVAG 1991 iHv 20% (nur auf den Grundbetrag)	*+ 280,00 Euro*
zu entrichtende Normverbrauchsabgabe	***1.701,88 Euro***

** Berechnung Bonus/Malus: Da kein Neuwagenwert bekannt ist, wird die Wertentwicklung über die Achtelung berücksichtigt. Je vollem abgelaufenen Jahr wird der anzusetzende Bonus/Malus um ein Achtel reduziert. Da seit Dezember 2008 mehr als acht ganze Jahre vergangen sind (Zulassung in Österreich im August 2021), wird nur ein Achtel des Bonus/Malus berücksichtigt.*

Bonus gemäß § 6a Abs. 1 Z 3 - aliquotiert: (200 € / 8) x 1 = 25,00 €

Summe NoVA-Bonus - aliquotiert: (200 € / 8) x 1 = 25,00 €

Malus gemäß § 6a Abs. 1 Z 2 lit. a und b: 195 – 180 = 15 x 25 Euro = 375,00 Euro

Malus gemäß § 6a Abs. 1 Z 2 lit. a und b – aliquotiert: (375 € / 8) x 1 = 46,88 Euro

Summe Malus – aliquotiert: (375 € / 8) x 1 = 46,88 Euro

Beispiel 6 – Benzinfahrzeug mit Malus

Erstzulassung EU: 7. Dezember 2008 (maßgeblich für die anzuwendende Rechtslage)

Zulassung in Österreich: 16. August 2021 (maßgeblich für die Aliquotierung, siehe Rz 933)

MVEG-Verbrauch (Benzin): 10 l/100 km

CO_2 in g/km: 195

NOx in mg/km: 65

Bemessungsgrundlage:	*10.000,00 Euro*
NoVA-Satz (10 l – 3 l) x 2 = 14%	*1.400,00 Euro*
Gemäß § 6a Abs. 1 Z 1 - Bonus CO_2-Ausstoß (< 120 g/km)	*- 0,00 Euro*
Gemäß § 6a Abs. 1 Z 3 - Bonus NOx (bei Diesel plus Partikelemission)	*- 0,00 Euro*
Summe NoVA-Bonus (max. 500,00 Euro gemäß § 6a Abs. 2 NoVAG 1991)	*- 0,00 Euro*
*Gemäß § 6a Abs. 1 Z 2 lit. a u. b - Malus CO_2-Ausstoß (195 – 180 = 15)**	*+ 46,88 Euro*
Gemäß § 6a Abs. 3 - Malus bei fehlenden CO_2-Emissionswerten	*+ 0,00 Euro*
*Summe NoVA-Malus**	*+ 46,88 Euro*
Summe Bonus-Malus	*+ 46,88 Euro*
Erhöhungsbetrag gemäß § 6 Abs. 6 NoVAG 1991 iHv 20% (nur auf den Grundbetrag)	*+ 280,00 Euro*
zu entrichtende Normverbrauchsabgabe	***1.726,88 Euro***

** Berechnung Malus: Da kein Neuwagenwert bekannt ist, wird die Wertentwicklung über die Achtelung berücksichtigt. Je vollem abgelaufenen Jahr wird der anzusetzende Malus um ein Achtel reduziert. Da seit September 2009 mehr als acht ganze Jahre vergangen sind (Zulassung in Österreich im August 2021), wird nur ein Achtel des Malus berücksichtigt.*

Malus gemäß § 6a Abs. 1 Z 2 lit. a und b: 195 – 180 = 15 x 25 Euro = 375,00 Euro

Malus gemäß § 6a Abs. 1 Z 2 lit. a und b – aliquotiert: (375 € / 8) x 1 = 46,88 Euro

Summe Malus – aliquotiert: (375 € / 8) x 1 = 46,88 Euro

B.6.2.2.6. Rechtslagen von 1. Juni 1996 bis 1. Juli 2008

Der Steuersatz in Prozent errechnet sich nach den folgenden Formeln: **1000**

für Benzinfahrzeuge:

Steuersatz in % = (Gesamtverbrauch nach MVEG-Zyklus – 3l) x 2

für Dieselfahrzeuge:

Steuersatz in % = (Gesamtverbrauch nach MVEG-Zyklus – 2l) x 2

Die errechneten Prozentsätze sind kaufmännisch auf volle Prozentsätze zu runden (daher bis 0,49 abrunden, ab 0,5 aufrunden).

Der Höchststeuersatz beträgt 16%. Die Steuerpflicht kann durch die Vornahme der Rundung auch gänzlich entfallen.

Liegt kein Gesamtverbrauch nach dem MVEG-Zyklus vor, so ist als Ersatztarif der Durchschnittsverbrauch mit dem 0,2-fachen der Leistung in Kilowatt anzunehmen. **1001**

Beispiel:

120 kW x 0,2 = 24% --> Höchststeuersatz 16%

50 kW x 0,2 = 10% --> Steuersatz 10%

Die Steuer erhöht sich in jenen Fällen, in denen die Normverbrauchsabgabe nicht Teil der Bemessungsgrundlage für die Umsatzsteuer ist, um 20%.

B.6.2.2.6.1. Rechtslage von 1. Juli 2005 bis 30. Juni 2008 (§ 14a NoVAG 1991 idF BGBl. I Nr. 180/2004 – Kraftfahrzeuge mit fortschrittlichem Abgasverhalten/Partikelfilter)

1002 Für Kraftfahrzeuge mit Dieselmotoren, welche eine Luftverunreinigung von höchstens 0,005 g/km aufweisen, vermindert sich im Zeitraum zwischen 1. Juli 2005 und 30. Juni 2007 die Steuerschuld um 300 Euro.

Wird der Grenzwert von 0,005 g/km überschritten, erhöht sich die Steuerschuld vom 1. Juli 2005 bis 30. Juni 2006 um 0,75% (höchstens um 150 Euro) und ab 1. Juli 2006 um 1,5% (höchstens 300 Euro) der Bemessungsgrundlage.

Für Kraftfahrzeuge mit einer Leistung von höchstens 80 Kilowatt tritt die Neuregelung erst mit 1. Jänner 2006 in Kraft.

B.6.2.2.7. Rechtslage von 1. Jänner 1994 bis 1. Juni 1996

1003 Der Steuersatz in Prozent errechnet sich nach den folgenden Formeln:

für Benzinfahrzeuge:

$$\text{Durchschnittsverbrauch} = \frac{\text{ECE/Stadtzyklus} + \text{ECE/90 km/h/Zyklus}}{2}$$

Steuersatz in % = (Durchschnittsverbrauch – 3) x 2

für Dieselfahrzeuge:

$$\text{Durchschnittsverbrauch} = \frac{\text{ECE/Stadtzyklus} + \text{ECE/90 km/h/Zyklus}}{2}$$

Steuersatz in % = (Durchschnittsverbrauch – 2) x 2

Die errechneten Prozentsätze sind kaufmännisch auf volle Prozentsätze zu runden (daher bis 0,49 abrunden, ab 0,5 aufrunden).

Der Höchststeuersatz beträgt 14%. Die Steuerpflicht kann durch die Vornahme der Rundung auch gänzlich entfallen.

1004 Liegt kein Gesamtverbrauch nach dem ECE-Zyklus vor, so ist als Ersatztarif der Durchschnittsverbrauch mit dem 0,2-fachen der Leistung in Kilowatt anzunehmen.

Beispiel:

120 kW x 0,2 = 24% --> Höchststeuersatz 14%

50 kW x 0,2 = 10% --> Steuersatz 10%

Die Steuer erhöht sich in jenen Fällen, in denen die Normverbrauchsabgabe nicht Teil der Bemessungsgrundlage für die Umsatzsteuer ist, um 20%.

B.6.2.2.8. Rechtslage von 1. Jänner 1992 bis 1. Jänner 1994

1005 Der Steuersatz in Prozent errechnet sich nach den folgenden Formeln:

für Benzinfahrzeuge:

$$\text{Durchschnittsverbrauch} = \frac{\text{ECE/Stadtzyklus} + \text{ECE/90 km/h/Zyklus}}{2}$$

Steuersatz in % = (Durchschnittsverbrauch – 3) x 2

für Dieselfahrzeuge:

$$\text{Durchschnittsverbrauch} = \frac{\text{ECE/Stadtzyklus} + \text{ECE/90 km/h/Zyklus}}{2}$$

Steuersatz in % = (Durchschnittsverbrauch – 2) x 2

Die errechneten Prozentsätze sind kaufmännisch auf volle Prozentsätze zu runden (daher bis 0,49 abrunden, ab 0,5 aufrunden).

Der Höchststeuersatz beträgt 14%. Die Steuerpflicht kann durch die Vornahme der Rundung auch gänzlich entfallen.

1006 Liegt kein Gesamtverbrauch nach dem ECE-Zyklus vor, so ist als Ersatztarif der Durchschnittsverbrauch mit dem 0,2-fachen der Leistung in Kilowatt anzunehmen.

Beispiel:

120 kW x 0,2 = 24% --> Höchststeuersatz 14%

50 kW x 0,2 = 10% --> Steuersatz 10%

B.6.2.3. Maßgebliche CO_2-Emissionswerte (§ 6 Abs. 3 NoVAG 1991)

B.6.2.3.1. Rechtslage ab 1. Jänner 2020 (WLTP)

Der maßgebliche CO_2-Emissionswert ist der kombinierte WLTP-Wert der CO_2-Emissionen in g/km, bei extern aufladbaren Elektro-Hybridfahrzeugen jedoch der gewichtet kombinierte WLTP-Wert der CO_2-Emissionen in g/km, jeweils ermittelt nach dem weltweit harmonisierten Prüfverfahren für leichte Kraftfahrzeuge (WLTP) (siehe Rz 5). **1007**

B.6.2.3.2. Rechtslage ab 1. März 2014 (NEFZ)

Der maßgebliche CO_2-Emissionswert ergibt sich aus dem CO_2-Emissionswert des kombinierten Verbrauches laut Typen- bzw. Einzelgenehmigung gemäß KFG 1967 oder der EG-Typengenehmigung (§ 6 Abs. 2 NoVAG 1991) (siehe Rz 4). **1008**

B.6.2.4. Zusatzbestimmungen zum Tarif (§ 6 Abs. 4 NoVAG 1991)

B.6.2.4.1. Keine Emissionswerte für Motorräder (§ 6 Abs. 4 Z 1 NoVAG 1991)

Liegt für Krafträder im Sinne des § 2 Z 1 NoVAG 1991 kein CO_2-Emissionswert vor, berechnet sich der Steuersatz in Prozent nach der folgenden Formel: **1009**

Steuersatz in % = (Hubraum in cm^3 – 100 cm^3) x 0,02

Es gilt ein Höchstsatz von 20%.

Bei einem Hubraum von nicht mehr als 125 cm^3 beträgt der Steuersatz 0%.

B.6.2.4.2. Keine Emissionswerte für Kraftfahrzeuge (§ 6 Abs. 4 Z 2 NoVAG 1991)

B.6.2.4.2.1. Rechtslage ab 1. Jänner 2020

Liegt für Kraftfahrzeuge im Sinne des § 2 Z 2 NoVAG 1991 kein CO_2-Emissionswert vor, wird der CO_2-Emissionswert mit dem Zweifachen der Nennleistung des Verbrennungsmotors in Kilowatt angenommen. **1010**

Beispiel:

100 kW x 2 = 200 g/km anzusetzender CO_2-Emissionswert

B.6.2.4.2.2. Rechtslage ab 1. März 2014

Für den Fall, dass kein CO_2-Emissionswert vorliegt, gilt Folgendes (§ 6 Abs. 4 NoVAG 1991): **1011**

- Liegt nur ein Kraftstoffverbrauch, aber kein CO_2-Emissionswert vor, dann gilt bei Kraftfahrzeugen mit Benzinmotoren oder mit Motoren für andere Kraftstoffarten der Kraftstoffverbrauch in Liter pro 100 Kilometer vervielfacht mit 25, bei Kraftfahrzeugen mit Dieselmotoren vervielfacht mit 28 als CO_2-Emissionswert.
- Liegt weder ein CO_2-Emissionswert noch ein Kraftstoffverbrauchswert vor, wird der CO_2-Emissionswert mit dem Zweifachen der Nennleistung des Verbrennungsmotors in Kilowatt angenommen.

B.6.2.4.2.3. Rechtslage ab 18. Juni 2009

Bei Kraftfahrzeugen im Sinne des § 2 Z 2 NoVAG 1991, für die kein CO_2-Emissionswert vorliegt, gilt folgendes: **1012**

1. Liegt nur der Kraftstoffverbrauchswert gemäß § 6 Abs. 4 NoVAG 1991 vor, dann gilt gemäß § 6a Abs. 3 NoVAG 1991 für die CO_2-Malusberechnung
   - bei Kraftfahrzeugen mit Benzinmotoren oder mit Motoren für andere Kraftstoffarten der Kraftstoffverbrauch vervielfacht mit 25 als CO_2-Emissionswert und
   - bei Kraftfahrzeugen mit Dieselmotoren der Kraftstoffverbrauch vervielfacht mit 28 als CO_2-Emissionswert.
2. Liegt weder ein CO_2-Emissionswert noch ein Kraftstoffverbrauchswert vor, ist der Kraftstoffverbrauch in Liter je 100 km nach der folgenden Formel zu berechnen:
   - Ein Zehntel der Leistung in Kilowatt plus 3 bei Benzinmotoren oder
   - ein Zehntel der Leistung in Kilowatt plus 2 bei Dieselmotoren.

B.6.2.4.2.4. Rechtslage ab 1. Juli 2008

Bei Kraftfahrzeugen im Sinne des § 2 Z 2 NoVAG 1991, für die kein CO_2-Emissionswert vorliegt, erhöht sich die Steuer für die die Grenze von 100 Kilowatt übersteigende Leistung um 20 Euro je Kilowatt. **1013**

Beispiel:
150 kW – 100 kW = 50 kW x 20 Euro = 1.000 Euro

B.6.2.4.3. Nachgewiesener CO_2-Wert (§ 6 Abs. 4 Z 3 NoVAG 1991)

1014 Wird vom Antragsteller der entsprechende CO_2-Emissionswert oder Kraftstoffverbrauch nachgewiesen, ist dieser heranzuziehen. Dieser nachgewiesene Wert muss jedoch zwingend den Vorgaben des WLTP-Messverfahrens entsprechen.

B.6.2.4.4. Ersatztarif Wohnmobile der Aufbauart „SA“ (§ 6 Abs. 4 Z 4 NoVAG 1991) ab 1. Jänner 2020

1015 Für Wohnmobile der Aufbauart „SA“ laut EG- bzw. EU-Übereinstimmungsbescheinigung oder Einzelgenehmigungsbescheid (Anhang I Teil A Nummer 5.1 der Verordnung (EU) Nr. 2018/858), deren Aufbau in nicht selbst tragender Bauweise ausgeführt ist, kann der CO_2-Emissionswert, der der Berechnung des Steuersatzes nach § 6 Abs. 2 NoVAG 1991 erster Satz zugrunde liegt, wahlweise mit dem Zweifachen der Nennleistung des Verbrennungsmotors in Kilowatt angenommen werden.

Es besteht daher die Wahlmöglichkeit für die Berechnung des Steuersatzes entweder nach dem CO_2-Emissionswert für Kraftfahrzeuge oder nach der Nennleistung des Verbrennungsmotors in Kilowatt multipliziert mit zwei. In jenen Fällen, in denen für ein Wohnmobil der Aufbauart „SA“ kein CO_2-Emissionswert vorliegt, ist der CO_2-Emissionswert jedenfalls nach der Nennleistung des Verbrennungsmotors in Kilowatt multipliziert mit zwei anzunehmen.

1016 Der Steuersatz für Wohnmobile der Aufbauart „SA“ errechnet sich nach der folgenden Formel:

$$\text{Steuersatz in \%} = \frac{CO_2\text{-Emissionswert in g/km} - 115\text{ g/km}}{5}$$

oder

$$\text{Steuersatz in \%} = \frac{(\text{Nennleistung des Verbrennungsmotors in kW x 2}) - 115}{5}$$

Der Steuersatz für Wohnmobile der Aufbauart „SA“ beträgt in jenen Fällen, in denen die doppelte Nennleistung des Verbrennungsmotors herangezogen wird, mindestens 16%.

Beispiel 1 – Berechnung des Steuersatzes mit den Kilowatt (trotz CO_2-Wert Angabe):

Erstzulassung EU: 26. Mai 2020 (maßgeblich für die anzuwendende Rechtslage)

Zulassung in Österreich: 20. Juli 2021 (maßgeblich für die Aliquotierung des Abzugspostens, siehe Rz 934)

Kaufpreis (netto) 10.000 Euro, CO_2-Wert 300 g/km, kW 145

Berechnung Steuersatz:

145 kW x 2 = 290; (290 g/km – 115 g/km) / 5 = 35%; Höchststeuersatz 32%

Bemessungsgrundlage:	*10.000,00 Euro*
Steuersatz:	*32%*
= NoVA Grundbetrag	*3.200,00 Euro*
*plus Malus**	*+ 525,00 Euro*
(290 g/km – 275 g/km) = 15 g/km; 15 x 40 Euro = 600 Euro	
*minus Abzugsposten**	*- 306,25 Euro*
= zu entrichtende Normverbrauchsabgabe	***3.418,75 Euro***

** Berechnung Malus und Abzugsposten: Da kein Neuwagenwert bekannt ist, wird die Wertentwicklung über die Achtelung berücksichtigt. Je vollem abgelaufenen Jahr wird der anzusetzende Malus und Abzugsbetrag um ein Achtel reduziert. Da seit Mai 2020 ein ganzes Jahr vergangen ist (Zulassung in Österreich im Juli 2021), werden sieben Achtel des Malus und des Abzugsbetrags berücksichtigt.*

Malus aliquotiert: (600 € / 8) x 7 = 525,00 €

Abzugsbetrag aliquotiert: (350 € / 8) x 7 = 306,25 €

Beispiel 2 – Berechnung des Steuersatzes mit dem CO_2-Wert:

Erstzulassung EU: 26. Mai 2020 (maßgeblich für die anzuwendende Rechtslage)

Zulassung in Österreich: 20. Juli 2021 (maßgeblich für die Aliquotierung des Abzugspostens, siehe Rz 934)

Kaufpreis (netto) Euro 10.000 Euro, CO_2-Wert 300 g/km, kW 145

Berechnung Steuersatz:

(300 g/km – 115 g/km) / 5 = 37%; Höchststeuersatz 32%

Bemessungsgrundlage	*10.000,00 Euro*
Steuersatz	*32%*
= NoVA Grundbetrag	*3.200,00 Euro*
*plus Malus**	*+ 875,00 Euro*
(300 g/km – 275 g/km) = 25 g/km; 25 x 40 Euro = 1.000 Euro	
*minus Abzugsposten**	*- 306,25 Euro*
= zu entrichtende Normverbrauchsabgabe	***3.768,75 Euro***

** Berechnung Malus und Abzugsposten: Da kein Neuwagenwert bekannt ist, wird die Wertentwicklung über die Achtelung berücksichtigt. Je vollem abgelaufenen Jahr wird der anzusetzende Malus und Abzugsbetrag um ein Achtel reduziert. Da seit Mai 2020 ein ganzes Jahr vergangen ist (Zulassung in Österreich im Juli 2021), werden sieben Achtel des Malus und des Abzugsbetrags berücksichtigt.*

Malus aliquotiert: (1.000 € / 8) x 7 = 875,00 €

Abzugsbetrag aliquotiert: (350 € / 8) x 7 = 306,25 €

Beispiel 3: Berechnung des Steuersatzes mit den Kilowatt (keine CO_2-Wert Angabe):

Erstzulassung EU: 26. Mai 2020 (maßgeblich für die anzuwendende Rechtslage)

Zulassung in Österreich: 20. Juli 2021 (maßgeblich für die Aliquotierung des Abzugspostens, siehe Rz 934)

Kaufpreis (netto) 10.000 Euro, CO_2-Wert liegt nicht vor, kW 120 Berechnung des Steuersatzes mit den kW 120

120 kW x 2 = 240 kW; (240 g/km – 115 g/km) / 5 = 25%

Bemessungsgrundlage	*10.000,00 Euro*
Steuersatz	*25%*
= NoVA Grundbetrag	*2.500,00 Euro*
plus Malus	*+ 0,00 Euro*
*minus Abzugsposten**	*- 306,25 Euro*
= zu entrichtende Normverbrauchsabgabe	***2.193,75 Euro***

** Berechnung Abzugsposten: Da kein Neuwagenwert bekannt ist, wird die Wertentwicklung über die Achtelung berücksichtigt. Je vollem abgelaufenen Jahr wird der anzusetzende Abzugsbetrag um ein Achtel reduziert. Da seit Mai 2020 ein ganzes Jahr vergangen ist (Zulassung in Österreich im Juli 2021), werden sieben Achtel des Abzugsbetrags berücksichtigt.*

Abzugsbetrag aliquotiert: (350 € / 8) x 7 = 306,25 €

KfzBStR

B.6.2.4.5. Ersatztarif Wohnmobile der Aufbauart „SA" (§ 6 Abs. 4 Z 4 NoVAG 1991) ab 1. März 2014 bis 31. Dezember 2019

Für Alkovenmodelle, teilintegrierte und vollintegrierte Kraftfahrzeuge ist für die Fest- **1017**
legung der Normverbrauchsabgabe ein Aufschlag von 5% auf die CO_2-Emissionswerte des jeweils zugrundeliegenden Kombifahrzeuges anzuwenden. Um den Aufschlag von 5% zu vermeiden, sind die CO_2-Emissionswerte entweder tatsächlich nachzuweisen (Gutachten) oder mit der Ersatzrechnung gemäß § 6 Abs. 4 NoVAG 1991 zu ermitteln (VwGH 17.12.2019, Ro 2019/16/0016).

B.6.2.5. Reduktion Wert der Konstante in Berechnungsformel und Verordnungsermächtigung (§ 6 Abs. 5 NoVAG 1991)

Bei Krafträdern vermindert sich beginnend ab 1. Jänner 2024 der Wert 55 g alle zwei **1018**
Jahre jeweils um den Wert zwei.

1. Jänner 2020:

$$\text{Steuersatz in \%} = \frac{CO_2\text{-Emissionswert in g/km} - 55\text{ g/km}}{4}$$

1. Jänner 2024:

$$\text{Steuersatz in \%} = \frac{CO_2\text{-Emissionswert in g/km} - 53\text{ g/km}}{4}$$

Beispiel:

1. Jänner 2020: (150 g/km – 55 g/km) / 4 = 23,75% --> gerundet 24%

1. Jänner 2024: (150 g/km – 53 g/km) / 4 = 24,25% --> gerundet 24%

1019 Bei Kraftfahrzeugen vermindert sich beginnend ab 1. Jänner 2021 (§ 6 Abs. 5 NoVAG 1991 idF BGBl. I Nr. 103/2019) der Wert 115 g jährlich jeweils um den Wert drei. Da ab 1. Juli 2021 eine angepasste Rechtslage gilt, kommt diese Senkung nur im Zeitraum zwischen 1. Jänner 2021 bis 30. Juni 2021 zur Anwendung.

1. Jänner 2020:

$$\text{Steuersatz in \%} = \frac{CO_2\text{-Emissionswert in g/km} - 115 \text{ g/km}}{5}$$

1. Jänner 2021:

$$\text{Steuersatz in \%} = \frac{CO_2\text{-Emissionswert in g/km} - 112 \text{ g/km}}{4}$$

Beispiel:

1. Jänner 2020: (220 g/km – 115 g/km) / 5 = 21,00% --> gerundet 21%

1. Jänner 2021: (220 g/km – 112 g/km) / 5 = 21,60% --> gerundet 22%

B.6.2.6. Gebrauchtfahrzeuge aus dem übrigen Unionsgebiet (§ 6 Abs. 6 NoVAG 1991 idF BGBl. I Nr. 13/2014)

1020 Bei Gebrauchtfahrzeugen, die unmittelbar aus dem übrigen Unionsgebiet in das Inland gebracht werden und die bereits im übrigen Unionsgebiet zum Verkehr zugelassen waren, ist die jeweilige Rechtslage anzuwenden, die im Zeitpunkt der erstmaligen Zulassung in Österreich anzuwenden gewesen wäre. Für nähere Ausführungen siehe Rz 930 bis 937.

1021 Bei Tatbestandsverwirklichung bis 30. Juni 2021 ist der Abzugsposten nicht Teil der Verhältnisrechnung, die bei der Zulassung eines eigenimportierten Kraftfahrzeuges oder eines von einem Fahrzeughändler „importierten" Kraftfahrzeuges, das im Inland weitergeliefert wird, anzuwenden ist. Es ist somit der Abzugsposten gemäß der zum Zeitpunkt der Erfüllung des Tatbestandes gesetzlichen Regelung heranzuziehen (siehe Rz 934).

B.6.2.7. Vergütung 16,67% bei Normverbrauchsabgabe als Kostenfaktor (§ 6 Abs. 7 NoVAG 1991 idF BGBl. I Nr. 13/2014)

1022 Seit 1. März 2014 gilt eine Sonderregelung (§ 6 Abs. 7 NoVAG 1991) für den Fall, dass die Normverbrauchsabgabe Teil der Bemessungsgrundlage für die Umsatzsteuer ist (zum Beispiel Normverbrauchsabgabe als Teil der Leasingrate). Für nähere Ausführungen siehe Rz 938 bis 948.

B.6.3. Steuerberechnung bei Differenzbesteuerung

1023 Bei Gebrauchtfahrzeugen, die von Fahrzeughändlern oder von sonstigen Personen aus dem übrigen Unionsgebiet importiert werden, kommt es umsatzsteuerlich häufig zur Anwendung der Differenzbesteuerung. Auch bei der Differenzbesteuerung ist die Umsatzsteuer nicht Teil der Berechnungsgrundlage für die Normverbrauchsabgabe.

1024 Im Fall der Differenzbesteuerung ist bei der Berechnung der Normverbrauchsabgabe zu unterscheiden, ob es sich um einen Fahrzeughändler oder einen Import durch eine sonstige Person handelt, da hier verschiedene steuerbare Tatbestände Anwendung finden: Während bei der Lieferung durch einen Fahrzeughändler die Normverbrauchsabgabe auf Grund der Lieferung nach § 1 Z 1 NoVAG 1991 entsteht, stellt beim Import durch eine sonstige Person die erstmalige Zulassung zum Verkehr im Inland nach § 1 Z 3 NoVAG 1991 einen steuerbaren Vorgang dar.

Verkauft und liefert ein Fahrzeughändler im Inland ein Gebrauchtfahrzeug, welches im übrigen Unionsgebiet unter Anwendung der Differenzbesteuerung erworben wurde, ist die Lieferung der steuerpflichtige Vorgang. Es wird vom Bruttoverkaufspreis eine fiktive österreichische Umsatzsteuer von 20% herausgerechnet.

1025 Wird vom Fahrzeughändler im Inland ein Gebrauchtfahrzeug differenzbesteuert erworben und anschließend weiterverkauft, stellt dies grundsätzlich keinen normverbrauchsabgaberechtlichen Tatbestand dar. Ein inländisches Gebrauchtfahrzeug ist zumeist bereits mit der Normverbrauchsabgabe belastet.

Beispiel 1 – Eigenimport iZm Differenzbesteuerung durch eine Privatperson:

Eine österreichische Privatperson erwirbt im Oktober 2021 in Deutschland ein gebrauchtes Kraftfahrzeug unter Anwendung der Differenzbesteuerung (Erstzulassung in Deutschland im August 2015), es wird ein Bruttobetrag von 11.900 Euro in Rechnung gestellt. Im Oktober 2021 importiert die Privatperson das Kraftfahrzeug nach Österreich und möchte es im Inland zulassen. Der CO_2-Emissionswert beträgt 210 g/km.

Verkaufspreis (brutto)	*11.900,00 Euro*
minus fiktive deutsche USt	*- 1.900,00 Euro*
Bemessungsgrundlage NoVA	*10.000,00 Euro*

Berechnung Steuersatz:

$$\frac{210\text{ g/km} - 90\text{ g/km}}{5} = 24\%$$

Berechnung Normverbrauchsabgabe:

NoVA Grundbetrag (24%)	*2.400,00 Euro*
plus Malus ((210 g/km – 275 g/km) x 40 Euro)	*0,00 Euro*
*minus Abzugsposten**	*- 100,00 Euro*
NoVA-Gesamt	***2.300,00 Euro***

** Berechnung Abzugsposten: Da kein Neuwagenwert bekannt ist, wird die Wertentwicklung über die Achtelung berücksichtigt. Je vollem abgelaufenen Jahr wird der anzusetzende Abzugsbetrag um ein Achtel reduziert. Da seit August 2015 bereits sechs ganze Jahre vergangen sind (Zulassung in Österreich im Oktober 2021), werden zwei Achtel des Abzugsbetrags berücksichtigt.*

Abzugsbetrag aliquotiert: (400 € / 8) x 2 = 100,00 €

Beispiel 2 – Einkauf des Kraftfahrzeuges durch Fahrzeughändler im Unionsgebiet:

Ein österreichischer Fahrzeughändler erwirbt im Juli 2021 in Deutschland ein gebrauchtes Kraftfahrzeug (Erstzulassung in Deutschland im Dezember 2018) zu einem Preis von 15.000 Euro, es wird ihm keine deutsche Umsatzsteuer in Rechnung gestellt.

Im August 2021 verkauft und liefert der österreichische Händler das Kraftfahrzeug an eine im Inland ansässige Person unter Anwendung der Differenzbesteuerung zu einem Bruttopreis von 22.100 Euro. Der CO_2-Emissionswert beträgt 291 g/km.

Verkaufspreis (brutto)	*22.100,00 Euro*
*plus Abzugsposten**	*+ 225,00 Euro*
*minus Malus**	*- 615,00 Euro*
Zwischensumme	*21.710,00 Euro*
minus darin enthaltene USt (21.710,00 / 1,52) x 20%*	*- 2.856,58 Euro*
minus darin enthaltene NoVA (32%) (21.710,00 / 1,52) x 32%*	*4.570,53 Euro*
Verkaufspreis (netto)	***14.282,89 Euro***

**(1,52 ergibt sich aus 20% Umsatzsteuer und 32% Normverbrauchsabgabe)*

Berechnung Steuersatz:

$$\frac{291\text{ g/km} - 90\text{ g/km}}{5} = 40{,}2\%\ (\text{Höchststeuersatz } 32\%)$$

**** Berechnung CO_2-Malus und Abzugsbetrag:***

(291 g/km – 250 g/km) x 20 Euro = 820 Euro

Da kein Neuwagenwert bekannt ist, wird die Wertentwicklung über die Achtelung berücksichtigt. Je vollem abgelaufenen Jahr wird der anzusetzende Malus und Abzugsbetrag um ein Achtel reduziert. Da seit Dezember 2018 bereits zwei ganze Jahre vergangen sind (Lieferung in Österreich im August 2021), werden sechs Achtel des Malus und des Abzugsbetrags berücksichtigt.

Malus aliquotiert: (820 € / 8) x 6 = 615,00 €

Abzugsbetrag aliquotiert: (300 € / 8) x 6 = 225,00 €

Berechnung Normverbrauchsabgabe:

Bemessungsgrundlage (Verkaufspreis (netto))	*14.282,89 Euro*
NoVA Grundbetrag (32%)	*4.570,53 Euro*
*plus CO_2-Malus**	*+ 615,00 Euro*
*minus Abzugsposten**	*- 225,00 Euro*
NoVA-Gesamt	***4.960,53 Euro***

KfzBStR

Beispiel 3 – Einkauf des Kraftfahrzeuges durch Fahrzeughändler im Unionsgebiet:

Ein österreichischer Fahrzeughändler erwirbt im Juli 2021 in Deutschland ein gebrauchtes Kraftfahrzeug (Erstzulassung in Deutschland im September 2012) zu einem Preis von 13.000 Euro, es wird ihm keine deutsche Umsatzsteuer in Rechnung gestellt.

Im Oktober 2021 verkauft und liefert der österreichische Händler das Kraftfahrzeug an eine im Inland ansässige Person unter Anwendung der Differenzbesteuerung zu einem Bruttopreis von 18.000 Euro. Der CO_2-Emissionswert beträgt 250 g/km. Der Verbrauch liegt bei 8,9 l Benzin/100 km.

Verkaufspreis (brutto)	*18.000,00 Euro*
minus Malus	*- 712,50 Euro***
Zwischensumme	*17.287,50 Euro*
minus darin enthaltene USt (17.287,50 / 1,344) x 20%*	*- 2.572,55 Euro*
minus darin enthaltene NoVA (12% inklusive 20% Erhöhungsbetrag = 14,4%)	
(17.287,50 / 1,344) x 14,4%*	*- 1.852,23 Euro*
Verkaufspreis (netto)	***12.862,72 Euro***

**(1,344 ergibt sich aus 20% Umsatzsteuer und 14,4% Normverbrauchsabgabe (inkl. 20% Zuschlag von 12% NoVA))*

Berechnung Steuersatz:

8,9 l – 3 l = 5,9 x 2 = 11,8% --> gerundet 12%

Berechnung Steuersatz inklusive Erhöhungsbetrag gemäß § 6 Abs. 6 NoVAG 1991:

12% + 20%-Erhöhung (2,4%) = 14,4% NoVA (inkl. Erhöhungsbetrag gemäß § 6 Abs. 6 NoVAG 1991 idF BGBl. I Nr. 52/2009)

*****Berechnung CO_2-Malus:***

(250 g/km – 220 g/km) x 25 Euro =	*750,00 Euro*
(250 g/km – 180 g/km) x 25 Euro =	*1.750,00 Euro*
(250 g/km – 160 g/km) x 25 Euro =	*2.250,00 Euro*
Malus gesamt	*4.750,00 Euro*

Davon wird nur 1/8 (das sind 593,75 Euro) für die Berechnung angesetzt, da bereits acht volle Jahre seit der Erstzulassung vergangen sind. Auch nach mehr als acht Jahren bleibt für die Bonus-/Malusberechnung ein Achtel immer bestehen. Da sich die Steuer in jenen Fällen, in denen die Normverbrauchsabgabe nicht Teil der Bemessungsgrundlage für die Umsatzsteuer ist, um 20% erhöht, erhöht sich dieser Betrag auf 712,50 Euro (20% von 593,75 Euro = 118,75 Euro). Dieser erhöhte Betrag ist auch beim „Rückrechnen" zu verwenden.

Berechnung Normverbrauchsabgabe:

NoVA Grundbetrag (12%)	*1.543,53 Euro*
plus CO_2-Malus	*+ 593,75 Euro*
Erhöhungsbetrag gemäß § 6 Abs. 6 NoVAG 1991 iHv 20%	*+ 427,46 Euro*
NoVA-Gesamt	***2.564,74 Euro***

Randzahlen 1026 bis 1049: *derzeit frei*

B.7. Entstehung der Steuerschuld (§ 7 NoVAG 1991)

B.7.1. Anlassfälle

1050 Die Steuerschuld entsteht

- bei der Lieferung gemäß § 1 Z 1 NoVAG 1991 mit Ablauf des Kalendermonats, in dem die Lieferung ausgeführt worden ist (Ausnahme bei Istbesteuerung siehe Rz 1054 f);
- beim innergemeinschaftlichen Erwerb am Tag des Erwerbes (siehe Rz 418);
- in den anderen Fällen der erstmaligen Zulassung im Sinne des § 1 Z 3 NoVAG 1991 mit dem Tag der Zulassung oder
- bei der Verwendung eines Kraftfahrzeuges im Inland, das nach dem KFG 1967 zuzulassen wäre, mit dem Tag der Einbringung in das Inland. Ausdrücklich wird in der Bestimmung des § 82 Abs. 8 KFG 1967 klargestellt, dass die Frist von einem Monat ab der erstmaligen Einbringung in das Bundesgebiet beginnt und eine vorübergehende Verbringung aus dem Bundesgebiet diese Frist nicht unterbricht;
- bei der Lieferung, bei der Entnahme oder einer Nutzungsänderung eines befreiten Kraftfahrzeuges mit Ablauf des Kalendermonats, in dem der Vorgang gemäß § 1 Z 4 NoVAG 1991 stattgefunden hat;

- bei erstmaliger Zulassung eines bisher zum Verkauf bestimmten Kraftfahrzeuges eines Fahrzeughändlers als Anlagevermögen mit Ablauf des Kalendermonats, in dem die Zulassung erfolgt ist;
- bei der Umwidmung eines Vorführkraftfahrzeuges als Anlagevermögen eines Fahrzeughändlers mit Ablauf des Kalendermonats der Umwidmung.

Entstehung Steuerschuld bei Tageszulassungen nach drei Monaten 1051

Wird bei einer Tageszulassung der Zeitraum von drei Monaten überschritten, dann entsteht die Steuerschuld mit dem Tag der Überschreitung dieser Dreimonatsfrist.

Übergang der Steuerschuld bei Menschen mit Behinderungen 1052

Im Zusammenhang mit der Befreiung gemäß § 3 Abs. 2 Z 2 lit. a NoVAG 1991 kommt es zum Übergang der Steuerschuld auf den Empfänger der Leistung, wenn die Bescheinigung über die Steuerbefreiung gemäß § 4 Abs. 3 Z 9 VersStG 1953 nicht innerhalb von zwei Wochen dem Fahrzeughändler vorgelegt wird. Damit wird der Käufer des Kraftfahrzeuges zum Abgabenschuldner. In diesem Fall hat der Fahrzeughändler das zuständige Finanzamt vom Übergang der Steuerschuld in Kenntnis zu setzen und das Kraftfahrzeug in der Genehmigungsdatenbank zu sperren. Für die Benachrichtigung des Finanzamtes soll das Formular NOVA 7 verwendet werden (siehe Rz 225 f).

Nichtunternehmerfälle iZm Menschen mit Behinderungen 1053

In jenen Fällen, in denen die Normverbrauchsabgabe beim zuständigen Finanzamt durch den Menschen mit Behinderung entrichtet werden muss (beispielsweise Eigenimport oder innergemeinschaftlicher Erwerb eines Kraftfahrzeuges), entsteht die Steuerschuld mit dem Tag der Zulassung. Steht dem Menschen mit Behinderung jedoch die Steuerbefreiung gemäß § 4 Abs. 3 Z 9 VersStG 1953 zu, ist dem zuständigen Finanzamt eine entsprechende Bescheinigung innerhalb von zwei Wochen vorzulegen.

Widrigenfalls ist die Normverbrauchsabgabe der Person, welche die Befreiung unberechtigt in Anspruch genommen hat, vorzuschreiben (siehe Rz 232).

B.7.2. Istbesteuerung

Nach § 7 Abs. 2 NoVAG 1991 haben Unternehmer, welche die Umsatzsteuer nach vereinnahmten Entgelten zu berechnen haben (Istbesteuerung), diese Besteuerungsart bei Liefervorgängen gemäß § 1 Z 1 und Z 4 NoVAG 1991 auch für die Berechnung der Normverbrauchsabgabe anzuwenden. Das gilt insbesondere auch für den Zeitpunkt der Entstehung der Steuerschuld. 1054

Zur Anwendung der Istbesteuerung im Umsatzsteuerrecht siehe auch UStR 2000 Rz 2451 bis Rz 2506. In den Fällen der Besteuerung nach vereinnahmten Entgelten entsteht die Steuerschuld – in Abweichung von § 7 Abs. 1 Z 1 NoVAG 1991 – mit Ablauf des Kalendermonates, in dem die Entgelte vereinnahmt worden sind. Eine wirksame Option zur Sollbesteuerung ist auch für die Normverbrauchsabgabe maßgeblich.

Eine Anzahlungsbesteuerung ist nicht vorgesehen. Es besteht keine Möglichkeit, den Zeitpunkt der Entstehung der Steuerschuld durch eine spätere Rechnungsausstellung zu verschieben. 1055

Randzahlen 1056 bis 1099: *derzeit frei*

B.8. Änderung der Abgabenbemessung (§ 8 NoVAG 1991)

B.8.1. Änderung der Bemessungsgrundlage

§ 8 NoVAG 1991 nimmt nur Bezug auf steuerpflichtige Lieferungen und erstreckt sich nur auf Lieferungen gemäß § 1 Z 1 und § 1 Z 4 NoVAG 1991. Änderungen des gemeinen Wertes werden im § 8 NoVAG 1991 nicht erfasst. 1100

Hinsichtlich des innergemeinschaftlichen Erwerbes ist § 8 NoVAG 1991 sinngemäß anzuwenden. 1101

Sowohl Entgeltminderungen als auch Entgelterhöhungen stellen eine Änderung der Bemessungsgrundlage dar. Minderungen ergeben sich insbesondere bei gewährten Skonti oder Rabatten und Erhöhungen beispielsweise aufgrund etwaiger Wertsicherungsklauseln. 1102

Uneinbringlichkeit liegt sowohl bei endgültiger Zahlungsunfähigkeit des Schuldners als auch bei Minderung des Entgelts aufgrund eines Gerichtsurteils bzw. Vergleichs vor. 1103

§ 8 NoVAG 1991 ist dem § 16 UStG 1994 nachgebildet. Hat sich die Bemessungsgrundlage im Nachhinein geändert, so ist die Berichtigung nicht rückwirkend, sondern für den Anmeldungszeitraum vorzunehmen, in dem die Änderung eingetreten ist. 1104

KfzBStR

Beispiel: Lieferung eines Kraftfahrzeuges im Jänner 2021

Nettoentgelt	*30.000,00 Euro*
10% NoVA	*3.000,00 Euro*
20% Umsatzsteuer	*6.000,00 Euro*
Kaufpreis	*39.000,00 Euro*

Im September 2021 steht fest, dass 20% des Kaufpreises uneinbringlich sind. Damit vermindert sich auch die Normverbrauchsabgabe um 20%, daher um 600 Euro. Diese Berichtigung (= Verminderung der abzuführenden Normverbrauchsabgabe) erfolgt in der Anmeldung für den Monat September.

1105 Die Berichtigung ist in beide Richtungen vorzunehmen.

Beispiel:

Angaben wie im vorherigen Beispiel (Rz 1104). Im Dezember 2021 ist der Schuldner überraschenderweise in der Lage, seine offenen Verbindlichkeiten zu decken. Es wird vom Unternehmer der ausstehende Teil des Kaufpreises, in dem auch die anteilige Normverbrauchsabgabe enthalten ist, vereinnahmt. Der fehlende Teil der Normverbrauchsabgabe ist erneut zu berichtigen. Es wird daher die abzuführende Normverbrauchsabgabe für den Monat Dezember 2021 um 600 Euro erhöht.

1106 Die Berichtigung des Steuerbetrags hat für den Anmeldungszeitraum der Rücklieferung zu erfolgen, wenn die steuerpflichtige Lieferung des Kraftfahrzeuges vor der erstmaligen Zulassung zum Verkehr rückgängig gemacht wird.

1107 Fällt auf Grund einer Rücknahme des Kraftfahrzeuges die Lieferung rückwirkend weg (z.B. Wandlung), ist eine Berichtigung gemäß § 8 NoVAG 1991 zulässig, wenn eine weitere Verwertungsmöglichkeit des Kraftfahrzeuges ausgeschlossen ist (das Kraftfahrzeug kann aufgrund schwerwiegender Mängel nicht weiterverkauft werden).

Fällt auf Grund der Geltendmachung eines Eigentumsvorbehaltes die Lieferung rückwirkend weg, ist eine Berichtigung gemäß § 8 NoVAG 1991 **nicht** zulässig, da in diesem Fall eine weitere Verwertung des Kraftfahrzeuges nicht ausgeschlossen ist. Der Fahrzeughändler kann dem neuen Käufer den um die Normverbrauchsabgabe erhöhten Verkaufspreis verrechnen. Es ergibt sich dadurch jedoch kein weiterer NoVA-Tatbestand.

Beispiel 1:

Ein Autohändler liefert einen Pkw zum Preis von 30.000 Euro plus 3.000 Euro Normverbrauchsabgabe plus 6.000 Euro Umsatzsteuer. Zwei Wochen nach der Fahrzeugübergabe stellt sich heraus, dass dieses wegen eines unbehebbaren, wesentlichen Mangels zurückgegeben werden muss. Damit fallen die Rechtsfolgen der ursprünglichen Lieferung grundsätzlich rückwirkend weg. Es können sowohl Umsatzsteuer als auch Normverbrauchsabgabe berichtigt werden, wenn das Kraftfahrzeug keinesfalls mehr fahrtauglich gemacht werden kann.

Beispiel 2:

Ein Fahrzeughändler liefert unter Eigentumsvorbehalt einen Pkw zum Preis von 30.000 Euro plus 3.000 Euro Normverbrauchsabgabe plus 6.000 Euro Umsatzsteuer. Nach Bezahlung eines Viertels des Kaufpreises wird der Käufer zahlungsunfähig. Der Fahrzeughändler macht den Eigentumsvorbehalt geltend und der Pkw wird zurückgestellt. Während eine Berichtigung der Umsatzsteuer vorgenommen werden kann, ist eine Berichtigung der Normverbrauchsabgabe nicht möglich, da davon ausgegangen werden kann, dass der Fahrzeughändler den Pkw verwerten wird.

B.8.2. Änderung der CO_2-Emissionswerte

1108 Waren die CO_2-Werte bereits beim Erfüllen des NoVA-Tatbestandes unrichtig, ist eine Berichtigung für den ursprünglichen Anmeldungszeitraum vorzunehmen.

1109 Kein Fall einer Berichtigung im Sinne des § 8 NoVAG 1991 ist gegeben, wenn der Steuersatz unrichtig berechnet worden ist. In diesem Fall ist eine Berichtigung für den ursprünglichen Anmeldungszeitraum vorzunehmen.

Beispiele:

a) *Verkauf eines Kraftfahrzeuges um 30.000 Euro (Normverbrauchsabgabetarif 10%, daher 3.000 Euro Normverbrauchsabgabe) durch einen Autohändler im Monat Februar; im Monat Mai stellt der Unternehmer fest, dass der richtige NoVA-Satz 12% ist. Die CO_2-Emissionswerte haben sich nicht geändert. Es ist die Anmeldung für den Monat Februar zu berichtigen und die Differenz von 600 Euro an das Finanzamt zu entrichten.*

b) Der Unternehmer führt im März auf Grund eines Rechenfehlers bei einem verkauften Auto um 1.200 Euro zu viel Normverbrauchsabgabe an das Finanzamt ab. Der Fehler wird erst im September festgestellt. Der Unternehmer hat die Anmeldung für den Monat März zu berichtigen.

B.8.3. Änderung der Vergütung

Hat der Leistungsempfänger eine Vergütung gemäß § 3 Abs. 3 NoVAG 1991 in Anspruch **1110** genommen und wird er vor vollständiger Begleichung des Kaufpreises zahlungsunfähig, so ist in Fällen, in denen das Kraftfahrzeug nicht zurückgestellt wird, davon auszugehen, dass der liefernde Unternehmer seine Forderung, in der auch die Normverbrauchsabgabe enthalten ist, berichtigt. Es hat daher auch der Vergütungsempfänger seine bereits vom Finanzamt erhaltene Vergütung zu berichtigen.

Beispiel:

Der Fahrzeughändler liefert einen Pkw an einen Taxiunternehmer zum Preis von 30.000 Euro plus 3.000 Euro Normverbrauchsabgabe plus 6.000 Euro Umsatzsteuer. Der Taxiunternehmer erhält vom Finanzamt eine Vergütung der Normverbrauchsabgabe iHv 3.000 Euro. Nach Bezahlung des halben Kaufpreises wird der Taxiunternehmer zahlungsunfähig. Das Kraftfahrzeug verbleibt beim Taxiunternehmer. Der Fahrzeughändler berichtigt seine Forderung um 50% auf 19.500 Euro. Darin sind 1.500 Euro Normverbrauchsabgabe und 3.000 Euro Umsatzsteuer enthalten. Die 1.500 Euro Normverbrauchsabgabe, die der Fahrzeughändler vom Finanzamt zurückfordert, weil er sie tatsächlich nicht erhalten hat, müssen auch beim Taxiunternehmer berichtigt werden, sodass das Finanzamt gegenüber dem Taxiunternehmer eine Forderung von 1.500 Euro hat.

Wird das Kraftfahrzeug auf Grund der Geltendmachung eines Eigentumsvorbehaltes **1111** oder einer Wandlung zurückgestellt und wurde vom Leistungsempfänger bereits eine Vergütung beansprucht, so tritt auf Grund des Wegfalls des begünstigten Verwendungszwecks Steuerpflicht nach § 1 Z 4 NoVAG 1991 ein.

Hat der Leistungsempfänger eine Vergütung gemäß § 3 Abs. 3 NoVAG 1991 in Anspruch **1112** genommen, wird aber nach Bezahlung des Kaufpreises einschließlich Normverbrauchsabgabe und Umsatzsteuer der Autohändler zahlungsunfähig, sodass er die fällige Normverbrauchsabgabe nicht an das Finanzamt abführen kann, so ist beim Leistungsempfänger keine Berichtigung durchzuführen.

Beispiel:

Der Fahrzeughändler liefert einen Pkw um 30.000 Euro plus 3.000 Euro Normverbrauchsabgabe plus 6.000 Euro Umsatzsteuer, die der Taxiunternehmer auch bezahlt. Der Taxiunternehmer nimmt gegenüber dem Finanzamt die NoVA-Vergütung in Anspruch. Der Fahrzeughändler wird zahlungsunfähig und führt daher die vom Taxiunternehmer erhaltene Normverbrauchsabgabe nicht an das Finanzamt ab. Eine Berichtigung der vergüteten Normverbrauchsabgabe beim Taxiunternehmer erfolgt nicht.

Randzahlen 1113 bis 1129: *derzeit frei*

KfzBStR

B.9. Aufzeichnungspflicht (§ 9 NoVAG 1991)

B.9.1. Allgemeines

Der Unternehmer, der normverbrauchsabgabepflichtige Vorgänge ausführt, muss darüber **1130** im Inland Aufzeichnungen führen, aus denen eindeutig hervorgeht, welchem Vorgang ein Steuerbetrag zuzuordnen ist.

Um die Vollständigkeit der steuerpflichtigen Vorgänge nachvollziehen zu können, müssen die Vorgänge getrennt nach

- steuerpflichtigen Vorgängen,
- gemäß § 1 Z 1 NoVAG 1991 (Lieferung zur gewerblichen Weiterveräußerung) nicht steuerbaren oder
- nach § 3 Abs. 1 Z 1 oder § 3 Abs. 2 Z 1 NoVAG 1991 (Vorgänge betreffend Elektrofahrzeuge, Ausfuhrlieferung, innergemeinschaftliche Lieferungen) von der Steuerpflicht ausgenommenen Vorgängen

aufgezeichnet werden.

Ausfuhrlieferungen und innergemeinschaftliche Lieferungen müssen schon aus umsatz- **1131** steuerlichen Gründen getrennt aufgezeichnet werden.

B.9.2. Aufzeichnungspflichten über normverbrauchsabgabepflichtige Vorgänge

1132 Im Rahmen der steuerpflichtigen Vorgänge sind für jeden Vorgang die Bemessungsgrundlage der Normverbrauchsabgabe, der Steuersatz und der Steuerbetrag aufzuzeichnen.

Weiters sind die Grundlagen für einen Malus aufzuzeichnen. Dies gilt auch für Unternehmer, die nur fallweise steuerpflichtige Vorgänge verwirklichen (z.B. bei Verkauf eines Taxifahrzeuges).

B.9.3. Aufzeichnungspflicht bei begünstigter Verwendung des Kraftfahrzeuges

1133 Der Unternehmer muss den Nachweis über den begünstigten Verwendungszweck fortlaufend geordnet führen und aufbewahren. Als Nachweis kommt eine Liste der nach § 3 Abs. 3 NoVAG 1991 befreiten Kraftfahrzeuge und Nachweise über die Zulassung als solche in Betracht. Für andere gemäß § 3 Abs. 3 NoVAG 1991 Begünstigte gilt dies sinngemäß.

B.9.4. Aufzeichnungs- und Nachweispflichten des Fahrzeughändlers iZm der Befreiung für Menschen mit Behinderungen gemäß § 3 Abs. 2 Z 2 bzw. § 3 Z 5 NoVAG 1991

1134 Der Fahrzeughändler hat das Vorliegen der gesetzlichen Voraussetzungen für eine Steuerbefreiung nach § 3 Abs. 2 Z 2 bzw. § 3 Z 5 NoVAG 1991 nachweislich zu prüfen und diese Überprüfung bzw. deren Ergebnisse in seinen Aufzeichnungen festzuhalten (siehe Rz 224 sowie Rz 248 f).

B.9.5. Aufzeichnungs- und Nachweispflicht bei Umbauten (Rechtslage bis 30. Juni 2021)

1135 Bei Umbauten von Personenkraftwagen in Lastkraftfahrzeuge ist für Zwecke der Normverbrauchsabgabe von einer erhöhten Mitwirkungs- bzw. Beweisvorsorgepflicht des Unternehmers auszugehen, um den Zustand des Kraftfahrzeuges bezogen auf den Zeitpunkt der Lieferung, des Eigenverbrauchs und der Nutzungsänderung feststellen zu können.

Insbesondere in jenen Fällen, in denen nach dem Umbau ein Rückumbau erfolgt, sind die Umbaumaßnahmen im Nachhinein ohne Vorliegen entsprechender Beweisunterlagen nicht nachvollziehbar.

Randzahlen 1136 bis 1149: *derzeit frei*

B.10. Bescheinigungspflicht (§ 10 NoVAG 1991)

B.10.1. Allgemeines

1150 Bei der Lieferung (steuerbare Vorgänge im Sinne des § 1 Z 1 oder 4 NoVAG 1991) muss der Unternehmer dem Abnehmer des Kraftfahrzeuges (z.B. auch Leasingunternehmen) eine Bescheinigung ausstellen, aus der hervorgeht, dass er die Normverbrauchsabgabe berechnet und abführt. Sie ist der Zulassungsbehörde zur Überprüfung vorzulegen (siehe Rz 1301 bis 1307).

B.10.2. Inhalt der Bescheinigung

1151 Die Bescheinigung gemäß § 10 NoVAG 1991 hat Folgendes zu enthalten:

Bescheinigung gemäß § 10 NoVAG 1991

An

(Name und Anschrift des Abnehmers)

Die Firma .... (Firmenname, Anschrift/Geschäftsadresse des Unternehmens) bestätigt hiermit, dass für die Lieferung des Kraftfahrzeuges .... (Marke/Modell) .... (Fahrzeugidentifikationsnummer) lt. Kaufvertrag vom .... (Datum des Kaufvertrages) die Normverbrauchsabgabe gemäß §§ 5 und 6 NoVAG 1991 idgF wie folgt

.... (Angabe der Bemessungsgrundlage/Nettoverkaufspreis)

.... (Tarif/Steuersatz)

.... (Normverbrauchsabgabe)

abzüglich Bonus .... zuzüglich Malus .... (Bonus-Malus iSd § 6a bzw. § 6 NoVAG 1991 idgF)

abzüglich Abzugsposten(für Kraftfahrzeuge gemäß § 6 NoVAG 1991 idgF)

.... (Gesamtbetrag an abzuführender Normverbrauchsabgabe) ordnungsgemäß berechnet wurde und an das Finanzamt abgeführt wird.

Diese Bescheinigung ist zu datieren und firmenmäßig zu zeichnen.

Eine Rechnungskopie ist beizulegen

Gebühren:

Die Bescheinigung ist kein Zeugnis im Sinn des § 14 TP 14 GebG 1957 und daher nicht gebührenpflichtig.

Eine Ausstellung der Bescheinigung kann unterbleiben, wenn die vorgegebenen Informationen aus der Rechnung hervorgehen. 1152

Randzahlen 1153 bis 1159: *derzeit frei*

B.11. Abgabenerhebung (§ 11 NoVAG 1991)

B.11.1. Fälle des § 11 Abs. 1 Z 1 NoVAG 1991 (Unternehmerfälle)

Die Abgabenerhebung ist in den Fällen, in denen die Steuerschuld mit Ablauf eines Kalendermonats entsteht, § 21 Abs. 1 UStG 1994 (Kalendermonat als Voranmeldungszeitraum) nachgebildet. Zum Unternehmerbegriff siehe Rz 402 ff. 1160

Die Normverbrauchsabgabe ist vom Abgabenschuldner spätestens am 15. des auf die Entstehung der Steuerschuld zweitfolgenden Kalendermonats selbst zu berechnen, anzumelden und zu entrichten (z.B. für April am 15. Juni). Dieser Tag ist auch der Fälligkeitstag der Normverbrauchsabgabe. Auf Beginn, Lauf und Ende der Fristen gemäß § 108 Abs. 3 BAO wird hingewiesen.

Die Steuerschuld entsteht mit Ablauf des Kalendermonats 1161

- der Lieferung (§ 7 Abs. 1 Z 1 iVm § 1 Z 1 und Z 4 erster Fall NoVAG 1991, siehe Rz 1050),
- des Entnahmeeigenverbrauchs (§ 7 Abs. 1 Z 1 iVm § 1 Z 4 zweiter Fall NoVAG 1991, siehe Rz 1050),
- der Nutzungsänderung (§ 7 Abs. 1 Z 1 iVm § 1 Z 4 dritter Fall NoVAG 1991, siehe Rz 1050),
- der Änderung der Bemessungsgrundlage nach § 8 NoVAG 1991 (siehe Rz 1050).

Anders als beim Umsatzsteuerverfahren gibt es nur einen monatlichen und keinen vierteljährlichen Anmeldungszeitraum.

Beim innergemeinschaftlichen Erwerb entsteht die Steuerschuld mit dem Tag des Erwerbes. Es gilt der monatliche Anmeldungszeitraum. 1162

Die Anmeldung gilt als Abgabenerklärung und ist mittels Vordrucks NOVA 1 abzugeben. 1163
Der Vordruck NOVA 1a enthält Erläuterungen zum Vordruck NOVA 1.

Eine Jahreserklärung ist nicht vorgesehen.

Für die Erhebung der Abgabe ist jenes Finanzamt zuständig, das für die Erhebung der Umsatzsteuer des Abgabenschuldners zuständig ist. Die Erhebung der Normverbrauchsabgabe fällt daher in die Zuständigkeit des Finanzamts für Großbetriebe, wenn der Abgabepflichtige die Voraussetzungen für die Zuständigkeit des Finanzamts für Großbetriebe erfüllt. In allen anderen Fällen fällt die Erhebung der Abgabe in die Zuständigkeit des Finanzamts Österreich. 1164

Für den Fall der Verwendung eines Kraftfahrzeuges im Inland ohne die kraftfahrrechtlich erforderliche Zulassung (§ 1 Z 3 lit. b zweiter Fall NoVAG 1991 – „Widerrechtliche Verwendung") fällt die Erhebung der Steuer immer in die Zuständigkeit des Finanzamts Österreich. 1165

B.11.2. Fälle des § 11 Abs. 1 Z 2 NoVAG 1991 (Nichtunternehmerfälle)

In den Fällen des innergemeinschaftlichen Erwerbs durch Nichtunternehmer, der erstmaligen Zulassung im Inland sowie bei widerrechtlicher Verwendung hat der Abgabenschuldner spätestens einen Monat nach der Zulassung eine Anmeldung einzureichen, in der er den zu entrichtenden Betrag selbst zu berechnen und zu entrichten hat (z.B. bei einer Zulassung am 8. April bis spätestens 8. Mai). 1166

Dieser Tag ist auch der Fälligkeitstag der Normverbrauchsabgabe. Auf Beginn, Lauf und Ende der Fristen gemäß § 108 Abs. 3 BAO wird hingewiesen.

Die Steuerschuld entsteht in diesen Fällen im Zeitpunkt 1167

- des innergemeinschaftlichen Erwerbs durch Nichtunternehmer (§ 7 Abs. 1 Z 1a für Nichtunternehmer iVm § 1 Z 2 NoVAG 1991, siehe Rz 1050),
- der Zulassung (§ 7 Abs. 1 Z 2 iVm § 1 Z 3 lit. a NoVAG 1991, siehe Rz 1050),
- der Einbringung in das Inland (§ 7 Abs. 1 Z 2 iVm § 1 Z 3 lit. b NoVAG 1991, siehe Rz 1050).

Die Anmeldung gilt als Abgabenerklärung und ist mittels Vordrucks NOVA 2 abzugeben. 1168
Der Vordruck NOVA 2a enthält Erläuterungen zum Vordruck NOVA 2.

Eine Jahreserklärung ist nicht vorgesehen.

1169 In den Fällen von Nichtunternehmern ist für die Erhebung der Normverbrauchsabgabe immer das Finanzamt Österreich zuständig.

B.11.3. Abgabenfestsetzung

1170 Die Normverbrauchsabgabe ist eine Selbstberechnungsabgabe im Sinne des § 201 BAO. Sie ist daher nur festzusetzen, wenn die Anmeldung nicht eingereicht worden ist, oder, wenn sie sich als unvollständig oder unrichtig erweist. Die Festsetzung ist auch zusammengefasst für mehrere Monate in einem einzigen Bescheid zulässig.

1171 Eine verspätete Abgabe einer Abgabenerklärung kann zu einem Verspätungszuschlag gemäß § 135 BAO führen. Der Verspätungszuschlagsbescheid wird zweckmäßigerweise mit dem Bescheid über die Festsetzung der Normverbrauchsabgabe verbunden.

1172 In Analogie zu § 21 Abs. 1 UStG 1994 wirkt eine sich auf Grund einer Anmeldung ergebende Gutschrift (Vergütung) auf den Tag der Einreichung der Anmeldung, frühestens jedoch auf den Tag nach Ablauf des Anmeldungszeitraums zurück.

1173 Die Festsetzung der Normverbrauchsabgabe erfolgt von der Finanzverwaltung mittels NOVA 3 „Bescheid über die Festsetzung der Normverbrauchsabgabe".

Randzahlen 1174 bis 1199: *derzeit frei*

B.12. Vergütung (§§ 12 und 12a NoVAG 1991)

B.12.1. Vergütung der Abgabe (Allgemeines)

1200 § 12 NoVAG 1991 regelt die Vergütung der Normverbrauchsabgabe, wenn eine Zulassung zum Verkehr aus rechtlichen oder tatsächlichen Gründen nicht in Betracht kommt, wenn tatsächlich innerhalb von fünf Jahren ab der Lieferung keine Zulassung erfolgt ist bzw. wenn eine mittelbare Steuerbefreiung gemäß § 3 Abs. 3 NoVAG 1991 vorliegt.

1201 Eine Vergütung ist nur auf Antrag möglich, welcher innerhalb von fünf Jahren ab der Verwirklichung des Vergütungstatbestandes gestellt werden muss.

B.12.2. Vergütungstatbestände

B.12.2.1. Keine Zulassung aus rechtlichen oder tatsächlichen Gründen

1202 Eine Zulassung aus rechtlichen Gründen kommt insbesondere dann nicht oder nicht mehr in Betracht, wenn bereits zum Zeitpunkt der Lieferung des Kraftfahrzeuges feststeht, dass eine Zulassung gar nicht möglich ist (z.B. die gesetzlich höchstzulässigen Abgaswerte werden überschritten).

Beispiel:

Lieferung einer normverbrauchsabgabepflichtigen Motocross-Maschine, welche auf Grund der Bauart nicht zum Verkehr zugelassen werden kann. Da auch eine eingeschränkte Zulassung (für Wettbewerbe) als Zulassung im Sinne des KFG 1967 zu beurteilen ist, darf keinerlei Zulassungsfähigkeit gegeben sein, damit dieser Vergütungstatbestand anwendbar ist. Will der Käufer die Normverbrauchsabgabevergütung vor Ablauf von fünf Jahren beanspruchen, ist eine Bescheinigung des liefernden Unternehmers erforderlich, dass eine Zulassung nicht möglich ist.

Dieser Vergütungstatbestand kommt nicht in Bezug auf unvollständige Kraftfahrzeuge der Klasse N1 in Betracht, da diese im Regelfall mit geringem Aufwand in einen zulassungsfähigen Zustand versetzt werden können und zudem davon auszugehen ist, dass diese mit der Absicht angeschafft werden, sie nach der Vervollständigung zuzulassen und zu verwenden (siehe Rz 525).

1203 Eine Zulassung kommt aus tatsächlichen Gründen nicht oder nicht mehr in Betracht, wenn zum Zeitpunkt der Lieferung das Kraftfahrzeug zwar zulassungsfähig war, aber in weiterer Folge beispielsweise umgebaut wird und eine Zulassung nicht mehr möglich ist.

Beispiel:

Ein Personenkraftwagen wird nach der Lieferung, aber vor einer Zulassung zu einem nicht zulassungsfähigen Rennwagen umgebaut. Voraussetzung für die Inanspruchnahme der Vergütung ist unter anderem, dass der Umbau nachgewiesen wird.

1204 Grundvoraussetzung für eine Vergütung nach § 12 Abs. 1 Z 1 NoVAG 1991 ist ferner, dass zu keinem Zeitpunkt eine Zulassung im Inland gegeben war.

Beispiel:

Ein Kraftfahrzeug wird bei einem Fahrzeughändler erworben und anschließend zum Verkehr im Inland zugelassen. In weiterer Folge wird das Kraftfahrzeug zu einem nicht mehr zulassungsfähigen Rennwagen umgebaut. Eine Vergütung nach § 12 Abs. 1 Z 1 NoVAG 1991 kann nicht erfolgen, da das Kraftfahrzeug bereits zugelassen war.

B.12.2.2. Keine Zulassung innerhalb von fünf Jahren

Eine Vergütung der Normverbrauchsabgabe kann beantragt werden, wenn innerhalb von fünf Jahren ab dem Zeitpunkt der Lieferung tatsächlich keine inländische Zulassung erfolgt ist. Aus welchen Gründen das Kraftfahrzeug nicht zugelassen worden ist, ist unerheblich. 1205

Beispiel:

Kauf eines Kraftfahrzeuges, welches ausschließlich Ausstellungszwecken dient

Ein Antrag auf Vergütung kann in diesem Fall frühestens nach Ablauf von fünf Jahren ab dem Zeitpunkt der Lieferung bzw. des innergemeinschaftlichen Erwerbs des Kraftfahrzeuges gestellt werden.

Grundvoraussetzung für eine Vergütung nach § 12 Abs. 1 Z 2 NoVAG 1991 ist ferner wiederum, dass zu keinem Zeitpunkt eine Zulassung im Inland gegeben war. 1206

B.12.2.3. Steuerbefreiung nach § 3 Abs. 3 NoVAG 1991

Eine Vergütung der Normverbrauchsabgabe ist weiters dann vorgesehen, wenn eine Steuerbefreiung im Sinne des § 3 Abs. 3 NoVAG 1991 vorliegt. 1207

B.12.3. Vergütungsberechtigter

Vergütungsberechtigt ist: 1208

- Z 1: Der Empfänger der Leistung vom Fahrzeughändler, wenn eine Zulassung aus rechtlichen oder tatsächlichen Gründen nicht oder nicht mehr in Betracht kommt.
- Z 2: Der Empfänger der Leistung vom Fahrzeughändler, wenn das Kraftfahrzeug ab der Lieferung seit mindesten fünf Jahren nicht zugelassen wurde.
- Z 3: Derjenige, der die Steuerbefreiung nach § 3 Abs. 3 NoVAG 1991 in Anspruch nehmen kann, wenn diese Person auch Empfänger der Leistung vom Fahrzeughändler ist. Unschädlich für die Inanspruchnahme der Vergütung ist jedoch, wenn eine Leasinggesellschaft lediglich zum Zweck der Finanzierung dazwischengeschaltet wird.

B.12.4. Durchführung der Vergütung der Normverbrauchsabgabe

Das Recht auf Vergütung der Normverbrauchsabgabe nach § 12 NoVAG 1991 hat zur Voraussetzung, dass dem Vergütungsanspruch unmittelbar ein normverbrauchsabgabepflichtiger Vorgang vorangegangen ist. 1209

Beispiel:

Ein Taxiunternehmer kauft von einem Privaten ein Kraftfahrzeug, für das dieser seinerzeit die Normverbrauchsabgabe zu tragen hatte. Ein Vergütungsanspruch steht dem Taxiunternehmer nicht zu, weil der Erwerb nicht abgabepflichtig ist.

Anders ist vorzugehen, wenn eine Leasinggesellschaft lediglich zum Zweck der Finanzierung dazwischengeschaltet wird. In diesem Fall besteht eine Berechtigung auf Vergütung der geleisteten Normverbrauchsabgabe, wenn der Leasinggesellschaft das Kraftfahrzeug normverbrauchsabgabepflichtig geliefert wurde. 1210

Beispiel 1:

Ein Taxiunternehmer „erwirbt“ bei einem Fahrzeughändler ein Neufahrzeug, wobei die Finanzierung nicht mittels Darlehen, sondern über eine Leasinggesellschaft abgewickelt wird. Der Händler liefert normverbrauchsabgabepflichtig an die Leasinggesellschaft (§ 1 Z 1 NoVAG 1991). Da zudem die Leasinggesellschaft selbst kein Interesse am Kraftfahrzeug als solchen hat, sondern lediglich die Finanzierungsfunktion wahrnimmt, kann der Taxiunternehmer die Vergütung der Normverbrauchsabgabe beanspruchen (§ 12 Abs. 1 Z 3 NoVAG 1991). Voraussetzung dafür ist unter anderem, dass die Normverbrauchsabgabe dem Grunde und der Höhe nach nachgewiesen wird (z.B. Bescheinigung oder Rechnungskopie der Leasinggesellschaft).

Beispiel 2:

Ein neues Kraftfahrzeug wird von einem Fahrzeughändler als Vorführkraftfahrzeug zugelassen, dafür nimmt dieser eine Vergütung der Normverbrauchsabgabe in Anspruch. Drei Monate später erwirbt eine Leasinggesellschaft das Kraftfahrzeug, welcher dafür die Normverbrauchsabgabe in Rechnung gestellt wird (§ 1 Z 4 NoVAG 1991). Die Gesellschaft selbst hat kein Interesse am Kraftfahrzeug, sondern nimmt nur eine Finanzierungsfunktion für eine Fahrschule wahr. Daher und da die Leasinggesellschaft die Normverbrauchsabgabe für das Kraftfahrzeug tragen musste, kann der Betreiber der Fahrschule eine Vergütung beanspruchen.

Hat ein Unternehmer ohne Erfüllung eines abgabepflichtigen Tatbestandes oder im Falle der Verwirklichung eines Befreiungstatbestandes die Normverbrauchsabgabe trotzdem be- 1211 rechnet, weiterverrechnet und abgeführt (beispielsweise Verkauf eines Elektrofahrzeuges), so kommt eine Vergütung nicht in Betracht. Es ist in solchen Fällen vielmehr eine Berichtigung (siehe § 8 NoVAG 1991) vorzunehmen.

1212 **(Rechtslage bis 30. Juni 2021)**

Hat ein Unternehmer ohne Erfüllung eines normverbrauchsabgabepflichtigen Tatbestandes oder im Falle der Verwirklichung eines Befreiungstatbestandes nach § 3 Z 1 oder 2 NoVAG 1991 die Normverbrauchsabgabe trotzdem berechnet, weiterverrechnet und abgeführt (z.B. Verkauf eines Klein-Lastkraftwagen der KN Position 8704 oder eines Elektrofahrzeuges), so kommt eine Vergütung nicht in Betracht. Es ist in solchen Fällen vielmehr eine Berichtigung (siehe § 8 NoVAG 1991) vorzunehmen.

1213 Der Vergütungsanspruch steht dem Erwerber des Kraftfahrzeuges zu, der die Normverbrauchsabgabe zu tragen hat, wenn auf das konkrete Kraftfahrzeug ein in § 12 NoVAG 1991 angeführter Tatbestand zutrifft. Er hat innerhalb der gesetzlichen – nicht verlängerbaren – Frist von fünf Jahren ab Verwirklichung des Vergütungstatbestandes den entsprechenden Antrag auf Vergütung unter Verwendung der amtlichen Formulare (NOVA 1 oder NOVA 2) oder als befugter Fahrzeughändler über FinanzOnline bei der zuständigen Abgabenbehörde einzureichen, um eine Vergütung zu erhalten.

Beispiel 1:

Ein Taxiunternehmer kauft ein Neufahrzeug zur Verwendung als Taxi. Innerhalb der Frist von fünf Jahren ab dem Tag der Zulassung kann der Taxiunternehmer seinen Vergütungsanspruch geltend machen.

Beispiel 2:

Ein Motocross-Fahrer kauft im Inland eine neue Motocross-Maschine und nimmt keine inländische Zulassung vor (Verwendung ausschließlich bei Rennveranstaltungen). Besteht die rechtliche und tatsächliche Möglichkeit, die Motocross-Maschine im Inland zuzulassen, so ist der Vergütungsanspruch erst verwirklicht, wenn seit dem Tag der Lieferung fünf Jahre verstrichen sind. Sprechen rechtliche oder tatsächliche Gründe gegen eine Zulassung des Kraftfahrzeuges im Inland, so ist der Vergütungsanspruch bereits mit der Lieferung des Kraftfahrzeuges entstanden. Innerhalb von fünf Jahren ab dem Tag der Lieferung kann dieser Anspruch geltend gemacht werden.

1214 Die Höhe des Vergütungsanspruchs ergibt sich aus dem in der Rechnung dem Vergütungsberechtigten gegenüber ausgewiesenen Betrag. Wird ein Kraftfahrzeug erst nach einer anderweitigen Verwendung dem begünstigten Zweck (§ 3 Abs. 3 NoVAG 1991) zugeführt, so bemisst sich die Vergütung nach dem gemeinen Wert (ohne Umsatzsteuer- und Normverbrauchsabgabekomponente) im Zeitpunkt der Erfüllung der Vergütungstatbestände.

1215 Werden bei einem Kraftfahrzeug vom Fahrzeughalter begünstigte und nicht begünstigte Zwecke mehrmals nacheinander gewechselt, so können mehrere Vergütungsansprüche erfüllt werden. Die Höhe der späteren Vergütungsansprüche berechnet sich vom gemeinen Wert (ohne Umsatzsteuer- und Normverbrauchsabgabekomponente) im Zeitpunkt der Erfüllung der Vergütungstatbestände.

Beispiel:

Für ein Kraftfahrzeug, das der kurzfristigen Vermietung dient, wird die Normverbrauchsabgabe in Höhe der vom Autohändler berechneten und abgeführten Abgabe vergütet. Nach einem Jahr wird das Kraftfahrzeug vom Käufer als Leasingfahrzeug verwendet. Es entsteht eine Steuerpflicht nach § 1 Z 4 NoVAG 1991 (siehe Rz 445 bis 455). Bemessungsgrundlage ist der gemeine Wert (siehe Rz 806 bis 817). Nach zwei weiteren Jahren wird das Kraftfahrzeug wiederum zur kurzfristigen Vermietung verwendet. Es wird neuerlich ein Vergütungstatbestand erfüllt. Die Höhe der Vergütung errechnet sich vom gemeinen Wert ohne Umsatzsteuer- und Normverbrauchsabgabekomponente in diesem Zeitpunkt.

1216 Eine Vergütung der Normverbrauchsabgabe kann nur auf Antrag erfolgen. Nach der Rechtsprechung des VwGH ist über einen Antrag auf Vergütung der Normverbrauchsabgabe grundsätzlich mit Bescheid abzusprechen (vgl. VwGH 02.03.2006, 2002/15/0144).

Aus verwaltungsökonomischen Gründen ist es zulässig, wenn die Vergütung der Normverbrauchsabgabe – bei Vorliegen der geforderten Voraussetzungen – ohne (stattgebende) Bescheiderlassung erfolgt. Die Vornahme der Vergütung mittels Buchung und Zahlung ist ausreichend.

Stellt sich jedoch in weiterer Folge heraus, dass die Vergütung der Normverbrauchsabgabe zu Unrecht erfolgt ist, kann die Rückforderung nicht mit Festsetzung bzw. (Null-) Festsetzung der Normverbrauchsabgabe (Festsetzungsbescheid im Sinne des § 11 NoVAG 1991 iVm § 201 BAO) erfolgen.

Vielmehr ist in allen Fällen, in denen ein Antrag auf Vergütung der Normverbrauchsabgabe beim Finanzamt eingereicht wurde, davon auszugehen, dass dieser Antrag trotz vorgenommener Vergütung (Zahlung an den Antragsteller) noch offen bzw. unerledigt ist.

Da der Vergütungsantrag somit noch offen bzw. unerledigt ist, muss dieser als solcher spruchmäßig abgewiesen werden. Gleichzeitig ist die Rückforderung der vergüteten Normverbrauchsabgabe bescheidmäßig vorzuschreiben.

Beispiel:

Ein Hotelier in Tirol hat im September 2019 bei einem Fahrzeughändler in Österreich einen normverbrauchsabgabepflichtigen Pkw gekauft. Der Hotelier beantragt beim zuständigen Finanzamt mittels Formular „NOVA 1" und Hinweis auf die „Gästewagen-Konzession" die Normverbrauchsabgabevergütung (§ 12 Abs. 1 Z 3 iVm § 3 Z 3 NoVAG 1991). Im Oktober 2019 vergütet das Finanzamt die Normverbrauchsabgabe antragsgemäß (Zahlung an den Hotelier). Ein (stattgebender) Bescheid wird nicht erlassen.

Stellt sich später heraus (z.B. im Rahmen einer Außenprüfung), dass die Voraussetzungen der Normverbrauchsabgabevergütung nicht gegeben waren, ist der noch offene bzw. noch unerledigte Normverbrauchsabgabevergütungsantrag abzuweisen. Damit ist spruchmäßig die Rückforderung der vergüteten Normverbrauchsabgabe zu verbinden (Leistungsgebot).

Wird im Falle der Erfüllung eines abgabepflichtigen Tatbestandes nach § 1 Z 2 oder 3 **1217**
NoVAG 1991 gleichzeitig ein Vergütungstatbestand verwirklicht, so kann aus verwaltungsökonomischen Überlegungen von der Entrichtung der Abgabe Abstand genommen werden (siehe Kompensationsmöglichkeit Rz 420 sowie Rz 422 f). Voraussetzung für die Inanspruchnahme der Kompensationsmöglichkeit ist, dass eine Abgabenerklärung (NOVA 1 bzw. NOVA 2) beim zuständigen Finanzamt eingereicht wird, in welcher der steuerpflichtige Vorgang und der Vergütungstatbestand offengelegt werden.

Beispiel:

Ein Taxiunternehmer importiert selbst ein im Inland noch nie zugelassenes Kraftfahrzeug. Im Zeitpunkt der Zulassung des Kraftfahrzeuges erfüllt er einerseits die Abgabepflicht nach § 1 Z 2 NoVAG 1991, gleichzeitig jedoch den Vergütungstatbestand nach § 12 Abs. 1 Z 3 NoVAG 1991.

Ändert sich die Bemessungsgrundlage, so ändert sich korrespondierend damit auch die **1218**
Höhe der Vergütung. Siehe Rz 1110 bis 1112.

B.12.5. Nachweis über die Höhe des Vergütungsanspruchs

Der Leistungsempfänger hat den Vergütungsanspruch nicht nur dem Grunde, sondern **1219**
auch der Höhe nach nachzuweisen. Als Nachweis kommt dabei alles in Betracht, was zur Feststellung der Höhe des Vergütungsanspruchs geeignet ist. Im Einzelnen können die folgenden Fälle unterschieden werden:

KfzBStR

- Bemessungsgrundlage Entgelt (Lieferung)

  Rechnung mit gesondertem Normverbrauchsabgabeausweis oder Bescheinigung des Abgabenschuldners über die Höhe der abgeführten Normverbrauchsabgabe; im Falle einer Leasingfinanzierung eine Rechnungskopie oder eine Bescheinigung der Leasinggesellschaft.

Beispiel 1:

Ein Taxiunternehmer kauft ein Kraftfahrzeug und lässt es sofort als Taxi zu. Für die Geltendmachung des Vergütungsanspruchs ist eine Rechnung mit Ausweis der Normverbrauchsabgabe oder eine Bescheinigung des Autohändlers ausreichend.

Beispiel 2:

Ein Autoliebhaber kauft einen Sportwagen, welcher, obwohl er im Inland zugelassen werden könnte, innerhalb von fünf Jahren nicht zugelassen wird. Als Nachweis für den Vergütungsanspruch kommt die ursprüngliche Rechnung oder eine Bescheinigung des Autohändlers in Betracht.

- Bemessungsgrundlage gemeiner Wert (Aufnahme der begünstigten Nutzung)

  Nachweis über den (ursprünglich angewendeten) Normverbrauchsabgabetarif (Rechnung, Bescheinigung nach § 10 NoVAG 1991, eigene Anmeldung der Normverbrauchsabgabe) und die Höhe des gemeinen Wertes ohne Umsatzsteuer- und Normverbrauchsabgabekomponente (Zollwert, Fahrzeugbewertungslisten-Mittelwert, Händlerlistenpreis usw.; siehe Rz 806 bis 817.).

Beispiel 3:

Ein Taxiunternehmer legt ein Kraftfahrzeug nach einem Zeitraum privater Nutzung in den Betrieb ein. Für die Geltendmachung des Vergütungsanspruchs ist ein Nachweis einerseits über die Höhe des gemeinen Wertes im Zeitpunkt der Einlage (z.B. anhand der „Eurotax-Notierung“) und andererseits über die Höhe des ursprünglich angewendeten Steuersatzes (Rechnung, Bescheinigung) erforderlich.

B.12.6. Fahrzeugidentifikationsnummer (FIN) und Sperre in der Genehmigungsdatenbank

1220 Voraussetzung für die Vergütung ist die Bekanntgabe der Fahrzeugidentifikationsnummer (FIN; bisher „Fahrgestellnummer“) des Kraftfahrzeuges, für das die Vergütung beantragt wird, und die Sperre des Kraftfahrzeuges in der Genehmigungsdatenbank nach § 30a KFG 1967 (siehe Rz 1268 ff). Bei Lieferungen durch einen befugten Fahrzeughändler hat die Sperrsetzung des Kraftfahrzeuges in der Genehmigungsdatenbank über FinanzOnline im Zeitpunkt der Lieferung durch diesen zu erfolgen. Bei anderen Unternehmern bzw. bei Privaten ist ein Antrag auf Sperrsetzung mittels der amtlichen Formulare (NOVA 4) einzubringen (VwGH 24.01.2017, Ro 2016/16/0001).

B.12.7. Zuständige Abgabenbehörde

1221 In jenen Fällen, in denen der Antragsteller ein Unternehmer im Sinne des § 2 UStG 1994 ist, ist das Finanzamt zuständig, welches auch für die Erhebung der Umsatzsteuer des Vergütungsberechtigten zuständig ist.

In allen anderen Fällen liegt die Zuständigkeit beim Finanzamt Österreich.

Randzahlen 1222 bis 1249: *derzeit frei*

B.12.8. Vergütung der Normverbrauchsabgabe bei Verbringung bzw. Lieferung ins Ausland

B.12.8.1. Allgemeines

1250 Die Bestimmung des § 12a NoVAG 1991 sieht eine Vergütung der Normverbrauchsabgabe im Falle der Verbringung bzw. Lieferung eines Kraftfahrzeuges ins Ausland vor. Begünstigt sind die Fälle, in denen ein Kraftfahrzeug durch den Zulassungsbesitzer, einen befugten Fahrzeughändler oder durch den Vermieter nach Beendigung der gewerblichen Vermietung nachweislich ins Ausland verbracht oder geliefert worden ist.

1251 Eine Vergütung ist nur auf Antrag, welcher innerhalb von fünf Jahren ab der Verwirklichung des Vergütungstatbestandes gestellt werden kann, möglich.

Es kann kein höherer Betrag vergütet werden als tatsächlich entrichtet wurde.

B.12.9. Voraussetzungen einer Vergütung

B.12.9.1. Entstehung des Vergütungsanspruchs (Zeitpunkt der Tatbestandsverwirklichung)

1252 Gemäß § 15 Abs. 16 NoVAG 1991 ist § 12a NoVAG 1991 idF BGBl. I Nr. 118/2015 auf Vorgänge nach dem 31. Dezember 2015 anzuwenden. Voraussetzung für die Anwendbarkeit ist somit, dass für ein Kraftfahrzeug der Vergütungstatbestand (erstmalig) nach dem 31. Dezember 2015 verwirklicht wird.

Ausgelöst wird der Tatbestand des § 12a NoVAG 1991 grundsätzlich dann, wenn ein Kraftfahrzeug abgemeldet und ins Ausland verbracht oder geliefert wird. Die Vorschrift sieht zwar vor, dass die Normverbrauchsabgabe vom gemeinen Wert zum Zeitpunkt der Beendigung der Zulassung zum Verkehr im Inland vergütet wird. Darüber hinaus ist für die Frage des Zeitpunkts der Tatbestandsverwirklichung jedoch auch entscheidend, zu welchem Zeitpunkt das (abgemeldete) Kraftfahrzeug ins Ausland verbracht bzw. geliefert wird. Die Vergütung nach § 12a NoVAG 1991 kann damit frühestens für jenen Anmeldungszeitraum beantragt werden, in dem beide Voraussetzungen (Abmeldung und Verbringung/Lieferung) gegeben sind.

B.12.9.2. Vorliegen einer Belastung mit Normverbrauchsabgabe

1253 Grundlegende Voraussetzung für die Vergütung ist, dass hinsichtlich des betroffenen Kraftfahrzeuges vorab ein steuerpflichtiger NoVA-Tatbestand verwirklicht wurde und weiters, dass das Kraftfahrzeug im Zeitpunkt der Tatbestandverwirklichung des § 12a NoVAG 1991 weiterhin mit Normverbrauchsabgabe belastet ist. Die Vergütung nach § 12a NoVAG 1991 ist demnach insbesondere dann ausgeschlossen, wenn bereits eine Vergütung der Normverbrauchsabgabe vorgenommen wurde oder überhaupt noch kein normverbrauchsabgabepflichtiger Vorgang eingetreten ist.

Beispiel:

Ein Fahrzeughändler kauft im Juni 2021 von einem Diplomaten (Erstzulassung auf den Diplomaten im Mai 2019) ein Gebrauchtfahrzeug. Nach Abmeldung im Juni 2021 wird das Kraftfahrzeug im Oktober 2021 nach Deutschland geliefert. Da das Kraftfahrzeug bisher nicht mit Normverbrauchsabgabe belastet ist (Diplomat nahm ursprünglich Steuerbefreiung nach § 3 Z 4 lit. c NoVAG 1991 in Anspruch), scheidet eine Vergütung der Normverbrauchsabgabe schon von vornherein aus.

B.12.9.3. Bemessungsgrundlage

In sämtlichen der in § 12a NoVAG 1991 geregelten Fällen wird die Normverbrauchsabgabe vom nachweisbaren gemeinen Wert zum Zeitpunkt der Beendigung der Zulassung zum Verkehr im Inland vergütet. Unabhängig davon, zu welchem Zeitpunkt die Verbringung bzw. Lieferung ins Ausland erfolgt, gilt demnach als maßgebender Zeitpunkt für die Wertermittlung nach § 12a NoVAG 1991 jener, in dem die Abmeldung des Kraftfahrzeuges vorgenommen wurde. **1254**

Allgemein gilt beim Verbringen eines Kraftfahrzeuges ins Ausland als gemeiner Wert der Fahrzeugbewertungslisten-Mittelwert (z.B. Eurotax oder Autopreisspiegel) zwischen Händler-Einkaufspreis und Händler-Verkaufspreis (jeweils ohne Umsatzsteuer- und Normverbrauchsabgabekomponente) zum Zeitpunkt der Beendigung der Zulassung zum Verkehr im Inland. **1255**

Im Falle der Veräußerung (Lieferung) eines Kraftfahrzeuges ins Ausland durch den Zulassungsbesitzer ist in der Regel der Veräußerungspreis als gemeiner Wert (ohne Umsatzsteuer- und Normverbrauchsabgabekomponente) anzusetzen, höchstens jedoch der Fahrzeugbewertungslisten-Mittelwert zwischen Händler-Einkaufspreis und dem Händler-Verkaufspreis (jeweils ohne Umsatzsteuer- und Normverbrauchsabgabekomponente). **1256**

Fallen jedoch der Zeitpunkt der Abmeldung des Kraftfahrzeuges und der Zeitpunkt der Veräußerung ins Ausland wesentlich auseinander, ist als gemeiner Wert zwingend der Fahrzeugbewertungslisten-Mittelwert zwischen Händler-Einkaufspreis und dem Händler-Verkaufspreis (jeweils ohne Umsatzsteuer- und Normverbrauchsabgabekomponente) zum Zeitpunkt der Abmeldung des Kraftfahrzeuges anzusetzen.

Bei Lieferungen von Kraftfahrzeugen ins Ausland durch einen befugten Fahrzeughändler ist grundsätzlich als Bemessungsgrundlage der Einkaufspreis des Fahrzeughändlers (ohne Umsatzsteuer- und Normverbrauchsabgabekomponente), höchstens jedoch der Fahrzeugbewertungslisten-Mittelwert zwischen Händler-Einkaufspreis und dem Händler-Verkaufspreis (jeweils ohne Umsatzsteuer- und Normverbrauchsabgabekomponente) heranzuziehen. **1257**

Beim Tatbestand der Lieferung bzw. Verbringung eines Fahrzeuges ins Ausland nach Beendigung der gewerblichen Vermietung ist als gemeiner Wert der Fahrzeugbewertungslisten-Mittelwert zwischen Händler-Einkaufspreis und dem Händler-Verkaufspreis (jeweils ohne Umsatzsteuer- und Normverbrauchsabgabekomponente) anzusetzen. **1258**

Abweichend zu obigen Ausführungen kann im Einzelfall der gemeine Wert eines Kraftfahrzeuges vom Antragsteller unter anderem mittels eines fundierten Gutachtens durch einen dazu befugten, allgemein beeideten und gerichtlich zertifizierten Sachverständigen nachgewiesen werden. **1259**

B.12.9.3.1. Berechnung der Vergütung

Als maßgeblicher Steuersatz ist jener Steuersatz anzuwenden, welcher nach der Rechtslage zum Zeitpunkt der Entstehung der ursprünglichen Abgabenschuld in Geltung war. **1260**

Ein allenfalls bei Entstehung der Abgabenschuld entrichteter Bonus-Malus ist unter Berücksichtigung einer achtjährigen Nutzungsdauer oder über das Wertverhältnis anteilsmäßig zu vergüten. Bei der Aliquotierung über die Achtelung wird je vollem abgelaufenen Jahr der anzusetzende Bonus-Malus um ein Achtel reduziert. Nach Ablauf von sieben Jahren bleibt immer ein Achtel stehen, auch wenn bereits acht oder mehr volle Jahre abgelaufen sind. Der Bonus-Malus kann sich somit nur auf den Betrag von einem Achtel reduzieren. Ausgangspunkt für die Berechnung der Achtel ist immer die Erstzulassung innerhalb der Europäischen Union. **1261**

Ab 1. Juli 2021 ist die Wertentwicklung auch für den Abzugsposten zu berücksichtigen. Für nähere Ausführungen siehe Rz 930 bis 937.

Beispiel 1:

Ein Kraftfahrzeug (Verbrauch Benzin: 8,9 l/100km, CO_2-Ausstoß: 195 g/km) wurde im Mai 2010 in Österreich erworben (Berechnung erfolgte vor dem Urteil des EuGH vom 22.12.2010, Rs C-433/09; daher ist die Normverbrauchsabgabe in der Bemessungsgrund-

lage der Umsatzsteuer enthalten) und nach damaligem Tarif die Normverbrauchsabgabe iHv 12% und der Malus in Höhe von 875 Euro abgeführt.

Das Kraftfahrzeug wird vom Zulassungsbesitzer im August 2021 an einen Händler zum Verkaufspreis iHv 10.000 Euro ins Ausland verkauft.

Bemessungsgrundlage:

Verkaufspreis (brutto)		*10.000,00 Euro*
Bmgl. ohne USt inkl. NoVA und Malus	*10.000 Euro / 1,20*	*8.333,33 Euro*
*minus Malus**		*- 109,38 Euro*
Zwischensumme (Bmgl. ohne Malus inkl. NoVA 12%)		*8.223,95 Euro*
Verkaufspreis (netto)	*8.223,95 Euro / 1,12*	***7.342,81 Euro***

Vergütungsbetrag–Grundbetrag: Verkaufspreis (netto) x 12% (Normverbrauchsabgabe): 7.342,81 Euro / 100 x 12%= ***881,149 Euro***

** Berechnung Malus - aliquotiert: Da seit Mai 2010 bereits mehr als acht Jahre vergangen sind, wird bei der Vergütung des Zuschlages nur noch ein Achtel beachtet, welches immer stehen bleibt.*

875 Euro / 8 (Jahre)= 109,38 Euro

Berechnung NoVA-Vergütung:

NoVA Grundbetrag (12%)	*881,15 Euro*
CO_2-Malus (verbleibendes Achtel)	*+ 109,38 Euro*
NoVA-Vergütung Gesamt	***990,53 Euro***

Zu vergüten sind daher insgesamt ***990,53 Euro****.*

Beispiel 2:

Ein Kraftfahrzeug (Verbrauch Benzin: 8,9 l/100km, CO_2-Ausstoß: 195 g/km) wurde in Deutschland im September 2010 erstmalig zugelassen.

Im April 2017 wurde dieses Kraftfahrzeug nach Österreich gebracht und die Normverbrauchsabgabe abgeführt (Berechnung anhand der Rechtslage im September 2010 unter Berücksichtigung des Urteils des EuGH vom 22.12.2010, Rs C-433/09. Die Normverbrauchsabgabe ist daher nicht in der Bemessungsgrundlage der Umsatzsteuer enthalten, der Erhöhungsbetrag in Höhe von 20% gemäß § 6 Abs. 6 NoVAG 1991 idF BGBl. I Nr. 52/2009 kommt allerdings zur Anwendung.). Nach der Rechtslage im September 2010 wären für dieses Kraftfahrzeug bei einer Zulassung in Österreich 12% Normverbrauchsabgabe (Grundbetrag) und 875 Euro an Malus sowie die Abgabenerhöhung in Höhe von 20% gemäß § 6 Abs. 6 NoVAG 1991 idF BGBl. I Nr. 52/2009 (175,00 Euro) fällig gewesen.

Im September 2020 wird das Kraftfahrzeug wiederum an einen ausländischen Fahrzeughändler zum Verkaufspreis iHv 10.000 Euro verkauft und ein Vergütungsantrag für die am Kraftfahrzeug noch verbliebene Normverbrauchsabgabe gestellt.

Für die Berechnung der Höhe der Vergütung ist die Rechtslage von 2010 relevant, da das Kraftfahrzeug im Jahr 2010 erstmals zum Verkehr in der EU zugelassen worden ist. Diese Rechtslage war auch bereits 2017 für die Zulassung in Österreich ausschlaggebend. Hierbei musste zusätzlich zum Grundbetrag ein Malus in Höhe von 218,75 Euro (zwei Achtel von 875 Euro) bezahlt werden. Außerdem kam der 20%-Erhöhungsbetrag gemäß § 6 Abs. 6 NoVAG 1991 idF BGBl. I Nr. 52/2009 zur Anwendung (42,75 Euro). Für die Achtelung des Malus muss vom Jahr der Erstzulassung in der EU ausgegangen werden. Seit 2010 sind mehr als acht Jahre vergangen. Es bleibt somit für die Vergütung ein Achtel stehen.

Bemessungsgrundlage:

Verkaufspreis (brutto)	*10.000,00 Euro*
*minus Malus (inkl. 20% Erhöhungsbetrag)**	*- 131,26 Euro*
Zwischensumme (Bmgl. ohne Malus inkl. USt und NoVA)	*9.868,74 Euro*
*minus darin enthaltene USt (9.868,74 / 1,344**) x 20%*	*- 1.468,56 Euro*
*minus darin enthaltene NoVA (12%) (9.868,74 / 1,344**) x 14,4%*	*- 1.057,37 Euro*
Verkaufspreis (netto)	***7.342,81 Euro***

** Berechnung Malus - aliquotiert: Da seit September 2010 bereits mehr als acht Jahre vergangen sind, wird bei der Vergütung des Zuschlages nur noch ein Achtel beachtet, welches immer stehen bleibt.*

875 Euro / 8 (Jahre) = 109,38 Euro

Berechnung Malus – aliquotiert (inklusive 20-prozentiger Erhöhungsbetrag):

109,38€ + 21,88 € = 131,26 Euro

***(1,344 ergibt sich aus 20% Umsatzsteuer und 14,4% Normverbrauchsabgabe (inkl. 20% Zuschlag von 12% NoVA))*

Vergütungsbetrag–Grundbetrag: Verkaufspreis (netto) x 12% (Normverbrauchsabgabe): 7.342,81 Euro / 100 x 12%= ***881,14 Euro***

Berechnung NoVA-Vergütung:

NoVA Grundbetrag (12%)	*881,14 Euro*
CO_2-Malus (verbleibendes Achtel)	*+ 109,38 Euro*
Zuschlag gemäß § 6 Abs. 6 NoVAG 1991 iHv 20%	*+ 198,10 Euro*
NoVA-Vergütung Gesamt	***1.188,61 Euro***

Insgesamt sind somit zu vergüten: ***1.188,61 Euro***

Beispiel 3:

Ein Kraftfahrzeug mit einer Erstzulassung in Österreich im August 2018 und einem CO_2-Ausstoß von 274 g/km wird im März 2021 von einem Fahrzeughändler ins Ausland verkauft. Ein entsprechender Vergütungsantrag wird gestellt.

Einkaufspreis (brutto – inkl. USt und NoVA)	*244.500,00 Euro*
plus Abzugsposten	*+ 300,00 Euro*
minus Malus (anteilig)	*- 360,00 Euro*
Zwischensumme	*244.440,00 Euro*
*minus darin enthaltene USt (244.440,00 / 1,52**) x 20%*	*- 32.163,16 Euro*
*minus darin enthaltene NoVA (12%) (244.440,00 / 1,52**) x 32%*	*- 51.461,05 Euro*
Bmgl. (ohne USt und NoVA)	*160.815,79 Euro*

Berechnung Steuersatz:

(274 – 90) / 5 = 36,8% --> Höchststeuersatz = 32%

Berechnung Malus:

(274 g/km – 250 g/km) = 24 g/km x 20,00 Euro = 480 Euro

Malus anteilig (6/8 verbleiben) --> 360,00 Euro

Berechnung NoVA-Vergütung:

NoVA Grundbetrag (160.815,79 x 32%)	*51.461,05 Euro*
Malus	*+ 360,00 Euro*
Abzugsposten	*- 300,00 Euro*
NoVA-Vergütung Gesamt	***51.521,05 Euro***

Beispiel 4:

Ein Kraftfahrzeug mit einer Erstzulassung in Österreich im August 2018 und einem CO_2-Ausstoß von 274 g/km wird im Juli 2021 von einem Fahrzeughändler ins Ausland verkauft. Ein entsprechender Vergütungsantrag wird gestellt.

Einkaufspreis (brutto – inkl. USt und NoVA)	*244.500,00 Euro*
plus Abzugsposten	*+ 225,00 Euro*
minus Malus (anteilig)	*- 360,00 Euro*
Zwischensumme	*244.365,00 Euro*
*minus darin enthaltene USt (244.365,00 / 1,52**) x 20%*	*- 32.153,29 Euro*
*minus darin enthaltene NoVA (12%) (244.365,00 / 1,52**) x 32%*	*- 51.445,26 Euro*
Bmgl. (ohne USt und NoVA)	*160.766,45 Euro*

Berechnung Steuersatz:

(274 – 90) / 5 = 36,8% --> Höchststeuersatz = 32%

Berechnung Abzugsposten:

Abzugsposten anteilig (6/8 verbleiben) --> (300 € / 8) x 6 = 225,00 Euro

Berechnung Malus:

(274 g/km – 250 g/km) = 24 g/km x 20,00 Euro = 480 Euro

Malus anteilig (6/8 verbleiben) --> 360,00 Euro

Berechnung NoVA-Vergütung:

NoVA Grundbetrag (160.766,45 x 32%)	*51.445,26 Euro*
Malus	*+ 360,00 Euro*
Abzugsposten	*- 225,00 Euro*
NoVA-Vergütung Gesamt	***51.580,26 Euro***

B.12.9.3.2. Maximale Höhe der Vergütung

1262 Grundsätzlich ist für eine Vergütung erforderlich, dass die tatsächlich entrichtete Normverbrauchsabgabe bekannt ist. Kann jedoch ein entsprechender Nachweis nicht erbracht werden, so ist es zulässig, dass an Stelle der im konkreten Fall entrichteten Normverbrauchsabgabe die für dieses Modell typischerweise entrichtete Normverbrauchsabgabe zum Zeitpunkt der Erstzulassung herangezogen wird.

Auch für Kraftfahrzeuge, bei denen Veränderungen am Kraftfahrzeug selbst durchgeführt wurden (z.B. Umbauten) ist es zulässig, dass anstelle der im konkreten Fall entrichteten Normverbrauchsabgabe die typischerweise entrichtete Normverbrauchsabgabe zum Zeitpunkt der Erstzulassung herangezogen wird. Dies gilt jedoch nicht für unvollständige oder vervollständigte Kraftfahrzeuge der Klasse N1 (siehe Rz 1263).

1263 Wird für ein Kraftfahrzeug der Klasse N1 die Vergütung gemäß § 12a NoVAG 1991 beantragt, ist zwingend nachzuweisen, dass für dieses Kraftfahrzeug die Normverbrauchsabgabe entrichtet wurde. Dies ist notwendig, da eine Freischaltung in der Genehmigungsdatenbank keinen abschließenden Nachweis für die Abfuhr der Normverbrauchsabgabe darstellt.

Kann bei unvollständigen oder vollständigen Kraftfahrzeugen der Klasse N1 zwar die ursprüngliche Leistung der Normverbrauchsabgabe nachgewiesen werden, allerdings nicht der Höhe nach, ist es zulässig, dass an Stelle der im konkreten Fall entrichteten Normverbrauchsabgabe die für dieses Modell typischerweise entrichtete Normverbrauchsabgabe zum Zeitpunkt der Erstzulassung herangezogen wird.

Bei vervollständigten Kraftfahrzeugen der Klasse N1 ist zwingend der Wert des unvollständigen Kraftfahrzeuges (Fahrgestell) zu Grund zu legen, außer es wird nachgewiesen, dass die ursprüngliche Normverbrauchsabgabe auf Grundlage anderer Werte entrichtet wurde.

B.12.9.4. Definition Kraftfahrzeug, Verbringen bzw. Lieferung

1264 Grundlegende Voraussetzung für die Vergütung der Normverbrauchsabgabe ist schon nach dem Wortlaut des Gesetzes, dass (überhaupt) noch ein Kraftfahrzeug vorliegt. Da ein Wrack (Vollwrack) jedenfalls nicht als Kraftfahrzeug beurteilt werden kann, besteht diesbezüglich kein Anspruch auf Vergütung der Normverbrauchsabgabe. Auch für Kraftfahrzeuge, die nach den kraftfahrrechtlichen Bestimmungen auf Grund des technischen Zustandes nicht mehr zugelassen werden können, besteht kein Anspruch auf Vergütung der Normverbrauchsabgabe. Dies ist deshalb gerechtfertigt, da die Normverbrauchsabgabe im Sinne einer Verbrauchsabgabe mit der (inländischen) Zulassung in Verbindung steht (vgl. EuGH 22.12.2010, Rs C-433/09) und sich deren (vergütungsfähige) Höhe in weiterer Folge durch die bestimmungsgemäße Verwendung des Kraftfahrzeuges vermindert (vgl. EuGH 21.03.2002, Rs C-451/99, *Cura Anlagen*). Ist ein bestimmungsgemäßer Gebrauch des Kraftfahrzeuges, also die Verwendung des Kraftfahrzeuges im Inland auf Straßen mit öffentlichem Verkehr, nicht mehr möglich, hat sich die Normverbrauchsabgabe vollständig verbraucht und ist demgemäß keine Vergütung der Normverbrauchsabgabe mehr möglich. Besteht für ein Kraftfahrzeug keine gültige Begutachtungsplakette („Pickerl") oder ist es in eine Wrackdatenbank/Wrackbörse eingetragen, muss der Antragsteller nachweisen, dass es sich um ein vergütungsfähiges Kraftfahrzeug handelt. Übersteigt der voraussichtliche Vergütungsbetrag einen Betrag von 1.000 Euro, ist die Zulassungsfähigkeit im Zeitpunkt der Ausfuhr nachzuweisen. Bei Fahrzeugen mit einem voraussichtlichen Vergütungsbetrag von weniger als 100 Euro hat eine Vergütung zu unterbleiben, da die widerlegbare Vermutung besteht, dass das Kraftfahrzeug nicht mehr zulassungsfähig ist.

Anderes gilt bei unvollständigen Kraftfahrzeugen der Klasse N1, da diese Kraftfahrzeuge im Regelfall mit geringem Aufwand in einen zulassungsfähigen Zustand versetzt werden können und zudem davon auszugehen ist, dass diese mit der Absicht angeschafft werden, sie nach der Vervollständigung zuzulassen und zu verwenden (siehe Rz 525).

1265 Da Oldtimer ab 1. Juli 2021 explizit von der Normverbrauchsabgabe ausgenommen sind (siehe Rz 527 f) sowie nach der Kombinierten Nomenklatur unter Position 9705 eingestuft werden und damit auch bis 30. Juni 2021 nicht der Normverbrauchsabgabe unterliegen (siehe Rz 588 ff), kann es auch bei diesen Kraftfahrzeugen zu keiner Vergütung der Normverbrauchsabgabe kommen.

1266 Eine Lieferung eines Kraftfahrzeuges ins Ausland liegt in sinngemäßer Anwendung nach dem Umsatzsteuergesetz vor, wenn der dauernde Standort des Kraftfahrzeuges im Inland tatsächlich aufgegeben worden ist. Dies wird insbesondere dann vorliegen, wenn das Kraftfahrzeug ins Ausland verkauft worden ist.

Ein Verbringen ist dann anzunehmen, wenn das Kraftfahrzeug zur eigenen Verfügung im Ausland weiterhin zur Verfügung steht, der dauernde Standort des Kraftfahrzeuges jedoch jedenfalls im Inland aufgegeben worden ist. Ein Verbringen liegt beispielsweise dann vor, wenn ein Kraftfahrzeug als Übersiedlungsgut ins Ausland oder bei Unternehmen in eine ausländische Betriebstätte verbracht wird.

B.12.9.5. Nachweis der Lieferung/Verbringung

Für die Inanspruchnahme der Vergütung der Normverbrauchsabgabe im Sinne des § 12a NoVAG 1991 ist nachzuweisen, dass das Kraftfahrzeug bei der Lieferung bzw. Verbringung ins Ausland gelangt. Dieser Nachweis ist in den Fällen der Lieferung in sinngemäßer Anwendung der Bestimmungen nach § 7 Abs. 4 ff UStG 1994 bzw. der Verordnung BGBl. Nr. 401/1996 idgF zu führen, während für Verbringungsfälle der Nachweis dann als erbracht anzusehen ist, wenn das Kraftfahrzeug (nachweislich) im Ausland amtlich zugelassen oder registriert worden ist (vgl. UStR 2000 Rz 1075 bis Rz 1099 sowie Rz 4006 bis Rz 4009). 1267

Darüber hinaus können alle Nachweise (Beweismittel) berücksichtigt werden, die zur Feststellung geeignet sind, dass das Kraftfahrzeug tatsächlich ins Ausland geliefert worden ist (z.B. Ausweiskopie des Käufers, Ausweisnummer oder Bestätigung einer Anmeldung im Ausland).

B.12.9.6. Fahrzeugidentifikationsnummer (FIN) und Sperrsetzung

Weitere Voraussetzung für die Vergütung ist die Bekanntgabe der Fahrzeugidentifikationsnummer (FIN) des Kraftfahrzeuges, für das die Vergütung beantragt wird (§ 12a NoVAG 1991). 1268

Außerdem ist nach § 12a Abs. 1 NoVAG 1991 die Normverbrauchsabgabe erst nach Sperre des Kraftfahrzeuges in der Genehmigungsdatenbank gemäß § 30a KFG 1967 zu vergüten. Bei Lieferungen durch einen befugten Fahrzeughändler hat die Sperrsetzung des Kraftfahrzeuges in der Genehmigungsdatenbank über FinanzOnline im Zeitpunkt der Lieferung durch diesen zu erfolgen. Diesfalls hat die Sperre in der Genehmigungsdatenbank bereits im Zeitpunkt des Antrages vorzuliegen. Bei anderen Unternehmern bzw. bei Privaten ist ein Antrag auf Sperrsetzung mittels der amtlichen Formulare (NOVA 4) einzubringen (VwGH 24.01.2017, Ro 2016/16/0001). 1269

Ein Antrag auf Vergütung kann binnen fünf Jahren ab Verwirklichung des Vergütungstatbestandes gestellt werden. Im Zeitpunkt des Antrages muss das Kraftfahrzeug in der Genehmigungsdatenbank gesperrt sein und darf nicht im Inland zum Verkehr zugelassen sein. 1270

Beispiel:

Ein Zulassungsbesitzer verkauft nach erfolgter Abmeldung sein Kraftfahrzeug im März 2018 an einen Fahrzeughändler in Deutschland. Der Antrag auf Vergütung wird vom Zulassungsbesitzer im Juni 2020 beim Finanzamt eingebracht.

Bei Prüfung der Voraussetzungen wird vom Finanzamt festgestellt, dass das Kraftfahrzeug vom Fahrzeughändler im Juni 2019 wiederum nach Österreich verkauft und bereits auf den Käufer im Inland zum Verkehr zugelassen worden ist.

Eine Vergütung der Normverbrauchsabgabe kann an den Zulassungsbesitzer, trotz des rechtzeitig innerhalb der fünfjährigen Frist gestellten Antrages, nicht erfolgen, da das Kraftfahrzeug im Zeitpunkt des Antrages im Inland zum Verkehr zugelassen und nicht in der Genehmigungsdatenbank gesperrt war.

KfzBStR

B.12.10. Anwendungsfälle

B.12.10.1. Lieferung/Verbringung durch den Zulassungsbesitzer

Der Vergütungsanspruch nach § 12a Abs. 1 TS 1 NoVAG 1991 wird dann ausgelöst, wenn ein Kraftfahrzeug durch den Zulassungsbesitzer selbst nachweislich ins Ausland verbracht oder geliefert wird. 1271

Vergütungsberechtigt ist regelmäßig der unmittelbar letzte kraftfahrrechtliche Zulassungsbesitzer vor der Beendigung der Zulassung im Inland, welcher überdies das Kraftfahrzeug ins Ausland verbringt oder liefert.

Ob der Zulassungsbesitzer das Kraftfahrzeug ins Ausland liefert (befördert oder versendet) oder der ausländische Abnehmer das Kraftfahrzeug im Inland abholt (befördert oder versendet), ist jedoch ohne Bedeutung.

Beispiel:

Ein Zulassungsbesitzer verkauft sein Kraftfahrzeug an einen ausländischen Fahrzeughändler. Die Übergabe des Kraftfahrzeuges erfolgt in Österreich und der Fahrzeughändler befördert das Kraftfahrzeug ins Ausland. Alle weiteren Voraussetzungen für eine Vergütung liegen vor.

Vergütungsberechtigt ist der Zulassungsbesitzer, da das Kraftfahrzeug durch den Zulassungsbesitzer (Verschaffung der Verfügungsmacht durch den Zulassungsbesitzer) in das Ausland geliefert worden ist. Der ausländische Fahrzeughändler ist nur für die Beförderung zuständig; eine Vergütung an ihn kann auch nach § 12a Abs. 1 TS 2 NoVAG 1991 nicht erfolgen.

Weitere (allgemeine) Voraussetzung ist, dass das Kraftfahrzeug vom Zulassungsbesitzer im Inland abgemeldet wird. Zudem ist erforderlich, dass hinsichtlich des Kraftfahrzeuges der dauernde Standort im Inland auch tatsächlich (endgültig) aufgegeben wird (keine Zulassungsverpflichtung im Inland).

Der Antrag auf Vergütung der Normverbrauchsabgabe ist mittels Formular NOVA 2 geltend zu machen.

Beispiel 1:

Herr Ö mit Wohnsitz in Österreich arbeitet ab März 2018 bei einem deutschen Dienstgeber. Da er mit der Familie nach Deutschland übersiedelt, meldet er im März 2018 das Kraftfahrzeug in Österreich ab. Im selben Monat wird das Kraftfahrzeug in Deutschland zum Verkehr zugelassen. Herr Ö hat den Mittelpunkt seiner Lebensinteressen nach Deutschland verlegt, sodass er einen Anspruch auf Vergütung der Normverbrauchsabgabe gemäß § 12a NoVAG 1991 hat. Wäre Herr Ö hingegen ein Wochenpendler, dessen Familie in Österreich bleibt, dessen Mittelpunkt der Lebensinteressen daher unverändert in Österreich ist, dürfte er das Kraftfahrzeug nicht in Österreich abmelden.

Beispiel 2:

Eine österreichische GmbH mit Sitz in Graz kauft im November 2018 ein normverbrauchsabgabepflichtiges Kraftfahrzeug von einem österreichischen Fahrzeughändler. Im Februar 2019 wird das Kraftfahrzeug abgemeldet, nach Deutschland (zur Betriebsstätte in München) verbracht und in Deutschland zum Verkehr zugelassen.

Mit der Verbringung des Kraftfahrzeuges in die ausländische Betriebsstätte wird der dauernde Standort im Inland aufgegeben. Die österreichische GmbH kann auf Basis des Fahrzeugbewertungslisten-Mittelwertes (ohne Umsatzsteuer- und Normverbrauchsabgabekomponente) für den Anmeldungszeitraum Februar 2019 die Vergütung der Normverbrauchsabgabe beantragen.

1272 Auch im Fall einer widerrechtlichen Verwendung eines Kraftfahrzeuges in Österreich steht eine Vergütung zu, sofern die Normverbrauchsabgabe für das betroffene Kraftfahrzeug zuvor festgesetzt und auch geleistet wurde. Aus unionsrechtlichen Gründen darf ein Kraftfahrzeug endgültig nur proportional zur Dauer der inländischen Nutzung mit der Normverbrauchsabgabe belastet werden (EuGH 21.3.2002, C-451/99, *Cura Anlagen GmbH*).

Auch in diesem Fall muss das Kraftfahrzeug vom Verwender nachweislich und dauerhaft ins Ausland verbracht oder geliefert worden sein. Bemessungsgrundlage für die Vergütung ist der nachweisbare gemeine Wert im Zeitpunkt der dauerhaften Außerlandesbringung des Kraftfahrzeuges.

B.12.10.2. Lieferung/Verbringung durch befugten Fahrzeughändler

1273 Als allgemeine Voraussetzung für die Inanspruchnahme der Vergütung der Normverbrauchsabgabe durch den Fahrzeughändler gilt, dass dieser der (zivilrechtliche) Eigentümer der betroffenen Kraftfahrzeuge ist. Nicht erforderlich ist die Zulassung auf den Fahrzeughändler. Der Fahrzeughändler kann die Vergütung der Normverbrauchsabgabe frühestens für jenen Anmeldungszeitraum beanspruchen, in dem sowohl die Abmeldung des Kraftfahrzeuges als auch die nachweisliche Verbringung bzw. Lieferung ins Ausland kumulativ vorliegen. Betroffen sind demnach insbesondere jene Kraftfahrzeuge, die vom Fahrzeughändler zum Zweck der Weiterveräußerung gekauft und in weiterer Folge ins Ausland geliefert werden.

Beispiel:

Ein Kraftfahrzeug wird nach Beendigung der inländischen Zulassung durch den Zulassungsbesitzer an einen inländischen Fahrzeughändler veräußert. In weiterer Folge wird das Kraftfahrzeug vom inländischen Fahrzeughändler nachweislich ins Ausland weiterverkauft.

Vergütungsberechtigt ist in diesem Fall nicht der Zulassungsbesitzer, da nicht dieser das Kraftfahrzeug ins Ausland verkauft, sondern der inländische Fahrzeughändler nach § 12a Abs. 1 TS 2 NoVAG 1991.

B.12.10.3. Lieferung/Verbringung nach Beendigung der gewerblichen Vermietung

1274 Vergütungsberechtigt ist der gewerbliche Vermieter als zivilrechtlicher Eigentümer des Kraftfahrzeuges (in- und ausländisches Leasingunternehmen), wenn dieses während oder nach Ablauf der gewerblichen Vermietung im Inland durch den Vermieter nachweislich ins Ausland verbracht oder veräußert wurde. Dies gilt auch in jenen Fällen, in denen das

Leasingfahrzeug nicht auf den (in- oder ausländischen) Leasinggeber, sondern auf den Leasingnehmer (vgl. § 37 Abs. 2 KFG 1967) im Inland zum Verkehr zugelassen ist bzw. dieser als Verwender des Kraftfahrzeuges (§ 4 Z 3 NoVAG 1991) die Normverbrauchsabgabe an das Finanzamt oder an den (in- bzw. ausländischen) Leasinggeber bezahlt hat.

Beispiel:

Ein deutsches Leasingunternehmen hat im Oktober 2018 mit einer Privatperson mit Hauptwohnsitz in Österreich einen Leasingvertrag abgeschlossen. Vereinbarungsgemäß wird das Kraftfahrzeug in Österreich auf den Leasingnehmer zugelassen. Da der Leasingnehmer im Juni 2020 (dauerhaft) nach Italien übersiedelt, wird das Kraftfahrzeug im Juni 2020 abgemeldet und nach Italien verbracht. Der Fahrzeugbewertungs-Mittelwert zwischen Händler-Einkaufspreis und Händler-Verkaufspreis (ohne Umsatzsteuer- und Normverbrauchsabgabekomponente) hinsichtlich des Kraftfahrzeuges (NoVA-Satz 8%) beträgt 15.000 Euro (Wertermittlung für den Abmeldungszeitpunkt im Juni 2020).

Mit der Zulassung in Österreich im Oktober 2018 auf die Privatperson wird der Normverbrauchsabgabe-Tatbestand nach § 1 Z 3 NoVAG 1991 verwirklicht. Für den Leasingnehmer (§ 4 Z 1 NoVAG 1991) entsteht die Abgabenschuld mit dem Tag der Zulassung (§ 7 Abs. 1 Z 2 NoVAG 1991). Im Juni 2020 wird der Vergütungstatbestand nach § 12a NoVAG 1991 verwirklicht (Abmeldung und Verbringung ins Ausland). Unabhängig von der Tatsache, dass das Kraftfahrzeug auf den (inländischen) Leasingnehmer zugelassen ist und dieser für die Verbringung sorgt, bleibt das deutsche Leasingunternehmen vergütungsberechtigt (für die inländische Privatperson/Leasingnehmer besteht somit kein Anspruch auf Vergütung der Normverbrauchsabgabe). Das deutsche Leasingunternehmen kann für den Anmeldungszeitraum Juni 2020 eine Vergütung der Normverbrauchsabgabe iHv 1.200 Euro (8% von 15.000 Euro) beanspruchen.

B.12.11. (Wieder-)Einfuhr

Werden Kraftfahrzeuge, für welche eine Vergütung der Normverbrauchsabgabe nach § 12a NoVAG 1991 vorgenommen wurde, nach Österreich (rück-)verbracht und (neuerlich) zum Verkehr im Inland zugelassen, wird Pflicht zur Leistung der Normverbrauchsabgabe nach § 1 Z 3 NoVAG 1991 ausgelöst (siehe Rz 438). **1275**

B.12.12. Zuständige Abgabenbehörde

In jenen Fällen, in denen der Antragsteller ein Unternehmer im Sinne des § 2 UStG 1994 ist, ist das Finanzamt zuständig, welches auch für die Erhebung der Umsatzsteuer des Vergütungsberechtigten zuständig ist. **1276**

In allen anderen Fällen liegt die Zuständigkeit beim Finanzamt Österreich.

Randzahlen 1277 bis 1299: *derzeit frei*

B.13. Mitwirkung anderer Behörden (§ 13 NoVAG 1991)

B.13.1. Mitwirkung anderer Behörden (Allgemeines)

In die Genehmigungsdatenbank werden vom Hersteller oder dessen Bevollmächtigten im Sinne des KFG 1967 (das sind die mittels Bescheid des Bundesministeriums für Klimaschutz, Umwelt, Energie, Mobilität, Innovation und Technologie ermächtigten Generalimporteure sowie die bei den zuständigen Landesregierungen eingerichteten Landesprüfstellen) die Genehmigungsdaten oder die Typendaten von Kraftfahrzeugen, Anhängern oder Fahrgestellen eingetragen. **1300**

B.13.2. Mitwirkungspflicht der Zulassungsstellen

B.13.2.1. Allgemeines

Die Zulassung erfolgt durch die Zulassungsstellen. Die Zulassungsstelle hat bei der Zulassung zum Verkehr im Inland zu überprüfen, ob gegen die Zulassung steuerliche Bedenken bestehen. **1301**

B.13.2.2. Genehmigungsdatenbank (VVO-GDB) seit 1. Juli 2007

Die Genehmigungsdatenbank (GDB) nach § 30a KFG 1967 ist Teil der Zulassungsevidenz und wird vom Verband der Versicherungsunternehmen (VVO) betrieben. In der Genehmigungsdatenbank sind die Daten aller in Österreich genehmigten Kraftfahrzeuge erfasst. Diese Datenerfassung ist seit dem 1. Juli 2007 Voraussetzung für eine Zulassung eines Kraftfahrzeuges im Inland. Der Zugriff der Finanzämter auf diese Datenbank ermöglicht den Zulassungsstellen, auf einfachem Weg festzustellen, ob gegen eine Zulassung steuerliche Bedenken bestehen. **1302**

1303 Liegen keine Bedenken vor (Freigabe durch die Finanzämter), kann das Kraftfahrzeug zugelassen werden. Liegen hingegen Bedenken vor, hat der Zulassungswerber gegenüber dem zuständigen Finanzamt nachzuweisen, dass die Normverbrauchsabgabe entrichtet worden ist und keine Vergütung gemäß § 12 oder § 12a NoVAG 1991 stattgefunden hat. Sind die steuerlichen Bedenken ausgeräumt, kann der Zulassungswerber beim zuständigen Finanzamt die Zulassungssperre aufheben lassen. Gelingt dieser Nachweis nicht, hat der Zulassungswerber den Betrag in Höhe der voraussichtlichen Normverbrauchsabgabe zu entrichten.

1304 Wird das Kraftfahrzeug im Inland nicht zum Verkehr zugelassen, so ist grundsätzlich die entrichtete Normverbrauchsabgabe auf Antrag zu vergüten (siehe Rz 1200 bis 1221).

1305 Für Diplomaten gilt als Nachweis für die Befreiung von der Normverbrauchsabgabe nach § 3 Abs. 4 Z 3 NoVAG 1991 gegenüber der Zulassungsstelle die Bescheinigung des Bundesministeriums für europäische und internationale Angelegenheiten (siehe Rz 354 bis 371).

1306 Die erstmalige Zulassung in Österreich darf nur vorgenommen werden, wenn ein Genehmigungsdatensatz für das Kraftfahrzeug in der Genehmigungsdatenbank vorhanden ist und keine Zulassungssperre in der Datenbank eingetragen ist. Näheres zur Genehmigungsdatenbank bzw. zur Vornahme der steuerlichen Sperre und Freigabe kann dem Anhang entnommen werden (siehe Anhang I).

1307 Seit 1. Jänner 2008 ist eine erstmalige Zulassung ohne Eintrag in der Genehmigungsdatenbank nicht mehr möglich. Auch bei jenen Übergangsfällen, wo vor dem 1. Juli 2007 ein alter Typenschein ausgestellt wurde und die Zulassung vor dem 1. Jänner 2008 beantragt wurde, ist seit 1. Jänner 2008 ein Eintrag in der Genehmigungsdatenbank notwendig.

B.13.3. Bescheinigung des Bundesministeriums für europäische und internationale Angelegenheiten

1308 Unterliegt die Lieferung eines Kraftfahrzeuges an begünstigte Empfänger auf Grund des § 6 Abs. 1 Z 6 lit. d UStG 1994 oder vergleichbaren Vorschriften nicht der Umsatzsteuer, so unterliegt die Lieferung der Kraftfahrzeuge auch nicht der Normverbrauchsabgabe.

Zu den begünstigten Empfängern zählen (siehe Rz 351 bis 353).

- Diplomatische Missionen,
- berufskonsularische Vertretungen,
- ständige Vertretungen bei internationalen Organisationen, die ihren Amtssitz in Österreich haben, sowie
- die im diplomatischen oder berufskonsularischen Rang stehenden Mitglieder der genannten Einrichtungen.

Eine Zulassung darf nur dann vorgenommen werden, wenn eine Bescheinigung des Bundesministeriums für europäische und internationale Angelegenheiten vorliegt, dass das Kraftfahrzeug von der Normverbrauchsabgabe befreit ist.

B.13.4. Mitwirkung von Organen des Zollamts Österreich oder des Amts für Betrugsbekämpfung

1309 Werden Kraftfahrzeuge im Inland nicht zugelassen, so ist das Finanzamt Österreich berechtigt zu überprüfen, ob für diese Kraftfahrzeuge die Steuerpflicht gemäß § 1 Z 3 NoVAG 1991 entstanden ist. Bedient sich das Finanzamt Österreich dafür der Organe des Zollamts Österreich oder des Amts für Betrugsbekämpfung, so ist das Handeln dieser Organe in diesen Fällen dem Finanzamt Österreich zuzurechnen.

B.13.5. Bindungswirkung der Abgabenbehörde an Vorfragenentscheidungen anderer Behörden

1310 Wird über eine im Abgabenverfahren auftauchende Vorfrage von einer anderen Stelle, in deren Verfahren sie die Hauptfrage bildet, entschieden, so wirkt diese Entscheidung nur innerhalb der Grenzen der Rechtskraft und erstreckt sich nur auf den Inhalt des Spruches, nicht auch auf die Entscheidungsgründe (vgl. *Ritz*, BAO-Kommentar, 3. Aufl., Tz 5 zu § 116).

Die Vorfrage ist somit bei einer anderen Stelle Gegenstand einer Absprache rechtsfeststellender oder rechtsgestaltender Natur (vgl. *Ritz*, BAO-Kommentar, 3. Aufl., Tz 1 zu § 116).

Bei der Abgabenbehörde kann nur Vorfrage sein, was bei einer anderen Stelle Hauptfrage ist und bei dieser anderen Stelle in ihrer Entscheidung Teil des Spruches ist. Daraus ergibt sich eine Bindungswirkung für die Abgabenbehörde nur soweit, als der Spruch der vorfragenentscheidenden Stelle reicht (vgl. *Stoll*, BAO-Kommentar, S 1322).

Eine Bindungswirkung für die Abgabenbehörde ergibt sich zum Beispiel bei „verurteilenden Straferkenntnissen“ (Bindung an Strafurteile):

Nach der VwGH-Judikatur ist die Abgabenbehörde an die im Spruch des die Partei betreffenden rechtskräftigen Strafurteils festgestellten Tatsachen bzw. an die tatsächlichen Feststellungen, auf denen dieser Spruch beruht, gebunden. Diese Bindung besteht auch hier grundsätzlich (wie bei sonstigen Vorfragenentscheidungen) nur an den Spruch, und nicht an die Entscheidungsgründe. Nach der Judikatur kommt die Bindung überdies nur bei Verurteilungen zum Tragen, nicht aber bei Freisprüchen, und auch nicht bei (vorzeitigen) Verfahrenseinstellungen (vgl. *Ritz*, BAO-Kommentar, 6. Aufl., Tz 14 zu § 116; *Kotschnigg*, SWK 20/21/1995, A 460).

Randzahlen 1311 bis 1319: *derzeit frei*

B.14. Verweisungen (§ 14 NoVAG 1991)

Soweit im NoVAG 1991 auf andere Bundesgesetze verwiesen wird, sind diese in ihrer **1320** jeweils geltenden Fassung anzuwenden.

B.15. Inkrafttreten und Übergangsregelungen (§ 15 NoVAG 1991)

B.15.1. Inkrafttreten (Allgemeines)

Das NoVAG 1991 ist auf Vorgänge nach dem 31. Dezember 1991 anzuwenden. **1321**

B.15.2. Umsatzsteuer von 32%

Für Kraftfahrzeuge, die auf Grund einer Lieferung oder einer Einfuhr einem Umsatz- **1322** steuersatz von 32% unterzogen worden sind, ohne dass der Empfänger der Lieferung oder der Importeur einen Vorsteuerabzug in Anspruch nehmen konnte, ist die erstmalige Zulassung zum Verkehr im Inland nicht abgabepflichtig. Für Kraftfahrzeuge, bei denen die gewerbliche Vermietung einem Umsatzsteuersatz von 32% unterliegt, ist die erstmalige Zulassung zum Verkehr im Inland nicht normverbrauchsabgabepflichtig.

B.15.3. Genehmigungsdatenbank

Die Freigabe der Zulassungssperre durch die Finanzbehörde in der Genehmigungsdaten- **1323** bank ist auf Vorgänge nach dem 30. Juni 2007 anzuwenden.

B.15.4. § 12a Abs. 1 und 2 NoVAG 1991 nach dem 31. Dezember 2015

Die Vergütung der Normverbrauchsabgabe gemäß § 12a Abs. 1 und 2 NoVAG 1991 idF **1324** BGBl. I Nr. 118/2015 ist auf Vorgänge nach dem 31. Dezember 2015 anzuwenden (siehe Rz 1250 bis 1276).

B.15.5. § 6 NoVAG 1991 nach dem 31. Dezember 2019

§ 6 NoVAG 1991 idF BGBl. I Nr. 89/2017 ist auch nach dem 31. Dezember 2019 weiter- **1325** hin auf Kraftfahrzeuge anzuwenden, die im übrigen Unionsgebiet vor dem 1. Jänner 2020 zugelassen waren. Dies gilt weiters für Vorgänge gemäß § 1 Z 4 NoVAG 1991 betreffend Kraftfahrzeuge, die bereits vor dem 1. Jänner 2020 im Inland zugelassen waren, aber nicht der Normverbrauchsabgabe unterlagen oder befreit waren. Diese Übergangsbestimmung gemäß § 15 Abs. 20 NoVAG 1991 ist aufgrund des § 6 Abs. 8 NoVAG 1991 obsolet.

B.15.6. Kaufvertrag vor dem 1. Juni 2021

Auf Kraftfahrzeuge, für die ein unwiderruflicher schriftlicher Kaufvertrag vor dem **1326** 1. Juni 2021 abgeschlossen wurde und deren Lieferung gemäß § 1 Z 1 NoVAG 1991 (siehe Rz 400 ff) oder deren innergemeinschaftlicher Erwerb gemäß § 1 Z 2 NoVAG 1991 (siehe Rz 411 ff) vor dem 1. November 2021 erfolgt, kann die bis zum 30. Juni 2021 geltende Rechtslage angewendet werden.

Ein unwiderruflicher schriftlicher Kaufvertrag liegt im Sinne einer zivilrechtlichen **1327** Betrachtung dann vor, wenn es zu einer schriftlichen Einigung über Kaufpreis und Kaufgegenstand mit Abschlusswillen kommt.

Kleinere Modifikationen am Kraftfahrzeug (Kaufgegenstand), wie der Austausch oder Einbau von leicht entfernbaren Zubehör- oder Einbauteilen (z.B. Autoradio, Sitzbezüge, Navigationsgeräte, typentsprechende Bereifung oder Felgen), die geringfügige Auswirkungen auf die Höhe des Kaufpreises haben, sind auch nach dem Abschluss des Kaufvertrages möglich.

Wird allerdings der Vertragsgegenstand grundlegend geändert, beispielsweise durch Änderungen an Fahrzeugteilen, die unmittelbar der Funktion als Kraftfahrzeug dienen und daher bei einer nachträglichen Änderung angezeigt und in den Genehmigungsnachweis eingetragen werden müssen (z.B. Motorisierung, Fahrgestell, Lenkrad, Karosserie, typfremde Bereifung oder Felgen), kommt es zu einer Novation gemäß § 1376 ABGB und es handelt sich somit nicht mehr um denselben Kaufvertrag. Findet die Novation nach dem für den Kaufvertragsabschluss notwendigen Tag statt, kann die Übergangsregelung nicht zur Anwendung kommen.

1328 Handelt es sich dabei um ein Kraftfahrzeug der Klasse N1, welches schon zuvor nach der bis 30. Juni 2021 geltenden Rechtslage aufgrund der Einstufung in der Kombinierten Nomenklatur nicht der Normverbrauchsabgabe unterlag, unterliegt es aufgrund der anzuwendenden Rechtslage nicht der Normverbrauchsabgabe (siehe Rz 523).

Auch bei einer Zulassung eines solchen Kraftfahrzeuges der Klasse N1 entsteht in analoger Betrachtung des § 6 Abs. 8 NoVAG 1991 nicht die Pflicht zur Leistung der Normverbrauchsabgabe, da hierbei auf die Rechtslage im Zeitpunkt der erstmalig möglichen Erfüllung eines NoVA-Tatbestandes abzustellen ist.

Beispiel:

Ein unwiderruflicher schriftlicher Kaufvertrag über ein Kraftfahrzeug der Klasse N1 (KN 8704) wird am 10. April 2021 abgeschlossen. Am 10. Oktober 2021 erfolgt die Lieferung an den Erwerber. Am 20. Jänner 2022 wird das Kraftfahrzeug auf den Erwerber zugelassen.

Da die Voraussetzungen der Übergangsregelung erfüllt werden, ist die bis 30. Juni 2021 geltende Rechtslage anzuwenden. Da das Kraftfahrzeug nach der bis 30. Juni 2021 geltenden Rechtslage aufgrund der Einstufung in der Kombinierten Nomenklatur (8704) nicht der Normverbrauchsabgabe unterlag, unterliegt die Lieferung am 10. Oktober 2021 nicht der Normverbrauchsabgabe (siehe Rz 523). Auch eine spätere Zulassung dieses Kraftfahrzeuges löst nicht die Pflicht zur Leistung der Normverbrauchsabgabe aus.

1329 Wird das Kraftfahrzeug nach Abschluss des unwiderruflichen schriftlichen Kaufvertrags, allerdings vor dem Zeitpunkt der Lieferung bzw. des innergemeinschaftlichen Erwerbs, auf den Fahrzeughändler zugelassen und von der Normverbrauchsabgabe befreit genutzt (z.B. Vorführkraftfahrzeuge, Tageszulassungen, kurzfristige Vermietung), liegt keine Lieferung gemäß § 1 Z 1 NoVAG 1991 oder kein innergemeinschaftlicher Erwerb gemäß § 1 Z 2 NoVAG 1991 vor, sondern eine Lieferung eines befreiten Kraftfahrzeuges gemäß § 1 Z 4 NoVAG 1991. Die Übergangsbestimmung kann somit in diesen Fällen nicht angewendet werden.

Beispiel 1:

Ein unwiderruflicher schriftlicher Kaufvertrag über ein Kraftfahrzeug der Klasse N1 (KN 8704) wird am 10. April 2021 abgeschlossen. Am 15. Juli 2021 wird das Kraftfahrzeug ihm Rahmen einer Tageszulassung auf den Fahrzeughändler zugelassen. Am 10. Oktober 2021 erfolgt die Lieferung an den Erwerber.

Bei der Lieferung handelt es sich um eine Lieferung eines befreiten Kraftfahrzeuges gemäß § 1 Z 4 NoVAG 1991, weshalb die Übergangsbestimmung nicht angewendet werden kann. Die Lieferung unterliegt daher der Normverbrauchsabgabe. Da § 6 Abs. 8 NoVAG 1991 auf Tageszulassungen nicht angewendet werden kann (siehe Rz 936), ist die Normverbrauchsabgabe anhand der Rechtslage zu bemessen, die im Zeitpunkt der neuerlichen Tatbestandserfüllung (10. Oktober 2021) in Geltung steht.

Beispiel 2:

Ein unwiderruflicher schriftlicher Kaufvertrag über ein Kraftfahrzeug der Klasse N1 (KN 8704) wird am 10. April 2021 abgeschlossen. Am 15. Juli 2021 wird das Kraftfahrzeug als Vorführkraftfahrzeug auf den Fahrzeughändler zugelassen. Am 10. Oktober 2021 erfolgt die Lieferung an den Erwerber.

Bei der Lieferung handelt es sich um eine Lieferung eines befreiten Kraftfahrzeuges gemäß § 1 Z 4 NoVAG 1991, weshalb die Übergangsbestimmung nicht angewendet werden kann. Die Lieferung unterliegt daher der Normverbrauchsabgabe. Im Gegensatz zu Tageszulassungen (siehe Beispiel 1) wird bei Vorführkraftfahrzeugen die Regelung des § 6 Abs. 8 NoVAG 1991 angewendet. Dies ändert jedoch nichts am Ergebnis, da die Normverbrauchsabgabe anhand der Rechtslage im Zeitpunkt der erstmaligen befreiten Zulassung (15. Juli 2021) zu bemessen ist.

B.15.7. Kaufvertrag vor dem 1. Dezember 2019

1330 Auf Kraftfahrzeuge, für die ein unwiderruflicher schriftlicher Kaufvertrag vor dem 1. Dezember 2019 abgeschlossen wurde und deren Lieferung gemäß § 1 Z 1 NoVAG 1991 oder deren innergemeinschaftlicher Erwerb gemäß § 1 Z 2 NoVAG 1991 vor dem 1. Juni 2020 erfolgt, kann die bis zum 31. Dezember 2019 geltende Rechtslage angewendet werden.

B.15.8. NEFZ

1331 Auf Kraftfahrzeuge, deren CO_2-Emissionen auch nach dem 31. Dezember 2019 ausschließlich nach dem Neuen Europäischen Fahrzyklus („NEFZ“) gemäß der Verordnung (EG) Nr. 692/2008 zur Durchführung und Änderung der Verordnung (EG) Nr. 715/2007 über die Typgenehmigung von Kraftfahrzeugen hinsichtlich der Emissionen von leichten Personenkraftwagen und Nutzfahrzeugen (Euro 5 und Euro 6) und über den Zugang zu Reparatur- und Wartungsinformationen für Kraftfahrzeuge, ABl. Nr. L 199 vom 28. Juli 2008 S. 1, zuletzt geändert durch Verordnung (EU) Nr. 2018/1832, ABl. Nr. L 301 vom 27. November 2018 S. 1, zuletzt berichtigt durch ABl. Nr. L 339 vom 14. Dezember 2016 S. 12, ermittelt wurden und für die eine Ausnahmegenehmigung für Kraftfahrzeuge einer auslaufenden Serie im Sinne des Art. 27 der Richtlinie 2007/46/EG erteilt wurde, findet § 6 Abs. 2 und 3 NoVAG 1991 idF des BGBl. I Nr. 89/2017 weiterhin Anwendung.

Randzahlen 1332 bis 1349: *derzeit frei*

B.16. Vollziehung (§ 16 NoVAG 1991)

Mit der Vollziehung des NoVAG 1991 ist der Bundesminister für Finanzen betraut. **1350**

Hinsichtlich des § 13 NoVAG 1991 (Mitwirkung anderer Behörden) ist der Bundesminister für Finanzen im Einvernehmen mit dem Bundesminister für Klimaschutz, Umwelt, Energie, Mobilität, Innovation und Technologie mit der Vollziehung betraut, und hinsichtlich des § 3 Abs. 4 Z 3 NoVAG 1991 (Lieferungen an begünstigte Empfänger) der Bundesminister für Finanzen im Einvernehmen mit dem Bundesminister für europäische und internationale Angelegenheiten.

C. Kraftfahrzeugsteuer (KfzStG 1992)

C.1. Steuergegenstand (§ 1 KfzStG 1992)

C.1.1. Allgemeines

1351 Der Kraftfahrzeugsteuer unterliegen

- in einem inländischen Zulassungsverfahren zum Verkehr zugelassene Kraftfahrzeuge mit einem höchsten zulässigen Gesamtgewicht (hzGG) von mehr als 3,5 Tonnen,
- in einem inländischen Zulassungsverfahren zum Verkehr zugelassene Kraftfahrzeuge, die kraftfahrrechtlich als Zugmaschine oder Motorkarren genehmigt sind, unabhängig von ihrem höchsten zulässigen Gesamtgewicht,
- sonstige in einem inländischen Zulassungsverfahren zum Verkehr zugelassene Kraftfahrzeuge, die nicht der motorbezogenen Versicherungssteuer gemäß § 6 Abs. 3 VersStG 1953 unterliegen (zur motorbezogenen Versicherungssteuer siehe Rz 1620 bis 1622),
- in einem ausländischen Zulassungsverfahren zum Verkehr zugelassene Kraftfahrzeuge, die auf Straßen mit öffentlichem Verkehr im Inland verwendet werden,
- Kraftfahrzeuge, welche widerrechtlich auf Straßen mit öffentlichem Verkehr verwendet werden,
- Anhänger mit einem höchsten zulässigen Gesamtgewicht von mehr als 3,5 Tonnen.

1352 Gegenstand der Kraftfahrzeugbesteuerung ist das Kraftfahrzeug. Daraus ergibt sich, dass es unerheblich ist, ob es sich bei der Person des Steuerpflichtigen um einen Unternehmer oder Nichtunternehmer handelt. Zum Beispiel wird auch ein Nichtunternehmer mit einem Wohnmobil über 3,5 Tonnen kraftfahrzeugsteuerpflichtig.

Ausgenommen von der Kraftfahrzeugsteuer sind in einem inländischen Zulassungsverfahren zum Verkehr zugelassene

- Krafträder, Personenkraftwagen und Kombinationskraftwagen, sowie
- alle übrigen Arten von Kraftfahrzeugen mit einem höchsten zulässigen Gesamtgewicht bis 3,5 Tonnen (ausgenommen Zugmaschinen und Motorkarren),

wenn sie haftpflichtversichert sind; diese Kraftfahrzeuge unterliegen gemäß § 6 Abs. 3 VersStG 1953 der motorbezogenen Versicherungssteuer.

Kraftfahrzeuge, die von der Zulassungspflicht ausgenommen sind, unterliegen nicht der Kraftfahrzeugsteuer (z.B. Kraftfahrzeuge mit einer Bauartgeschwindigkeit von nicht mehr als 10 km/h und mit solchen Kraftfahrzeugen gezogene Anhänger; ausländische Kraftfahrzeuge, die nach den jeweiligen nationalen Zulassungsvorschriften keinem Zulassungsverfahren unterliegen; Kraftfahrzeuge, die ausschließlich anders als auf Straßen mit öffentlichem Verkehr verwendet werden, wie z.B. Kraftfahrzeuge, die auf einem Anhänger durch Österreich durchgeführt werden).

Überzählige Anhänger (siehe Rz 1358 bis 1366) sind steuerbar, allerdings auf Grund von § 1 Abs. 2 KfzStG 1992 befreit.

1353 Das KfzStG 1992 knüpft die Steuerpflicht an die Tatsache der Zulassung eines Kraftfahrzeuges zum Verkehr. Besteuert wird allerdings der durch die Zulassung bewirkte Dauerzustand, nämlich das Recht, ein Kraftfahrzeug im Rahmen der bestehenden Vorschriften auf Straßen mit öffentlichem Verkehr zu verwenden oder anderen Personen zur Verwendung zu überlassen. Eine zeitweilige andersartige Verwendung eines Kraftfahrzeuges (z.B. Garagierung in einer privaten Garage) ändert weder etwas an der Steuerpflicht noch an deren Dauer. Die Kraftfahrzeugsteuer ist grundsätzlich eine Steuer, die nicht für das Benützen von Straßen erhoben wird, sondern für das Halten eines Kraftfahrzeuges, unabhängig vom Ausmaß der Straßenbenützung durch den Zulassungsbesitzer (siehe aber auch Rz 1420 ff).

1354 Für die Einstufung als Kraftrad, Personenkraftwagen oder Kombinationskraftwagen ist der Typenschein, die gültige EG/EU-Übereinstimmungsbescheinigung oder der Datenauszug aus der Genehmigungsdatenbank bei Kraftfahrzeugen mit EG/EU-Betriebserlaubnis bzw. der Bescheid über die Einzelgenehmigung maßgebend. Diese Einstufung wird in die Zulassungsbescheinigung übernommen.

1355 Die Verwendung von Kraftfahrzeugen und Anhängern auf Straßen mit öffentlichem Verkehr ist grundsätzlich nur nach Zulassung gemäß den §§ 36 ff KFG 1967 bzw. besonderer behördlicher Genehmigung und nach Zuweisung eines behördlichen Kennzeichens (§ 48 KFG 1967) erlaubt. Unter der Zulassung ist die behördliche Registrierung (Anmeldung) eines Kraftfahrzeuges oder eines Anhängers zu verstehen.

Die Zulassungsverpflichtung eines im Inland verwendeten Kraftfahrzeuges ist nach den Bestimmungen des VIII. Abschnittes (§§ 79 bis 86) des KFG 1967 zu beurteilen. Kraftfahrzeuge mit ausländischem Kennzeichen, die von keinem der in § 82 Abs. 1 KFG 1967 angeführten Staaten zugelassen sind, dürfen nur verwendet werden, wenn sie gemäß § 38 KFG 1967 vorübergehend zugelassen sind; ihre Verwendung ist jedoch während der drei unmittelbar auf ihre Einbringung in das Bundesgebiet folgenden Tage zulässig (vgl. § 82 Abs. 2 KFG 1967).

Anknüpfungspunkt für die Kraftfahrzeugsteuer ist das einzelne Kraftfahrzeug und nicht eine Fahrzeugkombination (VwGH 18.12.2006, 2006/16/0182); so stellen zum Beispiel sowohl eine Zugmaschine als auch ein Anhänger jeweils ein eigenes Kraftfahrzeug dar. 1356

C.1.2. Widerrechtliche Verwendung (§ 1 Abs. 1 Z 3 KfzStG 1992)

Nach § 1 Abs. 1 Z 3 KfzStG 1992 unterliegt der Kraftfahrzeugsteuer die Verwendung eines nicht im Inland zugelassenen Kraftfahrzeuges im Inland, welches nach den Vorschriften des KFG 1967 zuzulassen wäre. 1357

Bei Lastkraftwagen über 12 Tonnen höchstem zulässigem Gesamtgewicht besagt die Wegekosten-RL (Eurovignetten-RL, Richtlinie 1999/62/EG über die Erhebung von Gebühren für die Benutzung bestimmter Verkehrswege durch schwere Nutzfahrzeuge, ABl. Nr. L 187 vom 20. Juli 1999 S. 42, zuletzt geändert durch Richtlinie 2013/22/EU, ABl. Nr. L 158 vom 10. Juni 2013 S. 356, in der Fassung der Berichtigung ABl. Nr. C 194 vom 01. Juni 2016 S. 15), dass eine Vorschreibung der Kraftfahrzeugsteuer ausschließlich dem Zulassungsstaat gestattet ist. Diese Regelung kann nicht durch eine Feststellung der Finanzbehörde, dass die Zulassung in einem anderen Mitgliedstaat erfolgen hätte müssen, unterlaufen werden (EuGH 02.07.2002, C-115/00).

Nähere Ausführungen zur Verwendung von Kraftfahrzeugen im Inland mit ausländischem Kennzeichen siehe Rz 36 bis 64.

C.1.3. Überzählige Anhänger (§ 1 Abs. 2 KfzStG 1992)

Das Kraftfahrzeugsteuergesetz besteuert grundsätzlich jedes einzelne Kraftfahrzeug (jeden einzelnen Anhänger); die Bestimmung des § 1 Abs. 2 Z 2 KfzStG 1992 normiert die Ausnahme von diesem Grundsatz und ist entsprechend eng auszulegen. 1358

Als nicht zu besteuernde überzählige Anhänger kommen nur steuerbare Anhänger bzw. Sattelanhänger in Betracht, die rein rechnerisch nicht zum selben Zeitpunkt von Zugfahrzeugen desselben Steuerschuldners gezogen werden können, weil ein Ungleichgewicht zwischen der Anzahl der Anhänger und der Anzahl der Zugfahrzeuge besteht. Anhänger, die von einem Kraftfahrzeug eines anderen Steuerschuldners gezogen werden, sind aus der Berechnung auszuscheiden. Der Steuerschuldner muss mindestens ein steuerbares ziehendes Kraftfahrzeug und zwei steuerbare Anhänger haben, um die Steuerbefreiung in Anspruch nehmen zu können. 1359

Beispiel:

Ein Unternehmer hat einen Spezialanhänger mit einem höchsten zulässigen Gesamtgewicht von 30 Tonnen für sein Unternehmen. Er hat kein entsprechendes Zugfahrzeug; wenn er den Anhänger verwendet, mietet er ein entsprechendes Zugfahrzeug an. Der Anhänger ist nicht als überzähliger Anhänger von der Kraftfahrzeugsteuer befreit.

Vorgangsweise bei der Feststellung der überzähligen Anhänger jeweils am 1. eines Kalendermonats, für die keine Steuer zu erheben ist: 1360

1. Feststellung der Anzahl der steuerpflichtigen Sattelzugfahrzeuge mit einem höchsten zulässigen Gesamtgewicht von mehr als 3,5 Tonnen,
2. Feststellung der Anzahl der anderen ziehenden steuerpflichtigen Kraftfahrzeuge (Lkw, Zugmaschinen, Motorkarren usw.) mit einem höchsten zulässigen Gesamtgewicht von mehr als 3,5 Tonnen,
3. Feststellung der Anzahl der Sattelanhänger mit einem höchsten zulässigen Gesamtgewicht von mehr als 3,5 Tonnen,
4. Feststellung der Anzahl der anderen Anhänger mit einem höchsten zulässigen Gesamtgewicht von mehr als 3,5 Tonnen,
5. Differenz von Punkt 3 minus Punkt 1 und Punkt 4 minus Punkt 2 ergibt Überbestand an Anhängern,
6. Nichterhebung der Steuer für den jeweils zum 1. eines Monats festgestellten Überbestand an Anhängern (Sattelanhängern), aufsteigend von dem Anhänger, der die niedrigste Bemessungsgrundlage aufweist.

Beispiele:

Ein Sattelzugfahrzeug, zwei ziehende Lastkraftwagen, zwei Sattelanhänger mit 20 und 25 Tonnen höchstem zulässigem Gesamtgewicht (jeweils nach Abzug der Sattellast), ein anderer Anhänger mit 15 Tonnen höchstem zulässigem Gesamtgewicht:

Ein Sattelanhänger ist überzählig, daher ist für den 20-Tonnen-Sattelanhänger keine Steuer zu erheben.

Zwei ziehende Kraftfahrzeuge, drei Anhänger mit 9, 7 und 5 Tonnen höchstem zulässigem Gesamtgewicht:

Ein Anhänger ist überzählig; für den 5-Tonnen-Anhänger ist keine Steuer zu erheben.

Zwei ziehende Kraftfahrzeuge, vier Anhänger mit 18, 17, 15 und 5 Tonnen höchstem zulässigem Gesamtgewicht. Anhänger mit 18 Tonnen und 5 Tonnen unter Wechselkennzeichen:

Ein Anhänger ist überzählig; für den 15-Tonnen-Anhänger ist keine Steuer zu erheben, der 5-Tonnen-Anhänger ist frei, weil er unter einem Wechselkennzeichen angemeldet ist (siehe Rz 1427 bis 1432).

1361 Bei der Berechnung des Überbestandes sind gemietete Anhänger, welche nicht für den Mieter (= Verwender) zugelassen sind, auszuscheiden (vgl. VwGH 17.10.2012, 2010/16/0056). Die vom Vermieter (= Zulassungsbesitzer) an andere Unternehmer vermieteten Anhänger unterliegen der Kraftfahrzeugsteuer beim Vermieter.

1362 Als Kraftfahrzeug eines „anderen Steuerschuldners" (§ 1 Abs. 2 dritter Satz KfzStG 1992) ist nicht bloß ein Kraftfahrzeug eines anderen „inländischen" Steuerschuldners, sondern richtlinienkonform auch ein Kraftfahrzeug eines anderen Steuerschuldners aus einem anderen EU-Mitgliedstaat zu interpretieren (vgl. VwGH 18.05.2006, 2005/16/0282), unabhängig davon, ob der Anhänger in Österreich oder im Ausland verwendet wird.

1363 Anhänger, die von einem Kraftfahrzeug eines anderen Steuerschuldners gezogen werden, sind bei der Feststellung der überzähligen Anhänger nicht zu berücksichtigen. Sie unterliegen in jedem Kalendermonat, in dem diese Verwendung erfolgt, der Steuer.

Beispiel 1:

Ein ziehendes Kraftfahrzeug, zwei Anhänger mit 10 und 18 Tonnen höchstem zulässigem Gesamtgewicht. Am 1. Jänner 2021 wird der Anhänger mit 10 Tonnen einem anderen Zulassungsbesitzer zur Durchführung einer Güterbeförderung überlassen:

Im Jänner 2021 gibt es somit keinen überzähligen Anhänger.

Beispiel 2:

Ein österreichisches Unternehmen mit zwei Sattelzugfahrzeugen und zwei ziehenden Kraftfahrzeugen hat acht Sattelanhänger und zehn Anhänger. Sämtliche überzähligen Sattelanhänger und Anhänger sind an andere in- und ausländische Frächter vermietet.

Grundsätzlich sind sechs Sattelanhänger und acht Anhänger überzählig. Da diese vermietet sind, hat das österreichische Unternehmen für sämtliche Sattelanhänger und Anhänger in Österreich Kraftfahrzeugsteuer zu entrichten.

1364 Bei Anhängern, welche dieselbe niedrigere Bemessungsgrundlage aufweisen, ist für einen von diesen (gegebenenfalls für mehrere) die Steuer nicht zu erheben.

Beispiel:

Zwei ziehende Kraftfahrzeuge, vier Anhänger mit 15, 11, 11 und 11 Tonnen höchstem zulässigem Gesamtgewicht. Die Steuer ist zu entrichten für den Anhänger mit 15 Tonnen und einen Anhänger mit 11 Tonnen.

1365 Es ist jeweils der am 1. eines Kalendermonats bestehende Fahrzeugbestand für die Feststellung heranzuziehen, um zu ermitteln, für welche Anhänger bzw. Sattelanhänger im betreffenden Monat keine Steuer zu erheben ist.

Beispiel:

1 ziehendes Kraftfahrzeug, Anhänger A 16 Tonnen, Anhänger B 15 Tonnen und Anhänger C 10 Tonnen höchstes zulässiges Gesamtgewicht. Anhänger C wird am 25. Jänner abgemeldet, ein weiterer Anhänger D am 27. Jänner zugelassen.

Steuerberechnung:

Für Anhänger A ist die volle Monatssteuer zu entrichten.

Für Anhänger B und C ist im Jänner keine Steuer zu erheben (zu Monatsbeginn sind Anhänger B und C überzählig).

Für Anhänger D ist vom 27. Jänner bis 31. Jänner Steuer zu entrichten. Die Befreiung als überzähliger Anhänger setzt mit 1. Februar ein.

1366 Die Regelung für „überzählige Anhänger" ist auf im Ausland zugelassene Kraftfahrzeuge, die die Steuer tageweise zu entrichten haben, nicht anwendbar.

Randzahlen 1367 bis 1399: *derzeit frei*

C.2. Steuerbefreiungen (§ 2 KfzStG 1992)

C.2.1. Geltendmachung der Steuerbefreiungen

Stellt eine Befreiungsbestimmung auf die ausschließliche oder vorwiegende Verwendung des Kraftfahrzeuges für einen bestimmten Zweck ab, ist diese Voraussetzung nur erfüllt, wenn das Kraftfahrzeug zu mehr als 80% für den bezeichneten Zweck verwendet wird. **1400**

Die Steuerbefreiungen werden, falls bei den jeweiligen Befreiungstatbeständen keine Sonderregeln zur Anwendung kommen, grundsätzlich durch Unterlassung der Selbstberechnung (konkludent) geltend gemacht. Die Anwendung einer Steuerbefreiung auf ein Kraftfahrzeug ist weder anzeigepflichtig noch sind steuerbefreite Kraftfahrzeuge in der Kraftfahrzeugsteuer-Jahreserklärung anzuführen.

Tritt der Befreiungstatbestand erst nach einer Steuerpflicht ein, so wird die Befreiung grundsätzlich ab dem Tag des Vorliegens der Befreiungsvoraussetzungen wirksam (§ 4 Abs. 3 KfzStG 1992). Die Selbstberechnung und Entrichtung muss noch bis zu diesem Tag durchgeführt werden und kann ab diesem Tag unterbleiben (siehe Rz 1480).

C.2.2. Befreiungstatbestände im Einzelnen

Es ist darauf hinzuweisen, dass die Befreiungstatbestände in der motorbezogenen Versicherungssteuer inhaltlich den Befreiungstatbeständen des KfzStG 1992, die sich auf Kraftfahrzeuge mit einem höchsten zulässigen Gesamtgewicht bis 3,5 Tonnen beziehen, entsprechen. Die Ausführungen zur Befreiung von der Kraftfahrzeugsteuer sind somit sinngemäß auch für die motorbezogene Versicherungssteuer anzuwenden. **1401**

Beispiele:

Die im Inland zugelassenen Krankenwagen, Mietwagen, Taxiwagen sind üblicherweise Personenkraftwagen und unterliegen als solche nicht der Kraftfahrzeugsteuer, sondern aufgrund der Kraftfahrzeug-Haftpflichtversicherung(spflicht) der motorbezogenen Versicherungssteuer und sind daher gegebenenfalls von der motorbezogenen Versicherungssteuer befreit.

Die im Inland zugelassenen Lkw oder auch Anhänger unterliegen nicht der motorbezogenen Versicherungssteuer, sodass entsprechende Befreiungstatbestände im Regime der motorbezogenen Versicherungssteuer fehlen.

Der aus diesen Gründen kürzere Katalog der Befreiungstatbestände von der motorbezogenen Versicherungssteuer (Gegenstand sind Krafträder und Pkw) ist im längeren Katalog der Kraftfahrzeugsteuer-Befreiungstatbestände (Gegenstand sind Lkw, Zugmaschinen, Motorkarren, Krafträder, Pkw, Anhänger) enthalten. Die nachfolgenden Ausführungen zur Befreiung von der Kraftfahrzeugsteuer sind somit sinngemäß auch für die motorbezogene Versicherungssteuer anzuwenden.

Die Befreiungstatbestände von der Normverbrauchsabgabe korrelieren hingegen nur teilweise damit.

C.2.2.1. Kraftfahrzeuge des öffentlichen Sicherheitsdienstes, der Justizwache und des Bundesheeres (§ 2 Abs. 1 Z 1 KfzStG 1992)

Steuerfrei sind Kraftfahrzeuge, die für Gebietskörperschaften (Bund, Länder und Gemeinden) zugelassen und zur Verwendung im Bereich des öffentlichen Sicherheitsdienstes, der Justizwache oder des Bundesheeres bestimmt sind. Näheres zur Befreiung von der Kraftfahrzeugsteuer siehe Rz 130 ff. **1402**

C.2.2.2. Kraftfahrzeuge für die Feuerwehr, den Rettungsdienst sowie Krankenwagen (§ 2 Abs. 1 Z 2 KfzStG 1992)

Steuerfrei sind Kraftfahrzeuge, die ausschließlich oder vorwiegend für die Feuerwehr, für den Rettungsdienst oder als Krankenwagen bestimmt sind. **1403**

Näheres zur Befreiung von der Kraftfahrzeugsteuer für Kraftfahrzeuge der Feuerwehr siehe Rz 123 bis 129.

Näheres zur Befreiung von der Kraftfahrzeugsteuer für Kraftfahrzeuge der Rettungsdienste und für Krankenwagen siehe Rz 109 bis 122.

C.2.2.3. Kraftfahrzeuge mit Probefahrt- oder Überstellungskennzeichen (§ 2 Abs. 1 Z 3 KfzStG 1992)

Steuerbefreit sind Kraftfahrzeuge, die mit Probefahrtkennzeichen oder Überstellungskennzeichen verwendet werden. **1404**

C.2.2.3.1. Probefahrtkennzeichen

1405 Probefahrten (§ 45 Abs. 1 KFG 1967) mit nicht zum Verkehr zugelassenen Kraftfahrzeugen oder Anhängern dürfen auf Straßen mit öffentlichem Verkehr nur mit Bewilligung der Bezirksverwaltungsbehörde durchgeführt werden.

Näheres zur allgemeinen kraftfahrrechtlichen Definition von Probefahrten und Probefahrtkennzeichen siehe Rz 25 ff.

1406 Die Befreiung gemäß § 2 Abs. 1 Z 3 KfzStG 1992 für Probefahrten steht nicht zu, wenn der Nachweis über die Verwendung (§ 45 Abs. 6 KFG 1967) nicht geführt wird, erforderliche Eintragungen nicht vorgenommen werden oder die Aufzeichnungen (Fahrtenbuch) nicht beigebracht werden können.

Unterlagen, die für die Abgabenerhebung von Bedeutung sind, sind gemäß § 132 Abs. 1 BAO sieben Jahre ab dem Schluss des Kalenderjahres, auf das sie sich beziehen, aufzubewahren. Da die Steuerbefreiung für Kraftfahrzeuge, die mit Probefahrtkennzeichen benützt werden (§ 2 Abs. 1 Z 3 KfzStG 1992), unter anderem nur dann greift, wenn der entsprechende Nachweis gemäß § 45 Abs. 6 KFG 1967 geführt wird, ist dieser Nachweis für die Abgabenerhebung von Bedeutung; es kommt daher die abgabenrechtliche siebenjährige Aufbewahrungsfrist zum Tragen. Kraftfahrrechtliche Fristen, wie beispielsweise die dreijährige Aufbewahrungsfrist gemäß § 45 Abs. 6 KFG 1967, sind für steuerliche Zwecke nicht maßgeblich.

C.2.2.3.2. Überstellungskennzeichen

1407 Überstellungsfahrten (§ 49 Abs. 1 KFG 1967) sind Fahrten, die zur Überstellung des Kraftfahrzeuges oder Anhängers an einen anderen Ort erforderlich sind.

Näheres zur allgemeinen kraftfahrrechtlichen Definition von Überstellungsfahrten und Überstellungskennzeichen siehe Rz 32 f.

C.2.2.3.3. Missbräuchliche Verwendung von Probefahrt- und Überstellungskennzeichen

1408 Die Steuerbefreiung stellt nicht auf ein bestimmtes Ausmaß der Verwendung ab. Die Abgabenbehörde darf daher die Steuerbefreiung auch dann nicht versagen, wenn Grund zur Annahme besteht, dass ein solches Kennzeichen unrechtmäßig erteilt wurde, solange tatsächlich Probe- oder Überstellungsfahrten durchgeführt werden.

Werden Fahrten mit solchen Kennzeichen entgegen den Verwendungsauflagen durchgeführt (z.B. Urlaubsfahrt), fehlt dem betreffenden Kraftfahrzeug die kraftfahrrechtlich erforderliche Zulassung für die Verwendung auf Straßen mit öffentlichem Verkehr und liegt sohin eine abgabenpflichtige widerrechtliche Verwendung (§ 1 Abs. 1 Z 3 KfzStG 1992) vor.

Bei begründetem Verdacht einer Übertretung der vorgeschriebenen Auflagen für die Zulassung oder Bewilligung einer Probe- oder Überstellungsfahrt ist die Abgabenbehörde berechtigt, die Bezirksverwaltungsbehörde zu verständigen (vgl. § 48b Abs. 2 BAO).

Wird das Gewerbe nach § 45 Abs. 3 KFG 1967, für welches die Bewilligung erteilt wurde, ruhend gestellt, aufgegeben oder wird die Gewerbeberechtigung entzogen, sind die Voraussetzungen für die Erteilung einer Probefahrtbewilligung nicht mehr gegeben. Auch darüber kann die Bezirksverwaltungsbehörde in Kenntnis gesetzt werden.

1409 Wird ein Probefahrtkennzeichen innerhalb desselben Besteuerungszeitraumes von mehreren Verwendern auf Straßen mit öffentlichem Verkehr im Inland benutzt, ohne dass Probefahrten durchgeführt werden (widerrechtliche Verwendung siehe Rz 36 bis 64), ist die Kraftfahrzeugsteuer jedem Verwender – auch für denselben Zeitraum – vorzuschreiben.

C.2.2.4. Omnibusse, Mietwagen und Taxis (§ 2 Abs. 1 Z 4 KfzStG 1992)

1410 Steuerfrei sind Omnibusse der Fahrzeugklassen M2 und M3 sowie Kraftfahrzeuge, die ausschließlich oder vorwiegend im Mietwagen- und Taxigewerbe verwendet werden.

C.2.2.4.1. Mietwagen und Taxis

1411 Näheres zur Befreiung von der Kraftfahrzeugsteuer für Kraftfahrzeuge, die ausschließlich oder vorwiegend im Mietwagen- und Taxigewerbe verwendet werden siehe Rz 143 bis 152.

C.2.2.4.2. Omnibusse

1412 Omnibusse sind Kraftfahrzeuge, die nach ihrer Bauart und Ausrüstung zur Beförderung von Personen bestimmt sind und außer dem Lenkerplatz für mehr als acht Personen Plätze aufweisen (§ 2 Z 7 KFG 1967). Omnibusse der Klasse M2 haben eine zulässige Gesamtmasse bis zu 5.000 kg. Omnibusse der Klasse M3 haben eine zulässige Gesamtmasse über 5.000 kg (§ 3 Abs. 1 Z 2.1.2. KFG 1967).

Omnibusse sind unabhängig von ihrer Verwendung jedenfalls steuerfrei. Ob eine Gewerbeberechtigung vorliegt, ist daher nicht von Bedeutung.

C.2.2.5. Invalidenkraftfahrzeuge (§ 2 Abs. 1 Z 5 KfzStG 1992)

Die Kategorie „Invalidenkraftfahrzeug" wurde durch die 31. KFG-Novelle (BGBl. I Nr. 43/2013) mit 26. Februar 2013 ersatzlos gestrichen und ist daher faktisch als gegenstandslos bzw. „totes Recht" zu betrachten. In den Gesetzesmaterialien war seinerzeit von elf betroffenen, in der Zulassungsstatistik aufscheinenden Kraftfahrzeugtypen die Rede. Mittlerweile scheinen derartige Kraftfahrzeuge in der Zulassungsstatistik nicht mehr gesondert auf. 1413

Steuerfrei bleiben aufgrund der Übergangsbestimmung des § 132 Abs. 29 Z 2 KFG 1967 vor diesem Datum bereits als Invalidenkraftfahrzeuge genehmigte oder zugelassene Kraftfahrzeuge. Ab diesem Datum neu zugelassene Kraftfahrzeuge, die in diese Kategorie gefallen wären, sind nicht befreit.

C.2.2.6. Krafträder, deren Hubraum 100 cm³ nicht übersteigt (§ 2 Abs. 1 Z 6 KfzStG 1992)

Steuerfrei sind Krafträder mit einem Hubraum von 100 cm³ oder weniger. Der in Feld P1 der Zulassungsbescheinigung angegebene Wert ist für die Beurteilung maßgeblich. 1414

Zum Begriff des Hubraums siehe Rz 12.

C.2.2.7. Zugmaschinen und Motorkarren sowie Anhänger für die Land- und Forstwirtschaft (§ 2 Abs. 1 Z 7 KfzStG 1992)

Steuerfrei sind Zugmaschinen, Motorkarren und ausschließlich von jenen gezogene Anhänger, die ausschließlich oder vorwiegend in land- und forstwirtschaftlichen Betrieben verwendet werden (siehe Rz 1400). Im Feld A4 (Verwendungsbestimmung) der Zulassungsbescheinigung ist der Code „10" eingetragen. Feld J (Klasse/Fahrzeugart) enthält entweder eine Buchstaben-Zahlen-Kombination, die mit „T" (land- und forstwirtschaftliche Zugmaschinen auf Rädern), „C" (land- und forstwirtschaftliche Zugmaschinen auf Gleisketten) oder „R" (land- und forstwirtschaftliche Anhänger) beginnt oder einen entsprechenden beschreibenden Vermerk. 1415

Der Befreiungstatbestand ist erfüllt, wenn der Zulassungsbesitzer des Kraftfahrzeuges oder Anhängers einen land- und forstwirtschaftlichen Betrieb im Sinne des Einkommensteuerrechts hat und das Kraftfahrzeug oder der Anhänger ausschließlich oder vorwiegend in diesem Betrieb verwendet wird.

Ist der Zulassungsbesitzer eine natürliche Person, die einen Gewerbebetrieb im Sinne des Einkommensteuerrechts hat, zu dessen Betriebsvermögen das Kraftfahrzeug oder der Anhänger gehört, ist die Steuerbefreiung ausgeschlossen. Dies gilt selbst dann, wenn der Zulassungsbesitzer das Kraftfahrzeug oder den Anhänger für land- und forstwirtschaftliche Arbeiten in seinem Gewerbebetrieb oder in einem land- und forstwirtschaftlichen Betrieb oder Gewerbebetrieb eines Dritten verwendet (VwGH 21.01.1998, 97/16/0514; VwGH 21.05.2007, 2006/16/0137). 1416

Ist Zulassungsbesitzer ein Gewerbebetrieb kraft Rechtsform, dessen Betriebsgegenstand allerdings die Land- und Forstwirtschaft ist (z.B. Ackerbau-GmbH, Weinbau-GmbH), und verwendet er das Kraftfahrzeug oder den Anhänger in seinem Betrieb, ist die Steuerbefreiung anwendbar. 1417

Ebenso ist die Steuerbefreiung anwendbar, wenn

- der Zulassungsbesitzer des Kraftfahrzeuges oder Anhängers eine Personengesellschaft oder eine Genossenschaft ist (z.B. Maschinenring) und
- das Kraftfahrzeug oder der Anhänger ausschließlich oder vorwiegend (daher mehr als 80%) in den einkommensteuerrechtlich als land- und forstwirtschaftliche Betriebe einzustufenden Betrieben der Gesellschafter der Personengesellschaft bzw. der Genossenschafter verwendet wird.

C.2.2.8. Arbeitsmaschinen (§ 2 Abs. 1 Z 8 KfzStG 1992)

Von der Kraftfahrzeugsteuer sind gemäß § 2 Abs. 1 Z 8 KfzStG 1992 selbstfahrende Arbeitsmaschinen und Anhänger-Arbeitsmaschinen befreit. 1418

Selbstfahrende Arbeitsmaschine ist ein Kraftfahrzeug, das nach seiner Bauart und Ausrüstung ausschließlich oder vorwiegend zur Durchführung von nicht in der Beförderung von Personen oder Gütern auf Straßen bestehenden Arbeitsvorgängen bestimmt ist (§ 2 Z 21 KFG 1967) (siehe Rz 31 sowie Rz 1400).

Anhänger-Arbeitsmaschine ist eine als Anhänger ausgebildete Arbeitsmaschine, die nach ihrer Bauart und Ausrüstung ausschließlich oder vorwiegend zur Durchführung von nicht in der Beförderung von Personen oder Gütern auf Straßen bestehenden Arbeitsvorgängen bestimmt ist (§ 2 Z 22 KFG 1967).

In Feld J (Klasse/Fahrzeugart) der Zulassungsbescheinigung muss der zutreffende Begriff (selbstfahrende Arbeitsmaschine oder Anhänger-Arbeitsmaschine) eingetragen sein.

Beispiele:

Ein Gülleanhänger für land- und forstwirtschaftliche Betriebe erfüllt wegen der fehlenden Eintragung von „Anhänger-Arbeitsmaschine" in Feld J der Zulassungsbescheinigung nicht die Voraussetzungen für die Befreiung. Wenn dieser Anhänger allerdings ausschließlich von einer Zugmaschine oder einem Motorkarren, welche ausschließlich oder vorwiegend in land- und forstwirtschaftlichen Betrieben verwendet werden, gezogen wird, kann die Befreiung gemäß § 2 Abs. 1 Z 7 KfzStG 1992 angewendet werden (siehe Rz 1415 ff).

Ein Lkw, an den im Winter ein Schneepflug montiert wird, erfüllt wegen der fehlenden Eintragung von „selbstf. Arbeitsmaschine" in Feld J der Zulassungsbescheinigung nicht die Voraussetzungen für die Befreiung.

C.2.2.9. Elektrisch angetriebene Kraftfahrzeuge (§ 2 Abs. 1 Z 9 KfzStG 1992)

1419 Steuerfrei sind Kraftfahrzeuge mit ausschließlich elektrischem Antrieb. Näheres zur Befreiung von der Kraftfahrzeugsteuer für Kraftfahrzeuge, die ausschließlich elektrisch angetrieben werden siehe Rz 100 bis 108.

C.2.2.10. Hinterlegung von Zulassungsbescheinigung und Kennzeichentafeln (§ 2 Abs. 1 Z 10 KfzStG 1992)

1420 Steuerfrei sind Kraftfahrzeuge, für welche die Zulassungsbescheinigung und die Kennzeichentafeln bei der Zulassungsbehörde für eine bestimmte Mindestdauer körperlich hinterlegt werden. Die Steuerbefreiung beginnt mit dem auf die Hinterlegung folgenden Tag und endet mit dem Tag, welcher der Wiederausfolgung vorangeht.

Die erforderliche Hinterlegungsdauer beträgt

- bei Kraftfahrzeugen mit einem höchsten zulässigen Gesamtgewicht von mehr als 3,5 Tonnen mindestens 10 Tage,
- bei anderen Kraftfahrzeugen mindestens 45 Tage.

Der Tag der Hinterlegung und der Tag der Wiederausfolgung werden nicht in die Frist einbezogen.

Beispiel:

Für ein Cabrio werden jedes Jahr vom 1. Oktober bis zum 30. April des Folgejahres die Zulassungsbescheinigung und die Kraftfahrzeug-Kennzeichen bei der Zulassungsbehörde hinterlegt und das Cabrio garagiert. Die Steuerbefreiung beginnt mit dem auf die Hinterlegung folgenden Tag (somit mit dem 2. Oktober) und endet mit dem der Wiederausfolgung vorangehenden Tag (somit mit dem 29. April). Für den Zeitraum von 30. April bis 1. Oktober besteht somit die Steuerpflicht.

1421 Werden für ein Kraftfahrzeug die Zulassungsbescheinigung und die Kennzeichentafeln hinterlegt und wird das Kraftfahrzeug innerhalb des Mindesthinterlegungszeitraumes (10 bzw. 45 Tage, siehe Rz 1420) abgemeldet oder erlischt die Zulassung aus sonstigem Grund, ist eine Voraussetzung (Hinterlegung der Zulassungsbescheinigung und der Kennzeichentafeln für einen bestimmten Zeitraum) für die Befreiungsbestimmung nicht erfüllt und kann die Befreiung daher nicht in Anspruch genommen werden. Der Grund der Abmeldung (z.B. Verkauf, Stilllegung) ist ebenso irrelevant wie der Umstand, dass gegebenenfalls zu einem späteren Zeitpunkt eine neuerliche Zulassung erfolgt.

1422 Steuerbefreite Kraftfahrzeuge bleiben nach § 2 Abs. 1 Z 10 KfzStG 1992 während des gesamten Hinterlegungszeitraums zugelassen. Die Zulassung erlischt daher nicht. Vielmehr wird durch die Hinterlegung sichergestellt, dass das Kraftfahrzeug während dieses Zeitraums nicht verwendet wird. Aus diesem Grund wird auf die Erhebung der Kraftfahrzeugsteuer verzichtet. Das Kraftfahrzeug darf daher während dieses Zeitraums auch nicht verwendet werden (etwa mit vorhandenen Wechselkennzeichen oder ausländischen Kennzeichen).

Beispiel:

Ein Speditionsunternehmen hinterlegt die Kennzeichen seines Lkw für ein halbes Jahr und nimmt die Steuerbefreiung in Anspruch. Innerhalb dieses Zeitraumes betreibt es diesen Lkw jedoch mit zypriotischem Kennzeichen in Österreich.

Diese Vorgehensweise ist aus kraftfahrrechtlicher Sicht unzulässig. Werden die Zulassungsbescheinigung und die Kennzeichentafeln hinterlegt, darf dieses Kraftfahrzeug während des Hinterlegungszeitraums auf öffentlichen Straßen im Inland nicht verwendet werden. Durch die Hinterlegung wird im Übrigen die inländische Zulassung des Kraftfahrzeuges nicht berührt. Die Verwendung eines Kraftfahrzeuges auf öffentlichen Straßen im Inland ist jedoch ohne die behördlichen Kennzeichentafeln nicht erlaubt (§ 36 lit. b KFG 1967). Die Zulassung eines Kraftfahrzeuges in zwei Staaten ist nicht möglich. Die Zulassung hat grundsätzlich in jenem Staat zu erfolgen, in welchem der dauernde Standort des Kraftfahrzeuges gelegen ist. Bei Kraftfahrzeugen von Unternehmen gilt als solcher jener Ort, von dem aus über das Kraftfahrzeug hauptsächlich verfügt wird. Eine hauptsächliche Verfügung über ein Kraftfahrzeug von zwei Orten aus ist allerdings denkunmöglich.

Die Steuerpflicht entsteht ab dem Tag der Änderung der Verhältnisse (§ 4 Abs. 3 KfzStG 1992); daher in diesem Beispiel am Tag der erstmaligen (rechtswidrigen) Verwendung des Kraftfahrzeuges im Inland mit dem zypriotischen Kennzeichen.

C.2.2.11. Kraftfahrzeuge für privilegierte Organisationen und Personen (§ 2 Abs. 1 Z 11 KfzStG 1992)

Von der Kraftfahrzeugsteuer befreit sind Kraftfahrzeuge zur Verwendung durch Träger **1423**
von Privilegien in Österreich. Näheres zu diesem Befreiungstatbestand siehe Rz 372 bis 375.

C.2.2.12. Kraftfahrzeuge für Menschen mit Behinderungen (§ 2 Abs. 1 Z 12 KfzStG 1992)

Steuerfrei sind Kraftfahrzeuge, die ausschließlich auf einen oder mehrere Menschen **1424**
mit Behinderung zum Verkehr zugelassen sind. Näheres zu diesem Befreiungstatbestand siehe Rz 325 bis 331.

C.2.2.13. Anhänger zur Beförderung von Schienenfahrzeugen auf Straßen (§ 2 Abs. 1 Z 13 KfzStG 1992)

Von der Kraftfahrzeugsteuer befreit sind Anhänger, die für die Beförderung von Schie- **1425**
nenfahrzeugen (das sind Lokomotiven, Eisenbahnwaggons zur Personen- oder Güterbeförderung, Bau- bzw. Maschinenwaggons) auf der Straße eingerichtet sind. Sie dürfen zu keinen anderen Zwecken verwendet werden.

C.2.2.14. Im Vor- und Nachlaufverkehr zum kombinierten Verkehr eingesetzte Kraftfahrzeuge (§ 2 Abs. 1 Z 14 KfzStG 1992)

Von der Kraftfahrzeugsteuer befreit sind im Inland zugelassene, im Vor- und Nachlauf **1426**
zum kombinierten Verkehr Straße/Schiene verwendete Kraftfahrzeuge bei Erfüllung folgender Voraussetzungen:

- Das Kraftfahrzeug muss ein höchstes zulässiges Gesamtgewicht von mehr als 3,5 Tonnen aufweisen.
- Das Kraftfahrzeug (der Anhänger) muss im Kalendermonat ausschließlich im Vor- und Nachlaufverkehr zum kombinierten Verkehr Straße/Schiene verwendet werden.
- Gegenstand der Verkehre muss die Zustellung (Abholung) von Containern von mindestens 20 Fuß Länge, von auswechselbaren Aufbauten oder von bahnbeförderten Anhängern sein.

Von der Be- oder Entladestelle muss der nächstgelegene technisch geeignete Ver- oder Entladebahnhof benützt werden und dieser muss im Inland liegen.

KfzBStR

C.2.3. Kraftfahrzeuge mit Wechselkennzeichen (§ 2 Abs. 2 KfzStG 1992)

Wird Kraftfahrzeugen ein Wechselkennzeichen gemäß § 48 Abs. 2 KFG 1967 zuge- **1427**
wiesen, so ist die Kraftfahrzeugsteuer nur für das Kraftfahrzeug zu entrichten, das der höchsten Steuer unterliegt.

Kraftfahrzeuge, die gemäß § 2 Abs. 1 KfzStG 1992 steuerbefreit sind, sind dabei nicht zu berücksichtigen.

Nähere Ausführungen zur Definition von Wechselkennzeichen siehe Rz 34.

Insgesamt können mit einem Wechselkennzeichen höchstens drei Kraftfahrzeuge be- **1428**
trieben werden. Steuerfrei sind somit höchstens zwei Kraftfahrzeuge, welche mit Wechselkennzeichen verwendet werden.

In diese Berechnung einzubeziehen sind Kraftfahrzeuge, die der motorbezogenen Ver- **1429**
sicherungssteuer unterliegen. Wird für eines der unter Wechselkennzeichen zugelassenen Kraftfahrzeuge motorbezogene Versicherungssteuer entrichtet, so ist diese auf die Kraftfahrzeugsteuer anzurechnen, soweit sie auf den Steuerberechnungszeitraum entfällt. Falls jedoch die motorbezogene Versicherungssteuer die Kraftfahrzeugsteuer übersteigt und betreffend Erklärungspflicht siehe Rz 1563.

Beispiele:

1. *Lkw 1 mit einem höchsten zulässigen Gesamtgewicht von 7 Tonnen (monatliche Steuer/Mindeststeuer 15 Euro) und Lkw 2 mit einem höchsten zulässigen Gesamtgewicht von 14 Tonnen (monatliche Steuer 23,80 Euro) werden unter einem Wechselkennzeichen betrieben. Lkw 2 weist die höhere Steuerbelastung auf, die Steuer ist daher für Lkw 2 zu entrichten.*
2. *Omnibus (steuerfrei gemäß § 2 Abs. 1 Z 4 KfzStG 1992) wird mit einem Lkw mit einem höchsten zulässigen Gesamtgewicht von mehr als 3,5 Tonnen unter einem Wechselkennzeichen betrieben. Da der Omnibus bereits gemäß § 2 Abs. 1 KfzStG 1992 steuerfrei ist, wird er in der Berechnung nicht berücksichtigt. Die Steuer ist vom Lkw zu entrichten.*
3. *Ein Pkw (Klasse M1, Leistung 120 kW, Erstzulassung 14.8.2020) und ein Lkw (höchstes zulässiges Gesamtgewicht 12 Tonnen) sind während des ganzen Jahres 2020 unter einem Wechselkennzeichen zugelassen. Bei jährlicher Zahlungsweise der Versicherungsprämie beträgt die anrechenbare motorbezogene Versicherungssteuer daher:*

Lkw:

monatliche Kraftfahrzeugsteuer: 12 Tonnen x 1,55 Euro =	*18,60 Euro*
jährliche Kraftfahrzeugsteuer: 18,60 Euro x 12 Monate =	*223,20 Euro*

Pkw: 120 kW – 24 kW = 96 kW Bemessungsgrundlage

66 kW x 0,62 = 40,92 Euro, 20 kW x 0,66 Euro = 13,20 Euro, 10 kW x 0,75 Euro = 7,50 Euro = 61,62 Euro x 12 Monate = 739,44 Euro motorbezogene Versicherungssteuer pro Jahr.

Dieser Betrag ist somit auf die Kraftfahrzeugsteuer anrechenbar. Da die motorbezogene Versicherungssteuer die Kraftfahrzeugsteuer übersteigt, fällt keine Kraftfahrzeugsteuer an.

Bei Zuweisung des Wechselkennzeichens am 13. Dezember 2020 beträgt die anrechenbare motorbezogene Versicherungssteuer 19/30 von 61,62 Euro = 39,03 Euro.

Auch hier ist keine Kraftfahrzeugsteuer zu entrichten, da die motorbezogene Versicherungssteuer höher ist.

1430 Werden Kraftfahrzeuge unter einem Wechselkennzeichen zugelassen und unterliegt eines dieser Kraftfahrzeuge einem Höchststeuersatz gemäß § 5 Abs. 1 Z 2 lit. b oder Z 3 KfzStG 1992, ist dieser Höchststeuersatz bei der Prüfung, welches Kraftfahrzeug der Besteuerung unterliegt, miteinzubeziehen.

Beispiel:

Lkw 1 (Klasse N3, höchstes zulässiges Gesamtgewicht 18 Tonnen) und Lkw 2 (Klasse N3, höchstes zulässiges Gesamtgewicht 50 Tonnen) werden unter einem Wechselkennzeichen zugelassen.

Lkw 1: 18 t x 1,70 Euro = 30,60 Euro/Monat

Lkw 2: 50 t x 1,90 Euro = 95 Euro/Monat (Höchststeuersatz: 80 Euro/Monat)

Die monatliche Kraftfahrzeugsteuer für Lkw 1 beträgt 30,60 Euro, für Lkw 2 80 Euro (Höchststeuersatz). Der höhere Steuerbetrag von 80 Euro ist heranzuziehen.

1431 Werden Kraftfahrzeuge, die der Erhöhung der Kraftfahrzeugsteuer um 20% (§ 5 Abs. 1 Z 2 lit. a sublit. aa letzter Satz KfzStG 1992, siehe Rz 1508) unterliegen, mit Kraftfahrzeugen, die dieser Erhöhung nicht unterliegen, unter einem Wechselkennzeichen zugelassen, ist für die Ermittlung des höchsten Steuersatzes die Erhöhung um 20% bei den betreffenden Kraftfahrzeugen zu berücksichtigen. Die Erhöhung bezieht sich dabei aber nur auf jene Kraftfahrzeuge, welche die Voraussetzungen dafür erfüllen, und ist nicht auf andere unter einem Wechselkennzeichen zugelassene Kraftfahrzeuge zu übertragen.

Beispiel:

Ein Oldtimer (Klasse M1, Leistung 80 kW, Erstzulassung im Inland am 14. Juli 1980, kein Katalysator) und ein Lkw (Klasse N2, höchstes zulässiges Gesamtgewicht 12 Tonnen) werden unter einem Wechselkennzeichen zugelassen.

Oldtimer: 56 kW (80 – 24) x 0,682 Euro = 38,19 Euro/Monat

38,19 Euro + 7,64 Euro (20% von 38,19) = 45,83 Euro/Monat (inkl. Erhöhung um 20%)

Lkw: 12 t x 1,55 Euro = 18,60 Euro/Monat

Die Kraftfahrzeugsteuer für den Oldtimer beträgt 45,83 Euro pro Monat, für den Lkw 18,60 Euro. Es ist der höhere Steuerbetrag für den Oldtimer von 45,83 Euro (inkl. Erhöhung um 20%) zu entrichten.

1432 Wird zu einem bereits zum Verkehr zugelassenen Kraftfahrzeug ein weiteres Kraftfahrzeug, für das ein niedrigerer oder gleicher Steuersatz zutrifft, unter einem Wechselkennzeichen zugelassen, ist dieses neuzugelassene Kraftfahrzeug ab der Zulassung von der Kraftfahrzeugsteuer befreit.

C.2.4. Kraftfahrzeuge im Huckepackverkehr (§ 2 Abs. 3 KfzStG 1992)

Für ein im Inland zugelassenes, leer oder beladen im inländischen Huckepackverkehr mit der Eisenbahn befördertes Kraftfahrzeug mit einem höchsten zulässigen Gesamtgewicht von mehr als 3,5 Tonnen, wird auf Antrag für jede Bahnbeförderung eine Steuerermäßigung in Höhe von 15% der monatlich für dieses Kraftfahrzeug zu entrichtenden Steuer gewährt, höchstens jedoch in Höhe des dafür zu entrichtenden Jahresbetrages. Wird ein Kraftfahrzeug mit einem höchsten zulässigen Gesamtgewicht von mehr als 3,5 Tonnen demnach 80-mal oder häufiger während eines Jahres leer oder beladen im inländischen Huckepackverkehr befördert, entfällt auf Antrag der dafür zu entrichtende Jahressteuerbetrag zur Gänze. **1433**

Unter dem Begriff „Kraftfahrzeug" sind auch Sattelanhänger zu verstehen, sodass die 15%-Ermäßigung auch für den Sattelanhänger gilt, selbst wenn nur dieser befördert wird.

Der Verkehr findet im Inland statt, wenn der Ver- oder Entladebahnhof im Inland liegt.

Die Steuerermäßigung ist durch Verringerung der vierteljährlich zu entrichtenden Steuer bzw. im Weg der Jahressteuererklärung geltend zu machen.

Beispiel:

Sattelzugfahrzeug (höchstes zulässiges Gesamtgewicht nach Abzug der Sattellast 9 Tonnen) samt Sattelanhänger (höchstes zulässiges Gesamtgewicht 18 Tonnen) wird einmal im Kalendermonat auf der Bahn befördert.

Berechnung der Ermäßigung:

Kfz: 9 t x 1,55 Euro = 15,00 Euro (Mindeststeuer)	*15% Ermäßigung = 2,25 Euro*
Anhänger: 18 t x 1,70 Euro = 30,60 Euro	*15% Ermäßigung = 4,59 Euro*

Wird eine Fahrzeugkombination (siehe Rz 1356), bei welcher das Sattelzugfahrzeug und der Sattelanhänger verschiedenen Zulassungsbesitzern gehören, im Huckepackverkehr mit der Bahn im Inland befördert, kann der Zulassungsbesitzer des Sattelzugfahrzeuges die Steuerermäßigung für das Kraftfahrzeug und der Zulassungsbesitzer des Sattelanhängers die Steuerermäßigung für den Anhänger in Anspruch nehmen (VwGH 18.12.2006, 2006/16/0182). **1434**

Kann die Ermäßigung für das mit der Bahn beförderte Kraftfahrzeug nicht in Anspruch genommen werden, weil dieses Kraftfahrzeug gemäß § 2 Abs. 1 Z 14 KfzStG 1992 (Vor- und Nachlaufverkehr zum kombinierten Verkehr Straße/Schiene, siehe Rz 1426) steuerbefreit ist, kann die Ermäßigung für ein anderes steuerpflichtiges Kraftfahrzeug desselben Steuerschuldners in Anspruch genommen werden. Auf Antrag ermäßigt sich die Steuer für das steuerpflichtige Kraftfahrzeug für jede Bahnbeförderung des steuerbefreiten Kraftfahrzeuges in jenem Monat, in welchem die Befreiung nach § 2 Abs. 1 Z 14 KfzStG 1992 in Anspruch genommen wurde, um 15% der monatlich zu entrichtenden Steuer, soweit das höchste zulässige Gesamtgewicht des steuerpflichtigen Kraftfahrzeuges das höchste zulässige Gesamtgewicht des steuerbefreiten, im Vor- und Nachlaufverkehr verwendeten Kraftfahrzeuges nicht übersteigt. Weiters ist die übertragbare Ermäßigung mit dem Betrag begrenzt, der für das steuerbefreite mit der Bahn beförderte Kraftfahrzeug im Kalenderjahr zu entrichten wäre. **1435**

KfzBStR

Beispiel:

Das Sattelfahrzeug A (höchstes zulässiges Gesamtgewicht nach Abzug der Sattellast 9 Tonnen) samt dem Sattelanhänger A (höchstes zulässiges Gesamtgewicht 18 Tonnen) wird ausschließlich im Vor- und Nachlaufverkehr verwendet und vier Mal im Kalendermonat auf der Bahn befördert. Die Ermäßigung für die Bahnbeförderung kann für diese Kraftfahrzeuge in diesem Kalendermonat nicht in Anspruch genommen werden, weil das Sattelzugfahrzeug samt Sattelanhänger für diesen Kalendermonat gemäß § 2 Abs. 1 Z 14 KfzStG 1992 (Vor- und Nachlaufverkehr) von der Kraftfahrzeugsteuer befreit ist.

Auf denselben Steuerschuldner ist in diesem Kalendermonat ein Sattelzugfahrzeug B (höchstes zulässiges Gesamtgewicht nach Abzug der Sattellast 9 Tonnen) samt Sattelanhänger B (höchstes zulässiges Gesamtgewicht 24 Tonnen) zugelassen.

Nachdem die Ermäßigung für Sattelzugfahrzeug A und Sattelanhänger A nicht in Anspruch genommen werden kann, ermäßigt sich die Kraftfahrzeugsteuer für Sattelzugfahrzeug B und Sattelanhänger B auf Antrag im Ausmaß von vier Mal 15% der Kraftfahrzeugsteuer, welche für die mit der Bahn beförderten Kraftfahrzeuge A anfallen würde, wenn diese nicht befreit wären.

Berechnung der Ermäßigung:

Kraftfahrzeugsteuer, die für Sattelzug A zu entrichten wäre:

Kfz A: 9 Tonnen x 1,55 Euro	*= 15,00 Euro (Mindeststeuer)*	*15% Ermäßigung = 2,25 Euro*
Anhänger A: 18 Tonnen x 1,70 Euro	*= 30,60 Euro*	*15% Ermäßigung = 4,59 Euro*
Kraftfahrzeugsteuer für Sattelzug B:		
Kfz B: 9 Tonnen x 1,55 Euro	*= 15,00 Euro*	
Ermäßigung 4 x 15% der Steuer für Kfz A = 4 x 2,25 Euro	*= -9 Euro (maximal 15 Euro)*	
Kraftfahrzeugsteuer für Kfz B	*= 6 Euro*	
Anhänger B: 24 Tonnen x 1,90 Euro =	*= 45,60 Euro*	
Ermäßigung 4 x 15% der Steuer für Anhänger A = 4 x 4,59 Euro	*= -18,36 Euro (maximal 45,60 Euro)*	
Kraftfahrzeugsteuer für Anhänger B	*= 27,24 Euro*	

C.2.5. Andere Befreiungen

1436 Befreiungen von der Kraftfahrzeugsteuer ergeben sich auch aus anderen Rechtsquellen, zum Beispiel dem EU-Recht, dem ECE-Abkommen oder dem Interbus-Übereinkommen. Diese Befreiungen betreffen ausschließlich die Steuerbarkeit gemäß § 1 Abs. 1 Z 2 KfzStG 1992 und werden daher gemäß § 63 Abs. 1 Z 6 BAO vom Zollamt Österreich vollzogen.

Auf die diesbezügliche Arbeitsrichtlinie Kraftfahrzeugsteuer (GK-0900) vom 1. März 2007, BMF-010304/0011-IV/8/2007 idgF, wird verwiesen (siehe Abschnitt 2. Steuerbefreiungen).

C.2.6. Steuerpflicht bei Wegfall der Voraussetzungen für die Befreiung

1437 Fallen die Voraussetzungen für die Befreiung nachträglich weg, beginnt die Steuerpflicht mit jenem Tag, an welchem die Voraussetzungen für die Befreiung weggefallen sind (§ 4 Abs. 2 KfzStG 1992). Betreffend die in diesen Fällen erforderliche Anzeige an das Finanzamt siehe Rz 1560 (§ 6 Abs. 1 KfzStG 1992).

Randzahlen 1438 bis 1469: *derzeit frei*

C.3. Steuerschuldner (§ 3 KfzStG 1992)

1470 Steuerschuldner ist die Person, für die das Kraftfahrzeug zugelassen ist (siehe aber auch Rz 1471).

Kraftfahrzeuge dürfen nur zugelassen werden, wenn

- der Antragsteller glaubhaft macht, dass er der rechtmäßige Besitzer des Kraftfahrzeuges ist oder das Kraftfahrzeug auf Grund eines Abzahlungsgeschäftes im Namen des rechtmäßigen Besitzers innehat,
- der Antragsteller seinen Hauptwohnsitz oder Sitz, bei Antragstellern ohne Sitz im Bundesgebiet eine Hauptniederlassung im Bundesgebiet hat,
- der Antragsteller eine Erklärung über die beabsichtigte Verwendungsbestimmung des Kraftfahrzeuges abgibt,
- und der Antragsteller eine Reihe von Nachweisen, wie beispielsweise den Typenschein oder eine Versicherungsbestätigung erbringt (siehe § 37 Abs. 2 KFG 1967).

1471 Bei einem in einem ausländischen Zulassungsverfahren zum Verkehr zugelassenen Kraftfahrzeug, das auf Straßen mit öffentlichem Verkehr im Inland verwendet wird, ist Steuerschuldner die Person, die das Kraftfahrzeug auf Straßen mit öffentlichem Verkehr im Inland verwendet (zum Verwender siehe Rz 54 ff; zum Steuerschuldner siehe Abschnitt 3 der Arbeitsrichtlinie Kraftfahrzeugsteuer (GK-0900) vom 1. März 2007, BMF-010304/0011-IV/8/2007 in der Fassung vom 01.10.2009, BMF-010304/0017-IV/8/2009).

1472 Steuerschuldner bei einem Kraftfahrzeug, das auf Straßen mit öffentlichem Verkehr im Inland ohne die kraftfahrrechtlich erforderliche Zulassung verwendet wird (somit bei widerrechtlicher Verwendung), ist die Person, die das Kraftfahrzeug auf Straßen mit öffentlichem Verkehr im Inland verwendet (siehe Rz 54 ff).

Diese Person ist auch dann Steuerschuldner, wenn das Kraftfahrzeug nicht für diese Person zugelassen werden darf. Für die Verwirklichung des Tatbestandes der widerrechtlichen Verwendung spielt der rechtliche Besitz am Kraftfahrzeug keine Rolle (VwGH 27.01.2010, 2009/16/0107).

Randzahlen 1473 bis 1479: *derzeit frei*

C.4. Dauer der Steuerpflicht (§ 4 KfzStG 1992)

Für ein in einem inländischen Zulassungsverfahren zugelassenes Kraftfahrzeug beginnt die Steuerpflicht mit dem Tag der Zulassung und dauert bis zum Tag, an dem die Zulassung endet. Die Steuer ist tageweise zu berechnen, angefangene Tage zählen als volle Tage. 1480

Je Tag der Zulassung ist 1/30 der Monatssteuer anzusetzen.

Beispiele:

1) *Bei Zulassung eines Kraftfahrzeuges am 1. eines Monats ist – sofern die Zulassung den gesamten Monat währt – die gesamte Monatssteuer zu entrichten. Es spielt daher keine Rolle, ob der betreffende Monat 31 Tage oder weniger hat.*
2) *Bei Zulassung eines Kraftfahrzeuges am 2. des Monats ist*
   a) *bei Monaten mit 31 Tagen die volle Monatssteuer (1/30 der Monatssteuer x 30 Tage),*
   b) *bei Monaten mit 30 Tagen 29/30 der Monatssteuer zu entrichten.*
3) *Bei Zulassung eines Kraftfahrzeuges beispielsweise am 20. eines Monats ist die Höhe der Steuer gleichfalls von dem Umstand abhängig, wie viele Tage der betreffende Monat hat.*
4) *Zulassung eines Sattelzugfahrzeuges (höchstes zulässiges Gesamtgewicht 9 Tonnen) am 6. Mai 2020, Abmeldung 30. Juni 2020:*

   Für Mai sind 26/30 der Monatssteuer zu berechnen. 26/30 x 15 Euro = 13 Euro (in diesem Fall werden die 26/30 von 15 Euro Mindeststeuer berechnet, weil bei einer Bemessungsgrundlage von 9 Tonnen die Mindeststeuer zur Anwendung kommt, 9 x 1,55 = 13,95 Euro < 15 Euro Mindeststeuer),

   Juni 9 Tonnen x 1,55 Euro = 15 Euro Mindeststeuer (9 Tonnen x 1,55 Euro = 13,95 Euro; es kommt die Mindeststeuer zur Anwendung, da 13,95 Euro < 15 Euro).

Für ein in einem ausländischen Zulassungsverfahren zugelassenes Kraftfahrzeug beginnt die Steuerpflicht mit dem Tag des Grenzeintrittes und dauert bis zum Tag des Grenzaustrittes. Der Beginn und das Ende der Steuerpflicht sind daher durch die Dauer des Aufenthaltes im Inland begrenzt. 1481

Bei widerrechtlicher Verwendung dauert die Steuerpflicht vom Beginn des Monats, in dem die Verwendung ohne kraftfahrrechtlich gebotene Zulassung einsetzt, bis zum Ablauf des Kalendermonats, in dem die widerrechtliche Verwendung endet. 1482

Der Tatbestand der widerrechtlichen Verwendung ist zu jenem Zeitpunkt erfüllt, zu dem die einmonatige Frist des § 82 Abs. 8 KFG 1967 abläuft (siehe Rz 36 sowie Rz 42 ff).

Bei widerrechtlicher Verwendung eines Kraftfahrzeuges ist die Steuer für mindestens einen Kalendermonat zu entrichten; eine tageweise Berechnung ist nicht vorgesehen.

Beispiel:

Der Hauptwohnsitz wird am 15. Jänner 2021 nach Österreich verlegt; ein Pkw (100 kW) mit ausländischem Kennzeichen wird weiterhin benützt und erst am 22. Oktober 2021 in Österreich zugelassen.

Die widerrechtliche Verwendung setzt am 16. Februar 2021 ein, weil der Pkw innerhalb der Frist von einem Monat – also bis 15. Februar 2021 – nicht in Österreich zugelassen wurde.

Dauer der Steuerpflicht: 1. Februar 2021 bis 31. Oktober 2021

Für Februar bis einschließlich Oktober ist die volle Monatssteuer zu entrichten.

(Mit der Zulassung im Inland am 22. Oktober 2021 ergibt sich eine Besteuerung aufgrund der motorbezogenen Versicherungssteuer.)

Wird ein widerrechtlich verwendetes Kraftfahrzeug, das unter den Anwendungsbereich der motorbezogenen Versicherungssteuer fällt (siehe Rz 1620 ff), im Inland zugelassen, ist ab dem Tag der Zulassung motorbezogene Versicherungssteuer zu entrichten. 1483

Beispiel:

Ein Kraftfahrzeug wird von 2. November 2020 bis 14. Dezember 2020 widerrechtlich verwendet. Am 15. Dezember 2020 wird das Auto in Ö zugelassen.

Kraftfahrzeugsteuer wird gemäß § 4 Abs. 1 Z 3 KfzStG 1992 (Kalendermonat) für die Monate November und Dezember vorgeschrieben. Außerdem wird die motorbezogene Versicherungssteuer ab dem Tag der Zulassung, dem 15. Dezember erhoben. Es liegt kein Fall einer „Doppelbesteuerung“ vor, weil das KfzStG 1992 und das VersStG 1953 sowohl unterschiedliche Tatbestände (widerrechtliche Verwendung einerseits, Zahlung eines Versicherungsentgelts andererseits) besteuern, als auch – bei Zeiträumen, die kürzer als ein Monat sind – unterschiedliche Besteuerungszeiträume vorsehen (Monats-Kraftfahrzeugsteuer gemäß § 4 Abs. 1 Z 3 KfzStG 1992 versus anteilige motorbezogene

Versicherungssteuer gemäß § 6 Abs. 3 Z 3 VersStG 1953). Der Nachsichtsgrund einer sachlichen Unbilligkeit der Abgabeneinhebung liegt nicht vor, weil ein vom Gesetzgeber beabsichtigtes Ergebnis eingetreten ist (siehe Rz 1484).

1484 In jenen Fällen, in denen sich der Besteuerungszeitraum der Kraftfahrzeugsteuer (Besteuerung eines Monats gemäß § 4 Abs. 1 Z 3 KfzStG 1992, siehe Rz 1480 ff) und der motorbezogenen Versicherungssteuer auf Grund der Zulassung in diesem Monat (Besteuerung ab dem Tag der Zulassung gemäß § 6 Abs. 3 Z 3 VersStG 1953, siehe Rz 1690 ff) überschneiden, sind sowohl die Kraftfahrzeugsteuer als auch die motorbezogene Versicherungssteuer für diesen Zeitraum zu entrichten. Es liegt in diesen Fällen keine Doppelbesteuerung vor, weil das KfzStG 1992 und das VersStG 1953 sowohl unterschiedliche Tatbestände (widerrechtliche Verwendung einerseits, Zahlung eines Versicherungsentgelts andererseits) besteuern, als auch – bei Zeiträumen, die kürzer als ein Monat sind – unterschiedliche Besteuerungszeiträume vorsehen.

Wird ein Antrag auf Nachsicht gemäß § 236 Abs. 1 BAO mit einer „Doppelbesteuerung“ begründet, liegt insoweit keine sachliche Unbilligkeit der Abgabeneinhebung vor. Eine solche würde voraussetzen, dass im Einzelfall bei Anwendung des Gesetzes „ein vom Gesetzgeber offenbar nicht beabsichtigtes Ergebnis“ eintritt, was hier jedoch nicht der Fall ist. Der Steuerpflichtige hätte es durch eine dem KFG 1967 entsprechende rechtzeitige Zulassung in Österreich in der Hand gehabt, die Kraftfahrzeugsteuerpflicht zu vermeiden. Im Übrigen führt die „überschneidende“ Besteuerung mit Kraftfahrzeugsteuer und motorbezogener Versicherungssteuer nicht zu einem unproportionalen Vermögenseingriff beim Steuerpflichtigen.

1485 Wird ein steuerbefreites Kraftfahrzeug steuerpflichtig, beginnt die Steuerpflicht mit dem Tag, an dem der Befreiungsgrund wegfällt.

Kommt es zu einer Änderung der für die Steuerbemessung maßgeblichen Verhältnisse, ist dies ab dem Tag der Änderung zu berücksichtigen.

Randzahlen 1486 bis 1499: *derzeit frei*

C.5. Steuersatz (§ 5 KfzStG 1992)

C.5.1. Allgemeines

1500 Der jeweilige Steuersatz gemäß § 5 KfzStG 1992 bestimmt sich anhand der erstmaligen (weltweiten) Zulassung des Kraftfahrzeuges. Dabei ist es unerheblich, in welchem Land die erstmalige Zulassung (weltweit) erfolgte oder durch welche Person.

Beispiel:

Ein Kraftfahrzeug der Klasse M1 wurde am 20. Oktober 2018 erstmalig in Serbien zugelassen. Am 15. März 2021 wird es nach Österreich importiert und hier widerrechtlich verwendet. Aufgrund der widerrechtlichen Verwendung ist ab 1. April 2021 die Kraftfahrzeugsteuer zu entrichten. Diese ist anhand des Tarifs gemäß § 5 Abs. 1 Z 2 lit. a sublit. aa KfzStG 1992 zu bemessen und anders als bei der Normverbrauchsabgabe nicht anhand des KfzStG, welches im Zeitpunkt der erstmaligen Zulassung (20. Oktober 2018) in Geltung stand.

Die Berechnung der Kraftfahrzeugsteuer erfolgt für seit 1. Oktober 2020 erstmalig zugelassene Personenkraftwagen und Krafträder aus einer Kombination von Leistungs- und CO_2-Emissionenkomponente.

Kraftfahrzeuge der Klasse M1 (Personenkraftwagen [früher Personen- und Kombinationskraftwagen]) und der Klassen L1e, L2e, L3e, L4e und L5e (Krafträder) mit einem Erstzulassungsdatum nach dem 30. September 2020, werden auf Basis einer neuen Bemessungsgrundlage und eines neuen Steuersatzes besteuert. Bei den sonstigen Kraftfahrzeugen gilt weiterhin die bis 30. September 2020 gültige Rechtslage.

C.5.2. Steuerberechnung

C.5.2.1. Kraftfahrzeuge der Klassen L1e, L2e, L3e, L4e und L5e (Krafträder)

1501 Bei Krafträdern ist für den Hubraum jener Wert zu verwenden, der in der Zulassungsbescheinigung eingetragen ist.

Die CO_2-Emissionen werden nach dem World Motorcycle Test Cycle (WMTC) ermittelt. Diese Wertermittlung basiert auf der Verordnung (EU) Nr. 168/2013 über die Genehmigung und Marktüberwachung von zwei- oder dreirädrigen und vierrädrigen Kraftfahrzeugen.

1502 Dreirädrige Kraftfahrzeuge (Motordreiräder) sind als Krafträder definiert, daher ist der Steuertarif für Krafträder anzuwenden (siehe Rz 16). Der Steuertarif für Personen- und Kombinationskraftwagen gelangt für dreirädrige Kraftfahrzeuge nicht zur Anwendung.

C.5.2.1.1. Erstmalige Zulassung vor dem 1. Oktober 2020

Erfolgte die erstmalige Zulassung vor dem 1. Oktober 2020, so beträgt die Steuer je Monat 0,0275 Euro je Kubikzentimeter Hubraum. 1503

C.5.2.1.2. Erstmalige Zulassung nach dem 30. September 2020

Erfolgt die erstmalige Zulassung nach dem 30. September 2020, so beträgt die Steuer je Monat 1504

- 0,014 Euro je Kubikzentimeter des um 52 Kubikzentimeter verringerten Hubraums sowie
- 0,20 Euro je Gramm des um 52 verringerten Wertes der CO_2-Emissionen in Gramm pro Kilometer (mindestens jedoch 10 Gramm pro Kilometer). Es sind die nach dem WMTC-Messzyklus ermittelten CO_2-Emissionen zu verwenden.

Berechnungsformel:

Kfz-Steuer = (Hubraum [cm³] – 52) x 0,014 Euro + (CO_2-Emissionen [g/km] – 52) x 0,20 Euro

C.5.2.2. Klasse M1 (Personenkraftwagen)

Bei Kraftfahrzeugen der Klasse M1 bis 3,5 Tonnen höchstes zulässiges Gesamtgewicht (Personenkraftwagen) richtet sich der Steuersatz auch nach dem Datum der erstmaligen Zulassung des Kraftfahrzeuges. Dabei ist es unerheblich, in welchem Land die erstmalige Zulassung erfolgte. 1505

Für Kraftfahrzeuge der Klasse M1, die vor dem 1. Oktober 2020 erstmalig zugelassen wurden, gilt die bis 30. September 2020 gültige Besteuerungsform unverändert weiter. 1506

Für Kraftfahrzeuge der Klasse M1, die nach dem 30. September 2020 erstmalig zugelassen wurden, wird unterschieden, ob für diese ein CO_2-Ausstoß nach der Worldwide harmonized Light vehicles Test Procedure (WLTP) ermittelt wird oder dieser Prüfzyklus nicht angewendet wird (z.B. auslaufende Serien, etc.). Wird der WLTP-Prüfzyklus angewandt, so bildet die Bemessungsgrundlage die Leistung des Verbrennungsmotors und der CO_2-Ausstoß in g/km.

Wird der WLTP-Prüfzyklus nicht angewandt, sondern nur der frühere NEFZ-Prüfzyklus, dann wird die Berechnung nach den Kilowattwerten angewandt (siehe Rz 1517).

C.5.2.2.1. erstmalige Zulassung vor dem 1. Oktober 2020

Bei Fahrzeugen der Klasse M1 mit einem höchsten zulässigen Gesamtgewicht (Feld Zulassungsbescheinigung: F1) bis 3,5 Tonnen, deren erstmalige Zulassung vor dem 1. Oktober 2020 erfolgt ist, beträgt die Steuer pro Monat je Kilowatt der um 24 Kilowatt verringerten Leistung des Verbrennungsmotors 1507

- für die ersten 66 Kilowatt 0,682 Euro,
- für die weiteren 20 Kilowatt 0,726 Euro
- und für die darüber hinausgehenden Kilowatt 0,825 Euro,

mindestens 6,82 Euro.

C.5.2.2.1.1. Oldtimer und Steuererhöhung für Kraftfahrzeuge ohne Katalysator

Gemäß § 5 Abs. 1 Z 2 lit. a letzter Satz KfzStG 1992 erhöht sich für vor dem 1. Jänner 1987 erstmals im Inland zum Verkehr zugelassene mit einem Fremdzündungsmotor ausgestattete Kraftfahrzeuge (Personen- und Kombinationskraftwagen mit Fremdzündungsmotor – Ottomotor) ohne geregelten Dreiweg-Katalysator die Steuer um 20%, sofern nicht nachgewiesen wird, dass das Kraftfahrzeug die gemäß § 1d Abs. 1 Z 3 Kategorie A oder B der Kraftfahrgesetz-Durchführungsverordnung 1967, BGBl. Nr. 399/1967 idF BGBl. Nr. 579/1991, vorgeschriebenen Schadstoffgrenzwerte einhält. (Bei Wechselkennzeichen ist Rz 1431 zu beachten.) 1508

Da seit dem Jahr 2018 die „grünen“ Begutachtungsplaketten laufend durch „weiße“ Begutachtungsplaketten ersetzt werden, ist die Farbe der Begutachtungsplakette nicht ausreichend für den Nachweis über die Einhaltung der Schadstoffgrenzwerte. 1509

Bei dieser Bestimmung handelt es sich nicht um eine „Strafsteuer“, sondern eine im Gesetz zwingend vorgesehene Erhöhung. Es wird dabei nicht auf das Baujahr, die Bauart oder den Zeitpunkt des Imports des Kraftfahrzeuges, sondern auf die erstmalige Zulassung im Inland abgestellt. Liegt der Zeitpunkt der erstmaligen Zulassung im Inland nach dem 1. Jänner 1987, wird die Erhöhung nicht ausgelöst. 1510

Oldtimern kommt keine Steuerbegünstigung zu, für sie ist der Steuertarif für Personen- und Kombinationskraftwagen anzuwenden (siehe Rz 1507).

C.5.2.2.1.2. Extern aufladbare Hybrid-Elektro-Kraftfahrzeuge

1511 Bei extern aufladbaren Hybrid-Elektro-Kraftfahrzeugen ist als Bemessungsgrundlage ausschließlich die Leistung des Verbrennungsmotors in Kilowatt heranzuziehen.

War zum 1. Jänner 2013 noch der Wert der Leistung des Gesamtsystems (z.B. Verbrennungsmotor und Elektromotor) in der Zulassungsbescheinigung eingetragen, kann ab 1. Jänner 2013 bereits die Leistung des Verbrennungsmotors in Kilowatt für die Berechnung der Kraftfahrzeugsteuer herangezogen werden.

C.5.2.2.1.3. Wasserstoffbetriebene Kraftfahrzeuge

1512 Bei Kraftfahrzeugen, die mit Wasserstoff betrieben werden, sind zwei Arten zu unterscheiden:

- Wasserstoffverbrennungsmotor:

  Hierbei wird ein konventioneller Verbrennungsmotor durch Wasserstoff anstelle durch Benzin oder Diesel betrieben. Es handelt sich somit um einen Verbrennungsmotor im Sinne des KfzStG 1992 (VersStG 1953), dessen Leistung als Bemessungsgrundlage für die Besteuerung heranzuziehen ist.

- Brennstoffzelle:

  Bei einem Brennstoffzellenantrieb handelt es sich nicht um einen Verbrennungsmotor im Sinne des KfzStG 1992 (bzw. VersStG 1953), da es nicht zu einer Umwandlung in thermische Energie kommt; es lässt sich daher keine Bemessungsgrundlage ermitteln. Die Regelungen über die Mindeststeuer (§ 5 Abs. 1 Z 2 lit. a KfzStG 1992 bzw. § 6 Abs. 3 Z 1 lit. b VersStG 1953) und die Ersatzbemessungsgrundlage (§ 5 Abs. 2 KfzStG 1992 bzw. § 5 Abs. 5 VersStG 1953) beziehen sich ausschließlich auf Kraftfahrzeuge mit einem Verbrennungsmotor und können nicht angewendet werden. Demnach unterliegen Kraftfahrzeuge, die mit einer Brennstoffzelle angetrieben werden, nicht der Kraftfahrzeugsteuer. Dies gilt auch für Hybrid-Varianten von Kraftfahrzeugen, die mit Elektromotor angetrieben werden, der durch eine Wasserstoff-Brennstoffzelle mit Energie versorgt wird.

C.5.2.2.2. Erstmalige Zulassung nach dem 30. September 2020 und Ermittlung der CO_2-Emissionen gemäß Verordnung (EU) 2017/1151

1513 Wird für Kraftfahrzeuge der Klasse M1, die nach dem 30. September 2020 erstmalig zugelassen werden, der CO_2-Ausstoß in g/km nach der Worldwide harmonized Light vehicles Test Procedure (WLTP) ermittelt, bildet die Leistung des Verbrennungsmotors und der CO_2-Ausstoß in g/km die Bemessungsgrundlage für die Kraftfahrzeugsteuer.

Die Steuer beträgt pro Monat

- 0,72 Euro je Kilowatt der um 65 Kilowatt verringerten Leistung des Verbrennungsmotors sowie
- 0,72 Euro je Gramm des um 115 Gramm pro Kilometer verringerten Wertes der CO_2-Emissionen in Gramm pro Kilometer.

Es sind mindestens 5 Kilowatt und mindestens 5 Gramm pro Kilometer anzusetzen.

Es gilt der kombinierte WLTP-Wert der CO_2-Emissionen in Gramm pro Kilometer.

Die CO_2-Emissionen werden gemäß der Verordnung (EU) Nr. 2017/1151 zur Ergänzung der Verordnung (EG) Nr. 715/2007 über die Typgenehmigung von Kraftfahrzeugen hinsichtlich der Emissionen von leichten Personenkraftwagen und Nutzfahrzeugen (Euro 5 und Euro 6) und über den Zugang zu Fahrzeugreparatur- und -wartungsinformationen, zur Änderung der Richtlinie 2007/46/EG, der Verordnung (EG) Nr. 692/2008 sowie der Verordnung (EU) Nr. 1230/2012 und zur Aufhebung der Verordnung (EG) Nr. 692/2008, ABl. Nr. L 175 vom 7. Juli 2017 S. 1, zuletzt geändert durch Verordnung (EU) Nr. 2020/49, ABl. Nr. L 17 vom 22. Jänner 2020 S. 1, zuletzt berichtigt durch ABl. Nr. L 48 vom 11. Februar 2021 S. 23, nach dem Worldwide harmonized Light vehicles Test Procedure (WLTP) ermittelt.

Berechnungsformel:

Kfz-Steuer = (Leistung [kW] – 65) x 0,72 Euro + (CO_2-Emissionen [g/km] – 115) x 0,72 Euro

C.5.2.2.2.1. Extern aufladbare Hybrid-Elektro-Kraftfahrzeuge

1514 Für die Berechnung des Steuersatzes ab 1. Oktober 2020 ist bei extern aufladbaren Hybrid-Elektro-Kraftfahrzeugen als Kilowatt-Wert ausschließlich die Leistung des Verbrennungsmotors heranzuziehen. Daneben ist der **gewichtete** kombinierte WLTP-Wert der CO_2-Emissionen in Gramm pro Kilometer anzuwenden.

Ist in einer Zulassungsbescheinigung (vor 1. Jänner 2013) noch der Wert der Leistung des Gesamtsystems (z.B. Verbrennungsmotor und Elektromotor) eingetragen, kann ab 1. Jänner 2013 trotzdem bereits die Leistung des Verbrennungsmotors in Kilowatt für die Berechnung der Kraftfahrzeugsteuer herangezogen werden. 1515

C.5.2.2.2.2. Wasserstoffbetriebene Kraftfahrzeuge

Bei Kraftfahrzeugen, die mit Wasserstoff betrieben werden, sind zwei Arten zu unterscheiden: 1516

- Wasserstoffverbrennungsmotor:

  Hierbei wird ein konventioneller Verbrennungsmotor durch Wasserstoff anstelle durch Benzin oder Diesel betrieben. Es handelt sich somit um einen Verbrennungsmotor im Sinne des KfzStG 1992 (bzw. VersStG 1953), dessen Leistung als Bemessungsgrundlage für die Besteuerung heranzuziehen ist.
- Brennstoffzelle:

  Bei einem Brennstoffzellenantrieb handelt es sich nicht um einen Verbrennungsmotor im Sinne des KfzStG 1992 (bzw. VersStG 1953), da es nicht zu einer Umwandlung in thermische Energie kommt; es lässt sich daher keine Bemessungsgrundlage ermitteln. Die Regelungen über die Mindeststeuer (§ 5 Abs. 1 Z 2 lit. a KfzStG 1992 bzw. § 6 Abs. 3 Z 1 lit. b VersStG 1953) und die Ersatzbemessungsgrundlage (§ 5 Abs. 2 KfzStG 1992 bzw. § 5 Abs. 5 VersStG 1953) beziehen sich ausschließlich auf Kraftfahrzeuge mit einem Verbrennungsmotor und können ebenso nicht angewendet werden. Demnach unterliegen Kraftfahrzeuge, die mit einer Brennstoffzelle angetrieben werden, nicht der Kraftfahrzeugsteuer. Dies gilt auch für Hybrid-Varianten von Kraftfahrzeugen, die mit Elektromotor angetrieben werden, der durch eine Wasserstoff-Brennstoffzelle mit Energie versorgt wird.

C.5.2.2.3. Erstmalige Zulassung nach dem 30. September 2020 und keine Ermittlung der CO_2-Emissionen gemäß Verordnung (EU) 2017/1151

Für Kraftfahrzeuge der Klasse M1 mit einem höchsten zulässigen Gesamtgewicht bis 3,5 Tonnen, die nach dem 30. September 2020 erstmalig zugelassen wurden und für die kein CO_2-Ausstoß nach der Worldwide harmonized Light vehicles Test Procedure (WLTP) ermittelt wurde (wie z.B. bei Wohnmobilen, auslaufenden Serien, etc.), beträgt die Steuer pro Monat je Kilowatt der um 24 Kilowatt verringerten Leistung des Verbrennungsmotors 1517

- für die ersten 66 Kilowatt 0,682 Euro,
- für die weiteren 20 Kilowatt 0,726 Euro
- und für die darüber hinausgehenden Kilowatt 0,825 Euro,

mindestens 6,82 Euro.

KfzBStR

C.5.2.3. Alle übrigen Kraftfahrzeuge

Die Steuer je Monat beträgt bei allen übrigen Kraftfahrzeugen (nicht Krafträder und Kraftfahrzeuge der Klasse M1 [Personenkraftwagen mit einem höchsten zulässigen Gesamtgewicht bis 3,5 Tonnen]) je Kilowatt der um 24 Kilowatt verringerten Leistung des Verbrennungsmotors 1518

- für die ersten 66 Kilowatt 0,682 Euro,
- für die weiteren 20 Kilowatt 0,726 Euro
- und für die darüber hinausgehenden Kilowatt 0,825 Euro,

mindestens 6,82 Euro, höchstens 80 Euro.

Wird für ein Kraftfahrzeug, das kein Kraftfahrzeug der Klasse M1 ist und für das auf Grund der Motorleistung der Höchststeuersatz zur Anwendung kommt, die Steuer tageweise berechnet, ist der Monatshöchststeuersatz von 80 Euro tageweise zu aliquotieren. 1519

Beispiel:

Klein-Lkw mit 150 kW hat eine Bemessungsgrundlage von 126 kW. Die Berechnung anhand des Stufentarifs ergäbe bei monatlicher Entrichtung eine monatliche Kraftfahrzeugsteuer von 92,53 Euro, weshalb die Deckelung von 80 Euro zur Anwendung kommt. Wird der Klein-Lkw mit 25. eines Monats abgemeldet, berechnet sich die Steuer für diesen Monat wie folgt:

80 Euro x 1/30 x 25 Tagen = 66,67 Euro.

Für leichte vierrädrige Kraftfahrzeuge mit Mopedkennzeichen (so genannte „Moped-Autos“, Kraftfahrzeuge der Klasse L6e) ist nicht der Steuertarif für Krafträder, sondern für Kraftwagen anzuwenden. Da für diese Kraftfahrzeuge die Steuerberechnung nach Kilowatt 1520 immer einen Steuerbetrag unter der Mindeststeuer ergibt, ist die Mindeststeuer in Höhe von 6,82 Euro zu entrichten.

C.5.2.3.1 Kraftfahrzeuge mit einem höchsten zulässigen Gesamtgewicht von mehr als 3,5 Tonnen

1521 Bei Kraftfahrzeugen mit einem höchsten zulässigen Gesamtgewicht von mehr als 3,5 Tonnen ist die Bemessungsgrundlage jede angefangene Tonne höchstes zulässiges Gesamtgewicht.

Beispiel:

Bemessungsgrundlage für einen Lkw:

a. höchstes zulässiges Gesamtgewicht 8.000 kg → 8 Tonnen

b. höchstes zulässiges Gesamtgewicht 8.050 kg → 9 Tonnen

1522 Der Steuersatz beträgt pro Monat für jede Tonne höchstes zulässiges Gesamtgewicht:

- bei Fahrzeugen mit einem höchsten zulässigen Gesamtgewicht bis zu 12 Tonnen 1,55 Euro, mindestens 15 Euro,
- bei Fahrzeugen mit einem höchsten zulässigen Gesamtgewicht von mehr als 12 Tonnen bis zu 18 Tonnen 1,70 Euro,
- bei Fahrzeugen mit einem höchsten zulässigen Gesamtgewicht von mehr als 18 Tonnen 1,90 Euro, höchstens 80 Euro, bei Anhängern höchstens 66 Euro.

Übersicht:

Höchstes zulässiges Gesamtgewicht	**01.01.2003 bis 30.06.2007**	**01.07.2007 bis 31.12.2010**	**Seit 01.01.2011**
Kfz hat mehr als 3,5 Tonnen bis zu 12 Tonnen **3,5 Tonnen < Kfz ≤ 12 Tonnen**	5,09 Euro/Tonne mind. 43,60 Euro	2,54 Euro/Tonne mind. 21,80 Euro	1,55 Euro/Tonne mind. 15 Euro
Kfz hat mehr als 12 Tonnen bis zu 18 Tonnen **12 Tonnen < Kfz ≤ 18 Tonnen**	5,45 Euro/Tonne	2,72 Euro/Tonne	1,70 Euro/Tonne
Kfz hat mehr als 18 Tonnen	6,17 Euro/Tonne	3,08 Euro/Tonne	1,90 Euro/Tonne
18 Tonnen < Kfz	max. 246,80 Euro für Anhänger max. 197,44 Euro	max. 123,40 Euro für Anhänger max. 98,72 Euro	max. 80 Euro für Anhänger max. 66 Euro

C.5.2.3.1.1. Verringerung der Bemessungsgrundlage bei Sattelanhängern

1523 Gemäß § 1 Abs. 2 Z 1 KfzStG 1992 werden Anhänger mit einem höchsten zulässigen Gesamtgewicht von mehr als 3,5 Tonnen in den Anwendungsbereich des Kraftfahrzeugsteuergesetzes einbezogen (siehe Rz 2). Da auch Sattelanhänger zu den Anhängern zählen (siehe Rz 2 sowie Rz 28), stellt eine aus einem Sattelzugfahrzeug und einem Sattelanhänger bestehende Fahrzeugkombination (Sattelkraftfahrzeug) kein einheitliches Kraftfahrzeug im Sinne des KfzStG 1992 dar (siehe Rz 1356). Die Kraftfahrzeugsteuer ist daher jeweils gesondert für das Sattelzugfahrzeug und für den Sattelanhänger zu berechnen.

1524 Bei Sattelanhängern ist das höchste zulässige Gesamtgewicht des Sattelanhängers um die in der Zulassungsbescheinigung eingetragene (Feld A12) „höchste zulässige Sattellast“ (§ 2 Z 35a KFG 1967, siehe Rz 29) der jeweils ziehenden Zugmaschine zu verringern, weil die Sattellast auf die Zugmaschine ausgeübt und bei dieser bereits im höchsten zulässigen Gesamtgewicht berücksichtigt wird. Ohne Verringerung dieser Last beim Anhänger würde es zu einer Doppelbesteuerung kommen.

Die Verringerung kann maximal um die Sattellast der Zugmaschine vorgenommen werden, da diese kraftfahrrechtlich nicht mehr Gewicht aufnehmen darf, auch wenn dies der Anhänger könnte.

Beispiel:

Zugmaschine: Gesamtgewicht 15.000 kg; Sattellast 7.500 kg

Anhänger: Gesamtgewicht 22.000 kg; Sattellast 10.000 kg

Beim Anhänger ist das höchste zulässige Gesamtgewicht (22.000 kg) um die im Typenschein der Zugmaschine angegebene Sattellast (7.500 kg) zu vermindern. Als Bemessungsgrundlage für die Kraftfahrzeugsteuer sind beim Anhänger 14.500 kg heranzuziehen.

Sind auf einen Steuerpflichtigen mehrere Sattelzugfahrzeuge und -anhänger zugelassen und werden diese in unterschiedlichen Kombinationen verwendet, bestehen aus verwaltungsökonomischen Gründen keine Bedenken, die im Typenschein eines Anhängers angeführte Sattellast vom höchsten zulässigen Gesamtgewicht dieses Anhängers abzuziehen. 1525

Beispiel:

Zugmaschine A: Gesamtgewicht 15.000 kg; Sattellast 7.500 kg

Zugmaschine B: Gesamtgewicht 12.000 kg; Sattellast 5.000 kg

Anhänger A: Gesamtgewicht 24.000 kg; Sattellast 10.000 kg

Anhänger B: Gesamtgewicht 20.000 kg; Sattellast 8.000 kg

Bei den beiden Anhängern darf das jeweils höchste zulässige Gesamtgewicht (24.000 kg bzw. 20.000 kg) um die jeweils im Typenschein angegebene Sattellast (10.000 kg bzw. 8.000 kg) vermindert werden. Als Bemessungsgrundlage für die Kraftfahrzeugsteuer sind somit bei Anhänger A 14.000 kg und bei Anhänger B 12.000 kg heranzuziehen.

C.5.3. Werte laut Zulassungsbescheinigung und Einstufung, Umrechnung von PS in Kilowatt und Fehlen von Eintragungen

Für die Steuerberechnung sind nicht die tatsächlichen Werte, sondern die in der Zulassungsbescheinigung eingetragenen Werte maßgeblich. Die Steuer kann nicht rückerstattet werden, wenn sich nachträglich herausstellt, dass die in der Zulassungsbescheinigung eingetragenen Werte, die der Steuerberechnung zugrunde gelegt wurden, nicht den tatsächlichen Werten entsprechen. 1526

Wenn in einer ausländischen Zulassungsbescheinigung die Angaben des höchsten zulässigen Gesamtgewichts, der Achslasten oder der Stütz-/Sattellasten fehlen, können diese dem Fabrikschild des Fahrzeuges entnommen werden.

Nicht als fehlende Eintragung ist zu qualifizieren, wenn die entsprechenden Werte nicht im dafür vorgesehenen Feld enthalten sind, aber aus einem anderen Feld der Zulassungsbescheinigung entnommen werden können (z.B. CO_2-WLTP Wert im Feld A19 „Anmerkungen"). 1527

Maßgebend für die Einstufung als Kraftrad oder Kraftfahrzeug der Klasse M1 (Personenkraftwagen) ist die Eintragung der Klasse in der Zulassungsbescheinigung gemäß § 3 Abs. 1 KFG 1967 (Feld J „Art des Fahrzeuges/Klasse" in der Zulassungsbescheinigung). 1528

Ist die Leistung des Verbrennungsmotors nicht in Kilowatt angegeben, hat die Umrechnung gemäß § 64 des Maß- und Eichgesetzes 1950, BGBl. Nr. 152/1950 in der Fassung des Bundesgesetzes BGBl. Nr. 174/1973, zu erfolgen. 1529

Ist die Motorleistung in PS (Pferdestärken) angegeben, hat eine Umrechnung auf Kilowatt nach der Formel:

1 PS = 0,73549875 kW

zu erfolgen.

Bruchteile von Kilowatt oder Gramm pro Kilometer sind auf volle Kilowatt oder Gramm pro Kilometer aufzurunden.

Ist bei Kraftfahrzeugen, deren Typenschein (Einzelgenehmigungsbescheid) vor dem 1. Jänner 1972 ausgestellt wurde, die Motorleistung ausdrücklich in „SAE-PS" angegeben, sind ohne weiteren Nachweis entweder vor der Umrechnung mit der oben angeführten Formel auf Kilowatt die angegebenen SAE-PS um 20% zu verringern oder ist bei der Umrechnung auf Kilowatt die Formel:

1 SAE-PS = 0,588399 kW

zugrunde zu legen.

Entsprechendes gilt bei Kraftfahrzeugen mit Erzeugungsland Nordamerika oder Großbritannien, wenn die Motorleistung zwar in PS (ohne Zusatz SAE) angegeben ist, jedoch nachgewiesen wird, dass die eingetragenen Werte tatsächlich SAE-PS sind.

Fehlt eine entsprechende Eintragung, ist die Steuer zu berechnen bei 1530

- Kraftfahrzeugen der Klassen L1e, L2e, L3e, L4e und L5e (Krafträdern), die vor dem 1. Oktober 2020 erstmalig zugelassen werden,
  - von einem Hubraum von 350 Kubikzentimetern,
- Kraftfahrzeugen der Klassen L1e, L2e, L3e, L4e und L5e, die nach dem 30. September 2020 erstmalig zugelassen werden,
  - von einem Hubraum von 350 Kubikzentimetern oder einem nach WLTP ermittelten CO_2-Ausstoß von 85 Gramm pro Kilometer,

KfzBStR

- Kraftfahrzeugen der Klasse M1 (früher Personen- und Kombinationskraftwagen),
  - die vor dem 1. Oktober 2020 erstmalig zugelassen wurden sowie
  - die nach dem 30. September 2020 erstmalig zugelassen wurden und für welche die CO_2-Emissionen nicht gemäß WLTP ermittelt wurden und
  - allen übrigen Kraftfahrzeugen

  von einer Leistung des Verbrennungsmotors von 50 Kilowatt,
- Kraftfahrzeugen der Klasse M1, die nach dem 30. September 2020 erstmalig zugelassen wurden und für welche die CO_2-Emissionen gemäß WLTP ermittelt wurden
  - von einer Leistung des Verbrennungsmotors von 85 Kilowatt oder von einem CO_2-Ausstoß von 125 Gramm pro Kilometer,
- Kraftfahrzeugen mit einem höchsten zulässigen Gesamtgewicht von mehr als 3,5 Tonnen
  - von einem höchsten zulässigen Gesamtgewicht von 8 Tonnen.

Es ist dabei zu beachten, dass die Ersatzwerte für die Berechnung gemäß § 5 Abs. 1 KfzStG 1992 wie in der Zulassungsbescheinigung eingetragene Werte zu behandeln sind.

C.5.4. Tageweise Berechnung

1531 Zur tageweisen Berechnung siehe Rz 1480.

C.5.5. Im Ausland zugelassene Kraftfahrzeuge

1532 Für ein in einem ausländischen Zulassungsverfahren zugelassenes Kraftfahrzeug, das vorübergehend im Inland benützt wird, wird die Steuer pro in Österreich verbrachtem Tag für dieses Kraftfahrzeug, je nachdem ob es sich um ein Kraftrad, einen Personen- und Kombinationskraftwagen oder um alle übrigen Kraftfahrzeuge handelt, gesondert festgelegt.

Diese Bestimmung gilt nicht für Kraftfahrzeuge, die im Inland widerrechtlich ohne die erforderliche inländische Zulassung verwendet werden (siehe Rz 1482). Für ausländische Kraftfahrzeuge, die von der Kraftfahrzeugsteuer befreit sind, siehe Anlage 1 der Arbeitsrichtlinie Kraftfahrzeugsteuer (GK-0900) vom 1. März 2007, BMF-010304/0011-IV/8/2007 in der Fassung vom 01.10.2009, BMF-010304/0017-IV/8/2009).

C.5.5.1. Krafträder

1533 Für ein in einem ausländischen Zulassungsverfahren zugelassenes Kraftrad, das vorübergehend im Inland benützt wird, beträgt die Steuer pro in Österreich verbrachtem Tag 1,10 Euro.

C.5.5.2. Personenkraftwagen und Kombinationskraftwagen

1534 Für einen in einem ausländischen Zulassungsverfahren zugelassenen Personen- und Kombinationskraftwagen, der vorübergehend im Inland benützt wird, beträgt die Steuer pro in Österreich verbrachtem Tag 2,20 Euro.

C.5.5.3. alle übrigen Kraftfahrzeuge

1535 Für ein in einem ausländischen Zulassungsverfahren zugelassenes übriges Kraftfahrzeug, das vorübergehend im Inland benützt wird, beträgt die Steuer pro in Österreich verbrachtem Tag 13 Euro.

C.5.6. Verordnungsermächtigung für Kraftfahrzeuge mit ausländischem Kennzeichen

1536 Die für in einem ausländischen Zulassungsverfahren zugelassenen Kraftfahrzeuge, die vorübergehend im Inland benützt werden, festgelegten Tagessteuersätze (siehe Rz 1532 ff) können mit Verordnung des Bundesministers für Finanzen für bestimmte Gruppen von Kraftfahrzeugen erhöht werden, damit diese Kraftfahrzeuge einer Steuerbelastung unterliegen, die der Belastung entspricht, welcher Kraftfahrzeuge mit inländischem Kennzeichen im Heimatstaat der Kraftfahrzeuge mit ausländischem Kennzeichen unterliegen. Hierbei ist auf alle Abgaben Bedacht zu nehmen, die in dem betreffenden Staat für die Benützung oder das Halten von Kraftfahrzeugen erhoben werden.

C.5.7. Anpassung der Steuersätze

1537 Die Änderungen der durchschnittlichen CO_2-Emissionen für Kraftfahrzeuge auf Grund der technischen Entwicklung werden durch eine Absenkung der Abzugsbeträge berücksichtigt.

C.5.7.1. Jährliche Absenkung der Abzugsbeträge (CO_2-Komponente und Leistungskomponente) ab 1. Jänner 2021

Ab 1. Jänner 2021 werden jährlich für Kraftfahrzeuge der Klasse M1, die nach dem 30. September 2020 erstmalig zugelassen und für welche die CO_2-Emissionen gemäß WLTP ermittelt wurden, **1538**

- der Wert 115 Gramm pro Kilometer (CO_2-Komponente) um den Wert 3 und
- der Wert 65 Kilowatt (Leistungskomponente) um den Wert 1

abgesenkt.

C.5.8. Verordnungsermächtigung für die jährliche Anpassung des Steuersatzes

Abweichend von der gesetzlichen Absenkung der Abzugsbeträge ab 1. Jänner 2021 kann der Bundesminister für Finanzen einmal jährlich zum 1. Jänner des Folgejahres durch Verordnung die Steuersätze und die Abzugsbeträge anpassen, um die Änderung der durchschnittlichen CO_2-Emissionen auf Grund der technischen Entwicklung und der regulatorischen Vorgaben zu berücksichtigen. Dabei ist auf ökologische und soziale Zielsetzungen Bedacht zu nehmen. **1539**

C.5.8.1. Wirksamwerden der Änderungen

Die Anpassungen gelten ab dem 1. Jänner des Folgejahres nach dem Wirksamwerden der Änderungen und sind für jene Kraftfahrzeuge anzuwenden, die ab dem Wirksamwerden der Änderungen bis zum Wirksamwerden der Änderungen des Folgejahres erstmalig zugelassen werden. **1540**

Randzahlen 1541 bis 1559: *derzeit frei*

C.6. Steuererhebung (§ 6 KfzStG 1992)

C.6.1. Anzeigepflicht

Bei erstmaliger Verpflichtung zur Entrichtung der Kraftfahrzeugsteuer hat der Steuerpflichtige dem Finanzamt innerhalb eines Monats ab Eintritt des anzeigepflichtigen Ereignisses die Umstände anzuzeigen, die die Abgabepflicht begründen (Formular Kr 20). Wurde der Anzeigeverpflichtung bereits einmal entsprochen, ist der Beginn der Steuerpflicht für weitere Kraftfahrzeuge nicht mehr anzuzeigen. **1560**

Beginnt nach Beendigung der Steuerpflicht für alle Kraftfahrzeuge zu einem späteren Zeitpunkt neuerlich die Steuerpflicht für ein Kraftfahrzeug, ist dieser Umstand wieder dem Finanzamt anzuzeigen. Für steuerbefreite Kraftfahrzeuge besteht keine Anzeigepflicht.

Die Anzeige ist beim zuständigen Finanzamt einzubringen. **1561**

C.6.2. Aufzeichnungspflicht

Der Steuerschuldner hat fortlaufende Aufzeichnungen (nach Art, Kennzeichen, Dauer und Bemessungsgrundlage je steuerpflichtigem Kraftfahrzeug) zu führen. **1562**

C.6.3. Erklärungspflicht

Der Steuerschuldner hat jeweils für ein Kalendervierteljahr die Steuer selbst zu berechnen und bis zum 15. Tag (Fälligkeitstag) des auf das Kalendervierteljahr zweitfolgenden Kalendermonats an das Finanzamt zu entrichten (z.B. für Jänner bis März bis 15. Mai). **1563**

Weiters hat der Steuerschuldner für jedes abgelaufene Kalenderjahr bis zum 31. März des darauffolgenden Kalenderjahres dem Finanzamt eine Abgabenerklärung (Formular Kr 1) über die steuerpflichtigen Kraftfahrzeuge abzugeben (Jahreserklärung). Ist ein Kraftfahrzeug nicht steuerbar oder wird eine Befreiungsbestimmung in Anspruch genommen, ist entweder keine Abgabenerklärung einzureichen oder – wenn der Steuerpflichtige weitere steuerpflichtige Kraftfahrzeuge hat – dieses nicht in die Abgabenerklärung aufzunehmen.

Werden ein Kraftfahrzeug, welches der motorbezogenen Versicherungssteuer, und ein Kraftfahrzeug, welches der Kraftfahrzeugsteuer unterliegt, unter einem Wechselkennzeichen zugelassen, besteht die Möglichkeit der Anrechnung der entrichteten motorbezogenen Versicherungssteuer auf die Kraftfahrzeugsteuer (siehe Rz 1429). In jenen Fällen, in denen die anrechenbare motorbezogene Versicherungssteuer die Kraftfahrzeugsteuer übersteigt und daher die zu entrichtende Kraftfahrzeugsteuer Null beträgt, ist eine Jahressteuererklärung abzugeben, weil die Abgabenerklärung für steuerpflichtige Kraftfahrzeuge einzureichen ist.

Eine elektronische Übermittlung der Kraftfahrzeugsteuererklärung über FinanzOnline ist nicht möglich, lediglich die Buchung der Selbstbemessungsabgabe über „Weitere Services/ Buchung von Selbstbemessungsabgaben“. **1564**

C.6.3.1. Erklärungspflicht bei widerrechtlicher Verwendung seit 1. Jänner 2019

1565 Bei Vorliegen einer widerrechtlichen Verwendung (§ 1 Abs. 1 Z 3 KfzStG 1992) hat der Steuerschuldner jeweils für einen Kalendermonat die Steuer selbst zu berechnen und bis zum 15. Tag (Fälligkeitstag) des auf den Kalendermonat zweitfolgenden Kalendermonats an das Finanzamt zu entrichten.

C.6.4. Festsetzung der Abgabe

C.6.4.1. Allgemein

1566 Auf Antrag des Steuerschuldners oder von Amts wegen kann nach Maßgabe des § 201 Abs. 2 BAO und muss nach Maßgabe des § 201 Abs. 3 BAO eine erstmalige Festsetzung der Abgabe mit Abgabenbescheid erfolgen, wenn der Steuerschuldner, obwohl er dazu verpflichtet ist, keinen selbst berechneten Betrag der Abgabenbehörde bekannt gibt, oder wenn sich die bekanntgegebene Selbstberechnung als nicht richtig erweist.

Ein gemäß § 201 BAO festgesetzter Abgabenbetrag hat den im § 6 Abs. 3 KfzStG 1992 genannten Fälligkeitstag (siehe Rz 1563 ff) zu enthalten.

C.6.4.2. Abgabenzeitraum

1567 Selbstberechnungs- und somit Besteuerungszeitraum für die Kraftfahrzeugsteuer ist grundsätzlich das Kalendervierteljahr. Im Fall einer kürzer bestehenden Steuerpflicht hat der Festsetzungsbescheid das jeweilige Kalendervierteljahr zu umfassen.

Beispiel:

Steuerpflicht besteht nur für den Monat Februar 2020. Der Festsetzungsbescheid muss sich auf den Zeitraum 1-3/2020 beziehen.

Mehrere Vierteljahresabgaben können in einem Bescheidspruch zusammengefasst festgesetzt werden, wenn sie dasselbe Kalenderjahr betreffen (§ 201 Abs. 4 BAO).

Beispiel:

Steuerpflicht besteht von 6/2018 bis 5/2020. Es können folgende drei Festsetzungsbescheide ergehen: 4-12/2018, 1-12/2019 und 1-6/2020; es können aber auch pro Vierteljahr jeweils gesonderte Bescheide ergehen. Nicht zulässig ist ein Bescheid, der über den Zeitraum 4/2018 bis 6/2020 abspricht.

Siehe dazu die Richtlinien zur Festsetzung von Selbstberechnungsabgaben (§ 201 BAO) und zur Haftungsinanspruchnahme nach § 202 BAO, Erlass des BMF vom 09.10.2009, BMF-010103/0138-VI/2009.

C.6.4.2.1. Abgabenzeitraum bei widerrechtlicher Verwendung

1568 Selbstberechnungs- und Besteuerungszeitraum ist für Vorgänge, welche vor dem 1. Jänner 2019 liegen, grundsätzlich das Kalendervierteljahr.

Mit 1. Jänner 2019 trat hinsichtlich des Abgabenzeitraums bei widerrechtlicher Verwendung eine Änderung ein (BGBl. I Nr. 62/2018), dass nicht mehr das Kalendervierteljahr, sondern nunmehr das Kalendermonat als Selbstberechnungs- und Besteuerungszeitraum zur Anwendung kommt.

Beispiel:

Ein Kraftfahrzeug wird widerrechtlich im Inland im Zeitraum 4/2018 bis 2/2020 verwendet. Folgende Festsetzungsbescheide haben zu ergehen: 4-12/2018, 1-12/2019 und 1-2/2020

Eine Festsetzung der Kraftfahrzeugsteuer bei widerrechtlicher Verwendung kann frühestens dann erfolgen, wenn der Steuerschuldner der Selbstberechnung und der fristgerechten Entrichtung nicht nachkommt (bis zum 15. des auf den Kalendermonat zweitfolgenden Kalendermonats).

Beispiel:

Ein Kraftfahrzeug wird widerrechtlich im Inland im Zeitraum 1-8/2020 verwendet.

Eine bescheidmäßige Festsetzung der Kraftfahrzeugsteuer für den gesamten Zeitraum 1-8/2020 kann – sofern keine Selbstberechnung und Entrichtung stattgefunden hat – frühestens mit Ablauf des 15. Oktober 2020 erfolgen.

Eine Festsetzung kann nur so lange erfolgen, als nicht ein den Selbstberechnungszeitraum beinhaltender Jahresbescheid erlassen wurde.

Randzahlen 1569 bis 1579: *derzeit frei*

C.7. Abgabenerhebung (vormals § 7 KfzStG 1992)

C.7.1. Allgemeines

§ 7 KfzStG 1992 trat mit Ablauf des 31. Dezember 2020 außer Kraft. Die Zuständigkeit für die Erhebung der Kraftfahrzeugsteuer ist nunmehr allgemein in der Bundesabgabenordnung (§ 60 ff BAO) geregelt. Seit 1. Jänner 2021 ist somit das Finanzamt Österreich, das Finanzamt für Großbetriebe oder das Zollamt Österreich für die Abgabenerhebung zuständig. **1580**

Bei der Zuständigkeit zur Erhebung der Kraftfahrzeugsteuer ist zwischen inländischen und ausländischen Zulassungsverfahren bzw. der widerrechtlichen Verwendung zu unterscheiden. **1581**

C.7.2. Inländisches Zulassungsverfahren (§ 1 Abs. 1 Z 1 KfzStG 1992)

Bei einem in einem inländischen Zulassungsverfahren zugelassen Kraftfahrzeug ist für die Erhebung der Kraftfahrzeugsteuer entweder das Finanzamt Österreich oder das Finanzamt für Großbetriebe zuständig. Das Finanzamt für Großbetriebe ist bei den in § 61 Abs. 1 BAO genannten Abgabepflichtigen zuständig. In den übrigen Fällen ist gemäß § 60 Abs. 1 BAO das Finanzamt Österreich zuständig. **1582**

C.7.3. Erhebung bei im Ausland zugelassenen Kraftfahrzeugen / Ausländisches Zulassungsverfahren (§ 1 Abs. 1 Z 2 KfzStG 1992)

Für die Erhebung der Kraftfahrzeugsteuer bei in einem ausländischen Zulassungsverfahren zum Verkehr zugelassenen Kraftfahrzeugen, die auf Straßen mit öffentlichem Verkehr im Inland verwendet werden (§ 1 Abs. 1 Z 2 KfzStG 1992), ist das Zollamt Österreich zuständig. **1583**

C.7.4. Widerrechtliche Verwendung (§ 1 Abs. 1 Z 3 KfzStG 1992)

Das Finanzamt Österreich ist gemäß § 60 Abs. 2 Z 4 BAO in jenen Fällen, in denen ein Kraftfahrzeug im Inland ohne die kraftfahrrechtlich erforderliche Zulassung verwendet wird, für die Erhebung der Kraftfahrzeugsteuer zuständig (siehe „Widerrechtliche Verwendung“, Rz 36 bis 64). **1584**

Abgabenfestsetzung bis 31. Dezember 2018 **1585**

Der Selbstberechnungs- und Festsetzungszeitraum für die Kraftfahrzeugsteuer ist das Kalendervierteljahr. Der selbstberechnete Betrag ist bis zum 15. Tag (Fälligkeitstag) des auf das Kalendervierteljahr zweitfolgenden Kalendermonats an das Finanzamt zu entrichten. Eine Festsetzung kann frühestens ab April des darauffolgenden Jahres erfolgen, wenn bis zum 31. März keine Erklärung eingereicht worden ist.

Abgabenfestsetzung ab 1. Jänner 2019 **1586**

Der Selbstberechnungs- und Festsetzungszeitraum für die Kraftfahrzeugsteuer ist das Kalendermonat. Der selbstberechnete Betrag ist bis zum 15. Tag (Fälligkeitstag) des auf das Kalendervierteljahr zweitfolgenden Kalendermonats an das Finanzamt zu entrichten. Wenn die Selbstberechnung unterlassen wird oder wenn sich die Selbstberechnung als nicht richtig erweist, ist die Steuer für den jeweiligen Monat festzusetzen. Eine Festsetzung kann nur so lange erfolgen, als nicht ein den Selbstberechnungszeitraum beinhaltender Jahresbescheid erlassen wurde. Ein Jahresbescheid kann frühestens ab April des darauffolgenden Jahres erlassen werden.

C.7.5. Verjährung

Die Verjährungsfrist beträgt nach § 207 Abs. 2 erster Satz BAO fünf Jahre. Die Festsetzungsverjährung kann durch Amtshandlungen verlängert werden. Für hinterzogene Abgaben beträgt die Verjährungsfrist zehn Jahre (§ 207 Abs. 2 zweiter Satz BAO). Die Verjährung beginnt gemäß § 208 Abs. 1 lit. a BAO in den Fällen des § 207 Abs. 2 BAO mit dem Ablauf des Jahres, in dem der Abgabenanspruch entstanden ist (siehe Rz 1563 ff). **1587**

Nach § 209 Abs. 3 BAO verjährt das Recht auf Festsetzung der Kraftfahrzeugsteuer spätestens zehn Jahre (absolute Verjährung) nach Entstehung des Abgabenanspruchs (zur Entstehung des Abgabenanspruchs siehe Rz 1563 ff). **1588**

Beispiel:

Der Hauptwohnsitz wird mit 15. September 2006 nach Österreich verlegt; ein Pkw mit ausländischem Kennzeichen wird seither im Inland benützt. Nach einer Kontrolle der Finanzpolizei im Jänner 2021 wird das Kraftfahrzeug am 10. Jänner 2021 in Österreich zugelassen.

a) *Es liegt keine Abgabenhinterziehung vor:*

Die Kraftfahrzeugsteuer ist für die Monate 10/2006 bis 12/2015 verjährt; für die Monate 1/2016 bis 1/2021 darf sie vorgeschrieben werden (Festsetzungsbescheide für die Zeiträume 1-12/2016, 1-12/2017, 1-12/2018, 1-12/2019, 1-12/2020 sowie 1/2021).

b) Es liegt Abgabenhinterziehung vor:

Für die Monate 10/2006 bis 1/2011 ist die absolute Verjährung eingetreten; die Kraftfahrzeugsteuer darf für die Monate 2/2011 bis 1/2021 vorgeschrieben werden (Festsetzungsbescheide für die Zeiträume 1-12/2011, 1-12/2012, 1-12/2013, 1-12/2014, 1-12/2015, 1-12/2016, 1-12/2017, 1-12/2018, 1-12/2019, 1-12/2020 sowie 1/2021).

Randzahlen 1589 bis 1599: *derzeit frei*

C.8. Aufhebung der Zulassung (§ 8 KfzStG 1992)

1600 Wird die Kraftfahrzeugsteuer nicht oder nicht vollständig entrichtet, kann das Finanzamt bei der Behörde, die das Kraftfahrzeug zum Verkehr zugelassen hat, den Antrag auf Aufhebung der Zulassung stellen. Die Entscheidung zur Anzeige ist eine Ermessensentscheidung, die nach Zweckmäßigkeit und Billigkeit zu treffen ist.

Zur Frage der Abnahme von Kennzeichentafeln bei widerrechtlich verwendeten Kraftfahrzeugen mit ausländischen Kennzeichen siehe Punkt 2.2. des BMVIT-Erlasses vom 19.3.2015, BMVIT-179.474/0005-IV/ST4/2015.

C.9. Verweise (§ 9 KfzStG 1992)

1601 Verweise im KfzStG 1992 auf Bestimmungen in anderen Gesetzen sind immer auf die geltende Fassung des jeweiligen Gesetzes zu beziehen (dynamischer Verweis; z.B. Verweis im § 2 Abs. 2 KfzStG 1992 auf § 6 Abs. 3 VersStG 1953).

1602 Kraftfahrrechtliche Begriffe, die im KfzStG 1992 nicht gesondert definiert werden, sind nach den kraftfahrrechtlichen Vorschriften – insbesondere Kraftfahrgesetz 1967 (KFG 1967), Kraftfahrgesetz-Durchführungsverordnung 1967 (KDV 1967), Zulassungsstellenverordnung (ZustV) und Gelegenheitsverkehrs-Gesetz 1996 (GelverkG) – auszulegen.

Randzahlen 1603 bis 1619: *derzeit frei*

D. Motorbezogene Versicherungssteuer (VersStG 1953)

D.1. Steuergegenstand (§ 1 VersStG 1953)

Der motorbezogenen Versicherungssteuer unterliegen in einem inländischen Zulassungsverfahren zum Verkehr zugelassene Krafträder, Personenkraftwagen und Kombinationskraftwagen sowie alle übrigen Arten von Kraftfahrzeugen mit einem höchsten zulässigen Gesamtgewicht bis 3,5 Tonnen (ausgenommen Zugmaschinen und Motorkarren), welche haftpflichtversichert sind. **1620**

Der steuerliche Tatbestand der motorbezogenen Versicherungssteuer ist in § 6 Abs. 3 Z 1 VersStG 1953 in Form einer Erhöhung der Versicherungssteuer nach § 5 Abs. 1 Z 1 VersStG 1953 bei der Kraftfahrzeug-Haftpflichtversicherung für im Inland zum Verkehr zugelassene Kraftfahrzeuge geregelt. **1621**

Die motorbezogene Versicherungssteuer ist daher ein Betrag, der zusätzlich zur Versicherungssteuer (11% vom Versicherungsentgelt der Kraftfahrzeug-Haftpflichtversicherung) eingehoben wird. Sie besteht in einem festen Betrag, dessen Höhe vom jeweils versicherten Kraftfahrzeug und dem Zeitraum, für den das Versicherungsentgelt entrichtet wird, abhängt.

Die motorbezogene Versicherungssteuerpflicht knüpft einerseits an die Zulassung des Fahrzeuges im Inland und andererseits an das Bestehen eines Kraftfahrzeug-Haftpflichtversicherungsvertrages an. **1622**

Wurden für ein im Inland zugelassenes Kraftfahrzeug zwei oder mehrere Kraftfahrzeug-Haftpflichtversicherungsverträge abgeschlossen und dafür Versicherungsentgelt entrichtet, ist die motorbezogene Versicherungssteuer für jeden einzelnen Versicherungsvertrag zu berechnen. Da sich die Besteuerung auf den jeweiligen Versicherungsvertrag und nicht das Kraftfahrzeug bezieht, liegt keine „Doppelbesteuerung" vor. Dies gilt unabhängig davon, für welchen Zeitraum oder aus welchem Grund die Versicherungsverträge abgeschlossen werden.

Aus der gesetzlichen Verpflichtung, ein Kraftfahrzeug zuzulassen (z.B. § 37 KFG 1967), ergibt sich noch nicht Pflicht zur Leistung der motorbezogenen Versicherungssteuer. Wird der Zulassungsverpflichtung nicht entsprochen, liegt nach Maßgabe des § 1 Abs. 1 Z 3 KfzStG 1992 eine widerrechtliche Verwendung vor, die zur Kraftfahrzeugsteuerpflicht führt (siehe Rz 36 ff).

Randzahlen 1623 bis 1629: *derzeit frei*

D.2. Steuerbefreiungen (§ 4 VersStG 1953)

D.2.1. Allgemeines

Die Befreiungen von der motorbezogenen Versicherungssteuer entsprechen im Wesentlichen jenen bei der Kraftfahrzeugsteuer in Rz 1400 bis 1437. **1630**

Die meisten Befreiungen von der motorbezogenen Versicherungssteuer sind in § 4 Abs. 3 VersStG 1953 geregelt. Außerhalb des Versicherungssteuergesetzes gibt es noch weitere Befreiungen (z.B. § 50 Abs. 2 Bundesbahngesetz). Betreffend Diplomaten siehe Rz 372 bis 375.

Zur ausschließlichen oder vorwiegenden Verwendung eines Kraftfahrzeuges siehe Rz 1400. **1631**

D.2.1.1. Nachträglicher Wegfall der Befreiungsvoraussetzungen

Bei nachträglichem Wegfall einer Befreiungsvoraussetzung beginnt die Steuerpflicht mit dem Tag, an dem die Befreiungsvoraussetzung wegfällt. **1632**

Gemäß § 4 Abs. 4 VersStG 1953 hat der Versicherungsnehmer den Versicherer über den Wegfall der Befreiungsvoraussetzungen unverzüglich in Kenntnis zu setzen.

D.2.1.2. Bestätigung der Steuerfreiheit

Beziehen sich Befreiungsbestimmungen anderer Abgaben (z.B. Parkometerabgabe) auf Menschen, die aufgrund einer Behinderung von der motorbezogenen Versicherungssteuer ausgenommen sind, und wird hierfür eine Bescheinigung über das Zutreffen der Befreiung verlangt, hat eine örtlich zuständige Zulassungsstelle die Bestätigung über die Befreiung von der motorbezogenen Versicherungssteuer auszustellen (z.B. durch das „Merkblatt zum Ansuchen um Gewährung der Befreiung von der motorbezogenen Versicherungssteuer gemäß § 4 Abs. 3 Z 9 VersStG 1953 und einer kostenlosen digitalen Vignette gemäß § 13 Abs. 3 Bundesstraßen-Mautgesetz 2002"). Das Finanzamt Österreich stellt keine Bescheinigung oder Bestätigung aus. **1633**

D.2.2. Zulassung auf Gebietskörperschaften und Verwendung im öffentlichen Sicherheitsdienst

Auf eine Gebietskörperschaft zugelassene Kraftfahrzeuge des öffentlichen Sicherheitsdienstes, der Justizwache und des Bundesheeres, die nicht haftpflichtversichert sind, **1634** unterliegen grundsätzlich der Kraftfahrzeugsteuer, sind aber auf Grund von § 2 Abs. 1 Z 1 KfzStG 1992 von dieser befreit (siehe Rz 136 sowie Rz 1401).

In Fällen, in denen der der Fahrzeugbesitzer freiwillig eine Kraftfahrzeug-Haftpflichtversicherung abschließt, unterliegt das Kraftfahrzeug hingegen grundsätzlich der motorbezogenen Versicherungssteuer. In diesen Fällen kommt die Befreiung von der motorbezogenen Versicherungssteuer gemäß § 4 Abs. 3 Z 1 VersStG 1953 zum Tragen.

D.2.3. Feuerwehr, Rettungsdienst oder Krankenwagen

1635 Näheres zur Befreiung von Feuerwehrfahrzeugen siehe Rz 123 bis 129.

Näheres zur Befreiung von Kraftfahrzeugen des Rettungsdienstes und Krankenwagen siehe Rz 109 bis 122.

D.2.4. Probe- und Überstellungsfahrtkennzeichen

1636 Die Ausführungen zur Befreiung von der Kraftfahrzeugsteuer (siehe Rz 1404 ff) sind sinngemäß anzuwenden.

D.2.5. Omnibusse sowie Mietwagen- und Taxigewerbe

1637 Die Ausführungen zur Befreiung von der Kraftfahrzeugsteuer für Omnibusse (siehe Rz 1412) sind sinngemäß anzuwenden.

Näheres zur Befreiung von Kraftfahrzeugen, die ausschließlich oder vorwiegend im Mietwagen- und Taxigewerbe verwendet werden siehe Rz 143 bis 152.

D.2.6. Invalidenkraftfahrzeuge

1638 Die Ausführungen zur Befreiung von der Kraftfahrzeugsteuer (siehe Rz 1413) sind sinngemäß anzuwenden.

D.2.7. Elektrisch angetriebene Kraftfahrzeuge

1639 Steuerfrei sind Kraftfahrzeuge mit ausschließlich elektrischem Antrieb. Näheres zur Befreiung von der motorbezogenen Versicherungssteuer für Kraftfahrzeuge, die ausschließlich elektrisch angetrieben werden siehe Rz 100 bis 108.

D.2.8. Krafträder, deren Hubraum 100 cm³ nicht übersteigt

1640 Die Ausführungen zur Befreiung von der Kraftfahrzeugsteuer (siehe Rz 1414) sind sinngemäß anzuwenden.

D.2.9. Hinterlegung der Zulassungsbescheinigung und der Kennzeichentafel

1641 Die Ausführungen zur Befreiung von der Kraftfahrzeugsteuer (siehe Rz 1420 ff) sind sinngemäß anzuwenden.

D.2.10. Selbstfahrende Arbeitsmaschine

1642 Die Ausführungen zur Befreiung von der Kraftfahrzeugsteuer (siehe Rz 1418) sind sinngemäß anzuwenden.

D.2.11. Diplomaten

1643 Von der motorbezogenen Versicherungssteuer befreit sind Kraftfahrzeuge zur Verwendung durch Träger von diplomatischen Privilegien in Österreich. Näheres zu diesem Befreiungstatbestand siehe Rz 372 bis 375.

D.2.12. Menschen mit Behinderungen

1644 Steuerfrei sind Kraftfahrzeuge, die ausschließlich auf einen oder mehrere Menschen mit Behinderung zum Verkehr zugelassen sind. Näheres zu diesem Befreiungstatbestand siehe Rz 280 bis 315.

Randzahlen 1645 bis 1669: *derzeit frei*

D.3. Steuerberechnung (§ 5 VersStG 1953)

D.3.1. Bemessungsgrundlage

1670 Die Bemessungsgrundlage ist bei

- Kraftfahrzeugen der Klassen L1e, L2e, L3e, L4e und L5e,
  - die vor dem 1. Oktober 2020 erstmalig zugelassen wurden,
    - der Hubraum in Kubikzentimetern

  - die nach dem 30. September 2020 erstmalig zugelassen werden,
    - der Hubraum in Kubikzentimetern und die kombinierten CO_2-Emmissionen in Gramm pro Kilometer, die nach dem World Motorcycle test (WMTC) gemäß Verordnung (EU) Nr. 168/2013 über die Genehmigung und Marktüberwachung von zwei- oder dreirädrigen und vierrädrigen Fahrzeugen ermittelt wurden
- Kraftfahrzeugen der Klasse M1 mit einem höchsten zulässigen Gesamtgewicht bis 3,5 Tonnen,
  - die vor dem 1. Oktober 2020 erstmalig zugelassen wurden,
    - die Leistung des Verbrennungsmotors in Kilowatt
  - die nach dem 30. September 2020 erstmalig zugelassen werden und für welche die CO_2-Emissionen gemäß der Verordnung (EU) 2017/1151 zur Ergänzung der Verordnung (EG) Nr. 715/2007 über die Typengenehmigung von Kraftfahrzeugen hinsichtlich der Emissionen von leichten Personenkraftwagen und Nutzfahrzeugen (Euro 5 und Euro 6) und über den Zugang zu Fahrzeugreparatur- und -wartungsinformationen, nach dem weltweit harmonisierten Prüfverfahren für leichte Nutzfahrzeuge (WLTP) ermittelt wurden,
    - die Leistung des Verbrennungsmotors in Kilowatt und der kombinierte WLTP-Wert der CO_2-Emissionen in Gramm pro Kilometer,
    - bei extern aufladbaren Hybrid-Elektro-Kraftfahrzeugen jedoch der gewichtet kombinierte WLTP-Wert der CO_2-Emissionen in Gramm pro Kilometer,
  - die nach dem 30. September 2020 erstmalig zugelassen werden und für welche die CO_2-Emissionen nicht gemäß der Verordnung (EU) 2017/1151 ermittelt wurden,
    - die Leistung des Verbrennungsmotors in Kilowatt,
- allen übrigen Kraftfahrzeugen mit einem höchsten zulässigen Gesamtgewicht bis 3,5 Tonnen, ausgenommen bei Zugmaschinen und Motorkarren,
  - die Leistung des Verbrennungsmotos in Kilowatt.

Gemäß § 5 Abs. 5 VersStG 1953 sind für die Steuerberechnung nicht die tatsächlichen **1671** Werte, sondern die in der Zulassungsbescheinigung eingetragenen Werte maßgeblich (siehe Rz 1526 ff).

Beispiel:

Ein Pkw ist in Österreich zugelassen und bei einem österreichischen Versicherer kraftfahrzeughaftpflichtversichert. Der Versicherer hat die motorbezogene Versicherungssteuer von den in der Zulassungsbescheinigung eingetragenen Daten berechnet. Zwei Jahre nach der Zulassung wird festgestellt, dass die in der Zulassungsbescheinigung eingetragenen Werte nicht den Tatsachen entsprechen und es wird eine Änderung in der Zulassungsbescheinigung auf die niedrigeren Werte vorgenommen.

Der Versicherungsnehmer beantragt gemäß § 6 Abs. 3 Z 7 VersStG 1953 die Berichtigung der Versicherungssteuer.

Da die Änderung der Zulassungsbescheinigung nicht rückwirkend erfolgt, sind die Werte ab diesem Zeitpunkt für die Berechnung der motorbezogenen Versicherungssteuer maßgeblich.

Eine Rückerstattung für die motorbezogene Versicherungssteuer vor diesem Zeitpunkt ist nicht möglich, da die Berechnung auf den Werten in der Zulassungsbescheinigung basiert.

Bei Kraftfahrzeugen, deren Motorleistung durch so genanntes „Tuning" erhöht wurde, **1672** bleibt die in der Zulassungsbescheinigung eingetragene Motorleistung als Bemessungsgrundlage solange bestehen, bis der tatsächliche Wert in der Zulassungsbescheinigung nachgetragen wird.

D.3.2. Umrechnung von PS in kW und Fehlen von Eintragungen

Die Ausführungen zur Umrechnung von PS in kW und zum Fehlen von Eintragungen in **1673** der Kraftfahrzeugsteuer (siehe Rz 1526 ff) sind sinngemäß anzuwenden.

D.3.3. Pauschalierung

Gemäß § 5 Abs. 4 VersStG 1953 kann in Fällen, in denen die Feststellung der Unterlagen **1674** für die Steuerfestsetzung unverhältnismäßig schwierig sein würde, die Berechnung und Entrichtung der Steuer im Pauschalverfahren zugelassen werden.

Diese Möglichkeit kommt nur bei Versicherungsnehmern in Betracht, die einen großen Fuhrpark haben und die diesen Fuhrpark beim selben Versicherer versichern.

Der Versicherer hat den Antrag auf Pauschalierung an das Finanzamt Österreich zu stellen. **1675** Im Antrag ist darzustellen, warum die Steuerfestsetzung unverhältnismäßig schwierig sein würde. Der Bescheid ergeht an den Versicherer und muss genau den Versicherungsnehmer bezeichnen, für den die Pauschalierung gilt.

1676 Generell besitzt diese Regelung, aufgrund der nunmehr üblichen digitalen Erfassung von Fahrzeugunterlagen, einen historischen Charakter. Da die Feststellung der Unterlagen für die Festsetzung der Steuer in Fällen, in denen die Unterlagen digital erfasst wurden, niemals unverhältnismäßig schwierig ist und damit die Voraussetzungen des Pauschalverfahrens nicht vorliegen, kann die Pauschalierung nicht in Anspruch genommen werden.

Für Versicherungsnehmer, die schon bisher das Pauschalverfahren zur Berechnung und Entrichtung der Steuer verwenden dürfen, ist das Pauschalverfahren grundsätzlich weiterhin zulässig. Es ist jedoch dabei darauf zu achten, dass eine Pauschalierung von Kraftfahrzeugen, die unterschiedlichen Bemessungsgrundlagen unterliegen, nicht möglich ist (siehe Rz 1677).

Versicherungsnehmer, die die Pauschalierung neu in Anspruch nehmen möchten, müssen glaubhaftmachen, dass die Feststellung der Unterlagen für die Steuerfestsetzung unverhältnismäßig schwierig ist, weil etwa keine digitale Erfassung der Fahrzeugunterlagen vorliegt. Auch in diesen Fällen ist darauf zu achten, dass eine Pauschalierung von Kraftfahrzeugen, die unterschiedlichen Bemessungsgrundlagen unterliegen, nicht möglich ist (siehe Rz 1677).

1677 Eine Pauschalierung ist grundsätzlich nur dann möglich, wenn die Kraftfahrzeuge des Versicherungsnehmers der gleichen Bemessungsgrundlage unterliegen. Eine Vermischung von Kraftfahrzeugen in der Pauschalierung, bei denen die Steuer aufgrund der Leistung des Motors in Kilowatt oder der Größe des Hubraums in Kubikzentimetern und aufgrund der CO_2-Emissionen in Gramm pro Kilometer berechnet wird, mit Kraftfahrzeugen, bei denen die Steuer ausschließlich aufgrund der Leistung des Motors in Kilowatt oder der Größe des Hubraums in Kubikzentimetern berechnet wird, ist daher nicht möglich.

Für das Pauschalverfahren gilt Folgendes:

Auf Basis der schon bisher ermittelten CO_2- und/oder kW-Summe ist durch eine Division durch die Anzahl der steuerpflichtigen Kraftfahrzeuge ein durchschnittlicher CO_2- und/ oder kW-Wert für den Fuhrpark als Bemessungsgrundlage zu ermitteln. Auf Basis dieser Bemessungsgrundlage wird mittels der neuen Staffelung der durchschnittliche Steuerwert pro Kraftfahrzeug errechnet. Dieser wird mit der Anzahl der steuerpflichtigen Kraftfahrzeuge des Fuhrparks multipliziert.

Diese Berechnungsmethode ist auch auf bestehende Pauschalierungsbescheide anzuwenden. Ein Änderungsantrag zur Erwirkung einer Bescheidergänzung ist nicht erforderlich (§ 12 Abs. 3 Z 24 letzter Satz VersStG 1953).

Randzahlen 1678 bis 1689: *derzeit frei*

D.4. Steuersatz (§ 6 VersStG 1953)

D.4.1. Allgemeines

1690 Der Steuersatz hängt einerseits von der Art des Kraftfahrzeuges, andererseits vom Zeitraum, für den die Versicherungsprämie geleistet wird (monatliche, vierteljährliche, halbjährliche oder jährliche Prämienzahlung), ab. Die Erhöhung bei unterjähriger Zahlung besteht nunmehr ausschließlich für Kraftfahrzeuge, die vor dem 30. September 2020 erstmalig zugelassen wurden. Eine Erhöhung der motorbezogenen Versicherungssteuer bei unterjähriger Entrichtung besteht für Kraftfahrzeuge, die nach dem 1. Oktober 2020 erstmalig zugelassen wurden, nicht.

1691 Bei kurzfristigen Versicherungen und Einmalprämien kommt der bei jährlicher Entrichtung der Prämie vorgesehene Steuersatz zu Anwendung. Dies gilt wiederum nur für Kraftfahrzeuge, die vor dem 30. September 2020 erstmalig zugelassen wurden.

1692 Weicht der Zeitraum des Versicherungsverhältnisses von einem vollen Kalendermonat ab, ist die motorbezogene Versicherungssteuer nur anteilig zu entrichten (siehe Rz 1696).

1693 Die motorbezogene Versicherungssteuer beträgt für jeden Monat des Bestehens eines Versicherungsvertrages über die Kraftfahrzeug-Haftpflichtversicherung für Krafträder (L1e, L2e, L3e, L4e und L5e), je Kubikzentimeter Hubraum und Monat, die

- vor dem 1. Oktober 2020 erstmalig zugelassen wurden:
  - 0,025 Euro bei jährlicher,
  - 0,0265 Euro bei halbjährlicher (Erhöhung um 6%),
  - 0,027 Euro bei vierteljährlicher (Erhöhung um 8%),
  - 0,0275 Euro bei monatlicher (Erhöhung um 10%)

  Entrichtung der Prämie.
- nach dem 30. September 2020 erstmalig zugelassen wurden:

- für die ersten 52 Kubikzentimeter Hubraum: 0 Euro/cm³,
- für jeden weiteren Kubikzentimeter Hubraum: 0,014 Euro/cm³

sowie
- für die ersten 52 g/km CO_2: 0 Euro,
- für jedes weitere g/km CO_2: 0,20 Euro.

Beispiel 1:

Kraftrad (L3e): 1.000 cm³, jährliche Entrichtung der Versicherungsprämie, Erstzulassung 15. August 2019:

1.000 cm³ x 0,025 Euro= 25,00 Euro

jährliche motorbezogene Versicherungssteuer: ***300,00 Euro***

Beispiel 2:

Kraftrad (L3e), cm³: 1000, CO_2: 110 g/km, jährliche Entrichtung der Versicherungsprämie, Erstzulassung 15. Mai 2021:

1.000 cm³ – 52 cm³= 948 cm³ (Bemessungsgrundlage)

110 g/km – 52 g/km= 58 g/km (Bemessungsgrundlage)

948 cm³ x 0,014 Euro=	*13,27 Euro*
58 g/km x 0,20 Euro=	*11,60 Euro*
monatlich:	*24,87 Euro*

jährliche motorbezogene Versicherungssteuer: ***298,44 Euro***

Die motorbezogene Versicherungssteuer beträgt für jeden Monat des Bestehens eines Versicherungsvertrages über die Kraftfahrzeug-Haftpflichtversicherung für Personenkraftwagen und Kombinationskraftwagen (Klasse M1) die, **1694**

- vor dem 1. Oktober 2020 erstmalig zugelassen wurden:
  - für die ersten 24 Kilowatt der eingetragenen Leistung je Kilowatt: 0 Euro,
  - für die weiteren 66 kW: 0,62 Euro/kW
    (Zahlungsweise halbjährlich: 0,6572, vierteljährlich: 0,6696, monatlich: 0,682),
  - für die weiteren 20 kW: 0,66 Euro/kW
    (Zahlungsweise halbjährlich: 0,6996, vierteljährlich: 0,7128, monatlich: 0,726),
  - für die darüber hinausgehenden Kilowatt: 0,75 Euro/kW
    (Zahlungsweise halbjährlich: 0,795, vierteljährlich: 0,81, monatlich: 0,825),

  Die monatliche motorbezogene Versicherungssteuer beträgt mindestens:
  - 6,20 Euro bei jährlicher,
  - 6,572 Euro bei halbjährlicher (Erhöhung um 6%),
  - 6,696 Euro bei vierteljährlicher (Erhöhung um 8%),
  - 6,82 Euro bei monatlicher Zahlungsweise (Erhöhung um 10%).
- nach dem 30. September 2020 erstmalig zugelassen wurden:
  - Leistungskomponente:
    für die ersten 65 kW: 0 Euro/kW,
    jedes weitere kW: 0,72 Euro/kW,
    jedoch mindestens 5 kW (monatliche „Leistungsmindeststeuer“ iHv 3,60 Euro (43 Euro pro Jahr),
  - CO_2-Komponente:
    für die ersten 115 g/km CO_2: 0 Euro/g,
    jedes weitere g/km CO_2: 0,72 Euro/g,
    jedoch mindestens 5 g/km CO_2 (monatliche „CO_2-Mindeststeuer“ iHv 3,60 Euro (43 Euro pro Jahr).

  Beginnend mit 1. Jänner 2021 wird der „CO_2-Freibetrag“ von 115 g/km jährlich um 3 g/km sowie der „Leistungsfreibetrag“ von 65 kW jährlich um 1 kW abgesenkt.
- nach 30. September 2020 erstmalig zugelassen wurden, für die allerdings keine CO_2-Emissionswerte nach der Verordnung (EU) 2017/1151 ermittelt wurden (z.B. auslaufende Serien):
  - für die ersten 24 Kilowatt der eingetragenen Leistung je Kilowatt: 0 Euro,
  - für die weiteren 66 kW: 0,65 Euro/kW,
  - für die weiteren 20 kW: 0,70 Euro/kW,

KfzBStR

– für die darüber hinausgehenden Kilowatt: 0,79 Euro/kW.

Die monatliche motorbezogene Versicherungssteuer beträgt mindestens 6,50 Euro.

Beispiel 1:

Pkw: 120 kW, jährliche Entrichtung der Versicherungsprämie, Erstzulassung 15. August 2019:

120 kW – 24 kW= 96 kW (Bemessungsgrundlage)

66 kW x 0,62 Euro=	*40,92 Euro*
20 kW x 0,66 Euro=	*13,20 Euro*
10 kW x 0,75 Euro=	*7,50 Euro*
monatlich:	*61,62 Euro*

jährliche motorbezogene Versicherungssteuer: ***739,44 Euro***

Beispiel 2:

Pkw: 100 kW, CO_2: 170 g/km, jährliche Entrichtung der Versicherungsprämie, Erstzulassung

15. November 2020:

100 kW – 65 kW= 35 kW (Bemessungsgrundlage)

170 g/km – 115 g/km= 55 g/km (Bemessungsgrundlage)

35 kW x 0,72 Euro=	*25,20 Euro*
55 g/km x 0,72 Euro=	*39,60 Euro*
monatlich:	*64,80 Euro*

*jährliche motorbezogene Versicherungssteuer: 777,**60 Euro***

Beispiel 3:

Pkw: 100 kW, CO_2: nicht ermittelt, jährliche Entrichtung der Versicherungsprämie, Erstzulassung 15. Mai 2021:

120 kW – 24 kW= 96 kW (Bemessungsgrundlage)

66 kW x 0,65 Euro=	*42,90 Euro*
20 kW x 0,70 Euro=	*14,00 Euro*
10 kW x 0,79 Euro=	*7,90 Euro*
monatlich:	*64,80 Euro*

*jährliche motorbezogene Versicherungssteuer: 777,**60 Euro***

1695 Die motorbezogene Versicherungssteuer beträgt für jeden Monat des Bestehens eines Versicherungsvertrages über die Kraftfahrzeug-Haftpflichtversicherung für alle anderen Kraftfahrzeuge als Krafträder (Klassen L1e bis L5e), Personenkraftwagen und Kombinationskraftwagen (Klasse M1), mit einem höchsten zulässigen Gesamtgewicht bis 3,5 Tonnen, die,

- vor dem 1. Oktober 2020 erstmalig zugelassen wurden:
  - für die ersten 24 Kilowatt der eingetragenen Leistung je Kilowatt: 0 Euro,
  - für die weiteren 66 kW: 0,62 Euro/kW
    (Zahlungsweise halbjährlich: 0,6572, vierteljährlich: 0,6696, monatlich: 0,682),
  - für die weiteren 20 kW: 0,66 Euro/kW
    (Zahlungsweise halbjährlich: 0,6996, vierteljährlich: 0,7128, monatlich: 0,726),
  - für die darüber hinausgehenden Kilowatt: 0,75 Euro/kW
    (Zahlungsweise halbjährlich: 0,795, vierteljährlich: 0,81, monatlich: 0,825).

  Die monatliche motorbezogene Versicherungssteuer beträgt mindestens:
  - 6,20 Euro bei jährlicher,
  - 6,572 Euro bei halbjährlicher (Erhöhung um 6%),
  - 6,696 Euro bei vierteljährlicher (Erhöhung um 8%),
  - 6,82 Euro bei monatlicher Zahlungsweise (Erhöhung um 10%).

  höchstens allerdings
  - 72,00 Euro bei jährlicher,
  - 76,32 Euro bei halbjährlicher (Erhöhung um 6%),
  - 77,76 Euro bei vierteljährlicher (Erhöhung um 8%),
  - 79,20 Euro bei monatlicher Zahlungsweise (Erhöhung um 10%).
- nach dem 30. September 2020 erstmalig zugelassen wurden:

- für die ersten 24 Kilowatt der eingetragenen Leistung je Kilowatt: 0 Euro,
- für die weiteren 66 kW: 0,65 Euro/kW,
- für die weiteren 20 kW: 0,70 Euro/kW,
- für die darüber hinausgehenden Kilowatt: 0,79 Euro/kW.

Die monatliche motorbezogene Versicherungssteuer beträgt mindestens 6,50 Euro, höchstens allerdings 76,00 Euro.

Beispiel 1:

Nutzfahrzeug (N1) unter 3,5 t: 190 kW, jährliche Entrichtung der Versicherungsprämie, Erstzulassung 15. August 2019:

190 kW – 24 kW= 166 kW (Bemessungsgrundlage)

66 kW x 0,62 Euro=	*40,92 Euro*
20 kW x 0,66 Euro=	*13,20 Euro*
80 kW x 0,75 Euro=	*60,00 Euro*
monatlich	*114,12 Euro (Höchstens 72,00 Euro)*

jährliche motorbezogene Versicherungssteuer: ***864 Euro***

Beispiel 2:

Nutzfahrzeug (N1) unter 3,5 t: 190 kW, CO_2: 210 g/km, jährliche Entrichtung der Versicherungsprämie, Erstzulassung 15. Mai 2021:

190 kW – 24 kW= 166 kW (Bemessungsgrundlage)

66 kW x 0,65 Euro=	*42,90 Euro*
20 kW x 0,70 Euro=	*14,00 Euro*
80 kW x 0,79 Euro=	*63,20 Euro*
monatlich:	*120,10 Euro (Höchstens 76,00 Euro)*

jährliche motorbezogene Versicherungssteuer: ***912 Euro***

Beginnt oder endet das Versicherungsverhältnis während eines Kalendermonats, ist die **1696**
motorbezogene Versicherungssteuer nur anteilig zu entrichten. Der Monat ist hierbei mit 30 Tagen anzusetzen.

Beispiel 1:

Zulassung eines Kraftfahrzeuges am 20. eines Monats:

Es sind 11/30 der monatlich zu entrichtenden motorbezogenen Versicherungssteuer für diesen Monat zu entrichten.

Beispiel 2:

Abmeldung eines Kraftfahrzeuges am 25. eines Monats:

Es sind 25/30 der monatlich zu entrichtenden motorbezogenen Versicherungssteuer für diesen Monat zu entrichten.

Endet das Versicherungsverhältnis vor Ablauf des Zeitraumes, für den die Prämie bezahlt **1697**
wurde, und wird deshalb die Prämie dem Versicherungsnehmer vom Versicherer insoweit zurückgezahlt, ist die darauf entfallene Versicherungssteuer dem Versicherer zu erstatten.

Der Erstattung ist der Steuersatz zugrunde zu legen, welcher der seinerzeit vereinbarten Zahlungsweise der Prämie entspricht.

Beispiel:

Für einen Pkw (120 kW, Erstzulassungsdatum: 27. Oktober 2019) wird ein Haftpflichtversicherungsvertrag mit halbjährlicher Prämienzahlung abgeschlossen.

120 kW – 24 kW= 96 kW (Bemessungsgrundlage)

66 kW x 0,6572 Euro=	*43,38 Euro*
20 kW x 0,6996 Euro=	*13,99 Euro*
10 kW x 0,795 Euro=	*7,95 Euro*
monatlich:	*65,32 Euro*

halbjährliche motorbezogene Versicherungssteuer: ***391,92 Euro***

Auf Grund des Diebstahls des Kraftfahrzeuges wird der Haftpflichtversicherungsvertrag bereits nach einem Monat aufgelöst. Die von der Versicherung zu erstattende Steuer beträgt 65,32 Euro x 5 Monate = ***326,60 Euro.***

D.4.2. Oldtimer und Steuererhöhung für Kraftfahrzeuge ohne Katalysator

1698 Die Ausführungen in der Kraftfahrzeugsteuer zu Oldtimern und zur Steuererhöhung für Kraftfahrzeuge ohne Katalysator (siehe Rz 1508 ff) sind sinngemäß anzuwenden.

D.4.3. Hybrid-Elektro-Kraftfahrzeuge

1699 Die Ausführungen in der Kraftfahrzeugsteuer zu Kraftfahrzeugen, die sowohl mit einem Verbrennungs- als auch einem Elektromotor betrieben werden (siehe Rz 1514 f), sind sinngemäß anzuwenden.

D.4.4. Motordreirad und vierrädrige Leichtkraftfahrzeuge

1700 Die Ausführungen in der Kraftfahrzeugsteuer zu Motordreirädern (siehe Rz 1502) und vierrädrigen Leichtkraftfahrzeugen (siehe Rz 1520) sind sinngemäß anzuwenden.

D.4.5. Berichtigung der motorbezogenen Versicherungssteuer

1701 Wurde zu viel oder zu wenig motorbezogene Versicherungssteuer entrichtet, hat der Versicherer gemäß § 6 Abs. 3 Z 7 VersStG 1953 eine entsprechende Berichtigung vorzunehmen.

1702 Erstattungen von zu viel entrichteter Versicherungssteuer dürfen gemäß § 6 Abs. 3 Z 7 VersStG 1953 vom Versicherer nur für das laufende und die zwei vorangegangenen Kalenderjahre erfolgen.

Erstattungen über diesen Zeitraum hinaus bis zum Ablauf der Verjährungsfrist (grundsätzlich fünf Jahre nach Ablauf des Kalenderjahres, in dem die Steuerschuld entstanden ist) sind vom Finanzamt Österreich gegenüber dem Zulassungsbesitzer mit Bescheid vorzunehmen (siehe Rz 1707).

1703 Lehnt der Versicherer eine vom Versicherungsnehmer verlangte Berichtigung ab, hat er dem Versicherungsnehmer eine Bescheinigung über die vom Versicherungsnehmer entrichtete motorbezogene Versicherungssteuer auszustellen.

Der Versicherungsnehmer kann sodann vom Finanzamt Österreich die Rückzahlung beantragen. Anträge können bis zum Ablauf des zweiten Jahres gestellt werden, in welchem das Verlangen auf Richtigstellung beim Versicherer schriftlich gestellt wurde.

1704 Gemäß § 86a BAO können Anbringen, für die Abgabenvorschriften Schriftlichkeit vorsehen oder gestatten, auch telegraphisch, fernschriftlich oder, soweit es durch Verordnung des Bundesministers für Finanzen zugelassen wird, im Wege automationsunterstützter Datenübertragung oder in jeder anderen technisch möglichen Weise eingereicht werden.

1705 Nach der mit 12. September 1991 in Kraft getretenen Verordnung BGBl. Nr. 494/1991, ist die Verwendung von Telekopierern („Fax“) für Anbringen grundsätzlich zulässig. Dies gilt gemäß § 2 dieser Verordnung nicht für Abgabenerklärungen, für Anträge auf Rückzahlung, Umbuchung oder Überrechnung. Die Einreichung von Rückzahlungsanträgen ist demnach ausdrücklich von dieser Verordnung ausgenommen. Rückzahlungsanträge sind daher nur schriftlich (im Original) und unterschrieben zulässig. Wird dennoch ein Rückzahlungsantrag via Telefax, somit auf eine unzulässige Art eingebracht, ist dieser rechtsunwirksam.

Daraus folgt auch, dass kein durch ein Mängelbehebungsverfahren im Sinne des § 85 BAO behebbares Formgebrechen vorliegt, zumal sich diese Bestimmungen nur auf schriftliche Eingaben der Parteien beziehen (VwGH 27.11.2003, 2002/06/0052).

Wird ein Anbringen auf einem nicht zugelassenen Weg eingebracht, gilt es als nicht eingebracht und kann daher auch keine Entscheidungspflicht auslösen (VwGH 29.9.2011, 2011/16/0143 mit weiteren Nachweisen).

1706 Die Rückforderung einer vermeintlich zu Unrecht entrichteten motorbezogenen Versicherungssteuer betrifft sowohl den Fall, in welchem bloß die Höhe der motorbezogenen Versicherungssteuer strittig ist, als auch den Fall, in welchem vom Versicherungsnehmer das Bestehen der Abgabenpflicht dem Grunde nach (z.B. Behaupten des Vorliegens eines Steuerbefreiungstatbestandes) in Abrede gestellt wird.

1707 Nachforderungen von zu wenig entrichteter Versicherungssteuer dürfen vom Versicherer nur für das laufende und die zwei vorangegangenen Kalenderjahre erfolgen und sind vom Versicherungsnehmer ab Aufforderung zu entrichten.

Nachforderungen über diesen Zeitraum hinaus bis zum Ablauf der Verjährungsfrist (grundsätzlich fünf Jahre nach Ablauf des Kalenderjahres, in dem die Steuerschuld entstanden ist) sind vom Finanzamt Österreich gegenüber dem Versicherer mit Bescheid vorzuschreiben.

Beispiel 1:

Für ein Kraftfahrzeug wurde für die letzten fünf Jahre die motorbezogene Versicherungssteuer vom Versicherer zu niedrig bemessen.

Gemäß § 6 Abs. 3 Z 7 VersStG 1953 muss der Versicherer die unrichtige Berechnung der motorbezogenen Versicherungssteuer für das laufende und die zwei vorangegangenen Jahre berichtigen. Für den restlichen Zeitraum ist der Versicherer vom Finanzamt Österreich gemäß § 202 BAO heranzuziehen.

Beispiel 2:

Für ein Kraftfahrzeug wurde für die letzten fünf Jahre weder die motorbezogene Versicherungssteuer vom Versicherer noch eine Haftpflichtversicherungsprämie eingehoben. Ein gültig abgeschlossener Haftpflichtversicherungsvertrag liegt vor.

Die Prämien für die Haftpflichtversicherung dürfen nur für zwei Jahre rückwirkend vorgeschrieben werden; die auf diese Prämien entfallende Versicherungssteuer kann somit ebenfalls nur für diesen Zeitraum anfallen. Für die restlichen drei Jahre darf keine Kraftfahrzeugsteuer gemäß § 1 Abs. 1 Z 1 lit. c KfzStG 1992 beim Versicherungsnehmer festgesetzt werden, da die Kraftfahrzeugsteuer nur zu erheben ist, wenn keine Haftpflichtversicherung, auf die § 6 Abs. 3 VersStG 1953 anzuwenden ist, besteht. Hinsichtlich der motorbezogenen Versicherungssteuer siehe Beispiel 1.

Wurde für ein Kraftfahrzeug die motorbezogene Versicherungssteuer zu hoch bemessen, **1708** dürfen Berichtigungen vom Versicherer grundsätzlich nur für das laufende und die zwei vorangegangenen Kalenderjahre vorgenommen werden. Es bestehen aber keine Bedenken, wenn der Versicherer die Rückerstattung für das laufende und die fünf vorangegangenen Kalenderjahre vornimmt.

Verwehrt der Versicherer die Rückerstattung ganz (für das laufende und alle fünf vorangegangenen Kalenderjahre) oder teilweise (für die restlichen drei Kalenderjahre), kann ein Antrag nach § 240 Abs. 3 BAO an das Finanzamt Österreich gemäß § 6 Abs. 3 Z 7 VersStG 1953 gestellt werden. Das Finanzamt hat die Steuer für die jeweiligen Kalenderjahre (maximal das laufende und die fünf vorangegangenen Kalenderjahre ab Antragstellung beim Finanzamt) zu erstatten.

Beispiel:

Für die Jahre 2015 bis 2020 wurde die motorbezogene Versicherungssteuer zu hoch berechnet. Im Oktober 2020 wird ein Antrag auf Rückerstattung beim Versicherer gestellt. Der Versicherer lehnt diesen Antrag ab. Der Versicherungsnehmer kann gemäß § 6 Abs. 3 Z 7 VersStG 1953 bis Ende Dezember 2022 einen Antrag auf Rückerstattung gemäß § 240 BAO beim Finanzamt stellen.

Wird der Antrag im Jahr 2022 gestellt, hat das Finanzamt die Versicherungssteuer für die Jahre 2015 bis 2020 zu erstatten.

Wird der Antrag erst im Jahr 2023 gestellt, ist dieser gemäß § 6 Abs. 3 Z 7 VersStG 1953 als verspätet zurückzuweisen.

Randzahlen 1709 bis 1729: *derzeit frei*

D.5. Steuerschuldner (§ 7 VersStG 1953)

Steuerschuldner ist der Versicherungsnehmer, auch wenn er nicht Zulassungsbesitzer ist. **1730**

Der Versicherungsnehmer hat dem Versicherer alle für den Bestand und Umfang der Abgabepflicht bedeutsamen Umstände vollständig und wahrheitsgemäß darzulegen.

Der Versicherer haftet grundsätzlich nach § 7 Abs. 1 VersStG 1953 neben dem Steuer- **1731** schuldner für dessen Steuerverbindlichkeit. Der Versicherer hat zudem die Versicherungssteuer zu berechnen und für Rechnung des Versicherungsnehmers zu entrichten.

Der Versicherungsnehmer hat die motorbezogene Versicherungssteuer entsprechend der für die Versicherungsprämie vereinbarten Zahlungsweise an den Versicherer zu zahlen.

Im Versicherungsschein („Polizze“) sind die Bemessungsgrundlage und die Steuer gesondert auszuweisen.

Die Haftung erlischt gemäß § 7 Abs. 4 VersStG 1953, wenn der Versicherer ihm zumut- **1732** bare Schritte zur Geltendmachung seines Anspruchs unternommen hat. In diesem Fall ist die motorbezogene Versicherungssteuer dem Steuerschuldner selbst mit Abgabenbescheid vorzuschreiben.

Randzahlen 1733 bis 1739: *derzeit frei*

D.6. Steuererhebung (§ 8 VersStG 1953)

D.6.1. Selbstberechnung

Der Versicherer (§ 7 Abs. 1 VersStG 1953) oder der Bevollmächtigte (§ 7 Abs. 1 und **1740** 2 VersStG 1953) hat spätestens am 15. Tag (Fälligkeitstag) des auf einen Kalendermonat (Anmeldungszeitraum) zweitfolgenden Kalendermonates die motorbezogene Versicherungssteuer für den Anmeldungszeitraum selbst zu berechnen und zu entrichten. Zahlungen des Versicherungsnehmers sind anteilsmäßig auf die Versicherungsprämie, die Versicherungssteuer und die motorbezogene Versicherungssteuer aufzuteilen.

1741 Gemäß § 8 Abs. 1a VersStG 1953 hat der Versicherer oder der Bevollmächtigte spätestens am 15. Dezember (Fälligkeitstag) eines jeden Kalenderjahres eine Sondervorauszahlung in Höhe von einem Zwölftel der Summe der selbstberechneten und der Abgabenbehörde bekanntgegebenen zuzüglich der mit Haftungsbescheid geltend gemachten Steuerbeträge der letzten zwölf, dem Anmeldungszeitraum November unmittelbar vorangegangenen Anmeldungszeiträume selbst zu berechnen und zu entrichten.

Die Sondervorauszahlung ist auf die Steuerschuld für den Anmeldungszeitraum November des laufenden Kalenderjahres (Fälligkeitstag 15. Jänner des folgenden Kalenderjahres) anzurechnen.

1742 Die Verpflichtung zur Entrichtung der Sondervorauszahlung entfällt, wenn die Steuer für den Anmeldungszeitraum November spätestens am darauffolgenden 15. Dezember selbst berechnet und bis zu diesem Tag in der selbstberechneten Höhe entrichtet wird.

D.6.2. Jahressteuererklärung

1743 Der Versicherer oder der Bevollmächtigte hat bis zum 30. April eine Jahressteuererklärung für das abgelaufene Kalenderjahr beim Finanzamt einzureichen (Formular Vers 1).

D.6.3. Festsetzung der Abgabe

1744 Bei unrichtiger Selbstberechnung ist nach den Vorschriften der §§ 201 und 202 BAO vorzugehen.

D.6.4. Aufzeichnungsverpflichtung

1745 Der Versicherer oder der Bevollmächtigte ist verpflichtet, zur Feststellung der Steuer und der Grundlage ihrer Berechnung im Inland Aufzeichnungen zu führen. Diese müssen alle Angaben enthalten, die für die Berechnung der Steuer von Bedeutung sind. Ausländische Versicherer, die im Inland gelegene Risiken versichern, haben auf Aufforderung dem Finanzamt Österreich ein vollständiges Verzeichnis dieser Versicherungsverhältnisse mit allen Angaben, die für die Berechnung der Steuer von Bedeutung sind, zu übermitteln. Diese Verpflichtung besteht auch dann, wenn der Versicherer die Voraussetzungen für die Steuerpflicht oder für die Steuerentrichtung nicht für gegeben hält.

D.6.5. Zuständigkeit

1746 Für den bundesweiten Vollzug der motorbezogenen Versicherungssteuer ist gemäß § 60 Abs. 1 BAO iVm § 61 Abs. 2 Z 8 BAO das Finanzamt Österreich zuständig.

Anhang I:
Genehmigungsdatenbank (allgemein)

Die Zulassung von Kraftfahrzeugen seit Einführung der Genehmigungsdatenbank

Genehmigungsdatenbank

Die Genehmigungsdatenbank (GDB) nach § 30a KFG 1967 ist Teil der Zulassungsevidenz und wird vom Verband der Versicherungsunternehmen (VVO) betrieben. In dieser Datenbank sind für alle Fahrzeuge, die seit dem 1. Juli 2007 zugelassen werden, die Genehmigungen dokumentiert.

Die Einspeisung der Genehmigungsdaten und Typendaten in die Genehmigungsdatenbank erfolgt durch die Hersteller bzw. deren Bevollmächtigte, die Generalimporteure, die dazu mittels Bescheid des Bundesministeriums für Klimaschutz, Umwelt, Energie, Mobilität, Innovation und Technologie (BMK) ermächtigt sind, sowie durch die bei den Landesregierungen eingerichteten Landesprüfstellen. Die Daten werden an den Server des Versicherungsverbandes Österreich (VVO) übertragen.

Eine erstmalige Zulassung eines Kraftfahrzeuges kann seit dem 1. Juli 2007 nur dann vorgenommen werden, wenn ein Genehmigungsdatensatz für das Kraftfahrzeug in der Genehmigungsdatenbank vorhanden ist und keine Zulassungssperre in die Datenbank eingetragen ist (siehe § 37 Abs. 2a KFG 1967).

Neben den für die Zulassung relevanten Daten sind in der Genehmigungsdatenbank die Daten über

- die Übereinstimmungsbescheinigung (= COC-Papier),
- den Typenschein neu oder
- den Einzelgenehmigungsbescheid enthalten.

Die personenbezogenen Daten, wie zum Beispiel der Zulassungsbesitzer, sind in der Genehmigungsdatenbank nicht zu finden.

Folgende Daten sind für die Genehmigungsdatenbank von Relevanz:

- Fahrzeugidentifikationsnummer (FIN; bisher „Fahrgestellnummer"): Die Fahrzeugidentifikationsnummer ist eine international genormte Nummer (bei Personenkraftwagen in der Regel 17-stellig). Sie besteht aus einer Herstellerkennung, einem herstellerspezifischen Schlüssel und einer meist vom Baujahr abhängigen fortlaufenden Nummer.
- Fahrzeug-ID: Dabei handelt es sich um die in der Genehmigungsdatenbank für jeden eingebrachten Datensatz vergebene fortlaufende Nummer.
- Genehmigungsdaten: Diese beziehen sich auf einen durch die Fahrzeugidentifikationsnummer identifizierten Fahrzeugdatensatz in der Genehmigungsdatenbank.
- Typendaten: Darunter sind die auf eine Fahrzeugtype bezogenen technischen Daten zu verstehen, aus denen bei der Zulassung Genehmigungsdaten generiert werden können.

Zulassungsevidenz

Die Genehmigungsdatenbank ist Teil der Zulassungsevidenz. Diese setzt sich aus einzelnen Datenbanken wie folgt zusammen:

1. Genehmigungsdatenbank: In dieser Datenbank sind grundsätzlich alle technischen Daten eines Kraftfahrzeuges erfasst.
2. Fahrzeugdatenbank: Hier sind sämtliche Fahrzeugdaten, wie z.B. Fahrzeugidentifikationsnummer (FIN), Gesamtgewicht und Partikelemissionswerte enthalten.
3. Zulassungsdatenbank: Hier sind die zulassungsspezifischen Daten wie Kennzeichen, Erstzulassungsdatum, An- und Abmeldedatum enthalten.
4. Besitzerdatenbank: Hier sind die personenbezogenen Daten enthalten.

Die Sperrsetzung in der Genehmigungsdatenbank

Zum Zwecke der steuerlichen Erfassung der Kraftfahrzeuge und Sicherstellung der Einhebung der anfallenden Steuern ist eine Sperrsetzung in der Genehmigungsdatenbank vorgesehen. Eine Zulassung zum Verkehr im Inland ist erst nach Freigabe (Aufhebung der Sperre) durch die Finanzbehörden möglich, was die Entrichtung der Steuern zur Voraussetzung hat (vgl. § 30a Abs. 9a KFG 1967).

Folgende Fahrzeugarten sind in der Genehmigungsdatenbank zu sperren bzw. freizugeben:

L3e	• Motorräder
L4e	• Motorräder mit Beiwagen
L5e	• Motordreiräder

L6e	• vierrädrige Leichtkraftfahrzeuge
L7e	• vierrädrige Kraftfahrzeuge
M1	• Personenkraftwagen
N1	• Lastkraftwagen bis 3,5 t

Automatische Sperrsetzung im Rahmen der Dateneinbringung

Diese erfolgt bei der Erfassung der Fahrzeugdaten von

- eigenimportierten (Import durch andere Personen als Fahrzeughändler) oder
- händler-eigenimportierten (Import durch andere Fahrzeughändler als Vertragshändler) Kraftfahrzeugen in der Genehmigungsdatenbank.

Im Zuge der Datenübertragung durch die Dateneinbringer wird die Sperre ebenfalls übertragen. Dies bedeutet, dass bei jenen Kraftfahrzeugen, die durch einen inländischen Hersteller oder einen Generalimporteur im Inland auf den Markt gebracht werden, im Zuge der Datenübermittlung an die Genehmigungsdatenbank keine Sperre gesetzt wird.

Sperrsetzung durch das zuständige Finanzamt

Es ist zu beachten, dass mit dem Antrag auf Vergütung gemäß § 12 NoVAG 1991 eine Sperrsetzung in der Genehmigungsdatenbank zu erfolgen hat.

Wird eine Vergütung gemäß § 12a NoVAG 1991 beantragt, so erfolgt die Sperrsetzung grundsätzlich auf Grund eines Antrages, der mittels NOVA 4-Formular eingebracht wird. Der im Zusammenhang mit Ausfuhrlieferungen zu stellende Antrag auf Sperre einer Fahrzeugidentifikationsnummer in der Genehmigungsdatenbank ist Teil des Buchnachweises im Sinne der Verordnung zu Art. 7 UStG 1994 (BGBl. Nr. 401/1996) und der Verordnung zu Art. 27 Abs. 2 UStG 1994 (BGBl. II Nr. 308/2003). Grundsätzlich hat ein Fahrzeughändler, Kraftfahrzeuge, welche er ins Ausland (EU-Ausland oder Drittland) verbringt, über FinanzOnline selbst zu sperren.

Sperrsetzung auf Grund eines Antrages mittels NOVA 4-Formular

Eine Sperrsetzung einer Fahrzeugidentifikationsnummer in der Genehmigungsdatenbank erfolgt auf Grund eines entsprechenden Antrages, der mittels NoVA 4-Formular eingebracht wird.

Ein derartiger Antrag ist in den folgenden Fällen rechtzeitig an das zuständige Finanzamt zu richten:

- bei Ausfuhrlieferungen, darunter fallen auch solche in das übrige Unionsgebiet (§ 3 Abs. 2 Z 1 NoVAG 1991),
- beim nachweislichen Verbringen des Kraftfahrzeuges durch den Zulassungsbesitzer selbst ins Ausland (§ 12a erster Teilstrich NoVAG 1991),
- beim nachweislichen Verbringen bzw. der nachweislichen Lieferung des Kraftfahrzeuges durch einen befugten Fahrzeughändler (§ 12a zweiter Teilstrich NoVAG 1991).
- beim nachweislichen Verbringen des Kraftfahrzeuges ins Ausland durch den Vermieter nach Beendigung der gewerblichen Vermietung (§ 12a dritter Teilstrich NoVAG 1991),

Der Antrag auf Sperre ist in diesen Fällen unabhängig davon zu stellen, ob im Inland bereits ein normverbrauchsabgabepflichtiger Tatbestand verwirklicht wurde oder nicht. Dem Antrag sind auch entsprechende Unterlagen (z.B. Rechnung oder Kaufvertrag) beizuschließen, die den entsprechenden Sachverhalt untermauern.

Sperrsetzung auf Grund eines Antrages mittels NOVA 1-Formular

Darunter fallen die Fälle der Vergütung gemäß § 12 NoVAG 1991, insbesondere die Fälle des begünstigten Verwendungszweckes nach § 3 Abs. 3 iVm § 12 Abs. 1 Z 3 NoVAG 1991 (Fahrschulkraftfahrzeuge, Miet-, Taxi- und Gästewagen, Kraftfahrzeuge zur kurzfristigen Vermietung, Kraftfahrzeuge zur Krankenbeförderung und im Rettungswesen, Leichenwagen, Einsatzfahrzeuge der Feuerwehren und Begleitfahrzeuge für Sondertransporte).

Handelt es sich um einen Vergütungsantrag, der sich auf § 12a NoVAG 1991 stützt, erfolgt nur dann eine Sperre, wenn diese nicht bereits auf Grund eines Antrages auf Sperre mittels NOVA 4-Formular gesetzt wurde.

Bei der erstmaligen Zulassung von Vorführkraftfahrzeugen kann von einer Sperrsetzung Abstand genommen werden.

Sperrsetzung auf Grund eines Antrages mittels NOVA 2-Formular

Dies betrifft vor allem

- Privatpersonen und

- Unternehmen ohne NoVA-Signal im Zusammenhang mit der Verbringung eines Kraftfahrzeuges ins Ausland,
- Völkerrechtlich privilegierte Personen, die im Inland ein Kraftfahrzeug zum Verkehr zulassen; die Sperre erfolgt nach der Zulassung durch die damit beauftragte Finanzbehörde.

Handelt es sich um einen Vergütungsantrag, der sich auf § 12a NoVAG 1991 stützt, erfolgt nur dann eine Sperre, wenn diese nicht bereits auf Grund eines Antrages auf Sperre mittels NOVA 4-Formular gesetzt wurde.

Vorgehen in einzelnen Fällen

In diesem Abschnitt werden verschiedene Fälle bezüglich der Entrichtung der Normverbrauchsabgabe und Umsatzsteuer für Kraftfahrzeuge im Zusammenhang mit der Sperrsetzung und Freigabe in der Genehmigungsdatenbank in Tabellenform dargestellt. Zwecks einfacherer Darstellung werden die folgenden Abkürzungen verwendet:

AV	Anlagevermögen
EK	Endkunde
FA	zuständiges Finanzamt
FH	freier Händler (kein Vertragshändler)
GF	Gebrauchtfahrzeug
GI	Generalimporteur
LU	Leasingunternehmen
LN	Leasingnehmer
NF	Neufahrzeug
VF	Vorführkraftfahrzeug
VH	Vertragshändler

Übersiedlungsgut

siehe Import bzw. Export

Eigenimport und Händler-Eigenimport

Unter einem Eigenimport von Kraftfahrzeugen ist der Import durch andere Personen als Fahrzeughändler zu verstehen. Ein Händler-Eigenimport liegt hingegen vor, wenn ein Import durch einen anderen Fahrzeughändler als einen Generalimporteuer erfolgt.

Fahrzeugimport

Antragsteller	Formular für Antrag auf Freigabe in der GDB	NoVA-Pflicht	USt (EUSt, Erwerbsteuer) für Gebraucht-Kfz	USt (EUSt, Erwerbsteuer) für Neu-Kfz
Privater	NOVA 2	JA (§ 1 Z 3)	JA, bei Import aus Drittland	JA (außer z.B. Übersiedlungsgut)
Kfz-Händler	NOVA 4	JA (§ 1 Z 1); bei Reimport (= Kfz war bereits einmal in Ö zugelassen) NoVA-Pflicht gemäß § 1 Z 3 bei Zulassungswerber		
	Differenzbesteuerter Erwerb:		NEIN	---
	Ig. Erwerb:		JA	JA
	Import aus Drittland:		JA	JA
	Kauf von Privatperson (Binnenmarkt):		NEIN	JA

KfzBStR

Begünstigter Personenkreis nach § 3 Abs. 3 (z.B. Taxiunternehmer, usw.)	NOVA 4	JA (§ 1 Z 3) mit kompensierter Vergütungsmöglichkeit (§ 3 Abs. 3 iVm § 12 Abs. 1 Z 3)		
	Differenzbesteuerter Erwerb:		NEIN	---
	Ig. Erwerb:		JA	JA
	Import aus Drittland:		JA	JA
	Kauf von Privatperson (Binnenmarkt):		NEIN	JA
Sonstige Unternehmer (kein Fahrzeughändler)	NOVA 2	JA		
	Ig. Erwerb (mit oder ohne UID):		JA	JA
	Differenzbesteuerter Erwerb:		NEIN	---
	Import aus Drittland:		JA	JA
	Lieferer ist Privatperson (Binnenmarkt):		NEIN	JA

Beim Händler-Eigenimport (Import durch einen anderen Fahrzeughändler als den Generalimporteuer) von Vorführkraftfahrzeugen und Tageszulassungen aus einem anderen Mitgliedstaat oder einem Drittland erfolgt vorerst eine Sperre in der Genehmigungsdatenbank. Damit die Zulassung als Vorführkraftfahrzeug oder Tageszulassung möglich ist, muss mittels NOVA 4-Formular ein Antrag auf Freigabe gestellt werden.

Der Vorgang ist nach § 1 Z 3 NoVAG 1991 steuerbar, jedoch gemäß § 3 Abs. 1 Z 2 NoVAG 1991 befreit. Eine erneute Sperrsetzung in der Genehmigungsdatenbank erfolgt nicht. Der Import ist erwerbsteuer- bzw. einfuhrumsatzsteuerpflichtig und es steht ein Vorsteuerabzug nach § 12 UStG 1994 zu.

Beim Weiterverkauf des Vorführkraftfahrzeuges oder der Tageszulassung ist die Normverbrauchsabgabe gemäß § 1 Z 4 NoVAG 1991 zu leisten. Dieser steuerpflichtige Vorgang ist mittels NOVA 1-Formular anzumelden.

Bei Importen aus Drittländern erfolgt eine Freigabe in der Genehmigungsdatenbank durch die Finanzbehörden nur dann, wenn unter anderem ein Nachweis über die Verzollung vorgelegt wird. Dieser Nachweis kann zum Beispiel durch die Vorlage der Zollanmeldung (Blatt 8, Exemplar für den Empfänger) und der Mitteilung des Abgabenbetrages gemäß Artikel 102 Zollkodex laut Muster erfolgen. In Zweifelsfällen kann bei dem Zollamt, welches die Mitteilung des Abgabenbetrages erstellt hat, ein Ersuchen um Überprüfung auf Echtheit gestellt werden.

Kraftfahrzeuglieferung an Leasingunternehmen

Die nachstehenden Fälle betreffen Kraftfahrzeuge, für welche der Fahrzeughändler den Vorsteuerabzug vornehmen kann (Zulassung im Inland):

1. **Lieferung** eines Kraftfahrzeuges (Neu- oder Gebrauchtfahrzeug mit Freigabe durch den Generalimporteuer) **im Inland an ein inländisches Leasingunternehmen** durch einen Fahrzeughändler
2. **Lieferung** eines Kraftfahrzeuges (Neufahrzeug mit Freigabe durch den Generalimporteuer) **an ein ausländisches Leasingunternehmen** durch einen Fahrzeughändler
3. **Lieferung** eines Kraftfahrzeuges **im Ausland** (anderer Mitgliedstaat) **an ein inländisches Leasingunternehmen** (Importfahrzeug)

KFZ-Lieferung an Leasingunternehmen

	Formular – Antrag auf Freigabe oder Sperre in der GDB	**Faktura**	**NoVA-Pflicht**	**USt (EUSt, Erwerbsteuer)**
Zu Punkt 1: Neu-Kfz	kein Antrag erforderlich, da das Kfz durch den GI in die GDB mit Freigabe eingestellt wurde	Kfz-Händler fakturiert an LU mit USt und mit NoVA	Für Kfz-Händler: JA, gemäß § 1 Z 1 NoVAG 1991	Für Kfz-Händler: JA

Zu Punkt 1: Gebraucht-Kfz	Bisher keine begünstigte Verwendung: Keine Freigabe erforderlich	Kfz-Händler fakturiert an LU mit USt und ohne NoVA	NEIN	Für Kfz-Händler: JA
	Bisher begünstigte Verwendung (zB Taxi, kurzfristige Vermietung): Antrag auf Freigabe erforderlich – NOVA 4 (entsprechende Unterlagen sind dem NOVA 4 beizufügen)	Kfz-Händler fakturiert an LU mit USt und ohne NoVA	Für begünstigten Personenkreis (zB Taxi): gemäß § 1 Z 4 NoVAG 1991	Für Kfz-Händler: JA
Zu Punkt 2: Neu-Kfz	tatsächliche ig. Lieferung an das ausländische LU: Antrag auf Sperre durch Kfz-Händler erforderlich – NOVA 4	Kfz-Händler fakturiert an LU ohne USt und ohne NoVA	Für Kfz-Händler: NoVA-frei gemäß § 3 Abs. 2 Z 1 NoVAG 1991 Für LU oder LN: bei Verwendung im Inland NoVA gemäß § 1 Z 3 NoVAG 1991	steuerfreie ig. Lieferung gemäß Art. 7 UStG 1994
	tatsächlich verbleibt das Kfz im Inland	Kfz-Händler fakturiert an LU mit USt und NoVA	Für Kfz-Händler: JA, gemäß § 1 Z 1 NoVAG 1991	Für Kfz-Händler: JA
Zu Punkt 3: Neu-Kfz	**Zulassung auf LN (Privatperson):** Antrag auf Freigabe erforderlich – NOVA 2 (entsprechende Unterlagen sind dem NoVA2 beizufügen) **Zulassung auf LU:** Antrag auf Freigabe erforderlich – NOVA 1 und NOVA 4 (entsprechende Unterlagen sind dem Antrag beizufügen)	Kfz-Händler fakturiert an LU ohne USt (ig. Lieferung) und ohne NoVA	Für Zulassungswerber: JA, gemäß § 1 Z 3 NoVAG 1991	Für LU: Erwerbsteuer-Pflicht mit Vorsteuerabzug

Export

Antragsteller	Formular Antrag auf Sperre in der GDB	NoVA
Privater	NOVA 2	Vergütung gemäß § 12a
Fahrzeughändler (Kfz mit NoVA-Belastung)	NOVA 4 (NOVA 1)	Vergütung gemäß § 12a
Fahrzeughändler (Kfz ohne inländische Zulassung oder VF)	NOVA 4 (NOVA 1)	Befreiung nach § 3 Abs. 2 Z 1
Gewerblicher Vermieter	NOVA 4 (NOVA 1)	Vergütung gemäß § 12a
Sonstige Unternehmer	NOVA 2	Vergütung gemäß § 12a

Die Sperre in der Genehmigungsdatenbank erfolgt durch den Fahrzeughändler oder das zuständige Finanzamt. Dem Antrag sind jeweils die entsprechenden Unterlagen (z.B. Rechnung oder Kaufvertrag) beizufügen)

KfzBStR

Vorführkraftfahrzeuge und Tageszulassungen

Bei Import eines Kraftfahrzeuges durch den Generalimporteur werden die entsprechenden Datensätze grundsätzlich mit einer Freigabe in die Genehmigungsdatenbank übertragen. Eine Nutzung des Kraftfahrzeuges als Vorführkraftfahrzeug oder als Tageszulassung kann in diesen Fällen ohne vorherige Freischaltung erfolgen. Eine Freigabe durch das Finanzamt hat hingegen in folgenden Fällen zu erfolgen:

- bei Eigenimport durch einen Fahrzeughändler (Händler-Eigenimport), der dieses Importfahrzeug als Vorführkraftfahrzeug oder als Tageszulassung anmelden möchte (Antrag mittels NoVA 4-Formular),
- bei Verkauf eines schon vor 1. Juli 2021 für Vorführzwecke verwendetes Kraftfahrzeug, für welches die NoVA-Vergütung gemäß § 12 Abs. 1 Z 3 NoVAG 1991 beantragt wurde und in diesem Zusammenhang eine Sperre gesetzt wurde.

Vorführkraftfahrzeuge (VF) und Tageszulassungen (TZ)

	Formular	Antrag auf		NoVA
		Freigabe	Sperre	
Vertragshändler (VH) meldet ein Kfz als VF/TZ an	NOVA 1	---	keine Sperre	JA, gemäß § 1 Z 3, aber befreit gemäß § 3 Abs. 1 Z 2
Anderer Kfz-Händler (KfzH) meldet ein Kfz als VF/TZ an	NOVA 1	NOVA 4	keine Sperre	JA, gemäß § 1 Z 3, aber befreit gemäß § 3 Abs. 1 Z 2
VH/KfzH meldet VF ab und stellt dies auf Halde				Löst keine NoVA-Pflicht aus; NoVA-Pflicht erst bei Lieferung oder bei Nutzung im AV
VH/KfzH meldet vor Ablauf der 3-Monatsfrist TZ ab und stellt dies auf Halde				Löst keine NoVA-Pflicht aus; NoVA-Pflicht erst bei Lieferung oder bei Nutzung im AV
VH/KfzH überschreitet 3-Monatsfrist bei TZ	NOVA 1			JA, gemäß § 1 Z 3
VH liefert VF/TZ an Fahrzeughändler	NOVA 1	NOVA 4 (bei VF vor 1.7.21 und Sperre)	---	JA, gemäß § 1 Z 4
VH liefert VF/TZ an Endkunden	NOVA 1	NOVA 4 (bei VF vor 1.7.21 und Sperre)	---	JA, gemäß § 1 Z 4
VH meldet VF/TZ ab und exportiert es (EU/Drittland)	NOVA 4 (NOVA 1)	---	JA, NOVA 4 (entsprechende Unterlagen sind dem NOVA 4 beizufügen)	JA, aber Befreiung nach § 3 Abs. 2 Z 1

Kraftfahrzeugerwerb durch völkerrechtlich privilegierte Personen

Beim Kraftfahrzeugerwerb durch völkerrechtlich privilegierte Personen, daher ausländische Vertretungsbehörden und ihre im diplomatischen und berufskonsularischen Rang stehenden Mitglieder, gilt Folgendes:

Bei Lieferungen durch einen inländischen Fahrzeughändler hat dieser die Fahrzeugidentifikationsnummer des Kraftfahrzeuges nach erfolgter Zulassung in der Genehmigungsdatenbank über FinanzOnline zu sperren.

Gemäß Verordnung BGBl. II Nr. 613/2003 vom 30. Dezember 2003 erfolgt zudem in jedem Fall des Kraftfahrzeugerwerbs durch privilegierte Personen eine Datenübermittlung von

Kraftfahrzeugen im Sinne der §§ 7 und 13 Abs. 3 IStVG einschließlich der Übermittlung der Fahrzeugidentifikationsnummer.

Diese Daten werden vom Bundesministerium für europäische und internationale Angelegenheiten (BMeiA) an das Bundesministerium für Finanzen übermittelt und beinhalten alle Kraftfahrzeuge, für die das Bundesministerium für europäische und internationale Angelegenheiten eine Bescheinigung zur Steuerbefreiung bzw. eine Bestätigung betreffend die Einfuhrprivilegien hinsichtlich der Umsatzsteuer und Normverbrauchsabgabe ausgestellt hat.

Folgende Daten werden aus der Diplomatendatenbank übermittelt:

1. Name der begünstigten Person/Einrichtung (Erwerberdaten)
2. Kfz-Daten (Marke, Type, Fahrzeugidentifikationsnummer)
3. Vermerk
   a) U45 Inlandserwerb
   b) U100 Kauf eines Neufahrzeuges im Binnenmarkt
   c) ZA58 Kauf bzw. Überführung eines Fahrzeuges aus dem Drittland = Erklärung von Einfuhrprivilegien
4. Sperrfrist – ist abhängig vom Gegenrecht (von zwei Jahren bis unbefristet)

Vom inländischen Fahrzeughändler, der eine Lieferung nach dem NoVAG 1991 ausführt, wird

- die Fahrzeugidentifikationsnummer der bereits auf die begünstigte Person/Einrichtung zugelassenen Kraftfahrzeuge in der Genehmigungsdatenbank gesperrt.

Von der zuständigen Finanzbehörde werden

- in allen Fällen die Einhaltung der jeweiligen durch das Außenamt individuell gesetzten Sperrfrist überwacht und
- in den Fällen, in denen noch nicht durch einen Fahrzeughändler die Sperrsetzung veranlasst wurde, die Fahrzeugidentifikationsnummer der bereits auf die begünstigte Person/Einrichtung zugelassenen Kraftfahrzeuge in der Genehmigungsdatenbank gesperrt.

Ablauf der in der Genehmigungsdatenbank erforderlichen Sperren/Freigaben

	BMeiA bescheinigt/ bestätigt am Formular	GDB – Freigabe	GDB – Sperre
Inlandserwerb	U45	bereits durch Generalimporteur freigegeben	Sperre durch Fahrzeughändler oder Finanzbehörde nach Zulassung
Neufahrzeug aus dem EU-Raum	U100	durch zuständiges Finanzamt (NOVA 2)	Sperre durch Finanzbehörde nach Zulassung
Kraftfahrzeug aus dem Drittland	Grundlagenbescheid durch Zollamt	durch zuständiges Finanzamt (NOVA 2)	Sperre durch Finanzbehörde nach Zulassung

Einsatzfahrzeuge

Für Kraftfahrzeuge, die als Einsatzfahrzeuge zur Verwendung durch eine Gebietskörperschaft im Bereich des öffentlichen Sicherheitsdienstes oder der Justizwache sowie durch das Bundesheer zur Erfüllung seiner Aufgaben bestimmt sind, gilt Folgendes:

Vom inländischen Fahrzeughändler, der eine Lieferung nach dem NoVAG 1991 ausführt, wird

- die Fahrzeugidentifikationsnummer der bereits auf die begünstigte Person/Einrichtung zugelassenen Kraftfahrzeuge in der Genehmigungsdatenbank gesperrt.

Von der zuständigen Finanzbehörde wird

- in den Fällen, in denen noch nicht durch einen Fahrzeughändler die Sperrsetzung veranlasst wurde, die Fahrzeugidentifikationsnummer der bereits auf die begünstigte Person/Einrichtung zugelassenen Kraftfahrzeuge in der Genehmigungsdatenbank gesperrt.

Menschen mit Behinderungen

Für Kraftfahrzeuge, die von Menschen mit Behinderungen zur persönlichen Fortbewegung verwendet werden, gilt Folgendes:

Vom inländischen Fahrzeughändler, der eine Lieferung nach dem NoVAG 1991 ausführt, wird

- die Fahrzeugidentifikationsnummer des bereits auf die gemäß § 3 Abs. 2 Z 2 lit. a NoVAG 1991 begünstigte Person/Einrichtung zugelassenen Kraftfahrzeuges in der Genehmigungsdatenbank gesperrt, sobald die Bescheinigung, dass der Mensch mit Behinderung für das Kraftfahrzeug die Steuerbefreiung gemäß § 4 Abs. 3 Z 9 Versicherungssteuergesetz 1953, BGBl. Nr. 133/1953 in der jeweils geltenden Fassung, in Anspruch nimmt, dem Fahrzeughändler vorgelegt wurde.
- die Fahrzeugidentifikationsnummer des jeweiligen Kraftfahrzeuges unabhängig von einer Zulassung in der Genehmigungsdatenbank gesperrt, wenn nach Ablauf der zweiwöchigen Frist gemäß § 3 Abs. 2 Z 2 lit. a NoVAG 1991, die Bescheinigung, dass der Mensch mit Behinderung für das Kraftfahrzeug die Steuerbefreiung gemäß § 4 Abs. 3 Z 9 Versicherungssteuergesetz 1953, BGBl. Nr. 133/1953 in der jeweils geltenden Fassung, in Anspruch nimmt, nicht vorlegt wurde.

Von der zuständigen Finanzbehörde wird

- die Fahrzeugidentifikationsnummer des bereits auf die gemäß § 3 Abs. 2 Z 2 lit. b NoVAG 1991 begünstigte Person/Einrichtung zugelassenen Kraftfahrzeuges in der Genehmigungsdatenbank gesperrt, sobald die Bescheinigung, dass der Mensch mit Behinderung für das Kraftfahrzeug die Steuerbefreiung gemäß § 4 Abs. 3 Z 9 Versicherungssteuergesetz 1953, BGBl. Nr. 133/1953 in der jeweils geltenden Fassung, in Anspruch nimmt, dem Finanzamt vorgelegt wurde.

Anhang II: Verordnung des Bundesministers für Finanzen über das Versehen der Genehmigungsdaten oder Typendaten bestimmter Fahrzeuge oder Fahrzeugkategorien mit einer Zulassungssperre in der Genehmigungsdatenbank

Auf Grund von § 30a Abs. 9a KFG 1967, BGBl. Nr. 267/1967, zuletzt geändert durch das Bundesgesetz BGBl. I Nr. 48/2021, wird verordnet:

§ 1. (1) Von einer Zulassungssperre in der Genehmigungsdatenbank betroffene Fahrzeugklassen im Sinne dieser Verordnung sind

1. Personenkraftwagen (Klasse M1),
2. Kraftfahrzeuge zur Güterbeförderung mit mindestens vier Rädern und einer zulässigen Gesamtmasse von nicht mehr als 3 500 kg (Klasse N1),
3. Motorräder (Klasse L3e),
4. Motorräder mit Beiwagen (Klasse L4e),
5. Motordreiräder (Klasse L5e),
6. vierrädrige Leichtkraftfahrzeuge (Klasse L6e),
7. vierrädrige Kraftfahrzeuge im Sinne der Richtlinie 2002/24/EG (Klasse L7e).

(2) Kraftfahrzeuge, die auf Grund ihres Antriebes (insbesondere Elektro oder Wasserstoff) einen CO_2-Emissionswert von 0 g/km aufweisen, sind von der Verpflichtung einer Zulassungssperre in der Genehmigungsdatenbank ausgenommen.

§ 2. Für das Versehen von Fahrzeugen oder Fahrzeugkategorien mit einer Zulassungssperre in der Genehmigungsdatenbank zuständig sind

1. die Erzeuger des Fahrzeuges oder Fahrgestelles oder deren gemäß § 29 Abs. 2 KFG 1967 Bevollmächtigte und die von diesen Beauftragten,
2. die Unternehmer, die Lieferungen gemäß § 1 Z 1 und 4 NoVAG 1991, BGBl. Nr. 695/1991, ausführen,
3. der Landeshauptmann und die von diesem Beauftragten,
4. die Finanzbehörden.

§ 3. Bei folgenden Vorgängen sind die Genehmigungsdaten oder Typendaten der Kraftfahrzeuge der in § 1 Abs. 1 Z 1 bis 7 genannten Fahrzeugklassen durch die nach § 2 Z 1 Zuständigen in der Genehmigungsdatenbank mit einer Zulassungssperre zu versehen:

1. bei der Übertragung der Genehmigungsdaten oder der Typendaten im Falle des Eigenimportes oder Händler-Eigenimportes von Kraftfahrzeugen,
2. bei der Übertragung der Genehmigungsdaten oder der Typendaten im Falle des Reimportes von Kraftfahrzeugen.

§ 4. Bei folgenden Vorgängen sind die Genehmigungsdaten oder Typendaten der Kraftfahrzeuge der in § 1 Abs. 1 Z 1 bis 7 genannten Fahrzeugklassen durch die nach § 2 Z 2 Zuständigen in der Genehmigungsdatenbank mit einer Zulassungssperre zu versehen:

1. bei Ausfuhrlieferungen gemäß § 3 Abs. 2 Z 1 NoVAG 1991,
2. nach erfolgter Zulassung von Kraftfahrzeugen, wenn die Befreiung gemäß § 3 Abs. 2 Z 2 lit. a NoVAG 1991 für Kraftfahrzeuge, die von Menschen mit Behinderung zur persönlichen Fortbewegung verwendet werden, in Anspruch genommen wurde,
3. nach Ablauf der zweiwöchigen Frist gemäß § 3 Abs. 2 Z 2 lit. a NoVAG 1991, wenn die Bescheinigung, dass der Mensch mit Behinderung für das Kraftfahrzeug die Steuerbefreiung gemäß § 4 Abs. 3 Z 9 VersStG 1953, BGBl. Nr. 133/1953 in der jeweils geltenden Fassung, in Anspruch nimmt, nicht vorgelegt wurde,
4. nach erfolgter Zulassung von Kraftfahrzeugen, wenn die Befreiung gemäß § 3 Abs. 2 Z 3 NoVAG 1991 für Kraftfahrzeuge, die für die Verwendung im Bereich des öffentlichen Sicherheitsdienstes oder der Justizwache sowie durch das Bundesheer bestimmt sind, in Anspruch genommen wurde,
5. nach erfolgter Zulassung von Kraftfahrzeugen auf privilegierte Personen und Einrichtungen, welche nach § 6 Abs. 1 Z 6 lit. d UStG 1994 oder nach anderen vergleichbaren gesetzlichen Vorschriften zur Entlastung von der Umsatzsteuer berechtigt sind.

§ 5. Bei folgenden Vorgängen sind die Genehmigungsdaten oder Typendaten der Kraftfahrzeuge der in § 1 Abs. 1 Z 1 bis 7 genannten Fahrzeugklassen durch die nach § 2 Z 3 Zuständigen in der Genehmigungsdatenbank mit einer Zulassungssperre zu versehen:

1. bei der Übertragung der Genehmigungsdaten oder Typendaten im Falle des Eigenimportes oder Händler-Eigenimportes von Kraftfahrzeugen,

2. bei der Übertragung der Genehmigungsdaten oder Typendaten im Falle des Reimportes von Kraftfahrzeugen,
3. bei Änderungen der Type des Kraftfahrzeuges auf eine in § 1 Abs. 1 Z 1 bis 7 genannte Fahrzeugklasse, wenn für das Kraftfahrzeug nicht bereits die Normverbrauchsabgabe entrichtet wurde.

§ 6. (1) Bei folgenden Vorgängen sind die Genehmigungsdaten oder Typendaten der Kraftfahrzeuge der in § 1 Abs. 1 Z 1 bis 7 genannten Fahrzeugklassen durch die nach § 2 Z 4 Zuständigen in der Genehmigungsdatenbank mit einer Zulassungssperre zu versehen:

1. bei Ausfuhrlieferungen gemäß § 3 Abs. 2 Z 1 NoVAG 1991, wenn die Zulassungssperre nicht bereits gemäß § 4 Z 1 erfolgt ist,
2. nach erfolgter Zulassung von Kraftfahrzeugen, wenn die Befreiung gemäß § 3 Abs. 2 Z 2 lit. b NoVAG 1991 für Kraftfahrzeuge, die von Menschen mit Behinderung zur persönlichen Fortbewegung verwendet werden, in Anspruch genommen wurde,
3. nach erfolgter Zulassung von Kraftfahrzeugen, die als Einsatzfahrzeuge zur Verwendung durch eine Gebietskörperschaft im Bereich des öffentlichen Sicherheitsdienstes oder der Justizwache sowie durch das Bundesheer zur Erfüllung seiner Aufgaben bestimmt sind, wenn die Zulassungssperre nicht bereits gemäß § 4 Z 4 erfolgt ist,
4. nach erfolgter Zulassung von Kraftfahrzeugen auf privilegierte Personen und Einrichtungen, welche nach dem Bundesgesetz BGBl. Nr. 257/1976 oder nach anderen vergleichbaren gesetzlichen Vorschriften zur Entlastung von der Umsatzsteuer berechtigt sind, oder auf Personen und Einrichtungen, für welche eine Steuerbefreiung von der Einfuhrumsatzsteuer besteht, wenn die Zulassungssperre nicht bereits gemäß § 4 Z 5 erfolgt ist,
5. bei Vergütungen der Normverbrauchsabgabe gemäß § 12 Abs. 1 und § 12a NoVAG 1991.

(2) Diese von den nach § 2 Z 4 Zuständigen zu setzende Zulassungssperre betrifft die in § 1 Abs. 1 Z 1 bis 7 genannten Kraftfahrzeuge unabhängig davon, ob sie in der Zulassungsevidenz oder Genehmigungsdatenbank erfasst sind.

§ 7. Unter Eigenimport ist jedes Verbringen eines Kraftfahrzeuges aus dem übrigen Gemeinschaftsgebiet oder einem Drittland in das Inland durch eine andere Person als einen Fahrzeughändler zu verstehen. Ein Händler-Eigenimport liegt vor, wenn das Kraftfahrzeug durch jeden anderen Fahrzeughändler als den Erzeuger des Fahrzeuges oder Fahrgestelles oder dessen gemäß § 29 Abs. 2 KFG 1967 Bevollmächtigten aus dem übrigen Gemeinschaftsgebiet oder einem Drittland in das Inland geliefert wird.

§ 8. Eine Freischaltung einer gemäß § 3, § 4, § 5 oder § 6 Abs. 1 vorgenommenen Zulassungssperre eines Kraftfahrzeuges in der Genehmigungsdatenbank kann nur durch die zuständige Finanzbehörde erfolgen.

§ 9. Der in Zusammenhang mit dem Liefern von Kraftfahrzeugen aus dem Inland gemäß § 6 Abs. 1 Z 1 und 5 zu stellende Antrag auf Sperre einer Fahrzeugidentifikationsnummer in der Genehmigungsdatenbank ist Teil des Buchnachweises im Sinne der Verordnung zu Art. 7 UStG, BGBl. Nr. 401/1996, und der Verordnung zu Art. 27 Abs. 2 UStG, BGBl. II Nr. 308/2003. Voraussetzung dafür ist eine rechtzeitige Antragstellung durch das liefernde Unternehmen.

§ 10. § 1, § 2, § 3, § 4, § 5, § 6, § 7, § 8 und § 9, jeweils in der Fassung BGBl. II Nr. 272/2021, treten mit 1. Juli 2021 in Kraft.

Anhang III: Berechnungsübersicht

Normverbrauchsabgabe

Personen- und Kombinationskraftwagen (Klasse M1 / KN 8703)

Rechtslage	Berechnung	Ersatzberechnung	Höchststeuersatz	CO_2-Bonus	CO_2-Malus	NOx-Bonus	Umwelt-Bonus	Partikel-Malus	Abzugsposten	Erhöhungsbetrag	Anmerkungen
01.01.2024 – 31.12.2024	(CO_2-Ausstoß – 97) durch 5 **WLTP-Wert**	CO_2-Emissionswert: kW x 2	80%	Keiner	CO_2 > 155 g/km = € 80,-- je Gramm über 155 g/km	Keiner	Keiner	Keiner	€ 350	Keiner	Abzugsposten kann zu keiner Steuergutschrift führen
01.01.2023 – 31.12.2023	(CO_2-Ausstoß – 102) durch 5 **WLTP-Wert**	CO_2-Emissionswert: kW x 2	70%	Keiner	CO_2 > 170 g/km = € 70,-- je Gramm über 170 g/km	Keiner	Keiner	Keiner	€ 350	Keiner	Abzugsposten kann zu keiner Steuergutschrift führen
01.01.2022 – 31.12.2022	(CO_2-Ausstoß – 107) durch 5 **WLTP-Wert**	CO_2-Emissionswert: kW x 2	60%	Keiner	CO_2 > 185 g/km = € 60,-- je Gramm über 185 g/km	Keiner	Keiner	Keiner	€ 350	Keiner	Abzugsposten kann zu keiner Steuergutschrift führen
01.07.2021 – 31.12.2021	(CO_2-Ausstoß – 112) durch 5 **WLTP-Wert**	CO_2-Emissionswert: kW x 2	50%	Keiner	CO_2 > 200 g/km = € 50,-- je Gramm über 200 g/km	Keiner	Keiner	Keiner	€ 350	Keiner	Abzugsposten kann zu keiner Steuergutschrift führen
30.06.2021 – 01.01.2021	(CO_2-Ausstoß – 112) durch 5 **WLTP-Wert**	CO_2-Emissionswert: kW x 2	32%	Keiner	CO_2 > 275 g/km = € 40,-- je Gramm über 275 g/km	Keiner	Keiner	Keiner	€ 350	Keiner	Abzugsposten kann zu keiner Steuergutschrift führen

KfzBStR

Rechtslage	Berechnung	Ersatz-berechnung	Höchst-steuersatz	CO_2-Bonus	CO_2-Malus	NOx-Bonus	Umwelt-Bonus	Partikel-Malus	Abzugsposten	Erhöhungsbetrag	Anmerkungen
31.12.2020 - **01.01.2020**	(CO_2-Ausstoß – 115) durch 5 **WLTP-Wert**	CO_2-Emissionswert: kW x 2	32%	Keiner	CO_2 > 275 g/km = € 40, -- je Gramm über 275 g/km	Keiner	Keiner	Keiner	€ 350	Keiner	Abzugsposten kann zu keiner Steuergutschrift führen
31.12.2019 – **01.01.2016**	(CO_2-Ausstoß – 90) durch 5 **NEFZ-Wert**	1) CO_2-Emissionswert: Benzin: (Verbrauch x 25) Diesel: (Verbrauch x 28) 2) CO_2-Emissionswert: kW x 2	32%	Keiner	CO_2 > 250 g/km = € 20, -- je Gramm über 250 g/km	Keiner	Keiner	Keiner	€ 300	Keiner	Abzugsposten kann zu keiner Steuergutschrift führen
31.12.2015 – **01.01.2015**	(CO_2-Ausstoß – 90) durch 5 **NEFZ-Wert**	1) CO_2-Emissionswert: Benzin: (Verbrauch x 25) Diesel: (Verbrauch x 28) 2) CO_2-Emissionswert: kW x 2	32%	Keiner	CO_2 > 250 g/km = € 20 je Gramm über 250 g/km	Keiner	€ 600 Hybridantrieb; E 85, Methan in Form von Erdgas/Biogas, Flüssiggas Wasserstoff	Keiner	€ 400	Keiner	Entweder Abzugsposten oder Umwelt-bonus möglich Kann zu keiner Steuergutschrift führen
31.12.2014 – **01.03.2014**	(CO_2-Ausstoß – 90) durch 5 **NEFZ-Wert**	1) CO_2-Emissionswert: Benzin: (Verbrauch x 25) Diesel: (Verbrauch x 28) 2) CO_2-Emissionswert: kW x 2	32%	Keiner	CO_2 > 250 g/km = € 20, -- je Gramm über 250 g/km	Keiner	€ 600 Hybridantrieb; E 85, Methan in Form von Erdgas/Biogas, Flüssiggas Wasserstoff	Keiner	**Benzin:** € 450 **Diesel:** € 350	Keiner	Entweder Abzugsposten oder Umwelt-bonus möglich Kann zu keiner Steuergutschrift führen
28.02.2014 – **01.01.2013**	**Benzin:**	1) CO_2-Emissionswert:	16%	€ 300	CO_2 > 150 g/km =	**Benzin:**	€ 500 Hybridantrieb;	Diesel: € 300	Keiner	20%	Summe Boni darf maximal 500 Euro

Rechtslage	Berechnung	Ersatzberechnung	Höchststeuersatz	CO_2-Bonus	CO_2-Malus	NOx-Bonus	Umwelt-Bonus	Partikel-Malus	Abzugsposten	Erhöhungsbetrag	Anmerkungen
	(Liter pro 100 km – 3) x 2 **Diesel:** (Liter pro 100 km – 2) x 2 **Andere:** (Liter pro 100 km – 3) x 2	Benzin: (Verbrauch x 25) Diesel: (Verbrauch x 28) 2) Verbrauch: Benzin: (kW / 10) + 3 Diesel: (kW / 10) + 2		wenn CO_2 < 120 g/km	€ 25, -- je Gramm über 150 g/km zusätzlich CO_2 > 170 g/km = € 25, -- je Gramm über 170 g/km zusätzlich CO_2 > 210 g/km = € 25, -- je Gramm über 210 g/km	NOx-Emission ≤ 60 mg/km = € 200 **Diesel:** NOx-Emission ≤ 80 mg/km **und** partikelförmige Verunreinigung ≤ 0,005 g/km = € 200	E 85, Methan in Form von Erdgas/Biogas, Flüssiggas Wasserstoff	wenn partikelförmige Verunreinigung > 0,005 g/km		NoVA-**Gesamtbetrag** (Grundbetrag **und** Bonus-Malus)	betragen und darf zu keiner Steuergutschrift führen.
31.12.2012 – 01.03.2011	**Benzin:** (Liter pro 100 km – 3) x 2 **Diesel:** (Liter pro 100 km – 2) x 2 **Andere:** (Liter pro 100 km – 3) x 2	1) CO_2-Emissionswert: Benzin: (Verbrauch x 25) Diesel: (Verbrauch x 28) 2) Verbrauch: Benzin: (kW / 10) + 3 Diesel: (kW / 10) + 2	16%	€ 300 wenn CO_2 < 120 g/km	CO_2 > 160 g/km = € 25, -- je Gramm über 160 g/km zusätzlich CO_2 > 180 g/km = € 25, -- je Gramm über 180 g/km zusätzlich CO_2 > 220 g/km = € 25, -- je Gramm über 220 g/km	**Benzin:** NOx-Emission ≤ 60 mg/km = € 200 **Diesel:** NOx-Emission ≤ 80 mg/km **und** partikelförmige Verunreinigung ≤ 0,005 g/km = € 200	€ 500 Hybridantrieb; E 85, Methan in Form von Erdgas/Biogas, Flüssiggas Wasserstoff	Diesel: € 300 wenn partikelförmige Verunreinigung > 0,005 g/km	Keiner	20% NoVA-**Gesamtbetrag** (Grundbetrag **und** Bonus-Malus)	Summe Boni darf maximal 500 Euro betragen und darf zu keiner Steuergutschrift führen.
28.02.2011 – 01.01.2010	**Benzin:** (Liter pro 100 km – 3) x 2	1) CO_2-Emissionswert:	16%	€ 300	CO_2 > 160 g/km =	**Benzin:**	€ 500 Hybridantrieb; E 85,	Diesel: € 300	Keiner	20%	Summe Boni darf maximal 500 Euro betragen und

Rechtslage	Berechnung	Ersatz-berechnung	Höchst-steuersatz	CO_2-Bonus	CO_2-Malus	NOx-Bonus	Umwelt-Bonus	Partikel-Malus	Abzugsposten	Erhöhungsbetrag	Anmerkungen
	Diesel: (Liter pro 100 km – 2) x 2 **Andere:** (Liter pro 100 km – 3) x 2	Benzin: (Verbrauch x 25) Diesel: (Verbrauch x 28) 2) Verbrauch: Benzin: (kW / 10) + 3 Diesel: (kW / 10) + 2		wenn CO_2 < 120 g/km	€ 25 je Gramm über 160 g/km	NOx-Emission ≤ 60 mg/km = € 200 **Diesel:** NOx-Emission ≤ 80 mg/km **und** partikel-förmige Verunreinigung ≤ 0,005 g/km = € 200	Methan in Form von Erdgas/Biogas, Flüssiggas Wasserstoff	wenn partikel-förmige Verunreinigung > 0,005 g/km		NoVA-**Gesamt-betrag** (Grund-betrag **und** Bonus-Malus)	darf zu keiner Steuergutschrift führen.
31.12.2009 – 18.06.2009	**Benzin:** (Liter pro 100 km – 3) x 2 **Diesel:** (Liter pro 100 km – 2) x 2 **Andere:** (Liter pro 100 km – 3) x 2	1) CO_2-Emissionswert: Benzin: (Verbrauch x 25) Diesel: (Verbrauch x 28) 2) Verbrauch: Benzin: (kW / 10) + 3 Diesel: (kW / 10) + 2	16%	€ 300 wenn CO_2 < 120 g/km	CO_2 > 180 g/km = € 25 je Gramm über 180 g/km	**Benzin:** NOx-Emission ≤ 60 mg/km = € 200 **Diesel:** NOx-Emission ≤ 80 mg/km **und** partikel-förmige Verunreinigung ≤ 0,005 g/km = € 200	€ 500 Hybridantrieb; E 85, Methan in Form von Erdgas/Biogas, Flüssiggas Wasserstoff	Diesel: € 300 wenn partikel-förmige Verunreinigung > 0,005 g/km	Keiner	20% NoVA-**Gesamt-betrag** (Grund-betrag **und** Bonus-Malus)	Summe Boni darf maximal 500 Euro betragen und darf zu keiner Steuergutschrift führen.
17.06.2009 – 01.07.2008	**Benzin:** (Liter pro 100 km – 3) x 2 **Diesel:** (Liter pro 100 km – 2) x 2 **Andere:** (Liter pro 100 km – 3) x 2	Erhöhung der Steuer um € 20 je kW über 100 kW wenn kein CO_2-Emissionswert vorliegt	16%	€ 300 wenn CO_2 < 120 g/km	CO_2 > 180 g/km = € 25 je Gramm über 180 g/km	**Benzin:** NOx-Emission ≤ 60 mg/km = € 200 **Diesel:** NOx-Emission ≤ 80 mg/km **und** partikel-förmige Verunreinigung ≤ 0,005 g/km = € 200	€ 500 Hybridantrieb; E 85, Methan in Form von Erdgas/Biogas, Flüssiggas Wasserstoff	Diesel: € 300 wenn partikel-förmige Verunreinigung > 0,005 g/km	Keiner	20% Nur für den NoVA-**Grund-betrag – nicht für den Bonus-Malus.**	Summe Boni darf maximal 500 Euro betragen und darf zu keiner Steuergutschrift führen.

Wohnmobile – Aufbauart „SA" (Klasse M1 / KN 8703)

Rechtslage	Berechnung	Wahlmöglichkeit	Ersatzberechnung	Höchst-steuersatz	CO_2-Bonus	CO_2-Malus	NOx- Bonus	Umwelt-Bonus	Partikel-Malus	Abzugs-posten	Erhöhungsbetrag	Anmerkungen
01.01.2024 – 31.12.2024	(CO_2-Ausstoß – 97) durch 5 **WLTP-Wert**	CO_2-Emissionswert: WLTP-Wert oder kW x2 (Mindeststeuersatz = 16%)	CO_2-Emissionswert: kW x 2 (Mindeststeuersatz = 16%)	80%	Keiner	CO_2 > 155 g/km = € 80, -- je Gramm über 155 g/km	Keiner	Keiner	Keiner	€ 350	Keiner	Abzugsposten kann zu keiner Steuergutschrift führen
01.01.2023 – 31.12.2023	(CO_2-Ausstoß – 102) durch 5 **WLTP-Wert**	CO_2-Emissionswert: WLTP-Wert oder kW x2 (Mindeststeuersatz = 16%)	CO_2-Emissionswert: kW x 2 (Mindeststeuersatz = 16%)	70%	Keiner	CO_2 > 170 g/km = € 70, -- je Gramm über 170 g/km	Keiner	Keiner	Keiner	€ 350	Keiner	Abzugsposten kann zu keiner Steuergutschrift führen
01.01.2022 – 31.12.2022	(CO_2-Ausstoß – 107) durch 5 **WLTP-Wert**	CO_2-Emissionswert: WLTP-Wert oder kW x2 (Mindeststeuersatz = 16%)	CO_2-Emissionswert: kW x 2 (Mindeststeuersatz = 16%)	60%	Keiner	CO_2 > 185 g/km = € 60, -- je Gramm über 185 g/km	Keiner	Keiner	Keiner	€ 350	Keiner	Abzugsposten kann zu keiner Steuergutschrift führen
01.07.2021 – 31.12.2021	(CO_2-Ausstoß – 112) durch 5 **WLTP-Wert**	CO_2-Emissionswert: WLTP-Wert oder kW x2 (Mindeststeuersatz = 16%)	CO_2-Emissionswert: kW x 2 (Mindeststeuersatz = 16%)	50%	Keiner	CO_2 > 200 g/km = € 50, -- je Gramm über 200 g/km	Keiner	Keiner	Keiner	€ 350	Keiner	Abzugsposten kann zu keiner Steuergutschrift führen
30.06.2021 – 01.01.2021	(CO_2-Ausstoß – 112) durch 5 **WLTP-Wert**	CO_2-Emissionswert: WLTP-Wert oder kW x2 (wenn Aufbau in nicht selbst tragender Bauweise) (Mindeststeuersatz = 16%)	CO_2-Emissionswert: kW x 2 (Mindeststeuersatz = 16%)	32%	Keiner	CO_2 > 275 g/km = € 40, -- je Gramm über 275 g/km	Keiner	Keiner	Keiner	€ 350	Keiner	Abzugsposten kann zu keiner Steuergutschrift führen
31.12.2020 - 01.01.2020	(CO_2-Ausstoß – 115) durch 5	CO_2-Emissionswert: WLTP-Wert oder kW x2 (wenn Aufbau in	CO_2-Emissionswert:	32%	Keiner	CO_2 > 275 g/km =	Keiner	Keiner	Keiner	€ 350	Keiner	Abzugsposten kann zu keiner Steuergutschrift führen

KfzBStR

Rechtslage	Berechnung	Wahlmöglichkeit	Ersatzberechnung	Höchst-steuersatz	CO_2-Bonus	CO_2-Malus	NOx- Bonus	Umwelt-Bonus	Partikel-Malus	Abzugs-posten	Erhöhungsbetrag	Anmerkungen
	WLTP-Wert	nicht selbst tragender Bauweise) (Mindeststeuersatz = 16%)	kW x 2 (Mindeststeuersatz = 16%)			€ 40, -- je Gramm über 275 g/km						
31.12.2019 – 01.01.2016	(CO_2-Ausstoß – 90) durch 5 **NEFZ-Wert**	Keine	1) CO_2-Emissionswert: Benzin: (Verbrauch x 25) Diesel: (Verbrauch x 28) 2) CO_2-Emissionswert: kW x 2	32%	Keiner	CO_2 > 250 g/km = € 20, -- je Gramm über 250 g/km	Keiner	Keiner	Keiner	€ 300	Keiner	Abzugsposten kann zu keiner Steuergutschrift führen
31.12.2015 – 01.01.2015	(CO_2-Ausstoß – 90) durch 5 **NEFZ-Wert**	Keine	1) CO_2-Emissionswert: Benzin: (Verbrauch x 25) Diesel: (Verbrauch x 28) 2) CO_2-Emissionswert: kW x 2	32%	Keiner	CO_2 > 250 g/km = € 20 je Gramm über 250 g/km	Keiner	€ 600 Hybrid-antrieb; E 85, Methan in Form von Erdgas/ Biogas, Flüssig-gas Wasser-stoff	Keiner	€ 400	Keiner	Entweder Abzugsposten oder Umweltbonus möglich Kann zu keiner Steuergutschrift führen
31.12.2014 – 01.03.2014	(CO_2-Ausstoß – 90) durch 5 **NEFZ-Wert**	Keine	1) CO_2-Emissionswert: Benzin: (Verbrauch x 25) Diesel: (Verbrauch x 28) 2) CO_2-Emissionswert:	32%	Keiner	CO_2 > 250 g/km = € 20, -- je Gramm über 250 g/km	Keiner	€ 600 Hybrid-antrieb; E 85, Methan in Form von	Keiner	**Benzin:** € 450 **Diesel:** € 350	Keiner	Entweder Abzugsposten oder Umweltbonus möglich Kann zu keiner Steuergutschrift führen

Rechtslage	Berechnung	Wahlmöglichkeit	Ersatzberechnung	Höchst-steuersatz	CO_2-Bonus	CO_2-Malus	NOx- Bonus	Umwelt-Bonus	Partikel-Malus	Abzugs-posten	Erhöhungsbetrag	Anmerkungen
			kW x 2					Erdgas/ Biogas, Flüssig-gas Wasser-stoff				
28.02.2014 – 01.01.2013	**Benzin:** (Liter pro 100 km – 3) x 2 **Diesel:** (Liter pro 100 km – 2) x 2 **Andere:** (Liter pro 100 km – 3) x 2	Keine	1) CO_2-Emissionswert: Benzin: (Verbrauch x 25) Diesel: (Verbrauch x 28) 2) Verbrauch: Benzin: (kW / 10) + 3 Diesel: (kW / 10) + 2	16%	€ 300 wenn CO_2 < 120 g/km	CO_2 > 150 g/km = € 25, -- je Gramm über 150 g/km zusätzlich CO_2 > 170 g/km = € 25, -- je Gramm über 170 g/km zusätzlich CO_2 > 210 g/km = € 25, -- je Gramm über 210 g/km	**Benzin:** NOx-Emission ≤ 60 mg/km = € 200 **Diesel:** NOx-Emission ≤ 80 mg/km **und** partikel-förmige Verunrei-nigung ≤ 0,005 g/km = € 200	€ 500 Hybrid-antrieb; E 85, Methan in Form von Erdgas/ Biogas, Flüssig-gas Wasser-stoff	Diesel: € 300 wenn partikel-förmige Verunrei nigung > 0,005 g/km	Keiner	20% NoVA-**Gesamt-betrag** (Grund-betrag **und** Bonus-Malus)	Summe Boni darf maximal 500 Euro betragen und darf zu keiner Steuergutschrift führen.
31.12.2012 – 01.03.2011	**Benzin:** (Liter pro 100 km – 3) x 2 **Diesel:** (Liter pro 100 km – 2) x 2 **Andere:**	Keine	1) CO_2-Emissionswert: Benzin: (Verbrauch x 25) Diesel: (Verbrauch x 28) 2) Verbrauch: Benzin: (kW / 10) + 3 Diesel: (kW / 10) + 2	16%	€ 300 wenn CO_2 < 120 g/km	CO_2 > 160 g/km = € 25, -- je Gramm über 160 g/km zusätzlich CO_2 > 180 g/km = € 25, -- je Gramm über 180 g/km	**Benzin:** NOx-Emission ≤ 60 mg/km = € 200 **Diesel:** NOx-Emission ≤ 80 mg/km **und** partikel-förmige	€ 500 Hybrid-antrieb; E 85, Methan in Form von Erdgas/ Biogas, Flüssig-gas	Diesel: € 300 wenn partikel-förmige Verunrei nigung > 0,005 g/km	Keiner	20% NoVA-**Gesamt-betrag** (Grund-betrag **und** Bonus-Malus)	Summe Boni darf maximal 500 Euro betragen und darf zu keiner Steuergutschrift führen.

KfzBStR

Rechtslage	Berechnung	Wahlmöglichkeit	Ersatzberechnung	Höchst-steuersatz	CO_2-Bonus	CO_2-Malus	NOx- Bonus	Umwelt-Bonus	Partikel-Malus	Abzugs-posten	Erhöhungsbetrag	Anmerkungen
	(Liter pro 100 km – 3) x 2					zusätzlich CO_2 > 220 g/km = € 25, -- je Gramm über 220 g/km	Verunreinigung ≤ 0,005 g/km = € 200	Wasserstoff				
28.02.2011 – 01.01.2010	**Benzin:** (Liter pro 100 km – 3) x 2 **Diesel:** (Liter pro 100 km – 2) x 2 **Andere:** (Liter pro 100 km – 3) x 2	Keine	<u>1) CO_2-Emissionswert:</u> Benzin: (Verbrauch x 25) Diesel: (Verbrauch x 28) <u>2) Verbrauch:</u> Benzin: (kW / 10) + 3 Diesel: (kW / 10) + 2	16%	€ 300 wenn CO_2 < 120 g/km	CO_2 > 160 g/km = € 25 je Gramm über 160 g/km	**Benzin:** NOx-Emission ≤ 60 mg/km = € 200 **Diesel:** NOx-Emission ≤ 80 mg/km **und** partikelförmige Verunreinigung ≤ 0,005 g/km = € 200	€ 500 Hybridantrieb; E 85, Methan in Form von Erdgas/ Biogas, Flüssiggas Wasserstoff	Diesel: € 300 wenn partikelförmige Verunreinigung > 0,005 g/km	Keiner	20% NoVA-**Gesamtbetrag** (Grundbetrag **und** Bonus-Malus)	Summe Boni darf maximal 500 Euro betragen und darf zu keiner Steuergutschrift führen.
31.12.2009 – 18.06.2009	**Benzin:** (Liter pro 100 km – 3) x 2 **Diesel:** (Liter pro 100 km – 2) x 2 **Andere:** (Liter pro 100 km – 3) x 2	Keine	<u>1) CO_2-Emissionswert:</u> Benzin: (Verbrauch x 25) Diesel: (Verbrauch x 28) <u>2) Verbrauch:</u> Benzin: (kW / 10) + 3 Diesel: (kW / 10) + 2	16%	€ 300 wenn CO_2 < 120 g/km	CO_2 > 180 g/km = € 25 je Gramm über 180 g/km	**Benzin:** NOx-Emission ≤ 60 mg/km = € 200 **Diesel:** NOx-Emission ≤ 80 mg/km **und** partikelförmige Verunreinigung ≤ 0,005 g/km = € 200	€ 500 Hybridantrieb; E 85, Methan in Form von Erdgas/ Biogas, Flüssiggas Wasserstoff	Diesel: € 300 wenn partikelförmige Verunreinigung > 0,005 g/km	Keiner	20% NoVA-**Gesamtbetrag** (Grundbetrag **und** Bonus-Malus)	Summe Boni darf maximal 500 Euro betragen und darf zu keiner Steuergutschrift führen.

Rechtslage	Berechnung	Wahlmöglichkeit	Ersatzberechnung	Höchst-steuersatz	CO_2-Bonus	CO_2-Malus	NOx- Bonus	Umwelt-Bonus	Partikel-Malus	Abzugs-posten	Erhöhungsbetrag	Anmerkungen
17.06.2009 – 01.07.2008	**Benzin:** (Liter pro 100 km – 3) x 2 **Diesel:** (Liter pro 100 km – 2) x 2 **Andere:** (Liter pro 100 km – 3) x 2	Keine	Erhöhung der Steuer um € 20 je kW über 100 kW wenn kein CO_2-Emissionswert vorliegt	16%	€ 300 wenn $CO_2 <$ 120 g/km	$CO_2 >$ 180 g/km = € 25 je Gramm über 180 g/km	**Benzin:** NOx-Emission ≤ 60 mg/km = € 200 **Diesel:** NOx-Emission ≤ 80 mg/km **und** partikel-förmige Verunrei-nigung ≤ 0,005 g/km = € 200	€ 500 Hybrid-antrieb; E 85, Methan in Form von Erdgas/ Biogas, Flüssig-gas Wasser-stoff	Diesel: € 300 wenn partikel-förmige Verunrei nigung > 0,005 g/km	Keiner	20% Nur für den NoVA-**Grund-betrag – nicht für den Bonus-Malus.**	Summe Boni darf maximal 500 Euro betragen und darf zu keiner Steuergutschrift führen.

KfzBStR

Krafträder (Klasse L3e bis L7e / KN 8711)

Rechtslage	Berechnung	Ersatzberechnung	Höchststeuersatz	CO_2-Malus	Erhöhungsbetrag	Anmerkungen
01.01.2024 – 31.12.2024	(CO_2-Ausstoß – 53) / 4	Steuersatz in % = (Hubraum in cm³ -100 cm³) × 0,02	30%	CO_2-Ausstoß > 150 g/km 20 Euro je Gramm über 150 g/km	Keiner	Bis 125 cm³ vom Anwendungsbereich ausgenommen
01.01.2023 – 31.12.2023	(CO_2-Ausstoß – 55) / 4	Steuersatz in % = (Hubraum in cm³ -100 cm³) × 0,02	30%	CO_2-Ausstoß > 150 g/km 20 Euro je Gramm über 150 g/km	Keiner	Bis 125 cm³ vom Anwendungsbereich ausgenommen
01.01.2022 – 31.12.2022	(CO_2-Ausstoß – 55) / 4	Steuersatz in % = (Hubraum in cm³ -100 cm³) × 0,02	30%	CO_2-Ausstoß > 150 g/km 20 Euro je Gramm über 150 g/km	Keiner	Bis 125 cm³ vom Anwendungsbereich ausgenommen
01.07.2021 – 31.12.2021	(CO_2-Ausstoß – 55) / 4	Steuersatz in % = (Hubraum in cm³ -100 cm³) × 0,02	30%	CO_2-Ausstoß > 150 g/km 20 Euro je Gramm über 150 g/km	Keiner	Bis 125 cm³ vom Anwendungsbereich ausgenommen
30.06.2021 - 01.01.2020	(CO_2-Ausstoß – 55) / 4	Steuersatz in % = (Hubraum in cm³ -100 cm³) × 0,02	20%	CO_2-Ausstoß > 150 g/km 20 Euro je Gramm über 150 g/km	Keiner	Bis 125 cm³ beträgt der Steuersatz 0%
31.12.2019 – 01.03.2014	(Hubraum in cm³ – 100 cm³) x 0,02	Keine	20%	Keiner	Keiner	Bis 125 cm³ beträgt der Steuersatz 0%
28.02.2014 – 01.07.2008	(Hubraum in cm³ – 100 cm³) x 0,02	Keine	16%	Keiner	20%	Bis 125 cm³ beträgt der Steuersatz 0%
30.06.2008 – 01.06.1996	(Hubraum in cm³ – 100 cm³) x 0,02	Keine	16%	Keiner	20%	Bis 125 cm³ beträgt der Steuersatz 0%
30.05.1996 – 01.01.1994	(Hubraum in cm³ – 100 cm³) x 0,02	Keine	14%	Keiner	20%	Bis 100 cm³ beträgt der Steuersatz 0%
31.12.1993 – 01.01.1992	(Hubraum in cm³ – 100 cm³) x 0,02	Keine	14%	Keiner	Keiner	Bis 100 cm³ beträgt der Steuersatz 0%

Lastkraftwagen (Klasse N1)

Rechtslage	Berechnung (WLTP)	Berechnung (NEFZ – auslaufende Serien)	Ersatzberechnung	Höchst-steuersatz	CO_2-Bonus	CO_2-Malus	NOx-Bonus	Umwelt-Bonus	Partikel-Malus	Abzugsposten	Erhöhungsbetrag	Anmerkungen
01.01.2024 – 31.12.2024	(CO_2-Ausstoß – 150) durch 5 **WLTP-Wert**	(CO_2-Ausstoß – 140) durch 5 **NEFZ-Wert**	CO_2-Emissionswert: kW x 2 (Mindeststeuersatz = 16%)	80%	Keiner	CO_2 > 208* g/km = € 80,-- je Gramm über 208* g/km (*238 g/km bei NEFZ)	Keiner	Keiner	Keiner	€ 350	Keiner	Abzugsposten kann zu keiner Steuergutschrift führen
01.01.2023 – 31.12.2023	(CO_2-Ausstoß – 155) durch 5 **WLTP-Wert**	(CO_2-Ausstoß – 140) durch 5 **NEFZ-Wert**	CO_2-Emissionswert: kW x 2 (Mindeststeuersatz = 16%)	70%	Keiner	CO_2 > 223* g/km = € 70,-- je Gramm über 223* g/km (*238 g/km bei NEFZ)	Keiner	Keiner	Keiner	€ 350	Keiner	Abzugsposten kann zu keiner Steuergutschrift führen
01.01.2022 – 31.12.2022	(CO_2-Ausstoß – 160) durch 5 **WLTP-Wert**	(CO_2-Ausstoß – 140) durch 5 **NEFZ-Wert**	CO_2-Emissionswert: kW x 2 (Mindeststeuersatz = 16%)	60%	Keiner	CO_2 > 238* g/km = € 60,-- je Gramm über 238* g/km (*238 g/km bei NEFZ)	Keiner	Keiner	Keiner	€ 350	Keiner	Abzugsposten kann zu keiner Steuergutschrift führen
01.07.2021 – 31.12.2021	(CO_2-Ausstoß – 165) durch 5 **WLTP-Wert**	(CO_2-Ausstoß – 140) durch 5 **NEFZ-Wert**	CO_2-Emissionswert: kW x 2 (Mindeststeuersatz = 16%)	50%	Keiner	CO_2 > 253* g/km = € 50,-- je Gramm über 253* g/km (*238 g/km bei NEFZ)	Keiner	Keiner	Keiner	€ 350	Keiner	Abzugsposten kann zu keiner Steuergutschrift führen

KfzBStR

Kraftfahrzeugsteuer

Kraftfahrzeugtyp / Rechtslage	Berechnung (pro Monat)	Ersatzwerte	Mindeststeuer (pro Monat)	Anmerkungen
Klasse M1 / Erstzulassung vor 01.10.2020	kW Verbrennungsmotor – 24 kW • für die ersten 66 kW - 0,682 € • für die weiteren 20 kW - 0,726 € • für die darüber hinausgehenden kW - 0,825 €	Leistung des Verbrennungsmotors 50 kW	6,82 €	20% Erhöhung für Fremdzündungsmotor mit erhöhten Schadstoffgrenzwerten
Klasse M1 / Erstzulassung nach 30.09.2020 kein WLTP-Wert	kW Verbrennungsmotor – 24 kW • für die ersten 66 kW - 0,682 € • für die weiteren 20 kW - 0,726 € • für die darüber hinausgehenden kW - 0,825 €	Leistung des Verbrennungsmotors 50 kW	6,82 €	
Klasse M1 / Erstzulassung nach 30.09.2020 und WLTP-Wert	(kW Verbrennungsmotor – 65 kW) x 0,72 € + (CO_2-Ausstoß – 115) x 0,72 €	Leistung des Verbrennungsmotors 85 kW oder WLTP-Wert von 125 g/km	mind. 5 kW und mind. 5 g/km CO_2 anzusetzen	Beginnend mit 1.1.2021 werden jährlich der Wert 115 g um den Wert 3 und der Wert 65 kW um den Wert 1 abgesenkt
Andere Kraftfahrzeuge bis 3,5 Tonnen Gesamtgewicht	kW Verbrennungsmotor – 24 kW • für die ersten 66 kW - 0,682 € • für die weiteren 20 kW - 0,726 € • für die darüber hinausgehenden kW - 0,825 € (höchstens 80 €)	Leistung des Verbrennungsmotors 50 kW	6,82 €	
Klasse L1e – L5e / Erstzulassung vor 01.10.2020	Hubraum cm^3 x 0,0275 €	Hubraum von 350 cm^3	Keine	
Klasse L1e – L5e / Erstzulassung nach 30.09.2020	(Hubraum cm^3 – 52 cm^3) x 0,014 € + (CO_2-Ausstoß – 52) x 0,2 €	Hubraum von 350 cm^3 oder WLTP-Wert von 85 g/km	mind. 10 g/km CO_2 anzusetzen	
Kraftfahrzeuge über 3,5 t Gesamtgewicht	3,5 t < Kfz ≤ 12 t = 1,55 €/t mind. 15 € 12 t < Kfz ≤ 18 t = 1,70 €/t 18 t < Kfz = 1,90 €/t max. 80 € für Anhänger max. 66 €	Höchstzulässiges Gesamtgewicht von 8 t	15 €	

Motorbezogene Versicherungssteuer

Kraftfahrzeugtyp / Rechtslage	Berechnung (pro Monat)	Ersatzwerte	Mindeststeuer (pro Monat)	Anmerkungen
Klasse M1 / Erstzulassung vor 01.10.2020	kW Verbrennungsmotor – 24 kW • für die ersten 66 kW - 0,62 € • für die weiteren 20 kW - 0,66 € • für die darüber hinausgehenden kW - 0,75 €	Leistung des Verbrennungsmotors 50 kW	6,20 €	20% Erhöhung für Fremdzündungsmotor mit erhöhten Schadstoffgrenzwerten Steuer erhöht sich bei unterjähriger Entrichtung des Versicherungsentgelts: - bei halbjährlicher Entrichtung um 6%; - bei vierteljährlicher Entrichtung um 8%; - bei monatlicher Entrichtung um 10%;
Klasse M1 / Erstzulassung nach 30.09.2020 kein WLTP-Wert	kW Verbrennungsmotor – 24 kW • für die ersten 66 kW - 0,65 € • für die weiteren 20 kW - 0,70 € • für die darüber hinausgehenden kW - 0,79 €	Leistung des Verbrennungsmotors 50 kW	6,50 €	
Klasse M1 / Erstzulassung nach 30.09.2020 und WLTP-Wert	(kW Verbrennungsmotor – 65 kW) x 0,72 € + (CO_2-Ausstoß – 115) x 0,72 €	Leistung des Verbrennungsmotors 85 kW oder WLTP-Wert von 125 g/km	mind. 5 kW und mind. 5 g/km CO_2 anzusetzen	Beginnend mit 1.1.2021 werden jährlich der Wert 115 g um den Wert 3 und der Wert 65 kW um den Wert 1 abgesenkt
Andere Kraftfahrzeuge bis 3,5 Tonnen Gesamtgewicht Erstzulassung vor 01.10.2020	kW Verbrennungsmotor – 24 kW • für die ersten 66 kW - 0,62 € • für die weiteren 20 kW - 0,66 € • für die darüber hinausgehenden kW - 0,75 € (höchstens 72 €)	Leistung des Verbrennungsmotors 50 kW	6,20 €	Steuer erhöht sich bei unterjähriger Entrichtung des Versicherungsentgelts: - bei halbjährlicher Entrichtung um 6%; - bei vierteljährlicher Entrichtung um 8%; - bei monatlicher Entrichtung um 10%;
Andere Kraftfahrzeuge bis 3,5 Tonnen Gesamtgewicht Erstzulassung nach 30.09.2020	kW Verbrennungsmotor – 24 kW • für die ersten 66 kW - 0,65 € • für die weiteren 20 kW - 0,70 € • für die darüber hinausgehenden kW - 0,79 € (höchstens 76 €)	Leistung des Verbrennungsmotors 50 kW	6,50 €	
Klasse L1e – L5e / Erstzulassung vor 01.10.2020	Hubraum cm^3 x 0,025 €	Hubraum von 350 cm^3	Keine	Steuer erhöht sich bei unterjähriger Entrichtung des Versicherungsentgelts: - bei halbjährlicher Entrichtung um 6%;

Kraftfahrzeugtyp / Rechtslage	Berechnung (pro Monat)	Ersatzwerte	Mindeststeuer (pro Monat)	Anmerkungen
				- bei vierteljährlicher Entrichtung um 8%; - bei monatlicher Entrichtung um 10%;
Klasse L1e – L5e / Erstzulassung nach 30.09.2020	(Hubraum cm^3 – 52 cm^3) x 0,014 € + (CO_2-Ausstoß – 52) x 0,2 €	Hubraum von 350 cm^3 oder WLTP-Wert von 85 g/km	mind. 10 g/km CO_2 anzusetzen	

9. Energieabgabe

9/1. Energieabgaben-Richtlinien 2011

(Erlass des BMF vom 15. April 2011, BMF-010220/0058-IV/9/2011 idF BMF-AV Nr. 2017/88)

Energieabgaben-Richtlinien 2011, Richtlinien zum Elektrizitätsabgabegesetz, zum Erdgasabgabegesetz, zum Kohleabgabegesetz und zum Energieabgabenvergütungsgesetz

Mit dem Strukturanpassungsgesetz 1996, BGBl. Nr. 201/1996, wurden unter anderem Energiesteuern auf elektrische Energie und auf Erdgas und eine Vergütung dieser Abgaben unter bestimmten Voraussetzungen eingeführt.

Im Zuge einer Ökologisierung des Steuersystems und zur Erreichung des Kyoto-Zieles bzw. zur Verminderung des CO_2-Ausstoßes wurde durch das Budgetbegleitgesetz 2003, BGBl. I Nr. 71/2003, mit der Kohleabgabe, die in den Grundzügen dem Besteuerungsmodell der Elektrizitätsabgabe und der Erdgasabgabe entspricht, der Kreis der Energiesteuern erweitert.

Auf Grund des In-Kraft-Tretens der Energiesteuerrichtlinie der EU vom 27. Oktober 2003, 2003/96/EG, wurde weiters in der Folge das Energieabgabenvergütungsgesetz mit dem Bundesgesetz vom 30. Juli 2004, BGBl. I Nr. 92/2004, an diese Richtlinie angepasst.

Die Energieabgaben-Richtlinien 2011 ersetzen den Durchführungserlass des BMF vom 20. Jänner 1997, 14 0607/2-IV/14/96, AÖF 1997/83, zum Elektrizitätsabgabegesetz, zum Erdgasabgabegesetz und zum Energieabgabenvergütungsgesetz und stellen einen Auslegungsbehelf zu den Energieabgaben sowie der Energieabgabenvergütung dar, der im Interesse einer einheitlichen Vorgangsweise mitgeteilt wird.

Die Information des BMF zur Energieabgabenvergütung aus dem Jahr 2005 und die ergangene Rechtsprechung wurde im Wesentlichen eingearbeitet.

Über die gesetzlichen Bestimmungen hinausgehende Rechte und Pflichten können aus diesen Richtlinien nicht abgeleitet werden.

Die Energieabgaben-Richtlinien 2011 behandeln Zweifelsfragen und Auslegungsprobleme von allgemeiner Bedeutung, um eine einheitliche Anwendung der geltenden Energieabgabenbesteuerungs- bzw. -vergütungsbestimmungen durch die Finanzverwaltung sicherzustellen. Sie enthalten außerdem Regelungen, wie zur Verwaltungsvereinfachung in bestimmten Fällen zu verfahren ist.

Die Energieabgaben-Richtlinien 2011 sind in vier Abschnitte gegliedert. Jeder Abschnitt behandelt eines der vier Energieabgabengesetze.

Die weitere im jeweiligen Abschnitt folgende numerische Bezeichnung der Unterabschnitte entspricht jener des jeweiligen Paragraphen des Gesetzes, auf das sich dieser Abschnitt bezieht (so enthält beispielsweise Unterabschnitt 1.1 im Abschnitt Elektrizitätsabgabegesetz Erläuterungen zu § 1 Elektrizitätsabgabegesetz, Unterabschnitt 4.2 im Abschnitt Energieabgabenvergütungsgesetz Erläuterungen zu § 2 Energieabgabenvergütungsgesetz). Weitere Unterabschnitte entsprechen ebenso den Absätzen oder Ziffern der behandelten Paragraphen (so enthält beispielsweise Unterabschnitt 2.2.2. im Abschnitt Erdgasabgabegesetz Erläuterungen zu § 2 Abs. 2 Erdgasabgabegesetz).

Bundesministerium für Finanzen, 15. April 2011

INHALTSVERZEICHNIS

1. Elektrizitätsabgabe

1.1. Steuerbare Vorgänge, Steuergebiet

1.1.1. Steuerbare Vorgänge

1.1.1.1. Lieferung elektrischer Energie

Der Elektrizitätsabgabe unterliegt gemäß § 1 Abs. 1 Z 1 ElAbgG jede Lieferung von elektrischer Energie, ausgenommen an „Elektrizitätsunternehmen" im Sinne des § 7 Abs. 1 Z 11 des Elektrizitätswirtschafts- und -organisationsgesetzes 2010 – ElWOG 2010, BGBl. I Nr. 110/2010 in der jeweils geltenden Fassung (bis 2. März 2011: § 7 Z 8 Elektrizitätswirtschafts- und -organisationsgesetz [ElWOG]) und an sonstige Wiederverkäufer zur Weiterlieferung. 1

Solche Weiterlieferungen sind somit im Sinne des § 1 Abs. 1 Z 1 ElAbgG nicht steuerbar.

(BMF-AV Nr. 2015/18)

Ein „Elektrizitätsunternehmen" im Sinne des § 7 Abs. 1 Z 11 ElWOG 2010 (bis 2. März 2011: § 7 Z 8 ElWOG, BGBl. I Nr. 143/1998 idF BGBl. I Nr. 112/2008, ist eine natürliche oder juristische Person oder eine eingetragene Personengesellschaft, die in Gewinnabsicht von den Funktionen der Erzeugung, der Übertragung, der Verteilung, der Lieferung oder des Kaufs von elektrischer Energie mindestens eine wahrnimmt und die kommerzielle, technische oder wartungsbezogene Aufgaben im Zusammenhang mit diesen Funktionen wahrnimmt, mit Ausnahme der Endverbraucher. 2

(BMF-AV Nr. 2015/18)

„Sonstige Wiederverkäufer" sind andere Unternehmen, die mit elektrischer Energie handeln. Auch die Lieferung an solche Elektrizitätshändler, die die elektrische Energie zur gewerblichen Weiterveräußerung beziehen und weiterveräußern, unterliegt nicht der Elektrizitätsabgabe. 3

Unternehmer, die nur gelegentlich bzw. nur einem bestimmten begrenzten Empfängerkreis elektrische Energie liefern (zB Vermieter, siehe Rz 5 und Rz 6), gelten nicht als „sonstige Wiederverkäufer" (siehe aber auch Rz 7 ff betreffend Weiterlieferungen in einem Konzern). 4

Wird einem Elektrizitätsunternehmen oder sonstigen Wiederverkäufer elektrische Energie geliefert, dann ist die Lieferung nicht steuerbar, unabhängig davon, ob die gelieferte elektrische Energie weitergeliefert oder vom Unternehmen selbst verbraucht wird.

Beispiel:

Stromlieferungen an ein Unternehmen, das zwar grundsätzlich ein Elektrizitätsunternehmen im Sinne des § 7 Abs. 1 Z 11 ElWOG 2010 (bis 2. März 2011: § 7 Z 8 ElWOG) ist und Strom liefert, einen Teil der elektrischen Energie aber zur Erzeugung von Wärme und somit nicht zur Weiterlieferung verwendet.

Stromlieferungen eines Ökostromerzeugers (zB Stromerzeugung aus Biogas) sind nicht steuerbar und unterliegen auch dann nicht der Elektrizitätsabgabe, wenn der erzeugte Strom in ein öffentliches Netz und zur Verfügung eines Elektrizitätsunternehmens im Sinne des § 7 Abs. 1 Z 11 ElWOG 2010, BGBl. I Nr. 110/2010 idgF, oder eines Netzbetreibers im Sinne des § 7 Abs. 1 Z 51 ElWOG 2010, BGBl. I Nr. 110/2010 idgF, eingespeist wird und die Abrechnung dieser Stromlieferungen über die OeMAG (Abwicklungsstelle für Ökostrom Österreich) erfolgt. Siehe hierzu auch Rz 20a.

Zum Verbrauch von elektrischer Energie durch ein Elektrizitätsunternehmen siehe Rz 9 ff sowie Rz 12.

(BMF-AV Nr. 2015/18, BMF-AV Nr. 2017/88)

1.1.1.1.1. steuerbare und nicht steuerbare Weiterlieferungen

Wird von einem Elektrizitätsunternehmen elektrische Energie weder an ein Elektrizitätsunternehmen noch einen sonstigen Wiederverkäufer geliefert, dann ist diese erste Lieferung steuerpflichtig, während eine etwaige Weiterlieferung nicht mehr der Elektrizitätsabgabe unterliegt, wenn nachgewiesen wird, dass die weitergelieferte und weiterverrechnete Menge elektrischer Energie bereits besteuert worden ist. 5

1.1.1.1.2. steuerbare und nicht steuerbare Weiterlieferungen bei Vermietungen

Dieselbe Vorgangsweise ist bei der Lieferung von elektrischer Energie durch ein Elektrizitätsunternehmen an einen Wohnungsvermieter und deren Weiterlieferung an Mieter bzw. Untermieter von Wohnungen usw. angebracht. Auch in diesem Fall unterliegt die Lieferung an den Vermieter der Besteuerung, während die Weiterlieferung nicht mehr besteuert wird. 6

Zur Energieabgabenvergütung bei der Weiterlieferung von Elektrizität siehe Rz 223.

Erfolgt dagegen die Lieferung durch das Elektrizitätsunternehmen unmittelbar an den Mieter bzw. Untermieter, dann ist diese Lieferung steuerpflichtig.

1.1.1.1.3. steuerbare und nicht steuerbare Weiterlieferungen in einem Konzern

7 Dies könnte zB bei der Lieferung eines Elektrizitätsunternehmens an einen Konzernteil vorliegen, der innerhalb des Konzerns an andere Konzernteile weiterliefert. Die Lieferung des Elektrizitätsunternehmens an den Konzern ist steuerpflichtig, während die Weiterlieferung des Konzerns nicht der Besteuerung unterliegt.

Liefert das Elektrizitätsunternehmen an einen Konzernteil, bei dem es sich ebenfalls ein um Elektrizitätsversorgungsunternehmen im Sinne des § 7 Abs. 1 Z 11 ElWOG 2010 (bis 2. März 2011: § 7 Z 8 ElWOG) oder sonstigen Wiederverkäufer handelt, unterliegt wiederum diese erste Lieferung nicht der Besteuerung, sondern unterliegt erst die Weiterlieferung des Konzerns der Besteuerung.

Zur Energieabgabenvergütung bei der Weiterlieferung von Elektrizität siehe Rz 223.

(BMF-AV Nr. 2015/18)

1.1.1.1.4. Stromlieferungen innerhalb eines Konzerns

8 Liefert zB innerhalb eines (Nicht-Elektrizitätsunternehmen-)Konzerns der elektrizitätserzeugende Konzernteil Strom an einen anderen Teil des Konzerns, so ist dieser Vorgang eine Lieferung im Sinne des § 1 Abs. 1 Z 1 ElAbgG und führt zur Steuerpflicht.

Wird hingegen ein Konzernteil von einem (außerhalb des Konzerns stehenden) Elektrizitätsunternehmen mit elektrischer Energie beliefert, unterliegt diese (Erst-)Lieferung der Elektrizitätsabgabe und die weiteren Lieferungen innerhalb des Konzerns sind nicht mehr steuerpflichtig.

1.1.1.2. Verbrauch elektrischer Energie

9 Gemäß § 1 Abs. 1 Z 2 ElAbgG unterliegt auch der Verbrauch von elektrischer Energie im Steuergebiet der Elektrizitätsabgabe.

Folgende Fälle kommen hier ua. in Betracht:

- Verbrauch durch Elektrizitätsunternehmen (zB selbst erzeugter Strom, unversteuert bezogener Strom),
- Verbrauch von selbst hergestellter elektrischer Energie,
- Verbrauch von in das Steuergebiet verbrachter elektrischer Energie.

10 Leitungsverluste sind Energieverluste, die zwischen der Erzeugung der elektrischen Energie und deren Übergabe an den Abnehmer auftreten, und die somit entstehen, bevor ein tatsächlicher Verbrauch von elektrischer Energie stattfinden kann.

Solche Leitungsverluste sind nicht steuerbar.

1.1.1.2.1. Zusammentreffen von selbst verbrauchter und gelieferter elektrischer Energie

11 Wird von einem Elektrizitätsunternehmen elektrische Energie erzeugt und von diesem teilweise selbst verbraucht, unterliegt dieser Teil der selbst hergestellten elektrischen Energie der Besteuerung. Wird ein Teil dieser selbst erzeugten elektrischen Energie an ein anderes Elektrizitätsunternehmen oder an einen sonstigen Wiederverkäufer zur Weiterveräußerung geliefert, dann ist diese Lieferung nicht steuerbar.

1.1.1.2.2. steuerpflichtiger Verbrauch durch ein Elektrizitätsunternehmen

12 Verwendet das Elektrizitätsunternehmen einen Teil der angelieferten oder selbst hergestellten elektrischen Energie für andere Zwecke als zur Weiterlieferung bzw. als für die im § 2 ElAbgG genannten befreiten Zwecke, dann ist dieser Anteil gemäß § 1 Abs. 1 Z 2 ElAbgG steuerpflichtig.

Darunter fallen unter anderem die Beleuchtung, Beheizung und ähnliche Zwecke für Verwaltungsgebäude und andere Betriebsgebäude sowie weitere Verbräuche, soweit sie nicht unmittelbar der Erzeugung und Fortleitung der elektrischen Energie dienen. Gegen eine pauschale Ermittlung des steuerpflichtigen Anteils in Betriebsgebäuden, die der Erzeugung von elektrischer Energie dienen, bestehen keine Bedenken.

1.1.1.2.3. selbst erzeugte und selbst verbrauchte elektrische Energie

13 Wird die elektrische Energie selbst erzeugt und verbraucht, so unterliegt sie gemäß § 1 Abs. 1 Z 2 ElAbgG ebenfalls der Abgabe.

Dies gilt für alle Elektrizitätserzeuger, wenn der Verbrauch des selbst erzeugten Stroms – unabhängig vom dabei eingesetzten Primärenergieträger – die im § 2 Z 1 lit. a ElAbgG (bis 30. Juni 2014: § 2 Z 1 ElAbgG) genannte Grenze von 5.000 kWh überschreitet und soweit sie die elektrische Energie nicht für die im § 2 Z 2 ElAbgG genannten Zwecke (zB die Fortleitung von Erdgas) verwenden.

Wird elektrische Energie aus einem erneuerbaren Primärenergieträger erzeugt, so ist ab der Veranlagung 2014 der eigene Verbrauch bis 25.000 kWh jedenfalls steuerfrei (§ 2 Z 1 lit. b iVm § 7 Abs. 6 ElAbgG; siehe auch Rz 19a f).

(BMF-AV Nr. 2015/18)

1.1.1.2.4. Stromerzeugung durch ein Notstromaggregat

Besitzt ein Nicht-Elektrizitätsunternehmen Notstromaggregate (Ersatzstromanlagen) 14
und werden zur Stromerzeugung keine erneuerbaren Primärenergieträger eingesetzt (siehe Rz 19a), so ist die erzeugte elektrische Energie nur dann zu versteuern, wenn das Aggregat über einen längeren Zeitraum eingesetzt und die Freigrenze des § 2 Z 1 lit. a ElAbgG (bis 30. Juni 2014: § 2 Z 1 ElAbgG) in Höhe von 5.000 kWh überschritten wird.

Als Notstromaggregate (Ersatzstromanlagen) gelten solche Elektrizitätserzeugungsanlagen, die nur im Fall des Ausfalls oder einer Störung der sonst üblichen Energieversorgung eingesetzt werden. Kommen derartige Anlagen über einen längeren Zeitraum zum Einsatz, so sind sie als „normale" Eigenerzeugungsanlagen zu behandeln und die erzeugte bzw. verbrauchte Menge elektrischer Energie ist (falls die Freigrenze von 5.000 kWh überschritten wird) zu versteuern.

(BMF-AV Nr. 2015/18)

1.1.1.2.5. mobile Stromaggregate

Bei mobilen Stromaggregaten, die regelmäßig, aber an unterschiedlichen Orten für einen 15
begrenzten Zeitraum eingesetzt werden, wie sie vor allem in der Bauindustrie und im Baugewerbe Verwendung finden, bestehen gegen die folgende Pauschalregelung keine Bedenken:

Anstelle einer exakten Messung der Stromproduktion jedes einzelnen Gerätes kann eine Berechnung der Elektrizitätsabgabe auf Basis der gesamten maximalen Generatorleistung der mobilen Aggregate eines Unternehmens laut Herstellerangabe in kVA zum Bilanzstichtag erfolgen, wobei zu jeder Fälligkeit ein Zwölftel der pauschal errechneten Steuer zu entrichten ist. Als Basis für die jährliche Elektrizitätsabgabe ist ein Wert von 2,6 Euro/kVA heranzuziehen.

Der Wert ergibt sich aus der durchschnittlichen branchenüblichen Einsatzzeit von 850 Stunden, wobei eine Auslastungsintensität von 25% angenommen wird und für die Umrechnung von kVA in kW ein Faktor von 0,8 angewendet wird.

1.1.1.3. Lieferung gegen Entgelt – Gegenleistung

Der Steuer unterliegt die Lieferung von elektrischer Energie, die gegen unmittelbare 16
Bezahlung in Geld erfolgt, aber auch Lieferungen, bei denen das Entgelt in Form einer Sachleistung, zB einer Servitutsrechtes, oder in Form einer anderen Gegenleistung erfolgt.

1.1.2. Lieferort

Um jeden Zweifel über den Ort der Lieferung zu beseitigen, ist gemäß § 1 Abs. 2 ElAbgG 17
beim Ort der Lieferung von dem Ort auszugehen, an dem der Empfänger der elektrischen Energie darüber verfügen kann. In der Regel wird dieser Ort der Ort des Stromzählers sein.

1.1.3. Steuergebiet

Der Besteuerung unterliegen gemäß § 1 Abs. 3 ElAbgG alle Lieferungen und der Ver- 18
brauch im Inland mit Ausnahme der ehemaligen Zollausschlussgebiete Jungholz und Mittelberg, die von Deutschland beliefert werden und nach deutschem Recht der deutschen Stromsteuer unterliegen.

1.2. Steuerbefreiungen

1.2.1. Elektrizitätserzeuger

Freigrenze in Höhe von 5.000 kWh 19

Rechtslage bis 30. Juni 2014

Für Unternehmen und Private, die elektrische Energie selbst erzeugen und verbrauchen, ist gemäß § 2 Z 1 ElAbgG eine Freigrenze von 5.000 kWh pro Jahr vorgesehen. Falls der Erzeuger die erzeugte und verbrauchte Menge elektrischer Energie nicht mittels eines

Zählers nachweisen kann, bestehen keine Bedenken, den Nachweis der Unterschreitung der Freigrenze durch das Gutachten eines einschlägigen technischen Büros, eines Zivilingenieurs oder eines gerichtlich beeideten Sachverständigen zu erbringen. Im Gutachten ist festzustellen, dass das Regelarbeitsvermögen einer derartigen Anlage bei durchschnittlichen Witterungsbedingungen im Jahresdurchschnitt unter der Freigrenze liegt.

Rechtslage ab 1. Juli 2014

Für Unternehmen und Private, die elektrische Energie selbst erzeugen und verbrauchen, ist für alle eingesetzten Primärenergieträger gemäß § 2 Z 1 lit. a ElAbgG eine Freigrenze von 5.000 kWh pro Jahr vorgesehen. Falls der Erzeuger die erzeugte und verbrauchte Menge elektrischer Energie nicht mittels eines Zählers nachweisen kann, bestehen keine Bedenken, den Nachweis der Unterschreitung der Freigrenze durch das Gutachten eines einschlägigen technischen Büros, eines Zivilingenieurs oder eines gerichtlich beeideten Sachverständigen zu erbringen. Im Gutachten ist festzustellen, dass das Regelarbeitsvermögen einer derartigen Anlage im Jahresdurchschnitt unter der Freigrenze liegt.

Beispiel 1:

Erzeugung aus fossilen Primärenergieträgern	*11.000 kWh*
ins Netz gelieferte Menge	*4.000 kWh*
selbst erzeugte und selbst verbrauchte Menge	*7.000 kWh*

Mit der selbst erzeugten und selbst verbrauchten Menge elektrischer Energie wurde die Freigrenze überschritten, sodass 7.000 kWh steuerpflichtig sind.

Beispiel 2:

Erzeugung aus fossilen Primärenergieträgern	*11.000 kWh*
ins Netz gelieferte Menge	*7.000 kWh*
selbst erzeugte und selbst verbrauchte Menge	*4.000 kWh*

Mit der selbst erzeugten und selbst verbrauchten Menge elektrischer Energie wurde die Freigrenze nicht überschritten, sodass keine Elektrizitätsabgabe zu entrichten ist.

(BMF-AV Nr. 2015/18)

19a **Freibetrag in Höhe von 25.000 kWh**

Rechtslage ab der Veranlagung 2014

Wird elektrische Energie aus erneuerbaren Energiequellen (erneuerbaren Primärenergieträgern) erzeugt, ist für den Verbrauch des selbst erzeugten Stroms ein Freibetrag von 25.000 kWh pro Jahr vorgesehen (§ 2 Z 1 lit. b ElAbgG).

Energiequellen, die aus erneuerbaren Primärenergieträgern Strom erzeugen, sind vor allem Photovoltaikanlagen, Kleinwasserkraftwerke und mit Biogas oder Windenergie betriebene Kleinkraftwerke.

Der Freibetrag von 25.000 kWh pro Jahr kann nur dann in Anspruch genommen werden, wenn die selbst verbrauchte Menge elektrischer Energie gemessen wird.

Etwas anderes gilt nur dann, wenn die tatsächlich mögliche maximale Erzeugungsmenge der Anlage pro Jahr die Grenze von 25.000 kWh nicht erreicht.

Dabei ist von der anlagenspezifischen Höchstleistung auszugehen und auf die primärenergiequellenspezifische maximale Erzeugungsmenge pro Jahr umzurechnen. Eine derartige Umrechnung führt zu folgender maximalen Erzeugungsmenge der jeweiligen Anlagen, deren Volllaststunden pro Jahr vollkommen unterschiedlich sind. Bei den folgenden maximalen Erzeugungsleistungen (kWp) ist eine Inanspruchnahme des Freibetrages von 25.000 kWh pro Jahr auch dann zulässig, wenn die selbst verbrauchte Menge elektrischer Energie nicht gemessen wird:

Biogasanlagen	3,5 kWp
Anlagen auf Basis fester oder flüssiger Biomasse	4,0 kWp
Windkraftanlagen	11,5 kWp
Photovoltaikanlagen	26,0 kWp
Kleinwasserkraftwerke	6,0 kWp

(BMF-AV Nr. 2015/18)

Geltendmachung des Freibetrags von 25.000 kWh 19b

Die Befreiung wird im Zuge der Jahresveranlagung in Abzug gebracht und bezieht sich nicht auf die einzelne Anlage, sondern auf alle Anlagen eines Betriebes, eines Betriebes gewerblicher Art oder eines wirtschaftlichen Geschäftsbetriebes einer Körperschaft. Bestehen innerhalb eines Betriebes mehrere Anlagen, ist der Freibetrag nur einmal anzuwenden.

Beispiel:

Erzeugung aus einer oder mehreren erneuerbaren Primärenergieträgern	*50.000 kWh*
ins Netz gelieferte Menge	*20.000 kWh*
selbst erzeugte und selbst verbrauchte Menge	*30.000 kWh*
abzüglich der gemäß § 2 Z 1 lit. b ElAbgG befreiten Energie	*minus 25.000 kWh*
daher steuerpflichtig	*5.000 kWh*

Die ins Netz gelieferte Menge elektrischer Energie ist beim Erzeuger nicht steuerbar, für die den Freibetrag übersteigende Menge selbst erzeugter und selbst verbrauchter elektrischer Energie ist die Elektrizitätsabgabe in Höhe von 75 Euro (5.000 kWh mal 0,015 Euro) zu entrichten.

(BMF-AV Nr. 2015/18)

Rechtslage bis 30. Juni 2014 bzw. bis zur Veranlagung 2013 (§ 2 Z 1 ElAbgG) 20

Wird elektrische Energie in Kleinerzeugungsanlagen (zB Photovoltaikanlagen, Windenergieanlagen, Kleinwasserkraftwerken und Biogasanlagen) erzeugt, so ist die Erzeugung und der Verbrauch frei, solange die Freigrenze von 5.000 kWh nicht überschritten wird.

Wird in einer solchen Anlage mehr elektrische Energie erzeugt, als der Erzeuger benötigt, und gegen Entgelt ins öffentliche Netz gespeist, ist die Lieferung nicht steuerbar.

Bezieht der Betreiber der Kleinerzeugungsanlage elektrische Energie von einem Elektrizitätsunternehmen, so unterliegen diese Lieferungen grundsätzlich der Elektrizitätsabgabe. Wird diese elektrische Energie zur Erzeugung und Fortleitung von elektrischer Energie verwendet, dann kann diese elektrische Energie steuerfrei sein (siehe unten Rz 22). Wird bereits versteuerte elektrische Energie zur Stromerzeugung verwendet, bestehen keine Bedenken, aus Vereinfachungsgründen dem Empfänger der begünstigten Energie, die Befreiung analog zum Vergütungsverfahren im Sinne des § 2 Z 3 ElAbgG (siehe unten Rz 31) zu gewähren.

Rechtslage ab 1. Juli 2014 bzw. ab der Veranlagung 2014 (§ 2 Z 1 lit. a und lit. b ElAbgG idF BGBl. I Nr. 64/2014)

Wird aus nicht erneuerbaren Primärenergieträgern (zB fossile Brennstoffe) elektrische Energie in Kleinerzeugungsanlagen erzeugt, so ist die Erzeugung und der Verbrauch frei, solange die Freigrenze von 5.000 kWh nicht überschritten wird (§ 2 Z 1 lit. a ElAbgG).

Wird elektrische Energie aus erneuerbaren Primärenergieträgern (zB Photovoltaikanlagen, Windenergieanlagen, Kleinwasserkraftwerken und Biogasanlagen) in Kleinerzeugungsanlagen erzeugt, so ist der Freibetrag von 25.000 kWh pro Jahr zu berücksichtigen (siehe § 2 Z 1 lit. b ElAbgG sowie Rz 19a).

Wird in einer solchen Anlage mehr elektrische Energie erzeugt, als der Erzeuger benötigt, und gegen Entgelt ins öffentliche Netz gespeist, ist die Lieferung nicht steuerbar.

Bezieht der Betreiber der Kleinerzeugungsanlage elektrische Energie von einem Elektrizitätsunternehmen, so unterliegen diese Lieferungen grundsätzlich der Elektrizitätsabgabe. Wird diese elektrische Energie zur Erzeugung und Fortleitung von elektrischer Energie verwendet, dann kann diese elektrische Energie steuerfrei sein (siehe unten Rz 22). Wird bereits versteuerte elektrische Energie zur Stromerzeugung verwendet, bestehen keine Bedenken, aus Vereinfachungsgründen dem Empfänger der begünstigten Energie, die Befreiung analog zum Vergütungsverfahren im Sinne des § 2 Z 3 ElAbgG (siehe unten Rz 31) zu gewähren.

(BMF-AV Nr. 2015/18)

1.2.1.1. Stromerzeugung in Photovoltaikanlagen

1.2.1.1.1. Begriffsbestimmungen

(BMF-AV Nr. 2015/18)

Bei Photovoltaikanlagen werden drei verschiedene Nutzungstypen unterschieden: 20a

Beim Volleinspeiser wird die gesamte erzeugte Energie direkt in das Ortsnetz eingespeist und an ein Energieversorgungsunternehmen verkauft, wobei die Abrechnung regelmäßig über die OeMAG (Abwicklungsstelle für Ökostrom Österreich) erfolgt. Der für den Eigenbedarf benötigte Strom wird zur Gänze von einem Energieversorgungsunternehmen aus dem Ortsnetz bezogen.

Beim Überschusseinspeiser wird die erzeugte Energie für den Eigenbedarf verwendet. Der Anteil am erzeugten Strom, der den momentanen Eigenbedarf übersteigt, wird in das Ortsnetz eingespeist und an ein Energieversorgungsunternehmen verkauft, wobei die Abrechnung regelmäßig über die OeMAG erfolgt.

Falls in Zeiten des Spitzenverbrauchs die selbst erzeugte Energie für den Eigenbedarf nicht ausreicht, wird der zusätzlich benötigte Strom aus dem Ortsnetz bezogen, das heißt von einem Energieversorgungsunternehmen eingekauft.

Der Inselbetrieb ist nur für die Eigenbedarfsdeckung vorgesehen, der Überschuss wird in Batterien gespeichert. Diese Form findet man insbesondere dort, wo eine Stromversorgung durch das Ortsnetz nicht möglich ist (zB bei Schutzhütten).

(BMF-AV Nr. 2015/18, BMF-AV Nr. 2017/88)

1.2.1.1.2. Volleinspeiser

(BMF-AV Nr. 2015/18)

20b Stromlieferungen eines Volleinspeisers in das öffentliche Netz und damit an ein „Elektrizitätsunternehmen" iSd § 7 Abs. 1 Z 11 ElWOG 2010, BGBl. I Nr. 110/2010, unterliegen nicht der Elektrizitätsabgabe (§ 1 Abs. 1 Z 1 ElAbgG).

Die elektrische Energie, die der Betreiber der Photovoltaikanlage (Volleinspeiser) aus dem öffentlichen Netz für seinen persönlichen Gebrauch bezieht und verbraucht, unterliegt der Elektrizitätsabgabe und ist nicht nach § 2 ElAbgG befreit. Abgabenschuldner ist in diesem Fall das Elektrizitätsversorgungsunternehmen, das dem Betreiber der Photovoltaikanlage die elektrische Energie liefert.

(BMF-AV Nr. 2015/18)

1.2.1.1.3. Überschusseinspeiser

(BMF-AV Nr. 2015/18)

20c Die Lieferung und der Verbrauch von (selbst erzeugter) elektrischer Energie unterliegt grundsätzlich der Elektrizitätsabgabe (§ 1 Abs. 1 Z 1 und Z 2 ElAbgG).

Soweit der Überschusseinspeiser den von ihm erzeugten Strom in das öffentliche Netz und damit an ein „Elektrizitätsunternehmen" iSd § 7 Abs. 1 Z 11 ElWOG 2010, BGBl. I Nr. 110/2010, liefert, sind die Lieferungen nicht steuerbar (§ 1 Abs. 1 Z 1 ElAbgG).

(BMF-AV Nr. 2015/18)

20d Bis zur Veranlagung 2013 ist der Verbrauch von selbst erzeugter elektrischer Energie bis zum Erreichen der Freigrenze in Höhe von 5.000 kWh pro Jahr steuerfrei, ab dieser Grenze ist die gesamte selbst erzeugte und verbrauchte Menge elektrischer Energie steuerpflichtig (siehe Rz 19).

(BMF-AV Nr. 2015/18)

20e Ab der Veranlagung 2014 gilt der mit BGBl. I Nr. 64/2014 für den Verbrauch von selbst aus erneuerbaren Primärenergieträgern hergestellter und selbst verbrauchter elektrischer Energie neu eingeführte Freibetrag in Höhe von 25.000 kWh pro Jahr (§ 2 Z 1 lit. b ElAbgG).

Voraussetzung für die Inanspruchnahme des Freibetrags ist die Messung der selbst verbrauchten Menge elektrischer Energie, es sei denn die tatsächlich mögliche maximale Erzeugungsmenge (einschließlich der ins Netz eingespeisten Menge) der Anlage pro Jahr übersteigt die Grenze von 25.000 kWh nicht.

Dabei ist von der anlagenspezifischen Höchstleistung auszugehen und auf die primärenergiequellenspezifische maximale Erzeugungsmenge pro Jahr umzurechnen.

Bei Photovoltaikanlagen ist bis zu einer maximalen Erzeugungsleistung (kWp) von 26 kWp eine Inanspruchnahme des Freibetrages von 25.000 kWh pro Jahr auch dann zulässig, wenn die selbst verbrauchte Menge elektrischer Energie nicht gemessen wird (siehe auch Rz 19a und Rz 20f).

Im Jahr 2014 haben Steuerpflichtige, deren Stromerzeugung und -verbrauch die bisherige Freigrenze von 5.000 kWh überschritten haben und die daher steuerpflichtig waren, jedenfalls weiterhin die monatliche Abgabe zu entrichten. Im Zuge der Jahresveranlagung wird der Freibetrag berücksichtigt.

Zur Inanspruchnahme und Geltendmachung des Freibetrags siehe auch Rz 19b.

(BMF-AV Nr. 2015/18)

Ab dem Jahr 2015 ist bei Photovoltaikanlagen bis zu einer maximalen Erzeugungsleistung (kWp) von 26 kWp die Inanspruchnahme des Freibetrages von 25.000 kWh pro Jahr auch dann zulässig, wenn die selbst verbrauchte Menge elektrischer Energie nicht gemessen wird. **20f**

Der Freibetrag bezieht sich auf alle Anlagen eines Betriebes, eines Betriebes gewerblicher Art oder eines wirtschaftlichen Geschäftsbetriebes einer Körperschaft. Bei Betrieben, deren Anlagen eine maximale Erzeugungsleistung von über 26 kWp haben, wird die Befreiung im Zuge der Jahresveranlagung in Abzug gebracht. Bestehen innerhalb eines Betriebes mehrere Anlagen, ist der Freibetrag nur einmal anzuwenden.

Zur Inanspruchnahme und Geltendmachung des Freibetrags siehe auch Rz 19b.

(BMF-AV Nr. 2015/18)

Schuldner der Elektrizitätsabgabe für den selbst erzeugten und verbrauchten Strom ist der Überschusseinspeiser. Das Vorliegen der Unternehmereigenschaft iSd § 2 UStG 1994 ist nicht Voraussetzung, um Schuldner der Elektrizitätsabgabe zu werden. Die Elektrizitätsabgabe iHv 0,015 Euro je kWh ist monatsweise selbst zu berechnen und bis zum 15. des auf den Kalendermonat zweitfolgenden Monates (Fälligkeitstag) an das für die Umsatzsteuer zuständige Finanzamt zu entrichten (§ 5 Abs. 1 und Abs. 5 ElAbgG). **20g**

Wird zusätzlich noch Strom für den eigenen Bedarf aus dem öffentlichen Netz bezogen, unterliegt die Lieferung durch ein Elektrizitätsunternehmen an den Betreiber der Photovoltaikanlage (Überschusseinspeiser) ebenfalls der Elektrizitätsabgabe und ist nicht nach § 2 ElAbgG befreit; die Verrechnung erfolgt hier durch das liefernde Elektrizitätsunternehmen.

(BMF-AV Nr. 2015/18)

1.2.1.1.4. Inselbetrieb

(BMF-AV Nr. 2015/18)

Haben die Anlagen eines Inselbetriebes eine maximale Erzeugungsleistung von höchstens 26 kWp, so ist keine Elektrizitätsabgabe zu entrichten. Ist die Erzeugungsleistung höher, dann unterliegt die gesamte erzeugte und verbrauchte elektrische Energie der Elektrizitätsabgabe, wobei im Zuge der Jahresveranlagung der Freibetrag von 25.000 kWh berücksichtigt wird. **20h**

Die Ausführungen in Rz 20c bis Rz 20g gelten entsprechend.

(BMF-AV Nr. 2015/18)

Für den Betrieb von Biogasanlagen zur Erzeugung und Einspeisung von Strom besteht ein Anspruch auf Elektrizitätsabgabenbefreiung soweit dabei elektrische Energie unmittelbar für den Betrieb von Elektromotoren, Schaltrelais, Steuerungen und ähnlichen typischen Einsatzbereichen für die Stromerzeugung verwendet wird. **21**

(AÖF 2013/274)

1.2.2. begünstigte Verwendung elektrischer Energie zur Erzeugung und Fortleitung von Energieträgern

1.2.2.1. begünstigte Verwendung innerhalb eines Elektrizitätserzeugungsbetriebes

Soweit elektrische Energie im Rahmen der Erzeugung und des Transportes zum Abnehmer verbraucht wird, ist sie gemäß § 2 Z 2 ElAbgG von der Abgabe befreit. **22**

Dies ist beispielsweise dann der Fall, wenn innerhalb eines Erzeugungsbetriebes die elektrische Energie zur Erzeugung von elektrischer Energie verwendet wird (zB wenn innerhalb eines Speicherkraftwerkes die erzeugte Energie zum Hochpumpen des Wassers verwendet wird).

Es handelt sich hier um elektrische Energie, die vom Erzeugungsbetrieb selbst hergestellt oder bezogen wurde und im Rahmen des Stromerzeugungsprozesses weiterverwendet wird. Diese Verwendung ist zwar grundsätzlich steuerbar (im Unterschied zur Weiterlieferung, siehe oben Rz 5 f), aber steuerfrei.

Eine begünstigte Verwendung elektrischer Energie liegt nur dann vor, wenn die elektrische Energie unmittelbar im technischen Sinn zur Erzeugung elektrischer Energie eingesetzt wird (siehe oben Rz 21).

Bei der Verwendung von elektrischer Energie zur Aufbereitung eines Primärenergieträgers, der zur Erzeugung elektrischer Energie verwendet wird (zB Biogasaufbereitung, Müllaufbereitung, Erzeugung und Aufbereitung von Hackschnitzeln), handelt es sich nicht um eine solche unmittelbare Verwendung, so dass in diesem Fall eine Befreiung nicht möglich ist.

Bei Anlagen, in denen aus Biogas, Müll, Hackschnitzeln oder Ähnlichem ausschließlich Strom erzeugt wird, kann aus Vereinfachungsgründen ohne weiteren Nachweis davon ausgegangen werden, dass eine begünstigte Verwendung im Ausmaß von 5% der erzeugten elektrische Energie gegeben und insoweit eine Befreiung von der Elektrizitätsabgabe zulässig ist.

Wird aus solchen Primärenergieträgern Strom und Wärme erzeugt und dabei auch elektrische Energie eingesetzt, ist nur die für die Stromerzeugung verbrauchte elektrische Energie von der Elektrizitätsabgabe befreit. Auch hier ist keine begünstigte Verwendung elektrischer Energie gegeben, soweit sie zur Aufbereitung des Primärenergieträgers verwendet wird. Kann in diesen Fällen der Anteil der für begünstigte Zwecke eingesetzten elektrischen Energie nicht genau ermittelt werden, kann aus Vereinfachungsgründen ohne weiteren Nachweis davon ausgegangen werden, dass eine begünstigte Verwendung im Ausmaß von 2,5% der erzeugten elektrischen Energie gegeben ist.

Wird für einen höheren Anteil an elektrischer Energie als 5% der erzeugten Menge eine Befreiung von der Elektrizitätsabgabe beantragt, ist ein entsprechender Nachweis (zB Gutachten) zu erbringen.

Auch elektrische Energie, die in Transformatoren, Umspannwerken, Netzleitstellen und Lastverteilern verbraucht wird, fällt unter die Befreiung.

(AÖF 2013/274)

1.2.2.2. begünstigte Verwendung innerhalb eines anderen Betriebes

23 Neben den Energieerzeugern können auch andere Unternehmen elektrische Energie zu Zwecken einer solchen begünstigten Verwendung beziehen, zB wenn elektrische Energie für die Fortleitung von Erdgas eingesetzt wird. In diesem Fall wird die elektrische Energie zunächst steuerbar vom Elektrizitätsunternehmen an das Unternehmen geliefert und ist üblicherweise auch mit Elektrizitätsabgabe belastet. Insoweit dieser Unternehmer die elektrische Energie im Rahmen einer solchen begünstigen Verwendung verbraucht, ist sie von der Elektrizitätsabgabe befreit. Da das Elektrizitätsunternehmen bei der Lieferung der elektrischen Energie nicht wissen kann, in welchem Umfang die Lieferung steuerfrei ist, wird das Elektrizitätsunternehmen meist die gesamte Lieferung der Elektrizitätsabgabe unterwerfen. Es bestehen aus Praktikabilitätsgründen keine Bedenken, in diesen Fällen dem Unternehmer, der diese elektrische Energie begünstigt verwendet, die Befreiung im Wege des Vergütungsverfahrens im Sinne des § 2 Z 3 ElAbgG (siehe unten Rz 31) zu gewähren.

24 Gleiches gilt für die begünstigte Verwendung von elektrischer Energie zur Fortleitung von Mineralöl.

25 Erdgas muss im Zuge der Erzeugung und Lieferung an den Abnehmer in unter Druck stehenden Speichern gelagert werden, für diese Speicherung ist der Einsatz von Kompressoren erforderlich. Es bestehen keine Bedenken, wenn auch die zum Betrieb der Kompressoren verwendete elektrische Energie als Teil der Fortleitung angesehen wird und daher ebenfalls von der Elektrizitätsabgabe befreit ist.

1.2.3. Verwendung elektrischer Energie für nichtenergetische Zwecke

1.2.3.1. nichtenergetische Zwecke

26 Befreit ist die so genannte „nichtenergetische Verwendung", wie sie bei der Elektrolyse, beim Galvanisieren, beim kathodischen Korrosionsschutz, in mineralogischen Verfahren, bei der Halbleiterherstellung uä. angewendet wird.

27 Im Bereich der Stein- und Keramischen Industrie ist ein solche nichtenergetische Verwendung von elektrischer Energie zB beim so genannten „mineralogischen Phasenwechsel" zur Erzeugung von Feinkeramik (Geschirrkeramik), technischer Keramik, usw. gegeben, nicht hingegen bei der Verwendung von elektrischer Energie für den Antrieb von E-Motoren, Trocknern, usw.

28 Eine nichtenergetische Verwendung liegt ua. weiters vor, bei

- chemischer oder physikalischer Verwendung
  - zB Verdampfung und Ionisation in Leuchtmitteln
- Verwendung zur Zersetzung oder Umsetzung von Stoffen
  - zur Elektrolyse
  - zum Aufbringen von Stoffen (zB Galvanisieren)
  - zur Oberflächenbehandlung
  - zum Entmagnetisieren
  - zum Prüfen von Werkstoffen (zB Widerstandsmessungen)
- eine in unmittelbarem Zusammenhang mit den oben angeführten Zwecken stehende kinetische Verwendung
- eine für die Erzeugung von Graphitelektroden notwendige Verwendung zur Umwandlung von amorphem Kohlenstoff in eine kristalline Form.

1.2.3.2. energetische Zwecke

Eine „energetische Verwendung“, die eine Befreiung jedenfalls ausschließt, liegt dann vor, wenn elektrische Energie zum Verheizen oder Verbrennen bzw. zum Betrieb von Motoren eingesetzt wird. 29

Somit ist eine energetische Verwendung von elektrischer Energie insbesondere in folgenden Fällen gegeben: 30

- Verwendung für Bewegung (kinetische Verwendung), zum Beispiel
  - Verwendung als Antrieb von Elektromotoren zur Bewegung und Beförderung von Gütern und Personen,
  - Verwendung zur Span abhebenden Verarbeitung von Gütern, wie zB Bohren, Drechseln, Gravieren, Plätten, Walzen,
- Verwendung für Erwärmung (thermische Verwendung)
  - zur Beheizung,
  - zur Beleuchtung,
  - zur thermischen Verbindung von Stoffen (zB Elektroschweißen),
  - zum Schmelzen von Stoffen (zB Lichtbogenofen in Stahlwerken).

1.2.3.3. Vergütungsverfahren

Die Befreiung erfolgt im Wege einer (auch monatlichen) Vergütung an diesen Unternehmer. 31

Der Bezug der elektrischen Energie erfolgt in diesen Fällen grundsätzlich zunächst steuerpflichtig, da der Stromlieferer regelmäßig nicht wissen kann, ob bzw. in welchem Umfang der Abnehmer die elektrische Energie begünstigt verwendet.

Soweit eine Befreiung von der Elektrizitätsabgabe wegen einer Verwendung für nichtenergetische Zwecke beantragt werden soll, ist ein entsprechender Nachweis über die entrichtete Abgabe und die Höhe des befreiten Anteils (zB durch Gutachten) von jenem Unternehmen zu erbringen, das die elektrische Energie begünstigt verwendet. Wurde Elektrizitätsabgabe, für die ein Anspruch auf Elektrizitätsabgabebefreiung besteht, bereits nach dem Energieabgabenvergütungsgesetz vergütet, so ist dieser Vergütungsbetrag bei der Befreiung in Anrechnung zu bringen (VwGH 15.09.2016, 2013/15/0168).

Das Vergütungsverfahren entspricht jenem des Energieabgabenvergütungsgesetzes, wobei jedoch der Antrag auf Vergütung (Formular ELA 3) nach Ablauf eines jeden Kalendermonates möglich ist und die im Energieabgabenvergütungsgesetz vorgesehenen Selbstbehalte nicht zur Anwendung kommen.

Anträge auf Vergütung der Elektrizitätsabgabe im Sinne des § 2 Z 3 ElAbgG können innerhalb von fünf Jahren ab Vorliegen der Voraussetzungen eingebracht werden (§ 2 Z 3 ElAbgG iVm § 2 Abs. 2 Z 1 EnAbgVergG) und unterliegen keiner Quoten- oder anderweitigen Fristenregelung.

Sollte ein Unternehmer hinsichtlich der Elektrizitätsabgabe nicht nur vergütungsberechtigt, sondern auch Abgabenschuldner (zB als Stromlieferer) sein, ist eine Saldierung zwischen geschuldeter Elektrizitätsabgabe und Elektrizitätsabgabenvergütung nicht zulässig.

Die geschuldete Elektrizitätsabgabe ist monatlich zu entrichten und in der jährlichen Elektrizitätsabgabeerklärung bekannt zu geben (Formular ELA 1) (siehe unten Rz 37 und 41), die Vergütung der Elektrizitätsabgabe ist im Vergütungsverfahren (Formular ELA 3) zu beantragen (siehe oben).

(BMF-AV Nr. 2017/88)

1.3. Abgabenschuldner

1.3.1. Abgabenschuldner bei der Lieferung elektrischer Energie

Wird die elektrische Energie durch Elektrizitätsunternehmen, andere Erzeuger oder Wiederverkäufer geliefert, dann ist der Lieferer steuerpflichtig. 32

1.3.2. Abgabenschuldner beim Verbrauch elektrischer Energie

Wird die elektrische Energie von einem Elektrizitätsunternehmen verbraucht, dann ist dieses selbst steuerpflichtig, unabhängig davon, ob es sich bei der verbrauchten Menge elektrischer Energie um zugelieferte oder um selbst erzeugte handelt. 33

Rechtslage bis 30. Juni 2014 (bzw. bis zur Veranlagung 2013):

Ebenso steuerpflichtig ist ein Elektrizitätserzeuger, der selbst kein Elektrizitätsunternehmen ist, wenn er elektrische Energie selbst erzeugt und verbraucht, falls er dabei die Freigrenze des § 2 Z 1 ElAbgG überschreitet.

Rechtslage ab 1. Juli 2014 (bzw. ab der Veranlagung 2014):

Ebenso steuerpflichtig ist ein Elektrizitätserzeuger, der selbst kein Elektrizitätsunternehmen ist, wenn er

- unabhängig vom eingesetzten Primärenergieträger elektrische Energie selbst erzeugt und verbraucht, falls er dabei die Freigrenze im Sinne des § 2 Z 1 lit. a ElAbgG in Höhe von 5.000 kWh

  oder

- bzw. – wenn der Strom aus erneuerbaren Primärenergieträgern erzeugt wird – soweit er den Freibetrag im Sinne des § 2 Z 1 lit. b ElAbgG in Höhe von 25.000 kWh überschreitet.

Näheres zum Freibetrag und zur Freigrenze siehe Rz 19 ff.

(BMF-AV Nr. 2015/18)

1.3.3. Abgabenschuldner bei entgeltlicher Verwendung eines Leitungsnetzes

34 Beliefern Energieversorger auch Abnehmer außerhalb des eigenen Versorgungsgebietes, nutzen sie in der Regel das Leitungsnetz des örtlich zuständigen Energieversorgers gegen Entgelt. Die Lieferung kann sowohl von einem inländischen als auch von einem ausländischen Lieferer erfolgen.

Dabei duldet der „Netzbetreiber" im Sinne des § 7 Abs. 1 Z 51 ElWOG 2010, BGBl. I Nr. 110/2010 (bis 2. März 2011: § 7 Z 28 ElWOG, BGBl. I Nr. 143/1998 idF BGBl. I Nr. 112/2008), in dessen Bereich sich der Empfänger der Lieferung befindet, die Benützung seines Netzes und legt dem Empfänger der elektrischen Energie eine Rechnung über das Entgelt für die Benützung seines Leitungsnetzes.

Ein „Netzbetreiber" im Sinne des § 7 Abs. 1 Z 51 ElWOG 2010, BGBl. I Nr. 110/2010 (bis 2. März 2011: § 7 Z 28 ElWOG) ist der Betreiber von Übertragungs- oder Verteilernetzen mit einer Nennfrequenz von 50 Hz.

In diesen Fällen hat der Netzbetreiber, aus dessen Netz der Abnehmer bzw. Verbraucher die elektrische Energie unmittelbar bezieht, als Haftender die Steuer für Rechnung des Abgabenschuldners (das ist zB der tatsächlich liefernde Energieversorger) zu entrichten.

(BMF-AV Nr. 2015/18)

1.4. Bemessungsgrundlage und Höhe der Abgabe

1.4.1. Bemessungsgrundlage

35 Der Elektrizitätsabgabe unterliegt die gelieferte bzw. verbrauchte Menge an elektrischer Energie, so dass die Besteuerung unabhängig vom jeweiligen Preis erfolgt.

1.4.2. Höhe

36 Die Abgabe beträgt 0,015 Euro je kWh.

1.5. Erhebung der Abgabe

1.5.1. Selbstberechnung und Entrichtung der Abgabe

37 Die Elektrizitätsabgabe ist vom Abgabenschuldner oder Netzbetreiber selbst zu berechnen und gemäß § 5 Abs. 1 ElAbgG monatlich zu entrichten; die Elektrizitätsabgabe ist bis zum 15. des auf den Kalendermonat zweitfolgenden Monates der Lieferung, des Verbrauchs oder der Weiterleitung fällig (zu den Bagatellgrenzen des § 5 Abs. 6 und Abs. 7 ElAbgG siehe unten Rz 43a und Rz 43b).

Es kann dabei zu unterschiedlichen Berechnungen kommen, je nachdem ob innerhalb des Jahres in regelmäßigen Abständen die tatsächlich gelieferte bzw. verbrauchte Menge festgestellt wird.

Wird die Liefer- bzw. Verbrauchsmenge konkret festgestellt und auch abgerechnet, dann ist diese konkrete Menge elektrischer Energie zu versteuern. Dies wird jedenfalls bei industriellen oder gewerblichen Großkunden der Fall sein.

(BMF-AV Nr. 2015/18)

1.5.2. Sondervorschriften für Haushaltskunden und Kleinabnehmer

38 Wird hingegen die Liefer- bzw. Verbrauchsmenge nicht innerhalb dieses Zeitraumes festgestellt, dann hat der Lieferer, Verbraucher oder Netzbetreiber monatlich ein Zwölftel der Gesamtjahresmenge zu versteuern bzw. abzuführen.

Dies wird vor allem bei Haushaltskunden und Kleinabnehmern der Fall sein, bei denen die Liefermenge nur einmal pro Jahr festgestellt wird.

In diesem Fall kann von den Vorjahresmengen ausgegangen werden.

Etwaige Abweichungen vom tatsächlichen Jahresverbrauch sind beim letzten Fälligkeitstag für jedes Jahr auszugleichen. Bei Abgabenschuldnern, die ein abweichendes Wirtschaftsjahr haben, kann dieser Ausgleich beim ersten auf den Bilanzstichtag folgenden Fälligkeitstag erfolgen.

1.5.3. Nichtentrichtung oder fehlerhafte Entrichtung

Wird die Abgabe nicht entrichtet oder ist offensichtlich, dass die Monatszahlung wesentlich von der „richtigen" Monatszahlung abweicht, dann hat das Finanzamt gemäß § 5 Abs. 3 ElAbgG die Abgabe mit Bescheid festzusetzen. **39**

Durch diese Festsetzung wird die Fälligkeit der Abgabe nicht verändert.

Hat ein Elektrizitätslieferer als Abgabenschuldner oder ein Netzbetreiber als Haftender Elektrizitätsabgabe für den eigentlichen Abgabenschuldner abgeführt und wurde ihm diese nicht ersetzt (siehe auch § 6 Abs. 3 ElAbgG sowie Rz 46), dann kann er bei der Ermittlung der Jahresabgabenschuld den (bereits abgeführten) Fehlbetrag wieder abziehen, wenn er alle zumutbaren Schritte zur Geltendmachung seines Anspruches gesetzt hat. **40**

(AÖF 2013/274)

1.5.4. Veranlagung

Die Elektrizitätsabgabe wird jahresweise veranlagt. Veranlagungszeitraum ist jeweils das Kalenderjahr oder das Wirtschaftsjahr, wobei die Jahresabgabenerklärung aber immer bis zum 31. März des Folgejahres vom Abgabenschuldner oder Netzbetreiber beim Finanzamt einzureichen ist (zu den Bagatellgrenzen des § 5 Abs. 6 und Abs. 7 ElAbgG siehe unten Rz 43a und Rz 43b). **41**

Beispiel 1:

Die Gewinnermittlung eines Netzbetreibers erfolgt nach dem Kalenderjahr; dementsprechend umfasst die Elektrizitätsabgabeerklärung 01 den Zeitraum vom 1. Jänner 01 bis zum 31. Dezember 01 und ist bis zum 31. März 02 beim Finanzamt einzureichen.

Beispiel 2:

Das Elektrizitätsunternehmen hat ein vom Kalenderjahr abweichendes Wirtschaftsjahr vom 1. November bis zum 31. Oktober gewählt; dementsprechend umfasst die Elektrizitätsabgabeerklärung 01 den Zeitraum vom 1. November 00 bis zum 31. Oktober 01 und ist bis zum 31. März 02 beim Finanzamt einzureichen.

(BMF-AV Nr. 2015/18)

In dieser Jahresabgabenerklärung müssen die tatsächlichen Liefer- bzw. Verbrauchsmengen oder die Menge der weitergeleiteten elektrischen Energie für das vergangene Jahr und die einzelnen Monate dieses Jahres offen gelegt werden. **42**

Stromlieferungen, für die ein Netzbetreiber die Elektrizitätsabgabe als Haftender abführt, dürfen in die Jahresabgabenerklärung des eigentlichen Stromlieferers nicht aufgenommen werden.

Ist die Nichtbezahlung der gelieferten Menge elektrischer Energie durch den Abnehmer (endgültiger Forderungsausfall) nachweisbar, dann bestehen keine Bedenken, wenn die Abgabe, die auf die nicht bezahlte Energiemenge entfällt, bei der nächsten Fälligkeit abgezogen wird, soweit sie bereits gemeldet und entrichtet wurde.

1.5.5. Zuständiges Finanzamt

Die Abgabe wird vom für die Erhebung der Umsatzsteuer des Abgabenschuldners (Lieferers oder Verbrauchers) oder des Netzbetreibers zuständigen Finanzamt erhoben. **43**

Für alle Organgesellschaften haben die Entrichtung der Elektrizitätsabgabe und die Abgabe der Erklärungen durch den Organträger bei dem für ihn zuständigen Finanzamt zu erfolgen.

(AÖF 2013/274)

1.5.6. Bagatellgrenze

(BMF-AV Nr. 2015/18)

Ist der monatlich zu entrichtende Steuerbetrag nicht höher als 50 Euro, so ist die Steuer nicht monatsweise zu entrichten, sondern im Zuge der Jahreserklärung. Dies bedeutet, dass **43a** für alle Monate, in denen diese Grenze nicht überschritten wird, die Versteuerung im Zuge der Jahreserklärung erfolgt.

(BMF-AV Nr. 2015/18)

1.5.7. Nichterhebung der Elektrizitätsabgabe

(BMF-AV Nr. 2015/18)

43b Beträgt die zu entrichtende (Jahres-)Steuer insgesamt nicht mehr als 50 Euro, so ist die Steuer nicht zu entrichten.

(BMF-AV Nr. 2015/18)

1.6. Aufzeichnungspflichten und Rechnungslegungspflichten

1.6.1. Aufzeichnungspflicht

44 Die Aufzeichnungen müssen gemäß § 6 Abs. 1 ElAbgG in der Art geführt werden, dass die tatsächlich gelieferten, verbrauchten oder weiter gelieferten Mengen an elektrischer Energie überprüft werden können.

1.6.2. Rechnungslegungspflicht

45 Im Fall der Lieferung oder der Weiterleitung elektrischer Energie ist dem Abnehmer vom Abgabenschuldner (Lieferer) oder Netzbetreiber spätestens in der Jahresabrechnung die Elektrizitätsabgabe getrennt von den anderen Rechnungsbestandteilen offen auszuweisen.

1.6.3. Ersatz der Elektrizitätsabgabe durch den Empfänger der Lieferung

46 Auf Grund ausdrücklicher gesetzlicher Bestimmung muss der Empfänger einer der Elektrizitätsabgabe unterliegenden Elektrizitätslieferung dem Abgabenschuldner oder dem Netzbetreiber die Elektrizitätsabgabe, die von diesem weiterverrechnet wird, ersetzen (§ 6 Abs. 3 ElAbgG).

Soweit der Empfänger der Stromlieferung ein Netznutzungsentgelt an den Netzbetreiber und auch Elektrizitätsabgabe bezahlt, gelten die Zahlungen als im entsprechenden Verhältnis geleistet. Sollte daher der Empfänger der elektrischen Energie seinen Zahlungspflichten nicht vollständig nachkommen, besteht für den Netzbetreiber nur insoweit eine Haftung für die Elektrizitätsabgabe, als diese vom Empfänger nicht bezahlt worden ist.

Hat der Netzbetreiber alle ihm zumutbaren Schritte unternommen, um seinen Anspruch auf Ersatz der Elektrizitätsabgabe durch den Empfänger der Lieferung durchzusetzen, entfällt diese Haftung. Zumutbar im Sinne dieser Bestimmung ist es jedenfalls, dass der Netzbetreiber die gleichen Maßnahmen zur Geltendmachung des Anspruches auf Ersatz der Elektrizitätsabgabe setzt wie zur Geltendmachung seines Anspruches auf das Netznutzungsentgelt.

Nur wenn er solche Schritte vergeblich gesetzt hat, ist eine Berichtigung einer an das Finanzamt bereits abgeführten, aber nicht weiter verrechenbaren Abgabe zulässig.

Gleiches gilt für den Lieferer der Elektrizität als Abgabenschuldner: auch er kann eine verrechnete und bereits abgeführte Elektrizitätsabgabe, die ihm vom Empfänger der Elektrizität nicht ersetzt wurde, berichtigen.

(AÖF 2013/274)

1.7. In-Kraft-Treten

47 Das ElAbgG ist auf Vorgänge nach dem 31. Mai 1996 anzuwenden.

Die Bagatellgrenze in Höhe von 50 Euro (siehe Rz 43a) ist auf Vorgänge nach dem 30. Juni 2014 anzuwenden (§ 7 Abs. 6 iVm § 5 Abs. 6 ElAbgG idF BG, BGBl. I Nr. 64/2014).

Die Abstandnahme von der Erhebung der Abgabe, wenn die gesamte Steuerschuld eines Jahres nicht höher ist als 50 Euro (siehe Rz 43b), gilt erstmalig bei der Veranlagung für das Kalenderjahr 2014 (§ 7 Abs. 7 iVm § 5 Abs. 7 ElAbgG idF BG, BGBl. I Nr. 64/2014).

(BMF-AV Nr. 2015/18)

1.8. Vollziehung

48 Mit der Vollziehung des ElAbgG ist der Bundesminister für Finanzen betraut; hinsichtlich des § 6 Abs. 2 und 3 ElAbgG im Einvernehmen mit dem Bundesminister für Justiz.

Randzahlen 49 bis 59: *derzeit frei.*

2. Erdgasabgabe

2.1. Steuerbare Vorgänge, Steuergebiet

2.1.1. Steuerbare Vorgänge

2.1.1.1. Lieferung von Erdgas

Der Erdgasabgabe unterliegt gemäß § 1 Abs. 1 Z 1 ErdgasAbgG jede Lieferung von Erdgas, ausgenommen das Erdgas wird an ein Erdgasunternehmen im Sinne des § 6 Z 13 des Gaswirtschaftsgesetzes (GWG) oder an einen sonstigen Wiederverkäufer zur Weiterlieferung geliefert. **60**

Solche Weiterlieferungen sind somit im Sinne des § 1 Abs. 1 Z 1 ErdgasAbgG nicht steuerbar.

„Erdgasunternehmen" im Sinne des § 6 Z 13 GWG, BGBl. I Nr. 121/2000 in der bis 21. November 2011 geltenden Fassung BGBl. I Nr. 106/2006: eine natürliche oder juristische Person, die in Gewinnabsicht von den Funktionen Fernleitung, Verteilung, Lieferung, Verkauf, Kauf oder Speicherung von Erdgas, einschließlich verflüssigtes Erdgas, oder Durchführung von Hub-Dienstleistungen mindestens eine wahrnimmt und für die kommerziellen, technischen oder wartungsbezogenen Aufgaben im Zusammenhang mit diesen Funktionen verantwortlich ist, mit Ausnahme der Endverbraucher; Unternehmen im Sinne der Z 20 („Inhaber von Transportrechten"), Z 43 („Regelzonenführer") und Z 48 („Speicherunternehmen") GWG sind Erdgasunternehmen. **61**

„Erdgasunternehmen" ab 22. November 2011 im Sinne des § 7 Abs. 1 Z 16 GWG 2011, BGBl. I Nr. 107/2011: eine natürliche oder juristische Person oder eingetragene Personengesellschaft, die in Gewinnabsicht von den Funktionen Fernleitung, Verteilung, Lieferung, Verkauf, Kauf oder Speicherung von Erdgas, einschließlich verflüssigtes Erdgas mindestens eine wahrnimmt und für die kommerziellen, technischen oder wartungsbezogenen Aufgaben im Zusammenhang mit diesen Funktionen verantwortlich ist, mit Ausnahme der Endverbraucher.

Auch „Speicherunternehmen" (§ 7 Abs. 1 Z 58 GWG 2011, BGBl. I Nr. 107/2011), „Marktgebietsmanager" (§ 13 GWG 2011, BGBl. I Nr. 107/2011) und „Verteilergebietsmanager" (§ 17 GWG 2011, BGBl. I Nr. 107/2011) sind Erdgasunternehmen.

(AÖF 2013/274)

„Inhaber von Transportrechten" im Sinne des § 6 Z 20 GWG, BGBl. I Nr. 121/2000 in der bis 21. November 2011 geltenden Fassung BGBl. I Nr. 106/2006, ist ein Erdgasunternehmen, das bezüglich einer Fernleitungsanlage das alleinige Recht zum Transport von Erdgas oder zum Abschluss von Verträgen über den Transport von Erdgas innehat. **62**

(AÖF 2013/274)

Als „Regelzonenführer" im Sinne des § 6 Z 43 GWG, BGBl. I Nr. 121/2000 in der bis 21. November 2011 geltenden Fassung BGBl. I Nr. 106/2006, wird derjenige Unternehmer bezeichnet, der für die Druckregelung (Drucksteuerung) in einer Regelzone verantwortlich ist, wobei diese Funktion auch seitens eines Unternehmens erfüllt werden kann, das seinen Sitz in einem anderen Mitgliedstaat der Europäischen Union hat. **63**

(AÖF 2013/274)

„Speicherunternehmen" im Sinne des § 6 Z 48 GWG, BGBl. I Nr. 121/2000 in der bis 21. November 2011 geltenden Fassung BGBl. I Nr. 106/2006:, eine natürliche oder juristische Person, die Erdgasspeicher verwaltet. **64**

„Speicherunternehmen" ab 22. November 2011 im Sinne des § 7 Abs. 1 Z 58 GWG 2011, BGBl. I Nr. 107/2011: eine natürliche oder juristische Person oder eingetragene Personengesellschaft, die die Funktion der Speicherung wahrnimmt und für den Betrieb einer Speicheranlage verantwortlich ist; hierzu genügt es, dass das Unternehmen die Speicheranlage bloß verwaltet.

(AÖF 2013/274)

„Sonstige Wiederverkäufer" sind andere Unternehmen, die mit Erdgas handeln. **65**

Auch die Lieferung an solche Erdgashändler, die das Erdgas zur gewerblichen Weiterveräußerung beziehen und weiterveräußern, unterliegt nicht der Erdgasabgabe.

2.1.1.2. Verbrauch von Erdgas

Wird selbst hergestelltes (gefördertes) oder bezogenes Erdgas für andere Zwecke als zur Weiterlieferung oder für die im § 3 Abs. 1 ErdgasAbgG genannten befreiten Zwecke verbraucht, dann ist dieser Verbrauch gemäß § 1 Abs. 1 Z 2 ErdgasAbgG steuerpflichtig. **66**

Darunter fallen unter anderem die Beheizung und andere Zwecke für Verwaltungsgebäude und andere Betriebsgebäude.

67 Wird das Erdgas von einem Erdgasunternehmen oder sonstigem Wiederverkäufer verbraucht bzw. selbst hergestellt (gefördert) oder in das Steuergebiet verbracht und verbraucht, dann unterliegt es gemäß § 1 Abs. 1 Z 2 ErdgasAbgG ebenfalls der Abgabe.

2.1.1.3. Lieferung gegen Entgelt – Gegenleistung

68 Die Erdgasabgabe für Erdgaslieferungen fällt auch dann an, wenn eine Bezahlung nicht in Geld erfolgt, sondern als Gegenleistung eine Sachleistung erbracht wird.

2.1.1.4. Lieferung von Erdgas zum teilweisen Verbrauch und zur teilweisen Weiterlieferung

69 Wird Erdgas von einem Erdgasunternehmen im Sinne des § 6 Z 13 GWG (ab 22. November 2011 im Sinne des § 7 Abs. 1 Z 16 GWG 2011, BGBl. I Nr. 107/2011) an einen sonstigen Wiederverkäufer geliefert, der dieses teilweise selbst verbraucht und teilweise weiterliefert, dann ist die Lieferung dieses Erdgases nicht steuerbar. Eine Steuerpflicht besteht für das weitergelieferte und selbst verbrauchte Erdgas.

Hier ist der Empfänger des Erdgases gemäß § 4 ErdgasAbgG selbst Abgabenschuldner.

(AÖF 2013/274)

2.1.2. Lieferort

70 Um jeden Zweifel über den Ort der Lieferung zu beseitigen, ist gemäß § 1 Abs. 2 ErdgasAbgG festgelegt, dass beim Ort der Lieferung von dem Ort auszugehen ist, an dem der Empfänger über das Erdgas verfügen kann. Das ist in der Regel der Zähler.

2.1.3. Steuergebiet

71 Der Besteuerung unterliegen gemäß § 1 Abs. 3 ErdgasAbgG alle Lieferungen und der Verbrauch im Inland mit Ausnahme der ehemaligen Zollausschlussgebiete Jungholz und Mittelberg, die von Deutschland beliefert werden und nach deutschem Recht der deutschen Erdgassteuer unterliegen.

2.2. Steuergegenstand

2.2.1. Definition des Steuergegenstandes

72 Die Definition des Erdgases erfolgt im § 2 ErdgasAbgG der Kombinierten Nomenklatur (KN), Erdgas im Sinne der Bestimmung der Unterposition 2711 21 00 der KN wird besteuert.

73 Verflüssigtes Erdgas (LNG, liquefied natural gas) und Flüssiggas (Propan-, Butangas, in Flaschen) sind keine Waren im Sinne der Unterposition 2711 21 00 der KN und unterliegen daher nicht diesem Gesetz, sondern dem Mineralölsteuergesetz 1995.

(BMF-AV Nr. 2017/88)

74 Biogas ist gemäß § 2 Abs. 4 Z 3 Mineralölsteuergesetz 1995 ein aus Biomasse und/oder aus biologisch abbaubaren Teilen von Abfällen mittels Pyrolyse oder Gärung hergestelltes, gereinigtes Gas mit dem Ziel, Erdgasqualität zu erreichen.

Biogas ist Gegenstand des Mineralölsteuergesetzes 1995 und gemäß § 4 Abs. 1 Z 7 Mineralölsteuergesetz 1995 als biogener Stoff von der Mineralölsteuer befreit.

Wird Biogas in ein Erdgasnetz eingespeist, ist die Mischung nach den Allgemeinen Tarifierungsvorschriften als Erdgas in die Unterposition 2711 21 00 der Kombinierten Nomenklatur einzureihen und unterliegt als solches der Erdgasabgabe.

Das gilt auch, wenn bei einem Gemisch aus Erdgas und Biogas, das in die Tarifposition 2711 21 00 der Kombinierten Nomenklatur eingereiht werden kann, die Konzentration an Biogas 50% des Gasgemischs überschreitet, da das eingespeiste Biogas in diesen Fällen technisch derart aufbereitet werden muss, dass es Erdgasniveau erreicht und von Erdgas physikalisch praktisch nicht mehr zu unterscheiden ist (siehe hierzu auch VwGH vom 29.06.2016, 2013/15/0240).

Wird zB aus dem Erdgasnetz ein Kraftfahrzeug betankt, unterliegt die gesamte Lieferung der Erdgasabgabe

(BMF-AV Nr. 2017/88)

2.2.2. Kombinierte Nomenklatur

Bei der Kombinierten Nomenklatur im Sinne des Bundesgesetzes handelt es sich um die Warennomenklatur nach Art. 1 der Verordnung (EWG) Nr. 2658/87 des Rates vom 23. Juli 1987 (ABl. Nr. L 256 vom 07.09.1987 S. 1) in der jeweils geltenden Fassung. 75

2.3. Steuerbefreiungen

2.3.1. Befreiungstatbestände

2.3.1.1. Verbrauch zur Herstellung (Förderung), zum Transport oder zur Speicherung von Erdgas

Insoweit das Erdgas im Rahmen der Herstellung (Förderung), des Transportes oder der Speicherung von Erdgas verbraucht wird, ist es gemäß § 3 Abs. 1 Z 1 ErdgasAbgG von der Abgabe befreit. Die Befreiung umfasst ausschließlich die Herstellung, den Transport und die Speicherung im technischen Sinn. Damit in Zusammenhang stehende Verbräuche für Verwaltungsgebäude und ähnliche Verbräuche sind von der Befreiung nicht umfasst. 76

Diese Erdgasmengen unterliegen, soweit es sich um ein Erdgasunternehmen handelt, der Besteuerung als Verbrauch von Erdgas. In diesem Fall bestehen gegen eine pauschale Ermittlung der steuerpflichtigen Erdgasmenge keine Bedenken.

Erdgas muss im Zuge der Erzeugung und Lieferung an den Abnehmer in unter Druck stehenden Speichern gelagert werden, für diese Speicherung ist der Einsatz von Kompressoren erforderlich. Es bestehen keine Bedenken, wenn auch das zum Betrieb der Kompressoren verwendete Erdgas als Teil der Fortleitung angesehen wird und daher ebenfalls von der Erdgasabgabe befreit ist. 77

2.3.1.2. Verbrauch zum Transport und die Verarbeitung von Mineralöl

Ebenso befreit ist gemäß § 3 Abs. 1 Z 2 ErdgasAbgG das für den Transport und für die Verarbeitung von Mineralöl verbrauchte Erdgas. Die Befreiung bezieht sich nur auf den Transport bzw. auf die Verarbeitung im technischen Sinn, so dass Verbräuche von Erdgas, die im Zusammenhang mit der Verwaltung dieser Tätigkeiten stehen, nicht von der Befreiung umfasst sind. 78

Unter Mineralöl im Sinne dieser Bestimmung ist Mineralöl im Sinne des § 2 Abs. 1 des Mineralölsteuergesetzes 1995 zu verstehen.

2.3.2. Vergütungstatbestände

2.3.2.1. Verwendung für nicht energetische Zwecke

Der Verbrauch von Erdgas für so genannte „nichtenergetische" Zwecke (zB im Rahmen chemischer oder physikalischer Prozesse) ist von der Abgabe befreit. 79

Eine nicht begünstigte und somit nicht befreite energetische Verwendung ist jedenfalls dann gegeben, wenn das Erdgas als Treibstoff oder zur Herstellung von Treibstoffen, zum Verheizen oder zur Herstellung einer Ware zum Verheizen eingesetzt wird.

2.3.2.2. Verwendung zur Erzeugung elektrischer Energie

Wird Erdgas für die Erzeugung von elektrischer Energie verwendet, dann ist die aus Erdgas erzeugte Energie elektrizitätsabgabepflichtig, das dazu aufgewendete Erdgas jedoch im Wege der Vergütung gemäß § 3 Abs. 2 Z 2 ErdgasAbgG befreit. Damit wird der Energieinput entlastet und der Output besteuert. 80

Werden unterschiedliche Primärenergieträger (zB Kohle, Erdgas, Erdöl, Müll) für die Erzeugung elektrischer Energie herangezogen, so kann eine Vergütung des eingesetzten Erdgases nur in dem Ausmaß erfolgen, als seine Verwendung für die Erzeugung elektrischer Energie nachgewiesen ist. Ist eine exakte Zuordnung der einzelnen Primärenergieträger zur erzeugten elektrischen Energie nicht möglich, so ist auch eine verhältnismäßige Zurechnung nach den eingesetzten Primärenergieträgern zulässig. 81

Zur Vergütung von Kohle zur Erzeugung von elektrischer Energie siehe Rz 134 ff.

Soweit Erdgas für die Erzeugung von elektrischer Energie verwendet wird, soll die Befreiung grundsätzlich nicht beim Lieferer des Erdgases, sondern beim „Verarbeiter" des Erdgases, das heißt bei demjenigen, der das Erdgas zur Erzeugung von elektrischer Energie verwendet, in Form einer Vergütung zur Anwendung kommen. 82

Ist der Verwender des Erdgases zur Erzeugung elektrischer Energie gleichzeitig auch Schuldner der Erdgasabgabe (zB als Erdgaslieferer), ist eine Saldierung zwischen geschuldeter Erdgasabgabe und Erdgasabgabenvergütung nicht zulässig. 83

Die geschuldete Erdgasabgabe ist monatlich zu entrichten und in der jährlichen Erdgasabgabeerklärung bekannt zu geben (Formular EGA 1) (siehe unten Rz 95 und Rz 99), die Vergütung der Erdgasabgabe ist im Vergütungsverfahren (Formular EGA 3) zu beantragen (siehe unten Rz 88).

2.3.2.2.1. Verwendung zur Erzeugung elektrischer Energie und Wärme

84 Die Vergütung der Erdgasabgabe umfasst nur jenen Anteil des eingesetzten Erdgases, der für die Erzeugung von elektrischer Energie verwendet wird. Ist der elektrische Wirkungsgrad der Anlage mindestens 45%, dann ist davon auszugehen, dass die gesamte erzeugte Wärme (nichtsteuerpflichtige) Abwärme ist. Erdgas, das ausschließlich für die Erzeugung von Wärme aufgewendet wird, ist steuerpflichtig.

Der elektrische Wirkungsgrad ist mittels Gutachten nachzuweisen.

(AÖF 2013/274)

Pauschalmethode

85 Der Verwaltungsgerichtshof hat in seinem Erkenntnis vom 25.9.2012, 2011/17/0096, entschieden, dass im Falle einer Gasturbine der gesamte eingesetzte Primärenergieaufwand der Stromerzeugung dient, sodass nur ein zusätzlicher Primärenergieeinsatz, der ausschließlich der Wärmeerzeugung dient bzw. der auf Grund des durch die Wärmeauskopplung verminderten Stromoutputs notwendige zusätzliche Primärenergieeinsatz einer Besteuerung zugeführt werden kann. Die Berechnung dieser Brennstoffmehraufwandsmethode kann zB nach der CEN/CENELEC – CWA45547; 09/2004-Methode erfolgen. Gegen diese Methode ist auf Grund des erwähnten VwGH-Erkenntnisses bei Gasturbinen nichts einzuwenden.

Dieselbe Methode kann auch bei Gasturbinen mit nachgeschaltetem unbefeuertem Abhitzekessel mit Dampfturbine angewendet werden.

Bei Dampfturbinenkraftwerken und Kombianlagen (Anlagen bestehend aus Gasturbine und befeuerter Dampfturbine) ist hingegen eine derartige Brennstoffmehraufwandsmethode nur dann zulässig, wenn der Primärenergieeinsatz für die Stromerzeugung und für die Wärmeerzeugung zuordenbar nachgewiesen wird.

Wird ein derartiger Nachweis nicht geführt, weil bei derartigen Kraftwerken in der Regel nacheinander unterschiedliche Brennstoffzuführungen bzw. Wärmeauskoppelungen erfolgen, sodass ein zuordenbarer Wärme- bzw. Stromerzeugungsvorgang schwer nachvollziehbar ist, ist es zweckmäßig, von der Pauschalmethode der Rz 86 auszugehen.

(AÖF 2013/274)

86 Ist ein Nachweis des für die Wärmeerzeugung verbrauchten Erdgases nicht möglich, zB weil der Wärmeoutput nicht gemessen wird, dann bestehen gegen eine Hochrechnung der eingesetzten Erdgasmenge im KWK-Betrieb aus der erzeugten Elektrizitätsmenge keine Bedenken.

Es ist davon auszugehen, dass die Erzeugung der elektrischen Energie aus Erdgas mit einem Wirkungsgrad von 45% erfolgt. Die zur Erzeugung der elektrischen Energie aufgewendete Menge an Erdgas ist dabei aus der erzeugten elektrischen Energie hochzurechnen:

Erdgaseinsatz für Erzeugung elektrischer Energie = Nettostromerzeugung (Output an elektrischer Energie) dividiert durch 45%.

Ist der elektrische Wirkungsgrad niedriger als 20%, ist jedenfalls die Pauschalregelung anzuwenden.

Hat die Anlage nachweisbar einen elektrischen Wirkungsgrad von mindestens 45% dann ist das gesamte Erdgas vergütungsfähig (siehe Rz 84).

(AÖF 2013/274)

87 Das Ergebnis ist in Normkubikmeter umzurechnen, wobei zur Vereinfachung davon auszugehen ist, dass ein Normkubikmeter Erdgas einer Energiemenge von 10 kWh, dem unteren Heizwert, entspricht.

Eine Änderung der Berechnungsmethode (exakte Zuordnung – Pauschalregelung) innerhalb eines Jahres ist nicht zulässig. Bei der Anwendung der Pauschalmethode ist die tatsächlich eingesetzte Erdgasmenge nachzuweisen, sodass eine Vergütung über die tatsächlich eingesetzte Erdgasmenge hinaus nicht erfolgen kann.

2.3.2.3. Vergütungsverfahren

88 Im Falle der nichtenergetischen Verwendung von Erdgas und bei der Verwendung von Erdgas zur Erzeugung elektrischer Energie ist gemäß § 3 Abs. 2 ErdgasAbgG ein Vergütungssystem beim Empfänger des Erdgases vorgesehen; die Lieferung erfolgt zunächst steuerpflichtig.

Dies ist deshalb notwendig, weil dem Lieferer nicht bekannt sein muss, in welchem Ausmaß der Empfänger des Erdgases dieses für begünstigte bzw. nicht begünstigte Zwecke verwendet.

Soweit eine Befreiung von der Erdgasabgabe wegen einer Verwendung für nichtenergetische Zwecke beantragt werden soll, ist ein entsprechender Nachweis über die entrichtete Abgabe und die Höhe des befreiten Anteils (zB durch Gutachten) von jenem Unternehmen zu erbringen, das das Erdgas begünstigt verwendet.

In beiden Fällen entspricht das Vergütungsverfahren jenem des Energieabgabenvergütungsgesetzes, wobei jedoch der Antrag auf Vergütung (Formular EGA 3) nach Ablauf eines jeden Kalendermonates möglich ist und die im Energieabgabenvergütungsgesetz vorgesehenen Selbstbehalte nicht zur Anwendung kommen.

Anträge auf Vergütung der Erdgasabgabe im Sinne des § 3 Abs. 2 ErdgasAbgG können innerhalb von fünf Jahren ab Vorliegen der Voraussetzungen eingebracht werden (§ 3 Abs. 2 ErdgasAbgG iVm § 2 Abs. 2 Z 1 EnAbgVergG) und unterliegen keiner Quoten- oder anderweitigen Fristenregelung.

2.4. Abgabenschuldner

2.4.1. Abgabenschuldner bei der Lieferung von Erdgas

Wird das Erdgas durch ein Erdgasunternehmen, anderen Erzeuger oder auch einen Wiederverkäufer geliefert, dann ist der Lieferer steuerpflichtig. **89**

2.4.2. Abgabenschuldner beim Verbrauch von Erdgas

Wird das Erdgas vom Erzeuger oder Importeur selbst verbraucht, dann ist er selbst steuerpflichtig. **90**

2.4.3. Abgabenschuldner bei entgeltlicher Verwendung eines Leitungsnetzes

Beliefern Energieversorger auch Abnehmer außerhalb des eigenen Versorgungsgebietes, nutzen sie in der Regel das Leitungsnetz des örtlich zuständigen Energieversorgers gegen Entgelt. Die Lieferung kann sowohl von einem inländischen als auch von einem ausländischen Lieferer erfolgen. **91**

Dabei duldet der „Netzbetreiber“ im Sinne des § 6 Z 33 GWG, BGBl. I Nr. 121/2000 in der bis 21. November 2011 geltenden Fassung BGBl. I Nr. 106/2006 (ab 22. November 2011 im Sinne des § 7 Abs. 1 Z 43 GWG 2011, BGBl. I Nr. 107/2011), in dessen Bereich sich der Empfänger der Lieferung befindet, die Benützung seines Netzes und legt dem Empfänger des Erdgases eine Rechnung über das Entgelt für die Benützung seines Leitungsnetzes.

Ein „Netzbetreiber“ im Sinne des § 6 Z 33 GWG, BGBl. I Nr. 121/2000 in der bis 21. November 2011 geltenden Fassung BGBl. I Nr. 106/2006, ist jedes Fernleitungs- oder Verteilerunternehmen.

Seit 22. November 2011 ist ein „Netzbetreiber“ nach § 7 Abs. 1 Z 43 GWG 2011, BGBl. I Nr. 107/2011, jeder Fernleitungs- oder Verteilernetzbetreiber.

In diesen Fällen hat der Netzbetreiber, aus dessen Netz der Abnehmer bzw. Verbraucher das Erdgas unmittelbar bezieht, als Haftender die Steuer für Rechnung des Abgabenschuldners (das ist zB der tatsächlich liefernde Energieversorger) zu entrichten.

(AÖF 2013/274)

2.5. Bemessungsgrundlage und Höhe der Abgabe

2.5.1. Bemessungsgrundlage

Der Erdgasabgabe unterliegt gemäß § 5 Abs. 1 ErdgasAbgG die gelieferte bzw. verbrauchte Menge an Erdgas, so dass die Besteuerung unabhängig vom jeweiligen Preis erfolgt. **92**

2.5.2. Höhe

Die Höhe der Abgabe beträgt gemäß § 5 Abs. 2 ErdgasAbgG 0,066 Euro je Kubikmeter. **93**

2.5.3. Definition Kubikmeter

Der Kubikmeter ist gemäß § 5 Abs. 3 ErdgasAbgG als Normkubikmeter definiert, das entspricht jener Erdgasmenge, die bei einer Temperatur von 0° C und einem Druck von 1,01325 bar ein Volumen von Kubikmeter (m^3) erreicht. **94**

Dieser Normkubikmeter wird üblicherweise bei der Abrechnung von Großkunden in Rechnung gestellt. Auch bei Haushaltskunden ist die Steuer nach Normkubikmetern zu berechnen. Es bestehen aber keine Bedenken, wenn in diesem Fall an Stelle des Normkubikmeters ein so genannter Betriebskubikmeter verrechnet wird. Es muss jedoch eine eindeutige Umrechnungsgröße, zB gelieferte Menge in kWh samt Umrechnungsschlüssel, in der Rechnung oder in einer Beilage zur Rechnung angegeben werden, so dass dem Empfänger der Lieferung die tatsächliche Belastung mit Erdgasabgabe offen gelegt wird.

2.6. Erhebung der Abgabe

2.6.1. Selbstberechnung und Entrichtung

95 Die Erdgasabgabe ist vom Abgabenschuldner oder Netzbetreiber selbst zu berechnen und gemäß § 6 Abs. 1 ErdgasAbgG monatlich zu entrichten; die Erdgasabgabe ist bis zum 15. des auf den Kalendermonat zweitfolgenden Monates der Lieferung, des Verbrauchs oder der Weiterleitung fällig.

Es kann dabei zu unterschiedlichen Berechnungen kommen, je nachdem ob innerhalb des Jahres in regelmäßigen Abständen die tatsächlich gelieferte bzw. verbrauchte Menge festgestellt wird.

Wird die Liefer- bzw. Verbrauchsmenge konkret festgestellt und auch abgerechnet, dann ist diese konkrete Menge Erdgas zu versteuern. Dies wird jedenfalls bei industriellen oder gewerblichen Großkunden der Fall sein.

2.6.2. Sondervorschrift für Haushaltskunden und Kleinabnehmer

96 Wird hingegen die Liefer- bzw. Verbrauchsmenge nicht regelmäßig innerhalb dieses Zeitraumes festgestellt, dann hat der Lieferer, Verbraucher oder Netzbetreiber in jedem Monat ein Zwölftel der Gesamtjahresmenge zu versteuern bzw. abzuführen.

Dies wird vor allem bei Haushaltskunden und Kleinabnehmern der Fall sein, bei denen die Liefermenge nur einmal pro Jahr abgegrenzt wird.

In diesem Fall kann von den Vorjahresmengen ausgegangen werden.

Etwaige Abweichungen vom tatsächlichen Jahresverbrauch sind beim letzten Fälligkeitstag für jedes Jahr auszugleichen. Bei Abgabenschuldnern, die ein abweichendes Wirtschaftsjahr haben, kann dieser Ausgleich beim ersten auf den Bilanzstichtag folgenden Fälligkeitstag erfolgen.

2.6.3. Nichtentrichtung oder fehlerhafte Entrichtung

97 Wird die Abgabe nicht entrichtet oder ist offensichtlich, dass die Monatszahlung wesentlich von der „richtigen" Monatszahlung abweicht, dann hat das Finanzamt gemäß § 6 Abs. 3 ErdgasAbgG die Abgabe mit Bescheid festzusetzen.

Durch diese Festsetzung wird die Fälligkeit der Abgabe nicht verändert.

98 Hat ein Erdgaslieferer als Abgabenschuldner oder ein Netzbetreiber als Haftender Erdgasabgabe für den eigentlichen Abgabenschuldner abgeführt und wurde ihm diese nicht ersetzt (siehe auch § 7 Abs. 3 ErdgasAbgG sowie Rz 104), dann kann er bei der Ermittlung der Jahresabgabenschuld den (bereits abgeführten) Fehlbetrag wieder abziehen, wenn er alle zumutbaren Schritte zur Geltendmachung seines Anspruches gesetzt hat.

(AÖF 2013/274)

2.6.4. Veranlagung

99 Die Erdgasabgabe wird jahresweise veranlagt. Veranlagungszeitraum ist jeweils das Kalenderjahr oder das Wirtschaftsjahr, wobei die Jahresabgabenerklärung aber immer bis zum 31. März des Folgejahres vom Abgabenschuldner oder Netzbetreiber beim Finanzamt einzureichen ist.

Beispiel 1:

Die Gewinnermittlung eines Erdgasunternehmens erfolgt nach dem Kalenderjahr; dementsprechend umfasst die Erdgasabgabeerklärung 01 den Zeitraum vom 1. Jänner 01 bis zum 31. Dezember 01 und ist bis zum 31. März 02 beim Finanzamt einzureichen.

Beispiel 2:

Der Netzbetreiber hat ein vom Kalenderjahr abweichendes Wirtschaftsjahr vom 1. Oktober bis zum 30. September gewählt; dementsprechend umfasst die Erdgasabgabeerklärung 01 den Zeitraum vom 1. Oktober 00 bis zum 30. September 01 und ist bis zum 31. März 02 beim Finanzamt einzureichen.

100 In dieser Jahresabgabenerklärung müssen die tatsächlichen Liefer- bzw. Verbrauchsmengen oder die Menge des weitergeleiteten Erdgases für das vergangene Jahr und die einzelnen Monate dieses Jahres offen gelegt werden.

Erdgaslieferungen, für die ein Netzbetreiber die Erdgasabgabe als Haftender abführt, dürfen in die Jahresabgabenerklärung des eigentlichen Erdgaslieferers nicht aufgenommen werden.

Ist die Nichtbezahlung der gelieferten Menge Erdgas durch den Abnehmer (endgültiger Forderungsausfall) nachweisbar, dann bestehen keine Bedenken, wenn die Abgabe, die auf die nicht bezahlte Erdgasmenge entfällt, bei der nächsten Fälligkeit abgezogen wird, soweit sie bereits gemeldet und entrichtet wurde.

2.6.5. Zuständiges Finanzamt

Die Abgabe wird vom für die Erhebung der Umsatzsteuer des Abgabenschuldners (Lieferers oder Verbrauchers) oder des Netzbetreibers zuständigen Finanzamt erhoben. **101**

Für alle Organgesellschaften haben die Entrichtung der Erdgasabgabe und die Abgabe der Erklärungen durch den Organträger bei dem für ihn zuständigen Finanzamt zu erfolgen.
(AÖF 2013/274)

2.7. Aufzeichnungspflichten und Rechnungslegungspflichten

2.7.1. Aufzeichnungspflicht

Die Aufzeichnungen müssen gemäß § 7 Abs. 1 ErdgasAbgG in der Art geführt werden, dass die tatsächlich gelieferten, verbrauchten oder weiter gelieferten Mengen an Erdgas überprüft werden können. **102**

2.7.2. Rechnungslegungspflicht

Im Fall der Lieferung oder der Weiterleitung von Erdgas ist dem Abnehmer vom Abgabenschuldner (Lieferer) oder Netzbetreiber spätestens in der Jahresabrechnung die Erdgasabgabe getrennt von den anderen Rechnungsbestandteilen offen auszuweisen. **103**

2.7.3. Ersatz der Erdgasabgabe durch den Empfänger der Lieferung

Auf Grund ausdrücklicher gesetzlicher Bestimmung muss der Empfänger einer der Erdgasabgabe unterliegenden Erdgaslieferung dem Abgabenschuldner oder dem Netzbetreiber die Erdgasabgabe, die von diesem weiterverrechnet wird, ersetzen (§ 7 Abs. 3 ErdgasAbgG). **104**

Soweit der Empfänger der Erdgaslieferung ein Netznutzungsentgelt an den Netzbetreiber und auch Erdgasabgabe bezahlt, gelten die Zahlungen als im entsprechenden Verhältnis geleistet. Sollte daher der Empfänger des Erdgases seinen Zahlungspflichten nicht vollständig nachkommen, besteht für den Netzbetreiber nur insoweit eine Haftung für die Erdgasabgabe, als diese vom Empfänger nicht bezahlt worden ist.

Hat der Netzbetreiber alle ihm zumutbaren Schritte unternommen, um seinen Anspruch auf Ersatz der Erdgasabgabe durch den Empfänger der Lieferung durchzusetzen, entfällt diese Haftung. Zumutbar im Sinne dieser Bestimmung ist es jedenfalls, dass der Netzbetreiber die gleichen Maßnahmen zur Geltendmachung des Anspruches auf Ersatz der Erdgasabgabe gesetzt hat wie zur Geltendmachung seines Anspruches auf das Netznutzungsentgelt.

Nur wenn er solche Schritte vergeblich gesetzt hat, ist eine Berichtigung einer an das Finanzamt bereits abgeführten, aber nicht weiter verrechenbaren Abgabe zulässig.

Gleiches gilt für den Lieferer des Erdgases als Abgabenschuldner: auch er kann eine verrechnete und bereits abgeführte Erdgasabgabe, die ihm vom Empfänger des Erdgases nicht ersetzt wurde, berichtigen.
(AÖF 2013/274)

2.8. In-Kraft-Treten

Das ErdgasAbgG ist auf Vorgänge nach dem 31. Mai 1996 anzuwenden. **105**

2.9. Vollziehung

Mit der Vollziehung des ErdgasAbgG ist der Bundesminister für Finanzen betraut, hinsichtlich des § 7 Abs. 2 und 3 ErdgasAbgG im Einvernehmen mit dem Bundesminister für Justiz. **106**

Randzahlen 107 bis 119: *derzeit frei.*

3. Kohleabgabe

3.1. Steuerbare Vorgänge, Steuergebiet

3.1.1. Steuerbare Vorgänge

3.1.1.1. Lieferung von Kohle

120 Der Kohleabgabe unterliegt gemäß § 1 Abs. 1 Z 1 KohleAbgG jede Lieferung von Kohle, ausgenommen die Kohle wird an einen Kohlehändler geliefert.

121 Die Lieferung von Kohle an einen Kohlehändler ist nicht steuerbar.

Ein Kohlehändler im Sinne des § 1 Abs. 1 KohleAbgG ist jeder Unternehmer, der regelmäßig im Rahmen seines gewöhnlichen Geschäftsbetriebes Kohle zum Kauf anbietet (zB Baumärkte).

Anknüpfungspunkt für die Kohleabgabe ist die Lieferung an den Endverbraucher im Inland.

122 Erwirbt daher ein Baumarkt Kohle von einem Kohlehändler, die zum Teil an die Kunden weitergeliefert und zum Teil vom Baumarkt selbst verbraucht werden soll (zB zum Verheizen), ist die Lieferung des Kohlehändlers hinsichtlich des zur Weiterveräußerung bestimmten Anteils der Kohle nicht steuerbar.

Abgabenschuldner hinsichtlich der weiterveräußerten Kohle ist gemäß § 5 Abs. 1 KohleAbgG der Baumarkt. Damit der Kohlehändler weiß, inwieweit er nicht Abgabenschuldner für die von ihm gelieferte Kohle ist, muss ihm der Baumarkt die Menge der weitergelieferten Kohle nachweislich bekannt geben.

Solange sichergestellt ist, dass es nicht zu einem Steuerausfall kommt, bestehen jedoch aus Vereinfachungsgründen keine Bedenken, wenn die Kohle zur Gänze vom Kohlehändler versteuert und dies dem Baumarkt entsprechend mitgeteilt wird (Abgabenschuldner bleibt der Baumarkt).

3.1.1.2. Verbrauch von Kohle

123 Wird selbst hergestellte oder (auch aus dem Ausland) bezogene Kohle für andere Zwecke als zur Weiterlieferung oder für die im § 3 Abs. 1 KohleAbgG genannten befreiten Zwecke verbraucht, dann ist dieser Verbrauch gemäß § 1 Abs. 1 Z 2 KohleAbgG steuerpflichtig.

Der Abgabe unterliegt daher

- der Verbrauch von nicht zur Weiterlieferung bestimmter Kohle durch Kohlehändler,
- der Verbrauch selbst hergestellter Kohle durch Kohleerzeuger,
- der Verbrauch selbst in das Steuergebiet verbrachter Kohle durch Kohlehändler, Kohleerzeuger und andere Personen.

Ein solcher steuerpflichtiger Verbrauch ist zB beim Einsatz von Kohle zur Beheizung von Verwaltungs- und anderen Betriebsgebäuden oder ähnlichen Zwecken gegeben.

3.1.1.3. Lieferung gegen Entgelt – Gegenleistung

124 Die Kohleabgabe für Kohlelieferungen fällt auch dann an, wenn eine Bezahlung nicht in Geld erfolgt, sondern als Gegenleistung eine Sachleistung erbracht wird.

3.1.2. Lieferort

125 Um jeden Zweifel über den Ort der Lieferung zu beseitigen, ist gemäß § 1 Abs. 2 KohleAbgG festgelegt, dass beim Ort der Lieferung von dem Ort auszugehen ist, an dem der Empfänger über die Kohle verfügen kann. Das ist in der Regel der Ort der Übergabe.

126 Mit der Lieferung an den Endverbraucher entsteht die Steuerschuld. Wird die Kohle aus dem Ausland direkt an einen inländischen Endverbraucher geliefert, dann entsteht auch in diesem Fall die Steuerschuld mit der Übergabe an den Endverbraucher.

3.1.3. Steuergebiet

127 Der Besteuerung unterliegen gemäß § 1 Abs. 3 KohleAbgG alle Lieferungen und der Verbrauch im Inland mit Ausnahme der ehemaligen Zollausschlussgebiete Jungholz und Mittelberg, die von Deutschland beliefert werden.

Analog zum Verbrauchsteuerregime und den Abgaben auf elektrische Energie und auf Erdgas wird die Abgabe in den ehemaligen Zollausschlussgebieten nicht erhoben.

128 Steuerbar und steuerpflichtig im Inland ist daher die Kohlelieferung eines ausländischen Kohlehändlers an einen inländischen Endverbraucher.

129 Nicht steuerbar im Inland ist hingegen die Lieferung eines österreichischen Kohlehändlers an einen Endverbraucher im Ausland.

3.2. Steuergegenstand

3.2.1. Definition des Steuergegenstandes

Die Definition des Steuergegenstandes erfolgt im § 2 KohleAbgG gemäß der EU-einheitlichen Kombinierten Nomenklatur (KN), wobei als der Besteuerung unterliegende Kohle Waren folgender Positionen der KN in Betracht kommen: 130

- 2701 der KN: Steinkohle; Steinkohlenbriketts und ähnliche aus Steinkohle gewonnene feste Brennstoffe;
- 2702 der KN: Braunkohle, auch agglomeriert, ausgenommen Gagat;
- 2704 der KN: Koks und Schwelkoks, aus Steinkohle, Braunkohle oder Torf, auch agglomeriert; Retortenkohle;
- 2713 der KN: Petrolkoks, Bitumen aus Erdöl und andere Rückstände aus Erdöl oder Öl aus bituminösen Mineralien und
- 2714 der KN: Naturbitumen und Naturasphalt; bituminöse oder ölhaltige Schiefer und Sande; Asphaltite und Asphaltgestein.

Nicht der Kohleabgabe unterliegt daher zB Holzkohle. 131

3.2.2. Kombinierte Nomenklatur

Bei der Kombinierten Nomenklatur im Sinne dieses Bundesgesetzes handelt es sich um die Warennomenklatur nach Art. 1 der Verordnung (EWG) Nr. 2658/87 des Rates vom 23. Juli 1987 (ABl. Nr. L 256 vom 07.09.1987 S. 1) in der jeweils geltenden Fassung. 132

3.3. Steuerbefreiungen

3.3.1. befreite Tatbestände

3.3.1.1. Erzeugung von Koks

Insoweit die Kohle zur Erzeugung von Koks verbraucht wird, ist sie gemäß § 3 Abs. 1 Z 1 KohleAbgG von der Abgabe befreit. 133

3.3.1.2. Verwendung zur Erzeugung elektrischer Energie

Wird Kohle für die Erzeugung von elektrischer Energie verwendet, dann ist die aus Kohle erzeugte Energie elektrizitätsabgabepflichtig, die dazu aufgewendete Kohle jedoch im Wege der Vergütung gemäß § 3 Abs. 2 KohleAbgG befreit. Damit wird der Energieinput entlastet und der Output besteuert. 134

Werden unterschiedliche Primärenergieträger (zB Kohle, Erdgas, Erdöl, Müll) für die Erzeugung elektrischer Energie herangezogen, so kann eine Vergütung der eingesetzten Kohle nur in dem Ausmaß erfolgen, als ihre Verwendung für die Erzeugung elektrischer Energie nachgewiesen ist. Ist eine exakte Zuordnung der einzelnen Primärenergieträger zur erzeugten elektrischen Energie nicht möglich, so ist auch eine verhältnismäßige Zurechnung nach den eingesetzten Primärenergieträgern zulässig. 135

Soweit Kohle für die Erzeugung von elektrischer Energie verwendet wird, soll die Befreiung grundsätzlich nicht beim Lieferer der Kohle, sondern beim „Verarbeiter" der Kohle, das heißt bei demjenigen, der die Kohle zur Erzeugung von elektrischer Energie verwendet, in Form einer Vergütung zur Anwendung kommen. 136

Ist der Verwender der Kohle zur Erzeugung elektrischer Energie gleichzeitig auch Schuldner der Kohleabgabe (zB als Kohlehändler), ist eine Saldierung zwischen Kohleabgabe und Kohleabgabevergütung nicht zulässig. 137

Die geschuldete Kohleabgabe ist monatlich zu entrichten und in der jährlichen Kohleabgabeerklärung bekannt zu geben (Formular KOH 1) (siehe unten Rz 151 und 155), die Vergütung der Kohleabgabe ist im Vergütungsverfahren (Formular KOH 3) zu beantragen (siehe unten Rz 143).

3.3.1.2.1. Verwendung zur Erzeugung elektrischer Energie und Wärme

Die Vergütung der Kohleabgabe umfasst nur jenen Anteil der eingesetzten Kohle, der für die Erzeugung von elektrischer Energie verwendet wird. Ist der elektrische Wirkungsgrad der Anlage mindestens 40%, dann ist davon auszugehen, dass die gesamte erzeugte Wärme (nichtsteuerpflichtige) Abwärme ist. Kohle, die ausschließlich für die Erzeugung von Wärme aufgewendet wird, ist steuerpflichtig. 138

Der elektrische Wirkungsgrad ist mittels Gutachten nachzuweisen.

(AÖF 2013/274)

Ist ein Nachweis der für die Wärmeerzeugung verbrauchten Kohle nicht möglich, zB weil der Wärmeoutput nicht gemessen wird, dann bestehen gegen eine Hochrechnung der eingesetzten Kohlemenge im KWK-Betrieb aus der erzeugten Elektrizitätsmenge keine Bedenken. 139

Es ist davon auszugehen, dass die Erzeugung der elektrischen Energie aus Kohle mit einem Wirkungsgrad von 40% erfolgt. Die zur Erzeugung der elektrischen Energie aufgewendete Menge an Kohle ist dabei aus der erzeugten elektrischen Energie hochzurechnen:

Kohleeinsatz für Erzeugung elektrischer Energie = Nettostromerzeugung (Output an elektrischer Energie) dividiert durch 40%.

Ist der elektrische Wirkungsgrad niedriger als 20%, ist jedenfalls die Pauschalregelung anzuwenden.

Hat die Anlage nachweisbar einen elektrischen Wirkungsgrad von mindestens 40% dann ist die gesamte Kohle vergütungsfähig (siehe Rz 138).

(AÖF 2013/274)

3.3.1.3. Verwendung für nicht energetische Zwecke

140 Der Verbrauch von Kohle für so genannte nicht energetische Zwecke (zB im Rahmen chemischer oder physikalischer Prozesse, für die Erzeugung von Arzneien usw.) ist gemäß § 3 Abs. 1 Z 3 KohleAbgG von der Abgabe befreit.

141 Wenn bei der Lieferung feststeht, dass Waren der Position 2714 der KN (Naturbitumen oder Naturasphalt) nicht für energetische Zwecke verwendet werden, kann von vorneherein von einer Besteuerung abgesehen werden.

142 Eine nicht begünstigte und somit nicht befreite energetische Verwendung ist jedenfalls dann gegeben, wenn die Kohle als Treibstoff oder zur Herstellung von Treibstoffen, zum Verheizen oder zur Herstellung einer Ware zum Verheizen eingesetzt wird.

3.3.2. Vergütungsverfahren

143 Im Falle der Verwendung von Kohle zur Erzeugung elektrischer Energie und bei der nichtenergetischen Verwendung von Kohle (somit nicht bei der Verwendung von Kohle zur Erzeugung von Koks) ist gemäß § 3 Abs. 2 KohleAbgG ein Vergütungssystem beim Empfänger der Kohle vorgesehen; die Lieferung erfolgt zunächst steuerpflichtig.

Dies ist deshalb notwendig, weil dem Lieferer nicht bekannt sein muss, in welchem Ausmaß der Empfänger der Kohle diese für begünstigte bzw. nicht begünstigte Zwecke verwendet.

Soweit eine Befreiung von der Kohleabgabe wegen einer Verwendung für nichtenergetische Zwecke beantragt werden soll, ist ein entsprechender Nachweis über die entrichtete Abgabe und die Höhe des befreiten Anteils (zB durch Gutachten) von jenem Unternehmen zu erbringen, das die Kohle begünstigt verwendet.

In beiden Fällen entspricht das Vergütungsverfahren jenem des Energieabgabenvergütungsgesetzes, wobei jedoch der Antrag auf Vergütung (Formular KOH 3) nach Ablauf eines jeden Kalendermonates möglich ist und die im Energieabgabenvergütungsgesetz vorgesehenen Selbstbehalte nicht zur Anwendung kommen.

Anträge auf Vergütung der Kohleabgabe im Sinne des § 3 Abs. 2 KohleAbgG können innerhalb von fünf Jahren ab Vorliegen der Voraussetzungen eingebracht werden (§ 3 Abs. 2 KohleAbgG iVm § 2 Abs. 2 Z 1 EnAbgVergG) und unterliegen keiner Quoten- oder anderweitigen Fristenregelung.

144 Soweit davon ausgegangen werden kann, dass Kohle ausschließlich oder nahezu ausschließlich zur Erzeugung von elektrischer Energie verwendet wird, bestehen keine Bedenken der Geltendmachung der Steuerbefreiung bereits bei der Lieferung der Kohle. Zum Nachweis kann der Lieferer eine Bestätigung des Abnehmers der Kohle anfordern, in der festgehalten wird, dass die gelieferte Kohle ausschließlich oder zum weit überwiegenden Teil zur Erzeugung von elektrischer Energie verwendet wird. Der Abnehmer hat jene Mengen der bezogenen Kohle, welche nicht zur Erzeugung von elektrischer Energie verwendet werden, fristgerecht zu versteuern. Weiters muss aus Aufzeichnungen des Abnehmers eindeutig und leicht nachprüfbar hervorgehen, welche Kohlemengen steuerfrei bezogen und wann sie begünstigt verwendet wurden, bzw. für welche Kohlemengen eine Nachversteuerung vorgenommen wurde.

3.4. Abgabenschuldner

3.4.1. Abgabenschuldner bei der Lieferung von Kohle

145 Wird die Kohle durch einen Kohlehändler oder Kohleerzeuger geliefert, dann schuldet der Lieferer die Abgabe.

3.4.2. Abgabenschuldner beim Verbrauch von Kohle

146 Wird die Kohle vom Kohlehändler, Kohleerzeuger oder auch vom Importeur selbst verbraucht, dann ist der jeweilige Verbraucher Abgabenschuldner.

Dieser ist zB der Fall, wenn der Kohlenhändler einen Teil seiner an sich zur Weiterveräußerung bestimmten Kohle selbst verheizt. Ebenso ist das Verheizen eigener Kohle durch einen Kohlebergbaubetrieb steuerpflichtiger Eigenverbrauch.

Ein solcher Eigenverbrauch liegt auch dann vor, wenn ein inländischer Endverbraucher (Unternehmer oder Privatperson) Kohle aus dem Ausland selbst ins Inland mitbringt, um sie im Unternehmen oder zu privaten Zwecken zu verbrauchen (zB zum Verheizen). In diesem Fall schuldet dieser (End)Verbraucher die Abgabe.

3.4.3. Lieferung durch ausländischen Lieferer

3.4.3.1. Haftung für Kohleabgabe

Liefert ein ausländischer Lieferer einem inländischen Empfänger Kohle, die nicht zur Weiterlieferung bestimmt ist, im Steuergebiet (zB an seinen Wohnsitz), unterliegt der Vorgang der Kohleabgabe, da gemäß § 1 Abs. 2 KohleAbgG der Lieferort dort liegt, wo der Empfänger über die Kohle verfügen kann. **147**

Der ausländische Lieferer schuldet die Kohleabgabe, der inländische Empfänger der Kohlelieferung haftet jedoch für die Entrichtung der Kohleabgabe.

3.4.3.2. Umsatzsteuerpflicht für die Lieferung verbrauchsteuerpflichtiger Waren an Schwellenerwerber und Endverbraucher (Versandhandelsregelung)

Mit Wirksamkeit ab 1. Jänner 2008 gehören gemäß Art. 1 Abs. 6 letzter Satz UStG 1994 unter anderem auch Kohle (und Koks) als „Energieerzeugnisse“ im Sinne der Richtlinie 2003/96/EG zu den verbrauchsteuerpflichtigen Waren im Sinne des UStG 1994. **148**

Gemäß Art. 1 Abs. 6 iVm Art. 1 Abs. 4 UStG 1994 gilt bei Beförderungs- oder Versendungslieferungen verbrauchsteuerpflichtiger Waren durch ausländische Lieferer an die so genannten „Schwellenerwerber“ (das sind im Wesentlichen pauschalierte Land- und Forstwirte, Kleinunternehmer, andere unecht befreite Unternehmer, juristische Personen des öffentlichen Rechts) die Erwerbschwelle in Höhe von 11.000 Euro nicht, gemäß Art. 3 Abs. 7 iVm Art. 3 Abs. 5 UStG 1994 gilt bei Lieferungen an Private (Nichtunternehmer) die Lieferschwelle in Höhe von 35.000 Euro (bis 2010: 100.000 Euro) nicht.

Das bedeutet, dass Kohle, die von ausländischen Lieferern an diese Personenkreise befördert oder versendet wird, im Inland nicht nur der Kohleabgabe, sondern ausnahmslos auch der Umsatzsteuer unterliegt.

„Schwellenerwerber“ bewirken mit einem solchen Bezug von Kohle jedenfalls einen innergemeinschaftlichen Erwerb im Sinne des Art. 1 Abs. 4 UStG 1994, den sie bei dem für sie zur Erhebung der Umsatzsteuer zuständigen Finanzamt erklären müssen.

Erfolgen solche Lieferungen nicht an „Schwellenerwerber“, sondern an Privatpersonen, erbringt der ausländische Lieferer gemäß Art. 3 Abs. 3 UStG 1994 im Inland umsatzsteuerbare Lieferungen. Da das Finanzamt Graz-Stadt für die Umsatzbesteuerung von Unternehmern, die im Inland weder über einen Sitz, eine Niederlassung, eine Betriebsstätte oder einen Wohnsitz verfügen, zuständig ist, muss sich der ausländische Lieferer bei diesem Finanzamt erfassen lassen und entsprechende Umsatzsteuererklärungen einreichen.

3.5. Bemessungsgrundlage und Höhe der Abgabe

3.5.1. Bemessungsgrundlage

Der Kohleabgabe unterliegt gemäß § 5 Abs. 1 KohleAbgG die gelieferte bzw. (selbst) verbrauchte Menge an Kohle, so dass die Besteuerung unabhängig vom jeweiligen Preis erfolgt. **149**

3.5.2. Höhe

Der Steuersatz beträgt gemäß § 5 Abs. 2 KohleAbgG 0,05 Euro je kg. **150**

3.6. Erhebung der Abgabe

3.6.1. Selbstberechnung und Entrichtung

Die Kohleabgabe ist vom Abgabenschuldner selbst zu berechnen und gemäß § 6 Abs. 1 KohleAbgG monatlich zu entrichten; die Kohleabgabe ist bis zum 15. des auf den Kalendermonat zweitfolgenden Monates der Lieferung, des Verbrauchs oder der Weiterlieferung fällig. **151**

Beträge unter 50 Euro sind nicht zu entrichten, jedoch in die Gesamtrechnung (siehe die nachfolgende Rz 152) einzubeziehen.

3.6.2. Sondervorschrift für letzten Fälligkeitstag

Etwaige Abweichungen vom tatsächlichen Jahresverbrauch sind beim letzten Fälligkeitstag für jedes Jahr auszugleichen. Bei Abgabenschuldnern, die ein abweichendes Wirt- **152** schaftsjahr haben, kann dieser Ausgleich beim ersten auf den Bilanzstichtag folgenden Fälligkeitstag erfolgen.

Bisher nicht entrichtete Beträge unter 50 Euro sind jedoch in die Gesamtrechnung einzubeziehen, die gemäß § 6 Abs. 2 KohleAbgG zu erstellen ist, sodass zum letzten Fälligkeitstag eines jeden Jahres in Summe auch jene Beträge zu entrichten sind, die in den jeweiligen Monaten unter der Bagatellgrenze von 50 Euro gelegen sind.

3.6.3. Nichtentrichtung oder fehlerhafte Entrichtung

153 Wird die Abgabe nicht entrichtet oder ist offensichtlich, dass die Monatszahlung wesentlich von der „richtigen“ Monatszahlung abweicht, dann hat das Finanzamt gemäß § 6 Abs. 3 KohleAbgG die Abgabe mit Bescheid festzusetzen.

Durch diese Festsetzung wird die Fälligkeit der Abgabe nicht verändert.

3.6.4. Veranlagung

154 Die Kohleabgabe wird jahresweise veranlagt. Veranlagungszeitraum ist jeweils das Kalenderjahr oder das Wirtschaftsjahr, wobei die Jahresabgabenerklärung aber immer bis zum 31. März des Folgejahres beim Finanzamt einzureichen ist.

Beispiel 1:

Die Gewinnermittlung eines Kohlelieferers erfolgt nach dem Kalenderjahr; dementsprechend umfasst die Kohleabgabeerklärung 01 den Zeitraum vom 1. Jänner 01 bis zum 31. Dezember 01 und ist bis zum 31. März 02 beim Finanzamt einzureichen.

Beispiel 2:

Der Unternehmer hat Kohle importiert und selbst verbraucht, und schuldet daher die Kohleabgabe. Er hat ein vom Kalenderjahr abweichendes Wirtschaftsjahr vom 1. Juni bis zum 31. Mai gewählt; dementsprechend umfasst die Kohleabgabeerklärung 0108 den Zeitraum vom 1. Juni 00 bis zum 31. Mai 0108 und ist bis zum 31. März 02 beim Finanzamt einzureichen.

155 In dieser Jahresabgabenerklärung müssen die tatsächlichen Liefer- bzw. Verbrauchsmengen oder die Menge der weitergelieferten Kohle für das vergangene Jahr und die einzelnen Monate dieses Jahres offen gelegt werden.

3.6.5. Zuständiges Finanzamt

156 Die Abgabe wird vom für die Erhebung der Umsatzsteuer des Abgabenschuldners (Lieferers oder Verbrauchers) zuständigen Finanzamt erhoben.

Für alle Organgesellschaften haben die Entrichtung der Kohleabgabe und die Abgabe der Erklärungen durch den Organträger bei dem für ihn zuständigen Finanzamt zu erfolgen.

(AÖF 2013/274)

157 Ist ein Endverbraucher (Privatperson) Abgabenschuldner für Kohle, die er selbst in das Steuergebiet verbracht hat, dann ist sein Wohnsitzfinanzamt zuständig.

158 Ist ein ausländischer Lieferer Abgabenschuldner, ist das Finanzamt Graz-Stadt sowohl für die Erhebung der Kohleabgabe als auch der Umsatzsteuer zuständig.

Ist ein Endverbraucher (Unternehmer oder Privatperson) Haftender für die Kohleabgabe, so muss dieser die Kohleabgabe an das für den ausländischen Abgabenschuldner zuständige Finanzamt Graz-Stadt abführen.

3.7. Aufzeichnungspflichten und Rechnungslegungspflichten

159 Die Aufzeichnungen müssen gemäß § 7 KohleAbgG in der Art geführt werden, dass die tatsächlich gelieferten, verbrauchten oder weiter gelieferten Mengen an Kohle überprüft werden können.

Im Fall der Lieferung oder der Weiterleitung von Kohle ist dem Abnehmer vom Abgabenschuldner (Lieferer) spätestens in der Jahresabrechnung die Kohleabgabe getrennt von den anderen Rechnungsbestandteilen offen auszuweisen.

3.8. In-Kraft-Treten

160 Das KohleAbgG ist auf Vorgänge nach dem 31. Dezember 2003 anzuwenden.

3.9. Vollziehung

161 Mit der Vollziehung des KohleAbgG ist der Bundesminister für Finanzen betraut.

Randzahlen 162 bis 169: *derzeit frei*

(BMF-AV Nr. 2015/18)

4. Energieabgabenvergütung

Geltungsdauer, Voraussetzungen und Ausschließungsgründe

Mit dem Budgetbegleitgesetz 2011, BGBl. I Nr. 111/2010, wurde in den §§ 2 und 3 EnAbgVergG eine Einschränkung der Vergütungsberechtigung auf Produktionsbetriebe vorgenommen. Diese einschränkende Regelung in §§ 2 und 3 EnAbgVergG gilt ab 1. Februar 2011 (siehe auch VwGH 22.08.2012, 2012/17/0175 und VwGH 30.01.2013, 2012/17/0469) und bedarf zufolge § 4 Abs. 7 EnAbgVergG idF BGBl. I Nr. 111/2010 der Genehmigung durch die Europäische Kommission, da sie aus unionsrechtlicher Sicht eine Beihilfe darstellt. Die einschränkende Regelung in §§ 2 und 3 EnAbgVergG fällt als Umweltschutzbeihilfe unter die Verordnung (EG) Nr. 800/2008 der Kommission vom 6. August 2008 zur Erklärung der Vereinbarkeit bestimmter Gruppen von Beihilfen mit dem Gemeinsamen Markt in Anwendung der Artikel 87 und 88 EG-Vertrag (allgemeine Gruppenfreistellungsverordnung – AGVO). Für Umweltschutzbeihilferegelungen in Form von Umweltsteuerermäßigungen ist der Europäischen Kommission binnen 20 Arbeitstagen ab Inkrafttreten eine Kurzbeschreibung der Beihilfemaßnahme zu übermitteln, die Kurzbeschreibung wird von der Kommission im Amtsblatt der Europäischen Union und auf der Website der Kommission veröffentlicht (Art. 9 iVm Art. 25 AGVO). Die einschränkende Regelung in §§ 2 und 3 EnAbgVergG wurde von der Europäischen Kommission registriert (Nr. SA 32526 [11/X]). Die schriftliche Ausfertigung der Genehmigung der Gesetzesänderung durch die Europäische Kommission erfolgte im Amtsblatt der EU, ABl. Nr. C 288 vom 30.09.2011 S. 21 (siehe auch VwGH 30.01.2013, 2012/17/0469). **170**

Die Genehmigung und die AGVO als unionsrechtliche Grundlage für die Genehmigung waren mit 31. Dezember 2013 begrenzt, die Regelung selbst war nach Ablauf der Geltungsdauer der AGVO noch während einer Anpassungsfrist von sechs Monaten freigestellt (Art. 44 Abs. 3 AGVO) und damit zunächst bis einschließlich 30. Juni 2014 anwendbar. Die Geltungsdauer der AGVO wurde mit Verordnung (EU) Nr. 1224/2013 der Kommission vom 29. November 2013 bis 30. Juni 2014 verlängert, wodurch auch die Anpassungsfrist für die in den Anwendungsbereich der AGVO fallende einschränkende Regelung in §§ 2 und 3 EnAbgVergG um weitere sechs Monate verlängert wurde und diese damit bis 31.12.2014 anwendbar war.

Ab 1.1.2015 bildet die neu erlassene Allgemeine Gruppenfreistellungs-Verordnung (EU) Nr. 651/2014 der Kommission vom 17.6.2014 (ABl. Nr. L 187 vom 26.06.2014 S.1) die unionsrechtliche Rechtsgrundlage für die Genehmigung. Die einschränkende Regelung in §§ 2 und 3 EnAbgVergG wurde im Sinne der AGVO der Europäischen Kommission gemeldet und registriert (Nr. SA.40192(2014/X). Danach ist die Regelung ab 1.1.2015 anwendbar und bis 31.12.2020 befristet.

Die Voraussetzungen der VO (EU) Nr. 651/2014 der Kommission vom 17.6.2014, ABl. Nr. L 187 vom 26.6.2014 S. 1 (AGVO), sind verbindlich einzuhalten. Um die Energieabgabenvergütung beantragen zu können, sind daher insbesondere folgende EU-Wettbewerbsregeln einzuhalten:

a) Einem Unternehmen, das einer Rückforderungsanordnung auf Grund eines früheren Beschlusses der Europäischen Kommission zur Feststellung der Unzulässigkeit einer Beihilfe und ihrer Unvereinbarkeit mit dem Binnenmarkt nicht nachgekommen ist, darf keine neue Beihilfe (Energieabgabenvergütung) gewährt werden (siehe Art. 1 Abs. 4 lit. a AGVO Nr. 651/2014).

b) Es dürfen keine Beihilfen an Unternehmen in Schwierigkeiten gewährt werden (siehe Art. 1 Abs. 4 lit. c iVm Art. 2 Abs. 18 AGVO).

c) Die Finanzbehörde ist verpflichtet, gemäß Art. 9 AGVO Nr. 651/2014 Förderungen ab 500.000 Euro auf der entsprechenden EU-Website zu veröffentlichen.

(BMF-AV Nr. 2015/18, BMF-AV Nr. 2017/88)

4.1. Vergütungsbetrag – Vorleistungen – vergütungsfähige Energieträger

4.1.1. Vergütungsbetrag

Soweit die bezahlten Energieabgaben auf die vergütungsfähigen Energieträger im Sinne des § 1 Abs. 3 EnAbgVergG (siehe Rz 204 ff) 0,5% des Nettoproduktionswertes oder die in § 2 Abs. 2 EnAbgVergG genannten Selbsthalte (siehe Rz 232) übersteigen, wird der Betrag unter Abzug eines allgemeinen Selbstbehaltes von höchstens 400 Euro vergütet. **171**

4.1.1.1. vergütungsfähige Zahlungen

Nur jene Energieabgaben sind vergütungsfähig, für die im Antragszeitraum die diesbezüglich gesetzlich vorgesehenen Voraussetzungen erfüllt sind. Das bedeutet, dass die Energieträger verbraucht und die darauf entfallenden Energieabgaben bezahlt wurden; **172** sollte der Abrechnungszeitraum mit dem Antragszeitraum nicht übereinstimmen, ist eine Abgrenzung zulässig.

Beispiel 1:

Der Antragsteller erhält am 10. Jänner 02 die Stromrechnung für das Jahr 01.

Darin wird für einen Verbrauch von elektrischer Energie in Höhe von 50.000 kWh eine Elektrizitätsabgabe in Höhe von 750 Euro verrechnet.

Der Antragsteller hat während des Jahres Vorauszahlungen geleistet, die darin enthaltene Elektrizitätsabgabe beträgt 730 Euro.

Die Bezahlung der restlichen Elektrizitätsabgabe in Höhe von 20 Euro, die sich aus der Jahresabrechnung ergibt, erfolgt am 20. Jänner 02.

Im Vergütungsantrag für das Jahr 01 kann die für diesen Zeitraum entrichtete Elektrizitätsabgabe in Höhe von 730 Euro, im Vergütungsantrag für das Jahr 02 der Restbetrag in Höhe von 20 Euro geltend gemacht werden.

Beispiel 2:

Sachverhalt wie in Beispiel 1 mit dem Unterschied, dass der Antragsteller keine Vorauszahlungen geleistet hat, sondern den Gesamtbetrag am 20. Jänner 02 bezahlt.

In diesem Fall kann die gesamte Elektrizitätsabgabe in Höhe von 750 Euro auf Grund der erst im Jänner 02 erfolgten Zahlung auch erst im Vergütungsantrag für das Jahr 02 geltend gemacht werden.

Beispiel 3:

Der Antragsteller zahlt am 15. Dezember 01 seine Stromrechnung für den Abrechnungszeitraum 1. Dezember 00 bis 30. November 01 und leistet Teil- bzw. Vorauszahlungen für die Monate Dezember 01 und Jänner 02. Die Höhe der monatlichen Teilzahlungen wurde auf Grundlage des in der Stromrechnung angegebenen Stromverbrauches geschätzt.

Im Vergütungsantrag für das Jahr 01 kann jene Elektrizitätsabgabe geltend gemacht werden, die im Jahr 01 verbrauchten Strom betrifft und auch im Jahr 01 bezahlt wurde. Die Vorauszahlung für Jänner 02 kann in diesen Antrag nicht aufgenommen werden, obwohl sie im Jahr 01 bezahlt wurde, da ihr noch kein Stromverbrauch zugeordnet werden kann.

Nur die sich aus § 1 Abs. 1 iVm Abs. 3 EnAbgVergG ergebenden Abgaben auf die dort genannten Energieträger, somit die Elektrizitätsabgabe, die Erdgasabgabe, die Kohleabgabe und die Mineralölsteuer auf bestimmte Mineralöle sind vergütungsfähig. Andere in Energierechnungen enthaltene Zuschläge oder (Neben)Gebühren (wie zB Zuschläge bzw. Ausgleichsbeträge nach dem Bundes-Energieeffizienzgesetz [EEffG] BGBl. I Nr. 72/2014) können nicht vergütet werden, da es sich dabei nicht um Energieabgaben iSd EnAbgVergG handelt.

(AÖF 2013/274, BMF-AV Nr. 2017/88)

4.1.1.2. Nettoproduktionswert

173 Der Nettoproduktionswert wird gemäß § 1 Abs. 1 EnAbgVergG auf folgende Art definiert:

Differenz zwischen den vom Produktionsbetrieb (bis 31. Jänner 2011: Betrieb) erbrachten umsatzsteuerbaren Leistungen im Sinne des § 1 Abs. 1 Z 1 und 2 UStG 1994 und den an den Produktionsbetrieb (bis 31. Jänner 2011: den Betrieb) erbrachten umsatzsteuerbaren Leistungen im Sinne des § 1 Abs. 1 Z 1 und 2 UStG 1994.

Beide Werte sind aus dem Rechnungswesen zu ermitteln.

Im Inland angefallene Vorleistungen können auch dann beim Nettoproduktionswert berücksichtigt werden, wenn die damit im Zusammenhang stehenden Ausgangsumsätze im Inland nicht steuerbar sind.

Rechtslage bis 31. Jänner 2011:

Übt ein Unternehmer im Inland eine betriebliche Tätigkeit aus (zum Vorliegen einer betrieblichen Tätigkeit siehe Rz 209), und übersteigen die Vorleistungen im Sinne der obigen Ausführungen die umsatzsteuerbaren Leistungen, ergibt sich ein Nettoproduktionswert von Null.

Rechtslage ab 1. Februar 2011:

Übersteigen bei einem inländischen Produktionsbetrieb (zum Vorliegen eines Produktionsbetriebes siehe Rz 225 ff) die Vorleistungen im Sinne der obigen Ausführungen die umsatzsteuerbaren Leistungen, ergibt sich ein Nettoproduktionswert von Null.

(AÖF 2013/274, BMF-AV Nr. 2017/88)

174 Die Ermittlung der Bemessungsgrundlage der umsatzsteuerbaren Leistungen des Betriebes sowie der umsatzsteuerbaren Leistungen an den Betrieb hat nach Maßgabe des § 4

bzw. Art. 4 UStG 1994 zu erfolgen (VwGH 25.09.2012, 2012/17/0056; VwGH 11.12.2009, 2006/17/0118; VwGH 20.06.2012, 2010/17/0144 bis 0157).

Anzusetzen ist somit jeweils das umsatzsteuerbare Entgelt; die Umsatzsteuer sowie durchlaufende Posten im Sinne § 4 Abs. 3 UStG 1994 gehören nicht zur Bemessungsgrundlage (VwGH 25.09.2012, 2012/17/0056). Im Entgelt enthaltene Abgaben (zB Verbrauchsteuern), die der Antragsteller als Abgabenschuldner zunächst seinem Kunden weiterverrechnet, in der Folge aber an das Finanzamt bzw. Zollamt abführen muss, mindern nicht die Bemessungsgrundlage (siehe hierzu auch VwGH vom 20.06.2012, 2011/17/0157, zu Biersteuer).

Bei Umsätzen, für die die Steuerschuld nach § 19 Abs. 1 zweiter Absatz, Abs. 1a, Abs. 1b, Abs. 1c, Abs. 1d, Abs. 1e UStG 1994 und Art. 25 UStG 1994 auf den Leistungsempfänger übergeht, handelt es sich ebenfalls um umsatzsteuerbare Leistungen im Sinne des § 1 Abs. 1 Z 1 UStG 1994 bzw. § 1 Abs. 1 Z 1 EnAbgVergG, die als Ausgangsumsätze bei der Ermittlung des Nettoproduktionswertes zum Ansatz gebracht werden müssen.

(AÖF 2013/274, BMF-AV Nr. 2017/88)

4.1.1.2.1. umsatzsteuerbare Leistungen

Die umsatzsteuerbaren Leistungen im Sinne dieser Bestimmung enthalten neben allen steuerpflichtigen Leistungen einschließlich von Anlagenzu- und -verkäufen auch alle steuerbefreiten Leistungen wie zB steuerfreie Ausfuhrlieferungen. **175**

Der Eigenverbrauch im Sinne des § 1 Abs. 1 Z 2 lit. a und lit. b bzw. § 3 Abs. 2 und § 3a Abs. 1a UStG 1994 gehört ebenfalls zu den steuerbaren Umsätzen im Sinne des Energieabgabenvergütungsgesetzes, das Entgelt beim Eigenverbrauch bemisst sich nach § 4 Abs. 8 UStG 1994 (VwGH 20.06.2012, 2010/17/0144).

Nachträgliche Entgeltserhöhungen führen zu einer Erhöhung der umsatzsteuerbaren Leistungen.

(AÖF 2013/274)

Innergemeinschaftliche Warenverbringungen im Sinne des Art. 7 Abs. 2 UStG 1994 in andere EU-Mitgliedstaaten (zB in Konsignationslager, Näheres hierzu siehe UStR 2000 Rz 3603) sind Umsätze im Sinne dieser Bestimmung, da sie innergemeinschaftlichen Lieferungen gleichgestellt sind (§ 1 Abs. 1 Z 1 UStG 1994 iVm Art. 3 Abs. 1 Z 1 UStG 1994). **176**

Die Bemessungsgrundlage für das Verbringen eines Gegenstandes ist nach den gleichen Grundsätzen wie beim Entnahmeeigenverbrauch zu ermitteln, in der Regel sind das die Wiederbeschaffungskosten (siehe UStR 2000 Rz 3931 und Rz 679).

Auch Entgelte von dritter Seite im Sinne des § 4 Abs. 2 Z 2 UStG 1994 sind hier zum Ansatz zu bringen. **177**

Beispiel 1:

Rechtslage bis 31. Dezember 2010:

Ein Sozialhilfeverband, der ein Seniorenheim betreibt, erhält für die Unterbringung der Senioren unter anderem auch Zahlungen aus Pensionsabtretungen, Pflegegeldabtretungen und dergleichen. Auf Grund des unmittelbaren wirtschaftlichen Zusammenhanges dieser Zahlungen zu dem Leistungsaustausch zwischen dem Seniorenheim und dem Heimbewohner liegt ein solches Entgelt von dritter Seite vor, das zur umsatzsteuerbaren Bemessungsgrundlage und damit auch zu den steuerbaren Umsätzen im Sinne des Energieabgabenvergütungsgesetzes gehört.

Beispiel 2:

Druckkostenbeitrag zur Herausgabe einer Zeitung (VwGH 26.04.1994, 93/14/0043).

Rechtslage bis 31. Jänner 2011: **178**

Berechnung des Nettoproduktionswertes bei Krankenanstalten

Zahlungen an eine Krankenanstalt sind bei der Berechnung des Nettoproduktionswertes zu berücksichtigen, soweit es sich hier um Entgelte für steuerbare Umsätze im Sinne des § 1 Abs. 1 Z 1 UStG 1994 handelt.

Stehen diese Zahlungen, unabhängig davon, ob sie von einem Privatpatienten, der Sozialversicherung oder anderen geleistet werden, in einem konkreten Leistungszusammenhang mit Krankenbehandlungen, stellen sie steuerbare Entgelte im Sinne des UStG 1994 dar.

Von einem solchen Zusammenhang wird jedenfalls dann auszugehen sein, wenn zB Zahlungen geleistet werden, deren Höhe unter Berücksichtigung eines Bewertungssystems (zB nach dem so genannten „LKF-System“, dem „System der Leistungsorientierten Krankenanstaltenfinanzierung) anhand konkret von einer Krankenanstalt erbrachter Behandlungsleistungen berechnet worden ist.

Unmaßgeblich für die Beurteilung als Leistungsentgelt ist, wie diese Mittel aufgebracht werden, oder ob ihr Wert oder ihre Höhe im Vorhinein konkret feststehen, da dies im Wirtschaftsleben eine durchaus übliche Rahmenvereinbarungen sein kann, ohne dass ein Leistungsaustausch bezweifelt wird.

Ebenso wenig spricht es gegen einen Leistungsaustausch, falls diese Entgelte nicht kostendeckend sind.

(AÖF 2013/274)

179 **Rechtslage bis 31. Jänner 2011:**

Berechnung des Nettoproduktionswertes bei Sozialversicherungsträgern bzw. den von diesen betriebenen Einrichtungen:

Nach UStR 2000 Rz 749 ff liegen steuerbare (zT steuerfreie, zT steuerpflichtige) Umsätze eines Sozialversicherungsträgers im Sinne des § 6 Abs. 1 Z 7 UStG 1994 vor bei

- Leistungen im Zusammenhang mit Standardprodukten, Innovationsprojekten und der neuen Netzwerksstruktur der Sozialversicherung mit Kompetenzzentren und Dienstleistungszentren,
- Leistungsverrechnungen zwischen den Sozialversicherungsträgern,
- Leistungen von bestimmten Sozialversicherungs- und Fürsorgeträgern untereinander,
- Leistungen von bestimmten Sozialversicherungs- und Fürsorgeträgern gegenüber dem im Gesetz ausdrücklich genannten Personenkreis der Versicherten und Befürsorgten,
- entgeltlichen Leistungen an Personen, die nicht dem begünstigten Personenkreis angehören (zB die Abgabe von Medikamenten in einer dem Sozialversicherungsträger gehörigen Apotheke an Nichtversicherte),
- Hilfsgeschäften einer eigenen Einrichtung eines Sozialversicherungsträgers,
- Hilfsgeschäften der Sozialversicherungsträger selbst,
- Leistungen eines Sozialversicherungsträgers auf Grund entsprechender Abmachungen an Versicherte anderer Sozialversicherungsträger (Umsätze von Sozialversicherungsträgern untereinander),
- Leistungen eines Sozialversicherungsträgers an Versicherte ausländischer Krankenkassen bei entsprechenden internationalen Abkommen.

Erhalten Sozialversicherungsträger Kostenersätze für die Leistungen ihrer Einrichtungen (zB Krankenanstalten) von anderen Sozialversicherungsträgern, denen Leistungsverrechnungen zwischen den Sozialversicherungsträgern oder Leistungen des Sozialversicherungsträgers auf Grund entsprechender Abmachungen an Versicherte anderer Sozialversicherungsträger zu Grunde liegen, so handelt es sich um steuerbare Leistungsentgelte des jeweiligen Sozialversicherungsträgers.

Entgelte, die der Sozialversicherungsträger einer Einrichtung für eine bestimmte Leistung an einen bei diesem Sozialversicherungsträger Versicherten zahlt, stellt Eigenverbrauch im Sinne des § 3a Abs. 1a Z 2 erster Teilstrich UStG 1994 (Rechtslage bis 31.12.2003: § 1 Abs. 1 Z 2 UStG 1994) dar, die Bemessungsgrundlage bemisst sich gemäß § 4 Abs. 8 lit. b UStG 1994 nach den auf die Ausführung dieser Leistungen entfallenden Kosten (siehe VwGH 20.06.2012, 2010/17/0144, zur Energieabgabenvergütung bei einer Pensionsversicherungsanstalt).

Dabei sind stets die für die Leistungserbringung zugunsten eigener Versicherter tatsächlich angefallenen Kosten zu ermitteln und der Bewertung der damit verbundenen sonstigen Leistungen zugrunde zu legen. Ein echter Zuschuss ohne Leistungszusammenhang ist nur insoweit gegeben, als Verlustabdeckungen des Sozialversicherungsträgers die Höhe der mit der Behandlung eigener Versicherter verbundenen tatsächlichen Kosten iSd § 4 Abs. 8 lit. b UStG 1994 übersteigen. Bis zu dieser Höhe ist die Verlustabdeckung bei der Ermittlung des Nettoproduktionswertes zu berücksichtigen.

Für Zwecke der Berechnung der Energieabgabenvergütung bzw. des Nettoproduktionswertes müssen diese Umsätze auf die jeweils dahinter stehenden Einrichtungen umgelegt werden, zumal die jeweils auf eine bestimmte Einrichtung entfallenen Aufwendungen ebenfalls dieser – und nicht dem Sozialversicherungsträger – zugeordnet worden sind.

Das gilt auch für Entgelte, die der Sozialversicherungsträger einer Einrichtung für eine bestimmte Leistung an einen bei diesem Sozialversicherungsträger Versicherten zahlt, da hier inhaltlich keine anderen Leistungen vorliegen, als jene, die der Sozialversicherungsträger durch diese Einrichtung an Versicherte anderer Sozialversicherungsträger erbringt.

Eine Einrichtung des Sozialversicherungsträgers, die einen Betrieb gewerblicher Art dieser Körperschaft des öffentlichen Rechts darstellt, gilt als selbständiger Betrieb im Sinne des § 2 EnAbgVergG, der dazu berechtigt ist, einen Antrag auf Vergütung der Energieabgaben zu stellen. Hierfür ist aber grundsätzlich auch erforderlich, dass Leistungen, die zwischen dieser Einrichtung (Antragsteller) und dem Sozialversicherungsträger erbracht und verrechnet werden – wie es auch sonst für Leistungen bzw. Verrechnungen innerhalb verschiedener Betriebe innerhalb eines Unternehmens vorgesehen ist (vgl. die folgende Rz 180), als steuerbar im Sinne des § 1 EnAbgVergG behandelt werden.

Bei Kostenersätzen anderer Sozialversicherungsträger liegen grundsätzlich und hinsichtlich der Zahlungen des Sozialversicherungsträgers für eigene Versicherte, insoweit sie – zB auf Grund der monatlichen Abrechnungen nach Verpflegstagsätzen – Leistungen für bestimmte Versicherte zugeordnet werden können, Entgelte vor, die bei der Ermittlung des Nettoproduktionswertes der jeweiligen Einrichtung des Sozialversicherungsträgers zum Ansatz gebracht werden müssen.

(AÖF 2013/274, BMF-AV Nr. 2017/88)

4.1.1.2.2. nicht steuerbare Leistungen

Grundsätzlich sind umsatzsteuerrechtlich nicht steuerbare Leistungen auch nicht bei der Ermittlung des Nettoproduktionswertes zum Ansatz zu bringen, ausgenommen hiervon sind nur solche Leistungen, die zwischen verschiedenen Betrieben (auch bei Organschaften) innerhalb eines Unternehmens nachweisbar erbracht und verrechnet werden. **180**

(Echte) Subventions- und Schadenersatzzahlungen, die an den Betrieb oder vom Betrieb geleistet werden, sind keine Umsätze im Sinne dieser Bestimmung. **181**

Im Falle der Veräußerung (Aufgabe, Liquidation) und des Erwerbes von Betrieben zählen die darauf entfallenden Umsätze nicht zu den Umsätzen bzw. Vorleistungen im Sinne des § 1 EnAbgVergG. **182**

4.1.1.2.3. erhaltene Anzahlungen

Bei der Ermittlung des Nettoproduktionswertes bestehen keine Bedenken, den Umsatz der auf eine Umsatzsteuer gemäß § 19 Abs. 2 Z 1 lit. a zweiter Absatz UStG 1994 entfällt, als erbracht zu behandeln. Wird daher ein Teil des Entgeltes vor der Fertigstellung oder Lieferung bezahlt und entsteht dadurch eine Umsatzsteuerpflicht, so kann dieser Teil wie eine bereits erbrachte Lieferung behandelt werden. Es können damit auch Anzahlungen wie Umsätze behandelt werden. **183**

4.1.1.2.4. Durchschnittsatzbesteuerung und Vorsteuerpauschalierung

Erfolgt die Berechnung der Umsatzsteuer eines Betriebes nach einer Pauschalierungsbestimmung, kann auch der Nettoproduktionswert in Anlehnung daran ermittelt werden. **184**

Hier ist zwischen

- der Durchschnittsatzbesteuerung im Sinne des § 22 UStG 1994 oder
- einer Vorsteuerpauschalierung im Sinne des § 14 UStG 1994

zu unterscheiden.

Durchschnittsatzbesteuerung im Sinne des § 22 UStG 1994 **185**

Rechtslage bis 31. Dezember 2010:

Wird die Umsatzsteuer eines land- oder forstwirtschaftlichen Betriebes pauschal ermittelt, liegen keine genauen Berechnungsgrößen vor, die für die Ermittlung des Nettoproduktionswertes herangezogen werden können.

Es bestehen daher keine Bedenken, in Anlehnung an die Verordnung des Bundesministers für Finanzen über die Aufstellung von Durchschnittssätzen für die Ermittlung des Gewinnes aus Land- und Forstwirtschaft, BGBl. II Nr. 258/2005, (LuF PauschVO 2006) den Nettoproduktionswert mit folgenden Werten anzusetzen:

- bei Vollpauschalierung in Höhe des Gewinngrundbetrag (39% des Einheitswertes)
- bei Teilpauschalierung in Höhe der Bruttoeinnahmen abzüglich der pauschalierten Betriebsausgaben, wobei bei Gartenbaubetrieben abweichend von § 5 Abs. 2 LuF PauschVO 2006 eine über den maximalen Betriebsausgabenabzug von 70% der Betriebseinnahmen hinausgehende zusätzliche Berücksichtigung von Lohnausgaben nicht zulässig ist, bzw. bei einer Gewinnermittlung im Sinne des § 5 Abs. 3 LuF PauschVO 2006 der sich danach ergebende Gewinn als Nettoproduktionswert anzusetzen ist.

Rechtslage ab 1. Jänner 2011 bis 31. Dezember 2014:

Wird die Umsatzsteuer eines land- oder forstwirtschaftlichen Betriebes pauschal ermittelt, liegen keine genauen Berechnungsgrößen vor, die für die Ermittlung des Nettoproduktionswertes herangezogen werden können.

Es bestehen daher keine Bedenken, in Anlehnung an die Verordnung des Bundesministers für Finanzen über die Aufstellung von Durchschnittssätzen für die Ermittlung des Gewinnes aus Land- und Forstwirtschaft, BGBl. II Nr. 471/2010, (LuF-PauschVO 2011) den Nettoproduktionswert mit folgenden Werten anzusetzen:

- bei Vollpauschalierung in Höhe des Gewinngrundbetrag (39% des Einheitswertes)
- bei Teilpauschalierung in Höhe der Bruttoeinnahmen abzüglich der pauschalierten Betriebsausgaben, wobei bei Gartenbaubetrieben abweichend von § 5 Abs. 2 LuF-PauschVO 2011 eine über den maximalen Betriebsausgabenabzug von 70% der Betriebseinnahmen hinausgehende zusätzliche Berücksichtigung von Lohnausgaben nicht zulässig ist, bzw. bei einer Gewinnermittlung im Sinne des § 5 Abs. 3 LuF-PauschVO 2011 der sich danach ergebende Gewinn als Nettoproduktionswert anzusetzen ist.

Rechtslage ab 1. Jänner 2015:

Wird die Umsatzsteuer eines land- oder forstwirtschaftlichen Betriebes pauschal ermittelt, liegen keine genauen Berechnungsgrößen vor, die für die Ermittlung des Nettoproduktionswertes herangezogen werden können.

Es bestehen daher keine Bedenken, in Anlehnung an die Verordnung der Bundesministerin für Finanzen über die Aufstellung von Durchschnittssätzen für die Ermittlung des Gewinnes aus Land- und Forstwirtschaft (LuF-PauschVO 2015), BGBl. II Nr. 125/2013 idgF BGBl. II Nr. 164/2014, den Nettoproduktionswert mit folgenden Werten anzusetzen:

- bei Vollpauschalierung in Höhe des Gewinngrundbetrags (42% des Einheitswertes)
- bei Teilpauschalierung in Höhe der Bruttoeinnahmen abzüglich der pauschalierten Betriebsausgaben, wobei
  - bei Gartenbaubetrieben abweichend von § 5 Abs. 2 LuF-PauschVO 2015 und
  - bei Obstbaubetrieben abweichend von § 6 Abs. 2 LuF-PauschVO 2015

  eine über den maximalen Betriebsausgabenabzug von 70% der Betriebseinnahmen hinausgehende zusätzliche Berücksichtigung von Lohnausgaben nicht zulässig ist.

(BMF-AV Nr. 2015/18)

186 **Vorsteuerpauschalierung im Sinne des § 14 UStG 1994**

Bei Anwendung einer Vorsteuerpauschalierung im Sinne des § 14 UStG 1994 erfolgt im Gegensatz dazu eine genaue Berechnung der Umsätze, lediglich die Vorsteuern werden vereinfacht ermittelt. Diese Werte können auch für die Berechnung des Nettoproduktionswertes herangezogen werden. Näheres zur Vorsteuerpauschalierung siehe UStR 2000 Rz 2226 ff.

4.1.2. Vorleistungen

4.1.2.1. abzugsfähige Vorleistungen

187 Für den Antragsteller abzugsfähige Vorleistungen liegen nur dann vor, wenn ein Unternehmer Umsätze im Sinne des § 1 Abs. 1 Z 1 oder 2 UStG 1994 erbracht hat, bei denen der Antragsteller Leistungsempfänger war und die für sein Unternehmen bestimmt sind.

Umsätze, für die die Steuerschuld nach § 19 Abs. 1 zweiter Absatz, Abs. 1a, Abs. 1b, Abs. 1c, Abs. 1d, Abs. 1e und Art. 25 UStG 1994 auf den Leistungsempfänger übergeht, stellen bei diesem Eingangsumsätze dar und können als Vorleistungen iSd § 1 Abs. 1 Z 2 EnAbgVergG zum Ansatz gebracht werden.

(BMF-AV Nr. 2017/88)

188 Diese Umsätze müssen beim Leistenden steuerbar aber nicht steuerpflichtig sein. Somit können zB auch Umsätze eines Kleinunternehmers beim Leistungsempfänger abzugsfähige Vorleistungen sein oder Zahlungen von Versicherungsprämien (Feuerversicherung oÄ), soweit diese beim Versicherer steuerbares Leistungsentgelt darstellen (zu den nichtabzugsfähigen Zahlungen von Sozialversicherungsbeiträgen siehe Rz 196).

189 Abzugsfähig sind unter diesen Voraussetzungen unter anderem Anschaffungskosten für Wirtschaftsgüter jeglicher Art, zB Grundstücke und darauf errichtete Betriebsgebäude.

190 Auch Reisekosten im Sinne des § 13 UStG 1994, für die nach dieser Bestimmung ein (pauschalierter) Vorsteuerabzug gewährt werden kann, können als abzugsfähige Vorleistungen angesehen werden.

191 Zahlungen für Energiebezüge (zB Stromrechnungen), die beim Lieferer umsatzsteuerbar sind, stellen ebenfalls abzugsfähige Vorleistungen dar; in diesen Rechnungen enthaltene Energieabgaben brauchen für die Ermittlung des Nettoproduktionswertes nicht abgezogen zu werden.

192 Zinsenzahlungen, die aus betrieblichem Anlass erfolgen (zB Zinsen für ein betrieblich veranlasstes Darlehen), stellen ebenfalls abzugsfähige Vorleistungen dar.

Siehe aber auch Rz 199.

Bei den Vorleistungen sind gemäß § 1 Abs. 2 Z 1 EnAbgVergG neben den im Inland auch die aus dem Ausland bzw. aus dem übrigen Gemeinschaftsgebiet bezogenen Leistungen einzubeziehen, soweit sie in Zusammenhang mit im Inland steuerbaren Umsätzen stehen. 193

Dies wird jedenfalls dann gegeben sein, wenn die im Ausland bezogenen Vorleistungen bestimmten im Inland steuerbaren Umsätzen entweder eindeutig oder zumindest mittelbar zugeordnet werden können. Kann demgegenüber im Ausland bezogenen Vorleistungen ein ebenfalls im Ausland steuerbarer Umsatz zugeordnet werden, ist eine Berücksichtigung beim Nettoproduktionswert ausgeschlossen.

Zu den im Ausland bezogenen Vorleistungen gehören somit

- im Ausland (Gemeinschaftsgebiet oder Drittland) steuerbare Lieferungen an das Unternehmen, die zu einem innergemeinschaftlichen Erwerb oder einer Einfuhr geführt haben, und
- im Ausland (Gemeinschaftsgebiet oder Drittland) steuerbare sonstige Leistungen, bei denen das Unternehmen Leistungsempfänger ist,

jeweils unter der Voraussetzung, dass sie im Inland steuerbaren Umsätzen entweder eindeutig oder zumindest mittelbar zugeordnet werden können.

Nachträgliche Entgeltsminderungen führen beim Zahlenden zu einer Kürzung der Vorleistungen. 194

4.1.2.2. nicht abzugsfähige Vorleistungen

Bei den Vorleistungen sind gemäß § 1 Abs. 2 Z 2 EnAbgVergG jene aus der Gestellung von Arbeitskräften auszuscheiden. Als Gestellung von Arbeitskräften im Sinne dieser Bestimmung ist die „Gestellung von Personal" im Sinne des § 3a Abs. 14 Z 8 UStG 1994 zu verstehen. 195

Personalgestellung liegt danach vor, wenn der Unternehmer Arbeitskräfte einem anderen Unternehmer überlässt, damit dieser sie im Rahmen seines Unternehmens für betriebliche Zwecke einsetzt.

Zahlungen von Sozialversicherungsbeiträgen, Dienstgeberbeiträgen, Zuschlägen zum Dienstgeberbeitrag und Pensionskassenbeiträgen liegen keine Umsätze im Sinne des § 1 Abs. 1 Z 1 UStG 1994 zu Grunde und können daher auch nicht als Vorleistungen abgezogen werden (siehe auch VwGH 27.04.2012, 2008/17/0086). 196

(AÖF 2013/274)

Das gilt auch für Steuern, Gebühren und andere Abgaben, die dem Antragsteller vorgeschrieben werden (zB Körperschaftssteuer, Landes- oder Gemeindeabgaben), da es sich hier nicht um Umsätze im Sinne des § 1 Abs. 1 Z 1 UStG 1994 handelt. 197

Soweit jedoch in steuerbaren Leistungen im Sinne des § 1 Abs. 1 Z 1 UStG 1994, die an den Antragsteller erbracht wurden, Steuern oder Abgaben enthalten sind, die zur Bemessungsgrundlage für die Umsatzsteuer gehören (zB Elektrizitätsabgabe für den Strombezug), sind diese Abgaben bei der Ermittlung des Nettoproduktionswertes nicht herauszurechnen.

Bei innergemeinschaftlichen Erwerben in anderen Mitgliedstaaten liegen keine Umsätze an das Unternehmern vor, sondern im Inland nicht steuerbare Umsätze des Unternehmens, die daher keine Vorleistungen im Sinne des § 1 Abs. 1 Z 1 EnAbgVergG darstellen. 198

Die für den Erwerb einer ausländischen Beteiligung durch einen österreichischen Betrieb geleisteten Zahlungen sind dann Vorleistungen im Sinne des § 1 Abs. 1 Z 2 EnAbgVergG, wenn es sich nach umsatzsteuerrechtlichen Kriterien um Umsätze im Sinne des § 1 UStG 1994 handelt. Das ist der Fall, wenn die Beteiligungsveräußerung beim Veräußerer umsatzsteuerbar ist und der Erwerb der Beteiligung für unternehmerische Zwecke des Antragstellers erfolgt bzw. insoweit wirtschaftliche Tätigkeit im Sinne der MwSt-RL 2006/112/EG vorliegt. 199

Dies gilt jedoch nur für Beteiligungserwerbe von untergeordnetem bzw. geringem Umfang, bzw. soweit auf Grund des Umfangs der Beteiligung nicht bereits vom Erwerb eines Betriebes auszugehen ist (siehe auch Rz 182).

Die Zahlung von Zinsen für Anleihen führt nicht zu abzugsfähigen Vorleistungen im Sinne des § 1 Abs. 1 Z 2 EnAbgVergG beim Nettoproduktionswert, da der Erwerb, das Halten und die Veräußerung einer Beteiligung an einer Gesellschaft grundsätzlich keine umsatzsteuerrechtlich relevanten Vorgänge sind (EuGH 06.02.1997, C-80/95, „Harnas & Helm"), sondern es sich hier um das bloße zur Verfügung stellen von Kapital handelt, das keine wirtschaftliche Tätigkeit darstellt, wenn es nicht als Hilfsgeschäft im Rahmen eines bestehenden Unternehmens anzusehen ist.

Zu Zinsenzahlungen im Allgemeinen siehe aber auch Rz 192.

200 Die ertragsteuerlich als Sonderbetriebsausgaben zu behandelnden Aufwendungen des Komplementärs einer KG (für die Finanzierung seines Gesellschafteranteiles) stellen bei dieser keine Vorleistungen im Sinne des § 1 Abs. 1 Z 2 EnAbgVergG dar.

201 Amtlichem Kilometergeld, das in Form von Reisekosten als Betriebsausgabe bei der betrieblichen Gewinnermittlung geltend gemacht werden kann, liegt ebenfalls kein Umsatz im Sinne des § 1 Abs. 1 Z 1 UStG 1994 zu Grunde und kann somit nicht als Vorleistung bei der Berechnung des Nettoproduktionswertes berücksichtigt werden.

202 Soweit Lieferungen, sonstige Leistungen oder Einfuhren, die im Zusammenhang mit der Anschaffung (Herstellung), Miete oder dem Betrieb von Personenkraftwagen, Kombinationskraftwagen oder Krafträdern stehen, nach § 12 Abs. 2 Z 2 lit. b UStG 1994 als nicht für das Unternehmen ausgeführt gelten, können die sich daraus ergebenden Aufwendungen bei der Berechnung des Nettoproduktionswertes ebenfalls nicht als abzugsfähige Vorleistungen angesehen werden.

Erlöse aus der Veräußerung eines solchen Fahrzeuges, die im Sinne des § 1 Abs. 1 Z 1 oder Z 2 UStG 1994 nicht steuerbar sind, finden dementsprechend ebenfalls keine Berücksichtigung beim Nettoproduktionswert.

202a Da der umsatzsteuerrechtliche Entgeltbegriff auch der Berechnung der Energieabgabenvergütung (des Nettoproduktionswertes) zu Grunde zu legen ist, und danach die Umsatzsteuer nicht zum Entgelt zählt (§ 4 Abs. 10 UStG 1994), stellen an den Betrieb erbrachte Umsätze auch nur in Höhe dieses Entgelts abzugsfähige Vorleistungen dar. Allenfalls nichtabzugsfähige Vorsteuern erhöhen die Vorleistungen im Sinne des § 1 Abs. 1 Z 2 EnAbgVergG nicht (vgl. VwGH 25.09.2012, 2012/17/0056, zur Ermittlung des Nettoproduktionswertes bei einem Unternehmen, das nur unecht steuerfreie Umsätze erzielt).

(AÖF 2013/274)

4.1.2.3. geleistete Anzahlungen

203 So wie bei einer erhaltenen Anzahlung (siehe Rz 183) kann auch hinsichtlich einer vom Antragsteller geleisteten Anzahlung der zu Grunde liegende Umsatz dann als erbracht angesehen und als Vorleistung zum Ansatz gebracht werden, wenn das Recht zum Vorsteuerabzug besteht (siehe hierzu UStR 2000 Rz 1841 f).

4.1.3. vergütungsfähige Energieträger

204 Vergütungsfähige Energieträger gemäß § 1 Abs. 3 EnAbgVergG sind

- elektrische Energie im Sinne des Elektrizitätsabgabegesetzes (Position 2716 der Kombinierten Nomenklatur);
- Erdgas im Sinne des Erdgasabgabegesetzes (Unterposition 2711 21 00 der Kombinierten Nomenklatur);
- Kohle im Sinne des Kohleabgabegesetzes (Positionen 2701, 2702, 2704, 2713 und 2714 der Kombinierten Nomenklatur) und
- folgende Mineralöle im Sinne des Mineralölsteuergesetzes 1995:
  - Heizöl Extraleicht (gekennzeichnetes Gasöl Unterpositionen 2710 19 41, 2710 19 45, 2710 19 49 der Kombinierten Nomenklatur),
  - Heizöl leicht, mittel, schwer (Unterpositionen 2710 19 61, 2710 19 63, 2710 19 65, 2710 19 69 der Kombinierten Nomenklatur),
  - Flüssiggas (Unterpositionen 2711 12, 2711 13, 2711 14, 2711 19 der Kombinierten Nomenklatur.

205 Diesel fällt zwar auch unter die Position 2710 19 41 der Kombinierten Nomenklatur, ist aber nicht vergütungsfähig, da es sich nicht um gekennzeichnetes Gasöl handelt.

Dies gilt auch dann, wenn er nicht als Treibstoff, sondern zu einer Vergütung grundsätzlich nicht entgegenstehenden Zwecken eingesetzt wird (zB Stromerzeugung).

206 Kerosin bzw. Flugbenzin zählt nicht zu den oben angeführten vergütungsfähigen Waren der Kombinierten Nomenklatur und kann schon aus diesem Grund eine Energieabgabenvergütung für in Kerosin enthaltene Abgaben nicht geltend gemacht werden, darüber hinaus ist auch die Verwendung von Kerosin als Treibstoff begünstigungsschädlich (siehe unten Rz 243).

4.1.4. Kombinierte Nomenklatur

207 Bei der Kombinierten Nomenklatur im Sinne dieses Bundesgesetzes, nach der sich die Qualifikation eines Energieträgers als vergütungsfähig richtet, handelt es sich um die Warennomenklatur nach Art. 1 der Verordnung (EWG) Nr. 2658/87 des Rates vom 23. Juli 1987 (ABl. Nr. L 256 vom 07.09.1987 S. 1) in der jeweils geltenden Fassung.

4.2. Anspruchsberechtigung und Antragstellung

4.2.1. Anspruchsberechtigung

Der Antrag auf Vergütung der Energieabgaben ist gemäß § 2 Abs. 2 EnAbgVergG für jeden einzelnen Betrieb zu stellen. 208

Ein Betrieb bzw. eine betriebliche Einheit, für die ein eigener Vergütungsantrag einzubringen ist, ist jedenfalls bei einer in organisatorischer Hinsicht selbstständigen bzw. aus eigenen Mitteln funktionsfähigen Einheit gegeben (siehe auch Rz 209 und Rz 224).

Umfasst ein Unternehmen mehrere Betriebe, so ist eine klare Trennung der einzelnen Betriebe und eine nachweisbare interne Verrechnung zwischen den Betrieben für die Vergütung der Energieabgaben erforderlich.

Bei Organschaften ist vom Organträger bei dem für ihn zuständigen Finanzamt für jedes einzelne Organ bzw. jeden einzelnen Betrieb ein gesonderter Vergütungsantrag einzubringen.

(AÖF 2013/274)

4.2.1.1. Anpruchsberechtigter Betrieb (Rechtslage bis 31. Jänner 2011)

(AÖF 2013/274)

Der Begriff „Betrieb" wird im Energieabgabenvergütungsgesetz selbst nicht näher definiert. 209

Das Energieabgabenvergütungsgesetz bedient sich aber im Wesentlichen der Terminologie des UStG 1994 (zB für die Bestimmung des Nettoproduktionswertes, siehe oben Rz 173 ff), so wie auch das für die Erhebung der Umsatzsteuer zuständige Finanzamt für die Energieabgabenvergütung zuständig ist. Demnach ist auch für das Energieabgabenvergütungsgesetz nicht auf einen ertragsteuerlichen, sondern auf einen umsatzsteuerlichen Betriebsbegriff abzustellen (siehe auch VwGH vom 11.12.2009, 2006/17/0118).

Dies entspricht auch der Richtlinie 2003/96/EG des Rates vom 27. Oktober 2003 zur Restrukturierung der gemeinschaftlichen Rahmenvorschriften zur Besteuerung von Energieerzeugnissen und elektrischem Strom (so genannte „Energiesteuerrichtlinie"):

Voraussetzung für eine Energieabgabenvergütung ist nach Art. 11 Abs. 1 der Energiesteuerrichtlinie die „betriebliche Verwendung" der Energieträger durch eine Betriebseinheit, die selbstständig und unabhängig von ihrem Ort Ware liefert oder Dienstleistungen erbringt, gleichgültig zu welchem Zweck und mit welchem Ergebnis diese wirtschaftlichen Tätigkeiten ausgeübt werden, wobei diese wirtschaftlichen Tätigkeiten alle Tätigkeiten eines Erzeugers, Händlers oder Dienstleistenden einschließlich der Tätigkeiten der Urproduzenten und der Landwirte, sowie die Tätigkeiten der freien Berufe umfassen.

Eine solche „Betriebseinheit" ist nach Art. 11 Abs. 2 der Energiesteuerrichtlinie keine kleinere Einrichtung als ein Teil eines Unternehmens oder eine juristische Person, die in organisatorischer Hinsicht einen selbstständigen Betrieb, dh eine aus eigenen Mitteln funktionsfähige Einheit, darstellt.

Diese Definitionen entsprechen inhaltlich im Wesentlichen den Begriffen „wirtschaftliche Tätigkeit" bzw. „unternehmerische Verwendung" aus Sicht des Mehrwertsteuerrechts (vgl. zB Art. 9 Abs. 1 MwSt-RL 2006/112/EG des Rates vom 28. November 2006 über das gemeinsame Mehrwertsteuersystem, ABl. Nr. L 347 vom 11.12.2006 S. 1), mit der Einschränkung, dass eine nicht betriebliche Verwendung der Energieträger, zB eine Verwendung für Vermietung und Verpachtung, keinen Vergütungsanspruch begründet.

Liegen mehrere Betätigungen vor, kann eine Energieabgabenvergütung nur insoweit gewährt werden, als der jeweiligen Betätigung eine betriebliche Tätigkeit im Sinne der Rz 209 zu Grunde liegt, für eine bloße Vermögensverwaltung (zB auch Vermietung oder Verpachtung) kann eine Energieabgabenvergütung demnach nicht beantragt werden. 210

Dies gilt auch für Körperschaften im Sinne des § 7 Abs. 3 erster Satz KStG 1988, die auf Grund der Rechtsform nach handelsrechtlichen Vorschriften zur Buchführung verpflichtet sind, und bei denen alle Einkünfte im Sinne des § 2 Abs. 3 EStG 1988 den Einkünften aus Gewerbebetrieb zuzurechnen sind. 211

Energieabgaben, die eine solche Körperschaft im Rahmen einer Tätigkeit geleistet hat, die nicht als betriebliche Tätigkeit im Sinne der obigen Ausführungen zu qualifizieren ist (zB Vermögensverwaltung), können daher nicht vergütet werden.

Beispiel:

Eine Gebäudeerrichtungs- und –vermietungsGmbH, deren Betriebsgegenstand die Errichtung, Verwertung, Vermietung usw. eine Einkaufszentrums ist, überträgt alle Verwaltungsagenden auf eine eigene Verwaltungsgesellschaft.

Kann die in Folge dieser Übertragung von der GmbH im konkreten Fall ausgeübte Tätigkeit nicht als betriebliche Tätigkeit angesehen werden, da es sich um eine bloße Vermögensverwaltung handelt, hat die GmbH keinen Anspruch auf Energieabgabenvergütung, auch wenn sie auf Grund ihrer Rechtsform Einkünfte aus Gewerbebetrieb erzielt.

212 Bau-ARGEN, auch Einmal-ARGEN, die nur hinsichtlich der Umsatzsteuer und allfälliger Lohnabgaben unmittelbar besteuert werden und deren Ergebnisse einheitlich und gesondert festgestellt und den einzelnen ARGE-Partnern direkt zugewiesen werden, sind antragsberechtigte Betriebe, da sie aus umsatzsteuerrechtlicher Sicht als Unternehmer im Sinne des § 2 UStG 1994 anzusehen sind.

Eine allfällige Vergütung von mit dieser Tätigkeit zusammenhängenden Energieabgaben kann daher durch die ARGE selbst unter den weiteren im Energieabgabenvergütungsgesetz genannten Voraussetzungen geltend gemacht werden.

213 Für Teilbetriebe, bei denen es sich schon begrifflich nicht um eigenständige Betriebe handelt, kann eine Energieabgabenvergütung ebenfalls nicht gesondert beantragt werden.

214 Sofern bei Körperschaften, Personenvereinigungen und Vermögensmassen, die der Förderung gemeinnütziger, mildtätiger oder kirchlicher Zwecke nach Maßgabe der §§ 34 bis 47 BAO dienen, nach inhaltlichen Kriterien tatsächlich eine betriebliche Tätigkeit im Sinne der Rz 209 f – somit keine Vermögensverwaltung im Sinne des § 47 BAO – ausgeübt wird, und daher entweder ein Gewerbebetrieb im Sinne des § 44 Abs. 2 BAO, ein wirtschaftlicher Geschäftsbetrieb im Sinne des § 45 Abs. 1, Abs. 2 oder Abs. 3 BAO bzw. ein Gewerbebetrieb oder wirtschaftlicher Geschäftsbetrieb im Sinne des § 45a BAO vorliegt, kann die Energieabgabenvergütung beantragt werden.

Ist bei solchen Körperschaften, Personenvereinigungen oder Vermögensmassen von einer nichtunternehmerischen Tätigkeit im Sinne des § 2 Abs. 5 Z 2 UStG 1994 auszugehen (näheres hierzu siehe Vereinsrichtlinien 2001 Rz 463 ff), besteht kein Anspruch auf Energieabgabenvergütung.

4.2.1.1.1. Körperschaften des öffentlichen Rechts

215 Bei Körperschaften des öffentlichen Rechtes besteht ein Vergütungsanspruch ebenfalls nur für „Betriebe" im Sinne der Energiesteuerrichtlinie. Das sind im Wesentlichen nur ihre Betriebe gewerblicher Art im Sinne des § 2 KStG 1988 (siehe KStR 2013 Rz 64 ff sowie VwGH 20.06.2012, 2010/17/0144). Für jeden Betrieb gewerblicher Art ist von der Körperschaft des öffentlichen Rechts ein eigener Antrag einzubringen.

Die Erfüllung hoheitlicher Aufgaben (zB öffentliche Straßenbeleuchtung bei einer Gemeinde) stellt keinen Betrieb gewerblicher Art einer Körperschaft des öffentlichen Rechts dar, und ist somit auch von der Energieabgabenvergütung ausgeschlossen.

(AÖF 2013/274)

216 Maßgeblich für das Vorliegen einer solchen betrieblichen Tätigkeit bei einem Betrieb gewerblicher Art ist weiters der eigentliche Inhalt der Tätigkeit.

Einkünfte im Rahmen der Vermögensverwaltung (Vermietung und Verpachtung oder Kapitalvermögen) und die sonstigen Einkünfte können keinen Betrieb gewerblicher Art begründen, soweit die Einkünfte nicht über den Bereich der Vermögensverwaltung hinausgehen und als gewerbliche einzustufen sind oder als Hilfsgeschäfte innerhalb eines Betriebes gewerblicher Art anfallen oder kraft Gesetzes einen Betrieb gewerblicher Art darstellen. Auch ein umfangreicher Liegenschaftsbesitz einer Körperschaft des öffentlichen Rechts, der eine entsprechende Verwaltungsorganisation (Geschäfts- oder Magistratsabteilung) erfordert, geht nicht über den Bereich der Vermögensverwaltung hinaus (KStR 2001 Rz 74).

Eine Energieabgabenvergütung ist in Fällen einer Gebrauchsüberlassung von Räumlichkeiten im Rahmen einer Vermögensverwaltung durch eine Körperschaft des öffentlichen Rechtes demzufolge nicht zulässig, da insoweit kein Betrieb (gewerblicher Art) vorliegt (zB bloße Vermietung einer Mehrzweckhalle durch eine Gemeinde).

217 Ist eine Tätigkeit einer Körperschaft des öffentlichen Rechtes nur auf Grund einer besonderen ertragsteuerrechtlichen Bestimmung als Betrieb gewerblicher Art anzusehen, ohne dass eine betriebliche Tätigkeit im Sinne der Energiesteuerrichtlinie gegeben ist (zB fiktiver Betrieb gewerblicher Art im Sinne des § 2 Abs. 2 KStG 1988), kann eine Energieabgabenvergütung ebenfalls nicht gewährt werden.

Ausgenommen hiervon sind fiktive Betriebe gewerblicher Art im Sinne des § 2 Abs. 5 UStG 1994, die zufolge § 2 Abs. 3 UStG 1994 als Unternehmer anzusehen sind (zB Wasserwerke usw.), da auf Grund des Inhalts der hier tatsächlich ausgeübten Tätigkeit von einer betrieblichen Tätigkeit ausgegangen werden kann.

Erfüllt eine von einer Körperschaft des öffentlichen Rechtes geführte Betätigung auch sonst nach dem Tätigkeitsinhalt grundsätzlich die Voraussetzungen eines Betriebes gewerblicher Art, kann insoweit auch die Energieabgabenvergütung beantragt werden. Eine nur vorübergehende Gebrauchsüberlassung von Räumlichkeiten im Rahmen einer solchen betrieblichen Tätigkeit (zB stundenweise Vermietung) ist für die Energieabgabenvergütung nicht schädlich. **218**

Kein Vergütungsanspruch im Zusammenhang mit der Vermietung einer Mehrzweckhalle durch eine Gemeinde besteht mangels Vorliegens eines Betriebes gewerblicher Art im Sinne des § 2 Abs. 3 UStG 1994 iVm § 2 KStG 1988, wenn die konkret ausgeübte Tätigkeit nicht über bloße Vermögensverwaltung hinausgeht. Ein „fiktiver" Betrieb gewerblicher Art im Sinne des § 2 Abs. 3 UStG 1994 begründet keine betriebliche Tätigkeit im Sinne des EnAbgVergG. **219**

Die Bestimmung im Sinne des § 2 Abs. 3 KStG 1988, nach der mehrere Betriebe gewerblicher Art zu einem einheitlichen Betrieb zusammengefasst werden können (Versorgungsbetriebe), ist für die Energieabgabenvergütung nicht anwendbar. Es muss daher auch in diesem Fall für jeden Betrieb eigener Vergütungsantrag eingebracht werden. **220**

4.2.1.1.2. land- und forstwirtschaftliche Betriebe

Auch land- und forstwirtschaftliche Betriebe, deren Umsatzsteuer nach einem Durchschnittsatz im Sinne des § 22 UStG 1994 (pauschal) ermittelt wird, üben grundsätzlich eine betriebliche Tätigkeit aus und sind insoweit dem Grunde nach berechtigt, die Energieabgabenvergütung zu beantragen. **221**

Zur Ermittlung des Nettoproduktionswertes siehe Rz 184 f.

4.2.1.1.3. Liebhaberei

Ist eine Tätigkeit nach § 2 Abs. 5 Z 2 UStG 1994 als Liebhaberei zu beurteilen, liegt auch kein Betrieb im Sinne der Energiesteuerrichtlinie vor. **222**

4.2.1.2. Anpruchsberechtigter Betrieb (Rechtslage ab 1. Februar 2011)

(AÖF 2013/274)

Ein Anspruch auf Energieabgabenvergütung besteht nur für einen Betrieb, dessen Schwerpunkt nachweislich in der Herstellung körperlicher Wirtschaftsgüter liegt. **223**

Kein Anspruch auf Energieabgabenvergütung besteht demnach, wenn

- schon dem Grunde nach keine betriebliche Tätigkeit vorliegt (Näheres siehe die folgende Rz 224), oder
- eine betriebliche Tätigkeit gegeben ist, deren Schwerpunkt nicht in der Herstellung körperlicher Wirtschaftsgüter liegt (Näheres siehe Rz 225 ff).

4.2.1.2.1. Betrieb – betriebliche Tätigkeit

Der Begriff „Betrieb" wird im Energieabgabenvergütungsgesetz selbst nicht näher definiert. **224**

Das Energieabgabenvergütungsgesetz bedient sich aber im Wesentlichen der Terminologie des UStG 1994 (zB für die Bestimmung des Nettoproduktionswertes, siehe oben Rz 173 ff), so wie auch das für die Erhebung der Umsatzsteuer zuständige Finanzamt für die Energieabgabenvergütung zuständig ist. Demnach ist auch für das Energieabgabenvergütungsgesetz nicht auf einen ertragsteuerlichen, sondern auf einen umsatzsteuerlichen Betriebsbegriff abzustellen (siehe auch VwGH vom 11.12.2009, 2006/17/0118).

Dies entspricht – eingeschränkt auf Produktionsbetriebe – auch der Richtlinie 2003/96/EG des Rates vom 27. Oktober 2003 zur Restrukturierung der gemeinschaftlichen Rahmenvorschriften zur Besteuerung von Energieerzeugnissen und elektrischem Strom(so genannte „Energiesteuerrichtlinie"):

Voraussetzung für eine Energieabgabenvergütung wird daher in Anlehnung an Art. 11 Abs. 1 der Energiesteuerrichtlinie die „betriebliche Verwendung der Energieträger durch eine Betriebseinheit sein, die selbstständig und unabhängig von ihrem Ort Ware liefert, gleichgültig zu welchem Zweck und mit welchem Ergebnis diese wirtschaftliche Tätigkeit ausgeübt wird, wobei diese wirtschaftliche Tätigkeit alle Tätigkeiten eines Erzeugers einschließlich der Tätigkeiten der Urproduzenten und der Landwirte, sowie die Tätigkeiten der freien Berufe, soweit diese schwerpunktmäßig in der Produktion körperlicher Wirtschaftsgüter besteht, umfassen."

Eine solche „Betriebseinheit" ist nach Art. 11 Abs. 2 der Energiesteuerrichtlinie „keine kleinere Einrichtung als ein Teil eines Unternehmens oder eine juristische Person, die

EnAbgR

in organisatorischer Hinsicht einen selbstständigen Betrieb, dh eine aus eigenen Mitteln funktionsfähige Einheit, darstellt".

Diese Definitionen entsprechen inhaltlich im Wesentlichen den Begriffen „wirtschaftliche Tätigkeit" bzw. „unternehmerische Verwendung" aus Sicht des Mehrwertsteuerrechts (vgl. zB Art. 9 Abs. 1 MwSt-RL 2006/112/EG des Rates vom 28. November 2006 über das gemeinsame Mehrwertsteuersystem, ABl. Nr. L 347 vom 11.12.2006 S. 1).

Eine betriebliche Tätigkeit ist somit bei einer bloßen Vermögensverwaltung (zB auch Vermietung oder Verpachtung) schon dem Grunde nach nicht gegeben.

4.2.1.2.2. Produktionsbetriebe – Herstellung körperlicher Wirtschaftsgüter

225 Antragsberechtigt sind nur die so genannten „Produktionsbetriebe", das sind Betriebe, deren Schwerpunkt nachweislich in der Herstellung körperlicher Wirtschaftsgüter besteht.

Herstellung von körperlichen Wirtschaftsgütern ist auch die Bearbeitung von körperlichen Wirtschaftsgütern, die zu einer wesentlichen Änderung der Marktgängigkeit der Wirtschaftsgüter führt. Entscheidend ist dabei, dass durch chemische oder physikalische (auch mechanische) Einwirkung ein anderes Wirtschaftsgut entsteht.

Eine solche als Produktion zu bezeichnende Herstellung von körperlichen Wirtschaftsgütern ist beispielsweise dann gegeben, wenn in einem Bergbaubetrieb Gestein abgebaut oder in einem Schotterabbaubetrieb Schotter gewonnen wird und daraus in der Folge durch weitere Bearbeitung Wirtschaftsgüter geschaffen werden, deren physikalische Beschaffenheit nicht mehr der des Ausgangsmaterials entspricht und es sich daher um Wirtschaftsgüter einer anderer Marktgängigkeit handelt.

(AÖF 2013/274, BMF-AV Nr. 2015/18)

226 „Körperliche Wirtschaftsgüter" sind grundsätzlich alle körperliche Sachen, unabhängig vom Aggregatzustand, zB Erdgas, Flüssiggas, Wasserdampf, usw.

Die Abgrenzung des Begriffes „körperliches Wirtschaftsgut" erfolgt hier nicht nach den gleichen Kriterien wie im Umsatzsteuerrecht.

Keine „körperlichen Wirtschaftsgüter" sind zB

- elektrische Energie
- Wärme
- Kälte
- Wasserkraft

227 Die Herstellung körperlicher Wirtschaftsgüter stellt dann den Schwerpunkt einer betrieblichen Tätigkeit dar, wenn nach dem Gesamtbild der Verhältnisse im Antragszeitraum weit überwiegend – ds. jedenfalls mehr als 80% der Umsätze – körperliche Wirtschaftsgüter produziert werden, und andere Tätigkeiten (Dienstleistungen) nur in untergeordnetem Ausmaß vorliegen.

Maßgeblich sind jene Lieferungen und sonstigen Leistungen, für die die Steuerschuld nach § 19 Abs. 2 UStG 1994 im Antragszeitraum entstanden ist.

Beispiel 1:

Im Rahmen eines einheitlichen Betriebes werden von einer Möbeltischlerei einerseits Möbel erzeugt, andererseits beschädigte oder gebrauchte Möbel repariert bzw. wieder hergestellt.

Die Möbeltischlerei besteuert ihre Umsätze nach vereinbarten Entgelten iSd § 17 UStG 1994. Die Umsätze der Möbeltischlerei betragen im Jahr 2011

• *aus der Lieferung selbst produzierter Möbel*	*€ 175.000*
• *aus der Reparatur gebrauchter Möbel*	*€ 100.000*
• *aus Anzahlungen für selbst zu produzierende Möbel*	*€ 25.000*
• *aus Anzahlungen für zu reparierende Möbel*	*€ 5.000*

Der Betrieb erzielt im Antragszeitraum somit Umsätze aus der Herstellung körperlicher Wirtschaftsgüter iHv Euro 200.000, aus Dienstleistungen iHv Euro 105.000.

Damit überwiegen bei dieser Möbeltischlerei im Antragszeitraum die Umsätze aus der Produktion von Wirtschaftsgütern in nicht ausreichendem Umfang. Es besteht kein Anspruch auf Energieabgabenvergütung.

Zu den abzugsfähigen Energieabgaben siehe unten Rz 238.

Beispiel 2:

Mit Ausnahme der Umsätze ist der gleiche Sachverhalt gegeben wie in Beispiel 1. Die Umsätze der Möbeltischlerei betragen im Jahr 2011

- *aus der Lieferung selbst produzierter Möbel € 350.000*
- *aus der Reparatur gebrauchter Möbel € 45.000*
- *aus Anzahlungen für selbst zu produzierende Möbel € 100.000*
- *aus Anzahlungen für zu reparierende Möbel € 5.000.*

Der Betrieb erzielt im Antragszeitraum somit Umsätze aus der Herstellung körperlicher Wirtschaftsgüter iHv Euro 450.000, aus Dienstleistungen iHv Euro 50.000.

Damit betragen die Umsätze aus der Produktion von Wirtschaftsgütern im Antragszeitraum 90% des Gesamtumsatzes und überwiegen bei weitem die Umsätze aus der Erbringung von Dienstleistungen (10% des Gesamtumsatzes), so dass ein Anspruch auf Energieabgabenvergütung besteht.

(AÖF 2013/274)

Betriebe, deren Tätigkeitsschwerpunkt in der Erbringung von Dienstleistungen liegt, 228
haben keinen Anspruch auf die Vergütung von Energieabgaben.

Nicht antragsberechtigt sind danach zB

- Beförderungsunternehmen (Seilbahnunternehmen),
- Beherbergungsbetriebe,
- Einkaufszentren,
- Krankenanstalten,
- Handelsbetriebe, das sind Betriebe, die überwiegend zugekaufte Waren liefern,
- Wäschereien bzw. chemische Reinigungen (VwGH 19.03.2013, 2013/15/0078).

Bei so genannten „Mischbetrieben", bei denen sowohl Tätigkeiten gegeben sind, deren Schwerpunkt in der Produktion körperlicher Wirtschaftsgüter iSd Rz 225 besteht, als auch Tätigkeiten, bei denen es sich um Dienstleistungen handelt, ist für den produzierenden Teil des Betriebs eine Energieabgabenvergütung möglich, wenn dieser einen Teilbetrieb iSd Rz 232 darstellt, und die Umsätze dieses Teilbetriebs 50% des Gesamtumsatzes übersteigen.

Werden in einem solchen Teilbetrieb weniger als 50% des Gesamtumsatzes erzielt, ist eine Energieabgabenvergütung ausgeschlossen.

(AÖF 2013/274, BMF-AV Nr. 2015/18)

Der Nachweis des Schwerpunkts der betrieblichen Tätigkeit ist auf Grund der Aufzeich- 229
nungen und Belege im Sinne der §§ 131 und 132 BAO zu erbringen.

Liegen mehrere betriebliche Tätigkeiten vor, kann eine Energieabgabenvergütung nur 230
für jene Betriebe gewährt werden, die nachweislich schwerpunktmäßig der Herstellung körperlicher Wirtschaftsgüter dienen.

Beispiel:

Ein Unternehmer betreibt eine Landwirtschaft und ein Restaurant. Daneben ist er als Bildhauer künstlerisch tätig und stellt regelmäßig Skulpturen her, die er veräußert. Außerdem vermietet er auch noch mehrere Wohnungen. Die dabei entfallenden Verwaltungstätigkeiten erledigt er in einem eigens hierfür eingerichteten Büro.

Jene Energieabgaben, die im Zusammenhang mit der Landwirtschaft und der künstlerischen Tätigkeit angefallen sind, können beim Vorliegen aller Voraussetzungen geltend gemacht werden, da es sich hier um Produktionsbetriebe handelt. Energieabgaben, die für den Restaurantbetrieb entrichtet wurden, sind nicht vergütungsfähig, da es sich hier einen Dienstleistungsbetrieb handelt, jene, die durch die Vermietungstätigkeit verursacht wurden (zB Beheizung des Büros) sind ebenfalls nicht vergütungsfähig, da hier inhaltlich keine betriebliche Tätigkeit vorliegt.

Bau-ARGEN, auch Einmal-ARGEN, die nur hinsichtlich der Umsatzsteuer und allfälliger 231
Lohnabgaben unmittelbar besteuert werden und deren Ergebnisse einheitlich und gesondert festgestellt und den einzelnen ARGE-Partnern direkt zugewiesen werden, und die im Rahmen ihrer Tätigkeit schwerpunktmäßig körperliche Wirtschaftsgüter herstellen (zB Bauwerke), können antragsberechtigte Betriebe sein, sofern ihr, da sie aus umsatzsteuerrechtlicher Sicht als Unternehmer im Sinne des § 2 UStG 1994 anzusehen sind.

Eine allfällige Vergütung von mit dieser Tätigkeit zusammenhängenden Energieabgaben kann daher durch die ARGE selbst unter den weiteren im Energieabgabenvergütungsgesetz genannten Voraussetzungen geltend gemacht werden.

232 Zum Vorliegen eines Teilbetriebes siehe die – insoweit auch aus umsatzsteuerrechtlicher Sicht maßgeblichen – Ausführungen in EStR 2000 Rz 5579 f mwH.

Für einen Teilbetrieb eines Betriebes kann eine Energieabgabenvergütung beim Vorliegen der folgenden Voraussetzungen gesondert beantragt werden:

- der Schwerpunkt der betrieblichen Tätigkeit des Teilbetriebs (mehr als 80%) besteht in der Herstellung körperlicher Wirtschaftsgüter iSd Rz 225 ff,
- die auf den Teilbetrieb entfallenden Umsätze übersteigen 50% des Gesamtumsatzes,
- für die Ermittlung der Energieabgabenvergütung wurde an Hand innerbetrieblicher Aufzeichnungen eine eindeutige Trennung dieser Tätigkeit und der damit verbundenen Umsätze von den anderen betrieblichen Tätigkeiten vorgenommen,
- die in diesem Teilbetrieb verbrauchten Energieträger sowie die darauf entfallenen und entrichteten Energieabgaben wurden dem Teilbetrieb eindeutig nachvollziehbar zugeordnet.

(AÖF 2013/274)

233 Sofern bei Körperschaften, Personenvereinigungen und Vermögensmassen, die der Förderung gemeinnütziger, mildtätiger oder kirchlicher Zwecke nach Maßgabe der §§ 34 bis 47 BAO dienen, eine Tätigkeit im Sinne der Rz 224 f gegeben ist, deren Schwerpunkt in der Herstellung körperlicher Wirtschaftsgüter besteht, und daher entweder ein Gewerbebetrieb im Sinne des § 44 Abs. 2 BAO, ein wirtschaftlicher Geschäftsbetrieb im Sinne des § 45 Abs. 1, Abs. 2 oder Abs. 3 BAO bzw. ein Gewerbebetrieb oder wirtschaftlicher Geschäftsbetrieb im Sinne des § 45a BAO vorliegt, kann die Energieabgabenvergütung beantragt werden.

Ist bei solchen Körperschaften, Personenvereinigungen oder Vermögensmassen von einer nichtunternehmerischen Tätigkeit im Sinne des § 2 Abs. 5 Z 2 UStG 1994 auszugehen (näheres hierzu siehe Vereinsrichtlinien 2001 Rz 463 ff), besteht kein Anspruch auf Energieabgabenvergütung.

4.2.1.2.3. Körperschaften des öffentlichen Rechts

234 Bei Körperschaften des öffentlichen Rechtes besteht ein Vergütungsanspruch ebenfalls nur für „Betriebe" im Sinne der Energiesteuerrichtlinie, im Wesentlichen somit für ihre Betriebe gewerblicher Art im Sinne des § 2 KStG 1988 (siehe KStR 2013 Rz 64 ff), sofern ihre Tätigkeit schwerpunktmäßig in der Erzeugung körperlicher Wirtschaftsgüter liegt. Für jeden Betrieb gewerblicher Art ist von der Körperschaft des öffentlichen Rechts ein eigener Antrag einzubringen (VwGH 20.06.2012, 2010/17/0144).

Die Erfüllung hoheitlicher Aufgaben kann keinesfalls einen Betrieb gewerblicher Art einer Körperschaft des öffentlichen Rechts darstellen, und ist somit schon dem Grunde nach von der Energieabgabenvergütung ausgeschlossen.

Kein Vergütungsanspruch besteht weiters für Betriebe gewerblicher Art, deren Schwerpunkt in der Erbringung von Dienstleistungen liegt (zB Müllentsorgung).

Von der Produktion körperlicher Wirtschaftsgüter kann demgegenüber dann ausgegangen werden, wenn durch chemische bzw. physikalische Behandlung

- Wasser als Trinkwasser aufbereitet wird oder
- Abwasser in gereinigtes Wasser und Klärschlamm umgewandelt wird.

Der bloße Transport von Trinkwasser zu den Abnehmern bzw. Abwasser zur Reinigungsanlage stellt keine Produktion körperlicher Wirtschaftsgüter dar.

(AÖF 2013/274)

235 Ist eine der Tätigkeiten einer Körperschaft des öffentlichen Rechtes nur auf Grund einer besonderen ertragsteuerrechtlichen Bestimmung als Betrieb gewerblicher Art anzusehen, ohne dass eine betriebliche Tätigkeit im Sinne der Energiesteuerrichtlinie gegeben ist (zB fiktiver Betrieb gewerblicher Art im Sinne des § 2 Abs. 2 KStG 1988), kann eine Energieabgabenvergütung ebenfalls nicht gewährt werden.

Ausgenommen hiervon sind fiktive Betriebe gewerblicher Art im Sinne des § 2 Abs. 5 UStG 1994, die zufolge § 2 Abs. 3 UStG 1994 als Unternehmer anzusehen sind, sofern auf Grund des Inhalts der hier tatsächlich ausgeübten Tätigkeit von einer Tätigkeit zur Erzeugung körperlicher Wirtschaftsgüter ausgegangen werden kann (zB Aufbereitung von Trinkwasser und Reinigung von Abwasser).

4.2.1.2.4. land- und forstwirtschaftliche Betriebe

236 Auch land- und forstwirtschaftliche Betriebe, deren Umsatzsteuer nach einem Durchschnittsatz im Sinne des § 22 UStG 1994 (pauschal) ermittelt wird, sind grundsätzlich im

Rahmen eines Produktionsbetriebes tätig und sind insoweit dem Grunde nach berechtigt, die Energieabgabenvergütung zu beantragen.

Zur Ermittlung des Nettoproduktionswertes siehe Rz 184 f.

4.2.1.2.5. Liebhaberei

Ist eine Tätigkeit nach § 2 Abs. 5 Z 2 UStG 1994 als Liebhaberei zu beurteilen, liegt auch kein anspruchsberechtigter Produktionsbetrieb im Sinne der Energiesteuerrichtlinie vor. **237**

4.2.1.2.6. Produktionsbetriebe – vergütungsfähige Energieabgaben

Bei der Ermittlung des Vergütungsbetrages können nur jene Energieabgaben zum Ansatz gebracht werden, **238**

- die auf vergütungsfähige Energieträger (siehe Rz 204) entfallen, die im Rahmen der betrieblichen Tätigkeit verwendet werden, oder
- auf Wärme, Dampf oder Warmwasser (siehe auch Rz 252) entfallen, die aus vergütungsfähigen Energieträgern erzeugt wurden, soweit diese unmittelbar für den Produktionsprozess eingesetzt wurden (§ 3 Z 1 iVm § 2 Abs. 3 EnAbgVergG, siehe Rz 259).

Eine Vergütungsfähigkeit von Energieabgaben ist somit dann gegeben, wenn sie für vergütungsfähige Energieträger (Elektrizität, Erdgas, Kohle, vergütungsfähige Mineralöle) entrichtet wurden, und diese Energieträger im Produktionsbetrieb eingesetzt wurden.

Energieabgaben für aus den genannten Energieträgern erzeugte Wärme, Dampf oder Warmwasser können hingegen nur dann vergütet werden, wenn die Wärme, der Dampf oder das Warmwasser für den Produktionsprozess im technischen Sinn verwendet werden, nicht hingegen für bloße Verwaltungstätigkeiten eines Produktionsbetriebes (zB Beheizung, Beleuchtung, elektrische Versorgung von Büros usw.).

Beispiel:

Ein Produktionsbetrieb erzeugt und liefert Maschinen. Dieser Betrieb verfügt über eine eigene Forschungsabteilung, in der diese Maschinen entwickelt werden, und in der auch Protoypen hergestellt werden.

Wenn es sich bei diesem Betrieb insgesamt um einen Produktionsbetrieb handelt, ist zB Elektrizitätsabgabe vergütungsfähig, die auf Stromverbräuche für allgemeine betriebliche Zwecke vom Betrieb – damit auch von der Forschungsabteilung – verbrauchte elektrische Energie entfällt und entrichtet wurde.

Werden hingegen zB Räumlichkeiten, in denen sich die Forschungsabteilung befindet, mit Fernwärme beheizt, sind allfällige in diesem Zusammenhang weiterrechnete Energieabgaben nicht vergütungsfähig.

(AÖF 2013/274)

4.2.1.2.7. Übergangsregelung für Betriebe mit abweichendem Wirtschaftsjahr

Für Dienstleistungsbetriebe besteht für Zeiträume ab dem 1. Februar 2011 kein Anspruch auf Energieabgabenvergütung mehr. Soweit ein Dienstleistungsbetrieb den Gewinn bzw. die Umsätze nach einem vom Kalenderjahr abweichenden Wirtschaftsjahr ermittelt, endet der Zeitraum, für den letztmalig eine Energieabgabenvergütung beantragt werden kann, mit dem 31. Jänner 2011; der Berechnung des Energieabgabenvergütungsanspruchs ist somit ein entsprechend gekürztes „Rumpfwirtschaftsjahr" zu Grunde zu legen. Für den Nettoproduktionswert sind somit nur die Umsätze und Vorleistungen des verkürzten Antragszeitraums maßgeblich, das Gleiche gilt für die abzugsfähigen Energieabgaben bzw. die Vergleichsrechnung im Sinne des § 2 Abs. 2 Z 2 EnAbgVergG (zur Vergleichsrechnung siehe Rz 249). Der allgemeine Selbstbehalt in Höhe von 400 Euro ist zu aliquotieren (zum allgemeinen Selbstbehalt siehe ebenfalls Rz 249). **239**

Beispiel:

Ein Dienstleistungsbetrieb hat ein vom Kalenderjahr abweichendes Wirtschaftsjahr vom 1. April bis zum 31. März gewählt.

Somit kann letztmalig ein Vergütungsantrag für das aus zehn Monaten bestehende Rumpfwirtschaftsjahr vom 1. April 2010 bis 31. Jänner 2011 eingebracht werden. Dem Nettoproduktionswert sind die steuerbaren Umsätze und abzugsfähigen Vorleistungen der Monate April bis Jänner 2011 zu Grunde zu legen. Ebenso sind nur die in diesen Monaten entrichteten Energieabgaben für verbrauchte Energieträger zu berücksichtigen. Für die Vergleichsrechnung sind nur die Energieträger dieser zehn Monate maßgeblich.

Der allgemeine Selbstbehalt beträgt in diesem Fall 333 Euro (statt ungekürzt 400 Euro).

(AÖF 2013/274)

4.2.1.3. Einschränkung des Vergütungsanspruches

240 Energieabgaben können nur insoweit vergütet werden, als die Energieträger nicht weitergeliefert werden, oder der Produktionsbetrieb (bis 31. Jänner 2011: Betrieb) aus diesen Energieträgern Wärme, Dampf oder Warmwasser erzeugt und liefert.

Zur Verhinderung einer mehrfachen Inanspruchnahme für Betriebe im Allgemeinen oder Teile von Betrieben, die elektrische Energie, Erdgas oder aus diesen Energieträgern erzeugte Wärme (Warmwasser oder Dampf) liefern, wird hier die Möglichkeit der Energieabgabenvergütung nicht zugelassen. In diesen Fällen soll der Abnehmer der Energie, wenn er die Voraussetzungen erfüllt, die Vergütung geltend machen können.

Der Vergütungsanspruch besteht ausschließlich für den Energieverbrauch iZm dem eigenen Produktionsbetrieb (bis 31. Jänner 2011: Betrieb), während die Weiterlieferung von Energie gegebenenfalls den weiterbelieferten Produktionsbetrieb (bis 31. Jänner 2011: Betrieb) zur Vergütung berechtigt.

Beispiel 1:

(Rechtslage bis 31. Jänner 2011)

Eine Gemeinde hat eine Kantine, die als Betrieb gewerblicher Art anzusehen ist, eingerichtet und anschließend verpachtet. Die Stromrechnung wird an die Gemeinde gelegt. Wird im Rahmen der Betriebskostenabrechnung der Strom inklusive Elektrizitätsabgabe an den Kantinenpächter weiterverrechnet und die Elektrizitätsabgabe gesondert ausgewiesen, kann die Kantine die Energieabgabenvergütung für die weiterverrechneten Energieabgaben beantragen, wenn sonst alle Voraussetzungen vorliegen.

Die Gemeinde hat keinen Vergütungsanspruch hinsichtlich der weiterverrechneten Energieabgaben, sondern nur hinsichtlich jener Energieabgaben, die auf eine eigene betriebliche Tätigkeit im Rahmen ihrer Betriebe gewerblicher Art entfallen.

Beispiel 2:

(Rechtslage bis 31. Jänner 2011)

Ein Unternehmer bietet vertraglich zu einem Fixpreis ein „Leistungsbündel" an, in dem neben der Betriebsführung und Betreuung haustechnischer Anlagen eines Gebäudes auch das Entgelt für Heizung, Wärme- und Energieversorgung enthalten sind. Der leistende Unternehmer erzeugt die vertragsgemäß zu liefernde Wärme selbst und bezieht hierfür mit Energieabgaben belastete Energieträger (zB Erdgas).

Unabhängig von der Art und Weise der Weiterverrechnung (Fixpreis) besteht kein Vergütungsanspruch für den leistenden Unternehmer für die auf die weitergelieferten Energieträger entfallenden Energieabgaben bzw. insoweit er aus diesen Wärme erzeugt und weitergeliefert hat.

Gibt der leistende Unternehmer jedoch dem Leistungsempfänger die Menge der jeweils weiterverrechneten Energieträger und die darauf entfallenen Energieabgaben bekannt, kann dieser beim Zutreffen aller sonstigen Voraussetzungen insoweit die Energieabgabenvergütung beantragen.

Beispiel 3:

(Rechtslage bis 31. Jänner 2011)

Eine Besitz- und VerwaltungsGmbH, die ein Einkaufszentrum im Rahmen einer über eine bloße Vermögensverwaltung hinausgehenden betrieblichen Tätigkeit betreibt und Energiekosten inkl. Energieabgaben ohne gesonderten Ausweis monatlich an die Pächter der Geschäftslokale weiterverrechnet, hat insoweit keinen Anspruch auf eine Energieabgabenvergütung, sondern ist dieser auf im Rahmen ihrer eigenen betrieblichen Tätigkeit entstandene Energieaufwendungen begrenzt.

Hinsichtlich der weiterverrechneten Energieabgaben kann sich ein Vergütungsanspruch nur für die einzelnen Shops ergeben. Voraussetzung ist aber unter anderem, dass in der Rechnung die Menge der jeweils weiter verrechneten Energieträger und die darauf entfallenden Energieabgaben bekannt gegeben werden.

Werden von der Besitz- und VerwaltungsGmbH Energiekosten für Flächen, die von den Shopbetreibern gemeinsam genutzt werden (zB Stiegenhäuser, Gänge usw.) nach einem bestimmten Aufteilungsschlüssel anteilig an die Shopbetreiber weiterverrechnet und die darauf entfallenden Energieabgaben ebenfalls bekannt gegeben, können die Shopbetreiber auch hinsichtlich dieser Energieabgaben die Energievergütung beantragen.

Werden Energiekosten für solche gemeinsam genutzten Flächen von der Besitz- und VerwaltungsGmbH nicht an der Shopbetreiber weiterverrechnet, sondern von dieser selbst getragen, ist die Besitz- und VerwaltungsGmbH selbst berechtigt, für die in diesen Ausgaben enthaltenen Energieabgaben die Energieabgabenvergütung zu beantragen.

Beispiel 4:

(Rechtslage bis 31. Jänner 2011)

Ein Betrieb erzeugt und liefert Fernwärme aus der Verbrennung von Hackgut unter Einsatz von elektrischer Energie und Erdgas.

Erfolgt die Fernwärmeerzeugung ausschließlich aus der Verbrennung von Hackgut, so dass im Wärmeerzeugungsprozess selbst elektrische Energie und Erdgas nicht eingesetzt werden, und diese Energieträger nur zu anderen unmittelbar betrieblichen Zwecken (zB Beleuchtung, Betrieb von Pumpen) verwendet werden, besteht ein Vergütungsanspruch nach den allgemeinen Voraussetzungen des EnAbgVergG.

Erfolgt die Fernwärmeerzeugung nicht nur aus der Verbrennung von Hackgut, sondern wird alternativ auch elektrische Energie und Erdgas eingesetzt, ist insoweit für diese Energieträger kein Vergütungsanspruch nach EnAbgVergG gegeben.

Die im ElAbgG und ErdgasAbgG vorgesehenen Befreiungsbestimmungen sind hier nicht anwendbar, da sie sich im Wesentlichen auf die Erzeugung oder Fortleitung von elektrischer Energie oder Erdgas sowie deren nichtenergetische Nutzung beziehen, aber nicht auf die Erzeugung von Wärme.

Beispiel 5:

(Rechtslage bis 31. Jänner 2011)

Ein Betrieb erzeugt und liefert Fernwärme ausschließlich durch Einsatz elektrischer Energie oder Erdgas (ohne Verbrennung anderer Wirtschaftsgüter, wie zB Hackgut oder Müll).

Ein Anspruch auf Energieabgabenvergütung besteht bei entsprechendem Nachweis nur insoweit, als der Einsatz der Energieträger für eigene unmittelbare betriebliche Zwecke erfolgt ist (zB Beleuchtung, Beheizung, aber auch für den Einsatz von Maschinen oä, die für die Wärmeerzeugung grundsätzlich notwendig sind), nicht aber insoweit sie zur Erzeugung von Wärme (bzw. hinsichtlich des eigentlichen Inputs der Elektrizität oder des Erdgases zur Wärmeerzeugung) bzw. für deren Weiterlieferung verwendet werden.

Beispiel 6:

(Rechtslage bis 31. Jänner 2011)

Ein Betrieb erzeugt und liefert Fernwärme durch Müllverbrennung. Auch hier ist ein Vergütungsanspruch nur insoweit gegeben, als vergütungsfähige Energieträger unmittelbar für eigene betriebliche Zwecken und nicht zur Erzeugung und Lieferung von Wärme eingesetzt werden.

Beispiel 7:

Ein Betrieb erwirbt mit Kohleabgabe belastete Kohle zur betrieblichen Verwendung im Produktionsprozess. Daneben veräußert er Kohle in geringem Umfang an andere Betriebe. Für die Kohleabgabe, die auf die weiterveräußerte Kohle entfällt, besteht kein Vergütungsanspruch nach dem EnAbgVergG.

(AÖF 2013/274)

Schließen sich umsatzsteuerpauschalierte Gärtnereibetriebe zu einer Genossenschaft zusammen, wobei die bei der Genossenschaft anfallenden Energiekosten auf die Mitglieder umgelegt werden, dann bestehen keine Bedenken, wenn die von der Genossenschaft ihren Mitgliedern weiterverrechneten Energieabgaben bei diesen in ihre Energieabgabenvergütung einbezogen werden. **241**

Voraussetzung ist aber, dass die Weiterverrechnung auf Grund einer sachgerechten und eindeutig nachvollziehbaren Kostenzuordnung (zB auf Grund eigener Zähler) erfolgt. Eine schätzungsweise Aufteilung der Energiekosten reicht hingegen nicht aus.

Energieabgaben, die auf Energieträger entfallen, die für die Lieferung von Kälte eingesetzt werden, sind nicht vergütungsfähig, da es sich bei der Lieferung von Kälte ebenfalls um die Lieferung von Wärme – wenn auch in einer besonderen Erscheinungsform – handelt, bei deren Weiterlieferung eine Vergütung der darin enthaltenen Energieträger nach dem EnAbgVergG ausgeschlossen ist. **242**

4.2.2. Antragstellung

4.2.2.1. Voraussetzungen

Der Unternehmer kann den Antrag auf Vergütung der Energieabgaben unter Anschluss der entsprechenden Unterlagen innerhalb von fünf Jahren ab Vorliegen der Voraussetzungen stellen. Dies gilt auch dann, wenn der Antrag für einen Betrieb gestellt wird, der umsatzsteuerlich ein unselbständiger Unternehmensteil ist. Der Antrag wird mit einem Bescheid erledigt, wobei die Erstattung in einem Betrag und nicht nach einzelnen Energieabgaben getrennt erfolgt. Der allgemeine Selbstbehalt beträgt 400 Euro. **243**

4.2.2.1.1. Frist

244 Bei der Fünfjahresfrist für die Antragstellung handelt es sich um eine im Energieabgabenvergütungsgesetz geregelte Ausschlussfrist.

Sie ist daher nicht nach den Bestimmungen der BAO verlängerbar und unterliegt auch keiner sonstigen Fristenregelung (§ 110 Abs. 1 BAO).

Da der Zeitraum, für den der Vergütungsantrag eingebracht werden kann, ein Kalender(Wirtschafts-)Jahr umfasst, beginnt diese Frist mit dem auf den letzten Tag des jeweiligen Vergütungszeitraums folgenden Tag zu laufen und endet nach fünf Jahren. Die Voraussetzungen für die Antragstellung sind grundsätzlich dann gegeben, wenn der Vergütungszeitraum abgeschlossen ist, da die für eine Antragstellung notwendigen Angaben (Umsätze des Betriebes, Vorleistungen, Betrag der im Vergütungszeitraum entrichteten Energieabgaben) zu diesem Zeitpunkt bereits bekannt sind.

4.2.2.1.2. inhaltliche Erfordernisse

245 Der Antrag hat die im Betrieb verbrauchte Menge an den in § 1 Abs. 3 genannten Energieträger und die in § 1 EnAbgVergG genannten Beträge genau zu enthalten (§ 2 Abs. 2 Z 1 EnAbgVergG).

246 Für die Elektrizitäts- und Erdgasabgabe ergeben sich diese Beträge aus dem Abrechnungsbeleg, zu dessen Ausstellung der Lieferer bzw. Netzbetreiber gemäß § 6 Abs. 2 ElAbgG bzw. § 7 Abs. 2 ErdgasAbgG verpflichtet ist, und in dem dem Empfänger der Lieferung die jeweilige Abgabe offen ausgewiesen werden muss.

Für die Kohleabgabe ist eine Rechnungslegung ebenfalls vorgesehen.

Für die vergütungsfähigen Mineralöle ergibt sich die Höhe der jeweils zu entrichtenden Mineralölsteuer zunächst aus § 3 Mineralölsteuergesetz 1995. Beim Mineralöl wird der steuerbare Tatbestand aber üblicherweise bereits mit Verbringen aus dem Steuerlager gesetzt (§ 21 Mineralölsteuergesetz 1995). Mineralöl kann mehrfach weitergeliefert werden, wobei insoweit keine neuerliche Steuerschuld entsteht. Der letztlich Vergütungsberechtigte erhält daher häufig den Abrechnungsbeleg nicht unmittelbar vom Abgabenschuldner, der die Mineralölsteuer tatsächlich abführen und somit den genauen Steuerbetrag ermitteln muss, sondern von einem anderen Lieferer.

Das Mineralölsteuergesetz 1995 sieht auch keine Verpflichtung zum offenen Ausweis der Abgabe vor.

Der Antragsteller muss für die Vergütung jedoch Unterlagen vorweisen können, aus denen sich eindeutig nachvollziehbar die Menge und die Art des vergütungsfähigen Mineralöles sowie der jeweilige Steuersatz ergibt.

Der Lieferer des Mineralöles muss daher – auch wenn er nicht selbst Abgabenschuldner ist – seinem Kunden die notwendigen Daten in entsprechender Form (Rechnung) bekannt geben.

247 Hinsichtlich einer Vergütung von Heizöl leicht, mittel und schwer ist es für die Berechnung der Selbstbehalte erforderlich, dass die verbrauchte Menge in kg angegeben wird.

Eine Rechnung, in der insoweit eine Angabe in Litern erfolgt ist, ist für die Energieabgabenvergütung ungeeignet und muss entsprechend geändert werden, zumal auch nach § 3 Mineralölsteuergesetz 1995 die Mineralölsteuer für Heizöl leicht, mittel und schwer nach Kilogramm bemessen wird. Bei der Umrechnung von Heizöl leicht von Liter auf kg kann davon ausgegangen werden, dass ein Liter Heizöl leicht 0,88 kg entspricht.

(BMF-AV Nr. 2017/88)

4.2.2.2. Berechnung des Vergütungsbetrages

248 Für die Ermittlung des endgültigen Vergütungsbetrages sind zwei gesonderte Berechnungen durchzuführen.

In einer Berechnung ist der Betrag festzustellen, der sich nach Abzug von 0,5% des Nettoproduktionswertes von den geleisteten Energieabgaben ergibt.

249 In einer weiteren Berechnung müssen in Abhängigkeit vom jeweiligen Verbrauch für jeden einzelnen Energieträger folgende gesondert festgelegte Selbstbehalte (Mindeststeuer nach der Energiesteuerrichtlinie) vom Gesamtbetrag der geleisteten Energieabgaben abgezogen werden:

- für elektrische Energie 0,0005 Euro/kWh
- für Erdgas 0,00598 Euro/Normkubikmeter
- für Kohle 0,15 Euro/Gigajoule
- für Heizöl Extraleicht 21 Euro/1000 Liter

- für Heizöl leicht, mittel, schwer 15 Euro/1000 kg
- für Flüssiggas 7,5 Euro/1000 kg

Bei der Ermittlung des Selbstbehaltes unter Zugrundelegung von Verbrauchswerten kann dieser hinsichtlich verbrauchter Kohle statt in Gigajoule auch wie folgt berechnet werden:

- für Koks 0,0045 € pro verbrauchtem kg
- für Steinkohle 0,0051 € pro verbrauchtem kg
- für Braunkohle 0,0022 € pro verbrauchtem kg
- für Petrolkoks 0,0049 € pro verbrauchtem kg
- für Naturbitumen 0,0064 € pro verbrauchtem kg

Die beiden sich danach ergebenden Beträge werden einander gegenübergestellt.

Eine Vergütung erfolgt in Höhe des niedrigeren Betrages, der noch um den allgemeinen Selbstbehalt von 400 Euro zu kürzen ist (§ 2 Abs. 2 Z 2 EnAbgVergG).

Beispiel: 250

1) Der Nettoproduktionswert beträgt 500.000,00 Euro; der Betrieb verbrauchte 20.000 kWh elektrische Energie, 100.000 m³ Erdgas, 1.500 kg Koks, 3.000 kg Steinkohle, 15.000 l Heizöl extraleicht und 2.500 kg Flüssiggas.

2) die zu berücksichtigenden (Mindeststeuer)Selbstbehalte betragen:

pro kWh elektrische Energie:	*0,0005*	*bei einem Verbrauch von:*	*20.000 kWh*	*10,00*
pro m³ Erdgas:	*0,00598*	*bei einem Verbrauch von:*	*100.000 m³*	*598,00*
pro kg Koks	*0,0045*	*bei einem Verbrauch von:*	*1.500 kg*	*6,75*
pro kg Steinkohle	*0,0051*	*bei einem Verbrauch von:*	*3.000 kg*	*15,30*
pro Liter Heizöl extra leicht	*0,021*	*bei einem Verbrauch von:*	*15.000 l*	*315,00*
pro kg Flüssiggas	*0,0075*	*bei einem Verbrauch von:*	*2.500 kg*	*18,75*
Summe der Selbstbehalte:				***963,80***

3) Berechnung der geleisteten Energieabgaben:

Verbrauch an elektrischer Energie:	*20.000 kWh*	*darauf geleistete ELA (0,015/kWh)*	*+ 300,00 €*
Verbrauch an Erdgas:	*100.000 m³*	*darauf geleistete EGA (0,066/m³)*	*6.600,00 €*
Verbrauch an Koks	*1.500 kg*	*darauf geleistete KA (0,05/kg)*	*75,00 €*
Verbrauch an Steinkohle	*3.000 kg*	*darauf geleistete KA (0,05/kg)*	*150,00 €*
Verbrauch an Heizöl extra leicht	*15.000 l*	*darauf geleistete MÖSt (0,098/l)*	*1.470,00 €*
Verbrauch an Flüssiggas	*2.500 kg*	*darauf geleistete MÖSt (0,043/kg)*	*107,50 €*
Summe der geleisteten Energieabgaben:			***8.702,50 €***

4) Gegenüberstellung:

a)

Summe der geleisteten Energieabgaben:	*8.702,50 €*
*abzüglich Nettoproduktionswert **500.000,00 € x 0,005:***	*- 2.500,00 €*
ergibt:	***6.202,50 €***

b)

Summe der geleisteten Energieabgaben:	*8.702,50 €*
*abzüglich der **Summe der (Mindeststeuer)Selbstbehalte:***	*- 963,80 €*
ergibt:	***7.738,70 €***

5) der niedrigere Betrag wird abzüglich des allgemeinen Selbstbehaltes iHv 400 Euro gutgeschrieben:

niedrigerer Vergleichswert:	***6.202,50 €***
abzüglich Selbstbehalt:	*- 400,00 €*
endgültiger Vergütungsbetrag:	***5.802,50 €***

4.2.2.3. Vorausvergütung

251 Betriebe, für die im vorangegangenen Kalenderjahr (Wirtschaftsjahr) bereits eine Vergütung geltend gemacht wurde und für die auch im laufenden Jahr ein Anspruch auf Energieabgabenvergütung besteht, können unterjährig – nach Ablauf von sechs Monaten nach Beginn des folgenden Kalenderjahres (Wirtschaftsjahres) – eine **Vorausvergütung** in Höhe von 5% des Vergütungsbetrages des Vorjahres beantragen (Formular ENAV 3).

Dieser Betrag wird bei der Vergütung für das gesamte Kalenderjahr (Wirtschaftsjahr) wieder abgezogen (vgl. § 2 Abs. 2 Z 3 EnAbgVergG).

4.2.3. Vergütungsanspruch für Wärme, Dampf oder Warmwasser

252 Ein Vergütungsanspruch besteht auch für unmittelbar für einen Produktionsprozess (bis 31. Jänner 2011: für zu betrieblichen Zwecken) bezogene Wärme, Dampf oder Warmwasser, wenn sie aus vergütungsfähigen Energieträgern erzeugt wurden (siehe auch Rz 238). Hierfür ist erforderlich, dass der Antragsteller über eine Mitteilung des Lieferers verfügt, in der ihm die genaue Menge des jeweils verwendeten Energieträgers (Elektrizität, Erdgas, Kohle oder Mineralöl) und die jeweils darauf entfallende Energieabgabe (Elektrizitätsabgabe, Erdgasabgabe, Kohleabgabe oder Mineralölsteuer) bekannt gegeben wird. Diese Beträge sind in der Vergleichsrechnung jeweils bei der zutreffenden Abgabe zu erfassen.

Erfolgt die Bekanntgabe dieser Beträge nur zusammengefasst unter der Bezeichnung „Energieabgaben", ist eine Zuordnung auf eine konkrete Energieabgabe und damit eine Geltendmachung im Rahmen der Energieabgabenvergütung nicht möglich.

(AÖF 2013/274)

4.2.4. Zuständiges Finanzamt

253 Die Energieabgabenvergütung erfolgt durch das für die Erhebung der Umsatzsteuer zuständige Finanzamt.

4.3. Ausschluss von der Vergütung

4.3.1. begünstigungsschädliche Verwendung der Energieträger

254 **Rechtslage bis 31. Jänner 2011:**

Liefert ein Energieversorger einen vergütungsfähigen Energieträger oder Wärme (Dampf oder Warmwasser), die aus einem dieser Energieträger erzeugt wurde, an einen Betrieb, und wird von diesem weitergeliefert (zB Elektrizitätslieferungen von einem Konzernteil an einen anderen, von einem Einkaufszentrum an die einzelnen Shops, von einem Vermieter an die Mieter), dann hat der weiterliefernde Betrieb nach § 2 Abs. 1 EnAbgVergG insoweit keinen Anspruch auf Energieabgabenvergütung.

Der (weiter)belieferte Betrieb (zB Konzernteil, Shop, Mieter) hat nur dann einen Anspruch auf Energieabgabenvergütung, wenn die entsprechenden (Weiter-)Lieferungen nachweisbar sind und die Bezahlung der Energieabgaben nachgewiesen wird. Darüber hinaus muss nachgewiesen werden, dass für die zu vergütende Energieabgabe keine sonstige Energieabgabenvergütung erfolgen kann. Grundsätzlich soll nämlich nur der Betrieb die Energieabgaben vergütet erhalten, der die Energieträger eingesetzt hat und auch wirtschaftlich mit der jeweiligen Abgabe belastet war.

(AÖF 2013/274)

255 **Rechtslage ab 1. Februar 2011:**

Liefert ein Energieversorger einen vergütungsfähigen Energieträger oder Wärme (Dampf oder Warmwasser), die aus einem dieser Energieträger erzeugt wurde, an einen Betrieb und wird von diesem weitergeliefert (zB Elektrizitätslieferungen von einem Konzernteil an einen anderen, von einem Vermieter an die Mieter), dann hat der weiterliefernde Betrieb nach § 2 Abs. 1 EnAbgVergG insoweit jedenfalls keinen Anspruch auf Energieabgabenvergütung. Das gilt unabhängig davon, ob der weiterliefernde Betrieb ein Produktions- oder ein Dienstleistungsbetrieb ist.

Soweit es sich bei dem belieferten Betrieb um einen Produktionsbetrieb handelt, hat dieser nur dann einen Anspruch auf Energieabgabenvergütung, wenn die entsprechenden (Weiter-) Lieferungen nachweisbar sind und die Bezahlung der Energieabgaben nachgewiesen wird. Darüber hinaus muss nachgewiesen werden, dass für die zu vergütende Energieabgabe keine sonstige Energieabgabenvergütung erfolgen kann. Grundsätzlich soll nämlich nur der Produktionsbetrieb die Energieabgaben vergütet erhalten, der die Energieträger eingesetzt hat und auch wirtschaftlich mit der jeweiligen Abgabe belastet war.

(AÖF 2013/274)

Rechtslage bis 31. Jänner 2011: 256

Wird einem Unternehmen für betriebliche Zwecke aus einem vergütungsfähigen Energieträger erzeugte Wärme oder Dampf geliefert, so hat der Lieferer, zB bei KWKAnlagen, die dafür verbrauchte Menge des Primärenergieträgers gemäß § 2 Abs. 3 EnAbgVergG dem Abnehmer mitzuteilen.

Der Abnehmer kann die mitgeteilte Menge in seine Vergütungsberechnung einbeziehen.

Damit die Vergleichsrechnung gemäß § 2 Abs. 2 EnAbgVergG vorgenommen werden kann, genügt es nicht, wenn dem Abnehmer nur der Steuerbetrag ausgewiesen wird, sondern ist die jeweilige Menge des Primärenergieträgers bekannt zu geben.

(AÖF 2013/274)

Rechtslage ab 1. Februar 2011: 257

Wird einem Unternehmen unmittelbar für einen Produktionsprozess aus einem vergütungsfähigen Energieträger erzeugte Wärme oder Dampf geliefert, so hat der Lieferer, zB bei KWK-Anlagen, die dafür verbrauchte Menge des Primärenergieträgers gemäß § 2 Abs. 3 EnAbgVergG dem Abnehmer mitzuteilen.

Der Abnehmer kann die mitgeteilte Menge in seine Vergütungsberechnung einbeziehen.

Damit die Vergleichsrechnung gemäß § 2 Abs. 2 EnAbgVergG vorgenommen werden kann, genügt es nicht, wenn dem Abnehmer nur der Steuerbetrag ausgewiesen wird, sondern ist die jeweilige Menge des Primärenergieträgers bekannt zu geben.

(AÖF 2013/274)

Rechtslage bis 31. Jänner 2011: 258

Werden vergütungsfähige Energieträger für die Erzeugung von Wärme (Dampf, Warmwasser) verwendet, dann besteht für diesen Teil der Energieverwendung kein Anspruch auf Vergütung.

Dies gilt jedoch nur dann, wenn die Wärme (der Dampf, das Warmwasser) nicht unmittelbar für betriebliche Zwecke verwendet wird. Ein solcher nicht unmittelbar betrieblicher Zweck wird zB bei freiwilligem Sozialaufwand gegeben sein (Energie zur Beheizung eines Schwimmbades für die Angestellten).

Wird die Wärme unmittelbar für grundlegende betriebliche Zwecke verwendet, bleibt der Vergütungsanspruch erhalten (zB die Beheizung von Büroräumlichkeiten).

(AÖF 2013/274)

Rechtslage ab 1. Februar 2011: 259

Werden vergütungsfähige Energieträger für die Erzeugung von Wärme (Dampf, Warmwasser) verwendet, dann besteht für diesen Teil der Energieverwendung kein Anspruch auf Vergütung.

Dies gilt jedoch nur dann, wenn die Wärme (der Dampf, das Warmwasser) nicht unmittelbar für einen Produktionsprozess im technischen Sinn verwendet wird. Ein solcher nicht unmittelbar der Produktion dienender Zweck ist zB bei der Beheizung von Büroräumlichkeiten gegeben (siehe auch Rz 238).

(AÖF 2013/274)

4.3.2. Vergütung nach anderen Gesetzen – Verwendung als Treibstoff

4.3.2.1. Vergütung nach anderen Gesetzen

Soweit ein Anspruch auf Vergütung der Erdgasabgabe nach § 3 Abs. 2 ErdgasAbgG, der Kohleabgabe nach § 3 Abs. 2 KohleAbgG oder der Mineralölsteuer nach dem Mineralölsteuergesetz 1995 besteht oder der Energieträger als Treibstoff verwendet wird, besteht kein Anspruch auf eine Vergütung nach dem Energieabgabenvergütungsgesetz. Zur Vergütung von Elektrizitätsabgabe siehe auch Rz 31. 260

(BMF-AV Nr. 2017/88)

Ist nach einer dieser Bestimmungen dem Grunde nach ein Vergütungsanspruch gegeben, ist insoweit eine Vergütung nach dem Energieabgabenvergütungsgesetz ausgeschlossen; 261

es kommt nicht darauf an, dass eine solche Vergütung auch tatsächlich beantragt oder gewährt wurde.

262 Wird zB in einem Betrieb, der die Voraussetzungen für die Energieabgabenvergütung erbringt, aus Erdgas Strom und Wärme erzeugt, wobei die Wärme für den Produktionsprozess verwendet wird, dann wird die Erdgasabgabe, soweit sie auf die Erzeugung von elektrischer Energie entfällt, gemäß § 3 Abs. 2 ErdgasAbgG monatlich vergütet, während der auf die Wärmeerzeugung entfallende Anteil in die Deckelung des Energieabgabenvergütungsgesetzes fällt.

4.3.2.2. Verwendung als Treibstoff

263 Wird ein grundsätzlich vergütungsfähiger Energieträger (zB Flüssiggas) als Treibstoff eingesetzt, ist eine Vergütung, unabhängig davon, ob es sich bei dem betriebenen Wirtschaftsgut um ein Fahrzeug oder eine Maschine (zB Stapler) handelt, ausgeschlossen.

4.4. In-Kraft-Treten

264 Der Zeitpunkt des In-Kraft-Tretens des EnAbgVergG fällt mit jenem des Elektrizitäts- und des Erdgasabgabegesetzes zusammen (Vorgänge nach dem 31. Mai 1996).

Mit der Vollziehung des EnAbgVergG ist der Bundesminister für Finanzen betraut.

Randzahlen 265 bis 290: *derzeit frei*

(BMF-AV Nr. 2015/18)

9/2/1.

Befreiung von der Elektrizitätsabgabe für mittels Photovoltaik selbst erzeugten und verbrauchten Strom

(Erlass des BMF vom 23.03.2021, 2021-0.178.440)

Allgemeines

Mit Wirkung vom 1. Jänner 2020 wurde das Elektrizitätsabgabegesetz (ElAbgG) durch das SteuerreformG 2020, BGBl. I Nr. 103/2019, novelliert und eine unbeschränkte Befreiung für mittels Photovoltaik (PV) selbst erzeugten und selbst verbrauchten Strom („Eigenstrombefreiung", § 2 Z 4 ElAbgG) eingeführt. Nähere Details der steuerlichen Neuregelung wurden durch die ElAbgG-Umsetzungsverordnung von BMF und BMK (UVO, ElAbgG-UmsetzungsV; BGBl. II Nr. 82/2021) festgelegt.

Die UVO wurde zum gleichen Zeitpunkt wie die Begünstigung im ElAbgG anwendbar, mit Übergangsvorschriften für Bestandsanlagen. Auch für Unternehmen soll die Inanspruchnahme der Befreiung ab 1. Jänner 2020 möglich sein, in beihilferechtlicher Hinsicht zunächst gestützt auf die De-minimis-Beihilfen-Verordnung (EU) Nr. 1407/2013, und ab 1. April 2020 auf die AGVO 2014 (Verordnung (EU) Nr. 651/2014).

Wie gesetzlich vorgesehen, können auch Erzeugergemeinschaften, das sind gemeinschaftliche Erzeugungsanlagen nach § 16a ElWOG 2010 (Elektrizitätswirtschafts- und -organisationsgesetz 2010 – ElWOG 2010) und Erneuerbare Energie-Gemeinschaften – EEG, die Begünstigung in Anspruch nehmen, wobei in solchen Fällen einem Nähekriterium zu entsprechen ist. Zudem wird klargestellt, dass auch der Einsatz von mittels PV-Anlagen (PVA) selbst erzeugtem Strom im Bahnverkehr befreit sein kann. Nicht begünstigungsschädlich sind die Weiterleitung von selbst erzeugtem Strom für Eigenverbrauchszwecke innerhalb einer Erzeugergemeinschaft, auch wenn dabei niedrige Ebenen öffentlicher Netze eingesetzt werden, eine Zwischenspeicherung oder eine zwischenzeitliche Einspeisung in öffentliche Netze und spätere Wiederentnahme.

Eine Selbsterzeugung kann auch dann vorliegen, wenn sich die PVA nicht im Eigentum der begünstigten Elektrizitätserzeuger befindet und bzw. oder begünstigte Elektrizitätserzeuger den operativen Betrieb und die Wartung der PVA einem Betreiberunternehmen übertragen, das die Elektrizität in ihrem Auftrag und nach ihren Anweisungen erzeugt.

Weiters soll das Begünstigungsverfahren näher geregelt werden, wobei einerseits einem Missbrauch der Begünstigungsvorschrift vorgebeugt, aber andererseits unnötiger Verwaltungsaufwand vermieden werden soll. Die UVO soll zudem EU-beihilfenrechtlichen Vorschriften, insbesondere jenen der AGVO 2014, Rechnung tragen.

Zu den Regelungen der UVO im Einzelnen

Zu § 1 Allgemeines (insb. Anwendungsbereich)

Diese Bestimmung sieht allgemeine Regelungen zum Anwendungsbereich und Zweck der UVO vor und stellt das Verständnis personenbezogener Begriffe klar. Die Erzeugung elektrischer Energie für den eigenen Verbrauch kann auch nach § 2 Z 1 oder Z 5 ElAbgG von der Elektrizitätsabgabe befreit sein. Diese Begünstigungen werden durch die UVO nicht näher geregelt. Der Betrieb einer PVA, für die eine Begünstigung nach § 2 Z 1 ElAbgG in Anspruch genommen wird, unterliegt daher auch nicht der Anzeigepflicht nach § 3 Abs. 2 der UVO.

Zu § 2 und § 3 Abs. 1, 4 und 5 (Begünstigte Elektrizitätserzeuger, Befreiungsvoraussetzungen)

Durch diese Regelungen sollen die Begünstigten näher umschrieben werden. Klargestellt sei, dass auch Gemeinden, etwa als Einzelelektrizitätserzeuger oder als Mitglieder oder Gesellschafter einer EEG, begünstigungsfähig sind. Wie gesetzlich vorgesehen, sollen auch Erzeugergemeinschaften die Begünstigung in Anspruch nehmen können. Während es sich bei gemeinschaftlichen Erzeugungsanlagen nach § 16a des ElWOG 2010 typischerweise um Mehrparteienhäuser handeln dürfte, können EEG doch mehrere Gebäude umfassen. Die Befreiung soll jedenfalls auf einen lokalen Bereich beschränkt werden. Dazu stellt § 3 Abs. 5 klar, dass die Befreiung Strommengen nicht erfasst, die von begünstigten Elektrizitätserzeugern an einem anderen Ort verbraucht werden oder sich keinem Mitglied einer EEG zuordnen lassen. Im Falle von Erzeugergemeinschaften ist jedenfalls einem Nähekriterium zu entsprechen. Dieses Nähekriterium soll im Detail jedoch erst im Erneuerbaren Ausbau Gesetz (EAG) vom Gesetzgeber definiert werden. Um Divergenzen bzw. Rechtsunsicherheiten zu vermeiden, wurde daher (zumindest vorerst) auf eine Detailregelung in der UVO verzichtet.

Die Weiterleitung von selbst erzeugtem Strom innerhalb einer Erzeugergemeinschaft für Zwecke des Eigenverbrauchs ist nicht begünstigungsschädlich, auch wenn dabei niedrige Ebenen öffentlicher Netze eingesetzt werden. Auch eine Zwischenspeicherung oder eine zwischenzeitliche Einspeisung in öffentliche Netze und spätere Wiederentnahme ist nicht begünstigungsschädlich (§ 3 Abs. 4). Dadurch soll ein Ausgleich für Erzeugungsspitzen zu Zeiten (insb. mittags), zu denen typischerweise der Verbrauch geringer ist, da beispielsweise berufstätige Verbraucher ortsabwesend sind, mit Zeiten, zu denen wenig oder keine Energie erzeugt, aber mehr verbraucht wird (nach Sonnenuntergang) oder auch je nach Jahreszeiten ermöglicht werden.

Bereits nach der derzeitigen Rechtslage haben Erzeugergemeinschaften nach § 2 Abs. 3 Z 1 UVO nach § 16a des ElWOG 2010 viertelstundengenaue Messungen mit einem intelligenten Messgerät vorzunehmen. Eine entsprechende Regelung soll das EAG für EEG nach § 2 Abs. 3 Z 2 UVO vorsehen.

Unabhängig von vorhandenen Speichermöglichkeiten wird der erzeugte Strom nicht immer in der gleichen Viertelstunde verbraucht werden können. Daher soll für die Befreiung nicht auf die viertelstündlich erzeugte und verbrauchte Menge, sondern auf die jährlich bilanziell erzeugte und verbrauchte Menge abgestellt werden.

Eine Selbsterzeugung kann auch dann vorliegen, wenn sich die PVA nicht im Eigentum der begünstigten Elektrizitätserzeuger befindet und bzw. oder begünstigte Elektrizitätserzeuger den operativen Betrieb und die Wartung der PVA einem Betreiberunternehmen übertragen, das die Elektrizität in ihrem Auftrag und nach ihren Anweisungen erzeugt. Die Übertragung darf jedoch nicht die Verpflichtungen und Verantwortlichkeiten gegenüber der Finanzbehörde umfassen. Im Falle einer Erzeugergemeinschaft muss die Vereinbarung mit dem Betreiberunternehmen zudem mit sämtlichen Mitgliedern abgeschlossen werden.

Die Befreiung sollen gemäß § 2 Abs. 4 UVO außerdem Eisenbahnunternehmen für mittels einer PVA selbst erzeugte elektrische Energie in Anspruch nehmen können, die in galvanisch oder transformatorisch verbundene Anlagen, die dem Eisenbahngesetz 1957, BGBl. Nr. 60, unterliegen, eingespeist und innerhalb einer solchen Anlage verbraucht wird, also insbesondere zum Antrieb für Schienenfahrzeuge.

Mit der Novelle BGBl. I Nr. 18/2021 wurden in das Elektrizitätsabgabegesetz weitere Begünstigungen von Bahnstrom eingeführt (§ 2 Z 5 und § 4 Abs. 3 und 4 ElAbgG), die mit 1. Juli 2021 anwendbar werden sollen. Diese Begünstigungen treten zu jenen nach § 2 Z 4 ElAbgG hinzu. Details der Begünstigungen sollen in einer gesonderten Durchführungsverordnung geregelt werden, die noch in Ausarbeitung ist.

Zu § 3 Abs. 2, 3 und 7 und § 4 (Verfahren)

Die Aufnahme des Betriebs einer PVA, für die eine Befreiung nach § 2 Z 4 ElAbgG in Anspruch genommen werden soll, ist dem zuständigen Finanzamt (§ 5 Abs. 5 ElAbgG) binnen vier Wochen auf elektronischem Weg oder in sonstiger schriftlicher Form anzuzeigen. Dies gilt auch für Bestandsanlagen, für die der Fristlauf mit der Inanspruchnahme der Steuerbefreiung beginnt. Für die Übergangszeit seit Anwendungsbeginn sieht § 7 Abs. 3 UVO eine Nachmeldefrist bis 31. März 2021 vor.

Die Anzeige soll formlos erfolgen und dient vor allem der Information des Finanzamts über das Vorhandensein der Anlage als Voraussetzung für allfällige weitere stichprobenweise Prüfungen und die Schaffung der technischen Voraussetzungen für die Jahresabgabenerklärung (§ 5 Abs. 4 ElAbgG iVm § 4 Abs. 2 UVO), sollten diese noch nicht vorliegen.

Ein Verstoß gegen die Anzeige- bzw. Meldeverpflichtungen nach § 3 Abs. 2 und 3 UVO (gegebenenfalls in Verbindung mit § 7 Abs. 3 UVO) führt als solcher nicht zu einem Ausschluss von der Steuerbefreiung, hat jedoch allenfalls finanzstrafrechtliche Konsequenzen (Finanzordnungswidrigkeit).

Zur Erfüllung EU-beihilfenrechtlicher Vorgaben haben Unternehmen zudem eine Erklärung nach § 3 Abs. 7 UVO abzugeben, dass Ausschlussgründe nach § 3 Abs. 6 UVO (fehlende Erfüllung einer Rückforderungsanordnung aufgrund eines früheren förmlichen Beschlusses der Europäischen Kommission zur Feststellung der Unzulässigkeit einer Beihilfe und Unternehmen in bestimmten Schwierigkeiten) nicht vorliegen.

Voraussichtlich verfügen nicht alle begünstigten Erzeugergemeinschaften über eigene Rechtspersönlichkeit. Dennoch soll in derartigen Fällen das Finanzamt sich nicht an einzelne Mitglieder einer solchen Erzeugergemeinschaft wenden müssen. Auch sonst sollen Erzeugergemeinschaften Ansprechpersonen gemäß § 3 Abs. 3 UVO benennen.

Weiters sollen diese Regelungen einem Missbrauch der Begünstigungsvorschrift vorbeugen, dabei aber andererseits unnötigen übermäßigen Verwaltungsaufwand vermeiden. Das Finanzamt wird einerseits in die Lage versetzt, stichprobenweise anhand von Jahresabrechnungen der betreffenden Netzbetreiber Angaben in den Aufzeichnungen und der Jahresabgabenerklärung zu überprüfen, andererseits ist jedoch keine systematische Übermittlung der Abrechnungen vorgesehen und wird das Finanzamt nach Lage des Falles ermächtigt, auch auf Angaben oder Nachweise zu verzichten.

Zu § 3 Abs. 6 bis 8 und § 7 Abs. 4 (Erfüllung EU-Beihilfenrechtsvoraussetzungen)

Soweit die Begünstigung durch Unternehmen in Anspruch genommen wird, liegt eine Beihilfe iS der EU-beihilfenrechtlichen Vorschriften vor. Mit 1. April 2020 ist die Begünstigung nach der AGVO (Verordnung (EU) Nr. 651/2014 zur Feststellung der Vereinbarkeit bestimmter Gruppen von Beihilfen mit dem Binnenmarkt in Anwendung der Artikel 107 und 108 des Vertrags über die Arbeitsweise der Europäischen Union, ABl. Nr. L 187 vom 26.6.2014 S.1 zuletzt geändert durch Verordnung (EU) Nr. 2020/972, ABl Nr. L 215 vom 7.7.2020 S. 3) freigestellt. Die freigestellte Beihilfenmaßnahme wurde im Beihilfenregister der EK unter der Nummer SA.56904 (X/2020) verzeichnet. Mit der Anwendung der AGVO gehen insbesondere für Einzelbeihilfen ab 500 000 Euro Informations- und Veröffentlichungspflichten einher (siehe insb. Art. 9 AGVO), denen diese Regelungen Rechnung tragen.

Unternehmen, die die Begünstigung für Zeiträume vor dem 1. April 2020 in Anspruch nehmen wollen, können sich auf die EU-De-minimis-Verordnung 1407/2013 (Verordnung (EU) Nr. 1407/2013 über die Anwendung der Artikel 107 und 108 des Vertrags über die Arbeitsweise der Europäischen Union auf De-minimis-Beihilfen, ABl. Nr. L 352 vom 24.12.2013 S. 1 zuletzt geändert durch Verordnung (EU) Nr. 2020/972,

ABl Nr. L 215 vom 7.7.2020 S. 3) stützen. Dabei ist nach Art. 3 Abs. 2 dieser EU-Verordnung für die Ermittlung des Gesamtbetrags auf das laufende sowie die beiden vorangegangenen Steuerjahre abzustellen (maximal 200.000 Euro Steuervorteil für 3 Jahre). Sobald die Freistellung greift, endet die Anwendbarkeit von § 7 Abs. 4 UVO.

Zu § 5 (Nachversteuerung)

Die Nichterfüllung der Begünstigungsvoraussetzungen zieht eine Nachversteuerung nach sich. Allerdings führt eine Einspeisung von elektrischer Energie in öffentliche Netze, die keinen Steuerschuldentstehungstatbestand nach§ 1 Abs. 1 ElAbgG verwirklicht, nicht zu einer Nachversteuerung. Abgabenschuldner ist der begünstigte Elektrizitätserzeuger. Sollte dieser keine Rechtspersönlichkeit haben, entrichten die Mitglieder der Erzeugergemeinschaft die Abgabe, wobei der Bevollmächtigte das Finanzamt bei der Nachversteuerung unterstützt und möglichst den Nachversteuerungsbetrag gesammelt an das Finanzamt weiterleitet.

Zu § 7 (Anwendbarkeit und Übergangsregelungen)

Die UVO wurde zum gleichen Zeitpunkt wie die Begünstigung im ElAbgG, dh. zum 1.1.2020 (bzw. auf Vorgänge nach dem 31.12.2019), anwendbar. Für Bestandsanlagen soll durch die Übergangsvorschrift in § 7 Abs. 3 sichergestellt werden, dass die Begünstigung bereits ab 1. Jänner 2020 in Anspruch genommen werden kann. Die Anzeigefrist nach § 3 Abs. 2 soll mit 31. März 2021 enden. In Anbetracht der späten Veröffentlichung der Durchführungsbestimmungen bestehen aus Sicht des Bundesministeriums für Finanzen keine Einwände, dass eine vor diesem Zeitpunkt erfolgte, unvollständige Anzeige bis längstens 31. Mai 2021 vervollständigt wird. Dies gilt entsprechend für die gemäß § 7 Abs. 4 zu übermittelnden Angaben.

Nach der ständigen Rechtsprechung des Verfassungsgerichtshofes ist eine Rückwirkung von Verordnungen im Regelfall nur zulässig, wenn das Gesetz ausdrücklich dazu ermächtigt (vgl zB VfSlg 12.943/1991, 13.370/1993, 15.675/1999, 17.773/2006, 18.037/2006, 20.127/2016, 20.211/2017). Die Judikatur sieht aber auch Sonderfälle vor (vgl VfSlg 20.232/2017), die für den vorliegenden Fall durchaus einschlägig scheinen. Die verfassungsrechtliche Problematik im Zusammenhang mit der Rückwirkung von Verordnungen liegt darin begründet, dass die Rückwirkung belastender Vorschriften aus rechtsstaatlicher Sicht fragwürdig ist, kommt es durch derartige rückwirkende Anordnungen doch häufig zu Eingriffen in wohlerworbene Rechte, zu einem Bruch des Vertrauens der Rechtsunterworfenen im Hinblick darauf, dass zu einem gewissen Zeitpunkt eine gewisse Rechtslage in Geltung ist.

Durch die UVO werden die Begünstigungsverfahren näher geregelt. Hier kommt es faktisch ohnedies nicht zu einer Rückwirkung. Für Bestandsanlagen sollen die Begünstigungsvoraussetzungen auch nachträglich erfüllt werden können. Durch die Verordnungsermächtigung, das Verfahren für die Inanspruchnahme der Steuerbegünstigung näher zu regeln, wurden und werden Begünstigte zudem darauf hingewiesen, dass es noch Detailregelungen gibt.

Zudem dient die Verordnung der Erfüllung unmittelbar anwendbarer beihilfenrechtlicher Vorgaben der Verordnung (EU) Nr. 1407/2013 bzw. der AGVO 2014. Durch den Inkrafttretenszeitpunkt 1. Jänner 2020 sollte vermieden werden, dass Unternehmen, die die Begünstigung in Anspruch nehmen, mangels Erfüllung beihilfenrechtlicher Voraussetzungen schon ab dem 1. Jänner 2020 bzw. ab dem Freistellungszeitpunkt 1. April 2020 aufgrund EU-Primärrechts die Steuerbegünstigung verlieren. Dabei ist außerdem zu berücksichtigen, dass schon bislang und auch seit Inkrafttreten der Ausweitung Unternehmen bis zu einer Menge von 25.000 kWh eine Steuerbegünstigung nach § 2 Z 1 ElAbgG in Anspruch nehmen können und sich – zumindest für die ersten im Jahr 2020 erzeugten 25.000 kWh elektrischer Energie auf diese Befreiungsbestimmung stützen können.

10. Flugabgaberichtlinien

Flugabgaberichtlinien, BMF-010206/0224-VI/5/2012 idF

1 BMF-010206/0038-IV/9/2018 **2** 2020-0.793.149

Flugabgaberichtlinien

(Erlass des BMF vom 14. Jänner 2013, BMF-010206/0224-VI/5/2012 idF des Erlasses des BMF vom 02.12.2020, 2020-0.793.149)

Die Flugabgaberichtlinien stellen einen Auslegungsbehelf zum Flugabgabegesetz dar, der im Interesse einer einheitlichen Vorgangsweise mitgeteilt wird. Die Flugabgaberichtlinien sind als Zusammenfassung des geltenden Flugabgaberechts und somit als Nachschlagewerk für die Verwaltungspraxis und die betriebliche Praxis anzusehen.

Die Flugabgaberichtlinien (FlugAbgR) stellen einen Auslegungsbehelf zum Flugabgabegesetz, BGBl. I Nr. 111/2010 idF des Konjunkturstärkungsgesetzes 2020, BGBl. I Nr. 96/2020, dar, der im Interesse einer einheitlichen Vorgangsweise mitgeteilt wird. Über die gesetzlichen Bestimmungen hinausgehende Rechte und Pflichten können aus den Richtlinien nicht abgeleitet werden. Bei Erledigungen haben Zitierungen mit Hinweisen auf diese Richtlinien zu unterbleiben.

Die FlugAbgR sind ab 1.1.2013 anzuwenden. Bei abgabenbehördlichen Prüfungen für vergangene Zeiträume und auf offene Flugabgabefälle sind die FlugAbgR anzuwenden, soweit nicht für diese Zeiträume andere Bestimmungen in Gesetzen Gültigkeit haben. Rechtsauskünfte in Einzelfällen und Erlässe des Bundesministeriums für Finanzen sind – sofern sie den FlugAbgR nicht widersprechen – weiterhin zu beachten.

Die FlugAbgR sind als Zusammenfassung des geltenden Flugabgaberechts und damit als Nachschlagewerk für die Verwaltungspraxis und die betriebliche Praxis anzusehen.

INHALTSVERZEICHNIS

1. Gegenstand der Abgabe (§ 1 FlugAbgG)

Der Flugabgabe iSd Flugabgabegesetzes unterliegt der Abflug eines Passagiers von einem inländischen Flughafen mit einem motorisierten Luftfahrzeug. Für das Entstehen der Steuerpflicht ist das Reiseziel nicht maßgeblich; das Ziel des Fluges ist nur für die Höhe der Flugabgabe entscheidend. Es wird keine Abgabenpflicht ausgelöst, wenn der Abflug nicht von einem inländischen Flughafen (siehe Rz 7), sondern von einem anderen Flugplatz erfolgt. 1

Die Flugabgabe knüpft nicht an ein Rechtsgeschäft, sondern an einen tatsächlichen Vorgang, den Abflug des Passagiers, an. Kommt der Abflug des Passagiers nicht zustande, fällt keine Abgabe an. 2

Die Gründe dafür sind nicht relevant; sie können sowohl

- in der Sphäre des Flugplatzhalters (zB Streik des Bodenabfertigungspersonals),
- in der Sphäre des Luftfahrzeughalters (zB technisches Gebrechen des Luftfahrzeuges),
- in der Sphäre des Passagiers (zB Erkrankung oder Versäumen des Abflugs) liegen oder
- höhere Gewalt (zB widrige Witterungsbedingungen, Vulkanausbruch) darstellen.

Der Flugabgabe unterliegen grundsätzlich alle Abflüge 3

- im Linienverkehr,
- im Charterverkehr und
- in der allgemeinen, zivilen Luftfahrt (General Aviation) sowie
- sonstige Abflüge.

Zwischen privater oder gewerblicher Luftfahrt wird nicht unterschieden. Daher unterliegt auch der Abflug eines Passagiers mit einem Privatflugzeug der Abgabe, sofern der Abflug von einem inländischen Flughafen erfolgt. Weiters ist nicht maßgeblich, ob die Beförderung des Passagiers entgeltlich oder unentgeltlich erfolgt.

Die Flugabgabe ist eine Abgabe im Sinne der BAO. Nach § 207 BAO beträgt die Festsetzungsverjährungsfrist fünf Jahre. Die Festsetzungsverjährung kann durch Amtshandlungen verlängert werden. Für hinterzogene Abgaben beträgt die Verjährungsfrist zehn Jahre. 4

Zuständig für die Erhebung der Flugabgabe ist nach § 60 BAO iVm § 61 Abs. 2 Z 10 BAO idF BGBl. I Nr. 99/2020 ab 1.1.2021 das Finanzamt Österreich. Bis dahin obliegt die Erhebung der Flugabgabe für das gesamte Bundesgebiet dem Finanzamt für Gebühren, Verkehrsteuern und Glücksspiel (FA GVG). 5

(2020-0.793.149)

2. Begriffsbestimmungen (§ 2 FlugAbgG)

2.1. Motorisierte Luftfahrzeuge

6 Ein Luftfahrzeug ist ein Fahrzeug, das sich zur Fortbewegung von Personen oder Sachen in der Luft ohne mechanische Verbindung mit der Erde eignet, gleichgültig, ob es schwerer oder leichter als Luft ist (vgl. § 11 Abs. 1 Luftfahrtgesetz).

Zu den Luftfahrzeugen gehören Flugzeuge und Drehflügler (Hubschrauber, Tragschrauber, Flugschrauber). Der Tatbestand erfasst nur Luftfahrzeuge, die durch einen Motor (zB Kolbenmotor oder Turbine) betrieben werden, für den Mineralöl als Betriebsstoff eingesetzt wird.

2.2. Flughafen und Flugplatz

(2020-0.793.149)

7 Ein Flughafen ist eine besondere Form eines Flugplatzes. § 58 Abs. 1 Luftfahrtgesetz definiert „Flugplätze" als Land- oder Wasserflächen, die zur ständigen Benützung für den Abflug und für die Landung von Luftfahrzeugen bestimmt sind (Landflugplätze, Wasserflugplätze).

Ein Flughafen ist ein öffentlicher Flugplatz, der für den internationalen Luftverkehr bestimmt ist und über die hierfür erforderlichen Einrichtungen verfügt (§ 64 Luftfahrtgesetz). Diese Voraussetzungen erfüllen in Österreich lediglich die Flughäfen Wien, Linz, Salzburg, Innsbruck, Graz und Klagenfurt.

2.3. Luftfahrzeughalter

8 Halter eines Luftfahrzeuges ist, wer das Luftfahrzeug auf eigene Rechnung betreibt und jene Verfügungsmacht darüber besitzt, die ein solcher Betrieb voraussetzt (§ 13 Luftfahrtgesetz).

Dazu zählen beispielsweise Luftverkehrsunternehmen im Sinne des § 101 Luftfahrtgesetz, Luftfahrzeugvermietungsunternehmen (Charterflugunternehmen) und private Betreiber eines Luftfahrzeuges.

Der Halter eines Luftfahrzeuges muss nicht zivilrechtlicher Eigentümer sein.

Als Luftfahrzeughalter iSd § 2 Abs. 3 FlugAbgG ist auch der Leasingnehmer anzusehen, wenn er ein geleastes Luftfahrzeug auf eigene Rechnung betreibt und jene Verfügungsmacht darüber besitzt, die ein solcher Betrieb voraussetzt.

2.4. Abflug

9 Abflug ist das Abheben eines motorisierten Luftfahrzeuges von einem inländischen Flughafen. Ein Abflug ist auch dann durchgeführt, wenn das Luftfahrzeug unmittelbar nach dem Abheben wieder auf demselben Flughafen landen muss (zB wegen eines technischen Gebrechens oder wegen der Witterungsbedingungen). Zum Abflug nach einer außerplanmäßigen Landung siehe Rz 16.

2.5. Zielflugplatz

10 Die Feststellung des Zielflugplatzes ist für die Höhe der Flugabgabe maßgeblich. Zielflugplatz ist der in- oder ausländische Ort, an dem die Flugreise des Passagiers planmäßig enden soll.

Bei der Feststellung des Zielflugplatzes wird auf das Reiseziel laut Reisebuchung (oder des Check-in, wenn der Passagier zu seinem Zielort durchgecheckt wird) abgestellt. Ein Flugplatz, auf dem außerplanmäßig gelandet wird (zB wegen eines technischen Gebrechens), ist kein Zielflugplatz.

Ein Flugplatz, auf dem eine (planmäßige) Zwischenlandung erfolgt, wird als Transferflugplatz bezeichnet, wenn der Passagier in ein anderes Luftfahrzeug umsteigt, oder als Transitflugplatz, wenn der Passagier mit demselben Luftfahrzeug die Reise fortsetzt (zB nach dem Auftanken). Ein solcher Flugplatz ist nicht der Zielflugplatz, wenn der Aufenthalt am Ort der Zwischenlandung weniger als 24 Stunden dauert.

Eine planmäßige Zwischenlandung liegt nicht vor, wenn der Abflug nach der Zwischenlandung zum Ausgangspunkt der Flugreise zurückführt. In diesem Fall gilt der Flugplatz der Zwischenlandung als Zielflugplatz.

Bei einem Rundflug sind Zielflugplatz und Abflugflugplatz ident. Zur Höhe der Abgabe bei einem Rundflug siehe Rz 22.

Beispiele:

1. Ein Passagier fliegt mit einem Privatflugzeug (mit mehr als 2000 kg höchstzulässigem Abfluggewicht) von Klagenfurt nach Salzburg, um dort ein Museum zu besuchen.

Innerhalb von 24 Stunden fliegt er weiter nach Wien. In diesem Fall ist für beide Abflüge Flugabgabe zu entrichten.

2. Ein Passagier bucht im Reisebüro eine Reise von Wien nach Sydney. Das Reisebüro bucht für den Passagier einen Flug von Wien nach Laibach und einen Flug von Laibach nach Sydney. Der Flug nach Sydney erfolgt zehn Stunden nach der Ankunft in Laibach. Der Zielflugplatz ist Sydney, weil das planmäßige Ende der Flugreise Sydney ist. Es liegt kein „Kürzeststreckenflug" vor.

3. Ein Passagier fliegt von München nach Wien, hält sich zehn Stunden in Wien auf und fliegt abends wieder zurück nach München. Hier liegt keine Zwischenlandung vor, weil der Abflug von Wien wieder zum Ausgangspunkt der Flugreise zurückführt.

4. Ein Passagier bucht im Reisebüro eine Reise von Wien nach Lissabon und einen Weiterflug zwei Tage später von Lissabon nach New York. Der Zielflugplatz ist Lissabon, weil in Lissabon ein Aufenthalt von mehr als 24 Stunden geplant ist.

5. Ein Passagier bucht einen Flug von Innsbruck nach New York. Da von Innsbruck kein Direktflug möglich ist, erfolgt der Flug mittels „Zubringer" von Innsbruck nach Wien. In Wien steigt der Passagier in ein größeres Luftfahrzeug um und fliegt innerhalb von 24 Stunden weiter nach New York. Hier liegt ein Langstreckenflug Innsbruck – New York vor. Der Abflug von Wien löst keine weitere Abgabenschuld aus, da in Wien lediglich eine Zwischenlandung erfolgte.

6. Ein Passagier will von Klagenfurt nach Hongkong fliegen. Da es von Klagenfurt keinen Direktflug gibt und überdies die Fluglinie B billiger ist als die Fluglinie A, bucht er über das Internet einen Flug von Klagenfurt nach Wien mit der Fluggesellschaft A und einen Flug von Wien nach Hongkong mit der (billigeren) Fluggesellschaft B. Auch wenn der Aufenthalt in Wien weniger als 24 Stunden dauert, ist die Flugabgabe für beide Flüge gesondert zu entrichten, da es sich auf Grund der Buchungen nicht um „einen" Flug, sondern um zwei Flüge handelt. Es liegt einerseits ein Kürzeststreckenflug (Klagenfurt – Wien), andererseits ein Langstreckenflug (Wien – Hongkong) vor.

(2020-0.793.149)

Während der Begriff „Zielflugplatz" das Endziel der Flugreise eines Passagiers bezeichnet **11** (siehe Rz 10), meint der Begriff „Streckenziel" in § 11 Abs. 6 Z 6 FlugAbgG den Ort der planmäßigen Landung des Luftfahrzeuges nach dem Abheben vom Flughafen, von dem der erste Abflug erfolgt ist. Der Begriff „Destination" in § 11 Abs. 6 Z 9 FlugAbgG bezeichnet das letzte dem Flugplatzhalter bekannte Ziel der Flugreise eines bestimmten Passagiers. Das ist bei einer Flugreise mit einmaligem Umsteigen im Allgemeinen der Endpunkt des zweiten Fluges. Sollte dem Flugplatzhalter des Abflugflughafens im Falle einer Flugreise mit zweimaligem Umsteigen auch der Endpunkt des dritten Fluges bekannt sein, ist dieser damit gemeint. Für die Beurteilung des Streckenziels oder der Destination bleiben planmäßige Zwischenlandungen außer Betracht.

Bei einem einfachen Flug ohne Umsteigen meinen die Begriffe „Zielflugplatz", „Streckenziel" und „Destination" denselben Ort.

2.6. Flugbesatzung

Zur Flugbesatzung gehören alle Personen, die mit dem Luftfahrzeug abfliegen und flug- **12** betriebliche Aufgaben übernehmen. Dies sind zB Personen, die

- mit dem Führen des Luftfahrzeuges (Pilot, Co-Pilot) oder
- mit der technischen Überwachung, Wartung oder Reparatur des Luftfahrzeuges (zB Bordtechniker, Funker) oder
- mit der Sicherheit der Passagiere (zB Air-Marshalls) oder
- mit der Versorgung der Passagiere befasst sind (zB Flugbegleiter).

3. Befreiung von der Abgabenpflicht (§ 3 FlugAbgG)

13 Bei den Befreiungsbestimmungen des § 3 FlugAbgG ist zu unterscheiden zwischen personenbezogenen Befreiungen und Befreiungen, die sämtliche Passagiere eines bestimmten Luftfahrzeuges betreffen.

Personenbezogen sind die Befreiungstatbestände der Z 1 bis 5. Dagegen betreffen die Z 6 bis 8 das gesamte Luftfahrzeug.

14 Von der Flugabgabe sind die Abflüge folgender Personen befreit:

- Der Abflug von **Kleinkindern**, die zum Zeitpunkt der Verwirklichung des Tatbestandes (Abflug) das zweite Lebensjahr noch nicht vollendet haben und über keinen eigenen Sitzplatz verfügen (weil für diese Kleinkinder auch kein Flugticket bezahlt werden muss).
- Der Abflug von Mitgliedern der **Flugbesatzung** (siehe Rz 12) und der Abflug von Personen, die als Flugbesatzungsmitglieder eines anderen Fluges an ihren Einsatzort oder von ihrem Einsatzort geflogen werden („Dead-Head-Crew“).

Beispiel:

Eine in Wien lebende Flugbegleiterin wird als Passagierin mit einem Flugzeug von Wien nach Innsbruck geflogen. Von Innsbruck aus tritt sie ihren Dienst als Flugbegleiterin bei einem Abflug von Innsbruck nach Frankfurt an.

Der erste Abflug ist gemäß § 3 Z 2 zweiter Tatbestand FlugAbgG befreit, der zweite Abflug ist gemäß § 3 Z 2 erster Tatbestand FlugAbgG befreit.

- Der Abflug von Fluglehrern und -schülern zum Zwecke der **Ausbildung** sowie Abflüge von Fallschirmspringern zum Zweck der Sportausübung.

  Diese Befreiungsbestimmung umfasst auch Übungsflüge, die der Aus- und Weiterbildung sowie dem Training und der Erfüllung der Lizenzerneuerungsbedingungen dienen. Werden bei derartigen Ausbildungsflügen jedoch Passagiere mitgenommen, unterliegt der Abflug dieser Passagiere der Flugabgabe.
- Der Abflug ausschließlich zu **militärischen, humanitären** oder **medizinischen** Zwecken.

  Die Befreiung erfasst den Abflug von Personen bei Rettungsflügen (zB nach einem Autounfall den Transport ins Spital), den Abflug von Personen zu humanitären Zwecken (zB den Transport von Helfern in ein Krisengebiet – Erdbeben, Überschwemmungen) und den Abflug von Personen zu militärischen Zwecken (zB Transport von UN-Soldaten zu ihrem Einsatzort).

  Bei dieser Befreiungsbestimmung muss nicht das Luftfahrzeug als solches für militärische, humanitäre oder medizinische Zwecke eingesetzt werden (was zB bei einem Jet der Flugambulanz oder bei einem Rettungshelikopter der Fall wäre). Es kann auch ein Verkehrsflugzeug zum Transport von Hilfspersonal oder Militärpersonen eingesetzt werden.

Beispiel:

Katastrophenhelfer des Österreichischen Roten Kreuzes fliegen mit einem Linienflugzeug, in dem auch andere Personen befördert werden, ausschließlich zu humanitären Zwecken in ein Krisengebiet.

  Die Befreiung kann nur dann in Anspruch genommen werden, wenn entsprechende Dokumente (zB Bestätigung einer UNO-Organisation, des Außenamtes, des Österreichischen Roten Kreuzes, usw.) im Vorhinein vorliegen, die zweifelsfrei einen begünstigten Transport belegen.

  Kann im Fall der Mitbeförderung von Hilfs- oder Militärpersonal mit einem Verkehrsluftfahrzeug der Luftfahrzeughalter nicht prüfen, ob der Abflug einer bestimmten Person tatsächlich ausschließlich zu einem militärischen, medizinischen oder humanitären Zweck erfolgt, ist die Flugabgabe für diesen Abflug jedenfalls abzuführen. Der Luftfahrzeughalter kann anschließend die Erstattung der Flugabgabe beim FA GVG (bis 31.12.2020) – ab 1.1.2021 beim Finanzamt Österreich beantragen. Für die Rückzahlung, Gutschrift bzw. Umbuchung ist gemäß § 239a BAO dem FA GVG (bis 31.12.2020) – ab 1.1.2021 dem Finanzamt Österreich nachzuweisen, dass eine ungerechtfertigte Bereicherung des Luftfahrzeughalters nicht gegeben ist. Insbesondere liegt keine ungerechtfertigte Bereicherung vor, wenn der Nachweis einer bereits erfolgten Rückzahlung der Flugabgabe durch den Luftfahrzeughalter an den Passagier erfolgt ist bzw. eine vertragliche Verpflichtung zur Rückzahlung gegenüber dem Passagier nachweislich besteht.
- Der Abflug eines **Transit**passagiers. Unter Transitpassagieren versteht man Passagiere, die auf einem inländischen Flughafen planmäßig zwischenlanden (zB zum Auftanken des Luftfahrzeuges) und dabei das Luftfahrzeug nicht verlassen.

- Der Abflug eines **Transfer**passagiers. Transferpassagiere sind Passagiere, die im Rahmen eines einheitlichen Buchungsvorganges auf einem inländischen Flughafen planmäßig zwischenlanden, das Luftfahrzeug wechseln und ihre Flugreise innerhalb von 24 Stunden fortsetzen (siehe Beispiel 5 in Rz 10). Die 24-stündige Frist bezieht sich auf den geplanten Abflug nach der Zwischenlandung. Die Frist ist als eingehalten anzusehen, wenn sich ein innerhalb der Frist gelegener planmäßiger Abflug aufgrund von Ereignissen, die außerhalb der Sphäre des Passagiers liegen (Witterung, technisches Gebrechen, Streik, usw.) verzögert und der tatsächliche Abflug erst nach Ablauf der Frist erfolgt.

(2020-0.793.149)

Ist ein Passagier ein in den Anwendungsbereich der Wiener Diplomatenkonvention (BGBl. Nr. 66/1966) fallender **Diplomat**, ist sein Abflug nicht von der Flugabgabe befreit. Die Flugabgabe ist nämlich als „normalerweise im Preis von Waren oder Dienstleistungen enthaltene indirekte Steuer“ (Art. 34 lit. a der Wiener Diplomatenkonvention) anzusehen. **15**

Von der Flugabgabe sind folgende Abflüge sämtlicher Passagiere eines Luftfahrzeuges befreit: **16**

- **Der Abflug nach einer nicht planmäßigen (außerplanmäßigen) Landung.**

  Unter diese Befreiung fällt zB der Abflug nach einer Sicherheitslandung oder einer aus sonstigen Gründen unvorhergesehenen oder außerplanmäßigen Landung. Eine Landung gilt dann als außerplanmäßig, wenn sie im Flugplan nicht vorgesehen ist. Eine verspätete oder verfrühte Landung ist keine außerplanmäßige Landung im Sinne dieser Befreiungsbestimmung.
- Luftfahrzeuge mit einem **höchstzulässigen Abfluggewicht bis einschließlich 2.000 Kilogramm**. Von dieser Befreiung sind meistens mehrsitzige Flugzeuge erfasst, die im nicht gewerblichen Bereich (zB Sportflugzeuge) betrieben werden. Sollten Flugzeuge dieser Gewichtsklasse für gewerbliche Personenbeförderung eingesetzt werden, können sie auch unter diesen Befreiungstatbestand fallen.
- Der Abflug von Passagieren mit einem **staatlichen Luftfahrzeug** im Sinne des Art. 3 Luftfahrt-Abkommen über die Internationale Zivilluftfahrt, BGBl. Nr. 97/1949. Dies sind zB Militär-, Zoll- und Polizeiluftfahrzeuge, wenn eine Ermächtigung zur Landung in einem anderen Staat vorliegt.

  Der Begriff „staatliches Luftfahrzeug“ ist nicht funktionell zu verstehen, weshalb zB die Abschiebung eines Schubhäftlings mit einem Linien- oder Charterflugzeug nicht von der Flugabgabe befreit ist.

4. Berechnung der Flugabgabe (§ 4 FlugAbgG)

17 Die Höhe der Flugabgabe hängt einerseits von der Anzahl der beförderten Passagiere, andererseits von der Lage des Zielflugplatzes ab.

18 Gegenstand der Flugabgabe ist der Abflug eines Passagiers.

Bucht ein Passagier für sich allein Flugtickets für zwei Sitzplätze, fällt die Abgabe nur im einfachen Betrag an (besteuert wird der Abflug des Passagiers).

Tritt der Passagier den Flug (aus welchen Gründen auch immer) nicht an, entsteht keine Abgabenschuld (siehe Rz 2).

5. Tarif (§ 5 FlugAbgG)

Rechtslage bis 31. August 2020: 19

Das Gesetz unterscheidet drei Tarifstufen:

Kurzstrecke gemäß Anlage 1 FlugAbgG (ab 1.1.2018 – 31.08.2020: 3,50 Euro; 1.1.2013 bis 31.12.2017: 7 Euro; bis 31.12.2012: 8 Euro)

Arabische Republik Ägypten	Republik Nordmazedonien
Republik Armenien	Republik Moldau
Republik Albanien	Montenegro
Demokratische Volksrepublik Algerien	Fürstentum Monaco
Fürstentum Andorra	Königreich der Niederlande
Königreich Belgien	Königreich Norwegen
Bosnien und Herzegowina	Republik Österreich
Republik Bulgarien	Palästinensische Autonomiegebiete
Königreich Dänemark	Republik Polen
Bundesrepublik Deutschland	Portugiesische Republik
Republik Estland	Rumänien
Republik Finnland	Russische Föderation
Französische Republik	Republik San Marino
Georgien	Königreich Schweden
Hellenische Republik (Griechenland)	Schweizerische Eidgenossenschaft (Schweiz)
Irland	Republik Serbien
Isle of Man	Slowakische Republik
Staat Israel	Republik Slowenien
Italienische Republik	Spanien
Haschemitisches Königreich Jordanien	Arabische Republik Syrien
Kanalinseln (Alderney, Guernsey, Herm, Jersey, Sark)	Tschechische Republik
Republik Kosovo	Republik Tunesien
Republik Kroatien	Türkische Republik
Republik Lettland	Ukraine
Fürstentum Liechtenstein	Republik Ungarn
Republik Litauen	Staat der Vatikanstadt
Großherzogtum Luxemburg	Vereinigtes Königreich von Großbritannien und Nordirland
Libanesische Republik (Libanon)	Republik Belarus (Weißrussland)
Libyen	Republik Zypern
Republik Malta	

Mittelstrecke gemäß Anlage 2 FlugAbgG (ab 1.1.2018 bis 31.08.2020: 7,50 Euro; 1.1.2013 bis 31.12.2017: 15 Euro; bis 31.12.2012: 20 Euro)

Islamische Republik Afghanistan	Demokratische Republik Kongo
Republik Äquatorialguinea	Republik Kongo
Republik Aserbaidschan	Staat Kuwait
Demokratische Bundesrepublik Äthiopien	Republik Liberia
Königreich Bahrain	Republik Mali
Republik Benin	Königreich Marokko
Burkina Faso	Islamische Republik Mauretanien
Republik Burundi	Republik Niger
Republik Elfenbeinküste	Bundesrepublik Nigeria

FlugAbgR

Republik Dschibuti	Sultanat Oman
Staat Eritrea	Islamische Republik Pakistan
Gabunische Republik	Republik Ruanda
Republik Gambia	Demokratische Republik Sao Tomé und Príncipe
Republik Ghana	Königreich Saudi Arabien
Republik Guinea	Republik Senegal
Republik Guinea-Bissau	Republik Sierra Leone
Republik Indien	Republik Somalia
Republik Irak	Republik Sudan
Islamische Republik Iran	Republik Südsudan
Island	Republik Tadschikistan
Republik Jemen	Republik Togo
Republik Kamerun	Republik Tschad
Republik Kap Verde	Turkmenistan
Republik Kasachstan	Republik Uganda
Staat Katar	Republik Usbekistan
Republik Kenia	Vereinigte Arabische Emirate
Kirgisische Republik (Kirgistan)	Zentralafrikanische Republik

Langstrecke (ab 1.1.2018 bis 31.08.2020: 17,50 Euro; bis 31.12.2017: 35 Euro)

Unter diesen Tarif fallen alle Abflüge, deren Zielflugplatz in einem Land liegt, das weder in der Anlage 1 noch in der Anlage 2 aufgezählt ist.

Betreffend die Übergangsregelungen insb. für bereits vor dem 1. September 2020 erworbene Flugtickets siehe Rz 22a.

(2020-0.793.149)

19a **Rechtslage ab 1. September 2020:**

Ab 1. September 2020 beträgt die Flugabgabe je Passagier im Regelfall 12 Euro.

(2020-0.793.149)

19b Für jene Flüge, bei denen die Entfernung zwischen dem inländischen Abflug-Flughafen und dem Zielflugplatz weniger als 350 km beträgt („Kürzeststreckenflüge“), beträgt die Flugabgabe 30 Euro je Passagier. Die Entfernung wird nach der Methode der Großkreisentfernung („path distance“) ermittelt. Die Methode der Großkreisentfernung wird insbesondere bei Flugroutenberechnungen (vgl. – International Air Transport Association – IATA) angewandt, dabei wird die kürzeste Verbindung zwischen zwei Punkten auf einer Kugeloberfläche dargestellt.

(2020-0.793.149)

19c Folgende Beispielsfälle (nicht abschließend) für Kürzeststreckenflüge werden auf Basis einer vom Bundesministerium für Klimaschutz, Umwelt, Energie, Mobilität, Innovation und Technologie zur Verfügung gestellten Information in folgender Tabelle dargestellt:

Flughafenbezugspunkt 1	**Flughafenbezugspunkt 2**	**Land**	**Km**
Flughafen Wien – LOWW	Flughafen Klagenfurt	Österreich	234,82
Flughafen Wien – LOWW	Flughafen Zagreb	Kroatien	266,60
Flughafen Wien – LOWW	Flughafen Krakau	Polen	321,12
Flughafen Wien – LOWW	Flughafen Laibach	Slowenien	264,22
Flughafen Linz – LOWL	Flughafen Dresden	Deutschland	324,49
Flughafen Linz – LOWL	Flughafen Venedig	Italien	334,95
Flughafen Salzburg – LOWS	Flughafen Wien	Österreich	268,51
Flughafen Salzburg – LOWS	Flughafen Rijeka	Kroatien	311,41
Flughafen Innsbruck – LOWI	Flughafen Graz	Österreich	311,93
Flughafen Innsbruck – LOWI	Flughafen Zürich	Schweiz	212,23
Flughafen Graz – LOWG	Flughafen München	Deutschland	313,26

Flughafen Klagenfurt – LOWK	Flughafen München	Deutschland	270,66
Flughafen Klagenfurt – LOWK	Flughafen Bratislava	Slowakei	275,71

Nicht unter die Kürzeststrecken fallen beispielsweise folgende Fälle:

Flughafenbezugspunkt 1	**Flughafenbezugspunkt 2**	**Land**	**Km**
Flughafen Wien – LOWW	Flughafen Innsbruck	Österreich	403,29
Flughafen Wien – LOWW	Flughafen Venedig	Italien	433,26
Flughafen Wien – LOWW	Flughafen München	Deutschland	356,11
Flughafen Wien – LOWW	Flughafen Kosice	Slowakei	351,17
Flughafen Linz – LOWL	Flughafen Altenrhein	Schweiz	355,93
Flughafen Innsbruck – LOWI	Flughafen Prag	Tschechien	382,41

(2020-0.793.149)

Von der Ermittlung der Entfernung der „Kürzeststrecke" zu unterscheiden ist die Zuordnung der Staaten und Gebiete in den Anlagen. Diese ergibt sich aus der Entfernung des größten Flughafens des jeweiligen Staates zum Flughafen Wien-Schwechat. **20**

Die Anlage 1 zählt jene Staaten und Gebiete auf, deren größter Flughafen sich innerhalb einer Entfernung von 2.500 km vom Flughafen Wien-Schwechat befindet.

Anlage 2 enthält Staaten und Gebiete, deren größter Flughafen sich innerhalb einer Entfernung von 6.000 km vom Flughafen Wien-Schwechat befindet.

Ein Zielflugplatz liegt innerhalb der Langstrecke, wenn er in einem Staatsgebiet liegt, das weder in der Anlage 1 noch in der Anlage 2 angeführt ist.

(2020-0.793.149)

Die Flugabgabe versteht sich einschließlich einer allenfalls anfallenden Umsatzsteuer. Da Inlandsflüge nicht von der Umsatzsteuer befreit sind, sieht § 5 Abs. 3 FlugAbgG vor, dass sich die Flugabgabe um den Betrag der Umsatzsteuer vermindert. Die Umsatzsteuer ist bei Inlandsflügen aus dem Abgabenbetrag herauszurechnen, wenn die Flugabgabe (inkl. USt) an den Fluggast weiterverrechnet wird. **21**

Rechtslage bis 31. August 2020:

von 01.01.2018 bis 31.08.2020	3,10 Euro,
von 1.1.2016 bis 31.12.2017	6,19 Euro,
von 1.1.2013 bis 31.12.2015	6,36 Euro,
bis 31.12.2012	7,27 Euro.

Rechtslage ab 1. September 2020:

ab 1.09.2020	Flugabgabe im Inland (Entfernung bis 350 km)	26,55 Euro
ab 1.09.2020	Flugabgabe im Inland (Entfernung größer als 350 km)	10,62 Euro

(2020-0.793.149)

Bei einem Rundflug sind der Abflugflugplatz und der Zielflugplatz ident. Die Flugabgabe für einen Rundflug, dessen Abflug von einem inländischen Flughafen erfolgt, beträgt 30 Euro einschließlich einer allenfalls anfallenden Umsatzsteuer. **22**

(2020-0.793.149)

Die neuen Tarife sind auf Abflüge von Passagieren von einem inländischen Flughafen nach dem 31. August 2020 anzuwenden. Auf Abflüge bis zu diesem Zeitpunkt sind die bisherigen Tarife (§ 5 und § 10 Abs. 3 Z 5 Flugabgabegesetz, jeweils in der Fassung des Bundesgesetzes BGBl. I Nr. 104/2019), weiter anzuwenden. Letzteres gilt zudem in Fällen, in denen einem Abflug nach dem 31. August 2020 ein Rechtsgeschäft zu Grunde liegt, das vor dem 1. September 2020 abgeschlossen worden ist. Demnach bleibt es für vor dem 1. September 2020 erworbene Flugtickets bei der im Erwerbszeitpunkt geltenden Besteuerung, eine Anpassung an den neuen Tarif ist nicht vorgesehen, auch wenn der Abflug erst zu einem Zeitpunkt erfolgt, zu dem dieser neue Tarif bereits anwendbar wäre. **22a**

(2020-0.793.149)

6. Abgabenschuldner und Haftender (§ 6 FlugAbgG)

23 Abgabenschuldner ist der Luftfahrzeughalter (siehe Rz 8), der den Abflug durchführt.

24 Der Luftfahrzeughalter, der den Abflug durchführt, muss nicht Eigentümer des Luftfahrzeuges sein; er muss auch nicht identisch mit jenem Unternehmen sein, das die Flugtickets für einen bestimmten Flug verkauft hat.

Das Codesharing ist ein Verfahren im Luftverkehr, bei dem sich zwei oder mehrere Luftfahrzeughalter einen Flug „teilen". Jede der beteiligten Gesellschaften führt den Flug unter einer eigenen Flugnummer, dem Code. Derjenige Luftfahrzeughalter, der den Abflug durchführt (Operating Carrier), schuldet die Flugabgabe für die Gesamtzahl der abgeflogenen Passagiere, unabhängig davon, unter welchem Code dieser Abflug erfolgt ist oder die Buchung durchgeführt wurde. Der Luftfahrzeughalter, der den Flug durch einen anderen Luftfahrzeughalter durchführen lässt, haftet nicht für die Abgabe. Ein Anspruch des Luftfahrzeughalters, der den Abflug durchführt, gegenüber jenem, der den Abflug durchführen lässt, auf Ersatz der Flugabgabe unterliegt der zivilrechtlichen Vereinbarung zwischen den beiden Beteiligten.

25 Der Flugplatzhalter des inländischen Flughafens, von dem aus der Abflug erfolgt, haftet für die Entrichtung der Abgabe und alle damit verbundenen Obliegenheiten eines Luftfahrzeughalters.

Der Umfang der Haftung ergibt sich aus § 7 Abs. 1 BAO. Der Flugplatzhalter wird durch die Geltendmachung der Haftung zum Gesamtschuldner. Die Geltendmachung der Haftung richtet sich nach § 224 BAO und erfolgt mit Haftungsbescheid.

Gemäß § 11 Abs. 7 FlugAbgG entfällt die Haftung, wenn der Flugplatzhalter die abgeglichenen Daten korrekt, vollständig und rechtzeitig dem FA GVG (bis 31.12.2020) – ab 1.1.2021 dem Finanzamt Österreich übermittelt (siehe Rz 47).

(2020-0.793.149)

7. Abgabenschuld und Abgabenerhebung (§ 7 FlugAbgG)

Die Flugabgabe ist eine Selbstbemessungsabgabe im Sinne des § 201 BAO. **26**

Die Abgabenschuld entsteht mit Ablauf des Kalendermonats, in dem der Abflug tatsächlich erfolgt ist.

Der Abgabenschuldner (siehe Rz 23) hat die Abgabe selbst zu berechnen, elektronisch über FinanzOnline anzumelden und an das FA GVG (bis 31.12.2020) – ab 1.1.2021 an das Finanzamt Österreich abzuführen. Die Anmeldung ist spätestens bis zum 15. Tag des auf den Kalendermonat, in dem die Abgabenschuld entstanden ist, zweitfolgenden Kalendermonats einzureichen. Anmeldungszeitraum ist jeweils der Kalendermonat, in dem die Abgabenschuld entstanden ist.

Betreffend den Ablauf von der Registrierung bis zur Anmeldung siehe Rz 57.

(2020-0.793.149)

Eine erfolgte elektronische Meldung kann durch den Abgabepflichtigen nicht nachträglich elektronisch berichtigt werden. Um eine unrichtig durchgeführte Selbstberechnung zu berichtigen, ist ein Antrag auf bescheidmäßige Festsetzung gemäß § 201 BAO zu stellen. Der Antrag ist schriftlich einzureichen. **27**

Die Abgabenerklärung gemäß § 7 Abs. 4 FlugAbgG (siehe Rz 30) hat den berichtigten Wert zu enthalten.

Fälligkeitstag ist der 15. Tag des auf das Entstehen des Abgabenanspruches zweitfolgenden Monats. **28**

Beispiel:

Für Abflüge im Monat April entsteht die Abgabenschuld mit Ablauf des Monats April.

Für den Anmeldungszeitraum April ist die Abgabe spätestens am 15. Juni fällig.

Erfolgt auf Grund einer nicht durchgeführten Selbstberechnung bzw. auf Grund einer unrichtigen Selbstberechnung eine Abgabenfestsetzung gemäß § 201 BAO, hat die festgesetzte Abgabe den in § 7 Abs. 2 FlugAbgG angeführten Fälligkeitstag. **29**

Beispiel:

Die Flugabgabe für den Monat April ist am 15. Juni fällig.

Erfolgt für den Monat April im November eine Festsetzung gemäß § 201 BAO, ist der Fälligkeitstag dennoch der 15. Juni. Das hat Auswirkungen zB hinsichtlich der Pflicht zur Entrichtung von Säumniszuschlägen gemäß § 217 BAO.

Der Abgabenschuldner hat bis zum 31. März jeden Jahres dem FA GVG (bis 31.12.2020) – ab 1.1.2021 dem Finanzamt Österreich, eine Abgabenerklärung für das vorangegangene Kalenderjahr elektronisch über FinanzOnline zu übermitteln. **30**

Es ergeht kein Jahresbescheid (keine Jahresveranlagung); müssen die monatlichen Anmeldungen berichtigt werden, ist für den zu berichtigenden Zeitraum (Kalendermonat) ein Festsetzungsbescheid gemäß § 201 BAO zu erlassen. Eine derartige Berichtigung hat keine Auswirkungen auf den Fälligkeitstag der Abgabe. Allerdings muss gemäß § 7 Abs. 4 FlugAbgG weiterhin für jedes Kalenderjahr eine Jahreserklärung abgegeben werden.

(2020-0.793.149)

8. Fiskalvertreter (§ 8 FlugAbgG)

31 Ein Luftfahrzeughalter, der weder im Inland noch in einem Mitgliedstaat der Europäischen Union Wohnsitz, Sitz oder Betriebsstätte hat (Nicht-EU-Luftfahrzeughalter), muss spätestens vor Durchführung des ersten Abfluges von einem inländischen Flughafen, durch den eine Steuerschuld entsteht, einen Fiskalvertreter namhaft machen.

Ein Luftfahrzeughalter, der Wohnsitz, Sitz oder Betriebsstätte in der Europäischen Union außerhalb Österreichs hat (EU-Luftfahrzeughalter), kann einen Fiskalvertreter bestellen.

Der Fiskalvertreter ist im Zuge der Registrierung (Formular Flug 9) mit Name, Sitz oder Wohnsitz, Steuernummer und UID-Nummer dem FA GVG (bis 31.12.2020) – ab 1.1.2021 dem Finanzamt Österreich bekanntzugeben.

Hat ein Luftfahrzeughalter Wohnsitz, Sitz oder Betriebsstätte im Inland, ist er zur Beauftragung eines Fiskalvertreters nicht verpflichtet. Die freiwillige Beauftragung eines Fiskalvertreters iSd § 8 FlugAbgG ist nicht vorgesehen. Wird ein Vertreter bestellt, richtet sich die Haftung nach § 9 BAO.

(2020-0.793.149)

32 Der Fiskalvertreter hat einerseits die abgabenrechtlichen Pflichten des von ihm Vertretenen zu erfüllen, ist aber andererseits befugt, die dem Vertretenen zustehenden Rechte (zB Akteneinsicht) wahrzunehmen.

Er hat die Anmelde-, Abfuhr- und Informationspflichten sowie alle anderen im Zusammenhang mit der Flugabgabe bestehenden Verpflichtungen für den Luftfahrzeughalter zu erfüllen.

Die Selbstberechnung der Flugabgabe kann ausschließlich über das elektronische Verfahren FinanzOnline durchgeführt werden. Ein ausländisches Unternehmen kann unter Einhaltung besonderer Bestimmungen FinanzOnline-Teilnehmer sein und daher die Selbstberechnung der Flugabgabe ohne Fiskalvertreter durchführen. In welchen Fällen dies zulässig und wie die Anmeldung zu FinanzOnline vorzunehmen ist, regelt der Erlass des Bundesministeriums für Finanzen vom 24.02.2015, BMF-220400/0004-V/8/2015, „FinanzOnline: Anmeldung von Unternehmern“. Es bestehen keine Bedenken, die Anmeldung des flugabgabepflichtigen Luftfahrzeughalters zu FinanzOnline auch dann zuzulassen, wenn dieser keine über die Flugabgabepflicht hinausgehende Abgabepflicht hat: Die Einschränkung in Pkt. 3 (1) des zitierten Erlasses auf jene ausländischen Unternehmen, die im Inland zur Umsatzsteuer erfasst sind, ist daher nicht anzuwenden.

Allerdings sind ausländische Luftfahrzeughalter, die die Selbstberechnung im Wege von FinanzOnline selbst vornehmen und weder im Inland noch in einem Mitgliedstaat der Europäischen Union Wohnsitz, Sitz oder Betriebsstätte haben, nicht von der Verpflichtung entbunden, einen Fiskalvertreter namhaft zu machen.

33 Der Fiskalvertreter haftet (in vollem Umfang) für die Abgabe. Er muss auch Zustellungsbevollmächtigter sein.

Der Umfang der Haftung ergibt sich aus § 7 Abs. 1 BAO. Der Haftende wird durch die Geltendmachung der Haftung zum Gesamtschuldner. Die Geltendmachung der Haftung richtet sich nach § 224 BAO und erfolgt mit Haftungsbescheid.

34 Als Fiskalvertreter dürfen nur beauftragt werden

- Wirtschaftstreuhänder (Steuerberater)
- Notare
- Rechtsanwälte
- Unternehmer im Sinne des § 2 Abs. 1 UStG 1994

jeweils mit Sitz oder Wohnsitz im Inland oder

- internationale Verbände von Flugunternehmen, die mit einer inländischen Zweigniederlassung im Firmenbuch eingetragen und in der Lage sind, den abgabenrechtlichen Pflichten nachzukommen.

35 Als „Internationale Verbände von Flugunternehmen“ sind Zusammenschlüsse (mit oder ohne eigene Rechtspersönlichkeit) von gewerblich in der Luftfahrt tätigen natürlichen oder juristischen Personen anzusehen, die nicht nur Mitglieder mit Sitz oder Wohnsitz im Inland haben (zB die International Air Transport Association – IATA).

Der Kreis der möglichen Auftraggeber ist nicht auf Verbandsmitglieder eingeschränkt. Ein internationaler Verband von Flugunternehmen kann daher auch von einem Luftfahrzeughalter, der nicht Mitglied dieses Verbandes ist, als Fiskalvertreter beauftragt werden.

36 Die Beauftragung und Mitteilung eines Fiskalvertreters ist verpflichtend, noch bevor durch den Abflug eines Luftfahrzeuges, das von einem Luftfahrzeughalter gehalten wird, der im Inland weder Wohnsitz noch Sitz oder Betriebsstätte hat, eine Abgabenschuld ausgelöst wird. Ein Luftfahrzeughalter, der zum Beispiel nur Abflüge zu Ausbildungszwecken

oder Abflüge mit Luftfahrzeugen durchführt, deren höchstzulässiges Abfluggewicht 2.000 Kilogramm nicht überschreitet, ist nicht zur Beauftragung und Namhaftmachung eines Fiskalvertreters verpflichtet.

Die Begriffe „Sitz“, „Wohnsitz“ oder „Betriebsstätte“ sind nach den §§ 26, 27 und 29 **37**
BAO auszulegen.

Die Bedeutung und Auslegung des Begriffes „Betriebsstätte“ in § 8 Abs. 1 FlugAbgG ergibt sich aus § 29 BAO und der dazu ergangenen Rechtsprechung und Literatur.

Dementsprechend ist eine Betriebsstätte jede „feste örtliche Anlage oder Einrichtung, die der Ausübung eines Betriebes dient“. Als feste örtliche Anlage sind Büro- oder Verkaufsräume anzusehen, über die das Unternehmen verfügen kann (dazu genügt zB ein Mietvertrag).

„Ausübung des Betriebes“ bedeutet im gegebenen Zusammenhang zB Verkaufs- oder Werbetätigkeit, Kundenkontakt, Buchungsabwicklung, Beschwerdemanagement oder Ähnliches. Für diese Tätigkeit sind jedenfalls die Anwesenheit von entsprechend qualifiziertem Personal in der Anlage oder Einrichtung sowie das Vorhandensein einer entsprechenden technischen Ausstattung der Anlage oder Einrichtung erforderlich. Eine Eintragung im Firmenbuch als Zweigniederlassung im Sinne des Gesellschaftsrechtes ist nicht erforderlich.

Unterhält ein Luftfahrzeughalter im Inland ein „Verkaufs- oder Repräsentationsbüro“, das die Anforderungen des § 29 BAO erfüllt, muss er keinen Fiskalvertreter beauftragen.

Die Voraussetzungen des § 29 BAO sind im jeweiligen Einzelfall durch das für die Erhebung der Flugabgabe zuständige FA GVG (bis 31.12.2020) – ab 1.1.2021 durch das Finanzamt Österreich zu beurteilen.
(2020-0.793.149)

9. Registrierung der Luftfahrzeughalter (§ 9 FlugAbgG)

38 Um die abgabenrechtlichen Verpflichtungen sicherzustellen, hat der Luftfahrzeughalter spätestens bis zur Durchführung des ersten abgabepflichtigen Abfluges von einem inländischen Flughafen beim FA GVG (bis 31.12.2020) – ab 1.1.2021 beim Finanzamt Österreich einen schriftlichen Antrag auf Registrierung zu stellen. Für diesen Antrag ist das Formular **Flug 9** zu verwenden.

Betreffend den Ablauf von der Registrierung bis zur Anmeldung siehe Rz 57.

(2020-0.793.149)

39 Der Antrag hat neben der Bezeichnung des Luftfahrzeughalters und des Sitzes oder Wohnsitzes des Luftfahrzeughalters auch ein Verzeichnis der inländischen Flughäfen, von denen ein Abflug beabsichtigt ist, zu enthalten.

Zusätzlich hat der Luftfahrzeughalter, der im Inland weder Wohnsitz noch Sitz oder Betriebsstätte hat, im Antrag auf Registrierung auch die Bezeichnung und den Sitz oder Wohnsitz des Fiskalvertreters anzugeben.

40 Die Registrierung ermöglicht es dem FA GVG (bis 31.12.2020) – ab 1.1.2021 dem Finanzamt Österreich, durch Eröffnung einer Steuernummer ein Abgabenkonto einzurichten, dem die Abgabenzahlungen zugeordnet werden können.

(2020-0.793.149)

41 Änderungen hinsichtlich der Bezeichnung des Luftfahrzeughalters, des Sitzes oder Wohnsitzes des Luftfahrzeughalters sowie Änderungen betreffend den Fiskalvertreter, die Einstellung der Durchführung von Abflügen von einem bestimmten inländischen Flughafen, die beabsichtigte Durchführung von Abflügen von noch nicht im Verzeichnis erfassten inländischen Flughäfen sowie die Zahlungseinstellung, die drohende oder eingetretene Zahlungsunfähigkeit, Überschuldung oder die Stellung eines Antrages auf Eröffnung eines Insolvenzverfahrens sind unverzüglich dem Finanzamt mitzuteilen.

10. Pflichten der Luftfahrzeughalter (§ 10 FlugAbgG)

10.1. Aufzeichnungspflichten

Für den Luftfahrzeughalter besteht die Verpflichtung, elektronische Aufzeichnungen zu führen, aus denen sich taggenau ergibt **42**

- die Anzahl der von einem inländischen Flughafen abgeflogenen Passagiere
- die Flugnummer, falls für den durchgeführten Abflug eine Flugnummer vergeben wurde
- der Zielflugplatz (siehe Rz 10) der von einem inländischen Flughafen abgeflogenen Passagiere
- Datum und Zeitpunkt des Abfluges
- die Bezeichnung des inländischen Flughafens, von dem der Abflug erfolgt ist.

Die Aufzeichnungen sind in deutscher oder englischer Sprache zu führen. **43**

Die Aufzeichnungspflicht umfasst auch die Daten von Personen, deren Abflug gemäß § 3 Z 1 bis 5 FlugAbgG befreit ist. Diese Daten sind gesondert auszuweisen. **44**

Befinden sich beim Abflug eines Luftfahrzeuges Personen im Luftfahrzeug, deren Abflug eine Abgabenschuld auslöst, dann sind auch die Daten derjenigen Personen aufzuzeichnen und separat auszuweisen, deren Abflug keine Abgabenschuld auslöst. Entsteht jedoch durch einen Abflug überhaupt keine Abgabenschuld (zB weil der Abflug des Luftfahrzeuges als solches befreit ist), entfällt sowohl die Verpflichtung zur Aufzeichnung der Daten als auch zur Abgabe einer „Nullmeldung“.

Beispiele:

1. Ein Luftfahrzeug fliegt mit 70 Passagieren ab. Unter diesen Passagieren befinden sich fünf Kinder unter zwei Jahren ohne eigenen Sitzplatz sowie acht Mitglieder der Flugbesatzung. In diesem Fall sind die Daten für alle 70 Passagiere aufzuzeichnen, wobei die Daten der Kinder unter zwei Jahren ohne eigenen Sitzplatz und die Daten der Flugbesatzung gesondert auszuweisen sind.

2. Beim Abflug eines Luftfahrzeuges befinden sich neben den Mitgliedern der Flugbesatzung ausschließlich Personen im Luftfahrzeug, deren Abflug der Sportausübung (Absprung mit einem Fallschirm) dient. In diesem Fall wird durch den Abflug keine Abgabenschuld ausgelöst, sodass die Aufzeichnungspflicht für diesen Abflug zur Gänze entfällt.

10.2. Übermittlung an den Flugplatzhalter

Der Luftfahrzeughalter ist verpflichtet, dem Halter des inländischen Flughafens, von dem aus er im betreffenden Zeitraum abgabepflichtige Abflüge durchgeführt hat, bis zum 15. Tag des auf den Kalendermonat, in dem die Abgabenschuld entstanden ist, folgenden Kalendermonats die in der Rz 47 angeführten Daten, zusammengefasst für einen Kalendermonat, zu übermitteln. **45**

Die Übermittlung der Daten an den Flugplatzhalter ist über FinanzOnline nicht möglich.

Die dem Flugplatzhalter zu übermittelnden Daten haben mit den Daten, die der Luftfahrzeughalter dem Finanzamt zu übermitteln hat, übereinzustimmen. **46**

Es sind die tatsächlichen Daten zum Zeitpunkt der Verwirklichung des Tatbestandes (Abflug) zu ermitteln (zB die im Auftrag der Luftfahrzeughalter ermittelten Daten der „passenger handling agents“).

Der Luftfahrzeughalter hat daher bis zum

- 15. Tag des auf das Entstehen der Abgabenschuld folgenden Monats an den Flugplatzhalter,
- 15. Tag des auf das Entstehen der Abgabenschuld zweitfolgenden Monats an das FA GVG (bis 31.12.2020) – ab 1.1.2021 an das Finanzamt Österreich zu melden.

Für die Abgabenerhebung kommt es nicht auf die Identität des Passagiers an, daher sind die aufzuzeichnenden Daten im datenschutzrechtlichen Sinn nicht personenbezogen.
(2020-0.793.149)

10.3. Übermittlung an das Finanzamt

Der Luftfahrzeughalter hat dem Finanzamt spätestens am 15. Tag des auf den Kalendermonat, in dem die Abgabenschuld entstanden ist, zweitfolgenden Kalendermonats unter Angabe seiner Steuernummer folgende Daten für einen Kalendermonat zusammengefasst nach inländischen Flughäfen zu übermitteln: **47**

- ICAO-Code und Steuernummer des Luftfahrzeughalters
- in Ermangelung des ICAO-Codes die Bezeichnung des Luftfahrzeughalters

- Bezeichnung des inländischen Flughafens, von dem der Abflug erfolgt ist
- Monat und Jahr, für das die Meldung übermittelt wird
- Anzahl der abgeflogenen Passagiere ohne Mitglieder der Flugbesatzung (siehe Rz 12) und ohne Passagiere, die das zweite Lebensjahr noch nicht vollendet haben und über keinen eigenen Sitzplatz verfügen, jeweils unter zahlenmäßiger Zuordnung zu den einzelnen Abflügen unter Berücksichtigung einer allenfalls anfallenden Umsatzsteuer,
- mit einem Zielflugplatz innerhalb der Kurzstrecke gemäß Anlage 1, wobei Passagiere mit einer Flugstrecke bis zu 350 km gesondert anzugeben sind,
- mit einem Zielflugplatz innerhalb der Mittelstrecke gemäß Anlage 2,
- mit einem Zielflugplatz, der in einem Staatsgebiet oder Gebiet liegt, das weder in der Anlage 1 noch in der Anlage 2 angeführt ist, samt einer Angabe des Zielflugplatzes.
- Abgabenbetrag
- Anzahl der
  - Passagiere, die das zweite Lebensjahr noch nicht vollendet haben und über keinen eigenen Sitzplatz verfügen
  - Personen, die als Flugbesatzungsmitglieder (siehe Rz 14) eines anderen Fluges an ihren Einsatzort oder von ihrem Einsatzort geflogen werden
  - steuerfrei abgeflogenen Personen (siehe Rz 14)
  - Transferpassagiere (siehe Rz 14)

Es sind die tatsächlichen Daten zum Zeitpunkt der Verwirklichung des Tatbestandes (Abflug) zu ermitteln (zB die im Auftrag der Luftfahrzeughalter ermittelten Daten der „passenger handling agents“).

Die Datenübermittlung an das Finanzamt hat elektronisch über FinanzOnline zu erfolgen. Die Übermittlung kann im Dialog- oder Datenstromverfahren durchgeführt werden. Die technischen Vorgaben für die Übermittlung der Daten im Dialog- oder Datenstromverfahren sind den jeweiligen Handbüchern auf der Homepage des BMF zu entnehmen.

(2020-0.793.149)

10.4. Beispiel für eine Datenübermittlung (Passagierzahl) an Hand eines einzigen Abfluges

48 **Rechtslage bis zum 31.08.2020:**

Zusammensetzung der Personen im Flugzeug

Gesamtanzahl der sich im Luftfahrzeug befindlichen Personen	185	
Flugbesatzung (Rz 12)	5	steuerfrei
Flugbesatzungsmitglieder eines anderen Fluges (Rz 14)	8	steuerfrei
Kinder unter 2 Jahren ohne eigenen Sitzplatz (Rz 14)	10	steuerfrei
Passagiere zum Zweck der Ausbildung (Rz 14)	3	steuerfrei
Passagiere zu militärischen, medizinischen oder humanitären Zwecken (Rz 14)*	2	steuerfrei
Passagiere mit Zwischenlandung unter 24 Stunden (Transfer und Transit, Rz 14)	20	steuerfrei
Passagiere Kurzstrecke (Rz 19)	100	steuerpflichtig
Passagiere Kurzstrecke Inland (Rz 19)	12	steuerpflichtig
Passagiere Mittelstrecke	10	steuerpflichtig
Passagiere Langstrecke	15	steuerpflichtig

* Hier sind nur jene Passagiere zu erfassen, für die keine Flugabgabe abgeführt wurde. Passagiere, deren Abflug einen Befreiungstatbestand erfüllt, für die die Befreiung aber nur im Erstattungswege in Anspruch genommen werden kann, sind hier nicht zu erfassen.

Eingabe und Übermittlung durch Luftfahrzeughalter über FinanzOnline

Gesamtanzahl der Passagiere	170
Passagiere Kurzstrecke	100
Passagiere Kurzstrecke Inland	12
Passagiere Mittelstrecke	10
Passagiere Langstrecke	15

Kinder unter 2 Jahren ohne eigenen Sitzplatz	10
Flugbesatzungsmitglieder eines anderen Fluges	8
Ausbildungszwecke	3
Passagiere zu militärischen, medizinischen oder humanitären Zwecken	2
Transfer	20

Rechtslage ab 1. Septembr 2020:

Zusammensetzung der Personen im Flugzeug

Gesamtanzahl der sich im Luftfahrzeug befindlichen Personen	202	
Flugbesatzung (Rz 12)	5	steuerfrei
Flugbesatzungsmitglieder eines anderen Fluges (Rz 14)	8	steuerfrei
Kinder unter 2 Jahren ohne eigenen Sitzplatz (Rz 14)	10	steuerfrei
Passagiere zum Zweck der Ausbildung (Rz 14)	3	steuerfrei
Passagiere zu militärischen, medizinischen oder humanitären Zwecken (Rz 14)*	2	steuerfrei
Passagiere mit Zwischenlandung unter 24 Stunden (Transfer und Transit, Rz 14)	20	steuerfrei
Passagiere Kurzstrecke (Rz 19)	100	steuerpflichtig
Passagiere Entfernung bis 350 km	7	steuerpflichtig
Passagiere Kurzstrecke Inland (Rz 19)	12	steuerpflichtig
Passagiere Entferung bis 350 km Inland	10	steuerpflichtig
Passagiere Mittelstrecke	10	steuerpflichtig
Passagiere Langstrecke	15	steuerpflichtig

* Hier sind nur jene Passagiere zu erfassen, für die keine Flugabgabe abgeführt wurde. Passagiere, deren Abflug einen Befreiungstatbestand erfüllt, für die die Befreiung aber nur im Erstattungswege in Anspruch genommen werden kann, sind hier nicht zu erfassen.

Eingabe und Übermittlung durch Luftfahrzeughalter über FinanzOnline

Gesamtanzahl der Passagiere	187
Passagiere Kurzstrecke	100
Passagiere Entfernung bis 350 km	7
Passagiere Kurzstrecke Inland	12
Passagiere Entferung bis 350 km Inland	10
Passagiere Mittelstrecke	10
Passagiere Langstrecke	15
Kinder unter 2 Jahren ohne eigenen Sitzplatz	10
Flugbesatzungsmitglieder eines anderen Fluges	8
Ausbildungszwecke	3
Passagiere zu militärischen, medizinischen oder humanitären Zwecken	2
Transfer	20

Unter „Gesamtanzahl der Passagiere“ laut FinanzOnline-Eingabemaske sind alle Passagiere ausgenommen Kinder unter 2 Jahren ohne eigenen Sitzplatz (siehe Rz 14) und Flugbesatzung (siehe Rz 12) zu verstehen.

(2020-0.793.149)

11. Pflichten der Flugplatzhalter (§ 11 FlugAbgG)

49 Der Halter des inländischen Flughafens, von dem der Abflug erfolgt, ist verpflichtet, elektronische Aufzeichnungen zu führen, aus denen sich taggenau ergibt:

- die Bezeichnung der Luftfahrzeughalter, die Abflüge durchgeführt haben
- die Flugnummer, falls für die durchgeführten Abflüge Flugnummern vergeben worden sind
- die Flugplätze, auf denen die Abflüge planmäßig geendet haben (Streckenziel)
- die Anzahl der abgeflogenen Passagiere
- Datum und Zeitpunkt der Abflüge

Es sind die tatsächlichen Daten zum Zeitpunkt der Verwirklichung des Tatbestandes (Abflug) aufzuzeichnen (zB die im Auftrag der Luftfahrzeughalter ermittelten Daten der „passenger handling agents").

50 Zur Aufzeichnungsverpflichtung im Zusammenhang mit Abgabenbefreiungen siehe Rz 44.

51 Der Flugplatzhalter hat die ihm vom Luftfahrzeughalter übermittelten Daten zu überprüfen und mit seinen eigenen Daten abzugleichen.

Unter Abgleich der Daten gemäß § 11 Abs. 3 FlugAbgG ist zu verstehen, dass der Flugplatzhalter die ihm vom Luftfahrzeughalter übermittelten Daten eines Kalendermonats mit den im eigenen Unternehmen vorhandenen Daten vergleicht und bei wiederkehrenden Differenzen Kontakt zum Luftfahrzeughalter aufnimmt.

Eine Zusammenstellung der abgeglichenen Daten hat der Flugplatzhalter spätestens am 15. Tag des auf den Kalendermonat, in dem der Abflug erfolgt, zweitfolgenden Kalendermonats dem FA GVG (bis 31.12.2020) – ab 1.1.2021 dem Finanzamt Österreich auf elektronischem Wege zu übermitteln.

(2020-0.793.149)

52 Gemäß § 11 Abs. 5 FlugAbgG hat die Übermittlung der Daten zusammengefasst nach Luftfahrzeughaltern zu erfolgen und folgende Angaben zu enthalten:

- ICAO-Code des Luftfahrzeughalters
- in Ermangelung des ICAO-Codes die Bezeichnung, Adresse, sowie Postleitzahl und Land des Luftfahrzeughalters
- Monat und Jahr, für das die Meldung übermittelt wird
- Anzahl der abgeflogenen Passagiere ohne Mitglieder der Flugbesatzung (siehe Rz 12) und ohne Passagiere, die das zweite Lebensjahr noch nicht vollendet haben und über keinen eigenen Sitzplatz verfügen
- Anzahl der
  - Passagiere, die das zweite Lebensjahr noch nicht vollendet haben und über keinen eigenen Sitzplatz verfügen
  - Personen, die als Flugbesatzungsmitglieder eines anderen Fluges an ihren Einsatzort oder von ihrem Einsatzort geflogen werden
  - Transferpassagiere

53 Hinsichtlich jener Luftfahrzeughalter, die Abflüge, durch die eine Abgabenschuld entsteht oder entstanden ist, durchgeführt haben und dem Flugplatzhalter keine Daten gemäß Rz 45 übermittelt haben, hat der Flugplatzhalter eine erweiterte Übermittlungspflicht. In diesen Fällen hat der Flugplatzhalter dem Finanzamt zusätzlich zu den in Rz 52 genannten Angaben folgende Daten zu übermitteln:

- Flugnummer oder Registrierungsnummer des Luftfahrzeuges
- Datum und Zeitpunkt des planmäßigen Abfluges
- Streckenziel mittels IATA-Code oder ICAO-Code des Flugplatzes (siehe Rz 11)
- Anzahl der Passagiere je Destination (nächstes Ziel nach Streckenziel) mittels IATA-Code oder mittels ICAO-Code des Flugplatzes (siehe Rz 11)

Diese erweiterte Mitteilungspflicht umfasst sowohl Fälle, in denen überhaupt keine Daten geliefert werden, als auch Fälle, bei denen beträchtliche Abweichungen (siehe Rz 54) zwischen den Daten des Luftfahrzeughalters und jenen des Flugplatzhalters bestehen.

54 Eine beträchtliche Abweichung zwischen den Daten des Luftfahrzeughalters und des Flugplatzhalters liegt vor, wenn der Flugplatzhalter bei den Daten eines Luftfahrzeughalters, der in einem Monat

- weniger als 100.000 Abflüge von Passagieren von einem österreichischen Flughafen durchführt, eine Abweichung von mehr als 100 Abflügen von Passagieren oder 5% feststellt,

- mehr als 100.000 Abflüge von Passagieren von einem österreichischen Flughafen durchführt, eine Abweichung von mehr als 1.000 Abflügen von Passagieren feststellt.

Die Haftung des Flugplatzhalters entfällt für die Abgabe, die auf jenen Zeitraum entfällt, für den der Flugplatzhalter die abgeglichenen Daten korrekt, vollständig und rechtzeitig dem Finanzamt übermittelt. 55

Von der in § 12 FlugAbgG eingeräumten Ermächtigung, den Inhalt und das Verfahren der elektronischen Übermittlung gemäß §§ 7, 10 und 11 FlugAbgG mit Verordnung festzulegen, wurde durch die FinanzOnline-Erklärungsverordnung (siehe FOnErklV idF BGBl. II Nr. 83/2018) Gebrauch gemacht. 56

(2020-0.793.149)

12. Anhang

12.1. Ablaufdiagramm Registrierung bis Jahreserklärung

57

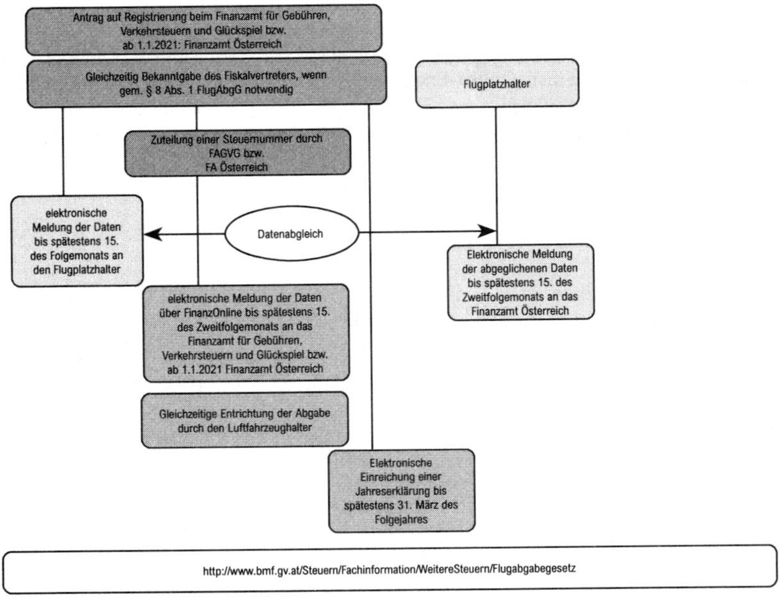

(2020-0.793.149)

11. Werbeabgabe

AÖF 2000/121

Durchführungserlass zur Werbeabgabe

(Erlass des BMF vom 15. Juni 2000, Z 14 0607/1-IV/14/00)

Der Nationalrat hat mit BGBl. I Nr. 29/2000 ein Werbeabgabegesetz 2000 beschlossen, das ab 1. Juni 2000 an die Stelle der Anzeigen- und Ankündigungsabgaben von Ländern und Gemeinden tritt. Die Tatbestände entsprechen im Wesentlichen den Tatbeständen der bisherigen Anzeigen- und Ankündigungsabgaben.

1. Ersatz der Anzeigen- und Ankündigungsabgaben durch die Werbeabgabe

1.1 Das Werbeabgabegesetz 2000 (WerbeAbgG 2000), BGBl. I Nr. 29/2000, tritt am 1. Juni 2000 in Kraft und ersetzt die bisherigen Anzeigen- und Ankündigungsabgabenregelungen der Länder bzw. Gemeinden für Werbeleistungen in Printmedien, im TV und Hörfunk sowie im Bereich Außenwerbung. Die Werbeabgabe ist eine bundeseinheitliche Abgabe auf entgeltliche Werbeleistungen in Höhe von 5%, soweit diese Werbeleistungen in Österreich erbracht werden oder vom Ausland aus für Österreich bestimmt sind.

1.2 Die bisherigen Anzeigen- und Ankündigungsabgaben der Länder und Gemeinden treten mit 31. Mai 2000 außer Kraft. Der durchschnittliche Steuersatz der Anzeigen- und Ankündigungsabgabe betrug bisher 10%, es gab aber auch Steuersätze von 20 oder 30%. Der Besteuerungsgegenstand ist gegenüber den bisherigen Regelungen im Großen und Ganzen gleich geblieben, gegenüber den Verordnungen einzelner Gemeinden gibt es im Einzelnen allerdings Abweichungen.

1.3 Sollten bisher auf der Grundlage der Anzeigen- und Ankündigungsabgabenregelungen der Länder bzw. Gemeinden für Werbeleistungen bereits Abgaben eingehoben worden sein, unterliegen derartigen Werbeleistungen nicht der Werbeabgabe. Eine derartige „Überschneidung" kann sich dadurch ergeben, dass von Werbeleistungen bereits Anzeigen- oder Ankündigungsabgaben nach dem Prinzip der steuerlichen Erfassung vereinnahmter Entgelte eingehoben wurden und nunmehr die Werbeabgabe auf der Grundlage vereinbarter Entgelte nochmals eingehoben werden müsste.

2. Steuergegenstand (§ 1 Abs. 1 WerbeAbgG 2000)

2.1 Steuergegenstand ist die Erbringung von Werbeleistungen durch einen „Werbeleister" (zum Werbeleister siehe Tz 3.1).

2.2 Werbung ist die auf eine direkte oder indirekte Werbewirkung abzielende besondere Anpreisung der Vorzüge von am Markt angebotenen Leistungen. Nicht als Werbung im Sinne des Gesetzes sind daher Wortanzeigen im Fließtext zu verstehen, wenn deren Abrechnung nach der Anzahl der Wörter oder Buchstaben (einschließlich Firmenlogos) erfolgt. Wortanzeigen in Verbindung mit Abbildungen jeder Art führen zu einer werbeabgabepflichtigen Leistung. Raumanzeigen, die nach der Fläche verrechnet werden, sind unabhängig von ihrem Inhalt jedenfalls als Werbung anzusehen, ausgenommen die Veröffentlichung erfolgt auf Grund einer gesetzlichen oder gerichtlichen Verpflichtung oder es handelt sich um Veröffentlichungen in der höchstpersönlichen Sphäre (insbesondere Geburtsanzeigen, Hochzeitsanzeigen, Todesanzeigen, nicht hingegen zB die Anzeige einer Kanzlei- oder Ordinationseröffnung, Stellenanzeigen jeglicher Art).

2.3 Als Werbeleistung ist die Besorgung von Leistungen zu verstehen, die eine im Sinne der Tz 2.2 gestaltete Werbewirkung in der Öffentlichkeit verbreiten. Die steuerpflichtigen Werbeleistungen sind in § 1 WerbeAbgG 2000 abschließend geregelt (Tz 3). Allgemeine Voraussetzung für die Abgabepflicht ist, dass es sich um die Verbreitung einer Werbebotschaft gegen Entgelt handelt. „Eigenwerbung" fällt nicht unter die Werbeabgabe, das heißt, weder die Werbung für das Medium im Medium selbst (zB Werbung des ORF im ORF, einer Zeitung in der Zeitung selbst), noch die Firmenaufschrift am eigenen Firmenfahrzeug sind abgabepflichtig.

2.4 Die Veröffentlichung (Verbreitung) der Werbebotschaft muss im Inland erfolgen oder vom Ausland aus für Österreich bestimmt sein. Aus diesem „Inlandsbezug" ergibt sich insbesondere Folgendes:

- TV- und Radio-Werbungen, die von ausländischen Sendern speziell für Österreich ausgestrahlt werden, unterliegen der Werbeabgabe.
- Ein im Inland übernommener Auftrag für eine weitaus überwiegend für das Ausland bestimmte Werbeleistung (über 75%) unterliegt nicht der Werbeabgabe, und zwar auch dann nicht, wenn sich im Inland tatsächlich eine Werbewirkung einstellt.
- Grenzüberschreitende Werbeleistungen unterliegen nur mit jenem Teil der Werbeabgabe, die in österreichischen Medien geschalten werden.
- Für das Ausland bestimmte Werbung in ausländischen Printmedien, die auch in Österreich erworben werden können, unterliegen nicht der Werbeabgabe.

3. Die einzelnen Steuertatbestände (§ 1 Abs. 2 WerbeAbgG 2000)

3.1 Veröffentlichung durch bestimmte Werbeleister

3.1.1 Steuerpflicht tritt nur dann ein, wenn ein Werbeleister im Sinne des § 1 Abs. 2 WerbeAbgG 2000 mit einer Werbeleistung beauftragt wird. Werbeleister sind:

- Die Verleger von Printmedien im Sinne des Mediengesetzes (insbesondere Zeitungsverlage).
- Die Betreiber von Medien im Bereich von Hörfunk und Fernsehen (insbesondere ORF, Privatsender).

– Personen und Institutionen, die Flächen und Räume zur Verbreitung von Werbebotschaften zur Verfügung stellen („Vermieter“ von Plakatflächen, Transparenten uä.).

3.1.2 Werden zwischen verschiedenen Medien unterschiedlicher Rechtsträger wechselseitig Werbeleistungen erbracht, so ist in diesem Fall von einer „Tauschwerbung“ auszugehen, bei der der jeweilige Wert der Gegenleistung der Besteuerung unterliegt (siehe Tz 3.3.2 und 5.2). Die (wechselseitige) Werbung in verschiedenen Medien desselben Rechtsträgers begründet keine Abgabenpflicht.

3.1.3 Keine Werbeleister sind Unternehmer, die bloß die Besorgung einer Werbeleistung bei einem Werbeleister übernehmen. Darunter fallen vor allem Werbeagenturen, die die Erstellung eines Werbesujets unter Einschluss der Besorgung der Veröffentlichung durch einen Werbeleister übernehmen.

3.2 Veröffentlichung von Werbeeinschaltungen in Druckwerken im Sinne des Mediengesetzes (§ 1 Abs. 2 Z 1 WerbeAbgG 2000)

3.2.1 Derartige Veröffentlichungen liegen vor, wenn sie unmittelbar im Zusammenhang mit der Verbreitung von entgeltlich oder unentgeltlich abgegebenen Druckwerken im Sinne des Mediengesetzes stehen. Dazu gehören auch so genannte Supplements. Veröffentlichung in diesem Sinne sind daher:

– Die Werbeeinschaltung im Druckwerk selbst („abgedruckte Werbeanzeige“).
– Das Einheften von Werbebeilagen in Druckwerken.
– Das Aufkleben von Werbebeilagen auf dem Druckwerk.
– Jedwede andere Form der Beilage einer Werbung zum Druckwerk (bloßes Einlegen, gemeinsame Versendung oder Abgabe).

Wird ein Druckwerk im Sinne des Mediengesetzes als Beilage einem anderen Medium beigelegt, kann darin keine werbeabgabepflichtige Leistung gesehen werden (zB entgeltliche Beilage eines Fernsehmagazins zu Tageszeitungen).

3.2.2 Die Ausführungen unter Tz 3.2.1 führen zu folgenden weiteren Ergebnissen:

– Der Bereich der Direktwerbung (Prospektverteilung, persönlich adressierte Mailings usw.) fällt nicht unter die Werbeabgabe.
– Spezielle Österreich-Supplements in ausländischen Printmedien unterliegen der Werbeabgabe.
– Werbeeinschaltungen in Form von redaktionellen Beiträgen unterliegen der Werbeabgabe, wenn diese entgeltlich sind (zB in Form von Druckkostenbeiträgen). Die Tatsache, dass es sich um „echte“ redaktionelle Beiträge ohne Werbebotschaft handelt, ist vom Medienunternehmen zu belegen.

3.3 Die Veröffentlichung von Werbeeinschaltungen in Hörfunk und Fernsehen (§ 1 Abs. 2 Z 2 WerbeAbgG 2000)

3.3.1 Darunter fällt jede Werbeleistung, die in Hörfunk und Fernsehen veröffentlicht wird. Die Veröffentlichung kann dabei erfolgen:

– Im Zuge eines geschlossenen Werbeblocks.
– Als Einschub während anderer Sendeleistungen (zB als „Zwischeneinschaltung“ während eines Spielfilms).
– Als Teil einer Sendung (zB Bewerbung eines Produktes innerhalb des Programmes), wobei die Werbeleistung mit einem Ausmaß von 70% der Gesamtleistung zu bewerten ist.
– Im Wege einer Patronanzsendung, wobei die Werbeleistung mit einem Ausmaß von 10% (Fernsehen) bzw. 15% (Hörfunk) der Gesamtleistung zu bewerten ist.

3.3.2 Die Ausführungen unter Tz 3.3.1 führen zu folgenden weiteren Ergebnissen:

– Das Product Placement in Hörfunk und Fernsehen unterliegt der Werbeabgabe, wenn es entgeltlich erfolgt. Da im Bereich des Product Placement auch Gegengeschäfte üblich sind, muss in diesem Fall die Bemessungsgrundlage im Schätzungsweg ermittelt werden (siehe Tz 5.2).
– Der inländische Empfang von unveränderten ausländischen Programmen, in denen Werbeeinschaltungen ausgestrahlt werden, unterliegt nicht der Werbeabgabe.
– Der inländische Empfang von speziellen Österreich-Werbefenstern in ausländischen Programmen unterliegt der Werbeabgabe.
– Werbeeinschaltungen in Sendungen, die von inländischen oder ausländischen Produktionsfirmen im Auftrag inländischer Fernseh- oder Radiostationen erstellt wurden, unterliegen der Werbeabgabe, wenn die Erstausstrahlung überwiegend im Inland erfolgt (zB „Selfmade Man“)

3.4 Die Duldung der Benützung von Flächen und Räumen zur Verbreitung von Werbebotschaften (§ 1 Abs. 2 Z 3 WerbeAbgG 2000)

3.4.1 Es handelt sich dabei um Werbeleistungen, die bestehen

– in jeglicher Nutzung,
– von Flächen und Räumen jeder Art.

3.4.1.1 Zu den „Flächen jeder Art“ zählen insbesondere Gebäudeflächen, Plakatständer, sonstige Textilflächen (Fahnen, Transparente jeder Art).

3.4.1.2 Unter „jegliche Nutzung“ fällt das Bekleben der Fläche, der Aufdruck auf der Fläche, das Montieren von Tafeln, die Projektion auf Flächen (Hintergrundprojektion wie zB beim Info-Screen, „An-die-Wand-Projektion“) sowie das Aufstellen von entsprechenden Geräten auf Flächen.

3.4.2 Aus den allgemeinen Grundsätzen der Tz 3.4.1 ergeben sich somit folgende praktische Anwendungsfälle für eine Werbeabgabepflicht:

- Das Vermieten von Plakatflächen.
- Die Duldung der Projektion von Werbebotschaften an Wänden.
- Das Aufstellen von Plakatständern, Schaukästen uä.
- Die Kinowerbung.
- Das Anbringen von Werbebotschaften auf Fahrzeugen (zB auf Straßenbahnen, nicht jedoch die Firmenaufschrift am Unternehmensfuhrpark) einschließlich Luftfahrzeuge.
- Das Werbeband, das von einem Flugzeug gezogen wird.
- Das Aufstellen von Fernsehern und Videogeräten.
- Die Duldung der werblichen Nutzung von Räumen zB in Form eines Werberaumes, nicht hingegen die Vermietung von Messekojen oä.

4. Von der Besteuerung ausgenommene Tatbestände (§ 1 Abs. 3 WerbeAbgG 2000)

4.1 Nicht unter die Werbeabgabe fallen (§ 1 Abs. 3 Z 1 WerbeAbgG 2000): Die Veröffentlichung von Informationen von gemeinnützig, mildtätig oder kirchlich tätigen Körperschaften im Sinne der §§ 34 bis 47 BAO (zB Kunst, Wissenschaft, Gesundheitspflege, Kinder-, Jugend- und Familienfürsorge, Fürsorge für alte, kranke oder mit körperlichen Gebrechen behaftete Personen, Sport, Volkswohnungswesen, Bildung, Denkmalpflege, Natur- und Tierschutz usw.). Es ist damit jegliche – auch die werbewirksame – Information, die diese Körperschaften betrifft, nicht steuerbar. Dem werbenden Medium ist von Organen der Körperschaft eine glaubhafte Erklärung vorzulegen, dass die Körperschaft unter §§ 34 bis 47 BAO fällt. „Politische Werbung" unterliegt der Werbeabgabe.

4.2 Weiters unterliegen Werbeeinschaltungen in nicht periodisch erscheinenden Druckwerken (das sind solche, die nicht wenigstens viermal im Kalenderjahr wiederkehrend erscheinen, vgl. § 1 Abs. 1 Z 2 und 5 des Mediengesetzes), die von gemeinnützig, mildtätig oder kirchlich tätigen Körperschaften im Sinne der §§ 34 bis 47 BAO (zB Kunst, Wissenschaft, Gesundheitspflege, Kinder-, Jugend- und Familienfürsorge, Fürsorge für alte, kranke oder mit körperlichen Gebrechen behaftete Personen, Sport, Volkswohnungswesen, Bildung, Denkmalpflege, Natur- und Tierschutz usw.) oder von Vereinen herausgegeben werden, nicht der Werbeabgabe (zB Werbeeinschaltungen in Festschriften, Programmheften). Werbeeinschaltungen in Maturazeitungen unterliegen generell nicht der Werbeabgabe. Regelmäßig erscheinende Programmhefte zB in Theatern oder Konzerthäusern sind hingegen werbeabgabepflichtig.

Beispiel 1:

Im Programmheft einer Laienspielgruppe, die nicht regelmäßig auftritt, erscheinen diverse Anzeigen. Die Anzeigen sind nicht steuerpflichtig.

Beispiel 2:

Im Programmheft des Konzerthauses erscheinen Anzeigen. Diese sind steuerpflichtig.

4.3 Die generelle mediale Unterstützung durch den Bund für Glücksspiele gemäß § 17 Abs. 7 des Glücksspielgesetzes ist ebenfalls nicht abgabepflichtig. Diesbezügliche Werbung im engeren Sinne wie zB Inserate, Werbesendungen usw. sind von der Werbeabgabe jedoch nicht ausgenommen.

5. Bemessungsgrundlage und Höhe der Abgabe (§ 2 WerbeAbgG 2000)

5.1 Der Abgabepflicht unterliegen grundsätzlich nur jene Werbeleistungen, die in unmittelbarem Zusammenhang mit der Veröffentlichung von Werbeeinschaltungen erbracht werden. Kreativ- bzw. Produktionskosten von Werbekampagnen fallen nicht unter die Werbeabgabe (siehe Tz 5.3 und 5.4).

5.2 Entgelt ist der Wert der Gegenleistung, die der Werbeleister für die Ausführung der Werbeleistung in Rechnung stellt. Dies ist bei einer Gegenleistung in Geld der Geldbetrag, beim tauschähnlichen Umsatz der Wert der jeweiligen Gegenleistung. Wird eine Tauschwerbung zwischen mehreren Medien unterschiedlicher Rechtsträger betrieben, so ist auch dieser Vorgang steuerpflichtig. Es bestehen keine Bedenken, bei der Festsetzung der Bemessungsgrundlage bei derartigen Gegengeschäften 20% des offiziellen Anzeigentarifes heranzuziehen.

5.3 Bemessungsgrundlage ist das Netto-Entgelt der Werbeleistung, also das „direkte" Entgelt für die Veröffentlichung der Werbeeinschaltung einschließlich darin verrechneter unmittelbarer Personal- und Sachaufwendungen des Medienunternehmens (Personal- und Sachaufwand für die Drucklegung einer Zeitung, Personal- und Sachaufwand für die Affichierung von Plakaten usw.). Das auf Kreativ- und Produktionsleistungen im Vorfeld der Werbeeinschaltung entfallende Entgelt (Entgelt für Kreation und Produktion eines TV-Spots, eines Plakatsujets usw.) ist nicht abgabenpflichtig.

5.4 Als Sach- und Personalaufwand sind im Plakatbereich beispielsweise Kosten für die Auswechslung von Plakaten (Teaser) sowie Kosten für das Anbringen von Auflegern genauso wie angefallene Versand- bzw. Fahrtkosten des Außenwerbeunternehmens zu werten. Im Falle von mobilen Ständern sind auch die Aufstellungskosten, bei Verkehrsmittelwerbung auch die Anbringungskosten zu besteuern.

5.5 Wird als Gegenleistung für eine Werbeleistung eine Sachleistung erbracht, so ist als Bemessungsgrundlage der Wert der Gegenleistung, höchstens aber 50% des offiziellen Anzeigentarifs heranzuziehen.

Erfolgt eine Werbeeinschaltung, bei der der Auftraggeber eine bestimmte Leistung an die Adressaten der Werbung in Aussicht stellt, ohne dass der Werbeleister ein bestimmtes Entgelt verrechnet, ist die Bemessungsgrundlage der Wert der Gegenleistung, höchstens aber 50% des offiziellen Anzeigentarifs.

Beispiel:

In einer Zeitschrift wird im Rahmen eines „Gewinnspieles", bei dem eine Reise zu gewinnen ist, auf einer halben Seite für den Reiseveranstalter geworben. Der Werbeleister (Zeitschrift) verrechnet hiefür kein Entgelt. Die Werbeabgabe bemisst sich nach dem Wert der Gegenleistung, höchstens jedoch in Höhe von 50% des vom Werbeleister üblicherweise verrechneten „Halbseitentarifs".

5.6 Rabatte und Provisionen, die der Werbeleister unmittelbar dem Auftraggeber einräumt, unterliegen nicht der Werbeabgabe. Ist der Auftraggeber eine Werbeagentur, die gegenüber ihrem Geschäftspartner (Unternehmer, der bei der Werbeagentur die Erstellung einer Werbeeinschaltung samt Veröffentlichung in Auftrag gibt) Werbeleistungen erbringt, so scheiden so genannte Agenturprovisionen oder sonstige Rabatte aus der Bemessungsgrundlage aus. Vermittelt die mit der Erstellung der Werbeeinschaltung beauftragte Agentur hingegen lediglich die Veröffentlichung durch den Werbeleister, so vermindern seitens des Werbeleisters an die Agentur erteilte „Provisionsgutschriften" die Bemessungsgrundlage nicht. Die Werbeabgabe selbst ist Teil der Bemessungsgrundlage für die Umsatzsteuer.

Beispiel:

Die Werbeagentur WA erteilt im eigenen Namen dem Werbeleister WL (Medienunternehmen) den Auftrag, eine bestimmte Werbeeinschaltung für das Unternehmen U vorzunehmen. Es handelt sich also um eine Besorgungsleistung von WA gegenüber U, dessen Produkte beworben werden sollen. Die Rechnung von WL an die WA lautet wie folgt:

Netto-Entgelt lt. Tarif	*100.000 S*
– 10% Mengenrabatt	*– 10.000 S*
Zwischensumme	*90.000 S*
– 15% Agenturprovision	*– 13.500 S*
Zwischensumme	*76.500 S*
+ 5% Werbeabgabe von 76.500 S	*3.825 S*
Zwischensumme	*80.325 S*
+ 20% Umsatzsteuer von 80.325 S	*16.065 S*
Summe	*96.390 S*

Das von WA an U (weiter-)verrechnete Entgelt (einschließlich der Weitergabe oder Nichtweitergabe von Agenturprovision und/oder Rabatt) ist für Belange der Werbeabgabe irrelevant, zumal die Leistung zwischen WA und U der Abgabe überhaupt nicht unterliegt (siehe Tz 3.1.3).

Ist hingegen eine bloße Vermittlungsleistung von WA gegeben und rechnet WL gegenüber U mit einem Entgelt von 100.000 S direkt ab, erteilt WL des weiteren WA eine Gutschrift von 23.500 S (Agenturprovision und Mengenrabatt), unterlägen 100.000 S der Werbeabgabe. Die Umsatzsteuer wäre dann von 105.000 S mit einem Betrag von 21.000 S anzusetzen, der Rechnungsendbetrag beläuft sich auf 126.000 S.

6. Abgabenschuldner, Entstehung des Abgabenanspruchs sowie Haftung (§ 3 WerbeAbgG 2000)

6.1 Abgabenschuldner ist grundsätzlich der Werbeleister (das Medienunternehmen), der (das) Anspruch auf ein Entgelt für die Durchführung von Werbeleistungen im Sinne des Gesetzes hat.

6.2 Hat der Werbeleister seinen Sitz im Ausland, haftet der inländische Auftraggeber, also im Regelfall die inländische Werbeagentur für die Abfuhr der Werbeabgabe.

6.3 Beauftragt ein ausländischer Unternehmer einen ausländischen Werbeleister mit der Durchführung von Schaltungen im Inland, dann haftet jenes inländische Unternehmen, in dessen Interesse die Werbeleistung ist, für die Abfuhr der Werbeabgabe. Dies ist in der Regel der Importeur, der (inländische) Hersteller oder der (inländische) Lizenzhersteller.

6.4 Der Abgabenanspruch entsteht – jeweils zum Ende des betreffenden Kalendermonats – bei Werbeleistungen in Printmedien mit dem Erscheinen des Mediums, bei Werbeleistungen in Hörfunk und Fernsehen mit der Veröffentlichung der einzelnen Werbeeinschaltung, bei der Werbung auf Plakaten, Fahrzeugen und ähnlichem mit dem erstmaligem Erscheinen der Werbebotschaft, das heißt mit dem Anbringen des Plakates, mit dem Anbringen des Werbeaufdruckes auf Fahrzeuge und Ähnliches.

6.5 Die Entstehung des Abgabenanspruchs, die Berücksichtigung von nachträglichen Änderungen betreffend der Höhe des Entgelts sowie die Möglichkeit für den Abgabenschuldner, seine Umsätze über Antrag beim zuständigen Finanzamt nach vereinnahmten Entgelten zu versteuern, sind analog zum Umsatzsteuergesetz 1994 (UStG 1994) geregelt. Dies bedeutet, dass der Abgabenanspruch mit Ende des Kalendermonats entsteht, in dem die Werbeleistung erbracht wird. Die Abgabe muss bis zum 15. des zweitfolgenden Monats nach Entstehen des Abgabenanspruchs entrichtet werden.

7. Erhebung der Abgabe (§ 4 WerbeAbgG 2000)

Die Erhebung der Abgabe erfolgt analog zu den Regelungen im UStG 1994. Das bedeutet insbesondere:

- Die Abgabe ist bei dem für die Erhebung der Umsatzsteuer des Abgabenschuldners zuständigen Finanzamt monatlich abzuführen. In jenen Fällen, in denen eine Körperschaft öffentlichen Rechts als Werbeleister nicht Betrieb gewerblicher Art ist, richtet sich die Zuständigkeit nach jenem Finanzamt, das unter der Annahme eines Betriebes gewerblicher Art die Umsatzsteuer einzuheben hätte.
- Nach Ablauf eines Jahres (Termin: 31. März des Folgejahres) ist eine Abgabenerklärung abzugeben, in der die Art der Werbebotschaften und die darauf entfallenden Entgelte anzuführen sind.

7.2 Bagatellgrenzen

7.2.1 Beträgt die Werbeabgabe im Monat weniger als 20 € (275,20 S), dann muss die Abgabe zum Fälligkeitstag zunächst nicht entrichtet werden.

Es kann allenfalls zu einer Nachentrichtung im Zuge der Jahresveranlagung kommen. Ist die Summe der abgabepflichtigen Entgelte im Veranlagungszeitraum (ein Jahr) geringer als 1.000 € (13.760,30 S) bzw. beträgt die Summe der Werbeabgabe im Veranlagungszeitraum weniger als 50 € (688,02 S), dann muss weder eine Steuererklärung abgegeben noch die Abgabe entrichtet werden. Es erfolgt auch keine Abgabenfestsetzung.

Ist in einem oder mehreren Monaten die (Monats-)Bagatellgrenze überschritten, sodass Abgabenpflicht besteht, im gesamten Veranlagungszeitraum aber die (Erklärungs-) Bagatellgrenze nicht, dann wird die entrichtete Abgabe nicht gutgeschrieben.

Beispiel 1:

Im Jänner wird eine werbeabgabepflichtige Leistung, die zu einer Werbeabgabe in Höhe von 250 S (Bemessungsgrundlage 5.000 S) führt, erbracht. Es ist keine Werbeabgabe zu entrichten.

Im März wird zusätzlich eine weitere werbeabgabepflichtige Leistung erbracht, die zu einer Werbeabgabe in Höhe von 400 S (Bemessungsgrundlage 8.000 S) führt. Die Werbeabgabe in Höhe von 400 S ist bis zum 15. Mai zu entrichten.

Weitere werbeabgabepflichtige Leistungen wurden in diesem Jahr nicht erbracht. Da die gesamte Abgabenpflicht für das Jahr unter 688 S liegt, ist keine Jahreserklärung einzureichen. Eine Rückerstattung der bezahlten Werbeabgabe in Höhe von 400 S erfolgt nicht.

Beispiel 2:

Im Jänner wird eine werbeabgabepflichtige Leistung, die zu einer Werbeabgabe in Höhe von 200 S (Bemessungsgrundlage 4.000 S) führt, erbracht. Es ist keine Werbeabgabe zu entrichten, weil die Bagatellgrenze für die Monatsentrichtung nicht erreicht ist.

Im März wird eine weitere werbeabgabepflichtige Leistung erbracht, die zu einer Werbeabgabe in Höhe von 400 S (Bemessungsgrundlage 8.000 S) führt. Die Werbeabgabe in Höhe von 400 S ist bis zum 15. Mai zu entrichten.

Eine weitere werbeabgabepflichtige Leistung wird im Oktober erbracht und führt zu einer Abgabe in Höhe von 250 S (Bemessungsgrundlage 5.000 S). Der Abgabenbetrag ist unter 275 S und ist daher bis zum Fälligkeitstag 15. Dezember nicht zu entrichten.

Die Gesamtheit der werbeabgabepflichtigen Leistungen des Jahres ist jedoch über 13.760 S, sodass eine Jahreserklärung abzugeben ist, in die alle werbeabgabepflichtigen Leistungen des Jahres einzubeziehen sind, sodass die Werbeabgabe auf Grund der Jahreserklärung 850 S beträgt.

7.2.2 Die Bagatellgrenzen beziehen sich sowohl auf ganze Kalender- bzw. Wirtschaftsjahre als auch auf Rumpfwirtschaftsjahre, sodass beide Bagatellgrenzen auch im Rumpfjahr Juni bis Dezember 2000 heranzuziehen sind.

8. Aufzeichnungspflichten (§ 5 WerbeAbgG 2000)

Der Abgabenschuldner (Werbeleister) ist verpflichtet, Aufzeichnungen zu führen über die

- die durchgeführten Werbeleistungen,
- die Auftraggeber,
- die Grundlagen zur Berechnung der Werbeabgabe.

Art und Weise der Führung der Aufzeichnungen richten sich nach den Bestimmungen des § 126 BAO.

9. Inkrafttreten des Werbeabgabegesetzes (§ 6 WerbeAbgG 2000)

9.1 Das WerbeAbgG ist auf Werbeleistungen anzuwenden, die nach dem 31. Mai 2000 erbracht werden. Es kommt dabei nicht auf den Zeitpunkt der Auftragserteilung, sondern auf jenen der tatsächlichen „Einschaltung" der Werbeleistung an (zum Entstehen der Steuerschuld siehe Tz 6.4). Da es auf Grund der bundeseinheitlichen Neuregelung keine Übergangsbestimmungen geben kann, gelten für Werbeleistungen, die vor dem 31. Mai 2000 erbracht wurden, die Bestimmungen der Anzeigen- und Ankündigungsabgabengesetze, für Werbeleistungen ab dem 1. Juni 2000 das neue WerbeAbgG.

9.2 Wurden für Werbeleistungen, die nach dem Stichtag 31. Mai 2000 erbracht werden, Vorauszahlungen vor dem 1. Juni 2000 geleistet, so besteht gegen die folgende Vorgangsweise keine Bedenken: Da in den Landesgesetzen bzw. Gemeindeverordnungen vielfach die Besteuerung nach vereinnahmten Entgelten erfolgte, ist mit der Entrichtung der Abgabe vor dem 1. Juni 2000 auch für Zeiträume nach dem 31. Mai 2000 die Steuerpflicht abgegolten. Kommt es hingegen zu einer Abgrenzung der Leistungen mit 1. Juni und damit zu einer Rückforderung der Anzeigen- oder Ankündigungsabgabe gegenüber dem bisherigen Steuergläubiger, dann entsteht ab dem 1. Juni die Steuerpflicht gegenüber den Bundesabgabenbehörden.

9.3 Werden noch nicht einer Anzeigen- oder Ankündigungsabgabe unterliegende Leistungen vor dem 1. Juni erbracht, aber erst zu einem späteren Zeitpunkt abgerechnet, so bestehen keine Bedenken, auch bei einem nach vereinbarten Entgelten abrechnenden Werbeleister die Entstehung der Steuerschuld erst im Monat der Vereinnahmung des Entgeltes anzunehmen.

10. Automationsunterstütztes Verfahren

10.1 Die Werbeabgabe erhält den Buchstabencode WA und den Zifferncode 24.

10.2 Bei erstmaliger WA-Zahlung ist von der Finanzkasse in der Grunddatenverwaltung (Funktion G32) ein Akt anzulegen.

10.3 Bis zum gesondert bekannt zu gebenden Inkrafttreten der entsprechenden Erweiterung des Verfahrens sind Zahlungen an WA in Verwahrung zu verrechnen.

11. Organisatorischer Rahmen für die Finanzämter

11.1 Mit Auskünften (auch Auskunftstelefon) extern und intern ist in jedem Finanzamt eine geeignete Auskunftsperson zu betreuen. Diese sollte Erfahrungen mit den übrigen Kleinabgaben wie zB KfzStG aufweisen und in der betrieblichen Veranlagung im Auskunftsbereich (zB Leiter der Leitstelle) tätig sein. Auf die Verlautbarung von Durchführungserlässen im Internet auf der Homepage des Bundesministeriums für Finanzen ist bei Auskünften hinzuweisen.

11.2 Eine dienststelleninterne Erstinformation ist für alle Betroffenen des Innendienstes und Außendienstes abzuhalten.

11.3 Die Amtsvorstände tragen umgehend dafür Sorge, dass bei den Gebietskörperschaften ihres jeweiligen Amtsbereiches die bisherigen Abgabenschuldner der durch die Werbeabgabe ersetzten Abgaben in Listenform erhoben werden (§§ 158 f BAO). Eine Übernahme von Akten der Gebietskörperschaften kommt nicht in Betracht. Für Wien ist diese Erhebung zweckmäßigerweise durch den Erhebungsdienst im Wege der Finanzlandesdirektion für Wien, Niederösterreich und Burgenland zu veranlassen.

Die Listen sind wie übriges Kontrollmaterial nach Maßgabe der Kapazitäten auszuwerten, wobei auch zu berücksichtigen ist, dass die durch die Werbeabgabe ersetzten Abgaben abweichende Steuergegenstände aufweisen.

11.4 Die Werbeabgabe unterliegt als Kleinabgabe den für die Direktbearbeitung ergangenen Ablaufregeln. Ein Muster der Abgabenerklärung sowie eines Festsetzungsbescheides werden den Finanzämtern in Kürze zugehen.

12.

Die vorstehenden Ausführungen stellen die Rechtsansicht des Bundesministeriums für Finanzen zum WerbeAbgG 2000 im Interesse einer bundeseinheitlichen Vorgangsweise dar. Über die gesetzlichen Bestimmungen hinausgehende Rechte und Pflichten werden dadurch weder begründet noch können solche aus diesem Erlass abgeleitet werden.

12. Bundesabgabenordnung

12/8. Salzburger Steuerdialog – BAO

12/1. Zuständigkeit

12/1/1. BMF-AV Nr. 2021/172 idF BMF-AV Nr. 35/2023

ZustRL, Richtlinien zur Zuständigkeit der Finanzämter

INHALTSVERZEICHNIS

1. Allgemeine Bestimmungen zur Zuständigkeit

1.1. Begriffsbestimmungen

1.1.1. Der Begriff der „Zuständigkeit“

1 Seit 1. Jänner 2021 gibt es zwei bundesweit zuständige Finanzämter: das Finanzamt Österreich (FAÖ) und das Finanzamt für Großbetriebe (FAG).

2 Das Finanzamt Österreich und das Finanzamt für Großbetriebe traten für ihren jeweiligen Zuständigkeitsbereich mit 1. Jänner 2021 an die Stelle des am 31. Dezember 2020 zuständig gewesenen Finanzamtes (§ 323b Abs. 1 BAO). Die am 31. Dezember 2020 bei einem Finanzamt anhängigen Verfahren werden von der jeweils am 1. Jänner 2021 zuständigen Abgabenbehörde in dem zu diesem Zeitpunkt befindlichen Verfahrensstand fortgeführt (§ 323b Abs. 2 BAO). Vgl. dazu die einschlägige BFG-Judikatur: BFG 1.2.2021, RS/5100003/2021 (Revision anhängig zu Ra 2021/15/0035); BFG 4.3.2021, RS/7100023/2021; 26.4.2021, RS/7100022/2021.

3 Unter der Zuständigkeit eines Finanzamtes wird der nach der Art der Sache der Verwaltungsangelegenheit umschriebene Aufgabenbereich des Finanzamtes verstanden. Die Zuständigkeit hat immer eine sachliche Komponente – dh. das Finanzamt ist für die Erhebung einer bestimmten Abgabe oder für die Wahrnehmung einer bestimmten Angelegenheit zuständig. Die Zuständigkeit kann aber auch eine bestimmte auf die Person des Abgabepflichtigen (§ 77 BAO) bezogene Komponente enthalten – dh. ein Finanzamt ist grundsätzlich für die Erhebung bestimmter Abgaben eines durch persönliche Merkmale bestimmten Abgabepflichtigen zuständig (vgl. zB BFG 16.4.2021, RS/7100032/2021; 29.4.2021, RS/7100038/2021; 10.5.2021, RS/7100037/2021; 28.4.2021, RS/5100007/2021).

4 Die Zuständigkeit eines Finanzamtes ist in der BAO oder einem (materiellrechtlichen) Bundesgesetz, einem Staatsvertrag oder einer Verordnung geregelt (§ 51 BAO). Vereinzelt werden einem Finanzamt Aufgabenbereiche auch durch ein Landesgesetz übertragen.

5 Die Zuständigkeit muss im Zeitpunkt der Vornahme der Amtshandlung (zB Bekanntgabe des Bescheides gemäß § 97 BAO) gegeben sein; sie richtet sich daher nach der Sach- und Rechtslage im Zeitpunkt der Amtshandlung (VwGH 20.1.2010, 2006/13/0015).

6 Eine vor dem 1. Jänner 2021 vom zuständigen Finanzamt genehmigte Erledigung, die erst nach dem 31. Dezember 2020 bekannt gegeben und damit wirksam wird, gilt als Erledigung der Abgabenbehörde, die im Zeitpunkt des Wirksamwerdens für die jeweilige Angelegenheit zuständig ist (§ 323b Abs. 3 BAO).

7 Die Zuständigkeit ist von Amts wegen wahrzunehmen (§ 53 erster Satz BAO). Eine allfällige Unzuständigkeit ist somit in jeder Lage des Verfahrens wahrzunehmen (vgl. zB VwGH 11.12.1992, 88/17/0104; VwGH 26.1.1995, 92/16/0145; VwGH 21.5.2001, 2001/17/0043).

8 Die Erlassung eines Bescheides durch eine unzuständige Behörde führt nicht zur Nichtigkeit des Bescheides. Die Partei (§ 78 BAO) kann mit Bescheidbeschwerde gegen den von einem nicht zuständigen Finanzamt erlassenen Bescheid vorgehen und darin deren Unzuständigkeit geltend machen.

1.1.2. Der Begriff der „Erhebung“

9 Unter Erhebung sind alle der Durchführung der Abgabenvorschriften dienenden abgabenbehördlichen Maßnahmen zu verstehen (§ 1 Abs. 3 BAO). Zur Erhebung gehört die Ermittlung des Sachverhaltes, die Festsetzung der Abgabe, ihre Einhebung (einschließlich Rückzahlung und Nachsicht sowie Erlassung von Haftungsbescheiden [zB VwGH 6.8.1996, 93/17/0093; VwGH 24.6.2010, 2010/16/0014]) und zwangsweise Einbringung (vgl. zB VwGH 25.4.1996, 96/16/0068) sowie die Androhung und Festsetzung von Zwangsstrafen (VwGH 9.12.1992, 91/13/0204). Die gesetzliche Definition des Begriffes „Erhebung“ wurde durch das Finanz-Organisationsreformgesetz (FORG), BGBl. I Nr. 104/2019, aus § 49 Abs. 2 BAO in den § 1 Abs. 3 BAO verschoben. Die Auslegung des § 1 Abs. 3 BAO entspricht daher jener des § 49 Abs. 2 BAO aF.

1.1.3. Der Begriff der „Abgabenbehörde“

10 Die Bundesfinanzverwaltung besteht aus Abgabenbehörden und sonstigen Einrichtungen der Bundesfinanzverwaltung.

Der Begriff der „Abgabenbehörde“ (im organisatorischen Sinn) umfasst den Bundesminister für Finanzen, die beiden Finanzämter (Finanzamt Österreich und Finanzamt für Großbetriebe) und das Zollamt Österreich.

Zu den sonstigen Einrichtungen der Bundesfinanzverwaltung gehören das Amt für Betrugsbekämpfung, die Zentralen Services und der Prüfdienst für Lohnabgaben und Beiträge.

Das Amt für Betrugsbekämpfung ist keine Abgabenbehörde, sondern sowohl sonstige Einrichtung der Bundesfinanzverwaltung als auch Finanzstrafbehörde. Organe des Amts für Betrugsbekämpfung können allerdings unter den im Bundesgesetz über die Schaffung eines Amtes für Betrugsbekämpfung – ABBG genannten Voraussetzungen als Organ der Abgabenbehörde tätig werden (§ 2 Abs. 4 ABBG).

Das Zollamt Österreich ist sowohl Abgabenbehörde als auch Finanzstrafbehörde.

Abgesehen von den in § 49 Z 1 BAO aufgezählten Abgabenbehörden sind in unterschiedlichen Bundesgesetzen Behörden als Abgabenbehörden (im funktionellen Sinn) eingerichtet:

- der für Angelegenheiten des Familienlastenausgleiches zuständige Bundesminister gemäß § 51 Abs. 1 Familienlastenausgleichsgesetz 1967, BGBl. Nr. 376/1967,
- die Agrarmarkt Austria (AMA) für die Erhebung des Agrarmarketingbeitrags gemäß § 21i Abs. 3 AMA-Gesetz 1992, BGBl. Nr. 376/1992,
- die Agrarmarkt Austria (AMA) für die Durchführung des Vergütungsverfahrens betreffend die temporäre Agrardieselvergütung gemäß § 7a Mineralölsteuergesetz 2022 – MinStG 2022, BGBl. Nr. 630/1994,
- die Vertretungsbehörden gemäß § 15 Abs. 1 Konsulargebührengesetz 1992 – KGG 1992, BGBl. Nr. 100/1992, sowie
- der für das Bergwesen zuständige Bundesminister gemäß § 191 Abs. 5 Mineralrohstoffgesetz – MinroG, BGBl. I Nr. 38/1999.

(BMF-AV Nr. 35/2023)

1.2. Zuständigkeit für die Entgegennahme von Anbringen

Anbringen (§ 85 BAO) einer Partei sind grundsätzlich bei dem für die betreffende Angelegenheit zuständigen Finanzamt einzureichen. Langt bei einem Finanzamt ein Anbringen ein, für dessen Behandlung es nicht zuständig ist, hat es dieses ohne unnötigen Aufschub auf Gefahr des Einschreiters an die zuständige Stelle weiterzuleiten oder den Einschreiter an diese zu verweisen (§ 53 BAO). **11**

Die richtige Bezeichnung der korrekten Behörde ist grundsätzlich ein wesentliches Erfordernis für jedes Anbringen. Um Probleme zu vermeiden, die mit der Umstellung auf die neue Organisationsstruktur der Bundesfinanzverwaltung einhergehen könnten, vereinfachen folgende befristete Sonderregelungen (§ 323b Abs. 5 und 6 BAO) die Stellung von Anbringen: **12**

- Anbringen, für deren Behandlung entweder das Finanzamt Österreich, das Finanzamt für Großbetriebe oder das Amt für Betrugsbekämpfung zuständig ist, können bis 31. Dezember 2021 auch unter Verwendung der falschen dieser drei Bezeichnungen wirksam und fristwahrend eingebracht werden. Das gilt auch dann, wenn nicht nur die Bezeichnung, sondern auch die Anschrift des falschen Amtes verwendet wurde.

  Beispiel:

  Ein Anbringen, das beim Finanzamt Österreich eingebracht wird, ist von diesem fristwahrend entgegen zu nehmen, auch wenn es fälschlicherweise an das Finanzamt für Großbetriebe adressiert ist.

- Anbringen, für deren Behandlung entweder das Finanzamt Österreich, das Finanzamt für Großbetriebe oder das Amt für Betrugsbekämpfung zuständig ist, können bis 31. Dezember 2021 auch unter Verwendung der Bezeichnung eines vor dem 1. Jänner 2021 bestehenden Finanzamtes wirksam eingebracht werden.

  Beispiel:

  Ein Anbringen, das beim Finanzamt Österreich eingebracht wird, ist von diesem fristwahrend entgegen zu nehmen, auch wenn es fälschlicherweise an das Finanzamt Gänserndorf Mistelbach adressiert ist.

- Das gilt selbst dann, wenn nach dem 31. Dezember 2020 die Bezeichnung eines vor dem 1. Jänner 2021 bestehenden unzuständigen Finanzamtes verwendet wird.

  Beispiel:

  Ein Anbringen, das beim Finanzamt Österreich eingebracht wird, ist von diesem fristwahrend entgegen zu nehmen, auch wenn es fälschlicherweise an das Finanzamt Waldviertel adressiert ist. Das gilt selbst dann, wenn bis zum 31. Dezember 2020 das Wohnsitzfinanzamt des Einbringenden das Finanzamt Wien 1/23 und nicht das Finanzamt Waldviertel war.

Nach der Grundregel des § 53 erster Satz BAO hat ein Finanzamt seine Zuständigkeit von Amts wegen wahrzunehmen. Diese Bestimmung wurde durch das FORG aus § 50 erster Satz BAO in § 53 erster Satz BAO verschoben. Die Auslegung des § 53 erster Satz BAO kann sich an jener des § 50 erster Satz BAO aF orientieren. **13**

Die amtswegige Wahrnehmung der Zuständigkeit bedeutet, dass ein Anbringen, das bei einem unzuständigen Finanzamt eingebracht worden ist, von diesem nicht erledigt werden darf, sondern (auf Gefahr des Einschreiters) – nicht fristwahrend – an die zuständige Stelle weiterzuleiten oder der Einschreiter an diese zu verweisen ist (§ 53 zweiter Satz BAO). Diese Bestimmung wurde durch das FORG aus § 50 zweiter Satz BAO in § 53 zweiter Satz BAO verschoben. Die Auslegung des § 53 zweiter Satz BAO kann sich an jener des § 50 zweiter Satz BAO aF orientieren.

14 Abweichend von § 53 erster Satz BAO sieht § 54a Abs. 1 Z 1 BAO vor, dass das Finanzamt Österreich unter folgenden Voraussetzungen Anbringen fristwahrend entgegenzunehmen hat, für deren Behandlung es eigentlich nicht zuständig ist:

- Es handelt sich um ein schriftliches Anbringen gemäß § 85 Abs. 1 BAO, das entweder per Post verschickt, in den Amtspostkasten des Finanzamtes Österreich eingeworfen oder persönlich einem Organ des Finanzamtes Österreich übergeben worden ist.
- Für die Behandlung dieses Anbringens ist entweder das Finanzamt für Großbetriebe, das Amt für den nationalen Emissionszertifikatehandel im Zollamt Österreich oder das Amt für Betrugsbekämpfung zuständig.
- Das Anbringen wird innerhalb offener Frist beim Finanzamt Österreich eingebracht.
- Das Anbringen ist korrekt an die zuständige Einrichtung gerichtet, nämlich entweder an das Finanzamt für Großbetriebe, das Amt für den nationalen Emissionszertifikatehandel im Zollamt Österreich oder das Amt für Betrugsbekämpfung.

Beispiel:

Ein Anbringen, das mit der Post abgeschickt wird und das korrekter Weise an das zuständige Finanzamt für Großbetriebe gerichtet ist, mit dessen Postanschrift (Adresse) versehen ist und innerhalb offener Frist beim Finanzamt Österreich einlangt, gilt als beim Finanzamt für Großbetriebe fristgerecht eingebracht. Das Finanzamt Österreich hat das Schriftstück zu digitalisieren und in digitalisierter Form dem Finanzamt für Großbetriebe zur weiteren Bearbeitung zur Verfügung zu stellen.

Diese Regelung gilt auch für Anbringen in Angelegenheiten der Abgabenvollstreckung, nicht aber für außersteuerliche Aufgabengebiete, für die das Amts für Betrugsbekämpfung zuständig ist, weil insoweit kein „Anbringen im Sinn des § 85 Abs. 1 BAO“ vorliegt.

Nach dem klaren Gesetzeswortlaut gilt diese Regelung nur, wenn das Finanzamt Österreich das Anbringen erhalten hat. Sie gilt jedoch nicht für den umgekehrten Fall, also für Anbringen, die an das Finanzamt Österreich gerichtet sind, aber beim Finanzamt für Großbetriebe, beim Amt für den nationalen Emissionszertifikatehandel im Zollamt Österreich oder beim Amt für Betrugsbekämpfung einlangen.

Eine weitere Ausnahme von § 53 zweiter Satz BAO sieht § 323b Abs. 9 BAO vor: Nach dieser Bestimmung trägt der Einschreiter nicht die Gefahr der Fristversäumnis, wenn

- ein Finanzamt nach dem 1. Jänner 2021 seine Zuständigkeit in einer bestimmten Angelegenheit verloren hat,
- der Einschreiter trotzdem innerhalb eines Jahres ab dem Verlust der Zuständigkeit das Anbringen bei diesem Finanzamt eingebracht hat und
- er nicht bereits vor der Einbringung seines Anbringens über die Änderung der Zuständigkeit seitens einer Abgabenbehörde in Kenntnis gesetzt worden ist.

Diese Bestimmung wurde durch das 2. FORG aus § 31 Abs. 3 AVOG 2010 in § 323b Abs. 9 BAO verschoben. Die Auslegung des § 323b Abs. 9 BAO kann sich an jener des § 31 Abs. 3 AVOG 2010 orientieren.

(BMF-AV Nr. 35/2023)

1.3. Zuständigkeit für die Erledigung

1.3.1. Allgemeines

15 Die Zuständigkeit für die Erledigung einer Sache ergibt sich aus den jeweils einschlägigen Bestimmungen. Allerdings bedarf es allgemeiner Regelungen für folgende Fälle:

- Die Zuständigkeit ist nicht eindeutig geregelt und es kommt aufgrund unterschiedlicher Auslegungen zu einem Zuständigkeitsstreit (Rz 16).
- Die Anwendung der Zuständigkeitsregelung erweist sich aufgrund der besonderen Dringlichkeit einer Erledigung als nicht sinnvoll (Rz 17).
- Die Zuständigkeitsregelung wird durch punktuelle Maßnahmen ergänzt um einen optimalen Ressourceneinsatz zu gewährleisten (Rz 18 ff).

1.3.2. Zuständigkeitsstreit

Über einen Zuständigkeitsstreit (positiver oder negativer Kompetenzkonflikt) zwischen Abgabenbehörden des Bundes entscheidet der Bundesminister für Finanzen durch Weisung (§ 52 BAO). Diese Bestimmung hat bloß deklarativen Charakter, denn dem Bundesminister für Finanzen kommt als vorgesetztem Organ gegenüber den Vorständen aller Abgabenbehörden des Bundes das Weisungsrecht bereits aufgrund der Bundesverfassung zu (Art. 20 Abs. 1 zweiter Satz B-VG). Kompetenzstreitigkeiten können vor allem zwischen den beiden Finanzämtern, allenfalls auch zwischen einem Finanzamt und dem Zollamt Österreich auftreten. Denkbar sind auch Zuständigkeitsstreitigkeiten zwischen einem Finanzamt und einer Finanzstrafbehörde (Amt für Betrugsbekämpfung oder Zollamt Österreich) oder zwischen einem Finanzamt und einer sonstigen Einrichtung der Bundesfinanzverwaltung (Amt für Betrugsbekämpfung oder Prüfdienst für Lohnabgaben und Beiträge). Die Zentralen Services (§ 64 BAO) haben eine Unterstützungsfunktion, weshalb ein Streit betreffend die Zuständigkeit zur Erledigung einer Sache nicht vorkommen kann. 16

(BMF-AV Nr. 35/2023)

1.3.3. Ad hoc-Zuständigkeit

Bei Gefahr im Verzug kann jede Abgabenbehörde des Bundes in ihrem Amtsbereich die notwendigen Amtshandlungen unter gleichzeitiger Verständigung der anderen Behörde vornehmen (§ 54 Abs. 2 BAO). Diese Bestimmung betrifft ausschließlich die beiden Finanzämter und das Zollamt Österreich. Diese drei Behörden können sich bei Gefahr im Verzug wechselseitig vertreten. Gemäß § 4 Abs. 2 ABBG kann ein Organ des Amts für Betrugsbekämpfung bei Gefahr im Verzug folgende Handlungen (als Organ der Abgabenbehörde) vornehmen: 17

- Erlassen von Sicherstellungsaufträgen (§ 232 BAO),
- Setzen von Vollstreckungshandlungen (§ 31 AbgEO, §§ 65 bis 70 AbgEO und § 75 AbgEO) und Sicherungsmaßnahmen (§ 78 AbgEO).

(BMF-AV Nr. 35/2023)

1.3.4. Tätigwerden von Organen einer eigentlich unzuständigen Behörde

Die in § 54 BAO aufgezählten Befugnisse stehen Organen sämtlicher Abgabenbehörden unabhängig von ihrer eigentlichen Zuständigkeit zu. Die genannten Amtshandlungen können von Organen aller Abgabenbehörden des Bundes (Finanzamt Österreich, Finanzamt für Großbetriebe und Zollamt Österreich) für die jeweils tatsächlich zuständige Einrichtung der Bundesfinanzverwaltung (einschließlich des Amtes für Betrugsbekämpfung) vorgenommen werden. 18

Bei der Durchführung dieser Amtshandlungen sind diese Organe als Organe der jeweils zuständigen Einrichtung der Bundesfinanzverwaltung tätig (§ 54 Abs. 3 BAO).

Ohne Einschränkung stehen folgende Befugnisse zu:

- Allgemeine Aufsichtsmaßnahmen (§ 143 und § 144 BAO),
- Ersuchen um Beistand (§§ 158 bis 160 BAO),
- Notwendige Aufsichts-, Kontroll- und Beweissicherungsmaßnahmen (§ 146a und § 146b BAO).

Unabhängig von den in § 54 BAO vorgesehenen Befugnissen kann ein Finanzamt ein Organ eines anderen Finanzamtes mit der Vornahme einer Außenprüfung beauftragen, weil § 148 Abs. 1 BAO die Beauftragung nicht auf die „eigenen Organe" der jeweiligen Abgabenbehörde einschränkt; die Zuständigkeit des beauftragenden Finanzamtes wird durch das Tätigwerden eines Organs eines anderen Finanzamtes nicht berührt. Die Handlungen des Prüfungsorgans sind dem im Prüfungsauftrag ausgewiesenen Finanzamt zuzurechnen. Eine ausdrückliche gesetzliche Ermächtigung für die Beauftragung eines Organs eines anderen Finanzamtes ist nicht erforderlich, kommt aber für Fälle vor, in denen diese Vorgehensweise besonders angezeigt ist (§ 54a Abs. 3 Z 2 BAO oder § 153c Abs. 1 letzter Satz BAO).

Eingeschränkt auf das Vorliegen von Gefahr im Verzug stehen insbesondere folgende Befugnisse zu (§ 54 Abs. 2 BAO): 19

- Erlassung von Sicherstellungsaufträgen (§ 232 BAO),
- Vollstreckungshandlungen (§ 31 AbgEO, §§ 65 bis 70 AbgEO und § 75 AbgEO),
- Sicherungsmaßnahmen (§ 78 AbgEO).

(BMF-AV Nr. 35/2023)

Die mit der Entgegennahme von Barzahlungen (§ 211 Abs. 1 Z 5 BAO) betrauten Organe des Finanzamtes Österreich oder des Amtes für Betrugsbekämpfung haben die damit verbun- 20 denen Tätigkeiten für jede andere Einrichtung der Bundesfinanzverwaltung, außer für das Zollamt Österreich auszuüben (§ 54a Abs. 2 BAO). Damit braucht das Finanzamt für Großbetriebe keine mit der Entgegennahme von Bargeld verbundenen Aufgaben wahrzunehmen.

21 Seit dem 1. Jänner 2021 ist für alle Angelegenheiten betreffend das Gesundheits- und Sozialbereich-Beihilfengesetz das Finanzamt für Großbetriebe zuständig (§ 61 Abs. 4 Z 6 BAO). In jenen Fällen, in denen das Finanzamt Österreich für die Erhebung der Umsatzsteuer des Beihilfenempfängers zuständig ist, sieht § 54a Abs. 3 BAO vor, dass dieses auch die GSBG-Beihilfe mitzuprüfen hat. Damit wird verhindert, dass die Zuständigkeit zur Prüfung der GSBG-Beihilfe von der Zuständigkeit der Prüfung der Umsatzsteuer abweicht; siehe dazu unten, Rz 138.

1.4. Wechsel der Zuständigkeit

1.4.1. Übertragung der Zuständigkeit (§ 57 BAO)

22 Die Zuständigkeit für die Erhebung einer Abgabe kann von einem Finanzamt auf ein anderes Finanzamt übertragen werden, wenn der Zuständigkeitswechsel insbesondere

- zur Vereinfachung des Verfahrens oder
- zur Beschleunigung des Verfahrens

dient, sofern nicht überwiegende Interessen der Partei entgegenstehen (§ 57 Abs. 1 BAO).

23 Die Übertragung der Zuständigkeit erfolgt mit Bescheid. Die Erlassung eines solchen Bescheides liegt im Ermessen des Finanzamtes, das die Zuständigkeit übertragen möchte. Der Bescheid, mit dem die Zuständigkeit übertragen wird, ist ein verfahrensrechtlicher Bescheid. Er kann vom Bescheidadressaten (abgesondert) mit Beschwerde angefochten werden. § 294 BAO ist auf einen solchen Bescheid nicht anwendbar. Die Änderung der für die Bescheiderlassung maßgebenden tatsächlichen oder rechtlichen Verhältnisse (zB Über- oder Unterschreiten der Umsatzgrenze gemäß § 61 Abs. 1 Z 1 BAO) beseitigt die Rechtswirkungen des Bescheides nicht.

24 Die Übertragung der Zuständigkeit aufgrund von § 57 Abs. 1 BAO erfolgt von Amts wegen. Daher ist vor der Erlassung eines entsprechenden Bescheides das Parteiengehör (§ 115 Abs. 2 BAO) zu wahren. Ein Anwendungsfall des Abs. 1 ist, dass ein bestimmter Abgabepflichtiger einen Betrieb unterhält, dessen Umsatzerlöse sich um die Erlösschwelle gemäß § 61 Abs. 1 Z 1 BAO bewegen und der Abgabepflichtige keinen Antrag gemäß § 57 Abs. 2 BAO gestellt hat. Um eine ständig wechselnde Zuständigkeit der beiden Finanzämter zu verhindern, kann eines der beiden mit Bescheid die Zuständigkeit befristet oder dauerhaft festlegen.

25 Die Übertragung der Zuständigkeit aufgrund von § 57 Abs. 2 BAO erfolgt auf Antrag. Mit dieser Bestimmung sollen Fälle abgedeckt werden, in denen bereits im Zeitpunkt der Antragstellung wahrscheinlich ist, dass sich die Zuständigkeit aufgrund der gesetzlichen Zuständigkeitsabgrenzung der Finanzämter in Zukunft ändern wird.

Beispiel 1:

Aufgrund einer Umgründung überschreitet eine Kapitalgesellschaft bereits in ihrem Gründungsjahr die Umsatzerlösschwelle gemäß § 61 Abs. 1 Z 1 BAO und wird sie auch in den Folgejahren überschreiten, es wurde aber noch nicht zweimal der Umsatzerlös bekanntgegeben. Die Kapitalgesellschaft kann beim Finanzamt Österreich beantragen, dass dessen Zuständigkeit bereits im Gründungsjahr der Kapitalgesellschaft an das Finanzamt für Großbetriebe übertragen wird.

Beispiel 2:

Eine natürliche Person unterhält einen Betrieb, dessen Umsatzerlöse sich über einen längeren Zeitraum ständig um die Erlösschwelle gemäß § 61 Abs. 1 Z 1 BAO bewegen. Um eine ständig wechselnde Zuständigkeit der beiden Finanzämter zu verhindern, kann die Person beim aktuell zuständigen Finanzamt die Übertragung der Zuständigkeit auf das andere Finanzamt beantragen.

26 Die Zuständigkeit geht im Zeitpunkt der Bekanntgabe des Bescheides gegenüber der Partei auf das andere Finanzamt über (§ 57 Abs. 3 BAO). Die Zuständigkeit wird unabhängig davon, ob bzw. wann das neu zuständige Finanzamt von der Übertragung der Zuständigkeit Kenntnis erlangt, auf dieses übertragen. Um eine ordnungsgemäße Übergabe sicherzustellen, hat das den Bescheid erlassende Finanzamt dem neu zuständigen Finanzamt den Bescheid, mit dem die Zuständigkeit übertragen wird, unverzüglich zur Kenntnis zu bringen. Eine zusätzliche Verständigung des Abgabepflichtigen ist nicht erforderlich. Die für den Fall des Übergangs der Zuständigkeit (§ 58 BAO) geregelte Möglichkeit, ein Anbringen solange beim bisher zuständig gewesenen Finanzamt einzubringen, bis eine Verständigung vom Übergang der Zuständigkeit erfolgt ist, kann bei der Übertragung der Zuständigkeit nicht vorkommen.

1.4.2. Übergang der Zuständigkeit (§ 58 BAO)

§ 58 BAO betrifft den Übergang der Zuständigkeit von Gesetzes wegen, während § 57 BAO die Übertragung der Zuständigkeit aufgrund einer Ermessensentscheidung des zuständigen Finanzamtes betrifft. Die Zuständigkeit des Finanzamtes endet, abgesehen vom Fall der Übertragung der Zuständigkeit (§ 57 BAO) mit dem Zeitpunkt, in dem das andere Finanzamt von den seine Zuständigkeit begründenden Voraussetzungen Kenntnis erlangt. Der Zeitpunkt der Kenntniserlangung durch das neu zuständige Finanzamt ist maßgeblich für den Zuständigkeitsübergang. Es kommt somit weder auf den Zeitpunkt an, in dem das die Zuständigkeit beeinflussende Ereignis eintritt, noch auf den Zeitpunkt, in dem das bisher zuständige Finanzamt von einem solchen Ereignis Kenntnis erlangt (zB VwGH 17.2.1999, 98/14/0105; VwGH 17.12.2003, 99/13/0032 – jeweils zu § 73 Abs. 1 BAO aF). 27

Ein Teil der Fälle von Zuständigkeitsübertragungen wird Fälle des Über- oder Unterschreitens der Betragsgrenze des § 61 Abs. 1 Z 1 BAO betreffen. In diesen Fällen geht die Zuständigkeit nicht bereits mit der Bekanntgabe der relevanten Beträge an das bisher zuständige Finanzamt auf das andere Finanzamt über, sondern erst in dem Zeitpunkt, in dem das andere Finanzamt vom Überschreiten einer der beiden relevanten Betragsgrenzen Kenntnis erlangt hat. 28

Die Zuständigkeit des Finanzamtes Österreich für die Entgegennahme von Anzeigen betreffend die Betriebsgründung und die Vergabe von Steuernummern und UID-Nummern gemäß § 60 Abs. 2 Z 5 BAO endet nicht mittels Überganges der Zuständigkeit nach § 58 BAO. Bei dieser handelt es sich nämlich nicht um eine „generelle“ Zuständigkeit für die Erhebung von Abgaben, sondern um eine „punktuelle“ Zuständigkeit für eine bestimmte Aufgabe. 29

Beispiel:

Eine neu gegründete Privatstiftung beantragt eine Steuernummer. Für die Vergabe der Steuernummer ist immer das Finanzamt Österreich zuständig. Alle übrigen abgabenrechtlichen Anbringen hat die Privatstiftung jedoch von ihrer Gründung an sofort beim Finanzamt für Großbetriebe einzubringen, eine Verständigung der Privatstiftung von einem Übergang der Zuständigkeit im Sinn des letzten Satzes des § 58 BAO hat nicht zu erfolgen.

Der Zuständigkeitsübergang betrifft aufgrund der allgemeinen Regel, dass die Zuständigkeit im Zeitpunkt der Vornahme der Amtshandlung zu prüfen ist (Rz 5), auch: 30

- die Erhebung von Abgaben, wenn der Abgabenanspruch (§ 4 BAO) vor diesem Zeitpunkt entstanden ist (VwGH 20.1.2010, 2006/13/0015),
- die Entscheidungspflicht über Anbringen (zB Abgabenerklärungen, Anträge auf Aussetzung der Einhebung gemäß § 212a BAO, Anträge auf Aufhebung gemäß § 299 BAO), die vorher eingereicht wurden,
- die Berichtigung (§ 293 BAO, § 293a BAO, § 293b BAO) von Bescheiden, die von dem ehemals zuständigen Finanzamt erlassen worden sind,
- die Einhebung und zwangsweise Einbringung von Abgabenschuldigkeiten, die durch das ehemals zuständige Finanzamt festgesetzt wurden.

Der Übergang der Zuständigkeit ist in folgenden Regelungen ausdrücklich angesprochen: 31

- § 294 Abs. 4 BAO
- § 295 Abs. 5 BAO
- § 295a Abs. 2 BAO
- § 305 BAO
- § 308 Abs. 4 BAO
- § 310 Abs. 2 BAO.

1.4.3. Beschwerdeverfahren (§ 59 BAO)

Die Übertragung oder der Übergang der Zuständigkeit von einem Finanzamt auf ein anderes berührt nicht die Zuständigkeit des bisher zuständig gewesenen Finanzamtes im Beschwerdeverfahren betreffend der von diesem erlassenen Bescheide (§ 59 BAO). Daher bleibt das bisher zuständige Finanzamt weiterhin zuständig für die Erlassung sämtlicher Bescheide, die mit einem im Zeitpunkt der Übertragung oder des Übergangs der Zuständigkeit offenen Beschwerdeverfahren zusammenhängen. 32

Dies betrifft

- die Erlassung von Beschwerdevorentscheidungen, mit denen die Beschwerde
  - als zurückgenommen erklärt (§ 85 Abs. 2 iVm § 263 Abs. 1 lit. b BAO)
  - zurückgewiesen (§ 260 BAO)
  - als gegenstandslos erklärt (§ 261 BAO) oder

- materiell/inhaltlich erledigt wird (§ 262 BAO iVm § 263 BAO)

- die Vorlage der Beschwerde und der Akten an das Verwaltungsgericht (§ 265 BAO)
- die Rechtsstellung als „Amtspartei" (im Sinn des § 265 Abs. 5 BAO)
- die Verständigung der Parteien gemäß § 281a BAO
- die Durchführung der Außenprüfung gemäß § 148 Abs. 3 lit. c BAO
- die Aufhebung von Bescheiden gemäß § 300 BAO.

(BMF-AV Nr. 35/2023)

33 § 59 BAO gilt nur zwischen den beiden Finanzämtern. Übernimmt ein Finanzamt ab dem 1. Jänner 2021 Zuständigkeiten des Bundesministers für Finanzen, sind für Beschwerdeverfahren andere Regelungen vorgesehen (§ 323b Abs. 4 BAO).

1.4.4. Gesetzliche Zuständigkeitsänderungen

34 Für die gesetzlichen Zuständigkeitsänderungen zwischen dem 31.12.2020 und dem 1.1.2021 enthält § 323b BAO spezielle Bestimmungen. Die mit 1.1.2021 neu geschaffenen Finanzämter treten in sämtliche anhängige Abgabenverfahren in jenem Verfahrensstand ein, in dem sich diese zum 31.12.2020 befunden haben (§ 323b Abs. 2 BAO). Das gilt auch für Beschwerdeverfahren, die am 31.12.2020 beim Bundesfinanzgericht anhängig waren sowie dann, wenn sich die Beschwerdeverfahren am 31.12.2020 im Stadium der Säumnis befanden (VwGH 25.5.2022, Ra 2021/15/0035).

Soweit Parteierklärungen einer Behörde gegenüber mit Wirksamkeit für bestimmte Verfahren abgegeben wurden, behalten diese auch im Falle einer gesetzlichen Zuständigkeitsänderung ihre Wirksamkeit. Sie sind daher auch von der neu zuständig gewordenen Behörde zu beachten (VwGH 4.11.2009, 2008/17/0094 zur Zustellbevollmächtigung).

(BMF-AV Nr. 35/2023)

1.5. Zuständigkeitsaspekt der Gesamtrechtsnachfolge

35 Bei Gesamtrechtsnachfolge (zB Erbfolge, Spaltung nach § 1 SpaltG) gehen bereits entstandene Abgabenschulden auf den bzw. die Gesamtrechtsnachfolger über. Für den Umfang der Inanspruchnahme des Rechtsnachfolgers gelten die Bestimmungen des bürgerlichen Rechts (§ 19 Abs. 1 BAO). Für die Geltendmachung von abgabenrechtlichen Ansprüchen gegenüber einer Person in ihrer Eigenschaft als Gesamtrechtsnachfolger ist das für den Rechtsvorgänger zuständig gewesene Finanzamt zuständig (VwGH 18.3.1987, 86/13/0165).

2. Zuständigkeit der Finanzämter

2.1. Zuständigkeit des Finanzamtes Österreich (§ 60 BAO)

2.1.1. Allgemeine Zuständigkeit

Die Zuständigkeit des Finanzamtes Österreich ist in § 60 Abs. 1 BAO abstrakt und sehr allgemein konzipiert. Der Wirkungsbereich des Finanzamtes Österreich erstreckt sich auf das gesamte Bundesgebiet (§ 56 Abs. 1 BAO). Zuständigkeitsbegründendes Merkmal ist, dass einer Abgabenbehörde (§ 60 Abs. 1 Z 1 BAO) oder einem Finanzamt (§ 60 Abs. 1 Z 2 BAO) eine Aufgabe übertragen worden ist. Das Finanzamt Österreich hat eine umfassende Zuständigkeit für alle Aufgaben, die nicht einer anderen Abgabenbehörde des Bundes übertragen sind. Das betrifft alle mit der Erhebung von Abgaben im Sinn des § 1 Abs. 3 BAO zusammenhängenden Aufgaben. Die Verwendung der Wendung „Wahrnehmung einer Aufgabe“ ist ein Hinweis auf die Möglichkeit, dass dem Finanzamt Österreich auch Aufgaben übertragen sein können, die nicht unbedingt mit der Erhebung von Abgaben zusammenhängen. Das betrifft zB 36

- die Zulassung als Fiskalvertreter gemäß § 27 Abs. 8 letzter Satz UStG 1994 (siehe dazu Rz 130) oder
- die Zulassung als IOSS-Vertreter gemäß § 25b Abs. 1 Z 2 letzter Satz UStG 1994 in Verbindung mit § 27 Abs. 8 letzter Satz UStG 1994, sowie
- alle Aufgaben, die im Wohnungsgemeinnützigkeitsgesetz – WGG, BGBl. Nr. 139/1979, einer „Finanzbehörde“ übertragen sind (zB § 7 Abs. 5 WGG oder § 11 Abs. 2 WGG).

§ 60 Abs. 1 BAO ist nicht so zu verstehen, dass in der zuständigkeitsbegründenden Norm das Wort „Abgabenbehörde“ bzw. „Finanzamt“ enthalten sein muss. Vielmehr geht es um die angesprochene Funktion. Daher können verschiedene Begriffe verwendet werden, wenn das Finanzamt Österreich oder das Finanzamt für Großbetriebe angesprochen werden soll: zB „Finanzbehörden“ (WGG, WTBG 2017), „Steuerbehörden“ (§ 443 der Geschäftsordnung für die Gerichte I. und II. Instanz; § 66, § 67 und § 87 GMSG) oder „Behörden der Bundesfinanzverwaltung“ (§ 29 Abs. 2 Kärntner Sozialhilfegesetz 2021, § 49 Abs. 1 Kärntner Chancengleichheitsgesetz, § 55 Abs. 2 Kärntner Mindestsicherungsgesetz). 37

In einzelnen Bestimmungen kann vorgesehen sein, dass eines von den beiden in Betracht kommenden Finanzämtern (Finanzamt Österreich oder Finanzamt für Großbetriebe) zuständig ist und zwar abhängig davon, ob dieses Finanzamt bereits für die Erhebung einer anderen Abgabe beim selben Abgabepflichtigen zuständig ist. Mit dieser Regelungstechnik wird erreicht, dass die Zuständigkeit für die Erhebung einer bestimmten Abgabe nicht von der Zuständigkeit für die Erhebung einer anderen Abgabe, die mit der ersten meist inhaltlich eng verknüpft ist, abweichen kann. Je nachdem kann mithilfe einer solchen Regelung die Zuständigkeit des Finanzamtes Österreich oder des Finanzamtes für Großbetriebe festgelegt werden. Folgende Anknüpfungspunkte sind in Gesetzen vorgesehen: 38

- das für die Erhebung der Umsatzsteuer zuständige Finanzamt
  - § 5 Elektrizitätsabgabegesetz
  - § 2 Energieabgabenvergütungsgesetz
  - § 6 Erdgasabgabegesetz
  - § 6 Kohleabgabegesetz
  - § 4 Werbeabgabegesetz 2000
  - §§ 11 bis 12a NoVAG 1991
  - § 6 CFPG, § 9 CFPG, § 14a CFPG, § 14d CFPG, § 14g CFPG
  - § 109b EStG 1988
  - § 25 ZollR-DG
  - § 6 EKBSG
- das für die Erhebung der Lohnsteuer zuständige Finanzamt
  - § 82a EStG 1988
  - § 13 KommStG 1993, § 14 KommStG 1993
  - § 3 PLABG, § 5 PLABG, § 6 PLABG, § 9 PLABG, § 10 PLABG
  - § 43 Familienlastenausgleichsgesetz 1967
  - § 41a ASVG
- das für die Erhebung der Einkommensteuer zuständige Finanzamt
  - § 18 EStG 1988
- das für die Erhebung der Einkommen- oder Körperschaftsteuer zuständige Finanzamt
  - § 96 EStG 1988

– § 13 UmgrStG, § 43 UmgrStG.

(BMF-AV Nr. 35/2023)

39 Dasselbe Ziel, nämlich zwei unterschiedliche Zuständigkeiten miteinander zu verknüpfen, und bei einer einzigen Behörde zusammenzuführen, verfolgen Bestimmungen, die als Verknüpfungsmerkmal andere Anhaltspunkte als die „Erhebung“ einer Abgabe vorsehen:

- Das „Finanzamt des Arbeitgebers“ ist zuständig gemäß
  - § 80 EStG 1988 (Lohnsteueranmeldung)
  - § 84 Abs. 1 Z 3 EStG 1988 (Lohnzettel)
  - § 86 Abs. 1 EStG 1988 (Lohnsteuerprüfung)
  - § 90 EStG 1988 (Auskunftspflicht)
  - § 92 Abs. 2 EStG 1988 (Auslandsbeamte).
- Das für die Lohnsteuerprüfung zuständige Finanzamt ist zuständig für die Prüfung gemäß § 12 CFPG.
- Das Finanzamt, das den Grundsteuermessbetrag festzusetzen hat, ist zuständig für die Erhebung der Abgabe von land- und forstwirtschaftlichen Betrieben (§ 6 AbglufBG).
- Das Finanzamt, das für die Feststellung des Einheitswertes zuständig ist, ist auch für die Erhebung der Bodenwertabgabe zuständig (§ 7 BWAG).

In den beiden letztgenannten Fällen ist aber für die Tätigkeit, an die angeknüpft wird, ausnahmslos das Finanzamt Österreich zuständig, sodass die Anknüpfung daran – anders als in den erstgenannten Fällen – immer zur Zuständigkeit des Finanzamtes Österreich führt.

2.1.2. Spezielle Zuständigkeit aufgrund von Bestimmungen der BAO

40 § 60 Abs. 2 BAO enthält einen Katalog an Aufgaben, die eine ausschließliche Zuständigkeit des Finanzamtes Österreich vorsehen. Diese „punktuelle“ Zuständigkeit für bestimmte Aufgaben kommt auch dann zum Tragen, wenn für den Abgabepflichtigen grundsätzlich das Finanzamt für Großbetriebe zuständig ist.

41 Das Finanzamt Österreich ist zuständig für Anträge auf Vorsteuererstattungen, die von inländischen Unternehmern bei Abgabenbehörden eines anderen EU-Mitgliedstaats gestellt werden (§ 60 Abs. 2 Z 1 BAO); siehe auch Rz 131. Die Aufgaben des Finanzamtes Österreich beschränken sich dabei auf:

- die Prüfung der Vollständigkeit und Zulässigkeit,
- die Weiterleitung und
- die Zustellung von Erledigungen der Abgabenbehörden der anderen EU-Mitgliedstaaten.

42 Das Finanzamt Österreich ist zuständig für die Erhebung der Umsatzsteuer von Unternehmern, die ihr Unternehmen vom Ausland aus betreiben und im Inland weder eine Betriebsstätte haben noch Umsätze aus der Nutzung eines im Inland gelegenen Grundbesitzes erzielen (§ 60 Abs. 2 Z 2 BAO), siehe auch Rz 131.

43 Das Finanzamt Österreich ist zuständig für die Rückerstattung der Kühlgeräteentsorgungsbeiträge im Sinn des Bundesgesetzes über die Ermächtigung zur Übernahme der Rückerstattung der Kühlgeräteentsorgungsbeiträge (§ 60 Abs. 2 Z 3 BAO).

44 Das Finanzamt Österreich ist zuständig für die Erhebung der Kraftfahrzeugsteuer in Fällen der widerrechtlichen Verwendung eines Kraftfahrzeuges gemäß § 1 Abs. 1 Z 3 KfzStG 1992 (§ 60 Abs. 4 Z 4 BAO). Zur Zuständigkeit für die Erhebung der KfzSt im Allgemeinen siehe unten Rz 152.

45 Das Finanzamt Österreich ist zuständig für noch nicht in den Datenbeständen der Bundesfinanzverwaltung erfasste Abgabepflichtige (§ 60 Abs. 2 Z 5 BAO). Diese Zuständigkeit umfasst einerseits die Entgegennahme und Erledigung von Anzeigen gemäß § 120 Abs. 1 BAO, wenn sich diese auf eine neu begründete persönliche Abgabepflicht in der Einkommen-, Körperschaft- oder Umsatzsteuer beziehen. Dies betrifft allerdings nur Fälle, in denen zuvor noch keine Steuernummer erteilt worden ist, alle übrigen in § 120 BAO geregelten Anzeigepflichten (zB betreffend die Änderung oder den Wegfall der persönlichen Abgabepflicht) sind an das zum Zeitpunkt der Anzeige jeweils zuständige Finanzamt zu richten.

Diese Zuständigkeit umfasst zweitens die Entgegennahme von Anträgen auf Erteilung einer Umsatzsteuer-Identifikationsnummer (UID-Nummer) von Abgabepflichtigen, die im Zeitpunkt der Antragstellung noch keine Steuernummer erhalten haben, siehe dazu unten, Rz 137. Diese Regelung ermöglicht eine zentrale Vergabe von Steuernummern und UID-Nummern durch das Finanzamt Österreich. Das gilt auch dann, wenn die ihre Tätigkeit neu aufnehmenden Abgabepflichtigen an und für sich in die Zuständigkeit des Finanzamtes für

Großbetriebe fallen (zB Privatstiftungen, Sparkassen, Versicherungsvereine auf Gegenseitigkeit oder Unternehmen, die durch einen Umgründungsvorgang neu entstehen und bereits von Beginn an die Grenzen des § 61 Abs. 1 Z 1 BAO überschreiten).

Das Finanzamt Österreich ist zuständig für die Erhebung der Lohnsteuer in jenen Fällen, in denen der Arbeitgeber keine Lohnsteuer-Betriebsstätte im Sinn des § 81 EStG 1988 im Inland hat (§ 60 Abs. 2 Z 6 BAO). In diesem Fall besteht zwar – mit Ausnahme der ausländischen Einrichtungen iSd § 5 Z 4 Pensionskassengesetz – keine Verpflichtung zum Lohnsteuerabzug, allerdings kann der Arbeitgeber freiwillig Lohnsteuer einbehalten und an das Finanzamt Österreich abführen (§ 47 Abs. 1 lit. b EStG 1988). **46**

Weiters ist das Finanzamt Österreich zuständig für die Entgegennahme und Bearbeitung von Lohnbescheinigungen gemäß § 84a Abs. 1 EStG 1988. Diese hat der Arbeitgeber dem Finanzamt Österreich zu übermitteln, wenn ein unbeschränkt steuerpflichtiger Arbeitnehmer seinen Mittelpunkt der Tätigkeit für mehr als sechs Monate im Kalenderjahr in Österreich hat und nicht freiwillig Lohnsteuer abgeführt wird (§ 47 Abs. 1 lit. c EStG 1988).

2.1.3. Spezielle Zuständigkeit aufgrund von Bestimmungen außerhalb der BAO

Aufgrund folgender ausdrücklicher Bestimmungen ist das Finanzamt Österreich zuständig für die Erhebung folgender Abgaben: **47**

- Feuerschutzsteuer (§ 6 Feuerschutzsteuergesetz 1952)
- Flugabgabe (§ 7 FlugAbgG)
- Gebühren (§ 3 GebG, § 9 Abs. 2 GebG, § 31 Abs. 1 GebG und § 32 GebG)
- Glücksspielabgabe (§ 59 GSpG)
- Grunderwerbsteuer (§ 10 GrEStG 1987 und Verordnung BGBl. II Nr. 156/2015)
- Konzessionsabgabe (§ 17 Abs. 4 GSpG)
- Normverbrauchsabgabe – im Fall der rechtmäßigen Verwendung des Kfz, falls für die Erhebung der Umsatzsteuer des Normverbrauchsabgabepflichtigen nicht das Finanzamt für Großbetriebe zuständig ist einschließlich der Erstattung (§§ 11 bis 12a NoVAG 1991)
- Normverbrauchsabgabe – im Fall der widerrechtlichen Verwendung des Kfz (§ 11 NoVAG 1991)
- Spielbankabgabe (§ 28 GSpG und § 29 GSpG)
- Versicherungssteuer (§ 8 Versicherungssteuergesetz 1953 bzw. § 6 Abs. 3 Z 7 Versicherungssteuergesetz 1953).

Aufgrund folgender ausdrücklicher Bestimmungen ist das Finanzamt Österreich zuständig für die Erhebung folgender Beiträge: **48**

- Zuschlag zur Aufbringung von Mitteln für die bäuerliche Unfallversicherung (§ 30 Abs. 4 BSVG)
- Beitrag von land- und forstwirtschaftlichen Betrieben (§ 44 Abs. 2 Familienlastenausgleichsgesetz 1967)
- Beitrag an den Wohnhaus-Wiederaufbaufonds (§ 8a Wohnhaus-Wiederaufbaugesetz)
- Beihilfenäquivalent von Kostenerstattungen Dritter an Landesfonds oder Sozialversicherungsträger (§ 4 Abs. 4 der Verordnung BGBl. II Nr. 56/1997).

Aufgrund folgender ausdrücklicher Bestimmungen ist das Finanzamt Österreich zuständig für die Erhebung folgender Gebühren im Zusammenhang mit Gerichtsverfahren: **49**

- Eingabengebühr für Anträge an den Verfassungsgerichtshof (§ 17a Z 6 VfGG)
- Eingabengebühr für Revisionen und Anträge an den Verwaltungsgerichtshof (§ 24a Z 6 VwGG)
- Eingabengebühr für Eingaben an das Bundesverwaltungsgericht oder an ein Verwaltungsgericht eines Landes (§ 1 der Verordnung BGBl. II Nr. 387/2014)
- festgestellter pauschalierter Kostenersatz in Verfahren vor dem Bundesverwaltungsgericht betreffend Streitigkeiten im Zusammenhang mit dem Erstattungskodex (§ 351j Abs. 2 letzter Satz ASVG).

(BMF-AV Nr. 35/2023)

Aufgrund folgender ausdrücklicher Bestimmungen ist das Finanzamt Österreich zuständig für bestimmte Tätigkeiten im Zusammenhang mit der Erhebung von Abgaben: **50**

- im Bereich der Ertragsteuern:
  - Erhebung der durch die Urlaubs- und Abfertigungskasse abzuführenden Lohnsteuer (§ 8 Abs. 8 BUAG, § 9 Abs. 6 BUAG und § 131 Abs. 8 BUAG)

– Zulassung einer übermittlungspflichtigen Organisation zur elektronischen Datenübermittlung betreffend Sonderausgaben (§ 10 Abs. 1 Z 2 der Verordnung BGBl. II Nr. 289/2016)
– Führung der Liste spendenbegünstigter Einrichtungen (§ 4a Abs. 7 und 8 EStG 1988, § 18 Abs. 1 Z 7 und Abs. 8 Z 4 EStG 1988 sowie § 2 der Verordnung BGBl. II Nr. 34/2017)
– Erteilung der Zuzugsbegünstigung (§ 103 EStG 1988 und § 1 der Verordnung BGBl. II Nr. 261/2016)
– Zu- und Aberkennung der Gemeinnützigkeit einer Quasi-Internationalen Organisation (§ 17 Amtssitzgesetz – ASG, BGBl. I Nr. 54/2021)

- im Bereich der Umsatzsteuer:
  – Erstattung der abziehbaren Vorsteuer an nicht im Gemeinschaftsgebiet ansässige Unternehmer (§ 3a Abs. 1 der Verordnung BGBl. Nr. 279/1995)
- im Bereich der Grundstücksbesteuerung:
  – Durchführung der Bodenschätzung (§ 1 Abs. 4 BoSchätzG 1970)
  – Feststellung der Einheitswerte (§ 80 und § 80a Bewertungsgesetz 1955)
  – Zerlegung der Einheitswerte (§ 30a GrStG 1955)
  – Festsetzung und Zerlegung der Steuermessbeträge (§ 30a GrStG 1955).

(BMF-AV Nr. 35/2023)

51 Aufgrund folgender ausdrücklicher Bestimmungen ist das Finanzamt Österreich zuständig für bestimmte Tätigkeiten im Zusammenhang mit der Gewährung von Beihilfen:

- Gewährung der Familienbeihilfe (zB § 10a Abs. 1 Familienlastenausgleichsgesetz 1967)
- Gewährung der Schulfahrtbeihilfe (zB § 30e Abs. 1 Familienlastenausgleichsgesetz 1967)
- Gewährung der Fahrtenbeihilfe für Lehrlinge (§ 30p Abs. 2 Familienlastenausgleichsgesetz 1967).

51a Aufgrund folgender ausdrücklicher Bestimmungen ist das Finanzamt Österreich zuständig für bestimmte Tätigkeiten im Zusammenhang mit dem automatischen Informationsaustausch betreffend meldende Plattformbetreiber im Bereich der Besteuerung:

- Registrierung von Plattformbetreibern (§ 7 Abs. 4 DPMG)
- Mahnung von meldenden Plattformbetreibern (§ 10 Abs. 1 DPMG)
- Widerruf der Registrierung von beharrlich die Meldepflicht verletzenden Plattformbetreibern (§ 10 Abs. 2 DPMG)
- Beantragung der Löschung von in Österreich registrierten meldenden Plattformbetreibern aus dem zentralen Register (§ 11 DPMG)
- Kontrolle der Einhaltung der Vorschriften der §§ 7 bis 25 DPMG (§ 26 DPMG); siehe unten, Rz 176a.

(BMF-AV Nr. 35/2023)

52 Aufgrund folgender ausdrücklicher Bestimmungen ist das Finanzamt Österreich zuständig für bestimmte Tätigkeiten im Zusammenhang mit der glücksspielrechtlichen Aufsicht:

- Erteilung von Standortbewilligungen für elektronische Lotterien (§ 12a GSpG)
- Erteilung von Konzessionen für Lotterien (§ 14 GSpG)
- Erteilung von Konzessionen für Spielbanken (§ 21 GSpG)
- Bewilligung von Spielbedingungen für Lotterien (§ 16 GSpG)
- Bewilligung der Besuchs- und Spielordnung von Spielbanken (§ 26 GSpG)
- Bewilligung der Durchführung von Lotterien ohne Erwerbszweck (§ 37 GSpG)
- Bewilligung der Bewerbung des Besuchs von Spielbanken-Betriebsstätten im EU-Raum oder EWR (§ 56 GSpG)
- Aufsicht über Lotterien-Konzessionäre (§ 19 GSpG)
- Aufsicht über Spielbanken-Konzessionäre (§ 31 GSpG).

53 Das Finanzamt Österreich ist Verwaltungsstrafbehörde bei der Durchführung von Verwaltungsstrafverfahren betreffend Pflichtverletzungen im Zusammenhang mit der Geldwäschevorbeugung (§ 52b GSpG und § 52c GSpG).

54 Das Finanzamt Österreich ist zuständig für die Verhängung von Zwangsstrafen gemäß § 16 WiEReG sowie deren Einhebung, Sicherung und Einbringung (§ 14 Abs. 6 WiEReG); siehe unten, Rz 165.

2.2. Zuständigkeit des Finanzamtes für Großbetriebe (§ 61 BAO)

Die Zuständigkeit des Finanzamtes für Großbetriebe ist in § 61 BAO geregelt. Der Wirkungsbereich des Finanzamtes für Großbetriebe erstreckt sich auf das gesamte Bundesgebiet (§ 56 Abs. 1 BAO). 55

Im Unterschied zum Finanzamt Österreich hat die Zuständigkeit des Finanzamtes für Großbetriebe zwei Aspekte, einen persönlichen und einen sachlichen.

2.2.1. Persönlicher Zuständigkeitsaspekt

Gemäß § 61 Abs. 1 BAO ist das Finanzamt für Großbetriebe für bestimmte Abgabepflichtige zuständig, nämlich für jene, die 56

- die Umsatz(erlös)schwelle von 10 Mio. Euro überschreiten (Z 1 und 2),
- Teil einer multinationalen Unternehmensgruppe im Sinn des VPDG sind (Z 3),
- Finanzdienstleistungen erbringen (Z 4 und 5),
- eine bestimmte Rechtsform haben (Privatstiftungen, Stiftungen oder Fonds (Z 6 und 7),
- Bauvereinigungen, die nach dem Wohnungsgemeinnützigkeitsgesetz als gemeinnützig anerkannt sind (Z 8),
- Teil einer Unternehmensgruppe gemäß § 9 KStG 1988 sind (Z 9),
- Teil einer umsatzsteuerlichen Organschaft sind (Z 10), oder
- unter die begleitende Kontrolle fallen, oder für die diese beantragt worden ist (Z 11).

(BMF-AV Nr. 35/2023)

Mit dem in § 61 Abs. 1 BAO verwendeten Begriff „Abgabepflichtiger" ist ein Steuersubjekt gemeint, das eine Voraussetzung erfüllt, die abstrakt zu Verwirklichung einer Abgabepflicht führen kann. Eine tatsächliche Abgabenschuld im Beobachtungszeitraum ist für die Begründung der Zuständigkeit – außer jener nach Z 1 leg. cit.– nicht erforderlich. 57

Das Überschreiten des Schwellenwertes von entweder 10 Mio. Euro steuerbaren Umsätzen oder 10 Mio. Euro Umsatzerlösen ist ein Umstand, der ab dem 1. Jänner 2021 die Zuständigkeit des Finanzamtes für Großbetriebe begründen kann. 58

Der Schwellenwert gemäß § 61 Abs. 1 Z 1 BAO ist relevant für Abgabepflichtige, die

- einen Gewerbebetrieb (§ 28 BAO),
- eine Betriebsstätte (§ 29 BAO oder § 30 BAO) oder
- einen wirtschaftlichen Geschäftsbetrieb (§ 31 BAO) unterhalten.

Nicht relevant sind die Schwellenwerte indes für Abgabenpflichtige, die eine rein vermögensverwaltende Tätigkeit ausüben (§ 32 BAO). Dies gilt auch für rein vermögensverwaltende Körperschaften, die aufgrund der Gewerbebetriebsfiktion nach § 7 Abs. 3 KStG 1988 umfassend Einkünfte aus Gewerbebetrieb erzielen.

Ebenso wenig sind die Schwellenwerte für Abgabenpflichtige relevant, die sie aufgrund einer akuten Krise unterschreiten. In diesen Fällen sind die Ausnahmebestimmungen des § 61 Abs. 1 Z 1 letzter Satz BAO zu beachten, wonach das Unterschreiten der Umsatz(erlös)grenze unbeachtlich ist, sofern

- ein Insolvenzverfahren mangels kostendeckenden Vermögens rechtskräftig nicht eröffnet wird,
- es zu einer Liquidation im Rahmen eines Insolvenzverfahrens kommt,
- ein Konkursverfahren nach § 123a IO oder § 139 IO aufgehoben wird oder
- die rechtskräftige Bestätigung des Sanierungsplans noch ausständig ist.

Diese Bestimmung soll einen Übergang der Zuständigkeit auf das Finanzamt Österreich in solchen Fällen verhindern, in welchen ein Zuständigkeitswechsel aufgrund der zu erwartenden Beendigung der Unternehmenstätigkeit nicht sinnvoll ist.

BAO

Um das Über- oder Unterschreiten der beiden Schwellenwerte feststellen zu können, sind nicht nur die steuerbaren Umsätze, sondern auch die Umsatzerlöse in der Abgabenerklärung verpflichtend anzugeben (§ 61 Abs. 5 BAO). Das gilt auch für Steuerpflichtige, die ihren Gewinn gemäß § 4 Abs. 1 EStG 1988 ermitteln.

Beispiel:

Eine ausländische Gesellschaft hält im Inland eine Betriebsstätte, die gemäß den elektronisch übermittelten Beilagen zur Körperschaftsteuer für die Jahre 2018 und 2019 Umsätze von 78 bzw. 85 Mio. Euro erwirtschaftet.

Die Beilagen zur Abgabenerklärung sind Teil derselben. Werden daher nach § 24 Abs. 3 Z 1 KStG 1988 iVm § 44 Abs. 1 EStG 1988 in den Beilagen zu den beiden zuletzt übermittelten Steuererklärungen Umsatzerlöse (§ 189a Z 5 UGB) von jeweils mehr als 10 Mio. Euro bekanntgegeben, sind für Abgabepflichtige, die einen Gewerbebetrieb, eine Betriebsstätte oder einen wirtschaftlichen Geschäftsbetrieb unterhalten, die Voraussetzungen für die Zuständigkeit des Finanzamtes für Großbetriebe gemäß § 61 Abs. 1 Z 1 BAO erfüllt.

Hinweis: Sofern der Zuständigkeitstatbestand des § 61 Abs. 1 Z 1 BAO schon am Stichtag 1.1.2021 erfüllt war (und seither keine Änderung eingetreten ist), besteht die Zuständigkeit des Finanzamtes für Großbetriebe seit diesem Zeitpunkt (§ 323b Abs. 1 BAO). Ist aber der Zuständigkeitstatbestand des § 61 Abs. 1 Z 1 BAO erst nach dem 1.1.2021 erfüllt worden, ist für den Übergang der Zuständigkeit jener Zeitpunkt maßgeblich, in dem das Finanzamt für Großbetriebe von den seine Zuständigkeit begründenden Voraussetzungen Kenntnis erlangt (§ 58 BAO).

(BMF-AV Nr. 35/2023)

59 Während es beim Wechsel in die Zuständigkeit des Finanzamtes für Großbetriebe ausreicht, dass einer der beiden relevanten Schwellenwerte in den letzten beiden Jahren überschritten wird, müssen im umgekehrten Fall beide Schwellenwerte unterschritten werden, um den Wechsel in die Zuständigkeit des Finanzamtes Österreich auszulösen.

Maßgeblich für den Übergang der Zuständigkeit vom Finanzamt für Großbetriebe auf das Finanzamt Österreich ist der Zeitpunkt der Abgabe jener Steuererklärung, mit der jener Schwellenwert unterschritten wird, der in den beiden vorangegangenen Abgabenerklärungen überschritten worden ist, und die Kenntniserlangung des Finanzamtes Österreich von seiner Zuständigkeit. Die beiden zuletzt abgegebenen Umsatzsteuererklärungen und die beiden zuletzt abgegebenen Körperschaftsteuererklärungen müssen nicht zwingend die selben Veranlagungsjahre betreffen.

Beispiel:

Für das Jahr 2021 und für das Jahr 2022 wurden sowohl mehr als 10 Mio. Euro steuerbare Umsätze als auch mehr als 10 Mio. Euro Umsatzerlöse erklärt. Am 25.6.2024 wird die Umsatzsteuererklärung für das Jahr 2023 abgegeben, in der mehr als 10 Mio. Euro steuerbare Umsätze erklärt werden. Am 5.8.2024 wird die Körperschaftsteuererklärung für das Jahr 2023 abgegeben, in der weniger als 10 Mio. Euro Umsatzerlöse erklärt werden. Es bleibt auch nach dem 5.8.2024 bei der Zuständigkeit des Finanzamtes für Großbetriebe.

Am 20.6.2025 wird die Umsatzsteuererklärung für das Jahr 2024 abgegeben, in der nur 9 Mio. Euro steuerbare Umsätze erklärt werden. Damit liegen ab dem 21.6.2025 die Zuständigkeitsvoraussetzungen für das Finanzamt für Großbetriebe nicht mehr vor. Ab dem Zeitpunkt, in dem das Finanzamt Österreich davon Kenntnis erlangt, wird es für diesen Abgabepflichtigen zuständig.

(BMF-AV Nr. 35/2023)

60 Unabhängig von der Überschreitung der Umsätze oder Umsatzerlöse, ist das Finanzamt für Großbetriebe gemäß § 61 Abs. 1 Z 3 BAO für jene Abgabepflichtige zuständig, die in einem länderbezogenen Bericht im Sinne des VPDG angeführt sind. Das sind Gesellschaften oder Geschäftseinheiten (§ 2 Z 2 VPDG), die zu einer Multinationalen Unternehmensgruppe (§ 2 Z 1 VPDG) gehören, deren Gesamtumsatz gemäß dem konsolidierten Abschluss im vorangegangenen Wirtschaftsjahr mindestens 750 Millionen Euro betragen hat (§ 3 Abs. 1 VPDG).

61 Maßgeblich für die Begründung der Zuständigkeit ist, ob der länderbezogene Bericht für das zweitvorangegangene Wirtschaftsjahr übermittelt wurde oder eingegangen ist (formale Anknüpfung) und nicht, ob er zu Recht oder verspätet übermittelt wurde oder eingegangen ist. Auch die Nichtübermittlung eines Berichts, obwohl er zu übermitteln (gewesen) wäre, begründet nicht die Zuständigkeit des Finanzamtes für Großbetriebe. Es besteht eine formelle Anknüpfung an die Übermittlung oder den Eingang eines länderbezogenen Berichts (Country-by-Country Report), in dem der Abgabepflichtige angeführt wird. Die Richtigkeit des Berichts spielt keine Rolle. Die formale Anknüpfung gilt sowohl, wenn der Abgabepflichtige zu Unrecht in den Bericht aufgenommen wurde (das Finanzamt für Großbetriebe wird ab dem zweitfolgenden Jahr zuständig), als auch, wenn der Abgabepflichtige zu Unrecht nicht in den Bericht aufgenommen wurde (das Finanzamt für Großbetriebe kann in seinen Abgabenangelegenheiten auf der Grundlage des § 61 Abs. 1 Z 3 BAO nicht zuständig werden). Es ist unerheblich, wann der Abgabepflichtige Teil einer multinationalen Unternehmensgruppe wird und wann er sie verlässt. Maßgeblich ist nur, ob der Abgabepflichtige im Bericht angeführt ist. Eine Mitteilung gemäß § 4 zweiter Satz VPDG, dass die in Österreich ansässige Geschäftseinheit oberste Muttergesellschaft (§ 2 Z 3 VPDG) oder vertretende Muttergesellschaft (§ 2 Z 11 VPDG) ist, begründet noch keine Zuständigkeit des Finanzamtes für Großbetriebe.

(BMF-AV Nr. 35/2023)

62 Nach § 8 Abs. 1 VPDG ist der länderbezogene Bericht spätestens zwölf Monate nach dem letzten Tag des betreffenden Wirtschaftsjahres an das zuständige Finanzamt der obersten

Muttergesellschaft oder der eingetretenen Geschäftseinheit zu übermitteln. Die Übermittlung hat elektronisch im Wege von FinanzOnline zu erfolgen.

Für die Zuständigkeit des Finanzamtes für Großbetriebe sind daher zwei Fallkonstellationen zu unterscheiden:

1. Fallkonstellation: Kenntniserlangung des Finanzamtes für Großbetriebe nach Ablauf des vorangegangenen Wirtschaftsjahres. In diesem Fall geht die Zuständigkeit in dem Zeitpunkt auf das Finanzamt für Großbetriebe über, indem das Finanzamt für Großbetriebe Kenntnis davon erlangt, dass ein Bericht übermittelt wurde oder eingegangen ist, in dem der Abgabepflichtige angeführt ist und der dessen zweitvorangegangenes Wirtschaftsjahr betrifft.

Beispiel:

Am 3.5.2021 langt der länderbezogene Bericht des X-Konzerns betreffend das Wirtschaftsjahr 2019 im Finanzamt für Großbetriebe ein. In diesem ist die X-GmbH angeführt. Das Finanzamt für Großbetriebe ist ab 3.5.2021 für die X-GmbH zuständig.

2. Fallkonstellation: Kenntniserlangung des Finanzamtes für Großbetriebe vor Ablauf des vorangegangenen Wirtschaftsjahres. In diesem Fall geht die Zuständigkeit mit dem ersten Tag des nächsten Wirtschaftsjahres auf das Finanzamt für Großbetriebe über.

Beispiel:

Am 3.11.2021 langt der länderbezogene Bericht des X-Konzerns betreffend das Wirtschaftsjahr 2020 (Regelwirtschaftsjahr) im Finanzamt für Großbetriebe ein. In diesem ist die X-GmbH angeführt. Das Finanzamt für Großbetriebe ist ab 1.1.2022 für die X-GmbH zuständig.

Die Zuständigkeit des Finanzamtes für Großbetriebe endet – wenn sie nicht auch durch **63**
andere persönliche Merkmale begründet ist – mit Übermittlung oder Eingang eines länderbezogenen Berichts, in dem der Abgabepflichtige nicht mehr genannt ist; gemäß § 58 BAO jedoch erst ab Kenntniserlangung des Finanzamtes Österreich von den seine Zuständigkeit begründenden Voraussetzungen.

Das Finanzamt für Großbetriebe ist zuständig für Finanzdienstleister. Das sind die Oes- **64**
terreichische Nationalbank (NBG) und sämtliche Institute, die der Aufsicht aufgrund eines der in § 2 FMABG genannten Bundesgesetze unterliegen (§ 61 Abs. 1 Z 4 und Z 5 BAO). Um die Zuständigkeit korrekt ausüben zu können, besteht eine Datenübermittlungspflicht der Finanzmarktaufsichtsbehörde (FMA) gemäß § 61 Abs. 6 BAO und der DVZ, BGBl. II Nr. 433/2020. Zuständigkeitsbegründend sind alle Genehmigungen, die zu einer Aufsicht führen (Konzessionen, Bewilligungen, Zulassungen), nicht aber zu Registrierungen (etwa gemäß § 1 Abs. 5 AIFMG oder § 32a FM-GwG).

Das Finanzamt für Großbetriebe ist zuständig für eigentümerlose Vermögensmassen. **65**
Das sind einerseits Privatstiftungen nach dem PSG, diesen vergleichbare ausländische Einrichtungen sowie der Stiftungseingangssteuer unterliegende Vermögensmassen (§ 61 Abs. 1 Z 6 BAO); andererseits Stiftungen und Fonds nach dem BStFG 2015 oder einer entsprechenden landesgesetzlichen Regelung (§ 61 Abs. 1 Z 7 BAO). § 61 Abs. 1 Z 6 BAO sieht die Zuständigkeit für Privatstiftungen im Sinn des PSG, für vergleichbare ausländische Einrichtungen und für der Stiftungseingangssteuer unterliegende Vermögensmassen vor.

Dem BStFG 2015 entsprechen die folgenden Landesgesetze:

- Burgenländisches Stiftungs- und Fondsgesetz, LGBl. Nr. 37/1995
- K-SFG, LGBl. Nr. 27/1984
- NÖ Landes-Stiftungs- und Fondsgesetz, LGBl. Nr. 4700-3
- Oö. Stiftungs- und Fondsgesetz, LGBl. Nr. 31/1988
- Salzburger Stiftungs- und Fondsgesetz, LGBl. Nr. 70/1976
- Steiermärkisches Stiftungs- und Fondsgesetz, LGBl. Nr. 69/1988
- Tiroler Stiftungs- und Fondsgesetz 2008, LGBl. Nr. 26/2008
- [Vorarlberger] Stiftungs- und Fondsgesetz, LGBl. Nr. 17/2003
- Wiener Landes-Stiftungs- und Fondsgesetz, LGBl. Nr. 14/1988.

Die Zuständigkeit des Finanzamtes für Großbetriebe beginnt nicht erst mit der rechtlichen Existenz der Stiftung oder des Fonds, sondern umfasst bereits die entsprechenden Vorformen (Gebilde im Gründungsstadium). Für die Entgegennahme einer Anzeige gemäß § 120 Abs. 1 BAO und gegebenenfalls die Erteilung einer Steuernummer ist allerdings das Finanzamt Österreich zuständig (§ 60 Abs. 2 Z 5 lit. a BAO).

(BMF-AV Nr. 35/2023)

Das Finanzamt für Großbetriebe ist zuständig für Bauvereinigungen, die nach dem WGG **66**
als gemeinnützig anerkannt sind (§ 61 Abs. 1 Z 8 BAO; Rz 114). Um die Zuständigkeit korrekt

ausüben zu können, besteht eine Datenübermittlungspflicht des Revisionsverbandes im Sinne des § 5 Abs. 1 WGG (GBV) gemäß § 61 Abs. 7 BAO und der DVZ, BGBl. II Nr. 433/2020.

67 Das Finanzamt für Großbetriebe ist zuständig für Abgabepflichtige, die Teil einer Unternehmensgruppe gemäß § 9 KStG 1988 sind – einschließlich der die finanzielle Verbindung vermittelnden Personengesellschaften (§ 61 Abs. 1 Z 9 BAO). Allerdings gilt das nur dann, wenn entweder der Gruppenträger oder zumindest ein Gruppenmitglied

- bei Einzelbetrachtung in die Zuständigkeit des Finanzamtes für Großbetriebe fallen würde (zB wegen des Überschreitens der Umsatz- oder Umsatzerlösschwelle) oder
- seinen Sitz nicht in Österreich hat.

Erfüllen dagegen weder der Gruppenträger noch ein einziges Gruppenmitglied eine dieser Voraussetzungen, ist für die gesamte Unternehmensgruppe das Finanzamt Österreich zuständig.

68 Das Finanzamt für Großbetriebe ist zuständig für Abgabepflichtige, die Teil einer Organschaft im Sinn des § 2 Abs. 2 Z 2 UStG 1994 sind (§ 61 Abs. 1 Z 10 BAO). Allerdings gilt das nur dann, wenn entweder der Organträger oder zumindest ein Organ bei Einzelbetrachtung in die Zuständigkeit des Finanzamtes für Großbetriebe fallen würde (zB wegen des Überschreitens der Umsatz- oder Umsatzerlösschwelle).

69 Das Finanzamt für Großbetriebe ist zuständig für Abgabepflichtige, für die der Wechsel in die begleitende Kontrolle gemäß § 153d Abs. 1 BAO rechtskräftig festgestellt worden ist (§ 61 Abs. 1 Z 11 BAO). Aufgrund des § 153c Abs. 1 BAO ist das Finanzamt für Großbetriebe bereits punktuell für eine bestimmte Aufgabe im Zusammenhang mit der begleitenden Kontrolle zuständig, nämlich für die Prüfung des Antrags auf begleitende Kontrolle. Das gilt auch für im Antrag auf begleitende Kontrolle angeführte Abgabepflichtige, die eigentlich nicht in die Zuständigkeit des Finanzamtes für Großbetriebe fallen würden. Aufgrund des § 153d Abs. 1 BAO ist das Finanzamt für Großbetriebe für die Erlassung des Bescheides, mit dem der Wechsel in die begleitende Kontrolle verfügt wird, zuständig.

2.2.2. Sachlicher Zuständigkeitsaspekt

70 Das Finanzamt für Großbetriebe hat keine umfassende Zuständigkeit für alle (bundesrechtlich geregelten) Abgaben, sondern nur für jene, die ein in § 61 Abs. 1 BAO genannter Abgabepflichtiger zu entrichten hat und nur sofern die Abgabe nicht gemäß § 61 Abs. 2 BAO von der Zuständigkeit des Finanzamtes für Großbetriebe ausgenommen ist.

Die nicht in den Zuständigkeitsbereich des Finanzamtes für Großbetriebe fallenden Abgaben können in drei Kategorien eingeteilt werden, nämlich jene, für die eine ausschließliche Zuständigkeit des Zollamts Österreich besteht (Rz 71); jene, für die eine ausschließliche Zuständigkeit des Finanzamtes Österreich besteht (Rz 72 und Rz 73) und jene, für die eine ausschließliche Zuständigkeit von österreichischen Vertretungsbehörden besteht (Rz 74).

71 Zu den Aufgaben, die ausschließlich durch das Zollamt Österreich zu erledigen sind, und die deshalb selbst dann nicht in die Zuständigkeit des Finanzamtes für Großbetriebe fallen, wenn der persönliche Zuständigkeitsaspekt vorliegt (§ 61 Abs. 2 Z 1 BAO), gehören die in § 63 BAO aufgelisteten Zuständigkeitsbereiche. Das Finanzamt für Großbetriebe ist auch nicht für die Erhebung jener Abgaben zuständig, die nur deshalb nicht vom Zollamt Österreich erhoben werden, weil sie nicht zum Anwendungsgebiet gemäß § 3 ZollR-DG gehören; das betrifft die Ortsgebiete von Jungholz (Tirol) und Mittelberg (Vorarlberg). Diese Abgaben werden von den deutschen Zollbehörden erhoben.

72 Zu den Aufgaben, die ausschließlich durch das Finanzamt Österreich zu erledigen sind und die deshalb selbst dann nicht in die Zuständigkeit des Finanzamtes für Großbetriebe fallen, wenn der persönliche Zuständigkeitsaspekt vorliegt, gehören die in § 61 Abs. 2 Z 2 und 4 bis 15 BAO aufgelisteten Zuständigkeitsbereiche:

- Gebühren im Sinne des GebG,
- Gerichts- und Justizverwaltungsgebühren – § 4 Abs. 7 GGG iVm § 10a Abs. 1 GGV,
- die Grunderwerbsteuer,
- die Abgabe von land- und forstwirtschaftlichen Betrieben,
- die Bodenwertabgabe,
- die Versicherungssteuer,
- die Feuerschutzsteuer,
- die Flugabgabe,
- der Finanzierungsbeitrag gemäß § 1 Abs. 4 GSpG,
- die Konzessionsabgabe gemäß § 17 GSpG,
- die Spielbankabgabe gemäß § 28 und § 29 GSpG,

- die Glücksspielabgaben gemäß §§ 57 bis 59 GSpG und
- die Gebühren gemäß § 59a GSpG.

Zu den Abgaben, die ausschließlich durch das Finanzamt Österreich zu erheben sind und die deshalb selbst dann nicht in die Zuständigkeit des Finanzamtes für Großbetriebe fallen, wenn der persönliche Zuständigkeitsaspekt vorliegt, gehören weiters die in § 60 Abs. 2 BAO aufgelisteten Zuständigkeitsbereiche (§ 61 Abs. 2 letzter Satz BAO). 73

Konsulargebühren nach dem KGG 1992 sind ausschließlich durch die österreichischen Vertretungsbehörden (zB Botschaften) zu erheben. Sie fallen deshalb selbst dann nicht in die Zuständigkeit des Finanzamtes für Großbetriebe, wenn der persönliche Zuständigkeitsaspekt vorliegt (§ 61 Abs. 2 Z 3 BAO). 74

2.2.3. Punktuelle Zuständigkeitserweiterung für die KESt-Vorschreibung

§ 61 Abs. 3 BAO stellt einerseits klar, dass das Finanzamt für Großbetriebe auch für die Erhebung von Abzugssteuern von Abgabepflichtigen zuständig ist, die in seinen Zuständigkeitsbereich fallen. Das betrifft die Lohnsteuer, die Kapitalertragsteuer, die Abzugsteuer gemäß § 99 EStG 1988 sowie den Steuerabzug bei Einkünften aus Anlass der Einräumung von Leitungsrechten gemäß § 107 EStG 1988. 75

Andererseits erweitert § 61 Abs. 3 BAO die Zuständigkeit des Finanzamtes für Großbetriebe um einen Bereich, der nicht (zur Gänze) unter den Begriff „Abgabenerhebung" bei den in § 61 Abs. 1 BAO angeführten Abgabepflichtigen fallen würde, nämlich die Vorschreibung der Kapitalertragsteuer beim Empfänger der Kapitalerträge. Gemäß § 95 Abs. 4 EStG 1988 ist in bestimmten Fällen die Kapitalertragsteuer dem Empfänger der Kapitalerträge vorzuschreiben. Selbst dann, wenn der Empfänger der Kapitalerträge (Schuldner der Kapitalertragsteuer) grundsätzlich nicht in die Zuständigkeit des Finanzamtes für Großbetriebe fallen würde, ist für die Vorschreibung der Kapitalertragsteuer das Finanzamt für Großbetriebe immer dann zuständig, wenn es für den Abzugsverpflichteten zuständig ist (siehe Rz 93). Die Zuständigkeit des Finanzamtes Österreich tritt hinter jene des Finanzamtes für Großbetriebe zurück (§ 60 Abs. 1 BAO). 76

2.2.4. Spezielle Zuständigkeit aufgrund von BAO-Bestimmungen

§ 61 Abs. 4 BAO enthält einen Katalog an Aufgaben, die eine ausschließliche Zuständigkeit des Finanzamtes für Großbetriebe vorsehen. Diese „punktuelle" Zuständigkeit für bestimmte Aufgaben kommt auch dann zum Tragen, wenn für den Abgabepflichtigen grundsätzlich das Finanzamt Österreich zuständig ist. 77

Davon umfasst sind: 78

- Die auf Grund völkerrechtlicher Verträge vorgesehene Rückzahlung von Abgaben (zB Art. 27 DBA-Deutschland).
- Die Rückzahlung oder Erstattung der Kapitalertragsteuer oder der Abzugsteuer gemäß § 99 EStG 1988 auf der Grundlage von
  - § 94 Z 2 EStG 1988 (Beteiligungserträge),
  - § 94 Z 10 EStG 1988 (Beteiligungserträge ausländischer Gesellschaften oder gewisse Erträge, die Investmentfonds oder Immobilien-Investmentfonds zugehen),
  - § 99a Abs. 8 EStG 1988 (Zinsen- und Lizenzgebühren),
  - § 21 Abs. 1 Z 1a KStG 1988 (Beteiligungserträge)
  - oder wegen des Fehlens der beschränkten Steuerpflicht gemäß § 98 EStG 1988.
- Die Rückzahlung der Körperschaftsteuer an ausländische Einrichtungen im Sinne des § 5 Z 4 des PKG, sofern die Voraussetzungen der Steuerbefreiung nach § 6 Abs. 1 KStG 1988 vorliegen.
- Angelegenheiten betreffend Mittelstandsfinanzierungsgesellschaften im Sinn des § 6b KStG 1988.
- Angelegenheiten betreffend die pauschale Erstattung von Einkommensteuer:
  - Bausparen (§ 108 Abs. 5 EStG 1988)
  - Prämienbegünstigte Pensionsvorsorge (§ 108a Abs. 4 und Abs. 5 EStG 1988)
  - Prämienbegünstigte Zukunftsvorsorge (§ 108g Abs. 4 und Abs. 5 EStG 1988).
- Angelegenheiten betreffend das GSBG; zur Möglichkeit der Vornahme von Außenprüfungshandlungen durch das Finanzamt Österreich siehe oben, Rz 21.

(BMF-AV Nr. 35/2023)

Dem Finanzamt für Großbetriebe obliegt gemäß ausdrücklicher Anordnung des § 118b Abs. 1 BAO die Teilnahme an multilateralen Verfahren zur Bewertung grenzüberschreiten- 78a

BAO

der ertragsteuerlicher Risiken (multilaterale Risikobewertung). Damit einher geht die vom Finanzamt für Großbetriebe zu erledigende Erstellung eines Risikobewertungsberichtes zum Abschluss der Bewertung (§ 118b Abs. 7 BAO); siehe unten, Rz 190a.

(BMF-AV Nr. 35/2023)

79 Weiters gehört zur speziellen Zuständigkeit des Finanzamtes für Großbetriebe die Führung eines von einem Abgabepflichtigen angeregten Verständigungsverfahrens und die Erledigung aller mit einem solchen Verständigungsverfahren oder einem Schiedsverfahren in Zusammenhang stehenden Aufgaben, soweit sich diese aus dem EU-BStbG oder einer anderen Rechtsgrundlage als dem EU-BStbG ergeben.

Rechtsgrundlagen für das Führen von Verständigungs- oder Schiedsverfahren sind – abgesehen vom EU-BStbG –

- Doppelbesteuerungsabkommen,
- das EU-Schiedsübereinkommen (90/436/EWG),
- das MLI, BGBl. III Nr. 93/2018, und
- das DBG, BGBl. I Nr. 69/2010.

In völkerrechtlichen Verträgen wie Doppelbesteuerungsabkommen oder der EU-Schiedskonvention und in einzelnen Gesetzen (DBG, EU-BStbG) ist für diese Materien typischerweise „der Bundesminister für Finanzen oder dessen bevollmächtigter Vertreter" als zuständige Behörde vorgesehen. Mit der gesetzlichen Zuständigkeitsregelung des § 61 Abs. 4 Z 7 BAO erübrigt sich eine Delegation durch den Bundesminister. Das Finanzamt für Großbetriebe ist daher im Sinne des jeweils einschlägigen Staatsvertrages bzw. einer sonstigen einschlägigen Rechtsgrundlage insoweit als „bevollmächtigter Vertreter" des Bundesministers für Finanzen anzusehen.

Gewisse Aufgaben, die sich aus einem Staatsvertrag oder einer anderen einschlägigen Rechtsgrundlage ergeben, behält sich der Bundesminister für Finanzen allerdings vor, nämlich die Betreuung der Liste zur Ernennung von Schiedsrichtern (zB § 5 EU-BStbG), den Abschluss der Verträge mit den eingesetzten Schiedsrichtern (zB § 38 EU-BStbG), die Festlegung der Form, Zusammensetzung und Funktionsweise des Ständigen Ausschusses (zB § 74 Abs. 2 EU-BStbG), die Verständigung über etwaige allgemein gültige Geschäftsordnungen für Schiedsgerichte (zB Art. 19 Abs. 10 MLI) sowie die Tragung der Kosten (zB § 77 EU-BStbG). Die sich aus anderen Rechtsgrundlagen ergebenden Aufgaben ähnlicher Natur sind ebenfalls dem Bundesminister für Finanzen vorbehalten.

2.2.5. Spezielle Zuständigkeit aufgrund von Bestimmungen in anderen Bundesgesetzen

80 Aufgrund folgender ausdrücklicher bundesgesetzlicher Bestimmungen ist das Finanzamt für Großbetriebe zuständig für

- die Prüfung der Gründungserklärung einer Stiftung oder eines Fonds gemäß Bundes-Stiftungs- und Fondsgesetz 2015 (§ 9 Abs. 2 und Abs. 3 Bundes-Stiftungs- und Fondsgesetz 2015)
- die Geltendmachung der Haftung des Rechtsträgers (Fondsgesellschaft) und des steuerlichen Vertreters für die Richtigkeit von Meldungen gemäß § 186 Abs. 2 Z 2 InvFG 2011 und § 40 Abs. 2 Z 1 ImmoInvFG hinsichtlich einer einzubehaltenden Kapitalertragsteuer (§ 95 Abs. 1 EStG 1988)
- die Erstattung von Einkommensteuer an Bausparkassen (§ 108 Abs. 5 EStG 1988)
- die Erstattung von Einkommensteuer an Rechtsträger einer prämienbegünstigten Pensionsvorsorge (§ 108a Abs. 4 und Abs. 5 EStG 1988)
- die Erstattung von Einkommensteuer an Rechtsträger einer prämienbegünstigten Zukunftsvorsorge (§ 108g Abs. 4 und Abs. 5 EStG 1988)
- die Entgegennahme von Meldungen betreffend Finanzinformationen (§ 3 Abs. 1a GMSG)
- die Führung der Liste der Mittelstandsfinanzierungsgesellschaften (§ 6b Abs. 5 KStG 1988)
- die Erhebung der Stabilitätsabgabe (§ 8 StabAbgG)
- die Erhebung der Stiftungseingangssteuer (§ 4 StiftEG)
- die Erhebung der Digitalsteuer (§ 5 Abs. 4 DiStG 2020)
- die Erstattung von Umsatzsteuer, Elektrizitäts- und Erdgasabgabe an ausländische Vertretungsbehörden und ihre Mitglieder (§ 7 IStVG)
- die Erhebung des Energiekrisenbeitrages – fossile Energieträger (§ 6 EKBFG)

(BMF-AV Nr. 35/2023)

3. Zuständigkeitsregelungen in Abgabenvorschriften des Bundes

3.1. Einkommensteuer

3.1.1. Veranlagte Einkommensteuer

Die Veranlagung der Einkommensteuer obliegt dem Finanzamt Österreich oder dem Finanzamt für Großbetriebe. Für die Veranlagung beschränkt Steuerpflichtiger bestehen keine speziellen Zuständigkeitsregelungen. Das gilt auch für Anträge eines beschränkt Steuerpflichtigen auf Behandlung als unbeschränkt steuerpflichtig (§ 1 Abs. 4 EStG 1988). Welches der beiden Finanzämter konkret zuständig ist, ergibt sich aus § 60 und § 61 BAO sowie aus den einschlägigen Bestimmungen des EStG 1988. 81

Für die Erledigung des Antrags auf Zustimmung zur Umstellung des Wirtschaftsjahres auf einen anderen Stichtag (§ 2 Abs. 7 EStG 1988) ist jenes Finanzamt zuständig, das für die Erhebung der Einkommen- oder Körperschaftsteuer des Antragstellers zuständig ist. Wird der Antrag für eine Mitunternehmerschaft gestellt, ist für dessen Erledigung jenes Finanzamt zuständig, das auch für die Feststellung der Einkünfte dieser Mitunternehmerschaft gemäß § 188 BAO zuständig ist. 82

3.1.2. Lohnsteuer

3.1.2.1. Abfuhr der Lohnsteuer

Für die Wahrnehmung der Angelegenheiten des Steuerabzuges vom Arbeitslohn ist das Finanzamt des Arbeitgebers zuständig. Das Finanzamt des Arbeitgebers ist jenes Finanzamt, das nach den Bestimmungen des § 60 BAO oder des § 61 BAO für die Erhebung der Einkommen- oder Körperschaftsteuer bzw. der Umsatzsteuer im Allgemeinen zuständig ist. Der Begriff „Angelegenheiten des Steuerabzuges“ umfasst auch die Geltendmachung der Haftung des Abfuhrverpflichteten. Die allgemeine Zuständigkeit des Finanzamtes für Großbetriebe schließt dessen Zuständigkeit für die Wahrnehmung der Angelegenheiten der Abzugsteuern mit ein (§ 61 Abs. 3 BAO). In § 69 EStG 1988 wird das Finanzamt des Arbeitgebers (der auszahlenden Stelle) als „ihr Finanzamt“ bezeichnet; in § 79 EStG 1988 und in § 84 Abs. 1 EStG 1988 als „sein Finanzamt“. 83

Ausdrückliche Bestimmungen betreffend die Zuständigkeiten des Finanzamtes des Arbeitgebers finden sich in folgenden Bestimmungen:

- § 69 EStG 1988 (Lohnsteuerabzug in besonderen Fällen)
- § 79 EStG 1988 (Abfuhr der Lohnsteuer)
- § 80 EStG 1988 (Lohnsteueranmeldung)
- § 84 EStG 1988 (Lohnzettel)
- § 86 Abs. 1 EStG 1988 (Lohnsteuerprüfung)
- § 90 EStG 1988 (Auskunftspflicht)
- § 92 Abs. 2 EStG 1988 (Auslandsbeamte).

Ist nach diesen Bestimmungen eines der beiden Finanzämter für die Erhebung der Lohnsteuer zuständig, knüpft das Kommunalsteuergesetz 1993 daran als weitere Zuständigkeit jene für die Zerlegung und Zuteilung der Bemessungsgrundlage an (§ 10 Kommunalsteuergesetz 1993). 84

Weiters spielt der Begriff des für die Erhebung der Lohnsteuer zuständigen Finanzamtes auch im Zusammenhang mit der Prüfung lohnabhängiger Abgaben und Beiträge eine Rolle. Er kommt in diesem Zusammenhang abgesehen von § 86 Abs. 1 EStG 1988 auch in § 41a ASVG, in § 14 Kommunalsteuergesetz 1993 sowie im PLABG vor. 85

Die Erhebung der Lohnsteuer für Bezüge und Vorteile von Arbeitgebern ohne Betriebsstätte im Sinne des § 81 EStG 1988 im Inland sowie die Entgegennahme und Bearbeitung von Lohnbescheinigungen gemäß § 84a Abs. 1 EStG 1988 obliegt dem Finanzamt Österreich als Spezialzuständigkeit (§ 60 Abs. 2 Z 6 BAO). 86

Für die Entgegennahme von Mitteilungen über die Auszahlung steuerfreier Bezüge gemäß § 3 Abs. 2 EStG 1988 ist das Finanzamt des Bezugsempfängers zuständig. Das ist jenes Finanzamt, das für die Erhebung der Einkommensteuer desjenigen, dem steuerfreie Bezüge im Sinne des § 3 Abs. 2 EStG 1988 ausgezahlt werden, zuständig ist. 87

3.1.2.2. Lohnsteuerauskunft

Für die Erteilung einer Auskunft, ob und inwieweit im einzelnen Fall die Vorschriften über die Lohnsteuer anzuwenden sind, ist das Finanzamt des Arbeitgebers (Rz 83) zuständig (§ 90 EStG 1988). 88

3.1.2.3. Freibetragsbescheid

89 Für die Erlassung eines Freibetragsbescheids gemäß § 63 EStG 1988 ist das Finanzamt zuständig, das die Veranlagung der lohnsteuerpflichtigen Einkünfte durchführt. Das gilt nicht für Auslandsbeamte: Für die Ausstellung von Freibetragsbescheiden und Mitteilungen zur Vorlage beim Arbeitgeber eines Auslandsbeamten ist das Finanzamt des Arbeitgebers zuständig (§ 92 Abs. 2 EStG 1988).

3.1.2.4. Lohnsteuerprüfung

90 Für die Lohnsteuerprüfung ist das Finanzamt des Arbeitgebers (Rz 83, siehe auch Rz 39) zuständig. Dieses hat sich für die Durchführung der Prüfung des Prüfdienstes für Lohnabgaben und Beiträge zu bedienen (§ 86 Abs. 1 EStG 1988).

3.1.2.5. Ausgleich und Rückzahlung der Lohnsteuer

91 Wurde Lohnsteuer (teilweise) zu Unrecht einbehalten, hat ein Ausgleich der zu viel einbehaltenen Lohnsteuer vorrangig im Wege der Veranlagung zu erfolgen (§ 240 Abs. 3 lit. b und lit. c BAO). Für den Ausgleich ist jenes Finanzamt zuständig, das für die Veranlagung des Abgabepflichtigen, der einen Ausgleich der zu Unrecht einbehaltenen Lohnsteuer beantragt, zuständig ist.

92 Ist ein Ausgleich der zu viel einbehaltenen Lohnsteuer nicht im Wege der Veranlagung möglich, kann eine Rückzahlung gemäß § 240 BAO beantragt werden. Für das Verfahren über die Rückzahlung zu Unrecht einbehaltener Lohnsteuerbeträge ist grundsätzlich jenes Finanzamt zuständig, das bereits für die Erhebung der Lohnsteuer zuständig gewesen ist (§ 240 Abs. 3 letzter Satz BAO), also das Finanzamt des Arbeitgebers. Diese allgemeine Regel wird allerdings durch die Spezialzuständigkeit nach § 61 Abs. 4 Z 1 BAO verdrängt, wonach dem Finanzamt für Großbetriebe die auf Grund völkerrechtlicher Verträge vorgesehene Rückzahlung von Abgaben obliegt.

3.1.3. Kapitalertragsteuer

3.1.3.1. Abfuhr der Kapitalertragsteuer

93 Für die Wahrnehmung der Angelegenheiten hinsichtlich der Abfuhr der Kapitalertragsteuer ist das Finanzamt zuständig, das auch für die Erhebung der Einkommen- oder Körperschaftsteuer des Abzugsverpflichteten zuständig ist (§ 96 Abs. 2 EStG 1988). Dies umfasst auch die Geltendmachung der Haftung des Abfuhrverpflichteten. Die allgemeine Zuständigkeit des Finanzamtes für Großbetriebe schließt dessen Zuständigkeit für die Wahrnehmung der Angelegenheiten der Abzugsteuern mit ein (§ 61 Abs. 3 BAO). Diese Zuständigkeit des Finanzamtes für Großbetriebe wird erweitert um die Zuständigkeit zur (Direkt-)Vorschreibung der Kapitalertragsteuer gemäß § 95 Abs. 4 EStG 1988 und verdrängt insoweit eine allfällige Zuständigkeit des Finanzamtes Österreich für die Erhebung der Einkommensteuer des Empfängers der Kapitalerträge (siehe Rz 76).

94 Wird Kapitalertragsteuer auf Grundlage von Meldungen gemäß § 186 Abs. 2 Z 2 Investmentfondsgesetz 2011 und gemäß § 40 Abs. 2 Z 1 des Immobilien-Investmentfondsgesetz einbehalten, haften für die Richtigkeit der gemeldeten Beträge der Rechtsträger des Investmentfonds und der steuerliche Vertreter zur ungeteilten Hand; die Haftung ist vom Finanzamt für Großbetriebe geltend zu machen (§ 95 Abs. 1 letzter Satz EStG 1988).

3.1.3.2. Ausgleich und Rückerstattung der Kapitalertragsteuer

95 Wurde Kapitalertragsteuer (teilweise) zu Unrecht einbehalten, hat ein Ausgleich der zu viel einbehaltenen Kapitalertragsteuer vorrangig im Wege der Veranlagung zu erfolgen (§ 240 Abs. 3 lit. b und lit. c BAO iVm § 97 Abs. 1 und § 27a Abs. 5 EStG 1988 – Regelbesteuerungsoption bzw. § 97 Abs. 2 EStG 1988 – Verlustausgleichsoption). Für den Ausgleich ist jenes Finanzamt zuständig, das für die Veranlagung des Abgabepflichtigen, der einen Ausgleich der zu Unrecht einbehaltenen Kapitalertragsteuer beantragt, zuständig ist.

96 Ist ein Ausgleich der zu viel einbehaltenen Kapitalertragsteuer nicht im Wege der Veranlagung möglich, kann eine Rückzahlung gemäß § 240 BAO beantragt werden. Für das Verfahren über die Rückzahlung zu Unrecht einbehaltener Kapitalertragsteuerbeträge ist grundsätzlich jenes Finanzamt zuständig, das bereits für die Erhebung der Kapitalertragsteuer zuständig gewesen ist (§ 240 Abs. 3 letzter Satz BAO), also das Finanzamt, das auch für die Erhebung der Einkommen- oder Körperschaftsteuer des Abzugsverpflichteten zuständig ist. Diese allgemeine Regel wird allerdings durch die Spezialzuständigkeit nach § 61 Abs. 4 Z 2 BAO verdrängt, wonach für das Verfahren über die Rückzahlung oder Erstattung der Kapitalertragsteuer auf Grundlage von § 94 Z 2 oder Z 10 EStG 1988, § 99a Abs. 8 EStG

1988, § 21 Abs. 1 Z 1a KStG 1988 oder mangels Erfüllung der Voraussetzungen des § 98 Abs. 1 EStG 1988 das Finanzamt für Großbetriebe zuständig ist.

Das Finanzamt für Großbetriebe ist weiters zuständig für die Rückerstattung der Kapitalertragsteuer auf Grund von völkerrechtlichen Verträgen (§ 61 Abs. 4 Z 1 BAO).
(BMF-AV Nr. 35/2023)

3.1.4. Immobilienertragsteuer

3.1.4.1. Abfuhr der Immobilienertragsteuer

Nach § 30c Abs. 2 Z 1 EStG 1988 hat der Parteienvertreter dem für den Steuerpflichtigen **97** zuständigen Finanzamt (dh. dem Finanzamt des Veräußerers des Grundstücks) zunächst mitzuteilen, ob aus dem der Selbstberechnung zugrundeliegenden Erwerbsvorgang Einkünfte gemäß § 2 Abs. 3 Z 1 bis 3 oder 7 EStG 1988 erzielt werden (EStR 2000 Rz 6703). Das Finanzamt des Veräußerers ist jenes Finanzamt, das für die Erhebung der Einkommen- oder Körperschaftsteuer des Veräußerers zuständig ist. Dieses Finanzamt ist nicht nur für die Entgegennahme der Mitteilung zuständig, sondern auch für die Wahrnehmung der Angelegenheiten des Steuerabzuges. Die Immobilienertragsteuer ist somit die einzige Abzugsteuer, für deren Erhebung nicht das für den Abzugsverpflichteten zuständige Finanzamt zuständig ist, sondern das für den Abgabepflichtigen zuständige Finanzamt. Ebenso ist die besondere Vorauszahlung an das für die Erhebung der Einkommen- oder Körperschaftsteuer des Veräußerers zuständige Finanzamt abzuführen. Dies umfasst auch die Geltendmachung der Haftung des Abfuhrverpflichteten. Die allgemeine Zuständigkeit des Finanzamtes für Großbetriebe schließt dessen Zuständigkeit für die Wahrnehmung der Angelegenheiten der Abzugsteuern mit ein (§ 61 Abs. 3 BAO).

3.1.4.2. Anrechnung und Erstattung der Immobilienertragsteuer

Macht der Abgabepflichtige von der Veranlagungsoption Gebrauch, ist die Immobi- **98** lienertragsteuer auf die zu erhebende Einkommen- oder Körperschaftsteuer anzurechnen und mit dem übersteigenden Betrag zu erstatten (§ 30b Abs. 3 EStG 1988). Dafür ist das Finanzamt zuständig, das für die Erhebung der Einkommen- oder Körperschaftsteuer des Veräußerers zuständig ist.

3.1.5. Abzugsteuer gemäß § 99 EStG 1988

3.1.5.1. Abfuhr der Abzugsteuer gemäß § 99 EStG 1988

Für die Wahrnehmung der Angelegenheiten des Steuerabzuges gemäß § 99 EStG 1988 ist **99** das Finanzamt zuständig, das für die Erhebung der Einkommen- oder Körperschaftsteuer des Schuldners der abzugsteuerpflichtigen Einkünfte (also des Abzugsverpflichteten) zuständig ist; § 101 Abs. 1 EStG 1988 bezeichnet dieses Finanzamt als „sein" Finanzamt. Der Begriff „Angelegenheiten des Steuerabzuges" umfasst auch die Geltendmachung der Haftung des Abfuhrverpflichteten. Die allgemeine Zuständigkeit des Finanzamtes für Großbetriebe schließt dessen Zuständigkeit für die Wahrnehmung der Angelegenheiten der Abzugsteuern mit ein (§ 61 Abs. 3 BAO). Die Zuständigkeit für die Erhebung der Abzugsteuer gemäß § 99 EStG 1988 umfasst auch die Zuständigkeit für die Entgegennahme der Mitteilung der Höhe der dem Steuerabzug unterliegenden Beträge und die Höhe der abgezogenen Steuerbeträge (§ 101 Abs. 3 EStG 1988) sowie die Zuständigkeit zur Befreiung des Abfuhrverpflichteten von Aufzeichnungspflichten (§ 101 Abs. 2 EStG 1988).

Wird der geschuldete steuerabzugspflichtige Betrag aufgrund eines Übereinkommens **100** nicht direkt an den beschränkt steuerpflichtigen Gläubiger, sondern an eine inländische juristische Person abgeführt, die die Urheberrechte wahrt, dann hat diese juristische Person den Steuerabzug vorzunehmen (§ 99 Abs. 3 EStG 1988). Die Voraussetzung dafür ist, dass das für die Erhebung der Körperschaftsteuer der juristischen Person zuständige Finanzamt dieses zur Vornahme des Steuerabzuges zugelassen hat. In diesem Fall ist für die Wahrnehmung der Angelegenheiten des Steuerabzuges gemäß § 99 EStG 1988 das Finanzamt zuständig, das für die Erhebung der Körperschaftsteuer der juristischen Person zuständig ist, an die die abzugsteuerpflichtigen Einkünfte anstelle des beschränkt steuerpflichtigen Gläubigers gezahlt werden.

Der Abzugsteuer gemäß § 99 EStG 1988 unterliegen auch Einkünfte aus der Gestellung **101** von Arbeitskräften zur inländischen Arbeitsausübung (§ 99 Abs. 1 Z 5 zweiter Fall EStG 1988). Das Finanzamt für Großbetriebe kann über Antrag eines abkommensberechtigten Arbeitskräfteüberlassungsunternehmens bei Vergütungen für die Gestellung von Arbeitskräften zur inländischen Arbeitsausübung zeitlich befristet durch Bescheid eine Entlastung an der Quelle zulassen, wenn sichergestellt ist, dass keine Umgehungsgestaltung vorliegt und das ausländische Arbeitskräfteüberlassungsunternehmen oder der inländische Gestellungsnehmer (Beschäftiger) für die überlassenen Arbeitskräfte die Pflichten des Arbeitgebers im Sinne der §§ 76, 78, 79, 80, 82, 84 und 87 EStG 1988 wahrnimmt (§ 5 Abs. 3 DBA-Entlastungsverordnung, BGBl. III Nr. 92/2005 idF BGBl. II Nr. 579/2020).

3.1.5.2. Rückzahlung der Abzugsteuer gemäß § 99 EStG 1988

102 Eine Rückzahlung der zu Unrecht einbehaltenen Abzugsteuer gemäß § 99 EStG 1988 kann gemäß § 240 BAO beantragt werden. Für das Verfahren über die Rückzahlung zu Unrecht einbehaltener Abzugsteuer ist grundsätzlich jenes Finanzamt zuständig, das bereits für die Erhebung der Abzugsteuer gemäß § 99 EStG 1988 zuständig gewesen ist (§ 240 Abs. 3 letzter Satz BAO), also das Finanzamt, das auch für die Erhebung der Einkommen- oder Körperschaftsteuer des Abzugsverpflichteten zuständig ist. Diese allgemeine Regel wird allerdings durch die Spezialzuständigkeit nach § 61 Abs. 4 Z 2 BAO verdrängt, wonach für das Verfahren über die Rückzahlung oder Erstattung der Abzugsteuer gemäß § 99 EStG 1988 auf Grundlage von § 94 Z 2 oder Z 10 EStG 1988, § 99a Abs. 8 EStG 1988, § 21 Abs. 1 Z 1a KStG 1988 oder mangels Erfüllung der Voraussetzungen des § 98 Abs. 1 EStG 1988 das Finanzamt für Großbetriebe zuständig ist.

Das Finanzamt für Großbetriebe ist weiters zuständig für die Rückerstattung der Kapitalertragsteuer auf Grund von völkerrechtlichen Verträgen (§ 61 Abs. 4 Z 1 BAO).

Das Finanzamt für Großbetriebe ist daher auch das von § 99a Abs. 8 erster Satz EStG 1988 angesprochene „zuständige Finanzamt“.

3.1.6. Abzugsteuer aus Anlass der Einräumung von Leitungsrechten

3.1.6.1. Abfuhr der Abzugsteuer aus Anlass der Einräumung von Leitungsrechten

103 Wird einem Infrastrukturbetreiber das Recht, Grund und Boden zur Errichtung und zum Betrieb von ober- oder unterirdischen Leitungen im öffentlichen Interesse zu nutzen, entgeltlich eingeräumt, unterliegen die daraus resultierenden Einkünfte der Abzugsteuer gemäß § 107 EStG 1988. Für die Wahrnehmung der Angelegenheiten des Steuerabzuges gemäß § 107 EStG 1988 ist das Finanzamt zuständig, das für die Erhebung der Einkommen- oder Körperschaftsteuer des Schuldners der abzugsteuerpflichtigen Einkünfte (also des abzugsverpflichteten Infrastrukturbetreibers) zuständig ist; § 107 Abs. 7 EStG 1988 bezeichnet dieses Finanzamt als „sein“ Finanzamt.

Dieses Finanzamt (Finanzamt für Großbetriebe oder Finanzamt Österreich) ist daher zuständig für die Entgegennahme der elektronischen Anmeldung und Abfuhr der Abzugsteuer (§ 107 Abs. 7 und 8 EStG 1988) und die Geltendmachung der Haftung (§ 107 Abs. 6 EStG 1988). Die ausnahmsweise Vorschreibung der Abzugsteuer an den Empfänger der Einkünfte (§ 107 Abs. 10 EStG 1988) obliegt stets dem Finanzamt, das für die Erhebung der Einkommen- oder Körperschaftsteuer des Empfängers der Einkünfte zuständig ist (mangels Erwähnung des § 107 Abs. 10 EStG 1988 in § 61 Abs. 3 BAO besteht keine ausschließliche Zuständigkeit des Finanzamtes für Großbetriebe, wenn dieses zwar für den Abzugsverpflichteten, nicht aber für den Empfänger der Einkünfte zuständig ist).

3.1.6.2. Anrechnung und Erstattung der Abzugsteuer aus Anlass der Einräumung von Leitungsrechten

104 Macht der Abgabepflichtige von der Regelbesteuerungsoption gemäß § 107 Abs. 11 EStG 1988 Gebrauch, ist die Abzugsteuer aus Anlass der Einräumung von Leitungsrechten auf die zu erhebende Einkommen- oder Körperschaftsteuer anzurechnen. Dafür ist das Finanzamt zuständig, das für die Erhebung der Einkommen- oder Körperschaftsteuer des von der Rechteeinräumung unmittelbar betroffenen Grundstückseigentümers oder -bewirtschafters zuständig ist.

Eine Rückzahlung der zu Unrecht einbehaltenen Abzugsteuer gemäß § 107 EStG 1988 kann gemäß § 240 BAO beantragt werden. Für das Verfahren über die Rückzahlung zu Unrecht einbehaltener Abzugsteuer ist grundsätzlich jenes Finanzamt zuständig, das bereits für die Erhebung der Abzugsteuer gemäß § 107 EStG 1988 zuständig gewesen ist (§ 240 Abs. 3 letzter Satz BAO), also das Finanzamt, das auch für die Erhebung der Einkommen- oder Körperschaftsteuer des abzugsverpflichteten Infrastrukturbetreibers zuständig ist.

3.1.7. Spendenbegünstigte Einrichtungen

105 Für Anträge auf Aufnahme in die und die Führung der Liste spendenbegünstigter Einrichtungen ist das Finanzamt Österreich zuständig (§ 4a Abs. 7 Z 1 EStG 1988).

3.1.8. Zuzugsbegünstigung

Für Angelegenheiten im Zusammenhang mit der Zuzugsbegünstigung ist das Finanzamt Österreich zuständig (§ 103 EStG 1988 und Zuzugsbegünstigungsverordnung 2016, BGBl. II Nr. 261/2016 idF BGBl. II Nr. 579/2020). 106

3.1.9. Forschungsprämien

Die Forschungsprämie gilt als Abgabe vom Einkommen im Sinne der BAO (§ 108c Abs. 4 dritter Satz EStG 1988). Die Zuständigkeit für die Auszahlung und die Rückforderung der Forschungsprämie richtet sich nach der Zuständigkeit für die Erhebung der Einkommen- bzw. der Körperschaftsteuer dessen, der die Forschungsprämie beantragt. Wird die Forschungsprämie von einer Mitunternehmerschaft beantragt, ist dasjenige Finanzamt für die Auszahlung oder die Rückforderung der Forschungsprämie zuständig, das die Einkünfte der Mitunternehmerschaft gemäß § 188 BAO festzustellen hat. 107

Für die Erlassung des Feststellungsbescheids über die Höhe der Bemessungsgrundlage für die Forschungsprämie gemäß § 108c Abs. 9 EStG 1988 ist das selbe Finanzamt zuständig wie für die Auszahlung und Rückforderung der Forschungsprämie.

3.1.10. Erstattungen und Abgeltungen im EStG 1988

Für die pauschale Erstattung der Einkommensteuer als „Bausparprämie“ im Wege der Bausparkasse ist das Finanzamt für Großbetriebe zuständig (§ 108 Abs. 5 zweiter und dritter Satz EStG 1988 sowie Verordnung betreffend Bausparen, BGBl. II Nr. 296/2005 idF BGBl. II Nr. 579/2020). 108

Die Rückforderung von zu Unrecht erstatteter Einkommensteuer erfolgt, indem die Bausparkasse vom auszuzahlenden Betrag den Rückforderungsbetrag einbehält (LStR 2002 Rz 1314).

Für die pauschale Erstattung der Einkommensteuer aufgrund einer prämienbegünstigten Pensionsversorge im Wege des Rechtsträgers der Pensionsvorsorge ist das Finanzamt für Großbetriebe zuständig (§ 108a Abs. 4 zweiter und vierter Satz EStG 1988). 109

Die Rückforderung von zu Unrecht erstatteter Einkommensteuer erfolgt, indem der Rechtsträger der Pensionsvorsorge vom auszuzahlenden Betrag den Rückforderungsbetrag einbehält und an das Finanzamt für Großbetriebe abführt (§ 108a Abs. 5 vorletzter und letzter Satz EStG 1988).

Für die pauschale Erstattung der Einkommensteuer aufgrund einer prämienbegünstigten Zukunftsvorsorge im Wege einer Zukunftsvorsorgeeinrichtung ist das Finanzamt für Großbetriebe zuständig (§ 108g Abs. 4 zweiter und vierter Satz EStG 1988). 110

Die Rückforderung von zu Unrecht erstatteter Einkommensteuer erfolgt, indem die Zukunftsvorsorgeeinrichtung vom auszuzahlenden Betrag den Rückforderungsbetrag einbehält und an das Finanzamt für Großbetriebe abführt (§ 108g Abs. 5 vorletzter und letzter Satz EStG 1988).

3.1.11. Mitteilung über Leistungen

Für die Entgegennahme von Mitteilungen gemäß § 109a EStG 1988 ist das Finanzamt zuständig, das für die Erhebung der Umsatzsteuer des zur Mitteilung Verpflichteten zuständig ist, oder im Fall der Umsatzsteuerpflicht wäre (§ 2 der Verordnung betreffend Mitteilungen gemäß § 109a EStG 1988, BGBl. II Nr. 417/2001). 111

3.1.12. Mitteilung bei Auslandszahlungen

Für die Entgegennahme von Mitteilungen bei Auslandszahlungen ist das Finanzamt zuständig, das für die Erhebung der Umsatzsteuer des zur Mitteilung Verpflichteten zuständig ist oder im Fall der Umsatzsteuerpflicht wäre (§ 109b Abs. 7 EStG 1988). 112

3.2. Körperschaftsteuer

3.2.1. Veranlagte Körperschaftsteuer

Die Veranlagung der Körperschaftsteuer obliegt nach Maßgabe der Voraussetzungen der §§ 60 und 61 BAO entweder dem Finanzamt Österreich oder dem Finanzamt für Großbetriebe. Für die Erhebung der Körperschaftsteuer von gemäß § 1 Abs. 3 Z 1 KStG 1988 beschränkt Steuerpflichtigen (ausländischen Körperschaften) bestehen keine speziellen Zuständigkeitsregelungen. Für die Erhebung der Körperschaftsteuer von gemäß § 1 Abs. 3 Z 2 KStG 1988 beschränkt Steuerpflichtigen (Körperschaften öffentlichen Rechts) besteht die spezielle Zuständigkeitsregelung des § 61 Abs. 1 Z 2 BAO. Diese gilt auch für die (unbeschränkt steuerpflichtigen) Betriebe gewerblicher Art. Für die Erhebung der Körperschaftsteuer von gemäß § 1 Abs. 3 Z 3 KStG 1988 beschränkt Steuerpflichtigen (von der 113 unbeschränkten Steuerpflicht befreiten Körperschaften) können die speziellen Zuständigkeitsregelungen des § 61 Abs. 1 Z 7 und Z 8 BAO greifen. Für andere beschränkt Steuerpflichtige, etwa gemeinnützige Vereine, gelten die allgemeinen Zuständigkeitsregeln. An das für die Erhebung der Körperschaftsteuer zuständige Finanzamt knüpfen auch andere Bestimmungen an (zB § 13, § 15, § 38b Abs. 3 und § 38e Abs. 4 und § 43 Abs. 1 UmgrStG).

3.2.2. Gemeinnützige Bauvereinigungen

114 Für die Erhebung der Körperschaftsteuer von gemeinnützigen Bauvereinigungen ist das Finanzamt für Großbetriebe zuständig (§ 61 Abs. 1 Z 8 iVm Abs. 2 erster Satz BAO; Rz 66). Aus dieser speziellen Zuständigkeitsbestimmung ergibt sich auch die Zuständigkeit des Finanzamtes für Großbetriebe für Erledigungen von Anträgen auf Beschränkung der unbeschränkten Steuerpflicht auf bestimmte Geschäfte (§ 6a Abs. 2 KStG 1988) und von Anträgen auf Feststellung gemäß § 6a Abs. 3 KStG 1988.

3.2.3. Mittelstandsfinanzierungsgesellschaften

115 Für die Erhebung der Körperschaftsteuer von Mittelstandsfinanzierungsgesellschaften gemäß § 6b KStG 1988 sowie der von diesen abzuführenden Kapitalertragsteuer ist das Finanzamt für Großbetriebe (§ 61 Abs. 4 Z 4 BAO) zuständig. Das Finanzamt für Großbetriebe ist auch zuständig für die Bescheinigung der Voraussetzungen der Mittelstandsfinanzierungsgesellschaften und für die Führung und Veröffentlichung der Liste der Mittelstandsfinanzierungsgesellschaften (§ 6b Abs. 5 dritter Satz KStG 1988).

3.2.4. Unternehmensgruppen

116
- Das Finanzamt, das für die Erhebung der Körperschaftsteuer derjenigen Körperschaft zuständig ist, die einen Gruppenantrag stellt bzw. gestellt hat, ist zuständig für die Entgegennahme des Gruppenantrags (§ 9 Abs. 8 Teilstrich 5 KStG 1988).
- Liegen die Voraussetzungen für die Bildung einer Unternehmensgruppe vor, hat das für den Antragsteller zum Zeitpunkt der Bescheiderlassung für die Erhebung der Körperschaftsteuer zuständige Finanzamt gegenüber allen zur Unterfertigung des Gruppenantrags verpflichteten Körperschaften das Bestehen der Unternehmensgruppe bescheidmäßig festzustellen (bescheidmäßige Feststellung des Bestehens der Unternehmensgruppe gemäß § 9 Abs. 8 Teilstrich 6 KStG 1988); siehe dazu KStR 2013 Rz 1589.
- Für die Entgegennahme einer Änderungsanzeige durch den Gruppenträger oder das betroffene Gruppenmitglied – einschließlich des nachträglichen Eintritts einer Körperschaft in die Unternehmensgruppe (§ 9 Abs. 9 Teilstrich 1 und 3 KStG 1988), ist das für den Antragsteller zum Zeitpunkt der Änderungsanzeige für die Erhebung der Körperschaftsteuer zuständige Finanzamt zuständig.
- Für die Entgegennahme der Austrittserklärung eines Gruppenmitglieds oder des Gruppenträgers (§ 9 Abs. 9 Teilstrich 2 KStG 1988) ist das für den Antragsteller zum Zeitpunkt der Austrittserklärung für die Erhebung der Körperschaftsteuer zuständige Finanzamt zuständig.
- Das Finanzamt, das für die Erhebung der Körperschaftsteuer derjenigen Körperschaft zuständig ist, die in einem Gruppenantrag als Gruppenmitglied angeführt ist, ist für die Entgegennahme der Anzeige, dass ein Gruppenantrag gestellt worden ist, zuständig (§ 9 Abs. 8 Teilstrich 5 KStG 1988).

117 Für die Veranlagung zur Körperschaftsteuer von Abgabepflichtigen, die Teil einer Unternehmensgruppe gemäß § 9 KStG 1988 sind – einschließlich der die finanzielle Verbindung vermittelnden Personengesellschaften – ist das Finanzamt für Großbetriebe zuständig, wenn der Gruppenträger oder zumindest ein Gruppenmitglied

- gemäß § 61 Abs. 1 Z 1 bis 3 oder 5 bis 8 oder 10 BAO in die Zuständigkeit des Finanzamtes für Großbetriebe fällt oder
- seinen Sitz nicht in Österreich hat (§ 61 Abs. 1 Z 9 BAO).

Ist keine der beiden Voraussetzungen erfüllt, ist für alle Abgabepflichtigen, die Teil einer Unternehmensgruppe sind, das Finanzamt Österreich zuständig.

118 Das Finanzamt, das für die Veranlagung zur Körperschaftsteuer von Abgabepflichtigen, die Teil einer Unternehmensgruppe sind, zuständig ist (Rz 116), ist auch zuständig für

- die Feststellung des Ergebnisses eines jeden unbeschränkt steuerpflichtigen Gruppenmitglieds (§ 24a Abs. 1 Z 1 KStG 1988),
- die Feststellung des Ergebnisses des Gruppenträgers oder des Hauptbeteiligten einer Beteiligungsgemeinschaft als Gruppenträger (§ 24a Abs. 1 Z 2 KStG 1988),

- die Feststellung des Ergebnisses einer jeden beschränkt steuerpflichtigen Gruppenkörperschaft (§ 24a Abs. 1 Z 3 KStG 1988).

3.2.5. Privatstiftungen

Zuständig für die Entgegennahme von Abschriften der Stiftungsurkunde und der Stiftungszusatzurkunde gemäß § 13 Abs. 6 KStG 1988 sowie für die Information des Bundeskriminalamts für den Fall, dass die Vorlage dieser Urkunden unterblieben ist, ist das Finanzamt für Großbetriebe (§ 61 Abs. 1 Z 6 iVm § 61 Abs. 2 erster Satz BAO). 119

(BMF-AV Nr. 35/2023)

3.2.6. Körperschaften in Abwicklung

Zuständig für die Erledigung eines Antrags auf Verlängerung des Besteuerungszeitraums im Fall einer Abwicklung gemäß § 19 Abs. 3 KStG 1988 ist das Finanzamt, das für die Erhebung der Körperschaftsteuer der in Abwicklung befindlichen Körperschaft zuständig ist. 120

3.2.7. Rückzahlung der Kapitalertragsteuer an beschränkt steuerpflichtige Körperschaften

Zuständig für die Erledigung eines Antrags einer beschränkt steuerpflichtigen Körperschaft auf Rückzahlung der Kapitalertragsteuer gemäß § 21 Abs. 1 Z 1a KStG 1988 ist das Finanzamt für Großbetriebe (§ 61 Abs. 4 Z 2 BAO). 121

3.3. Stabilitätsabgabe

Die Erhebung der Stabilitätsabgabe obliegt dem Finanzamt für Großbetriebe (§ 8 StabAbgG). 122

3.4. Umgründungssteuergesetz

3.4.1. Allgemeines

Das Umgründungssteuergesetz teilt punktuell Zuständigkeiten einem der beiden Finanzämter zu und bezieht sich dabei entweder auf die Zuständigkeit zur Erhebung der Körperschaftsteuer oder der Einkommensteuer bzw. auf die Zuständigkeit zur Feststellung von Einkünften. 123

3.4.2. Entgegennahme der Einbringungsmeldung

Im Rahmen einer Einbringung ist das für die Erhebung der Körperschaftsteuer der übernehmenden Körperschaft zuständige Finanzamt für die Entgegennahme der Meldung der Einbringung zuständig (§ 13 Abs. 1 UmgrStG). Erfolgt die Einbringung in eine im Ausland ansässige übernehmende Körperschaft, für die bis zur Einbringung kein inländisches Finanzamt zuständig ist, ist für die Entgegennahme der Meldung der Einbringung das für die Erhebung der Einkommen- oder Körperschaftsteuer des Einbringenden zuständige Finanzamt zuständig (§ 13 Abs. 1 letzter Satz UmgrStG). 124

Besteht für den Einbringenden keine inländische Finanzamtszuständigkeit, ist die Meldung an das für das übertragene Vermögen zuständige Finanzamt zu richten.

3.4.3. Entgegennahme der Einbringungsbilanz

Ist aufgrund von § 15 UmgrStG eine Einbringungsbilanz aufzustellen, dann ist für die Entgegennahme der Einbringungsbilanz das für die Erhebung der Körperschaftsteuer der übernehmenden Körperschaft zuständige Finanzamt zuständig (vgl. § 15 zweiter Satz UmgrStG). 125

Es bestehen in sinngemäßer Anwendung des § 13 Abs. 1 UmgrStG keine Bedenken, die Einbringungsbilanz (idR gemeinsam mit dem Einbringungsvertrag) bei dem für die Erhebung der Einkommen- oder Körperschaftsteuer des Einbringenden zuständige Finanzamt einzureichen, wenn die Einbringung in eine im Ausland ansässige übernehmende Körperschaft erfolgt, für die bis zur Einbringung kein inländisches Finanzamt zuständig ist.

3.4.4. Entgegennahme der Zusammenschlussmeldung

Im Rahmen eines Zusammenschlusses ist das für die Feststellung der Einkünfte der Personengesellschaft (Mitunternehmerschaft) zuständige Finanzamt für die Entgegennahme der Meldung des Zusammenschlusses zuständig (§ 24 Abs. 1 Z 2 iVm § 13 Abs. 1 UmgrStG). 126

3.4.5. Entgegennahme der Realteilungsmeldung

Im Rahmen einer Realteilung ist das für die Feststellung der Einkünfte der zu teilenden Personengesellschaft (Mitunternehmerschaft) zuständige Finanzamt für die Entgegennahme der Meldung der Realteilung zuständig (§ 28 iVm § 13 Abs. 1 UmgrStG). 127

3.4.6. Entgegennahme des Spaltungsvertrages

128 Im Rahmen einer Steuerspaltung ist das für die Erhebung der Körperschaftsteuer der spaltenden Körperschaft zuständige Finanzamt für die Entgegennahme des Spaltungsvertrages (§ 38b Abs. 3 UmgrStG) und für die Entgegennahme der Anzeige der Durchführung der im Spaltungsvertrag festgelegten Tauschvorgänge (§ 38e Abs. 4 UmgrStG) zuständig.

3.4.7. Allgemeine Anzeigepflicht

129 Das für die Erhebung der Einkommen- oder Körperschaftsteuer zuständige Finanzamt ist für die Entgegennahme von Anzeigen einer Umgründung zuständig, soweit nicht eine spezielle Meldepflicht nach dem 1. Hauptstück des UmgrStG besteht (§ 43 Abs. 1 UmgrStG).

3.5. Umsatzsteuer

3.5.1. Allgemeine Zuständigkeitsregel

130 Die Erhebung der Umsatzsteuer obliegt nach Maßgabe der Voraussetzungen der §§ 60 und 61 BAO entweder dem Finanzamt Österreich oder dem Finanzamt für Großbetriebe, soweit durch die Abgabenvorschriften die Erhebung nicht anderen Behörden übertragen ist.

Anderen Behörden ist die Erhebung der Umsatzsteuer in folgenden Bestimmungen übertragen:

- Gemäß § 26 Abs. 3 Z 1 UStG 1994 ist für die Erhebung der Einfuhrumsatzsteuer das Zollamt Österreich zuständig, soweit nicht nach § 26 Abs. 3 Z 2 UStG 1994 die Finanzämter für die Einhebung und zwangsweise Einbringung zuständig sind.
- Gemäß Art. 28 Abs. 2 UStG 1994 ist der Bundesminister für Finanzen zuständig für das Bestätigungsverfahren über die Gültigkeit von Umsatzsteuer-Identifikationsnummern.
- Gemäß Bundesgesetz, mit dem Begleitmaßnahmen zum Umsatzsteuergesetz 1994 vorgesehen werden, BGBl. Nr. 21/1995, ist der Bundesminister für Finanzen zuständig für die Erlassung eines Bescheides, mit dem festgestellt wird, dass die Betätigung einer Körperschaft, Personenvereinigung oder Vermögensmasse in erheblichem Umfang privatwirtschaftlich organisiert und ausgerichtet ist und eine Steuerbefreiung zur größeren Wettbewerbsverzerrungen führen könnte.

Die Zulassung eines Fiskalvertreters ist in § 27 Abs. 8 letzter Satz UStG 1994 keinem bestimmten Finanzamt zugewiesen. Zuständig ist das Finanzamt Österreich aufgrund von § 60 Abs. 1 Z 2 BAO. Das gilt auch dann, wenn für die Erhebung der Umsatzsteuer dessen, der den Antrag auf Zulassung als Fiskalvertreter gestellt hat, das Finanzamt für Großbetriebe zuständig ist. Die Zulassung als Fiskalvertreter betrifft nämlich nicht die Erhebung der Umsatzsteuer, weshalb § 61 Abs. 2 BAO diesbezüglich keine Zuständigkeit des Finanzamtes für Großbetriebe begründet (siehe dazu auch UStR 2000 Rz 3536). Sinngemäß ist auch das Finanzamt Österreich zuständig für das Zulassungsverfahren zum IOSS-Vertreter gemäß § 25b Abs. 1 Z 2 letzter Satz UStG 1994. Hinsichtlich der vertretenen Unternehmer ist eine Vollmacht beim für die vertretenen Unternehmer zuständigen Finanzamt bekanntzugeben.

Beispiel:

Ein Bilanzbuchhalter möchte als IOSS-Vertreter für mehrere Unternehmer tätig werden. Nachdem er den hierfür notwendigen Registrierungsantrag über das IOSS-Portal geschickt hat, hat das Finanzamt Österreich über seine Zulassung als IOSS-Vertreter und seine Registrierung zum IOSS zu entscheiden. Hinsichtlich der vertretenen Unternehmer ist jeweils die Vollmacht beim Finanzamt, das für den vertretenen Unternehmer zuständig ist, bekanntzugeben. Der Registrierungsantrag des vertretenen Unternehmers ist sodann von dem Finanzamt, das für den vertretenen Unternehmer zuständig ist, zu erledigen.

3.5.2. Spezialzuständigkeit des Finanzamtes Österreich

131 Eine spezielle und ausschließliche Zuständigkeit des Finanzamtes Österreich besteht:

- für die Prüfung der Vollständigkeit und Zulässigkeit, die Weiterleitung und die Zustellung von Erledigungen der Abgabenbehörden der anderen Mitgliedstaaten in Bezug auf Anträge auf Vorsteuererstattung für im Inland ansässige Unternehmer in Anwendung von Art. 18 der Richtlinie 2008/9/EG zur Regelung der Erstattung der Mehrwertsteuer gemäß der Richtlinie 2006/112/EG an nicht im Mitgliedstaat ansässige Steuerpflichtige (§ 60 Abs. 2 Z 1 BAO; siehe auch Rz 41),
- für die Erhebung der Umsatzsteuer von Unternehmern, die ihr Unternehmen vom Ausland aus betreiben und im Inland weder eine Betriebsstätte haben noch Umsätze aus der Nutzung eines im Inland gelegenen Grundbesitzes erzielen (§ 60 Abs. 2 Z 2 BAO; siehe auch Rz 42),

- die Entgegennahme und Erledigung von Anzeigen gemäß § 120 Abs. 1 BAO und Anträgen auf Erteilung einer Umsatzsteuer-Identifikationsnummer (Art. 28 UStG 1994) von Abgabepflichtigen, die unter § 61 Abs. 1 Z 5 bis 8 BAO fallen und denen noch keine Steuernummer bekanntgegeben worden ist (§ 60 Abs. 2 Z 5 BAO).

Das Finanzamt Österreich ist demnach dafür zuständig, Anträge inländischer Unternehmer auf Erstattung der Vorsteuer durch einen anderen EU-Mitgliedstaat entgegenzunehmen. Es ist weiters dafür zuständig, Anträge auf Vorsteuererstattung von Unternehmern, die in einem anderen EU-Mitgliedstaat ansässig sind, die über das elektronische Portal eines anderen EU-Mitgliedstaats übermittelt wurden, entgegenzunehmen (§ 3 Abs. 1 der V BGBl. II Nr. 279/1995 idF BGBl. II Nr. 16/2021). Es ist auch dafür zuständig, Anträge auf Vorsteuererstattung von Unternehmern, die in einem Drittstaat ansässig sind, entgegenzunehmen (§ 3a Abs. 1 der V BGBl. II Nr. 279/1995 idF BGBl. II Nr. 16/2021).

3.5.3. Spezialzuständigkeit des Finanzamtes für Großbetriebe

Für die Erstattung der Umsatzsteuer auf der Grundlage des Internationalen Steuervergütungsgesetzes (IStVG) ist das Finanzamt für Großbetriebe zuständig (§ 7 IStVG). 132

3.5.4. Entgegennahme von Erklärungen

Das UStG 1994 enthält zahlreiche Bestimmungen über spezifische Erklärungen oder Anträge, die an „das Finanzamt“ zu richten sind (zB Verzicht auf die Anwendung der Kleinunternehmerbefreiung gemäß § 6 Abs. 1 Z 27 UStG 1994 und dessen Widerruf gemäß § 6 Abs. 3 UStG 1994). Weitere solche Bestimmungen sind: 133

- § 12 Abs. 2 Z 1 UStG 1994
- § 12 Abs. 7 UStG 1994
- § 14 Abs. 4 und 5 UStG 1994
- § 17 Abs. 1 und 2 UStG 1994
- § 18 Abs. 7 UStG 1994
- § 20 Abs. 1 UStG 1994
- § 22 Abs. 6 UStG 1994
- § 24 Abs. 3 UStG 1994
- § 25 Abs. 4 UStG 1994
- Art. 1 Abs. 5 UStG 1994
- Art. 3 Abs. 6 UStG 1994
- Art. 21 Abs. 2 und 3 UStG 1994
- Art. 25a Abs. 14 UStG 1994
- Art. 27 Abs. 1 UStG 1994

In sämtlichen Fällen ist das für die Erhebung der Umsatzsteuer zuständige Finanzamt für die Entgegennahme dieser Erklärungen zuständig (§ 60 Abs. 1 BAO bzw. § 61 Abs. 1 und 2 BAO).

Das für die Erhebung der Umsatzsteuer zuständige Finanzamt ist zuständig für die Entgegennahme einer schriftlichen Erklärung einer Körperschaft, Personenvereinigung oder Vermögensmasse, dass sie ihre Betätigung in erheblichem Umfang privatwirtschaftlich organisiert und ausgerichtet hat und die Steuerbefreiung zu größeren Wettbewerbsverzerrungen führen könnte (Bundesgesetz, mit dem Begleitmaßnahmen zum Umsatzsteuergesetz 1994 vorgesehen werden – BGBl. Nr. 21/1995).

3.5.5. Entrichtung durch den Zentralregulierer

Das Finanzamt, an das der dritte Unternehmer (das ist der Zentralregulierer) den auf die Minderung des Entgelts entfallenden Umsatzsteuerbetrag aufgrund seiner zivilrechtlichen Vereinbarung mit dem Abnehmer zu entrichten hat (§ 16 Abs. 2 UStG 1994), ist das für die Erhebung der Umsatzsteuer des Zentralregulierers zuständige Finanzamt (§ 60 Abs. 1 BAO bzw. § 61 Abs. 1 und 2 BAO). 134

3.5.6. Entgegennahme der Voranmeldung

Gemäß § 21 Abs. 1 UStG 1994 ist das für die Einhebung der Umsatzsteuer zuständige Finanzamt für die Entgegennahme der Umsatzsteuervoranmeldung zuständig. Der üblicherweise im Zusammenhang mit der Bestimmung einer Zuständigkeit verwendete Begriff „Erhebung“ ist weiter als der Begriff „Einhebung“, der alle im 6. Abschnitt der BAO geregelten abgabenbehördlichen Maßnahmen umfasst (siehe dazu oben, Rz 9). In § 21 Abs. 1 UStG 1994 ist mit der Verwendung des Begriffs „Einhebung“ keine andere Rechtsfolge 135 verbunden, als sich bei der Verwendung des Begriffs „Erhebung" ergeben würde. Vielmehr wird dadurch die inhaltliche Nähe des Regelungsinhalts des § 21 UStG 1994 mit dem 6. Abschnitt der BAO ausgedrückt.

3.5.7. Verspätungszuschlag gemäß Art. 21 Abs. 9 UStG 1994

136 Die Festsetzung von Verspätungszuschlägen gemäß Art. 21 Abs. 9 UStG 1994 obliegt jenem Finanzamt, das in Angelegenheiten der Zusammenfassenden Meldungen zuständig ist. Diese Zuständigkeit richtet sich gemäß Art. 21 Abs. 3 letzter Satz UStG 1994 nach der Zuständigkeit für die Festsetzung der Umsatzsteuer des Unternehmers.

3.5.8. Erteilung einer Umsatzsteuer-Identifikationsnummer

137 Für die Erteilung einer Umsatzsteuer-Identifikationsnummer (Art. 28 UStG 1994) ist grundsätzlich das für die Erhebung der Umsatzsteuer des Antragstellers zuständige Finanzamt zuständig. Ausgenommen davon ist der Fall, dass der Antragsteller aufgrund seiner Rechtsform in die Zuständigkeit des Finanzamtes für Großbetriebe fällt, ihm aber noch keine Steuernummer erteilt worden ist (weil er sich noch im Gründungsstadium befindet). In diesem Fall ist das Finanzamt Österreich für die Erteilung der Umsatzsteuer-Identifikationsnummer zuständig (§ 60 Abs. 2 Z 5 lit. b BAO); siehe dazu oben, Rz 45.

3.6. Gesundheits- und Sozialbereichs-Beihilfen

138 Die Erhebung dieser Abgabe (dh. die Berechnung und Auszahlung der Beihilfen und Ausgleichszahlungen gemäß §§ 1 bis 3 GSBG sowie die Entgegennahme der Beträge gemäß § 9 GSBG und der Kostenerstattungen im Sinne des § 4 Abs. 4 der V BGBl. II Nr. 56/1997) obliegt dem Finanzamt für Großbetriebe (§ 61 Abs. 4 Z 6 BAO). Ist das Finanzamt Österreich für die Erhebung der Umsatzsteuer des Beihilfenwerbers zuständig, können Organe des Finanzamtes Österreich im Auftrag des Finanzamtes für Großbetriebe eine Außenprüfung oder eine Nachschau betreffend die GSBG-Beihilfe durchführen (§ 54a Abs. 3 BAO; siehe dazu oben, Rz 22). Um einen sinnvollen Prüfungsablauf zu gewährleisten, hat das Finanzamt Österreich das Finanzamt für Großbetriebe von einer (geplanten) Außenprüfung oder Umsatzsteuer-Nachschau eines GSBG-Beihilfenempfängers zu informieren, um dem Finanzamt für Großbetriebe die Möglichkeit zu geben, das Finanzamt Österreich mit der Durchführung der Außenprüfung betreffend die GSBG-Beihilfe zu beauftragen. Dessen unbeschadet kann das Finanzamt für Großbetriebe gestützt auf § 54a Abs. 3 Z 2 BAO das Finanzamt Österreich mit der Durchführung der Außenprüfung betreffend die GSBG-Beihilfe auch dann beauftragen, wenn dieses keine Außenprüfung betreffend die Umsatzsteuer in Vorbereitung hat – zB wenn im Zuge der Abwicklung der GSBG-Beihilfe ein Ermittlungsbedarf festgestellt worden ist. Durch diese Regelung sollen Doppelgleisigkeiten in der Verwaltung und Belastungen des Beihilfenwerbers durch doppelte Außenprüfungen vermieden werden.

3.7. Einheitswertbescheide

139 Für das Verfahren zur Feststellung der Einheitswerte für wirtschaftliche Einheiten oder Untereinheiten ist das Finanzamt Österreich zuständig (§§ 80 und 80a BewG 1955).

3.8. Bodenschätzung

140 Für die Durchführung der Bodenschätzung ist das Finanzamt Österreich zuständig (§ 1 Abs. 4 BoSchätzG 1970).

3.9. Grundsteuer

141 Die Erhebung der Grundsteuer obliegt den Gemeinden (§ 20 Abs. 1 letzter Satz FAG 2017). Für die Zerlegung der Einheitswerte und für die Festsetzung und Zerlegung der Steuermessbeträge ist das Finanzamt Österreich zuständig (§ 30a GrStG 1955).

3.10. Abgabe von land- und forstwirtschaftlichen Betrieben

142 Die Berechnung und Festsetzung des Jahresbetrages der Abgabe sowie die Einhebung und zwangsweise Einbringung obliegt jenem Finanzamt, das für die Zwecke der Grundsteuer den Messbetrag festzusetzen hat (§ 6 AbglufBG). Daher ist immer das Finanzamt Österreich zuständig.

3.11. Bodenwertabgabe

143 Die Berechnung und Festsetzung des Jahresbetrages der Bodenwertabgabe sowie die Einhebung und zwangsweise Einbringung obliegen jenem Finanzamt, das für die Fest-

stellung des Einheitswertes zuständig ist (§ 7 BWAG). Daher ist immer das Finanzamt Österreich zuständig.

3.12. Gebühren nach dem Gebührengesetz 1957

Für die Erhebung der Stempel- und Rechtsgebühren ist das Finanzamt Österreich zuständig (§ 60 Abs. 1 BAO). **144**

Im GebG selbst werden beispielsweise folgende Aufgaben des Finanzamtes Österreich ausdrücklich erwähnt:

- Aufgaben im Zusammenhang mit der Selbstberechnung (§ 3 GebG)
- Erhebung der Gebührenerhöhung (§ 9 GebG)
- Bescheidmäßige Festsetzung der Gebühr (§ 31 und 32 GebG)
- Vornahme von Nachschauen bei Behörden, Ämtern und öffentlich-rechtlichen Körperschaften (§ 34 GebG).

3.13. Gebühren nach dem Verfassungsgerichtshofgesetz 1953

Für die Erhebung der Gebühr nach dem VfGG ist das Finanzamt Österreich zuständig (§ 17a Z 6 VfGG). **145**

3.14. Gebühren nach dem Verwaltungsgerichtshofgesetz 1985

Für die Erhebung der Gebühr nach dem VwGG ist das Finanzamt Österreich zuständig (§ 24a Z 6 VwGG). **146**

3.15. Grunderwerbsteuer

Für die Erhebung der Grunderwerbsteuer ist das Finanzamt Österreich zuständig (§ 60 Abs. 1 BAO; § 10 Abs. 1 GrEStG 1987). **147**

Im GrEStG 1987 selbst werden beispielsweise folgende Aufgaben des Finanzamtes Österreich ausdrücklich erwähnt:

- Aberkennung der Befugnis zur Selbstberechnung von Parteienvertretern (§ 11 Abs. 2 GrEStG 1987)
- Durchführung von Prüfungen bei Parteienvertretern (§ 15 GrEStG 1987).

3.16. Grundbuchsgebühr

Für die Erhebung der Gerichtsgebühr, die gemäß § 32 TP 9 lit. b Z 1 GGG für Eintragungen (Einverleibungen) zum Erwerb des Eigentums und des Baurechtes in das Grundbuch anfällt, ist im Fall der Selbstberechnung der Grunderwerbsteuer das für die Erhebung der Grunderwerbsteuer zuständige Finanzamt zuständig (§ 4 Abs. 7 GGG iVm § 10a Grundbuchsgebührenverordnung BGBl. II Nr. 511/2013). Daher ist immer das Finanzamt Österreich zuständig. **148**

3.17. Glücksspielabgaben

Im Bereich des Glücksspielgesetzes ist das Finanzamt Österreich für die Erhebung folgender Abgaben zuständig: **149**

- den Finanzierungsbeitrag (§ 1 Abs. 4 GSpG, § 61 Abs. 2 Z 11 BAO)
- die Konzessionsabgabe (§ 17 Abs. 4 GSpG, § 61 Abs. 2 Z 12 BAO)
- die Spielbankabgabe (§ 28 und § 29 GSpG, § 61 Abs. 2 Z 13 BAO)
- die Glücksspielabgabe (§ 59 Abs. 3 GSpG, § 61 Abs. 2 Z 14 BAO)
- die Konzessionsgebühren (§ 59a GSpG, § 61 Abs. 2 Z 15 BAO).

Abgesehen von der Abgabenerhebung begründet das GSpG die Zuständigkeit des Finanzamtes Österreich für konzessions- und aufsichtsrechtliche Aufgaben; siehe dazu oben, Rz 52 f.

3.18. Versicherungssteuer

Für die Erhebung der Versicherungssteuer ist das Finanzamt Österreich zuständig (§ 60 Abs. 1 BAO; § 8 Versicherungssteuergesetz 1953). **150**

3.19. Feuerschutzsteuer

Für die Erhebung der Feuerschutzsteuer ist das Finanzamt Österreich zuständig (§ 60 Abs. 1 BAO; § 6 Abs. 2 Feuerschutzsteuergesetz 1952). **151**

3.20. Kraftfahrzeugsteuer

152 Grundsätzlich ist für die Erhebung der Kraftfahrzeugsteuer das Finanzamt Österreich zuständig (§ 60 Abs. 1 Z 2 BAO iVm § 6 KfzStG 1992).

Für die Erhebung der Kraftfahrzeugsteuer von Abgabepflichtigen, die mindestens ein persönliches Kriterium des § 61 Abs. 1 BAO erfüllen, ist das Finanzamt für Großbetriebe zuständig (§ 61 Abs. 2 erster Satz BAO).

Für die Erhebung der Kraftfahrzeugsteuer im Fall der widerrechtlichen Verwendung gemäß § 1 Abs. 1 Z 3 KfzStG 1992 ist das Finanzamt Österreich zuständig (§ 60 Abs. 2 Z 4 BAO).

Für die Erhebung der Kraftfahrzeugsteuer für ein in einem ausländischen Zulassungsverfahren zugelassenes Kraftfahrzeug ist das Zollamt Österreich zuständig (§ 6 Abs. 5 KfzStG 1992).

3.21. Elektrizitätsabgabe

153 Für die Erhebung der Elektrizitätsabgabe ist das für die Erhebung der Umsatzsteuer des Abgabenschuldners zuständige Finanzamt zuständig. Diese Norm kann entweder eine Zuständigkeit des Finanzamtes Österreich oder des Finanzamtes für Großbetriebe begründen. Abgabeschuldner ist gemäß § 3 Abs. 1 Elektrizitätsabgabegesetz der Lieferer der elektrischen Energie, sofern die Energie zur Weiterlieferung bestimmt ist (§ 1 Abs. 1 Z 1 Elektrizitätsabgabegesetz) oder der Verbraucher der elektrischen Energie, sofern es sich um den Verbrauch durch Elektrizitätsunternehmen, von selbst hergestellter oder in das Steuergebiet verbrachter Energie (§ 1 Abs. 1 Z 2 Elektrizitätsabgabegesetz) handelt.

Abweichend davon obliegt gemäß § 5 Abs. 5 Elektrizitätsabgabegesetz die Erhebung der Abgabe

- dem für die Erhebung der Umsatzsteuer des Netzbetreibers zuständigen Finanzamt, wenn der Netzbetreiber die Abgabe entrichtet (Z 1);
- dem für die Erhebung der Umsatzsteuer des Verwenders der elektrischen Energie zuständigen Finanzamt, wenn es sich um elektrische Energie handelt, soweit sie
  - für die Erzeugung und Fortleitung von elektrischer Energie, Erdgas oder Mineralöl oder
  - für nichtenergetische Zwecke

  verwendet wird (Z 2);
- dem für die Erhebung der Umsatzsteuer des Eisenbahnunternehmens zuständigen Finanzamt, wenn es sich um nicht selbst erzeugten nachweislich zum Steuersatz von 0,015 Euro je kWh versteuerten Bahnstrom zum Antrieb und Betrieb von Schienenfahrzeugen handelt (Z 3).

Für die Erstattung der Elektrizitätsabgabe auf der Grundlage des Internationalen Steuervergütungsgesetzes (IStVG) ist das Finanzamt für Großbetriebe zuständig (§ 7 IStVG).

(BMF-AV Nr. 35/2023)

3.22. Erdgasabgabe

154 Für die Erhebung der Erdgasabgabe ist das für die Erhebung der Umsatzsteuer

- des Abgabenschuldners (im Fall des § 4 Abs. 1 Erdgasabgabegesetz) bzw.
- des Netzbetreibers als Haftenden (im Fall des § 4 Abs. 2 Erdgasabgabegesetz)

zuständige Finanzamt zuständig (§ 6 Abs. 5 Erdgasabgabegesetz). Diese Norm kann die Zuständigkeit entweder des Finanzamtes Österreich oder des Finanzamtes für Großbetriebe begründen.

Für die Erstattung der Erdgasabgabe auf der Grundlage des Internationalen Steuervergütungsgesetzes (IStVG) ist das Finanzamt für Großbetriebe zuständig (§ 7 IStVG).

3.23. Energieabgabenvergütung

155 Für Vergütungen nach dem Energieabgabenvergütungsgesetz ist das für die Erhebung der Umsatzsteuer des Vergütungsberechtigten zuständige Finanzamt zuständig (§ 2 Abs. 4 Energieabgabenvergütungsgesetz). Diese Norm kann entweder eine Zuständigkeit des Finanzamtes Österreich oder des Finanzamtes für Großbetriebe begründen.

3.24. Kohleabgabe

156 Für die Erhebung der Kohleabgabe ist das für die Erhebung der Umsatzsteuer des Abgabenschuldners zuständige Finanzamt zuständig (§ 6 Abs. 5 Kohleabgabegesetz). Diese Norm kann die Zuständigkeit entweder des Finanzamtes Österreich oder des Finanzamtes für Großbetriebe begründen.

3.25. Flugabgabe

Für die Erhebung der Flugabgabe ist das Finanzamt Österreich zuständig (§ 60 Abs. 1 BAO; § 7 FlugAbgG). 157

3.26. Abgabe von Zuwendungen

Art. II Abs. 1 letzter Satz des Bundesgesetzes BGBl. Nr. 391/1975 sieht vor, dass die Abgabe von Zuwendungen an das „Betriebsfinanzamt" (§ 59 der Bundesabgabenordnung) des Zuwendenden abzuführen ist. Dieses Gesetz wurde seit 1988 nicht mehr an die seither erfolgten Gesetzesänderungen angepasst. § 59 BAO in der Stammfassung hat ausschließlich die örtliche Zuständigkeit zum Regelungsinhalt, der seit 1. Jänner 2021 nicht mehr relevant ist. Daher ist gemäß § 61 Abs. 2 erster Satz BAO das Finanzamt für Großbetriebe für die Erhebung der Abgabe von Zuwendungen von jenen Abgabepflichtigen, die in § 61 Abs. 1 BAO genannt sind, zuständig. In allen anderen Fällen ist das Finanzamt Österreich zuständig (§ 60 Abs. 1 Z 2 BAO). 158

3.27. Kammerumlagen nach dem WKG

Für die Erhebung der Wirtschaftskammerumlage gemäß § 122 Abs. 1, 2 und 3 WKG (KU1) sind die Abgabenbehörden des Bundes zuständig (§ 122 Abs. 6 WKG). Daher ist gemäß § 61 Abs. 2 erster Satz BAO das Finanzamt für Großbetriebe für die Erhebung der Kammerumlage von jenen Abgabepflichtigen, die in § 61 Abs. 1 BAO genannt sind, zuständig. In allen anderen Fällen ist das Finanzamt Österreich zuständig (§ 60 Abs. 1 Z 1 BAO). 159

Für den Zuschlag zum Dienstgeberbeitrag ist § 43 FLAG 1967 sinngemäß anzuwenden (§ 122 Abs. 8 vorletzter Satz WKG). Daher ist das für die Erhebung der Lohnsteuer zuständige Finanzamt für die Erhebung des Zuschlags zum Dienstgeberbeitrag zuständig. Diese Norm kann die Zuständigkeit entweder des Finanzamtes Österreich oder des Finanzamtes für Großbetriebe begründen. 160

3.28. Normverbrauchsabgabe

Für die Erhebung der Normverbrauchsabgabe ist in jenen Fällen, in denen der Abgabenschuldner ein Unternehmer iSd § 2 UStG 1994 ist, das für die Erhebung der Umsatzsteuer zuständige Finanzamt zuständig (§ 11 Abs. 1 Z 1 NoVAG 1991). Diese Norm kann somit die Zuständigkeit entweder des Finanzamtes Österreich oder des Finanzamtes für Großbetriebe begründen. 161

In allen anderen Fällen obliegt die Erhebung der Normverbrauchsabgabe dem Finanzamt Österreich.

Dieselbe Zuständigkeitsregel gilt auch für die Vergütung der Normverbrauchsabgabe (§ 12 Abs. 3 NoVAG 1991).

3.29. Kommunalsteuer

Für die Erhebung und Verwaltung der Kommunalsteuer sind die Gemeinden zuständig, soweit nicht bundes- oder landesgesetzliche Vorschriften entgegenstehen (§ 18 Abs. 2 Finanzausgleichsgesetz 2017). Solche bundesgesetzlichen Vorschriften finden sich in den §§ 13 und 14 KommStG 1993. 162

Die Zerlegung und Zuteilung der Bemessungsgrundlage ist von dem für die Erhebung der Lohnsteuer zuständigen Finanzamt durchzuführen (§ 13 KommStG 1993). Diese Norm kann die Zuständigkeit entweder des Finanzamtes Österreich oder des Finanzamtes für Großbetriebe begründen.

Die Prüfung der für Zwecke der Kommunalsteuer zu führenden Aufzeichnungen (Kommunalsteuerprüfung) ist nach Maßgabe des § 86 EStG 1988 (Lohnsteuerprüfung) von dem für die Erhebung der Lohnsteuer zuständigen Finanzamt bzw. nach Maßgabe des § 41a ASVG von der Österreichischen Gesundheitskasse bzw. von der BVAEB durchzuführen. Wird die Lohnsteuerprüfung vom Finanzamt durchgeführt, hat sich dieses für die Durchführung der Prüfung der Lohnsteuer des Prüfdienst für Lohnabgaben und Beiträge zu bedienen (§ 86 Abs. 1 letzter Satz EStG 1988). Die Gemeinden sind berechtigt, in begründeten Einzelfällen eine Kommunalsteuerprüfung anzufordern. Wird der Anforderung weder von einem Finanzamt noch von der Österreichischen Gesundheitskasse innerhalb von drei Monaten Folge geleistet, hat die Gemeinde das Recht, eine Kommunalsteuerprüfung nach den Vorschriften der Bundesabgabenordnung über Außenprüfungen durchzuführen. In diesem Fall sind das für die Erhebung der Lohnsteuer zuständige Finanzamt und die Österreichische Gesundheitskasse von der Prüfung zu verständigen.

3.30. Werbeabgabe

163 Für die Erhebung der Werbeabgabe ist das für die Erhebung der Umsatzsteuer des Abgabenschuldners zuständige Finanzamt zuständig (§ 4 Abs. 5 Werbeabgabegesetz 2000). Diese Norm kann die Zuständigkeit entweder des Finanzamtes Österreich oder des Finanzamtes für Großbetriebe begründen.

3.31. Stiftungseingangssteuer

164 Für die Erhebung der Stiftungseingangssteuer ist das Finanzamt für Großbetriebe zuständig (§ 4 StiftEG).

(BMF-AV Nr. 35/2023)

3.32. Wirtschaftliche Eigentümer Registergesetz

165 Für die Androhung, Verhängung, Einhebung, Sicherung und Einbringung von Zwangsstrafen gemäß § 111 BAO wegen Unterlassung der Meldung gemäß § 5 WiEReG ist das Finanzamt Österreich zuständig (§ 14 Abs. 6 und § 16 WiEReG); siehe oben, Rz 54.

3.33. Digitalsteuer

166 Für die Erhebung der Digitalsteuer ist das Finanzamt für Großbetriebe zuständig (§ 5 Abs. 4 DiStG 2020).

3.34. Zuständigkeitsbegründende Normen im Familienlastenausgleichsgesetz

3.34.1. Mehrkindzuschlag

167 Für die Gewährung des Mehrkindzuschlags ist das für die Erhebung der Abgaben vom Einkommen zuständige Finanzamt zuständig (§ 9b Familienlastenausgleichsgesetz 1967).

Diese Norm kann die Zuständigkeit entweder des Finanzamtes Österreich oder des Finanzamtes für Großbetriebe begründen.

3.34.2. Familienbeihilfe

168 Für die Gewährung der Familienbeihilfe ist das Finanzamt Österreich zuständig (§ 13 Familienlastenausgleichsgesetz 1967).

3.34.3. Schulfahrtbeihilfe

169 Für die Gewährung der Schulfahrtbeihilfe ist das Finanzamt Österreich zuständig (§ 30e Abs. 2 Familienlastenausgleichsgesetz 1967).

3.34.4. Fahrtenbeihilfe für Lehrlinge

170 Für die Gewährung der Fahrtenbeihilfe für Lehrlinge ist das Finanzamt Österreich zuständig (§ 30p Familienlastenausgleichsgesetz 1967).

3.34.5. Unentgeltliche Schulbücher

171 In Angelegenheiten des Abschnittes 1c Familienlastenausgleichsgesetz 1967 (Unentgeltliche Schulbücher) ist das Finanzamt Österreich zuständig (§§ 31c Abs. 2 und 4, 31d Abs. 4 und 31e dritter Satz Familienlastenausgleichsgesetz 1967).

3.34.6. Dienstgeberbeitrag

172 Für die Erhebung des Dienstgeberbeitrags ist das für die Erhebung der Lohnsteuer zuständige Finanzamt zuständig (§ 43 Abs. 1 Familienlastenausgleichsgesetz 1967).

3.34.7. Beitrag von land- und forstwirtschaftlichen Betrieben

173 Für die Erhebung des Beitrages von land- und forstwirtschaftlichen Betrieben zum Familienlastenausgleichsfonds ist das Finanzamt Österreich zuständig (§ 44 Abs. 2 Familienlastenausgleichsgesetz 1967).

3.35. Beitrag zur Unfallversicherung

174 Die Beiträge zur Unfallversicherung nach § 30 Abs. 3 (Zuschlag gemäß § 22 Abs. 2 lit. b) Bauern-Sozialversicherungsgesetz (BSVG) hebt das Finanzamt Österreich ein.

3.36. Landwirtschaftskammerumlagen

175 Die Erhebung von Kammerumlagen für die Landwirtschaftskammern ist durch die die Landwirtschaftskammern regelnden Gesetze der Länder den Abgabenbehörden des Bundes übertragen. Das gilt nicht für die Länder Wien und Vorarlberg.

Die Bestimmungen finden sich in

- § 25 Abs. 8 Burgenländisches Landwirtschaftskammergesetz
- § 32 Abs. 6 Kärntner Landwirtschaftskammergesetz 1991
- § 29 Abs. 8 NÖ Landwirtschaftskammergesetz
- § 40 Abs. 5 Oö. Landwirtschaftskammergesetz 1967
- § 38 Abs. 5 Salzburger Landwirtschaftskammergesetz 2000
- § 32 Abs. 7 Landwirtschaftskammergesetz (Steiermark)
- § 25 Abs. 4 Tiroler Landwirtschaftskammer- und Landarbeiterkammergesetz.

Nach diesen Landesgesetzen ist Abgabenbehörde jenes Finanzamt, das den die Beitragsgrundlage der Kammerumlage bildenden Grundsteuermessbetrag bzw. besonderen Messbetrag festzusetzen hat (Finanzamt Österreich). Nur im steiermärkischen Landwirtschaftskammergesetz erfolgt eine Übertragung pauschal auf „die Abgabenbehörden des Bundes". In diesem Fall ergibt sich die Zuständigkeit des Finanzamtes Österreich aus § 60 Abs. 1 Z 1 BAO.

3.37. Beitrag zum Salzburger Tourismusförderungsfonds

Das Salzburger Tourismusgesetz 2003 überträgt die Festsetzung und Einhebung der Fondsbeiträge nach § 50 lit. a und § 51 lit. a leg. cit. den Abgabenbehörden des Bundes. Abgabenbehörde nach dieser Bestimmung ist jenes Finanzamt, das den dem Fondsbeitrag zugrunde liegenden Grundsteuermessbetrag festzusetzen hat. Das ist gemäß § 30a GrStG 1955 das Finanzamt Österreich (siehe oben, Rz 141). **176**

3.37a. Digitale Plattformen-Meldepflichtgesetz

(BMF-AV Nr. 35/2023)

Für die Registrierung von Plattformbetreibern (§ 7 Abs. 4 DPMG), die Mahnung von meldenden Plattformbetreibern (§ 10 Abs. 1 DPMG), den Widerruf der Registrierung von beharrlich die Meldepflicht verletzenden Plattformbetreibern (§ 10 Abs. 2 DPMG), die Beantragung der Löschung von in Österreich registrierten meldenden Plattformbetreibern aus dem zentralen Register (§ 11 DPMG) und die Kontrolle der Einhaltung der Vorschriften der §§ 7 bis 25 DPMG (§ 26 DPMG) ist das Finanzamt Österreich zuständig; siehe oben, Rz 51a. **176a**

(BMF-AV Nr. 35/2023)

3.37b. Energiekrisenbeitrag-Strom

(BMF-AV Nr. 35/2023)

Zuständig für die Erhebung des Energiekrisenbeitrages-Strom ist jenes Finanzamt, das für die Erhebung der Umsatzsteuer zuständig ist. **176b**

(BMF-AV Nr. 35/2023)

3.37c. Energiekrisenbeitrag-fossile Energieträger

(BMF-AV Nr. 35/2023)

Zuständig für die Erhebung des Energiekrisenbeitrages-fossile Energieträger ist das Finanzamt für Großbetriebe. **176c**

(BMF-AV Nr. 35/2023)

3.38. Bundesabgabenordnung

3.38.1. Nebenansprüche (§ 3 Abs. 2 lit. a bis c BAO)

3.38.1.1. Zwangsstrafe

Zur Verhängung von Zwangsstrafen ist jenes Finanzamt zuständig, das die Befolgung seiner Anordnung erzwingen will (§ 111 BAO); Ausnahme siehe Rz 165. **177**

3.38.1.2. Ordnungsstrafe

Zuständig für Ordnungsstrafen ist in den Fällen des § 112 Abs. 2 BAO jenes Finanzamt, dessen Amtshandlung (zB durch Störung) betroffen ist. **178**

Zuständig für die Verhängung einer Ordnungsstrafe wegen beleidigender Schreibweise (§ 112 Abs. 3 BAO) ist jenes Finanzamt, bei dem die Angelegenheit eingebracht worden ist oder das die Angelegenheit zu erledigen oder sonst in Verhandlung zu nehmen hat.

3.38.1.3. Mutwillensstrafe

179 Zuständig für die Verhängung von Mutwillensstrafen ist jenes Finanzamt, dessen Tätigkeit offenbar mutwillig in Anspruch genommen wird oder dem gegenüber in der Absicht der Verschleppung einer bei ihm anhängigen Angelegenheit unrichtige Angaben gemacht worden sind (§ 112a BAO).

3.38.1.4. Verspätungszuschlag

180 Zuständig für die Verhängung von Verspätungszuschlägen ist jenes Finanzamt, das für die Erhebung jener Abgabe zuständig ist, für welche die Abgabenerklärung einzureichen ist (§ 135 BAO).

3.38.1.5. Anspruchszinsen

181 Zuständig für die Festsetzung von Anspruchszinsen (§ 205 BAO; Nachforderungszinsen, Gutschriftzinsen) ist jenes Finanzamt, dem die Erhebung der betreffenden Abgabe (Einkommensteuer, Körperschaftsteuer) obliegt.

3.38.1.6. Beschwerdezinsen

182 Zuständig für die Festsetzung von Beschwerdezinsen ist jenes Finanzamt, das für die Erhebung der betreffenden Abgabe zuständig ist (§ 205a BAO).

3.38.2. Nebengebühren (§ 3 Abs. 2 lit. d BAO)

3.38.2.1. Stundungszinsen

183 Zuständig für die Erhebung von Stundungszinsen (§ 212 Abs. 2 BAO) ist jenes Finanzamt, das für die Einhebung der betreffenden Abgabe zuständig ist.

3.38.2.2. Aussetzungszinsen

184 Zuständig für die Festsetzung von Aussetzungszinsen (§ 212a BAO) ist jenes Finanzamt, dem die Einhebung der betreffenden Abgabe obliegt.

3.38.2.3. Säumniszuschläge

185 Zuständig für die Festsetzung von Säumniszuschlägen (§ 217 BAO) ist jenes Finanzamt, dem die Einhebung der betreffenden Abgabe obliegt.

3.38.2.4. Gebühren und Auslagenersätze nach § 26 AbgEO

186 Die Erhebung dieser Nebengebühren obliegt dem Finanzamt, das für die zwangsweise Einbringung der betreffenden Abgabe zuständig ist.

3.38.3. Als Nebenansprüche geltende Abgabenerhöhungen

187 Die Abgabenerhöhung gemäß § 29 Abs. 6 FinStrG gilt als Nebenanspruch im Sinne des § 3 Abs. 2 lit. a BAO (§ 29 Abs. 6 letzter Satz FinStrG). Die Abgabenerhöhung gemäß § 30a FinStrG (Verkürzungszuschlag) gilt als Nebenanspruch im Sinne des § 3 BAO (§ 30a Abs. 8 FinStrG). Zuständig für die Erhebung dieser Abgabenerhöhung ist das Finanzamt, das für die Erhebung der dieser zugrundeliegenden Abgabe zuständig ist.

3.38.4. Änderung der Satzung

188 Änderungen von Satzungsbestimmungen, die eine Voraussetzung der Abgabenbegünstigung betreffen, sind binnen eines Monats jenem Finanzamt bekanntzugeben, das für die Festsetzung der Umsatzsteuer der Körperschaft zuständig ist oder es im Falle einer Umsatzsteuerpflicht wäre (§ 41 Abs. 3 BAO).

3.38.5. Absehen von der Geltendmachung einer Abgabenpflicht

189 § 44 Abs. 2 BAO berechtigt, auf Antrag des Abgabepflichtigen von der Geltendmachung einer Abgabenpflicht in den Fällen des § 44 Abs. 1 BAO ganz oder teilweise abzusehen, wenn andernfalls die Erreichung des von der Körperschaft verfolgten gemeinnützigen, mildtätigen oder kirchlichen Zweckes vereitelt oder wesentlich gefährdet wird. Die Erlassung von auf § 44 Abs. 2 BAO gestützten Bescheiden obliegt dem für die Erhebung der Umsatzsteuer zuständigen Finanzamt.

3.38.6. Auskunftsbescheide

190 Für Auskunftsbescheide sowie für die Erhebung des Verwaltungskostenbeitrages ist gemäß § 118 Abs. 5 BAO zuständig:

- das für die betreffende Abgabe oder Feststellung zuständige Finanzamt,

- subsidiär jenes Finanzamt, das bei der Verwirklichung des dem Antrag zugrunde gelegten Sachverhaltes voraussichtlich zuständig wäre,
- wären beide Finanzämter zur Beurteilung des Sachverhaltes zuständig, so richtet sich die Zuständigkeit danach, welches dieser Finanzämter als erstes Kenntnis vom Antrag erlangt.

§ 118 BAO gilt auch sinngemäß für die Erlassung bescheidmäßiger Bestätigungen iSd § 118a BAO (Forschungsbestätigung, siehe auch Rz 107).

3.38.6a. Multilaterale Risikobewertung

(BMF-AV Nr. 35/2023)

Für die Teilnahme an multilateralen Verfahren zur Bewertung grenzüberschreitender ertragsteuerlicher Risiken (multilaterale Risikobewertung) sowie die damit einhergehende Erstellung eines Risikobewertungsberichtes zum Abschluss der multilateralen Risikobewertung ist gemäß § 118b BAO das Finanzamt für Großbetriebe zuständig; siehe oben, Rz 78a. **190a**

(BMF-AV Nr. 35/2023)

3.38.7. Anzeigepflichten

Die Begründung oder Aufgabe eines land- und forstwirtschaftlichen Betriebes, eines Gewerbebetriebes oder einer sonstigen selbständigen Erwerbstätigkeit ist dem für die Erhebung der Umsatzsteuer zuständigen Finanzamt anzuzeigen (§ 120 Abs. 2 BAO). **191**

Die Beseitigung einer im vorläufigen Bescheid genannten Ungewissheit (§ 200 Abs. 1 BAO) und ein Eintritt eines im Bescheid angeführten, in Betracht kommenden rückwirkenden Ereignisses (§ 295a BAO) ist dem für die Erhebung der betreffenden Abgabe zuständigen Finanzamt anzuzeigen.

3.38.8. Schenkungsmeldung

Für die Entgegennahme von Meldungen über Schenkungen unter Lebenden sowie Zweckzuwendungen unter Lebenden ist nach Maßgabe des § 121a Abs. 1 BAO das Finanzamt Österreich zuständig. **192**

(BMF-AV Nr. 35/2023)

3.38.9. Bescheide über Buchführungspflichten

Für die Aufhebung der Verpflichtung zur Buchführung mittels Bescheid ist das für die Erhebung der Einkommen- oder Körperschaftsteuer des Unternehmers oder in Fällen der Feststellung der Einkünfte (§ 188 BAO) das zur Feststellung berufene Finanzamt zuständig (Rz 199). **193**

3.38.10. Erleichterung bei der Führung des Wareneingangsbuches

Für die Bewilligung von Erleichterungen für einzelne Fälle – unter Abweichung von den Bestimmungen des § 127 BAO und der Abs. 1 bis 3 des § 128 BAO – ist jenes Finanzamt zuständig, dem die Erhebung der Umsatzsteuer obliegt, sofern die übrigen Bücher und Aufzeichnungen des gewerblichen Unternehmens die Gewähr für eine leichte Überprüfbarkeit des Wareneingangs bieten (§ 128 Abs. 4 BAO). **194**

(BMF-AV Nr. 35/2023)

3.38.11. Begleitende Kontrolle

Das Finanzamt für Großbetriebe hat die Prüfung des Antrages auf begleitende Kontrolle vorzunehmen (§ 153c BAO). Das Finanzamt für Großbetriebe ist zuständig für jene Abgabepflichtige, für die der Wechsel in die begleitende Kontrolle gemäß § 153d Abs. 1 BAO rechtskräftig festgestellt worden ist (§ 61 Abs. 1 Z 11 BAO). **195**

Ist das Finanzamt Österreich für einen im Antrag angeführten Unternehmer zuständig, kann ein Organ des Finanzamtes für Großbetriebe die Außenprüfung im Auftrag des Finanzamtes Österreich durchführen (siehe Rz 69).

3.38.12. Unbedenklichkeitsbescheinigungen (§ 160 BAO)

3.38.12.1 Bescheinigung für Grunderwerbsteuer

Zuständig für die Ausstellung einer Unbedenklichkeitsbescheinigung hinsichtlich der Grunderwerbsteuer ist das Finanzamt Österreich (Rz 147). **196**

3.38.12.2. Bescheinigung für Stiftungseingangssteuer

197 Zuständig für die Ausstellung einer Unbedenklichkeitsbescheinigung hinsichtlich der Stiftungseingangssteuer ist das Finanzamt für Großbetriebe (§ 4 StiftEG), Rz 164.

3.38.12.3. Bescheinigung für Löschung im Firmenbuch

198 Zuständig für die Ausstellung einer Unbedenklichkeitsbescheinigung als Voraussetzung für die Löschung im Firmenbuch ist jenes Finanzamt, das für die Erhebung der Körperschaftsteuer zuständig ist (§ 160 Abs. 3 BAO).

3.38.13. Feststellung von Einkünften

199 Die Feststellung von Einkünften (§ 188 BAO) obliegt nach Maßgabe der Voraussetzungen der §§ 60 und 61 BAO entweder dem Finanzamt Österreich oder dem Finanzamt für Großbetriebe.

3.38.14. Rückstandsbescheinigung

200 Die Ausstellung einer Rückstandsbescheinigung obliegt dem Finanzamt, das für die Erhebung der Einkommensteuer oder Körperschaftsteuer des Abgabepflichtigen oder, wenn dieser eine Personenvereinigung (Personengemeinschaft) ohne eigene Rechtspersönlichkeit ist, dem für die Feststellung der Einkünfte zuständigen Finanzamt (§ 229a Abs. 3 BAO).

4. Anhang

Das Abgabenverwaltungsorganisationsgesetz 2010, BGBl. I Nr. 9/2010, und die Verordnung zum Abgabenverwaltungsorganisationsgesetz 2010, BGBl. II Nr. 165/2010, sind mit Ablauf des 31. Dezember 2020 außer Kraft getreten.

Die nachstehende Tabelle bietet einen Überblick über jene Bestimmungen des AVOG 2010 und der AVOG 2010 – DV, die mit 1. Jänner 2021 in die Bundesabgabenordnung übernommen wurden.

Übersicht

Bis 31. Dezember 2020	Ab 1. Jänner 2021
§ 3 AVOG 2010	§ 57 BAO
§ 4 AVOG 2010	§ 59 BAO
§ 5 AVOG 2010	§ 52 BAO
§ 6 AVOG 2010	§ 58 BAO
§ 12 Abs. 1 bis 3 AVOG 2010	§ 146a und § 146b BAO
§ 12 Abs. 4 erster Satz AVOG 2010	§ 54 Abs. 1 BAO
§ 12 Abs. 4 zweiter Satz AVOG 2010	§ 54 Abs. 2 BAO
§ 12 Abs. 4 letzter Satz AVOG 2010	§ 54 Abs. 3 BAO
§ 13 Abs. 1 Z 2 AVOG 2010	§ 60 Abs. 2 Z 1 BAO
§ 13 Abs. 2 AVOG 2010, § 50 BAO (alt)	§ 53 BAO
§ 17 AVOG 2010	§ 60 Abs. 2 Z 2 BAO
§ 18 Abs. 1 AVOG 2010	§ 61 Abs. 4 Z 1–3 BAO
§ 19 AVOG 2010	§ 60 BAO
§ 19 Abs. 3 AVOG 2010	§ 60 Abs. 2 Z 3 BAO
§ 20 Abs. 4 AVOG 2010	§ 57 Abs. 2 BAO
§ 27 Abs. 1, 2 AVOG 2010	§ 63 BAO
§ 10a Abs. 1 AVOG 2010 – DV	§ 54a Abs. 2 BAO
§ 11 Abs. 2, 3 und § 18 AVOG 2010 – DV	§ 62 Abs. 4 BAO

12/2. Treu und Glauben

12/2/1. AÖF 2006/126

Richtlinien zum Grundsatz von Treu und Glauben

(Erlass des BMF vom 6. April 2006, BMF-010103/0023-VI/2006)

Vertrauen auf Auskünfte und Erlässe, Nachsicht wegen sachlicher Unbilligkeit, Treu und Glauben als Kriterium für Ermessensübung (insbesondere bei Haftung, Gesamtschuld und bei Aufhebung gemäß § 299 BAO), Verordnung zur sachlichen Unbilligkeit im Sinne des § 236 BAO.

1. Einleitung

Unter dem Grundsatz von Treu und Glauben wird verstanden, dass jeder, der am Rechtsleben teilnimmt, zu seinem Wort und zu seinem Verhalten zu stehen hat und sich nicht ohne triftigen Grund in Widerspruch zu dem setzen darf, was er früher vertreten hat und worauf andere vertraut haben (zB VwGH 15.3.2001, 2001/16/0063).

Dieser Grundsatz ist auch im Abgabenrecht zu beachten (zB VwGH 10.10.1996, 95/15/0208, 0209).

Nach ständiger Judikatur (zB VwGH 21.1.2004, 2003/16/0113; VwGH 3.11.2005, 2003/15/0136) ist das Legalitätsprinzip (Art. 18 Abs. 1 B-VG) grundsätzlich stärker als jeder andere Grundsatz, insbesondere jener von Treu und Glauben.

Ein Widerspruch dieser beiden Grundsätze besteht allerdings nicht. Der Grundsatz von Treu und Glauben hat als Prinzip der Einzelfallgerechtigkeit nämlich lediglich interpretations- und ermessensleitende Funktion.

2. Anwendungsbereich

2.1 Vollzugsspielraum

Die Anwendung des Grundsatzes von Treu und Glauben setzt einen Vollzugsspielraum voraus (zB VwGH 21.10.2004, 2000/13/0179, 0180; VwGH 9.3.2005, 2001/13/0273; VwGH 15.6.2005, 2004/13/0161), somit einen

- Auslegungsspielraum (Auslegung unbestimmter Rechtsbegriffe) oder
- Rechtsanwendungsspielraum (bei Ermessensübung).

Ein unbestimmter Rechtsbegriff ist insbesondere der Begriff der Unbilligkeit der Einhebung (im Sinne des § 236 BAO). Siehe unten Abschnitt 6.

Weitere solche Rechtsbegriffe sind beispielsweise

- umfassende Umschulungsmaßnahmen (§ 4 Abs. 4 Z 7 EStG 1988),
- betriebsgewöhnliche Nutzungsdauer (§ 7 Abs. 1 EStG 1988),
- ordnungsmäßige Buchführung (§ 18 Abs. 6 EStG 1988),
- Aufwendungen, die nach allgemeiner Verkehrsauffassung unangemessen hoch sind (§ 20 Abs. 1 Z 2 lit. b EStG 1988),
- Musik- und Gesangsaufführungen (§ 10 Abs. 1 Z 8 lit. b UStG 1994),
- Hausrat (§ 15 Abs. 1 Z 1 lit. a ErbStG),
- übliche Gelegenheitsgeschenke (§ 15 Abs. 1 Z 11 ErbStG),
- gemeinnützig (§ 35 BAO).

2.2 Haftung

Der Grundsatz von Treu und Glauben ist unter anderem bei der **Ermessensübung** für die Inanspruchnahme persönlich Haftender bedeutsam.

Haftungsinanspruchnahmen liegen nämlich im Ermessen (§ 20 BAO) der Abgabenbehörde (vgl. zB VwGH 30.3.2000, 97/16/0189; VwGH 21.2.2005, 2001/17/0075; VwGH 28.1.2005, 2002/15/0157).

Dies gilt beispielsweise für die Haftung gemäß

- § 82 EStG 1988 (Lohnsteuer; zB VwGH 25.4.2002, 2001/15/0152; VwGH 3.8.2004, 2000/13/0046),
- § 95 Abs. 2 EStG 1988 (Kapitalertragsteuer),
- § 100 Abs. 2 EStG 1988 (Abzugsteuer nach § 99 EStG 1988; zB VwGH 27.11.2003, 2003/15/0087),
- § 9 BAO (Vertreterhaftung; zB VwGH 24.3.2004, 2001/14/0083; VwGH 15.6.2005, 2005/13/0048; VwGH 18.10.2005, 2004/14/0112),
- § 12 BAO (Haftung der Gesellschafter; zB VwGH 16.10.2002, 99/13/0060),
- § 14 BAO (Erwerberhaftung; zB VwGH 16.2.1988, 87/14/0059),
- § 27 Abs. 4 UStG 1994 (VwGH 28.1.2005, 2002/15/0157),
- § 13 Abs. 2 ErbStG (VwGH 25.6.1992, 91/16/0045),
- § 30 GebG (VwGH 21.3.2002, 2001/16/0599).

Beispiel (zu § 82 EStG 1988):

Gemäß § 90 EStG 1988 wird dem Arbeitgeber vor Abschluss des Dienstvertrages mit im Außendienst tätigen Vertretern die Auskunft erteilt, dass im Auskunftsersuchen dargestellte Bezugsteile nicht steuerbar sind. Die Auskunft ist nicht offensichtlich unrichtig.

Im Vertrauen auf diese Auskunft des Finanzamtes werden solche Bezugsteile im Jahr 2004 ausbezahlt. Im Jahr 2007 wird im Rahmen einer Lohnsteuerprüfung (gestützt auf diese Rechtsfrage erstmals behandelnde Judikatur des Jahres 2005) die Nichtsteuerbarkeit als rechtswidrig beurteilt.

Der Grundsatz von Treu und Glauben steht der Haftungsinanspruchnahme für die im Jahr 2004 den Vertretern zugeflossenen Bezugsteile entgegen.

2.3 Gesamtschuld

Die Inanspruchnahme von Gesamtschuldnern (§ 6 BAO) liegt im **Ermessen** der Abgabenbehörde.

Im Ermessen liegt, ob die Behörde das Leistungsgebot an einen der Gesamtschuldner und an welchen Gesamtschuldner oder an mehrere oder an alle Gesamtschuldner richtet (vgl. zB VwGH 28.2.2002, 2001/16/0606; VwGH 17.10.2002, 2000/17/0099).

Ob die Inanspruchnahme mit einem Teil oder dem gesamten offenen Betrag erfolgt, ist ebenfalls eine Ermessensentscheidung (zB VwGH 20.3.2002, 99/15/0046; VwGH 23.6.2003, 2002/17/0241, 0242, 0243).

Dies gilt beispielsweise für Gesamtschuldverhältnisse nach

- § 9 Z 4 GrEStG 1987 (zB VwGH 27.1.2000, 98/16/0244-0252; VwGH 7.12.2000, 97/16/0365, 0366),
- § 13 Abs. 2 GebG (VwGH 19.9.2001, 2001/16/0306),
- § 28 GebG (zB VwGH 28.2.2002, 2001/16/0606; VwGH 31.5.1995, 94/16/0278; VwGH 19.12.2002, 99/16/0405),
- § 13 Abs. 1 ErbStG (VwGH 27.9.1990, 89/16/0214, 0215; VwGH 14.5.1992, 92/16/0013),
- § 6 Abs. 2 BAO (Umsatzsteuer, zB VwGH 22.2.1995, 95/13/0031; VwGH 29.6.1999, 98/14/0170; VwGH 29.5.2001, 2001/14/0033).

2.4 Verfahrenstitel

Weitere Beispiele für **im Ermessen liegende Maßnahmen**, bei denen der Grundsatz von Treu und Glauben entscheidungserheblich sein kann:

- Aufhebung bei Rechtswidrigkeit des Bescheidspruches gemäß § 299 Abs. 1 BAO (vgl. zB VwGH 26.1.1993, 89/14/0234; VwGH 7.7.2004, 2001/13/0053),
- Verfügung der Wiederaufnahme gemäß § 303 Abs. 4 BAO (vgl. zB VwGH 21.5.2005, 2000/15/0115),
- Abänderung gemäß § 295a BAO,
- Festsetzung von Selbstberechnungsabgaben (zB Dienstgeberbeitrag) gemäß § 201 Abs. 2 BAO.

Beispiel (zu § 299 BAO):

Der Abgabepflichtigen (bzw. ihrem Vertreter) wird vor Betriebseröffnung von dem für die Erhebung der Einkommensteuer zuständigen Finanzamt die Auskunft erteilt, dass eine bestimmte Art von Ausgaben als Betriebsausgaben absetzbar ist. Die Auskunft ist nicht offensichtlich unrichtig. Solche Ausgaben werden getätigt. Die Rechtsauskunft wird der Einkommensteuererklärung zu Grunde gelegt. Die Veranlagung erfolgt erklärungsgemäß.

Dem Finanzamt wird bekannt, dass das Bundesministerium für Finanzen eine gegenteilige Rechtsauffassung vertritt. Daher erweist sich (nach Ansicht des Finanzamtes) der rechtskräftige Einkommensteuerbescheid als nicht richtig (im Sinne des § 299 Abs. 1 BAO). Der Grundsatz von Treu und Glauben steht einer Aufhebung des Einkommensteuerbescheides entgegen.

Bei der Ermessensübung für die Frage, ob eine **Wiederaufnahme** des Verfahrens von Amts wegen (§ 303 Abs. 4 BAO) vorzunehmen ist, wird (nicht zuletzt aus verwaltungsökonomischen Überlegungen) die Unbilligkeit der Einhebung der aus der Wiederaufnahme (bzw. dem neuen Sachbescheid gemäß § 307 Abs. 1 BAO) resultierenden Nachforderung ein gegen die Verfügung der Wiederaufnahme sprechender Umstand sein. Dies gilt vor allem bei aus dem Grundsatz von Treu und Glauben resultierender sachlicher Unbilligkeit der Einhebung.

Beispiel (zu § 303 Abs. 4 BAO):

Bei einer Außenprüfung (§ 147 BAO) wird für den Prüfungszeitraum das Vorliegen der Voraussetzungen für die Umsatzsteuerfreiheit bestimmter Umsätze geprüft und bejaht; die Steuerfreiheit wird aus drücklich anerkannt.

In den Folgejahren werden für solche Umsätze in den Abgabenerklärungen die näheren Umstände (die sich gegenüber dem Prüfungszeitraum nicht geändert haben) nicht neuerlich offengelegt; die Umsätze werden steuerfrei behandelt.

Eine Folgejahre betreffende Außenprüfung ermittelt neuerlich die (unveränderten) für die Frage der Umsatzsteuerfreiheit maßgebenden tatsächlichen Verhältnisse und beurteilt sie rechtlich abweichend, obwohl sich die maßgebenden Abgabenvorschriften nicht geändert haben. Dies sind die einzigen Prüfungsfeststellungen. Gegen eine Wiederaufnahme der Umsatzsteuerverfahren spricht der Grundsatz von Treu und Glauben (vgl. VwGH 11.12.1996, 94/13/0070).

3. Auskünfte, andere Amtshandlungen

3.1 Rechtsauskünfte

Im Zusammenhang mit nachträglich als unrichtig erkannten **Rechtsauskünften** setzt die Anwendung von Treu und Glauben insbesondere voraus:

- Die Auskunft wird von der zuständigen Abgabenbehörde erteilt (vgl. zB VwGH 16.9.2003, 99/14/0228; VwGH 22.4.2004, 2000/15/0196).
- Die Auskunft ist nicht offensichtlich unrichtig (zB VwGH 22.9.1999, 94/15/0104; VwGH 16.9.2003, 99/14/0228).
- Die Unrichtigkeit der Auskunft war für die Partei nicht leicht erkennbar.
- Die Partei hat im Vertrauen auf die Richtigkeit der Auskunft Dispositionen getroffen, die sie bei Kenntnis der Unrichtigkeit der Auskunft nicht oder anders getroffen hätte (vgl. zB VwGH 16.9.2003, 99/14/0228; VwGH 26.5.2004, 2000/14/0090).
- Schaden („Vertrauensschaden") für die Partei, wenn die Besteuerung entgegen der Auskunft vor genommen würde.

Für Treu und Glauben ist nicht entscheidend, ob die Auskunft auf Grund einer gesetzlichen Verpflichtung oder „freiwillig" erteilt wurde.

Rechtsgrundlagen für Rechtsauskünfte sind vor allem § 90 EStG 1988 (Lohnsteuerauskunft) und das Auskunftspflichtgesetz.

Bei Rechtsauskünften, denen (geplante) künftige, vom Auskunftswerber im Auskunftsersuchen dar gestellte Sachverhalte zugrunde gelegt wurden, ist der Grundsatz von Treu und Glauben nicht anwendbar, wenn der tatsächlich verwirklichte Sachverhalt in wesentlichen Punkten von dem der Auskunft zugrunde liegenden Sachverhalt abweicht oder wenn für die rechtliche Beurteilung wesentliche Sachverhaltselemente verschwiegen worden sind.

Nach § 2 Auskunftspflichtgesetz können Auskunftsbegehren schriftlich, mündlich oder telefonisch erfolgen. Daraus ergibt sich, dass Auskünfte nicht nur schriftlich, sondern auch mündlich oder telefonisch erfolgen dürfen.

Nicht zuletzt aus Beweisgründen (Inhalt des in der Anfrage dargestellten Sachverhaltes sowie der Auskunft) wird der Schriftform der Vorzug zu geben sein. Als Beweismittel über mündliche oder telefonische Auskünfte kommen Niederschriften (§ 87 BAO) oder Aktenvermerke (§ 89 BAO) in Betracht.

Rechtsauskünfte dürfen nicht vorbehaltlich sich nicht ändernder Rechtsprechung oder vorbehaltlich nicht später ergehender Erlässe oder Weisungen der Oberbehörde erfolgen.

Zulässig ist der Hinweis, dass die Auskunft nicht in Bescheidform ergeht sowie dass der Schutz des Vertrauens auf die Auskunft (nach dem Grundsatz von Treu und Glauben) ua. voraussetzt, dass der Sachverhalt, welcher der Auskunft zugrunde gelegt ist, im Auskunftsersuchen richtig und vollständig dargestellt ist (und tatsächlich verwirklicht wird).

Nach VwGH 18.10.2005, 2003/16/0486, besteht kein Vertrauensschutz, wenn Auskünfte, die im Widerspruch zur ständigen Judikatur des VwGH stehen, lediglich fernmündlich erteilt wurden. Da eine fernmündliche Auskunft die Möglichkeit von Irrtümern und ungenauen Erklärungen in sich birgt, wäre der Partei bei einer im Widerspruch zur dem Abgabepflichtigen bzw. seinem Vertreter bekannten Judikatur des VwGH stehenden Auskunft zuzumuten gewesen, ihr Auskunftsverlangen schriftlich zu stellen und eine dementsprechende schriftliche Antwort abzuwarten.

Für Treu und Glauben können auch Rechtsauskünfte bedeutsam sein, die ein Finanzamt entgegen § 97 BAO als E-Mail oder Fax erteilt.

3.2 Andere Amtshandlungen

Der Grundsatz von Treu und Glauben schützt nicht ganz allgemein das Vertrauen des Abgabepflichtigen auf die Rechtsbeständigkeit einer allenfalls auch unrichtigen abgabenrechtlichen Beurteilung für die Vergangenheit. Die Behörde ist vielmehr verpflichtet, von einer gesetzwidrig erkannten Verwaltungsübung abzugehen (zB VwGH 15.6.2005, 2002/13/0104; VwGH 3.11.2005, 2003/15/0136).

Nach der Judikatur (zB VwGH 22.3.1995, 92/13/0025; VwGH 10.7.1996, 92/15/0101; VwGH 9.7.1997, 96/13/0185) müssen besondere Umstände vorliegen, die ein Abgehen von der bisherigen Rechtsauffassung unbillig erscheinen lassen.

Dies kann etwa der Fall sein, wenn ein Abgabepflichtiger von der Abgabenbehörde ausdrücklich zu einer bestimmten Vorgangsweise aufgefordert wird und sich nachträglich die Unrichtigkeit dieser Vorgangsweise herausstellt (zB VwGH 24.4.1996, 93/13/0076; VwGH 18.12.1996, 94/15/0151; VwGH 26.6.2002, 98/13/0013).

Beispiel:

In Auswertung eines Prüfungsberichts (§ 150 BAO) wird ein Aufwand aktiviert und auf zehn Jahre abgeschrieben. Es verstößt gegen Treu und Glauben, wenn Jahre später die AfA mit der Begründung, der Aufwand hätte im ersten Jahr oder über eine kürzere Nutzungsdauer abgesetzt werden müssen, nicht anerkannt wird.

Ein Verstoß gegen den Grundsatz von Treu und Glauben setzt voraus,

- dass ein (unrechtes) Verhalten der Behörde, auf das der Abgabepflichtige vertraut hat, eindeutig und unzweifelhaft für ihn bzw. für seinen Vertreter zum Ausdruck gekommen ist, und
- dass der Abgabepflichtige seine Dispositionen danach eingerichtet und er als Folge hievon einen abgabenrechtlichen Nachteil erlitten hat (zB VwGH 4.12.2003, 2003/16/0114; VwGH 21.6.2004, 2003/17/0334; VwGH 18.10.2005, 2003/16/0486).

Wenn eine Behörde ein bestimmtes geschäftliches Verhalten durch Jahre hindurch in Übereinstimmung mit dem Steuerpflichtigen in vertretbarer Weise beurteilt hat und nachfolgend ein und derselbe Vorgang, wenn auch in vertretbarer Weise, anders beurteilt wird, so darf der Wechsel zu dieser anderen vertretbaren Beurteilung dennoch nicht zu einer Doppelbesteuerung führen, da hiedurch Treu und Glauben verletzt werden (VfGH 30.1.1980, B 29/77; Verletzung des Gleichheitssatzes).

Der Umstand, dass eine abgabenbehördliche Prüfung eine bestimmte Vorgangsweise des Abgabepflichtigen unbeanstandet gelassen hat, hindert die Behörde nicht, diese Vorgangsweise für spätere Zeiträume als rechtswidrig zu beurteilen (zB VwGH 20.12.2000, 98/13/0236; VwGH 21.10.2004, 2000/13/0179, 0180; VwGH 15.6.2005, 2002/14/0104).

Wurde allerdings die betreffende Vorgangsweise ausdrücklich als rechtmäßig anerkannt, so spricht der Grundsatz von Treu und Glauben gegen eine abweichende Beurteilung für Folgejahre (vgl. VwGH 11.12.1996, 94/13/0070).

Dies gilt gleichermaßen, wenn

- eine Vorgangsweise bei der Veranlagung „zugelassen“ wurde oder
- das Finanzamt eine Vorgangsweise auf Vorschlag der Betriebsprüfung „akzeptiert“ hat (VwGH 24.4.1996, 93/15/0076).

3.3 Vertrauensschaden

Der nachsichtsrelevante Betrag **(„Vertrauensschaden“)** ist die Differenz zwischen jener Abgabenschuld, die sich aus dem im Vertrauen auf die Auskunft gesetzten Verhalten ergibt und der Abgabenbelastung, die aus dem Verhalten resultiert wäre, das der Abgabepflichtige gesetzt hätte, wenn ihm eine richtige Auskunft erteilt worden wäre.

Als Verhalten ist nicht nur die Verwirklichung bzw. Nichtverwirklichung des abgabenrelevanten Sachverhalts zu verstehen. Es sind auch andere wirtschaftliche Dispositionen des Abgabepflichtigen zu berücksichtigen, die er bei richtiger Auskunft gesetzt hätte.

Dazu gehört beispielsweise, ob der Abgabepflichtige in Kenntnis einer Abgabepflicht oder einer höheren Abgabepflicht (zB in Kenntnis der Dienstgeberbeitragspflicht oder des höheren Umsatzsteuersatzes) die Mehrbelastungen durch höhere Preise auf seine Kunden überwälzt hätte oder ob die Mehrbelastung Anlass für Kostensenkungsmaßnahmen (zB Kündigung von Arbeitnehmern, Standortverlegungen oder -schließungen) gewesen wäre.

4. Zuständigkeit

4.1 Grundsatz

Der VwGH schützt das Vertrauen nur in Rechtsauskünfte der für die Angelegenheit zuständigen Abgabenbehörde (vgl. zB VwGH 22.4.2004, 2000/15/0196), es bestehe somit kein Schutz bei Rechtsauskünften des Bundesministeriums für Finanzen, wenn ein Finanzamt für die Abgabenfestsetzung zuständig ist (vgl. zB VwGH 14.1.1991, 90/15/0116; VwGH 27.9.2000, 95/14/0079; VwGH 7.6.2001, 98/15/0065). Daher erscheint es für den Abgabepflichtigen empfehlenswert, sich vom zuständigen Finanzamt bestätigen zu lassen, dass es der Rechtsauslegung des Bundesministeriums für Finanzen beitritt.

Für den Vertrauensschutz ist im Allgemeinen nicht ausschlaggebend, ob der die Auskunft erteilende Organwalter der zuständigen Abgabenbehörde nach der (internen) Geschäftsverteilung hiefür zuständig war bzw. (für schriftliche Auskünfte) approbationsbefugt war. Solche Organwalter sind Betriebsprüfer auch dann, wenn sie dem Finanzamt nicht organisatorisch angehören, aber bei der Außenprüfung im Namen des Finanzamtes Amtshandlungen setzen; dies betrifft insbesondere Prüfer der Großbetriebsprüfungen.

Rechtsauskünfte der zuständigen Abgabenbehörde erster Instanz sind unter dem Gesichtspunkt von Treu und Glauben nicht nur für erstinstanzliche Abgabenverfahren, sondern auch für das Berufungsverfahren und für aufsichtsbehördliche Maßnahmen der Oberbehörde (zB für Weisungen) bedeutsam.

4.2 Ausnahme (Nachsicht „abgeleiteter“ Abgaben)

Von einer solchen Einheitlichkeit ist auch für die Nachsicht von einem Gewinnfeststellungsbescheid (§ 188 BAO) „abgeleiteter“ Einkommensteuer oder Körperschaftsteuer bei Rechtsauskünften an eine Mitunternehmerschaft auszugehen.

Wird die Auskunft über eine für die Gewinnermittlung maßgebende Rechtsfrage vom für die einheitliche und gesonderte Feststellung zuständigen Finanzamt erteilt, so reicht dies für Treu und Glauben.

Die Nachsicht wegen sachlicher Unbilligkeit der Einhebung der „abgeleiteten“ Einkommensteuer (Körperschaftsteuer) setzt nicht voraus, dass die Rechtsauskunft (zusätzlich) dem betreffenden Abgabepflichtigen von „seinem“ für die Erhebung der Einkommensteuer (Körperschaftsteuer) zuständigen Finanzamt erteilt wurde.

5. Erlässe des BMF

5.1 Allgemeines

Erlässe sind keine

- Rechtsquellen (zB VwGH 9.3.2005, 2001/13/0062),
- Rechtsverordnungen (im Sinne des Art. 18 Abs. 2 B-VG),
- Weisungen (im Sinne des Art. 20 Abs. 1 B-VG bzw. des § 44 BDG 1979).

5.2 Ermessensübung

Das Vertrauen auf in Erlässen vertretene Rechtsauffassungen ist ein bei der Übung von Ermessen zu berücksichtigender Umstand.

Nach VwGH 27.11.2003, 2003/15/0087, ist im Rahmen der Ermessensübung (für die Haftungsinanspruchnahme für die Abzugsteuer nach § 99 EStG 1988) eine erlassmäßige Regelung mitzuberücksichtigen, wenn es der Steuerpflichtige im Vertrauen auf die Erlasslage unterlassen hat, von den ausbezahlten Honoraren Steuer abzuziehen und an das Finanzamt abzuführen (vgl. auch VwGH 31.5.1963, 1796, 1797/61, zur damaligen Aufsichtsratsabgabe).

5.3 Kein (grobes) Verschulden

Rechtlich bedeutsam ist das Vertrauen auf die Richtigkeit in Erlässen enthaltener Auslegungen überdies in jenen Bereichen, in denen Rechtsfolgen fehlenden Verschuldens bzw. fehlenden groben Verschuldens zu beurteilen sind.

Dies gilt beispielsweise für den **Verspätungszuschlag** (§ 135 BAO). Wer im Vertrauen auf erlassmäßige Verlängerungen von Fristen für die Einreichung von Abgabenerklärungen handelt, dem ist kein Verschulden an der verspäteten Einreichung von Abgabenerklärungen anzulasten (er handelt „entschuldbar“ im Sinne des § 135 BAO; vgl. zB VwGH 25.1.1980, 3411/79).

Für **Säumniszuschläge** sind im Allgemeinen den Abgabepflichtigen (bzw. seinen Vertreter), der auf Rechtsauslegungen in Erlässen des Bundesministeriums für Finanzen (bzw. für den Dienstgeberbeitrag des Bundesministerium für soziale Sicherheit, Generationen und Konsumentenschutz) vertrauend Abgaben selbst berechnet und abführt, kein grobes Verschulden (im Sinne des § 217 Abs. 7 BAO) treffen. Dies betrifft beispielsweise Umsatzsteuervorauszahlungen, Dienstgeberbeiträge,

Lohnsteuer und Kapitalertragsteuer. Daher können solche Rechtsauslegungen für Anträge auf Herabsetzung oder Nichtfestsetzung von Säumniszuschlägen bedeutsam sein.

Erlässen kann für auf § 303 Abs. 1 lit. b BAO gestützte Anträge auf Wiederaufnahme des Verfahrens weiters Bedeutung zukommen. Wer beispielsweise Ausgaben deshalb nicht als Betriebsausgaben, Werbungskosten, Sonderausgaben oder außergewöhnliche Belastungen in der Einkommensteuererklärung geltend macht, weil die Ausgaben in einem Erlass als nicht abzugsfähig bezeichnet werden, den trifft grundsätzlich kein grobes Verschulden, das der Bewilligung der Wiederaufnahme des Einkommensteuerverfahrens entgegenstehen würde, wenn im Wiederaufnahmsantrag als Folge die Erlassmeinung ablehnender Judikatur oder als Folge einer Änderung von Erlässen des Bundesministeriums für Finanzen die betreffenden Ausgaben offen gelegt werden (dies sind somit für das Abgabenverfahren neu hervorgekommene entscheidungserhebliche Tatsachen im Sinne des § 303 BAO).

Das Vertrauen auf in Erlässen enthaltene Rechtsauslegungen kann auch für die **Wiedereinsetzung** in den vorigen Stand (§ 308 BAO) entscheidungserheblich sein. Wer beispielsweise die Berufungsfrist nur deshalb versäumt, weil er wegen einer Erlassaussage die Geltendmachung abgabenrechtlich bedeutsamer Umstände nicht für aussichtsreich hält, den trifft in der Regel kein Verschulden (zumindest kein über einen minderen Grad des Versehens hinausgehendes Verschulden).

6. Nachsicht zur Durchsetzung des Grundsatzes von Treu und Glauben

6.1 Allgemeines

6.1.1 Unbilligkeit der Einhebung fälliger Abgaben

Fällige Abgabenschuldigkeiten können auf Antrag des Abgabepflichtigen ganz oder zum Teil durch Abschreibung nachgesehen werden, wenn ihre Einhebung nach der Lage des Falles unbillig wäre (§ 236 Abs. 1 BAO).

Die Unbilligkeit der Einhebung kann eine persönliche oder sachliche sein (zB VwGH 30.9.2004, 2004/16/0151; VwGH 11.11.2004, 2004/16/0077).

Eine **sachliche Unbilligkeit** liegt vor, wenn im Einzelfall bei Anwendung des Gesetzes ein vom Gesetzgeber offenbar nicht beabsichtigtes Ergebnis eintritt (zB VwGH 30.1.2001, 2000/14/0139; VwGH 11.11.2004, 2004/17/0077; VwGH 4.8.2005, 2001/17/0158).

Ein Verstoß gegen den Grundsatz von Treu und Glauben ist eine solche sachliche Unbilligkeit (vgl. zB VwGH 22.4.2004, 2000/15/0196; Richtlinien für die Abgabeneinhebung – RAE, Rz 1664 und 1666).

Noch nicht entrichtete Abgaben können (dem § 236 Abs. 1 BAO zufolge) nur nachgesehen werden, wenn sie **fällig** sind.

Die Nachsicht setzt stets einen Abgabenanspruch voraus, der abgeschrieben werden kann. Durch Nachsicht kann daher keine Vergütung (Erstattung, Beihilfe) gewährt werden.

6.1.2 Ermessen

Die Nachsicht liegt im Ermessen der Abgabenbehörde (zB VwGH 24.9.2002, 2002/14/0082; VwGH 30.9.2004, 2004/16/0151; VwGH 17.11.2004, 2000/14/0112).

Für die Nachsicht bereits entrichteter Abgabenschuldigkeiten (§ 236 Abs. 2 BAO) ist kein strengerer Maßstab als bei Nachsicht noch nicht entrichteter Abgaben anzulegen (VwGH 20.1.1987, 86/14/0103; VwGH 22.2.2000, 94/14/0144; VwGH 2.6.2004, 2003/13/0156). Übrigens ist die Befristung des Antragsrechts auf Nachsicht bereits entrichteter Abgaben durch das AbgÄG 2005 [BGBl. I Nr. 161/2005] beseitigt worden (durch Aufhebung des zweiten Satzes des § 236 Abs. 2 BAO).

Das bisherige steuerliche Verhalten des Abgabepflichtigen wird für die Übung des Ermessens bei sachlicher Unbilligkeit der Einhebung in der Regel nicht entscheidungserheblich sein. Die Abweisung eines Nachsichtsantrages zwecks „Sanktionierung" der Verletzung abgabenrechtlicher Pflichten kommt somit im Allgemeinen nicht in Betracht.

6.1.3 Antrag

Die Nachsicht von Abgabenschuldigkeiten setzt einen Antrag des Abgabepflichtigen voraus. Wegen der Antragsgebundenheit darf die Nachsicht nicht über den Antrag hinausgehen (VwGH 30.9.2004, 2004/16/0151).

Der Antrag auf Nachsicht ist im Allgemeinen schriftlich einzubringen. Er ist nämlich ein Anbringen zur Geltendmachung von Rechten im Sinne des § 85 Abs. 1 BAO.

Der auf Nachsicht gerichtete Antrag setzt die Rechtskraft der Abgabenvorschreibung nicht voraus (VwGH 29.6.1983, 83/13/0047). Ebenso wenig erfordert die Bewilligung der Nachsicht die formelle Rechtskraft des Abgabenbescheides (oder des Haftungsbescheides), aus dem die Abgabenschuldigkeit resultiert.

Im Nachsichtsverfahren liegt das Hauptgewicht der Behauptungs- und Beweislast beim Nachsichtswerber (zB VwGH 26.2.2003, 98/13/0091; VwGH 28.4.2004, 2001/14/0022). Ihm obliegt es, im Rahmen seiner **Mitwirkungspflicht** einwandfrei und unter Ausschluss jeglichen Zweifels das Vorliegen jener Umstände darzutun, auf welche die Nachsicht gestützt werden kann (zB VwGH 25.11.2002, 97/14/0013; VwGH 28.4.2004, 2001/14/0022).

Die Abgabenbehörde hat im Rahmen ihrer **amtswegigen Ermittlungspflicht** nur die vom Antragsteller geltend gemachten Gründe zu prüfen (zB VwGH 30.6.2005, 2004/16/0276).

6.2 § 3 Z 1 und 2 der Verordnung zu § 236 BAO

6.2.1 Einleitung

Die Verordnung betreffend Unbilligkeit der Einhebung im Sinne des § 236 BAO [BGBl. II Nr. 435/2005] legt in ihrem § 3 an Hand von Beispielen den unbestimmten Rechtsbegriff der sachlichen Unbilligkeit der Einhebung aus.

§ 3 lautet:

„§ 3. Eine sachliche Unbilligkeit liegt bei der Einhebung von Abgaben insbesondere vor, soweit die Geltendmachung des Abgabenanspruches

1. von Rechtsauslegungen des Verfassungsgerichtshofes oder des Verwaltungsgerichtshofes abweicht, wenn im Vertrauen auf die betreffende Rechtsprechung für die Verwirklichung des die Abgabepflicht auslösenden Sachverhaltes bedeutsame Maßnahmen gesetzt wurden;
2. in Widerspruch zu nicht offensichtlich unrichtigen Rechtsauslegungen steht, die
   a) dem Abgabepflichtigen gegenüber von der für ihn zuständigen Abgabenbehörde erster Instanz geäußert oder
   b) vom Bundesministerium für Finanzen im Amtsblatt der österreichischen Finanzverwaltung veröffentlicht

   wurden, wenn im Vertrauen auf die betreffende Äußerung bzw. Veröffentlichung für die Verwirklichung des die Abgabepflicht auslösenden Sachverhaltes bedeutsame Maßnahmen gesetzt wurden;
3. zu einer internationalen Doppelbesteuerung führt, deren Beseitigung ungeachtet einer Einigung in einem Verständigungsverfahren die Verjährung oder das Fehlen eines Verfahrenstitels entgegensteht."

Die Aufzählung im § 3 der Verordnung ist nicht taxativ. Die Bestimmung schränkt daher den Bereich sachlicher Unbilligkeiten nicht ein.

„Rechtsauslegungen" im Sinne des § 3 Z 1 und 2 der Verordnung sind Auslegungen von Rechtsquellen (insbesondere von Abgabenvorschriften). Ein Vertrauen auf die Auslegung von Bestimmungen eines formell früheren Gesetzes (zB EStG 1972) wird in der Regel dann schutzwürdig sein, wenn der Wortlaut der maßgebenden Normen (zB des EStG 1972 und des EStG 1988) im Wesentlichen ident ist und sich in teleologischer oder systematischer Interpretation kein anderer Begriffsinhalt für die (formell) neue Bestimmung (zB des EStG 1988) ergibt.

Das Vertrauen auf Rechtsauslegungen ist nur schutzwürdig, wenn sich die Rechtslage nicht geändert hat. Es ist nicht erforderlich, dass das Finanzamt Rechtsauskünfte bei Änderung der maßgebenden Abgabenvorschriften ausdrücklich widerruft.

Rechtsauslegungen in Erlässen beziehen sich auf die hiefür maßgebliche Rechtslage.

6.2.2 Vertrauen auf Rechtsauskünfte (§ 3 Z 2 lit. a)

§ 3 Z 2 lit. a der Verordnung gilt unabhängig davon, ob die Rechtsauskunft auf Grund einer ausdrücklichen gesetzlichen Verpflichtung (zB § 90 EStG 1988, Auskunftspflichtgesetz) erfolgt.

Der Begriff der **offensichtlichen Unrichtigkeit** wird auch in § 293b BAO verwendet. Die diesbezügliche Judikatur wird daher bei der Auslegung des § 3 Z 2 der Verordnung nicht unberücksichtigt zu bleiben haben.

Eine sachliche Unbilligkeit nach § 3 Z 2 lit. a der Verordnung erfordert, dass die Auskunft dem betreffenden Abgabepflichtigen bzw. seinem Vertreter von der hiefür **zuständigen Abgabenbehörde** erster Instanz erteilt wurde.

Das Vertrauen in Rechtsauskünfte einer Oberbehörde wird durch § 3 der Verordnung nicht geschützt. Daher erscheint es für den Abgabepflichtigen empfehlenswert, sich vom zuständigen Finanzamt bestätigen zu lassen, dass es der Rechtsauslegung der Oberbehörde beitritt.

Abgabepflichtige (im Sinne des § 77 Abs. 1 BAO) sind nicht nur Eigenschuldner, sondern auch Abfuhrpflichtige (zB Arbeitgeber für die Lohnsteuer).

Dem Abfuhrpflichtigen (bzw. seinem Vertreter) erteilte Rechtsauskünfte des für die Erhebung der Abfuhrabgabe zuständigen Finanzamtes sind für die Nachsicht der Abfuhrabgabe selbst, aber auch für die Unbilligkeit der Einhebung beim Eigenschuldner (etwa bei abgabenrechtlicher Erfassung der Bezüge im Wege einer Einkommensteuerveranlagung) bedeutsam.

Beispiel:

Im Vertrauen auf eine dem Arbeitgeber vom Finanzamt (§ 57 Abs. 1 BAO) erteilte Auskunft über die Steuerfreiheit bestimmter Bezüge werden Dienstverträge abgeschlossen und bezüglich dieser Bezüge keine Lohnsteuer einbehalten und abgeführt.

Diese Bezüge werden im Einkommensteuerbescheid des Arbeitnehmers als steuerpflichtig behandelt. Die Einhebung der diesbezüglichen Abgabenschuldigkeit beim Arbeitnehmer ist sachlich unbillig im Sinne des § 3 der Verordnung.

Für die Nachsicht von Feststellungsbescheiden (§ 188 BAO) —abgeleiteterie Abgaben genügt es, wenn die Auskunft über für die Ermittlung der einheitlich und gesondert festzustellenden Einkünfte maßgebliche Fragen der Personenvereinigung (Personengemeinschaft) ohne eigene Rechtspersönlichkeit (zB KG, GesBR) von dem für die Feststellung zuständigen Finanzamt (§ 54 BAO) erteilt wurde. Es ist daher beispielsweise nicht erforderlich, dass die Rechtsauskunft dem Einkommensteuerpflichtigen von seinem Wohnsitzfinanzamt erteilt wurde.

Dies gilt etwa auch für Sonderbetriebsausgaben betreffende Rechtsauskünfte. Ein Vertrauen des diesbezügliche Maßnahmen setzenden Einkommensteuerpflichtigen kann sich diesfalls aus ihm oder aus der Personenvereinigung (Personengemeinschaft) erteilten Auskünften ergeben. Zuständiges Finanzamt (für die Auskunftserteilung) ist in beiden Fällen jenes, dem die einheitliche und gesonderte Feststellung der Einkünfte obliegt.

Für § 3 Z 2 lit. a der Verordnung ist maßgebend, welches Finanzamt für die betreffende Abgabe (bzw. für die einheitliche und gesonderte Feststellung der Einkünfte) im Zeitpunkt der Erteilung der Auskunft zuständig ist. Von diesem Finanzamt erteilte Auskünfte verlieren durch den Übergang der Zuständigkeit (insbesondere gemäß § 73 BAO) nicht ihre Bedeutung für die sachliche Unbilligkeit der Einhebung durch das zuständig gewordene Finanzamt.

6.2.3 Vertrauen auf Judikatur (§ 3 Z 1)

Im Vertrauen auf Rechtsprechung des VwGH oder des VfGH können Maßnahmen nur gesetzt werden, wenn die betreffende Judikatur dem Abgabepflichtigen bzw. seinem Vertreter bekannt war.

Ein Vertrauen auf Rechtsauslegungen des VwGH bzw. des VfGH kann frühestens ab rechtlicher Existenz der betreffenden höchstgerichtlichen Entscheidung (somit ab Zustellung der Entscheidung an die Partei) für die Unbilligkeit im Sinne des § 3 der Verordnung erheblich sein. Maßnahmen „im Vertrauen" auf Rechtsprechung werden somit in der Regel erst ab deren erstmaliger Veröffentlichung gesetzt werden können.

Aus dem demonstrativen Charakter der Aufzählung sachlicher Unbilligkeiten im § 3 der Verordnung ergibt sich kein Verbot, in Einzelfällen das Vertrauen in Rechtsprechung des EuGH oder des OGH im Wege einer Nachsicht zu schützen.

6.2.4 Vertrauen auf Erlässe (§ 3 Z 2 lit. b)

§ 3 Z 2 lit. b der Verordnung verallgemeinert die zu Rechtsauskünften der zuständigen Abgabenbehörde bestehende, auf dem Grundsatz von Treu und Glauben beruhende herrschende Auffassung (vgl. zB VwGH 22.4.2004, 2000/15/0196), weil ein Vertrauen auf im Amtsblatt der österreichischen Finanzverwaltung (AÖFV) veröffentlichte Rechtsauslegungen des Bundesministeriums für Finanzen gleichermaßen schutzwürdig erscheint.

Rechtsauslegungen des Bundesministeriums für Finanzen fallen unabhängig davon unter § 3 der Verordnung, ob sie als Richtlinien bezeichnet werden. Entscheidend ist jedoch, dass sie im AÖFV veröffentlicht sind.

Nicht unter § 3 Z 2 lit. b der Verordnung fallen somit beispielsweise lediglich in Fachzeitschriften abgedruckte Einzelerledigungen, Pressemitteilungen, Stellungnahmen gegenüber dem Rechnungshof oder der Volksanwaltschaft, parlamentarische Anfragebeantwortungen, nur im Internet (auf der Homepage des Bundesministeriums für Finanzen) veröffentliche Informationen sowie Broschüren.

Maßnahmen werden nur dann im Vertrauen auf einen im AÖFV veröffentlichten Erlass gesetzt, wenn die betreffende Rechtsauslegung dem Abgabepflichtigen bzw. seinem Vertreter bekannt war.

Bei Erlässen ist der früheste (vertrauensrelevante) Zeitpunkt jener der Veröffentlichung im AÖFV. Ein Vertrauen auf Erlassentwürfe ist ebenso wenig wie die Kenntnis unterschriebener, aber nicht im AÖFV veröffentlichter (oder dort noch nicht veröffentlichter) Erlässe für die Unbilligkeit gemäß § 3 Z 2 der Verordnung bedeutsam.

Für die Nachsicht wegen sachlicher Unbilligkeit der Einhebung „abgeleiteter" Abgaben ist nicht erforderlich, dass die im Vertrauen auf Rechtsauslegungen gesetzten Maßnahmen von Abgabepflichtigen selbst gesetzt wurden. Es reicht, wenn die Maßnahmen, die für die Höhe der einheitlich und gesondert festzustellenden Einkünfte bedeutsam sind, von der Personenvereinigung (Personengemeinschaft) ohne eigene Rechtspersönlichkeit gesetzt wurden.

Aus dem demonstrativen Charakter der Aufzählung sachlicher Unbilligkeiten im § 3 der Verordnung ergibt sich kein Verbot, in Einzelfällen das Vertrauen auch in (noch) nicht im AÖFV veröffentlichten Erlässen im Wege einer Nachsicht zu schützen.

7. Hinweise

Die vorstehenden Ausführungen stellen die Rechtsansicht des Bundesministeriums für Finanzen dar, die im Interesse einer bundeseinheitlichen Vorgangsweise mitgeteilt wird. Über die gesetzlichen Bestimmungen hinausgehende Rechte und Pflichten werden dadurch weder begründet noch können solche aus dem Erlass abgeleitet werden.

Der Erlass des Bundesministeriums für Finanzen vom 26. Jänner 1995, Z 05 0301/2-IV/5/94, AÖFV Nr. 70/1995, wird aufgehoben.

12/2/2.

Erlass über Auskünfte zu sachverhaltsbezogenen Anfragen

(Erlass des BMF vom 17. Dezember 2012, BMF-010106/0031-IV/2/2012)

Dieser Erlass gilt für alle Auskunftsersuchen an die Finanzämter, die abgabenrechtliche Beurteilungen bereits verwirklichter oder noch nicht verwirklichter Sachverhalte betreffen.

1. Präambel

Auskünfte, die darin bestehen, Gesetzestexte, Verordnungen, höchstgerichtliche Judikatur, Erlässe oder andere veröffentlichte Informationen ohne Beurteilung eines konkreten Sachverhaltes wiederzugeben, sind davon nicht umfasst. Ebenfalls nicht umfasst sind Auskunftsersuchen, die keine ausreichend konkretisierten individuellen Sachverhalte betreffen. Solche Anfragen sind wie bisher entsprechend zu beantworten.

Der Erlass gilt weiters nicht für Auskunftsbescheide nach § 118 BAO (vgl. dazu die Richtlinien zu Advance Ruling – Auskunftsbescheid gemäß § 118 BAO vom 2. März 2011, BMF-010103/0035-VI/2011) und Forschungsbestätigungen nach § 118a BAO.

2. Rechtliche Rahmenbedingungen

2.1. Bundesministeriengesetz 1986

Nach § 4 Abs. 3 des Bundesministeriengesetzes 1986 haben die Bundesminister in geeigneter Weise dafür Sorge zu tragen, dass die ihren Bundesministerien nachgeordneten Verwaltungsbehörden, Ämter und Einrichtungen des Bundes innerhalb ihrer örtlichen und sachlichen Zuständigkeit Auskünfte erteilen, soweit eine Verpflichtung zur Amtsverschwiegenheit dem nicht entgegensteht.

2.2. Auskunftspflichtgesetz

Gemäß § 1 Auskunftspflichtgesetz, BGBl. Nr. 287/1987, haben unter anderem die Organe des Bundes über Angelegenheiten ihres Wirkungsbereiches Auskünfte zu erteilen, soweit eine gesetzliche Verschwiegenheitspflicht dem nicht entgegensteht. Auskünfte sind ohne unnötigen Aufschub, spätestens aber binnen acht Wochen nach Einlangen des Auskunftsbegehrens zu erteilen. Kann aus besonderen Gründen diese Frist nicht eingehalten werden, so ist der Auskunftswerber jedenfalls zu verständigen.

Auskünfte nach dem Auskunftspflichtgesetz sind Wissenserklärungen und keine Willenserklärungen. Gegenstand einer Auskunft kann nur gesichertes Wissen sein, nicht jedoch beispielsweise Umstände eines noch nicht abgeschlossenen Willensbildungsprozesses.

Nach den Erläuterungen zur Regierungsvorlage des Auskunftspflichtgesetzes sind Gegenstand der Auskünfte ausschließlich solche Informationen, die zum Zeitpunkt der Anfrage der Verwaltung bereits bekannt sind und nicht erst von der ersuchten Verwaltungseinheit zum Zweck der Erfüllung der Auskunftspflicht beschafft werden müssen.

Unter das Auskunftspflichtgesetz fallen sowohl Tatsachenauskünfte (zB über die Höhe des Abgabenrückstandes) als auch Rechtsauskünfte.

2.3. § 90 EStG 1988

Gemäß § 90 EStG 1988 hat das Finanzamt der Betriebsstätte (§ 81 EStG 1988) auf Anfrage einer Partei tunlichst innerhalb von 14 Tagen darüber Auskunft zu geben, ob und inwieweit im einzelnen Fall die Vorschriften über die Lohnsteuer anzuwenden sind.

Nach dieser Gesetzesbestimmung können sowohl der Arbeitgeber als auch – zu dem ihn konkret betreffenden Lohnsteuerabzug – der Arbeitnehmer eine Auskunft begehren.

Diese Auskunftspflicht betrifft auch noch nicht verwirklichte Sachverhalte.

2.4. Verordnung des Bundesministers für Finanzen zur Einbehaltung von Kapitalertragsteuer und deren Erstattung bei Mutter-und Tochtergesellschaften im Sinne der Mutter-Tochter-Richtlinie, BGBl. 56/1995

Im Falle eines berechtigten Interesses des zum Abzug der Kapitalertragsteuer Verpflichteten kann das für die Erhebung der Kapitalertragsteuer zuständige Finanzamt über dessen Anfrage Auskunft geben, welche Wirkungen sich für seine Stellung als Haftungspflichtiger im Sinne der Bestimmungen des Einkommensteuergesetzes ergeben werden.

2.5. Verordnung des Bundesministers für Finanzen betreffend die steuerliche Entlastung von Erträgen aus der internationalen Schachtelbeteiligung, BGBl. II 295/2004

Im Falle eines berechtigten Interesses der inländischen Körperschaft, kann das für die Erhebung der Körperschaftsteuer zuständige Finanzamt Auskünfte hinsichtlich der Auswirkungen des § 10 Abs. 4 KStG 1988 erteilen. Daraus lassen sich keine unmittelbaren materiellen Folgen ableiten. Die Auskunftserteilung zum konkreten Sachverhalt ist jedoch Grundlage für die Anwendung des Grundsatzes von Treu und Glauben.

2.6. Verordnung des Bundesministers für Finanzen betreffend Unbilligkeit der Einhebung im Sinn des § 236 BAO, BGBl. II Nr. 435/2005

Nach § 3 der Verordnung liegt eine sachliche Unbilligkeit bei der Einhebung von Abgaben unter anderem dann vor, soweit die Geltendmachung des Abgabenanspruches in Widerspruch zu nicht offensichtlich unrichtigen Rechtsauslegungen steht, die dem Abgabepflichtigen gegenüber von der für ihn zuständigen Abgabenbehörde erster Instanz geäußert wurden, wenn im Vertrauen auf die betreffende Äußerung für die Verwirklichung des die Abgabepflicht auslösenden Sachverhaltes bedeutsame Maßnahmen gesetzt wurden.

2.7. Richtlinien zum Grundsatz von Treu und Glauben vom 6.4.2006, BMF-010103/0023-VI/2006

Gemäß Punkt 3.1. dieser Richtlinien setzt die Anwendung des Grundsatzes von Treu und Glauben insbesondere voraus:

- Die Auskunft wird von der zuständigen Abgabenbehörde erteilt.
- Die Auskunft ist nicht offensichtlich unrichtig.
- Die Unrichtigkeit der Auskunft war für die Partei nicht leicht erkennbar.
- Die Partei hat im Vertrauen auf die Richtigkeit der Auskunft Dispositionen getroffen, die sie bei Kenntnis der Unrichtigkeit der Auskunft nicht oder anders getroffen hätte.
- Schaden („Vertrauensschaden“) für die Partei, wenn die Besteuerung entgegen der Auskunft vorgenommen würde.

Für die Geltung des Grundsatzes von Treu und Glauben ist nicht entscheidend, ob die Auskunft aufgrund einer gesetzlichen Verpflichtung (Lohnsteuerauskunft gemäß § 90 EStG 1988 oder nach dem Auskunftspflichtgesetz) oder ohne Verpflichtung erteilt wurde.

Bei Rechtsauskünften, denen (geplante) künftige, vom Auskunftswerber im Auskunftsersuchen dargestellte Sachverhalte zugrunde gelegt wurden, ist der Grundsatz von Treu und Glauben nicht anwendbar, wenn der tatsächlich verwirklichte Sachverhalt in wesentlichen Punkten von dem der Auskunft zugrunde liegenden Sachverhalt abweicht oder wenn für die rechtliche Beurteilung wesentliche Sachverhaltselemente verschwiegen worden sind.

3. Grundsätze

3.1. Allgemeines zur Auskunftserteilung

Die Mitarbeiterinnen und Mitarbeiter der Finanzämter stehen den Bürgerinnen und Bürgern sowie deren steuerlichen Vertretungen zur Verfügung, um diese bei materiellrechtlichen Fragen zu unterstützen. Eine Form der Unterstützung stellt die Beantwortung von Anfragen dar, die entweder

- auf Grund einer gesetzlichen Verpflichtung (gemäß § 1 des Auskunftspflichtgesetzes, oder gemäß § 90 EStG 1988) oder
- ohne ausdrückliche gesetzliche Verpflichtung erfolgt.

Um den Finanzämtern eine effiziente Auskunftsbeantwortung zu ermöglichen, ist es erforderlich, dass die Abgabepflichtigen und deren steuerliche Vertretungen die formalen und inhaltlichen Rahmenbedingungen (siehe Punkt 4) beachten.

Auskünfte, gleichgültig, ob sie verpflichtend oder freiwillig erfolgen, haben nicht den Charakter eines Bescheides und können daher weder den Steuerpflichtigen noch die Abgabenbehörde binden. Eine Bindung nach dem Grundsatz von Treu und Glauben tritt nur unter den in Punkt 2.7 genannten Bedingungen ein.

3.2. Grenzen der Auskunftserteilung

Auskünfte sind nur in einem solchen Umfang zu erteilen, der die Besorgung der übrigen Aufgaben der Verwaltung nicht wesentlich beeinträchtigt. Es besteht keine Verpflichtung zu umfangreichen Ausarbeitungen (zB durch Auskünfte betreffend Feststellung von Unternehmenswerten) oder zur Erstellung von (Rechts-)Gutachten.

Auskünfte sind auch über Erlässe zu geben, soweit eine gesetzliche Verschwiegenheitspflicht dem nicht entgegensteht. Auskünfte sind nicht zu erteilen, wenn sie offenkundig mutwillig verlangt werden.

Ein Auskunftsbegehren ist insbesondere dann mutwillig, wenn

- es allgemein offenkundige Fakten betrifft,
- vom selben Auskunftswerber eine große Anzahl gleich lautender Auskunftsbegehren gestellt wird, oder
- sich jemand im Bewusstsein der Grund- und Aussichtslosigkeit bzw. der Nutz- und Zwecklosigkeit seines Anbringens an die Behörde wendet.

Weiters besteht kein Anspruch auf Rechtsauskunft, wenn ein Verfahren, in dem die angefragte Rechtsfrage zu entscheiden ist, bereits anhängig ist. (Subsidiarität des Auskunftsrechtes).

Eine Auskunft ist nicht zu erteilen, wenn sich das Auskunftsersuchen auf einen nicht hinreichend konkretisierten zukünftigen Sachverhalt (zB mehrere vage Gestaltungsvarianten) bezieht.

In den oben genannten Fällen ist jedenfalls die/der Anfragende mittels formloser kurz begründeter Mitteilung zu informieren.

Wird die Auskunft nicht erteilt, ist über Antrag der Partei bescheidmäßig abzusprechen (vgl. § 4 Auskunftspflichtgesetz).

4. Formale Voraussetzungen

Anfragen sind in Schriftform beim zuständigen Finanzamt einzubringen. Die Einbringung ist auch mittels Fax oder über FinanzOnline (Menü: „Eingaben – Anträge – sonstige Anträge – Ersuchen Rechtsauskünfte“) möglich.

4.1. Inhalt der Anfrage

Die Anfrage hat zweckmäßigerweise zu enthalten:

- den Namen und die Steuernummer des Steuerpflichtigen,
- eine vollständige und eindeutige Darstellung des Sachverhaltes mit dem Hinweis, ob dieser bereits verwirklicht worden ist,
- die Formulierung konkreter Rechtsfragen, die sich aus diesem Sachverhalt ergeben,
- allenfalls Lösungsvorschläge zu den Rechtsfragen (jedenfalls bei Anfragen von berufsmäßigen Parteienvertretern zumutbar).

4.2. Zuständigkeit

Die Erteilung einer Auskunft erfolgt durch das sachlich und örtlich zuständige Finanzamt. Das Finanzamt, bei dem die Anfrage eingelangt ist, hat im Falle seiner Nichtzuständigkeit die Anfrage an das zuständige Finanzamt weiterzuleiten, gegebenenfalls nach Rücksprache mit der/dem Anfragenden bzw. deren/dessen steuerlichen Vertretung.

Wenn Anfragen bei Finanzämtern mit allgemeinem Aufgabenbereich einlangen und als Adressat ein anderes Finanzamt angeführt ist, sind diese an das in der Anfrage bezeichnete Finanzamt unverzüglich weiterzuleiten (§ 13 Abs. 2 AVOG 2010).

Ist zum Zeitpunkt des Einbringens der Anfrage eine konkrete Finanzamtszuständigkeit noch nicht feststellbar (zB bei beabsichtigten Neugründungen ohne Standortwahl), ist das Finanzamt zuständig, das als erstes von der Anfrage erfährt.

5. Form und Inhalt der Antwort

Die vom zuständigen Finanzamt schriftlich erteilte Auskunft hat zu beinhalten:

- die Bezeichnung der Anfrage mit dem Datum der Einbringung,
- eine Wiederholung des relevanten Sachverhaltes,
- die rechtliche Beurteilung mit Begründung,
- den Hinweis, dass diese Auskunft nicht in Bescheidform ergeht,
- den Hinweis, dass der Schutz des Vertrauens auf die Auskunft (nach dem Grundsatz von Treu und Glauben) ua. voraussetzt, dass der Sachverhalt, welcher der Auskunft zugrunde gelegt ist, im Auskunftsersuchen richtig und vollständig dargestellt ist und tatsächlich verwirklicht wird.

Rechtsauskünfte dürfen keinen Vorbehalt betreffend sich ändernder Rechtsprechung oder später ergehender Erlässe oder Weisungen der Oberbehörde beinhalten.

Auskünfte nach dem Auskunftspflichtgesetz sind ohne unnötigen Aufschub, grundsätzlich spätestens aber binnen acht Wochen nach Einlangen des Auskunftsbegehrens zu erteilen (§ 3 Auskunftspflichtgesetz). Lohnsteuerauskünfte gemäß § 90 EStG 1988 sind tunlichst innerhalb von 14 Tagen zu beantworten. Andere Rechtsauskünfte sollen möglichst innerhalb von acht Wochen erfolgen; kann diese Frist nicht eingehalten werden, ist die/der Anfragende jedenfalls zu informieren.

12/3. Anzeige- und Offenlegungspflicht

12/3/1. AÖF 2006/124

Erlass zu den Anzeigepflichten nach den §§ 120 und 139 BAO

(Erlass des BMF vom 9. März 2006, BMF-010103/0020-VI/2006)

Anzeigepflicht für Begründung und Aufgabe von Betrieben, Beseitigung der Ungewissheit und Eintritt rückwirkender Ereignisse; Anzeigepflicht bei Erkennen der Unrichtigkeit eingereichter Abgabenerklärungen

1. Allgemeines zu Anzeigepflichten

Die Pflicht zur vollständigen und wahrheitsgemäßen Offenlegung der für den Bestand und Umfang einer Abgabepflicht oder für die Erlangung abgabenrechtlicher Begünstigungen bedeutsamen Umstände besteht nach § 119 Abs. 1 BAO „nach Maßgabe der Abgabenvorschriften".

Eine abgabenrechtliche Offenlegungspflicht besteht somit lediglich dann, wenn und soweit sie in einer Abgabenvorschrift vorgesehen ist. Dies gilt auch für Anzeigepflichten.

Abgabenrechtliche Anzeigepflichten sind beispielsweise vorgesehen in den §§ 15, 120, 122 und 139 BAO, § 31 GebG, § 43 Abs. 1 UmgrStG.

Die Verletzung abgabenrechtlicher Anzeige-, Offenlegungs- oder Wahrheitspflichten ist finanzstrafrechtlich insbesondere bedeutsam für

- § 33 FinStrG (Abgabenhinterziehung),
- § 34 FinStrG (fahrlässige Abgabenverkürzung) und
- § 51 Abs. 1 lit. a FinStrG (Finanzordnungswidrigkeit).

2. Anzeigepflichten nach § 120 BAO

2.1 § 120 Abs. 1 BAO

Die Anzeigepflicht des § 120 Abs. 1 BAO umfasst

- alle Umstände, die hinsichtlich einer Abgabe vom Einkommen, Vermögen, Ertrag oder Umsatz die persönliche Abgabepflicht begründen, ändern oder beendigen,
- den Wegfall von Voraussetzungen für die Befreiung von einer Abgabe vom Einkommen, Vermögen oder Ertrag.

Die persönliche Einkommensteuerpflicht wird beispielsweise begründet, wenn jemand erstmals die Voraussetzungen der unbeschränkten Steuerpflicht (§ 1 Abs. 2 EStG 1988) begründet, somit zB bei erstmaliger Begründung eines Wohnsitzes (§ 26 BAO) im Inland.

Eine Änderung der persönlichen Einkommensteuerpflicht ist der Wechsel von der beschränkten zur unbeschränkten Steuerpflicht sowie umgekehrt.

Eine anzeigepflichtige Beendigung der Abgabepflicht liegt etwa bei Aufgabe des für die unbeschränkte Einkommensteuerpflicht maßgebenden Wohnsitzes vor.

Hinsichtlich der Umsatzsteuer umfasst die Anzeigepflicht die Begründung und die Beendigung der Unternehmereigenschaft (VwGH 17.3.2005, 2004/16/0252).

Aus § 120 Abs. 1 BAO ergibt sich keine Anzeigepflicht für den Umstand, dass ein unbeschränkt Steuerpflichtiger erstmals einkommensteuerpflichtige Einkünfte erzielt.

Es besteht keine generelle Anzeigepflicht für alle für die Abgabenfestsetzung maßgebenden Umstände. Daher umfasst die Anzeigepflicht beispielsweise nicht jede einzelne Betriebseinnahme oder Betriebsausgabe. Ebenso wenig ist der Abgabepflichtige verpflichtet, unaufgefordert dem Finanzamt Umstände (zB steigende Einnahmen, sinkende Ausgaben) mitzuteilen, deren Kenntnis der Abgabenbehörde eine Anpassung von Einkommensteuervorauszahlungen (§ 45 Abs. 4 EStG 1988) ermöglichen würde.

Von der die Begründung, Änderung oder Beendigung der persönlichen Abgabepflicht betreffenden Anzeigepflicht sind die Einkommensteuer, Körperschaftsteuer und die Umsatzsteuer betroffen.

Hinsichtlich Einkommensteuer ist die Anzeige gegenüber dem nach § 55 BAO zuständigen Finanzamt zu erstatten. Für die Körperschaftsteuer richtet sich die diesbezügliche Zuständigkeit nach § 56 BAO (beschränkte Steuerpflicht) bzw. nach § 58 BAO (unbeschränkte Steuerpflicht).

Für die Umsatzsteuer betreffende Anzeigen enthält § 120 Abs. 1 BAO keine spezielle Aussage zur Zuständigkeit. Die Zuständigkeit für die Erhebung der Umsatzsteuer richtet sich allerdings grundsätzlich nach jener für die Erhebung der Einkommensteuer bzw. der Körperschaftsteuer (dem § 61 BAO zufolge).

Die Anzeigefrist richtet sich nach § 121 BAO (binnen einem Monat ab Eintritt des anzeigepflichtigen Ereignisses).

2.2 § 120 Abs. 2 BAO

Die Anzeigepflicht des § 120 Abs. 2 BAO umfasst die Begründung oder Aufgabe

- eines land- und forstwirtschaftlichen Betriebes,
- eines gewerblichen Betriebes (einer Betriebsstätte) oder
- einer sonstigen selbständigen Erwerbstätigkeit.

Die Begründung oder Aufgabe von Betriebsstätten (§ 29 BAO) ist nach § 120 Abs. 2 BAO nur anzeigepflichtig, wenn die Betriebsstätte Einkünften aus Gewerbebetrieb dient.

Die Anzeigepflicht bezieht sich nicht auf die Einkunftsarten des § 2 Abs. 3 Z 4 bis 7 EStG 1988.

Nicht anzeigepflichtig ist daher beispielsweise der Verkauf von Anteilen an einer GmbH bzw. der Umstand, dass dadurch sonstige Einkünfte (§ 29 Z 2 EStG 1988) erzielt werden.

Die Anzeigepflicht des § 120 Abs. 2 BAO besteht gegenüber dem für die Erhebung der Umsatzsteuer zuständigen Finanzamt. Die diesbezügliche örtliche Zuständigkeit ergibt sich im Allgemeinen aus § 61 BAO. Hiefür kann auch § 70 BAO maßgebend sein.

Die Anzeige ist nach § 121 BAO binnen einen Monat, gerechnet vom Eintritt des anmeldungspflichtigen Ereignisses, zu erstatten.

2.3 § 120 Abs. 3 BAO

2.3.1 Einleitung

Der durch das AbgÄG 2005 [BGBl. I Nr. 161/2005[1])] angefügte § 120 Abs. 3 BAO lautet:

[1]) AÖFV Nr. 37/2006

„(3) Weiters ist die Beseitigung einer im vorläufigen Bescheid genannten Ungewissheit (§ 200 Abs. 1) und ein Eintritt eines im Bescheid angeführten, in Betracht kommenden rückwirkenden Ereignisses (§ 295a) dem für die Erhebung der betreffenden Abgaben zuständigen Finanzamt anzuzeigen.“

2.3.2 Beseitigung der Ungewissheit

Die Beseitigung der Ungewissheit ist nur anzeigepflichtig,

- wenn die Ungewissheit im vorläufigen Bescheid angeführt ist und
- wenn die angeführte Ungewissheit tatsächlich eine Ungewissheit im Sinne des § 200 Abs. 1 BAO („ … wenn nach den Ergebnissen des Ermittlungsverfahrens die Abgabepflicht zwar noch ungewiss, aber wahrscheinlich oder wenn der Umfang der Abgabepflicht noch ungewiss istiw) ist.

Für die Anzeigepflicht ist die Nennung der Ungewissheit in der Begründung des vorläufigen Bescheides ausreichend.

Die bloße Wiedergabe des Gesetzestextes des § 200 Abs. 1 erster Satz BAO reicht keinesfalls (weder für die Anzeigepflicht noch für eine nach Maßgabe des § 93 Abs. 3 lit. a BAO erforderliche Begründung des Bescheides).

Die vorläufige Erlassung von Bescheiden erfordert, dass eine „zeitlich bedingte“ Ungewissheit vorliegt (zB VwGH 29.7.1997, 95/14/0117). Nötig ist eine Ungewissheit im Tatsachenbereich (zB VwGH 10.6.2002, 2002/17/0039).

Die Vorläufigkeit von Bescheiden ist nur zulässig, wenn die Ungewissheit derzeit im Ermittlungsverfahren nicht beseitigt werden könnte. Der Umstand, dass in einigen Monaten eine Außenprüfung (§ 147 BAO) geplant ist, rechtfertigt nicht, Bescheide vorläufig zu erlassen.

Die Möglichkeit, gemäß § 200 Abs. 1 erster Satz BAO vorläufige Abgabenbescheide zu erlassen, ist nämlich nicht dazu bestimmt, der Abgabenbehörde vorerst die Ermittlung der für die Abgabenfestsetzung maßgeblichen Tatsachen und rechtlichen Verhältnisse zu ersparen und sich vorbehaltlich der späteren Durchführung eines ordnungsgemäßen Ermittlungsverfahrens sogleich die Abgabeneinnahmen zu verschaffen (VwGH 17.12.1992, 91/16/0137).

Ist dieselbe Rechtsfrage für mehrere Veranlagungszeiträume strittig, so ist der Umstand, dass die Berufung gegen den Bescheid eines Vorjahres noch unerledigt ist, für sich allein kein Grund, Bescheide für Folgejahre vorläufig zu erlassen.

Ebenso wie die Anwendbarkeit des § 208 Abs. 1 lit. d BAO (vgl. zB VwGH 18.10.1984, 83/15/0085) setzt die Anzeigepflicht voraus, dass tatsächlich eine Ungewissheit im Sinne des § 200 Abs. 1 erster Satz BAO vorliegt.

Liegt eine solche Ungewissheit vor, so liegt es im Ermessen der Abgabenbehörde, ob sie den Bescheid vorläufig erlässt. Bei der Ermessensübung ist die Abänderungsmöglichkeit des § 295a BAO zu berücksichtigen. Daher rechtfertigen Ungewissheiten über den Eintritt rückwirkender Ereignisse (im Sinne des § 295a BAO) in der Regel keine Vorläufigkeit.

Die Anzeigepflicht des § 120 Abs. 3 BAO besteht jedoch unabhängig davon, ob der vorläufige Bescheid wegen Ermessensfehlgebrauches rechtswidrig ist.

2.3.3 Eintritt eines rückwirkenden Ereignisses

Ein rückwirkendes Ereignis ist dem § 295a BAO zufolge ein Ereignis, das abgabenrechtliche Wirkung für die Vergangenheit auf den Bestand oder Umfang eines Abgabenanspruches hat.

Ob einem Ereignis Rückwirkung (bezogen auf den Zeitpunkt des Entstehens des Abgabenanspruches) zukommt, ist eine Frage des Inhaltes bzw. der Auslegung von Abgabenvorschriften.

Für auf § 295a BAO gestützte Abänderungen von Bescheiden sowie für die Anzeigepflicht des § 120 Abs. 3 BAO sind derartige rückwirkende Ereignisse nur dann bedeutsam, wenn sie nach Bescheiderlassung eintreten.

Die Anzeigepflicht besteht nur, wenn das in Betracht kommende Ereignis im Bescheid angeführt ist.

Als solche anzeigepflichtige Ereignisse kommen beispielsweise in Betracht

- Kostenersätze für als außergewöhnliche Belastungen (§ 34 EStG 1988) berücksichtigte Ausgaben,
- Stattgabe einer gegen einen Erbschaftssteuerbescheid gerichteten Berufung, wenn die strittige Erbschaftssteuer (zB dem § 31 Abs. 4 EStG 1988 zufolge) bei der Einkommensteuerveranlagung angerechnet wurde,
- Herabsetzung (und Gutschrift) einer nach § 6 Abs. 3 letzter Satz ErbStG auf die inländische Steuer angerechnete ausländische Steuer,
- ein späterer Wegzug im Sinne des § 31 Abs. 2 EStG 1988,
- Änderungen des Veräußerungserlöses für die Ermittlung des Veräußerungsgewinnes nach § 24 Abs. 2 EStG 1988 (vgl. zB Rz 5661 der EStR 2000).

2.3.4 Gemeinsames zu den Anzeigen gemäß § 120 Abs. 3 BAO

Die Anzeige hat binnen einen Monat, gerechnet vom Eintritt des anzeigepflichtigen Ereignisses, zu erfolgen (nach § 121 BAO).

Diese Frist ist eine gesetzliche Frist im Sinne des § 110 Abs. 1 BAO. Sie ist daher nicht erstreckbar.

§ 108 Abs. 4 BAO (Nichteinrechnung der Tage des Postenlaufes) gilt auch für die Anzeigefrist des § 121 BAO.

Die Anzeigepflichten des § 120 Abs. 3 BAO treffen den jeweiligen Bescheidadressaten, somit bei Abgabenbescheiden den Abgabepflichtigen. Dies gilt unabhängig davon, wer das rückwirkende Ereignis verwirklicht, daher beispielsweise auch dann, wenn der als Veräußerung geltende spätere Wegzug (§ 31 Abs. 2 EStG 1988) durch eine andere Person als den Einkommensteuerpflichtigen erfolgt.

Anzeigen sind Anbringen zur Erfüllung von Verpflichtungen. Sie sind daher nach § 85 Abs. 1 BAO grundsätzlich schriftlich einzureichen.

Spezielle Form- oder Inhaltserfordernisse sind in der BAO nicht vorgesehen. Mängelbehebungsaufträge gemäß § 85 Abs. 2 BAO kommen nicht in Betracht, weil Anzeigen „Pflichteingaben“ sind.

Nach § 120 BAO erfolgte Anzeigen unterliegen nicht der Entscheidungspflicht (VwGH 21.7.1998, 94/14/0089). Hingegen sind auf Endgültigerklärung (§ 200 Abs. 2 BAO) gerichtete Anbringen ebenso entscheidungspflichtig wie Anträge auf Abänderung gemäß § 295a BAO.

3. Anzeigepflicht des § 139 BAO

Die Anzeigepflicht des § 139 BAO trifft

- Abgabepflichtige (§ 77 BAO),
- Abfuhrpflichtige (dem § 140 BAO zufolge)
- Verrechnungspflichtige (dem § 140 BAO zufolge),
- Personenvereinigungen (Personengemeinschaften) ohne eigene Rechtspersönlichkeit bezüglich Feststellungen gemäß § 186 oder gemäß § 188 BAO (analoge Anwendung).

Die Anzeigepflicht setzt eine Verletzung der gemäß § 119 BAO bestehenden Offenlegungs- und Wahrheitspflicht voraus.

Die Pflichtverletzung muss in einer Abgabenerklärung oder in einem sonstigen Anbringen erfolgt sein. Ein solches sonstiges Anbringen ist beispielsweise eine Anzeige gemäß § 31 GebG.

Die Anzeigepflicht des § 139 BAO besteht nur, wenn die Pflichtverletzung zu einer Verkürzung von Abgaben geführt hat oder führen kann.

Die Anzeigepflicht setzt voraus, dass der zur Anzeige Verpflichtete nachträglich, aber vor Ablauf der Verjährungsfrist (§§ 207 bis 209a BAO) die Pflichtverletzung und die Verkürzungseignung erkennt.

„Nachträglich“ bedeutet hier nach Einreichung des Anbringens (insbesondere der Abgabenerklärung).

Ein nachträgliches Erkennen ist angeschlossen, wenn die Unrichtigkeit bereits im Zeitpunkt der Einreichung des Anbringens bekannt war. Daher ist § 139 BAO insbesondere dann unanwendbar, wenn abgabenrechtlich bedeutsame Tatsachen in der Abgabenerklärung vorsätzlich nicht offengelegt werden.

Bei fahrlässigen Verletzungen der Offenlegungs- und Wahrheitspflicht besteht keine Anzeigepflicht.

Eine derartige Anzeigepflicht würde gegen das Verbot des Zwanges zur Selbstbeschuldigung verstoßen.

Übrigens wäre das Unterbleiben der Anzeige, selbst wenn man die Anzeigepflicht bejahen würde, für sich nicht strafbar (es läge eine straflose Nachtat vor).

Wahrheitsgemäß offen zu legen sind die nach § 119 Abs. 1 BAO für den Bestand und Umfang einer Abgabepflicht oder für die Erlangung abgabenrechtlicher Begünstigungen maßgebenden Umstände.

Die Offenlegungspflicht wird nicht nur verletzt, wenn nicht existente Tatsachen in Abgabenerklärungen angegeben werden, sondern auch, wenn abgabenrechtlich bedeutsame Tatsachen verschwiegen werden.

Erkennt ein Abgabepflichtiger, dass sich die Abgabenbehörde bei der Erlassung des Bescheides zu seinen Gunsten geirrt hat, so ist er nicht verpflichtet, diesen Bescheid zu bekämpfen (VwGH 23.11.1983, 82/13/0106) oder die Behörde auf ihren Fehler hinzuweisen.

4. Hinweis

Die vorstehenden Ausführungen stellen die Rechtsansicht des Bundesministeriums für Finanzen dar, die im Interesse einer bundeseinheitlichen Vorgangsweise mitgeteilt wird. Über die gesetzlichen Bestimmungen hinausgehende Rechte und Pflichten werden dadurch weder begründet noch können solche aus diesem Erlass abgeleitet werden.

12/3/2.

AÖF 2009/37

Anzeigepflicht nach § 121a BAO – Schenkungsmeldung

(Erlass des BMF vom 17. Dezember 2008, BMF-010103/0219-VI/2008)

Begriff der Schenkung, von der Anzeigepflicht befreite Vorgänge, anzeigepflichtige Personen, Anzeige (Frist, Form, Inhalt), Zuständigkeit.

Inhaltsverzeichnis:

1. Schenkungen

1.1 Allgemeines

Schenkungen (im Sinn des § 3 ErbStG 1955) sind Zuwendungen, die

- unentgeltlich und freigebig erfolgen,
- zu einer Bereicherung des Erwerbers führen,
- wenn ein Bereicherungswille vorliegt.

Erfolgt die Zuwendung in Erfüllung einer Rechtspflicht, so liegt keine Schenkung vor (zB VwGH 17.09.1992, 91/16/0086, zB bei gesetzlicher Unterhaltspflicht). Dies gilt auch bei Erfüllung einer Naturalobligation (zB Bezahlung einer verjährten Schuld).

Auch satzungsgemäßen Zuwendungen von Privatstiftungen mangelt es an Freigebigkeit und sie stellen somit keine Schenkungen dar.

Da § 121a Abs. 1 BAO nur von Schenkungen unter Lebenden spricht, sind alle Erwerbe von Todes wegen nicht von der Anzeigepflicht des § 121a BAO erfasst.

Wird jedoch ein Erbteil in der Folge vom Erben an einen Dritten verschenkt, handelt es sich dabei um eine Schenkung, die nach § 121a BAO anzuzeigen ist.

Genau zu unterscheiden ist diesbezüglich bei der qualifizierten Erbsentschlagung:

Beispiel:

Ein Erblasser hinterlässt zwei Kinder, A und B und eine Schwester C. Es tritt gesetzliche Erbfolge ein, nach der seine beiden Kinder je zur Hälfte Erben werden. A entschlägt sich qualifiziert der Erbschaft zugunsten seiner Tante C. Dieser Vorgang stellt eine Schenkung von A an C dar. Die Schenkung von A an C ist anzeigepflichtig gemäß § 121a BAO in der Höhe des Erwerbes von A.

A hingegen ist für seinen Erbteil nicht anzeigepflichtig, weil er diesen durch Erwerb von Todes wegen erworben hat und daher keine Schenkung vorliegt, die anzuzeigen wäre.

Keine Schenkung liegt auch vor, wenn die Zuwendung aufgrund von moralischen, sittlichen oder Anstandspflichten erfolgt (zB VwGH 29.01.1996, 95/16/0096). Ob eine solche Pflicht bestand, ist nach den Umständen des Einzelfalles (nach dem Herkommen, der Verkehrsanschauung im gesellschaftlichen Kreise des Verfügenden, nach den persönlichen Beziehungen zwischen Geschenkgeber und Geschenknehmer, ihrem Vermögen und ihrer Lebensstellung) zu beurteilen (VwGH 17.09.1992, 91/16/0086).

Der Bereicherungswille für eine Schenkung im bürgerlichrechtlichen Sinn ist gegeben, wenn die objektive Bereicherung des Erwerbers sowohl vom Schenker als auch vom Erwerber selbst gewollt ist. Für eine freigebige Zuwendung (im Sinn des § 3 Abs. 1 Z 2 ErbStG 1955) genügt der einseitige Bereicherungswille des Zuwendenden (zB VwGH 16.12.1999, 98/16/0403).

Der Bereicherungswille muss kein unbedingter sein. Es genügt, dass der Zuwendende eine Bereicherung des Empfängers bejaht oder in Kauf nimmt (zB VwGH 27.05.1999, 96/16/0038).

Bei der Einräumung von Zugriffsmöglichkeiten auf Vermögen ohne Schenkungsabsicht, wie der Verfügungsberechtigung über ein Konto, indem der Kontoinhaber verfügt, dass eine weitere Person auf seinem Konto zeichnungsberechtigt ist, handelt es sich nicht um eine Schenkung. Bei der Einräumung einer bloßen Zeichnungsberechtigung liegt kein Bereicherungswille vor und somit besteht keine Anzeigepflicht nach § 121a BAO.

Anders würde es sich verhalten, wenn der Kontoinhaber zB die Hälfte seines Kontoinhalts an den zweiten Zeichnungsberechtigten verschenken würde und ihm zum Zwecke des Zugriffs die Zeichnungsberechtigung einräumen lässt. Dann würde die Anzeigepflicht gemäß § 121a BAO zum Tragen kommen, wenn die Wertgrenzen in Abs. 2 lit. a oder b überschritten werden.

Im Regelfall werden die in der Praxis oft eingeräumten zusätzlichen Zeichnungsberechtigungen auf Konten aber zum Zwecke der gemeinsamen Haushaltsführung bzw. als Zugriff auf Unterhaltsleistungen eingeräumt werden, was keine Anzeigepflicht nach § 121a BAO zur Folge hat.

Als Schenkung im Sinn des § 3 ErbStG 1955 gilt vor allem

- jede Schenkung im Sinn des bürgerlichen Rechts,
- jede andere freigebige Zuwendung unter Lebenden, soweit der Bedachte durch sie auf Kosten des Zuwendenden bereichert wird.

Die Bereicherung des Geschenknehmers bei der Abfindung für einen Erbverzicht gemäß § 3 Abs. 1 Z 5 ErbStG 1955 muss nicht auf Kosten des Geschenkgebers erfolgen. Aus diesem Grund handelt es sich auch um eine Schenkung des Erblassers, wenn es zu einem Verzicht des präsumptiven Erben/ Pflichtteilsberechtigten gegen Entgelt kommt.

Beispiel:

A hat zwei Kinder B und C. B soll Haupterbe des A werden und C soll nur den Pflichtteil erhalten. C verzichtet noch zu Lebzeiten des A auf seinen Pflichtteil gegen Entgelt, das ihm B bezahlt.

Im Rahmen der Rechtslage vor dem 1. August 2008 wurde dieser Vorgang nach der gesetzlichen Fiktion in § 3 Abs. 1 Z 5 ErbStG 1955 als Schenkung des A an den C angesehen.

Da § 121a BAO statisch auf § 3 ErbStG 1955 verweist, bleibt diese Auslegung aufrecht und es handelt sich somit um eine Schenkung des A an den C, die im Rahmen der Wertgrenzen der Anzeigepflicht des § 121a BAO unterliegt.

Variante: Auch wenn ein Dritter (zB die Großmutter des B) die Abfindung bezahlt, liegt eine Schenkung des A an C im Sinn des § 3 Abs. 1 Z 5 ErbStG 1955 vor.

Der Anzeigepflicht des § 121a BAO unterliegen nur Vorgänge, die unter den Schenkungsbegriff des § 3 ErbStG 1955 fallen. „Scheinschenkungen" (das sind vorgetäuschte Schenkungen – tatsächlich liegen entgeltliche Vorgänge vor) sind nicht von der Anzeigepflicht des § 121a BAO erfasst.

1.2 Schenkungen im Sinn des bürgerlichen Rechts (§ 3 Abs. 1 Z 1 ErbStG 1955)

Eine Schenkung ist nach § 938 ABGB ein Vertrag, durch den eine Sache jemandem unentgeltlich überlassen wird.

Die Schenkung (im Sinn des bürgerlichen Rechts) ist ein Konsensualvertrag. Er kommt durch übereinstimmende Willenserklärung vom Geschenkgeber und Beschenkten zustande, die Sache unentgeltlich dem Beschenkten zu überlassen (zB VwGH 28.03.1996, 94/16/0254).

Gegenstand einer Schenkung ist diejenige Sache, die nach dem übereinstimmenden Willen der Parteien geschenkt sein soll. Bei einer Schenkung von Geld zum Erwerb einer Sache (zB eines Grundstückes) ist für die Frage des Schenkungsgegenstandes entscheidend, ob nach dem Parteiwillen der Geldbetrag oder mittelbar die Sache, die mit dem Betrag erworben werden soll, Gegenstand der Schenkung ist. Wird Geld zur Anschaffung einer bestimmten Sache geschenkt, so ist im Zweifel dieser Gegenstand als geschenkt anzusehen (zB VwGH 01.09.1999, 98/16/0401). Siehe auch zur „mittelbaren Grundstücksschenkung" Abschnitt 1.7.

Bei Versicherungserlösen, die an einen anderen als den Versicherungsnehmer (zB ein Versicherungsnehmer der zugunsten seiner Frau eine Lebensversicherung auf Ableben über 75.000 Euro abschließt) ausbezahlt wurden, handelte es sich nach Rechtslage vor dem 1. August 2008 um eine Schenkung auf den Todesfall, die zwar zivilrechtlich eine Schenkung unter Lebenden darstellte. Eine Schenkung auf den Todesfall wäre grundsätzlich gemäß § 3 ErbStG 1955 schenkungssteuerpflichtig gewesen, wenn sie nicht durch die lex specialis des § 2 Abs. 1 Z 2 ErbStG 1955 als ein Erwerb von Todes wegen qualifiziert worden wäre und dadurch erbschaftssteuerpflichtig war.

Nach der neuen Rechtslage wird grundsätzlich nur mehr die zivilrechtliche Betrachtungsweise herangezogen, da aber § 121a Abs. 1 erster Satz BAO statisch auf § 3 ErbStG 1955 verweist, stellt die Schenkung auf den Todesfall einen Erwerb von Todes wegen dar und ist damit nicht von der Anzeigepflicht des § 121a BAO umfasst.

1.3 Gemischte Schenkungen

Eine gemischte Schenkung ist ein Rechtsgeschäft, bei dem die Leistung des einen Teils ungefähr 20% bis 25% geringer ist als die des anderen (jeweils bewertet zum gemeinen Wert) und die Bereicherung des anderen von dem, der die höherwertige Leistung erbringt, gewollt ist (vgl. VwGH 27.05.1999, 96/16/0038).

Sowohl der Zuwendende als auch der Empfänger muss mit der Unentgeltlichkeit der Zuwendung erkennbar einverstanden gewesen sein, also einen Teil der Leistung als geschenkt angesehen haben (OGH 23.03.1976, 5 Ob 255/75).

Für den Bereicherungswillen genügt, dass der Zuwendende die Bereicherung des Erwerbers in Kauf nimmt, wobei der Bereicherungswille von der Behörde auch aus dem Sachverhalt erschlossen werden kann. Ein wesentliches Anzeichen für die Annahme einer gemischten Schenkung ist ein offenbares Missverhältnis zwischen Leistung und Gegenleistung (zB VwGH 18.09.2003, 2003/16/0087). Maßgebend hiebei sind die gemeinen Werte (vgl. zB VwGH 27.05.1999, 96/16/0038).

Als gemischte Schenkungen kommen zB in Betracht:

- Kauf eines Kunstgegenstandes mit unangemessen niedrigem Kaufpreis.
- Arbeitsvertrag mit überhöhtem Lohn.

1.4 Freigebige Zuwendungen (§ 3 Abs. 1 Z 2 ErbStG 1955)

Als Schenkung gilt weiters jede andere freigebige Zuwendung unter Lebenden, soweit der Bedachte durch sie auf Kosten des Zuwendenden bereichert wird.

In subjektiver Hinsicht ist erforderlich, dass der Zuwendende den einseitigen Willen hat, den Bedachten auf seine Kosten zu bereichern, das heißt ihm etwas unentgeltlich zuzuwenden; für das Vorliegen des Bereicherungswillens ist die Verkehrsauffassung maßgeblich (VwGH 04.12.2003, 2003/16/0097).

Der Bereicherungswille des Zuwendenden muss kein unbedingter sein; es genügt vielmehr, dass der Zuwendende eine Bereicherung des Empfängers der Zuwendung bejaht bzw. in Kauf nimmt, falls sich eine solche Bereicherung im Zuge der Abwicklung des Geschäftes ergibt (zB VwGH 12.07.1990, 89/16/0088, 0089).

1.5 Zweckzuwendungen unter Lebenden (§ 4 Z 2 ErbStG 1955)

Eine Zweckzuwendung (§ 4 Z 2 ErbStG 1955) liegt vor, wenn jemandem Vermögen mit der Auflage zugewendet wird oder eine Zuwendung davon abhängig gemacht wird, dass das Vermögen (die Zuwendung) nicht für eigene Zwecke, sondern für einen unpersönlichen Zweck oder für einen unbestimmten Personenkreis verwendet wird.

1.6 Schenkungen im Sinn des § 3 Abs.1 Z 3 ErbStG 1955

§ 3 Abs. 1 Z 3 ErbStG 1955 umfasst ua. den Vertrag zu Gunsten Dritter (§ 881 ABGB), wenn der Dritte die zu seinen Gunsten bedungene Leistung ohne Gegenleistung erlangt (zB VwGH 27.04.2006, 2005/16/0267).

Dies gilt beispielsweise für die unentgeltliche Einräumung eines Rentenstammrechts (vgl. zB VwGH 29.01.1997, 96/16/0024).

1.7 „Mittelbare Grundstücksschenkung“

Bisher war die Zuwendung eines Vermögens zum Zweck der Anschaffung eines bestimmten Grundstücks unter dem Begriff „mittelbare“ Grundstücksschenkung bekannt. Dies hatte zur Folge, dass nicht der für den Erwerb des Grundstücks verschenkte Geldbetrag, sondern das damit zu erwerbende Grundstück selbst das Geschenk dargestellt hat.

Durch eine Geldzuwendung, die zum Ankauf eines konkretisierten Grundstückes dient, ist kein Tatbestand des Grunderwerbsteuergesetzes erfüllt, da eine solche zweckgebundene Geldschenkung weder einen Anspruch auf Übereignung darstellt, noch eine wirtschaftliche Verfügungsmacht dadurch begründet wird und auch kein Erwerb des Eigentums an einem Grundstück stattfindet, dem ein Rechtsgeschäft vorausgegangen ist, das einen Anspruch auf Übereignung begründet. Demzufolge wird eine derartige Schenkung nicht anzeigepflichtig sein, weil Grundstücke nicht in § 121a Abs. 1 Z 1 BAO angeführt sind.

2. Gegenstand der Schenkung

2.1 Bargeld

Zum Bargeld gehören inländische und ausländische Zahlungsmittel.

2.2 Kapitalforderungen

Kapitalforderungen sind alle Forderungen, die auf Zahlung von Geld gerichtet sind (VwGH

19.12.1996, 95/16/0089). Dazu gehören etwa Sparbücher, Gehaltskonten, Anleihen und Darlehensforderungen.

Die Anzeigepflicht besteht auch, wenn das Vermögen endbesteuert ist.

2.3 Anteile an Kapitalgesellschaften

Zu den Kapitalgesellschaften gehören vor allem die AG und die GmbH.

Die Anzeigepflicht besteht unabhängig vom Ausmaß der erworbenen Beteiligung.

2.4 Anteile von Personenvereinigungen (Personengemeinschaften) ohne eigene Rechtspersönlichkeit

Darunter fallen insbesondere OG und KG.

Die Anzeigepflicht setzt nicht voraus, dass aus der Personenvereinigung Einkünfte erzielt werden. Sie besteht somit auch bei Liebhaberei.

2.5 Beteiligungen als stiller Gesellschafter

Für die Anzeigepflicht ist nicht entscheidend, ob eine unechte (atypische) stille Gesellschaft oder eine echte (typische) stille Gesellschaft vorliegt.

2.6 Betriebe (Teilbetriebe)

Betriebe (Teilbetriebe), die der Erzielung von Einkünften gemäß § 2 Abs. 3 Z 1 bis 3 EStG 1988 dienen.

Ein Teilbetrieb (im Sinn des § 24 Abs. 1 EStG 1988) ist ein organisch in sich geschlossener, mit einer gewissen Selbständigkeit ausgestatteter Teil eines Betriebes, der es vermöge seiner Geschlossenheit ermöglicht, die gleiche Erwerbstätigkeit ohne weiteres fortzusetzen (zB VwGH 25.05.2004, 2000/15/0120).

2.7 Bewegliches körperliches Vermögen

Beispiele für bewegliches körperliches Vermögen sind Schmuck, Edelmetalle, Edelsteine, Kraftfahrzeuge, Segelboote, Motorboote, Reitpferde und Jagdgewehre.

Superädifikate (selbständige, nicht auf Dauer konzipierte, Bauwerke auf fremdem Grund und Boden) sind unter die beweglichen körperlichen Gegenstände zu subsumieren, nicht jedoch Baurechte, und können daher Gegenstand einer Anzeigepflicht sein.

2.8 Immaterielle Vermögensgegenstände

Zu den immateriellen Vermögensgegenständen (im Sinn der §§ 197 Abs. 2 und 224 Abs. 2 A I UGB) gehören beispielsweise

- Konzessionen (zB Taxi, Apotheke),
- gewerbliche Schutzrechte (zB Patente, Urheberrechte, Verlagsrechte),
- ähnliche Rechte (zB Fruchtgenussrechte, Wohnrechte, Warenbezugsrechte wie zB Warengutscheine) und Vorteile (zB Know-how, ungeschützte Erfindungen, Rezepte, Fabrikationsverfahren, Kundenkarteien, Archive, Geschäftsbeziehungen) sowie von den oben genannten Rechten abgeleitete Lizenzen.

3. Am anzeigepflichtigen Erwerb beteiligte Personen

3.1 Allgemeines

Die Anzeigepflicht setzt nach § 121a Abs. 1 Z 2 BAO voraus, dass der Erwerber, Geschenkgeber, Zuwendende bei freigebiger Zuwendung oder der Beschwerte bei Zweckzuwendung im Zeitpunkt des Erwerbes

- einen Wohnsitz,
- den gewöhnlichen Aufenthalt,
- den Sitz oder
- die Geschäftsleitung

im Inland haben.

3.2 Wohnsitz

Einen Wohnsitz (im Sinn der Abgabenvorschriften) hat jemand dort, wo er eine Wohnung innehat unter Umständen, die darauf schließen lassen, dass er die Wohnung beibehalten und benutzen wird (§ 26 Abs. 1 BAO).

Man kann gleichzeitig mehrere Wohnsitze haben (zB VwGH 03.07.2003, 99/15/0104). Siehe ergänzend EStR 2000 Rz 21 und Rz 22.

Die Zweitwohnsitzverordnung (BGBl. II Nr. 528/2003) gilt lediglich für die Frage der unbeschränkten Einkommensteuerpflicht. Aus ihr ergibt sich daher keine Befreiung von der Anzeigepflicht des § 121a BAO.

3.3 Gewöhnlicher Aufenthalt

Den gewöhnlichen Aufenthalt (im Sinn der Abgabenvorschriften) hat jemand dort, wo er sich unter Umständen aufhält, die erkennen lassen, dass er an diesem Ort oder in diesem Land nicht nur vorübergehend verweilt (§ 26 Abs. 2 erster Satz BAO).

Der gewöhnliche Aufenthalt verlangt grundsätzlich die körperliche Anwesenheit des Betreffenden. Man kann nur einen gewöhnlichen Aufenthalt haben (zB VwGH 09.11.2004, 99/15/0008). Siehe ergänzend EStR 2000 Rz 23 bis Rz 25.

3.4 Sitz

Körperschaften, Personenvereinigungen sowie Vermögensmassen haben ihren Sitz (im Sinn der Abgabenvorschriften) an dem Ort, der durch Gesetz, Vertrag, Satzung, Stiftungsbrief und dergleichen bestimmt ist. Fehlt es an einer solchen Bestimmung, so gilt als Sitz der Ort der Geschäftsleitung (§ 27 Abs. 1 BAO). Siehe ergänzend KStR 2001 Rz 5.

3.5 Geschäftsleitung

Als Ort der Geschäftsleitung ist der Ort anzunehmen, an dem sich der Mittelpunkt der geschäftlichen Oberleitung befindet (§ 27 Abs. 2 BAO).

Der Mittelpunkt der geschäftlichen Oberleitung ist dort, wo der für die Geschäftsführung entscheidende Wille gebildet wird (zB VwGH 16.09.2003, 97/14/0169). Siehe ergänzend KStR 2001 Rz 6.

4. Befreiungen von der Anzeigepflicht

4.1 Keine Anzeigepflicht

Die Anzeigepflicht besteht nur für im § 121a Abs. 1 BAO genannte Sachen. Was dort nicht genannt ist, unterliegt nicht der Pflicht zur Anzeige gemäß § 121a BAO.

Grundstücke sind im § 121a Abs. 1 Z 1 BAO nicht genannt. Ihr Erwerb ist daher grundsätzlich nicht anzeigepflichtig. Dies betrifft nicht nur inländische Grundstücke, sondern auch ausländische.

Soweit Grundstücke zum Betriebsvermögen gehören, sind sie allerdings beim Erwerb von Betrieben (Teilbetrieben) als Teil des Betriebes von der Anzeigepflicht betroffen; dies gilt auch dann, wenn ihr Erwerb der Grunderwerbsteuer unterliegt. Siehe auch Abschnitt 5.4.

4.2 Betragsgrenzen (§ 121a Abs. 2 BAO)

4.2.1 Erwerbe zwischen Angehörigen

Erwerbe zwischen Angehörigen sind von der Anzeigepflicht befreit, wenn der gemeine Wert (§ 10 BewG 1955) 50.000 Euro nicht übersteigt.

Innerhalb von einem Jahr von derselben Person angefallene Erwerbe sind nur dann von der Anzeigepflicht ausgenommen, wenn die Summe der gemeinen Werte dieser Erwerbe den Betrag von 50.000 Euro nicht übersteigt.

Ausgenommen von der Zusammenrechnung sind

- Erwerbe vor dem 1. August 2008 (nach § 323 Abs. 22 zweiter Satz BAO) und
- sachlich befreite Erwerbe (vgl. § 121a Abs. 2 lit. c, d und e BAO bzw. Abschnitt 4.3).

Bei der Einräumung einer Rente zB mittels eines Vertrages bei einer Versicherung zu Gunsten eines Dritten muss unterschieden werden, ob es sich um einen widerrufbaren Vertrag handelt oder nicht.

Beispiel:

Ein Vater schließt für seine minderjährige Tochter einen widerrufbaren Vertrag ab, der ihr ein Anwartschaftsrecht – über die Unterhaltsansprüche hinaus – auf eine Rente von 200.000 € sichert, die ihr in monatlichen Raten von je 200 € ausbezahlt werden soll.

Grundsätzlich erwirbt die Tochter durch diesen Vertrag das Anrecht auf die Gesamtsumme von 200.000 € und müsste daher die Schenkung gemäß § 121a Abs. 2 lit. a BAO anzeigen, da der Betrag 50.000 € übersteigt. Dies wird aber nur bei einem unwiderruflichen Vertrag so gehandhabt werden können, denn ansonsten könnte ein Widerruf des Vertrages das Anrecht oder zumindest die Höhe des Anrechtes herabsetzen und eine Anzeige wäre dann nicht mehr erforderlich, wenn der Wert der Rente unter die 50.000 € Grenze fällt.

Bei einem widerruflichen Vertrag müssten daher die monatlichen Schenkungen im Sinn des Zuflussprinzipes zusammengerechnet werden und die Summe von 2.400 €, die der Tochter tatsächlich innerhalb eines Jahres ausbezahlt wird, fällt unter die Betragsgrenze von 50.000 €. Dadurch würde eine Anzeige gemäß § 121a BAO nicht mehr erforderlich sein, denn der Betrag von 2.400 €, der der Tochter jährlich zugeht, liegt weit unter den 50.000 €, die §121a Abs. 2 lit. a BAO für eine Anzeigepflicht vorsieht.

Angehörige (im Sinn des § 25 BAO) sind

- Ehegatten (bleiben Angehörige, auch wenn die Ehe nicht mehr besteht, zB nach Scheidung),
- Verwandte in gerader Linie (zB Mutter/Vater – Kind, Großmutter/Großvater – Enkelkind, Urgroßvater/Urgroßmutter – Urenkelin/Urenkel),
- Verwandte zweiten Grades in der Seitenlinie (Geschwister),
- Verwandte dritten Grades in der Seitenlinie (Tante/Onkel – Nichte/Neffe),
- Verwandte vierten Grades in der Seitenlinie (zB Cousine/Cousin); Großtante/Großonkel – Großneffe/Großnichte),
- Verschwägerte in gerader Linie (zB Schwiegervater/Schwiegermutter – Schwiegertochter/Schwiegersohn – aber auch das Kind aus erster Ehe der angeheirateten Frau gilt als verwandt zum Vater des Ehemannes („Schwiegerenkel“)
- Verschwägerte zweiten Grades in der Seitenlinie (Geschwister des Ehegatten, Ehegatte der Geschwister),
- Adoptiveltern – Adoptivkinder,
- Pflegeeltern – Pflegekinder,
- Lebensgefährten sowie Kinder und Enkel eines Lebensgefährten im Verhältnis zum anderen.

Unter einer Lebensgemeinschaft wird eine auf längere Dauer ausgerichtete, ihrem Wesen nach der Beziehung miteinander verheirateter Personen gleichkommende Wohn-, Wirtschafts- und Geschlechtsgemeinschaft verstanden (zB OGH 18.04.1985, 13 Os 39/85).

Die Wohn-, Wirtschafts- und Geschlechtsgemeinschaft muss nicht in allen drei Merkmalen gegeben sein. Es kann – abhängig von den Umständen des Einzelfalles – durchaus das eine oder andere Element zur Gänze fehlen (vgl. zB OGH 26.05.1992, 5 Ob 88/92).

Eine Lebensgemeinschaft liegt auch bei gleichgeschlechtlicher Partnerschaft vor.

4.2.2 Erwerbe zwischen anderen Personen

Für Erwerbe zwischen Personen, die nicht Angehörige sind, beträgt die Wertgrenze 15.000 Euro. Der Zusammenrechnungszeitraum beträgt fünf Jahre.

4.2.3 Zusammenrechnung

Wird durch einen anzeigepflichtigen Vorgang die Betragsgrenze (50.000 Euro bzw. 15.000 Euro) überschritten, so sind in der Anzeige alle von der Zusammenrechnung erfassten Erwerbe anzuführen (nach § 121a Abs. 2 letzter Satz BAO).

Beispiel:

Eine Großmutter schenkt ihrer Enkelin am 1. Juni 2009 Wertpapiere (gemeiner Wert von 10.000 €). Am 20. September 2009 schenkt sie ihr ihren Gewerbebetrieb (gemeiner Wert 45.000 €). Am 5. August 2010 erfolgt eine Schenkung von Familienschmuck (gemeiner Wert von 30.000 €).

Die anlässlich der Schenkung des Betriebes zu erfolgende Anzeige hat auch die Wertpapiere anzuführen. Die Schenkung des Schmuckes ist innerhalb der Jahresfrist (ab 20. September 2009) erfolgt; diese Schenkung ist daher ebenfalls anzeigepflichtig.

Zum gemeinen Wert siehe Abschnitt 7.

Nach Begründung der Angehörigeneigenschaft (zB durch Verehelichung oder Adoption) und nach Wegfall der Angehörigeneigenschaft (zB durch Auflösung der Lebensgemeinschaft) sind für die Betragsgrenzen (50.000 Euro bzw. 15.000 Euro) sowie für die Zusammenrechnungszeiträume (ein Jahr bzw. fünf Jahre) jeweils die neuen Verhältnisse für die Anzeigepflicht für Schenkungen, die nach Änderung der genannten Eigenschaft erfolgen, maßgebend.

Beispiel 1:

Anlässlich der Verlobung im Juni 2009 erfolgt eine Schenkung des Verlobten an die (nicht mit ihm in Lebensgemeinschaft lebende) Verlobte. Der gemeine Wert der Schenkung beträgt 10.000 €. Im September 2009 heiraten die Verlobten. Der Ehemann schenkt ihr im Oktober 2009 Schmuck im gemeinen Wert von 45.000 €. Durch diese innerhalb der Jahresfrist erfolgte Schenkung wird die Betragsgrenze (50.000 €) überschritten. Die zweite Schenkung wurde dadurch anzeigepflichtig (in der Anzeige sind beide Erwerbe anzuführen).

Beispiel 2:

Der Lebensgefährte schenkt seiner Lebensgefährtin im März 2009 Schmuck im gemeinen Wert von 10.000 €. Im Juni 2009 wird die Lebensgemeinschaft aufgelöst. Im August 2009 erfolgt eine Schenkung an die ehemalige Lebensgefährtin (6.000 € Bargeld). Durch die zweite Schenkung wird die Betragsgrenze (15.000 € für „Nichtangehörige") überschritten. Dadurch entsteht die Anzeigepflicht. Die für die zweite Schenkung zu erfolgende Anzeige hat auch den ersten Erwerb anzuführen.

Für die Betragsgrenzen sind nur Zuwendungen zwischen denselben Personen bedeutsam.

Beispiel:

Die Großmutter schenkt Aktien (gemeiner Wert 60.000 €) ihren drei Enkelkindern (jeweils im Wert von 20.000 €). Diese drei Schenkungen sind nicht anzeigepflichtig.

Bei gemischten Schenkungen ist nur der unentgeltliche Teil des Erwerbes für die Betragsgrenze maßgebend.

Beispiel:

Ein Onkel veräußert ein Gemälde (gemeiner Wert: 90.000 €) an seine Nichte. Der „Kaufpreis" beträgt 50.000 €. Die Voraussetzungen einer gemischten Schenkung liegen vor. Es besteht keine Anzeigepflicht, weil der unentgeltliche Teil nur 40.000 € beträgt.

4.3 Befreiungen nach § 121a Abs. 2 lit. c, d und e BAO

4.3.1 Erwerbe im Sinn des § 15 Abs. 1 Z 1 lit. c ErbStG 1955

§ 15 Abs. 1 Z 1 lit. c ErbStG 1955 betrifft Schenkungen unter Lebenden zwischen Ehegatten unmittelbar zum Zwecke der gleichteiligen Anschaffung oder Errichtung einer Wohnstätte mit höchstens 150 m2 Wohnnutzfläche zur Befriedigung des dringenden Wohnbedürfnisses der Ehegatten.

4.3.2 Erwerbe im Sinn des § 15 Abs. 1 Z 2 ErbStG 1955

§ 15 Abs. 1 Z 2 ErbStG 1955 betrifft Erwerbe

- nicht zur Veräußerung bestimmter beweglicher körperlicher Gegenstände,
- die geschichtlichen oder kunstgeschichtlichen oder wissenschaftlichen Wert haben und
- sich seit mindestens 20 Jahren im Besitz der Familie des Zuwendenden befinden,
- sofern sie Personen der Steuerklasse I, II, III (des § 7 ErbStG 1955) anfallen und
- nach näherer behördlicher Anweisung den Zwecken der Forschung oder Volksbildung nutzbar gemacht werden.

Kunstgegenstände sind in erster Linie Werke der Malerei und Bildhauerei. Solche Gegenstände (insbesondere Gemälde) können auch zum Hausrat gehören (siehe Abschnitt 4.3.12).

4.3.3 Erwerbe im Sinn des § 15 Abs. 1 Z 6 ErbStG 1955

§ 15 Abs. 1 Z 6 ErbStG 1955 betrifft Gewinne aus unentgeltlichen Ausspielungen (wie Preisausschreiben und andere Gewinnspiele), die an die Öffentlichkeit gerichtet sind.

4.3.4 Erwerbe im Sinn des § 15 Abs. 1 Z 12 ErbStG 1955

§ 15 Abs. 1 Z 12 ErbStG 1955 betrifft Anfälle

- an den Bund oder an die übrigen Gebietskörperschaften,
- Anfälle an Anstalten oder Fonds, deren Abgänge der Bund zu decken verpflichtet ist,
- Anfälle, die ausschließlich Zwecken des Bundes oder einer sonstigen Gebietskörperschaft dienen.

Übrige Gebietskörperschaften sind die inländischen Bundesländer und Gemeinden, nicht jedoch Gemeindeverbände.

Ausschließlich Zwecken des Bundes oder einer sonstigen Gebietskörperschaft dienende Anfälle sind solche, bei denen von vornherein nach dem

Willen des Zuwendenden der Bedachte gezwungen ist, den Anfall ausschließlich solchen Zwecken zuzuführen (VwGH 18.02.1985, 82/15/0033).

4.3.5 Erwerbe im Sinn des § 15 Abs. 1 Z 14 ErbStG 1955

§ 15 Abs. 1 Z 14 ErbStG 1955 gilt für Zuwendungen von beweglichen körperlichen Sachen und Geldforderungen an

a) inländische juristische Personen, die gemeinnützige, mildtätige oder kirchliche Zwecke verfolgen,
b) inländische Institutionen gesetzlich anerkannter Kirchen und Religionsgesellschaften,
c) politische Parteien im Sinn des § 1 Parteiengesetz,
d) ausländische Vereinigungen und Institutionen der in lit. a und b genannten Art, soweit Gegenseitigkeit besteht.

Gegenseitigkeit im Sinn des § 15 Abs. 1 Z 14 und 14a ErbStG 1955 liegt vor, wenn der ausländische Staat im umgekehrten Fall keine Besteuerung vornimmt; sei es, dass überhaupt keine der Schenkungssteuer vergleichbare Steuer erhoben wird, sei es, dass derartige Vorgänge nicht besteuert werden. Ein durch Notenwechsel oder Verhandlungsprotokoll verbrieftes Gegenseitigkeitsverhältnis ist nicht erforderlich. Die Kenntnis der ausländischen Rechtsnormen oder der ausländischen Verwaltungspraxis genügt.

4.3.6 Erwerbe im Sinn des § 15 Abs. 1 Z 14a ErbStG 1955

§ 15 Abs. 1 Z 14a ErbStG 1955 gilt für Zuwendungen von beweglichen körperlichen Sachen und Geldforderungen, die ausschließlich gemeinnützigen, mildtätigen oder kirchlichen Zwecken gewidmet sind, sofern die Verwendung zu dem begünstigten Zweck gesichert ist; dies gilt auch für Zuwendungen in das Ausland, soweit Gegenseitigkeit besteht.

Die Befreiung steht unabhängig davon zu, wer Empfänger der Zuwendung ist.

4.3.7 Zuwendungen im Sinn des § 15 Abs. 1 Z 15 ErbStG 1955

§ 15 Abs. 1 Z 15 ErbStG 1955 betrifft Zuwendungen öffentlich-rechtlicher Körperschaften (insbesondere Subventionen).

Solche Körperschaften sind vor allem die Gebietskörperschaften, Kammern, gesetzlich anerkannte Religionsgesellschaften und Sozialversicherungsträger.

4.3.8 Erwerbe im Sinn des § 15 Abs. 1 Z 20 ErbStG 1955

§ 15 Abs. 1 Z 20 ErbStG 1955 betrifft Zuwendungen, die dazu dienen, den durch Katastrophenschäden (insbesondere Hochwasser-, Erdrutsch-, Vermurungs- und Lawinenschäden) entstandenen Schaden zu beseitigen, der nicht durch Ersatzleistungen (zB Versicherungsleistungen) oder durch nach anderen Bestimmungen des § 15 ErbStG 1955 steuerbefreite Zuwendungen abgedeckt sind. Darüber hinausgehende Zuwendungen sind zufolge § 121a BAO anzeigepflichtig.

Der Schadensbeseitigung dienen in erster Linie Zuwendungen zur Wiederbeschaffung von zerstörten Wirtschaftsgütern.

4.3.9 Erwerbe im Sinn des § 15 Abs. 1 Z 21 ErbStG 1955

§ 15 Abs. 1 Z 21 ErbStG 1955 betrifft die Übertragung von Gutschriften bei Kindererziehung nach § 14 des Allgemeinen Pensionsgesetzes.

4.3.10 Unter das Stiftungseingangssteuergesetz fallende Erwerbe

Nach § 1 Abs. 1 Stiftungseingangssteuergesetz (StiftEG) unterliegen unentgeltliche Zuwendungen an eine privatrechtliche Stiftung oder auf damit vergleichbare Vermögensmassen der Stiftungseingangssteuer.

Unter das StiftEG fallen Zuwendungen unabhängig davon, ob sie steuerpflichtig oder steuerfrei sind. Dies ist somit auch für die im § 121a Abs. 2 lit. d BAO vorgesehene Befreiung von der Anzeigepflicht der Fall.

4.3.11 Übliche Gelegenheitsgeschenke

Übliche Gelegenheitsgeschenke sind, soweit (je Gelegenheit und Geschenk) der gemeine Wert 1.000 Euro nicht übersteigt, nach § 121a Abs. 2 lit. e BAO von der Anzeigepflicht befreit.

Übliche Gelegenheitsgeschenke sind unentgeltliche Zuwendungen, die nach der Verkehrsauffassung üblicherweise aus besonderem Anlass (zB Weihnachten, Geburtstag, Hochzeit, Taufe) erfolgen (zB VwGH 10.10.1968, 1593/67). Als weitere Anlässe kommen beispielsweise Namenstag, Verlobung, Muttertag, Vatertag, Hochzeitstag, Firmung, Konfirmation, Matura, Sponsion, Promotion, Abschluss der Rechtsanwaltsprüfung, Meisterprüfung und Angelobung zum Steuerberater in Betracht.

Übliche Gelegenheitsgeschenke können auch Zuwendungen von Bargeld sein (vgl. zB VwGH 26.01.1995, 94/16/0058).

Keine üblichen Gelegenheitsgeschenke sind

- Ersparnisse am Wirtschaftsgeld, die der Ehegattin stillschweigend vom Ehegatten überlassen bleiben (VwGH 26.09.1963, 0941/63),
- ein überhöhtes Taschengeld an die Ehegattin (vgl. VwGH 17.09.1992, 91/16/0086).

4.3.12 Hausrat

Hausrat einschließlich Wäsche und Kleidungsstücke ist gemäß § 121a Abs. 2 lit. e BAO von der Anzeigepflicht ausgenommen.

Zum Hausrat (im Sinn des § 15 Abs. 1 Z 1 lit. a ErbStG 1955) gehören bewegliche körperliche Gegenstände, die zur gewöhnlichen Ausstattung einer Wohnung gehören oder zum alltäglichen persönlichen Gebrauch von Menschen dienen und in deren Häusern bzw. Wohnungen üblicherweise auch aufbewahrt werden (zB VwGH 05.07.1999, 97/16/0160, 0161).

Entscheidend für die Zugehörigkeit zum Hausrat ist nicht der Wert des Gegenstandes, sondern vor allem der räumliche und funktionelle Zusammenhang mit einer Wohnung (zB VwGH 22.03.1984, 83/15/0065).

Zum Hausrat gehören beispielsweise Möbel, Teppiche, Haushaltsgeräte, Geschirr, Bilder, Bücher, Beleuchtungskörper.

Bei Hausrat kann es sich auch um wertvolle Gegenstände handeln, wie zB echte Stilmöbel, wertvolle Teppiche und Gemälde; dies jedoch stets unter der Voraussetzung, dass noch von einer Wohnungsausstattung oder Wohnungseinrichtung gesprochen werden kann. Diese Voraussetzung wäre insbesondere dann nicht erfüllt, wenn die Räume nicht oder nur in geringem Maße Wohnzwecken, sondern vielmehr ganz oder zum Teil nur der Aufbewahrung oder Präsentation der Gegenstände dienen (VwGH 22.03.1984, 83/15/0065).

Nicht zum Hausrat gehören Sammlungen. Sammlungen stellen eine Mehrzahl von Gegenständen dar, die ein bestimmtes System zusammenhält, die nicht zum Gebrauch bestimmt sind (zB VwGH 05.07.1999, 97/16/0160, 0161), beispielsweise Briefmarkensammlungen, Münzsammlungen, Waffensammlungen und Porzellansammlungen.

Pretiosen werden nicht dadurch zum Hausrat, dass sie im Vitrinenschrank präsentiert werden (VwGH 05.07.1999, 97/16/0160, 0161).

Kein Hausrat sind Gegenstände, die erst beschafft werden, um sie dem Bedachten zuzuwenden (zB VwGH 21.05.1970, 1183/69).

Kein Hausrat sind weiters Gegenstände, die nur dem persönlichen Gebrauch eines einzelnen Bewohners dienen, wie etwa Schmuckgegenstände, Jagd- oder Fischereiausrüstungen, weiters etwa Videokameras, Fotoapparate, Sportgeräte und Kraftfahrzeuge.

5. Die Anzeigepflicht

5.1. Zur Anzeige verpflichtete Personen

Gemäß § 121a Abs. 3 BAO sind folgende Personen zur Anzeige verpflichtet:

- Erwerber (somit der Geschenknehmer und der Empfänger einer freigebigen Zuwendung),
- der Geschenkgeber,
- der Zuwendende bei freigebiger Zuwendung,
- der Beschwerte bei Zweckzuwendung,
- Rechtsanwälte und Notare,
  - die beim Erwerb oder bei der Errichtung der Vertragsurkunde über den Erwerb mitgewirkt haben oder
  - die zur Erstattung der Anzeige beauftragt sind.

5.2 Anzeigeverpflichtung zur ungeteilten Hand

Die Anzeigeverpflichtung des § 121a BAO besteht für die in Abschnitt 5.1 genannten Personen zur ungeteilten Hand.

Hat eine der verpflichteten Personen die Anzeige erstattet, so entfällt die Pflicht der übrigen Verpflichteten.

Vertragliche Vereinbarungen zwischen zur Anzeige verpflichteten Personen können keine dieser Personen von der (öffentlichrechtlichen) Anzeigepflicht entbinden.

5.3 Mitwirkung von Rechtsanwälten und Notaren

„Mitwirken“ (eines Rechtsanwaltes oder Notars) bedeutet jede aktive Beteiligung am Zustandekommen des Erwerbsvorganges.

Für die Form der aktiven Beteiligung sind mehrere Fallkonstellationen möglich:

Erstellt ein Rechtsanwalt oder Notar einen Vertragsentwurf und die Parteien unterzeichnen diesen in Anwesenheit des Parteienvertreters, wird es sich zweifellos um ein „Mitwirken“ gehandelt haben.

Auch ausreichend für das Tatbestandsmerkmal der Mitwirkung ist es, wenn die Parteien den vom Parteienvertreter erstellten Vertragsentwurf unterschreiben, aber bekunden, eine Anzeige bei der Finanz unterlassen zu wollen.

Keine Mitwirkung ist jedenfalls die Beglaubigung einer Unterschrift durch einen Notar oder die Erstellung beglaubigter Vertragskopien sowie die bloße Konzeption eines Vertragsentwurfes ohne Abschluss desselben.

Ein strafbares Verhalten des Parteienvertreters nach § 49a FinStrG kommt jedoch nur in Betracht, wenn Vorsatz auf Umgehung der Anzeigepflicht seitens de Parteienvertreters vorgelegen ist.

Die berufsrechtliche Geheimhaltungspflicht von Rechtsanwälten und Notaren ist der Anzeigverpflichtung des § 121 a Abs. 3 BAO hintanzustellen, sodass eine Anzeige beim Finanzamt für den Parteienvertreter zulässig ist.

Wirken mehrere Parteienvertreter am Zustandekommen des Erwerbsvorganges (somit der Schenkung oder Zweckzuwendung) mit, so trifft jeden Vertreter die Anzeigepflicht. Die sich aus dem „Mitwirken“ ergebende Anzeigepflicht besteht unabhängig davon, ob der Parteienvertreter vom Zuwendenden und/oder vom Empfänger der Zuwendung bevollmächtigt ist. Derartige Anzeigepflichten treffen nur die Notare und Rechtsanwälte persönlich, nicht jedoch am Erwerbsvorgang mitwirkende Berufsanwärter oder (andere) Angestellte des Parteienvertreters.

Aus dem „Mitwirken“ oder aus Aufträgen (im Sinn des § 121a Abs. 3 BAO) kann sich für Wirtschaftstreuhänder keine Anzeigepflicht ergeben. Nach Maßgabe des Vollmachtverhältnisses kann die Anzeige auch von Wirtschaftstreuhändern (im Namen einer zur Anzeige verpflichteten Person, somit als Vertreter) erstattet werden.

5.4 Anzeigepflichten nach anderen materiell-rechtlichen Bestimmungen

Da auch andere Bestimmungen Anzeigepflichten bei der Abgabenbehörde vorsehen, stellt sich die Frage, ob eine solche Anzeige ausreichend für § 121a BAO ist oder ob parallel dazu eine Anzeige explizit nach § 121a BAO erfolgen muss – unter der Voraussetzung, dass die Wertgrenzen des § 121a Abs. 2 BAO überschritten werden.

Die Anzeigepflicht des § 121a BAO besteht unabhängig davon, ob der Vorgang bereits einer anderen Anzeigepflicht (zB nach § 120 Abs. 2 BAO) unterliegt.

Beispiel 1:

§ 43 UmgrStG sieht eine Anzeigepflicht für eingebrachte Vermögen vor, die im Zuge eines Umgründungsvorganges in ein Unternehmen eingebracht werden, während der Einbringende im Gegenzug Gesellschafterrechte dafür erhält. Sind diese jedoch im Wert geringer als der Wert des Eingebrachten, handelt es sich dabei um eine Äquivalenzverletzung – vergleichbar mit einer gemischten Schenkung. Der Wertüberschuss muss also als Schenkung erfasst werden, wobei eine Anzeige nach § 43 UmgrStG dafür nicht ausreichend ist, sondern es parallel dazu einer Anzeige nach § 121a BAO bedarf.

Beispiel 2:

Ein Betrieb wird übertragen, in dem sich ein Grundstück befindet. Gemäß § 10 GrEStG 1987 hat bezüglich des Grundstückes eine Abgabenerklärung beim Finanzamt zu erfolgen, wodurch die Finanzbehörde Kenntnis von dem Vorgang hat. Nicht jedoch erfasst davon ist die Übertragung des über das Grundstück hinausgehenden Betriebes. Daher ist die Abgabenerklärung nach § 10 GrEStG 1987 nicht ausreichend und es bedarf einer Anzeige gemäß § 121a BAO.

6. Frist zur Erstattung der Anzeige

Die Anzeige ist binnen dreier Monate ab Erwerb zu erstatten (§ 121a Abs. 4 erster Satz BAO).

Für die Anzeigefrist gilt § 108 BAO (zB Nichteinrechnung der Tage des Postenlaufes).

Diese Frist ist eine gesetzliche Frist. Sie ist daher (zufolge § 110 Abs. 1 BAO) nicht verlängerbar. Nach Maßgabe des § 308 BAO kommt eine Wiedereinsetzung in den vorigen Stand bei nicht grob verschuldeter Fristversäumung in Betracht.

„Erwerb" ist bei Schenkungen im bürgerlichrechtlichen Sinn das Erfüllungsgeschäft (insbesondere durch körperliche Übergabe des Gegenstandes), nicht bereits der Abschluss des Verpflichtungsgeschäftes.

Auch bei freigebigen Zuwendungen (§ 3 Abs. 1 Z 2 ErbStG 1955) ist der Zeitpunkt der tatsächlich erfolgten (freigebigen) Zuwendung für den Fristbeginn maßgebend.

Wird die Anzeigepflicht durch Zusammenrechnung mehrerer Erwerbe ausgelöst, so ist jener Erwerb für die Anzeigefrist maßgeblich, mit dem die Betragsgrenze des § 121a Abs. 2 lit. a oder b BAO erstmals überschritten wird (§ 121a Abs. 4 zweiter Satz BAO).

Beispiel:

Im Jahr 2009 erfolgen folgende Schenkungen eines Vaters an seine Tochter (Tag der Schenkung ist ident mit dem Tag der körperlichen Übergabe):

13. März: Familienschmuck (gemeiner Wert: 30.000 €),

15. April: PC (gemeiner Wert: 900 €) zum Geburtstag der Tochter,

10. Mai: Gemälde (gemeiner Wert: 19.500 €),

20. Oktober: Bargeld (3.000 €).

Der Wert des üblichen Gelegenheitsgeschenkes (900 €) ist für die Zusammenrechnung nicht bedeutsam. Die Betragsgrenze des § 121a Abs. 2 lit. a BAO (50.000 €) wird erst mit der Bargeldschenkung vom 20. Oktober überschritten. Diese Schenkung löst daher die Anzeigepflicht (binnen dreier Monate ab 20. Oktober) aus. Die Anzeige hat die Schenkungen vom 13. März, 10. Mai und vom 20. Oktober zu umfassen.

7. Form und Inhalt der Anzeige

Die Anzeige ist ein Anbringen zur Erfüllung von Verpflichtungen im Sinn des § 85 Abs. 1 BAO. § 85 Abs. 2 BAO (Mängelbehebungsverfahren) ist für Anzeigen nicht anwendbar.

Die Anzeige ist keine Abgabenerklärung. Daher ist § 161 BAO nicht anwendbar.

Anzeigen sind auf elektronischem Weg zu übermitteln, es sei denn, dass die elektronische Übermittlung nicht zumutbar ist (§ 121a Abs. 5 BAO). Siehe hiezu § 2 FinanzOnline-Erklärungsverordnung.

In der Anzeige ist stets der gemeine Wert (§ 10 BewG 1955) der Zuwendung anzugeben.

Der gemeine Wert wird durch den Preis bestimmt, der im gewöhnlichen Geschäftsverkehr nach der Beschaffenheit des Wirtschaftsgutes bei einer Veräußerung zu erzielen wäre. Dabei sind alle Umstände, die den Preis beeinflussen, zu berücksichtigen. Ungewöhnliche oder persönliche Verhältnisse sind nicht zu berücksichtigen (§ 10 Abs. 2 BewG 1955).

Eine Anzeige ist, unbeschadet einer diesbezüglichen Verpflichtung, grundsätzlich immer möglich.

Gemeine Werte sind stets geschätzte Werte. Maßgebend sind die wertrelevanten Verhältnisse im Zeitpunkt der Schenkung. Ein diesbezügliches Gutachten eines Sachverständigen ist für die Anzeige nicht erforderlich.

Bei Zuwendungen ausländischer Zahlungsmittel (zB Dollar) ist der Wert in Euro anzugeben.

Bei Wertpapieren (zB Aktien, Anleihen) sind die Kurswerte anzugeben. Siehe weiters § 13 Abs. 2 BewG 1955 (Ableitung gemeiner Werte aus Verkäufen bzw. Schätzung unter Berücksichtigung des Gesamtvermögens und der Ertragsaussichten der AG oder der GmbH).

Einheitswerte (von land- und forstwirtschaftlichen Betrieben, von im Betriebsvermögen befindlichen Grundstücken) und Buchwerte (Bilanzwerte) sind keine gemeinen Werte.

8. Zuständigkeit (§ 121a Abs. 7 BAO)

Die Anzeige kann an jedes Finanzamt (außer an das Finanzamt für Gebühren und Verkehrsteuern in Wien) übermittelt werden.

Aus dieser wahlweisen Zuständigkeit ergibt sich die Zuständigkeit auch für Auskünfte, die sich auf bereits erfolgte Anzeigen beziehen. Für vor Erstattung der Anzeige zu erteilende Auskünfte ist jenes Finanzamt zuständig, an das sich die Partei wendet.

9. Inkrafttreten des § 121a BAO

§ 121a BAO ist für Erwerbe nach den 31. Juli 2008 anzuwenden. Bei der Zusammenrechnung nach § 121a Abs. 2 BAO sind Erwerbe vor dem 1. August 2008 nicht zu berücksichtigen (§ 323 Abs. 22 BAO).

10. Hinweis

Die vorstehenden Ausführungen stellen die Rechtsansicht des Bundesministeriums für Finanzen dar, die im Interesse einer bundeseinheitlichen Vorgangsweise mitgeteilt wird. Über die gesetzlichen Bestimmungen hinausgehende Rechte und Pflichten werden dadurch weder begründet noch können solche aus dem Erlass abgeleitet werden.

12/4. Buchführungs-, Aufzeichnungs- und Belegerteilungspflicht

12/4/1.

Kassenrichtlinie 2012 – Information über Registrierkassen und Kassensysteme

(Erlass des BMF vom 28. Dezember 2011, BMF-010102/0007-IV/2011)

1. Allgemeines

Im Bereich der Grundaufzeichnungen und der Losungsermittlung sind bei der Nutzung von Registrierkassen und Kassensystemen eine Reihe von Vorschriften, welche an die Kriterien der Ordnungsmäßigkeit anknüpfen (zB §§ 131, 132 BAO) zu beachten.

Die Kassenrichtlinie 2012 soll die Fragestellungen beantworten, die aufgrund der fortschreitenden technischen Entwicklung bei Registrierkassen und Kassensystemen und der gesetzlichen Änderungen bei den Aufzeichnungs- und Aufbewahrungspflichten (zB BBGes 2006 und Barbewegungs-VO) vermehrt auftreten.

In der Richtlinie werden die verschiedenen Typen von Registrierkassen und Kassensystemen näher beschrieben. Neben den rechtlichen Rahmenbedingungen wird auch dargestellt, welche Grundaufzeichnungen zu führen sind und welche Daten in welcher Form erfasst, aufgezeichnet und aufbewahrt werden sollen.

Weiters wird beschrieben, welche sonstigen Kriterien bei der Nutzung von Registrierkassen und Kassensystemen zu beachten sind, um die Grundsätze der Ordnungsmäßigkeit zu erfüllen.

Durch eine einheitliche Richtlinie sollen

- Rechtssicherheit für Unternehmen und Kassenanbieter und -hersteller erhöht und eine Basis für eine einheitliche Verwaltungspraxis im Sinn der Gleichmäßigkeit der Besteuerung geschaffen werden,
- die Grundsätze, Rahmenbedingungen und einheitliche Regelungen zum Zweck der leichteren Beurteilung, ob und inwieweit die jeweilige Kasse und die dazugehörigen Aufzeichnungen im Einzelfall die Kriterien der Ordnungsmäßigkeit erfüllen näher dargestellt werden und somit zur Einheitlichkeit der Rechtsanwendung und Erhöhung der Rechtssicherheit beitragen,
- die aufgrund gesetzlicher Änderungen bei den Aufzeichnungs- und Aufbewahrungspflichten und fortschreitender technischer Entwicklung vermehrt auftretenden Fragen zur Ordnungsmäßigkeit von Kassensystemen beantwortet werden.

Eine Zertifizierung von einzelnen Kassentypen oder bestimmter Kassen durch das BMF ist nicht vorgesehen.

Aus dieser Regelung können keine über die gesetzlichen Bestimmungen hinausgehenden Rechte und Pflichten abgeleitet werden. Insoweit andere Erlässe im Widerspruch zum gegenständlichen Erlass stehen, gelten diese als aufgehoben.

2. Rechtliche Grundlagen

2.1. Allgemein

In den §§ 131 und 132 BAO sind die Grundsätze der Aufzeichnungs- und Aufbewahrungspflichten bei der Führung von Büchern, Aufzeichnungen und der Erfassung von Geschäftsvorfällen festgelegt.

Diese Rechtsvorschriften sind – neben anderen – für Beurteilung der Ordnungsmäßigkeit der Losungsermittlung durch Registrierkassen und Kassensysteme maßgebend.

Im Hinblick auf die **maschinelle oder datenträgergestützte** Aufzeichnung von Geschäftsvorfällen sind daher folgende Grundsätze auch für die Nutzung von Registrierkassen oder PC-Kassensystemen von Bedeutung:

1. Die gemäß den §§ 124 oder 125 BAO zu führenden Bücher und Aufzeichnungen, sowie die ohne gesetzliche Verpflichtung geführten Bücher sind so zu führen, dass sie einem sachverständigen Dritten innerhalb angemessener Zeit einen Überblick über die Geschäftsvorfälle vermitteln können.
2. Die Eintragungen sollen der Zeitfolge nach geordnet, vollständig, richtig und zeitgerecht vorgenommen werden.
3. Die einzelnen Geschäftsvorfälle sollen sich in ihrer Entstehung und Abwicklung verfolgen lassen.
4. Soweit nach den §§ 124 oder 125 BAO eine Verpflichtung zur Führung von Büchern besteht oder soweit ohne gesetzliche Verpflichtung Bücher geführt werden, sollen alle Bareingänge und Barausgänge in den Büchern oder diesen zu Grunde liegenden Grundaufzeichnungen täglich einzeln festgehalten werden. Abgabepflichtige, die gemäß § 126 Abs. 2 BAO verpflichtet sind, ihre Betriebseinnahmen und Betriebsausgaben aufzuzeichnen, sollen alle Bareinnahmen und Barausgaben einzeln festhalten.
5. Werden zur Führung von Büchern und Aufzeichnungen oder bei der Erfassung der Geschäftsvorfälle Datenträger verwendet, sollen Eintragungen oder Aufzeichnungen nicht in einer Weise verändert werden können, dass der ursprüngliche Inhalt nicht mehr ersichtlich ist (elektronisches Radierverbot).
6. Eine Überprüfung der vollständigen, richtigen und lückenlosen Erfassung aller Geschäftsvorfälle beispielsweise durch entsprechende Protokollierung der Datenerfassung und nachträglicher Änderungen soll möglich sein.
7. Die vollständige und richtige Erfassung und Wiedergabe aller Geschäftsvorfälle soll durch entsprechende Einrichtungen gesichert und

auch der Nachweis der vollständigen und richtigen Erfassung aller Geschäftsvorfälle soll durch entsprechende Einrichtungen leicht und sicher geführt werden können (Überprüfungsmöglichkeit).

Eine derartige Einrichtung wird in der Folge als „Einrichtung nach § 131 Abs. 2 und 3 BAO" bezeichnet.

8. Summenbildungen sollen nachvollziehbar sein.
9. Zur Führung von Büchern und Aufzeichnungen können Datenträger verwendet werden, wenn die inhaltsgleiche, vollständige und geordnete Wiedergabe bis zum Ablauf der gesetzlichen Aufbewahrungsfrist jederzeit gewährleistet ist.
10. Wer Eintragungen in elektronischer Form vorgenommen hat, muss, soweit er zur Einsichtsgewährung verpflichtet ist, auf seine Kosten innerhalb angemessener Frist diejenigen Hilfsmittel zur Verfügung stellen, die notwendig sind, um die Unterlagen lesbar zu machen, und soweit erforderlich, ohne Hilfsmittel lesbare, dauerhafte Wiedergaben beibringen.
11. Werden dauerhafte Wiedergaben erstellt, so sind diese auf Datenträgern zur Verfügung zu stellen.

    Dies gilt auch für vor- und nachgelagerte Systeme (Kassen, Lagerbuchführung, Bestellwesen, etc.), insoweit diese in Verbindung mit Büchern, Aufzeichnungen, der Losungsermittlung oder sonstigen steuerrelevanten Aufzeichnungen stehen oder der Kontrolle der vollständigen und richtigen Erfassung der Geschäftsvorfälle dienen. Vom Abgabepflichtigen geführte Unterlagen, die nicht in direkter Verbindung mit steuerrelevanten Aufzeichnungen stehen, können, davon unabhängig, als für die Abgabenerhebung bedeutsame Unterlagen nach § 132 BAO vorlagepflichtig sein (zB Preisverzeichnisse, Reservierungsbücher, Kalkulationsunterlagen, Personalverwaltung).
12. Nach § 132 BAO sind Unterlagen, die für die Abgabenerhebung von Bedeutung sind, aufzubewahren und in entsprechender Form vorzulegen. Diese Unterlagen (wie zB Durchschriften von Rechnungsbelegen) können in elektronischer Form gespeichert werden, wenn die vollständige, geordnete, inhaltsgleiche und urschriftgetreue Wiedergabe bis zum Ablauf der gesetzlichen Aufbewahrungsfrist jederzeit gewährleistet ist. Soweit solche Unterlagen nur auf Datenträgern vorliegen, entfällt das Erfordernis der urschriftgetreuen Wiedergabe.

    Für den Fall, dass dauerhafte Wiedergaben erstellt werden (wenn zB Ausdrucke vorgenommen werden, etwa bei Rechnungserstellung durch ein Kassensystem), sind diese Rechnungsdaten auch auf Datenträgern zur Verfügung zu stellen.

    Dies gilt auch für Aufzeichnungen, bei denen die Abgabenbehörde die Erstellung von dauerhaften Wiedergaben verlangen kann (§ 131 Abs. 3 BAO), wie zB bei Führung einer **chronologischen, fortlaufenden** Protokollierung der Datenerfassung auf Datenträgern (elektronisches Journal, Datenerfassungsprotokoll).
13. Aufzeichnungen, die nach Maßgabe der einzelnen Abgabenvorschriften der Erfassung abgabepflichtiger Tatbestände dienen, sind zu führen (§ 126 BAO), aufzubewahren und über Verlangen vorzulegen.

Wenn mittels Registrierkasse und Kassensystem Rechnungen an Kunden ausgestellt werden, sind auch die Vorschriften des UStG 1994, insbesondere die Rechnungslegungsvorschriften des § 11 UStG 1994, die in bestimmten Fällen eine Verpflichtung zur Rechnungsausstellung beinhalten, zu beachten (siehe UStR 2000 Rz 1501 ff und Rz 1568).

Darüber hinaus sind in anderen gesetzlichen Vorschriften normierte Aufzeichnungsverpflichtungen auch im Interesse der Abgabenerhebung zu erfüllen (§ 124 BAO).

2.2. Nichtbeachtung der Ordnungsmäßigkeitskriterien

Wenn Bücher und Aufzeichnungen und auch Kassensysteme den Formvorschriften des § 131 BAO entsprechen, besteht die Vermutung, dass sie ordnungsmäßig geführt wurden, wenn nicht ein begründeter Anlass gegeben ist, ihre sachliche Richtigkeit in Zweifel zu ziehen (§ 163 Abs. 1 BAO).

Solange die (widerlegbare) Vermutung der Ordnungsmäßigkeit und der inhaltlichen Richtigkeit der Aufzeichnungen besteht, sind diese Aufzeichnungen Basis für die Erhebung der Abgaben.

Bei einem geringen formellen Mangel wird allein aus diesem Grund die sachliche Richtigkeit der Aufzeichnungen nicht in Zweifel zu ziehen sein. Ein Beispiel für einen geringen Mangel wäre, wenn bei der Tagesabrechnung das Tagesergebnis einem falschen Tag (Vortag) zugeordnet wird.

Liegen formelle Mängel vor, die geeignet sind, die sachliche Richtigkeit der Bücher oder Aufzeichnungen (bzw. des Kassensystems, das als Grundlage für die Losungsermittlung dient und somit Voraussetzung für die sachliche Richtigkeit von Büchern und Aufzeichnungen darstellt) in Zweifel zu ziehen, sind die Grundlagen für die Abgabenerhebung zu schätzen (§ 184 Abs. 3 BAO).

Ein gravierender formeller Mangel liegt zum Beispiel vor, wenn aufgrund einer fehlenden Nummerierung, die der Dokumentation der vollständigen Erfassung aller Geschäftsvorfälle dient, der Nachweis der Vollständigkeit nicht mehr erbracht werden kann. Bei einer Vielzahl von formellen Mängeln kann im Wege der Gesamtbetrachtung die sachliche Richtigkeit der Bücher und Aufzeichnungen bzw. des Kassensystems in Zweifel gezogen werden.

In weiterer Folge ist die Vermutung der Ordnungsmäßigkeit nicht mehr gegeben und es sind – unter Zugrundelegung der Beweislage des jeweiligen Einzelfalles – die Werte als Besteuerungsgrundlage zu nehmen, die nach dem höchsten Grad der Wahrscheinlichkeit der Richtigkeit entsprechen. In diesem Fall kann dies aufgrund der vorliegenden

Beweismittel und der Beweiswürdigung letztendlich zu einer Schätzungsverpflichtung der Abgabenbehörde nach § 184 BAO führen.

Nach § 163 Abs. 2 BAO besteht auch ein begründeter Anlass, die sachliche Richtigkeit der Bücher und Aufzeichnungen in Zweifel zu ziehen, wenn die Bemessungsgrundlagen nicht ermittelbar oder berechenbar sind bzw. wenn eine Überprüfung der Vollständigkeit und Richtigkeit wegen Verletzung der Mitwirkungspflicht nicht möglich ist.

Dies kann dann der Fall sein, wenn der Mitwirkungspflicht nicht entsprochen wird, indem Auskünfte verweigert und vorhandene Unterlagen überhaupt nicht vorgelegt werden.

Werden Unterlagen, die für eine Überprüfung der Vollständigkeit und Richtigkeit der Aufzeichnungen notwendig sind, nicht oder nur zum Teil vorgelegt und ist daher keine Überprüfungsmöglichkeit gegeben, kann dies mangels ausreichender Aufklärung über die Ermittlung der Grundlagen für die Abgabenerhebung zur Schätzung nach § 184 BAO führen.

3. Kriterien der Ordnungsmäßigkeit – nähere Spezifizierung

3.1. Voraussetzungen für die Ordnungsmäßigkeit

Im Allgemeinen

- Erfüllung der Rechtsvorschriften der Ordnungsmäßigkeit – siehe Abschn. 2.

Im Besonderen

Das Vorhandensein einer entsprechenden „Einrichtung nach § 131 Abs. 2 und 3 BAO“ (siehe Abschn. 2.1. Pkt. 7) zur Sicherung der vollständigen und richtigen Erfassung und Wiedergabe und zum Nachweis der vollständigen und richtigen Erfassung aller Geschäftsvorfälle. Dieser Nachweis soll leicht und sicher geführt werden können.

Bei der „Einrichtung nach § 131 Abs. 1 und 2 BAO“ handelt es sich um eine geeignete Maßnahme, die sicherstellen soll, dass die oa. Voraussetzungen erfüllt werden.

Die Vorschriften über „Einrichtungen nach § 131 Abs. 2 und 3 BAO“ sind nicht nur bei Kassensystemen, sondern auch insgesamt im Rahmen der Erfassung anderer Geschäftsvorfälle, bei der Führung von Büchern und Aufzeichnungen zu beachten.

Die äußere Gestaltung dieser Einrichtung liegt grundsätzlich beim Steuerpflichtigen.

Als mögliche Maßnahme zur Sicherstellung der Überprüfung wird beispielsweise eine Protokollierung der Datenerfassung und nachträglicher Änderungen in § 131 Abs. 1 BAO angeführt.

Die Mindestvoraussetzungen sollen den Sicherheitsstandard erfüllen, der bei entsprechender laufender Protokollierung der Datenerfassung und nachträglicher Änderungen und Stornierungen (elektronisches Radierverbot) gegeben ist (zB je nach Kassentyp ein elektronisches Journal oder Datenerfassungsprotokoll).

Durch diese Aufzeichnungen soll aufgrund der aktuellen Datenerfassung die Kontrollfähigkeit bei Steueraufsichtsmaßnahmen bzw. Prüfungen jederzeit sichergestellt werden.

Die Beschreibung der **„Einrichtung nach § 131 Abs. 2 und 3 BAO“** kann **durch den Kassenhersteller oder -programmierer** erfolgen und soll insbesondere wiedergeben,

- durch welche technischen und logischen Gegebenheiten die vollständige und richtige Erfassung und Wiedergabe sichergestellt wird,
- wie der Nachweis der vollständigen und richtigen Erfassung aller Geschäftsvorfälle geführt werden kann und
- zu welchem Kassentyp die Kasse gehört (siehe Abschn. 4.).

Zusätzliche Aufzeichnungen, die unabhängig von den gesetzlichen Vorschriften geführt werden, sind, wenn sie für die Abgabenerhebung von Bedeutung sind bzw. wenn diese der Erfassung abgabepflichtiger Tatbestände dienen, aufzubewahren und über Verlangen vorzulegen.

Insoweit bei zusätzlichen Aufzeichnungen keine Notwendigkeit der Vollständigkeitsüberprüfung gegeben ist, sind entsprechende Maßnahmen (wie zB Nummerierung der aufgezeichneten Einzeltatbestände) nicht erforderlich (zB bei Kalkulationsunterlagen, Preisverzeichnissen, Menülisten).

Für die Abgabenerhebung von Bedeutung sind Aufzeichnungen, die eine Überprüfung der vollständigen und richtigen Erfassung aller Geschäftsvorfälle ermöglichen und dadurch auch die Vermutung der Ordnungsmäßigkeit (§ 163 BAO) begründen.

Durch **freiwillige Maßnahmen des Unternehmers** (nachvollziehbare Dokumentation über die gesetzlichen Aufzeichnungspflichten hinaus) kann im Rahmen der Beurteilung der sachlichen Richtigkeit die Vermutung der ordnungsgemäßen Führung der Bücher und Aufzeichnungen iSd § 163 BAO erhöht werden.

Eine **freiwillige Belegerteilung bei allen Geschäftsvorfällen** und Ausfolgung der Belege an jeden Kunden (wobei die einzelnen Kassenbelege den einzelnen aufgezeichneten Geschäftsvorfällen aufgrund eindeutiger Merkmale konkret zuordenbar sind und dies leicht und sicher nachprüfbar ist) kann die Qualität der Nachprüfbarkeit und Ordnungsmäßigkeit von Registrierkassen bzw. der Losungsermittlung erhöhen.

So kann mit der Vergabe fortlaufender Rechnungsnummern bei freiwilliger Belegerteilung und Ausfolgung der Kassenbelege an alle Kunden, die Rechnungsnummer des Kassenbelegs mit der im System gespeicherten Rechnungsnummer verglichen und damit weitere Kontrollmöglichkeiten geschaffen werden.

Entsprechende Mindestinhalte von Kassenbelegen (siehe Abschn. 4.3. Kassenbeleg) ermöglichen die Überprüfung der vollständigen und richtigen Erfassung aller Geschäftsvorfälle.

Mit der freiwilligen Belegerteilung an alle Kunden durch den Unternehmer wird die Voraussetzung für eine positive Beurteilung der Ordnungsmäßigkeit der Aufzeichnungen und Losungsermittlung geschaffen.

Dies kann insbesondere bei formellen Mängeln, wenn das Bestehen der Vermutung der Ordnungsmäßigkeit nach § 163 BAO beurteilt wird, im Rahmen der Gesamtbetrachtung des Sachverhaltes ausschlaggebend sein.

- Wenn bei der Kassenführung der Bargeldbestand erfasst bzw. ermittelt werden kann, soll es anhand der vorliegenden Aufzeichnungen jederzeit möglich sein, die tatsächlichen Gegebenheiten (festgestellter Kassen Ist-Stand durch Kassensturz) mit dem Kassen Soll-Stand lt. Registrierkasse oder Kassensystem zu vergleichen.

  Daher sind auch etwaige Barentnahmen, Bareinlagen, Eigenverbrauch, Gratisgaben, etc. entsprechend aufzuzeichnen (**Kassensturzfähigkeit**).
- Die **Nummerierung** aller erfassten einzelnen Geschäftsvorfälle hat mit einer fortlaufenden Nummer (sich jeweils um 1 erhöhender Zahl), welche grundsätzlich nur einmal je Abrechnungszeitraum (Wirtschaftsjahr) auf 0 zurückgestellt werden soll, zu erfolgen.

Die entsprechenden **Dokumentationsgrundlagen** der Geschäftsvorfälle sind offenzulegen.

4. Begriffsdefinitionen

In der Folge werden die Kassen in Typen eingeteilt, Dokumentationen näher beschrieben und verwendete Begriffe erläutert.

4.1. Kassen

Um die Ordnungsmäßigkeit der Kassenführung bzw. der Grundaufzeichnungen entsprechend bewerten zu können, werden bei Registrierkassen und PC-Kassensystemen die nachfolgenden Typen unterschieden:

- **Kasse Typ 1 – mechanisch/numerisch druckende Registrierkassen**

  Ältere Registrierkassen ohne Elektronik / Datenträger / Speicher, die laufend einen Journalstreifen anfertigen.
- **Kasse Typ 2 – einfache, konventionelle elektronische Registrierkassen**

  Einfache, kostengünstige, elektronische Registrierkassen mit meist fixer Programmierung, die idR nicht mit eigenem Betriebssystem ausgestattet sind und üblicherweise die Geschäftsvorfälle mittels Datenspeicherung (idR in festen Strukturen in batteriegepuffertem RAM oder Flash-Speicher) festhalten. Diese Kassen besitzen nur geringe Speicherkapazität, zeichnen mittels Summenspeicher auf und verfügen meist über ein elektronisches Journal.

  Kassen oder Kassensysteme, die es nach ihren technischen Gegebenheiten ermöglichen oder mit Einrichtungen ausgestattet werden können, die es ermöglichen, die Inhalte der Tagesabschlussbons, des GT-Speicherstandes, der Berichte oder des elektronischen Journals in nicht der Wahrheit entsprechender Weise zu erstellen, nachträglich zu verändern oder frei zu gestalten, zählen nicht zum Typ 2.

  Zur Klarstellung der Frage der Ordnungsmäßigkeit sowie der Prüfbarkeit / Kontrollfähigkeit werden die unterschiedlich ausgestatteten Kassen des Typ 2 noch in folgende Subtypen unterteilt:

  – **Typ 2a** – mit Bondruck und Journaldruck (2 Rollen), ohne Schnittstelle zum Datenexport

  – **Typ 2b** – mit Bondruck (1 Rolle) und elektronisches Journal unter begrenzten Speicherverhältnissen, ohne Schnittstelle für den Datenexport

  – **Typ 2c** – mit Bondruck (1 Rolle) und elektronisches Journal unter begrenzten Speicherverhältnissen mit Schnittstelle für den Datenexport auf einen externen Datenträger über einen PC unter Anwendung einer speziellen Übertragungssoftware

  – **Typ 2d** – mit Bondruck (1 Rolle) und elektronisches Journal unter begrenzten Speicherverhältnissen mit Schnittstelle für den unmittelbaren Datenexport auf einen externen Datenträger

  Die Ordnungsmäßigkeitsvermutung (§ 163 BAO) basiert neben der Erfüllung von Formalvorschriften vor allem auf der Prüfbarkeit (Übersicht über die Geschäftsvorfälle durch einen sachverständigen Dritten) und Kontrollfähigkeit von Aufzeichnungen im Zuge von Steueraufsichtsmaßnahmen. Zur umfassenden Prüfbarkeit bedarf es der Datenvorlage, welche sich aus § 131 letzter Satz BAO herleitet.

  Eine solche ist bei den Typen 2a und 2b nicht möglich, sodass diese nicht den Anforderungen des § 131 BAO entsprechen.

  Bei Typ 2c ist die Datenvorlage nur nach einem komplexen Übertragungsvorgang möglich. Typ 2d bietet nach Sicherung einen raschen und unmittelbaren Datenzugriff.

  Die Kontrollfähigkeit ist bei Typ 2a durch den fortlaufend bedruckten Papierjournalstreifen für einen längeren Zeitraum gegeben, bei Typ 2b bzw. Typ 2c erst nach Ausdruck des begrenzten elektronischen Journals für einen kurzen Zeitraum möglich.

  Bei Typ 2c besteht die Möglichkeit der Einschau in das elektronische Journal auf der Datenebene nur nach komplexem Datenexport (über PC) für einen kurzen Zeitraum.

  Typ 2d macht die Journaldaten unmittelbar und für einen längeren Zeitraum verfügbar.
- **Kasse Typ 3 – Kassensysteme bzw. PC-Kassen**

  Kassensysteme, welche meistens über ein eigenes Betriebssystem verfügen (so genannte

„proprietäre Kassensysteme") und die Geschäftsvorfälle mittels Datenspeicherung in komplexeren Strukturen als bloßen Summenspeichern festhalten, sowie PC-Kassen mit eigenem, handelsüblichen Betriebssystem, die im Regelfall mittels auf Datenbanken basierender Software die Geschäftsvorfälle permanent festhalten.

- **sonstige Einrichtungen**, wenn sie zur Aufzeichnung von Betriebseinnahmen genutzt werden und damit Registrierkassenfunktion haben (zB Kassenwaagen, Taxameter, Fakturierungsprogramme).

4.2. Dokumentationsgrundlagen

Folgende Unterlagen dienen der Dokumentation der Erfassung der Geschäftsvorfälle sowie der Prüfbarkeit von deren Vollständigkeit und Richtigkeit:

4.2.1. Ausdrucke

Tagesabschluss- bzw. Tagesendsummenbon (Z-Bon, Z-Abschlag)

Speicherabfrage der Tageserlöse, wobei nach der Abfrage der Speicher gelöscht (zurückgesetzt) wird bzw. die aufsummierten Tageserlöse auf 0 zurückgesetzt werden.

GT-Speicherstand (-stände)

Abfrage des Gesamtsummenspeichers (Numerators), welcher bei Tagesabschluss die seit der Inbetriebnahme bzw. der letzten Rücksetzung erzielten Erlöse in einer Summe anzeigt.

Journalstreifen

Kontrollpapierstreifen, in welchem bei einer Kasse ohne Datenträger jeweils mit Rechnungserstellung fortlaufend die Geschäftsvorfälle dokumentiert werden.

4.2.2. Daten

Elektronisches Journal

Eine im Speicher einer elektronischen Registrierkasse mitlaufende Protokolldatei, die in Echtzeit jeweils mit Rechnungserstellung fortlaufend und chronologisch die Geschäftsvorfälle bzw. Transaktionen dokumentiert. Das bei Typ 2 – Kassen mitlaufende elektronische Journal entspricht inhaltlich dem Kassenstreifen einer mechanischen Registrierkasse.

Bei Speicherbegrenzung der Registrierkasse (Typ 2) sollen die Daten rechtzeitig (vor Löschung und Überschreiben des Speichers) exportiert werden, um sie in entsprechender Form unverändert zur Verfügung stellen zu können (§ 131 Abs. 3 BAO).

Datenerfassungsprotokoll

Bei Einsatz von Kassen des Typs 3 mitlaufende Ereignisprotokolldatei, in der jeweils fortlaufend chronologisch die Geschäftsvorfälle und deren Grundlagen (zB Einzelleistungen, verkaufte Produkte) dokumentiert werden.

Wenn in einem Datenerfassungsprotokoll gleichzeitig mit der Dokumentation der Geschäftsvorfälle auch andere Ereignisse mitprotokolliert werden (zB Stammdatenänderungen, Kassenladenöffnungen ua.), soll durch entsprechende Formatierung das Einlesen mittels Prüfsoftware und damit die Prüfbarkeit (Übersicht über die Geschäftsvorfälle durch einen sachverständigen Dritten) sichergestellt werden.

4.3. Weitere Unterlagen / Begriffsdefinitionen / Inhalte

Verfahrensdokumentation

Bedienungsanleitung, Handbuch, Konfigurationsanleitung, Einrichtungsprotokolle und sonstige zur Kasse gehörende Organisationsunterlagen.

Aus der Verfahrensdokumentation soll der Inhalt, Aufbau und Ablauf des Abrechnungsverfahrens und der Umfang der tatsächlichen Nutzung von etwaigen Teilprogrammen (zB integriertes Warenwirtschaftssystem) vollständig ersichtlich sein.

Insbesondere muss sich aus der Verfahrensdokumentation ergeben, dass bei der Umsetzung die Prinzipien der Ordnungsmäßigkeit erfüllt werden.

Programmabrufe, Änderungen des Systemparameters

Dokumentation von

- Änderungen in der Konfiguration der Kasse und ihrer Verarbeitungsregeln
- Einrichtung oder Änderung von Aufzeichnungsgrundlagen (zB Personal, Artikel, Preisänderungen)
- sonstigen Einstellungsänderungen, die Einfluss auf das Verhalten der Registrierkasse (zB Druckeinstellungen) nehmen.

Änderungen der Konfiguration sollen jedenfalls entsprechend dokumentiert werden, entweder durch entsprechende Ausdrucke (vorher – nachher) oder durch ein Stammdatenprotokoll, welches die Dokumentation der Änderungen sicherstellt. Sowohl in den Ausdrucken über Konfigurationsänderungen, als auch im Stammdatenprotokoll soll durch die Vergabe einer fortlaufenden Nummer bei Änderungen deren Vollständigkeit nachprüfbar sein und zumindest Datum/Uhrzeit und Art der Änderung dokumentiert werden (siehe Abschn. 5.3.).

Wenn Programme verändert werden, ist dies entsprechend zu dokumentieren (Einsatzdatum, Versionsnummer, etc.)

Berichte

Alle im Zuge des Tagesabschlusses oder zu sonstigen Zeitpunkten erzeugte Berichte und Abfragen von abgabenrechtlicher Bedeutung zB solche,

- die der Abrechnung mit dem Personal dienen (Bedienerberichte),
- mittels derer Übersichten über Umsatzgruppen erstellt werden (Hauptgruppenbericht, Warengruppenbericht),
- durch die periodenbezogene Umsatzüberblicke erstellt werden (Periodenbericht, Stundenbericht),

- durch die orts- oder teilbetriebsbezogene Umsatzüberblicke erstellt werden (Tischberichte, Berichte von Teilbetriebsbereichen – zB Bar, Gastgarten),
- die einen Überblick über verkaufte Produkte oder Einzelleistungen ermöglichen (Artikelbericht),
- die den Tagesumsatz getrennt nach Zahlungswegen (Bar, Kreditkarten) aufgliedern (Finanzarten-Bericht).

Geschäftsvorfälle und sonstige aufzeichnungspflichtige Vorgänge

Insoweit in der Kassenrichtlinie 2012 der Terminus Geschäftsvorfall verwendet wird, bezieht sich dies auf Geschäftsvorfälle lt. BAO, die im Rahmen von Kassensystemen oder sonstigen in der Richtlinie geregelten Aufzeichnungssystemen erfasst werden.

Geschäftsvorfälle, die nicht im Rahmen dieser Systeme zu erfassen sind und auf die Losungsermittlung keine Auswirkungen haben (zB Teilwertabschreibungen, Vermögensverlagerungen), sowie Prozesse, die über die in der Richtlinie angeführten Systeme hinausgehen, sind grundsätzlich in dieser Richtlinie nicht beschrieben.

Allerdings soll der Weg der Geschäftsvorfälle in den Büchern und Aufzeichnungen – ausgehend von der Ersterfassung und Aufzeichnung bzw. über die Summen der erfassten Beträge im Rahmen der Losungsermittlung im Kassensystem durch entsprechende Buchung auf den Konten bis zur Bilanz/GuV bzw. Erfassung in den Aufzeichnungen – verfolgbar sein und auch progressiv und retrograd nachvollziehbar überprüfbar sein.

Im Regelfall handelt es sich bei Geschäftsvorfällen im Sinn der Kassenrichtlinie 2012 daher um Ereignisse im Geschäftsbetrieb, die mit der Ersterfassung der Auftragsposition (zB Bestellungseingabe im Kassensystem, Artikelscan an der Kassa, Einschalten des Taxameters) beginnen und in deren Rahmen üblicherweise ein geldwerter Leistungsaustausch zwischen dem Unternehmer/Abgabepflichtigen und dem Kunden stattfindet. Aber auch Aufzeichnungen über Ereignisse, die letztendlich keinen Geschäftsvorfall bewirken, der infolge finanzieller Auswirkungen auf das Unternehmen als Ereignis im Geschäftsprozess – in Buchführung und/oder Aufzeichnungen – zu erfassen wäre, sollen – insoweit diese Vorgänge erfasst wurden – aufbewahrt werden.

Darunter fallen beispielsweise

- nicht abgeschlossene/stornierte Geschäftsvorfälle
- mit einem Geschäftsvorfall zusammen hängende bzw. vorbereitende Vorgänge (zB nicht abgeschlossene oder zustande gekommene Geschäftsvorfälle – Preisabfragen, erstellte Angebote, Reservierungen)
- rückgängig machende Vorgänge (zB nachträgliche Stornos, Rücklieferungen)
- sonstige Vorgänge im Geschäftsprozess, insoweit diese aus Gründen der Überprüfung der vollständigen und richtigen Erfassung aller Geschäftsvorfälle oder aus sonstigen für die Abgabenerhebung bedeutsamen Gründen aufzeichnungs- bzw. aufbewahrungspflichtig sind.

Unter sonstigen aufzeichnungspflichtigen Vorgängen sind Vorgänge im Geschäftsprozess zu verstehen, die zwar grundsätzlich nicht dazu geeignet sind, einen Geschäftsvorfall anzustoßen oder zu bewirken, aber aus den oa. Gründen der Überprüfbarkeit der vollständigen und richtigen Erfassung aller Geschäftsvorfälle aufzeichnungs- und aufbewahrungspflichtig sind. Dies sind insbesondere Vorgänge (zB Übungsbuchungen, Simulationen), die es im jeweiligen Kassensystem bzw. sonstigen in der Richtlinie geregelten Aufzeichnungssystemen oder in damit verbundenen vor- und nachgelagerten Systemen ermöglichen, einzelne Geschäftsvorfälle nicht nachvollziehbar außerhalb der Losungsermittlung zu erfassen bzw. als Simulation darzustellen.

Kassenbeleg / externe/interne Belege

Zum Zweck der näheren Spezifizierung wird zwischen externem Beleg (dokumentiert den wesentlichen Inhalt des Rechtsgeschäftes zwischen den Geschäftspartnern und wird in der Regel bei Geschäftsabschluss übergeben) und internem Beleg (wird dem Geschäftspartner nicht übergeben und dient im Regelfall der Dokumentation und Kontrolle innerbetrieblicher Vorgänge) unterschieden.

Als Kassenbeleg wird ein externer Beleg verstanden, der bei freiwilliger Belegerteilung zum Zweck der leichteren Überprüfbarkeit (siehe Abschn. 3.1.) folgende Mindestinhalte beinhalten sollte:

- Bezeichnung des Betriebes oder Merkmal zur Betriebsidentifizierung,
- Merkmal zur Kassenidentifizierung,
- Datum und Uhrzeit der Belegerstellung,
- Belegnummer (fortlaufende Nummerierung der Geschäftsvorfälle),
- Einzelprodukte und Preise,
- Gesamtsumme.

Interne Belege wie etwa Speisenbestellung – Küche, Lagerentnahmebon, Tätigkeitsberichte, sonstige Belege, die der Dokumentation von innerbetrieblichen Vorgängen und zur Kontrolle der Bediensteten dienen, sind – soweit für die Abgabenerhebung von Bedeutung – aufzubewahren und über Verlangen vorzulegen.

Vor und nachgelagerte Systeme

Vor- und nachgelagerte Systeme sind der Buchhaltung oder den Aufzeichnungen zeitlich und inhaltlich vor– oder nachgelagerte Einrichtungen, die in Zusammenhang mit Vorgängen bzw. Transaktionen im Geschäftsprozess stehen und meistens dazu dienen, Geschäftsvorfälle anzustoßen oder zu begründen (zB Ersterfassung und -festhaltung von Beträgen bzw. Daten; wie Kassenwesen, Reservierung, Bestellwesen) oder aus Geschäftsvorfällen resultieren (zB Lagerbuchführung, Nachbestellwesen, Mahnwesen).

5. Dokumentation

5.1. Dokumentationsgrundlagen und deren Bestandteile – Allgemeines

Der Dokumentation dienen Ausdrucke und Daten. Zum Zweck der Prüfbarkeit sollen diese folgende Mindestangaben enthalten.

5.1.1. Ausdrucke

Alle üblicherweise als Ausdrucke erzeugten Unterlagen sollen als Ausdrucke im Original vorgelegt werden.

Tagesendsummenbons (Z-Bons, Z-Abschläge) bei Kassen vom Typ 2

Die äußere Gestaltung des Tagesendsummenbons liegt grundsätzlich beim Steuerpflichtigen.

Als Dokumentationsgrundlage der Tageseinnahmen soll der Z-Bon folgende Inhalte aufweisen:

- Name des Unternehmers oder Firmenkennung
- Datum und die Uhrzeit der Erstellung
- Anzahl der Speichernullstellungen (so genannte „Z-Bon-Nummer“)
- Anzahl der insgesamt verkauften Artikel, Produkte oder der Teilleistungen, die an die Kunden ausgefolgt/verabreicht wurden
- Gesamtanzahl der Kundenabrechnungen
- Gesamttagesumsatz
- Umsätze nach Steuersätzen
- nicht im Tagesumsatz enthaltene Übungsumsätze (Trainingsumsätze)
- Aufteilung der Erlöse auf die Finanzarten (Zahlungsarten, unbare Umsätze wie Kreditkarten-, Bankomatumsätze)
- Aufteilung der Erlöse auf die Kassierer / Bediener einschließlich Bekanntgabe der nicht im Tagesumsatz enthaltenen Übungsumsätze (Trainingsumsätze)
- durchgeführte Nach-Stornobuchungen, Preisnachlässe, Retouren, Minusumsätze, durch welche der Tagesumsatz gemindert wurde
- Nullumsätze (Bezug von Gratisware)
- gesonderter Ausweis von Gutschein- bzw. Bonverkauf zusätzlich bei Kassen mit Bargeldlade:
- rechnerischer Bargeldbestand / Kredit / andere geldwerte Bestände in Schublade
- Anzahl der Nur-Schubladenöffnungen
- Barentnahmen und Bareinlagen

GT-Speicherstände (Numerator) bei Kassen vom Typ 2

Die Form der Dokumentation der Stände der (des) Umsatzsummenspeicher(s), liegt grundsätzlich beim Steuerpflichtigen. Wenn mehrere Umsatzsummenspeicherstände geführt werden (etwa für unterschiedliche Zeiträume), sollen alle im Ausdruck ausgewiesen werden.

Eine Rückstellung des als Numerator geführten Gesamtsummenspeichers soll (wenn überhaupt) nur einmal je Abrechnungszeitraum (Wirtschaftsjahr) erfolgen.

Journalstreifen aus mechanischen Registrierkassen

In der Kontrollaufzeichnung soll die fortlaufende Nummer des Geschäftsvorfalles und das Datum mitprotokolliert werden.

5.1.2. Daten

Die angeführten Unterlagen (Journal, Datenerfassungsprotokoll) sind über Verlangen jederzeit vor Ort in Datenform vorzulegen (§§ 131, 132 BAO jeweils letzter Satz).

Elektronisches Journal bei Registrierkassen – Typ 2

In der Kontrollaufzeichnung werden in Echtzeit die Geschäftsvorfälle fortlaufend und chronologisch dokumentiert. Das elektronische Journal soll grundsätzlich inhaltlich dem Papierjournalstreifen entsprechen, wobei die Rechnungsnummer des Geschäftsvorfalles, dessen Datum und genaue Uhrzeit, die betraglichen Grundlagen (Produkte, Teilleistungen), sowie der Gesamtbetrag des Geschäftsvorfalles mitprotokolliert werden sollen.

Datenerfassungsprotokoll bei Registrierkassen – Typ 3

In der Ereignisprotokolldatei sollen die erfassten Buchungsvorgänge (Geschäftsvorfall, dessen Gesamtbetrag, dessen betragliche Grundlagen bzw. Einzelleistungen oder Einzelprodukte bzw. sonstige aufzeichnungspflichtige Vorgänge) protokolliert werden.

Durch entsprechende Angaben soll sichergestellt sein, dass eine Prüfung der Vollständigkeit und Richtigkeit der chronologisch geordneten, vollständigen, richtigen und zeitgerechten Erfassung jederzeit möglich ist (jedenfalls durch Datum, Uhrzeit und fortlaufende Nummerierung der einzelnen Buchungen). Die Überprüfungsmöglichkeit soll auch bei aktuellen Maßnahmen der Steueraufsicht gegeben sein.

Wenn bei verbundenen Systemen Daten übertragen werden, soll die Überprüfbarkeit der Unveränderbarkeit der Daten (inhaltliche Konsistenz der Datenübertragung) gewährleistet sein und die einzelnen Datenerfassungsgeräte (Kassen, Eingabestationen) eindeutig identifizierbar sein.

5.2. Dokumentationsgrundlagen der Tageseinnahmen nach Kassengruppen

Als Dokumentationsgrundlagen zur Aufzeichnung der Geschäftsvorfälle sollten folgende Unterlagen entsprechend dem Kassentyp vorhanden sein:

bei Kassen vom Typ 1

- die Journalstreifen

bei Kassen vom Typ 2

- das elektronische Journal
- die Tagesendsummenbons (Z-Bons)
- die GT-Speicherstände

bei Kassen vom Typ 3

- das Datenerfassungsprotokoll

- die Tagesabschlüsse (jedenfalls einschließlich Warengruppenbericht, Bedienerbericht und Finanzartenbericht)

Die oa. Bestimmungen sind für sonstige Einrichtungen, die zur Aufzeichnung von Betriebseinnahmen genutzt werden und damit Registrierkassenfunktion haben, maßgeblich und analog anzuwenden.

5.3. Weitere Unterlagen, welche für die Abgabenerhebung von Bedeutung sind und aufbewahrt werden sollen

Verfahrensdokumentation

Die Verfahrensdokumentation ist Grundlage der Prüfbarkeit der Kasse und der von ihr erzeugten Dokumentationsgrundlagen (zB Handbuch, Bedienungsanleitung)

Programmabrufe, Änderungen der Systemparameter, Druckeinstellungen

Stammdatenänderungen, die für das Verständnis der Aufzeichnungen und deren Grundlagen erforderlich sind, sollen entsprechend dokumentiert werden, wenn diese Änderungen nicht ohnehin aus sonstigen Unterlagen (zB Datenerfassungsprotokoll) ersichtlich sind (siehe auch Abschn. 4.3.).

Ausdrucke über Korrekturbuchungen

Einzelbons der Korrekturbuchungen abgeschlossener Bonierungen (zB für Managerstornos, Nach- und Stornobuchungen, Warenrücknahmen, Retouren) sollen bei Kassen vom Typ 2 aufbewahrt werden.

Berichte

Alle erzeugten Berichte und Abfragen, die von abgabenrechtlicher Bedeutung sind, sollen aufbewahrt werden (§ 132 BAO), wie zB

- Bedienerberichte,
- Hauptgruppenbericht, Warengruppenbericht,
- Periodenbericht, Stundenbericht,
- Tischberichte, Berichte von Teilbetriebsbereichen – zB Bar, Gastgarten
- Artikelbericht
- Finanzarten-Bericht
- Bericht über die Aufteilung der Umsätze für Zwecke der Umsatzsteuer

Führung der Dokumentationsgrundlagen, Kassenidentifikation, Kasseneinsatzprotokoll bei mehreren Kassen

Wurden zeitlich und/oder örtlich im Abrechnungszeitraum mehrere Kassen eingesetzt, sollen entsprechende Aufzeichnungen (Protokolle) über deren Einsatzorte und -zeiträume zur Identifikation der eingesetzten Kassen geführt und aufbewahrt werden.

Die Dokumentationsgrundlagen der Tageseinnahmen sind für jede einzelne Registrierkasse getrennt zu führen und aufzubewahren. Durch entsprechende Bezeichnung oder Nummerierung der Kassen soll eine Identifikation der jeweiligen Kasse und die Zuordnung ihrer Dokumentationsgrundlagen ermöglicht werden.

Rechnungsdurchschriften

Durchschriften der Rechnungen über 75 Euro (UStR 2000 Rz 1568)

sonstige Unterlagen von abgabenrechtlicher Bedeutung

Wenn zur Abwicklung von Prozessen im Geschäftsablauf des Unternehmens Unterlagen angefertigt werden, die für die Abgabenerhebung von Bedeutung sind, sind diese auch aufzubewahren und über Verlangen vorzulegen (§ 132 BAO).

6. Sonstiges

6.1. Kassenwaagen

Kassenwaagen sind Registrierkassen gleichzuhalten. Ihre Dokumentationsgrundlagen richten sich nach der jeweiligen technischen Vergleichbarkeit mit den Kassentypen.

6.2. Taxameter

Taxameter dienen – auf Basis von Taxitarifen – der Berechnung von Fahrpreisen in Taxis. Wenn sie zur Losungsermittlung bzw. zur Erstellung von Kassenbelegen eingesetzt werden, richten sich ihre Dokumentationsgrundlagen nach der jeweiligen technischen Vergleichbarkeit mit den Kassentypen. Die Grundlagenaufzeichnungen zur Überprüfung der Bareinnahmen sind für jedes Taxi getrennt zu führen.

6.3. Sonstige Einrichtungen

Bei sonstigen Einrichtungen wie zB Fakturierungsprogrammen, branchenspezifischen Softwareprogrammen, die der Rechnungserstellung dienen bzw. mit der Losungsermittlung verknüpft sind und damit verbundene Geschäftsprozesse darstellen, wie zB Bestellwesen, Reservierungen, gelten ebenfalls die in Abschn. 2. und 3. angeführten rechtlichen Kriterien der Ordnungsmäßigkeit und die dabei erstellten Grundaufzeichnungen sind entsprechend aufzubewahren.

Soweit diese Einrichtungen mit den jeweiligen Kassentypen vergleichbar sind, sind die technischen Bestimmungen analog anzuwenden.

7. Datensicherung und Datenvorlage

Datensicherung

Ist ausstattungsbedingt (nicht ausreichender Speicherplatz) die Gesamtspeicherung aller abgabenrechtlich relevanten Daten (zB Journal-, Auswertungs-, Programmier- und Stammdatenänderungsdaten) innerhalb einer Registrierkasse nicht möglich, soll eine unveränderbare Speicherung auf einem externen Datenträger erfolgen. Die archivierten Daten sollen die gleichen Auswertungen wie jene im laufenden Kassensystem ermöglichen.

Datenvorlage

Zur Form der Vorlage der relevanten Daten aus Vorsystemen wird auf folgende Erlässe (siehe auch Abschn. 1., letzter Satz) hingewiesen:

Zurverfügungstellung von Daten auf Datenträgern gemäß §§ 131 und 132 BAO

- BMF vom 3. Juli 2000, 02 2251/3-IV/2/00 und
- BMF vom 20. März 2009, BMF-010102/0002-IV/2/2009.

Zur Kontrollfähigkeit im Rahmen der Steueraufsicht soll die elektronische Dokumentation jedenfalls die Einzelmerkmale des unter Abschn. 5.1. angeführten

- elektronischen Journals bei Registrierkassen-Typ 2 bzw.
- Datenerfassungsprotokolls bei Registrierkassen-Typ 3 beinhalten,

sodass unmittelbar und in angemessener Zeit feststellbar ist, ob alle Geschäftsvorfälle in vollem Umfang erfasst wurden.

8. Anwendung

Die der Kassenrichtlinie 2012 zu Grunde liegenden Rechtsvorschriften sind im Wesentlichen keine Neuerungen, sondern werden – auch aufgrund der fortschreitenden, laufenden technischen Entwicklung – nur näher präzisiert.

Kassensysteme, welche funktionell die Ordnungsmäßigkeitskriterien nicht erfüllt haben, werden durch allfällige Übergangsregelungen nicht berührt und sind hinsichtlich der Vorzeiträume wie bisher zu beurteilen.

Wie bisher sollen daher bei der Nutzung und Führung von Kassen- und Aufzeichnungssystemen die oa. Kriterien der Ordnungsmäßigkeit beachtet werden, und die entsprechenden Daten, Dokumentations- bzw. Verfahrensgrundlagen sind aufzubewahren und vorzulegen.

Sind zusätzliche Maßnahmen zur Sicherstellung der vollständigen und richtigen Erfassung notwendig, sollen diese sobald als möglich – in zumutbarer Zeit – jedenfalls bis Ende 2012 – geschaffen werden.

Dies gilt ebenfalls für die nähere Beschreibung der „Einrichtung nach § 131 Abs. 2 und 3 BAO".

12/4/2.

BMF-AV Nr. 2020/7 idF BMF-AV Nr. 2021/30

Erlass zur Einzelaufzeichnungs-, Registrierkassen- und Belegerteilungspflicht

(Erlass des BMF vom 23.12.2019, BMF-010102/0007-I/8/2019, BMF-AV Nr. 7/2020 idF Erlass des BMF vom 10.03.2021, 2021-0.176.666, BMF-AV Nr. 30/2021)

1. Allgemeines

Der Erlass zur Einzelaufzeichnungs-, Registrierkassen- und Belegerteilungspflicht stellt einen Auslegungsbehelf zu den §§ 131 ff BAO, in der Fassung des EU-Abgabenänderungsgesetzes 2016 – EU-AbgÄG 2016, BGBl. I Nr. 77/2016, dar, der im Interesse einer einheitlichen Vorgangsweise mitgeteilt wird.

Der nachstehende Erlass enthält insbesondere die zu beachtenden Kriterien und Details

- der Führung von Büchern und Aufzeichnungen (Einzelaufzeichnungspflicht nach § 131 Abs. 1 Z 2 BAO),
- der Registrierkassenpflicht (§ 131b BAO),
- der Belegerteilungspflicht (§ 132a BAO),
- der Sanktionen bei Nichterfüllung der Verpflichtungen sowie
- der Einzelheiten zur technischen Sicherheitseinrichtung.

Dies betrifft auch die gemäß der §§ 131 Abs. 4 und 131b Abs. 5 Z 1, 2, 3 und 4 sowie § 132a Abs. 8 BAO ergangenen Verordnungen des Bundesministers für Finanzen über Erleichterungen bei der Führung von Büchern und Aufzeichnungen (Einzelaufzeichnungen), bei der Registrierkassenpflicht (Registrierkassensicherheitsverordnung – RKSV, BGBl. II Nr. 410/2015, in der Fassung BGBl. II Nr. 210/2016) und bei der Belegerteilungspflicht (Barumsatzverordnung 2015 – BarUV 2015, BGBl. II Nr. 247/2015, in der Fassung BGBl. II Nr. 209/2016).

Der Erlass stellt insbesondere die Rechtslage nach den Erkenntnissen des VfGH vom 9. März 2016, G 606/2015, G 644/2015 und G 649/2015, und nach der Novelle der BAO in der Fassung BGBl. I Nr. 77/2016 dar (https://www.vfgh.gv.at/cms/vfghsite/attachments/4/3/3/CH0006/CMS1458027303032/registierkassen_entscheidung.pdf).

Der Verfassungsgerichtshof hat mit den bereits zitierten Erkenntnissen drei Individualanträge zur Registrierkassenpflicht jeweils negativ für die Antragsteller entschieden.

Weder die Bestimmung des § 131b BAO noch die Inkrafttretens-Bestimmung, werden im Hinblick auf den Gleichheitsgrundsatz, das Grundrecht auf Freiheit der Erwerbsausübung, das Grundrecht auf Eigentum sowie das Legalitätsprinzip als verfassungswidrig erachtet.

Im Hinblick auf diese Erkenntnisse und Beurteilungen des Höchstgerichtes sind keine legistischen Anpassungen notwendig.

Der Beurteilung des Verfassungsgerichtshofes zur Berechnung der Umsatzgrenzen für den Beginn der Registrierkassenpflicht wird in diesem neuen Erlass Rechnung getragen.

So wurden im Abschnitt 7. die Sanktionen mangels einfachgesetzlicher Regelungen und Zeitablauf die Ausführungen zur Sanktionslosigkeit in der Übergangsphase gestrichen.

Zudem finden aus neuen Sachverhaltsvarianten gewonnene Erkenntnisse Berücksichtigung.

Auch erfolgte im Rahmen des EU-AbgÄG, BGBl. I Nr. 77/2016 eine Erweiterung der Verordnungsermächtigung für den Bundesminister für Finanzen, allerdings ebenfalls unter der Voraussetzung, dass die Verwendung eines elektronischen Aufzeichnungssystems nicht zumutbar ist und die ordnungsgemäße Ermittlung der Grundlagen der Abgabenerhebung dadurch nicht gefährdet ist.

Diese Erleichterungen betreffen:

- Umsätze im Freien
- Umsätze in unmittelbaren Zusammenhang mit Hütten, wie insbesondere in Alm-, Berg-, Schi- und Schutzhütten
- Umsätze in Buschenschänken und
- Umsätze in kleinen Kantinen, die von gemeinnützigen Vereinen geführt werden.

Weiters werden in diesem Erlass die zu beachtenden Grundsätze der Registrierkassensicherheitsverordnung (RKSV), wie insbesondere die Inbetriebnahme der Sicherheitseinrichtung oder die Registrierung der Signatur- bzw. Siegelerstellungseinheit, im Hinblick auf die zwingend herzustellende Manipulationssicherheit mit 1. April 2017 näher erläutert.

Ergänzende Informationen zu den technischen Themenstellungen finden sich auf der BMF-Homepage unter www.bmf.gv.at > Topthemen > Informationen zu Registrierkassen > Codebeispiele zu den Detailspezifikation der Registrierkassensicherheitsverordnung für Softwarehersteller. Dabei handelt es sich um

- weitere detaillierte technische Beschreibungen zu den Abläufen und Prozessen in der Registrierkasse und zur Abwicklung der administrativen Vorgaben der Registrierkassensicherheitsverordnung (zB: Registrierung, Startbelegprüfung)
- einen Mustercode betreffend die Implementierung der RKSV-relevanten Komponenten einer Registrierkasse
- Prüftools für Kassenhersteller für die Überprüfung der Funktionalität der RKSV-relevanten Funktionen und
- Anpassungen der Begrifflichkeiten an die nunmehr in Kraft getretene Verordnung (EU) Nr. 910/2014 über die elektronische Identifizierung und Vertrauensdienste für elektronische Transaktionen im Binnenmarkt und zur Aufhebung der Richtlinie 1999/93/EG, ABl. Nr. L 257/73 vom 28. August 2014 (eIDAS-VO).

Zur besseren Lesbarkeit erfolgt die Aufnahme der Änderungen in Form eines neuen Erlasses. Mit Veröffentlichung dieses Wartungserlasses stellt der Erlass vom 12. November 2015, BMF-010102/0012-IV/2/2015, keine Auslegungshilfe mehr dar.

Dieser Erlass ist ab Veröffentlichung in der Findok als Auslegungsbehelf heranzuziehen. Über die gesetzlichen Bestimmungen hinausgehende Rechte und Pflichten können aus dem Erlass nicht abgeleitet werden. Bei Erledigungen haben Zitierungen mit Hinweisen auf diesen Erlass zu unterbleiben. Sollten Regelungen in früheren Erlässen zu diesem Erlass im Widerspruch stehen, gelten diese insoweit als aufgehoben (zB KRL 2012).

Soweit Verweise auf materielles Steuerrecht erfolgen, sind die jeweils dazu ergangenen Erlässe bzw. Richtlinien (zB KStR 2013, EStR 2000, VereinsR 2001) beachtlich.

Soweit im Erlass personenbezogenen Bezeichnungen verwendet werden, gelten diese gleichermaßen für Personen sowohl weiblichen als auch männlichen Geschlechts.

2. Führen von Büchern und Aufzeichnungen/ Einzelaufzeichnungspflicht (§§ 131, 132 BAO)

2.1. Allgemeines

In den §§ 131 und 132 BAO sind die Grundsätze der Aufzeichnungs- und Aufbewahrungspflichten bei der Führung von Büchern, Aufzeichnungen und der Erfassung von Geschäftsvorfällen festgelegt.

Unabhängig von den spezifischen Regelungen zur Belegerteilungspflicht (§ 132a BAO) und zur Registrierkassenpflicht (§ 131b BAO und RKSV) sind diese Rechtsvorschriften auch – neben anderen – für die Beurteilung der Ordnungsmäßigkeit der Losungsermittlung durch Registrierkassen und Kassensysteme maßgebend.

Aufzeichnungen, die nach den Grundsätzen des § 131 BAO geführt werden und die ab 1. April 2017 den Vorgaben der RKSV entsprechen (insbesondere Erfassung im Datenerfassungsprotokoll der Registrierkasse), genügen jedenfalls dem § 131 Abs. 1 Z 6 lit. b BAO.

In Hinblick auf die datenträgergestützte bzw. elektronische Aufzeichnung von Geschäftsvorfällen sind daher folgende Grundsätze auch für die Nutzung von Registrierkassen oder Kassensystemen bzw. sonstigen elektronischen Aufzeichnungssystemen von Bedeutung:

1. Die gemäß den §§ 124, 125 und 126 BAO zu führenden Bücher und Aufzeichnungen sowie die ohne gesetzliche Verpflichtung geführten Bücher sind so zu führen, dass sie einem sachverständigen Dritten innerhalb angemessener Zeit einen Überblick über die Geschäftsvorfälle vermitteln können.
2. Die Eintragungen sollen der Zeitfolge nach geordnet, vollständig, richtig und zeitgerecht vorgenommen werden.

3. Die einzelnen Geschäftsvorfälle sollen sich in ihrer Entstehung und Abwicklung verfolgen lassen.
4. Soweit nach den §§ 124 oder 125 BAO eine Verpflichtung zur Führung von Büchern besteht oder soweit ohne gesetzliche Verpflichtung Bücher geführt werden, sollen alle Bareingänge und Barausgänge in den Büchern oder diesen zu Grunde liegenden Grundaufzeichnungen täglich einzeln festgehalten werden. Abgabepflichtige, die gemäß § 126 Abs. 2 und Abs. 3 BAO verpflichtet sind, ihre Einnahmen und Ausgaben aufzuzeichnen, sollen alle Bargeschäfte (Bareinnahmen und Barausgaben) einzeln festhalten.
5. Werden zur Führung von Büchern und Aufzeichnungen oder bei der Erfassung der Geschäftsvorfälle Datenträger verwendet, sollen Eintragungen oder Aufzeichnungen nicht in einer Weise verändert werden können, dass der ursprüngliche Inhalt nicht mehr ersichtlich ist.
6. Eine Überprüfung der vollständigen, richtigen und lückenlosen Erfassung aller Geschäftsvorfälle soll insbesondere bei der Losungsermittlung durch entsprechende Protokollierung der Datenerfassung und nachträglicher Änderungen möglich sein. Diese Überprüfung unterliegt der Einzelfallbetrachtung.
7. Die vollständige und richtige Erfassung und Wiedergabe aller Geschäftsvorfälle soll durch entsprechende Einrichtungen gesichert sein. Der Nachweis der vollständigen und richtigen Erfassung aller Geschäftsvorfälle soll durch entsprechende Einrichtungen leicht und sicher geführt werden können (Überprüfungsmöglichkeit).
8. Summenbildungen sollen nachvollziehbar sein.
9. Zur Führung von Büchern und Aufzeichnungen können Datenträger verwendet werden, wenn die inhaltsgleiche, vollständige und geordnete Wiedergabe bis zum Ablauf der gesetzlichen Aufbewahrungsfrist jederzeit gewährleistet ist.
10. Wer Eintragungen in elektronischer Form vorgenommen hat, muss, soweit er zur Einsichtsgewährung verpflichtet ist, auf seine Kosten innerhalb angemessener Frist diejenigen Hilfsmittel zur Verfügung stellen, die notwendig sind, um die Unterlagen lesbar zu machen, und soweit erforderlich, ohne Hilfsmittel lesbare, dauerhafte Wiedergaben beibringen.
11. Werden dauerhafte Wiedergaben erstellt, so sind diese auf Datenträgern zur Verfügung zu stellen.

    Dies gilt auch für vor- und nachgelagerte Systeme (Kassen, Lagerbuchführung, Bestellwesen, usw.), insoweit diese in Verbindung mit Büchern, Aufzeichnungen, der Losungsermittlung oder sonstigen steuerrelevanten Aufzeichnungen stehen oder der Kontrolle der vollständigen und richtigen Erfassung der Geschäftsvorfälle dienen. Vom Abgabepflichtigen geführte Unterlagen, die nicht in direkter Verbindung mit steuerrelevanten Aufzeichnungen stehen, können davon unabhängig, als für die Abgabenerhebung bedeutsame Unterlagen nach § 132 BAO vorlagepflichtig sein (zB Preisverzeichnisse, Reservierungsbücher, Kalkulationsunterlagen, Personalverwaltung).
12. Nach § 132 BAO sind Unterlagen, die für die Abgabenerhebung von Bedeutung sind, aufzubewahren und in entsprechender Form vorzulegen. Diese Unterlagen (wie zB Durchschriften von Belegen) können in elektronischer Form gespeichert werden, wenn die vollständige, geordnete, inhaltsgleiche und urschriftgetreue Wiedergabe bis zum Ablauf der gesetzlichen Aufbewahrungsfrist jederzeit gewährleistet ist. Soweit solche Unterlagen nur auf Datenträgern vorliegen, entfällt das Erfordernis der urschriftgetreuen Wiedergabe.

    Für den Fall, dass dauerhafte Wiedergaben erstellt werden (wenn zB Ausdrucke vorgenommen werden, etwa bei Belegerstellung durch ein Kassensystem), sind diese Belegdaten auch auf Datenträgern zur Verfügung zu stellen.

    Dies gilt auch für Aufzeichnungen, bei denen die Abgabenbehörde die Erstellung von dauerhaften Wiedergaben verlangen kann (§ 131 Abs. 3 BAO), wie zB bei Führung einer chronologischen, fortlaufenden Protokollierung der Datenerfassung auf Datenträgern (elektronisches Journal, Datenerfassungsprotokoll, vgl. § 131 Abs. 1 Z 6 lit. b BAO sowie § 7 Abs. 5 und § 19 Abs. 2 RKSV).
13. Aufzeichnungen, die nach Maßgabe der einzelnen Abgabenvorschriften der Erfassung abgabepflichtiger Tatbestände dienen, sind zu führen (§ 126 BAO), aufzubewahren und über Verlangen vorzulegen.
14. Bücher und Aufzeichnungen dürfen, soweit gesetzlich nichts anderes bestimmt ist, auch im Ausland geführt werden. Grundaufzeichnungen sind grundsätzlich an dem Ort zu führen, an dem die Geschäftsvorfälle bzw. aufzuzeichnenden Vorgänge stattfinden. Das Datenerfassungsprotokoll bei einem elektronischen Aufzeichnungssystem iSd § 131b BAO ist ein Teil der Grundaufzeichnungen, es muss daher zu Prüf- und Kontrollzwecken für die Organe der Finanzverwaltung innerhalb angemessener Zeit der Zugriff auf das aktuelle Datenerfassungsprotokoll möglich sein.

Darüber hinaus sind in anderen gesetzlichen Vorschriften normierte Aufzeichnungsverpflichtungen auch im Interesse der Abgabenerhebung zu erfüllen (§ 124 BAO).

2.2. Einzelaufzeichnungspflicht

Einzelaufzeichnungspflicht bedeutet, dass in den Aufzeichnungen die Betriebseinnahmen und die Betriebsausgaben (bzw. Bareingänge und Barausgänge) laufend zu erfassen und einzeln festzuhalten und aufzuzeichnen sind, außer bei Vorliegen der durch die Barumsatzverordnung geschaffenen Ausnahmeregelungen bzw. Erleichterungen.

Sie ist in § 131 Abs. 1 Z 2 lit. b BAO und § 131 Abs. 1 Z 2 lit. c BAO geregelt und gilt für Buchführungspflichtige und für Einnahmen-Ausgaben Rechner.

Soweit nach den §§ 124 oder 125 eine Verpflichtung zur Führung von Büchern besteht oder soweit ohne gesetzliche Verpflichtung Bücher geführt werden, sollen alle Bareingänge und Barausgänge in den Büchern oder in den Büchern zu Grunde liegenden Grundaufzeichnungen täglich einzeln festgehalten werden.

Abgabepflichtige, die gemäß § 126 Abs. 2 und Abs. 3 verpflichtet sind, ihre Einnahmen und Ausgaben aufzuzeichnen, sollen alle Bargeschäfte einzeln festhalten.

Die Bareinnahmen sind bei betrieblichen Einkunftsarten (Einkunftsarten nach § 2 Abs. 3 Z 1 bis 3 EStG 1988) bei Überschreiten der Grenzen des § 131b Abs. 1 Z 2 BAO frühestens ab Mai 2016 mit elektronischer Registrierkasse, Kassensystem oder sonstigen elektronischen Aufzeichnungssystem einzeln zu erfassen.

Ob betriebliche Einkünfte vorliegen, richtet sich nach einkommensteuer- und körperschaftsteuerrechtlichen Vorschriften (siehe zB EStR 2000). Diese Beurteilung ist wesentlich für die Registrierkassenpflicht, da unbeschadet einer bestehenden Einzelaufzeichnungs- und Belegerteilungspflicht die Registrierkassenpflicht nach § 131b BAO nur für die betrieblichen Einkunftsarten gilt. So unterliegen beispielsweise Privatzimmervermieter, die Einkünfte aus Vermietung und Verpachtung erzielen daher nicht der Registrierkassenpflicht, da keine betriebliche Einkunftsart iS des § 2 Abs. 3 Z 1 bis 3 EStG 1988 vorliegt. Allerdings liegen Einkünfte aus Gewerbebetrieb vor, wenn eine gewisse Anzahl von Betten bzw. Appartements überschritten wird bzw. bestimmte Nebenleistungen erbracht werden.

Die Abgrenzung zu den betrieblichen Einkunftsarten ist daher in diesem Zusammenhang zu beachten (Details siehe EStR 2000 Rz 5433 ff).

Ab dem 1. April 2017 ist die elektronische Registrierkasse bzw. das elektronische Aufzeichnungssystem durch eine technische Sicherheitseinrichtung gegen Manipulation zu schützen.

Andere bestehende Aufzeichnungsverpflichtungen (zB nach dem Weingesetz 2009, dem Alkoholsteuergesetz, dem Flugabgabegesetz) werden dadurch weder aufgehoben noch eingeschränkt (vgl. § 124 BAO). Wenn Aufzeichnungen geführt werden, die über die angeführten Aufzeichnungspflichten hinausgehen und für die Abgabenerhebung von Bedeutung sind, sind diese nach § 132 BAO aufzubewahren.

Ist aufgrund der BarUV 2015, idF BGBl. II Nr. 209/2016, die vereinfachte Losungsermittlung zulässig, werden aber die einzelnen Bareingänge in der Form erfasst und aufgezeichnet, dass eine vollständige Losungsermittlung durch Summierung der einzelnen entsprechenden Bareingänge möglich ist, so ist in diesem Fall eine vereinfachte Losungsermittlung nicht zulässig.

2.3. Wen trifft die Einzelaufzeichnungs-, Registrierkassen- und Belegerteilungspflicht?

Die im Gesetz (§§ 131 ff BAO) normierten Verpflichtungen betreffen Buchführungspflichtige, freiwillig Buchführende hinsichtlich der einzelnen Bareingänge und Barausgänge (§ 131 Abs. 1 Z 2 lit. b), sowie auch nach § 126 Abs. 2 und 3 BAO Aufzeichnungspflichtige mit ihren einzelnen Bargeschäften (einkommensteuerlich bedeutsame (erfolgswirksame) Einnahmen und Ausgaben – vgl. § 131 Abs. 1 Z 2 lit. c BAO).

Von der Einzelaufzeichnungs- und Belegerteilungspflicht betroffen sind daher auch Abgabepflichtige, die ihren Gewinn nach § 4 Abs. 3 EStG 1988 oder ihre Überschüsse nach § 2 Abs. 3 Z 6 und 7 EStG 1988 ermitteln. Die Einzelaufzeichnungs-, Registrierkassen- und Belegerteilungspflicht gilt nur für Unternehmer, unabhängig davon, ob deren Umsätze echt oder unecht von der Umsatzsteuer befreit sind.

Auch für Betriebe gewerblicher Art (BgA) von Körperschaften öffentlichen Rechts gelten die Einzelaufzeichnungs-, Registrierkassen- und Belegerteilungspflicht, soweit diese unternehmerisch tätig sind.

§ 132a Abs. 1 BAO verweist auf § 2 Abs. 1 UStG 1994, „gewerbliche oder berufliche Tätigkeit liegt auch dann vor, wenn die Absicht, Gewinn zu erzielen, fehlt“.

Bei Betrieben gewerblicher Art von Körperschaften öffentlichen Rechts sind daher die Liebhabereigrundsätze nicht anzuwenden (siehe auch § 2 Abs. 1 KStG 1988).

Belegerteilungspflicht ist daher zB bei Wasserwerken, die überwiegend der Trinkwasserversorgung dienen und als Hoheitsbetriebe gelten (vgl. § 2 Abs. 5 KStG 1988), die einen Betrieb gewerblicher Art von Körperschaften öffentlichen Rechts darstellen (siehe § 2 Abs. 3 UStG 1994), gegeben.

Unbeschadet der formell nicht anwendbaren Liebhabereigrundsätze im Bereich der Betriebe gewerblicher Art von Körperschaften öffentlichen Rechts bestehen in Fällen, bei denen zum Selbstkostenpreis ausschließlich an die eigenen Mitarbeiter und ohne Beteiligung am allgemeinen wirtschaftlichen Verkehr Leistungen erbracht werden, die von vornherein nicht auf Einnahmenerzielung ausgerichtet sind, keine Verpflichtungen der §§ 131b bis 132a BAO – (zB Ausgabe von Getränken oder einem kleinen Speisesortiment durch und an eigene Mitarbeiter, nicht öffentliche Mensa zur Versorgung der Mitarbeiter zum Selbstkostenpreis und ohne Einnahmen- bzw. Gewinnerzielungsabsicht).

Folgende Tätigkeiten, die nicht unter den Unternehmensbereich fallen (§ 2 Abs. 5 UStG 1994), sind von der Einzelaufzeichnungs-, Registrierkassen- und Belegerteilungspflicht ausgenommen:

- Gesellige Veranstaltungen iSd § 5 Z 12 KStG 1988 von Betrieben gewerblicher Art von

Körperschaften öffentlichen Rechts. Die in § 2 Abs. 3 erster Satz UStG 1994 vorgenommene Ausnahme für nach § 5 Z 12 KStG 1988 befreite Betriebe gewerblicher Art nimmt die betroffene Veranstaltung aus dem Unternehmensbereich aus. Mit dem EU-AbgÄG 2016, BGBl. I Nr. 77/2016, erfährt der Anwendungsbereich des § 5 Z 12 KStG 1988 wesentliche Erweiterungen.

- Funktionäre iSd § 29 Z 4 EStG 1988 für die in Wahrnehmung dieser Funktion ausgeübte Tätigkeit, da dies nicht als gewerbliche oder berufliche Tätigkeit gilt.
- Liebhaberei, dh. eine Tätigkeit, die auf Dauer gesehen Gewinne oder Einnahmenüberschüsse nicht erwarten lässt.

2.4. Geschäftsvorfälle und sonstige aufzeichnungspflichtige Vorgänge

2.4.1. Geschäftsvorfall Allgemein

Ein Geschäftsvorfall ist ein Vorgang, der die Vermögenszusammensetzung in einem Unternehmen beeinflusst bzw. verändert. Ein Unternehmer ist gesetzlich verpflichtet, alle Geschäftsvorfälle in seiner Buchführung lückenlos zu erfassen, um so den finanziellen Stand des Unternehmens zu dokumentieren. Jeder Geschäftsvorfall wird grundsätzlich mit einem Buchungssatz festgehalten und somit gebucht. Dabei wird stets auf den Grundsatz „Keine Buchung ohne Beleg“ geachtet.

Beispiele möglicher Geschäftsvorfälle sind:

- Das Vermögen oder die Schulden verändern sich.
- Geld wird eingenommen oder ausgegeben.
- Ein Ereignis führt zu Aufwand oder Ertrag.

Der Weg der Geschäftsvorfälle in den Büchern und Aufzeichnungen soll – ausgehend von der Ersterfassung und Aufzeichnung bzw. über die Summen der erfassten Beträge im Rahmen der Losungsermittlung im Kassensystem durch entsprechende Buchung auf den Konten bis zur Bilanz/GuV bzw. Erfassung in den Aufzeichnungen – verfolgbar und auch progressiv und retrograd nachvollziehbar und überprüfbar sein.

Im Regelfall handelt es sich bei Geschäftsvorfällen um Ereignisse im Geschäftsbetrieb, die mit der Ersterfassung der Auftragsposition (zB Bestellungseingabe im Kassensystem, Warenwirtschaftssystem, Artikelscan an der Kasse, Einschalten des Taxameters) beginnen und in deren Rahmen üblicherweise ein geldwerter Leistungsaustausch zwischen dem Unternehmer/Abgabepflichtigen und dem Kunden stattfindet.

Die Geschäftsvorfälle können in bestandswirksame und erfolgswirksame unterteilt werden.

2.4.1.1. Bestandswirksame Geschäftsvorfälle

Der bestandswirksame Geschäftsvorfall ist erfolgsneutral. Das heißt, es werden nur Sach- oder Geldwerte getauscht, ohne dass dabei Wert entsteht oder verschwindet. Als Beispiel lässt sich der Ankauf von Rohstoffen nennen. Dabei wird ein Geldwert in Rohstoffe gleichen Wertes getauscht. Dabei steigt das Sachvermögen der Unternehmung, während das Geldvermögen sinkt. Das Reinvermögen bleibt dabei unverändert.

2.4.1.2. Erfolgswirksame Geschäftsvorfälle

Der erfolgswirksame Geschäftsvorfall bewirkt eine Änderung des Erfolgs. Hierbei unterscheiden sich zufließende und abfließende Vermögenswerte, so dass das Reinvermögen der Unternehmung steigt oder sinkt.

Als Beispiel lässt sich der Verkauf von Waren nennen, bei dem der Verkaufswert den Einkaufswert übersteigt. Die Differenz ist für das Unternehmen erfolgswirksam. Insoweit in Zusammenhang mit Registrierkassen bzw. sonstigen Einrichtungen zum Zweck der Losungsermittlung der Terminus Geschäftsvorfall verwendet wird, bezieht sich dies auf erfolgswirksame Geschäftsvorfälle laut BAO, die im Rahmen von Kassensystemen oder sonstigen in der Richtlinie geregelten elektronischen Auszeichnungssystemen erfasst werden.

2.4.1.3. Nicht zu erfassende Geschäftsvorfälle

Der Erlass behandelt nur erfolgswirksame Geschäftsvorfälle, die auf die Losungsermittlung Auswirkungen haben. Geschäftsvorfälle, die auf die Losungsermittlung keine Auswirkung haben (zB Teilwertabschreibungen, Vermögensverlagerungen) und nicht im Rahmen elektronischer Aufzeichnungssysteme iSd § 131b BAO zu erfassen sind, sind somit nicht Gegenstand dieses Erlasses.

2.4.2. Aufzeichnungspflichtige, nicht erfolgswirksame Vorgänge

Nicht erfolgswirksame Vorgänge, die Auswirkungen auf den Bargeldbestand der Kassa haben, wie zB Barentnahmen und Bareinlagen, sind zum Zweck der Überprüfung des Kassastandes aufzeichnungspflichtig.

Auch durchlaufende Posten sind aufzeichnungspflichtig (vgl. dazu die Ausführungen in Abschnitt 2.4.2.1.).

2.4.2.1. Durchlaufende Posten

Durchlaufende Posten sind für Zwecke der Einzelaufzeichnungs-, Registrierkassen- und Belegerteilungspflicht Beträge, die der Unternehmer im Namen und für Rechnung eines anderen vereinnahmt und verausgabt; sie gehören nicht zu den Bareinnahmen.

Ein durchlaufender Posten erfordert, dass sowohl die Vereinnahmung als auch die Verausgabung in fremdem Namen und auf fremde Rechnung erfolgen und dies auch ausdrücklich gegenüber dem Kunden offengelegt wird (vgl. UStR 2000 Rz 656). Dies sind beispielsweise

- Ortstaxen und Kurtaxen, wenn die Gemeinde (Kurverwaltung) Gläubiger und der Gast (Kurgast) Schuldner ist und die Taxe als solche bei der Weiterverrechnung offengelegt ist,

- Stempelgebühren und Gerichtsgebühren, die vom Parteienvertreter (zB Rechtsanwalt, Notar) für den Klienten ausgelegt werden,
- Vignette (wenn der Verkauf durch die Tankstelle im Namen und auf Rechnung der ASFINAG erfolgt),
- Rezeptgebühren, die zB die Apotheke im Namen und für Rechnung des Sozialversicherungsträgers vereinnahmt,
- KFZ-Zulassungsgebühr,
- Bestandvertragsgebühr (§ 33 Abs. 5 Z 4 GebG) bei Einhebung und Abfuhr an das Finanzamt durch Parteienvertreter (Rechtsanwälte, Notare, Wirtschaftstreuhänder sowie Immobilienmakler und Immobilienverwalter iSd GewO 1994),
- Kautionen (iSd § 16b MRG), Mietvorauszahlungen, die der Parteienvertreter an den Vermieter weiterleitet,
- Fremdgelder, die ein Rechtsanwalt oder Notar im Namen und auf Rechnung seines Mandanten vereinnahmt. Dies gilt auch in seiner Tätigkeit als Masseverwalter.
- Kostenersatz für die Begutachtungsplakette (§ 57a KFG 1967)
- Portogebühren, die ein Arzt (zB Radiologe) für die Versendung der Befunde an Parteien einhebt,
- Lotto-/Tottoumsatz bei einer Trafik oder bei einem Nahversorger.

Durchlaufende Posten zählen nicht zum Barumsatz und sind daher bei der Beurteilung der Grenzen für die Registrierkassenpflicht nicht zu berücksichtigen (§ 131b Abs. 1 Z 2 BAO).

Bei buchführungspflichtigen Unternehmen, bzw. freiwillig buchführenden Unternehmen sind nach § 131 Abs. 1 Z 2 lit. b BAO alle – auch die nicht erfolgswirksamen – Bareingänge, wie zB durchlaufende Posten, täglich einzeln zu erfassen.

Nicht erfolgswirksame Bareingänge, wie durchlaufende Posten, sind keine Bareinnahmen, die dem Zweck der Losungsermittlung dienen, sodass für diese auch keine Verpflichtung besteht, sie in der Registrierkasse zu erfassen. Dies gilt auch für die Einnahmen-/Ausgabenrechner und Überschussrechner.

Durchlaufende Posten können allerdings freiwillig nach § 131 Abs. 1 Z 2 BAO als Bareingang in der Registrierkasse desjenigen, der den Barbetrag kassiert, einzeln erfasst werden.

Werden für durchlaufende Posten Belege mittels Registrierkasse ausgestellt (dies wird betriebswirtschaftlich immer sinnvoll sein), sollen diese grundsätzlich den Anforderungen an Registrierkassenbelege entsprechen. Eine Signierung dieser Belege kann jedoch entfallen.

Diese durchlaufenden Posten sind bei freiwilliger Erfassung als nicht umsatzsteuerrelevant zu kennzeichnen (Erfassung als Null %-Umsatz).

Aufgrund der normativen Anforderungen ist immer der Beleg als solcher und nicht einzelne Belegpositionen zu signieren. Das bedeutet, dass durchlaufende Posten, die gemeinsam mit einem Barumsatz nach § 131b bzw. § 132a BAO (Barzahlung) in der elektronischen Aufzeichnung (Registrierkasse) in einem gemeinsamen Beleg erfasst werden, auch den allgemeinen Verpflichtungen der §§ 131b, 132a BAO einschließlich der Bestimmungen der RKSV (das heißt ab 1. April 2017 inklusive Signatur bzw. Siegel) unterliegen. Diese durchlaufenden Posten sind als nicht umsatzsteuerrelevant zu kennzeichnen (Erfassung als Null %-Umsatz).

Beispiele:

Ein Keramikhändler verkauft in seinem Geschäftslokal auch Keramikprodukte im Namen und für Rechnung eines anderen Produzenten, der in diesem Laden ein Regal für seine Produkte hat. Soweit der Verkauf im fremden Namen und auf fremde Rechnung dem Käufer ausdrücklich offen gelegt wird, handelt es sich um einen durchlaufenden Posten. Dieser muss nicht solistisch in der eigenen Registrierkasse erfasst werden.

Ein Landwirt verkauft in seinem Bauernladen nicht nur eigene Waren, sondern auch Waren anderer Landwirte. Soweit der Verkauf im fremden Namen und auf fremde Rechnung dem Käufer ausdrücklich offen gelegt wird, handelt es sich um einen durchlaufenden Posten. Diese Mitverkäufe können in einer Registrierkassa erfasst werden. In diesen Fällen müssen auf den erteilten Belegen die für andere Landwirte verkauften Waren als solche ausgewiesen werden.

In solchen Fällen (echte Durchlaufer) fällt die Registrierkassenpflicht auch im Sinne einer nachträglichen Erfassung durch den liefernden Unternehmer weg.

2.4.3. Sonstige aufzeichnungspflichtige Vorgänge

Sonstige aufzeichnungspflichtige Vorgänge sind Vorgänge im Geschäftsprozess, die zwar grundsätzlich nicht dazu geeignet sind, einen Geschäftsvorfall anzustoßen oder zu bewirken, sollen aber aus Gründen der Überprüfbarkeit der vollständigen und richtigen Erfassung aller Geschäftsvorfälle aufgezeichnet und aufbewahrt werden.

Trainingsbuchungen sind nach § 7 Abs. 2 RKSV im jeweiligen Kassensystem oder im elektronischen Aufzeichnungssystem zu erfassen und zu signieren.

2.4.4. Barumsatz iSd § 131b Abs. 1 Z 3 BAO

Gemäß § 131b Abs. 1 Z 3 BAO sind Barumsätze im Sinn dieser Bestimmung Umsätze, bei denen die Gegenleistung (Entgelt) durch Barzahlung erfolgt. Als Barzahlung gilt auch die Zahlung mit Bankomat- oder Kreditkarte vor Ort oder durch andere vergleichbare elektronische Zahlungsformen, die Hingabe von Barschecks sowie vom Unternehmer ausgegebener und von ihm an Geldes statt angenommener Gutscheine, Bons, Geschenkmünzen und dergleichen. Nicht als Barzahlung gelten Zahlungen mit Verrechnungsscheck oder Orderschecks (vgl. Abschnitt 2.4.14.).

Der Begriff Barumsatz orientiert sich an § 1 Abs. 1 Z 1 UStG 1994 und gilt für Lieferungen und sonstige Leistungen, die ein Unternehmer im Inland gegen Entgelt im Rahmen seines Unternehmens ausführt.

Daher gilt auch § 132a BAO für Zahlungen im Zusammenhang mit im Inland zu erbringenden oder erbrachten Leistungen (siehe Abschnitt 2.4.4.2.).

2.4.4.1. Barumsätze eines österreichischen Unternehmers im Ausland

Für einen österreichischen Unternehmer besteht für seine Barumsätze, die er im Ausland verwirklicht, keine Registrierkassen- und Belegerteilungspflicht nach der BAO. Allenfalls bestehende ausländische Verpflichtungen bleiben davon unberührt. Solcherart sind diese Umsätze auch nicht in die Berechnung der Umsatzgrenzen für die Registrierkassenpflicht einzubeziehen.

Beispiel:

Ein österreichischer Unternehmer verkauft bei einer Buchmesse in Frankfurt Bücher gegen Barzahlung; keine Registrierkassen- und Belegerteilungspflicht, weil der Ort der Lieferung im Ausland liegt.

2.4.4.2. Barumsätze von ausländischen Unternehmern im Inland

Ein ausländischer Unternehmer, der im Inland Barumsätze tätigt, fällt mit den inländischen Umsätzen unter die gesetzlichen Verpflichtungen der §§ 131b und 132a BAO.

Ein ausländischer Unternehmer, der im Inland Barumsätze tätigt, fällt dann unter das Registrierkassen- und Belegerteilungsregime, unabhängig davon, ob er in Österreich eine Betriebsstätte begründet hat. Bezüglich der Berechnung der Umsatzgrenzen für die Registrierkassenpflicht sind nur die inländischen Umsätze heranzuziehen.

Der ausländische Unternehmer hat hiefür eine österreichische Steuernummer (UID-Nummer bzw. GLN) zu beantragen um die Registrierung der Signatur- bzw. Siegelerstellungseinheit über FinanzOnline zu ermöglichen (siehe Abschnitt 3.3.2.2.2.).

Beispiel:

Ein ausländischer Unternehmer bietet auf einer Messe im Inland seine Produkte an. Bei Überschreiten der Umsatzgrenzen durch seine im Inland erzielten Umsätze besteht grundsätzlich ab dem viertfolgenden Monat Registrierkassenpflicht. Unabhängig von der Höhe seiner Umsätze hat er über auf der Messe empfangene Barzahlungen den Kunden Belege gemäß § 132a BAO auszustellen.

Die Erleichterung für mobile Umsätze gemäß § 7 Abs. 1 BarUV 2015 kann in Anspruch genommen werden.

2.4.5. Spenden

Bareingänge, denen keine Gegenleistung oder sonstige Leistung (auch an Dritte) gegenübersteht bzw. denen diese nicht zuordenbar ist (zB freiwilliges Einwerfen von Spenden ohne Gegenleistung in eine Box), stellen mangels Leistungsaustausch keinen Barumsatz dar.

Allerdings liegt bei Aufrundungen von Zahlungsbeträgen für eine erbrachte Leistung im Rahmen einer Spendenveranstaltung (zB Zahlungsbetrag von 2,50 Euro für ein Getränk wird aufgerundet auf 5 Euro) eine Gegenleistung zugrunde, diese stellen einen Barumsatz dar und sind entsprechend der sonstigen Bestimmungen registrierkassenpflichtig. Bei freiwilliger Erfassung der Spenden ohne Gegenleistung in der elektronischen Registrierkasse hat diese den gesetzlichen Anforderungen zu entsprechen (analog durchlaufende Posten, siehe Abschnitt 2.4.2.1.).

Es ist aber auch möglich, derartige Spendenbeträge ohne Gegenleistung auch außerhalb einer Registrierkasse oder in einer Registrierkasse, die über keine Sicherheitseinrichtung iSd § 131b Abs. 2 BAO verfügt, zu erfassen.

2.4.6. Trinkgelder

Trinkgelder, die dem Unternehmer zufließen, sind Bareinnahmen des Unternehmers. Trinkgelder für die Leistung eines Arbeitnehmers sind nicht für die Berechnung der Umsatzgrenzen für die Registrierkassenpflicht heranzuziehen und beim Unternehmer, wenn sie in der Registrierkasse erfasst werden, wie durchlaufende Posten zu behandeln (vgl. Abschnitt 2.4.2.1.).

2.4.7. Becherpfand

Das Becherpfand ist gleich zu behandeln wie der Verkauf des Bechers bzw. als Teil des Getränkekaufes. Es besteht auch Belegerteilungspflicht für den Gesamtumsatz (Becher und Getränk).

Die Auszahlung des Becherpfandes im Zuge der Rückgabe des Bechers ist als negativer Umsatz zu erfassen und wird daher bei der Ermittlung der Umsatzgrenzen des § 131b Abs. 1 Z 2 BAO ausgeschieden. Falls der Bezug zum ursprünglich erfassten Einsatz hergestellt werden kann, besteht auch die Möglichkeit, den ursprünglichen Umsatz zu stornieren.

2.4.8. Echte Mitgliedsbeiträge

Echte Mitgliedsbeiträge, denen keine konkrete Leistung des Vereins gegenübersteht, sind keine Umsätze, da die wechselseitige Abhängigkeit von Leistung und Gegenleistung fehlt.

Unechte Mitgliedsbeiträge sind Zahlungen eines Mitglieds, die als Mitgliedsbeitrag ausgewiesen werden, denen aber eine konkrete Leistung des Vereines an den Beitragszahler gegenübersteht (zB Nutzung von Sportanlagen oder sonstige Einrichtungen nur für Mitglieder zulässig, die ihren Beitrag entrichtet haben).

2.4.9. (Echter) Schadenersatz

Bei echtem Schadenersatz handelt es sich um keinen Umsatz, sondern um eine Ersatzleistung, die deshalb erbracht wird, weil ein Schaden verursacht wurde, bzw. für einen Schaden einzustehen ist. Es handelt sich daher nicht um Entgelt für eine Leistung, denn ein Leistungsaustausch liegt nicht vor.

Beispiele:

Schadenersatz für die Nichterfüllung eines Kaufvertrages, Versicherungsentschädigungen.

Für Zwecke der Einzelaufzeichnungs-, Registrierkassen- und Belegerteilungspflicht liegt ein Umsatz (unechter Schadenersatz) vor, wenn dem Entgelt eine Gegenleistung, die nicht in Anspruch genommen wurde, zugeordnet werden kann.

Beispiele:

Zahlungen für die Einräumung von Leistungsdienstbarkeiten (zB Stromleitungen), Entschädigungen für Enteignungen.

2.4.10. Verkauf und Einlösen von Gutscheinen

2.4.10.1. Wertgutscheine

Die Veräußerung von Wertgutscheinen (Geschenkbons, Geschenkmünzen) durch Unternehmer, die zum späteren Bezug von Waren nach freier Wahl oder nicht konkretisierten Dienstleistungen des Gutscheinausstellers berechtigen, stellt noch keinen steuerbaren Vorgang iSd UStG 1994 dar. Das Entgelt für die Veräußerung eines solchen Wertgutscheines unterliegt nicht der Anzahlungsbesteuerung.

Es handelt sich hier steuerlich weder um einen Ertrag noch einen umsatzsteuerpflichtigen Vorgang, sondern der Wertgutschein wird als Verbindlichkeitsnachweis des Unternehmers für den Kunden ausgestellt.

Bei Wertgutscheinen ist der Zeitpunkt des Barverkaufes der Wertgutscheine nach § 131 Abs. 1 Z 2 BAO für die Erfassung des Bareingangs maßgeblich. Dabei handelt es sich noch nicht um einen registrierkassen- und belegerteilungspflichtigen Barumsatz. Allerdings ist die Erfassung derartiger Bareingänge in der Registrierkasse zweckmäßig, weil damit eine lückenlose Aufzeichnung aller Bareingänge gewährleistet werden kann. Zudem erübrigt sich damit eine zusätzliche Aufzeichnung dieser Bareingänge.

Bei Erfassung des Verkaufs von Wertgutscheinen in der Registrierkasse ist die Barzahlung zB mit der Bezeichnung „Bonverkauf" als Null %-Umsatz bzw. nicht als Barumsatz zu behandeln.

Der Wertgutschein ist als Barumsatz im Zeitpunkt der Einlösung zu erfassen, weil erst dann die Lieferung oder sonstige Leistung erbracht wird.

Es ist immer der Nominalwert des eingelösten Wertgutscheins als Barumsatz anzusetzen.

Beim Kauf von Prepaid-Karten steht im Regelfall noch nicht fest, welche konkreten Leistungen vom Käufer in Anspruch genommen werden. Beim Kartenkauf handelt es sich daher um einen Gutschein und keine Anzahlung.

Beispiel:

Eine Prepaidcard wird verkauft. Durch Vorlage der Karte können bestimmte unterschiedlicher Leistungen unentgeltlich oder preisreduziert (teilweise auch mehrfach und nicht einzelfallbegrenzt) in Anspruch genommen werden.

In einem solchen Fall ist der Erwerb der Karte wie der Erwerb eines Wertgutscheins zu betrachten. Es besteht daher keine Registrierkassenpflicht. Bei Einlösung der jeweiligen Leistung liegt ein registrierkassen- und belegerteilungspflichtiger Barumsatz vor.

2.4.10.2. Sonstige Gutscheine

Wenn allerdings in einer Privaturkunde (Bon, umgangssprachlich auch „Gutschein" genannt) die Lieferung/sonstige Leistung bekannt und eindeutig konkretisiert ist, ist deren Verkauf bereits als Barumsatz anzusehen und daher in der Registrierkasse zu erfassen und darüber ein Beleg auszustellen (zB Eintrittskarte für eine konkrete Veranstaltung, Fahrscheine).

Zur Konkretisierung reicht die genaue eindeutige Bezeichnung der Art der Lieferung/sonstigen Leistung aus und muss nicht der Zeitpunkt der Leistungserbringung angeführt werden.

2.4.11. Anzahlungen/Teilzahlungen/Restzahlungen zu Ausgangsrechnungen

Barzahlungen sind neben der Bezahlung des Gesamtpreises auch Anzahlungen, Ratenzahlungen (Teilzahlungen) und Restzahlungen. Alle derartigen Barzahlungen sind für die Umsatzgrenzen des § 131b Abs. 1 Z 2 BAO relevant; dies unabhängig davon, ob Soll- oder Istbesteuerung nach dem UStG 1994 vorliegt.

Eine Barzahlung liegt auch vor, wenn der Unternehmer dem Leistungsempfänger eine Rechnung iSd UStG 1994 mit Zahlungsanweisung übergibt, der Leistungsempfänger diesen Betrag aber dennoch beim Unternehmer vor Ort in bar bezahlt. In diesem Fall entsteht die Umsatzsteuerschuld nicht ein zweites Mal. Der leistende Unternehmer stellt keine „Rechnung" im Sinn des UStG 1994, sondern einen Beleg über die empfangene Barzahlung iSd § 132a BAO bzw. RKSV aus.

Es ist zulässig, auf diesem Beleg lediglich auf die Nummer der Rechnung zu verweisen und keine Aufschlüsselung der Umsätze nach Steuersätzen vorzunehmen, wenn die Rechnung zur Abfuhr der Steuerschuld schon im (elektronischen) Aufzeichnungssystem erfasst wurde.

Die Erfassung des Umsatzes in der Registrierkasse und der Ausdruck des Registrierkassenbelegs lösen keine Umsatzsteuerschuld kraft Rechnung aus. Für den Fall einer gesonderten Rechnungsausstellung nach § 11 UStG ist es – um eine Steuerschuld kraft Rechnungsausstellung zu vermeiden – zweckmäßig, den Registrierkassenbeleg als Rechnungsduplikat (vgl. UStR 2000 Rz 1527 f) zu kennzeichnen.

Beispiele:

1. Für die Leistung eines Tischlers wird eine bare Anzahlung von 2.000 Euro geleistet, der Restbetrag von 10.000 Euro erfolgt per Bankanweisung nach Lieferung der Küche und Rechnungsausstellung (Gesamtbetrag 12.000 Euro). Die Anzahlung in Höhe von 2.000 Euro zählt als Barumsatz im Sinne des § 131b Abs. 1 Z 2 BAO.

2. Für eine Leistung wird eine Honorarnote mit Zahlungsanweisung gelegt. Der Leistungsempfänger zahlt den gesamten Betrag beim Unternehmer bar, daher ist dieser Betrag in der Registrierkasse zu erfassen.

3. Für eine Leistung wird eine Honorarnote mit Zahlungsanweisung gelegt. Der Leistungsempfänger zahlt nur einen Teilbetrag bar (zB Einlösung eines Wertgutscheins, Bargeld), so ist nur dieser Teilbetrag in der Registrierkasse zu erfassen.

4. Vor Antritt einer Miete eines PKWs wird ein bestimmter Betrag auf der Kreditkarte des Kunden „reserviert“ (nicht abgebucht). Die Abrechnung der tatsächlichen Kosten erfolgt erst nach Beendigung der Miete.

Ist der Abbuchungsbetrag nicht mit dem reservierten Betrag ident, stellt die bloße Reservierung des möglichen Abbuchungsbetrages noch keinen Barumsatz dar. Dies gilt auch, wenn der Kunde seine Kreditkarte nur bei Antritt der Miete vorlegt. In einem solchen Fall wird der Zahlungsvorgang zwar schon mit der Hingabe der Kreditkarte angestoßen, die nachfolgende Abbuchung des Betrages vom Kreditkartenkonto erfolgt allerdings ohne neuerliche Mitwirkung des Kunden (keine neuerliche Vorlage/Verwendung der Kreditkarte durch den Kunden). Dieser Vorgang kann daher wie ein Einziehungsauftrag gewertet werden, sodass keine Registrierkassen- und Belegerteilungspflicht nach den §§ 131b und 132a BAO besteht.

2.4.12. Innenumsätze

Innenumsätze sind Umsätze innerhalb eines Unternehmens. Sie sind nicht umsatzsteuerbar und auch keine Barumsätze iSd der BAO und sind daher weder belegerteilungs- noch registrierkassenpflichtig.

2.4.13. Nachnahme/Inkasso

Bei der Nachnahme besteht keine direkte Warenausgabe durch den leistenden Unternehmer und keine unmittelbare Gegenleistung (Bezahlung) durch den Leistungsempfänger, da ein dritter Unternehmer (zB Post, Spediteur, Zusteller, Kleintransporteur, Güterbeförderer) diese Leistungen ausführt bzw. entgegennimmt.

Da bei der Lieferung des Gegenstandes und Bezahlung per Nachnahme keine unmittelbare Verbindung zwischen leistungserbringenden Unternehmer und dem zahlenden Abnehmer vorliegt, und ein anderer Unternehmer (Post, Spediteur, usw.) dazwischengeschaltet ist, besteht auch keine (mittelbare) Registrierkassenpflicht iSd § 131b BAO, die der jeweilige Zusteller für den Lieferanten zu erfüllen hat. Für das Unternehmen, das per Nachnahme kassiert, liegt kein Barumsatz vor.

Für den Zusteller, der die Nachnahmelieferung durchführt, gibt es daher auf Basis dieses einzelnen Geschäfts aufgrund § 131b BAO keine Registrierkassenpflicht.

Unabhängig davon besteht eine Einzelaufzeichnungspflicht der jeweiligen Geschäftsvorfälle nach § 131 BAO.

Es würde jedoch ein Barumsatz vorliegen, wenn das Unternehmen die Ware selbst zustellt und bei der Zustellung kassiert.

Wenn ein Inkassounternehmen für seinen Auftraggeber offene Forderungen aus Lieferungen/sonstigen Leistungen oder Schadenersatzforderungen einbringt, liegt insoweit kein Barumsatz vor, der im Rahmen der Losungsermittlung mit Registrierkasse beim Inkassounternehmen zu erfassen ist, da dieses in keiner Geschäftsbeziehung zum Schuldner steht und im Auftrag des Gläubigers für diesen die offene Forderung eintreibt.

2.4.14. Barzahlungen

Barzahlungen sind nicht nur Zahlungen mit Bargeld. Als Barzahlungen iSd §§ 131b Abs. 1 Z 3 und 132a Abs. 1 BAO gelten auch Gegenleistungen, die unmittelbar beim Leistungsaustausch erfolgen und die

- mit Barscheck,
- mit Bankomat- oder Kreditkarte oder durch andere vergleichbare elektronische Zahlungsformen (vor Ort/an der Kasse),
- durch das Einlösen von Wertgutscheinen, Bons, Geschenkmünzen und dergleichen, die von Unternehmern ausgegeben und an Geldes statt angenommen werden, erfolgen.

Nicht als Barzahlung gelten beispielsweise die Zahlung mit Zahlungsanweisung, die Online-Banking-Überweisung, Paypal und Einziehungsaufträge, Daueraufträge oder Zahlungen über das Internet mittels Bankomat- oder Kreditkarte, die nicht vor Ort (zB im Geschäftslokal) beim bzw. im Beisein des leistenden Unternehmers erfolgen.

Unbeachtlich für die Subsumtion unter Barzahlung ist, ob es sich um ein „Zielgeschäft“ handelt.

Reine Tauschgeschäfte sind nicht als Barumsätze in der Registrierkasse zu erfassen.

2.4.15. Barbewegung

Barbewegungen sind Veränderungen des Bargeldbestandes. Darunter fallen alle Barein- und Barausgänge, aber auch das Auswechseln von Geldmünzen bzw. Geldscheinen.

Registrierkassen- und belegerteilungspflichtig sind jedoch nur Barumsätze (siehe Abschnitt 2.4.4).

2.4.16. Bareinnahme /-ausgabe

Bareinnahmen und Barausgaben stellen Bargeschäfte dar. Sie sind nach § 131 Abs. 1 Z 2 lit. c BAO einzeln festzuhalten. Dabei handelt es sich um Einnahmen und Ausgaben, die in Bargeldform erfolgen und erfolgswirksam sind (zB Betriebseinnahmen und Betriebsausgaben bei betrieblichen Einkunftsarten; Einnahmen und Werbungskosten bei Einkünften aus Vermietung und Verpachtung und sonstigen Einkünften).

Werden solche Bareinnahmen im Rahmen der betrieblichen Einkunftsarten (§ 2 Abs. 3 Z 1–3 EStG 1988) erzielt, besteht bei Vorliegen der Voraussetzungen Belegerteilungs- und Registrierkassenpflicht (siehe §§ 132a und 131b BAO).

Unter Bargeschäft sind erfolgswirksame Bareinnahmen und Barausgaben zu verstehen.

2.4.17. Bareingang/-ausgang

Bareingänge sind alle Zuflüsse von Bargeld, die sich erhöhend auf den Bargeldbestand auswirken, unabhängig davon, ob sie erfolgswirksam sind (zB Bareinlagen).

Barausgänge sind alle Abflüsse, die den Bargeldbestand mindern, unabhängig davon, ob sie erfolgswirksam sind (zB Barentnahmen).

Nach § 131 Abs. 1 Z 2 lit. b BAO sind solche Bareingänge und Barausgänge täglich einzeln festzuhalten.

Bargeschäfte (erfolgswirksame Bareinnahmen und Barausgaben) sind Teil der Bareingänge und Barausgänge.

3. Registrierkassenpflicht (§ 131b BAO)

Registrierkassenpflicht ist die Verpflichtung, alle Bareinnahmen mit einer elektronischen Registrierkasse (elektronischem Aufzeichnungssystem) einzeln zu erfassen.

Entscheidend ist, dass eine Barzahlung erfolgt und nicht, wann die Lieferung oder sonstige Leistung erbracht wird. Daher ist beispielsweise eine Anzahlung für eine noch nicht erbrachte Leistung oder eine nachträgliche Barzahlung elektronisch zu erfassen.

Soweit Betriebseinnahmen keine Barumsätze darstellen (zB Verkauf von Wertgutscheinen, Zahlung mittels Telebanking oder Zahlungsanweisung, Überweisungen, Daueraufträge, Einziehungsaufträge), besteht keine Verpflichtung zur Erfassung dieser Einnahmen mittels Registrierkasse. Werden diese jedoch erfasst, so besteht ab 1. April 2017 keine Pflicht zur Signatur im Sinne § 9 RKSV für solche Belege, es sei denn, sie werden in einem Beleg mit Barumsätzen kombiniert (vgl. Abschnitt 2.4.2.1.).

3.1. Registrierkasse und sonstige elektronische Aufzeichnungssysteme

3.1.1. Arten der Registrierkassen

Unter einer Registrierkasse versteht man jedes elektronische Aufzeichnungssystem, das zur Losungsermittlung bzw. Dokumentation einzelner Bareinnahmen eingesetzt wird. Als Registrierkasse können auch serverbasierte Aufzeichnungssysteme, Waagen und Taxameter mit Kassenfunktionen dienen.

Jede Registrierkasse hat ab 1. Jänner 2016 über ein Datenerfassungsprotokoll (Kassenjournal) zu verfügen. Das Datenerfassungsprotokoll muss ab 1. Jänner 2016 gemäß § 19 Abs. 2 RKSV auf einen externen Datenträger exportierbar sein.

Neben dem Datenerfassungsprotokoll muss jede Registrierkasse ab 1. April 2017 einen Umsatzzähler aufweisen und über einen AES-Schlüssel zur Verschlüsselung dieses Umsatzzählers verfügen.

Sie kann mit einer oder mehreren Eingabestationen verbunden sein und muss ab 1. April 2017 auf zumindest eine Signatur- bzw. Siegelerstellungseinheit, die jeweils ein dem Unternehmer zugeordnetes Zertifikat besitzt, zugreifen sowie die Erstellung von Belegen gemäß § 132a BAO mittels Belegdrucker oder durch Aussendung eines elektronischen Belegs auslösen können. Im Unterschied zu Registrierkassen verfügen Eingabestationen über kein Datenerfassungsprotokoll.

3.1.1.1. Nutzung einer Registrierkasse durch mehrere Unternehmer

Mehrere Unternehmer können eine Registrierkasse verwenden, wenn nachvollziehbar und klar erkennbar ist, welche Umsätze zu welchem Unternehmer gehören (§ 5 Abs. 6 RKSV).

Das bedeutet, dass die Registrierkasse für jeden Unternehmer, der diese verwendet, ein gesondertes Datenerfassungsprotokoll führen muss bzw. für jeden Unternehmer ab April 2017 eine gesonderte Sicherung der Unternehmensumsätze durch eine dem jeweiligen Unternehmer zugeordnete Signatur- bzw. Siegelerstellungseinheit gewährleistet ist. Beispiele Ordinations-/Apparategemeinschaft von Ärzten oder Physiotherapeuten, Bauernladen für mehrere Landwirte.

Bei Verwendung einer gemeinsamen Registrierkasse für mehrere Betriebe eines Unternehmers (in einem gemeinsamen Datenerfassungsprotokoll) müssen die Bareinnahmen jedes Betriebes als solche gekennzeichnet und erkennbar sein (zB: ein eigener Nummernkreis je Betrieb), um die für die Ausfertigung der Abgabenerklärungen (zB: E1a pro Betrieb) erforderlichen Daten verfügbar zu haben. Daher ist es nicht erforderlich, dass pro Betrieb eine eigene Signatur- bzw. Siegelerstellungseinheit vorhanden sein muss.

3.1.1.2. Angemietete Registrierkasse

Werden Registrierkassen bloß angemietet, ist deren sicherheitstechnische Verwendung nur mit „eigener", auf das mietende Unternehmen ausgestellter, Signatur- bzw. Siegelerstellungseinheit möglich. Die Signatur- bzw. Siegelerstellungseinheit muss genauso wie die angemietete Registrierkasse vor der Inbetriebnahme vom mietenden Unternehmen über FinanzOnline (FON) registriert werden. Nach der Initialisierung der angemieteten Registrierkasse mit der bei der Registrierung über FON gemeldeten Kassenidentifikationsnummer muss ein Startbeleg erstellt, geprüft und aufbewahrt werden. Wird die Registrierkasse über einen längeren Zeitraum verwendet, sind Monats- und

Jahresbelege zu erstellen, zu prüfen und aufzubewahren sowie das Datenerfassungsprotokoll entsprechend § 7 Abs. 3 RKSV zu sichern. Zeitgleich mit der Rückgabe der angemieteten Registrierkasse müssen diese und die Signatur- bzw. Siegelerstellungseinheit mit Meldung über FON außer Betrieb genommen und das Datenerfassungsprotokoll im vorgeschriebenen Format gesichert und aufbewahrt werden (vgl. Abschnitt 3.6.2.).

3.1.2. Trainingsbuchungen (§ 7 Abs. 2 RKSV)

Trainingsbuchungen sind ab der Inbetriebnahme der Registrierkasse in das Datenerfassungsprotokoll signiert aufzunehmen und als solche zu kennzeichnen. Trainingsbuchungen dürfen daher nicht zur Aufzeichnung von Umsätzen verwendet werden.

3.1.3. Sonstiges elektronisches Aufzeichnungssystem

Darunter können auch serverbasierte Aufzeichnungssysteme verstanden werden, bei denen die Erfassung des Barumsatzes und die Ausfertigung des Zahlungsbelegs in Form einer Eingabestation örtlich getrennt von der Erstellung der Signatur bzw. des Siegels und der Aktualisierung des Datenerfassungsprotokolls auf einem Server durchgeführt werden. Die Signatur- bzw. Siegelerstellungseinheit kann auch mit der Eingabestation verbunden sein, allerdings muss dann die serverbasierte Registrierkasse die Signatur- bzw. Siegelerstellungseinheit über die Eingabestation ansteuern können.

Als Prinzip gilt, dass das elektronische Aufzeichnungssystem die Erstellung der Signatur, die Aktualisierung des Datenerfassungsprotokolls und die Belegerstellung nach der Erfassung eines Barumsatzes vor der Erfassung des nächsten Barumsatzes sicherstellen muss.

Die Übertragung der Daten zwischen Eingabestation und Server kann auch cloudbasiert erfolgen.

3.1.3.1. Waagenkassen

Waagenkassen sind Registrierkassen gleichzuhalten, wenn die Waagenkasse die technischen Erfordernisse bzw. Funktionalitäten eines elektronischen Aufzeichnungssystems nach § 131b BAO erfüllt. Wenn diese die Voraussetzungen nicht erfüllen, muss eine eigene Registrierkasse geführt werden.

Bei der Belegerteilung kann dann im Registrierkassenbeleg auf den Waagenbeleg verwiesen werden. In dem Fall, dass im Registrierkassenbeleg auf den Waagenbeleg verwiesen wird, kann die Übergabe des Waagenbelegs an den Kunden nach § 132a Abs. 4 BAO entfallen. Eine gesonderte Ausweisung der auf dem Waagenbeleg angeführten Waren in der Registrierkasse bzw. dem Registrierkassenbeleg ist dann nicht erforderlich. Der Waagenbeleg muss aber – auch zur Nachvollziehbarkeit der Summenbildung (vgl. § 132 Abs. 2 letzter Satz BAO) – beim ausstellenden Unternehmen aufbewahrt werden.

Wenn die Wiegedaten in der Waage protokolliert werden (Journal), ersetzt das Journal die aufzubewahrenden Waagenbelege. Diese Journaldaten sind von abgabenrechtlicher Bedeutung gemäß § 132 BAO.

Ist der Leistungsempfänger ein Unternehmer, kann nach § 132a Abs. 4 Satz 2 BAO der Waagenbeleg auch übergeben werden.

3.1.3.2. Taxameter

Taxameter dienen – auf Basis von Taxitarifen – der Berechnung von Fahrpreisen in Taxis. Wenn sie auch zur Erfassung der Bareinnahmen eingesetzt werden sollen, müssen sie den Vorgaben des § 131b BAO entsprechen und gemäß § 132a BAO Belege ausstellen können. Entsprechen Taxameter nicht diesen Vorgaben, sind die Barumsätze gesondert in einer eigenen Registrierkasse zu erfassen.

3.1.3.3. Sonstige Einrichtung

Sonstige Einrichtungen wie zB Fakturierungsprogramme, branchenspezifische Softwareprogramme, die der Erfassung der Barumsätze und Rechnungserstellung dienen, müssen ebenso den Vorgaben des § 131b BAO (insbesondere Datenerfassungsprotokoll und Anknüpfungsmöglichkeit für eine Signatur- bzw. Siegelerstellungseinheit) entsprechen und gemäß § 132a BAO Belege ausstellen können.

3.2. Elemente und Funktionen der Registrierkasse

3.2.1. Datenerfassungsprotokoll (DEP)

3.2.1.1. Teile des DEP

Jede Registrierkasse hat über ein Datenerfassungsprotokoll (DEP; Signaturjournal) im Sinne § 7 RKSV zu verfügen. Darin sind für alle Barzahlungen zumindest die Beleginhalte gemäß § 132a Abs. 3 BAO festzuhalten. Für alle Barumsätze kommen ab dem 1. April 2017 die Inhalte des maschinenlesbaren Codes (§ 10 Abs. 2 RKSV) pro Barumsatz dazu. Auch Trainings- und Stornobuchungen sind gemäß § 7 Abs. 2 RKSV im Signaturjournal abzuspeichern. Für alle Daten des Signaturjournals – bis auf die Menge und handelsübliche Bezeichnung der gelieferten Gegenstände oder die Art und den Umfang der sonstigen Leistung – sieht die RKSV ein Exportformat vor (Z 3 der Anlage RKSV).

3.2.1.2. Erfassung der Bareinnahmen im DEP

Die Erfassung der Bareinnahmen im DEP hat zeitnah ohne signifikante Verzögerungen zu erfolgen (technische Verzögerungen wegen Pufferung oder Caching sind möglich). Die Erfassung im DEP muss vor der Erfassung eines weiteren Geschäftsvorfalles abgeschlossen sein. Dies ist insbesondere für die Verkettung der Barumsätze im Sinne § 4 Abs. 1 RKSV erforderlich, bei der Teile des Signaturwertes des jeweilig vorhergehenden Barumsatzes des DEP in die Signatur des nunmehr zu signierenden Barumsatzes einbezogen wird.

3.2.1.3. Export der DEP-Daten

Das seit 1.1.2016 zu führende DEP muss mit den Daten des § 7 Abs. 1 RKSV ohne vorgegebene Struktur exportierbar sein.

Ab dem 1. April 2017 gilt für den Export des DEP die Strukturvorgabe der Z 3 der Anlage zur RKSV. Die Belegangaben „Menge und handelsübliche Bezeichnung der gelieferten Gegenstände oder Art und Umfang der sonstigen Leistung" sind zwar nicht im Exportformat enthalten, müssen aber auch nach dem 31.03.2017 ohne Strukturvorgabe exportierbar sein.

Gleiches gilt für die Einzelbeträge des Beleges, wenn diese anstelle des Betrages der Barzahlung am Beleg ausgewiesen sind.

Der Export muss über den Zeitraum der gesetzlichen Aufbewahrungspflicht gemäß § 132 BAO möglich sein. Wurde die Registrierkasse vor dem 1. April 2017 in Betrieb genommen, dann gilt für den Export der Daten ab der Registrierung über FON das ab dem 1. April 2017 gültige Datenformat.

Zur Reduktion des Umfanges der zu exportierenden Daten kann im Exportprotokoll die Bereitstellung der Signatur- bzw. Siegelzertifikate und Zertifikatsketten, die den Signaturen der Barumsätze im DEP entsprechen, entfallen.

Das DEP ist im Datenformat JSON (UTF8) auf einem bereitzustellenden Datenträger zur Verfügung zu stellen.

Alternativ kann in Fällen, in denen ein Datenerfassungsprotokoll auf einem externen Server (auch wenn der Serverplatz einem anderen Unternehmen gehört) geführt wird, die Bereitstellung der o.a. Daten auch dadurch erfolgen, dass die Zugangsdaten zum externen Server zur Verfügung gestellt werden, wenn damit die Berechtigung und Möglichkeit zum Download bzw. Export der Daten einhergeht und die Verwendung dieser Daten gewährleistet ist. Auch bei der Nutzung von Servern, die sich nicht in Österreich befinden, ist sicherzustellen, dass entweder die Daten auf einem externen Datenträger oder die Zugangsdaten bereitgestellt werden. Die Zurverfügungstellung der DEP-Daten kann über einen Remotezugriff oder einen Zugriff in den Räumlichkeiten des Unternehmens erfolgen, wobei es auch zulässig ist, davor das DEP auf einen externen Datenträger zu exportieren bzw. den Export via Internet (zB: Dropbox, Secure FTP) zur Verfügung zu stellen.

Die Bereitstellung der Daten, bzw. Zugangsdaten hat ohne unnötigen Aufschub, dh. unmittelbar, wenn eine Person mit Zugriffsberechtigung anwesend ist bzw. längstens innerhalb von zwei Werktagen nach vorheriger Verständigung der Abgabenbehörde zu erfolgen. Bei Glaubhaftmachung der Unzumutbarkeit der Einhaltung dieser Frist, kann diese in der Einzelfallbetrachtung auch verlängert werden.

Die Dauer der Zugriffsmöglichkeiten der Organe der Abgabenbehörden beschränkt sich auf die für das Abgabenverfahren notwendige Erhebungstätigkeit für die Feststellung der wahren Abgabenbemessungsgrundlagen. Sie ist dementsprechend einzelfallbezogen zu gewähren.

3.2.1.4. Sicherung des DEP

Das vollständige DEP ist zumindest vierteljährlich auf einem elektronischen, externen Medium unveränderbar zu sichern. Als geeignete Medien gelten beispielsweise schreibgeschützte (abgeschlossene) externe Festplatten, USB-Sticks und Speicher externer Server, die vor unberechtigten Datenzugriffen geschützt sind. Die Unveränderbarkeit des Inhaltes der Daten ist durch die Signatur bzw. das Siegel und insbesondere durch die signierten Monatsbelege gegeben. Jede Sicherung ist gemäß § 132 BAO aufzubewahren.

Sollten die Daten des DEP zur Sicherung verschlüsselt werden, müssen die Daten inhaltsgetreu wiederhergestellt werden können.

3.2.2. Schnittstelle zur Signatur- bzw. Siegelerstellungseinheit

Die zu signierenden Daten sind von der Registrierkasse aufzubereiten, die Signatur- bzw. Siegelerstellungseinheit signiert diese Daten mit Hilfe des privaten Schlüssels des dem jeweiligen Unternehmer zugeordneten Signatur- bzw. Siegelzertifikates.

3.2.3. Kassenidentifikationsnummer

Die Kassenidentifikationsnummer kennzeichnet eine Registrierkasse innerhalb eines Unternehmens und muss innerhalb eines Unternehmens eindeutig sein. Sie ermöglicht dadurch auch die Unterscheidung verschiedener Registrierkassen mit gleicher Signatur- bzw. Siegelerstellungseinheit. Die Kassenidentifikationsnummer kann durch den Unternehmer frei vergeben werden. Die Kassenidentifikationsnummer sollte möglichst kurz gehalten werden.

3.2.4. Summenspeicher (Umsatzzähler)

Im Summenspeicher (Umsatzzähler) der Registrierkasse sind alle nach Steuersätzen aufgeschlüsselten Beträge eines zu signierenden Beleges mit ihren Bruttowerten vor der Signierung vorzeichengetreu aufzusummieren. Dies gilt auch für die freiwillig signierten Belege und auch für Stornobuchungen (Minusvorzeichen), nicht jedoch für Trainingsbuchungen. Sollten daher beispielsweise Kassenentnahmen freiwillig signiert werden, muss der Umsatzzähler in Höhe des entnommenen Betrages vermindert werden. Die Aufnahme der Beträge in den Umsatzzähler hat auch dann zu erfolgen, wenn die Signatur- bzw. Siegelerstellungseinheit ausgefallen ist.

Der Umsatzzähler ist als Summenzähler Teil der Sicherheitseinrichtung einer Registrierkasse und für Umsatzanalysen nur in Verbindung mit den weiteren, in der Registrierkasse aufgezeichneten Daten (DEP) vorgesehen. Der Umsatzzähler ist wie das DEP eindeutig einer Registrierkasse zugeordnet. Jede Registrierkasse muss über genau einen Summenspeicher verfügen.

Der Umsatzzähler darf als Teil der Sicherheitseinrichtung nur für die Abwicklung eines zu signierenden Geschäftsvorfalles oder im Zuge der Initialisierung der Registrierkasse durch die Kassensoftware verändert werden.

3.2.5. Verschlüsselungsalgorithmus AES 256

Die RKSV schreibt in den §§ 9 Abs. 2 Z 5 und 10 Abs. 2 Z 5 RKSV die Verwendung des Verschlüsselungsalgorithmus AES 256 für die Verschlüsselung des Umsatzzählers der Registrierkasse für die Signatur- bzw. Siegelerstellung und die Aufbereitung des maschinenlesbaren Codes vor, um die Vertraulichkeit des Umsatzzählers zu gewährleisten. AES (Advanced Encryption Standard) bezeichnet ein symmetrisches Verschlüsselungsverfahren, mit dem beliebige Daten mithilfe eines Schlüssels unlesbar gemacht und wieder entschlüsselt, also wieder lesbar gemacht werden können. Der Algorithmus für das erforderliche Verschlüsselungsverfahren steht auf Software Bibliotheken für alle gängigen Plattformen und Programmiersprachen zur Verfügung. Der Schlüssel kann vom Unternehmer frei gewählt werden, wobei davon auszugehen ist, dass die Kassen-Software einen zufälligen Schlüssel erzeugen und dem Unternehmer zur Verfügung stellen wird.

Aus den verschlüsselten Daten alleine kann weder auf die Klartextdaten (Umsatzzähler) noch auf den verwendeten Schlüssel geschlossen werden. Eine Entschlüsselung der Daten ist nur möglich, wenn der für die Verschlüsselung verwendete Schlüssel bekannt ist. Daher muss dieser Schlüssel bei der Registrierung der Registrierkasse über FON angegeben werden.

Einer Registrierkasse ist genau ein AES-Schlüssel zugeordnet. Mehrere Registrierkassen können innerhalb eines Unternehmens auch denselben AES-Schlüssel verwenden. Ein Wechsel des AES-Schlüssels im laufenden Betrieb ist nicht zulässig.

3.3. Signatur- bzw. Siegelerstellungseinheiten

3.3.1. Arten von Signatur- bzw. Siegelerstellungseinheiten

Als Signatur- bzw. Siegelerstellungseinheit im Sinne § 12 RKSV kommen zur Speicherung des privaten Schlüssels nur die Bauformen Signaturchip (Smartcard) oder Hardware Security Module (HSM) in Frage. Für den Signaturchip gelten dieselben Sicherheitsanforderungen wie für die Erstellung qualifizierter Signaturen, wobei der Signaturchip die erforderliche Zertifizierung aufweisen muss. Auch bei nicht lokaler Signaturerstellung (zB: Remote-Lösung über Internet) muss der private Schlüssel in einer geeigneten Hardwarekomponente (zumeist HSM) eingebettet sein.

Bei der Verwendung von HSM in Registrierkassensystemen muss der Vertrauensdiensteanbieter (VDA) den privaten Schlüssel in das HSM einbringen und die Eignung des HSM bescheinigen lassen. Der Unternehmer, der das HSM für die Signatur- bzw. Siegelerstellung einsetzt, muss sicherstellen, dass der private Schlüssel geheim gehalten wird und nicht extrahiert bzw. über ein Backup dupliziert werden kann.

Eine Signatur- bzw. Siegelerstellungseinheit kann auch mit mehreren Registrierkassen verbunden sein und umgekehrt.

3.3.2. Beschaffung der Signatur- bzw. Siegelerstellungseinheit

3.3.2.1. Beschaffungsvorgang

Die Signatur- bzw. Siegelerstellungseinheiten sind über einen Vertrauensdiensteanbieter (VDA) zu erwerben, der qualifizierte Signatur- bzw. Siegelzertifikate anbietet. Die Zulassung, als VDA Signatur- bzw. Siegelzertifikate ausstellen zu dürfen, erteilt in Österreich die Rundfunk und Telekom Regulierungs-GmbH (RTR).

Auch das Bundesministerium für Finanzen ist Ansprechstelle für alle Vertrauensdiensteanbieter, da ua. gemeinsam die Modalitäten bei der Verifikation der gemeldeten Signatur- bzw. Siegelzertifikate (§ 16 Abs. 2 RKSV) festgelegt werden müssen (vgl. Abschnitt 3.3.3.2.).

3.3.2.2. Daten des Signatur- bzw. Siegelzertifikates

3.3.2.2.1. Seriennummer des Zertifikates

Die Seriennummer des Signatur- bzw. Siegelzertifikates muss pro Vertrauensdiensteanbieter eindeutig sein und darf daher pro Vertrauensdiensteanbieter nur einmal vergeben werden.

3.3.2.2.2. Ordnungsbegriff des Unternehmers

Gemäß § 15 Abs. 2 RKSV hat jeder Unternehmer einen der folgenden Ordnungsbegriffe im Datenfeld „1.2.40.0.10.1.11.1“ (OID für „Österreichische Finanzverwaltung Registrierkasseninhaber“) seines Signatur- bzw. Siegelzertifikates eintragen zu lassen:

Ordnungsbegriff	Stellenanzahl	Typ	Beispiel
Finanzamts- und Steuernummer (St.Nr.)	9	Numerisch	142416890
Umsatzsteueridentifikationsnummer (UID)	Max. 14 (abhängig vom Land)	Alphanumerisch (Großbuchstaben)	ATU12345678
Global Location Number (GLN)	13	numerisch	1234567890123

Ausländische Unternehmer, die im Inland Barumsätze tätigen, unter die Registrierkassenpflicht fallen (Abschnitt 2.4.4.2.) und in Österreich steuerlich nicht erfasst sind, müssen vor der Beschaffung der Signatur- bzw. Siegelerstellungseinheit eine Steuernummer beim zuständigen Finanzamt beantragen.

Die zugrundeliegende OID wurde mit GZ BKA-410.006/0006-I/IKT/2015 vom 13. August 2015 vergeben.

BAO

3.3.3. Registrierung der Signatur- bzw. Siegelerstellungseinheit und Registrierkasse

Die Registrierung der Signatur-bzw. Siegelerstellungseinheit und Registrierkasse über FON (ab Ende August 2016 möglich) durch den Unternehmer oder seinen bevollmächtigten Parteienvertreter (§ 16 Abs. 1 RKSV) dient der Identifikation der Signatur- bzw. Siegelerstellungseinheiten und der zugeordneten Registrierkassen in der Registrierkassendatenbank (RKDB, vgl. § 18 RKSV). Es gibt keine Anbindung der Registrierkassen an die Finanzverwaltung und es erfolgt auch keine Übermittlung von Einzelumsätzen.

Bevollmächtigte Parteienvertreter müssen über eine steuerliche Vertretungs- und eine 90a-Vollmacht (§ 90a BAO) verfügen. Parteienvertreter können für einen Unternehmer auch einen Registrierkassen-Webservice-User anlegen, um einen Unternehmer für dessen Registrierkassen mit Internetzugang die Möglichkeit einzuräumen, die Registrierung direkt über die Registrierkasse durch Nutzung des Webservices durchführen zu können. Der im FON-Ersatzverfahren gemäß §§ 16 Abs. 1, 17 Abs. 1 und 17 Abs. 6 RKSV vorgesehene amtliche Vordruck steht ab Ende August 2016 zur Verfügung.

3.3.3.1. Daten der Registrierung

Bei der Registrierung sind je Signatur- bzw. Siegelzertifikat Art und Seriennummer des Signatur-bzw. Siegelzertifikates und je Registrierkasse Kassenidentifikationsnummer und AES-Schlüssel bekannt zu geben. Zusätzlich zur Seriennummer des Signatur- bzw. Siegelzertifikates ist der Vertrauensdiensteanbieter anzugeben, von dem das Signatur- bzw. Siegelzertifikat ausgestellt wurde. Signatur- bzw. Siegelzertifikate und Registrierkassen sind unabhängig voneinander zu registrieren, ihre Verbindung ist nicht zu dokumentieren. Bei der Art der Signatur- bzw. Siegelerstellungseinheit ist anzugeben, ob die Signatur- bzw. Siegelerstellung über eine Signaturkarte, ein eigenes HSM oder über ein HSM eines Dienstleisters erfolgt. Für die Erfassung des AES-Schlüssels steht ein Prüfziffernverfahren zum Erkennen von Eingabefehlern zur Verfügung.

3.3.3.2. Verifikation des Signatur- bzw. Siegelzertifikates

FON stellt automatisch im Zuge der Registrierung eine Verbindung zum bekannt gegebenen VDA her und prüft mit Hilfe der gemeldeten Seriennummer des Zertifikates und des Verzeichnisses des VDA das Vorhandensein, die Gültigkeit und die Zuordnung des Zertifikates zum bei der Beschaffung der Signatur- bzw. Siegelerstellungseinheit vom Unternehmer bekanntgegebenen Ordnungsbegriff (Abschnitt 3.3.2.2.2.). Sollte die Verifikation des Signatur- bzw. Siegelzertifikates fehlschlagen und die Sicherheitseinrichtung der Registrierkasse mit diesem fehlerhaften Signatur- bzw. Siegelzertifikat bereits in Betrieb genommen worden sein (siehe Abschnitt 3.5.), ist eine neue Signatur- bzw. Siegelerstellungseinheit zu beschaffen und zu registrieren sowie eine neuerliche Inbetriebnahme der Sicherheitseinrichtung (Abschnitt 3.5.) erforderlich. Gültige Zertifikate werden in der Registrierkassendatenbank (RKDB) abgelegt.

3.3.3.3. Formen der Registrierung

FON stellt für die Registrierung ein Dialogverfahren (manuelles Erfassungssystem), ein Übermittlungsverfahren für XML-Dateien und ein WebService zur Verfügung. Kassen mit Internet-Verbindung können das Web-Service nutzen und spezifische Authentifizierungsdaten und die zu registrierenden Daten in eine für die Registrierung bereitgestellte Datenstruktur übertragen. Nähere Details zum Web-Service stehen seit Mai 2016 auf der Homepage des BMF unter https://www.bmf.gv.at/egovernment/fon/fuer-softwarehersteller/informationenfuer-softwarehersteller.html zur Verfügung. Für Parteienvertreter wird es auch eine Möglichkeit zur Übertragung der Registrierungsdaten über die Kanzleisoftware geben.

3.3.3.4. Authentifizierungscode Unternehmer-App

Pro Unternehmer kann nach erfolgreicher Registrierung einer Registrierkasse über FON ein Authentifizierungscode angefordert werden, der für die Freischaltung des Prüf-App des BMF (vgl. Abschnitt 3.5.) für die Belegprüfung gemäß §§ 6 Abs. 4 und 8 Abs. 3 RKSV erforderlich ist. Es können (zB bei Verlust des Codes) auch weitere Codes angefordert werden.

3.3.4. Signatur- bzw. Siegelerstellung

Für die verpflichtende und freiwillige Signierung der Barumsätze sind von der Registrierkasse die zu signierenden Daten aufzubereiten. Die Signatur- bzw. Siegelerstellungseinheit signiert diese Daten mit Hilfe des privaten Schlüssels des dem jeweiligen Unternehmer zugeordneten Signatur- bzw. Siegelzertifikates. Bei den zu signierenden Daten handelt es sich um bestimmte Belegdaten gemäß § 132a Abs. 3 BAO (fortlaufende Nummer des Barumsatzes, Datum der Belegausstellung), die zusätzlichen Belegdaten gemäß § 132a Abs. 8 BAO (siehe Abschnitt 4.6.) und Daten, die der Datensicherheit dienen (verschlüsselter Stand des Umsatzzählers, Seriennummer des Signatur- bzw. Siegelzertifikates, Signaturwert des vorhergehenden Barumsatzes). Wenn zwischen dem letzten Beleg mit Signatur Belege ohne Signatur im Datenerfassungsprotokoll gespeichert sind, ist als vorhergehender Barumsatz der zuletzt signierte Beleg heranzuziehen. Ein laufender Wechsel zwischen mehreren Signatur- bzw. Siegelerstellungseinheiten für die Signaturerstellung ist jederzeit möglich, vorausgesetzt, die jeweilige Signatur- bzw. Siegelerstellungseinheit ist über FON registriert und nicht außer Betrieb genommen.

Bei der Aufbereitung der Beträge getrennt nach den Steuersätzen sind folgende Feldzuordnungen in der Datenstruktur lt. TZ 4 der Anlage zur RKSV einzuhalten und jeweils die Bruttobeträge aufzusummieren:

- Betrag-Satz-Normal: 20% Umsätze
- Betrag-Satz-Ermaessigt-1: 10% Umsätze
- Betrag-Satz-Ermaessigt-2: 13% Umsätze
- Betrag-Satz-Null: siehe Abschnitt 4.6.6.
- Betrag-Satz-Besonders: 19% Umsätze

Die im Rahmen der USt-Pauschalierung nach § 22 UStG 1994 zu erfassenden Umsätze sind den Feldern Betrag-Satz-Ermaessigt-1, Betrag-Satz-Ermaessigt-2 und Betrag-Satz-Normal zuzuordnen.

Für die Betragszuweisungen gelten dieselben Regeln wie für die Darstellung der Barzahlung getrennt nach Steuersätzen in Abschnitt 4.6.6.

Übergangsbestimmung für Barumsätze betreffend Umsätze im Zeitraum nach dem 30. Juni 2020 und vor dem 1. Jänner 2022 (BGBl. I Nr. 3/2021 und BGBl. II Nr. 83/2021)

Umsätze, welche nach den Übergangsbestimmungen gemäß § 28 Abs. 52 UStG 1994 einem ermäßigten Steuersatz unterliegen, welcher von den Steuersätzen gemäß § 10 UStG 1994 abweicht, sind wie folgt einem Betrag-Satz oder in Alternative 4 mehreren Betrag-Sätzen zuzuordnen: entweder

Alternative 1: dem Feld Betrag-Satz-Null oder

Alternative 2: dem Feld Betrag-Satz-Besonders oder

Alternative 3: dem Feld Betrag-Satz-Ermaessigt-1 oder

Alternative 4: den bisherigen Feldern nach § 10 UStG 1994

Die gewählte Alternative ist zu dokumentieren (beispielsweise durch Aufbewahrung einer diesbezüglichen Information zur Registrierkassa bzw. zum Kassensystem). Sofern bei Verwendung mehrerer Registrierkassen durch einen Unternehmer unterschiedliche Alternativen zum Einsatz kommen, ist pro Registrierkasse zu dokumentieren, welche Alternative gewählt wurde.

3.4. Sicherheitseinrichtung

Die ab 1. April 2017 verpflichtende Sicherheitseinrichtung zum Schutz vor Manipulationen von in Registrierkassen gespeicherten Daten besteht im weitesten Sinne aus der Signatur- bzw. Siegelerstellungseinheit (vgl. Abschnitt 3.3.1., 3.3.4.), den gesetzlich vorgegebenen Einrichtungen in der Registrierkasse zur Bedienung der Sicherheitseinrichtung (Abschnitt 3.2.) und den administrativen Vorgaben zum Betrieb der Registrierkasse (Abschnitt 3.3.3., 3.5., 3.6., 4.5.7.).

In die Signatur wird unter anderem ein Teil des Signaturwertes des vorhergehenden Barumsatzes einbezogen. Dadurch werden die Barumsätze miteinander verkettet und Datenmanipulationen nachvollziehbar. Durch die gesetzeskonforme Belegverkettung wird für alle signierten Geschäftsvorfälle der Nachweis des § 131 Abs. 1 Z 6 lit. b BAO erbracht.

Die Registrierkasse darf keine Vorrichtung enthalten, über die das Ansteuern der Sicherheitseinrichtung in der Registrierkasse umgangen werden kann (vgl. § 5 Abs. 5 RKSV). Die Unterdrückung der Signaturerstellung für Belege ohne Barumsätze oder für die Verwendung der Registrierkasse im Ausland stellt keine Umgehung der Sicherheitseinrichtung dar. Ein Moduswechsel (Umschaltung) in der Kasse aufgrund der unterschiedlichen Vorgaben und Steuersätzen in den jeweiligen Ländern ist zulässig.

3.5. Inbetriebnahme der Sicherheitseinrichtung

3.5.1. Vorgehen bei der Inbetriebnahme

Die Inbetriebnahme der Sicherheitseinrichtung für die Registrierkasse besteht aus der Initialisierung der Registrierkasse und aus der Erstellung sowie Prüfung des Startbeleges. Die Registrierung der Signatur- bzw. Siegelerstellungseinheit und Registrierkasse über FON (Abschnitt 3.3.3.) sowie die Prüfung des Startbeleges mittels Prüf-Service (Abschnitt 3.5.3.2.) müssen spätestens eine Woche nach der Inbetriebnahme der Sicherheitseinrichtung abgeschlossen sein (§ 6 Abs. 3 RKSV). Für Inbetriebnahmen bis zum 31. März 2017 gibt es eine längere Frist für die Registrierung über FON und die Startbelegprüfung, es genügt, wenn diese vor dem 1. April 2017 durchgeführt wird.

Der im FON-Ersatzverfahren gemäß §§ 16 Abs. 1, 17 Abs. 1 und 17 Abs. 6 RKSV vorgesehene amtliche Vordruck RK 1, der zu verwenden ist, wenn die Meldung über FON mangels technischer Voraussetzungen unzumutbar ist, steht ab Ende August 2016 über die BMF-Homepage unter

https://service.bmf.gv.at/service/anwend/formulare

zur Verfügung.

3.5.2. Initialisierung der Registrierkasse

Die Initialisierung der Registrierkasse besteht aus der Einrichtung eines leeren DEP, eines Umsatzzählers mit Zählerstand 0 und eines AES-Schlüssels in der Registrierkasse. Darüber hinaus muss die Kassenidentifikationsnummer der Registrierkasse zugeordnet und die Schnittstelle zu einer funktionsfähigen Signatur- bzw. Siegelerstellungseinheit hergestellt werden.

3.5.3. Erstellung und Prüfung Startbeleg

3.5.3.1. Erstellung Startbeleg

Nach der Initialisierung der Registrierkasse ist der Startbeleg zu erstellen. Dies kann durch Erfassung eines entsprechenden Geschäftsvorfalles mit Betrag 0 oder durch eine spezielle Funktion zur programmgesteuerten Anlage dieses Geschäftsvorfalles im DEP erfolgen. Bei der Aufbereitung der Daten für die Signaturerstellung (§ 9 Abs. 2 RKSV) muss im Startbeleg als Verkettungswert laut Z 4 der Anlage zur RKSV die Kassenidentifikationsnummer verwendet und der Stand des Umsatzzählers (0) mit dem AES-Schlüssel verschlüsselt werden. Die Daten des erstellten Startbeleges müssen mit dem maschinenlesbaren Code als erster Barumsatz im Datenerfassungsprotokoll eingetragen und zur Prüfung (nur bei mobiler Variante, siehe Abschnitt 3.5.3.2. bzw. Aufbewahrung gemäß § 6 Abs. 4 RKSV) aufbereitet (Ausdruck, elektronische Übermittlung) werden. Nach der Erstellung des Startbeleges kann der Betrieb der Registrierkasse aufgenommen werden. Die weiteren Schritte (Registrierung über FON und Startbelegprüfung) und die Frist, innerhalb der diese Schritte stattzufinden haben (Abschnitt 3.5.1.), sind zu beachten.

3.5.3.2. Prüfung Startbeleg

Die Prüfung des Startbeleges hat binnen einer Woche nach der Registrierung der Signatur- bzw. Siegelerstellungseinheit und Registrierkasse über FON zu erfolgen. Bei der Prüfung ist festzustellen, ob sich die im maschinenlesbaren Code des Startbeleges vorhandene Signatur- bzw. das Siegel mit Hilfe der im maschinenlesbaren Code vorhandenen lesbaren Daten und dem in der RKDB gespeicherten Signatur- bzw. Siegelzertifikat rekonstruieren lässt. Danach ist zu prüfen, ob sich mit Hilfe des in der RKDB gespeicherten AES-Schlüssels der verschlüsselte Umsatzzähler auf den Initialwert des Umsatzzählers zurückführen lässt

Um den in diesen Prüfungen erforderlichen Zugang zur RKDB bewerkstelligen zu können, wird jedem Unternehmer eine Prüf-App in Form einer mobilen Variante (zB: Smartphone) oder in Form eines Web-Services zur Verfügung gestellt.

Die Bezugsquellen der mobilen Variante der Prüf-App werden ab Ende August 2016 auf der BMF-Homepage bekannt gegeben (https://www.bmf.gv.at/kampagnen/Unsere-Apps.html). Die Verwendung der Prüf-App ist nur nach vorheriger Authentifizierung des Unternehmers möglich. Der dafür erforderliche Authentifizierungscode ist im Zuge der Registrierung der Signatur- bzw. Siegelerstellungseinheit anzufordern (Abschnitt 3.3.3.).

Der Aufruf mittels Web-Service kann direkt in die Kassensoftware integriert sein und steht auch den beruflichen Parteienvertretern zur Übermittlung über ihre Kanzleisoftware zur Verfügung. Für den Zugang zum Web-Service sind seit Mai 2016 auf der Homepage des BMF unter

https://www.bmf.gv.at/egovernment/fon/fuer-softwarehersteller/informationen-fuersoftwarehersteller.html Informationen

zur Verfügung gestellt bzw. können diese über den Arbeitskreis Kassensoftware des Fachverbandes UBIT der WKO eingeholt werden. Für die Verwendung des Web-Services ist kein Authentifizierungscode (Abschnitt 3.3.3.4.) erforderlich.

Die Ergebnisse der oa. Prüfungen werden direkt am mobilen Gerät, das die Prüfung angestoßen hat, angezeigt bzw. im Web-Service zur Verfügung gestellt. Nähere Details der Prüfergebnisse können ab Ende August 2016 über FON abgefragt bzw. im FON-Ersatzverfahren über das zuständige Finanzamt angefordert werden. Im Fehlerfall werden die detaillierten Fehlerdaten zB für eine allfällige Weitergabe an den Kassenhersteller auch in strukturierter Form bereitgestellt bzw. an die Registrierkasse übertragen. Zeigt das Prüfergebnis eine fehlerfreie Durchführung, bedarf es keiner zusätzlichen Dokumentation der durchgeführten Prüfung.

3.5.3.3. Behandlung von Fehlersituationen bei der Startbelegprüfung

Bei fehlgeschlagener Startbelegprüfung ist so rasch wie möglich die Fehlerursache zu klären und zu beheben. Kassenherstellern steht dafür unter

https://github.com/a-sit-plus/atregistrierkassen-mustercode

ein passendes Prüftool zur Verfügung. Auch auf der BMF Homepage wird dieses Prüftool ebenfalls zur Verfügung gestellt. Der Betrieb der Registrierkasse kann bis zur Klärung der Fehlerursache fortgesetzt werden, am Beleg muss aber gemäß § 6 Abs. 4 RKSV der Hinweis „Sicherheitseinrichtung ausgefallen“ angebracht werden. Dies ist dadurch herbeizuführen, dass die Registrierkasse bis zur Fehlerbehebung von der Signatur- bzw. Siegelerstellungseinheit getrennt wird.

Ist die Fehlerursache nur auf fehlerhafte FON-Registrierungsdaten zurückzuführen, sind diese richtig zu stellen und der erstellte Startbeleg neuerlich zu prüfen.

Besteht die Fehlerursache in einer Beschädigung oder dem Verlust der Daten im Datenerfassungsprotokoll oder Umsatzzähler oder sind zur Fehlerbehebung Veränderungen der Sicherheitseinrichtung der Registrierkasse oder ein neues Signatur- bzw. Siegelzertifikat erforderlich, sind die Registrierkasse und Signatur- bzw. Siegelerstellungseinheit außer Betrieb zu nehmen, das DEP sicher zu stellen, die Außerbetriebnahme über FON zu melden sowie eine neue Inbetriebnahme der Sicherheitseinrichtung und neue Registrierung über FON durchzuführen. Eingaben zum Test der korrigierten Komponenten sind als Trainingsbuchungen zu kennzeichnen. Die Fehlerursache und das Vorgehen bei der Fehlerbehebung sind im Sinne des § 132 BAO zu dokumentieren.

Bei der Initialisierung der Registrierkasse (Abschnitt 3.5.2.) kann eine neue oder die ursprünglich bekannt gegebene Kassenidentifikationsnummer verwendet werden. Als Verkettungswert laut Z 4 der Anlage zur RKSV im Startbeleg kann auch der Signaturwert des letzten Barumsatzes des bei der Außerbetriebnahme oder Standardsicherung gemäß § 7 Abs. 3 RKSV gesicherten Datenerfassungsprotokolls oder des ursprünglich erstellten Startbeleges verwendet werden.

3.6. Ausfälle und Außerbetriebnahmen von Registrierkassen und Signatur- bzw. Siegelerstellungseinheiten

Jeder nicht nur vorübergehende Ausfall und jede (dauerhafte) Außerbetriebnahme der Sicherheitseinrichtung der Registrierkasse sind ohne unnötigen Aufschub über FON vom Unternehmer oder seinem bevollmächtigten Parteienvertreter bekanntzugeben (§ 17 Abs. 1 RKSV).

Von einem nur vorübergehenden Ausfall der Sicherheitseinrichtung in der Registrierkasse ist jedenfalls bei Stromausfall, planmäßigen Wartungsarbeiten und anderen Ereignissen auszugehen, die zu einer Funktionsunfähigkeit der Sicherheitseinrichtung führen, die nicht länger als 48 Stunden andauert. Ohne unnötigen Aufschub sind sowohl der Ausfall der Signatur- bzw. Siegelerstellungseinheit als auch der Registrierkasse selbst zu melden.

Ohne unnötigen Aufschub erfordert im Allgemeinen eine Meldung längstens binnen einer Woche. Lässt sich nicht konkret feststellen, ob die Registrierkasse oder die Signatur- bzw. Siegelerstellungseinheit defekt ist, kann allgemein der Ausfall der Registrierkasse gemeldet werden.

Eine Stilllegung der Registrierkasse während der Betriebsferien oder saisonbedingter Betriebssperren bedingen keinen Ausfall und keine Außerbetriebnahme der Registrierkasse und der Signatur- bzw. Siegelerstellungseinheit.

Auch das Ende jedes gemeldeten Ausfalles ist über FON ohne unnötigen Aufschub bekannt zu geben. Ist nach einem Ausfall eine Wiederinbetriebnahme der Registrierkasse nicht mehr möglich, ist über FON deren Außerbetriebnahme zu melden.

3.6.1. Ausfall der Signatur- bzw. Siegelerstellungseinheit oder der Registrierkasse

Bei jedem Ausfall einer Registrierkasse sind die Barumsätze auf anderen Registrierkassen zu erfassen. Sollte dies nicht möglich sein, sind die Barumsätze händisch zu erfassen und Zweitschriften der Belege aufzubewahren. Die Fehlerbehebungsmaßnahmen laut Abschnitt 3.5.3.3. sind sinngemäß durchzuführen. Nach der Fehlerbehebung sind die Einzelumsätze anhand der aufbewahrten Zweitschriften nach zu erfassen und die Zweitschriften dieser Zahlungsbelege aufzubewahren (§ 132 BAO). Ein Verweis auf die Belegnummer/-durchschrift ist zulässig, sodass nicht alle Beleginhalte einzeln eingegeben werden müssen. Die Nacherfassung darf auch in Form eines Tagessammelbelegs erfolgen, sofern aus diesem zumindest die laufenden Nummern des ersten und letzten händisch erstellten Belegs sowie die Summenbeträge aller betroffenen Belege (inklusive der Trennung nach den tatsächlichen/korrekten Steuersätzen) zweifelsfrei hervorgehen.

Bei Ausfall der Signatur- bzw. Siegelerstellungseinheit ist gemäß §§ 17 Abs. 4 und 7 RKSV vorzugehen. Der nach dem Ende des Ausfalles der Signatur- bzw. Siegelerstellungseinheit gemäß § 17 Abs. 4 RKSV erforderliche Sammelbeleg ist unmittelbar nach dem letzten Beleg bei ausgefallener Signatur- bzw. Siegelerstellungseinheit bzw. nach dem ersten Beleg bei wieder hergestellter Signatur- bzw. Siegelerstellungseinheit zu erstellen. Bei einer Zuordnung mehrerer Signatur- bzw. Siegelerstellungseinheiten zu einer oder mehreren Registrierkassen kann dies auch zu einem späteren Zeitpunkt (nach einem der folgenden Belege und dem Erkennen der wiederhergestellten Funktionsfähigkeit der Signatur- bzw. Siegelerstellungseinheit) erfolgen. Aus dem Beleg muss der Beginn und das Ende des Ausfalles der Signatur- bzw. Siegelerstellungseinheit (zB: durch Angabe der jeweiligen laufenden Nummer) hervorgehen.

3.6.2. (Endgültige) Außerbetriebnahme

Eine solche Außerbetriebnahme liegt beispielsweise bei Betriebsaufgabe vor.

Sie liegt jedenfalls bei Außerbetriebnahme einer Signatur- bzw. Siegelerstellungseinheit oder einer Registrierkasse vor.

Der bei einer Außerbetriebnahme einer Registrierkasse zu erstellende Schlussbeleg ist auszudrucken oder elektronisch zu erstellen und gemeinsam mit dem sichergestellten DEP gemäß § 132 BAO aufzubewahren. Eine ausgefallene Registrierkasse ist ohne Erstellung des Schlussbelegs über FON abzumelden. Eine außer Betrieb genommene Registrierkasse kann wieder in Betrieb genommen werden. Diese Inbetriebnahme unterliegt den allgemeinen Verpflichtungen der RKSV in Bezug auf die Inbetriebnahme der Sicherheitseinrichtung.

Die Wiederverwendung einer außer Betrieb genommenen Signatur- bzw. Siegelerstellungseinheit ist unternehmensbezogen zulässig. Bei Ausfall der Signatur- bzw. Siegelerstellungseinheit ist der Schlussbeleg ohne Signatur bzw. Siegel zu erstellen und aufzubewahren.

3.7. Kontrollen der Registrierkassenpflicht

Die Kontrolle und Prüfung der Einhaltung der Registrierkassenpflicht erfolgt gemäß §§ 144 ff BAO iVm § 19 RKSV (Nachschauen, Außenprüfungen).

Diese Behördenkontrollen sind vor allem Nachschauen, bei denen im Wesentlichen die Einhaltung der Meldeverpflichtungen über FON bezüglich Registrierkassen und Signatur- bzw. Siegelerstellungseinheiten geprüft sowie Nullbelegkontrollen durchgeführt und DEP abverlangt werden. Der Unternehmer hat dafür zu sorgen, dass diese Kontrollen mit seiner oder der Unterstützung eines seiner Mitarbeiter durchgeführt werden können. Über die vor Ort durchgeführten Kontrollmaßnahmen und die dabei festgestellten Ergebnisse ist eine Niederschrift gemäß § 146 BAO anzufertigen, die vom Unternehmer oder seinem Mitarbeiter zu unterschreiben ist. Dem Unternehmer oder seinem Mitarbeiter ist eine Abschrift dieser Niederschrift auszufolgen.

Bei der Kontrolle von Nullbelegen ist ab 1. April 2017 auf Verlangen der Abgabenbehörde unmittelbar ein Barumsatz mit Betrag 0 in der Registrierkasse zu erfassen und der daraus resultierende Beleg zur Prüfung der Signaturerstellung auszuhändigen. Die kontrollierten Belege werden für mögliche spätere inhaltliche Kontrollen der DEP im Rahmen von Außenprüfungen in Evidenz genommen.

Für das Anfordern des DEP gelten die Regeln zum Export der DEP-Daten (Abschnitt 3.2.1.3.) sinngemäß. Nullbelegkontrollen und DEP-Anforderungen sind auch im Zuge von Außenprüfungen vorgesehen.

3.8. Verpflichtung zur Verwendung einer Registrierkasse

3.8.1. Jahresumsatz von 15.000 Euro je Betrieb

Der Unternehmer kann einen oder mehrere Betriebe haben.

Was unter einem Betrieb zu verstehen ist, ergibt sich primär aus dem EStG 1988.

Der Begriff Betrieb kann allgemein als eine selbständige, nachhaltige Betätigung, die mit Gewinnabsicht unternommen wird und sich als Beteiligung am allgemeinen wirtschaftlichen Verkehr darstellt definiert werden, wobei die Tätigkeit/Betätigung sich auf die einzelnen betrieblichen Einkunftsarten bzw. den jeweils nach außen hin auftretenden Betrieb (siehe auch EStR 2000 Rz 411) bezieht.

Der Betrieb ist in steuerrechtlicher Betrachtung die einzelne Einkunftsquelle der Einkünfte gemäß § 2 Abs. 3 Z 1 bis 3 EStG 1988.

Nach der Judikatur ist die Beurteilung, ob ein (einheitlicher) Betrieb oder mehrere (getrennte) Betriebe vorliegen, an Hand der organisatorischen, wirtschaftlichen Verflechtung vorzunehmen; entscheidend ist, ob die Verkehrsauffassung von einem einheitlichen Betrieb ausgeht. Auf die EStR 2000 wird verwiesen.

Die Bestimmung des § 131b Abs. 1 Z 2 BAO knüpft an den „Jahresumsatz je Betrieb“ an und bestimmt sich dieser sinngemäß nach § 1 Abs. 1 Z 1 UStG 1994.

Nach § 1 Abs. 1 Z 1 UStG 1994 unterliegen der Umsatzsteuer die Lieferungen und sonstigen Leistungen, die ein Unternehmer im Inland gegen Entgelt im Rahmen seines Unternehmens ausführt sowie nach Z 2 der Eigenverbrauch im Inland.

Der Umsatz wird im Fall des § 1 Abs. 1 Z 1 UStG 1994 nach dem Entgelt bemessen (§ 4 Abs. 1 erster Satz UStG 1994).

Unter Umsatz ist der Nettoumsatz zu verstehen. Maßgebend ist daher der jeweilige Jahresnettoumsatz des Betriebes.

Als einheitlicher Betrieb gilt jeder Betrieb, für den eine gesonderte Gewinnermittlung vorzunehmen ist (Details siehe EStR 2000 Rz 409 ff, BMF-280000/0034-IV/2/2010 und auch dort zitierte Judikatur). Für jeden Betrieb ist eine eigene Beilage zur Steuererklärung vorgesehen (zB E1a).

Bei der Ermittlung der Umsatzgrenzen sind alle Umsätze je Betrieb zu berücksichtigen.

Wenn ein Unternehmer mehrere Betriebe führt, gilt die Umsatzgrenze je Betrieb.

Beachte: Die begünstigten Umsätze im Freien und Hütten (§ 131 Abs. 4 Z 1 lit. a und b BAO) sind nicht für die Ermittlung der Umsätze des nicht begünstigten Teils des Betriebes einzubeziehen.

3.8.2. Barumsatzgrenze 7.500 Euro/Jahr

Jahr ist das Kalenderjahr.

Nach § 131b Abs. 3 BAO besteht die Pflicht zur Verwendung einer Registrierkasse mit Beginn des viertfolgenden Monats nach Ablauf des Voranmeldungszeitraumes, in dem die Grenzen des § 131b Abs. 1 Z 2 BAO (somit Barumsätze über 7.500 Euro und ab 15.000 Euro Jahresumsatz je Betrieb) erstmals überschritten werden.

Da für die Berechnung der Umsatzgrenzen Zeiträume ab 2016 herangezogen werden, kann frühestens ab 1. Mai 2016 Registrierkassenpflicht (bei Überschreiten der Grenzen des § 131b Abs. 1 Z 2 BAO im Voranmeldungszeitraum Jänner 2016) bestehen (siehe auch Abschnitt 1.).

Voranmeldungszeitraum iSd § 21 Abs. 1 UStG 1994 ist der Kalendermonat. Das Kalendervierteljahr kommt als Voranmeldungszeitraum nach § 21 Abs. 2 UStG 1994 in Betracht für Unternehmer, deren Umsätze nach § 1 Abs. 1 Z 1 und 2 UStG 1994 (somit Lieferungen, sonstige Leistungen und Eigenverbrauch) im vorangegangenen Kalenderjahr 100.000 Euro nicht überstiegen haben.

Bei Kleinunternehmern iSd UStG 1994, die von der Abgabe einer Umsatzsteuervoranmeldung befreit sind, gilt das Quartal als jeweiliger Voranmeldungszeitraum (analog § 21 Abs. 2 UStG 1994).

Beispiele:

1. Erstmaliges Überschreiten der Umsatzgrenzen im Jänner 2016 (Umsatz: 18.000 Euro, davon 11.000 Euro Barumsätze). Registrierkassenpflicht ab 1. Mai 2016, bei monatlicher UVA-Abgabe.

2. Erstmaliges Überschreiten der Umsatzgrenzen im November 2016 (Umsatz 16.000 Euro, Barumsätze 9.000 Euro). Registrierkassenpflicht ab 1. März 2017.

3. Neugründung eines Unternehmens am 1. April 2016 – Überschreitung der Umsatzgrenzen bereits August 2016 (Umsatz April bis August 2016: 15.600 Euro, Barumsätze in Höhe von 11.000 Euro). Registrierkassenpflicht ab 1. Dezember 2016 bei monatlicher UVA-Abgabe.

4. Erstmaliges Überschreiten im 2. Quartal 2016 (April bis Juni): Umsatz 17.000 Euro, davon bar bezahlt 12.000 Euro. Registrierkassenpflicht ab 1. Oktober 2016.

5. Erstmaliges Überschreiten der Grenzen im 4. Quartal 2016 (Oktober bis Dezember): Umsatz 18.000 Euro, davon bar bezahlt 12.000. Registrierkassenpflicht ab 1. April 2017.

6. Erstmaliges Überschreiten beider Umsatzgrenzen im August 2016 im 3. Quartal (Umsätze Jänner bis Juni: 18.000 Euro, Barumsätze Jänner bis Juli: 7.000 Euro, Barumsätze im August: 2.000 Euro). Registrierkassenpflicht ab 1. Jänner 2017.

3.8.3. Wegfall der Registrierkassenpflicht (§ 131b Abs. 3 BAO)

Werden keine Barumsätze im betreffenden Betrieb mehr erzielt, etwa als Folge einer Betriebsaufgabe, so wird die Registrierkassenpflicht gegenstandslos (allerdings nicht die Aufbewahrungspflicht des § 132 BAO).

Werden die Umsatzgrenzen des § 131b Abs. 1 Z 2 BAO bzw. § 131 Abs. 4 Z 1 BAO im Folgejahr nicht überschritten und ist absehbar, dass diese Grenzen auch künftig nicht überschritten werden, so fällt die Verpflichtung zur Losungsermittlung mit elektronischem Aufzeichnungssystem gemäß § 131b BAO mit Beginn des nächstfolgenden Kalenderjahres weg.

Beispiel

Ein registrierkassenpflichtiger Betrieb schränkt im Jahr 2017 seinen Betriebsumfang derart ein, dass er pro Jahr nur mehr Umsätze von ca. 6.000 Euro erzielt.

Die Umstände sprechen dafür, dass auch in den Folgejahren die Umsätze derart niedrig sein werden. Die Verpflichtung zur Verwendung eines elektronischen Aufzeichnungssystems (iSd § 131b Abs. 1 BAO) fällt ab 1. Jänner 2018 weg.

3.8.3.1. Betriebsaufgaben im Jahr 2016

Für Unternehmer, die beabsichtigen, noch im Jahr 2016 ihre betriebliche Tätigkeit einzustellen (zB Pensionsantritt im Jahr 2016), gilt, dass die Anschaffung bzw. Umrüstung einer Registrierkasse, die den erstmals für 2016 geltenden Erfordernissen für die elektronische Aufzeichnungspflicht entspricht, nicht notwendig ist, wenn die Unternehmer der ab 1. Jänner 2016 geltenden Belegerteilungspflicht nachkommen.

Dies gilt auch zB für den beabsichtigten Betriebsverkauf im Jahre 2016.

3.8.3.2. Betriebsübergabe

Bei einer betrieblichen steuerrechtlichen Gesamtrechtsnachfolge tritt der Nachfolger in die Rechtsposition des Vorgängers ein. Dies gilt auch für die Einzelaufzeichnungs-, Registrierkassen- und Belegerteilungspflicht.

Bei Einzelrechtsnachfolge tritt der Nachfolger nicht in die Rechtsposition des Vorgängers ein. Für ihn entstehen die drei Verpflichtungen unabhängig von den Verhältnissen des Vorgängers.

3.9. Prämie für die Anschaffung oder Umrüstung einer Registrierkasse

Für die Anschaffung/Umrüstung kann eine Prämie von (idR) 200 Euro mit dem Formular E 108c beantragt werden. Die Kosten der Anschaffung/Umrüstung sind in unbegrenzter Höhe sofort absetzbar (siehe § 124b Z 296 EStG 1988).

Auf die Info des BMF zu Rechtsfragen iZm der Registrierkassenprämie (BMF 03.08.2016, BMF-010203/0225-VI/6/2016) wird verwiesen.

3.10. Feststellungsbescheid für geschlossenes Gesamtsystem

3.10.1. Allgemeines

§ 131b Abs. 4 BAO regelt Feststellungsbescheide über die Manipulationssicherheit eines geschlossenen Gesamtsystems, das im Unternehmen als elektronisches Aufzeichnungssystem verwendet wird.

Ein geschlossenes Gesamtsystem iSd RKSV ist ein elektronisches Aufzeichnungssystem, in welchem Warenwirtschafts-, Buchhaltungs- und Kassensysteme lückenlos miteinander verbunden sind und das mit mehr als 30 Registrierkassen (mit je einem Datenerfassungsprotokoll) verbunden ist (§ 3 Z 10 RKSV).

Ein Warenwirtschaftssystem (abgekürzt WWS oder WaWi) dient der Darstellung der Warenströme im Geschäftsprozess eines Unternehmens. Zentrale Bestandteile eines WWS ist daher die betriebswirtschaftliche Unterstützung und Dokumentation der betriebswirtschaftlichen Prozesse des Verkaufs, Einkaufs, Wareneingangs und Warenausgangs sowie der Lagerhaltung.

Umfasst der Betriebsgegenstand des Unternehmens keine Warenbewirtschaftung (Dienstleistungsunternehmen), ist für eine Antragstellung in teleologischer Interpretation des § 3 Z 10 RKSV jedenfalls eine lückenlose Verbindung des Buchhaltungs- und des Kassensystems erforderlich.

Die Manipulationssicherheit in geschlossenen Gesamtsystemen ist so wie bei den mit Signatur- bzw. Siegelerstellungseinheit gesicherten Systemen mit Hilfe einer Verkettung der elektronisch signierten Barumsätze herbeizuführen. Darüber hinaus haben auch die Registrierkassen in geschlossenen Gesamtsystemen die technischen Anforderungen der RKSV (Kassenidentifikationsnummer, DEP, AES-Schlüssel, Umsatzzähler und maschinenlesbarer Code, usw.) zu erfüllen und gelten dieselben administrativen Vorgaben (Start- und Jahresbeleg, Registrierung der Registrierkassen und über FON, Meldung von Ausfällen und Außerbetriebnahmen, usw.) wie bei den mit Signatur- bzw. Siegelerstellungseinheit gesicherten Systemen. An Stelle der Signatur- bzw. Siegelerstellungseinheit darf die Signaturerstellung über eine Software-Komponente (SW-Komponente) erfolgen und muss zur Überprüfung der Signatur der zur SW-Komponente passende öffentliche Signaturschlüssel (Validierungsdaten) im Zuge der Registrierung über FON eingemeldet werden. Werden die DEP der Registrierkassen regelmäßig und täglich auf einem zentralen Rechner gesichert, bestehen bei einer großen Anzahl von Registrierkassen keine Bedenken, wenn die Registrierung der Validierungsdaten, Ausfallmeldungen und die Prüfung von Start- und Jahresbelgen vom zentralen Rechner über das Web-Service (siehe Abschnitt 3.3.3.3. und 3.5.3.2.) durchgeführt werden.

In geschlossenen Gesamtsystemen dürfen zur Minimierung des administrativen Aufwandes mehrere Registrierkassen unter einer Kassenidentifikationsnummer zusammengefasst werden (Registrierkassenverbund), sofern auch die DEP dieser Registrierkassen miteinander verbunden werden (§ 20 Abs. 2 RKSV). Die Bildung mehrerer Registrierkassenverbünde innerhalb eines geschlossenen Gesamtsystems ist zulässig.

Bei einem Registrierkassenverbund sind die Startbelege zu verketten, wobei ein Startbeleg analog zu den mit Signatur- bzw. Siegelerstellungseinheit gesicherten Systemen mit der gemeinsamen Kassenidentifikationsnummer als Verkettungswert und die übrigen Startbelege mit dem Startbeleg einer jeweils anderen Registrierkasse als

Verkettungswert erstellt und aufbewahrt werden müssen. Die normativ (RKSV) erforderliche Anzahl von mehr als 30 Registrierkassen darf nicht unterschritten werden. Im Fall eines Registrierkassenverbundes muss jede Registrierkasse des Registrierkassenverbundes denselben AES-Schlüssel, ein eigenes DEP sowie einen eigenen Umsatzzähler aufweisen. Die Belege der einzelnen Registrierkassen eines Registrierkassenverbundes müssen mit Belegnummern getrennter Nummernkreise erstellt werden. Bei der Registrierung über FON ist die Kassenidentifikationsnummer bekannt zu geben, unter der die Registrierkassen des Registrierkassenverbundes zusammengefasst sind. Für die Prüfung des Startbeleges im Sinne § 6 Abs. 4 RKSV ist nur der zuletzt erstellte Startbeleg heranzuziehen. Monats- und Jahresbelege im Sinne § 8 RKSV sind zwar pro Registrierkasse zu erstellen, für die Prüfung des Jahresbelegs genügt ein Jahresbeleg pro Registrierkassenverbund. FON-Meldungen im Falle von Ausfällen oder Außerbetriebnahmen sind nur erforderlich, wenn die Gesamtheit aller Registrierkassen eines Registrierkassenverbundes betroffen ist.

Die organisatorischen Festlegungen und Vorgehensweisen bei der Einrichtung der Registrierkassenverbunds (Belegnummernkreise, Reihenfolge bei der Startbelegerstellung, usw.) sind gemäß § 132 BAO zu dokumentieren. Pro nachträglich hinzukommender Registrierkasse in einem Registrierkassenverbund sind die Fortsetzung der Startbelegverkettung und die Prüfung des jeweiligen Startbelegs erforderlich.

Die geschlossenen Gesamtsysteme, die durch mehrere Unternehmen im Sinn des § 21 RKSV verwendet werden, können zB auch in einer staatenübergreifenden Konzernstruktur ausgestaltet sein. Diesfalls hat das für die Feststellung der Manipulationssicherheit der inländischen Umsätze zu erstellende Gutachten des gerichtlich beeideten Sachverständigen die sicherheitstechnischen und organisatorischen Sicherungsmaßnahmen, welche die Manipulationssicherheit des geschlossenen Gesamtsystems im Inland gewährleisten, zu beurteilen. Der Feststellungsbescheid hat jedenfalls das Vorliegen der technischen und organisatorischen Voraussetzungen für die Manipulationssicherheit eines derartigen, staatenübergreifenden Gesamtsystems zu beurteilen.

Für das Feststellungsverfahren gelten die Bestimmungen der BAO, soweit in der RKSV nicht lex specialis- Bestimmungen vorgesehen sind, für Rechtsmittelverfahren gelten insbesondere die Bestimmungen der §§ 243 ff BAO.

Wird den Anforderungen nicht entsprochen oder kann die Manipulationssicherheit aus den vorgelegten Beweisunterlagen nicht abgeleitet werden, ist über den Antrag mit negativem Bescheid zu entscheiden.

Der Unternehmer hat in diesem Fall binnen drei Monaten nach Eintritt der Rechtskraft des Bescheides die Manipulationssicherheit unter Verwendung einer Signatur- bzw. Siegelerstellungseinheit herbeizuführen (vgl. § 22 Abs. 4 RKSV). Das bedeutet, dass der Unternehmer bis zur Herstellung der Manipulationssicherheit durch die gesetzlich vorgesehene Signatur- bzw. Siegelerstellungseinheit über seine Umsätze Belege gemäß § 17 Abs. 4 RKSV mit dem Hinweis „Sicherheitseinrichtung ausgefallen" auszustellen hat (analog Abschnitt 3.5.3.3.).

3.10.2. Wem obliegt die Erlassung des Feststellungsbescheides?

Die Erlassung des Feststellungsbescheides obliegt dem für die Erhebung der Umsatzsteuer des Unternehmers zuständigen Finanzamt (§ 131b Abs. 4 erster Satz BAO).

3.10.3. Antragsberechtigte/-stellung

Antragsberechtigt sind nur Unternehmer, die ein solches geschlossenes Gesamtsystem bereits verwenden und mehr als 30 Registrierkassen im Inland in Verwendung haben.

Dem Antrag ist ein Gutachten eines gerichtlich beeideten Sachverständigen, in dem das Vorliegen der technischen und organisatorischen Voraussetzungen für die Manipulationssicherheit des geschlossenen Gesamtsystems bescheinigt wird, anzuschließen.

Der Antrag unterliegt der Entscheidungspflicht nach § 85a BAO.

Anträge unter Vorlage des Gutachtens können bereits ab 1. Jänner 2016 gestellt werden.

Entscheidungen über diese Anträge (Feststellungsbescheid) werden vom zuständigen Finanzamt frühestens ab 1. Juli 2016 erlassen, wobei diese frühestens erst ab Inkrafttreten der neuen gesetzlichen Bestimmung des § 131b BAO wirksam werden können (§ 323 Abs. 45 vierter und fünfter Satz BAO und §§ 21, 22 RKSV). Wenn ein Antrag auf Erlassung eines Feststellungsbescheides nicht den normativen Erfordernissen entspricht, hat das Finanzamt gemäß § 22 Abs. 3 RKSV den Antragsteller binnen einer einmaligen Nachfrist von einem Monat aufzufordern, dem Antrag alle entscheidungswesentlichen Unterlagen beizufügen.

3.10.4. Änderung der tatsächlichen Verhältnisse

Nach § 131b Abs. 4 vorletzter Satz BAO erlischt die Wirksamkeit des Feststellungsbescheides, wenn sich die für seine Erlassung maßgeblichen tatsächlichen (für die Erlassung des Feststellungsbescheides unbedingt erforderlichen Sachverhaltselemente für die bescheidmäßige Feststellung der Manipulationssicherheit des geschlossenen Gesamtsystems) Verhältnisse geändert haben.

Dieses Erlöschen tritt ex lege ein. Zeigt der Unternehmer hingegen im Sinne § 131b Abs. 4 letzter Satz BAO in Verbindung mit § 23 RKSV (beabsichtigte) Änderungen solcher tatsächlicher Verhältnisse an, so hat das Finanzamt über den neuerlichen Antrag, dem wieder ein Sachverständigengutachten beizulegen ist, zu entscheiden.

Ist zB eine Änderung der Softwarekomponente, die die Verkettung der Barumsätze durchführt, geplant, stellt dies ein meldepflichtiges Ereignis gemäß § 131b Abs. 4 BAO dar, das binnen einem Monat ab Planungsende und Beschluss der Umsetzung der Durchführung über FON zu melden ist (§ 23 RKSV).

Dieser Änderungsmeldung ist ein neuerliches Gutachten eines gerichtlich beeideten Sachverständigen, dass das geschlossene Gesamtsystem bei Realisierung der geplanten Änderung weiterhin manipulationssicher wäre, beizulegen.

Das Finanzamt hat hingegen erst über die durchgeführte Änderung des geschlossenen Gesamtsystems mittels Feststellungsbescheides abzusprechen und kann vor Ergehen des Feststellungsbescheides im Grunde des § 114 BAO über die Realisierung der geplanten Veränderung ergänzende Erhebungen vornehmen.

3.10.5. Sachverständige Begutachtung

Das Gutachten des gerichtlich beeideten Sachverständigen nach § 21 RKSV hat das Vorliegen der technischen und organisatorischen Voraussetzungen für die Manipulationssicherheit des geschlossenen Gesamtsystems zu bescheinigen.

Die Softwarekomponente, die die Verkettung der Barumsätze durchführt, ist im Gutachten zu identifizieren. Die Registrierung der Signaturprüfdaten und die Prüfung der Startbelege sind nicht Gegenstand der Begutachtung. Sehr wohl aber die Startbelegerstellung selbst und die Einhaltung der technischen Anforderungen bei Zusammenfassung von Registrierkassen gemäß § 20 Abs. 2 RKSV.

Das Gutachten nach § 23 RKSV hat zu bescheinigen, ob das geschlossene Gesamtsystem bei Realisierung der geplanten Änderungen weiterhin als manipulationssicher anzusehen ist (siehe auch Abschnitt 3.10.4.).

3.10.5.1. Verwendung eines Gutachtens durch mehrere Unternehmer

§ 21 Abs. 5 RKSV ermöglicht mehreren Unternehmern, dasselbe Gutachten ihrem Antrag auf Erlassung eines Feststellungsbescheides zugrunde zu legen. Dies gilt für Unternehmer, die durch ein vertikales Vertriebsbindungssystem (es liegt eine Vereinbarung zugrunde, wonach Unternehmen nach vereinbarten Vorgaben zB mit dem Produzenten oder Dienstleistungsunternehmen bestimmte Waren oder Dienstleistungen beziehen, verkaufen oder weiterverkaufen dürfen) oder durch ein Waren- oder Dienstleistungsfranchising wirtschaftlich verbunden oder die Teil eines Konzernes iSd § 244 UGB sind und die zudem ein geschlossenes Gesamtsystem mit insgesamt mehr als 30 Registrierkassen verwenden.

Bei Verwendung eines geschlossenen Gesamtsystems kann auch dann von einer Lückenlosigkeit zwischen Kassensystem und Buchhaltung ausgegangen werden, wenn die Daten für die Buchhaltung vom Kassensystem automatisch authentifiziert und eine manipulationssichere Übertragung durch geeignete Maßnahmen sichergestellt werden. Dabei ist beispielsweise die Bereitstellung von digital signierten Daten aus dem Kassensystem des geschlossenen Gesamtsystems für ein externes Bilanzbuchhaltungssystem ausreichend, das ein Franchisenehmer außerhalb eines geschlossenen Gesamtsystems verwendet.

3.10.6. Wirkung des Feststellungsbescheides

Der Feststellungsbescheid wirkt nur für jene Barumsätze, deren Bezahlung im Wege des geschlossenen Gesamtsystems erfolgt. Hat der Unternehmer mehrere Betriebe, so wirkt der Feststellungsbescheid nur für jene Betriebe, in denen das Gesamtsystem verwendet wird. Wird das System in einem Betrieb nicht für alle Barzahlungen für die Lieferungen und sonstigen Leistungen des Betriebes verwendet, so wirkt der Bescheid nur für jene Barzahlungen, für die das Gesamtsystem verwendet wird.

Das bedeutet, dass Unternehmer, die Barumsätze außerhalb des zertifizierten Gesamtsystems tätigen, mit diesen dem „normalen" Registrierkassenregime unterliegen.

4. Belegerteilungspflicht (§ 132a BAO)

Gemäß § 132a BAO hat der Unternehmer dem die Barzahlung Leistenden einen Beleg über empfangene Barzahlungen für Lieferungen und sonstige Leistungen zu erteilen. Entscheidend ist, dass eine Barzahlung erfolgt und nicht, wann die Lieferung oder sonstige Leistung erbracht wird. Daher ist beispielsweise eine Anzahlung für eine noch nicht erbrachte Leistung oder eine nachträgliche Barzahlung belegerteilungspflichtig.

Auf die gleichgeschaltete Registrierkassenpflicht wird hingewiesen.

Die Belegerteilung ist eine Bringschuld des Unternehmers.

Der Belegerteilungspflicht wird aber auch bei folgender Vorgangsweise entsprochen:

Der Bondrucker ist zum Kunden gewandt, und der Bon wird unmittelbar nach der Barzahlung ausgedruckt. Der Beleg gilt in diesen Fällen mit dem Hinweis „bitte nehmen Sie sich den Beleg" als ausgehändigt.

4.1. Beleginhalte

Der Beleg iSd § 132a BAO hat die Inhalte des § 132a Abs. 3 BAO zu enthalten bzw. ab 1. April 2017 auch die Erfordernisse des § 11 RKSV zu erfüllen. Zu den Mindestangaben des § 132a Abs. 3 BAO kommen ab 1. April 2017 zur Nachvollziehbarkeit des einzelnen Geschäftsvorfalles (§ 132a Abs. 8 BAO) und zur Nachprüfbarkeit der Signatur (§ 131b Abs. 2 BAO) Angaben hinzu.

Die folgenden Abschnitte 4.5. und 4.6. beschäftigen sich eingehend mit Vereinfachungen der Belegausstellung und den Mindestanforderungen an den Beleg.

4.2. Elektronischer Beleg

Ein elektronischer Beleg iSd § 132a Abs. 1 BAO ist ein Beleg, der in einem elektronischen Format ausgestellt und empfangen bzw. unmittelbar für den die Barzahlung Leistenden verfügbar ist. Er kann zB mittels E-Mail, als E-Mail-Anhang oder Web-Download, in einem elektronischen Format (zB als PDF- oder Textdatei), aber auch in einem strukturierten Dateiformat (zB xml) ausgestellt werden. Der Belege muss unmittelbar im Zusammenhang mit der Barzahlung durch die Registrierkasse erstellt und signiert werden, sowie in der Folge tatsächlich in den Verfügungsbereich des Belegempfängers gelangen. Technisch bedingte Verzögerungen wie zB bei der E-Mail-Zustellung oder dem Upload zu einem Server sind unbeachtlich, wenn die elektronischen Belege sofort im DEP sowie zeitnah in einem revisionssicheren Speicher (vgl. Abschnitt 3.2.1.4. Sicherung des DEP) gespeichert und für eine Überprüfung durch ein Organ der Finanzverwaltung verfügbar sind. Ob dies elektronisch (per Email, Ablesen mittels Handyapp, usw.) oder in Papierform erfolgt, bleibt dem Belegaussteller überlassen. Die Übermittlung ist eine Bringschuld des Unternehmers, eine bloße Einräumung der Möglichkeit des Ansehens und Abfotografierens des auf einem Bildschirm angezeigten Beleginhaltes erfüllt nicht die Belegerteilungspflicht. Eine spezielle Form der elektronischen Übertragung ist nicht vorgeschrieben. Ob die Übertragung in den Verfügungsbereich des Belegempfängers durch Aktivität des Leistungserbringers oder den die Bezahlung Leistenden erfolgt, ist für die Erfüllung der Belegerteilungspflicht unerheblich.

Diese Art der Belegerteilung ist im elektronischen Aufzeichnungssystem zu dokumentieren.

4.3. Wen trifft die Belegerteilungspflicht?

Die Belegerteilungspflicht besteht nur für Unternehmer iSd § 2 Abs. 1 UStG 1994.

Nach § 2 Abs. 1 erster Satz UStG 1994 ist Unternehmer, wer eine gewerbliche oder berufliche Tätigkeit selbständig ausübt.

Die Belegerteilungspflicht des § 132a BAO besteht ua. auch dann,

- wenn die Umsätze umsatzsteuerfrei sind,
- wenn sie unter der „Kleinunternehmergrenze“ (zufolge § 6 Abs. 1 Z 27 UStG 1994: 30.000 Euro) liegen.

Sie besteht nicht nur für betriebliche Einkünfte, sondern auch für Einkünfte aus Vermietung und Verpachtung sowie für sonstige Einkünfte.

Zu den vollpauschalierten Land- und Forstwirten vgl. Abschnitt 5.6.

4.4. Zeitpunkt der Belegerstellung

Unternehmer haben „über empfangene Barzahlungen“ für Lieferungen und sonstige Leistungen (§ 1 Abs. 1 Z 1 UStG 1994) Belege zu erteilen.

Der Beleg ist nach § 132a Abs. 1 BAO dem die Barzahlung Leistenden vor dem Verlassen der Geschäftsräumlichkeiten bzw. in der vom Unternehmen genutzten Freifläche zu erteilen (vgl. auch Abschnitt 4.1.). Dies muss nicht der Empfänger der Leistung sein.

Eine Rechnungsvorbereitung vor erfolgter Barzahlung (zB Ausstellung einer Hotelrechnung am Vorabend der Abreise des Hotelgastes) ist zulässig. Eine Belegausstellung vor Erhalt der Barzahlung ist im Regelfall nicht vorgesehen. Allerdings können etwa Belege für mobil getätigte Umsätze bzw. vorbestellte Ware vorab mittels Registrierkasse ausgestellt werden und diese bei Ausfolgung der Ware und nach Barzahlung übergeben und damit erteilt werden (Details siehe Abschnitt 6.7.1.2.). Ebenso ist es möglich die vorab mit der Registrierkasse ausgestellten Belege auf der Ware, die ausgefolgt werden soll, anzubringen und derart gleichzeitig mit der Ware den Beleg erteilen. Die nicht getätigten Barumsätze sind zu stornieren.

Beispiele:

Gaifahrer, mobile Zusteller, Schulbuffet, Theaterbuffet, Stoßgeschäfte.

4.5. Spezielle Belegausstellungen

4.5.1. Vereinfachung

Werden im Rahmen einer betrieblichen Tätigkeit gleich hohe Einzelumsätze getätigt, kann in analoger Anwendung zu § 7 BarUV 2015 eine Zusammenrechnung dieser Umsätze erfolgen und diese jeweils in einem Betrag in der Registrierkasse erfasst werden, sofern deren vollständige Erfassung gewährleistet wird, zB durch Durchnummerierung der ausgestellten Belege (vgl. Abschnitt 6.7.1.). Siehe auch Erleichterung zur Erfassung nach Warengruppen (Abschnitt 4.6.4.).

Der Beleg hat die Angaben nach § 132a Abs. 3 und Abs. 4 BAO bzw. bei Verwendung einer Registrierkasse nach § 11 RKSV zu enthalten.

Beispiele:

Programmheft in der Oper, Theatergarderobe.

4.5.2. Belegerteilung beim Gutscheinverkauf

Wird der Verkauf eines Wertgutscheines in der Registrierkasse erfasst und darüber ein Beleg ausgestellt, hat dieser grundsätzlich den gesetzlichen Anforderungen des § 132a BAO zu entsprechen (vgl. auch Abschnitt 2.4.10.)

4.5.3. Tischabrechnung

Die Tischabrechnung ist als Erleichterung für den Fall gedacht, dass nach Bonierung des Gesamttisches die Kunden einzeln zeitnah bezahlen wollen. Damit soll ein nachträgliches Storno des Geschäftsvorfalles und eine neuerliche Bonierung für den jeweiligen Einzelkunden, nach Ermittlung der auf die einzelnen Kunden jeweils entfallenden Produkte, vermieden werden.

Wenn beim Inkasso und der Belegerteilung mit elektronischer Registrierkasse mehrere Produkte zu einem bestimmten Zeitpunkt an Kunden in einer Gesamtsumme abgerechnet und boniert werden und das Inkasso der Gesamtsumme zu Teilbeträgen bei mehreren Personen (Tischabrechnung) zeitnah erfolgt, muss nicht für jeden Kunden ein gesonderter Beleg ausgestellt werden.

Die Tischabrechnung kann als einzelne, in der Registrierkasse zu erfassende Bareinnahme gewertet werden.

Unabhängig von den Beleginhalten nach § 132a BAO bzw. ab 2017 auch der Beleginhalte der RKSV sollen der Verrechnungskreis (Tisch) und die auf die einzelnen Produkte entfallenden Teilbeträge ersichtlich oder ermittelbar sein.

Es ist ausreichend, wenn der Beleg einem Leistungsempfänger (Kunden) übergeben wird. Diesen trifft die Entgegennahme- und Mitnahmeverpflichtung des § 132a Abs. 5 BAO.

4.5.4. Unzulässige Stock- oder Standverrechnung

Eine Stock- und Standverrechnung liegt dann vor, wenn dem Mitarbeiter (zB Kellner) eine bestimmte Menge/Anzahl von Waren vor Geschäftsbeginn vom Unternehmer zu Verkaufszwecken übergeben wird und die Menge/Anzahl der Produkte entsprechend festgehalten wird und dann am Tagesende durch Auszählung und Abzug der noch nicht verkauften Ware, die Tageslosung rechnerisch ermittelt wird.

Bei einer unzulässigen Stock- oder Standverrechnung ist der Anknüpfungspunkt der innerbetriebliche Warenverkehr und nicht die vom Unternehmer erzielten Einnahmen. Der Kellner als Mitarbeiter (Erfüllungsgehilfe) des Unternehmers kassiert für diesen in dessen Namen und für dessen Rechnung die Einnahmen und kann daher nicht selbständig kontrahieren. Diese Verrechnungsart ersetzt nicht eine ordnungsgemäße Losungsermittlung und ist sohin wie bisher zur Losungsermittlung unzulässig.

Mit der Belegerteilung durch Anbringen auf der Ware und gleichzeitiger Übergabe der Ware mit dem Beleg wird noch keine unzulässige Stock- und Standverrechnung herbeigeführt (siehe auch Abschnitt 6.7.1.2.).

4.5.5. Belegausstellung bei Organschaft/ Unternehmereinheit

Bei Vorliegen einer Organschaft iSd UStG kann die Belegerteilungspflicht auch von den Organgesellschaften erfüllt werden.

Liegt eine Unternehmereinheit vor, so kann die Belegerteilungspflicht auch von den einzelnen Personengesellschaften erfüllt werden (vgl. § 132a Abs. 2 BAO).

4.5.6. Belegduplikat

Ein Belegduplikat ist als solches zu bezeichnen, nicht nochmals zu signieren, nicht neuerlich im Datenerfassungsprotokoll aufzunehmen und darf zu keiner Veränderung des Umsatzzählers führen.

4.5.7. Start-, Monats-, Jahres- und Schlussbelege ab 1. April 2017 (§ 8 RKSV)

Neben der Verkettung und Signierung der Einzelumsätze dienen die Start-, Monats-, Jahres- und Schlussbelege als zusätzliche Sicherheiten für die Gewährleistung der vollständigen Erfassung der Umsätze in der Registrierkasse. Diese Belege müssen daher ebenfalls signiert und damit in die Belegkette eingeflochten werden. Jahresbelege sind wie Startbelege zu prüfen (Abschnitt 3.5.3.2.), wobei diese Prüfung spätestens bis zum 15. Februar des Folgejahres durchgeführt sein muss.

Zudem bestehen für Start-, Jahres- und Schlussbelege eine verpflichtende Ausdruck- und Aufbewahrungspflicht. Der Jahresbeleg stellt gleichzeitig den Monatsbeleg für Dezember des jeweiligen Jahres dar.

Der Registrierkassenpflichtige hat daher am Ende des Kalenderjahres bzw. am letzten Tag seiner getätigten Umsätze, grundsätzlich bis zum 31. Dezember, den Jahresbeleg herzustellen und nach Ausdruck aufzubewahren. Ein abweichendes Wirtschaftsjahr bleibt im Zusammenhang mit der Registrierkassenpflicht ohne Auswirkungen. Die Bewerkstelligung des Ausdruckes obliegt dem registrierkassenpflichtigen Unternehmer.

Bei sogenannten Saisonbetrieben (zB Schwimmbad) kann dieser Vorgang auch zu Saisonende, spätestens jedoch vor Beginn der unternehmerischen Tätigkeit im neuen Jahr erfolgen.

Bei Unternehmen, deren Öffnungszeiten über Mitternacht hinausgehen, ist es möglich, den Monatsbeleg nach Ende der Öffnungszeiten zu erstellen, spätestens allerdings am nächsten Öffnungstag, so dieser zeitnah stattfindet (etwa eine Woche). In Monaten, in denen keine Geschäftstätigkeit stattfindet bzw. in denen aus geschäftlichen Gründen kein oder ein eingeschränkter Bedarf an Registrierkassen besteht müssen für diese im jeweiligen Monat nicht verwendeten Kassen keine Monatsbelege erstellt werden.

Start-, Monats-, Jahres- und Schlussbelege sollten als solche bzw. als Nullbelege im Feld der handelsüblichen Bezeichnung gekennzeichnet werden. Wird nach einem Monats- oder Jahresbeleg noch ein Beleg ausgestellt, sind neuerliche Monats- oder Jahresbelege erforderlich. Ist die Erstellung der Monats- und Jahresbelege wegen Ausfalles der Registrierkasse nicht möglich, ist dies im Sinne § 132 BAO zu dokumentieren.

Betriebe, die keine Sperrstunde haben (Öffnungszeiten rund um die Uhr), können ihre Monats- bzw. Jahresbelege auch vor oder nach Mitternacht erstellen, wenn es der Geschäftsbetrieb zulässt. Der Zeitpunkt des Jahresbeleges soll in diesem Fall mit dem Jahresabschluss des Erfassungssystems zusammenfallen.

4.6. Mindestanforderungen an den Beleg

Neben den Beleganforderungen des § 132a Abs. 3 BAO (Mindestanforderungen) ist § 132a Abs. 8 BAO iVm § 11 RKSV ab 1. April 2017 beachtlich, weil die Belegangaben durch die RKSV erweitert werden, um insbesondere die einzelnen Geschäftsvorfälle nachvollziehen zu können (siehe § 11 RKSV: Kassenidentifikationsnummer, Uhrzeit der Belegausstellung, maschinenlesbarer Code und Betrag der Barzahlung nach Steuersätzen getrennt).

Einen maschinenlesbaren Code mit der Signatur des Beleges ist ab 1. April 2017 nur dann am Beleg vorzusehen, wenn Signierungspflicht besteht (Beleg mit zumindest einem Barumsatz) oder der Beleg freiwillig signiert wird. Die ab 1. April 2017 erforderlichen zusätzlichen Belegangaben sind auf nicht zu signierenden Belegen nicht zu erfüllen.

Ab dem 1. April 2017 müssen die Belegnummern aus sicherheitstechnischen Gründen pro Kassenidentifikationsnummer und AES-Schlüssel eindeutig sein. Hinsichtlich der Erstellung von Registrierkassenbelegen mit Bezug auf einen Waagenbeleg wird auf Abschnitt 3.1.3.1. verwiesen.

4.6.1. Unternehmerbezeichnung

Der Unternehmer ist eindeutig im Allgemeinen mit Namen und Adresse zu bezeichnen. Das Unternehmen kann auch in Form von Symbolen oder Schlüsselzahlen ausgedrückt werden (vgl. § 132a Abs. 4 BAO). Bei einer Organschaft bzw. einer Unternehmereinheit ist die Nennung der Organgesellschaft oder einer der Personengesellschaften ausreichend (vgl. § 132a Abs. 3 Z 1 BAO).

4.6.2. Fortlaufende Nummer

Die in § 132 Abs. 3 Z 2 BAO geforderte Angabe („eine fortlaufende Nummer mit einer oder mehreren Zahlenreihen, die zur Identifizierung des Geschäftsvorfalles einmalig vergeben wird") entspricht wörtlich dem Rechnungserfordernis des § 11 Abs. 1 Z 3 lit. h UStG 1994 (siehe UStR 2000 Abschnitt 11.1.6.6.).

4.6.3. Tag der Belegausstellung

Der Tag der Belegausstellung ist das Datum, an dem der Beleg ausgestellt wurde.

Ab 1. April 2017 ist gemäß § 11 Abs. 1 Z 2 RKSV die Uhrzeit anzugeben.

4.6.4. Menge/handelsübliche Bezeichnung

Die Menge (der gelieferten Gegenstände) ist nach den Maßstäben des jeweiligen Geschäftsverkehrs zB nach Zahl, Maß oder Gewicht anzugeben.

Handelsübliche Bezeichnung ist eine Bezeichnung, die für die gelieferte Ware allgemein im Geschäftsleben verwendet wird.

Der Begriff der handelsüblichen Bezeichnung findet sich sowohl in § 11 UStG 1994 als auch im neuen § 132a BAO.

Der § 132a Abs. 3 BAO verweist nicht auf das Umsatzsteuergesetz, sodass der § 132a Abs. 3 in Begriffsdefinition „handelsübliche Bezeichnung" (nur) analog auszulegen ist, weil bei einer harmonisierten Auslegung der Gesetzgeber auch in diesem Absatz wie in den Vorabsätzen des § 132a einen Hinweis auf das UStG 1994 aufgenommen hätte.

Unter der „handelsüblichen Bezeichnung" nach § 132a BAO ist daher der Maßstab des allgemeinen Sprachgebrauches anzuwenden.

Dieser Begriff der „handelsüblichen Bezeichnung" ist somit in der BAO nicht so eng auszulegen wie im § 11 UStG 1994, da im Zusammenhang mit der Registrierkassenpflicht eher Umsätze an Letztverbraucher im Vordergrund stehen. Damit wird vermieden, dass den Unternehmern im laufenden Betrieb unzumutbare Belastungen auferlegt werden.

Die Ausgestaltung der handelsüblichen Bezeichnung wird sich daher auch nach den betroffenen Branchen richten. Wenn man die handelsübliche Bezeichnung aus Kundensicht betrachtet (Maßstab des § 132a BAO), ist auch zu berücksichtigen, dass zB bei Elektrohändlern eine genauere Bezeichnung der verkauften Waren schon im Hinblick auf die vom Kunden gewünschte Garantie zumutbar ist, da eine Belegausweisung einer Waschmaschine nur als Elektrogerät für den Kunden im Regelfall nicht ausreichen wird.

Die Verwendung von allgemeinen Sammelbegriffen oder Gattungsbezeichnungen wie zB Speisen/Getränke, Obst, Lebensmittel, Textil-, Reinigungs- und Putzmittel, Büromaterial, Eisenwaren, Bekleidung, Wäsche, Werkzeuge usw. ist aber auch gemäß § 132a BAO nicht zulässig. Die Bezeichnung muss so gewählt sein, dass Waren und Dienstleistungen identifiziert werden können.

Beispiele:

Branche	***Zulässige Warenbezeichnung nach § 11 UStG 1994***	***Zulässige Warenbezeichnung nach § 132a BAO***	***Keine zulässige Warenbezeichnung nach § 132a BAO***
Blumengeschäft	*Rosen, Tulpen, Nelken*	*Schnittblumen, Blumenstrauß, Gesteck Topfblumen, Gehölze*	*Blumen*
Bekleidungsgeschäft	*Latzhose blau, Gr. 52, Windjacke grün, Gr. 50*	*Hose, Jacke*	*Kleidung*

Elektrohandel	*Marke und Type des Handys, der Waschmaschine, des TV-Gerätes, Kabel, Stecker, Schalter, Faxgerät einer bestimmten Marke, LED-Glühbirne*	*Mobiltelefon, Waschmaschine, TV-Gerät, Elektrozubehör, Faxgerät, Glühbirne*	*Elektronikgerät, Haushaltsgerät, Audiogerät, Telefon, Lampe*
Obst-/ Gemüsegeschäft	*Golden Delicious Äpfel, Williams-Christbirne, Eisbergsalat*	*Äpfel, Birnen, Salat*	*Obst, Gemüse*
Friseur	*Herren-, Damen-, Junior-, Kinder-, Maschinenschnitt, Dampfglättung, Aufsteckfrisur, Eindrehen, Dauerwelle, dekorative Kosmetik, Rasur & Bartpflege, Färben, Styling, Schuppenshampoo*	*Herrenhaarschnitt, Damenhaarschnitt, Haarfärbung/ Haarumformung/ Styling, Kosmetik, Bartrasur/ -pflege, Shampoo-/Stylingprodukteverkauf*	*Haarpflegeprodukt, Friseurleistung*
Bäcker	*Handsemmel, Grahamweckerl, Vollkornbrot*	*Semmel oder Kleingebäck, Brot*	*Backwaren*
Trafik	*Zigaretten und Zigarren bestimmter Marken; bestimmte Zeitung*	*Zigaretten, Zigarren, Zeitung*	*Rauchwaren, Druckwerk*
Fleischerei/ Bauernmarkt	*Salami, Beiried vom Rind*	*Wurst, Rindfleisch*	*Fleischwaren*
Schuhgeschäft	*Laufschuhe bestimmter Marken, Pumps, Sneakers, Schuhspray bestimmter Marke, genaue Bezeichnung der Reparaturleistung*	*Sportschuhe, Damenschuhe, Schuhspray, Schuhreparatur*	*Schuhe, Schuhpflegeprodukt*
Baumarkt/ Haushaltsfachgeschäft	*Holzschrauben Linsensenkkopf mit Schlitz 3,5 x 16 mm, DIN 95, Messing, Holzhammer, Fäustel, Motorsäge einer bestimmten Marke, Topf/Pfanne bestimmter Marke und Spezifikation*	*Schrauben, Hammer, Motorsäge, Topf, Pfanne, Starterset, für Kleinteile: Küchenutensilien*	*Eisenwaren, Werkzeug, Maschine/ Elektroartikel , Geschirr, Küchenartikel*
Textilreiniger	*Anzahl Mantelreinigung, Anzahl Anzugreinigung, Anzahl Hosenreinigung, Anzahl Teppichreinigung*	*Kleiderreinigung, Teppichreinigung*	*Reinigung*
Würstelstand	*Käsekrainer, Orangensäfte bzw. Biere mit Markenbezeichnung, Salzgurkerl, Essiggurkerl*	*Würstel, Orangensaft, Bier, Gurkerl*	*Wurstware; Getränk, Speisebeilage*
Gasthaus	*Frittatensuppe, Wiener Schnitzel mit Pommes Frites, Apfelstrudel*	*Suppe, Schnitzel, Strudel (à la carte), Mittagsmenü I oder II, Studentenmenü, Frühstück*	*Vorspeise, Hauptspeise, Nachspeise, Essen*

Buch-/Papierfachhandel	*Genauer Buchtitel, genaue Bezeichnung der Zeitung, DIN A4 Heft, liniert, Bleistift, Filzstift, Buntstift*	*Buch, Zeitschrift, Magazin, Heft, Schreibmaterial*	*Druckwerk, Büromaterial*
Metalltechniker, Sanitär-, Heizungs- und Lüftungstechniker, Elektro-, Gebäude-, Alarm- und Kommunikationstechniker, Mechatroniker, Kraftfahrzeugtechniker, Karosseriebautechniker und Vulkaniseure	*Bezeichnung der Reparatur- bzw. Servicearbeit und des bei Reparatur- und Servicearbeiten verwendeten Klein-, Hilfs- und Montagematerial, mit bestimmter Spezifikation*	*erbrachte Dienstleistung (zB Service bei Heizungen, Waschmaschinenreparatur, Autoreparatur inkl. Klein-, Hilfs- und Montagematerial)*	*Reparatur, Service*
Optiker	*genaue Bezeichnung/ Markenname der Gesichtsbrille, der Kontaktlinse, der Sichtgeräte*	*Brillenfassung, Brille, Kontaktlinsen, Feldstecher, Etui, Brillenreparatur*	*Sehbehelf, Handelsware, Dienstleistung, Reparatur*

Für Werk- und Reparaturleistungen oder Serviceleistungen müssen im Grunde des § 132a BAO die dazu verwendeten Kleinmaterialien, sofern sie nur einen geringen Teil für die Erbringung der Gesamtleistung ausmachen, nicht gesondert ausgewiesen werden.

Es bleibt dem Kunden jedoch unbenommen, für umsatzsteuerliche Zwecke eine Rechnung mit der handelsüblichen Bezeichnung iSd § 11 UStG 1994 zu verlangen.

Die Übergangsregelung für die Sparte Einzelhandel sowie die Sparte Markt-, Straßen- und Wanderhandel bzw. vergleichbare andere gewerblich tätige Unternehmer vom 19. November 2015, BMF-010102/0015-IV/2/2015 (interne Veröffentlichung bzw. Veröffentlichung durch die WKO), bleibt (ergänzt) aufrecht.

Demnach erfüllen Einzelhandelsunternehmer, insbesondere auch Markt-, Straßen- und Wanderhändler und andere gewerblich tätige Unternehmer, die Waren verschiedener Hersteller beschaffen, zu einem Sortiment zusammenfügen und an Endverbraucher verkaufen, in einer Übergangsphase bis 31.12.2025 die Einzelaufzeichnungs-Registrierkassen- und Belegerteilungspflicht auch dann, wenn sie die Warenbezeichnung in der zu verwendenden Registrierkasse eingeschränkt bis auf 15 Warenbezeichnungen erfassen und entsprechend dieser Erfassung auf den Belegen ausweisen.

Dies gilt nur insoweit sie am 31.12.2015 bzw. im Zeitpunkt des Eintritts der Kassenpflicht in ihrem Betrieb nicht über ein Warenwirtschaftssystem und/oder nicht über ein Kassensystem verfügen, welches das vom Handelsgeschäft umfasste Warensortiment wie unter der „handelsüblichen Bezeichnung“ in Abschnitt 4.4.4. des Erlasses zur Einzelaufzeichnungs-, Registrierkassen- und Belegerteilungspflicht vom 12. November 2015, BMF-010102/0012-IV/2/2015, verlangt, aufzeichnen und auf dem nach § 132a BAO auszustellenden Belegen ausweisen kann.

Unbeschadet dessen kann der Kunde im Einzelfall eine Rechnung im Sinn des § 11 UStG 1994 verlangen.

4.6.5. Betrag der Barzahlung errechenbar

Der Betrag der Barzahlung ist nicht ident mit dem Entgelt (iSd § 11 Abs. 1 Z 3 lit. e UStG 1994) bzw. mit dem zivilrechtlichen Preis. Auch Anzahlungen, Ratenzahlungen und Restzahlungen sind belegerteilungspflichtig.

Eine bloß rechnerische Ermittelbarkeit des Barzahlungsbetrages ist jedenfalls ausreichend, sie kann zB vorliegen, wenn lediglich das Entgelt (iSd § 11 Abs. 1 Z 3 lit. e UStG 1994) und der Steuerbetrag angegeben wird, ohne diese Beträge zusammenzurechnen.

4.6.6. Betrag der Barzahlung nach Steuersätzen (ab 2017)

Für die Darstellung der Barzahlung getrennt nach Steuersätzen gilt die Reihenfolge lt. Abschnitt 3.3.4. Die Summe der aufgeteilten Beträge muss mit dem Gesamtbetrag des Beleges übereinstimmen. Erforderlichenfalls ist dies durch Rundung eines Teilbetrages herbeizuführen.

Beispiel:

Ein Kunde kauft in einem Geschäftsvorfall folgende Produkte:

100 Euro Getränke (darin enthalten 16,67 Euro USt)

100 Euro Speisen (darin enthalten 9,09 Euro USt)

100 Euro Wertgutschein (steuerfrei)

Der Kunde zahlt 100 Euro in bar, der Rest wird später mit Zahlschein beglichen. Nach der RKSV sind die 100 Euro aliquot aufzuteilen und somit je Steuersatz (20%, 10% und 0%) mit je 33,33 Euro im DEP festzuhalten. Die Rundungsdifferenz in Höhe von einem Cent ist einem Steuersatz zuzuschlagen. Der Umsatzzähler ist um 100 Euro zu erhöhen.

Dem Satz 0% sind Bruttobeträge zuzuweisen, die entweder von der USt. befreit sind, beim Unternehmer nicht, nicht zur Gänze bzw. mit einem anderen % als den in Abschnitt 3.3.4. angeführten % der USt. unterliegen oder deren USt. auf Grund anderer Unterlagen geschuldet wird. Im Detail handelt es sich dabei zumindest um folgende Geschäftsvorfälle:

Nr.	Geschäftsvorfall
1	Umsatzsteuerbefreite Umsätze, auch unecht befreite Umsätze
2	Nicht steuerbarer Umsatz
3	Barzahlung mit Verweis auf Rechnung/Honorarnote (auch Anzahlung, Ratenzahlung, usw.)
4	Differenzbesteuerte Beträge (teilweise besteuerte Barumsätze)
5	Mobiler Barumsatz mit Verweis auf händisch erstellten Beleg
6	Nacherfasste Umsätze nach einem RK-Ausfall (händisch erstellten Beleg)
7	Kein Barumsatz (zB: Durchlaufender Posten, Wertgutscheine, Auslandumsätze, Privatentnahmen, Schwund, usw.)

In den Geschäftsvorfällen 3, 5 und 6 sowie bei durchlaufenden Posten kann der Barzahlungsbetrag auch nach den Steuersätzen aufgeteilt werden, am Zahlungsbeleg ist dann gegebenenfalls darauf hinzuweisen, dass hinsichtlich der USt der Beleg ein Duplikat der angegebenen Rechnung darstellt (vgl. Abschnitt 2.4.11.).

In Fällen der Differenzbesteuerung nach § 24 UStG 1994 sind gemäß § 24 Abs. 7 UStG 1994 in der Rechnung keine Umsatzsteuerbeträge gesondert auszuweisen – die Bemessungsgrundlage ist iSd § 24 Abs. 4 UStG 1994 zu bemessen. Für die Darstellung der Barzahlung ist jedoch der Verkaufspreis beispielsweise eines KFZ heranzuziehen. Somit ist die gesamte Bareinnahme (Verkaufspreis) in der Registrierkasse zu erfassen. Da die Differenzbesteuerung iSd § 24 UStG 1994 nur ein Teil des vereinnahmten Barumsatzes (zB die Differenz zw. Ein- und Verkaufspreis) betrifft, ist der gesamte Verkaufspreis daher mit dem Steuersatz 0% zu erfassen.

Belegbeträge, die dem Steuersatz 0% zuzuweisen sind, sind am Beleg nur dann als mit 0% zu versteuernde Umsätze auszuweisen, wenn es sich dabei um steuerfreie oder nicht steuerbare Umsätze handelt. Dies gilt im übrigen auch für durchlaufende Posten, die sich aus einer freiwillige Erfassung auf einem signierten Beleg befinden. In allen anderen Fällen genügt eine Anmerkung „inkl. USt" bzw. sollte beispielsweise der Hinweis „Nettobetrag und MwSt auf Bon ungültig, korrekte Angaben auf referenzierter Rechnung" am Beleg angebracht werden.

Übergangsbestimmung für Barumsätze betreffend Umsätze im Zeitraum nach dem 30. Juni 2020 und vor dem 1. Jänner 2022 (BGBl. I Nr. 3/2021 und BGBl. II Nr. 83/2021)

Umsätze, welche nach den Übergangsbestimmungen gemäß § 28 Abs. 52 UStG 1994 dem ermäßigten Steuersatz von 5% unterliegen, sind unter diesem ermäßigten Steuersatz auszuweisen.

Es bestehen keine Bedenken, wenn dieser Ausweis des ermäßigten Steuersatzes von 5% durch eine entsprechende Textanmerkung auf dem Beleg erfolgt, oder eine händische Korrektur bzw. eine Korrektur mittels eines Stempels auf dem Beleg vorgenommen wird.

Beispiele:

Bsp. 1 *Die Kassa unterstützt/verwendet Symbole oder Schlüsselzahlen für unterschiedliche Steuersätze. Für den 5%-Steuersatz wird neu zB das Symbol „Z" vergeben. Der Ausweis auf dem Beleg erfolgt für „Z" beispielsweise mit 10% Umsatzsteuer.*

Folgende Anmerkung genügt: „Z: Nettobetrag und MwSt auf Bon mit 10% ungültig; korrekt 5%"

Bsp. 2 *Der ermäßigte Steuersatz von 5% ist im Unternehmen nur für einen Artikel anwendbar. Der Ausweis auf dem Beleg erfolgt für diesen Artikel, beispielsweise Bilderbücher, zu den bisher nach § 10 Umsatzsteuergesetz 1994 anwendbaren Steuersätzen.*

Folgende Anmerkung genügt: „Nettobetrag und MwSt auf Bon für Bilderbücher mit 10% MwSt ungültig; korrekt 5%"

Bsp. 3 *Der ermäßigte Steuersatz von 5% ist im Unternehmen für alle Artikel anwendbar, die bisher unter den ermäßigten Steuersatz von 10% fielen. Der Ausweis auf dem Beleg erfolgt für diese Artikel mit 10% Umsatzsteuer.*

Folgende Anmerkung genügt: „Nettobetrag und MwSt auf Bon für Artikel mit 10% MwSt ungültig; korrekt 5%

Bsp. 4 *Der ermäßigte Steuersatz von 5% ist im Unternehmen für mehrere Artikel mit unterschiedlichen Steuersätzen anwendbar. Der Ausweis auf dem Beleg erfolgt für diese Artikel zu den bisher nach § 10 Umsatzsteuergesetz 1994 anwendbaren Steuersätzen.*

Folgende Anmerkung genügt: „Nettobetrag und MwSt auf Bon für den/die Artikel, der/die dem ermäßigten Steuersatz von 5% unterliegt/unterliegen, ungültig; korrekt 5%"

Falls der Kunde (zB weil er Unternehmer ist) eine „Mehrwertsteuerrechnung" benötigt, ist bei der Rechnungsausstellung auch § 11 UStG 1994 zu beachten:

Bei Kleinbetragsrechnungen bis zu einem Rechnungsbetrag von 400 Euro sind nach § 11 Abs. 6 UStG 1994 (pro Steuersatz) Bruttobetrag und Steuersatz anzugeben. Dies erfüllt auch die Anforderungen nach § 132a Abs. 3 Z 5 BAO und § 11 Abs. 1 Z 3 RKSV.

Bei Rechnungen, die keine Kleinbetragsrechnungen sind, stellt § 11 Abs. 1 UStG 1994 höhere Anforderungen als § 132a Abs. 3 Z 5 BAO und § 11 Abs. 1 Z 3 RKSV. Damit der Beleg iSd § 132a BAO und § 11 RKSV auch den Rechnungserfordernissen des UStG 1994 genügt, müssen auf der Rechnung nicht nur Bruttobetrag und Steuersatz, sondern zusätzlich noch (Netto-)Entgelt und Steuerbetrag ausgewiesen werden.

4.6.7. Maschinenlesbarer Code (ab April 2017)

Nach der Ermittlung jedes Signaturwertes hat die Registrierkasse mit Hilfe der Daten des § 10 Abs. 2 RKSV einen maschinenlesbaren Code aufzubereiten. Die Daten bestehen aus denselben Daten, die von der Registrierkasse auch für die Signaturerstellung aufbereitet werden, zuzüglich des gerade ermittelten Signaturwertes. Anstelle des verschlüsselten Standes des Umsatzzählers ist bei Stornobelegen die Buchstabengruppe STO und bei Trainingsbelegen die Buchstabengruppe TRA zu signieren und in den maschinenlesbaren Code aufzunehmen.

Der maschinenlesbare Code ist am Beleg als mit gängigen Apps lesbarem QR-Code auszugeben. Sollte dies nicht möglich sein, stehen folgende Varianten für die Ausgabe des maschinenlesbaren Codes zur Verfügung:

- Barcode für Link (URL nicht länger als 25 Zeichen)
- Einzugebender Link (URL mit beliebig vielen Zeichen)
- Zeichenkette (nur im OCR-A Font)

4.6.8. Symbol oder Schlüsselzahl

Die Angabe von Symbolen oder Schlüsselzahlen ist dann ausreichend, wenn ihre eindeutige Bestimmung aus dem Beleg oder anderen bei dem die Lieferung oder sonstige Leistung erbringenden Unternehmer vorhandene Unterlagen gewährleistet ist (vgl. § 132a Abs. 4 BAO).

Schlüsselzahlen können zB Preislistennummern, Katalognummern, und Tarifposten (zB Bahn, Bus) sein.

Als Symbole können etwa bestehende Unternehmenslogos als Bezeichnung des Unternehmers oder sonstige eindeutig erkennbare Artikelabbildungen verwendet werden.

4.6.9. Durchschrift/Zweitschrift

Es besteht die Verpflichtung zur Anfertigung von Durchschriften (sonstigen Zweitschriften) des Beleges (nach § 132a Abs. 6 Z 1 erster und zweiter Satz BAO). Als Zweitschrift gilt auch die Speicherung im Datenerfassungsprotokoll (vgl. § 7 RKSV). Die Speicherung von Durchschriften kann auch auf Datenträgern erfolgen, wenn die Geschäftsvorfälle spätestens gleichzeitig mit der Belegerstellung erfasst werden und keine Registrierkassenpflicht besteht. Die Aufbewahrungsfrist beträgt grundsätzlich sieben Jahre (§ 132 BAO), gerechnet vom Ende des Kalenderjahres, in dem der Beleg ausgestellt wurde.

Die Durchschrift (Zweitschrift) zählt zu den zu den Büchern und Aufzeichnungen gehörigen Belegen (§ 132a Abs. 6 Z 2 BAO). Dies ist bedeutsam für:

- § 132 Abs. 1 BAO (betreffend Verlängerung der Aufbewahrungsfrist),
- § 132 Abs. 2 und 3 BAO (Aufbewahrung auf Datenträgern),
- § 51 Abs. 1 lit. d FinStrG (Finanzordnungswidrigkeit).

4.7. Belegentgegennahmepflicht

Nach § 132a Abs. 5 BAO hat der Leistungsempfänger oder der an dessen Stelle die Gegenleistung ganz oder teilweise erbringende Dritte den Beleg entgegenzunehmen und bis außerhalb der Geschäftsräumlichkeiten mitzunehmen.

Eine Verweigerung der Annahme des Belegs durch den Leistungsempfänger hat keine (finanz-)strafrechtlichen Konsequenzen. Der Leistungsempfänger kann nicht zur Entgegennahme des Belegs gezwungen werden.

Außerhalb der Geschäftsräumlichkeiten bedeutet, dass der Leistungsempfänger den Beleg erst nach Verlassen der Geschäftsräumlichkeiten entsorgen kann.

Befindet sich die Geschäftsräumlichkeit in einem Einkaufszentrum bedeutet dies, dass der Beleg bis außerhalb der dem Unternehmer zugeordneten Geschäftsräumlichkeit mitzunehmen ist.

Eine darüber hinausgehende Aufbewahrungspflicht des Belegs trifft den Leistungsempfänger nicht.

Zur Erteilung elektronischer Belege siehe Abschnitt 4.2.

4.8. Berechtigungsausweise (§ 132a Abs. 7 BAO)

Bei Berechtigungsausweisen (zB Fahrausweise, Eintrittskarten) ist kein zusätzlicher Kassenbeleg auszustellen, wenn diese die erforderlichen Inhalte des § 132a BAO enthalten.

Für Fahrausweisautomaten gelten darüber hinaus die Erleichterungen gemäß § 5 BarUV 2015.

5. Beispiele bestimmter Berufe

5.1. Apotheker

Die Rezeptgebühr ist als durchlaufender Posten zu betrachten (siehe Abschnitt 2.4.2.1.).

5.2. Ärzte

Einkünfte selbständiger Ärzte fallen unter die betrieblichen Einkunftsarten des § 2 Abs. 3 Z 1 bis 3 EStG 1988 und damit auch unter die gesetzlichen Bestimmungen des § 131b BAO.

Allerdings sind für „Leistungen außerhalb der Betriebsstätte" (zB Hausbesuche des Arztes) Erleichterungen für die zeitliche Erfassung der Barumsätze vorgesehen. Es ist ein Beleg auszustellen, der ohne unnötigen Aufschub nach Rückkehr in die Betriebsstätte in der Registrierkasse zu erfassen ist (vgl. Abschnitt 6.7.1. Vornahme der Nacherfassung).

Leistungen von Kassenärzten an ihre Patienten, die mit den Krankenkassen verrechnet werden, erfolgen in der Regel in einer Sammelrechnung an die Krankenkasse.

In diesem Fall liegen keine Barumsätze vor, weder zwischen Arzt und Patienten noch zwischen Arzt und Krankenkasse.

Wenn von Ärzten erbrachte Leistungen bar bezahlt werden (zB Privathonorar wird bar, mit Bankomat oder Kreditkarte unmittelbar vor Ort in der Praxis bezahlt) und die Barumsätze übersteigen auch die Umsatzgrenze des § 131b Abs. 1 Z 2 BAO von 7.500 Euro, ist Registrierkassenpflicht gegeben.

Werden die Honorarnoten nicht unmittelbar bar bezahlt, sondern später beispielsweise mit Zahlungsanweisung überwiesen und wird daher die o.a. Grenze nicht überschritten, liegen keine Barumsätze und keine Registrierkassenpflicht vor.

Im Hinblick auf die „ärztliche Verschwiegenheitspflicht" ist festzuhalten, dass personenbezogene Daten des Patienten weder auf den Belegen noch in die Registrierkasse (bei Registrierkassenpflicht) aufzunehmen bzw. abzuspeichern sind.

Überdies ist im Beleg ein Verweis auf die Honorarnote, die Art und Umfang der sonstigen Leistung umschreibt, ausreichend.

Hausapotheke:

Bei Verkäufen aus der Hausapotheke sind Rezeptgebühren ebenso als durchlaufende Posten zu behandeln, zählen damit nicht zum Barumsatz und sind bei der Beurteilung der Grenzen für die Registrierkassenpflicht nicht zur berücksichtigen (§ 131b Abs. 1 Z 2 BAO). Die Einzelaufzeichnungspflicht besteht (siehe auch Abschnitt 2.4.2.1.).

5.3. Banken/Kreditinstitute (§ 132b BAO)

Für Umsätze von Kreditinstituten gemäß § 1 Abs. 1 BWG sowie von Zweigstellen von CRR-Kreditinstituten aus Mitgliedstaaten gemäß § 9 BWG besteht eine gesetzliche Ausnahme sowohl von der Registrierkassen- als auch der Belegerteilungspflicht (vgl. § 132b BAO).

Unabhängig davon sind Einzelaufzeichnungen zu führen, bzw. bleiben bestehende Verpflichtungen aufgrund anderer Normen davon unberührt.

5.4. Inkassounternehmen

Soweit selbständige Inkassounternehmen für einen Auftraggeber kassieren, liegt insoweit es sich auf den vereinnahmten Inkassobetrag bzw. auf das vom Auftraggeber abgeschlossene Geschäft bezieht, kein Barumsatz für das Inkassounternehmen vor. Für diese entgegengenommenen Barzahlungen besteht daher weder Registrierkassen- noch Belegerteilungspflicht für das Inkassounternehmen (vgl. Abschnitt 2.4.13.).

5.5. Kommissionäre

Wenn ein Kommissionär im eigenen Namen und auf fremde Rechnung bar kassiert, unterliegt der Barumsatz bei ihm der Belegerteilungs- und Registrierkassenpflicht (vgl. zu Lieferung zwischen Kommitenten und Kommissionär § 3 Abs. 3 UStG 1994).

Beispiel:

Antiquitätengeschäft Verkauf im Auftrag und auf Rechnung des Eigentümers.

5.6. (Voll- und teilpauschalierte) Land- und Forstwirte

Die Registrierkassenpflicht erfasst Unternehmer mit betrieblichen Einkünften (Einkunftsarten § 2 Abs. 3 Z 1 bis 3 EStG 1988) und damit grundsätzlich auch Land- und Forstwirte.

Werden Einkünfte aus Land- und Forstwirtschaft nach § 17 EStG 1988 und die Umsätze nach § 22 UStG 1994 besteuert, ist hinsichtlich der Registrierkassenpflicht zu unterscheiden:

- Soweit der Gewinn auf Grundlage der Vollpauschalierung ermittelt wird, besteht keine Registrierkassenpflicht (zB einheitswertabhängige Pauschalierung gemäß § 2 der LuFPausch-VO 2015; flächenabhängige Durchschnittssätze gemäß § 5 Abs. 3 der Verordnung). In diesem Umfang besteht damit auch keine Einzelaufzeichnungs- und Belegerteilungspflicht. Die Rechnungserteilungspflicht nach § 11 UStG 1994 bleibt davon unberührt. Dies gilt nur, wenn die Umsätze nach § 22 UStG 1994 besteuert werden. Dies gilt daher nicht im Falle einer Option auf Regelbesteuerung gemäß § 22 Abs. 6 UStG 1994 sowie bei Überschreiten der Umsatzgrenze des § 22 Abs. 1 UStG 1994.
- Soweit der Gewinn in Abhängigkeit von den tatsächlichen Betriebseinnahmen zu ermitteln ist (Teilpauschalierung), besteht grundsätzlich Einzelaufzeichnungs-, Registrierkassen- und Belegerteilungspflicht (zB Teilpauschalierung gemäß § 9 der Verordnung, Teilpauschalierung bei Weinbaubetrieben [inklusive Buschenschank] mit einer weinbaulich genutzten Grundfläche von mehr als 60 Ar gemäß § 4 Abs. 1 der Verordnung, Teilpauschalierung im Rahmen des Nebenerwerbs gemäß § 7 der Verordnung [zB Zimmervermietung mit Frühstück bis 10 Betten, Be- und/oder Verarbeitung, Almausschank], Mostbuschenschank, Gartenbau gemäß § 5 Abs. 2 der Verordnung,

gewinnerhöhende Beträge gemäß § 15 der Verordnung).

In derartigen Fällen besteht Registrierkassenpflicht, wenn die Umsatzgrenzen gemäß § 131b Abs. 1 Z 2 BAO in Bezug auf den gesamten Betrieb überschritten werden.

Auf die Erleichterung des § 131 Abs. 4 Z 1 lit. c BAO (in der Fassung BGBl. I Nr. 77/2016) in Verbindung mit § 2 Abs. 1 BarUV 2015 betreffend Umsätze im Buschenschank wird verwiesen (vgl. Abschnitt 6.2.3.). Zur Berechnung der betriebsbezogenen Umsatzgrenze siehe Abschnitt 6.2.1.8.

Es bestehen keine Bedenken, den Umsatz aus dem vollpauschalierten Betriebsteil mit 150% des entsprechenden Einheitswertes zu schätzen (siehe UStR 2000 Rz 2907).

Für die Berechnung der Barumsatzgrenze des Betriebes (7.500 Euro) sind die als Folge der Vollpauschalierung nicht belegerteilungspflichtigen Barumsätze nicht heranzuziehen.

5.6.1. Abgrenzung Urproduktion von der Be- und/oder Verarbeitung

Der Verkauf von Urprodukten fällt bei ertragsteuerlicher Vollpauschalierung sowie Besteuerung nach § 22 UStG 1994 nicht unter die Einzelaufzeichnungs-, Belegerteilungs- und Registrierkassenpflicht. Handelt es sich hingegen um be- und/oder verarbeitete Produkte, gilt diese Befreiung nicht, da diesbezüglich der Gewinn durch Teilpauschalierung zu ermitteln ist.

Die Abgrenzungskriterien zwischen Urproduktion und Be- und/oder Verarbeitung sind den Einkommensteuerrichtlinien 2000 Rz 4215 ff zu entnehmen.

5.6.2. Bäuerliche Nachbarschaftshilfe

Die bäuerliche Nachbarschaftshilfe (§ 7 Abs. 4 LuF-PauschVO 2015) unterliegt nicht der Vollpauschalierung nach § 2 der Verordnung über die Aufstellung von Durchschnittssätzen für die Ermittlung der Gewinnes aus Land- und Forstwirtschaft (LuF-PauschVO 2015), da sie nicht im Einheitswert berücksichtigt wird und damit auch nicht vom Grundbetrag erfasst ist.

Die bäuerliche Nachbarschaftshilfe gilt als Nebenerwerb nach § 7 LuF-PauschVO 2015, der nicht vollpauschaliert ist und unterliegt daher bei Zutreffen der Voraussetzungen des § 131 Abs. 1 Z 2 BAO der Registrierkassenpflicht. Auch besteht Einzelaufzeichnungs- und Belegerteilungspflicht für diese Leistungen.

5.6.3. Zimmervermietung durch Land- und Forstwirte

Die Zimmervermietung mit Frühstück im Ausmaß von höchstens zehn Betten stellt land- und forstwirtschaftlichen Nebenerwerb dar, wobei die Betriebsausgaben mit 50% der entsprechenden Betriebseinnahmen (einschließlich Umsatzsteuer) angesetzt werden können (§ 7 Abs. 2 LuF-PauschVO 2015).

Bei Zutreffen der Voraussetzungen des § 131b Abs. 1 Z 2 BAO besteht Einzelaufzeichnungs-, Belegerteilungs- und Registrierkassenpflicht, da es sich um betriebliche Einkünfte handelt.

Liegen hingegen Einkünfte aus Vermietung und Verpachtung vor (zB kurzfristige Appartementvermietung ohne Nebenleistungen, maximal 5 Appartements; siehe EStR 2000 Rz 4193a, 5073, 5074, 5436), besteht nur Einzelaufzeichnungs- und Belegerteilungspflicht, aber keine Registrierkassenpflicht.

5.7. Post

Soweit Gegenleistungen für sonstige Leistungen der Post (zB Porto) bar bezahlt werden, besteht Belegerteilungspflicht und Registrierkassenpflicht. Die Erleichterung für mobile Umsätze kann zur Anwendung kommen (zB Inkasso durch Briefträger) (vgl. Abschnitt 2.4.13. zur Nachnahme). Zu umsatzsteuerbefreiten Umsätzen vgl. Abschnitt 2.3.

5.8. Rechtsanwälte und Notare

Einkünfte von Rechtsanwälten/Notaren fallen unter die betrieblichen Einkunftsarten des § 2 Abs. 3 Z 1 bis 3 EStG 1988 und damit auch unter die gesetzlichen Bestimmungen des § 131b BAO.

Allerdings sind für „Leistungen außerhalb der Betriebsstätte“ (bspw. Vertretung eines Mandanten vor Gericht, Rechtsberatung einer Mandantin in ihrer Betriebsstätte, Testamentsaufnahme beim Klienten) Erleichterungen für die zeitliche Erfassung der Barumsätze vorgesehen. Es ist ein Beleg auszustellen, der ohne unnötigen Aufschub nach Rückkehr in die Betriebsstätte in der Registrierkasse zu erfassen ist. (vgl. Abschnitt 6.7.)

Wenn die von Rechtsanwälten/Notaren erbrachten Leistungen bar bezahlt werden (bspw. Honorar wird bar, mit Bankomat oder Kreditkarte unmittelbar bezahlt) und die Barumsätze übersteigen auch die Umsatzgrenze des § 131b Abs. 1 Z 2 BAO von 7.500 Euro, ist Registrierkassenpflicht gegeben.

Werden die Honorarnoten nicht unmittelbar bar bezahlt, sondern später beispielsweise mit Zahlungsanweisung überwiesen und wird daher die oa. Grenze nicht überschritten, liegen keine Barumsätze und keine Registrierkassenpflicht vor.

Im Hinblick auf die „rechtsanwaltliche/notarielle Verschwiegenheitspflicht“ ist festzuhalten, dass personenbezogene Daten der Mandanten weder auf den Belegen noch in die Registrierkasse (bei Registrierkassenpflicht) aufzunehmen bzw. abzuspeichern sind.

Überdies ist im Beleg der Registrierkasse ein Verweis auf die Honorarnote, das bezughabende Aktenzeichen oder die Gerichtsaktenzahl ausreichend.

5.9. Schischulen und Schilehrer

Ein selbstständiger Schilehrer fällt, wenn er die Umsatzgrenze von 30.000 Euro nicht überschreitet, unter die Erleichterungen für Umsätze im Freien (ehem. „Kalte Händeregelung“, § 2 BarUV 2015).

Er muss daher weder eine Registrierkasse führen noch Einzelbelege erteilen.

Die Umsätze von Schilehrern, die bei Schischulen nichtselbstständig beschäftigt sind, sind Umsätze des Betriebes Schischule. Diese sind, wenn die Schischule die Umsatzgrenze von 30.000 Euro überschreitet, mittels Registrierkasse zu erfassen, und es sind dem § 132a BAO entsprechende Belege auszustellen und dem Kunden zu übergeben.

Die Erleichterung für mobile Umsätze (§ 7 BarUV 2015) kann zur Anwendung kommen (vgl. Abschnitt 6.7.).

5.10. Selbstständiger Handelsvertreter

Der Verkauf erfolgt in fremdem Namen und auf fremde Rechnung. Der Handelsvertreter vermittelt den Leistungsaustausch zwischen Auftraggeber und dem Kunden. Er selbst erbringt keine Lieferung, das von ihm bar kassierte Entgelt (Kaufpreis) stellt für ihn keinen Barumsatz dar.

Erhält er dafür seine Provision vom Auftraggeber in bar, handelt es sich dabei um einen Barumsatz (sonstige Leistung) des Handelsvertreters.

5.11. Tankstellen

Bei einem Eigenhändler bestehen keine Besonderheiten.

Erfolgt der Verkauf des Treibstoffes in fremdem Namen und auf fremde Rechnung [als (auch „selbstständiger") Erfüllungsgehilfe] und wird dies gegenüber dem Leistungsempfänger offengelegt, dann ist dies nach UStR 2000 Rz 1530 auf dem Beleg entsprechend auszuweisen. Ein derartiger Verkauf stellt keinen Barumsatz für diesen Tankstellenbetreiber dar. Dieser Bareingang ist als durchlaufender Posten nicht in der Registrierkasse des Tankstellenbetreibers einzeln zu erfassen. Allerdings wird aus betriebswirtschaftlichen Gesichtspunkten eine Erfassung sinnvoll sein (zu durchlaufenden Posten vgl. Abschnitt 2.4.2.1., zu den Tankautomaten vgl. Abschnitt 6.4.2.).

5.12. Trafikanten

Der Empfang der Barzahlung für eine Vignette und einen Lottoschein sind für die Trafikanten durchlaufende Posten (vgl. Abschnitt 2.4.2.1.). Ein Getränkeumsatz oder Verpackungsmaterialumsatz sowie Zigarettenumsätze, die im eigenen Namen verkauft werden, sind als Barumsätze des Trafikanten in seiner Registrierkasse zu erfassen. Es besteht Belegerteilungspflicht. Wenn der Beleg auch die durchlaufenden Posten aufweist, sind diese in der Registrierkasse als „Null %-Umsatz" zu erfassen.

5.13. Versicherungsunternehmen

Versicherungsunternehmen, die nach gesetzlichen Vorschriften zum Betrieb von Zulassungsstellen berechtigt sind, werden im Rahmen dieser ausgelagerten hoheitlichen Tätigkeit nicht unternehmerisch tätig. Das bedeutet, dass zB die inkassierte KFZ-Zulassungsgebühr als durchlaufender Posten zu betrachten ist (vgl. Abschnitt 2.4.2.1.).

Der für diese Dienstleistung erhaltene Kostenersatz stellt allerdings eine Gegenleistung für die sonstige Leistung dar (unternehmerische Tätigkeit) und ist bei Zutreffen der Barumsatzgrenzen nach § 131b BAO registrierkassenpflichtig.

Auch besteht nach §§ 131, 132a BAO Einzelaufzeichnungs- und Belegerteilungspflicht.

Bei Versicherungsabschluss getätigte Barumsätze unterliegen bei Überschreiten der Barumsatzgrenzen auch der Registrierkassenpflicht.

Ein Vertreter, der als Erfüllungsgehilfe für die jeweilige Versicherung auftritt und zB in der Wohnung des Versicherungsnehmers den Vertragsabschluss tätigt und dort Prämiengelder bar kassiert, kann die Erleichterung für mobile Gruppen in Anspruch nehmen (vgl. Abschnitt 6.7.).

6. Barumsatzverordnung 2015 (BarUV 2015, BGBl. II Nr. 247/2015, in der Fassung BGBl. II Nr. 209/2016)

6.1. Ausnahmen von der Einzelaufzeichnungs-, Registrierkassen- und Belegerteilungspflicht; Zulässigkeit der vereinfachten Losungsermittlung (§ 1 BarUV 2015)

Die vereinfachte Losungsermittlung bzw. Erleichterungen bei der Einzelaufzeichnungs-, Registrierkassen- und Belegerteilungspflicht können nur in den Fällen der §§ 2 bis 4 BarUV 2015 in Anspruch genommen werden, soweit über die Bareingänge keine Einzelaufzeichnungen geführt werden, die eine Losungsermittlung ermöglichen.

Liegen die Voraussetzungen der §§ 2 oder 3 vor, können gemäß § 1 Abs. 2 die gesamten Bareingänge eines Tages durch Rückrechnung aus dem ausgezählten End- und Anfangsbestand ermittelt werden (vereinfachte Losungsermittlung; „Kassasturz"). Aufgrund der als Begünstigung einzustufenden Regelung muss gemäß § 1 Abs. 3 die Ermittlung des Kassenanfangs- und Kassenendbestands sowie der Tageslosung durch Rückrechnung nachvollziehbar und entsprechend dokumentiert werden. Auch hat sie spätestens zu Beginn des nächstfolgenden Arbeitstages und für jede Kassa gesondert zu erfolgen.

Die vereinfachte Losungsermittlung nach § 1 Abs. 1 ist dann ausgeschlossen, soweit über die Bareingänge tatsächlich Einzelaufzeichnungen geführt werden, die eine Losungsermittlung ermöglichen.

Dies entspricht § 131 Abs. 4 BAO, demzufolge Erleichterungen bei der Führung von Büchern und Aufzeichnungen unter anderem nur dann zulässig sind, wenn die Erfüllung der Verpflichtungen unzumutbar wäre.

Wenn die vereinfachte Losungsermittlung gemäß § 1 Abs. 2 BarUV 2015 zulässig ist, besteht als weiterer Begünstigungstatbestand (§ 1 Abs. 4 BarUV 2015) weder Registrierkassenpflicht gemäß § 131b BAO noch Belegerteilungspflicht nach § 132a BAO.

6.1.1. Arten der vereinfachten Losungsermittlung

Bei der vereinfachten Losungsermittlung werden die Betriebseinnahmen nicht einzeln erfasst, sondern durch Rückrechnung aus ausgezähltem End- und Anfangsbestand ermittelt (Ermittlung der Tageslosung durch Rückrechnung; Kassasturz).

End- und Anfangsbestand, alle Barausgänge (etwa Privatentnahmen, Betriebsausgaben, Bankeinzahlungen, sonstige Ausgaben) sowie nicht erfolgswirksamen Bareingänge (etwa Privateinlagen, Bankabhebungen) sind täglich einzeln zu erfassen und aufzuzeichnen.

Anhand der vorliegenden Aufzeichnungen (Kassenbericht bzw. Kassabuch mit Bestandsfeststellung) muss nachvollziehbar die Tageslosung ermittelt werden können.

Die Ermittlung der Tageslosung hat spätestens zu Beginn des nächstfolgenden Arbeitstages zu erfolgen. Wenn Samstag und Sonntag geschlossen sind, ist der nächstfolgende Arbeitstag nach Freitag der Montag, wenn dieser Betrieb am Montag geöffnet hat.

Wenn in einem Betrieb oder wirtschaftlichen Geschäftsbetrieb mehrere Kassen als Abrechnungseinheiten vorliegen, hat die vereinfachte Losungsermittlung für jede Kasse gesondert zu erfolgen.

Hinsichtlich der vereinfachten Losungsermittlung bei Warenausgabe- und Dienstleistungsautomaten wird auf § 4 Abs. 2 BarUV 2015 verwiesen.

6.2. Erleichterungen für Umsätze im Freien, in unmittelbarem Zusammenhang mit Hütten, in Buschenschänken und in kleinen Kantinen (§ 2 BarUV 2015)

6.2.1. Umsätze im Freien

Umsätze im Freien sind Umsätze, die von Haus zu Haus oder auf öffentlichen Wegen, Straßen, Plätzen oder anderen öffentlichen Orten, jedoch nicht in oder in Verbindung mit fest umschlossenen Räumlichkeiten ausgeführt werden.

Dabei kann – soweit keine Einzelaufzeichnungen geführt werden, die eine Losungsermittlung ermöglichen und die Umsatzgrenze von 30.000 Euro für diese Umsätze bzw. diesen Umsatzteil nicht überschritten wurde – die Tageslosung mittels vereinfachter Losungsermittlung (Kassasturz) durchgeführt bzw. aufgezeichnet werden.

Die Möglichkeit zur vereinfachten Losungsermittlung nach § 1 BarUV 2015 richtet sich nur nach den angeführten Kriterien und ist nicht auf bestimmte Branchen oder den Verkauf bestimmter Produkte beschränkt. Die Bestimmungen der BarUV 2015 sind im Sinne des § 131 Abs. 4 BAO – das Vorliegen von Unzumutbarkeit, sofern die ordnungsgemäße Ermittlung der Grundlagen der Abgabenerhebung nicht gefährdet wird – auszulegen.

Wenn für solche Umsätze die Umsatzgrenze (30.000 Euro) und zudem die Barumsatzgrenze von 7.500 Euro betriebsbezogen überschritten werden und daher Registrierkassenpflicht besteht, kann für die Umsätze im Freien noch die Erleichterung für mobile Umsätze (außerhalb der Betriebsstätte) in Anspruch genommen werden (vgl. dazu Abschnitt 6.7.2.).

6.2.1.1. Zumutbarkeit der Führung von Einzelaufzeichnungen

Die Zumutbarkeit, Einzelaufzeichnungen zu führen, liegt insbesondere dann vor, wenn das Inkasso in den Räumlichkeiten erfolgt oder die Ware im Verkaufsfall von/aus den Räumlichkeiten zum Kunden befördert/gereicht wird und damit der Geschäftsvorfall in Verbindung mit einer fest umschlossenen Räumlichkeit ausgeführt wird.

Dies liegt dann vor, wenn dem Unternehmer oder seinem Mitarbeiter (Erfüllungsgehilfen) bei der Ausübung der unternehmerischen Tätigkeit eine fest umschlossene Räumlichkeit, die dem Unternehmer zugeordnet werden kann, zur Verfügung steht. Der Umsatz muss nicht in der Räumlichkeit selbst, sondern kann durchaus auch außerhalb derselben getätigt werden, sofern nur ein örtliches Naheverhältnis zwischen der Umsatzausführung und der Räumlichkeit besteht (zB bei einer Tankstelle mit Tankwarthaus oder in Verbindung mit einer Gemischtwarenhandlung oder einem Gasthaus, bei Verkäufen von vor dem Geschäftslokal ausgestellten Waren, bei Ausschank im Gastgarten eines Restaurants, bei Verkäufen von Holz, das sich auf einem neben dem Sägewerk gelegenen Lagerplatz befindet, bei Verkäufen ab Hof von Obst und Gemüse).

6.2.1.2. Öffentliche Orte

Unter öffentlichen Wegen, Straßen, Plätzen oder anderen öffentlichen Orten sind allgemein zugängliche Wege, Straßen, Plätze oder andere Orte zu verstehen.

Öffentlich zugänglich bedeutet nicht auf einen konkreten Personenkreis oder bestimmte Personen beschränkt (zB Firmenzugehörigkeit und persönliche Einladungen). Beschränkungen in Form von Eintrittsgebühren (zB Strandbad, Tiergarten) schaden nicht, wenn jedermann Zutritt hat.

6.2.1.3. In Verbindung mit fest umschlossenen Räumlichkeiten

Fest umschlossen ist eine Räumlichkeit dann, wenn sie zu keiner Seite hin vollständig offen ist oder die dem Verkauf dienenden offenen Seiten während der Geschäftszeiten schließbar sind bzw. wenn sie an einer oder mehreren Seiten dem Verkauf dienende Öffnungen (Fenster) aufweist.

Nach einer Seite hin vollständig offen ist eine Räumlichkeit dann, wenn sie ab der üblichen Höhe für Verkaufstheken in voller Breite offen ist und während der Geschäftszeiten nicht geschlossen werden kann.

In Betracht kommen jedoch nur solche Räumlichkeiten, in denen ein Aufenthalt für den Unternehmer oder seinen Mitarbeitern während der unternehmerischen Tätigkeit zumutbar ist. Dieses Merkmal würde etwa auf bloße Abstellräume,

Gerätekammern (zB von Friedhofsgärtnern vor Friedhöfen, Maronibrater) und dergleichen nicht zutreffen.

6.2.1.4. Umsätze im Freien in Verbindung mit einer fest umschlossenen Räumlichkeit

Umsätze, die im Freien in Verbindung mit fest umschlossenen Räumlichkeiten getätigt werden (zB in Gastgarten vor dem Gasthaus, Weinausschank im Gastgarten des Weinbaubetriebes), fallen nicht unter die Ausnahmebestimmung des § 2 BarUV 2015. Ein Umsatz wird in Verbindung mit einer fest umschlossenen Räumlichkeit durchgeführt, wenn einerseits das örtliche Naheverhältnis zur fest umschlossenen Räumlichkeit gegeben ist bzw. andererseits auch der einzelne Umsatz in Verbindung mit einer fest umschlossenen Räumlichkeit durchgeführt wird. Wenn daher im Rahmen der Verkaufstätigkeit bei Verkäufen im Freien bei Ausführung des einzelnen Umsatzes (Geschäftsvorfalles) auch Waren aus der fest umschlossenen Räumlichkeit (Gasthaus) zum Kunden gebracht oder das Inkasso im Gasthaus vorgenommen wird, besteht eine Verbindung zur fest umschlossenen Räumlichkeit.

6.2.1.5. Abgrenzung fest umschlossene Räumlichkeit/offene Verkaufsbude

Die Abgrenzung fest umschlossene Räumlichkeit/offene Verkaufsbude ist auch bei Verkaufsfahrzeugen maßgeblich. Wenn daher eine nach einer Seite hin vollständig offene Verkaufsbude Räder hat, fällt sie unter § 2 der BarUV 2015.

Wenn bei einem Verkaufsbus der Verkauf und das Inkasso im Freien vor dem Bus stattfindet, der Bus lediglich als Lagerraum dient und ein Aufenthalt im Bus nicht zumutbar ist, kommt § 2 der BarUV 2015 zur Anwendung.

6.2.1.6. Umsätze im Freien in großen, öffentlich zugänglichen fest umschlossenen Räumlichkeiten

Wenn die Umsätze im Freien in großen, öffentlich zugänglichen, festumschlossenen Räumlichkeiten, wie etwa Einkaufszentren, Markthallen oder großen Bahnhofsgebäuden getätigt werden, in denen beispielsweise eine Vielzahl von Unternehmen Standorte haben und diese nicht dem einzelnen Unternehmer zugeordnet werden können, kann ein Unternehmer, der Umsätze in einer derartigen Räumlichkeit tätigt, die Erleichterungen iSd § 2 Abs. 1 BarUV 2015 in Anspruch nehmen, wenn er seine Tätigkeit nicht in einer eigenen fest umschlossenen Räumlichkeit ausübt (zB Zeitungsverkäufer im Bahnhofsgebäude oder Einkaufszentrum; offenes Schulbuffet im Schulgebäude; offenes Theaterbuffet, wenn die große geschlossene Räumlichkeit (Theater) nicht dem Buffetbetreiber zuordenbar ist, Verpflegungsstand bei Festen in Hallen).

6.2.1.7. Beispiele für Umsätze im Freien

Die Ausnahmebestimmung des § 2 der BarUV 2015 kann beispielsweise in folgenden Fällen zur Anwendung kommen: Bei Kanalreinigung und sonstigen Reinigungsdienstleistungen vor Ort, Schneeräumung, Garten- und Landschaftspflegern, Kehr-, Wasch- und Räumungsdiensten, Abfallsammlern, Entrümplern, Tankreinigern, Fremdenführer, mobile Schausteller, bei Beförderung von Personen mit Fiakern, Motorboot, Gondeln, Zillen oder Pferdeschlitten, bei Leistungen eines Hundetrainers, bei Verkäufen im Freien (etwa von Christbäumen, Kränzen, Blumen, Maroni, Speiseeis, Hendlbrater), bei Verkäufen vom offenen Pritschenwagen (etwa von Obst und Gemüse), bei Verkäufen von im Freien stehenden Verkaufstischen (etwa von Andenken, Neujahrsartikeln), bei Verkäufen aus offenen Verkaufsbuden (Jahrmärkte, Christkindlmarkt), Ausschank unter Schirmen und Zeltdächern im Freien, auch wenn diese mit einer Regenschutzvorrichtung versehen sind (Schneebar, Schirmbar), sofern der Umsatz nicht in Verbindung mit einer fest umschlossenen Räumlichkeit, die dem Unternehmer zugeordnet werden kann, getätigt wird, nicht hingegen aber etwa bei Verkäufen aus einem Kiosk oder Fensterverkauf aus einem Verkaufstand.

6.2.1.8. Ermittlung der Umsatzgrenze für die Registrierkassenpflicht nach § 2 Abs. 2 BarUV 2015

Die Umsatzgrenze nach § 131 Abs. 4 Z 1 lit. a und b BAO von 30.000 Euro (netto, ohne Umsatzsteuer) bezieht sich auf den Jahresumsatz je Kalenderjahr und ist bei den Umsätzen im Freien und bei den Hüttenumsätzen jeweils auf den Teil des Umsatzes beschränkt, der im Freien oder in unmittelbarem Zusammenhang mit Hütten getätigt wird.

Eine gesamtbetriebliche Betrachtung, wie sie bei der allgemeinen Registrierkassenpflicht nach § 131b Abs. 1 Z 2 BAO normiert ist und wie sie in § 2 Abs. 1 der BarUV 2015 in der Fassung BGBl. II Nr. 247/2015 vorgesehen war, erfolgt damit in diesen Fällen nicht mehr.

Die begünstigten Umsätze im Freien und Hütten (§ 131 Abs. 4 Z 1 lit. a und b BAO) sind daher nicht für die Ermittlung der Umsätze des nicht begünstigten Teils des Betriebes einzubeziehen.

Bei den Umsätzen in einem Buschenschank erfolgt die Berechnung der begünstigten Umsätze unter Einbeziehung der gesamtbetrieblichen Umsätze ohne begünstigte Umsätze im Sinn des § 131 Abs. 4 Z 1 lit. a und b BAO. Dies ergibt sich im Regelfall daraus, dass der Buschenschank in steuerlicher Betrachtung kein eigener Betrieb, sondern Teil des Weinbau- oder Obstbaubetriebes sein wird. Der Gesetzgeber hat in § 131 Abs. 4 Z 1 lit. c BAO auf die betriebsbezogene Betrachtung abgestellt, sodass hier die betriebliche Umsatzbetrachtung maßgeblich ist.

Sonderregelung Urprodukteverkauf:

Der Verkauf von Urprodukten im Freien (im Sinne des § 131 Abs. 4 Z 1 lit. a BAO) fällt bei ertragsteuerlicher Vollpauschalierung und Besteuerung nach § 22 UStG 1994 nicht unter die Einzelaufzeichnungs-, Belegerteilungs- und Registrierkassenpflicht und ist auch nicht auf die 30.000 Euro-Grenze für Umsätze im Freien anzurechnen.

Die Umsätze aus dem Verkauf von Urprodukten im Rahmen eines Almausschankes sind jedoch bei der Ermittlung der 30.000 Euro-Grenze einzubeziehen, da im Rahmen der Teilpauschalierung sämtliche Betriebseinnahmen (auch die der Urprodukte) zu erfassen sind (siehe § 7 Abs. 3 LuF-PauschVO 2015).

Die Begünstigung der Hüttenumsätze nach § 131 Abs. 4 Z 1 lit. b BAO steht aber zu.

Für die Berechnung der Umsätze einer von einem gemeinnützigen Verein betriebenen „kleinen Kantine" sind die Kantinenumsätze des abgabepflichtigen Vereins maßgeblich.

Die Umsätze sind in Nettobeträgen heranzuziehen.

Bei der Berechnung der Jahresumsatzgrenze von 15.000 Euro, bei der Barumsatzgrenze von 7.500 Euro nach § 131b Abs. 1 Z 2 BAO sowie bei der Umsatzgrenze von 30.000 Euro nach § 131 Abs. 4 BAO ist immer vom Nettoumsatz auszugehen.

Die Umsatzgrenze des § 131 Abs. 4 BAO knüpft an den Abgabepflichtigen an. Das bedeutet, dass alle begünstigten Umsätze je verwirklichter litera je Abgabepflichtigem zusammengerechnet werden müssen.

Beispiele:

Ein Abgabepflichtiger betreibt 3 Maronistände. Die derart getätigten Umsätze aller drei Maronistände werden zusammengerechnet.

Ein Abgabepflichtiger betreibt eine Hütte und einen Maronistand. Diese Umsätze werden für die Berechnung der Umsatzgrenze nicht zusammengerechnet. Die Hüttenumsätze können daher in einem Kalenderjahr mittels Kassasturz ermittelt werden, wenn diese 30.000 Euro nicht überschreiten. Gleiches gilt für die Umsätze im Freien.

Der Abgabepflichtige hat den Nachweis, dass die Umsatzgrenze von 30.000 Euro nicht überschritten wird, dadurch zu erbringen, dass er im Rahmen der Losungsermittlung die Bareingänge eines Tages durch Kassasturz ermittelt.

Die Ermittlung der Tageslosung durch Kassasturz muss nachvollziehbar und entsprechend dokumentiert werden. Sie hat spätestens am nächstfolgenden Arbeitstag zu erfolgen (vgl. § 1 Abs. 3 BarUV).

6.2.1.9. Beginn der Registrierkassenpflicht bei Umsätzen im Freien, in unmittelbaren Zusammenhang mit Hütten, in Buschenschänken und in kleinen Kantinen

Wenn die Umsatzgrenze nach § 131 Abs. 4 Z 1 BAO in Höhe von 30.000 Euro (netto) sowie 7.500 Euro (netto) Barumsatz (vgl. § 131b Abs. 1 Z 2 BAO) erstmalig überschritten wird, bestehen die Verpflichtungen zur Losungsermittlung mit elektronischem Aufzeichnungssystem gemäß § 131b BAO und zur Belegerteilung gemäß § 132a BAO mit Beginn des viertfolgenden Monats nach Ablauf des Voranmeldungszeitraums, in dem die Umsatzgrenzen überschritten wurden.

6.2.1.10. Ende der Registrierkassenpflicht bei Unterschreitung der Umsatzgrenzen im Fall von § 2 Abs. 3 BarUV 2015

Wird die Umsatzgrenze in einem Folgejahr nicht überschritten und ist aufgrund besonderer Umstände absehbar, dass diese Grenze auch künftig nicht überschritten wird, so fallen die Verpflichtungen zur Losungsermittlung mit elektronischem Aufzeichnungssystem gemäß § 131b BAO und zur Belegerteilung gemäß § 132a BAO, bei Vorliegen der sonstigen Voraussetzungen von § 2 BarUV 2015, mit Beginn des nächstfolgenden Kalenderjahres weg.

6.2.2. Hüttenumsätze

6.2.2.1. Allgemein

Für Umsätze, die in unmittelbarem Zusammenhang mit Hütten, wie insbesondere in Alm-, Berg-, Schi- und Schutzhütten getätigt werden, besteht bis zu einer Umsatzgrenze von 30.000 Euro im Kalenderjahr und pro Abgabepflichtigem weder Registrierkassen- noch Belegerteilungspflicht.

6.2.2.2. Was sind Alm-, Berg-, Schi- und Schutzhütten?

Die alleinige Bezeichnung eines Gebäudes oder einer Gebäudeeinrichtung als Hütte (Alm-, Berg-, Schi- oder Schutzhütte) ist für die begünstigende Behandlung nicht ausreichend.

Nach der Verkehrsauffassung ist eine Hütte ein bautechnisch einfach ausgeführtes Gebäude.

6.2.2.3. Berechnung der Umsatzgrenze für Hüttenumsätze

Zur Berechnung der Umsatzgrenze siehe Abschnitt 6.2.1.8.

Alle Umsätze eines Abgabepflichtigen, die in unmittelbarem Zusammenhang mit Hütten getätigt werden, werden für die Berechnung der Umsatzgrenze von 30.000 Euro zusammengerechnet. Eine Zusammenrechnung mit Umsätzen im Freien erfolgt allerdings nicht.

Beispiele:

Ein Abgabepflichtiger betreibt eine Almhütte und eine Schihütte im Sinne des § 131 Abs. 4 Z 1 lit. b BAO. Die Umsätze dieser beiden Hütten werden für die Berechnung der Umsatzgrenze zusammengerechnet.

Jemand betreibt fünf Hütten. Drei Hütten erfüllen die Tatbestandsmerkmale des § 131 Abs. 4 Z 1 lit. b BAO, zwei Hütten erfüllen diese Voraussetzungen nicht. In diesem Fall sind nur die Umsätze der drei Hütten, die die gesetzlichen Voraussetzungen des § 131 Abs. 4 Z 1 lit. b BAO erfüllen, zusammenzurechnen. Für die anderen beiden Hütten gelten die allgemeinen Bestimmungen des § 131b BAO.

6.2.3. Umsätze von Buschenschänken

6.2.3.1. Buschenschank

Der Gesetzgeber hat sich bei der Definition des Begriffes „Buschenschank" der bereits bestehenden Legaldefinition in der Gewerbeordnung 1994 bedient.

Dieser zufolge ist darunter der buschenschankmäßige Ausschank von Wein und Obstwein, von Trauben- und Obstmost und von Trauben- und Obstsaft sowie von selbstgebrannten geistigen Getränken durch Besitzer von Wein- und Obstgärten, soweit es sich um deren eigene Erzeugnisse handelt, zu verstehen; im Rahmen des Buschenschankes ist auch die Verabreichung von kalten Speisen und der Ausschank von Mineralwasser und kohlensäurehältigen Getränken zulässig, jedoch nur unter der Voraussetzung, dass diese Tätigkeiten dem Herkommen im betreffenden Bundesland in Buschenschänken entsprechen. Die Verabreichung von warmen Speisen auf Grund dieser Ausnahmebestimmung ist nicht zulässig (vgl. § 2 Abs. 1 Z 5 GewO 1994).

Ein Buschenschank fällt zudem nur dann unter die Erleichterungsbestimmung, wenn dieser an nicht mehr als 14 Tagen im Kalenderjahr betrieben wird.

Zur Berechnung der Umsatzgrenze siehe Abschnitt 6.2.1.8.

6.2.4. Umsätze von kleinen Kantinen, die von gemeinnützigen Vereinen betriebenen werden

6.2.4.1. Kleine Kantine

Bei einer Kantine handelt es sich um einen wirtschaftlichen Geschäftsbetrieb. Dieser unterliegt einer gesonderten Begünstigung, wenn er die Voraussetzungen einer „kleinen Kantinen" erfüllt, die in § 2 Abs. 1 BarUV 2015, in der Fassung BGBl. II Nr. 209/2016, gefordert sind.

Eine kleine Kantine ist eine Kantine, die von einem gemeinnützigen Verein an maximal 52 Tagen im Jahr betrieben wird, und deren Umsatz die Umsatzgrenze von 30.000 Euro nicht überschreitet. Liegen diese Voraussetzungen vor, besteht weder Registrierkassen- noch Belegerteilungspflicht.

Zur Definition eines gemeinnützigen Vereins siehe §§ 34 ff BAO sowie Vereinsrichtlinien.

6.2.4.2. Abgrenzung Kantine und Gastronomiebetrieb

Wird eine Kantine an mehr als 52 Tagen betrieben oder mit dieser Umsätze über 30.000 Euro im Kalenderjahr erzielt, ist von einem gastronomischen Betrieb auszugehen, diesem ist bei Überschreiten der Umsatzgrenzen des § 131b Abs. 1 Z 2 BAO die Verwendung einer Registrierkasse sowie die Ausstellung von Belegen zumutbar.

Beispiele:

1. Ein gemeinnütziger Verein betreibt seine Kantine an 56 Tagen im Kalenderjahr und erzielt Umsätze von 20.000 Euro. Die Kantine erfüllt die Voraussetzungen für eine kleine Kantine nicht, es besteht Belegerteilungspflicht und bei Überschreiten der Umsatzgrenzen nach § 131b BAO Registrierkassenpflicht.

2. Ein gemeinnütziger Verein betreibt seine Kantine an 50 Tagen im Kalenderjahr und erzielt Umsätze von 40.000 Euro. Die Kantine erfüllt die Voraussetzungen für eine kleine Kantine nicht und die Begünstigung kann nicht in Anspruch genommen werden. Es besteht Belegerteilungspflicht und bei Überschreiten der Umsatzgrenzen nach § 131b BAO Registrierkassenpflicht.

6.3. Sonderregelung für wirtschaftliche Geschäftsbetriebe

6.3.1. Umsätze unentbehrlicher Hilfsbetriebe (§ 45 Abs. 2 BAO)

Wenn eine Körperschaft gemäß §§ 34 ff BAO abgabenrechtlich begünstigt ist und einen wirtschaftlichen Geschäftsbetrieb unterhält, der die Voraussetzungen des unentbehrlichen Hilfsbetriebes nach § 45 Abs. 2 BAO erfüllt, besteht nach § 3 Abs. 1 und § 1 Abs. 4 BarUV 2015 für die dabei erzielten Umsätze weder Einzelaufzeichnungspflicht nach § 131 Abs. 1 Z 2 BAO, Registrierkassenpflicht nach § 131b BAO noch Belegerteilungsverpflichtung nach § 132a BAO. Daher kann die Losungsermittlung in vereinfachter Form (Kassasturz) vorgenommen werden.

Beispiele:

Eintrittsgelder bei Sportveranstaltungen von Sportvereinen, Theateraufführungen von Theatervereinen, Konzertveranstaltungen von Musik- und Gesangsvereinen, Vortragsveranstaltungen von wissenschaftlichen Vereinen, Einnahmen von Behindertenwohnheimen eines Behindertenverbandes und von gemeinnützigen Krankenanstalten (Heil-und Pflegeanstalten, vgl. § 46 BAO), so Museen eines Kunstförderungs- oder Museumsvereins.

Eine Einzelaufzeichnung macht zwar den Kassasturz unzulässig (§ 1 Abs. 1 BarUV 2015), begründet aber weder Registrierkassen- noch Belegerteilungspflicht nach den §§ 131b und 132a BAO.

6.3.2. Umsätze von wirtschaftlichen Geschäftsbetrieben im Sinn des § 45 Abs. 1a BAO

Bei bestimmten Umsätzen von wirtschaftlichen Geschäftsbetrieben im Sinn des § 45 Abs. 1a BAO von abgabenrechtlich begünstigten Körperschaften kann die vereinfachte Losungsermittlung in Anspruch genommen werden. Es besteht dann weder Einzelaufzeichnungs-, Registrierkassen- noch Belegerteilungspflicht.

Inhaltlich wird auf diesbezügliche Ausführungen in den VereinsR 2001 verwiesen.

6.4. Ausnahmen für Warenausgabe- und Dienstleistungsautomaten (§ 4 BarUV 2015)

6.4.1. „Kleinbetragsautomaten“

Bei Warenausgabe- und Dienstleistungsautomaten, bei denen die Gegenleistung für die jeweiligen Einzelumsätze 20 Euro (brutto) nicht übersteigt und die nach dem 31. Dezember 2015 in Betrieb genommen werden, kann nach § 4 BarUV 2015 eine vereinfachte Losungsermittlung in Anspruch genommen werden.

Für diese Automaten gilt weder eine Registrierkassenpflicht nach § 131b BAO noch eine Belegerteilungspflicht nach § 132a BAO.

Mit dieser Bestimmung wird für bestimmte Waren- und Dienstleistungsautomaten, unter Wahrung des gesetzlichen Auftrages zur Beachtung der Unzumutbarkeit und Nichtgefährdung der Abgabenerhebung, mit der Einziehung einer Einzelhöchstumsatzgrenze von 20 Euro (brutto) eine besondere Losungsermittlung zugelassen und die Registrierkassenpflicht entfällt.

Beispiele für Kleinbetragsautomaten

Als solche Automaten kommen bspw. Tischfussballautomaten (Wuzzler), Musikautomaten (Jukebox), Flipper, Dartautomaten, Personenwaagen, Aussichtsfernrohre, Münzprägeautomaten, Zigarettenautomaten, Kaffeeautomaten, Garderobeautomaten, Imbissautomaten, Milchautomaten, Eier- und Erdäpfelautomaten in Betracht.

6.4.2. Automaten, die den Kleinbetrag überschreiten

Warenausgabe- und Dienstleistungsautomaten, bei denen Einzelumsätze von mehr als 20 Euro (brutto) getätigt werden können und die erst nach dem 31. Dezember 2015 in Betrieb genommen werden, fallen bereits ab dem 1. Jänner 2017 unter die Registrierkassenpflicht nach § 131b BAO und die Belegerteilungspflicht nach § 132a BAO (vgl. § 323 Abs. 45 BAO).

Beispiel:

Tankautomaten.

6.4.3. „Altautomaten“

Alle Warenausgabe- und Dienstleistungsautomaten (auch Fahrausweisautomaten nach § 5 BarUV 2015), die vor dem 1. Jänner 2016 in Betrieb genommen wurden, sind – soweit sie den Anforderungen der §§ 131b und 132a BAO nicht entsprechen – von der Belegerteilungspflicht des § 132a BAO und von der Pflicht zur Verwendung eines elektronischen Aufzeichnungssystems/Registrierkassenpflicht (§ 131b BAO) ausgenommen. Sie sind aufgrund einer 10-jährigen Übergangsfrist bis 1. Jänner 2027 umzustellen (vgl. § 323 Abs. 45 vorletzter Satz BAO), wobei die §§ 4 und 5 BarUV 2015 auch für solche Automaten ab diesem Zeitpunkt gelten.

Die 10-jährige Übergangsfrist gilt nur für solche Automaten, soweit sie nicht (bereits) den Anforderungen der §§ 131b und 132a entsprechen. Daher darf bei solchen Automaten, die zB bereits derzeit Belege (Quittungen, Rechnungen) ausdrucken können (auch wenn sie nicht allen Anforderungen des § 132a Abs. 3 BAO entsprechen), diese Druckmöglichkeit nicht außer Betrieb genommen oder ausgebaut werden.

Ein Nachrüsten solcher Automaten (zB möglicher Belegausdruck) vor dem 1. Jänner 2027 ist jedoch nicht erforderlich. Die Behebung von technischen oder anderen Gebrechen führen nicht zu einem Wegfall der Einstufung als „Altautomat“. Dies trifft beispielsweise auch dann zu, wenn bei einem Parkautomat eine externe Vorrichtung zur Bedienung der Schrankenanlage nach dem 31.12.2015 getauscht werden muss und die Softwarekomponente, die die Aufzeichnung der Geschäftsvorfälle bewerkstelligt, davon nicht betroffen ist. Bis zur gesetzlich geforderten Umstellung bzw. Nachrüstung der „Altautomaten“ kann die vereinfachte Losungsermittlung wie bisher in Anspruch genommen werden.

6.4.4. Neue Automaten

Eine vereinfachte (besondere) Losungsermittlung kann gemäß § 4 Abs. 1 BarUV 2015 in Anspruch genommen werden für Warenausgabe- und Dienstleistungsautomaten,

- die nach dem 31. Dezember 2015 in Betrieb genommen werden,
- wenn die Gegenleistung für die Einzelumsätze 20 Euro nicht übersteigt.

6.4.5. Park-/Garagenautomaten

Park-/Garagenautomaten, bei denen das Inkasso direkt an der Schrankenanlage erfolgt und eine Ausfahrt nur nach Bezahlung möglich ist (zB Parkhaus, Fahrradgarage), sind wie Ticketautomaten (zB in Einkaufszentren), die gegen Bezahlung die Ausgabe des Ausfahrttickets zur Ausfahrt ermöglichen, zu behandeln.

Erfolgt das Inkasso durch einen Erfüllungsgehilfen des Parkhausbetreibers, liegt kein Automatenumsatz vor und besteht Registrierkassenpflicht bei Erfüllung der gesetzlichen Voraussetzungen.

6.4.6. Vereinfachte Losungsermittlung bei Warenausgabe- und Dienstleistungsautomaten

Eine vereinfachte Losungsermittlung kann bei diesen Automaten durch eine zumindest im Abstand von 6 Wochen regelmäßig erfolgende Ermittlung und Aufzeichnung

- der Anzahl der verkauften Waren anlässlich der Nachfüllung durch Bestandsverrechnung (Endbestand minus Anfangsbestand bzw. Nachfüllmenge) oder manuelle oder elektronische Auslesung der Zählwerkstände bei vorhandenen Zählwerken oder
- der erbrachten Dienstleistungen durch manuelle oder elektronische Auslesung der Zählwerkstände bei vorhandenen Zählwerken

durchgeführt werden.

Darüber hinaus sind anlässlich jeder Kassenentleerung, die zumindest einmal monatlich zu erfolgen hat, die vereinnahmten Geldbeträge je Automat zu ermitteln und aufzuzeichnen.

6.4.6.1. Glücksspielautomaten

Gemäß § 31b Abs. 5 GSpG finden die Bestimmungen der §§ 131b und 132a BAO auf Ausspielungen von Konzessionären und Bewilligungsinhabern nach den §§ 5, 14 und 21 GSpG keine Anwendung, da durch bestehende spezielle Aufzeichnungspflichten (elektronische Anbindung an die Bundesrechenzentrum GmbH) eine korrekte Erfassung der Abgabenbemessungsgrundlagen sichergestellt ist. Sie sind daher von der Registrierkassen- und Belegerteilungspflicht gesetzlich ausgenommen.

6.4.6.2. Wettterminals

Wettterminals fallen als Dienstleistungsautomaten unter die Erleichterungen des § 4 BarUV 2015.

6.4.6.3. Selbstbedienungsgeschäfte

Selbstbedienungsgeschäfte sind solche, bei denen die Warenentnahme und Bezahlung ausschließlich bzw. selbständig durch den Kunden erfolgt. Unter Selbstbedienungsumsätzen werden Umsätze verstanden, bei denen der Kunde die Ware selbst entnimmt und anschließend durch Geldeinwurf in eine Kassabox bezahlt.

Diese Umsätze sind (in analoger Anwendung) wie Automatenumsätze zu behandeln.

Aus Vereinfachungsgründen und zur weiteren Gewährleistung dieser Art von Geschäften ist nur eine vereinfachte Losungsermittlung durch Auszählung und Aufzeichnung des Inhaltes der Kassabox durchzuführen.

Beispiele:

- *Selber Blumen pflücken/schneiden*
- *Selber pflücken von Obst (zB Erdbeeren) und Gemüse (zB Kürbisse)*
- *Selbstbedienung gegen Einwurf in eine Box*
- *Selbstbedienung bei der Sonntagszeitung*
- *Präparierte Langlaufloipen*

6.5. Fahrausweisautomaten (§ 5 BarUV 2015)

Keine Registrierkassenpflicht besteht bei Fahrausweisautomaten für Beförderungen im Personenverkehr, wenn die vollständige Erfassung der ausgestellten Fahrausweise gewährleistet ist.

Mit dieser Bestimmung sollen Fahrausweisautomaten für Personentransporte (insbesondere für Eisenbahnen) von der Registrierkassenpflicht ausgenommen werden, da auch bei der Belegerteilungspflicht gemäß § 132a Abs. 7 BAO Sonderregelungen für Berechtigungsausweise, wie Fahrausweise, vorgesehen sind.

Bei Fahrausweisen ist keine zusätzliche Belegausstellung erforderlich, wenn auf dem Fahrausweis die Merkmale des § 132a BAO aufscheinen (§ 132a Abs. 7 BAO).

Für die Umrüstung (vollständige Belegmerkmale) von Fahrausweisautomaten, die vor dem 1. Jänner 2016 in Betrieb genommen wurden, gilt die 10-jährige Übergangsfrist.

Erfolgt der Fahrscheinverkauf durch einen Erfüllungsgehilfen des Unternehmers, kommt diese Erleichterung nicht zur Anwendung.

6.6. Umsätze von Onlineshops (§ 6 BarUV 2015)

Mit dieser Bestimmung sollen auf Basis der Verordnungsermächtigung nach § 131 Abs. 4 Z 4 BAO Unternehmen, die im Inland Online- bzw. Webgeschäfte betreiben und bei denen der verbindliche Vertragsabschluss Online zustande kommt und für die keine Gegenleistung in Form von Bargeldzahlungen entgegengenommen werden, von der Registrierkassenpflicht nach § 131b BAO ausgenommen werden.

§ 6 BarUV 2015 betrifft nur die Pflicht zur Verwendung elektronischer Aufzeichnungssysteme/ Registrierkassenpflicht, nicht jedoch die Einzelaufzeichnungs- (vgl. § 131 Abs. 1 Z 6 BAO) und die Belegerteilungspflicht (§ 132a BAO).

6.6.1. Online-Shop

Unter Online-Shop ist jeder Web-Auftritt zu verstehen, der durch elektronische Datenübertragung eine unmittelbare Geschäftsbeziehung zwischen Leistungserbringer und Leistungsempfänger abwickelt.

Es ist erforderlich, dass ein verbindliches Rechtsgeschäft im Rahmen dieser Online-Plattform abgeschlossen wird. Eine Bestellung allein ist nicht ausreichend. Wird die Bestellung zum Beispiel per Email angenommen, kommt dadurch ein verbindliches Rechtsgeschäft über die Onlineplattform zustande.

Betriebe sind nur hinsichtlich ihrer Umsätze, bei denen keine Gegenleistung durch Bargeld erfolgt und die im Wege einer Online-Plattform abgeschlossen werden, von der Registrierkassenpflicht ausgenommen.

Wird eine Vereinbarung im Wege einer Online-Plattform abgeschlossen und erfolgt die Bezahlung nicht über Online-Banking, sondern wird in der Filiale des Unternehmers mit Bargeld bezahlt, handelt es sich dabei um einen Barumsatz, der in der Registrierkasse zu erfassen ist. Darunter fallen auch außerhalb von Betriebsräumlichkeiten getätigte Bestellungen, die zB per Telefon, Telefax, Katalog oder Postkarte (Fernabsatzgeschäfte) bei einem Unternehmen einlangen, welche dieser unmittelbar nach Erhalt in das System der Webplattform eingibt.

Nicht als Onlineshop gelten Terminals („virtueller Verkäufer"), die im Geschäftslokal/Betriebsstätte des Unternehmers zum Geschäftsabschluss aufgestellt werden und von den Kunden benutzt werden (zB Bestellterminal in Fastfood-Ketten).

Erfolgt der Geschäftsabschluss über die Onlineplattform durch einen beauftragten, selbständigen

Dritten (zB Callcenter), fällt dieser Umsatz unter die Begünstigung des § 6 BarUV 2015.

Wenn im Rahmen eines Betriebes ein Unternehmer sowohl ein Verkaufslokal als auch einen Onlineshop betreibt, fallen die Umsätze des Onlineshops unter die Regelung des § 6 BarUV 2015. Für die anderen Umsätze des Betriebes gelten die allgemeinen Bestimmungen über die Aufzeichnungs-, Registrierkassen- und Belegerteilungspflicht.

Für die Berechnung der Jahresumsatzgrenze von 15.000 Euro zur Registrierkassenpflicht gelten die gesamten Umsätze des Betriebes. In die Barumsatzgrenze von 7.500 Euro werden in teleologischer Interpretation die Umsätze des Onlineshops nicht einbezogen. Diese Auslegung berücksichtigt den Umstand, dass nur in § 131 Abs. 4 Z 4 BAO die Unterscheidung zwischen Barumsätzen und Bargeldumsätzen getroffen worden ist.

Beispiel

Die Barumsätze des Onlineshops betragen 8.000 Euro und die Gesamtumsätze im Geschäftslokal betragen 10.000 Euro, davon Barumsätze in Höhe von 6.000 Euro. Es besteht keine Registrierkassenpflicht, weil zwar die Gesamtumsatzgrenze in Höhe von 15.000 Euro überschritten wurde, allerdings nicht die Barumsatzgrenze von 7.500 Euro.

6.7. Leistung außerhalb der Betriebsstätte (Umsätze „mobiler Gruppen“, § 7 BarUV 2015)

Die nachträgliche Erfassung der einzelnen Umsätze, die außerhalb der Betriebsstätte – etwa beim Kunden – erbracht werden, mit elektronischer Registrierkasse soll – unabhängig von einer bestehenden „händischen Belegerteilungspflicht“ vor Ort – ohne unnötigen Aufschub bei Rückkehr in die Betriebsstätte ermöglicht werden.

Zur Nachvollziehbarkeit des einzelnen Geschäftsvorfalls ist eine Durchschrift des händischen Belegs aufzubewahren und ein Zusammenhang zum nacherfassten Barumsatz herzustellen. In diesem Fall ist ein Ausdruck des Belegs aus der Registrierkasse nicht erforderlich.

Die Verwendung von Geräten zur mobilen Datenerfassung (MDE) für die Erstellung händischer Belege für mobile Umsätze ist dann möglich, wenn die Vollständigkeit und Richtigkeit der Erfassung und bei der Übertragung der Daten in die Registrierkasse sichergestellt werden kann. Für die Erstellung der händischen Belege können auch Registrierkassen ohne Sicherheitseinrichtung verwendet werden.

6.7.1. Vornahme der Nacherfassung mehrerer Einzelumsätze

Eine nachträgliche Erfassung der einzelnen Barzahlungen mittels Sammelrechnung ist nicht zulässig, da die gesetzliche Erleichterung sich auf die zeitliche Erfassung der Einzelumsätze bezieht. Darüber hinaus muss über jede Barzahlung ein Beleg ausgestellt und diese auch einzeln in die Registrierkasse eingegeben werden, um eine Nachprüfbarkeit zu gewährleisten. Jedoch ist es zulässig, auf eine Paragondurchschrift bzw. -nummer zu verweisen, die Beleginhalte müssen nicht einzeln eingegeben werden.

Der Rechnungskreis des Paragons kann von der Nummerierung in der Registrierkasse abweichen, es muss aber sichergestellt sein, dass aus der Zusammenschau des Paragons und der Eintragung in der Registrierkasse sich eindeutig ergibt, um welchen Umsatz es sich handelt. Der Betrag der Einzelrechnung ist grundsätzlich einzeln einzugeben.

Eine Nacherfassung in der Form, dass ganze Tagessummen nachgetragen werden können, ist nicht zulässig (siehe jedoch die folgende Vereinfachung).

6.7.1.1. Vereinfachung bei der Nacherfassung

Werden im Rahmen einer betrieblichen Tätigkeit gleich hohe Einzelumsätze getätigt, können diese zusammengerechnet und jeweils in einem Betrag in der Registrierkasse erfasst werden, sofern deren vollständige Erfassung gewährleistet wird, zB durch Durchnummerierung der ausgestellten Belege.

Dies gilt auch, wenn mehrere Umsätze zu gleichen Entgelten erfolgen (zB Berechtigungsausweise für Senioren, Studenten, Kinder oder Berechtigungsausweise für Einzelfahrten oder Mehrfachfahrten bzw. Gruppenfahrten).

Beispiele:

Karussell, Fahrumsätze auf Jahrmärkten, Messen und Fremdenführer.

Diese Erleichterung der Nacherfassung kann auch von Unternehmern, die mit ihren mobilen Tätigkeiten ein Produktsortiment von nicht mehr als 20 gleichpreisigen Waren/Gegenständen im Angebot haben, in Anspruch genommen werden. So können zB verschiedene alkoholfreie Getränke mit einem einheitlichen Einzelpreis als gleichpreisige Ware behandelt werden.

Beispiele:

Umsätze, die von Gaifahrern ausgeführt werden; Umsätze, die im Rahmen von Veranstaltungen wie Musik-Festival, Fußballstadion, Formel 1 Veranstaltung über einen „Bauchladen“ verkauft werden

6.7.1.2. Vereinfachung bei der Belegerteilung

Mobil getätigte Umsätze können vorab in der Registrierkasse erfasst und die Belege gleichzeitig mittels Registrierkasse ausgestellt werden. Bei Ausfolgung der Ware außerhalb der Betriebsstätte wird dem Kunden der bereits ausgestellte Beleg anlässlich der Barzahlung erteilt. Erfolgt kein Verkauf dieser Produkte, können diese ausgestellten Belege bei Rückkehr in die Betriebsstätte in der Registrierkasse storniert werden.

Beispiele:

Lieferung bereits bestellter Waren (zB Pizzaverkäufer), offenes Schulbuffet in großer, geschlossener Räumlichkeit.

6.7.2. Außerhalb der Betriebsstätte (mobile Umsätze, § 7 Abs. 1 BarUV 2015)

Unter Betriebsstätte iSd § 131b Abs. 5 Z 2 BAO ist grundsätzlich jede feste örtliche Anlage/Einrichtung bzw. auch eine fest umschlossene Einheit (Räumlichkeit), die der Ausübung eines Betriebes oder wirtschaftlichen Geschäftsbetriebes dient, zu verstehen.

Wenn es sich um eine feste örtliche Anlage/Einrichtung handelt, muss sie dauerhaft an einem bestimmten Ort bestehen und die betriebliche Tätigkeit muss dort mit einer gewissen Regelmäßigkeit dauerhaft ausgeübt werden.

Eine nur kurzfristige Nutzung einer Räumlichkeit, etwa der Räumlichkeit eines Kunden, wo die Leistung erbracht wird, führt mangels Dauerhaftigkeit nicht zu einer Betriebsstätte (zB Messestand).

Unter fest umschlossenen Räumlichkeiten sind in teleologischer Interpretation nicht nur Räume im eigentlichen Sinn (zB Geschäftslokale, Werkstätten, Lagerhallen), die dem Unternehmer zugeordnet werden können, zu verstehen.

Auch mobile Schausteller können der mobilen Gruppe zugeordnet werden, wenn sie umherziehen und nicht dauerhaft bzw. mit einer Regelmäßigkeit an einem bestimmten Ort ihre Tätigkeit ausüben und aufgrund deren Tätigkeit und der dabei verwendeten Ausstattung zur Ausübung der Tätigkeit die Mitnahme der elektronischen Registrierkasse nicht zumutbar ist.

Die Nacherfassung der Belege kann, wenn etwa nur mobile Leistungen erbracht werden und keine Betriebstätte vorliegt, auch am Wohnort (Wohnung) des Unternehmers erfolgen.

Die tatsächliche Beurteilung, ob nun eine Betriebsstätte vorliegt oder nicht, lässt sich nur anhand des konkreten Sachverhaltes des Einzelfalles vornehmen.

Außerhalb der Betriebsstätte bedeutet nicht zwangsweise/gleichzeitig im Freien. Damit ist vielmehr gemeint, dass jemand seine Leistung außerhalb seiner Betriebsstätte erbringt, zB die Tierärztin, die ein krankes Tier im Stall des Eigentümers des Tieres behandelt, oder der Friseur, der zur Kundin nach Hause kommt.

Ein Unternehmer kann mehrere Betriebsstätten haben.

Beispiel:

Ein Physiotherapeut ist jeden Montag und Dienstag in seiner Betriebsstätte in Wien und jeden Donnerstag und Freitag in seiner Betriebsstätte in Linz.

Da es sich um zwei Betriebsstätten handelt, sind seine Umsätze an der jeweils anderen Betriebsstätte keine mobilen Umsätze. Der Physiotherapeut kann daher diese Umsätze in der einen Betriebsstätte nicht nacherfassen, sondern muss sie in der Betriebsstätte, in der er den Barumsatz tätigt, in der Registrierkasse erfassen.

6.7.3. Taxi- und Mietwagenumsätze (§ 7 Abs. 2 BarUV 2015)

Umsätze für Personenbeförderungen, die in Personenkraftwagen im Sinn des § 2 Abs. 1 Z 5 Kraftfahrgesetz 1967 (KFG), BGBl. I Nr. 267/1967, in der Fassung BGBl. I Nr. 40/2016 oder in Kombinationskraftwagen im Sinn des § 2 Abs. 1 Z 6 KFG 1967 ausgeführt werden, die zu jedermanns Gebrauch an öffentlichen Orten bereitgehalten oder durch Zuhilfenahme von Fernmeldeeinrichtungen angefordert werden (mit Kraftfahrzeugen betriebenes Platzfuhrwerks-Gewerbe (Taxi-Gewerbe)) sowie für die Beförderung eines geschlossenen Teilnehmerkreises in Personenkraftwagen im Sinn des § 2 Abs. 1 Z 5 KFG 1967 oder in Kombinationskraftwagen im Sinn des § 2 Abs. 1 Z 6 KFG 1967 unter Beistellung des Lenkers auf Grund besonderer Aufträge (Mietwagen-Gewerbe), können die Erleichterung für mobile Umsätze nicht in Anspruch nehmen.

Die Möglichkeit der zeitlichen Nacherfassung soll nur dann zur Anwendung kommen, wenn die unmittelbare Eingabe in eine Registrierkasse nicht zumutbar ist. In derartigen Fahrzeugen erscheint die Verwendung einer Registrierkasse allerdings zumutbar. Dies wird in der Barumsatzverordnung nunmehr normativ zum Ausdruck gebracht.

Diese Umsätze sind daher keine Umsätze im Freien, da der Leistungsaustausch in einem motorisierten, geschlossenen Fahrzeug stattfindet.

Der Fiaker kann aber weiterhin von der Erleichterung für Umsätze im Freien Gebrauch machen, da er nicht motorisiert ist.

6.7.4. Anwendungsbereich

Unternehmer, die ihre Lieferungen und sonstigen Leistungen außerhalb einer Betriebsstätte erbringen und nach § 131b BAO zur Führung von Registrierkassen verpflichtet sind, müssen diese Umsätze nach § 131 Abs. 5 Z 2 BAO nicht sofort, sondern dürfen diese nach Rückkehr in die Betriebsstätte ohne unnötigen Aufschub in der Registrierkasse erfassen, wenn sie bei Barzahlung dem Leistungsempfänger einen Beleg iSd § 132a Abs. 3 BAO ausfolgen und hievon eine Durchschrift aufbewahren.

Ohne unnötigen Aufschub ist einzelfallbezogen bzw. branchenbedingt zu beurteilen.

Wenn zB Landwirte ihre Produkte in einem gemeinschaftlich genutzten Bauernladen über einen Erfüllungsgehilfen verkaufen und dieser den Landwirten nur einmal wöchentlich die Belegdurchschriften zur Nacherfassung überbringt, ist die Wochenfrist ausreichend.

6.7.5. Beispiele für mobile Umsätze

Soweit die Voraussetzungen für die Umsätze im Freien nicht zutreffen, bzw. die betriebliche Umsatzgrenze überschritten wird, kann die Erleichterung für mobile Umsätze (außerhalb der Betriebsstätte) in Anspruch genommen werden.

Für eine solche Erleichterung kommen bei Vorliegen der obigen Voraussetzungen beispielsweise in Betracht: Umsätze von Friseuren, Masseuren, Hebammen, Babysittern, Schneidern, Ärzten, Tierärzten, Reiseleitern, Fremdenführern, Installateuren, Gaifahrern, Schilehrern, Hundesittern, Schädlingsbekämpfern, Rauchfangkehrern, Fotografen, Personal Trainern, Hundetrainern, Transporteuren, Altwarenhändlern, Fahrradkurieren, sowie Ticketverkäufe durch Buslenker/Zugpersonal, mobile Speise- und Getränkeverkäufe in Zügen, daher nicht direkt im Speisewagen, Verkäufe auf einem Bauernmarkt und Pyrotechnikstand, Verkäufe aus einem „Bauchladen", Provisionsentgegennahme durch den Immobilienmakler, Heizöllieferung an den Kunden, Messeverkäufe, Lieferservice bei Gastronomie sowie Verkauf von Büchern (im Rahmen von Buchausstellungen, Autorenlesungen, Vorträgen und sonstigen schulischen Veranstaltungen). Diese Erleichterung besteht ungeachtet einer bestehenden Belegerteilungsverpflichtung.

Grundsätzlich können alle Umsätze im Freien (vgl. Abschnitt 6.2.1.) in die Begünstigung für mobile Gruppen fallen.

7. Sanktionen

7.1. Manipulation von Aufzeichnungssystemen

Wer vorsätzlich abgaben- oder monopolrechtlich zu führende Bücher, Aufzeichnungen oder Aufzeichnungssysteme, die automationsunterstützt geführt werden, durch Gestaltung oder Einsatz eines Programms, mit dessen Hilfe Daten verändert, gelöscht oder unterdrückt werden können, verfälscht, begeht, sofern nicht eine Abgabenverkürzung vorliegt, eine Finanzordnungswidrigkeit nach § 51a FinStrG, die mit Geldstrafe bis 25.000 Euro geahndet werden kann.

Der Gesetzgeber erklärt hier eine auf eine Hinterziehung von Abgaben ausgerichtete Vorbereitungshandlung schon für strafbar, ohne, dass ein strafbarer Versuch der Hinterziehung bereits verwirklicht worden ist. Derart fällt ein ohne diese kriminelle Intention durchgeführtes Software-Update mangels Manipulationsvorsatz nicht unter diese Strafbestimmung.

7.2. Verstoß gegen Registrierkassenpflicht

Die Nichtbeachtung der Registrierkassenpflicht ist, wenn kein Verkürzungstatbestand vorliegt, als Finanzordnungswidrigkeit strafbar (§ 51 Abs. 1 lit. c FinStrG; bis 5.000 Euro Strafe).

Die Nichtverwendung der zur Manipulationssicherheit dienenden Sicherheitseinrichtung (§ 131b Abs. 2 BAO) bzw. die Nichtbeachtung des § 131b Abs. 4 BAO für geschlossene Gesamtsysteme, führt außerdem zum Verlust der Vermutung der sachlichen Richtigkeit der geführten Bücher und Aufzeichnungen nach § 163 BAO und hat in den meisten Fällen eine Schätzung (§ 184 BAO) der Besteuerungsgrundlagen durch die Abgabenbehörde zur Folge.

7.3. Verstoß gegen Belegerteilungspflicht

Eine Verletzung der Belegausstellungspflicht nach § 132a BAO ist als Finanzordnungswidrigkeit nach § 51 Abs. 1 lit. d FinStrG mit Geldstrafe bis zu 5.000 Euro zu ahnden.

7.4. Verstoß gegen Belegentgegennahme und -mitnahmepflicht

Für den Belegempfänger, meist den Kunden, hat ein Verstoß gegen die Belegentgegen- und Belegmitnahmepflicht keine (finanz-)strafrechtlichen Konsequenzen.

Allerdings besteht im Rahmen einer durchgeführten Kontrolle eine Mitwirkungspflicht des Leistungsempfängers, deren Nichterfüllung eine Finanzordnungswidrigkeit iSd § 51 Abs. 1 lit. e FinStrG darstellen kann.

Beispiel:

Verweigerung der Auskunft darüber, ob ein Beleg ausgestellt wurde.

12/5. Verspätungszuschlag und Zinsen

12/5/1.

AÖF 2006/128

Erlass zum Verspätungszuschlag (§ 135 BAO)

(Erlass des BMF vom 10. April 2006, BMF-010103/0030-VI/2006)

Voraussetzungen für die Festsetzung von Verspätungszuschlägen, Kriterien für die Ermessensübung, Rechtsschutz

1. Voraussetzungen für die Festsetzung von Verspätungszuschlägen

Gemäß § 135 Abs. 1 BAO kann die Abgabenbehörde Abgabepflichtigen, die die Frist zur Einreichung einer Abgabenerklärung nicht wahren, einen Verspätungszuschlag bis zu 10% der festgesetzten bzw. selbstberechneten Abgabe auferlegen, wenn die Verspätung nicht entschuldbar war.

Voraussetzungen für die Festsetzung eines Verspätungszuschlages sind:

- Ein Abgabepflichtiger (§ 77 BAO) hält die Frist oder die Nachfrist (§ 134 Abs. 2 BAO) zur Einreichung einer Abgabenerklärung nicht ein.
- Diese Verspätung ist nicht entschuldbar.
- Eine Abgabe wurde festgesetzt bzw. selbst berechnet.

Nach § 77 Abs. 1 BAO ist Abgabepflichtiger, wer nach den Abgabenvorschriften als Abgabenschuldner in Betracht kommt. Auch Abfuhrpflichtige (zB Versicherer nach § 7 Abs. 1 VersStG) sind Abgabepflichtige im Sinne des § 77 Abs. 1 BAO.

Als Verspätung gilt auch die Nichtabgabe der Abgabenerklärung.

Eine Mahnung (Erinnerung) des Abgabepflichtigen, eine Abgabenerklärung abzugeben, ist für die Verhängung eines Verspätungszuschlages nicht notwendig (VwGH 10.1.1958, 2296/56).

Eine Verspätung ist dann entschuldbar, wenn der Abgabepflichtige die Versäumung der Frist zur Einreichung der Abgabenerklärung weder vorsätzlich noch fahrlässig herbeigeführt hat. Unter Fahrlässigkeit ist hier auch leichte Fahrlässigkeit zu verstehen (zB VwGH 19.1.2005, 2001/13/0133).

Eine Verspätung ist nicht entschuldbar, wenn der Abgabepflichtige oder sein Vertreter die nach seinen persönlichen Verhältnissen zumutbare Sorgfalt außer Acht gelassen hat.

Erlassmäßige Zufristungen durch das Bundesministerium für Finanzen sind zwar für die Frage der objektiven Verspätung ohne Einfluss (VwGH 12.2.1975, 1930/74; VwGH 25.1.1980, 3411/79), doch kann einem Abgabepflichtigen, der zutreffend der erlassmäßigen Zufristung vertraut, kein Verschulden an einer derartigen Fristversäumnis angelastet werden (VwGH 25.1.1980, 3411/79).

2. Abgabenerklärungen

Abgabenerklärungen sind beispielsweise in folgenden Abgabenvorschriften vorgesehen:

- § 42 EStG 1988,
- § 21 Abs. 1 UStG 1994 (Umsatzsteuervoranmeldungen),
- § 21 Abs. 4 UStG 1994,
- § 25a Abs. 4 UStG 1994,
- Art. 21 Abs. 2 UStG 1994,
- §§ 10 und 13 GrEStG 1987,
- § 10 Abs. 1 KVStG,
- § 8 Abs. 2 und 3 VersStG,
- § 6 Abs. 2 FeuerschutzStG,
- § 6 Abs. 4 KfzStG 1992,
- § 5 Abs. 4 ElektrizitätsAbgG,
- § 6 Abs. 4 ErdgasAbgG,
- § 6 Abs. 4 KohleAbgG,
- § 11 NoVAG,
- § 4 Abs. 3 WerbeAbgG.

Keine Abgabenerklärungen (im Sinne des § 135 BAO) sind beispielsweise:

- Anzeigen gemäß den §§ 15, 120 und 139 BAO,
- Anzeigen gemäß § 31 GebG,
- Anzeigen gemäß § 43 UmgrStG,
- Anzeigen gemäß § 6 Abs. 1 KfzStG 1992,
- Anmeldungen gemäß § 80 EStG 1988 (Lohnsteueranmeldungen),
- Anmeldungen gemäß § 96 Abs. 3 EStG 1988 (Kapitalertragsteuer),
- Anmeldungen gemäß § 22 ErbStG,
- Mitteilungen gemäß § 101 Abs. 3 EStG 1988.

Ob ein Anbringen als Abgabenerklärung im Sinne des § 135 BAO zu werten ist, richtet sich nach seinem Inhalt.

Zur Wahrung der Erklärungspflicht nicht ausreichend ist beispielsweise, wenn ein unterschriebenes Einkommensteuerformular ohne Angaben über Art und Höhe der Einkünfte eingereicht wird (zB VwGH 25.4.2002, 2000/15/0032).

Abgabenerklärungen liegen auch vor, wenn sie entgegen § 133 Abs. 2 BAO nicht unter Verwendung amtlicher Vordrucke eingereicht wurden (vgl. zB VwGH 27.10.1988, 87/16/0161; VwGH 22.10.1992, 92/16/0014). Dies gilt gleichermaßen, wenn sie unter Verletzung der Pflicht zur elektronischen Einreichung (zB § 42 Abs. 1 EStG 1988, § 21 Abs. 1 und 4 UStG 1994) nicht elektronisch, sondern auf Papier eingereicht wurden.

Die Verletzung der sich etwa aus § 42 Abs. 1 EStG 1988, § 21 Abs. 1 und 4 UStG 1994, § 24 Abs. 3 Z 1 KStG 1988 ergebenden Pflichten zur Verwendung amtlicher Vordrucke bzw. zur elektronischen Übermittlung ist somit nicht mit Verspätungszuschlag sanktionierbar. Sie stellt weiters keine Verletzung abgabenrechtlicher Offenlegungs- und Wahrheitspflichten (§ 119 BAO) dar.

Weiters darf ein Verspätungszuschlag nicht deshalb festgesetzt werden, weil gesetzlich geforderte Beilagen (vgl. zB § 44 EStG 1988) verspätet nachgereicht werden.

3. Fristen zur Einreichung von Abgabenerklärungen

Fristen zur Einreichung von Abgabenerklärungen sind beispielsweise geregelt in:

- § 134 Abs. 1 BAO (bezüglich Einkommensteuer, Körperschaftsteuer und Umsatzsteuer),
- § 21 Abs. 1 UStG 1994 (Umsatzsteuervoranmeldungen),
- §§ 10 Abs. 1 und 13 Abs. 1 GrEStG 1987,
- § 8 Abs. 2 VersStG,
- § 6 Abs. 4 KohleAbgG,
- § 11 Abs. 1 NoVAG,
- § 23 KinderbetreuungsgeldG.

Nach § 134 Abs. 2 BAO kann die Abgabenbehörde im Einzelfall auf begründeten Antrag die in Abgabenvorschriften bestimmte Frist zur Einreichung einer Abgabenerklärung verlängern. Wird einem Antrag auf Verlängerung der Frist zur Einreichung der Abgabenerklärung nicht stattgegeben, so ist für die Einreichung der Abgabenerklärung eine Nachfrist von mindestens einer Woche zu setzen.

Die Verlängerung der Frist zur Einreichung von Abgabenerklärungen setzt einen vor deren Ablauf gestellten Antrag voraus (VwGH 25.2.2003, 99/14/0341).

Die Nachfrist ist dem § 110 Abs. 2 BAO zufolge verlängerbar. Die Einhaltung der Nachfrist schließt einen Verspätungszuschlag aus. Dies gilt auch für den Fall, dass die bescheidmäßige Bewilligung bzw. Verlängerung der Nachfrist rechtswidrig ist (vgl. VwGH 8.4.1992, 91/13/0116).

Die Regelung des § 134 Abs. 2 BAO über die Verlängerbarkeit von Erklärungsfristen und über die Nachfristsetzung gilt nicht nur für die in § 134 Abs. 1 BAO genannten Fristen, sondern etwa auch für die in § 21 Abs. 1 UStG 1994 oder in § 10 Abs. 1 GrEStG 1987 geregelten Fristen.

§ 108 Abs. 4 BAO (Nichteinrechnung der Tage des Postenlaufes) gilt auch für die Abgabenerklärungsfristen. Die Postaufgabe am letzten Tag der Frist reicht daher zur Fristwahrung, sofern das Anbringen an die zuständige Behörde mit zutreffender Adresse gerichtet ist (zB VwGH 22.3.1995, 94/12/0313) und sofern es tatsächlich dort einlangt (zB VwGH 20.2.2004, 2003/18/0034).

Wird eine Erklärungsfrist ohne grobes Verschulden versäumt, so kommt nach Maßgabe des § 308 BAO eine Wiedereinsetzung in den vorigen Stand in Betracht.

4. Kriterien für die Ermessensübung

Liegen alle tatbestandsmäßigen Voraussetzungen des § 135 BAO vor, so kann die Abgabenbehörde einen Verspätungszuschlag bis zur Höhe von 10% der festgesetzten bzw. selbst berechneten Abgabe festsetzen.

Ob und wie hoch ein Verspätungszuschlag festgesetzt wird, liegt im Ermessen der Abgabenbehörde (vgl. zB VwGH 12.8.2002, 98/17/0292).

Das durch § 135 BAO eingeräumte Ermessen ist gemäß § 20 BAO nach Billigkeit und Zweckmäßigkeit unter Berücksichtigung aller in Betracht kommenden Umstände auszuüben.

Hiebei sind unter anderem folgende Umstände zu berücksichtigen:

a) Der Grad des Verschuldens des Abgabepflichtigen (VwGH 24.2.1972, 1157/70, 1179/70), wobei ein Verschulden des Vertreters den Vertretenen trifft (zB VwGH 12.8.2002, 98/17/0292),
b) das Ausmaß der Fristüberschreitung (zB VwGH 9.11.2004, 99/15/0008), wobei im Fall einer Fristüberschreitung nicht zuletzt auch der zeitliche Abstand zum jeweiligen gesetzlichen Termin für die Einreichung der Abgabenerklärung berücksichtigt werden könnte,
c) die Höhe des durch die verspätete Einreichung der Erklärung erreichten finanziellen Vorteiles (zB VwGH 9.11.2004, 99/15/0008),
d) der Umstand, ob der Abgabepflichtige nur ausnahmsweise oder bereits wiederholt säumig war (zB VwGH 17.5.1999, 98/17/0265),
e) die Neigung des Abgabepflichtigen zur Missachtung abgabenrechtlicher Pflichten (VwGH 21.1.1998, 96/16/0126),
f) die persönlichen, insbesondere die wirtschaftlichen Verhältnisse des Abgabepflichtigen.

Zu lit. c sei ergänzt, dass danach etwa zu berücksichtigen sein wird, ob zB ein Abgabepflichtiger eine Umsatzsteuervoranmeldung zwar verspätet einreicht, jedoch die Vorauszahlung zeitgerecht entrichtet; diesfalls erscheint in der Regel ein Verspätungszuschlag von höchstens 1% angemessen.

Würde ausschließlich eines der genannten Kriterien berücksichtigt (etwa nur die Zeitdauer der Verspätung), so wäre das im § 135 BAO eingeräumte Ermessen nicht dem Gesetz entsprechend ausgeübt.

5. Errechnung der Höhe des Verspätungszuschlages

Die Bemessungsgrundlage für den Verspätungszuschlag ist der bescheidmäßig festgesetzte bzw. der selbst berechnete Abgabenbetrag.

Zur Berücksichtigung des durch die verspätete Einreichung einer Abgabenerklärung erreichten finanziellen Vorteiles könnte (bei der Ermessensübung) folgende Berechnungsmethode bei der Wahl des Prozentsatzes herangezogen werden:

Zunächst wird unter Berücksichtigung aller anderen für die Ermessensübung maßgeblichen Umstände das Ausmaß (der Prozentsatz) gewählt. Sodann wird die Höhe des Verspätungszuschlages errechnet, die sich ergeben würde, wenn er lediglich von der Differenz zwischen den Vorauszahlungen und der Abgabenschuldigkeit laut Veranlagungsbescheid zu berechnen wäre. Danach wird errechnet, welcher Prozentsatz des die Bemessungsgrundlage bildenden Abgabenbetrages der vorgenannten Verspätungszuschlagshöhe entspricht. Mit diesem Prozentsatz ist (nach allfälliger Auf- oder Abrundung) der Verspätungszuschlag bescheidmäßig festzusetzen, wobei in der Regel eine Mindesthöhe von 0,1% als angemessen angesehen werden kann.

Beispiel:

Vorauszahlungen 6 000 Euro, Abgabenschuld laut Veranlagungsbescheid 10 000 Euro (Nachforderung daher 4 000 Euro). Wegen verspäteter Einreichung der Abgabenerklärung wäre bei pflichtgemäßer Ermessensübung der Verspätungszuschlag in Höhe von 5% festzusetzen. 5% des Nachforderungsbetrages (4 000 Euro) sind 200 Euro. Da dieser Betrag 2% von 10 000 Euro entspricht, wäre im Bescheid der Verspätungszuschlag mit 2% festzusetzen.

Verspätungszuschläge, die den Betrag von 50 Euro nicht erreichen, sind nicht festzusetzen (§ 135 letzter Satz BAO). Die 50 Euro-Grenze gilt auch für die Abänderung von Verspätungszuschlagsbescheiden (zB gemäß § 276 Abs. 1 BAO, § 293 BAO, § 295 Abs. 3 BAO).

Beispiel:

Verspätungszuschlag wird in Höhe von 3% von 5 000 Euro (somit 150 Euro) festgesetzt. Diese Bemessungsgrundlage wird mit Berufungsvorentscheidung auf 1 000 Euro vermindert. 3% von 1 000 Euro sind 30 Euro. Daher ist der Verspätungszuschlagsbescheid gemäß § 295 Abs. 3 BAO (ersatzlos) aufzuheben.

6. Begründung (§ 93 Abs. 3 lit. a BAO)

Die Begründung des Verspätungszuschlagsbescheides hat das Vorliegen der Voraussetzungen für die Festsetzung darzulegen. Auch das Vorliegen des Verschuldens ist nachvollziehbar zu begründen (VwGH 22.5.2002, 2002/15/0041).

In keinem Fall genügt beispielsweise die bloße Behauptung, eine Umsatzsteuervoranmeldung sei nicht bzw. verspätet eingereicht worden.

Die Begründung hat weiters die für die Ermessensübung maßgebenden Umstände und Erwägungen zu enthalten (vgl. zB VwGH 17.10.2002, 2000/17/0099; VwGH 24.3.2004, 2001/14/0083).

7. Anpassung des Verspätungszuschlages an Änderungen seiner Bemessungsgrundlage

Wird die Bemessungsgrundlage des Verspätungszuschlages nachträglich abgeändert, so ist ein gemäß § 295 Abs. 3 BAO geänderter Verspätungszuschlagsbescheid zu erlassen (vgl. VwGH 19.1.2005, 2001/13/0167).

Dabei ist das Ermessen unter Beachtung obiger Gesichtspunkte neuerlich zu üben. Eine bloße Anpassung an die neue Bemessungsgrundlage unter starrer Beibehaltung des einmal gewählten Prozentsatzes stellt insbesondere dann eine unrichtige Ermessensübung dar, wenn der Abgabenbetrag (etwa im Zuge einer Wiederaufnahme des Verfahrens) beträchtlich höher festgesetzt wird.

Da der Verspätungszuschlag in Prozentsätzen der festgesetzten bzw. selbst berechneten Abgabe vorgeschrieben wird, ist der Prozentsatz gegebenenfalls zu senken (bzw. allenfalls zu erhöhen).

Wird die festgesetzte bzw. selbst berechnete Abgabe bescheidmäßig mit Null festgesetzt oder der Abgabenbescheid (ersatzlos) aufgehoben bzw. durch einen Nichtveranlagungs- oder Nichtfestsetzungsbescheid ersetzt, so ist der Verspätungszuschlagsbescheid gemäß § 295 Abs. 3 BAO (ersatzlos) aufzuheben.

8. Berufungsverfahren

Der Bescheid, mit dem der Verspätungszuschlag festgesetzt wird, ist unabhängig von einem etwaigen Rechtsmittelverfahren gegen den die Bemessungsgrundlage darstellenden Abgabenbescheid isoliert rechtsmittelfähig (vgl. zB VwGH 12.2.1975, 1930/74; VwGH 19.1.2005, 2001/13/0167).

Eine ausschließlich gegen die Höhe der Bemessungsgrundlage gerichtete Berufung gegen einen Verspätungszuschlagsbescheid ist gemäß § 252 BAO abzuweisen, sofern keine Formalentscheidung über die Berufung zu erfolgen hat (zB Zurückweisung nach § 273 BAO).

Über eine Berufung gegen das Ausmaß (Prozentsatz) des Verspätungszuschlages ist meritorisch unter Bedachtnahme auf Billigkeit und Zweckmäßigkeit unter Berücksichtigung aller in Betracht kommenden Umstände zu entscheiden, sofern keine Formalentscheidung über die Berufung zu erfolgen hat.

9. Verspätungszuschläge bei Selbstbemessungsabgaben

Die Festsetzung eines Verspätungszuschlages bei Selbstbemessungsabgaben setzt nicht deren bescheidmäßige Festsetzung (zB gemäß § 201 BAO oder gemäß § 21 Abs. 3 UStG 1994) voraus. Eine bescheidmäßige Festsetzung ausschließlich wegen verspäteter Einreichung der Abgabenerklärung wäre weder gemäß § 201 BAO noch gemäß § 21 Abs. 3 UStG 1994 zulässig.

10. Verjährung

Nach dem letzten Satz des § 207 Abs. 2 BAO verjährt das Recht, einen Verspätungszuschlag festzusetzen, gleichzeitig mit dem Recht auf Festsetzung der Abgabe (Stammabgabe; dies ist jene Abgabe, deren Höhe die Bemessungsgrundlage für den Verspätungszuschlag darstellt).

Die Stammabgabe betreffende Amtshandlungen im Sinne des § 209 Abs. 1 BAO verlängern daher auch die für die Festsetzung des Verspätungszuschlages maßgebende Verjährungsfrist.

Lediglich zur Geltendmachung von Verspätungszuschlägen unternommene Amtshandlungen (zB die Entschuldbarkeit oder den Grad des Verschuldens betreffende Ermittlungen des Finanzamtes) sind somit für die den Verspätungszuschlag betreffende Verjährungsfrist bedeutungslos.

Die Festsetzung eines Verspätungszuschlages kann mittelbar (im Sinne des § 209a Abs. 2 BAO) von der Erledigung einer die Stammabgabe betreffenden Berufung oder eines diese Abgabe betreffenden Antrages abhängen.

Beispiel:

Im Jahr 2003 ergehen der Einkommensteuerbescheid für 2000 und ein diesbezüglicher Verspätungszuschlagsbescheid. Der Einkommensteuerbescheid wird mit Berufung angefochten; der Verspätungszuschlagsbescheid wird formell rechtskräftig.

Die Berufung wird erst nach Eintritt der Bemessungsverjährung (mit Berufungsvorentscheidung) stattgebend erledigt. Der Änderung des Verspätungszuschlages steht der zwischenzeitige Eintritt der Verjährung nicht entgegen (dem § 209a Abs. 2 BAO zufolge).

11. Hinweise

Die vorstehenden Ausführungen stellen die Rechtsansicht des Bundesministeriums für Finanzen dar, die im Interesse einer bundeseinheitlichen Vorgangsweise mitgeteilt wird. Über die gesetzlichen Bestimmungen hinausgehende Rechte und Pflichten werden dadurch weder begründet noch können solche aus diesem Erlass abgeleitet werden.

Zur Berücksichtigung der Anspruchszinsen (§ 205 BAO) bei der Festsetzung von Verspätungszuschlägen siehe Abschnitt 10 des Erlasses des Bundesministeriums für Finanzen vom 19. September 2001, Z 05 2001/2-IV/5/01, AÖFV Nr. 226/2001.

Der Erlass des Bundesministeriums für Finanzen vom 20. Mai 1981, Z 05 1601/2-IV/5/80, AÖFV Nr. 183/1981, wird aufgehoben.

12/5/2.

AÖF 2001/226

Anspruchszinsen gemäß § 205 BAO

(Erlass des BMF vom 19. September 2001, Z 05 2001/2-IV/5/01)

Regelungen zu den Anspruchszinsen für Nachforderungen und Gutschriften bezüglich Einkommensteuer und Körperschaftsteuer ab dem Jahr 2000

1. Einleitung

Die Einleitung soll lediglich einen ersten groben Überblick über die Anspruchszinsen vermitteln.

Anspruchszinsen (Nachforderungszinsen, Gutschriftszinsen) gelten für **Einkommensteuer und Körperschaftsteuer ab dem Jahr 2000**.

Anspruchszinsen gleichen die Zinsvorteile bzw. Zinsnachteile aus, die für den Abgabepflichtigen dadurch entstehen, dass für eine bestimmte Abgabe der Abgabenanspruch immer zum selben Zeitpunkt entsteht (zB für Einkommensteuer 2000 mit Ablauf des Jahres 2000), die Festsetzung der Abgabe jedoch zu unterschiedlichen Zeitpunkten erfolgt.

Höhe der Anspruchszinsen: 2% über dem Basiszinssatz.

Der Abgabenanspruch entsteht bei der Einkommensteuer und Körperschaftsteuer grundsätzlich

1. für die Vorauszahlungen mit Beginn des Kalendervierteljahres, für das die Vorauszahlungen zu entrichten sind,

2. für die zu veranlagende Abgabe mit Ablauf des Kalenderjahres, für das die Veranlagung vorgenommen wird.

Maßgeblicher Zeitraum für den Zinsenlauf: 1. Juli (für Einkommensteuer und Körperschaftsteuer 2000: 1. Oktober) des Folgejahres bis zur Erteilung des Bescheides, der eine Nachforderung oder Gutschrift ausweist, höchstens 42 Monate. Ergeht ein Bescheid vor dem 1. Juli bzw. 1. Oktober des Folgejahres, auf das sich der Bescheid bezieht, so fallen keine Anspruchszinsen an.

Gegenstand der Anspruchszinsen sind

- Nachforderungen (Nachforderungszinsen)
- Gutschriften (Gutschriftszinsen).

Nachforderungen

Nachforderungen ergeben sich vor allem aus

- erstmaligen Veranlagungen (Zinsenbemessungsgrundlage: Differenz zwischen festgesetzter Abgabe und allfälligen Vorauszahlungen)
- Bescheidänderungen, aus denen sich eine höhere Festsetzung gegenüber dem bisherigen Bescheid ergibt, zB Änderung gemäß § 295 BAO (Zinsenbemessungsgrundlage: Differenz zwischen nunmehriger und seinerzeitiger Festsetzung).

Der Abgabepflichtige kann Nachforderungszinsen vermeiden oder verringern durch Entrichtung von Anzahlungen, zweckmäßiger Weise in Höhe der zu erwartenden Nachforderung. Für Anzahlungen besteht ein Weisungsrecht, dh. die Verrechnung der Zahlung erfolgt auf die Anzahlung.

Gutschriften

Gutschriften können sich zB ergeben aus:

- erstmaligen Veranlagungen (Zinsenbemessungsgrundlage: Differenz zwischen Vorauszahlungen und festgesetzter Abgabe)
- Bescheidänderungen, aus denen sich eine geringere Festsetzung gegenüber dem bisherigen Bescheid ergibt, zB Änderung gemäß § 295 BAO (Zinsenbemessungsgrundlage: Differenz zwischen seinerzeitiger und nunmehriger Festsetzung).

Die Gutschriftsverzinsung bezieht sich ausschließlich auf **Gutschriften** unabhängig davon, ob auf dem Abgabenkonto ein Guthaben oder ein Rückstand besteht. Guthaben selbst werden nicht verzinst. Ein Guthaben liegt vor, wenn die Summe der Gutschriften (Zahlungen und sonstige Gutschriften) die Summe der Lastschriften übersteigt.

Die Anspruchszinsen werden mit rechtsmittelfähigem Bescheid festgesetzt.

Nachforderungszinsen werden einen Monat nach Bescheiderteilung fällig, Gutschriftszinsen werden mit Bescheiderteilung wirksam.

2. Normzweck

Zweck der Anspruchszinsen (Nachforderungszinsen und Gutschriftszinsen) ist, die (möglichen) Zinsvorteile bzw. Zinsnachteile auszugleichen, die sich aus unterschiedlichen Zeitpunkten der Abgabenfestsetzung ergeben.

Die Verzinsung von Nachforderungen soll Anträge auf Herabsetzung von Einkommensteuer- und Körperschaftsteuervorauszahlungen unattraktiver machen sowie weiters der Tendenz entgegenwirken, zu Nachforderungen führende Abgabenerklärungen möglichst spät einzureichen.

3. Anwendungsbereich, Zinssatz

Anspruchszinsen sind erstmals für „Differenzbeträge“ im Sinn des § 205 Abs. 1 BAO, somit für Nachforderungen und Gutschriften an Einkommensteuer und Körperschaftsteuer für 2000 festzusetzen (dem § 323 Abs. 7 zweiter Satz BAO zufolge).

Die Anspruchszinsen betragen 2% über dem Basiszinssatz (§ 205 Abs. 2 erster Satz BAO).

Ebenso wie die Stundungszinsen (§ 212 Abs. 2 BAO) und die Aussetzungszinsen (§ 212a Abs. 9 BAO) sind die Anspruchszinsen tageweise zu berechnen. Maßgebend ist der jeweilige Basiszinssatz.

Nur an den Eigenschuldner gerichtete Bescheide (insbesondere Abgabenbescheide) können Nachforderungszinsen oder Gutschriftszinsen auslösen. Eine Verzinsung von Nachforderungen bzw. Gutschriften gegenüber Abfuhrpflichtigen (zB gegenüber dem nach § 82 EStG 1988 haftungspflichtigen Arbeitgeber hinsichtlich Lohnsteuer) ist unzulässig. Aus Haftungsbescheiden (§ 224 BAO) und aus „Gutschriftsbescheiden“ (§ 202 BAO) sich ergebende Differenzbeträge sind somit nicht zu verzinsen.

4. Zum Begriff der Nachforderungen und Gutschriften

Zinsenrelevante Differenzbeträge (Nachforderungen oder Gutschriften) ergeben sich bei der veranlagten Einkommensteuer (Körperschaftsteuer) vor allem aus folgenden Bescheiden (bzw. Höchstgerichtserkenntnissen):

- erstmalige Veranlagungen bzw. Erlassungen von Nichtveranlagungsbescheiden,
- Nachversteuerungsbescheide gemäß § 18 Abs. 4 EStG 1988,
- (gegenüber dem Eigenschuldner erfolgende) Vorschreibungen von
  - Lohnsteuer gemäß § 83 Abs. 2 Z 2 EStG 1988,
  - Kapitalertragsteuer nach § 95 Abs. 5 EStG 1988,
  - von Beträgen gemäß § 99 EStG 1988 (nach § 100 Abs. 3 EStG 1988),
- Änderungen gemäß § 295 Abs. 1 BAO,
- Änderungen gemäß § 295 Abs. 3 BAO (zB bei nachträglicher Erlassung eines Bescheides gemäß § 44 Abs. 2 BAO oder § 48 BAO),
- Berichtigungen gemäß § 293 BAO,
- Berichtigungen gemäß § 293b BAO,
- Berufungsvorentscheidungen (§ 276 BAO),
- Berufungsentscheidungen (§ 289 BAO),
- Verfügungen oder Bewilligungen der Wiederaufnahme bzw. neue Sachbescheide im Sinn des § 307 Abs. 1 BAO,
- neue Sachbescheide nach Wiederaufnahme gemäß § 37 Abs. 9 EStG 1988,
- endgültige Bescheide gemäß § 200 Abs. 2 BAO oder gemäß § 10 Abs. 2 Z 3 zweiter Satz KStG 1988,
- vorläufige Bescheide (nach § 200 Abs. 1 zweiter Satz BAO),
- Aufhebungen von Abgabenbescheiden (oder Nichtveranlagungsbescheiden) insbesondere
  - gemäß § 299 BAO durch die Oberbehörde,
  - gemäß § 42 Abs. 2 VwGG durch den VwGH,
  - gemäß § 87 Abs. 1 VfGG durch den VfGH,
- neue Sachbescheide im fortgesetzten Verfahren (nach Aufhebung zB gemäß § 299 BAO).

Unerheblich ist, woraus die Gutschrift im Abgabenbescheid resultiert; daher entstehen Gutschriftszinsenansprüche etwa auch dann, wenn sich die Gutschrift ergibt aus

- einer Minderung der Abgabenbemessungsgrundlage,
- einer Anrechnung von Abgaben (zB Lohnsteuer, Kapitalertragsteuer, ausländische Quellensteuer),

- einer Änderung (Berichtigung) der Abgabenberechnung.

Die Ursache für den Zeitpunkt der Erlassung des zur Nachforderung bzw. Gutschrift führenden Bescheides ist bedeutungslos. Eine Bescheiderlassung nach dem für den Beginn des Zinsenlaufes maßgebenden Termin (zB 1. Oktober 2001 für Einkommensteuer und Körperschaftsteuer 2000) hat daher Zinsen unabhängig von einem Verschulden des Abgabepflichtigen (zB an einer verspäteten Einreichung der Abgabenerklärung) oder der Abgabenbehörde (zB bei schuldhafter Verletzung der Entscheidungspflicht) zur Folge. Ob die Abgabenerklärung innerhalb bescheidmäßig verlängerter Frist oder danach eingereicht wird, ist ebenso unerheblich wie ob ein Antrag auf Veranlagung (§ 41 Abs. 2 erster Satz EStG 1988) erst knapp vor Ende der Fünfjahresfrist des § 41 Abs. 2 EStG 1988 gestellt wird.

Zinsenrelevante Gutschriften können sich weiters ergeben aus Rückzahlungen

- gemäß § 240 Abs. 3 BAO,
- auf Grund völkerrechtlicher Verträge (zB „Erstattung" gemäß Art. 28 Z 2 DBA Schweiz).

In analoger Anwendung des § 205 BAO sind weiters anspruchszinsenrelevant:

- „Steuerrückerstattungen" gemäß § 94a Abs. 2 letzter Satz EStG 1988,
- die Rückzahlung von Kapitalertragsteuern, die nach der Verordnung BGBl. II Nr. 43/1998 „ungeachtet der Bestimmungen der Doppelbesteuerungsabkommen" einbehalten worden sind.

Nachforderungszinsen können sich bei Abänderung (zB gemäß § 293 BAO) und Aufhebung (zB gemäß § 299 BAO) von Rückzahlungsbescheiden ergeben (ebenso etwa bei Wiederaufnahme eines Rückzahlungsverfahrens).

Beispiel:

Am 10. September 2002 wird ein Rückzahlungsbescheid (zu Unrecht im Jahr 2000 einbehaltene Kapitalertragsteuer in Höhe von 20.000) zugestellt. Gutschriftszinsen sind daher für die Zeit von 1. Oktober 2001 bis 9. September 2002 von einer Bemessungsgrundlage von 20.000 festzusetzen.

Der Rückzahlungsbescheid wird am 10. Dezember 2002 mit Wiederaufnahmsbescheid aufgehoben. Der neue Sachbescheid (Rückzahlungsbescheid) weist eine Rückzahlung von lediglich 6.000 aus (Nachforderung daher 14.000). Nachforderungszinsen sind für die Zeit von 1. Oktober 2001 bis 9. Dezember 2002 von einer Bemessungsgrundlage von 14.000 festzusetzen. Diese Nachforderungszinsen „egalisieren" die Gutschriftszinsen insoweit, als sich die Gutschrift als zu Unrecht erfolgt erweist und gleichen den (möglichen) Zinsvorteil des Abgabepflichtigen für die Zeit ab Zustellung des Rückzahlungsbescheides vom 10. September 2002 aus.

Rückzahlungen gemäß § 240 Abs. 3 BAO setzen die (rechtswidrige) Einbehaltung durch den Abfuhrpflichtigen, nicht aber die Entrichtung der Abfuhrabgabe durch den Abfuhrpflichtigen voraus. Dies gilt auch für die Gutschriftszinsen. Verzinst wird die aus dem Rückzahlungsbescheid resultierende Gutschrift (unabhängig davon, ob die Abgabe vom Abfuhrpflichtigen entrichtet worden ist).

Maßgebend für das Ende des Zinsenlaufes ist der Tag der Bekanntgabe (im Sinn des § 97 BAO) des zur Gutschrift bzw. zur Nachforderung führenden Bescheides (bzw. des Höchstgerichtserkenntnisses). Im Allgemeinen ist daher der Tag der Zustellung maßgebend; bei Verkündung von Berufungsentscheidungen jedoch der Tag der mündlichen Verkündung (unabhängig davon, ob die Berufungsentscheidung zu einer Gutschrift oder Nachforderung führt; lediglich für den Beginn der Fälligkeitsfrist ist der Tag der Zustellung der schriftlichen Ausfertigung nach § 210 Abs. 1 zweiter Satz BAO maßgebend).

5. Nachforderungszinsen

5.1 Allgemeines

Die Festsetzung von Nachforderungszinsen erfolgt unabhängig davon, ob die gegenüberzustellenden Beträge („Vorsollbeträge") entrichtet sind. Bemessungsgrundlage ist die aus dem Bescheid sich ergebende Nachforderung.

Beispiel:

Einkommensteuervorauszahlungen 2000: 100.000.

Zustellung des Einkommensteuerbescheides 2000 am 5. Dezember 2001; Einkommensteuer: 250.000 (Nachforderung daher 150.000).

Nachforderungszinsen für 1. Oktober bis 4. Dezember 2001 von einer Bemessungsgrundlage von 150.000.

Zustellung des geänderten Einkommensteuerbescheides 2000 am 29. Dezember 2001; Einkommensteuer nunmehr 320.000 (Nachforderung somit 70.000).

(Zusätzliche) Nachforderungszinsen für 1. Oktober bis 28. Dezember 2001 von einer Bemessungsgrundlage von 70.000.

5.2 Anzahlungen

Anzahlungen im Sinn des § 205 Abs. 3 BAO vermindern die Bemessungsgrundlage für die Nachforderungszinsen insoweit, als sie entrichtet sind.

Beispiel:

Körperschaftsteuervorauszahlungen 2000: 200.000.

Am 15. Oktober 2001 Entrichtung einer Körperschaftsteuer 2000 betreffenden Anzahlung in Höhe von 70.000.

Zustellung des Körperschaftsteuerbescheides 2000 am 5. Dezember 2001: 500.000 (Nachforderung daher 300.000).

Nachforderungszinsen von einer Bemessungsgrundlage für

– *1. Oktober bis 14. Oktober 2001 von 300.000 (= Nachforderung),*

– *15. Oktober 2001 bis 4. Dezember 2001 von 230.000 (= Nachforderung abzüglich entrichteter Anzahlung).*

Dieselben Beträge entrichteter Anzahlungen können sich nicht mehrmals nachforderungszinsenmindernd auswirken.

Beispiel:

Einkommensteuervorauszahlungen 2000: 100.000.

Ende September 2001 Entrichtung einer Anzahlung in Höhe von 80.000.

Am 15. November 2001 Zustellung des Einkommensteuerbescheides 2000: 180.000 (Nachforderung daher 80.000).

Keine Nachforderungszinsen wegen entrichteter Anzahlung in Höhe der Nachforderung.

Am 1. Februar 2002 neuerliche Festsetzung der Einkommensteuer 2000 auf 220.000 (Nachforderung daher 40.000).

Nachforderungszinsen für 1. Oktober 2001 bis 31. Jänner 2002 von einer Bemessungsgrundlage von 40.000 (= Nachforderung; keine nochmalige Berücksichtigung der Anzahlung, die sich bereits zinsenmindernd ausgewirkt hat).

Entrichtete Anzahlungsbeträge können sich bei mehreren zu Nachforderungen führenden Einkommensteuer(Körperschaftsteuer)bescheiden nachforderungszinsenmindernd auswirken (allerdings nur insoweit, als sie nicht bereits zu einer Minderung von Nachforderungszinsen führten).

Beispiel:

Entrichtete Körperschaftsteuervorauszahlungen 2000: 100.000.

Ende September 2001 Entrichtung einer Anzahlung in Höhe von 80.000.

Am 15. November 2001 Zustellung des Körperschaftsteuerbescheides 2000: 160.000 (Nachforderung somit 60.000); die Anzahlung wird in Höhe von 60.000 auf die Nachforderung verrechnet, der Restbetrag von 20.000 wird gutgeschrieben.

Keine Nachforderungszinsen wegen der entrichteten Anzahlung mindestens in Höhe der Nachforderung.

Am 1. Februar 2002 neuerliche Körperschaftsteuerfestsetzung 2000 mit 230.000 (Nachforderung daher 70.000).

Nachforderungszinsen von einer Bemessungsgrundlage für

– *1. Oktober 2001 bis 14. November 2001 von 50.000 (= 70.000 abzüglich 20.000 Teilbetrag der entrichteten Anzahlung, der noch nicht zinsenmindernd war),*
– *15. November 2001 bis 31. Jänner 2002 von 70.000 (= Nachforderung).*

Anzahlungen sind dem Finanzamt durch gesonderte Schreiben oder auf Zahlungsbelegen durch entsprechende Verrechnungsweisungen (§ 214 Abs. 4 lit. e BAO) bekanntzugeben. Die **Verrechnungsweisung** hat die Abgabenart (E bzw. K), 01-12 sowie das betroffene Jahr anzugeben (zB „E 01-12/2000").

§ 214 Abs. 5 BAO über die Beseitigung der Folgen von Irrtümern bei Verrechnungsweisungen bzw. von irrtümlich unterlassenen Verrechnungsweisungen ist auch für Anzahlungen anwendbar.

Beispiel:

Einkommensteuervorauszahlungen 2001: 100.000.

Am 20. September 2002 wird eine Anzahlung (für Einkommensteuer 2001) in Höhe von 40.000 bekanntgegeben.

Am 10. Oktober 2002 wird ein Betrag von 40.000 (ohne Verrechnungsweisung) entrichtet; die Zahlung wird (nach § 214 Abs. 1 BAO) auf eine am 20. August 2002 fällige Abgabenschuldigkeit verrechnet.

Im Dezember 2002 Zustellung des Einkommensteuerbescheides 2001: 150.000 (Nachforderung daher 50.000). Die Nachforderungszinsen werden von einer Bemessungsgrundlage von 50.000 festgesetzt (die wegen der unterlassenen Verrechnungsweisung nicht entrichtete Anzahlung hat keine zinsenmindernde Wirkung).

Nach § 214 Abs. 5 letzter Satz BAO stellt der Abgabepflichtige am 3. Jänner 2002 (somit innerhalb der drei Monate betragenden Antragsfrist des § 214 Abs. 5 BAO) einen Antrag auf Aufhebung der Rechtsfolgen der irrtümlich nicht (für die Anzahlung von 40.000) erteilten Verrechnungsweisung. Antragsgemäß ist nicht nur die Verbuchung der Zahlung auf die Anzahlung vorzunehmen (wodurch die insoweit getilgte, am 20. August 2002 fällige Abgabenschuldigkeit wieder auflebt), sondern auch der Nachforderungszinsenbescheid abzuändern (Neuberechnung der Zinsen unter Berücksichtigung des Umstandes, dass die Anzahlung als am 10. Oktober 2002 entrichtet gilt); Verfahrenstitel für diese Abänderung ist § 214 Abs. 5 BAO. Die Bemessungsgrundlage der Nachforderungszinsen ist daher nur 10.000.

Anzahlungen sind jeweils in der vom Abgabepflichtigen bekanntgegebenen Höhe mit dem Tag der Bekanntgabe fällig. Diese Fälligkeit ist nur für Verrechnungszwecke (§ 214 Abs. 1 BAO) bedeutsam. Es besteht keine Verpflichtung, bekanntgegebene Anzahlungen zu entrichten; die Nichtentrichtung hat daher keine Säumniszuschläge (§ 217 BAO) zur Folge. Anzahlungen sind nicht vollstreckbar, somit weder in einen Rückstandsausweis (§ 229 BAO) noch in Zahlungserleichterungen (§ 212 BAO) einzubeziehen.

Der Abgabepflichtige kann (auch wiederholt) Erhöhungen oder Minderungen der Anzahlungen bekanntgeben. Der sich aus der Änderung ergebende Betrag ist unverzüglich zu buchen.

Anzahlungen können sich nicht als „nicht richtig" im Sinn des § 201 BAO erweisen. Sie sind daher nicht bescheidmäßig festzusetzen.

Maßgebend für die Nachforderungszinsen vermeidende bzw. vermindernde Wirkung entrichteter

Anzahlungen ist der Zeitpunkt der tatsächlichen Entrichtung (vgl. § 211 Abs. 1 BAO); bei Überweisungen (im Sinn des § 211 Abs. 1 lit. d BAO) gilt der Tag der Gutschrift (auf dem Postscheckkonto) als Entrichtungstag. § 211 Abs. 2 und 3 BAO (Respirofristen) ist nicht anwendbar.

5.3 Verrechnung (Gutschrift) von Anzahlungen

Entrichtete Anzahlungen sind auf die Einkommensteuer(Körperschaftsteuer)schuld zu verrechnen (höchstens im Ausmaß der vor Verrechnung aus dem Bescheid resultierenden Nachforderung). Diese Verrechnung gehört zum Spruch des Abgabenbescheides.

Soweit keine derartige Verrechnung zu erfolgen hat, sind allfällige Restbeträge anlässlich der Erlassung des zu Differenzbeträgen führenden Bescheides (oder eines die Abgabenhöhe unverändert lassenden Bescheides wie zB bloße Endgültigerklärung gemäß § 200 Abs. 2 zweiter Satz BAO) gutzuschreiben (siehe auch Abschnitt 5.5).

Werden Anzahlungen vor Ablauf der 42-Monatsfrist (des § 205 Abs. 2 letzter Satz BAO) weder verrechnet (auf die Nachforderung) noch gutgeschrieben, so sind sie (nach § 205 Abs. 3 letzter Satz BAO) mit Ablauf dieser Frist gutzuschreiben.

Anzahlungen können auch nach Zustellung von Abgabenbescheiden (auch neuerlich) bekanntgegeben (und entrichtet) werden (zB am Tag der Schlussbesprechung in Höhe der dort angekündigten Nachforderung).

5.4 Minderung von Anzahlungen

Jeder vom Abgabepflichtigen bekanntgegebene, sich aus einer Minderung von Anzahlungen ergebende Betrag ist zu buchen (Wirksamkeit der Buchung: Tag der Bekanntgabe der Minderung). Dies gilt auch für bereits entrichtete Anzahlungen. Allerdings haben Anzahlungen nur für den Zeitraum, in dem sie entrichtet sind, Nachforderungszinsen vermeidende bzw. mindernde Wirkung.

Beispiel:

Einkommensteuervorauszahlungen 2000: 400.000.

Ende September 2002 wird eine Anzahlung von 500.000 entrichtet.

Am 15. November 2001 wird die Minderung der Anzahlung auf 300.000 bekanntgegeben (die Minderung ist mit Wirkung vom 15. November 2001 zu buchen).

Am 28. Dezember 2001 Zustellung des Einkommensteuerbescheides 2000: 850.000 (Nachforderung daher 450.000; saldowirksam ist durch die Buchung der Anzahlung davon 150.000).

Nachforderungszinsenbemessungsgrundlage für

- *1. Oktober 2001 bis 14. November 2001: null (entrichtete Anzahlung mindestens so hoch wie Nachforderung),*
- *15. November 2001 bis 28. Dezember 2001: 150.000 (= Nachforderung abzüglich entrichteter verminderter Anzahlung).*

5.5 Keine Verzinsung von Anzahlungen

Gutgeschriebene Anzahlungen sind nicht zu verzinsen.

Beispiel:

Einkommensteuervorauszahlungen 2000: 130.000.

Ende September 2001 wird eine Anzahlung von 200.000 bekanntgegeben und entrichtet.

Am 15. November 2001 Zustellung des Einkommensteuerbescheides 2000: 290.000 (Nachforderung daher 160.000). Von der Anzahlung werden 160.000 auf die Nachforderung verrechnet (daher resultiert aus dem Abgabenbescheid auf dem Abgabenkonto kein Rückstand). Der Restbetrag von 40.000 wird gutgeschrieben (aber nicht verzinst). Nachforderungszinsen sind nicht festzusetzen, weil während des gesamten zinsenrelevanten Zeitraumes (1. Oktober 2001 bis 14. November 2001) eine Anzahlung in Höhe von mindestens der Nachforderung entrichtet war.

6. Auskunftspflicht über Abgabenhöhe

Nicht zuletzt aus budgetären Überlegungen haben Finanzämter auf Ersuchen des Abgabepflichtigen Auskunft über die Höhe der Einkommensteuer (Körperschaftsteuer) zu geben, die auf eine vom Abgabepflichtigen im Auskunftsersuchen angegebene Bemessungsgrundlage entfallen würde. Die Auskunft ist (im Interesse der Bekanntgabe und Entrichtung von Anzahlungen) umgehend zu erteilen.

7. Gutschriftszinsen

Gutschriftszinsen sind nur insoweit festzusetzen, als die gegenüberzustellenden Beträge („Vorsollbeträge") entrichtet sind. Daher stehen Gutschriftszinsen in der Regel nur insoweit zu, als keine offenen Zahlungsansprüche (für die betreffende Abgabe) bestehen. Maßgeblich ist nur, ob Zahlungsansprüche während des zinsenrelevanten Zeitraumes (für Einkommensteuer und Körperschaftsteuer 2000 somit ab 1. Oktober 2001) offen sind (wann Entrichtungen vor diesem Stichtag erfolgten, ist für § 205 BAO bedeutungslos).

Abgabenzahlungsansprüche entstehen bei der veranlagten Einkommensteuer und Körperschaftsteuer bereits mit Zustellung des eine Nachforderung ausweisenden Abgabenbescheides und nicht erst mit Fälligkeit der Nachforderung.

Aus welchen Gründen Zahlungsansprüche unberichtigt sind, ist im gegebenen Zusammenhang bedeutungslos. Daher ist etwa belanglos, ob die Abgabe gemäß § 212 BAO gestundet, die Einhebung der Abgabe gemäß § 212a BAO ausgesetzt ist oder ob die Abgabenschuldigkeit aus anderen Gründen aushaftet.

Maßgebend ist der Zeitpunkt der tatsächlichen Abgabenentrichtung (vgl. zB § 211 Abs. 1 BAO). Ob die Abgabenentrichtung zeitgerecht erfolgt, ist ebenso irrelevant wie ob ein Fall der „ausnahmsweisen Säumnis" (im Sinn des § 217 Abs. 5 BAO idF Budgetbegleitgesetz 2001 bzw. § 221 Abs. 2

BAO alte Fassung) vorliegt oder ob Respirofristen (§ 211 Abs. 2 und 3 BAO) zustehen.

Beispiel:

Vor dem 1. Oktober 2001 entrichtete Vorauszahlungen für 2000: 100.000.

Am 1. November 2001 Zustellung des Einkommensteuerbescheides 2000: 300.000; daher Nachforderungszinsen für Oktober 2001 von einer Bemessungsgrundlage von 200.000.

Die Abgabenschuldigkeit wird nicht entrichtet.

Am 1. Dezember 2001 Zustellung des geänderten Einkommensteuerbescheides 2000: 80.000 (Gutschrift daher 220.000).

Gutschriftszinsen von einer Bemessungsgrundlage für

- *Oktober 2001 von 220.000 (= volle Gutschrift, keine offenen Zahlungsansprüche)*
- *November 2001 von 20.000 (= Gutschrift abzüglich nichtentrichteter Einkommensteuer).*

Entrichtete Anzahlungen wirken sich bei den Gutschriftszinsen nicht aus. Die Gutschriftszinsen mindernde Wirkung nicht entrichteter Zahlungsansprüche darf jeweils nur einmal erfolgen.

Beispiel:

Vor dem 1. Oktober 2001 entrichtete Vorauszahlungen für 2000: 160.000.

Ende September 2001 wird eine Anzahlung von 10.000 entrichtet.

Am 1. November 2001 Zustellung des Einkommensteuerbescheides 2000: 200.000 (Nachforderung somit 40.000), daher Nachforderungszinsen für Oktober 2001 von einer Bemessungsgrundlage von 30.000 (= Nachforderung abzüglich entrichteter Anzahlung).

Am 1. Dezember 2001 werden 8.000 entrichtet (22.000 bleiben offen).

Am 1. Februar 2002 neuerliche Einkommensteuerfestsetzung 2000 mit 90.000 (Gutschrift daher 110.000); dadurch wird der offene Zahlungsanspruch getilgt.

Gutschriftszinsen von einer Bemessungsgrundlage für

- *Oktober 2001 von 110.000 (= Gutschrift, keine offenen Zahlungsansprüche),*
- *November 2001 von 80.000 (= 110.000 abzüglich offener Zahlungsanspruch von 30.000),*
- *Dezember 2001 und Jänner 2002 von 88.000 (= 110.000 abzüglich 22.000).*

Am 1. März 2002 neuerliche Einkommensteuerfestsetzung 2000 auf 50.000 (Gutschrift somit 40.000).

Gutschriftszinsen von einer Bemessungsgrundlage von 40.000 (für Oktober 2001 bis Februar 2002). Im November und Dezember 2001 waren zwar Zahlungsansprüche offen (30.000 bzw. 22.000). Dies hat sich bereits beim ersten Gutschriftszinsenbescheid zinsenmindernd ausgewirkt und darf daher nicht neuerlich zum Verlust von Gutschriftszinsenansprüchen führen.

Soweit die offenen Zahlungsansprüche (zB Einkommensteuervorauszahlungen und aus der Veranlagung sich ergebende Nachforderungen) zwar nicht entrichtet sind, sich aber aus der Sicht des späteren (zur Gutschrift führenden) Bescheides (insbesondere Abgabenbescheides) der offene Zahlungsanspruch als unberechtigt erweist, sind (in verfassungskonformer Auslegung) Gutschriftszinsen trotz Nichtentrichtung insoweit festzusetzen, als Nachforderungszinsen angefallen sind.

Beispiel:

Nicht entrichtete Einkommensteuervorauszahlungen für 2000: 100.000.

Am 1. November 2001 Zustellung des Einkommensteuerbescheides 2000: 350.000 (Nachforderung daher 250.000).

Nachforderungszinsen für Oktober 2001 von einer Bemessungsgrundlage von 250.000.

Keine Abgabenentrichtungen.

Am 1. Dezember 2001 neuerliche Einkommensteuerfestsetzung 2000 auf 200.000 (Gutschrift somit 150.000).

Gutschriftszinsen von einer Bemessungsgrundlage für

- *Oktober 2001 von 150.000 (offene Zahlungsansprüche zwar höher als Gutschrift, aber zur Egalisierung der Nachforderungszinsen),*
- *November 2001 von 0 (offene Zahlungsansprüche höher als Gutschrift).*

8. Festsetzung der Anspruchszinsen

8.1 Abgabenbescheid, Zuständigkeit

Anspruchszinsen sind mit Abgabenbescheid (§ 198 BAO) festzusetzen. Die Zinsenbescheide sind zweckmäßigerweise gleichzeitig mit dem Bescheid, der zur Nachforderung oder zur Gutschrift führt, zu erlassen.

Jede Nachforderung bzw. Gutschrift löst (gegebenenfalls) einen Anspruchszinsenbescheid aus. Es liegt je Differenzbetrag eine Abgabe vor. Der Zinsenbescheid ist an die im Spruch des zur Nachforderung bzw. Gutschrift führenden Bescheides ausgewiesene Nachforderung bzw. Gutschrift gebunden („Bindungswirkung"). Daher ist der Zinsenbescheid nicht (mit Aussicht auf Erfolg) mit der Begründung anfechtbar, der „Stammabgaben"-Bescheid sei rechtswidrig.

Die Festsetzung von Anspruchszinsen obliegt dem für die Erhebung der betreffenden Stammabgabe (Einkommensteuer oder Körperschaftsteuer) zuständigen Finanzamt.

8.2 Fälligkeit, Wirksamkeit der Gutschrift

Nachforderungszinsen (bzw. Nachforderungen aus Minderungen der Festsetzung von Gutschriftszinsen) sind nach § 210 Abs. 1 BAO einen Monat nach Zustellung des Zinsenbescheides fällig.

Die Wirksamkeit der Gutschrift aus dem Gutschriftszinsenbescheid richtet sich nach dem Zeitpunkt der Zustellung dieses Bescheides.

8.3 Die 42-Monatsgrenze

Anspruchszinsen sind für einen Zeitraum von höchstens 42 Monaten festzusetzen (§ 205 Abs. 2 letzter Satz BAO).

Beispiel:

Vor 1. Oktober 2001 entrichtete Einkommensteuervorauszahlungen 2000: 100.000. Vor 1. Oktober 2001 Zustellung des Einkommensteuerbescheides 2000: 120.000; Nachforderung vor 1. Oktober 2001 entrichtet.

Am 1. Juni 2005 zugestellter geänderter Einkommensteuerbescheid, Abgabenhöhe: 180.000 (Nachforderung somit 60.000).

Nachforderungszinsen von einer Bemessungsgrundlage für 1. Oktober 2001 bis 31. März 2005 von 60.000.

Am 1. September 2005 stattgebende Berufungsvorentscheidung, Abgabenhöhe: 130.000 (Gutschrift daher 50.000).

Gutschriftszinsen von einer Bemessungsgrundlage für 1. Oktober 2001 bis 31. März 2005 von 50.000 (der Zeitpunkt der Entrichtung des erst ab 1. Juni 2005 bestehenden Zahlungsanspruches von 60.000 ist unerheblich, weil Entrichtungen nach Ablauf der 42-Monatsfrist unbeachtlich sind).

8.4 Bagatellgrenze von 50 Euro

Nach § 205 Abs. 2 zweiter Satz BAO sind Anspruchszinsen, die den Betrag von 50 Euro nicht erreichen, nicht festzusetzen. Dies gilt sowohl für Nachforderungszinsen als auch für Gutschriftszinsen.

Die Erlassung von die Anspruchszinsen betreffenden „Nichtfestsetzungsbescheiden" hat nur auf diesbezüglichen Antrag des Abgabepflichtigen zu erfolgen.

8.5 Bemessungsverjährung

Nach § 207 Abs. 2 letzter Satz BAO verjährt das Recht auf Festsetzung von Anspruchszinsen gleichzeitig mit dem Recht auf Festsetzung der (Stamm)abgabe (somit Einkommensteuer bzw. Körperschaftsteuer).

Beispiel:

Die hinterzogene Körperschaftsteuer 2000 wird im Jahr 2008 (somit innerhalb der zehnjährigen Verjährungsfrist des § 207 Abs. 2 zweiter Satz BAO) erstmals festgesetzt. Die Festsetzung der Nachforderungszinsen ist aus verjährungsrechtlicher Sicht zulässig. Sie hat allerdings nur für 42 Monate (somit für 1. Oktober 2001 bis 31. März 2005) zu erfolgen.

§ 209a Abs. 2 BAO ist für die Festsetzung der Anspruchszinsen anwendbar.

Beispiel:

Keine Einkommensteuervorauszahlungen 2000. Der Nichtveranlagungsbescheid 2000 wird im Jahr 2003 zugestellt. In diesem Jahr wird auch eine Berufung gegen diesen Bescheid eingebracht.

Die Zustellung der zu einer Gutschrift führenden Berufungsentscheidung erfolgt im Jahr 2006. Dies steht der Festsetzung von Gutschriftszinsen (für die Zeit vom 1. Oktober 2001 bis 31. März 2005) nicht entgegen, weil die Festsetzung der Zinsen mittelbar von der Erledigung der gegen den Nichtveranlagungsbescheid gerichteten, vor Eintritt der Bemessungsverjährung eingebrachten Berufung abhängt.

9. Einhebung der Anspruchszinsen

9.1 Verrechnung

Für Verrechnungszwecke ist § 214 Abs. 8 BAO analog anzuwenden.

Beispiel:

Der Rückstand auf einem Abgabenkonto setzt sich aus am 10. Oktober 2001 fälliger Einkommensteuer 1999 (120.000) und aus Einkommensteuer 2000 betreffenden, am 25. Oktober 2001 fälligen Nachforderungszinsen (30.000) zusammen.

Am 5. November 2001 wird ein Einkommensteuer 2000 betreffender Bescheid über die Festsetzung von Gutschriftszinsen (Zinsenhöhe: 20.000) zugestellt. Diese Gutschrift ist auf die offenen Nachforderungszinsen (und nicht auf die ältere verbuchte Abgabenschuldigkeit, nämlich die Einkommensteuer 1999) zu verrechnen (mit Wirksamkeit vom 5. November 2001).

9.2 Haftung

Die Anspruchszinsen sind Nebenansprüche im Sinn des § 3 Abs. 2 lit. b BAO. Daher ist bei persönlichen Haftungen § 7 Abs. 2 BAO für die Anspruchszinsen anwendbar.

Die im Abschnitt 8.1 zweiter Absatz erwähnte Bindungswirkung zB an den im Körperschaftsteuerbescheid enthaltenen Abspruch über die Höhe der Nachforderung setzt voraus, dass der Abgabenbescheid gegenüber dem Anspruchszinsenschuldner wirksam ergangen ist.

Wird ein für Einkommensteuer oder Körperschaftsteuer (etwa gemäß § 9 BAO) persönlich Haftender mit Haftungsbescheid für Nachforderungszinsen dieser Abgaben in Anspruch genommen, so ist er nach § 248 BAO befugt, auch gegen den Nachforderungszinsenbescheid zu berufen. Ihm gegenüber ist der Einkommensteuer- bzw. Körperschaftsteuerbescheid nicht wirksam ergangen, sodass ihm gegenüber die erwähnte Bindungswirkung nicht besteht. Daher kann der Haftungspflichtige den Zinsenbescheid auch mit der Begründung anfechten, der Abspruch im maßgeblichen Stammabgabenbescheid über die Höhe der Nachforderung sei rechtswidrig; eine (teilweise) stattgebende Erledigung einer solchen Berufung lässt die Höhe der aus dem Haftungsbescheid resultierenden Haftungsschuld von Einkommensteuer oder Körperschaftsteuer unberührt.

9.3 Aussetzung der Einhebung

Die Einhebung von Nachforderungszinsen ist bei Vorliegen der Voraussetzungen gemäß § 212a BAO aussetzbar (insbesondere wegen mittelbarer Abhängigkeit von der Erledigung einer gegen den Einkommensteuerbescheid oder gegen den Körperschaftsteuerbescheid gerichteten Berufung).

9.4 Nachsicht von Nachforderungszinsen

Liegt eine Unbilligkeit der Einhebung (im Sinn des § 236 BAO) der Einkommensteuer (Körperschaftsteuer)schuldigkeit vor, so ist eine solche Unbilligkeit in der Regel auch hinsichtlich der diesbezüglichen Nachforderungszinsen anzunehmen.

Eine sachliche Unbilligkeit der Einhebung von Nachforderungszinsen ergibt sich grundsätzlich nicht bereits daraus, dass der Abgabepflichtigen den durch die Zinsen auszugleichenden Zinsvorteil etwa deshalb nicht lukrierte, weil er die finanziellen Mittel nicht zinsgünstig angelegt hat.

Nach dem Normzweck des § 205 BAO wird ein fehlendes Verschulden des Abgabepflichtigen an der verspäteten Einreichung der Abgabenerklärung im Regelfall zu keiner sachlichen Unbilligkeit der Einhebung von Nachforderungszinsen führen.

Führt ein Sachverhalt (zB Zufluss von Einnahmen) zu Nachforderungszinsen für das Jahr 2000 (oder ein späteres Jahr), würde jedoch derselbe Sachverhalt umgekehrt zu Gutschriftszinsen für Einkommensteuer (Körperschaftsteuer) der Vorjahre führen, wenn § 205 BAO für diese Jahre bereits gälte, so wird die Einhebung der Nachforderungszinsen insoweit im Sinn des § 236 BAO sachlich unbillig sein, als nur wegen des zeitlichen Anwendungsbereiches des § 205 BAO keine Gutschriftszinsen festzusetzen sind (vgl. zB BFH, BStBl II 1999, 41).

Beispiel:

Im Jahr 2002 kommt bei einer die Jahre 1998, 1999 und 2000 umfassenden abgabenbehördlichen Prüfung hervor, dass Einnahmen, die vom Abgabepflichtigen zu Unrecht als im Jahr 1998 zugeflossen behandelt wurden, als im Jahr 2000 zugeflossen zu behandeln sind. Dieser Umstand hat entsprechende Abänderungen der Einkommensteuerbescheide für 1998 und für 2000 zur Folge. Dies führt zu Nachforderungszinsen bezüglich Einkommensteuer 2000. Für die Einkommensteuer 1998 sind Gutschriftszinsen ausgeschlossen, weil für dieses Veranlagungsjahr § 205 BAO noch nicht anwendbar ist. Die Einhebung der Nachforderungszinsen ist insoweit unbillig, als dem Abgabepflichtigen Gutschriftszinsen für die Einkommensteuer 1998 zustünden, wenn die Anspruchsverzinsung für dieses Jahr bereits anzuwenden wäre.

10. Einfluss der Anspruchszinsen auf andere Nebenansprüche

Stundungszinsen (§ 212 Abs. 2 BAO) und Aussetzungszinsen (§ 212a Abs. 9 BAO) sowie Säumniszuschläge (§ 217 BAO) betreffen (aus der Sicht des Entstehens der betreffenden Abgabenansprüche) andere (spätere) Zeitpunkte bzw. Zeiträume als die Anspruchszinsen. Daher hat § 205 BAO keine Folgen für die Festsetzung solcher Nebenansprüche sowie auf die Abänderung und Aufhebung von solche Nebenansprüche festsetzenden Abgabenbescheiden.

Für Verspätungszuschläge (§ 135 BAO) ist bei der Ermessensübung allerdings die Höhe der Anspruchszinsen im Allgemeinen nicht außer Acht zu lassen. Soweit der Zinsvorteil des Abgabepflichtigen durch Nachforderungszinsen „abgeschöpft" wird, darf er nicht nochmals beim Verspätungszuschlag berücksichtigt werden.

Dies gilt nur insoweit, als der verspätungszuschlagsrelevante Zeitraum (= die Zeit, in der ein Verschulden an der Nichteinreichung der Abgabenerklärung vorliegt) und der anspruchszinsenrelevante Zeitraum (für Einkommensteuer und Körperschaftsteuer 2000 somit 1. Oktober 2001 bis zur Festsetzung der Abgabe) übereinstimmen. Dies gilt weiters nur, soweit die auf deckungsgleiche Zeiträume entfallenden Nachforderungszinsen höher sind als die bei Berücksichtigung aller relevanten Umstände festzusetzenden Verspätungszuschläge.

1. Beispiel:

Keine Einkommensteuervorauszahlungen 2000.

Am 1. Juli 2002 Zustellung des Einkommensteuerbescheides 2000: 100.000 – Nachforderung daher 100.000 (Schätzung mangels Einreichung der Abgabenerklärung).

Der anspruchszinsenrelevante Zeitraum (für Einkommensteuer 2000) beträgt 9 Monate (1. Oktober 2001 bis 30. Juni 2002). Die Steuererklärungsfrist war bis 30. Juni 2001 bescheidmäßig verlängert. Ab diesem Zeitpunkt liegt ein Verschulden an der Nichteinreichung der Abgabenerklärung vor; der verspätungszuschlagsrelevante Zeitraum beträgt somit 12 Monate (1. Juli 2001 bis 30. Juni 2002).

Nachforderungszinsenbemessungsgrundlage für 1. Oktober 2001 bis 30. Juni 2002 daher 100.000. Die Zinsen betragen (unter der Annahme eines Basiszinssatzes von 3,25%) daher 3.927 (= 273 Tage).

Es sei angenommen, dass ohne Berücksichtigung der Anspruchszinsen eine Festsetzung des Verspätungszuschlages in Höhe von 9.000 (= 9% der Bemessungsgrundlage von 100.000) angemessen wäre; davon entfällt auf die Zeit vom 1. Juli 2001 bis 30. September 2001 ein Viertel (somit 2.250). Dieser Teilbetrag wird von den Nachforderungszinsen nicht berührt.

Hingegen sind die restlichen 6.750 (für die Zeit vom 1. Oktober 2001 bis 30. Juni 2002) zum Teil als Abgeltung des (aus der Nichteinreichung der Abgabenerklärung resultierenden) Zinsvorteils anzusehen. Angenommen sei, dass dieser Zinsvorteil 5,25% pro Jahr beträgt. Daher ist für 1. Oktober 2001 bis 30. Juni 2002 die Differenz zwischen 6.750 und 3.927 (= Nachforderungszinsen) angemessen. Der Verspätungszuschlag ist daher in Höhe von 5.073 (= 2.250 zuzüglich 2.823 [= 6.750 – 3.927]) festzusetzen (somit in Höhe von 5,073%); in der Verwaltungspraxis könnte sich eine Rundung auf 5,1% (somit auf 5.100) als zweckmäßig erweisen.

2. Beispiel:

Keine Körperschaftsteuervorauszahlungen 2000.

Die Körperschaftsteuererklärungsfrist wurde bis 30. September 2001 bescheidmäßig verlängert. Die Steuererklärung wird aus Verschulden des Abgabepflichtigen erst am 1. Juni 2002 eingereicht (somit 8 Monate Verspätung).

Am 1. September 2002 Zustellung des Körperschaftsteuerbescheides: 100.000 (Nachforderung daher 100.000).

Nachforderungszinsen für 1. Oktober 2001 bis 31. August 2002 (unter der Annahme eines Basiszinssatzes von 3,25%) in Höhe von 4.818 (= 335 Tage).

Es sei angenommen, dass ohne Berücksichtigung der Nachforderungszinsen in richtiger Ermessensübung ein Verspätungszuschlag von 8% (dies wären 8.000) gerechtfertigt wäre.

Der anspruchszinsenrelevante Zeitraum beträgt 11 Monate (1. Oktober 2001 bis 31. August 2002). Der verspätungszuschlagsrelevante Zeitraum beträgt 8 Monate (1. Oktober 2001 bis 31. Mai 2002).

Die auf die Monate ab Einreichung der Steuererklärung entfallenden Nachforderungszinsen sind für die Höhe des Verspätungszuschlages nicht zu berücksichtigen. Auf die 8 Monate des verspätungszuschlagsrelevanten Zeitraumes entfallen 8/11 der Anspruchszinsen, somit 3.504 (= 8/11 von 4.818). Die Berücksichtigung der Zinsen in Höhe von 3.504 bei der Verspätungszuschlagsvorschreibung hat zur Folge, dass die Differenz zwischen 8.000 und 3.504 (= 4.496; das sind rechnerisch ca. 4,5% der Verspätungszuschlagsbemessungsgrundlage von 100.000) als angemessener Verspätungszuschlag anzusehen ist.

Die vorstehenden Ausführungen stellen die Rechtsansicht des BM für Finanzen zu § 205 BAO dar, die im Interesse einer bundeseinheitlichen Vorgangsweise mitgeteilt wird. Über die gesetzlichen Bestimmungen hinausgehende Rechte und Pflichten werden dadurch weder begründet noch können solche aus diesem Erlass abgeleitet werden.

12/5/3.

BMF-AV Nr. 2/2023

Beschwerdezinsenerlass

(Erlass des BMF vom 20.12.2022, 2022-0.891.470, BMF-AV Nr. 2/2023)

Der Erlass behandelt umfassend das Thema Beschwerdezinsen gemäß § 205a BAO. Es werden die Voraussetzungen für deren Festsetzung, die Erledigungsmöglichkeiten eines Antrages auf Festsetzung von Beschwerdezinsen, die Festsetzung, Beschwerdezinsen infolge der Aufhebung oder Änderung eines Bescheides gemäß § 295 Abs. 2a BAO, die Zuständigkeit, die Bemessungsverjährung sowie das Inkrafttreten näher dargestellt.

Die folgenden Ausführungen zu § 205a BAO in der Fassung des Abgabenänderungsgesetzes 2022, BGBl. I Nr. 108/2022, stellen die Rechtsansicht des Bundesministeriums für Finanzen dar, die im Interesse einer bundeseinheitlichen Vorgangsweise mitgeteilt wird. Über die gesetzlichen Bestimmungen hinausgehende Rechte und Pflichten werden dadurch weder begründet noch können solche aus diesem Erlass abgeleitet werden.

Der Erlass vom 21. März 2012, BMF-010103/0071-VI/2012, AÖF Nr. 84/2012, wird aufgehoben.

1. Bedeutung der Beschwerdezinsen

Beschwerdezinsen sollen dem Zinsenrisiko entgegentreten, das ein Abgabepflichtiger trägt, wenn er strittige Abgabenbeträge entrichtet und die Abgabennachforderung im Zuge eines Beschwerdeverfahrens herabgesetzt wird. Ein Abgabepflichtiger, der Abgabenschuldigkeiten während eines anhängigen Verfahrens über die Berechtigung dieser Abgaben entrichtet, soll im Hinblick auf das Zinsenrisiko gleichbehandelt werden, wie ein Abgabepflichtiger, der eine Aussetzung der Einhebung dieser Abgabenschuldigkeiten beantragt hat. Die Beschwerdezinsen dienen nur dem Ausgleich des Zinsenrisikos betreffend strittige Abgaben im Verhältnis zwischen Abgabenbehörde und Abgabepflichtigen. Die Verhältnisse gegenüber Dritten (etwa gegenüber Vertragspartnern bei indirekten Abgaben) werden in diesen Risikoausgleich nicht einbezogen (vgl. VwGH 31.3.2017, Ra 2016/13/0034).

2. Voraussetzungen

2.1. Allgemeines

Die Festsetzung von Beschwerdezinsen setzt voraus:

- eine entrichtete Abgabenschuldigkeit,
- deren Höhe unmittelbar oder mittelbar von der Erledigung einer Bescheidbeschwerde abhängt,
- die Herabsetzung der Abgabenschuldigkeit als Folge einer Bescheidbeschwerde,

- einen (rechtzeitigen) Antrag des Abgabepflichtigen.

Beschwerdezinsen sind nur insoweit festzusetzen,

- als ein Bescheid in Punkten angefochten wird, in denen er vom zugrundeliegenden Anbringen (zB Abgabenerklärung) abweicht oder
- als ein Bescheid angefochten wird, dem kein Anbringen zugrunde liegt (zB bei amtswegiger Erlassung eines Haftungsbescheides);
- als für denselben Zeitraum nicht zugleich Anspruchszinsen (§ 205 BAO) oder Umsatzsteuerzinsen (§ 205c BAO) anfallen.

2.2. Entrichtung einer Abgabenschuldigkeit

2.2.1. Abgabenschuldigkeit

Abgabenschuldigkeiten, soweit sie für Beschwerdezinsen von Relevanz sind, sind Abgabenbeträge, die aufgrund von Abgaben- oder Haftungsbescheiden zu entrichten sind. Abgesehen von einer Festsetzung oder Selbstberechnung können sie sich auch aus dem Widerruf einer Löschung, Nachsicht oder Entlassung aus der Gesamtschuld sowie aus der Aufhebung von Löschungs- oder Nachsichtsbescheiden bzw. Bescheiden betreffend die Entlassung aus der Gesamtschuld ergeben. Auch die Aufhebung eines Bescheides, aus dem sich Gutschriften ergeben haben, kann zu einer Nachforderung (somit zu einer Abgabenschuldigkeit) führen (vgl. VwGH 31.3.2017, Ra 2016/13/0034).

Ist keine Abgabenschuldigkeit gegeben, sind Beschwerdezinsen nicht zu gewähren (BFG 9.5.2018, RV/7100674/2018).

Beschwerdezinsen stehen nur für bereits entrichtete Abgaben zu, nicht aber für die verspätete Auszahlung von Beihilfen (UFS 13.5.2013, RV/1332-L/12; BFG 24.8.2018, RS/7100081/2018; BFG 22.09.2014, RV/7102895/2013).

2.2.2. Entrichtung

Aus § 211 Abs. 1 BAO ergibt sich, wann eine Abgabenschuldigkeit als entrichtet gilt.

Für die Beschwerdezinsen ist der Zeitpunkt der tatsächlichen Entrichtung maßgebend. Daher sind diesbezüglich die Bestimmungen über Respirofristen (§ 211 Abs. 2 BAO) nicht relevant.

Die Entrichtung einer Abgabenschuldigkeit führt nur dann zur Entstehung eines Anspruchs auf Beschwerdezinsen dem Grunde nach, wenn sie entweder vor der Bekanntgabe der Beschwerdeerledigung (im Fall unmittelbarer Abhängigkeit von der Beschwerdeerledigung) oder vor der Bekanntgabe des die Herabsetzung der Abgabenschuldigkeit bewirkenden Bescheides bzw. Erkenntnisses (im Fall mittelbarer Abhängigkeit) erfolgt ist.

Eine Abgabenschuldigkeit gilt nur solange als entrichtet, als die Entrichtung nicht rückgängig gemacht wird.

Die Rückgängigmachung (Beendigung) einer Entrichtung ist vor allem möglich:

- bei Bewilligung einer Aussetzung der Einhebung einer getilgten Abgabenschuldigkeit nach § 212a Abs. 6 BAO,
- bei Rückzahlung zu Unrecht zwangsweise eingebrachter Abgaben (§ 241 Abs. 1 BAO),
- als Folge von Anträgen nach § 214 Abs. 5 BAO (Verrechnungsweisungen betreffende Irrtümer),
- bei (erfolgreicher) Anfechtung gemäß §§ 27 ff IO,
- bei Berichtigung einer Verbuchung der Gebarung als Folge eines Abrechnungsbescheides (§ 216 BAO).

Aufgrund der Anknüpfung des § 205a BAO an die tatsächliche Entrichtung der Abgabe ist für die Entstehung des Anspruchs auf Beschwerdezinsen nicht relevant:

- ob die Entrichtung vor Fälligkeit, am Fälligkeitstag oder danach erfolgte,
- ob die nicht zeitgerechte Entrichtung Säumnisfolgen (insbesondere Säumniszuschläge) ausgelöst hat,
- ob die Entrichtung im Wege einer Zwangsvollstreckung erfolgte,
- ob die Entrichtung einen Abgabenbetrag betraf, dessen Einhebung gemäß § 212a BAO ausgesetzt war (§ 212a Abs. 8 BAO),
- ob die Abgabenschuld von einer Zahlungserleichterung (§ 212 BAO) umfasst war.

Im Fall einer im Rechtsmittelweg zuerkannten Steuergutschrift liegt keine Entrichtung der Abgabenschuldigkeit vor, weshalb Beschwerdezinsen nicht festzusetzen sind (VwGH 31.3.2017, Ra 2016/13/0034).

2.3. Abhängigkeit der Höhe der Abgabenschuldigkeit von der Erledigung einer Beschwerde

2.3.1. Allgemeines

§ 205a Abs. 1 BAO setzt voraus, dass die Herabsetzung der Abgabenschuldigkeit unmittelbar oder mittelbar von der Erledigung des Rechtsmittels „abhängt“. Das bedeutet, dass die Herabsetzung der Abgabenschuldigkeit „als Folge“ der Beschwerde erfolgt sein muss, sodass nur jenes Ausmaß der Herabsetzung der Abgabenschuldigkeit maßgeblich ist, für das das Rechtsmittel (unmittelbar oder mittelbar) kausal war. Die rechtspolitische Zielsetzung des § 205a BAO liegt also darin, dem Abgabepflichtigen eine wirtschaftlich adäquate Alternative zur Beantragung einer Aussetzung der Einhebung gemäß § 212a BAO zu bieten. Daher kann zur Auslegung des Begriffes des „Abhängens“ auf die zu § 212a Abs. 1 BAO entwickelten Grundsätze zurückgegriffen werden (VwGH 22.12.2016, Ro 2016/16/0020).

Die Herabsetzung der Abgabenschuldigkeit ist nicht Folge der Bescheidbeschwerde, wenn die entrichtete Abgabenschuldigkeit vorläufig festgesetzt war und erst später – außerhalb des Beschwerdeverfahrens gegen den vorläufigen Bescheid – in anderer Höhe endgültig festgesetzt wird. Wird daher eine Abgabenschuldigkeit aufgrund eines gemäß § 200 BAO vorläufig erlassenen Abgabenbescheides entrichtet und diese infolge einer Beschwerde herabgesetzt, dann ist nur die durch die Beschwerde bewirkte Herabsetzung für die Bemessung der Beschwerdezinsen heranzuziehen, weil die spätere Herabsetzung mit der endgültigen Festsetzung in keinem Zusammenhang mit der Erledigung der Beschwerde gegen den vorläufigen Bescheid steht (VwGH 22.12.2016, Ro 2016/16/0020). Dies gilt gleichermaßen für sonstige, nach Erledigung der Beschwerde durchgeführte Verminderungen der ursprünglich entrichteten Abgabenschuld.

2.3.2. Unmittelbare Abhängigkeit

Die Höhe einer Abgabenschuldigkeit hängt insbesondere bei einer Beschwerde gegen

- einen Abgabenbescheid,
- einen Haftungsbescheid,
- einen Widerrufsbescheid betreffend Nachsicht, Löschung oder Entlassung aus der Gesamtschuld

unmittelbar von der Erledigung der Bescheidbeschwerde ab.

2.3.3. Mittelbare Abhängigkeit

Beispielsfälle:

- Abhängigkeit von einem Verfahrensbescheid, auch wenn der Sachbescheid nicht angefochten ist
  - Die Beschwerde richtet sich gegen die Verfügung der Wiederaufnahme eines Abgabenverfahrens.
  - Die Beschwerde richtet sich gegen einen aufhebenden Bescheid gemäß § 299 Abs. 1 BAO.
- Abhängigkeit von einem Grundlagenbescheid
  - Die Beschwerde richtet sich gegen einen Grundlagenbescheid. Zum Beispiel, wenn von der Erledigung einer gegen einen Bescheid über die Feststellung der Einkünfte gemäß § 188 BAO gerichteten Beschwerde die Höhe von Einkommensteuerschuldigkeiten eines an der gemeinsamen Einkunftsquelle Beteiligten abhängt.
  - Die Beschwerde richtet sich gegen die Verfügung der Wiederaufnahme des Feststellungsverfahrens gemäß § 303 Abs. 1 BAO oder gegen die Aufhebung des Feststellungsbescheides gemäß § 299 Abs. 1 BAO.
  - Die Beschwerde richtet sich gegen einen Einheitswertbescheid: Ist der Einheitswert (oder ein Mehrfaches des Einheitswertes) Bemessungsgrundlage für eine Abgabe (zB § 6 GrEStG 1987), so ist die Höhe einer solchen Abgabenschuldigkeit mittelbar abhängig von der Erledigung einer gegen den Einheitswertbescheid gerichteten Beschwerde.
- Abhängigkeit von einer Stammabgabe
  - Die Bescheidbeschwerde richtet sich gegen einen Bescheid über die Stammabgabe: Die mittelbare Abhängigkeit der Höhe der Abgabenschuldigkeit eines akzessorisch abgeleiteten Nebenanspruchs liegt vor, weil im Fall einer Herabsetzung der Stammabgabe der Nebenanspruch entsprechend anzupassen ist. Das betrifft zB Verspätungszuschläge gemäß § 295 Abs. 2 BAO, Säumniszuschläge gemäß § 217 Abs. 8 BAO, Stundungszinsen gemäß § 212 Abs. 2 BAO und Aussetzungszinsen gemäß § 212a Abs. 9 BAO.
  - Die Bescheidbeschwerde richtet sich gegen eine Gebührenfestsetzung: Die mittelbare Abhängigkeit der Höhe der Abgabenschuldigkeit besteht im Hinblick auf Abgabenerhöhungen gemäß § 9 Abs. 2 GebG.

2.4. Herabsetzung der Abgabenschuldigkeit als Folge einer Bescheidbeschwerde

Erledigungen über Herabsetzungen einer Abgabenschuldigkeit „als Folge“ einer Bescheidbeschwerde sind

- Beschwerdevorentscheidungen (§ 262 Abs. 1 BAO),
- über Beschwerden absprechende Erkenntnisse der Verwaltungsgerichte (§ 279 Abs. 1 BAO) und
- auf § 278 Abs. 1 BAO gestützte Beschlüsse der Verwaltungsgerichte über die Aufhebung unter Zurückverweisung der Sache an die Abgabenbehörde.

§ 205a BAO ist auch anwendbar, wenn die stattgebende Beschwerdeerledigung erfolgte:

- nach Aufhebung durch den VwGH (VwGH 20.3.2018, Ro 2017/16/0024) oder VfGH (auch wegen Aufhebung von Gesetzen oder Verordnungen),
- wegen einer rückwirkenden Änderung einer Abgabenvorschrift,
- als Folge der Bewilligung der Wiedereinsetzung (§ 308 BAO) der versäumten Beschwerdefrist,
- nach Aufhebung des ursprünglichen Erkenntnisses oder Beschlusses gemäß § 289 Abs. 1 BAO.

Auch eine Sachentscheidung des VwGH gemäß § 42 Abs. 4 VwGG erledigt die Bescheidbeschwerde. Die Abgabenschuldigkeit hängt von dieser Erledigung ab (VwGH 20.3.2018, Ro 2017/16/0024). Eine dadurch bewirkte Herabsetzung der Abgabenschuldigkeit ergeht somit als Folge einer Bescheidbeschwerde.

„Als Folge“ einer Bescheidbeschwerde eine Abgabenschuldigkeit herabsetzende Bescheide sind auch Bescheide, die innerhalb des Beschwerdeverfahrens ergehen und dem Beschwerdebegehren im Ergebnis Rechnung tragen; wie beispielsweise bei:

- Änderung des Abgabenbescheides gemäß § 295 Abs. 1 BAO,
- Erlassung eines neuen Sachbescheides gemäß § 299 Abs. 2 BAO in Verbindung mit einer Aufhebung des angefochtenen Bescheides gemäß § 299 Abs. 1 BAO,
- Erlassung eines gemäß § 307 Abs. 1 BAO an die Stelle des angefochtenen Bescheides tretenden neuen Sachbescheides in Verbindung mit einer Wiederaufnahme des Verfahrens gemäß § 303 BAO,
- Abänderung des angefochtenen Bescheides gemäß § 295a BAO
- Berichtigung des angefochtenen Bescheides gemäß § 293 BAO oder gemäß § 293b BAO,
- Herabsetzung oder Aufhebung eines angefochtenen Säumniszuschlagsbescheides gemäß § 217 Abs. 8 BAO,
- einem auf § 300 Abs. 3 BAO gestützten neuen Sachbescheid.

2.5. Voraussetzungen des § 205a Abs. 3 Satz 1 BAO

Die Bescheidbeschwerde muss

- Punkte betreffen, in denen der Bescheid von einem ihm zugrundeliegenden Anbringen abgewichen ist oder
- sich gegen einen Bescheid richten, dem kein Anbringen zugrunde liegt.

2.5.1. Abweichen von einem Anbringen

Unter Anbringen im Sinn des § 205a Abs. 3 BAO sind insbesondere Abgabenerklärungen und Erklärungen zur Feststellung von Einkünften (§ 188 BAO), weiters Selbstberechnungen von Abgaben (§ 201 BAO) und sonstige, der Entscheidungspflicht gemäß § 85a BAO unterliegende Anbringen zu verstehen.

2.5.2. Bescheid, dem kein Anbringen zugrunde liegt

Bescheide, welchen kein Anbringen zugrunde liegt sind von Amts wegen erlassene Bescheide. Bei von Amts wegen erlassenen Bescheiden (etwa Erlassung eines Haftungsbescheides gemäß § 9 BAO) sind die Voraussetzungen des § 205a Abs. 3 BAO Satz 1 zweiter Fall BAO erfüllt.

Nach Ansicht des VwGH ist auch in einem Fall, in dem eine Verpflichtung zur Selbstberechnung der Rechtsgeschäftsgebühr nicht vorlag und sich die Gebührenanzeige (§ 31 GebG) auf die bloße Anzeige des gebührenpflichtigen Bestandvertrages ohne weiteres Vorbringen insbesondere zur Frage der Höhe der Bemessungsgrundlage beschränkte, kein Anbringen der abgabepflichtigen Partei im Sinn des § 205a Abs. 3 Satz 1 erster Fall BAO. Die Pflicht, aus der vorgelegten Urkunde die richtigen Schlussfolgerungen zu ziehen, traf in diesem Fall die Abgabenbehörde und mangels jeglicher Festlegung der Abgabepflichtigen zur strittigen Frage der Bemessungsgrundlage auch das „Zinsenrisiko" einer abweichenden Beurteilung im Rechtsmittelverfahren (VwGH 22.12.2016, Ro 2016/16/0020).

2.6. Antrag des Abgabepflichtigen

2.6.1. Befugnis zur Antragstellung

Antragsbefugt ist jener Abgabepflichtige, dem gegenüber der Bescheid über die Herabsetzung der Abgabenschuldigkeit wirkt. Dies muss nicht der Beschwerdeführer sein (zB bei einer Beschwerde der Personengesellschaft gegen den Bescheid über die Feststellung der Einkünfte).

2.6.2. Form des Antrages

Der Antrag auf Festsetzung von Beschwerdezinsen ist ein Anbringen zur Geltendmachung von Rechten im Sinn des § 85 Abs. 1 BAO. Er ist daher im Allgemeinen schriftlich zu stellen (zulässig ist auch die Einbringung im Wege von Telefax oder FinanzOnline).

Bei Formgebrechen (zB Nichtverwendung einer für den Einschreiter zugelassenen Amtssprache) ist ebenso wie bei Fehlen einer Unterschrift mit Mängelbehebungsauftrag (§ 85 Abs. 2 BAO) vorzugehen.

Wenn die Antragstellung betreffend Festsetzung von Beschwerdezinsen unmittelbar mit Einbringung der Beschwerde gegen einen Festsetzungsbescheid erfolgt, ist der Antrag bescheidmäßig als unzulässig zurückzuweisen, weil noch keine Herabsetzung der Abgabenschuldigkeit als Folge einer Beschwerde erfolgt ist. Die Zurückweisung steht einer neuerlichen Antragstellung nach Herabsetzung der Abgabenschuldigkeit als Folge der Beschwerde nicht entgegen. Ein Mängelbehebungsauftrag wegen des Fehlens der Inhaltserfordernisse des § 205a BAO ist in diesem Fall nicht zu erlassen.

Die Mängelbehebungsfrist ist zwar erstreckbar, doch kommt einem Fristverlängerungsantrag keine fristhemmende Wirkung zu.

Mängelbehebungsaufträge sind verfahrensleitende Verfügungen im Sinn des § 94 BAO und § 244 BAO; solche Bescheide sind daher nicht gesondert anfechtbar.

Der Antrag kann bis zur Rechtskraft des über ihn absprechenden Bescheides zurückgenommen werden.

Ein Verzicht auf einen solchen Antrag ist gesetzlich nicht vorgesehen; er ist somit rechtsunwirksam.

2.6.3. Frist zur Antragstellung

Eine ausdrückliche Befristung des Antragsrechtes ist nicht vorgesehen.

Mittelbar ergibt sich eine Antragsfrist jedoch aus der Bemessungsverjährung, weil nach Eintritt der die Beschwerdezinsen betreffenden Verjährung einem solchen Antrag nur dann entsprochen werden darf, wenn der Antrag vor Verjährungseintritt gestellt wurde.

Zur Verjährung des Rechts zur Festsetzung der Beschwerdezinsen siehe Abschnitt 7.

2.6.4. Inhalt des Antrages

Der Antrag auf Festsetzung von Beschwerdezinsen hat gemäß § 205a Abs. 2 BAO zu enthalten

- die Bezeichnung der Bescheidbeschwerde, von deren Erledigung die Abgabenhöhe unmittelbar oder mittelbar abhängt,
- die Bezeichnung des die Abgabenschuldigkeit herabsetzenden Bescheides bzw. Erkenntnisses, wobei der Begriff des „Erkenntnisses" in § 205a BAO auch Sachentscheidungen des Verwaltungsgerichtshofes erfasst (VwGH 20.3.2018, Ro 2017/16/0024),

die für die Höhe der Bemessungsgrundlage der Beschwerdezinsen maßgebenden Angaben.

Maßgebende Angaben im Sinn des § 205a Abs. 2 lit. c BAO sind insbesondere:

- Angaben über den Tag (die Tage) der Entrichtung (zB Tag der Überweisung),
- Angaben über den Tag der Bekanntgabe (Zustellung) des die Abgabe herabsetzenden Bescheides oder Erkenntnisses,
- Angaben darüber, ob die Beschwerde gegen einen amtswegigen Bescheid bzw. gegen eine Abweichung vom zu Grunde liegenden Anbringen gerichtet war.

Fehlende Angaben im Sinn des § 205a Abs. 2 BAO sind inhaltliche Mängel im Sinn des § 85 Abs. 2 BAO. Daher ist mit Mängelbehebungsauftrag vorzugehen.

Ist der Antrag von vornherein offenkundig aussichtslos (weil unzulässig, etwa bei Einbringung von einem hierzu nicht Befugten oder wegen entschiedener Sache), so ist kein Mängelbehebungsauftrag zu erlassen, sondern der Antrag mit Bescheid zurückzuweisen.

3. Bescheidmäßige Erledigungen des Antrages

3.1. Entscheidungspflicht

Der Antrag auf Festsetzung von Beschwerdezinsen unterliegt der Entscheidungspflicht (§ 85a BAO). Er ist daher stets mit Bescheid zu erledigen.

3.2. Formalerledigungen

Anträge sind zurückzuweisen, wenn sie

- nicht rechtzeitig gestellt werden (bei Einbringung des Antrages nach Eintritt der Bemessungsverjährung der Beschwerdezinsen),
- nicht zulässig sind (zB bei mangelnder Befugnis des Einschreiters).

Als Formalerledigungen kommt auch ein Zurücknahmebescheid in Betracht, wenn einem (rechtmäßigen) Mängelbehebungsauftrag (§ 85 Abs. 2 BAO; siehe Abschnitt 2.6.2. und 2.6.4.) nicht, nicht zeitgerecht oder unzureichend entsprochen wurde.

3.3. Festsetzung der Beschwerdezinsen

3.3.1. Allgemeines

Liegen die Voraussetzungen vor, sind Beschwerdezinsen mit Bescheid festzusetzen. Die Festsetzung liegt nicht im Ermessen der Abgabenbehörden.

Wird in einer Beschwerdevorentscheidung zwar dem Beschwerdebegehren entsprochen, aber zB aufgrund der Berücksichtigung neuer Tatsachen dennoch eine höhere Abgabenfestsetzung vorgenommen, so kommt die Festsetzung von Beschwerdezinsen nicht in Betracht. Die Berücksichtigung vom Beschwerdeverfahren unabhängiger Umstände kann auch zur Verminderung des Ausmaßes der Herabsetzung der Abgabenschuld und damit zur Verminderung der Bemessungsgrundlage der Beschwerdezinsen führen.

Führt die Festsetzung von Beschwerdezinsen auf dem Abgabenkonto zu einem Guthaben oder zu der Erhöhung eines solchen und hat bezüglich der Abgaben, durch deren Herabsetzung der Anspruch auf Beschwerdezinsen ausgelöst wurde, ein Gesamtschuldverhältnis bestanden, so ist bei der Verwendung des Guthabens (§ 215 BAO) oder bei dessen Rückzahlung (§ 239 BAO) gegebenenfalls darauf Bedacht zu nehmen, von welchem der Gesamtschuldner die als Folge einer Beschwerde herabgesetzte Abgabenschuldigkeit entrichtet worden ist.

Beschwerdezinsenbescheide sind von einem Abgabenbescheid abgeleitete Bescheide im Sinne des § 295 Abs. 2 BAO. Im Fall der nachträglichen Abänderung oder Aufhebung des Abgabenbescheides, wie zB

- Aufhebung einer Beschwerdevorentscheidung nach § 299 BAO,
- Rückgängigmachung einer in der Beschwerdevorentscheidung erfolgten Herabsetzung einer Abgabenschuldigkeit durch ein Erkenntnis des Bundesfinanzgerichts,
- Wiederaufnahme eines Beschwerdevorentscheidungsverfahrens gemäß § 303 BAO,
- Aufhebung eines Feststellungsbescheides gemäß § 48 Abs. 4 BAO,

ist der Beschwerdezinsenbescheid gemäß § 295 Abs. 2 BAO anzupassen.

3.3.2. Höhe der Beschwerdezinsen

Beschwerdezinsen sind für den Zeitraum

- ab Entrichtung der Abgabenschuldigkeit
- bis zur Bekanntgabe des die Abgabe herabsetzenden Bescheides bzw. Erkenntnisses festzusetzen.

Zinsen sind (nach § 205a Abs. 3 BAO) nur insoweit festzusetzen, als

- ein Bescheid in Punkten angefochten wird, in denen er von dem ihm zugrundeliegenden Anbringen abweicht oder
- ein Bescheid angefochten wird, dem kein Anbringen zugrunde liegt;
- für denselben Zeitraum weder Anspruchszinsen (§ 205 BAO) noch Umsatzsteuerzinsen (§ 205c BAO) angefallen sind.

Die Beschwerdezinsen betragen (nach § 205a Abs. 4 BAO) pro Jahr 2% über dem Basiszinssatz.

Sie sind nicht festzusetzen, wenn sie den Betrag von 50 Euro nicht erreichen.

Die Beschwerdezinsen sind gemäß § 204 Abs. 4 BAO mit einem Tageszinssatz zu berechnen.

Aufgrund der Antragsgebundenheit dürfen Beschwerdezinsen nicht über den beantragten Betrag hinaus festgesetzt werden, auch wenn diese in einem höheren Betrag zustehen würden.

3.3.3. Abgabenbescheid

Beschwerdezinsen sind mit Abgabenbescheid (§ 198 BAO) festzusetzen.

3.3.4. Nebenanspruch

Beschwerdezinsen gehören nach § 3 Abs. 2 lit. b BAO zu den Nebenansprüchen. Sie sind somit (nach § 213 Abs. 1 BAO bzw. § 213 Abs. 2 BAO) auf jenem Abgabenkonto zu verbuchen, auf dem auch die Herabsetzung der Abgabenschuldigkeit zu verbuchen ist.

3.3.5. Subsidiarität

Soweit für denselben Zeitraum Anspruchszinsen gemäß § 205 BAO oder Umsatzsteuerzinsen gemäß § 205c BAO anfallen, sind Beschwerdezinsen nicht festzusetzen.

4. Aufhebung bzw. Abänderung eines Bescheides gemäß § 295 Abs. 2a BAO

Mit BGBl. I Nr. 62/2019 wurde in § 205a BAO ein Abs. 2a eingefügt. § 205a BAO ist demnach auch im Fall von gemäß § 295 Abs. 2a BAO auf Grund eines Bescheides nach § 48 Abs. 2 BAO oder § 48 Abs. 4 BAO herabgesetzten Abgabenschuldigkeiten auf Antrag des Abgabepflichtigen für den Zeitraum ab Entrichtung bis zur Bekanntgabe des die Abgabe herabsetzenden Bescheides anzuwenden. In den meisten Fällen wird jedoch bei der Anwendung des § 48 Abs. 4 BAO eine Herabsetzung der Abgabenschuldigkeit und damit die Festsetzung von Beschwerdezinsen nicht in Frage kommen.

Durch die Einführung des § 295 Abs. 2a BAO soll nach Beendigung eines Verständigungs- oder Schiedsverfahrens, wenn die strittige Abgabenschuld bezahlt wurde, eine entsprechende Verzinsung des nachträglich aufgrund dieses Verfahrens herabgesetzten Abgabenbetrags gewährt werden.

5. Beispiele

1. Beispiel

Einkommensteuervorauszahlungen	80.000 €
Steuer laut Erklärung	90.000 €
Steuer laut Bescheid	120.000 € (daher Nachforderung 40.000 €; Abweichung von Erklärung: 30.000 €)

Entrichtung der Nachforderung zur Gänze

- **Beschwerde (strittig ist gesamte Nachforderung)**
  - Beschwerdevorentscheidung 100.000 € (Gutschrift daher 20.000 €)
    Beschwerdezinsen für 20.000 € (ab Entrichtungstag bis zur Zustellung der Beschwerdevorentscheidung)
  - Beschwerdevorentscheidung 90.000 € (Gutschrift daher 30.000 €)
    Beschwerdezinsen für 30.000 € (ab Entrichtungstag bis zur Zustellung der Beschwerdevorentscheidung)
  - Beschwerdevorentscheidung 80.000 € (Gutschrift daher 40.000 €)
    Beschwerdezinsen für 30.000 € (Abweichung von Erklärung als Obergrenze)

2. Beispiel

Körperschaftsteuervorauszahlungen	80.000 €
Steuer laut Erklärung	70.000 €
Steuer laut Bescheid	120.000 € (Nachforderung daher 40.000 €; Abweichung von Erklärung: 50.000 €)

Entrichtung der Nachforderung: nur 30.000 €; restlicher Rückstand wird gestundet

- **Beschwerde (strittig ist die Nachforderung)**
  - Beschwerdevorentscheidung 100.000 € (Gutschrift daher 20.000 €)
    Beschwerdezinsen von 20.000 € (ab Entrichtung bis zur Zustellung der Beschwerdevorentscheidung)
  - Beschwerdevorentscheidung 80.000 € (Gutschrift daher 40.000 €)
    Beschwerdezinsen von 30.000 € (nur vom entrichteten Betrag)
  - Beschwerdevorentscheidung 70.000 € (Gutschrift daher 50.000 €)
    Beschwerdezinsen von 30.000 € (nur vom entrichteten Betrag)

3. Beispiel

Einkommenssteuerbescheid für das Jahr 2020: 80.000 €

Nachforderung wird zur Gänze entrichtet

- **Beschwerde (vom nachgeforderten Betrag sind 10.000 € strittig)**
  - Beschwerdevorentscheidung mindert die Einkommenssteuer auf 76.000 €
    Beschwerdezinsen von 4.000 € (ab Entrichtung bis zur Zustellung der Beschwerdevorentscheidung)
- **Vorlageantrag**
  - Beschwerdeentscheidung mindert die Einkommenssteuer auf 73.000 € (zusätzliche)

Beschwerdezinsen von 3.000 € (ab Entrichtung bis zur Zustellung der Beschwerdeentscheidung)

- **VwGH hebt Beschwerdeentscheidung auf**
  - nunmehrige Beschwerdeentscheidung: 65.000 €

    (zusätzliche) Beschwerdezinsen von 3.000 € (ab Entrichtung bis zur Zustellung der nunmehrigen Beschwerdeentscheidung), weil der strittige Betrag (10.000 €) die Obergrenze für die Beschwerdezinsen ist

6. Zuständigkeit

Für die Erhebung der Beschwerdezinsen (zB Erledigung des Antrages, Zinsenfestsetzung, Verbuchung der Gebarung) ist jene Abgabenbehörde zuständig, die zum Zeitpunkt der Erledigung des Antrages für die herabgesetzte Abgabenschuldigkeit zuständig ist.

Die Erhebung der Beschwerdezinsen obliegt auch dann der Abgabenbehörde,

- wenn die Beschwerdeerledigung (bei mittelbarer Abhängigkeit der Abgabenhöhe von der Erledigung der Beschwerde) durch das Bundesfinanzgericht erfolgte,
- wenn die Herabsetzung der Abgabenschuldigkeit durch das Bundesfinanzgericht erfolgte.

7. Bemessungsverjährung

Die Frist für die Verjährung der Festsetzung von Beschwerdezinsen beträgt fünf Jahre (die Beschwerdezinsen sind „übrige Abgaben" im Sinn des § 207 Abs. 2 erster Satz BAO)

Die Entstehung des Abgabenanspruches für die Beschwerdezinsen richtet sich nach § 4 Abs. 1 BAO. Daher beginnt die Verjährungsfrist nach § 208 Abs. 1 lit. a BAO mit Ablauf des Jahres, in dem der Abgabenanspruch entstanden ist, somit mit Ablauf des Jahres, in dem der die Abgabe herabsetzende Bescheid bekanntgegeben wurde.

Wird der Antrag auf Festsetzung der Beschwerdezinsen vor Eintritt der diesbezüglichen Verjährung gestellt, so ist ihm auch nach Eintritt der Verjährung zu entsprechen. Dies ergibt sich aus § 209a Abs. 2 BAO.

8. Inkrafttreten des § 205a BAO

Die Stammfassung des § 205a BAO (BGBl. I Nr. 76/2011) ist gemäß § 323 Abs. 29 BAO mit 1. Jänner 2012 in Kraft getreten und ist erstmals für ab diesem Zeitpunkt erfolgte Abgabenherabsetzungen anwendbar. Vor dem 1. Jänner 2012 erfolgte Abgabenentrichtungen sind für die Verzinsung nur für Zeiträume ab 1. Jänner 2012 zu berücksichtigen. Gegen diese Bestimmung im Zusammenhang mit Umsatzsteuer bestehen keine Bedenken im Hinblick auf Art. 47 Abs. 2 GRC (VwGH 27.06.2017, Ra 2015/13/0005).

§ 205a BAO in der Fassung des Finanzverwaltungsgerichtsbarkeitsgesetz 2012 – FVwGG 2012, BGBl. I Nr. 14/2013 (sprachliche Anpassungen) ist mit 1. Jänner 2014 in Kraft getreten (§ 323 Abs. 37 BAO).

§ 205a Abs. 2a BAO in der Fassung des EU-Finanz-Anpassungsgesetz 2019 – EU-FinAnpG 2019, BGBl. I Nr. 62/2019, ist am 1. September 2019 in Kraft getreten (§ 323 Abs. 62 BAO). Diese Bestimmung ist auch für all jene Fälle anzuwenden bei denen die Herabsetzung nach dem 31. August 2019 erfolgt ist; die zu verzinsende Periode beginnt frühestens mit dem 1. Jänner 2012.

§ 205a Abs. 3 BAO in der Fassung BGBl. I Nr. 108/2022 (Subsidiarität gegenüber Anspruchs- und Umsatzsteuerzinsen) ist mit 20. Juli 2022 in Kraft getreten.

9. Landes- und Gemeindeabgaben (§ 205b)

§ 205a BAO gilt nicht für Landes- und Gemeindeabgaben (§ 205b BAO, VwGH 11.3.2020, Ra 2020/16/0006).

12/5/4.

BMF-AV Nr. 108/2023

Erlass betreffend Zinsanpassung bei Stundungs-, Anspruchs-, Aussetzungs-Beschwerde- und Umsatzsteuerzinsen

(Erlass des BMF vom 14.09.2023, 2023-0.665.675, BMF-AV Nr. 108/2023)

Mitteilung der jeweils anzuwendenden Höhe der Zinssätze für Stundungszinsen gemäß § 212 Abs. 2 BAO, für Aussetzungszinsen gemäß § 212a Abs. 9 BAO, für Anspruchszinsen (Nachforderungs- und Gutschriftszinsen) gemäß § 205 Abs. 2 BAO, für Beschwerdezinsen gemäß § 205a Abs. 4 BAO und für Umsatzsteuerzinsen gemäß § 205c Abs. 5 BAO.

Die Höhe der Stundungs-, Aussetzungs-, Anspruchs-, Beschwerde- und Umsatzsteuerzinsen ist vom jeweils geltenden Basiszinssatz abhängig (§ 212 Abs. 2 BAO, § 212a Abs. 9 BAO, § 205 Abs. 2 BAO, § 205a Abs. 4 BAO, § 205c Abs. 5 BAO).

Der Basiszinssatz vom 1. Jänner 1999 (= Diskontsatz vom 31. Dezember 1998) betrug 2,5%. Mit BGBl. II Nr. 309/2002 (Änderung der Basis- und ReferenzzinssatzVO) wurde die Bezugsgröße für den Basiszinssatz (bisher: Einlagenfazilität) auf die Veränderungen des Zinssatzes der Hauptrefinanzierungsoperationen umgestellt. Der Basiszinssatz verändert sich gemäß § 1 Basis- und Referenzzinssatzverordnung idF BGBl. II Nr. 309/2002, entsprechend dem von der Europäischen Zentralbank auf ihre Hauptrefinanzierungsoperationen angewendeten Zinssatz. Veränderungen von insgesamt weniger als 0,5 Prozentpunkten seit der jeweils letzten Änderung des Basiszinssatzes bleiben dabei außer Betracht (§ 1 Bundesgesetz, mit dem im Zivilrecht begleitende Maßnahmen für die Einführung des Euro getroffen werden, BGBl. I Nr. 125/1998). Seither ergaben sich aufgrund der vom EZB-Rat beschlossenen Zinssatzänderungen folgende Änderungen des Basiszinssatzes:

Wirksamkeit ab	Basiszinssatz	Stundungszinsen	Aussetzungszinsen	Anspruchszinsen	Beschwerdezinsen	Umsatzsteuerzinsen
09.04.1999	2%	6%	3%	-	-	-
05.11.1999	2,5%	6,5%	3,5%	-	-	-
17.03.2000	3%	7%	4%	-	-	-
09.06.2000	3,75%	7,75%	4,75%	-	-	-
06.10.2000	4,25%	8,25%	5,25%	-	-	-
31.08.2001	3,75%	7,75%	4,75%	-	-	-
18.09.2001	3,25%	7,25%	4,25%	5,25%	-	-
09.11.2001	2,75%	6,75%	3,75%	4,75%	-	-
11.12.2002	2,20%	6,20%	3,20%	4,20%	-	-
09.06.2003	1,47%	5,47%	2,47%	3,47%	-	-
01.02.2005	1,47%	5,97%[1]	3,47%[2]	3,47%	-	-
27.04.2006	1,97%	6,47%	3,97%	3,97%	-	-
11.10.2006	2,67%	7,17%	4,67%	4,67%	-	-
14.03.2007	3,19%	7,69%	5,19%	5,19%	-	-
09.07.2008	3,70%	8,20%	5,70%	5,70%	-	-
15.10.2008	3,13%	7,63%	5,13%	5,13%	-	-
12.11.2008	2,63%	7,13%	4,63%	4,63%	-	-
10.12.2008	1,88%	6,38%	3,88%	3,88%	-	-
21.01.2009	1,38%	5,88%	3,38%	3,38%	-	-
11.03.2009	0,88%	5,38%	2,88%	2,88%	-	-
13.05.2009	0,38%	4,88%	2,38%	2,38%	-	-
13.07.2011	0,88%	5,38%	2,88%	2,88%	-	-
14.12.2011	0,38%	4,88%	2,38%	2,38%	-	-
01.01.2012	0,38%	4,88%	2,38%	2,38%	2,38%[3]	-
08.05.2013	-0,12%	4,38%	1,88%	1,88%	1,88%	-
16.03.2016	-0,62%	3,88%	1,38%	1,38%	1,38%	-
01.07.2021	-0,62%	1,38%[4]	1,38%	1,38%	1,38%	-

BAO

27.07.2022	-0,12%	1,88%	1,88%	1,88%	1,88%	1,88%[5]
14.09.2022	0,63%	2,63%	2,63%	2,63%	2,63%	2,63%
02.11.2022	1,38%	3,38%	3,38%	3,38%	3,38%	3,38%
21.12.2022	1,88%	3,88%	3,88%	3,88%	3,88%	3,88%
08.02.2023	2,38%	4,38%	4,38%	4,38%	4,38%	4,38%
22.03.2023	2,88%	4,88%	4,88%	4,88%	4,88%	4,88%
21.06.2023	3,38%	5,38%	5,38%	5,38%	5,38%	5,38%
20.09.2023	3,88%	5,88%	5,88%	5,88%	5,88%	5,88%

Dieser Erlass ersetzt den Erlass des BMF vom 16.06.2023, 2023-0.433.685.

[1] Infolge Änderung des § 212 Abs. 2 BAO durch das AbgÄG 2004, BGBl. I Nr. 180/2004, liegt mit Wirksamkeit ab 1. Februar 2005 die Höhe der Stundungszinsen 4,5% über dem Basiszinssatz.

[2] Infolge Änderung des § 212a Abs. 9 BAO durch das AbgÄG 2004, BGBl. I Nr. 180/2004, liegt mit Wirksamkeit ab 1. Februar 2005 die Höhe der Aussetzungszinsen 2% über dem Basiszinssatz.

[3] Durch § 205a BAO idF des AbgÄG 2011, BGBl. I Nr. 76/2011, wurden mit Wirksamkeit 1. Jänner 2012 Berufungszinsen geschaffen. Infolge Änderung durch das FVwGG 2012, BGBl. I Nr. 14/2013, regelt § 205a BAO mit Wirksamkeit ab 1. Jänner 2014 Beschwerdezinsen anstelle von Berufungszinsen. Die Höhe der Beschwerdezinsen liegt 2% über dem Basiszinssatz.

[4] Gemäß § 323c Abs. 13 BAO idF BGBl. I Nr. 228/2021, betragen die Stundungszinsen gemäß § 212 Abs. 2 BAO ab 1. Juli 2021 bis 21. November 2021 sowie ab 1. Februar 2022 bis 30. Juni 2024 2 % über dem jeweils geltenden Basiszinssatz pro Jahr. Ab 15. März 2020 bis 30. Juni 2021 sowie ab 22. November 2021 bis 31. Jänner 2022 sind keine Stundungszinsen vorzuschreiben. Gemäß § 323e Abs. 1 BAO ist für die Berechnung der Zinsen für das COVID-19-Ratenzahlungsmodell § 323c Abs. 13 BAO anzuwenden. Gemäß § 323e Abs. 2 Z 3 BAO endet die Phase 1 des COVID-19-Ratenzahlungsmodells am 30. September 2022. Der Ratenzahlungszeitraum der Phase 2 des COVID-19-Ratenzahlungsmodells beträgt gemäß § 323e Abs. 3 Z 4 BAO längstens 21 Monate.

[5] Durch § 205c BAO idF des AbgÄG 2022, BGBl. I Nr. 108/2022, wurden Umsatzsteuerzinsen geschaffen. § 205c BAO ist am 20. Juli 2022 im Kraft getreten. Die Höhe der Umsatzsteuerzinsen beträgt 2 % über den Basiszinssatz. Die erstmalige Anwendung des § 205c BAO ist in § 323 Abs. 75 BAO geregelt. Umsatzsteuerzinsen können auch für Zeiträume anfallen, die vor dem 27.07.2022 liegen. In solchen Fällen beträgt der anzuwendende Zinssatz pro Jahr 2 % über dem im maßgeblichen Zeitraum geltenden Basiszinssatz. Dabei kann der in der Tabelle für die Anspruchszinsen jeweils ausgewiesene Wert herangezogen werden.

12/6. Verjährung, Berichtigung und Rechtskraftdurchbrechung

12/6/1.
AÖF 2008/62

Richtlinien zur Berichtigung gemäß § 293 BAO

(Erlass des BMF vom 9. Jänner 2008, BMF-010103/0062-VI/2007)

Voraussetzungen für Berichtigungen, Gegenstand der Berichtigung, Antrag, Fristen, Ermessen, Abänderungsbefugnis, Verjährung, Zuständigkeit

1. Unrichtigkeiten

1.1 Allgemeines

Nach § 293 BAO können nur Fehler, die der Abgabenbehörde bei Ausfertigung ihres Bescheides unterlaufen sind, berichtigt werden. § 293 BAO ist nicht anwendbar, wenn die Behörde der Partei unterlaufene Fehler (zB offensichtlich unrichtige Angaben in der Abgabenerklärung) übernimmt (zB VwGH 23. 11. 1977, 1070/77; VwGH 23. 2. 1989, 88/16/0220). Diesfalls kommt allenfalls § 293b BAO als Rechtsgrundlage für eine Berichtigung in Betracht.

§ 293 BAO dient zur Beseitigung des infolge bestimmter Fehlerquellen gegen den Willen der Behörde entstandenen erkennbaren Auseinanderklaffens von Bescheidabsicht und formeller Erklärung des Bescheidwillens (zB VwGH 29. 6. 1999, 98/14/0181; VwGH 26. 5. 2004, 2002/14/0015).

Eine Fehlerberichtigung liegt dann vor, wenn die Behörde, um die Gedanken, die sie seinerzeit offenbar aussprechen wollte, zum Ausdruck zu bringen, eine verfehlte Ausdrucksweise durch die richtige ersetzt (zB VwGH 28. 11. 1979, 1429/79).

Fehler und Irrtümer, die der Behörde bei der Willensbildung unterlaufen sind, können nicht nach § 293 BAO berichtigt werden, und zwar auch dann, wenn der Fehler in der Willensbildung klar zutage tritt (VwGH 26. 5. 1999, 94/13/0058).

Daher ist § 293 BAO nicht anwendbar beispielsweise für

- unrichtige rechtliche Beurteilungen (zB VwGH 26. 3. 1993, 90/17/0224; VwGH 25. 3. 1994, 92/17/0133; VwGH 19. 11. 2002, 2002/12/0140),
- Fehler in der Beweiswürdigung (zB VwGH 20. 1. 1993, 92/01/0557, 0779; VwGH 25. 3. 1994, 92/17/0133),
- durch Übersehen von Aktenteilen entstandene Fehler (zB UFS 17. 5. 2004, RV/2276-W/02; UFS 18. 3. 2005, RV/3392-W/02; UFS 31. 5. 2007, RV/0225-I/05).

1.2 Schreibfehler

Schreibfehler können etwa betreffen:

- Datumsangaben (zB VwGH 27. 6. 2001, 98/15/0049),
- Namen des Bescheidadressaten (zB VwGH 28. 9. 2006, 2002/17/0027; VwGH 28. 6. 2007, 2005/16/0187); allerdings kann mit Berichtigung weder ein (zB mangels zutreffender Adressierung) nichtiger Bescheid in einen Bescheid umgewandelt werden noch der Adressat des Bescheides ausgetauscht werden;
- Bezeichnung der Behörde (zB VwGH 20. 9. 1989, 89/03/0202).

§ 293 BAO ermöglicht nicht

- den Austausch des Bescheidadressaten (VwGH 21. 6. 1993, 92/13/0266, 0267, AW 92/13/0023; UFS 22. 4. 2005, RV/0463-W/05),
- den Austausch der Behörde,
- die Behebung eines Begründungsmangels (vgl. VwGH 25. 3. 1994, 92/17/0133).

Schreibfehler müssen nicht offenbar sein (zB VwGH 11. 8. 2004, 2004/17/0002).

1.3 Rechenfehler

Ein Rechenfehler liegt vor, wenn eine (offen gelegte) rechnerische Operation unrichtig vorgenommen wurde (VwGH 19. 11. 2002, 2002/12/0140). Zu den Rechenfehlern gehören insbesondere falsches Addieren, Subtrahieren, Multiplizieren und Dividieren von Zahlen und eine falsche Bestimmung des Stellenwertes (vgl. VwGH 15. 10. 1952, 2449/59), weiters etwa ein Vertippen an einer Rechenmaschine (VwGH 19. 12. 1958, 1837/57; UFS 03. 3. 2005, RV/0292-I/04).

Rechenfehler müssen nicht offenbar sein (zB VwGH 11. 8. 2004, 2004/17/0002).

1.4 Ähnliche Versehen

Andere offenbar auf einem ähnlichen Versehen beruhende Unrichtigkeiten sind Fehler, die Schreib- und Rechenfehlern sehr nahe kommen, also Fehler in der Ausdrucksweise, nicht hingegen Fehler im Bereich des Zustandekommens und der Gestaltung des Bescheidwillens. Solche Unrichtigkeiten liegen vor, wenn erkennbar eine Formulierung dem erschließbaren Gestaltungswillen nicht entspricht (VwGH 28. 9. 1983, 82/13/0111, 82/13/0186).

Ein solches Versehen kann beispielsweise dann vorliegen, wenn eine falsche Fassung einer Gesetzesstelle zitiert (jedoch die richtige Fassung angewendet) wurde.

Die Unrichtigkeit muss nicht aus dem Bescheid selbst erkennbar sein. Erkenntnisquelle für die Qualifizierung eines Fehlers als „offenbar" kann auch der Akteninhalt sein (vgl. zB VwGH 15. 11. 1999, 96/10/0185; VwGH 11. 8. 2004, 2004/17/0002).

Offenbar ist eine Unrichtigkeit,

- wenn sie für die Personen, für die der Bescheid bestimmt ist, erkennbar ist (zB VwGH 15. 9. 1999, 97/04/0074, 0243; VwGH 18. 10. 2001, 2000/07/0097, 0098, 0099) und

- wenn sie von der Behörde bei entsprechender Aufmerksamkeit bereits bei der Erlassung des Bescheides hätte vermieden werden können (zB VwGH 06. 10. 1993, 91/17/0197, 92/17/0073, 0074; VwGH 26. 6. 2001, 2001/04/0045).

1.5 „ADV-Fehler"

Ausschließlich auf dem Einsatz einer automationsunterstützten Datenverarbeitungsanlage beruhende Unrichtigkeiten sind beispielsweise Fehler, die ihre Wurzel in der Unkenntnis über den Programmablauf haben, der durch Eintragungen im Eingabebogen in Gang gesetzt wird (zB VwGH 13. 10. 1982, 82/13/0122; UFS 26. 11. 2003, RV/0069-G/02; VwGH 26. 5. 2004, 2002/14/0015).

Eine derartige Unrichtigkeit kann auch Folge einer auf einem Eingabebogen bei einer falschen Kennziffer erfolgten Eintragung sein (zB VwGH 04. 6. 1986, 85/15/0076).

Auch Programmfehler bzw. Programmlücken kommen in Betracht (zB UFS 17. 6. 2003, RV/0673-S/02; UFS 26. 11. 2003, RV/0069-G/02); allerdings dann nicht, wenn die Programmierung von einer unzutreffenden Rechtsauslegung ausgegangen ist.

2. Gegenstand der Berichtigung

Nach § 293 BAO berichtigbar sind sowohl erstinstanzliche Bescheide als auch von der Abgabenbehörde zweiter Instanz erlassene Bescheide.

Auch verfahrensleitende Verfügungen (zB Mängelbehebungsaufträge, Fristverlängerungsbescheide, Prüfungsaufträge) können berichtigt werden.

Die Berichtigung ist unabhängig davon zulässig, ob der Bescheid bereits formell rechtskräftig ist. Bescheide sind auch während eines offenen Verfahrens (beim VwGH oder beim VfGH) einer Berichtigung zugänglich (vgl. zB VwGH 23. 3. 2000, 96/15/0120; VwGH 20. 12. 2006, 2002/13/0112; VwGH 31. 5. 2006, 2002/13/0072).

Wird ein vor dem VwGH oder VfGH angefochtener Bescheid nach Erhebung der Beschwerde von der belangten Behörde berichtigt, so hat der Gerichtshof der Prüfung des Bescheides jene Fassung zu Grunde zu legen, die der Bescheid durch die Berichtigung erhalten hat (vgl. zB VwGH 19. 4. 2006, 2001/13/0294).

Berichtigt kann jeder Bescheidbestandteil werden, somit nicht nur der Spruch, sondern beispielsweise auch

- die Begründung (vgl. zB VwGH 19. 4. 1989, 88/02/0166, 0205; VwGH 24. 2. 1997, 94/17/0344),
- die Bezeichnung der Behörde (VwGH 20. 9. 1989, 89/03/0202),
- die Rechtsmittelbelehrung (VwGH 24. 4. 2003, 2003/07/0008).

Unzulässig (wirkungslos, ins Leere gehend) ist es, einen nicht mehr im Rechtsbestand befindlichen Bescheid zu berichtigen (vgl. zB VwGH 13. 2. 1974, 1841/73; VwGH 28. 2. 1989, 88/04/0217; VwGH 21. 2. 1995, 95/07/0010).

3. Antrag der Partei

3.1 Antragsbefugnis

Zur Antragstellung befugt ist jeder, dem gegenüber der zu berichtigende Bescheid wirksam geworden ist. Die Befugnis steht der Partei (§ 78 BAO) zu.

Daher ist bezüglich Feststellungsbescheiden (§ 188 BAO) nicht nur die Personenvereinigung (Personengemeinschaft) selbst antragslegitimiert, sondern auch jeder, dem gegenüber der Bescheid zufolge § 191 Abs. 3 lit. b BAO wirkt und wirksam geworden ist.

Nicht antragsbefugt ist die Abgabenbehörde erster Instanz bezüglich von der Abgabenbehörde zweiter Instanz erlassener Bescheide (zB Berufungsentscheidungen).

3.2 Form und Inhalt des Antrags

Auf Berichtigung gerichtete Anträge sind Anbringen zur Geltendmachung von Rechten im Sinne des § 85 Abs. 1 BAO.

Solche Anträge sind somit im Allgemeinen schriftlich (auch im Wege von FinanzOnline) einzureichen (mündlich nach Maßgabe des § 85 Abs. 3 BAO). Sie sind bis zur Rechtskraft des über sie absprechenden Bescheides zurücknehmbar.

Spezielle Form- und Inhaltserfordernisse bestehen nicht. Entscheidend ist der Inhalt des Anbringens, das erkennbare oder zu erschließende Ziel des Parteischrittes (zB VwGH 30. 3. 2006, 2003/15/0011), nicht jedoch die Bezeichnung der Eingabe (zB VwGH 11. 11. 2004, 2004/16/0043).

Eventualanträge sind zulässig. Das Wesen eines Eventualantrags liegt darin, dass er unter der aufschiebenden Bedingung gestellt wird, dass der Primärantrag erfolglos bleibt. Wird bereits dem Primärantrag stattgegeben, so wird der Eventualantrag gegenstandslos (zB VwGH 23. 2. 2006, 2005/16/0038; VwGH 20. 11. 2006, 2003/17/0002).

Es ist daher beispielsweise zulässig, neben einer Berufung (als Primärantrag) einen Antrag auf Berichtigung nach § 293 BAO (als Eventualantrag) zu stellen.

3.3 Fristen

Mittelbar ergeben sich Antragsfristen aus der Verjährung bzw. aus der Jahresfrist des § 302 Abs. 2 lit. a BAO.

Der Eintritt der Verjährung bzw. der Ablauf der Jahresfrist steht einer Berichtigung nicht entgegen, wenn der Antrag vor Fristablauf eingebracht ist.

Die genannten Antragsfristen sind nicht erstreckbar.

Bei nicht grob verschuldeter Versäumnis einer Antragsfrist kommt eine Wiedereinsetzung in den vorigen Stand (§ 308 BAO) in Betracht.

Zu diesen Fristen siehe ergänzend Abschnitt 6.

3.4 Erledigung der Anträge

Berichtigungsanträge unterliegen der Entscheidungspflicht (vgl. § 311 Abs. 1 BAO). Sie sind daher stets mit Bescheid zu erledigen.

Abgesehen von der antragsgemäßen Berichtigung kommen insbesondere folgende Erledigungen in Betracht:

- Zurücknahmebescheide (§ 85 Abs. 2 BAO),
- Zurückweisungsbescheide (zB wegen verspäteter Einbringung des Antrages, wegen mangelnder Befugnis des Einschreiters oder wenn der betreffende Bescheid nicht mehr dem Rechtsbestand angehört),
- den Antrag abweisende Bescheide (zB wenn keine Unrichtigkeit im Sinne des § 293 BAO vorliegt).

4. Ermessen

Berichtigungen gemäß § 293 BAO liegen im Ermessen (§ 20 BAO) der Abgabenbehörde (vgl. zB VwGH 18. 12. 1968, 0301/67).

Dies gilt gleichermaßen für Berichtigungen von Amts wegen wie für solche auf Antrag.

Fehler sind mit allen vom Gesetz vorgesehenen Mitteln zu beseitigen (VwGH 04. 6. 1986, 85/13/0076). Daher werden im Allgemeinen sich nicht nur geringfügig auswirkende Fehler zu berichtigen sein. Dies gilt unabhängig davon, ob die Berichtigung sich zu Gunsten oder zu Ungunsten der Partei auswirken würde.

5. Berichtigungsbescheid

5.1 Einschränkung der Abänderungsbefugnisse

Berichtigende Bescheide dürfen nur Unrichtigkeiten im Sinne des § 293 BAO berichtigen. Darüber hinaus gehende Abänderungen sind unzulässig (vgl. zB VwGH 03. 10. 1990, 89/13/0203, 89/13/0214).

Der berichtigende Bescheid tritt nicht an die Stelle des berichtigten Bescheides (zB VwGH 31. 10. 2000, 95/15/0088; VwGH 19. 3. 2003, 2002/16/0190). Er tritt hinzu und bildet mit dem berichtigten Bescheid eine Einheit (zB VwGH 19. 3. 2003, 2002/16/0190; VwGH 20. 3. 2006, 2002/17/0023).

5.2 Aufhebung gemäß § 293 BAO

Maßnahmen nach § 293 BAO können auch zur (ersatzlosen) Aufhebung des zu berichtigenden Bescheides führen; dies jedoch nur dann, wenn der Wille der Behörde nicht auf die Erlassung eines Bescheides gerichtet war (insbesondere wenn die Bescheiderlassung lediglich Folge eines Eingabefehlers war).

Weiters kommt ein Wechsel der Bescheidart (zB Nichtveranlagungsbescheid an Stelle eines lediglich durch ein Versehen bei der Eingabe von Bemessungsgrundlagen ergangenen Abgabenbescheides) in Betracht.

5.3 Rückwirkung der Berichtigung

Berichtigungen kommt Rückwirkung auf den Zeitpunkt der Erlassung des berichtigten Bescheides zu (vgl. VwGH 29. 7. 2004, 2004/16/0041; VwGH 20. 3. 2006, 2002/17/0023).

Dies ist beispielsweise für § 217 Abs. 9 BAO (für rückwirkende Zuerkennungen oder Verlängerungen von Zahlungsfristen) bedeutsam (vgl. Richtlinien für die Abgabeneinhebung – RAE Rz 987–992).

5.4 Begründung

In der Begründung (§ 93 Abs. 3 lit. a BAO) des Berichtigungsbescheides ist das Vorliegen der Voraussetzungen des § 293 BAO darzulegen und nicht etwa nur dessen Wortlaut wiederzugeben (vgl. zB VwGH 27. 4. 2000, 98/06/0149).

Die Angabe des Berichtigungsgrundes ist auch deshalb bedeutsam, weil der von der Abgabenbehörde erster Instanz verwendete Berichtigungsgrund im Berufungsverfahren nicht ausgetauscht werden kann (vgl. UFS 03. 5. 2007, RV/1459-W/02, zu § 293b BAO).

Weiters hat die Begründung die für die Ermessensübung maßgebenden Umstände und Erwägungen insoweit aufzuzeigen, als dies für die Nachprüfbarkeit des Ermessensaktes in Richtung auf seine Übereinstimmung mit dem Sinn der Bestimmung erforderlich ist (vgl. zB VwGH 24. 3. 2004, 2001/14/0083).

6. Zeitliche Grenzen

6.1 Verjährung

Berichtigungen sind Abänderungen oder Aufhebungen im Sinne des § 302 Abs. 1 BAO. Solche Maßnahmen sind somit grundsätzlich nur bis zum Ablauf der Verjährungsfrist zulässig.

Dies gilt sowohl für die Bemessungsverjährung (Festsetzungsverjährung) nach den §§ 207 bis 209a BAO als auch für die Einhebungsverjährung (§ 238 BAO).

Die Verjährung kann jedoch nur dann einer Berichtigung entgegenstehen, wenn durch die Maßnahme die Höhe des Leistungsgebotes (des Abgabenbescheides, des Haftungsbescheides) betroffen ist. Hingegen ist die Berichtigung etwa der Begründung eines Abgabenbescheides unbefristet zulässig.

Auf Berichtigung gerichtete Anträge sind Anträge im Sinne des § 209a Abs. 2 BAO. Wird der Antrag vor Verjährungseintritt eingebracht, so steht der Eintritt der Bemessungsverjährung der Berichtigung somit nicht entgegen. Dies gilt zufolge § 238 Abs. 1 letzter Satz BAO auch für vor Eintritt der Einhebungsverjährung gestellte Anträge.

6.2 Jahresfrist des § 302 Abs. 2 lit. a BAO

Über die sich aus § 302 Abs. 1 BAO hinausgehende Frist („darüber hinaus") sind Berichtigungen weiters zulässig

- innerhalb eines Jahres ab (formeller) Rechtskraft des zu berichtigenden Bescheides oder
- auch nach Ablauf dieser Jahresfrist, wenn der Antrag auf Berichtigung innerhalb dieses Jahres eingebracht ist.

Dies gilt auch, wenn die absolute Verjährung (§ 209 Abs. 3 BAO) bereits eingetreten ist.

6.3 Keine Befristung

Unterliegt die betreffende Berichtigung weder der Bemessungsverjährung noch der Einhebungsverjährung, so ist sie unbefristet zulässig.

Würde sich die Berichtigung allerdings nicht mehr auswirken, weil beispielsweise einer Anpassung aller abgeleiteten Abgabenbescheide an eine nachträgliche Änderung von Bescheiden über die einheitliche und gesonderte Festsetzung von Einkünften der Eintritt der Bemessungsverjährung entgegenstehen würde, so wird die Berichtigung im Allgemeinen aus Ermessensüberlegungen zu unterlassen sein.

7. Rechtsschutz

Berichtigungsbescheide sind mit Berufung bzw. mit Beschwerde beim VfGH und/oder VwGH anfechtbar.

Der Berichtigungsbescheid ist nur hinsichtlich der Berichtigung anfechtbar. Dies gilt auch dann, wenn er den gesamten Spruch des berichtigten Bescheides wiederholt (zB VwGH 27. 6. 2001, 98/15/0049).

Die Berichtigung ermöglicht keine Anfechtung des berichtigten Bescheides, außer wenn erst aus der berichtigten Fassung zu erkennen ist, dass und in welchem Umfang dieser einen Eingriff in die Rechte oder rechtlichen Interessen des Betroffenen bedeutet (vgl. zB VwGH 18. 6. 1974, 0278/74).

Gemäß § 293 BAO berichtigende Bescheide sind keine an die Stelle eines Bescheides tretende Bescheide im Sinne des § 274 BAO.

Ist ein berichtigter Bescheid (in der Fassung vor der Berichtigung) mit Berufung angefochten, so wird diese Berufung durch die Berichtigung nicht gegenstandslos. Die Berufung umfasst nunmehr den Bescheid in seiner berichtigten Fassung. Es bedarf daher keiner neuerlichen Berufung, um die Rechtswidrigkeit der Berichtigung geltend zu machen (VwGH 20. 5. 1987, 86/13/0088).

Wird nach Erlassung des berichtigenden Bescheides der berichtigte Bescheid aufgehoben, so verliert der berichtigende Bescheid seine rechtliche Grundlage (vgl. zB VwGH 19. 3. 1997, 97/13/0083). Einen gegen den berichtigenden Bescheid gerichtete Berufung wird dadurch unzulässig (im Sinne des § 273 Abs. 1 lit. a BAO).

8. Zuständigkeit

Die Berichtigung obliegt der Abgabenbehörde, die den zu berichtigenden Bescheid erlassen hat (vgl. zB VwGH 13. 10. 1995, 93/17/0268; VwGH 21. 4. 1997, 96/17/0467).

Bei Übergang der sachlichen bzw. örtlichen Zuständigkeit (insbesondere nach § 52a BAO bzw. § 73 BAO) geht auch die Zuständigkeit zur Berichtigung von Bescheiden der bisher zuständigen Abgabenbehörde erster Instanz auf die neu zuständige Abgabenbehörde über.

Für die Berichtigung von Bescheiden der Abgabenbehörde zweiter Instanz (somit im Allgemeinen des UFS) ist die Abgabenbehörde zweiter Instanz zuständig. Ob die Berichtigung von Bescheiden des UFS dem Referenten oder dem gesamten Berufungssenat obliegt, richtet sich nach § 282 Abs. 3 BAO.

9. Hinweis

Die vorstehenden Ausführungen stellen die Rechtsansicht des Bundesministeriums für Finanzen dar, die im Interesse einer bundeseinheitlichen Vorgangsweise mitgeteilt wird. Über die gesetzlichen Bestimmungen hinausgehende Rechte und Pflichten werden dadurch weder begründet noch können solche aus dem Erlass abgeleitet werden.

12/6/2.

AÖF 2009/157

Richtlinien zur Berichtigung gemäß § 293b BAO

(Erlass des BMF vom 19. Mai 2009, BMF-010103/0057-VI/2009)

Voraussetzungen für Berichtigungen, Ermessensübung, Antragsbefugnis, Teilrechtskraft, Verjährung

Gliederung:

1. Abgabenerklärung
2. Offensichtliche Unrichtigkeiten
3. Ermessen
4. Antrag
4.1 Antragsbefugnis
4.2 Form und Inhalt des Antrages
4.3 Erledigung des Antrages
5. Berichtigungsbescheid
5.1 Teilrechtskraft
5.2 Begründung
5.3 Rückwirkung der Berichtigung
6. Zeitliche Grenzen
7. Zuständigkeit
8. Offensichtliche Unrichtigkeiten bei Selbstbemessungsabgaben
9. Hinweise

1. Abgabenerklärung

Gemäß § 293b BAO sind nur Bescheide berichtigbar, die als Folge der Übernahme offensichtlicher Unrichtigkeiten aus Abgabenerklärungen rechtswidrig sind.

Abgabenerklärungen in diesem Sinn sind insbesondere:

- Einkommensteuererklärungen (§ 42 EStG 1988),
- Steuererklärungen bei Feststellung der Einkünfte gemäß § 188 BAO (§ 43 EStG 1988),
- Körperschaftsteuererklärungen (§ 24 Abs. 3 KStG 1988 in Verbindung mit § 42 EStG 1988),
- Umsatzsteuererklärungen (§ 21 Abs. 1 bzw. 4 UStG 1994),
- Grunderwerbsteuererklärungen (§ 10 GrEStG 1987),
- Anmeldungen gemäß § 13 Abs. 1 GrEStG 1987,
- Abgabenerklärungen gemäß § 10 KVStG,
- Jahresabgabenerklärungen gemäß § 5 Abs. 4 ElAbgG, § 6 Abs. 4 ErdgasAbgG, § 6 Abs. 4 KohleAbgG und gemäß § 4 Abs. 3 WerbeAbgG,
- Steuererklärungen gemäß § 2 Abs. 2 Energieabgabenvergütungsgesetz,
- Steuererklärungen gemäß § 3 Abs. 2 StiftEG,
- Jahressteuererklärungen gemäß § 8 Abs. 2 VersStG und gemäß § 6 Abs. 2 Feuerschutzsteuergesetz,
- Steuererklärungen gemäß § 8 Abs. 3 VersStG,
- Anmeldungen gemäß § 11 Abs. 1 NoVAG,
- zur Feststellung der Einheitswerte erforderliche Erklärungen (§ 80 BewG 1955).

Abgabenerklärungen liegen auch vor, wenn sie entgegen § 133 Abs. 2 BAO nicht unter Verwendung amtlicher Vordrucke eingereicht werden (VwGH 27. 10. 1988, 87/16/0161). Sie liegen weiters vor, wenn sie rechtswidrigerweise (zB unter Verletzung des § 42 Abs. 1 EStG 1988) nicht elektronisch (sondern auf Papier) eingereicht werden.

Nur die erste Erklärung (und nicht auch eine diese später berichtigende Eingabe, wie etwa eine Anzeige gemäß § 139 BAO) gilt als Abgabenerklärung (vgl. zB VwGH 24. 4. 1996, 92/13/0309).

Keine Abgabenerklärungen sind beispielsweise Gebührenanzeigen (§ 31 GebG), Lohnsteueranmeldungen (§ 80 EStG 1988), Anmeldungen gemäß § 96 Abs. 3 EStG 1988 (Kapitalertragsteuer), Mitteilungen gemäß § 101 Abs. 3 EStG 1988 (Abzugsteuer nach § 99 EStG 1988) und Anzeigen gemäß § 6 Abs. 1 KfzStG 1992.

Umsatzsteuervoranmeldungen (§ 21 Abs. 1 UStG 1994) gelten zwar als Steuererklärungen; für die Festsetzung von Umsatzsteuervorauszahlungen gilt jedoch § 21 Abs. 3 UStG 1994 (als speziellere Norm im Verhältnis zu § 201 BAO).

2. Offensichtliche Unrichtigkeiten

§ 293b BAO ermöglicht die Berichtigung von Bescheiden insoweit, als deren Rechtswidrigkeit auf der Übernahme offensichtlicher Unrichtigkeiten aus Abgabenerklärungen beruht.

Eine **Unrichtigkeit** ist dann **offensichtlich**, wenn sie ohne nähere Untersuchungen im Rechtsbereich und ohne Ermittlungen im Tatsachenbereich deutlich erkennbar ist (zB VwGH 18. 3. 2004, 2003/15/0049).

Eine offensichtliche Unrichtigkeit liegt vor, wenn die Abgabenbehörde bei ordnungsmäßiger Prüfung der Abgabenerklärung die Unrichtigkeit hätte erkennen müssen, ohne ein weiteres Ermittlungsverfahren durchzuführen (zB VwGH 23. 9. 2005, 2002/15/0198).

Die Unrichtigkeit kann zum Ausdruck kommen

- in einer unzutreffenden Rechtsauffassung,
- in einer in sich widersprüchlichen oder eindeutig gegen menschliches Erfahrungsgut sprechenden Sachverhaltsdarstellung (zB VwGH 23. 9. 2005, 2002/15/0198; VwGH 23. 5. 2007, 2004/13/0052).

Ob eine Rechtsauffassung offensichtlich unrichtig ist, ist anhand des Gesetzes und der dazu entwickelten Rechtsprechung zu beurteilen (zB VwGH 29. 11. 2006, 2002/13/0153, 0163, 2006/13/0192; VwGH 23. 5. 2007, 2004/13/0052).

Ist die Unrichtigkeit erst nach Durchführung eines diesbezüglichen (über die Bedachtnahme auf die Aktenlage hinausgehenden) Ermittlungsverfahrens erkennbar, so ist sie nicht nach § 293b BAO berichtigbar (zB VwGH 22. 12. 2004, 2004/15/0126).

Die Unrichtigkeit muss aus der Abgabenerklärung (das ist der Erklärungsvordruck sowie sämtliche Beilagen) selbst oder aus ihr in Verbindung mit der übrigen Aktenlage erkennbar sein.

Maßgeblicher Zeitpunkt, zu welchem die Unrichtigkeit zu beurteilen ist, ist der Zeitpunkt der Erlassung des zu berichtigenden Bescheides (zB VwGH 16. 12. 2003, 2003/15/0110; VwGH 23. 5. 2007, 2004/13/0052).

Wenn die Abgabenbehörde selbst (bewusst) die unrichtige Rechtsauffassung teilt, liegt keine Übernahme offensichtlicher Unrichtigkeiten vor, denn kausal für die Rechtswidrigkeit des Bescheides ist diesfalls nicht der Inhalt der Abgabenerklärung, sondern die unrichtige Rechtsauffassung der Abgabenbehörde (zB VwGH 22. 4. 1998, 93/13/0277; UFS 5. 10. 2004, RV/1067-W/04; VwGH 25. 6. 2007, 2002/14/0100).

Als offensichtliche Unrichtigkeiten kommen beispielsweise in Betracht:

- Nichtberücksichtigung eines aktenkundigen Verlustvortrages.
- Absetzung einer Einmalzahlung als Rente (VwGH 7. 8. 1992, 91/14/0150).
- Teilwertabschreibung bei einem Einnahmen-Ausgaben-Rechner (VwGH 16. 12. 1998, 96/13/0007).
- Verwertung von Verlusten aus außerbetrieblichen Einkunftsarten im Wege des Verlustvortrages (VwGH 22. 4. 2004, 2004/15/0043).
- Nichtbeachtung der Betragsgrenze des § 34 Abs. 8 EStG 1988 (UFS 17. 9. 2004, RV/0223-L/04).
- Nichtbeachtung der im Finanzamtsakt aufliegenden Verzichtserklärung gemäß § 6 Abs. 3 UStG 1994 (UFS 15. 10. 2004, RV/0906-W/04).
- Behandlung eines stillen Gesellschafters als Mitunternehmer, obwohl aus dem vorgelegten Gesellschaftsvertrag ersichtlich war, dass er im Falle seines Ausscheidens nicht an den stillen Reserven samt Firmenwert beteiligt ist (VwGH 22. 12. 2004, 2004/15/0126).
- Sofortige gewinnmindernde Absetzung der Grunderwerbsteuer an Stelle der Aktivierung als Anschaffungsnebenkosten (UFS 23. 5. 2005, RV/0544-W/03).
- Abzug von Unterhaltszahlungen als Betriebsausgabe (UFS 27. 4. 2006, RV/1471-W/05).
- Berücksichtigung des für Musiker geltenden Werbungskostenpauschales [§ 1 Z 5 VO BGBl. II Nr. 382/2001] für Musiklehrer (UFS 8. 3. 2007, RV/0099-G/06).
- Mehr als 1,5% AfA im Anwendungsbereich des § 16 Abs. 1 lit. d EStG 1988, obwohl kein Nachweis für eine kürzere Nutzungsdauer erbracht wurde (VwGH 23. 5. 2007, 2004/13/0052).
- Nichtbeachtung der betragsmäßigen Beschränkung der Abzugsfähigkeit von Familienheimfahrten im § 20 Abs. 1 Z 2 lit. c EStG 1988 (UFS 15. 10. 2007, RV/0629-G/07).

3. Ermessen

Die Berichtigung gemäß § 293b BAO liegt im Ermessen der Abgabenbehörde. Dies gilt sowohl für amtswegige Berichtigungen als auch für Berichtigungen auf Antrag der Partei.

Bei der Ermessensübung wird primär maßgebend sein, dass dem Prinzip der Rechtsrichtigkeit (Gleichmäßigkeit der Besteuerung) gegenüber dem der Rechtsbeständigkeit der Vorzug einzuräumen ist (vgl. zB VwGH 21. 1. 2004, 2002/13/0071; VwGH 23. 5. 2007, 2004/13/0052). Dies gilt unabhängig davon, ob die Berichtigung sich zu Gunsten oder zu Ungunsten der Partei auswirken würde.

Sind die steuerlichen Folgen der Unrichtigkeit lediglich geringfügig, so wird im Allgemeinen die Berichtigung zu unterlassen sein (vgl. zB VwGH 29. 1. 2002, 98/14/0024).

Ein behördliches Verschulden an der Übernahme offensichtlicher Unrichtigkeiten spricht nicht gegen die Berichtigung. Es kommt nämlich auf das Ausmaß der Aufmerksamkeit oder Vernachlässigung der gebotenen Sorgfalt der Abgabenbehörde nicht an (zB VwGH 30. 10. 2001, 98/14/0085).

Ein etwaiges Verschulden der Partei an der Unrichtigkeit ist bei der Ermessensübung grundsätzlich bedeutungslos (vgl. zB VwGH 30. 10. 2001, 98/14/0085; VwGH 21. 1. 2004, 2003/13/0071), ebenso etwa der Umstand, dass die Partei die Unrichtigkeit nicht in einer Berufung gegen den betreffenden Bescheid geltend gemacht hat.

Der Grundsatz von Treu und Glauben ist bei der Ermessensübung zu berücksichtigen (UFS 24. 4. 2006, RV/0399-K/05).

4. Antrag

4.1 Antragsbefugnis

Zur Antragstellung befugt ist jeder, dem gegenüber der zu berichtigende Bescheid wirksam geworden ist. Die Befugnis steht der Partei (§ 78 BAO) zu.

Daher ist bezüglich Feststellungsbescheiden (§ 188 BAO) nicht nur die Personenvereinigung (Personengemeinschaft) selbst antragslegitimiert, sondern auch jeder, dem gegenüber der Bescheid zufolge § 191 Abs. 3 lit. b BAO wirkt und wirksam geworden ist.

Nicht antragsbefugt ist die Abgabenbehörde erster Instanz bezüglich von der Abgabenbehörde zweiter Instanz erlassener Bescheide (zB Berufungsentscheidungen).

Der Antrag ist bei der für die Berichtigung zuständigen Abgabenbehörde einzubringen.

4.2 Form und Inhalt des Antrages

Der Antrag ist ein Anbringen zur Geltendmachung von Rechten im Sinne des § 85 Abs. 1 BAO; er ist somit

- grundsätzlich schriftlich einzureichen,
- zurücknehmbar (bis zur Rechtskraft des über ihn absprechenden Bescheides).

Spezielle Form- und Inhaltserfordernisse bestehen nicht. Entscheidend ist der Inhalt des Anbringens, das erkennbare oder zu erschließende Ziel des Parteischrittes (zB VwGH 15. 1. 2008, 2007/15/0119), nicht jedoch die Bezeichnung der Eingabe (zB VwGH 11. 11. 2004, 2004/16/0043).

Eventualanträge sind zulässig. Das Wesen eines Eventualantrages liegt darin, dass er unter der aufschiebenden Bedingung gestellt wird, dass der Primärantrag erfolglos bleibt. Wird bereits dem Primärantrag stattgegeben, so wird der Eventualantrag gegenstandslos (zB VwGH 23. 2. 2006, 2005/16/0038; VwGH 20. 11. 2006, 2003/17/0002).

Es ist daher beispielsweise zulässig, neben einer Berufung (als Primärantrag) einen Antrag auf Berichtigung nach § 293b BAO (als Eventualantrag) zu stellen.

Das Antragsrecht ist nicht befristet (außer de facto durch die Verjährung).

4.3 Erledigung des Antrages

Der Antrag unterliegt der Entscheidungspflicht (vgl. § 311 Abs. 1 BAO). Er ist daher stets mit Bescheid zu erledigen.

Abgesehen von der antragsgemäßen Berichtigung kommen insbesondere folgende Erledigungen in Betracht:

- Zurücknahmebescheide (§ 85 Abs. 2 BAO),
- Zurückweisungsbescheide (zB wegen verspäteter Einbringung des Antrages, wegen mangelnder Befugnis des Einschreiters oder wenn der betreffende Bescheid nicht mehr dem Rechtsbestand angehört),
- den Antrag abweisende Bescheide (zB wenn keine Unrichtigkeit im Sinn des § 293b BAO vorliegt).

5. Berichtigungsbescheid

5.1 Teilrechtskraft

Gemäß § 293b BAO berichtigende Bescheide dürfen lediglich die aus der Abgabenerklärung übernommenen offensichtlichen Unrichtigkeiten beseitigen.

Berichtigende Bescheide ergänzen den fehlerhaften Bescheid. Sie können grundsätzlich nur hinsichtlich der Berichtigung (dem Grunde oder der Höhe nach) und der damit im Zusammenhang stehenden Folgen (zB Höhe der Abgabe, Fälligkeit einer allfälligen Nachforderung) mit Berufung angefochten werden.

Eine Ausnahme von diesem Grundsatz besteht – ebenso wie bei Berichtigungen gemäß § 293 BAO (vgl. VwGH 18. 6. 1974, 278/74) – nur in jenen Fällen, in denen erst aus der berichtigten Fassung eines Bescheides zu erkennen ist, dass und in welchem Ausmaß ein Eingriff in die Rechte und rechtlichen Interessen der Partei erfolgte; nur diesfalls kann in der Berufung gegen den berichtigenden Bescheid auch die Überprüfung des ursprünglichen Bescheides in seiner berichtigten Fassung begehrt werden.

Beispiel:

Im Einkommensteuerbescheid wird der in der Abgabenerklärung vorgenommene Abzug von Unterhaltszahlungen als Betriebsausgaben übernommen. Abweichend von der Erklärung werden Reisekosten nicht als Werbungskosten anerkannt. Trotz dieser Erhöhung des steuerpflichtigen Einkommens fällt keine Steuer an. Daher fühlt sich die Partei durch die Nichtanerkennung der genannten Werbungskosten nicht beschwert. Der Bescheid wird rechtskräftig.

Nach zwei Jahren berichtigt das Finanzamt den Einkommensteuerbescheid (Nichtabzug der Unterhaltszahlungen). Dies führt (in Verbindung mit der Nichtanerkennung der Werbungskosten) dazu, dass im berichtigenden Bescheid eine Einkommensteuernachforderung festgesetzt wird. Erst dadurch fühlt sich die Partei beschwert, weil die Berücksichtigung der Werbungskosten zu einer geringeren Einkommensteuernachforderung führen würde. Daher kann in der Berufung gegen den berichtigenden Bescheid auch die Nichtanerkennung der Werbungskosten geltend gemacht werden.

Gemäß § 293b BAO berichtigende Bescheide sind keine an die Stelle eines Bescheides tretende Bescheide im Sinn des § 274 BAO.

Ist ein berichtigter Bescheid (in der Fassung vor der Berichtigung) mit Berufung angefochten, so wird diese Berufung durch die Berichtigung nicht gegenstandslos. Die Berufung umfasst nunmehr den Bescheid in seiner berichtigten Fassung. Es bedarf daher keiner neuerlichen Berufung, um die Rechtswidrigkeit der Berichtigung geltend zu machen (VwGH 20. 5. 1987, 86/13/0088).

Wird nach Erlassung des berichtigenden Bescheides der berichtigte Bescheid aufgehoben, so verliert der berichtigende Bescheid seine rechtliche Grundlage (vgl. zB VwGH 19. 3. 1997, 97/13/0038). Eine gegen den berichtigenden Bescheid gerichtete Berufung wird dadurch unzulässig (im Sinn des § 273 Abs. 1 lit. a BAO).

Wird ein vor dem VwGH oder VfGH angefochtener Bescheid nach Erhebung der Beschwerde von der belangten Behörde berichtigt, so hat der Gerichtshof der Prüfung des Bescheides jene Fassung zu Grunde zu legen, die der Bescheid durch die Berichtigung erhalten hat (vgl. zB VwGH 23. 4. 2008, 2006/13/0053).

5.2 Begründung

In der Begründung (§ 93 Abs. 3 lit. a BAO) des Berichtigungsbescheides ist das Vorliegen der Voraussetzungen des § 293b BAO darzulegen und nicht etwa nur dessen Wortlaut wiederzugeben (vgl. zB VwGH 27. 4. 2000, 98/06/0149).

Die Angabe des Berichtigungsgrundes ist auch deshalb bedeutsam, weil der von der Abgabenbehörde erster Instanz verwendete Berichtigungsgrund im Berufungsverfahren nicht ausgetauscht werden kann (vgl. UFS 3. 5. 2007, RV/1459-W/02).

Weiters hat die Begründung die für die Ermessensübung maßgebenden Umstände und Erwägungen insoweit aufzuzeigen, als dies für die Nachprüfbarkeit des Ermessensaktes in Richtung auf seine Übereinstimmung mit dem Sinn der Bestimmung erforderlich ist (vgl. zB VwGH 24. 3. 2004, 2001/14/0083).

5.3 Rückwirkung der Berichtigung

Berichtigungen kommt Rückwirkung auf den Zeitpunkt der Erlassung des berichtigten Bescheides zu (vgl. VwGH 29. 7. 2004, 2004/16/0041; VwGH 20. 3. 2006, 2002/17/0023).

Dies ist beispielsweise für § 217 Abs. 9 BAO (für rückwirkende Zuerkennungen oder Verlängerungen von Zahlungsfristen) bedeutsam (vgl. Richtlinien für die Abgabeneinhebung – RAE Rz 987 bis 992).

6. Zeitliche Grenzen

Berichtigungen gemäß § 293b BAO sind auch vor Eintritt der Rechtskraft (im formellen Sinn) des betreffenden Bescheides zulässig.

Berichtigungen sind gemäß § 302 Abs. 1 BAO nur bis zum Ablauf der Bemessungsverjährungsfrist zulässig.

Auf Berichtigung von Abgabenbescheiden gerichtete Anträge sind Anträge im Sinn des § 209a Abs. 2 BAO.

Wird der Antrag auf Berichtigung vor Eintritt der Bemessungsverjährung gestellt, so steht daher der Verjährungseintritt der meritorischen Erledigung nicht entgegen (§ 209a Abs. 2 BAO zufolge).

Wird der Antrag auf Berichtigung eines Bescheides über die Feststellung von Einkünften (§ 188 BAO) vor Eintritt der Bemessungsverjährung bezüglich der hievon abgeleiteten Einkommensteuer (bzw. Körperschaftsteuer) eingebracht, erfolgt jedoch die Berichtigung erst nach Verjährungseintritt, so ist § 209a Abs. 2 BAO anwendbar. Daher müssen die auf § 295 Abs. 1 BAO gestützten Änderungen der Abgabenbescheide ungeachtet zwischenzeitigen Verjährungseintritts erfolgen.

Unterliegt die betreffende Berichtigung weder der Bemessungsverjährung noch der Einhebungsverjährung, so ist sie unbefristet zulässig.

Würde sich die Berichtigung allerdings nicht mehr auswirken, weil beispielsweise einer Anpassung aller abgeleiteten Abgabenbescheide an eine nachträgliche Änderung von Bescheiden über die Feststellung von Einkünften (§ 188 BAO) der Eintritt der Bemessungsverjährung entgegenstehen würde, so wird die Berichtigung im Allgemeinen aus Ermessensüberlegungen zu unterlassen sein.

7. Zuständigkeit

Die Berichtigung obliegt jener Abgabenbehörde, die den zu berichtigenden Bescheid erlassen hat.

Bei Übergang der sachlichen bzw. örtlichen Zuständigkeit (insbesondere nach § 52a BAO bzw. nach § 73 BAO) geht auch die Zuständigkeit zur Berichtigung von Bescheiden der bisher zuständigen Abgabenbehörde erster Instanz auf die neu zuständige Abgabenbehörde über.

Für die Berichtigung von Bescheiden der Abgabenbehörde zweiter Instanz (somit im Allgemeinen des UFS) ist die Abgabenbehörde zweiter Instanz zuständig. Ob die Berichtigung von Bescheiden des UFS dem Referenten oder dem gesamten Berufungssenat obliegt, richtet sich nach § 282 Abs. 3 BAO.

8. Offensichtliche Unrichtigkeiten bei Selbstbemessungsabgaben

Die Festsetzung von Selbstbemessungsabgaben kann nach § 201 Abs. 2 Z 5 BAO ua. erfolgen, wenn bei sinngemäßer Anwendung des § 293b BAO die Voraussetzungen für eine Abänderung vorliegen würden.

Sinngemäß bedeutet beispielsweise, dass an Stelle der Übernahme der Unrichtigkeit in den Bescheid die Übernahme durch Verbuchung des bekanntgegebenen Selbstberechnungsbetrages tritt.

Abgabenerklärungen sind für Selbstberechnungsabgaben beispielsweise vorgesehen in § 13 Abs. 1 GrEStG 1987, § 10a Abs. 2 KVStG, § 8 Abs. 3 VersStG, § 6 Abs. 2 FeuerschutzStG, § 6 Abs. 4 KfzStG 1992 und in § 11 Abs. 2 NoVAG.

Gemäß § 201 BAO erfolgte Festsetzungen haben die gesamte Abgabe zu umfassen (nicht nur die Nachforderung oder Gutschrift). Die sinngemäße Anwendung des § 293b BAO hat allerdings zur Folge, dass der Abgabenbescheid nur hinsichtlich der offensichtlichen Unrichtigkeit vom Ergebnis der Selbstberechnung abweichen darf.

Festsetzungen nach § 201 Abs. 2 BAO liegen im Ermessen. Für die Ermessensübung bei sinngemäßer Anwendung des § 293b BAO werden dieselben Grundsätze wie für Berichtigungen gemäß § 293b BAO maßgebend sein.

Für die Geltendmachung von Abfuhrabgaben (zB Lohnsteuer) ist gemäß § 202 Abs. 1 erster Satz BAO die sinngemäße Anwendbarkeit des § 201 BAO normiert. Dies gilt etwa für die Übernahme offensichtlicher Unrichtigkeiten aus Jahressteuererklärungen nach § 8 Abs. 2 VersStG.

§ 201 Abs. 1, 2 und 3 BAO (damit auch § 201 Abs. 2 Z 5 BAO) gilt für Selbstbemessungsabgaben nur dann, wenn nicht speziellere Abgabenvorschriften (zB § 21 Abs. 3 UStG 1994, § 5 Abs. 3 Elektrizitätsabgabegesetz, § 6 Abs. 3 Erdgasabgabegesetz, § 6 Abs. 3 Kohleabgabegesetz) abweichende Regelungen enthalten.

9. Hinweise

Die vorstehenden Ausführungen stellen die Rechtsansicht des Bundesministeriums für Finanzen dar, die im Interesse einer bundeseinheitlichen Vorgangsweise mitgeteilt wird. Über die gesetzlichen Bestimmungen hinausgehende Rechte und Pflichten werden dadurch weder begründet noch können solche aus dem Erlass abgeleitet werden.

Der Erlass des Bundesministeriums für Finanzen vom 24. Jänner 1990, Z 05 2601/5-IV/5/89, AÖFV Nr. 100/1990, wird aufgehoben.

12/6/3.

AÖF 2007/82

Richtlinien zur Änderung gemäß § 295 BAO

(Erlass des BMF vom 30. Jänner 2007, BMF-010103/0004-VI/2007)

Grundlagenbescheide, grundlagenbescheidähnliche Bescheide, Änderungsbefugnis, Anfechtbarkeit, Verjährung, Zuständigkeit, Nebenansprüche

Inhaltsverzeichnis

1. Voraussetzungen für Maßnahmen gemäß § 295 BAO

1.1 Feststellungsbescheide (§ 295 Abs. 1 BAO)

Eine Änderung oder Aufhebung gemäß § 295 Abs. 1 BAO setzt insbesondere voraus,

- dass ein Bescheid von einem Feststellungsbescheid abzuleiten ist,
- die nachträgliche Abänderung, Aufhebung oder Erlassung eines solchen Feststellungsbescheides,
- dass sich die Abänderung, Aufhebung oder Erlassung des Feststellungsbescheides auf den Spruch des abgeleiteten Bescheides auswirkt.

Feststellungsbescheide sind vor allem

- Bescheide über die einheitliche und gesonderte Feststellung von Einkünften (§ 188 BAO),
- Bescheide über die gesonderte oder über die einheitliche und gesonderte Feststellung von Einheitswerten (§ 186 BAO).

§ 295 Abs. 1 BAO ist auch bei nachträglicher Erlassung oder Aufhebung von „Nichtfeststellungsbescheiden" anwendbar. Dies ergibt sich aus § 190 Abs. 1 zweiter Satz BAO. Danach sind die für Feststellungen geltenden Vorschriften sinngemäß für Bescheide anzuwenden, mit denen ausgesprochen wird, dass die Feststellungen zu unterbleiben haben.

Von Feststellungsbescheiden (§ 188 BAO) bzw. von „Nichtfeststellungsbescheiden" **abgeleitete Bescheide** sind

- Einkommensteuerbescheide,
- Körperschaftsteuerbescheide,
- Feststellungsbescheide (§ 188 BAO).

Als von Einheitswertbescheiden (§ 186 BAO) abgeleitete Bescheide kommen etwa in Betracht:

- Grundsteuermessbescheide (§§ 18 ff GrStG),
- Grunderwerbsteuerbescheide (vgl. § 6 GrEStG 1987),
- Erbschafts- und Schenkungssteuerbescheide (vgl. zB § 19 Abs. 2 ErbStG),
- Gebührenbescheide (vgl. zB § 33 TP 1 GebG),
- Einkommensteuerbescheide (vgl. § 16 Abs. 1 Z 8 lit. b EStG 1988),
- Bodenwertabgabebescheide (vgl. § 4 BodenwertabgabeG).

Eine **nachträgliche** Abänderung, Aufhebung oder Erlassung des Feststellungsbescheides liegt vor, wenn sie nach Bekanntgabe (§ 97 BAO, somit in der Regel nach Zustellung) des abgeleiteten Bescheides erfolgt.

Für vor Erlassung abgeleiteter Bescheide erfolgte Abänderungen, Aufhebungen oder Erlassungen von Feststellungsbescheiden ist § 295 Abs. 1 BAO somit nicht anwendbar. Hingegen kommt (abgesehen von einer Maßnahme gemäß § 299 BAO) eine Berichtigung gemäß § 293b BAO in Betracht, wenn ein Betrag aus der Abgabenerklärung übernommen wird, obwohl sich seine Unrichtigkeit aus der Aktenlage (bei Aktenkundigkeit des Inhaltes des Grundlagenbescheides) im Zeitpunkt der Erlassung des abgeleiteten Bescheides ergibt.

Verfahrenstitel zur Abänderung oder Aufhebung von Feststellungsbescheiden sind beispielsweise

- § 276 Abs. 1 BAO (Berufungsvorentscheidung),
- § 289 Abs. 1 BAO (Aufhebung unter Zurückverweisung der Sache an die Abgabenbehörde erster Instanz),
- § 289 Abs. 2 BAO (Berufungsentscheidung),
- § 293 BAO (Berichtigung zB wegen eines Schreib- oder Rechenfehlers),
- § 293b BAO (Berichtigung aus der Abgabenerklärung übernommener offensichtlicher Unrichtigkeiten),
- § 299 Abs. 1 BAO (Aufhebung des Bescheides, weil sich sein Spruch als nicht richtig erweist),
- § 303 BAO (Wiederaufnahme des Verfahrens),
- § 42 Abs. 2 VwGG (Aufhebung durch VwGH),
- § 87 Abs. 1 VfGG (Aufhebung durch VfGH).

Die nachträgliche Abänderung, Aufhebung oder Erlassung des Feststellungsbescheides muss zu einem vom bisherigen Spruch des abgeleiteten (bzw. des abzuleitenden) Bescheides abweichenden Spruchinhalt führen.

Beispiel:

Vor Erlassung des Feststellungsbescheides (§ 188 BAO) wird der Einkommensteuerbescheid einer an den Einkünften beteiligten Person er-

lassen. Der Einkunftsanteil wird in jener Höhe angesetzt, wie er in der Einkommensteuererklärung angegeben ist. Nachträglich ergeht der Feststellungsbescheid. Er weist den Einkunftsanteil dieser Person in derselben Höhe aus. Daher wäre eine auf § 295 Abs. 1 BAO gestützte Maßnahme unzulässig.

Ist der abgeleitete Bescheid ein Abgabenbescheid, so darf seine Änderung bzw. seine Aufhebung im Allgemeinen nur erfolgten, wenn dem die Bemessungsverjährung nicht entgegensteht. Siehe Abschnitt 5.

§ 295 Abs. 1 BAO setzt die Wirksamkeit des Grundlagenbescheides gegenüber dem Adressaten des abgeleiteten Bescheides voraus (VwGH 6. 4. 1995, 93/15/0088).

Erfolgt eine auf § 295 Abs. 1 BAO gestützte Änderung oder Aufhebung, obwohl kein wirksamer Grundlagenbescheid existiert, so ist dieser Bescheid gesetzwidrig. Diese Rechtswidrigkeit ist durch die nachträgliche Erlassung des Grundlagenbescheides nicht sanierbar (vgl. VwGH 24. 11. 1998, 93/14/0203).

Verfahrenstitel zur ersatzlosen Aufhebung solcher rechtswidriger Bescheide sind insbesondere § 276 Abs. 1 BAO (Berufungsvorentscheidung), § 299 Abs. 1 BAO sowie § 303 Abs. 1 lit. b BAO und § 303 Abs. 4 BAO (Wiederaufnahme des Verfahrens).

1.2 Zu § 295 Abs. 2 BAO

§ 295 Abs. 2 BAO setzt voraus, dass ein Bescheid von einem Abgaben-, Mess-, Zerlegungs- oder Zuteilungsbescheid abzuleiten ist.

Beispiele:

Abgabenerhöhungsbescheide nach § 9 Abs. 2 GebG sind von Gebührenbescheiden abgeleitet.

Vom Grundsteuermessbescheid sind Zerlegungen der Steuermessbeträge (§§ 24 bis 26 GrStG) abgeleitet.

1.3 Grundlagenbescheidähnliche Bescheide (§ 295 Abs. 3 BAO)

§ 295 Abs. 3 BAO dient zur Anpassung (Änderung, Aufhebung) von Bescheiden an nachträglich erlassene „grundlagenbescheidähnliche" Bescheide. Solche Bescheide sind keine förmlichen Grundlagenbescheide, sondern Bescheide, die diesen ähnlich sind und in ihrer Wirkung materiell andere Bescheide beeinflussen (zB VwGH 14. 5. 1991, 90/14/0149; VwGH 10. 11. 1993, 92/13/0176).

Derartige „grundlagenbescheidähnliche" Bescheide sind beispielsweise

- über die Höhe von Verlusten absprechende Bescheide (zB Feststellungsbescheide, Einkommensteuerbescheide, Körperschaftsteuerbescheide) für Verlustvorträge (§ 18 Abs. 6 EStG 1988), somit für die Jahre nach Entstehung des Verlustes betreffende Abgabenbescheide (vgl. BMF, SWK 2004, S 650),
- auf § 26 Abs. 2 letzter Satz BAO, auf § 44 Abs. 2 BAO oder auf § 48 BAO gestützte Bescheide für hievon abgeleitete Abgabenbescheide,
- Zuzugsbegünstigungsbescheide (§ 103 EStG 1988) für Einkommensteuerbescheide,
- Berufungsentscheidungen für Ablaufbescheide (§ 212a Abs. 5 BAO) und für Aussetzungszinsenbescheide (vgl. VwGH 3. 8. 2004, 99/13/0207),
- Bescheide über die Verlängerung der Berufungsfrist für Zurückweisungsbescheide (§ 273 Abs. 1 lit. b BAO),
- Abgabenbescheide (zB Einkommensteuerbescheide) für Verspätungszuschlagsbescheide gemäß § 135 BAO (VwGH 19. 1. 2005, 2001/13/0167),
- Vorauszahlungsbescheide (Einkommensteuer, Körperschaftsteuer) für Veranlagungsbescheide (Einkommensteuer bzw. Körperschaftsteuer),
- Einheitswertbescheide für Wertfortschreibungsbescheide (zB Aufhebung des Wertfortschreibungsbescheides, weil ein für einen früheren Stichtag erlassener Einheitswertbescheid dazu führt, dass im Vergleich zu ihm die Wertfortschreibungsgrenzen nicht überschritten sind),
- Selbstberechnungsabgaben betreffende Abgabenbescheide (zB nach § 21 Abs. 3 UStG 1984) für Säumniszuschläge (vgl. Richtlinien für die Abgabeneinhebung Œ RAE Rz 2006 ff).

Weitere Beispiele (nämlich auf § 92 Abs. 1 lit. b BAO gestützte Bescheide) sind erwähnt in:

- Richtlinien zur Liebhabereibeurteilung (LRL 1997), AÖFV Nr. 47/1998, Abschnitt 31.1,
- Salzburger Steuerdialoge 2006 (Protokoll zu Zweifelsfragen BAO), AÖFV Nr. 281/2006, Abschnitt 8.

§ 295 Abs. 3 BAO ist unabhängig davon anwendbar, ob der abgeleitete Bescheid (formell) rechtskräftig ist.

§ 295 Abs. 3 BAO setzt voraus, dass der grundlagenbescheidähnliche Bescheid an denselben Bescheidadressaten ergangen ist wie der auf § 295 Abs. 3 BAO gestützte Bescheid (vgl. zB VwGH 20. 10. 1992, 92/14/0026).

Eine Änderung (§ 295 Abs. 3 BAO) eines rechtlich nicht mehr existenten Bescheides geht ins Leere (UFS 17. 6. 2004, RV/0625-W/03).

2. Unanwendbarkeit des § 295 BAO mangels Bindung

§ 295 BAO ist nur anwendbar, wenn für andere Bescheide eine Bindung an Grundlagenbescheide oder an grundlagenbescheidähnliche Bescheide besteht.

Keine Bindung besteht beispielsweise

- für die Kapitalertragsteuer an Feststellungen im Körperschaftsteuerverfahren (zB VwGH 31. 5. 2006, 2002/13/0204), wie etwa betreffend verdeckte Gewinnausschüttung (zB VwGH 15. 12. 1999, 97/13/0189; VwGH 30. 1. 2003, 98/15/0093),

- für das Einkommensteuerverfahren an Feststellungen im Körperschaftsteuerbescheid (und umgekehrt) bezüglich verdeckter Gewinnausschüttung (zB VwGH 22. 3. 2000, 97/13/0173; VwGH 11. 5. 2005, 2001/13/0039),
- für den Dienstgeberbeitrag an Kommunalsteuerbescheide (zB VwGH 15. 12. 2004, 2002/13/0118),
- für die Einkommensteuer des Arbeitnehmers an Feststellungen im Lohnsteuerverfahren (zB VwGH 22. 9. 2000, 98/15/0014; VwGH 4. 6. 2003, 2002/13/0241; VwGH 1. 7. 2003, 2002/13/0214),
- im Einkommensteuerverfahren an Freibetragsbescheide (VwGH 10. 7. 1996, 94/15/0011).

3. (Kein) Ermessen

Auf § 295 BAO gestützte Maßnahmen liegen nicht im Ermessen der Abgabenbehörde (vgl. zB VwGH 28. 3. 1996, 94/16/0254; VwGH 3.8. 2004, 99/13/0207).

Im Ermessen liegt allerdings, dass mit der Änderung (Aufhebung) gewartet werden kann, bis der nachträglich erlassene Grundlagenbescheid (grundlagenbescheidähnliche Bescheid) rechtskräftig geworden ist.

4. Änderungsbefugnis (keine Teilrechtskraft)

Bei auf § 295 BAO gestützten Änderungen kann der abgeleitete Bescheid nach jeder Richtung abgeändert werden (zB VwGH 28. 11. 2001, 97/13/0204).

Der Änderungsbescheid ist in vollem Umfang mit Berufung anfechtbar (vgl. zB VwGH 19. 10. 1999, 98/14/0118).

Ausnahmen von der vollen Änderungsbefugnis (bzw. Anfechtbarkeit) können sich beispielsweise ergeben aus:

- § 116 BAO (Bindung an eine Entscheidung der Hauptfragenbehörde),
- § 192 BAO (Bindung an einen Grundlagenbescheid),
- § 289 Abs. 1 vorletzter Satz BAO (Bindung an die für die Aufhebung maßgebliche, im Aufhebungsbescheid dargelegte Rechtsanschauung),
- § 289 Abs. 3 BAO (Bindung an die für die Berufungsentscheidung maßgebliche, dort dargelegte Rechtsanschauung),
- § 63 Abs. 1 VwGG und § 87 Abs. 2 VfGG (Pflicht zur Herstellung des der Rechtsanschauung des Gerichtshofes entsprechenden Rechtszustandes).

Die **Bindungswirkung** an Entscheidungen in Grundlagenbescheiden setzt die Wirksamkeit dieser Bescheide voraus (vgl. zB VwGH 22. 3. 1983, 82/14/0210). Diese Wirksamkeit muss auch gegenüber demjenigen bestehen, dessen abgeleiteter Bescheid nach § 295 BAO zu ändern bzw. aufzuheben ist.

Die Bindung (§ 192 BAO) erstreckt sich nur auf Aussagen im Spruch des Grundlagenbescheides (vgl. VwGH 18. 10. 2005, 2004/14/0154). Wird beispielsweise im Spruch des Feststellungsbescheides (§ 188 BAO) nicht über die Vortragsfähigkeit des Verlustes abgesprochen, so ist hierüber in jenen Abgabenverfahren zu entscheiden, in denen über die Sonderausgabe „Verlustabzug" (§ 18 Abs. 6 EStG 1988) abzusprechen ist.

Wird ein Grundlagenbescheid gemäß § 200 Abs. 1 BAO vorläufig erlassen, so besteht hinsichtlich Vorläufigkeit keine Bindungswirkung für hievon abgeleitete Bescheide.

Wird ein abgeleiteter Bescheid mit der Begründung angefochten, dass die im Grundlagenbescheid getroffenen Entscheidungen unzutreffend sind, so ist die Berufung (§ 252 BAO zufolge) als unbegründet abzuweisen (vgl. zB VwGH 19. 3. 2002, 2002/14/0005; VwGH 7.7. 2004, 2004/13/0069).

Wird ein mit Berufung angefochtener Bescheid gemäß § 295 BAO geändert oder aufgehoben, so ist § 274 BAO (Weitergeltung der Berufung gegen den an die Stelle des angefochtenen Bescheides tretenden Bescheid, Gegenstandsloserklärung) anwendbar. Siehe zB Formalerledigungen von Berufungen durch die Abgabenbehörde erster Instanz, Erlass vom 6. Juli 2006, 010103/0056-VI/2006, AÖFV Nr. 216/2006, Abschnitt 4.

5. Bemessungsverjährung

Änderungen und Aufhebungen von Abgabenbescheiden sind grundsätzlich lediglich bis zum Ablauf der Verjährungsfrist zulässig.

Ausnahmen von diesem Grundsatz können sich insbesondere aus § 209a Abs. 2 BAO ergeben.

Danach steht der Eintritt der Verjährung der auf § 299 BAO gestützten Änderung oder Aufhebung des abgeleiteten Bescheides nicht entgegen, wenn die Abgabenfestsetzung mittelbar abhängt von der Erledigung

- einer gegen den Grundlagenbescheid (zB Feststellungsbescheid nach § 188 BAO, bzw. „Nichtfeststellungsbescheid") gerichteten Berufung, wenn sie vor Eintritt der Verjährung der abgeleiteten Abgabe eingebracht wurde,
- eines vor Ablauf der Fristen des § 302 Abs. 1 BAO eingebrachten Antrages auf Aufhebung des Grundlagenbescheides,
- eines Antrages auf Wiederaufnahme des den Grundlagenbescheid betreffenden Verfahrens, wenn der Antrag rechtzeitig im Sinne des § 304 BAO (somit vor Ablauf der dort genannten Fristen) eingebracht wurde,
- eines in Abgabenvorschriften vorgesehenen, den Grundlagenbescheid betreffenden, Antrages (§ 85 BAO), wenn er vor Eintritt der Verjährung (des Rechts auf Festsetzung der abgeleiteten Abgabe) eingebracht wurde.

Derartige Anträge sind beispielsweise solche auf

- Berichtigung gemäß § 293b BAO,
- Abänderung gemäß § 295a BAO,
- Wertfortschreibung (§ 193 BAO),
- Artfortschreibung (§ 193 BAO),
- Zurechnungsfortschreibung (§ 193 BAO).

Nach dem Normzweck des § 209a Abs. 2 BAO (Schutz der Partei vor Rechtsnachteilen, die sich daraus ergeben könnten, dass die Abgabenbehörde über Anbringen nicht unverzüglich entscheidet bzw. entscheiden kann) fallen hierunter weiters etwa

- auf amtswegige Wiederaufnahme (zB des Feststellungsverfahrens nach § 188 BAO) gerichtete Anregungen der Partei,
- Anbringen, die eine Änderung oder Aufhebung von Grundlagenbescheiden abgeleiteter Bescheide gemäß § 295 BAO anregen,
- auf Endgültigerklärung bzw. auf Erlassung des endgültigen Bescheides wegen Wegfalles der Ungewissheit (im Sinne des § 200 Abs. 1 BAO) gerichtete Anbringen,
- Anregungen auf amtswegige Fortschreibung von Einheitswerten.

6. Zuständigkeit

Auf § 295 BAO gestützte Änderungen und Aufhebungen obliegen (grundsätzlich) der **Abgabenbehörde erster Instanz**.

Dies gilt auch dann, wenn der zu ändernde (bzw. aufzuhebende) Bescheid von der Abgabenbehörde zweiter Instanz erlassen wurde. Dies betrifft Berufungsentscheidungen (§ 289 Abs. 2 BAO) sowie als Folge eines Devolutionsantrages (§ 311 Abs. 2 BAO) von der Abgabenbehörde zweiter Instanz erlassene Bescheide.

Bei **Übergang der Zuständigkeit** (zB durch Delegierungsbescheid gemäß § 71 BAO oder infolge Kenntniserlangung nach § 73 BAO) geht auch die Zuständigkeit für auf § 295 BAO gestützte Maßnahmen auf die neu zuständige Abgabenbehörde erster Instanz über.

Änderungen (Aufhebungen) gemäß § 295 BAO obliegen nur dann der Abgabenbehörde zweiter Instanz, wenn die diesbezügliche Zuständigkeit als Folge eines Devolutionsantrages (§ 311 Abs. 2 BAO) auf diese Behörde übergegangen ist.

7. Konkurrenz von Verfahrenstiteln

§ 295 BAO ist eine speziellere Norm im Verhältnis zum Vorfragentatbestand des § 303 BAO (vgl. zB VwGH 28. 3. 1996, 94/16/0254; UFS 13. 3. 2006, RV/0428-W/05).

Liegen nebeneinander die Voraussetzungen für eine Änderung gemäß § 295 Abs. 1 BAO sowie jene für eine Wiederaufnahme von Amts wegen (Neuerungstatbestand) vor, so wird grundsätzlich der auf § 295 BAO gestützten Änderung der Vorrang zukommen. Hiefür sprechen insbesondere verwaltungsökonomische Überlegungen (zwei Bescheide nach § 307 Abs. 1 BAO erfordern mehr Verwaltungsaufwand als ein Bescheid).

Aus denselben Überlegungen besteht auch ein grundsätzlicher Vorrang des § 295 BAO im Verhältnis zur amtswegigen Aufhebung gemäß § 299 Abs. 1 BAO.

8. Folgen für Nebenansprüche

Ergibt sich aus einer Änderung oder Aufhebung gemäß § 295 BAO eine Gutschrift, so liegt eine rechtskräftige Herabsetzung einer Abgabenschuld im Sinne der §§ 212 Abs. 2 letzter Satz, 212a Abs. 9 dritter Satz und 217 Abs. 8 BAO vor.

Die nachträgliche Herabsetzung der Abgabenschuld ist somit zu berücksichtigen

- auf Antrag bei der Berechnung der **Stundungszinsen**,
- von Amts wegen bei der Berechnung der **Aussetzungszinsen**,
- auf Antrag bei der Berechnung der **Säumniszuschläge**.

Siehe hiezu Richtlinien für die Abgabeneinhebung, RAE Rz 307 ff (Stundungszinsen), RAE Rz 564 ff (Aussetzungszinsen) und RAE Rz 979 ff (Säumniszuschläge).

Aus Änderungen oder Aufhebungen gemäß § 295 BAO resultierende Nachforderungen oder Gutschriften (an Einkommensteuer oder Körperschaftsteuer) sind Differenzbeträge im Sinne des § 205 Abs. 1 BAO. Sie haben daher (nach Maßgabe des § 205 BAO) die Festsetzung von **Anspruchszinsen** zur Folge.

Ergeben sich aus Änderungen oder Aufhebungen gemäß § 295 BAO Änderungen der Bemessungsgrundlage für **Verspätungszuschläge**, so sind von Amts wegen die Verspätungszuschlagsbescheide (nach § 295 Abs. 3 BAO) zu ändern. Siehe hiezu Erlass zum Verspätungszuschlag (§ 135 BAO) vom 10. April 2006, 010103/0030-VI/2006, AÖFV Nr. 128/2006, Abschnitt 7.

9. Hinweis

Die vorstehenden Ausführungen stellen die Rechtsansicht des Bundesministeriums für Finanzen dar, die im Interesse einer bundeseinheitlichen Vorgangsweise mitgeteilt wird. Über die gesetzlichen Bestimmungen hinausgehende Rechte und Pflichten werden dadurch weder begründet noch können solche aus diesem Erlass abgeleitet werden.

12/6/4.

AÖF 2007/53

Richtlinien zur Abänderung gemäß § 295a BAO

(Erlass des BMF vom 29. November 2006, BMF-010103/0083-VI/2006)

Begriff des rückwirkenden Ereignisses, Beispiele für solche Ereignisse, Antrag der Partei, Entscheidungspflicht, Ermessen, Abänderung (Teilrechtskraft), Verjährung, Anwendungsbereich des § 295a BAO, Antrag gemäß § 205 Abs. 6 BAO

Inhaltsverzeichnis

1. Einleitung

Nach § 295a BAO kann ein Bescheid auf Antrag der Partei (§ 78 BAO) oder von Amts wegen insoweit abgeändert werden, als ein Ereignis eintritt, das abgabenrechtliche Wirkung für die Vergangenheit auf den Bestand oder Umfang eines Abgabenanspruches hat.

Auf rückwirkende Ereignisse im Sinne des § 295a BAO nehmen folgende Bestimmungen der BAO Bezug:

- § 120 Abs. 3 BAO (Anzeigepflicht),
- § 201 Abs. 2 Z 5 BAO (Festsetzung von Selbstberechnungsabgaben),
- § 205 Abs. 6 BAO (Antrag auf Herabsetzung oder Nichtfestsetzung von Anspruchszinsen),
- § 208 Abs. 1 lit. e BAO (Beginn der Verjährung).

Zur Anzeigepflicht des § 120 Abs. 3 BAO siehe Erlass vom 9. März 2006, BMF-01 0103/0020-VI/2006, AÖFV Nr. 124/2006.

Zu § 205 Abs. 6 BAO siehe Abschnitt 9. Zu § 208 Abs. 1 BAO siehe Abschnitt 7.

2. Begriff des rückwirkenden Ereignisses

Ein Ereignis ist rückwirkend (im Sinne des § 295a BAO), wenn es nach Entstehen des Abgabenanspruches (§ 4 BAO) eintritt. Es wirkt in die Vergangenheit, wenn nunmehr der veränderte Sachverhalt an die Stelle des zuvor verwirklichten Sachverhaltes der Besteuerung zu unterwerfen ist (vgl. zB BFH, BStBl 2005 II 865).

(Rückwirkende) Ereignisse sind sachverhaltsändernde Geschehnisse (zB BFH, BStBl 2003 II 554). Dies sind nicht nur Tatsachen (zB Entrichtung einer Abgabe, Uneinbringlichwerden einer Forderung, Ersatz von Aufwendungen zB durch eine Versicherung). Darunter können auch Willenserklärungen von Parteien (zB erfolgreiche Anfechtung eines Rechtsgeschäftes, Ausübung in Abgabenvorschrift vorgesehener Wahlrechte) oder Amtshandlungen (zB rechtsgestaltende individuelle Verwaltungsakte, Ausstellung von Bescheinigungen) fallen.

Ob ein Ereignis für den Bestand oder Umfang eines Abgabenanspruches rückwirkt ist keine Frage des Verfahrensrechts, sondern eine des materiellen Abgabenrechts (vgl. zB BFH, BStBl 2005 II 690). Eine solche Rückwirkung kann ausdrücklich auf Gesetzesstufe normiert sein (zB im § 24 Abs. 6 EStG 1988) oder sich aus der Auslegung von Abgabenvorschriften ergeben.

Keine rückwirkenden Ereignisse im Sinne des § 295a BAO sind beispielsweise

- rückwirkende Änderungen von Abgabenvorschriften (vgl. zB BMF, Geltendmachung rückwirkender Änderungen von Steuergesetzen, SWK 2005, S 323),
- Änderungen oder erstmaliges Ergehen von Rechtsprechung (vgl. zB BFH, BStBl 1996 II 399; UFS 29. 4. 2004, RV/0203-W/04),
- Änderungen von Erlässen oder erstmalige Äußerungen von Rechtsauslegungen in Erlässen des BMF.

Siehe auch Abschnitt 8.2.

Tritt ein rückwirkendes Ereignis nach Erlassung eines Bescheides ein, so kann der Eintritt des Ereignisses zur Abänderung des Bescheides gemäß § 295a BAO führen.

Ob ein rückwirkendes Ereignis, das nach Eintritt der formellen Rechtskraft eintritt, auf den Abgabenanspruch rückwirkt, ist eine Frage des Inhaltes bzw. der Auslegung materiellrechtlicher Abgabenvorschriften. Dies gilt ebenso für andere Befristungen für die (rückwirkende) Relevanz von Ereignissen (etwa für die Befristung von Wahlrechten oder für die Vorlage von Unterlagen).

3. Beispiele für rückwirkende Ereignisse

3.1 Außensteuerrecht

3.1.1 Anrechnung ausländischer Steuern

Die Pflicht zur Anrechnung ausländischer Steuern auf inländische Abgaben kann sich insbesondere ergeben aus

- Doppelbesteuerungsabkommen (zB Art. 22 DBA-USA),
- auf Grund des § 48 BAO erlassenen Verordnungen [zB Verordnung betreffend die Vermeidung der Doppelbesteuerung, BGBl. II Nr. 474/2002[1])],

[1]) AÖFV Nr. 10/2003

- Bescheiden des BMF (gemäß § 48 BAO oder § 6 Abs. 3 ErbStG).

Sind nur entrichtete ausländische Abgaben anzurechnen, so hat die Anrechnung erst nach der Entrichtung zu erfolgen. Die entrichtete Abgabe ist auf die inländische Abgabe anzurechnen, die auf den betreffenden Zeitraum (zB Einkommensteuer für 2005) entfällt. Die ausländische Abgabe ist somit nicht erst für das Jahr anzurechnen, in dem sie entrichtet wird, sondern für das sie entrichtet wird.

Rückwirkende Ereignisse sind

- die Entrichtung solcher ausländischer Abgaben,
- die Gutschrift bereits entrichteter Abgaben (zB als Folge eines Rechtsmittelverfahrens oder bei Nachsicht).

3.1.2 Subject-to-tax-Klausel

Hängt das österreichische Besteuerungsrecht auf Grund der Bestimmung eines Doppelbesteuerungsabkommens (zB Art. 15 Abs. 4 DBA-Deutschland) von der Besteuerung im anderen Vertragsstaat ab, so ist die nachträgliche Besteuerung ebenso wie die Beseitigung dieser Besteuerung ein rückwirkendes Ereignis.

3.2 Einkommensteuer

3.2.1 Umrechnung gemäß § 3 Abs. 2 EStG 1988

Für die Höhe der Einkommensteuer bei einer gemäß § 3 Abs. 2 EStG 1988 vorzunehmenden Umrechnung steuerpflichtiger Einkünfte auf einen Jahresbetrag ist die Höhe von dort genannten Bezügen (zB versicherungsmäßiges Arbeitslosengeld, Notstandshilfe) bedeutsam. Ändert sich die Höhe solcher Bezüge nachträglich (zB bei rückwirkender Berichtigung von Arbeitslosengeld; vgl §§ 24 und 25 AlVG), so liegt ein rückwirkendes Ereignis vor.

3.2.2 Nachweis des volkswirtschaftlichen Wertes (§ 4 Abs. 4 Z 4a EStG 1988)

Nach § 4 Abs. 4 Z 4a EStG 1988 setzt ein Forschungsfreibetrag für Aufwendungen zur Entwicklung oder Verbesserung volkswirtschaftlich wertvoller Erfindungen ua den Nachweis des volkswirtschaftlichen Wertes der angestrebten oder abgeschlossenen Erfindung durch eine Bescheinigung des Bundesministeriums für Wirtschaft und Arbeit voraus.

Ein solcher Nachweis ist ein rückwirkendes Ereignis.

3.2.3 Ausscheiden von Wirtschaftsgütern aus dem Betriebsvermögen (§ 6 Z 6 lit. b EStG 1988)

Nach dem drittletzten Satz des § 6 Z 6 lit. b EStG 1988 gilt die Veräußerung oder das sonstige Ausscheiden der Wirtschaftsgüter aus dem Betriebsvermögen als rückwirkendes Ereignis im Sinne des § 295a BAO.

Als Veräußerung gilt eine spätere Überführung oder Verlegung in einen Staat, der nicht der Europäischen Union angehört oder in einen Staat der Europäischen Union, mit dem eine umfassende Amts- und Vollstreckungshilfe mit der Republik Österreich nicht besteht.

3.2.4 Nachzahlung von Pensionen (§ 19 Abs. 1 EStG 1988)

Nachzahlungen von Pensionen und Bezügen aus der Unfallversicherung, über deren Bezug bescheidmäßig abgesprochen wird, gelten in dem Kalenderjahr als zugeflossen, für den der Anspruch besteht (§ 19 Abs. 1 dritter Satz EStG 1988).

Solche Nachzahlungen sind rückwirkende Ereignisse.

3.2.5 Nachträgliche Änderungen bei Veräußerungsgewinnen (§ 24 Abs. 1 EStG 1988)

Nachträgliche Werbungskosten sowie Erhöhungen oder Minderungen des Erlöses sind rückwirkende Ereignisse (vgl. zB EStR 2000, Rz 5661, 5667 und 5677).

3.2.6 Entrichtung von Erbschafts- oder Schenkungssteuer (§ 24 Abs. 5 EStG 1988)

Die Anrechnung von Erbschafts- oder Schenkungssteuer auf die Einkommensteuer vom Veräußerungsgewinn setzt § 24 Abs. 5 EStG 1988 zufolge ua. voraus, dass die Erbschafts- oder Schenkungssteuer entrichtet ist.

Die (nachträgliche) Entrichtung ist für die Anrechnung ein rückwirkendes Ereignis (EStR 2000, Rz 5696).

Erfolgt eine Minderung des Entrichtungsbetrages insbesondere als Folge der Herabsetzung des bescheidmäßig festgesetzten Steuerbetrages (zB mit Berufungsvorentscheidung), so ist dies ein (für die Verminderung des anzurechnenden Betrages bedeutsames) rückwirkendes Ereignis.

3.2.7 Veräußerung nach § 24 Abs. 6 EStG 1988

Wird das Gebäude (der Gebäudeteil) innerhalb von fünf Jahren nach Aufgabe des Betriebes durch den Steuerpflichtigen oder einen unentgeltlichen Rechtsnachfolger veräußert, so gilt die Veräußerung als rückwirkendes Ereignis im Sinne des § 295a BAO, das beim Steuerpflichtigen zur Erfassung der stillen Reserven höchstens im Umfang der Bemessungsgrundlage bei Betriebsaufgabe führt (§ 24 Abs. 6 drittletzter Satz EStG 1988).

3.2.8 Ersatz von Werbungskosten durch den Arbeitgeber

Für den Abzug von Werbungskosten des Arbeitnehmers ist deren nachträglicher Ersatz durch den Arbeitgeber, wenn der Ersatz nach § 26 EStG 1988 nicht zu den Einkünften aus nichtselbständiger Arbeit gehört, ein rückwirkendes Ereignis.

3.2.9 Anfechtung von Spekulationsgeschäften (§ 30 EStG 1988)

Rechtsgeschäfte (zB Veräußerungsgeschäfte im Sinne des § 30 Abs. 1 Z 1 EStG 1988) sind insbesondere anfechtbar

- wegen List oder ungerechter und gegründeter Furcht (§ 870 ABGB),
- wegen Irrtums (§ 871 ABGB).

Die Auflösung des Vertrages wirkt in der Regel ex tunc (vgl. zB zu § 870 ABGB, VwGH 5. 9. 1985, 84/16/0117; zu § 871 ABGB zB OGH 30. 1. 1980, 1 Ob 791/79).

§ 116 Abs. 2 BAO zufolge ist die Abgabenbehörde an gerichtliche Entscheidungen im Zivilprozess nicht gebunden.

Die (erfolgreiche) Anfechtung des Veräußerungsgeschäftes ist für die auf das Spekulationsgeschäft entfallende Einkommensteuer ein rückwirkendes Ereignis.

3.2.10 Nachträgliche Werbungskosten oder Erlösminderungen bei Spekulationsgeschäften (§ 30 EStG 1988)

Nachträgliche Werbungskosten sowie nachträgliche Erlösminderungen sind rückwirkende Ereignisse für die Besteuerung des Spekulationsgeschäftes (vgl. zB EStR 2000, Rz 6665).

3.2.11 Entrichtung von Erbschafts- oder Schenkungssteuer (§ 30 Abs. 7 EStG 1988)

Die Anrechnung von Erbschafts- oder Schenkungssteuer auf die Einkommensteuer, die auf die Veräußerung der Wirtschaftsgüter entfällt, setzt § 30 Abs. 7 EStG 1988 zufolge ua. die Entrichtung der betreffenden Erbschafts- oder Schenkungssteuer voraus.

Die (nachträgliche) Entrichtung ist ebenso wie die nachträgliche Verminderung des Entrichtungsbetrages (zB durch Nachsicht nach § 236 BAO) ein rückwirkendes Ereignis.

3.2.12 Veräußerung nach § 31 Abs. 2 EStG 1988

Nach § 31 Abs. 2 vierter Satz EStG 1988 gilt ein späterer Wegzug in einen Staat, der nicht der Europäischen Union angehört, oder in einen Staat, mit dem eine umfassende Amts- und Vollstreckungshilfe mit der Republik Österreich nicht besteht, als Veräußerung.

Die Veräußerung gilt als rückwirkendes Ereignis im Sinne des § 295a BAO (§ 31 Abs. 2 fünfter Satz EStG 1988).

3.2.13 Entrichtung von Erbschafts- oder Schenkungssteuer (§ 31 Abs. 4 EStG 1988)

Die Anrechnung von Erbschafts- oder Schenkungssteuer auf die Einkommensteuer, die auf die Veräußerung von Beteiligungen entfällt, setzt § 31 Abs. 4 EStG 1988 zufolge ua. voraus, dass der Steuerpflichtige infolge des Erwerbes Erbschafts- oder Schenkungssteuer entrichtet hat.

Rückwirkende Ereignisse sind die (nachträgliche) Entrichtung einer solchen Steuer sowie die Verminderung des Entrichtungsbetrages (zB als Folge einer Aufhebung des Erbschaftssteuerbescheides gemäß § 299 Abs. 1 BAO, einer Wiederaufnahme (§ 303 BAO) des betreffenden Verfahrens oder einer Festsetzung von Erbschaftssteuer gemäß § 201 BAO).

3.2.14 Nachträgliche Werbungskosten oder Erlösminderungen bei Veräußerungsgeschäften im Sinne des § 31 EStG 1988

Nachträgliche Minderungen des Erlöses sind ebenso wie nachträgliche Werbungskosten rückwirkende Ereignisse betreffend die auf Veräußerungsgeschäfte im Sinne des § 31 EStG 1988 entfallende Einkommensteuer (vgl. zB EStR 2000, Rz 6676).

3.2.15 Alleinverdienerabsetzbetrag (§ 33 Abs. 4 Z 1 EStG 1988)

Die rückwirkende Gewährung von Familienbeihilfe ist für den Alleinverdienerabsetzbetrag ein rückwirkendes Ereignis (nach § 33 Abs. 4 Z 1 dritter Satz EStG 1988 in Verbindung mit den §§ 106 Abs. 1 und 33 Abs. 4 Z 3 lit. a EStG 1988).

3.2.16 Alleinerzieherabsetzbetrag (§ 33 Abs. 4 Z 2 EStG 1988)

Die rückwirkende Gewährung von Familienbeihilfe ist für den Alleinerzieherabsetzbetrag ein rückwirkendes Ereignis.

3.2.17 Ersatz von Aufwendungen (§ 34 EStG 1988)

Erfolgt der Ersatz von Aufwendungen (im Sinne des § 34 EStG 1988) in einem der Verausgabung der Beträge folgenden Jahre, so führt dies dazu, dass die Beträge nicht mehr als außergewöhnliche Belastung abziehbar sind.

Derartige Ersätze sind rückwirkende Ereignisse. Ein solches Ereignis liegt auch vor, wenn eine Rückzahlung des Ersatzes erfolgt.

3.2.18 Rückwirkende Gewährung von Familienbeihilfe (§ 34 Abs. 6 EStG 1988)

Nach § 10 Abs. 3 FLAG werden die Familienbeihilfe und die erhöhte Familienbeihilfe für ein erheblich behindertes Kind (§ 8 Abs. 4 FLAG) höchstens für fünf Jahre rückwirkend vom Beginn des Monats der Antragstellung gewährt.

Nach § 34 Abs. 6 dritter Teilstrich EStG 1988 können ohne Berücksichtigung eines Selbstbehaltes als außergewöhnliche Belastung Mehraufwendungen des Steuerpflichtigen für Personen, für die gemäß § 8 Abs. 4 FLAG erhöhte Familienbeihilfe gewährt wird, soweit sie die Summe der pflegebedingten Geldleistungen (Pflegegeld, Pflegezulage, Blindengeld, Blindenzulage) übersteigen, abgezogen werden.

Diesem Verweis auf das FLAG zufolge ist die rückwirkende Gewährung erhöhter Familienbeihilfe für § 34 EStG 1988 ein rückwirkendes Ereignis.

3.2.19 Nachweis der Behinderung (§ 35 Abs. 2 EStG 1988)

Nach § 35 Abs. 2 dritter Satz EStG 1988 ist die Tatsache der Behinderung und das Ausmaß der Minderung der Erwerbsfähigkeit (Grad der Behinderung) durch eine amtliche Bescheinigung der für diese Feststellung zuständigen Stelle nachzuweisen.

Ein solcher amtlicher Nachweis kommt als für den betreffenden Freibetrag nach § 35 Abs. 3 EStG 1988 bedeutsames rückwirkendes Ereignis in Betracht.

3.2.20 Verteilung von Einkünften gemäß § 37 Abs. 9 EStG 1988

Die gleichmäßige Verteilung bestimmter Einkünfte auf drei Jahre ist ein rückwirkendes Ereignis im Sinne des § 205 Abs. 6 BAO.

Eine solche Verteilung stellt zwar keinen Verfahrenstitel für die Abänderung gemäß § 295a BAO dar, weil nach dem letzten Satz des § 37 Abs. 9 EStG 1988 die betreffenden Verfahren wiederaufzunehmen sind. Dies schließt die Antragstellung auf Herabsetzung bzw. Nichtfestsetzung von Anspruchszinsen (§ 205 Abs. 6 BAO) jedoch nicht aus (siehe Abschnitt 9).

3.2.21 Einbehaltung von Abzugsteuern (§ 46 Abs. 1 EStG 1988)

Nach § 46 Abs. 1 Z 2 EStG 1988 werden auf die Einkommensteuerschuld die durch Steuerabzug einbehaltenen Beträge, soweit sie auf veranlagte Einkünfte entfallen, angerechnet.

Nachträgliche Einbehaltungen (zB von Kapitalertragsteuer) sind rückwirkende Ereignisse.

3.3 Körperschaftsteuer, Umgründungssteuergesetz

3.3.1 Mindestdauer für Unternehmensgruppen (§ 9 Abs. 10 KStG 1988)

Nach § 9 Abs. 10 erster Satz KStG 1988 muss die Unternehmensgruppe für einen Zeitraum von mindestens drei Jahren bestehen. Scheidet eine Körperschaft innerhalb von drei Jahren nach dem Eintritt aus der Unternehmensgruppe aus, so sind insoweit im Wege der Veranlagung oder der Wiederaufnahme des Verfahrens jene steuerlich maßgebenden Verhältnisse herzustellen, die sich ohne Gruppenzugehörigkeit ergeben hätten.

Ein solches Ausscheiden ist ein rückwirkendes Ereignis im Sinne des § 205 Abs. 6 BAO.

3.3.2. Veräußerung oder sonstiges Ausscheiden des Vermögens(teiles) im Sinne des § 1 Abs. 2 UmgrStG

Nach § 1 Abs. 2 drittletzter Satz UmgrStG gilt die Veräußerung oder ein sonstiges Ausscheiden des Vermögens(teiles) als rückwirkendes Ereignis im Sinne des § 295a BAO.

3.3.3. Veräußerung oder sonstiges Ausscheiden im Sinne des § 7 Abs. 2 UmgrStG

Nach dem drittletzten Satz des § 7 Abs. 2 UmgrStG gilt die Veräußerung oder ein sonstiges Ausscheiden des Vermögens(teiles) als rückwirkendes Ereignis im Sinne des § 295a BAO.

3.4 Grunderwerbsteuer

3.4.1 Gegenleistung (§ 5 GrEStG 1987)

Bemessungsgrundlage für die Grunderwerbsteuer ist (nach § 4 Abs. 1 GrEStG 1987) der Wert der Gegenleistung.

Gegenleistung ist bei einem Kauf der Kaufpreis einschließlich der vom Käufer übernommenen sonstigen Leistungen und der dem Verkäufer vorbehaltenen Nutzungen (nach § 5 Abs. 1 Z 1 GrEStG 1987).

Hängt die Höhe der Gegenleistung von künftigen Umständen ab, so stellt der Eintritt eines solchen Umstandes ein rückwirkendes Ereignis im Sinne des § 295a BAO (und damit auch im Sinne des § 201 Abs. 2 Z 5 BAO) dar. Zur Abgabenerklärungspflicht wegen Gewährung zusätzlicher bzw. nachträglicher Leistungen siehe § 10 Abs. 3 GrEStG 1987.

3.4.2 Anfechtung des Rechtsgeschäfts

Die (erfolgreiche) Anfechtung etwa des Kaufvertrags (§ 1 Abs. 1 Z 1 GrEStG 1987) insbesondere wegen Willensmängeln (zB Irrtum im Sinne des § 871 ABGB) ist ein rückwirkendes Ereignis im Sinne der §§ 295a und 201 Abs. 2 Z 5 BAO.

3.5 Anfechtung bei Schenkung (§ 3 Abs. 1 Z 1 ErbStG)

Schenkung im Sinne des § 3 Abs. 1 Z 1 ErbStG ist nach § 938 ABGB ein Vertrag, wodurch eine Sache jemandem unentgeltlich überlassen wird.

Bei unentgeltlichen Geschäften berechtigt auch ein Motivirrtum zur Anfechtung. Ein Motivirrtum bezieht sich auf Umstände außerhalb des Vertrages. Irrtum über Zukünftiges ist in der Regel nur Motivirrtum (und kein Geschäftsirrtum, somit keine Fehlvorstellung über Umstände, die Inhalt des Vertrages sind).

Die (erfolgreiche) Anfechtung der Schenkung ist ein rückwirkendes Ereignis.

3.6 Rechtsgeschäftsgebühren (§ 33 GebG)

3.6.1 Änderung von Bemessungsgrundlagen

Hängt die Höhe der Bemessungsgrundlage für Rechtsgeschäftsgebühren von künftigen Ereignissen ab (zB Höhe der Umsätze bei Pachtverträgen), so sind solche Ereignisse rückwirkende Ereignisse im Sinne des § 295a BAO (und damit auch im Sinne des § 201 Abs. 2 Z 5 BAO sowie allenfalls auch im Sinne des § 120 Abs. 3 BAO).

3.6.2 Anfechtung von Rechtsgeschäften

Vertragsgebühren setzen ua. ein gültiges Rechtsgeschäft voraus. Soweit die Anfechtung (zB wegen Irrtums im Sinne des § 871 ABGB) zur rückwirkenden Auflösung führt, ist sie ein rückwirkendes Ereignis im Sinne des § 295a BAO (und damit auch im Sinne des § 201 Abs. 2 Z 5 BAO).

Ob die Anfechtung ex tunc wirkt, ist eine zivilrechtliche Frage. Zur Anfechtung siehe auch Abschnitt 3.2.9.

Nach § 17 Abs. 5 GebG heben die Vernichtung der Urkunde, die Aufhebung des Rechtsgeschäfts und das Unterbleiben seiner Ausführung die entstandene Gebührenschuld nicht auf. Anfechtungen wegen Willensmängeln fallen nicht unter § 17 Abs. 5 GebG.

3.7 Gesellschaftsteuer

Rückwirkende Ereignisse sind insbesondere

- nachträgliche Änderungen der Gegenleistung (§ 7 KVStG), etwa übernommener Kosten der Gesellschaftsgründung,
- (erfolgreiche) Anfechtungen etwa wegen Irrtums (§ 871 ABGB) oder wegen laesio enormis (§ 934 ABGB, Schadloshaltung wegen Verkürzung über die Hälfte).

3.8 Versicherungssteuer

Die (erfolgreiche) Anfechtung des Versicherungsvertrages (§ 2 VersStG) insbesondere wegen Willensmängeln ist ein rückwirkendes Ereignis im Sinne des § 295a BAO und damit auch des § 201 Abs. 2 Z 5 BAO (in Verbindung mit § 202 BAO).

3.9 NeuFöG

Nach § 5a Abs. 2 Z 3 NeuFöG entfällt der Eintritt der Wirkungen der Z 2 sowie des § 1 Z 1, 3 und 5 (somit Begünstigungen im Bereich der Grunderwerbsteuer, Stempelgebühren, Bundesverwaltungsabgaben, Gerichtsgebühren und Gesellschaftsteuer) nachträglich (rückwirkend), wenn die Betriebsinhabervoraussetzung im Sinne des § 5a Abs. 1 Z 2 NeuFöG nicht erfüllt wird oder der Betriebsinhaber innerhalb von fünf Jahren nach der Übergabe den übernommenen Betrieb oder wesentliche Grundlagen davon entgeltlich oder unentgeltlich überträgt, betriebsfremden Zwecken zuführt oder wenn der Betrieb aufgegeben wird.

Die genannten Umstände (zB Betriebsaufgabe) sind rückwirkende Ereignisse.

4. Antrag der Partei

Zur Stellung eines Antrages auf Abänderung eines Bescheides gemäß § 295a BAO befugt ist die Partei im Sinne des § 78 BAO.

Bezüglich Bescheiden über die einheitliche und gesonderte Feststellung von Einkünften (§ 188 BAO) ist nicht nur die Personenvereinigung (Personengemeinschaft) ohne eigene Rechtspersönlichkeit (zB KG, GesBR) antragsbefugt, sondern auch jeder, der als Beteiligter im Feststellungsbescheid genannt ist (somit auch jeder Kommanditist).

Der Antrag ist ein Anbringen zur Geltendmachung von Rechten im Sinne des § 85 Abs. 1 BAO. Er ist daher grundsätzlich schriftlich einzubringen.

Der Antrag ist bis zur Rechtskraft des über ihn absprechenden Bescheides zurücknehmbar.

Der Antrag unterliegt der Entscheidungspflicht (§ 311 Abs. 1 BAO).

Als bescheidmäßige Erledigungen kommen vor allem in Betracht

- Zurücknahmebescheide gemäß § 85 Abs. 2 BAO,
- Zurückweisungsbescheide (zB bei Stellung des Antrages durch einen hiezu nicht Befugten),
- Abweisungsbescheide (zB wenn kein rückwirkendes Ereignis im Sinne des § 295a BAO eingetreten ist),
- „Stattgaben“ (somit Abänderungen bzw. allenfalls Aufhebungen des betroffenen Bescheides).

5. Ermessen

Die Abänderung liegt im Ermessen der Abgabenbehörde unabhängig davon,

- ob sie auf Antrag der Partei oder von Amts wegen erfolgt,

- ob sie sich zu Gunsten oder zum Nachteil der Partei auswirkt.

Außer bei Geringfügigkeit der Auswirkungen wird bei der Ermessensübung grundsätzlich dem Grundsatz der Gleichmäßigkeit der Besteuerung (Grundsatz der Rechtsrichtigkeit) Vorrang vor dem Grundsatz der Rechtsbeständigkeit zukommen.

Bei der Ermessensübung sind jedoch überdies zu berücksichtigen,

- wenn die aus der Abänderung resultierende Nachforderung uneinbringlich (im Sinne des § 235 BAO) wäre,
- wenn die Einhebung der Nachforderung unbillig (im Sinne des § 236 BAO) wäre (zB bei persönlicher Unbilligkeit oder als Folge des Grundsatzes von Treu und Glauben).

Zu Treu und Glauben siehe zB Richtlinien zum Grundsatz von Treu und Glauben, 010103/0023-VI/2006 vom 6. April 2006, AÖFV Nr. 126/2006.

Zu den §§ 235 und 236 BAO siehe zB Richtlinien für die Abgabeneinhebung (RAE), Rz 1600 ff.

6. Abänderung

Die Abänderung des Bescheides hat lediglich „insoweit“ zu erfolgen, als sich das rückwirkende Ereignis auf den Bestand oder Umfang des Abgabenanspruches auswirkt.

Der Abänderungsbescheid tritt daher zum abgeänderten Bescheid hinzu. Ebenso wie berichtigende Bescheide (zB gemäß den §§ 293 oder 293b BAO) tritt er nicht an Stelle des abgeänderten Bescheides.

Der Abänderungsbescheid ist daher mit Berufung nur dem Grunde nach sowie hinsichtlich der Abänderung anfechtbar. Dies gilt auch dann, wenn der Abänderungsbescheid den Inhalt des unveränderten Teiles des abgeänderten Bescheides wiedergibt.

Eine auf § 295a BAO gestützte (ersatzlose) Aufhebung eines Bescheides kommt nicht in Betracht, wenn dem betreffenden Bescheid eine Abgabenerklärung (zB Einkommensteuererklärung) oder ein anderes der Entscheidungspflicht unterliegendes Anbringen (zB Gebührenanzeige gemäß § 31 GebG) zu Grunde liegt.

Nach § 93 Abs. 3 lit. a BAO ist der Abänderungsbescheid zu begründen, wenn er von Amts wegen erlassen wird oder wenn er dem Antrag auf Abänderung nicht vollinhaltlich Rechnung trägt.

Die Begründung hat ua zu enthalten

- die Bezeichnung des rückwirkenden Ereignisses sowie
- die für die Ermessensübung maßgebenden Umstände und Erwägungen.

Unterliegt die Abänderung der Bemessungsverjährung und erfolgt sie nach Ablauf der im § 207 Abs. 2 BAO genannten Frist (zB Fünfjahresfrist für Einkommensteuer, Körperschaftsteuer, Vertragsgebühren, Grunderwerbsteuer), so ist in der Begründung darzulegen, auf Grund welcher Umstände (zB Amtshandlungen im Sinne des § 209 Abs. 1 BAO, Eintritt des rückwirkenden Ereignisses im Sinne des § 208 Abs. 1 lit. e BAO) dies zulässig ist.

7. Verjährung

Nach § 302 Abs. 1 BAO sind ua. Abänderungen und Aufhebungen von Bescheiden (grundsätzlich) bis zum Ablauf der Verjährungsfrist zulässig. Dies gilt auch für auf § 295a BAO gestützte Maßnahmen.

Die Erlassung, Abänderung und Aufhebung von Bescheiden über die einheitliche und gesonderte Feststellung von Einkünften (§ 188 BAO) ist nicht durch die Bemessungsverjährung betroffen (vgl. zB VwGH 22. 4. 1998, 93/13/0277). Allerdings werden im Ermessen liegende Maßnahmen (zB Abänderungen gemäß § 295a BAO) im Allgemeinen aus Ermessensüberlegungen zu unterbleiben haben, wenn die Verjährung aller abgeleiteten Abgaben der Anpassung (§ 295 Abs. 1 BAO) der betreffenden Abgabenbescheide entgegensteht.

Nach § 208 Abs. 1 lit. e BAO beginnt die Verjährung in den Fällen des Eintritts eines rückwirkenden Ereignisses im Sinne des § 295a BAO mit Ablauf des Jahres, in dem das Ereignis eingetreten ist.

Nach Eintritt der „absoluten“ Verjährung gemäß § 209 Abs. 3 BAO ist eine Abänderung (§ 295a BAO) bzw. eine auf § 201 Abs. 2 Z 5 BAO gestützte Festsetzung von Selbstberechnungsabgaben (zB Dienstgeberbeiträgen) grundsätzlich nicht mehr zulässig. Ausnahmen hievon können sich insbesondere aus § 209a Abs. 2 BAO ergeben.

Anträge auf Abänderung gemäß § 295a BAO sind Anträge im Sinne des § 209a Abs. 2 BAO. Daher sind sie auch nach Verjährungseintritt sachlich zu erledigen, wenn der diesbezügliche Antrag vor Eintritt der Verjährung eingebracht wurde.

§ 208 Abs. 1 lit. e BAO gilt unabhängig davon, ob das Ereignis, das abgabenrechtliche Wirkung für die Vergangenheit auf den Bestand oder Umfang eines Abgabenanspruches hat, im Wege einer Abänderung gemäß § 295a BAO oder eines anderen Verfahrenstitels (zB in einem neuen Sachbescheid bei Wiederaufnahme des Verfahrens) berücksichtigt wird.

8. Anwendungsbereich des § 295a BAO

8.1 Betroffene Bescheide

Gemäß § 295a BAO abänderbar sind nur Bescheide, die über den Bestand oder Umfang eines Abgabenanspruches absprechen.

Dies sind insbesondere

- Abgabenbescheide (§ 198 BAO),
- Bescheide über die einheitliche und gesonderte Feststellung von Einkünften (§ 188 BAO),
- gemäß § 202 BAO ergehende Haftungsbescheide (zB bei Haftungsinanspruchnahme des Arbeitgebers für Lohnsteuer gemäß § 82 EStG 1988).

8.2 Nichtanwendbarkeit des § 295a BAO

§ 295a BAO ist nicht anwendbar, wenn dies in einer Abgabenvorschrift ausdrücklich angeordnet ist (vgl. § 6 Z 6 lit. c EStG 1988, § 31 Abs. 3 EStG 1988, § 3 Abs. 1 Z 2 UmgrStG, § 18 Abs. 1

Z 3 UmgrStG, § 25 Z 2 UmgrStG, § 30 Abs. 1 Z 2 UmgrStG).

Die Unanwendbarkeit des § 295a BAO kann sich weiters aus Abgabenvorschriften ergeben, welche die abgabenrechtliche Bedeutsamkeit von Ereignissen (obwohl sie an sich bereits entstandene Abgabenansprüche betreffen) für das Jahr des Eintrittes normieren.

Dies gilt etwa für Nachversteuerungstatbestände (zB in § 18 Abs. 4 EStG 1988) und für Nacherhebungstatbestände (zB § 15 Abs. 1 Z 2 lit. c ErbStG, § 15a Abs. 5 ErbStG).

Änderungen der Bemessungsgrundlage im Sinne des § 16 UStG 1994 sind keine rückwirkenden Ereignisse im Sinne des § 295a BAO; sie sind vielmehr für das Jahr, in dem die Änderung eingetreten ist, zu berücksichtigen (vgl. zB UStR 2000, Rz 2386).

Soweit ein spezieller Verfahrenstitel in einer Abgabenvorschrift zur nachträglichen Berücksichtigung eines nach Entstehung des Abgabenanspruches eingetretenen Ereignisses, das abgabenrechtliche Wirkung für die Vergangenheit auf den Bestand oder Umfang eines Abgabenanspruches hat, anwendbar ist, hat dieser Verfahrenstitel Vorrang vor der auf § 295a BAO gestützten Abänderung.

Solche Verfahrenstitel sind beispielsweise

- § 37 Abs. 9 EStG 1988 (siehe auch Abschnitt 3.2.20 und Abschnitt 9),
- §§ 5 Abs. 2, 6 Abs. 2, 7 Abs. 2 und 16 Abs. 3 BewG.

8.3 Zeitlicher Anwendungsbereich

§ 295a BAO ist mit dem Tag nach Kundmachung des AbgÄG 2003 (somit mit 20. Dezember 2003) in Kraft getreten.

§ 295a BAO ist eine Verfahrensvorschrift. Sie ist daher ab In-Kraft-Treten auch dann anwendbar,

- wenn der betroffene Bescheid vor In-Kraft-Treten erlassen wurde,
- wenn das rückwirkende Ereignis vor In-Kraft-Treten eingetreten ist (zB UFS 28. 4. 2006, RV/0222-W/06).

9. Antrag gemäß § 205 Abs. 6 BAO

Nach § 205 Abs. 6 BAO sind Anspruchszinsen auf Antrag des Abgabepflichtigen insoweit herabzusetzen bzw. nicht festzusetzen, als der Differenzbetrag (im Sinne des § 205 Abs. 1 BAO) Folge eines rückwirkenden Ereignisses (§ 295a BAO) ist und die Zinsen die Zeit vor Eintritt des Ereignisses betreffen.

§ 205 Abs. 6 BAO ist mit 31. Dezember 2004 in Kraft getreten. Die Bestimmung ist eine Verfahrensbestimmung. Sie ist daher auch anwendbar für vor ihrem In-Kraft-Treten

- entstandene Abgabenansprüche,
- eingetretene rückwirkende Ereignisse und
- erfolgte Festsetzungen von Anspruchszinsen.

Das Antragsrecht auf Herabsetzung bzw. Nichtfestsetzung von Nachforderungszinsen besteht unabhängig davon, mit welchem Verfahrenstitel das rückwirkende Ereignis berücksichtigt wird (vgl. zB UFS 27. 3. 2006, RV/0550-I/05).

Es besteht somit beispielsweise auch, wenn diese Berücksichtigung erfolgt

- in einem Erstbescheid (Einkommensteuer, Körperschaftsteuer),
- in einem endgültigen Bescheid (§ 200 Abs. 2 BAO),
- in einer Berufungsvorentscheidung (§ 276 Abs. 1 BAO),
- in einer Berufungsentscheidung (§ 289 Abs. 2 BAO),
- in einem Änderungsbescheid gemäß § 295 Abs. 1 BAO,
- in einem neuen Sachbescheid (§ 299 Abs. 2 BAO) bei Aufhebung gemäß § 299 Abs. 1 BAO,
- in einem neuen Sachbescheid (§ 307 Abs. 1 BAO) bei Wiederaufnahme des Verfahrens,
- in einem Einkommensteuerbescheid bei Wiederaufnahme gemäß § 37 Abs. 9 EStG 1988 (zB UFS 15. 6. 2005, RV/0529-W/05).

Der Antrag ist grundsätzlich vor Eintritt der Bemessungsverjährung (für die Festsetzung der Nachforderungszinsen) zu stellen. Er kann bereits vor Festsetzung der Zinsen eingebracht werden. Er kann auch in einer Berufung gegen den Zinsenbescheid gestellt werden.

Die 50-Euro-Grenze des § 205 Abs. 2 zweiter Satz BAO ist auch bei der Erledigung auf § 205 Abs. 6 BAO gestützter Anträge zu beachten. Würde die Herabsetzung der Nachforderungszinsen zu einem Betrag von unter 50 Euro führen, so ist daher ein Nichtfestsetzungsbescheid (gegebenenfalls verbunden mit der Aufhebung des Zinsenbescheides) zu erlassen.

10. Hinweise

Die vorstehenden Ausführungen stellen die Rechtsansicht des Bundesministeriums für Finanzen dar, die im Interesse einer bundeseinheitlichen Vorgangsweise mitgeteilt wird. Über die gesetzlichen Bestimmungen hinausgehende Rechte und Pflichten werden dadurch weder begründet noch können solche aus dem Erlass abgeleitet werden.

12/6/5.

AÖF 2003/65

Richtlinien zur Aufhebung gemäß § 299 BAO

(Erlass des BMF vom 3. Februar 2003, Z 05 2601/2-IV/5/02)

Neufassung des § 299 BAO durch das Abgaben-Rechtsmittel-Reformgesetz (BGBl. I Nr. 97/2002), Aufhebung von Bescheiden der Abgabenbehörde erster Instanz durch die Abgabenbehörde erster Instanz wegen Rechtswidrigkeit des Inhaltes, Ermessen, Aufhebungsfristen im § 302 BAO geregelt.

1. Zuständigkeit

Die Abgabenbehörden erster Instanz sind zur Aufhebung von ihnen erlassener Bescheide befugt. Dies sind nicht nur Finanzämter, sondern auch Finanzlandesdirektionen (zB für Bescheide nach § 44 Abs. 2 BAO oder nach § 4 Abs. 4 Z 5 EStG 1988) und das Bundesministerium für Finanzen (zB für Bescheide nach § 48 BAO oder nach § 103 EStG 1988).

2. Aufhebbare Bescheide

Gemäß § 299 Abs. 1 BAO sind beispielsweise aufhebbar:

- Abgabenbescheide (§ 198 BAO),
- Feststellungsbescheide (zB gemäß § 188 BAO),
- Haftungsbescheide (§ 224 BAO) und andere im Einhebungsverfahren ergehende Bescheide (zB solche gemäß den §§ 230 Abs. 7, 232, 235, 236, 237, 240 Abs. 3 BAO),
- Mess-, Zerlegungs- und Zuteilungsbescheide,
- Verfahrensleitende Verfügungen (iSd § 94 BAO), wie zB die Ablehnung von Anträgen auf Fristverlängerung (zB gemäß § 134 Abs. 2 BAO),
- die obengenannten Bescheide ändernde (zB gemäß § 295 Abs. 1 BAO) oder aufhebende (zB gemäß § 299 Abs. 1 BAO) Bescheide,
- Verfügungen und Bewilligungen von Wiederaufnahmen des Verfahrens (§ 303 BAO).

Aufhebbar sind auch Berufungsvorentscheidungen und andere von der Abgabenbehörde erster Instanz erlassene Entscheidungen über Berufungen (zB Zurückweisungen gemäß § 273 BAO).

Bescheide sind unabhängig davon, ob sie endgültig oder vorläufig (zB gemäß § 200 Abs. 1 BAO) erlassen worden sind, gemäß § 299 Abs. 1 BAO aufhebbar.

Für die Aufhebbarkeit von Bescheiden ist bedeutungslos, ob der Bescheid (formell) rechtskräftig geworden ist.

3. Rechtswidrigkeit des Inhaltes

Eine Aufhebung gemäß § 299 Abs. 1 BAO setzt die Rechtswidrigkeit des Inhaltes des aufzuhebenden Bescheides voraus.

Der Inhalt eines Bescheides ist rechtswidrig, wenn der Spruch des Bescheides rechtswidrig ist, sei es, dass er gegen Gesetze, gegen Verordnungen (iSd Art 18 Abs. 2 B-VG) oder gegen Gemeinschaftsrecht der Europäischen Union (Primärrecht oder Sekundärrecht wie zB Richtlinien oder Verordnungen) verstößt.

Der Bescheidspruch ist nicht nur bei unzutreffender Auslegung von Rechtsvorschriften inhaltlich rechtswidrig. Er ist auch rechtswidrig, wenn entscheidungserhebliche Tatsachen oder Beweismittel nicht berücksichtigt wurden; dies auch dann, wenn die Nichtberücksichtigung auf mangelnde Kenntnis der Abgabenbehörde (zB als Folge mangelnder Offenlegung durch die Partei) zurückzuführen ist.

Auch die Übernahme aktenwidriger Umstände (zB Nichtübernahme von Verlustabzügen gemäß § 18 Abs. 6 oder 7 EStG 1988) macht einen Bescheid inhaltlich rechtswidrig.

Die Unrichtigkeit des Bescheidspruches muss nicht offensichtlich iSd § 293b BAO sein.

Für die Aufhebung gemäß § 299 Abs. 1 BAO ist grundsätzlich die Sach- und Rechtslage im Zeitpunkt der Aufhebung maßgebend. Dies gilt nicht in jenen Fällen, in denen eine Berufungsvorentscheidung oder eine Berufungsentscheidung die im Zeitpunkt der Erlassung des angefochtenen Bescheides maßgebende Sach- und Rechtslage zu beachten hätte (vgl. zB Ritz, BAO-Kommentar, 2. Auflage, Wien 1999, § 289 Tz 11).

Änderungen der Rechtsprechung dürfen für die Beurteilung der inhaltlichen Rechtswidrigkeit des aufzuhebenden Bescheides nur berücksichtigt werden, wenn dem nicht § 117 BAO entgegensteht.

Die Aufhebung setzt die Gewissheit der Rechtswidrigkeit voraus; die bloße Möglichkeit reicht nicht (vgl. zum bisherigen § 299 BAO zB VwGH 5.8.1993, 91/14/0127, 0128).

4. Aufhebung auf Antrag der Partei

4.1 Einbringung des Antrages

Aufhebungen gemäß § 299 Abs. 1 BAO können nicht nur von Amts wegen, sondern auch auf Antrag der Partei erfolgen.

Antragsbefugt sind Parteien iSd § 78 BAO, an die der aufzuhebende Bescheid ergeht bzw. denen gegenüber der aufzuhebende Bescheid wirkt.

Beispiel 1:

Ein Bescheid über die einheitliche und gesonderte Feststellung der Einkünfte einer Personenvereinigung ohne eigene Rechtspersönlichkeit wirkt (§§ 101 Abs. 3 und 191 BAO) gegenüber denjenigen, denen gemeinschaftliche Einkünfte zugeflossen sind (und die im Bescheidspruch namentlich genannt sind). Diese Personen sind zur Stellung eines Antrages auf Aufhebung des Feststellungsbescheides (§ 188 BAO) befugt.

Beispiel 2:

Ein Bescheid über die einheitliche und gesonderte Feststellung des Einheitswertes (§§ 101 Abs. 3 und 191 BAO) ist auch auf Antrag eines am Gegenstand der Feststellung Beteiligten aufhebbar.

Der Antrag ist bei der im Zeitpunkt der Antragstellung für die Erlassung des aufzuhebenden Bescheides sachlich und örtlich zuständigen Abgabenbehörde erster Instanz einzubringen.

Ist nach Erlassung des aufzuhebenden Bescheides, aber vor Einbringung des Aufhebungsantrages die Zuständigkeit auf eine andere Abgabenbehörde übergegangen (zB gemäß § 73 BAO), so ist der Antrag bei der neu zuständigen Abgabenbehörde einzubringen.

Der Antrag ist ein Anbringen zur Geltendmachung von Rechten iSd § 85 Abs. 1 BAO. Er ist somit grundsätzlich schriftlich einzubringen (daher nach § 86a BAO iVm der Verordnung BGBl. Nr. 494/1991 auch unter Verwendung eines Telekopierers). Nach Maßgabe des § 85 Abs. 3 BAO kann der Antrag auch mündlich gestellt werden.

Der Antrag kann bis zur Rechtskraft des über ihn absprechenden Bescheides zurückgenommen werden.

Ein Verzicht auf die Stellung eines Antrages auf Aufhebung ist gesetzlich nicht vorgesehen; er ist daher unzulässig und ohne rechtliche Wirkungen.

Der Antrag setzt (ebenso wie eine Berufung) keine „Beschwer" der Partei voraus. Mangelnde Beschwer bzw. Mutwilligkeit des Antrages könnte allerdings bei der Übung des Ermessens (siehe Abschnitt 6) als gegen die Aufhebung sprechender Umstand berücksichtigt werden.

4.2 Erledigung des Antrages

Der Antrag auf Aufhebung unterliegt der Entscheidungspflicht. Daher ist über ihn stets mit Bescheid abzusprechen.

Solche Bescheide sind insbesondere Zurückweisungsbescheide, Zurücknahmebescheide, Abweisungsbescheide sowie den antragsgegenständlichen Bescheid aufhebende Bescheide.

Der Antrag ist mit Bescheid zurückzuweisen, wenn er nicht zulässig oder nicht fristgerecht eingebracht ist.

Ein Aufhebungsantrag ist etwa unzulässig,

- wenn der aufzuhebende Bescheid nicht (bzw nicht mehr) rechtlich existent ist, somit zB bei nicht erfolgter Zustellung oder bei zwischenzeitiger Aufhebung des Bescheides (zB gemäß § 303 BAO),
- wenn der Einschreiter zur Antragstellung nicht legitimiert ist (zB weil der betreffende Bescheid ihm gegenüber nicht wirkt).

Nach Ablauf der sich aus § 302 Abs. 2 lit. b bzw. lit. c BAO ergebenden Fristen eingebrachte Anträge sind nicht fristgerecht; sie sind mit Bescheid zurückzuweisen. Zu diesen Fristen siehe Abschnitt 5.

Rechtsgrundlage für Zurücknahmebescheide ist § 85 Abs. 2 BAO (insbesondere bei Formgebrechen des Antrages, wie zB wenn der Einschreiter nicht eine für ihn zugelassene Amtssprache verwendet) sowie § 85 Abs. 4 BAO (fehlender Nachweis der Bevollmächtigung).

Hat eine Formalentscheidung (zB Zurücknahmebescheid) über den Antrag zu erfolgen, so hat die Abgabenbehörde erster Instanz zu prüfen, ob eine Aufhebung des antragsgegenständlichen Bescheides von Amts wegen in Betracht kommt.

Der Antrag auf Aufhebung ist insbesondere dann mit Bescheid abzuweisen, wenn der antragsgegenständliche Bescheid nicht inhaltlich rechtswidrig ist. Eine Abweisung des Antrages hat auch zu erfolgen, falls die Aufhebung aus Ermessensüberlegungen unterbleibt.

5. Fristen

5.1 Jahresfrist

Nach § 302 Abs. 1 BAO sind Aufhebungen gemäß § 299 BAO bis zum Ablauf eines Jahres nach Bekanntgabe (§ 97 BAO) des Bescheides zulässig.

Die Bekanntgabe von Bescheiden erfolgt nach § 97 Abs. 1 BAO bei schriftlichen Erledigungen grundsätzlich durch Zustellung; bei mündlichen Erledigungen erfolgt sie durch deren Verkündung.

Die Aufhebung nach § 299 Abs. 1 BAO ist nicht nur innerhalb der Jahresfrist zulässig, sondern (nach § 302 Abs. 2 lit. b BAO) auch nach Ablauf der Jahresfrist, wenn der Antrag auf Aufhebung vor Ablauf dieser Frist eingebracht ist.

Die Jahresfrist ist eine gesetzliche Frist. Sie ist daher dem § 110 Abs. 1 BAO zufolge nicht erstreckbar. Sie ist auch nicht hemmbar.

Bei nicht grob verschuldeter Versäumung der Frist kommt nach Maßgabe des § 308 BAO eine Wiedereinsetzung in den vorigen Stand in Betracht.

Für die Fristenberechnung sind § 108 Abs. 2, 3 und 4 BAO, § 109 BAO sowie § 110 Abs. 1 BAO maßgeblich.

Beispiel:

Der aufzuhebende Bescheid wird am 18. Dezember 2002 zugestellt. Die Aufhebungsfrist endet (nach § 108 Abs. 2 iVm § 109 BAO) am 18. Dezember 2003. Zur Fristwahrung reicht dem § 108 Abs. 4 BAO zufolge die Postaufgabe des Aufhebungsantrages am 18. Dezember 2003.

5.2 Verjährungsfrist

§ 302 Abs. 2 lit. c BAO sieht eine über die Jahresfrist des Abs. 1 hinausgehende Befristung von Maßnahmen nach § 299 Abs. 1 BAO für folgende zwei Fälle vor:

- Für die Aufhebung wegen Widerspruches mit zwischenstaatlichen abgabenrechtlichen Vereinbarungen (insbesondere Doppelbesteuerungsabkommen),
- für die Aufhebung wegen Widerspruches mit Gemeinschaftsrecht der Europäischen Union (darunter fällt Primärrecht und Sekundärrecht wie beispielsweise Richtlinien und Verordnungen).

Bei derartigen Rechtswidrigkeiten des Bescheides ist die Aufhebung zulässig

- bis zum Ablauf der Verjährungsfrist (dies betrifft sowohl die Bemessungsverjährung als auch die Einhebungsverjährung),
- nach Ablauf der Verjährungsfrist, wenn der Antrag auf Aufhebung innerhalb dieser Frist eingebracht ist.

Auf § 299 Abs. 1 BAO (iVm § 302 Abs. 2 lit. c BAO) gestützte Aufhebungen sowie diesbezügliche Anträge setzen nicht voraus, dass der Widerspruch mit Gemeinschaftsrecht der Europäischen Union sich aus einer Vorabentscheidung des EuGH oder einem Erkenntnis des VwGH ergibt.

Der Antrag auf Aufhebung ist ein Antrag iSd § 209a Abs. 2 BAO. Daher steht der Eintritt der Verjährung der Abgabenfestsetzung (im den aufgehobenen Bescheid ersetzenden Bescheid) nicht entgegen, wenn der Antrag vor Eintritt der Bemessungsverjährung eingebracht ist.

6. Ermessen

Die Aufhebung nach § 299 Abs. 1 BAO liegt im Ermessen der Abgabenbehörde. Dies gilt unabhängig davon, ob ein Antrag auf Aufhebung eingebracht ist. Dies gilt weiters unabhängig davon, ob die Aufhebung sich zu Gunsten oder zu Ungunsten der Partei (iSd § 78 BAO) auswirken würde.

Ebenso wie etwa bei Verfügungen der Wiederaufnahme des Verfahrens (§ 303 Abs. 4 BAO) hat die Ermessensübung insbesondere den Vorrang des Grundsatzes der Gleichmäßigkeit der Besteuerung (Rechtsrichtigkeit) vor jenem der Rechtsbeständigkeit zu beachten.

Gegen eine Aufhebung können beispielsweise folgende Umstände sprechen:

- Geringfügigkeit der (vor allem abgabenrechtlichen) Auswirkungen der Rechtswidrigkeit des Bescheides,
- Grundsatz von Treu und Glauben (vgl. zB BMF 26.1.1995, 05 0301/2-IV/5/94, AÖF 70/1995),
- die Uneinbringlichkeit (iSd § 235 BAO) oder Unbilligkeit der Einhebung (iSd § 236 BAO) einer sich aus der Aufhebung bzw. aus dem neuen Sachbescheid ergebenden Nachforderung.

Grundsätzlich ist für die Ermessensübung bedeutungslos, ob die Rechtswidrigkeit des Bescheides auf ein Verschulden (der Abgabenbehörde und/oder der Partei) zurückzuführen ist.

7. Aufhebungsbescheid

7.1 Zum Inhalt des Aufhebungsbescheides

Erfolgt die Aufhebung auf Antrag der Partei, so hat der Aufhebungsbescheid im Spruch den Namen des Antragstellers sowie das Datum des Antrages zu nennen.

Dem § 93 Abs. 3 lit. a BAO zufolge sind von Amts wegen ergehende Aufhebungsbescheide stets zu begründen. Die Begründung hat vor allem das Vorliegen der Aufhebungsvoraussetzungen (insbesondere die Rechtswidrigkeit des Bescheidinhaltes) und die für die Ermessensübung relevanten Umstände des Einzelfalles darzulegen.

7.2 (Ersatzlose) Aufhebung

Nach § 299 Abs. 2 BAO ist mit dem aufhebenden Bescheid der den aufgehobenen Bescheid ersetzende Bescheid zu verbinden.

Ein solcher „Ersatzbescheid“ ist jedoch nicht zu erlassen, wenn die Aufhebung „ersatzlos“ zu erfolgen hat.

Solche Aufhebungen haben beispielsweise zu erfolgen,

- wenn ein (amtswegiger) Abgabenbescheid wegen des Eintrittes der Bemessungsverjährung nicht hätte ergehen dürfen,
- wenn ein Haftungsbescheid wegen Eintritts der Einhebungsverjährung nicht hätte erlassen werden dürfen,
- wenn ein antragsgebundener Bescheid erlassen wurde, obwohl kein diesbezüglicher Antrag gestellt wurde oder der Antrag vor Bescheiderlassung zurückgenommen wurde,
- wenn eine Abänderung eines Bescheides erfolgte, obwohl die Voraussetzungen für eine solche Maßnahme (zB nach § 293b BAO oder § 295 Abs. 1 BAO) nicht vorgelegen sind,
- wenn eine Zwangsstrafe (§ 111 BAO) festgesetzt wurde, obwohl ihre Androhung nicht zugestellt wurde,
- wenn eine Wiederaufnahme des Verfahrens ohne Vorliegen eines Wiederaufnahmsgrundes verfügt wurde oder eine Wiederaufnahme in richtiger Ermessensübung zu unterlassen gewesen wäre.

7.3 Verbindung mit dem „Ersatzbescheid“

Hat die Aufhebung nicht ersatzlos zu erfolgen, so ist der Aufhebungsbescheid in Verbindung mit dem den aufgehobenen Bescheid ersetzenden Bescheid zu erlassen.

Daher darf die Aufhebung erst dann erfolgen, wenn der für die Erlassung des „Ersatzbescheides“ entscheidungserhebliche Sachverhalt geklärt ist (somit etwa erst nach Durchführung erforderlicher Ermittlungen und nach Wahrung des Parteiengehörs).

7.4 Rechtsschutz

Der Aufhebungsbescheid und der den aufgehobenen Bescheid ersetzende Bescheid sind zwei Bescheide, die jeder für sich (formell) rechtskräftig werden können bzw. einer Berufung zugänglich sind.

Erfolgt die Aufhebung eines mit Berufung angefochtenen Bescheides, so ist der Ersatzbescheid ein an die Stelle des mit Berufung angefochtenen Bescheides tretender Bescheid iSd § 274 BAO. Daher gilt die gegen den aufgehobenen Bescheid gerichtete Berufung als auch gegen den Ersatzbescheid gerichtet. Soweit der spätere Bescheid dem Berufungsbegehren Rechnung trägt, ist die Berufung als gegenstandslos zu erklären (§ 274 zweiter Satz BAO).

Eine Bindung an die im Aufhebungsbescheid dargelegte Rechtsanschauung für den Ersatzbescheid besteht nicht (vgl. zum bisherigen § 299 BAO zB VwGH 19.6.2002, 99/15/0135). Daher kann die Unrichtigkeit des Ersatzbescheides mit Berufung auch dann geltend gemacht werden, wenn der Aufhebungsbescheid (formell) rechtskräftig geworden ist.

Sind beide Bescheide mit Berufung angefochten, so ist zunächst über die Berufung gegen den Aufhebungsbescheid zu entscheiden (vgl. zu § 307 BAO zB VwGH 22.5.1990, 87/14/0038). Die Entscheidung über beide Berufungen kann in einer Berufungsentscheidung verbunden werden (vgl. zu § 307 BAO zB VwGH 24.6.1986, 86/14/0014).

7.5 Aufhebung des Aufhebungsbescheides

Gemäß § 299 Abs. 3 BAO tritt durch die Aufhebung des Aufhebungsbescheides das Verfahren in die Lage zurück, in der es sich vor der Aufhebung befunden hat.

Verfahrenstitel zur Aufhebung von Aufhebungsbescheiden sind vor allem § 276 Abs. 1 BAO, § 289 Abs. 1 BAO, § 289 Abs. 2 BAO, § 299 Abs. 1 BAO und § 303 Abs. 4 BAO.

Bei untrennbarem rechtlichen Zusammenhang beseitigt die Aufhebung des Aufhebungsbescheides von diesem zwingend abgeleitete Bescheide.

Beispiel:

Der Einkommensteuerbescheid 2000 wird aufgehoben. Der neue Sachbescheid weist eine Nachforderung aus. Der Aufhebungsbescheid wird auf Grund einer Berufung mit Berufungsvorentscheidung aufgehoben. Die Aufhebung des Aufhebungsbescheides beseitigt den neuen Sachbescheid (und damit die aus ihm resultierende Nachforderung) rückwirkend aus dem Rechtsbestand; dadurch lebt der ursprüngliche Einkommensteuerbescheid wieder auf.

Die rückwirkende Beseitigung des Ersatzbescheides beseitigt nicht die durch ihn erfolgte Unterbrechung der Bemessungsverjährung (§ 209 Abs. 1 BAO) bzw. der Einhebungsverjährung (§ 238 Abs. 2 BAO).

8. Inkrafttreten

Die Neufassungen der §§ 299 und 302 BAO treten mit 1. Jänner 2003 in Kraft (nach § 323 Abs. 10 BAO).

§ 299 BAO ist eine Verfahrensvorschrift. Sie ist daher ab 1. Jänner 2003 auch dann anzuwenden, wenn der aufzuhebende Bescheid vor dem 1. Jänner 2003 erlassen wurde.

Das Antragsrecht der Partei auf Aufhebung gemäß § 299 Abs. 1 BAO besteht ab 1. Jänner 2003. Vor diesem Tag gestellte Anträge sind unzulässig und somit zurückzuweisen. Die Abgabenbehörde erster Instanz hat allerdings zu prüfen, ob die Aufhebung von Amts wegen zu erfolgen hat.

9. Hinweis

Die vorstehenden Ausführungen stellen die Rechtsansicht des Bundesministeriums für Finanzen dar, die im Interesse einer bundeseinheitlichen Vorgangsweise mitgeteilt wird. Über die gesetzlichen Bestimmungen hinausgehende Rechte und Pflichten werden dadurch weder begründet noch können solche aus diesem Erlass abgeleitet werden.

12/6/6.

AÖF 2006/123

Erlass zur Wiedereinsetzung in den vorigen Stand (§ 308 BAO)

(Erlass des BMF vom 3. März 2006, BMF-010103/0019-VI/2006)

Wiedereinsetzung in den vorigen Stand setzt Versäumung einer Frist voraus, leichte Fahrlässigkeit unschädlich, Zuständigkeit, Rechtsfolgen der Bewilligung der Wiedereinsetzung

1. Versäumung einer Frist

Die Wiedereinsetzung in den vorigen Stand (§ 308 BAO) setzt unter anderem voraus, dass eine Frist versäumt wurde.

Wiedereinsetzbar sind nicht nur verfahrensrechtliche Fristen, sondern auch materiellrechtliche Fristen.

Ob die Fristen verlängerbar sind, ist für die Wiedereinsetzung ebenso bedeutungslos, wie die Unterscheidung, ob es sich um gesetzliche oder um behördliche Fristen handelt.

Wiedereinsetzbar sind beispielsweise folgende Fristen:

- Berufungsfrist (§ 245 Abs. 1 BAO),
- Vorlageantragsfrist (§ 276 Abs. 2 BAO),
- Fristen zur Einreichung von Abgabenerklärungen (zB § 134 Abs. 1 BAO, § 21 Abs. 1 erster Satz UStG 1994, § 10 Abs. 1 GrEStG 1987),
- Fristen für Anträge auf Aufhebung gemäß § 299 Abs. 1 BAO,
- Frist für Antrag auf Festsetzung einer Selbstberechnungsabgabe (§ 201 Abs. 2 Z 2 BAO),
- Frist zur Stellung eines Wiederaufnahmsantrages (§ 303 Abs. 2 BAO),
- Fristen zur Stellung eines Wiedereinsetzungsantrages (§ 308 Abs. 3 BAO, § 309 BAO),
- Zahlungsfristen (zB Fälligkeitsfrist gemäß § 210 Abs. 1 BAO, Nachfrist gemäß § 210 Abs. 4 BAO, Fälligkeitsfrist gemäß § 21 Abs. 1 UStG 1994),
- Mängelbehebungsfristen (zB gemäß den §§ 85 Abs. 2, 275 und 303a BAO),
- Fristen für Anträge auf Wert-, Art- oder Zurechnungsfortschreibung (§ 193 Abs. 2 BAO),
- Frist zur Stellung eines Antrages auf Veranlagung (zB gemäß § 41 Abs. 2 EStG 1988),
- Frist zur Verzichtserklärung auf die Anwendung des § 6 Abs. 1 Z 27 UStG 1994 (§ 6 Abs. 3 UStG 1994),
- Frist zur Stellung eines Antrages auf Nichtfestsetzung oder Abänderung der Grunderwerbsteuer nach § 17 GrEStG 1987,
- Frist für die Anmeldung gemäß § 22 ErbStG,
- Anzeigefrist des § 31 Abs. 1 GebG.

2. Wiedereinsetzungsgründe

Die Wiedereinsetzung in den vorigen Stand setzt voraus, dass die Partei glaubhaft macht, dass sie durch ein unvorhergesehenes oder unabwendbares Ereignis verhindert war, die Frist einzuhalten.

Dass der Partei ein Verschulden an der Versäumung zur Last liegt, hindert die Bewilligung der Wiedereinsetzung nicht, wenn es sich nur um einen minderen Grad des Versehens handelt (§ 308 Abs. 1 zweiter Satz BAO).

Ein (eine Fristeinhaltung hinderndes) **Ereignis** ist nicht nur ein Vorgang in der Außenwelt, sondern auch ein psychischer Vorgang wie Vergessen, Verschreiben, sich Irren (zB VwGH 22.1.1992, 91/13/0241).

Ein Ereignis ist **unabwendbar**, wenn es durch einen Durchschnittsmenschen objektiv nicht verhindert werden kann (zB VwGH 15.3.2001, 98/16/0051; VwGH 19.3.2002, 2000/16/0055; VwGH 9.6.2004, 2004/16/0096).

Ein Ereignis ist **unvorhergesehen**, wenn die Partei es tatsächlich nicht einberechnet hat und mit zumutbarer Aufmerksamkeit nicht erwarten konnte (zB VwGH 10.5.2001, 98/15/0028; VwGH 19.3.2002, 2000/16/0055; VwGH 9.6.2004, 2004/16/0096).

Minderer Grad des Versehens ist leichter Fahrlässigkeit im Sinne des § 1332 ABGB gleichzusetzen (zB VwGH 5.4.2001, 2001/15/0032, 0039; VwGH 17.3.2005, 2004/16/0204).

Leichte Fahrlässigkeit liegt vor, wenn ein Fehler unterläuft, den gelegentlich auch ein sorgfältiger Mensch begeht (zB VwGH 22.11.1996, 95/17/0112; VfGH 24.2.1998, B 2290/96, G 176/96).

Ein minderer Grad des Versehens liegt nicht mehr vor, wenn der Wiedereinsetzungswerber die im Verkehr mit Behörden und für die Einhaltung von Terminen und Fristen erforderliche und ihm nach seinen persönlichen Fähigkeiten zumutbare Sorgfalt außer Acht lässt (zB VwGH 19.3.2003, 2000/16/0055; VwGH 9.6.2004, 2004/16/0096).

Das **Verschulden des Vertreters** ist dem Verschulden des Vertretenen gleichzusetzen (zB VwGH 26.6.2002, 2002/13/0052; VwGH 23.1.2003, 2001/16/0523; VwGH 21.1.2004, 2001/16/0479, 0480).

Dies gilt auch für Verschulden von Organen juristischer Personen (VwGH 8.10.1990, 90/15/0134).

Das Verschulden von Kanzleiangestellten berufsmäßiger Parteienvertreter steht einer Wiedereinsetzung nicht entgegen (vgl. zB VwGH 10.9.1998, 98/15/0130). Maßgebend ist, ob den Vertreter ein leichte Fahrlässigkeit übersteigendes Verschulden (Auswahl- und Überwachungsverschulden) trifft (vgl. zB. VwGH 5.4.2001/15/0032, 0039; VwGH 23.1.2003, 2001/16/0523). Dies gilt gleichermaßen für das Verschulden von Boten (vgl. zB VwGH 20.4.2001, 98/05/0083).

Ein **Rechtsirrtum** bzw. die Unkenntnis einer Rechtsvorschrift kann einen Wiedereinsetzungsgrund bilden, wenn dem Wiedereinsetzungswerber an der Unkenntnis keine grobe Fahrlässigkeit zur

Last zu legen ist (vgl. OGH 23.5.1996, 8 Ob A 2045/96; VwGH 3.9.1996, 96/04/0134).

Nur eine die Dispositionsfähigkeit völlig ausschließende Krankheit ist ein Wiedereinsetzungsgrund (zB VwGH 26.9.2000, 2000/13/0118; VwGH 19.12.2001, 2001/13/0166; VwGH 18.9.2003, 2002/15/0132).

3. Wiedereinsetzungsantrag

Der Wiedereinsetzungsantrag ist (nach § 308 Abs. 3 BAO) rechtzeitig, wenn er binnen einer Frist von **drei Monaten** nach Aufhören des Hindernisses eingebracht wird.

Besteht das Hindernis (im Sinne des § 308 Abs. 1 erster Satz BAO) in einem Tatsachenirrtum über den Ablauf einer Frist, so hört das Hindernis auf, sobald die Partei den Tatsachenirrtum als solchen erkennen konnte oder musste (zB VwGH 30.5.2001, 99/15/0265; VwGH 17.12.2002, 2002/14/0127, 0128).

Ein Wiedereinsetzungsantrag ist (dem § 309 BAO zufolge) weiters nur rechtzeitig, wenn er innerhalb von fünf Jahren ab dem Ende der versäumten Frist eingebracht wird.

Beide Fristen sind gesetzliche Fristen im Sinne des § 110 Abs. 1 BAO. Sie sind nicht verlängerbar.

Der Wiedereinsetzungsantrag hat die im § 309a Abs. 1 BAO geforderten Angaben zu enthalten. Entspricht er nicht diesen Erfordernissen, so ist gemäß § 309a Abs. 2 BAO mit Mängelbehebungsauftrag vorzugehen.

Der Wiedereinsetzungsantrag ist bei der Abgabenbehörde einzubringen, bei der die Frist wahrzunehmen war. Bei Versäumung der Berufungsfrist oder der Vorlageantragsfrist ist er bei der Abgabenbehörde erster Instanz oder zweiter Instanz einzubringen (nach § 308 Abs. 3 erster Satz BAO).

Spätestens gleichzeitig mit dem Wiedereinsetzungsantrag hat der Antragsteller die versäumte Handlung nachzuholen (§ 308 Abs. 3 zweiter Satz BAO).

Der Wiedereinsetzungsantrag ist ein Anbringen zur Geltendmachung von Rechten im Sinne des § 85 Abs. 1 BAO. Er ist somit grundsätzlich schriftlich einzubringen.

4. Entscheidung über den Wiedereinsetzungsantrag

Zuständig für die Entscheidung über den Wiedereinsetzungsantrag ist die Abgabenbehörde, bei der die versäumte Handlung nachzuholen war. Bei Versäumung einer Berufungsfrist oder einer Vorlageantragsfrist obliegt der Abgabenbehörde erster Instanz die Entscheidung über den Wiedereinsetzungsantrag.

Der Wiedereinsetzungsantrag unterliegt der Entscheidungspflicht (§ 311 Abs. 1 BAO). Daher ist stets mit Bescheid über ihn abzusprechen.

Durch die Bewilligung der Wiedereinsetzung tritt das Verfahren in die Lage zurück, in der es sich vor dem Eintritt der Versäumung befunden hat (§ 310 Abs. 3 erster Satz BAO).

Hiedurch wird bewirkt, dass alle nach Ablauf der versäumten Frist und in Konsequenz der stattgefundenen Versäumung ergangenen Bescheide mit Rückwirkung auf den Zeitpunkt ihrer Erlassung vernichtet werden. Einer ausdrücklichen (bescheidmäßig verfügten) Aufhebung solcher Bescheide bedarf es somit nicht.

Daher tritt durch die Wiedereinsetzung ein wegen Versäumung einer Frist erlassener Zurückweisungsbescheid ex lege außer Kraft (zB VwGH 21.5.1997, 96/21/0574).

5. Hinweise

Die vorstehenden Ausführungen stellen die Rechtsansicht des Bundesministeriums für Finanzen dar, die im Interesse einer bundeseinheitlichen Vorgangsweise mitgeteilt wird. Über die gesetzlichen Bestimmungen hinausgehende Rechte und Pflichten werden dadurch weder begründet noch können solche aus dem Erlass abgeleitet werden.

Zur Wiedereinsetzung bei Versäumung von Zahlungsfristen siehe ergänzend Richtlinien für die Abgabeneinhebung (RAE), Rz 914.

Die Erlässe des Bundesministeriums für Finanzen vom 22. Februar 1977, Z 05 1001/1-IV/5/77; 2. Juni 1978, Z 05 1001/1-IV/5/78; 25. Juli 1980, Z 05 1001/3-IV/5/80, AÖFV Nr. 223/1980, und vom 16. Februar 1988, Z 05 1001/1-IV/5/88, AÖFV Nr. 180/1988, werden aufgehoben.

12/7. Sonstige Erlässe

12/7/1.

AÖF 2006/186

Haftungen gemäß den §§ 9 bis 16 BAO

(Erlass des BMF vom 21. Juni 2006, BMF-010103/0050-VI/2006)

Haftungstatbestände der BAO (insbesondere Haftung des Vertreters, Erwerberhaftung), Voraussetzungen, Kriterien für die Ermessensübung.

1. Persönliche Haftungen

Haften im Sinne der BAO bedeutet, dass der Haftungspflichtige mit seinem gesamten oder mit einem vorbestimmten Teil seines Vermögens für Abgabenschulden eines anderen in Anspruch genommen werden kann (Richtlinien für die Abgabeneinhebung – RAE, Rz 1202).

Persönliche abgabenrechtliche Haftungen werden mit Haftungsbescheid (§ 224 BAO) geltend gemacht.

Zu § 224 BAO siehe RAE, Rz 1200 ff; VereinsR 2001, Rz 838 ff.

Die Erlassung eines Haftungsbescheides ist eine Einhebungsmaßnahme und als solche daher nur innerhalb der **Einhebungsverjährungsfrist** des § 238 BAO zulässig (zB VwGH 17. 12. 2003, 99/13/0036).

Zu § 238 BAO siehe zB RAE, Rz 1830 ff.

Zur Einhebung von Haftungsbeträgen siehe zB VereinsR 2001, Rz 852 ff.

2. Haftung des Vertreters (§ 9 BAO)

2.1 Haftungstatbestand des § 9 BAO

Die Vertreterhaftung nach § 9 BAO besteht für die den vertretenen Abgabepflichtigen treffenden Abgaben insoweit, als die Abgaben infolge schuldhafter Verletzung der den Vertretern auferlegten Pflichten nicht eingebracht werden können.

Die Haftung des § 9 BAO setzt voraus:

- Stellung als Vertreter,
- Bestehen einer Abgabenforderung gegen den Vertretenen,
- Uneinbringlichkeit der Abgabenforderung,
- Verletzung abgabenrechtlicher Pflichten durch den Vertreter,
- Verschulden des Vertreters und
- Kausalität zwischen Pflichtverletzung und Uneinbringlichkeit.

2.2 Vertreter

2.2.1 Haftungspflichtige Vertreter

Vertreter sind insbesondere

- Geschäftsführer einer GmbH (vgl. zB VwGH 3. 11. 2005, 2004/15/0015; VwGH 21. 12. 2005, 2004/14/0146),
- Liquidatoren bei einer GmbH (vgl. zB VwGH 7. 12. 2000, 2000/16/0601),
- Vorstandsmitglieder einer AG (vgl. zB VwGH 17. 12. 2003, 2003/13/0100; VwGH 24. 10. 2005, 2005/13/0011),
- Vorstand einer Genossenschaft (vgl. zB VwGH 28. 11. 2002, 2002/13/0151),
- Stiftungsvorstand einer Privatstiftung,
- Masseverwalter (vgl. zB VwGH 29. 1. 1998, 96/15/0196; VwGH 30. 7. 2002, 96/14/0105; VwGH 31. 3. 2003, 97/14/0128),
- Vermögensverwalter im Sinne des § 80 Abs. 2 BAO.

§ 9 BAO stellt nicht auf eine faktische Wahrnehmung der steuerlichen Angelegenheiten ab. Ein de facto Geschäftsführer ist kein Vertreter im Sinne des § 80 Abs. 1 BAO und des § 18 Abs. 1 GmbHG; seine Heranziehung zur Haftung ist daher unzulässig (UFS 3. 8. 2005, RV/1238-W/04). Maßgebend für die Vertreterhaftung ist die gesellschaftsrechtliche Stellung als Geschäftsführer der GmbH. Dies gilt unabhängig davon, ob die betreffende Person tatsächlich als Geschäftsführer tätig ist oder zB nur ein „pro forma-Geschäftsführer“ (VwGH 2. 7. 2002, 99/14/0076) oder „nur auf dem Papier“ (VwGH 19. 1. 2005, 2001/13/0168).

Bei **Vereinen** sind Vertreter im Sinne des § 9 BAO jene Personen, die nach den Statuten zur Vertretung nach außen berufen sind (vgl. zB VwGH 10. 9. 1998, 96/15/0053; VwGH 29. 6. 1999, 98/14/0172; VwGH 24. 4. 2002, 2001/16/0548). Maßgebend ist nicht, wer tatsächlich die Geschäfte des Vereines führt (wer etwa tatsächlich die Vereinsaufzeichnungen führt), sondern wer dazu nach den Statuten berufen ist.

Bei **Personengesellschaften** (zB KG) kommen als nach § 9 BAO Haftende nur die gesellschaftsrechtlich zu Geschäftsführern bestellten Personen in Betracht (vgl. VwGH 3. 10. 1988, 88/15/0067).

Bei einer **GmbH & Co KG** haftet der Geschäftsführer der Komplementär-GmbH für Abgabenschulden der KG (zB VwGH 14. 1. 2003, 97/14/0176; VwGH 21. 10. 2003, 2001/14/0099).

2.2.2 Zu § 9 Abs. 2 BAO

§ 9 Abs. 2 BAO schränkt die Haftung der Notare, Rechtsanwälte und Wirtschaftstreuhänder wegen Handlungen, die sie in Ausübung ihres Berufes bei der Beratung in Abgabensachen vorgenommen haben, auf Handlungen ein, die eine Verletzung ihrer Berufspflichten enthalten.

Ob eine solche Verletzung der Berufspflichten vorliegt, ist über Anzeige der Abgabenbehörde im Disziplinarverfahren zu entscheiden (§ 9 Abs. 2 zweiter Satz BAO).

Die Haftungseinschränkung setzt voraus, dass der Parteienvertreter in berufstypisch beratender Funktion tätig ist. § 9 Abs. 2 BAO gilt beispielsweise nicht für Handlungen, die der Parteienvertreter als Masseverwalter oder als Geschäftsführer einer GmbH vornimmt.

2.3 Abgabenforderung gegen den Vertretenen

Die Geltendmachung der Haftung (mit Haftungsbescheid) setzt ua. voraus, dass eine Abgabenschuld entstanden ist und dass sie noch nicht (zB durch Entrichtung) erloschen ist (vgl. zB VwGH 22. 9. 1999, 96/15/0049).

Die Abgabenschuld muss dem Primärschuldner (Erstschuldner) gegenüber nicht bereits geltend gemacht worden sein (vgl. zB VwGH 24. 2. 2004, 99/14/0242). Siehe auch § 224 Abs. 3 BAO.

Die rechtskräftige Bestätigung des (Zwangs-) Ausgleichs des Primärschuldners steht der Haftungsinanspruchnahme auch für die Ausgleichsquote übersteigende Abgabenschulden nicht entgegen (zB VwGH 29. 7. 2004, 2003/16/0137; VwGH 21. 2. 2005, 2001/17/0075).

2.4 Uneinbringlichkeit

2.4.1 Ausfallshaftung

Die Haftung nach § 9 BAO ist eine Ausfallshaftung (zB VwGH 29. 5. 2001, 99/14/0277; VwGH 24. 2. 2004, 99/14/0278; VwGH 31. 3. 2004, 2003/13/0153). Sie setzt die **objektive Uneinbringlichkeit** von Abgabenschuldigkeiten im Zeitpunkt der Inanspruchnahme des Haftungspflichtigen voraus (zB VwGH 27. 4. 2000, 98/15/0129; VwGH 29. 5. 2001, 99/14/0277; VwGH 19. 6. 2002, 2002/15/0018).

Uneinbringlichkeit liegt vor, wenn Einbringungsmaßnahmen erfolglos waren oder voraussichtlich erfolglos wären (vgl. zB VwGH 29. 5. 2001, 99/14/0277; VwGH 31. 3. 2004, 2003/13/0153; VwGH 26. 5. 2004, 99/14/0218).

2.4.2 Insolvenzverfahren

Aus der Konkurseröffnung allein ergibt sich noch nicht zwingend die Uneinbringlichkeit (vgl. zB VwGH 29. 5. 2001, 99/14/0277; VwGH 28. 5. 2002, 99/14/0233; VwGH 26. 5. 2004, 99/14/0218).

Uneinbringlichkeit ist im Insolvenzverfahren erst dann anzunehmen, wenn feststeht, dass die Abgabenforderung nicht befriedigt werden kann (zB VwGH 27. 4. 2000, 98/15/0129). Dies gilt unabhängig davon, ob die Abgabenforderung teilweise oder gänzlich uneinbringlich ist. Bei teilweiser Uneinbringlichkeit darf die Haftungsinanspruchnahme nur für den uneinbringlichen Teilbetrag erfolgen. Ergibt sich nachträglich, dass ein weiterer Teilbeitrag uneinbringlich geworden ist, so kann ein weiterer (diesen neuen Betrag umfassender) Haftungsbescheid erlassen werden. Dies setzt keine Abänderung des bisherigen Haftungsbescheides voraus.

Gesetzwidrig ist eine Haftungsinanspruchnahme, die den gesamten offenen Abgabenbetrag umfasst, obwohl nur ein Teil objektiv uneinbringlich ist (vgl. zB VwGH 29. 6. 1999, 99/14/0117).

Die Überlegung, eine Minderung der Inanspruchnahme sei im Verfahren über die Berufung gegen den Haftungsbescheid möglich, rechtfertigt eine solche Vorgangsweise nicht. Ebenso wenig gestattet die Vermutung, während des Berufungsverfahrens würden weitere Teilbeträge voraussichtlich uneinbringlich werden, ein derartiges Vorgehen.

Nach Abschluss des Konkurses ist – mangels gegenteiliger Anhaltspunkte – anzunehmen, dass der in der Konkursquote nicht mehr Deckung findende Teil der Abgabenforderung uneinbringlich sein wird (VwGH 26. 6. 2000, 95/17/0613). Die Abgabenbehörde muss aber das Ende des Konkursverfahrens nicht abwarten (vgl. zB VwGH 19. 3. 2002, 98/14/0056; VwGH 31. 3. 2004, 2003/13/0153; VwGH 26. 5. 2004, 99/14/0218).

Für die Uneinbringlichkeit sprechen

- die Abweisung eines Antrages auf Eröffnung des Konkurses mangels kostendeckenden Vermögens nach § 71b KO (zB VwGH 24. 10. 2000, 95/14/0090; VwGH 30. 4. 2003, 2001/16/0252),
- die Aufhebung des Konkurses nach Verteilung des Massevermögens (vgl. VwGH 8. 3. 1991, 89/17/0121; VwGH 26. 6. 2000, 95/17/0613),
- die Aufhebung des Konkurses mangels kostendeckenden Vermögens nach § 166 KO (VwGH 21. 12. 1999, 99/14/0041; VwGH 22. 10. 2002, 2000/14/0083).

2.5 Verletzung abgabenrechtlicher Pflichten

2.5.1 Abgabenrechtliche Pflichten

Haftungsrelevant ist nur die Verletzung abgabenrechtlicher Pflichten (vgl. zB VwGH 18. 10. 1995, 91/13/0037, 91/13/0038), somit die Verletzung von durch Abgabenvorschriften begründeten Pflichten (VwGH 18. 12. 1981, 81/15/0108, 0109).

Die Verletzung anderer Pflichten ist nicht haftungsrelevant. Zu den abgabenrechtlichen Pflichten gehören nicht,

- einen Antrag auf Eröffnung des Konkurses zu stellen (vgl. zB VwGH 22. 9. 1999, 96/15/0049; VwGH 15. 12. 2004, 2004/13/0146),
- die Entstehung von Abgabenforderungen beim Vertretenen etwa durch Betriebseinstellung zu vermeiden (zB VwGH 17. 8. 1998, 97/17/0096).

Zu den abgabenrechtlichen Pflichten gehören insbesondere

- die Abgabenentrichtung aus den Mitteln, die der Vertreter verwaltet (vgl. § 80 Abs. 1 zweiter Satz BAO),
- die Führung gesetzmäßiger Aufzeichnungen (zB VwGH 30. 5. 1989, 89/14/0043),
- die zeitgerechte Einreichung von Abgabenerklärungen (zB VwGH 30. 5. 1989, 89/14/0043; VwGH 29. 5. 2001, 2001/14/0006).

Eine Verletzung abgabenrechtlicher Pflichten liegt weiters etwa vor, wenn der Vertreter Zahlungserleichterungen (§ 212 BAO) mit der wahrheitswidrigen Behauptung erwirkt, die Einbringlichkeit der Abgabe werde durch den Zahlungsaufschub nicht gefährdet (VwGH 24. 10. 1990, 90/13/0087).

Die Pflicht des Vertreters, die vom Vertretenen (als Eigenschuldner oder als Haftungspflichtiger) geschuldeten Abgaben zu entrichten, besteht nur insoweit, als hiefür liquide Mittel vorhanden sind (vgl. zB VwGH 7. 12. 2000, 2000/16/0601; VwGH 26. 11. 2002, 99/15/0249).

2.5.2 Qualifizierte Mitwirkungspflicht – amtswegige Ermittlungspflicht

Das Ausreichen der Mittel zur Abgabenentrichtung hat nicht die Abgabenbehörde nachzuweisen; vielmehr hat der Vertreter das Fehlen ausreichender Mittel nachzuweisen (zB VwGH 9. 8. 2001, 98/16/0348; VwGH 23. 11. 2004, 2001/15/0138; VwGH 15. 6. 2005, 2005/13/0048).

Diese qualifizierte Mitwirkungspflicht entbindet die Abgabenbehörde nicht von jeglicher **Ermittlungspflicht**. Die Behörde hat bei entsprechenden Behauptungen und diesbezüglichem Beweisanbot die zur Entlastung des Vertreters angebotenen Beweise aufzunehmen und erforderlichenfalls Präzisierungen abzufordern, jedenfalls aber konkrete Feststellungen über die angebotenen Entlastungsbehauptungen zu treffen (zB VwGH 27. 4. 2005, 2004/14/0030; VwGH 26. 7. 2005, 2001/14/0024; VwGH 22. 9. 2005, 2001/14/0013).

Ergeben sich aus dem Akteninhalt deutliche Anhaltspunkte für das Fehlen der für die Abgabenentrichtung erforderlichen Mittel, so ist die Abgabenbehörde nicht von ihrer Ermittlungspflicht entbunden (VwGH 28. 5. 1993, 93/17/0049; VwGH 30. 9. 2004, 2003/16/0080). Ergebnisse derartiger (zB im Rahmen einer Außenprüfung durchgeführter) Ermittlungen sind bei der Entscheidung über die Haftungsinanspruchnahme (auch) von Amts wegen zu berücksichtigen.

2.5.3 Maßgebender Zeitpunkt

Der Zeitpunkt, für den zu beurteilen ist, ob der Vertretene die für die Abgabenentrichtung erforderlichen Mittel hatte, bestimmt sich danach, wann die Abgaben bei Beachtung der Abgabenvorschriften zu entrichten gewesen wären (zB VwGH 31. 10. 2000, 95/15/0137; VwGH 17. 12. 2003, 2000/13/0220; VwGH 23. 11. 2004, 2001/15/0108).

Bei Selbstbemessungsabgaben (zB Umsatzsteuervorauszahlungen, Lohnsteuer, Dienstgeberbeitrag) ist maßgebend, wann die Abgaben bei ordnungsgemäßer Selbstberechnung abzuführen gewesen wären (zB VwGH 31. 10. 2000, 95/15/0137; VwGH 24. 2. 2004, 99/14/0278; VwGH 15. 12. 2004, 2004/13/0146).

Maßgebend ist somit der Zeitpunkt der Fälligkeit der betreffenden Abgabe, unabhängig davon, wann sie bescheidmäßig festgesetzt wird (vgl. zB VwGH 25. 1. 1999, 94/17/0229; VwGH 23. 1. 2003, 2001/16/0291).

Bei Abgaben, bei denen sich die Fälligkeit aus § 210 Abs. 1 BAO (ein Monat ab Zustellung des Abgabenbescheides) ergibt, wie zB bei der veranlagten Körperschaftsteuer, ist grundsätzlich der Zeitpunkt der sich aus dem erstmaligen Abgabenbescheid ergebenden Fälligkeit maßgebend (vgl. VwGH 16. 12. 1986, 86/14/0077).

2.5.4 Gleichbehandlungsgrundsatz

Reichen die Mittel des Vertretenen nicht aus, die offenen Schuldigkeiten zur Gänze zu entrichten, so ist der Vertreter grundsätzlich zur Befriedigung der Schulden im gleichen Verhältnis (anteilig) verpflichtet (Gleichbehandlungsgrundsatz); die Gleichbehandlung sämtlicher Gläubiger bezieht sich auf die jeweiligen **Fälligkeitszeitpunkte** einerseits und das **Vorhandensein liquider Mittel** andererseits (zB VwGH 29. 1. 2004, 2000/15/0168; VwGH 21. 12. 2005, 2004/14/0146).

Der Vertreter darf hiebei Abgabenschulden nicht schlechter behandeln als die übrigen Schulden (zB VwGH 27. 5. 1998, 95/13/0170; VwGH 17. 8. 1998, 97/17/0096; VwGH 29. 3. 2001, 2000/14/0149).

Der Vertreter ist jedoch nicht verpflichtet, den Abgabengläubiger besser als die übrigen Gläubiger zu behandeln (zB VwGH 17. 8. 1998, 98/17/0038).

Die Pflicht zur vorrangigen Entrichtung von Abgaben gilt nur für Abfuhrabgaben (siehe Abschnitt 2.5.5), nicht jedoch beispielsweise für

- Umsatzsteuer (vgl. zB VwGH 18. 10. 1995, 91/13/0037, 91/13/0038; VwGH 26. 11. 1997, 95/13/0111; VwGH 26. 7. 2000, 95/14/0015),
- Dienstgeberbeiträge (VwGH 25. 1. 2000, 96/14/0080; VwGH 16. 9. 2003, 2000/14/0106),
- veranlagte Körperschaftsteuer.

Eine Verletzung der Gleichbehandlung von Gläubigern kann sich nicht nur bei Abzahlung bereits bestehender Verbindlichkeiten ergeben, sondern auch bei Barzahlung neuer Materialien (vgl. zB VwGH 7. 9. 1990, 89/14/0132; VwGH 28. 9. 2004, 2001/14/0176) oder laufender Ausgaben, wie zB für Miete (VwGH 25. 1. 1999, 97/17/0144) und Strom (VwGH 10. 9. 1998, 96/15/0053).

Auch eine vorrangige Entrichtung von Sozialversicherungsbeiträgen verletzt die Pflicht zur Gleichbehandlung aller Gläubiger (vgl. zB VwGH 16. 12. 1998, 98/13/0203; VwGH 25. 4. 2005, 2005/17/0034, 0035, AW 2005/17/0013, 0014).

Bei **Verletzung des Gleichbehandlungsgrundsatzes** erstreckt sich die Haftung des Vertreters nur auf jenen Betrag, um den bei gleichmäßiger Behandlung sämtlicher Gläubiger die Abgabenbehörde mehr erlangt hätte, als sie infolge des pflichtwidrigen Verhaltens des Vertreters tatsächlich bekommen hat (zB VwGH 11. 5. 2000, 2000/16/0347; VwGH 24. 10. 2000, 95/14/0090; VwGH 29. 3. 2001, 2000/14/0149; VwGH 26. 11. 2002, 2000/15/0081).

Dem Vertreter obliegt der **Nachweis**, welcher Betrag bei Gleichbehandlung sämtlicher Gläubiger – bezogen auf die jeweiligen Fälligkeitszeitpunkte einerseits und das Vorhandensein liquider Mittel andererseits – an die Abgabenbehörde zu entrichten gewesen wäre (zB VwGH 22. 9. 1999, 96/15/0049; VwGH 29. 1. 2004, 2000/15/0168). Die pauschale Behauptung einer Gleichbehandlung aller Gläubiger reicht nicht (VwGH 22. 9. 1999, 96/15/0049).

Diese erhöhte Mitwirkungspflicht entbindet die Abgabenbehörde nicht von jedweder **Ermittlungspflicht** (zB VwGH 20. 4. 1999, 94/14/0147; VwGH 29. 3. 2001, 2000/14/0149).

Gelingt der Nachweis der Gleichbehandlung nicht, so kann die Haftung für den gesamten uneinbringlichen Abgabenbetrag geltend gemacht werden (zB VwGH 27. 9. 2000, 95/14/0056; VwGH 29. 3. 2001, 2000/14/0149; VwGH 29. 1. 2004, 2000/15/0168).

2.5.5 Ausnahmen vom Gleichbehandlungsgrundsatz

Ausnahmen vom Gleichbehandlungsgrundsatz bestehen für **Abfuhrabgaben**, nämlich für

- Lohnsteuer (zB VwGH 19. 12. 2002, 2001/15/0029; VwGH 29. 1. 2004, 2000/15/0168; VwGH 15. 12. 2004, 2004/13/0146),
- Kapitalertragsteuer (zB VwGH 16. 2. 2000, 95/15/0046),
- Beträge gemäß § 99 EStG 1988.

Reichen die dem Arbeitgeber zur Verfügung stehenden Mittel zur Zahlung des vollen vereinbarten Arbeitslohnes nicht aus, so hat er die Lohnsteuer von dem tatsächlich zur Auszahlung gelangenden niedrigeren Betrag zu berechnen und einzubehalten (§ 78 Abs. 3 EStG 1988). In solchen Fällen dürfen Löhne somit nicht in voller Höhe ausgezahlt werden und sind sie (wie auch andere Schuldigkeiten) anteilig zu kürzen; die auf den gekürzten Lohnbetrag entfallende Lohnsteuer ist zur Gänze zu entrichten (vgl. zB VwGH 16. 2. 2000, 95/15/0046).

Eine weitere Ausnahme vom Gleichbehandlungsgrundsatz kann sich im Fall der Masseunzulänglichkeit (§ 124a KO) aus § 47 Abs. 2 KO ergeben.

2.5.6 Mantelzessionsvertrag

Als Pflichtverletzung kommt auch der Abschluss eines Mantelzessionsvertrages in Betracht, durch den das Kreditinstitut begünstigt und andere andrängende Gläubiger (zB Abgabengläubiger) benachteiligt werden.

Der Abschluss eines solchen Zessionsvertrages ist dann eine haftungsrelevante Pflichtverletzung, wenn der Vertreter zum Zeitpunkt des Vertragsabschlusses damit rechnen musste, durch die Zession der Forderungen dem Vertretenen seine liquiden Mittel zur Berichtigung von Abgabenschulden zu entziehen (zB VwGH 23. 1. 1997, 95/15/0120). Ein solcher Vertrag ist dem Vertreter dann vorzuwerfen, wenn er es unterlassen hat – insbesondere durch eine entsprechende Vertragsgestaltung – vorzusorgen, dass auch im Fall einer Änderung der Verhältnisse, wenn diese bei Aufwendung entsprechender Sorgfalt als nicht unvorhersehbar zu werten ist, die Bedienung der anderen Schulden (insbesondere der Abgabenschulden) nicht durch diesen Vertrag beeinträchtigt ist (zB VwGH 16. 9. 2003, 2000/14/0179; VwGH 28. 9. 2004, 2001/14/0176; VwGH 22. 9. 2005, 2001/14/0013).

2.6 Verschulden des Vertreters

Verletzungen abgabenrechtlicher Pflichten berechtigen nur dann zur Haftungsinanspruchnahme, wenn die Verletzung schuldhaft erfolgte. Eine bestimmte Schuldform ist hiefür nicht erforderlich (zB VwGH 22. 2. 2000, 96/14/0158; VwGH 7. 12. 2000, 2000/16/0601; VwGH 16. 9. 2003, 2003/14/0040). Daher reicht leichte Fahrlässigkeit (zB VwGH 18. 10. 1995, 91/13/0037, 91/13/0038; VwGH 31. 10. 2000, 95/15/0137).

Der **Vertreter hat darzutun**, weshalb er nicht dafür habe Sorge getragen, dass der Vertretene die Abgaben entrichtet hat, widrigenfalls von der Abgabenbehörde eine schuldhafte Pflichtverletzung angenommen werden darf (zB VwGH 23. 11. 2004, 2001/15/0138; VwGH 20. 1. 2005, 2002/14/0091; VwGH 18. 10. 2005, 2004/14/0112). In der Regel wird nämlich nur der Vertreter jenen ausreichenden Einblick in die Gebarung des Vertretenen haben, der ihm entsprechende Behauptungen und Nachweise ermöglicht (zB VwGH 19. 11. 1998, 97/15/0115; VwGH 29. 6. 1999, 99/14/0128).

Der Vertreter hat für die Möglichkeit des Nachweises seines pflichtgemäßen Verhaltens vorzusorgen (zB VwGH 7. 9. 1990, 89/14/0132). Ihm obliegt kein negativer Beweis, sondern die konkrete (schlüssige) Darstellung der Gründe, die etwa der rechtzeitigen Abgabenentrichtung entgegenstanden (VwGH 4. 4. 1990, 89/13/0212). Diese qualifizierte Mitwirkungspflicht entbindet die Abgabenbehörde nicht von jeglicher Ermittlungspflicht (zB VwGH 10. 11. 1993, 91/13/0181; VwGH 20. 4. 1999, 94/14/0147).

Die oben genannte Darlegungspflicht trifft auch solche Haftungspflichtige, die im Zeitpunkt der Feststellung der Uneinbringlichkeit der Abgaben beim Vertretenen nicht mehr deren Vertreter sind. Dem Vertreter, der fällige Abgaben des Vertretenen nicht (oder nicht zur Gänze) entrichten kann, ist schon im Hinblick auf seine mögliche Inanspruchnahme als Haftungspflichtiger zumutbar, sich – spätestens dann, wenn im Zeitpunkt der Beendigung der Vertretungstätigkeit fällige Abgabenschuldigkeiten unberichtigt aushaften – jene Informationen zu sichern, die ihm im Fall der Inanspruchnahme als Haftungspflichtiger die Erfüllung der Darlegungspflicht ermöglichen (VwGH 28. 10. 1998, 97/14/0160).

Die Frage des Verschuldens bei Nichtentrichtung von Abgaben stellt sich nur dann, wenn überhaupt liquide Mittel vorhanden sind (siehe Abschnitt 2.5.1, letzter Absatz).

Wird ein Vertreter an der Erfüllung abgabenrechtlicher Pflichten gehindert, so hat er die Behinderung der Ausübung seiner Funktion abzustellen und – wenn sich dies als erfolglos erweist – seine Funktion niederzulegen. Tut er dies nicht, so ist ihm ein relevantes Verschulden anzulasten. Dies gilt auch dann, wenn sich der Vertreter schon bei der Übernahme der Funktion mit einer Beschränkung seiner Befugnis einverstanden erklärt und dabei in Kauf genommen hat, dass ihm die Erfüllung seiner gesetzlichen Verpflichtungen unmöglich gemacht wird (zB VwGH 29. 6. 1999, 98/14/0172; VwGH 22. 1. 2004, 2003/14/0097; VwGH 10. 8. 2005, 2005/13/0089).

Rechtsunkenntnis in buchhalterischen und steuerrechtlichen Belangen vermag den Vertreter nicht zu exkulpieren; wer trotz Rechtsunkenntnis Erkundigungen unterlässt, handelt zumindest fahrlässig (zB VwGH 29. 6. 1999, 99/14/0128).

Hat der Vertreter Dritte mit der Erfüllung abgabenrechtlicher Verpflichtungen betraut, ohne sich weiter darum zu kümmern, ob diese Verpflichtungen auch erfüllt werden, liegt eine schuldhafte Pflichtverletzung vor (zB VwGH 26. 6. 2000, 95/17/0612).

Kontrollen haben in solchen zeitlichen Abständen zu erfolgen, die es ausschließen, dass dem Vertreter Steuerrückstände verborgen bleiben (zB VwGH 26. 5. 1998, 97/14/0080; VwGH 26. 6. 2000, 95/17/0612). Dies gilt auch, wenn ein Wirtschaftstreuhänder mit den Abgabenangelegenheiten betraut ist (zB VwGH 29. 5. 2001, 2001/14/0006; VwGH 21. 10. 2003, 2001/14/0099; VwGH 18. 10. 2005, 2004/14/0112).

2.7 Mehrheit von Vertretern

Sind bei einer Mehrheit von Vertretern die Aufgaben verteilt, bewirkt dies nicht, dass die nicht mit Abgabenangelegenheiten betrauten Vertreter sich um die Tätigkeit des damit betrauten Vertreters nicht mehr zu kümmern brauchen. Jedem Vertreter obliegt die Überwachung der anderen (vgl. zB VwGH 21. 5. 1992, 88/17/0216). Der Umfang der **Überwachungspflicht** hängt von den Umständen des Einzelfalles ab (VwGH 18. 11. 1991, 90/15/0123).

Eine Geschäftsverteilung kann einen Vertreter exkulpieren, wenn er sich nach Lage des Falles auf den intern für Abgabenangelegenheiten zuständigen Vertreter verlassen durfte. Dies gilt jedoch nicht, wenn für ihn Anlass zur Annahme bestand, dass der intern zuständige Vertreter seinen Aufgaben nicht oder unvollständig nachkommt (VwGH 26. 1. 1982, 81/14/0083, 81/14/0169).

Primär ist der Vertreter zur Haftung heranzuziehen, der mit der Besorgung der Abgabenangelegenheiten betraut ist (vgl. zB VwGH 20. 9. 1996, 94/17/0122; VwGH 25. 1. 1999, 94/17/0229).

Kommen mehrere Vertreter als Haftungspflichtige in Betracht, so ist die Ermessensentscheidung, wer von ihnen – allenfalls auch in welchem Ausmaß – in Anspruch genommen wird, im Haftungsbescheid entsprechend zu begründen (zB VwGH 20. 9. 1996, 94/17/0122; VwGH 24. 2. 1997, 96/17/0066, AW 96/17/0316).

2.8 Kausalität

Die Inanspruchnahme der gemäß § 9 BAO bestehenden Haftung setzt voraus, dass die schuldhafte Verletzung abgabenrechtlicher Pflichten kausal für die Uneinbringlichkeit ist.

Bei schuldhafter Pflichtverletzung darf die Abgabenbehörde mangels dagegen sprechender Umstände annehmen, dass die Pflichtverletzung Ursache der Uneinbringlichkeit ist (zB VwGH 16. 12. 1999, 97/15/0051; VwGH 20. 6. 2000, 98/15/0084; VwGH 13. 4. 2005, 2002/13/0177, 0178).

2.9 (Zeitlicher) Umfang der Haftung

Die Vertreterhaftung besteht insbesondere für Abgaben, deren Zahlungstermin (zB Fälligkeitszeitpunkt) in die Zeit der Vertretertätigkeit fällt. Sie besteht aber auch für noch offene Abgabenschuldigkeiten, deren Zahlungstermin bereits vor der Tätigkeit des betreffenden Vertreters gelegen ist (zB VwGH 12. 11. 1997, 95/16/0155; VwGH 7. 12. 2000, 2000/16/0601).

Die Möglichkeit der Geltendmachung der Haftung erlischt nicht dadurch, dass der Vertreter seine Tätigkeit zurücklegt. Entscheidend ist, wann der Haftungstatbestand vom Vertreter verwirklicht ist. Die Geltendmachung der Haftung kann auch nach Beendigung seiner Tätigkeit erfolgen (vgl. zB VwGH 28. 10. 1998, 97/14/0160; VwGH 16. 12. 1999, 97/15/0051).

Die Haftung kann somit auch nach Auflösung eines Vereines geltend gemacht werden (vgl. zB VwGH 29. 6. 1999, 98/14/0171). Die Löschung einer GmbH im Firmenbuch steht einer Inanspruchnahme des früheren Geschäftsführers nicht entgegen.

2.10 Ermessen

Die Geltendmachung der Haftung liegt im Ermessen der Abgabenbehörde (vgl. zB VwGH 14. 1. 2003, 97/14/0176; VwGH 16. 9. 2003, 2003/14/0040; VwGH 24. 3. 2004, 2001/14/0083; VwGH 15. 6. 2005, 2005/13/0048).

Bei der **Ermessensübung** sind beispielsweise zu berücksichtigen

- die wirtschaftliche Leistungsfähigkeit des Haftungspflichtigen (vgl. zB VwGH 14. 1. 2003, 97/14/0176; VwGH 16. 9. 2003, 2003/14/0040), etwa die Höhe seines Einkommens (VwGH 26. 11. 2002, 99/15/0199),
- der Grad des Verschuldens des Vertreters (vgl. zB VwGH 15. 9. 1995, 93/17/0404; VwGH 16. 9. 2003, 2003/14/0040),
- Mitverschulden der Abgabenbehörde an der Uneinbringlichkeit der betreffenden Abgabenschuld (vgl. zB VwGH 24. 2. 1997, 96/17/0066, AW 96/17/0316),
- Unbilligkeit angesichts lange verstrichener Zeit (vgl. VwGH 18. 10. 1995, 91/13/0037, 91/13/0038) oder wegen Verletzung des Grundsatzes von Treu und Glauben,
- der Grundsatz der Sparsamkeit, Wirtschaftlichkeit und Zweckmäßigkeit der Vollziehung (vgl. zB Art. 126b Abs. 5 B-VG), daher ob der haftungsgegenständliche Betrag nur geringfügig ist und ob er beim Haftungspflichtigen einbringlich ist.

Kommt hinsichtlich des Haftenden ein **Zwangsausgleich** zustande und wurden die Tatbestandserfordernisse für die Entstehung des Haftungsanspruches vor der Konkurseröffnung verwirklicht, so entspricht es grundsätzlich der nach § 20 BAO im Rahmen der Ermessensübung zu berücksichtigenden Billigkeit, dass sich die Inanspruchnahme betragsmäßig an der Ausgleichsquote orientiert. In diesem Zusammenhang ist es aber der Behörde nicht verwehrt, in ihren Überlegungen allenfalls den Umstand zu berücksichtigen, dass es ihr im Hinblick auf den späteren Zeitpunkt der Feststellbarkeit der Uneinbringlichkeit nicht möglich war, ihre Ansprüche im Insolvenzverfahren zu verfolgen und dabei die entsprechenden Gläubigerrechte (vgl. etwa § 147 KO) wahrzunehmen (VwGH 23. 1. 1997, 95/15/0173).

Die **Begründung** (§ 93 Abs. 3 lit. a BAO) von Haftungsbescheiden hat nicht nur das Vorliegen der Haftungsvoraussetzungen darzulegen, sondern auch die Ermessensübung zu begründen (vgl. zB VwGH 24. 2. 1997, 96/17/0066, AW 96/17/0316).

3. Haftung für Zwangs-, Ordnungs- und Mutwillensstrafen (§ 10 BAO)

Nach § 10 BAO haftet der Vertretene für Zwangsstrafen (§ 111 BAO), Ordnungsstrafen (§ 112 BAO) und für Mutwillensstrafen (§ 112a BAO), die gegen Parteienvertreter verhängt werden. Diese Haftung besteht nicht für gegen Notare, Rechtsanwälte und Wirtschaftstreuhänder verhängte Strafen.

Bei der Ermessensübung wird vor allem die Nachrangigkeit von Haftungen sowie allfälliges Auswahl- und Kontrollverschulden des Vertretenen bedeutsam sein.

4. Haftung rechtskräftig verurteilter Täter (§ 11 BAO)

Nach § 11 BAO haften bei vorsätzlichen Finanzvergehen rechtskräftig verurteilte Täter und andere an der Tat Beteiligte, wenn sie nicht selbst abgabepflichtig sind, für den Betrag, um den die Abgaben verkürzt wurden.

Diese Haftung setzt eine rechtskräftige Verurteilung im finanzbehördlichen oder im gerichtlichen Finanzstrafverfahren voraus (vgl. zB VwGH 27. 1. 1999, 98/16/0411; VwGH 30. 3. 2000, 99/16/0141).

Die Verurteilung ist ein Tatbestandselement (keine Vorfrage im Sinne des § 116 BAO). Die Haftung darf somit nicht vor der Verurteilung geltend gemacht werden.

Die Haftungsinanspruchnahme darf keinen höheren Verkürzungsbetrag umfassen als der im Spruch des Strafurteiles festgestellte (VwGH 18. 8. 1994, 94/16/0013).

Haftungsvoraussetzung ist die rechtskräftige Verurteilung wegen vorsätzlicher Finanzvergehen des Haftungspflichtigen selbst. Nicht erforderlich ist, dass der Abgabepflichtige selbst ein vorsätzliches Finanzvergehen begangen hat oder wegen eines vorsätzlichen Finanzvergehens rechtskräftig verurteilt wurde. Es müssen auch nicht alle Täter oder an der Tat Beteiligten das Finanzvergehen vorsätzlich begangen haben (VwGH 30. 3. 2000, 99/16/0141).

Haftungsrelevante Finanzvergehen sind vor allem:

- Abgabenhinterziehung gemäß § 33 FinStrG (VwGH 13. 10. 1983, 82/15/0158),
- Hinterziehung von Eingangsabgaben gemäß § 35 Abs. 2 FinStrG (zB VwGH 21. 3. 2002, 2001/16/0202),
- Abgabenhehlerei gemäß § 37 FinStrG (VwGH 14. 12. 1994, 93/16/0011),
- Finanzordnungswidrigkeiten gemäß § 49 FinStrG.

5. Haftung der Gesellschafter (§ 12 BAO)

5.1 Haftungstatbestand

Nach § 12 BAO haften die Gesellschafter von als solche abgabepflichtigen und nach bürgerlichem Recht voll oder teilweise rechtsfähigen Personenvereinigungen ohne eigene Rechtspersönlichkeit persönlich für die Abgabenschulden der Personenvereinigung. Der Umfang ihrer Haftung richtet sich nach den Vorschriften des bürgerlichen Rechtes.

Die Haftung nach § 12 BAO betrifft weder die GesBR noch die (unechte) stille Gesellschaft.

5.2 Vor 2007 betroffene Gesellschafter

Vom Haftungstatbestand werden die Gesellschafter einer OHG, OEG, KG und KEG erfasst; hiebei kommt es auf die „förmliche Gesellschafterstellung", somit auf die nach Gesellschaftsrecht zu beurteilende Rechtsposition an (VwGH 26. 4. 2000, 2000/14/0043; VwGH 13. 4. 2005, 2004/13/0027).

Zur Haftung des Komplementärs siehe § 128 HGB. Die Haftung des Kommanditisten ist insbesondere in § 171 HGB geregelt.

5.3 Ab 2007 betroffene Gesellschafter

Ab 2007 (In-Kraft-Treten des Unternehmensgesetzbuches Œ UGB, BGBl. I Nr. 120/2005) erfasst § 12 BAO die Gesellschafter einer OG (Offene Gesellschaft) und KG (Kommanditgesellschaft).

Zum Haftungsumfang siehe § 128 UGB (Haftung bei OG) bzw. die §§ 171 und 172 UGB (Haftung des Komplementärs).

Nach § 128 UGB haften die Gesellschafter für die Verbindlichkeiten der Gesellschaft den Gläubigern als Gesamtschuldner unbeschränkt. Eine entgegenstehende Vereinbarung ist Dritten gegenüber unwirksam.

Der Kommanditist haftet den Gläubigern der Gesellschaft bis zu Höhe der im Firmenbuch eingetragenen Haftsumme unmittelbar; die Haftung ist ausgeschlossen, soweit die Einlage geleistet ist (§ 171 Abs. 1 erster Satz UGB).

5.4 Haftungsbescheid, Ermessen

Die Erlassung von Haftungsbescheiden gegenüber den Gesellschaftern liegt im Ermessen (vgl. zB VwGH 23. 1. 1989, 87/15/0136; VwGH 13. 4. 2005, 2004/13/0027).

Ermessensrelevant ist ua. der Umfang der wirtschaftlichen Vorteile, die der Gesellschafter erzielt (somit das Beteiligungsverhältnis).

Es ist nicht unsachlich, bei der Ermessensübung zu berücksichtigen, bei welchem der Gesellschafter die Einbringlichkeit der Abgabenforderung am ehesten erwartet werden kann (vgl. VwGH 13. 4. 2005, 2004/13/0027).

Die gemäß § 164 Abs. 2 KO nach einem Zwangsausgleich bewirkte Restschuldbefreiung macht die auf § 12 BAO gestützte Haftungsgeltendmachung gegenüber Gesellschaftern unzulässig (zB UFS 15. 9. 2003, RV/0386-W/03).

6. Haftung der Organgesellschaften (§ 13 BAO)

Nach § 13 BAO haften Organgesellschaften für diejenigen Abgaben des beherrschenden Unternehmens (Unternehmers), bei denen die Abgabepflicht sich auf den Betrieb des beherrschten Unternehmens gründet.

Die Organgesellschaft haftet somit für Abgaben, welche sie ohne Vorliegen der Organschaft selbst schulden würde (VwGH 30. 9. 1998, 97/13/0045). § 13 BAO betrifft die **Umsatzsteuer** (nicht jedoch beispielsweise die Körperschaftsteuer).

Eine Organschaft liegt nach § 2 Abs. 2 Z 2 UStG 1994 vor, wenn eine juristische Person dem Willen eines Unternehmers derart untergeordnet ist, dass sie keinen eigenen Willen hat. Eine juristische Person ist dem Willen eines Unternehmers dann derart untergeordnet, dass sie keinen eigenen Willen hat, wenn sie nach dem Gesamtbild der tatsächlichen Verhältnisse finanziell, wirtschaftlich und organisatorisch in sein Unternehmen eingegliedert ist.

Zu § 2 Abs. 2 Z 2 UStG 1994 siehe UStR 2000, Rz 233 ff.

Die Haftung der Organgesellschaft besteht lediglich für Abgaben, soweit der Abgabenanspruch während des Bestehens der Organschaft entstanden ist.

7. Erwerberhaftung gemäß § 14 BAO

7.1 Erwerb eines Unternehmens (Betriebes)

7.1.1 Übereignung

Die Haftung gemäß § 14 BAO setzt voraus, dass ein Unternehmen oder ein im Rahmen eines Unternehmens gesondert geführter Betrieb im Ganzen übereignet wird.

Ein gesondert geführter Betrieb im genannten Sinn ist auch ein Teilbetrieb im einkommensteuerlichen Sinn (zB im Sinne des § 24 Abs. 1 EStG 1988); siehe diesbezüglich zB EStR 2000, Rz 5578 ff).

§ 14 BAO ist nicht nur bei Betriebsübereignungen anwendbar, sondern etwa auch bei Übereignung eines im Privatvermögen befindlichen Miethauses (vgl. VwGH 2. 6. 2004, 2003/13/0161).

Gegenstand des Erwerbes muss ein lebendes bzw. lebensfähiges Unternehmen (ein lebender bzw. lebensfähiger Betrieb) sein (vgl. zB VwGH 15. 11. 2005, 2004/14/0046).

Für die Verwirklichung des Haftungstatbestandes reicht die Übereignung jener Wirtschaftsgüter, welche die wesentliche Grundlage des Unternehmens oder Betriebes bilden (vgl. zB VwGH 15. 11. 2005, 2004/14/0046).

Unter Übereignung (der wesentlichen Wirtschaftsgüter) ist die Verschaffung der wirtschaftlichen Verfügungsmacht anzusehen (zB VwGH 19. 5. 2005, 2003/15/0117; VwGH 15. 11. 2005, 2004/14/0046).

Die Verpachtung ist keine Übereignung (BFH, BStBl 1986 II 589).

Die Übereignung der Wirtschaftsgüter muss zwar nicht unter einem, aber doch in einem engen zeitlichen und sachlichen Zusammenhang erfolgen. Als Zeitpunkt der Unternehmensübereignung wird jener anzunehmen sein, in welchem so viel an Unternehmensgrundlagen auf den Nachfolger übertragen worden ist, dass diesem die Unternehmensfortführung ermöglicht ist (VwGH 19. 5. 2005, 2003/15/0117).

Als Rechtstitel für die Übereignung kommen insbesondere Kauf, Tausch und Schenkung in Betracht.

7.1.2 Wesentliche Grundlagen des Unternehmens

Die Frage, welche Wirtschaftsgüter die wesentliche Grundlage des Unternehmens bilden, ist in funktionaler Betrachtungsweise nach dem jeweiligen Betriebstypus (zB ortsgebundene Tätigkeit, kundengebundene Tätigkeit, Produktionsunternehmen) zu beantworten (zB VwGH 24. 2. 2004, 99/14/0242; VwGH 19. 5. 2005, 2003/15/0117; VwGH 15. 11. 2005, 2004/14/0046).

Entscheidungsrelevant für die Frage, welche Grundlagen für das betreffende Unternehmen „wesentlich“ sind, ist stets das Gesamtbild der Verhältnisse des Einzelfalles. Die Aussagen der folgenden Judikaturbeispiele dürfen nicht als starre Regeln angesehen werden.

Bei **Gastronomieunternehmen** (wie Kaffeehäuser, Konditoreien) zählen zu den wesentlichen Grundlagen des Unternehmens das Grundstück, das Gebäude und die Einrichtung; nicht hingegen der Kundenstock, Lieferverträge und das Personal (zB VwGH 24. 2. 2004, 99/14/0242; VwGH 15. 11. 2005, 2004/14/0046).

Ein Übergang der wirtschaftlichen Verfügungsmacht vom Vorgänger auf den Erwerber (hinsichtlich der tragenden Unternehmensgrundlagen Lokal und Geschäftseinrichtung) liegt auch dann vor, wenn der Erwerber des Unternehmens des Vormieters einen neuen Mietvertrag mit dem Bestandgeber der Geschäftsräumlichkeiten abschließt (zB VwGH 15. 11. 2005, 2004/14/0046).

Bei **Hotels** werden die wesentlichen Betriebsgrundlagen durch das Grundstück, das Gebäude und die Einrichtung gebildet (zB VwGH 29. 1. 2004, 2000/15/0144; VwGH 23. 9. 2005, 2002/15/0198).

Bei einem **Campingplatz** bedarf es zur Ausübung der Tätigkeit des (wirtschaftlichen) Eigentums an den betreffenden Grundstücken oder zumindest der entsprechenden Benützungsrechte. Somit bilden Grundstücke bzw. die Rechte daran eine wesentliche Grundlage des Betriebes (VwGH 23. 2. 1994, 90/13/0017, zu § 10 Abs. 2 Z 5 EStG 1972).

Für einen **Handelsbetrieb** ist das Warenlager wesentlich (zB VwGH 11. 5. 2005, 2002/13/0142). Dies gilt nicht für Warenlager, die sich aus rasch verderblichen Waren zusammensetzen (zB VwGH 19. 5. 1993, 91/13/0022).

Behält der Übereignende zB Ladenhüter, beschädigte oder sonst schwer verkäufliche Waren zurück, so steht dies der Annahme einer Übereignung des Unternehmens im Ganzen nicht entgegen, wenn der Erwerber mit den übernommenen Waren das Unternehmen ohne weiteres fortführen kann und auf diese Weise ein lebensfähiges Unternehmen erwirbt (VwGH 21. 11. 1990, 90/13/0145).

Bei einem **Einzelhandelsbetrieb** zählt das Warenlager selbst dann zu den wesentlichen Grundlagen, wenn dem Betriebsstandort für den Geschäftserfolg besondere Bedeutung zukommt (zB VwGH 25. 2. 2004, 99/13/0147).

Wesentliche Grundlage eines **Transportunternehmens** ist der Fuhrpark (zB VwGH 31. 5. 1983, 81/14/0058; VwGH 30. 9. 1999, 97/15/0016; VwGH 24. 10. 2000, 2000/14/0091).

Bei **produktionsgebundenen Unternehmen** sind das Betriebsgebäude sowie die Maschinen, Anlagen und Einrichtungen die wesentliche Grundlage, nicht jedoch der Kundenstock (zB VwGH 29. 1. 1998, 95/15/0037, betreffend Produktion und Abfüllung chemisch-technischer Produkte).

Die Maschinen für die Glasveredelung sind wesentliche Grundlage bei einem Unternehmen, das sich der Glasveredelung (Hohlglasveredeln einschließlich Glasgravieren) widmet (VwGH 22. 12. 1983, 08/2703/80, zu § 67 Abs. 4 ASVG).

Bei **kundengebundenen** Tätigkeiten (zB Handel, Generalvertretungen, Handelsvertretungen) ist der Kundenstock betriebswesentlich (VwGH 20. 11. 1990, 90/14/0122).

Bei **freien Berufen** hängt der Geschäftserfolg in aller Regel vom Vertrauen des Kunden (Klienten, Patienten) zum Angehörigen des freien Berufes ab. Dementsprechend bildet der Kundenstock (Klientenstock, Patientenstock) regelmäßig die wesentliche Grundlage des Betriebes. Ausnahmen sind denkbar, insbesondere bei Fachärzten, die, wie oft Röntgenologen, mit aufwändigen Geräten einen ständig wechselnden Patientenkreis untersuchen. In derartigen Fällen treten gegenüber dem Patientenstock andere Merkmale in den Vordergrund, zB die Geräteausstattung und die Geschäftsbeziehungen zu zuweisenden Ärzten (zB VwGH 31. 1. 2001, 95/13/0284; VwGH 28. 1. 2005, 2000/15/0214).

Der Klientenstock gehört zu den wesentlichen Grundlagen eines Steuerberatungsunternehmens (zB VwGH 16. 5. 2002, 98/13/0180).

7.1.3 Fortführung durch den Erwerber

Nicht entscheidend für die Haftung des Erwerbers ist, ob der Veräußerer auf Grund seiner angespannten finanziellen Situation in der Lage gewesen wäre, den Betrieb fortzuführen.

Ebenso wenig kommt es darauf an, ob der Erwerber bereit ist, den erworbenen Betrieb unverändert fortzuführen, wenn die insgesamt erworbenen Wirtschaftsgüter objektiv die Fortführung des Betriebes ermöglichen (zB VwGH 31. 3. 2003, 99/14/0068; VwGH 2. 6. 2004, 2003/13/0161).

Unerheblich ist, ob der Erwerber die gewerberechtlichen Voraussetzungen für die Führung des Betriebes erfüllt (zB VwGH 23. 4. 1998, 96/15/0211; VwGH 31. 10. 2000, 98/15/0040).

Entscheidend ist, ob die übernommenen Grundlagen den Erwerber in die Lage versetzen, ohne wesentliche Unterbrechung und ohne bedeutende Investitionen einen dem übernommenen Betrieb gleichartigen Betrieb fortzuführen (vgl. zB VwGH 22. 4. 1986, 85/14/0165).

Die Haftung besteht unabhängig davon, ob der Erwerber den Betrieb tatsächlich fortführt (vgl. zB VwGH 3. 6. 1980, 1330/79).

§ 14 BAO gilt somit auch dann, wenn der Erwerber

- den Betrieb (das Unternehmen) aus Konkurrenzgründen stilllegt (zB VwGH 21. 5. 2001, 2001/17/0074),
- den Betrieb verpachtet (BFH, BStBl. 1974 II 434).

Wird ein Unternehmen (ein Betrieb) im Ganzen mehreren Erwerbern zu ideellen Anteilen übereignet, so trifft die Haftung jeden Erwerber (VwGH 19. 9. 1995, 95/14/0038).

7.2 Haftungsgegenständliche Abgaben

7.2.1 § 14 Abs. 1 lit. a BAO

Die Haftung gemäß § 14 Abs. 1 lit. a BAO besteht nur für Abgabenansprüche, die dadurch entstehen können, dass der Inhaber durch seine betriebliche Tätigkeit den materiellrechtlichen, die Abgabepflicht auslösenden Tatbestand verwirklicht (vgl. VwGH 9. 6. 1989, 86/17/0194).

Sie umfasst bei der **Umsatzsteuer** auch die auf die Geschäftsveräußerung im Sinne des § 4 Abs. 7 UStG 1994 entfallende Steuer (vgl. zB VwGH 5. 3. 1990, 89/15/0141; VwGH 2. 6. 2004, 2003/13/0161) sowie die durch die Veräußerung ausgelöste Vorsteuerberichtigung (zB VwGH 2. 7. 2002, 96/14/0023; VwGH 24. 2. 2004, 99/14/0242). Die Haftung erstreckt sich jedoch nicht auf die Einfuhrumsatzsteuer.

Die Haftung betrifft weiters zB die Normverbrauchsabgabe (insbesondere § 1 Z 1 und 2 NoVAG).

Keine Haftung gemäß § 14 BAO besteht beispielsweise für

- Einkommensteuer und Körperschaftsteuer (VwGH 24. 2. 1994, 93/14/0232),
- Grunderwerbsteuer, Erbschafts- und Schenkungssteuer, motorbezogene Versicherungssteuer, Kraftfahrzeugsteuer,
- Dienstgeberbeitrag (UFS 5. 3. 2003, RV/0234-W/03).

Bei der Veräußerung eines Betriebes ist die Haftung auf die Abgabenschulden beschränkt, die auf den betreffenden Betrieb entfallen.

Zeitlich beschränkt ist die Haftung für die unter § 14 Abs. 1 lit. a BAO fallenden Abgaben auf solche, die auf die Zeit seit dem Beginn des letzten vor der Übereignung liegenden Kalenderjahres entfallen.

Diesbezüglich ist auf den Zeitpunkt des Entstehens des Abgabenanspruches (§ 4 BAO) abzustellen (UFS 17. 2. 2005, RV/0025-L/04).

Die zweite zeitliche Schranke stellt der Zeitpunkt der Tatbestandsverwirklichung dar; es besteht keine Haftung des Erwerbers für Abgabenansprüche, hinsichtlich deren der Tatbestand nach der Übereignung verwirklicht wurde (UFS 17. 2. 2005, RV/0025-2/04).

Beispiel:

Erfolgt die Übereignung am 30. September 2006, so besteht die Haftung ua. für die Umsatzsteuer 2005 sowie für die Umsatzsteuervorauszahlungen für Jänner bis September 2006.

Erfolgt eine Lieferung oder sonstige Leistung vor Übereignung, so besteht die Erwerberhaftung auch dann, wenn der Abgabenanspruch nach Übereignung entsteht (UFS 17. 2. 2005, RV/0025-L/04).

7.2.2 § 14 Abs. 1 lit. b BAO (Abfuhrabgaben)

Unter § 14 Abs. 1 lit. b BAO fallende Abgaben sind insbesondere die **Lohnsteuer**, die **Kapitalertragsteuer** sowie die Beträge nach § 99 EStG 1988 und nach § 27 Abs. 4 UStG 1994.

Bei Steuerabzugsbeträgen umfasst die Haftung nur die Abgabenschuldigkeiten, die seit dem Beginn des letzten, vor der Übereignung liegenden Kalenderjahres abzuführen waren. Diesbezüglich ist somit für die zeitliche Begrenzung der Haftung der Fälligkeitstag der betreffenden Abzugssteuer maßgebend.

Beispiel:

Die Haftung bei einer am 30. September 2006 erfolgenden Übereignung besteht zB für die Lohnsteuerbeträge, die nach dem 1. Jänner 2005 fällig werden (somit auch für die am 17. Jänner 2005 fälligen, auf den Lohnzahlungszeitraum Dezember 2004 entfallenden Lohnsteuerbeträge).

Die Geltendmachung der Haftung ist nur insoweit zulässig, als die betreffenden Abgaben (im Zeitpunkt der Erlassung des Haftungsbescheides) noch nicht entrichtet sind. Dies gilt zB auch für die Haftung für Lohnsteuerbeträge. Insoweit diese Beträge etwa vom Arbeitnehmer als Folge eines Einkommensteuerbescheides bereits entrichtet sind, darf keine diesbezügliche Haftung geltend gemacht werden (vgl. VwGH 10. 4. 1985, 84/13/0004).

7.3 Kennen oder Kennen müssen

Die Haftung besteht lediglich insoweit, als der Erwerber die in Betracht kommenden Abgabenschulden im Zeitpunkt der Übereignung kannte oder kennen musste (§ 14 Abs. 1 zweiter Satz BAO).

Hinsichtlich des Kennens oder Kennen müssens ist die **Judikatur zu § 1409 ABGB** heranziehbar.

Danach steht die Unkenntnis der Schuldigkeiten einer Haftungsinanspruchnahme insbesondere dann nicht entgegen, wenn der Erwerber bei gehöriger, allgemein üblicher Sorgfaltsanwendung von der Schuld hätte erfahren müssen. Hiebei ist jene Sorgfalt zugrunde zu legen, die (nach § 1297 ABGB) bei gewöhnlichen Fähigkeiten angewendet werden kann, und darüber hinaus (nach § 1299 ABGB) jene besondere Sorgfalt, die gerade ein Unternehmensübergang erfordert.

Die so verstandene Sorgfalt erfordert die Einsichtnahme in die Geschäftsbücher, die Befragung des Veräußerers über den Stand der Passiven, über die er dem Erwerber nach der Übung des redlichen Verkehrs ein lückenloses Verzeichnis auszuhändigen hat, und die genaue Prüfung der auf diese Weise hervorgekommenen oder sonst bekannten Schulden. Die Auskunft des Veräußerers allein befreit den Erwerber nicht von der Pflicht, in die Geschäftsbücher Einsicht zu nehmen (vgl. OGH 20. 6. 1974, 7 Ob 118/74).

Leichte Fahrlässigkeit hinsichtlich des Nichtwissens genügt zur Begründung der Haftung (vgl. zB OGH 29. 6. 1982, 5 Ob 647/82).

Zu der Sorgfalt des Erwerbers gehört auch, dass er sich über offene, aus Buchungsmitteilungen (Lastschriftanzeigen) oder sonstigen das Abgabenkonto betreffenden Unterlagen ersichtliche Abgabenschuldigkeiten informiert.

Von diesbezüglichen Auskünften des (potentiellen) Übereigners abgesehen, besteht für den Erwerber auch die Möglichkeit, diese Beträge von der zuständigen Abgabenbehörde zu erfahren, wenn der Hauptschuldner (der potentielle Übereigner) im Sinne des § 48a Abs. 4 lit. c BAO zustimmt. Diese Zustimmung vorausgesetzt, ergibt sich eine diesbezügliche Auskunftspflicht der Abgabenbehörde aus § 1 Auskunftspflichtgesetz. Danach haben ua. Organe des Bundes über Angelegenheiten ihres Wirkungsbereiches Auskünfte zu erteilen, soweit eine gesetzliche Verschwiegenheitspflicht dem nicht entgegensteht. Stimmen einer solchen Auskunft an einen am Unternehmenserwerb (Betriebserwerb) Interessierten diejenigen zu, deren Interesse an der Geheimhaltung verletzt werden könnte, so verletzt die Auskunft der Abgabenbehörde über die Höhe offener Abgabenschuldigkeiten nicht die abgabenrechtliche Geheimhaltungspflicht (§ 48a BAO).

Resultieren Abgabennachforderungen aus einer nicht vorhersehbar gewesenen, von der Rechtsmeinung des Hauptschuldners abweichenden Rechtsauffassung der Abgabenbehörde oder aus nicht vorhersehbar gewesenen Änderungen der Rechtsansichten (insbesondere als Folge von Judikaturänderungen), so ist eine diesbezügliche Haftung des Erwerbers gemäß § 14 BAO ausgeschlossen.

Die **Beweislast** für das Kennen oder Kennen müssen trifft die Abgabenbehörde. § 14 BAO enthält keine dem § 1409 Abs. 2 ABGB entsprechende Regelung über eine Beweislastumkehr für Erwerbe durch nahe Angehörige (im Sinne des § 32 KO).

§ 14 BAO steht der **Geltendmachung zivilrechtlicher Haftungen** (insbesondere gemäß § 1409 ABGB) im Zivilrechtsweg nicht entgegen (VwGH 16. 2. 1988, 87/14/0059). Daher kann der Regelung über die Beweislastumkehr im § 1409 Abs. 2 ABGB für die Geltendmachung von Abgabenansprüchen Bedeutung zukommen. Die Geltendmachung zivilrechtlicher Haftungen hat im Wege der Finanzprokuratur zu erfolgen.

7.4 Wert der Aktiva

Die Haftung des § 14 BAO besteht nur insoweit, als der Erwerber an haftungsgegenständlichen Abgabenschuldigkeiten nicht schon so viel entrichtet hat, wie der Wert der übertragenen Gegenstände und Rechte (Besitzposten) ohne Abzug übernommener Schulden beträgt.

Abgabenschuldigkeiten sind in diesem Zusammenhang nur solche, die von § 14 Abs. 1 lit. a und b BAO sachlich und zeitlich umfasst sind.

Nicht von Bedeutung ist,

- ob der Erwerber als Haftender andere Schuldigkeiten (zB etwa bei Haftungsinanspruchnahme gemäß § 1409 ABGB) entrichtete,
- ob er gemäß § 67 Abs. 4 ASVG für Sozialversicherungsbeiträge oder nach den jeweiligen landesabgabenrechtlichen Vorschriften für Landes- und Gemeindeabgaben als Haftender in Anspruch genommen wurde und diesbezügliche Beträge entrichtete.

Der Wert der Besitzposten richtet sich dem § 1 Abs. 1 BewG 1955 zufolge nach den §§ 2 bis 17 BewG 1955. Daher sind der Teilwert (§ 12 BewG 1955) bzw. die nach den §§ 13 bis 17 BewG 1955 ermittelten Werte für die Haftungsbegrenzung maßgebend. Entscheidend ist der jeweilige Wert im Zeitpunkt der Übereignung.

In diesem Zusammenhang ist zu beachten, dass auch § 1409 ABGB eine Haftungsbeschränkung mit dem Wert des übernommenen Vermögens oder Unternehmens vorsieht.

7.5 Ausnahmen im § 14 Abs. 2 BAO

Die Haftung besteht nicht bei einem Erwerb

- im Zuge eines Vollstreckungsverfahrens,
- aus einer Konkursmasse,
- im Weg des Ausgleichsverfahrens (auch des fortgesetzten Verfahrens) oder der Überwachung des Schuldners durch Sachwalter der Gläubiger.

Der Umstand, dass auf die übereignete Liegenschaft zum Zeitpunkt des Vertragsabschlusses Exekution durch Zwangsverwaltung geführt worden ist, erfüllt nicht den Tatbestand des Haftungsausschlusses des § 14 Abs. 2 BAO (VwGH 24. 2. 2004, 99/14/0242).

Die im § 14 Abs. 2 BAO normierten Ausnahmen von der Erwerberhaftung stimmen mit jenen im § 1409a ABGB überein.

7.6 Ermessen

Die Haftungsinanspruchnahme des Erwerbers liegt im Ermessen (§ 20 BAO) der Abgabenbehörde (zB VwGH 16. 2. 1988, 87/14/0059; VwGH 12. 12. 1988, 88/15/0017; VwGH 30. 11. 1990, 89/17/0029).

Wie bei jeder Ermessensübung ist vor allem der Zweck der Ermessen einräumenden Norm zu berücksichtigen. § 14 BAO dient dem Zweck, die im Unternehmen (Betrieb) als solchem liegende Sicherung für die auf den Betrieb sich gründenden Abgabenschulden durch den Übergang des Unternehmens (Betriebes) in andere Hände nicht verloren gehen zu lassen (VwGH 21. 5. 2001, 2001/17/0074; VwGH 25. 4. 2002, 99/15/0007; VwGH 2. 6. 2004, 2003/13/0161).

Haftungen sind Besicherungsinstitute. Daher ist bei der Ermessensübung insbesondere der **Grundsatz der Nachrangigkeit** (Subsidiarität) der Haftung zu beachten. Die Inanspruchnahme des Erwerbers als Haftungspflichtigen wird in der Regel dann ermessenswidrig (und somit rechtswidrig) sein, wenn die Abgabenschuld vom Hauptschuldner (Veräußerer des Unternehmens oder Betriebes) ohne Gefährdung und ohne Schwierigkeiten eingebracht werden könnte (vgl. zB VwGH 30. 11. 1990, 89/17/0029).

Für die Beurteilung der Frage, in welchen Fällen eine Gefährdung oder wesentliche Erschwerung der Einbringlichkeit beim Hauptschuldner vorliegt, ist die Judikatur zu § 232 BAO (Sicherstellungsauftrag) heranziehbar. Derartige Gefährdungen bzw. Erschwerungen werden ua. gegeben sein bei drohendem Konkurs- oder Ausgleichsverfahren, bei Exekutionsführung von dritter Seite, bei Auswanderungsabsicht sowie bei Vermögensverschiebung ins Ausland oder an Verwandte (vgl. zB VwGH 7. 2. 1990, 89/13/0047). Siehe ergänzend RAE, Rz 1570 ff.

Bei der Ermessensübung ist gegebenenfalls zu berücksichtigen, ob die Einhebung haftungsgegenständlicher Abgaben beim Haftungspflichtigen nach Lage des Falles unbillig im Sinne des § 237 BAO wäre. Bei der Beurteilung, ob eine solche **Unbilligkeit** vorliegt, ist ua. die wirtschaftliche Lage des Erwerbers von Bedeutung. Eine solche Unbilligkeit könnte auch dadurch gegeben sein, dass der Erwerber Schuldigkeiten in beträchtlicher Höhe entrichtet hat, für die er etwa gemäß § 1409 ABGB oder gemäß § 67 Abs. 4 ASVG als Haftender in Anspruch genommen worden war.

Die **Begründung** (§ 93 Abs. 3 lit. a BAO) des Haftungsbescheides hat die für die Ermessensübung maßgebenden Überlegungen, insbesondere aus welchen Gründen die Gefährdung oder Erschwerung der Einbringlichkeit beim Hauptschuldner angenommen wird, zu enthalten (vgl. zB VwGH 12. 12. 1988, 88/15/0017).

7.7 Hinweis

Zur angeregten außerturnusmäßigen Lohnsteuerprüfung bei Betriebsübereignung siehe Erlass des Bundesministeriums für Finanzen vom 20. Juli 1992, 02 2305/1-IV/2/92, AÖF Nr. 266/1992.

8. Haftung gemäß § 15 BAO

Die Haftung nach § 15 BAO besteht ua. dann, wenn nach einem Wechsel in der Person des gesetzlichen Vertreters der Vertreter erkennt, dass bereits abgegebene Erklärungen zur Festsetzung von Abgaben unrichtig oder unvollständig sind oder dass die Einreichung solcher Erklärungen pflichtwidrig unterlassen wurde. Die Haftung für die vorenthaltenen Abgabenbeträge besteht nur dann, wenn der Vertreter den erkannten Verstoß nicht binnen drei Monaten (vom Zeitpunkt der Kenntnis an gerechnet) dem Finanzamt anzeigt.

Haftungsrelevant sind nur Erklärungen, für die eine Verpflichtung zur Einreichung bestand, somit beispielsweise Einkommensteuererklärungen (§ 42 EStG 1988), Körperschaftsteuererklärungen, Umsatzsteuererklärungen (§ 21 Abs. 4 UStG 1994), Grunderwerbsteuererklärungen (§ 10 GrEStG 1987).

Die Haftung betrifft daher Lohnsteuer nur dann, wenn der Abgabepflichtige auf Grund eines Bescheides Lohnsteueranmeldungen (§ 80 EStG 1988) einzureichen hatte.

Aus § 15 BAO ergibt sich keine Verpflichtung zur Prüfung der Erklärungen. Der Nachweis für das Erkennen der Unrichtigkeit bzw. der Unvollständigkeit der Abgabenerklärung obliegt der Abgabenbehörde.

9. Haftung wesentlich Beteiligter (§ 16 BAO)

Stehen Wirtschaftsgüter, die einem gewerblichen oder einem land- und forstwirtschaftlichen Unternehmen dienen, nicht im Eigentum des Unternehmens, sondern im Eigentum einer an der Körperschaft wesentlich beteiligten Person, so haftet der Eigentümer der Wirtschaftsgüter mit diesen Gütern für die Abgaben, bei denen sich die Abgabepflicht auf den Betrieb des Unternehmens gründet (§ 16 erster Satz BAO).

Die Haftung ist eine persönliche Haftung, die auf bestimmte Wirtschaftsgüter beschränkt bleibt. Die betreffenden Wirtschaftsgüter müssen im Spruch des Haftungsbescheides genannt werden (VwGH 29. 10. 1965, 1604/64).

Diese Wirtschaftsgüter müssen im zivilrechtlichen Eigentum des wesentlich Beteiligten stehen. Sie müssen im Zeitpunkt des Entstehens der betreffenden Abgabenansprüche dem Betrieb tatsächlich gedient haben, somit ausschließlich oder doch überwiegend für Betriebszwecke verwendet worden sein.

Eine wesentliche Beteiligung liegt vor, wenn der Eigentümer der Wirtschaftsgüter zu mehr als 25% am Kapital der Körperschaft (zB am Stammkapital der GmbH) beteiligt ist (nach § 16 zweiter Satz BAO).

§ 16 BAO betrifft vor allem die Umsatzsteuer (nicht beispielsweise die Körperschaftsteuer).

10. Hinweise

Die vorstehenden Ausführungen stellen die Rechtsansicht des Bundesministeriums für Finanzen dar, die im Interesse einer bundeseinheitlichen Vorgangsweise mitgeteilt wird. Über die gesetzlichen Bestimmungen hinausgehende Rechte und Pflichten werden dadurch weder begründet noch können solche aus diesem Erlass abgeleitet werden.

Der Erlass des Bundesministeriums für Finanzen vom 16. November 1992, Z 05 0201/1-IV/5/92, AÖFV Nr. 382/1992, wird aufgehoben.

12/7/2.

AÖF 2007/226

Richtlinien zum Mängelbehebungsverfahren nach § 85 Abs. 2 BAO

(Erlass des BMF vom 9. Oktober 2007, BMF-010103/0063-VI/2007)

Anwendungsbereich des Mängelbehebungsverfahrens, Formgebrechen, fehlende Unterschrift, fehlender Nachweis der Bevollmächtigung, Mängelbehebungsauftrag, Zurücknahmebescheid

Gliederung:

1. Anwendungsbereich des § 85 Abs. 2 BAO

§ 85 Abs. 2 BAO lautet: „Formgebrechen von Eingaben wie auch das Fehlen einer Unterschrift berechtigen an sich die Abgabenbehörde nicht zur Zurückweisung. Sie hat dem Einschreiter die Behebung dieser Mängel mit dem Hinweis aufzutragen, dass die Eingabe nach fruchtlosem Ablauf einer gleichzeitig zu bestimmenden angemessenen Frist als zurückgenommen gilt; werden die Mängel rechtzeitig behoben, gilt die Eingabe als ursprünglich richtig eingebracht".

§ 85 Abs. 2 BAO gilt für schriftliche Anbringen zur Geltendmachung von Rechten.

Dazu gehören beispielsweise: Berufungen, Vorlageanträge, Wiederaufnahmsanträge, Anträge auf Veranlagung gemäß § 41 Abs. 2 EStG 1988, Ansuchen um Zahlungserleichterungen gemäß § 212 BAO, Anträge auf Nachsicht gemäß § 236 BAO.

§ 85 Abs. 2 BAO ist nicht anwendbar für Anbringen zur Erfüllung von Verpflichtungen („Pflichteingaben"), somit etwa für die Beantwortung von Bedenkenvorhalten (§ 161 Abs. 2 BAO), für Anzeigen nach § 120 BAO sowie (idR) für Steuererklärungen.

§ 85 Abs. 2 BAO gilt nicht für inhaltliche Mängel von Eingaben. Für solche Mängel ist ein Mängelbehebungsverfahren vorgesehen für

- Berufungen in § 275 BAO,
- Wiederaufnahmsanträge in § 303a BAO,
- Wiedereinsetzungsanträge in § 309a BAO und
- Devolutionsanträge in § 311a BAO.

Zum sinngemäßen Anwendungsbereich des § 85 Abs. 2 BAO siehe Abschnitt 4.

2. Formgebrechen

2.1. Definition

Formgebrechen sind solche Gestaltungen, die gesetzlich normierten Vorschriften widersprechen, wenn diese Vorschriften die formelle Behandlung eines Anbringens sicherstellen oder die Erledigung für die Behörde erleichtern oder überhaupt erst ermöglichen sollen (zB VwGH 28. 6. 2001, 2001/16/0178; VwGH 30. 1. 2003, 2000/15/0013). Dazu gehört auch das Fehlen von Belegen eines Antrages, die auf Grund eines Gesetzes oder einer Verordnung beizubringen sind (VwGH 30. 1. 2003, 2000/15/0013).

2.2. Beispiele

2.2.1. Amtssprache

Die Nichtverwendung einer für den Einschreiter zugelassenen Amtssprache ist ein Formgebrechen (zB VwGH 22. 4. 1998, 97/03/0323; VwGH 23. 2. 2000, 2000/12/0026).

Nach Art. 8 B-VG ist die Amtssprache deutsch. Nach Maßgabe des Volksgruppenrechtes kommen weiters slowenisch, kroatisch und ungarisch in Betracht.

2.2.2. Schrift

Die Unlesbarkeit der Schrift ist ein Formgebrechen.

2.2.3. Nachweis der Zustimmung

Ein Formgebrechen liegt vor, wenn der Nachweis der Zustimmung des Masseverwalters zu einer Eingabe des Gemeinschuldners fehlt (zB VwGH 12. 11. 1986, 85/13/0183). Die Zustimmung (Genehmigung) des Masseverwalters kann auch nachträglich erfolgen (vgl. VwGH 15. 7. 1998, 97/13/0090).

Ein Formgebrechen im Sinne des § 85 Abs. 2 BAO ist weiters die fehlende Zustimmung (Genehmigung) des Sachwalters (vgl. zB VwGH 24. 11. 1987, 87/11/0141; UFS 27. 10. 2004, RD/0003-L/04).

3. Fehlende Unterschrift

Eine Unterschrift ist ein Gebilde aus Buchstaben einer üblichen Schrift, aus der ein Dritter, der den Namen des Unterzeichneten kennt, dessen Namen aus dem Schriftbild noch herauslesen kann. Sie muss nicht lesbar sein. Nötig ist aber ein die Identität des Unterschreibenden kennzeichnender, individueller Schriftzug, der entsprechende charakteristische Merkmale aufweist und sich als Unterschrift eines Namens darstellt (zB VwGH 17. 5. 2001, 2001/16/0062).

Eine Paraphe (Handzeichen) ist keine Unterschrift (vgl. VwGH 13. 10. 1994, 93/09/0302).

Dem Fehlen einer Unterschrift gleichzuhalten ist, wenn die Vollmacht zufolge § 83 Abs. 1 BAO ungültig ist, weil keine eigenberechtigte Person (sondern etwa eine juristische Person) bevollmächtigt wurde (vgl. zB VwGH 20. 2. 1987, 85/17/0096).

Zufolge § 83 Abs. 1 BAO („eigenberechtigte Personen“) kommen grundsätzlich nur natürliche Personen als Bevollmächtigte in Betracht. Ausnahmen von diesem Grundsatz ergeben sich insbesondere aus berufsrechtlichen Bestimmungen (wie zB § 66 WTBG, wonach zulässige Gesellschaftsformen für die Ausübung eines Wirtschaftstreuhandberufes die OG, KG, GmbH und die AG sind).

§ 85 Abs. 2 BAO ist wegen § 86a Abs. 1 dritter Satz BAO nicht anwendbar etwa für mit Telekopie eingereichte Anbringen. Siehe jedoch § 86a Abs. 1 letzter Satz BAO (Auftrag zur unterschriebenen Bestätigung des Anbringens).

4. Sinngemäße Anwendung des § 85 Abs. 2 BAO

4.1. Fehlender Nachweis der Bevollmächtigung (§ 85 Abs. 4 BAO)

Wird ein Anbringen (§ 85 Abs. 1 oder 3 BAO) nicht vom Abgabepflichtigen selbst vorgebracht, ohne dass sich der Einschreiter durch eine schriftliche Vollmacht ausweisen kann und ohne dass § 83 Abs. 4 BAO Anwendung findet, gelten für die nachträgliche Beibringung der Vollmacht die Bestimmungen des § 85 Abs. 2 BAO sinngemäß (§ 85 Abs. 4 BAO).

§ 85 Abs. 4 BAO dient nicht dazu, eine nachträgliche Vollmachtserteilung zu ermöglichen, sondern lediglich den Nachweis einer bereits erfolgten Bevollmächtigung (allenfalls durch nachträgliche Beurkundung) nachzureichen (zB VwGH 16. 3. 1995, 94/16/0192; VwGH 22. 3. 1996, 95/17/0384). Aus der Datierung einer vorgelegten Vollmachtsurkunde kann aber nicht darauf geschlossen werden, dass erst mit der Datierung der Urkunde das Vollmachtsverhältnis entstanden wäre (zB VwGH 19. 12. 1989, 86/07/0268; VwGH 22. 3. 1996, 95/17/0384).

Ein Mängelbehebungsverfahren nach § 85 Abs. 4 BAO ist jedoch unzulässig, wenn sich ein berufsrechtlich hiezu befugter Bevollmächtigter auf die ihm erteilte Bevollmächtigung berufen könnte (vgl. zB VwGH 18. 7. 2001, 97/13/0179).

Solche Befugnisse ergeben sich aus

- § 88 Abs. 9 Wirtschaftstreuhandberufsgesetz (WTBG) für Steuerberater und Wirtschaftsprüfer,
- § 73 Abs. 5 Bilanzbuchhaltungsgesetz (BibuG) für Bilanzbuchhalter,
- § 8 Abs. 1 Rechtsanwaltsordnung für Rechtsanwälte,
- § 5 Abs. 4a Notariatsordnung für Notare.

Bestehen (zB nach der Aktenlage) konkrete Zweifel, ob der betreffende Parteienvertreter tatsächlich bevollmächtigt ist, so hat die Abgabenbehörde von Amts wegen entsprechende Ermittlungen vorzunehmen (vgl. zB BMF, Nachweis von Vollmachten, AÖFV Nr. 225/2001, Abschnitt 2.3).

Bestehen Zweifel über das Bestehen und den Umfang der Vertretungsbefugnis amtsbekannter Familienmitglieder, Haushaltsangehöriger oder Angestellter, so darf die Abgabenbehörde nicht nach § 83 Abs. 4 BAO von einer ausdrücklichen Vollmacht absehen. Bei solchen Zweifeln hat die Abgabenbehörde nach § 85 Abs. 4 BAO vorzugehen (somit einen Mängelbehebungsauftrag an den Einschreiter zu erlassen).

4.2. Vollmachtsmängel (§ 83 Abs. 2 zweiter Satz BAO)

Die Abgabenbehörde hat die Behebung etwaiger Mängel (der Vollmacht) unter sinngemäßer Anwendung des § 85 Abs. 2 BAO zu veranlassen.

Ein solcher Vollmachtsmangel liegt beispielsweise vor, wenn die vorgelegte Vollmachturkunde nicht zur Einbringung der betreffenden Eingabe berechtigt (vgl. VwGH 29. 9. 1978, 45/78, 559/78).

5. Mängelbehebungsauftrag

Bei Vorliegen der in den Abschnitten 2, 3 und 4 genannten Voraussetzungen hat die Abgabenbehörde einen Mängelbehebungsauftrag zu erlassen. Die Erlassung von Mängelbehebungsaufträgen liegt nicht im Ermessen der Behörde (vgl. zB VwGH 27. 4. 1981, 17/2599/79).

Nicht mit Mängelbehebungsauftrag vorzugehen ist jedoch, wenn die Eingabe von vornherein offenkundig aussichtslos ist, insbesondere wenn sie wegen Verspätung oder wegen Nichtlegitimation des Einschreiters zurückzuweisen ist (vgl. zB VwGH 27. 6. 1994, 93/12/0095, 0096).

Der Mängelbehebungsauftrag ist an den Einschreiter, somit bei fehlendem Nachweis der Vollmacht an den Bevollmächtigten, zu richten (vgl. zB VwGH 22. 1. 1988, 88/18/0003; VwGH 12. 6. 1990, 89/14/0085).

Ergibt sich aus § 83 Abs. 1 BAO, dass eine nicht von einer eigenberechtigten Person eingebrachte Eingabe mangels Unterschrift unter § 85 Abs. 2 BAO fällt (vgl. Abschnitt 3), so ist der Machtgeber selbst als Einschreiter anzusehen (vgl. VwGH 22. 1. 1988, 88/18/0003; VwGH 16. 3. 1993, 92/05/0325). Daher ist der Mängelbehebungsauftrag an den Machtgeber zu richten.

Mängelbehebungsaufträge sind verfahrensleitende Verfügungen im Sinne der §§ 94 und 244 BAO. Sie sind daher nicht abgesondert anfechtbare Bescheide. Solche Bescheide haben den Hinweis auf die Zurücknahmefiktion (für den Fall der Nichtbefolgung bzw. nicht fristgerechter Befolgung des Auftrages) zu enthalten.

Mängelbehebungsauftragsaufträge sind mit Zustellnachweis zuzustellen.

Im Mängelbehebungsauftrag ist eine **angemessene Frist** zu setzen.

Die Mängelbehebungsfrist ist auf Antrag verlängerbar (zB VwGH 3. 6. 1993, 92/16/0116). Dies ergibt sich aus § 110 Abs. 2 BAO, wonach von der Abgabenbehörde festgesetzte Fristen verlängert werden können. Ein Antrag auf Fristerstreckung hat keine den Fristlauf hemmende Wirkung (zB VwGH 10. 3. 1994, 93/15/0092).

Über Fristverlängerungsanträge ist mit Bescheid abzusprechen. In Betracht kommt insbesondere die Bewilligung der Fristverlängerung sowie die Ablehnung (Zurückweisung oder Abweisung) des Antrages. Solche Bescheide sind verfahrensleitende Verfügungen.

Gegen die Ablehnung eines Antrages auf Verlängerung einer Frist ist ein abgesondertes Rechtsmittel nicht zulässig (§ 110 Abs. 3 BAO).

Bei nicht grob verschuldeter Versäumung der Frist kommt eine **Wiedereinsetzung** in den vorigen Stand (§ 308 BAO) in Betracht. Siehe zB BMF, Wiedereinsetzung in den vorigen Stand (§ 308 BAO), AÖFV Nr. 123/2006.

Die Fristverlängerung liegt im Ermessen der Abgabenbehörde. Erfolgt die Mängelbehebung zwar nach Ablauf der im Mängelbehebungsauftrag gesetzten Frist, jedoch innerhalb der im Fristerstreckungsantrag begehrten Frist (und vor nicht stattgebender Erledigung dieses Antrages), so wird die Abweisung des Antrages grundsätzlich nicht mehr in Betracht kommen.

Die Befolgung von Mängelbehebungsaufträgen ist nicht mit Zwangsstrafe (§ 111 BAO) erzwingbar.

6. Zurücknahmebescheid

Wird einem rechtmäßigen Mängelbehebungsauftrag überhaupt nicht, nicht zeitgerecht oder unzureichend entsprochen, so ist mit Bescheid auszusprechen, dass die Eingabe als zurückgenommen gilt (vgl. zB VwGH 3. 6. 1993, 92/16/0116). Die Erlassung von Zurücknahmebescheiden liegt nicht im Ermessen der Abgabenbehörde.

Ein Mängelbehebungsauftrag ist vor allem dann rechtswidrig, wenn

- die diesbezüglichen Voraussetzungen (Eingabe, formelle Mängel) nicht vorliegen,
- die gesetzte Frist nach den Verhältnissen des Einzelfalles nicht angemessen war,
- der Hinweis über die Zurücknahme der Eingabe (bei Unterlassung der Mängelbehebung) fehlt.

Der Zurücknahmebescheid ist abgesondert anfechtbar (mit Berufung bzw. mit Beschwerde beim VfGH und/oder VwGH).

7. Zuständigkeit

Für das Mängelbehebungsverfahren ist jene Behörde zuständig, der die Erledigung der betreffenden Eingabe obliegt.

Für Berufungen und für Vorlageanträge sind sowohl die Abgabenbehörde erster Instanz als auch jene der zweiten Instanz zuständig (vgl. § 282 Abs. 2 BAO und § 276 Abs. 8 BAO).

8. Hinweise

Die vorstehenden Ausführungen stellen die Rechtsansicht des Bundesministeriums für Finanzen dar, die im Interesse einer bundeseinheitlichen Vorgangsweise mitgeteilt wird. Über die gesetzlichen Bestimmungen hinausgehende Rechte und Pflichten werden dadurch weder begründet noch können solche aus dem Erlass abgeleitet werden.

12/7/3.

AÖF 1990/215

Verwendung von Schallträgern für die Abfassung von Niederschriften (§ 87 Abs. 6 BAO)

(Erlass des BMF vom 13. Juni 1990, Z 05 0701/3-IV/5/90)

AO 220

Durch das Abgabenänderungsgesetz 1989 (BGBl. Nr. 660) wurde u.a. § 87 Abs. 6 BAO novelliert, um die Verwendung von Schallträgern (Diktiergeräten, Tonbandgeräten) für die Abfassung von Niederschriften zu ermöglichen.

§ 87 Abs. 6 BAO lautet in der nunmehrigen Fassung:

„(6) Die Behörde kann sich für die Abfassung der Niederschrift eines Schallträgers bedienen oder die Niederschrift in Kurzschrift abfassen, wenn weder von der vernommenen noch von einer sonst beigezogenen Person dagegen Einwand erhoben wird. Die Schallträgeraufnahme und die in Kurzschrift abgefaßte Niederschrift sind nachträglich in Vollschrift zu übertragen. Die vernommene oder sonst beigezogene Person kann spätestens bei Beendigung der betreffenden Amtshandlung die Zustellung einer Abschrift der Niederschrift, zu deren Abfassung sich die Behörde eines Schallträgers bedient hat, beantragen und innerhalb von zwei Wochen ab Zustellung Einwendungen wegen behaupteter Unvollständigkeit oder Unrichtigkeit der Übertragung der Schallträgeraufnahme erheben. Wird eine solche Zustellung beantragt, so darf die Schallträgeraufnahme frühestens einen Monat nach Ablauf der Frist zur Erhebung von Einwendungen gelöscht werden; ansonsten darf sie frühestens einen Monat nach erfolgter Übertragung gelöscht werden.“

1. Voraussetzungen für die Verwendung von Schallträgern

Ein Schallträger darf für die Abfassung von Niederschriften verwendet werden, wenn weder von der vernommenen Person (Zeuge, Auskunftsperson, Sachverständiger) noch von einer sonst beigezogenen Person (z.B. eine bei der betreffenden Amtshandlung anwesende Partei bzw. deren Vertreter) dagegen Einwand erhoben wird.

Liegt diese Voraussetzung vor, so steht die Verwendung von Schallträgern im Ermessen der Behörde. Zweck der Novellierung des § 87 Abs. 6 BAO ist die Ermöglichung einer Vereinfachung und Beschleunigung des Verfahrens. Schallträger dürfen daher (z.B. bei der Einvernahme eines Zeugen oder einer mündlichen Berufungsverhandlung) nur dann verwendet werden, wenn ihr Einsatz diesem Ziel dient.

2. Vorgangsweise bei der Verwendung von Schallträgern

Soll zur Abfassung einer Niederschrift ein Schallträger verwendet werden, so ist neben den im § 87 Abs. 3 lit. a und b BAO genannten Angaben schriftlich festzuhalten, daß gegen die Verwendung eines Schallträgers von keiner der im Abschnitt 1 genannten Personen Einwand erhoben wird. Ebenso ist niederschriftlich festzuhalten, ob die vernommene oder sonst beigezogene Person die Zustellung einer Abschrift der Übertragung der Schallträgeraufnahme beantragt hat. Der nicht die Übertragung der Schallträgeraufnahme beinhaltende Teil der Niederschrift ist jedenfalls in Vollschrift abzufassen. Für ihn sind weiters u.a. § 87 Abs. 3 lit. c und Abs. 4 BAO bzw. bei Niederschriften über den Verlauf der mündlichen Berufungsverhandlung § 285 Abs. 3 dritter und vierter Satz BAO zu beachten.

Lediglich zum Festhalten jener Teile des Verlaufs und des Inhalts der Amtshandlung, die nicht nach dem Vorgesagten in Vollschrift abzufassen sind, darf der Schallträger gegebenenfalls verwendet werden.

Diese Vorgangsweise entspricht jener im Anwendungsbereich des AVG, was sich aus der Verwaltungsformularverordnung 1985, BGBl. Nr. 300,etwa aus dem Formular 10.1 zu § 14 AVG ergibt.

Werden in einer mündlichen Berufungsverhandlung (§ 285 BAO) mehrere Personen (Zeugen, Auskunftspersonen, Sachverständige) vernommen, so ist jeweils eine gesonderte Niederschrift über jede einzelne Einvernahme aufzunehmen, worauf in der Niederschrift gemäß § 285 Abs. 3 BAO zu verweisen ist.

Die Schallträgeraufnahme ist nachträglich in Vollschrift zu übertragen. Auch dieser Teil der Niederschrift ist tunlichst von dem Organ, das die betreffende Amtshandlung geleitet hat, zu unterschreiben.

Hat die vernommene oder sonst beigezogene Person spätestens bei Beendigung der betreffenden Amtshandlung die Zustellung einer Abschrift der Niederschrift, zu deren Abfassung sich die Behörde eines Schallträgers bedient hat, beantragt, so ist die Abschrift (Ablichtung) der Übertragung der Schallträgeraufnahme vor der Unterzeichnung der bei der Behörde verbleibenden Vollschrift herzustellen. Die Abschrift (Ablichtung) ist sodann ebenfalls von dem Organ zu unterschreiben, das die Übertragung in Vollschrift unterzeichnet; weitere Vermerke auf diesem Schriftstück sind zu unterlassen.

Die Befristung des genannten Antragsrechtes im § 87 Abs. 6 BAO läßt übrigens den im § 87 Abs. 7 BAO normierten Anspruch der vernommenen Person, ihr auf Verlangen eine Abschrift der Niederschrift auszufolgen, unberührt. Dieses Verlangen ist nicht befristet. Gegebenenfalls ist eine Abschrift sowohl des von vornherein schriftlich abgefaßten Teiles der Niederschrift als auch des nachträglich in Vollschrift übertragenen Teiles auszufolgen (bzw. zuzustellen).

Aus § 88 BAO ergibt sich, daß Einwendungen im Sinn des § 87 Abs. 6 BAO die Beweiskraft der betreffenden Niederschrift beeinflussen; über solche Einwendungen ist nicht bescheidmäßig abzusprechen.

3. Löschen der Schallträgeraufnahme

Die Schallträgeraufnahme darf gelöscht werden,

- wenn keine der hiezu berechtigten Personen die Zustellung einer Abschrift der Niederschrift beantragt hat, frühestens einen Monat nach erfolgter Übertragung,
- wenn die Zustellung der genannten Abschrift spätestens bei Beendigung der betreffenden Amtshandlung (§ 87 Abs. 6 dritter Satz BAO) beantragt wurde und Einwendungen wegen behaupteter Unvollständigkeit oder Unrichtigkeit der Übertragung der Schallträgeraufnahme innerhalb von zwei Wochen ab Zustellung nicht erhoben werden, frühestens einen Monat nach Ablauf der genannten Frist zur Erhebung von Einwendungen, und
- wenn Einwendungen erhoben werden, keinesfalls bevor die Bescheide, in denen der Inhalt der betreffenden Niederschrift zu berücksichtigen war, formell rechtskräftig und nicht mehr mit VwGH- bzw. VfGH-Beschwerde anfechtbar sind bzw. im Fall der Einbringung von Höchstgerichtsbeschwerden erst nach Entscheidung des betreffenden Höchstgerichtes bzw. nach Eintritt der Unanfechtbarkeit der im fortgesetzten Verfahren ergangenen Bescheide.

12/7/4.

BMF-AV Nr. 48/2023

Erlass zur Akteneinsicht gemäß § 90 Bundesabgabenordnung

Der Erlass behandelt umfassend das Thema Akteneinsicht gemäß § 90 BAO. Es werden die Voraussetzungen für deren Gewährung, die Gründe für ihre Versagung, der Umfang und der Gegenstand der Akteneinsicht sowie Ausnahmen von der Akteneinsicht näher dargestellt.

Die folgenden Ausführungen zu § 90 BAO in der Fassung des Abgabenänderungsgesetzes 2022, BGBl. I Nr. 108/2022, stellen die Rechtsansicht des Bundesministeriums für Finanzen dar, die im Interesse einer bundeseinheitlichen Vorgangsweise mitgeteilt wird. Über die gesetzlichen Bestimmungen hinausgehende Rechte und Pflichten werden dadurch weder begründet noch können solche aus diesem Erlass abgeleitet werden.

Der Erlass des BMF vom 5.11.2003, BMF 05 0701/1-IV/5/03, AÖF Nr. 14/2004, wird aufgehoben.

1. Allgemeines

Die Einsichtnahme in Akten soll den Parteien ermöglichen, genaue Kenntnis vom Gang des Verfahrens und von den Entscheidungsgrundlagen der Abgabenbehörde in diesem Verfahren zu erlangen.

Damit ein Verfahren als behördliches Verfahren qualifiziert werden kann, muss es individuelle Verwaltungsakte der Hoheitsverwaltung zum Gegenstand haben. Schritte, die lediglich die Einleitung eines behördlichen Verfahrens durch eine andere Behörde anregen sollen, können eine Akteneinsicht nicht begründen. Ein Verfahren, welches der Behörde Sachverhaltsgrundlagen zur Prüfung der Frage liefern soll, ob bescheidförmige Maßnahmen zu setzen sind oder ob solche zu unterbleiben haben, etwa die Durchführung von Aufsichtsmaßnahmen nach § 143 BAO, ist hingegen ein derartiges behördliches Verfahren (vgl. VwGH 24.3.2021, Ra 2018/13/0062, mwN).

Mit dem Abgabenänderungsgesetz 2022 – AbgÄG 2022, BGBl. I Nr. 108/2022, wurde die Berechtigung zur Akteneinsicht nach § 90 Abs. 1 BAO an die Bestimmung des § 17 Abs. 1 AVG angeglichen. Damit wurde auch eine Rechtsunklarheit beseitigt, weil es – entgegen dem Wortlaut des § 90 Abs. 1 BAO in der Fassung vor BGBl. I Nr. 108/2022 – nach der Judikatur des Verwaltungsgerichtshofes für die Berechtigung zur Akteneinsicht auf ein gesondertes abgabenrechtliches Interesse der Partei nicht angekommen ist (siehe insbesondere VwGH 29.5.2018, Ro 2017/15/0021 sowie VwGH 24.3.2021, Ra 2018/13/0062).

Die Akteneinsicht ist eines der Grundrechte der Partei im Abgabenverfahren und stellt für sie ein wesentliches prozessuales Recht dar. Die Akteneinsicht dient insbesondere der Wahrung des rechtlichen Gehörs der Partei (vgl. VwGH 20.2.1992, 90/16/0156) und damit der Verwirklichung des aus Bestimmungen des B-VG abgeleiteten rechtsstaatlichen Prinzips, welches unter anderem besagt, dass die Gesetz- und Verfassungsmäßigkeit der Vollziehung durch Rechtsschutzeinrichtungen gewährleistet werden muss und dieser Rechtsschutz effizient sein muss. Sie dient als Mittel zur Herstellung der Waffengleichheit im Verfahren. Im Anwendungsbereich des Unionsrechts ergibt sie sich aus dem Recht auf ein faires Verfahren (Art. 47 GRC).

Alternativ zur antragsgebundenen Akteneinsicht gemäß § 90 BAO besteht für die Parteien (sowie für Parteienvertreter) die Möglichkeit der elektronischen Akteneinsicht über FinanzOnline gemäß § 90a BAO in Verbindung mit § 4 der FinanzOnline-Verordnung 2006, BGBl. II Nr. 97/2006, zuletzt geändert durch BGBl. II Nr. 190/2022. Für FinanzOnline-Teilnehmer besteht somit die jederzeitige Möglichkeit, die in FinanzOnline zur Verfügung gestellten Akten(-teile) anzuzeigen, abzuspeichern oder auszudrucken. Die elektronische Akteneinsicht erfolgt antragslos und ohne Tätigwerden der Abgabenbehörde, weshalb im Weiteren nicht näher darauf eingegangen wird.

2. (Abgaben-)Behörde

2.1. Bundesminister, Finanzämter und Zollamt Österreich

Das Recht auf Akteneinsicht gemäß § 90 BAO besteht gegenüber Abgabenbehörden. Zu den Abgabenbehörden des Bundes gehören der Bundesminister für Finanzen, das Finanzamt Österreich (FAÖ), das Finanzamt für Großbetriebe (FAG) und das Zollamt Österreich (ZAÖ). Zudem bestehen Abgabenbehörden der Länder und Gemeinden.

Gemäß § 2a erster Satz BAO gelten die Bestimmungen der BAO – und damit auch die Regelungen betreffend die Akteneinsicht gemäß § 90 BAO – sinngemäß im Verfahren vor den Verwaltungsgerichten, soweit sie im Verfahren der belangten Abgabenbehörde gelten.

2.2. Amt für Betrugsbekämpfung

Das Amt für Betrugsbekämpfung (ABB) ist keine Abgabenbehörde im Sinne des § 49 Z 1 BAO. In Vollziehung der Normen des FinStrG wird das ABB als Finanzstrafbehörde tätig. Das Recht auf Akteneinsicht richtet sich in diesen Fällen nach § 79 FinStrG. Bei der Durchführung von ordnungspolitischen Kontrollhandlungen wird das ABB als Verwaltungsbehörde im Sinn des Art. II Abs. 1 EGVG tätig, die Rechtsgrundlage für die Akteneinsicht ist dann § 17 AVG. In Erfüllung von abgabenrechtlichen Aufgaben (vgl. § 4 ABBG) wird das ABB auch als Organ des FAÖ oder des FAG tätig (insbesondere nach § 143 BAO und § 144 BAO). In diesen Fällen ist das FAÖ bzw. das FAG die für die Akteneinsicht zuständige Behörde und richtet sich diese nach den Bestimmungen der BAO.

2.3. Prüfdienst für Lohnabgaben und Beiträge

Der Prüfdienst für Lohnabgaben und Beiträge (PLB) ist eine dem Bundesminister für Finanzen unmittelbar nachgeordnete Dienstbehörde und stellt keine (eigenständige) Abgabenbehörde dar. Der PLB wird als Organ der jeweils zuständigen Behörde (Finanzamt, ÖGK bzw. BVAEB und Gemeinde) tätig. Diese Behörden sind jeweils auch für die Akteneinsicht zuständig.

3. Partei

Nach § 90 Abs. 1 BAO steht der Rechtsanspruch auf Akteneinsicht nur den Parteien zu. Damit sind die Parteien genau desjenigen Abgabenverfahrens gemeint, in dem Akteneinsicht begehrt wird, nicht auch Parteien eines anderen Verfahrens (VwGH 25.10.1961, 144/73 A; UFS 10.5.2004, RV/0033-K/04).

Parteien sind solche gemäß § 78 BAO, somit insbesondere

- im Abgabenverfahren:
  - der Abgabepflichtige (§ 77 BAO, zB auch ein Gesamtschuldner);
  - der Haftungspflichtige; diesem steht auch die Akteneinsicht in Abgabenakten des Primärschuldners zu (VwGH 27.2.1995, 94/16/0275);
  - diejenigen, an die ein Feststellungsbescheid ergeht (§ 191 Abs. 1 und 2 BAO; zB Kommanditisten einer KG).
- im Beschwerdeverfahren:
  - der Beschwerdeführer;
  - diejenigen, die dem Beschwerdeverfahren beigetreten sind (gemäß § 257 Abs. 1 BAO kann beitreten, wer nach den Abgabenvorschriften für die betreffende Abgabe als Gesamtschuldner oder Haftungspflichtiger in Betracht kommt);
  - diejenigen, die ohne Beschwerdeführer zu sein, einen Vorlageantrag gestellt haben (gemäß § 264 Abs. 2 lit. b BAO kann nicht nur der Beschwerdeführer, sondern auch jeder, dem gegenüber die Beschwerdevorentscheidung wirkt, einen Vorlageantrag stellen);
  - die Abgabenbehörde als „Amtspartei" vor dem Bundesfinanzgericht (im Bescheidbeschwerdeverfahren gemäß § 265 Abs. 5 BAO; im Maßnahmenbeschwerdeverfahren gemäß § 283 Abs. 6 BAO, im Säumnisbeschwerdeverfahren gemäß § 284 Abs. 6 BAO, im Streitbeilegungsbeschwerdeverfahren nach dem EU-BStbG, BGBl. I Nr. 62/2019);
  - der gesamtschuldnerische Warenempfänger, der die Waren vom Anmelder übernommen hat und innerhalb der dem Anmelder offenstehenden Beschwerdefrist eine Beschwerde gegen den Eingangsabgabenbescheid erhebt (§ 44 ZollR-DG).

Auch andere als die angeführten Personen haben die Rechtsstellung einer Partei dann und insoweit, als sie auf Grund abgabenrechtlicher Vorschriften die Tätigkeit einer Abgabenbehörde in Anspruch nehmen oder als sich die Tätigkeit einer Abgabenbehörde auf sie bezieht (§ 78 Abs. 3 BAO). In den Fällen des § 78 Abs. 3 BAO besteht die Parteistellung und damit einhergehend das Recht auf Akteneinsicht allerdings nur in dem Umfang, in dem die Tätigkeit der Abgabenbehörde in Anspruch genommen wird bzw. sich die Tätigkeit der Abgabenbehörde auf die betreffende Person bezieht.

4. Voraussetzungen für die Akteneinsicht

Der Partei eines Verfahrens ist Akteneinsicht ohne Rücksicht darauf zu gewähren, zu welchem Zweck die Einsicht begehrt wird. Das Vorliegen eines (abgaben-)rechtlichen Interesses ist nicht erforderlich. Dies gilt auch für Parteien von bereits abgeschlossenen Verfahren (zB zum Zweck der Stellung eines Wiederaufnahmeantrages oder zur Vorbereitung einer Amtshaftungsklage).

Die Initiative zur Akteneinsicht hat nicht von der Behörde (oder dem Verwaltungsgericht), sondern von der Partei auszugehen. Bei nicht vertretenen Personen ist unter Umständen eine Belehrung durch die Abgabenbehörde geboten (Manuduktionspflicht). Die Akteneinsicht gemäß § 90 BAO erfolgt nur auf Antrag der Partei. Im Verfahren vor dem Verwaltungsgericht ist auch die belangte Behörde als Amtspartei zur Akteneinsicht berechtigt. Die Partei ist zur Akteneinsicht also nicht aufzufordern, ihr ist die Einsicht in die Akten lediglich zu gestatten (vgl. zB VwGH 21.10.1993, 91/15/0005; 15.5.2019, Ra 2018/13/0006). Der Antrag auf Akteneinsicht gemäß § 90 BAO ist ein Anbringen iSd § 85 Abs. 1 BAO. Er kann gemäß § 85 Abs. 3 lit. b BAO mündlich gestellt werden, wenn dies für die Abwicklung des Abgabenverfahrens zweckmäßig ist, nicht aber telefonisch oder per E-Mail.

Mündliche Anbringen sind nach § 87 Abs. 1 BAO ihrem wesentlichen Inhalt nach in einer Niederschrift festzuhalten. Dies ist insbesondere dann geboten, wenn dem Antrag nicht vollinhaltlich entsprochen wird.

Hinweis:

Die mit dem AbgÄG 2022 erfolgte Neufassung des § 90 Abs. 1 BAO bringt mit sich, dass die Partei nicht mehr verpflichtet ist, in ihrem Antrag zu begründen, weshalb sie die Akteneinsicht begehrt (siehe VwGH 22.10.2013, 2012/10/0002, zu § 17 AVG).

5. Umfang und Gegenstand der Akteneinsicht

5.1. Bestandteile von Akten

Akten sind alle Unterlagen, die von der Abgabenbehörde in Erfüllung der Pflichten, die sich aus § 114 BAO und aus § 115 BAO ergeben, gesammelt und aufbewahrt bzw. gespeichert werden und die für weitere Verfahrensschritte von Bedeutung sein können bzw. die sich als Grundlage für mögliche Amtshandlungen eignen.

Gemäß § 90 Abs. 1 BAO hat die Abgabenbehörde den Parteien die Einsicht und Abschriftnahme der ihre Sache betreffenden Akten oder Aktenteile zu gestatten. Der Rechtsanspruch der Partei auf Einsichtnahme und auf Abschriftnahme erstreckt sich auf alle ihre Sache betreffenden Akten(-teile). Unter der „Sache der Partei" ist die den Gegenstand des jeweiligen Verfahrens bildende Angelegenheit zu verstehen, in der die Parteistellung besteht.

Hinweis:

Auch gemäß § 90 BAO in der vor dem AbgÄG 2022 geltenden Fassung bestand das Recht auf Akteneinsicht für den Antragsteller nur in jenen Verfahren, in denen diesem Parteistellung zukam. Insofern war es der Partei auch vor dieser Gesetzesänderung nur möglich, in Akten(-teile) Einsicht zu nehmen, die „ihre Sache" betroffen haben. Durch die mit dem AbgÄG 2022 erfolgte Gesetzesänderung ändert sich nichts am Umstand, dass zivilrechtliche, wirtschaftliche oder Strafverfolgungs- bzw. Strafverteidigungsinteressen, die mit der abgabenrechtlichen Beurteilung der Abgabenangelegenheit eines anderen Verfahrens (d.h. eines anderen Abgabepflichtigen) verknüpft sind, nicht Parteistellung im Abgabenverfahren, damit auch nicht einen Anspruch auf Akteneinsicht begründen können (vgl. UFS 10.5.2004, RV/0033-K/04; vgl. auch VwGH 25.9.1957, 192/54 A; VwGH 25.10.1961, 144/73 A und VwGH 27.4.1979, 2023/77 A).

Zu den Akten können beispielsweise gehören:

- Arbeitsbogen der Außenprüfung (zB auch über Ermittlungshandlungen und Kontrollrechnungen, die nicht zur Begründung eines „Mehrergebnisses" herangezogen werden)
- Bescheide und sonstige Erledigungen
- Erledigungsentwürfe
- Aktenvermerke (§ 89 BAO)
- Auszüge des Abgabenkontos
- Schriftverkehr mit anderen Abgabenbehörden (zB Amtshilfeersuchen)
- Niederschriften zB über die Einvernahme von Zeugen oder Auskunftspersonen (die Identität solcher Personen darf dem Abgabepflichtigen gegenüber nicht geheim gehalten werden)
- schriftliche Weisungen der Oberbehörde
- Akten eines Finanzstrafverfahrens, wenn sich die Abgabenbehörde bei ihrer Entscheidung auf Akten eines Finanzstrafverfahrens stützt (vgl. VwGH 27.2.1995, 94/16/0275, 0276).

Zu den Akten gehören nicht nur von der Abgabenbehörde verfasste Aktenteile, sondern auch vom Abgabepflichtigen übermittelte Schriftstücke (zB Abgabenerklärungen, Bilanzen, Verträge) und weiters von Dritten verfasste Schriftstücke (vgl. VwGH 28.9.2000, 99/16/0519, 0520, BFG 21.9.2020, RV/7104761/2019 betreffend Rückscheine). Nicht zuletzt wegen § 167 BAO (freie Beweiswürdigung) ist der Partei auch Einsicht in Beweismittel zu geben, die von der Abgabenbehörde nicht verwertet wurden. Dies gilt auch für die Einsicht in kein verwertbares „Ergebnis" bringende Ermittlungen. Der Akteneinsicht unterliegen Akten bzw. Aktenteile unabhängig davon, ob diese Schriftstücke sind oder ob sie auf Datenträgern gespeichert sind.

5.2. Ausnahmen von der Akteneinsicht

5.2.1. Ausnahmen aufgrund von § 90 Abs. 2 BAO

Gemäß § 90 Abs. 2 BAO sind von der Akteneinsicht ausgenommen:

- Beratungsprotokolle (Entscheidungen von Kollegialorganen, aber auch von Einzelorganen, vgl. VwGH 29.5.2018, Ro 2017/15/0021);
- Amtsvorträge (Berichte an Oberbehörden oder an Vorgesetzte); Erledigungsentwürfe (VwGH 29.5.2018, Ro 2017/15/0021, darunter fallen auch interne Erwägungen zur Entscheidungsfindung);
- sonstige Schriftstücke (Mitteilungen anderer Behörden, Meldungen, Berichte und dgl.), deren Einsichtnahme eine Schädigung berechtigter Interessen dritter Personen herbeiführen würde.

Hier ist zu beachten, dass sich der Relativsatz *„deren Einsichtnahme eine Schädigung berechtigter Interessen dritter Personen herbeiführen würde"* nur auf die unmittelbar zuvor genannten sonstigen Schriftstücke bezieht. Daraus folgt, dass für Beratungsprotokolle, Amtsvorträge und Erledigungsentwürfe ein unbedingter (absoluter) Ausschluss von der Akteneinsicht besteht. Hingegen gilt für alle sonstigen Schriftstücke ein relativer Ausschluss von der Akteneinsicht: Die sonstigen Schriftstücke sind nur dann von der Akteneinsicht ausgenommen, wenn deren Einsichtnahme eine Schädigung berechtigter Interessen dritter Personen herbeiführen würde (VwGH 29.5.2018, Ro 2017/15/0021).

Wenngleich auch Aktenvermerke, Niederschriften, Berichte an andere Behörden zu den sonstigen Schriftstücken zu zählen sind, wird eine diesbezügliche Einsichtnahme im Regelfall nicht zu einer Schädigung von berechtigten Interessen Dritter führen. Will sich die Partei im Weg der Einsichtnahme gemäß § 90 BAO Kenntnis über den Inhalt einer im Akt enthaltenen Anzeige verschaffen, ist dies grundsätzlich unabhängig davon zulässig, zu welchem Zweck die Einsichtnahme begehrt wird. Die Akteneinsicht ist aber gegenüber der (angezeigten) Partei dann zu verweigern, wenn die Einsichtnahme in die Anzeige zu einer Schädigung von berechtigten Interessen Dritter (insbesondere des Anzeigers) führen würde. Die potentielle Schädigung (zB dem Anzeiger drohen im Falle der Offenbarung Repressalien) kann sich beispielsweise aus der Anzeige selbst ergeben bzw. ist sie amtswegig zu ermitteln. Es kann jedoch nicht per se bzw. ohne Anhaltspunkte davon ausgegangen werden, dass die Offenbarung einer Anzeige gegenüber dem Angezeigten zu einer Schädigung berechtigter Interessen einer dritten Person führen würde. Das

Parteiengehör erstreckt sich nämlich grundsätzlich auch auf die Identität von Auskunftspersonen und Zeugen (VwGH 17.2.1999, 98/14/0105). Würde die Einsichtnahme der Anzeige zu einer Schädigung berechtigter Interessen dritter Personen führen, ist dies durch Anonymisierung (vgl. BFG 21.9.2020, RV/7104761/2019) bzw. erforderlichenfalls durch Verweigerung der Einsichtnahme in die Anzeige zu verhindern.

5.2.2. Sonstige Ausnahmen

Gehören Ergebnisse der Einsicht in das Kontenregister bzw. die Ergebnisse der Konteneinschau zu den Akten(teilen), die Gegenstand eines Antrags auf Akteneinsicht sind, müssen diese Dokumente aufgrund des § 38 Abs. 1 BWG („Bankgeheimnis") gegebenenfalls zur Gänze oder teilweise von der Akteneinsicht ausgenommen werden (siehe dazu den Kontenregister- und Konteneinschau-Anwendungserlass vom 15.11.2022, 2022-0.812.135, Pkt. 1.2.).

Im Zusammenhang mit schriftlichen Erledigungen der Finanzprokuratur ist zu beachten, dass in laufenden Verfahren nur mit Zustimmung der Finanzprokuratur schriftliche Erledigungen weitergegeben werden dürfen. § 4 Abs. 8 Finanzprokuraturgesetz, BGBl. I Nr. 110/2008, sieht vor, dass von der Verpflichtung zur Einholung der Zustimmung der Finanzprokuratur auch alle Fälle der Veröffentlichung, wenn auch nur in Auszügen, umfasst sind.

Eine Zustimmung der Finanzprokuratur ist nicht erforderlich, soweit eine gesetzliche Verpflichtung zur Weitergabe von Informationen besteht (zB § 13 Abs. 1 FMABG; § 78 StPO).

6. Gewährung und Verweigerung der Akteneinsicht

6.1. Gewährung der Akteneinsicht

Die Gestattung der Akteneinsicht ist ein Realakt, der nicht einer besonderen Genehmigung bedarf. Wird ein Antrag auf Akteneinsicht gestellt, der nicht abgewiesen wird, dann liegt es an der Partei, diese Möglichkeit zu nutzen (VwGH 24.1.2001, 99/16/0081, 99/16/0239). In einem Aktenvermerk (§ 89 BAO) ist festzuhalten, in welche Aktenteile Akteneinsicht gewährt wurde. Wird die Akteneinsicht im Rahmen eines Beschwerdeverfahrens beantragt, so ist diese bei der aktenführenden Behörde zu beantragen und durch diese zu gewähren bzw. ist durch diese darüber zu entscheiden, in welche ihrer Akten(-teile) Einsicht zu gewähren ist. Dies gilt unabhängig davon, wo sich die Akten(-teile) zum Zeitpunkt der Antragstellung befinden.

6.2. Verweigerung der Akteneinsicht

Über einen wirksam gestellten Antrag auf Akteneinsicht besteht gemäß § 85a BAO Entscheidungspflicht, auch wenn die Entscheidung – wie im Fall der Verweigerung der Akteneinsicht in einem laufenden Verfahren – nicht abgesondert anfechtbar ist. Dabei hat die Abgabenbehörde über die (gänzliche oder teilweise) Verweigerung der Akteneinsicht stets durch Bescheid zu entscheiden (VwGH 17.3.2016, Ro 2014/11/0012; VwGH 21.12.1989, 87/17/0021). Die Entscheidung darüber hat möglichst zeitnah zu erfolgen. Aus dem Bescheid hat sich zu ergeben, hinsichtlich welcher Aktenteile dem Antrag auf Akteneinsicht aus welchen Gründen nicht entsprochen wurde (BFG 25.5.2022, RV/7102847/2021). In welche Aktenteile keine Akteneinsicht gestattet wurde, muss aktenkundig sein. Erfolgt die Verweigerung mit schriftlichem Bescheid, hat sich aus dem Bescheid zu ergeben, hinsichtlich welcher Aktenteile dem Antrag auf Akteneinsicht nicht entsprochen wurde. Erfolgt die Ablehnung der Akteneinsicht nach § 94 BAO mit mündlichem Bescheid, ist hierüber ein Aktenvermerk zu verfassen, aus dem ersichtlich ist, in welche Aktenteile die Akteneinsicht verweigert wurde.

Soweit die Akteneinsicht gewährt wird, ist über den darauf gerichteten Antrag nicht bescheidmäßig abzusprechen (vgl. VwGH 8.2.1989, 87/13/0141).

Wird die Akteneinsicht während eines Abgabenverfahrens (zB Außenprüfungsverfahrens) gegenüber der Partei dieses Verfahrens verweigert, ist der den Antrag abweisende Bescheid eine verfahrensleitende Verfügung iSd § 94 BAO und § 244 BAO. Der Bescheid ist somit nicht abgesondert anfechtbar; er ist nach § 244 BAO erst in der Beschwerde gegen den die Angelegenheit abschließenden Bescheid anfechtbar.

Ist die Verweigerung der Akteneinsicht keine verfahrensleitende Verfügung, insbesondere, weil sie wegen Nichtlegitimation des Antragstellers oder nach Beendigung eines Abgabenverfahrens oder vor Einleitung eines solchen Verfahrens erfolgt, ist der Bescheid abgesondert anfechtbar (vgl. zB VwGH 22.6.2001, 2000/13/0037).

Sofern zum Zeitpunkt der Entscheidung des Finanzamtes über die Akteneinsicht ein Rechtsmittelverfahren in der Hauptsache anhängig ist, ist das Begehren auf Akteneinsicht im Rahmen dieses Rechtsmittelverfahrens in der Hauptsache zu behandeln (VwGH 29.5.2018, Ro 2017/15/0021). Wird im Zuge eines Beschwerdeverfahrens Einsicht in die Aktenteile des abgabenbehördlichen Verfahrens begehrt (siehe Pkt. 6.1.), ist die Abgabenbehörde für die Gewährung der Akteneinsicht nur insoweit zuständig, als Einsicht in nicht dem Verwaltungsgericht vorgelegte Aktenteile begehrt wird.

7. Abschriften

Die Partei hat bei Vorliegen der im § 90 BAO genannten Voraussetzungen einen Rechtsanspruch auf Einsichtnahme und auf Abschriftnahme der in Betracht kommenden Akten oder Aktenteile.

Solche Abschriften sind grundsätzlich nicht zu beglaubigen. Sind sie nicht amtlich beglaubigt, unterliegen sie auch nicht der Gebührenpflicht nach § 14 TP 1 GebG.

Bei der Akteneinsicht gemäß § 90 BAO, sind im Falle von auf Datenträgern gespeicherten Akten(-teilen) zwecks Einsichtnahme entweder Ausdrucke anzufertigen oder die Aktenteile auf einem Bildschirm der Partei zu zeigen.

Auch wenn die Partei keinen Rechtsanspruch darauf hat, dass ihr solche Ausdrucke oder Ablichtungen von Schriftstücken aus Akten ausgefolgt werden (vgl. zB VwGH 28.10.1997, 97/14/0121; VwGH 24.1.2001, 99/16/0081, 99/16/0239), ist die Ausfolgung (Übersendung mit der Post) solcher Ausdrucke (bzw. solcher Ablichtungen) als Form der Akteneinsichtsgewährung – unabhängig von der Anzahl der Ausdrucke bzw. Ablichtungen – zulässig.

Darüber hinaus können – aus verwaltungsökonomischen Gründen – die auf Datenträgern gespeicherten Akten(-teile) auch auf einem (von der Partei bereit zu stellenden) USB-Stick der Partei ausgehändigt werden, falls keine informationssicherheitsrechtlichen Bedenken bestehen. Die Ausfolgung der Daten auf einem Datenträger ist in einem Aktenvermerk zu dokumentieren. Nicht zulässig ist die Übermittlung von Akten(teilen) mittels E-Mail, weil diese Form der (nicht authentifizierten) Kommunikation weder datenschutzrechtlichen noch informationssicherheitsrechtlichen Vorgaben entspricht und im Widerspruch zur abgabenrechtlichen Geheimhaltungspflicht steht.

Nach § 312 BAO sind die Kosten für die Tätigkeit der Abgabenbehörde von Amts wegen zu tragen, sofern sich nicht aus der BAO oder sonstigen gesetzlichen Vorschriften anderes ergibt. Solche Vorschriften bestehen für die Anfertigung von Ausdrucken bzw. von Ablichtungen aus Aktenteilen zwecks Gewährung der Akteneinsicht gemäß § 90 BAO nicht. Daher besteht keine Rechtsgrundlage dafür, von der Partei den Ersatz von Kosten für die durch Behördenorgane vorgenommene Erstellung von Ablichtungen aus Aktenteilen zu verlangen.

8. Verhältnis zu anderen Akteneinsichtsrechten

8.1. Abgabenexekutionsordnung

8.1.1. Gewährung der Akteneinsicht

Gemäß § 25 AbgEO kann der Abgabenschuldner Einsicht in die das Vollstreckungsverfahren betreffenden Akten begehren. Im Gegensatz zu § 90 BAO in der Fassung vor dem AbgÄG 2022, BGBl. I Nr. 108/2022, war die Geltendmachung eines abgabenrechtlichen Interesses nie Voraussetzung für die Gewährung der Akteneinsicht.

Dritten Personen kann mit Zustimmung des Amtsvorstandes Akteneinsicht gewährt werden, wenn sie ein rechtliches Interesse an der Einsichtnahme glaubhaft machen. Ein solches Interesse wird unbeschadet der Einhaltung der Vorschriften über die Wahrung der abgabenrechtlichen Geheimhaltungspflicht insbesondere Personen zuzubilligen sein, die Widerspruch gegen eine Pfändung (§ 14 AbgEO) erhoben haben oder zu erheben beabsichtigen oder gemäß § 33 AbgEO ein besseres Pfandrecht an einer finanzbehördlich gepfändeten Sache behaupten. Die Einsichtnahme dieser Personen in die Akten hat sich unter Bedachtnahme auf § 48a BAO in der Regel auf das Pfändungsprotokoll zu beschränken. Die Höhe der Abgabenschuld, für die das Pfandrecht begründet wurde, darf Dritten im Hinblick auf § 48a BAO nicht bekannt gegeben werden.

8.1.2. Verweigerung der Akteneinsicht

Die Verweigerung der Akteneinsicht hat mit Bescheid zu erfolgen. Dieser Bescheid ist dem Abgabenschuldner gegenüber eine verfahrensleitende Verfügung, gegen die ein Rechtsmittel nur nach den Bestimmungen des § 244 zweiter Satz BAO zulässig ist. Bei Ansuchen dritter Personen ist ein Rechtsmittel in der Regel zulässig, wenn eine abschließende Sachentscheidung nicht zu erwarten ist, wie bei der Verweigerung der Akteneinsicht wegen fehlender Parteistellung des Antragstellers oder zwar der Partei gegenüber, aber außerhalb eines Verfahrens. In diesem Fall liegt ein selbständiger verfahrensrechtlicher Bescheid vor, der gesondert mit Beschwerde anfechtbar ist (siehe dazu VwGH 22.6.2001, 2000/13/0037).

8.2. Finanzstrafgesetz

Die Akteneinsicht im Finanzstrafverfahren dient der Sicherung eines fairen Verfahrens iSd Art. 6 Abs. 1 EMRK. Je nach Zuständigkeit sind im Finanzstrafverfahren unterschiedliche Regelungen zu beachten. Im gerichtlichen Finanzstrafverfahren gelten zusätzlich die Regelungen der Strafprozessordnung (StPO).

8.2.1. Verwaltungsbehördliches Finanzstrafverfahren

Die Akteneinsicht im verwaltungsbehördlichen Finanzstrafverfahren ist in § 79 FinStrG geregelt. Diese Vorschrift gilt sowohl für das ABB als auch für das ZAÖ, jeweils in ihrer Funktion als Finanzstrafbehörde. Akteneinsicht steht zum einen dem Beschuldigten und Verdächtigen, gegen den schon vor der Einleitung des Strafverfahrens eine Verfolgungshandlung gerichtet wurde, zu (§ 79 Abs. 1 FinStrG iVm § 75 FinStrG). Diese Personen können sich durch einen Verteidiger iSd § 48 Abs. 1 Z 5 StPO sowie einen Steuerberater vertreten lassen (§ 77 FinStrG). Zum anderen haben auch Nebenbeteiligte ein Recht auf Akteneinsicht (§ 79 FinStrG). Sie können sich hierbei durch voll handlungsfähige Personen (Bevollmächtigte) vertreten lassen. Im Verfahren vor dem Spruchsenat und dem BFG kommt auch dem Amtsbeauftragten das Recht auf Akteneinsicht zu (§ 125 Abs. 1 FinStrG und § 157 FinStrG).

Im Finanzstrafverfahren besteht das Erfordernis eines finanzstrafrechtlichen oder abgabenrechtlichen Interesses fort (§ 79 Abs. 1 FinStrG). Eine weitere Unterscheidung zur Akteneinsicht nach der BAO besteht in der Möglichkeit gemäß § 79 Abs. 3 FinStrG im Untersuchungsverfahren Aktenstücke vorläufig von der Einsichtnahme auszunehmen, wenn durch die Einsicht die Untersuchung erschwert werden könnte. In diesem Fall ist eine vollumfängliche Akteneinsicht allerdings jedenfalls noch vor Abschluss des Untersuchungsverfahrens zu gewähren.

Im verwaltungsbehördlichen Finanzstrafverfahren fallen keine Kosten bzw. Gebühren für die Akteneinsicht an, sie sind von Amts wegen zu tragen.

Die Ausführungen zum Recht auf Abschriftnahme unter Pkt. 7 gelten auch für das verwaltungsbehördliche Finanzstrafverfahren.

8.2.2. Gerichtliches Finanzstrafverfahren

Bei gerichtlicher Zuständigkeit richtet sich das Recht auf Akteneinsicht des Beschuldigten nach den §§ 51 ff StPO. Während des Ermittlungsverfahrens kann bis zu Erstattung des Abschlussberichts in die Akten der Finanzstrafbehörden sowie in die Akten der Staatsanwaltschaft Einsicht genommen werden. Nach Erstattung des Abschlussberichtes durch die Finanzstrafbehörde ist Akteneinsicht nur mehr durch die Staatsanwaltschaft zu gewähren. Ab Eingang der Anklageschrift bei Gericht ist für die Akteneinsicht ausschließlich das Gericht zuständig.

Auch im gerichtlichen Finanzstrafverfahren kann bis zum Abschluss des Ermittlungsverfahrens aus Gründen der Gefährdung der Ermittlungen die Akteneinsicht vorläufig verweigert werden (§ 51 Abs. 2 StPO). Zusätzlich können personenbezogene Daten oder andere Informationen, die Rückschlüsse auf Identität oder Lebensumstände einer gefährdeten Person zulassen, von der Akteneinsicht ausgenommen werden (§ 51 Abs. 2 StPO iVm § 162 StPO).

Im gerichtlichen Verfahren ist für die Anfertigung von Abschriften oder Kopien durch die Behörden ein Kostenersatz vorgesehen (§ 52 Abs. 1 StPO).

8.3. Zollrecht

In allen Angelegenheiten des grenzüberschreitenden Warenverkehrs gilt die BAO subsidiär zum Zollrecht im Sinne des § 1 Abs. 2 ZollR-DG. In Fällen, in denen Waren in das oder aus dem Zollgebiet der Union verbracht werden, kommen im Zuge der Wahrung des rechtlichen Gehörs Art. 22 Abs. 6 UZK (Verordnung (EU) Nr. 952/2013) in Verbindung mit Art. 8 Abs. 1 lit. c UZK-IA (Durchführungsverordnung (EU) Nr. 2015/2447) zur Anwendung (Hinweis auf das Recht auf Akteneinsicht nach § 90 BAO).

8.4. Strafrecht betreffend Landes- oder Gemeindeabgaben

Im Finanzstrafverfahren betreffend Landes- und Gemeindeabgaben gelten gemäß § 254 Abs. 1 FinStrG das Verwaltungsstrafgesetz 1991 (VStG) und die Reglung zur Selbstanzeige nach § 29 FinStrG. Die Akteneinsicht richtet sich aufgrund des Generalverweises des § 24 VStG nach § 17 AVG. Demnach können Parteien bei der zuständigen Verwaltungsstrafbehörde in die ihre Sache betreffenden Akten Einsicht nehmen. Aktenkopien und Ausdrucke sind nach § 17 AVG jedoch kostenpflichtig.

Ist zur Durchführung des Strafverfahrens eine Finanzstrafbehörde des Bundes zuständig, ist das Finanzstrafverfahren von dieser jedoch nach dem FinStrG durchzuführen (§ 254 Abs. 2 FinStrG) und die Akteneinsicht richtet sich nach dem FinStrG bzw. nach der StPO (siehe oben, Pkt. 8.2.).

9. Verhältnis zu Auskunftsrechten

9.1. Verhältnis zum Auskunftsrecht gemäß Art. 15 DSGVO

Gemäß Art. 15 der Datenschutz-Grundverordnung hat die betroffene Person das Recht auf Auskunft über sie betreffende personenbezogene Daten, die vom Verantwortlichen verarbeitet werden. Dementsprechend kann jede betroffene Person auch gegenüber der Abgabenbehörde das Recht auf Auskunft gemäß Art. 15 DSGVO geltend machen.

§ 48f Abs. 2 BAO regelt das Verhältnis zwischen dem Auskunftsrecht gemäß Art. 15 DSGVO und dem Recht auf Akteneinsicht gemäß § 90 BAO:

Soweit personenbezogene Daten in einem Akt enthalten sind, besteht für die betroffene Person das Recht auf Auskunft gemäß Art. 15 DSGVO ausschließlich nach Maßgabe der § 90 BAO und § 90a BAO. Für das Verfahren der Einsicht- oder Abschriftnahme (einschließlich deren Verweigerung) gelten die Regelungen der BAO. In personenbezogene Daten aus Akten(-teilen) kann die Partei daher nur im Wege der Akteneinsicht gemäß § 90 BAO bzw. der Datenabfrage gemäß § 90a BAO (elektronische Akteneinsicht über FinanzOnline) Einsicht nehmen.

9.2. Verhältnis zum Auskunftsrecht nach dem Auskunftspflichtgesetz

Die Auskunftspflicht gemäß § 1 Auskunftspflichtgesetz ist nicht dazu geeignet, eine Akteneinsicht durchzusetzen (siehe zB VwGH 19.9.1989, 88/14/0198). Dem liegt die Überlegung zugrunde, dass dann, wenn die Auskunft in der Weitergabe von Informationen über einen Akteninhalt besteht, die Auskunft in aller Regel nicht jene Detailliertheit an Informationen aufzuweisen hat, die bei der Einsicht in die Akten zu gewinnen wäre (siehe VwGH 13.9.1991, 90/18/0193 und VwGH 23.10.1995, 93/10/0009). Die Erteilung einer Auskunft in Form der Akteneinsicht ist jedoch gestattet.

12/7/5.

AÖF 1995/283

Anführung von Gesellschaftern (Mitgliedern) einer nach bürgerlichem Recht nicht rechtsfähigen Personenvereinigung (Personengemeinschaft) im Spruch von Umsatzsteuerbescheiden

(Erlass des BMF vom 30. Oktober 1995, Z 05 0201/1-IV/5/95)

Sind nach bürgerlichem Recht nicht rechtsfähige Personenvereinigungen (Personengemeinschaften), wie etwa GesBR und (schlichte) Miteigentumsgemeinschaften Abgabenschuldner (z.B. nach dem UStG), so sind deren Gesellschafter (Mitglieder) dem § 6 Abs. 2 BAO zufolge Gesamtschuldner der vom Gebilde geschuldeten Abgaben (z.B. VwGH 25.11.1994, 92/17/0030; 22.2.1995, 95/13/0031).

Gegen solche Gebilde ist wegen Fehlens der bürgerlichen Rechtsfähigkeit keine zwangsweise Einbringung möglich (z.B. 128 BlgNR 15. GP, 23). Dennoch sind (u.a. in Entsprechung der Entscheidungspflicht des § 311 Abs. 1 BAO über von ihnen eingereichte Abgabenerklärungen) an sie gerichtete Abgabenbescheide zu erlassen.

Werden solche Bescheide z.B. an A- und Mitges, B- und Mitbes., ARGE-X Brückenbau, Hausgemeinschaft 1010 Wien, C-Straße Nr. 1, oder an die Erben nach Y gerichtet, so stellen die Bescheide keine Leistungsgebote an die Gesellschafter (Mitglieder) dar (vgl. z.B. VwGH 9.12.1992, 91/13/ 0013; 18.12.1992, 89/17/0193).

Erweisen sich Maßnahmen der zwangsweisen Einbringung hinsichtlich derartiger Abgaben als nötig, so sind wirksame Leistungsgebote, nämlich an den (die) beteiligten Gesellschafter (Mitglieder) gerichtete Abgabenbescheide, zu erlassen. Im Spruch ist der Name des in Anspruch genommenen Gesamtschuldners zu nennen. Hiefür genügt nach der Rechtsprechung eine Anführung im „Adreßfeld“ („Bescheidkopf“, z.B. VwGH 21.5.1992, 90/17/0036; 18.3.1994, 93/17/0047).

Die Inanspruchnahme von Gesamtschuldnern liegt im Ermessen (z.B. VwGH 17.11.1993, 93/17/ 0084). Ob ein, einige oder alle Gesellschafter (Mitglieder) in Anspruch genommen werden, liegt ebenso im Ermessen, wie ob die Inanspruchnahme für den gesamten offenen Abgabenbetrag oder nur für Teile hievon erfolgt (vgl. z.B. Ritz, RdW 1995, 243).

Wird ein Gesamtschuldner nur für einen Teil der offenen Abgabenschuldigkeit in Anspruch genommen, so hat der Abgabenbescheid im Spruch sowohl (dem § 198 Abs. 2 erster Satz BAO zufolge) die Abgabenhöhe (Abgabenanspruch) zur Gänze als auch die Höhe des Teilbetrages auszuweisen.

Die Voraussetzungen für die Inanspruchnahme solcher Gesamtschuldner sind in der Bescheidbegründung (§ 93 Abs. 3 lit. a BAO) darzulegen (insbesondere Hinweis auf § 6 Abs. 2 BAO, auf die betreffenden offenen Abgabenschuldigkeiten, auf die fehlende Vollstreckungsmöglichkeit gegen die Personenvereinigung bzw. Personengemeinschaft). Weiters hat die Bescheidbegründung die für die Ermessensübung maßgebenden Überlegungen zu enthalten (vgl. z.B. VwGH 31.5.1995, 94/16/0278; 19.4.1995, 94/16/0193).

Bei den genannten Gesamtschuldverhältnissen die Abgabenbescheide von vornherein gemäß § 199 BAO einheitlich zu erlassen, wäre zulässig. Ein solcher einheitlicher Abgabenbescheid erfordert gemäß § 93 Abs. 2 BAO die namentliche Anführung der Gesamtschuldner im Spruch (ihre Nennung als Bescheidadressaten). Dies ist EDV-unterstützt nicht möglich, sodaß eine solche Vorgangsweise wohl nur ausnahmsweise zweckmäßig sein dürfte.

Abgesehen von Fällen der Gesamtrechtsnachfolge können Abgabenbescheide nur gegen im Bescheid genannte Bescheidadressaten Wirkungen entfalten. Bei Leistungsgeboten (z.B. Abgabenbescheiden) ist somit die Nennung des (der) zur Leistung verpflichteten Schuldner(s) u.a. für die zwangsweise Einbringung der betreffenden Abgabenschuldigkeiten unabdingbar.

12/7/6.

AÖF 1982/101

Beachtung des Redaktionsgeheimnisses (§ 31 Mediengesetz) im Abgabenverfahren und im Finanzstrafverfahren

(Erlass des BMF vom 18. Feber 1982, Z 05 1801/3-IV/5/81)

Am 12. Juni 1981 hat der Nationalrat ein Bundesgesetz über die Presse und andere publizistische Medien (Mediengesetz, BGBl. Nr. 314) beschlossen.

Dieses Gesetz enthält im § 31 folgende Bestimmungen zum Schutze des Redaktionsgeheimnisses:

„Abs. 1: Medieninhaber (Verleger), Herausgeber, Medienmitarbeiter und Arbeitnehmer eines Medienunternehmens oder Mediendienstes haben das Recht, in einem Verfahren vor Gericht oder einer Verwaltungsbehörde als Zeugen die Beantwortung von Fragen zu verweigern, die die Person des Verfassers, Einsenders oder Gewährsmannes von Beiträgen und Unterlagen oder die ihnen im Hinblick auf ihre Tätigkeit gemachten Mitteilungen betreffen.

Abs. 2: Das im Abs. 1 angeführte Recht darf nicht umgangen werden, insbesondere dadurch, daß dem Berechtigten die Herausgabe von Schriftstücken, Druckwerken, Bild- oder Tonträgern oder Datenträgern, Abbildungen und anderen Darstellungen mit solchem Inhalt aufgetragen wird oder diese beschlagnahmt werden.

Abs. 3: Die Überwachung des Fernmeldeverkehrs von Anlagen eines Medienunternehmens nach § 149 a Abs. 1 Z 2 StPO ist überdies nur zulässig, wenn sich das Strafverfahren auf eine strafbare Handlung bezieht, die mit lebenslanger Freiheitsstrafe oder mit einer zeitlichen Freiheitsstrafe, deren Untergrenze nicht weniger als fünf Jahre und deren Obergrenze mehr als zehn Jahre beträgt, bedroht ist."

§ 31 Mediengesetz tritt am 1. Jänner 1982 in Kraft und ist daher ab diesem Zeitpunkt bei abgabenbehördlichen Amtshandlungen zu beachten.

§ 1 Abs. 1 des Mediengesetzes enthält Begriffsbestimmungen. Danach ist unter einem **Medium** jedes Mittel zur Verbreitung von Mitteilungen oder Darbietungen mit gedanklichem Inhalt in Wort, Schrift, Ton oder Bild an einen größeren Personenkreis im Wege der Massenherstellung oder der Massenverbreitung zu verstehen.

Unter **Medienunternehmen** ist ein Unternehmen, in dem die inhaltliche Gestaltung des Mediums besorgt wird und seine Herstellung und Verbreitung besorgt oder veranlaßt werden, zu verstehen; hierunter fallen Rundfunk- und Fernsehunternehmer, Verlage, Druckereien, Zeitungsbetriebe und ähnliches.

Ein **Mediendienst** ist ein Unternehmen, das Medienunternehmen wiederkehrend mit Beiträgen in Wort, Schrift, Ton oder Bild versorgt (also Nachrichten- und Bildagenturen, Zeitungskorrespondenzen und ähnliches).

Als **Medienmitarbeiter** ist jeder zu verstehen, der in einem Medienunternehmen oder Mediendienst an der inhaltlichen Gestaltung eines Mediums oder der Mitteilungen des Mediendienstes journalistisch mitwirkt, sofern er als Angestellter des Medienunternehmens oder Mediendienstes oder als freier Mitarbeiter diese journalistische Tätigkeit ständig und nicht bloß als wirtschaftlich unbedeutende Nebenbeschäftigung ausübt. Kein Medienmitarbeiter ist daher z.B. jemand, der Leserbriefe verfaßt, oder jemand, der in einem Fernsehinterview befragt wird.

Die in Abs. 1 des § 31 Mediengesetz normierte **Befreiung von der Zeugnispflicht** ist zwar keine der im § 171 Abs. 1 lit. c BAO gesetzlich anerkannten Pflichten zur Verschwiegenheit; sie ist jedoch als speziellere (und spätere) Bestimmung bei Durchführung abgabenbehördlicher Beweisverfahren zu beachten. Daher dürfen **Auskunftspersonen** [§ 143 BAO, auch in eigenen Abgabenangelegenheiten] und **Zeugen** (§ 169 BAO) die Beantwortung von Fragen verweigern, die die Person des Verfassers, Einsenders oder Gewährsmannes von Beiträgen und Unterlagen oder die ihnen im Hinblick auf ihre Tätigkeit gemachten Mitteilungen betreffen.

§ 31 Abs. 2 Mediengesetz verbietet Umgehungen; diese Bestimmung stellt eine speziellere Norm z.B. zu § 143 Abs. 2 BAO und zu § 172 BAO dar. Daher darf die Abgabenbehörde die Herausgabe von Schriftstücken, Druckwerken, Bild- oder Tonträgern oder Datenträgern, Abbildungen und anderen Darstellungen mit solchem Inhalt nicht verlangen; derartige Gegenstände dürfen auch nicht beschlagnahmt werden.

Die Befreiung von der Zeugnispflicht gilt auch bei der Vernehmung von Auskunftspersonen und Zeugen im Finanzstrafverfahren [§§ 99 und 102 FinStrG]. Besonders zu beachten ist auch hier das Umgehungsverbot des § 31 Abs. 2 Mediengesetz; die darin angeführten Gegenstände dürfen weder nach § 89 FinStrG beschlagnahmt werden, noch darf zur Auffindung solcher Gegenstände eine Hausdurchsuchung durchgeführt werden. Allerdings gilt dieses Umgehungsverbot nur in Fällen der Inanspruchnahme der in § 31 Abs. 1 Mediengesetz genannten Personen als Zeugen bzw. Auskunftspersonen; sind diese Personen hingegen Beschuldigte eines Finanzstrafverfahrens und unzweifelhaft Träger der ausschließlichen Gewahrsame der in § 31 Abs. 2 Mediengesetz genannten Gegenstände, kann notfalls auch mit Beschlagnahme und Hausdurchsuchung vorgegangen werden. Die Überwachung des Fernmeldeverkehrs eines Medienunternehmens kommt bei Finanzvergehen nie in Betracht.

12/7/7.

AÖF 2010/36

Richtlinien zur Feststellung von Einkünften (§ 188 BAO)

(Erlass des BMF vom 7. Dezember 2009, BMF-010103/0177-VI/2009)

Anwendungsbereich, Spruch des Feststellungsbescheides, Nichtfeststellungsbescheide, Vertretung der Personenvereinigung, Bescheidadressierung, Zustellfiktionen, Vorgangsweise nach Beendigung der Personenvereinigung, Parteirechte der Gesellschafter (Mitglieder), Verjährung, Zuständigkeit

Gliederung:

1. Anwendungsbereich des § 188 BAO

Die Feststellung von Einkünften setzt (nach § 188 Abs. 1 BAO) voraus, dass mehrere Personen beteiligt sind an Einkünften aus

- Land- und Forstwirtschaft,
- Gewerbebetrieb,
- selbständiger Arbeit,
- Vermietung und Verpachtung unbeweglichen Vermögens.

Ob eine solche Einkunftsart vorliegt, richtet sich nach dem EStG 1988.

Beteiligte im Sinn des § 188 Abs. 1 BAO bzw. Teilhaber im Sinn des § 188 Abs. 3 BAO sind nicht nur natürliche oder juristische Personen. Auch Personenvereinigungen (Personengemeinschaften) ohne eigene Rechtspersönlichkeit können solche Beteiligte bzw. Teilhaber sein.

Mehrere Beteiligte liegen beispielsweise vor bei einer OG, KG, GesBR, Miteigentumsgemeinschaft, unechten (atypischen) stillen Gesellschaft.

Zum Begriff der Mitunternehmerschaft siehe zB EStR 2000 Rz 5802 – Rz 5830 und VwGH 27.02.2008, 2005/13/0050. Zur Miteigentumsgemeinschaft siehe zB EStR 2000 Rz 6526 – Rz 6534.

Die Feststellung von Einkünften setzt voraus, dass die Beteiligten **dieselbe Einkunftsart** erzielen (zB VwGH 26.07.2007, 2004/15/0123). Daher dürfen in die Feststellung von Einkünften aus Vermietung und Verpachtung nicht Einkunftsanteile einbezogen werden, deren Quelle zum Betriebsvermögen der Beteiligten gehören (zB VwGH 20.05.1987, 86/13/0068). Siehe auch EStR 2000 Rz 6023 und Rz 6024.

Über die Einkünfte aus der Vermietung einer Liegenschaft sind zwei Feststellungsbescheide zu erlassen, wenn daraus einige Beteiligte Einkünfte aus Vermietung und Verpachtung erzielen, andere Beteiligte jedoch Einkünfte aus Gewerbebetrieb (vgl. EStR 2000 Rz 6024).

Die Erlassung von Feststellungsbescheiden nach § 188 BAO steht nicht im Ermessen der Abgabenbehörde (VwGH 03.09.2008, 2006/13/0167).

2. Nichtanwendbarkeit des § 188 BAO

Nach § 188 Abs. 4 BAO hat die Feststellung zu unterbleiben

- für Einkünfte aus Land- und Forstwirtschaft, wenn das unbewegliche Vermögen nicht im Inland gelegen ist,
- für Einkünfte aus Gewerbebetrieb, wenn die Personenvereinigung (Personengemeinschaft) ohne eigene Rechtspersönlichkeit weder ihre Geschäftsleitung noch ihren Sitz noch eine Betriebsstätte im Inland hat,
- für Einkünfte aus selbständiger Arbeit, wenn die Personenvereinigung (Personengemeinschaft) ohne eigene Rechtspersönlichkeit weder ihre Geschäftsleitung noch ihren Sitz noch eine Betriebsstätte im Inland hat,
- für Einkünfte aus Vermietung und Verpachtung, wenn das unbewegliche Vermögen nicht im Inland gelegen ist,
- für Einkünfte aus Vermietung und Verpachtung, wenn hinsichtlich aller Grundstücksanteile Wohnungseigentum besteht, sofern die Feststellung nur allgemeine Teile der Liegenschaft (§ 2 Abs. 4 WEG 2002) betreffen würde.

Ob **Wohnungseigentum** besteht, richtet sich nach dem Wohnungseigentumsgesetz (vgl. zB VwGH 21.09.1983, 82/13/0212).

Allgemeine Teile der Liegenschaft sind solche, die der allgemeinen Benützung dienen oder deren Zweckwidmung einer ausschließlichen Benützung entgegensteht (§ 2 Abs. 4 WEG 2002).

Notwendig allgemeine Teile sind solche, bei denen Kraft ihrer faktischen Beschaffenheit die Möglichkeit ausschließlicher Benützung durch einen Wohnungseigentümer nicht gegeben ist. Hiezu gehören ua. Stiegenhäuser, Hausfassade, Aufzug für mehrere Eigentumswohnungen.

Als gewidmete allgemeine Teile kommen beispielsweise Dienstwohnungen (für Hausbesorger), Autoabstellplätze, Garten, Abstellräume, Saunaanlagen und Schwimmhallen in Betracht.

Nach § 188 BAO festzustellen sind aus der Vermietung von Eigentumswohnungen gemeinschaftlich erzielte Einkünfte („Mietenpool"); dies gilt erstmals für das Jahr 2008 betreffende Feststellungen (nach § 323 Abs. 23 erster Satz BAO). In solchen Feststellungen sind auch Einkünfte aus der Vermietung allgemeiner Teile einzubeziehen.

§ 188 Abs. 1 BAO ist ferner nicht anzuwenden bei nach bürgerlichem Recht nicht rechtsfähigen Personenvereinigungen (Personengemeinschaften) ohne eigene Rechtspersönlichkeit, wenn ihr alleiniger Zweck sich auf die Erfüllung eines einzigen Werkvertrages oder Werklieferungsvertrages beschränkt (§ 188 Abs. 4 lit. d BAO).

3. Steuererklärung

Sind Einkünfte gemäß § 188 BAO festzustellen, so besteht nach § 43 Abs. 1 EStG 1988 die Verpflichtung, eine Steuererklärung zur Feststellung der Einkünfte der einzelnen Beteiligten abzugeben.

Die hiefür maßgebende Frist ist in § 134 Abs. 1 BAO geregelt. Danach sind solche Abgabenerklärungen bis zum Ende des Monates April jedes Folgejahres einzureichen. Sie sind bis Ende des Monates Juni einzureichen, wenn die Übermittlung elektronisch erfolgt.

Die Abgabenbehörde kann diese **Frist** im Einzelfall auf begründeten Antrag **verlängern**. Die Verlängerung der Frist liegt im Ermessen (§ 20 BAO) der Abgabenbehörde.

Wird einem Fristverlängerungsantrag nicht stattgegeben, so ist eine Nachfrist von mindestens einer Woche zu setzen (nach § 134 Abs. 2 BAO). Die Nachfrist ist eine behördliche Frist; sie ist daher verlängerbar (§ 110 Abs. 2 erster Satz BAO zufolge).

Die Abgabenbehörden sind verpflichtet, über Anbringen (§ 85 BAO) der Parteien ohne unnötigen Aufschub zu entscheiden (§ 311 Abs. 1 BAO zufolge). Dies gilt auch für Steuererklärungen (im Sinn des § 43 EStG 1988). Über solche Anbringen ist somit stets mit Bescheid (Feststellungsbescheid oder „Nichtfeststellungsbescheid") abzusprechen. Zum Nichtfeststellungsbescheid siehe Abschnitt 5.

Zu den Abgabenerklärungen im Sinn des § 293b BAO gehören auch als Steuererklärung bezeichnete Anbringen. Daher ist § 293b BAO gegebenenfalls auch bei Übernahme offensichtlicher Unrichtigkeiten aus Steuererklärungen (§ 43 EStG 1988) anwendbar.

4. Inhalt des Feststellungsbescheides

4.1. Stets erforderlicher Inhalt des Bescheidspruches

Abgesehen vom Bescheidadressaten (siehe Abschnitt 6) hat der Spruch des Feststellungsbescheides jedenfalls zu enthalten:

- Art der Einkünfte,
- Höhe der gemeinschaftlichen Einkünfte,
- Feststellungszeitraum sowie
- Name der Beteiligten und Höhe ihrer Anteile.

Bereits im Feststellungsverfahren sind zu berücksichtigen allfällige

- Sondereinnahmen (zB VwGH 20.04.1993, 93/14/0001; VwGH 19.03.2002, 99/14/0134), wie beispielsweise Vergütungen nach § 23 Z 2 EStG 1988 (VwGH 05.10.1993, 93/14/0039),
- Sonderbetriebsausgaben (zB VwGH 19.03. 2002, 99/14/0134); dies gilt auch für die in Form einer fiktiven Betriebsausgabe konstruierte Eigenkapitalzuwachsverzinsung des § 11 EStG 1988 (VwGH 01.06.2006, 2006/15/0021; VwGH 20.02.2008, 2008/15/0019),
- Sonderwerbungskosten (zB VwGH 20.02.2008, 2008/15/0019).

Werden solche Beträge im Feststellungsbescheid nicht erfasst, so können sie in abgeleiteten Bescheiden nicht berücksichtigt werden (zB VwGH 10.09.1998, 96/15/0198; VwGH 05.06.2003, 99/15/0150; VwGH 01.06.2006, 2006/15/0021).

Im Rahmen der Gewinnfeststellung sind auch die mit der Aufgabe von Beteiligungen an einer Personengesellschaft zusammenhängende Erfolge (Veräußerungsgewinn, Veräußerungsverlust) zu erfassen (VwGH 28.11.2007, 2005/15/0134).

Die Gewinnfeststellung hat für den einzelnen Gewinnermittlungszeitraum, also das einzelne Wirtschaftsjahr, zu erfolgen. Die Feststellung der Summe der Gewinne mehrerer Wirtschaftsjahre entspricht nicht dem Gesetz (VwGH 18.11.2008, 2006/15/0341).

4.2. Weitere Spruchbestandteile

Im Spruch des Bescheides über die Feststellung von Einkünften ist weiters (gegebenenfalls) darüber abzusprechen,

- ob Verlustanteile (im Sinn des § 18 Abs. 6 und 7 EStG 1988) vortragsfähig sind (VwGH 15.12.1994, 92/15/0030; VwGH 18.10.2005, 2004/14/0154),
- ob Verlustanteile (zB nach § 2 Abs. 2a EStG 1988) ausgleichsfähig sind (vgl. zB VwGH 19.05.1993, 91/13/0113; VwGH 20.11.1996, 94/15/0091), ebenso über die Verwendung von „Wartetastenverlusten“ (zB VwGH 17.10.1991, 88/13/0240; VwGH 19.05.1993, 91/13/0113; VwGH 25.02. 1998, 98/14/0020),
- ob Einkunftsanteile begünstigten Steuersätzen (zB gemäß § 37 EStG 1988) unterliegen (VwGH 15.12.1994, 92/15/0030; VwGH 28.02.1995, 95/14/0021; VwGH 15.12.1994, 92/15/0030).

Siehe auch EStR 2000 Rz 5899.

Unterbleibt ein derartiger Abspruch im Feststellungsbescheid, so ist über die betreffenden Umstände in den abgeleiteten Bescheiden abzusprechen (vgl. zB VwGH 18.10.2005, 2004/14/0154).

4.3. Vorläufigkeit

Liegt eine **Ungewissheit** im Sinn des § 200 Abs. 1 BAO vor, so kann auch ein Feststellungsbescheid (§ 188 BAO) vorläufig erlassen werden. Dies ergibt sich aus § 190 Abs. 1 erster Satz BAO, wonach auf Feststellungen gemäß §§ 185 bis 189 BAO die für die Festsetzung der Abgaben geltenden Vorschriften sinngemäß Anwendung finden.

Die vorläufige Bescheiderlassung setzt eine zeitlich bedingte Ungewissheit im Tatsachenbereich voraus (zB VwGH 29.07.1997, 95/14/0117).

§ 200 Abs. 1 BAO ist nicht dazu bestimmt, der Abgabenbehörde vorerst die Ermittlung der für die Bescheiderlassung maßgeblichen Tatsachen und rechtlichen Verhältnisse zu ersparen und sich vorbehaltlich der späteren Durchführung eines ordnungsgemäßen Ermittlungsverfahrens sogleich die Abgabeneinnahmen zu verschaffen (VwGH 17.12.1992, 91/16/0137).

Vorläufige Bescheide haben in ihrer **Begründung** (§ 93 Abs. 3 lit. a BAO) anzugeben, welche Ungewissheit für die Vorläufigkeit maßgebend war.

4.4. Feststellungsbescheide nach § 188 Abs. 5 BAO

Werden in einem Dokument, das Form und Inhalt eines Feststellungsbescheides hat, gemeinschaftliche Einkünfte auch Personen oder Personenvereinigungen (Personengemeinschaften) ohne eigene Rechtspersönlichkeit zugerechnet, die nicht mehr rechtlich existent sind (insbesondere infolge Todes, Beendigung der Gesellschaft, Gesamtrechtsnachfolge) oder die nicht mehr handlungsfähig sind (zB infolge Sachwalterbestellung), so gilt dies als Feststellung (Abs. 1) und steht der Wirksamkeit als Feststellungsbescheid nicht entgegen. Ein solcher Bescheid wirkt lediglich gegenüber den übrigen, denen Einkünfte zugerechnet werden (§ 188 Abs. 5 BAO).

Zu dieser Ausnahme vom Grundsatz, dass Feststellungsbescheide einheitlich wirken, siehe auch § 191 Abs. 5 BAO und § 290 Abs. 3 BAO.

5. „Nichtfeststellungsbescheide“

5.1. Gänzliche Nichtanerkennung als gemeinsame Einkunftsquelle

Hat keine Feststellung von Einkünften zu erfolgen, etwa weil sie nach § 188 Abs. 4 BAO (siehe Abschnitt 2.) zu unterbleiben hat oder weil keine gemeinschaftlich erzielten Einkünfte (zB keine Mitunternehmerschaft, nur Einkünfte aus Kapitalvermögen) vorliegen, so ist über eine Steuererklärung (§ 43 EStG 1988) in Entsprechung der diesbezüglichen Entscheidungspflicht (§ 311 Abs. 1 BAO) mit „Nichtfeststellungsbescheid" abzusprechen.

Der Spruch solcher Bescheide enthält die Aussage, dass eine Feststellung der Einkünfte zu unterbleiben hat.

Derartige Bescheide haben (ebenso wie Feststellungsbescheide gemäß § 188 BAO) die Beteiligten (jene Personen, die in der Feststellungserklärung als Einkünftebezieher bezeichnet werden) namentlich zu nennen; ansonsten würden solche Bescheide keine Verbindlichkeit für die abgeleiteten Abgabenverfahren entfalten.

§ 190 Abs. 1 zweiter Satz BAO zufolge sind die für Feststellungen gemäß § 188 BAO geltenden Vorschriften sinngemäß für Bescheide anzuwenden, mit denen ausgesprochen wird, dass solche Feststellungen zu unterbleiben haben.

Dies betrifft insbesondere folgende Vorschriften:

- § 54 BAO bzw. (ab 1. Juli 2010) §§ 13 Abs. 1 Z 1, 21 Abs. 2 Z 4 und 22 Abs. 2 Z 1 AVOG 2010 (Zuständigkeit),
- § 191 Abs. 1 lit. c BAO (Ergehen von Feststellungsbescheiden),
- § 191 Abs. 2 BAO (Ergehen nach Beendigung der Personenvereinigung),
- § 191 Abs. 3 lit. b BAO (Wirkung von Feststellungsbescheiden),
- § 101 Abs. 3 BAO (Zustellfiktion),
- § 101 Abs. 4 BAO (Zustellfiktion, Teilwirksamkeit),
- § 200 BAO (Vorläufigkeit),
- § 246 Abs. 2 BAO (Berufungsbefugnis),
- § 290 Abs. 3 BAO (einheitliche Entscheidung im Berufungsverfahren).

5.2. Teilweise Nichtanerkennung

Bei teilweiser Nichtanerkennung einer Mitunternehmerschaft (zB bei einer atypischen stillen Gesellschaft erfolgt abweichend von der Feststellungserklärung die Einkünftezurechnung nicht an alle dort genannten stillen Gesellschafter) oder einer Beteiligung mehrer Personen an Einkünften aus Vermietung und Verpachtung ist wie folgt vorzugehen (im Folgenden wird lediglich terminologisch auf die stille Gesellschaft abgestellt; die Vorgangsweise gilt aber auch in anderen Fällen, in denen nicht alle in der Feststellungserklärung ausgewiesenen Teilhaber als Einkünftebezieher anerkannt werden):

Es ist ein auf § 92 Abs. 1 lit. b BAO (Feststellung abgabenrechtlich bedeutsamer Tatsachen) gestützter **Feststellungsbescheid** zu erlassen. Inhalt des Bescheides ist die Feststellung, dass der Anteil (zB Verlust) des betreffenden Gesellschafters am Ergebnis der Gesellschaft nicht in die Feststellung der Einkünfte der Gesellschaft einzubeziehen ist.

Der Feststellungsbescheid hat an die Gesellschaft und an den betreffenden Gesellschafter zu ergehen. Er ist an beide (einheitlich) zu adressieren und beiden zuzustellen.

Dieser Feststellungsbescheid ist bindend (grundlagenbescheidähnlicher Bescheid) für

- die Feststellung der Einkünfte der Gesellschaft (die Feststellung umfasst nur die Einkünfte jener Gesellschafter, denen Einkünfte zugerechnet werden) bzw.
- den Nichtfeststellungsbescheid, somit für den Bescheid, wonach eine Feststellung der Einkünfte der Gesellschaft zu unterbleiben hat (dies gilt für den Fall, dass die Feststellung zu unterbleiben hat, weil nur einem der Gesellschafter die Einkünfte zuzurechnen sind), sowie für
- die abgeleiteten Bescheide (zB Einkommensteuer, Körperschaftsteuer) der betreffenden Gesellschafter.

Siehe auch Abschnitt 31.1 der Richtlinien zur Liebhabereibeurteilung (LRL 1997), AÖF Nr. 47/1998.

6. Bescheidadressierung

6.1. Offene Gesellschaft (OG) und Kommanditgesellschaft (KG)

6.1.1. Allgemeines

Bescheide sind bei im Firmenbuch eingetragenen Gesellschaften (OG oder KG) an die Gesellschaft zu richten. Sie sind mit der Firma zu bezeichnen.

Solche Gesellschaften verlieren ihre Parteifähigkeit erst mit ihrer Beendigung.

Ihre Auflösung und Löschung im Firmenbuch beeinträchtigt nach Ansicht des VwGH (zB VwGH 29.03.2006, 2001/14/0091) ihre Parteifähigkeit solange nicht, als ihre Rechtsverhältnisse zu Dritten – dazu zählen auch die Abgabengläubiger – noch nicht abgewickelt sind (zB noch nicht abgeschlossenes Feststellungsverfahren nach § 188 BAO; zB VwGH 17.11.2004, 2000/14/0142).

§ 19 Abs. 2 BAO (Rechtsfolgen der Beendigung von Personenvereinigungen) ist daher im Allgemeinen für derartige Gesellschaften nicht anwendbar.

6.1.2. Geschäftsübernahme nach § 142 UGB

Die Geschäftsübernahme gemäß § 142 UGB bewirkt die Vollbeendigung der Personengesellschaft, deren Geschäft durch den übernehmenden Gesellschafter ohne Liquidation fortgeführt wird (zB VwGH 21.09.2005, 2005/13/0117). Verbleibt nur noch ein Gesellschafter, so erlischt die Gesellschaft ohne Liquidation. Das Gesellschaftsvermögen geht im Weg der Gesamtrechtsnachfolge auf diesen über (§ 142 Abs. 1 UGB). Feststellungsbescheide (§ 188 BAO) sind wegen der ausdrücklichen und speziellen Anordnung des § 191 Abs. 2 BAO an die ehemals Beteiligten zu richten (zB VwGH 21.09.2005, 2005/13/0117; VwGH 25.01.2006, 2005/13/0174).

Beispiel:

„An A, B und C als ehemalige Gesellschafter der X-KG".

6.2. GesBR

Bei einer GesBR kommt als Adressierung insbesondere die Nennung aller Gesellschafter (zB „An A, B und C") in Betracht. Der Zusatz „GesBR" erscheint zweckmäßig, somit beispielsweise: „An A, B und C (GesBR)".

Für Feststellungsbescheide (§ 188 BAO) genügt (bei einer GesBR) die Adressierung „An A und Mitges", wenn die Beteiligten (im Spruch des Bescheides) namentlich (bei der Aufteilung der Einkünfte) genannt sind.

Zur Beendigung der GesBR siehe Abschnitt 10.

6.3. Unechte (atypische) stille Gesellschaft

Die Adressierung der Feststellungsbescheide hat an die beiden (bzw. an die) Gesellschafter, somit an den Inhaber des Unternehmens sowie an den (bzw. an die) stillen Gesellschafter zu erfolgen.

An Stelle der namentlichen Nennung der stillen Gesellschafter im Adressfeld käme auch ein Hinweis (im Adressfeld) auf ihre Nennung in einer Beilage des Feststellungsbescheides oder auf ihre namentliche Bezeichnung im Spruchteil über die Aufteilung der Einkünfte in Betracht.

Zur unechten stillen Gesellschaft siehe ergänzend Abschnitt 6 und 8 der Zweifelsfragen zur Bundesabgabenordnung (Salzburger Steuerdialoge 2006, AÖF Nr. 281/2006).

6.4. Miteigentümergemeinschaft

Als Adressierung des Feststellungsbescheides kommen etwa in Betracht

- „An die Gemeinschaft der Miteigentümer der Liegenschaft …" (wenn die Miteigentümer im Spruch namentlich genannt sind),
- „An A, B und C" (wenn die Liegenschaft im Bescheid bezeichnet ist),
- „An A und Mitbes der Liegenschaft …" (wenn die Mitbesitzer im Bescheidspruch namentlich genannt sind).

Die Adressierung: „An A und Mitbes" könnte nur dann ausreichend sein, wenn die Miteigentümer im Bescheidspruch namentlich genannt sind und wenn die betreffende Liegenschaft im Bescheid bezeichnet ist (die Angabe der Steuernummer würde hiefür nicht reichen).

An Stelle der namentlichen Nennung der Miteigentümer im Adressfeld käme auch ein derartiger Hinweis auf die Aufzählung in einer Beilage oder auf die Bezeichnung der Einkünftebezieher (bei der Aufteilung der Einkünfte aus Vermietung und Verpachtung) in Betracht.

6.5. Unterbeteiligung

Ist der Unterbeteiligte nicht in die Feststellung der Einkünfte der Gesellschaft einzubeziehen (siehe hiezu zB EStR 2000 Rz 5826), so ist der vom Feststellungsbescheid der Gesellschaft abgeleitete Feststellungsbescheid an den Gesellschafter und an den (bzw. an die) Unterbeteiligten zu richten.

6.6. Erbengemeinschaft

Die Erben sind namentlich zu nennen. Die Adressierung: „An die Erben nach …", ohne sie namentlich zu nennen, genügt nicht (vgl. zB VwGH 25.02.2005, 2001/15/0160).

7. Wirkung (§ 191 BAO)

7.1. Zu § 191 Abs. 3 BAO

Nach § 191 Abs. 3 lit. b BAO wirken Bescheide über die Feststellung der Einkünfte gegen alle, denen Einkünfte zugerechnet werden.

Wirksam werden solche Bescheide gegenüber diesen Personen jedoch nur dann, wenn sie ihnen auch zugestellt sind oder als zugestellt gelten (vgl. zB VwGH 21.04.2005, 2003/15/0022). Zu den Zustellfiktionen siehe Abschnitt 8.

7.2. Zu § 191 Abs. 5 BAO

Werden in einem Schriftstück, das Form und Inhalt eines Feststellungsbescheides (§ 188 BAO) hat, gemeinschaftliche Einkünfte auch Personen oder Personenvereinigungen (Personengemeinschaften) ohne eigene Rechtspersönlichkeit zugerechnet, die nicht mehr rechtlich existent sind (insbesondere infolge Todes, Beendigung der Gesellschaft, Gesamtrechtsnachfolge) oder die nicht mehr handlungsfähig sind (zB infolge Sachwalterbestellung), so steht dies der Wirksamkeit als Feststellungsbescheid nicht entgegen. Ein solcher Bescheid wirkt lediglich gegenüber den übrigen, denen Einkünfte zugerechnet werden (§ 191 Abs. 5 BAO).

§ 191 Abs. 5 BAO gilt auch für Bescheide, mit denen ausgesprochen wird, dass eine auf § 188 BAO gestützte Feststellung zu unterbleiben hat („Nichtfeststellungsbescheide"; siehe Abschnitt 5.). Dies ergibt sich aus § 190 Abs. 1 zweiter Satz BAO, wonach die für die Feststellungen geltenden Vorschriften sinngemäß für Bescheide anzuwenden sind, mit denen ausgesprochen wird, dass solche Feststellungen zu unterbleiben haben.

§ 191 Abs. 5 BAO gilt unabhängig davon, ob der Feststellungsbescheid ergehen soll

- an die Personenvereinigung (Personengemeinschaft) ohne eigene Rechtspersönlichkeit, deren Gesellschaftern (Mitgliedern) gemeinschaftliche Einkünfte zugeflossen sind (§ 191 Abs. 1 lit. c BAO), oder
- nach Beendigung der Personenvereinigung (§ 19 Abs. 2 BAO) an diejenigen, denen gemeinschaftliche Einkünfte zugeflossen sind (§ 191 Abs. 2 BAO).

§ 191 Abs. 5 BAO verhindert die Nichtigkeit eines als Feststellungsbescheid beabsichtigten Schriftstückes und normiert die Wirksamkeit als Feststellungsbescheid gegenüber den dort genannten Einkünftebeziehern; dies abgesehen von jenen Personen (Personenvereinigungen, Personengemeinschaften), die im Zeitpunkt der Zustellung nicht mehr rechtlich existent oder nicht mehr handlungsfähig sind.

Über die Zurechnung der Einkünfteanteile jener, denen gegenüber der Feststellungsbescheid nicht wirkt, ist im Abgabenverfahren bzw. im Feststellungsverfahren des Betreffenden abzusprechen.

7.3. Zu § 290 Abs. 3 BAO

§ 290 Abs. 3 BAO regelt eine Ausnahme vom Grundsatz des § 290 Abs. 1 BAO (siehe Abschnitt 11.2.2.). Sie entspricht inhaltlich dem § 188 Abs. 5 BAO (siehe Abschnitt 4.4.).

8. Zustellfiktionen (§ 101 BAO)

8.1. § 101 Abs. 3 BAO

Schriftliche Ausfertigungen, die in einem Feststellungsverfahren an eine Personenvereinigung (Personengemeinschaft) ohne eigene Rechtspersönlichkeit ergehen, sind einer nach § 81 BAO vertretungsbefugten Person zuzustellen. Mit der Zustellung einer einzigen Ausfertigung an diese Person gilt die Zustellung an alle Mitglieder der Personenvereinigung oder Personengemeinschaft als vollzogen, wenn auf diese Rechtsfolge hingewiesen wird (§ 101 Abs. 3 BAO).

Fehlt der Hinweis nach § 101 Abs. 3 zweiter Satz BAO, so wird der Bescheid nach ständiger Judikatur (zB VwGH 02.07.2002, 98/14/0223; VwGH 20.10.2004, 2000/14/0114; VwGH 28.01.2005, 2001/15/0092) überhaupt nicht wirksam. Siehe jedoch letzter Absatz dieses Abschnittes (Zustellung je einer Ausfertigung an jeden Gesellschafter).

Zur Rechtswidrigkeit auf § 295 Abs. 1 BAO gestützter Bescheide mangels Wirksamkeit des Grundlagenbescheides siehe Abschnitt 1.1 der Richtlinien zur Änderung gemäß § 295 BAO, Erlass des BMF vom 30.01.2007, BMF-010103/0004-VI/2007, AÖF Nr. 82/2007.

Zu § 81 BAO (Vertretung) siehe Abschnitt 9.

Es ist zweckmäßig, die nach § 81 BAO vertretungsbefugte Person als Empfänger (im Sinn des § 2 Z 1 ZustG) zu bezeichnen.

Ob eine Abgabenbehörde von der Zustellfiktion des § 101 Abs. 3 BAO Gebrauch macht, liegt im **Ermessen**. Bei der Ermessensübung sind nach § 20 BAO nicht nur Zweckmäßigkeitsüberlegungen zu berücksichtigen, sondern auch berechtigte Interessen der Parteien („Billigkeit" im Sinn des § 20 BAO).

Daher ist von der Zustellfiktion beispielsweise kein Gebrauch zu machen, wenn der Abgabenbehörde bekannt ist, dass Gesellschafter gegeneinander prozessieren und deshalb um gesonderte Zustellung der Feststellungsbescheide ersuchen. In diesem Fall ist der Feststellungsbescheid jedem Gesellschafter zuzustellen (und der Hinweis im Sinn des zweiten Satzes des § 101 Abs. 3 BAO im Bescheid zu unterlassen) bzw. jedenfalls dem Gesellschafter, der eine solche Zustellung begehrt, der Bescheid gesondert zuzustellen (und der Hinweis auf die Zustellfiktion entsprechend einzuschränken).

8.2. § 101 Abs. 4 BAO

Schriftliche Ausfertigungen, die in einem Feststellungsverfahren (§ 188 BAO) **nach Beendigung** einer Personenvereinigung (Personengemeinschaft) ohne eigene Rechtspersönlichkeit an diejenigen ergehen, denen gemeinschaftliche Einkünfte zugeflossen sind (§ 191 Abs. 1 lit. c BAO), sind einer nach § 81 BAO vertretungsbefugten Person zuzustellen. Mit der Zustellung einer einzigen Ausfertigung an diese Person gilt die Zustellung an alle, denen der Bescheid gemeinschaftliche Einkünfte zurechnet, als vollzogen, wenn auf diese Rechtsfolge in der Ausfertigung hingewiesen wird (§ 101 Abs. 4 BAO).

Zur Beendigung von Personenvereinigungen (Personengemeinschaften) siehe Abschnitt 10.

9. Vertretung (§ 81 BAO)

9.1. Namhaftmachung eines Vertreters

Nach § 81 Abs. 1 BAO (iVm § 81 Abs. 4 BAO) sind zur Vertretung einer Personenvereinigung (Personengemeinschaft) ohne eigene Rechtspersönlichkeit die zur Führung der Geschäfte bestellten Personen bzw. (wenn solche nicht vorhanden sind) die Gesellschafter (Mitglieder) befugt.

Kommen hiefür mehrere Personen in Betracht, so haben sie **eine Person** aus ihrer Mitte oder einen gemeinsamen Bevollmächtigten der Abgabenbehörde gegenüber als vertretungsbefugte Person **namhaft zu machen**; diese Person gilt solange als zur Empfangnahme von Schriftstücken der Abgabenbehörde ermächtigt, als nicht eine andere Person als Zustellungsbevollmächtigter namhaft gemacht wird (§ 81 Abs. 2 erster Satz BAO).

9.2. Bestellung eines Vertreters

Solange und soweit eine solche Namhaftmachung nicht erfolgt, kann die Abgabenbehörde eine der in § 81 Abs. 1 BAO genannten Personen als Vertreter mit Wirkung für die Gesamtheit bestellen. Die übrigen Personen, die im Inland Wohnsitz, Geschäftsleitung oder Sitz haben, sind zu verständigen (§ 81 Abs. 2 zweiter und dritter Satz BAO).

Die Bestellung hat mit **Bescheid** zu erfolgen. Der Bescheid ist an die bestellte Person zu richten. Sie ist befugt, den Bescheid mit Berufung (bzw. mit Beschwerde an den VwGH und/oder VfGH) anzufechten.

Die **Verständigung** der übrigen Personen ist kein Bescheid (VwGH 02.08.2000, 99/13/0209). Diese Personen können daher die Bestellung nicht mit Rechtsmitteln bekämpfen.

9.3. Widerruf der Bestellung

Sobald und soweit die Voraussetzungen für die Bestellung eines Vertreters durch die Abgabenbehörde nachträglich weggefallen sind, ist die Bestellung zu widerrufen. Ein Widerruf hat auch dann zu erfolgen, wenn aus wichtigen Gründen eine andere in Betracht kommende Person von der Abgabenbehörde als Vertreter bestellt werden soll (§ 81 Abs. 3 BAO).

Der Widerrufsbescheid ist an die bestellte Person zu richten. Sie ist befugt, den Bescheid mit

Berufung (bzw. mit Beschwerde an den VwGH und/oder VfGH) anzufechten.

Ein solcher Widerruf hat beispielsweise zu erfolgen, wenn die bestellte Person aus der Personenvereinigung (Personengesellschaft) ausscheidet.

9.4. Eintritt neuer Gesellschafter

Durch den Eintritt eines neuen Gesellschafters (Mitglieds) in die Personenvereinigung (Personengemeinschaft) wird die Vertretungsbefugnis der namhaft gemachten oder mit Bescheid bestellten Person nicht berührt (§ 81 Abs. 5 BAO zufolge).

Die Abgabenbehörde hat in sinngemäßer Anwendung des § 81 Abs. 2 letzter Satz BAO den neuen Gesellschafter (das neue Mitglied) über das Bestehen eines bestellten Vertreters zu informieren, außer wenn der Abgabenbehörde aktenmäßig die Information vorliegt, dass dem Eingetretenen die Vertreterbestellung bekannt ist (VwGH 21.04.2005, 2003/15/0022).

9.5. Ausscheiden von Gesellschaftern

Die Vertretungsbefugnisse der namhaft gemachten bzw. der bestellten Person bleiben auch für ausgeschiedene Gesellschafter (Mitglieder) hinsichtlich der vor dem Ausscheiden gelegene Zeiträume oder Zeitpunkte betreffenden Maßnahmen bestehen, solange dem nicht von Seiten des Ausgeschiedenen oder der vertretungsbefugten Person widersprochen wird (§ 81 Abs. 8 BAO zufolge).

Ein **Widerspruch** des aus der Personenvereinigung (Personengemeinschaft) ausgeschiedenen Gesellschafters (Mitglieds) gemäß § 81 Abs. 8 BAO lässt die Anwendbarkeit des § 101 Abs. 3 BAO für die verbleibenden Gesellschafter (Mitglieder) unberührt. An die Personenvereinigung (Personengemeinschaft) gerichtete, die Zeit vor dem Ausscheiden betreffende Bescheide über die Feststellung der Einkünfte sind (abgesehen von der Zustellung zu Handen des nach § 81 BAO Vertretungsbefugten) zusätzlich an den Ausgeschiedenen (bzw. dessen Zustellungsbevollmächtigten) zuzustellen.

Die Namhaftmachungspflicht des § 81 Abs. 2 erster Satz BAO und das Recht der Abgabenbehörde zur Bestellung eines Vertreters gemäß § 81 Abs. 2 zweiter Satz BAO besteht nur für die in der Personenvereinigung (Personengemeinschaft) Verbliebenen. Es besteht keine Rechtsgrundlage dafür, einen gemeinsamen Vertreter für die Personenvereinigung (Personengemeinschaft) und den Ausgeschiedenen mit Bescheid zu bestellen. Der Fall des Ausscheidens ist nicht dem Fall der Beendigung der Personenvereinigung (Personengemeinschaft) gleichzustellen.

9.6. Beendigung der Personenvereinigung

Die Vertretungsbefugnis für den Fall der Beendigung der Personenvereinigung (Personengemeinschaft) ohne eigene Rechtspersönlichkeit richtet sich nach § 81 Abs. 6 und 7 BAO.

Zur Rechtslage nach Beendigung siehe Abschnitt 10.

10. Feststellungsbescheide nach Beendigung

10.1. Beendigung von Personenvereinigungen

Eine **GesBR** (§ 1175 ABGB) endet mit ihrer Auflösung. Auflösungsgründe sind vor allem

- Vereinbarung,
- Zeitablauf (bei befristetem Gesellschaftsvertrag),
- Aufkündigung der unbefristeten Gesellschaft durch einen Gesellschafter.

Die **stille Gesellschaft** endet mit ihrer Auflösung. Auflösungsgründe sind (nach den §§ 184 und 185 UGB) insbesondere

- Kündigung durch einen der Gesellschafter oder durch einen Gläubiger des stillen Gesellschafters,
- Zweckerreichung oder Unmöglichwerden des Zwecks,
- Eröffnung des Konkursverfahrens über das Vermögen eines Gesellschafters,
- Tod des Inhabers des Unternehmens, wenn der Gesellschaftsvertrag nichts anderes bestimmt.

Zur Beendigung der **OG** und **KG** siehe Abschnitt 6.1.

10.2. Nach Beendigung anwendbare Bestimmungen

Nach Beendigung von Personenvereinigungen (Personengemeinschaften) ohne eigene Rechtspersönlichkeit sind vor allem folgende Normen anwendbar:

- § 19 Abs. 2 BAO (Gesamtrechtsnachfolge),
- § 81 Abs. 6 BAO (Vertretung),
- § 191 Abs. 2 BAO (Ergehen von Feststellungsbescheiden),
- § 101 Abs. 4 BAO (Zustellfiktion für Feststellungsbescheide).

Nach **§ 19 Abs. 2 BAO** gehen mit der Beendigung die Rechte und Pflichten der Personenvereinigung auf die zuletzt beteiligt gewesenen Gesellschafter (Mitglieder) über.

Nach **§ 81 Abs. 6 BAO** bleibt die bei Beendigung der Personenvereinigung bestehende Vertretungsbefugnis insoweit und solange aufrecht, als nicht von einem der zuletzt beteiligt gewesenen Gesellschafter (Mitglieder) oder der vertretungsbefugten Person dagegen Widerspruch erhoben wird.

Wird ein solcher **Widerspruch** erhoben, so sind anwendbar:

- § 81 Abs. 2 erster Satz BAO (Pflicht zur Namhaftmachung einer vertretungsbefugten Person),
- § 81 Abs. 2 zweiter Satz BAO (bescheidmäßige Bestellung einer der in § 81 Abs. 1 BAO genannten Personen als Vertreter mit Wirkung für die Gesamtheit).

Nach **§ 191 Abs. 2 BAO** haben Feststellungsbescheide (§ 188 BAO) nach Beendigung der Personenvereinigung an diejenigen zu ergehen, denen gemeinschaftliche Einkünfte zugeflossen sind. Daher sind die Einkünftebezieher namentlich zu nennen.

Das Erfordernis der namentlichen Nennung besteht übrigens auch für „Nichtfeststellungsbescheide" (vgl. § 190 Abs. 1 BAO).

Nach **§ 101 Abs. 4 BAO** sind nach Beendigung Bescheide über die Feststellung von Einkünften (§ 188 BAO) einer nach § 81 BAO vertretungsbefugten Person zuzustellen. Mit der Zustellung einer einzigen Ausfertigung an diese Person gilt die Zustellung an alle, denen der Bescheid gemeinschaftliche Einkünfte zurechnet, als vollzogen, wenn auf diese Rechtsfolge in der Ausfertigung hingewiesen wird.

Ob von **Zustellfiktionen** Gebrauch gemacht wird, liegt im **Ermessen** der Abgabenbehörde (vgl. Abschnitt 8.1.).

Von der Zustellfiktion ist beispielsweise kein Gebrauch zu machen, wenn der Abgabenbehörde bekannt ist, dass ehemalige Gesellschafter gegeneinander prozessieren und daher um gesonderte Zustellung der Feststellungsbescheide ersuchen. In diesem Fall ist der Feststellungsbescheid jeder Person zuzustellen (und der Hinweis im Sinn des zweiten Satzes des § 101 Abs. 4 BAO im Bescheid zu unterlassen) bzw. jedenfalls demjenigen, der eine solche Zustellung begehrt, der Bescheid gesondert zuzustellen und der Hinweis auf die Zustellfiktion entsprechend einzuschränken.

11. Rechtsschutz

11.1. Parteistellung (§ 78 BAO)

Die Parteistellung im Feststellungsverfahren ergibt sich aus § 78 Abs. 2 lit. a BAO bzw. aus § 78 Abs. 3 BAO.

Nach § 78 Abs. 2 lit. a BAO sind Parteien, wenn die Erlassung von Feststellungsbescheiden vorgesehen ist, diejenigen, an die solche Bescheide ergehen (§ 191 Abs. 1 und 2 BAO), somit

- die Personenvereinigung (Personengemeinschaft) ohne eigene Rechtspersönlichkeit, deren Gesellschaftern (Mitgliedern) gemeinschaftliche Einkünfte zugeflossen sind (§ 191 Abs. 1 lit. c BAO),
- nach Beendigung der Personenvereinigung (Personengemeinschaft) diejenigen, denen gemeinschaftliche Einkünfte zugeflossen sind (§ 191 Abs. 2 BAO).

Die Parteistellung der Gesellschafter (Mitglieder) ergibt sich (vor Beendigung der Personenvereinigung) aus § 78 Abs. 3 BAO (vgl. zB VwGH 19.03.1985, 84/14/0183).

Gesellschaftern eines Gesellschafters der Personenvereinigung kommt keine Parteistellung zu, weil sie nicht unmittelbar (sondern nur mittelbar) am Gegenstand der Feststellung beteiligt sind (vgl. VwGH 16.09.1987, 85/13/0142).

Zu den **Rechten der Partei** gehören beispielsweise das Recht auf

- Akteneinsicht gemäß § 90 BAO (vgl. zB Richtlinien zur Akteneinsicht gemäß § 90 BAO, AÖF Nr. 14/2004, Abschnitt 1),
- Parteiengehör (§ 115 Abs. 2 BAO),
- Antrag auf Aufhebung des Feststellungsbescheides gemäß § 299 Abs. 1 BAO (vgl. zB Richtlinien zur Aufhebung gemäß § 299 BAO, Erlass des BMF vom 03.02.2003, 05 2601/2-IV/5/02, AÖF Nr. 65/2003, Abschnitt 4.1),
- Antrag auf Wiederaufnahme des Feststellungsverfahrens (vgl. zB Wiederaufnahme des Verfahrens (§§ 303–307 BAO), Erlass des BMF vom 14.06.2006, BMF-010103/0053-VI/2006, AÖF Nr. 192/2006, Abschnitt 2.1),
- Antrag auf Berichtigung (§ 293 BAO, § 293b BAO) oder auf Abänderung (§ 295a BAO) des Feststellungsbescheides.

Solche Rechte stehen jedem Gesellschafter (jedem Mitglied) auch dann zu, wenn er (es) keine Vertretungsbefugnis für die Personenvereinigung (Personengemeinschaft) besitzt, somit etwa bei einer KG auch jedem Kommanditisten oder bei einer unechten (atypischen) stillen Gesellschaft auch jedem stillen Gesellschafter.

11.2. Berufungsverfahren

11.2.1. Berufungsbefugnis

Die Befugnis zur Berufung gegen Feststellungsbescheide (§ 188 BAO) ergibt sich aus § 246 BAO.

§ 246 Abs. 1 BAO ist die diesbezügliche Rechtsgrundlage für die Personenvereinigung (Personengemeinschaft) bzw. (nach deren Beendigung) für diejenigen, denen gemeinschaftliche Einkünfte zugeflossen sind. Danach ist jeder berufungsbefugt, an den der den Gegenstand der Anfechtung bildende Beschied ergangen ist.

Nach § 246 Abs. 2 BAO ist zur Einbringung einer Berufung gegen Feststellungsbescheide ferner jeder befugt, gegen den diese Bescheide wirken. Gemäß § 191 Abs. 3 letzter Satz BAO wirken Feststellungsbescheide gegen alle, denen Einkünfte zugerechnet werden.

Daher sind beispielsweise gegen einen an eine KG gerichteten Feststellungsbescheid nicht nur die KG selbst, sondern überdies jeder Komplementär und jeder Kommanditist berufungsbefugt.

Aus der Berufungsbefugnis ergibt sich zwar **kein Recht auf Beitritt** im Sinn des § 257 BAO zu einer gegen den Feststellungsbescheid (§ 188 BAO) gerichteten Berufung. Die Parteistellung der Gesellschafter (Mitglieder) im Berufungsverfahren hat allerdings zur Folge, dass jeder Gesellschafter (jedes Mitglied) das Recht hat, die Berufung ergänzende Schriftsätze (auch noch nach Ablauf der Berufungsfrist) einzubringen.

11.2.2. Mehrere Berufungen

Ist ein Bescheid von mehreren Berufungswerbern angefochten oder sind gegen einen Bescheid mehrere Berufungen eingebracht, so sind diese Berufungen zu einem **gemeinsamen Verfahren** zu verbinden (§ 277 erster Satz BAO).

Die Verbindung zu einem gemeinsamen Verfahren gilt beispielsweise für Feststellungsbescheide (§ 188 BAO) betreffende Berufungsvorentscheidungen.

Im Berufungsverfahren können nur **einheitliche Entscheidungen** getroffen werden. Die Berufungsentscheidung wirkt für und gegen die gleichen Personen wie der angefochtene Bescheid (§ 290 Abs. 1 BAO). Ausnahmen von diesem Grundsatz normiert § 290 Abs. 3 BAO (siehe Abschnitt 7.3. und zu § 188 Abs. 5 BAO Abschnitt 4.4.).

§ 290 Abs. 1 BAO gilt beispielsweise, wenn mehrere Berufungen gegen einen Feststellungsbescheid (§ 188 BAO) eingebracht wurden. Das Gebot einheitlicher Entscheidungen gilt auch für Berufungsvorentscheidungen.

11.2.3. Vorlageerinnerung

Das Recht zur Einbringung einer Vorlageerinnerung (§ 276 Abs. 6 BAO) steht jeder Partei des Feststellungsverfahrens zu.

Zur Vorlageerinnerung siehe Berufungsvorentscheidungen, Erlass des BMF vom 30.10.2006, BMF 010103/0081-VI/2006, AÖF Nr. 273/2006, Abschnitt 3.

11.3. Aussetzung „abgeleiteter“ Abgaben

Die Aussetzung der Einhebung (§ 212a BAO) vom Feststellungsbescheid abgeleiteter Nachforderungen (an Einkommensteuer oder Körperschaftsteuer) kommt auch bei gegen den Feststellungsbescheid gerichteten Berufungen in Betracht. Siehe RAE Rz 409 und Rz 435.

12. Bemessungsverjährung

12.1. Keine Anwendbarkeit

Die Bemessungsverjährung (Festsetzungsverjährung) gilt nicht für die Erlassung von gemäß § 188 BAO ergehenden Feststellungsbescheiden (zB VwGH 11.11.2008, 2006/13/0187). Dies gilt auch für die Abänderung und Aufhebung solcher Bescheide.

Liegt die Abänderung oder Aufhebung von Feststellungsbescheiden im Ermessen (zB bei Wiederaufnahme des Verfahrens von Amts wegen), so wird die betreffende Maßnahme im Allgemeinen dann aus Ermessensüberlegungen zu unterbleiben haben, wenn die Bemessungsverjährung der Anpassung aller abgeleiteten Abgabenbescheide entgegensteht.

12.2. Verlängerung der Verjährungsfrist

Nach außen erkennbare Amtshandlungen zur Geltendmachung des Abgabenanspruches (im Sinn des § 209 Abs. 1 BAO) sind beispielsweise

- Feststellungsbescheide gemäß § 188 BAO (zB VwGH 28.02.1995, 95/14/0021; VwGH 04.07.1995, 95/14/0036),
- abgabenbehördliche Prüfungen (§ 147 BAO) bezüglich Feststellungen von Einkünften (zB VwGH 22.11.2001, 98/15/0056),
- sonstige derartige Feststellungsverfahren betreffende Ermittlungshandlungen (zB Einvernahme von Auskunftspersonen oder Zeugen).

Schriftliche Erledigungen (zB Bescheide) verlängern nur dann die Verjährungsfrist, wenn sie zugestellt wurden (vgl. zB VwGH 23.02.1984, 82/16/0140).

Als Feststellungsbescheide (§ 188 BAO) gedachte Schriftstücke sind daher keine Amtshandlungen im Sinn des § 209 Abs. 1 BAO, wenn sie unwirksam sind, wie etwa,

- weil sie nach Beendigung einer GesBR an die GesBR adressiert sind (vgl. zB VwGH 25.11.2002, 2002/14/0133),
- weil sie eine nicht vertretungsbefugte Person als Empfänger bezeichnet haben,
- weil ihre Zustellung durch Hinterlegung als Folge des Nichtvorliegens der Voraussetzungen des § 17 ZustG nicht wirksam wurde.

Feststellungsbescheide (§ 188 BAO) und Nichtfeststellungsbescheide kommen als die Verjährungsfrist verlängernde Amtshandlungen nur für die abgeleiteten Abgaben der im Bescheid genannten Personen in Betracht.

12.3. Mittelbare Abhängigkeit im Sinn des § 209a Abs. 2 BAO

Die Festsetzung der (abgeleiteten) Einkommensteuer oder Körperschaftsteuer kann mittelbar abhängig sein von der Erledigung einer gegen den Feststellungsbescheid (§ 188 BAO) gerichteten Berufung oder eines einen solchen Bescheid betreffenden Antrages (zB Antrag auf Berichtigung gemäß § 293b BAO oder auf Wiederaufnahme des Feststellungsverfahrens).

Daher steht der Eintritt der Verjährung der Änderung abgeleiteter Abgabenbescheide etwa nicht entgegen, wenn die Berufung vor Verjährungseintritt eingebracht wurde.

13. Zuständigkeit (Rechtslage vor dem 1. Juli 2010)

13.1. Örtliche Zuständigkeit (§ 54 BAO, § 70 BAO)

13.1.1. Feststellung von Einkünften aus Land- und Forstwirtschaft

Für die Feststellung von Einkünften aus Land- und Forstwirtschaft ist (nach § 54 Abs. 1 lit. a BAO) das **Lagefinanzamt** örtlich zuständig; bei einer Mehrheit von Lagefinanzämtern jedoch jenes Finanzamt, in dessen Bereich sich die Leitung des Betriebes befindet.

Lagefinanzamt (§ 53 Abs. 1 lit. a BAO) ist jenes Finanzamt, in dessen Bereich die wirtschaftliche Einheit (Untereinheit) gelegen ist.

13.1.2. Feststellung von Einkünften aus Gewerbebetrieb

Die Feststellung von Einkünften aus Gewerbebetrieb obliegt gemäß § 54 Abs. 1 lit. b BAO dem **Betriebsfinanzamt**.

Betriebsfinanzamt ist nach § 53 Abs. 1 lit. b BAO das Finanzamt, in dessen Bereich sich die Geschäftsleitung des Betriebes befindet. Ist diese im Ausland, so gilt als Betriebsfinanzamt jenes Finanzamt, in dessen Bereich sich die wirtschaftlich bedeutendste inländische Betriebsstätte des ausländischen Betriebes befindet.

Als Ort der Geschäftsleitung ist der Ort anzunehmen, an dem sich der Mittelpunkt der geschäftlichen Oberleitung befindet (§ 27 Abs. 2 BAO). Siehe hiezu zB KStR 2001 Rz 6.

Ist kein Betriebsfinanzamt mehr vorhanden, etwa weil nach Betriebsaufgabe keine Geschäftsleitung mehr existiert, so richtet sich die Zuständigkeit nach § 70 Z 2 BAO, somit nach dem Ort, von dem aus die Tätigkeit ausgeübt worden ist.

13.1.3. Feststellung von Einkünften aus selbständiger Arbeit

Bei Einkünften aus selbständiger Arbeit ist das Finanzamt (nach § 54 Abs. 1 lit. c BAO) örtlich zuständig, von dessen Bereich aus die **Berufstätigkeit vorwiegend ausgeübt** wird.

Nach Beendigung der Tätigkeit richtet sich die örtliche Zuständigkeit (für die Feststellung der vor Beendigung erzielten Einkünfte) nach § 70 Z 2 BAO, somit nach dem Ort, von dem aus die Tätigkeit ausgeübt worden ist.

13.1.4. Feststellung von Einkünften aus Vermietung und Verpachtung

Die Feststellung der Einkünfte aus Vermietung und Verpachtung unbeweglichen Vermögens obliegt (§ 54 Abs. 2 BAO zufolge) dem **Lagefinanzamt** (§ 53 Abs. 1 lit. a BAO).

Die örtliche Zuständigkeit richtet sich nach § 70 Z 2 BAO (einer sonstigen dauernden Tätigkeit), wenn eine **(vermögensverwaltende) OG** oder **KG** Eigentümer mehrerer Liegenschaften ist (vgl. VwGH 21.02.2001, 2000/14/0127, 0128, 0129, 0130).

13.2. Zuständigkeit für die Erlassung von Nichtfeststellungsbescheiden

§ 54 BAO gilt sinngemäß für die Erlassung von Bescheiden des Inhaltes, dass Feststellungen der Einkünfte zu unterbleiben haben. Dies ergibt sich aus § 190 Abs. 1 zweiter Satz BAO (siehe auch Abschnitt 5.).

13.3. Übergang der Zuständigkeit

Nach § 73 erster Satz BAO endet die Zuständigkeit für die Erhebung von Abgaben mit dem Zeitpunkt, in dem ein anderes Finanzamt von den seine Zuständigkeit begründenden Voraussetzungen **Kenntnis erlangt**.

Dies gilt (§ 190 Abs. 1 BAO zufolge) auch für die Zuständigkeit für die Feststellung von Einkünften.

Die Zuständigkeit für Feststellungsverfahren kann nach § 71 BAO mit **Delegierungsbescheid** auf ein bisher unzuständiges Finanzamt übertragen werden.

Die §§ 71 und 73 BAO betreffen nicht die Zuständigkeit der bisher zuständig gewesenen Abgabenbehörde erster Instanz im Berufungsverfahren betreffend von ihr erlassene Bescheide (siehe § 75 BAO).

Als Folge eines **Devolutionsantrages** kann die Zuständigkeit zur Erlassung eines Feststellungsbescheides vom Finanzamt auf den UFS übergehen (nach Maßgabe des § 311 BAO).

Nach § 52a Abs. 1 BAO endet die **sachliche Zuständigkeit** einer Abgabenbehörde (zB für die Feststellung von Einkünften) mit dem Zeitpunkt, in dem eine andere Abgabenbehörde von den ihre Zuständigkeit begründenden Voraussetzungen Kenntnis erlangt. Vom Übergang der Zuständigkeit ist der Abgabepflichtige in Kenntnis zu setzen.

Solange eine solche Verständigung nicht ergangen ist, können Anbringen auch noch bei der bisher zuständig gewesenen Abgabenbehörde eingebracht werden (§ 52a Abs. 1 dritter Satz BAO). Dies betrifft beispielsweise gemäß § 43 Abs. 1 UmgrStG zu erstattende Anzeigen (vgl. zB UmgrStR 2002 Rz 1338).

14. Zuständigkeit (Rechtslage ab 1. Juli 2010)

14.1. Sachliche Zuständigkeit

Sachlich zuständig für die Feststellung von Einkünften sind nach § 13 Abs. 1 Z 1 AVOG 2010 die Finanzämter mit allgemeinem Aufgabenkreis.

Diese Zuständigkeit besteht auch für die Erlassung von Bescheiden des Inhaltes, dass Feststellungen der Einkünfte zu unterbleiben haben. Dies ergibt sich aus § 190 Abs. 1 zweiter Satz BAO (siehe auch Abschnitt 5.).

14.2. Örtliche Zuständigkeit

14.2.1. Allgemeines

Die örtliche Zuständigkeit für die Feststellung von Einkünften ergibt sich aus § 21 Abs. 2 Z 4 AVOG 2010 (Betriebsfinanzamt) bzw. aus § 22 Abs. 2 Z 1 AVOG 2010 (Lagefinanzamt).

Die Änderungen des Zuständigkeitsrechts durch BGBl. I Nr. 9/2010 treten mit 1. Juli 2010 in Kraft.

Dies betrifft das AVOG 2010 und in der BAO enthaltene Bestimmungen über die örtliche Zuständigkeit (insbesondere die §§ 53, 54, 71 und 73 BAO).

14.2.2. Betriebsfinanzamt

Das Betriebsfinanzamt ist zuständig für die Feststellung der Einkünfte aus

- Land- und Forstwirtschaft,
- Gewerbebetrieb und aus
- selbständiger Arbeit.

Betriebsfinanzamt ist das Finanzamt, in dessen Bereich eine Körperschaft, Personenvereinigung (Personengemeinschaft) ohne eigene Rechtspersönlichkeit oder Vermögensmasse ihren Ort der Geschäftsleitung (§ 27 Abs. 2 BAO) oder, sofern dieser nicht im Inland gelegen ist, ihren inländischen Sitz hat oder hatte (§ 21 Abs. 1 AVOG 2010).

Als **Ort der Geschäftsleitung** ist der Ort anzunehmen, an dem sich der Mittelpunkt der geschäftlichen Oberleitung befindet (§ 27 Abs. 2 BAO). Siehe hiezu zB KStR 2001 Rz 6.

Im Unterschied zu § 53 Abs. 1 lit. b BAO besteht ein Betriebsfinanzamt auch nach Einstellung des Betriebes, nach Betriebsveräußerung oder nach Aufgabe (oder Verlegung in das Ausland) des Ortes der Geschäftsleitung bzw. des Sitzes weiter.

Hat bzw. hatte die Personenvereinigung nie einen Ort der Geschäftsleitung oder einen Sitz im Inland, so wird sich die Zuständigkeit zufolge § 25 Z 2 AVOG 2010 nach dem Ort richten, von dem aus das Unternehmen betrieben oder die sonstige dauernde Tätigkeit ausgeübt wird, worden ist oder werden soll.

14.2.3. Lagefinanzamt

Lagefinanzamt ist das Finanzamt, in dessen Bereich die wirtschaftliche Einheit (Untereinheit) gelegen ist. Erstreckt sich diese auf den Bereich mehrerer Finanzämter, so gilt als Lagefinanzamt jenes Finanzamt, in dessen Bereich der wertvollste Teil der wirtschaftlichen Einheit (Untereinheit) gelegen ist (§ 22 Abs. 1 AVOG 2010).

Ist eine (vermögensverwaltende) OG oder KG Eigentümer mehrerer Liegenschaften, so richtet sich die örtliche Zuständigkeit nach § 25 Z 2 AVOG 2010, somit nach dem Ort, von dem aus die sonstige dauernde Tätigkeit ausgeübt wird, worden ist oder werden soll (vgl. zu § 70 Z 2 BAO VwGH 21.02.2001, 2000/14/0127, 0128, 0129, 0130).

14.3. Übergang der Zuständigkeit

Nach § 6 AVOG 2010 endet die Zuständigkeit einer Abgabenbehörde für die Erhebung von Abgaben (außer bei Erlassung eines Delegierungsbescheides) mit dem Zeitpunkt, in dem eine andere Abgabenbehörde von den ihre Zuständigkeit begründenden Voraussetzungen Kenntnis erlangt. Vom Übergang der Zuständigkeit ist der Abgabepflichtige in Kenntnis zu setzen.

Dies gilt (§ 190 Abs. 1 BAO zufolge) auch für die Zuständigkeit für die Feststellung von Einkünften.

§ 6 AVOG 2010 ist beispielsweise anwendbar, wenn der Ort der Geschäftsleitung in den Bereich eines anderen Finanzamtes verlegt wird.

15. Hinweise

Die vorstehenden Ausführungen stellen die Rechtsansicht des Bundesministeriums für Finanzen dar, die im Interesse einer bundeseinheitlichen Vorgangsweise mitgeteilt wird. Über die gesetzlichen Bestimmungen hinausgehende Rechte und Pflichten werden dadurch weder begründet noch können solche aus diesem Erlass abgeleitet werden.

Dieser Erlass ersetzt den Erlass des Bundesministeriums für Finanzen vom 14.05.2007, BMF-010103/0009-VI/2007, AÖF Nr. 181/2007.

§ 188 BAO gilt nicht für Landes- und Gemeindeabgaben.

12/7/8.

AÖF 2009/278

Richtlinien zur Festsetzung von Selbstberechnungsabgaben (§ 201 BAO) und zur Haftungsinanspruchnahme nach § 202 BAO

(Erlass des BMF vom 9. Oktober 2009, BMF-010103/0138-VI/2009)

Selbstberechnung von Abgaben, Voraussetzungen für die erstmalige Festsetzung, Antrag, Ermessen, Haftung für Abfuhrabgaben, Hinweise für Landes- und Gemeindeabgaben

Gliederung:

1. Festsetzung von Selbstberechnungsabgaben gemäß § 201 BAO

1.1. Anwendungsbereich des § 201 BAO

§ 201 BAO gilt für Abgaben, für die Abgabenvorschriften die Selbstberechnung durch den Abgabepflichtigen anordnen oder gestatten.

Solche Abgabenvorschriften sind (für Bundesabgaben) beispielsweise:

- § 43 FLAG 1967 (Dienstgeberbeitrag),

- § 122 Abs. 7 WKG (Zuschlag zum Dienstgeberbeitrag),
- § 11 GrEStG 1987 (Selbstberechnung durch Parteienvertreter),
- § 3 Abs. 4a GebG (Hundertsatzgebühren, Selbstberechnung durch Parteienvertreter),
- § 33 TP 5 Abs. 5 GebG (Bestandverträge),
- § 33 TP 8 Abs. 4 GebG (Darlehensverträge),
- § 33 TP 22 Abs. 6 GebG (Wechsel),
- § 10a KVG (Gesellschaftsteuer),
- § 6 Abs. 1 Feuerschutzsteuergesetz 1952,
- § 4 Abs. 1 WerbeabgG,
- § 11 Abs. 1 NoVAG 1991,
- § 6 Abs. 3 KfzStG 1992,
- § 15 Abs. 3 Luftfahrtsicherheitsgesetz,
- § 108c EStG 1988 (Forschungsprämie, Bildungsprämie),
- § 108f EStG 1988 (Lehrlingsausbildungsprämie),
- § 3 Abs. 1 StiftEG.

§ 201 BAO gilt insoweit nicht, als in Abgabenvorschriften abweichende (speziellere) Bestimmungen enthalten sind. Solche Abgabenvorschriften sind etwa § 21 Abs. 1 UStG 1994 (Umsatzsteuervorauszahlungen), § 6 Abs. 3 Erdgasabgabegesetz, § 6 Abs. 3 Elektrizitätsabgabegesetz und § 6 Abs. 3 Kohleabgabegesetz.

Für Umsatzsteuervorauszahlungen gilt lediglich der Abs. 4 des § 201 BAO.

Zur Anwendung des § 201 BAO für die Festsetzung von Landes- und Gemeindeabgaben siehe Abschnitt 3.2.

1.2. Abgabenbescheid

§ 201 BAO regelt die **erstmalige Festsetzung** von Selbstberechnungsabgaben mit Abgabenbescheid.

Zum **Spruch** des Abgabenbescheides gehören (nach § 93 Abs. 2 BAO bzw. § 198 Abs. 2 BAO):

- die Nennung der Person (Personenvereinigung, Personengemeinschaft), an die der Bescheid ergeht (somit die Bezeichnung des Bescheidadressaten),
- die Grundlagen der Abgabenfestsetzung (Bemessungsgrundlagen),
- die Art der Abgabe,
- die Höhe der Abgabe,
- die Höhe der aus der Festsetzung resultierenden Nachforderung oder Gutschrift,
- die Angabe des Fälligkeitszeitpunktes (und des Betrages, über dessen Fälligkeit abgesprochen wird).

Die bescheidmäßige Festsetzung hat sich auf die gesamte im Bemessungszeitraum zu entrichtende Abgabe (und nicht bloß auf die Nachforderung) zu erstrecken (zB VwGH 28.05.2008, 2008/15/0136, 0137).

Richtet sich die Fälligkeit nicht nach § 210 Abs. 1 BAO (ein Monat nach Bekanntgabe des Abgabenbescheides), sondern nach besonderen Regelungen in Abgabenvorschriften (wie zB § 43 Abs. 1 FLAG 1967 für den Dienstgeberbeitrag), so ist im Abgabenbescheid auch über die gesetzlich zustehende Nachfrist (zB gemäß § 210 Abs. 4 BAO) abzusprechen.

Ebenso wie bei der Fälligkeitsangabe ist auch bei der Angabe des Endes der Nachfrist ein Hinweis auf die diesbezügliche Angabe in der Buchungsmitteilung ausreichend; diesfalls wird die betreffende Angabe in der Buchungsmitteilung zum Teil des mit Berufung anfechtbaren Bescheidspruches.

1.3. Allgemeine Voraussetzungen für die Festsetzung

Die erstmalige Festsetzung einer Selbstberechnungsabgabe setzt nach § 201 Abs. 1 BAO voraus,

- dass der Abgabepflichtige, obwohl er dazu verpflichtet ist, keinen selbst berechneten Betrag bekannt gibt oder
- dass die bekannt gegebene Selbstberechnung sich als nicht richtig erweist.

Die Bekanntgabe des selbst berechneten Betrages hat insbesondere in der Anmeldung (zB § 11 Abs. 1 NoVAG 1991) oder durch Angabe des Betrages auf dem Zahlungsbeleg (zB Verrechnungsweisung auf einem Erlagschein) zu erfolgen.

Die Voraussetzung (Nichtbekanntgabe eines selbstberechneten Betrages bzw. Unrichtigkeit der bekannt gegebenen Selbstberechnung) muss im Zeitpunkt der Bescheiderlassung gegeben sein. Daher ist eine Festsetzung unzulässig, wenn die Bekanntgabe des sich als richtig erweisenden selbstberechneten Betrages verspätet erfolgt ist.

Für die Anwendung des § 201 BAO ist bedeutungslos,

- ob die Unterlassung der Bekanntgabe des selbst berechneten Betrages auf ein Verschulden des Abgabepflichtigen zurückzuführen ist,
- ob die Unrichtigkeit der bekannt gegebenen Selbstberechnung auf ein Verschulden des Abgabepflichtigen zurückzuführen ist,
- ob die Festsetzung sich zu Gunsten oder zu Ungunsten des Abgabepflichtigen auswirken würde,
- ob die Selbstberechnungsabgabe bereits entrichtet ist.

Das Recht (bzw. die Pflicht) zur Erlassung auf § 201 BAO gestützter Abgabenbescheide ist grundsätzlich durch die **Bemessungsverjährung** befristet. Ausnahmen hievon können sich aus § 201 Abs. 2 Z 2 BAO, § 201 Abs. 3 Z 1 BAO, § 201 Abs. 3 Z 2 BAO (iVm § 304 BAO) sowie aus § 209a Abs. 2 BAO ergeben.

Beispiel (zu § 201 Abs. 3 Z 2 BAO):

Dienstgeberbeitrag für 2004. Ein Antrag auf Festsetzung wird rechtzeitig (innerhalb der drei Monate des § 303 Abs. 2 BAO und innerhalb der Siebenjahresfrist des § 304 lit. a BAO) eingebracht. Er ist auch nach Eintritt der Bemessungsverjährung (Ablauf des Jahres 2009) stattgebend zu erledigen.

Die Festsetzung liegt in den im § 201 Abs. 2 BAO genannten Fällen im Ermessen der Abgabenbehörde. Nur in den Fällen des § 201 Abs. 3 BAO ist die Festsetzung zwingend vorzunehmen.

Festsetzungen nach § 201 BAO kommen von Amts wegen oder auf Antrag des Abgabepflichtigen in Betracht.

1.4. Antrag des Abgabepflichtigen

Zur Stellung eines Antrages auf Festsetzung der Selbstberechnungsabgabe befugt ist der Abgabepflichtige im Sinn des § 77 BAO.

Der Antrag ist ein Anbringen zur Geltendmachung von Rechten im Sinn des § 85 Abs. 1 BAO. Er ist somit grundsätzlich schriftlich einzubringen; nach § 86a BAO iVm der Verordnung BGBl. Nr. 494/1991 kann er auch unter Verwendung eines Telekopierers eingebracht werden. Der Antrag kann nach Maßgabe des § 85 Abs. 3 BAO auch mündlich gestellt werden.

Der Antrag ist bei der im Zeitpunkt der Antragstellung für die Erhebung der betreffenden Abgabe zuständigen Abgabenbehörde erster Instanz einzubringen.

Die für die Stellung des Festsetzungsantrages maßgebenden **Fristen** ergeben sich aus § 201 BAO bzw. aus der jeweils maßgebenden Verjährungsfrist.

Aus § 201 BAO ergeben sich folgende Fristen:

- **ein Monat** ab Bekanntgabe des selbstberechneten Betrages (§ 201 Abs. 3 Z 1 BAO, bei Einhaltung dieser Frist liegt die Festsetzung nicht im Ermessen),
- **ein Jahr** ab Bekanntgabe des selbst berechneten Betrages (§ 201 Abs. 2 Z 1 BAO; bei Einhaltung dieser Frist liegt die Festsetzung im Ermessen, außer wenn die Erlassung innerhalb der oben genannten Monatsfrist beantragt wurde),
- **drei Monate** ab nachweislicher Kenntnis des „Wiederaufnahmsgrundes" für auf § 201 Abs. 3 Z 2 BAO gestützte Festsetzungen (eine solche nicht im Ermessen liegende Festsetzung setzt weiters die Einbringung des Antrages innerhalb der für die Wiederaufnahme des Verfahrens maßgebenden Frist des § 304 BAO voraus).

Der Antrag auf Festsetzung unterliegt der **Entscheidungspflicht**; daher ist über den Antrag stets mit Bescheid abzusprechen.

Der Antrag ist insbesondere dann **zurückzuweisen**, wenn er verspätet ist (vgl. zB VwGH 27.01.2009, 2006/13/0096) oder wenn er von einem hiezu nicht Befugten gestellt ist.

Erweist sich die Selbstberechnung der betreffenden Abgabe als richtig, so ist der Antrag **abzuweisen** (zB VwGH 27.01.2009, 2006/13/0097). Er ist überdies abzuweisen, falls die Festsetzung aus Ermessensüberlegungen zu unterbleiben hat.

Der Antrag ist bis zur formellen Rechtskraft des über ihn absprechenden Bescheides zurücknehmbar.

Ein Verzicht auf die Stellung des Antrages auf Festsetzung ist gesetzlich nicht vorgesehen, daher unzulässig und unwirksam.

1.5. Ermessen

1.5.1. Ermessenskriterien

Die Festsetzung der Selbstberechnungsabgabe liegt – außer in den Fällen des § 201 Abs. 3 BAO (Antragstellung innerhalb eines Monats ab Bekanntgabe des selbst berechneten Betrages, Antragstellung bei sinngemäßer Anwendung der §§ 303 bis 304 BAO) – im Ermessen der Abgabenbehörde.

Bei der Übung des Ermessens (§ 20 BAO) ist vor allem der Vorrang des Grundsatzes der Gleichmäßigkeit der Besteuerung (der Rechtsrichtigkeit) vor jenem der Rechtsbeständigkeit zu beachten.

Bedeutsam können weiters beispielsweise sein:

- der Grundsatz von Treu und Glauben (siehe Richtlinien zum Grundsatz von Treu und Glauben, Erlass des BMF vom 06.04.2006, BMF-010103/0023-VI/2006, AÖF Nr. 126/2006),
- der Grundsatz der Verwaltungsökonomie, wonach in der Regel eine Festsetzung von Bagatellbeträgen sowie eine Festsetzung bei Uneinbringlichkeit (im Sinn des § 235 BAO) oder Unbilligkeit der Einhebung (im Sinn des § 236 BAO) der Nachforderung zu unterbleiben hat. Bei der Uneinbringlichkeit ist nicht nur auf den Abgabepflichtigen selbst, sondern auch auf allfällige Haftungspflichtige (zB auf die Vertreterhaftung nach § 9 BAO) abzustellen.

Für die Übung des Ermessens ist nicht ausschlaggebend, ob die Festsetzung sich zu Gunsten oder zu Ungunsten des Abgabepflichtigen auswirken würde. Im Allgemeinen ist auch unbeachtlich, ob ein Verschulden des Abgabepflichtigen an der Unterlassung der Selbstberechnung bzw. an der Unrichtigkeit der Selbstberechnung vorliegt.

1.5.2. § 201 Abs. 2 Z 1 BAO (Festsetzung innerhalb eines Jahres)

Nach § 201 Abs. 2 Z 1 BAO kann die Festsetzung der Selbstberechnungsabgabe von Amts wegen innerhalb eines Jahres ab Bekanntgabe des selbstberechneten Betrages erfolgen. Diesfalls setzt die Festsetzung lediglich voraus, dass sich die Selbstberechnung als unrichtig erweist (Wiederaufnahmsgründe müssen keine vorliegen).

Erfolgt die Bekanntgabe des selbstberechneten Betrages durch Angabe auf dem Zahlungsbeleg, so beginnt die Jahresfrist mit dem Einlangen des Zahlungsbeleges bei der Abgabenbehörde.

Erfolgt die Bekanntgabe in einer Anmeldung (zB nach § 11 Abs. 1 NoVAG 1991) oder in einem anderen Anbringen, so ist § 108 Abs. 4 BAO anwendbar, sodass die Postaufgabe des Anbringens die Jahresfrist auslöst.

Für das Ende der Jahresfrist gilt § 108 Abs. 2 und Abs. 3 BAO.

Beispiel:

Die Jahresfrist beginnt am 15. April 2009. Sie endet am 15. April 2010.

1.5.3. § 201 Abs. 2 Z 2 BAO (Antrag innerhalb der Jahresfrist)

Wird der Antrag auf Festsetzung spätestens ein Jahr ab Bekanntgabe des selbst berechneten Betrages eingebracht, so kann die Festsetzung dem § 201 Abs. 2 Z 2 BAO zufolge auch nach Ablauf der Jahresfrist erfolgen.

Zur Berechnung dieser Frist siehe Abschnitt 1.5.2.

Für die Antragstellung gilt § 108 Abs. 4 BAO; daher reicht zur Fristwahrung die Postaufgabe des Antrages am letzten Tag der Frist.

Die Frist des § 201 Abs. 2 Z 2 BAO ist eine gesetzliche Frist. Sie ist somit § 110 Abs. 1 BAO zufolge nicht verlängerbar. Sie ist weiters nicht hemmbar.

Bei nicht grob verschuldeter Versäumung der Frist kommt eine Wiedereinsetzung in den vorigen Stand (§ 308 BAO) in Betracht.

1.5.4. § 201 Abs. 2 Z 3 BAO (unterlassene Selbstberechnung)

Die Festsetzung kann erfolgen, wenn kein selbst berechneter Betrag bekanntgegeben wurde. Eine solche Festsetzung kann von Amts wegen oder auf Antrag des Abgabepflichtigen erfolgen. Die Festsetzung darf diesfalls in der Regel nur innerhalb der Verjährungsfrist erfolgen.

§ 209a Abs. 2 BAO ist anwendbar; daher darf die Festsetzung auch nach Ablauf der Verjährungsfrist vorgenommen werden, wenn der diesbezügliche Antrag des Abgabepflichtigen vor Eintritt der Bemessungsverjährung eingebracht ist.

1.5.5. § 201 Abs. 2 Z 3 BAO (Wiederaufnahmsgründe)

Eine (amtswegige) Festsetzung kann innerhalb der Verjährungsfrist erfolgen, wenn bei sinngemäßer Anwendung des § 303 Abs. 4 BAO die Voraussetzungen für eine Wiederaufnahme des Verfahrens von Amts wegen vorliegen würden.

Die sinngemäße Anwendung bedeutet, dass die Bekanntgabe des selbst berechneten Betrages an die Stelle des (für die Wiederaufnahme erforderlichen) durch Bescheid abgeschlossenen Verfahrens tritt.

Eine Festsetzung kann etwa erfolgen, wenn für die Abgabenbehörde Tatsachen oder Beweismittel neu hervorkommen, die im Verfahren nicht geltend gemacht worden sind (insbesondere weil sie bei der Bekanntgabe der Selbstberechnung vom Abgabepflichtigen nicht offengelegt wurden), wenn die Kenntnis dieser Umstände allein oder in Verbindung mit dem sonstigen Ergebnis des Verfahrens einen im Spruch anderslautenden (vom bekannt gegebenen selbst berechneten Betrag abweichenden) Bescheid herbeigeführt hätte.

§ 201 Abs. 2 Z 3 BAO wird etwa für Festsetzungsbescheide anlässlich einer Außenprüfung (zB Lohnsteuerprüfung gemäß § 86 Abs. 1 EStG 1988 bezüglich Dienstgeberbeitrag) bedeutsam sein, falls die Festsetzung nicht bereits innerhalb der Jahresfrist des § 201 Abs. 2 Z 1 BAO erfolgt.

Die **Begründung** (§ 93 Abs. 3 lit. a BAO) des (amtswegigen) Festsetzungsbescheides hat das Vorliegen der Voraussetzungen für seine Erlassung darzulegen. Bei Festsetzungen nach § 201 Abs. 2 Z 3 BAO sind somit, wenn sich die Abgabenbehörde auf neu hervorgekommene Tatsachen oder Beweismittel (im Sinn des § 303 BAO) stützt, diese Tatsachen oder Beweismittel und ihr Neuhervorkommen darzulegen. Weiters ist die Ermessensübung zu begründen.

Ebenso wie bei der Wiederaufnahme des Verfahrens ist die Entscheidungserheblichkeit der neu hervorgekommenen Tatsachen oder Beweismittel nach den im Zeitpunkt der Entscheidung bestehenden Verhältnissen zu beurteilen.

Zu § 303 BAO siehe ergänzend den Erlass des BMF vom 14.06.2006, BMF-010103/0053-VI/2006, Wiederaufnahme des Verfahrens (§§ 303 bis 307 BAO), AÖF Nr. 192/2006.

1.5.6. Sinngemäße Anwendung des § 293b BAO (§ 201 Abs. 2 Z 5 BAO)

Abgabenerklärungen für Selbstberechnungsabgaben sind beispielsweise geregelt in

- § 10 KVG (Gesellschaftsteuer),
- § 6 Abs. 4 KfzStG 1992,
- § 5 Abs. 4 Elektrizitätsabgabegesetz,
- § 6 Abs. 4 Erdgasabgabegesetz,
- § 6 Abs. 4 Kohleabgabegesetz,
- § 11 Abs. 2 NoVAG 1991,
- § 6 Abs. 2 Feuerschutzsteuergesetz 1952,
- § 15 Abs. 5 Luftfahrtsicherheitsgesetz,
- § 3 Abs. 2 StiftEG.

Eine **Unrichtigkeit** ist dann **offensichtlich**, wenn sie ohne nähere Untersuchungen im Rechtsbereich und ohne Ermittlungen im Tatsachenbereich deutlich erkennbar ist (zB VwGH 18.03.2004, 2003/15/0049).

Eine offensichtliche Unrichtigkeit liegt vor, wenn die Abgabenbehörde bei ordnungsmäßiger Prüfung der Abgabenerklärung die Unrichtigkeit hätte erkennen müssen, ohne ein weiteres Ermittlungsverfahren durchzuführen (zB VwGH 23.09. 2005, 2002/15/0198).

Die Unrichtigkeit kann zum Ausdruck kommen

- in einer unzutreffenden Rechtsauffassung,
- in einer in sich widersprüchlichen oder eindeutig gegen menschliches Erfahrungsgut sprechenden Sachverhaltsdarstellung (zB VwGH 23.09.2005, 2002/15/0198; VwGH 23.05.2007, 2004/13/0052).

Ob eine Rechtsauffassung offensichtlich unrichtig ist, ist anhand des Gesetzes und der dazu entwickelten Rechtsprechung zu beurteilen (zB VwGH 23.05.2007, 2004/13/0052).

Zu § 293b BAO siehe ergänzend den Erlass des BMF vom 19.05.2009, BMF-010103/0057-VI/2009, Richtlinien zur Berichtigung gemäß § 293b BAO, AÖF Nr. 157/2009.

1.5.7. Singngemäße Anwendung des § 295a BAO (§ 201 Abs. 2 Z 5 BAO)

Ein **Ereignis ist rückwirkend** (im Sinn des § 295a BAO), wenn es nach Entstehen des Abgabenanspruches (§ 4 BAO) eintritt. Es wirkt in die Vergangenheit, wenn nunmehr der veränderte Sachverhalt anstelle des zuvor verwirklichten Sachverhaltes der Besteuerung zu unterwerfen ist.

Eine solche Rückwirkung kann ausdrücklich auf Gesetzesstufe normiert sein oder sich aus der Auslegung von Abgabenvorschriften ergeben.

Keine rückwirkenden Ereignisse im Sinn des § 295a BAO sind beispielsweise

- Änderungen oder erstmaliges Ergehen von Rechtsprechung (vgl. zB UFS 29.04.2004, RV/0203-W/04),
- Änderungen von Erlässen oder erstmalige Äußerungen von Rechtsauslegungen in Erlässen des BMF,
- rückwirkende Änderungen von Abgabenvorschriften (vgl. zB BMF, Geltendmachung rückwirkender Änderungen von Steuergesetzen, SWK 2005, S 323).

Zu § 295a BAO siehe ergänzend den Erlass des BMF vom 29.11.2006, BMF-010103/0083-VI/2006, Richtlinien zur Abänderung gemäß § 295a BAO, AÖF Nr. 53/2007.

1.6. Kein Ermessen (§ 201 Abs. 3 BAO)

1.6.1. § 201 Abs. 3 Z 1 BAO (Antrag innerhalb eines Monates)

Die Festsetzung ist zwingend vorzunehmen, wenn der Antrag auf Festsetzung binnen einer Frist von einem Monat ab Bekanntgabe des selbst berechneten Betrages eingebracht ist.

Für die Berechnung der **Monatsfrist** sind § 108 BAO, § 109 BAO und § 110 Abs. 1 BAO maßgebend.

Beispiel:

Die Bekanntgabe des selbst berechneten Betrages erfolgt am 15. September 2009; daher endet die Monatsfrist am 15. Oktober 2009. Erfolgt die Postaufgabe des Antrages am letzten Tag dieser Frist, so genügt dies § 108 Abs. 4 BAO zufolge zur Fristwahrung.

Die Frist des § 201 Abs. 3 Z 1 BAO ist eine gesetzliche Frist. Sie ist somit dem § 110 Abs. 1 BAO zufolge nicht verlängerbar. Sie ist weiters nicht hemmbar.

Bei nicht grob verschuldeter Versäumung der Frist kommt eine Wiedereinsetzung in den vorigen Stand (§ 308 BAO) in Betracht.

1.6.2. § 201 Abs. 3 Z 2 BAO (Wiederaufnahmsgründe)

Die Festsetzung hat zu erfolgen, wenn bei sinngemäßer Anwendung der §§ 303 bis 304 BAO die Voraussetzungen für eine Wiederaufnahme des Verfahrens auf Antrag der Partei vorliegen würden.

Die sinngemäße Anwendung des § 303 BAO, des § 303a BAO und des § 304 BAO bedeutet, dass die Bekanntgabe des selbst berechneten Betrages an die Stelle des (für die Wiederaufnahme erforderlichen) durch Bescheid abgeschlossenen Verfahrens tritt.

Eine auf § 201 Abs. 3 Z 2 BAO gestützte Festsetzung setzt beispielsweise voraus, dass der Antrag innerhalb der Dreimonatsfrist des § 303 Abs. 2 BAO sowie innerhalb der sich aus § 304 BAO ergebenden Frist eingebracht ist.

Für den Inhalt des Antrages ist § 303a BAO sinngemäß anzuwenden. Bei Inhaltsmängeln ist nach § 85 Abs. 2 BAO (Mängelbehebungsauftrag) vorzugehen.

Beim Neuerungstatbestand (§ 303 Abs. 1 lit. b BAO) steht nur **grobes Verschulden** der Partei bei Nichtgeltendmachung der betreffenden Tatsachen oder Beweismittel der Bewilligung der Wiederaufnahme entgegen. Dies gilt in sinngemäßer Anwendung auch für die Festsetzung von Selbstberechnungsabgaben nach § 201 Abs. 3 Z 2 BAO.

Grundsätzlich wird kein (grobes) Verschulden des Abgabepflichtigen vorliegen, wenn er Tatsachen oder Beweismittel deshalb bei der Selbstberechnung nicht geltend gemacht hat,

- weil er von der Richtigkeit von Erlässen des BMF ausgegangen ist,
- weil er auf die Richtigkeit von Rechtsauskünften des Finanzamtes vertraut hat,
- weil er von der Anwendbarkeit nationaler Abgabenvorschriften ausgegangen ist (und nicht von der Unanwendbarkeit dieser Vorschriften als Folge des Anwendungsvorranges von Gemeinschaftsrecht der Europäischen Union),
- weil er sonst von einer vertretbaren Rechtsauffassung ausgegangen ist.

Ausnahmen vom Grundsatz, dass Abgabenfestsetzungen nur innerhalb der **Bemessungsverjährungsfrist** erfolgen dürfen, können sich vor allem aus § 209a Abs. 2 BAO sowie aus § 304 BAO ergeben.

1.7. Zusammengefasste Festsetzung mehrerer Abgaben (§ 201 Abs. 4 BAO)

Innerhalb der selben Abgabenart kann die Festsetzung mehrerer Abgaben desselben Kalenderjahres (Wirtschaftsjahres) in einem Bescheid zusammengefasst erfolgen (§ 201 Abs. 4 BAO).

Diese Bestimmung gilt auch für Umsatzsteuervorauszahlungen (§ 21 Abs. 1 UStG 1994).

Die zusammengefasste Festsetzung mehrerer Abgaben liegt im Ermessen der Abgabenbehörde.

Zusammengefasst dürfen Abgabenfestsetzungen nur erfolgen, wenn für jede dieser Abgaben die Voraussetzungen für eine Festsetzung vorliegen.

Beispiel:

Die Selbstberechnung des Dienstgeberbeitrages erweist sich für März, April und Juli 2009 als rechtswidrig. Die Festsetzung darf daher die Monate Mai und Juni 2009 nicht mitumfassen.

§ 201 BAO gestattet die zusammengefasste Festsetzung von Abgaben nur für Abgaben desselben Jahres (somit für Abgaben, für die der Abgabenanspruch im selben Kalenderjahr bzw. Wirtschaftsjahr entstanden ist).

1.8. Aufhebung des § 201 Abs. 2 Z 4 BAO

Die Aufhebung des § 201 Abs. 2 Z 4 BAO (Widerspruch mit zwischenstaatlichen abgabenrechtlichen Vereinbarungen oder mit Gemeinschaftsrecht der Europäischen Union) durch das AbgVRefG tritt nach § 323 Abs. 23 dritter Satz BAO mit 1. November 2009 in Kraft.

Ab diesem Zeitpunkt sind auf die aufgehobene Bestimmung gestützte amtswegige Festsetzungen nicht mehr zulässig. Festsetzungen auf Antrag sind zulässig, wenn der Antrag vor diesem Zeitpunkt eingebracht wird.

2. Haftung für Abfuhrabgaben (§ 202 BAO)

Nach § 202 Abs. 1 erster Satz BAO gilt § 201 BAO sinngemäß, wenn nach den Abgabenvorschriften die Selbstberechnung einer Abgabe einem abgabenrechtlich Haftungspflichtigen obliegt.

Derartige Abgabenvorschriften sind insbesondere:

- § 79 EStG 1988 (Lohnsteuer),
- § 95 EStG 1988 (Kapitalertragsteuer),
- § 99 EStG 1988 (Steuerabzug bei beschränkter Steuerpflicht),
- § 27 Abs. 4 UStG 1994 (Abfuhrpflicht des Leistungsempfängers bezüglich Umsatzsteuer „ausländischer" Unternehmer).

Persönliche Haftungen sind mit **Haftungsbescheid** (§ 224 BAO) geltend zu machen. Dies ist nur vor Eintritt der **Einhebungsverjährung** (§ 238 BAO) zulässig (zB VwGH 29.03.1993, 91/15/0093, 0094). Zur Einhebungsverjährung siehe BMF, Richtlinien für die Abgabeneinhebung, RAE Rz 1830 bis Rz 1867.

Die Geltendmachung abgabenrechtlicher Haftungen setzt voraus, dass eine Abgabenschuld entstanden und noch nicht durch Entrichtung erloschen ist (VwGH 30.03.2000, 99/16/0141).

Die Erlassung von Haftungsbescheiden liegt stets im **Ermessen** der Abgabenbehörde (zB VwGH 14.01.2003, 97/14/0176). Dies gilt beispielsweise auch für die Haftung des Arbeitgebers für Lohnsteuer gemäß § 82 EStG 1988 (zB VwGH 28.01.2005, 2002/15/0157).

Zur Ermessensübung siehe RAE Rz 1235 bis Rz 1242 und Richtlinien zum Grundsatz von Treu und Glauben, Erlass des BMF vom 06.04.2006, BMF-010103/0023-VI/2006, AÖF Nr. 126/2006, insbesondere Abschnitt 2.2.

Spruch des Haftungsbescheides ist die Geltendmachung der Haftung für einen bestimmten Betrag einer bestimmten Abgabe (zB VwGH 19.12.2002, 2001/15/0029). Daher ist nicht nur die Art der Abgabe, sondern auch der betroffene Zeitraum (zB Monat) anzugeben.

Nach § 224 Abs. 1 BAO hat der Haftungsbescheid einen Hinweis auf die gesetzliche Vorschrift, die die Haftungspflicht begründet, zu enthalten.

3. Hinweise

3.1. Bundesabgaben

Die vorstehenden Ausführungen stellen die Rechtsansicht des Bundesministeriums für Finanzen dar, die im Interesse einer bundeseinheitlichen Vorgangsweise mitgeteilt wird. Über die gesetzlichen Bestimmungen hinausgehende Rechte und Pflichten werden dadurch weder begründet noch können solche aus dem Erlass abgeleitet werden.

Dieser Erlass ersetzt den Erlass des Bundesministeriums für Finanzen vom 3. Februar 2003, 05 2001/1-IV/5/02, Richtlinien zur Festsetzung von Selbstberechnungsabgaben (§ 201 BAO), AÖF Nr. 64/2003.

3.2. Landes- und Gemeindeabgaben

Die §§ 201 und 202 BAO gelten ab 1. Jänner 2010 grundsätzlich auch für Landes- und Gemeindeabgaben. Ausnahmen hievon ergeben sich aus § 201a BAO sowie aus § 11 Abs. 3 KommStG 1993 (jeweils in der Fassung des AbgVRefG, BGBl. I Nr. 20/2009).

Abgabenvorschriften, welche die Selbstberechnung einer Abgabe anordnen oder gestatten, sind beispielsweise:

- § 6 Abs. 1 Kärntner Zweitwohnsitzabgabegesetz,
- § 10 NÖ Landschaftsabgabegesetz,
- § 5 Abs. 1 Steiermärkisches Landes-Lustbarkeitsgesetz,
- § 5 Abs. 1 Tiroler Gebrauchsabgabegesetz,
- § 12 Abs. 1 (Vorarlberger) Tourismusgesetz,
- § 12 Abs. 1 (Wiener) Gebrauchsabgabegesetz 1966.

Liegen die Voraussetzungen für eine bescheidmäßige Festsetzung gemäß § 201 BAO vor, so ist von der Festsetzung abzusehen, wenn der Abgabepflichtige nachträglich die Selbstberechnung berichtigt (§ 201a BAO).

Das Absehen von der Festsetzung ist für die Kommunalsteuer in § 11 Abs. 3 zweiter Satz KommStG 1993 inhaltsgleich mit § 201a BAO geregelt.

Ein solches Absehen von der Abgabenfestsetzung liegt weder nach § 201a BAO noch nach § 11 Abs. 3 KommStG 1993 im Ermessen.

Beide Bestimmungen gelten unabhängig davon, ob die Festsetzung zu einer Nachforderung oder zu einer Gutschrift führen würde.

§ 201 Abs. 4 BAO (zusammengefasste Festsetzung mehrerer Abgaben desselben Jahres) gilt auch für die Kommunalsteuer.

Bestimmungen über die Selbstberechnung und Abfuhr durch den Haftungspflichtigen sind beispielsweise:

- § 25 Abs. 3 und 4 Burgenländisches Tourismusgesetz 1992,
- § 6 Abs. 2 und 3 (Kärntner) Orts- und Kurtaxengesetz 1970,
- § 11 Abs. 7 NÖ Tourismusgesetz 1991,
- § 4 Abs. 1 (Salzburger) Kurtaxengesetz 1993,
- § 23 Abs. 2 Tiroler Vergnügungssteuergesetz 1982,
- § 17 Abs. 2 (Vorarlberger) Bodenseefischereigesetz.

12/7/9.

AÖF 1992/61

Sicherheitsleistung gemäß § 222 BAO durch in dauernder Sammelverwahrung befindliche und in dauernden Sammelurkunden verbriefte Wertpapiere

(Erlass des BMF vom 19. Dezember 1991, Z 05 2201/6-IV/5/91)

Da Inhaberschuldverschreibungen wie Anleihen, Obligationen, Pfandbriefe und Teilschuldverschreibungen durch Massenemission und Stückelung (Schaffung kleinerer Einheiten) gekennzeichnet sind und die gesonderte Verwahrung solcher jedem einzelnen Depotkunden gehörenden Wertpapiere in Form der Sonderverwahrung (Streifbandverwahrung) oder Summenverwahrung (Tauschverwahrung) umständlich ist, besondere Kosten verursacht und eine Rationalisierung im Bereich des Effektenwesens erschwert, wird in zunehmendem Maße dazu übergegangen, solche Wertpapiere nur mehr in Sammelverwahrung zu nehmen.

Die Sammelverwahrung ist dadurch gekennzeichnet, daß vertretbare Wertpapiere derselben Art vom Verwahrer ungetrennt von den eigenen Beständen derselben Art oder von solchen Dritter aufbewahrt werden (§ 4 Abs. 1 Depotgesetz). Der Verwahrer (z.B. eine Bank), dem Wertpapiere zur Sammelverwahrung anvertraut werden, kann sie

a) selbst, also im eigenen Haus, aufbewahren (auch «Haussammelverwahrung» genannt),

b) durch irgendeine andere Bank, die keine Wertpapiersammelbank ist, in Drittverwahrung aufbewahren lassen (auch «Haussammelverwahrung» genannt), oder

c) durch eine Wertpapiersammelbank in Drittverwahrung (§ 4 Abs. 2 Depotgesetz) aufbewahren lassen (auch «Girosammelverwahrung» genannt).

Der Verwahrer kann zwischen sogenannter «Haussammelverwahrung» und sogenannter «Girosammelverwahrung» wählen und sie auch mischen. Es können daher alle zur Sammelverwahrung anvertrauten Wertpapiere derselben Art nach lit. a, lit. b oder lit. c oder es können Teile einer Wertpapierart nach lit. a, lit. b oder lit. c aufbewahrt werden. Der Verwahrer kann dabei nach geschäftlicher Zweckmäßigkeit vorgehen.

Bei der Sammelverwahrung bilden alle von einem Verwahrer sammelverwahrten Stücke derselben Wertpapierart eine Miteigentumsgemeinschaft, gleichgültig, ob die Wertpapiere im eigenen Tresor liegen oder durch Drittverwahrer aufbewahrt werden. Es gibt somit in einer Wertpapierart so viele Miteigentumsgemeinschaften, als Verwahrer Stücke derselben Wertpapierart für Kunden und gegebenenfalls für sich sammelverwahren. Die einzelnen Miteigentumsgemeinschaften greifen aber bei Drittverwahrung, also dann ineinander, wenn ein Verwahrer einen Sammelbestand ganz oder zum Teil durch einen anderen Verwahrer (Drittverwahrer) sammelverwahren läßt, der auch von anderen Kunden Wertpapiere derselben Art aufbewahrt. Bei einer Wertpapiersammelbank bilden daher die Bestände der Kunden (Nichtbankier- und Bankierkunden) ein und desselben Verwahrers und der Eigenbestand eine Miteigentumsgemeinschaft.

Werden Wertpapiere in Sammelverwahrung genommen, so entsteht mit dem Zeitpunkt des Einganges beim Verwahrer für die bisherigen Eigentümer Miteigentum an den zum Sammelbestand des Verwahrers gehörenden Wertpapieren derselben Art. Für die Höhe des Anteils ist der Wertpapiernennbetrag maßgebend, bei Wertpapieren ohne Nennbetrag die Stückzahl (§ 5 Abs. 1 Depotgesetz).

Durch die Sammelverwahrung von Inhaberschuldverschreibungen (Teilschuldverschreibungen) tritt deren urkundliche Verkörperung immer mehr in den Hintergrund. Um sie aber nicht ganz aufgeben zu müssen, wird statt vieler Einzelurkunden nur noch eine Global- oder Sammelurkunde hergestellt, die eine Mehrzahl von Einzelrechten zusammenfaßt und verbrieft.

Sehen die Ausgabebedingungen die dauernde Verkörperung der Einzelstücke in einer Global- oder Sammelurkunde vor (§ 24 lit. b Depotgesetz), was in zunehmendem Maße der Fall ist, so gibt es keine Einzelstücke und damit auch keine Wahl zwischen Sonderverwahrung (Streifbandverwahrung) bzw. Summenverwahrung (Tauschverwahrung) einerseits und Sammelverwahrung andererseits. Im Fall einer dauernden Global- oder Sammelurkunde gibt es daher auch keinen Anspruch des Hinterlegers auf Ausfolgung der seinem Anteil am Sammelbestand entsprechenden Wertpapiere.

Diese Entwicklung hin zu dauernden Global- oder Sammelurkunden erschwert zunehmend die Bestellung von nach den Abgabenvorschriften zu leistenden Sicherheiten (siehe z.B. § 20 Abs. 2 MinStG 1981, § 12 Abs. 1 TabStG 1962, § 12 Abs. 3 und § 30 Abs. 1 Erbschafts- und Schenkungssteuergesetz 1955) oder von seiten der Abgabepflichtigen angebotenen Sicherheiten (siehe z.B. § 160 Abs. 4 BAO) durch Erlag von inländischen Wertpapieren gemäß § 222 Abs. 1 BAO, da die Hinterlegung einer Global- oder Sammelurkunde wegen des darin verbrieften Wertpapiervolumens (z.B. einer ganzen Anleihe) und des Umstandes, daß der Besteller der Sicherheit in der Regel nur über einen mehr oder weniger großen Anteil an diesem Wertpapiervolumen verfügt, so gut wie ausgeschlossen ist. Das hat aber wiederum zur Folge, daß an solchen Wertpapieren kein Pfandrecht gemäß § 222 Abs. 2 BAO für den Anspruch begründet werden kann, in Ansehung dessen die Sicherheitsleistung erfolgt, da ein Erlag solcher Wertpapiere – im Sinne von Hinterlegung – bei der Abgabenbehörde nicht möglich ist.

Während also bei einer Wertpapier-Sicherheitsleistung gemäß § 222 Abs. 1 BAO aufgrund des Abs. 2 leg. cit. mit dem Erlag der Wertpapiere bei der Abgabenbehörde an diesen ein (gesetzliches) Pfandrecht begründet wird, kann eine Bankdepot-Sicherheitsleistung gemäß Abs. 3 leg. cit. nur durch eine Verpfändung des Bankdepots bestellt werden. Letzterenfalls bedarf es daher für die Begründung des Pfandrechts eines zwischen dem Besteller der Sicherheit und der Republik Österreich als Abgabengläubiger (diese vertreten durch das namentlich anzuführende Finanzamt) abzuschließenden Rechtsgeschäftes (Pfandbestellungsvertrag). Für den Erwerb des Pfandrechts an dem neu eingerichteten Pfanddepot (Bankdepot) ist weiters erforderlich, daß der Verwahrer von der Verpfändung verständigt und die Verpfändung im Verwahrungsbuch (§ 11 Depotgesetz) umfang- und datumsmäßig angemerkt wird.

Kann im Hinblick auf die vorstehend aufgezeigte Entwicklung eine Sicherheit durch den Erlag von inländischen Wertpapieren nach § 222 Abs. 1 BAO nicht oder nur schwer beschafft werden, was bei Inhaberschuldverschreibungen (Teilschuldverschreibungen) schon die Regel ist, so ist anstelle dessen gemäß § 222 Abs. 3 BAO eine Sicherheitsleistung durch Verpfändung von Wertpapier-Bankdepots zuzulassen, wenn folgende Bedingungen erfüllt sind:

1. Über die Aufbewahrung der als Sicherheit dienenden Wertpapiere muß ein zwischen dem Besteller der Sicherheit und dem Verwahrer rechtswirksam abgeschlossener schriftlicher Depotvertrag vorliegen, der dem die Republik Österreich vertretenden Finanzamt vorzulegen ist.

2. Verwahrer der als Sicherheit dienenden Wertpapiere darf nur eine Bank im Sinne des § 1 Abs. 1 KWG, die Oesterreichische Nationalbank oder die Österreichische Postsparkasse sein.

3. Der Besteller der Sicherheit muß alleiniger Depotinhaber (Kontoinhaber) sein. Gemeinschaftsdepots („Und-Depots", „Oder-Depots") bzw. Gemeinschaftskonten („Und-Konten", „Oder-Konten") sind nicht zulässig.

4. Wurde im Rahmen eines Depots (Kontos) für die Aufbewahrung der als Sicherheit dienenden Wertpapiere ein Pfanddepot, d.h. ein Sub(Septo)-depot bzw. Sub(Septo)konto errichtet, so muß der Besteller der Sicherheit alleiniger Inhaber des Sub-(Septo)depots bzw. Sub(Septo)kontos sein.

5. Für eine Sicherheitsleistung kommen nur inländische mündelsichere Wertpapiere in Betracht. Inländische Wertpapiere liegen vor, wenn sich der Sitz des Emittenten im Inland (Bundesgebiet) befindet. Mündelsicherheit ist gegeben, wenn die Wertpapiere gemäß § 230 b ABGB zur Anlegung von Mündelgeld geeignet sind.

6. Der Depotvertrag muß die Möglichkeit einer unregelmäßigen Verwahrung (§ 8 Depotgesetz) ausdrücklich ausschließen.

7. Der Depotvertrag muß Zurückbehaltungs- und Pfandrechte (§ 9 Depotgesetz) ausdrücklich ausschließen.

8. Der Depotvertrag muß die Anwendung der Bestimmungen des Unterabschnitts III (Sicherheiten) des Abschnitts A (Allgemeines) der Allgemeinen Geschäftsbedingungen der österreichischen Kreditunternehmungen ausdrücklich ausschließen.

9. Der Depotvertrag muß die ausdrückliche Verpflichtung des Verwahrers zur unaufgeforderten schriftlichen Mitteilung der Verwahrungsbuchanmerkung (§ 11 Depotgesetz) über die ausschließlich zugunsten der Republik Österreich erfolgte Verpfändung des Wertpapierdepots (Wertpapierkontos) an das die Republik Österreich vertretende Finanzamt enthalten.

10. Der Depotvertrag muß die ausdrückliche Verpflichtung des Verwahrers enthalten, alle Veränderungen im Bestand der als Sicherheit dienenden Wertpapiere dem die Republik Österreich vertretenden Finanzamt unaufgefordert schriftlich mitzuteilen.

11. Der Depotvertrag muß die ausdrückliche Verpflichtung des Verwahrers enthalten, dem die Republik Österreich vertretenden Finanzamt über dessen Verlangen jederzeit eine Depotaufstellung zu übersenden, aus der die als Sicherheit dienenden Wertpapiere zu ersehen sind.

12. Der Depotvertrag muß die ausdrückliche Verpflichtung des Verwahrers enthalten, Kapitalrückflüsse aus den als Sicherheit dienenden Wertpapieren (z.B. Tilgungs- oder Verkaufserlöse) einem ausschließlich zugunsten der Republik Österreich, diese vertreten durch das namentlich anzuführende Finanzamt, dem gegenüber die Sicherheitsleistung zu erbringen ist, gesperrten Konto (Sub- oder Septokonto) gutzuschreiben und erst nach Vorliegen einer schriftlichen Zustimmungserklärung dieses Finanzamtes an den Kontoinhaber freizugeben. Diese Beschränkung gilt nicht für gutzuschreibende Zinsen. Eine finanzamtliche Zustimmungserklärung ist nicht erforderlich, wenn Kapitalrückflüsse bei Fälligkeit zur Nachschaffung von Wertpapieren im Sinne des vorstehenden Punktes 5 verwendet und diese Wertpapiere im Anschluß daran zwecks Auffüllung des der Sicherheitsleistung dienenden Wertpapierbestandes ungesäumt in das verpfändete Wertpapier-Bankdepot aufgenommen werden.

13. Über die Verpfändung der als Sicherheit dienenden Wertpapiere muß ein zwischen dem Besteller der Sicherheit und der Republik Österreich, diese vertreten durch das namentlich anzuführende Finanzamt, dem gegenüber die Sicherheitsleistung zu erbringen ist, rechtswirksam abgeschlossener schriftlicher Pfandbestellungsvertrag vorliegen.

14. Die Verpfändung der als Sicherheit dienenden Wertpapiere muß ausschließlich zugunsten der Republik Österreich, diese vertreten durch das namentlich anzuführende Finanzamt, erfolgen.

15. Die Abgabenforderungen der Republik Österreich, zu deren Besicherung die Wertpapiere verpfändet sind, sind im Pfandbestellungsvertrag namentlich und betragsmäßig so genau zu bezeichnen, daß jeder Irrtum ausgeschlossen ist.

16. Dem Pfandbestellungsvertrag ist als integrierender Bestandteil eine Depotaufstellung mit Bewertung der verzeichneten, von der Pfandbestellung umfaßten Wertpapiere anzuschließen.

17. Der Pfandbestellungsvertrag muß die ausdrückliche Verpflichtung des Bestellers der Sicherheit enthalten, den Wertpapierbestand des Pfanddepots zu ergänzen oder angemessen zu verstärken, falls dessen Wert (z.B. durch Tilgungen, Verkäufe oder Kursverluste) zur Besicherung der Abgabenforderungen nicht mehr ausreichen sollte.

Depot- und Pfandbestellungsverträgen, die dem Muster der Anlage entsprechen, kann, wenn die unter den vorstehend genannten Punkten 2 und 5 angeführten Bedingungen erfüllt sind, seitens der Abgabenbehörden zugestimmt werden, sofern nicht zusätzliche Vertragsbestimmungen den vorstehend genannten Bedingungen entgegenstehen.

Anlage

Muster eines Depot- und Pfandbestellungsvertrages

Zwischen
der/dem .... als Besteller
einer gemäß § ....
(Rechtsgrund der Sicherheitsleistung, zB § 20 Abs. 2 MinStG 1981)
zu leistende Sicherheit, der .... als Verwahrer
(Bank)
und der Republik Österreich, vertreten durch das Finanzamt...
wurde nachstehender

DEPOT- UND PFANDBESTELLUNGSVERTRAG

abgeschlossen:

1. Zum Zweck der Verpfändung inländischer mündelsicherer Wertpapiere hat der Besteller der Sicher-heit als alleiniger Konto- und Depotinhaber ein Pfanddepot, dh. ein Subdepot (Septodepot) mit der Nummer .... und der Subbezeichnung (Septobezeichnung) „Republik Österreich – Finanzamt ....“ eingerichtet.
2. Der Verwahrer ist nicht berechtigt, die hinterlegten Wertpapiere einem Depot der Republik Österreich anzuschließen.
3. Eine unregelmäßige Verwahrung (§ 8 Depotgesetz) der von diesem Vertrag umfaßten Wertpapiere wird ausdrücklich ausgeschlossen.
4. Der Verwahrer verzichtet ausdrücklich auf das Zurückbehaltungs- und Pfandrecht gemäß § 9 Depotgesetz. Die Anwendung der Bestimmungen des Unterabschnitts III (Sicherheiten) des Abschnitts A (Allgemeines) der Allgemeinen Geschäftsbedingungen der österreichischen Kreditunternehmungen in seiner jeweiligen Fassung wird ausdrücklich ausgeschlossen.
5. Der Verwahrer verpflichtet sich, die im Verwahrungsbuch (§ 11 Depotgesetz) erfolgte Anmerkung der Verpfändung der in dem Subdepot (Septodepot) hinterlegten Wertpapiere dem Finanzamt .... unverzüglich schriftlich anzuzeigen.
6. Der Verwahrer verpflichtet sich, jede Veränderung des Subdepots (Septodepots) dem Finanzamt .... unverzüglich schriftlich anzuzeigen.
7. Der Verwahrer verpflichtet sich, über die in dem Subdepot (Septodepot) hinterlegten Wertpapiere dem Finanzamt .... jährlich eine Depotaufstellung zum 31. Dezember mit Bewertung der verzeichneten Wertpapiere zu übermitteln. Gleichzeitig verpflichtet sich der Verwahrer, über Verlangen des Finanzamtes diesem jederzeit eine solche Depotaufstellung neuesten Standes zu übermitteln. Diese Auskunftspflicht erstreckt sich auch auf das zum Pfanddepot gehörende Subkonto (Septokonto).
8. Verfügungen über das Subdepot (Septodepot) sind nur mit ausdrücklicher schriftlicher Zustimmung des Finanzamtes .... möglich.
9. Kapitalrückflüsse (Tilgungserlöse) werden einem zum Subdepot (Septodepot) gehördenden und ausschließlich zugunsten der Republik Österreich, diese vertreten durch das Finanzamt ...., gesperrten Subkonto (Septokonto) gutgebracht und erst nach Vorliegen einer schriftlichen Zustimmungserklärung des Finanzamtes .... freigegeben. Einer Zustimmungserklärung bedarf es nicht, wenn für den Gegenwert der Kapitalrückflüsse bei Fälligkeit inländische mündelsichere Wertpapiere in gleichem Ausmaß (Nennbetrag) nachgeschafft und in das Subdepot (Septodepot) aufgenommen werden.
10. Abreifende Zinsen stehen zur freien Verfügung des Bestellers der Sicherheit.
11. Zur Besicherung der Forderung(en) der Republik Österreich,

(Bezeichnung der Abgabe) (Höhe der Abgabe)

an.. von S ....
an.. von S ....
an .... von S ....
an .... von S ....
insgesamt von S ....

verpfändet der Besteller der Sicherheit die auf dem Subdepot (Septodepot) derzeit und künftig hinterlegten Wertpapiere ausschließlich an die Republik Österreich, diese vertreten durch das Finanzamt ....

12. Die derzeit auf dem Subdepot (Septodepot) hinterlegten inländischen mündelsicheren Wertpapiere und ihre Bewertung sind der beiliegenden Depotaufstellung, die einen integrierenden Bestandteil dieses Vertrages bildet, zu entnehmen.

13. Der Besteller der Sicherheit weist hiermit die .... an,

(verwahrende Bank)

die hinterlegten Wertpapiere im Namen der Republik Österreich, diese vertreten durch das Finanzamt ...., innezuhaben.

14. Der Besteller der Sicherheit verpflichtet sich, den Wertpapierbestand des Subdepots (Septodepots) zu ergänzen oder angemessen zu verstärken, falls dessen Wert (zB durch Tilgungen, Verkäufe oder Konkursverluste) zur Besicherung der unter Punkt 11 genannten Forderung(en) nicht mehr ausreichen sollte.

15. Der Vertrag wird in dreifacher Ausfertigung errichtet. Jeder Vertragspartei steht eine Ausfertigung zu. Die Kosten der Errichtung dieses Vertrages und der Depotverwaltung trägt der Besteller der Sicherheit.

...., am ....

(Ort) (Datum) (rechtsgültige Zeichnung des Bestellers der Sicherheit)

...., am ....

(Ort) (Datum) (rechtsgültige Zeichnung des Verwahrers)

...., am ....

(Ort) (Datum) (rechtsgültige Zeichnung und Amtssiegels des Finanzamtes)

12/7/10.

Richtlinien zu Beschwerdevorentscheidungen

(Erlass des BMF vom 5. Dezember 2013, BMF-010103/0209-IV/2013)

Beschwerdevorentscheidungen (Inhalt), Vorlageantrag (Voraussetzungen, Frist, Rechtsfolgen)

1. Allgemeines

In Umsetzung der Verwaltungsgerichtsbarkeits-Novelle 2012 (BGBl. I Nr. 51/2012) wurde das Rechtsmittelverfahren in der BAO neu geregelt.

An Stelle der Berufungen treten ab 1. Jänner 2014 die Bescheidbeschwerden. Die Beschwerdevorentscheidungen (= bescheidmäßige Erledigungen von Bescheidbeschwerden durch die Abgabenbehörde) ersetzen die bisherigen Berufungsvorentscheidungen.

Wesentliche Änderungen sind

- die Erlassung einer Beschwerdevorentscheidung ist idR zwingend (kein Ermessen); sie unterliegt daher der Entscheidungspflicht (§ 85a BAO), bei deren Verletzung eine Säumnisbeschwerde (§ 284 BAO) an das Verwaltungsgericht in Betracht kommt,
- die Beschwerdevorentscheidung umfasst nicht nur meritorische Erledigungen (Sachentscheidungen), sondern auch formelle Erledigungen (zB Zurückweisung, Gegenstandsloserklärung),
- es gibt keine zweite Beschwerdevorentscheidung.

2. Formalerledigungen

2.1. Zurückweisung (§ 260 BAO)

2.1.1. Einleitung

Die Bescheidbeschwerde ist mit Beschwerdevorentscheidung (§§ 262 und 263 BAO) durch die Abgabenbehörde oder mit Beschluss (§ 278 BAO) des Verwaltungsgerichtes zurückzuweisen, wenn sie

a) nicht zulässig ist oder

b) nicht fristgerecht eingebracht wurde (§ 260 Abs. 1 BAO).

2.1.2. Unzulässigkeit

2.1.2.1. Grundsatz

Eine Bescheidbeschwerde ist insbesondere unzulässig:

- bei mangelnder Aktivlegitimation des Einschreiters,
- bei mangelndem Bescheidcharakter der angefochtenen Erledigung,
- bei mangelnder Wirksamkeit des Bescheides, etwa weil er nicht zugestellt wurde oder weil er an eine rechtlich nicht (mehr) existente Person gerichtet ist,
- bei (gültigem und wirksamem) Rechtsmittelverzicht (§ 255 BAO).

Gegen verfahrensleitende Verfügungen (§ 94 BAO) ist nach § 244 BAO ein abgesondertes Rechtsmittel nicht zulässig.

Eine Bescheidbeschwerde darf nicht deshalb als unzulässig zurückgewiesen werden, weil sie vor Beginn der Beschwerdefrist eingebracht wurde (§ 260 Abs. 2 BAO).

2.1.2.2. Befugnis zur Einbringung einer Bescheidbeschwerde

Nach § 246 Abs. 1 BAO ist jeder zur Einbringung einer Beschwerde befugt, an den der den Gegenstand der Anfechtung bildende Bescheid ergangen ist.

Beschwerdebefugt ist nur der, für den der Bescheid inhaltlich bestimmt ist und dem er auch wirksam bekannt gegeben wurde (zB VwGH 7.3.1991, 90/16/0043; VwGH 11.2.1992, 91/15/0121).

Nicht beschwerdebefugt sind beispielsweise:

- nicht mit Abgabenbescheid in Anspruch genommene Gesamtschuldner (zB VwGH 19.9.2001, 2001/16/0253),
- nicht mit Haftungsbescheid in Anspruch genommene Haftungspflichtige (zB VwGH 27.4.1994, 92/13/0016),
- lediglich zivilrechtlich gegenüber dem Abgabepflichtigen regresspflichtige Personen (vgl. VwGH 15.2.1985, 85/17/0006).

Über den Personenkreis des § 246 Abs. 1 BAO hinaus erweitert § 246 Abs. 2 BAO die Beschwerdebefugnis für Feststellungsbescheide auf jeden, gegen den solche Bescheide wirken (nach § 191 Abs. 3 BAO).

§ 191 Abs. 3 BAO betrifft vor allem Bescheide über die **Feststellung von Einkünften** (§ 188 BAO). Solche Bescheide wirken gegen alle, denen im Spruch des Bescheides Einkünfte zugerechnet bzw. nicht zugerechnet werden.

Die Beschwerdebefugnis jedes im Spruch Genannten setzt weiters voraus, dass der Feststellungsbescheid ihm gegenüber zugestellt ist oder (nach § 101 Abs. 3 BAO) als zugestellt gilt (vgl. zB VwGH 21.4.2005, 2003/15/0022).

Die **Zustellfiktion** des § 101 Abs. 3 BAO ist nur anwendbar, wenn der Bescheid einer nach § 81 BAO vertretungsbefugten Person zugestellt wird sowie wenn er einen Hinweis auf die Zustellfiktion enthält. § 101 Abs. 3 BAO gilt auch für Zustellungen nach Beendigung der Personenvereinigung (Personengemeinschaft) ohne eigene Rechtspersönlichkeit (zB nach Beendigung einer unechten stillen Gesellschaft oder nach Auflösung einer GesBR).

Nach § 190 Abs. 1 zweiter Satz BAO sind die für Feststellungsbescheide (§ 188 BAO) geltenden Vorschriften sinngemäß für Bescheide anzuwenden, mit denen ausgesprochen wird, dass eine solche Feststellung zu unterbleiben hat.

Die Wirksamkeit eines solchen **Nichtfeststellungsbescheides** setzt voraus, dass der Bescheid im Spruch die Beteiligten, die den Zufluss gemeinschaftlicher Einkünfte geltend machen (insbesondere in der Feststellungserklärung nach § 43 EStG 1988), namentlich bezeichnet.

Für nach Beendigung einer Personenvereinigung (Personengemeinschaft) zu erlassende Feststellungsbescheide (§ 188 BAO) ist § 101 Abs. 4 BAO anwendbar. Danach sind solche schriftlichen Ausfertigungen, die an diejenigen ergehen, denen gemeinschaftliche Einkünfte zugeflossen sind (vgl. § 191 Abs. 1 lit. c iVm Abs. 2 BAO), einer nach § 81 BAO vertretungsbefugten Person zuzustellen. Mit der Zustellung einer einzigen Ausfertigung an diese Person gilt die Zustellung an alle, denen der Bescheid gemeinschaftliche Einkünfte zurechnet, als vollzogen, wenn auf diese Rechtsfolge in der Ausfertigung hingewiesen wird.

§ 101 Abs. 4 BAO gilt dem § 190 Abs. 1 zweiter Satz BAO zufolge sinngemäß für Bescheide, mit denen ausgesprochen wird, dass die Feststellung zu unterbleiben hat.

§ 246 Abs. 2 BAO erweitert die Beschwerdebefugnis auf jeden, gegen den **Einheitswertbescheide** (§ 186 BAO) wirken.

Nach § 191 Abs. 3 BAO wirken einheitliche Bescheide über die Feststellung von Einheitswerten gegen alle, die am Gegenstand der Feststellung beteiligt sind.

Die Wirksamkeit solcher Bescheide setzt die namentliche Nennung der Beteiligten im Einheitswertbescheid voraus; weiters muss der Bescheid den Beteiligten gegenüber zugestellt sein oder (nach § 101 Abs. 3 BAO) als zugestellt gelten.

Zur Wirkung gegen den Rechtsnachfolger (und den Nachfolger im Besitz), auf den der Gegenstand der Feststellung nach dem Feststellungszeitpunkt übergegangen ist oder übergeht, siehe § 191 Abs. 4 BAO.

Nach § 246 Abs. 2 BAO ist zur Einbringung einer Bescheidbeschwerde gegen **Grundsteuermessbescheide** ferner jeder befugt, gegen den dieser Bescheid wirkt.

Zur Wirkungsfiktion bei Rechtsnachfolge und bei Nachfolge im Besitz siehe § 194 Abs. 5 BAO.

Nach § 248 BAO sind nach Abgabenvorschriften Haftungspflichtige innerhalb der für die Einbringung der Bescheidbeschwerde gegen den **Haftungsbescheid** offen stehenden Frist befugt, auch den Bescheid über den Abgabenanspruch mit Bescheidbeschwerde anzufechten.

Solche Bescheide über den Abgabenanspruch sind insbesondere Abgabenbescheide (§ 198 BAO) und Haftungsbescheide (vor allem die Haftung für Abfuhrabgaben gemäß § 202 BAO geltend machende Bescheide).

Dieses Beschwerderecht des zur Haftung Herangezogenen besteht auch dann, wenn die Bescheidbeschwerde des Primärschuldners (Erstschuldners) gegen den betreffenden Bescheid bereits rechtskräftig erledigt ist (VwGH 20.1.2005, 2004/14/0105).

Aus dem Beschwerderecht des Haftungspflichtigen gegen den Bescheid über den Abgabenanspruch ergibt sich, dass ihm über den Abgabenanspruch Kenntnis zu verschaffen ist (VwGH 2.7.2002, 96/14/0076). Dies geschieht nach RAE Rz 1216 (Richtlinien für die Abgabeneinhebung) zweckmäßigerweise durch Zusendung einer Ausfertigung oder Ablichtung des an den Erstschuldner gerichteten Abgabenbescheides (gegebenenfalls einschließlich einer an den Erstschuldner gerichteten Beschwerdevorentscheidung). Dies gilt gleichermaßen, wenn ein Haftungsbescheid (§ 202 BAO) der Bescheid über den Abgabenanspruch ist.

Wurde kein Bescheid über den Abgabenanspruch erlassen, so kann der Haftungspflichtige die Höhe des Abgabenanspruches in der Bescheidbeschwerde gegen den Haftungsbescheid anfechten (zB VwGH 27.1.2010, 2009/16/0309).

Auch in diesem Fall ist dem Haftungspflichtigen Kenntnis von den Voraussetzungen, Inhalten und Gründen, die ein Bescheid über den Abgabenanspruch hätte, Kenntnis zu verschaffen. Mitteilungen über den Haftungsgegenstand (Anspruch, Art, Höhe, Grund) müssen in dem Maß gemacht werden, dass der Haftende zumindest den Kenntnisstand gewinnen kann, den er einnehmen könnte, wäre ihm der Abgabenbescheid zugeleitet worden (VwGH 28.6.2001, 2000/16/0561).

§ 248 BAO gilt nach § 225 Abs. 1 zweiter Satz BAO sinngemäß für **Beschlagnahmebescheide**.

Daher ist der Adressat des Beschlagnahmebescheides befugt, auch den Bescheid über den Abgabenanspruch innerhalb der für die Einbringung der Bescheidbeschwerde gegen den Beschlagnahmebescheid offen stehenden Frist mit Bescheidbeschwerde anzufechten.

Dem Bescheidadressaten ist somit Kenntnis über den Abgabenanspruch (zweckmäßigerweise durch Übersendung einer Ablichtung des Abgabenbescheides) zu verschaffen. Wurde kein solcher Abgabenbescheid erlassen, so sind das Bestehen und die Höhe des Abgabenanspruches in der Bescheidbeschwerde gegen den Beschlagnahmebescheid anfechtbar.

2.1.2.3. Mangelnder Bescheidcharakter

Mit Bescheidbeschwerde sind nur **Bescheide anfechtbar**; eine Beschwerde, die sich gegen eine Erledigung ohne Bescheidqualität richtet, ist unzulässig (vgl. VwGH 22.3.2006, 2006/13/0001).

Keine Bescheide sind beispielsweise:

- Betriebsprüfungsberichte (zB VwGH 4.6.2009, 2006/13/0076),
- Unbedenklichkeitsbescheinigungen im Sinn des § 160 BAO (zB VwGH 4.12.2003, 2003/16/0091),
- Buchungsmitteilungen (zB VwGH 26.01.2011, 2007/13/0103, 0108),
- Mahnungen (zB VwGH 24.1.2000, 96/17/0339; VwGH 15.5.2000, 95/17/0458),
- Rückstandsausweise (zB VwGH 24.10.2002, 2000/15/0141),
- Rechtsauskünfte gemäß § 90 EStG 1988 (zB VwGH 24.5.1993, 92/15/0037),

- Auskünfte nach dem Auskunftspflichtgesetz (zB VwGH 19.9.1989, 88/14/0198),
- Verständigungen gemäß § 81 Abs. 2 letzter Satz BAO über die Vertreterbestellung (VwGH 2.8.2000, 99/13/0209).

2.1.2.4. Keine Bekanntgabe (Zustellung) der Erledigung

Erledigungen werden dadurch wirksam, dass sie demjenigen bekannt gegeben werden, für den sie ihrem Inhalt nach bestimmt sind (§ 97 Abs. 1 erster Satz BAO).

Bei schriftlichen Erledigungen erfolgt die Bekanntgabe in der Regel durch Zustellung. Die Bekanntgabe mündlicher Erledigungen erfolgt durch Verkündung.

Schriftliche Bescheide gehören daher erst mit ihrer Zustellung an den (die) Bescheidadressaten dem Rechtsbestand an. Vorher sind sie rechtlich nicht existent.

2.1.2.5. Fehlerhafte Bescheidadressierung

Gemäß § 93 Abs. 2 BAO hat jeder Bescheid den Spruch zu enthalten und in diesem die Person (Personenvereinigung, Personengemeinschaft) zu nennen, an die er ergeht. Die Personenumschreibung ist notwendiger Bestandteil eines Bescheidspruches.

Bei natürlichen Personen hat die Bezeichnung des Bescheidadressaten durch Anführen seines Vor- und Zunamens zu erfolgen. Eine Adressierung „an die Erben nach H. M.“, somit ohne Angabe der Namen dieser Erben, reicht nicht (VwGH 24.2.2005, 2001/15/0160).

Die Nennung des Bescheidadressaten im Adressfeld reicht (vgl. zB VwGH 22.11.2012, 2010/15/0026).

An rechtlich nicht oder nicht mehr existente Bescheidadressaten gerichtete Erledigungen sind rechtsunwirksam (nichtig).

Rechtsunwirksam sind somit beispielsweise nach Form und Inhalt von Bescheiden gestaltete Schriftstücke, die gerichtet sind an eine

- beendete GesBR (zB VwGH 19.12.2007, 2007/13/0142),
- beendete unechte stille Gesellschaft (VwGH 23.2.2005, 2002/14/0001),
- aufgelöste Miteigentümergemeinschaft (VwGH 29.9.1997, 93/17/0042),
- durch Verschmelzung erloschene GmbH (zB VwGH 19.6.2002, 99/15/0144; VwGH 19.1.2005, 2004/13/0164),
- verstorbene Person (VwGH 27.10.2008, 2008/17/0164),
- Verlassenschaft nach Einantwortung (zB VwGH 1.10.2008, 2006/13/0123).

Eine **GesBR** (§ 1175 ABGB) endet mit ihrer Auflösung. Auflösungsgründe sind beispielsweise:

- Vereinbarung,
- Zeitablauf bei befristetem Gesellschaftsvertrag (§ 1205 ABGB),
- Aufkündigung der unbefristeten Gesellschaft durch einen Gesellschafter (§ 1212 ABGB).

Eine **stille Gesellschaft** endet mit ihrer Auflösung. Auflösungsgründe sind beispielsweise:

- Kündigung der Gesellschaft durch einen der Gesellschafter (vgl. § 184 UGB),
- Erreichung des vereinbarten Zweckes,
- Unmöglichwerden der Zweckerreichung,
- Eröffnung des Konkurses über das Vermögen eines Gesellschafters (vgl. § 185 UGB),
- Tod des Inhabers des Unternehmens (§ 185 Abs. 2 UGB), jeweils nur dann, wenn der Gesellschaftsvertrag nichts anderes bestimmt.

Durch den Tod des stillen Gesellschafters wird die Gesellschaft nicht aufgelöst (§ 184 Abs. 2 UGB).

Die Parteifähigkeit einer **OG** oder **KG** erlischt erst mit Vollbeendigung der Gesellschaft. Die Auflösung solcher Gesellschaften und die Löschung ihrer Firma im Firmenbuch beeinträchtigt ihre Parteifähigkeit so lange nicht, als ihre Rechtsverhältnisse zu Dritten (zB zu Abgabengläubigern) noch nicht vollständig abgewickelt sind (zB VwGH 25.4.2013, 2012/15/0161).

Dies gilt auch für noch nicht abgeschlossene Feststellungsverfahren (zB VwGH 25.4.2013, 2010/15/0131, 2011/15/0143).

Zur Vorgangsweise nach Beendigung von Personenvereinigungen (Personengemeinschaften) ohne eigene Rechtspersönlichkeit siehe §§ 19 Abs. 2, 81 Abs. 6, 101 Abs. 4 und 191 Abs. 2 BAO.

2.1.2.6. Aufgehobene Bescheide

Werden mit Bescheidbeschwerde angefochtene Bescheide vor Erledigung ersatzlos aufgehoben (somit nicht im Sinn des § 253 BAO durch an ihre Stelle tretende Bescheide ersetzt), so führt dies zur Unzulässigkeit der Beschwerde. Die Beschwerde ist daher als unzulässig geworden zurückzuweisen.

Verfahrenstitel für solche Aufhebungen sind vor allem:

- § 299 Abs. 1 BAO (zB Aufhebung des Zwangsstrafenbescheides, weil die Androhung der Zwangsstrafe nicht zugestellt wurde),
- 303 BAO (zB Wiederaufnahme des Verfahrens unter gleichzeitiger Aufhebung eines Abgabenbescheides von Amts wegen, wenn die für die Unzuständigkeit der Bescheidbehörde maßgebenden Tatsachen nachträglich neu hervorkommen).

Zu § 261 BAO (Gegenstandsloserklärung) siehe Abschnitt 2.4.

2.1.2.7. Rechtsmittelverzicht

Eine trotz Rechtsmittelverzichts eingebrachte Beschwerde ist unzulässig. Die Möglichkeit, den Bescheid hinsichtlich der Fälligkeit einer festgesetzten Abgabe anzufechten, bleibt unberührt (§ 255 Abs. 3 BAO).

Die Zurückweisung der Beschwerde wegen Unzulässigkeit setzt voraus, dass der Rechtsmittelverzicht wirksam und gültig ist.

Der vor Erlassung des Bescheides abgegebene Rechtsmittelverzicht ist nach § 255 Abs. 2 BAO nur dann **wirksam**, wenn aus der Verzichtserklärung (Niederschrift) hervorgeht, dass dem Verzichtenden im Zeitpunkt ihrer Abgabe der Inhalt des zu erwartenden Bescheides, bei Abgabenbescheiden die Grundlagen der Abgabenfestsetzung, die Höhe und die Abweichungen von den bisherigen Festsetzungen, bekannt waren.

Weicht der Bescheid von diesen Angaben ab, so wird der Rechtsmittelverzicht dadurch unwirksam.

Ein Rechtsmittelverzicht ist nur **gültig**, wenn keine Willensmängel vorliegen.

Zur Ungültigkeit führen vor allem:

- physischer oder psychischer Zwang,
- Irrtum (§ 871 ABGB),
- Drohungen (vgl. § 870 ABGB),
- Verweigerung der erbetenen Bedenkzeit.

Zur Ungültigkeit der Verzichtserklärung führt ein wesentlicher Irrtum etwa dann, wenn er von der Abgabenbehörde veranlasst wurde (vgl. zB VwGH 16.3.2005, 2003/14/0005).

Rechtswidrige (zur Ungültigkeit des Rechtsmittelverzichtes führende) Drohungen könnten etwa bei Androhung

- der Einleitung eines Finanzstrafverfahrens,
- der Ausdehnung des Prüfungszeitraumes,
- einer überhöhten Schätzung von Abgabenbemessungsgrundlagen,
- einer Anzeige (zB gemäß § 80 StPO)

vorliegen.

Rechtswirkungen entfaltet ein (wirksamer und gültiger) Rechtsmittelverzicht nur für die Person, die ihn abgegeben hat. Für andere gegen den betreffenden Bescheid beschwerdebefugte Personen entfaltet er keine Rechtsfolgen.

Beispiel:

Ein vom Vertreter (§ 81 BAO) einer Personengemeinschaft (zB KG) abgegebener, Feststellungsbescheide gemäß § 188 BAO betreffender Rechtsmittelverzicht steht der Bescheidbeschwerde eines der Beteiligten (zB eines Gesellschafters der KG) nicht entgegen.

2.1.2.8. Unzulässigkeit abgesonderter Rechtsmittel

Gegen nur das Verfahren betreffende Verfügungen ist ein abgesondertes Rechtsmittel nicht zulässig. Sie können erst in der Bescheidbeschwerde gegen den die Angelegenheit abschließenden Bescheid angefochten werden (§ 244 BAO).

Um die Rechtswidrigkeit einer verfahrensleitenden Verfügung im Beschwerdeverfahren geltend zu machen, genügt die Bescheidbeschwerde gegen den abschließenden Bescheid. Eine gesonderte Anfechtung der verfahrensleitenden Verfügung (anlässlich der Bescheidbeschwerde gegen den abschließenden Bescheid), somit eine zweite Bescheidbeschwerde ist nicht erforderlich.

Solche Bescheide (so genannte verfahrensleitende Verfügungen) sind beispielsweise:

- Mängelbehebungsauftrag (§ 85 Abs. 2 BAO),
- Auftrag zur unterschriebenen Bestätigung des Anbringens (§ 86a Abs. 1 letzter Satz BAO),
- Vorladung (§ 91 BAO),
- Ablehnung eines Antrages auf Verlängerung einer Frist (§ 110 Abs. 3 BAO),
- Androhung einer Zwangsstrafe (§ 111 Abs. 4 BAO),
- Aufforderung zur Einreichung einer Abgabenerklärung gemäß § 133 Abs. 1 BAO (vgl. VwGH 21.9.1988, 88/13/0161),
- Auskunftsverlangen gemäß § 143 BAO (VwGH 13.9.1973, 18/73),
- Prüfungsauftrag (§ 148 Abs. 4 BAO),
- Ergänzungsauftrag (§ 161 Abs. 1 BAO),
- Bedenkenvorhalt (§ 161 Abs. 2 BAO),
- Aufforderung zur genauen Bezeichnung von Gläubigern oder Empfängern gemäß § 162 Abs. 1 BAO,
- Ablehnung eines Beweisantrages (§ 183 Abs. 3 BAO).

Abgesonderte Rechtsmittel gegen verfahrensleitende Verfügungen sind als unzulässig zurückzuweisen (zB VwGH 26.1.1998, 97/17/0035).

2.1.2.9. Weitere Zurückweisungsgründe

Anfechtbar ist nur der Spruch des Bescheides. Daher ist eine ausschließlich gegen die Begründung eines Bescheides gerichtete Bescheidbeschwerde als unzulässig zurückzuweisen (zB VwGH 18.11.2003, 2003/14/0083).

Bedingte Prozesshandlungen sind grundsätzlich unwirksam (vgl. zB VwGH 29.1.2004, 2002/15/0081, 2003/15/0081). Daher ist eine unter einer Bedingung eingebrachte Beschwerde als unzulässig zurückzuweisen (zB UFS 19.10.2005, RV/0228-G/05).

Beispiel:

Beschwerde gegen einen Umsatzsteuerbescheid unter der Bedingung, dass der EuGH eine Bestimmung des UStG 1994 für unionsrechtswidrig hält.

Eventualanträge (daher auch in eventu eingebrachte Beschwerden) sind zulässig (vgl. zB VwGH 28.11.2007, 2005/15/0134). Das Wesen eines Eventualantrages liegt darin, dass er unter der aufschiebenden Bedingung gestellt wird, dass der Primärantrag erfolglos bleibt (VwGH 9.8.2001, 2000/16/0624), sodass der Eventualantrag dann gegenstandslos wird, wenn dem Primärantrag stattgegeben wurde (VwGH 15.10.1991, 90/05/0214).

Beispiel:

Einbringung eines Antrages auf Berichtigung gemäß § 293b BAO. In eventu (für den Fall der Abweisung des Berichtigungsantrages) wird eine Bescheidbeschwerde eingebracht.

Im Zweifel ist einem Anbringen einer Partei, das sie zur Wahrung ihrer Rechte stellt, nicht ein solcher Inhalt beizumessen, der ihr die Rechtsverteidigungsmöglichkeit nimmt (zB VwGH 29.7.2010, 2009/15/0152). Dies gilt auch, wenn zweifelhaft erscheint, ob eine zur Unwirksamkeit der Beschwerde führende Bedingung oder ein (zulässiger) Eventualantrag vorliegt.

2.1.3. Nicht fristgerechte Einbringung

2.1.3.1. Berechnung der Beschwerdefrist

Ob eine Beschwerde fristgerecht ist, richtet sich primär nach § 245 BAO und nach den §§ 108 bis 110 BAO (weiters etwa nach § 93 Abs. 4 und 5 BAO).

Die Beschwerdefrist beträgt **ein Monat** ab Bekanntgabe des Bescheides (§ 245 Abs. 1 BAO).

Nach Wochen, Monaten oder Jahren bestimmte Fristen enden mit Ablauf des Tages der letzten Woche oder des letzten Monats, der durch seine Benennung oder Zahl dem für den Fristbeginn maßgebenden Tag entspricht. Fehlt dieser Tag im letzten Monat, so endet die Frist mit dem letzten Tag dieses Monats (§ 108 Abs. 2 BAO).

Beispiele (Monatsfrist):

Fristbeginn	*Fristende*
12. Jänner	*12. Februar*
31. März	*30. April*
30. Juni	*30. Juli*

Fällt das Ende der Frist auf einen Samstag, Sonntag, gesetzlichen Feiertag, Karfreitag oder 24. Dezember, so gilt der nächste Tag, wenn er nicht einer der vorgenannten Tage ist, als letzter Tag der Frist (§ 108 Abs. 3 BAO).

Beispiel:

Bescheidzustellung am 18. März 2014; die Beschwerdefrist endet am Dienstag, den 22. April 2014 (18. April 2014 ist Karfreitag).

Tage des Postenlaufes werden nach § 108 Abs. 4 BAO in die Frist nicht eingerechnet, sofern das Schriftstück innerhalb der Frist der Post übergeben und auf dem Briefumschlag an die zuständige Behörde mit richtiger Anschrift gerichtet ist (vgl. zB VwGH 29.5.1985, 84/13/0079).

Enthält ein Bescheid die Ankündigung, es werde noch eine Begründung zum Bescheid separat ergehen, so wird die Beschwerdefrist nicht vor Bekanntgabe der fehlenden Begründung oder der Mitteilung, dass die Ankündigung als gegenstandslos zu betrachten ist, in Lauf gesetzt (§ 245 Abs. 1 BAO). Dies gilt sinngemäß, wenn eine Bescheidbegründung auf einen Bericht (§ 150 BAO) verweist.

Enthält der Bescheid keine Rechtsmittelbelehrung oder keine Angabe über die Rechtsmittelfrist oder erklärt er zu Unrecht ein Rechtsmittel für unzulässig, so wird die Rechtsmittelfrist nicht in Lauf gesetzt (§ 93 Abs. 4 BAO).

Ist in dem Bescheid eine kürzere oder längere als die gesetzliche Frist angegeben, so gilt das innerhalb der gesetzlichen oder der angegebenen längeren Frist eingebrachte Rechtsmittel als rechtzeitig erhoben (§ 93 Abs. 5 BAO).

2.1.3.2. Verlängerung der Frist

Die **Verlängerung der Beschwerdefrist** hat aus berücksichtigungswürdigen Gründen, auch wiederholt, zu erfolgen (§ 245 Abs. 3 BAO). Sie setzt einen vor Fristablauf gestellten Antrag voraus (vgl. zB VwGH 17.11.2004, 2000/14/0142).

Die Verlängerung hat mit Bescheid zu erfolgen. Sie liegt nicht im Ermessen der Abgabenbehörde.

Fristverlängerungsbescheide sind verfahrensleitende Verfügungen im Sinn des § 94 BAO. Sie können daher schriftlich oder mündlich erlassen werden. Telefonische Bescheide sind unwirksam (vgl. zB VwGH 17.11.2005, 2001/13/0279).

Die **Hemmung** der Beschwerdefrist tritt ein (§ 245 Abs. 2 und 3 BAO)

- durch einen Antrag auf Mitteilung der einem Bescheid ganz oder teilweise fehlenden Begründung,
- durch einen Antrag auf Verlängerung der Beschwerdefrist.

Die Hemmung der Frist beginnt mit dem Tag der Einbringung des Antrages (zB Postaufgabe, Überreichung), wenn die Einbringung innerhalb der Beschwerdefrist erfolgt.

Ein verspäteter Antrag hat keine fristhemmende Wirkung (VwGH 8.3.1994, 91/14/0026). Wird einem nach Ablauf der Beschwerdefrist gestellten Antrag entsprochen, so ist der Fristverlängerungsbescheid zwar rechtswidrig, aber wirksam (zB VwGH 17.11.2004, 2000/14/0142).

Telefonische Anträge sind wirkungslos (zB VwGH 17.11.2005, 2001/13/0279).

Die Hemmung endet mit dem Tag der Zustellung der Mitteilung der fehlenden Begründung bzw. der Entscheidung über den Fristverlängerungsantrag.

Die Hemmung als Folge des Fristverlängerungsantrages kann jedoch nicht dazu führen, dass die Beschwerdefrist erst nach dem Zeitpunkt, bis zu dem letztmals ihre Verlängerung beantragt wurde, abläuft (§ 245 Abs. 4 letzter Satz BAO).

Beispiele:

1. *Bescheidzustellung 4. Mai; Einbringung des Fristverlängerungsantrages 14. Mai; beantragte Frist 30. Juni; Zustellung der Abweisung des Antrages 28. Juni. Ende der Beschwerdefrist jedenfalls 30. Juni.*
2. *Bescheidzustellung 10. Oktober; rechtzeitiger Fristverlängerungsantrag; beantragte Frist 25. November; Finanzamt reagiert nicht. Ende der Beschwerdefrist daher 25. November.*

2.2. Zurücknahmeerklärung (§ 256 Abs. 3 BAO)

Die Zurücknahme einer Beschwerde ist bis zur Bekanntgabe der Entscheidung über die Beschwerde (somit bis zur Zustellung bzw. zur Verkündung der Entscheidung) zulässig (§ 256 Abs. 1 erster Satz BAO).

Die Zurücknahme ist schriftlich oder mündlich zu erklären (§ 256 Abs. 1 zweiter Satz BAO).

Die Zurücknahme der Beschwerde ist nicht widerrufbar (zB VwGH 3.4.1973, 1502/72; VwGH 8.3.1991, 90/17/0328).

Eine bedingte Zurückziehung der Beschwerde ist wirkungslos (zB VwGH 28.1.1994, 91/17/0070, 0126).

Willensmängel (zB Drohung, Zwang, Irrtum) führen zur Ungültigkeit der Zurückziehung (vgl. zB UFS 9.9.2004, RV/0709-L/03).

Wurden Beschwerden von mehreren Beschwerdebefugten eingebracht, so ist die Zurücknahme nur wirksam, wenn alle Beschwerden zurückgenommen werden. Dies gilt beispielsweise, wenn ein Bescheid über die Feststellung von Einkünften (§ 188 BAO) einer KG von der KG sowie von einem Gesellschafter oder von mehreren Gesellschaftern angefochten ist.

Wurden Beitrittserklärungen abgegeben, so ist die Zurücknahme der Bescheidbeschwerde nur wirksam, wenn ihr alle zustimmen, die der Beschwerde beigetreten sind (§ 256 Abs. 2 BAO).

Auch nach Ergehen einer Beschwerdevorentscheidung und Einbringung eines Vorlageantrages ist die Zurücknahme der Beschwerde zulässig. Diesfalls bewirkt die Gegenstandsloserklärung die Aufhebung der Beschwerdevorentscheidung (und damit das Wiederaufleben des mit Beschwerde angefochtenen Bescheides).

Die Zurücknahme einer Bescheidbeschwerde steht einer neuerlichen Einbringung einer Beschwerde gegen den betreffenden Bescheid entgegen (vgl. zB VwGH 7.12.1972, 0847/71).

2.3. Zurücknahme nach § 85 Abs. 2 BAO

2.3.1. Formgebrechen

Formgebrechen sind solche Gestaltungen, die gesetzlich normierten Vorschriften widersprechen, wenn diese Vorschriften die formelle Behandlung eines Anbringens sicherstellen oder die Erledigung für die Behörde erleichtern oder überhaupt erst ermöglichen sollen (zB VwGH 8.9.2009, 2009/17/0110).

Die Nichtverwendung einer für den Einschreiter zugelassenen **Amtssprache** ist ein Formgebrechen (zB VwGH 22.4.1998, 97/03/0323; VwGH 23.2.2000, 2000/12/0026).

Nach Art. 8 B-VG ist die Amtssprache deutsch. Nach Maßgabe des Volksgruppenrechtes kommen weiters slowenisch, kroatisch und ungarisch in Betracht.

Ein Formgebrechen liegt vor, wenn der **Nachweis der Zustimmung** des Masseverwalters (Insolvenzverwalters) zu einer Eingabe des Schuldners fehlt (vgl. zB VwGH 12.11.1986, 85/13/0183). Die Zustimmung (Genehmigung) des Masseverwalters (Insolvenzverwalters) kann auch nachträglich erfolgen (vgl. VwGH 15.7.1998, 97/13/0090).

Ein Formgebrechen im Sinn des § 85 Abs. 2 BAO ist weiters die fehlende Zustimmung (Genehmigung) des Sachwalters (vgl. zB VwGH 24.11.1987, 87/11/0141; UFS 27.10.2004, RD/0003-L/04).

2.3.2. Fehlende Unterschrift

Eine Unterschrift ist ein Gebilde aus Buchstaben einer üblichen Schrift, aus der ein Dritter, der den Namen des Unterzeichneten kennt, dessen Namen aus dem Schriftbild noch herauslesen kann. Sie muss nicht lesbar sein. Nötig ist aber ein die Identität des Unterschreibenden kennzeichnender, individueller Schriftzug, der entsprechende charakteristische Merkmale aufweist und sich als Unterschrift eines Namens darstellt (zB VwGH 17.5.2001, 2001/16/0062).

Eine Paraphe (Handzeichen) ist keine Unterschrift (vgl. VwGH 13.10.1994, 93/09/0302).

2.3.3. Sinngemäße Anwendung des § 85 Abs. 2 BAO

2.3.3.1. Fehlender Nachweis der Bevollmächtigung (§ 85 Abs. 4 BAO)

Wird ein Anbringen (§ 85 Abs. 1 oder 3 BAO) nicht vom Abgabepflichtigen selbst vorgebracht, ohne dass sich der Einschreiter durch eine schriftliche Vollmacht ausweisen kann und ohne dass § 83 Abs. 4 BAO Anwendung findet, gelten für die nachträgliche Beibringung der Vollmacht die Bestimmungen des § 85 Abs. 2 BAO sinngemäß (§ 85 Abs. 4 BAO).

§ 85 Abs. 4 BAO dient nicht dazu, eine nachträgliche Vollmachtserteilung zu ermöglichen, sondern lediglich den Nachweis einer bereits erfolgten Bevollmächtigung (allenfalls durch nachträgliche Beurkundung) nachzureichen (zB VwGH 16.3.1995, 94/16/0192; VwGH 22.3.1996, 95/17/0384). Aus der Datierung einer vorgelegten Vollmachtsurkunde kann aber nicht darauf geschlossen werden, dass erst mit der Datierung der Urkunde das Vollmachtsverhältnis entstanden wäre (zB VwGH 19.12.1989, 86/07/0268; VwGH 22.3.1996, 95/17/0384).

Ein Mängelbehebungsverfahren nach § 85 Abs. 4 BAO ist jedoch unzulässig, wenn sich ein berufsrechtlich hiezu befugter Bevollmächtigter auf die ihm erteilte Bevollmächtigung berufen könnte (vgl. zB VwGH 18.7.2001, 97/13/0179).

Solche Befugnisse ergeben sich aus

- § 88 Abs. 9 Wirtschaftstreuhandberufsgesetz (WTBG) für Steuerberater und Wirtschaftsprüfer,
- § 36 Abs. 5 Bilanzbuchhaltungsgesetz 2014 (BibuG 2014) für Bilanzbuchhalter,
- § 8 Abs. 1 Rechtsanwaltsordnung für Rechtsanwälte,
- § 5 Abs. 4a Notariatsordnung für Notare.

Bestehen (zB nach der Aktenlage) konkrete Zweifel, ob der betreffende Parteienvertreter tatsächlich bevollmächtigt ist, so hat die Abgabenbehörde von Amts wegen entsprechende Ermittlungen vorzunehmen.

Bestehen Zweifel über das Bestehen und den Umfang der Vertretungsbefugnis amtsbekannter Angehörige (§ 25 BAO), Haushaltsangehöriger oder Angestellter, so darf die Abgabenbehörde nicht nach § 83 Abs. 4 BAO von einer ausdrücklichen Vollmacht absehen. Bei solchen Zweifeln hat die Abgabenbehörde nach § 85 Abs. 4 BAO vorzugehen (somit einen Mängelbehebungsauftrag an den Einschreiter zu erlassen).

2.3.3.2. Vollmachtsmängel (§ 83 Abs. 2 zweiter Satz BAO)

Die Abgabenbehörde hat die Behebung etwaiger Mängel (der Vollmacht) unter sinngemäßer Anwendung des § 85 Abs. 2 BAO zu veranlassen.

Ein solcher Vollmachtsmangel liegt beispielsweise vor, wenn die vorgelegte Vollmachturkunde nicht zur Einbringung der betreffenden Eingabe berechtigt (vgl. VwGH 29.9.1978, 0045/78, 559/78).

2.3.4. Inhaltliche Mängel (§ 250 Abs. 1 BAO)

Voraussetzung für die Beurteilung eines Schriftsatzes als Beschwerde (im Sinn der §§ 243 und 250 BAO) ist, dass aus dem Anbringen zumindest andeutungsweise zu entnehmen ist, die Partei beabsichtige eine behördliche Maßnahme zu bekämpfen. Lässt sich erkennen, dass der Einschreiter sich durch eine bestimmte Entscheidung beschwert fühlt und deren Nachprüfung begehrt, so ist vom Vorliegen einer Beschwerde auszugehen (vgl. zB VwGH 19.2.1997, 94/13/0269). Die Bezeichnung des Schriftsatzes ist bei der Beurteilung, ob eine Beschwerde vorliegt, nicht von ausschlaggebender Bedeutung (vgl. zB VwGH 12.8.2002, 2001/17/0171).

Die Beschwerde muss nach § 250 Abs. 1 BAO folgende Bestandteile enthalten:

a) die Bezeichnung des angefochtenen Bescheides,
b) die angefochtenen Teile des Bescheides,
c) die beantragten Änderungen (Beschwerdebegehren),
d) eine Begründung.

Für § 250 Abs. 1 lit. a BAO (Bezeichnung des angefochtenen Bescheides) genügt es, dass aus dem gesamten Inhalt des Rechtsmittels hervorgeht, wogegen es sich richtet, (zB VwGH 12.3.2010, 2006/17/0360).

Die Erklärung, welche Änderungen beantragt werden (§ 250 Abs. 1 lit. c BAO), muss einen bestimmten oder zumindest bestimmbaren Inhalt haben (zB VwGH 28.5.2008, 2008/15/0123). Die Abgabenbehörde soll nämlich in die Lage versetzt werden, klar zu erkennen, welche Unrichtigkeit der Beschwerdeführer dem Bescheid zuschreiben will (zB VwGH 15.11.2005, 2004/14/0108).

Die Bestimmtheit oder Bestimmbarkeit einer Erklärung, welche Änderungen beantragt werden, erfordert bei teilweiser Anfechtung des Bescheides die Erklärung, wie weit diese Anfechtung reicht (vgl. zB VwGH 15.11.2005, 2004/14/0108).

Der Antrag auf erklärungsgemäße Veranlagung entspricht dem Erfordernis des § 250 Abs. 1 lit. c BAO nur dann, wenn tatsächlich eine solche Abgabenerklärung eingereicht wurde (VwGH 20.7.1999, 93/13/0312).

Ist ein angefochtener Bescheid einer Abänderung nicht zugänglich, sodass das Beschwerdebegehren der Natur der Sache nach nur auf die Aufhebung des angefochtenen Bescheides gerichtet sein kann, so ist mit einem auf Aufhebung des bekämpften Bescheides gerichteten Beschwerdebegehren den Erfordernissen des § 250 Abs. 1 lit. b und c BAO Genüge getan (zB VwGH 15.11.2005, 2004/14/0108).

Dies gilt beispielsweise für Beschwerden gegen

- Zurücknahmebescheide gemäß § 85 Abs. 2 BAO,
- Wiederaufnahmsbescheide,
- Zurückweisungsbescheide.

Das ausdrückliche Begehren auf ersatzlose Aufhebung des angefochtenen Abgabenbescheides genügt für § 250 Abs. 1 lit. b und c BAO (VwGH 30.9.1998, 93/13/0258). Dies gilt auch für Anträge auf ersatzlose Aufhebung von Haftungsbescheiden (VwGH 28.1.1998, 96/13/0081) oder von Beschlagnahmebescheiden.

Dem Fehlen einer Begründung (§ 250 Abs. 1 lit. d BAO) ist nicht gleichzuhalten, dass die Begründung allenfalls unschlüssig oder inhaltlich unzutreffend ist (zB VwGH 31.5.2011, 2008/15/0331).

Mängelbehebungsaufträge dürfen nicht zur Beibringung von Beweismitteln erteilt werden (zB VwGH 17.12.1998, 97/15/0130); dies gilt beispielsweise für Aufträge zur Vorlage von Steuererklärungen und Steuerbilanzen (VwGH 14.10.1980, 1001/79).

2.3.5. Mängelbehebungsauftrag

Liegen Mängel im Sinn des § 85 Abs. 2 BAO bei Bescheidbeschwerden vor, so hat die Abgabenbehörde einen Mängelbehebungsauftrag zu erlassen. Dies liegt nicht im Ermessen der Behörde (vgl. zB VwGH 29.6.1999, 99/14/0123).

Nicht mit Mängelbehebungsauftrag vorzugehen ist jedoch, wenn die Eingabe von vornherein offenkundig aussichtslos ist, insbesondere wenn sie wegen Verspätung oder wegen Nichtlegitimation des Einschreiters zurückzuweisen ist (vgl. zB VwGH 27.6.1994, 93/12/0095, 0096).

Der Mängelbehebungsauftrag ist an den Einschreiter, somit bei fehlendem Nachweis der Vollmacht an den Bevollmächtigten, zu richten (vgl. zB VwGH 22.1.1988, 88/18/0003; VwGH 12.6.1990, 89/14/0085).

Mängelbehebungsaufträge sind verfahrensleitende Verfügungen im Sinn der §§ 94 und 244 BAO. Sie sind daher nicht abgesondert anfechtbare Bescheide. Solche Bescheide haben den Hinweis auf die Zurücknahmefiktion (für den Fall der Nichtbefolgung bzw. nicht fristgerechter Befolgung des Auftrages) zu enthalten.

Mängelbehebungsaufträge sind zweckmäßigerweise mit Zustellnachweis zuzustellen.

Im Mängelbehebungsauftrag ist eine **angemessene Frist** zu setzen.

Die Mängelbehebungsfrist ist auf Antrag verlängerbar (zB VwGH 3.6.1993, 92/16/0116). Dies ergibt sich aus § 110 Abs. 2 BAO, wonach von der Abgabenbehörde festgesetzte Fristen verlängert werden können.

Anträge auf Verlängerung der Beschwerden (und Vorlageanträge) betreffenden Mängelbehebungsfristen haben nach § 245 Abs. 5 BAO fristhemmende Wirkung (sinngemäße Anwendung des § 245 Abs. 3 und 4 BAO).

Über Fristverlängerungsanträge ist mit Bescheid abzusprechen. In Betracht kommt insbesondere die Bewilligung der Fristverlängerung sowie die Ablehnung (Zurückweisung oder Abweisung) des Antrages. Solche Bescheide sind verfahrensleitende Verfügungen (im Sinn der §§ 94 und 244 BAO).

Gegen die Ablehnung eines Antrages auf Verlängerung einer Frist ist ein abgesondertes Rechtsmittel nicht zulässig (§ 110 Abs. 3 BAO).

Bei nicht grob verschuldeter Versäumung der Frist kommt eine **Wiedereinsetzung** in den vorigen Stand (§ 308 BAO) in Betracht.

Die Fristverlängerung liegt im Ermessen der Abgabenbehörde.

Die Befolgung von Mängelbehebungsaufträgen ist nicht mit Zwangsstrafe (§ 111 BAO) erzwingbar.

2.3.6. Erklärung als zurückgenommen

Wird einem rechtmäßigen Mängelbehebungsauftrag überhaupt nicht, nicht zeitgerecht oder unzureichend entsprochen, so gilt die Beschwerde als zurückgenommen.

Dies liegt nicht im Ermessen und hat durch Beschwerdevorentscheidung (bzw. durch Beschluss des Verwaltungsgerichtes) zu erfolgen. Diese Entscheidung ist zu begründen (nach § 93 Abs. 3 lit. a BAO bzw. nach § 280 Abs. 1 lit. e BAO).

Mängelbehebungsaufträge sind insbesondere dann nicht rechtmäßig, wenn

- die Voraussetzungen für ihre Erlassung nicht vorliegen,
- die gesetzte Frist nicht angemessen war,
- der Hinweis auf die Rechtsfolge der Nichtbefolgung (Zurücknahmefiktion) fehlt.

2.4. Gegenstandslosigkeit (§ 261 BAO)

2.4.1. Voraussetzungen des § 261 Abs. 1 BAO

Tritt ein Bescheid an die Stelle eines mit Bescheidbeschwerde angefochtenen Bescheides, so gilt die Beschwerde als auch gegen den späteren Bescheid gerichtet. Dies gilt auch dann, wenn der frühere Bescheid einen kürzeren Zeitraum als der ihn ersetzende Bescheid umfasst (§ 253 BAO).

Die Bescheidbeschwerde ist nach § 261 Abs. 1 lit. a BAO als gegenstandslos zu erklären, wenn dem Beschwerdebegehren in einem an die Stelle des angefochtenen Bescheides tretenden Bescheid Rechnung getragen wird.

Die §§ 253 und 261 Abs. 1 lit. a BAO sind insbesondere anwendbar für

- endgültige Bescheide, die (gemäß § 200 Abs. 2 erster Satz BAO) nach vorläufigen Bescheiden ergehen,
- vorläufige Bescheide, die nach vorläufigen Bescheiden (nach § 200 Abs. 1 zweiter Satz BAO) erlassen werden,
- nachträglich (insbesondere gemäß § 295 Abs. 1 BAO) geänderte Bescheide,
- neue Sachbescheide, die bei Aufhebung gemäß § 299 Abs. 1 BAO oder gemäß § 300 Abs. 1 BAO ergehen,
- neue Sachbescheide, die bei einer Wiederaufnahme des Verfahrens (§ 303 BAO) ergehen,
- Stundungszinsen gemäß § 212 Abs. 2 letzter Satz BAO herabsetzende Bescheide,
- Aussetzungszinsen gemäß § 212a Abs. 9 zweiter Satz BAO herabsetzende Bescheide,
- Säumniszuschläge gemäß § 214 Abs. 5 BAO herabsetzende Bescheide,
- Säumniszuschläge gemäß § 217 Abs. 7, 8 oder 9 BAO herabsetzende Bescheide,
- Umsatzsteuerveranlagungsbescheide (§ 21 Abs. 4 UStG 1994), die an die Stelle von Umsatzsteuerfestsetzungsbescheiden (§ 21 Abs. 3 UStG 1994) treten.

§ 253 BAO gilt auch dann, wenn im Zeitpunkt der Erlassung des Änderungsbescheides (§ 295 Abs. 1 BAO) die Bescheidbeschwerde vorübergehend (durch eine Beschwerdevorentscheidung) als erledigt gilt. Durch einen rechtzeitigen Vorlageantrag wird sie wieder unerledigt. Damit gilt die gegen den geänderten Bescheid (zB Einkommensteuerbescheid) gerichtete Bescheidbeschwerde als auch gegen den Änderungsbescheid (§ 295 Abs. 1 BAO) gerichtet.

Weiters gilt § 253 BAO auch dann, wenn ein gemäß § 200 Abs. 1 BAO vorläufiger Bescheid gemäß § 293b BAO berichtigt und vor Erledigung der gegen den berichtigenden Bescheid gerichteten Bescheidbeschwerde durch einen endgültigen Bescheid (§ 200 Abs. 2 BAO) ersetzt wird. Diesfalls tritt der endgültige Bescheid (ua.) an die Stelle des berichtigenden Bescheides, sodass die gegen den auf § 293b BAO gestützten Bescheid gerichtete Bescheidbeschwerde als auch gegen den endgültigen Bescheid gerichtet gilt.

Eine Bescheidbeschwerde ist weiters nach § 261 Abs. 1 lit. b BAO als gegenstandslos zu erklären, wenn dem Beschwerdebegehren in einem den angefochtenen Bescheid abändernden oder aufhebenden Bescheid Rechnung getragen wird.

Dies gilt vor allem für

- Berichtigungen gemäß den §§ 293 oder 293b BAO,
- Abänderungen gemäß § 295a BAO,
- (ersatzlose) Aufhebungen gemäß § 299 Abs. 1 BAO,
- Berichtigungen gemäß § 16 Abs. 3 BewG 1955.

2.4.2. Voraussetzungen des § 261 Abs. 2 BAO

Einen gegen einen Sachbescheid nach § 299 Abs. 2 BAO oder nach § 307 Abs. 1 BAO gerichtete Bescheidbeschwerde ist als gegenstandslos zu erklären, wenn

- einer gegen den Aufhebungsbescheid (§ 299 Abs. 1 BAO) gerichteten Bescheidbeschwerde bzw.
- einer gegen den die Wiederaufnahme des Verfahrens (§ 303 BAO) bewilligenden oder verfügenden Bescheid gerichteten Bescheidbeschwerde

entsprochen wird.

2.4.3. Gegenstandsloserklärung

Die Gegenstandsloserklärung hat zu erfolgen

- mit Beschwerdevorentscheidung bzw.
- mit Beschluss (§ 278 BAO).

Gegenstandsloserklärungen liegen nicht im Ermessen der Abgabenbehörde bzw. des Verwaltungsgerichtes.

Solche Entscheidungen sind mit Vorlageantrag (§ 264 BAO) bzw. mit Revision an den VwGH oder Beschwerde an den VfGH anfechtbar.

Eine teilweise Gegenstandsloserklärung ist nicht vorgesehen (im Unterschied zu § 274 BAO idF vor FVwGG 2012).

3. Entscheidungen in der Sache (§ 263 BAO)

3.1. Allgemeines

Ist über die Bescheidbeschwerde nicht mit Formalerledigung zu entscheiden, so hat eine meritorische Erledigung (Sachentscheidung) zu ergehen.

Die diesbezügliche Entscheidungsbefugnis umfasst die

- (ersatzlose) Aufhebung des angefochtenen Bescheides,
- Abänderung des angefochtenen Bescheides,
- Abweisung der Beschwerde.

3.2. (ersatzlose) Aufhebung

Eine solche **Aufhebung** hat zu erfolgen, wenn kein Bescheid zu erlassen gewesen wäre (vgl. zB VwGH 24.1.2002, 2001/16/0472 bis 0475; VwGH 23.2.2006, 2003/16/0119 bis 0121), somit beispielsweise

- bei (sachlicher oder örtlicher) Unzuständigkeit der Behörde, die den angefochtenen Bescheid erlassen hat (vgl. zB VwGH 21.5.2001, 2001/17/0043),
- bei Rechtswidrigkeit eines Abgabenbescheides wegen Eintrittes der Bemessungsverjährung (§§ 207 ff BAO),
- bei Rechtswidrigkeit eines Haftungsbescheides wegen Eintrittes der Einhebungsverjährung (§ 238 BAO),
- bei Erlassung eines Abgabenbescheides, obwohl der Abgabentatbestand nicht verwirklicht wurde (VwGH 12.8.2002, 2001/17/0171),
- wenn eine Abgabe gegenüber einer Person festgesetzt wurde, die nicht Abgabenschuldner ist,
- wenn ein Haftungsbescheid erlassen wurde, obwohl kein Haftungstatbestand verwirklicht wurde,
- bei Erlassung eines Haftungsbescheides gegenüber einer Person, die den Haftungstatbestand nicht verwirklicht hat,
- bei Erlassung eines antragsgebundenen Bescheides, obwohl kein Antrag gestellt wurde (zB VwGH 28.6.2001, 2001/16/0182) oder obwohl der Antrag zurückgenommen wurde,
- wenn ein Änderungsbescheid (zB gemäß § 295 Abs. 1 BAO), ein Abänderungsbescheid gemäß § 295a BAO oder ein Berichtigungsbescheid (§§ 293 oder 293b BAO) erlassen oder eine Wiederaufnahme des Verfahrens (§ 303 BAO) verfügt wurde, obwohl die Voraussetzungen für eine solche Maßnahme nicht vorgelegen sind,
- wenn bei im Ermessen liegenden Maßnahmen bei richtiger (gesetzeskonformer) Ermessensübung die Maßnahme (zB Wiederaufnahme des Verfahrens, Aufhebung gemäß § 299 Abs. 1 BAO, Abänderung gemäß § 295a BAO) nicht hätte erfolgen dürfen,
- wenn in der Begründung (§ 93 Abs. 3 lit. a BAO) der Verfügung der Wiederaufnahme des Verfahrens kein Wiederaufnahmsgrund genannt ist.

3.3. Abänderung

Die **Abänderungsbefugnis** besteht nur innerhalb der Sache, somit der Angelegenheit, die den Inhalt des Spruches des angefochtenen Bescheides gebildet hat (vgl. zB VwGH 26.2.2004, 2002/16/0071).

Nicht zulässig ist beispielsweise

- die erstmalige Vorschreibung einer Abgabe (vgl. zB VwGH 23.11.2005, 2005/16/0122, 0192; VwGH 29.3.2006, 2001/14/0091),
- der Austausch des Bescheidadressaten (vgl. zB VwGH 25.5.2005, 2003/17/0017),
- den im angefochtenen Bescheid genannten Wiederaufnahmsgrund durch einen anderen Wiederaufnahmsgrund zu ersetzen (vgl. zB VwGH 2.2.2000, 97/13/0199),
- eine Artfortschreibung vorzunehmen, wenn ein Wertfortschreibungsbescheid angefochten ist (VwGH 31.10.2000, 98/15/0168),
- bei Haftungsbescheiden den Haftungstatbestand auszutauschen, etwa eine auf § 30 GebG gestützte Haftungsinanspruchnahme auf § 9 BAO zu stützen (VwGH 16.9.1991, 91/15/0064),
- bei Gebührenbescheiden der Austausch des Gebührentatbestandes (der Tarifpost) (VwGH 16.10.1989, 88/15/0032),
- bei einem einen Wiederaufnahmsantrag zurückweisenden Bescheid die Abänderung

in einen den Antrag abweisenden Bescheid (VwGH 2.3.2006, 2005/15/0125).

Zulässig ist beispielsweise,

- einen vorläufigen Bescheid durch einen endgültigen Bescheid zu ersetzen (zB VwGH 10.8.2005, 2001/13/0288; VwGH 22.12.2005, 2001/15/0004),
- einen endgültigen Bescheid durch einen vorläufigen zu ersetzen (zB VwGH 20.11.1989, 88/14/0230),
- die Umwandlung eines Abgabenbescheides in einen „Nichtveranlagungsbescheid“ (zB VwGH 24.11.1998, 98/14/0144),
- einen Bescheid über die Feststellung von Einkünften (§ 188 BAO) in einen „Nichtfeststellungsbescheid“ abzuändern (zB VwGH 8.11.1989, 85/13/0190),
- die Berichtigung von Unrichtigkeiten im Sinn des § 293 BAO (zB VwGH 26.1.1995, 94/16/0058, 0059) oder im Sinn des § 293b BAO,
- die Abänderung einer Abgabenfestsetzung in einem Abgabenbescheid in eine auf § 206 Abs. 1 lit. b BAO gestützte Nichtfestsetzung (zB UFS 3.8.2004, RV/0060-L/02; UFS 24.11.2005, RV/1618-W/05, jeweils zu § 289 Abs. 2 BAO idF vor FVwGG 2012).

Die Änderungsbefugnis ermöglicht auch Ergänzungen von Bescheidsprüchen, die sich als unvollständig erweisen.

Beispiele:

1. *Im Umsatzsteuerveranlagungsbescheid (§ 21 Abs. 4 UStG 1994) ist gegebenenfalls auch über die Höhe der einzelnen Umsatzsteuervorauszahlungsbeträge und deren Fälligkeitszeitpunkte abzusprechen, wenn dies aus Rechtsschutzgründen (insbesondere wegen Säumniszuschlägen) erforderlich ist.*
2. *Im Bescheid über die Feststellung von Einkünften (§ 188 BAO) fehlt der Abspruch, ob die dort ausgewiesenen Verluste vortragsfähig sind.*
3. *Im Beschwerdeverfahren gegen einen Einkommensteuervorauszahlungsbescheid sind die Höhe des Ausgleichsviertels (§ 45 Abs. 3 zweiter Satz EStG 1988) und sein Fälligkeitszeitpunkt strittig.*

Der angefochtene Bescheid kann in allen Punkten, auch über die Beschwerdepunkte und das Beschwerdebegehren hinausgehend, abgeändert werden; dies gilt zu Gunsten wie auch zu Ungunsten des Beschwerdeführers (vgl. VwGH 13.5.2004, 2002/16/0192, 0193). Eine „Verböserung“ ist somit zulässig (vgl. zB VwGH 15.3.2001, 2000/16/0082; VwGH 21.9.2005, 2001/13/0227).

Grenzen der Abänderungsbefugnis ergeben sich beispielsweise

- aus der Bindung an Grundlagenbescheide (vgl. § 192 BAO),
- bei Vorfragen im Sinn des § 116 BAO) aus der Bindung an Entscheidungen der Hauptfragenbehörde,
- aus § 209a Abs. 3 BAO,
- aus § 278 Abs. 3 BAO,
- aus § 279 Abs. 3 BAO,
- aus § 63 VwGG,
- aus § 85 VfGG.

3.4. Abweisung

Die **Abweisung** der Bescheidbeschwerde als unbegründet ist so zu werten, als ob ein mit dem angefochtenen Bescheid im Spruch übereinstimmender Bescheid erlassen wäre, der fortan an die Stelle des angefochtenen Bescheides tritt (vgl. zB VwGH 30.3.2006, 2004/15/0048; VwGH 23.02.2011, 2008/13/0115).

Der Abspruch, die Bescheidbeschwerde werde als unbegründet abgewiesen, reicht. Daher muss nicht der gesamte Inhalt des angefochtenen Bescheides wiederholt werden (VwGH 27.2.1995, 94/16/0275, 0276).

Die (bloße) Abweisung einer gegen einen vorläufigen Abgabenbescheid gerichteten Bescheidbeschwerde ändert nichts an der Vorläufigkeit der Abgabenfestsetzung (vgl. zB VwGH 27.2.2002, 97/13/0149).

3.5. Maßgebende Sach- und Rechtslage

Die Beschwerdevorentscheidung hat grundsätzlich die **Sach- und Rechtslage im Zeitpunkt ihrer Erlassung** zu berücksichtigen (vgl. zB VwGH 24.3.2009, 2006/13/0149).

Daher sind in der Beschwerdevorentscheidung beispielsweise zu berücksichtigen

- die nachträgliche Änderung oder Aufhebung eines Grundlagenbescheides (im Sinn des § 295 Abs. 1 BAO),
- der Eintritt eines rückwirkenden Ereignisses im Sinn des § 295a BAO,
- die nachträgliche Entscheidung der Hauptfragenbehörde über eine im angefochtenen Bescheid als Vorfrage (§ 116 BAO) beurteilte Rechtsfrage,
- neu hervorgekommene Tatsachen oder Beweismittel (im Sinn des § 303 BAO),
- ein Antrag gemäß § 217 Abs. 7 BAO (siehe RAE Rz 978).

Ausnahmen von diesem Grundsatz gelten ua. für Bescheidbeschwerden gegen Sicherstellungsaufträge (§ 232 BAO). Dort sind bei der meritorischen Beschwerdeerledigung nach Erlassung des Sicherstellungsauftrages eingetretene Umstände nicht zu berücksichtigen (vgl. zB VwGH 28.11.2002, 2002/13/0045, 0046; RAE Rz 1556).

Gleiches gilt etwa für Zwangsstrafen (§ 111 BAO); nach Erlassung des die Zwangsstrafe festsetzenden Bescheides nachgeholte Befolgungen von Anordnungen (zB nachträgliche Einreichung der Abgabenerklärung) sind für die meritorische Erledigung der Bescheidbeschwerde bedeutungslos.

Auf neue Tatsachen, Beweise und Anträge, die der Abgabenbehörde im Laufe des Beschwerdeverfahrens zur Kenntnis gelangen, ist Bedacht zu nehmen, auch wenn dadurch das Beschwerdebegehren geändert oder ergänzt wird (§ 270 BAO).

3.6. Zahlungsfristen (Fälligkeit, Nachfristen)

Beschwerdevorentscheidungen treten zwar an die Stelle der angefochtenen Bescheide; dies ändert jedoch nichts an der Fälligkeit der festgesetzt gewesenen Abgaben (zB VwGH 16.9.1992, 88/13/0224).

Bei Abgabenbescheiden (§ 198 BAO) sind sowohl Fälligkeitszeitpunkte (und die Höhe der betreffenden Abgabenschuldigkeiten) als auch Zahlungsfristen (und die Höhe des betreffenden Beträge) Spruchbestandteile.

Auch solche Spruchbestandteile sind von der für Beschwerdevorentscheidungen geltenden Änderungsbefugnis umfasst. Daher sind diese Zeitpunkte (und die Höhe hievon betroffener Beträge) abänderbar. Dies gilt nicht nur, wenn das Beschwerdebegehren darauf lautet. Auch von Amts wegen ist beispielsweise der sich aus § 210 Abs. 1 BAO ergebende Fälligkeitszeitpunkt zu ändern, etwa wenn hervorkommt, dass die für die Monatsfrist maßgebende Zustellung wegen Ortsabwesenheit des Empfängers erst später (als im angefochtenen Bescheid angenommen) erfolgt ist (zB gemäß § 26 Abs. 2 letzter Satz Zustellgesetz wird erst mit dem der Rückkehr an die Abgabestelle folgenden Tag wirksam).

Für sich aus Beschwerdevorentscheidungen ergebende Nachforderungen ist nicht nur deren Höhe, sondern auch deren Fälligkeitszeitpunkt bzw. das Ende der Nachfrist (zB des § 210 Abs. 4 BAO) im Spruch der Beschwerdeerledigung anzugeben. Ein Hinweis in der Bescheidausfertigung auf die diesbezügliche Angabe in der Buchungsmitteilung wird grundsätzlich ausreichend sein (vgl. VwGH 5.8.1992, 88/13/0166, zu § 210 Abs. 1 BAO).

3.7. Form und Inhalt von Beschwerdevorentscheidungen

Beschwerdevorentscheidungen sind Erledigungen im Sinn des § 96 BAO und Bescheide im Sinn des § 93 BAO. Sie haben daher den dort genannten Erfordernissen zu entsprechen.

Beschwerdevorentscheidungen sind (als Folge der Nichtbeachtung der §§ 93 und 96 BAO) beispielsweise nichtig („Nichtbescheide"), wenn die Bezeichnung der Behörde fehlt (gemeint ist die Angabe lediglich jenes Finanzamtes, das die Beschwerdevorentscheidung erlassen hat) oder wenn als Bescheidadressat eine rechtlich nicht bzw. nicht mehr existente Person (Personengemeinschaft) genannt ist.

Die Beschwerdevorentscheidung spricht über eine Bescheidbeschwerde ab. Sie hat daher die Bescheidbeschwerde zu bezeichnen (Datum und Gegenstand der Beschwerde, Namen des Beschwerdeführers).

Nach § 93 Abs. 3 lit. a BAO sind Beschwerdevorentscheidungen zu begründen, es sei denn, sie tragen dem Beschwerdebegehren vollinhaltlich Rechnung (und nehmen weiters keine Abänderung außerhalb des Beschwerdebegehrens vor).

Die **Begründung** hat den Sachverhalt, den die Abgabenbehörde als erwiesen annimmt, anzuführen (vgl. zB VwGH 17.5.2006, 2004/14/0102; VwGH 27.1.2011, 2007/15/0226). Aus der Begründung hat hervorzugehen, aus welchen Erwägungen die Behörde zur Ansicht gelangt ist, dass gerade der als erwiesen angenommene Sachverhalt vorliegt (vgl. zB VwGH 2.2.2010, 2009/15/0209; VwGH 16.10.2010, 2007/15/0016). Bei widersprüchlichen Beweisergebnissen ist schlüssig darzulegen, aus welchen Erwägungen die Behörde ein Beweismittel dem anderen vorgezogen hat (vgl. zB VwGH 26.11.2003, 98/13/0173). Hiefür reicht der bloße Hinweis auf den Grundsatz der freien Beweiswürdigung (§ 167 BAO) nicht (VwGH 30.8.1995, 94/16/0290).

Weiters sind die für die Beurteilung strittiger Rechtsfragen maßgeblichen Überlegungen darzustellen (vgl. zB VwGH 3.7.2003, 98/15/0128).

Bei einer Schätzung (§ 184 BAO) hat die Begründung die für die Schätzungsbefugnis sprechenden Umstände, die Schätzungsmethode, die der Schätzung zugrunde gelegten Sachverhaltsannahmen und die Ableitung der Schätzungsergebnisse (Darstellung der Berechnung) darzulegen (vgl. zB VwGH 28.10.2010, 2007/15/0040; VwGH 27.1.2011, 2007/15/0226). Auch die Höhe von Sicherheitszuschlägen ist zu begründen (zB VwGH 24.2.2005, 2003/15/0019).

Bei Ermessensentscheidungen hat die Begründung die für die Ermessensübung maßgebenden Umstände und Erwägungen darzulegen (vgl. zB VwGH 17.10.2002, 2000/17/0099; VwGH 24.3.2004, 2001/14/0083).

In der Beschwerdevorentscheidung ist auf das Recht zur Stellung eines Vorlageantrages (§ 264 BAO) hinzuweisen (§ 263 Abs. 2 BAO).

3.8. Folgen eines Beitritts

Bei einem Beitritt zu einer Bescheidbeschwerde (nach den §§ 257 oder 259 BAO) haben Beschwerdevorentscheidungen dem Beschwerdeführer und dem Beigetretenen gegenüber einheitlich zu ergehen (vgl. zB VwGH 24.9.2003, 99/13/0180). Es ist rechtswidrig, wenn die Entscheidung nur gegenüber dem Beschwerdeführer (nicht jedoch auch gegenüber dem Beigetretenen) erlassen wird (zB VwGH 29.10.2003, 2000/13/0028).

Die Beschwerdevorentscheidung ist daher an beide zu richten. Beiden ist eine Ausfertigung der einheitlichen Beschwerdevorentscheidung zuzustellen.

Im Fall des Beitrittes nach § 257 BAO begründet die Beschwerdevorentscheidung gegenüber dem Beigetretenen keinen Abgabenzahlungsanspruch (vgl. zB VwGH 22.3.1999, 98/17/0192).

3.9. Verjährung

3.9.1. Verlängerung der Verjährungsfrist (§ 209 Abs. 1 BAO)

Beschwerdevorentscheidungen sind Amtshandlungen zur Geltendmachung des Abgabenanspruches, somit Amtshandlungen im Sinn des § 209 Abs. 1 BAO (vgl. zB VwGH 21.5.2007, 2007/16/0014).

Abgabenbescheide verlängern die Verjährungsfristen für jene Abgaben, die sie betreffen (vgl. zB VwGH 18.10.1984, 83/15/0085). Dies gilt auch für Beschwerdevorentscheidungen.

Feststellungsbescheide (zB Feststellung von Einkünften gemäß § 188 BAO) verlängern die Verjährungsfristen für die von ihnen abgeleiteten Abgaben (vgl. zB VwGH 28.2.1995, 95/14/0021). Dies gilt auch für Beschwerdevorentscheidungen.

Zur Verlängerung der Bemessungsverjährungsfrist führen Bescheide auch dann, wenn sie später aufgehoben werden (zB Aufhebung einer Beschwerdevorentscheidung gemäß § 299 Abs. 1 BAO).

3.9.2. Beschwerdevorentscheidung nach Eintritt der Verjährung (§ 209a Abs. 1 BAO)

Gemäß § 209a Abs. 1 BAO steht einer Abgabenfestsetzung, die in einer Beschwerdevorentscheidung zu erfolgen hat, der Eintritt der Verjährung nicht entgegen.

Verjährung im Sinn des § 209a Abs. 1 BAO ist auch die so genannte absolute Verjährung des § 209 Abs. 3 BAO.

§ 209a BAO gilt für die Einhebungsverjährung sinngemäß (nach § 238 Abs. 1 zweiter Satz BAO).

Die Bestimmung des § 209a Abs. 1 BAO setzt nicht voraus, dass die Beschwerde vor Eintritt der Verjährung eingebracht wurde. Sie gilt auch dann, wenn sich die Beschwerde gegen einen zulässigerweise nach Verjährungseintritt erlassenen Bescheid richtet. Dies kann etwa nach § 209a Abs. 2 BAO, nach Art. 25 Abs. 2 letzter Satz DBA-Deutschland (BGBl. III Nr. 182/2002) oder nach § 16 Abs. 3 BewG 1955 zulässig sein.

3.10. Folgen für Nebenansprüche

Ist Bemessungsgrundlage für den **Verspätungszuschlag** die im angefochtenen Abgabenbescheid festgesetzte Stammabgabe, so hat die (ersatzlose) Aufhebung des betreffenden Bescheides zur Folge, dass der Verspätungszuschlagsbescheid gemäß § 295 Abs. 3 BAO aufzuheben ist.

Wird diese Bemessungsgrundlage in der Beschwerdevorentscheidung geändert, so ist nach § 295 Abs. 3 BAO der Verspätungszuschlag entsprechend (unter neuerlicher Übung des gemäß § 135 BAO eingeräumten Ermessens) anzupassen. Siehe Erlass zum Verspätungszuschlag (§ 135 BAO) vom 10. April 2006, BMF-010103/0030-VI/2006, AÖF Nr. 128/2006.

Im Fall der nachträglichen Herabsetzung der Abgabenschuld hat die Berechnung der Stundungszinsen, Aussetzungszinsen und Säumniszuschläge von Amts wegen unter rückwirkender Berücksichtigung des Herabsetzungsbetrages zu erfolgen (nach den §§ 212 Abs. 2 letzter Satz, 212a Abs. 9 dritter Satz und 217 Abs. 8 BAO).

3.11. Verbindung mehrerer Beschwerden (§ 267 BAO), einheitliche Entscheidungen (§ 281 BAO)

Ist ein Bescheid von mehreren Beschwerdeführern angefochten oder sind gegen einen Bescheid mehrere Bescheidbeschwerden eingebracht, so sind diese Beschwerden zu einem gemeinsamen Verfahren zu verbinden (§ 267 erster Satz BAO).

Eine solche Verbindung hat beispielsweise zu erfolgen, wenn

- ein Feststellungsbescheid (§ 188 BAO) von mehreren Beschwerdebefugten (zB bei einer KG von mehreren Gesellschaftern) bekämpft wird,
- ein Einheitswertbescheid (§ 186 BAO) von mehreren am Gegenstand der Feststellung beteiligten Personen angefochten wird,
- ein Zerlegungsbescheid (§ 10 KommStG 1993) von mehreren Gemeinden mit Bescheidbeschwerde angefochten ist.

§ 267 erster Satz BAO ist hingegen nicht anwendbar, wenn der mit Haftungsbescheid in Anspruch Genommene sowohl den Haftungsbescheid als auch den Bescheid über den Abgabenanspruch (nach § 248 BAO) mit Bescheidbeschwerde anfechtet (vgl zB VwGH 28.6.2001, 2000/16/0886).

§ 281 Abs. 1 BAO können im Beschwerdeverfahren nur einheitliche Entscheidungen (somit ua. Beschwerdevorentscheidungen) getroffen werden. Solche Entscheidungen wirken für und gegen die gleichen Personen wie der angefochtene Bescheid.

Ein Erkenntnis (des Verwaltungsgerichtes) über das Bestehen einer Abgabenschuld, das auf Grund einer vom Haftungspflichtigen nach § 248 BAO eingebrachten Bescheidbeschwerde ergeht, wirkt auch für und gegen den Abgabepflichtigen (§ 281 Abs. 2 BAO).

Nach § 263 Abs. 4 BAO gilt § 281 BAO sinngemäß auch für Beschwerdevorentscheidungen. Allerdings gilt die Wirkung des § 281 Abs. 2 BAO (zufolge § 263 Abs. 4 zweiter Halbsatz BAO) nur, soweit sich aus der in § 278 Abs. 3 BAO oder aus der in § 279 Abs. 3 BAO angeordneten Bindung nicht anderes ergibt. Diese Bindung an die für die Aufhebung maßgebliche, im aufhebenden Beschluss (des Verwaltungsgerichtes) dargelegte Rechtsanschauung bzw. an die für das Erkenntnis maßgebliche, dort dargelegte Rechtsanschauung besteht nur für die Abgabenbehörden (nicht aber für die Verwaltungsgerichte). Sie besteht nur bei unveränderter Sach- und Rechtslage (vgl. zB VwGH 12.10.1993, 93/07/0062, zu § 66 Abs. 2 AVG).

3.12. Unterbleiben von Beschwerdevorentscheidungen

3.12.1. § 262 Abs. 2 bis 4 BAO

In den Abs. 2 bis 4 des § 262 BAO sind drei Ausnahmen von der in Abs. 1 normierten Pflicht der Abgabenbehörden, über Bescheidbeschwerden stets mit Beschwerdevorentscheidung abzusprechen, vorgesehen.

Nach § 262 Abs. 2 BAO hat die Erlassung einer Beschwerdevorentscheidung zu unterbleiben,

a) wenn dies in der Bescheidbeschwerde beantragt wird und
b) wenn die Abgabenbehörde die Bescheidbeschwerde innerhalb von drei Monaten ab ihrem Einlangen dem Verwaltungsgericht vorlegt.

Das Antragsrecht kann nur in der Bescheidbeschwerde selbst, nicht aber in einer nachträglich ergänzenden Eingabe ausgeübt werden.

Aus dem Antrag ergibt sich kein Rechtsanspruch auf Unterbleiben der Beschwerdevorentscheidung bzw. auf Vorlage innerhalb der drei Monate. Über den Antrag ist nicht bescheidmäßig abzusprechen. Ergeht innerhalb der drei Monate trotz des Antrages des Beschwerdeführers eine Beschwerdevorentscheidung, so ist dies nach § 93 Abs. 3 lit. a BAO zu begründen.

Der Antrag ist vor Vorlage der Beschwerde an das Verwaltungsgericht zurücknehmbar.

Die Unterlassung einer Beschwerdevorentscheidung nach § 262 Abs. 2 BAO kommt beispielsweise in Betracht, wenn im Beschwerdeverfahren lediglich die Rechtmäßigkeit von in Erlässen des BMF vertretener Rechtsanschauungen strittig ist oder wenn die Abgabenbehörde als Folge der in den §§ 278 Abs. 3 oder 279 Abs. 3 BAO normierten Bindung an die Rechtsanschauung des Verwaltungsgerichtes den Bescheid nicht abändern darf (diese Bindung besteht nur für Abgabenbehörden, nicht jedoch für die Verwaltungsgerichte).

Wird in der Bescheidbeschwerde lediglich die Gesetzwidrigkeit von Verordnungen, die Verfassungswidrigkeit von Gesetzen oder die Rechtswidrigkeit von Staatsverträgen behauptet, so ist keine Beschwerdevorentscheidung zu erlassen, sondern die Bescheidbeschwerde unverzüglich dem Verwaltungsgericht vorzulegen (§ 262 Abs. 3 BAO).

Nach ungenütztem Ablauf dieser Frist wird aus dem Recht der Abgabenbehörde, eine Beschwerdevorentscheidung zu erlassen, eine Pflicht.

Weiters ist keine Beschwerdevorentscheidung zu erlassen, wenn der Bundesminister für Finanzen den angefochtenen Bescheid erlassen hat (§ 262 Abs. 4 BAO). Rechtsgrundlage für solche Bescheide sind beispielsweise § 48 BAO und § 103 EStG 1988.

3.12.2. Vorübergehendes Unterbleiben

Vorübergehend ist die Erlassung von Beschwerdevorentscheidungen untersagt, wenn eine **Aussetzung der Entscheidung** (§ 271 BAO) erfolgt und noch wirksam ist.

Die Pflicht, vorübergehend keine Beschwerdevorentscheidung zu erlassen, kann sich für **Kammerumlagen** (§ 122 Abs. 1 WKG und § 122 Abs. 7 WKG) weiters aus den §§ 122 Abs. 10 bzw. 126 Abs. 2 WKG ergeben.

Wird ein Rechtsmittel (gegen solche Kammerumlagen festsetzende Bescheide) erhoben, mit dem die Umlagepflicht dem Grunde nach bestritten wird, so ist das Verfahren zu unterbrechen und die Frage dem Präsidenten der zuständigen Landeskammer zur Entscheidung vorzulegen.

Auf dieses Verfahren sind die Vorschriften des AVG sinngemäß anzuwenden (nach § 128 Abs. 5 WKG). Gegen den Bescheid des Präsidenten der Landeskammer kann binnen vier Wochen ab Zustellung Beschwerde an das Verwaltungsgericht erhoben werden.

Das unterbrochene Rechtsmittelverfahren ist von der Abgabenbehörde nach Zustellung der Entscheidung des Präsidenten der Landeskammer fortzusetzen.

3.13. Zuständigkeit

Die Erlassung von Beschwerdevorentscheidungen obliegt stets jener Abgabenbehörde, die den angefochtenen Bescheid erlassen hat. Dies gilt auch bei Übergang der Zuständigkeit.

Nach § 4 AVOG 2010 berührt der Übergang der Zuständigkeit auf eine andere Abgabenbehörde nicht die Zuständigkeit der bisher zuständig gewesenen Abgabenbehörde im Beschwerdeverfahren betreffend von ihr erlassene Bescheide.

§ 4 AVOG 2010 gilt auch für einen Übergang der sachlichen Zuständigkeit auf ein anderes Finanzamt. Ein solcher Übergang kann sich zB aus § 15 Abs. 2 AVOG 2010 (Änderung der Größenmerkmale bei einer GmbH) ergeben.

4. Vorlageantrag (§ 264 BAO)

4.1. Einbringungsbehörde

Der Vorlageantrag ist (in sinngemäßer Anwendung des § 249 Abs. 1 BAO) einzubringen

- bei der Abgabenbehörde, welche die Beschwerdevorentscheidung erlassen hat,
- bei einer Änderung der Zuständigkeit weiters bei der neu zuständigen Abgabenbehörde.

4.2. Frist

Die Frist zur Stellung des Vorlageantrages beträgt **ein Monat** ab Zustellung der Beschwerdevorentscheidung.

Diese Monatsfrist ist auf Antrag **verlängerbar** (nach § 264 Abs. 4 lit. a BAO iVm § 245 Abs. 3 BAO). Die Verlängerung liegt nicht im Ermessen.

Die Verlängerung der Vorlageantragsfrist obliegt der Abgabenbehörde.

Der Antrag auf Erstreckung der Frist hemmt die Vorlageantragsfrist (in sinngemäßer Anwendung des § 245 Abs. 3 zweiter Satz BAO; zufolge § 264 Abs. 4 lit. a BAO). Diese Hemmung beginnt mit dem Tag der Einbringung des Fristverlängerungsantrages. Sie endet mit dem Tag, an dem die Entscheidung über den Fristverlängerungsantrag zugestellt wird (spätestens jedoch an dem Tag, bis zu dem die Verlängerung beantragt wurde).

Nach § 264 Abs. 4 lit. a BAO ist ua. § 245 Abs. 1 zweiter Satz BAO auf Vorlageanträge sinngemäß anzuwenden. Enthält die Beschwerdevorentscheidung die Ankündigung, dass noch eine Begründung zu ihr ergehen wird, so wird die Vorlageantragsfrist nicht vor Bekanntgabe der fehlenden Begründung oder der Mitteilung, dass die Ankündigung als gegenstandslos zu betrachten ist, in Lauf gesetzt.

Weiters ist § 245 Abs. 2 BAO sinngemäß anzuwenden. Danach hat ein Antrag auf Mitteilung der einem Bescheid ganz oder teilweise fehlenden Begründung fristhemmende Wirkung. Diese Hemmung beginnt mit dem Tag der Einbringung des genannten Antrages. Sie endet mit dem Tag, an dem die Mitteilung der Begründung zugestellt wird.

4.3. Zurücknahme des Vorlageantrags

Für Vorlageanträge ist § 256 BAO (Zurücknahme von Beschwerden) sinngemäß anzuwenden (zufolge § 264 Abs. 4 lit. d BAO).

Vorlageanträge können beispielsweise in einem „Erörterungstermin" (§ 269 Abs. 3 BAO) zurückgenommen werden. Die Zurücknahme hat schriftlich oder mündlich zu erfolgen. Eine telefonische Zurücknahme ist unzulässig und daher unwirksam.

Die Zurücknahme ist nicht widerrufbar. Sie ist allerdings bei Willensmängeln (zB List, Zwang, Drohung) ungültig.

Bei Zurücknahme des Vorlageantrages gilt die Beschwerde wieder als durch die Beschwerdevorentscheidung erledigt; dies gilt, wenn solche Anträge von mehreren hiezu Befugten gestellt werden, nur für den Fall der Zurücknahme aller dieser Anträge.

4.4. Verzicht

Ein Verzicht auf die Einbringung eines Vorlageantrages ist in sinngemäßer Anwendung des § 255 BAO möglich (zufolge § 264 Abs. 4 lit. c BAO).

Dieser Verzicht ist schriftlich oder mündlich (nicht jedoch telefonisch) zu erklären. Er kann nicht zurückgenommen werden. Willensmängel führen zu seiner Ungültigkeit.

Der Verzicht kann auch vor Erlassung der Beschwerdevorentscheidung rechtswirksam abgegeben werden. Dies setzt voraus, dass aus der Verzichtserklärung (Niederschrift) hervorgeht, dass dem Verzichtenden im Zeitpunkt ihrer Abgabe der Inhalt der zu erwartenden Beschwerdevorentscheidung (bei Abgabenbescheiden die Grundlagen der Abgabenfestsetzung, die Höhe der Abgaben und die Abweichungen von den bisherigen Festsetzungen) bekannt waren.

Vorlageanträge, die trotz eines wirksamen und gültigen Verzichts eingebracht werden, sind ungültig. Sie sind mit Beschluss des Verwaltungsgerichtes zurückzuweisen.

Sind mehrere Personen zur Stellung eines Vorlageantrages befugt, so entfaltet der Verzicht einer dieser Personen keine Rechtswirkungen gegenüber den anderen Personen.

4.5. Befugnis, Form

Der Rechtsbehelf gegen eine Beschwerdevorentscheidung ist der **Vorlageantrag**.

Zur Stellung eines Vorlageantrages befugt sind

- der Beschwerdeführer,
- jeder, dem gegenüber die Beschwerdevorentscheidung wirkt (§ 264 Abs. 2 lit. b BAO),
- ferner derjenige, der einer Beschwerde beigetreten ist (VwGH 28.6.1995, 93/16/0030).

Feststellungsbescheide gemäß § 188 BAO (Feststellung von Einkünften) wirken grundsätzlich allen Beteiligten gegenüber. Daher kann beispielsweise ein Kommanditist auch dann einen Vorlageantrag stellen, wenn der Komplementär die Bescheidbeschwerde eingebracht hat.

Der Vorlageantrag ist ein Anbringen zur Geltendmachung von Rechten im Sinn des § 85 Abs. 1 BAO. Er ist somit grundsätzlich **schriftlich** einzubringen.

Nach Maßgabe des § 85 Abs. 3 BAO kann der Antrag mündlich (nicht jedoch telefonisch) gestellt werden. Nach § 86a BAO in Verbindung mit der Verordnung BGBl. Nr. 494/1991 kann er auch unter Verwendung eines Telekopierers eingebracht werden. Die Stellung im Wege von FinanzOnline ist nach Maßgabe der hiefür geltenden Bestimmungen zulässig.

Die BAO enthält für den Vorlageantrag keine speziellen Inhaltserfordernisse. Er muss somit nicht begründet werden (vgl. zB VwGH 28.11.2000, 97/14/0032).

Wegen der „Vorhaltswirkung" von Beschwerdevorentscheidungen (vgl. zB VwGH 23.9.2005, 2003/15/0147) wird es jedoch vielfach für die Partei (§ 78 BAO) zweckmäßig sein, auf in der Beschwerdevorentscheidung erfolgte Sachverhaltsannahmen zu reagieren.

Nicht zuletzt wegen § 270 BAO (kein Neuerungsverbot) können Bescheidbeschwerden in Vorlageanträgen erweitert oder eingeschränkt werden.

Im Vorlageantrag kann gestellt werden

- der Antrag auf Entscheidung durch den Senat (§ 272 Abs. 2 Z 1 lit. b BAO),
- der Antrag auf mündliche Verhandlung (§ 274 Abs. 1 Z 1 lit. b BAO).

Ein Vorlageantrag setzt unabdingbar eine Beschwerdevorentscheidung voraus (zB VwGH 28.10.1997, 93/14/0146). Wird ein Vorlageantrag vor Zustellung der Beschwerdevorentscheidung gestellt, so ist er wirkungslos (zB VwGH 25.11.1999, 99/15/0136; er ist nach diesem Erkenntnis diesfalls nur dann wirksam, wenn er nach Zustellung der separaten Begründung der Beschwerdevorentscheidung eingebracht wird).

4.6. Rechtswirkungen, Erledigung des Vorlageantrages

Durch einen zulässigen (wirksamen) und fristgerechten Vorlageantrag wird die Beschwerde wieder unerledigt. Der Vorlageantrag beseitigt jedoch nicht die Beschwerdevorentscheidung aus dem Rechtsbestand.

Erst die abschließende Erledigung der Bescheidbeschwerde verdrängt die Beschwerdevorentscheidung.

Vorlageanträge sind **zurückzuweisen**, wenn sie

- unzulässig sind (zB bei mangelnder Aktivlegitimation des Einschreiters, bei Einbringung vor Ergehen der Berufungsvorentscheidung, bei Verzicht auf die Stellung eines Vorlageantrags) oder
- nicht fristgerecht eingebracht sind.

Die Zurückweisung obliegt dem Verwaltungsgericht. Sie hat mit Beschluss zu erfolgen.

4.7. Weitere Rechtsfolgen des Vorlageantrages (§ 300 BAO)

4.7.1. Unzuständigkeit der Abgabenbehörde

Ab Stellung des Vorlageantrages bzw. in den Fällen des § 262 Abs. 2 bis 4 BAO (Unterbleiben einer Beschwerdevorentscheidung) ab Einbringung der Bescheidbeschwerde können Abgabenbehörden beim Verwaltungsgericht mit Bescheidbeschwerde angefochtene Bescheide und allfällige Beschwerdevorentscheidungen bei sonstiger Nichtigkeit weder abändern noch aufheben (§ 300 Abs. 1 erster Satz BAO).

Solche Abänderungen oder Aufhebungen sind beispielsweise

- Berichtigungen gemäß § 293 BAO (zB Berichtigung von Schreib- und Rechenfehlern),
- Berichtigungen gemäß § 293b BAO (Übernahme offensichtlicher Unrichtigkeiten aus Abgabenerklärungen),
- Änderungen gemäß § 295 Abs. 1 BAO (zB Anpassung eines Einkommensteuerbescheides an nachträglich geänderten Bescheid über die Feststellung von Einkünften),
- Abänderung nach § 295a BAO (Eintritt eines rückwirkenden Ereignisses),
- Aufhebungen und neue Sachbescheide gemäß § 299 BAO,
- Wiederaufnahmen von Verfahren (und neue Sachbescheide) nach § 303 BAO,
- Wert-, Art- und Zurechnungsfortschreibungen (§ 193 BAO),
- endgültige bzw. endgültig erklärende Bescheide (§ 200 Abs. 2 BAO),
- Herabsetzungen von Säumniszuschlägen nach § 217 Abs. 7, 8 oder 9 BAO.

Eine solche Maßnahme ist auch die Erlassung eines Umsatzsteuerveranlagungsbescheides (§ 21 Abs. 4 UStG 1994) trotz eines mit Beschwerde angefochtenen Umsatzsteuerfestsetzungsbescheides (§ 21 Abs. 3 UStG 1994). Dies deshalb, weil durch die Veranlagung der Umsatzsteuerfestsetzungsbescheid aufgehoben würde (vgl. zB VwGH 30.5.2001, 2000/13/0011).

Diese vorübergehende Unzuständigkeit der Abgabenbehörde dauert nur solange, als Bescheide beim Verwaltungsgericht angefochten sind. Sie endet daher vor allem durch Erlassung des Erkenntnisses (§ 279 BAO).

4.7.2. Aufhebung gemäß § 300 BAO

In § 300 Abs. 1 zweiter Satz und Abs. 2 bis 5 BAO ist eine Ausnahme der vorübergehenden Unzuständigkeit der Abgabenbehörde vorgesehen.

Mit Bescheidbeschwerde angefochtene Bescheide (und allfällige Beschwerdevorentscheidungen), deren Spruch sich als nicht richtig erweist, können (nach dem zweiten Satz des § 300 Abs. 1 BAO) von der Abgabenbehörde nur dann aufgehoben werden,

a) wenn der Beschwerdeführer einer solchen Aufhebung gegenüber dem Verwaltungsgericht nach Vorlage der Beschwerde zugestimmt hat und
b) wenn das Verwaltungsgericht mit Beschluss die Zustimmungserklärung an die Abgabenbehörde unter Setzung einer angemessenen Frist zur Aufhebung weitergeleitet hat und
c) wenn die Frist (lit. b) noch nicht abgelaufen ist.

Die Zustimmungserklärung (§ 300 Abs. 1 lit. a BAO) unterliegt nicht der Entscheidungspflicht. Sie begründet keinen Rechtsanspruch des Beschwerdeführers auf Weiterleitung durch das Verwaltungsgericht bzw. auf Aufhebung durch die Abgabenbehörde.

Die Frist des § 300 Abs. 1 lit. c BAO ist eine behördliche Frist im Sinn des § 110 Abs. 2 BAO (somit verlängerbar). Ein diesbezügliches Antragsrecht hat weder die Abgabenbehörde noch der Beschwerdeführer. Anregungen auf Fristverlängerung haben keine fristhemmende Wirkung.

Mit dem aufhebenden Bescheid ist der den aufgehobenen Bescheid ersetzende Bescheid zu verbinden (§ 300 Abs. 3 BAO). Beide Bescheide sind mit Bescheidbeschwerde anfechtbar. Der neue Sachbescheid (§ 300 Abs. 3 BAO) ist ein Bescheid im Sinn des § 253 BAO.

5. Hinweise

Nach **§ 85d ZollR-DG** (idF FVwGG 2012) sind die Regelungen des § 262 Abs. 2 bis 4 BAO (Ausnahmen von der Pflicht zur Erlassung einer Beschwerdevorentscheidung) nicht anzuwenden.

Die vorstehenden Ausführungen stellen die Rechtsansichten des Bundesministeriums für Finanzen dar, die im Interesse einer bundeseinheitlichen Vorgangsweise mitgeteilt wird. Über die gesetzlichen Bestimmungen hinausgehende Rechte und Pflichten werden dadurch weder begründet noch können solche aus dem Erlass abgeleitet werden.

Dieser Erlass ersetzt (ab 1. Jänner 2014) folgende Erlässe:

- Formalerledigungen von Berufungen durch die Abgabenbehörde erster Instanz, BMF-010103/0056-VI/2006 vom 6. Juli 2006, AÖF Nr. 216/2006,
- Berufungsvorentscheidungen, BMF-010103/0081-VI/2006 vom 30. Oktober 2006, AÖF Nr. 273/2006.

12/7/11.

BMF-AV Nr. 174/2016

Erlass zum automatischen bzw. verpflichtenden spontanen Austausch von Informationen über grenzüberschreitende Vorbescheide und Vorabverständigungen über die Verrechnungspreisgestaltung

(Erlass des BMF vom 20.10.2016, BMF-010221/0708-VI/8/2016, BMF-AV Nr. 174/2016)

Aufgrund bestehender europarechtlicher sowie anderer internationaler Verpflichtungen sind nunmehr Informationen über grenzüberschreitende Vorbescheide („Rulings“) und Vorabverständigungen über die Verrechnungspreisgestaltung („Advance Pricing Arrangements“) automatisch bzw. verpflichtend spontan auszutauschen. Hierdurch werden die allgemeinen Bestimmungen betreffend den Informationsaustausch nicht berührt (zB Spontaninformationen auf Grundlage des § 8 EU-AHG oder dem Art 26 OECD-MA nachgebildeten Bestimmungen in Doppelbesteuerungsabkommen).

1. Erfasste Maßnahmen

1.1. Grenzüberschreitende Vorbescheide

Vom automatischen bzw. verpflichtenden spontanen Informationsaustausch sind zum einen Vorbescheide betroffen. Dabei handelt es sich im Wesentlichen um Maßnahmen (**Auskünfte**) zur **Auslegung oder Anwendung der Steuergesetze**, welche für **bestimmte Personen** grundsätzlich **im Vorfeld** einer Transaktion erteilt wurden, und auf die sich die Betroffenen **berufen** können. **Unerheblich** ist, ob diese Maßnahmen tatsächlich **verwendet** werden.

Dabei sind jedoch nur solche Vorbescheide erfasst, die sich auf eine **grenzüberschreitende Transaktion** beziehen oder auf die Frage, ob durch die Tätigkeiten, denen eine Person in einem **anderen Staat** nachgeht, eine **Betriebsstätte** gegründet wird oder nicht. Eine grenzüberschreitende Transaktion liegt zB dann vor, wenn nicht alle an der Transaktion beteiligten Personen im Inland ansässig sind oder die Transaktion grenzübergreifende Auswirkungen hat (vgl. auch die Definition in § 2 Abs. 1 Z 18 EU-AHG).

Beispiel 1:

Ein an die österreichische A-AG sowie an die US-amerikanische X-Ltd gerichteter Vorbescheid unterliegt dem automatischen Informationsaustausch (§ 2 Abs. 1 Z 18 lit. a erster Teilstrich EU-AHG).

Beispiel 2:

Ein an die österreichische A-AG, deren Gesellschafter im Ausland ansässig sind, gerichteter Vorbescheid betrifft eine rein innerstaatliche Transaktion. Dieser Vorbescheid unterliegt nicht dem automatischen Informationsaustausch.

BAO

Beispiel 3:

Ein an die doppelansässige B-AG mit Sitz in Liechtenstein sowie Ort der Geschäftsleitung in Österreich gerichteter Vorbescheid unterliegt dem automatischen Informationsaustausch (§ 2 Abs. 1 Z 18 lit. a zweiter Teilstrich EU-AHG).

Beispiel 4:

Ein an die österreichische C-GmbH gerichteter Vorbescheid betreffend ihre Einbringung in die deutsche D-GmbH unterliegt dem automatischen Informationsaustausch (§ 2 Abs. 1 Z 18 lit. a vierter Teilstrich EU-AHG).

Grenzüberschreitende Vorbescheide sind ebenso vom automatischen Informationsaustausch erfasst, wenn diese **geändert oder erneuert** werden.

1.2. Vorabverständigungen über die Verrechnungspreisgestaltung

Zum anderen sind vom automatischen bzw. verpflichtenden spontanen Informationsaustausch **Vorabverständigungen über die Verrechnungspreisgestaltung** betroffen. Diese können sowohl **unilateral** als auch **bioder multilateral** getroffen werden. Es handelt sich hierbei im Wesentlichen um Maßnahmen, die im **Vorfeld grenzüberschreitender Transaktionen** zwischen verbundenen Unternehmen geeignete Kriterien zur Bestimmung der **Verrechnungspreise** für die betreffenden Transaktionen festlegen oder die Zuweisung von **Gewinnen an eine Betriebsstätte** regeln. Um eine **grenzüberschreitende Transaktion** handelt es sich, wenn nicht alle beteiligten Unternehmen im Gebiet ein und desselben Staates steuerlich ansässig sind oder grenzübergreifende Auswirkungen gegeben sind.

Ebenso wie grenzüberschreitende Vorbescheide werden diese für **bestimmte Personen** getroffen und die Betroffenen können sich darauf **berufen**. **Unerheblich** ist auch, ob diese tatsächlich **verwendet** werden.

Vorabverständigungen über die Verrechnungspreisgestaltung sind ebenso vom automatischen Informationsaustausch erfasst, wenn diese **geändert oder erneuert** werden.

1.3. Konkrete Anwendungsfälle

Unter den Begriff des Vorbescheids sind jedenfalls **Auskunftsbescheide iSd § 118 BAO** zu subsumieren. Um vom Informationsaustausch erfasst zu sein, müssen diese jedoch grenzüberschreitende Auswirkungen haben. Über Auskunftsbescheide hinaus sind vom Informationsaustausch Maßnahmen erfasst, die keine Bescheide sind. So fallen **auch** schriftlich erteilte Auskünfte unter den Begriff des Vorbescheids, die bloß eine „Bindungswirkung" nach dem **Grundsatz von Treu und Glauben** auslösen. Dafür ist jedoch erforderlich, dass diese von der tatsächlich **zuständigen Behörde** erteilt wurden. Da im Allgemeinen nicht ausschlaggebend ist, ob der die Auskunft erteilende Organwalter der zuständigen Abgabenbehörde nach der (internen) Geschäftsverteilung hiefür zuständig war bzw. approbationsbefugt war, können **auch** im Zuge einer **Außenprüfung** erteilte bzw. geänderte oder erneuerte Auskünfte eine „Bindungswirkung" nach dem Grundsatz von Treu und Glauben auslösen (vgl. auch die Richtlinien zum Grundsatz von Treu und Glauben – Erlass des BMF vom 6.4.2006, BMF-010103/0023-VI/2006 Abschnitt 4.1.). Auch wenn Vorbescheide grundsätzlich im Vorfeld einer Transaktion erteilt werden, sind diese selbst dann vom Informationsaustausch betroffen, wenn sie ausnahmsweise erst nach der Transaktion oder sogar erst nach der Veranlagung ergehen.

Vorabverständigungen über die Verrechnungspreisgestaltung können einerseits **unilateral** – somit bloß zwischen dem Steuerpflichtigen und der Finanzverwaltung – geschlossen werden. Darunter fallen zB Maßnahmen zu Verrechnungspreisfragen, die eine „Bindungswirkung" nach dem **Grundsatz von Treu und Glauben** auslösen. Andererseits sind vom Informationsaustausch auch **bi- oder multilaterale** Vorabverständigungen über die Verrechnungspreisgestaltung betroffen, die insbesondere auf einer dem Art 25 OECD-MA nachgebildeten Abkommensbestimmung beruhen können.

2. Informationsaustausch nach dem EU-AHG (automatischer Informationsaustausch)

2.1. Rechtliche Grundlagen für den Informationsaustausch

Auf europäischer Ebene ist der Ausgangspunkt für den automatischen Austausch von Informationen über grenzüberschreitende Vorbescheide und Vorabverständigungen über die Verrechnungspreisgestaltung die geänderte **EU-Amtshilferichtlinie** in der Fassung der Richtlinie (EU) 2015/2376 des Rates vom 8. Dezember 2015 zur Änderung der Richtlinie 2011/16/EU bezüglich der Verpflichtung zum automatischen Austausch von Informationen im Bereich der Besteuerung. Den Verpflichtungen aus der EU-Amtshilferichtlinie ist Österreich durch eine entsprechende Änderung des **EU-AHG** nachgekommen, wobei insbesondere die Bestimmungen des § 7a iVm § 2 Abs. 1 sowie des § 17 Abs. 4 EU-AHG einschlägig sind.

2.2. Ausnahmen vom automatischen Informationsaustausch

• Grenzüberschreitende Vorbescheide, die **ausschließlich** die Steuerangelegenheiten **natürlicher Personen** betreffen, sind nicht vom automatischen Informationsaustausch erfasst (vgl. auch § 7a Abs. 4 EU-AHG). Dies sind solche, deren Bescheid- bzw. Auskunftsadressat ausschließlich natürliche Personen sind. Dabei gelten jene Personen als vom Vorbescheid „betroffen", die in dem Verfahren, dem der jeweilige Vorbescheid zugrunde zu legen ist, Parteistellung haben.

Beispiel 5:

An der A-OG sind zwei in Österreich sowie zwei im Ausland ansässige natürliche Personen als Gesellschafter beteiligt. Ein an diese Gesellschafter gerichteter Vorbescheid unterliegt nicht dem automatischen Informationsaustausch (§ 7a Abs. 4 EU-AHG). Ungeachtet dessen kann etwa eine Spontaninformation auf Grundlage des § 8 EU-AHG zu erfolgen haben.

Beispiel 6:

An der B-OG sind zwei in Österreich sowie zwei im Ausland ansässige natürliche Personen und eine in Österreich ansässige juristische Person als Gesellschafter beteiligt. Ein an diese Gesellschafter gerichteter Vorbescheid unterliegt dem automatischen Informationsaustausch (§ 2 Abs. 1 Z 18 lit. a erster Teilstrich EU-AHG).

• Grenzüberschreitende Vorbescheide oder Vorabverständigungen über die Verrechnungspreisgestaltung, die **vor dem 1.1.2012** erteilt bzw. getroffen, geändert oder erneuert wurden, sind nicht vom automatischen Informationsaustausch erfasst.

• Grenzüberschreitende Vorbescheide oder Vorabverständigungen über die Verrechnungspreisgestaltung, die zwischen 1.1.2012 bis einschließlich 31.12.2013 erteilt bzw. getroffen, geändert oder erneuert wurden, sind jedenfalls vom automatischen Informationsaustausch ausgenommen, wenn diese **am 1.1.2014 nicht mehr gültig** waren.

• Zudem **können** grenzüberschreitende Vorbescheide oder Vorabverständigungen über die Verrechnungspreisgestaltung, die **zwischen 1.1.2012 bis einschließlich 31.3.2016** erteilt bzw. getroffen, geändert oder erneuert wurden, vom automatischen Informationsaustausch ausgenommen werden, wenn der **gruppenweite Jahresnettoumsatzerlös** im Jahr vor deren Erteilung bzw. Treffen **weniger als 40 Mio. Euro** betrug. Diese Ausnahme ist auch in jenen Fällen sinngemäß anzuwenden, in denen keine Unternehmensgruppe vorliegt. Diese Ausnahme besteht allerdings nicht für Personen, die hauptsächlich Finanz- und Investitionstätigkeiten ausüben (vgl. auch § 7a Abs. 2 EU-AHG).

Beispiel 7:

Im Hinblick auf einen grenzüberschreitenden Vorbescheid, der am 1.2.2012 für eine Geltungsdauer von einem Jahr erteilt wurde, hat weder im Falle von Vorjahresumsätzen in Höhe von 50 Mio. Euro noch im Falle von Personen, die hauptsächlich Finanz- und Investitionstätigkeiten ausüben, eine Informationsübermittlung zu erfolgen. Wäre der grenzüberschreitende Vorbescheid hingegen am 1.1.2014 noch gültig, dann würde die Informationsübermittlung von den Vorjahresumsätzen abhängen, sofern es sich nicht um Personen handelt, die hauptsächlich Finanz- und Investitionstätigkeiten ausüben.

• Bi- oder multilaterale **Vorabverständigungen über die Verrechnungspreisgestaltung** mit **Drittländern** sind nicht vom automatischen Informationsaustausch erfasst, wenn das internationale Steuerabkommen, in dessen Rahmen die Verständigung ausgehandelt wurde, eine Weitergabe an Dritte nicht gestattet. In einem solchen Fall werden stattdessen die Informationen nach § 7a Abs. 6 EU-AHG (vgl. Abschnitt 2.3.) entsprechend § 7a Abs. 1 und 2 EU-AHG ausgetauscht, die in dem Ersuchen, das zum Treffen der Vorabverständigung geführt hat, angeführt sind.

2.3. Zu übermittelnde Informationen und zu verwendende Sprache

Grundsätzlich umfasst der automatische Informationsaustausch über grenzüberschreitende Vorbescheide und Vorabverständigungen über die Verrechnungspreisgestaltung inhaltlich die in **§ 7a Abs. 6 EU-AHG genannten Basisinformationen**. Der **Europäischen Kommission** werden jedoch nicht jene Informationen zugänglich gemacht, welche in **§ 7a Abs. 6 lit. a, b, h und k EU-AHG genannt** sind. Damit umfasst der automatische Informationsaustausch nicht etwa die Übermittlung eines Auskunftsbescheids iSd § 118 BAO selbst, sondern die Übermittlung der genannten Basisinformationen. Im Anschluss an diesen automatischen Informationsaustausch können zusätzliche Informationen, einschließlich des vollständigen Wortlauts des Bescheids, über den Informationsaustausch auf Ersuchen bereitzustellen sein. Der Austausch der Informationen im Rahmen des automatischen Informationsaustauschs erfolgt unter Verwendung eines durch die Europäische Kommission anzunehmenden **Standardformblatts**. Die Übermittlung des Standardformblatts ist in einer beliebigen Amts- und Arbeitssprache der EU zulässig. Bestimmte Schlüsselelemente des Standardformblatts sind jedoch in einer bestimmten Amts- und Arbeitssprache der EU zu übermitteln, die im Rahmen einer Durchführungsverordnung zur EU-Amtshilferichtlinie festgelegt werden wird. Es kann davon ausgegangen werden, dass jedenfalls die unter § 7a Abs. 6 lit. b, h und i EU-AHG genannten Elemente auf Englisch zu übermitteln sind.

2.4. Empfängerstaaten

Die im Rahmen des **automatischen Informationsaustauschs nach dem EU-AHG** ausgetauschten Informationen werden **allen anderen EU-Mitgliedstaaten** sowie – unter Einschränkungen (vgl. Abschnitt 2.3.) – der **Europäischen Kommission** zugänglich gemacht.

2.5. Zeitpunkt des automatischen Informationsaustauschs

Es wurden regelmäßige Abstände für die automatische Informationsübermittlung festgelegt. Konkret hat der Informationsaustausch in Bezug auf

- **Neufälle** iSd § 7a Abs. 1 EU-AHG – das sind solche, die **ab dem 1.1.2017** erteilt bzw. getroffen, geändert oder erneuert werden – jeweils innerhalb von **drei Monaten nach Ablauf des Kalenderhalbjahres** zu erfolgen, in dem der grenzüberschreitende Vorbescheid oder die Vorabverständigung über die Verrechnungspreisgestaltung erteilt bzw. getroffen, geändert oder erneuert wurde;
- **Altfälle** iSd § 7a Abs. 2 EU-AHG – das sind solche, die **vor dem 1.1.2017** erteilt bzw. getroffen, geändert oder erneuert wurden/werden – **vor dem 1.1.2018** zu erfolgen.

Beispiel 8:

Für einen grenzüberschreitenden Vorbescheid, der am 1.4.2017 erteilt wird, hat der automatische Informationsaustausch bis längstens 30.9.2017 zu erfolgen. Für einen grenzüberschreitenden Vorbescheid, der am 31.12.2016 erteilt wird, hat der automatische Informationsaustausch bis längstens 31.12.2017 zu erfolgen.

3. Informationsaustausch mit Drittländern (verpflichtender spontaner Informationsaustausch)

Während im Rahmen der EU-Amtshilferichtlinie ein automatischer Informationsaustausch gewählt wurde, findet in Bezug auf grenzüberschreitende Vorbescheide und Vorabverständigungen über die Verrechnungspreisgestaltung im Verhältnis zu Drittländern ein **verpflichtender spontaner Informationsaustausch** statt. Dies ist in dem Sinne zu verstehen, dass eine **Verpflichtung** zum spontanen Austausch von Informationen entsteht, wann immer die entsprechenden **Bedingungen erfüllt** sind. Sind also die Bedingungen für den Informationsaustausch gegeben (insb. die rechtliche Grundlage sowie eine erfasste Fallkategorie), so besteht insofern auch **kein Ermessen** hinsichtlich der Frage, ob ein Informationsaustausch stattzufinden hat.

3.1. Rechtliche Grundlagen für den Informationsaustausch

Ausgangspunkt für diesen verpflichtenden spontanen Informationsaustausch ist insbesondere die Arbeit auf OECD/G20-Ebene zur wirksameren Bekämpfung schädlicher Steuerpraktiken unter Berücksichtigung von Transparenz und Substanz im Rahmen des **BEPS-Aktionspunkts 5**. Die Umsetzung der dabei entwickelten Grundsätze bedarf einer rechtlichen Grundlage, die den zwischenstaatlichen Informationsaustausch ermöglicht. Hierfür kommen insbesondere Art 7 des **Übereinkommens über die gegenseitige Amtshilfe in Steuersachen** (BGBl. III Nr. 193/2014) oder dem **Art 26 OECD-MA** nachgebildete Bestimmungen in Doppelbesteuerungsabkommen in Frage.

3.2. Erfasste Fallkategorien

Von den unter Abschnitt 1. genannten Maßnahmen sind nach dem BEPS-Aktionspunkt 5 vom spontanen Informationsaustausch grenzüberschreitende Vorbescheide bzw. Vorabverständigungen über die Verrechnungspreisgestaltung in Bezug auf die folgenden Bereiche erfasst:

3.2.a. Individuelle steuerliche Vorbescheide im Zusammenhang mit präferenziellen Regelungen

Darunter versteht man solche Vorbescheide, die in den Rahmen der Arbeiten des Forum on Harmful Tax Practices (**FHTP**) fallen, die präferenziellen Charakter haben und das Kriterium eines **geringen oder inexistenten Steuersatzes erfüllen**. Es ist davon auszugehen, dass das österreichische Steuerrecht momentan keine solchen präferenziellen Regelungen enthält.

3.2.b. Grenzüberschreitende unilaterale Vorabverständigungen über die Verrechnungspreisgestaltung und sonstige grenzüberschreitende unilaterale Vorbescheide bezüglich der Verrechnungspreisgestaltung oder der Anwendung von Verrechnungspreisgrundsätzen

3.2.c. Grenzüberschreitende Vorbescheide über Gewinnberichtigungen nach unten, die sich nicht direkt in der Rechnungslegung des Betroffenen widerspiegeln (sofern diese nicht schon von 3.2.b. erfasst sind und es sich auch um keine von 3.2.a. erfassten Regelungen handelt)

3.2.d. Grenzüberschreitende Vorbescheide über das (Nicht-)Vorliegen einer Betriebsstätte und/oder die Zurechnung von Gewinnen zu einer Betriebsstätte durch den Staat, der den Vorbescheid erteilt (sofern diese nicht schon von 3.2.b. erfasst sind)

3.2.e. Grenzüberschreitende Vorbescheide für Durchlaufgesellschaften („Conduits“) zwischen nahestehenden Unternehmen (sofern diese nicht schon von 3.2.b. erfasst sind)

Konkret sind dies grenzüberschreitende Vorbescheide bezüglich Gestaltungen, bei denen es zu grenzüberschreitenden Finanzierungs- oder Einnahmeströmen kommt, die über inländische Rechtsträger fließen, unabhängig davon, ob diese Finanzierungs- oder Einnahmeströme direkt oder indirekt (dh. zunächst über einen anderen inländischen Rechtsträger) erfolgen.

3.3. Ausnahmen vom spontanen Informationsaustausch

- Vorbescheide bzw. Vorabverständigungen über die Verrechnungspreisgestaltung, die **vor dem 1.1.2010** erteilt bzw. getroffen, geändert oder erneuert wurden, sind jedenfalls vom spontanen Informationsaustausch ausgenommen.
- Vorbescheide bzw. Vorabverständigungen über die Verrechnungspreisgestaltung, die zwischen **1.1.2010 und 31.12.2013 erteilt** bzw. getroffen, geändert oder erneuert wurden, sind nicht vom Informationsaustausch erfasst, wenn diese **am 1.1.2014 nicht mehr gültig** waren.

3.4. Zu übermittelnde Informationen und zu verwendende Sprache

Der spontane Informationsaustausch umfasst inhaltlich die in **Annex C** des finalen Berichts zum BEPS-Aktionspunkt 5 (Musterformular mit Anleitungen für den Informationsaustausch; abrufbar unter: http://www.oecdilibrary.org/docserver/download/2315325e.pdf?expires=1469543362&id=id&accname=guest&checksum=74C9BC06794EE659135DE6135816A41E) genannten Informationen. Ebenso wie nach dem EU-AHG umfasst der spontane Informationsaustausch somit nicht etwa die Übermittlung eines Auskunftsbescheids iSd § 118 BAO selbst, sondern die Übermittlung der genannten Basisinformationen. Im Anschluss an diesen spontanen Informationsaustausch können zusätzliche Informationen, einschließlich des vollständigen

Wortlauts des Bescheids, über den Informationsaustausch auf Ersuchen bereitzustellen sein.

Grundsätzlich ist für den Informationsaustausch die Originalsprache des jeweiligen grenzüberschreitenden Vorbescheids ausschlaggebend. Vorzugsweise sollte jedoch zumindest die Kurzzusammenfassung (**Annex C**) in einer Arbeitssprache der OECD (somit Englisch oder Französisch) oder in einer anderen bilateral vereinbarten Sprache übermittelt werden.

3.5. Empfängerstaaten

Die Informationen sind im Rahmen des spontanen Informationsaustauschs den jeweiligen **Empfängerstaaten** zugänglich zu machen. Dies sind in den Fällen des:

- **3.2.a.** der Ansässigkeitsstaat der obersten Muttergesellschaft sowie der unmittelbaren Muttergesellschaft sowie die Ansässigkeitsstaaten sämtlicher nahestehender Dritter, mit denen der Betroffene Transaktionen tätigt, die einer steuerlichen Vorzugsbehandlung unterliegen oder bei der Einkünfte von nahestehenden Dritten bezogen werden, die eine Vorzugsbehandlung genießen (diese Regel gilt auch in einem Betriebsstättenkontext);
- **3.2.b.** der Ansässigkeitsstaat der obersten Muttergesellschaft sowie der unmittelbaren Muttergesellschaft sowie die Ansässigkeitsstaaten aller nahestehender Dritter, mit denen der Betroffene Transaktionen tätigt, welche unter die Vorabverständigung bzw. den Vorbescheid fallen;
- **3.2.c.** der Ansässigkeitsstaat der obersten Muttergesellschaft sowie der unmittelbaren Muttergesellschaft sowie die Ansässigkeitsstaaten sämtlicher nahestehender Dritter, mit denen der Betroffene Transaktionen tätigt, welche unter den Vorbescheid fallen;
- **3.2.d.** der Ansässigkeitsstaat der obersten Muttergesellschaft sowie der unmittelbaren Muttergesellschaft sowie der Ansässigkeitsstaat der Geschäftsleitung bzw. der Betriebsstättenstaat (je nachdem welcher Staat den Vorbescheid erteilt);
- **3.2.e.** die Ansässigkeitsstaaten sämtlicher nahestehender Dritter, die direkt oder indirekt Zahlungen an die Durchlaufgesellschaft leisten, der Ansässigkeitsstaat des tatsächlichen wirtschaftlichen Eigentümers bzw. Empfängers der an die Durchlaufgesellschaft geleisteten Zahlungen (bei dem es sich zumeist um die oberste Muttergesellschaft handelt) sowie der Ansässigkeitsstaat der obersten Muttergesellschaft und der unmittelbaren Muttergesellschaft (sofern nicht bereits vom wirtschaftlichen Eigentümer bzw. Empfänger erfasst).

Für die Identifizierung „**nahestehender Dritter**" ist grundsätzlich ein Beteiligungsverhältnis von (mittelbar oder unmittelbar) mindestens **25%** am Kapital oder an den Stimmrechten ausschlaggebend. Dementsprechend gelten zwei Personen als einander nahestehend, wenn die erste Person eine Beteiligung von mindestens 25% an der zweiten Person hält oder wenn es eine dritte Person gibt, die eine Beteiligung von mindestens 25% an den beiden Personen hält. Eine Person gilt als Inhaber einer prozentualen Beteiligung am Kapital einer anderen Person, wenn besagte Person unmittelbar oder mittelbar – über eine Beteiligung am Kapital weiterer Personen – einen Prozentsatz der Stimmrechte der anderen Person oder des Werts der Kapitalbeteiligungen dieser Person hält.

Sofern sich in Bezug auf Altfälle (siehe Abschnitt 3.6.) aus einem grenzüberschreitenden Vorbescheid **nicht alle erforderlichen Informationen** ableiten lassen, um die Empfängerstaaten zu identifizieren, muss nicht der Steuerpflichtige kontaktiert werden; vielmehr sind bloß die Informationen, die sich schon im Besitz der Abgabenbehörde befinden oder die für die Abgabenbehörde **leicht zugänglich** sind, heranzuziehen.

3.6. Zeitpunkt des verpflichtenden spontanen Informationsaustauschs

- Der Informationsaustausch hat in Bezug auf **Neufälle** – das sind solche, die **ab dem 1.4.2016** erteilt bzw. getroffen, geändert oder erneuert werden – **innerhalb von drei Monaten** nach deren Erteilung bzw. Treffen, Änderung oder Erneuerung zu erfolgen. Der spontane Informationsaustausch hat daher etwa für einen am 1.4.2016 erteilten Vorbescheid bis zum **30.6.2016** zu erfolgen.
- Der Informationsaustausch hat in Bezug auf **Altfälle** – das sind solche, die **vor dem 1.4.2016** erteilt bzw. getroffen, geändert oder erneuert werden – **vor dem 1.1.2017** zu erfolgen.

4. Verhältnis zwischen dem automatischen Informationsaustausch nach dem EU-AHG und dem verpflichtenden spontanen Informationsaustausch auf OECD/G20-Ebene

Bezieht sich ein grenzüberschreitender Vorbescheid oder eine Vorabverständigung über die Verrechnungspreisgestaltung ausschließlich auf das Verhältnis zwischen EU-Mitgliedstaaten, so richtet sich der Informationsaustausch ausschließlich nach dem Konzept der EU-Amtshilferichtlinie bzw. des EU-AHG (automatischer Informationsaustausch).

Beispiel 9:

Bezieht sich ein grenzüberschreitender Vorbescheid, der am 1.1.2010 erteilt wurde, ausschließlich auf das Verhältnis zwischen Österreich und Deutschland, so ist der Vorbescheid aufgrund des Vorrangs des Unionsrechts nicht Gegenstand eines Informationsaustauschs.

Beispiel 10:

Bezieht sich ein grenzüberschreitender Vorbescheid, der am 1.1.2012 erteilt wurde, ausschließlich auf das Verhältnis zwischen Österreich und Deutschland, so ist der Vorbescheid aufgrund des Vorrangs des Unionsrechts aus-

schließlich vom Informationsaustausch nach dem EU-AHG betroffen.

Beispiel 11:

Bezieht sich ein grenzüberschreitender Vorbescheid, der am 1.1.2010 erteilt wurde, ausschließlich auf das Verhältnis zwischen Österreich und Australien, so ist der Vorbescheid ausschließlich vom Informationsaustausch nach dem auf OECD/G20-Ebene maßgeblichen Konzept betroffen.

Beispiel 12:

Bezieht sich ein grenzüberschreitender Vorbescheid, der am 1.1.2012 erteilt wurde, ausschließlich auf das Verhältnis zwischen Österreich und Australien, so ist der Vorbescheid sowohl vom automatischen Informationsaustausch nach dem EU-AHG als auch vom verpflichtenden spontanen Informationsaustausch nach dem auf OECD/G20-Ebene maßgeblichen Konzept betroffen. Dies bedeutet, dass die Information zum einen den anderen EU-Mitgliedstaaten über die Schiene des EU-AHG zugänglich zu machen sind (spätestens bis zum 31.12.2017). Zum anderen sind die Informationen Australien über die Schiene des verpflichtenden spontanen Informationsaustauschs zu übermitteln (spätestens bis zum 31.12.2016).

5. Tabellarische Kurzübersicht

	Grenzüberschreitende Vorbescheide oder Vorabverständigungen über die Verrechnungspreisgestaltung			
	Drittländer		**EU-AHG**	
	verpflichtender spontaner Informationsaustausch		automatischer Informationsaustausch	
	Altfälle	Neufälle	Altfälle	Neufälle
erfasster Zeitraum	• 1.1.2010 bis 31.12.2013 (wenn am 1.1.2014 gültig) • und 1.1.2014 bis 31.3.2016	ab 1.4.2016	• 1.1.2012 bis 31.12.2013 (wenn am 1.1.2014 gültig) • und 1.1.2014 bis 31.12.2016 • 1.1.2012 bis 1.4.2016: Betragsgrenze von 40 Mio € (Ausnahme bei Finanz- und Investitionstätigkeiten)	ab 1.1.2017
Übermittlungsfrist	bis 31.12.2016	drei Monate	bis 31.12.2017	drei Monate nach Ablauf des Kalenderhalbjahrs

6. Verhältnis zur Information des BMF betreffend Rulinganträge gemäß § 118 BAO mit internationalen Bezügen

Durch diesen Erlass wird die Information vom 23.12.2014, BMF-010221/0787-VI/8/2014, aufgehoben.

12/8. Salzburger Steuerdialog – BAO

12/8/1.

AÖF 2006/281

Zweifelsfragen zur Bundesabgabenordnung

(Erlass des BMF vom 9. Oktober 2006, BMF-010103/0076-VI/6/2006)

Salzburger Steuerdialoge 2006, Protokoll zu den Zweifelsfragen Bundesabgabenordnung

1. Ablehnung eines Bevollmächtigten (§ 84 BAO) – Zustellvollmacht

Sachverhalt:

Im Zuge des Verfahrens wurde der Steuerberater X gemäß § 84 BAO als Bevollmächtigter abgelehnt. Dennoch verlangt der Steuerberater, dass weiterhin nur an ihn zugestellt wird. Nur eine Zustellung an ihn persönlich sei rechtsgültig.

Fragestellung:

Beinhaltet die Ablehnung als Bevollmächtigter gemäß § 84 BAO auch die Zustellvollmacht oder muss weiterhin an den Steuerberater zugestellt werden?

Lösung:

Der Zustellungsbevollmächtigte muss nicht zur berufsmäßige Parteienvertretung befugt sein (h. A., zB *Stoll*, BAO, 1058; *Hauer/Leukauf*, Verwaltungsverfahren^{6}, 1871).

Dies gilt sowohl, wenn der Zustellungsbevollmächtigte von vornherein keine Berufsbefugnis zur geschäftsmäßigen Vertretung hat als auch, wenn er nachträglich diese Befugnis verliert.

Daher dürfen Wirtschaftstreuhänder auch nach Erlöschen der Berechtigung zur Ausübung eines Wirtschaftstreuhandberufes (zB durch Verzicht nach § 103 WTBG, Widerruf der öffentlichen Bestellung nach § 104 WTBG) ebenso wie bei Ruhen der Befugnis (§ 97 WTBG) oder bei Suspendierung (§ 99 WTBG) als Zustellungsbevollmächtigte tätig sein.

Die Ablehnung gemäß § 84 Abs. 1 erster Satz BAO umfasst somit nicht die Zustellungsbevollmächtigung, sondern nur das Recht zu aktiven Vertretungshandlungen (zB zur Stellung von Anträgen).

Im Ablehnungsbescheid sowie in der (nach § 84 Abs. 1 zweiter Satz BAO vorzunehmenden) Verständigung des Vollmachtgebers sollte ein diesbezüglicher Hinweis aufgenommen werden. Dies setzt indirekt den Vollmachtgeber in Kenntnis, dass er die Zustellungsbevollmächtigung widerrufen kann (insbesondere, wenn die Berufsbefugnis die Geschäftsgrundlage für die Bevollmächtigung war).

2. Ausstellung eines Prüfungsauftrages für eine Außenprüfung (§ 147 Abs. 1 BAO bzw. § 144 Abs. 1 BAO in Verbindung mit § 99 Abs. 2 FinStrG)

Sachverhalt:

Bei einer Außenprüfung, bei welcher zunächst ein Prüfungsauftrag gemäß § 147 Abs. 1 BAO ausgestellt wurde, musste nach dem Hervorkommen von neuen Tatsachen bzw. der Bestätigung der in einer anonymen Anzeige angeführten Punkte, die begonnene Prüfung in eine Prüfung gemäß § 99 FinStrG übergeleitet werden. Es bestand der begründete Verdacht, dass im Prüfungszeitraum Abgaben verkürzt wurden.

Es stellte sich nun bei der Prüfung heraus, dass bei Verlängerungshandlungen die Abgabenbehörde sowohl als Finanzstrafbehörde als auch als Abgabenbehörde tätig wurde, und es aber zu Problemen bei der Zuordnung und Würdigung der Handlungen der Betriebsprüfung zu den beiden Tätigkeitsbereichen kam.

Auf Grund des ausgestellten Prüfungs- bzw. Nachschauauftragsformulars ist aber nicht klar ersichtlich, dass man auch nach § 147 BAO im Namen und Auftrag des sachlich und örtlich zuständigen Finanzamtes als Abgabenbehörde und/oder im Namen und Auftrag der Strafsachenstelle (somit Finanzstrafbehörde) des zuständigen Finanzamtes tätig wird.

Ein grundsätzliches Problem stellt die Vorgangsweise in der Praxis dar, da automatisch ua. anonyme Anzeigen **immer** an die Finanzstrafbehörde eines Finanzamtes geleitet werden, und dann erst im Anschluss gegebenenfalls zu einer Prüfung in die zuständige Betriebsprüfung weitergemeldet werden.

Fragestellung:

Form und Inhalt eines ordnungsgemäßen Prüfungsauftrages, insbesondere im Hinblick auf die Verjährungsbestimmungen

Lösung:

1. Grundlagen

Gemäß § 209 Abs. 1 BAO verlängern alle nach außen hin erkennbare Maßnahmen der (zuständigen) Abgabenbehörde zur Geltendmachung des Abgabenanspruches oder zur Feststellung des Abgabepflichtigen die Festsetzungsverjährung um ein Jahr.

Eine Außenprüfung (§ 147 BAO) oder eine Nachschau (§ 144 BAO) der zuständigen Abgabenbehörde sind jedenfalls Verlängerungshandlungen im Sinne des § 209 Abs. 1 BAO, sofern sie der Geltendmachung eines Abgabenanspruches dienen.

Gemäß § 99 Abs. 2 FinStrG sind die Finanzstrafbehörden berechtigt, Außenprüfungen oder Nachschauen zum Zweck finanzstrafrechtlicher Ermittlungen (bei einer Abgabenbehörde) zu beantragen. Die Durchführung solcher von der Finanzstrafbehörde beantragter Prüfungen erfolgt nach den Verfahrensbestimmungen der BAO (es bleiben „Außenprüfungen“ oder „Nachschauen“ im Sinne des § 144 BAO).

Eine Maßnahme nach § 99 Abs. 2 FinStrG ist allerdings immer im Rahmen eines konkret anhängigen Finanzstrafverfahrens zu sehen und zu interpretieren. Eine Anregung nach § 99 FinStrG bezieht sich immer auf die Prüfung eines mehr oder weniger konkreten Tatverdachtes. Prüfungshandlungen, die sich im Rahmen der Klärung dieses Tatverdachtes bewegen, dienen daher primär strafrechtlichen Interessen.

Eine auf einen Antrag gemäß § 99 Abs. 2 FinStrG gestützte Prüfung hat daher auch im Prüfungsauftrag das „Prozessthema", dh. in diesem Zusammenhang die aufzuklärende Verdachtslage zu benennen.

Nur insoweit ist eine solche Prüfung auch als Strafrechtsmaßnahme anzusehen. So gilt auch nur insoweit die verlängerte Verjährungsfrist von sieben Jahren (§ 207 Abs. 2 in Verbindung mit § 209a Abs. 3 BAO). Prüfungshandlungen außerhalb des strafrechtlichen Ermittlungsthemas bewegen sich hingegen ausschließlich im abgabenrechtlichen Interesse und sind nicht der Finanzstrafbehörde, sondern der Abgabenbehörde zuzurechnen. Insoweit liegt auch keine Prüfung gemäß § 99 Abs. 2 FinStrG vor.

2. Für die Praxis bedeutet dies:

- Ein Antrag auf Prüfung nach § 99 Abs. 2 FinStrG hat das Ermittlungsthema bzw. den aufzuklärenden finanzstrafrechtlichen Verdacht zu benennen.
- Das Ermittlungs- bzw. die Verdachtslage sind im Prüfungsauftrag anzuführen.
- Rechtsgrundlage für die Prüfung sind
  - für die strafrechtlich relevanten Sachverhalte § 147 BAO in Verbindung mit § 99 Abs. 2 FinStrG,
  - für die nur abgabenrechtlich relevanten Sachverhalte ausschließlich § 147 BAO.

3. Zuständigkeit für Gruppen (§ 8 Abs. 3 AVOG, § 5 UnternehmensgruppenVO)

Sachverhalt:

Änderung der Zuständigkeit bei Unternehmensgruppen.

1. Fall:

Im Bereich eines anderen Finanzamtes (FA) befindet sich der Gruppenträger, in dessen Gruppe eine (kleine) GmbH ab 2005 einbezogen werden soll. Der Veranlagungsakt ist an das Gruppenträgerfinanzamt abzutreten.

2. Fall:

Beim FA mit erweitertem Aufgabenkreis ist nach der OrgankreisVO [BGBl. II Nr. 458/1999] ein Organkreis erfasst. Diese Organschaft wird auf Grund eines rechtzeitigen Antrages ab 2005 zur Gruppe.

Da es sich um lauter (inländische) kleine bzw. (nur) mittelgroße GmbH handelt, wird ab 2005 gemäß § 3 Abs. 3 UnternehmensgruppenVO (BGBl. II Nr. 50/2005) das „allgemeine" FA des Gruppenträgers für die Erhebung aller in einer **Unternehmensgruppe** vereinigten Körperschaften zuständig.

Die Frage stellt sich nun, ob das „allgemeine" FA auch für offene Veranlagungen der Organschaft (bis inklusive 2004), also auch für die „Erhebung aller in einem **Organkreis** vereinigten Körperschaften" zuständig wird.

3. Fall (Variante bzw. Ergänzung des 2. Falles):

Die Einführung der Gruppenbesteuerung im KStG 1988 hat an der Bestimmung über die Organschaft im UStG nichts geändert. Auf umsatzsteuerrechtlichem Gebiet gibt es nach wie vor die Organschaft alter Prägung, also mit den drei erforderlichen Eingliederungsmerkmalen. Überdies ist eine Organschaft von Amts wegen wahrzunehmen und unterliegt grundsätzlich nicht der Disposition des Steuerpflichtigen (kein Antragsrecht wie bei der Gruppenbesteuerung).

Wenn nun ein rechtzeitiger Antrag auf Übergang der Organschaft zur Gruppe gestellt wird, hat das keine Auswirkungen auf eine bestehende Umsatzsteuerorganschaft. (Dieselbe Folge tritt ein, wenn kein Antrag auf Übergang zur Gruppe gestellt wird, auf dem Gebiet der Körperschaftsteuer damit die Organschaft mit 2004 ausläuft und ab 2005 keine Gruppe entsteht. In einem solchen Fall wären die Veranlagungsakten – jedenfalls bezüglich Körperschaftsteuer – an die jeweils örtlich zuständigen Finanzämter abzutreten).

Wenn nun auf Grund der Tatsache, dass in der neuen Gruppe nur (inländische) kleine bzw. (nur) mittelgroße GmbH vereinigt sind, die Zuständigkeit für die Besteuerung auf ein „allgemeines" FA übergeht, stellt sich die Frage, ob damit auch die Zuständigkeit für die Erhebung der Umsatzsteuer (beim Gruppenträger für alle Gruppenmitglieder) auf das „allgemeine" FA übergeht.

Fragestellung:

Geht die Zuständigkeit in all den geschilderten Fällen auf ein Finanzamt mit allgemeinem Aufgabenkreis über?

Lösung:

Gesetzliche Grundlagen:

Die sich auf der UnternehmensgruppenVO (BGBl. II Nr. 50/2005) ergebende Zuständigkeit des Finanzamtes des Gruppenträgers betrifft die im § 8 Abs. 1 Z 1 bis 6 AVOG genannten Abgaben, somit beispielsweise Körperschaftsteuer, Umsatzsteuer, Lohnsteuer, Dienstgeberbeitrag.

Sie betrifft auch jene Abgaben, für deren Erhebung sich die Zuständigkeit nach jener für die Umsatzsteuer richtet (vgl. zB § 4 Abs. 5 WerbeAbgG, § 6 Abs. 5 KohleAbgG).

Aus § 52a Abs. 3 BAO ergibt sich, dass Delegierungsbescheide (§ 71 BAO) nicht nur die örtliche Zuständigkeit, sondern auch die sachliche Zuständigkeit übertragen können.

Die Erlassung von Delegierungsbescheiden liegt im Ermessen. Sie kann aus Gründen der Zweckmäßigkeit (insbesondere zur Vereinfachung oder Beschleunigung des Verfahrens) erfolgen, sofern nicht überwiegende Interessen der Partei entgegenstehen.

Lösungen:

Fall 1:

Nach § 5 UnternehmensgruppenVO beginnt die sachliche Zuständigkeit für die Erhebung der Abgaben grundsätzlich mit dem Zeitpunkt, in dem das nach § 3 der VO zuständige Finanzamt von den seine Zuständigkeit begründenden Voraussetzungen Kenntnis erlangt.

Der Zuständigkeitsübergang betrifft auch offene Verfahren. Er betrifft (§ 52a Abs. 2 in Verbindung mit § 75 BAO zufolge) nicht die Zuständigkeit im Berufungsverfahren betreffend vom bisher zuständigen Finanzamt erlassener Bescheide.

Fall 2:

Das gemäß § 3 Abs. 3 UnternehmensgruppenVO für die Mitglieder der Unternehmensgruppe zuständige Finanzamt mit allgemeinem Aufgabenkreis wird auch für offene Verfahren der im Organkreis vereinigten Körperschaften zuständig (ausgenommen Berufungsverfahren). Diese Zuständigkeit besteht aber nur für Körperschaften, die nunmehr auch zur Unternehmensgruppe gehören.

Ab Übergang der Zuständigkeit (durch „Kenntniserlangung") verliert das bisher zuständige Finanzamt seine diesbezügliche Zuständigkeit zB zur Veranlagung offener Fälle.

Eine Rechtsgrundlage dafür, aus praktischen Überlegungen Bescheide durch das unzuständig gewordene Finanzamt zu erlassen, besteht nicht; es sei denn, eine Maßnahme nach § 71 BAO ermöglicht dies. Die BAO verbietet nicht, eine Zuständigkeitsübertragung lediglich für einige Jahre (zB für die Zeit vor 2005) vorzunehmen.

Fall 3:

Geht nach § 5 Abs. 3 UnternehmensgruppenVO die Zuständigkeit auf ein Finanzamt mit allgemeinem Aufgabenkreis über, so gilt dies für alle im § 8 Abs. 1 Z 1 bis 6 AVOG genannten Abgaben, somit auch (§ 8 Abs. 1 Z 1 lit. a AVOG zufolge) für die Umsatzsteuer.

Der Übergang der Zuständigkeit für die Erhebung der Umsatzsteuer der Mitglieder der Unternehmensgruppe besteht unabhängig davon, ob eine umsatzsteuerliche Organschaft bestand bzw. besteht.

4. Zuständigkeit für ausländische Arbeitgeber (§ 41 FLAG)

Sachverhalt:

Beschäftigen ausländische Arbeitgeber im Inland Arbeitnehmer, so kann es zu einer Dienstgeberbeitragspflicht in Österreich kommen.

Fragestellung:

Welches Finanzamt ist für die Erfassung der ausländischen Arbeitgeber zuständig?

Lösung:

Nach § 43 Abs. 1 letzter Satz FLAG [idF BGBl. Nr. 511/1994] gilt § 57 Abs. 2 BAO für die örtliche Zuständigkeit zur Erhebung von Dienstgeberbeiträgen, wobei der Dienstgeberbeitrag in den Fällen, in denen der Dienstgeber im Bundesgebiet keine Betriebsstätte (§ 81 EStG 1988) hat, an das Finanzamt zu leisten ist, in dessen Bereich der Dienstnehmer überwiegend beschäftigt ist.

Nach § 57 Abs. 3 BAO [idF BGBl. I Nr. 180/2004] ist für die Erhebung der Dienstgeberbeiträge das Finanzamt örtlich zuständig, dem die Erhebung der Abgaben vom Einkommen des Abgabepflichtigen oder, wenn dieser eine Personenvereinigung (Personengemeinschaft) ohne eigene Rechtspersönlichkeit ist, dem die einheitliche und gesonderte Feststellung der Einkünfte (§ 188 BAO) obliegt.

Hiefür sind vor allem bedeutsam:

- § 54 BAO (einheitliche und gesonderte Feststellung),
- § 55 BAO (Einkommensteuer bei unbeschränkter Steuerpflicht),
- § 56 BAO (Einkommensteuer bei beschränkter Steuerpflicht),
- § 58 BAO (Körperschaftsteuer).

Subsidiär obliegt die Erhebung der Dienstgeberbeiträge (dem § 43 Abs. 1 FLAG zufolge) dem Finanzamt, in dessen Bereich der Dienstnehmer überwiegend beschäftigt ist.

Beschäftigt der ausländische Arbeitgeber mehrere Dienstnehmer im Inland, so ist auch nur **ein Finanzamt** für die Erhebung des Dienstgeberbeitrages zuständig. Das wird, sofern die Subsidiärzuständigkeit im Sinne des FLAG eintritt, grundsätzlich jenes Amt sein, das erstmalig Anlass zum Einschreiten hat.

Die Übertragung von Zuständigkeiten mit Delegierungsbescheid (§ 71 BAO kommt auch im Bereich der Lohnabgaben in Betracht (etwa mit dem Ziel, dass nur ein Finanzamt für die Erhebung solcher Abgaben zuständig ist).

5. Bescheidaufhebung gemäß § 299 BAO zu Lasten des Abgabepflichtigen im Rahmen einer Nachbescheidkontrolle (§ 299 BAO, § 16 EStG 1988, LStR 2002 Rz 349)

Sachverhalt:

Im Erstbescheid Einkommensteuer 2003 wurden Kosten für doppelte Haushaltsführung in Höhe von 50 166 € gewährt.

Im Rahmen der Nachbescheidskontrolle erfolgte eine Bescheidaufhebung gemäß § 299 BAO. In der neuen Sachentscheidung wurden Kosten für doppelte Haushaltsführung in Höhe von 23 750 € anerkannt.

Begründung: Aufwendungen für eine zweckentsprechende angemietete Wohnung am Dienstort sind als Werbungskosten abzugsfähig.

Die durchschnittlichen Kosten der Hotelunterkunft .... (Rz 349)

Berufung: Der Berufungswerber führt aus, dass es sich bei den Richtlinien um einen Auslegungsbehelf zum EStG handeln würde und daher kein ausreichender Grund für eine Aufhebung gemäß § 299 BAO gegeben sei.

Fragestellung:

Ist die Beachtung der Lohnsteuerrichtlinien ausreichend, um in der Nachbescheidkontrolle einen Bescheid gemäß § 299 BAO aufzuheben?

Lösung:

Aufhebungen gemäß § 299 Abs. 1 BAO setzen voraus, dass der Spruch des Bescheides sich als nicht richtig erweist.

Die Unrichtigkeit ist anhand der Rechtslage (Gesetze, Verordnungen) zu prüfen.

Erlässe des BMF sind weder Rechtsverordnungen noch Weisungen im Sinne des Art. 20 Abs. 1 B-VG (vgl. zB Richtlinien zum Grundsatz von Treu und Glauben, AÖFV Nr. 126/2006, Abschnitt 5.1).

Ihr Inhalt kann jedoch für die Ermessensübung bedeutsam sein. Dies gilt etwa für die

- Haftungsinanspruchnahme (zB VwGH 27. 11. 2003, 2003/15/0087, zu § 100 Abs. 2 EStG 1988),
- Aufhebung gemäß § 299 BAO (zB VwGH 7. 7. 2004, 2001/13/0053).

Ergänzend sei auf die Verordnung betreffend Unbilligkeit der Einhebung im Sinne des § 236 BAO [BGBl. II Nr. 435/2005] verwiesen.

Im konkreten Fall bedeutet dies, dass eine Aufhebung des Bescheides nach § 299 BAO nicht allein auf einen in den Richtlinien genannten Betrag (bzw. Höchstbetrag) gestützt werden kann. Eine Rechtswidrigkeit kann jedoch unabhängig davon vorliegen, ob eine diesbezügliche (dem aufgehobenen Bescheid zu Grunde liegende) Rechtsansicht in Widerspruch zu einem Erlass (zB EStR 2000, LStR 2002) steht.

Sofern sich nicht anderweitige Gründe zeigen, aus denen sich die Unrichtigkeit des Bescheidspruches ergibt – hiezu könnten sich Erhebungen des Finanzamtes zu den erklärten Kosten der doppelten Haushaltsführung als sinnvoll erweisen –, wird der Berufung Folge zu geben sein.

6. Feststellungsverfahren – Bescheidänderung (§ 188 BAO, § 295 Abs. 1 BAO)

Sachverhalt:

An einer KEG haben sich Personen als atypisch stille Gesellschafter beteiligt. Der Bescheid über die einheitliche und gesonderte Feststellung der Einkünfte aus der KEG und atypisch Stillen wurde an die KEG (als Geschäftsherrin adressiert). In diesem Feststellungsverfahren wurden die Einkünfteanteile aller Gesellschafter (auch jener der KEG) festgestellt.

Dieses Feststellungsverfahren wurde wieder aufgenommen und nunmehr ein Feststellungsbescheid (nur) hinsichtlich der KEG und deren Gesellschafter erlassen. Hinsichtlich der atypisch Stillen erging am selben Tag ein Nichtfeststellungsbescheid unter derselben Steuernummer.

Die betroffenen Einkommensteuerbescheide wurden sodann gemäß § 295 Abs. 1 BAO unter Bezug auf eine Mitteilung des für die Feststellung zuständigen Finanzamtes mit Hinweis auf die Steuernummer und Datum geändert. Die Einkommensteuerveranlagungen erfolgten ursprünglich erklärungsgemäß.

Fragestellung:

1. Hinsichtlich welcher Personenvereinigung waren im Einkommensteuerverfahren bisher Einkünfte als erfasst anzusehen? KEG oder „KEG und atypisch Stille"?
2. Ist der gemäß § 295 Abs. 1 BAO erlassene Bescheid ausreichend begründet bzw. rechtmäßig ergangen, wenn auf eine Mitteilung bestimmten Datums zu einer Steuernummer hingewiesen wird, wenn an diesem Tag zu dieser Steuernummer zwei Bescheide ergangen sind?

Lösung:

Fragestellung 1:

Bescheide über die einheitliche und gesonderte Feststellung der Einkünfte einer atypisch stillen Gesellschaft sind an alle Gesellschafter zu richten.

Sind mehrere atypisch stille Gesellschafter am Betrieb einer KEG beteiligt, so ist der Bescheid daher an die KEG und an alle stillen Gesellschafter zu richten.

Für die Zustellungsbevollmächtigung gilt § 81 BAO (Namhaftmachung bzw. Bestellung eines Vertreters, sofern nicht im Gesellschaftsvertrag der stillen Gesellschaft ein Vertreter für Abgabenangelegenheiten genannt ist).

Wird über die Einkünfte der stillen Gesellschaft in einem an die KEG gerichteten Bescheid abgesprochen, wo den Gesellschaftern der KEG sowie allen stillen Gesellschaftern Einkünfte zugerechnet werden, so ist dies zwar rechtswidrig, aber allein deshalb nicht unwirksam (vgl. § 192 BAO zur Bindungswirkung von Feststellungsbescheiden).

Zur Vorgangsweise bei Nichtanerkennung der stillen Mitunternehmergemeinschaft siehe Abschnitt 8 (teilweise Nichtanerkennung einer atypisch stillen Gesellschaft).

Fragestellung 2:

Aus der Begründung (§ 93 Abs. 3 lit. a BAO) von auf § 295 Abs. 1 BAO gestützten Änderungsbescheiden hat sich zu ergeben, welcher nachträglich erlassene, aufgehobene oder abgeänderte Feststellungsbescheid für die Maßnahme gemäß § 295 Abs. 1 BAO maßgebend ist. Ergehen zwei Bescheide gleichen Datums unter derselben Steuernummer, so ist in der Begründung anzugeben, welcher dieser beiden Bescheide der Verfahrenstitel für die auf § 295 Abs. 1 BAO gestützte Maßnahme ist.

7. Verjährung Œ Prüfungsauftrag (§§ 147 ff BAO, §§ 207 ff BAO)

Sachverhalt:

Auf Grund der Feststellungen im Zuge einer Außenprüfung auf Basis eines gemäß § 147 BAO in Verbindung mit § 99 FinStrG an eine KEG gerichteten Prüfungsauftrages wurden stille Beteiligungen an dieser Gesellschaft nicht als Mitunternehmerschaft anerkannt (keine atypische stille Gesellschaft). Im wiederaufgenommenen Feststellungsverfahren, in dem bisher auch die stillen Beteiligten einbezogen waren, wurde ein neuer Feststellungsbescheid an die KEG und deren Gesellschafter sowie ein Nichtfeststellungsbescheid an die stillen Gesellschafter erlassen.

Fragestellung:

Kann im Zusammenhang mit den Übergangsbestimmungen des § 323 Abs. 16 und 18 BAO eine Einkommensteuerfestsetzung noch als Folge einer Außenprüfung angesehen werden, wenn die Abgabenfestsetzung Folge des Nichtfeststellungsbescheides hinsichtlich der „KEG und atypisch Stillen" ist, der Prüfungsauftrag jedoch an die KEG gerichtet war?

Lösung:

Die Übergangsbestimmungen des § 323 Abs. 16 und 18 BAO (jeweils idF AbgÄG 2004) betreffen Nachforderungen bzw. Gutschriften als Folge einer Außenprüfung (§ 147 Abs. 1 BAO), wenn der Beginn der Amtshandlung vor dem 1. Jänner 2005 gelegen ist.

Eine Außenprüfung setzt einen rechtlich existenten Prüfungsauftrag voraus. Weiters muss die Aufforderung zur Vorlage der Bücher und Aufzeichnungen (dies ist der Beginn der Amtshandlung) gegenüber dem Adressaten des Prüfungsauftrages erfolgt sein. Dieser Auftrag kann sich nur auf Unterlagen der Geprüften beziehen.

Wird ein Prüfungsauftrag an eine KEG gerichtet und erfolgt die genannte Aufforderung vor dem 1. Jänner 2005, so ist dies für die Verjährungsübergangsregelung nicht nur für von der KEG geschuldete (im Prüfungsauftrag genannte) Abgaben, sondern auch für vom Feststellungsbescheid (§ 188 BAO) abgeleitete Abgaben der Gesellschafter der KEG (nämlich jener Personen, die im Feststellungsbescheid genannt sind) bedeutsam.

Dies gilt auch für die Einkommen-(Körperschaft-)Steuer atypisch stiller Gesellschafter, die rechtswidriger Weise an in die KEG gerichteten Feststellungsbescheiden als Gesellschafter der KEG behandelt wurden. Nicht hingegen für die Ertragsteuern atypisch stiller Gesellschafter, die nicht im Feststellungsbescheid genannt sind.

8. Teilweise Nichtanerkennung einer atypisch stillen Gesellschaft (§ 188 BAO)

Sachverhalt:

Im Zuge der Prüfung einer Feststellungserklärung einer atypisch stillen Gesellschaft ergibt sich, dass nur hinsichtlich eines Teiles der stillen Gesellschafter Mitunternehmerschaft vorliegt (unterschiedliche Vertragsgestaltungen).

Fragestellung:

Hat in diesem Fall ein einheitlicher Feststellungsbescheid zu ergehen, in dem auch jene Gesellschafter angeführt werden, für die keine Mitunternehmerschaft vorliegt, oder hat sowohl ein Feststellungs- und ein Nichtfeststellungsbescheid zu ergehen?

Lösung:

Soll eine atypisch stille Gesellschaft nicht anerkannt werden (somit keine Einkünftezurechnung an die stillen Gesellschafter erfolgen), so kommt in Anlehnung an Abschnitt 31.1 der Richtlinien zur Liebhabereibeurteilung (LRL 1997, AÖF 47/1998) folgende Vorgangsweise in Betracht.

Je Gesellschafter, für den das Vorliegen der Einkunftsquelle verneint wird, ist ein auf § 92 Abs. 1 lit. b BAO (Feststellung abgabenrechtlich bedeutsamer Tatsachen) gestützter Feststellungsbescheid zu erlassen. Er hat auszusprechen, dass der Anteil des betreffenden Gesellschafters am Ergebnis der Gesellschaft nicht in die einheitliche und gesonderte Feststellung der Einkünfte einzubeziehen ist.

Der Bescheid hat sowohl an den betreffenden Gesellschafter als auch an die Gesellschaft zu ergehen. Er ist beiden zuzustellen. Der Gesellschaft gegenüber hat die Zustellung zu Handen des gemäß § 81 BAO zustellungsbevollmächtigten Vertreters zu erfolgen.

Die Vertretungsbefugnis des § 81 BAO bezieht sich diesfalls nicht auf den einzelnen Gesellschafter (der Bescheid ist keine an alle Gesellschafter in dieser Eigenschaft gerichtete Ausfertigung der Abgabenbehörde, somit ist § 81 Abs. 7 erster Satz BAO nicht anwendbar). Daher ist die für den Gesellschafter bestimmte Ausfertigung nicht dem Vertreter der Gesellschaft zuzustellen.

Dieser Bescheid („Nichtfeststellungsbescheid") ist Grundlagenbescheid für

- die einheitliche und gesonderte Feststellung der Einkünfte der Gesellschaft (nur die Einkünfte jener Gesellschafter umfassend, denen Einkünfte zugerechnet werden) bzw.
- den Bescheid, wonach eine einheitliche und gesonderte Feststellung der Einkünfte der Gesellschaft zu unterbleiben hat (wenn eine solche Feststellung unterbleibt, weil nur einem der Gesellschafter Einkünfte zugerechnet werden),
- die abgeleiteten Bescheide (Einkommensteuer, Körperschaftsteuer) der Gesellschafter.

Aus den allgemeinen Bescheidwirkungen („Verbindlichkeit") ergibt sich die Bindungswirkung. Berufungen gegen den abgeleiteten Bescheid, die lediglich die Rechtswidrigkeit der im Grundlagenbescheid getroffenen Entscheidungen geltend machen, sind daher abzuweisen. Die Anpassung abgeleiteter Bescheide an nachträgliche Erlassungen (Aufhebungen, Änderungen) des Grundlagenbescheides hat gemäß § 295 Abs. 3 BAO zu erfolgen.

9. Wiederaufnahme und Bescheidadressierung bei „vergessenem" Personengesellschafter (§ 188 BAO, § 303 BAO)

Sachverhalt:

Im Zuge der – erklärungsgemäßen – Erlassung eines Feststellungsbescheides wurde ein Gesellschafter einer Personenhandelsgesellschaft nicht berücksichtigt (weder in der Erklärung noch im Bescheid). In der Folge kam es zu einer Anteilsvereinigung gemäß § 142 HGB. Erst danach wurde die seinerzeitige Nichtberücksichtigung eines Gesellschafters entdeckt.

Fragestellung:

Ist der ursprüngliche Feststellungsbescheid rechtswirksam ergangen?

Ist eine Wiederaufnahme des Verfahrens möglich?

Wie hat die Adressierung des Wiederaufnahmsbescheides zu lauten?

Lösung:

Die Rechtswirksamkeit eines Feststellungsbescheides (§ 188 BAO) hängt nicht von seiner Rechtmäßigkeit ab. Feststellungsbescheide, die einen Beteiligten an der Einkunftsquelle nicht berücksichtigen, können daher dennoch rechtswirksam sein.

Eine Wiederaufnahme solcher Feststellungsverfahren ist möglich, etwa wenn Tatsachen oder Beweismittel neu hervorkommen, die dafür sprechen, dass eine weitere Person an den gemeinschaftlichen Einkünften beteiligt ist.

Der Wiederaufnahmsbescheid ist grundsätzlich gleich wie der gemäß § 307 Abs. 1 BAO aufzuhebende Bescheid zu adressieren.

Wiederaufnahmsbescheide haben in ihrer Begründung (§ 93 Abs. 3 lit. a BAO) die Wiederaufnahmsgründe zu nennen. Die Zustellfiktion des § 101 Abs. 3 BAO ist auch für die Zustellung von Wiederaufnahmsbescheiden anwendbar, wenn auf diese Rechtsfolge in der Ausfertigung (dh. im Wiederaufnahmsbescheid) hingewiesen wird.

Ist die Personenhandelsgesellschaft in der Zwischenzeit durch Anteilsvereinigung gemäß § 142 HGB beendet, so ist nach § 19 Abs. 2 BAO in Verbindung mit § 191 Abs. 2 BAO vorzugehen (vgl. zB VwGH 25. 1. 2006, 2005/13/0174, 0175).

Nach § 19 Abs. 2 BAO gehen mit der Beendigung der Gesellschaft deren sich aus Abgabenvorschriften ergebenden Rechte und Pflichten auf die zuletzt beteiligt gewesenen Gesellschafter über.

§ 192 Abs. 1 BAO zufolge haben (nach Beendigung) Feststellungsbescheide (§ 188 BAO) an diejenigen zu ergehen, denen gemeinschaftliche Einkünfte zugeflossen sind.

Der Wiederaufnahmsbescheid ist somit an die ehemals Beteiligten (nämlich jene, die im Feststellungsbescheid genannt sind) zu richten. Der neue Sachbescheid (einheitliche und gesonderte Feststellung der Einkünfte) hat im Spruch auch den „Vergessenen“ zu nennen.

Für den seinerzeit „vergessenen Gesellschafter“ ergibt sich keine Bindungswirkung aus dem vorherigen Feststellungsbescheid. Die Körperschaftsteuer- bzw. Einkommensteuerverfahren können selbständig wieder aufgenommen werden.

12/8/2.

AÖF 2008/63

Zweifelsfragen Salzburger Steuerdialog 2007

(Erlass des BMF vom 9. Jänner 2008, BMF-010103/0073-VI/2007)

Behandlung von die BAO betreffender Zweifelsfragen, Salzburger Steuerdialoge 2007

1. Erlassung eines endgültigen Bescheides nach einem vorläufigen Bescheid

Ein Bescheid ergeht vorläufig. Eine Ungewissheit im Sinne des § 200 BAO liegt nicht vor.

Fragestellung:

Ist die Erlassung eines endgültigen Bescheides zulässig?

Lösung:

Nach der Rechtsprechung des Verwaltungsgerichtshofes, zuletzt ausgeführt im Erkenntnis vom 29. November 2006, 2004/13/0075 (unter Hinweis auf VwGH 28. 3. 2001, 98/13/0032), kann ein endgültiger Bescheid nach § 200 Abs. 2 BAO auch dann ergehen, wenn die Erlassung des vorläufigen Bescheides zu Unrecht erfolgt sein sollte. Ergänzend wies der Verwaltungsgerichtshof darauf hin, dass es den Abgabepflichtigen offen steht, die Bescheide in ihrem Ausspruch der Vorläufigkeit mit Berufung anzufechten und auf diesem Weg ihr Recht auf Ergehen endgültiger Bescheide geltend zu machen.

Bei Wegfall einer in einem vorläufigen Bescheid anzugebenden Ungewissheit kann, abgesehen von der sich dadurch gemäß § 120 Abs. 3 BAO ergebenden Anzeigepflicht, eine endgültige Bescheiderlassung durch Abgabepflichtige auch beantragt werden (vgl. UFS 5. 11. 2007, RV/0809-G/07).

Bei einem sich als inhaltlich falsch erweisenden Bescheid wäre auch im Zuge der Aufhebung nach § 299 BAO und Neuerlassung des Bescheides bzw. auch im Zuge einer Wiederaufnahme nach § 303 BAO und Neuerlassung des Bescheides die endgültige Erlassung des Bescheides vorzunehmen.

Rückwirkende Ereignisse im Sinne des § 295a BAO könnten auch bei vorläufigen Bescheiden berücksichtigt werden (Teilrechtskraft). Grundsätzlich hat der tatsächliche Eintritt eines solchen Ereignisses materiellrechtlich wie auch verfahrensrechtlich eine andere Qualität als die bloße Ungewissheit über sein Eintreten bei der Erlassung eines Steuerbescheides.

2. Erlassung eines endgültigen Bescheides nach einem vorläufigen Bescheid im Zusammenhang mit der Verjährung

Sachverhalt:

Zeitraum 1994 Abgabenart Umsatzsteuer

Bescheid vom	Art der Festsetzung	Abgabenbetrag
31. Juli 1996	Erstbescheid vorläufig	–10 000 S

9. August 2001	Erstbescheid endgültig	0
9. Jänner 2002	§ 299 BAO durch FLD	

Dadurch ist der ursprüngliche Bescheid vom 31. Juli 1996 (–10 000 S) praktisch wieder in Kraft getreten.

Fragestellung:

1. Kann in diesem Fall noch ein endgültiger Bescheid erlassen werden, mit einer Änderung dahin gehend, dass Liebhaberei angenommen werde, wie im Bescheid vom 9. August 2001? Wenn nicht, bleibt der vorläufige Bescheid immer im Status der Vorläufigkeit?
2. § 200 Abs. 2 BAO sieht zwei Varianten der Ersetzung eines vorläufigen durch einen endgültigen Bescheid vor:

   Die endgültige Festsetzung kann mit einer

   a) Änderung des Erledigungsinhaltes verbunden sein oder,
   b) wenn die Beseitigung der Ungewissheit zu einem Abweichen des endgültigen Bescheides vom vorläufigen keinen Anlass gibt, sich in der Endgültigerklärung des vorläufigen Bescheides erschöpfen.

Wenn in einem Fall die Variante b) angewendet wird, ist mit dem endgültigen Bescheid gemäß § 200 Abs. 2 BAO der Rechtszug für den Steuerpflichtigen wieder geöffnet?

Kann er in einer Berufung jedwede Einwendung geltend machen?

Lösung:

Zu 1:

§ 289 Abs. 1 letzter Satz BAO idF UFSG-Novelle 2006 (ab 12. August 2006) ist für Bescheidaufhebungen gemäß § 299 BAO idF vor dem AbgRmRefG 2002 durch die Oberbehörde nicht anwendbar. Die vorläufige Abgabenfestsetzung vom 31. Juli 1996 ist daher wegen Eintritts der Verjährung nicht mehr abänderbar. Der Bescheid bleibt im Status der Vorläufigkeit.

Zu 2:

Gemäß § 200 Abs. 2 BAO endgültig erlassene oder für endgültig erklärende Bescheide sind nach § 251 zweiter Satz BAO in vollem Umfang anfechtbar (keine Teilrechtskraft).

3. Zustellvollmacht

Sachverhalt:

Einer nicht eigenberechtigten Person (GmbH) wird eine Vertretungsvollmacht inklusive Zustellvollmacht erteilt. Die GmbH ist nicht zur Parteienvertretung befugt.

Fragestellung:

Ist die Zustellvollmacht zu beachten?

Lösung:

Gemäß § 9 Abs. 1 ZustG können zu Zustellungsbevollmächtigten – soweit nicht in den Verfahrensvorschriften anderes bestimmt ist – natürliche oder juristische Personen oder eingetragene Personengesellschaften gegenüber der Behörde, die die Zustellung zu verfügen hat, bestellt werden. Gemäß § 83 Abs. 1 BAO sind jedoch nur „eigenberechtigte Personen" (zustellungs-)vertretungsbefugt. Im Anwendungsbereich der Bundesabgabenordnung besteht somit (anders als im § 10 Abs. 1 AVG) eine gegenüber § 9 Abs. 1 ZustG eingeschränkte Vertretungsbefugnis.

Soweit nicht spezielle Bestimmungen wie zum Beispiel § 66 WTBG (zulässige Gesellschaftsformen) die allgemeine Vertretungsbefugnis in Abgabenangelegenheiten (einschließlich einer allfälligen Zustellungsbevollmächtigung) auf eingetragene Personengesellschaften (OG, KG) und Kapitalgesellschaften (GmbH und AG) erweitern (zu weiteren speziellen Regelungen siehe Ritz, BAO³, § 83, Tz 4), kann daher die Vertretungsbefugnis (auch bloße Zustellungsvertretung) nach § 83 Abs. 1 BAO nur eigenberechtigten Personen erteilt werden. Von „Eigenberechtigung" kann nach den Bestimmungen des bürgerlichen Rechts nur bei physischen (natürlichen) Personen gesprochen werden (VwGH 10. 1. 1985, 83/05/0073).

Ist die GmbH laut Anfrage nicht berufsrechtlich zur geschäftsmäßigen Vertretung vor Abgabenbehörden befugt (wie dies etwa bei einer Wirtschaftstreuhand-GmbH der Fall wäre), kann ihr auch keine Zustellungsbevollmächtigung zur Empfangnahme von Schriftstücken einer Abgabenbehörde wirksam erteilt werden.

§ 84 BAO (Ablehnung) kommt hier nicht zur Anwendung, weil die GmbH keine geschäftsmäßige (dh. allgemeine, uneingeschränkte) Vertretung in Abgabensachen für sich in Anspruch nimmt.

Die gegenständlich erteilte Zustellungsbevollmächtigung ist auf Grund der Einschränkung durch § 83 Abs. 1 BAO unwirksam und unbeachtlich. Zustellungen sind unmittelbar an den Abgabepflichtigen vorzunehmen.

Einzelne eingebrachte Eingaben von einem solchen nicht befugten Vertreter (sofern noch nicht seine bescheidmäßige Ablehnung iSd § 84 BAO erfolgte) sind nach der Rechtsprechung als vom Machthaber selbst (als Einschreiter) eingebracht anzusehen. Mangels Unterfertigung ist mit Mängelbehebungsauftrag nach § 85 Abs. 2 BAO (verbesserungsfähiges Formgebrechen) vorzugehen (vgl. zB VwGH 30. 6. 1994, 91/06/0240, zu § 10 Abs. 1 AVG vor seiner Änderung durch BGBl. I Nr. 158/1998).

4. Zuständigkeiten

Sachverhalt:

Ausländische Unternehmer, welche im Inland weder Sitz noch Betriebsstätte haben, werden gemäß § 12 AVOG beim Finanzamt Graz-Stadt zur Umsatzsteuer veranlagt bzw. stellen beim FA Graz-Stadt Vorsteuererstattungsanträge.

Wenn ein ausländischer Unternehmer (zB Bauunternehmer) auf Grund einer länger als sechs Monate dauernden Bauausführung eine Betriebsstätte gemäß § 29 Abs. 2 lit. c BAO in Österreich begründet, ist der Akt grundsätzlich vom FA Graz-

Stadt an das örtlich zuständige Finanzamt (§ 61 in Verbindung mit § 58 BAO) abzutreten.

Tatsächlich werden von ausländischen Unternehmern solche Meldungen über die Änderung der Zuständigkeit (idR aus Unkenntnis der geltenden Rechtsvorschriften) unterlassen und der Akt wird nicht an das entsprechende Betriebsstättenfinanzamt abgetreten.

Wie ist vorzugehen, wenn ein ausländischer Unternehmer, zeitgleich oder überschneidend in verschiedenen Bundesländern mehrere Baustellen bzw. Betriebsstätten hat?

Variante 1:

Zum Zeitpunkt der Durchführung der Betriebsprüfung (Juni 2004) existiert keine Baustelle in Österreich. Es wird im Jahr 2004 voraussichtlich auch kein weiterer Bauauftrag ausgeführt werden.

Variante 2:

Zum Zeitpunkt der Betriebsprüfung (Juni 2004) existiert eine Baustelle in Klagenfurt. Der Baubeginn war im Februar 2004 – Zeitpunkt der Fertigstellung: voraussichtlich im März des Jahres 2005.

Fragestellung:

Welches Finanzamt ist für a) die Umsatzsteuer und b) Ertragsteuern von ausländischen Unternehmern die zeitweise in Österreich Betriebsstätten gemäß § 29 Abs. 2 lit. c BAO haben, zuständig?

Welches Amt ist im Jahr 2004 für die Veranlagung der Umsatzsteuer betreffend die Jahre 2001 bis 2003 sachlich und örtlich zuständig?

Welches Amt ist für die Veranlagung der Ertragsteuern zuständig, welche sich auf Grund der länger als zwölf Monate dauernden Bauausführung in Innsbruck (Jahr 2001/2002) gemäß DBA Österreich-Deutschland ergeben könnte?

Von welcher Betriebsprüfung ist der Fall gegebenenfalls zu prüfen?

Lösung:

1. Die sachliche Zuständigkeit des Finanzamtes Graz-Stadt gilt gemäß § 12 AVOG für ausländische Unternehmer, die im Inland keine Betriebsstätte haben. Der Betriebsstättenbegriff richtet sich nach § 29 BAO.

Gemäß § 29 Abs. 2 lit. c BAO gelten Bauausführungen, deren Dauer sechs Monate überstiegen hat oder voraussichtlich übersteigen wird, als Betriebsstätte.

Gilt eine inländische Betriebsstätte als Anknüpfungsmerkmal für die Bestimmung von Zuständigkeiten im Rahmen des AVOG und der BAO (auch in analoger Anwendung des § 58 letzter Halbsatz BAO und des § 70 Z 2 BAO), so richtet sich diese bei mehreren inländischen Betriebsstätten eines Unternehmens mit Geschäftsleitung im Ausland gemäß § 53 Abs. 1 lit. b zweiter Satz BAO nach der wirtschaftlich bedeutendsten inländischen Betriebsstätte. Die sachliche Zuständigkeit (§ 12 AVOG) endet gemäß § 52a Abs. 1 erster Satz BAO (wie auch die örtliche gemäß § 73 erster Satz BAO) mit dem Zeitpunkt, in dem eine andere Abgabenbehörde von den ihre Zuständigkeit begründenden Voraussetzungen Kenntnis erlangt. Mit diesem Zeitpunkt geht die Zuständigkeit auch für noch offene Verfahren auf das durch Kenntniserlangung neu zuständig gewordene Finanzamt über. Abzustellen ist auf die Verhältnisse zum aktuellen Zeitpunkt der Amtshandlung (zB Veranlagung, Außenprüfung).

Dementsprechend gilt aber auch, dass die Zuständigkeit vom ersten zuständig gewordenen Finanzamt erst übergeht, wenn ein danach zuständig gewordenes Finanzamt von seiner Zuständigkeit Kenntnis erlangt. Das eine Außenprüfung durchführende Finanzamt (Prüfungsorgan) hat auch seine Zuständigkeit zu überprüfen. Die Abgabepflichtigen sind vom Übergang der Zuständigkeit nach den §§ 52a bzw. 73 BAO in Kenntnis zu setzen. Auf die Möglichkeit der Delegierung (sachlich und örtlich nach § 52a Abs. 3 und § 71 BAO) wird hingewiesen. Eine Delegierung bleibt aufrecht, bis eine neue Delegierung erfolgt, unabhängig von einer weiteren Sachverhaltsänderung.

2. Eine Überprüfung der Zuständigkeiten würde nach den Bestimmungen der BAO und des AVOG für die dargestellten Varianten folgende Zuständigkeiten ergeben:

Variante 1:

Die ertragsteuerliche Zuständigkeit bleibt beim letzten für Ertragsteuern zuständigen Finanzamt. Für die Umsatzsteuer-Veranlagung ergibt sich die Zuständigkeit aus § 12 AVOG für das Finanzamt Graz-Stadt (eine Delegierung nach § 71 BAO erscheint zweckmäßig).

Variante 2:

Eine die Dauer von sechs Monaten voraussichtlich überschreitende Baustelle im Zuständigkeitsbereich des Finanzamtes Klagenfurt führt zum Übergang der örtlichen Zuständigkeit und rechtsformabhängig nach Maßgabe des § 8 AVOG auch der sachlichen Zuständigkeit auf dieses Finanzamt.

5. Zuständigkeit

Sachverhalt:

Ein ausländisches Unternehmen führt Coachings für Hotelmitarbeiter (Animateure, Surflehrer usw.) durch. Er hat in einzelnen Bundesländern Standorte, die als zentrale Schulungsstätte dienen. Eine genaue Abgrenzung, welcher Standort als Hauptstandort anzusehen ist, ist für eine Zuordnung zu einem Betriebsstättenfinanzamt nicht möglich. An allen Betriebsstätten werden Mitarbeiter beschäftigt und Kommunalsteuer wird an die zuständige Gemeinde abgeführt. Die Betriebsstätten existieren seit 2003 und die Standorte wurden und werden weiter ausgebaut.

Fragestellung:

Welches Finanzamt ist für a) die Umsatzsteuer und b) Ertragsteuern von ausländischen Unternehmern, die in Österreich Betriebsstätten gemäß § 29 Abs. 2 lit. c BAO haben, zuständig?

Welches Amt ist für die Veranlagung der Umsatzsteuer und in weiterer Folge auch für die Ertragsteuern sachlich und örtlich zuständig, wenn ständig neue gleichwertige Betriebsstätten eröffnet werden?

Welches Amt ist für die Veranlagung der Umsatzsteuer und in weiterer Folge auch für die Ertragsteuern sachlich und örtlich zuständig, wenn ständig neue gleichwertige Betriebsstätten eröffnet werden und sich kein Mittelpunkt feststellen lässt?

Von welchem Finanzamt wären diese Fälle gegebenenfalls zu prüfen?

Lösung:

Allgemeine Grundsätze siehe Abschn. 4.

Sofern das erste zuständig gewordene Finanzamt (bzw. jenes Finanzamt, bei dem der Akt gerade aufrecht ist) anhand der vorhandenen Unterlagen feststellen kann, ob und inwieweit eine der österreichischen Betriebsstätten als Zentrale angesehen werden kann (zB die erste, die in Österreich eröffnet wurde), würde die Zuständigkeit nach Maßgabe der Bestimmungen der §§ 52a und 73 BAO an das entsprechende sachlich und örtlich zuständige Finanzamt übergehen.

Lässt sich ein derartiger Mittelpunkt nicht ableiten, wäre der ausländische Unternehmer aufzufordern, diesen bekannt zu geben. Gegebenenfalls erscheint eine Einigung hinsichtlich der Zuständigkeit mit dem ausländischen Unternehmer zweckmäßig (zB Finanzamt des steuerlichen Vertreters) und wäre in der Folge eine Delegierung an dieses Amt gemäß § 71 BAO durchzuführen.

6. Stellung von Anträgen gemäß § 212a BAO zur Erlangung eines unberechtigten Zahlungsaufschubes ohne Einbringung einer Berufung

Sachverhalt:

Im Zusammenhang mit teils mehrmaligen Anträgen auf Verlängerung der Berufungsfrist werden Anträge auf Aussetzung der Einhebung (§ 212a BAO) gestellt. Eine Berufung wird letztendlich nicht eingebracht. In Einzelfällen erscheint der Schluss nahe liegend, dass unter Missbrauch des § 212a BAO nur ein Zahlungsaufschub bewirkt werden soll.

Fragestellung:

Wie kann dem rechtsrichtig und praktikabel begegnet werden?

Lösung:

Grundsätzlich wird bei Einlangen eines Antrages gemäß § 212a BAO nicht von vornherein ein missbräuchliches Vorgehen angenommen werden können.

Anträge, die vor Einbringung einer Berufung eingebracht werden, sind (wenn kein Zurückweisungsgrund vorliegt) im Allgemeinen abzuweisen.

Die Nachfrist des § 212a Abs. 7 zweiter Satz BAO steht zu, wenn ein zeitgerechter Antrag abgewiesen oder zurückgewiesen wird. RAE Rz 416 und Rz 535 sind zu beachten.

Bei Vorliegen der Voraussetzungen kann auch mit Vollstreckungsbescheid (§ 230 Abs. 7 BAO) vorgegangen werden.

Weiters kommt in besonders gelagerten Fällen (zB bei wiederholt ungerechtfertigten Antragstellungen) die Festsetzung einer Mutwillenstrafe gemäß § 112a BAO in Betracht (vgl. dazu UFS vom 28. 6. 2005, RV/1098-L/04; UFS vom 28. 6. 2005, RV/1100-L/04).

7. Abspaltung eines Teilbetriebes

Sachverhalt:

Die A-Real GmbH bestand aus zwei Teilbetrieben. Der Teilbetrieb 1 hat den gesamten Fuhrpark im Betriebsvermögen, der Teilbetrieb 2 hält sämtliche Grundstücke im Betriebsvermögen. Mit Stichtag zum 31. Jänner 2002 wurde der Teilbetrieb 1 in die neu gegründete Auto-GmbH abgespalten.

Nach Eintragung der Abspaltung im Firmenbuch findet bei der A-Real GmbH im Jahr 2002 eine Außenprüfung statt. Prüfungszeitraum sind die Jahre 1997 bis 2002.

Der Großteil der Feststellungen bezog sich auf Normverbrauchsabgabe-Feststellungen beginnend ab Dezember 1997, weiters 1998 und 1999, kleinere Feststellungen ergaben sich auch für die im Jahre 2000 und 2001.

Zusätzlich zur Normverbrauchsabgabe wurden Umsatzsteuer-Feststellungen gemacht, die durch die Betriebsprüfung als Folgewirkung der Normverbrauchsabgabe-Feststellungen festgestellt wurden.

Den größten Teil der Körperschaftsteuer-Feststellungen betrafen die Passivierungen von Umsatzsteuer und Normverbrauchsabgabe, die sich gewinnmindernd in den betreffenden Jahren auswirken.

Sowohl die Wiederaufnahmsbescheide als die neuen Abgabenbescheide ergingen an die A-Real GmbH.

Auf Grund der Berufungen mit Gegenstellungnahmen der Betriebsprüfung und einer weiteren Gegenäußerung durch die steuerliche Vertretung wurden letztendlich nach eineinhalb Jahren Verfahrensdauer weitere Berufungen eingebracht, mit der Begründung, dass die zugestellten Bescheide an das falsche Unternehmen (falscher Bescheidadressat) ergangen sind (A-Real GmbH); richtig wäre gewesen: Auto-GmbH als Rechtnachfolger der A-Real-GmbH.

Der steuerliche Vertreter verwies in seiner Berufung auf „Ritz, BAO-Kommentar"; es gäbe eine Gesamtrechtsnachfolge für alle Steuern (somit auch für Umsatzsteuer und Normverbrauchsabgabe).

Fragestellung:

Wer ist Bescheidadressat hinsichtlich der Bescheide nach der Außenprüfung?

Das UmgrStG kennt nur für die Ertragsteuern die Wirkung auf den rückbezogenen Stichtag und sieht für den Bereich der Umsatzsteuer und der Normverbrauchsabgabe keine Rückwirkung auf den Spaltungsstichtag vor. Ist die Zustellung der Abgabenbescheide an die A-Real GmbH richtig oder tritt auch für die Umsatzsteuer und für die Normverbrauchsabgabe Gesamtrechtsnachfolge auf die Auto-GmbH ein?

Da es bei der Steuernummer des Rechtsnachfolgers (die Auto-GmbH) für den Prüfungszeitraum keine Vorsolldaten und Bescheide und somit keine Bemessungsgrundlagen gibt, welche Werte sollen in den neu zu erstellenden Bescheiden für die Vorjahre angesetzt werden?

Ist es möglich, dass die bisherigen Bemessungsgrundlagen herangezogen werden und dies als Art „vereinfachte Schätzung" zu vermerken ist?

Lösung:

Spaltungsvorgänge (Auf- und Abspaltungen) führen gemäß § 1 Abs. 2 Spaltungsgesetz zur (partiellen) Gesamtrechtsnachfolge der jeweiligen übernehmenden Gesellschaften.

Auf Grund des Sachverhaltes ist von einer Abspaltung auszugehen. Bei Spaltungen nach § 1 Abs. 2 Z 2 Spaltungsgesetz (**Abspaltung** zur Neugründung und Abspaltung zur Aufnahme) geht die bisherige Kapitalgesellschaft (übertragende Gesellschaft) nicht unter, sondern werden Vermögensteile dieser Gesellschaft unter ihrem Fortbestand im Weg der **Gesamtrechtsnachfolge** auf eine oder mehrere dadurch gegründete neue Kapitalgesellschaften oder auf übernehmende Kapitalgesellschaften gegen Gewährung von Anteilen übertragen.

(Bei Spaltungen nach § 1 Abs. 2 Z 1 Spaltungsgesetz – **Aufspaltung** zur Neugründung und Aufspaltung zur Aufnahme – würde hingegen die übertragende Kapitalgesellschaft erlöschen. Bescheide, die noch an die übertragende Kapitalgesellschaft gerichtet sind, gingen ins Leere. An eine nicht mehr existente Person ergangene Bescheide bedürfen keiner Aufhebung.)

Gemäß § 14 Abs. 2 Spaltungsgesetz gehen mit der Eintragung der Spaltung in das Firmenbuch, die bei allen Gesellschaften gleichzeitig zu erfolgen hat (vgl. dazu § 14 Abs. 1 Spaltungsgesetz), die Vermögensteile der übertragenden Gesellschaft entsprechend der im Spaltungsplan (§ 2 Spaltungsgesetz) vorgesehenen Zuordnung jeweils im Weg der Gesamtrechtsnachfolge auf die neue Gesellschaft oder die neuen Gesellschaften über. Eine unrichtige Zuordnung würde zu einer (inhaltlichen) Rechtswidrigkeit, nicht aber zu einer Bescheidunwirksamkeit führen. Auch vor der Spaltung bestehende Vorsolldaten und bisherige Abgabenbemessungsgrundlagen stellen von der Spaltung betroffene Vermögenswerte dar und sind laut UmgrStR 2002 Rz 1687a, wenn sie nicht direkt zurechenbar sind, im Schätzungsweg auf die Nachfolgegesellschaften aufzuteilen.

Die (partielle) Gesamtrechtsnachfolge wird mit Eintragung der Nachfolgegesellschaft(en) im Firmenbuch wirksam und umfasst nach § 19 Abs. 1 BAO **alle Abgabenarten** (nicht bloß die Körperschaftsteuer, sondern auch die Umsatzsteuer und Normverbrauchsabgabe). Ab diesem Zeitpunkt ändert sich die Bescheidadressierung, im vorliegenden Fall auf „Auto-GmbH als Teilrechtsnachfolgerin der A-Real GmbH".

Ergänzend ist noch auf den in § 15 Spaltungsgesetz normierten Gläubigerschutz hinzuweisen, wonach für die bis zur Eintragung der Spaltung begründeten Verbindlichkeiten der übertragenden Gesellschaft, einschließlich Verbindlichkeiten aus späterer nicht gehöriger Erfüllung und aus späterer Rückabwicklung, neben der Gesellschaft, der die Verbindlichkeit nach dem Spaltungsplan zugeordnet wird, die übrigen an der Spaltung beteiligten Gesellschaften bis zur Höhe des ihnen jeweils zugeordneten Nettoaktivvermögens als Gesamtschuldner haften. Die Haftung kann durch entsprechende Sicherheitsleistungen der übernehmenden Gesellschaft(en) ausgeschlossen werden.

12/8/3.

AÖF 2008/277

Salzburger Steuerdialog 2008 – BAO

(Erlass des BMF vom 28. Oktober 2008, BMF-010103/0096-VI/2008)

Ergebnisse der Salzburger Steuerdialoge 2008 im Bereich der Bundesabgabenordnung

Fragenübersicht

1. Befugnis zur Offenbarung und Verwertung von Umständen, die im Zuge eines Außenprüfungsverfahrens bekannt wurden (§ 48a BAO)?
2. Berufung auf eine erteilte Vollmacht mittels eines Telefax (§§ 83, 86a BAO)?
3. Verlängerung der Verjährungsfrist bei Verneinung eines Dienstverhältnisses (§ 47 EStG 1988, § 209 Abs. 1 BAO)?
4. Berufungszurücknahmeerklärung bei unzureichender Mängelbehebung hinsichtlich eines Pendlerpauschales (§§ 250, 275 BAO)?
5. Wiederaufnahme bei Nichtberücksichtigung eines zweiten Lohnzettels (§ 303 Abs. 4 BAO)?
6. Wegfall des Sachbescheides bei Berufung gegen den Wiederaufnahmsbescheid, wenn zunächst noch kein Sachbescheid erlassen war (§ 307 BAO)?
7. Anregungen von amtswegigen Wiederaufnahmen (§ 303 BAO) in Zusammenhang mit vergessenen Werbungskosten, Sonderausgaben, außergewöhnlichen Belastungen?
8. Bindung an Berufungsentscheidungen im Umsatzsteuerfestsetzungsbereich (§ 289 Abs. 3 BAO)?
9. Vertretungsberechtigung von Bilanzbuchhaltern und Vorgangsweise bei Überschreiten der Befugnisse (§§ 1, 2 BibuG, § 84 BAO)?
10. Mittelbare Abhängigkeit einer Abgabenfestsetzung von der Erledigung einer Berufung im (Nicht-)Feststellungsverfahren (§§ 188, 191, 209a BAO)?
11. Haftung eines vom GmbH-Geschäftsführer bevollmächtigten Vertreters (§§ 9, 80, 83 BAO)?

1. Befugnis zur Offenbarung und Verwertung von Umständen, die im Zuge eines Außenprüfungsverfahrens bekannt wurden (§ 48a BAO)

1.1. Sachverhalt

Es findet eine Außenprüfung bei der Firma M AG statt. Im Zuge dieses Verfahrens wird bekannt, dass Herr K an die Firma M AG ein Darlehen gegeben hat, das noch nicht rückbezahlt ist. Auf Grund von Ermittlungen des Erhebungsdienstes zu Herrn K stellt sich heraus, dass Herr K bereits wegen eines Finanzstrafvergehens (das in keiner Weise mit der Firma M AG in Zusammenhang steht) rechtskräftig zu einer Geldstrafe verurteilt ist. Diese Strafe ist im Zeitpunkt der Außenprüfung noch nicht getilgt und es wurde wegen Vermögenslosigkeit bzw. geringen Einkommens eine Ratenbewilligung erreicht. Weiters ist zum Zeitpunkt der Außenprüfung Herr K neuerlich wegen Begehung eines weiteren Finanzstrafverfahrens (das in keiner Weise mit der Firma M AG in Zusammenhang steht) angeklagt.

Variante: Die Verurteilung zu einer Geldstrafe ist nicht nur wegen eines Finanzdeliktes, sondern auch wegen anderer strafrechtlich relevanter Delikte (zB schwerer Betrug, Urkundenfälschung) erfolgt.

1.2. Fragestellung

Kann die im Zuge der Außenprüfung bekannt gewordene Darlehensforderung dem Gericht mitgeteilt werden?

1.3. Lösung

Nach Art. 18 Abs. 1 B-VG darf die gesamte staatliche Verwaltung nur auf Grund der Gesetze ausgeübt werden. Die gilt auch für Amtshilfe. Auch sie bedarf einer gesetzlichen Grundlage. Art. 22 B-VG gilt (ebenso wie zB § 158 Abs. 1 BAO und § 79 StPO) nur für Amtshilfe im Einzelfall auf Anfrage der Amtshilfe begehrenden Behörde.

Die Verständigungspflicht des § 80 FinStrG und die Anzeigepflicht des § 81 FinStrG betreffen nur Finanzvergehen, nicht aber für die Einbringlichkeit verhängter Finanzstrafen bedeutsame Umstände. Für unaufgeforderte Mitteilungen solcher Umstände an Gerichte gibt es keine gesetzliche Grundlage.

Eine Mitteilung an das Gericht darf daher im vorliegenden Fall nicht erfolgen.

2. Berufung auf eine erteilte Vollmacht mittels eines Telefax (§§ 83, 86a BAO)

2.1. Sachverhalt

Bei Rechtsanwälten, Wirtschaftstreuhändern und Notaren ersetzt die Berufung auf die erteilte Vollmacht deren urkundlichen Nachweis.

Im Rahmen eines zulässigerweise mittels Telefax eingebrachten Anbringens beruft sich ein Rechtsanwalt, Wirtschaftstreuhänder oder Notar auf die erteilte Bevollmächtigung (auch Geld- und Zustellvollmacht).

2.2. Fragestellung

Eine Vollmachtsurkunde ist kein Anbringen im Sinne des § 86a BAO; sie kann daher nicht mittels Telefax der Behörde gegenüber wirksam erbracht werden (Ritz, BAO³, § 83 Tz 5).

Kann mittels Telefax die „Berufung auf die erteilte Bevollmächtigung" der Behörde gegenüber wirksam erfolgen?

2.3. Lösung

Die **Vollmachtsurkunde** (das ist die Schrift, mittels derer die Einräumung der Vertretungsmacht beurkundet wird) stellt kein Anbringen im Sinne des § 85 BAO dar. Sie fällt daher auch nicht unter die für solche Anbringen, für die die Abgabenvorschriften Schriftlichkeit vorsehen, geltenden, die

BAO

Einbringung bei einer Abgabenbehörde regelnden Vorschriften gemäß § 86a BAO.

Die Geltendmachung des Parteirechts gegenüber einer Abgabenbehörde, sich durch eine eigenberechtigte Person vertreten zu lassen, die sich grundsätzlich **durch eine schriftliche Vollmacht auszuweisen** hat (vgl. § 83 Abs. 1 BAO), stellt ein Anbringen im Sinne des § 85 BAO dar. Daran knüpfen verschiedene Rechtsfolgen (beispielsweise Zustellungsbevollmächtigung, Erteilung einer Geldvollmacht für die Stellung von Rückzahlungsanträgen, Mängelbehebungsverfahren) an. Der somit grundsätzlich erforderliche **Ausweis der Vollmacht** kann laut VwGH 22. 3. 1993, 92/13/0151, nicht mittels Telekopierers (Telefaxgerätes) der Abgabenbehörde gegenüber rechtswirksam erbracht werden.

In bestimmten Fällen ersetzt die **Berufung auf die Bevollmächtigung** deren urkundlichen Nachweis. In diesen Fällen ist der Ausweis einer (schriftlichen) Vollmacht gegenüber der Abgabenbehörde nicht vorgesehen. Das gilt für Rechtsanwälte (gemäß § 8 Abs. 1 RAO), für Notare (gemäß § 5 Abs. 4a NotO), für Steuerberater und Wirtschaftsprüfer (ua. gemäß § 88 Abs. 9 WTBG) und für Bilanzbuchhalter (gemäß § 73 Abs. 5 BibuG). Eine solche Berufung auf die Bevollmächtigung kann mündlich oder schriftlich erfolgen (vgl. Erlass des BMF vom 4. Oktober 2001, Z 05 0601/7-IV/5/2001, AÖFV Nr. 225/2001, Abschnitt 2.2). Sie kann durch einen dazu befugten Vertreter (zum Beispiel Steuerberater oder Rechtsanwalt) in Verbindung mit einem durch diesen Vertreter eingereichten, nach der Verordnung BGBl. Nr. 494/1991 in der geltenden Fassung („Telefax-Verordnung“) zulässigen Anbringen auch auf diesem Weg erfolgen, weil der schriftliche Vollmachtsausweis (§ 83 Abs. 1 letzter Halbsatz BAO) für diese Fälle nicht gilt.

Daher ist die Berufung auf eine Vollmacht zB durch einen Wirtschaftstreuhänder im Wege eines Telekopierers wirksam.

3. Verlängerung der Verjährungsfrist bei Verneinung eines Dienstverhältnisses (§ 47 EStG 1988, § 209 Abs. 1 BAO)

3.1. Sachverhalt

Das Vorliegen eines Dienstverhältnisses (§ 47 EStG 1988) ist zunächst unklar. Anlässlich einer GPLA (Gemeinsame Prüfung Lohnabgaben) wird das Vorliegen eines Dienstverhältnisses verneint. Die Vorschreibung der Einkommensteuer erfolgt jedoch erst Jahre danach.

3.2. Fragestellung

Ist diese Prüfung als Amtshandlung im Sinne des § 209 Abs. 1 BAO hinsichtlich der Einkommensteuer des Abgabepflichtigen zu betrachten?

Version 1: der Arbeitgeber führte kein Lohnkonto für den betreffenden Abgabepflichtigen.

Version 2: der Arbeitgeber war der Meinung, es liege ein Dienstverhältnis vor, und behielt Lohnsteuer ein.

3.3. Lösung

Gemäß § 83 Abs. 1 EStG 1988 ist der Arbeitnehmer beim Lohnsteuerabzug Steuerschuldner. Bei der Lohnsteuer handelt es sich um eine besondere Erhebungsform (im Abzugsweg) der Einkommensteuer des Arbeitnehmers. Der Arbeitgeber haftet für die Einbehaltung und Abfuhr der vom Arbeitslohn einzubehaltenden Lohnsteuer (§ 82 EStG 1988).

Verjährungsverlängerungshandlungen im Sinne des § 209 Abs. 1 BAO wirken **anspruchsbezogen** (zB VwGH 9. 11. 2000, 2000/16/0336). Auch gegen die schließlich als Abgaben(haftungs)schuldner nicht in Anspruch genommene Person gerichtete Amtshandlungen kommt daher grundsätzlich die verjährungsverlängernde Wirkung zu (zB VwGH 18. 7. 2002, 2002/16/0159).

Der Prüfung, ob eine bestimmte Person in einem dem Lohnsteuerabzug unterliegenden Dienstverhältnis zu einem Arbeitgeber steht oder (beispielsweise auf Grund eines Werkvertrages) selbständig einkommensteuerpflichtig für diesen Auftraggeber tätig ist, stellt eine Maßnahme zur Geltendmachung des daraus resultierenden, die betreffende Person als Steuerschuldner betreffenden **Abgabenanspruches** und damit eine Verlängerungshandlung nach § 209 Abs. 1 BAO dar.

Ob der Arbeitgeber ein Lohnkonto führt(e), ist dabei unmaßgeblich.

Daher sind die Lohnsteuer betreffende Amtshandlungen als Verlängerungshandlungen im Sinne des § 209 Abs. 1 BAO für die Einkommensteuer des Arbeitnehmers zu werten.

4. Berufungszurücknahmeerklärung bei unzureichender Mängelbehebung hinsichtlich eines Pendlerpauschales (§§ 250, 275 BAO)

4.1. Sachverhalt

Ein Arbeitnehmer ist gemäß § 41 EStG 1988 zur Abgabe einer Steuererklärung verpflichtet. Da er dieser Verpflichtung nicht nachkommt, wird sein Einkommen anhand der vorliegenden Lohnzettel geschätzt. Gegen den Einkommensteuerbescheid wird eine Berufung erhoben, wobei dieser weder eine Begründung noch eine begehrte Änderung zu entnehmen ist.

Dem diesbezüglichen Mängelbehebungsauftrag gemäß § 275 BAO wird wie folgt entsprochen:

Es wird – die bisher nicht vorgenommene – Berücksichtigung von Reisekosten beantragt, wobei diese Werbungskosten ziffernmäßig spezifiziert sind. Weiters wird die Berücksichtigung des Pendlerpauschales begehrt. Welches Pendlerpauschale der Berufungswerber berücksichtigt haben möchte, wird nicht genauer definiert.

Der Dienstgeber des Berufungswerbers verfügt über mehrere Filialen. An welcher der Berufungswerber seine Arbeitsstätte hat, ist ebenso wenig aktenkundig wie der Umstand, ob allenfalls das große Pendlerpauschale zusteht.

Der Berufungswerber ist steuerlich nicht vertreten.

4.2. Fragestellung

Wird einem berechtigten behördlichen Auftrag zur Mängelbehebung überhaupt nicht, nicht zeitgerecht oder, gemessen an dem an § 250 BAO orientierten Mängelbehebungsauftrag, unzureichend entsprochen, ist die Behörde laut ständiger Rechtsprechung des VwGH verpflichtet, einen Bescheid zu erlassen, mit dem die vom Gesetz vermutete Zurücknahme der Berufung festgestellt wird (vgl. VwGH 14. 9. 1992, 91/15/0135; VwGH 20. 1. 1993, 92/13/0192).

Das in § 250 Abs. 1 lit. c BAO normierte Erfordernis soll die Behörde in die Lage versetzen, klar zu erkennen, welche Unrichtigkeit der Berufungswerber dem Bescheid zuschreiben will. Der Berufungsantrag muss daher bestimmten oder zumindest bestimmbaren Inhaltes sein.

Die Bestimmtheit oder Bestimmbarkeit einer Erklärung, welche Änderungen beantragt werden, schließt neben der Erklärung, mit dem angefochtenen Bescheid nicht einverstanden zu sein, im Falle der teilweisen Anfechtung eines Bescheides die Erklärung mit ein, wie weit diese Anfechtung reicht. Dabei kommt es nicht auf Bezeichnungen und zufällige verbale Formen, sondern auf den Inhalt, das erkennbare oder zu erschließende Ziel eines Verfahrensschrittes an (vgl. hiezu nochmals die oben zitierten Erkenntnisse VwGH 14. 9. 1992, 91/15/0135 und VwGH 20. 1. 1993, 92/13/0192).

Ist die allgemein gehaltene Beantragung des Pendlerpauschales beim vorliegenden Sachverhalt (mehrere Arbeitsstätten möglich, nicht erkennbar ob „kleines" oder „großes") als eindeutig bestimmbarer Inhalt zu werten?

4.3. Lösung

Die „unzureichende" Entsprechung eines Mängelbehebungsauftrages bezieht sich auf das völlige **Fehlen** (auch nur) eines der in § 250 Abs. 1 lit. a bis d BAO verlangten Inhaltserfordernisse als Grundlage für eine sachgerechte Auseinandersetzung und meritorische Erledigung der Berufung. Der Umstand, dass beispielsweise eine Berufungsbegründung (§ 250 Abs. 1 lit. d BAO) verfehlt, unschlüssig oder unvollständig ist, berechtigt nicht zur Zurücknahme nach § 275 BAO. Auch bei in der Berufung nur teilweise, eingeschränkt oder unzutreffend begehrten Änderungen (Inhaltserfordernis nach § 250 Abs. 1 lit. c BAO) ist der bekämpfte Bescheid (von Amts wegen) grundsätzlich auf seine insgesamt bestehende Rechtmäßigkeit erforderlichenfalls auch über den in der Berufung geltend gemachten Änderungsumfang hinaus (umfassend) zu prüfen (vgl. insbesondere § 115 Abs. 1 BAO, § 280 BAO, § 289 Abs. 2 BAO). Bleiben daher nach einer Mängelbehebung Zweifel über einzelne Berufungspunkte (Antragsbegehren) bzw. Abgabentatbestandsverwirklichungen dem Grunde oder der Höhe nach offen, so sind die erforderlichen **Ermittlungen** zur Aufklärung von Amts wegen anzustellen (vgl. dazu § 115 Abs. 2 bis 4 BAO, § 279 Abs. 1 und 2 BAO).

Daher ist die gegenständliche Antragstellung, wonach „das" Pendlerpauschale beansprucht wird, als ausreichend bestimmt anzusehen. Ob „ein solches" überhaupt und wenn ja in welcher Höhe nach Maßgabe der Vorschriften des § 16 Abs. 6 lit. a bis c EStG 1988 zusteht, ist eine der Berufungsbehörde unter Wahrung des Parteiengehörs obliegende Ermittlungsfrage.

5. Wiederaufnahme bei Nichtberücksichtigung eines zweiten Lohnzettels (§ 303 Abs. 4 BAO)

5.1. Sachverhalt

Vom Abgabepflichtigen wurden in der Steuererklärung zwei bezugsauszahlende Stellen angekreuzt. Bei der Veranlagung konnte nur eine bezugsauszahlende Stelle festgestellt werden. Vom Sachbearbeiter wurde in der Meinung, dem Abgabepflichtigen sei ein Irrtum unterlaufen, eine Veranlagung unter Berücksichtigung nur des einen vorhandenen Lohnzettels durchgeführt. In weiterer Folge stellte sich heraus, dass der zweite Lohnzettel infolge einer unrichtigen Namensschreibweise (sz statt ß) ursprünglich nicht richtig zugeordnet werden konnte.

5.2. Fragestellung

Besteht die Möglichkeit, eine Wiederaufnahme des Einkommensteuerverfahrens durchzuführen?

5.3. Lösung

Nachträgliche Lohnzettelberichtigungen bzw. das nachträgliche Hervorkommen der (teilweisen) Unrichtigkeit eines an das Finanzamt übermittelten Lohnzettels berechtigen zur amtswegigen Wiederaufnahme des Verfahrens (zB UFS 14. 1. 2008, RV/0807-G/07).

In den Steuererklärungsformularen (vgl. E1, L1, und Ausfüllanleitungen) wird darauf hingewiesen, dass die Beilage eines Lohnzettels (welcher gemäß § 84 Abs. 1 EStG 1988 vom Arbeitgeber dem Finanzamt der Betriebsstätte nach § 81 EStG 1988 unaufgefordert zu übermitteln ist) nicht erforderlich ist und die Höhe der Einkünfte aus nichtselbständiger Arbeit nicht eingetragen zu werden braucht, weil eine **automatisierte Zusammenführung** der Steuererklärungsdaten mit den in der Lohnzetteldatenbank der Finanzverwaltung enthaltenen bzw. gespeicherten Angaben über dem Steuerabzug vom Arbeitslohn gemäß § 47 EStG 1988 unterliegende Einkünfte (§ 25 EStG 1988) programmtechnisch vorgesehen ist.

Wenn nun diese automatische Zusammenführung eines (zur Sozialversicherungsnummer des Arbeitnehmers) übermittelten Jahreslohnzettels mit anderen einkommensteuerpflichtigen Einkünften des betreffenden Abgabepflichtigen bzw. seinen Angaben im eingereichten Steuererklärungsformular aus EDVlogischen Gründen scheitert, und sei es bloß auf Grund einer geringfügigen Schreibdifferenz, und deshalb die entsprechende Zuordnung zum nämlichen Steuersubjekt fehlschlägt bzw. vom Programm nicht gefunden werden kann, liegen die

Voraussetzungen für eine Wiederaufnahme des Verfahrens vor, soweit sich das Berichtigungserfordernis nachweislich erst später herausstellt und damit ein für die korrekte Steuererhebung bedeutsamer Umstand im Sinne des § 303 BAO nachträglich neu hervorgekommen ist. Nur unzutreffende Würdigungen oder Wertungen eines offen gelegten Sachverhaltes, wenn weitere Ermittlungen in diesem Bereich angestellt wurden, oder fehlerhafte rechtliche Beurteilungen könnten bei unveränderten Tatsachen nicht nachträglich im Weg der Wiederaufnahme des Verfahrens beseitigt werden (vgl. UFS 2. 7. 2007, RV/1163-L/06).

Die vom Arbeitgeber dem Finanzamt der Betriebsstätte zu übermittelnden Lohnzettel müssen alle im amtlichen Formular vorgesehenen Daten enthalten. Der Lohnzettel stellt die grundlegende Information für die Arbeitnehmerveranlagung dar; durch das gesetzlich (nach § 84 Abs. 1 Z 4 EStG 1988 im Verordnungsweg) festgelegte elektronische Übermittlungsverfahren wird ua. sichergestellt, dass Fehler in der Verarbeitung der bekannt gegebenen Daten verhindert werden. Das verspätete Hervorkommen eines zweiten, gemäß § 84 Abs. 5 EStG 1988 unter Angabe der Versicherungsnummer oder des Geburtsdatums sowie der Steuernummer des Arbeitgebers erstmals vollständigen Lohnzettels würde daher ebenfalls eine neu hervorgekommene Tatsache darstellen, die zur Wiederaufnahme des Verfahrens berechtigt (siehe dazu UFS 3. 1. 2007, RV/0016-K/06).

Ein behördliches Verschulden (zB Oberflächlichkeit, Sorgfaltsverletzung) an der Nichtfeststellung der maßgeblichen Tatsachen bzw. steuererhebungsbedeutsamen Umstände bereits im abgeschlossenen Verfahren schließt eine Wiederaufnahme von Amts wegen nicht aus (zB VwGH 25. 2. 2005, 2001/14/0007; VwGH 6. 7. 2006, 2003/15/0016; VwGH 22. 11. 2006, 2003/15/0141).

Daher liegen im gegenständlichen Fall Gründe für eine Wiederaufnahme (im Sinne des § 303 Abs. 4 BAO) vor.

6. Wegfall des Sachbescheides bei Berufung gegen den Wiederaufnahmsbescheid, wenn zunächst noch kein Sachbescheid erlassen war (§ 307 BAO)

6.1. Sachverhalt

Mit händischem Bescheid wird die Wiederaufnahme des Verfahrens (irrtümlich, da ein Erstbescheid gar nicht vorliegt) verfügt und gleichzeitig ein (ebenfalls händischer) Sachbescheid erlassen. Gegen die Wiederaufnahme wird berufen. Der Berufung ist stattzugeben. Der Wiederaufnahmsbescheid ist ersatzlos aufzuheben.

6.2. Fragestellung

Tritt in diesem Fall der Sachbescheid automatisch außer Kraft? (In einem Fall richtete sich die Berufung nur gegen die Wiederaufnahme, in einem anderen Fall auch gegen den Sachbescheid.)

6.3. Lösung

Gemäß § 307 BAO ist mit dem die Wiederaufnahme des Verfahrens bewilligenden oder verfügenden Bescheid unter gleichzeitiger Aufhebung des früheren Bescheides die das wiederaufgenommene Verfahren abschließende Sachentscheidung zu verbinden. Durch Aufhebung des die Wiederaufnahme des Verfahrens bewilligenden oder verfügenden Bescheides tritt das Verfahren in die Lage zurück, in der es sich vor seiner Wiederaufnahme befunden hat.

Wird ein Wiederaufnahmsbescheid mit Berufungsentscheidung aufgehoben, so hat dies auch die Aufhebung des im wiederaufgenommenen Verfahren ergangenen Sachbescheides zur Folge. Dies ungeachtet des Umstandes, dass auch ein nicht mit Berufung angefochtener, im wiederaufgenommenen Verfahren ergangener Sachbescheid aus dem Rechtsbestand ausscheidet, wenn der Berufung gegen den Wiederaufnahmsbescheid Erfolg beschieden ist (VwGH 19. 12. 2006, 2006/15/0353).

Im gegenständlichen Fall ist der Sachbescheid (Abgabenbescheid) neu (erstmalig) zu erlassen, weil durch eine frühere Wiederaufnahme der Sachbescheid aus dem Rechtsbestand ausgeschieden ist.

7. Anregungen von amtswegigen Wiederaufnahmen (§ 303 BAO) im Zusammenhang mit vergessenen Werbungskosten, Sonderausgaben, außergewöhnlichen Belastungen

7.1. Sachverhalt

Beim Finanzamt mehren sich die Anregungen betreffend eine amtswegige Wiederaufnahme im Zusammenhang mit in der Steuererklärung vergessenen Werbungskosten, Sonderausgaben und außergewöhnlichen Belastungen (außerhalb der Frist für eine Aufhebung nach § 299 BAO).

Die Bandbreite dieser Anregungen betreffen ua. Aufwendungen für doppelte Haushaltsführung, Familienheimfahrten, vergessenes Pendlerpauschale und quer durch absetzbare Aufwendungen der §§ 16, 18 und 34 EStG 1988.

Durch die hohe Anzahl derartiger Anregungen sind insbesondere die Teams der Allgemeinveranlagung großer Arbeitsbelastung ausgesetzt. Die Voraussetzungen für eine Wiederaufnahme auf Antrag sind praktisch in keinem der Fälle erfüllt.

Derartige Anregungen unterliegen nach der Judikatur des VwGH keiner Entscheidungspflicht, sodass die Partei einen Anspruch auf Durchführung der Wiederaufnahme nicht durchsetzen kann.

Bei Seminaren und Tagungen wird den Mitarbeiter/innen zum Teil gesagt, dass man bei der Behandlung derartiger Anregungen großzügig sein soll, wenn kein Bagatellfall vorliegt, wenn keine mehrfache Wiederholung der Wiederaufnahme angeregt wird und wenn keine allgemeine Zweckmäßigkeitsüberlegungen entgegenstehen.

7.2. Fragestellung

Nach Ansicht des Finanzamtes besteht hier – losgelöst von den Umständen des Einzelfalles – ein

Bedarf an einer bundeseinheitlichen Regelung der Behandlung dieser Anregungen.

7.3. Lösung

Auf die Verfügung einer amtswegigen Wiederaufnahme besteht kein subjektives Recht (zB VwGH 2. 3. 2006, 2002/15/0017).

Die allgemeinen Abgabenerhebungsgrundsätze verpflichten die Behörde (allenfalls auch über Parteianregung) grundsätzlich dazu, Rechtswidrigkeiten, die nicht bloß geringfügig sind, von Amts wegen aufzugreifen und nach Maßgabe der rechtlichen Möglichkeiten zu beheben. Soweit (hier bei der Frage nach einer amtswegigen Wiederaufnahme) der Abgabenbehörde **Ermessen** eingeräumt ist, müssen auch (aber nicht ausschließlich) aus verwaltungsökonomischen Gründen **geringfügige Änderungen** nicht vorgenommen werden. Die Ermessensübung hängt jedenfalls von den Umständen des Einzelfalles und nicht davon ab, ob sie zu Gunsten oder zu Lasten des Abgabepflichtigen ausfällt. Geringfügige Rechtswidrigkeiten rechtfertigen insbesondere keine **wiederholten** Eingriffe in die Rechtsbeständigkeit (Rechtssicherheit) durch nachträgliche Abänderungen von bereits in Rechtskraft erwachsenen Abgabenbescheiden. Zur Ermessensübung siehe auch Wiederaufnahme des Verfahrens (§§ 303 bis 307 BAO), Erlass des BMF vom 14. Juni 2006, BMF-010103/0053-VI/2006, AÖFV Nr. 192/2006, Abschnitt 3.2.

Gemäß § 115 Abs. 1 BAO sind **von Amts wegen** alle tatsächlichen und rechtlichen Verhältnisse festzustellen, die für die Besteuerung maßgeblich sind.

Im Begünstigungsbereich – auch für von Amts wegen zu beachtende Begünstigungen – tritt der Amtswegigkeitsgrundsatz **in dem Ausmaß zurück**, in dem das Parteibegehren seinem Inhalt nach unklar, unbestimmt oder unbegründet erscheint (vgl. dazu die in Ritz, BAO³, § 115 Tz 12, geführten Nachweise). In einem solchen Fall sollte (bei Anregung auf eine amtswegige Wiederaufnahme des Verfahrens) eine formlose **Mitteilung** ergehen, dass für das Finanzamt die Voraussetzungen für eine Bescheidabänderung nicht ersichtlich sind, um der Partei dadurch Gelegenheit zu einer allfälligen Präzisierung ihres Vorbringens zu geben.

Die Auslegung unbestimmter Gesetzesbegriffe, Verschuldens- und Ermessensabwägungen haben alle **Verhältnisse des Einzelfalles** entsprechend zu würdigen, hier vor allem auch Rechts(un)kenntnisse der Partei, persönliche Umstände (wie insbesondere Krankheit und Behinderung), ebenso wie wiederholte Nachlässigkeiten und Versäumnisse.

Soweit in den anzuwendenden Bestimmungen keine Geringfügigkeitsgrenzen verankert sind, besteht für eine „Pauschalregelung" keine gesetzliche Grundlage.

8. Bindung an Berufungsentscheidungen im Umsatzsteuerfestsetzungsbereich (§ 289 Abs. 3 BAO)

8.1. Sachverhalt

Vom Finanzamt wurden für den Zeitraum zB September bis Dezember Umsatzsteuervorauszahlungen festgesetzt, wobei der Steuersatz für bestimmte Umsätze strittig war. Derartige Umsätze wurden nur in diesem Zeitraum ausgeführt. Einer Berufung wurde vom UFS stattgegeben, wobei gegen diese Entscheidung Amtsbeschwerde (§ 292 BAO) erhoben wurde.

8.2. Fragestellung

Ist das Finanzamt an die Berufungsentscheidung bei Erlassung des Jahresbescheides trotz Erhebung einer Amtsbeschwerde gebunden, zumal die Erlassung des Jahresbescheides wegen drohender Verjährung nicht mehr verzögert werden kann?

8.3. Lösung

Nach ständiger Rechtsprechung des VwGH sind Bescheide betreffend die Festsetzung von Umsatzsteuervorauszahlungen (§ 21 Abs. 3 UStG 1994) für bestimmte Zeiträume in vollem Umfang anfechtbar. Solche Bescheide haben aber insofern einen **zeitlich begrenzten Wirkungsbereich**, als sie durch Erlassung eines diese Zeiträume umfassenden Umsatzsteuerjahresbescheides (§ 21 Abs. 4 UStG 1994) **außer Kraft gesetzt** werden. Durch die erlassenen Umsatzsteuerjahresbescheide scheiden Bescheide betreffend Festsetzung von Umsatzsteuervorauszahlungen für bestimmte Zeiträume aus dem Rechtsbestand aus.

Gemäß § 289 Abs. 3 BAO ist die Abgabenbehörde erster Instanz an die für eine Berufungsentscheidung des UFS maßgebliche Rechtsansicht gebunden. Diese **Bindungswirkung** betrifft Bescheide, die Berufungsentscheidungen abändern, aufheben oder ersetzen. Als **abändernde, aufhebende oder ersetzende Bescheide** im Sinne dieser Bestimmung kommen nach Ansicht des VwGH nur solche Bescheide in Betracht, die nicht nur **dieselbe Abgabenart**, sondern auch **denselben Zeitraum** zum Gegenstand haben. Dies trifft im Fall von Umsatzsteuerjahresbescheiden und Umsatzsteuerfestsetzungsbescheiden nicht zu (vgl. VwGH 20. 2. 2008, 2006/15/0339).

Grundsätzlich erweist sich die Erhebung einer (Amts-)Beschwerde unter diesen Umständen als unzweckmäßig. Umsatzsteuerliche Rechtsstreitigkeiten können mit zeitlichem Bestand und Sicherheit des Erhalts der im Instanzenzug gewonnenen rechtlichen Beurteilung erst im Veranlagungsverfahren zielführend ausgetragen werden.

Im vorliegenden Fall könnte daher eine der anhängigen Amtsbeschwerde stattgebende bzw. die bekämpfte UFS-Entscheidung aufhebende **VwGH-Entscheidung keine Bindungswirkung** für den betreffenden Fall (§ 63 Abs. 1 VwGG 1985 in Verbindung mit § 289 Abs. 3 BAO) auf das Umsatzsteuerveranlagungsverfahren erzeugen.

9. Vertretungsberechtigung von Bilanzbuchhaltern und Vorgangsweise bei Überschreiten der Befugnisse (§§ 1, 2 BibuG, § 84 BAO)

9.1. Fragestellung

Seit 1. Jänner 2007 ist das Bilanzbuchhaltungsgesetz (BibuG), BGBl. I Nr. 161/2006, in Kraft.

Ist es zutreffend, dass Bilanzbuchhalter im Sinne des § 1 Abs. 1 Z 1 in Verbindung mit § 2 BibuG folgende Tätigkeiten für ihre Klienten **nicht** erbringen dürfen:

- Erstellung jeglicher Jahresabgabenerklärungen (zB § 42 EStG 1988) und Feststellungserklärungen (§ 43 EStG 1988).
- Erstellung von Beilagen zur Einkommensteuer-/Körperschaftsteuer/Feststellungserklärung zwecks Geltendmachung einer Investitionszuwachsprämie, Bildungsprämie, Forschungsprämie, Lehrlingsausbildungsprämie.
- Einreichung beim Finanzamt jeglicher Jahressteuererklärungen laut Vorpunkt 1 und Beilagen laut Vorpunkt 2.
- Erstellung und Einreichung von Abgabenerklärungen gemäß § 11 Abs. 1 NoVAG, § 6 Abs. 4 KfzStG, §§ 22 f ErbStG, § 10 GrEStG 1987 sowie Eingaben im Zusammenhang mit FLAG.
- Erstellung und Einreichung von Anträgen gemäß § 41 Abs. 2 EStG 1988.
- Bilanzerstellung, sobald der Jahresumsatz des Klienten 363 364 Euro (= vormals 5 Millionen ATS) bzw. bei der Lebensmittelbranche 581 382 Euro (= vormals 8 Millionen ATS) übersteigt.
- Erstellung und Einreichung sämtlicher auf Jahresabgaben bezogenen Rechtsmittel bzw. Rechtsbehelfe (zB Berufung gegen Umsatzsteuer-Jahresbescheid, Wiederaufnahmsantrag für Einkommensteuer-Jahresbescheid, Rechtsmittelfristverlängerungsansuchen für Körperschaftsteuer-Jahresbescheid, Ratenzahlungsansuchen für Umsatzsteuer-Jahresrestschuld, Vorhaltsbeantwortung betreffend Umsatzsteuer-Jahreserklärung).
- Erstellung und Einreichung von Ansuchen um Herabsetzung der Einkommensteuervorauszahlungen gemäß § 45 Abs. 4 und 5 EStG 1988.
- Vertretung im Rahmen einer Außenprüfung.
- Vertretung im Rahmen einer „USO“ (Umsatzsteuer-Sonderprüfung) wie zB Entgegennahme des Prüfungsauftrages, Teilnahme an Schlussbesprechung (siehe unterschiedlich weit reichender Wortlaut bei „USO“ und „GPLA“ in § 2 Abs. 1 Z 5 und Z 6 BibuG).

Wie soll das Finanzamt vorgehen, wenn es feststellt, dass ein Bilanzbuchhalter teilweise seine Befugnis überschritten hat? Soll das Finanzamt sodann gemäß § 84 BAO einen Ablehnungsbescheid erlassen, insoweit er befugnisüberschreitend agiert hat („partieller Ablehnungsbescheid“)?

9.2. Lösung

Gemäß § 2 Abs. 1 Z 3 BibuG sind Bilanzbuchhalter zur Vertretung in Abgaben- und Abgabenstrafverfahren ua. vor den Abgabenbehörden des Bundes nicht berechtigt. Eine **eingeschränkte Vertretungsbefugnis** besteht nur für die in § 2 Abs. 1 Z 4, 5 und 6 BibuG erschöpfend aufgezählten Tätigkeiten; das sind

- (Z 4) die elektronische Akteneinsicht (über FinanzOnline) und die Einbringung von Rückzahlungsanträgen;
- (Z 5) die Vertretung einschließlich der Abgabe von Erklärungen in Angelegenheiten der Umsatzsteuervoranmeldungen und der Zusammenfassenden Meldungen sowie Abgabe von Gutschriftsverrechnungsweisungen im Sinne des § 214 BAO;
- (Z 6) die Vertretung und Abgabe von Erklärungen in Angelegenheiten der Lohnverrechnung und lohnabhängigen Abgaben sowie im Rahmen der GPLA, ausgenommen Rechtsmittelverfahren.

Soweit in den aufgezählten Materien nichts anderes bestimmt ist (vgl. Ausschluss der Vertretung in Rechtsmittelverfahren gemäß Z 6), ist die Vertretungsberechtigung einschließlich Erklärungseinreichung nicht auf einzelne Handlungen eingeschränkt, weshalb die Vertretung durch eine(n) Bilanzbuchhalter(in) auch im Rahmen einer Umsatzsteuersonderprüfung zulässig ist.

Gemäß § 84 Abs. 1 BAO hat die Abgabenbehörde solche Personen als Bevollmächtigte abzulehnen, die die Vertretung anderer geschäftsmäßig betreiben, ohne hiezu (berufsrechtlich) befugt zu sein. „Geschäftsmäßig“ kann auch bereits eine erstmalige Vertretung wahrgenommen werden, wenn die Umstände dafür sprechen. Die Ausübung einer selbständigen Tätigkeit unter Vorlage oder Berufung (vgl. § 73 Abs. 5 BibuG) auf eine allgemeine, nicht auf einzelne Vertretungshandlungen eingeschränkte Vollmacht und/oder in einem Umfang, der die gesetzlichen Befugnisse jedenfalls überschreitet (beispielsweise Einreichung einer Jahresabgabenerklärung), kann zweifellos als unzulässige „geschäftsmäßige“ Vertretung im Sinne des § 84 Abs. 1 BAO angesehen werden.

Verletzt bzw. überschreitet der Bilanzbuchhalter seine Berufsberechtigungen und nimmt im Auftreten gegenüber dem Finanzamt Tätigkeiten in Anspruch, die ihm nicht zustehen, so ist eine an den Bilanzbuchhalter zu adressierende **bescheidmäßige Ablehnung insoweit** auszusprechen, als er die von ihm geschäftsmäßig wahrgenommene Vertretung in einem nach einschlägigen berufsrechtlichen Befugnissen gemäß § 2 Abs. 1 Z 4, 5 und 6 BibuG **hinausgehenden Umfang** ausübt.

Gemäß § 84 Abs. 1 zweiter Satz BAO ist gleichzeitig der Vollmachtgeber (Abgabepflichtige) von der Ablehnung in Kenntnis zu setzen. In den Ablehnungsbescheid (sowie die unter Anfügung einer Bescheidablichtung vorzunehmende Verständigung des Vollmachtgebers) sollte auch ein Hinweis auf die Rechtsfolge gemäß § 84 Abs. 2 BAO aufgenommen werden. Das von einer abgelehnten Person nach der Ablehnung schriftlich oder mündlich Vorgebrachte ist nach § 84 Abs. 2 BAO ohne abgabenrechtliche Wirkung.

Vor Zustellung des Ablehnungsbescheides vom Vertreter vorgenommene Prozesshandlungen sind gültig und rechtswirksam (vgl. Ritz, BAO³, § 84 Tz 11).

Bilanzbuchhalter, die ordentliche Mitglieder der Kammer der Wirtschaftstreuhänder sind, unterliegen gemäß § 90 Abs. 1 BibuG den **disziplinarrechtlichen Bestimmungen** des 2. Teiles des WTBG mit der Maßgabe der sinngemäßen Anwendung des § 120 WTBG. Nach Z 27 WTBG begeht ein Berufsvergehen, wer eine der in den §§ 3 bis 5 WTBG (Anm.: Berechtigungsumfang von Steuerberatern und Wirtschaftsprüfern) angeführten Tätigkeiten anbietet oder ausübt, ohne die erforderliche Berufsberechtigung zu besitzen.

Berufsberechtigte, die Mitglieder der Kammern der gewerblichen Wirtschaft sind, unterliegen gemäß § 90 Abs. 2 BibuG zusätzlich zu den Bestimmungen der Verordnung gemäß § 69 BibuG (Anm.: Ausübungsrichtlinie) den Ausübungs- und Standesregeln gemäß § 69 GewO 1994. Beruft sich ein solcher Bilanzbuchhalter im beruflichen Verkehr gegenüber den Abgabenbehörden des Bundes fälschlich auf eine ihm erteilte Bevollmächtigung, so sind die disziplinarrechtlichen Bestimmungen des 2. Teiles des WTBG sinngemäß anzuwenden.

Zuständig dafür ist die **Paritätische Kommission** mit Sitz in Wien, welche, soweit nicht ein anderes Organ ausdrücklich zuständig ist, alle Angelegenheiten und Aufgaben der Vollziehung des Bilanzbuchhaltungsgesetzes wahrzunehmen hat (§ 91 Abs. 5 BibuG).

Gemäß § 48b Abs. 2 BAO sind die Abgabenbehörden berechtigt, die für die Ahndung der Übertretung gewerberechtlicher oder berufsrechtlicher Vorschriften zuständigen Behörden zu verständigen, wenn sie zu einem begründeten Verdacht gelangen, dass eine solche Übertretung vorliegt. Die Verständigung gemäß § 48b Abs. 2 BAO liegt im Ermessen der Abgabenbehörde. Im Einzelfall wird die Verständigung gemäß § 48b BAO von der Regelmäßigkeit und der Schwere der Übertretung des Berufsrechts abhängen.

Somit hat das Finanzamt bei Überschreiten der berufsrechtlichen Vorschriften mit Ablehnungsbescheid nach § 84 BAO vorzugehen.

10. Mittelbare Abhängigkeit einer Abgabenfestsetzung von der Erledigung einer Berufung im (Nicht-)Feststellungsverfahren (§§ 188, 191, 209a BAO)

10.1. Sachverhalt

Das Finanzamt A hat im Anschluss an eine seit 2004 durchgeführte Außenprüfung (§ 147 BAO) mit Bescheid vom 14. Dezember 2006 festgestellt, dass eine Vermietungstätigkeit, an der eine Vielzahl von Person beteiligt war, seit Beginn (im Jahre 1986) als so genannte „Liebhaberei" anzusehen sei. An die Beteiligtenämter sind entsprechende Mitteilungen ergangen.

Gegen diesen Grundlagenbescheid wurde fristgerecht berufen. Gleichzeitig wurde auch gegen die abgeleiteten Einkommensteuerbescheide mit der Begründung berufen, die Erledigung des Finanzamtes A erfülle nicht die Mindestvoraussetzungen eines Bescheides. Die von einem solchen „Nichtbescheid" abgeleiteten Einkommensteuerbescheide seien rechtswidrig und, ungeachtet des § 252 Abs. 1 BAO, aufzuheben. Eine Sanierung durch einen nachfolgenden ordnungsgemäßen Grundlagenbescheid sei unmöglich (vgl. BMF, Wiederaufnahme zur Aufhebung eines zu Unrecht auf § 295 BAO gestützten Bescheides, SWK 2005, S 926).

Mit Bescheid vom 5. Juni 2007 hat das Finanzamt A den Bescheid vom 14. Dezember 2006 über die Nichtdurchführung der einheitlichen und gesonderten Feststellung der Einkünfte gemäß § 299 Abs. 1 BAO aufgehoben und gleichzeitig einen Bescheid nach § 92 Abs. 1 lit. b BAO erlassen, in dem ausgesprochen wird, dass eine einheitliche und gesonderte Feststellung zu unterbleiben hat. Diese beiden Bescheide sind nicht neuerlich angefochten worden.

Bei den Beteiligtenämtern ist noch die Frage nach der rechtmäßigen Entscheidung über die Berufungen gegen die Einkommensteuerbescheide offen und zu beurteilen.

10.2. Fragestellung

Für den Fall, dass es sich bei dem Bescheid vom 14. Dezember 2006 um einen wirksamen Nichtfeststellungsbescheid gehandelt hat:

- Ist die „mittelbare" Abhängigkeit im Sinne des § 209a BAO nur dann gegeben, wenn im Feststellungsverfahren eine meritorische Erledigung in Richtung einer (teilweisen) Stattgabe oder Abweisung ergeht? Führt auch eine Bescheidaufhebung im Sinne des § 276 Abs. 1 BAO zu den Wirkungen nach § 209a BAO?
- Ist die Wirkung des § 209a BAO im Anlassfall deshalb ausgeschlossen, weil die Aufhebung nach § 299 BAO (und nicht nach § 276 Abs. 1 BAO) erfolgt ist?
- Richtet sich die Berufung gegen den am 14. Dezember 2006 ergangenen Nichtfeststellungsbescheid auch gegen den inhaltlich gleich lautenden Nichtfeststellungsbescheid vom 5. Juni 2007 und wird dieser Umstand derzeit vom Feststellungsamt übersehen?

Für den Fall, dass es sich bei der Erledigung vom 14. Dezember 2007 um einen nichtigen Verwaltungsakt gehandelt hat:

- Ist die „mittelbare" Abhängigkeit im Sinne des § 209a BAO nur dann gegeben, wenn sich die Berufung gegen einen wirksamen Bescheid richtet? Mit anderen Worten: Kann auch ein gegen einen Nichtbescheid gerichtetes Rechtsmittel die Rechtswirkungen nach § 209a BAO auslösen?

- Welche Auswirkungen hat die Aufhebung nach § 299 BAO einer behördlichen Erledigung, die keinen wirksamen Bescheid darstellt, auf die Verjährung?
- Ist die Berufung gegen den am 14. Dezember 2006 ergangenen Nichtbescheid auch als gegen den inhaltlich gleich lautenden Nichtfeststellungsbescheid vom 5. Juni 2007 gerichtet anzusehen und wird dieser Umstand derzeit vom Feststellungsamt übersehen?

Aus konkreter Sicht der Beteiligtenämter:

- Muss das Beteiligtenamt von sich aus (etwa wegen der Verjährungsvorschriften) überprüfen, ob der im Feststellungsverfahren ergangene Bescheid ein wirkungsloser „Nichtbescheid" war?
- Welche Vorgangsweise sollen die Beteiligtenämter im Interesse einer möglichst sachgerechten Gleichbehandlung hinsichtlich der Jahre bis einschließlich 1996, hinsichtlich der Jahre ab 1997 (jährliche Amtshandlungen nach § 209 Abs. 1 BAO vorausgesetzt) einschlagen?

10.3. Lösung

Mit Wirkung ab 27. Juni 2006 ist § 191 Abs. 5 BAO in Kraft getreten, wonach Feststellungsbescheide (§ 188 BAO), welche im Bescheidspruch (auch Adressierung) nicht sämtliche Beteiligte anführen, denen einheitlich und gesondert festzustellende Einkünfte (nicht) zugeflossen sind, **teilwirksam** ergehen, das heißt wirksam gegenüber den genannten, als Bescheidadressaten tauglichen Einkünftebeziehern. Davon wird hier auszugehen sein (Feststellungsbescheid vom 14. Dezember 2006), wenn nicht andere (über § 93 Abs. 2 BAO hinaus) Nichtigkeitsgründe vorliegen (vgl. § 96 BAO; etwa fehlende Behördenbezeichnung oder fehlende Unterschrift, wenn es sich nicht um eine ADV-Ausfertigung handelt).

Auch die einheitliche und gesonderte Nichtfeststellung von Einkünften (wegen Liebhaberei) ist eine solche nach § 188 BAO (vgl. § 190 Abs. 1 zweiter Satz BAO).

Bei einer meritorischen Erledigung im Feststellungsverfahren macht es im Hinblick auf § 209a Abs. 2 BAO keinen Unterschied, ob diese Änderungen im Weg einer Berufungsvorentscheidung (§ 276 Abs. 1 BAO) oder eines anderen Verfahrenstitels (sonstige Rechtsschutzmaßnahme im Sinne des BAOAbschnittes 7.B.) zur Abänderung oder Aufhebung von Bescheiden ergehen, wenn diese „andere Maßnahme" auf einem Parteiantrag (Anbringen zur Geltendmachung eines Parteirechts im Sinne des § 85 Abs. 1 BAO) beruht. Falls hingegen ein Feststellungsbescheid (§ 188 BAO) beispielsweise im Zuge einer **amtswegigen** Wiederaufnahme des Verfahrens im Anschluss an eine Außenprüfung (§ 147 BAO) neu erlassen wurde, ist darauf zu achten, dass die vom Feststellungsbescheid abgeleiteten Abgabenbescheide (§ 295 Abs. 1 BAO) nur innerhalb der aufrechten Verjährungsfrist des jeweils betroffenen Abgabenanspruches eines der Beteiligten erlassen werden dürfen.

Bei Vorliegen einer Antragsabhängigkeit im Sinne des § 209a Abs. 2 BAO wäre eine entsprechende Anpassung gemäß § 295 Abs. 1 BAO auch nach Eintritt der Verjährung noch durchzuführen. Gleiches gilt im Fall einer abändernden Berufungserledigung, wenn der mit Berufung bekämpfte Feststellungsbescheid innerhalb der Verjährungsfrist erlassen wurde.

In der Verjährungsfrage ist stets auf die einzelnen abgeleiteten Abgabenansprüche abzustellen.

Wogegen sich eine Berufung richtet, hängt von ihrer Bezeichnung und von ihrem Inhalt ab. Im Übrigen sollte das Mängelbehebungsverfahren nach § 275 in Verbindung mit § 250 Abs. 1 BAO Raum bieten, die notwendigen Aufklärungen zu treffen.

Eine Berufung gegen einen „Nichtbescheid" (nichtiger Verwaltungsakt) wäre zurückzuweisen. Aus einer solchen Erledigung (so wie aus dem Nichtbescheid selbst) könnten keine Ableitungen nach § 295 Abs. 1 BAO gezogen werden. Entgegengesetzte Erstbescheiderlassungen an Beteiligte wären zwar wirksam ergangen, aber mit Rechtswidrigkeit belastet.

Ein gegen einen Nichtbescheid erhobenes (zurückzuweisendes) Rechtsmittel könnte nur indirekt mittelbare Auswirkungen im Sinne des § 209a Abs. 2 BAO zeitigen, nämlich auf Grund eines in der Folge eingebrachten Wiederaufnahmsantrages durch einen der Beteiligten.

Indirekt unmittelbare Auswirkungen gemäß § 209a Abs. 1 BAO könnten damit verbunden sein, dass gegen einen (solcherart rechtswidrig) gemäß § 295 Abs. 1 BAO geänderten Einkommensteuerbescheid eines Beteiligten zum Zeitpunkt des Erkennens der Unwirksamkeit des Grundlagenbescheides noch ein unerledigtes Rechtsmittel vorliegt (Stattgabe und Aufhebung des abgeleiteten Bescheides, weil die Voraussetzungen nach § 295 Abs. 1 BAO nicht vorlagen; vgl. zB VwGH 24. 11. 1998, 93/14/0203).

Das Beteiligtenfinanzamt hat alle tatsächlichen und rechtlichen Umstände zu prüfen, die für die Berufungserledigung von Bedeutung sind, zumal wie oben ausgeführt der Feststellungsbescheid nach § 191 Abs. 5 BAO (teil-)wirksam ergangen sein dürfte.

Für den konkreten Fall ergibt sich:

Gemäß § 209 Abs. 3 BAO verjährt das Recht auf Festsetzung einer Abgabe spätestens zehn Jahre nach Entstehung des Abgabenanspruches. Das Veranlagungsjahr 1995 ist im Jahr 2006 (Feststellungsbescheid) bereits absolut verjährt gewesen. Lediglich auf Grund des § 209a BAO wäre eine Festsetzung außerhalb der absoluten Verjährung noch möglich.

Mit Bescheid vom 5. Juni 2007 wurde der Feststellungsbescheid vom 14. Dezember 2006 gemäß § 299 BAO aufgehoben und gleichzeitig ein Nichtfeststellungsbescheid erlassen. Erfolgt die Aufhebung eines mit Berufung angefochtenen Bescheides, so ist der Ersatzbescheid ein an die Stelle des mit Berufung angefochtenen Bescheides tretender Bescheid im Sinne des § 274 BAO.

Daher gilt die gegen den aufgehobenen Bescheid gerichtete Berufung als auch gegen den Ersatzbescheid gerichtet. Soweit der spätere Bescheid dem Berufungsbegehren Rechnung trägt, ist die Berufung als gegenstandslos zu erklären (vgl. Richtlinien zur Aufhebung gemäß § 299 BAO, Erlass des BMF vom 3. Februar 2003, Z 05 2601/2-IV/5/2002, Punkt 7.4, AÖFV Nr. 65/2003; Formalerledigungen von Berufungen durch die Abgabenbehörde erster Instanz, Erlass des BMF vom 6. Juli 2006, BMF-010103/0056-VI/2006, Punkt 4, AÖFV Nr. 216/2006). Die Berufung gegen den Erstbescheid vom 14. Dezember 2006 gilt daher als gegen den „neuen" Bescheid vom 5. Juni 2007 gerichtet.

Gemäß § 209a Abs. 2 BAO steht der Abgabenfestsetzung der Eintritt der Verjährung nicht entgegen, wenn eine Abgabenfestsetzung mittelbar von der Erledigung einer Berufung abhängt. Die im Feststellungsverfahren ergehende Berufungsvorentscheidung bzw. Berufungsentscheidung kann mittelbare Auswirkungen auf die Beteiligtenämter haben. Wenn der Erstbescheid vom 14. Dezember 2006 wirksam war, demzufolge auch die Bescheidaufhebung wirksam war, und die Berufung gemäß § 274 BAO als gegen den neuen Sachbescheid vom 5. Juni 2007 gerichtet gilt, so kann diese Berufung in abgeleiteten Einkommensteuerverfahren mittelbare Auswirkungen erzeugen.

Im vorliegenden Fall erscheint zunächst zweckmäßig, dass das Feststellungsfinanzamt über die noch offene Berufung abspricht. Dann erst – wenn feststeht, ob die Erstbescheide Nichtbescheide waren – sollte über Berufungen in Beteiligungsverfahren abgesprochen werden. Ist das Beteiligtenfinanzamt der Überzeugung, es handle sich um einen wirksamen Feststellungsbescheid (auf Grund des § 191 Abs. 5 BAO), in dem auch der bei ihm zu veranlagende Einkünftebezieher als Bescheidadressat aufscheint, kann es sofort über die Berufung entscheiden.

11. Haftung eines vom GmbH-Geschäftsführer bevollmächtigten Vertreters (§§ 9, 80, 83 BAO)

11.1. Sachverhalt

Bei Prüfungen von Umsatzsteuerbetrugsfällen (insbesondere bei so genannten „missing traders") kommt es regelmäßig vor, dass als Geschäftsführer der GmbH, die die Umsatzsteuer nicht abführt, vermögenslose, teilweise inhaftierte oder unbekannten Aufenthalts sich befindende Personen im Firmenbuch eingetragen sind. Bei Einvernahmen stellt sich regelmäßig heraus, dass diese Personen von den Geschäften keine Ahnung haben und selbst nicht tätig wurden (maximal gelegentliche Unterschriftsleistungen). Aus den erhobenen Indizien lässt sich meistens nachweisen, wer tatsächlich die Geschäfte tätigt und letztlich das Geld kassiert hat.

Wenn aus den Einvernahmen eine Vollmachtserteilung nur durch konkludente Willenserklärung des eingetragenen Geschäftsführers nachweisbar wäre, kann dann diese tatsächlich handelnde Person (quasi der „De-facto-Geschäftsführer") neben dem eingetragen Geschäftsführer zur Haftung herangezogen werden?

11.2. Fragestellung

Abgrenzung zwischen De-facto-Geschäftsführer (siehe UFS vom 3. 8. 2005, RV-1238-W/04) vom gewillkürten Vertreter einer GmbH (§ 83 BAO, siehe Stoll, BAO, Bd. I, § 9, Seite 116).

Sollte eine konkludente Bevollmächtigung des tatsächlich tätigen „Geschäftsführers" nachweisbar sein, bestünde auch dieser Person gegenüber die Möglichkeit der Haftungsinanspruchnahme gemäß § 9 BAO?

11.3. Lösung

Ein „faktischer" Geschäftsführer ist nach dem GmbHG nicht zur Vertretung der Gesellschaft „berufen" und somit nicht als Vertreter im Sinne des § 80 BAO anzusehen, weshalb er nach § 9 Abs. 1 BAO auch nicht zur Haftung herangezogen werden könnte. Der zur Haftung herangezogene vertretungsbefugte (eingetragene handelsrechtliche bzw. „formelle") Geschäftsführer wird dadurch nicht von seiner Verantwortung frei, dass er seine abgabenrechtlichen Pflichten auf eine andere Person überträgt oder die Geschäftsführung faktisch anderen Personen zusteht. Für Abgabenschuldigkeiten einer GmbH sind somit zur Haftung nach § 9 Abs. 1 BAO die in § 80 BAO angesprochenen Vertreter einer GmbH heranzuziehen. Gemäß § 18 GmbHG vertreten die Geschäftsführer die GmbH. Nicht zum Geschäftsführer bestellte oder dazu bevollmächtigte „faktische" Geschäftsführer werden durch das bloße Ausüben von Geschäftsführungstätigkeiten allein noch nicht zu Vertretern im Sinne des § 80 BAO (vgl. VwGH 27. 2. 2008, 2005/13/0084; VwGH 27. 2. 2008, 2005/13/0074).

Die Haftungsbestimmung des § 9 BAO erfasst die in den §§ 80 ff BAO bezeichneten Vertreter, somit grundsätzlich auch (rechtsgeschäftlich) bevollmächtigte Vertreter im Sinne des § 83 BAO. Der Geschäftsführer als gesetzlicher (organschaftlicher) Vertreter der Gesellschaft kann einem Dritten Prokura oder Handlungsvollmacht gemäß den §§ 48 ff UGB erteilen und diesen damit zu allen Geschäften und Rechtshandlungen ermächtigen, die der Betrieb des Unternehmens oder die Vornahme derartiger Geschäfte, auf die sich die Handlungsvollmacht erstreckt, gewöhnlich mit sich bringt. Zum Unterschied von der Prokura muss eine Handlungsvollmacht auch nicht im Firmenbuch eingetragen sein. Nach zivilrechtlichen Bestimmungen (§§ 1002 ff ABGB) kann eine Bevollmächtigung schriftlich, mündlich oder auch schlüssig erteilt werden. Der auf eine solche Art und Weise durch den formell bestellten (und in dieser Eigenschaft vorrangig zur Haftung heranzuziehenden) Geschäftsführer tatsächlich und rechtlich Bevollmächtigte wäre ein nach § 83 BAO potenziell haftungspflichtiger Vertreter der Gesellschaft.

Der Oberste Gerichtshof hat in seiner Entscheidung vom 17. 12. 2007, 8 Ob 124/07d, ausgesprochen, dass auch ein De-facto-Geschäftsführer verpflichtet ist, auf eine Konkursantragstellung gemäß § 69 Abs. 2 und 3 KO hinzuwirken. Unterlässt er dies, so führt dies zu seiner (Mit-)Haftung gegenüber den Gläubigern (Anm.: Der gesetzliche Wortlaut würde hier – zum Unterschied von § 9 BAO – nur die organschaftlichen Vertreter juristischer Personen ansprechen). Die insolvenzrechtliche Zielsetzung ist mit der abgabenrechtlichen Situation durchaus vergleichbar: § 69 Abs. 2 und 3 KO verpflichtet Vertreter juristischer Personen zur Antragstellung auf Konkurseröffnung bei Vorliegen der Voraussetzungen (§§ 66, 67 KO) spätestens 60 Tage nach Eintritt der Zahlungsunfähigkeit. Bei Verletzung dieser Verpflichtung können die Konkursgläubiger gemäß § 69 Abs. 5 KO Schadenersatzansprüche geltend machen. Auch die Haftungsbestimmungen der BAO sind ihrem Wesen nach schadenersatzähnlich ausgerichtet auf durch Haftende verursachte Abgabenausfälle.

Ist eine konkludente Bevollmächtigung des tatsächlich tätigen „Geschäftsführers" nachweisbar, so besteht die Möglichkeit der Haftungsinanspruchnahme gemäß § 9 BAO gegenüber einem solcherart Bevollmächtigten.

12/8/4.

AÖF 2009/257

Salzburger Steuerdialog 2009 – BAO-Ergebnisse

(Erlass des BMF vom 17. Juli 2009, BMF-010103/0112-VI/2009)

1. Bescheidadressierung bzw. Vorgehensweise im Feststellungsverfahren im Zusammenhang mit Verlassenschaften

1.1. Sachverhalt

An einer Apotheke (OG) sind drei natürliche Personen beteiligt. Jahr für Jahr ergehen die entsprechenden Feststellungsbescheide.

Im Jahr 2004 stirbt einer der Beteiligten, nennen wir ihn C. Für das Jahr 2005 und die Folgejahre ergehen (endgültige) Feststellungsbescheide, in denen das vom Unternehmen erwirtschaftete Einkommen den beiden „Altgesellschaftern" (A und B), sowie der Verlassenschaft nach C zugewiesen wird.

Das Verlassenschaftsverfahren zieht sich dahin; erst Anfang 2008 wird es abgeschlossen. Einige der präsumtiven Erben hatten von ihrem Entschlagungsrecht Gebrauch gemacht; vier Kinder des Verstorbenen werden nun zu gleichen Teilen in das Erbe eingesetzt.

Hinsichtlich des A und B ergeben sich dadurch keine Konsequenzen. Die vier Erben nach C haben die der Verlassenschaft zugewiesenen Gewinne jedoch bislang nicht versteuert. Zwei von den Erben werden im gleichen Amt veranlagt wie die Apotheke (Feststellungsverfahren), einer in einem anderen Wiener Finanzamt, einer in Tirol.

1.2. Fragestellung

Wie ist zwecks Erfassung der Einkünfte – insbesondere bei den Erben – nun vorzugehen?

1.3. Lösung

Mehrere Erben bilden eine Rechtsgemeinschaft (Erbengemeinschaft), alle für einen und einer für alle, und zwar bis zur Einantwortung in Bezug auf das Erbrecht, nach Einantwortung in Bezug auf die ererbten Rechte (§ 550 ABGB). Das Recht des oder der Erben auf Vertretung, Besorgung und Verwaltung der Verlassenschaft, bei mehreren Erben zur ungeteilten Hand (also gemeinsam), beginnt ab Antretung der Erbschaft (§ 810 ABGB). Die Übergabe des Nachlasses in den rechtlichen Besitz erfolgt durch die gerichtliche Einantwortung (§ 797 ABGB). Mit ihr erwirbt der Erbe das Eigentum an der Erbschaft (§ 819 ABGB) und wird Gesamtrechtsnachfolger des Erblassers. Mehrere Erben haften als Erbschaftsgläubiger und Legataren grundsätzlich als Gesamtschuldner (§ 820 ABGB).

Die zivil- und mit ihr steuerrechtliche (§ 19 BAO) Gesamtrechtsnachfolge tritt somit ab Einantwortung (Einantwortungsbeschluss) ein. Bis zu diesem Zeitpunkt sind Bescheide, die mit Einkünften oder Vermögen des Erblassers zusammenhängen, an die Verlassenschaft zu richten.

Die Verlassenschaft existiert nur bis zur Einantwortung an die Erben. Mit Einantwortung treten die Erben rückwirkend auf den Todestag als Gesamtrechtsnachfolger (§ 19 BAO) in die von der Verlassenschaft fortgeführte Rechtsposition des Erblassers ein. Ab diesem Zeitpunkt können Abgabenbescheide nur mehr an die Erben gerichtet werden. Mehrere Erben sind im Bescheid namentlich anzuführen (vgl. dazu auch § 191 Abs. 2 BAO), es sei denn, ihre Rechtsgemeinschaft (Erbengemeinschaft) besteht auch nach der Einantwortung fort. Für sie gelten die Vorschriften der §§ 81 und 101 BAO.

Einkommensteuerbescheide, die Besteuerungsansprüche vor dem Tod des Erblassers betreffen, werden nach der Einantwortung an den oder die Erben (Erbengemeinschaft) erlassen (VwGH 29.6.2005, 2002/14/0146).

Der Erbe erwirbt das Nachlassvermögen unmittelbar vom Erblasser und nicht von der Verlassenschaft (VwGH 20. 4. 2004, 2003/13/0160). Der Erbe tritt hinsichtlich des Nachlassvermögens und der daraus erzielten Einkünfte schon mit dem Todestag in die Rechtsstellung des Erblassers ein. Auch die vom ruhenden Nachlass erwirtschafteten Einkünfte werden (rückwirkend) unmittelbar dem Erben zugerechnet, so, als ob die für die zeitliche Zuordnung maßgebenden Sachverhaltselemente bei ihm selbst und nicht beim ruhenden Nachlass verwirklicht worden wären. Der Erbgang stellt auch weder eine Betriebsveräußerung noch eine Betriebsaufgabe dar, eine Übergangsgewinnermittlung findet nicht statt. Ist im Nachlass Betriebsvermögen enthalten, hat der Erbe die Buchwerte des Erblassers zu übernehmen und fortzuführen (VwGH 1. 10. 2008, 2006/13/0123).

Im konkreten Fall sind grundsätzlich drei Lösungsvarianten denkmöglich:

Variante 1:

Die (nicht vorläufig) ergangenen Feststellungsbescheide sind abzuändern.

In Frage käme § 299 BAO; allerdings ist § 299 BAO nur dann tauglich, wenn die Jahresfrist noch nicht abgelaufen ist. Ferner könnte eine amtswegige Wiederaufnahme wegen Vorliegens des Vorfragentatbestandes (= Einantwortung) angewendet werden.

Zudem könnte man gemäß § 295a BAO den ursprünglich richtigen Feststellungsbescheid dahingehend abändern, dass die unverändert festgestellten Gesamteinkünfte statt auf A, B und Verlassenschaft nach C auf A, B und die vier einzeln anzuführenden Erben nach C aufgeteilt werden. Dies hätte den Vorteil, dass nun sechs Tangenten ergehen, an die die einzelnen Einkommensteuer-Finanzämter gebunden sind.

Variante 2:

Der ursprüngliche Feststellungsbescheid bleibt unverändert, lediglich die Einkommensteuerbescheide der vier Erben werden gemäß § 295a BAO abgeändert, da die Erben mit der Einantwortung ja schließlich rückwirkend ab dem Todestag des Erblassers in das Erbe eingetreten sind. Diesfalls müsste man die anderen Einkommensteuer-Finanzämter von dieser Vorgangsweise informieren und sie ersuchen, die Änderungen durchzuführen.

Variante 3:

Es ist ein eigenes Unterbeteiligungs-Feststellungsverfahren hinsichtlich der Erbengemeinschaft durchzuführen.

Gemäß EStR 2000 Rz 5826 besteht, wenn die Unterbeteiligung an einer Personengesellschaft den anderen Gesellschaftern der Hauptgesellschaft bekannt ist, die Mitunternehmerschaft des Unterbeteiligten im Verhältnis zur Hauptgesellschaft und ist dann bereits bei der Gewinnfeststellung (§ 188 BAO) der Hauptgesellschaft zu berücksichtigen (VwGH 15. 1. 1991, 87/14/0053). Ist die Unterbeteiligung den Gesellschaftern der Hauptgesellschaft nicht bekannt, so besteht die Mitunternehmerschaft nur im Verhältnis zum Hauptgesellschafter und muss in einem zweiten Feststellungsverfahren, in welchem der Gewinnanteil des Hauptgesellschafters aus der Hauptgesellschaft verteilt wird, berücksichtigt werden.

Bei Durchführung eines Unterbeteiligten-Feststellungsverfahrens ergäbe sich kein Grund für eine rückwirkende Abänderung der an die Hauptgesellschaft erlassenen Feststellungsbescheide. Der in diesen Feststellungsbescheiden C (vor dem Todestag) oder der Verlassenschaft nach C (nach dem Todestag) zugerechnete Einkünfteanteil an der gemeinschaftlichen Einkunftsquelle wäre nunmehr entsprechend dem Einantwortungsbeschluss mittels eines (zweiten) Feststellungsbescheides auf die Erben aufzuteilen.

Grundsätzlich sind alle drei Lösungsansätze zulässig. Variante 1 erscheint als Vorgehensweise am praktikabelsten. Bei großen Publikumsgesellschaften und bei Vorliegen einer Erbengemeinschaft erscheint Variante 3 zweckmäßig.

2. Feststellung von Verlusten (§§ 92, 188 BAO)

2.1. Sachverhalt

Im Jahr 1998 wurden beim Steuerpflichtigen hohe Verluste festgestellt.

Auf Grund einer durchgeführten Außenprüfung wird jedoch im Jahr 2008 entdeckt, dass Einnahmen für die Jahre 1998 bis 2008 hinterzogen worden sind.

Der Abgabenpflichtige hat den Verlust aus dem Jahr 1998 in den Folgejahren verwertet.

2.2. Fragestellung

Kann das Finanzamt heute die Verluste, die in einem bereits verjährten Jahr gemäß § 92 Abs. 1 lit. b BAO festgestellt wurden, noch nachträglich (also jetzt) ändern, damit die Verluste heute nicht kompensiert werden müssen.

2.3. Lösung

Grundsätzlich wird in Einkommensteuer- oder Körperschaftsteuerbescheiden bindend für Folgejahre nur über die **Höhe** des Verlustes abgesprochen und nicht auch über die Frage der **Vortragsfähig-**

keit des Verlustes. Es besteht dann auch keine Bindung hinsichtlich der Feststellung der Verlust(nicht) vortragsfähigkeit im Verlustabzugsjahr.

In Einkünftefeststellungsbescheiden wird gegebenenfalls (insbesondere nach Durchführung einer Außenprüfung) bereits im Verlustentstehungsjahr auch über die Nichtvortragsfähigkeit des Verlustes mangels Ordnungsmäßigkeit der Buchführung (§ 18 Abs. 6 EStG 1988) im gemäß § 188 BAO ergangenen Bescheid abgesprochen. Diese Feststellung entfaltet sodann Bindungswirkung nach § 192 BAO für die Folgejahre (Verlustvortragsjahre). Wird im Spruch des Feststellungsbescheides (§ 188 BAO) nicht über die Vortragsfähigkeit des Verlustes abgesprochen, so ist hierüber in jenen Abgabenverfahren zu entscheiden, in denen über die Sonderausgabe „Verlustabzug" (§ 18 Abs. 6 EStG 1988) abzusprechen ist. Die Bindung (§ 192 BAO) erstreckt sich nur auf Aussagen im Spruch des Grundlagenbescheides [vgl. Richtlinien zur Änderung gemäß § 295 BAO, Erlass des BMF vom 30. Jänner 2007, BMF-010103/0004-VI/2007, Abschnitt 4].

Auch im Rahmen einer Einkommensteuer- oder Körperschaftsteuerveranlagung spricht grundsätzlich nichts dagegen, bereits im Verlustentstehungsjahr mittels eines Feststellungsbescheides nach § 92 Abs. 1 lit. b BAO über die Nichtvortragsfähigkeit des Verlustes abzusprechen. § 92 Abs. 1 lit. b BAO sieht für die Feststellung abgabenrechtlich bedeutsamer Tatsachen die Möglichkeit der Erlassung eines (eigenen) Feststellungsbescheides vor. Derartige Feststellungsbescheide können über Antrag erlassen werden, wenn die Partei ein rechtliches Interesse an der Feststellung hat und es sich um ein notwendiges Mittel zweckentsprechender Rechtsverteidigung handelt; sie können aber auch von Amts wegen ergehen, wenn die Feststellung im öffentlichen Interesse liegt. In einem derartigen Feststellungsbescheid getroffene Feststellungen entfalten gemäß § 192 BAO Bindungswirkung für davon abgeleitete Abgabenbescheide.

Solche Feststellungen im öffentlichen Interesse sind nicht zwingend. Dennoch ist unstrittig, dass es sich dabei um eine „abgabenrechtlich bedeutsame Tatsache" im Sinne der zitierten Bestimmung handelt, die zum Gegenstand einer gesonderten bescheidmäßigen Feststellung gemacht werden kann (vgl. VwGH 28. 10. 1998, 97/14/0086).

Das öffentliche Interesse an einer solchen (zeitnahen) Feststellung über die Nichtvortragsfähigkeit des Verlustes wäre darin gelegen, dass bei zeitlich unbefristeter Verlustvortragsmöglichkeit nach Ablauf der siebenjährigen Buch-, Aufzeichnungs- und Belegaufbewahrungsverpflichtung (§ 132 BAO) ein Beweisnotstand bezüglich Prüfung der Ordnungsmäßigkeit der Buchführung gegeben wäre. Erfolgte nämlich im Verlustentstehungsjahr keine Feststellung über seine Vortragsfähigkeit (Ordnungsmäßigkeit der Buchführung), ist im Abgabenbescheid des Jahres des Verlustabzuges darüber abzusprechen (vgl. *Ritz*, BAO³, § 198, Tz 17). Die Verjährung könnte schon aus diesem Grund zwar kein Hindernis für diese Absprache sein, zumal es sich dem Charakter nach sowohl bei der Feststellung der Verlusthöhe (vgl. dazu VwGH 20. 2. 2008, 2006/15/0026) als auch bei der Feststellung seiner (Nicht-)Vortragsfähigkeit um Feststellungen im Sinne des § 92 BAO handelt, die als solche nicht der Festsetzungsverjährung nach §§ 207 ff BAO unterliegen können. Allerdings könnte, wie erwähnt, der Fall eintreten, dass die Nichtordnungsmäßigkeit der Buchführung im Verlustentstehungsjahr nach Ablauf der Aufbewahrungsfrist (§ 132 BAO) im Abzugsjahr nicht mehr (mit einer für den Abgabepflichtigen negativen Beurteilung) nachgewiesen werden könnte. Es müsste dann von der Vermutung der Ordnungsmäßigkeit (Verlustabzugsfähigkeit) ausgegangen werden. Von daher wäre es zweckmäßig und läge gegebenenfalls im öffentlichen Interesse, bereits im Entstehungsjahr eine allfällige Verneinung der Verlustvortragsfähigkeit mittels eines gesonderten Feststellungsbescheides nach § 92 Abs. 1 lit. b BAO auszusprechen (vgl. dazu *Ritz*, BAO³, § 92, Tz 15). Dass eine solche Feststellung im Zeitpunkt der Bescheiderlassung keine steuerliche Auswirkung hätte, würde ihr nicht entgegenstehen, weil ihr die abgabenrechtliche Bedeutung zuzusprechen ist.

Der nach § 92 BAO erlassene Bescheid ist mit Berufung anfechtbar. Erfolgte keine Anfechtung oder wurde diese rechtskräftig abgewiesen, ist im Verlustabzugsjahr seine in Rechtskraft erwachsene Bindungswirkung (§ 192 BAO), verbunden mit dem Rechtsmittelausschluss gemäß § 252 Abs. 1 BAO, zu unterstellen.

Eine nachträgliche Änderung der Verlust**höhe** könnte nur mittels Wiederaufnahme (§ 303 BAO) oder eines sonstigen Titels (zB § 293b BAO) zur Abänderung der Abgabenfestsetzung des Verlustjahres erfolgen, weil darüber bereits im Veranlagungsbescheid entschieden wurde. Solche Maßnahmen sind grundsätzlich nur bis zum Ablauf der Verjährungsfrist zulässig (vgl. § 302 BAO).

Für eine erstmalige nachträgliche Feststellung der Nichtvortragsfähigkeit des Verlustes (ohne Änderung der Verlusthöhe) bedarf es keiner solchen Wiederaufnahme oder sonstigen Bescheidabänderung. Sie erfolgt nach den vorstehenden Ausführungen in der Regel im Abgabenbescheid, für den der Verlustabzug in Anspruch genommen wird. In diesem Fall ist sie im Hinblick auf den Grundsatz der Subsidiarität von Feststellungsbescheiden auch nicht gesondert auszusprechen.

Für eine vorgezogene Absprache der Nichtvortragsfähigkeit des Verlustes bietet die BAO die Möglichkeit einer Bescheiderlassung nach § 92 Abs. 1 lit. b BAO an.

3. Bindungswirkung von UFS-Entscheidungen

3.1. Sachverhalt

In einem Berufungsverfahren betreffend die Einkommensteuer gibt der UFS der Berufung gegen den abgeleiteten § 295-BAO-Bescheid deswegen statt, weil seiner Ansicht nach der dem Einkommensteuerbescheid vorgelagerte und zugrunde gelegte Feststellungsbescheid mangels richtiger

Bescheidadressierung ein Nichtbescheid gewesen sei. Das Tangentenergebnis sei daher zu Unrecht im Einkommensteuerverfahren angesetzt worden.

3.2. Fragestellung

Hat diese UFS-Entscheidung Bindungswirkung auch für dieses Feststellungsverfahren bzw. für die Einkommensteuerverfahren der anderen an diesem Feststellungsverfahren Beteiligten?

Kann (muss) das für das Feststellungsverfahren zuständige Finanzamt einen (neuen) Feststellungsbescheid mit einer nunmehr der Rechtsmeinung der UFS-Entscheidung entsprechenden Adressierung erlassen?

Dürfen die Finanzämter der anderen an dem Feststellungsverfahren Beteiligten bei allfälligen Berufungs(vor)entscheidungen betreffend die Einkommensteuer das entsprechende Tangentenergebnis bis zum Ergehen eines (neuen) Feststellungsbescheides nicht berücksichtigen?

3.3. Lösung

Die Bindungswirkung nach § 289 Abs. 3 BAO betrifft sowohl das weitere Verfahren (nach Aufhebung) als auch spätere Abänderungen einer Berufungsentscheidung des UFS.

Sie besteht jedoch lediglich für das (weitere) Verfahren – bei unveränderter Sach- und Rechtslage – jener Partei(en), denen gegenüber die jeweilige Berufungsentscheidung des UFS wirksam ergangen ist. Eine Bindungswirkung gilt zudem nur für die Sache, über die entschieden wurde. Selbst spätere Veranlagungsjahre der Partei des Rechtsmittelverfahrens, der gegenüber eine Berufungsentscheidung ergangen ist, sind von der Bindungswirkung nicht betroffen.

Dies bedeutet für die gegenständliche Fragestellung, dass eine Beurteilung des UFS im Einkommensteuerverfahren eines Beteiligten keine Auswirkungen für das zugrunde liegende Feststellungsverfahren haben kann, auch wenn die Beurteilung sich (letztlich) auf dieses Feststellungsverfahren bezieht.

Ebenso wenig wird die gegenständliche Berufungsentscheidung für die abgeleiteten Verfahren anderer an dem zugrunde liegenden Feststellungsverfahren Beteiligter eine Bindungswirkung entfalten.

Sofern nicht ein Rechtsmittelverfahren im zugrunde liegenden Feststellungsverfahren ohnehin anhängig ist – auch in diesem Verfahren wird sich die Frage eines Nichtbescheides stellen –, erscheint eine Überprüfung (und eigene Beurteilung) der Wirksamkeit (Bescheidqualität) des von der Berufungsentscheidung angesprochenen Feststellungsbescheides durch das für das Feststellungsverfahren zuständige Finanzamt zweckmäßig.

4. Zuständigkeit einer Briefkastenfirma

4.1. Sachverhalt

Eine GmbH wird durch Eintragung ins österreichische Firmenbuch in Österreich gegründet. Es handelt sich somit um eine unbeschränkt steuerpflichtige Kapitalgesellschaft in Österreich. Geschäftsführer sind ausländische Personen. Es erfolgt jedenfalls keine Eintragung gemäß § 12 UGB einer „Inländischen Zweigniederlassung ausländischer Rechtsträger“, sondern gemäß § 2 UGB „Unternehmer kraft Rechtsform“. Bei der Vergabe der Steuernummer und Umsatzsteuer-Identifikationsnummer wird nun vom zuständigen Finanzamt festgestellt, dass an der im Firmenbuch eingetragenen Adresse weder ein Büro noch ein Betrieb vorhanden ist.

In letzter Zeit vermehrten sich die Fälle, in welchen die für die inländische Kapitalgesellschaft (es handelt sich vorwiegend um GmbHs) zuständigen Finanzämter nunmehr die Akten an das Finanzamt Graz-Stadt übermittelten mit der Begründung, dass in ihrem Zuständigkeitsbereich keine Firma vorhanden ist und sich die Geschäftsleitung durch die ausländischen Geschäftsführer im Ausland befände. Durch diese Tatsache sei das Finanzamt Graz-Stadt nach § 12 AVOG zuständig.

4.2. Fragestellung

Welches Finanzamt ist nunmehr für die Erfassung des Unternehmens hinsichtlich Körperschaftsteuer und Umsatzsteuer (mit Vergabe der österreichischen Umsatzsteuer-Identifikationsnummer) zuständig?

Sind überhaupt Steuernummer und UID-Nummer zu vergeben?

4.3. Lösung

Die Zuständigkeit zur Erlassung eines Bescheides richtet sich nach der Sach- und Rechtslage im Zeitpunkt des Wirksamwerdens eines Bescheides.

Eine eventuelle Unzuständigkeit ist gemäß § 50 BAO von Amts wegen und in jeder Lage des Verfahrens wahrzunehmen.

Für die Erhebung von Abgaben vom Einkommen und Vermögen juristischer Personen ist gemäß § 58 BAO das Finanzamt zuständig, in dessen Bereich sich der Ort der Geschäftsleitung befindet; ist dieser nicht im Inland gelegen, so richtet sich die örtliche Zuständigkeit nach dem Sitz (§ 58 BAO).

Nach § 27 Abs. 2 BAO ist als Ort der Geschäftsleitung der Ort anzunehmen, an dem sich der Mittelpunkt der geschäftlichen Oberleitung befindet.

Der Ort der Geschäftsleitung einer GmbH bzw. AG, also der Ort, an dem sich der Mittelpunkt ihrer geschäftlichen Oberleitung befindet, ergibt sich aus der jeweiligen tatsächlichen Gestaltung der Dinge.

Der Mittelpunkt der geschäftlichen Oberleitung ist dort, wo der für die Geschäftsführung entscheidende Wille gebildet wird, somit die für die Führung des Unternehmens notwendigen und wichtigen Maßnahmen getroffen werden.

Sitz ist der Ort, der durch Gesetz, Vertrag, Satzung, Stiftungsbrief und dergleichen bestimmt ist (§ 27 Abs. 1 BAO).

Entscheidend ist das Gesamtbild der Verhältnisse in organisatorischer Hinsicht (VwGH 16. 9. 2003, 97/14/0169).

Befindet sich weder Geschäftsleitung noch Sitz im Inland (beschränkt Steuerpflichtige), so ist das Finanzamt örtlich zuständig, in dessen Bereich sich die wertvollste Steuerquelle befindet (§ 58 zweiter Satz BAO).

Als Steuerquellen kommen vor allem Betriebsstätten und Grundbesitz in Betracht.

Gemäß § 12 AVOG obliegt dem Finanzamt Graz-Stadt die Erhebung der Umsatzsteuer von Unternehmen, die ihr Unternehmen vom Ausland aus betreiben und im Inland weder eine Betriebsstätte haben noch Umsätze aus der Nutzung eines im Inland gelegenen Grundbesitzes erzielen.

Der Sinn dieser sachlichen Sonderzuständigkeit (welche örtlichen Zuständigkeitsbestimmungen vorgeht) liegt in der Konzentration der Erhebung der Umsatzsteuer von ausländischen Unternehmen ohne örtliche Nahebeziehung zu einem Finanzamt mit allgemeinem Aufgabenkreis.

Der „Betriebsstättenbegriff" richtet sich nach § 29 BAO. Darunter fallen insbesondere der Ort der Geschäftsleitung sowie andere Anlagen oder Geschäftseinrichtungen, die der Ausübung des Betriebes unmittelbar dienen, nicht nur vorübergehend unterhalten werden und worüber der Unternehmer Verfügungsmacht hat.

Der bloß statutarische Sitz ist kein Abgrenzungsmerkmal gemäß § 12 AVOG, wenn an diesem (im Firmenbuch eingetragenen) Sitz keine betrieblichen Tätigkeiten entfaltet werden. Daher ist es prinzipiell nicht ausgeschlossen, dass es zu unterschiedlichen Zuständigkeiten für die Erhebung der Körperschaftsteuer und Umsatzsteuer kommen könnte, die aber unter Umständen auch nicht zweckmäßig sein könnte und mittels Delegierung gemäß § 52a Abs. 3 in Verbindung mit § 71 BAO zusammengeführt werden könnte.

Die Beurteilung, ob eine Gesellschaft eine Geschäftsleitung, einen Sitz oder eine Betriebsstätte im Inland hat und auch bei Neuaufnahmen die Beurteilung, ob eine UID-Nummer bzw. eine Steuernummer vergeben werden kann, ist letztendlich Sachverhaltsermittlung, die vom ersteinschreitenden Finanzamt durchzuführen sein wird.

5. Zuständigkeit: Sitz der Gesellschaft ist „politische Gemeinde Wien" (§§ 58, 70 BAO)

5.1. Sachverhalt

Eine GmbH wurde nach österreichischem Recht gegründet. Der Sitz der Gesellschaft befindet sich laut Firmenbuch in der „politischen Gemeinde Wien". Die Geschäftsanschrift laut Firmenbuch befindet sich derzeit im Amtsbereich des Finanzamtes Wien B. Der handelsrechtliche Geschäftsführer ist im Ausland ansässig.

Die Gesellschaft erzielt (zunächst nur) Einkünfte aus der Vermietung von Gebäuden, wobei eines im Amtsbereich des Finanzamtes Wien A, ein weiteres im Amtsbereich des Finanzamtes Wien X gelegen ist. Eine im Amtsbereich des Finanzamtes Wien B gelegene Hausverwaltung (Adresse ident mit der Geschäftsanschrift der GmbH laut Firmenbuch) ist mit üblicher Hausverwaltungsvollmacht mit der Verwaltung der beiden Mietobjekte betraut.

Die Aktenaufnahme erfolgt beim Finanzamt Wien A. Der Akt wurde offenbar auf Grund Änderung der Geschäftsanschrift (Anm.: entspricht nicht zwingend dem Ort der Geschäftsleitung) an das Finanzamt Wien B abgetreten. Danach wurden Abgabenerklärungen elektronisch eingereicht.

5.2. Fragestellung

Welches Finanzamt in Wien ist für die Erhebung der Körperschaftsteuer und Umsatzsteuer betreffend die GmbH zuständig?

5.3. Lösung

Gemäß § 58 BAO ist das Finanzamt örtlich für die Erhebung der Abgaben vom Einkommen und Vermögen juristischer Personen sowie der nach den Abgabenvorschriften selbständig abgabepflichtigen Personenvereinigungen ohne eigene Rechtspersönlichkeit und Vermögensmassen, die ihre Geschäftsleitung oder ihren Sitz im Inland haben (und davon gemäß § 61 BAO abgeleitet für die Erhebung der Umsatzsteuer), primär zuständig, in dessen Bereich sich der Ort der Geschäftsleitung befindet; ist dieser nicht im Inland gelegen, so richtet sich die örtliche Zuständigkeit nach dem Sitz.

Körperschaften haben gemäß § 27 BAO ihren Sitz im Sinne der Abgabenvorschriften an dem Ort, der durch Gesetz, Vertrag, Satzung, Stiftungsbrief und dergleichen bestimmt ist. Fehlt es an einer solchen Bestimmung, so gilt als Sitz der Ort der Geschäftsleitung.

Als Ort der Geschäftsleitung ist der Ort anzunehmen, an dem sich der Mittelpunkt der geschäftlichen Oberleitung befindet.

Entscheidend ist hier das Gesamtbild der tatsächlichen Verhältnisse in organisatorischer Hinsicht (VwGH 6. 4. 1995, 94/15/0206; VwGH 16. 9. 2003, 97/14/0169). Daher ist nicht ausschlaggebend, wer (handels-)rechtlich zur Geschäftsführung befugt ist, sondern wo alle für die Geschäftsführung nötigen Maßnahmen von einiger Wichtigkeit angeordnet werden. Welche Anordnungen die maßgebenden sind, wird insbesondere von der Art der Tätigkeit abhängen.

Maßgebend ist die laufende Geschäftsführung. Zu ihr gehören die tatsächlichen und rechtsgeschäftlichen Handlungen, die der gewöhnliche Betrieb der Gesellschaft mit sich bringt, und solche organisatorischen Maßnahmen, die zur gewöhnlichen Verwaltung der Gesellschaft gehören („Tagesgeschäfte"). Für den konkreten Fall erscheint denkbar, den Ort der Geschäftsleitung als am Ort der Hausverwaltung gelegen anzunehmen (vgl. *Ritz*, BAO³ Tz 4 zu § 27 BAO).

Sollte die örtliche Zuständigkeit nach § 58 BAO nicht feststellbar sein (zB: die GmbH wird auch über die von der Hausverwaltung abgewickelte Vermietung hinaus anderweitig tätig), kann subsidiär § 70 BAO herangezogen werden. In diesem Fall würde sich die örtliche Zuständigkeit nach dem Anlass zum Einschreiten richten.

6. Antragslegitimation bzw. Pflichten des (ehemaligen) Masseverwalters

6.1. Sachverhalt

Mit Rechtskraft der Konkursaufhebung endet das Amt des Masseverwalters. Vor bzw. nach Konkursaufhebung werden vom Masseverwalter noch Eingaben getätigt.

6.2. Fragestellung

Inwieweit ist der Masseverwalter nach diesem Zeitpunkt zur Einbringung von Anbringen noch legitimiert bzw. verpflichtet (zB Rückzahlungsanträge, Umsatzsteuervoranmeldungen, Abgabenerklärungen)?

Was geschieht mit Anbringen, die bereits vor Konkursaufhebung eingebracht wurden?

6.3. Lösung

Gemäß § 59 Konkursordnung (KO) erlangt durch den rechtskräftigen Beschluss des Konkursgerichtes, betreffend der Konkursaufhebung, der Gemeinschuldner wieder das Recht, über sein Vermögen frei zu verfügen. Damit erlischt die Vertretungsbefugnis des Masseverwalters.

Verfügungshandlungen über das (verbliebene) Vermögen können künftig nur mehr vom Gemeinschuldner selbst gesetzt werden. Jedoch bleiben vom Masseverwalter während des aufrechten Insolvenzverfahrens erteilte Prozessvollmachten aufrecht.

Anfechtungsprozesse werden grundsätzlich eingestellt, der (ehemalige) Masseverwalter kann mit der Prozessführung (Geltendmachung des Anfechtungsanspruches) betraut werden.

Dementsprechend sind künftige Rückzahlungsanträge eines Masseverwalters nach Konkursaufhebung mangels Aktivlegitimation (§ 239 BAO) zurückzuweisen.

Rückzahlungsanträge, die der Masseverwalter vor Konkursaufhebung gestellt hat, waren zum Zeitpunkt der Antragstellung zulässig. Die anschließende Konkursaufhebung macht diese Prozesshandlungen nicht ungültig. Den Rückzahlungsanträgen kann daher entsprochen werden. Im Zweifel ist im Ermittlungswege abzuklären (zB Rückfrage beim Gemeinschuldner), ob der Gemeinschuldner die Rückzahlung weiterhin wünscht.

Vollmachten sind für die Abgabenbehörde ab dem Zeitpunkt ihres Einlangens bis zur Kenntnis des Widerrufs oder Erlöschens maßgeblich.

Zweifel über den Bestand, Inhalt oder Umfang einer Bevollmächtigung sind grundsätzlich im Ermittlungswege (zB Rückfrage beim Vertretenen) abzuklären.

Durch den Wegfall der Funktion als Masseverwalter verliert der Masseverwalter seinen Status als gesetzlicher Vertreter des Gemeinschuldners. Handlungen für diesen dürfen (abgesehen vom Nachtragsverfahren gemäß § 138 KO) vom früheren Masseverwalter als nunmehr bevollmächtigter Vertreter nur gesetzt werden, wenn er tatsächlich vom früheren Gemeinschuldner hiezu (nun als Vertreter nach § 83 BAO) bevollmächtigt wird.

7. Auswirkungen des Sachwalterrechts-ÄnderungsG auf das abgabenbehördliche Verfahrensrecht (§ 79 BAO in Verbindung mit § 284b ABGB)

7.1. Sachverhalt

Der Sohn nimmt die Angehörigenvertretung gemäß § 284b ABGB in Anspruch und wird berechtigt, den Vater zu vertreten bei

- Rechtsgeschäften des täglichen Lebens,
- Rechtsgeschäften zur Deckung des Pflegebedarfs,
- zur Geltendmachung von Ansprüchen, die aus Anlass von Alter, Krankheit, Behinderung oder Armut zustehen (Pflegegeld, Sozialhilfe und dgl.)
- der Zustimmung zu einer medizinischen Behandlung (unter gewissen Umständen).

Alle Vertretungshandlungen können nur für diese, notariell registrierten Bereiche vorgenommen werden.

Im gegenständlichen Fall ging es um die Beantragung der Arbeitnehmerveranlagung des Vaters und die Überweisung des Guthabens auf dessen Konto durch den vertretenden Sohn.

7.2. Fragestellung

Zivilrechtlich umfasst die Vertretungsbefugnis die angeführten Bereiche. Im Rahmen dieser Vertretungsbefugnis kann der Angehörige für die betroffene Person als deren Stellvertreter handeln und wird die Bestellung eines Sachwalters insoweit entbehrlich. Wie fügt sich dieses neue Institut, das die Bestellung eines Sachwalters auf schwere Fälle beschränken soll, in das Gefüge der BAO ein?

Entsprechend der Literatur (vgl. zB Schauer in FamZ 2006, 148) lehnt sich § 284b ABGB neu an § 272 ABGB alt an, dh. auch, dass die Differenzierung zwischen beschränkter Geschäftsfähigkeit und voller Geschäftsunfähigkeit auch bei diesen Vertretungsfällen von Relevanz sein sollte.

Kann die Info FB SVE vom 26. 2. 2007, INFO/0002-FB FinStR/07 – Minderjährige zur Arbeitnehmerveranlagung berechtigt – auch auf beschränkt Geschäftsfähige angewandt werden?

7.3. Lösung

Gemäß § 268 Abs. 3 ABGB ist ein Sachwalter vom Gericht je nach Ausmaß der Behinderung sowie Art und Umfang der zu besorgenden Angelegenheiten zu betrauen mit der Besorgung einzelner Angelegenheiten, mit der Besorgung eines bestimmten Kreises von Angelegenheiten (etwa der Verwaltung eines Teiles oder des gesamten Vermögens) oder mit der Besorgung aller Angelegenheiten der behinderten Person. Nach § 268 Abs. 4 ABGB kann das Gericht auch bestimmen, dass die Verfügung oder Verpflichtung hinsichtlich bestimmter Sachen, des Einkommens oder eines bestimmten Teiles davon vom Wirkungsbereich des Sachwalters ausgenommen ist. § 280 Abs. 1 ABGB sieht vor, dass die behinderte Person innerhalb des Wirkungskreises des Sachwalters ohne dessen ausdrückliche oder stillschweigende Einwilligung rechtsgeschäftlich weder verfügen noch sich verpflichten kann.

Nach der (demonstrativen) Aufzählung des § 268 Abs. 2 erster Satz ABGB ist nur dann eine Sachwalterbestellung unzulässig, soweit Angelegenheiten der behinderten Person durch einen **anderen gesetzlichen Vertreter** (vgl. insbesondere §§ 284b bis 284e ABGB betreffend **Vertretungsbefugnis nächster Angehöriger**) im erforderlichen Ausmaß besorgt werden.

„Nächste Angehörige“ können gemäß § 284c ABGB die Eltern, volljährige Kinder, der im gemeinsamen Haushalt mit der vertretenen Person lebende Ehegatte und der Lebensgefährte, wenn dieser mit der vertretenen Person seit mindestens drei Jahren im gemeinsamen Haushalt lebt, sein.

Der die (vereinfachte) Sachwalterschaft ausübende nächste Angehörige hat seine Vertretungsbefugnis vor der Vornahme einer Vertretungshandlung im Österreichischen Zentralen Vertretungsverzeichnis registrieren zu lassen hat und Dritten (ua. der Abgabenbehörde) bei Vornahme einer Vertretungshandlung nach § 284b ABGB eine **Bestätigung über die Registrierung der Vertretungsbefugnis im Österreichischen Zentralen Vertretungsverzeichnis** vorzulegen, worauf der Dritte gemäß § 284e Abs. 2 ABGB vertrauen darf. Gemäß § 140h Notariatsordnung idF BGBl. I Nr. 92/2006 dient das „Österreichische Zentrale Vertretungsverzeichnis (ÖZVV)“ ua. der Registrierung der Vertretungsbefugnis nächster Angehöriger, die von einem Notar vorgenommen werden muss.

Ein Angehörigenvertreter ist jedoch nach § 284b ABGB nur befugt für

- Rechtsgeschäfte des täglichen Lebens,
- Rechtsgeschäfte zur Deckung des Pflegebedarfs,
- zur Geltendmachung von Ansprüchen, die aus Anlass von Alter, Krankheit, Behinderung oder Armut zustehen (Pflegegeld, Sozialhilfe und dgl.),
- der Zustimmung zu einer medizinischen Behandlung (unter gewissen Umständen).

Die Durchführung von abgabenrechtlichen Belangen des Vertretenen fällt nicht unter die Rechtsgeschäfte des täglichen Lebens. Auch die Geltendmachung von Ansprüchen, die aus Anlass von Alter, Krankheit, Behinderung oder Armut zustehen, zählt das Abgabenrecht nicht ausdrücklich auf. Die Einreichung einer Arbeitnehmerveranlagung erfolgt zudem nicht aus Anlass von Alter, Krankheit, Behinderung oder Armut.

Somit ist davon auszugehen, dass die Befugnisse eines Angehörigenvertreters nicht die abgabenrechtlichen Belange des Vertretenen beinhalten. Die Beantragung der Arbeitnehmerveranlagung des Vaters und die Überweisung des Guthabens auf dessen Konto durch den vertretenden Sohn sind somit mangels Aktivlegitimation des Angehörigenvertreters zurückzuweisen.

Für die Beantragung einer Arbeitnehmerveranlagung bzw. Rückzahlungen könnte jedoch ein vom Gericht bestellter Sachwalter befugt sein.

12/8/5.

AÖF 2010/207

Salzburger Steuerdialog 2010 – BAO

(Erlass des BMF vom 19. Oktober 2010, BMF-010103/0188-VI/2010)

Ergebnisse des Salzburger Steuerdialoges 2010 im Bereich der Bundesabgabenordnung

1. Zuständigkeit – Betriebsstätte (§ 23 AVOG 2010)

1.1. Sachverhalt

Ein deutscher Einzelunternehmer will eine Betriebsstätte in Salzburg gründen und mietet sich die Betriebsräumlichkeiten dafür an.

1.2. Fragestellung

Welches Finanzamt ist für Einkommensteuer und Umsatzsteuer nach dem AVOG 2010 örtlich zuständig?

1.3. Lösung

Nach § 13 Abs. 1 Z 1 AVOG 2010 obliegt die Erhebung beider Abgaben einem Finanzamt mit allgemeinem Aufgabenkreis.

Die **örtliche Zuständigkeit** ergibt sich aus § 23 AVOG 2010 (in der Fassung des AbgÄG 2010). Danach ist jenes Finanzamt örtlich zuständig, in dessen Bereich sich die Betriebsstätte des Abgabepflichtigen befindet.

2. Ende der Zuständigkeit (§ 6 AVOG 2010)

2.1. Sachverhalt

Der Abgabepflichtige A hat vor drei Jahren seinen Wohnsitz von X nach Y gewechselt. Er hat dies dem Finanzamt Y schriftlich mitgeteilt und in seinen Einkommensteuererklärungen immer die neue Adresse bekannt gegeben. Das Finanzamt Y beachtet diese Mitteilung nicht (es erfolgt keine Aktenabtretung) und daher ergeht auch keine Verständigung.

2.2. Fragestellung

Welches Finanzamt ist zuständig?

2.3. Lösung

Gemäß § 6 AVOG 2010 endet die Zuständigkeit mit dem Zeitpunkt, in dem eine andere Abgabenbehörde von den ihre Zuständigkeit begründenden Voraussetzungen Kenntnis erlangt. Das Finanzamt Y ist somit zuständig.

Allerdings ist noch keine Verständigung an den Abgabepflichtigen ergangen, somit können Anbringen auch noch an die bisher zuständig gewesene Abgabenbehörde gerichtet werden.

3. Übergang der Zuständigkeit (§§ 6, 31 AVOG 2010)

3.1. Sachverhalt

Der Abgabenpflichtige B wohnt in X und hat sein Einzelunternehmen in Y. Für die Einkommensteuer war daher bisher das Finanzamt Y zuständig, ab 1. Juli 2010 wird das Finanzamt X zuständig. Der Abgabepflichtige erhält keine Mitteilung über die Änderung der örtlichen Zuständigkeit seitens einer Abgabenbehörde und wird von dieser Änderung der örtlichen Zuständigkeit nicht in Kenntnis gesetzt.

3.2. Fragestellung

Bei welchem Finanzamt können Anbringen eingebracht werden?

3.3. Lösung

Gemäß § 6 letzter Satz AVOG 2010 können Anbringen auch noch an die bisher zuständig gewesene Abgabenbehörde gerichtet werden, solange eine Verständigung des Finanzamtes an den Abgabepflichtigen betreffend den Übergang der Zuständigkeit noch nicht ergangen ist. § 6 AVOG 2010 betrifft allerdings nicht eine Zuständigkeitsänderung ex lege.

Anwendbar ist jedoch § 31 Abs. 3 des AVOG 2010. Diese Bestimmung wurde mit dem Abgabenänderungsgesetz 2010 abgeändert, indem das Wort „sachlich“ entfällt. Damit können Anbringen bis zum 30. Juni 2011 an eine unzuständige Abgabenbehörde gerichtet werden und ohne Gefahr des Einschreiters an die zuständige Abgabenbehörde weitergeleitet werden.

4. Wechsel der Zuständigkeit während einer Außenprüfung

4.1. Sachverhalt

Im August 2008 erfolgte der Beginn einer Außenprüfung der Jahre 2003 bis 2007 bei der X GmbH mit vor Jahren im Zuständigkeitsbereich des Finanzamtes A gelegenen Ortes der Geschäftsführung.

Die Ermittlungen im Zuge der Außenprüfung ergaben, dass sich der Betrieb und somit der Ort der Geschäftsleitung (Bürogebäude, Geschäftsräume, Fertigungshallen usw.) nunmehr im Zuständigkeitsbereich des Finanzamtes B befindet.

4.2. Fragestellung

Muss der Prüfungsauftrag neu erlassen werden?

Welches Finanzamt hat die Wiederaufnahmsbescheide zu erlassen?

4.3. Lösung

Gemäß § 50 BAO haben die Abgabenbehörden ihre sachliche und örtliche Zuständigkeit von Amts wegen wahrzunehmen.

Die Zuständigkeit des Finanzamtes muss im Zeitpunkt der Vornahme der Amtshandlung gegeben sein. Ein Amt bleibt gemäß § 6 AVOG 2010 so lange zuständig, bis ein anderes Amt von seiner Zuständigkeit Kenntnis erlangt.

Das Finanzamt A hat, sobald es erkennt, dass die Voraussetzungen für seine Zuständigkeit nicht mehr gegeben sind, hierüber das Finanzamt B zu informieren.

Hat das Finanzamt B von seiner Zuständigkeit Kenntnis erlangt, so ist es für alle ab diesem Zeitpunkt erfolgende Amtshandlungen (insbesondere für die Erlassung von Bescheiden) zuständig.

Hatte das Finanzamt B im Zeitpunkt der Ausstellung des Prüfungsauftrages von seiner Zuständigkeit noch keine Kenntnis, war in diesem Zeitpunkt die Zuständigkeit des Finanzamtes A noch gegeben. Der Prüfungsauftrag, der eine verfahrensleitende Verfügung darstellt, wurde somit rechtsrichtig von dem damals zuständigen Finanzamt A erlassen.

Dieser ursprüngliche Prüfungsauftrag bleibt aufrecht. Der Ausstellung eines neuen Prüfungsauftrages bedarf es unter diesen Umständen nicht. Die Weiterführung der Prüfung durch den Außenprüfer des Finanzamtes A wird in der Regel im Weg der Nachbarschaftshilfe vorgenommen.

Die das Ergebnis der Außenprüfung auswertenden Bescheide (insbesondere die Wiederaufnahms- und Abgabenbescheide) müssen vom Finanzamt B erlassen werden.

5. Zurücknahme eines Antrages mangels Erfüllung des Mängelbehebungsauftrages (§ 85 BAO)

5.1. Sachverhalt

Ein Mängelbehebungsauftrag ergeht gemäß § 275 BAO iZm Mängeln einer Berufung. Auf die Formerfordernisse des § 250 BAO wird hingewiesen und die Mängel letztlich nicht (bzw. zu spät) behoben.

In dem daraufhin ergangenen Bescheid lautet der Bescheidspruch *„Ihre Berufung vom 22.5.2009 gegen ... gilt gem. § 275 BAO als zurückgenommen."*

Gegen diesen Zurücknahmebescheid wird Berufung eingebracht, mit der Begründung, dass der Berufungswerber es verabsäumt habe, rechtzeitig um Verlängerung der Mängelbehebungsfrist zu ersuchen.

5.2. Fragestellung

Kann/soll dieser Bescheid gemäß § 293 BAO berichtigt werden oder handelt es sich um einen Nichtbescheid?

5.3. Lösung

Mängelbehebungsaufträge ergehen seit 26. März 2009 [Abgabenverwaltungsreformgesetz – AbgVRefG, BGBl. I Nr. 20/2009] nach § 85 Abs. 2 BAO.

Eine unrichtige Bezeichnung des Paragraphen im Bescheid ist jedoch unschädlich. Es kommt auf den Inhalt des Mängelbehebungsauftrages und in weiterer Folge des Zurücknahmebescheides an. Es liegt auch kein Nichtbescheid vor.

Die Berichtigung der falschen Gesetzeszitierung nach § 293 BAO wäre im Anlassfall zulässig. Im Hinblick auf die anhängige Berufung (mit anderer Argumentation) wäre diese Berichtigung jedoch unmittelbar im Berufungsverfahren (in der Berufungsvorentscheidung) vorzunehmen.

6. Akteneinsicht – zuständige Abgabenbehörde (§ 90 BAO)

6.1. Sachverhalt

Im Berufungsverfahren begehrt der Abgabepflichtige Akteneinsicht. Die Berufung wurde bereits dem UFS vorgelegt, die sehr umfangreichen Akten (Fahndungsfall) befinden sich (noch) beim Finanzamt.

6.2. Fragestellung

Welche der beiden Behörden ist hinsichtlich der Entscheidung über die begehrte Akteneinsicht (Entscheidung, Durchführung, Ausfolgung von Kopien, Abfassung der Niederschrift usw.) zuständig?

6.3. Lösung

Die Akteneinsicht ist bei der aktenführenden Behörde zu beantragen und durch diese zu gewähren bzw. ist durch diese darüber zu entscheiden, in welche ihrer Akten(teile) Einsicht zu geben ist (bezüglich Finanzamtsakten also beim/durch das Finanzamt, bezüglich UFS-Akten also beim/durch den UFS). Dies gilt unabhängig davon, wo sich die Akten(teile) im Zeitpunkt der Antragstellung gerade befinden.

Soweit von der Einsichtsgewährung oder Verweigerung der Akteneinsicht – nach Maßgabe des § 90 BAO – mit dem Berufungsverfahren im Zusammenhang stehende Akten(teile) des Finanzamtes betroffen sind, ist der UFS davon (nach § 276 Abs. 8 BAO) in Kenntnis zu setzen.

7. Berufungsrecht und Erledigungszustellung im Feststellungsverfahren nach § 188 BAO

7.1. Sachverhalt

Gegen einen an eine KG gerichteten Feststellungsbescheid erhebt ein Kommanditist, vertreten durch seinen persönlichen zustellungsbevollmächtigten Steuerberater, Berufung.

7.2. Fragestellung

An wen erfolgt die Zustellung der Berufungs(vor)entscheidung?

7.3. Lösung

Berufungsbefugte Bescheidadressaten sind die Parteien des Verfahrens (vgl. §§ 78, 246 BAO). Dies sind die KG und alle ihre Gesellschafter (Kommanditisten und Komplementäre).

Im Berufungsverfahren können nur einheitliche Entscheidungen getroffen werden. Die Berufungs(vor)entscheidung wirkt gemäß § 290 Abs. 1 BAO für und gegen die gleichen Personen wie der angefochtene Bescheid (KG, Kommanditist und Komplementär). Auch ihre Zustellung (Wirksamwerden im Sinne des § 97 BAO) unterscheidet sich nicht von jener des mit der Berufung bekämpften Bescheides.

Wird die Zustellfiktion des § 101 Abs. 3 BAO in Anspruch genommen, so gilt damit die Zustellung an alle als vollzogen. Anderenfalls müsste die einheitlich (für und gegen alle) erlassene Berufungs-(vor)entscheidung jeder der an der KG beteiligten Personen (Kommanditisten und Komplementäre) gesondert zugestellt werden, was in der Regel unzweckmäßig wäre.

Einer gesonderten (zusätzlichen) Zustellung der Berufungs-(vor)entscheidung an den berufenden Kommanditisten bedarf es nicht.

Bloß formale Entscheidungen (zB Zurückweisung mangels Legitimation zur Einbringung der Berufung oder wegen Verspätung) hätten jedoch nur an den Einschreiter (Berufungswerber) zu ergehen (diesfalls an den Kommanditisten zu Handen seines Zustellungsbevollmächtigten).

8. Bescheiderlassung an Personen, welchen in der Vergangenheit gemeinschaftliche Einkünfte zugeflossen sind (§§ 188, 191 BAO)

8.1. Sachverhalt

Im Jahre 2003 haben sich mehrere natürliche Personen (A, B, C, …) an der Fa. X GmbH als atypisch stille Gesellschafter beteiligt. Auf Grund ihrer Mitunternehmerstellung nehmen sie dort bis 2007 an den laufenden Verlusten teil, die auf die Beteiligten im Wege des § 188 BAO verteilt werden. Zum Stichtag 30. November 2007 werden alle stillen Gesellschaftsverhältnisse beendet; damit ist die stille Gesellschaft (die Mitunternehmergemeinschaft) beendet.

Im Gegensatz zum steuerlichen Vertreter geht das Finanzamt (materiellrechtlich) davon aus, dass die den weichenden Gesellschaftern geleisteten Abschichtungsbeträge zuzüglich der negativen Kapitalkonten zu versteuern sind. Unmittelbar nach Beantwortung eines diesbezüglichen Vorhaltes legt der berufsmäßige Parteienvertreter seine (Zustell-)Vollmacht zurück. Es ist nun keine nach § 81 BAO vertretungsbefugte Person mehr vorhanden und es wird auch keine gemeinsam vertretungsbefugte Person mehr namhaft gemacht.

Da die (ehemaligen) stillen Gesellschafter durch kein Band untereinander verbunden sind und auch zu der seinerzeitigen Geschäftsherrin kein Vertrauensverhältnis mehr besteht, erscheint eine bescheidmäßige Bestellung einer Person nicht zweckmäßig.

Das Finanzamt muss aber den Abgabenanspruch für das Jahr 2007 geltend machen und dabei gemäß § 191 Abs. 2 BAO einen Bescheid an diejenigen richten, denen gemeinschaftliche Einkünfte 2007 zugeflossen sind.

8.2. Fragestellung

1. Muss das Finanzamt zwingend ein Verfahren nach § 81 Abs. 2 BAO durchführen und eine Person bescheidmäßig für die Zustellung bestellen?

   Wenn eine derartige Verpflichtung nicht besteht:
2. Darf der Feststellungsbescheid für das Jahr 2007 in Gleichschriften gerichtet werden an:

   „Hr./Fr. A als ehem. stille(r) Gesellschafter(in) der X GmbH u. atyp. St. z.Hd. Zustellbevollmächtigte(r) des A“;
3. und ebenso an alle übrigen Gesellschafter (Austausch von „A“ durch „B“, „C“, …)? Oder muss der Feststellungsbescheid für das Jahr 2007 in Gleichschriften gerichtet werden an:

   „Hr. u. Fr. A+B+C+ ... als ehem. stille Gesellschafter(innen) der X GmbH u. atyp. St. z.Hd. Zustellbevollmächtigte(r) des jeweiligen Gesellschafters“?

8.3. Lösung

Nach § 188 BAO werden Einkünfte, wenn an diesen Einkünfte mehrere Personen beteiligt sind, gemeinschaftlich festgestellt. Die Feststellung nach § 188 BAO setzt die Beteiligung mehrerer Personen an den Einkünften voraus. Der Bescheid ergeht während aufrechten Bestands an die Beteiligtengemeinschaft (§ 191 Abs. 1 lit. c BAO) und wird in der Regel ihrer vertretungsbefugten Person (§ 81 Abs. 2 BAO) mit Wirkung für alle Beteiligten zugestellt (§ 101 Abs. 3 BAO).

Ist die Einkünfteerzielungsgemeinschaft im Zeitpunkt der Bescheiderlassung bereits (voll-) beendet, kommt sie als Bescheidadressatin nicht mehr in Betracht. An nicht (mehr) existente Personengemeinschaften gerichtete Bescheide gehen ins Leere. Sie können damit keine Wirksamkeit entfalten (zB VwGH 23. 2. 2005, 2002/14/0001; UFS 2. 7. 2009, RV/2709-W/06). In diesem Fall muss der die gemeinschaftlich bezogenen Einkünfte nach § 188 BAO feststellende Bescheid gemäß § 191 Abs. 2 BAO an diejenigen Personen gerichtet werden, denen im Feststellungszeitraum die gemeinschaftlich erzielten Einkünfte zugeflossen sind. (Dies gilt wegen der ausdrücklichen und speziellen Anordnung des § 191 Abs. 2 BAO selbst im Fall des Eintritts der Gesamtrechtsnachfolge bei Verbleiben nur noch eines Gesellschafters einer im Firmenbuch eingetragenen OG oder KG bei Geschäftsübernahme nach § 142 UGB.)

Die namentliche Bezeichnung der Gesellschafter (Beteiligte, Teilhaber) im Spruch des Feststellungsbescheides erzeugt dessen Verbindlichkeit für deren vom Feststellungsergebnis abgeleiteten Abgabenverfahren (Bindungswirkung gemäß § 192 BAO).

Zum Spruch des Feststellungsbescheides gehört die Verteilung des festgestellten Betrages auf die Teilhaber bzw. Beteiligten (§ 188 Abs. 3 BAO). Auch das Adressfeld (die Bescheidadressierung) bildet einen Teil des Bescheidspruches (§ 93 Abs. 2 BAO). Adressat des Feststellungsbescheides nach § 188 BAO, der immer mehrere (zumindestens zwei) Personen betrifft und einheitlich (dh. gegen alle gerichtet) erlassen wird, könnte nicht nur eine Einzelperson sein. Zum Beispiel könnte der Feststellungsbescheid nicht an A (als Einzelperson) ergehen und im Spruch die Einkünfteverteilung an A und B vornehmen. Zulässig wäre es allerdings, bei einer bereits beendeten zivilrechtlich nicht rechtsfähigen Personengemeinschaft den Feststellungsbescheid „An A und weitere Beteiligte laut Einkünfteaufteilung“ zu adressieren oder mit einem Verweis im Adressfeld auf eine dem Feststellungsbescheid beigelegte Liste zu versehen, in der die weiteren Beteiligten (auch im Fall der Nichtfeststellung) namentlich aufgezählt sind.

Es darf jedenfalls kein Widerspruch zwischen dem Adressfeld und dem Bescheidspruch nach § 188 Abs. 3 BAO bestehen. (Während des aufrechten Bestands der Gesellschaft bildet sie als Adressatin das Band der Zusammengehörigkeit ihrer Gesellschafter, welche in der Einkünfteaufteilung zwecks Erzielung der einzelpersonenbezogenen Bindungswirkung genannt sind.)

Daraus ergibt sich, dass grundsätzlich (soweit dies abhängig von der Anzahl der Personen machbar auch ist) *„An A, B, C ... als ehem. Gesellschafter der X GmbH u. atypisch Stille“* zu adressieren wäre. Falls dies aus Platzgründen nicht möglich erscheint, wäre der Bescheid *„An A und weitere ehem. Gesellschafter der X GmbH u. atypisch Stille laut Bescheidspruch (oder laut Beilage zum Bescheid)“* zu richten.

Diese Form der Adressierung schließt es nicht aus, dass jedem einzelnen der ehemaligen Gesellschafter (bzw. seinem Zustellungsbevollmächtigen) eine Bescheidausfertigung an seine persönliche Abgabestelle zugestellt wird.

Nicht zulässig wäre jedoch, den Bescheid nur *„An A als ehem. Gesellschafter der X GmbH u. atypisch Stille“* zu adressieren, weil darin ein Widerspruch zwischen dem Gegenstand der Erledigung (Bescheidinhalt, der sich auf eine Personenmehrheit bezieht) und ihrem Adressaten zu erblicken wäre. Auch wenn der Bescheid in diesem Fall an eine existente Person erginge, wäre er rechtswidrig, weil er nicht einheitlich (an alle Beteiligten gerichtet) erlassen wäre.

Die Unterscheidung zu anderen „Mehrparteienverfahren“ liegt im Einheitlichkeitsgebot, das auch durch die Sonderregelungen über die Teilwirksamkeit eines Feststellungsbescheides nach § 188 Abs. 5 und § 191 Abs. 5 BAO nicht aufgehoben wurde (sondern letztgenannte Vorschriften bedingte).

Auch im Berufungsverfahren können gemäß § 290 Abs. 1 BAO grundsätzlich nur einheitliche (dh. an alle gerichtete) Entscheidungen getroffen werden (vgl. dazu zB VwGH 17. 10. 2007, 2007/13/0028; oder im Fall des Berufungsbeitritts: Ritz, BAO3, § 257 Tz 17 und 18, VwGH 13. 9. 2006, 2004/13/0128).

Die Bestellung einer vertretungsbefugten Person gemäß § 81 Abs. 2 BAO (einschließlich Zustellungsbevollmächtigung) ist eine Ermessensentscheidung und muss nicht (hier, weil unzweckmäßig) in Anspruch genommen werden.

Damit erübrigt sich in weiterer Folge die Frage der Inanspruchnahme der Zustellungsfiktion nach § 101 Abs. 4 BAO. Jeder der im Bescheid genannten Personen ist eine Ausfertigung des an alle adressierten Einkünftefeststellungsbescheides nach § 188 BAO zuzustellen.

9. Zustellungsbevollmächtigung (§ 103 BAO)

9.1. Sachverhalt

Eine Steuerberatungskanzlei bringt für ihren Klienten einen Antrag nach § 299 BAO ein und beruft sich hierbei auf eine mündlich erteilte Vollmacht nur für diesen Antrag.

Das Finanzamt weist den Antrag nach § 299 BAO ab. Die Abweisung ergeht an die Steuerberatungskanzlei als Zustellbevollmächtigten.

9.2. Fragestellung

Erfolgte die Zustellung zu Recht?

9.3. Lösung

Eine Zustellbevollmächtigung ist Abgabenbehörden gegenüber unwirksam, wenn sie ausdrücklich auf nur einige dem Vollmachtgeber zugedachte Erledigungen eingeschränkt ist, die im Zuge eines Verfahrens ergehen (§ 103 Abs. 2 lit. a BAO). Somit erfolgte keine rechtswirksame Zustellung.

10. Schenkungsmeldegesetz – Übertragung von Sparguthaben unter Ehegatten (§ 121a BAO)

10.1. Sachverhalt

Ein Ehepaar hat gemeinsam ein Sparguthaben von Euro 400.000.

Das Jahreseinkommen des Ehemannes beträgt netto Euro 100.000 (Einkünfte aus nichtselbständiger Arbeit), das der Ehefrau beträgt netto Euro 10.000. Die Ehegatten leben in Haushaltsgemeinschaft und haben nur ein gemeinsames Bankkonto und die Ersparnisse auf ein gemeinsames Sparbuch einbezahlt.

Die Ehefrau ist seit kurzem arbeitslos und plant einen eigenen Gewerbebetrieb zu gründen. Für diesen Gewerbebetrieb, der nur von der Ehefrau in ihrem alleinigen Eigentum auf ihre alleinige Rechnung und Gefahr geführt wird, werden nun die Ersparnisse in der Höhe von Euro 400.000 benötigt. Die Ehefrau wird diese Ersparnisse, soweit sie aus dem Einkommen des Ehegatten stammen, nie mehr an den Ehegatten zurückzahlen. Da die Ehegatten immer nur ein gemeinsames Bankkonto und ein gemeinsames Sparbuch hatten, kann nicht bestimmt werden, wie hoch der Anteil an den Ersparnissen ist, der aus dem Einkommen des Ehegatten stammt.

10.2. Fragestellung

Handelt es sich bei diesem Vorgang um eine Schenkung und ist diese gemäß § 121a BAO anzuzeigen?

10.3. Lösung

Zu unterscheiden ist in diesem Fall zwischen Verfügungsbefugnis über ein Sparbuch und Eigentum des Inhalts eines Sparbuches. Da die Ehegatten keine Vereinbarung dahingehend getroffen haben, dass alle Einzahlungen auf das Sparbuch in das Eigentum beider Ehegatten übergehen, ist davon auszugehen, dass Eigentum des jeweiligen Ehegatten nur hinsichtlich der Beträge besteht, die jeder selbst eingezahlt hat.

Demzufolge ist die Frage zu bejahen, es handelt sich um eine Schenkung im Sinne des § 121a BAO und zwar wurde eine Kapitalforderung geschenkt. Daher ist eine Meldung gemäß § 121a BAO vorzunehmen.

Die konkrete Höhe ist im Schätzungswege etwa in Relation zu den Einkommensverhältnissen ca. 10 : 1 zu ermitteln und im Formular Schenk 1 einzutragen.

11. Schenkungsmeldegesetz – Verfügungsberechtigung über ein Konto (§ 121a BAO)

11.1. Sachverhalt

Ein Ehegatte A räumt seiner Frau B die Zugriffsmöglichkeit auf sein Konto in Form einer Verfügungsberechtigung bei der Bank ein, dh. seine Frau ist ebenfalls auf seinem Konto zeichnungsberechtigt.

B hebt in der Folge

a) in Absprache mit ihrem Mann Euro 1.000 für eine Kaffeemaschine ab, die sie sich von dem Geld zum Geburtstag kaufen soll;
b) ohne Erlaubnis ihres Mannes Euro 500 für den Ankauf eines Armbandes;
c) immer wieder kleinere Summen zum Einkauf von Lebensmitteln für den gemeinsamen Haushalt ab.

11.2. Fragestellung

Handelt es sich in diesen Fällen um Schenkungen von A an B und wenn ja, liegt ein anzeigepflichtiger Vorgang im Sinne des § 121a BAO vor?

11.3. Lösung

Ad. a): Es handelt sich dabei um eine Geldschenkung von A an B in der Höhe von Euro 1.000, die aber nicht anzeigepflichtig ist, da sie die Wertgrenze von Euro 50.000 gemäß § 121a Abs. 2 lit. a BAO nicht übersteigt, aber möglicherweise bei weiteren Geschenken der Zusammenrechnung unterliegen würde. Da es sich im gegenständlichen Fall aber gleichzeitig um ein Gelegenheitsgeschenk im Sinne des § 121a Abs. 2 lit. d BAO handelt, das von der Anzeigepflicht befreit ist, unterliegt es auch nicht der Zusammenrechnung.

Ad. b): Bei der Abhebung handelt es sich nicht um eine Schenkung von A an B, da schon mangels Wissens des A davon kein Bereicherungswille seinerseits vorliegen kann. Es liegt daher schon deshalb kein anzeigepflichtiger Vorgang vor.

Ad. c): Bei der bloßen Einräumung des Zugriffs durch eine Zeichnungsberechtigung des A an B liegt kein Bereicherungswille und damit keine Schenkung vor. Daher sind auch etwaige Wertgrenzen nicht maßgeblich. Zumeist werden solche Zeichnungsberechtigungen des Ehepartners der Einfachheit halber für Ausgaben für den gemeinsamen Haushalt eingeräumt.

Es liegt daher in keinem der drei Fälle ein anzeigepflichtiger Vorgang vor.

12. Schenkungsmeldegesetz – Schenkung an Personen, die weitschichtig verwandt sind (§ 121a BAO)

12.1. Sachverhalt

A schenkt der Schwester seiner Großmutter E eine Summe von Euro 16.000.

12.2. Fragestellung

Handelt es sich um ein Verwandtschaftsverhältnis im Sinne des § 25 BAO?

12.3. Lösung

Bei der Schwester der Großmutter handelt es sich um eine Verwandte im vierten Grad der Seitenlinie und damit um ein Verwandtschaftsverhältnis gemäß § 25 Abs. 1 Z3 BAO.

13. Schenkungsmeldegesetz – Schenkung von beiden Elternteilen an die Kinder (§ 121a BAO)

13.1. Sachverhalt

A und seine Freundin B wollen sich eine Eigentumswohnung kaufen. Zum Ankauf einer noch nicht konkretisierten Wohnung brauchen sie Geld. Die Wohnungen, die in Frage kämen, haben einen Kaufpreis von etwa Euro 300.000. As und Bs Eltern wollen sich am Kaufpreis beteiligen. As Eltern C und D schenken ihrem Sohn A und Bs Eltern E und F schenken ihrer Tochter B jeweils Euro 50.000. Das heißt A erhält insgesamt von seinen Eltern Euro 100.000 und B erhält insgesamt von ihren Eltern Euro 100.000.

13.2. Fragestellung

Ist dieser Vorgang anzeigepflichtig im Sinne des § 121a BAO?

13.3. Lösung

Gemäß der Befreiung in § 121a Abs. 2 lit. a BAO sind die Wertgrenzen der Euro 50.000 nicht überschritten, da es sich bei den Elternteilen um zwei verschiedene Personen handelt und die Grenze der Euro 50.000 pro Schenkung und pro Geschenkgeber gilt. Es erfolgt keine Zusammenrechnung zwischen unterschiedlichen Personen. A und B haben jeweils zweimal Euro 50.000 erhalten. Eine Anzeigepflicht käme nur in Frage, wenn noch weitere Geldgeschenke von derselben Person erfolgen, sodass die Euro 50.000-Wertgrenze des A oder der B innerhalb eines Jahres überschritten wird.

14. Schenkung mit geringem Inlandsbezug

14.1. Sachverhalt

Ein deutscher Millionär und seine Frau schenken der gemeinsamen Tochter ein Motorboot im Wert von Euro 200.000.

Der Vater lebt mit seiner Frau in München und beide haben dort den Hauptwohnsitz.

Die Tochter arbeitet in München und hat zusammen mit ihrem Verlobten den Hauptwohnsitz in einer Villa am Starnberger See.

Die Familie hat aber noch eine zweite Villa an einem See in der Nähe von Salzburg, in der sie immer zwischendurch wohnt, etwa im Sommer oder Urlaube dort verbringt usw. Gemeldet sind dort aber nur die Eltern.

14.2. Fragestellung

Liegt ein in Österreich anzeigepflichtiger Schenkungsvorgang vor?

14.3. Lösung

Es handelt sich dabei um eine anzeigepflichtige Schenkung. § 121a BAO differenziert nicht zwischen Hauptsohnsitz, Zweitwohnsitz oder einer anderen Wohnsitzform, denn es ist gemäß § 121a BAO ausreichend, „einen" Wohnsitz im Inland zu haben. Der Wohnsitzbegriff ist im abgabenrechtlichen Sinn im Sinne des § 26 BAO zu verstehen. Das bedeutet, dass eine Wohnung unter Umständen ausreichend ist, die darauf schließen lassen, dass die Wohnung beibehalten und benutzt wird. Der behördlichen Meldung kommt dabei lediglich Indizwirkung zu.

Gemäß § 121a Abs. 3 BAO sind der Geschenkgeber und der Geschenknehmer zur ungeteilten Hand zur Anzeige verpflichtet. Es ist daher ausreichend, wenn entweder der Geschenkgeber oder der Geschenknehmer die Schenkung anzeigen, unter der Voraussetzung, dass einer der beiden zum Zeitpunkt des Erwerbes einen Wohnsitz im Inland hatte.

Eine Befreiung im Sinne eines üblichen Gelegenheitsgeschenkes scheidet bei dieser Größenordnung aus.

15. Zurücknahme von Anbringen (§§ 256 und 276 BAO)

15.1. Sachverhalt

Ein Anbringen (zB Ansuchen um Zahlungserleichterung) wird zurückgenommen.

15.2. Fragestellung

Ist eine Gegenstandsloserklärung vorzunehmen?

15.3. Lösung

Gegenstandsloserklärungen bzw. Zurücknahmeerklärungen mit Bescheid sind nur in den gesetzlich vorgesehen Fällen (zB Berufung) vorzunehmen.

Ansonsten wird ein diesbezüglicher Aktenvermerk ausreichen. Wesentlich ist, dass der Zeitpunkt der Zurücknahme des Anbringens aus der Aktenlage entnommen werden kann.

16. Recht auf neuerliche Veranlagung

16.1. Sachverhalt

Beim Abgabepflichtigen erfolgte im Jahr 2007 die Arbeitnehmerveranlagung für 2006. Im Jahr 2009 wird E1 für das Jahr 2006 eingereicht und ein Verlust aus Vermietung und Verpachtung erklärt (zum Zeitpunkt der Abgabe der Arbeitnehmerveranlagung 2006 sei noch nicht absehbar gewesen, ob Liebhaberei vorliege). Der Abgabepflichtigen begründet die neuerliche Einreichung einer Einkommensteuerklärung für 2006 mit seinem Antragsrecht auf Verlustveranlagung.

16.2. Fragestellung

Ist eine neuerliche Einkommensteuerveranlagung durchzuführen?

16.3. Lösung

Unabhängig davon, ob dem Finanzamt im Zeitpunkt der Arbeitnehmerveranlagung 2006 das Vorliegen einer weiteren möglichen Einkunftsquelle bekannt war, ist ein rechtskräftiger Einkommensteuerbescheid 2006 aufrecht.

Die Erlassung eines weiteren Einkommensteuerbescheides ist nicht zulässig (res iudicata).

Ein Antragsrecht auf „Verlustveranlagung" ist gesetzlich nicht vorgesehen und wäre zurückzuweisen.

Grundsätzlich könnten jedoch die Voraussetzungen für eine Wiederaufnahme des Verfahrens (§ 303 BAO) vorliegen.

17. Haftungsinanspruchnahme auf Grund verschiedener Haftungstatbestände (§§ 9 und 11 BAO)

17.1. Sachverhalt

Ein Geschäftsführer wird zur Haftung nach § 9 BAO herangezogen. Das Haftungsverfahren befindet sich im Berufungsverfahren. Zwischenzeitig wird der Geschäftsführer rechtskräftig wegen vorsätzlicher Abgabenhinterziehung verurteilt.

17.2. Fragestellung

Darf nun zusätzlich ein Haftungsbescheid nach § 11 BAO erlassen werden?

17.3. Lösung

Die Geltendmachung einer Vertreterhaftung (§ 9 BAO) schließt die Geltendmachung einer Täterhaftung (§ 11 BAO) grundsätzlich nicht aus.

Soweit allerdings die Verkürzungsbeträge (Gegenstand der § 11 BAO-Haftung) ident sind mit jenen Abgabenansprüchen, die bereits den Gegenstand einer in Rechtskraft erwachsenen § 9 BAO-Haftung gegen denselben Haftungspflichtigen bilden, erscheint seine doppelte Haftungsheranziehung unnötig.

Solange die Rechtskraft des ersten Haftungsbescheides nicht eingetreten ist, kann jedoch die grundsätzlich leicht(er) zu begründende § 11 BAO-Haftung ihren Zweck (zusätzlichen Besicherungseffekt) im Rahmen des Ermessens (§ 20 BAO) durchaus rechtfertigen.

18. Abänderung eines Sicherstellungsauftrag (§ 232 BAO)

18.1. Sachverhalt

Das Finanzamt erlässt einen Sicherstellungsauftrag. Im Nachhinein stellt sich heraus, dass der Betrag zu niedrig angesetzt wurde.

18.2. Fragestellung

Kann nach einem erlassenen Sicherstellungsauftrag über denselben Zeitraum und dieselben Abgabenart erneut ein Sicherstellungsauftrag erlassen werden, wenn sich im Nachhinein herausstellt, dass der Abgabenhöhe im ersten Sicherstellungsauftrag zu niedrig angesetzt wurde?

Wie ist vorzugehen, wenn bereits eine Berufung gegen den Sicherstellungsauftrag erhoben wurde?

18.3. Lösung

Es ist (mit oder ohne Berufung) ein zusätzlicher Sicherstellungsauftrag für den Differenzbetrag zu erlassen.

Im Sicherungsverfahren sollen auf Grund des Sicherstellungsauftrages – als Exekutionstitel – für jeden Abgabenanspruch Pfandrechte begründet werden. Dies setzt die exakte Benennung der jeweiligen Abgabenart und ihrer Höhe im Spruch voraus (vgl. VwGH 4. 2. 2009, 2006/15/0204; VwGH 2. 9. 2009, 2005/15/0063). Zufolge dieser Funktionalität (Sicherstellungsauftrag als Exekutionstitel) sowie auf Grund der Vorschrift des § 232 Abs. 2 lit. a BAO ist die voraussichtliche Abgabenhöhe Spruchbestandteil jedes Sicherstellungsauftrages.

Da im Berufungsverfahren (nach § 289 BAO) Änderungen immer nur innerhalb des Spruches des jeweiligen Bescheides (somit innerhalb der „Sache“, die den Inhalt des Erstbescheides gebildet hat) zulässig sind, wäre eine Erhöhung des sicherzustellenden Abgabenbetrages weder im Berufungsweg zulässig. Auch eine Wiederaufnahme des Verfahrens (nach § 303 BAO) erscheint in Anbetracht der Tatsache, dass mit der Wiederaufnahme der Exekutionstitel für die Pfändungen wegfällt nicht sinnvoll.

Somit muss in diesem Fall ein neuerlicher (weiterer) Sicherstellungsauftrag für eine exekutiv sicherzustellende voraussichtliche Abgabenerhöhung ausgefertigt werden.

12/8/6.

AÖF 2011/226

Salzburger Steuerdialog 2011 – BAO
(Erlass des BMF vom 14. Oktober 2011, BMF-010103/0146-VI/2011)

Ergebnisse des Salzburger Steuerdialoges 2011 im Bereich der Bundesabgabenordnung

1. Advance Ruling

1.1. Sachverhalt

Ein Antrag schildert einen Sachverhalt und stellt hiezu Fragen im Bereich der Umgründung und der Gruppenbesteuerung.

1.2. Frage

Handelt es sich dabei um einen Antrag oder um zwei Anträge und damit doppelten Verwaltungskostenbeitrag?

1.3. Lösung

Prinzipiell ist zu klären, ob es sich in dem Advance Ruling Antrag um einen oder mehrere Sachverhalte handelt.

Ein Sachverhalt kann auch zB aus mehreren Umgründungsvorgängen bestehen, denen ein einheitlicher Willensentschluss zu Grunde liegt. Auch ist es denkbar, dass eine Reihe von Umgründungsschritten zu einer Gruppenbildung führt. In diesen Fällen handelt es sich um einen Sachverhalt und einen Antrag. Ein solcher Antrag kann auch mehrere Rechtsfragen zu mehreren Abgabenarten beinhalten, ohne dass es sich dabei um mehrere Anträge handelt. Demzufolge fällt auch der Verwaltungskostenbeitrag nur einmal an.

2. Advance Ruling

2.1. Sachverhalt

Ein Antrag schildert einen Sachverhalt und stellt eine Umgründungsfrage und gleichzeitig eine Verrechnungspreisfrage.

2.2. Frage

Handelt es sich um einen Antrag oder um zwei Anträge?

2.3. Lösung

Bei Verrechnungspreisfragen und Fragen zu Umgründungsvorgängen ist ein inhaltlicher Zusammenhang nicht erkennbar, der bei Umgründungen und Gruppenbesteuerung aber möglich ist. Es liegen daher zwei Sachverhalte und somit zwei Anträge vor.

3. Advance Ruling

3.1. Sachverhalt

Es wird ein Sachverhalt in einem Advance Ruling Antrag beschrieben. Im Antrag werden die rechtlichen Bestimmungen dargelegt, aber keine konkrete Rechtsfrage gestellt. Der Antragsteller schreibt lediglich am Schluss die Frage: Wie wird der Sachverhalt vom Finanzamt beurteilt?

3.2. Frage

Wie hat das Finanzamt in diesem Fall vorzugehen?

3.3. Lösung

Ein Antrag ohne konkret gestellte Rechtsfragen und Lösungsvorschläge entspricht nicht den Inhaltserfordernissen des § 118 Abs. 4 lit. d und e BAO. Bei den fehlenden Inhaltserfordernissen handelt es sich um inhaltliche Mängel im Sinne des § 85 Abs. 2 BAO. Daher hat das Finanzamt einen Mängelbehebungsauftrag zu erlassen und eine angemessene Frist zur Mängelbehebung zu setzen.

Wird diesem Antrag nicht, nicht zeitgerecht oder nicht vollständig entsprochen, so ist der Antrag als zurückgenommen zu erklären (mit Zurücknahmebescheid) und es fällt ein Verwaltungskostenbeitrag in der Höhe von 500 Euro für den Antragsteller an.

4. Advance Ruling

4.1. Sachverhalt

Ein Pflichtiger berät sich informell in einem persönlichen Gespräch über einen geplanten Umgründungsvorgang mit einem Finanzbeamten. Er möchte dann eine schriftliche Auskunft über das Gespräch und die rechtliche Beurteilung des Finanzbeamten.

4.2. Frage

Handelt es sich bei einem solchen Auskunftsersuchen bereits um einen Antrag im Sinne von Advance Ruling? Besteht Kostenpflicht?

4.3. Lösung

Ein Antrag auf einen Rulingbescheid kann nur schriftlich erfolgen, daher handelt es sich bei einer mündlichen Fragestellung in keinem Fall um einen solchen Antrag.

Auch Gespräche mit Finanzbeamten im Vorfeld von Rulinganträgen begründen keine Kostenpflicht. Vorgespräche zur Klärung ob ein Sachverhalt unter die drei Gebiete von Advance Ruling zu subsumieren ist, sind insbesondere bei Verrechnungspreisfragen zweckmäßig.

5. Advance Ruling

5.1. Sachverhalt

In einem Antrag auf Advance Ruling wird eine Frage zu einem Umgründungsvorgang und zusätzlich eine Frage, wie bestimmte Zulagen lohnsteuerrechtlich zu behandeln sind, gestellt.

5.2. Frage

Wie ist vorzugehen und welche Auswirkung hat dies auf den Verwaltungskostenbeitrag?

5.3. Lösung

Bei dem Antrag auf Beantwortung der Rechtsfrage in Bezug auf den Umgründungsvorgang sind die Voraussetzungen für ein Advance Ruling gegeben. Demzufolge handelt es sich dabei um einen Antrag, der gemäß § 118 Abs. 10 BAO verwaltungskostenbeitragspflichtig ist.

Soweit das Anbringen die Lohnsteuer betrifft – und damit keinen der Bereiche des § 118 Abs. 2 BAO, zu denen ein Advance Ruling Bescheid erlassen werden kann – handelt es sich nicht um einen im Sinne des § 118 Abs. 11 BAO zurückzuweisenden Rulingantrag, sondern um ein formloses Auskunftsersuchen, das wie bisher vom Finanzamt zu beantworten ist. Die Antwort des Finanzamtes ergeht nicht in Bescheidform. Daher fällt dafür auch kein Verwaltungskostenbeitrag an.

6. Anzeigepflicht bei Schenkungen

6.1. Sachverhalt

A schenkt seiner Frau eine Eigentumswohnung. A räumt seiner zwanzigjährigen Tochter ein lebenslängliches Wohnrecht in dieser Wohnung ein.

6.2. Frage

Ist die Einräumung des Wohnrechtes anzeigepflichtig gemäß § 121a BAO.

6.3. Lösung

Bei einem eingeräumten Wohnrecht handelt es sich um einen immateriellen Vermögensgegenstand im Sinne des § 121a Abs. 1 Z 1 lit. c BAO. Dieser ist nach versicherungsmathematischen Grundsätzen gemäß § 16 BewG 1955 zu berechnen. Die konkrete Berechnungsmöglichkeit findet sich auf der Homepage des BMF unter:

Berechnungsprogramm betreffend Bewertung von Renten (§ 16 BewG)

Wenn das Wohnrecht, wie in diesem Fall wohl anzunehmen sein wird, einen Wert von 50.000 Euro übersteigt, handelt es sich dabei um einen anzeigepflichtigen Vorgang gemäß § 121a BAO.

7. Anzeigepflicht bei Schenkungen

7.1. Sachverhalt

1. A schenkt seiner Tochter B 250.000 Euro zum Ankauf einer beliebigen Eigentumswohnung in Wien.
2. C schenkt ihrer Tochter D 300.000 Euro zum Ankauf einer konkreten Eigentumswohnung.

7.2. Frage

Sind diese Vorgänge anzeigepflichtig gemäß § 121a BAO?

7.3. Lösung

Zu 1.

Bei der Geldschenkung des A an B zum Ankauf einer beliebigen Eigentumswohnung handelt es sich um eine Schenkung von Bargeld im Sinne des § 121a Abs. 1 Z 1 lit. a BAO. Diese ist anzeigepflichtig.

Zu 2.

Bei der Geldschenkung der C an D zum Ankauf einer bestimmten Eigentumswohnung handelt es sich zivilrechtlich um eine mittelbare Grundstücksschenkung, da der Schenkungswille sich auf die konkrete Eigentumswohnung und nicht auf das Geld bezieht. Dies ist bedeutsam für die Frage der Schenkungsmeldung, da Grundstücke nicht in § 121a Abs. 1 BAO genannt sind und damit von der Anzeigepflicht nicht umfasst sind.

Demzufolge ist die Schenkung der 300.000 Euro nicht anzeigepflichtig.

Die Geldschenkung unterliegt auch nicht der Grunderwerbsteuer, da der Schenkungsgegenstand der Geldbetrag ist. Aber der Erwerb ist durch den Kauf der Eigentumswohnung durch D grunderwerbsteuerpflichtig.

8. Anzeigepflicht bei Schenkungen

8.1. Sachverhalt

A ist deutscher Staatsbürger, wohnt in Berlin. Seine Frau B ist ebenfalls deutsche Staatsbürgerin, wohnt in Berlin und hat einen Ferienwohnsitz in Österreich. A schenkt B ein Auto im Wert von 200.000 Euro.

8.2. Frage

Ist dieser Vorgang anzeigepflichtig gemäß § 121a BAO?

8.3. Lösung

Die (deutsche) Staatsbürgerschaft befreit nicht von einer Anzeigepflicht des § 121a BAO. Die Anzeigepflicht knüpft gemäß § 121a Abs. 1 Z 2 BAO an einen Wohnsitz des Geschenkgebers oder Geschenknehmers im Inland an. Nach § 26 Abs. 1 BAO ist unter einem Wohnsitz auch ein Ferienwohnsitz zu verstehen. Demzufolge unterliegt die Schenkung des A an B auf Grund des Inlandsbezuges durch den Ferienwohnsitz der B in Österreich der Anzeigepflicht des § 121a BAO.

9. Anzeigepflicht bei Schenkungen

9.1. Sachverhalt

A schenkt ihrem Sohn B an seinem Geburtstag dem 25. November 2008 80.000 Euro. Dann erfolgt zwei Jahre lang keine Schenkung von A an B.

A schenkt ihrem Sohn B am 25. November 2010 40.000 Euro.

9.2. Frage

Darf A ihrem Sohn B am 25. November 2011 oder erst am 26. November 2011 20.000 Euro schenken, ohne gemäß § 121a BAO anzeigepflichtig zu sein?

9.3. Lösung

Gemäß § 121a Abs. 2 lit. a BAO sind Schenkungen zwischen Angehörigen innerhalb eines Jahres bis zu einer Höhe von 50.000 Euro von der Anzeigepflicht ausgenommen.

Die Berechnung dieser Jahresfrist richtet sich nach § 108 Abs. 2 BAO, demzufolge endet sie mit Ablauf des letzten Tages der letzten Woche oder des letzten Monates, der durch seine Benennung oder Zahl dem für den Beginn der Frist maßgebenden Tag entspricht.

In diesem Fall handelt es sich dabei um den Ablauf des 25. November 2011 (Freitag). Das bedeutet, dass A dem B erst am 26. November 2011 weitere 20.000 Euro schenken kann, ohne dadurch der Anzeigepflicht des § 121a BAO zu unterliegen.

10. Zuständigkeit – Obdachlosenheim

10.1. Sachverhalt

Auf Grund einer ZMR-Abfrage stellt das Finanzamt fest, dass der Abgabepflichtige in einem Caritas Heim als obdachlos gemeldet ist. Bei seinem alten Wohnsitz in W ist er bereits abgemeldet.

10.2. Frage

Welches Finanzamt ist für die Erhebung der Einkommensteuer zuständig?

10.3. Lösung

Gemäß § 20 AVOG 2010 ist Wohnsitzfinanzamt das Finanzamt, in dessen Bereich der Abgabepflichtige einen Wohnsitz oder in Ermangelung eines Wohnsitzes seinen gewöhnlichen Aufenthalt hat.

Das Wohnsitzfinanzamt ist zuständig für die Erhebung der Einkommensteuer bei unbeschränkter Steuerpflicht.

Ein Obdachlosenheim stellt keinen Wohnsitz im Sinne des § 26 BAO dar. Die Frage nach dem gewöhnlichen Aufenthalt kann nur anhand des jeweiligen Sachverhaltes ermittelt werden. Es ist jedoch davon auszugehen, dass grundsätzlich kein gewöhnlicher Aufenthalt im Heim vorliegt.

Liegt weder ein Wohnsitz noch ein gewöhnlicher Aufenthalt vor, so kommt die Subsidiarzuständigkeit gemäß § 25 Z 3 AVOG 2010 zum Tragen.

Soweit über die örtliche Zuständigkeit der Abgabenbehörden nichts anderes bestimmt ist, richtet sich diese nach dem letzten Wohnsitz des Abgabepflichtigen.

11. Delegierungsbescheid einer unzuständigen Behörde

11.1. Sachverhalt

Ein unzuständiges Finanzamt hat einen Delegierungsbescheid erlassen.

11.2. Frage

Ist dieser wirksam?

11.3. Lösung

Gemäß § 3 AVOG 2010 kann die zuständige Abgabenbehörde erster Instanz aus Gründen der Zweckmäßigkeit, insbesondere zur Vereinfachung oder Beschleunigung des Verfahrens, für die Erhebung einer Abgabe eine andere Abgabenbehörde erster Instanz mit Bescheid bestimmen, sofern nicht überwiegende Interessen der Partei entgegenstehen.

Erlässt eine unzuständige Behörde einen Bescheid, so ist dieser rechtswidrig. Wird dieser Bescheid jedoch nicht bekämpft, so erwächst er in Rechtskraft und ist rechtswirksam.

12. Delegierungsbescheid an eine sachlich unzuständige Behörde

12.1. Sachverhalt

Ein Abgabepflichtiger verlegt seinen Wohnsitz vom 12. Bezirk nach Ungarn, arbeitet im Bereich des Finanzamtes Wien 4/5/10 und möchte die Delegierung der Zuständigkeit vom Finanzamt Wien 1/23 zum Stück 109 vom 31. Oktober 2011, Nr. 226 1035 Finanzamt Wien 4/5/10. In Wien ist jedoch sachlich das Finanzamt Wien 1/23 für die Veranlagung beschränkt Steuerpflichtiger zuständig.

12.2. Frage

Ist die Delegierung möglich?

12.3. Lösung

Gemäß § 3 AVOG 2010 kann die zuständige Abgabenbehörde erster Instanz aus Gründen der Zweckmäßigkeit, insbesondere zur Vereinfachung oder Beschleunigung des Verfahrens, für die Erhebung einer Abgabe eine andere Abgabenbehörde erster Instanz mit Bescheid bestimmen, sofern nicht überwiegende Interessen der Partei entgegenstehen.

Die Delegierung von einem sachlich zuständigen Finanzamt auf ein sachlich unzuständiges Finanzamt ist zulässig, fraglich ist jedoch, ob dies auch zweckmäßig ist.

13. Zuständigkeit – Tagespendler

13.1. Sachverhalt

Beim Finanzamt langen Anträge von ungarischen Staatsbürgern ein, die derzeit in Österreich keinen Wohnsitz haben, sondern täglich zur Ausübung einer unselbständigen Tätigkeit nach Österreich einpendeln. Diese Abgabepflichtigen waren in früheren Jahren in Innsbruck unselbständig beschäftigt und hatten dort auch einen Wohnsitz.

13.2. Frage

Welches Finanzamt ist für die Erhebung der Einkommensteuer zuständig?

Wie ist die Zuständigkeit zu beurteilen, wenn die ungarischen Staatsbürger gemäß § 1 Abs. 4 EStG 1988 in die unbeschränkte Steuerpflicht optieren?

13.3. Lösung

Gemäß § 23 AVOG 2010 ist für die Erhebung der Einkommensteuer beschränkt Steuerpflichtiger das Finanzamt örtlich zuständig, in dessen Bereich sich die Betriebsstätte, bei Fehlen einer solchen das unbewegliche Vermögen des Abgabepflichtigen befindet. Trifft dies auf mehrere Finanzämter zu, oder hat der Abgabepflichtige im Inland weder Betriebsstätte noch unbewegliches Vermögen, so richtet sich die Zuständigkeit nach § 25 Z 3 AVOG 2010.

Nach § 25 Z 3 AVOG 2010 richtet sich die Zuständigkeit (primär) nach dem letzten Wohnsitz des Abgabepflichtigen.

Da es sich bei Tagespendlern um beschränkt Steuerpflichtige handelt, ist im konkreten Fall das Finanzamt Innsbruck auf Grund der Subsidiarzuständigkeit gemäß § 25 Z 3 AVOG 2010 für die Erhebung der Einkommensteuer zuständig.

Eine Option gemäß § 1 Abs. 4 EStG 1988 ändert daran nichts, da die Tagespendler dem Grunde nach beschränkt steuerpflichtig bleiben und lediglich als unbeschränkt steuerpflichtig behandelt werden.

14. Zuständigkeit von aus dem Ausland betriebenen Unternehmen

14.1. Sachverhalt

Eine OG wurde nach österreichischem Recht gegründet und ist im österreichischen Firmenbuch erfasst. Der Sitz der Gesellschaft befindet sich laut Firmenbuchauszug in Kärnten. Beide zur Vertretung befugten Gesellschafter, eine GmbH und eine natürliche Person, befinden sich in Deutschland. Am eingetragenen Sitz der Gesellschaft befindet sich nichts. Auch gibt es, laut derzeitigem Ermittlungsstand, keine Betriebsstätte in Österreich. Es ist davon auszugehen, dass der geschäftliche Wille der OG in Deutschland, bei den beiden Gesellschaftern (gleiche Adresse in Deutschland), gebildet wird.

14.2. Frage

1. Wer ist für die Erhebung der Umsatzsteuer bei der OG (sachlich) zuständig?
2. Wer ist für die Erhebung der Umsatzsteuer bei einer GmbH mit gleichem Sachverhalt zuständig?

14.3. Lösung

Gemäß § 17 AVOG 2010 obliegt dem Finanzamt Graz-Stadt für das gesamte Bundesgebiet die Erhebung der Umsatzsteuer von Unternehmen, die ihr Unternehmen vom Ausland aus betreiben und im Inland weder eine Betriebsstätte haben noch Umsätze aus der Nutzung eines im Inland gelegenen Grundbesitzes erzielen.

Aus diesem Grund ist das Finanzamt Graz-Stadt sowohl bei einer OG als auch einer GmbH, die aus dem Ausland betrieben werden, zuständig.

Die Delegierung an das zB für die Körperschaftsteuer zuständige Finanzamt ist aus Gründen der Zweckmäßigkeit möglich.

15. Zuständigkeit einer Unternehmensgruppe

15.1. Sachverhalt

Der Gruppenträger einer Unternehmensgruppe hat seinen Sitz nach Wien verlegt. Zu diesem Zweck wurde in Wien auch ein Büro angemietet, sodass nicht von einem Scheinsitz ausgegangen werden kann.

Der Sitz aller Gruppenmitglieder sowie der Ort der Geschäftsleitung von den Gruppenmitgliedern ist jedoch eindeutig im Finanzamtsbereich Linz. Auch der Gruppenträger hat wohl seinen Ort der Geschäftsleitung im Finanzamtsbereich Linz. Als Folge der Sitzverlegung des Gruppenträgers wurde nun die gesamte Unternehmensgruppe nach Wien abgetreten.

15.2. Frage

Welches Finanzamt ist für die Erhebung der Körperschaftsteuer zuständig?

15.3. Lösung

§ 5 AVOG 2010 – DV stellt auf den jeweiligen Sitz der unbeschränkt steuerpflichtigen Körperschaft ab. Aus diesem Grund ändert sich bei Sitzverlegung auch die Zuständigkeit für die Unternehmensgruppe.

16. FinanzOnline – Anbringen

16.1. Sachverhalt

Ein Abgabepflichtiger bringt über FinanzOnline unter „sonstige Anbringen" ein Anbringen ein, das offiziell über die FON-Schiene nicht zur Verfügung steht, zB Antrag auf Feststellungsbescheid nach § 92 BAO.

16.2. Frage

Ist dieses Anbringen als rechtsgültiges Anbringen zu werten?

16.3. Lösung

Nach § 86a BAO können Anbringen, für die die Abgabenvorschriften Schriftlichkeit vorsehen oder gestatten, soweit es durch VO [FinanzOnline-Verordnung 2006, in der Fassung BGBl. II Nr. 114/2009)] zugelassen wird, im Wege automationsunterstützter Datenübertragung eingereicht werden.

Nach § 1 Abs. 2 FOnV 2006 ist die automationsunterstützte Datenübertragung zulässig für die Funktionen, die dem jeweiligen Teilnehmer in FinanzOnline zur Verfügung stehen.

Zur Verfügung stehen – neben dezidiert genannten Anträgen (zB Bescheidänderungen, Nachsichten) auch „sonstige Anträge", näher bezeichnet unter „sonstige Anbringen und Anfragen".

Dafür werden Anbringen im Sinne des § 85 BAO (zur Geltendmachung von Rechten oder zur Erfüllung von Verpflichtungen), soweit nicht eine genaue Bezeichnung in FON ohnehin zur Verfügung steht, in Betracht kommen. Wobei laut Info des BMF vom 14. Juli 2005, BMF-280000/0018-IV/2005, unstrukturiert übermittelte Anbringen auch dann beachtlich und daher zu bearbeiten sind, wenn es dafür eine strukturierte Form der Einbringung gibt.

Anbringen sind einerseits in Abgabenvorschriften ausdrücklich vorgesehen, andererseits gelten auch nicht ausdrücklich vorgesehene Anträge als zulässig.

Dazu gehören nach der ständigen Rechtsprechung des Verwaltungsgerichtshofes (vgl. VwGH 17. 9. 2009, 2009/07/0006; VwGH 20. 3. 2009, 2008/17/0212; VwGH 17. 11. 2008, 2008/17/0163) auch Feststellungsanträge.

Ein Feststellungsbescheid hat über Rechte oder Rechtsverhältnisse zu ergehen, wenn dies von einer Partei beantragt wird, diese ein rechtliches Interesse an der Feststellung hat, es sich um ein notwendiges, letztes und einziges Mittel zweckentsprechender Rechtsverteidigung handelt, oder wenn die Feststellung im öffentlichen Interesse liegt; dies jeweils unter der weiteren Voraussetzung, dass die maßgeblichen Rechtsvorschriften eine Feststellung dieser Art nicht ausschließen.

Solche Feststellungsbescheide sind unzulässig, wenn die strittige Rechtsfrage im Rahmen eines anderen, vorgesehenen gesetzlichen Verwaltungsverfahrens entschieden werden kann.

Der gegenständliche Antrag ist rechtsgültig eingebracht und unterliegt der Entscheidungspflicht.

Nicht zu folgen ist dem UFS in seiner Berufungsentscheidung vom 23. 9. 2010 (RV/0058-G/10), in der die Einbringung von Vorlagenanträgen über die oben dargestellte Funktion (sonstige Anträge) für nicht zulässig erklärt wird.

17. Wiederholungsverbot

17.1. Sachverhalt

Eine Körperschaft wird geprüft. Auf dem Prüfungsauftrag ist ersichtlich, dass die Umsatzsteuer, Körperschaftsteuer und Kapitalertragsteuer für die Jahre 2006 bis 2009 geprüft werden. Das Finanzamt möchte später den Einkommensteuerpflichtigen, bei dem die verdeckte Gewinnausschüttung festgestellt wurde, prüfen.

17.2. Frage

Unterliegt eine spätere Außenprüfung beim Gesellschafter hinsichtlich Kapitalertragsteuer (Direktvorschreibung einer verdeckten Gewinnausschüttung, wobei der die verdeckte Gewinnausschüttung auslösende Sachverhalt nicht Schwerpunkt der ersten Prüfung war) dem Wiederholungsverbot?

17.3. Lösung

Gemäß § 148 Abs. 3 BAO darf für einen Zeitraum, für den eine „Außenprüfung" bereits vorgenommen worden ist, ein neuerlicher Prüfungsauftrag ohne Zustimmung des Abgabepflichtigen ua. nur zur Prüfung von Abgabenarten, die in einem früheren Prüfungsauftrag nicht enthalten waren, erteilt werden.

Das Wiederholungsverbot bezieht sich auf Außenprüfungen bei demselben Betrieb (demselben Abgabepflichtigen) bezüglich solcher Zeiträume, die bereits einmal Gegenstand einer Außenprüfung waren (vgl. *Stoll*, BAO-Kommentar, Wien 1994, 1655).

Es liegt keine Wiederholungsprüfung vor, da es sich nicht um eine Prüfung beim selben Abgabepflichtigen handelt.

Eine etwaige Verletzung der Vorschriften über die Prüfungswiederholung, also vor allem die Durchführung einer nochmaligen Prüfung ohne Vorliegen der Voraussetzungen des § 148 Abs. 3 BAO, macht die dennoch vorgenommene Prüfung nicht wirkungslos.

18. Mittelbare Abhängigkeit einer Berufungs(vor)entscheidung

18.1. Sachverhalt

Die Abfindung eines Geschäftsführers wird im Jahr 2002 erklärt. Der Hälftesteuersatz wird beantragt. Das Finanzamt verweigert die Anerkennung des Hälftesteuersatzes für das Jahr 2002.

In der Berufungsbegründung wendet der Steuerberater ein, es sei im Zuge der Recherchen zur Ausarbeitung der Berufung hervorgekommen, dass diese Abfindung im Rahmen eines zu ermittelnden Übergangsgewinnes bereits 2001 angefallen sei und im Jahr 2002 somit überhaupt keine Abfindung zu versteuern sei. Das Finanzamt hat die Berufung gegen den Einkommensteuerbescheid 2002 dem UFS zur Entscheidung vorgelegt. Die Berufung wurde bis dato nicht erledigt.

Für 2001 ist bereits Verjährung eingetreten.

18.2. Frage

Kann im Falle einer (sich abzeichnenden) Stattgabe des UFS (Anfallen der Abfindung bereits 2001) § 209a Abs. 2 BAO nicht dahingehend ausgelegt werden, dass die Abgabenfestsetzung für das Jahr 2001 unmittelbar von der Berufungserledigung abhängt?

18.3. Lösung

Es ist hinsichtlich der Veranlagung für das Jahr 2001 keine Abhängigkeit von der Erledigung einer Berufung gegeben, da verschiedene Veranlagungsjahre betroffen sind.

Nach § 209a Abs. 1 BAO steht einer Abgabenfestsetzung, die in einer Berufungsentscheidung zu erfolgen hat, der Eintritt der Verjährung nicht entgegen. Dabei ist unter Verjährung auch die absolute Verjährung (§ 209 Abs. 3 BAO) zu verstehen.

Nach § 209a Abs. 2 BAO steht einer Abgabenfestsetzung der Eintritt der Verjährung nicht entgegen, wenn sie unmittelbar oder mittelbar von der Erledigung einer Berufung abhängt.

Während Abs. 1 des § 209a BAO vorsieht, dass eine Abgabenfestsetzung in einer Berufungsentscheidung – auf Grund eines Rechtsmittels gegen einen vorangehenden, innerhalb der Verjährungsfrist erlassenen Bescheid – auch nach Ablauf der Verjährungsfrist erfolgen darf, gestattet Abs. 2 die verjährungsungebundene Abgabenfestsetzung auch außerhalb eines Rechtsmittelverfahrens dann, wenn die Abgabenfestsetzung von der Erledigung einer anderen mit Berufung bekämpften Verwaltungsangelegenheit abhängig ist.

Eine solche mittelbare Abhängigkeit liegt etwa dann vor, wenn die Abgabenfestsetzung von einem Feststellungsbescheid abzuleiten ist (zB Feststellungsverfahren nach § 188 BAO und davon abgeleitete Einkommensteuerbescheide; vgl. VwGH 2. 9. 2009, 2008/15/0216).

Eine Mittelbarkeit im Sinne des § 209a Abs. 2 BAO besteht beispielsweise auch bei doppelter Abhängigkeit, dh. im Verhältnis einer gegen die Verfügung der Wiederaufnahme des Feststellungsverfahrens (§ 188 BAO) gerichteten Berufung zur Änderung des abgeleiteten Abgabenbescheides.

Die Mittelbarkeit betrifft jedoch stets nur die (betroffenen) mit der Berufung im Zusammenhang stehenden Abgabenarten und Veranlagungsjahre.

Darüber hinausgehende Folgen der Berufungserledigung – dh. Möglichkeit der Abgabenfestsetzung trotz Eintrittes der Verjährung – für Vorjahre bzw. Folgejahre, die nicht bekämpft wurden, sind aus dieser Bestimmung nicht ableitbar.

19. Mittelbare Abhängigkeit

19.1. Sachverhalt

Für die Jahre 2002 bis 2004 ist hinsichtlich der Umsatzsteuer ein Rechtsmittel beim UFS anhängig.

19.2. Frage

Kann für die Jahre 2005 und 2006 auch eine Aussetzung gemäß § 212a BAO begehrt werden, obwohl keine Berufung anhängig ist?

19.3. Lösung

Eine Aussetzung der Einhebung wäre nur bei Erhebung einer Berufung gegen die Umsatzsteuerbescheide 2005 und 2006 zulässig.

Es besteht keine mittelbare Abhängigkeit im Sinne des § 212a BAO für Bescheide nachfolgender Veranlagungsjahre.

Die Aussetzung der Einhebung ist antragsgebunden, es erfolgt keine amtswegige Verfügung der Aussetzung. Bei Zutreffen der gesetzlichen Voraussetzungen besteht ein Rechtsanspruch auf Bewilligung eines auf Aussetzung der Einhebung gerichteten Antrages.

Grundsätzlich besteht Anspruch auf Aussetzung von **berufungsverfangenen** Abgaben, wobei nicht nur eine Berufung gegen den (abgeleiteten) Abgabenbescheid an sich, sondern auch eine Berufung gegen einen dem (abgeleiteten) Abgabenbescheid vorgeschalteten Feststellungsbescheid genügt.

Eine mittelbare Abhängigkeit von der Berufungserledigung liegt vor, wenn die Abänderung des mit Berufung angefochtenen Bescheides auch Bindungswirkung für die Höhe der auszusetzenden Abgabe entfaltet (zB Feststellungsbescheid gemäß § 188 BAO) und davon abgeleitete Bescheide, für Stammabgabenbescheide und deren Nebenansprüche (zB Anspruchszinsen, Säumniszuschläge), für Abgaben der Folgejahre, dann wenn die (mittels Berufung begehrte) Abänderung eines Bescheides bindende Auswirkungen auf deren Höhe hat (zB höherer Verlustabzug). Insoweit ist die Abgabe auf Antrag des Abgabepflichtigen auszusetzen, ohne dass es für die Abgaben der Folgejahre einer (eigenen) Berufung bedarf.

Keine mittelbare Abhängigkeit im Sinne des § 212a Abs. 1 BAO liegt vor, wenn in nachfolgenden Abgabenzeiträumen dieselbe im Rechtsmittelverfahren auszutragende Streitfrage noch offen ist (vgl. UFS 18. 1. 2010, RV/0989-G/09; vgl. auch UFS 24. 8. 2006, RV/0151-L/06).

20. Bekanntgabe der Abgabenbescheide im Haftungsverfahren

20.1. Sachverhalt

Der Haftende muss die Möglichkeit haben, gegen Abgabenbescheide berufen zu können.

Laut UFS müssten spätestens mit Erlassung des Haftungsbescheides dem Haftenden auch Abgabenbescheide zugestellt werden.

20.2. Frage

Ist das richtig?

20.3. Lösung

Unabhängig davon, ob der zur Haftung in Anspruch Genommene die gegenüber der Primärschuldnerin erlassenen Abgabenbescheide (einschließlich Nebengebührenbescheide), hinsichtlich deren Festsetzungen er nun als Haftender in Anspruch genommen werden soll, als Geschäftsführer der Primärschuldnerin bereits kannte – oder wegen späterer Erlassung (Außenprüfung nach Beendigung der Geschäftsführertätigkeit) nicht kannte – sind dem Haftenden jedenfalls mit Erlassung des Haftungsbescheides Kopien der Bescheide, aus denen die Haftungssumme resultiert, zu übermitteln.

Dazu führt der Verwaltungsgerichtshof in seinem Erkenntnis vom 24. 2. 2010, 2005/13/0145, aus:

Soll der Haftungspflichtige vom Bescheid über den Abgabenanspruch in einer Weise informiert werden, die ihm die Einbringung einer Berufung gegen diesen nicht an ihn gerichteten und ihm nicht zugestellten, mangels nunmehriger Bekämpfung aber ihm gegenüber bindenden Bescheid ermöglicht, so ist es jedenfalls erforderlich, ihm die Tatsache der Bescheiderlassung als solcher mit der notwendigen Deutlichkeit zur Kenntnis zu bringen.

Wird der zur Haftung Herangezogene nicht rechtzeitig darüber aufgeklärt, dass die Abgaben schon bescheidmäßig festgesetzt wurden, so liegt infolge unvollständiger Information nach dem zitierten Erkenntnis vom 4. 11. 1998, 98/13/0115, ein Mangel des Verfahrens vor, der im Verfahren über die Berufung gegen den Haftungsbescheid nicht sanierbar ist. Im Ergebnis bedeutet dies, es müssen Abgaben- und Haftungsbescheide (Zweitschriften), für deren Abgabenforderungen der Vertreter zur Haftung herangezogen wird, dem an den Vertreter gerichteten Haftungsbescheid beigeschlossen werden bzw. dürfen ihm diese nicht erst nach Ablauf der Berufungsfrist gegen den Haftungsbescheid zur Kenntnis gebracht werden, weil damit sein Berufungsrecht gegen die eine bindende (dh. in der Berufung gegen die Haftungsheranziehung als solche weiter nicht bekämpfbare) Grundlage der Haftung bildende(n) Abgabenermittlung(en) beeinträchtigt werden könnte.

Der UFS hat in seiner Entscheidung vom 29. 3. 2010, RV/0804-W/10, in gleichgelagerter Sache den Haftungsbescheid aufgehoben und die Sache an die Abgabenbehörde erster Instanz zurückverwiesen.

Das Finanzamt kann unter diesen Umständen (Zurückverweisung der Sache an die Abgabenbehörde erster Instanz) den unter Anschluss von Bescheidkopien zu vervollständigenden Haftungsbescheid neuerlich erlassen. Auch allfälligen sonstigen, im Aufhebungsbescheid des UFS dargelegten Rechtsansichten ist bei Neuerlassung des Haftungsbescheides zwingend Folge zu leisten (Bindungswirkung gemäß § 289 Abs. 1 BAO).

Der UFS hat zwar in seiner Berufungsentscheidung UFS 31. 3. 2011, RV/0822-W/10, vom die Verschaffung der Kenntnis über den haftungsgegenständlichen Abgabenanspruch im Wege der Akteneinsicht als ausreichend angesehen.

Grundsätzlich werden jedoch die Ablichtungen der Bescheide zu übermitteln sein.

21. Fristverlängerung

21.1. Sachverhalt

Ein Antrag auf Verlängerung der Berufungsfrist gemäß § 245 Abs. 3 BAO wird gegen den Einkommensteuerbescheid 2008 rechtzeitig mit der Begründung, eine Gerichtsentscheidung betreffend Unterhaltszahlungen für 2 Kinder sei noch offen, eingebracht.

Das Finanzamt reagiert nicht auf den Antrag.

21.2. Frage

Wie soll bei Anträgen auf Verlängerung der Berufungsfrist, die kein konkretes Datum der beantragten Fristverlängerung beinhalten, reagiert werden?

21.3. Lösung

Nach § 245 Abs. 3 und 4 BAO kann die Berufungsfrist aus berücksichtigungswürdigen Gründen (auch wiederholt) verlängert werden. Die Hemmung der Berufungsfrist kann jedoch nicht zu einem über die letzte beantragte Fristverlängerung hinausgehen.

Die (teilweise) Bewilligung/Abweisung ist eine verfahrensleitende Verfügung, die erst mit der abschließenden Rechtsmittelerledigung bekämpft werden kann.

Fristverlängerungsanträge unterliegen der Entscheidungspflicht der Abgabenbehörde.

Erfolgt keine Erledigung seitens des Finanzamtes, so läuft die Frist weiter, da der Abgabepflichtige selbst eine Frist nicht angeführt hat und in der BAO für einen solchen Fall kein Ende der Hemmung der Berufungsfrist vorgesehen ist.

Der Antrag auf Verlängerung der Berufungsfrist ist – bei Vorliegen der Voraussetzungen – unter Setzung einer konkreten Frist bescheidmäßig zu erledigen.

22. Berufung

22.1. Sachverhalt

Die Umsatzsteuervorauszahlung für September 2009 wird am 2. Mai 2010 festgesetzt. Die Veranlagung 2009 erfolgt am 20. Mai 2010.

Die Abgabepflichtige beruft gegen die festgesetzte Umsatzsteuer für September 2009 am 22. Mai, und gegen den Jahresbescheid am 24. Mai.

22.2. Frage

In welcher Reihenfolge sind die Berufungen zu bearbeiten?

22.3. Lösung

Nach dem Erkenntnis des Verwaltungsgerichtshofes vom 4. 6. 2008, 2004/13/0124, sind unerledigte Berufungen gegen Umsatzsteuerfestsetzungsbescheide bei Erlassung des Umsatzsteuerjahresbescheides von der Wirkung des § 274 BAO (Weitergelten von Berufungen, wenn ein Bescheid an die Stelle eines anderen Bescheides tritt) erfasst.

Der Umsatzsteuer-Jahresbescheid 2009, durch den der Umsatzsteuerfestsetzungsbescheid für September 2009 aus dem Rechtsbestand beseitigt wurde, ist somit im Sinne des § 274 erster Satz BAO an dessen Stelle getreten. Das bedeutet, dass die Berufung, die am 22. Mai 2010 gegen den Umsatzsteuerfestsetzungsbescheid eingebracht wurde, als gegen den Jahresbescheid – gegen den ohnehin auch berufen wurde – gerichtet galt und grundsätzlich nicht ein zweites Mal eingebracht hätte werden müssen.

Die gegen den Jahresbescheid eingebrachte (zweite) Berufung ist als ergänzender Schriftsatz zur Erstberufung anzusehen (vgl. VwGH 25. 6. 2008, 2006/15/0085).

23. Weitergeltung der Berufung

23.1. Sachverhalt

Gegen eine Festsetzung der Umsatzsteuervorauszahlung für März 2009 wird Berufung erhoben. Der Akt wird an ein anderes Finanzamt abgetreten. Kurz darauf ergeht der Jahresbescheid für die Umsatzsteuer 2009.

23.2. Frage

Welches Finanzamt ist für die Erledigung der Berufung zuständig?

23.3. Lösung

Nach *Ellinger/Iro/Kramer/Sutter/Urtz* (BAO³, § 274 Anm. 7) tritt in diesem Fall ein Wechsel der Amtspartei (§ 276 Abs. 7 BAO) ein und hätte eine allfällige Gegenstandsloserklärung nach § 274 BAO durch die neu zuständig gewordene Abgabenbehörde erster Instanz zu erfolgen.

Nach § 274 BAO gilt die gegen den Umsatzsteuerfestsetzungsbescheid gerichtete Berufung als gegen den Jahresbescheid gerichtet. Diesen Bescheid betreffende Berufungserledigungen obliegen jenem Finanzamt, das ihn erlassen hat. Gegenteiliges ergibt sich auch nicht aus § 4 AVOG 2010; danach bleiben auch nach einem Zuständigkeitsübergang jene Abgabenbehörden erster Instanz für die Berufungserledigung betreffend „von ihr erlassene“ Bescheide zuständig.

24. Weitergeltung der Berufung

24.1. Sachverhalt

Ein Einkommensteuerbescheid wird gemäß § 295a BAO abgeändert. Dagegen erhebt der Steuerberater Berufung. Der Akt wird dem UFS zur Entscheidung vorgelegt.

Nach Berufungsvorlage langt beim Finanzamt eine Tangente ein. Das Finanzamt ändert den Bescheid gemäß § 295 Abs. 1 BAO ab.

24.2. Frage

Wirkt die Berufung gemäß § 274 BAO auch gegen den gemäß § 295 Abs. 1 BAO geänderten Bescheid weiter?

Wie bzw. wann sollen auf § 295 Abs. 1 BAO gestützte Änderungen durchgeführt werden, wenn bereits eine Berufung anhängig ist?

24.3. Lösung

§ 274 BAO gilt für „ersetzende“ Bescheide. Dies sind vor allem nach § 200 Abs. 2, § 299 Abs. 2, § 307 Abs. 1 und § 295 Abs. 1 bis 3 BAO erlassene Bescheide. Wird ein derartiger Bescheid nach Einbringung einer Berufung gegen den zuvor erlassenen Bescheid ausgefertigt und zugestellt, so gilt die noch unerledigte Berufung als gegen den letzterlassenen Bescheid, der an die Stelle des zuvor erlassenen Bescheides tritt, gerichtet.

§§ 293, 293b und 295a BAO sind Teiländerungstitel. Sie ersetzen nicht im Sinne des § 274 BAO den vorher erlassenen Bescheid, sondern treten zu ihm hinzu. Eine gegen sie, außerhalb der Berufungsfrist gegen den „Erstbescheid“ eingebrachte Berufung ist nur im Teiländerungsumfang (meritorisch) rechtsmittelfähig.

Wird ein „ersetzender“, nach § 295 Abs. 1 BAO erlassener Bescheid während des anhängigen Berufungsverfahrens gegen einen nach § 295a BAO erlassenen Teilberichtigungsbescheid erlassen, so ändert das anhängige Berufungsverfahren nicht seinen Charakter als ersetzender Bescheid. Gemäß § 274 BAO gilt die Berufung als gegen ihn gerichtet. Der nach § 295 Abs. 1 BAO erlassene Bescheid wird auch nicht bloß deshalb, nur weil in seinem Vorfeld ein mit noch offener Berufung bekämpfter, hinzutretender Bescheid nach § 295a BAO erlassen wurde, selbst zu einem Teilrechtskraftbescheid. Dies würde der Vorschrift gemäß § 251 BAO widersprechen, wonach ein Bescheid, der an die Stelle eines früheren Bescheides tritt (hier: an die Stelle zweier früherer Bescheide), in vollem Umfang anfechtbar ist.

25. Bescheidberichtigung

25.1. Sachverhalt

Ein Steuerpflichtiger gibt seine Einkommensteuererklärung für das Jahr 2009 über FinanzOnline ab. Die Veranlagung erfolgt erklärungsgemäß. Kurz darauf erkennt das Finanzamt, dass eine offensichtliche Unrichtigkeit (im Sinne des § 293b BAO) vorliegt.

25.2. Frage

Setzt die „Übernahme offensichtlicher Unrichtigkeiten" ein Aktives Tun voraus oder reicht die Übernahme der elektronischen Erklärung?

25.3. Lösung

§ 293b BAO ist auch bei Übernahme von Unrichtigkeiten bei elektronischen Erklärungen zulässig.

Nach § 293b BAO kann die Abgabenbehörde auf Antrag einer Partei (§ 78) oder von Amts wegen einen Bescheid insoweit berichtigen, als seine Rechtswidrigkeit auf der Übernahme offensichtlicher Unrichtigkeiten aus Abgabenerklärungen beruht.

Voraussetzung ist, dass die Abgabenbehörde den Inhalt einer Abgabenerklärung übernimmt, dem eine offensichtliche Unrichtigkeit zugrunde liegt. Nach ständiger Rechtsprechung (zB VwGH 20. 5. 2010, 2007/15/0098) liegt eine derartige offensichtliche Unrichtigkeit immer dann vor, wenn die Abgabenbehörde bei ordnungsgemäßer Prüfung der Abgabenerklärung die Unrichtigkeit hätte erkennen müssen, ohne ein weiteres Ermittlungsverfahren durchzuführen.

Ob eine offensichtliche Unrichtigkeit im Hinblick auf die übernommene Rechtsauffassung vorliegt, ist anhand des Gesetzes und vor allem auch der dazu entwickelten Rechtsprechung zu beurteilen (zB VwGH 28. 5. 2009, 2007/15/0285). Abgabenerklärungen können einerseits in Papierform, andererseits nach § 1 Abs. 2 FOnV 2006 in der für den jeweiligen Teilnehmer zugelassenen Form eingebracht werden.

Die Bestimmung des § 293b BAO trifft keine Unterscheidung nach der Art der Einbringung. Daher sind auch im Wege von FinanzOnline zulässig eingebrachte Erklärungen als Abgabenerklärungen im Sinne des § 293b BAO zu beurteilen.

Auch der UFS hat bereits in einer Vielzahl von Entscheidungen über Berichtigungen nach § 293b BAO entschieden, denen elektronisch eingebrachte Erklärungen zugrunde lagen (vgl. zB UFS 5. 4. 2011, RV/0342-L/08; UFS 2. 2. 2011, RV/0225-W/10).

26. Bescheidabänderungstitel und Verjährung bei Gegenberichtigungen und stattgebender UFS-Entscheidung im Erstfall

26.1. Sachverhalt

Die BD GmbH & Co KG hat 2004 von einem Konzernunternehmen 26 neue Tiefkühlfahrzeuge gekauft und diese Fahrzeuge an eine gleichfalls konzernzugehörige inländische V GmbH & Co KG vermietet, welche die gleiche Gesellschafterstruktur wie die Vermieterin aufweist. Bei einer 2006 durchgeführten Nachschau vertrat das Finanzamt die Ansicht, die Investitionen seien in wirtschaftlicher Betrachtungsweise der V GmbH & Co KG zuzurechnen, da es sich bei der betreffenden Vereinbarung nicht um einen Leasingvertrag, sondern um einen Ratenkauf handle. Demzufolge wurde bei der BD GmbH & Co KG die Investitionszuwachsprämie (IZP) iHv. 80.000 Euro versagt und bei der V GmbH & Co KG eine IZP iHv. 50.000 Euro bescheidmäßig festgesetzt, wobei die Differenz auf unterschiedlich hohe Anschaffungen im Vergleichszeitraum zurückzuführen ist.

Der dagegen von der BD GmbH & Co KG erhobenen Berufung gab der UFS mit Entscheidung vom 17. Juli 2009 mit der Begründung Folge, dass der VwGH die von der Verwaltung angestellte Konzernbetrachtung verworfen habe, eine missbräuchliche Gestaltung nicht vorliege und auch eine Änderung der wirtschaftlichen Zurechnung mangels Optionsvereinbarung nicht möglich sei. Auf Grund dieser Entscheidung erhebt sich nun die Frage, ob und auf Grund welcher verfahrensrechtlichen Bestimmungen die Anerkennung der IZP bei der V GmbH & Co KG wieder rückgängig gemacht werden kann, da ansonsten für den betreffenden Vorgang insgesamt eine IZP von 130.000 Euro lukriert wird.

26.2. Frage

Im vorliegenden Fall ergibt sich einerseits das Problem der Verjährung des Abgaben- bzw. Rückzahlungsanspruches, andererseits aber auch die Frage, nach welchem Verfahrenstitel der rechtskräftige Bescheid über die Zuerkennung der IZP bei der V GmbH & Co KG geändert werden kann.

26.3. Lösung

a) Wiederaufnahme, Neuerungstatbestand (§ 303 Abs. 1 lit. b in Verbindung mit Abs. 4 BAO):

   Nach ständiger Rechtsprechung des Verwaltungsgerichtshofes sind Tatsachen ausschließlich mit dem Sachverhalt des abgeschlossenen Verfahrens zusammenhängende tatsächliche Umstände, also Sachverhaltselemente, die bei einer entsprechenden Berücksichtigung zu einem anderen Ergebnis als vom rechtskräftigen Bescheid zum Ausdruck gebracht geführt hätten; wie etwa Zustände, Vorgänge, Beziehungen und Eigenschaften. Neue Erkenntnisse in Bezug auf die rechtliche Beurteilung solcher Sachverhaltselemente – gleichgültig, ob diese späteren rechtlichen Erkenntnisse (neue Beurteilungskriterien) durch die Änderung der Verwaltungspraxis oder Rechtsprechung oder nach vorhergehender Fehlbeurteilung oder Unkenntnis der Gesetzeslage eigenständig gewonnen werden – sind keine Tatsachen. Die nachteiligen Folgen einer früheren unzutreffenden Würdigung oder Wertung des offen gelegt gewesenen Sachverhaltes oder einer fehlerhaften rechtlichen Beurteilung – gleichgültig, durch welche Umstände ver-

BAO

anlasst – lassen sich bei unveränderter Tatsachenlage nicht nachträglich im Weg der Wiederaufnahme des Verfahrens beseitigen (vgl. zB VwGH 21. 11. 2007, 2006/13/0107).

Eine Wiederaufnahme eines mit Bescheid abgeschlossenen Verfahrens ist dann ausgeschlossen, wenn der Abgabenbehörde in dem wiederaufzunehmenden Verfahren der Sachverhalt so vollständig bekannt gewesen ist, dass sie schon in diesem Verfahren bei richtiger rechtlicher Subsumtion zu der nunmehr im wiederaufzunehmenden Verfahren erlassenen Entscheidung hätte gelangen können (vgl. zB VwGH 29. 7. 2010, 2006/15/0006). Eine andere rechtliche Beurteilung etwa auch durch den Verwaltungsgerichtshof stellt keine Tatsache dar (vgl. zB VwGH 25. 2. 1998, 98/14/0015).

Nichts anderes kann für eine nachträglich in einem anderen Verfahren ergangene Entscheidung des unabhängigen Finanzsenats als Abgabenbehörde zweiter Instanz gelten.

b) Wiederaufnahme, Vorfragentatbestand (§ 303 Abs. 1 lit. c in Verbindung mit Abs. 4 BAO):

§ 303 Abs. 1 lit. c und Abs. 4 BAO sehen eine Wiederaufnahme des Verfahrens dann vor, wenn ein Bescheid von Vorfragen abhängig war und nachträglich über eine solche Vorfrage von der hiefür zuständigen Behörde in wesentlichen Punkten anders entschieden wurde. Gemäß § 116 Abs. 1 BAO sind Abgabenbehörden berechtigt, im Ermittlungsverfahren auftauchende Vorfragen, die als Hauptfragen von anderen Verwaltungsbehörden oder Gerichten zu entscheiden wären, nach eigener Anschauung zu beurteilen. Vorfragen sind somit Rechtsfragen, für deren Entscheidung die Behörde nicht zuständig ist, die aber für ihre Entscheidung eine notwendige Grundlage bilden (zB VwGH 28. 5. 2002, 97/14/0053).

Der Verfassungsgerichtshof hat in seinem Erkenntnis vom 22. 6. 2009, G 5/09 ua., mit näherer Begründung ausgeführt, dass das Hervorkommen einer Entscheidung eines innerstaatlichen Höchstgerichtes und ebenso eines im Vorabentscheidungsverfahren ergangenen Urteils des Europäischen Gerichtshofes zur Auslegung von Gemeinschaftsrecht (nunmehr: Unionsrecht) keine Berechtigung zur Wiederaufnahme rechtskräftig abgeschlossener Verfahren nach dem Vorfragentatbestand vermittelt. Diese Auslegung entsprach dem bisher üblichen Verständnis dieses Wiederaufnahmegrundes (vgl. dazu etwa *Ritz*, BAO³, § 303 Tz 20). Auch der Verwaltungsgerichtshof sah in seinem Erkenntnis vom 21. 9. 2009, 2008/16/0148, keine Veranlassung, von dieser Ansicht abzugehen.

Nichts anderes kann für eine zu einem anderen Verfahren nachträglich ergangene, von der Beurteilung durch die Abgabenbehörde erster Instanz abweichenden UFS-Entscheidung gelten.

In Ansehung unterschiedlicher Parteien (BD GmbH & Co KG und V GmbH & Co KG) ist die für die Anwendung des Vorfragentatbestandes in Literatur und Rechtsprechung geforderte Parteienidentität (vgl. zB *Ritz*, BAO³, § 303 Tz 20; VfGH 22. 6. 2009, G 5/09 ua.) nicht gegeben. Die Vorfragenbindung an einen Bescheid in einem anderen Verfahren könnte nur dann unterstellt werden, wenn die Partei des betreffenden Abgabenverfahrens auch Partei des präjudiziellen Verfahrens ist.

c) Bescheidabänderung wegen Eintritts eines rückwirkenden Ereignisses (§ 295a BAO):

§ 295a BAO ermöglicht die Abänderung von Bescheiden, wenn Ereignisse eintreten, die abgabenrechtliche Wirkung auf den Bestand und Umfang eines Abgabenanspruches haben.

Ereignisse im Sinne des § 295a BAO sind sachverhaltsändernde tatsächliche oder rechtliche Vorgänge, von denen sich aus den die steuerlich relevanten Tatbestände regelnden Abgabenvorschriften eine abgabenrechtliche Wirkung für bereits entstandene Abgabenansprüche ergibt. Gerichtliche oder verwaltungsbehördliche Entscheidungen sind keine Ereignisse im vorgenannten Sinn.

Kein Ereignis im Sinn des § 295a BAO ist beispielsweise eine erstmalige oder geänderte Rechtsprechung des EuGH oder des VwGH (vgl. zB *Ritz*, BAO³, § 295a Tz 27).

Nichts anderes kann für die Entscheidung des UFS vom 17. Juli 2009 gelten. Sie stellt kein rückwirkendes Ereignis im Sinne des § 295a BAO dar. Sie spricht auch nicht über einen erst nachträglich verwirklichten Sachverhalt ab, sondern über die Verhältnisse im Steuerzeitraum.

d) Anpassung an einen nachträglichen grundlagenbescheidähnlichen Bescheid (§ 295 Abs. 3 BAO):

Nach § 295 Abs. 3 BAO ist ein Bescheid ohne Rücksicht darauf, ob Rechtskraft eingetreten ist, zu ändern oder aufzuheben, wenn der Spruch dieses Bescheides anders hätte lauten müssen oder dieser Bescheid nicht hätte ergehen dürfen, wäre bei seiner Erlassung ein anderer Bescheid bereits abgeändert, aufgehoben oder erlassen gewesen. Auch diese Bestimmung setzt nach der herrschenden Auffassung voraus, dass der grundlagenähnliche Bescheid an denselben Bescheidadressaten ergangen ist wie der auf § 295 Abs. 3 BAO gestützte Bescheid (vgl. zB *Ritz*, BAO³, § 295 Tz 16).

Nach der Rechtsprechung des Verwaltungsgerichtshofes (vgl. VwGH 20. 10. 1992, 92/14/0026) ist § 295 Abs. 3 BAO nicht dahingehend auszulegen, dass ein Bescheid EINES ABGABEPFLICHTIGEN nach dieser Bestimmung zu ändern ist, wenn der Spruch dieses Bescheides anders hätte lauten müssen, wäre bei seiner Erlassung ein „anderer" Bescheid EINES ANDEREN ABGABEPFLICHTIGEN bereits abgeändert, aufgehoben oder erlassen gewesen.

Nur in einem speziellen Fall (vgl. VwGH 14. 5. 1991, 90/14/0149) hatte der Verwaltungsgerichtshof darüber zu entscheiden, in welchem in einem einander materiell beeinflussenden Verhältnis Feststellungsbescheide einer OHG und Feststellungsbescheide einer KG zueinander standen. Der Verwaltungsgerichtshof hat in diesem Fall auf Grund einer besonderen Konstellation der Verwaltungsverfahren die Ansicht vertreten, dass in diesem Fall § 295 Abs. 3 BAO anzuwenden ist. Er hat aber auch in diesem Fall besonders darauf hingewiesen, er erachte es für rechtserheblich, dass die steuerlichen Auswirkungen denselben Personenkreis betreffen, nämlich jene Personen, die sowohl an der (beschwerdeführenden) OHG als auch an der KG beteiligt waren [vgl. dazu auch ÖStZ Heft 20/2007, 472 (ÖStZ 2007/992), zu UFS 26. 9. 2007, RV/0172-L/06].

e) Vorläufige Veranlagung nach § 200 Abs. 1 BAO:

Eine vorläufige Veranlagung nach § 200 BAO setzt eine Ungewissheit im Tatsachenbereich voraus, nicht jedoch zB eine Ungewissheit, wie eine Rechtsfrage von der Berufungsbehörde oder den Gerichtshöfen öffentlichen Rechts im Verfahren eines anderen Abgabepflichtigen gelöst wird (vgl. VwGH 23. 10. 1987, 85/17/0040; VwGH 28. 10. 1993, 93/14/0123).

Gegenständlich liegt ein Fall vor, in dem die abgabenrechtliche Beurteilung (Klärung der Rechtsfrage) bei gleichem Sachverhalt von der Berufungsentscheidung im Parallel- bzw. Korrespondenzfall bestimmt wird. Die Rechtsbeurteilung im Instanzenzug ist in einem Abgabenverfahren betreffend den gleichen Zeitraum, die gleichen Anschaffungen (Wirtschaftsgüter), aber ein anderes (verbundenes) Steuersubjekt betreffend anhängig. Inhaltlich kommt sie einer vom Finanzamt im unstrittigen Fall (Zuerkennung) getroffenen Vorfragenbeurteilung im Sinne des § 116 BAO nahe. Das zeigt sich daran, dass das Finanzamt bis zur Klärung der strittigen Zurechnungsfrage die IZP-Zuerkennung im Zweitfall auch versagen hätte können und eine dagegen erhobene Berufung gemäß § 281 BAO aussetzen oder sie ebenfalls dem UFS zwecks Erlangung korrespondierender Instanzenentscheidungen vorlegen hätte können. Diesfalls wäre auch in Bezug auf die Verjährung für beide Fälle § 209a Abs. 1 BAO anwendbar.

Stoll, BAO-Kommentar, 2104 f., lässt ausstehende Vorfragenentscheidungen (somit Rechtsfragen) als Anwendungsfälle für eine vorläufige Abgabenfestsetzung grundsätzlich zu.

Inhaltlich vergleichbar erscheint die „verfassungskonforme Auslegung“ des § 303 BAO laut Erkenntnis des Verfassungsgerichtshofes vom 6. 12. 1990, B 783/89, wonach nachträglich abweichende Entscheidung der Rechtsmittelinstanz betreffend aktivierungspflichtiger Anschaffungskosten die Qualität einer Vorfragenentscheidung als Wiederaufnahmsgrund hinsichtlich ihrer Auswirkungen auf die AfA der Folgejahre zukommt. Der Verwaltungsgerichtshof sieht in einer solchen Konstellation Anwendungen für § 295 Abs. 3 BAO (vgl. dazu *Ritz*, BAO[3], § 303 Tz 22 und 23). Für beide Verfahrenstitel stellt jedoch laut obiger Ausführungen die Parteienidentität eine unabdingbare Voraussetzung dar. Für eine vorläufige Festsetzung gemäß § 200 Abs. 1 BAO wäre sie nicht zwingend erforderlich.

Zusammenfassend ist festzuhalten, dass im gegenständlichen Beispielsfall keine verfahrensrechtliche Handhabe zur Erzielung einer rechtsrichtigen Besteuerung mehr besteht.

27. Veranlagung bei (un-)beschränkter Steuerpflicht

27.1. Sachverhalt

Bei einer abgabenbehördlichen Prüfung wird festgestellt, dass der bisher als beschränkt Steuerpflichtiger veranlagte Abgabenpflichtige unbeschränkt steuerpflichtig ist. Bei der Änderung der Bescheide ergibt sich das Problem, dass für die Veranlagung als unbeschränkt Steuerpflichtiger EDV-technisch eine neue Steuernummer aufgenommen werden muss, da die Veranlagung auf der bisherigen Steuernummer (gilt nur für beschränkte Steuerpflicht) nicht möglich ist. Auf der neuen Steuernummer ist wiederum kein Wiederaufnahmsbescheid möglich, weil es unter dieser Steuernummer keinen Erstbescheid gibt.

27.2. Frage

Fraglich ist, wie in einem derartigen Fall vorzugehen ist und welche Rechtsfolgen erwachsen, wenn unter der neuen Steuernummer ein Erstbescheid erlassen wird, ohne vorher den Bescheid über die beschränkte Steuerpflicht aufzuheben.

27.3. Lösung

§ 39 EStG 1988 (Veranlagungszeitraum) unterscheidet seinem Wortlaut nach nicht zwischen beschränkter und unbeschränkter Einkommensteuerpflicht. Der Verwaltungsgerichtshof hat dazu jedoch in einem Erkenntnis vom VwGH 26. 9. 1990, 86/13/0104, die Rechtsansicht vertreten, dass bei einem unterjährigen Wechsel zwischen beschränkter und unbeschränkter Steuerpflicht die Einkünfte, die während der Dauer der unbeschränkten Steuerpflicht, und jene, die während der Dauer der beschränkten Steuerpflicht bezogen wurden, getrennt zu veranlagen sind (vgl. dazu auch EStR 2000 Rz 7503).

Die Durchführung der Veranlagung für einen (unterjährigen) Zeitraum, für den noch keine Veranlagung vorgenommen wurde, benötigt keinen Verfahrenstitel zur Abänderung eines bereits ergangenen und in Rechtskraft erwachsenen Abgabenbescheides, weil dadurch kein Eingriff in eine bereits bestehende Rechtskraftwirkung eines Bescheides vorgenommen wird.

Diese Situation ist nicht vergleichbar mit der fallbezogenen, in der für den gesamten Veranlagungszeitraum eine Veranlagung als beschränkt Einkommensteuerpflichtiger erfolgte und die Außenprüfung in der Folge feststellte, dass für den gesamten Veranlagungszeitraum die Voraussetzungen für die unbeschränkte Einkommensteuerpflicht vorlagen, mit anderen Worten die vorherige Veranlagung als beschränkt Steuerpflichtiger unrechtmäßig war. In diesem Fall darf für den gleichen Zeitraum ohne Vorliegen eines Titels zur Durchbrechung der Rechtskraft kein zweiter Einkommensteuerbescheid erlassen werden, weil „Identität der Sache" vorliegt. Eine neuerliche Entscheidung in derselben Sache würde gegen den Grundsatz „ne bis in idem" verstoßen, der besagt, dass eine Abgabenbehörde in ein und derselben Sache nicht zweimal entscheiden darf (Unwiederholbarkeit, Einmaligkeitswirkung). Das Verbot des „ne bis in idem" ist eine Folge der materiellen Rechtskraft eines Abgabenbescheides und nach übereinstimmender Auffassung in Literatur und Rechtsprechung (vgl. zB VfGH 9. 3. 1987, B 605/85; VwGH 30. 1. 1991, 90/13/0043) – obwohl in der Bundesabgabenordnung nicht ausdrücklich verankert – mit dem Begriff „Rechtskraftwirkung von Bescheiden" untrennbar verbunden.

28. VwGH-Entscheidung

28.1. Sachverhalt

Wenn der Verwaltungsgerichtshof eine UFS-Entscheidung aufhebt, vergeht bis zum neuerlichen Erlassen einer Berufungsentscheidung eine gewisse Zeit.

28.2. Frage

Hat die Abgabenbehörde 1. Instanz diese Bescheidaufhebung durch den Verwaltungsgerichtshof sofort mittels „händischen § 299 BAO" buchungstechnisch umzusetzen?

Gilt eine damals beim „wiederauferstandenen" Vorlageantrag bewilligte Aussetzung der Einhebung automatisch weiter oder ist ein neuer Antrag auf Aussetzung der Einhebung zu stellen oder lebt der alte Antrag wieder auf?

28.3. Lösung

§ 214 Abs. 1 letzter Satz BAO ordnet an, dass die Verbuchung von Abgabenschuldigkeiten ohne unnötigen Aufschub und in einer von sachlichen Gesichtspunkten bestimmten Reihenfolge vorzunehmen ist. Dies gilt gleichermaßen für die Verbuchung von Zahlungen und (sonstigen) Gutschriften im Rahmen der Gebarungsverrechnung nach den §§ 213 ff. BAO.

Nach § 42 Abs. 3 VwGG tritt durch die Aufhebung des angefochtenen Bescheides (Berufungsentscheidung) durch den Verwaltungsgerichtshof die Rechtssache (Berufungsverfahren) in die Lage zurück, in der sie sich vor Erlassung des angefochtenen Bescheides befunden hatte. VwGH 3. 8. 2004, 99/13/0207, leitet aus dieser Bestimmung ab, dass die mit rückwirkender Kraft ausgestattete Gestaltungswirkung der Aufhebung durch den Verwaltungsgerichtshof zur Folge hat, dass auch allen Rechtsakten, die während der Geltung der aufgehobenen Berufungsentscheidung auf ihrer Basis gesetzt wurden und mit ihr in einem unlösbaren rechtlichen Zusammenhang stehen, im Nachhinein die Rechtsgrundlage entzogen wird.

Es ist daher nicht nur das (ordentliche) Rechtsmittelverfahren wiederum offen, sondern es lebt auch eine gemäß § 212a Abs. 5 BAO ablaufverfügte Aussetzung der Einhebung wiederum auf, ohne dass dazu eine neuerliche Antragstellung und bescheidmäßige Erledigung nach § 212a Abs. 1 BAO erforderlich wären.

29. Rückzahlungssperre

29.1. Sachverhalt

Ein Automaten-Service Unternehmen bringt eine Anregung auf Wiederaufnahme des Verfahrens von Amts wegen (§ 303 Abs. 4 BAO), und zwar betreffend die Umsatzsteuer für die Jahre 2004 bis 2008 ein. Nach dem in der Anregung geschilderten Sachverhalt hat das Unternehmen bestimmte Umsätze von sogenannten „Heißgetränken" dem Normalsteuersatz von 20% anstatt dem ermäßigten Steuersatz von 10% unterworfen. Dies sei irrtümlich erfolgt und auf fehlerhafte Datenübermittlung und Datenerfassung innerhalb des Unternehmens zurückzuführen.

Der Anregung wurde gefolgt, für die betroffenen Jahre eine Wiederaufnahme des Verfahrens verfügt und mit diesen Bescheiden neue Sachbescheide betreffend Umsatzsteuer über die genannten Jahre verbunden bzw. erlassen. Die aus der Verbuchung resultierenden Guthaben wurden über Rückzahlungsantrag ausbezahlt.

In weiterer Folge wurde im Rahmen interner Maßnahmen vom Finanzamt erkannt, dass einer Gutschrift der Umsatzsteuer auf dem Abgabenkonto bzw. eine Rückzahlung des Guthabens die Bestimmungen des § 239a BAO („Bereicherungsnorm") entgegenstehen.

Das Finanzamt erließ auf § 299 BAO gestützte Bescheide, mit der Absicht die Wiederaufnahmsbescheide aufzuheben und begründete die Aufhebungsbescheide damit, die Rückzahlungssperre des § 239a BAO lasse eine positive Ermessensübung nicht zu, da es aus verfahrensrechtlicher Sicht unökonomisch erscheine, einerseits eine Wiederaufnahme zu verfügen und andererseits eine Gutschrift nach § 239a BAO zu unterlassen. Tatsächlich wurden versehentlich nicht die Wiederaufnahmsbescheide, sondern die Umsatzsteuerbescheide der Jahre 2004 bis 2008 nach § 299 BAO aufgehoben.

Der UFS beabsichtigt im Rahmen des in der Folge anhängigen Berufungsverfahrens diese Aufhebungsbescheide mit Berufungsentscheidung aufzuheben, sprechen doch diese Bescheide nicht über die Aufhebung der Wiederaufnahme, sondern über die Abänderung der Umsatzsteuerbescheide ab.

29.2. Frage

Kann eine auf § 239a BAO gestützte Maßnahme in jeder Lage eines Verfahrens ergehen?

29.3. Lösung

§ 239a BAO ist auch nach Buchung einer aus einem Abgabenbescheid resultierenden Gutschrift anwendbar.

Buchungen sind unter anderem dann zu berichtigen, wenn sie nachträglich rechtswidrig werden, wie etwa, wenn nach Buchung vorgenommene Ermittlungen des Finanzamtes ergeben, dass die Gutschrift zu einer ungerechtfertigten Bereicherung des Abgabepflichtigen führen würde. Eine solche Berichtigung setzt einen dies anordnenden Bescheid voraus. Dieser Bescheid ist ein Bescheid sui generis. Als Folge des Bescheides fällt die Gutschrift weg und es entsteht eine Abgabennachforderung.

12/8/7.

AÖF 2012/205

Salzburger Steuerdialog 2012 – BAO

(Erlass des BMF vom 2. Oktober 2012, BMF-010103/0198-VI/2011)

Ergebnisse des Salzburger Steuerdialoges 2012 im Bereich der Bundesabgabenordnung

1. Advance Ruling – Unrichtige Sachverhaltszusammenfassung

1.1. Sachverhalt

Ein Finanzamt fasst einen Sachverhalt zusammen, kürzt ihn dadurch und beurteilt ihn rechtlich richtig.

Es ist zwar die inhaltliche Beurteilung richtig, aber der Beamte hat sich bei der Zusammenfassung geirrt und hat daher einen anderen Sachverhalt, der so nicht gefragt war, beurteilt.

1.2. Frage

Wie kommt der Antragsteller zur Beurteilung des Sachverhaltes, den er gefragt hat? Muss er darum noch einmal ansuchen?

1.3. Lösung

Der ursprünglich gefragte Sachverhalt ist nicht beurteilt worden.

Man könnte berufen mit dem Grund, dass ein antragsgebundener Verwaltungsakt nicht erfolgt ist, sondern ein Bescheid von Amts wegen ergangen ist.

Der Antragsteller müsste nicht neuerlich um Beantwortung ansuchen, aber darauf in der vorgebrachten Berufung hinweisen.

2. Advance Ruling – Berichtigung

2.1. Sachverhalt

Das Finanzamt erlässt einen Rulingbescheid.

Der Antragsteller beruft dagegen und der UFS erlässt als Berufungsbehörde in der Folge einen anderslautenden Rulingbescheid als das Finanzamt in I. Instanz.

Der UFS schreibt eine seitenlange Begründung, warum der Sachverhalt nicht unter einen bestimmten gesetzlichen Tatbestand fällt, schreibt aber dann im Schlusssatz, dass der Sachverhalt unter genau diesen Tatbestand fällt. Es handelt sich dabei lediglich um einen Schreibfehler in der UFS-Entscheidung im Sinne des § 118 Abs. 9 lit. a BAO, weil das Wort „nicht" vergessen wurde.

2.2. Frage

Wer ist sachlich zuständig und kann eine Änderung oder Aufhebung des UFS-Bescheides bewirken?

2.3. Lösung

In Analogie zu § 293 BAO obliegt die Berichtigung jener Behörde, die den zu berichtigenden Bescheid erlassen hat. Demzufolge berichtigt der UFS gemäß § 118 Abs. 9 lit. a BAO seinen Rulingbescheid selbst.

3. Advance Ruling – Vorgehensweise bei fehlendem berechtigtem Interesse

3.1. Sachverhalt

Von einem Studenten, der sich dadurch einen Teil der Dissertation vom Finanzamt schreiben lassen möchte, wird ein Antrag auf Advance Ruling in einem der drei Gebiete des § 118 Abs. 2 BAO (Umgründungen, Gruppenbesteuerung oder Verrechnungspreise) gestellt.

Die Voraussetzung des besonderen Interesses im Sinne des § 118 Abs. 1 BAO besteht mangels abgabenrechtlichem Bezug offensichtlich nicht.

3.2. Frage

Ist der Antrag abzuweisen oder zurückzuweisen?

3.3. Lösung

Wenn der Student nicht angibt, ein besonderes Interesse zu haben, müsste das Finanzamt zunächst einen Mängelbehebungsauftrag (§ 85 Abs. 2 BAO) erlassen.

Gibt der Student fälschlicherweise ein besonderes Interesse an, wäre nicht mit einem Mängelbehebungsauftrag zu reagieren. In diesem Fall müsste das Finanzamt den Antrag mangels besonderen Interesses als unzulässig zurückweisen.

4. Advance Ruling – Vorgehensweise bei nicht legitimiertem Antragsteller

4.1. Sachverhalt

Drei Personen unterzeichnen einen Rulingantrag zu einem Sachverhalt.

Es sind nur zwei der drei antragslegitimiert.

4.2. Frage

Ist ein Bescheid zu erlassen und wenn ja, wie ist hinsichtlich des nicht legitimierten Antragstellers vorzugehen?

Wer trägt welche Kosten?

4.3. Lösung

Hinsichtlich der beiden berechtigten Antragsteller ist der Auskunftsbescheid zu erlassen und diesen auch zuzustellen.

Hinsichtlich der nicht legitimierten Person ist der Antrag bescheidmäßig zurückzuweisen.

Da es sich nur um einen Sachverhalt und damit einen Antrag handelt, fällt nur einmal der Verwaltungskostenbeitrag im Sinne des § 118 Abs. 10 BAO an, der grundsätzlich von den beiden Legitimierten zu entrichten ist. Vom nicht legitimierten Antragsteller wird aus Ermessensgründen nicht mehr als der Verwaltungskostenbeitrag für die Zurückweisung (500 Euro) zu verlangen sein.

5. Advance Ruling – Anfrage eines ausländischen Unternehmens

5.1. Sachverhalt

Das Unternehmen AB hat seinen Sitz in Budapest. Es werden Umsätze hauptsächlich in Ungarn erzielt. Die ungarischen Umsatzerlöse betragen etwa eine halbe Million Euro pro Jahr. In Österreich erzielt das Unternehmen geringe Erlöse in der Höhe von 25.000 Euro im Jahr. Das Unternehmen plant die Gründung einer Betriebsstätte in Österreich.

5.2. Frage

Wie hoch ist der Verwaltungskostenbeitrag?

5.3. Lösung

Auch ausländische Erlöse fallen unter den Begriff der Umsatzerlöse in § 118 Abs. 10 BAO. Daher sind sowohl die in Österreich als auch die in Ungarn erzielten Umsatzerlöse für die Höhe des Verwaltungskostenbeitrags heranzuziehen. Er beträgt somit 3.000 Euro.

6. Schenkungsmeldung – Hofübertragung

6.1. Sachverhalt

Ein Bauer übergibt seinem Sohn seinen Bauernhof. Neben dem Grundvermögen und dem Bauernhof selbst werden Vieh und Geräte, sowie Fahrzeuge und Nebengebäude usw. an den Sohn übergeben. Außerdem wird im Zuge dessen ein Auto, das der Bauer nicht im Rahmen des Bauernhofes, sondern für private Ausfahrten genutzt hat, übertragen. Das Fahrzeug ist fast neuwertig und hat einen Marktwert von zirka 80.000 Euro.

6.2. Frage

Wofür besteht Schenkungsmeldepflicht?

6.3. Lösung

Das Grundvermögen unterliegt nicht der Anzeigepflicht gemäß § 121a BAO, ebenso wenig die Nebengebäude oder das Gebäude des Bauerhofes. Aber es ist anzunehmen, dass all das zum Betrieb des Bauernhofes gehört und damit Betriebsvermögen darstellt.

Es ist daher der Betrieb gemäß § 121a Abs. 1 lit. b BAO anzeigepflichtig.

Darüber hinaus ist von der Anzeigepflicht das Auto umfasst, das offensichtlich nicht zum Betriebsvermögen, sondern zum Privateigentum des Bauern gehört und die Wertgrenze von 50.000 Euro übersteigt.

7. Schenkungsmeldung – Teilweise mittelbare Grundstücksschenkung

7.1. Sachverhalt

A schenkt seiner Tochter B 100.000 Euro zum Ankauf einer bestimmten Eigentumswohnung auf der Mariahilferstraße, die mehr als das Doppelte kostet und die B erwerben möchte. Von Ihrem Freund C erhält B 20.000 Euro für die Einrichtung und von ihrer Mutter D 50.000 Euro für den Wohnungsankauf. Den Rest finanziert B selbst.

Variante:

B hat sich noch nicht für die Wohnung entschieden, sondern möchte noch weiter suchen, erhält aber bereits die genannten Schenkungen.

7.2. Frage

Hinsichtlich welcher Schenkung besteht Anzeigepflicht gemäß § 121a BAO?

Muss die anzukaufende Liegenschaft einen dringenden Wohnbedarf des Schenkungsnehmers abdecken?

Ändert sich bei der Variante die Verpflichtung zur Anzeige gemäß § 121a BAO?

7.3. Lösung

Die Schenkung von Grundstücken, Eigentumswohnungen, Häusern oder anderem Grundvermögen ist nicht anzeigepflichtig gemäß § 121a BAO.

Gleichzeitig ist im Falle der Bargeldschenkung zum Liegenschaftserwerb eine Anzeigepflicht gemäß § 121a BAO nicht gegeben, wenn das geschenkte Geld zum Ankauf eines bestimmten Grundstückes geschenkt wird, weil es bei einer Schenkung im Sinne des bürgerlichen Rechts, einem Erkenntnis des VwGH vom 24. 05. 1991, 89/16/0068, folgend, ausschließlich auf den Parteiwillen ankommt, was Gegenstand einer Schenkung ist.

Deshalb ist grundsätzlich zu differenzieren zwischen der Schenkung eines Geldbetrages, um damit bereits konkretisiertes Grundvermögen oder um damit beliebiges Grundvermögen zu finanzieren/mitzufinanzieren.

Im Fall der konkreten Eigentumswohnung auf der Mariahilferstraße ist der Wille des Geschenkgebers darauf gerichtet, einen Teil einer bestimmten Wohnung zu schenken; da § 121a BAO eine Anzeigepflicht aber ausschließlich für bewegliches Vermögen vorsieht, ist dieser Vorgang nicht anzeigepflichtig.

Weder die Schenkung von A noch von D ist daher anzeigepflichtig.

Was die Schenkung von C betrifft, ist diese dann nicht anzeigepflichtig, wenn C der Lebensgefährte von A ist. Ist er das nicht, wäre Anzeigepflicht gegeben, da der Angehörigenbegriff nicht erfüllt und die Wertgrenze von 15.000 Euro überschritten wäre.

Die Anzeigepflicht ist unabhängig von dem Bestehen eines dringenden oder sonstigen Wohnbedürfnisses.

Lösung Variante:

Wird das Geld zum Ankauf irgendeiner beliebigen Eigentumswohnung geschenkt, für die sich B noch nicht entschieden hat, bezieht sich der Wille von A und D im Zeitpunkt der Schenkung darauf, Bargeld zu schenken, das in der Zukunft zum Ankauf einer beliebigen Wohnung verwendet werden soll.

Die Geldschenkung des A wäre anzeigepflichtig gemäß § 121a BAO, da sie den Betrag von 50.000 Euro innerhalb eines Jahres übersteigt, die Schenkung von D wäre nicht anzeigepflichtig, da sie unter der Wertgrenze liegt.

8. Schenkungsmeldung – Nachkauf von Versicherungszeiten

8.1. Sachverhalt

Dem Antrag an die PVA von Frau B auf Nachkauf von Schul- und Studienzeiten wurde stattgegeben. Der dafür anfallende Betrag von 60.000 Euro wird von ihrem Gatten A bezahlt. Darüber hinaus zahlt A für die kommenden drei Jahre monatlich 500 Euro für die Weiterversicherung von B an die PVA.

8.2. Frage

Löst die Zahlung des Geldbetrages zum Erwerb von Versicherungszeiten der Gattin Anzeigepflicht gemäß § 121a BAO aus?

8.3. Lösung

Die 60.000 Euro stellen eine vormalige Prämienschenkung dar. Das bedeutet, dass die Schenkung anzeigepflichtig ist, da die 50.000 Euro-Grenze überschritten wurde. Die zusätzlichen Zahlungen sind ebenfalls anzeigepflichtig, da schon durch die 60.000 Euro die Wertgrenze des § 121a Abs. 2 BAO überschritten wurde.

Eine pragmatische Lösung wäre es, die 12 Monate zu addieren und gleich vorweg eine Anzeige beim Finanzamt für das ganze Jahr zu machen, um nicht jeden Monat eine Schenkungsmeldung abgeben zu müssen.

9. Schenkungsmeldung – Auszahlung durch die Versicherung

9.1. Sachverhalt

A zahlt eine bestimmte Summe an eine Versicherung ein, die zu einem späteren Zeitpunkt an eine Person B ausbezahlt werden soll.

Als der Zeitpunkt erreicht ist, bezahlt auf Grund des Vertrages die Versicherung an B aus.

9.2. Frage

Handelt es sich um einen anzeigepflichtigen Vorgang, wenn die auszuzahlende Summe die Wertgrenzen des § 121a Abs. 2 BAO übersteigt?

Wer hat die Anzeigepflicht beim Finanzamt vorzunehmen, A oder die Versicherung?

9.3. Lösung

Es handelt sich um einen anzeigepflichtigen Vorgang gemäß § 121a BAO.

Die Versicherung trifft keine Anzeigepflicht, da sie lediglich auf Grund einer rechtlichen Verpflichtung ausbezahlt. Zur Anzeige sind A und B gesamtschuldnerisch verpflichtet.

10. Schenkungsmeldung – Spende

10.1. Sachverhalt

A hat eine größere Erbschaft gemacht und möchte einen Teil des Geldes einem Tierschutzverein zukommen lassen. In der Folge überweist A 25.000 Euro auf das Konto des Tierschutzvereins.

10.2. Frage

Handelt es sich bei dieser Überweisung um eine anzeigepflichtige Schenkung gemäß § 121a BAO?

10.3. Lösung

Eine Schenkung an einen gemeinnützigen Verein ist von der Anzeigepflicht gemäß § 121a Abs. 2 lit. c BAO befreit, da auf § 15 Abs. 1 Z 14 lit. a ErbStG 1955 verwiesen wird, der inländische juristische Personen, die gemeinnützige Zwecke verfolgen, befreit. Tierschutz ist gemäß § 35 BAO ein gemeinnütziger Zweck. Beim Tierschutzverein handelt es sich somit um einen Verein, der gemeinnützige Zwecke verfolgt – daher ist der Vorgang nicht anzeigepflichtig.

11. Gewillkürte Vertretung – Gewillkürter Vertreter im Familienbeihilfenverfahren

11.1. Sachverhalt

Im Abgabeninformationssystem (AIS) ist, anders als im Familienbeihilfenverfahren (DB7), eine (Zustell-)vollmacht eines gewillkürten Vertreters (in Maske G 62) vermerkt.

Im Beihilfenverfahren treten die Parteien grundsätzlich immer selbst vor dem Finanzamt auf. Es ergeht an die Partei ein Abweisungsbescheid/ein Rückforderungsbescheid. Ein § 213 Abs. 2 BAO-Konto wird für die Rückforderung eröffnet.

a) Gegen den Abweisungs- bzw. Rückforderungsbescheid wird durch einen Wirtschaftstreuhänder/Rechtsanwalt berufen und im letztgenannten Fall auch die Aussetzung der Einhebung beantragt. Der Vertreter beruft sich auf die (Zustell-)Bevollmächtigung.
b) Der Beihilfenbezieher beruft selbst gegen den Bescheid.

11.2. Frage

Kann/muss angenommen werden, dass im Falle einer im DB2 gespeicherten steuerlichen Vollmacht, diese Vollmacht auch das Familienbeihilfenverfahren miteinschließt, zumal die Familienbeihilfe von den Bestimmungen des § 2 lit. a Z 1 BAO umfasst ist, oder muss für das Beihilfenverfahren gegebenenfalls eine gesonderte Vollmacht erteilt werden?

11.3. Lösung

Die Bevollmächtigung muss im jeweiligen Verfahren geltend gemacht werden.

a) Es ist daher, sofern im Beihilfenverfahren auf eine Vollmacht Bezug genommen wird, in jedem Fall mit dem Einschreiter Kontakt aufzunehmen und anzufragen, ob die im DB2 gespeicherte Vollmacht auch das Beihilfenverfahren umschließt oder ob es sich bei der Vollmacht um eine Vollmacht ausschließlich für das Beihilfenverfahren handelt. Dies sollte im Besonderen bei über FinanzOnline bekanntgegebenen Vollmachten erfolgen, weil in diesen Fällen der Umfang der Bevollmächtigung nicht bekannt ist.

   Nach Abschluss des Rechtsmittelverfahrens muss gegebenenfalls das Erlöschen der Vollmacht bekanntgegeben werden, damit wiederum die entsprechenden Eingaben im Verfahren G 62 beim § 213 Abs. 2 BAO-Konto und im DB7 durchgeführt werden können, sofern der Beihilfenbezieher wieder seine Angelegenheiten selbst regeln will.
b) Da die Bevollmächtigung in jedem Verfahren gesondert geltend gemacht werden muss und überdies die Partei auch bei Vollmachterteilung selbst ihre Angelegenheiten regeln kann, ist eine im DB2 gespeicherte Vollmacht für das Beihilfenverfahren unbeachtlich.

Gemäß § 83 BAO können sich die Parteien und ihre gesetzlichen Vertreter, sofern nicht ihr persönliches Erscheinen ausdrücklich gefordert wird, durch eigenberechtigte natürliche Personen, juristische Personen oder eingetragene Personengesellschaften vertreten lassen, die sich durch eine schriftliche Vollmacht auszuweisen haben.

Inhalt und Umfang der Vertretungsbefugnis des Bevollmächtigten richten sich nach der Vollmacht; hierüber sowie über den Bestand der Vertretungsbefugnis auftauchende Zweifel sind nach den Vorschriften des bürgerlichen Rechtes zu beurteilen.

Grundsätzlich hat sich der Vertreter durch eine schriftliche Vollmacht auszuweisen. Die Vollmachtsurkunde muss vom Vollmachtgeber eigenhändig unterschrieben sein (VwGH 05. 03. 1981, 3003/79).

Beispielsweise bei Rechtsanwälten, Wirtschaftstreuhändern und Bilanzbuchhaltern ersetzt nach § 8 Abs. 1 letzter Satz RAO, § 88 Abs. 9 WTBG bzw. § 73 Abs. 5 BibuG die Berufung auf die Bevollmächtigung deren urkundlichen Nachweis. Für diese Parteienvertreter reicht es somit, wenn sie sich schriftlich oder mündlich auf eine ihnen erteilte Bevollmächtigung berufen.

Beruft sich einer der genannten Parteienvertreter auf eine ihm erteilte Bevollmächtigung, so ist für den Umfang der Vertretungsmacht seine Behauptung maßgebend (vgl. VwGH 24. 06. 1999, 97/15/0131).

Bestehen konkrete Zweifel, ob der betreffende Parteienvertreter tatsächlich bevollmächtigt ist, so hat die Abgabenbehörde von Amts wegen entsprechende Ermittlungen vorzunehmen (vgl. *Ritz*, BAO^4, § 83 Tz 12).

Der Inhalt und Umfang der Vertretungsbefugnis ergibt sich primär aus der Vollmachtsurkunde.

Eine allgemeine Vollmacht umfasst nach ständiger Rechtsprechung auch die Empfangnahme von Schriftstücken (zB VwGH 19. 09. 2001, 99/16/0091).

Eine Bevollmächtigung muss grundsätzlich im jeweiligen Verfahren geltend gemacht werden (vgl. zB VwGH 16. 12. 2003, 2001/15/0026; VwGH 08. 09. 2010, 2008/16/0170; VwGH 28. 06. 2012, 2010/16/0275). Dies kann durch die Partei oder den Vertreter erfolgen. Auch wenn nach der Vollmachtsurkunde alle Verfahren vor Abgabenbehörden des Bundes umfasst sind, ist sie dennoch von der Abgabenbehörde nur in dem Verfahren, in dem darauf hingewiesen wird, zu beachten.

Das Familienbeihilfenverfahren stellt ein eigenes Verfahren dar, in dem die Bevollmächtigung geltend gemacht werden muss.

Wird nun gegen den Abweisungs- bzw. Rückforderungsbescheid von einem Steuerberater mit Berufung auf die ihm erteilte Vollmacht Berufung erhoben, und bestehen keine Zweifel an dieser Vollmacht, kann von einer erteilten Vollmacht im Familienbeihilfenverfahren ausgegangen werden. In diesem Fall umfasst die Vollmacht auch die Zustellvollmacht. Etwaige Erledigungen sind an den Steuerberater zuzustellen.

Bestehen Zweifel, so sind entsprechende Ermittlungen vorzunehmen.

Beruft der Steuerpflichtige selber gegen den Abweisungs- bzw. Rückforderungsbescheid, ist diesem die Erledigung zuzustellen.

12. Anbringen – Deuten von Anbringen

12.1. Sachverhalt

Eine GmbH bringt gegen den Körperschaftsteuerbescheid Berufung ein. Das Finanzamt stellt nach längeren Erhebungen fest, dass die Berufung verspätet eingebracht wurde.

Die Berufung wird daher als verspätet zurückgewiesen. Dies erfolgt erst nach Ablauf der Jahresfrist des § 302 Abs. 1 BAO.

Die Berufungswerberin beantragt nunmehr, die verspätet eingebrachte Berufung als Antrag auf Aufhebung des Bescheides gemäß § 299 BAO zu werten.

12.2. Frage

Kann ein als Berufung bezeichnetes Anbringen als Antrag auf Aufhebung gemäß § 299 BAO umgedeutet werden?

12.3. Lösung

Für die Beurteilung von Anbringen kommt es nicht auf die Bezeichnung von Schriftsätzen und die zufälligen verbalen Formen an, sondern auf den Inhalt, das erkennbare oder zu erschließende Ziel des Parteischrittes (zB VwGH 11. 11. 2010, 2010/17/0053, 0054).

Maßgebend für die Wirksamkeit einer Prozesserklärung ist das Erklärte, nicht das Gewollte (zB VwGH 26. 06. 2003, 2002/16/0286 bis 0289; VwGH 28. 02. 2008, 2006/16/0129). Allerdings ist das Erklärte der Auslegung zugänglich (VwGH 16. 07. 1996, 95/14/0148; VwGH 29. 07. 2010, 2009/15/0152).

Bei einem eindeutigen Inhalt eines Anbringens ist eine davon abweichende, nach außen auch andeutungsweise nicht zum Ausdruck kommende Absicht des Einschreiters nicht maßgebend (zB VwGH 24. 06. 2009, 2007/15/0041).

Bei undeutlichem Inhalt eines Anbringens ist die Behörde gehalten, die Absicht der Partei zu erforschen (zB VwGH 24. 06. 2009, 2007/15/0041; VwGH 20. 05. 2010, 2010/15/0035). Die Anwendung dieses Grundsatzes setzt jedoch voraus, dass eine der Auslegung zugängliche Parteienerklärung überhaupt vorliegt und dass der Wille der Partei aus ihrem Vorbringen mit Eindeutigkeit erschlossen werden kann. Nicht kommt der Behörde die Aufgabe zu, den Sinn einer unklaren, mehr als eine Deutung zulassenden Parteienerklärung in der Richtung zu bestimmen, die für den Standpunkt der Partei am günstigsten wäre, geschweige denn von der Partei tatsächlich nicht erstattete Erklärungen zu fingieren (VwGH 08. 04. 1992, 91/13/0123).

Da der Schriftsatz unter der Bezeichnung „Berufung" eingebracht wurde und auch keine inhaltlichen Zweifel am Berufungscharakter bestehen, ist ein Umdeuten in einen Antrag auf Aufhebung gemäß § 299 BAO ausgeschlossen. Eine amtswegige Aufhebung kommt wegen des Ablaufes der für eine solche Maßnahme maßgebenden Jahresfrist des § 302 Abs. 1 BAO nicht in Betracht.

Ergeben sich aus der (wenn auch verspäteten) Berufung Hinweise auf Wiederaufnahmsgründe (insbesondere auf für die Abgabenbehörde neu hervorgekommene Tatsachen), so ist nach Durchführung allenfalls erforderlicher Ermittlungen zu prüfen, ob eine Wiederaufnahme des Körperschaftsteuerverfahrens von Amts wegen zu erfolgen hat, wofür im Allgemeinen der Vorrang des Grundsatzes der Gleichmäßigkeit der Besteuerung (Vorrang der Rechtsrichtigkeit) vor dem Grundsatz der Rechtsbeständigkeit spricht. Der Umstand, dass die Berufung nicht rechtzeitig eingebracht wurde, spricht keinesfalls gegen die amtswegige Wiederaufnahme.

13. Anbringen – Vorgehensweise bei Mängelbehebung

13.1. Sachverhalt

Gemäß § 85 Abs. 2 BAO sind dem Einschreiter die Behebung von Mängeln von Eingaben (Formgebrechen, inhaltliche Mängel, Fehlen einer Unterschrift) aufzutragen.

13.2. Frage

Was ist unter Eingaben im Sinne dieser Bestimmung gemeint?

Was sind inhaltliche Mängel im Sinne der Bestimmung?

Was sind Formgebrechen?

13.3. Lösung

Gemäß § 85 Abs. 2 BAO berechtigen Mängel von Eingaben die Abgabenbehörde nicht zur Zurückweisung. Die Abgabenbehörde hat dem Einschreiter die Behebung dieser Mängel mit dem Hinweis aufzutragen, dass die Eingabe nach fruchtlosem Ablauf einer gleichzeitig zu bestimmenden angemessenen Frist als zurückgenommen gilt. Werden die Mängel rechtzeitig behoben, gilt die Eingabe als ursprünglich richtig eingebracht.

Unter Eingaben werden Anbringen zur Geltendmachung von Rechten verstanden.

Bei der Art von Mängeln wird zwischen Formgebrechen, inhaltlichen Mängeln und Fehlen einer Unterschrift unterschieden.

Formgebrechen sind solche Gestaltungen, die gesetzlich normierten Vorschriften widersprechen, wenn diese Vorschriften die formelle Behandlung eines Anbringens sicherstellen oder die Erledigung für die Behörde erleichtern oder überhaupt erst ermöglichen sollen.

Inhaltliche Mängel im Sinne des § 85 Abs. 2 erster Satz BAO liegen nur bei Fehlen gesetzlich geforderter inhaltlicher Angaben vor. Solche Inhaltserfordernisse ergeben sich in der BAO aus:

- § 118 Abs. 4 (Antrag auf Auskunftsbescheid),
- § 205a Abs. 2 (Antrag auf Berufungszinsen),
- § 250 (Berufung),
- § 303a (Wiederaufnahmsantrag),
- § 309a (Wiedereinsetzungsantrag).

Bei fehlender Unterschrift ist ebenso wie bei Formgebrechen mit Mängelbehebungsauftrag vorzugehen; dies gilt nach § 86a Abs. 1 dritter Satz BAO nicht bei telegraphischer, fernschriftlicher oder im Wege automationsunterstützter Datenübertragung erfolgter Einreichung von Anbringen.

Es muss jedoch ein die Identität des Unterschreibenden ausreichend kennzeichnender, individueller Schriftzug sein, der entsprechende charakteristische Merkmale aufweist und sich als Unterschrift eines Namens darstellt (vgl. zB VwGH 27. 08. 2008, 2006/15/0165).

14. Berufung – Zuständigkeit

14.1. Sachverhalt

Das Finanzamt A erlässt den Einkommensteuerbescheid für das Jahr 2010. Kurz darauf wird der Akt an das Finanzamt B zuständigkeitshalber abgetreten.

Der Abgabepflichtige bringt die Berufung beim UFS ein, der die Berufung unverzüglich an das Finanzamt A weiterleitet.

14.2. Frage

Wo kann die Berufung fristwahrend eingebracht werden?

14.3. Lösung

Gemäß § 249 Abs. 1 BAO ist die Berufung bei der Abgabenbehörde einzubringen, die den angefochtenen Bescheid erlassen hat. Die Berufung kann jedoch im Fall einer Änderung der Zuständigkeit bei der neu zuständigen Abgabenbehörde eingebracht werden. Die Abgabenbehörde zweiter Instanz hat die bei ihr eingebrachte Berufung unverzüglich an die Abgabenbehörde erster Instanz weiterzuleiten.

Gemäß § 4 AVOG 2010 berührt der Übergang der Zuständigkeit auf eine andere Abgabenbehörde erster Instanz nicht die Zuständigkeit der bisher zuständig gewesenen Abgabenbehörde erster Instanz im Berufungsverfahren betreffend von ihr erlassene Bescheide.

15. Feststellung der Einkünfte – Bindungswirkung vom Feststellungsverfahren

15.1. Sachverhalt

Nach einer Außenprüfung werden für die Jahre 2003 bis 2010 Wiederaufnahmsbescheide und neue Feststellungsbescheide erlassen.

Im Feststellungsbescheid wird ausführlich die Hinterziehung der Abgaben begründet. Ein gesonderter Bescheid hinsichtlich der Hinterziehung der Abgaben wurde nicht erlassen.

15.2. Frage

Besteht hinsichtlich der festgestellten Hinterziehung Bindungswirkung im Einkommensteuerbescheid?

Kann eine Berufung gegen den Einkommensteuerbescheid, die Verjährung einwendet, gemäß § 252 BAO abgewiesen werden?

15.3. Lösung

Der Zweck einer Feststellung von Einkünften gemäß § 188 BAO ist es, die Besteuerungsgrundlagen für alle Beteiligten in einer Weise zu ermitteln, die ein gleichartiges Ergebnis gewährleistet und die Abführung von Parallelverfahren in den Abgabenverfahren der Beteiligten vermeidet (zB VwGH 28. 02. 2002, 96/15/0254). Im Feststellungsverfahren findet allerdings keine Festsetzung von Abgaben statt, es wird lediglich die Bemessungsgrundlage ermittelt.

Die Bemessungsverjährung (Festsetzungsverjährung) hingegen ist relevant für das Recht der Festsetzung einer Abgabe und betrifft somit nicht die Feststellung der Besteuerungsgrundlagen im Feststellungsverfahren, sondern die jeweiligen Abgabenverfahren der Beteiligten. Eine Bindungswirkung hinsichtlich eines Begründungsbestandteiles des Feststellungsbescheides für die Abgabenfestsetzung ist weder gesetzlich vorgesehen noch aus der Judikatur abzuleiten und scheidet somit aus.

Betreffend Hinterziehungsverjährung sieht § 207 Abs. 2 BAO vor, dass, soweit eine Abgabe hinterzogen ist, die Festsetzungsverjährungsfrist zehn Jahre beträgt. Wird in einer Außenprüfung bei einer Kommanditgesellschaft beispielsweise festgestellt, dass der Komplementär der KG einer Offenlegungsverpflichtung nicht nachgekommen ist, und wurde dadurch nicht nur in seinem Einkommensteuerverfahren, sondern auch in den Abgabenverfahren der anderen Beteiligten eine Abgabenverkürzung bewirkt, so sind die Voraussetzungen des § 207 Abs. 2 BAO gegeben. Soweit die Abgaben hinterzogen worden sind, ist die

Hinterziehungsverjährung anzuwenden. Dabei ist unerheblich, ob der einzelne Einkommensteuerpflichtige die Hinterziehung verursacht hat oder wer als Täter für dieses Finanzvergehen bestraft wird. Das Recht auf Festsetzung besteht in diesem Fall bis zu zehn Jahre (auch gegenüber den anderen KG-Beteiligten, da § 207 Abs. 2 BAO nicht verlangt, dass der Steuerpflichtige die Hinterziehung selbst verursacht hat, es ist ausreichend, dass überhaupt eine Abgabenhinterziehung vorliegt).

Daher kann eine Berufung gegen den Einkommensteuerbescheid wegen eingetretener Festsetzungsverjährung nicht gemäß § 252 BAO deshalb abgewiesen werden, weil der Feststellungsbescheid Aussagen betreffend der Hinterziehung enthält.

16. Feststellung der Einkünfte – Wiederaufnahme

16.1. Sachverhalt

Es ergehen Feststellungsbescheide für die Jahre 2005 bis 2008. Als Beteiligte scheinen A und B im Spruch auf.

Im Zuge einer Nachbescheidkontrolle erfolgen Wiederaufnahmsbescheide für die Jahre 2006 bis 2008 (ua. Änderung Beteiligungsverhältnis bei A und B).

Dagegen wird Berufung eingebracht. Zudem teilt der A dem Finanzamt mit, dass er bereits per 31. Dezember 2004 aus der GesBR ausgetreten ist und er seine Beteiligung auch schriftlich aufgekündigt hatte. Diese Tatsache wird auch in einer beigelegten Entscheidung eines Zivilgerichts angeführt.

Offensichtlich wusste der A nichts von dem Umstand, dass er im Feststellungsverfahren weiterhin ab 2005 als Beteiligter geführt wurde.

16.2. Frage

Wie ist die Berufung zu behandeln?

16.3. Lösung

Das Feststellungsverfahren nach § 188 BAO dient der gemeinschaftlichen Feststellung von Einkünften, wenn an diesen Einkünften mehrere Personen beteiligt sind. Der Zweck einer Feststellung von Einkünften gemäß § 188 BAO ist es, die Besteuerungsgrundlagen für alle Beteiligten in einer Weise zu ermitteln, die ein gleichartiges Ergebnis gewährleistet und die Abführung von Parallelverfahren in den Abgabenverfahren der Beteiligten vermeidet.

Im gegenständlichen Fall haben die Beteiligten in der Feststellungserklärung angegeben, dass sie Teil des Feststellungsverfahrens sind, und die Abgabenbehörde hat diesen Annahmen getreu einen dementsprechenden Feststellungsbescheid erlassen.

Kommt in einer später durchgeführten Nachbescheidkontrolle nunmehr erstmals für die Behörde hervor, dass ein Feststellungsverfahren nicht mehr zulässig ist, da die Voraussetzungen für eine Feststellung gemäß § 188 BAO nicht mehr vorliegen (hier: mehrere Beteiligte sind nicht mehr gegeben), so hat der Wiederaufnahmsbescheid und der neue Feststellungsbescheid die frühere Adressierung (An A & B, zH § 81-Vertreter) zu enthalten, da nunmehr die (angeblichen) Beteiligten darüber einen Abspruch erhalten, dass eine gemeinschaftliche Feststellung zu unterbleiben hat (= Nichtfeststellungsbescheid).

Wird wie im gegenständlichen Fall im neu erlassenen Feststellungsbescheid rechtswidrig davon ausgegangen, dass ein Feststellungsverfahren durchzuführen ist (obgleich die Voraussetzungen dafür nicht vorliegen), so ist dieser Bescheid als rechtswidrig aufzuheben.

Im konkreten Fall kann nicht von einem sogenannten „Nichtbescheid“ ausgegangen werden, da die (angeblich) beteiligten Personen rechtlich existent sind (im Sinne des § 191 Abs. 5 BAO). Voraussetzung ist allerdings, dass die Bescheidadressierung korrekt erfolgte (An A & B, zH § 81-Vertreter).

17. Feststellung der Einkünfte – Verluste

17.1. Sachverhalt

Im Feststellungsverfahren des Jahres 2009 wird ein Verlust in Höhe von 100.000 Euro bei der Kommanditgesellschaft (KG) festgestellt.

Im Zuge einer Außenprüfung wird betreffend Feststellungsverfahren der KG dieser Verlust auf 50.000 Euro gekürzt.

Im wiederaufgenommenen Feststellungsbescheid des Jahres 2009 wird im Spruch nicht über die Vortragsfähigkeit des Verlustes abgesprochen.

Das Einkommensteuerfinanzamt erlässt abgeleitete Bescheide gemäß § 295 Abs. 1 BAO. In diesen automationsunterstützt ergangenen Bescheiden werden keine Feststellungen über den Verlustvortrag vorgenommen.

17.2. Frage

Wie und in welchen Bescheiden kann/muss über die Vortragsfähigkeit von Verlusten abgesprochen werden?

17.3. Lösung

Der Zweck einer Feststellung von Einkünften gemäß § 188 BAO ist es, die Besteuerungsgrundlagen für alle Beteiligten in einer Weise zu ermitteln, die ein gleichartiges Ergebnis gewährleistet und die Abführung von Parallelverfahren in den Abgabenverfahren der Beteiligten vermeidet.

Der Feststellungsbescheid gemäß § 188 BAO hat auch darüber abzusprechen, ob Verlustanteile im Sinne des § 18 Abs. 6 und 7 EStG 1988 vortragsfähig sind. Dies erscheint insbesondere auch im Hinblick darauf, dass die Vortragsfähigkeit von Verlusten wohl in erster Linie für die Kommanditgesellschaft als solche beurteilt werden kann, sinnvoll und angebracht, darüber im Feststellungsbescheid abzusprechen.

18. Feststellung der Einkünfte – Zuständigkeit

18.1. Sachverhalt

Zwei Brüder betreiben einen Gewerbebetrieb in Form einer GesBR in Linz (Beteiligung je 50%) und vermieten ein gemeinsames Grundstück (ideelles Hälfteeigentum zu je 50%) in Salzburg. Der Gewerbebetrieb ist wirtschaftlich größer als die Vermietung.

18.2. Frage

Sind zwei Finanzämter für die beiden Feststellungverfahren zuständig?

Wie sieht die Zuständigkeit betreffend Umsatzsteuer aus?

18.3. Lösung

Für das den Gewerbebetrieb betreffende Feststellungsverfahren ist das Betriebsfinanzamt gemäß § 21 AVOG 2010 örtlich zuständig. Die Feststellung der Einkünfte aus Vermietung und Verpachtung obliegt dem Lagefinanzamt gemäß § 22 AVOG 2010.

Aus umsatzsteuerlicher Sicht ist das Prinzip der Unternehmereinheit zu beachten:

Personengesellschaften, an denen ausschließlich dieselben Personen beteiligt sind, können umsatzsteuerlich nur dann als einheitlicher Unternehmer angesehen werden, wenn das Beteiligungsverhältnis bei allen Gesellschaften gleich ist und die Einheitlichkeit der Willensbildung bei allen Gesellschaften gewährleistet ist.

Sollte es sich um zwei unterschiedliche Finanzämter handeln, so sind grundsätzlich auch für die Umsatzsteuer örtlich beide Finanzämter zuständig. Die Lösung der Zuständigkeitsfrage ist gemäß § 25 Z 3 AVOG 2010 zu entscheiden. Kommen mehrere Finanzämter als örtlich zuständige Finanzämter in Betracht, richtet sich die Zuständigkeit nach dem ersten Anlass zum Einschreiten.

Gegebenenfalls kann die Zuständigkeit mit Delegierungsbescheid (§ 3 AVOG 2010) an das andere Finanzamt übertragen werden.

19. Wiederaufnahme des Verfahrens – Neuerungstatbestand

19.1. Sachverhalt

Im Erstverfahren wurden geltend gemachte Umschulungskosten nicht berücksichtigt, weil die Voraussetzungen der umfassenden Umschulung und Aufnahme einer Haupttätigkeit fehlten.

Im VwGH-Erkenntnis vom 15. 08. 2011, 2008/15/0321, wurde die Rechtsansicht zur Absetzbarkeit von Umschulungsaufwand geändert.

Der Abgabepflichtige beantragt nun die Wiederaufnahme des Verfahrens mit Hinweis auf das VwGH-Erkenntnis.

19.2. Frage

Ist die Wiederaufnahme durchzuführen?

19.3. Lösung

Nach ständiger Rechtsprechung des Verwaltungsgerichtshofes sind Tatsachen im Sinne des § 303 Abs. 1 lit. b BAO Sachverhaltselemente, die bei einer entsprechenden Berücksichtigung zu einem anderen Ergebnis als vom rechtskräftigen Bescheid zum Ausdruck gebracht, geführt hätten. Neue Erkenntnisse in Bezug auf die rechtliche Beurteilung solcher Sachverhaltselemente – gleichgültig, ob diese späteren rechtlichen Erkenntnisse (neuen Beurteilungskriterien) durch die Änderung der Verwaltungspraxis oder Rechtsprechung oder nach vorhergehender Fehlbeurteilung oder Unkenntnis der Gesetzeslage eigenständig gewonnen werden – sind keine Tatsachen (vgl. VwGH 27. 01. 2011, 2007/15/0262).

Die nachteiligen Folgen einer fehlerhaften rechtlichen Beurteilung eines im Abgabenverfahren offengelegten Sachverhaltes lassen sich demnach bei unveränderter Tatsachenlage nicht nachträglich im Wege der Wiederaufnahme des Verfahrens beseitigen.

Das bedeutet, dass geänderte Rechtsprechung für sich keinen Wiederaufnahmsgrund (keine neu hervorgekommene Tatsache) darstellt.

Dagegen ist für eine Aufhebung eines Bescheides gemäß § 299 BAO grundsätzlich die Sach- und Rechtslage im Zeitpunkt der Aufhebung entscheidend. Soweit die Jahresfrist des § 302 Abs. 1 BAO noch nicht abgelaufen ist, wird in derartigen Fällen die Aufhebung des Bescheides nach § 299 BAO wegen des Grundsatzes der Gleichmäßigkeit der Besteuerung (als wichtigstes Ermessenskriterium) im Allgemeinen zu erfolgen haben.

Soweit Aufwendungen im Veranlagungsverfahren bisher noch nicht geltend gemacht wurden – weil Kosten auf Grund der bisherigen Rechtslage gar nicht geltend gemacht wurden –, können sich bei Beibringung von entsprechenden Nachweisen die Voraussetzungen für eine amtswegige Wiederaufnahme des Verfahrens ergeben. Auch für § 303 Abs. 4 BAO ist bei der Ermessensübung dem Ziel der Norm (Rechtsrichtigkeit der Besteuerung) Rechnung tragend die Wiederaufnahme des Einkommensteuerverfahrens fast stets zu verfügen. Der Umstand, dass der Abgabepflichtige die Aufwendungen ursprünglich – im Vertrauen auf die Richtigkeit einschlägiger Erlass-Aussagen – nicht geltend gemacht hat, spricht keinesfalls gegen die amtswegige Wiederaufnahme.

20. Wiederaufnahme des Verfahrens – Nachgereichte Erklärung

20.1. Sachverhalt

Innerhalb der Frist zur Einbringung einer Berufung betreffend einen Einkommensteuerbescheid wird vom Abgabepflichtigen eine weitere Abgabenerklärung eingereicht, wobei kein Begleitschreiben beigelegt wird.

Variante A:

Die Beträge der aufgefüllten Kennzahlen stimmen mit jenen der ersten Erklärung überein.

Variante B:

Die Beträge der ausgefüllten Kennzahlen stimmen mit jenen der Ersterklärung nicht überein.

Variante C:

Es werden andere Kennzahlen als in der Ersterklärung ausgefüllt.

20.2. Frage

Wie ist die nachgereichte Erklärung zu deuten?

20.3. Lösung

Kann aus eingereichten „Papieren" der Wille des Abgabepflichtigen in keiner Weise entnommen werden – hier jeweils Erklärungen ohne jegliches Begleitschreiben –, wird die „Eingabe" auch einer Mängelbehebung nicht zugänglich sein (vgl. auch UFS vom 02. 02. 2012, RV/1257-L/10).

Trotzdem lösen solche Erklärungen auf Grund des darin enthaltenen Zahlenmaterials für die Abgabenbehörde Ermittlungspflichten aus. Als Ergebnis solcher Ermittlungen können Wiederaufnahmsgründe (neu hervorgekommene Tatsachen) vorliegen; diesfalls hat im Allgemeinen eine Wiederaufnahme des Verfahrens vom Amts wegen zu erfolgen.

Die allgemeinen Abgabenerhebungsgrundsätze verpflichten die Behörde (allenfalls auch über Parteianregung) grundsätzlich dazu, Rechtswidrigkeiten, die nicht bloß geringfügig sind, von Amts wegen aufzugreifen und nach Maßgabe der rechtlichen Möglichkeiten zu beheben.

Soweit (hier bei der Frage nach einer amtswegigen Wiederaufnahme) der Abgabenbehörde Ermessen eingeräumt ist, müssen auch (aber nicht ausschließlich) aus verwaltungsökonomischen Gründen geringfügige Änderungen nicht vorgenommen werden. Die Ermessensübung hängt jedenfalls von den Umständen des Einzelfalles und nicht davon ab, ob sie zu Gunsten oder zu Lasten des Abgabepflichtigen ausfällt. Geringfügige Rechtswidrigkeiten rechtfertigen insbesondere keine wiederholten Eingriffe in die Rechtsbeständigkeit (Rechtssicherheit) durch nachträgliche Abänderungen von bereits in Rechtskraft erwachsenen Abgabenbescheiden. Zur Ermessensübung siehe auch Wiederaufnahme des Verfahrens (§§ 303 bis 307 BAO), Erlass des BMF vom 14. Juni 2006, BMF-010103/0053-VI/2006, AÖFV Nr. 192/2006, Abschnitt 3.2.

Gemäß § 115 Abs. 1 BAO sind von Amts wegen alle tatsächlichen und rechtlichen Verhältnisse festzustellen, die für die Besteuerung maßgeblich sind.

In einem solchen Fall (wenn aus der nachgereichten Erklärung die entscheidungserheblichen Tatsachen nicht klar ersichtlich sind) sollte (ebenso wie bei einer ausdrücklichen Anregung auf eine amtswegige Wiederaufnahme des Verfahrens) eine formlose Mitteilung ergehen, dass für das Finanzamt die Voraussetzungen für eine Bescheidabänderung nicht ersichtlich sind, um der Partei dadurch Gelegenheit zu einer allfälligen Präzisierung ihres Vorbringens zu geben.

21. Wiederaufnahme des Verfahrens – Wiederholte Abgabe von Erklärungen

21.1. Sachverhalt

Die Arbeitnehmerveranlagung 2006 wird im Jahr 2007 antragsgemäß bescheidmäßig vorgenommen. Der Bescheid ergeht an den nicht vertretenen Abgabepflichtigen.

2011 beantragt ein Rechtsanwalt für den Abgabepflichtigen die Durchführung einer Arbeitnehmerveranlagung mit dem Hinweis, dass „erforderlichenfalls eine Wiederaufnahme gemäß § 303 Abs. 4 BAO" durchgeführt werden soll.

Variante A:

Im Jahr 2011 regt der Abgabepflichtige die Wiederaufnahme des Verfahrens an, weil er vergessen hat, den Verlust aus zum Teil nebenberuflich ausgeübten gewerblichen bzw. selbständigen Tätigkeiten geltend zu machen. Begründend wird ausgeführt, dass erst jetzt hervorgekommen ist, dass die Ausgaben ebenfalls beantragt werden können.

Variante B:

Der Abgabepflichtige beantragt eine Wiederaufnahme des Verfahrens. Aus dem Akt geht hervor, dass die Verluste zustehen.

21.2. Frage

Ist eine Wiederaufnahme des Einkommensteuerverfahrens durchzuführen?

21.3. Lösung

Der – neuerliche – Antrag auf Durchführung der Arbeitnehmerveranlagung ist zurückzuweisen, da diese Veranlagung bereits rechtskräftig durchgeführt wurde (entschiedene Sache).

Soweit in den dargestellten Varianten vom Abgabepflichtigen eine Wiederaufnahme des Verfahrens gemäß § 303 Abs. 1 BAO beantragt wird, ist bei inhaltlichen Mängeln der Eingabe (hier ua. Angaben, die zur Beurteilung der Rechtzeitigkeit des Antrages notwendig sind, § 303 Abs. 2 BAO in Verbindung mit § 303 Abs. 1 lit. c BAO) mit Mängelbehebung vorzugehen (vgl. UFS vom 10. 01. 2012, RV/3600-W/11).

Bei den geschilderten Sachverhalten wird jedoch davon auszugehen sein, dass die Anträge weder rechtzeitig eingebracht wurden noch ein fehlendes grobes Verschulden (im Sinne des § 303 Abs. 1 lit. b BAO) vorliegt. Trifft diese Annahme zu, so kommt eine Bewilligung der Wiederaufnahme des Einkommensteuerverfahrens nicht in Betracht.

Ungeachtet dessen können sich aus den Eingaben der Abgabepflichtigen die Voraussetzungen für eine amtswegige Wiederaufnahme ergeben. Liegen diese Voraussetzungen vor, so wird im Allgemeinen (von Geringfügigkeitsfällen abgesehen) die Wiederaufnahme des Verfahrens von Amts wegen zu verfügen sein. Der Umstand, dass ein Wiederaufnahmsantrag etwa wegen nicht rechtzeitiger Stellung zurückzuweisen ist, spricht keinesfalls gegen die amtswegige Wiederaufnahme.

22. Wiederaufnahme des Verfahrens – Zuständigkeit

22.1. Sachverhalt

Die Arbeitnehmerveranlagung 2006 wird im Jahr 2007 antragsgemäß bescheidmäßig vom Finanzamt A vorgenommen. Der Bescheid ergeht an den nicht vertretenen Abgabepflichtigen. Kurz darauf wird der Akt zuständigkeitshalber an das Finanzamt B abgetreten.

Im Jahr 2011 langt beim Finanzamt A erneut eine Abgabenerklärung betreffend 2006 ein. Das Finanzamt A leitet die Abgabenerklärung unverzüglich an das Finanzamt B weiter. Das Finanzamt B sendet den Antrag zurück mit der Begründung, die Erstveranlagung sei ebenfalls vom Finanzamt A erfolgt, weshalb auch eine etwaige Wiederaufnahme von diesem Amt zu erfolgen hätte.

22.2. Frage

Welches Finanzamt ist für die amtswegige Wiederaufnahme zuständig?

22.3. Lösung

Nach § 6 AVOG 2010 endet die Zuständigkeit einer Abgabenbehörde für die Erhebung von Abgaben, außer bei Erlassung eines Delegierungsbescheides, mit dem Zeitpunkt, in dem eine andere Abgabenbehörde von den ihre Zuständigkeit begründenden Voraussetzungen Kenntnis erlangt. Vom Übergang der Zuständigkeit ist der Abgabepflichtige in Kenntnis zu setzen.

Die bloße Änderung der für die Zuständigkeit maßgebenden Voraussetzungen (zB durch Wohnsitzwechsel, Verlegung des Sitzes oder der Geschäftsleitung) führt somit noch nicht zu einer Änderung der betreffenden Zuständigkeiten. Ausschlaggebend für den Übergang der Zuständigkeit ist der Zeitpunkt, zu dem die Abgabenbehörde von den ihre Zuständigkeit begründenden Voraussetzungen erfährt. Damit endet die Zuständigkeit der bisher zuständigen Abgabenbehörde; dies auch unabhängig davon, ob diese – bisher zuständige – Abgabenbehörde davon erfährt.

Mit dem Übergang der Zuständigkeit geht auch die Zuständigkeit für bisher noch nicht durchgeführte Veranlagungen (etwa auf Grund bereits eingereichter aber noch nicht veranlagter Abgabenerklärungen) über. Weitere Bescheidänderungen (gegebenenfalls über Antrag) sind nur mehr von der neu zuständigen Abgabenbehörde vorzunehmen. Ebenso geht die Zuständigkeit für die Einhebung über; dies auch für Abgabenrückstände, die sich aus Veranlagungen der bisher zuständigen Abgabenbehörde ergeben.

Lediglich die Erledigung von Berufungen bleibt vom Zuständigkeitsübergang unberührt (vgl. § 4 AVOG 2010).

Es obliegt daher dem neu zuständigen Finanzamt, allenfalls nach Durchführung eines amtswegigen Ermittlungsverfahrens, zu prüfen, ob die Voraussetzungen für eine amtswegige Wiederaufnahme vorliegen und bejahendenfalls, ob ausnahmsweise eine solche Maßnahme unterbleiben darf.

23. Wiederaufnahme des Verfahrens – Berufung

23.1. Sachverhalt

Im Zuge einer Außenprüfung werden die Einkommensteuerverfahren wiederaufgenommen und neue Sachbescheide erlassen.

Der Abgabepflichtige beruft fristgerecht.

Die Berufung wird nur gegen die Wiederaufnahmsbescheide gerichtet. Die Begründung der Berufung umfasst nur die Sachbescheide betreffende Einwendungen.

23.2. Frage

Ist ein Mängelbehebungsauftrag zu erlassen?

23.3. Lösung

Sowohl die Wiederaufnahmsbescheide als auch die auf Grund einer Wiederaufnahme des Verfahrens ergangenen neuen Sachbescheide sind getrennt voneinander rechtsmittelfähig.

Ermöglicht die Gestaltung der Bescheide eine klare Trennung zwischen Wiederaufnahmeverfügung und Sachentscheidung und werden in der Berufung als Anfechtungsgegenstand nur einzelne Teile der selbständigen Bescheide klar und deutlich bezeichnet, so erwachsen die anderen mit selbständiger Bescheidqualität ausgestatteten Teile der gemeinsam ausgefertigten Bescheide in Rechtskraft (vgl. VwGH 17. 11. 2004, 2000/14/0142).

Nach § 85 Abs. 2 BAO hat die Abgabenbehörde, wenn eine Berufung nicht den in § 250 Abs. 1 oder Abs. 2 erster Satz BAO umschriebenen Erfordernissen entspricht, dh. wenn Zweifel darüber bestehen, welche Bescheide angefochten werden, am Inhalt des Antrages oder an der Erklärung, in welchen Punkten der Bescheid angefochten wird, oder die Berufung nicht begründet ist, dem Berufungswerber die Behebung dieser inhaltlichen Mängel mit dem Hinweis aufzutragen, dass die Berufung nach fruchtlosem Ablauf einer gleichzeitig zu bestimmenden angemessenen Frist als zurückgenommen gilt.

Ziel der Bestimmung des § 250 Abs. 1 lit. a BAO ist es, die Behörde in die Lage zu versetzen, über die Berufung eine Entscheidung zu treffen, sodass es für die Bezeichnung des Bescheides genügt, dass aus dem gesamten Inhalt des Rechtsmittels hervorgeht, wogegen es sich richtet, und die Behörde auf Grund des Berufungsvorbringens nicht zweifeln kann, welcher Bescheid angefochten ist (VwGH 21. 09. 2005, 2001/13/0241; VwGH 28. 01. 1998, 96/13/0081; VwGH 17. 12. 1998, 97/15/0130).

Nach § 250 Abs. 1 lit. a BAO muss die Berufung die Bezeichnung des Bescheides, gegen den sie sich richtet, enthalten. Wenn die Behörde auf Grund des Berufungsvorbringens nicht zweifeln kann, welcher Bescheid angefochten ist, ist der Formalvorschrift des § 250 Abs. 1 lit. a BAO Genüge getan.

Auf Grund einer dem § 250 Abs. 1 BAO entsprechenden, klaren und deutlichen Bezeichnung der angefochtenen Bescheide in der Berufung wird die Abgabenbehörde ein Rechtsmittel auch dann zu Recht als ausschließlich gegen die Sachentscheidungen gerichtet behandeln, wenn sich in den Berufungsausführungen nicht nur Einwendungen materiell rechtlicher Art finden, sondern verfehlter Weise auch auf die Bestimmung des § 303 Abs. 4 BAO Bezug genommen wurde (vgl. noch einmal VwGH 17. 11. 2004, 2000/14/0142).

Dies wird in umgekehrter Weise auch dann gelten, wenn sich aus der klaren Bezeichnung der angefochtenen Bescheide ergibt, dass sich das Rechtsmittel gegen die Wiederaufnahme des Verfahrens richtet, begründend jedoch Argumente gegen die Höhe der Bemessungsgrundlagen vorgebracht werden.

Inwieweit ein Mängelbehebungsauftrag zu erlassen ist, wird aus dem „Berufungsschreiben" im Einzelfall zu beurteilen sein. Das (gänzliche) Fehlen eines der im § 250 Abs. 1 lit. a bis d BAO geforderten Inhalte wird jedenfalls zwingend einen Mängelbehebungsauftrag (§ 85 Abs. 2 BAO) erfordern (vgl. dazu auch *Ritz*, BAO4, § 250).

24. Wiederaufnahme des Verfahrens – Zivilgerichtliches Verfahren

24.1. Sachverhalt

In einem zivilgerichtlichen Verfahren wurde festgestellt, dass ein Vorstandsmitglied einer Aktiengesellschaft eine Dienstwohnung ohne erforderliche Genehmigung durch den Aufsichtsrat von der Aktiengesellschaft unterpreisig angemietet hat (Vertragsverhältnisse zwischen AG und Vorstandsmitglied bedürfen gemäß § 78 bzw. § 97 AktG der Zustimmung des Aufsichtsrats). Für die Dienstwohnung hat das Vorstandsmitglied bisher die (für die verfahrensgegenständlichen Jahre) vorgesehenen Werte laut § 2 Sachbezugswerteverordnung gezahlt, weshalb sich auch kein geldwerter Vorteil aus dem Dienstverhältnis ergibt.

24.2. Frage

Stellt das Urteil des Zivilgerichtes einen Wiederaufnahmsgrund im Sinne des § 303 BAO dar?

24.3. Lösung

An gerichtliche Entscheidungen auf Grund eines Zivilprozesses ist die Abgabenbehörde nicht gebunden (vgl. dazu § 116 Abs. 2 BAO, *Ritz*, BAO[4], § 116 Tz 6), dies auch unabhängig von einer eventuellen Parteienidentität in den Verfahren. Eine Wiederaufnahme des Verfahrens infolge einer Vorfragenentscheidung kommt daher diesfalls nicht in Betracht.

Jedoch können Feststellungen, die das Gericht während des Verfahrens getroffen hat, Beweismittel und Sachverhaltsdarstellungen, die aus dem Gerichtsverfahren (Urteil, Übermittlung der Unterlagen aus dem Gerichtsverfahren) ersichtlich werden, neu hervorgekommene Tatsachen und Beweismittel im Abgabenverfahren darstellen.

Bei Vorliegen aller Voraussetzungen kommt daher eine amtswegige Wiederaufnahme des Verfahrens (§ 303 Abs. 4 BAO) in Betracht.

25. Verjährung

25.1. Sachverhalt

Am 31. Dezember 2011 reicht der Steuerpflichtige einen Antrag auf Arbeitnehmerveranlagung (L 1) für 2006 ein. Darin beantragt er ua. Werbungskosten aus dem Titel doppelte Haushaltsführung. Nach L 1 bezog der Steuerpflichtige nicht selbständige Einkünfte aus einer Tätigkeit als Arzt an einem Krankenhaus. Angaben über andere Einkünfte sind dem Antrag nicht zu entnehmen.

Über einen Vorhalt des Finanzamtes im Jahr 2012 gibt der Steuerpflichtige erstmals bekannt, dass er 2006 – auch – selbständige Einkünfte (aus Klassensondergebühren) in Höhe von 1.200 Euro hatte. Trotz dieser Einkünfte würde sich (auf Grund der hohen Werbungskosten) bei einer Veranlagung eine Einkommensteuergutschrift ergeben.

Für den Steuerpflichtigen erging bis dato keine Einkommensteuerveranlagung für 2006, Verlängerungshandlungen (im Sinne des § 209 Abs. 1 BAO) im Hinblick auf die Festsetzung der Einkommensteuer 2006 wurden bis zum Vorhalt im Jahr 2012 keine gesetzt.

Für die Einkommensteuer 2006 ist somit die Festsetzungsverjährung eingetreten.

Die verlängerte Verjährungsfrist für hinterzogene Abgaben kommt auf Grund erster Beurteilung nicht in Betracht.

Im vorliegenden Fall handelt es sich um eine Pflichtveranlagung, da die Voraussetzungen für eine Antragsveranlagung nicht vorliegen.

25.2. Frage

Ist ein Einkommensteuerbescheid zu erlassen?

25.3. Lösung

Nach einkommensteuerlichen Bestimmungen handelt es sich nicht um eine Antragsveranlagung (§ 41 Abs. 2 EStG 1988), sondern um einen Pflichtveranlagungsfall (§ 41 Abs. 1 Z 1 EStG 1988).

Die Erklärung zur Arbeitnehmerveranlagung 2006 (L 1) wurde am 31. Dezember 2011 und somit noch innerhalb der Verjährungsfrist (§ 207 Abs. 2 BAO) beim Finanzamt eingereicht.

Unter § 209a Abs. 4 BAO fallen Anträge (im engeren Sinn, das sind Anbringen nach § 85 BAO zur Geltendmachung eines Rechts) sowie Erklärungen (Anbringen nach § 85 BAO zur Erfüllung einer Verpflichtung), wenn die nach dem Eintritt der Verjährung vorzunehmende Festsetzung zu einer Gutschrift führen würde. Insoweit macht es daher in Bezug auf die Verjährungsfrage keinen Unterschied, ob gegenständlich von einem Recht (Antrag) oder einer Pflicht (Erklärung) auszugehen ist.

Beim eingereichten L 1 handelt es sich gegebenenfalls um eine Steuererklärung im Sinne des § 133 BAO, die auch im Gesetz so bezeichnet wird (vgl. § 42 Abs. 1 EStG 1988). Auch ein Antrag nach

§ 41 Abs. 2 EStG 1988 unterläge der (gleichen) Entscheidungspflicht (§ 311 Abs. 1 BAO) zur Erlassung eines Einkommensteuerbescheides.

§ 209a Abs. 2 und 4 BAO sind nach ihrem Normzweck Parteischutzbestimmungen. § 209a Abs. 4 BAO gilt dann, wenn die – rechtmäßige – Abgabenfestsetzung eine Gutschrift ergeben würde. Dies spricht auch im vorliegenden Fall für die Anwendung des § 209a Abs. 4 BAO, wenn sich auf Grund des nach Einreichung der Steuererklärung durch das Finanzamt durchgeführten Erklärungsprüfungsverfahrens (Vorhalt) zwar Korrekturen, schlussendlich aber eine Einkommensteuergutschrift für den Abgabepflichtigen ergeben.

26. Haftung – Aussetzung der Einhebung im Haftungsverfahren

26.1. Sachverhalt

Der Geschäftsführer X wird mit Haftungsbescheid zur Haftung herangezogen. Er beruft gegen den Haftungsbescheid und stellt einen Antrag gemäß § 212a BAO auf Aussetzung der Einhebung.

26.2. Frage

Kann in diesem Fall eine Aussetzung der Einhebung gewährt werden?

26.3. Lösung

Bei Vorliegen der Voraussetzungen gemäß § 212a Abs. 1 BAO und Nichtvorliegen eines Ausschlussgrundes nach § 212a Abs. 2 lit. a (Berufung erscheint wenig erfolgversprechend) oder lit. c BAO (einbringungsgefährdendes Verhalten des Haftungspflichtigen) – § 212a Abs. 2 lit. b BAO kommt bei einer Berufung gegen den Haftungsbescheid nicht in Betracht – oder eines Zurückweisungsgrundes nach § 212a Abs. 3 BAO (wenn die Angabe des Aussetzungsbetrages im Antrag fehlt), ist die Aussetzung der Einhebung zu bewilligen (kein Ermessen). Auf RAE Rz 441 f. wird verwiesen.

Soweit gegen den Primärschuldner ergangene Abgabenbescheide noch nicht in Rechtskraft erwachsen sind – der Eintritt der Rechtskraft der Abgabenschulden gegenüber dem Primärschuldner stellt keine Voraussetzung für die Heranziehung zur Haftung dar (vgl. VwGH 13. 09. 2006, 2003/13/0131; VwGH 27. 02. 2008, 2005/13/0094) –, kann der zur Haftung Herangezogene auch nach rechtskräftiger Inanspruchnahme zur Haftung (etwa durch eine Berufungsentscheidung) noch einen auf § 212a BAO gestützten Antrag auf Aussetzung der Einhebung der haftungsgegenständlichen Abgaben mit der Begründung einbringen, dass über den/die Abgabenbescheid/e noch nicht rechtskräftig abgesprochen und eine Berufung noch anhängig ist (vgl. VwGH 09. 11. 2011, 2011/16/0070).

27. Haftung – Haftung für monatliche Umsatzsteuerfestsetzungen

27.1. Sachverhalt

Im Haftungsverfahren sind dem Haftungspflichtigen die Abgabenbescheide zur Kenntnis zu bringen.

Der Geschäftsführer A der X-GmbH scheidet am 30. November 2009 aus der GmbH aus. Neuer Geschäftsführer ist B. Die Umsatzsteuervoranmeldungen für das Jahr 2009 wurden ordnungsgemäß eingereicht.

Im Jahr 2010 ergeht der Umsatzsteuerjahresbescheid für das gesamte Jahr 2009.

Variante:

Die Umsatzsteuer für den Monat Jänner 2009 wird gemäß § 21 Abs. 3 UStG 1994 festgesetzt. Der Festsetzungsbescheid für Jänner 2009 soll im Zuge der Haftungsinanspruchnahme dem Haftungspflichtigen zur Kenntnis gebracht werden.

27.2. Frage

Besteht die Möglichkeit, gegen den Festsetzungsbescheid Berufung zu erheben, obwohl bereits der Jahresbescheid ergangen ist?

27.3. Lösung

Soweit die Umsatzsteuervoranmeldungen für das Jahr 2009 ordnungsgemäß eingereicht sind, und somit keine Umsatzsteuerfestsetzungsbescheide nach § 21 Abs. 3 UStG 1994 erlassen wurden, ist über die Frage des Bestandes der Abgabenschuld im Haftungsverfahren als Vorfrage abzusprechen (vgl. VwGH 13. 09. 2006, 2003/13/0131).

Eine Bindungswirkung zwischen Umsatzsteuerfestsetzungsbescheid/en (§ 21 Abs. 3 UStG 1994) und Umsatzsteuerveranlagungsbescheid (§ 21 Abs. 4 UStG 1994) des betreffenden Jahres besteht nach der Rechtsprechung des Verwaltungsgerichtshofes nicht (vgl. VwGH 20. 02. 2008, 2006/15/0339).

Soweit gegenständlich die Umsatzsteuer für den Monat Jänner 2009 gemäß § 21 Abs. 3 UStG 1994 mit Bescheid festgesetzt wurde (weil pflichtwidrig keine Voranmeldung eingereicht wurde oder die Selbstberechnung nicht richtig war), hat dieser Bescheid nach der Rechtsprechung des Verwaltungsgerichtshofes insofern einen zeitlich begrenzten Wirkungsbereich, als er durch die Erlassung des diesen Zeitraum mitumfassenden Umsatzsteuerjahresbescheides außer Kraft gesetzt wird. Durch den Umsatzsteuerjahresbescheid scheiden Bescheide betreffend Festsetzung von Umsatzsteuervorauszahlungen für bestimmte (einzelne) Zeiträume des betreffenden Jahres aus dem Rechtsbestand aus (vgl. nochmals VwGH 20. 02. 2008, 2006/15/0339).

Der Jahresbescheid, durch den der Umsatzsteuerfestsetzungsbescheid aus dem Rechtsbestand ausscheidet, tritt gemäß § 274 BAO an seine Stelle (siehe VwGH 04. 06. 2008, 2004/13/0124).

Wurde die Haftung bereits vor Erlassung des Umsatzsteuerjahresbescheides geltend gemacht, wird sie bloß deshalb, weil durch den zwischenzeitlich ergangenen Umsatzsteuerjahresbescheid ein in ihm inkludierter Umsatzsteuermonatsbescheid formalrechtlich aus dem Rechtsbestand beseitigt wurde, nicht hinfällig. Die Haftungs- bzw. Gesamtschuld setzt bloß den Bestand der Abgabenschuld und nicht ihre bescheidmäßige Geltendmachung voraus. Für diesen Fall gilt obiger erster Absatz (Absprache über die Rechtmäßigkeit des zu Grunde liegenden Abgabenanspruches als Vorfrage im Haftungsverfahren).

Sofern der Haftungspflichtige mit Berufung gemäß § 248 BAO (auch) die Rechtmäßigkeit der Umsatzsteuerfestsetzung (Bescheid) für Jänner 2009 bestritten hatte, wird auch diese Berufung durch die Erlassung des Umsatzsteuerjahresbescheides nicht hinfällig, sondern kommt sinngemäß § 274 BAO zur Anwendung (siehe nochmals VwGH 04. 06. 2008, 2004/13/0124). Das Berufungsrecht des Haftungspflichtigen ist inhaltlich auf die der Haftung zu Grunde liegende Umsatzsteuerfestsetzung für Jänner 2009 beschränkt. Darüber hinaus kommt dem Haftungspflichtigen kein eigenständiges Berufungsrecht (§ 246 BAO) zu, sondern gegebenenfalls, bei Einbringung einer Berufung durch den Primärschuldner, nur ein Berufungsbeitrittsrecht (§ 257 BAO).

28. Haftung und Insolvenzverfahren

28.1. Sachverhalt

Über eine GmbH wurde am 4. Februar 2009 das Konkursverfahren eröffnet, das Konkursverfahren über den Geschäftsführer bzw. Liquidator war bereits am 1. September 2006 eröffnet worden. Mit Haftungsbescheiden vom 24. November 2008 und 13. Oktober 2009 nahm das Finanzamt den Geschäftsführer/Liquidator für nicht entrichtete Abgaben (Fälligkeiten zwischen 16. Oktober 2006 und 15. Oktober 2008) der GmbH in Anspruch und meldete diesen Betrag in seinem Konkursverfahren als Masseforderung an. Sowohl Bezirksgericht als auch Landesgericht verneinten, dass die geltend gemachten Beträge als Masseforderungen zu qualifizieren seien, der außerordentlichen Revision wurde vom OGH keine Folge gegeben (OGH 16. 02. 2012, 6 Ob 231/11f).

Diese Rechtsauffassung wurde im Wesentlichen damit begründet, dass

- nach Insolvenzeröffnung entstandene Ersatzansprüche gegen den Gemeinschuldner aus seinen persönlichen rechtswidrigen Handlungen nach der IO weder Insolvenz- noch Masseforderungen seien (*Konecny in Konecny/Schubert*, IO § 102 Rz 17). Da die Haftung gemäß § 9 BAO rechtswidriges, schuldhaftes Verhalten voraussetze, finde diese Auffassung auch auf Forderungen aus solchen Haftungsbescheiden Anwendung.
- es darüber hinaus einer zeitlichen und einer sachlichen Voraussetzung bedürfe, um im Sinne des § 46 Abs. 1 Z 2 IO davon sprechen zu können, dass eine öffentliche Abgabe „die Masse trifft". Die Arbeitskraft des Gesamtschuldners bilde keinen Massebestandteil, weshalb in die Insolvenzmasse nur der Erwerb falle, der dem Gesamtschuldner während der Insolvenz zufließe. Dies sei der reine Erlös aus seiner Erwerbstätigkeit, etwa ein Entgelt als Geschäftsführer der Gesellschaft. Eine bloß an die Tätigkeit anknüpfende Zahlungspflicht (wie eben eine Haftung gemäß § 9 BAO) verschaffe aber in keiner Weise Vermögenswerte, die der Masse zugute kommen können.

28.2. Frage

Wie ist in solchen Fällen (uneinbringlicher Rückstand bei der Primärschuldnerin, Schuldenregulierungsverfahren beim potentiell Haftungspflichtigen) künftig vorzugehen?

Inwieweit sind die anderen (üblicherweise vorkommenden) Haftungstatbestände (§§ 11, 12 und 14 BAO) von dieser OGH-Rechtsprechung erfasst, da sie eben nicht die Voraussetzungen einer schuldhaften Pflichtverletzung erfüllen müssen bzw. das rechtswidrige Verhalten (§ 11 BAO) im Regelfall vor Insolvenzeröffnung gesetzt wurde?

28.3. Lösung

Mit der Konkurseröffnung tritt der Masseverwalter auch in einem Abgabenverfahren an die Stelle des Gemeinschuldners, soweit es sich um Aktiv- oder Passivbestandteile der Konkursmasse handelt. Die Abgaben sind daher während des Konkursverfahrens gegenüber dem Masseverwalter, der insofern den Gemeinschuldner repräsentiert, festzusetzen. Während des Konkursverfahrens dürfen weder Abgabenbescheide noch Haftungsbescheide, mit welchen der Gemeinschuldner zur Haftung (etwa für Lohnsteuer oder für Kapitalertragsteuer) herangezogen werden soll, an den Gemeinschuldner gerichtet werden. Eine nach Konkurseröffnung an den Gemeinschuldner gerichtete Erledigung geht auch dann ins Leere, wenn sie an den Gemeinschuldner, zu Handen des Masseverwalters, gerichtet ist; sie entfaltet weder eine Wirkung für die Gemeinschuldner noch für den Masseverwalter (vgl. VwGH 09. 11. 2011, 2009/16/0260).

Bei verschuldensabhängigen (Ausfall-)Haftungen muss nun aber nach der vorliegenden Entscheidung des OGH 16. 02. 2012, 6 Ob 231/11f, in bestimmten Fällen eine Differenzierung vorgenommen werden. Der Entscheidung lag folgender Sachverhalt zu Grunde:

Das Konkursverfahren über das Vermögen des Haftungspflichtigen wurde am 1. September 2006 eröffnet. Er war bis 1. Februar 2005 Geschäftsführer einer GmbH und in der Folge – über seine Privatkonkurseröffnung hinaus (welche seine Vertretungsbefugnis nicht berührte) – deren Liquidator.

Mit Haftungsbescheiden vom 24. November 2008 und 13. Oktober 2009 nahm ihn das Finanzamt in seiner Funktion als Liquidator für Abgabenschuldigkeiten der GmbH in Höhe von 35.137,64 Euro gemäß § 9 BAO in Anspruch und meldete diesen Betrag in seinem Konkursverfahren als Masseforderung an. Bei den haftungsgegenständlichen Abgaben handelt es sich um im Zeitraum

16. Oktober 2006 bis 15. Oktober 2008 – nach der Privatkonkurseröffnung – fällig gewordene Umsatz- und Körperschaftsteuern der Gesellschaft.

Der Oberste Gerichtshof führt in seiner Entscheidungsbegründung zu 6 Ob 231/11f im Wesentlichen aus:

„Die Haftung des Geschäftsführers wird mit Erlassung des Haftungsbescheides konstitutiv begründet (VwGH 2002/14/0123), wodurch die Gesellschaft und der Geschäftsführer Gesamtschuldner werden (VwGH 89/16/0009). Die Haftung ist einem zivilrechtlichen Schadenersatzanspruch nachgebildet (VwGH 96/15/0049).

Nach Insolvenzeröffnung entstandene Ersatzansprüche gegen den Insolvenzschuldner aus seinen persönlichen rechtswidrigen Handlungen sind nach der Insolvenzordnung weder Insolvenz- noch Masseforderungen (vgl. ua. Konecny in Konecny/Schubert, Insolvenzgesetze, § 102 KO Rz 17).

Die den Haftungsbescheiden zugrunde liegenden Abgabenverpflichtungen der Gesellschaft entstanden ausschließlich nach Eröffnung des Insolvenzverfahrens. Damit sind diese Forderungen keine Insolvenzforderungen (VwGH 2002/14/0124). Der Umkehrschluss, dass es sich daher um Masseforderungen handeln müsste, ist nicht zwingend.

Es bedarf einer zeitlichen und einer sachlichen Voraussetzung, um im Sinne des § 46 Z 2 IO davon sprechen zu können, dass eine öffentliche Abgabe „die Masse trifft“. Die Arbeitskraft des Insolvenzschuldners bildet jedoch keinen Massebestandteil. In die Insolvenzmasse fällt nur der reine Erlös aus der Erwerbstätigkeit des Schuldners, also der Nettoerwerb, der dem Schuldner während der Insolvenz zufließt. Daher sind auch nur die nach seinen persönlichen Verhältnissen bemessenen Abgaben Masseforderungen, die auf das für die Insolvenzmasse nach Insolvenzeröffnung erzielte Einkommen entfallen, hier also etwa ein Entgelt als Geschäftsführer der Gesellschaft. Eine bloß an die Tätigkeit anknüpfende Zahlungspflicht (wie eine Haftung nach §§ 9, 80 BAO) verschafft aber in keiner Weise Vermögenswerte, die der Masse zugute kommen können (vgl. OGH 23. 02. 2006, 8 Ob 7/06x).“

Wird also über das Vermögen eines Vertreters nach §§ 80 ff. BAO der Konkurs eröffnet und nimmt die Abgabenbehörde den Insolvenzschuldner in der Folge durch gemäß § 9 BAO erlassene Haftungsbescheide für Abgabenverbindlichkeiten der von ihm Vertretenen in Anspruch, die nach Eröffnung des Insolvenzverfahrens entstanden sind, stellen diese Forderungen der Abgabenbehörde weder Masseforderungen noch Insolvenzforderungen im Konkurs des Vertreters dar. Die Haftung nach § 9 BAO setzt nämlich eine schuldhafte, rechtswidrige Verletzung der Vertreterpflichten voraus und ist daher ebenso zu behandeln wie andere Ersatzansprüche gegen den Schuldner aus seinen persönlichen rechtswidrigen Handlungen.

Die Entscheidung des OGH 16. 02. 2012, 6 Ob 231/11f, berührt auch die Adressierung und Zustellung von derartigen Haftungsbescheiden. Wenn nämlich die zu Grunde liegende Forderung die Insolvenzmasse in keiner Weise betrifft, sondern dem konkursfreien Bereich zuzuordnen ist, sind solche Bescheide auch nicht mehr an den Masseverwalter, sondern unmittelbar an den Haftungspflichtigen selbst zu richten und ihm zuzustellen (vergleichbar Erledigungen betreffend Finanzstrafen, die zu den gemäß § 58 IO vom Insolvenzverfahren ausgeschlossenen Ansprüchen gehören).

In Hinkunft müssen drei Falllagen unterschieden werden, in welchen Haftungen gemäß § 9 BAO erst nach Eröffnung des Insolvenzverfahrens über das Vermögen des Haftungspflichtigen bescheidmäßig geltend gemacht werden:

1. Fall:

Der Haftungstatbestand wurde bereits vor der Insolvenzeröffnung begründet:

Demzufolge ist auch die Forderung gegenüber dem Insolvenzschuldner bereits vor der Insolvenzeröffnung entstanden. In diesem Fall macht es auch nach dem Inhalt der vorliegenden OGH-Entscheidung vom 16. 02. 2012 – vgl. dazu Punkt 4. – keinen Unterschied, dass es sich gegenständlich um einen schadenersatzähnlichen Gläubigeranspruch handelt, weil es diesbezüglich auch keine Einschränkungen von Insolvenzforderungen gibt. Im Rahmen des Insolvenzverfahrens ist daher die Haftungsforderung als Insolvenzforderung (mit Teilentschuldungsmöglichkeit für den Insolvenzschuldner) geltend zu machen und der Haftungsbescheid nach Insolvenzeröffnung nach der ständigen Rechtsprechung des VwGH wie bisher an den Masseverwalter zu richten (sofern es ihn im Privatkonkurs gibt).

2. Fall:

Sachlage wie im Fall 1, doch wurde das Privatkonkursverfahren über das Vermögen des Haftungspflichtigen inzwischen (vor Erlassung des Haftungsbescheides) bereits aufgehoben:

Der Haftungsbescheid ergeht an den Haftungspflichtigen und wird die Haftung nach der Rechtsprechung des VwGH im Rahmen der Ermessensausübung (sofern nicht auch besonders berücksichtigungswürdige andere Umstände vorliegen) der Höhe nach auf die zu entrichtende Insolvenzquote eingeschränkt (vgl. VwGH 05. 07. 2004, 2002/14/0123).

3. Fall:

Er entspricht vom Sachverhalt jenem laut OGH vom 16. 02. 2012, dh. der haftungsbegründende Tatbestand (die kausale schuldhafte Nichtentrichtung der Abgaben des Primärschuldners zu deren Fälligkeitstagen und die finale Uneinbringlichkeit) liegt erst nach der Insolvenzeröffnung über das Vermögen des Haftungspflichtigen:

Insolvenzrechtlich stellt diese Haftungsforderung weder eine Insolvenz- noch eine Masseforderung dar. Sie kann (Ermessen) in voller Höhe unmittelbar dem Haftungspflichtigen vorgeschrieben werden, selbst wenn das Insolvenzverfahren über sein Vermögen noch anhängig ist und ein Masseverwalter bestellt wurde.

Zur Fragestellung, ob die Entscheidung des OGH 16. 02. 2012, 6 Ob 231/11f, auch auf andere Haftungstatbestände in gleichgelagerten Situationen anzuwenden wäre, wird dies in Bezug auf die Täterhaftung gemäß § 11 BAO grundsätzlich zu bejahen sein, nicht jedoch hinsichtlich einer Gesellschafterhaftung nach § 12 BAO und auch nicht bezüglich einer Erwerberhaftung gemäß § 14 BAO, weil letztere beiden verschuldensunabhängig sind und auch kein Zweifel daran bestehen könnte, dass sowohl ein Gesellschafteranteil als auch ein erworbener (übereigneter) Betrieb oder Teilbetrieb Vermögensbestandteile des Insolvenzschuldners sind, die in die Insolvenzmasse (Massevermögen) fallen.

29. Haftungsbescheid und Konkurseröffnung

29.1. Sachverhalt

Bei einer Lohnsteuerprüfung wegen Konkurseröffnung wird die Lohnsteuer für Jänner bis April unter einem mit Haftungsbescheid geltend gemacht. Die Konkurseröffnung erfolgt am 8. Mai.

29.2. Frage

Besteht die Möglichkeit einer Aufteilung, sodass die Haftungsinanspruchnahme für vor Konkurseröffnung fällige Zeiträume möglich ist?

29.3. Lösung

Lohnzahlungs- und damit Erhebungszeitraum der Lohnsteuer ist der Kalendermonat (§ 77 Abs. 1 EStG 1988). Der Arbeitgeber hat die Lohnsteuer bei jeder Lohnzahlung einzubehalten (§ 78 Abs. 1 EStG 1988) und die gesamte Lohnsteuer, die in einem Kalendermonat einzubehalten war, spätestens am 15. Tag nach Ablauf des Kalendermonates in einem Betrag an das Finanzamt der Betriebsstätte abzuführen (§ 79 Abs. 1 EStG 1988).

Zu den abgabenrechtlichen Pflichten des Vertreters gehört insbesondere dafür zu sorgen, dass die Abgaben aus den Mitteln, die er verwaltet, entrichtet werden (§ 80 Abs. 1 zweiter Satz BAO). Der Zeitpunkt, für den zu beurteilen ist, ob der Vertretene die für die Abgabenentrichtung erforderlichen Mittel hatte, bestimmt sich danach, wann die Abgabe bei Beachtung der abgabenrechtlichen Vorschriften zu entrichten gewesen wäre. Bei Selbstbemessungsabgaben ist maßgebend, wann die Abgabe bei ordnungsgemäßer Selbstberechnung (erstmalig) abzuführen gewesen wäre. Maßgebend ist der Zeitpunkt dieser (gesetzlichen) Fälligkeit, unabhängig davon, ob die Abgabe bescheidmäßig festgesetzt wird (vgl. zB *Ritz*, BAO[4], § 9 Tz 10, und die dort zitierten Erkenntnisse des Verwaltungsgerichtshofes; UFS 19. 03. 2009, RV/0586-L/08, uva.).

Ebenso entspricht es der ständigen Rechtsprechung, dass eine haftungsrelevante Pflichtverletzung bei der Lohnsteuer zufolge der Vorschrift des § 78 Abs. 3 EStG 1988 schon dann angenommen werden kann, wenn Arbeitslöhne aus zur Verfügung stehenden Mitteln noch ausbezahlt werden, ohne die auf sie entfallende Lohnsteuer von den tatsächlich zur Auszahlung gelangten Beträgen zu berechnen, einzubehalten und zum Fälligkeitstag an das Finanzamt anzuführen. Bei der Lohnsteuer handelt es sich somit um eine Abfuhrabgabe (Steuerschuldner ist der Arbeitnehmer, vgl. § 83 Abs. 1 EStG 1988), die vom Gleichbehandlungsgrundsatz ausgenommen ist.

Da jedoch für den letzten und eventuell vorletzten (bei Insolvenzeröffnung mit Insolvenzedikt vor dem 15. Tag eines Monats) Monat vor Eröffnung des Insolvenzverfahrens über das Vermögen des Arbeitgebers die monatliche Abfuhrfälligkeit erst nach der Insolvenzeröffnung erstmalig eintritt, kann der bisherige organschaftliche Vertreter (Geschäftsführer) dafür nicht mehr haftbar gemacht werden, weil ihm zu diesem Zeitpunkt die Vertretung und Mittelverfügung gemäß § 2 Abs. 2 IO bereits entzogen ist.

Auf die Monatsfälligkeiten vor der Insolvenzeröffnung ist bei Beurteilung der Haftungsfrage auch dann abzustellen, wenn es zu einer Lohnsteuernachforderung auf Grund einer Lohnsteuerprüfung kommt, die für mehrere Lohnzahlungszeiträume (Kalendermonate) desselben Kalenderjahres gemäß § 202 Abs. 1 in Verbindung mit § 201 Abs. 4 BAO zusammengefasst mit Haftungsbescheid geltend gemacht wird (Ermessen), weil es nach der oben dargestellten Rechtslage nicht auf die Fälligkeit einer bescheidmäßigen Nachforderung ankommt, sondern auf jene Fälligkeit, zu der die Abgabe bei ordnungsgemäßer Selbstberechnung abzuführen gewesen wäre. Somit ändert auch die Bestimmung des § 214 Abs. 2 BAO, wonach in Fällen einer gemäß § 201 Abs. 4 BAO zusammengefassten Festsetzung von Abgaben § 214 Abs. 1 BAO mit der Maßgabe gilt, dass als Fälligkeitstag der gesamten Abgabennachforderung der Fälligkeitstag der jüngsten zusammengefasst festgesetzten Abgabenschuldigkeit anzusehen ist, nichts an einem allfälligen Haftungs- bzw. Entrichtungsverschulden der Lohnsteuer zum gesetzlich geregelten Fälligkeitstag, weil es sich dabei nur um eine die gebarungsmäßige Verrechnungsreihenfolge regelnde Vorschrift handelt.

Aus den angeführten Gründen erscheint es in solchen Fällen, in denen nach Insolvenzeröffnung eine Lohnsteuerprüfung beim (ehemaligen) Arbeitgeber vorgenommen wird, für die in der Folge auftretende Haftungsprüfung unerlässlich, eine Abgrenzung zwischen Lohnsteuerabfuhrdifferenzen mit Fälligkeit vor der Insolvenzeröffnung und solchen mit Fälligkeit erst nach der Insolvenzeröffnung (für die letzten ein oder zwei Monate davor) vorzunehmen. Dies hat durch Erlassung von (mindestens) zwei Haftungsbescheiden zu erfolgen, zumal nach den einkommensteuerrechtlichen Bestimmungen die Ordnungsmäßigkeit der Lohnsteuerabfuhr je Lohnzahlungszeitraum (Kalendermonat) nachzurechnen ist.

12/8/8.

Salzburger Steuerdialog 2013 – BAO

(Erlass des BMF vom 8. Oktober 2013, BMF-010103/0180-IV/2013)

1. Schenkungsmeldung

1.1. Bezughabende Norm

§ 121a BAO

1.2. Sachverhalt 1

A übergibt einen sehr großen land- und forstwirtschaftlichen Betrieb (Einheitswert ca. 600.000 €) mittels Übergabsvertrag an B und behält sich im Zuge dessen das Fruchtgenussrecht vor.

1.2.1. Frage

Welchen Wert soll er in der Schenkungsmeldung angeben?

1.2.2. Lösung

Grundvermögen verpflichtet zwar nicht zur Anzeige gemäß § 121a BAO, aber da es sich in diesem Fall um Betriebsvermögen handelt, unterliegt es grundsätzlich der Anzeigepflicht gemäß § 121a BAO. Abzuziehen vom gemeinen Wert des Betriebs ist allerdings der gemeine Wert des Fruchtgenussrechtes. Gemäß den Bestimmungen des BewG ist das Recht auf Fruchtgenuss zu bewerten. Die Differenz ist in der Schenkungsmeldung zu beziffern.

1.3. Sachverhalt 2

A schließt eine Versicherung zugunsten von B ab. Als der Versicherungsfall eintritt, zahlt die Versicherung die vertraglich vereinbarte Summe an B aus.

1.3.1. Frage

Wer ist zur Anzeige gemäß § 121a BAO verpflichtet?

1.3.2. Lösung

Gemäß § 121a Abs. 3 BAO sind der Geschenkgeber und der Geschenknehmer zur ungeteilten Hand zur Anzeige der Schenkung verpflichtet. Rechtsanwälte und Notare kann ebenso die Anzeigepflicht treffen, wenn sie am Erwerb oder bei der Errichtung der Vertragsurkunde über den Erwerb mitgewirkt haben oder mit der Schenkungsmeldung beauftragt waren. Der Gesetzgeber normiert allerdings keine Anzeigepflicht für die Versicherung.

1.4. Sachverhalt 3

A schenkt an B Anteile einer Kapitalgesellschaft.

1.4.1. Frage

Ist es ausreichend, im Formular der Schenkungsmeldung anzugeben, dass der Wert über 50.000 € liegt oder muss der genaue Wert beziffert werden?

1.4.2. Lösung

Es ist nicht ausreichend lediglich anzugeben, dass die Wertgrenze von 50.000 € überschritten ist, denn das ist durch die Schenkungsmeldung selbsterklärend. Eine präzise Bewertung des Wertes im Sinn etwa eines Wiener Verfahrens ist zwar nicht nötig, aber eine ungefähre Bandbreite (von/bis) sollte in der Anzeige angegeben werden.

1.5. Sachverhalt 4

Der Erwerber einer Eigentumswohnung hat zu diesem Zweck gemeinsam mit seinen Eltern ein Darlehen von 250.000 € aufgenommen. Derzeit ist vereinbart, dass jedenfalls in nächster Zeit die Rückzahlungsraten von den Eltern getragen werden. Inwieweit und ob der Sohn ebenfalls Rückzahlungsraten zahlen wird, ist ungewiss. Wahrscheinlich ist jedoch, dass die Rückzahlungsraten der Eltern in den nächsten Jahren 50.000 € je Jahr nicht überschreiten werden.

1.5.1. Frage

Besteht Schenkungsmeldepflicht?

1.5.2. Lösung

Auf Grund des vorliegenden Sachverhaltes geht nicht eindeutig hervor, ob der Sohn in Hinkunft Rückzahlungen vornehmen wird. Auf Grund der Ungewissheit des Studienerfolges kann zum jetzigen Zeitpunkt die weitere Vorgehensweise nicht abgeschätzt werden, daher ist von den Fakten auszugehen. Diesbezüglich wird allerdings angegeben, dass die Rückzahlungsraten der Eltern 50.000 € nicht überschreiten werden. Demzufolge ist vorerst gemäß § 121a Abs. 2 lit. a BAO keine Schenkungsmeldung nötig.

Sollte die Wertgrenze durch weitere Zahlungen der Eltern allerdings innerhalb eines Jahres überschritten werden, käme die Schenkungsmeldeverpflichtung zum Tragen.

1.6. Sachverhalt 5

Nach dem Ableben eines in Amerika lebenden Geschäftsmannes soll der Betrag von 100.000 $ an einen in Österreich lebenden Bruder überwiesen werden.

1.6.1. Frage

Besteht eine Anzeigepflicht nach § 121a BAO?

1.6.2. Lösung

Gemäß § 121a BAO sind ausschließlich Schenkungen und Zweckzuwendungen unter Lebenden von der Anzeigepflicht umfasst. Im gegenständlichen Sachverhalt handelt es sich aber um Vermögen, das nach einem Todesfall übermittelt werden soll. Aus dem Sachverhalt geht nicht hervor, zu welchem Zweck und an wen das Geld überwiesen werden soll. Denkbar wäre mehrere Konstellationen:

Ist der Bruder Erbe und deshalb Empfänger des Geldes, läge demzufolge keine Anzeigepflicht nach § 121a BAO vor.

Wird das Geld nicht an einen Erben übertragen, müsste geprüft werden, ob Bereicherungsabsicht vorliegt oder nicht. Falls ja, würde von einer Schenkungsmeldepflicht gemäß § 121a BAO auszugehen sein, im zweiten Fall – zB bei Tilgung einer gegenüber dem Bruder bestehenden Schuld des Verstorbenen durch den Geldbetrag – liegt keine Anzeigepflicht gemäß § 121a BAO vor.

1.7. Sachverhalt 6

Der Nachkauf von Versicherungszeiten (Schul- und Studienzeiten) durch eine andere Person als den Antragsteller löst beim Übersteigen der Wertgrenzen des § 121a BAO Schenkungsmeldepflicht aus.

1.7.1. Frage

Ist die PVA zur Anzeige gemäß § 121a BAO verpflichtet?

1.7.2. Lösung

§ 121a Abs. 3 BAO normiert bei den zur Schenkungsmeldung verpflichteten Personen den Geschenkgeber und den Geschenknehmer zur ungeteilten Hand. Desweiteren kann auch Rechtsanwälte und Notare die Anzeigepflicht treffen, wenn sie am Erwerb oder bei der Errichtung der Vertragsurkunde über den Erwerb mitgewirkt haben oder mit der Schenkungsmeldung beauftragt waren.

Für andere Personen wie zB Sozialversicherungsträger ergibt sich daher keine Anzeigepflicht gemäß § 121a BAO.

2. Auskunftsbescheid – Verwaltungskostenbeitrag

2.1. Bezughabende Norm

§ 118 BAO

2.2. Sachverhalt 1

4 Antragsteller stellen einen Antrag auf Rechtsauskunft nach § 118 BAO.

2 Antragsteller überschreiten die Umsatzerlösgrenze von 38,5 Mio. €.

Anfragegegenständlich ist ein mehrstufiger Umgründungsvorgang.

Im Zusammenhang mit den geplanten Verschmelzungsschritten stellen die Antragsteller insgesamt 10 Rechtsfragen zu folgenden Themenbereichen, ua. zur Zulässigkeit einer Firmenwertabschreibung oder zur möglichen Rückabwicklung einer bestehenden steuerlichen Gruppe.

2.2.1. Frage

In welcher Höhe ist der Verwaltungskostenbeitrag vorzuschreiben?

2.2.2. Lösung

Schon beim Salzburger Steuerdialog 2011 hat das BMF vertreten, dass die Bereiche Umgründung und Gruppe „koppelbar" sind – dies allerdings nur, wenn beide Themenbereiche in engem sachlichem Zusammenhang auf denselben Sachverhalt bezogen sind. Demzufolge ist daher der Verwaltungskostenbeitrag nur einmal festzusetzen. Im konkreten Fall würde er auf Grund der Höhe der Umsatzerlöse gemäß § 118 BAO 20.000 € betragen, weil die Summe der Umsatzerlöse über der Grenze von 38,5 Mio € liegt.

Der Sachverhalt verrät nichts Näheres über Fragen zu anderen Themenbereichen (insbesondere zur Firmenwertabschreibung), die gestellt werden, zB ob sie im Zusammenhang mit der Umgründung stehen bzw. „rulingfähig" sind. Sollten sie es nicht sein, vertritt das BMF die Ansicht (Steuerdialog 2011 Frage 5 in einem ähnlich gelagerten Fall), dass der Antrag auf Advance Ruling in Bezug auf die „rulingfähigen" Gebiete kostenpflichtig ist und wegen der nicht „rulingfähigen" Frage nicht zurückzuweisen ist, sondern aus pragmatischen Gründen als formloses Auskunftsersuchen zu behandeln ist, das nicht in Bescheidform ergeht und daher nicht kostenpflichtig ist.

2.3. Sachverhalt 2

Im Zusammenhang mit einem Umgründungsvorgang wird von einer Steuerberatungskanzlei im Namen von drei Unternehmen in verschiedenen Finanzamts-Bereichen mit einem einzigen Schriftsatz ein Auskunftsbescheid beantragt. Es sind drei Bescheide auszufertigen.

2.3.1. Frage

Liegen drei Anträge vor, dh. Vorschreibung von drei Verwaltungskostenbeiträgen?

2.3.2. Lösung

Wenn mehrere Antragsteller denselben Antrag stellen und unterfertigen, fällt der Verwaltungskostenbeitrag nur einmal an. Hinzuweisen ist in diesem Zusammenhang aber ausdrücklich, dass dies nur bei ein- und demselben Sachverhalt sein kann und nicht bei der Darstellung von unterschiedlichen Fallkonstellationen oder Varianten.

Mehrere Antragsteller sind Gesamtschuldner im Sinn des § 6 BAO. Es liegt im Ermessen der Abgabenbehörde, ob der gesamte Beitrag einem oder mehreren Gesamtschuldnern (allenfalls einheitlich gemäß § 199 BAO) vorgeschrieben wird oder ob eine anteilige Festsetzung erfolgt.

Bei mehreren Antragstellern ist für die Höhe des Verwaltungskostenbeitrages die Summe ihrer Umsatzerlöse maßgebend.

3. BAO-Novelle – Beschwerdefrist

3.1.Bezughabende Norm

FVwGG 2012

3.2. Sachverhalt

A stellt am letzten Tag der Beschwerdefrist einen Antrag auf Fristverlängerung zur Einbringung der Bescheidbeschwerde bis 31. Mai. Das Finanzamt lässt den Antrag unerledigt. A bringt die Bescheidbeschwerde am 17. Juni ein.

3.3. Frage

Wie hat das Finanzamt darüber zu entscheiden?

3.4. Lösung

Nach der neuen Rechtslage („BAO neu" ab 1.1.2014) ist die Beschwerdevorentscheidung nunmehr zwingend und umfasst auch Formalentscheidungen gemäß § 260 „BAO neu" ff. Demzufolge ist die Beschwerde des A verspätet, da sie gemäß § 245 Abs. 4 „BAO neu" nur bis spätestens zu dem Datum, auf das der Beschwerdeführer verlängern will, als rechtzeitig gelten kann; dieses Datum hat er aber in diesem Fall eindeutig überschritten. Daher ist die Beschwer-

de des A wegen Verspätung durch Beschwerdevorentscheidung (BVE) zurückzuweisen.

4. BAO-Novelle – Tangentenänderung während anhängigem Beschwerdeverfahren

4.1. Bezughabende Norm

FVwGG 2012

4.2. Sachverhalt

Ein Bescheidbeschwerdeverfahren ist beim Bundesfinanzgericht anhängig (nach rechtzeitiger Stellung des Vorlageantrags). Ein Feststellungsbescheid gemäß § 188 BAO wird nachträglich geändert und der Gewinnanteil des Beschwerdeführers herabgesetzt.

4.3. Frage

Darf das Finanzamt den abgeleiteten Einkommensteuerbescheid nach § 295 BAO anpassen?

4.4. Lösung

Auf Grund des neuen § 300 Abs. 1 „BAO neu" ist eine Änderung oder Aufhebung von beim Verwaltungsgericht angefochtenen Bescheiden nicht mehr möglich. Der Beschwerdeführer kann jedoch die Herabsetzung der Einkommensteuer vor Erledigung der Bescheidbeschwerde erreichen, indem er der Änderung bzw. Anpassung, dass die Abgabenschuldigkeit herabgesetzt wird, zustimmt und das Bundesfinanzgericht diese Zustimmungserklärung mit Beschluss an das Finanzamt unter Setzung einer angemessenen Frist zur Aufhebung weiterleitet. Das Finanzamt kann dann gemäß § 300 „BAO neu" den alten Einkommensteuerbescheid aufheben und einen neuen erlassen. Die Bescheidbeschwerde gilt dann gemäß § 253 „BAO neu" als gegen den neuen Bescheid gerichtet und ist noch seitens des Bundesfinanzgerichtes zu erledigen.

5. Zuständigkeit – Wohnsitzfinanzamt

5.1. Bezughabende Norm

§ 20 AVOG 2010

5.2. Sachverhalt

Ein Steuerpflichtiger mit aufrechtem Wohnsitz wird aufgrund eines Vergehens in einer Justizanstalt inhaftiert. Dies begründet einen gewöhnlichen Aufenthalt.

5.3. Frage

Ergibt sich dadurch eine Änderung der Zuständigkeit?

5.4. Lösung

Gemäß § 20 AVOG 2010 ist Wohnsitzfinanzamt das Finanzamt, in dessen Bereich der Abgabepflichtige einen Wohnsitz oder in Ermangelung eines Wohnsitzes seinen gewöhnlichen Aufenthalt hat.

Das Wohnsitzfinanzamt ist zuständig für die Erhebung der Einkommensteuer bei unbeschränkter Steuerpflicht.

Grundsätzlich bleibt der Wohnsitz bei Inhaftierung aufrecht. Gemäß § 20 AVOG 2010 geht der Wohnsitz dem gewöhnlichen Aufenthalt vor, daher ergibt sich keine Änderung der Zuständigkeit.

Ist jedoch aufgrund der Dauer der Inhaftierung (im Extremfall lebenslänglich) auf eine Aufgabe des Wohnsitzes zu schließen, so ändert sich die Zuständigkeit.

6. Zustellung – in Databox

6.1. Bezughabende Norm

FinanzOnline, § 98 BAO

6.2. Sachverhalt

Ein Bescheid wird in die Databox zugestellt.

6.3. Frage

Ab wann beginnt die Berufungsfrist zu laufen?

6.4. Lösung

Gemäß § 98 Abs. 2 BAO gelten elektronisch zugestellte Dokumente als zugestellt, sobald sie in den elektronischen Verfügungsbereich des Empfängers gelangt sind.

Die Berufungsfrist (§ 245 BAO) beginnt daher mit Zustellung in die Databox zu laufen.

Auch wenn die Databox weltweit abrufbar ist, sind die Bestimmungen über die Ortsabwesenheit (§ 17 Abs. 3 letzter Satz ZustG und § 98 Abs. 2 letzter Satz BAO) anzuwenden.

7. Zustellung – an Abgabepflichtigen bei Zustellungsvollmacht

7.1. Bezughabende Norm

§ 9 ZustG

7.2. Frage

Ist die Zustellung an den Abgabepflichtige trotz Zustellungsvollmacht eines Steuerberaters im Fall von Vorhalten und im Fall von Bescheiden zulässig?

7.3. Lösung

Soweit gesetzlich nichts anderes bestimmt ist, können Parteien anderen natürlichen oder juristischen Personen oder anderen eingetragenen Personengesellschaften eine Zustellvollmacht erteilen.

Nach ständiger Rechtsprechung umfasst eine allgemeine Vollmacht auch die Zustellvollmacht (zB VwGH vom 12.9.2002, 2001/15/0158).

Bestehen konkrete Zweifel am Bestand oder Umfang einer Vollmacht, so hat die Abgabenbehörde entsprechende Ermittlungen zu tätigen.

Ist ein Zustellbevollmächtigter bestellt, so hat die Abgabenbehörde diesem zuzustellen, soweit gesetzlich nichts anderes bestimmt ist (zB im Einhebungsverfahren, Vorladungen sind direkt an den Abgabepflichtigen zuzustellen).

Wurde nicht an den Zustellbevollmächtigten zugestellt, so liegt ein Zustellmangel vor. Dieser heilt gemäß § 9 Abs. 3 zweiter Satz ZustG in dem Zeitpunkt, in dem das Dokument dem Zustellbevollmächtigten tatsächlich (somit körperlich, nicht zB per Mail oder Fax) zugekommen ist.

8. Abgabenrechtliche Geheimhaltung – Auskunft an Landesschulrat

8.1. Bezughabende Norm

§ 48a BAO

8.2. Sachverhalt

Beim Landesschulrat wurde ein Antrag für Schulbeihilfe gestellt. Es wird ein Einkommensteuerbescheid vorgelegt mit Einkünften aus Gewerbebetrieb von Euro 10.900,00. Der Antragsteller hat nicht bekanntgegeben, ob diese Einkünfte pauschaliert sind. Nach dem Schülerbeihilfengesetz erhöhen sich Gewinne, die nach den Durchschnittssätzen (§ 17 EStG 1988) ermittelt werden, um 10 % dieser Einkünfte. Unter Hinweis auf § 15 Schülerbeihilfengesetz 1983 wird um Bekanntgabe ersucht, ob die Einkünfte pauschaliert wurden.

8.3. Frage

Darf die Auskunft erteilt werden?

8.4. Lösung

Gemäß § 48a Abs. 4 lit. b BAO ist die Offenbarung oder Verwertung von Verhältnissen befugt, wenn sie auf Grund einer gesetzlichen Verpflichtung erfolgt.

§ 15 Schülerbeihilfengesetz 1983 lautet:

„§ 15. (1) Personen, deren Einkommen zur Ermittlung der Bedürftigkeit nachzuweisen ist, haben dem Antragsteller die erforderlichen Nachweise an die Hand zu geben oder auf Verlangen der Behörde die für den Anspruch auf Beihilfen bedeutsamen Umstände offenzulegen. Die Träger der Sozialversicherung haben über Ersuchen der im § 13 angeführten Behörden die Versicherungsverhältnisse und deren Dauer sowie die Arbeitgeber von Personen, deren Einkommen zur Ermittlung der Bedürftigkeit nachzuweisen ist, bekannt zu geben, sofern der Betroffene gegenüber der im § 13 angeführten Behörden seine Zustimmung zu dieser Vorgangsweise schriftlich erklärt hat.

(2) Arbeitgeber, bezugsliquidierende und sonstige Stellen, die Beträge im Sinne der §§ 4 und 5 anweisen, haben alle Angaben, die zur Feststellung der Bedürftigkeit notwendig sind, binnen vier Wochen mitzuteilen.

(3) Die Verpflichtungen gemäß Abs. 1 und 2 können durch Verhängung von Zwangsstrafen erzwungen werden.

(4) Offenlegungen, Meldungen und Nachweise nach diesem Bundesgesetz müssen vollständig und wahrheitsgetreu erfolgen.

(5) Die Abgabenbehörden haben für Personen, deren Einkommen zur Beurteilung der Bedürftigkeit im Sinne des § 3 heranzuziehen ist, im Rahmen ihres Wirkungsbereiches im Ermittlungsverfahren festgestellte und für die Abgabenfestsetzung bedeutsame Daten den in § 13 angeführten Behörden bekannt zu geben, sofern

1. dies vom Beihilfenwerber beantragt wird und die betroffenen Personen der Datenübermittlung ausdrücklich schriftlich zustimmen oder

2. der Beihilfenwerber oder die in Abs. 1 genannten Personen ihrer Mitwirkungsverpflichtung im Verfahren vor der Beihilfenbehörde erster Instanz nicht oder nicht ausreichend nachgekommen sind und die gemäß § 13 zuständige Behörde dies beantragt.

Die abgabenrechtliche Geheimhaltungspflicht des § 48a der Bundesabgabenordnung gilt für die in § 13 angeführten Behörden sinngemäß. Die Auskunftspflicht der Abgabenbehörden erstreckt sich nicht auf solche Daten, die aus vorgelegten Abgabenbescheiden ersichtlich sind.“

Gemäß § 15 Abs. 5 letzter Satz Schülerbeihilfengesetz 1983 erstreckt sich die Auskunftspflicht zwar nicht auf solche Daten, die aus den vorgelegten Abgabenbescheiden ersichtlich sind, jedoch sind die im Rahmen des Wirkungsbereiches der Abgabenbehörde im Ermittlungsverfahren festgestellten und für die Abgabenfestsetzung bedeutsamen Daten bekanntzugeben, sofern der Beihilfenwerber seiner Mitwirkungsverpflichtung nicht oder nicht ausreichend nachgekommen ist.

Es besteht daher Auskunftspflicht gegenüber dem Landesschulrat, falls die Voraussetzungen des § 15 Abs. 5 Schülerbeihilfengesetz 1983 erfüllt sind. Dies setzt jedenfalls ein entsprechend begründetes Auskunftsersuchen im Einzelfall voraus.

9. Anbringen – nicht scanfähige Anträge

9.1. Bezughabende Norm

§ 85 BAO

9.2. Sachverhalt

Es langen L1- und E5-Anträge (Erstattung Alleinverdienerabsetzbetrag) für 2011 und Folgejahre mit nicht scanfähigen Formularen aus 2010 und Vorjahren ein (Zeitraum händisch korrigiert).

Um die Steuerpflichtigen anzuhalten, sollen die Anträge einfach nicht mehr erfasst werden.

9.3. Frage

Welche rechtsrichtigen Möglichkeiten gibt es?

9.4. Lösung

Anträge unterliegen keinen Formvorschriften, sofern diese nicht gesetzlich vorgeschrieben sind. Für die genannten Anträge existiert keine gesetzliche Formvorschrift.

Die L1- und E5-Anträge unterliegen der Entscheidungspflicht (vgl. § 311 Abs. 1 BAO bzw ab 1.1.2014: § 85a BAO). Solche Anträge sind daher mit Bescheid zu erledigen; dies auch dann, wenn adaptierte Formulare aus den Vorjahren eingereicht wurden.

10. Anbringen – Arbeitnehmerveranlagung, Einbringung als Sonstiges Anbringen über FinanzOnline

10.1. Bezughabende Norm

§§ 85, 86a BAO; FinanzOnline-Verordnung 2006

10.2. Sachverhalt

Am 31.12.2012 wurde die Arbeitnehmerveranlagung für das Jahr 2007 über FinanzOnline eingebracht, Erstellungsdatum 31.12.2012 um 22:50.

Die Abgabepflichtige teilt dem Finanzamt mittels Sonstigem Anbringen über FinanzOnline mit, dass es ihr technisch leider nicht möglich war, ein L1 einzubringen. Gleichzeitig gibt sie bekannt, was sie geltend machen will.

10.3. Frage

Wie ist das Anbringen zu werten?

10.4. Lösung

Anträge auf Arbeitnehmerveranlagung sind an keine gesetzlichen Formvorschriften gebunden. Eine Einbringung unter Sonstigem Anbringen ist daher möglich.

Mit dem „Erstelldatum" einschließlich Uhrzeitangabe wurde der Abgabepflichtigen die erfolgreiche Übermittlung bzw. rechtzeitige Einbringung ihres Antrages gemäß § 41 Abs. 2 EStG 1988 im Sinn des § 5 dritter Satz FOnV 2006 bestätigt.

Das Anbringen ist daher rechtzeitig.

11. Steuererklärung – Zwangsstrafe mangels Einreichung im Verfahren FinanzOnline

11.1. Bezughabende Norm

§ 111 BAO, FinanzOnline-Erklärungsverordnung

11.2. Sachverhalt

Ein Notar besitzt einen Zugangscode in eigener Sache zu FinanzOnline. Er gibt aber seine Steuererklärungen (Jahreserklärungen/Umsatzsteuervoranmeldungen) zwar rechtzeitig, aber in händischer Form ab, weil er seine Daten nicht seinen Angestellten „verraten" will.

Laut Rücksprache mit dem Strafsachenreferent besteht keine Möglichkeit zum Einschreiten, weil der Kunde ja immer alles offenlegt und die Abgaben nicht verkürzt.

11.3. Frage

Ist dem § 119 BAO Genüge getan (Jahreserklärung und § 4/3-Ermittlung wurden vorgelegt) bzw. wie ist die in der FinanzOnline-Erklärungsverordnung erwähnte unzumutbare Übermittlung mangels technischer Voraussetzungen (zB zu Hause kein PC) auszulegen?

11.4. Lösung

Gemäß § 111 BAO kann die Abgabenbehörde eine Zwangsstrafe verhängen. Die Festsetzung einer Zwangsstrafe ist rechtswidrig, wenn die verlangte Leistung unmöglich oder unzumutbar wäre. Eine Zwangsstrafe kann auch mehrmals angedroht und festgesetzt werden. Ihre Festsetzung liegt dem Grunde und der Höhe nach im Ermessen.

Gemäß § 2 FinanzOnline-Erklärungsverordnung ist dem Steuerpflichtigem die elektronische Übermittlung der Steuererklärung unzumutbar, wenn er nicht die dazu erforderlichen technischen Voraussetzungen erfüllt. Ob die Benutzung des betrieblichen PC zumutbar ist, ist nach den Umständen des konkreten Einzelfalles zu beurteilen.

Jedenfalls hat der Notar seine Erklärungspflichten nicht verletzt. Die Verhängung von Verspätungszuschlägen (§ 135 BAO) kommt daher nicht in Betracht.

12. Bescheidadressierung – bei aufgelöstem Verein

12.1. Bezughabende Norm

§ 93 BAO

12.2. Sachverhalt

Ein Verein beschließt vor/während einer Prüfung seine Auflösung und lässt diese Auflösung im Vereinsregister eintragen.

12.3. Frage

Welche Auswirkungen hat die Löschung auf das Verfahren?

12.4. Lösung

Gemäß §§ 27 bis 30 Vereinsgesetz 2002 (siehe dazu auch Strafbestimmungen im § 31) endet die Rechtspersönlichkeit eines Vereins grundsätzlich bereits mit der Eintragung seiner Auflösung im Vereinsregister. Nur wenn im Fall der freiwilligen Auflösung Vereinsvermögen vorhanden ist und seitens des Vereins aus diesem Grund der Vereinsbehörde auch das Erfordernis der Abwicklung mitzuteilen ist, verliert der Verein seine Rechtsfähigkeit erst mit Eintragung der Beendigung der Abwicklung. Im Fall der Abwicklung wird der aufgelöste Verein durch den Abwickler vertreten.

Der Grundsatz, dass die Auflösung einer juristischen Person nur deklarative Wirkung hinsichtlich ihrer (Voll-)Beendigung hat, steht bei einem Verein also unter dem Postulat des Vorhandenseins im Zuge der Auflösung abzuwickelnden Vermögens. Allein offene Steuerverfahren reichen dazu in der Regel nicht aus (es sei denn bei festzusetzenden Steuergutschriften).

Kann dem Verein mangels Parteifähigkeit nicht mehr zugestellt werden, wären die Haftungsvoraussetzungen (der §§ 9 und 9a BAO) und die erstmalige Geltendmachung der Abgabenansprüche anlässlich der Erlassung eines Haftungsbescheides gemäß § 224 Abs. 3 BAO zu prüfen.

13. Feststellungsverfahren – Einheitlichkeit des Bescheides

13.1. Bezughabende Norm

§§ 188, 191 BAO

13.2. Frage

Ungeklärt scheinen die Konsequenzen aus dem VwGH-Erkenntnis vom 5.9.2012, 2011/15/0024, betreffend einheitliche Feststellungsbescheide (ganzheitliche Erfassung aller am Feststellungsverfahren Beteiligten) zu sein.

Wie ist aufgrund dieses Erkenntnisses eine vermögensverwaltende GmbH & Co KG zu behandeln, an welcher nur eine GmbH beteiligt ist (Standardfall)?

13.3. Lösung

Gemäß § 188 Abs. 1 BAO (idF ab 12.1.2013) festgestellt werden die Einkünfte (der Gewinn oder der Überschuss der Einnahmen über die Werbungskosten)

a) aus Land- und Forstwirtschaft,

b) aus Gewerbebetrieb,

c) aus selbständiger Arbeit,

d) aus Vermietung und Verpachtung unbeweglichen Vermögens,

wenn an den Einkünften derselben Einkunftsart mehrere Personen beteiligt sind.

Die Kapitalgesellschaft bezieht auf Grund ihrer Rechtsform ausschließlich Einkünfte aus Gewerbebetrieb (vgl. § 7 Abs. 3 KStG 1988), eine natürliche Person Einkünfte aus Vermietung und Verpachtung.

Eine Feststellung von Einkünften gemäß § 188 BAO setzt voraus, dass die Beteiligten (mindestens zwei) dieselbe Einkunftsart erzielen (vgl. dazu Ritz, BAO4, Tz 5, mwN; sowie Klarstellung in § 188 Abs. 1 BAO durch das FVwGG 2012).

Das Erkenntnis des VwGH vom 5.9.2012, 2011/15/0024, ändert daran nichts. Es spricht nicht darüber ab, wann eine Feststellung gemäß § 188 BAO durchzuführen ist, sondern wie sie durchzuführen ist (einheitlich), sofern die Voraussetzungen des § 188 BAO vorliegen.

Sind daher an einer vermögensverwaltenden GmbH & Co KG zwei „Personen" beteiligt, eine juristische Person (GmbH) und eine natürliche Person, die nicht Einkünfte derselben Einkunftsart erzielen, so ist keine Feststellung von Einkünften im Sinn des § 188 BAO durchzuführen. Es sind die betreffenden Einkünfte (Anteile) unmittelbar in den Abgabenverfahren der Beteiligten (Körperschaft- bzw. Einkommensteuer) zu berücksichtigen.

14. Feststellungsverfahren – Nichtfeststellungsbescheid bei beendeter Personengemeinschaft

14.1. Bezughabende Norm

§§ 188 ff BAO

14.2. Sachverhalt

Die AB GmbH hat sich im Laufe der Jahre mit 499 weiteren Personen zur „AB GmbH & atypisch stille Gesellschafter" zusammengeschlossen. In der Feststellungserklärung (§ 43 EStG 1988) werden für alle Gesellschafter Verluste aus Gewerbebetrieb ausgewiesen.

Nachdem der Konkurs über das Vermögen der AB GmbH mangels Kostendeckung nicht eröffnet wurde, wurde der ehemalige Geschäftsführer zum Liquidator bestellt. In dieser Funktion hat er dem Firmenbuchgericht gegenüber bekannt gegeben, dass er „keinerlei Vermögen feststellen" konnte und hat die amtswegige Löschung gemäß § 40 FBG, welcher das Finanzamt auch zugestimmt hat, angeregt. Die AB GmbH wurde schließlich gemäß § 40 FBG amtswegig gelöscht.

Die Betriebsprüfung hat ergeben, dass die Tätigkeit der AB GmbH nicht steuerbar ist und demnach keine Einkunftsquelle vorlag. Dieses Ergebnis der Betriebsprüfung muss bescheidmäßig umgesetzt werden, weil die Beteiligten in der Vergangenheit hohe Verlustzuweisungen geltend gemacht haben.

Die Bescheidadressierung erfolgte folgendermaßen:

„An [499 namentlich aufgezählte Personen] – alle als (vermeintliche) ehemalige Gesellschafter der AB GmbH & atypisch stille Gesellschafter".

Der übrige Bescheidspruch lautet folgendermaßen:

„Feststellungsbescheid nach § 92 iVm § 190 Abs. 1 BAO 2006

Eine Feststellung der Einkünfte nach § 188 BAO für das Jahr 2006 betreffend der AB GmbH & (angef. ehem.) atypisch stille Gesellschafter unterbleibt für die nachfolgenden Personen bzw. Personengemeinschaften:

[1 – 499 Personen samt Finanzamts/Steuernummer]"

Auf Grund der hohen Anzahl der Beteiligten wurde leider übersehen, auch die AB GmbH in die Bescheidadressierung und den Bescheidspruch aufzunehmen. Die AB GmbH als 500. Person, die zum Zeitpunkt der Bescheiderlassung bereits als vermögenslos im Firmenbuch gelöscht war, fehlt somit am Bescheid.

Ein Berufungswerber hat dies nun aufgegriffen und ist der Ansicht, dass ein Nichtbescheid vorliegt, weil die Erledigung nur an die an der AB GmbH beteiligten Personen gerichtet ist und die AB GmbH nicht genannt ist.

14.3. Frage

Führt das Weglassen des Geschäftsherrn, der im Zeitpunkt der Bescheiderlassung gar nicht mehr existent war, zu einem Nichtbescheid?

14.4. Lösung

Gemäß § 188 Abs. 1 BAO werden u.a. Einkünfte aus Gewerbebetrieb festgestellt, wenn an den Einkünften mehrere Personen beteiligt sind. Der Feststellungsbescheid ergeht gemäß § 191 Abs. 1 lit. c BAO an die Personenvereinigung (Personengemeinschaft) ohne eigene Rechtspersönlichkeit, deren Gesellschaftern (Mitgliedern) gemeinschaftliche Einkünfte zugeflossen sind. Ist eine Personenvereinigung (Personengemeinschaft) ohne eigene Rechtspersönlichkeit in dem Zeitpunkt, in dem der Feststellungsbescheid ergehen soll, bereits beendigt, so hat der Bescheid gemäß § 191 Abs. 2 BAO an diejenigen zu ergehen, denen gemeinschaftliche Einkünfte zugeflossen sind.

Gemäß § 190 Abs. 1 BAO finden die für Feststellungen gemäß § 188 BAO geltenden Vorschriften sinngemäß für Bescheide Anwendung,

mit denen ausgesprochen wird, dass Feststellungen zu unterbleiben haben.

Nach § 93 Abs. 2 BAO ist jeder Bescheid ausdrücklich als solcher zu bezeichnen, er hat den Spruch zu enthalten und in diesem die Person (Personenvereinigung, Personengemeinschaft) zu nennen, an die er ergeht.

Das Verfahren zur Feststellung nach § 188 BAO zielt auf die Geltendmachung des Einkommensteueranspruches gegenüber den Beteiligten ab. Der Zweck der Feststellung nach § 188 BAO liegt darin, die Grundlagen für die Einkommensbesteuerung in einer Weise zu ermitteln, die ein gleichartiges Ergebnis für alle beteiligten Steuersubjekte gewährleistet, und die Durchführung von Parallelverfahren für die einzelnen Beteiligten über die nach § 188 BAO festzustellenden Besteuerungsgrundlagen zu vermeiden.

Wie der Verwaltungsgerichtshof wiederholt entschieden hat, ist ein Bescheid, mit dem ausgesprochen wird, dass eine Feststellung von Einkünften unterbleibt, ein Grundlagenbescheid im Sinn des § 188 BAO. Soweit eine Personengesellschaft unter Benennung ihrer Gesellschafter dem Finanzamt gegenüber mit dem Begehren auf bescheidmäßige Feststellung von Einkünften nach § 188 BAO auftritt (insbesondere durch Einreichung einer entsprechenden Erklärung der Einkünfte von Personengesellschaften), muss die bescheidmäßige Erledigung gegenüber diesen Rechtssubjekten einheitlich ergehen. Ein nicht an alle diese Rechtssubjekte gerichteter Bescheid solchen Inhaltes bleibt wirkungslos (vgl. VwGH 30.3.2006, 2004/15/0048; VwGH 5.9.2012, 2011/15/0024).

Die Einheitlichkeit als Wesensmerkmal des Feststellungsbescheides nach § 188 BAO gilt auch für einen Bescheid, mit dem ausgesprochen wird, dass eine Feststellung nicht zu erfolgen hat. Auch negative Feststellungsbescheide (Nichtfeststellungsbescheide) müssen somit die Gesamtheit der Rechtssubjekte erreichen, denen gegenüber das Unterbleiben einer Feststellung von Einkünften ausgesprochen wird. Mangelt es dem Bescheid an dieser Einheitlichkeit, so kommt ihm keine Bescheidqualität zu (vgl. VwGH 2.8.2000, 99/13/0014; VwGH 5.9.2012, 2011/15/0024).

Mit der „Erklärung der Einkünfte von Personengesellschaften“ wird der Kreis der Personen festgelegt, über die das Finanzamt in einem einheitlichen Feststellungsbescheid nach § 188 BAO (hinsichtlich Mitunternehmerstellung und Einkünfteanteilen) abzusprechen hat. Es kommt darauf an, welche Personen in diese Erklärung der Einkünfte aufgenommen werden. Der Feststellungsbescheid darf nicht einen geringeren Personenkreis umfassen (RdW Heft 11/2012, 688 [RdW 2012/721]; ÖStZ Heft 24/2012, 603 [ÖStZ 2012/1122]; beides Kommentierungen zu VwGH 5.9.2012, 2011/15/0024).

Nach der ständigen Rechtsprechung des Verwaltungsgerichtshofes hat die Löschung einer GmbH im Firmenbuch bloß deklarativen Charakter. Eine GmbH besteht auch nach ihrer Löschung im Firmenbuch fort, solange ein Vermögen vorhanden ist und Rechtsbeziehungen zu Gläubigern oder Schuldnern bestehen. Die GmbH verliert somit durch die Löschung im Firmenbuch ihre Rechtssubjektivität nicht, solange noch ein Abwicklungsbedarf besteht, was insbesondere dann der Fall ist, wenn Abgabenverbindlichkeiten einer solchen Gesellschaft bescheidmäßig festzusetzen sind (VwGH 20.9.1995, 95/13/0068; VwGH 28.6.2007, 2006/16/0220; VwGH 22.11.2012, 2010/15/0026).

Daraus ergibt sich für den vorliegenden Fall: Die AB GmbH hatte ungeachtet ihrer bereits erfolgten Löschung im Firmenbuch ihre Rechtspersönlichkeit nicht verloren, da noch ein Bescheid (unter anderem) an sie zu erlassen war. Dass die AB GmbH zu diesem Zeitpunkt mangels organschaftlicher Vertretung nicht mehr handlungsfähig gewesen wäre, berührt im Hinblick auf § 188 Abs. 5, § 191 Abs. 5 und § 290 Abs. 3 BAO idgF nicht die Wirksamkeit des Feststellungsbescheides an sich. Folgt man der oben aufgezeigten Judikaturlinie bis herauf zu VwGH 5.9.2012, 2011/15/0024; VwGH 26.2.2013, 2010/15/0017, müsste die AB GmbH trotz Löschung im Firmenbuch in den Nichtfeststellungsbescheid (Adressierung und Spruch) aufgenommen werden, damit der Eindruck eines „Nichtbescheides“ ausgeschlossen werden kann.

15. Verjährung – Feststellungsverfahren

15.1. Bezughabende Norm

§ 207 ff BAO

15.2. Sachverhalt

Außenprüfung der Jahre 1999–2001.

Bei den Kommanditisten wurde die Mitunternehmerschaft versagt. In das Feststellungsverfahren wurden nur die Komplementäre einbezogen.

1999–2000 –> endgültige Bescheide

2001 –> Erstfestsetzung (Feststellung und Nichtfeststellung)

2002–2005 –> vorläufige Feststellung und Nichtfeststellung

VwGH 5.9.2012, 2011/15/0024: Es liegen Nichtbescheide vor, da die von § 188 BAO geforderte Einheitlichkeit nicht gegeben ist.

Der UFS weist daraufhin alle Berufungen aufgrund des Vorliegens von Nichtbescheiden zurück.

Derzeitiger Stand:

1999–2000 vorläufige Bescheide –> Festsetzung laut Erklärung

2001–2005 –> F-Erklärung offen

15.3. Frage

Weitere Vorgehensweise?

15.4. Lösung

Feststellungsbescheide unterliegen keiner Bemessungsverjährung (zB VwGH 11.11.2008, 2006/13/0187).

Jedoch wäre im Rahmen des Ermessens bei Bescheidabänderungen auf Feststellungsebene auf die Verjährung der abgeleiteten Bescheide Bedacht zu nehmen.

(Die vorläufigen Feststellungsbescheide 1999 bis 2000 werden aufgrund absoluter Verjährung in den abgeleiteten Verfahren idR nicht durch endgültige Bescheide zu ersetzen sein).

Betreffend die Jahre 2001 bis 2005 unterliegen die offenen Feststellungserklärungen der Entscheidungspflicht.

Ob bei den einzelnen Beteiligten im abgeleiteten Verfahren Verjährung eingetreten ist, hängt von den Verhältnissen des Einzelfalles ab. Verlängerungshandlungen im Feststellungsverfahren verlängern auch das Festsetzungsverfahren.

Die Jahre 2001 und 2002 sind bereits absolut verjährt.

Gemäß § 209a Abs. 2 BAO steht der Abgabenfestsetzung der Eintritt der Verjährung nicht entgegen, wenn die Abgabenfestsetzung unmittelbar oder mittelbar von der Erledigung einer Berufung oder eines Antrages abhängt. Dabei ist unter Verjährung auch die absolute Verjährung (§ 209 Abs. 3 BAO) zu verstehen.

Gemäß § 209a Abs. 4 BAO gelten als Anträge im Sinn des Abs. 2 Abgabenerklärungen, wenn die nach Eintritt der Verjährung vorzunehmende Abgabenfestsetzung zu einer Gutschrift führen würde.

16. Abgabenfestsetzung nach Verjährung

16.1. Bezughabende Norm

§ 209a BAO

16.2. Sachverhalt

Im Jahr 2012 ergehen im Einkommensteuerverfahren neue Bescheide gemäß § 295 Abs. 1 BAO für die Jahre 2001, 2002 und 2003. Hinterziehung wird nicht angenommen.

Der Steuerberater wendet ein, dass 2002 und 2003 gemäß § 207 BAO (fünfjährige Verjährungsfrist) verjährt seien.

16.3. Frage

Ist Verjährung eingetreten?

16.4. Lösung

Gemäß § 209 Abs. 3 BAO verjährt das Recht auf Festsetzung einer Abgabe spätestens zehn Jahre nach Entstehung des Abgabenanspruches.

Verlängerungshandlungen im Feststellungsverfahren gelten auch als Verlängerungshandlungen im abgeleiteten Verfahren.

Die Einkommensteuer 2001 und 2002 sind grundsätzlich bereits absolut verjährt und hätte daher eine Anpassung nicht erfolgen dürfen (sofern nicht ein Ausnahmetatbestand vorliegt).

Die Einkommensteuer 2003 verjährt entsprechend den generellen Bestimmungen der BAO nach fünf Jahren (mit Ablauf des 31.12.2008).

Werden innerhalb der Verjährungsfrist nach außen erkennbare Handlungen zur Geltendmachung des Abgabenanspruches oder zur Feststellung des Abgabepflichtigen von der Abgabenbehörde unternommen, so verlängert sich die Verjährungsfrist um ein Jahr. Werden solche Amtshandlungen in einem Jahr unternommen, bis zu dessen Ablauf die Verjährungsfrist verlängert ist, so verlängert sich die Verjährungsfrist um ein weiteres Jahr (§ 209 Abs. 1 BAO).

Verlängerungshandlungen im Feststellungsverfahren gelten auch als Verlängerungshandlungen im abgeleiteten Verfahren.

Gegenständlicher Sachverhalt lässt den genauen Verfahrensablauf bzw. Verfahrensstand sowohl im Feststellungsverfahren als auch im abgeleiteten Einkommensteuerverfahren offen.

Folgende Varianten sind ua. möglich:

- **Im Feststellungsverfahren der betreffenden Jahre erfolgte eine Berufungs(vor)entscheidung oder Erledigung eines Antrages. Gemäß § 209a Abs. 2 BAO steht der Eintritt der Verjährung der Abgabenfestsetzung nicht entgegen, wenn die Abgabenfestsetzung mittelbar von der Erledigung einer Berufung oder eines Antrages abhängt. Die Abänderung der Einkommensteuerbescheide gemäß § 295 BAO erfolgte in diesem Fall zu Recht.**
- **Im Feststellungsverfahren betreffend das Kalenderjahr 2003 wurden rechtzeitig Verlängerungshandlungen gesetzt. Diese verlängern auch das jeweilige abgeleitete Einkommensteuerverfahren. Die Anpassung des Einkommensteuerbescheides 2003 erfolgte in diesem Fall zu Recht.**
- **Im Einkommensteuerverfahren betreffend das Kalenderjahr 2003 wurden rechtzeitig entsprechende Verlängerungshandlungen gesetzt. Die Anpassung des Einkommensteuerbescheides 2003 erfolgte in diesem Fall zu Recht.**

Es ist daher im Einzelfall zu prüfen, ob jeweils jedes Verlängerungsjahr eine Verlängerungshandlung vorliegt oder ob ein Anwendungsfall des § 209a Abs. 2 BAO vorliegt.

17. Verjährung – Verlängerungshandlung bei anderer Abgabenart

17.1. Bezughabende Norm

§ 209 BAO

17.2. Sachverhalt

Veranlagungsjahr 2005.

Der Einkommensteuerbescheid ergeht im Jahr 2006.

Im Jahr 2011 findet eine Umsatzsteuersonderprüfung (USO Prüfung) für 2011 statt.

17.3. Frage

Stellt diese USO Prüfung eine Verlängerungshandlung hinsichtlich der Einkommensteuer dar?

17.4 Lösung

Verlängerungshandlung ist jede nach außen hin erkennbare von der Abgabenbehörde innerhalb der Verjährungsfrist des § 207 BAO unternommene Amtshandlung, die der Geltendmachung eines Abgabenanspruches oder der Feststellung eines Abgabepflichtigen dient (§ 209 Abs. 1 BAO).

Die USO Prüfung dient der Geltendmachung des Abgabenanspruches Umsatzsteuer und stellt daher keine Verlängerungshandlung hinsichtlich der Einkommensteuer 2005 dar.

18. Verjährung – Verlängerungshandlung durch später aufgehobenen Bescheid

18.1. Bezughabende Norm

§ 209 BAO

18.2. Frage

Ist ein Körperschaftsteuerbescheid 2005, der später im Berufungsweg wieder aufgehoben worden ist, eine taugliche Amtshandlung zur Verlängerung der Verjährung für das Jahr 2005?

18.3. Lösung

Verlängerungshandlung ist jede nach außen hin erkennbare von der Abgabenbehörde innerhalb der Verjährungsfrist des § 207 BAO unternommene Amtshandlung, die der Geltendmachung eines Abgabenanspruches oder der Feststellung eines Abgabepflichtigen dient (§ 209 Abs. 1 BAO).

Der Körperschaftsteuerbescheid 2005 stellt eine solche Amtshandlung dar. Daran ändert auch seine spätere Aufhebung im Berufungsverfahren nichts (zB VwGH 26.5.1999, 94/13/0058).

19. Verjährung – Beginn und Eintritt der absoluten Verjährung bei Umsatzsteuer auf Grund einer zu Unrecht in Anspruch genommenen Vorsteuer

19.1. Bezughabende Norm

§§ 208, 209 BAO

19.2. Sachverhalt

Hinterzogene Vorsteuern wurden aufgrund von Teilrechnungen mit Umsatzsteuervoranmeldung Februar 2001 (am 6.4.2001 beim Finanzamt eingereicht) bzw. mit Umsatzsteuervoranmeldung Juni 2001 (am 22.8.2001 beim Finanzamt eingereicht) beansprucht. Es war eine pauschale Auftragssumme vereinbart. Eine Schlussrechnung wurde nicht gelegt.

Die Jahreserklärung 2001 wird mit 4.2.2003 veranlagt.

Wiederaufnahme (§ 303 Abs. 4 BAO) aufgrund Außenprüfung am 22.7.2011 – Kürzung der Vorsteuer aus den Umsatzsteuervoranmeldungen 2/2001 und 6/2001.

Prüfungsauftrag nach FinStrG vom 6.11.2009 mittels RSa am 12.11.2009 zugestellt.

19.3. Frage

Wann entsteht der Abgabenanspruch auf Rückforderung der Vorsteuer?

19.4. Lösung

Gemäß § 209 Abs. 3 BAO (absolute Verjährung) verjährt das Recht auf Festsetzung einer Abgabe spätestens zehn Jahre nach Entstehung des Abgabenanspruches (§ 4 BAO).

Nach § 4 Abs. 3 BAO bleiben in den Abgabenvorschriften enthaltene Bestimmungen über den Zeitpunkt der Entstehung des Abgabenanspruches (der Steuerschuld) unberührt.

Der Zeitpunkt des Entstehens einer Umsatzsteuerschuld ist im § 19 Abs. 2 bis 5 UStG 1994 nach dem Prinzip der Abschnittsbesteuerung geregelt. Demzufolge entsteht die Steuerschuld jeweils am Ende eines Kalendermonats. Vorsteuern aus erhaltenen Lieferungen und Leistungen fallen in den Erklärungszeitraum (Voranmeldungszeitraum), in dem die Voraussetzungen für den Vorsteuerabzug erfüllt sind (vgl. UFS 28.2.2012, RV/0260-I/10, mit Hinweis auf Melhardt/Tumpel, UStG, § 12 Tz 19 ff und § 20 Rz 28).

Im § 19 UStG 1994 ist jener Fall nicht geregelt, in dem eine Vorsteuer zu Unrecht in Anspruch genommen wurde (UFS 11.2.2013, RV/0022-S/13).

Folgt man den Aussagen in der zuletzt genannten UFS-Entscheidung vom 11.2.2013, RV/0022-S/13 (in Form einer Kassationsentscheidung gemäß § 289 Abs. 1 BAO), kann daraus entnommen werden, dass ein Abgabenanspruch auch im Rückforderungsanspruch einer zu Unrecht in Anspruch genommenen Vorsteuer gelegen sein kann. In diesem Fall kommt es nicht darauf an, ob ein Guthaben ausbezahlt worden ist (vgl. dazu VwGH 4.6.2009, 2006/13/0143, ergangen zu § 232 BAO). Der Entschluss zur unrechtmäßigen Geltendmachung von Vorsteuern könnte regelmäßig erst im Zuge der Erstellung der Umsatzsteuervoranmeldung (UVA) getroffen werden. Tatsächlich konkretisiert wird die überhöhte Inanspruchnahme von Vorsteuer erst mit deren Geltendmachung über die Einreichung der UVA bzw. eine verringerte Einzahlung der Umsatzsteuervorauszahlung. Ein Vorsteuerrückforderungsanspruch des Abgabengläubigers wird deshalb nicht vor dieser Handlung entstehen können. Der Lauf der absoluten Verjährungsfrist wird deshalb nicht vor Einreichung der UVA bzw. der verringerten Einzahlung der Umsatzsteuervorauszahlung in Gang gesetzt werden.

Das Recht auf bescheidmäßige Rückforderung einer (zur Gänze) zu Unrecht in Anspruch genommenen Vorsteuer (und nicht bloß einer anteiligen, im Ausmaß einer Gebäudeprivatnutzung ergangenen Vorsteuerrückforderung, wie im Fall des UFS 28.2.2012, RV/0260-I/10) verjährt gemäß § 209 Abs. 3 BAO zehn Jahre

nach – letztgültiger – Verbuchung ihrer Gutschrift ober einer durch sie verringerten Umsatzsteuerzahllast (§ 21 UStG 1994) auf dem Abgabenkonto. Dafür spricht auch der Umstand, dass es keine Rückforderung des zu Grunde liegenden „Anspruches", der tatsächlich nicht existierte, gäbe, wenn es nicht zuvor zu seiner Gutschrift am Abgabenkonto gekommen wäre, worauf auch kein Rechtsanspruch bestehen hätte können.

Im vorliegenden Fall wäre somit die absolute Verjährung erst zehn Jahre nach Durchführung der Jahresveranlagung für 2001 mit Umsatzsteuerbescheid vom 4. Februar 2003, also mit Ablauf des 4. Februar 2013, eingetreten.

20. Berufungsverfahren – unrichtige Einkunftsart

20.1. Bezughabende Norm

§§ 198, 245 BAO

20.2. Sachverhalt

Ein Abgabepflichtiger bringt Berufung ein und beantragt eine Änderung der Einkunftsart, da keine Einkünfte aus nichtselbständiger Arbeit vorliegen, sondern Einkünfte aus Gewerbebetrieb.

Sonst werden keine Änderungen beantragt.

Im konkreten Fall ändert sich durch die Qualifizierung als GW-Einkünfte auch die Steuerschuld, da der Veranlagungsfreibetrag gewährt wird.

20.3. Frage

Ist die Berufung zurückzuweisen?

20.4. Lösung

Mit Berufung anfechtbar ist lediglich der Spruch eines Bescheides, nicht jedoch seine Begründung.

Gemäß § 198 Abs. 2 BAO sind Bestandteile des Spruches ua. Höhe und Art der Abgabe und die Grundlagen (Bemessungsgrundlagen) der Abgabenfestsetzung.

Die Einkunftsart eines Einkommensteuerbescheides hingegen ist kein Spruchbestandteil (vgl. zB VwGH vom 28.11.2007, 2006/14/0057).

Im konkreten Fall ändert sich jedoch durch die Umqualifizierung der Einkunftsart die Höhe der Abgabe und somit der Spruch.

Die Berufung ist daher zulässig und inhaltlich zu entscheiden.

21. Berufungsverfahren – Prüfungsfeststellungen während offenen Berufungsverfahrens, Rechtsmittelverzicht

21.1. Bezughabende Norm

§§ 256, 303 BAO

21.2. Sachverhalt

Die Großbetriebsprüfung (GBP) prüfte das Jahr 2007 und stellte nicht erklärte Einnahmen fest.

In der Niederschrift wurden diese Feststellungen anerkannt und ein Rechtsmittelverzicht abgegeben.

Das Verfahren Einkommensteuer 2007 ist wegen anderer strittiger Rechtsfragen schon seit längerer Zeit beim UFS anhängig.

21.3. Frage

Kann die GBP im Rahmen einer Wiederaufnahme einen neuen Einkommensteuerbescheid für 2007 erlassen?

Wie ist der Rechtsmittelverzicht zu sehen?

21.4. Lösung

Eine amtswegige Wiederaufnahme ist vor Rechtskraft des Verfahrens möglich. Die Wiederaufnahme ist daher im konkreten Fall grundsätzlich zulässig.

Die Verfügung der Wiederaufnahme liegt im Ermessen. Dabei ist nach Zweckmäßigkeit und Billigkeit vorzugehen.

Betreffend Einkommensteuer 2007 ist wegen einer anderen strittigen Rechtsfrage eine Berufung offen. Es ist somit im Allgemeinen zweckmäßig, die Feststellungen der GBP erst in der Berufungserledigung zu berücksichtigen. Der UFS ist von den Feststellungen zu verständigen.

Sollte es im Einzelfall zweckmäßig sein, trotz offenem Berufungsverfahrens das Verfahren wiederaufzunehmen, so gilt die eingebrachte Berufung gemäß § 274 BAO gegen den neuen Sachbescheid weiter. Auch in diesem Fall ist der UFS von der erfolgten Wiederaufnahme zu verständigen.

Gemäß § 255 Abs. 1 BAO kann auf die Einbringung einer Berufung verzichtet werden. Gemäß § 255 Abs. 2 BAO kann ein Verzicht vor Erlassung des Bescheides nur abgegeben werden, wenn aus der Verzichtserklärung (Niederschrift) hervorgeht, dass dem Verzichtenden im Zeitpunkt seiner Abgabe der Inhalt des zu erwartenden Bescheides, bei Abgabenbescheiden die Grundlagen der Abgabenfestsetzung, die Höhe der Abgabe und die Abweichungen von den bisherigen Festsetzungen, bekannt waren.

Ein gültiger Rechtsmittelverzicht kann sich nur auf den Spruch des Bescheides beziehen. Ein Verzicht, der sich nur auf einen Teil des Spruches bezieht (Teilverzicht), wäre unzulässig und unwirksam. Es liegt daher betreffend Einkommensteuer 2007 kein gültiger Rechtsmittelverzicht vor.

22. Berufungsverfahren – Fristverlängerung

22.1. Bezughabende Norm

§ 245 BAO

22.2. Sachverhalt

Die Berufungsvorentscheidung vom 30.8.2011 betreffend Einkommensteuer 2009 wird am 2.10.2011 rechtskräftig. Am 28.11.2012 wird vom Steuerberater ein Antrag auf Verlängerung der Frist zur Einbringung der Berufung gegen den Bescheid vom 30.8.2011 eingebracht.

Mit Bescheid vom 1.12.2012 wird die Frist zur Einbringung einer Berufung gegen den Bescheid bis 10.1.2013 verlängert.

Am 6.12.2012 wird betreffend Einkommensteuer 2009 ein Vorlageantrag eingebracht.

22.3. Frage

Hat der Fristverlängerungsbescheid betreffend Einbringung einer Berufung Bedeutung für die Frist zur Einbringung eines Vorlageantrags?

Sollte der Fristverlängerungsbescheid gemäß § 299 BAO aufgehoben werden?

22.4. Lösung

Die beantragte Fristverlängerung konnte sich nur auf die Berufungsvorentscheidung beziehen (Verlängerung der Frist gemäß § 276 Abs. 2 BAO zur Stellung des Vorlageantrages).

Fristverlängerungsbescheide sind auch dann wirksam, wenn sie rechtswidrig sind. Dies gilt selbst dann, wenn einem erst nach Ablauf der Rechtsmittelfrist gestellten Fristverlängerungsantrag entsprochen wird (vgl. Ritz, BAO4, § 245 Tz 23).

Die Frist zur Stellung des Vorlageantrages wurde daher wirksam verlängert und der Vorlageantrag fristgerecht eingebracht.

Inhaltlich rechtswidrige (auch Verfahrens-) Bescheide können gemäß § 299 BAO aufgehoben werden. Mit dem Aufhebungsbescheid ist der Ersatzbescheid zu verbinden und in ihm auszusprechen, dass der Fristverlängerungsantrag vom 28.11.2012 zurückgewiesen wird (unter anderem, weil eine bereits abgelaufene Frist grundsätzlich nicht verlängert werden kann).

In weiterer Folge wäre die Zurückweisung des Vorlageantrages als verspätet auszusprechen.

Die Aufhebung durch das Finanzamt ist jedoch nicht zwingend, wenn berücksichtigungswürdige Umstände vorliegen, die für eine, wenn auch verspätete, Fristverlängerung sprechen. In diesem Fall wäre die Berufung dem UFS vorzulegen.

23. Berufungsverfahren – Partei bei mehreren Berufungen

23.1. Bezughabende Norm

§ 246 BAO

23.2. Sachverhalt

Der händische Feststellungsbescheid wurde am 2.7.2012 erlassen. Am 17.7.2012 erfolgte eine Berichtigung (Veräußerungsgewinn geändert). Berufungen erfolgen sowohl durch den Steuerberater in Vertretung der Gesellschaft als auch durch einen der Gesellschafter.

Der Gesellschafter begründet in der Berufung nicht, welche Änderungen beantragt werden und warum der Veräußerungsgewinn falsch ist.

23.3. Frage

Hat ein Mängelbehebungsauftrag zu ergehen?

An wen?

23.4. Lösung

Jeder, an den ein Feststellungsbescheid ergeht, ist Partei im Abgabenverfahren und damit berechtigt, ein Rechtsmittel einzubringen (vgl. dazu auch § 246 Abs. 2 BAO).

Gemäß § 250 Abs. 1 BAO hat die Berufung ua. die Erklärung, welche Änderungen beantragt werden und eine Begründung zu enthalten. Enthält sie einen der erforderlichen Bestandteile nicht, so ist ein Mängelbehebungsauftrag (§ 85 Abs. 2 BAO) zu erlassen.

Im konkreten Fall ist an den Gesellschafter ein Mängelbehebungsauftrag zu erlassen.

Werden die Mängel nicht, nicht ausreichend oder nicht rechtzeitig behoben, so ist mit Bescheid auszusprechen, dass die Berufung als zurückgenommen gilt.

Werden die Mängel rechtzeitig behoben, so gilt die Berufung als von Anfang an formgerecht eingebracht.

Über die Berufung der Gesellschaft ist zu entscheiden.

Werden mehrere Berufungen gegen einen Bescheid eingebracht, so sind diese Berufungen gemäß § 277 BAO zu einem gemeinsamen Verfahren zu verbinden. Die Berufungserledigung hat gegenüber allen Berufungswerbern einheitlich zu ergehen.

24. Berufungszinsen

24.1. Bezughabende Norm

§ 205a BAO

24.2. Sachverhalt

Die Antragstellung betreffend Festsetzung von Berufungszinsen erfolgt unmittelbar mit Einbringung der Berufung gegen einen Einkommensteuerbescheid.

24.3. Frage

Ist ein Mängelbehebungsauftrag zu erlassen oder der Antrag sofort ab- oder zurückzuweisen?

24.4. Lösung

Die Festsetzung von Berufungszinsen setzt gemäß § 205a Abs. 1 BAO ua. voraus, dass die Herabsetzung der Abgabenschuldigkeiten als Folge einer Berufung erfolgt. Antragsbefugt ist daher jener Abgabepflichtige, dem gegenüber der Bescheid über die Herabsetzung der Abgabenschuldigkeit wirkt.

Da noch keine solche Herabsetzung erfolgt ist, ist der Antrag unzulässig und daher bescheidmäßig zurückzuweisen. Die Zurückweisung steht einer neuerlichen Antragstellung nach Herabsetzung der Abgabenschuldigkeit als Folge der Berufung nicht entgegen.

Ein Mängelbehebungsauftrag nach § 85 Abs. 2 BAO (wegen Fehlens von im § 205a Abs. 2 BAO geforderten Inhaltsbestandteilen des Antrags) ist in diesem Fall nicht zu erlassen.

25. Aussetzung der Einhebung

25.1. Bezughabende Norm

§ 212a BAO

25.2. Sachverhalt

Die Erklärung betreffend Arbeitnehmerveranlagung wird eingebracht. Das Finanzamt erlässt einen Vorhalt mit der Aufforderung, die beantragten Ausgaben nachzuweisen. Die Unterlagen werden nicht innerhalb der vom Finanzamt gesetzten Frist eingebracht. Im Einkommensteuerbescheid werden die Ausgaben nicht anerkannt.

Der Abgabepflichtige reicht vor Zustellung des Einkommensteuerbescheides die Unterlagen nach.

Innerhalb der Berufungsfrist werden die Berufung und ein Aussetzungsantrag eingebracht. In der Begründung der Berufung wird auf die nachgereichten Unterlagen verwiesen.

Der Aussetzungsantrag entspricht den Voraussetzungen des § 212a Abs. 3 BAO.

25.3. Frage

Wie ist die Aussetzung der Einhebung zu erledigen?

25.4. Lösung

Gemäß § 212a Abs. 2 BAO ist die Aussetzung der Einhebung nicht zu bewilligen, insoweit mit der Berufung ein Bescheid in Punkten angefochten wird, in denen er nicht von einem Anbringen des Abgabepflichtigen abweicht.

Wurden die Ausgaben bereits in der Arbeitnehmerveranlagung beantragt und als Folge der Nichtbeantwortung des Vorhaltes nicht anerkannt, so weicht der Bescheid in diesen Punkten vom Anbringen des Steuerpflichtigen ab und ist der Antrag auf Aussetzung der Einhebung bei Vorliegen aller übrigen Voraussetzungen zu bewilligen.

26. Aussetzung der Einhebung – von Anspruchszinsen

26.1. Bezughabende Norm

§ 212a BAO

26.2. Sachverhalt

Berufung/Vorlage gegen den Sachbescheid und Festsetzung von Anspruchszinsen (die Berufung gegen die Festsetzung von Anspruchszinsen ist nur mit der Unrichtigkeit des Sachbescheides begründet). Es wird ein Aussetzungsantrag nach § 212a BAO auch betreffend der Anspruchszinsen gestellt.

26.3. Frage

Ist dieser Antrag im Fall einer Vorlage zu bewilligen oder als wenig erfolgsversprechend abzuweisen?

Wie liegt der Fall, wenn zwar keine Berufung gegen den Anspruchszinsenbescheid vorliegt, jedoch ein Antrag nach § 212a BAO gestellt wird, da es sich um einen mittelbar von der Berufung gegen den Sachbescheid abhängenden Bescheid handelt?

26.4. Lösung

Gemäß § 3 Abs. 2 lit. b BAO gehören Anspruchszinsen zu den Nebenansprüchen.

Gemäß § 205 Abs. 1 BAO sind Differenzbeträge an Einkommensteuer und Körperschaftsteuer zu verzinsen. Der Anspruchszinsenbescheid ist daher an eine im Spruch ausgewiesene Gutschrift oder Nachforderung gebunden.

Aufgrund der Bindungswirkung auf eine Gutschrift oder Nachforderung im Stammabgabenbescheid kann der Zinsenbescheid nicht mit der Begründung angefochten werden, der Stammabgabenbescheid sei inhaltlich rechtswidrig.

Daher ist im konkreten Fall die Berufung gegen den Anspruchszinsenbescheid abzuweisen.

Gemäß § 212a BAO ist die Einhebung einer Abgabe ua. auf Antrag dann auszusetzen, wenn deren Höhe unmittelbar oder mittelbar von der Erledigung einer Berufung abhängt. Die Höhe der Anspruchszinsen ist mittelbar abhängig von der Erledigung einer Berufung gegen den Stammabgabenbescheid (vgl. Ritz, BAO4, § 205 Tz 36).

Dem Antrag auf Aussetzung der Einhebung der Anspruchszinsen ist somit im konkreten Fall bei Vorliegen der übrigen Voraussetzungen des § 212a BAO stattzugeben.

12/8/9.

Salzburger Steuerdialog 2014 – Bundesabgabenordnung

(Erlass des BMF vom 8. Oktober 2014, BMF-010103/0155-IV/4/2014)

1. Schenkungsanzeige – Schenkung einer Liegenschaft im Ausland

1.1. Bezughabende Norm

§ 121a BAO

1.2. Sachverhalt

Der Klient eines österreichischen Steuerberaters schenkt seine in Amerika liegende Liegenschaft seinen Kindern, die auch in Österreich unbeschränkt steuerpflichtig sind.

1.3. Frage

Ist eine Schenkungsmeldung zu machen?

1.4. Lösung

§ 121a BAO zählt taxativ auf, welche Vorgänge der Schenkungsmeldung unterliegen. Die Schenkung von Liegenschaften ist dort nicht genannt, demzufolge besteht keine Anzeigepflicht für Liegenschaften.

2. Schenkungsanzeige – Schenkung an Gatten der Großcousine

2.1. Bezughabende Norm

§ 121a BAO

2.2. Sachverhalt

Eine Erbschaft von über 50.000 Euro wird vom Erben verschenkt.

Der Geschenknehmer ist der Gatte der Großcousine des Erben.

Variante: Der Geschenknehmer ist der Großonkel des Erben.

2.3. Frage

Ist die Schenkung anzuzeigen?

2.4. Lösung

Der Angehörigenbegriff in der BAO ist sehr weit und umfasst sämtliche Verwandtschaftsgrade in gerade Linie. In der Seitenlinie wird die Verwandtschaft bis zum 4. Grad umfasst, das bedeutet, dass weder die Großcousine noch deren Gatte Angehöriger im Sinn des § 25 BAO ist. Demzufolge ist die Schenkung an den Gatten der Großcousine anzuzeigen, da die 15.000 Euro Grenze innerhalb von 5 Jahren überschritten wurde.

Variante: Beim Großonkel des Erben handelt es sich um den 4. Grad der Seitenlinie, dieser ist noch unter den Angehörigengriff des § 25 BAO zu subsumieren und daher ist die Schenkung an den Großonkel nicht anzuzeigen, da die Wertgrenze nicht überschritten wurde.

3. Schenkungsanzeige – Zurückbehaltung von Erträgnissen

3.1. Bezughabende Norm

§ 121a BAO

3.2. Sachverhalt

Geschenkgeber A schenkt dessen Sohn B eine vermietete Liegenschaft, behält sich aber die Hälfte der Erträgnisse aus der Vermietung vor. Die Erträgnisse der Liegenschaft machen jährlich ca. 80.000 Euro aus.

3.3. Frage

Ist eine Schenkungsmeldung zu machen?

3.4. Lösung

Bei dem geschenkten Gegenstand handelt es sich um eine Liegenschaft, daher kommt diesbezüglich § 121a BAO nicht zum Tragen.

Die Zurückbehaltung eines Teiles der Erträgnisse, die aus der Vermietung der Liegenschaft resultieren, stellen – selbst bei Überschreiten der Wertgrenze von 50.000 Euro – keinen schenkungsmeldepflichtigen Vorgang dar, weil die Liegenschaft als Ganzes verschenkt wurde.

Auch eine Rückschenkung vom Sohn an den Vater liegt nicht vor, da der Vater sich ein Recht, das ihm vor der Schenkung der Liegenschaft zugestanden ist, teilweise zurückbehält.

4. Schenkungsanzeige – Schenkung unter Auflage

4.1. Bezughabende Norm

§ 121a BAO

4.2. Sachverhalt

Ein (in Salzburg wohnender) Österreicher schenkt seinem deutschen (in München wohnenden) Freund 25.000 Euro zum Ankauf eines bestimmten KFZ zum Geburtstag, mit der Auflage, ihn zum nächsten Urlaubsort nach Seefeld zu fahren bzw. wieder von dort abzuholen, was auch geschieht.

Muss eine Schenkungsmeldung gemacht werden?

4.3. Frage

Muss eine Schenkungsmeldung gemacht werden?

4.4. Lösung

Bei der Schenkung handelt es sich um eine mittelbare Schenkung, da eigentlich das konkretisierte KFZ Gegenstand der Schenkung war. Die Schenkung erfolgte unter der Auflage, dem Geschenkgeber einen Gefallen zu erweisen, der den Geschenknehmer die Benzinkosten (sowie weitere Kosten, wie insbesondere AfA) als Gegenleistung zur Erlangung der Schenkung kostet. Da die Grenze der 15.000 Euro aber auch unter Abzug der Kosten offensichtlich überschritten ist, ist der Vorgang anzeigepflichtig gemäß § 121a BAO.

5. Schenkungsanzeige – Verhältnis Schenkung und Testament

5.1. Bezughabende Norm

§ 121a BAO

5.2. Sachverhalt

Der Erblasser hat einen Sohn B und drei Töchter C, D, E. Die Töchter haben einen Erbverzicht abgegeben. Der Erblasser vererbt seinem Sohn B sein Vermögen und ordnet testamentarisch an, dass B seinen Schwestern C und D je 80.000 Euro schenken soll. B schenkt in der Folge seinen beiden Schwestern je 80.000 Euro. Der dritten Schwester E schenkt er 80.000 Euro.

5.3. Frage

Ist einer der Vorgänge anzeigepflichtig?

5.4. Lösung

Bei der Übertragung der 80.000 Euro des Erben B an seine beiden Schwestern C und D handelt es sich um eine Verpflichtung des Erben auf Grund einer testamentarischen Anordnung des Erblassers. Da der Erbe diese „Schenkung" nicht freiwillig vornimmt, besteht kein Bereicherungswille und er erfüllt nur den letzten Willen des Erblassers.

Hingegen hat der Erblasser dem Erben B nicht angeordnet, der Schwester E etwas zu übertragen. Die Schenkung der 80.000 Euro von B an E, erfolgt aus dessen eigenem Antrieb und mit Bereicherungswillen. Da die Grenze von 50.000 Euro überschritten ist, ist dieser Vorgang anzeigepflichtig.

6. Anbringen – Einreichung per Telefax

6.1. Bezughabende Norm

§ 85 BAO

6.2. Sachverhalt

1.1. Die Einkommensteuererklärung wird per Telefax eingebracht.

1.2. Der Antrag auf Arbeitnehmerveranlagung wird per Telefax eingebracht.

1.3. Der Antrag auf Familienbeihilfe wird per Telefax eingebracht.

6.3. Frage

Dürfen die jeweiligen Anträge per Telefax eingebracht werden?

Oder liegt ein Formgebrechen vor, so dass ein Mängelbehebungsauftrag zu erlassen wäre, oder ist ein Zurückweisungsbescheid zu erlassen?

6.4. Lösung

1.1. Laut § 2 Telekopierer-VO ist die Eingabe von Abgabenerklärungen per Telefax nicht zulässig und damit grundsätzlich rechtlich unbeachtlich.

1.2. Anträge auf Einkommensteuerveranlagung (§ 41 Abs. 3 EStG 1988) sind von der TelefaxVO (§ 2) nicht ausgenommen. Solche Anträge sind keine Abgabenerklärungen. Die Einreichung dieser Anträge mittels Telefax ist daher zugelassen.

1.3. Die Einbringung von Anträgen auf Familienbeihilfe mittels Telefax ist ebenso zulässig.

Anmerkung:

Es wird zweckmäßig sein, in Fällen der unzulässigen Einreichung von Abgabenerklärungen im Wege des Telekopierers, den Abgabepflichtigen unter Hinweis auf die gesetzlichen Bestimmungen (TelefaxVO) zur Einreichung der Erklärungen in entsprechender Form aufzufordern (gegebenenfalls unter Androhung einer Zwangsstrafe).

Bei Nichtabgabe der Erklärungen werden die Bemessungsgrundlagen gemäß § 184 BAO zu schätzen sein. Hiebei ist der Inhalt des Telefaxes zu berücksichtigen.

7. Anbringen – Einreichung per E-Mail (§ 85 BAO)

7.1. Bezughabende Norm

§ 85 BAO

7.2. Sachverhalt

Anbringen per E-Mail

7.3. Frage

Welche Willenserklärungen und Dokumente (zB Vorhaltebeantwortung) sind per E-Mail zulässig?

7.4. Lösung

Anbringen sind – abgesehen von den Ausnahmen des § 85 Abs. 3 BAO – schriftlich einzureichen (Eingaben). Dazu gehören jedenfalls auch Anträge, Vorhaltsbeantwortungen etc. Wobei schriftlich auch die Verwendung von Telefax (TelefaxVO) und Anbringen über FinanzOnline im Sinne der Fon V 2006 bedeutet. Derartig eingereichte Anbringen sind zulässig und gelten nach den dortigen Vorschriften als eingebracht.

Mit der Thematik E-Mail im Anwendungsbereich der BAO hat sich der VwGH bereits mehrfach befasst (vgl. VwGH 27.09.2012, 2012/16/0082 und die dort zit. Rechtsprechung) und dazu nachstehende Aussagen getroffen.

Da § 85 BAO und § 86a BAO und die auf Grund § 86a BAO ergangenen Verordnungen (TelefaxVO und FOnV) die Einbringung von Anbringen mittels E-Mail nicht vorsehen, kommt einer E-Mail nicht die Eigenschaft einer Eingabe zu, wobei es sich nicht einmal um eine einem Formgebrechen unterliegende, der Mängelbehebung zugängliche Eingabe handelt (vgl. VwGH 25.01.2006, 2005/14/0126).

Dementsprechend löst ein mit einem E-Mail eingebrachtes Anbringen weder eine Entscheidungspflicht der Behörde aus, noch berechtigt es die Behörde, eine bescheidmäßige Entscheidung zu fällen, die von einem Anbringen (Eingabe) abhängig ist. Die Abgabenbehörde ist nicht einmal befugt, das „Anbringen" als unzulässig zurückzuweisen, weil es sich bei einer solchen E-Mail eben nicht um eine Eingabe an die Behörde handelt.

Dies bedeutet, dass keinerlei Anbringen (dazu gehören auch Vorhaltsbeantwortungen, fristgebundene Anträge, Erfüllung von Mängelbehebungsaufträgen) mittels E-Mail zulässig und beachtlich sind.

Trotzdem per E-Mail eingereichte Unterlagen (Anlagen) sind gegebenenfalls im Rahmen der freien Beweiswürdigung zu beachten.

8. Anbringen – Wertung (§ 85 BAO)

8.1. Bezughabende Norm

§ 85 BAO

8.2. Sachverhalt

Laut UFS-Entscheidung RV/1315-W/12 vom 26.8.2013 sind inhaltliche Mängel (iSd §§ 85 Abs. 2 iVm 250 BAO) einer Berufung mit einer zweifelsfrei vom Berufungswerber gesendeten, nicht unterschriebenen und nicht elektronisch signierten E-Mail behebbar.

8.3. Frage

Ist die Erfüllung eines Mängelbehebungsauftrages per E-Mail zulässig?

8.4. Lösung

Nein, weil ein E-Mail kein rechtlich relevantes Anbringen ist. Die Beschwerde ist in diesem Fall mit Beschwerdevorentscheidung (BVE) als zurückgenommen zu erklären.

9. Anbringen – Zurücknahme (§ 85 BAO)

9.1. Bezughabende Norm

§ 85 BAO

9.2. Frage

1.1. Ist eine telefonische Zurücknahme eines Anbringens wirksam (zB Abgabepflichtiger zieht telefonisch eine Beschwerde zurück)?

1.2. Ist eine Zurücknahme per E-Mail wirksam?

1.3. Im E-Mail (Zurücknahme) wird ein PDF-Anhang mit Unterschrift eingebracht.

Wie ist das jeweilige Anbringen zu erledigen?

9.3. Lösung

1.1. Telefonische Anbringen (dazu gehört auch die Zurücknahme von Anträgen) sind keine „mündlichen Anbringen" im Sinne der BAO und entfalten keine Rechtswirkungen.

Dies wäre dem Abgabepflichtigen zur Kenntnis zu bringen.

1.2. Nein.

1.3. Nein.

Im Übrigen ist auch die in Rede stehende Übermittlung eines Textes einer Zurücknahme in Form eines einer E-Mail angehängten PDF-Dokumentes vom Gesetz nicht vorgesehen.

Eine diesbezügliche Mitteilung an den Abgabepflichtigen ist zweckmäßig.

10. Schlussbesprechung – Abgabepflichtiger befindet sich im Ausland

10.1. Bezughabende Norm

§ 149 BAO

10.2. Sachverhalt

Der Abgabepflichtige befindet sich in England, dorthin wird auch zugestellt. Ein Treffen zur Schlussbesprechung in Österreich ist nicht möglich.

10.3. Frage

Wie kann die Außenprüfung abgeschlossen werden?

10.4. Lösung

Der Abgabepflichtige und sein bevollmächtigter Vertreter sind grundsätzlich zwar gemäß § 149 BAO zur Schlussbesprechung zu laden, jedoch wenn feststeht, dass weder der Abgabepflichtige noch sein bevollmächtigter Vertreter erscheinen kann, erscheint eine „pro forma" Ladung nicht sinnvoll. Der Abgabepflichtige oder sein Vertreter könnte auch ausdrücklich auf die Abhaltung der Schlussbesprechung verzichten.

Wesentlich ist, dass das Parteiengehör im Prüfungsverfahren ausreichend gewahrt wird und dem Abgabepflichtigen die Ergebnisse der Außenprüfung vor Erlassung der Bescheide bekannt gegeben werden.

11. Feststellungsverfahren – nicht alle Erben genannt

11.1. Bezughabende Norm

§ 188 BAO

11.2. Sachverhalt

In der Feststellungserklärung (§ 188 BAO) für eine OG betreffend das Jahr 2010 waren sechs Beteiligte ausgewiesen. Bei einem der Beteiligten handelte es sich um einen Erben nach einer vormaligen, im Zeitpunkt der Einreichung der Feststellungserklärung verstorbenen Gesellschafterin. Gegen den Feststellungsbescheid wurde im Jahr 2013 Berufung eingebracht. Nun stellt sich jedoch heraus, dass die anteilige Einkünftezurechnung an den Erben tatsächlich an vier Erben vorzunehmen gewesen wäre.

11.3. Frage

Ist der Feststellungsbescheid mittels Beschwerdevorentscheidung (BVE) aufzuheben und ein neuer Feststellungsbescheid zu erlassen, weil eine Änderung der Beteiligten (Bescheidadressaten) im Zuge der Beschwerdeerledigung nicht zulässig wäre?

11.4. Lösung

Dem verfahrensrechtlichen Gebot, dass Feststellungsbescheide nur dann wirksam ergehen, wenn sie in ihrem Spruch den durch die Partei des Feststellungsverfahrens in die Feststellungserklärung aufgenommenen Personenkreis umfassen – das Finanzamt dürfte höchstens zusätzliche Personen in den Bescheid aufnehmen – (vgl. VwGH 05.09.2012, 2011/15/0024 ua.; RdW-Heft 11/2012, S 688 [RdW 2012/721]; Salzburger Steuerdialog 2013 – BAO, BMF Erlass vom 8.10.2013, BMF-010103/0180-IV/2013), wurde entsprochen.

Obwohl nicht alle Einkünftebezieher im Feststellungsbescheid aufscheinen (drei Erben fehlen), liegt daher nach der hg. Rechtsprechung ein wirksam erlassener Feststellungsbescheid vor.

Nach herrschender Auffassung erscheint eine erstmalige Zurechnung von Einkünften in einer meritorischen Rechtsmittelerledigung unzulässig (siehe Ritz, BAO5, § 279 Tz 9 mit Hinweis auf Ellinger/Iro/Kramer/Sutter/Urtz, BAO3, § 289 Anm. 19 mwN). Unter diesem Gesichtspunkt wäre es rechtswidrig, die drei zusätzlichen Erben (erstmals) in die Beschwerdevorentscheidung des Finanzamtes oder das Erkenntnis des Bundesfinanzgerichtes (BFG) aufzunehmen.

Die Zurechnung der Einkünfteanteile an die drei „vergessenen" Erben außerhalb des Feststellungsverfahrens direkt in deren Einkommensteuerverfahren käme grundsätzlich in Betracht. Im Feststellungsverfahren (BVE) wäre jedoch zufolge Bindungswirkung (§§ 192, 252 BAO) der Einkünfteanteil des enthaltenen Erben entsprechend zu verringern. Daher müsste im Feststellungsverfahren auch der Gesamtbetrag der verteilten Einkünfte vermindert werden, was mit der ertragsteuerlichen Gewinn- oder Überschussermittlung nicht im Einklang stünde.

Dem FA bleibt unter diesen Umständen im Beschwerdeverfahren nur die Aufhebung und Neuerlassung des Feststellungsbescheides an den richtigen bzw. vollständigen Kreis von in Summe neun Einkünftebeziehern, um auch der materiellen Rechtslage zu entsprechen.

Gemäß § 279 Abs. 1 BAO hat das BFG „in der Sache selbst zu entscheiden" und den angefochtenen Bescheid nach jeder Richtung abzuändern, aufzuheben oder die Bescheidbeschwerde als unbegründet abzuweisen. Das Gebot, „in der Sache selbst zu entscheiden", setzt voraus, dass die Sache, also jene, die den Inhalt des Spruches erster Instanz gebildet hat (vgl. Ritz, BAO5, § 279 Tz 10), mit der Sache identisch ist, die in die Sachentscheidung der BFG einbezogen wird (vgl. sinngemäß zB VwGH 16.12.2009, 2009/15/0081). Erfolgt in der betreffenden Sache im Rahmen einer meritorischen Entscheidung (Entscheidung in der Sache selbst) die Aufhebung des angefochtenen Bescheides, kommt eine weitere Entscheidung in derselben Sache gegenüber derselben Partei (mit Ausnahme einer Wiederaufnahme nach § 303 BAO oder einer Aufhebung nach § 299 BAO) grundsätzlich nicht in Betracht (vgl. zB VwGH 23.09.2010, 2010/15/0108). Durch eine in Rechtskraft erwachsene meritorische Aufhebung des Bescheides liegt eine „res iudicata" vor, welche eine neuerliche Bescheiderlassung in derselben Sache verhindert. Eine (ersatzlose) Aufhebung als meritorische Beschwerdeerledigung darf daher nur dann erfolgen, wenn in dieser Sache keine weitere Entscheidung in Betracht kommt (Ritz, BAO5, § 279 Tz 5 mwN).

Die gleichen Grundsätze gelten im Rahmen des § 262 BAO bei Erlassung der Beschwerdevorentscheidung. Gemäß § 263 Abs. 1 BAO ist in der Beschwerdevorentscheidung, sofern die Bescheidbeschwerde nicht als unzulässig oder als verspätet zurückzuweisen oder als zurückgenommen oder gegenstandslos zu erklären ist, der angefochtene Bescheid nach jeder Richtung hin abzuändern, aufzuheben oder die Bescheidbeschwerde als unbegründet abzuweisen. In der Beschwerdevorentscheidung darf jedoch nicht (erstmalig) über eine andere Sache abgesprochen werden, die nicht den Spruch des mit Beschwerde bekämpften Bescheides gebildet hat.

Da zum Spruch eines Feststellungsbescheides gemäß § 188 Abs. 3 BAO auch die Verteilung des festgestellten Betrages auf die Teilhaber gehört, besteht – trotzdem die Aufhebung an die gleiche, als solche rechtsfähige Verfahrenspartei und Bescheidempfängerin „OG" gerichtet ist – die Gefahr der „res iudicata" (mehrmalige Entscheidung in derselben Sache) nicht.

In Betracht käme auch, den inhaltlich rechtswidrigen Feststellungsbescheid gemäß § 299 BAO aufzuheben und im Zuge der Aufhebung neu und vollständig, dh. inklusive der drei weiteren Erben mit ihren Einkünftezurechnungen im Feststellungsverfahren, zu erlassen. Die Beschwerde gilt sodann gemäß § 253 BAO gegen den in Verbindung mit dem Aufhebungsbescheid (§ 299 Abs. 1 BAO) gemäß § 299 Abs. 2 BAO neu erlassenen Feststellungsbescheid gerichtet weiter.

12. Feststellungsverfahren – Rechtsmittelfristverlängerung

12.1. Bezughabende Norm

§ 188 BAO

12.2. Sachverhalt

Am 26.6.2013 wird ein Feststellungsbescheid betreffend Kalenderjahr 2010 erlassen.

Der steuerliche Vertreter der Personengesellschaft (OG) bringt am 17.7.2013 im Namen der Gesellschaft ein Beschwerdefristverlängerungsansuchen bis Ende April 2014 ein. Diese Frist ist noch offen.

Die Beteiligten selbst bringen kein Fristverlängerungsansuchen ein.

Der Beteiligte A beruft am 18.7.2013 gegen den Feststellungsbescheid. Seine Berufung wird im Dezember 2013 dem UFS ohne Erlassung einer Berufungsvorentscheidung vorgelegt.

Der Beteiligte B beruft am 20.11.2013 gegen den Feststellungsbescheid. Seine Berufung wird am 10.12.2013 als verspätet zurückgewiesen. Gegen den Zurückweisungsbescheid wird am 5.1.2014 Beschwerde eingebracht.

12.3. Fragen

1.1. Erfolgte die Zurückweisung der Berufung des Beteiligten B zu Recht oder wirkt der Antrag auf Rechtsmittelfristverlängerung des steuerlichen Vertreters der Personengesellschaft auch für die einzelnen Beteiligten?

1.2. Angenommen der steuerliche Vertreter bringt rechtzeitig Beschwerde ein: Muss die Beschwerde gleich dem BFG vorgelegt werden, da das Verfahren gemeinsam zu führen ist (§ 267 BAO), oder ist zwingend (§ 262 BAO) eine Beschwerdevorentscheidung zu erlassen?

12.4. Lösung

Zu 1.1. Gemäß § 246 Abs. 1 und 2 BAO ist zur Einbringung einer Bescheidbeschwerde jeder befugt, an den der den Gegenstand der Anfechtung bildende Bescheid ergangen ist; zur Einbringung einer Bescheidbeschwerde gegen Feststellungsbescheide ferner jeder, gegen den diese Bescheide gemäß § 191 Abs. 3, 4 und 5 BAO wirken. Daher sind die Gesellschaft und alle Gesellschafter beschwerdelegitimiert.

Gemäß § 245 Abs. 3 BAO ist die Beschwerdefrist von der Abgabenbehörde auf Antrag aus berücksichtigungswürdigen Gründen, erforderlichenfalls auch wiederholt, zu verlängern. Durch einen Antrag auf Fristverlängerung wird der Lauf der Beschwerdefrist gehemmt.

Gemäß § 245 Abs. 4 BAO beginnt die Hemmung des Fristenlaufes mit dem Tag der Einbringung des Antrages und endet mit dem Tag, an dem die

Entscheidung über den Antrag dem Antragsteller zugestellt wird.

Die Hemmung des Fristenlaufes bis zur Zustellung der Entscheidung über den Fristverlängerungsantrag an den Antragsteller sowie eine allfällige Verlängerung der Beschwerdefrist mit Bescheid an den Antragsteller gilt nur für diesen, nicht auch für andere Beschwerdelegitimierte. Die Zurückweisung der (damals noch) Berufung des Beteiligten B erfolgte daher zu Recht. Anders läge die Situation nur dann, wenn der steuerliche Vertreter (§ 81 Abs. 2 BAO) auch im Namen des B oder im Namen der (aller) Beteiligten um Fristverlängerung ersucht hätte.

Soweit es in weiterer Folge zu einer Beschwerdeerledigung kommt (Beschwerdeführer A könnte seine Beschwerde auch zurücknehmen; der Vertreter nach § 81 Abs. 2 BAO könnte die Beschwerde der Gesellschaft noch fristgerecht einbringen), ist auch der Inhalt (zB dortige Sachverhaltsdarstellungen) des zurückgewiesenen Rechtsmittels im Beschwerdeverfahren gegen den Feststellungsbescheid in der Entscheidung, die nur für die (ganze) Personengesellschaft getroffen werden kann, zu beachten.

Zu 1.2. Die Beschwerde des Beteiligten A wurde dem UFS als Abgabenbehörde zweiter Instanz vor dem 1. Jänner 2014 zur Entscheidung vorgelegt. Für ihre Erledigung ist somit das BFG zuständig (vgl. § 323 Abs. 42 BAO). Bringt der steuerliche Vertreter die Beschwerde der Gesellschaft noch rechtzeitig ein, sind die Beschwerden gemäß § 267 BAO zu einem gemeinsamen Verfahren zu verbinden, und können im Beschwerdeverfahren gemäß § 281 Abs. 1 BAO nur einheitliche Entscheidungen getroffen werden. Die weitere Beschwerde wäre daher ohne Erlassung einer Beschwerdevorentscheidung dem BFG vorzulegen. Abgesehen davon wäre eine allfällige Beschwerdevorentscheidung des Finanzamtes gemäß § 300 Abs. 1 erster Satz BAO nichtig, weil der zu Grunde liegende Feststellungsbescheid bereits vor dem BFG angefochten ist.

13. Aussetzung der Einhebung – Feststellungsverfahren

13.1. Bezughabende Norm

§ 212a BAO

13.2. Sachverhalt

Der steuerliche Vertreter gemäß § 81 Abs. 2 BAO einer großen Personenvereinigung (über 200 Beteiligte) bringt Beschwerde gegen den Feststellungsbescheid (§ 188 BAO) ein. Gleichzeitig beantragt er die Aussetzung der Einhebung mit folgendem Wortlaut: „Gemäß § 212a BAO beantragen wir die Aussetzung der Einhebung für die sich aus der Änderung der Feststellungsbescheide 2004, 2005 sowie 2006 mittelbar ergebenden Nachzahlungen in voller Höhe".

13.3. Frage

Wie ist dieser Antrag auf Aussetzung der Einhebung durch das Feststellungs-Finanzamt (Betriebsfinanzamt) zu behandeln?

13.4. Lösung

Die Aussetzungsanträge sind gemäß § 50 BAO an die für ihre Erledigung zuständigen (Wohnsitz-) Finanzämter der Beteiligten weiterzuleiten.

14. Verjährung – rechtzeitiger Antrag auf Aufhebung eines Bescheides

14.1. Bezughabende Norm

§ 209a BAO iVm § 299 BAO

14.2. Sachverhalt

Aufgrund Schweizer EUZ-KM wurde am 19.12.2013 der Einkommensteuerbescheid betreffend das Jahr 2003 mit Hinweis auf hinterzogene Abgaben erlassen.

Am 31.1.2014 wurde dagegen Beschwerde eingebracht, welche mit Beschwerdevorentscheidung als verspätet zurückgewiesen wurde – in der Sache selbst wäre eine Stattgabe richtig gewesen (Antrag auf Tarifbesteuerung).

Am 12.2.2014 wurde ein Antrag auf Aufhebung des Bescheides gemäß § 299 BAO gestellt, mit Hinweis, dass der Antrag innerhalb der Jahresfrist eingebracht wurde.

14.3. Frage

Ist § 209a Abs. 2 BAO auch bei zwischenzeitlich eingetretener absoluter Verjährung anwendbar?

14.4. Lösung

Gemäß § 302 Abs. 1 BAO sind Aufhebungen von Bescheiden gemäß § 299 BAO bis zum Ablauf eines Jahres nach Bekanntgabe des Bescheides zulässig; darüber hinaus gemäß § 302 Abs. 2 lit. b BAO auch dann, wenn der Antrag innerhalb der Jahresfrist gestellt wurde. Diese Frist gilt unabhängig von einer eventuell bereits eingetretenen Verjährung. Der gegenständliche Antrag wurde daher rechtzeitig gestellt.

Gemäß § 209a Abs. 2 BAO steht der Abgabenfestsetzung der Eintritt der Verjährung nicht entgegen, wenn ein Antrag auf Aufhebung eines Bescheides gemäß § 299 Abs. 1 BAO vor Ablauf der Jahresfrist des § 302 Abs. 1 BAO gestellt wurde. Darunter ist auch die absolute Verjährung zu verstehen (vgl. Ritz, BAO^5, § 209a Tz 8; Ellinger/Iro/Kramer/Sutter/Urtz, BAO^3, § 209a Anm. 13).

Wenn sich der Spruch des Einkommensteuerbescheides betreffend das Jahr 2003 als nicht richtig erweist und die inhaltlichen Voraussetzungen der Antragstellung gemäß § 299 Abs. 1 BAO idF des FVwGG 2012 (ab 1.1.2014) erfüllt sind, kann die Aufhebung bewilligt werden. Gemäß § 299 Abs. 2 BAO ist mit dem Aufhebungsbescheid der den aufhebenden Bescheid ersetzende (Sach)Bescheid zu verbinden.

15. Antrag auf Nachreichung der Bescheidbegründung

15.1. Bezughabende Norm

§ 245 BAO

15.2. Sachverhalt

Ein Antrag gemäß § 245 Abs. 2 BAO (Nachreichung der Bescheidbegründung) wird eingebracht.

Vor Entscheidung wird ein neuerlicher Antrag auf Nachreichung der Bescheidbegründung gestellt. Der erste Antrag wurde in weiterer Folge abgewiesen.

15.3. Frage

Kann der neue Antrag schon vor Rechtskraft der Abweisung des ersten Antrages zurückgewiesen werden (wegen entschiedener Sache „res iudicata")?

15.4. Lösung

Ein Antrag gemäß § 245 Abs. 2 BAO kann nur einmal gestellt werden. Durch einen solchen Antrag wird kein Anspruch auf Entscheidung (Entscheidungspflicht) erworben (vgl. VwGH 18.09.1978, 0702/78). Demnach genügt für die Erledigung des Antrages bereits eine formlose Mitteilung oder die Übermittlung einer ganz oder teilweise fehlenden Bescheidbegründung. Dies ergibt sich auch aus dem Wortlaut des § 245 Abs. 4 erster Satz BAO („… an dem die Mitteilung (Abs. 2) oder … zugestellt wird.")

Im Hinblick auf Rechtssicherheit und Rechtsschutz (Ende der Hemmung des Beschwerdefristenlaufes) bestehen jedoch auch keine Bedenken, dass der Antrag gemäß § 245 Abs. 2 BAO bescheidmäßig erledigt wurde (Abweisung, weil die Bescheidbegründung nicht gefehlt hätte). Eine zweimalige Entscheidung in der gleichen Sache oder Abwarten der Rechtskraft der Erstabweisung ist jedoch nicht erforderlich.

Eine gegen die (Erst-)Abweisung eingebrachte Beschwerde wäre als unzulässig zurückzuweisen.

16. Rechtsmittelverfahren – Zurücknahme einer Beschwerde

16.1. Bezughabende Norm

§ 256 BAO

16.2. Sachverhalt

Erstbescheid → Beschwerde → Beschwerdevorentscheidung → Vorlageantrag.

Der Akt ist noch nicht dem Bundesfinanzgericht vorgelegt.

Die Beschwerde wird zurückgezogen.

16.3. Frage

Wer ist zuständig für die Gegenstandsloserklärung?

16.4. Lösung

Gemäß § 300 Abs. 1 erster Satz BAO können Abgabenbehörden ab Stellung des Vorlageantrages beim Verwaltungsgericht mit Bescheidbeschwerde angefochtene Bescheide und allfällige Beschwerdevorentscheidungen bei sonstiger Nichtigkeit weder abändern noch aufheben. Diese Bestimmung schließt eine gleichzeitige Zuständigkeit einer Abgabenbehörde und eines Verwaltungsgerichtes aus. Ab Stellung des Vorlageantrages ist das Gericht zuständig.

Wird der Vorlageantrag oder die Beschwerde zurückgezogen, obliegt die Gegenstandsloserklärung daher ausschließlich dem Verwaltungsgericht – unabhängig davon, ob die Vorlage der Beschwerde und der Akten (gemäß §§ 265, 266 BAO) an das Gericht bereits erfolgt ist oder noch nicht.

17. Rechtsmittelverfahren – Verzicht auf eine Beschwerdevorentscheidung

17.1. Bezughabende Norm

§ 262 BAO

17.2. Sachverhalt

Anträge werden direkt an das Bundesfinanzgericht gestellt.

17.3. Frage

Kann aus den Anträgen im Rechtsmittel, welche an das **Bundesfinanzgericht als Rechtsmittelbehörde** gerichtet wurden – nämlich das Ermittlungsverfahren antragsgemäß zu ergänzen, den angefochtenen Bescheid dahingehend abzuändern, dass die Berufungswerberin tatsächlich keine Abgabenschulden hat; in eventu den angefochtenen Bescheid zu beheben und die Angelegenheit zur neuerlichen Erlassung eines neuen Bescheides an die Behörde erster Instanz zurückzuverweisen; in eventu den Bescheid ersatzlos zu beheben – die Beantragung der Unterlassung einer Beschwerdevorentscheidung (BVE) abgeleitet werden?

17.4. Lösung

Gemäß § 262 Abs. 2 lit. a BAO hat eine Beschwerdevorentscheidung zu unterbleiben, wenn dies in der Bescheidbeschwerde beantragt wird und die Abgabenbehörde die Bescheidbeschwerde innerhalb von drei Monaten ab ihrem Einlangen dem Verwaltungsgericht vorlegt.

Der Antrag auf Unterlassung einer BVE stellt ein Anbringen zur Geltendmachung von Rechten iSd § 85 BAO dar. Er erfordert, dass der Beschwerdeführer erkennbar auf die Erlassung einer BVE verzichtet. Dies ist hier nicht der Fall.

18. Rechtsmittelverfahren – Antrag auf Unterlassung einer Beschwerdevorentscheidung

18.1. Bezughabende Norm

§ 262 BAO

18.2. Sachverhalt

Der Abgabepflichtige stellt in seiner Bescheidbeschwerde den Antrag, die Beschwerde direkt dem Bundesfinanzgericht vorzulegen.

18.3. Fragen

Darf das Finanzamt trotzdem innerhalb der drei Monate eine Beschwerdevorentscheidung (BVE) erlassen oder muss die Beschwerde in dieser Zeit zwingend dem Gericht vorgelegt werden?

Darf das Finanzamt nur stattgeben oder auch abweisen?

18.4. Lösung

Das Unterbleiben einer BVE gemäß § 262 Abs. 2 BAO setzt voraus, dass dies in der Bescheidbeschwerde beantragt wird und die Beschwerde von der Abgabenbehörde innerhalb von drei Monaten ab Einlangen dem Bundesfinanzgericht vorgelegt wird.

Aus dem Antrag ergibt sich kein Rechtsanspruch auf Unterbleiben einer BVE. Die Abgabenbehörde kann innerhalb der drei Monate eine BVE erlassen.

In dieser ist gemäß § 263 Abs. 1 BAO der angefochtene Bescheid nach jeder Richtung abzuändern, aufzuheben oder als unbegründet abzuweisen, sofern die Beschwerde nicht als unzulässig oder als nicht rechtzeitig eingebracht zurückzuweisen oder als zurückgenommen oder als gegenstandslos zu erklären ist.

Ergeht trotz Antrages auf Unterbleiben einer BVE eine solche, so ist dies nach § 93 Abs. 3 lit. a BAO zu begründen. Nach (nicht durch Vorlage genütztem) Ablauf der drei Monate muss die Abgabenbehörde eine BVE erlassen.

19. Rechtsmittelverfahren – Antrag auf Unterlassung einer Beschwerdevorentscheidung

19.1. Bezughabende Norm

§ 262 BAO

19.2. Sachverhalt

Das Finanzamt erlässt einen Umsatzsteuer-Bescheid. Der Steuerberater bringt dagegen beim Finanzamt im Jänner 2014 ein Rechtsmittel mit folgendem Wortlaut ein:

Bescheidbeschwerde gemäß Art 130 Abs. 1 Z 1 B-VG

Der Beschwerdeführer stellt den Antrag, das **Bundesfinanzgericht** möge

1. den angefochtenen Bescheid der belangten Behörde aufheben und
2. eine mündliche Verhandlung durchführen.

19.3. Fragen

Wie ist der Antrag zu deuten?

Handelt es sich dabei um eine Beschwerde oder um einen Vorlageantrag?

Bei Deutung als Beschwerde stellt sich weiters die Frage, ob eine Direktvorlage möglich ist?

19.4. Lösung

Die Eingabe ist eine Bescheidbeschwerde iSd § 243 BAO.

Gemäß § 262 Abs. 2 BAO muss der Beschwerdeführer die Unterlassung einer Beschwerdevorentscheidung in der Bescheidbeschwerde beantragen.

Da dies dem gegenständlichen Rechtsmittel nicht zu entnehmen ist, ist zwingend eine Beschwerdevorentscheidung zu erlassen.

20. Rechtsmittelverfahren – Direktvorlage, Verfassungswidrigkeit

20.1. Bezughabende Norm

§ 262 BAO

20.2. Sachverhalt

1.1. In einer Beschwerde werden Verfassungswidrigkeit und auch sonstige Einwendungen geltend gemacht.

1.2. In einer Beschwerde wird eingewandt, dass der Bescheid gegen EU-Recht verstößt.

20.3. Frage

Ist die Beschwerde ohne Erlassung einer Beschwerdevorentscheidung (BVE) direkt dem Bundesfinanzgericht vorzulegen?

20.4. Lösung

Grundsätzlich ist von der Abgabenbehörde über Beschwerden zwingend mit Beschwerdevorentscheidungen abzusprechen.

Gemäß § 262 Abs. 3 BAO ist die Beschwerde direkt dem Bundesfinanzgericht vorzulegen, wenn in dieser **lediglich** die Gesetzwidrigkeit von Verordnungen, die Verfassungswidrigkeit von Gesetzen oder die Rechtswidrigkeit von Staatsverträgen behauptet wird.

1.1. Da nicht nur lediglich die Verfassungswidrigkeit von Gesetzen bekämpft wird, sondern der Bescheid auch in anderen Punkten angefochten wird, ist der Ausnahmetatbestand nicht erfüllt und muss von der Abgabenbehörde grundsätzlich mit BVE abgesprochen werden.

1.2. Die Ausnahmen, in denen eine BVE gemäß § 262 Abs. 3 BAO zu unterbleiben haben, sind taxativ aufgezählt. Eine direkte Vorlage wegen EU-Rechtswidrigkeit ist nicht vorgesehen. EU-Recht ist unmittelbar von der Abgabenbehörde anzuwenden und es besteht eine Bindung der Abgabenbehörde an Entscheidungen des EuGH.

Es ist daher zwingend (ausgenommen die Unterlassung einer BVE wird gemäß § 262 Abs. 2 BAO beantragt) eine BVE durch die Abgabenbehörde zu erlassen.

21. Rechtsmittelverfahren – Antrag auf Unterlassung einer Beschwerdevorentscheidung, Mängelbehebungsverfahren

21.1. Bezughabende Norm

§ 262 BAO

21.2. Sachverhalt

Der Abgabenpflichtige beantragt in seiner Beschwerde die Unterlassung der Beschwerdevorentscheidung (BVE) und die direkte Vorlage an das Bundesfinanzgericht. Die Beschwerde ist nicht begründet.

21.3. Frage

Wer ist für die Erlassung des Mängelbehebungsauftrages zuständig (Finanzamt oder Bundesfinanzgericht)?

Ist explizit ein Verzicht auf BVE und Vorlage notwendig?

21.4. Lösung

Gemäß § 300 BAO ist im Fall der Unterlassung einer BVE das Verwaltungsgericht erst mit tatsächlicher Vorlage der Beschwerde an das Gericht zuständig.

Vor Vorlage an das BFG hat die Abgabenbehörde einen Mängelbehebungsauftrag zu erlassen.

Nach Ablauf von drei Monaten ist zwingend eine BVE zu erlassen und hat daher auf jeden Fall die Abgabenbehörde den Mängelbehebungsauftrag zu erlassen.

Unabdingbare Voraussetzungen für die Unterlassung einer BVE sind sowohl der Antrag des Beschwerdeführers auf Unterlassung einer Beschwerdevorentscheidung, als auch dass die Abgabenbehörde die Beschwerde (tatsächlich) innerhalb von drei Monaten an das Verwaltungsgericht vorlegt.

22. Rechtsmittelverfahren – „Altfälle“

22.1. Bezughabende Norm

§ 262 BAO

22.2. Sachverhalt

Das Bundesfinanzgericht (BFG) stellt für „Altvorlagen“ (vor dem 1.1.2014) folgendes Ersuchen:

„zu obiger GZ wird ersucht,

1. *die Akten samt Aktenverzeichnis vorzulegen (§ 266 Abs. 1 iVm § 323 Abs. 37 BAO) und*
2. *die Vorlage vom 16.5.2012 um folgende Punkte zu ergänzen (§ 265 Abs. 2 und 3 iVm § 323 Abs. 37 BAO):*
   - *Darstellung des Sachverhaltes*
   - *Ablichtungen des angefochtenen Bescheides*
   - *Nennung der Beweismittel*
   - *Stellungnahme der Abgabenbehörde–*

Dem UFS wurde am 16.05.2012 der Vorlagebericht bei Vorlage des Rechtsmittels (Verf 46) übermittelt, die Akten sind jedoch noch beim Finanzamt.

22.3. Frage

Ist dem Ersuchen des BFG Folge zu leisten?

22.4. Lösung

Gemäß § 266 BAO hat die Abgabenbehörde ua. die Akten samt Aktenverzeichnis vorzulegen.

Gemäß § 24 Abs. 5 BFGG sind die Akten nach Maßgabe der vorhandenen technischen und organisatorischen Voraussetzungen in elektronischer Form vorzulegen.

Da die Akten noch nicht vorgelegt wurden, sind die nun geltenden Verfahrensbestimmungen anzuwenden, und die Akten – soweit technisch und organisatorisch möglich – elektronisch samt Aktenverzeichnis vorzulegen.

Die Vorlage der Berufung erfolgte bereits 2012 mittels Verf 46. Nach § 323 Abs. 38 erster Satz BAO sind die am 31. Dezember 2013 beim UFS als Abgabenbehörde zweiter Instanz anhängigen Berufungen vom BFG als Beschwerden zu erledigen. Eine solche Anhängigkeit liegt ab Vorlage des Rechtsmittels (iSd § 276 Abs. 6 BAO idF vor FVwGG 2012) vor.

Die neuen Bestimmungen des § 265 Abs. 2 BAO sind daher nicht nachträglich anzuwenden.

Die Vorlage einer Bescheidbeschwerde (§ 265 Abs. 2 BAO) setzt ua voraus, dass das Rechtsmittel nicht bereits vorgelegt ist.

Dem Ersuchen des BFG kann, muss aber nicht Folge geleistet werden.

23. Rechtsmittelverfahren – „Altfälle“, zwingende Beschwerdevorentscheidung

23.1. Bezughabende Norm

§ 262 BAO

23.2. Sachverhalt

Das Bundesfinanzgericht (BFG) ersucht/beauftragt das Finanzamt für „Altvorlagen“ (vor dem 1.1.2014) BVE's zu erlassen:

„Sie werden daher ersucht für die offenen Rechtsmittel soweit möglich (selbstverständlich nach Ergehen des neuen Photovoltaikerlasses) bis 31.3.2014 Beschwerdevorentscheidungen zu erlassen. Oder gegebenenfalls mitzuteilen, weshalb diese unterbleiben (zB weil der Bf. dies ablehnt).“

23.3. Frage

Darf bzw. muss das Finanzamt in jenen Fällen, in denen die Berufung ohne Erlassung einer Berufungsvorentscheidung an den UFS vor dem 31.12.2013 vorgelegt wurde, eine Beschwerdevorentscheidung erlassen?

23.4. Lösung

§ 323 Abs. 42 BAO (AbgÄG 2014, BGBl. I Nr. 13/2014) stellt klar, dass bei einer Berufung, die vor dem 1. Jänner 2014, ohne dass eine Berufungsvorentscheidung erlassen wurde, der Abgabenbehörde 2. Instanz vorgelegt wurde, § 262 BAO (Erlassung einer Beschwerdevorentscheidung) nicht anwendbar ist. Das Finanzamt darf daher keine Beschwerdevorentscheidung erlassen, sondern es ist die Berufung als Bescheidbeschwerde vom BFG zu erledigen.

Es besteht die Möglichkeit für den Beschwerdeführer, eine Zustimmungserklärung gemäß § 300 Abs. 1 lit. a BAO gegenüber dem BFG abzugeben.

24. Rechtsmittelverfahren – Vorlageantrag, keine Begründung, Mängelbehebungsauftrag

24.1. Bezughabende Norm

§ 264 BAO

24.2. Sachverhalt

Ein Vorlageantrag wird ohne Begründung eingebracht.

24.3. Frage

Hat ein Mängelbehebungsauftrag durch das Bundesfinanzgericht (BFG) oder durch die Abgabenbehörde zu erfolgen?

24.4. Lösung

Gemäß § 300 BAO ist ab Stellung eines Vorlageantrages das BFG zuständig und hätte ein Mängelbehebungsauftrag auch vom BFG zu ergehen.

Ein Vorlageantrag unterliegt jedoch keinen Inhaltserfordernissen, er muss daher nicht begründet sein und hat deshalb auch kein Mängelbehebungsauftrag zu ergehen.

Ein Mängelbehebungsauftrag ist jedoch dann zu erlassen, wenn der Vorlageantrag nicht alle Formerfordernisse des § 85 BAO erfüllt (zB Fehlen der Unterschrift).

25. Rechtsmittelverfahren – Vorlage an BFG, fehlende Unterlagen

25.1. Bezughabende Norm

§ 265 BAO

25.2. Sachverhalt

Eine Beschwerde soll nach Ergehen einer BVE und Einbringung eines Vorlageantrages an das Bundesfinanzgericht (BFG) vorgelegt werden. Es fehlen noch Unterlagen oder eine zusammenhängende GPLA-Prüfung ist noch nicht abgeschlossen.

25.3. Frage

Kann bzw. ist die Beschwerde an das BFG vorzulegen?

25.4. Lösung

Gemäß § 265 BAO hat die Abgabenbehörde nach Durchführung der etwa noch erforderlichen Ermittlungen ohne unnötigen Aufschub vorzulegen.

Ermittlungen werden jedenfalls dann erforderlich sein, wenn im Vorlageantrag neue Sachverhaltselemente und/oder neue Argumente vorgebracht werden.

26. Rechtsmittelverfahren – Kein Ausspruch über Zulässigkeit einer Revision

26.1. Bezughabende Norm

§ 280 BAO

26.2. Sachverhalt

1.1. Ein Erkenntnis des BFG spricht nicht über die Zulässigkeit der Revision ab.

1.2. Ein Erkenntnis des BFG spricht aus, dass die Erhebung einer Revision nicht zulässig ist; der Ausspruch wird aber nicht begründet.

26.3. Frage

Was ist bei einer allfälligen Revisionserhebung durch das Finanzamt zu beachten?

26.4. Lösung

Gemäß § 280 BAO hat die Ausfertigung eines Erkenntnisses bzw. eines Beschlusses ua. den Ausspruch zu enthalten, ob eine Revision beim Verwaltungsgerichtshof gemäß Art. 133 Abs. 4 B-VG zulässig ist. Der Ausspruch ist kurz zu begründen (§ 25a Abs. 1 zweiter Satz VwGG).

1.1. Enthält die Ausfertigung keinen Ausspruch über die Zulässigkeit einer Revision, so ist das Erkenntnis/der Beschluss mangelhaft.

In einer allfälligen ordentlichen Revision ist es jedoch empfehlenswert, auch darauf einzugehen, warum eine Rechtsfrage von grundsätzlicher Bedeutung iSd Art. 133 Abs. 4 B-VG vorliegt.

1.2. Hat das BFG in seinem Erkenntnis – wenn auch ohne Begründung – ausgesprochen, dass eine Revision gemäß Art 133 Abs. 4 B-VG unzulässig ist, so hat eine allfällige außerordentliche Revision auch gesondert die Gründe zu enthalten, aus denen entgegen dem Ausspruch des BFG die Revision für zulässig erachtet wird.

27. Rechtsmittelverfahren – Säumnisbeschwerde

27.1. Bezughabende Norm

§ 284 BAO

27.2. Sachverhalt

Es wird ein Antrag auf Entscheidung einer angeblich vor einem Jahr eingebrachten Berufung gestellt. Eine Berufung/Beschwerde ist jedoch nicht aktenkundig.

27.3. Frage

Muss über diesen Antrag entschieden werden?

Wäre der Antrag an den BFG weiterzuleiten (Säumnisbeschwerde)?

27.4. Lösung

Gemäß § 284 BAO kann die Partei wegen Verletzung der Entscheidungspflicht Beschwerde beim Verwaltungsgericht erheben, wenn ihr Bescheide der Abgabenbehörde nicht innerhalb von sechs Monaten nach Einlangen der Anbringen bekanntgegeben werden.

Dieser Antrag wird als Säumnisbeschwerde zu beurteilen sein und ist an das BFG zu weiterzuleiten. Es kann sich als zweckmäßig erweisen, dass die Abgabenbehörde ermittelt, ob eine Beschwerde/Berufung tatsächlich eingebracht wurde. Ein solches Ermittlungsergebnis ist dem BFG anlässlich der Weiterleitung mitzuteilen.

Der Beschwerdeführer wird geeignet nachweisen müssen, dass eine Beschwerde/Berufung tatsächlich eingebracht wurde.

28. Rechtsmittelverfahren – Bescheiderlassung bei offenem Rechtsmittel

28.1. Bezughabende Norm

§ 300 BAO

28.2. Sachverhalt

Es wurden nach Umsatzsteuer-Sonderprüfung (Umsatzsteuerfestsetzungs)-Bescheide betreffend Zeiträume des Jahres 2010 erlassen. Die dagegen eingebrachten Beschwerden (damals Berufungen) wurden vorgelegt.

28.3. Frage

Kann das Finanzamt im Zuge einer Außenprüfung einen Umsatzsteuerjahresbescheid 2010 erlassen?

28.4. Lösung

§ 300 BAO betrifft auch Umsatzsteuerjahresbescheide nach Umsatzsteuerfestsetzungsbescheiden.

Gegebenenfalls sind Festsetzungsbescheide (§ 21 Abs. 3 UStG 1994) hinsichtlich der weiteren Zeiträume des betreffenden Veranlagungsjahres zu erlassen.

Vgl. auch Frage 30.

29. Rechtsmittelverfahren – Umsatzsteuerfestsetzung, Jahresumsatzsteuerbescheid

29.1. Bezughabende Norm

§ 300 BAO

29.2. Sachverhalt

Eine drei Monate betreffende Umsatzsteuerfestsetzung wird mit Beschwerde bekämpft.

29.3. Frage

In wie weit ist es im Einzelfall zweckmäßig/zulässig, den Jahresbescheid zu erlassen und erst dann über die Beschwerde abzusprechen (Verjährung Jahresveranlagung bzw. Entscheidungspflicht)?

29.4. Lösung

Ab Stellung des Vorlageantrages ist die Abgabenbehörde nicht mehr zuständig, über die Beschwerde zu entscheiden. Abänderungen oder Aufhebungen des angefochtenen Bescheides dürfen gemäß § 300 BAO bei sonstiger Nichtigkeit nicht mehr durchgeführt werden. Nach Entscheidung des BFG geht die Zuständigkeit wieder auf die Abgabenbehörde über.

Über Beschwerden hat grundsätzlich bis auf die Ausnahmen des § 262 BAO zwingend die Abgabenbehörde mit Beschwerdevorentscheidung (BVE) zu entscheiden. Bis zur Erlassung einer BVE bzw. Stellung eines Vorlageantrages kann auch der angefochtenen Bescheid abgeändert und aufgehoben werden (in diesem Fall darf ein Jahresumsatzsteuerbescheid erlassen werden).

30. Rechtsmittelverfahren – Außenprüfung während beim BFG anhängigem RM-Verfahren

30.1. Bezughabende Norm

§ 300 BAO

30.2. Sachverhalt

Beim Bundesfinanzgericht (BFG) ist ein Rechtsmittel betreffend Umsatzsteuer (USt) 2010 anhängig. Nunmehr stünde eine Außenprüfung für den Zeitraum 2009 bis 2011 vor dem Abschluss. Gemäß § 300 BAO darf das Finanzamt keine Wiederaufnahme des Verfahrens betreffend USt 2010 vornehmen.

Es empfiehlt sich wohl die Kontaktaufnahme mit dem BFG und die Absprache der weiteren Vorgangsweise (bei umfassenden neuen, womöglich umstrittenen Sachverhaltselementen wird wahrscheinlich eine Bescheidaufhebung mit Zurückverweisung der Sache die Folge sein; unstrittige Punkte könnten auch vom BFG in dessen Erkenntnis eingearbeitet werden)

30.3. Frage

1.1. Wäre es auch eine Möglichkeit, die Außenprüfung vorerst ohne Bescheiderlassung für USt 2010 abzuschließen, das Erkenntnis des BFG abzuwarten und dann erst eine Wiederaufnahme des Verfahrens zu veranlassen?

1.2. Gilt eine Amtshandlung des BFG auch als Verlängerungsamtshandlung iSd § 209 Abs. 1 BAO?

30.4. Lösung

1.1. Gemäß § 265 Abs. 6 BAO ist die Abgabenbehörde ab der Vorlage der Beschwerde verpflichtet, das BFG über Änderungen aller für die Entscheidung bedeutsamen tatsächlichen und rechtlichen Verhältnisse unverzüglich zu verständigen.

Kommen während einer Außenprüfung solche Tatsachen und Beweismittel neu hervor, so sind diese dem BFG mitzuteilen.

1.2. § 209 Abs. 1 erster Satz BAO lautet: „Werden innerhalb der Verjährungsfrist nach außen erkennbare Amtshandlungen zur Geltendmachung des Abgabenanspruches oder zur Feststellung des Abgabepflichtigen **von der Abgabenbehörde** unternommen, so verlängert sich die Verjährungsfrist um ein Jahr."

Die zehn Jahre betragende „absolute" Verjährungsfrist des § 209 Abs. 3 BAO ist weder hemmbar noch verlängerbar.

Amtshandlungen des BFG sind keine Amtshandlungen einer Abgabenbehörde und verlängern daher nicht die Verjährungsfrist. (zB Fischerlehner, Das neue Abgabenverfahren, Wien 2013, § 209 Anm. 3).

Es werden sich daher gegebenenfalls jährliche Amtshandlungen als zweckmäßig erweisen.

31. Rechtsmittelverfahren – Antrag gemäß § 299 BAO während eines beim BFG anhängigen RM-Verfahrens

31.1. Bezughabende Norm

§ 300 BAO

31.2. Sachverhalt

Eine Beschwerde wurde nach einem Vorlageantrag bereits dem BFG vorgelegt. Der Beschwerdeführer bringt nun einen Aufhebungsantrag nach § 299 BAO bzw. einen Wiederaufnahmeantrag nach § 303 BAO ein (zu anderen Punkten, also nicht den Beschwerdepunkt).

31.3. Frage

Eine Aufhebung/Abänderung durch die Abgabenbehörde ist nicht möglich. Wie ist der Aufhebungsantrag/Wiederaufnahmsantrag zu erledigen (Abweisung/Zurückweisung oder direkte Weiterleitung des Antrages an BFG ohne formelle Erledigung des Antrages)?

31.4. Lösung

Der Antrag nach § 299 BAO Aufhebung des Bescheides/§ 303 BAO Wiederaufnahme des Verfahrens muss an das BFG weitergeleitet werden (Verständigungspflicht gemäß § 265 Abs. 6 BAO).

Das BFG hat dieses Anbringen in seiner Entscheidung zu würdigen.

Anmerkung:

Nach Ergehen des Erkenntnisses durch das BFG werden diese Anträge zu erledigen sein. Ggf. Abweisung wegen inhaltlicher Gegenstandslosigkeit, da dem Begehren bereits im Erkenntnis Rechnung getragen wurde bzw. diesem keine Folge zu geben war.

Soweit die Anträge auf Bescheidänderungen formal zu erledigen wären (Verspätung, Formgebrechen, Zurückweisung), hat die Erledigung durch die Abgabenbehörde zu erfolgen.

32. Rechtsmittelverfahren – Aufhebung gemäß § 300 BAO

32.1. Bezughabende Norm

§ 300 BAO

32.2. Frage

Aufhebung des angefochtenen Bescheides gemäß § 300 Abs. 1 BAO durch die Abgabenbehörde. Ist die Beschwerdevorentscheidung im Spruch gleichfalls aufzuheben?

32.3. Lösung

Gemäß § 300 BAO können die Abgabenbehörden angefochtene Bescheide und allfällige Beschwerdevorentscheidungen unter bestimmten Voraussetzungen aufheben.

Im Spruch des Aufhebungsbescheides ist daher eine allfällige BVE ebenfalls aufzuheben. § 300 BAO stellt einen eigenen Verfahrenstitel dar. Das BFG hat in weiterer Folge abschließend über die Beschwerde zu entscheiden (zB Gegenstandloserklärung mit Beschluss).

33. Bescheidberichtigung – Berichtigung Beschwerdevorentscheidung, kein Vorlageantrag

33.1. Bezughabende Norm

§ 293b BAO

33.2. Sachverhalt

Eine (teilweise stattgebende) BVE wird nach § 293b BAO berichtigt. Es wurde kein Vorlageantrag eingebracht.

33.3. Frage

Ist dies zulässig?

33.4. Lösung

Das BFG wird erst mit Stellung eines Vorlageantrages zuständig.

Bevor ein Vorlageantrag eingebracht wird, sind Bescheidabänderungen durch die Abgabenbehörde im Sinne der Bestimmungen der §§ 293 bis 303 BAO zulässig.

34. Bescheidabänderung – Antrag gemäß § 295 Abs. 4 BAO nach alter Rechtslage rechtzeitig

34.1. Bezughabende Norm

§ 304 BAO

34.2. Sachverhalt

Ein Antrag nach § 295 Abs. 4 BAO wurde noch 2013 rechtzeitig gemäß § 295 Abs. 4 BAO iVm § 304 BAO (alte Rechtslage) eingebracht.

34.3. Frage

Wie ist nach 1.1.2014 über den Antrag hinsichtlich Frist zu entscheiden, da er nach den nun geltenden Verfahrensbestimmungen (Änderung des § 304 BAO durch FVwGG 2012) zu spät gestellt wurde?

34.4. Lösung

Eine Änderung verfahrensrechtlicher Bestimmungen führt (wenn nichts anderes gesetzlich vorgesehen ist) dazu, dass ab Inkrafttreten die neue Rechtslage für offene Verfahren anzuwenden ist.

Die Änderung der Rechtslage (Verjährungsfristen) wird jedoch in verfassungskonformer Interpretation des § 323 Abs. 37 BAO nicht dazu führen, dass ein damals rechtzeitig gestellter Antrag nun als verspätet zu beurteilen ist.

Da der Antrag 2013 rechtzeitig gestellt wurde, ist dieser auch 2014 noch als rechtzeitig gestellt anzusehen und ist nicht als verspätet zurückzuweisen.

35. Bescheidaufhebung – Antrag gemäß § 299 BAO, alte – neue Rechtslage

35.1. Bezughabende Norm

§ 299 BAO

35.2. Sachverhalt

Ein Antrag auf Aufhebung gemäß § 299 BAO wird 2013 eingebracht. Es wird nicht angeführt, worin die Rechtswidrigkeit des bekämpften Bescheides liegt. Der Antrag ist noch unerledigt.

35.3. Frage

Ist ein Mängelbehebungsauftrag zu erlassen?

35.4. Lösung

§ 299 BAO ist eine Norm des Verfahrensrechtes. Eine Änderung solcher Bestimmungen führt (wenn nichts anderes gesetzlich vorgesehen ist) dazu, dass ab Inkrafttreten die neue Rechtslage für offene Verfahren anzuwenden ist.

Das bedeutet, dass im Hinblick auf die geänderte Rechtslage (Inhaltserfordernisse des § 299 BAO mit 1.1.2014) eine Mängelbehebungsauftrag (§ 85 Abs. 2 BAO) zu erlassen ist.

36. Wiederaufnahme des Verfahrens – Rechtzeitigkeit eines Antrages

36.1. Bezughabende Norm

§ 303 BAO

36.2. Sachverhalt

Ein Antrag auf Wiederaufnahme des Verfahrens wurde am 28.12.2013 rechtzeitig eingebracht (fünf Jahre ab Rechtskraft).

Nach § 304 BAO (ab 1.1.2014) geltendem Recht ist der Antrag verspätet.

36.3. Frage

Wie ist der Antrag zu bearbeiten?

Nach welcher Rechtsgrundlage ist der Antrag – seine Rechtzeitigkeit – zu beurteilen?

36.4. Lösung

Siehe Lösung Frage 34.

Ein rechtzeitiger Antrag hindert die Wiederaufnahme des Verfahrens nach Eintritt der Verjährung nicht (§ 304 BAO).

12/8/10.

Salzburger Steuerdialog 2015 – Ergebnisse BAO

(Erlass des BMF vom 23. Oktober 2015, BMF-010103/0160-IV/2015)

1. Schenkungsmeldung – Wohnrecht

1.1. Bezughabende Norm

§ 121a BAO

1.2. Sachverhalt

Bei einer Liegenschaftsschenkung wird im Gegenzug ein Wohnrecht übertragen. Im Zuge der Übertragung wurde die Liegenschaft im Grundbuch eingetragen. Auch das Wohnrecht wurde im Grundbuch einverleibt.

1.3. Frage

Muss eine Schenkungsmeldung hinsichtlich des Wohnrechtes erfolgen?

1.4. Lösung

Die der Anzeigepflicht des § 121a BAO unterliegenden Wirtschaftsgüter sind im Abs. 1 taxativ aufgezählt. Liegenschaften unterliegen – soweit es sich nicht um Betriebsvermögen handelt – daher nicht der Anzeigepflicht.

Die Einräumung eines Wohnrechtes ist – als immaterieller Vermögensgegenstand – gemäß § 121a Abs. 1 Z 1 lit. c BAO anzeigepflichtig.

Im gegenständlichen Fall wurde das Wohnrecht lediglich zurückbehalten. Demzufolge stellt dieses zurückbehaltene Wohnrecht daher keine „Gegenschenkung" iSd § 121a BAO dar und unterliegt ebenfalls nicht der Anzeigepflicht.

Der grundbücherlichen Einverleibung des Wohnrechtes kommt in diesem Zusammenhang keine Bedeutung zu.

Sollte allerdings das Wohnrecht einer dritten Person übertragen werden (zB Ehefrau, Kinder des Geschenkgebers), so wäre die Anzeigepflicht bei Vorliegen der sonstigen Voraussetzungen (Betragsgrenze) gegeben.

2. Schenkungsmeldung – Wertpapierdepot

2.1. Bezughabende Norm

§ 121a BAO

2.2. Sachverhalt

Ein Vater schenkt seinem Sohn ein Wertpapierdepot (Aktien und Anleihen) im Wert von ca. Euro 100.000.

2.3. Frage

Ist eine Schenkungsmeldung zu machen bzw. welcher Tatbestand des § 121a BAO ist erfüllt?

2.4. Lösung

Die angeführten Vermögensgegenstände (Aktien und Anleihen) unterliegen grundsätzlich der Anzeigepflicht iSd § 121a Abs. 1 Z 1 lit. a BAO.

Aktien sind Anteile an Kapitalgesellschaften, Anleihen stellen Kapitalforderungen dar.

Die Betragsgrenze ist überschritten, somit tritt die Anzeigepflicht ein.

Für die Ermittlung der Betragsgrenzen iSd § 121a BAO ist der gemeine Wert der erworbenen Sachgüter heranzuziehen.

Zu unterscheiden ist im angeführten Fall deshalb die Darstellung der übertragenen Vermögensgegenstände dem Werte nach. Anleihen sind nach § 13 BewG 1955 mit dem gemeinen Wert anzusetzen. Der Wert der Aktien (Anteile an Kapitalgesellschaften) ist zu schätzen. Maßgebend sind dabei die wertrelevanten Verhältnisse im Zeitpunkt der Schenkung (vgl. dazu Salzburger Steuerdialog 2013 – BAO, BMF vom 08.10.2013, BMF-010103/0180-IV/2013, Anmerkungen zu Frage 3, siehe auch Formular Schenk 1).

Sowohl im Formular Schenk 1 als auch bei Anzeige über FinanzOnline ist die getrennte Darstellung dieser Vermögensgegenstände möglich.

3. Schenkungsmeldung – Eigentumswohnung

3.1. Bezughabende Norm

§ 121a BAO

3.2. Sachverhalt

Eine Mutter überweist Euro 200.000 zum Ankauf einer bestimmten Eigentumswohnung für ihre Tochter auf ein Treuhandkonto, der Kauf kommt allerdings nicht zu Stande. Das Geld soll der Tochter aber weiter zur Verfügung stehen, auch für die nächste Wohnung, für die sie sich entscheidet.

3.3. Frage

Ist eine Schenkungsmeldung zu machen?

3.4. Lösung

Die Geldschenkung der Mutter an die Tochter zum Kauf einer bestimmten Eigentumswohnung ist (zivilrechtlich) als mittelbare Grundstücksschenkung zu beurteilen, da der Schenkungswille auf eine bestimmte Eigentumswohnung gerichtet ist und daher diese konkrete Wohnung Gegenstand der Schenkung ist. Bei Zustandekommen dieses Kaufes läge demnach eine nicht anzeigepflichtige Grundstücksschenkung vor.

Der Überweisung des Geldbetrages auf ein Treuhandkonto kommt in diesem Zusammenhang keine Bedeutung zu.

Der Kauf kommt nicht zustande, das Geld verbleibt der Tochter zum Kauf einer (nun) beliebigen Eigentumswohnung.

Dadurch, dass der Tochter das Geld auf dem Treuhandkonto auch weiterhin zur Verfügung steht, jedoch durch das Nichtzustandekommen des ersten Wohnungskaufes keine mittelbare Grundstücksschenkung mehr vorliegt, wandelt sich diese Schenkung in eine Schenkung von Bargeld iSd § 121a Abs. 1 Z 1 lit. a BAO. Demzufolge wird die Schenkung auf Grund des Übersteigens der Wertgrenze von Euro 50.000 anzeigepflichtig.

4. Zuständigkeit – GmbH

4.1. Bezughabende Normen

§§ 21 und 25 AVOG 2010, § 27 BAO

4.2. Sachverhalt

Eine GmbH hat laut Firmenbuch ihren Sitz in Wien am Großgrünmarkt.

Das bisher zuständige Finanzamt möchte den Akt an das (seiner Ansicht nach) zuständige Finanzamt in Wien abtreten.

Das Wiener Finanzamt übernimmt den Akt nicht, weil es der Meinung ist, dass am Großgrünmarkt kein ordentlicher Firmensitz sein kann.

4.3. Frage

Welches Finanzamt ist für die GmbH zuständig?

4.4. Lösung

Die Zuständigkeit richtet sich bei einer GmbH gemäß § 21 AVOG 2010 nach dem Ort der Geschäftsleitung.

Ort der Geschäftsleitung ist gemäß § 27 Abs. 2 BAO der Ort, an dem sich der Mittelpunkt der geschäftlichen Oberleitung befindet. Der Mittelpunkt der geschäftlichen Oberleitung eines Unternehmens befindet sich dort, wo der für die Geschäftsführung entscheidende Wille gebildet wird (vgl. Ritz, BAO[5], § 27 Tz 2), wo also die für die Führung des Unternehmens notwendigen und wichtigen Maßnahmen angeordnet und die unternehmenslenkenden Dispositionen getroffen werden (zB VwGH 6.4.1995, 94/15/0206); somit dort, wo sich die nach dem Gesamtbild der Verhältnisse in organisatorischer und wirtschaftlicher Hinsicht bedeutungsvollste Stelle befindet.

Dies ist stets eine zu klärende Frage des Sachverhaltes. Dies kann zB mittels Vorhalt an den Geschäftsführer aufgeklärt werden.

Erst wenn nachweislich kein Ort der Geschäftsleitung im Inland gelegen ist, richtet sich die Zuständigkeit nach dem Sitz der Gesellschaft.

Gemäß § 25 Z 2 AVOG 2010 richtet sich die Zuständigkeit subsidiär nach dem Ort, von dem aus das Unternehmen betrieben oder die Tätigkeit ausgeübt worden ist.

5. Zuständigkeit – GmbH in Liquidation

5.1. Bezughabende Normen

§ 21 AVOG 2010, § 27 BAO

5.2. Sachverhalt

Eine GmbH, die in Liquidation ist, hat ihren Sitz laut Firmenbuch in Wien (Zuständigkeit des Finanzamtes X). Es handelt sich dabei um eine Betrugsfirma, die immer noch tätig ist. Der Liquidator ist der ehemalige Geschäftsführer der GmbH. Nachforschungen des Finanzamtes haben ergeben, dass der Ort der Geschäftsleitung tatsächlich in Wien ist, weil sich ein Büro in Wien befindet.

Ein weiteres Büro, in dem lediglich eine Sekretärin tätig ist, liegt im Zuständigkeitsbereich des Finanzamtes Y. Der Geschäftsführer ist jedoch dort nicht tätig.

Das bisher zuständige Finanzamt Y möchte den Akt an das (seiner Ansicht nach) zuständige Finanzamt X in Wien abtreten.

Das Finanzamt X in Wien bestreitet jedoch seine Zuständigkeit, da sich das Unternehmen in Liquidation befindet und somit eine Abtretung nicht mehr möglich sei.

5.3. Frage

Kann eine Abtretung auch während der Liquidation erfolgen?

5.4. Lösung

Gemäß § 21 AVOG 2010 ist Betriebsfinanzamt das Finanzamt, in dessen Bereich eine Körperschaft, Personenvereinigung ohne eigene Rechtspersönlichkeit oder Vermögensmasse ihren Ort der Geschäftsleitung (§ 27 Abs. 2 BAO) hat oder hatte.

Gemäß § 27 Abs. 2 BAO ist als Ort der Geschäftsleitung der Ort anzunehmen, an dem sich der Mittelpunkt der geschäftlichen Oberleitung befindet.

Auch ein Liquidator, der die Gesellschaft vertritt, kann grundsätzlich noch eine Geschäftstätigkeit für die GmbH ausüben. Dies ist stets eine zu klärende Frage des Sachverhaltes. Dies kann zB mittels Vorhalt an den Liquidator aufgeklärt werden.

Auch wenn es sich „nur" noch um etwaige Einhebungs- bzw. Einbringungsschritte handelt, insbesondere Fragen der Geltendmachung einer Geschäftsführerhaftung (§ 9 BAO) vor einer allfälligen Rückstandslöschung, also keine Geschäftstätigkeit mehr ausgeübt wird, lässt sich daraus keine Änderung der Zuständigkeit zur Abgabenerhebung durch das bisher zuständig gewesene Finanzamt ableiten.

6. Zuständigkeit – Wohnmobil

6.1. Bezughabende Normen

§ 23 AVOG 2010, § 26 BAO

6.2. Sachverhalt

Ein Deutscher, der ein Haus in Ungarn besitzt, möchte mit einem Wohnmobil im Inland einen Wohnsitz begründen.

Seine Aufenthaltstage reichen nicht aus, um einen gewöhnlichen Aufenthalt zu begründen.

6.3. Frage

Unter welchen Voraussetzungen kann ein Wohnmobil als Wohnsitz beurteilt werden?

6.4. Lösung

Eine Wohnung iSd § 26 BAO sind Räumlichkeiten, die nach der Verkehrsauffassung zum Wohnen geeignet sind, also ohne wesentliche Änderung jederzeit zum Wohnen benützt werden können und ihrem Inhaber nach Größe und Ausstattung ein dessen Verhältnisse entsprechendes Heim bieten (zB Ritz, BAO[5], § 26 Tz 1).

Maßgebend ist die tatsächliche Gestaltung, auf die subjektive Absicht oder Einstellung kommt es nicht an (zB Ritz, BAO[5], § 26 Tz 4).

Es wird daher auf die konkreten Umstände des Einzelfalles ankommen, ob ein Wohnmobil einen Wohnsitz begründet, ua.:

- Wie ist der Wohnwagen ausgestattet?

- Ist er beheizt, das ganze Jahr benutzbar?
- Gibt es einen Dauerparkplatz auf einem Campingplatz?

IdR wird ein Wohnwagen jedoch nicht als Wohnung anzusehen sein (vgl. Ritz, BAO^5, § 26 Tz 3). Eine Meldung im Zentralen Melderegister hat lediglich Indizwirkung.

7. Zuständigkeit – Delegierungsbescheid

7.1. Bezughabende Norm

§ 3 AVOG 2010

7.2. Sachverhalt

Das Finanzamt A hat nach Rücksprache mit der Partei in einem Familienbeihilfenfall gemäß § 3 AVOG 2010 (Delegierungsbescheid) die Delegierung an das Finanzamt B bestimmt.

Das Finanzamt B weigert sich jedoch, den Akt zu übernehmen, und übermittelt den Akt wieder retour an das Finanzamt A.

7.3. Frage

Wie wirkt ein Delegierungsbescheid?

7.4. Lösung

Gemäß § 3 AVOG 2010 kann die zuständige Abgabenbehörde aus Gründen der Zweckmäßigkeit, insbesondere zur Vereinfachung oder Beschleunigung des Verfahrens, für die Erhebung einer Abgabe eine andere Abgabenbehörde mit Bescheid bestimmen, sofern nicht überwiegende Interessen der Partei entgegenstehen.

Der Delegierungsbescheid ist an die Partei zu richten. Dem Finanzamt B ist eine Ausfertigung zu übermitteln. Beschwerdeberechtigt ist lediglich die Partei.

Aufgrund des Delegierungsbescheides ist das Finanzamt B zuständig geworden; die Weigerung, den Akt zu übernehmen, war rechtswidrig. Der Akt ist daher nochmals an das Finanzamt B abzutreten.

8. Zuständigkeit – Wohnsitz

8.1. Bezughabende Normen

§§ 20 bzw. 25 AVOG 2010, § 26 Abs. 1 BAO, § 1 Abs. 2 EStG 1988

8.2. Sachverhalt

4 polnische Staatsbürger mit Familienwohnsitz in Polen stellen Anträge auf Arbeitnehmerveranlagung mit dem Formular L1 (unbeschränkte Steuerpflicht) für das Jahr 2013 im Juli 2014 beim Finanzamt A (Sitz des Arbeitgebers). Es liegt kein Pflichtveranlagungstatbestand vor.

Die polnischen Arbeitnehmer waren nur im Jahr 2013 befristet für vier Monate in Österreich auf einer Baustelle im Finanzamtsbereich B tätig und wohnten in diesem Zeitraum bei einem Unterkunftgeber, der Zimmer mit Dusche und WC für Bauarbeiter vermietet.

Zwei Arbeiter wurden beim Meldeamt in B angemeldet, die anderen zwei nicht.

Variante:

Die Beilage L1i ist angeschlossen und der Punkt 6. Antrag auf unbeschränkte Steuerpflicht (§ 1 Abs. 4 EStG 1988) ist ausgefüllt. Der Punkt 5. Antrag auf Veranlagung bei beschränkter Steuerpflicht (§ 102 Abs. 1 Z 3 EStG 1988) ist nicht ausgefüllt.

Auf Grund der ZMR-Erfassung in B wurden die Anträge der zwei Antragsteller an das Finanzamt B weitergeleitet, die beiden anderen verblieben im Finanzamt A.

8.3. Fragen

Handelte es sich bei dieser Unterkunft um einen Wohnsitz iSd § 26 BAO?

Welches Finanzamt ist für die Erledigung der Arbeitnehmerveranlagungen zuständig?

Sind diese Arbeitnehmer für 2013 beschränkt/unbeschränkt steuerpflichtig in Österreich?

Wie ist über die Anträge auf Arbeitnehmerveranlagung zu entscheiden?

8.4. Lösung

Gemäß § 1 Abs. 2 EStG 1988 sind unbeschränkt steuerpflichtig jene natürlichen Personen, die im Inland einen Wohnsitz oder ihren gewöhnlichen Aufenthalt haben. Gemäß § 26 Abs. 1 BAO hat jemand einen Wohnsitz iSd Abgabenvorschriften dort, wo er eine Wohnung innehat unter Umständen, die darauf schließen lassen, dass er die Wohnung beibehalten und benutzen wird.

Steuerrechtlich ist das Bestehen eines Wohnsitzes stets an die objektive Voraussetzung des Besitzes – hier gleichbedeutend mit Innehabung – einer Wohnung geknüpft.

Um einen Wohnsitz iSd Abgabenvorschriften zu begründen, bedarf es der tatsächlichen Verfügungsgewalt über bestimmte Räumlichkeiten, die nach der Verkehrsauffassung zum Wohnen geeignet sind, also ohne wesentliche Änderungen jederzeit zum Wohnen benutzt werden können und ihrem Inhaber nach Größe und Ausstattung ein dessen persönlichen Verhältnissen entsprechendes Heim bieten. In diesem Sinn können auch Untermietzimmer, im Fall einer Dauermiete sogar Hotelzimmer eine Wohnung und damit einen Wohnsitz gemäß § 26 Abs. 1 BAO darstellen (VwGH 24.1.1996, 95/13/0150).

Die Bauarbeiter hatten jeweils ein eigenes Zimmer für ihren fünfmonatigen Aufenthalt in Österreich zur Verfügung.

Als Anhaltspunkt für eine Mindestfrist für die Innehabung der Wohnung unter Umständen, die auf die Beibehaltung und Nutzung schließen lassen, wird in der Literatur auf die Sechsmonatsfrist des § 26 Abs. 2 BAO abgestellt (vgl. Ritz, BAO^5, § 26 Tz 9).

Da die Zimmer nur für vier Monate angemietet wurden, liegt kein Wohnsitz vor.

Gemäß § 25 Z 3 AVOG 2010 ist, soweit über die örtliche Zuständigkeit der Abgabenbehörden nichts anderes bestimmt wird, in sonstigen Sachen in Ermangelung eines letzten Wohnsitzes jene Abgabenbehörde zuständig, das vom allenfalls abgabepflichtigen Sachverhalt Kenntnis erlangte.

Die Anträge wurden beim Finanzamt A eingebracht, daher verbleibt die Zuständigkeit bei diesem Finanzamt.

Betreffend Anträge auf Arbeitnehmerveranlagung:

Da weder ein Wohnsitz noch ein gewöhnlicher Aufenthalt vorliegen, sind die Arbeitnehmer für 2013 zur Gänze beschränkt steuerpflichtig.

Es wurde für 2013 auf Grund der Verwendung des L1 eine Veranlagung als unbeschränkt steuerpflichtig gemäß § 41 Abs. 2 EStG 1988 beantragt.

Da die Voraussetzung der unbeschränkten Steuerpflicht nicht vorliegt, ist der Antrag abzuweisen.

Variante:

Mit dem Formular L1i wurde der Antrag gestellt, als unbeschränkt steuerpflichtig gemäß § 1 Abs. 4 EStG 1988 behandelt zu werden.

Der Antrag ist inhaltlich dahingehend zu prüfen, ob alle Voraussetzungen vorliegen. Dementsprechend wird über den Antrag zu entscheiden sein.

9. Mängelbehebungsverfahren

9.1. Bezughabende Norm

§ 85 Abs. 2 BAO

9.2. Sachverhalt

Im Jänner 2015 wurde ein Vorlageantrag gestellt, in dem die bekämpfte Beschwerdevorentscheidung nicht angeführt wurde.

9.3. Fragen

Welche Konsequenzen hat das Fehlen der Bezeichnung der Beschwerdevorentscheidung?

Wer ist für Erlassung des Mängelbehebungsauftrages zuständig (Finanzamt oder BFG)?

9.4. Lösung

Mit dem 2. AbgÄG 2014, BGBl. I Nr. 105/2014, wurde dem § 264 Abs. 1 BAO folgender Satz angefügt: „Der Vorlageantrag hat die Bezeichnung der Beschwerdevorentscheidung zu enthalten."

Ob die Beschwerdevorentscheidung ausreichend genau bezeichnet ist, beurteilt sich danach, ob aus dem gesamten Inhalt des Rechtsmittels klar entnommen werden kann, wogegen es sich richtet (vgl. Althuber/ Thorbauer, ÖStZ 5/2015, 126 [ÖStZ 2015/155] mwH). Ist dies der Fall, so ist damit auch der Formalvorschrift im § 264 Abs. 1 BAO Genüge getan.

Ist aus einem Vorlageantrag nicht ersichtlich, auf welche Beschwerdevorentscheidung er sich bezieht, so liegt ein inhaltlicher Mangel iSd § 85 Abs. 2 BAO vor, der zur Durchführung eines Mängelbehebungsverfahrens verpflichtet.

Das Mängelbehebungsverfahren beim Vorlageantrag obliegt dem BFG (Erlassung eines Mängelbehebungsauftrages und allfällige Zurücknahmeerklärung bei Nichtbefolgung mit Beschluss).

Die Zuständigkeit des BFG zur Durchführung des Mängelbehebungsverfahrens steht der Verpflichtung des Finanzamtes, bei unklaren Eingaben ihren Inhalt zu ermitteln, um die weiteren Schritte (Beschwerdevorlage) setzen zu können, nicht entgegen. Diese Pflicht ergibt sich auch aus § 265 Abs. 1 BAO (vgl. dazu auch ErlRV 360 BlgNR 25. GP zum 2. AbgÄG 2014, BGBl. I Nr. 105/2014). Die diesbezügliche Ermittlungshandlung des Finanzamtes ist nicht förmlich nach § 85 Abs. 2 BAO (mit der allfälligen Rechtsfolge des Ausspruches einer Zurücknahme des Vorlageantrages) vorzunehmen.

10. Begründungsmangel

10.1. Bezughabende Norm

§ 93 Abs. 3 lit. a BAO

10.2. Sachverhalt

In einer Beschwerdevorentscheidung zu einem internationalen Missbrauchsfall (Zypern) wird in der mehrseitigen Begründung ein passendes fachliches Zitat einer zypriotischen Anwaltskanzlei in Original (englisch) eingebaut. Das Zitat umfasst mehrere Sätze, die Beschwerdevorentscheidung ergeht zHd des Steuerberaters.

Im Vorlageantrag wird bemängelt, dass dieses Zitat gegen § 93 BAO verstoße.

10.3. Frage

Liegt ein Verstoß gegen § 93 BAO vor?

10.4. Lösung

Wenn nicht anders geregelt, sind Bescheide in Deutsch abzufassen. Die Beschwerdevorentscheidung ist in Deutsch abgefasst, lediglich ein kleiner Teil der Begründung wird durch ein englisches Fachzitat unterlegt.

Es handelt sich daher um einen punktuellen Begründungsmangel, der im weiteren Rechtsmittelverfahren saniert werden kann.

11. Verjährung – Umsatzsteuer

11.1. Bezughabende Normen

§§ 207 ff, 300 BAO

11.2. Sachverhalt

Ein Rechtsmittel gegen die unterjährige USt-Festsetzung betreffend einen Zeitraum, der bereits außerhalb der Verjährungsfrist liegt (März 2006), ist beim BFG unerledigt. Weiters liegt beim Finanzamt die noch unerledigte Jahreserklärung für 2006 vor.

11.3. Frage

Kann der Umsatzsteuerjahresbescheid, aus dem eine den strittigen Voranmeldungszeitraum betraglich übersteigende Nachforderung resultieren würde, noch erlassen werden?

11.4. Lösung

Nach Eintritt der Verjährung kann eine Abgabenfestsetzung nicht mehr vorgenommen werden. Das beim BFG anhängige Rechtsmittel bewirkt nach der geltenden Rechtslage keine Ausnahme vom Verjährungseintritt.

§ 209a Abs. 2 BAO, wonach der Abgabenfestsetzung der Eintritt der Verjährung nicht entgegensteht, wenn die Abgabenfestsetzung unmittelbar oder mittelbar von der Erledigung einer Beschwerde oder eines in den Abgabenvorschriften vorgesehenen Antrages abhängt und die Beschwerde oder

der Antrag vor Eintritt der Verjährung eingebracht wurde, ist gegenständlich nicht anwendbar.

Die Verjährungsproblematik wird sich im Normalfall bei während des Veranlagungszeitraumes oder zumindest zeitnah zum Veranlagungszeitraum (§ 21 Abs. 4 UStG 1994) vor Einlangen der Jahressteuererklärung ergehenden Umsatzsteuerfestsetzungen für einzelne Voranmeldungs- bzw. Vorauszahlungszeiträume (§ 21 Abs. 1 UStG 1994) nicht stellen.

Ihr kann insbesondere auch dadurch begegnet werden, dass das Finanzamt gemäß § 21 Abs. 3 UStG 1994 auch für den oder die weiteren unvollständig oder unrichtig selbstberechneten Zeiträume bescheidmäßige Festsetzungen durchzuführen hat, welche nicht unter die Entscheidungssperre des § 300 Abs. 1 erster Satz BAO fallen (siehe dazu auch bereits Salzburger Steuerdialog 2014 – Bundesabgabenordnung, BMF vom 8.10.2014, BMF-010103/0155-IV/4/2014, Frage 28).

12. Haftung – Zahlung durch Eigenschuldner

12.1. Bezughabende Normen

§§ 9 und 224 BAO

12.2. Sachverhalt

Das Finanzamt erlässt einen Haftungsbescheid gemäß § 9 BAO.

Der Primärschuldner zahlt nach Rechtskraft des Haftungsbescheides.

12.3. Frage

Ist der Haftungsbescheid aufzuheben?

12.4. Lösung

Persönlich Haftungspflichtige werden durch Geltendmachung der Haftung mit Haftungsbescheid zu Gesamtschuldnern; insoweit wirkt der Haftungsbescheid konstitutiv (Ritz, BAO[5], § 6 Tz 5 mwH und § 7 Tz 3). Ist die gesamte Schuld durch einen der Gesamtschuldner entrichtet, erlischt dadurch das Gesamtschuldverhältnis (zB Ritz, BAO[5], § 6 Tz 2). Demzufolge dürfen weder Einhebungs- noch Einbringungsmaßnahmen gesetzt werden. Würde der Haftungspflichtige den betreffenden Betrag ungeachtet des Erlöschens der Abgabenschuld einzahlen, so wäre dies die Zahlung einer Nichtschuld.

Erfolgt die Zahlung durch den Eigenschuldner vor Rechtskraft des mit Bescheidbeschwerde angefochtenen Haftungsbescheides, so ist diese Entrichtung im Beschwerdeverfahren zu berücksichtigen (vgl zB Ritz, BAO[5], § 7 Tz 11); durch eine solche Entrichtung wird nämlich der Haftungsbescheid (nachträglich) rechtswidrig.

Einer solchen Rechtswidrigkeit kann auch durch Aufhebung des Haftungsbescheides gemäß § 299 BAO Rechnung getragen werden. Dies kann auch von Amts wegen erfolgen. Nicht zuletzt um den Verwaltungsaufwand eines Rückzahlungsverfahrens zu vermeiden, liegt es auch im Interesse des Finanzamtes, den Haftenden vom Erlöschen seiner Haftungsschuld in Kenntnis zu setzen.

Falls jedoch die Haftungsschuld durch den Haftungsschuldner selbst während des gegen den Haftungsbescheid anhängigen Rechtsmittelverfahrens bezahlt würde, dürfte deswegen der Haftungsbescheid nicht aufgehoben werden, weil ansonsten der Haftungspflichtige zufolge des Entfalls der Grundlage (Titelbescheid) für seine Zahlung deren Rückzahlung gemäß § 239 Abs. 1 iVm § 214 Abs. 7 BAO verlangen könnte.

13. Haftung – Zahlung einer „Nichtschuld"

13.1. Bezughabende Normen

§§ 9 und 224 BAO

13.2. Sachverhalt

In Anknüpfung an die vorherige Fragestellung ist der Haftungsbescheid (Vertreterhaftung) wiederum rechtskräftig.

Variante A:

Der Haftungspflichtige bezahlt die gesamte Abgabenschuld und wenige Tage danach bezahlt der Primärschuldner ebenfalls die gesamte Abgabenschuld.

Variante B:

Es wurden für dieselbe, gesamte Abgabenschuld zwei Haftungsbescheide an unterschiedliche Personen erlassen. Beide Haftungspflichtige zahlen in der Folge jeweils die gesamte Abgabenschuld.

13.3. Frage

An wen erfolgt eine etwaige Rückzahlung?

13.4. Lösung

In beiden Fällen (Variante A und Variante B) handelt es sich um die doppelte Bezahlung einer Gesamtschuld. Bereits durch die erste Bezahlung erlischt die (Gesamt-)Schuld (siehe dazu die Ausführungen in der vorherigen Antwort). Die zweite Zahlung ist daher als Zahlung einer nicht mehr bestehenden Schuld anzusehen. Sie bewirkt am Abgabenkonto ein Guthaben und führt zur Rückzahlung in voller Höhe an den betreffenden (zweiten) Einzahler.

In der Variante A ist dies der Primärschuldner (sofern auf seinem Abgabenkonto, auf dem die Buchungen durchgeführt werden, nicht noch andere verrechenbare Abgabenrückstände aushaften). In der Variante B ist dies jener Haftungspflichtige, der später bezahlt hat.

Zivilrechtliche Regressansprüche der (ehemaligen) Gesamtschuldner berühren nicht den Gläubigeranspruch auf Vollzahlung gegenüber nur einem der Gesamtschuldner. Aus dem vor (Erst-)Zahlung bestandenen Gesamtschuldverhältnis entsteht im Umkehrschluss auch kein Gesamtgläubigerverhältnis. Zur Geltendmachung eines Rückzahlungsanspruches ist in einer solchen Situation somit stets derjenige Mitschuldner (Gesamtschuldner) berechtigt, der die Abgabe tatsächlich entrichtet hat (oder in dessen Namen dieselbe entrichtet worden ist; Hinweis auf VwGH 18.4.1985, 84/16/0204; siehe dazu auch Ritz, BAO[5], § 239 Tz 4 mit weiteren Judikaturhinweisen) und dessen Zahlung zum Guthaben geführt hat.

14. Vorlagebericht

14.1. Bezughabende Norm

§ 265 BAO

14.2. Sachverhalt

Eine Beschwerde wird (ohne vorherige Wahrung des Parteiengehörs) wegen Verspätung mit Beschwerdevorentscheidung zurückgewiesen. Innerhalb eines Monats wird im Vorlageantrag vorgebracht, dass die Beschwerde unstrittig doch rechtzeitig gewesen wäre.

14.3. Frage

Wie ist in weiterer Folge vorzugehen bzw. wie ist der Vorlagebericht zu formulieren?

14.4. Lösung

Die Beschwerde ist dem BFG vorzulegen. Die Beschwerdevorentscheidung darf gemäß § 300 BAO bei sonstiger Nichtigkeit nicht gemäß § 299 BAO aufgehoben werden.

Im Vorlagebericht wäre der Hinweis zu geben, dass aus Sicht der Abgabenbehörde die Beschwerde rechtzeitig eingebracht wurde.

Da das BFG in weiterer Folge grundsätzlich mit Erkenntnis inhaltlich zu entscheiden hat, wäre im Vorlagebericht auch inhaltlich auf das Beschwerdebegehren einzugehen.

15. Bescheidabänderungen – Verjährung

15.1. Bezughabende Normen

§§ 207, 256 und 295 BAO

15.2. Sachverhalt

Der Sachbescheid (Einkommensteuer 2008) ist seit März 2013 beim BFG vorgelegt. Es erfolgt im Juni 2013 eine Mitteilung nach § 295 Abs. 1 BAO, die bei Anpassung des Bescheides für den Abgabepflichtigen zu einer Nachforderung führen würde.

Das Finanzamt erlässt keinen Änderungsbescheid, was im Jahr 2013 (vor Inkrafttreten des § 300 BAO) nach zulässig gewesen wäre. Überdies wird im Jahr 2014 keine die Verjährungsfrist verlängernde Amtshandlung (§ 209 Abs. 1 BAO) vorgenommen.

Der Abgabepflichtige zieht im März 2015 die Beschwerde zurück.

15.3. Frage

Kann der Sachbescheid noch gemäß § 295 BAO angepasst werden?

15.4. Lösung

Abänderungen gemäß § 295 Abs. 1 BAO sind bis zum Ablauf der Verjährungsfrist zulässig.

Verlängerungshandlungen (§ 209 Abs. 1 BAO) im Feststellungsverfahren (§ 188 BAO) gelten auch als Verlängerungshandlungen im abgeleiteten Abgabenverfahren.

Wird die Bescheidbeschwerde nach Eintritt der Verjährung zurückgezogen, so steht die Verjährung der Änderung des Einkommensteuerbescheides für 2008 entgegen.

16. Aufhebungen endgültiger Bescheide

16.1. Bezughabende Normen

§§ 200 und 299 BAO

16.2. Sachverhalt

Das Finanzamt erlässt einen endgültigen Abgabenbescheid. Innerhalb der Jahresfrist stellt das Finanzamt jedoch fest, dass der Bescheid vorläufig ergehen hätte sollen.

16.3. Frage

Ist es zulässig, einen endgültigen Bescheid gemäß § 299 BAO lediglich deshalb aufzuheben, weil er vorläufig ergehen hätte sollen?

16.4. Lösung

Gemäß § 200 BAO kann die Abgabenbehörde die Abgabe vorläufig festsetzen, wenn nach den Ergebnissen des Ermittlungsverfahrens die Abgabepflicht zwar noch ungewiss, aber wahrscheinlich oder der Umfang der Abgabepflicht noch ungewiss ist.

Die Vorläufigkeit ist Spruchbestandteil, eine Bescheidaufhebung ist zulässig.

17. Abänderungen von Erkenntnissen des BFG

17.1. Bezughabende Normen

§§ 279 und 303 BAO

17.2. Sachverhalt

Nach einem Erkenntnis des BFG wird ein Antrag auf Berichtigung oder auf Wiederaufnahme gemäß § 303 BAO gestellt.

17.3. Frage

Wer ist für die Durchführung von Bescheidabänderungen nach beendetem BFG-Verfahren zuständig?

17.4. Lösung

Für die Erledigung eines Antrages auf Wiederaufnahme des Verfahrens ist nach Ergehen des Erkenntnisses des BFG die Abgabenbehörde zuständig.

Für Berichtigungen gemäß §§ 293, 293a und 293b BAO ist hingegen das BFG zuständig.

Gemäß § 279 Abs. 3 BAO ist die Abgabenbehörde in Erkenntnisse abändernden, aufhebenden oder ersetzenden Bescheiden an die Rechtsanschauung des BFG gebunden.

18. Wiedereinsetzung – Vorlageantragsfrist

18.1. Bezughabende Norm

§ 308 BAO

18.2. Sachverhalt

Beim Finanzamt wird ein Antrag auf Wiedereinsetzung (§ 308 BAO) in die Frist, einen Vorlageantrag zu stellen, eingebracht. Gleichzeitig wird der Vorlageantrag (§ 264 BAO) eingebracht.

18.3. Frage

Ist zur Erledigung des Wiedereinsetzungsantrages das Finanzamt oder das Bundesfinanzgericht zuständig?

18.4. Lösung

Laut Ritz, BAO[5], § 308 Tz 25, kann ein die Beschwerdefrist oder die Vorlageantragsfrist betreffender Antrag auf Wiedereinsetzung in den vorigen Stand auch beim Verwaltungsgericht (BFG) eingebracht werden, doch ist zur Erledigung des Antrages die Abgabenbehörde (Finanzamt) zuständig.

Dafür spricht auch § 310 Abs. 1 BAO, wonach die Entscheidung über den Antrag auf Wiedereinsetzung in den vorigen Stand der Behörde obliegt, bei der die versäumte Handlung vorzunehmen war. Da Vorlageanträge ebenso wie Bescheidbeschwerden gemäß § 249 Abs. 1 BAO (worauf in Bezug auf Vorlageanträge im § 264 Abs. 4 lit. b BAO verwiesen wird) bei der Abgabenbehörde einzubringen sind, die den angefochtenen Bescheid erlassen hat – die im § 249 BAO auch normierte Einbringung beim Verwaltungsgericht hat nur fristwahrenden Charakter –, obliegt die Entscheidung über den Wiedereinsetzungsantrag dem Finanzamt (siehe dazu auch Ritz, BAO[5], § 310 Tz 1).

12/8/11.

Salzburger Steuerdialog 2016 – Ergebnisse BAO

(Erlass des BMF vom 23. November 2016, BMF-010103/0192-IV/2016)

1. Schenkungsmeldung – Wohnungsüberlassung

1.1. Bezughabende Norm

§ 121a BAO

1.2. Sachverhalt

Eine Mutter unterfertigt einen schriftlichen „Schenkungsvertrag“ an ihre erwachsene Tochter. Darin ist das unentgeltliche Wohn- und Nutzungsrecht der Tochter für die Wohnung der Mutter für ein Jahr enthalten. Die Mutter geht für ein Jahr ins Ausland aus beruflichen Gründen. Die Miete der Wohnung beträgt ca 2.000 € monatlich.

Desweiteren beinhaltet der Schenkungsvertrag das Auto der Mutter mit einem Verkehrswert von 25.000 €, sowie eine Summe Bargeld von 15.000 €.

1.3. Fragestellung

Unterliegt die Schenkung der Meldepflicht gemäß § 121a BAO?

1.4. Lösung

Grundsätzlich ist jeder vermögenswerte Vorteil, der der Tochter in Schenkungsabsicht zugeht, gemäß § 121a Abs. 2 lit. a BAO nur dann anzuzeigen, wenn er einen Wert von 50.000 € übersteigt. Da es sich in diesem Fall um insgesamt 24.000 € (zwölf Mal 2.000 € Miete im Jahr für die Tochter) und zusätzlich um ein Auto mit einem Verkehrswert von 25.000 € sowie Bargeld in der Höhe von 15.000 €, also insgesamt 64.000 € handelt, ist die 50.000 € Grenze überschritten. Demzufolge und weil die Mutter offensichtlich eine Schenkung beabsichtigt hat, da sie eine schriftliche Erklärung, die sie als Schenkungsvertrag bezeichnet hat, unterfertigt hat, ist eine Schenkungsmeldung gemäß § 121a BAO vorzunehmen.

Dies lässt keinen Rückschluss auf die geläufige Praxis zu, dass jedesmal eine Schenkungsmeldung zu machen ist, wenn Eltern Kinder in der eigenen Wohnung wohnen lassen.

Sollte im konkreten Fall die Mutter die Tochter in diesem Jahr lediglich vorübergehend in der Wohnung wohnen lassen, um Verpflichtungen nachzukommen, wie Blumen gießen, Haustier versorgen oder ähnliches, würde der Tochter daraus kein vermögenswerter Vorteil entstehen und ihr nur das Auto und das Bargeld innerhalb dieses Jahres zugehen. Dann wäre die 50.000 € Grenze bei den genannten Beträgen nicht überschritten und es wäre keine Schenkungsmeldung vorzunehmen.

2. Schenkungsmeldung – Schenkung einer Sammlung

2.1. Bezughabende Norm

§ 121a BAO

2.2. Sachverhalt

Ein Vater schenkt seiner Tochter einen Teil seiner jahrzehntelang aufgebauten Briefmarkensammlung. In der mit dem Computer geschriebenen und von Vater und Tochter unterfertigten schriftlichen Schenkungserklärung beziffert der Vater den Wert der geschenkten und bereits übergebenen Briefmarken mit „unter 50.000 €". Sie kennt sich mit Briefmarken wenig aus und möchte sie vorerst behalten und vielleicht später einmal verkaufen. Auf Grund der Wertangabe macht die Tochter keine Schenkungsmeldung.

2.3. Fragestellung

Ist die Form der Schenkungserklärung ausreichend?

Welche Konsequenzen hat die Tochter zu erwarten, wenn die Briefmarken eine Wertsteigerung erfahren und deutlich mehr wert sind als 50.000 €?

Ist dann eine neuerliche Meldung beim Finanzamt zu machen?

2.4. Lösung

Eine Schenkung von beweglichen Vermögensgegenständen unter Lebenden bedarf weder eines Notariatsaktes noch einer anderen bestimmten Form, sofern sie auch vollzogen wird, dh eine Übergabe stattgefunden hat. Ein formloses Schreiben ist völlig ausreichend, um die Schenkung nachzuweisen zu können.

Da derlei Sammlerstücke für viele Teile der Bevölkerung keinen vermögenswerten Geldwert darstellen, es sich dabei um keine objektiven Werte, sondern um subjektiv individuelle Preisvorstellungen handelt, die auch nicht im allgemeinen Handel, sondern nur in ausgewählten Sammlerkreisen zu erreichen sind, ist eine individuelle Bewertung des Vaters von unter 50.000 € ausreichend. Ein Sachverständigengutachten, das mit Kosten verbunden ist, einzuholen, ist nicht zumutbar.

Da der Wert des Geschenkes, also des Teils der Briefmarkensammlung im Zeitpunkt der Schenkung zu bestimmen ist, ändert sich die Situation für die Tochter nicht, wenn die Marken im Lauf der Jahre an Wert gewinnen.

Eine nachträgliche ergänzende Meldung bei Wertsteigerung wäre daher nicht zu erstatten.

3. Schenkungsmeldung – Zusammenlegung eines Aktiendepots

3.1. Bezughabende Norm

§ 121a BAO

3.2. Sachverhalt

Ein Ehepaar hat ein jeweils auf den eigenen Namen lautendes Aktiendepot im Wert von ca 100.000 €. Die beiden beschließen, diese Aktiendepots zusammenzulegen, was in der Folge auch geschieht.

3.3. Fragestellung

Ist eine Schenkungsmeldung zu machen?

3.4. Lösung

Bei Zusammenlegung der Aktiendepots ist der Wille der Ehegatten zu beachten. Ist der Grund für den Zugriff des jeweils anderen, dass einer dem anderen seine Aktien schenken will, ist die Wertgrenze in § 121a Abs. 2 lit. a BAO heranzuziehen. Wird diese überschritten, weil der Wert der geschenkten Aktien 50.000 € übersteigt, ist eine Schenkungsmeldung vorzunehmen.

Liegt der Grund für die Zusammenlegung wie in den meisten Fällen lediglich darin, dass beide Ehegatten den Zugriff auf alle Aktien haben sollen, liegt keine Schenkungsabsicht vor und es ist daher auch keine Schenkungsmeldung zu machen.

4. Schenkungsmeldung – Maßgeblichkeit der Wertgrenzen für jeden einzelnen Geschenknehmer

4.1. Bezughabende Norm

§ 121a BAO

4.2. Sachverhalt

Ein Vater verschenkt seine Ersparnisse an seine Kinder.

Er schenkt seinem Sohn 10.000 €. Nach einem Monat schenkt er seiner Tochter 70.000 € für die benötigte Wohnungseinrichtung. Auf Grund eines unerwarteten Vermögenszuwachses schenkt er seinem Sohn drei Monate später ein Motorrad im Wert von 40.000 € und der Tochter kurz darauf ein Auto im Wert von 50.000 €.

4.3. Fragestellung

Kann er seinem Neffen auch noch 30.000 € schenken, ohne dass eine Schenkungsmeldung zu machen ist?

Darf er auch einem Freund 20.000 € schenken, ohne dies anzeigen zu müssen?

4.4. Lösung

Die Wertgrenzen in § 121a Abs. 2 lit. a BAO sind höchstpersönlich zu verstehen. Der Vater darf allen angehörigen Personen bis zu 50.000 € schenken, ohne dass eine Schenkungsmeldung vorzunehmen ist.

Die Schenkungen an seinen Sohn sind nicht anzeigepflichtig, weil die Wertgrenze von 50.000 € nicht überstiegen wird.

Die Schenkungen an die Tochter unterliegen der Anzeigepflicht, da sie die Wertgrenze von 50.000 € übersteigen.

Eine Schenkung an eine nicht angehörige Person ist in jeder Höhe möglich, allerdings gelten für nicht angehörige Personen andere Wertgrenzen gemäß § 121a Abs. 2 lit. b BAO, die 15.000 € innerhalb von 5 Jahren betragen. Bei einer Schenkung von 20.000 € wäre diese Grenze schon überschritten und eine Schenkungsmeldung müsste erstattet werden.

5. Schenkungsmeldung

5.1. Bezughabende Norm

§ 121a BAO

5.2. Sachverhalt

Eine EU Bürgerin mit Anmeldebescheinigung lebt in Österreich mit Hauptwohnsitz in Wien.

Ihr Bruder will ihr ein Geschenk machen in Form von Bargeld von 60.000 €. Er lebt im Ausland und hat in Österreich keinen Wohnsitz.

5.3. Fragestellung

Ist eine Schenkungsmeldung vorzunehmen?

5.4. Lösung

§ 121a Abs. 1 Z 2 BAO besagt, dass ein Geschenknehmer, der einen Wohnsitz in Österreich hat, verpflichtet ist, eine Schenkungsmeldung abzugeben, sofern die Voraussetzungen dafür vorliegen.

Der Bruder hat keinen Inlandsbezug in Form von Staatsbürgerschaft, Wohnsitz etc. Dies ist nicht von Bedeutung, da die Beschenkte ihren Hauptwohnsitz in Wien hat und der Wert der Schenkung die 50.000 € Grenze übersteigt. Demzufolge ist eine Schenkungsmeldung zu machen.

6. Schenkungsmeldung – Aktienschenkung, internationale Schenkung

6.1. Bezughabende Norm

§ 121a BAO

6.2. Sachverhalt

Ein Deutscher mit Wohnsitz in München schenkt seinem Freund Aktien. Dieser hat sein Depot in Deutschland. Der Wert der Aktien beläuft sich auf 90.000 €. Der Freund, der ebenfalls in München wohnt, schenkt einen Teil der Aktien wiederum seiner Freundin, die in Salzburg arbeitet und wohnt, aber deutsche Staatsbürgerin ist.

Die geschenkten Aktien, die die Freundin erhält, haben einen Wert von 45.000 €.

6.3. Fragestellung

Ist der Vorgang schenkungsmeldepflichtig?

6.4. Lösung

Die Schenkung zwischen den beiden Freunden in der Höhe von 90.000 € ist nicht schenkungsmeldepflichtig, da kein Inlandsbezug besteht.

Ob die Weiterschenkung an die Freundin in der Höhe von 45.000 € anzeigepflichtig ist, wird davon abhängen, ob sie seine Lebensgefährtin ist und damit unter den Angehörigenbegriff des § 25 BAO fällt.

Da seine Freundin offensichtlich nicht mit ihm gemeinsam wohnt, wird eher davon auszugehen sein, dass sie nicht seine Lebensgefährtin ist, aber das hängt von den Umständen des Einzelfalls ab.

Geht man davon aus, dass sie nicht seine Lebensgefährtin ist, handelt es sich daher nicht um eine Schenkung unter Angehörigen. Demzufolge ist die Wertgrenze von 15.000 € innerhalb von fünf Jahren gemäß § 121a Abs. 2 lit. b BAO heranzuziehen. Da diese überschritten ist, ist die Schenkung anzeigepflichtig.

7. Schenkungsmeldung – Wohnrechtsschenkung mit Gegenleistung

7.1. Bezughabende Norm

§ 121a BAO

7.2. Sachverhalt

Ein Onkel räumt seiner Nichte, nach Kauf einer renovierungsbedürftigen Eigentumswohnung ohne Küche und ohne Bad ein lebenslanges unentgeltliches Wohnrecht dort ein. Als vertragliche Gegenleistung muss die Nichte neben Bezahlung der monatlichen Kosten wie Betriebskosten, Reparaturrücklage, Gas, Strom etc. die Wohnung auch auf ihre Kosten umfangreich generalsanieren lassen (Einbau einer Zentralheizung, neue Fenster, in der Wohnung verbleibende Einbauküche, Bad, Böden etc., was mit dem Onkel mündlich vereinbart wurde.) Dazu holt sie jeweils Kostenvoranschläge ein, die sich in Summe auf ca. 100.000 € belaufen.

Das Wohnrecht wird nach Auskunft des Immobilienmaklers auf Basis eines fremdüblichen Mietzinses dieser Wohnung abzüglich monatlicher Betriebskosten und Reparaturrücklage mit dem Berechnungsprogramm betreffend Bewertung von Renten (§ 16 BewG 1955) auf der Homepage des BMF bewertet und beläuft sich auf ca. 143.000 €.

Abzüglich der voraussichtlichen Kosten der Renovierung verbleibt ein vermögenswerter Vorteil von 43.000 €.

7.3. Fragestellung

Handelt es sich bei diesem Vorgang um eine Schenkung, die anzeigepflichtig im Sinn des § 121a BAO ist?

Wie verhält es sich, wenn ein Teil der Renovierungsarbeiten unentgeltlich vom Bruder der Nichte, der Tischlermeister ist, vorgenommen wird und die Kosten daher darunter liegen?

Ab welchem Zeitpunkt würde die dreimonatige Frist der Schenkungsmeldung zu laufen beginnen?

7.4. Lösung

Grundsätzlich handelt es sich bei einem Wohnrecht um einen immateriellen Vermögensgegenstand, der der Schenkungsmeldung unterliegt, wenn er unentgeltlich und mit Bereicherungswillen übertragen wird.

Im konkreten Fall handelt es sich nicht um Unentgeltlichkeit, weil die Nichte sowohl die Betriebskosten als auch die Kosten für die Reparaturrücklage zu tragen hat und darüberhinaus die Kosten für eine umfangreiche Generalsanierung tragen und eine neue Küche, die ins Eigentum ihres Onkels übergeht, bezahlen muss, unerheblich ob schriftlich oder mündlich vereinbart.

Die Bewertung des Wohnrechts erfolgte korrekt mit Hilfe des Berechnungsprogramms auf der Homepage des BMF Berechnungsprogramm betreffend Bewertung von Renten (§ 16 BewG), mit einem fremdüblichen Mietzinses, der glaubhaft durch eine fachkundige Person, den Immobilienmakler berechnet wurde, abzüglich der monatlichen Betriebskosten und Reparaturrücklage.

Von dem verbleibenden Betrag sind dann noch die Sanierungskosten von insgesamt 100.000 € abzuziehen.

Die Höhe dieses Endbetrages stellt den Wert des vermögenswerten Vorteils dar, den die Nichte erhalten hat und ist entscheidend dafür, ob eine Schenkungsmeldung zu machen ist oder nicht. Da es sich bei Onkel und Nichte um Angehörige iSd § 25 BAO handelt, gilt die in § 121a Abs. 2 lit. a BAO normierte Befreiung von der Anzeigepflicht bei Schenkungen bis zu einem Betrag von 50.000 €.

Da in diesem Fall der Endbetrag 43.000 € beträgt, also darunter liegt, ist keine Schenkungsmeldung vorzunehmen.

Wenn Renovierungsarbeiten vom Bruder, der Professionist ist, ausgeführt werden, hat die Nichte dadurch zwar einen geringeren finanziellen Aufwand zu tragen, aber die Höhe der Gegenleistung ändert sich nicht, wenn die Arbeiten gleichwertig ausgeführt werden. Die Gegenleistung wird nach dem Wert bemessen, den sie darstellt, unabhängig wieviel tatsächlich dafür bezahlt wurde. Das bedeutet, wenn die im Kostenvoranschlag veranschlagten Arbeiten gleichwertig vom Bruder umsonst oder nur mit Materialkosten durchgeführt werden, ist die Höhe der Gegenleistung mit dem im Kostenvoranschlag veranschlagten Wert zu beziffern, da dieser Wert von der Nichte tatsächlich als Gegenleistung erbracht wurde.

Die dreimonatige Frist beginnt ab dem Erwerb zu laufen, das bedeutet ab der Übergabe, nicht schon ab dem Vertragsabschluss.

8. Zuständigkeit im Beschwerdeverfahren

8.1. Bezughabende Norm

§ 4 AVOG 2010, § 253 BAO

8.2. Sachverhalt

Das Finanzamt A erlässt einen Umsatzsteuerfestsetzungsbescheid für 1-3/2013. Gegen diesen wird Beschwerde eingebracht.

Der Akt wird aufgrund einer Betriebsverlegung an das neu zuständige Finanzamt B abgetreten.

Vom Finanzamt B wird der Umsatzsteuerjahresbescheid für 2013 erlassen.

8.3. Fragestellung

Welches Finanzamt ist für die Erledigung der Bescheidbeschwerde zuständig?

8.4. Lösung

Nach ständiger Rechtsprechung des Verwaltungsgerichtshofes sind Bescheide betreffend die Festsetzung von Umsatzsteuervorauszahlungen für bestimmte Zeiträume in vollem Umfang anfechtbar. Solche Bescheide haben aber insofern einen zeitlich begrenzten Wirkungsbereich, als sie durch Erlassung von diese Zeiträume umfassenden Umsatzsteuerjahresbescheiden außer Kraft gesetzt werden. Durch die Erlassung eines Umsatzsteuerjahresbescheides scheiden Bescheide betreffend Festsetzung von Umsatzsteuervorauszahlungen aus dem Rechtsbestand aus (vgl. VwGH 20.02.2008, 2006/15/0339).

Erfolgte die Erlassung des Umsatzsteuerjahresbescheides während eines gegen den Festsetzungsbescheid anhängigen Berufungsverfahrens, so trat der Jahresbescheid iSd § 274 erster Satz BAO (idF vor FVwGG 2012) an die Stelle des Festsetzungsbescheides (vgl. VwGH 04.06.2008, 2004/13/0124). Auch nach § 253 BAO idF FVwGG 2012 gilt die Bescheidbeschwerde als gegen den späteren Bescheid gerichtet, wenn ein Bescheid an die Stelle eines mit Bescheidbeschwerde angefochtenen Bescheides tritt. Dies gilt – nach dem zweiten Satz dieser Bestimmung – auch dann, wenn der frühere Bescheid einen kürzeren Zeitraum als der ihn ersetzende Bescheid umfasst. Nach den Erläuterungen zur Regierungsvorlage (2007 BlgNR 24. GP, 17) verallgemeinert dieser zweite Satz die Umsatzsteuervorauszahlungsbescheide betreffende Judikatur des Verwaltungsgerichtshofes.

Umsatzsteuerjahresbescheide können daher während eines anhängigen Beschwerdeverfahrens an die Stelle eines Umsatzsteuerfestsetzungsbescheides treten. Da die Erlassung eines Umsatzsteuerjahresbescheides eine andere Sache betrifft als jene eines Festsetzungsbescheides, auch wenn dessen Zeitraum im Zeitraum des Jahresbescheides beinhaltet ist, bestehen insoweit keine konkurrierenden Zuständigkeiten. Dieser Fall ist daher vom Regelungsziel des § 300 BAO nicht umfasst. Das Außer-Kraft-Setzen des Umsatzsteuerfestsetzungsbescheides durch die Erlassung des Jahresbescheides ist somit nicht als Aufhebung oder Abänderung iSd § 300 Abs. 1 BAO zu beurteilen. Der Jahresbescheid tritt in derartigen Fällen gemäß § 253 BAO an die Stelle des Festsetzungsbescheides (VwGH 22.10.2015, Ro 2015/15/0035).

Der Verwaltungsgerichtshof hat damit zu Recht erkannt, dass die Erlassung des Umsatzsteuerjahresbescheid, selbst wenn bezüglich eines von ihm umfassten Umsatzsteuerfestsetzungsbescheides ein Beschwerdeverfahren beim Bundesfinanzgericht anhängig ist, nicht unter die verwaltungsbehördliche Entscheidungssperre des § 300 Abs. 1 BAO fällt. Der Jahresbescheid ergeht daher wirksam (und nicht nichtig).

Im Hinblick darauf gilt für die gegenständliche Fragebeantwortung betreffend Finanzamtszuständigkeit im Beschwerdeverfahren bei im Wesentlichen unveränderter Rechtlage die bereits zum Salzburger Steuerdialog 2011 – BAO, im BMF-Erlass vom 14.10.2011, BMF-010103/0146-VI/2011, zur do. Frage 23 getroffene Antwort. Sie lautet (angepasst an neue Begrifflichkeiten, Paragraphenverschiebungen und nunmehrige Kommentarstelle):

Nach Ellinger/Sutter/Urtz (BAO, § 253 Anm. 7) tritt in diesem Fall ein Wechsel der Amtspartei (§ 265 Abs. 5 BAO) ein und hätte eine allfällige Gegenstandsloserklärung iSd § 261 Abs. 1 lit. a BAO durch die neu zuständig gewordene Abgabenbehörde oder durch das Verwaltungsgericht zu erfolgen.

Nach § 253 BAO gilt die gegen den Umsatzsteuerfestsetzungsbescheid gerichtete Beschwerde als gegen den Jahresbescheid gerichtet. Diesen Bescheid betreffende Beschwerdeerledigungen obliegen jenem Finanzamt, das ihn erlassen hat. Gegenteiliges ergibt sich auch nicht aus § 4 AVOG 2010; danach bleiben auch nach einem Zuständigkeitsübergang jene Abgabenbehörden für die Beschwerdeerledigung betreffend „von ihr erlassene" Bescheide zuständig.

Für die Beschwerdebearbeitung ist daher das Finanzamt B, das den Umsatzsteuerjahresbescheid für 2013 erlassen hat, zuständig.

9. Zuständigkeit

Übergang der Zuständigkeit für eine GmbH während offenem Außenprüfungsverfahren

9.1. Bezughabende Norm

§ 6 AVOG 2010

9.2. Sachverhalt

Während einer laufenden Außenprüfung bei einer GmbH verlegt diese ihren Sitz. Der Ort der Geschäftsleitung befindet sich im Ausland.

Am 24.11.12014 wird die Prüfung begonnen. Der Prüfungsauftrag umfasst Körperschaftsteuer, Umsatzsteuer und Kapitalertragsteuer der Jahre 2012 und 2013.

3.12.2014: Eintragung der Sitzverlegung nach Wien im Firmenbuch (Generalversammlungsbeschluss erfolgte am 20.10.2014). Der Sitz befindet sich nun beim Parteienvertreter.

Im Zuge der Außenprüfung werden die Erklärungen für das Jahr 2014 bereits bei jenem Finanzamt in Wien eingereicht, in welchem sich der Sitz befindet, und der Prüfungszeitraum auf 2014 ausgedehnt.

Es sind nun Erstveranlagungen betreffend Körperschaftsteuer, Umsatzsteuer und eventuell Haftungsbescheide Kapitalertragsteuer für 2013 und 2014 geplant.

9.3. Fragestellung

Welches Finanzamt ist für Erlassung der Bescheide zuständig?

Sind die Akten abzutreten?

Ist ein neuer Prüfungsauftrag auszustellen?

9.4. Lösung

Die Zuständigkeit richtet sich bei einer GmbH gemäß § 21 AVOG 2010 nach dem Ort der Geschäftsleitung oder, sofern dieser nicht im Inland gelegen ist, danach wo diese ihren inländischen Sitz hat oder hatte.

Da der Ort der Geschäftsleitung im Ausland ist, richtet sich die Zuständigkeit nach dem Sitz.

Der Sitz wurde während der Prüfung nach Wien verlegt.

Bescheide sind von der sachlich und örtlich zuständigen Behörde zu erlassen. Die Zuständigkeit ist von Amts wegen wahrzunehmen. Gemäß § 6 AVOG 2010 geht die Zuständigkeit in dem Zeitpunkt über, in dem eine andere Abgabenbehörde von den ihre Zuständigkeit begründenden Voraussetzungen Kenntnis erlangt.

Die Bescheide sind von der neu zuständigen Abgabenbehörde zu erlassen.

Im Falle einer Prüfungsausdehnung ist ein ergänzender Prüfungsauftrag über die neu hinzukommenden Abgabenarten und Zeiträume auszustellen. Dieser ist von der neu zuständigen Abgabenbehörde zu erlassen (vgl auch Salzburger Steuerdialog 2011, Frage 4)

10. Zuständigkeit

Zuständigkeit bei beschränkter Steuerpflicht

10.1. Bezughabende Norm

§ 25 AVOG 2010

10.2. Sachverhalt

Ein beschränkt Steuerpflichtiger, der noch nie einen Wohnsitz in Österreich hatte, möchte eine Arbeitnehmerveranlagung durchführen lassen.

Im Jahr 1 war er beim Arbeitgeber A beschäftigt, im Jahr 2 war er beim Arbeitgeber B beschäftigt.

Die Arbeitnehmerveranlagung für das Jahr 1 führte das Finanzamt X antragsgemäß durch.

Den Antrag für das Jahr 2 hat der Steuerpflichtige im Jänner des Folgejahres beim Finanzamt Y eingebracht. Lohnzetteldaten waren zu diesem Zeitpunkt noch keine vorhanden. Erst später wurde der vom Arbeitgeber B übermittelte Lohnzettel der Steuernummer des Finanzamtes X zugewiesen.

10.3. Fragestellung

Welches Finanzamt ist zuständig für die Arbeitnehmerveranlagung des Jahres 2?

10.4. Lösung

Die Zuständigkeit richtet sich nach § 23 AVOG 2010 iVm § 25 Abs. 3 AVOG 2010.

Demnach ist das jeweilige Einschreiterfinanzamt, bei dem das Anbringen eingebracht wird, zuständig, wenn es sich um Abgabenangelegenheiten handelt, die abschnittsbezogen zu betrachten sind (zB jährliche Arbeitnehmerveranlagung). Die Zuständigkeit kann sich jährlich ändern.

Da die Zuständigkeit in jedem Festsetzungs- bzw. Veranlagungsverfahren für sich (neu) zu prüfen ist, kann die hier subsidiär zum Zug kommende örtliche Zuständigkeit je „nach der Kenntniserlangung vom allenfalls abgabepflichtigen Sachverhalt" entsprechend wandern, je nachdem, wo der Antrag eingereicht wird (Antragsveranlagungsfälle) oder von wo aus amtswegige Ermittlungen getätigt werden (Pflichtveranlagungsfälle).

Da der Antrag im Jahr 2 beim Finanzamt Y eingereicht wurde und dieses somit vom abgabepflichtigen Sachverhalt Kenntnis erlangte, ist dieses Finanzamt zuständig.

11. Befangenheit

11.1. Bezughabende Norm

§ 76 BAO

11.2. Sachverhalt

Ein Steuerpflichtiger vermutet in jedem Handeln des Finanzamtes Willkürlichkeit.

11.3. Fragestellung

Liegt Befangenheit vor?

Gibt es die Möglichkeit der Delegierung des Aktes an ein anderes Finanzamt?

11.4. Lösung

Zur Befangenheit:

§ 76 Abs. 1 BAO ist eine Verfahrensvorschrift im Interesse eines ordnungsgemäßen Verwaltungsverfahrens, vermittelt dem Abgabepflichtigen jedoch kein subjektives öffentliches Recht auf Ablehnung von einzelnen Organwaltern. Die Befangenheit ist vielmehr vom Organ selbst wahrzunehmen, das sich der Ausübung seines Amtes zu enthalten hat.

Es kann nur ein Organwalter befangen sein, nicht jedoch die Behörde als solche. Auch aus der Befangenheit des Behördenleiters ergibt sich nicht zwingend die Befangenheit sämtlicher Organwalter dieser Behörde (Ritz, BAO[5], § 76, Tz 3).

Unbegründete Vorwürfe – hier Willkürlichkeit in jedem Handeln des Finanzamtes – gegenüber der gesamten Behörde können, da diese selbst nicht befangen sein kann, nicht zur Befangenheit einzelner Organwalter führen. Auch unbegründete Vorwürfe gegenüber einzelnen Organwaltern führen idR nicht zur Befangenheit dieser Organwalter (Ritz, BAO[5], § 76, Tz 12).

Zur Delegierung:

Eine Delegierung gemäß § 3 AVOG 2010 kann aus Gründen der Zweckmäßigkeit, insbesondere zur Vereinfachung oder Beschleunigung des Verfahrens erfolgen, sofern nicht überwiegende Interessen der Partei entgegenstehen.

Liegt Befangenheit des Behördenleiters und der wesentlichen sonstigen Organwalter vor, so kann eine Delegierung zweckmäßig sein.

Die Delegierung setzt somit nicht das Vorliegen von Befangenheit (nach dem Verständnis des § 76 BAO) bei sämtlichen in Betracht kommenden Organwaltern eines Finanzamtes voraus. Wenn durch diese Maßnahme die Verfahren vereinfacht oder beschleunigt werden können, liegt diese Maßnahme auch grundsätzlich im Interesse der Partei. Auch könnten dadurch Verfahrensfehler vermieden werden, was auch im beiderseitigen Interesse liegt.

Die Ermessensentscheidung bedarf jedoch einer eingehend Auseinandersetzung mit dem Einzelfall.

Die pauschale Behauptung des Abgabepflichtigen des willkürlichen Handelns der Abgabenbehörde wird in der Regel eine Delegierung jedoch nicht rechtfertigen können, wenn sonst keine anderen Gründe für eine Delegierung sprechen.

12. Vertreterbestellung von Amts wegen

12.1. Bezughabende Norm

§ 81 BAO

12.2. Sachverhalt

Eine Miteigentumsgemeinschaft (Miteigentümer ME 1 und ME 2) nennt keinen gemeinsamen Vertreter.

ME 1 ist mittlerweile in Konkurs, Dr. NN ist sein Masseverwalter (MV).

Das Finanzamt bestellt Dr. NN als MV für ME 1 als gemeinsamen Vertreter gemäß § 81 BAO.

ME 2 ist damit nicht einverstanden (er liegt im Streit mit ME 1). Auf sein Betreiben hin widerruft das Finanzamt die Bestellung.

Gegen den Widerruf erhebt der MV Dr. NN Beschwerde.

12.3. Fragestellung

Wie ist vorzugehen?

12.4. Lösung

Der Insolvenzverwalter übernimmt mit Insolvenzeröffnung die Verwahrung und die Verwaltung des insolvenzunterworfenen Vermögens (Insolvenzmasse) (Dellinger/Oberhammer/Koller, Insolvenzrecht (2014) Rz 128). Das Miteigentum fällt grundsätzlich in die Insolvenzmasse.

Dem Schuldner ist im Insolvenzverfahren ohne Eigenverwaltung die Verfügung über sein inländisches Vermögen weitgehend entzogen. Das bedeutet aber nicht, dass der Insolvenzverwalter im Insolvenzverfahren des Miteigentümers die Stellung als Miteigentümer einnimmt.

Da bei einer Miteigentumsgemeinschaft alle Miteigentümer zusammen vertretungsbefugt sind (§ 833 ABGB), haben diese der Abgabenbehörde gegenüber eine Person als Vertretungsbefugten nach § 81 Abs. 1 BAO namhaft zu machen. Erfolgt dies nicht, ist die Abgabenbehörde berechtigt, mit Bescheid eine nach § 81 Abs. 1 BAO in Betracht kommende Person als Vertreter zu bestellen.

Der im Insolvenzverfahren des Miteigentümers bestellte Masseverwalter ist keine Person iSd § 81 Abs. 1 BAO. Dem Masseverwalter obliegen in seiner Funktion die Verwahrung und die Verwaltung der Insolvenzmasse. Dieser wird aber durch diese Funktion nicht Miteigentümer der Miteigentumsgemeinschaft. Der Masseverwalter kann daher auch nicht gemäß § 81 Abs. 2 BAO als Vertreter dieser Personengemeinschaft von der Abgabenbehörde bestellt werden.

Da die Vertreterbestellung des Masseverwalters somit nicht hätte erfolgen dürfen, wäre dieser Bescheid gemäß § 299 BAO aufzuheben.

Außerhalb der Jahresfrist gemäß § 302 Abs. 1 BAO kommt auch ein Widerruf der Vertreterbestellung gemäß § 81 Abs. 3 BAO in Frage, da ein Widerruf auch dann zu erfolgen hat, wenn aus wichtigen Gründen eine andere in Betracht kommende Person von der Abgabenbehörde als Vertreter bestellt werden soll.

Die Beschwerde des Masseverwalters gegen den Widerrufsbescheid ist abzuweisen, weil seine ursprüngliche Bestellung zu Unrecht erfolgt ist und durch den Widerruf dieser Bestellung diese Unrichtigkeit beseitigt wurde.

13. Anbringen

Eingabe durch Bilanzbuchhalter, Vollmacht, Mängelbehebungsauftrag

13.1. Bezughabende Normen

§§ 84, 85 BAO

13.2. Sachverhalt

Ein Bilanzbuchhalter bringt eine von ihm unterschriebene Beschwerde gegen einen Einkommensteuerbescheid ein.

Der Bilanzbuchhalter ist vom Abgabepflichtigen umfassend bevollmächtigt.

13.3. Fragestellung

Wie ist vorzugehen? Kann der Bilanzbuchhalter direkt abgelehnt werden oder ist davor ein Mängelbehebungsauftrag zu erlassen?

13.4. Lösung

Gemäß § 2 Abs. 1 Z 3 BiBuG 2014 sind Bilanzbuchhalter zur Vertretung in Abgaben- und Abgabenstrafverfahren ua. vor den Abgabenbehörden des Bundes nicht berechtigt. Eine eingeschränkte Vertretungsbefugnis besteht nur für die in § 2 Abs. 1 Z 4, 5 und 6 BiBuG 2014 erschöpfend aufgezählten Tätigkeiten; das sind

- Z 4) die elektronische Akteneinsicht (über FinanzOnline) und die Einbringung von Rückzahlungsanträgen;
- (Z 5) die Vertretung einschließlich der Abgabe von Erklärungen in Angelegenheiten der Umsatzsteuervoranmeldungen und der Zusammenfassenden Meldungen sowie Abgabe von Gutschriftsverrechnungsweisungen iSd § 214 BAO;
- (Z 6) die Vertretung und Abgabe von Erklärungen in Angelegenheiten der Lohnverrechnung und lohnabhängigen Abgaben sowie im Rahmen der GPLA (gemeinsame Prüfung lohnabhängiger Abgaben), ausgenommen Rechtsmittelverfahren.

Gemäß § 84 Abs. 1 BAO hat die Abgabenbehörde solche Personen als Bevollmächtigte abzulehnen, die die Vertretung anderer geschäftsmäßig betreiben, ohne hiezu (berufsrechtlich) befugt zu sein. „Geschäftsmäßig“ kann auch bereits eine erstmalige Vertretung wahrgenommen werden, wenn die Umstände dafür sprechen. Die Ausübung einer selbständigen Tätigkeit unter Vorlage oder Berufung (vgl. § 36 Abs. 5 BiBuG 2014) auf eine allgemeine, nicht auf einzelne Vertretungshandlungen eingeschränkte Vollmacht und/oder in einem Umfang, der die gesetzlichen Befugnisse jedenfalls überschreitet (beispielsweise Einreichung einer Jahresabgabenerklärung), kann zweifellos als unzulässige „geschäftsmäßige“ Vertretung im Sinn des § 84 Abs. 1 BAO angesehen werden.

Verletzt bzw. überschreitet der Bilanzbuchhalter seine Berufsberechtigungen und nimmt im Auftreten gegenüber dem Finanzamt Tätigkeiten in Anspruch, die ihm nicht zustehen, so ist eine an den Bilanzbuchhalter zu adressierende bescheidmäßige Ablehnung insoweit auszusprechen, als er die von ihm geschäftsmäßig wahrgenommene Vertretung in einem nach einschlägigen berufsrechtlichen Befugnissen gemäß § 2 Abs. 1 Z 4, 5 und 6 BiBuG 2014 hinausgehenden Umfang ausübt.

Nicht von der Ablehnung umfasst sein darf eine allenfalls erteilte Zustellungsbevollmächtigung.

Gemäß § 84 Abs. 1 zweiter Satz BAO ist gleichzeitig der Vollmachtgeber (Abgabepflichtige) von der Ablehnung in Kenntnis zu setzen. In den Ablehnungsbescheid (sowie die unter Anfügung einer Bescheidablichtung vorzunehmende Verständigung des Vollmachtgebers) sollte auch ein Hinweis auf die Rechtsfolge gemäß § 84 Abs. 2 BAO aufgenommen werden. Das von einer abgelehnten Person nach der Ablehnung schriftlich oder mündlich Vorgebrachte ist nach § 84 Abs. 2 BAO ohne abgabenrechtliche Wirkung.

Vor Zustellung des Ablehnungsbescheides vom Vertreter vorgenommene Prozesshandlungen sind gültig und rechtswirksam (vgl. Ritz, BAO[5], § 84 Tz 11). Über die Beschwerde gegen den Einkommensteuerbescheid ist ohne Erlassung eines Mängelbehebungsauftrages betreffend die Vertreterstellung zu entscheiden.

14. Anbringen

Verzicht auf Steuerbefreiung für Kleinunternehmer

14.1. Bezughabende Norm

§ 85 BAO

14.2. Sachverhalt

Der Abgabenpflichtige gibt am 17.12.2015 ein U 12-Formular (Verzicht auf die Steuerbefreiung für Kleinunternehmer) ab dem Jahr 2010 ab.

Die Umsatzsteuer der Jahre 2010 bis 2013 wurden bereits rechtskräftig veranlagt.

Betreffend Umsatzsteuer 2014 wurde am 9.12.2015 die Erklärung abgegeben, die Veranlagung wurde noch nicht durchgeführt.

14.3. Fragestellung

Handelt es sich bei dem U 12-Formular um ein Anbringen gemäß § 85 BAO?

Wenn ja, ist dieses abzuweisen (weil Bescheide bereits in Rechtskraft) oder zurückzuweisen (weil verspätet)?

14.4. Lösung

Gemäß § 6 Abs. 3 UStG 1994 kann der Unternehmer, dessen Umsätze nach § 6 Abs. 1 Z 27 UStG 1994 befreit sind, bis zur Rechtskraft des Bescheides gegenüber dem Finanzamt erklären, dass er auf die Kleinunternehmerregelung verzichtet. Die Erklärung stellt ein Anbringen zur Geltendmachung von Rechten dar.

Da der Antrag nach Rechtskraft gestellt wurde, ist dieser betreffend die Jahre 2010 bis 2013 als verspätet zurückzuweisen.

Betreffend das Jahr 2014 ist die Erklärung rechtzeitig eingebracht worden.

15. Begründungsmangel

Begründungsmangel, Mängelbehebung, Wiederaufnahme

15.1. Bezughabende Normen

§§ 85, 93 und 250 BAO

15.2. Sachverhalt

Am 22.7.2015 wurde eine Wiederaufnahme des Verfahrens für die Jahre 2011 und 2012 durchgeführt. Die Wiederaufnahme wurde mangelhaft begründet – der Wiederaufnahmsgrund wurde genannt –, der Sachbescheid wurde gar nicht begründet.

Innerhalb offener Rechtsmittelfrist wurde Beschwerde gegen die Wiederaufnahmsbescheide und die beiden Sachbescheide eingebracht.

Im Zuge der Beschwerde wurden folgende Punkte vorgeworfen:

- Pauschale Aberkennung der Betriebsausgaben und Werbungskosten sei aufgrund der mangelhaften Begründung nicht nachvollziehbar;
- Nichterfolgung einer Schätzung;
- Verletzung des Parteiengehörs;
- Nichterfüllung der Pflicht gemäß § 115 BAO (Bestimmungen über die Erhebung der Abgaben);
- Nichtnachkommen der Rechtsbelehrungspflicht.

Das Beschwerdebegehren beinhaltet die detaillierte Aufgliederung hinsichtlich der nicht anerkannten Betriebsausgaben und Werbungskosten.

15.3. Fragestellung

Wie ist vorzugehen?

15.4. Lösung

Gemäß § 250 Abs. 1 BAO hat eine Bescheidbeschwerde zu enthalten:

- Die Bezeichnung des Bescheides, gegen den sie sich richtet;
- Die Erklärung, in welchen Punkten der Bescheid angefochten wird;
- Die Erklärung, welche Änderungen beantragt werden;
- Eine Begründung.

Entspricht eine Beschwerde nicht den im § 250 Abs. 1 BAO umschriebenen Erfordernissen, so hat die Abgabenbehörde gemäß § 85 Abs. 2 BAO dem Beschwerdeführer die Behebung dieser inhaltlichen Mängel mit dem Hinweis aufzutragen, dass die Beschwerde nach fruchtlosem Ablauf einer gleichzeitig zu bestimmenden angemessenen Frist als zurückgenommen gilt.

Bei bestimmten Bescheiden (dazu gehört auch die Verfügung der Wiederaufnahme des Verfahrens gemäß § 303 BAO von Amts wegen) ist § 250 Abs. 1 lit. b und c BAO inhaltsleer, weil hier die Anfechtung nur die Aufhebung des angefochtenen Bescheides bezwecken kann, es somit nicht mehrere Beschwerdepunkte geben kann. Desgleichen kommt eine Änderung solcher Bescheide nicht in Betracht, die Beschwerde kann nur auf Aufhebung gerichtet sein (vgl. zB VwGH 28.01.1998, 96/13/0081).

Der Beschwerde gegen die Wiederaufnahme fehlt eine Begründung. Es ist daher ein Mängelbehebungsauftrag betreffend Begründung der Beschwerde gegen die Wiederaufnahme zu erlassen.

16. Nichtbescheid

Nichtbescheid – Auswirkungen für festgesetzte Abgaben

16.1. Bezughabende Norm

§ 93 BAO

16.2. Sachverhalt

Es liegt ein Nichtbescheid vor. Die vorgeschriebene Abgabenfestsetzung wurde jedoch entrichtet und der Abgabepflichtige bringt den Einwand des Nichtbescheides vor.

16.3. Fragestellung

Wie ist die korrekte Vorgangsweise (innerhalb bzw. außerhalb der Rechtsmittelfrist)?

16.4. Lösung

Eine Beschwerde, die sich gegen einen Nichtbescheid richtet, ist nach § 260 Abs. 1 lit. a BAO mit Beschwerdevorentscheidung, somit mit Bescheid, zurückzuweisen.

Die Gebarungsverrechnung ist der neuen Bescheidlage entsprechend anzupassen. Dies kann vom Abgabepflichtigen auch mittels Antrages nach § 216 BAO durchgesetzt werden. Ein solcher Antrag ist nur innerhalb von fünf Jahren nach Ablauf des Jahres, in dem die betreffende Buchung erfolgt ist (oder erfolgen hätte müssen), zulässig.

Zu beachten ist dabei auch, dass die Tilgung der Abgabenschuld nicht die bescheidmäßige Festsetzung der Abgabe voraussetzt. Abgabenzahlungen, die auf Grund von Abgabenvorschreibungen zugunsten bestimmter Steuernummern (Steuerkonten) geleistet wurden – mögen diese Vorschreibungen allenfalls auch nicht als „Bescheide" rechtswirksam geworden sein –, stellen keine eines Rechtgrundes entbehrende Bezahlung einer Nichtschuld dar und führen daher im Abrechnungsbescheid auch nicht zur Entstehung eines Guthabens.

Unter diesen Voraussetzungen bewirken derartige Zahlungen die Tilgung der bereits entstandenen Abgabenschuld (vgl. VwGH 21.05.1992, 88/17/0075).

17. Bescheidspruch

Falsche Gesetzesstelle zitiert

17.1. Bezughabende Norm

§ 93 BAO

17.2. Sachverhalt

Im Spruch eines amtswegigen Wiederaufnahmsbescheides, der im Jahr 2015 erlassen wurde, wurde irrtümlich als Bestimmung noch § 303 Abs. 4 BAO (vor FVwGG 2012 ab 1.1.2014) zitiert.

Gegen den Wiederaufnahmsbescheid wurde Beschwerde eingebracht.

17.3. Fragestellung

Welche Auswirkung hat die Anführung einer falschen Gesetzesstelle?

17.4. Lösung

Eine Berufung auf eine nicht zutreffende Rechtsgrundlage bzw. eine verfehlte Begründung macht einen Bescheid für sich allein noch nicht rechtswidrig, sofern er mit der objektiven Rechtslage übereinstimmt (VwGH 24.08.2006, 2002/17/0164).

Handelt es sich bei der Anführung einer unrichtigen Gesetzesstelle im Spruch des Bescheides offenkundig nur um ein Versehen bei der Zitierung der von der Behörde tatsächlich angewendeten Gesetzesstelle, hat dieses Versehen für sich allein noch nicht die Aufhebung eines Bescheides zur Folge (VwGH 24.09.1990, 90/10/0087; VwGH 18.02.1991, 90/10/0175).

18. Zweiter Bescheid

Mehrfachbescheide

18.1. Bezughabende Normen

§ 41 Abs. 2 EStG 1988, § 239 BAO

18.2. Sachverhalt

Ein Antrag auf Arbeitnehmerveranlagung für 2013 wird am 1.6.2014 antragsgemäß erledigt, das daraus resultierende Guthaben wird ausbezahlt. Bei dem aus diesem Anlass aufgelegten Steuersubjekt (St.Nr. xxx) wird irrtümlicherweise keine Sozialversicherungsnummer eingegeben.

Nach 8 Monaten wird von der Abgabenpflichtigen ein inhaltsgleicher Antrag auf Arbeitnehmerveranlagung für 2013 abgegeben, es wird wiederum ein Steuersubjekt angelegt, diesmal mit Sozialversicherungsnummer (St.Nr. yyy).

Der Einkommensteuer-Bescheid für 2013 ergeht am 1.6.2015 erklärungsgemäß; das Guthaben wird neuerlich ausbezahlt.

18.3. Fragestellung

Wie kann die doppelte Auszahlung der aus zweimal erfolgten Arbeitnehmerveranlagungen resultierenden Gutschrift saniert werden?

18.4. Lösung

Weder die erstmalig erfasste Sozialversicherungsnummer noch die Anlegung einer anderen Steuernummer können bewirken, dass über die gegenständliche „Sache" (Angelegenheit, die den Spruch des Bescheides bildet) nicht bereits abgesprochen worden wäre.

Aus § 68 Abs. 1 AVG ist das im Verwaltungsverfahren geltende Prinzip abzuleiten, dass über ein und dieselbe Verwaltungssache nur einmal rechtskräftig entschieden werden darf („ne bis in idem"). Mit der Rechtskraft ist die Wirkung verbunden, dass die mit diesem Bescheid unanfechtbar und unwiderruflich erledigte Sache (im gegenständlichen Fall: der am 1.6.2014 erledigte Arbeitnehmerveranlagungs-Antrag für 2013) nicht neuerlich entschieden werden darf (Unwiederholbarkeit; Wiederholungsverbot). Einer nochmaligen Entscheidung über diesen Antrag steht das Prozesshindernis der rechtskräftig entschiedenen Sache entgegen (vgl. VwGH 09.10.1998, 96/19/3364 uva). Dieser Grundsatz gilt auch im Abgabenverfahren (zB VwGH 18.09.2002, 98/17/0281).

Das Prozesshindernis der rechtskräftig entschiedenen Sache liegt nur dann vor, wenn sich gegenüber dem früheren Bescheid weder der Sachverhalt noch die Rechtslage wesentlich geändert hat und sich auch das (allfällige) neue Parteienbegehren mit dem früheren deckt (vgl. etwa VwGH 05.09.2008, 2005/12/0078).

Wird die Abgabensache unanfechtbar und unwiderruflich erledigt, ist – aufgrund des Wiederholungsverbots – eine nochmalige Entscheidung wegen res iudicata insoweit ausgeschlossen (vgl. dazu auch VwGH 20.05.2008, 2005/12/0218).

Der ein zweites Mal am 1.6.2015 erlassene Einkommensteuer-Bescheid für 2013 erweist sich daher in seinem Spruch als nicht richtig (zweimaliger Abspruch in der gleichen Sache) und kann somit innerhalb der Frist gemäß § 302 Abs. 1 BAO von einem Jahr ab seiner Bekanntgabe (§ 97 BAO) gemäß § 299 Abs. 1 BAO ersatzlos aufgehoben werden.

Der aus der Aufhebung des rechtswidrig erlassenen zweiten Gutschriftsbescheides wegen der zwischenzeitlich durchgeführten zweiten Auszahlung gebarungsmäßig entstehende Abgabenrückstand ist innerhalb der Monatsfrist (Nachfrist) gemäß § 210 Abs. 2 BAO zu entrichten.

19. Mutwillensstrafe

Vorliegen von Mutwillen

19.1. Bezughabende Norm

§ 112a BAO

19.2. Sachverhalt

Handlungen eines Abgabepflichtigen:

- Beschwerde gegen Bescheid, der nach erklärungsgemäßer Veranlagung keine Bescheidbegründung enthält;
- Vorlageantrag gegen abweisende Beschwerdevorentscheidung (die bezüglich erklärungsgemäß ergangenem Bescheid ergangen ist);
- Dieser Vorlageantrag wird zurückgezogen;
- Beschwerden gegen Säumniszuschläge, obwohl diese von Amts wegen gemäß § 217 Abs. 8 BAO herabzusetzen sind;
- Wiederholte Anträge auf Akteneinsicht wegen „willkürlicher Vorgehensweise" des Finanzamtes.

19.3. Fragestellung

Stellen diese Fälle eine mutwillige Inanspruchnahme der Abgabenbehörde dar?

19.4. Lösung

Gemäß § 112a BAO kann die Abgabenbehörde gegen Personen, die offenbar mutwillig die Tätigkeit der Abgabenbehörde in Anspruch nehmen oder in der Absicht der Verschleppung der Angelegenheiten unrichtige Angaben machen, eine Mutwillensstrafe bis 700 € verhängen.

Eine Person nimmt die Behörde mutwillig in Anspruch, wenn sie sich in dem Bewusstsein der Aussichtslosigkeit, der Nutz- und Zwecklosigkeit ihres Anbringens an die Behörde wendet, sowie aus Freude an der Behelligung der Behörde handelt (vgl. zB VwGH 27.05.1999, 97/02/0345; VwGH 28.06.2006, 2002/13/0133).

Ein Rechtsmittel ist dann mutwillig, wenn sich die Partei der Unrichtigkeit ihres Standpunktes bewusst ist oder bewusst sein muss und sie dennoch ein Rechtsmittel zur Erzielung eines durch die Rechtsordnung nicht gestützten Zweckes erhebt (vgl. zB VwGH 24.03.1997, 95/19/1705; VwGH 18.04.1997, 95/19/1706).

Der Vorwurf des Missbrauchs von Rechtsschutzinstrumenten muss mit äußerster Vorsicht gehandhabt werden (vgl. VwGH 29.06.1998, 98/10/0183).

Die Mutwilligkeit ist dann offenbar, wenn die wider besseres Wissen erfolgte Inanspruchnahme unter solchen Umständen geschieht, dass jedermann die Aussichtslosigkeit, den angestrebten Erfolg zu erreichen, hätte erkennen müssen (vgl. zB VwGH 24.03.1997, 95/19/1705).

Aus den im Sachverhalt genannten Handlungen des Abgabenpflichtigen kann noch nicht auf offenbare Mutwilligkeit geschlossen werden, sondern stellen diese grundsätzlich in der Rechtsordnung vorgesehene Instrumente zur Geltendmachung von Rechten dar.

20. Schlussbesprechung

Verfahrensverzögerungen iZm Schlussbesprechungen

20.1. Bezughabende Normen

§§ 86a, 149 BAO

20.2. Sachverhalt

Ein Termin für eine Schlussbesprechung im Rahmen einer Außenprüfung wurde bereits mehrmals telefonisch oder per E-Mail vereinbart. Weil der Abgabepflichtige und der Steuerberater nicht konnten, wurde die Schlussbesprechung immer wieder verschoben. Verzögerungstaktik ist offensichtlich.

20.3. Fragestellung

Wie ist vorzugehen?

20.4. Lösung

Gemäß § 149 BAO sind der Abgabepflichtige und ein eventuell vorhandener bevollmächtigter Vertreter unter Setzung einer angemessenen Frist zu einer Schlussbesprechung vorzuladen.

Eine schriftliche Erledigung wird durch Zustellung bzw. durch öffentliche Bekanntmachung oder durch Auflegung von Listen, wenn dies gesetzlich vorgesehen ist, wirksam (§ 97 Abs. 1 lit. a BAO).

Die Zustellung einer schriftlichen Vorladung hat demnach nach dem Zustellgesetz zu erfolgen. Da im Anwendungsbereich der BAO eine Zustellung per E-Mail nicht vorgesehen ist, liegt ein absolut nichtiger Verwaltungsakt vor (vgl. Ritz, BAO[5], § 97, Tz 4 ff).

Gemäß § 97 Abs. 1 lit. b BAO bedarf es zur Wirksamkeit der mündlichen Erledigung deren Verkündung.

Eine telefonische Verkündung ist keine mündliche und somit erfolgte auch keine ordnungsgemäße Vorladung per Telefon (vgl. Stoll, BAO, Band I, S 1016).

Eine ordnungsgemäße Vorladung iSd § 149 Abs. 1 BAO hat daher bis dato noch nicht stattgefunden.

Die Vorladung hat ordnungsgemäß iSd § 97 BAO zu ergehen (schriftlich durch Zustellung oder mündlich durch Verkündung). Zwecks besserer Beweisvorsorge kann die Zustellung der schriftlichen Vorladung nach § 22 ZustG zweckmäßig sein.

21. Feststellungsverfahren

Änderung von Beteiligten

21.1. Bezughabende Norm

§ 188 BAO

21.2. Sachverhalt

Am 3.12.2013 ergeht erklärungsgemäß ein einheitlicher F-Bescheid 2012 (Einkünfte aus V+V einer Hausgemeinschaft) für die natürliche Personen **A**, **B**, C und die X-GmbH und **Y-GmbH**. Im Zuge einer Außenprüfung wird festgestellt, dass C und die X-GmbH an den Einkünften nicht beteiligt sind.

Bei Bescheiderlassung war dieser Umstand aus dem Akt nicht ersichtlich.

Variante:

Es stellt sich im Zuge der Außenprüfung heraus, dass nur C an den Einkünften nicht beteiligt ist.

21.3. Fragestellung

Wie ist vorzugehen?

21.4. Lösung

Gemäß § 188 Abs. 1 BAO (idF ab 12.1.2013) festgestellt werden die Einkünfte (der Gewinn oder der Überschuss der Einnahmen über die Werbungskosten)

a) aus Land- und Forstwirtschaft,
b) aus Gewerbebetrieb,
c) aus selbständiger Arbeit,
d) aus Vermietung und Verpachtung unbeweglichen Vermögens,

wenn an den Einkünften derselben Einkunftsart mehrere Personen beteiligt sind.

Die Kapitalgesellschaft bezieht auf Grund ihrer Rechtsform ausschließlich Einkünfte aus Gewerbebetrieb (vgl. § 7 Abs. 3 KStG 1988), eine natürliche Person Einkünfte aus Vermietung und Verpachtung.

Eine Feststellung von Einkünften gemäß § 188 BAO setzt voraus, dass die Beteiligten (mindestens zwei) dieselbe Einkunftsart erzielen (vgl. dazu Ritz, BAO[5], § 188 Tz 5, mwN; sowie Klarstellung in § 188 Abs. 1 BAO durch das FVwGG 2012).

Erzielen aus einer Miteigentumsgemeinschaft mehrere Beteiligte Einkünfte aus Vermietung und Verpachtung und mehrere Beteiligte Einkünfte aus Gewerbebetrieb, so werden zwei Feststellungsbescheide zu erlassen sein (vgl. Ritz, BAO[5], § 188 Tz 5).

Wie der Verwaltungsgerichtshof wiederholt entschieden hat, ist ein Bescheid, mit dem ausgesprochen wird, dass eine Feststellung von Einkünften unterbleibt, ein Grundlagenbescheid iSd § 188 BAO. Soweit eine Personengesellschaft unter Benennung ihrer Gesellschafter dem Finanzamt gegenüber mit dem Begehren auf bescheidmäßige Feststellung von Einkünften nach § 188 BAO auftritt (insbesondere durch Einreichung einer entsprechenden Erklärung der Einkünfte von Personengesellschaften), muss die bescheidmäßige Erledigung gegenüber diesen Rechtssubjekten einheitlich ergehen. Ein nicht an alle diese Rechtssubjekte gerichteter Bescheid solchen Inhaltes bleibt wirkungslos (vgl. VwGH 30.03.2006, 2004/15/0048; VwGH 05.09.2012, 2011/15/0024).

Die Einheitlichkeit als Wesensmerkmal des Feststellungsbescheides nach § 188 BAO gilt auch für einen Bescheid, mit dem ausgesprochen wird, dass eine Feststellung nicht zu erfolgen hat. Auch negative Feststellungsbescheide (Nichtfeststellungsbescheide) müssen somit die Gesamtheit der Rechtssubjekte erreichen, denen gegenüber das Unterbleiben einer Feststellung von Einkünften ausgesprochen wird. Mangelt es dem Bescheid an dieser Einheitlichkeit, so kommt ihm keine Bescheidqualität zu (vgl. VwGH 02.08.2000, 99/13/0014; VwGH 05.09.2012, 2011/15/0024).

Mit der „Erklärung der Einkünfte von Personengesellschaften" wird der Kreis der Personen festgelegt, über die das Finanzamt in einem einheitlichen Feststellungsbescheid nach § 188 BAO (hinsichtlich Mitunternehmerstellung und Einkünfteanteilen) abzusprechen hat. Es kommt darauf an, welche Personen in diese Erklärung der Einkünfte aufgenommen werden.

Der Feststellungsbescheid darf nicht einen geringeren Personenkreis umfassen (RdW Heft 11/2012, 688 [RdW 2012/721]; ÖStZ Heft 24/2012, 603 [ÖStZ 2012/1122]; beides Kommentierungen zu VwGH 05.09.2012, 2011/15/0024).

Die Rechtswirksamkeit eines Feststellungsbescheides (§ 188 BAO) hängt nicht von seiner Rechtmäßigkeit ab. Feststellungsbescheide, die einer Person Einkünfte zurechnen, die an einer Einkunftsquelle tatsächlich nicht beteiligt ist, können daher dennoch rechtswirksam sein.

Eine Wiederaufnahme solcher Feststellungsverfahren ist möglich, etwa wenn Tatsachen oder Beweismittel neu hervorkommen, die dafür sprechen, dass eine Person an den gemeinschaftlichen Einkünften nicht beteiligt ist.

Tatsächlich an der Miteigentumsgemeinschaft beteiligt sind A, B und Y-GmbH. Da die Y-GmbH als einzige Beteiligte Einkünfte aus Gewerbebetrieb erzielt, ist ihr Einkünfteanteil unmittelbar im Körperschaftsteuerverfahren zu berücksichtigen.

Der Wiederaufnahmsbescheid ist grundsätzlich gleich wie der gemäß § 307 Abs. 1 BAO aufzuhebende Bescheid zu adressieren (an alle in der Feststellungserklärung genannte Personen).

Der neu zu erlassende Feststellungsbescheid ist ebenfalls an alle zu adressieren. Er hat Einkünfte aus Vermietung und Verpachtung der Beteiligten A und B festzustellen, festzustellen, dass eine Feststellung des C und der X-GmbH mangels Beteiligung unterbleibt und festzustellen, dass der Einkünfteanteil der Y-GmbH mangels Vorliegens von Einkünften aus Vermietung und Verpachtung unmittelbar im Körperschaftsteuerverfahren zu berücksichtigen ist.

Variante:

Der Wiederaufnahmsbescheid ist grundsätzlich gleich wie der gemäß § 307 Abs. 1 BAO aufzuhebende Bescheid zu adressieren (an alle in der Feststellungserklärung genannte Personen).

Es sind zwei Feststellungsbescheide zu erlassen.

Ein Feststellungsbescheid hat an alle fünf in der Erklärung genannte Personen zu ergehen. In diesem sind die Einkünfte aus Vermietung und Verpachtung für A und B festzustellen, C gegenüber auszusprechen, dass eine Feststellung mangels Beteiligung zu unterbleiben hat und X- und Y-GmbH gegenüber auszusprechen, dass eine Feststellung mangels Vorliegens von Einkünften aus Vermietung und Verpachtung zu unterbleiben hat.

Ein zweiter Feststellungsbescheid hat an die X- und Y-GmbH zu ergehen, in welchem Einkünfte aus Gewerbebetrieb festgestellt werden.

22. Selbstberechnungsabgabe

Selbstberechnung Glücksspielabgabe

22.1. Bezughabende Norm

§ 201 BAO

22.2. Sachverhalt

Betreffend Selbstberechnung der Glücksspielabgabe wird innerhalb eines Monats ab Bekanntgabe der Selbstberechnung der Antrag gestellt, die Abgabe wegen Verfassungswidrigkeit mit 0 festzusetzen.

Nach Prüfung stellt sich heraus, dass die Selbstberechnung richtig bekanntgegeben wurde.

Der Antrag auf Festsetzung wurde mit der Begründung abgewiesen, dass die Selbstberechnung richtig ist.

22.3. Fragestellung

War die Abweisung richtig?

22.4. Lösung

Ordnen die Abgabenvorschriften die Selbstberechnung einer Abgabe durch den Abgabepflichtigen an oder gestatten sie dies, so sieht § 201 BAO die erstmalige Festsetzung der Abgabe mit Abgabenbescheid vor, wenn der Abgabepflichtige, obwohl er dazu verpflichtet ist, keinen selbst berechneten Betrag der Abgabenbehörde bekannt gibt oder wenn sich die bekanntgegebene Selbstberechnung als nicht richtig erweist.

Ein Bescheid nach § 201 BAO über die Festsetzung einer Selbstberechnungsabgabe hat nur dann zu ergehen, wenn die Behörde von der eingereichten Selbstberechnungserklärung abweicht (vgl. VwGH 21.09.2006, 2006/15/0236). Gelangt die Behörde zur Annahme, dass die Selbstberechnungsabgabe in der vom Abgabepflichtigen bekannt gegebenen Höhe entstanden ist, hat sie den Antrag der Abgabepflichtigen auf Festsetzung der Selbstberechnungsabgabe als unbegründet abzuweisen (VwGH 27.01.2009, 2006/13/0097; vgl. auch VwGH 13.05.2003, 2001/15/0097).

Es liegt hier auch kein im öffentlichen Interesse (oder im rechtlichen Interesse einer Partei) gegründeter Anlass zur Erlassung eines Feststellungsbescheides iSd § 92 Abs. 1 BAO vor. Der Verwaltungsgerichtshof vertritt in ständiger Rechtsprechung, dass kein Feststellungsbescheid zu erlassen ist, wenn die Erlassung eines Abgabenbescheides möglich ist; ist die Erlassung eines Abgabenbescheides möglich, so ist die Zulässigkeit eines Feststellungsbescheides infolge des Grundsatzes der Subsidiarität von Feststellungsbegehren und Feststellungsbescheiden überhaupt zu verneinen (vgl. VwGH 13.09.2004, 2000/17/0245). Eine behauptete Unionsrechts- oder Verfassungswidrigkeit der fraglichen materiellrechtlichen Abgabennorm und der erwünschte Rechtsschutz gegen deren Anwendung ändern daran nichts (vgl. VwGH 22.10.2015, Ra 2015/16/0069, mit weiteren Hinweisen auf seine Vorjudikatur).

In einem solchen Fall (Antrag auf Feststellung) hat das Finanzamt den Feststellungsantrag zurückweisen und entweder die Abgabe festsetzen oder – wenn es die ursprünglich selbst berechnete Höhe der Abgabe als richtig erachtet – den Festsetzungsantrag abzuweisen. Daher war die Abweisung richtig.

23. Anspruchszinsen

Anspruchszinsen im Zusammenhang mit Haftungsbescheiden Kapitalertragsteuer

23.1. Bezughabende Norm

§ 205 BAO

23.2. Sachverhalt

Es wird ein Haftungsbescheid Kapitalertragsteuer gegenüber der GmbH erlassen.

23.3. Fragestellung

Sind auch Anspruchszinsen mit Haftungsbescheid festzusetzen und auf dem Abgabenkonto der GmbH vorzuschreiben?

23.4. Lösung

§ 205 BAO gilt nur für Differenzbeträge an Einkommensteuer und Körperschaftsteuer, einschließlich Lohnsteuer, Kapitalertragsteuer und Beträgen gemäß § 99 EStG 1988, die sich aus Abgabenbescheiden (im Verhältnis zum Eigenschuldner) ergeben.

Abgabenbescheide sind nicht nur Veranlagungsbescheide gemäß den §§ 39 oder 41 EStG 1988, sondern auch (gegenüber dem Eigenschuldner erfolgende) Vorschreibungen von Kapitalertragsteuer nach § 95 Abs. 4 EStG 1988.

Der Schuldner der Kapitalerträge haftet dem Bund für die Einbehaltung und Abfuhr der Kapitalertragsteuer gemäß § 95 Abs. 1 EStG 1988. Die Inanspruchnahme des Abzugsverpflichteten (§ 95 Abs. 2 EStG 1988) erfolgt somit mit Haftungsbescheid (§ 224 BAO).

§ 205 BAO findet daher im Verhältnis zum Abfuhrverpflichteten, der mit Haftungsbescheid gemäß § 224 BAO in Anspruch genommen wird, keine Anwendung.

24. Aussetzung der Einhebung

Antrag auf Aussetzung der Einhebung- Bewilligung bei geänderten Voraussetzungen

24.1. Bezughabende Norm

§ 212a BAO

24.2. Sachverhalt

Einem anlässlich der Beschwerde eingebrachten Antrag auf Aussetzung der Einhebung wurde stattgegeben.

Mit Erlassung einer abweisenden Beschwerdevorentscheidung wurde der Ablauf der Aussetzung der Einhebung verfügt.

Dagegen wurde ein Vorlageantrag eingebracht und gleichzeitig wiederum die Aussetzung der Einhebung beantragt.

Der Sachbearbeiter der Beschwerdevorentscheidung hält auf Grund seiner fundierten Entscheidung jetzt die Beschwerde für „wenig erfolgversprechend" bzw. für „offenkundig erfolglos".

24.3. Fragestellung

Ist der Antrag auf Aussetzung der Einhebung nun abzuweisen?

23.4. Lösung

Gemäß § 212a Abs. 2 lit. a BAO ist die Aussetzung der Einhebung nicht zu bewilligen, soweit die Beschwerde nach Lage des Falles wenig erfolgversprechend erscheint.

Über den in Verbindung mit dem Vorlageantrag gestellten Antrag auf Aussetzung der Einhebung ist eigenständig (neu) und ohne Bindung an die zuvor bewilligte Aussetzung zu entscheiden. Es ist dabei durchaus zulässig, zum Beispiel auf Grund von im Beschwerdevorentscheidungsverfahren durchgeführten Ermittlungen, nunmehr zu einer anderen Beurteilung der Erfolgsaussichten der Beschwerde zu kommen.

Wurde die ursprüngliche Aussetzung wegen mangelnder Erfolgsaussichten der Beschwerde zu Unrecht bewilligt, ist nunmehr der rechtsrichtige Zustand herzustellen, und kann kein Anspruch darauf bestehen, die rechtswidrige Aussetzung der Einhebung ein zweites Mal zu bewilligen.

25. Beschwerdeverfahren

Antrag auf Mitteilung einer fehlenden Begründung

25.1. Bezughabende Norm

§ 245 BAO

25.2. Sachverhalt

Nach einer gemeinsamen Prüfung lohnabhängiger Abgaben (GPLA) werden neue Bescheide erlassen, in der Begründung wird auf den Prüfungsbericht verwiesen. Der Bericht wird allerdings unvollständig versandt (Text wurde edv-bedingt abgeschnitten).

In der Beschwerde wird ua. die „abgeschnittene Begründung" gerügt. Die vollständige Begründung wird zugestellt. Dagegen wird innerhalb der Rechtsmittelfrist neuerlich Beschwerde eingebracht.

25.3. Fragestellung

Wie ist diese Beschwerde zu würdigen?

25.4. Lösung

Gemäß § 245 Abs. 2 BAO wird der Lauf der Beschwerdefrist durch einen Antrag auf Mitteilung der einem Bescheid ganz oder teilweise fehlenden Begründung gehemmt.

Die Hemmung des Fristenlaufes beginnt mit dem Tag der Einbringung des Antrages iSd § 245 Abs. 2 BAO. Die Hemmung der Rechtsmittelfrist bedeutet, dass die Frist mit dem Tag der Einbringung des zur Hemmung führenden Antrages abgestoppt wird, und dass mit dem der Zustellung des die Hemmung beendenden Schriftstückes folgenden Tag ihr Rest weiterläuft (vgl. Ritz, BAO[5], § 245 Tz 38).

Wurde die (erste) Beschwerde form- und fristgerecht eingebracht, ist die neuerliche Beschwerde als ergänzender Schriftsatz zur ersten Beschwerde zu werten.

26. Beschwerdeverfahren

Antrag auf Fristverlängerung

26.1. Bezughabende Norm

§§ 134, 245 BAO

26.2. Sachverhalt

Der steuerliche Vertreter ersucht mehrmals in seinen Fällen um Verlängerung der Rechtsmittelfrist oder um Fristerstreckung bei der Einreichung von Jahreserklärungen. Auch nach erfolgter Abweisung wird wieder eine Fristverlängerung beantragt.

26.3. Fragestellung

Wie oft ist eine Verlängerung zulässig und wie lange?

26.4. Lösung

Gemäß § 134 Abs. 2 BAO kann im Einzelfall auf begründeten Antrag die Frist zur Einreichung einer Abgabenerklärung (auch mehrmals) verlängert werden.

Wenn die Wahrung der Frist aus persönlichen oder sachlichen Gründen nicht zugemutet werden kann, liegt ein begründeter Antrag vor, wobei es hier auf die Umstände des Einzelfalls ankommt. Die Entscheidung über einen solchen Antrag liegt im Ermessen der Abgabenbehörde.

Wird einem Antrag auf Verlängerung der Frist zur Einreichung der Abgabenerklärung nicht stattgegeben, so ist für die Einreichung der Abgabenerklärung eine Nachfrist von mindestens einer Woche zu setzen (§ 134 Abs. 2 BAO).

Diese Nachfrist von mindestens einer Woche bei Nichtstattgabe des Antrages ist eine behördliche Frist iSd § 110 Abs. 2 BAO und somit wieder auf Antrag (unter Umständen auch wiederholt) verlängerbar. Die Nichtverlängerung der Nachfrist führt selbst jedoch zu keiner Nachfrist (vgl. Ritz, BAO[5], § 134, Tz 5).

Gemäß § 245 Abs. 3 BAO ist auf Antrag die Beschwerdefrist aus berücksichtigungswürdigen Gründen auch mehrmals verlängerbar. Ob ein berücksichtigungswürdiger Grund vorliegt, ist im Einzelfall zu klären. Die Entscheidung liegt nicht im Ermessen der Abgabenbehörde. Bei Abweisung eines Fristverlängerungsantrages muss keine Nachfrist gesetzt werden (VwGH 02.05.1991, 89/13/0040).

Ein rechtzeitiger Antrag bewirkt die Hemmung der Beschwerdefrist (§ 245 Abs. 3 BAO). Auch wiederholte rechtzeitige Anträge auf neuerliche Erstreckung einer bereits (mehrmals) verlängerten Beschwerdefrist kommt hemmende Wirkung zu (zB VwGH 28.03.2012, 2012/13/0016).

Ein nach Abweisung des Antrages auf Verlängerung der Beschwerdefrist gerichteter Antrag auf Verlängerung der Beschwerdefrist, auch wenn er in der noch gehemmten (auslaufenden) Beschwerdefrist eingebracht wird, ist zurückzuweisen, weil über die Antragssache „Verlängerung der Beschwerdefrist" bereits abgesprochen wurde (ne bis in idem). Einem solchen Antrag kommt auch keine hemmende Wirkung zu (vgl. Ritz, BAO[5], § 245 Tz 26).

Wie oft und wie lange solche Verlängerungen gewährt werden können bzw. zu gewähren sind, hängt von den Umständen des jeweiligen Einzelfalls ab.

27. Beschwerdeverfahren

Gleichzeitigkeit von Beschwerde und Anträgen auf Bescheidänderung

27.1. Bezughabende Norm

§§ 262, 303 BAO

27.2. Sachverhalt

Gleichzeitig mit Beschwerde gegen einen Bescheid wird auch ein Wiederaufnahmsantrag (§ 303 BAO) gestellt. Die angefochtenen Punkte und beantragten Abänderungen sind in der Beschwerde und im Wiederaufnahmsantrag ident.

27.3. Fragestellung

Wie ist mit dem Wiederaufnahmeantrag umzugehen?

27.4. Lösung

Der Vorrang von zwingend vorzunehmenden Maßnahmen vor im Ermessen liegenden wird idR dann, wenn im Beschwerdeverfahren taugliche Wiederaufnahmsgründe hervorkommen, für die Beschwerdeerledigung durch Beschwerdevorentscheidung (außer in den Fällen des § 262 Abs. 3 und 4 BAO) sprechen (vgl. Ritz, BAO[5], § 303, Tz 93).

Die Bescheidbeschwerde ist daher vorrangig zu erledigen.

Die Wiederaufnahme des Verfahrens setzt ein durch Bescheid abgeschlossenes Verfahren voraus. Die (formelle) Rechtskraft dieses Bescheides ist nicht erforderlich (vgl. Ritz, BAO[5], § 303 Tz 11). Der Antrag auf Wiederaufnahme des Verfahrens gemeinsam mit der Beschwerde wurde daher zulässig eingebracht. Es besteht Entscheidungspflicht über diesen Antrag.

Die im Wiederaufnahmsantrag vorgebrachten Gründe sind – weil ident mit den Beschwerdegründen – in der Beschwerdevorentscheidung zu würdigen.

Wird der Beschwerde vollinhaltlich mit Beschwerdevorentscheidung stattgegeben, so ist danach der Wiederaufnahmeantrag abzuweisen mit der Begründung, dass die Gewährung der Wiederaufnahme keinen im Spruch anders lautenden Bescheid ergibt.

28. Beschwerdeverfahren

Beschwerde gegen Einkommensteuervorauszahlungsbescheid, Erlassung

Einkommensteuerbescheid

28.1. Bezughabende Norm

§ 300 BAO

28.2. Sachverhalt

Eine Vorlage betreffend Einkommensteuervorauszahlung 2014 ist beim BFG anhängig. Der Einkommensteuervorauszahlungsbescheid erging auf Basis der Einkommensteuererklärung für das Jahr 2012. Die dagegen gerichtete Beschwerde wurde als verspätet zurückgewiesen und dann vorgelegt.

2015 wurde die Einkommensteuererklärung für das betreffende Jahr 2014 eingebracht.

28.3. Fragestellung

Darf die Einkommensteuer 2014 veranlagt werden oder steht die Sperre des § 300 BAO dagegen?

28.4. Lösung

Gemäß § 300 BAO können Abgabenbehörden ab Stellung des Vorlageantrages bzw. in den Fällen des § 262 Abs. 2 bis 4 BAO (Unterbleiben einer Beschwerdevorentscheidung) ab Einbringung der Bescheidbeschwerde beim Verwaltungsgericht mit Bescheidbeschwerde angefochtene Bescheide und allfällige Beschwerdevorentscheidungen bei sonstiger Nichtigkeit weder abändern noch aufheben.

Die Veranlagung der Einkommensteuer 2014 ändert weder den Bescheid über die Einkommensteuervorauszahlung 2014 noch hebt sie diesen auf. § 300 Abs. 1 BAO ist daher nicht anwendbar.

29. Beschwerdeverfahren

Verjährung im Zusammenhang mit neuem Rechtsmittelverfahren

29.1. Bezughabende Normen

§§ 300, 207 ff BAO

29.2. Sachverhalt

Ein angefochtener Bescheid wird gemäß § 300 BAO aufgehoben. Die zugrunde liegende Abgabe ist bereits verjährt.

29.3. Fragestellung

Darf noch der gemäß § 300 BAO den aufgehobenen Bescheid ersetzende Bescheid trotz Verjährung erlassen werden?

29.4. Lösung

§ 209a Abs. 5 BAO normiert unter anderem, dass, soweit die Verjährung der Festsetzung einer Abgabe in einem Erkenntnis (§ 279 BAO) nicht entgegenstehen würde, sie auch nicht der Abgabenfestsetzung in dem Bescheid der Abgabenbehörde entgegensteht, der den gemäß § 300 BAO aufgehobenen Bescheid ersetzt, wenn dieser Bescheid innerhalb der Frist des § 300 Abs. 1 lit. b BAO ergeht. Bei der angesprochenen Frist handelt es sich um jene (individuell bestimmte) angemessene Frist, die das Verwaltungsgericht der Abgabenbehörde mit Beschluss (in Verbindung mit der Weiterleitung der Zustimmungserklärung des Beschwerdeführers) setzt. Innerhalb dieser Zeitspanne ergeht der „Ersatzbescheid“ ungeachtet einer inzwischen eingetretenen Bemessungsverjährung zu Recht.

30. Bescheidabänderung

Antrag auf Bescheidaufhebung gemäß § 295 Abs. 4 BAO während noch offenem Beschwerdeverfahren

30.1. Bezughabende Norm

§ 295 Abs. 4 BAO

30.2. Sachverhalt

Ein Antrag auf Aufhebung gemäß § 295 Abs. 4 BAO eines Einkommensteuerbescheides 2009 wird am 29.12.2015 eingebracht. Bei der Beteiligung ist noch ein Beschwerdeverfahren für 2009 anhängig.

30.3. Fragestellung

Wurde der Antrag rechtzeitig gestellt?

Welche Folgen ergeben sich, wenn der angefochtene Feststellungsbescheid als Nichtbescheid angesehen wird, für den während des Verfahrens gestellten Antrag gemäß § 295 Abs. 4 BAO?

30.4. Lösung

Die Frage der Rechtzeitigkeit eines Antrages nach § 295 Abs. 4 BAO richtet sich nach § 304 BAO. Da der Antrag gemäß § 295 Abs. 4 BAO vor Ende der Festsetzungsverjährungsfrist (§§ 207 ff BAO) der Einkommensteuer 2009 eingebracht wurde, war der Antrag rechtzeitig iSd § 295 Abs. 4 BAO.

Der Antrag gemäß § 295 Abs. 4 BAO wurde jedoch verfrüht gestellt, weil die Beschwerde gegen den Feststellungsbescheid noch nicht erledigt ist.

Die verfrühte Antragstellung ist, da diese gesetzlich nicht ausgeschlossen ist, grundsätzlich nicht schädlich. Anträge gemäß § 295 Abs. 4 BAO sind auch Anträge iSd § 209a Abs. 2 BAO.

Eine nach Antragstellung eingetretene Verjährung steht daher einer Erledigung des Antrages nicht entgegen.

Wird, bei noch unerledigtem Antrag gemäß § 295 Abs. 4 BAO, in weiterer Folge die Beschwerde gegen den „Feststellungsbescheid“ zurückgewiesen, weil dieser vermeintliche Feststellungsbescheid ein sog. Nichtbescheid ist, ist der auf das Dokument gestützte Änderungsbescheid (§ 295 Abs. 1 BAO) auf Grund dieses Antrages aufzuheben.

Würde der Antrag gemäß § 295 Abs. 4 BAO abgewiesen werden, weil die Beschwerde gegen den „Feststellungsbescheid“ zum Zeitpunkt der

Entscheidung über den Antrag noch nicht erledigt wurde, so wird, wenn gegen diesen Abweisungsbescheid Beschwerde erhoben wird, eine Aussetzung der Entscheidung über die Beschwerde (§ 271 BAO) zweckmäßig sein, weil die noch unerledigte Beschwerde gegen den „Feststellungsbescheid" von wesentlicher Bedeutung für die Entscheidung über die Beschwerde gegen den Abweisungsbescheid ist. Da die Abgabenfestsetzung mittelbar von der Erledigung der Beschwerde gegen den Abweisungsbescheid abhängt, wäre in einem solchen Fall eine Abgabenfestsetzung auch nach Eintritt der Verjährung noch möglich (§ 209a Abs. 2 BAO).

Innerhalb der Jahresfrist des § 302 Abs. 1 BAO für Aufhebungsbescheide nach § 299 BAO ist auch die Aufhebung des Abweisungsbescheides des Antrages nach § 295 Abs. 4 BAO möglich, wenn bei Entscheidung über den Aufhebungsbescheid nach § 299 BAO der Zurückweisungsbescheid bezüglich des Nichtbescheides bereits ergangen ist, weil für eine auf § 299 BAO gestützte Aufhebung grundsätzlich die Sach- und Rechtslage im Zeitpunkt der Entscheidung über die Aufhebung maßgebend ist (zB BFG vom 31.12.2015, RV/7100471/2013; Ritz, BAO[5], § 299 Tz 14).

Aus diesen Überlegungen heraus erscheint es zweckmäßig, bei verfrühten Anträgen gemäß § 295 Abs. 4 BAO und im Einvernehmen mit dem Antragsteller, mit der Erledigung des Antrages gemäß § 295 Abs. 4 BAO bis zur Entscheidung über die Beschwerde gegen den „Feststellungsbescheid" zuzuwarten.

31. Bescheidabänderung

Aufhebung eines Erstbescheides nach Erlassung einer Beschwerdevorentscheidung

31.1. Bezughabende Norm

§ 299 BAO

31.2. Sachverhalt

Ein Einkommensteuerbescheid wird erlassen. Dazu wird eine Beschwerde (innerhalb offener Rechtsmittel-Frist) eingebracht, welche mit Beschwerdevorentscheidung (BVE) abgewiesen wird.

Der Rechtsmittelbearbeiter hat vergessen, Spekulationseinkünfte anzusetzen. Er will die BVE gemäß § 299 BAO aufheben und eine „verbösernde" BVE erlassen.

Irrtümlich hebt er (innerhalb offener Rechtsmittelfrist) aber nicht die BVE, sondern den Erstbescheid auf. Gleichzeitig wird ein neuer Erstbescheid mit Berücksichtigung der Spekulationseinkünfte erlassen.

Es wird rechtzeitig ein Vorlageantrag zur Beschwerdevorentscheidung eingebracht.

Hinsichtlich des § 299-Bescheides und des neuen Einkommensteuer-Bescheides 2007 ist die Rechtsmittelfrist noch offen.

31.3. Fragestellung

Wie ist vorzugehen?

31.4. Lösung

Gemäß § 300 Abs. 1 BAO dürfen ua. ab Stellung des Vorlageantrages beim Verwaltungsgericht mit Bescheidbeschwerde angefochtene Bescheide und allfällige Beschwerdevorentscheidungen bei sonstiger Nichtigkeit weder abgeändert noch aufgehoben werden.

Würde die BVE vor Stellung des Vorlageantrages gemäß § 299 BAO aufgehoben, so ersetzt der neue Sachbescheid die angefochtene Entscheidung. Die durch den Vorlageantrag wieder offene Beschwerde ist dem Bundesfinanzgericht vorzulegen.

Würde die BVE nach Stellung des Vorlageantrages gemäß § 299 BAO aufgehoben, so sind der Aufhebungsbescheid und neue ersetzende Sachbescheid gemäß § 300 BAO nichtig. Der Vorlageantrag ist dem Bundesfinanzgericht vorzulegen.

32. Zustellung

Zustellung, Abgabenstelle

32.1. Bezughabende Norm

§ 2 Z 4 ZustG

32.2. Sachverhalt

Ein Österreicher arbeitet und hat seinen gewöhnlichen Aufenthalt in Russland. Nur für Zwecke der Scheidung wurden 3 Wochen Hauptwohnsitz bei seinem Vater in Österreich im ZMR eingetragen.

In dieser Zeit wurde ein Bescheid an die Adresse in Österreich zugestellt.

Gegen diesen Bescheid wurde Beschwerde mit der Begründung eingebracht, dass ihm der Bescheid nicht zugegangen ist, da er im Zeitpunkt der Zustellung bereits wieder in Russland war.

32.3. Fragestellung

Wurde der Bescheid ordnungsgemäß zugestellt?

32.4. Lösung

Entscheidend ist, ob es sich bei der Wohnung des Vaters um eine taugliche Abgabestelle iSd § 2 ZustG handelt.

Eine Abgabestelle ist die Wohnung oder sonstige Unterkunft.

Als Wohnung werden Räumlichkeiten verstanden, die im Zeitpunkt der Zustellung dem Empfänger tatsächlich als Unterkunft in der Art eines Heimes dienen. Es handelt sich um Räumlichkeiten, die der Empfänger tatsächlich benützt, wo er gewöhnlich zu nächtigen oder sich sonst aufzuhalten pflegt. Die Räumlichkeiten und die persönlichen Beziehungen des Empfängers zu diesen müssen darauf schließen lassen, dass der Empfänger zu ihnen in einem Naheverhältnis steht, von dem anzunehmen ist, dass es eine körperliche Übergabe eines Schriftstückes zulässt. Hierbei kommt es auf die tatsächlichen Umstände an (vgl. Stoll, BAO Band 1, S 1036 f). Wesentlich ist, dass die Wohnung tatsächlich bewohnt ist (vgl. Ritz, BAO[5] § 2 ZustG, Tz 13).

Grundsätzlich hat das ZMR nur Indizwirkung. Es müssen daher Ermittlungen darüber durchgeführt werden, ob es sich bei dem Wohnsitz bei seinem Vater um eine taugliche Abgabestelle iSd § 2 ZustG handelt.

Aufgrund der obigen Angaben wird eher nicht von einer Abgabestelle auszugehen sein. Der Bescheid wurde daher nicht gültig zugestellt und die Beschwerde ist zurückzuweisen. Der angefochtene Bescheid ist noch einmal – an eine geeignete Abgabestelle – zuzustellen.

Hinterfragt werden sollte jedoch, wie der Beschwerdeführer von der Zustellung des Bescheides Kenntnis erlangt hat. Wurde ihm vom Vater das Original des Bescheides übermittelt, erfolgte die Zustellung zum Zeitpunkt der Entgegennahme des Bescheides durch den Beschwerdeführer, da eine Heilung bei Nennung einer falschen Abgabestelle möglich ist (Ritz, BAO[5], § 7 ZustG, Tz 5). Diesfalls muss die Beschwerde inhaltlich behandelt werden.

33. Antrag auf Rückerstattung der Kapitalertragssteuer

Antrag auf Rückerstattung der Kapitalertragsteuer (KESt) durch Erben

33.1. Bezughabende Norm

§ 19 BAO

33.2. Sachverhalt

Die Abgabepflichtige ist im Jahr 2012 verstorben.

Bei dieser Verlassenschaft gibt es 12 Erben, denen die Verlassenschaft 2015 mit Beschluss nach unterschiedlichen Erbquoten eingeantwortet wurde.

Im Jahr 2013 für das Jahr 2008 und 2014 für das Jahr 2009 stellte der damalige Vertreter der Verlassenschaft – und gleichzeitig einer der Erben – Anträge auf Rückerstattung der Kapitalertragsteuer der Sparbuchzinsen der Verstorbenen für sich und zwei Miterben (teilweise abweichend von der Erbquote lt Einantwortungsbeschluss). Lt. Beschluss waren die drei Antragsteller zu je 7/72 erbberechtigt.

2015 (nach Einantwortung aller Erben) wiederum stellte der ehemalige Verlassenschaftsvertreter Anträge auf Rückerstattung der KESt für die Jahre 2010 bis 2014 nur für sich selbst.

In allen Anträgen führt der (ehemalige) Verlassenschaftsvertreter aus, dass ihm die Rückzahlung der abweichenden Erbquote deshalb zustehe, weil er der Vertreter der Verlassenschaft sei. Auf Grund einer Anfrage an das Gericht teilte dieses dem Finanzamt mit, dass die genannten Antragsteller nur in Höhe ihrer jeweiligen Erbquote den Rückzahlungsbetrag erhalten können und nicht abweichend wie im Antrag begehrt.

33.3. Fragestellung

Gelten die Anträge, die ausdrücklich nur für die namentlich genannten Personen gestellt wurden, auch für die übrigen Erben?

Wie sind die Bescheide zu adressieren?

33.4. Lösung

Ein Antrag auf Erstattung der Kapitalertragsteuer für Zinsen eines bestimmten Jahres kann nur dann eingebracht werden, wenn noch keine Einkommensteuerveranlagung durchgeführt wurde. Zudem dürfen die lohnsteuerpflichtigen Einkünfte im Antragsjahr 11.000 € nicht übersteigen oder, wenn keine lohnsteuerpflichtigen Einkünfte vorliegen, die gesamten Einkünfte 11.000 € nicht übersteigen. In allen anderen Fällen (Übersteigen der genannten Einkunftsgrenzen, Erstattung von Kapitalertragsteuer auf Dividenden) wird die Kapitalertragsteuer nur im Wege einer Einkommensteuerveranlagung angerechnet oder erstattet.

Der Vertreter hat die Anträge auf Erstattung der KESt für 2008 und 2009 für sich und zwei Miterben zu einem Zeitpunkt eingebracht, in dem die Einantwortung noch nicht erfolgt ist.

Gemäß § 27a Abs. 5 EStG 1988 kann Regelbesteuerung nur für die gesamten Einkünfte aus Kapitalvermögen beantragt werden.

Betreffend die Anträge auf Erstattung der KESt für 2008 und 2009:

Es kann davon ausgegangen werden, dass die Anträge, da sie vom Verlassenschaftsvertreter eingebracht wurden, für die Verlassenschaft, und nicht für den Vertreter und zwei seiner Miterben selbst, eingebracht wurden. Die Anträge gelten daher auch für die übrigen Erben. Die Bescheide sind an alle Erben als Erben nach dem Verstorbenen zu adressieren. Gemäß § 101 Abs. 1 BAO gilt mit der Zustellung einer einzigen Ausfertigung an einen der Erben die Zustellung als an alle vollzogen, wenn auf diese Rechtsfolge in der Ausfertigung hingewiesen wurde. Jedoch gilt § 81 BAO nicht, wenn mehreren Erben gemeinsam die Besorgung und Verwaltung des Nachlasses übertragen wurde (vgl. Ritz, BAO[5], § 81 Tz 7).

Allerdings wären die Anträge gemäß § 27a Abs. 5 EStG 1988 abzuweisen, da nicht die Erstattung der gesamten Einkünfte beantragt worden ist.

Betreffend die Anträge auf Erstattung der KESt für die Jahre 2010 bis zum Todestag:

Die Aktivlegitimation des ehemaligen Vertreters für die Anträge ergibt sich aus dem ABGB.

Nach § 550 ABGB steht mehreren Erben ein gemeinschaftliches Erbrecht zu. Daher entsteht zwischen ihnen kraft Gesetzes, unabhängig von ihrem Willen eine Rechtsgemeinschaft hinsichtlich ihres Erbrechtes.

Eine Erbengemeinschaft ist eine Personenvereinigung ohne eigene Rechtspersönlichkeit (vgl. etwa Stoll, BAO-Kommentar Band 1, 799; VwGH vom 20.12.2012, 2010/15/0029). Diese entsteht bereits mit dem Tod des Erblassers (RIS-Justiz RS0012313; vgl. Weiß in Klang/Gschnitzer, ABGB[2], § 550, 153; Gamerith in Rummel, ABGB[3], § 825 Rz 7).

Ab der Einantwortung sind die einzelnen Nachlassbestandteile Gegenstand der Erbenrechtsgemeinschaft. Daher entsteht Miteigentum an den körperlichen Sachen, teilbare Forderungen können anteilig nach der Erbquote von jedem Miterben, unteilbare Forderungen aber nur gemeinschaftlich geltend gemacht werden (vgl. Werkusch-Christ in Kletečka/Schauer, ABGB-ON[1.03] § 550 ABGB (Stand 01.03.2015, rdb.at)). Jedoch sind Abmachungen der Erben darüber, wem die Einkünfte aus der Verlassenschaft bis zur Einantwortung zufließen sollen, steuerlich grundsätzlich (auch rückwirkend) anzuerkennen, soweit sie nicht einen Missbrauch von Formen und Gestaltungsmöglichkeiten des bürgerlichen Rechtes iSd § 22 BAO darstellen (vgl. VwGH vom 20.04.2004, 2003/13/0160, mwN; VwGH vom 20.12.2012, 2010/15/0029).

Die Einantwortung bildet den Modus für den Erbschaftserwerb und bewirkt – mit Rechtskraft des Einantwortungsbeschlusses – eine Gesamtrechtsnachfolge, sodass der Erbe in die Rechtsstellung des Erblassers mit allen Rechten und Pflichten eintritt (vgl. § 819 ABGB).

Als Gesamtrechtsnachfolger erwirbt der Erbe die Rechtspositionen, die Bestandteil der Verlassenschaft waren (vgl. auch § 19 Abs. 1 BAO). Daher kann ein Erbe für alle tätig werden.

Die Bescheide sind an alle Erben als Erben nach der Verstorbenen zu adressieren. § 101 Abs. 1 BAO ist anwendbar.

Wenn nur die Erstattung der KESt für einen Teil der Einkünfte beantragt worden wäre, wären die Anträge gemäß § 27a Abs. 5 EStG 1988 abzuweisen, da nicht die Erstattung der gesamten Einkünfte beantragt worden ist.

Die Rückzahlung eines Guthabens am Abgabenkonto der Verstorbenen kann, sofern es keine Abmachungen der Erben darüber, wem die Einkünfte aus der Verlassenschaft bis zur Einantwortung zugeflossen sein sollen, nur in Höhe der Erbquote des einzelnen Erben erfolgen.

Betreffend die Anträge auf Erstattung der KESt ab dem Todestag bis 2014:

Hier sind die Einkünfte der einzelnen Erben für die Erstattung ausschlaggebend. Eine Erstattung ist daher nur zulässig, wenn die Einkünfte unter den oben angeführten Grenzen beim jeweiligen Erben sind.

Wenn mehrere Erben vorhanden sind, können sie den Nachlass (Aktivvermögen des ruhenden Nachlasses) quotenmäßig übernehmen oder ihre Rechtsgemeinschaft durch Erbteilung (Erbteilungsübereinkommen) aufheben (Einstimmigkeit erforderlich).

Die Erbteilung kann von jedem Miterben vor oder nach der Einantwortung verlangt werden. Kommt keine Einigung zustande, wird der Nachlass (das noch vorhandene, aus dem Nachlass stammende Vermögen) mehreren Erben entsprechend der abgegebenen Erbquote eingeantwortet und es entsteht hinsichtlich des ursprünglichen Nachlassvermögens eine Miteigentümergemeinschaft.

Aufgrund der Rückwirkung der Einantwortung auf den Todestag des Verstorbenen sind die Anträge von den einzelnen Erben bei der eigenen Steuernummer, und nicht beim Verstorbenen, einzubringen. In der Praxis werden häufig die einzelnen Vermögenswerte der Verlassenschaft auf die Erben aufgeteilt. Ging daher das Sparbuch an einen bestimmten Erben, ist dieser berechtigt, den Antrag auf Erstattung der KESt für sich zu stellen.

Der Bescheid ist an den einzelnen Erben zu adressieren und ihm zuzustellen.

12/8/12.

Salzburger Steuerdialog 2016 – Ergebnisunterlage Einzelaufzeichnungs-, Registrierkassen- und Belegerteilungspflicht

(Erlass des BMF vom 30. Oktober 2016, BMF-010102/0034-IV/2/2016)

Ergebnisse des Salzburger Steuerdialoges 2016 im Bereich Einzelaufzeichnungs-, Registrierkassen- und Belegerteilungspflicht

1. Durchlaufende Posten

Gemäß § 131b Abs. 1 Z 1 BAO haben Betriebe alle Bareinnahmen zum Zweck der Losungsermittlung mit elektronischer Registrierkasse, Kassensystem oder sonstigem elektronischen Aufzeichnungssystem einzeln zu erfassen. Diese Regelung wirft in der Praxis vermehrt Fragen bezüglich der Behandlung durchlaufender Posten auf.

1.1. Bezughabende Norm

§ 131b Abs. 1 Z 1 BAO

1.2. Sachverhalt

Ein Keramikhändler A verkauft in seinem Geschäftslokal auch Keramikprodukte im Namen und für Rechnung des Keramikproduzenten B, der im Laden des A ein Regal für seine Produkte hat. Der Keramikproduzent B, für den von A verkauft wird, bekommt monatlich die Rechnungsdurchschriften und die erzielten Einnahmen übermittelt.

1.3. Fragestellung

Ist dieser Vorgang als durchlaufender Posten in der Registrierkasse zu erfassen?

1.4. Lösung

Die Vereinnahmung der Kundenentgelte für B durch den A und anschließende Verausgabung der Beträge an B stellt einen durchlaufenden Posten bei A dar. Durchlaufende Posten müssen nicht zwingend in der Registrierkasse des A erfasst werden, außer wenn sie gemeinsam mit einem Barumsatz auf einem Beleg sind. Die freiwillige Aufzeichnung in der Registrierkasse des A ist allerdings zulässig.

2. Zahlung mit Kreditkarte vor Ort

Gemäß § 131b Abs. 1 Z 3 BAO sind Barumsätze Umsätze, bei denen die Gegenleistung (Entgelt) durch Barzahlung erfolgt. Als Barzahlung gilt auch die Zahlung mit Bankomat- oder Kreditkarte oder durch andere vergleichbare elektronische Zahlungsformen, die Hingabe von Barschecks sowie vom Unternehmer ausgegebener und von ihm an Geldes statt angenommener Gutscheine, Bons, Geschenkmünzen und dergleichen.

2.1. Bezughabende Norm

§ 131b Abs. 1 Z 3 BAO

2.2. Sachverhalt

Vor Antritt der Miete wird ein „runder" Betrag auf der Kreditkarte des Kunden „reserviert" (nicht abgebucht), die Abrechnung der tatsächlichen Kosten erfolgt erst nach Beendigung der Miete und ist in fast keinem Fall mit dem reservierten Betrag ident. Der Kunde legt seine Kreditkarte nur bei Antritt der Miete vor, am Ende der Miete wird vom Kunden keine Kreditkarte verlangt. Am Ende der Miete retourniert der Kunde innerhalb/außerhalb der Öffnungszeiten das Fahrzeug (nur durch Schlüsseleinwurf in einem dafür vorgesehenen Schlüsseltresor) und der reservierte Betrag wird von der Kreditkarte (inklusive Aufschlag für nachträglich entdeckte Schäden, Verkehrsstrafen, Mautgebühren etc.) „eingezogen".

2.3. Fragestellung

Handelt es sich bei der Bezahlung mit Kreditkarte um eine Barzahlung iSd § 131b Abs. 1 Z 3 BAO?

2.4. Lösung

Ist der Abbuchungsbetrag nicht mit dem reservierten Betrag ident, stellt die bloße Reservierung des möglichen Abbuchungsbetrages noch keinen Barumsatz dar.

Dies gilt auch, wenn der Kunde seine Kreditkarte nur bei Antritt der Miete vorlegt. In einem solchen Fall wird der Zahlungsvorgang zwar schon mit der Hingabe der Kreditkarte „angestoßen", die nachfolgende Abbuchung des Betrages vom Kreditkartenkonto erfolgt allerdings ohne neuerliche Mitwirkung des Kunden (keine neuerliche Vorlage/Verwendung der Kreditkarte durch den Kunden). Dieser Vorgang kann daher wie ein Einziehungsauftrag gewertet werden, sodass keine Registrierkassen- und Belegerteilungspflicht nach den §§ 131b und 132a BAO besteht.

3. Vorbereitende Erstellung von Belegen

Gemäß § 132a Abs. 1 BAO haben Unternehmer dem die Barzahlung Leistenden einen Beleg über empfangene Barzahlungen für Lieferungen und sonstige Leistungen zu erteilen. In der Praxis hat sich aufgrund auftretender Sachverhalte vermehrt die Frage gestellt, ob es aufgrund des Wortlautes des Gesetzes erforderlich ist, dass die Barzahlung im Zeitpunkt der Belegausstellung tatsächlich schon erfolgt ist.

3.1. Bezughabende Norm

§ 132a BAO

3.2. Sachverhalt

Eine Pizza wird ca. 45 Minuten nach der Bestellung geliefert – der Lieferant kommt mit der bereits im Unternehmen ausgedruckten Rechnung.

3.3. Fragestellung

Ist eine derartige Belegausstellung zeitnah genug?

3.4. Lösung

Die vorbereitende Erstellung von Belegen wird aus Gründen der Praktikabilität als zulässig erachtet, eine Stornierung bereits erstellter, aber dann nicht verkaufter Waren hat „zeitnah" zu erfolgen.

4. Anforderungen an eine freiwillig geführte Registrierkasse

4.1. Bezughabende Norm

§ 131b BAO

4.2. Sachverhalt

Wie bei anderen bestehenden gesetzlichen Verpflichtungen kann auch bei der Registrierkassenpflicht der Fall auftreten, dass jemand eine Registrierkasse führt, ohne dazu gesetzlich verpflichtet zu sein. Dabei können unterschiedliche Konstellationen auftreten.

4.3. Fragestellungen

Jemand verwendet in seinem Betrieb freiwillig eine „Registrierkasse". Diese erfüllt die gesetzlichen Anforderungen der BAO und der RKSV nicht. Kann er diese, da er sie ja nicht verwenden müsste, freiwillig weiterverwenden oder muss er, auch bei freiwilliger Verwendung, eine dem Gesetz bzw. der Verordnung entsprechende Registrierkasse verwenden?

Jemand kauft das neueste Modell einer Registrierkasse. Diese ist technisch dazu in der Lage, alle Anforderungen der BAO und der RKSV zu erfüllen. Eine Pflicht zur Verwendung einer Registrierkasse besteht nicht. Welche Inhaltsanforderungen ergeben sich dadurch für die Belege (Hinweis auf § 132a Abs. 8 BAO)? Muss bei freiwilliger Verwendung einer Registrierkasse eine Signaturerstellungseinheit verwendet werden?

4.4. Lösung

Jemand, den keine gesetzliche Verpflichtung zur Verwendung einer elektronischen Registrierkasse nach § 131b BAO trifft, kann die Losungsermittlung durch Kassasturz bzw. weiterhin mit einer bisher verwendeten Registrierkasse, die den §§ 131 und 132 BAO bzw. der KRL 2012 entspricht, durchführen.

Wenn jemand allerdings freiwillig eine Registrierkasse iSd BAO führt und dafür eine Signaturerstellungseinheit verwendet, unterwirft er sich freiwillig dem Registrierkassenregime. Bei der behördlichen Registrierung der Signaturkarte handelt es sich um einen Hoheitsakt. Wenn jemand seine Registrierkasse und seine Signaturerstellungseinheit freiwillig über FinanzOnline registriert, erfüllt er die Voraussetzungen des § 131b BAO.

5. Registrierkassenbeleg und Rechnung

Umgangssprachlich wird naturgemäß nicht zwischen einem Registrierkassenbeleg und einer Rechnung nach UStG unterschieden, was man auch anhand der nach wie vor vielerorts gestellten Frage „Brauchen Sie eine Rechnung?" erkennen kann. Dabei erscheint eine scharfe Trennung dieser Begrifflichkeiten aus steuerlicher Sicht dringend geboten.

5.1. Bezughabende Norm

§ 132a BAO

5.2. Sachverhalt

Jemand erstellt über eine empfangene Barzahlung für eine Lieferung/sonstige Leistung eine Rechnung iSd § 11 UStG 1994 sowie einen Beleg gemäß § 132a BAO.

5.3. Fragestellung

Kann durch das Erstellen eines Beleges über eine empfangene Barzahlung Steuerschuld kraft Rechnung entstehen?

5.4. Lösung

Der Beleg nach § 132a BAO ist keine Rechnung iSd § 11 UStG 1994 . Es handelt sich bei der Rechnungslegung um einen UStG-Prozess, die Belegerteilung ist ein BAO-Prozess. Ein Beleg kann allerdings eine Kleinbetragsrechnung sein, wenn er alle Rechnungsmerkmale enthält. Es kann dann allerdings die Gefahr bestehen, dass die Steuerschuld kraft Rechnung entsteht, wenn der Beleg alle Rechnungsmerkmale erfüllt. Es empfiehlt sich daher, die im Erlass angeführte Vorgehensweise, den Registrierkassenbeleg als „Duplikat" zu bezeichnen bzw einen entsprechenden Verweis auf die vorab ausgestellte Rechnung auf dem Beleg anzubringen.

13. RICHTLINIEN FÜR DIE ABGABENEINHEBUNG (RAE)

AÖF 2004/95 idF

1 AÖF 2005/255 **2** BMF-AV Nr. 2014/161

Richtlinien für die Abgabeneinhebung (RAE)
(Erlass des BMF vom 6. November 2003, Z 05 2202/1-IV/5/03)

(in dieser Auflage nicht abgedruckt)

14. Abgabenexekutionsordnung

14/1.

AÖF 1992/125

Änderungen im finanzbehördlichen Vollstreckungsverfahren aufgrund der Novellierung der Exekutionsordnung

(Erlass des BMF vom 21. Februar 1992, Z 03 0310/3-IV/3/92)

AO 585

Mit Bundesgesetz BGBl. Nr. 628/1991 wurden die die Lohnpfändung regelnden Normen des Lohnpfändungsgesetzes in die Exekutionsordnung eingebaut und das Lohnpfändungsgesetz selbst aufgehoben. Das Existenzminimum wurde angehoben, auch bei den unpfändbaren oder beschränkt pfändbaren Forderungen sind Änderungen eingetreten. Die Neuregelung tritt mit 1. März 1992 in Kraft. Für Leistungen, die am Tage des Inkrafttretens dieses Bundesgesetzes oder später fällig werden, gelten automatisch die neuen Vorschriften, auch wenn die Exekution bereits vor diesem Zeitpunkt beantragt wurde.

Gemäß § 57 der Abgabenexekutionsordnung unterliegt das Arbeitseinkommen im gleichen Ausmaß nicht der Pfändung, als es nach den für das gerichtliche Lohnpfändungsverfahren bestehenden Vorschriften der Pfändung entzogen ist. **Daher gilt die zuvor erwähnte Neuregelung der gerichtlichen Forderungspfändung hinsichtlich der unpfändbaren oder nur beschränkt pfändbaren Forderungen und des Existenzminimums ab 1. März 1992 automatisch auch für finanzbehördliche Lohnpfändungen.** Es sind daher diesbezüglich ab 1. März 1992 bei allen laufenden oder neu eingeleiteten Lohnpfändungen die einschlägigen Normen der Exekutionsordnung anzuwenden.

Da im finanzbehördlichen Exekutionsverfahren anders als im gerichtlichen Exekutionsverfahren der Spruch des Pfändungsbescheides (Lager-Nr. EV 55) keine Angaben über die Höhe des der Pfändung unterliegenden Betrages enthält (die dem Pfändungsbescheid angeschlossene Beilage Lager-Nr. EV 54 a dient lediglich der Information des Drittschuldners, damit dieser die Höhe des der Pfändung unterliegenden Betrages richtig ermitteln kann), ist eine Berichtigung des Lohnpfändungsbescheides ausgeschlossen. Im gerichtlichen Exekutionsverfahren ist hingegen gemäß Artikel XXXIV Abs. 2 des erwähnten Bundesgesetzes eine solche Berichtigungsmöglichkeit über Antrag eines der Beteiligten vorgesehen.

Die ab 1. März 1992 geltenden Bestimmungen über die Ermittlung der Berechnungsgrundlage und über das Existenzminimum sind im beiliegenden Entwurf der Lager-Nr. EV 54 a aufgelistet. Gegenüber den bisher geltenden Bestimmungen der AbgEO ist insbesondere auf die Erhöhung des Existenzminimums hinzuweisen. Andererseits entfällt die bisherige Begünstigung der halben Überstundenentgelte und der Schmutz-, Erschwernis- und Gefahrenzulagen. Soweit Unterlagen über laufende Lohnpfändungsverfahren (Listen usw.) vorhanden sind, wird ersucht, die Drittschuldner an Hand des angeschlossenen Entwurfes der Lager Nr.-EV 54 a zu informieren.

Eine Novellierung der Abgabenexekutionsordnung, mit der die überflüssig gewordenen Bestimmungen gestrichen bzw. durch Verweisungen auf die Exekutionsordnung ersetzt werden sollen, ist zusätzlich in Vorbereitung.

Beilage zum Bescheid betreffend Pfändung und Überweisung von Arbeitseinkommen

Bei der Pfändung von Arbeitseinkommen ist zu berücksichtigen:

1. Allgemeines

Die Pfändung der unter Punkt 4 genannten Leistungen erfaßt alle Beträge, die im Rahmen des der gepfändeten Forderung zugrunde liegenden Rechtsverhältnisses geleistet werden; insbesondere umfassen die unter 4.1 und 4.2 genannten Leistungen alle Vorteile aus diesen Tätigkeiten ohne Rücksicht auf ihre Benennung und Berechnungsart. Gesetzliche Ansprüche auf Vorschüsse sowie der Anspruch auf Insolvenz-Ausfallgeld sind wie die Leistungen, für die der Vorschuß gewährt wird, pfändbar.

2. Berechnungsgrundlage

Bei Ermittlung der Berechnungsgrundlage für den unpfändbaren Freibetrag sind vom Gesamtbezug abzuziehen:

2.1 Beträge, die unmittelbar aufgrund steuer- oder sozialrechtlicher Vorschriften zur Erfüllung gesetzlicher Verpflichtungen des Verpflichteten abzuführen sind;

2.2 die der Pfändung entzogenen Forderungen und Forderungsteile;

2.3 Beiträge, die der Verpflichtete an seine betrieblichen und überbetrieblichen Interessenvertretungen zu entrichten hat und auch entrichtet;

2.4 Beiträge, die der Verpflichtete zu einer Versicherung, deren Leistung nach Art und Umfang jenen der gesetzlichen Sozialversicherung entspricht, für sich oder seine unterhaltsberechtigten Angehörigen leistet, sofern kein Schutz aus der gesetzlichen Pflichtversicherung besteht.

Der sich aus 2.1 bis 2.4 ergebende Betrag ist abzurunden, und zwar bei Auszahlung für Monate auf einen durch 200, bei Auszahlung für Wochen auf einen durch 50 und bei Auszahlung für Tage auf einen durch zehn teilbaren Betrag.

3. Unpfändbare Bezüge bzw. Forderungen

Unpfändbar sind folgende Forderungen und Leistungen:

3.1 Aufwandsentschädigungen, soweit sie den in Ausübung der Berufstätigkeit tatsächlich erwachsenden Mehraufwand abgelten, insbesondere für auswärtige Arbeiten, für Arbeitsmaterial und Arbeitsgerät, das vom Arbeitnehmer selbst beigestellt wird, sowie für Kauf und Reinigen typischer Arbeitskleidung;

3.2 gesetzliche Beihilfen und Zulagen, die zur Abdeckung des Mehraufwandes wegen körperlicher oder geistiger Behinderung, Hilflosigkeit oder Pflegebedürftigkeit zu gewähren sind, wie z.B. der Hilflosenzuschuß und die Hilflosenzulage;

3.3 Beihilfen der Arbeitsmarktverwaltung, soweit sie nicht unter Punkt 4.8 fallen, sowie einem Versehrten gewährte berufliche Maßnahmen der Rehabilitation, welche die Fortsetzung der Erwerbstätigkeit ermöglichen;

3.4 Ersatz der Kosten, die der Arbeitnehmer für seine Vertretung aufwenden muß;

3.5 Beiträge für Bestattungskosten;

3.6 Rückersätze und Kostenvergütungen für Sachleistungsansprüche sowie Kostenersätze aus der gesetzlichen Sozialversicherung und Entschädigungen für aufgewendete Heilungskosten;

3.7 Leistungen aus dem Unterstützungsfonds und besondere Unterstützungen nach den Sozialversicherungsgesetzen;

3.8 gesetzliche Beihilfen zur Zahlung des Mietzinses oder zur Deckung des sonstigen Wohnungsaufwandes;

3.9 gesetzliche Familienbeihilfe einschließlich Familienzuschlag und Schulfahrtbeihilfe;

3.10 gesetzliche Leistungen, die aus Anlaß der Geburt eines Kindes zu gewähren sind, soweit sie nicht unter Punkt 4.6 fallen, insbesondere das Karenzurlaubsgeld, die Karenzurlaubshilfe, die Teilzeitbeihilfe, die Sondernotstandshilfe für alleinstehende Mütter und das Sonderkarenzurlaubsgeld sowie die Geburtenbeihilfe und die Sonderzahlung zur Geburtenbeihilfe;

3.11 Beihilfen und Stipendien, die Schülern und Studenten gewährt werden;

3.12 Nachzahlungen der Differenz zwischen den nicht vom Pensionsversicherungsträger gewährten gesetzlichen Pensionsvorschüssen einerseits sowie den Pensionen und den Leistungen, die für die Dauer der Arbeitslosigkeit zu gewähren sind, andererseits, sofern sie 5.000 S nicht übersteigen;

3.13 Nachzahlungen der Differenz bei Leistungen, die für die Dauer der Arbeitslosigkeit zu gewähren sind, Beihilfen der Arbeitsmarktverwaltung, die zur Deckung des Lebensunterhaltes gewährt werden, und nicht vom Pensionsversicherungsträger gewährten gesetzlichen Pensionsvorschüssen, sofern sie 5.000 S nicht übersteigen;

3.14 Leistungen nach dem Kriegsopferversorgungsgesetz und dem Opferfürsorgegesetz;

3.15 Leistungen der Tuberkulosehilfe, soweit es sich nicht um regelmäßige Geldbeihilfen handelt;

3.16 Ansprüche auf die Arbeitsvergütung nach dem Strafvollzugsgesetz und daraus herrührende Beträge.

4. Beschränkt pfändbare Bezüge bzw. Forderungen

Unter Berücksichtigung des unpfändbaren Freibetrages sind pfändbar:

4.1 Einkünfte aus einem privat- oder öffentlichrechtlichen Arbeitsverhältnis, einem Lehr- oder sonstigen Ausbildungsverhältnis und die gesetzlichen Leistungen an Präsenz- und Zivildienstleistende;

4.2 sonstige wiederkehrende Vergütungen für Arbeitsleistungen aller Art, welche die Erwerbstätigkeit des Verpflichteten vollständig oder zu einem wesentlichen Teil in Anspruch nehmen;

4.3 Bezüge, die ein Arbeitnehmer zum Ausgleich für Wettbewerbsbeschränkungen für die Zeit nach Beendigung seines Arbeitsverhältnisses beanspruchen kann;

4.4 Ruhe-, Versorgungs- und andere Bezüge für frühere Arbeitsleistungen, wie z.B. die Pensionen aus der gesetzlichen Sozialversicherung einschließlich der Ausgleichszulagen und die gesetzlichen Leistungen an Kleinrentner;

4.5 gesetzliche Leistungen und satzungsgemäße Mehrleistungen, die aus Anlaß einer Beeinträchtigung der Arbeits- oder Erwerbsfähigkeit zu gewähren sind und Entgeltersatzfunktion haben, insbesondere solche der Sozialversicherung; das sind vor allem Versehrtenrente, Versehrtengeld, Übergangsrente, Übergangsgeld, Familien- und Taggeld, Krankengeld;

4.6 Leistungen der gesetzlichen Sozialversicherung aus dem Versicherungsfall der Mutterschaft, insbesondere das Wochengeld aus der Krankenversicherung und nach dem Betriebshilfegesetz sowie die Sonderunterstützung nach dem Mutterschutzgesetz;

4.7 Leistungen, die für die Dauer der Arbeitslosigkeit zu gewähren sind, wie das Arbeitslosengeld, die Notstandshilfe, die Überbrückungshilfe und die erweiterte Überbrückungshilfe nach dem Überbrückungshilfegesetz sowie die Sonderunterstützung nach dem Sonderunterstützungsgesetz;

4.8 Beihilfen der Arbeitsmarktverwaltung, die zur Deckung des Lebensunterhaltes gewährt werden;

4.9 wiederkehrende Leistungen aus Versicherungsverträgen, wenn diese Verträge zur Versorgung des Versicherungsnehmers oder seiner unterhaltsberechtigten Angehörigen eingegangen worden sind;

4.10 gesetzliche Unterhaltsleistungen;

4.11 wiederkehrende Leistungen, die aufgrund eines Ausgedingsvertrages oder eines Unterhaltszwecken dienenden Leibrentenvertrages zu gewähren sind;

4.12 Leistungen wegen Minderung der Erwerbsfähigkeit, für Verdienstentgang, zur Sicherung des Lebensunterhaltes und an die Hinterbliebenen für entgangenen Unterhalt, die wegen Tötung, Körperverletzung, Gesundheitsschädigung oder Krankheit zu gewähren sind, insbesondere Schadenersatzrenten.

5. Sonderzahlungen

Vom 14. Monatsbezug (Urlaubszuschuß, Urlaubsbeihilfe, Renten- oder Pensionssonderzahlung, die zu den im Mai bezogenen Renten bzw. Pensionen gebührt, und dergleichen) und vom 13. Monatsbezug (Weihnachtszuwendung, Weihnachtsremuneration, Renten- oder Pensionssonderzahlung, die zu den im Oktober bezogenen Renten bzw. Pensionen gebührt, und dergleichen) hat dem Verpflichteten der unpfändbare Freibetrag nach Punkt 6.1 und 6.4 bis 6.7 zu verbleiben. Werden die Sonderzahlungen in Teilbeträgen geleistet, so ist der unpfändbare Freibetrag auf die Teilzahlungen entsprechend deren Höhe aufzuteilen.

6. Unpfändbarer Freibetrag (Existenzminimum)

6.1 Von dem sich aus der Berechnungsgrundlage (Punkt 2) ergebenden Betrag hat dem Verpflichteten je nach dem Zeitraum, für den die Leistungen gezahlt werden, 6.500 S monatlich, 1.500 S wöchentlich, 220 S täglich zu verbleiben (allgemeiner Grundbetrag);

6.2 Der allgemeine Grundbetrag erhöht sich auf 7.000 S monatlich, 1.620 S wöchentlich, 230 S täglich, wenn der Verpflichtete im Rahmen des der gepfändeten Forderung zugrunde liegenden Rechtsverhältnisses Sonderzahlungen (Punkt 5) erhält, die jedoch nicht die Höhe der monatlichen Leistung übersteigen (erhöhter allgemeiner Grundbetrag);

6.3 Der allgemeine Grundbetrag erhöht sich auf 7.500 S monatlich, 1.740 S wöchentlich, 250 S täglich, wenn der Verpflichtete im Rahmen des der gepfändeten Forderung zugrunde liegenden Rechtsverhältnisses keine Sonderzahlungen (Punkt 5) erhält (erhöhter allgemeiner Grundbetrag);

6.4 Gewährt der Verpflichtete gesetzlichen Unterhalt, so erhöht sich der dem Verpflichteten verbleibende Betrag für jede Person, der Unterhalt gewährt wird, um 1.200 S monatlich, 275 S wöchentlich, 40 S täglich (Unterhaltsgrundbetrag); höchstens jedoch um 6.000 S monatlich, 1.375 S wöchentlich, 200 S täglich;

6.5 Übersteigt die Berechnungsgrundlage den sich aus 6.1 bis 6.4 ergebenden Betrag, so verbleiben dem Verpflichteten überdies 30% dieses Mehrbetrages (allgemeiner Steigerungsbetrag);

6.6 Gewährt der Verpflichtete gesetzlichen Unterhalt, so kommen für jede Person 10% des Mehrbetrages, höchstens jedoch 50%, hinzu (Unterhaltssteigerungsbetrag);

6.7 Der Teil der Berechnungsgrundlage, der 27.000 S monatlich, 6.250 S wöchentlich, 900 S täglich übersteigt, ist jedenfalls zur Gänze pfändbar.

14/2.

AÖF 1992/319

Einführungserlaß zur Novelle der Abgabenexekutionsordnung

(Erlass des BMF vom 18. September 1992, Z 03 0310/7-IV/3/92)

Mit Bundesgesetz BGBl. Nr. 457/1992 wurde die AbgEO novelliert. Die dem Lohnpfändungsrecht nachgebildeten bzw. zu dem Lohnpfändungsrecht in Konnex stehenden §§ 53, 54, 55, 56, 57, 58, 60, 61, 62 und 63 der AbgEO treten mit 1. März 1992, also rückwirkend, außer Kraft bzw. werden mit gleichem Stichtag die §§ 53 und 54 leg. cit. neu gefaßt und die §§ 59, 60, 64, 68, 70 und 72 leg. cit. adaptiert. Dadurch wird eine Anpassung der AbgEO an jene Vorschriften, nach denen die gerichtliche Forderungsexekution abläuft (vgl. EO in der Fassung BGBl. Nr. 628/1991), erreicht. Darüber hinaus wurden aber auch einige Normen der AbgEO in der Stammfassung modifiziert bzw. verbessert.

Zu den einzelnen Ziffern der Novelle wird, ohne daß über die gesetzlichen Bestimmungen hinausgehende Rechte und Pflichten begründet werden, folgendes bemerkt:

Zu Z 1:

Die Änderung im § 3 Abs. 3 AbgEO ist durch die völlig neu formulierten Bestimmungen der §§ 47 bis 49 EO durch BGBl. Nr. 628/1991 und die Einführung eines § 31 a (siehe auch Z 6) in die AbgEO erforderlich geworden.

Das Offenbarungseidverfahren ist durch ein Vermögensverzeichnisverfahren ersetzt worden. Dieses Verfahren zur Erlangung eines Vermögensverzeichnisses bei Gericht ist nur dann durchzuführen, wenn der Abgabenschuldner (Vollstreckungsschuldner) der aus § 31 a AbgEO sich ergebenden Verpflichtung zur Vorlage eines Vermögensverzeichnisses an den Vollstrecker nicht nachkommt. Erlangt das Vollstreckungsorgan bei der Fahrnisexekution kein Vermögensverzeichnis, kann sich das FA an das Gericht wenden. Die Bestimmungen der Abschnitte 238 bis 241 DAE in der Fassung BMF-Z 59 000-8/1955 gelten sinngemäß. Wie sich aus § 47 Abs. 3 EO in der Fassung BGBl. Nr. 628/1991 ergibt, können sich die Abgabenbehörden, soweit sie anstelle der Finanzprokuratur einzuschreiten berufen sind, mit dem Antrag auf Vorlage eines Vermögensverzeichnisses an jenes Bezirksgericht wenden, in dessen Sprengel die Exekution erfolglos versucht wurde. Das weitere Verfahren regeln die §§ 48 und 49 EO. Hat der Abgabenschuldner (Vollstreckungsschuldner) über Betreiben der Vollstreckungsbehörde ein Vermögensverzeichnis vorgelegt und ist seit dessen Unterfertigung vor Gericht mehr als ein Jahr vergangen, ist die Vollstreckungsbehörde berechtigt, neuerlich ein Verfahren zur Erlangung eines Vermögensverzeichnisses einzuleiten (vgl. § 49 Abs. 1 EO). Im übrigen kann eine neuerliche Vermögensangabe vor Gericht für denselben Abgabenanspruch nur begehrt werden, wenn die Vollstreckungsbehörde glaubhaft macht, daß sich seit der letzten Vermögensangabe die Sachlage in bezug auf die Innehabung der Sachen oder das Wissen des Abgabenschuldners (Vollstreckungsschuldners) geändert hat. Dagegen ist eine wiederholte Aufforderung zur Vorlage eines Vermögensverzeichnisses an den Abgabenschuldner (Vollstreckungsschuldner) durch den Vollstrecker im Rahmen eines abgabenbehördlichen Exekutionsverfahrens ohne die Einschränkung des § 49 EO zulässig.

Im übrigen siehe auch die Ausführungen zu Z 6.

Zu Z 2:

§ 65 Abs. 4 AbgEO legt fest, daß der Drittschuldner das Zahlungsverbot anfechten oder beim FA die Unzulässigkeit der Vollstreckung geltend machen kann, weshalb eine Ergänzung des § 16 AbgEO in der Stammfassung erfolgte. Es wird fingiert, daß die vom Drittschuldner beim FA geltend gemachte Unzulässigkeit der Vollstreckung als Antrag auf Einstellung derselben gilt. Über diesen Antrag ist mit Bescheid abzusprechen. Die Ergänzung des § 16 AbgEO durch einen Absatz 2 führt nicht zu einer Änderung der bisher erschöpfend aufgezählten Einstellungsgründe im nunmehrigen § 16 (1) leg. cit. (siehe auch Z 13).

Zu Z 3:

Die Erhöhung der Betragsgrenze in § 26 Abs. 1 AbgEO ist zunächst wegen in anderen Rechtsbereichen vorgenommener Valorisierungen sowie wegen verwaltungsinterner Rationalisierungsüberlegungen erfolgt, wonach im abgabenbehördlichen Vollstreckungsverfahren Rückstandsausweise automationsunterstützt erst ab einem Betrag von 10.000 S ausgefertigt werden. Die Mindestgebühr gilt gemäß § 90 a Abs. 3 AbgEO in Verbindung mit Art. 49 Abs. 1 B-VG ab dem der Kundmachung folgenden Tag, also ab dem 1. August 1992, für Amtshandlungen, hinsichtlich derer der Gebührenanspruch nach dem 31. Juli 1992 begründet wurde [§ 26 Abs. 5 (früher Abs. 4) AbgEO]. Zur Klarstellung wird ergänzend ausgeführt, daß der nunmehr geltende Mindestbetrag von 100 S auch für Amtshandlungen anzufordern ist, denen Beträge unter 10.000 S zugrunde liegen.

Wurde die Mindestgebühr für **nach** dem 1. Juli 1992 durchgeführte Amtshandlungen noch nach § 26 Abs. 1 lit. a AbgEO in der Fassung vor der Novelle BGBl. Nr. 457/1992 festgesetzt, ist dies kein Anlaß für eine Berichtigung nach § 293 BAO; aus Zweckmäßigkeitsgründen hat aber auch eine Maßnahme nach § 299 Abs. 2 BAO zu unterbleiben.

Der neue Absatz 4 des § 26 AbgEO legt fest, daß bei der Festsetzung der gemäß Abs. 3 leg. cit. zu entrichtenden Gebühren und Barauslagenersätze die Rundungsbestimmungen des § 204 Abs. 1 BAO nicht Anwendung finden. Diese Bestimmung wurde nicht allein wegen der mit Wirksamkeit vom 1. Jänner 1992 geänderten Postgebühren geschaffen. Erfahrungsgemäß kommt es immer wieder vor, daß die von den Vollstreckungsbehörden in Anspruch genommenen Hilfspersonen Rechnungen mit Groschenbeträgen legen. Die Vollstreckungsbehörden haben die geltend gemachten Ansprüche dieser Hilfspersonen vorschußweise zu tragen und im bevorschußten Ausmaß dem Abgabenschuldner (Vollstreckungsschuldner) in Rechnung zu stellen (§ 26 Abs. 3 AbgEO).

Im Interesse der Vermeidung von Härten wurde im Zuge der gegenständlichen Novelle eine dem § 221 a Abs. 2 und Abs. 4 BAO nachgebildete Regelung geschaffen. Trotz des Amtshandlungscharakters der Kosten des Vollstreckungs- und Sicherungsverfahrens (vgl. z.B. VwGH vom 22. September 1982, Z 81/13/0161) ist es nicht vertretbar, bei Wegfall oder Minderung der die Bemessungsgrundlage bildenden Abgabenschuldigkeiten die Gebühren in der ursprünglichen Höhe aufrechtzuerhalten. Tritt hinsichtlich der Höhe jener Abgabenschuldigkeiten, die Gegenstand eines Vollstreckungsverfahrens waren, nachträglich eine Herabsetzung der Abgabenschuld durch Bescheid ein, so sind die Vollstreckungsgebühren über Antrag anzupassen. Würden aufgrund eines Antrages nach § 26 Abs. 6 AbgEO die nach Abs. 1 leg. cit. festgesetzten Gebühren den Betrag von 100 S nicht übersteigen, ist der die Gebühren festsetzende Bescheid aufzuheben. Die Ausführungen im BMF-Erlaß vom 20. Mai 1980, Z 72 3009/12-VII/2/80, O 720, betreffend § 221 a BAO gelten sinngemäß.

Über die Anträge nach § 26 Abs. 6 AbgEO hat die Vollstreckungsstelle mit Bescheid abzusprechen; hiefür stehen die Drucksorten FK 250 und FK 251 zur Verfügung.

Klarstellend wird festgehalten, daß § 26 Abs. 6 AbgEO keine Auswirkungen auf jene Gebühren hat, die vom Gericht festgesetzt oder vom Gericht der Abgabenbehörde als betreibendem Gläubiger mit Beschluß zuerkannt werden. In ersterem Falle könnte der Abgabenschuldner (Vollstreckungsschuldner) allenfalls nach § 9 GEG 1962 vorgehen.

Aus gegebenem Anlaß wird in Erinnerung gebracht, daß die Festsetzung von Gebühren und Auslagenersätzen gemäß § 26 AbgEO **immer** mit Bescheid zu erfolgen hat; auf Abschnitt 40 DAV, BMF-Erlaß Z 55 000-8 b/65, wird verwiesen. Die im Bescheid über die Pfändung einer grundbücherlich nicht sichergestellten Geldforderung (Vordruck EV 55) gemäß § 65 Abs. 1 Satz 2 AbgEO bekanntgegebene Höhe der Pfändungsgebühr bedeutet gegenüber dem Abgabenschuldner (Vollstreckungsschuldner) keine wirksame Festsetzung, weshalb für eine bescheidmäßige Festsetzung unter Verwendung des Vordruckes EV 21 zu sorgen ist (vgl. auch Abschnitt 35 Abs. 3 DAV).

Zu Z 4:

Die Anhebung dieses Betrages erfolgt im Hinblick auf in anderen Rechtsbereichen vorgenommene Valorisierungen. Beispielsweise wurde mit der erweiterten Wertgrenzennovelle 1988, BGBl. Nr. 343/1989, die Wertgrenze in der § 29 Z 6 AbgEO vergleichbaren Bestimmung des § 251 Z 6 EO auf 8.000 S angehoben.

Zu Z 5:

§ 31 AbgEO in der Stammfassung regelt die Pfändung beweglicher körperlicher Sachen. Voraussetzung der Pfändung ist, daß sich die beweglichen körperlichen Sachen in der Gewahrsame des Abgabenschuldners (Vollstreckungsschuldners) befinden. Die Pfändung selbst wird dadurch bewirkt, daß der Vollstrecker die beweglichen körperlichen Sachen in einem Protokoll verzeichnet und beschreibt (§ 31 Abs. 1 AbgEO in der Stammfassung); der Vollstrecker hat also die beweglichen körperlichen Sachen auch gesehen. Durch die Ergänzung wird erreicht, daß Gegenstände, die sich nicht am Ort der Pfändung befinden, über die der Abgabenschuldner (Vollstreckungsschuldner) jedoch verfügt, die sich also in seiner Gewahrsame befinden, gepfändet werden können, ohne daß sie vom Vollstrecker vorher besichtigt werden müssen. § 31 Abs. 1 AbgEO stellt eine Fiktion auf. Um den im Vollstreckungsverfahren allenfalls zu erwartenden Einwendungen gegen die Pfändung wirksam begegnen zu können, muß daher im Pfändungsprotokoll – auch bestätigt durch die Unterschrift des Abgabenschuldners (Vollstreckungsschuldners) – festgehalten werden, daß die Pfändung bestimmter im Pfändungsprotokoll verzeichneter und beschriebener Gegenstände nach dessen Angaben erfolgte.

Zu Z 6:

Die Einführung eines § 31 a steht in Zusammenhang mit der Schaffung eines § 253 a EO durch BGBl. Nr. 628/1991. Die Aufforderung an den Abgabenschuldner (Vollstreckungsschuldner), dem Vollstrecker ein Vermögensverzeichnis vorzulegen, dient der Erhöhung der Effizienz des Exekutionsverfahrens und bietet den Vorteil, daß der Vollstrecker die Angaben des Verpflichteten an Ort und Stelle überprüfen und der Innendienst aufgrund des Berichtes des Vollstreckers weitere zweckdienliche Vollstreckungshandlungen veranlassen kann. Dem Vollstrecker stehen jedoch keine Zwangsmittel nach § 111 BAO zur Erlangung des Vermögensverzeichnisses offen; diese könnten nur durch die Vollstreckungsbehörde (Innendienst) gesetzt werden. Die Setzung von Zwangsmaßnahmen ist jedoch nicht zweckmäßig, weil nach § 3 Abs. 3 leg. cit. vorzugehen ist (siehe Z 1).

Für das Vermögensverzeichnis ist das angeschlossene Muster (siehe Anhang) zu verwenden; für den Gebrauch sind amtsintern Fotokopien anzufertigen. Wenn der Abgabenschuldner (Vollstreckungsschuldner) zur Vorlage eines Vermögensverzeichnisses durch den Vollstrecker verhalten wird, ist ihm ein Hinweis zum Vermögensverzeichnis nach § 31 a AbgEO (siehe Anhang) auszuhändigen. Auch von diesem Muster sind amtsintern die erforderlichen Fotokopien anzufertigen. An die Auflage eines Vordruckes ist aus Kostengründen nicht gedacht.

(Anhang nicht abgedruckt)

Es bestehen keine Bedenken, den Abgabenschuldner (Vollstreckungsschuldner) zwecks Vorlage des ausgefüllten Vermögensverzeichnisses zur Abgabenbehörde zu laden, wenn die Erfüllung der Aufforderung des Vollstreckers im Rahmen der Amtshandlung zuviel Zeit in Anspruch nähme; der Vollstrecker hat eine angemessene Frist zu setzen. Für diesen Fall ist der Amtsvermerk (2. Seite unten des Vordrucks) vorgesehen.

(Anhang nicht abgedruckt)

Für die Vorlage des Vermögensverzeichnisses fallen keine gesonderten Gebühren nach § 26 Abs. 1 AbgEO an, weil die Aufforderung zur Vorlage eines Vermögensverzeichnisses im Rahmen einer Amtshandlung ergeht. Wird beispielsweise im Rahmen der Amtshandlung ein Bargeldbetrag abgenommen, der jedoch den Rückstandsbetrag nicht voll abdeckt, und aus diesem Grund eine Fahrnispfändung durchgeführt, die ergebnislos verläuft, und deshalb ein Vermögensverzeichnis angefordert, ist Bemessungsgrundlage der Gebühr nach § 26 Abs. 1 lit. a AbgEO jedenfalls der im Rückstandsausweis genannte Betrag. Dies gilt allerdings nicht, wenn der Abgabenschuldner (Vollstreckungsschuldner) der Aufforderung zur Abgabe eines Vermögensverzeichnisses nicht nachkommt. Hat der Abgabenschuldner (Vollstreckungsschuldner) ein Vermögensverzeichnis abgegeben, ist bei der Festsetzung der Gebühren für die Amtshandlung darauf Bedacht zu nehmen und jedenfalls auf der beim Finanzamt verbleibenden Durchschrift des Bescheides (der Quittung) ein entsprechender Vermerk anzubringen.

Zu Z 7:

Wie schon einleitend festgehalten, liegt der Schwerpunkt der Novellierung der AbgEO in der Anpassung der Vorschriften über das finanzbehördliche Vollstreckungsverfahren auf Geldforderungen und diesen gleichgestellte Gehalts-, Lohn- und sonstige Geldforderungen an die Vorschriften der EO in der Fassung BGBl. Nr. 628/1991. Wie sich aus § 90 a Abs. 2 AbgEO ergibt, tritt § 53 AbgEO in der Stammfassung mit 1. März 1992, also rückwirkend, außer Kraft; mit gleichem Termin tritt ein neuer § 53 in Kraft, dem zufolge im abgabenbehördlichen Forderungspfändungsverfahren die Bestimmungen der §§ 290 bis einschließlich 291 a, der §§ 291 d, 291 e, 292, 292 d, 292 e, 292 f, 292 g, 292 h Abs. 1, 292 j Abs. 2 bis Abs. 5 und 299 a der EO anzuwenden sind. Die rückwirkende Inkraftsetzung der Bestimmung des § 53 AbgEO bewirkt die Gleichheit der Verfahren bei der Exekution auf Geldforderungen und diesen gleichgestellte Gehalts-, Lohn- und sonstige Geldbezüge durch die Finanzbehörden und durch die Gerichte. Mit der Verlautbarung des Bundesgesetzes BGBl. Nr. 457/1992 im Bundesgesetzblatt am 31. Juli 1992 ist die schon aufgrund von Verwaltungsanweisungen gewählte Vorgangsweise gesetzlich gedeckt.

Zu den Normen der EO, auf welche in § 53 AbgEO verwiesen wird, ist zu bemerken, daß nunmehr nicht mehr in Spezialgesetze Einblick genommen werden muß, um festzustellen, welche Forderungen unpfändbar bzw. beschränkt pfändbar sind, in welcher Form Sonderzahlungen der Forderungspfändung unterliegen und wie sich die

Höhe des unpfändbaren Freibetrages, des Existenzminimums, ermittelt.

Aus Vereinfachungsgründen werden diesem Erlaß in Kopie ein Auszug aus dem BGBl. Nr. 628/1991, die dazugehörenden Erläuterungen und ein Bericht des Justizausschusses angeschlossen (Anlagen 1, 2 und 3). Die aufgrund des § 292 f EO erlassene Verordnung des Bundesministers für Justiz ist unter BGBl. Nr. 124/1992 zu finden.

Zu Z 8:

§ 54 AbgEO übernimmt im wesentlichen die Bestimmung des § 292 i EO in der Fassung BGBl. Nr. 628/1991. Der Pfändungsschutz soll jene Guthaben umfassen, die dadurch entstanden sind, daß beschränkt pfändbare Geldforderungen (vgl. §§ 290 a, 291 d EO) auf ein Konto des Abgabenschuldners (Vollstreckungsschuldners) bei einer Bank oder der Österreichischen Postsparkasse überwiesen wurden. Wird von einem Abgabenschuldner (Vollstreckungsschuldner) ein Antrag im Sinne des § 54 Abs. 3 AbgEO eingebracht, wird das FA zu prüfen haben, ob beschränkt pfändbare Forderungen gemäß § 290 a oder gemäß § 291 d EO in der Fassung BGBl. Nr. 628/1991 auf das Konto überwiesen wurden. Diesbezüglich wird es eines Ermittlungsverfahrens (z.B. Anfrage bei der anweisenden Stelle) bedürfen. Der Abgabenschuldner (Vollstreckungsschuldner) hat in seinem Antrag wenigstens glaubhaft zu machen, daß beschränkt pfändbare Geldforderungen auf ein ihm zurechenbares Konto bei einem der vorgenannten Institute überwiesen worden sind, sowie die Höhe der ihn treffenden Unterhaltsverpflichtungen und den Termin, bis zu welchem diese zu erfüllen sind, anzugeben. Eine Überprüfung der Angaben des Abgabenschuldners (Vollstreckungsschuldners) soll nach den Lebenserfahrungen und keinesfalls einschränkend oder kleinlich erfolgen.

Über diesen Antrag ist mit rechtsmittelfähigem Bescheid abzusprechen und, wenn dem Begehren Rechnung getragen wird, nach § 241 Abs. 1 BAO vorzugehen.

Zu Z 9:

Die §§ 55 bis 58, 61, 62 und 63 der AbgEO in der Stammfassung werden aufgehoben, weil in § 53 AbgEO auf gleichartige Bestimmungen der EO verwiesen wird. § 63 AbgEO in der Stammfassung ist § 291 EO in der Fassung vor der Novelle BGBl. Nr. 628/1991 nachgebildet und kann als nicht mehr erforderlich angesehen entfallen.

Zu Z 10:

§ 59 Abs. 1 AbgEO, der § 59 der Stammfassung entspricht, wurde inhaltlich nicht verändert, sondern lediglich sprachlich gestrafft und den gesetzlichen Gegebenheiten der Novelle angepaßt.

Absatz 2 ist neues Recht und räumt der Abgabenbehörde die Möglichkeit ein, den unpfändbaren Freibetrag mit Bescheid herabzusetzen, wenn der Abgabenschuldner (Vollstreckungsschuldner) im Rahmen seines Arbeitsverhältnisses Leistungen von Dritten erhält, die nicht zu den beschränkt pfändbaren Forderungen gehören. Die Bestimmung des § 59 Abs. 2 AbgEO verschafft der Abgabenbehörde die Möglichkeit, beispielsweise auf Trinkgelder zu greifen, indem bei der Berechnung des unpfändbaren Freibetrages die Höhe dieser Trinkgelder berücksichtigt wird.

Über einen Antrag nach § 59 AbgEO ist mit rechtsmittelfähigem Bescheid abzusprechen.

Zu Z 11:

§ 60 AbgEO in der Stammfassung hat durch die Neufassung inhaltlich keine Änderung erfahren.

Im finanzbehördlichen Vollstreckungsverfahren auf Geldforderungen und diesen gleichgestellte Gehalts-, Lohn- und sonstige Geldbezüge wird mit dem die Pfändung aussprechenden Bescheid (Vordruck EV 55) nicht über die Höhe des unpfändbaren bzw. pfändbaren Teiles der vorgenannten Bezüge abgesprochen. Somit ist auch ein bescheidmäßiger Abspruch im Fall der Änderung der Voraussetzungen nicht erforderlich, denn die gesetzlichen Bestimmungen (vgl. §§ 290 bis einschließlich 291 a EO in der Fassung BGBl. Nr. 628/1991) hat der Drittschuldner zu berücksichtigen. Zwischen dem Abgabenschuldner (Vollstreckungsschuldner) und dem Drittschuldner kann es aber zu Streitigkeiten über die Höhe der unpfändbaren oder bedingt pfändbaren Bezüge kommen, wodurch die Finanzverwaltung als betreibende Gläubigerin in die Lage versetzt wird, über diese Streitigkeiten abzusprechen.

Zu Z 12:

Auch § 64 AbgEO in der Stammfassung erfuhr inhaltlich keine Änderung. Der Wegfall des bisherigen Absatzes 4 ist eine Folge der ersatzlosen Streichung des § 63 AbgEO in der Stammfassung.

Zu Z 13:

Die Klarstellung, daß im Pfändungsbescheid (Vordruck EV 55) die Höhe der Abgabenschuld und der Gebühren und Auslagenersätze anzugeben ist, soll eine seit Jahren bestehende Unsicherheit über die Wahrung der abgabenrechtlichen Geheimhaltung im Vollstreckungsverfahren beseitigen. Die immer schon Übung gewesene Vorgangsweise der Abgabenbehörden, im Pfändungsbescheid die Höhe der Abgabenschuld und die Höhe der Kosten (der Gebühren und Auslagenersätze) anzugeben, diente, wie schon Reeger/Stoll im Kommentar zur AbgEO ausführten, dem Rechtsschutz (siehe auch Ausführungen zu Z 3). Die Ergänzung des § 65 Abs. 1 leg. cit. durch einen letzten Satz dient dem Schutz des Abgabenschuldners (Vollstreckungsschuldners) und soll die Erlangung vollständiger Auskünfte bewirken, wenn Drittschuldner zur Äußerung aufgefordert werden (vgl. § 70 AbgEO).

Für die Pfändung ist **ausschließlich** der Vordruck EV 55 zu verwenden. Formularmäßig wird nicht mehr zwischen der Pfändung einer Geldforderung und der Pfändung von „Arbeitslohn" (und diesem gleichgestellten Forderungen) unterschieden. Der Vordruck EV 54 wird daher aufgelassen und ist zu skartieren. Der neu aufgelegte Vordruck EV 55 ist entsprechend den Erfordernissen auszufüllen, wobei insbesondere darauf zu achten ist, ob der Drittschuldner zu einer Äußerung aufgefordert werden soll. In so einem Fall ist **nur** das unmittelbar rechts neben dem Wort „Bescheid" angebrachte Kästchen anzukreuzen und – sofern von der Vollstreckungsbehörde für erforderlich angesehen – dem Pfändungsbescheid ein Bescheid Vordruck EV 58 (Aufforderung zur Drittschuldneräußerung) anzuschließen (siehe auch Z 18).

Werden mit dem Vordruck EV 55 Gehalts-, Lohn- und sonstige Geldbezüge gepfändet (erfolgt also eine Lohnpfändung in bisherigem Sprachgebrauch), ist der mit ho. Erlaß vom 24. Februar 1992, Z 03 0310/3-IV/3/92, AO 585, übermittelte Vordruck EV 54 a, der trotzdem weiterhin als Beilage zum Bescheid betreffend Pfändung und Überweisung von Arbeitseinkommen bezeichnet wird, anzuschließen.

Die Ergänzung des Abs. 4 des § 65 AbgEO erfolgte, um eine Übereinstimmung mit § 294 EO in der Fassung BGBl. Nr. 628/1991 zu erzielen. Praktische Bedeutung wird der Ergänzung nur in den Fällen des § 66 AbgEO zukommen (vgl. Reeger/ Stoll, AbgEO, Seite 158).

Zu Z 14 und 15:

Die Änderungen in den §§ 66 und 67 Abs. 1 AbgEO in der Stammfassung sind keine inhaltlichen. § 67 Abs. 1 AbgEO zählt neben den Forderungen, die durch Indossament übertragen werden können, weitere Papiere auf, ohne diese allgemein zu umschreiben. Eine gleichartige sprachliche Verbesserung erfolgte übrigens im § 71 Abs. 2 und Abs. 3 (siehe Ausführungen zu Z 19).

Zu den Papieren, die durch Indossament übertragen werden können, zählen beispielsweise die kaufmännischen Wertpapiere (§§ 363 bis 365 HGB), der Wechsel und der Orderscheck. Diese Papiere sind wie bewegliche körperliche Sachen zu pfänden. Werden keine Papiere im Sinne des § 67 Abs. 1 AbgEO im Zuge der Vollstreckungshandlung durch den Vollstrecker gefunden, besteht die Möglichkeit, nach § 31 a AbgEO vorzugehen (siehe Z 6).

Infolge eines Redaktionsfehlers wurde das Wort „öffentlicher" in § 66 AbgEO Stammfassung in Z 14 der Novelle nicht erwähnt. Es ist aber logisch, daß von dem Austausch der Wortfolgen auch das vorerwähnte Wort umfaßt ist. Bei Gelegenheit wird für eine Beseitigung dieses Mangels gesorgt.

Zu Z 16:

Die Änderungen in § 68 AbgEO gehen auf Änderungen in § 299 EO durch Bundesgesetz BGBl. Nr. 628/1991 zurück. Die Neuerungen in § 68 AbgEO dienen dem Schutz des betreibenden Gläubigers Abgabenbehörde und verringern die Verwaltungsarbeit, weil einerseits bereits begründete Pfandrechte zeitlich erstreckt werden und andererseits Pfandrechte bedingt begründet werden können.

Zu Z 17:

Die Änderungen in den Absätzen 2 und 3 des § 69 AbgEO sind rein sprachlich und stehen mit dem Austausch bestimmter Wortfolgen in § 66 AbgEO in Zusammenhang. Inhaltlich ist keine Änderung eingetreten.

Zu Z 18:

§ 70 AbgEO ist, wie sich aus § 90 a Abs. 2 AbgEO ergibt, rückwirkend mit 1. März 1992 in Kraft getreten. Die im Einleitungssatz des § 70 Abs. 1 leg. cit. enthaltene Frist zur Abgabe der Drittschuldneräußerung wurde auf vier Wochen verlängert und ist im Hinblick auf § 90 a Abs. 3 AbgEO in allen anhängigen Verfahren zu gewähren.

In § 70 Abs. 1 AbgEO werden mehrere Ergänzungen vorgenommen. Diese Ergänzungen (Z 3, Z 4, Z 6 und Z 7) dienen dazu, dem Abgabengläubiger ausreichend Informationen über Bestand, Art und Umfang der gepfändeten Forderung zu verschaffen und allfällige Drittschuldnerverfahren zu vermeiden. Kommt es infolge unvollständiger Angaben des Drittschuldners in der Drittschuldnererklärung zu einem Drittschuldnerprozeß, dann hat der Drittschuldner, wenn er seine Pflicht vorsätzlich oder grob fahrlässig unrichtig oder unvollständig erfüllt hat, auch wenn der Abgabengläubiger unterliegt, der Abgabenbehörde die Kosten des Drittschuldnerverfahrens zu ersetzen (§ 70 Abs. 2 AbgEO).

Der Vordruck EV 58 ist in jedem Fall händisch zu berichtigen; eine Neuauflage ist in Arbeit.

Die dem Drittschuldner mit der Abgabe der Drittschuldnererklärung erwachsenen Kosten sind, wie schon bisher, von der Vollstreckungsbehörde zu tragen und als Kosten des Vollstreckungsverfahrens dem Abgabenschuldner (Vollstreckungsschuldner) zum Ersatz vorzuschreiben. Die Ergänzung des Absatzes 3 bedeutet, daß im finanzbehördlichen Vollstreckungsverfahren dem Drittschuldner ein Ersatz für den mit der Abgabe der Erklärung verbundenen Aufwand wenigstens in der Höhe von 150 S zusteht, soweit dieser nicht höhere Kosten nachweist. Auf den BMF-Erlaß vom 5. Juni 1992, Z 66 0102/8-VI/6/92, O 720, wird hingewiesen.

Abs. 4 des § 70 AbgEO in der Stammfassung wurde ersatzlos aufgehoben. Die Aufhebung gründet sich auf die Aufhebung des § 302 EO durch den Verfassungsgerichtshof wegen Verstoßes gegen den Gleichheitsgrundsatz. Somit ist das Vorrecht gewisser Institutionen (wie beispielsweise der Sozialversicherungsträger), keine Drittschuldnererklärung abgeben zu müssen, gefallen.

Zu Z 19:

§ 71 Abs. 2 und Abs. 3 AbgEO erfuhren inhaltlich keine Änderung. Auf die Ausführungen zu Z 15 wird verwiesen.

Zu Z 20:

Auch § 72 Abs. 1 AbgEO tritt rückwirkend in Kraft. Der erste Tatbestand des § 72 Abs. 1 AbgEO in der Stammfassung, wonach es dem Drittschuldner überlassen blieb, nach eigenem Gutdünken den Betrag zu hinterlegen, wurde dahingehend geändert, daß dies nur bei unklarer Sach- und Rechtslage bezüglich der zur Einziehung überwiesenen Forderung möglich ist.

Abschließend wird nochmals ausdrücklich festgehalten, daß die §§ 53, 54, 59, 60, 64, 68, 70 und 72 AbgEO gemäß § 90 Abs. 2 leg. cit. mit **1. März 1992** in Kraft getreten sind und mit **gleichem Stichtag** die §§ 55, 56, 57, 58, 61, 62 und 63 AbgEO in der Stammfassung aufgehoben wurden. Das bedeutet, daß finanzbehördliche Exekutionsverfahren auf den Geldforderungen gleichgestellte Gehalts-, Lohn- und sonstige Geldbezüge **ausschließlich** unter Beachtung der rückwirkend in Kraft gesetzten Normen abzuführen sind. Wurden Exekutionsverfahren hinsichtlich der vorgenannten Forderungen nicht nach den neuen Bestimmungen durchgeführt und werden deshalb von Abgabenschuldnern (Vollstreckungsschuldnern) oder Drittschuldnern unter Bezugnahme auf die Novellierung der AbgEO Einwendungen erhoben, ist diesen zu entsprechen und sind allenfalls zu hoch überwiesene Beträge unter sinngemäßer Anwendung des § 241 Abs. 1 BAO zurückzuzahlen.

Alle **übrigen** Bestimmungen der Novelle BGBl. Nr. 457/1992 sind am **1. August 1992** in Kraft getreten (Artikel 49 Abs. 1 B-VG) und auf alle zu diesem Stichtag anhängigen Vollstreckungsverfahren anzuwenden (§ 90 Abs. 3 AbgEO).

Die Aussagen in den ho. Erlässen vom 21. Februar 1992 und 6. März 1992, Z 03 0310/3-IV/3/92 und Z 03 0310/4-IV/3/92, AO 585, gelten, soweit vorstehend nichts Gegenteiliges gesagt wird, weiter.

14/3.

AÖF 1994/220

Österreichisch-deutscher Amtshilfevertrag, BGBl. Nr. 249/1955; Forderungsanmeldungen im Konkursverfahren

(Erlass des BMF vom 14. Juni 1994, Z 04 1483/192-IV/4/94)

Aus gegebenem Anlaß wird im Interesse der bundeseinheitlichen Anwendung des Vertrages vom 4. Oktober 1954, BGBl. Nr. 249/1955, zwischen der Republik Österreich und der Bundesrepublik Deutschland über Rechtsschutz und Rechtshilfe in Abgabensachen in bezug auf die Anwendung dieses Vertrages im Insolvenzverfahren folgendes eröffnet:

Nach übereinstimmender Ansicht der österreichischen und deutschen Finanzverwaltung schließen die Bestimmungen des Abschnitts III B lit. b des oben zitierten österreichisch-deutschen Amtshilfevertrages („Rechtshilfe bei der Vollstreckung“) grundsätzlich auch Maßnahmen im Rahmen eines Insolvenzverfahrens ein. Daraus folgt, daß auch die Anmeldung von Abgabenforderungen im Konkursverfahren in den Bestimmungen des österreichisch-deutschen Amts- und Rechtshilfevertrages in Abgabensachen Deckung findet, wobei entsprechend den allgemeinen Amtshilfegrundsätzen im Vollstreckungsverfahren zu beachten ist, daß ein Einschreiten österreichischer Abgabenbehörden unter Bedachtnahme auf Art. 11 des zitierten Vertrages nur bei Erfüllung der darin vorgesehenen Rechtsvoraussetzungen, insbesondere der Unanfechtbarkeit der Abgabenforderung, in Betracht kommt.

Ebenso wurde im Rahmen einer Verständigungsvereinbarung mit dem deutschen Bundesfinanzministerium von deutscher Seite bestätigt, daß deutsche Finanzbehörden auf der Grundlage dieses Vertrages in deutschen Konkursverfahren zugunsten der österreichischen Finanzverwaltung so lange alle erforderlichen Maßnahmen treffen werden, als nicht eine Bestreitung der österreichischen Abgabenforderung durch den Konkursverwalter erfolgt. Sollte dies der Fall sein, so müßte die Republik Österreich durch Entsendung eines Vertreters die weiteren Veranlassungen in dem deutschen Insolvenzverfahren treffen. Seitens der deutschen Finanzbehörden besteht somit die Bereitschaft, österreichische Steuerforderungen gegebenenfalls zur deutschen Konkurstabelle anzumelden.

14/4.

AÖF 1997/170

Abgabenbehördliches Vollstreckungsverfahren; Scheckeinreichung durch Vollstrecker

(Erlass des BMF vom 24. Juni 1997, Z 03 0310/1-IV/3/97)

Die Pfändung von Schecks erfolgt nach den für die Pfändung beweglicher körperlicher Sachen geltenden Grundsätzen (Abschnitt 75 Abs. 1 DAV). Gepfändete und abgenommene Schecks sind daher im Pfändungsprotokoll zu verzeichnen. Abgenommene Schecks sind sofort auf der Vorderseite mit dem Vermerk „Nur zur Verrechnung" zu versehen; auf der Rückseite sind der Vermerk „Zur Gutschrift auf das P.S.K.-Konto .... des Finanzamtes ...." und die Unterschrift des Vollstreckers anzubringen.

Die Abnahme von Schecks ist nach Abschnitt 10 DAV zu beurkunden. Die Beurkundung erfolgt mit Quittung (EV 211). Bei der Ausfertigung der Quittung ist zu beachten, daß die Übernahme von Schecks **nur** zur Verrechnung erfolgt: Deshalb ist im Schriftfeld der Quittung jedenfalls die Übernahme von Schecks zur Verrechnung ausdrücklich festzuhalten [zB Schecks zur Verrechnung im (Gesamt-)Betrag von .... übernommen]. Eine andere Quittierung führt für den Fall, daß der Scheck nicht eingelöst wird, zu einem Anspruch auf Gutschrift des in der Quittung genannten Betrages.

Zur Beschleunigung bzw. Sicherstellung des Zahlungseinganges können Schecks, die im Außendienst an(ab)genommen wurden, ohne Befassung der Finanzkasse, direkt vom Vollstrecker beim Kreditinstitut, auf das der Scheck gezogen ist, zur Einlösung und Überweisung des Betrages auf das Nebenkonto des Finanzamtes bei der P.S.K. eingereicht werden. Diese Direkteinreichung kommt jedoch nur in Betracht, wenn das Kreditinstitut, auf das der Scheck gezogen ist, am Ort der Amtshandlung bzw. auf der weiteren Reiseroute oder auf dem Rückreiseweg zum Finanzamt gelegen ist. Außerordentliche Reisebewegungen zur Einreichung von Schecks sind ausgeschlossen. **Die Bareinlösung von Schecks ist weiterhin ausdrücklich untersagt.**

Der vom Vollstrecker an(ab)genommene Scheck ist nach der eingangs dargelegten Adaptierung beim bezogenen Kreditinstitut einzureichen. Das Kreditinstitut hat auf der Rückseite der für die Finanzkasse bestimmten Quittungsdurchschrift die Übernahme zu bestätigen. Eine allenfalls gesonderte Übernahmsbestätigung des Kreditinstitutes ist der maßgeblichen Quittungsdurchschrift anzuheften oder allenfalls gemeinsam mit dieser Quittungsdurchschrift der Finanzkasse zu übergeben.

Dieser Erlaß, der im Amtsblatt der österreichischen Finanzverwaltung veröffentlicht wird, ist zum Gegenstand einer Dienstbesprechung zu machen.

14/5.

Gerichtliche Exekutionsverfahren; Pfändung von Abgabenguthaben; Drittschuldneranfragen

(Erlass des BMF vom 11. Dezember 1996)

Gegenstand eines gerichtlichen Forderungspfändungsverfahrens nach den §§ 294 ff Exekutionsordnung (EO) kann ein Guthaben sein. Ein Guthaben ist ein Vermögenswert des Abgabepflichtigen, über welchen der Abgabepflichtige frei verfügen kann, welches er zur Tilgung künftiger Abgabenforderungen auf dem Abgabenkonto belassen kann, welches aber auch verpfänd- und zedierbar sowie pfändbar ist (VwGH vom 13. 11. 1986, 86/16/0102). Schon im Erkenntnis vom 25. 9. 1973, 1621/72, hat sich der VwGH mit der Frage der Verpfändung eines auf einem Abgabenkonto ausgewiesenen Guthabens auseinandergesetzt und die nach Zivilrecht vorgenommene Verpfändung als nach öffentlichem Recht wirksam beurteilt.

Unter Guthaben i.S.d. § 215 Abs. 4 BAO ist jedenfalls ein für den Abgabepflichtigen verwendbares, verfügbares Guthaben gemeint, wie es nach den Regeln der §§ 213 f BAO festzustellen ist (VwGH vom 14. 3. 1988, 86/15/0075). Dieses Guthaben ist ein disponabler Vermögenswert des Abgabenpflichtigen, über den aber zuerst die Abgabenbehörde nach den Regeln der Absätze 1 bis 3 des § 215 BAO zu verfügen hat (*Stoll*, Bundesabgabenordnung 1994, 2307). Ein tatsächlich frei verfügbares Guthaben liegt daher erst dann vor, wenn die Summe der Gutschriften die Summe der Lastschriften einschließlich allfälliger Einbehalte nach § 239 Abs. 2 BAO übersteigt (*Stoll*, a.a.O. 2309).

Die Pfändung eines Guthabens eines Abgabepflichtigen erfolgt im Wege der Forderungspfändung nach § 294 Abs. 1 EO. Die Pfändung geschieht im Regelfall dadurch, daß das Gericht, welches die Exekution auf Antrag des betreibenden Gläubigers bewilligt, dem Drittschuldner (Finanzamt) verbietet, an den Verpflichteten (Abgabepflichtigen) zu bezahlen. Zugleich ist dem Verpflichteten selbst jede Verfügung über seine Forderung sowie über das für dieselbe etwa bestellte Pfand und insbesondere die Einziehung der Forderung zu untersagen.

Ein gerichtlicher Pfändungsbeschluß bezüglich eines Guthabens kann die Anwendung des § 215 Abs. 1, 2 und 3 BAO nicht ausschließen. Sind Abgabenansprüche nach § 4 BAO *vor* Einlangen des Gerichtsbeschlusses begründet worden, hindert die Pfändung des Guthabens nicht die Verwendung des Guthabens unter Bedachtnahme auf die Bestimmung des § 239 Abs. 2 BAO (siehe z.B. VwGH vom 25. 9. 1973, 1621/72, *Schobersberger*, Bundesabgabenordnung[2], Anm. 10 zu § 239). Nach diesem Erkenntnis gehen die Sondervorschriften der BAO jedenfalls den zivilrechtlichen Normen über die Verpfändung oder Pfändung vor. Die Abgabenbehörde hat daher einen bei ihr einlangenden Gerichtsbeschluß, mit welchem ein Guthaben gepfändet wird, dahingehend zu prüfen, ob, von der Begründung des Abgabenanspruches her gesehen, ältere Abgabenansprüche bestehen, die mit dem Guthaben innerhalb der Frist des § 239 Abs. 2 BAO „aufgerechnet" werden können, oder ob dem Pfändungsbeschluß des Gerichtes uneingeschränkt Folge zu leisten ist. Um der Vorschrift des § 239 Abs. 2 BAO entsprechen zu können, ist es aber notwendig, eine dem Anspruch nach bereits begründete Abgabenforderung auch geltend zu machen, also ziffernmäßig auf dem Abgabenkonto vorzuschreiben. Ein vor der Verpfändung oder Pfändung begründeter Gegenanspruch kann mit Einrede gegen die Verpfändung oder Pfändung geltend gemacht werden (vgl. *Rummel* in *Rummel*, Kommentar zum Allgemeinen bürgerlichen Gesetzbuch, Rz 3 zu § 1442), auch wenn er bescheidmäßig noch nicht festgesetzt ist. Schließlich verliert der Drittschuldner auch im Exekutionsverfahren die gegen den Verpflichteten vor der Pfändung begründeten Einwendungen und Gegenansprüche nicht (vgl. *Heller/Berger/Stix*, Kommentar zur EO, 2134).

Gem. § 301 Abs. 1 EO hat das Gericht, wenn der betreibende Gläubiger nichts anderes beantragt, dem Drittschuldner gleichzeitig mit dem Zahlungsverbot aufzutragen, sich binnen vier Wochen über bestimmte, im Gesetz näher angeführte Umstände bezüglich der gepfändeten Forderung zu äußern. Diese Verpflichtung trifft auch das FA als Drittschuldner, wobei dem FA jedoch wie jedem Drittschuldner, der eine Drittschuldnererklärung abgibt, Kosten für die Abgabe der Erklärung zustehen (§ 302 EO).

Grundsätzlich sind alle Geldforderungen, auch bedingte oder betagte, pfändbar, soweit sie vom Anspruch her begründet sind. Ein Anspruch, der noch nicht entstanden ist, ist nicht pfändbar. Ein erst entstehendes Guthaben kann daher nicht gepfändet werden. Allerdings ist nach § 331 EO der bereits entstandene Anspruch auf Rückzahlung (§ 239 BAO) pfändbar, weil der Rückzahlungsanspruch ein Vermögenswert des Abgabepflichtigen ist. Der Rückzahlungsanspruch, gegründet auf überhöhte Vorauszahlungen gegenüber der Jahressteuerschuld, entsteht spiegelgleich zum Abgabenanspruch nach § 4 BAO mit Ablauf des für die Festsetzung der Abgaben maßgebenden Kalenderjahres (VwGH vom 22. 2. 1977, 2789/76, *Schobersberger*, Bundesabgabenordnung[2], Anm. 29 zu § 4). Auch wenn ein derartiger Anspruch nach § 331 EO gepfändet wird, hindert dies nicht die Verrechnung nach den vorgenannten Grundsätzen, weil die Bestimmungen der BAO jenen des Zivilrechtes vorgehen.

Ein beim Finanzamt einlangender gerichtlicher Pfändungsbeschluß ist *unverzüglich* der Finanzkasse (Rechnungsleger) zuzuleiten. Diese haben für die Anmerkung des Beschlusses auf dem Abgabenkonto und die Abgabe der Drittschuldnererklärung zu sorgen und außerdem das Einvernehmen mit den abgabenfestsetzenden Abteilungen des Finanzamtes herzustellen. Der in Pfändung gezogene Betrag ist nach Durchführung der vorgesehenen Aufrechnungen nach § 215 BAO und Einbehaltungen nach § 239 BAO an den betreibenden Gläubiger (allenfalls das Exekutionsgericht) zu überweisen.

14/6.

AÖF 2003/239

Durchführung der Vollstreckungsamtshilfe nach dem EG-VAHG (EG-Vollstreckungsamtshilfegesetz)

(Erlass des BMF vom 31. Oktober 2003, Z 04 0103/3-IV/4/03)

Im Zuge der Umsetzung der Änderung der EU-Beitreibungsrichtlinie durch RL 2001/44/EG, welche durch die Novelle zum EG-VAHG, BGBl. I Nr. 132/2002, mit Wirkung ab 1. Juli 2002 bewirkt wurde, sowie in Berücksichtigung der von der EU durch die RL der Kommission 2002/94/EG angeordneten Durchführungsregelungen werden die wesentlichen Änderungen erlassmäßig zusammengefasst.

Allgemeines

Mit Richtlinie 2001/44/EG des Rates vom 15. Juni 2001 zur Änderung der „Beitreibungsrichtlinie" 76/308/EWG, ABl. EG Nr. L 175 S. 17, wurde diese Richtlinie in einigen Punkten geändert. Diesen geänderten Verhältnissen wurde durch die Änderung des EG-Vollstreckungsamtshilfegesetzes durch die Novelle BGBl. I Nr. 132/2002 mit Wirkung ab 1. Juli 2002 Rechnung getragen. Die durch die Änderungsrichtlinie bewirkten Neuerungen betreffen die Erweiterung des *sachlichen Geltungsbereichs* der EU-Amtshilfe um *direkte* Steuern und *Versicherungssteuern*, die Eröffnung der Möglichkeit, *auch angefochtene Abgabenansprüche* zu vollstrecken, die (einschränkende und erweiternde) *Adaptierung der Ablehnungsgründe* sowie die Regelung des *Kostenersatzes.* Mit RL 2002/94/EG der Kommission vom 9. Dezember 2002 zur Festlegung ausführlicher Durchführungsbestimmungen zu bestimmten Artikeln der RL 76/308/EWG wurden nähere Durchführungsregelungen zur geänderten Rechtslage getroffen.

Die Änderungen des EG-VAHG

a) Sachlicher Anwendungsbereich

In § 1 Abs. 1 und 2 EG-VAHG treten in Entsprechung von Art. 1 Z 1 und 2 der RL 2001/44/EG zu den bestehenden indirekten Steuern die Steuern vom Einkommen, Ertrag und Vermögen sowie die Versicherungssteuern hinzu. Ferner wird der durch die RL 2001/44/EG bewirkten Änderung des Titels der BeitreibungsRL Rechnung getragen. Gleichzeitig werden in § 2 Abs. 3 EG-VAHG die Zuständigkeitsregelungen für die Vollstreckung der neu hinzu getretenen Steuern adaptiert, wobei Vollstreckungsbehörden in Angelegenheiten der Steuern vom Einkommen, Ertrag und Vermögen und der Versicherungssteuern die Finanzämter sind. Die übrigen, bereits geltenden Zuständigkeitsregelungen bleiben unberührt. In den sachlichen Anwendungsbereich des EG-VAHG fallen auch Zinsen und von Verwaltungsbehörden verhängte Geldleistungen mit Zwangscharakter. Geldleistungen mit strafrechtlichem Charakter wie Geldstrafen im Sinne des Finanzstrafgesetzes sind daher von der Leistung von Vollstreckungsamtshilfe nach dem EG-VAHG ausgenommen.

b) Vollstreckung angefochtener Abgabenansprüche

§ 4 Abs. 1 Z 2 EG-VAHG wurde in Entsprechung von Art. 1 Z 6 und Z 7 lit. b der RL 2001/44/EG insoweit abgeändert, als auch angefochtene Abgabenansprüche Gegenstand eines Vollstreckungsersuchens sein können, sofern sie nach dem Recht und der Verwaltungspraxis des ersuchenden Staates vollstreckbar sind. Damit weicht das EG-VAHG von den bisherigen Vollstreckungsamtshilfegrundsätzen, wie sie aus den bestehenden bilateralen Amtshilfevereinbarungen abzuleiten sind, ab. Damit soll sicher gestellt werden, dass jene Mitgliedstaaten, nach deren innerstaatlichem Recht Vollstreckungsmaßnahmen bereits vor Eintritt der Rechtskraft eingeleitet werden können, keine engeren Maßstäbe bei der Vollstreckung von Abgabenschuldigkeiten anlegen müssen, wenn sich der Vollstreckungsschuldner oder vollstreckbares Vermögen desselben im Ausland befinden.

Mit Rücksicht auf das für den Fall erfolgreicher Anfechtung durch den Vollstreckungsschuldner bestehende Haftungsrisiko sieht der neue Unterabsatz 2 von Art. 12 Abs. 2 der BeitreibungsRL idF der RL 2001/44/EG vor, dass die ersuchende Behörde für die Erstattung bereits vollstreckter Beträge samt etwaiger geschuldeter Entschädigungsleistungen gemäß den Rechts- und Verwaltungsvorschriften des ersuchten Staates haftet.

c) Vollstreckbarerklärung ausländischer Exekutionstitel

Obzwar Art. 8 der BeitreibungsRL idF der RL 2001/44/EG in seinem Abs. 1 als Grundregel die unmittelbare Anerkennung und automatische Behandlung des ausländischen Exekutionstitels als eigenen Exekutionstitel durch den ersuchten Staat vorsieht, wurde diese Regelung entsprechend dem in Abs. 2 des geänderten Art. 8 der BeitreibungsRL vorgesehenen Wahlrecht auf Transformation ausländischer Exekutionstitel in innerstaatliche Exekutionstitel des ersuchten Staates nicht umgesetzt. § 4 Abs. 3 EG-VAHG erfuhr daher in dieser Hinsicht keine Änderung, sondern lediglich in Bezug auf die Zuständigkeitsregelungen betreffend die neu hinzu getretenen Steuern, wobei Exekutionstitel in Bezug auf diese Steuern von den Finanzämtern anzuerkennen und für vollstreckbar zu erklären sind. Damit wird die bereits durch die Novelle 1996 des EG-VAHG (BGBl. Nr. 201/1996) bezüglich der Umsatzsteuern getroffene Zuständigkeitsverlagerung von den Finanzlandesdirektionen auf die Finanzämter konsequenter Weise auch für die neu hinzugetretenen Steuern vom Einkommen, Ertrag und vom Vermögen sowie die Versicherungssteuern weiter verfolgt. In Bezug auf die drei erstgenannten Kategorien der neu hinzugetretenen Steuern ergeben sich hiemit jedoch Unterschiede in den Zuständigkeitsregelungen gegenüber den einschlägigen Vollstreckungsamtshilferegelungen in Doppelbesteuerungsabkommen bzw. dem Amtshilfevertrag mit Deutschland, die für die Anerkennung und Vollstreckbarerklärung ausländischer Exekutionstitel die Zuständigkeit der Finanzlandesdirektionen vorsehen.

d) Ablehnungsgründe

In Entsprechung von Art. 1 Z 8 der RL 2001/44/EG wurden die Ablehnungsgründe der Amtshilfeleistung in einem dem § 4 EG-VAHG angefügten neuen § 4a nunmehr für alle Arten der nach der BeitreibungsRL vorgesehenen Amtshilfeleistungen zusammenfassend geregelt und an die neuen Regelungen der RL 2001/44/EG angepasst. Hiebei entfällt der Ablehnungsgrund der Nichtausschöpfung der innerstaatlichen Einbringungsmaßnahmen im ersuchenden Staat (§ 4 Abs. 2 Z 2 EG-VAHG alte Fassung). Neu hinzu tritt die Möglichkeit der Ablehnung eines ausländischen Amtshilfeersuchens, wenn zwischen dem Zeitpunkt der Ausstellung des Exekutionstitels im ersuchenden Staat und dem Datum des Ersuchens ein Zeitraum von mehr als fünf Jahren liegt.

e) Kostenregelung

In Entsprechung von Art. 1 Z 10 der RL 2001/44/EG wurde in einem dem § 8 EG-VAHG angefügten neuen § 8a eine Kostenregelung eingeführt. Wie bereits in der Stammfassung der BeitreibungsRL vorgesehen, verzichten die Mitgliedstaaten grundsätzlich auf jeden Kostenersatz durch den ersuchenden Staat. Der ersuchte Staat kann nach seinem innerstaatlichen Recht die Kosten, die ihm bei der Vollstreckung erwachsen, beim Vollstreckungsschuldner einziehen. Der ersuchende Staat kann jedoch in den in Art. 18 der BeitreibungsRL idF der RL 2001/44/EG vorgesehenen Fällen, nämlich dann, wenn die erbetenen Vollstreckungsmaßnahmen besondere Probleme bereiten, sehr hohe Kosten verursachen oder in Fällen der Bekämpfung der organisierten Kriminalität, zum Ersatz der Kosten des Verfahrens herangezogen werden.

f) In-Kraft-Treten

Die Änderungen des EG-VAHG durch BGBl. I Nr. 132/2002 sind mit Ablauf des 30. Juni 2002 in Kraft getreten. Weder die RL 2001/44/EG noch das EG-VAHG in der geänderten Fassung enthalten Regelungen darüber, für welche Steuerzeiträume die neuen Bestimmungen erstmals anzuwenden sind. Damit erscheint es grundsätzlich zulässig, die geänderten Bestimmungen auch bereits für Steuerzeiträume anzuwenden, die vor dem In-Kraft-Treten der Novelle zum EG-VAHG liegen.

Die wesentlichen Inhalte der Kommissions-Durchführungs-Richtlinie

a) Übermittlung von Ersuchen auf elektronischem Weg

Die neue BeitrRL-DRL sieht grundsätzlich in Art. 21 ff. für die Übermittlung von Ersuchen (ausgenommen derzeit noch Zustellungsersuchen sowie Ersuchen um Beitreibung oder Sicherungsmaßnahmen), soweit möglich, den elektronischen Weg vor. Hiezu erfolgt die erlassmäßige Regelung nach Maßgabe der jeweiligen EDV-mäßigen Entwicklungen gesondert.

b) Ablehnung der Beantwortung eines Auskunftsersuchens

Die Frist, innerhalb derer die ersuchte Behörde der ersuchenden Behörde mitzuteilen hat, dass einem Auskunftsersuchen nicht stattgegeben wird, beträgt nunmehr gemäß Art. 7 BeitrRL-DRL drei Monate ab Bestätigung des Eingangs (bislang sechs Monate).

c) Zustellungsersuchen

Bei Zustellungsersuchen ist gemäß Art. 11 Abs. 1 BeitrRL-DRL nunmehr (ebenso wie bislang schon bei Auskunfts, Beitreibungs- oder Sicherungsersuchen) der Eingang des Ersuchens innerhalb von sieben Tagen zu bestätigen. Außerdem sind gemäß Art. 10 Unterabsatz 2 BeitrRL-DRL im Ersuchen selbst die auf das zuzustellende Schriftstück anwendbaren Rechtsbehelfsbestimmungen anzuführen, sofern sich nicht bereits im zuzustellenden Schriftstück selbst ein Hinweis darauf befindet (zB in Form einer Rechtsbehelfsbelehrung).

d) Ersuchen um Beitreibung oder Sicherungsmaßnahmen

Gemäß Art. 15 Abs. 2 BeitrRL-DRL ist im Falle eines Beitreibungs- oder Sicherungsersuchens die ersuchende Behörde innerhalb von drei Monaten zu unterrichten, falls und aus welchen Gründen die ersuchte Behörde dem Ersuchen nicht (in der gewünschten Weise) nachkommt. Darüber hinaus ist die ersuchende Behörde jedenfalls innerhalb einer Frist von sechs Monaten ab Bestätigung des Eingangs über den Stand des Verfahrens zu informieren.

e) Gegenseitige Information im Falle von Rechtsbehelfen, Erstattungs- oder Entschädigungsmaßnahmen

Während die ersuchende Behörde die ersuchte Behörde von allfälligen im erstgenannten Staat eingelegten Rechtsbehelfen bzw. den im ersuchenden Mitgliedstaat diesbezüglich geltenden Regelungen zu informieren hat, besteht für die ersuchte Behörde die Pflicht, die ersuchende Behörde über allfällige Erstattungs- oder Entschädigungsmaßnahmen des Schuldners (zB Amtshaftung) in Kenntnis zu setzen und so weit als möglich auch am Verfahren zu beteiligen.

f) Bagatellbetrag, Amtssprache, gesonderte Kostenvereinbarung

Der Bagatellbetrag für Ersuchen beträgt nach wie vor 1500 EUR. Auch die grundsätzlich zwingende Verwendung der Amtssprache des ersuchten Mitgliedstaates ist in Art. 24 BeitrRL-DRL festgelegt, Abweichungen sind auf Grund besonderer Vereinbarungen zwischen den einzelnen Mitgliedstaaten aber möglich. Weiters kann ebenfalls auf Grundlage einer solchen Vereinbarung zwischen den betroffenen Mitgliedstaaten eine Erstattung auflaufender Kosten vorgesehen werden (begründeter Antrag des ersuchten Mitgliedstaates, weshalb und in welcher Höhe die Kostenerstattung gewünscht wird, gefolgt von einer Antwort der ersuchenden Behörde, ob sie die Modalitäten akzeptiert, siehe dazu Art. 28 BeitrRL-DRL).

Derartige Vereinbarungen (sowohl betreffend Amtssprache als auch Kostenerstattung) würden ausschließlich durch das BMF getroffen. Grundsätzlich ist nach wie vor bei Auskünften und sonstigen Mitteilungen der ersuchten Behörde an die ersuchende Behörde die Amtssprache des Mitgliedstaates der ersuchten Behörde zu verwenden. Ebenso sind die durch die Bearbeitung der Ersuchen angefallenen Kosten dem ersuchenden Mitgliedstaat grundsätzlich nicht in Rechnung zu stellen.

g) Formulare/Muster

Hinsichtlich der nunmehr für Ersuchen zu verwendenden Formulare bzw. Muster wird auf das oben zitierte ABlEG (ABlEG Nr. L 337 vom 13. Dezember 2002, S. 41) verwiesen.

Die Finanzämter und Finanzlandesdirektionen werden eingeladen, bei der Bearbeitung von Amtshilfeersuchen nach dem EG-VAHG diese Grundsätze zu beachten. Die dieser Erlassregelung entgegen stehenden Regelungen in bestehenden Erlässen werden durch die Regelungen dieses Erlasses ersetzt. Zoll- und verbrauchsteuerrechtliche Erlassregelungen bleiben jedoch unberührt.

14/7.

Salzburger Steuerdialog 2014 – Insolvenzen und Verfahrensrecht

(Erlass des BMF vom 13. Oktober 2014, BMF-010104/0365-IV/4/2014)

1. Insolvenzanmeldungserfordernis (Insolvenzforderungen) versus Durchführung der Veranlagung, solange der Veranlagungszeitraum noch nicht abgelaufen ist?

Bezughabende Normen:

§§ 102 ff IO; §§ 19, 24 KStG 1988, § 42 EStG 1988, § 134 BAO

Steuerrechtlich sieht § 134 Abs. 1 BAO vor, dass die Abgabenerklärungen für Einkommensteuer und Körperschaftsteuer bis zum Ende des Monats April, bei elektronischer Übermittlung bis zum Ende des Monats Juni des Folgejahres einzureichen sind. § 42 Abs. 1 EStG 1988 und § 24 Abs. 1 KStG 1988 bestimmen das abgelaufene Kalenderjahr zum Veranlagungszeitraum. § 19 Abs. 3 KStG 1988 regelt, dass der Besteuerungszeitraum bei einer Abwicklung im Insolvenzverfahren bis zu fünf Jahre betragen kann; in berücksichtigungswürdigen Fällen kann dieser Zeitraum vom Finanzamt auf Antrag auch verlängert werden.

Insolvenzrechtlich gilt, dass die allgemeine Prüfungstagsatzung (Forderungsprüfung) in der Regel auf 60 bis 90 Tage nach der Eröffnung des Insolvenzverfahrens und die Anmeldungsfrist (Forderungsanmeldung) in der Regel auf 14 Tage vor der allgemeinen Prüfungstagsatzung anzuordnen ist (§ 74 Abs. 3 IO). Die Geltendmachung der Forderungen von Insolvenzgläubigern hat gemäß den §§ 102 ff IO zu erfolgen. Gemäß § 103 Abs. 1 IO sind in der Anmeldung der Betrag der Forderung und die Tatsachen, auf die sie sich gründet, sowie die in Anspruch genommene Rangordnung anzugeben und die Beweismittel zu bezeichnen, die zum Nachweis der behaupteten Forderung beigebracht werden können. Die (vorherige) Erlassung eines Abgabenbescheides ist für die Anmeldung einer Abgabenforderung als Insolvenzforderung nicht zwingend erforderlich, doch die schlüssige Darlegung der Besteuerungsgrundlagen und Ermittlung der sich daraus ergebenden (voraussichtlichen) Abgabenhöhe.

Bei der Prüfungsverhandlung (§ 105 IO) hat der Insolvenzverwalter bei jeder angemeldeten Forderung eine bestimmte Erklärung über ihre Richtigkeit und Rangordnung abzugeben. Der Insolvenzschuldner kann die Richtigkeit, aber nicht die Rangordnung angemeldeter Forderungen bestreiten. Insolvenzgläubiger, deren Forderung festgestellt oder deren Stimmrecht anerkannt wird, können die Richtigkeit und Rangordnung angemeldeter Forderungen bestreiten. § 107 IO regelt, dass für Forderungen, die erst nach Ablauf der Anmeldungsfrist angemeldet und in der allgemeinen Prüfungstagsatzung nicht verhandelt worden sind, eine besondere Prüfungstagsatzung anzuordnen ist. Forderungen, die später als 14 Tage vor der Tagsatzung zur Prüfung der Schlussrechnung angemeldet werden, sind nicht zu beachten.

Gemäß § 109 IO gilt eine Forderung im Insolvenzverfahren als festgestellt, wenn sie vom Insolvenzverwalter anerkannt und von keinem hierzu berechtigten Insolvenzgläubiger bestritten worden ist. Im Bestreitungsfall kommen die Vorschriften des § 110 IO zum Tragen. Handelt es sich um eine noch nicht vollstreckbare Forderung, hat der anmeldende Gläubiger die Feststellung der Forderung mit Klage geltend zu machen. Die Prüfungsklage ist auf die gerichtliche Feststellung der bestrittenen Forderung als Insolvenzforderung gerichtet. Gegenstand des Prüfungsprozesses ist somit die Entscheidung über die Insolvenzforderung. Der Prüfungsprozess wird grundsätzlich mit einem gerichtlichen Feststellungsurteil über die bestrittene Forderung entschieden. Das Verfahren richtet sich gemäß § 110 Abs. 3 IO nach der an sich maßgeblichen sachlichen Zuständigkeit für die strittige Forderung. Gehört die in ihrer Richtigkeit bestrittene Insolvenzforderung nicht auf den Zivilrechtsweg, ist das Prüfungsverfahren gemäß § 110 Abs. 3 IO von den **Verwaltungsbehörden** und **Verwaltungsgerichten** abzuwickeln (Finanzamt, Bundesfinanzgericht, Verwaltungsgerichtshof). Infolge der Zuständigkeit der Verwaltungsbehörden und Verwaltungsgerichte richtet sich das weitere Verfahren nach den außerhalb des Insolvenzverfahrens maßgeblichen Bestimmungen (BAO, VwGG).

Soweit in Abgabenvorschriften nicht anderes vorgeschrieben ist, hat die Abgabenbehörde die Abgaben durch Abgabenbescheid festzusetzen (§ 198 Abs. 1 BAO). Dies trifft auf die veranlagte Einkommensteuer/Körperschaftsteuer zu. Eine Abgabenfestsetzung vor Ablauf des Veranlagungszeitraumes bzw. Besteuerungszeitraumes ist in den Steuergesetzen nicht vorgesehen und wäre aus diesem Grund rechtswidrig. Demzufolge kann für eine Forderungsanmeldung (§§ 102 ff IO) betreffend eine bis zur Insolvenzeröffnung angefallene Einkommensteuer/Körperschaftsteuer des Insolvenzeröffnungsjahres nur eine vorläufige Berechnung abgegeben werden und muss die Erlassung des Steuerbescheides nach Ablauf des abgabenrechtlich geregelten Steuererhebungszeitraumes (von bis zu fünf Jahren) abgewartet werden.

Gegen den Abgabenbescheid kann vom Insolvenzverwalter (oder Schuldner im Sanierungsverfahren oder Schuldenregulierungsverfahren ohne Bestellung eines Insolvenzverwalters) Beschwerde an das Bundesfinanzgericht erhoben werden. Das Rechtsmittelverfahren richtet sich sodann nach den Vorschriften der §§ 243 ff BAO. Das Finanzamt hat darüber mit Beschwerdevorentscheidung (§§ 262 f BAO), das Bundesfinanzgericht mit Erkenntnis oder Beschluss (§§ 278 ff BAO) abzusprechen.

Soweit das Finanzamt nach Ergehen des Abgabenbescheides die Einkommensteuer/Körperschaftsteuer betreffend den Veranlagungszeitraum des Insolvenzeröffnungsjahres in Anlehnung an die verwaltungsgerichtliche Judikatur zur Gänze als Masseforderung geltend macht (§§ 46, 124 IO), bleibt für den Fall der Bestreitung der Rangordnung bzw. Qualifikation der Abgabenforderung als anteilige Insolvenzforderung und anteilige Masseforderung das Insolvenzgericht zuständig, wie die in der folgenden Antwort dargestellte OGH-Entscheidung zum Ausdruck bringt.

2. Abgabenverrechnung unter Berücksichtigung der insolvenzrechtlichen Aufrechnungsverbote – Steuerzuordnungs- und Aufteilungsproblematik?

Bezughabende Normen:

§§ 213 ff BAO; §§ 19, 20, 46, 51 IO

Aufrechnungsvorschriften des Insolvenzrechtes gehen als speziellere Bestimmungen den Verrechnungsvorschriften der BAO (§§ 213 ff) vor (zB VwGH 19.03.1997, 96/16/0052, VwGH 29.01.2004, 2000/15/0046). Die Aufrechnung bzw. Verrechnung und Beurteilung allfälliger Rückzahlungsanträge (§ 239 BAO) und Abrechnungsbescheidanträge (§ 216 BAO) des Insolvenzverwalters richtet sich (als Vorfrage iSd § 116 BAO) nach der insolvenzrechtlichen Qualifikation des Abgabenanspruches (positive oder negative Insolvenz- oder Masseforderung).

Insolvenzforderungen sind Forderungen von Gläubigern, denen vermögensrechtliche Ansprüche an den Schuldner zur Zeit der Eröffnung des Insolvenzverfahrens zustehen (§ 51 Abs. 1 IO).

Für die Qualifikation einer Abgabenforderung als Masseforderung (§ 46 Z 2 IO) muss die Forderung die Masse treffen (sachliche Komponente) und der die Abgabepflicht auslösende Sachverhalt muss während des Insolvenzverfahrens verwirklicht worden sein (zeitliche Komponente). Masseforderungen müssen im Insolvenzverfahren nicht angemeldet werden. Sie sind bei Fälligkeit aus der vorhandenen Masse zu berichtigen (§ 47 Abs. 1 iVm § 124 Abs. 1 IO) und unterliegen auch während des Insolvenzverfahrens grundsätzlich keinen verrechnungsmäßigen Einschränkungen.

Nach § 20 Abs. 1 IO ist die Aufrechnung unzulässig, wenn ein Insolvenzgläubiger erst nach der Insolvenzeröffnung Schuldner der Insolvenzmasse geworden ist oder die Forderung gegen den Schuldner erst nach der Insolvenzeröffnung erworben worden ist.

Nach § 19 Abs. 1 IO brauchen Forderungen, die zur Zeit der Insolvenzeröffnung bereits aufrechenbar waren, im Insolvenzverfahren nicht geltend gemacht zu werden.

Nach § 19 Abs. 2 IO wird die Aufrechnung dadurch nicht ausgeschlossen, dass die Forderung des Gläubigers zur Zeit der Insolvenzeröffnung noch bedingt oder betagt war.

Insolvenzrechtliche Aufrechnungsverbote (§ 20 IO), die abgabenrechtliche Verrechnungsvorschriften für die Dauer des Insolvenzverfahrens verdrängen, beziehen sich nur auf Insolvenzforderungen. Hinsichtlich der Befriedigung von Masseforderungen enthält die IO keine Sondervorschriften, die der Abgabenentrichtung (etwa auch durch Gegenverrechnung von Gutschriften) zum abgabenrechtlichen Fälligkeitstag entgegenstehen (zB VwGH 22.04.1985, 84/15/0009).

Der **Oberste Gerichtshof** hat sich in seinem Urteil vom 24.08.2011, **3 Ob 103/11k**, mit der Frage der insolvenzrechtlichen Aufteilung der Jahreseinkommensteuer (oder Körperschaftsteuer) des Insolvenzeröffnungsjahres in eine Insolvenz- und eine Masseforderung beschäftigt und dabei im Wesentlichen die folgenden Rechtsansichten vertreten:

Ob eine Forderung Masseforderung ist, hat als Hauptfrage ausschließlich das Gericht nach Maßgabe des Insolvenzrechts zu entscheiden. Im Abgabenverfahren ist hingegen über Bestand und Höhe der Steuerpflicht zu entscheiden.

Aus § 46 Abs. 1 Z 2 KO (nunmehr § 46 Z 2 IO) ist abzuleiten, dass es bei der Beurteilung einer Steuerforderung als Masseforderung nicht auf die Fälligkeit oder das Entstehen der Steuerschuld auf der Grundlage eines abgabenrechtlich relevanten Sachverhalts ankommt; somit eine formale Anknüpfung an § 4 BAO (Entstehung des Abgabenanspruches) nicht stattzufinden hat.

Unter Berufung auf § 4 BAO und darauf, dass sich die einzelnen Geschäftsvorfälle, die letztlich in ihrer Gesamtheit der Einkommensteuerbemessung zu Grunde zu legen sind, weder theoretisch noch praktisch als Einzelgeschehnisse erfassen ließen, die sich zur Gänze entweder vor oder nach Konkurseröffnung ereignen, setzt der Verwaltungsgerichtshof den Zeitpunkt der Verwirklichung des die Abgabepflicht auslösenden Sachverhalts gemäß § 46 Abs. 1 Z 2 KO (§ 46 Z 2 IO) mit jenem der Entstehung des Abgabenanspruchs iSd § 4 Abs. 2 BAO gleich (VwGH 23.11.1994, 91/13/0259, mwN).

Im Gegensatz dazu vertritt der Oberste Gerichtshof in ständiger Rechtsprechung die Auffassung, dass für die insolvenzrechtliche Qualifikation von Abgabenforderungen nicht das Entstehen der Steuerschuld auf der Grundlage eines abgabenrechtlich relevanten Sachverhalts, sondern die Verwirklichung dieses Sachverhalts selbst maßgeblich ist.

Das bloße Abstellen auf den Zeitpunkt der Jahresgewinnermittlung würde zu mit Prinzipien des Insolvenzrechts nicht in Einklang zu bringenden Ergebnissen führen.

Bei der vom Verwaltungsgerichtshof in seiner gegenteiligen Rechtsprechung hervorgehobenen Zuordnungsproblematik handelt es sich um kein konkursspezifisches, sondern um ein jeder zeitraumbezogenen Abgabenfestsetzung immanentes Problem. Ist es möglich, die Geschäftsvorfälle eines Kalenderjahres von jenen des folgenden oder vorangegangenen Kalenderjahres zu trennen, gilt dies grundsätzlich ebenso für die Trennung von Geschäftsvorfällen innerhalb eines Kalenderjahres.

Allenfalls dennoch auftretende Zuordnungsprobleme müssen dabei in Kauf genommen und einer möglichst sachgerechten Lösung zugeführt werden.

Im Anlassfall wurde der steuerrelevante Sachverhalt, nämlich durch den erzielten Gewinn (§ 2 Abs. 4 Z 1 iVm § 2 Abs. 3 Z 2 EStG 1988), teilweise bereits vor Insolvenzeröffnung verwirklicht. „Gesplittete" Einkommensteuerberechnungen für einen Zeitraum bis zur Konkurseröffnung und einen Zeitraum ab Konkurseröffnung, also Aufspaltung in zwei Veranlagungszeiträume, finden im geltenden Recht keine Deckung und würden im Hinblick auf die Progressionsproblematik (Einkommensteuertarif) zu keinem sachgerechten Ergebnis führen.

Die Progressionsproblematik wird dadurch vermieden, dass die Gesamtjahressteuerschuld aliquot nach dem Verhältnis der Bemessungsgrundlage für Konkurs- bzw. Insolvenzforderungen (Einnahmen, die vor der Konkurseröffnung erzielt wurden abzüglich der Ausgaben dieses Zeitraums) zur Bemessungsgrundlage für Masseforderungen (erzielte Gewinne ab Konkurseröffnung) aufgeteilt wird.

Besondere Zuordnungsprobleme – etwa die Frage der ertragsteuerlichen Behandlung der Aufdeckung stiller Reserven, von Sonderausgaben oder die Frage, ob die konkursrechtliche Einstufung einer Abgabe auch davon abhängt, ob ein Zufluss liquider Mittel oder vergleichbarer vermögenswerter Rechte in die Masse erfolgte – waren im Anlassfall nicht ersichtlich, weshalb sich laut OGH auch ein näheres Eingehen auf mögliche Zuordnungsmethoden – Zuordnung auf Basis des Tragfähigkeits- oder auf Basis des Verursachungsgedankens – erübrigte (OGH 24.08.2011, 3 Ob 103/11k).

Für Fälle also, in denen das schuldnerische Unternehmen im übergreifenden Veranlagungszeitraum vor der Insolvenzeröffnung bereits eingestellt war und keine Geschäftstätigkeit mehr entfaltet hatte, daher auch keine Gewinne mehr erwirtschaften konnte, kann eine festgesetzte Steuerschuld für den gesamten Veranlagungszeitraum nur eine Masseforderung des Finanzamtes darstellen. Dies deckt sich auch mit jenen oberstgerichtlichen Rechtsprechungen, wonach die Steuerschuld aus Veräußerungsgewinnen nach der Insolvenzeröffnung (etwa durch Aufdeckung stiller Reserven) eine Masseforderung darstellt (vgl. OGH 17.12.1993, 8 Ob 14/93; OGH 22.02.2001, 8 Ob 215/00a; OGH 11.06.2001, 8 Ob 228/00p; OGH 26.04.2011, 8 Ob 87/10t).

In anderen Fällen, in den bis zur Insolvenzeröffnung noch ertragsteuerlich relevante Gewinne erzielt wurden, ist laut OGH 24.08.2011, 3 Ob 103/11k eine bemessungsgrundlagenproportionale, auf die Gewinnverwirklichung im Veranlagungszeitraum bis zur Insolvenzeröffnung entfallende Einkommensteuer bzw. Körperschaftsteuer (nach deren Veranlagung bzw. Festsetzung) als Insolvenzforderung geltend zu machen und der übersteigende Teil als Masseforderung.

Die Trennung der Steuer des Insolvenzeröffnungsjahres ist zur Ermittlung des Anteils, der als Insolvenz- bzw. Masseforderung einzuordnen ist, erforderlich. In der Praxis obliegt diese Trennung dem Insolvenzverwalter, der für die ordnungsgemäße Entrichtung des Anteils, der als Masseforderung einzustufen ist, Sorge zu tragen hat (Kanduth-Kristen in ZIK 6/2011, 205 [ZIK 2011/292], Anmerkungen zu OGH 24.08.2011, 3 Ob 103/11k).

3. Entfall der Parteifähigkeit von Körperschaften, während Abgaben- und Rechtsmittelverfahren noch offen sind – Vorgehensweise?

Bezughabende Normen:

§§ 79, 80, 93 BAO

Die „Bescheidfähigkeit" setzt die Parteifähigkeit im Zeitpunkt der Bescheidzustellung voraus. Der Bescheidadressat muss rechtsfähig sein. Rechtsfähigkeit ist die Fähigkeit, Träger von Rechten und Pflichten zu sein. Damit der Bescheid rechtswirksam ergehen kann, bedarf es darüber hinaus der Handlungsfähigkeit (Geschäftsfähigkeit, Prozessfähigkeit) des Bescheidadressaten. Handlungsfähigkeit bedeutet, sich durch eigenes Handeln berechtigen und verpflichten zu können.

Die Vertretung beispielsweise einer GmbH obliegt nach §§ 18 ff GmbHG dem (den) bestellten Geschäftsführer(n). Die Gesellschaft muss einen oder mehrere Geschäftsführer haben (§ 15 GmbHG). Ein Geschäftsführer kann gemäß § 16a GmbHG durch einseitige empfangsbedürftige Willensäußerung seinen Rücktritt gegenüber der Generalversammlung oder allen Gesellschaftern erklären. Die Gesellschaft kann dadurch vertretungslos werden.

Ist nach der Rücktrittserklärung eines Geschäftsführers – seine Löschung im Firmenbuch hat nur deklarative Wirkung (VwGH 13.08.2003, 2001/08/0052; VwGH 11.03.2010, 2010/16/0028), maßgeblich ist der Zeitpunkt der Rücktrittserklärung – kein weiterer Geschäftsführer oder zustellungsbevollmächtigter Vertreter vorhanden und wird auch kein neuer Geschäftsführer bestellt, verliert die GmbH dadurch ihre Handlungsfähigkeit und kann während dieser Zeit an sie kein Bescheid wirksam erlassen werden.

Soweit die zur Vertretung der Gesellschaft (GmbH) erforderlichen Geschäftsführer fehlen, hat diese in dringenden Fällen das Gericht auf Antrag eines Beteiligten (zB Finanzamt) zu bestellen (Notgeschäftsführer gemäß § 15a GmbHG).

Wenn es die Wichtigkeit der Sache erfordert, kann bei Wegfall einer juristischen Person (unabhängig von ihrer Rechtsform) gemäß § 82 Abs. 1 BAO auf Kosten des zu Vertretenden auch die Bestellung eines Kurators beim zuständigen Gericht (§ 109 JN) beantragt werden. Eine solche Kuratorbestellung ist zB dann erforderlich, wenn die bevorstehende behördliche Erledigung rechtsbegründend, rechtsändernd oder feststellend ist, also die Rechtssphäre der Partei wesentlich zu berühren vermag. Die Wichtigkeit der Sache erfordert bei Wegfall einer juristischen Person etwa dann eine Kuratorbestellung, wenn eine Abgabenfestsetzung erfolgen soll (Ritz, BAO[5], § 82 Tz 1 und Tz 6, jeweils mwN).

Der rechtsgeschäftliche Wegfall von für Bescheiderlassungen notwendigen Vertretungs- oder Zustellungsorganen der juristischen Person kann daher durch eine gerichtliche Bestellung von Kuratoren wettgemacht werden.

In der folgenden Fragestellung geht es um gesetzlich verursachte Änderungen und Beendigungen von organschaftlichen Vertretungen.

4. Vertretung der Körperschaft nach Beendigung der Liquidation / Nach Nichteröffnung oder Aufhebung eines Insolvenzverfahrens mangels kostendeckenden Vermögens / Nach Löschung im Firmenbuch wegen Vermögenslosigkeit – Nichtfestsetzung?

Bezughabende Normen:

§§ 80, 82, 206 BAO; §§ 89 ff GmbHG; §§ 39, 40 FBG

Der Auflösung folgt idR die Liquidation oder Abwicklung (zB § 89 GmbHG, § 205 AktG, § 145 UGB). In der Zeit zwischen Auflösung und Vollbeendigung der Gesellschaft (vollständige Abwicklung aller Rechtsverhältnisse) fungiert der vormalige Geschäftsführer als „geborener Liquidator" (VwGH 23.06.1993, 91/15/0157; VwGH 17.12.1993, 92/15/0121; UFS 17.12.2008, RV/0527-K/06; UFS 12.03.2009, RV/0292-K/07). An ihn können an die Gesellschaft adressierte Erledigungen bis zur Bestellung eines (anderen) Liquidators zugestellt werden. Während der Liquidation wird die Kapitalgesellschaft durch die im Firmenbuch eingetragenen Liquidatoren oder Abwickler (zB § 93 GmbHG, § 210 AktG) vertreten. An die in Liquidation befindlichen Gesellschaften ergehende Erledigungen werden dem im Firmenbuch eingetragenen Liquidator zugestellt.

Nach Beendigung der Liquidation und Entlastung der Liquidatoren erfolgt die Löschung im Firmenbuch (zB § 157 UGB, § 93 GmbHG). Mit ihr endet auch das Liquidatorenamt. Sollten in weiterer Folge noch Bescheide an eine im Firmenbuch gelöschte GmbH zu erlassen sein, sieht § 80 Abs. 3 BAO dafür eine eigene Vertretungsregelung vor. (Zustellungs-)Vertreter einer gelöschten GmbH nach Beendigung der Liquidation ist, wer gemäß § 93 Abs. 3 GmbHG auf die Dauer von sieben Jahren zur Aufbewahrung der Bücher und Schriften der aufgelösten Gesellschaft verpflichtet ist oder zuletzt verpflichtet war. Bei diesem „Verwahrer", der in Ermangelung einer Bestimmung des Gesellschaftsvertrages oder eines Gesellschafterbeschlusses durch das Handelsgericht bestimmt wird, kann es sich um einen Gesellschafter oder um eine dritte Person handeln. § 80 Abs. 3 BAO gilt aber nur für die Rechtsform der GmbH und nur für den Fall, dass tatsächlich eine Liquidation gemäß §§ 89 ff GmbHG stattgefunden hat.

Keine Liquidation findet in Fällen von Firmenbuchlöschungen gemäß §§ 39, 40 FBG (Bestimmungen über die Löschung vermögensloser Gesellschaften) statt. § 39 FBG normiert, dass jede in das Firmenbuch einzutragende Gesellschaft außer den in anderen Gesetzen genannten Fällen mit der Rechtskraft des Beschlusses aufgelöst ist, durch den das Insolvenzverfahren mangels kostendeckenden Vermögens nicht eröffnet (§ 71b IO) oder aufgehoben (§ 123a IO) wird. Die Auflösung ist von Amts wegen in das Firmenbuch einzutragen. § 40 FBG behandelt den weiteren Verlauf (Vermögenslosigkeit) dahingehend, dass Kapitalgesellschaften, die kein Vermögen besitzen, auf Antrag der nach dem Sitz der Gesellschaft zuständigen gesetzlichen Interessenvertretung oder Steuerbehörde oder von Amts wegen gelöscht werden können. Mit der Löschung gilt die Gesellschaft als aufgelöst. Eine Abwicklung findet nicht statt. Mangels Abwicklung (Liquidation) gilt für solche Fälle auch die spezielle Vertretungsregelung des § 80 Abs. 3 BAO nicht.

Laut UFS 23.05.2011, RV/2748-W/09 (siehe dazu Fallbesprechung im UFSjournal 1/2012, 36) kann es zur Verfahrenseinstellung bei Löschung einer GmbH gemäß § 40 FBG während des anhängigen Rechtsmittelverfahrens kommen, wenn in weiterer Folge kein (zustellungsbevollmächtigter) Vertreter mehr vorhanden ist und im konkreten Fall auch keine Veranlassung zur Bestellung eines Kurators gemäß § 82 Abs. 1 BAO bestanden hätte.

Nach ständiger Rechtsprechung des Verwaltungsgerichtshofes hat die Löschung einer im Firmenbuch eingetragenen juristischen Person oder Personengesellschaft bloß deklaratorischen Charakter (zB VwGH 17.05.2004, 2003/17/0134) und beendet ihre Rechtsfähigkeit nicht, so lange Rechtsverhältnisse zu Dritten nicht vollständig abgewickelt – zB Abgaben noch festzusetzen – sind (Ritz, BAO[5], § 79, Tz 10, 11 mwN; VwGH 21.09.2005, 2001/13/0059; VwGH 11.11.2008, 2006/13/0187). Die Rechtsfähigkeit bleibt daher auch nach einer Löschung im Firmenbuch noch solange erhalten, als noch Abwicklungsbedarf besteht, was dann der Fall ist, wenn Abgabenverbindlichkeiten der gelöschten Gesellschaft bescheidmäßig festzusetzen sind. An eine im Firmenbuch bereits gelöschte GmbH gerichtete Bescheide ergehen daher grundsätzlich rechtswirksam (VwGH 28.06.2007, 2006/16/0220). Mit Hinweisen auf seine ständige Vorjudikatur hat kürzlich der VwGH 26.02.2014, 2009/13/0112, mit Erkenntnis (und nicht etwa mit Einstellungsbeschluss) über einen Fall entschieden, in dem während des anhängigen VwGH-Verfahrens der Konkurs über das Vermögen der GmbH eröffnet und mangels Kostendeckung aufgehoben worden war. In weiterer Folge, noch vor Ergehen der VwGH-Entscheidung, erfolgte die Löschung der beschwerdeführenden GmbH, vertreten durch einen Rechtsanwalt, gemäß § 40 FBG infolge Vermögenslosigkeit. Der VwGH führt zu dieser Fallsituation in seinem Erkenntnis aus: *„Die Löschung einer GmbH im Firmenbuch hat aber bloß deklarativen Charakter. Die Rechtspersönlichkeit der Gesellschaft besteht solange fort, als noch Abwicklungsbedarf vorhanden ist, was dann der Fall ist, wenn Abgabenverbindlichkeiten einer solchen Gesellschaft bescheidmäßig festzusetzen sind (vgl. – mit Hinweisen auf die hg. Rechtsprechung – Ritz, BAO[5], § 79 Tz 11). Es ist daher – für dieses Verfahren – nach wie vor von der Rechtsfähigkeit der beschwerdeführenden Partei auszugehen."* (Ergänzender Hinweis: Im Beschwerdefall erfolgte die Konkurseröffnung im November 2009. Gemäß § 26 Abs. 1 IO – ab 1.7.2010 – erlischt ein vom Schuldner erteilter Auftrag und damit auch jede vom Schuldner erteilte Vollmacht ex lege durch die Eröffnung des Insolvenzverfahrens.)

§ 206 Abs. 1 lit. b BAO (idF FVwGG 2013, ab 1.1.2013) sieht vor, dass von der Abgabenfestsetzung Abstand genommen werden kann, wenn mit Bestimmtheit anzunehmen ist, dass der Abgabenanspruch gegenüber dem Abgabenschuldner nicht durchsetzbar sein wird. Dadurch erlischt der Abgabenanspruch nicht und wird die Befugnis, diesbezügliche persönliche Haftungen geltend zu machen, nicht berührt.

Zur bei Uneinbringlichkeit von in der Vergangenheit entstandenen Abgabenschuldigkeiten, unabhängig von ihrer bescheidmäßigen Festsetzung gegenüber der Gesellschaft (Primärschuldnerin), bestehenden Haftung des seinerzeitigen Vertreters gemäß § 9 in Verbindung mit § 80 BAO siehe Kurzhinweise in der nachfolgenden Antwort zu Punkt 5.

5. Vertreterhaftungen auf Grund von Insolvenzverfahren und Firmenbuchlöschungen?

Bezughabende Normen:

§§ 9, 80 BAO

Dem **Erlass des BMF vom 12.06.2006, BMF-010103/0050-VI/2006**, kann dazu (neben anderen Haftungsmöglichkeiten) auszugsweise unter Weglassung vieler Hinweise auf die hg. Rechtsprechung Folgendes entnommen werden:

Die Vertreterhaftung nach § 9 BAO besteht für die den vertretenen Abgabepflichtigen treffenden Abgaben insoweit, als die Abgaben infolge schuldhafter Verletzung der den Vertretern auferlegten Pflichten nicht eingebracht werden können.

Die Haftung des § 9 BAO setzt voraus: Stellung als Vertreter, Bestehen einer Abgabenforderung gegen den Vertretenen, Uneinbringlichkeit der Abgabenforderung, Verletzung abgabenrechtlicher Pflichten durch den Vertreter, Verschulden des Vertreters und Kausalität zwischen Pflichtverletzung und Uneinbringlichkeit.

Vertreter sind insbesondere Geschäftsführer, Liquidatoren, Vorstandsmitglieder.

Die Abgabenschuld muss dem Primärschuldner (Erstschuldner) gegenüber nicht bereits geltend gemacht worden sein. Siehe dazu auch § 224 Abs. 3 BAO.

Die rechtskräftige Bestätigung des (Zwangs-)Ausgleichs (nunmehr Sanierungsplan) des Primärschuldners steht der Haftungsinanspruchnahme auch für die Ausgleichsquote (nunmehr Sanierungsplanquote) übersteigende Abgabenschulden nicht entgegen.

Für die Uneinbringlichkeit sprechen insbesondere die Abweisung eines Antrages auf Eröffnung des Konkurses mangels kostendeckenden Vermögens, die Aufhebung des Konkurses nach Verteilung des Massevermögens, die Aufhebung des Konkurses mangels kostendeckenden Vermögens.

Haftungsrelevant ist nur die Verletzung abgabenrechtlicher Pflichten, somit die Verletzung von durch Abgabenvorschriften begründeten Pflichten. Zu den abgabenrechtlichen Pflichten gehören insbesondere die Abgabenentrichtung aus den Mitteln, die der Vertreter verwaltet, die Führung gesetzmäßiger Aufzeichnungen, die zeitgerechte Einreichung von Abgabenerklärungen.

Die Pflicht des Vertreters, die vom Vertretenen (als Eigenschuldner oder als Haftungspflichtiger) geschuldeten Abgaben zu entrichten, besteht nur insoweit, als hiefür liquide Mittel vorhanden sind. Das Ausreichen der Mittel zur Abgabenentrichtung hat nicht die Abgabenbehörde nachzuweisen; vielmehr hat der Vertreter das Fehlen ausreichender Mittel nachzuweisen. Der Zeitpunkt, für den zu beurteilen ist, ob der Vertretene die für die Abgabenentrichtung erforderlichen Mittel hatte, bestimmt sich danach, wann die Abgaben bei Beachtung der Abgabenvorschriften zu entrichten gewesen wären.

Verletzungen abgabenrechtlicher Pflichten berechtigen nur dann zur Haftungsinanspruchnahme, wenn die Verletzung schuldhaft erfolgte. Eine bestimmte Schuldform ist hiefür nicht erforderlich.

Der Vertreter hat darzutun, weshalb er nicht dafür Sorge getragen habe, dass der Vertretene die Abgaben entrichtet hat, widrigenfalls von der Abgabenbehörde eine schuldhafte Pflichtverletzung angenommen werden darf. Der Vertreter hat für die Möglichkeit des Nachweises seines pflichtgemäßen Verhaltens vorzusorgen. Ihm obliegt kein negativer Beweis, sondern die konkrete (schlüssige) Darstellung der Gründe, die etwa der rechtzeitigen Abgabenentrichtung entgegenstanden. Die Darlegungspflicht trifft auch solche Haftungspflichtige, die im Zeitpunkt der Feststellung der Uneinbringlichkeit der Abgaben beim Vertretenen nicht mehr deren Vertreter sind.

Rechtsunkenntnis in buchhalterischen und steuerrechtlichen Belangen vermag den Vertreter nicht zu exkulpieren; wer trotz Rechtsunkenntnis Erkundigungen unterlässt, handelt zumindest fahrlässig. Hat der Vertreter Dritte mit der Erfüllung abgabenrechtlicher Verpflichtungen betraut, ohne sich weiter darum zu kümmern, ob diese Verpflichtungen auch erfüllt werden, liegt eine schuldhafte Pflichtverletzung vor.

Bei schuldhafter Pflichtverletzung darf die Abgabenbehörde mangels dagegen sprechender Umstände annehmen, dass die Pflichtverletzung Ursache der Uneinbringlichkeit ist.

Die Möglichkeit der Geltendmachung der Haftung erlischt nicht dadurch, dass der Vertreter seine Tätigkeit zurücklegt. Entscheidend ist, wann der Haftungstatbestand vom Vertreter verwirklicht ist. Die Geltendmachung der Haftung kann auch nach Beendigung seiner Tätigkeit erfolgen.

Die Geltendmachung der Haftung liegt im Ermessen der Abgabenbehörde.

6. Verhältnis der Löschungssperre gemäß § 160 Abs. 3 BAO zum Anhörungsrecht der Steuerbehörde gemäß § 40 Abs. 2 FBG?

Bezughabende Normen:

§ 160 BAO, § 40 FBG

Gemäß § 160 Abs. 3 BAO dürfen Löschungen im Firmenbuch von Aktiengesellschaften, Gesellschaften mit beschränkter Haftung, Erwerbs- und Wirtschaftsgenossenschaften und Privatstiftungen erst vorgenommen werden, wenn eine Bescheinigung des für die Erhebung der Körperschaftsteuer zuständigen Finanzamtes vorliegt, dass der Löschung steuerliche Bedenken nicht entgegenstehen. Durch die „Löschungssperre" soll nach Stoll (BAO, 1709; ebenso OGH 13.09.2007, 6 Ob 146/06y) vor allem erreicht werden, dass bis zur Beendigung des Abgabenverfahrens taugliche vertretungsbefugte Organe der Körperschaft zur Verfügung stehen (Ritz, BAO[5], § 160, Tz 5).

Demgegenüber bezweckt die Löschung im Firmenbuch gemäß § 40 FBG wegen Vermögenslosigkeit, dass das Firmenbuch die materielle Rechtslage richtig wiederzugeben hat. Vermögenslose Kapitalgesellschaften sind zu löschen. Ihre Entfernung liegt im öffentlichen Interesse. Eine Abstandnahme von der Löschung der vermögenslosen Gesellschaft trotz Vorliegens aller gesetzlichen Voraussetzungen widerspräche dem Gesetzeszweck (OGH 19.06.1997, 6 Ob 120/97h).

Gemäß § 40 Abs. 2 FBG ist vor der Löschung ua. die nach dem Sitz der Gesellschaft zuständige Steuerbehörde zu hören, sofern diese nicht selbst Antragsteller war. Äußert sich die Steuerbehörde binnen vier Wochen nicht, so gilt ihre Zustimmung als gegeben.

Für Kapitalgesellschaften (und dem § 42 FBG zufolge für Erwerbs- und Wirtschaftsgenossenschaften) ergibt sich aus § 40 FBG eine materielle Derogation des § 160 Abs. 3 BAO (Ritz, BAO[5], § 160, Tz 6, unter Hinweis auf RV 1588 BlgNR 20. GP, 6).

Stellt sich nach der Löschung das Vorhandensein von Vermögen heraus, das der Verteilung unterliegt, so findet die Abwicklung statt. Die Abwickler sind auf Antrag eines Beteiligten vom Gericht zu ernennen (§ 40 Abs. 4 FBG).

Wenn sich nach Beendigung der Liquidation einer GmbH und Löschung der Liquidationsfirma nachträglich noch weiteres, der Verteilung unterliegendes Vermögen heraus stellt, hat das Handelsgericht der Hauptniederlassung auf Antrag eines Beteiligten die bisherigen Liquidatoren wieder zu berufen oder andere Liquidatoren zu ernennen (§ 93 Abs. 5 GmbHG).

7. Rekurslegitimation des Finanzamtes gegen Löschungsbeschluss gemäß § 40 Abs. 1 FBG?

Bezughabende Normen:

§§ 15, 40 FBG; §§ 2, 45, 46 AußStrG

In der Praxis ergibt sich das Problem, dass an eine im Firmenbuch gelöschte Kapitalgesellschaft mangels Vertretung keine Bescheide mehr erlassen werden könnten. Es stellt sich daher die grundsätzliche Frage, ob ein Firmenbuchlöschungsbeschluss durch das Finanzamt und wenn ja innerhalb welcher Frist angefochten werden könnte.

In Firmenbuchangelegenheiten gelten, soweit nichts anderes bestimmt ist, die allgemeinen Bestimmungen des Außerstreitgesetzes (§ 15 Abs. 1 FBG). Gemäß § 45 AußStrG können Beschlüsse des Gerichts erster Instanz mit Rekurs angefochten werden. Die Frist für den Rekurs beträgt 14 Tage ab Zustellung des selbständig anfechtbaren Beschlusses. Eine Partei, der der Beschluss nicht zugestellt worden ist, kann einen Rekurs bis zu jenem Zeitpunkt erheben, bis zu dem eine aktenkundige Partei einen Rekurs erheben kann (§ 46 AußStrG). Rechtsmittellegitimation haben grundsätzlich alle Parteien des Verfahrens, wozu nicht nur die Parteien des Verfahrensgegenstandes gehören, sondern auch Personen, die durch den Beschluss betroffen sind. Dies ergibt sich aus dem in § 2 AußStrG geregelten Parteibegriff (arg. § 2 Abs. 1 Z 3: „... jede Person, deren rechtliche Stellung durch die Entscheidung des Gerichts unmittelbar beeinflusst würde..."). Unmittelbar beeinflusst könnte etwa ein Gesellschaftsgläubiger im Verfahren über die amtswegige Löschung einer Gesellschaft aus dem Firmenbuch sein.

In diesem Sinn hat auch bereits OGH 11.02.1988, 6 Ob 4/88, entschieden. Ein Gesellschaftsgläubiger hat Beteiligtenstellung und Rechtsmittelbefugnis im Amtslöschungsverfahren insoweit, als er durch den Verlust der vertretungsbefugten Organe bei der Verfolgung seiner Ansprüche gegen die Gesellschaft in seiner verfahrensrechtlichen Stellung betroffen wird. Ein Gläubiger, der die Verfolgung seiner Ansprüche gegen die Gesellschaft in einem Verfahren betreibt, wird in seiner (verfahrens-) rechtlichen Stellung allein dadurch unmittelbar betroffen, dass die Gesellschaft ihre vertretungsbefugten Organe verliert, wenn er deshalb genötigt ist, die Bestellung eines neuen vertretungsbefugten Organs abzuwarten. Insoweit sind auch einem Gesellschaftsgläubiger die Beteiligtenstellung und die Rechtsmittelbefugnis nicht abzusprechen.

OGH 19.06.1997, 6 Ob 120/97h, hat die Rekurslegitimation des Gläubigers grundsätzlich ebenfalls bestätigt. Ein Erfolg könne dem Rekurs jedoch nur dann beschieden sein, wenn noch ein verteilbares Vermögen der Gesellschaft vorhanden wäre. Gegen die Gesellschaft anhängige Passivprozesse (im konkreten Fall betreffend Schadenersatzforderungen des Gläubigers gegen die Gesellschaft) – im Gegensatz zu Aktivprozessen – stünden der Löschung der Gesellschaft nicht entgegen. Dem Revisionsrekurs wurde daher im Wesentlichen mit der Begründung nicht stattgegeben, dass das Firmenbuchgericht mangels gegenteiliger Anhaltspunkte von der vollständigen Verteilung des vorhandenen Vermögens der Gesellschaft ausgehen durfte, anderes auch vom Rekurswerber nicht einmal behauptet worden sei. Der Rekurs wäre nur dann berechtigt gewesen, wenn behauptet und nachgewiesen worden wäre, dass noch verteilbares Vermögen der Gesellschaft vorhanden ist. Unter verteilbarem Vermögen könnten nur zur Befriedigung der Gläubiger geeignete Aktiva verstanden werden. Nur Aktivprozesse und die dahinterstehenden Forderungen der Gesellschaft könnten somit der Annahme der Vermögenslosigkeit der Gesellschaft entgegenstehen.

Das Finanzamt könnte daher den Löschungsbeschluss mit Erfolgsaussicht nur dann anfechten, wenn es zugleich darlegt, dass noch anhängige Abgabenverfahren tatsächlich vermögenswerte Ansprüche der Gesellschaft zum Gegenstand hätten. In diesem Fall steht auch einer Nachtragsliquidation (nach § 93 Abs. 5 GmbHG) oder nachträglichen Abwicklung (nach § 40 Abs. 4 FBG) unter Berufung eines Liquidators oder Abwicklers auf Antrag eines Beteiligten nichts entgegen.

8. Amtswegige Löschung durch das Firmenbuchgericht wegen vermuteter Vermögenslosigkeit

Bezughabende Normen:

§ 40 FBG, § 48a BAO

8.1. Sachverhalt

Im amtswegig eingeleiteten Löschungsverfahren wegen vermuteter Vermögenslosigkeit gemäß § 40 Abs. 1 dritter Satz FBG forderte das Firmenbuchgericht mit Beschluss vom 14.10.2013 das zuständige Finanzamt als Steuerbehörde zur Abgabe einer Stellungnahme nach § 40 Abs. 2 FBG auf.

Das Finanzamt gab mit 22.10.2013 eine negative Stellungnahme ab und führte dazu aus, es sei einerseits noch ein Veranlagungsverfahren anhängig, andererseits werde durch die Kapitalgesellschaft nach wie vor eine Geschäftstätigkeit ausgeübt.

Daraufhin forderte das Firmenbuchgericht das Finanzamt auf, binnen einer neuerlichen Frist von vier Wochen nachzuweisen, dass die Gesellschaft über Vermögen verfüge. Dazu führte es aus, die Vermutung der Vermögenslosigkeit nach § 40 Abs. 1 dritter Satz FBG könne durch den nicht rechtskräftigen Abschluss eines Veranlagungsverfahrens nicht widerlegt werden (vgl. OGH in 6 Ob 224/11a).

Das Finanzamt wies in einer weiteren Stellungnahme erneut darauf hin, dass die Kapitalgesellschaft nach wie vor eine Geschäftstätigkeit ausübe.

Ungeachtet dessen wurde die Gesellschaft am 3.12.2013 aus dem Firmenbuch gelöscht.

8.2. Fragen

1. Wie muss der Widerspruch des Finanzamtes bei beabsichtigter amtswegiger Löschung der Gesellschaft gemäß § 40 Abs. 1 FBG aussehen, um diese zu verhindern?
2. Welche Informationen dürfen im Widerspruch überhaupt gegeben werden, um nicht in Konflikt mit der abgabenrechtlichen Geheimhaltung des § 48a BAO zu kommen?
3. Ist das Finanzamt im amtswegigen Löschungsverfahren legitimiert, gegen den Löschungsbeschluss einen Rekurs einzubringen?

8.3. Antworten

(aus einer Anfragebeantwortung der Finanzprokuratur, Geschäftsfeld 7)

Zu Frage 1:

Gemäß § 40 Abs. 2 FBG ist im amtswegigen Löschungsverfahren ua. die Steuerbehörde zu hören und ihr Gelegenheit zu geben, sich binnen vier Wochen zu der beabsichtigten Löschung zu äußern. Äußert sich die Steuerbehörde nicht, so gilt dies als Zustimmung. Im Falle des § 40 Abs. 1 dritter Satz FBG löst eine negative Stellungnahme der nach § 40 Abs. 2 FBG zur Äußerung aufgeforderten Steuerbehörde allenfalls eine Pflicht des Gerichts zur amtswegigen Prüfung der Vermögenslosigkeit der Gesellschaft aus, wenn konkrete Umstände dargetan werden, die die Vermutung der Vermögenslosigkeit nach § 40 Abs. 1 dritter Satz FBG widerlegen könnten; eine Sperrfunktion kommt den in § 40 Abs. 2 FBG genannten Institutionen hingegen nicht zu (vgl. OGH in 6 Ob 224/11a).

Wenn etwa die Wirtschaftskammer mitteilt, dass die Gesellschaft „nach wie vor Geschäftstätigkeit entfalte“, darf sie nicht wegen Vermögenslosigkeit gelöscht werden, weil die Jahresabschlüsse nicht vorliegen. Vielmehr muss das Firmenbuchgericht diese Äußerung zum Anlass für amtswegige Nachforschungen machen, bevor es die Vermögenslosigkeit annehmen kann (vgl. OLG Graz in OGH 4 R 109/07t).

Nach dem dargelegten Sachverhalt teilte das Finanzamt dem Firmenbuchgericht mit, dass die Gesellschaft nach wie vor Geschäftstätigkeit entfalte. Das Firmenbuchgericht muss dann weitere amtswegige Nachforschungen im Sinn der oben zitierten Rechtsprechung anstellen, wenn in der Stellungnahme konkrete Umstände dargelegt werden, die geeignet erscheinen in der Folge das Vorhandensein von Vermögen mit hoher Wahrscheinlichkeit nachzuweisen bzw. die gesetzliche Vermutung zu entkräften. Die Entfaltung von Geschäftstätigkeit stellt dabei einen solchen konkreten Umstand dar, nicht aber der nicht rechtskräftige Abschluss eines Veranlagungsverfahrens, zumal aus diesem keine hinreichenden Rückschlüsse auf das Vorliegen von Vermögen der Gesellschaft gezogen werden können (vgl. OGH in 6 Ob 224/11a).

Die gesetzliche Vermutung der Vermögenslosigkeit wegen fehlender Vorlage der Jahresabschlüsse gemäß § 40 Abs. 1 dritter Satz FBG umfasst inhaltlich sowohl die Vermutung der Nichtausübung der Geschäftstätigkeit als auch diejenige des Fehlens von Vermögen. Wenngleich diese beiden Faktoren in der Regel miteinander verbunden sind, können sie doch grundsätzlich unabhängig voneinander beurteilt werden. Die Ausübung einer Geschäftstätigkeit an sich lässt somit noch nicht zwingend auf das Vorliegen von Vermögen im Sinn von verteilungsfähigen Aktiven schließen und umgekehrt. Es wären daher durchaus Fallkonstellationen denkbar, in denen ungeachtet der Ausübung der Geschäftstätigkeit keine – nennenswerten – verteilungsfähigen Aktiven vorliegen. Im Anwendungsbereich der gesetzlichen Vermutung des § 40 Abs. 1 dritter Satz FBG lässt jedoch der Nachweis einer Geschäftstätigkeit jedenfalls berechtigte Zweifel am Vorliegen der dieser Vermutung zu Grunde liegenden Tatsachen aufkommen, weshalb das Firmenbuchgericht verpflichtet ist, von Amts wegen tätig zu werden (vgl. OLG Graz in 4 R 109/07t). Im Umkehrschluss kann aus dieser Entscheidung auch abgeleitet werden, dass bei Vorliegen von Geschäftstätigkeit eine Löschung wegen Vermögenslosigkeit grundsätzlich in Betracht kommt, es sollen jedoch weitere amtswegige Nachforschungen geboten sein, bevor die Vermögenslosigkeit angenommen werden kann. Der Pflicht zur amtswegigen Nachforschung kann das Firmenbuchgericht aber grundsätzlich auch – wie im vorliegenden Fall – durch eine neuerliche Aufforderung an das Finanzamt zur Darlegung von etwaigem Vermögen der Gesellschaft nachkommen. Inwieweit das Firmenbuchgericht darüber hinaus amtswegig hätte tätig werden müssen, kann freilich nur anhand des konkreten Einzelfalles beurteilt werden (vgl etwa auch OGH in 6 Ob 168/02b).

Können die Zweifel an der gesetzlichen Vermutung in der Folge nicht erhärtet werden, so wäre diese nicht widerlegt und folglich die Kapitalgesellschaft zu löschen. Als Ausnahme des Anwendungsbereiches dieser Vermutung nennt die Lehre vorrangig das Vorliegen offenkundigen Vermögens. Außerhalb des Anwendungsbereiches des § 40 Abs. 1 dritter Satz FBG sind freilich höhere Anforderungen an die amtswegige Prüfung der Vermögenslosigkeit zu stellen.

In einer negativen Stellungnahme des Finanzamtes müssten somit konkrete Umstände dargelegt werden, aus denen sich ergibt, dass die Kapitalgesellschaft nach wie vor über verteilungsfähige Aktiven verfügt. Auch die Angabe, dass nach wie vor eine Geschäftstätigkeit vorliegt, ist als solcher konkreter Umstand zu werten, wird aber für sich alleine nicht ausreichend sein, um die gesetzliche Vermutung zu widerlegen.

Zu Frage 2:

Gemäß § 40 Abs. 3 FBG haben die Gerichte und Steuerbehörden einander die erbetenen für die Vollziehung dieses Bundesgesetzes erforderlichen Auskünfte zu erteilen. Damit wird zunächst die allgemeine Pflicht zur Gewährung von Amtshilfe im Sinn des Art. 22 B-VG konkretisiert und der zulässige Umfang der Auskunftserteilung determiniert. In der Regel wird hier bereits ein zwingendes öffentliches Interesse im Sinne des § 48a Abs. 4 lit. b zweiter Fall BAO anzunehmen sein, wenn nach sorgfältiger Interessensabwägung erkannt wird, dass das öffentliche Interesse an der Offenbarung das Interesse an der Geheimhaltung überwiegt (Ellinger/Iro/Kramer/Sutter/Urtz, BAO3, § 48a, Anm. 35). Letztlich kann aber in § 40 Abs. 3 FBG auch eine gesetzliche Verpflichtung im Sinne des § 48a Abs. 4 lit. b erster Fall BAO gesehen werden, welche die Behörde zur Offenbarung oder Verwertung entsprechender Umstände oder Verhältnisse befugt, sofern dem nicht schwerwiegende Umstände entgegenstehen.

Zu Frage 3:

Die Rekurslegitimation ist im Firmenbuchgesetz nicht ausdrücklich geregelt; sie richtet sich nach allgemeinen Grundsätzen. Rekurslegitimiert sind zunächst die Parteien des Verfahrens, darüber hinaus gemäß § 2 Abs. 1 Z 3 AußStrG auch all jene Personen, die durch die begehrte oder vom Gericht in Aussicht genommene Entscheidung oder durch eine sonstige gerichtliche Tätigkeit in ihrer Rechtsstellung unmittelbar beeinflusst würden. Damit knüpft der Gesetzgeber an das von der Lehre entwickelte Kriterium der „unmittelbaren" Betroffenheit an. Materielle Partei im Sinn dieser Bestimmung ist zunächst der nach § 18 FBG zu verständigende Betroffene, also derjenige, der nach dem jeweiligen konkreten Verfahrensstand durch die beabsichtigte Maßnahme in seiner auf einer Firmenbucheintragung beruhenden Rechtsstellung unmittelbar beschränkt werden soll oder zwingend beschränkt wird. Die Parteistellung ist jedoch nicht auf den in § 18 FBG umschriebenen Kreis der Betroffenen beschränkt. Es ist vielmehr darauf abzustellen, ob der Betreffende ein rechtliches Interesse hat, das auf einem eingetragenen Recht beruht oder das in einem anderen Verfahren nicht mehr geltend gemacht werden kann (OGH in 6 Ob 195/10k). Im Firmenbuchverfahren ist somit nur derjenige zum Rekurs legitimiert, der durch die bekämpfte Eintragung in seiner Rechtssphäre unmittelbar beschränkt wird (RIS-Justiz RS0059158 [T2]). Die Zulässigkeit eines Rekurses setzt auch im Verfahren zur amtswegigen Löschung einer Gesellschaft einen Eingriff in rechtlich geschützte Interessen des Einschreiters voraus (RIS Justiz RS0059158 [T10]).

Für den Fall, dass die Steuerbehörde selbst als Antragssteller auftritt, kommt ihr kraft eigener gesetzlicher Bestimmung des § 40 Abs. 1 FBG jedenfalls auch nach § 2 Abs. 1 Z 4 AußStrG als Amtspartei Parteistellung zu. Die gesetzliche Interessenvertretung (bei Kapitalgesellschaften) bzw. der zuständige Revisionsverband (bei Genossenschaften) und die Steuerbehörde haben somit das Rechtsmittelrecht gegen einen Beschluss, mit dem ihr Löschungsantrag nach § 40 Abs. 1 FBG abgewiesen wurde. Fraglich ist allerdings, ob sie auch gegen eine von Amts wegen beschlossene Löschung einer Kapitalgesellschaft Rechtsmittel erheben können. Dies wird aufgrund ihrer in § 40 Abs. 2 FBG eingeräumten besonderen verfahrensrechtlichen Stellung zu bejahen sein. Unabhängig davon ergibt sich für die Interessenvertretungen und Revisionsverbände das Rechtsmittelrecht gegen eine Löschung ohnehin bereits aus den §§ 14 Abs. 3, 21 Abs. 1 FBG (vgl Burgstaller/Pilgerstorfer in Jabornegg/Artmann, Kommentar zum UGB², § 40 FBG, Rz 28, 44; Zib in Zib/Dellinger, UGB, Rz 27 mit Verweis auf Nowotny in Kodek/Nowotny/Umfahrer, FBG, § 40, Rz 86; Koppensteiner/Rüffler, GmbHG3 § 84 Rz 14).

Soweit überblickbar liegt zur Frage der Rekurslegitimation der Steuerbehörde im amtswegigen Löschungsverfahren nach § 40 Abs. 1 FBG derzeit noch keine einschlägige höchstgerichtliche Judikatur vor, wenngleich eine solche – wie ausgeführt – jedoch von der überwiegenden Lehre mit Verweis auf § 40 Abs. 2 FBG grundsätzlich anerkannt wird. Zwar tritt hier die Steuerbehörde nicht selbst als

Antragsteller auf, sie ist jedoch dessen ungeachtet durch die Einräumung rechtlichen Gehöres in das Verfahren miteinbezogen und könnte somit auch im amtswegigen Verfahren als Amtspartei im Sinn des § 2 Abs. 1 Z 4 AußStrG zu werten sein. Dem widerspricht allerdings, dass Anhörungsrechte im Gegensatz zu Zustimmungsrechten in der Regel nicht zu einer Parteistellung führen (vgl. Fucik/Kloiber, AußStrG § 2, Rz 3). Gleichwohl ist auszuführen, dass – nach dem Wortlaut des § 2 Abs. 1 Z 4 AußStrG sowie den dieser Bestimmung zu Grunde liegenden Erläuterungen – die zwingende gesetzliche Einräumung von rechtlichem Gehör geeignet ist, als Grundlage für die Gewährung von Parteistellung zu dienen.

Für die Annahme einer Parteistellung spricht nach Ansicht der Finanzprokuratur im Wesentlichen die verfahrenstechnische Regelungssystematik des § 40 FBG. Als antragstellende Amtspartei nimmt die Steuerbehörde grundsätzlich öffentliche Interessen wahr (vgl. Burgstaller/Pilgerstorfer in Jabornegg/Artmann, Kommentar zum UGB², § 40 FBG, Rz 27), weshalb die Annahme einer Rekurslegitimation in einem solchen Fall unproblematisch erscheint. Eine Wahrung der öffentlichen Interessen kann aber mitunter nicht nur durch eine Antragstellung, sondern auch durch deren Unterlassung erfolgen. Auch im amtswegigen Verfahren wollte der Gesetzgeber die Steuerbehörden durch die ausdrückliche Regelung des § 40 Abs. 2 FBG in das Verfahren miteinbezogen wissen, wodurch deren besondere Verfahrensstellung hervorgehoben wird. Zudem kann eine im amtswegigen Verfahren getroffene Entscheidung des Firmenbuchgerichtes auch die angeführten öffentlichen Interessen der Steuerbehörde unmittelbar beeinträchtigen, zumal diese bei fehlender Rekurslegitimation nicht mehr wahrgenommen werden könnten. Somit vermag im Ergebnis die durch die gesetzliche Regelung geschaffene besondere Verfahrensstellung nach Ansicht der Finanzprokuratur die Gewährung von Parteistellung und dadurch Rekurslegitimation der Steuerbehörde zu rechtfertigen.

Darüber hinaus hat der Oberste Gerichtshof bereits in seiner Entscheidung vom 19.06.1997 zu 6 Ob 120/97h die grundsätzliche Rekurslegitimation eines Gläubigers anerkannt. Eine solche würde auch der Steuerbehörde aufgrund ihrer Gläubigerstellung zukommen. Der Rekurs wäre aber nur dann berechtigt, wenn behauptet und nachgewiesen werden kann, dass noch verteilbares Vermögen der Gesellschaft vorhanden ist (OGH in 6 Ob 120/97h).

15. Finanzstraf-Erlässe

15/1.

AÖF 1981/274

Hausdurchsuchungen bei Wirtschaftstreuhändern, Rechtsanwälten und Notaren; Beiziehung eines Vertreters der zuständigen Kammer

(Erlass des BMF vom 12. Oktober 1981, Z FS-130/4-III/9/81)

FS 100

Die Kammer der Wirtschaftstreuhänder hat unter Hinweis auf die Erlässe des Bundesministeriums für Justiz vom 21. Juli 1972, Amtsblatt der österr. Justizverwaltung Nr. 13/1972, und vom 3. September 1981, Amtsblatt Nr. 20/1981, über die Beiziehung eines Vertreters der jeweils zuständigen Kammer zu gerichtlichen Hausdurchsuchungen bei Rechtsanwälten, Wirtschaftstreuhändern und Notaren um eine entsprechende erlaßmäßige Anweisung auch der Finanzstrafbehörden ersucht.

Das Bundesministerium für Justiz hat die Berechtigung zur Teilnahme eines Kammervertreters vor allem aus § 142 Abs. 1 StPO abgeleitet, wonach Hausdurchsuchungen stets unter Vermeidung jeder nicht unumgänglich nötigen Belästigung oder Störung der Beteiligten, mit möglichster Schonung ihres Rufes und ihrer mit dem Gegenstand der Untersuchung nicht zusammenhängenden Privatgeheimnisse vorzunehmen sind, wobei die Berufsgeheimnisse der Rechtsanwälte, Notare und Wirtschaftstreuhänder dem Begriff des Privatgeheimnisses zu unterstellen sind. Da das die Hausdurchsuchung leitende Organ in der Regel nicht in der Lage sein wird, die Aktenbestände nach diesem Gesichtspunkt zu beurteilen, wird dies nur durch Zuziehung eines Kammervertreters gewährleistet sein. Obwohl die mit § 142 Abs. 1 StPO vergleichbare Bestimmung des § 94 Abs. 1 FinStrG nicht von der Schonung von Privatgeheimnissen spricht, kann den Bestimmungen über die verwaltungsbehördliche Hausdurchsuchung eine den strafprozessualen Bestimmungen entsprechende Zielsetzung unterstellt werden.

Bei gerichtlichen und verwaltungsbehördlichen Hausdurchsuchungen bei Wirtschaftstreuhändern, Rechtsanwälten und Notaren ist daher die zuständige Kammer davon zu verständigen, daß eine Hausdurchsuchung bei einem Kammerangehörigen – ohne Namensnennung – in Aussicht genommen ist, und einzuladen, einen Vertreter zu einem zu vereinbarenden Treffpunkt – selbstverständlich nicht am unmittelbaren Ort der Hausdurchsuchung – zu entsenden. Unerheblich ist, ob der Parteienvertreter selbst im Verdacht steht, eine strafbare Handlung begangen zu haben, oder lediglich als Inhaber von Belastungsmaterial, das nicht als Information durch den Klienten jedem Zugriff entzogen ist, in Betracht kommt.

Bei Gefahr im Verzug kann die Verständigung der Kammer auch erst vom Ort der Hausdurchsuchung aus erfolgen und die Kammer eingeladen werden, einen Vertreter zu der bereits begonnenen Hausdurchsuchung zu entsenden.

Von der Zuziehung eines Kammervertreters wird dann abzusehen sein, wenn ein Erfolg der Amtshandlung nur bei sofortigem Einschreiten erwartet werden darf und ein Vertreter der Kammer nicht rechtzeitig erscheinen kann. In diesem Fall soll der nachträglichen Sichtung etwa beschlagnahmten Materials ein Kammervertreter zugezogen werden.

Die abgabenrechtliche Geheimhaltungspflicht gestattet jedoch nach Ansicht des Bundesministeriums für Finanzen die Zuziehung eines Kammervertreters nur als sogenannte Vertrauensperson nach § 93 Abs. 5 FinStrG. Da eine solche Vertrauensperson nur auf Verlangen des Betroffenen zugezogen werden kann, hat die Zuziehung eines Kammervertreters gegen den Willen des betreffenden Parteienvertreters jedenfalls zu unterbleiben.

16. Kontenregister, Konteneinschau und Meldepflicht von Kapitalabflüssen

16/1.

Kontenregister- und Konteneinschau-Anwendungserlass

(Erlass des BMF vom 15.11.2022, 2022-0.812.135)

Erwägungsgründe

Der vorliegende Erlass ersetzt jenen vom 19. Juli 2021, 2021-0.509.787 und regelt die organisatorische Umsetzung des Kontenregister- und Konteneinschaugesetzes durch die Abgabenbehörden des Bundes (§ 49 Z 1 Bundesabgabenordnung – BAO) im abgabenrechtlichen Bereich sowie durch das Amt für Betrugsbekämpfung bzw. durch das Zollamt Österreich als Finanzstrafbehörde, sofern die Bestimmungen des Finanzstrafgesetzes (FinStrG) vollzogen werden.

Mit diesem Erlass werden keine über die gesetzlichen Bestimmungen hinausgehenden Rechte und Pflichten begründet.

Das Kontenregister- und Konteneinschaugesetz – KontRegG, BGBl. I Nr. 116/2015 idgF, stellt den Abgaben- und Finanzstrafbehörden für Prüfungen sowie Maßnahmen der Abgabensicherung bestimmte Informationen und Möglichkeiten zur Verfügung

Definition:

Das Kontenregister ist eine Datenbank. Im zentralen Kontenregister sind die Girokonten, Bausparkonten, Sparbücher, Wertpapier-Depots, Konten im Kreditgeschäft und Zahlungskonten aller Unternehmen und aller Privatpersonen bei einem in Österreich tätigen Kreditinstitut sowie Schließfächer von Kreditinstituten und von gewerblichen Schließfachanbietern aufgelistet. Als Suchbegriffe sind nur konkrete Personen/Unternehmen oder Konten zulässig. Nicht enthalten sind Kontostände und Bewegungen auf dem Konto selbst.

Mit den in diesem Erlass verfügten Standards wird sichergestellt, dass nach dem Kontenregister- und Konteneinschaugesetz

- die praktische Durchführung der Kontenregisterabfrage und Konteneinschau entsprechend den Intentionen des Gesetzgebers erfolgt;
- die im Kontenregister vorhandenen Informationen im Sinne der Gleichmäßigkeit der Besteuerung verwendet werden;
- anlassbezogen von der Einsicht in das Kontenregister Gebrauch gemacht wird;
- willkürliche Entscheidungen über die Einsicht in das Kontenregister verhindert werden;
- alle Abgabepflichtigen, die den gleichen Verfahren unterliegen, objektiv gleichbehandelt werden;
- nicht der Eindruck eines Misstrauens im Einzelfall entsteht und dadurch das Prüfungsklima belastet wird.

I. Abschnitt: Abgabenverfahren

1. Gemeinsame Bestimmungen

1.1. Geheimhaltungsverpflichtungen

Informationen, die aus Abfragen im Kontenregister (Kontenregistereinsicht) und aus der Konteneinschau gewonnen werden, unterliegen folgenden Verschwiegenheitsverpflichtungen

- Amtsverschwiegenheit gemäß Art. 20 Abs. 3 B-VG
- Abgabenrechtliche Geheimhaltungsverpflichtung gemäß § 48a BAO
- Bankgeheimnis gemäß § 38 Abs. 1 BWG („das Bankgeheimnis ist als Amtsgeheimnis zu wahren")

Diese Bestimmungen sind insbesondere in jenen Fällen zu beachten, in denen andere Behörden, die nicht im Kontenregister abfrageberechtigt sind, im Wege der Amtshilfe Auskünfte aus dem Kontenregister begehren. Auch wenn die Ausnahmeregelungen gemäß §§ 48a oder 48b BAO eine Auskunftsberechtigung oder Auskunftsverpflichtung normieren, ist § 38 Abs. 1 BWG zu beachten. Das heißt, dass diese Informationen nur weitergegeben werden dürfen, wenn für den Empfänger eine Durchbrechung gemäß § 38 Abs. 2 BWG normiert ist.

1.2. Ausschluss von der Akteneinsicht

Die Ergebnisse der Einsicht in das Kontenregister und der Konteneinschau sind unter Berücksichtigung des § 38 Abs. 1 BWG von der Akteneinsicht ausgeschlossen, wenn die Akteneinsicht von einer Person beantragt wird, die mit der abgefragten Person oder deren gesetzlichen Vertreter nicht ident ist. Das gilt für gewillkürte Vertreter, da die Kontenregisterabfrage auch Daten von Dritten enthalten könnte:

Beispiel 1 - Einzelunternehmen, Einsicht in das Kontenregister betrifft den Einzelunternehmer A (natürliche Person):

Für A besteht im Zusammenhang mit den Ergebnissen der Einsicht in das Kontenregister und der Konteneinschau keinerlei Einschränkung bei der Akteneinsicht.

Hinsichtlich des steuerlichen Vertreters von A ist die Akteneinsicht insoweit beschränkt, als Konten und Depots aufscheinen, für die A lediglich zeichnungsberechtigt ist. Damit wird vermieden, dass der steuerliche Vertreter des A Kenntnis von Kontenverbindungen von Personen erhält, für die er nicht vertretungsbefugt ist.

Beispiel 2 - Kapitalgesellschaft und andere Rechtsträger, Einsicht in das Kontenregister betrifft den Rechtsträger: Die mit der Leitung des Rechtsträgers betrauten Personen (gesetzliche Vertreter, zB Geschäftsführer einer GmbH) haben uneingeschränkt Akteneinsicht.

1.3. Auftrag zur Registerabfrage

Für die Registerabfrage gilt ein strenges Vieraugenprinzip. Für jede Registerabfrage ist ein nach

Prüfung der schriftlichen Begründung auf diesem Aktenstück durch Unterschrift erteilter Auftrag der zuständigen Teamleiterin/des zuständigen Teamleiters bzw. deren/dessen Genehmigung erforderlich. Die Registerabfrage ist durch die beauftragte Mitarbeiterin/den beauftragten Mitarbeiter durchzuführen.

Bei Verhinderung der Teamleiterin/des Teamleiters ist die/der mit der Vertretung beauftragte Bedienstete befugt, die Einsicht in das Kontenregister zu beauftragen oder zu genehmigen. Bei selbst zu bearbeitenden Fällen sind Prüfungsaufträge oder Anordnungen zur Einsichtnahme in das Kontenregister von einer anderen Teamleiterin/einem anderen Teamleiter zu erteilen. Diese teamübergreifende Vertretungsregelung ist in einer internen Dienststellenverfügung festzulegen.

1.4. Registerabfrage (Kontenregistereinsicht gemäß § 4 KontRegG)

Die Kontenregistereinsicht ist keine nach außen gerichtete Amtshandlung, da das Kontenregister beim BMF eingerichtet ist.

Zur Vorbereitung der Registerabfrage ist die exakte Bezeichnung der abzufragenden Person oder des abzufragenden Unternehmens in der Grunddatenverwaltung (GDV) festzustellen. Dadurch kann sichergestellt werden, dass die Daten im Kontenregister mit den Daten der GDV übereinstimmen und so irrtümliche Registerabfragen vermieden werden.

Im Kontenregister ist gezielt nach dem Namen der natürlichen Person oder der Bezeichnung des abzufragenden Unternehmens lt. GDV abzufragen (zB Max Mustermann, Mustermann GmbH, Mustermann KG etc.).

Eine Abfrage nach Kontonummer oder Depotnummer ist nur unter einer der folgenden Voraussetzungen zulässig:

- Im Prüfungsverfahren wird eine Kontonummer/Depotnummer vorgefunden, für die der Kontoinhaber/Depotinhaber nicht festgestellt werden kann und eine Nachfrage beim geprüften Unternehmen/bei der geprüften Person führt zu keinem Ergebnis
- In den Fällen des § 241a BAO

Darüber ist eine Niederschrift aufzunehmen bzw. wenn dies nicht möglich ist, ein begründeter Aktenvermerk anzulegen. Mit Gegenzeichnung der Niederschrift/des Aktenvermerkes durch die Teamleiterin/den Teamleiter wird der Auftrag zur Einsicht in das Kontenregister erteilt.

Soweit das Ergebnis der Kontenregistereinsicht für den weiteren Verlauf der Prüfung relevant ist, sind auch weitere Registerabfragen zum Inhaber des festgestellten Kontos/Depots zulässig (zB es stellt sich heraus, dass das Konto einer anderen Person gehört, die wesentliche Entscheidungen im Unternehmen trifft).

1.5. Verständigung gemäß § 4 Abs. 6 KontRegG

Gemäß § 4 Abs. 6 KontRegG ist im Abgabenverfahren der Abgabepflichtige (oder sein Vertreter nach § 4 Abs. 3 der Kontenregister-Durchführungsverordnung, BGBl. II Nr. 92/2016) von der erfolgten Registerabfrage über FinanzOnline zu verständigen. Die Verständigung betrifft alle an einem Tag für einen Abgabepflichtigen veranlassten Registerabfragen und enthält lediglich den Hinweis darauf, dass eine Registerabfrage aus Anlass einer Außenprüfung oder durch die Abgabensicherung stattgefunden hat.

Beispiel: Prüfer X startet eine Registerabfrage und muss die Abfrage unterbrechen. Nach drei Stunden wird die Registerabfrage neuerlich gestartet und zu Ende geführt. Es wird nur eine Information über die Registerabfrage in die Databox des Abgabepflichtigen übermittelt. Wird die unterbrochene Abfrage erst am nächsten Tag fortgesetzt, erfolgen zwei Verständigungen.

Die Verständigung erfolgt nach Null Uhr des dritten Tages, der auf den Tag der Abfrage folgt automatisch in FinanzOnline ohne Berücksichtigung von Sonn- und Feiertagen.

1.6. Dokumentationspflichten

Die im vorliegenden Erlass genannten Dokumentationspflichten dienen dem Interesse der Abgabepflichtigen am Schutz ihrer Daten sowie dem Schutz der Bediensteten und sind daher unbedingt erforderlich und dementsprechend genau einzuhalten.

Jede Abfrage im Kontenregister wird dem gültigen IT-Standard des BMF entsprechend mitgeloggt und ist daher nachvollziehbar.

Stellungnahmen zu Nachfragen des Rechtsschutzbeauftragten oder Beschwerden von Abgabepflichtigen sollen auf konkreten Dokumentationen beruhen, um Missbrauchsvorwürfen fundiert entgegentreten zu können.

1.7. Irrtümliche Registerabfrage

Irrtümlich erfolgte Kontoregisterabfragen sind durch Anforderung eines Ausdrucks zu dokumentieren und mit einem Vermerk, aus dem die irrtümliche Abfrage hervorgeht, zu versehen. Die auf dem Ausdruck angezeigten Kontoverbindungen sind zur Wahrung des Bankgeheimnisses unkenntlich zu machen. Der Ausdruck ist umgehend dem zuständigen Teamleiter/ der zuständigen Teamleiterin zur Gegenzeichnung vorzulegen und der Geschäftsleitung zur Aufbewahrung zu übergeben.

Beispiel:

Bei mehreren zur Auswahl stehenden Personen oder Rechtsträgern wird zB wegen Namensgleichheit eine falsche Entscheidung getroffen.

2. Außenprüfung durch die Abgabenbehörden

Unter Außenprüfung im Sinne dieses Erlasses sind folgende Prüfungsmaßnahmen zu verstehen:

- Außenprüfung im Sinne des § 147 BAO (Betriebsprüfung) und § 153a BAO (begleitende Kontrolle)
- Umsatzsteuersonderprüfung (einschl. UMA-Prüfung)
- Gebührenprüfung
- Liquiditätsprüfung
- Prüfdienst für Lohnabgaben und Beiträge (PLB)

Für Erhebungen und Nachschauen ist eine Abfrage im Kontenregister nicht vorgesehen und daher nicht zulässig.

Für Prüfungen gemäß § 99 FinStrG gelten die für Finanzstrafverfahren vorgesehenen Regelungen.

2.1. Kontenregistereinsicht – formelle Voraussetzungen im Steuerbereich

Der Fall muss auf dem Prüfplan einer Prüferin/einem Prüfer zugeteilt sein und es muss ein von der Teamleiterin/vom Teamleiter genehmigter Prüfungsauftrag zur Durchführung einer Außenprüfung vorliegen. Die Notwendigkeit einer Einsichtnahme ist anhand der Kriterien Zweckmäßigkeit und Angemessenheit im Einzelfall zu beurteilen, stets zu begründen und vor Erteilung der Genehmigung zur Kontenregistereinsicht zu dokumentieren (siehe Punkt 1.3.).

Zweckmäßigkeit bedeutet die Abwägung des Grundsatzes der Verwaltungsökonomie zu den Grundsätzen der Steuergerechtigkeit und der Gleichmäßigkeit der Besteuerung;

Angemessenheit bezieht sich auf die Ausprägung des verfahrensrechtlichen Verhältnismäßigkeitsgrundsatzes. Angemessen ist eine Abfrage bei Vorliegen von einem konkreten Risiko bzw. einer Risikovermutung.

Die konkreten Umstände sind im Einzelfall zu beurteilen und es ist zu begründen, worin ein Risiko vermutet wurde. Die Begründung für die Kontenregisterabfrage ist zu dokumentieren und hat bei Einholung der Genehmigung vorzulegen.

In der Begründung für eine Kontenregistereinsicht sind konkrete Anhaltspunkte anzuführen, warum die vorliegenden Unterlagen, bisherigen Angaben des Steuerpflichtigen oder Ergebnisse der Prüfung Zweifel an der Sachlage zurücklassen. Zweifel können entstehen durch Vorhaltsbeantwortung aber auch durch andere Informationen.

Beispielsweise wären konkrete Anhaltspunkte anzuführen, warum von einer nicht vollständigen Vorlage der betrieblichen Konten ausgegangen wird, warum angeblich „private" Konten vermutet werden, weshalb die behauptete Rollenberechtigung am Konto hinterfragt wird, etc. Das Vorliegen eines risikobasiert ausgewählten Falles des PACC stellt für sich alleine keine ausreichende Begründung dar. Es ist daher in jedem Einzelfall zu dokumentieren, auf Grund welcher Sachverhaltselemente die Risikovermutung zutreffen könnte.

ABER: Wäre ein Verdacht gegeben, dann wäre die Prüfung nach § 99 FinStrG fortzusetzen und es gilt der Abschnitt „Finanzstrafverfahren" dieses Erlasses.

Die Registerabfrage ist risikobasiert für folgende Prüfungen durchzuführen:

- Außenprüfung im Sinne des § 147 BAO (Betriebsprüfung)
- begleitende Kontrolle im Sinne des § 153a BAO durch die Abgabenbehörden
- Umsatzsteuersonderprüfung, Umsatzsteuer Auslandsprüfung (UMA)

Die Registerabfrage ist von der beauftragten Prüferin/dem beauftragten Prüfer durchzuführen. Als Grund für die Registerabfrage ist im Dropdown Menü „Außenprüfung/USO/UMA/PLB" auszuwählen. Das Ergebnis der Registerabfrage ist Teil des Arbeitsbogens.

2.2. Ansprechen des Ergebnisses der Registerabfrage

Dem Abgabepflichtigen bzw. den für die Leitung des Unternehmens verantwortlichen Personen ist im Rahmen der Prüfung das Ergebnis der Registerabfrage vorzuhalten. Zu jedem Konto ist nach den Angaben des Abgabepflichtigen festzuhalten, um welches Konto es sich handelt und ob es dem betrieblichen oder dem nichtbetrieblichen Bereich zuzuordnen ist.

Eine Überprüfung nur mit dem gewillkürten Vertreter ist nicht zulässig.

Ziel ist herauszufinden, ob als nichtbetrieblich bezeichnete Konten dennoch für betriebliche Zwecke verwendet wurden.

Beispiele:

- *Geschäftskonto des Unternehmens*
- *privates Sparbuch der geprüften Unternehmerin/des geprüften Unternehmers*
- *Zeichnungsberechtigung über das Girokonto oder Sparbuch der Ehegattin, des Ehegatten, der Kinder oder sonstiger naher Verwandter*
- *Vertretungsbefugnis über ein Geschäftskonto eines anderen Unternehmens, einer anderen Person (zB als Prokurist, Geschäftsführer)*
- *Zeichnungsberechtigung über das Konto eines Vereines (zB als Obfrau/Obmann, Kassierin/Kassier)*

Die Aufstellung der Konten und das Ergebnis der Kontenzuordnung gelten als Niederschrift und ist von den beteiligten Personen zu unterschreiben.

Befragungen zum Ergebnis der Einsicht in das Kontenregister betreffend Einzelpersonen haben unter Wahrung des Bankgeheimnisses vertraulich zu erfolgen. Damit soll verhindert werden, dass eine unbefugte Person Kenntnis über Kontenverbindungen einer anderen Person erhält, wenn neben betrieblichen Konten auch Informationen zu privaten Kontenverbindungen enthalten sind. Die Anwesenheit einer anderen Person ist nur mit ausdrücklicher Zustimmung des Betroffenen zulässig. Diese Zustimmung ist niederschriftlich festzuhalten.

Beispiel 1: Geprüft wird ein Einzelunternehmen. Zu Prüfungsbeginn ist der steuerliche Vertreter anwesend. Die Befragung zu den Ergebnissen der Registerabfrage kann nur dann im Beisein des steuerlichen Vertreters erfolgen, wenn der Betroffene vorher seine Zustimmung dazu gegeben hat.

Beispiel 2: Geprüft wird eine GmbH mit zwei Geschäftsführern. Auf Grund der Kontenregisterabfrage ergibt sich die Notwendigkeit einer weiteren Kontenregisterabfrage bei den Geschäftsführern (Ausdehnung der Prüfung auf die Geschäftsführer!). Die Befragung zum Ergebnis der GmbH-Abfrage findet in Anwesenheit beider Geschäftsführer statt. Eine Befragung zu vorgenommenen Einzelabfragen zu den Geschäftsführern hat mit jedem Geschäftsführer einzeln zu erfolgen. Das Ergebnis der Befragungen ist von der allgemeinen Akteneinsicht beim geprüften Unternehmen ausgeschlossen.

2.3. Prüfungsmaßnahmen bei den im Rahmen der Registerabfrage festgestellten Konten

2.3.1. Geschäftskonten, betriebliche Konten

Soweit für die betrieblichen Konten sämtliche für die Prüfung relevanten Unterlagen (zB Kontoauszüge, Kredit-/Überziehungsvereinbarungen, Überweisungsbelege etc.) und Informationen vorgelegt werden, hat die Prüfung an Hand dieser Unterlagen zu erfolgen.

Fehlende Unterlagen sind zunächst vom geprüften Unternehmer abzuverlangen.

Können fehlende Unterlagen nicht vorgelegt werden, ist der geprüfte Unternehmer aufzufordern, beim Kreditinstitut Duplikate anzufordern und diese zur Verfügung zu stellen.

Ist der geprüfte Unternehmer nicht in der Lage oder nicht bereit, fehlende Unterlagen und Informationen zu Geschäftskonten vorzulegen, dann ist dieser Umstand niederschriftlich festzuhalten und erforderlichenfalls eine Konteneinschau nachweislich anzukündigen. Alternativ kann auch eine Schätzung angekündigt werden. Zwangsmaßnahmen sollten nicht angekündigt werden.

Kann eine Niederschrift nicht angefertigt werden oder wird die Unterschrift verweigert, ist darüber ein Aktenvermerk anzulegen und von der Prüferin/dem Prüfer und der Teamleiterin/dem Teamleiter zu zeichnen

2.3.2. Nicht betriebliche Konten

Unterlagen und Informationen zu nicht betrieblichen Konten des Unternehmers sind nur abzuverlangen, wenn Grund zur Annahme besteht, dass geschäftliche Transaktionen über nichtbetriebliche Konten abgewickelt wurden. Besteht hingegen ein durch objektivierbare Tatsachen erhärteter Verdacht, ist die Prüfung nach § 99 FinStrG fortzusetzten und die Regeln im Abschnitt „Finanzstrafverfahren" dieses Erlasses sind anzuwenden.

Beispiele: Es besteht **ein Hinweis**, *dass*

- *ein Unternehmer seine* **Einnahmen nicht versteuern** *möchte und er gibt daher die Kontonummer seiner Partnerin (oder Tochter usw.) an.*
- *ein* **überschuldeter** *Unternehmer beim Kunden die Kontonummer seiner Tochter angibt, damit die Kundenzahlung unversteuert nicht auf sein gepfändetes Konto überwiesen wird*

Info: *In solchen Fällen ist es möglich, dass die betroffene Bank eine Geldwäsche-Verdachtsmeldung wegen „Nichtoffenlegung von Treuhandbeziehungen" getätigt hat. Hier kann das Amt für Betrugsbekämpfung ABBZIZ-EUFI-GW weiterhelfen.*

2.3.3. Konto der Unternehmerin/des Unternehmers wird sowohl betrieblich als auch privat benutzt

Die zur Klärung des Sachverhaltes erforderlichen Unterlagen und Informationen sind abzuverlangen. Ist eine Vorlage der Belege nicht möglich oder wird diese verweigert, ist analog zur Regelung bei betrieblichen Konten vorzugehen.

Hat der Unternehmer ein Konto, das er sowohl für private als auch unternehmerische Zwecke nutzt, hat er alles vorzulegen.

2.3.4. Fremdkonten, für die eine Verfügungsberechtigung besteht

Fremdkonten sind Konten, bei denen der Unternehmer eine verfügungsberechtigte Rolle besitzt, der Konteninhaber aber eine andere Person ist. Diese Rollen scheinen auch bei der Kontenregisterabfrage auf!

Rollen könnten beispielsweise sein:	Konten**inhaber ist eine natürliche** Person	Konten**inhaber ist eine juristische** Person
Rolle des Unternehmers	Zeichnungsberechtigung	Zeichnungsberechtigung
	Wirtschaftlicher Eigentümer bei Unternehmerkonto	Wirtschaftlicher Eigentümer
		Vertretungsbefugter (Prokurist, Geschäftsführer)

	Sonstige gesetzliche Vertreter (Masseverwalter, Erwachsenenvertreter, Vorsorgebevollmächtigte, Eltern minderjähriger Kinder)	Sonstiger gesetzlicher Vertreter (Masse-Verwalter)

Beispiel:

Eine ausländische juristische Person wird als Konteninhaber im Kontenregister geführt. Der geprüfte österreichische Unternehmer wird auf diesem Fremdkonto zB als vertretungsbefugt (Prokurist, Geschäftsführer) geführt.

Achtung: Diese Informationen „Prokurist, Geschäftsführer, Wirtschaftlicher Eigentümer" finden sich so weder im österreichischen Unternehmensregister, österreichischen Firmenbuch noch im österreichischen Register der wirtschaftlichen Eigentümer, da diese nur die Verfügungsberechtigung am abgefragten Konto betreffen! Die Vergabe der jeweiligen Rolle durch die Bank wirkt nur deklarativ.

Wird der geprüfte Unternehmer beim Fremdkonto als „Wirtschaftlicher Eigentümer" oder „Vertretungsbefugter" geführt, ist diese Information bei der Einkommensteuerprüfung zu berücksichtigen. Wenn Grund zur Annahme besteht, dass geschäftliche Transaktionen, die dem geprüften Unternehmer zuzurechnen sind, über Fremdkonten abgewickelt wurden, ist analog nach Punkt 2.3.2. vorzugehen. Daher ist der Konteninhaber zur Herausgabe der Belege aufzufordern.

Über die Anforderung der Belege und sonstigen Unterlagen sowie über die Bereitschaft oder die Weigerung des Konteninhabers (Fremdkonto) diese zu übergeben, ist eine Niederschrift anzufertigen. Wenn die Unterlagen nicht vorgelegt werden können oder die Vorlage verweigert wird, ist erforderlichenfalls eine Konteneinschau vorzunehmen.

2.4. Konteneinschau

Voraussetzungen der Bewilligung:

1. Zweifel an der Richtigkeit der Angaben des Abgabepflichtigen oder Gründe für die Annahme, dass der Abgabepflichtige Angaben hätte machen müssen, um Bestand und Umfang seiner Abgabepflicht offen zu legen
2. Erwartung, dass die Auskunft geeignet ist, die Zweifel aufzuklären
3. Eingriff in die Geheimhaltungsinteressen des Kunden steht im Verhältnis zum Zweck der Ermittlungsmaßnahme

2.4.1. Das Auskunftsverlangen an Kreditinstitute

Das Auskunftsverlangen hat eine **Begründung** über das sachverhaltsmäßige Vorliegen der Bewilligungsvoraussetzungen für die Konteneinschau iSd § 8 Abs. 1 Z 1 bis 3 KontRegG zu enthalten. Weiters ist anzugeben, ob das Auskunftsverlangen ein Konto des Abgabepflichtigen als dessen Inhaber betrifft oder ob es ein Konto einer nicht als Partei des Abgabenverfahrens beteiligten Person als Inhaberin betrifft und der Abgabepflichtige vertretungsbefugt, Treugeber oder wirtschaftlicher Eigentümer dieses Kontos ist.

Wird von mehreren Kreditinstituten eine Auskunft benötigt, so ist an jedes Kreditinstitut ein eigenes Auskunftsverlangen zu richten. Dabei ist anzugeben, worüber (konkrete Fragen zu Tatsachen, Verhältnissen und Umständen der Geschäftsverbindung, Unterlagen) Auskunft verlangt wird.

Wahrung des Parteiengehörs:

a) Abgabepflichtiger ist Konteninhaber:

Werden die Angaben des Abgabepflichtigen in Zweifel gezogen, so sind ihm diese mitzuteilen und ihm ist Gelegenheit zu geben, diese Zweifel durch Offenlegung zu beseitigen (zB Bekanntgabe von Kontenbewegungen und Kontoständen).

Wird die Offenlegung verweigert, so ist die beabsichtigte Konteneinschau dem Kontoinhaber nachweislich (idealerweise Niederschrift, im Bedarfsfall schriftlich) zur Kenntnis zu bringen. Die Niederschrift oder der Schriftverkehr sind als Nachweis über die Wahrung des Parteiengehörs dem BFG vorzulegen.

b) Abgabepflichtiger besitzt eine Verfügungsberechtigung am Fremdkonto (siehe 2.3.4.):

Wenn der Abgabepflichtige nicht Inhaber des Kontos, sondern zeichnungsberechtigt oder vertretungsbefugt oder Treugeber oder wirtschaftlicher Eigentümer ist, darf ein schriftliches Auskunftsverlangen gemäß § 8 Abs. 4 Satz 1 KontRegG erst dann gestellt werden, wenn dem Inhaber des Kontos vorher Gelegenheit zur Stellungnahme und zur Abwendung der Konteneinschau durch eigene Offenlegung gegeben wurde.

Eine solche Stellungnahme des Kontoinhabers zählt zu den Zulässigkeitsvoraussetzungen für die Konteneinschau und ist für die Bewilligung zusätzlich zur Stellungnahme des Abgabepflichtigen vorgesehen. Der Beitrag des Kontoinhabers zur Aufklärung soll darin bestehen, dass er sich zur Vertretungsbefugnis, zur Treugeberschaft oder zur wirtschaftlichen Eigentümerschaft des Abgabepflichtigen äußert und diese gegebenenfalls bestreitet. Zu beachten ist, dass in der Ankündigung zur Konteneinschau beim Kontoinhaber die Zweifel an der Richtigkeit der Angaben des Abgabepflichtigen keinesfalls genannt werden dürfen.

Wird die Offenlegung verweigert, so ist die beabsichtigte Konteneinschau dem Kontoinhaber nachweislich (idealerweise Niederschrift, im Bedarfsfall schriftlich) zur Kenntnis zu bringen.

Die Stellungnahme des Konteninhabers ist zu würdigen und aktenkundig zu machen und als Nachweis über die Wahrung des Parteiengehörs dem BFG vorzulegen.

Empfohlen wird die Verwendung des Formulars Verf. 143 und den Kontenregisterauszug zum betroffenen (Fremd-) Konto elektronisch dem Auskunftsverlangen anzuschließen.

Das Auskunftsverlangen ist vom Leiter oder der Leiterin einer Abgabenbehörde bzw. vom Fachbereichsleiter oder der Fachbereichsleiterin im Bereich Kontrolle Strafsachen im Zollamt Österreich zu unterfertigen. Das Auskunftsverlangen des Amtes für Betrugsbekämpfung im Abgabenverfahren ist vom Fachbereichsleiter oder der Fachbereichsleiterin der aktenführenden Abgabenbehörde zu unterfertigen. Das Auskunftsverlangen ist dem BFG elektronisch zu übermitteln.

Die Ausführungen zu den Bankkonten gelten sinngemäß auch für alle anderen Arten von Depots und Schließfächern.

Das Auskunftsverlangen unterbricht nicht den weiteren Prüfungsablauf. Das heißt Prüfungshandlungen, die unabhängig von der Einschau in die Kontendaten durchgeführt werden können, sind ohne Verzug weiterzuführen.

2.4.2. Bewilligung der Konteneinschau

Die Entscheidung über die Bewilligung oder Ablehnung des Auskunftsverlangens trifft eine Einzelrichterin/ein Einzelrichter des BFG tunlichst binnen drei Tagen ab Einlangen des Verlangens beim BFG.

Das BFG entscheidet über jedes einzelne Auskunftsverlangen mit Beschluss. Der Beschluss hat auszusprechen, ob das Auskunftsverlangen bewilligt wird. Das Auskunftsverlangen ist dabei als solches zu bewilligen oder nicht zu bewilligen. Der Beschluss kann weder den Umfang oder Inhalt des Auskunftsverlangens bestimmen noch das Auskunftsverlangen inhaltlich abändern.

Wird die Konteneinschau **bewilligt**, ist der Beschluss dem jeweiligen Kreditinstitut (Bank) ohne Begründung/Entscheidungsgründe vorzulegen. Das Kreditinstitut hat die im Auskunftsersuchen angeführten Informationen herauszugeben und kann kein Rechtsmittel gegen den Beschluss ergreifen.

Wird die Konteneinschau **nicht bewilligt**, ist zu prüfen, ob gegen die Entscheidung allenfalls ein Rechtsmittel (Rekurs) erhoben werden soll. Der jeweilige Leiter/die Leiterin der Abgabenbehörde, des Amtes für Betrugsbekämpfung bzw. der Fachbereichsleiter/die Fachbereichsleiterin ist in diese Entscheidung einzubinden. Die Zeichnung des Rekurses erfolgt analog zur Zeichnung des ursprünglichen Ersuchens.

Gegen die Bewilligung der Konteneinschau kann die Betroffene/der Betroffene ein Rechtsmittel erheben. Für die Erledigung dieses Rechtsmittels ist ein Senat des BFG zuständig.

Achtung Beweisverwertungsverbot:

Im Falle der Bewilligung des Auskunftsverlangens wird es zweckmäßig sein, mit der Zustellung an das Kreditinstitut den Ablauf der Rekursfrist abzuwarten. Für den Fall dass, Rekurs eingebracht wird, wird ebenfalls empfohlen die Entscheidung abzuwarten.

Wird im Rekursverfahren entschieden, dass die Konteneinschau zu Unrecht bewilligt wurde, dann greift das gesetzliche Beweisverwertungsverbot. Ermittlungsergebnisse, die sich aus der Einsicht in die Kontenunterlagen ergeben haben, dürfen nicht in die Entscheidungsfindung einfließen und haben unbeachtet zu bleiben.

2.4.3. Kosten

Die mit der Durchführung der Konteneinschau entstehenden Kosten (insbes. Bereitstellungskosten der Kreditinstitute) sind von der Abgabenbehörde oder vom Amt für Betrugsbekämpfung zu tragen.

3. BV-Team – Innendienst

Registerabfragen (Kontenregistereinsicht) außerhalb einer Außenprüfung sind im Rahmen des Veranlagungsverfahrens nur zulässig, wenn dies im Rahmen einer Innenprüfung als erforderlich angesehen wird (§ 4 Abs. 5 KontRegG).

Zunächst ist im **Vorhalteverfahren** zu klären ob alle **Angaben vollständig** sind (§ 161 Abs. 1 BAO). Allfällige Auskünfte sind zu würdigen und aktenkundig zu machen.

Bei **Bedenken gegen die Richtigkeit** der Abgabenerklärung ist ein Ermittlungsverfahren gemäß § 161 Abs. 2 BAO einzuleiten und dem Abgabenpflichtigen vorher Gelegenheit zur Stellungnahme zu geben. Dies ist aktenkundig zu machen und zu würdigen.

Die Durchführung der Registerabfrage ist durch die Teamleiterin/den Teamleiter anzuordnen und von der/dem TexSpez oder Tex durchzuführen. In der Abfragemaske ist „§ 161 Abs. 2 BAO" aus dem Dropdown Menü auszuwählen.

Alternativ ist zu prüfen, ob für die Klärung des Sachverhaltes ein Prüfungsverfahren einzuleiten ist.

4. Prüfdienst für Lohnabgaben und Beiträge (PLB)

Die Einsicht in das Kontenregister und die Konteneinschau stehen ausschließlich den PLB-Prüferinnen und Prüfern der Finanzverwaltung zur Verfügung und es ist analog der Bestimmungen in Punkt 2. ff vorzugehen.

Für PLB gilt, dass die Registerabfrage (Kontenregistereinsicht) und die Konteneinschau ausschließlich zur Durchführung der Lohnsteuerprüfung als Organ des für die Erhebung der Lohnsteuer zuständigen Finanzamtes zur Verfügung stehen. Das Ergebnis einer Registerabfrage kann auch nicht im Wege der Amtshilfe oder eines Amtshilfeersuchens an die Sozialversicherung weitergegeben werden, da das Bankgeheimnis gegenüber dieser nicht durchbrochen wurde

Beispiel: Ein Erfordernis wird nur in jenen Fällen vorliegen, in denen es Hinweise darauf gibt, dass nicht nur offizielle Konten (d.s. Konten, die in der Buchhaltung des Unternehmens aufschei-

nen) für die Auszahlung von Löhnen/Gehältern/ Lohn- und Gehaltsbestandteilen genutzt wurden, sondern auch andere Konten.

In der Abfragemaske ist „PLB“ aus dem Dropdown Menü auszuwählen.

5. Liquiditätsprüfung durch die Abgabebehörden

5.1. Liquiditätsprüfung bei aufrechtem Abgabeneinbringungsverfahren

Bei Vorliegen eines aufrechten Abgabeneinbringungsverfahrens ist vor Durchführung einer Liquiditätsprüfung eine Einsicht in das Kontenregister zu veranlassen.

Eine bereits im Einbringungsverfahren durchgeführte Kontenregistereinsicht, die innerhalb der letzten drei Monate vor Erteilung des Prüfungsauftrages stattgefunden hat, ersetzt eine allfällige Abfrage in diesem Prüfungsverfahren.

Bestehen Zweifel an der aktuellen Vollständigkeit des Abfrageergebnisses oder ergeben sich diesbezügliche Hinweise im Laufe der Liquiditätsprüfung, so ist jedenfalls eine neuerliche Registerabfrage durchzuführen. In der Abfragemaske ist „Liquiditätsprüfung“ aus dem Dropdown Menü auszuwählen.

Abweichend von den Bestimmungen des Punkt 2.3.2. sind Privatkonten des Unternehmers oder der für die Leitung des Unternehmens verantwortlichen Person aus folgenden Gründen in die Überprüfung miteinzubeziehen:

- Bei Einzelunternehmern ist das gesamte Vermögen des Einzelunternehmers der Liquiditätsbeurteilung zu Grunde zu legen
- Bei Geschäftsführern von Kapitalgesellschaften dienen diese Feststellungen als Grundlage für die Beurteilung einer allfälligen Haftung für offene Forderungen gegenüber der Gesellschaft.

5.2. Liquiditätsprüfung außerhalb Abgabeneinbringungsverfahren

Für Liquiditätsprüfungen, die außerhalb eines Abgabeneinbringungsverfahrens durchzuführen sind (zB Überprüfung zur besseren Beurteilung eines Zahlungserleichterungsansuchens) gilt, dass in erster Linie die Angaben der Antragstellerin/ des Antragstellers der Überprüfung zugrunde zu legen sind.

Ergeben sich aus dieser Überprüfung Zweifel an der Vollständigkeit der Unterlagen, dann ist wie folgt vorzugehen:

- Die aufgetretenen Zweifel sind zu dokumentieren und der Antragstellerin/dem Antragsteller vorzuhalten
- Die Durchführung einer Einsicht in das Kontenregister ist anzukündigen und dient jedenfalls der Beweissicherung, ob und in welchem Umfang entscheidungswesentliche Unterlagen nicht offengelegt wurden.
- Die Einsicht in das Kontenregister ist von der zuständigen Teamleiterin/dem zuständigen Teamleiter zu genehmigen.
- In der Abfragemaske ist „Liquiditätsprüfung“ aus dem Dropdown Menü auszuwählen.
- Das Ergebnis der Kontenregistereinsicht ist der Antragstellerin/dem Antragsteller vorzuhalten und sie/er ist aufzufordern, die weiteren Unterlagen vorzulegen.
- Der sich aus den vorgelegten Unterlagen ergebende Sachverhalt oder die Weigerung weitere Unterlagen vorzulegen, hat in die Entscheidung über den Antrag des Abgabenschuldners, der die Liquiditätsprüfung ausgelöst hat, einzufließen.
- Die Begünstigung wird nicht gewährt, wenn wesentliche Informationen verheimlicht wurden.

6. Abgabensicherung der Abgabenbehörden

Die Einsicht in das Kontenregister ist eine weitere Maßnahme, die im Verfahren zur Einbringung vollstreckbarer Rückstände oder zur Sicherstellung zu erwartender Abgabenforderungen zur Verfügung steht. Der Einsatz dieser Maßnahme hat nach den Grundsätzen der Zweckmäßigkeit, Angemessenheit und Sparsamkeit zu erfolgen. Im Einzelfall ist abzuwägen, welche Maßnahme zum Einbringungserfolg führen kann.

Die Abgabenbehörde ist berechtigt, im Zuge von Abgabensicherungsmaßnahmen unter den in der Folge genannten Voraussetzungen in das Kontenregister Einsicht zu nehmen.

6.1. Voraussetzungen für eine Einsicht in das Kontenregister

Eine Einsicht in das Kontenregister ist nur zulässig, wenn ein automatisiert oder händisch ausgestellter Rückstandsausweis, ein Vollstreckungsbescheid oder Sicherstellungsauftrag vorliegt oder wenn nach Punkt 6.1.4. vorzugehen ist.

Eine Einsicht in das Kontenregister ist nur zulässig, wenn der gesamte vollstreckbare Rückstand bzw. im Falle eines Sicherstellungsauftrages die voraussichtliche Höhe der Abgabenschuld einen Betrag von 1.000 Euro übersteigt. Gibt es für einen Abgabenschuldner mehrere Vollstreckungsakten (zB eigene Steuernummer und Haftung für Rückstände einer GmbH, ein oder weitere § 213 Abs. 2-Konten zusätzlich zum Hauptkonto), bestehen keine Bedenken, die geschuldeten Abgabenbeträge zusammenzurechnen.

Die Kontenregistereinsicht ist ausschließlich der **aktenführenden Dienststelle** vorbehalten.

6.1.1. Verfahren nach erstmaliger Ausstellung eines Rückstandsausweises

Nach erstmaliger Ausstellung eines Rückstandsausweises (neuer Vollstreckungsfall) ist eine Einsicht in das Kontenregister nur nach einer anderen Erstmaßnahme (zB Zahlungsaufforderung, Vollstreckungsaußendienst) zulässig. Erfolgt auf die Erstmaßnahme keine Reaktion oder wird die Abgabenschuld nicht bezahlt, kann eine Einsicht in das Kontenregister durchgeführt werden. Die Einsicht in das Kontenregister ist im B-Verfahren durch die Teamleiterin/den Teamleiter bzw. im Vollstreckungsakt (Zollamt) als eigene Maßnahme anzumerken und einer bestimmten Mitarbeiterin/einem bestimmten Mitarbeiter zuzuteilen. In der Abfragemaske ist „Einbringungsverfahren" aus dem Dropdown Menü auszuwählen.

Werden Konten festgestellt, die dem Abgabenschuldner zugerechnet werden können, ist mittels Forderungspfändung auf ein allfälliges Guthaben zuzugreifen. Da der Abgabenschuldner über die erfolgte Kontenregistereinsicht verständigt wird, hat die Forderungspfändung unmittelbar zu erfolgen.

Ausnahme

Sind in einem erstmaligen Rückstandsausweis überwiegend Abgabenforderungen enthalten, deren Festsetzung auf ein Prüfungsverfahren zurückzuführen ist, kann die Veranlassung einer Erstmaßnahme entfallen und eine Einsicht in das Kontoregister und die Pfändung von Guthaben sofort erfolgen.

Liegt die Registerabfrage im Prüfungsverfahren weniger als drei Monate zurück, kann auch diese als Grundlage für die Pfändung herangezogen werden.

6.1.2.Verfahren nach wiederholter Ausstellung eines Rückstandsausweises (aufrechtes Vollstreckungsverfahren)

Sind bisherige Einbringungsmaßnahmen in einem aufrechten Vollstreckungsverfahren nicht zielführend gewesen, sodass mit einer zeitnahen Abstattung des Rückstandes nicht zu rechnen ist, wird eine Kontenregistereinsicht zweckmäßig sein.

Der Dokumentation im B-Verfahren (Finanzamt) bzw. im Vollstreckungsakt (Zollamt) ist in diesem Zusammenhang besondere Beachtung zu schenken.

Die Einsicht in das Kontenregister ist im B-Verfahren durch die Teamleiterin/den Teamleiter als eigene Maßnahme anzumerken und einer bestimmten Mitarbeiterin/einem bestimmten Mitarbeiter zuzuteilen. Beim Zollamt sind der Auftrag zur Einsicht in das Kontenregister und die Zuteilung an eine bestimmte Mitarbeiterin/einen bestimmten Mitarbeiter im Vollstreckungsakt zu dokumentieren.

Eine weitere Einsichtnahme in das Kontenregister ist nicht zwingend erforderlich, wenn wiederholt Forderungspfändungen zu einem bestimmten Bankkonto oder Depot vorgenommen werden.

Werden Konten festgestellt, die dem Abgabenschuldner zugerechnet werden können, ist mittels Forderungspfändung auf ein allfälliges Guthaben zuzugreifen. Da der Abgabenschuldner über die erfolgte Kontenregistereinsicht verständigt wird, hat die Forderungspfändung unmittelbar zu erfolgen.

6.1.3. Verfahren bei Ausstellung eines Sicherstellungsauftrages

6.1.3.1. Sicherstellungsauftrag im Prüfungsverfahren

- Erlassung durch die prüfende Stelle
- Genehmigung lt. Genehmigungserlass
- Einsicht in das Kontenregister sollte bereits im Rahmen der Prüfung erfolgt sein und ist daher für Sicherstellungsmaßnahmen zu verwenden. Liegt die Kontenregisterabfrage länger als drei Monate zurück, ist im Rahmen des Sicherstellungsverfahrens eine neuerliche Abfrage durch den Teamleiter AS zu veranlassen. Der Ablauf erfolgt analog zur oben beschriebenen Vorgangsweise. Eine vorherige Kontaktaufnahme mit dem Abgabepflichtigen hat im Hinblick auf das laufende Prüfungsverfahren zu unterbleiben.
- Einleitung Sicherstellungsmaßnahmen, insbesondere Pfändung der Guthaben auf den festgestellten Konten

6.1.3.2. Sicherstellungauftrag außerhalb eines Prüfungsverfahrens der Abgabenbehörden

- Erlassung durch veranlassende Stelle (idR BV-Team, aber auch AV oder AS möglich)
- Für die weitere Vorgangsweise ist das Verfahren bei erstmaliger Ausstellung eines Rückstandsausweises sinngemäß anzuwenden, wobei die Zustellung des Sicherstellungsauftrages bereits als erste Maßnahme zu werten ist.

6.1.3.3. Sicherstellungsauftrag durch Finanzpolizei

- Standardprozess
- Sicherungsmaßnahmen ausschließlich auf Vor-Ort-Sicherstellung bei Gefahr in Verzug eingeschränkt
- Kontenregistereinsicht und weitere Maßnahmen in diesem Zusammenhang bleiben der **aktenführenden Dienststelle** vorbehalten (Prozess daher w.o.)

6.1.4 Verfahren bei Rückzahlungen oder Erstattungen ohne Rechtsgrund (§ 241a BAO)

Eine Kontenregisterabfrage ist in Fällen des § 241a BAO unter folgenden Voraussetzungen zulässig:

- Es liegt ein Anwendungsfall des § 241a BAO vor (Rückforderungsbescheid zB in Bezug auf Erstattung von Abgaben, Rückzahlungen aus der Arbeitnehmer- oder Einkommensteuerveranlagungen oder Rückzahlungen nach § 239 BAO)
- Der Inhaber des Bankkontos, auf das die Auszahlung erfolgt ist, ist unbekannt.
- Das Vorliegen der genannten Voraussetzungen und die Abfrage im Kontenregister sind von der Fachdienststelle zu prüfen und schriftlich zu beauftragen. Die Einsichtnahme kann

ohne Einschränkung des zu Grunde liegenden Betrages erfolgen.

- Die Einsicht in das Kontenregister erfolgt durch für das Kontenregister berechtige Bedienstete der Abgabensicherung.
- Die Abfrage erfolgt über den IBAN des Bankkontos, auf das die Überweisung erfolgt ist.
- Das Ergebnis der Abfrage ist zu dokumentieren und dem Rückforderungsakt anzuschließen.

6.2. Einsicht in das Kontenregister im Insolvenzverfahren

Die Eröffnung eines Insolvenzverfahrens hat die Exekutionssperre zur Folge, weshalb ab diesem Zeitpunkt für die Dauer des Insolvenzverfahrens eine Einsicht in das Kontenregister nicht mehr zweckmäßig ist.

Eine Kontenregistereinsicht auf Ersuchen des Insolvenzverwalters ist nicht zulässig; Ergebnisse dürfen ihm nicht übermittelt werden.

Sollte auf Grund der Aktenlage festgestellt werden, dass Konten, die der Dienststelle bekannt sind und nach den vorliegenden Hinweisen Teil des Massevermögens sein müssten, im Insolvenzverfahren nicht aufscheinen, ist im Wege der Fachdienststelle Anzeige an die zuständige Staatsanwaltschaft zu erstatten (§ 156 StGB – Kridadelikt).

7. Zollamt Österreich-Betriebsprüfung – Zoll (BPZ)

Sollte im Folgenden nicht Abweichendes geregelt sein, so sind die Bestimmungen unter Punkt 2. sinngemäß anzuwenden.

Unter Betriebsprüfung-Zoll im Sinne dieses Erlasses ist eine abgabenbehördliche Prüfung gemäß § 25 ZollR-DG bzw. § 147 BAO durch die Dienststellen des Zollamts Österreich und Liquiditätsprüfungen (Punkt 5.) zu verstehen.

Für Erhebungen und Nachschauen ist eine Einsicht im Kontenregister nicht vorgesehen und daher nicht zulässig.

Für Prüfungen gemäß § 99 FinStrG gelten die für Finanzstrafverfahren vorgesehenen Regelungen. Bei Gerichtszuständigkeit gilt der Erlass nicht, sondern die Regeln des § 116 StPO siehe Punkt 12.

7.1. Kontenregistereinsicht – formelle Voraussetzungen

Der Fall muss einer Prüferin/einem Prüfer zugeteilt sein und es muss ein von der Teamleiterin/vom Teamleiter unterschriebener Prüfungsauftrag zur Durchführung einer Außenprüfung mit einem Prüfungszeitraum von mindestens einem Jahr vorliegen.

Die Erteilung des Prüfungsauftrages muss im Verfahren e-Zoll nachvollziehbar und unveränderlich dokumentiert sein.

Ein Prüfungsauftrag, im dem sowohl Prüferin/Prüfer als auch Genehmigende/Genehmigender ident sind, ist für die Durchführung einer Einsicht in das Kontenregister nicht zulässig (strenges Vieraugenprinzip).

Die Kontenregistereinsicht kann im Rahmen der Prüfung durchgeführt werden, wenn dies zweckmäßig und angemessen ist.

Die Einsicht in das Kontenregister ist von der beauftragten Prüferin/dem beauftragten Prüfer durchzuführen. Als Grund für die Registerabfrage ist im Dropdown Menü „Außenprüfung-Zoll“ auszuwählen.

8. Finanzkontenauskunft auf Grund internationaler Rechtsgrundlagen (EU-Rechtsgrundlagen oder Staatsverträge)

8.1. Amt für Betrugsbekämpfung (ABB) Zentralstelle Internationale Zusammenarbeit (ZIZ)

Auf Grund internationaler Verträge sowie innerhalb der Europäischen Union anzuwendender Rechtsgrundlagen ist die österreichische Finanzverwaltung verpflichtet, anderen Finanzverwaltungen auf Anfrage Auskunft darüber zu geben, ob und welche Konten Abgabepflichtige des anderen Staates in Österreich besitzen. Die Beantwortung derartiger Anfragen obliegt dem ABB/ZIZ. Nach Prüfung des Auskunftsersuchens auf seine formelle und materielle Richtigkeit hat der Leiter der ZIZ oder ein/e Teamleiter/in eine Mitarbeiterin/einen Mitarbeiter zu beauftragen, die Registerabfrage durchzuführen. Die Abfrage erfolgt aufgrund der Bestimmungen des Amtshilfe-Durchführungsgesetzes oder EU-Finanzstrafzusammenarbeitsgesetzes. Als Grund für die Registerabfrage ist im Dropdown Menü „Amtshilfe (ABB ZIZ)“ auszuwählen. Eine Benachrichtigung des Kontoinhabers ist nicht zulässig. Erstreckt sich das Auskunftsersuchen auch auf den Kontostand und weitere Kontoinformationen, dann hat das ZIZ das/die kontenführenden Kreditinstitute nach den Vorschriften des Amtshilfe-Durchführungsgesetzes oder EUFinanzstrafzusammenarbeitsgesetzes um Auskunft zu ersuchen.

8.2. Untersuchungen des Europäischen Amtes für Betrugsbekämpfung (OLAF)

Auf ein schriftlich zu erläuterndes Ersuchen kann OLAF unter den gleichen Bedingungen, wie sie für die nationalen Behörden gelten Informationen aus den nationalen Kontenregistern und auch die Transaktionsaufzeichnungen verlangen, wenn diese für Zwecke der Untersuchung benötigt werden. Die Verordnung (EU, Euratom) 2020/2223 gilt seit 18. Jänner 2021. Eine unmittelbare aufgrund des Unionsrechts gegebene Berechtigung von OLAF bedarf aus unionsrechtlichen Gründen nicht auch zusätzlich noch einer gleichlautenden nationalen Regelung.

Das „zentrale Verbindungsbüro“ (Central Liaison Office, C.L.O.) wurde gemäß der Verordnung (EU, Euratom) 2020/2223 als zuständige Behörde notifiziert.

Für die Kontenregisterabfragen und Konteneinschauen auf Ersuchen von OLAF ist wie Punkt 8.1. vorzugehen.

8.3. Zoll-Neapel II-Auskunftsersuchen gemäß Art. 5 der RL 2010/24/EU

Amtshilfeersuchen nach Neapel II, in denen von ausländischen Zollbehörden Finanzkontenauskünfte begehrt werden, sind vom „Bereich Kontrolle und Strafsachen" vom ZAÖ analog Punkt 8.1. zu erledigen.

Als Abfragegrund ist „Amtshilfe Zoll" im Dropdown Menü auszuwählen. Damit ist auch sichergestellt, dass eine Information des Abgabepflichtigen unterbleibt, da es sich nicht um ein Abgabenverfahren handelt.

9. Rechtsschutzbeauftragter

Der Rechtsschutzbeauftragte ist berechtigt, die Zulässigkeit einer Registerabfrage im Nachhinein zu prüfen und zu beurteilen.

Auf Anfrage sind dem Rechtsschutzbeauftragten sämtliche Unterlagen, die der Registerabfrage zugrunde liegen, zur Einsichtnahme zur Verfügung zu stellen. Insbesondere gilt das für Unterlagen, die die Anordnung der Registerabfrage enthalten oder dieser zugrunde liegen (Prüfungsauftrag, Anordnung im B-Verfahren).

Beschwerden gegen eine durchgeführte Einsicht in das Kontenregister sind unverzüglich und direkt an den Rechtsschutzbeauftragten im Bundesministerium für Finanzen weiterzuleiten. Der Rechtschutzbeauftragte ist auch zuständig für Anfragen nach dem Datenschutzgesetz hinsichtlich der über eine Person im Kontenregister gespeicherten Daten sowie für Beschwerden von Abgabepflichtigen betreffend die Richtigkeit von im Kontoregister enthaltenen, ihn betreffenden Daten.

10. Internes Kontrollsystem – IKS

Den Vorständinnen und Vorständen des FAÖ, FAG, ZAÖ, des ABB und des PLB, sowie den Dienstellenleiterinnen und Dienststellenleitern des FAÖ und des ZAÖ obliegt die stichprobenweise Überprüfung der in ihren Ämtern bzw. Dienststellen durchgeführten Abfragen im Kontenregister. Dabei ist insbesondere auf die Einhaltung des strengen Vieraugenprinzips, die Begründung für die Einsichtnahme und auf die Zweckmäßigkeit und Angemessenheit der Maßnahme zu achten. Zur Unterstützung werden elektronisch erstellte Listen der durchgeführten Abfragen im Kontenregister zur Verfügung gestellt.

11. Datenschutz

Datenschutzrechtlich ist darauf zu verweisen, dass das Kontenregister lediglich Daten zu einer Person, ihrer Bankverbindung und ihrer Kontonummer (also die sogenannten externen Kontendaten) enthält. Dennoch gilt für die Kontenregisterabfragen der Grundsatz, dass diese das gelindeste erforderliche Mittel darstellen müssen.

II. Abschnitt: Finanzstrafverfahren

Kontenregisterabfrage und Bankauskünfte (§ 99 Abs. 6 FinStrG)

12. Kontenregisterabfrage

Steht vor der Abfrage bereits fest, dass das Gericht zur Ahndung des Finanzvergehens zuständig ist (§ 53 FinStrG), gelten für das Verfahren wegen gerichtlich strafbarer Finanzvergehen die Bestimmungen der Strafprozessordnung (§ 195 Abs. 1 FinStrG). In diesem Fall ist die Auskunft aus dem Kontenregister von der Staatsanwaltschaft anzuordnen (§ 116 StPO)

12.1. Definition

Kontenregisterabfrage ist die Abfrage von Bankkonten- oder Depotnummern, für die eine bestimmten Person / ein Unternehmen verfügungsberechtigt oder zeichnungsberechtigt ist.

12.2. Standard

Anfragen aus dem Kontenregister sind nur zulässig, wenn diese zur Aufklärung eines Finanzvergehens zweckdienlich sind. Diese Voraussetzung gilt auch für Registerabfragen im Zuge von gemäß § 99 Abs. 2 FinStrG angeordneten abgabenrechtlichen Prüfungen. Abfragen, die im Zusammenhang mit den finanzstrafrechtlichen Ermittlungen stehen, sind daher von der Finanzstrafbehörde zu veranlassen. Abfragen, die nicht zur Aufklärung der gegenständlichen Finanzstraftat dienen, sind nach den für die Abgabenbehörden maßgeblichen Vorschriften vorzunehmen. Im Zweifel entscheidet im Bereich Finanzstrafsachen des Amtes für Betrugsbekämpfung als Finanzstrafbehörde die Fachbereichsleiterin oder der zuständige Teamleiter bzw. die zuständige Teamleiterin und im Zollamt Österreich als Finanzstrafbehörde der Leiter oder die Leiterin der jeweiligen Strafsachenstelle. Als Grund für die Registerabfrage ist im Dropdown Menü „Finanzstrafverfahren" auszuwählen.

Jede Abfrage ist unter Angabe des Grundes und Beifügung des Ergebnisses aktenkundig zu machen. Es wird darauf hingewiesen, dass über alle Abfragen ein elektronisches Protokoll geführt wird.

Als Suchbegriff für eine Registerabfrage ist nur entweder der Name einer natürlichen oder juristischen Person (Personengemeinschaft) oder die Konto-(Depot-)Nummer zulässig.

Für Abfragen im Zusammenhang mit der Vollstreckung von Geld- oder Wertersatzstrafen sowie Kosten ist sinngemäß nach Punkt 6. dieses Erlasses vorzugehen.

13. Bankauskünfte

Grundlegende Regelungen dazu finden sich in Punkt 3. des Erlasses GZ BMF-010105/0184-IV/4/2016.

13.1. Definition

Bankauskünfte sind Auskunftsersuchen an Kreditinstitute zur Beschaffung von Informationen zu konkreten Bankgeschäften und betreffen daher alle inhaltlichen Daten eines Kontos.

13.2. Standard

Bankauskünfte sind nach dem Verfahren gemäß § 99 Abs. 6 FinStrG einzuholen. Dazu sind die Formulare FStR 11a zu verwenden. Das an das Kreditinstitut gerichtete Ersuchen ist zu begründen und dem zuständigen Vorsitzenden des Spruchsenates, dem gemäß § 58 Abs. 2 FinStrG die Durchführung der mündlichen Verhandlung und die Fällung des Erkenntnisses obliegen würde, samt allen erforderlichen zusätzlichen Informationen zur Erteilung einer Anordnung zuzuleiten. Gegebenenfalls ist das Kreditinstitut zur Sicherung des Ermittlungserfolgs zur Verschwiegenheit über das Auskunftsersuchen zu verpflichten.

Das Auskunftsersuchen samt Bewilligung ist sodann ohne Begründung den Kreditinstituten zuzustellen. Je ein weiteres - allerdings begründetes - Exemplar des Ersuchens ist dem Beschuldigten und – soweit dieser nicht der Beschuldigte ist – dem Verfügungsberechtigten des Kontos (Depots) zuzustellen.

Wurde das Kreditinstitut im Auskunftsersuchen zur Verschwiegenheit verpflichtet, ist die Zustellung an den Beschuldigten und Verfügungsberechtigten solange aufzuschieben, wie dies erforderlich ist, um die Ermittlungen nicht zu gefährden. In diesem Fall ist überdies ein weiteres Exemplar des **begründeten** Ersuchens samt Anordnung dem Rechtsschutzbeauftragten zuzustellen.

Das Kreditinstitut hat dem angeordneten Auskunftsersuchen Folge zu leisten. Ihm steht kein eigenes Beschwerderecht dagegen zu.

13.3. Rechtsschutz

Gegen ein Auskunftsersuchen an ein Kreditinstitut steht dem Beschuldigten sowie gegebenenfalls dem über das betroffene Konto (Depot) Verfügungsberechtigten das Rechtsmittel der Beschwerde zu. Ist der Rechtsschutzbeauftragte in das Verfahren einzubinden, so auch diesem. Einer Beschwerde kommt von Gesetzes wegen keine aufschiebende Wirkung zu (§ 152 Abs. 1 FinStrG). Unter den Voraussetzungen des § 152 Abs. 2 FinStrG kann jedoch ein solche durch die Finanzstrafbehörde zuerkannt werden.

Stellt das BFG in seiner Beschwerdeentscheidung die teilweise oder gänzliche Rechtswidrigkeit des angefochtenen Auskunftsersuchens fest, dürfen die vom Kreditinstitut übermittelten Informationen insoweit nicht zu Lasten des Beschuldigten verwertet werden. Sie sind daher – wenn nicht entlastend – aus dem Akt zu entfernen, soweit dies technisch möglich ist.

14. Führung des Kontenregisters

Das Kontenregister folgt dem Grundsatz, dass nur jene Daten abgebildet werden, die von Kredit- oder Finanzinstituten gemeldet werden. Mit Beendigung der Konzession (zB durch Konkurs, Rechtsübergang, Sanktion,....) bzw. Aufgabe des Geschäftsbetriebes wird es in der Regel für die betreffenden Kreditinstitute faktisch nicht mehr möglich sein, die Konten, Depots und Schließfächer zu melden bzw. als aufgelöst zu kennzeichnen.

Das Kontenregister würde mit der Darstellung von aktiven Konten, Depots und Schließfächern die Existenz von tatsächlich nicht mehr vorhandenen Konten etc. bzw. eines operativen Kreditinstitutes suggerieren.

Seit dem 19. Juli 2022 (BGBl. I Nr. 108/2022) ist der Bundesminister für Finanzen berechtigt (§ 5 Abs. 5 KontRegG) im Kontenregister Konten, Depots oder Schließfächer von Kredit- oder Finanzinstituten, deren Konzession beendet bzw. Geschäftsbetrieb eingestellt ist, als aufgelöst zu kennzeichnen.

Beispiele:

Kreditinstitut	BLZ/BIC	bis/aufgelöst	Ansprechpartner
Commerzialbank Mattersburg	19620	28.11.2020	Kosch & Partner RÄ GmbH Niederlassung Eisenstadt
Autobank AG	19370	02.12.2021	ABEL Rechtsanwälte GmbH
Raiffeisenbank Weitra eGen	32936	20.05.2016	Raiffeisenbank Oberes Waldviertel

In der Regel sollte der „Ansprechpartner" über die aufgelösten Konten/Depots oder Schließfächer Auskunft geben können.

16/2.

Erlass zur Durchführung der Verordnung des Bundesministers für Finanzen zur Durchführung des Kontenregister- und Konteneinschaugesetzes (Kontenregister-Durchführungsverordnung – KontReg-DV)

(Erlass des BMF vom 03.05.2016, BMF-280000/0071-IV/3/2016)

Der gegenständliche Erlass dient als Ergänzung zum Erlass zur Durchführung des Kontenregister- und Konteneinschaugesetzes (Erlass des BMF vom 01.05.2016, BMF-280000/0066-IV/3/2016) und regelt Fragen der Auslegung und Umsetzung der KontReg-DV (BGBl. II Nr. 92/2016).

1. Allgemeines

Das Bundesgesetz über die Einrichtung eines Kontenregisters und die Konteneinschau (Kontenregister- und Konteneinschaugesetz – KontRegG, BGBl. I Nr. 116/2015) dient der Einrichtung eines Kontenregisters nach internationalen Vorbildern. Dabei dienen die Inhalte des Kontenregisters und insbesondere die Konteneinschau der Durchführung von gerichtlichen Strafverfahren, verwaltungsbehördlichen Finanzstrafverfahren sowie der Erhebung der Abgaben des Bundes.

2. Rechtliche Fragen

2.1 Zu § 1 KontReg-DV:

Mit dieser Bestimmung wird festgelegt, dass die Kreditinstitute die Daten nach der FinanzOnline-Verordnung 2006, BGBl. II Nr. 97/2006 – FOnV 2006, im Verfahren FinanzOnline elektronisch an den Bundesminister für Finanzen zu übermitteln haben. Damit werden insbesondere die allgemeinen Vorschriften, sowie die Vorschriften betreffend die Sorgfaltspflichten, die Zurechnung und die Unbeachtlichkeit von Anbringen übernommen. Dem Zweck und Volumen der Datenübermittlung und dem Teilnehmerkreis entsprechend soll die Datenübermittlung nicht online, sondern ausschließlich im Weg der Datenstromübermittlung bzw. im Weg eines Webservices erfolgen.

2.2 Zu § 2 KontReg-DV:

Teilnehmer des Kontenregisters sind Kreditinstitute. Dies ist bereits in § 1 KontRegG festgelegt und in dessen Abs. 2 definiert. Diesen Teilnehmern soll es erlaubt sein, sich zur Erfüllung der Verpflichtungen, insbesondere zur Datenübermittlung, eines Dienstleisters zu bedienen, wenn dieser ausreichende Gewähr für eine rechtmäßige und sichere Datenverwendung bietet. Da sich die meisten Kreditinstitute bereits jetzt eines Rechenzentrums bedienen, werden diese ausdrücklich erwähnt. Da es sich bei den zu übermittelnden Daten um solche handelt, die grundsätzlich dem Bankgeheimnis (§ 38 BWG) unterliegen und in der österreichischen Bevölkerung mit besonderer Sensibilität betrachtet werden, soll die Einbindung eines solchen Dienstleisters einer erhöhten Sicherheit unterliegen. Zu diesem Zweck ist vorgesehen, dass die Kreditinstitute ihre Dienstleister (Rechenzentren) dem Bundesminister für Finanzen vorab namhaft zu machen und die Beendigung des Dienstleistungsverhältnisses unverzüglich mitzuteilen haben. Auch soll dem Bundesminister für Finanzen die Möglichkeit eingeräumt werden, Dienstleister (Rechenzentren) letzten Endes auszuschließen, wenn zu befürchten ist, dass von ihnen eine Gefahr für die Sicherheit der Daten und/oder deren Übermittlung ausgeht (sinngemäße Anwendung des § 6 FOnV 2006).

2.3 Zu § 3 KontReg-DV:

Die im § 2 Abs. 1 KontRegG in Verbindung mit § 3 Abs. 1 zweiter Satz KontRegG bezeichneten Daten sind von den Kreditinstituten elektronisch zu melden, wobei als Bezeichnung des Kreditinstituts ihr Bank Identifier Code („BIC") anzugeben ist. Die Übermittlung im Wege von FinanzOnline (insbesondere im Fall der Übermittlung durch einen Dienstleister) erfordert auch die Bekanntgabe der Abgabenkontonummer des Kreditinstituts.

Bei den in Abs. 2 genannten Konten handelt es sich um Gemeinschaftskonten von Miteigentumsgemeinschaften und Konten von Wohnungseigentumsgemeinschaften.

Wohnungseigentümergemeinschaften (WEG) sind (eingeschränkte) juristische Personen. Inhaber eines Kontos der WEG und daher als solcher zu melden ist die juristische Person WEG selbst. Wirtschaftliche Eigentümer der WEG sind die einzelnen Wohnungseigentümer. Diese sind allerdings nur dann zu melden, wenn ihr Anteil höher als 25% ist (entspricht § 2 Z 75 BWG). Wenn ein Immobilienverwalter ein Anderkonto für die WEG führt, ist diese als Treugeber zu melden (ohne weitere Angaben zu ihren(m) wirtschaftlichem/n Eigentümer(n)).

Miteigentümergemeinschaften sind allenfalls eine GesbR, jedenfalls aber niemals Rechtsträger oder juristische Person. Wenn eine Miteigentümergemeinschaft ein Konto hält, sind die einzelnen Miteigentümer Kontoinhaber und als solche zu melden. Wenn ein Immobilienverwalter ein Anderkonto für eine Miteigentumsgemeinschaft hält, sind die einzelnen Miteigentümer als Treugeber nur dann zu melden, wenn ihr Anteil höher als 25% ist.

Es sind neben den Kontoinhabern die wirtschaftlichen Eigentümer nur zu melden, wenn ihr jeweiliger Anteil mehr als 25% beträgt und es sich dabei um nach Inbetriebnahme (Abs. 6 Z 1) neu angelegte Konten einer WEG oder Anderkonten für eine Miteigentümergemeinschaft handelt.

Die Banken sind verpflichtet bei nach Inbetriebnahme neu angelegten Anderkonten auch die Namen aller Treugeber gemäß Abs. 3 zu übermitteln und bis zum 31. Jänner 2017 zu melden, wie viele Anderkonten vor der Inbetriebnahme bereits bestanden haben und zum 31. Dezember 2016 noch bestehen und hinsichtlich derer dem Kreditinstitut kein Treugeber bekannt gegeben worden ist. Bei bestimmten Anderkonten wie zum Beispiel Sammelanderkonten, wo oft nur tageweise Treugeberschaften bezüglich Kleinbeträgen bestehen, brauchen Treugeber nicht bekannt gegeben werden.

Nach Abs. 4 sind ab dem Datum der Inbetriebnahme die Identitäten der Personen, die den Dispositionsschein für Verfügungen betreffend Wertpapierkonten und Geschäftsbeziehungen gemäß § 40 Abs. 5 erster Satz BWG (=Wertpapierkonten gemäß § 11 Depotgesetz und Geschäftsbeziehungen gemäß § 12 Depotgesetz, die vor dem 1. August 1996 eröffnet oder eingegangen worden sind) vorlegen, zukünftig auch im Rahmen bestehnder elektronischer Systeme festzuhalten. Dies kann auch für Meldungen nach dem Kapitalabfluss-Meldegesetz von Bedeutung sein. Sofern der Vorleger auch als Depotinhaber identifiziert wurde, erfolgt eine Meldung an das Kontenregister.

Die Datenstromübermittlung (siehe § 1 Abs. 2) erfordert die Festlegung bestimmter Übermittlungsstrukturen durch das Bundesministerium für Finanzen. Nach dem bewährten Vorbild im Bereich der Abgabenerklärungen soll dies gemäß Abs. 5 wettbewerbsneutral durch Veröffentlichung im Internet, und zwar auf der Homepage des Bundesministeriums für Finanzen (bmf.gv.at), erfolgen, und steht somit allen Softwareentwicklern gleichermaßen zur Verfügung.

Gemäß § 3 Abs. 1 KontRegG hat die Festlegung des Zeitpunktes der Inbetriebnahme des Kontenregisters durch Verordnung zu geschehen. Abs. 6 Z 1 legt die Inbetriebnahme des Kontenregisters mit 10. August 2016 fest.

Abs. 6 Z 2 regelt, dass mit dem Zeitpunkt der Inbetriebnahme des Kontenregisters die Übermittlungspflicht der Kreditinstitute beginnt, wobei bis Ende September 2016 jedes Kreditinstitut als Initiallieferung eine Erstübermittlung des Datenbestandes zum 1. März 2015 vorzunehmen hat. Die Erstübermittlung hat auch alle vom 1. März 2015 bis zum 31. Juli 2016 erfolgten Änderungen im Datenbestand, welche mit Ablauf des 31. Juli 2016 im Vergleich zum 1. März 2015 noch bestehen (Stichtagsvergleich), sowie die Eröffnungen und Auflösungen von Konten und Depots zu enthalten. Es ist vorgesehen, den Zeitpunkt der jeweiligen Lieferung einvernehmlich zu vereinbaren, um die zu erwartenden Datenmengen ohne Systemüberlastung übertragen und im Bundesrechenzentrum verarbeiten zu können.

Auch sollen zur technischen Vorbereitung Testübermittlungen ab dem 25. Mai 2016 möglich sein.

Nach dem 1. März 2015 neu hinzugekommene Personen gemäß § 2 Abs. 1 Z 3 KontRegG werden nicht gemeldet, wenn sie zum Zeitpunkt der Inbetriebnahme in dieser Funktion nicht mehr bestehen. Ebenso werden die Banken Adressänderungen (wenn kein bPK vorhanden), also nicht mehr aktuelle Adressen, zwischen den Stichtagen nicht melden, sondern nur die letzte aktuelle Adresse

Nach Abs. 6 Z 3 hat jedes Kreditinstitut ab dem Zeitpunkt einer Erstübermittlung laufende Folgeübermittlung der nach dem 31. Juli 2016 eingetretenen Änderungen im Datenbestand, sowie hinsichtlich der Eröffnungen und Auflösungen von Konten vorzunehmen. Die Folgeübermittlungen sollen einmal monatlich, und zwar bis zum 25. Tag des Folgemonats erfolgen und die Daten sämtlicher Änderungen des Monats umfassen. Die vorgesehene Regelung der Fristverlängerung bei Samstagen, Sonntagen und Feiertagen entspricht dem § 108 Abs. 3 zweiter Satz der Bundesabgabenordnung.

Für den Zeitraum der Erstübermittlungen (Z 2) sind Folgeübermittlungen nach folgendem Plan vorgesehen:

Erstübermittlung von	enthält:	Änderungen ab 1.8.2016 kommen in die Folgeübermittlung
10.8.2016 – 24.8.2016	Bestand 1.3.2015 plus Delta zum 31.7.2016	… betreffend August 2016: am 26.9.2016 (=Montag)
25.8.2016 – 15.9.2016	Bestand 1.3.2015 plus Delta zum 31.7.2016	… betreffend August 2016: am 26.9.2016 (=Montag)
		… betreffend September 2016: am 25.10.2016 (=Dienstag)
16.9.2016 – 30.9.2016	Bestand 1.3.2015 plus Delta zum 31.7.2016	… betreffend August und September 2016: am 25.10.2016 (=Dienstag)

Abs. 6 Z 4 verweist hinsichtlich der Korrekturübermittlung auf Z 3. Eine Korrekturübermittlung sollte nur in Ausnahmefällen notwendig werden.

2.4 Zu § 4 KontReg-DV:

Innerhalb des IT-Verfahrens wird sichergestellt, dass die gesetzlichen Vorgaben erfüllt werden. Daher werden pro Abfrage der Name der abfragenden Person (Abgabepflichtige; Organwalter) und die getätigte Abfrage inkl. Begründung und Zeitpunkt gespeichert. Abgabepflichtige brauchen keine Begründung anzugeben.

Zu Abs. 1 und 2: Von den in § 4 KontRegG vorgesehenen Auskünften aus dem Kontenregister sollen nur jene des Betroffenen (§ 4 Abs. 4 KontRegG) über FinanzOnline erfolgen, nicht jedoch jene durch die Staatsanwaltschaften, die Strafgerichte, die Finanzstrafbehörden, die Abgabenbehörden und das Bundesfinanzgericht (§ 4 Abs. 1 KontRegG). Ist ein Betroffener (Personen und Unternehmen) Teilnehmer an FinanzOnline, soll die Auskunft aus verwaltungsökonomischen Gründen und wegen der Sicherheit (Authentifizierung des Betroffenen) ausschließlich über FinanzOnline erfolgen. Entsprechend dem erhöhten Geheimhaltungsinteresse des Betroffenen und der in der österreichischen Bevölkerung mit diesen Daten verbundenen besonderen Sensibilität soll diese Abfrage auch nicht von Parteienvertretern (das sind die Teilnehmer gemäß § 2 Abs. 2 FOnV 2006, insbesondere Wirtschaftstreuhänder, Rechtsanwälte, Notare und Bilanzbuchhalter) für ihre Klienten vorgenommen werden können. Die Konteneinsicht im Verfahren FinanzOnline beginnt mit dem 5. Oktober 2016.

Zu Abs. 3: Über eine nach § 4 Abs. 1 Z 3 KontRegG durchgeführte Kontenregistereinsicht der Abgabenbehörde ist der Betroffene zu informieren, wobei diese Information zwingend über FinanzOnline zu erfolgen hat (§ 4 Abs. 6 KontRegG). In FinanzOnline wird diese Information (ebenso wie zB elektronisch zugestellte Abgabenbescheide) in die Databox des Betroffenen eingebracht.

Auf Grund des Zusammenhanges mit dem Abgabenverfahren des Betroffenen (=Abgabepflichtiger) soll diese Information auch dem bevollmächtigten Wirtschaftstreuhänder zugestellt werden, dem der Abgabepflichtige eine Vollmacht zur elektronischen Akteneinsicht (§ 90a BAO) erteilt hat und diese in FinanzOnline angemerkt ist. Andere Personen, wie zB sonstige Parteienvertreter, erhalten diese Information nicht.

Die Bestimmung des Zeitpunktes, ab wann die Information der Parteienvertreter erfolgt, entspricht der üblichen Formulierung in der FinanzOnline-Verordnung 2006 und ist im Sinn einer Priorisierung der technischen Umsetzungsarbeiten erforderlich.

16/3.

Erlass zur Durchführung des Kapitalabfluss-Meldegesetzes

(Erlass des BMF vom 23.12.2015, BMF-280000/0208-IV/3/2015)

Kapitalabflüsse

Die Meldung ist jeweils bis zum letzten Tag des auf den Kapitalabfluss folgenden Monats abzugeben. Die Meldepflicht für den Zeitraum 1. Jänner 2016 bis 31. Dezember 2016 ist bis 31. Jänner 2017 wahrzunehmen.

Die Meldepflicht ist erstmalig für den Zeitraum vom 1. März 2015 bis 31. Dezember 2015 wahrzunehmen, wobei die Meldung spätestens bis 31. Oktober 2016 zu erstatten ist.

Kapitalzuflüsse

Die Meldepflicht ist wahrzunehmen:

1. *für Kapitalzuflüsse aus der Schweizerischen Eidgenossenschaft für den Zeitraum von 1. Juli 2011 bis 31. Dezember 2012,*
2. *für Kapitalzuflüsse aus dem Fürstentum Liechtenstein für den Zeitraum von 1. Jänner 2012 bis 31. Dezember 2013.*

Die Meldungen sind spätestens bis 31. Dezember 2016 zu erstatten.

Am 14. August 2015 wurde mit BGBl. I Nr. 116/2015, eine Änderung des Bankwesengesetzes, das Kontenregister- und Konteneinschaugesetz (KontRegG) sowie das Kapitalabfluss-Meldegesetz kundgemacht.

1. Allgemeines

Das Kapitalabfluss-Meldegesetz sieht im Wesentlichen zwei Begleitmaßnahmen zur Einführung eines zentralen Kontenregisters und einer verbesserten Konteneinschaumöglichkeit für die Finanzverwaltung vor:

1.1. Meldepflicht für Kapitalabflüsse:

Zweck dieser Meldepflicht ist, Kapitalabflüsse von österreichischen Konten und Depots ins Ausland zu entdecken und somit sicherzustellen, dass – insbesondere bis zur Implementierung des Kontenregisters und der Konteneinschau – mögliche Umgehungshandlungen verhindert werden.

1.2. Meldepflicht für Kapitalzuflüsse:

Zweck dieser Meldepflicht ist, Kapitalzuflüsse aus der Schweizerischen Eidgenossenschaft (CH) und dem Fürstentum Liechtenstein (FL), die im Vorfeld der jeweiligen Steuerabkommen zur Verhinderung der Regularisierung oder Offenlegung getätigt wurden, zu entdecken.

Die Meldepflichten betreffen neben den Kreditinstituten auch Zahlungsinstitute und die Österreichische Bundefinanzierungsagentur (ÖBFA).

2. Kapitalabflüsse

2.1 Übertragung von Wertpapieren mittels Schenkung im Inland (§ 1 Z 3 lit. c Kapitalabfluss-Meldegesetz)

Der Begriff Schenkung ist nicht im zivilrechtlichen Sinne zu verstehen sondern soll Depotübertragungen mittels freier Lieferung erfassen ausgenommen bloße Eigenüberträge.

2.2 Umfang der Meldepflicht (§ 3 Kapitalabfluss-Meldegesetz)

Die Betragsgrenze von 50 000 Euro soll eine Stückelung von Abflüssen von großen Vermögen in Teilbeträge hintanhalten. Unversteuerte Gewinne werden typischer Weise nicht auf Geschäftskonten deponiert, sondern auf Konten im Bereich der privaten Lebensführung.

Da es im BWG den Begriff „Privatkonten" nicht gibt, sind Geschäftskonten von Unternehmern ausdrücklich aus der Meldepflicht ausgenommen. Außerbetriebliche Konten von Gesellschaften bürgerlichen Rechts und Konten von vermögensverwaltenden Personengesellschaften sind von der Meldepflicht erfasst, weil diese außerbetrieblichen Konten steuerlich einer natürlichen Person zuzurechnen sind.

§ 3 Abs. 2 Kapitalabfluss-Meldegesetz sieht eine Anti-Missbrauchsregelung vor: Die Meldepflicht besteht auch dann, wenn der Kapitalabfluss in mehreren Vorgängen, zwischen denen eine Verbindung offenkundig gegeben ist, getätigt wird. Die Textierung wurde aus § 40 Abs. 1 Z 2 BWG übernommen, der sich wiederum an Artikel 7 lit. b der Richtlinie 2005/60/EG, ABl. Nr. L 309 vom 25.11.2005 S. 15 zur Verhinderung der Nutzung des Finanzsystems zum Zwecke der Geldwäsche und der Terrorismusfinanzierung, ABl. Nr. L 309 vom 25.11.2005 S. 15, zuletzt geändert durch die Richtlinie 2010/78/EU, ABl. Nr. L 331 vom 15.12.2010 S. 120, (3. EU-Geldwäsche-Richtlinie) anlehnt. Zwischen mehreren zeitnah abgewickelten Einzelvorgängen besteht insbesondere dann eine Verbindung, wenn diese Transaktionen auch in einem einzelnen Vorgang abgewickelt hätten werden können, jedoch – aus welchen Gründen auch immer – gesplittet wurden. Bei der Einschätzung, ob ein Kapitalabfluss im Rahmen mehrerer Vorgänge mit offenkundiger Verbindung erfolgt, sollen jene Kriterien herangezogen werden, die auch bei der gemäß § 40 Abs. 1 Z 2 BWG im Bereich der Geldwäsche zu erfolgenden Einschätzung, ob eine Transaktion in mehreren Vorgängen mit offenkundiger Verbindung getätigt wird, anzuwenden sind. Damit soll ein Unterlaufen der Meldepflicht– zB mit mehreren aufeinander folgenden Überweisungen von 40 000 Euro – verhindert werden, wenn ein für den Meldepflichtigen erkennbarer offenkundiger Zusammenhang besteht. Durch den letzten Satz werden rechtspolitisch unerwünschte Schadenersatzansprüche verhindert.

Um zufällige Vorgänge, die zusammengerechnet die Betragsgrenze von 50.000 Euro überschreiten würden, von offenkundig verbundenen Vorgängen, die meldepflichtig sind, systematisch abgrenzen zu können, ist bei der Zusammenrechnung wie folgt vorzugehen:

1. Zusammengerechnet werden alle in einem Kalenderquartal demselben Konto bzw. (hinsichtlich c) demselben Depot eines Kunden angelasteten
   a) Überweisungen zugunsten des selben Empfängerkontos (bestimmt durch dessen IBAN/Kontonummer) zwischen 10.000 und 49.999,99 Euro
   b) Barbehebungen zwischen 10.000 und 49.999,99 Euro
   c) Depotüberträge zugunsten desselben Empfängerdepots (bestimmt durch dessen Depotnummer) im Wege der freien Lieferung im Gegenwert von 10.000 bis 49.999,99 Euro.
2. Die Zusammenrechnung erfolgt für jede der in Punkt 1. genannten Kategorien a), b) und c) gesondert. Die Gesamtsumme der Kategorien a), b) und c) wird nicht ermittelt.
3. Ergibt die Zusammenrechnung einer Kategorie einen Betrag von mindestens 130.000 Euro, erfolgt die Meldung des Gesamtbetrags dieser Kategorie spätestens am letzten Tag des dem Kalenderquartal folgenden Monats.

2.3 Behandlung von Eigenüberträgen

Eigenüberträge von Privatkonten auf Privatkonten oder von Depot zu Depot desselben Eigentümers bei derselben Bank sind nicht meldepflichtig. Allerdings sind Übertragungen von Privatkonten auf Geschäftskonten meldepflichtig.

Eine Transaktion ist als Eigenübertrag anzusehen, wenn die jeweils folgenden Voraussetzungen erfüllt sind:

Transaktionen Konto Unbar

- Der Inhaber des Auftraggeber-Kontos ist mit dem Inhaber des Begünstigten-Kontos ident.
- Bei Mehrfachkonten muss die Gemeinschaft der Mitinhaber ident sein.
- Auftraggeber- und Begünstigten Konto werden bei derselben Bank geführt.
- Es handelt sich um eine Transaktion (auf Grund desselben Auftrages).
- Soll- und Haben-Betrag sind ident (bzw. selber Euro-Gegenwert).

BAR

- Grundsätzliches: Wenn unmittelbar nach der Barauszahlung eine Einzahlung erfolgt und folgende Umstände vorliegen:
- Der Inhaber des Auftraggeber-Kontos ist mit dem Inhaber des Begünstigten-Kontos ident.
- Bei Mehrfachkonten muss die Gemeinschaft der Mitinhaber ident sein.
- uftraggeber- und Begünstigten Konto werden bei derselben Bank geführt.
- Es handelt sich um zwei zeitnahe Transaktionen (gleiches Buchungsdatum).

- Soll- und Haben-Betrag sind annähernd ident, die Differenz ist maximal 1.000 Euro (Dadurch wird dem Umstand Rechnung getragen, dass manche Wiederveranlagungen nur in bestimmten Stückelungen (1.000 Euro) möglich sind oder der Kunde die bereits angefallenen Zinsen nicht wiederveranlagt. Beispiel: Kapitalsparbücher.).

Depotüberträge

- Der Inhaber des Auftraggeber-Depots ist mit dem Inhaber des Begünstigten-Depots ident.
  - Bei Mehrfachdepots muss die Gemeinschaft der Mitinhaber ident sein.
- Auftraggeber- und Begünstigten Depot werden bei derselben Bank geführt.
- Es handelt sich um eine Transaktion (auf Grund desselben Auftrags).
- Dh. auf einem Depot gehen exakt jene Wertpapiere ein, die beim anderen Depot übertragen werden.

2.4. Einmalzahlung (§ 8 Kapitalabfluss-Meldegesetz)

Die von einer in § 8 Abs. 1 Kapitalabfluss-Meldegesetz genannten Person bereitgestellte und geleistete Einmalzahlung unterliegt nicht der Meldepflicht des Kapitalabfluss-Meldegesetzes.

3. Kapitalzuflüsse

3.1 Umfang der Meldepflicht (§ 6 Kapitalabfluss-Meldegesetz)

Meldepflichtig sind Zuflüsse ab 50.000 Euro auf Konten und auf Depots.

Bei Zuflüssen auf *Konten* handelt es sich um Einzahlungen und Überweisungen im bzw. aus dem Ausland (Vorgänge gemäß ZaDiG).

Bei *Depots* haben die Meldepflichtigen wie folgt vorzugehen, um meldepflichtige Zuflüsse zu ermitteln:

a) Erfolgt eine Meldung schon deswegen, wenn ein Zufluss ab 50.000 Euro auf ein Konto erfolgt, ist keine gesonderte Meldung von Zuflüssen auf Depots notwendig.

b) Wenn auf einem inländischen Bankkonto Zuflüsse aus der CH/FL (alle unter 50.000 Euro) festgestellt werden, ist zunächst zu überprüfen, ob auch relevante Zuflüsse auf einem Depot vorliegen. Hinsichtlich der Herkunft der Zuflüsse ist dabei auf die liefernden Banken (= auftraggebende Banken) abzustellen. Die Bewertung der Zuflüsse nimmt die Bank vor und erstattet Meldungen hinsichtlich der Zuflüsse von über 50.000 Euro.

3.2 Liechtensteinische Stiftung und stiftungsähnliche Anstalt (§ 6 Abs. 1 Z 2 Kapitalabfluss-Meldegesetz)

Beim Begriff der „liechtensteinischen Stiftung“ kommt es nicht auf den Ort der Geschäftsleitung (sonst international übliches Kriterium im Sinne einer DBA-„tie-breaker“-rule) an, sondern auf die Gründung nach den Vorschriften des liechtensteinischen Personen- und Gesellschaftsrechts (kurz: FL-PGR). Als Indiz dafür kann insbesondere ein Auszug aus dem liechtensteinischen Öffentlichkeitsregister beigebracht werden, dies würde die Gründung nach den Vorschriften des FL-PGR ausreichend belegen.

Als stiftungsähnlich sind – ebenso wie im Abkommen mit FL – solche Anstalten einzustufen, die gründerrechtslos sind und keine kommerzielle Tätigkeit ausüben. Diese Kriterien sind im konkreten Einzelfall unter Heranziehung der entsprechenden Satzungsgrundlagen zu überprüfen.

16/4.

Erlass zur Durchführung der Verordnung des Bundesministers für Finanzen zur Durchführung des Kapitalabfluss-Meldegesetzes (Kapitalabfluss-Durchführungsverordnung – KapAbfl-DV)

(Erlass des BMF vom 20.12.2016, BMF-280000/0213-IV/3/2016)

Der gegenständliche Erlass dient als Ergänzung zum Erlass zur Durchführung des Kapitalabfluss-Meldegesetzes (BMF 23.12.2015, BMF-280000/0208-IV/3/2015) und regelt Fragen der Auslegung und Umsetzung der Kapitalabfluss-Durchführungsverordnung – KapAbfl-DV, BGBl. II Nr. 92/2016).

Dieser Erlass ersetzt den Erlass des BMF vom 3. Mai 2016, BMF-280000/0070-IV/3/2016.

1. Allgemeines

Das Bundesgesetz über die Meldepflicht von Kapitalabflüssen und von Kapitalzuflüssen (Kapitalabfluss-Meldegesetz, BGBl. I Nr. 116/2015) dient der Entdeckung und steuerlichen Verwertung von Kapitalabflüssen, die ansonsten aus Anlass des Bankenpaketes vorgenommen und steuerlich unentdeckt bleiben würden (Abschleicherproblematik).

2. Rechtliche Fragen

2.1 Zu § 1 KapAbfl-DV:

Mit dieser Bestimmung wird festgelegt, dass die Kreditinstitute die Daten nach der FinanzOnline-Verordnung 2006, BGBl. II Nr. 97/2006 – FOnV 2006, im Verfahren FinanzOnline elektronisch an den Bundesminister für Finanzen zu übermitteln haben. Damit werden insbesondere die allgemeinen Vorschriften, sowie die Vorschriften betreffend die Sorgfaltspflichten, die Zurechnung und die Unbeachtlichkeit von Anbringen übernommen. Dem Zweck und Volumen der Datenübermittlung und dem Teilnehmerkreis entsprechend soll die Datenübermittlung nicht online, sondern ausschließlich im Weg der Datenstromübermittlung bzw. im Weg eines Webservices erfolgen.

2.2 Zu § 2 KapAbfl-DV:

Teilnehmer des Kapitalabfluss-Meldegesetzes sind Kreditinstitute, Zahlungsinstitute sowie die ÖBFA. Die Teilnehmer können sich eines Dienstleisters bedienen, wenn diese ausreichende Gewähr für eine rechtmäßige und sichere Datenverwendung bieten. Da sich die meisten Kreditinstitute bereits jetzt eines Rechenzentrums bedienen, werden diese ausdrücklich erwähnt. Da es sich bei den zu übermittelnden Daten um solche handelt, die grundsätzlich dem Bankgeheimnis (§ 38 BWG) unterliegen und in der österreichischen Bevölkerung mit besonderer Sensibilität betrachtet werden, soll die Einbindung eines solchen Dienstleisters einer erhöhten Sicherheit unterliegen. Zu diesem Zweck ist vorgesehen, dass die Kreditinstitute ihre Dienstleister (Rechenzentren) dem Bundesminister für Finanzen vorab namhaft zu machen und die Beendigung des Dienstleistungsverhältnisses unverzüglich mitzuteilen haben. Auch soll dem Bundesminister für Finanzen die Möglichkeit eingeräumt werden, Dienstleister (Rechenzentren) letzten Endes auszuschließen, wenn zu befürchten ist, dass von ihnen eine Gefahr für die Sicherheit der Daten und/oder deren Übermittlung ausgeht (sinngemäße Anwendung des § 6 FOnV 2006).

2.3 Zu § 3 KapAbfl-DV:

Zu Abs. 1: Die im § 3 Abs. 3 und § 6 Abs. 3 Kapitalabfluss-Meldegesetz bezeichneten Daten einschließlich des Betrages sind von den Teilnehmern elektronisch zu melden, wobei als Bezeichnung des Kreditinstituts, Zahlungsinstituts bzw. der ÖBFA sein bzw. ihr Bank Identifier Code („BIC“) bzw. zum Zweck der Identifikation in FinanzOnline seine bzw. ihre Abgabenkontonummer anzugeben sind. Eine Meldung von Zuflüssen hat auch dann zu erfolgen, wenn der Zufluss zur Rückzahlung eines Kredits verwendet wurde.

Abs. 1 Z 4 bringt eine normative Klarstellung zur Frage der vermögensverwaltenden Personengesellschaften, wie sie schon die Erläuterungen zur Regierungsvorlage enthalten haben. Zur Vereinfachung genügt bei meldepflichtigen Abflüssen oder Zuflüssen die Bekanntgabe des Firmennamens, und soweit vorhanden der Stammzahl, anstelle der Gesellschafter, die natürliche Personen sind. In der Praxis hat das meldepflichtige Kreditinstitut festzustellen, ob Kapitalabflüsse und Kapitalzuflüsse von mindestens 50 000 Euro vorliegen, wobei jene Personengesellschaften nicht zu melden sind, die eine KESt-Befreiungserklärung nach § 94 Z 5 des Einkommensteuergesetzes 1988 abgegeben haben. Die Prüfung der Meldepflicht kann anhand der vom Kreditinstitut zum Kunden vermerkten ÖNACE-Codes (ÖNACE 2008 Struktur) erfolgen. Von Meldepflicht ist dabei nur dann auszugehen, wenn zu einer Personengesellschaft der ÖNACE-Code K 64.20-0 (Beteiligungsgesellschaften), L 68.10-0 (Kauf und Verkauf von eigenen Grundstücken, Gebäuden) vorgemerkt ist oder dieser mit L 68.20 (Vermietung, Verpachtung von eigenen oder geleasten Grundstücken, Gebäuden und Wohnungen; also insbesondere L 68.20-1 bis L 68.20-9) beginnt. Gibt der Firmenname bereits einen Hinweis auf das Vorliegen einer Land- und Forstwirtschaft, eines selbständigen Unternehmens oder eines Gewerbebetriebes, so ist ebenfalls vom Nichtvorliegen einer Meldeverpflichtung auszugehen. Damit sollte bei allen bestehenden Personengesellschaften die Meldepflicht beurteilt werden können, ohne dass das meldepflichtige Kreditinstitut die betreffende Personengesellschaft anzuschreiben hat.

Nach Abs. 2 Z 1 ist die Übertragung von Eigentum an Wertpapieren im Inland als Kapitalabfluss gemäß § 1 Z 3 lit. c iVm § 3 Abs. 1 Kapitalabfluss-Meldegesetz meldepflichtig, außer bei Eigenüberträgen (siehe Erlass des BMF vom 23.12.2015, BMF-280000/0208-IV/3/2015).

Bei Kapitalzuflüssen auf inländischen Bankkonten ist zu überprüfen, ob relevante Zuflüsse auf einem Depot desselben Inhabers vorliegen (Abs. 2 Z 2 lit. a).

Erfolgt eine Meldung aufgrund eines Kapitalzuflusses auf einem Konto, kann eine gesonderte Meldung von Zuflüssen auf Depots unterbleiben (Abs. 2 Z 2 lit. b).

Mit Abs. 3 werden unerwünschte Gestaltungen wie selektive Zuflussmeldungen oder nur teilweise Zuflussmeldungen unterbunden. Damit wird auch eine klare Regelung für die Banken hinsichtlich ihrer Meldepflicht getroffen.

Die Datenstromübermittlung (siehe § 1 Abs. 2) erfordert die Festlegung bestimmter Übermittlungsstrukturen durch das Bundesministerium für Finanzen. Nach dem bewährten Vorbild im Bereich der Abgabenerklärungen soll dies gemäß Abs. 4 wettbewerbsneutral durch Veröffentlichung im Internet, und zwar auf der Homepage des Bundesministeriums für Finanzen (bmf.gv.at), erfolgen, und steht somit allen Softwareentwicklern gleichermaßen zur Verfügung.

Der Empfang von Datenübermittlungen ist nach Abs. 5 Z 1 durch das BRZ zu ermöglichen

- für Kapitalabflüsse im Zeitraum 1. März 2015 bis 31. Dezember 2015 ab dem 5. Oktober 2016,
- für Kapitalabflüsse im Zeitraum 1. Jänner 2016 bis 31. Dezember 2016 ab dem 1. Jänner 2017,
- für laufende Meldungen von Kapitalabflüssen nach dem 1. Jänner 2017 jeweils ab dem ersten Tag des auf den Kapitalabfluss folgenden Monat.

Abs. 5 Z 2 enthält eine Regelung zu verbundene Transaktionen (siehe Erlass des BMF vom 23.12.2015, BMF-280000/0208-IV/3/2015).

Der Empfang von Datenübermittlungen in Bezug auf Kapitalzuflüsse ist nach Abs. 5 Z 3 durch die BRZ spätestens ab dem 1. Dezember 2016 technisch zu ermöglichen.